VADE MECUM

TRIBUTÁRIO

ATUALIZAÇÃO On-line

Para sua comodidade, você terá acesso exclusivo a atualizações que ocorrerão até o dia **31 de agosto de 2023**.
Realize o seu cadastro no *site* **www.apprideel.com.br**.

Permanecemos à disposição para esclarecimentos no *e-mail*: sac@rideel.com.br.

JOSIANE MINARDI

VADE MECUM TRIBUTÁRIO

23ª EDIÇÃO

38º Exame de Ordem

ATUALIZAÇÃO On-line

EDITORA RIDEEL
Quem tem Rideel tem mais.

Expediente

Fundador	Italo Amadio (*in memoriam*)
Diretora Editorial	Katia Amadio
Equipe Técnica	Mayara Sobrane
Editora Assistente	Mônica Ibiapino
Projeto Gráfico	Sergio A. Pereira
Diagramação	Sheila Fahl/Projeto e Imagem

Dados Internacionais de Catalogação na Publicação (CIP)
Angélica Ilacqua CRB-8/7057

Vade mecum tributário / organizado por Josiane Minardi. – 23. ed. – São Paulo : Rideel, 2023.

ISBN 978-85-339-5960-6

1. Direito – Brasil 2. Direito tributário – Brasil 3. Manuais, vade-mécuns etc. I. Minardi, Josiane

CDD 343.8104
23-3110 CDU 34:336.2(81)(02)

Índice para catálogo sistemático:
1. Direito : Brasil : Vade-mécuns

Edição Atualizada até 17-4-2023

EDITORA RIDEEL

ABDR EDITORA AFILIADA

e-mail: sac@rideel.com.br
www.editorarideel.com.br

1 3 5 7 9 8 6 4 2
0 6 2 3

Apresentação

A Editora Rideel, reconhecida no mercado editorial pela excelência de seus Vade-Mécuns, apresenta a 23ª edição do *Vade Mecum Tributário.*

Sempre pensando em como facilitar ainda mais a pesquisa do leitor, a capa traz um guia referencial de pesquisa sobre a obra. Assim, basta verificar na capa a norma que deseja consultar e localizá-la nas tarjas laterais.

Seu formato e projeto gráfico abrangem praticidade e modernidade, facilitando o manuseio e a consulta aos temas.

Ainda, a obra mantém os diversos facilitadores:

- Índice Cronológico Geral;
- Índices Sistemático e Alfabético-Remissivo para cada Código;
- Índices por Assuntos da Legislação Complementar;
- Índice de Súmulas de Direito Tributário;
- Notas remissivas objetivas e diretas a outros artigos, diplomas legais e súmulas;
- Atualizações de 2023 em destaque;
- Indicação do número dos artigos no cabeçalho dos Códigos;
- Indicação das leis no cabeçalho da Legislação Complementar.

Visando garantir a melhor experiência possível para o leitor, a Editora Rideel disponibiliza, gratuitamente, as atualizações publicadas no *DOU* e *DJe*, até 31-8-2023, que afetem o conteúdo veiculado nesta edição, no *site* www.apprideel.com.br.

Esta Editora, sempre empenhada em aprimorar seus livros, permanece receptiva às críticas e sugestões pelo *e-mail*: sac@rideel.com.br.

A autora

Índice Geral

Lista de Abreviaturas

ABNT	Associação Brasileira de Normas Técnicas
Ac.	Acórdão
ACC	Autorização para Conduzir Ciclomotor
ADCT	Ato das Disposições Constitucionais Transitórias
ADPF	Arguição de Descumprimento de Preceito Fundamental
ADECON	Ação Declaratória de Constitucionalidade
ADIN	Ação Direta de Inconstitucionalidade
AGNU	Assembleia Geral das Nações Unidas
AgReg	Agravo Regimental
ANEEL	Agência Nacional de Energia Elétrica
ANTP	Associação Nacional de Transportes Públicos
ANTT	Agência Nacional de Transportes Terrestres
APEX	Autorização Provisória Experimental
Art.	Artigo
Arts.	Artigos
CADE	Conselho Administrativo de Defesa Econômica
CAT	Certificado de Adequação à Legislação de Trânsito
c/c	combinado com
CC/1916	Código Civil de 1916
CC	Código Civil (Lei nº 10.406/2002)
CCom.	Código Comercial (Lei nº 556/1850)
CDC	Código de Defesa do Consumidor (Lei nº 8.078/1990)
CE	Código Eleitoral (Lei nº 4.737/1965)
CEF	Caixa Econômica Federal
CETRAN	Conselho Estadual de Trânsito
CF	Constituição Federal
CFC	Centro de Formação de Condutores
CGJT	Corregedoria Geral da Justiça do Trabalho
Civ.	Civil
CLT	Consolidação das Leis do Trabalho (Dec.-lei nº 5.452/1943)
CNH	Carteira Nacional de Habilitação
CNJ	Conselho Nacional de Justiça
CNSP	Conselho Nacional de Seguros Privados
CONAMA	Conselho Nacional do Meio Ambiente
CONMETRO	Conselho Nacional de Metrologia, Normatização e Qualidade Industrial
CONTRAN	Conselho Nacional de Trânsito
CONTRANDIFE	Conselho de Trânsito do Distrito Federal
CP	Código Penal (Dec.-lei nº 2.848/1940)
CPC/2015	Código de Processo Civil de 2015 (Lei nº 13.105/2015)
CPM	Código Penal Militar (Dec.-lei nº 1.001/1969)
CPP	Código de Processo Penal (Dec.-lei nº 3.689/1941)
CPPM	Código de Processo Penal Militar (Dec.-lei nº 1.002/1969)
Crim.	Criminal
CRLV	Certificado de Registro e Licenciamento de Veículo
CRV	Certificado de Registro de Veículo
CSJT	Conselho Superior da Justiça do Trabalho
CSV	Certificado de Segurança Veicular
CTB	Código de Trânsito Brasileiro (Lei nº 9.503/1997)
CTN	Código Tributário Nacional (Lei nº 5.172/1963)
CTVV	Convenção sobre Trânsito Viário de Viena
CVM	Comissão de Valores Mobiliários
Dec.	Decreto
Dec.-lei	Decreto-lei
Del.	Deliberação
DENATRAN	Departamento Nacional de Trânsito
DETRAN	Departamento Estadual de Trânsito
DJ	*Diário da Justiça*
DJe	*Diário da Justiça Eletrônica*
DNIT	Departamento Nacional de Infraestrutura de Transportes
DOU	*Diário Oficial da União*
DPVAT	Seguro Obrigatório de Danos Pessoais Causados por Veículos Automotores de Via Terrestre, ou por sua Carga, a Pessoas Transportadas ou não
DSST	Departamento de Segurança e Saúde no Trabalho
EC	Emenda Constitucional
ECA	Estatuto da Criança e do Adolescente (Lei nº 8.069/1990)
ECR	Emenda Constitucional de Revisão
En.	Enunciado
EOAB	Estatuto da Ordem dos Advogados do Brasil (Lei nº 8.906/1994)
ER	Emenda Regimental
ERE	Embargos em Recurso Extraordinário
FAT	Fundo de Amparo ao Trabalhador
FGTS	Fundo de Garantia do Tempo de Serviço
FONAJE	Fórum Nacional dos Juizados Especiais
FONAJEF	Fórum Nacional dos Juizados Especiais Federais
FNMC	Fundo Nacional sobre Mudança do Clima
FUNSET	Fundo Nacional de Segurança e Educação de Trânsito
HC	*Habeas Corpus*
IN	Instrução Normativa
INMETRO	Instituto Nacional de Metrologia, Qualidade e Tecnologia (denominação alterada pela Lei nº 12.545, de 14-12-2011)
Inq.	Inquérito
IPVA	Imposto sobre a Propriedade de Veículo Automotor
ITL	Instituição Técnica Licenciada
j.	Julgamento
JARI	Junta Administrativa de Recurso de Infrações
JEC	Juizado Especial Civil
JECrim	Juizado Especial Criminal
JEF	Juizado Especial Federal
LADV	Licença para Aprendizagem de Direção Veicular
LC	Lei Complementar
LCP	Lei das Contravenções Penais (Dec.-lei nº 3.688/1941)
LEP	Lei de Execução Penal (Lei nº 7.210/1984)
LINDB	Lei de Introdução às normas do Direito Brasileiro (Dec.-Lei nº 4.657/1942)
MJ	Ministério da Justiça
MP	Medida Provisória
MPAS	Ministério da Previdência e Assistência Social
MTb	Ministério do Trabalho, atual Ministério do Trabalho e Emprego – MTE
MTE	Ministério do Trabalho e Emprego
OAB	Ordem dos Advogados do Brasil
OIT	Organização Internacional do Trabalho
OJ	Orientação Jurisprudencial
PGFN	Procuradoria-Geral da Fazenda Nacional
PN	Precedente Normativo
Port.	Portaria
RAC	Regulamento de Avaliação de Conformidade
RE	Recurso Extraordinário
REFIS	Programa de Recuperação Fiscal
RENACH	Registro Nacional de Condutores Habilitados
RENACOM	Registro Nacional de Cobrança de Multas
RENAINF	Registro Nacional de Infrações de Trânsito
RENAVAN	Registro Nacional de Veículos Automotores
RENFOR	Rede Nacional de Formação e Habilitação de Condutores
REPORTO	Regime Tributário para Incentivo à Modernização e à Ampliação da Estrutura Portuária
Repre.	Representação
Res.	Resolução
Res. Adm.	Resolução Administrativa
Res. Norm.	Resolução Normativa
REsp.	Recurso Especial
RFB	Receita Federal do Brasil
RHC	Recurso de *Habeas Corpus*
RISTF	Regimento Interno do Supremo Tribunal Federal
RISTJ	Regimento Interno do Superior Tribunal de Justiça
RITST	Regimento Interno do Tribunal Superior do Trabalho
SDC	Seção de Dissídios Coletivos
SDE	Secretaria de Direito Econômico
SDI	Seção de Dissídios Individuais
SEAE	Secretaria de Acompanhamento Econômico
SECEX	Secretaria de Comércio Exterior
SEFIT	Secretaria de Fiscalização do Trabalho
Segs.	Seguintes
SERPT	Secretaria Especial de Previdência e Trabalho do Ministério da Economia
SF	Senado Federal
SINET	Sistema Nacional de Estatísticas de Trânsito
SIT	Secretaria de Inspeção do Trabalho
SNT	Sistema Nacional de Trânsito
SRT	Secretaria de Relações do Trabalho
SS	Suspensão de Segurança
STF	Supremo Tribunal Federal
STJ	Superior Tribunal de Justiça
STM	Superior Tribunal Militar
Súm.	Súmula
Súm. Vinc.	Súmula Vinculante
SUSEP	Superintendência de Seguros Privados
TDA	Títulos da Dívida Agrária
TFR	Tribunal Federal de Recursos
TJ	Tribunal de Justiça
TNU-JEF	Turma Nacional de Uniformização de Jurisprudência dos Juizados Especiais Federais
TRF	Tribunal Regional Federal
TRT	Tribunal Regional do Trabalho
TSE	Tribunal Superior Eleitoral
TST	Tribunal Superior do Trabalho

Índice Cronológico Geral

Decretos-Leis

Leis

Decretos

Código

Portaria

Provimento

Regulamento

Resoluções

CONSTITUIÇÃO FEDERAL

Índice Sistemático da Constituição da República Federativa do Brasil

TÍTULO VII – DA ORDEM ECONÔMICA E FINANCEIRA

TÍTULO VIII – DA ORDEM SOCIAL

TÍTULO IX – DAS DISPOSIÇÕES CONSTITUCIONAIS GERAIS

ATO DAS DISPOSIÇÕES CONSTITUCIONAIS TRANSITÓRIAS

CONSTITUIÇÃO DA REPÚBLICA FEDERATIVA DO BRASIL

PREÂMBULO

Nós, representantes do povo brasileiro, reunidos em Assembleia Nacional Constituinte para instituir um Estado Democrático, destinado a assegurar o exercício dos direitos sociais e individuais, a liberdade, a segurança, o bem-estar, o desenvolvimento, a igualdade e a justiça como valores supremos de uma sociedade fraterna, pluralista e sem preconceitos, fundada na harmonia social e comprometida, na ordem interna e internacional, com a solução pacífica das controvérsias, promulgamos, sob a proteção de Deus, a seguinte CONSTITUIÇÃO DA REPÚBLICA FEDERATIVA DO BRASIL.

- Publicada no *DOU* nº 191-A, de 5-10-1988.

TÍTULO I – DOS PRINCÍPIOS FUNDAMENTAIS

Art. 1º A República Federativa do Brasil, formada pela união indissolúvel dos Estados e Municípios e do Distrito Federal, constitui-se em Estado Democrático de Direito e tem como fundamentos:

- No plebiscito realizado em 21-4-1993, disciplinado na EC nº 2, de 25-8-1992, foram mantidos a república e o presidencialismo, como forma e sistema de governo, respectivamente.

o Arts. 18, *caput*, e 60, § 4º, I e II, desta Constituição.

I – a soberania;

o Arts. 20, VI, 21, I, II e III, 49, II, e 84, VII, VIII, XIX e XX, desta Constituição.

o Arts. 215 a 229 do RISTF.

II – a cidadania;

o Arts. 5º, XXXIV, LIV, LXXI, LXXIII e LXXVII, e 60, § 4º, desta Constituição.

o Lei nº 9.265, de 12-2-1996, regulamenta o inciso LXXVII do art. 5º da Constituição, dispondo sobre a gratuidade dos atos necessários ao exercício da cidadania.

III – a dignidade da pessoa humana;

o Arts. 5º, XXXIV, LIV, LXXI, LXXIII e LXXVII, 34, VII, *b*, 226, § 7º, 227 e 230 desta Constituição.

o Súmulas Vinculantes nºs 6, 11 e 14 do STF.

IV – os valores sociais do trabalho e da livre iniciativa;

o Arts. 6º a 11 e 170 desta Constituição

V – o pluralismo político.

o Art. 17 desta Constituição.

Parágrafo único. Todo o poder emana do povo, que o exerce por meio de representantes eleitos ou diretamente, nos termos desta Constituição.

o Arts. 14, 27, § 4º, 29, § 8º, XIII, 60, § 4º, II e 61, § 2º, desta Constituição.

Art. 2º São Poderes da União, independentes e harmônicos entre si, o Legislativo, o Executivo e o Judiciário.

o Art. 60, § 4º, III, desta Constituição.

o Súm. nº 649 do STF.

Art. 3º Constituem objetivos fundamentais da República Federativa do Brasil:

I – construir uma sociedade livre, justa e solidária;

II – garantir o desenvolvimento nacional;

o Arts. 23, par. ún., e 174, § 1º, desta Constituição.

III – erradicar a pobreza e a marginalização e reduzir as desigualdades sociais e regionais;

o Arts. 23, X, e 214 desta Constituição

o Arts. 79 a 81 do ADCT.

IV – promover o bem de todos, sem preconceitos de origem, raça, sexo, cor, idade e quaisquer outras formas de discriminação.

- O STF, por unanimidade de votos, julgou procedentes a ADPF nº 132 (como ação direta de inconstitucionalidade) e a ADIN nº 4.277, com eficácia *erga omnes* e efeito vinculante, para dar ao art. 1.723 do CC interpretação conforme à CF para dele excluir qualquer significado que impeça o reconhecimento da união contínua, pública e duradoura entre pessoas do mesmo sexo como entidade familiar (*DOU* de 13-5-2011).

Art. 4º A República Federativa do Brasil rege-se nas suas relações internacionais pelos seguintes princípios:

o Arts. 21, I, e 84, VII e VIII, desta Constituição.

I – independência nacional;

o Arts. 78, *caput*, e 91, § 1º, III e IV, desta Constituição.

II – prevalência dos direitos humanos;

III – autodeterminação dos povos;

IV – não intervenção;

V – igualdade entre os Estados;

VI – defesa da paz;

VII – solução pacífica dos conflitos;

VIII – repúdio ao terrorismo e ao racismo;

o Art. 5º, XLII e XLIII, desta Constituição.

IX – cooperação entre os povos para o progresso da humanidade;

X – concessão de asilo político.

Parágrafo único. A República Federativa do Brasil buscará a integração econômica, política, social e cultural dos povos da América Latina, visando à formação de uma comunidade latino-americana de nações.

TÍTULO II – DOS DIREITOS E GARANTIAS FUNDAMENTAIS

CAPÍTULO I

DOS DIREITOS E DEVERES INDIVIDUAIS E COLETIVOS

Art. 5º Todos são iguais perante a lei, sem distinção de qualquer natureza, garantindo-se aos brasileiros e aos estrangeiros residentes no País a inviolabilidade do direito à vida, à liberdade, à igualdade, à segurança e à propriedade, nos termos seguintes:

- Arts. 5º, §§ 1º e 2º, 14, *caput*, e 60, § 4º, IV, desta Constituição.
- Súmulas Vinculantes nºs 6 e 11 do STF.

I – homens e mulheres são iguais em direitos e obrigações, nos termos desta Constituição;

- Arts. 143, § 2º, e 226, § 5º, desta Constituição.

II – ninguém será obrigado a fazer ou deixar de fazer alguma coisa senão em virtude de lei;

- Arts. 14, § 1º, I, e 143 desta Constituição.
- Súmulas nºs 636 e 686 do STF.

III – ninguém será submetido a tortura nem a tratamento desumano ou degradante;

- Art. 5º, XLIII, XLVII, e, XLIX, LXII, LXIII, LXV e LXVI, desta Constituição.
- Súm. Vin. nº 11 do STF.

IV – é livre a manifestação do pensamento, sendo vedado o anonimato;

- Art. 220, § 1º, desta Constituição.

V – é assegurado o direito de resposta, proporcional ao agravo, além da indenização por dano material, moral ou à imagem;

- Arts. 220, § 1º, desta Constituição.
- Súmulas nºs 37, 227, 362, 387, 388 e 403 do STJ.

VI – é inviolável a liberdade de consciência e de crença, sendo assegurado o livre exercício dos cultos religiosos e garantida, na forma da lei, a proteção aos locais de culto e a suas liturgias;

VII – é assegurada, nos termos da lei, a prestação de assistência religiosa nas entidades civis e militares de internação coletiva;

VIII – ninguém será privado de direitos por motivo de crença religiosa ou de convicção filosófica ou política, salvo se as invocar para eximir-se de obrigação legal a todos imposta e recusar-se a cumprir prestação alternativa, fixada em lei;

- Arts. 15, IV, 143, §§ 1º e 2º, desta Constituição.

IX – é livre a expressão da atividade intelectual, artística, científica e de comunicação, independentemente de censura ou licença;

- Art. 220, § 2º, desta Constituição.

X – são invioláveis a intimidade, a vida privada, a honra e a imagem das pessoas, assegurado o direito à indenização pelo dano material ou moral decorrente de sua violação;

- Art. 114, VI, desta Constituição.
- Súm. Vinc. nº 11 do STF.
- Súm. nº 714 do STF.
- Súmulas nºs 227, 370 e 403 do STJ.

XI – a casa é asilo inviolável do indivíduo, ninguém nela podendo penetrar sem consentimento do morador, salvo em caso de flagrante delito ou desastre, ou para prestar socorro, ou, durante o dia, por determinação judicial;

XII – é inviolável o sigilo da correspondência e das comunicações telegráficas, de dados e das comunicações telefônicas, salvo, no último caso, por ordem judicial, nas hipóteses e na forma que a lei estabelecer para fins de investigação criminal ou instrução processual penal;

- Arts. 136, § 1º, I, *b* e *c*, e 139, III, desta Constituição.
- Lei nº 8.906, de 4-7-1994 (Estatuto da Advocacia e da OAB).

XIII – é livre o exercício de qualquer trabalho, ofício ou profissão, atendidas as qualificações profissionais que a lei estabelecer;

- Art. 170, 220, § 1º, desta Constituição.

XIV – é assegurado a todos o acesso à informação e resguardado o sigilo da fonte, quando necessário ao exercício profissional;

- O STF, ao julgar a ADPF nº 130, declarou como não recepcionada pela Constituição de 1988 a Lei de Imprensa (Lei nº 5.250/1967).
- Art. 220, § 1º, desta Constituição.

XV – é livre a locomoção no território nacional em tempo de paz, podendo qualquer pessoa, nos termos da lei, nele entrar, permanecer ou dele sair com seus bens;

- Arts. 109, X, e 139 desta Constituição.

XVI – todos podem reunir-se pacificamente, sem armas, em locais abertos ao público, independentemente de autorização, desde que não frustrem outra reunião anteriormente convocada para o mesmo local, sendo apenas exigido prévio aviso à autoridade competente;

- Arts. 109, X, e 139, IV, desta Constituição.

XVII – é plena a liberdade de associação para fins lícitos, vedada a de caráter paramilitar;

- Arts. 8º, 17, e 37, VI, desta Constituição.

XVIII – a criação de associações e, na forma da lei, a de cooperativas independem de autorização, sendo vedada a interferência estatal em seu funcionamento;

- Arts. 8º e 37, VI, desta Constituição.

XIX – as associações só poderão ser compulsoriamente dissolvidas ou ter suas atividades suspensas por decisão judicial, exigindo-se, no primeiro caso, o trânsito em julgado;

XX – ninguém poderá ser compelido a associar-se ou a permanecer associado;

- O STF, ao julgar a ADIN nº 3.464, declarou a inconstitucionalidade do art. 2º, IV, *a*, *b*, e *c*, da Lei nº 10.779/2003, por condicionar a habilitação ao seguro-desemprego na hipótese descrita na lei à filiação à colônia de pescadores.

XXI – as entidades associativas, quando expressamente autorizadas, têm legitimidade para representar seus filiados judicial ou extrajudicialmente;

- Lei nº 7.347, de 24-7-1985 (Lei da Ação Civil Pública).
- Súm. nº 629 do STF.

XXII – é garantido o direito de propriedade;

- Art. 243 desta Constituição.
- Arts. 1.228 a 1.368-A do CC.

XXIII – a propriedade atenderá a sua função social;

- Arts. 156, § 1º, 170, III, 182, § 2º, e 186 desta Constituição.
- Lei nº 10.257, de 10-7-2001 (Estatuto da Cidade).

XXIV – a lei estabelecerá o procedimento para desapropriação por necessidade ou utilidade pública, ou por interesse social, mediante justa e prévia indenização em dinheiro, ressalvados os casos previstos nesta Constituição;

- Arts. 22, II, 182, § 3º, 184 e 185 desta Constituição.
- Arts. 1.228, § 3º, e 1.275, V, do CC.
- Súmulas nºs 23, 111, 157, 164, 218, 345, 378, 416, 475, 561, 617, 618 e 652 do STF.
- Súmulas nºs 12, 56, 67, 69, 70, 102, 113, 114, 119, 131, 141 e 354 do STJ.

XXV – no caso de iminente perigo público, a autoridade competente poderá usar de propriedade particular, assegurada ao proprietário indenização ulterior, se houver dano;

XXVI – a pequena propriedade rural, assim definida em lei, desde que trabalhada pela família, não será objeto de penhora para pagamento de débitos decorrentes de sua atividade produtiva, dispondo a lei sobre os meios de financiar o seu desenvolvimento;

- Art. 185 desta Constituição.

XXVII – aos autores pertence o direito exclusivo de utilização, publicação ou reprodução de suas obras, transmissível aos herdeiros pelo tempo que a lei fixar;

- Súm. nº 386 do STF.
- Súmulas nºs 63, 228 e 261 do STJ.

XXVIII – são assegurados, nos termos da lei:

a) a proteção às participações individuais em obras coletivas e à reprodução da imagem e voz humanas, inclusive nas atividades desportivas;

b) o direito de fiscalização do aproveitamento econômico das obras que criarem ou de que participarem aos criadores, aos intérpretes e às respectivas representações sindicais e associativas;

XXIX – a lei assegurará aos autores de inventos industriais privilégio temporário para sua utilização, bem como proteção às criações industriais, à propriedade das marcas, aos nomes de empresas e a outros signos distintivos, tendo em vista o interesse social e o desenvolvimento tecnológico e econômico do País;

XXX – é garantido o direito de herança;

- Arts. 1.784 a 2.227 do CC.

XXXI – a sucessão de bens de estrangeiros situados no País será regulada pela lei brasileira em benefício do cônjuge ou dos filhos brasileiros, sempre que não lhes seja mais favorável a lei pessoal do *de cujus*;

XXXII – o Estado promoverá, na forma da lei, a defesa do consumidor;

- Lei nº 8.137, de 27-12-1990 (Lei dos Crimes Contra a Ordem Tributária, Econômica e Contra as Relações de Consumo).

XXXIII – todos têm direito a receber dos órgãos públicos informações de seu interesse particular, ou de interesse coletivo ou geral, que serão prestadas no prazo da lei, sob pena de responsabilidade, ressalvadas aquelas cujo sigilo seja imprescindível à segurança da sociedade e do Estado;

- Arts. 5º, LXXII e LXXVII, 37, § 3º, II, desta Constituição.
- Súm. Vinc. nº 14 do STF.
- Súm. nº 202 do STJ.

XXXIV – são a todos assegurados, independentemente do pagamento de taxas:

a) o direito de petição aos Poderes Públicos em defesa de direitos ou contra ilegalidade ou abuso de poder;

- Ao julgar a ADPF nº 156, o Plenário do STF declarou não recepcionada pela Constituição de 1988 a exigência de depósito prévio do valor correspondente à multa por infração trabalhista como condição de admissibilidade de recurso administrativo interposto junto à autoridade trabalhista, constante do § 1º do art. 636 da CLT. No mesmo sentido, o Plenário do STF, ao julgar a ADIN nº 1.976, concluiu pela inconstitucionalidade da regra constante do art. 32 da MP nº 1.699-41, convertida na Lei nº 10.522, de 19-7-2002, que exigia depósito ou arrolamento prévio de bens e direitos como condição de admissibilidade de recurso administrativo.
- Súm. Vinc. nº 21 do STF.
- Súm. nº 373 do STJ.

b) a obtenção de certidões em repartições públicas, para defesa de direitos e esclarecimento de situações de interesse pessoal;

- Súm. nº 667 do STF.

XXXV – a lei não excluirá da apreciação do Poder Judiciário lesão ou ameaça a direito;

- O Plenário do STF, ao julgar as cautelares das Ações Diretas de Inconstitucionalidade nºs 2.139 e 2.160 deram interpretação conforme à Constituição ao art. 625-D da CLT, para declararem que a submissão do litígio à Comissão de Conciliação Prévia não constitui fase administrativa obrigatória e antecedente ao exercício do direito de ação.
- Ao julgar a ADC nº 4, o Plenário do STF declarou a constitucionalidade do art. 1º da Lei nº 9.494, de 10-9-1997, a restringir o poder geral de cautela do juiz nas ações contra a Fazenda Pública.
- Súm. Vinc. nº 28 do STF.
- Súm. nº 667 do STF.

XXXVI – a lei não prejudicará o direito adquirido, o ato jurídico perfeito e a coisa julgada;

- Art. 6º do Dec.-lei nº 4.657, de 4-9-1942 (Lei de Introdução às normas do Direito Brasileiro).
- Súmulas nºs 654, 678 e 684 do STF.
- Súm. nº 487 do STJ.

XXXVII – não haverá juízo ou tribunal de exceção;

XXXVIII – é reconhecida a instituição do júri, com a organização que lhe der a lei, assegurados:

a) a plenitude de defesa;

b) o sigilo das votações;

c) a soberania dos veredictos;

d) a competência para o julgamento dos crimes dolosos contra a vida;

- Súm. nº 721 do STF.

XXXIX – não há crime sem lei anterior que o defina, nem pena sem prévia cominação legal;

XL – a lei penal não retroagirá, salvo para beneficiar o réu;

- Súm. Vinc. nº 26 do STF.
- Súmulas nºs 611 e 711 do STF.

XLI – a lei punirá qualquer discriminação atentatória dos direitos e liberdades fundamentais;

XLII – a prática do racismo constitui crime inafiançável e imprescritível, sujeito à pena de reclusão, nos termos da lei;

XLIII – a lei considerará crimes inafiançáveis e insuscetíveis de graça ou anistia a prática da tortura, o tráfico ilícito de entorpecentes e drogas afins, o terrorismo e os definidos como crimes hediondos, por eles respondendo os mandantes, os executores e os que, podendo evitá-los, se omitirem;

- Súm. Vinc. nº 26 do STF.

XLIV – constitui crime inafiançável e imprescritível a ação de grupos armados, civis ou militares, contra a ordem constitucional e o Estado Democrático;

XLV – nenhuma pena passará da pessoa do condenado, podendo a obrigação de reparar o dano e a decretação do perdimento de bens ser, nos termos da lei, estendidas aos sucessores e contra eles executadas, até o limite do valor do patrimônio transferido;

- Arts. 932 e 935 do CC.

XLVI – a lei regulará a individualização da pena e adotará, entre outras, as seguintes:

- Súm. Vinc. nº 26 do STF.

a) privação ou restrição da liberdade;

b) perda de bens;

c) multa;

d) prestação social alternativa;

e) suspensão ou interdição de direitos;

XLVII – não haverá penas:

- Art. 60, § 4º, IV, desta Constituição.

a) de morte, salvo em caso de guerra declarada, nos termos do artigo 84, XIX;

b) de caráter perpétuo;

c) de trabalhos forçados;

d) de banimento;

e) cruéis;

- Súmulas nºs 280, 309 e 419 do STJ.

XLVIII – a pena será cumprida em estabelecimentos distintos, de acordo com a natureza do delito, a idade e o sexo do apenado;

XLIX – é assegurado aos presos o respeito à integridade física e moral;

- Art. 5º, III, desta Constituição.
- Súm. Vinc. nº 11 do STF.

L – às presidiárias serão asseguradas condições para que possam permanecer com seus filhos durante o período de amamentação;

LI – nenhum brasileiro será extraditado, salvo o naturalizado, em caso de crime comum, praticado antes da naturalização, ou de comprovado envolvimento em tráfico ilícito de entorpecentes e drogas afins, na forma da lei;

- Art. 12, II, desta Constituição.
- Súm. nº 421 do STF.

LII – não será concedida extradição de estrangeiro por crime político ou de opinião;

LIII – ninguém será processado nem sentenciado senão pela autoridade competente;

- Súm. nº 704 do STF.

LIV – ninguém será privado da liberdade ou de seus bens sem o devido processo legal;

- Súmulas Vinculantes nºs 13 e 14 do STF.
- Súm. nº 704 do STF.
- Súmulas nºs 255 e 347 do STJ.

LV – aos litigantes, em processo judicial ou administrativo, e aos acusados em geral são assegurados o contraditório e ampla defesa, com os meios e recursos a ela inerentes;

- Lei nº 9.784, de 29-1-1999 (Lei do Processo Administrativo Federal).
- Súmulas Vinculantes nºs 3, 5, 14, 21 e 28 do STF.
- Súmulas nºs 523, 701, 704, 705, 707, 708 e 712 do STF.
- Súmulas nºs 126, 255, 312, 347 e 373 do STJ.

LVI – são inadmissíveis, no processo, as provas obtidas por meios ilícitos;

LVII – ninguém será considerado culpado até o trânsito em julgado de sentença penal condenatória;

LVIII – o civilmente identificado não será submetido à identificação criminal, salvo nas hipóteses previstas em lei;

- Súm. nº 588 do STF.
- Súm. nº 9 do STJ.

LIX – será admitida ação privada nos crimes de ação pública, se esta não for intentada no prazo legal;

LX – a lei só poderá restringir a publicidade dos atos processuais quando a defesa da intimidade ou o interesse social o exigirem;

- Art. 93, IX, desta Constituição.
- Súm. nº 708 do STF.

LXI – ninguém será preso senão em flagrante delito ou por ordem escrita e fundamentada de autoridade judiciária competente, salvo nos casos de transgressão militar ou crime propriamente militar, definidos em lei;

- Arts. 5º, LVII, e 93, IX, desta Constituição.
- Súmulas nºs 9 e 280 do STJ.

LXII – a prisão de qualquer pessoa e o local onde se encontre serão comunicados imediatamente ao juiz competente e à família do preso ou à pessoa por ele indicada;

- Art. 136, § 3º, IV, desta Constituição.

LXIII – o preso será informado de seus direitos, entre os quais o de permanecer calado, sendo-lhe assegurada a assistência da família e de advogado;

- Art. 136, § 3º, IV, desta Constituição.

LXIV – o preso tem direito à identificação dos responsáveis por sua prisão ou por seu interrogatório policial;

LXV – a prisão ilegal será imediatamente relaxada pela autoridade judiciária;

- Súm. nº 697 do STF.

LXVI – ninguém será levado à prisão ou nela mantido, quando a lei admitir a liberdade provisória, com ou sem fiança;

LXVII – não haverá prisão civil por dívida, salvo a do responsável pelo inadimplemento voluntário e inescusável de obrigação alimentícia e a do depositário infiel;

- Art. 652 do CC.
- Lei nº 8.866, de 11-4-1994 (Lei do Depositário Infiel).
- Súm. Vinc. nº 25 do STF.
- Súmulas nºs 280, 309 e 419 do STJ.

LXVIII – conceder-se-á *habeas corpus* sempre que alguém sofrer ou se achar ameaçado de sofrer violência ou coação em sua liberdade de locomoção, por ilegalidade ou abuso de poder;

- Art. 142, § 2º, desta Constituição.
- Súmulas nºs 208, 299, 319, 344, 431, 606, 691 a 695 do STF.

LXIX – conceder-se-á mandado de segurança para proteger direito líquido e certo, não amparado por *habeas corpus* ou *habeas data*, quando o responsável pela ilegalidade ou abuso de poder for autoridade pública ou agente de pessoa jurídica no exercício de atribuições do Poder Público;

- Lei nº 9.507, de 12-12-1997 (Lei do *Habeas Data*).
- Lei nº 12.016, de 7-8-2009 (Lei do Mandado de Segurança Individual e Coletivo).
- Súmulas nºs 101, 248, 266 a 272, 294, 299, 304, 319, 330, 392, 405, 429, 430, 433, 474, 510 a 512, 597, 622 a 627, 629 a 632 e 701 do STF.
- Súmulas nºs 41, 105, 169, 177, 202, 213, 333, 376 e 460 do STJ.

LXX – o mandado de segurança coletivo pode ser impetrado por:

- Art. 2º da Lei nº 8.437, de 30-6-1992 (Lei da Medida Cautelar Fiscal).
- Arts. 21 e 22 da Lei nº 12.016, de 7-8-2009 (Lei do Mandado de Segurança Individual e Coletivo).
- Súmulas nºs 629 e 630 do STF.

a) partido político com representação no Congresso Nacional;

b) organização sindical, entidade de classe ou associação legalmente constituída e em funcionamento há pelo menos um ano, em defesa dos interesses de seus membros ou associados;

- Art. 5º da Lei nº 7.347, de 24-7-1985 (Lei da Ação Civil Pública).
- Súmulas nºs 629 e 630 do STF.

LXXI – conceder-se-á mandado de injunção sempre que a falta de norma regulamentadora torne inviável o exercício dos direitos e liberdades constitucionais e das prerrogativas inerentes à nacionalidade, à soberania e à cidadania;

- Art. 24, par. ún., da Lei nº 8.038, de 28-5-1990, que institui normas procedimentais para os processos que especifica, perante o STJ e o STF.

LXXII – conceder-se-á *habeas data*:

- Lei nº 9.507, de 12-12-1997 (Lei do *Habeas Data*).
- Súm. nº 368 do STJ.

a) para assegurar o conhecimento de informações relativas à pessoa do impetrante, constantes de registros ou bancos de dados de entidades governamentais ou de caráter público;

- Súm. nº 2 do STJ.

b) para a retificação de dados, quando não se prefira fazê-lo por processo sigiloso, judicial ou administrativo;

- Súm. nº 368 do STJ.

LXXIII – qualquer cidadão é parte legítima para propor ação popular que vise a anular ato lesivo ao patrimônio público ou de entidade de que o Estado participe, à moralidade administrativa, ao meio ambiente e ao patrimônio histórico e cultural, ficando o autor, salvo comprovada má-fé, isento de custas judiciais e do ônus da sucumbência;

- Súm. nº 365 do STJ.

LXXIV – o Estado prestará assistência jurídica integral e gratuita aos que comprovarem insuficiência de recursos;

- Art. 134 desta Constituição.
- Súm. nº 102 do STJ.

LXXV – o Estado indenizará o condenado por erro judiciário, assim como o que ficar preso além do tempo fixado na sentença;

LXXVI – são gratuitos para os reconhecidamente pobres, na forma da lei:

- Lei nº 9.265, de 12-2-1996, regulamenta este inciso, estabelecendo a gratuidade dos atos necessários ao exercício da cidadania.

a) o registro civil de nascimento;

b) a certidão de óbito;

LXXVII – são gratuitas as ações de *habeas corpus* e *habeas data* e, na forma da lei, os atos necessários ao exercício da cidadania;

- Lei nº 9.265, de 12-2-1996, regulamenta este inciso, estabelecendo a gratuidade dos atos necessários ao exercício da cidadania.

LXXVIII – a todos, no âmbito judicial e administrativo, são assegurados a razoável duração do processo e os meios que garantam a celeridade de sua tramitação;

- Inciso LXXVIII acrescido pela EC nº 45, de 8-12-2004.

LXXIX – é assegurado, nos termos da lei, o direito à proteção dos dados pessoais, inclusive nos meios digitais.

- Inciso LXXIX acrescido pela EC nº 115, de 10-2-2022.

§ 1º As normas definidoras dos direitos e garantias fundamentais têm aplicação imediata.

§ 2º Os direitos e garantias expressos nesta Constituição não excluem outros decorrentes do regime e dos princípios por ela adotados, ou dos tratados internacionais em que a República Federativa do Brasil seja parte.

- Súm. Vinc. nº 25 do STF.

§ 3º Os tratados e convenções internacionais sobre direitos humanos que forem aprovados, em cada Casa do Congresso Nacional, em dois turnos, por três quintos dos votos dos respectivos membros, serão equivalentes às emendas constitucionais.

§ 4º O Brasil se submete à jurisdição de Tribunal Penal Internacional a cuja criação tenha manifestado adesão.

- §§ 3º e 4º acrescidos pela EC nº 45, de 8-12-2004.

CAPÍTULO II

DOS DIREITOS SOCIAIS

Art. 6º São direitos sociais a educação, a saúde, a alimentação, o trabalho, a moradia, o transporte, o lazer, a segurança, a previdência social, a proteção à maternidade e à infância, a assistência aos desamparados, na forma desta Constituição.

- Artigo com a redação dada pela EC nº 90, de 15-9-2015.
- Arts. 208, 212, § 4º, e 227 desta Constituição.

Parágrafo único. Todo brasileiro em situação de vulnerabilidade social terá direito a uma renda básica familiar, garantida pelo poder público em programa permanente de transferência de renda, cujas normas e requisitos de acesso serão determinados em lei, observada a legislação fiscal e orçamentária.

- Parágrafo único acrescido pela EC nº 114, de 16-12-2021.

Art. 7º São direitos dos trabalhadores urbanos e rurais, além de outros que visem à melhoria de sua condição social:

I – relação de emprego protegida contra despedida arbitrária ou sem justa causa, nos termos de lei complementar, que preverá indenização compensatória, dentre outros direitos;

- Art. 10 do ADCT.

II – seguro-desemprego, em caso de desemprego involuntário;

III – Fundo de Garantia do Tempo de Serviço;

- LC nº 110, de 29-6-2001, institui contribuições sociais, autoriza créditos de complementos de atualização monetária em contas vinculadas do Fundo de Garantia do Tempo de Serviço – FGTS.
- Súm. nº 353 do STJ.

IV – salário mínimo, fixado em lei, nacionalmente unificado, capaz de atender a suas necessidades vitais básicas e às de sua família com moradia, alimentação, educação, saúde, lazer, vestuário, higiene, transporte e previdência social, com reajustes periódicos que lhe preservem o poder aquisitivo, sendo vedada sua vinculação para qualquer fim;

- Ao julgar a ADIN nº 4.568, o Plenário do STF declarou a constitucionalidade da Lei nº 12.382, de 25-2-2011, que estipula os parâmetros para fixação do salário mínimo, cabendo ao Presidente da República aplicar os índices definidos para reajuste e aumento e divulgá-los por meio de decreto.
- Art. 39, § 3º, desta Constituição.
- Súmulas Vinculantes nºs 4, 6, 15 e 16 do STF.

V – piso salarial proporcional à extensão e à complexidade do trabalho;

VI – irredutibilidade do salário, salvo o disposto em convenção ou acordo coletivo;

VII – garantia de salário, nunca inferior ao mínimo, para os que percebem remuneração variável;

- Art. 39, § 3º, desta Constituição.

VIII – décimo terceiro salário com base na remuneração integral ou no valor da aposentadoria;

- Súm. nº 349 do STJ.

IX – remuneração do trabalho noturno superior à do diurno;

X – proteção do salário na forma da lei, constituindo crime sua retenção dolosa;

XI – participação nos lucros, ou resultados, desvinculada da remuneração, e, excepcionalmente, participação na gestão da empresa, conforme definido em lei;

XII – salário-família pago em razão do dependente do trabalhador de baixa renda nos termos da lei;

- Inciso XII com a redação dada pela EC nº 20, de 15-12-1998.
- Arts. 39, § 3º, e 142, § 3º, desta Constituição.

XIII – duração do trabalho normal não superior a oito horas diárias e quarenta e quatro semanais, facultada a compensação de horários e a redução da jornada, mediante acordo ou convenção coletiva de trabalho;

XIV – jornada de seis horas para o trabalho realizado em turnos ininterruptos de revezamento, salvo negociação coletiva;

- Súm. nº 675 do STF.

XV – repouso semanal remunerado, preferencialmente aos domingos;

XVI – remuneração do serviço extraordinário superior, no mínimo, em cinquenta por cento à do normal;

XVII – gozo de férias anuais remuneradas com, pelo menos, um terço a mais do que o salário normal;

XVIII – licença à gestante, sem prejuízo do emprego e do salário, com a duração de cento e vinte dias;

- O STF, por unanimidade de votos, julgou parcialmente procedente a ADIN nº 1.946-5, para dar, ao art. 14 da EC nº 20, de 15-12-1998, interpretação conforme a CF, excluindo-se sua aplicação ao salário da licença gestante, a que se refere este inciso (*DJU* de 16-5-2003 e *DOU* de 3-6-2003).
- Art. 10, II, *b*, do ADCT.

XIX – licença-paternidade, nos termos fixados em lei;

- Art. 10, § 1º, do ADCT.

XX – proteção do mercado de trabalho da mulher, mediante incentivos específicos, nos termos da lei;

XXI – aviso prévio proporcional ao tempo de serviço, sendo no mínimo de trinta dias, nos termos da lei;

XXII – redução dos riscos inerentes ao trabalho, por meio de normas de saúde, higiene e segurança;

- Súm. nº 736 do STF.

XXIII – adicional de remuneração para as atividades penosas, insalubres ou perigosas, na forma da lei;

- Súm. Vinc. nº 4 do STF.

XXIV – aposentadoria;

XXV – assistência gratuita aos filhos e dependentes desde o nascimento até 5 (cinco) anos de idade em creches e pré-escolas;

- Inciso XXV com a redação dada pela EC nº 53, de 19-12-2006.
- Art. 208, IV, desta Constituição.

XXVI – reconhecimento das convenções e acordos coletivos de trabalho;

XXVII – proteção em face da automação, na forma da lei;

XXVIII – seguro contra acidentes de trabalho, a cargo do empregador, sem excluir a indenização a que este está obrigado, quando incorrer em dolo ou culpa;

- Art. 114, VI, desta Constituição.
- Lei nº 8.212, de 24-7-1991 (Lei Orgânica da Seguridade Social).

XXIX – ação, quanto aos créditos resultantes das relações de trabalho, com prazo prescricional de cinco anos para os trabalhadores urbanos e rurais, até o limite de dois anos após a extinção do contrato de trabalho;

- Inciso XXIX com a redação dada pela EC nº 28, de 25-5-2000.

a) e *b*) *Revogadas*. EC nº 28, de 25-5-2000.

XXX – proibição de diferença de salários, de exercício de funções e de critério de admissão por motivo de sexo, idade, cor ou estado civil;

- Súm. nº 683 do STF.

XXXI – proibição de qualquer discriminação no tocante a salário e critérios de admissão do trabalhador portador de deficiência;

XXXII – proibição de distinção entre trabalho manual, técnico e intelectual ou entre os profissionais respectivos;

XXXIII – proibição de trabalho noturno, perigoso ou insalubre a menores de dezoito e de qualquer trabalho a menores de dezesseis anos, salvo na condição de aprendiz, a partir de quatorze anos;

- Inciso XXXIII com a redação dada pela EC nº 20, de 15-12-1998.

XXXIV – igualdade de direitos entre o trabalhador com vínculo empregatício permanente e o trabalhador avulso.

Parágrafo único. São assegurados à categoria dos trabalhadores domésticos os direitos previstos nos incisos IV, VI, VII, VIII, X, XIII, XV, XVI, XVII, XVIII, XIX, XXI, XXII, XXIV, XXVI, XXX, XXXI e XXXIII e, atendidas as condições estabelecidas em lei e observada a simplificação do cumprimento das obrigações tributárias, principais e acessórias, decorrentes da relação de trabalho e suas peculiaridades, os previstos nos incisos I, II, III, IX, XII, XXV e XXVIII, bem como a sua integração à previdência social.

- Parágrafo único com a redação dada pela EC nº 72, de 3-4-2013.

Art. 8º É livre a associação profissional ou sindical, observado o seguinte:

- Súm. nº 677 do STF.
- Súm. nº 4 do STJ.

I – a lei não poderá exigir autorização do Estado para a fundação de sindicato, ressalvado o registro no órgão competente, vedadas ao Poder Público a interferência e a intervenção na organização sindical;

- Súm. nº 677 do STF.

II – é vedada a criação de mais de uma organização sindical, em qualquer grau, representativa de categoria profissional ou econômica, na mesma base territorial, que será definida pelos trabalhadores ou empregadores interessados, não podendo ser inferior à área de um município;

III – ao sindicato cabe a defesa dos direitos e interesses coletivos ou individuais da categoria, inclusive em questões judiciais ou administrativas;

IV – a assembleia-geral fixará a contribuição que, em se tratando de categoria profissional, será descontada em folha, para custeio do sistema confederativo da representação sindical respectiva, independentemente da contribuição prevista em lei;

- Ao julgar a ADIN nº 4.033, o Plenário do STF julgou constitucional a isenção de contribuição sindical patronal das microempresas e empresas de pequeno porte, optantes do regime SIMPLES NACIONAL, constante do art. 13, § 3º, da LC nº 123, 14-12-2006.
- No julgamento da ADIN nº 2.522, o Plenário do STF julgou constitucional o art. 47 da Lei nº 8.906, de 4-7-1994 (Estatuto da OAB) a isentar o recolhimento da contribuição sindical obrigatória aos advogados inscritos na Ordem dos Advogados do Brasil.
- Súm. nº 666 do STF.
- Súm. nº 396 do STJ.

V – ninguém será obrigado a filiar-se ou manter-se filiado a sindicato;

VI – é obrigatória a participação dos sindicatos nas negociações coletivas de trabalho;

- O STF, ao julgar as Ações Diretas de Inconstitucionalidade nºs 1.861 e 1.361, declararam a inconstitucionalidade de regra constante da MP nº 1.698-46, de 30-6-1998 e art. 2º da MP nº 1.136, de 26-9-1995, que previam a possibilidade de negociação coletiva para instituição de participação nos lucros, por meio de comissão de trabalhadores integrada por um representante indicado pelo sindicato, em alternativa ao acordo coletivo ou convenção coletiva de trabalho.

VII – o aposentado filiado tem direito a votar e ser votado nas organizações sindicais;

VIII – é vedada a dispensa do empregado sindicalizado, a partir do registro da candidatura a cargo de direção ou representação sindical e, se eleito, ainda que suplente, até um ano após o final do mandato, salvo se cometer falta grave nos termos da lei.

- Súm. nº 197 do STF.

Parágrafo único. As disposições deste artigo aplicam-se à organização de sindicatos rurais e de colônias de pescadores, atendidas as condições que a lei estabelecer.

Art. 9º É assegurado o direito de greve, competindo aos trabalhadores decidir sobre a oportunidade de exercê-lo e sobre os interesses que devam por meio dele defender.

- Arts. 37, VII, 114, II, e 142, § 3º, IV, desta Constituição.

§ 1º A lei definirá os serviços ou atividades essenciais e disporá sobre o atendimento das necessidades inadiáveis da comunidade.

§ 2º Os abusos cometidos sujeitam os responsáveis às penas da lei.

- Súm. nº 316 do STF.

Art. 10. É assegurada a participação dos trabalhadores e empregadores nos colegiados dos órgãos públicos em que seus interesses profissionais ou previdenciários sejam objeto de discussão e deliberação.

Art. 11. Nas empresas de mais de duzentos empregados, é assegurada a eleição de um representante destes com a finalidade exclusiva de promover-lhes o entendimento direto com os empregadores.

CAPÍTULO III

DA NACIONALIDADE

Art. 12. São brasileiros:

- Art. 5º, LXXI, desta Constituição.

I – natos:

a) os nascidos na República Federativa do Brasil, ainda que de pais estrangeiros, desde que estes não estejam a serviço de seu país;

b) os nascidos no estrangeiro, de pai brasileiro ou mãe brasileira, desde que qualquer deles esteja a serviço da República Federativa do Brasil;

c) os nascidos no estrangeiro de pai brasileiro ou de mãe brasileira, desde que sejam registrados em repartição brasileira competente ou venham a residir na República Federativa do Brasil e optem, em qualquer tempo, depois de atingida a maioridade, pela nacionalidade brasileira;

- Alínea *c* com a redação dada pela EC nº 54, de 20-9-2007.

II – naturalizados:

a) os que, na forma da lei, adquiram a nacionalidade brasileira, exigidas aos originários de países de língua portuguesa apenas residência por um ano ininterrupto e idoneidade moral;

b) os estrangeiros de qualquer nacionalidade, residentes na República Federativa do Brasil há mais de quinze anos ininterruptos e sem condenação penal, desde que requeiram a nacionalidade brasileira.

- Alínea *b* com a redação dada pela ECR nº 3, de 7-6-1994.

§ 1º Aos portugueses com residência permanente no País, se houver reciprocidade em favor de brasileiros, serão atribuídos os direitos inerentes ao brasileiro, salvo os casos previstos nesta Constituição.

- § 1º com a redação dada pela ECR nº 3, de 7-6-1994.

§ 2º A lei não poderá estabelecer distinção entre brasileiros natos e naturalizados, salvo nos casos previstos nesta Constituição.

§ 3º São privativos de brasileiro nato os cargos:

I – de Presidente e Vice-Presidente da República;

II – de Presidente da Câmara dos Deputados;

III – de Presidente do Senado Federal;

IV – de Ministro do Supremo Tribunal Federal;

V – da carreira diplomática;

VI – de oficial das Forças Armadas;

VII – de Ministro de Estado da Defesa.

- Inciso VII acrescido pela EC nº 23, de 2-9-1999.

§ 4º Será declarada a perda da nacionalidade do brasileiro que:

I – tiver cancelada sua naturalização, por sentença judicial, em virtude de atividade nociva ao interesse nacional;

II – adquirir outra nacionalidade, salvo nos casos:

a) de reconhecimento de nacionalidade originária pela lei estrangeira;

b) de imposição de naturalização, pela norma estrangeira, ao brasileiro residente em Estado estrangeiro, como condição para permanência em seu território ou para o exercício de direitos civis.

- Inciso II, alíneas *a* e *b*, com a redação dada pela ECR nº 3, de 7-6-1994.

Art. 13. A língua portuguesa é o idioma oficial da República Federativa do Brasil.

§ 1º São símbolos da República Federativa do Brasil a bandeira, o hino, as armas e o selo nacionais.

§ 2º Os Estados, o Distrito Federal e os Municípios poderão ter símbolos próprios.

CAPÍTULO IV

DOS DIREITOS POLÍTICOS

Art. 14. A soberania popular será exercida pelo sufrágio universal e pelo voto direto e secreto, com valor igual para todos, e, nos termos da lei, mediante:

I – plebiscito;

- Art. 18, §§ 3º e 4º, desta Constituição.

II – referendo;

III – iniciativa popular.

- Art. 61, § 2º, desta Constituição.

§ 1º O alistamento eleitoral e o voto são:

I – obrigatórios para os maiores de dezoito anos;

II – facultativos para:

a) os analfabetos;

b) os maiores de setenta anos;

c) os maiores de dezesseis e menores de dezoito anos.

§ 2º Não podem alistar-se como eleitores os estrangeiros e, durante o período do serviço militar obrigatório, os conscritos.

§ 3º São condições de elegibilidade, na forma da lei:

I – a nacionalidade brasileira;

II – o pleno exercício dos direitos políticos;

III – o alistamento eleitoral;

IV – o domicílio eleitoral na circunscrição;

V – a filiação partidária;

VI – a idade mínima de:

a) trinta e cinco anos para Presidente e Vice-Presidente da República e Senador;

b) trinta anos para Governador e Vice-Governador de Estado e do Distrito Federal;

c) vinte e um anos para Deputado Federal, Deputado Estadual ou Distrital, Prefeito, Vice-Prefeito e juiz de paz;

d) dezoito anos para Vereador.

§ 4º São inelegíveis os inalistáveis e os analfabetos.

§ 5º O Presidente da República, os Governadores de Estado e do Distrito Federal, os Prefeitos e quem os houver sucedido ou substituído no curso dos mandatos poderão ser reeleitos para um único período subsequente.

- § 5º com a redação dada pela EC nº 16, de 4-6-1997.

§ 6º Para concorrerem a outros cargos, o Presidente da República, os Governadores de Estado e do Distrito Federal e os Prefeitos devem renunciar aos respectivos mandatos até seis meses antes do pleito.

§ 7º São inelegíveis, no território de jurisdição do titular, o cônjuge e os parentes consanguíneos ou afins, até o segundo grau ou por adoção, do Presidente da República, de Governador de Estado ou Território, do Distrito Federal, de Prefeito ou de quem os haja substituído dentro dos seis meses anteriores ao pleito, salvo se já titular de mandato eletivo e candidato à reeleição.

o Súm. Vinc. nº 18 do STF.

§ 8º O militar alistável é elegível, atendidas as seguintes condições:

I – se contar menos de dez anos de serviço, deverá afastar-se da atividade;

II – se contar mais de dez anos de serviço, será agregado pela autoridade superior e, se eleito, passará automaticamente, no ato da diplomação, para a inatividade.

o Art. 42, § 1º, desta Constituição.

§ 9º Lei complementar estabelecerá outros casos de inelegibilidade e os prazos de sua cessação, a fim de proteger a probidade administrativa, a moralidade para o exercício do mandato, considerada a vida pregressa do candidato, e a normalidade e legitimidade das eleições contra a influência do poder econômico ou o abuso do exercício de função, cargo ou emprego na administração direta ou indireta.

- § 9º com a redação dada pela ECR nº 4, de 7-6-1994.

o Art. 37, § 4º, desta Constituição.

§ 10. O mandato eletivo poderá ser impugnado ante a Justiça Eleitoral no prazo de quinze dias contados da diplomação, instruída a ação com provas de abuso do poder econômico, corrupção ou fraude.

- O STF, ao julgar as Ações Diretas de Inconstitucionalidade nºs 3.999 e 4.086, confirmou a constitucionalidade da Res. do TSE nº 22.610, de 25-10-2007, que disciplina o processo de perda do mandato eletivo por infidelidade partidária.

§ 11. A ação de impugnação de mandato tramitará em segredo de justiça, respondendo o autor, na forma da lei, se temerária ou de manifesta má-fé.

§ 12. Serão realizadas concomitantemente às eleições municipais as consultas populares sobre questões locais aprovadas pelas Câmaras Municipais e encaminhadas à Justiça Eleitoral até 90 (noventa) dias antes da data das eleições, observados os limites operacionais relativos ao número de quesitos.

§ 13. As manifestações favoráveis e contrárias às questões submetidas às consultas populares nos termos do § 12 ocorrerão durante as campanhas eleitorais, sem a utilização de propaganda gratuita no rádio e na televisão.

- §§ 12 e 13 acrescidos pela EC nº 111, de 28-9-2021.

Art. 15. É vedada a cassação de direitos políticos, cuja perda ou suspensão só se dará nos casos de:

I – cancelamento da naturalização por sentença transitada em julgado;

II – incapacidade civil absoluta;

III – condenação criminal transitada em julgado, enquanto durarem seus efeitos;

IV – recusa de cumprir obrigação a todos imposta ou prestação alternativa, nos termos do artigo 5º, VIII;

o Art. 143 desta Constituição.

V – improbidade administrativa, nos termos do artigo 37, § 4º.

Art. 16. A lei que alterar o processo eleitoral entrará em vigor na data de sua publicação, não se aplicando à eleição que ocorra até um ano da data de sua vigência.

- Artigo com a redação dada pela EC nº 4, de 14-9-1993.

CAPÍTULO V
DOS PARTIDOS POLÍTICOS

Art. 17. É livre a criação, fusão, incorporação e extinção de partidos políticos, resguardados a soberania nacional, o regime democrático, o pluripartidarismo, os direitos fundamentais da pessoa humana e observados os seguintes preceitos:

I – caráter nacional;

II – proibição de recebimento de recursos financeiros de entidade ou governo estrangeiros ou de subordinação a estes;

III – prestação de contas à Justiça Eleitoral;

IV – funcionamento parlamentar de acordo com a lei.

§ 1º É assegurada aos partidos políticos autonomia para definir sua estrutura interna e estabelecer regras sobre escolha, formação e duração de seus órgãos permanentes e provisórios e sobre sua organização e funcionamento e para adotar os critérios de escolha e o regime de suas coligações nas eleições majoritárias, vedada a sua celebração nas eleições proporcionais, sem obrigatoriedade de vinculação entre as candidaturas em âmbito nacional, estadual, distrital ou municipal, devendo seus estatutos estabelecer normas de disciplina e fidelidade partidária.

- § 1º com a redação dada pela EC nº 97, de 4-10-2017.

§ 2º Os partidos políticos, após adquirirem personalidade jurídica, na forma da lei civil, registrarão seus estatutos no Tribunal Superior Eleitoral.

§ 3º Somente terão direito a recursos do fundo partidário e acesso gratuito ao rádio e à televisão, na forma da lei, os partidos políticos que alternativamente:

I – obtiverem, nas eleições para a Câmara dos Deputados, no mínimo, 3% (três por cento) dos votos válidos, distribuídos em pelo menos um terço das unidades da Federação, com um mínimo de 2% (dois por cento) dos votos válidos em cada uma delas; ou

II – tiverem elegido pelo menos quinze Deputados Federais distribuídos em pelo menos um terço das unidades da Federação.

- § 3º com a redação dada pela EC nº 97, de 4-10-2017.

§ 4º É vedada a utilização pelos partidos políticos de organização paramilitar.

§ 5º Ao eleito por partido que não preencher os requisitos previstos no § 3º deste artigo é assegurado o mandato e facultada a filiação, sem perda do mandato, a outro partido que os tenha atingido, não sendo essa filiação considerada para fins de distribuição dos recursos do fundo partidário e de acesso gratuito ao tempo de rádio e de televisão.

• § 5º acrescido pela EC nº 97, de 4-10-2017.

§ 6º Os Deputados Federais, os Deputados Estaduais, os Deputados Distritais e os Vereadores que se desligarem do partido pelo qual tenham sido eleitos perderão o mandato, salvo nos casos de anuência do partido ou de outras hipóteses de justa causa estabelecidas em lei, não computada, em qualquer caso, a migração de partido para fins de distribuição de recursos do fundo partidário ou de outros fundos públicos e de acesso gratuito ao rádio e à televisão.

• § 6º acrescido pela EC nº 111, de 28-9-2021.

§ 7º Os partidos políticos devem aplicar no mínimo 5% (cinco por cento) dos recursos do fundo partidário na criação e na manutenção de programas de promoção e difusão da participação política das mulheres, de acordo com os interesses intrapartidários.

§ 8º O montante do Fundo Especial de Financiamento de Campanha e da parcela do fundo partidário destinada a campanhas eleitorais, bem como o tempo de propaganda gratuita no rádio e na televisão a ser distribuído pelos partidos às respectivas candidatas, deverão ser de no mínimo 30% (trinta por cento), proporcional ao número de candidatas, e a distribuição deverá ser realizada conforme critérios definidos pelos respectivos órgãos de direção e pelas normas estatutárias, considerados a autonomia e o interesse partidário.

• §§ 7º e 8º acrescidos pela EC nº 117, de 5-4-2022.

TÍTULO III – DA ORGANIZAÇÃO DO ESTADO

CAPÍTULO I

DA ORGANIZAÇÃO POLÍTICO-ADMINISTRATIVA

Art. 18. A organização político-administrativa da República Federativa do Brasil compreende a União, os Estados, o Distrito Federal e os Municípios, todos autônomos, nos termos desta Constituição.

§ 1º Brasília é a Capital Federal.

§ 2º Os Territórios Federais integram a União, e sua criação, transformação em Estado ou reintegração ao Estado de origem serão reguladas em lei complementar.

§ 3º Os Estados podem incorporar-se entre si, subdividir-se ou desmembrar-se para se anexarem a outros, ou formarem novos Estados ou Territórios Federais, mediante aprovação da população diretamente interessada, através de plebiscito, e do Congresso Nacional, por lei complementar.

§ 4º A criação, a incorporação, a fusão e o desmembramento de Municípios, far-se-ão por lei estadual, dentro do período determinado por lei complementar federal, e dependerão de consulta prévia, mediante plebiscito, às populações dos Municípios envolvidos, após divulgação dos Estudos de Viabilidade Municipal, apresentados e publicados na forma da lei.

• § 4º com a redação dada pela EC nº 15, de 12-9-1996.

Art. 19. É vedado à União, aos Estados, ao Distrito Federal e aos Municípios:

I – estabelecer cultos religiosos ou igrejas, subvencioná-los, embaraçar-lhes o funcionamento ou manter com eles ou seus representantes relações de dependência ou aliança, ressalvada, na forma da lei, a colaboração de interesse público;

II – recusar fé aos documentos públicos;

III – criar distinções entre brasileiros ou preferências entre si.

CAPÍTULO II

DA UNIÃO

Art. 20. São bens da União:

I – os que atualmente lhe pertencem e os que lhe vierem a ser atribuídos;

○ Súm. nº 650 do STF.

II – as terras devolutas indispensáveis à defesa das fronteiras, das fortificações e construções militares, das vias federais de comunicação e à preservação ambiental, definidas em lei;

○ Súm. nº 477 do STF.

III – os lagos, rios e quaisquer correntes de água em terrenos de seu domínio, ou que banhem mais de um Estado, sirvam de limites com outros países, ou se estendam a território estrangeiro ou dele provenham, bem como os terrenos marginais e as praias fluviais;

IV – as ilhas fluviais e lacustres nas zonas limítrofes com outros países; as praias marítimas; as ilhas oceânicas e as costeiras, excluídas, destas, as que contenham a sede de Municípios, exceto aquelas áreas afetadas ao serviço público e a unidade ambiental federal, e as referidas no art. 26, II;

• Inciso IV com a redação dada pela EC nº 46, de 5-5-2005.

V – os recursos naturais da plataforma continental e da zona econômica exclusiva;

VI – o mar territorial;

VII – os terrenos de marinha e seus acrescidos;

○ Súm. nº 496 do STJ.

VIII – os potenciais de energia hidráulica;

IX – os recursos minerais, inclusive os do subsolo;

X – as cavidades naturais subterrâneas e os sítios arqueológicos e pré-históricos;

XI – as terras tradicionalmente ocupadas pelos índios.

○ Súm. nº 650 do STF.

§ 1º É assegurada, nos termos da lei, à União, aos Estados, ao Distrito Federal e aos Municípios a participação no resultado da exploração de petróleo ou gás natural, de recursos hídricos para fins de geração de energia elétrica e de outros recursos minerais no respectivo território, plataforma continental, mar territorial ou zona econômica exclusiva, ou compensação financeira por essa exploração.

• § 1º com a redação dada pela EC nº 102, de 26-9-2019, para vigorar na data de sua publicação (*DOU* de 27-9-2019), produzindo efeitos a partir da execução orçamentária do exercício financeiro subsequente.

○ Art. 177 desta Constituição.

§ 2º A faixa de até cento e cinquenta quilômetros de largura, ao longo das fronteiras terrestres, designada como faixa de fronteira, é considerada fundamental para defesa do território nacional, e sua ocupação e utilização serão reguladas em lei.

Art. 21. Compete à União:

I – manter relações com Estados estrangeiros e participar de organizações internacionais;

II – declarar a guerra e celebrar a paz;

III – assegurar a defesa nacional;

IV – permitir, nos casos previstos em lei complementar, que forças estrangeiras transitem pelo território nacional ou nele permaneçam temporariamente;

V – decretar o estado de sítio, o estado de defesa e a intervenção federal;

VI – autorizar e fiscalizar a produção e o comércio de material bélico;

VII – emitir moeda;

VIII – administrar as reservas cambiais do País e fiscalizar as operações de natureza financeira, especialmente as de crédito, câmbio e capitalização, bem como as de seguros e de previdência privada;

- LC nº 108, de 29-5-2001, dispõe sobre a relação entre a União, os Estados o Distrito Federal e os Municípios, suas autarquias, fundações, sociedades de economia mista e outras entidades públicas e suas respectivas entidades fechadas de previdência complementar.
- Lei nº 4.595, de 31-12-1964 (Lei do Sistema Financeiro Nacional).

IX – elaborar e executar planos nacionais e regionais de ordenação do território e de desenvolvimento econômico e social;

X – manter o serviço postal e o correio aéreo nacional;

XI – explorar, diretamente ou mediante autorização, concessão ou permissão, os serviços de telecomunicações, nos termos da lei, que disporá sobre a organização dos serviços, a criação de um órgão regulador e outros aspectos institucionais;

- Inciso XI com a redação dada pela EC nº 8, de 15-8-1995.
- Lei nº 8.987, de 13-2-1995 (Lei da Concessão e Permissão da Prestação de Serviços Públicos).

XII – explorar, diretamente ou mediante autorização, concessão ou permissão:

a) os serviços de radiodifusão sonora e de sons e imagens;

- Alínea *a* com a redação dada pela EC nº 8, de 15-8-1995.
- Art. 246 desta Constituição.

b) os serviços e instalações de energia elétrica e o aproveitamento energético dos cursos de água, em articulação com os Estados onde se situam os potenciais hidroenergéticos;

c) a navegação aérea, aeroespacial e a infraestrutura aeroportuária;

d) os serviços de transporte ferroviário e aquaviário entre portos brasileiros e fronteiras nacionais, ou que transponham os limites de Estado ou Território;

e) os serviços de transporte rodoviário interestadual e internacional de passageiros;

f) os portos marítimos, fluviais e lacustres;

XIII – organizar e manter o Poder Judiciário, o Ministério Público do Distrito Federal e dos Territórios e a Defensoria Pública dos Territórios;

- Inciso XIII com a redação dada pela EC nº 69, de 29-3-2012, em vigor na data de sua publicação, produzindo efeitos após 120 dias de sua publicação oficial (*DOU* de 30-3-2012).

XIV – organizar e manter a polícia civil, a polícia penal, a polícia militar e o corpo de bombeiros militar do Distrito Federal, bem como prestar assistência financeira ao Distrito Federal para a execução de serviços públicos, por meio de fundo próprio;

- Inciso XIV com a redação dada pela EC nº 104, de 4-12-2019.
- Súm. nº 647 do STF.

XV – organizar e manter os serviços oficiais de estatística, geografia, geologia e cartografia de âmbito nacional;

XVI – exercer a classificação, para efeito indicativo, de diversões públicas e de programas de rádio e televisão;

- Art. 23 do ADCT.

XVII – conceder anistia;

XVIII – planejar e promover a defesa permanente contra as calamidades públicas, especialmente as secas e as inundações;

XIX – instituir sistema nacional de gerenciamento de recursos hídricos e definir critérios de outorga de direitos de seu uso;

XX – instituir diretrizes para o desenvolvimento urbano, inclusive habitação, saneamento básico e transportes urbanos;

XXI – estabelecer princípios e diretrizes para o sistema nacional de viação;

XXII – executar os serviços de polícia marítima, aeroportuária e de fronteiras;

- Inciso XXII com a redação dada pela EC nº 19, de 4-6-1998.

XXIII – explorar os serviços e instalações nucleares de qualquer natureza e exercer monopólio estatal sobre a pesquisa, a lavra, o enriquecimento e reprocessamento, a industrialização e o comércio de minérios nucleares e seus derivados, atendidos os seguintes princípios e condições:

a) toda atividade nuclear em Território Nacional somente será admitida para fins pacíficos e mediante aprovação do Congresso Nacional;

b) sob regime de permissão, são autorizadas a comercialização e a utilização de radioisótopos para pesquisa e uso agrícolas e industriais;

c) sob regime de permissão, são autorizadas a produção, a comercialização e a utilização de radioisótopos para pesquisa e uso médicos;

- Alíneas *b* e *c* com a redação dada pela EC nº 118, de 28-4-2022.

d) a responsabilidade civil por danos nucleares independe da existência de culpa;

- Alínea *d* acrescida pela EC nº 49, de 8-2-2006.

XXIV – organizar, manter e executar a inspeção do trabalho;

- Art. 174 desta Constituição.

XXV – estabelecer as áreas e as condições para o exercício da atividade de garimpagem, em forma associativa;

XXVI – organizar e fiscalizar a proteção e o tratamento de dados pessoais, nos termos da lei.

- Inciso XXVI acrescido pela EC nº 115, de 10-2-2022.

Art. 22. Compete privativamente à União legislar sobre:

I – direito civil, comercial, penal, processual, eleitoral, agrário, marítimo, aeronáutico, espacial e do trabalho;

- Súm. nº 722 do STF.

II – desapropriação;

- Art. 1.288, § 3º, do CC.

III – requisições civis e militares, em caso de iminente perigo e em tempo de guerra;

IV – águas, energia, informática, telecomunicações e radiodifusão;

V – serviço postal;

VI – sistema monetário e de medidas, títulos e garantias dos metais;

VII – política de crédito, câmbio, seguros e transferência de valores;

- Súm. Vinc. nº 32 do STF.

VIII – comércio exterior e interestadual;

IX – diretrizes da política nacional de transportes;

X – regime dos portos, navegação lacustre, fluvial, marítima, aérea e aeroespacial;

XI – trânsito e transporte;

XII – jazidas, minas, outros recursos minerais e metalurgia;

XIII – nacionalidade, cidadania e naturalização;

XIV – populações indígenas;

- Art. 231 desta Constituição.

XV – emigração e imigração, entrada, extradição e expulsão de estrangeiros;

XVI – organização do sistema nacional de emprego e condições para o exercício de profissões;

XVII – organização judiciária, do Ministério Público do Distrito Federal e dos Territórios e da Defensoria Pública dos Territórios, bem como organização administrativa destes;

- Inciso XVII com a redação dada pela EC nº 69, de 29-3-2012, em vigor na data de sua publicação, produzindo efeitos após 120 dias de sua publicação oficial (*DOU* de 30-3-2012).

XVIII – sistema estatístico, sistema cartográfico e de geologia nacionais;

XIX – sistemas de poupança, captação e garantia da poupança popular;

XX – sistemas de consórcios e sorteios;

- Súm. Vinc. nº 2 do STF.

XXI – normas gerais de organização, efetivos, material bélico, garantias, convocação, mobilização, inatividades e pensões das polícias militares e dos corpos de bombeiros militares;

- Inciso XXI com a redação dada pela EC nº 103, de 12-11-2019.

XXII – competência da Polícia Federal e das Polícias Rodoviária e Ferroviária Federais;

XXIII – seguridade social;

- Lei nº 8.212, de 24-7-1991 (Lei Orgânica da Seguridade Social).

XXIV – diretrizes e bases da educação nacional;

XXV – registros públicos;

XXVI – atividades nucleares de qualquer natureza;

XXVII – normas gerais de licitação e contratação, em todas as modalidades, para as administrações públicas diretas, autárquicas e fundacionais da União, Estados, Distrito Federal e Municípios, obedecido o disposto no artigo 37, XXI, e para as empresas públicas e sociedades de economia mista, nos termos do artigo 173, § 1º, III;

- Inciso XXVII com a redação dada pela EC nº 19, de 4-6-1998.
- Art. 37, XXI, desta Constituição.

XXVIII – defesa territorial, defesa aeroespacial, defesa marítima, defesa civil e mobilização nacional;

XXIX – propaganda comercial;

XXX – proteção e tratamento de dados pessoais.

- Inciso XXX acrescido pela EC nº 115, de 10-2-2022.

Parágrafo único. Lei complementar poderá autorizar os Estados a legislar sobre questões específicas das matérias relacionadas neste artigo.

Art. 23. É competência comum da União, dos Estados, do Distrito Federal e dos Municípios:

I – zelar pela guarda da Constituição, das leis e das instituições democráticas e conservar o patrimônio público;

II – cuidar da saúde e assistência pública, da proteção e garantia das pessoas portadoras de deficiência;

- Art. 203, V, desta Constituição.

III – proteger os documentos, as obras e outros bens de valor histórico, artístico e cultural, os monumentos, as paisagens naturais notáveis e os sítios arqueológicos;

IV – impedir a evasão, a destruição e a descaracterização de obras de arte e de outros bens de valor histórico, artístico ou cultural;

V – proporcionar os meios de acesso à cultura, à educação, à ciência, à tecnologia, à pesquisa e à inovação;

- Inciso V com a redação dada pela EC nº 85, de 26-2-2015.

VI – proteger o meio ambiente e combater a poluição em qualquer de suas formas;

VII – preservar as florestas, a fauna e a flora;

VIII – fomentar a produção agropecuária e organizar o abastecimento alimentar;

IX – promover programas de construção de moradias e a melhoria das condições habitacionais e de saneamento básico;

X – combater as causas da pobreza e os fatores de marginalização, promovendo a integração social dos setores desfavorecidos;

- Arts. 79 a 81 do ADCT.

XI – registrar, acompanhar e fiscalizar as concessões de direitos de pesquisa e exploração de recursos hídricos e minerais em seus territórios;

XII – estabelecer e implantar política de educação para a segurança do trânsito.

Parágrafo único. Leis complementares fixarão normas para a cooperação entre a União e os Estados, o Distrito Federal e os Municípios, tendo em vista o equilíbrio do desenvolvimento e do bem-estar em âmbito nacional.

- Parágrafo único com a redação dada pela EC nº 53, de 19-12-2006.

Art. 24. Compete à União, aos Estados e ao Distrito Federal legislar concorrentemente sobre:

I – direito tributário, financeiro, penitenciário, econômico e urbanístico;

II – orçamento;

III – juntas comerciais;

IV – custas dos serviços forenses;

- Súm. nº 178 do STJ.

V – produção e consumo;

VI – florestas, caça, pesca, fauna, conservação da natureza, defesa do solo e dos recursos naturais, proteção do meio ambiente e controle da poluição;

VII – proteção ao patrimônio histórico, cultural, artístico, turístico e paisagístico;

VIII – responsabilidade por dano ao meio ambiente, ao consumidor, a bens e direitos de valor artístico, estético, histórico, turístico e paisagístico;

- Lei nº 7.347, de 24-7-1985 (Lei da Ação Civil Pública).

IX – educação, cultura, ensino, desporto, ciência, tecnologia, pesquisa, desenvolvimento e inovação;

- Inciso IX com a redação dada pela EC nº 85, de 26-2-2015.

X – criação, funcionamento e processo do juizado de pequenas causas;

- Art. 98, I, desta Constituição.
- Lei nº 9.099, de 26-9-1995 (Lei dos Juizados Especiais).
- Lei nº 10.259, de 12-7-2001 (Lei dos Juizados Especiais Federais).
- Lei nº 12.153, de 22-12-2009 (Lei dos Juizados Especiais da Fazenda Pública).

XI – procedimentos em matéria processual;

XII – previdência social, proteção e defesa da saúde;

XIII – assistência jurídica e defensoria pública;

XIV – proteção e integração social das pessoas portadoras de deficiência;

- Art. 203, V, desta Constituição.

XV – proteção à infância e à juventude;

XVI – organização, garantias, direitos e deveres das polícias civis.

CF

§ 1º No âmbito da legislação concorrente, a competência da União limitar-se-á a estabelecer normas gerais.

§ 2º A competência da União para legislar sobre normas gerais não exclui a competência suplementar dos Estados.

§ 3º Inexistindo lei federal sobre normas gerais, os Estados exercerão a competência legislativa plena, para atender a suas peculiaridades.

§ 4º A superveniência de lei federal sobre normas gerais suspende a eficácia da lei estadual, no que lhe for contrário.

CAPÍTULO III

DOS ESTADOS FEDERADOS

Art. 25. Os Estados organizam-se e regem-se pelas Constituições e leis que adotarem, observados os princípios desta Constituição.

- Súm. nº 681 do STF.

§ 1º São reservadas aos Estados as competências que não lhes sejam vedadas por esta Constituição.

- Art. 19 desta Constituição.

§ 2º Cabe aos Estados explorar diretamente, ou mediante concessão, os serviços locais de gás canalizado, na forma da lei, vedada a edição de medida provisória para a sua regulamentação.

- § 2º com a redação dada pela EC nº 5, de 15-8-1995.

§ 3º Os Estados poderão, mediante lei complementar, instituir regiões metropolitanas, aglomerações urbanas e microrregiões, constituídas por agrupamentos de municípios limítrofes, para integrar a organização, o planejamento e a execução de funções públicas de interesse comum.

Art. 26. Incluem-se entre os bens dos Estados:

I – as águas superficiais ou subterrâneas, fluentes, emergentes e em depósito, ressalvadas, neste caso, na forma da lei, as decorrentes de obras da União;

II – as áreas, nas ilhas oceânicas e costeiras, que estiverem no seu domínio, excluídas aquelas sob domínio da União, Municípios ou terceiros;

III – as ilhas fluviais e lacustres não pertencentes à União;

IV – as terras devolutas não compreendidas entre as da União.

Art. 27. O número de Deputados à Assembleia Legislativa corresponderá ao triplo da representação do Estado na Câmara dos Deputados e, atingido o número de trinta e seis, será acrescido de tantos quantos forem os Deputados Federais acima de doze.

- Art. 32 desta Constituição.

§ 1º Será de quatro anos o mandato dos Deputados Estaduais, aplicando-se-lhes as regras desta Constituição sobre sistema eleitoral, inviolabilidade, imunidades, remuneração, perda de mandato, licença, impedimentos e incorporação às Forças Armadas.

§ 2º O subsídio dos Deputados Estaduais será fixado por lei de iniciativa da Assembleia Legislativa, na razão de, no máximo, setenta e cinco por cento daquele estabelecido, em espécie, para os Deputados Federais, observado o que dispõem os artigos 39, § 4º, 57, § 7º, 150, II, 153, III, e 153, § 2º, I.

- § 2º com a redação dada pela EC nº 19, de 4-6-1998.

§ 3º Compete às Assembleias Legislativas dispor sobre seu regimento interno, polícia e serviços administrativos de sua Secretaria, e prover os respectivos cargos.

§ 4º A lei disporá sobre a iniciativa popular no processo legislativo estadual.

Art. 28. A eleição do Governador e do Vice-Governador de Estado, para mandato de 4 (quatro) anos, realizar-se-á no primeiro domingo de outubro, em primeiro turno, e no último domingo de outubro, em segundo turno, se houver, do ano anterior ao do término do mandato de seus antecessores, e a posse ocorrerá em 6 de janeiro do ano subsequente, observado, quanto ao mais, o disposto no art. 77 desta Constituição.

- *Caput* com a redação dada pela EC nº 111, de 28-9-2021.
- Art. 5º da EC nº 111, de 28-9-2021, que estabelece que a alteração efetuada neste *caput* será aplicada a partir das eleições de 2026.

§ 1º Perderá o mandato o Governador que assumir outro cargo ou função na administração pública direta ou indireta, ressalvada a posse em virtude de concurso público e observado o disposto no artigo 38, I, IV e V.

- Parágrafo único transformado em § 1º pela EC nº 19, de 4-6-1998.
- Art. 29, XIV, desta Constituição.

§ 2º Os subsídios do Governador, do Vice-Governador e dos Secretários de Estado serão fixados por lei de iniciativa da Assembleia Legislativa, observado o que dispõem os artigos 37, XI, 39, § 4º, 150, II, 153, III, e 153, § 2º, I.

- § 2º acrescido pela EC nº 19, de 4-6-1998.

CAPÍTULO IV

DOS MUNICÍPIOS

- Art. 96 do ADCT.

Art. 29. O Município reger-se-á por lei orgânica, votada em dois turnos, com o interstício mínimo de dez dias, e aprovada por dois terços dos membros da Câmara Municipal, que a promulgará, atendidos os princípios estabelecidos nesta Constituição, na Constituição do respectivo Estado e os seguintes preceitos:

I – eleição do Prefeito, do Vice-Prefeito e dos Vereadores, para mandato de quatro anos, mediante pleito direto e simultâneo realizado em todo o País;

II – eleição do Prefeito e do Vice-Prefeito realizada no primeiro domingo de outubro do ano anterior ao término do mandato dos que devam suceder, aplicadas as regras do artigo 77 no caso de Municípios com mais de duzentos mil eleitores;

- Inciso II com a redação dada pela EC nº 16, de 4-6-1997.

III – posse do Prefeito e do Vice-Prefeito no dia 1º de janeiro do ano subsequente ao da eleição;

IV – para a composição das Câmaras Municipais, será observado o limite máximo de:

- *Caput* do inciso IV com a redação dada pela EC nº 58, de 23-9-2009 (*DOU* de 24-9-2009), produzindo efeitos a partir do processo eleitoral de 2008.
- O STF, por maioria de votos, referendou as medidas cautelares concedidas nas Ações Diretas de Inconstitucionalidade nºs 4.307 e 4.310, com eficácia *ex tunc*, para sustar os efeitos do art. 3º, I, da EC nº 58, de 23-9-2009, que altera este inciso IV (*DJE* de 8-10-2009).

a) 9 (nove) Vereadores, nos Municípios de até 15.000 (quinze mil) habitantes;

b) 11 (onze) Vereadores, nos Municípios de mais de 15.000 (quinze mil) habitantes e de até 30.000 (trinta mil) habitantes;

c) 13 (treze) Vereadores, nos Municípios com mais de 30.000 (trinta mil) habitantes e de até 50.000 (cinquenta mil) habitantes;

- Alíneas *a* a *c* com a redação dada pela EC nº 58, de 23-9-2009 (*DOU* de 24-9-2009), produzindo efeitos a partir do processo eleitoral de 2008.

d) 15 (quinze) Vereadores, nos Municípios de mais de 50.000 (cinquenta mil) habitantes e de até 80.000 (oitenta mil) habitantes;

e) 17 (dezessete) Vereadores, nos Municípios de mais de 80.000 (oitenta mil) habitantes e de até 120.000 (cento e vinte mil) habitantes;

f) 19 (dezenove) Vereadores, nos Municípios de mais de 120.000 (cento e vinte mil) habitantes e de até 160.000 (cento e sessenta mil) habitantes;

g) 21 (vinte e um) Vereadores, nos Municípios de mais de 160.000 (cento e sessenta mil) habitantes e de até 300.000 (trezentos mil) habitantes;

h) 23 (vinte e três) Vereadores, nos Municípios de mais de 300.000 (trezentos mil) habitantes e de até 450.000 (quatrocentos e cinquenta mil) habitantes;

i) 25 (vinte e cinco) Vereadores, nos Municípios de mais de 450.000 (quatrocentos e cinquenta mil) habitantes e de até 600.000 (seiscentos mil) habitantes;

j) 27 (vinte e sete) Vereadores, nos Municípios de mais de 600.000 (seiscentos mil) habitantes e de até 750.000 (setecentos e cinquenta mil) habitantes;

k) 29 (vinte e nove) Vereadores, nos Municípios de mais de 750.000 (setecentos e cinquenta mil) habitantes e de até 900.000 (novecentos mil) habitantes;

l) 31 (trinta e um) Vereadores, nos Municípios de mais de 900.000 (novecentos mil) habitantes e de até 1.050.000 (um milhão e cinquenta mil) habitantes;

m) 33 (trinta e três) Vereadores, nos Municípios de mais de 1.050.000 (um milhão e cinquenta mil) habitantes e de até 1.200.000 (um milhão e duzentos mil) habitantes;

n) 35 (trinta e cinco) Vereadores, nos Municípios de mais de 1.200.000 (um milhão e duzentos mil) habitantes e de até 1.350.000 (um milhão e trezentos e cinquenta mil) habitantes;

o) 37 (trinta e sete) Vereadores, nos Municípios de 1.350.000 (um milhão e trezentos e cinquenta mil) habitantes e de até 1.500.000 (um milhão e quinhentos mil) habitantes;

p) 39 (trinta e nove) Vereadores, nos Municípios de mais de 1.500.000 (um milhão e quinhentos mil) habitantes e de até 1.800.000 (um milhão e oitocentos mil) habitantes;

q) 41 (quarenta e um) Vereadores, nos Municípios de mais de 1.800.000 (um milhão e oitocentos mil) habitantes e de até 2.400.000 (dois milhões e quatrocentos mil) habitantes;

r) 43 (quarenta e três) Vereadores, nos Municípios de mais de 2.400.000 (dois milhões e quatrocentos mil) habitantes e de até 3.000.000 (três milhões) de habitantes;

s) 45 (quarenta e cinco) Vereadores, nos Municípios de mais de 3.000.000 (três milhões) de habitantes e de até 4.000.000 (quatro milhões) de habitantes;

t) 47 (quarenta e sete) Vereadores, nos Municípios de mais de 4.000.000 (quatro milhões) de habitantes e de até 5.000.000 (cinco milhões) de habitantes;

u) 49 (quarenta e nove) Vereadores, nos Municípios de mais de 5.000.000 (cinco milhões) de habitantes e de até 6.000.000 (seis milhões) de habitantes;

v) 51 (cinquenta e um) Vereadores, nos Municípios de mais de 6.000.000 (seis milhões) de habitantes e de até 7.000.000 (sete milhões) de habitantes;

w) 53 (cinquenta e três) Vereadores, nos Municípios de mais de 7.000.000 (sete milhões) de habitantes e de até 8.000.000 (oito milhões) de habitantes; e

x) 55 (cinquenta e cinco) Vereadores, nos Municípios de mais de 8.000.000 (oito milhões) de habitantes;

- Alíneas *d* a *x* acrescidas pela EC nº 58, de 23-9-2009 (*DOU* de 24-9-2009), produzindo efeitos a partir do processo eleitoral de 2008.

V – subsídios do Prefeito, do Vice-Prefeito e dos Secretários municipais fixados por lei de iniciativa da Câmara Municipal, observado o que dispõem os artigos 37, XI, 39, § 4º, 150, II, 153, III, e 153, § 2º, I;

- Inciso V com a redação dada pela EC nº 19, de 4-6-1998.

VI – o subsídio dos Vereadores será fixado pelas respectivas Câmaras Municipais em cada legislatura para a subsequente, observado o que dispõe esta Constituição, observados os critérios estabelecidos na respectiva Lei Orgânica e os seguintes limites máximos:

a) em Municípios de até dez mil habitantes, o subsídio máximo dos Vereadores corresponderá a vinte por cento do subsídio dos Deputados Estaduais;

b) em Municípios de dez mil e um a cinquenta mil habitantes, o subsídio máximo dos Vereadores corresponderá a trinta por cento do subsídio dos Deputados Estaduais;

c) em Municípios de cinquenta mil e um a cem mil habitantes, o subsídio máximo dos Vereadores corresponderá a quarenta por cento do subsídio dos Deputados Estaduais;

d) em Municípios de cem mil e um a trezentos mil habitantes, o subsídio máximo dos Vereadores corresponderá a cinquenta por cento do subsídio dos Deputados Estaduais;

e) em Municípios de trezentos mil e um a quinhentos mil habitantes, o subsídio máximo dos Vereadores corresponderá a sessenta por cento do subsídio dos Deputados Estaduais;

f) em Municípios de mais de quinhentos mil habitantes, o subsídio máximo dos Vereadores corresponderá a setenta e cinco por cento do subsídio dos Deputados Estaduais;

- Inciso VI com a redação dada pela EC nº 25, de 14-2-2000.

VII – o total da despesa com a remuneração dos Vereadores não poderá ultrapassar o montante de cinco por cento da receita do Município;

- Inciso VII acrescido pela EC nº 1, de 31-3-1992, renumerando os demais.

VIII – inviolabilidade dos Vereadores por suas opiniões, palavras e votos no exercício do mandato e na circunscrição do Município;

- Inciso VIII renumerado pela EC nº 1, de 31-3-1992.

IX – proibições e incompatibilidades, no exercício da vereança, similares, no que couber, ao disposto nesta Constituição para os membros do Congresso Nacional e, na Constituição do respectivo Estado, para os membros da Assembleia Legislativa;

- Inciso IX renumerado pela EC nº 1, de 31-3-1992.

X – julgamento do Prefeito perante o Tribunal de Justiça;

- Inciso X renumerado pela EC nº 1, de 31-3-1992.
- Súmulas nºs 702 e 703 do STF.
- Súm. nº 209 do STJ.

XI – organização das funções legislativas e fiscalizadoras da Câmara Municipal;

- Inciso XI renumerado pela EC nº 1, de 31-3-1992.

XII – cooperação das associações representativas no planejamento municipal;

- Inciso XII renumerado pela EC nº 1, de 31-3-1992.

XIII – iniciativa popular de projetos de lei de interesse específico do Município, da cidade ou de bairros, através de manifestação de, pelo menos, cinco por cento do eleitorado;

• Inciso XIII renumerado pela EC nº 1, de 31-3-1992.

XIV – perda do mandato do Prefeito, nos termos do artigo 28, parágrafo único.

• Inciso XIV renumerado pela EC nº 1, de 31-3-1992.

Art. 29-A. O total da despesa do Poder Legislativo Municipal, incluídos os subsídios dos Vereadores e excluídos os gastos com inativos, não poderá ultrapassar os seguintes percentuais, relativos ao somatório da receita tributária e das transferências previstas no § 5º do artigo 153 e nos artigos 158 e 159, efetivamente realizado no exercício anterior:

• Artigo acrescido pela EC nº 25, de 14-2-2000.

* **Nova redação do dispositivo alterado:** "Art. 29-A. O total da despesa do Poder Legislativo Municipal, incluídos os subsídios dos Vereadores e os demais gastos com pessoal inativo e pensionistas, não poderá ultrapassar os seguintes percentuais, relativos ao somatório da receita tributária e das transferências previstas no § 5º do art. 153 e nos arts. 158 e 159 desta Constituição, efetivamente realizado no exercício anterior:"

• *Caput* com a redação dada pela EC nº 109, de 15-3-2021, para vigorar a partir do início da primeira legislatura municipal após a data de publicação desta Emenda Constitucional.

I – 7% (sete por cento) para Municípios com população de até 100.000 (cem mil) habitantes;

II – 6% (seis por cento) para Municípios com população entre 100.000 (cem mil) e 300.000 (trezentos mil) habitantes;

III – 5% (cinco por cento) para Municípios com população entre 300.001 (trezentos mil e um) e 500.000 (quinhentos mil) habitantes;

○ LC nº 101, de 4-5-2000 (Lei da Responsabilidade Fiscal).

IV – 4,5% (quatro inteiros e cinco décimos por cento) para Municípios com população entre 500.001 (quinhentos mil e um) e 3.000.000 (três milhões) de habitantes;

• Incisos I a IV com a redação dada pela EC nº 58, de 23-9-2009 (*DOU* de 24-9-2009), para vigorar na data de sua promulgação, produzindo efeitos a partir de 1º de janeiro do ano subsequente ao da promulgação desta Emenda.

V – 4% (quatro por cento) para Municípios com população entre 3.000.001 (três milhões e um) e 8.000.000 (oito milhões) de habitantes;

VI – 3,5% (três inteiros e cinco décimos por cento) para Municípios com população acima de 8.000.001 (oito milhões e um) habitantes.

• Incisos V e VI acrescidos pela EC nº 58, de 23-9-2009 (*DOU* de 24-9-2009), para vigorar na data de sua promulgação, produzindo efeitos a partir de 1º de janeiro do ano subsequente ao da promulgação desta Emenda.

§ 1º A Câmara Municipal não gastará mais de setenta por cento de sua receita com folha de pagamento, incluído o gasto com o subsídio de seus Vereadores.

§ 2º Constitui crime de responsabilidade do Prefeito Municipal:

I – efetuar repasse que supere os limites definidos neste artigo;

II – não enviar o repasse até o dia vinte de cada mês; ou

III – enviá-lo a menor em relação à proporção fixada na Lei Orçamentária.

§ 3º Constitui crime de responsabilidade do Presidente da Câmara Municipal o desrespeito ao § 1º deste artigo.

• §§ 1º a 3º acrescidos pela EC nº 25, de 14-2-2000.

Art. 30. Compete aos Municípios:

I – legislar sobre assuntos de interesse local;

○ Súm. nº 645 do STF.

II – suplementar a legislação federal e a estadual no que couber;

III – instituir e arrecadar os tributos de sua competência, bem como aplicar suas rendas, sem prejuízo da obrigatoriedade de prestar contas e publicar balancetes nos prazos fixados em lei;

○ Art. 156 desta Constituição.

IV – criar, organizar e suprimir distritos, observada a legislação estadual;

○ Art. 96 do ADCT.

V – organizar e prestar, diretamente ou sob regime de concessão ou permissão, os serviços públicos de interesse local, incluído o de transporte coletivo, que tem caráter essencial;

○ Art. 175 desta Constituição.

VI – manter, com a cooperação técnica e financeira da União e do Estado, programas de educação infantil e de ensino fundamental;

• Inciso VI com a redação dada pela EC nº 53, de 19-12-2006.

VII – prestar, com a cooperação técnica e financeira da União e do Estado, serviços de atendimento à saúde da população;

VIII – promover, no que couber, adequado ordenamento territorial, mediante planejamento e controle do uso, do parcelamento e da ocupação do solo urbano;

IX – promover a proteção do patrimônio histórico-cultural local, observada a legislação e a ação fiscalizadora federal e estadual.

Art. 31. A fiscalização do Município será exercida pelo Poder Legislativo Municipal, mediante controle externo, e pelos sistemas de controle interno do Poder Executivo Municipal, na forma da lei.

§ 1º O controle externo da Câmara Municipal será exercido com o auxílio dos Tribunais de Contas dos Estados ou do Município ou dos Conselhos ou Tribunais de Contas dos Municípios, onde houver.

§ 2º O parecer prévio, emitido pelo órgão competente sobre as contas que o Prefeito deve anualmente prestar, só deixará de prevalecer por decisão de dois terços dos membros da Câmara Municipal.

§ 3º As contas dos Municípios ficarão, durante sessenta dias, anualmente, à disposição de qualquer contribuinte, para exame e apreciação, o qual poderá questionar-lhes a legitimidade, nos termos da lei.

§ 4º É vedada a criação de Tribunais, Conselhos ou órgãos de Contas Municipais.

CAPÍTULO V
DO DISTRITO FEDERAL E DOS TERRITÓRIOS

Seção I
DO DISTRITO FEDERAL

Art. 32. O Distrito Federal, vedada sua divisão em Municípios, reger-se-á por lei orgânica, votada em dois turnos com interstício mínimo de dez dias, e aprovada por dois terços da Câmara Legislativa, que a promulgará, atendidos os princípios estabelecidos nesta Constituição.

§ 1º Ao Distrito Federal são atribuídas as competências legislativas reservadas aos Estados e Municípios.

- Súm. nº 642 do STF.

§ 2º A eleição do Governador e do Vice-Governador, observadas as regras do artigo 77, e dos Deputados Distritais coincidirá com a dos Governadores e Deputados Estaduais, para mandato de igual duração.

§ 3º Aos Deputados Distritais e à Câmara Legislativa aplica-se o disposto no artigo 27.

§ 4º Lei federal disporá sobre a utilização, pelo Governo do Distrito Federal, da polícia civil, da polícia penal, da polícia militar e do corpo de bombeiros militar.

- § 4º com a redação dada pela EC nº 104, de 4-12-2019.

Seção II

DOS TERRITÓRIOS

Art. 33. A lei disporá sobre a organização administrativa e judiciária dos Territórios.

§ 1º Os Territórios poderão ser divididos em Municípios, aos quais se aplicará, no que couber, o disposto no Capítulo IV deste Título.

§ 2º As contas do Governo do Território serão submetidas ao Congresso Nacional, com parecer prévio do Tribunal de Contas da União.

§ 3º Nos Territórios Federais com mais de cem mil habitantes, além do Governador nomeado na forma desta Constituição, haverá órgãos judiciários de primeira e segunda instância, membros do Ministério Público e defensores públicos federais; a lei disporá sobre as eleições para a Câmara Territorial e sua competência deliberativa.

CAPÍTULO VI

DA INTERVENÇÃO

Art. 34. A União não intervirá nos Estados nem no Distrito Federal, exceto para:

I – manter a integridade nacional;

II – repelir invasão estrangeira ou de uma Unidade da Federação em outra;

III – pôr termo a grave comprometimento da ordem pública;

IV – garantir o livre exercício de qualquer dos Poderes nas Unidades da Federação;

- Art. 36, I, desta Constituição.

V – reorganizar as finanças da Unidade da Federação que:

a) suspender o pagamento da dívida fundada por mais de dois anos consecutivos, salvo motivo de força maior;

b) deixar de entregar aos Municípios receitas tributárias fixadas nesta Constituição, dentro dos prazos estabelecidos em lei;

- LC nº 63, de 1º-11-1990, dispõe sobre critérios e prazos de crédito das parcelas do produto da arrecadação de impostos de competência dos Estados e de transferências por estes recebidas, pertencentes aos Municípios.

VI – prover a execução de lei federal, ordem ou decisão judicial;

- Art. 36, § 3º, desta Constituição.

VII – assegurar a observância dos seguintes princípios constitucionais:

a) forma republicana, sistema representativo e regime democrático;

b) direitos da pessoa humana;

c) autonomia municipal;

d) prestação de contas da administração pública, direta e indireta;

e) aplicação do mínimo exigido da receita resultante de impostos estaduais, compreendida a proveniente de transferências, na manutenção e desenvolvimento do ensino e nas ações e serviços públicos de saúde.

- Alínea *e* com a redação dada pela EC nº 29, de 13-9-2000.
- Art. 212 desta Constituição.

Art. 35. O Estado não intervirá em seus Municípios, nem a União nos Municípios localizados em Território Federal, exceto quando:

- Súm. nº 637 do STF.

I – deixar de ser paga, sem motivo de força maior, por dois anos consecutivos, a dívida fundada;

II – não forem prestadas contas devidas, na forma da lei;

III – não tiver sido aplicado o mínimo exigido da receita municipal na manutenção e desenvolvimento do ensino e nas ações e serviços públicos de saúde;

- Inciso III com a redação dada pela EC nº 29, de 13-9-2000.
- Art. 212 desta Constituição.

IV – o Tribunal de Justiça der provimento a representação para assegurar a observância de princípios indicados na Constituição Estadual, ou para prover a execução de lei, de ordem ou de decisão judicial.

Art. 36. A decretação da intervenção dependerá:

I – no caso do artigo 34, IV, de solicitação do Poder Legislativo ou do Poder Executivo coacto ou impedido, ou de requisição do Supremo Tribunal Federal, se a coação for exercida contra o Poder Judiciário;

II – no caso de desobediência a ordem ou decisão judiciária, de requisição do Supremo Tribunal Federal, do Superior Tribunal de Justiça ou do Tribunal Superior Eleitoral;

III – de provimento, pelo Supremo Tribunal Federal, de representação do Procurador-Geral da República, na hipótese do art. 34, VII, e no caso de recusa à execução de lei federal.

- Inciso III com a redação dada pela EC nº 45, de 8-12-2004.
- Arts. 19 a 22 da Lei nº 8.038, de 28-5-1990, que institui normas procedimentais para os processos que especifica, perante o STJ e o STF.

IV – *Revogado*. EC nº 45, de 8-12-2004.

§ 1º O decreto de intervenção, que especificará a amplitude, o prazo e as condições de execução e que, se couber, nomeará o interventor, será submetido à apreciação do Congresso Nacional ou da Assembleia Legislativa do Estado, no prazo de vinte e quatro horas.

§ 2º Se não estiver funcionando o Congresso Nacional ou a Assembleia Legislativa, far-se-á convocação extraordinária, no mesmo prazo de vinte e quatro horas.

§ 3º Nos casos do artigo 34, VI e VII, ou do artigo 35, IV, dispensada a apreciação pelo Congresso Nacional ou pela Assembleia Legislativa, o decreto limitar-se-á a suspender a execução do ato impugnado, se essa medida bastar ao restabelecimento da normalidade.

§ 4º Cessados os motivos da intervenção, as autoridades afastadas de seus cargos a estes voltarão, salvo impedimento legal.

CAPÍTULO VII

DA ADMINISTRAÇÃO PÚBLICA

Seção I

DISPOSIÇÕES GERAIS

Art. 37. A administração pública direta e indireta de qualquer dos Poderes da União, dos Estados, do Distrito Federal e dos Municípios obedecerá aos princípios de legalidade, impessoalidade, moralidade, publicidade e eficiência e, também, ao seguinte:

- *Caput* com a redação dada pela EC nº 19, de 4-6-1998.
- Lei nº 9.784, de 29-1-1999 (Lei do Processo Administrativo Federal).
- Súm. Vinc. nº 13 do STF.
- Súmulas nºs 346 e 473 do STF.

I – os cargos, empregos e funções públicas são acessíveis aos brasileiros que preencham os requisitos estabelecidos em lei, assim como aos estrangeiros, na forma da lei;

- Inciso I com a redação dada pela EC nº 19, de 4-6-1998.
- Súmulas nºs 683, 684 e 686 do STF.
- Súm. nº 266 do STJ.

II – a investidura em cargo ou emprego público depende de aprovação prévia em concurso público de provas ou de provas e títulos, de acordo com a natureza e a complexidade do cargo ou emprego, na forma prevista em lei, ressalvadas as nomeações para cargo em comissão declarado em lei de livre nomeação e exoneração;

- Inciso II com a redação dada pela EC nº 19, de 4-6-1998.
- Súmulas nºs 685 e 686 do STF.

III – o prazo de validade do concurso público será de até dois anos, prorrogável uma vez, por igual período;

IV – durante o prazo improrrogável previsto no edital de convocação, aquele aprovado em concurso público de provas ou de provas e títulos será convocado com prioridade sobre novos concursados para assumir cargo ou emprego, na carreira;

V – as funções de confiança, exercidas exclusivamente por servidores ocupantes de cargo efetivo, e os cargos em comissão, a serem preenchidos por servidores de carreira nos casos, condições e percentuais mínimos previstos em lei, destinam-se apenas às atribuições de direção, chefia e assessoramento;

- Inciso V com a redação dada pela EC nº 19, de 4-6-1998.

VI – é garantido ao servidor público civil o direito à livre associação sindical;

VII – o direito de greve será exercido nos termos e nos limites definidos em lei específica;

- Inciso VII com a redação dada pela EC nº 19, de 4-6-1998.
- Ao julgar os MIs nºs 708 e 712, o Plenário do Supremo Tribunal deferiu injunção e regulamentou provisoriamente o exercício do direito de greve pelos servidores públicos, com base nas Leis nºs 7.701, de 21-12-1988 e 7.783, 28-6-1989, no que for compatível.

VIII – a lei reservará percentual dos cargos e empregos públicos para as pessoas portadoras de deficiência e definirá os critérios de sua admissão;

- Súm. nº 377 do STJ.

IX – a lei estabelecerá os casos de contratação por tempo determinado para atender a necessidade temporária de excepcional interesse público;

X – a remuneração dos servidores públicos e o subsídio de que trata o § 4º do artigo 39 somente poderão ser fixados ou alterados por lei específica, observada a iniciativa privativa em cada caso, assegurada revisão geral anual, sempre na mesma data e sem distinção de índices;

- Inciso X com a redação dada pela EC nº 19, de 4-6-1998.
- Arts. 39, § 4º, 95, III, e 128, § 5º, I, *c*, desta Constituição.
- Súmulas nºs 672 e 679 do STF.

XI – a remuneração e o subsídio dos ocupantes de cargos, funções e empregos públicos da administração direta, autárquica e fundacional, dos membros de qualquer dos Poderes da União, dos Estados, do Distrito Federal e dos Municípios, dos detentores de mandato eletivo e dos demais agentes políticos e os proventos, pensões ou outra espécie remuneratória, percebidos cumulativamente ou não, incluídas as vantagens pessoais ou de qualquer outra natureza, não poderão exceder o subsídio mensal, em espécie, dos Ministros do Supremo Tribunal Federal, aplicando-se como limite, nos Municípios, o subsídio do Prefeito, e nos Estados e no Distrito Federal, o subsídio mensal do Governador no âmbito do Poder Executivo, o subsídio dos Deputados Estaduais e Distritais no âmbito do Poder Legislativo e o subsídio dos Desembargadores do Tribunal de Justiça, limitado a noventa inteiros e vinte e cinco centésimos por cento do subsídio mensal, em espécie, dos Ministros do Supremo Tribunal Federal, no âmbito do Poder Judiciário, aplicável este limite aos membros do Ministério Público, aos Procuradores e aos Defensores Públicos;

- Inciso XI com a redação dada pela EC nº 41, de 19-12-2003.
- O STF, *ad referendum* do Plenário, deferiu o pedido de medida cautelar na ADIN nº 6.257 para: "dar interpretação a este inciso no tópico em que a norma estabelece subteto, para suspender qualquer interpretação e aplicação do subteto aos professores e pesquisadores das universidades estaduais, prevalecendo, assim, como teto único das universidades no país, os subsídios dos Ministros do STF" (*DJe* de 3-2-2020).
- O STF, por maioria dos votos, julgou procedente os pedidos formulados nas Ações Diretas de Inconstitucionalidade nºs 3.854 e 4.014, dando interpretação conforme à Constituição ao art. 37, XI e § 12, para afastar a submissão dos membros da magistratura estadual da regra do subteto remuneratório (*DOU* de 8-1-2021).

XII – os vencimentos dos cargos do Poder Legislativo e do Poder Judiciário não poderão ser superiores aos pagos pelo Poder Executivo;

- Art. 135 desta Constituição.

XIII – é vedada a vinculação ou equiparação de quaisquer espécies remuneratórias para o efeito de remuneração de pessoal do serviço público;

- Inciso XIII com a redação dada pela EC nº 19, de 4-6-1998.
- Art. 142, § 3º, VIII, desta Constituição.

XIV – os acréscimos pecuniários percebidos por servidor público não serão computados nem acumulados para fins de concessão de acréscimos ulteriores;

- Inciso XIV com a redação dada pela EC nº 19, de 4-6-1998.
- Art. 142, § 3º, VIII, desta Constituição.

XV – o subsídio e os vencimentos dos ocupantes de cargos e empregos públicos são irredutíveis, ressalvado o disposto nos incisos XI e XIV deste artigo e nos artigos 39, § 4º, 150, II, 153, III, e 153, § 2º, I;

- Inciso XV com a redação dada pela EC nº 19, de 4-6-1998.
- Art. 142, § 3º, VIII, desta Constituição.

XVI – é vedada a acumulação remunerada de cargos públicos, exceto, quando houver compatibilidade de horários, observado em qualquer caso o disposto no inciso XI:

- Inciso XVI com a redação dada pela EC nº 19, de 4-6-1998.

a) a de dois cargos de professor;

b) a de um cargo de professor com outro, técnico ou científico;

- Alíneas *a* e *b* com a redação dada pela EC nº 19, de 4-6-1998.

c) a de dois cargos ou empregos privativos de profissionais de saúde, com profissões regulamentadas;

- Alínea *c* com a redação dada pela EC nº 34, de 13-12-2001.

XVII – a proibição de acumular estende-se a empregos e funções e abrange autarquias, fundações, empresas públicas, sociedades de economia mista, suas subsidiárias, e sociedades controladas, direta ou indiretamente, pelo Poder Público;

- Inciso XVII com a redação dada pela EC nº 19, de 4-6-1998.

XVIII – a administração fazendária e seus servidores fiscais terão, dentro de suas áreas de competência e jurisdição, precedência sobre os demais setores administrativos, na forma da lei;

XIX – somente por lei específica poderá ser criada autarquia e autorizada a instituição de empresa pública, de sociedade de economia mista e de fundação, cabendo à lei complementar, neste último caso, definir as áreas de sua atuação;

- Inciso XIX com a redação dada pela EC nº 19, de 4-6-1998.

XX – depende de autorização legislativa, em cada caso, a criação de subsidiárias das entidades mencionadas no inciso anterior, assim como a participação de qualquer delas em empresa privada;

XXI – ressalvados os casos especificados na legislação, as obras, serviços, compras e alienações serão contratados mediante processo de licitação pública que assegure igualdade de condições a todos os concorrentes, com cláusulas que estabeleçam obrigações de pagamento, mantidas as condições efetivas da proposta, nos termos da lei, o qual somente permitirá as exigências de qualificação técnica e econômica indispensáveis à garantia do cumprimento das obrigações;

- Art. 22, XXVII, desta Constituição.
- Lei nº 8.666, de 21-6-1993 (Lei de Licitações e Contratos Administrativos).
- Súm. nº 333 do STJ.

XXII – as administrações tributárias da União, dos Estados, do Distrito Federal e dos Municípios, atividades essenciais ao funcionamento do Estado, exercidas por servidores de carreiras específicas, terão recursos prioritários para a realização de suas atividades e atuarão de forma integrada, inclusive com o compartilhamento de cadastros e de informações fiscais, na forma da lei ou convênio.

- Inciso XXII acrescido pela EC nº 42, de 19-12-2003.
- Art. 137, IV, desta Constituição.

§ 1º A publicidade dos atos, programas, obras, serviços e campanhas dos órgãos públicos deverá ter caráter educativo, informativo ou de orientação social, dela não podendo constar nomes, símbolos ou imagens que caracterizem promoção pessoal de autoridades ou servidores públicos.

- Art. 224 desta Constituição.

§ 2º A não observância do disposto nos incisos II e III implicará a nulidade do ato e a punição da autoridade responsável, nos termos da lei.

- Súm. nº 466 do STJ.

§ 3º A lei disciplinará as formas de participação do usuário na administração pública direta e indireta, regulando especialmente:

I – as reclamações relativas à prestação dos serviços públicos em geral, asseguradas a manutenção de serviços de atendimento ao usuário e a avaliação periódica, externa e interna, da qualidade dos serviços;

II – o acesso dos usuários a registros administrativos e a informações sobre atos de governo, observado o disposto no artigo 5º, X e XXXIII;

III – a disciplina da representação contra o exercício negligente ou abusivo de cargo, emprego ou função na administração pública.

- § 3º e incisos I a III com a redação dada pela EC nº 19, de 4-6-1998.

§ 4º Os atos de improbidade administrativa importarão a suspensão dos direitos políticos, a perda da função pública, a indisponibilidade dos bens e o ressarcimento ao erário, na forma e gradação previstas em lei, sem prejuízo da ação penal cabível.

- Art. 15, V, desta Constituição.
- Lei nº 8.137, de 27-12-1990 (Lei dos Crimes Contra a Ordem Tributária, Econômica e Contra as Relações de Consumo).

§ 5º A lei estabelecerá os prazos de prescrição para ilícitos praticados por qualquer agente, servidor ou não, que causem prejuízos ao erário, ressalvadas as respectivas ações de ressarcimento.

§ 6º As pessoas jurídicas de direito público e as de direito privado prestadoras de serviços públicos responderão pelos danos que seus agentes, nessa qualidade, causarem a terceiros, assegurado o direito de regresso contra o responsável nos casos de dolo ou culpa.

- Art. 43 do CC.

§ 7º A lei disporá sobre os requisitos e as restrições ao ocupante de cargo ou emprego da administração direta e indireta que possibilite o acesso a informações privilegiadas.

§ 8º A autonomia gerencial, orçamentária e financeira dos órgãos e entidades da administração direta e indireta poderá ser ampliada mediante contrato, a ser firmado entre seus administradores e o poder público, que tenha por objeto a fixação de metas de desempenho para o órgão ou entidade, cabendo à lei dispor sobre:

I – o prazo de duração do contrato;

II – os controles e critérios de avaliação de desempenho, direitos, obrigações e responsabilidade dos dirigentes;

III – a remuneração do pessoal.

§ 9º O disposto no inciso XI aplica-se às empresas públicas e às sociedades de economia mista, e suas subsidiárias, que receberem recursos da União, dos Estados, do Distrito Federal ou dos Municípios para pagamento de despesas de pessoal ou de custeio em geral.

- §§ 7º a 9º acrescidos pela EC nº 19, de 4-6-1998.

§ 10. É vedada a percepção simultânea de proventos de aposentadoria decorrentes do artigo 40 ou dos artigos 42 e 142 com a remuneração de cargo, emprego ou função pública, ressalvados os cargos acumuláveis na forma desta Constituição, os cargos eletivos e os cargos em comissão declarados em lei de livre nomeação e exoneração.

- § 10 acrescido pela EC nº 20, de 15-12-1998.

§ 11. Não serão computadas, para efeito dos limites remuneratórios de que trata o inciso XI do *caput* deste artigo, as parcelas de caráter indenizatório previstas em lei.

§ 12. Para os fins do disposto no inciso XI do *caput* deste artigo, fica facultado aos Estados e ao Distrito Federal fixar, em seu âmbito, mediante emenda às respectivas Constituições e Lei Orgânica, como limite único, o subsídio mensal dos Desembargadores do respectivo Tribunal de Justiça, limitado a noventa inteiros e vinte e cinco centésimos por cento do subsídio mensal dos Ministros do Supremo Tribunal Federal, não se aplicando o disposto neste parágrafo aos subsídios dos Deputados Estaduais e Distritais e dos Vereadores.

- §§ 11 e 12 acrescidos pela EC nº 47, de 5-7-2005.
- O STF, por maioria dos votos, julgou procedente os pedidos formulados nas Ações Diretas de Inconstitucionalidade nºs 3.854 e 4.014, dando interpretação conforme à Constituição ao art. 37, XI e § 12, para afastar a submissão dos membros da magistratura estadual da regra do subteto remuneratório (*DOU* de 8-1-2021).

§ 13. O servidor público titular de cargo efetivo poderá ser readaptado para exercício de cargo cujas atribuições e responsabilidades sejam compatíveis com a limitação que tenha sofrido em sua capacidade física ou mental, enquanto permanecer nesta condição, desde que possua a habilitação e o nível de escolaridade exigidos para o cargo de destino, mantida a remuneração do cargo de origem.

§ 14. A aposentadoria concedida com a utilização de tempo de contribuição decorrente de cargo, emprego ou função pública, inclusive do Regime Geral de Previdência Social, acarretará o rompimento do vínculo que gerou o referido tempo de contribuição.

§ 15. É vedada a complementação de aposentadorias de servidores públicos e de pensões por morte a seus dependentes que não seja decorrente do disposto nos §§ 14 a 16 do art. 40 ou que não seja prevista em lei que extinga regime próprio de previdência social.

- §§ 13 a 15 acrescidos pela EC nº 103, de 12-11-2019.

§ 16. Os órgãos e entidades da administração pública, individual ou conjuntamente, devem realizar avaliação das políticas públicas, inclusive com divulgação do objeto a ser avaliado e dos resultados alcançados, na forma da lei.

- § 16 acrescido pela EC nº 109, de 15-3-2021.

Art. 38. Ao servidor público da administração direta, autárquica e fundacional, no exercício de mandato eletivo, aplicam-se as seguintes disposições:

- *Caput* com a redação dada pela EC nº 19, de 4-6-1998.
- Art. 28 desta Constituição.

I – tratando-se de mandato eletivo federal, estadual ou distrital, ficará afastado de seu cargo, emprego ou função;

- Art. 28, § 1º, desta Constituição.

II – investido no mandato de Prefeito será afastado do cargo, emprego ou função, sendo-lhe facultado optar pela sua remuneração;

III – investido no mandato de Vereador, havendo compatibilidade de horários, perceberá as vantagens de seu cargo, emprego ou função, sem prejuízo da remuneração do cargo eletivo, e, não havendo compatibilidade, será aplicada a norma do inciso anterior;

IV – em qualquer caso que exija o afastamento para o exercício de mandato eletivo, seu tempo de serviço será contado para todos os efeitos legais, exceto para promoção por merecimento;

- Art. 28, § 1º, desta Constituição.

V – na hipótese de ser segurado de regime próprio de previdência social, permanecerá filiado a esse regime, no ente federativo de origem.

- Inciso V com a redação dada pela EC nº 103, de 12-11-2019.
- Art. 28, § 1º, desta Constituição.

Seção II

DOS SERVIDORES PÚBLICOS

- Denominação desta Seção dada pela EC nº 18, de 5-2-1998.

Art. 39. A União, os Estados, o Distrito Federal e os Municípios instituirão conselho de política de administração e remuneração de pessoal, integrado por servidores designados pelos respectivos Poderes.

- *Caput* com a redação dada pela EC nº 19, de 4-6-1998.
- O STF, por maioria de votos, deferiu parcialmente a medida cautelar na ADIN nº 2.135-4, para suspender, com efeitos *ex nunc*, a eficácia do *caput* deste artigo, razão pela qual continuará em vigor a redação original: "Art. 39. A União, os Estados, o Distrito Federal e os Municípios instituirão, no âmbito de sua competência, regime jurídico único e planos de carreira para os servidores da administração pública direta, das autarquias e das fundações públicas" (*DOU* de 14-8-2007).
- Art. 24 do ADCT.
- Súm. Vinc. nº 4 do STF.
- Súm. nº 97 do STJ.

§ 1º A fixação dos padrões de vencimento e dos demais componentes do sistema remuneratório observará:

I – a natureza, o grau de responsabilidade e a complexidade dos cargos componentes de cada carreira;

II – os requisitos para a investidura;

III – as peculiaridades dos cargos.

- Súm. Vinc. nº 4 do STF.
- Súm. nº 339 do STJ.

§ 2º A União, os Estados e o Distrito Federal manterão escolas de governo para a formação e o aperfeiçoamento dos servidores públicos, constituindo-se a participação nos cursos um dos requisitos para a promoção na carreira, facultada, para isso, a celebração de convênios ou contratos entre os entes federados.

- §§ 1º e 2º com a redação dada pela EC nº 19, de 4-6-1998.

§ 3º Aplica-se aos servidores ocupantes de cargo público o disposto no artigo 7º, IV, VII, VIII, IX, XII, XIII, XV, XVI, XVII, XVIII, XIX, XX, XXII e XXX, podendo a lei estabelecer requisitos diferenciados de admissão quando a natureza do cargo o exigir.

- Súmulas Vinculantes nºs 4, 15 e 16 do STF.
- Súmulas nºs 683 e 684 do STF.

§ 4º O membro de Poder, o detentor de mandato eletivo, os Ministros de Estado e os Secretários Estaduais e Municipais serão remunerados exclusivamente por subsídio fixado em parcela única, vedado o acréscimo de qualquer gratificação, adicional, abono, prêmio, verba de representação ou outra espécie remuneratória, obedecido, em qualquer caso, o disposto no artigo 37, X e XI.

- Arts. 27, § 2º, 28, § 2º, 29, V e VI, 37, XV, 48, XV, 49, VII e VIII, 93, V, 95, III, 128, § 5º, I, *c*, e 135 desta Constituição.

§ 5º Lei da União, dos Estados, do Distrito Federal e dos Municípios poderá estabelecer a relação entre a maior e a menor remuneração dos servidores públicos, obedecido, em qualquer caso, o disposto no artigo 37, XI.

§ 6º Os Poderes Executivo, Legislativo e Judiciário publicarão anualmente os valores do subsídio e da remuneração dos cargos e empregos públicos.

§ 7º Lei da União, dos Estados, do Distrito Federal e dos Municípios disciplinará a aplicação de recursos orçamentários provenientes da economia com despesas correntes em cada órgão, autarquia e fundação, para aplicação no desenvolvimento de programas de qualidade e produtividade, treinamento e desenvolvimento, modernização, reaparelhamento e racionalização do serviço público, inclusive sob a forma de adicional ou prêmio de produtividade.

§ 8º A remuneração dos servidores públicos organizados em carreira poderá ser fixada nos termos do § 4º.

- §§ 3º a 8º acrescidos pela EC nº 19, de 4-6-1998.

§ 9º É vedada a incorporação de vantagens de caráter temporário ou vinculadas ao exercício de função de confiança ou de cargo em comissão à remuneração do cargo efetivo.

- § 9º acrescido pela EC nº 103, de 12-11-2019.

Art. 40. O regime próprio de previdência social dos servidores titulares de cargos efetivos terá caráter contributivo e solidário, mediante contribuição do respectivo ente federativo, de servidores ativos, de aposentados e de pensionistas, observados critérios que preservem o equilíbrio financeiro e atuarial.

- *Caput* com a redação dada pela EC nº 103, de 12-11-2019.
- Arts. 37, § 10, 73, § 3º, e 93, VI, desta Constituição.

§ 1º O servidor abrangido por regime próprio de previdência social será aposentado:

- *Caput* do § 1º com a redação dada pela EC nº 103, de 12-11-2019.
- Súm. nº 726 do STF.

I – por incapacidade permanente para o trabalho, no cargo em que estiver investido, quando insuscetível de readaptação, hipótese em que será obrigatória a realização de avaliações periódicas para verificação da continuidade das condições que ensejaram a concessão da aposentadoria, na forma de lei do respectivo ente federativo;

- Inciso I com a redação dada pela EC nº 103, de 12-11-2019.

II – compulsoriamente, com proventos proporcionais ao tempo de contribuição, aos 70 (setenta) anos de idade, ou aos 75 (setenta e cinco) anos de idade, na forma de lei complementar;

- Inciso II com a redação dada pela EC nº 88, de 7-5-2015.

III – no âmbito da União, aos 62 (sessenta e dois) anos de idade, se mulher, e aos 65 (sessenta e cinco) anos de idade, se homem, e, no âmbito dos Estados, do Distrito Federal e dos Municípios, na idade mínima estabelecida mediante emenda às respectivas Constituições e Leis Orgânicas, observados o tempo de contribuição e os demais requisitos estabelecidos em lei complementar do respectivo ente federativo.

- Inciso III com a redação dada pela EC nº 103, de 12-11-2019.

§ 2º Os proventos de aposentadoria não poderão ser inferiores ao valor mínimo a que se refere o § 2º do art. 201 ou superiores ao limite máximo estabelecido para o Regime Geral de Previdência Social, observado o disposto nos §§ 14 a 16.

§ 3º As regras para cálculo de proventos de aposentadoria serão disciplinadas em lei do respectivo ente federativo.

- Lei nº 10.887, de 18-6-2004, dispõe sobre a aplicação de disposições da EC nº 41, de 19-12-2003.

§ 4º É vedada a adoção de requisitos ou critérios diferenciados para concessão de benefícios em regime próprio de previdência social, ressalvado o disposto nos §§ 4º-A, 4º-B, 4º-C e 5º.

- §§ 2º a 4º com a redação dada pela EC nº 103, de 12-11-2019.
- Súm. nº 680 do STF.

§ 4º-A. Poderão ser estabelecidos por lei complementar do respectivo ente federativo idade e tempo de contribuição diferenciados para aposentadoria de servidores com deficiência, previamente submetidos a avaliação biopsicossocial realizada por equipe multiprofissional e interdisciplinar.

§ 4º-B. Poderão ser estabelecidos por lei complementar do respectivo ente federativo idade e tempo de contribuição diferenciados para aposentadoria de ocupantes do cargo de agente penitenciário, de agente socioeducativo ou de policial dos órgãos de que tratam o inciso IV do *caput* do art. 51, o inciso XIII do *caput* do art. 52 e os incisos I a IV do *caput* do art. 144.

§ 4º-C. Poderão ser estabelecidos por lei complementar do respectivo ente federativo idade e tempo de contribuição diferenciados para aposentadoria de servidores cujas atividades sejam exercidas com efetiva exposição a agentes químicos, físicos e biológicos prejudiciais à saúde, ou associação desses agentes, vedada a caracterização por categoria profissional ou ocupação.

- §§ 4º-A a 4º-C acrescidos pela EC nº 103, de 12-11-2019.

§ 5º Os ocupantes do cargo de professor terão idade mínima reduzida em 5 (cinco) anos em relação às idades decorrentes da aplicação do disposto no inciso III do § 1º, desde que comprovem tempo de efetivo exercício das funções de magistério na educação infantil e no ensino fundamental e médio fixado em lei complementar do respectivo ente federativo.

- § 5º com a redação dada pela EC nº 103, de 12-11-2019.
- Súm. nº 726 do STF.

§ 6º Ressalvadas as aposentadorias decorrentes dos cargos acumuláveis na forma desta Constituição, é vedada a percepção de mais de uma aposentadoria à conta de regime próprio de previdência social, aplicando-se outras vedações, regras e condições para a acumulação de benefícios previdenciários estabelecidas no Regime Geral de Previdência Social.

§ 7º Observado o disposto no § 2º do art. 201, quando se tratar da única fonte de renda formal auferida pelo dependente, o benefício de pensão por morte será concedido nos termos de lei do respectivo ente federativo, a qual tratará de forma diferenciada a hipótese de morte dos servidores de que trata o § 4º-B decorrente de agressão sofrida no exercício ou em razão da função.

- §§ 6º e 7º com a redação dada pela EC nº 103, de 12-11-2019.
- Art. 42, § 2º, desta Constituição.

§ 8º É assegurado o reajustamento dos benefícios para preservar-lhes, em caráter permanente, o valor real, conforme critérios estabelecidos em lei.

- § 8º com a redação dada pela EC nº 41, de 19-12-2003.
- Súm. Vinc. nº 20 do STF.

§ 9º O tempo de contribuição federal, estadual, distrital ou municipal será contado para fins de aposentadoria, observado o disposto nos §§ 9º e 9º-A do art. 201, e o tempo de serviço correspondente será contado para fins de disponibilidade.

- § 9º com a redação dada pela EC nº 103, de 12-11-2019.
- Art. 42, § 1º, desta Constituição.

§ 10. A lei não poderá estabelecer qualquer forma de contagem de tempo de contribuição fictício.

§ 11. Aplica-se o limite fixado no artigo 37, XI, à soma total dos proventos de inatividade, inclusive quando decorrentes da acumulação de cargos ou empregos públicos, bem como de outras atividades sujeitas a contribuição para o regime geral de previdência social, e ao montante resultante da adição de proventos de inatividade com remuneração de cargo acumulável na forma desta Constituição, cargo em comissão declarado em lei de livre nomeação e exoneração, e de cargo eletivo.

§ 12. Além do disposto neste artigo, serão observados, em regime próprio de previdência social, no que couber, os requisitos e critérios fixados para o Regime Geral de Previdência Social.

§ 13. Aplica-se ao agente público ocupante, exclusivamente, de cargo em comissão declarado em lei de livre nomeação e exoneração, de outro cargo temporário, inclusive mandato eletivo, ou de emprego público, o Regime Geral de Previdência Social.

§ 14. A União, os Estados, o Distrito Federal e os Municípios instituirão, por lei de iniciativa do respectivo Poder Executivo, regime de previdência complementar para servidores públicos ocupantes de cargo efetivo, observado o limite máximo dos benefícios do Regime Geral de Previdência Social para o valor das aposentadorias e das pensões em regime próprio de previdência social, ressalvado o disposto no § 16.

- LC nº 108, de 29-5-2001, dispõe sobre a relação entre a União, os Estados, o Distrito Federal e os Municípios, suas autarquias, fundações, sociedades de economia mista e outras entidades públicas e suas respectivas entidades fechadas de previdência complementar.
- Lei nº 12.618, de 30-4-2012, institui o regime de previdência complementar para os servidores públicos federais titulares de cargo efetivo a que se refere este parágrafo.

§ 15. O regime de previdência complementar de que trata o § 14 oferecerá plano de benefícios somente na modalidade contribuição definida, observará o disposto no art. 202 e será efetivado por intermédio de entidade fechada de previdência complementar ou de entidade aberta de previdência complementar.

- §§ 12 a 15 com a redação dada pela EC nº 103, de 12-11-2019.
- Lei nº 12.618, de 30-4-2012, institui o regime de previdência complementar para os servidores públicos federais titulares de cargo efetivo a que se refere este parágrafo.

§ 16. Somente mediante sua prévia e expressa opção, o disposto nos §§ 14 e 15 poderá ser aplicado ao servidor que tiver ingressado no serviço público até a data da publicação do ato de instituição do correspondente regime de previdência complementar.

- § 16 acrescido pela EC nº 20, de 15-12-1998.
- Lei nº 12.618, de 30-4-2012, institui o regime de previdência complementar para os servidores públicos federais titulares de cargo efetivo a que se refere este parágrafo.

§ 17. Todos os valores de remuneração considerados para o cálculo do benefício previsto no § 3º serão devidamente atualizados, na forma da lei.

§ 18. Incidirá contribuição sobre os proventos de aposentadorias e pensões concedidas pelo regime de que trata este artigo que superem o limite máximo estabelecido para os benefícios do regime geral de previdência social de que trata o art. 201, com percentual igual ao estabelecido para os servidores titulares de cargos efetivos.

- §§ 17 e 18 acrescidos pela EC nº 41, de 19-12-2003.

§ 19. Observados critérios a serem estabelecidos em lei do respectivo ente federativo, o servidor titular de cargo efetivo que tenha completado as exigências para a aposentadoria voluntária e que opte por permanecer em atividade poderá fazer jus a um abono de permanência equivalente, no máximo, ao valor da sua contribuição previdenciária, até completar a idade para aposentadoria compulsória.

§ 20. É vedada a existência de mais de um regime próprio de previdência social e de mais de um órgão ou entidade gestora desse regime em cada ente federativo, abrangidos todos os poderes, órgãos e entidades autárquicas e fundacionais, que serão responsáveis pelo seu financiamento, observados os critérios, os parâmetros e a natureza jurídica definidos na lei complementar de que trata o § 22.

- §§ 19 e 20 com a redação dada pela EC nº 103, de 12-11-2019.

§ 21. A contribuição prevista no § 18 deste artigo incidirá apenas sobre as parcelas de proventos de aposentadoria e de pensão que superem o dobro do limite máximo estabelecido para os benefícios do regime geral de previdência social de que trata o artigo 201 desta Constituição, quando o beneficiário, na forma da lei, for portador de doença incapacitante.

- § 21 acrescido pela EC nº 47, de 5-7-2005, em vigor na data de sua publicação, com efeitos retroativos à data de vigência da EC nº 41, de 19-12-2003 (*DOU* de 6-7-2005).
- Este parágrafo estará revogado pela EC nº 103, de 12-11-2019, em vigor na data de publicação de lei de iniciativa privativa do respectivo Poder Executivo que o referende integralmente.

§ 22. Vedada a instituição de novos regimes próprios de previdência social, lei complementar federal estabelecerá, para os que já existam, normas gerais de organização, de funcionamento e de responsabilidade em sua gestão, dispondo, entre outros aspectos, sobre:

I – requisitos para sua extinção e consequente migração para o Regime Geral de Previdência Social;

II – modelo de arrecadação, de aplicação e de utilização dos recursos;

III – fiscalização pela União e controle externo e social;

IV – definição de equilíbrio financeiro e atuarial;

V – condições para instituição do fundo com finalidade previdenciária de que trata o art. 249 e para vinculação a ele dos recursos provenientes de contribuições e dos bens, direitos e ativos de qualquer natureza;

VI – mecanismos de equacionamento do *deficit* atuarial;

VII – estruturação do órgão ou entidade gestora do regime, observados os princípios relacionados com governança, controle interno e transparência;

VIII – condições e hipóteses para responsabilização daqueles que desempenhem atribuições relacionadas, direta ou indiretamente, com a gestão do regime;

IX – condições para adesão a consórcio público;

X – parâmetros para apuração da base de cálculo e definição de alíquota de contribuições ordinárias e extraordinárias.

- § 22 acrescido pela EC nº 103, de 12-11-2019.

Art. 41. São estáveis após três anos de efetivo exercício os servidores nomeados para cargo de provimento efetivo em virtude de concurso público.

§ 1º O servidor público estável só perderá o cargo:

I – em virtude de sentença judicial transitada em julgado;

II – mediante processo administrativo em que lhe seja assegurada ampla defesa;

- Súmulas nºs 18, 19, 20 e 21 do STF.

III – mediante procedimento de avaliação periódica de desempenho, na forma de lei complementar, assegurada ampla defesa.

- Arts. 198, § 6º, e 247 desta Constituição.

§ 2º Invalidada por sentença judicial a demissão do servidor estável, será ele reintegrado, e o eventual ocupante da vaga, se estável, reconduzido ao cargo de origem, sem direito a indenização, aproveitado em outro cargo ou posto em disponibilidade com remuneração proporcional ao tempo de serviço.

§ 3º Extinto o cargo ou declarada a sua desnecessidade, o servidor estável ficará em disponibilidade, com remuneração proporcional ao tempo de serviço, até seu adequado aproveitamento em outro cargo.

- Súmulas nºs 11 e 39 do STF.

§ 4º Como condição para a aquisição da estabilidade, é obrigatória a avaliação especial de desempenho por comissão instituída para essa finalidade.

- Art. 41 com a redação dada pela EC nº 19, de 4-6-1998.

Seção III

DOS MILITARES DOS ESTADOS, DO DISTRITO FEDERAL E DOS TERRITÓRIOS

- Denominação desta Seção dada pela EC nº 18, de 5-2-1998.

Art. 42. Os membros das Polícias Militares e Corpos de Bombeiros Militares, instituições organizadas com base na hierarquia e disciplina, são militares dos Estados, do Distrito Federal e dos Territórios.

- *Caput* com a redação dada pela EC nº 18, de 5-2-1998.
- Art. 37, § 10, desta Constituição.
- Art. 89 do ADCT.

§ 1º Aplicam-se aos militares dos Estados, do Distrito Federal e dos Territórios, além do que vier a ser fixado em lei, as disposições do artigo 14, § 8º; do artigo 40, § 9º; e do artigo 142, §§ 2º e 3º, cabendo a lei estadual específica dispor sobre as matérias do artigo 142, § 3º, X, sendo as patentes dos oficiais conferidas pelos respectivos governadores.

- § 1º com a redação dada pela EC nº 20, de 15-12-1998.
- Súm. Vinc. nº 4 do STF.

§ 2º Aos pensionistas dos militares dos Estados, do Distrito Federal e dos Territórios aplica-se o que for fixado em lei específica do respectivo ente estatal.

- § 2º com a redação dada pela EC nº 41, de 19-12-2003.

§ 3º Aplica-se aos militares dos Estados, do Distrito Federal e dos Territórios o disposto no art. 37, inciso XVI, com prevalência da atividade militar.

- § 3º acrescido pela EC nº 101, de 3-7-2019.

Seção IV

DAS REGIÕES

Art. 43. Para efeitos administrativos, a União poderá articular sua ação em um mesmo complexo geoeconômico e social, visando a seu desenvolvimento e à redução das desigualdades regionais.

§ 1º Lei complementar disporá sobre:

I – as condições para integração de regiões em desenvolvimento;

II – a composição dos organismos regionais que executarão, na forma da lei, os planos regionais, integrantes dos planos nacionais de desenvolvimento econômico e social, aprovados juntamente com estes.

§ 2º Os incentivos regionais compreenderão, além de outros, na forma da lei:

I – igualdade de tarifas, fretes, seguros e outros itens de custos e preços de responsabilidade do Poder Público;

II – juros favorecidos para financiamento de atividades prioritárias;

III – isenções, reduções ou diferimento temporário de tributos federais devidos por pessoas físicas ou jurídicas;

IV – prioridade para o aproveitamento econômico e social dos rios e das massas de água represadas ou represáveis nas regiões de baixa renda, sujeitas a secas periódicas.

§ 3º Nas áreas a que se refere o § 2º, IV, a União incentivará a recuperação de terras áridas e cooperará com os pequenos e médios proprietários rurais para o estabelecimento, em suas glebas, de fontes de água e de pequena irrigação.

TÍTULO IV – DA ORGANIZAÇÃO DOS PODERES

CAPÍTULO I

DO PODER LEGISLATIVO

Seção I

DO CONGRESSO NACIONAL

Art. 44. O Poder Legislativo é exercido pelo Congresso Nacional, que se compõe da Câmara dos Deputados e do Senado Federal.

Parágrafo único. Cada legislatura terá a duração de quatro anos.

Art. 45. A Câmara dos Deputados compõe-se de representantes do povo, eleitos, pelo sistema proporcional, em cada Estado, em cada Território e no Distrito Federal.

§ 1º O número total de Deputados, bem como a representação por Estado e pelo Distrito Federal, será estabelecido por lei complementar, proporcionalmente à população, procedendo-se aos ajustes necessários, no ano anterior às eleições, para que nenhuma daquelas Unidades da Federação tenha menos de oito ou mais de setenta Deputados.

§ 2º Cada Território elegerá quatro Deputados.

Art. 46. O Senado Federal compõe-se de representantes dos Estados e do Distrito Federal, eleitos segundo o princípio majoritário.

§ 1º Cada Estado e o Distrito Federal elegerão três Senadores, com mandato de oito anos.

§ 2º A representação de cada Estado e do Distrito Federal será renovada de quatro em quatro anos, alternadamente, por um e dois terços.

§ 3º Cada Senador será eleito com dois suplentes.

Art. 47. Salvo disposição constitucional em contrário, as deliberações de cada Casa e de suas Comissões serão tomadas por maioria dos votos, presente a maioria absoluta de seus membros.

Seção II

DAS ATRIBUIÇÕES DO CONGRESSO NACIONAL

Art. 48. Cabe ao Congresso Nacional, com a sanção do Presidente da República, não exigida esta para o especificado nos artigos 49, 51 e 52, dispor sobre todas as matérias de competência da União, especialmente sobre:

I – sistema tributário, arrecadação e distribuição de rendas;

II – plano plurianual, diretrizes orçamentárias, orçamento anual, operações de crédito, dívida pública e emissões de curso forçado;

III – fixação e modificação do efetivo das Forças Armadas;

IV – planos e programas nacionais, regionais e setoriais de desenvolvimento;

V – limites do território nacional, espaço aéreo e marítimo e bens do domínio da União;

VI – incorporação, subdivisão ou desmembramento de áreas de Territórios ou Estados, ouvidas as respectivas Assembleias Legislativas;

VII – transferência temporária da sede do Governo Federal;

VIII – concessão de anistia;

IX – organização administrativa, judiciária, do Ministério Público e da Defensoria Pública da União e dos Territórios e organização judiciária e do Ministério Público do Distrito Federal;

- Inciso IX com a redação dada pela EC nº 69, de 29-3-2012, em vigor na data de sua publicação, produzindo efeitos após 120 dias de sua publicação oficial (*DOU* de 30-3-2012).

X – criação, transformação e extinção de cargos, empregos e funções públicas, observado o que estabelece o art. 84, VI, *b*;

XI – criação e extinção de Ministérios e órgãos da administração pública;

- Incisos X e XI com a redação dada pela EC nº 32, de 11-9-2001.

XII – telecomunicações e radiodifusão;

XIII – matéria financeira, cambial e monetária, instituições financeiras e suas operações;

XIV – moeda, seus limites de emissão, e montante da dívida mobiliária federal;

XV – fixação do subsídio dos Ministros do Supremo Tribunal Federal, observado o que dispõem os arts. 39, § 4º; 150, II; 153, III; e 153, § 2º, I.

- Inciso XV com a redação dada pela EC nº 41, de 19-12-2003.

Art. 49. É da competência exclusiva do Congresso Nacional:

- Art. 48 desta Constituição.

I – resolver definitivamente sobre tratados, acordos ou atos internacionais que acarretem encargos ou compromissos gravosos ao patrimônio nacional;

II – autorizar o Presidente da República a declarar guerra, a celebrar a paz, a permitir que forças estrangeiras transitem pelo território nacional ou nele permaneçam temporariamente, ressalvados os casos previstos em lei complementar;

III – autorizar o Presidente e o Vice-Presidente da República a se ausentarem do País, quando a ausência exceder a quinze dias;

IV – aprovar o estado de defesa e a intervenção federal, autorizar o estado de sítio, ou suspender qualquer uma dessas medidas;

V – sustar os atos normativos do Poder Executivo que exorbitem do poder regulamentar ou dos limites de delegação legislativa;

VI – mudar temporariamente sua sede;

VII – fixar idêntico subsídio para os Deputados Federais e os Senadores, observado o que dispõem os artigos 37, XI, 39, § 4º, 150, II, 153, III, e 153, § 2º, I;

VIII – fixar os subsídios do Presidente e do Vice-Presidente da República e dos Ministros de Estado, observado o que dispõem os artigos 37, XI, 39, § 4º, 150, II, 153, III, e 153, § 2º, I;

- Incisos VII e VIII com a redação dada pela EC nº 19, de 4-6-1998.

IX – julgar anualmente as contas prestadas pelo Presidente da República e apreciar os relatórios sobre a execução dos planos de governo;

X – fiscalizar e controlar, diretamente, ou por qualquer de suas Casas, os atos do Poder Executivo, incluídos os da administração indireta;

XI – zelar pela preservação de sua competência legislativa em face da atribuição normativa dos outros Poderes;

XII – apreciar os atos de concessão e renovação de concessão de emissoras de rádio e televisão;

XIII – escolher dois terços dos membros do Tribunal de Contas da União;

XIV – aprovar iniciativas do Poder Executivo referentes a atividades nucleares;

XV – autorizar referendo e convocar plebiscito;

XVI – autorizar, em terras indígenas, a exploração e o aproveitamento de recursos hídricos e a pesquisa e lavra de riquezas minerais;

XVII – aprovar, previamente, a alienação ou concessão de terras públicas com área superior a dois mil e quinhentos hectares;

XVIII – decretar o estado de calamidade pública de âmbito nacional previsto nos arts. 167-B, 167-C, 167-D, 167-E, 167-F e 167-G desta Constituição.

- Inciso XVIII acrescido pela EC nº 109, de 15-3-2021.

Art. 50. A Câmara dos Deputados e o Senado Federal, ou qualquer de suas Comissões, poderão convocar Ministro de Estado ou quaisquer titulares de órgãos diretamente subordinados à Presidência da República para prestarem, pessoalmente, informações sobre assunto previamente determinado, importando em crime de responsabilidade a ausência sem justificação adequada.

- *Caput* com a redação dada pela ECR nº 2, de 7-6-1994.

§ 1º Os Ministros de Estado poderão comparecer ao Senado Federal, à Câmara dos Deputados, ou a qualquer de suas Comissões, por sua iniciativa e mediante entendimentos com a Mesa respectiva, para expor assunto de relevância de seu Ministério.

§ 2º As Mesas da Câmara dos Deputados e do Senado Federal poderão encaminhar pedidos escritos de informação a Ministros de Estado ou a qualquer das pessoas referidas no *caput* deste artigo, importando em crime de responsabilidade a recusa, ou o não atendimento, no prazo de trinta dias, bem como a prestação de informações falsas.

- § 2º com a redação dada pela ECR nº 2, de 7-6-1994.

Seção III

DA CÂMARA DOS DEPUTADOS

Art. 51. Compete privativamente à Câmara dos Deputados:

- Art. 48 desta Constituição.

I – autorizar, por dois terços de seus membros, a instauração de processo contra o Presidente e o Vice-Presidente da República e os Ministros de Estado;

II – proceder à tomada de contas do Presidente da República, quando não apresentadas ao Congresso Nacional dentro de sessenta dias após a abertura da sessão legislativa;

III – elaborar seu regimento interno;

IV – dispor sobre sua organização, funcionamento, polícia, criação, transformação ou extinção dos cargos, empregos e funções de seus serviços, e a iniciativa de lei para fixação da respectiva remuneração, observados os parâmetros estabelecidos na lei de diretrizes orçamentárias;

- Inciso IV com a redação dada pela EC nº 19, de 4-6-1998.

V – eleger membros do Conselho da República, nos termos do artigo 89, VII.

Seção IV

DO SENADO FEDERAL

Art. 52. Compete privativamente ao Senado Federal:

- Art. 48 desta Constituição.

I – processar e julgar o Presidente e o Vice-Presidente da República nos crimes de responsabilidade, bem como os Ministros de Estado e os Comandantes da Marinha, do Exército e da Aeronáutica nos crimes da mesma natureza conexos com aqueles;

- Inciso I com a redação dada pela EC nº 23, de 2-9-1999.
- Art. 102, I, *c*, desta Constituição.

II – processar e julgar os Ministros do Supremo Tribunal Federal, os membros do Conselho Nacional de Justiça e do Conselho Nacional do Ministério Público, o Procurador-Geral da República e o Advogado-Geral da União nos crimes de responsabilidade;

- Inciso II com a redação dada pela EC nº 45, de 8-12-2004.
- Arts. 103-B, 130-A, 131 e 132 desta Constituição.

III – aprovar previamente, por voto secreto, após arguição pública, a escolha de:

a) magistrados, nos casos estabelecidos nesta Constituição;

b) Ministros do Tribunal de Contas da União indicados pelo Presidente da República;

c) Governador de Território;

d) presidente e diretores do Banco Central;

e) Procurador-Geral da República;

f) titulares de outros cargos que a lei determinar;

IV – aprovar previamente, por voto secreto, após arguição em sessão secreta, a escolha dos chefes de missão diplomática de caráter permanente;

V – autorizar operações externas de natureza financeira, de interesse da União, dos Estados, do Distrito Federal, dos Territórios e dos Municípios;

VI – fixar, por proposta do Presidente da República, limites globais para o montante da dívida consolidada da União, dos Estados, do Distrito Federal e dos Municípios;

VII – dispor sobre limites globais e condições para as operações de crédito externo e interno da União, dos Estados, do Distrito Federal e dos Municípios, de suas autarquias e demais entidades controladas pelo Poder Público Federal;

VIII – dispor sobre limites e condições para a concessão de garantia da União em operações de crédito externo e interno;

IX – estabelecer limites globais e condições para o montante da dívida mobiliária dos Estados, do Distrito Federal e dos Municípios;

X – suspender a execução, no todo ou em parte, de lei declarada inconstitucional por decisão definitiva do Supremo Tribunal Federal;

XI – aprovar, por maioria absoluta e por voto secreto, a exoneração, de ofício, do Procurador-Geral da República antes do término de seu mandato;

XII – elaborar seu regimento interno;

XIII – dispor sobre sua organização, funcionamento, polícia, criação, transformação ou extinção dos cargos, empregos e funções de seus serviços, e a iniciativa de lei para fixação da respectiva remuneração, observados os parâmetros estabelecidos na lei de diretrizes orçamentárias;

- Inciso XIII com a redação dada pela EC nº 19, de 4-6-1998.

XIV – eleger membros do Conselho da República, nos termos do artigo 89, VII;

XV – avaliar periodicamente a funcionalidade do Sistema Tributário Nacional, em sua estrutura e seus componentes, e o desempenho das administrações tributárias da União, dos Estados e do Distrito Federal e dos Municípios.

- Inciso XV acrescido pela EC nº 42, de 19-12-2003.

Parágrafo único. Nos casos previstos nos incisos I e II, funcionará como Presidente o do Supremo Tribunal Federal, limitando-se a condenação, que somente será proferida por dois terços dos votos do Senado Federal, à perda do cargo, com inabilitação, por oito anos, para o exercício de função pública, sem prejuízo das demais sanções judiciais cabíveis.

Seção V

DOS DEPUTADOS E DOS SENADORES

Art. 53. Os Deputados e Senadores são invioláveis, civil e penalmente, por quaisquer de suas opiniões, palavras e votos.

- *Caput* com a redação dada pela EC nº 35, de 20-12-2001.
- Súm. nº 245 do STF.

§ 1º Os Deputados e Senadores, desde a expedição do diploma, serão submetidos a julgamento perante o Supremo Tribunal Federal.

- Art. 102, I, *b*, desta Constituição.

§ 2º Desde a expedição do diploma, os membros do Congresso Nacional não poderão ser presos, salvo em flagrante de crime inafiançável. Nesse caso, os autos serão remetidos dentro de vinte e quatro horas à Casa respectiva, para que, pelo voto da maioria de seus membros, resolva sobre a prisão.

§ 3º Recebida a denúncia contra o Senador ou Deputado, por crime ocorrido após a diplomação, o Supremo Tribunal Federal dará ciência à Casa respectiva, que, por iniciativa de partido político nela representado e pelo voto da maioria de seus membros, poderá, até a decisão final, sustar o andamento da ação.

§ 4º O pedido de sustação será apreciado pela Casa respectiva no prazo improrrogável de quarenta e cinco dias do seu recebimento pela Mesa Diretora.

§ 5º A sustação do processo suspende a prescrição, enquanto durar o mandato.

§ 6º Os Deputados e Senadores não serão obrigados a testemunhar sobre informações recebidas ou prestadas em razão do exercício do mandato, nem sobre as pessoas que lhes confiaram ou deles receberam informações.

§ 7º A incorporação às Forças Armadas de Deputados e Senadores, embora militares e ainda que em tempo de guerra, dependerá de prévia licença da Casa respectiva.

- §§ 1º a 7º com a redação dada pela EC nº 35, de 20-12-2001.

§ 8º As imunidades de Deputados ou Senadores subsistirão durante o estado de sítio, só podendo ser suspensas mediante o voto de dois terços dos membros da Casa respectiva, nos casos de atos praticados fora do recinto do Congresso Nacional, que sejam incompatíveis com a execução da medida.

- § 8º acrescido pela EC nº 35, de 20-12-2001.
- Arts. 137 a 141 desta Constituição.

Art. 54. Os Deputados e Senadores não poderão:

I – desde a expedição do diploma:

a) firmar ou manter contrato com pessoa jurídica de direito público, autarquia, empresa pública, sociedade de economia mista ou empresa concessionária de serviço público, salvo quando o contrato obedecer a cláusulas uniformes;

b) aceitar ou exercer cargo, função ou emprego remunerado, inclusive os de que sejam demissíveis *ad nutum*, nas entidades constantes da alínea anterior;

II – desde a posse:

a) ser proprietários, controladores ou diretores de empresa que goze de favor decorrente de contrato com pessoa jurídica de direito público, ou nela exercer função remunerada;

b) ocupar cargo ou função de que sejam demissíveis *ad nutum*, nas entidades referidas no inciso I, *a*;

c) patrocinar causa em que seja interessada qualquer das entidades a que se refere o inciso I, *a*;

d) ser titulares de mais de um cargo ou mandato público eletivo.

Art. 55. Perderá o mandato o Deputado ou Senador:

I – que infringir qualquer das proibições estabelecidas no artigo anterior;

- Art. 1º do Dec. Legislativo nº 16, de 24-3-1994, que submete à condição suspensiva a renúncia de parlamentar contra o qual pende procedimento fundado nos termos deste inciso.

II – cujo procedimento for declarado incompatível com o decoro parlamentar;

- Art. 1º do Dec. Legislativo nº 16, de 24-3-1994, que submete à condição suspensiva a renúncia de parlamentar contra o qual pende procedimento fundado nos termos deste inciso.

III – que deixar de comparecer, em cada sessão legislativa, à terça parte das sessões ordinárias da Casa a que pertencer, salvo licença ou missão por esta autorizada;

IV – que perder ou tiver suspensos os direitos políticos;

V – quando o decretar a Justiça Eleitoral, nos casos previstos nesta Constituição;

VI – que sofrer condenação criminal em sentença transitada em julgado.

§ 1º É incompatível com o decoro parlamentar, além dos casos definidos no regimento interno, o abuso das prerrogativas asseguradas a membro do Congresso Nacional ou a percepção de vantagens indevidas.

§ 2º Nos casos dos incisos I, II e VI, a perda do mandato será decidida pela Câmara dos Deputados ou pelo Senado Federal, por maioria absoluta, mediante provocação da respectiva Mesa ou de partido político representado no Congresso Nacional, assegurada ampla defesa.

- § 2º com a redação dada pela EC nº 76, de 28-11-2013.

§ 3º Nos casos previstos nos incisos III a V, a perda será declarada pela Mesa da Casa respectiva, de ofício ou mediante provocação de qualquer de seus membros, ou de partido político representado no Congresso Nacional, assegurada ampla defesa.

§ 4º A renúncia de parlamentar submetido a processo que vise ou possa levar à perda do mandato, nos termos deste artigo, terá seus efeitos suspensos até as deliberações finais de que tratam os §§ 2º e 3º.

- § 4º acrescido pela ECR nº 6, de 7-6-1994.

Art. 56. Não perderá o mandato o Deputado ou Senador:

I – investido no cargo de Ministro de Estado, Governador de Território, Secretário de Estado, do Distrito Federal, de Território, de Prefeitura de Capital ou chefe de missão diplomática temporária;

II – licenciado pela respectiva Casa por motivo de doença, ou para tratar, sem remuneração, de interesse particular, desde que, neste caso, o afastamento não ultrapasse cento e vinte dias por sessão legislativa.

§ 1º O suplente será convocado nos casos de vaga, de investidura em funções previstas neste artigo ou de licença superior a cento e vinte dias.

§ 2º Ocorrendo vaga e não havendo suplente, far-se-á eleição para preenchê-la se faltarem mais de quinze meses para o término do mandato.

§ 3º Na hipótese do inciso I, o Deputado ou Senador poderá optar pela remuneração do mandato.

Seção VI

DAS REUNIÕES

Art. 57. O Congresso Nacional reunir-se-á, anualmente, na Capital Federal, de 2 de fevereiro a 17 de julho e de 1º de agosto a 22 de dezembro.

- *Caput* com a redação dada pela EC nº 50, de 14-2-2006.

§ 1º As reuniões marcadas para essas datas serão transferidas para o primeiro dia útil subsequente, quando recaírem em sábados, domingos ou feriados.

§ 2º A sessão legislativa não será interrompida sem a aprovação do projeto de lei de diretrizes orçamentárias.

§ 3º Além de outros casos previstos nesta Constituição, a Câmara dos Deputados e o Senado Federal reunir-se-ão em sessão conjunta para:

I – inaugurar a sessão legislativa;

II – elaborar o regimento comum e regular a criação de serviços comuns às duas Casas;

III – receber o compromisso do Presidente e do Vice-Presidente da República;

IV – conhecer do veto e sobre ele deliberar.

§ 4º Cada uma das Casas reunir-se-á em sessões preparatórias, a partir de 1º de fevereiro, no primeiro ano da legislatura, para a posse de seus membros e eleição das respectivas Mesas, para mandato de 2 (dois) anos, vedada a recondução para o mesmo cargo na eleição imediatamente subsequente.

- § 4º com a redação dada pela EC nº 50, de 14-2-2006.

§ 5º A Mesa do Congresso Nacional será presidida pelo Presidente do Senado Federal, e os demais cargos serão exercidos, alternadamente, pelos ocupantes de cargos equivalentes na Câmara dos Deputados e no Senado Federal.

§ 6º A convocação extraordinária do Congresso Nacional far-se-á:

- § 6º com a redação dada pela EC nº 50, de 14-2-2006.

I – pelo Presidente do Senado Federal, em caso de decretação de estado de defesa ou de intervenção federal, de pedido de autorização para a decretação de estado de sítio e para o compromisso e a posse do Presidente e do Vice-Presidente da República;

II – pelo Presidente da República, pelos Presidentes da Câmara dos Deputados e do Senado Federal ou a requerimento da maioria dos membros de ambas as Casas, em caso de urgência ou interesse público relevante, em todas as hipóteses deste inciso com a aprovação da maioria absoluta de cada uma das Casas do Congresso Nacional.

- Inciso II com a redação dada pela EC nº 50, de 14-2-2006.

§ 7º Na sessão legislativa extraordinária, o Congresso Nacional somente deliberará sobre a matéria para a qual foi convocado, ressalvada a hipótese do § 8º deste artigo, vedado o pagamento de parcela indenizatória, em razão da convocação.

- § 7º com a redação dada pela EC nº 50, de 14-2-2006.

§ 8º Havendo medidas provisórias em vigor na data de convocação extraordinária do Congresso Nacional, serão elas automaticamente incluídas na pauta da convocação.

- § 8º acrescido pela EC nº 32, de 11-9-2001.

Seção VII

DAS COMISSÕES

Art. 58. O Congresso Nacional e suas Casas terão comissões permanentes e temporárias, constituídas na forma e com as atribuições previstas no respectivo regimento ou no ato de que resultar sua criação.

§ 1º Na constituição das Mesas e de cada Comissão, é assegurada, tanto quanto possível, a representação proporcional dos partidos ou dos blocos parlamentares que participam da respectiva Casa.

§ 2º Às comissões, em razão da matéria de sua competência, cabe:

I – discutir e votar projeto de lei que dispensar, na forma do regimento, a competência do Plenário, salvo se houver recurso de um décimo dos membros da Casa;

II – realizar audiências públicas com entidades da sociedade civil;

III – convocar Ministros de Estado para prestar informações sobre assuntos inerentes a suas atribuições;

IV – receber petições, reclamações, representações ou queixas de qualquer pessoa contra atos ou omissões das autoridades ou entidades públicas;

V – solicitar depoimento de qualquer autoridade ou cidadão;

VI – apreciar programas de obras, planos nacionais, regionais e setoriais de desenvolvimento e sobre eles emitir parecer.

§ 3º As comissões parlamentares de inquérito, que terão poderes de investigação próprios das autoridades judiciais, além de outros previstos nos regimentos das respectivas Casas, serão criadas pela Câmara dos Deputados e pelo Senado Federal, em conjunto ou separadamente, mediante requerimento de um terço de seus membros, para a apuração de fato determinado e por prazo certo, sendo suas conclusões, se for o caso, encaminhadas ao Ministério Público, para que promova a responsabilidade civil ou criminal dos infratores.

§ 4º Durante o recesso, haverá uma Comissão Representativa do Congresso Nacional, eleita por suas Casas na última sessão ordinária do período legislativo, com atribuições definidas no regimento comum, cuja composição reproduzirá, quanto possível, a proporcionalidade da representação partidária.

Seção VIII

DO PROCESSO LEGISLATIVO

Subseção I

DISPOSIÇÃO GERAL

Art. 59. O processo legislativo compreende a elaboração de:

I – emendas à Constituição;

II – leis complementares;

III – leis ordinárias;

IV – leis delegadas;

V – medidas provisórias;

- Arts. 70 e 73 do ADCT.

VI – decretos legislativos;

VII – resoluções.

Parágrafo único. Lei complementar disporá sobre a elaboração, redação, alteração e consolidação das leis.

- LC nº 95, de 26-2-1998, dispõe sobre a elaboração, a redação, a alteração e a consolidação das leis, conforme determina este parágrafo único, estabelece normas para a consolidação dos atos normativos.

Subseção II

DA EMENDA À CONSTITUIÇÃO

Art. 60. A Constituição poderá ser emendada mediante proposta:

I – de um terço, no mínimo, dos membros da Câmara dos Deputados ou do Senado Federal;

II – do Presidente da República;

III – de mais da metade das Assembleias Legislativas das Unidades da Federação, manifestando-se, cada uma delas, pela maioria relativa de seus membros.

§ 1º A Constituição não poderá ser emendada na vigência de intervenção federal, de estado de defesa ou de estado de sítio.

- Arts. 34 a 36 e 136 a 141 desta Constituição.

§ 2º A proposta será discutida e votada em cada Casa do Congresso Nacional, em dois turnos, considerando-se aprovada se obtiver, em ambos, três quintos dos votos dos respectivos membros.

§ 3º A emenda à Constituição será promulgada pelas Mesas da Câmara dos Deputados e do Senado Federal, com o respectivo número de ordem.

§ 4º Não será objeto de deliberação a proposta de emenda tendente a abolir:

I – a forma federativa de Estado;

II – o voto direto, secreto, universal e periódico;

- Arts. 1º, 14 e 81, § 1º, desta Constituição.

III – a separação dos Poderes;

IV – os direitos e garantias individuais.

- Art. 5º desta Constituição.

§ 5º A matéria constante de proposta de emenda rejeitada ou havida por prejudicada não pode ser objeto de nova proposta na mesma sessão legislativa.

Subseção III

DAS LEIS

Art. 61. A iniciativa das leis complementares e ordinárias cabe a qualquer membro ou Comissão da Câmara dos Deputados, do Senado Federal ou do Congresso Nacional, ao Presidente da República, ao Supremo Tribunal Federal, aos Tribunais Superiores, ao Procurador-Geral da República e aos cidadãos, na forma e nos casos previstos nesta Constituição.

§ 1º São de iniciativa privativa do Presidente da República as leis que:

I – fixem ou modifiquem os efetivos das Forças Armadas;

II – disponham sobre:

- Súmulas nºs 679 e 681 do STF.

a) criação de cargos, funções ou empregos públicos na administração direta e autárquica ou aumento de sua remuneração;

- Súmulas nºs 679 e 681 do STF.

b) organização administrativa e judiciária, matéria tributária e orçamentária, serviços públicos e pessoal da administração dos Territórios;

c) servidores públicos da União e Territórios, seu regime jurídico, provimento de cargos, estabilidade e aposentadoria;

- Alínea *c* com a redação dada pela EC nº 18, de 5-2-1998.

d) organização do Ministério Público e da Defensoria Pública da União, bem como normas gerais para a organização do Ministério Público e da Defensoria Pública dos Estados, do Distrito Federal e dos Territórios;

e) criação e extinção de Ministérios e órgãos da administração pública, observado o disposto no artigo 84, VI;

- Alínea *e* com a redação dada pela EC nº 32, de 11-9-2001.

f) militares das Forças Armadas, seu regime jurídico, provimento de cargos, promoções, estabilidade, remuneração, reforma e transferência para a reserva.

- Alínea *f* acrescida pela EC nº 18, de 5-2-1998.

§ 2º A iniciativa popular pode ser exercida pela apresentação à Câmara dos Deputados de projeto de lei subscrito por, no mínimo, um por cento do eleitorado nacional, distribuído pelo menos por cinco Estados, com não menos de três décimos por cento dos eleitores de cada um deles.

- Arts. 27, § 4º, e 29, XIII, desta Constituição.

Art. 62. Em caso de relevância e urgência, o Presidente da República poderá adotar medidas provisórias, com força de lei, devendo submetê-las de imediato ao Congresso Nacional.

- *Caput* com a redação dada pela EC nº 32, de 11-9-2001.
- Arts. 167, § 3º, e 246 desta Constituição.
- Súm. nº 651 do STF.

§ 1º É vedada a edição de medidas provisórias sobre matéria:

I – relativa a:

a) nacionalidade, cidadania, direitos políticos, partidos políticos e direito eleitoral;

b) direito penal, processual penal e processual civil;

c) organização do Poder Judiciário e do Ministério Público, a carreira e a garantia de seus membros;

d) planos plurianuais, diretrizes orçamentárias, orçamento e créditos adicionais e suplementares, ressalvado o previsto no artigo 167, § 3º;

II – que vise a detenção ou sequestro de bens, de poupança popular ou qualquer outro ativo financeiro;

III – reservada a lei complementar;

IV – já disciplinada em projeto de lei aprovado pelo Congresso Nacional e pendente de sanção ou veto do Presidente da República.

§ 2º Medida provisória que implique instituição ou majoração de impostos, exceto os previstos nos artigos 153, I, II, IV, V, e 154, II, só produzirá efeitos no exercício financeiro seguinte se houver sido convertida em lei até o último dia daquele em que foi editada.

§ 3º As medidas provisórias, ressalvado o disposto nos §§ 11 e 12 perderão eficácia, desde a edição, se não forem convertidas em lei no prazo de sessenta dias, prorrogável, nos termos do § 7º, uma vez por igual período, devendo o Congresso Nacional disciplinar, por decreto legislativo, as relações jurídicas delas decorrentes.

§ 4º O prazo a que se refere o § 3º contar-se-á da publicação da medida provisória, suspendendo-se durante os períodos de recesso do Congresso Nacional.

§ 5º A deliberação de cada uma das Casas do Congresso Nacional sobre o mérito das medidas provisórias dependerá de juízo prévio sobre o atendimento de seus pressupostos constitucionais.

§ 6º Se a medida provisória não for apreciada em até quarenta e cinco dias contados de sua publicação, entrará em regime de urgência, subsequentemente, em cada uma das Casas do Congresso Nacional, ficando sobrestadas, até que se ultime a votação, todas as demais deliberações legislativas da Casa em que estiver tramitando.

§ 7º Prorrogar-se-á uma única vez por igual período a vigência de medida provisória que, no prazo de sessenta dias, contado de sua publicação, não tiver a sua votação encerrada nas duas Casas do Congresso Nacional.

§ 8º As medidas provisórias terão sua votação iniciada na Câmara dos Deputados.

§ 9º Caberá à comissão mista de Deputados e Senadores examinar as medidas provisórias e sobre elas emitir parecer, antes de serem apreciadas, em sessão separada, pelo plenário de cada uma das Casas do Congresso Nacional.

§ 10. É vedada a reedição, na mesma sessão legislativa, de medida provisória que tenha sido rejeitada ou que tenha perdido sua eficácia por decurso de prazo.

§ 11. Não editado o decreto legislativo a que se refere o § 3º até sessenta dias após a rejeição ou perda de eficácia de medida provisória, as relações jurídicas constituídas e decorrentes de atos praticados durante sua vigência conservar-se-ão por ela regidas.

§ 12. Aprovado projeto de lei de conversão alterando o texto original da medida provisória, esta manter-se-á integralmente em vigor até que seja sancionado ou vetado o projeto.

- §§ 1º a 12 acrescidos pela EC nº 32, de 11-9-2001.

Art. 63. Não será admitido aumento da despesa prevista:

I – nos projetos de iniciativa exclusiva do Presidente da República, ressalvado o disposto no artigo 166, §§ 3º e 4º;

II – nos projetos sobre organização dos serviços administrativos da Câmara dos Deputados, do Senado Federal, dos Tribunais Federais e do Ministério Público.

Art. 64. A discussão e votação dos projetos de lei de iniciativa do Presidente da República, do Supremo Tribunal Federal e dos Tribunais Superiores terão início na Câmara dos Deputados.

§ 1º O Presidente da República poderá solicitar urgência para apreciação de projetos de sua iniciativa.

§ 2º Se, no caso do § 1º, a Câmara dos Deputados e o Senado Federal não se manifestarem sobre a proposição, cada qual sucessivamente, em até quarenta e cinco dias, sobrestar-se-ão todas as demais deliberações legislativas da respectiva Casa, com exceção das que tenham prazo constitucional determinado, até que se ultime a votação.

- § 2º com a redação dada pela EC nº 32, de 11-9-2001.

§ 3º A apreciação das emendas do Senado Federal pela Câmara dos Deputados far-se-á no prazo de dez dias, observado quanto ao mais o disposto no parágrafo anterior.

§ 4º Os prazos do § 2º não correm nos períodos de recesso do Congresso Nacional, nem se aplicam aos projetos de código.

Art. 65. O projeto de lei aprovado por uma Casa será revisto pela outra, em um só turno de discussão e votação, e enviado à sanção ou promulgação, se a Casa revisora o aprovar, ou arquivado, se o rejeitar.

Parágrafo único. Sendo o projeto emendado, voltará à Casa iniciadora.

Art. 66. A Casa na qual tenha sido concluída a votação enviará o projeto de lei ao Presidente da República, que, aquiescendo, o sancionará.

§ 1º Se o Presidente da República considerar o projeto, no todo ou em parte, inconstitucional ou contrário ao interesse público, vetá-lo-á total ou parcialmente, no prazo de quinze dias úteis, contados da data do recebimento, e comunicará, dentro de quarenta e oito horas, ao Presidente do Senado Federal os motivos do veto.

§ 2º O veto parcial somente abrangerá texto integral de artigo, de parágrafo, de inciso ou de alínea.

§ 3º Decorrido o prazo de quinze dias, o silêncio do Presidente da República importará sanção.

§ 4º O veto será apreciado em sessão conjunta, dentro de trinta dias a contar de seu recebimento, só podendo ser rejeitado pelo voto da maioria absoluta dos Deputados e Senadores.

• § 4º com a redação dada pela EC nº 76, de 28-11-2013.

§ 5º Se o veto não for mantido, será o projeto enviado, para promulgação, ao Presidente da República.

§ 6º Esgotado sem deliberação o prazo estabelecido no § 4º, o veto será colocado na ordem do dia da sessão imediata, sobrestadas as demais proposições, até sua votação final.

• § 6º com a redação dada pela EC nº 32, de 11-9-2001.

§ 7º Se a lei não for promulgada dentro de quarenta e oito horas pelo Presidente da República, nos casos dos §§ 3º e 5º, o Presidente do Senado a promulgará, e, se este não o fizer em igual prazo, caberá ao Vice-Presidente do Senado fazê-lo.

Art. 67. A matéria constante de projeto de lei rejeitado somente poderá constituir objeto de novo projeto, na mesma sessão legislativa, mediante proposta da maioria absoluta dos membros de qualquer das Casas do Congresso Nacional.

Art. 68. As leis delegadas serão elaboradas pelo Presidente da República, que deverá solicitar a delegação ao Congresso Nacional.

§ 1º Não serão objeto de delegação os atos de competência exclusiva do Congresso Nacional, os de competência privativa da Câmara dos Deputados ou do Senado Federal, a matéria reservada à lei complementar, nem a legislação sobre:

I – organização do Poder Judiciário e do Ministério Público, a carreira e a garantia de seus membros;

II – nacionalidade, cidadania, direitos individuais, políticos e eleitorais;

III – planos plurianuais, diretrizes orçamentárias e orçamentos.

§ 2º A delegação ao Presidente da República terá a forma de resolução do Congresso Nacional, que especificará seu conteúdo e os termos de seu exercício.

§ 3º Se a resolução determinar a apreciação do projeto pelo Congresso Nacional, este a fará em votação única, vedada qualquer emenda.

Art. 69. As leis complementares serão aprovadas por maioria absoluta.

Seção IX
DA FISCALIZAÇÃO CONTÁBIL, FINANCEIRA E ORÇAMENTÁRIA

Art. 70. A fiscalização contábil, financeira, orçamentária, operacional e patrimonial da União e das entidades da administração direta e indireta, quanto à legalidade, legitimidade, economicidade, aplicação das subvenções e renúncia de receitas, será exercida pelo Congresso Nacional, mediante controle externo, e pelo sistema de controle interno de cada Poder.

Parágrafo único. Prestará contas qualquer pessoa física ou jurídica, pública ou privada, que utilize, arrecade, guarde, gerencie ou administre dinheiros, bens e valores públicos ou pelos quais a União responda, ou que, em nome desta, assuma obrigações de natureza pecuniária.

• Parágrafo único com a redação dada pela EC nº 19, de 4-6-1998.

Art. 71. O controle externo, a cargo do Congresso Nacional, será exercido com o auxílio do Tribunal de Contas da União, ao qual compete:

I – apreciar as contas prestadas anualmente pelo Presidente da República, mediante parecer prévio que deverá ser elaborado em sessenta dias a contar de seu recebimento;

II – julgar as contas dos administradores e demais responsáveis por dinheiros, bens e valores públicos da administração direta e indireta, incluídas as fundações e sociedades instituídas e mantidas pelo Poder Público federal, e as contas daqueles que derem causa a perda, extravio ou outra irregularidade de que resulte prejuízo ao erário público;

III – apreciar, para fins de registro, a legalidade dos atos de admissão de pessoal, a qualquer título, na administração direta e indireta, incluídas as fundações instituídas e mantidas pelo Poder Público, excetuadas as nomeações para cargo de provimento em comissão, bem como a das concessões de aposentadorias, reformas e pensões, ressalvadas as melhorias posteriores que não alterem o fundamento legal do ato concessório;

o Súm. Vinc. nº 3 do STF.

IV – realizar, por iniciativa própria, da Câmara dos Deputados, do Senado Federal, de Comissão técnica ou de inquérito, inspeções e auditorias de natureza contábil, financeira, orçamentária, operacional e patrimonial, nas unidades administrativas dos Poderes Legislativo, Executivo e Judiciário, e demais entidades referidas no inciso II;

V – fiscalizar as contas nacionais das empresas supranacionais de cujo capital social a União participe, de forma direta ou indireta, nos termos do tratado constitutivo;

VI – fiscalizar a aplicação de quaisquer recursos repassados pela União mediante convênio, acordo, ajuste ou outros instrumentos congêneres, a Estado, ao Distrito Federal ou a Município;

VII – prestar as informações solicitadas pelo Congresso Nacional, por qualquer de suas Casas, ou por qualquer das respectivas Comissões, sobre a fiscalização contábil, financeira, orçamentária, operacional e patrimonial e sobre resultados de auditorias e inspeções realizadas;

VIII – aplicar aos responsáveis, em caso de ilegalidade de despesa ou irregularidade de contas, as sanções previstas em lei, que estabelecerá, entre outras cominações, multa proporcional ao dano causado ao erário;

IX – assinar prazo para que o órgão ou entidade adote as providências necessárias ao exato cumprimento da lei, se verificada ilegalidade;

X – sustar, se não atendido, a execução do ato impugnado, comunicando a decisão à Câmara dos Deputados e ao Senado Federal;

XI – representar ao Poder competente sobre irregularidades ou abusos apurados.

§ 1º No caso de contrato, o ato de sustação será adotado diretamente pelo Congresso Nacional, que solicitará, de imediato, ao Poder Executivo as medidas cabíveis.

§ 2º Se o Congresso Nacional ou o Poder Executivo, no prazo de noventa dias, não efetivar as medidas previstas no parágrafo anterior, o Tribunal decidirá a respeito.

§ 3º As decisões do Tribunal de que resulte imputação de débito ou multa terão eficácia de título executivo.

§ 4º O Tribunal encaminhará ao Congresso Nacional, trimestral e anualmente, relatório de suas atividades.

Art. 72. A Comissão mista permanente a que se refere o artigo 166, § 1º, diante de indícios de despesas não autorizadas, ainda que sob a forma de investimentos não programados ou de subsídios não aprovados, poderá solicitar à autoridade governamental responsável que, no prazo de cinco dias, preste os esclarecimentos necessários.

- Art. 16, § 2º, do ADCT.

§ 1º Não prestados os esclarecimentos, ou considerados estes insuficientes, a Comissão solicitará ao Tribunal pronunciamento conclusivo sobre a matéria, no prazo de trinta dias.

§ 2º Entendendo o Tribunal irregular a despesa, a Comissão, se julgar que o gasto possa causar dano irreparável ou grave lesão à economia pública, proporá ao Congresso Nacional sua sustação.

Art. 73. O Tribunal de Contas da União, integrado por nove Ministros, tem sede no Distrito Federal, quadro próprio de pessoal e jurisdição em todo o Território Nacional, exercendo, no que couber, as atribuições previstas no artigo 96.

- Art. 84, XV, desta Constituição.

§ 1º Os Ministros do Tribunal de Contas da União serão nomeados dentre brasileiros que satisfaçam os seguintes requisitos:

I – mais de trinta e cinco e menos de setenta anos de idade;

- Inciso I com a redação dada pela EC nº 122, de 17-5-2022.

II – idoneidade moral e reputação ilibada;

III – notórios conhecimentos jurídicos, contábeis, econômicos e financeiros ou de administração pública;

IV – mais de dez anos de exercício de função ou de efetiva atividade profissional que exija os conhecimentos mencionados no inciso anterior.

§ 2º Os Ministros do Tribunal de Contas da União serão escolhidos:

- Súm. nº 653 do STF.

I – um terço pelo Presidente da República, com aprovação do Senado Federal, sendo dois alternadamente dentre auditores e membros do Ministério Público junto ao Tribunal, indicados em lista tríplice pelo Tribunal, segundo os critérios de antiguidade e merecimento;

II – dois terços pelo Congresso Nacional.

§ 3º Os Ministros do Tribunal de Contas da União terão as mesmas garantias, prerrogativas, impedimentos, vencimentos e vantagens dos Ministros do Superior Tribunal de Justiça, aplicando-se-lhes, quanto à aposentadoria e pensão, as normas constantes do art. 40.

- § 3º com a redação dada pela EC nº 20, de 15-12-1998.

§ 4º O auditor, quando em substituição a Ministro, terá as mesmas garantias e impedimentos do titular e, quando no exercício das demais atribuições da judicatura, as de juiz de Tribunal Regional Federal.

Art. 74. Os Poderes Legislativo, Executivo e Judiciário manterão, de forma integrada, sistema de controle interno com a finalidade de:

I – avaliar o cumprimento das metas previstas no plano plurianual, a execução dos programas de governo e dos orçamentos da União;

II – comprovar a legalidade e avaliar os resultados, quanto à eficácia e eficiência, da gestão orçamentária, financeira e patrimonial nos órgãos e entidades da administração federal, bem como da aplicação de recursos públicos por entidades de direito privado;

III – exercer o controle das operações de crédito, avais e garantias, bem como dos direitos e haveres da União;

IV – apoiar o controle externo no exercício de sua missão institucional.

§ 1º Os responsáveis pelo controle interno, ao tomarem conhecimento de qualquer irregularidade ou ilegalidade, dela darão ciência ao Tribunal de Contas da União, sob pena de responsabilidade solidária.

§ 2º Qualquer cidadão, partido político, associação ou sindicato é parte legítima para, na forma da lei, denunciar irregularidades ou ilegalidades perante o Tribunal de Contas da União.

Art. 75. As normas estabelecidas nesta seção aplicam-se, no que couber, à organização, composição e fiscalização dos Tribunais de Contas dos Estados e do Distrito Federal, bem como dos Tribunais e Conselhos de Contas dos Municípios.

- Art. 31, § 4º, desta Constituição.
- Súm. nº 653 do STF.

Parágrafo único. As Constituições estaduais disporão sobre os Tribunais de Contas respectivos, que serão integrados por sete Conselheiros.

CAPÍTULO II

DO PODER EXECUTIVO

Seção I

DO PRESIDENTE E DO VICE-PRESIDENTE DA REPÚBLICA

Art. 76. O Poder Executivo é exercido pelo Presidente da República, auxiliado pelos Ministros de Estado.

Art. 77. A eleição do Presidente e do Vice-Presidente da República realizar-se-á, simultaneamente, no primeiro domingo de outubro, em primeiro turno, e no último domingo de outubro, em segundo turno, se houver, do ano anterior ao do término do mandato presidencial vigente.

- *Caput* com a redação dada pela EC nº 16, de 4-6-1997.
- Arts. 28, 29, II, e 32, § 2º, desta Constituição.

§ 1º A eleição do Presidente da República importará a do Vice-Presidente com ele registrado.

§ 2º Será considerado eleito Presidente o candidato que, registrado por partido político, obtiver a maioria absoluta de votos, não computados os em branco e os nulos.

§ 3º Se nenhum candidato alcançar maioria absoluta na primeira votação, far-se-á nova eleição em até vinte dias após a proclamação do resultado, concorrendo os dois candidatos mais votados e considerando-se eleito aquele que obtiver a maioria dos votos válidos.

§ 4º Se, antes de realizado o segundo turno, ocorrer morte, desistência ou impedimento legal de candidato, convocar-se-á, dentre os remanescentes, o de maior votação.

§ 5º Se, na hipótese dos parágrafos anteriores, remanescer, em segundo lugar, mais de um candidato com a mesma votação, qualificar-se-á o mais idoso.

Art. 78. O Presidente e o Vice-Presidente da República tomarão posse em sessão do Congresso Nacional, prestando o compromisso de manter, defender e cumprir a Constituição, observar as leis, promover o bem geral do povo brasileiro, sustentar a união, a integridade e a independência do Brasil.

Parágrafo único. Se, decorridos dez dias da data fixada para a posse, o Presidente ou o Vice-Presidente, salvo motivo de força maior, não tiver assumido o cargo, este será declarado vago.

Art. 79. Substituirá o Presidente, no caso de impedimento, e suceder-lhe-á, no de vaga, o Vice-Presidente.

Parágrafo único. O Vice-Presidente da República, além de outras atribuições que lhe forem conferidas por lei complementar, auxiliará o Presidente, sempre que por ele convocado para missões especiais.

Art. 80. Em caso de impedimento do Presidente e do Vice-Presidente, ou vacância dos respectivos cargos, serão sucessivamente chamados ao exercício da Presidência o Presidente da Câmara dos Deputados, o do Senado Federal e o do Supremo Tribunal Federal.

Art. 81. Vagando os cargos de Presidente e Vice-Presidente da República, far-se-á eleição noventa dias depois de aberta a última vaga.

§ 1º Ocorrendo a vacância nos últimos dois anos do período presidencial, a eleição para ambos os cargos será feita trinta dias depois da última vaga, pelo Congresso Nacional, na forma da lei.

§ 2º Em qualquer dos casos, os eleitos deverão completar o período de seus antecessores.

Art. 82. O mandato do Presidente da República é de 4 (quatro) anos e terá início em 5 de janeiro do ano seguinte ao de sua eleição.

- Artigo com a redação dada pela EC nº 111, de 28-9-2021.
- Art. 5º da EC nº 111, de 28-9-2021, que estabelece que a alteração efetuada neste artigo será aplicada a partir das eleições de 2026.

Art. 83. O Presidente e o Vice-Presidente da República não poderão, sem licença do Congresso Nacional, ausentar-se do País por período superior a quinze dias, sob pena de perda do cargo.

Seção II

DAS ATRIBUIÇÕES DO PRESIDENTE DA REPÚBLICA

Art. 84. Compete privativamente ao Presidente da República:

I – nomear e exonerar os Ministros de Estado;

II – exercer, com o auxílio dos Ministros de Estado, a direção superior da administração federal;

III – iniciar o processo legislativo, na forma e nos casos previstos nesta Constituição;

IV – sancionar, promulgar e fazer publicar as leis, bem como expedir decretos e regulamentos para sua fiel execução;

V – vetar projetos de lei, total ou parcialmente;

- o Art. 66, §§ 1º a 7º, desta Constituição.

VI – dispor, mediante decreto, sobre:

- o Art. 61, § 1º, II, *e*, desta Constituição.

a) organização e funcionamento da administração federal, quando não implicar aumento de despesa nem criação ou extinção de órgãos públicos;

b) extinção de funções ou cargos públicos, quando vagos;

- Inciso VI com a redação dada pela EC nº 32, de 11-9-2001.
- o Art. 48, X, desta Constituição.

VII – manter relações com Estados estrangeiros e acreditar seus representantes diplomáticos;

VIII – celebrar tratados, convenções e atos internacionais, sujeitos a referendo do Congresso Nacional;

IX – decretar o estado de defesa e o estado de sítio;

X – decretar e executar a intervenção federal;

XI – remeter mensagem e plano de governo ao Congresso Nacional por ocasião da abertura da sessão legislativa, expondo a situação do País e solicitando as providências que julgar necessárias;

XII – conceder indulto e comutar penas, com audiência, se necessário, dos órgãos instituídos em lei;

XIII – exercer o comando supremo das Forças Armadas, nomear os Comandantes da Marinha, do Exército e da Aeronáutica, promover seus oficiais-generais e nomeá-los para os cargos que lhes são privativos;

- Inciso XIII com a redação dada pela EC nº 23, de 2-9-1999.
- o Art. 49, I, desta Constituição.

XIV – nomear, após aprovação pelo Senado Federal, os Ministros do Supremo Tribunal Federal e dos Tribunais Superiores, os Governadores de Territórios, o Procurador-Geral da República, o presidente e os diretores do Banco Central e outros servidores, quando determinado em lei;

XV – nomear, observado o disposto no artigo 73, os Ministros do Tribunal de Contas da União;

XVI – nomear os magistrados, nos casos previstos nesta Constituição, e o Advogado-Geral da União;

- o Arts. 131 e 132 desta Constituição.
- o Súm. nº 627 do STF.

XVII – nomear membros do Conselho da República, nos termos do artigo 89, VII;

XVIII – convocar e presidir o Conselho da República e o Conselho de Defesa Nacional;

XIX – declarar guerra, no caso de agressão estrangeira, autorizado pelo Congresso Nacional ou referendado por ele, quando ocorrida no intervalo das sessões legislativas, e, nas mesmas condições, decretar, total ou parcialmente, a mobilização nacional;

- o Art. 5º, XLVII, *a*, desta Constituição.

XX – celebrar a paz, autorizado ou com o referendo do Congresso Nacional;

XXI – conferir condecorações e distinções honoríficas;

XXII – permitir, nos casos previstos em lei complementar, que forças estrangeiras transitem pelo Território Nacional ou nele permaneçam temporariamente;

XXIII – enviar ao Congresso Nacional o plano plurianual, o projeto de lei de diretrizes orçamentárias e as propostas de orçamento previstos nesta Constituição;

XXIV – prestar anualmente, ao Congresso Nacional, dentro de sessenta dias após a abertura da sessão legislativa, as contas referentes ao exercício anterior;

XXV – prover e extinguir os cargos públicos federais, na forma da lei;

XXVI – editar medidas provisórias com força de lei, nos termos do artigo 62;

XXVII – exercer outras atribuições previstas nesta Constituição;

XXVIII – propor ao Congresso Nacional a decretação do estado de calamidade pública de âmbito nacional previsto nos arts. 167-B, 167-C, 167-D, 167-E, 167-F e 167-G desta Constituição.

- Inciso XXVIII acrescido pela EC nº 109, de 15-3-2021.

Parágrafo único. O Presidente da República poderá delegar as atribuições mencionadas nos incisos VI, XII e XXV, primeira parte, aos Ministros de Estado, ao Procurador-Geral da República ou ao Advogado-Geral da União, que observarão os limites traçados nas respectivas delegações.

Seção III

DA RESPONSABILIDADE DO PRESIDENTE DA REPÚBLICA

Art. 85. São crimes de responsabilidade os atos do Presidente da República que atentem contra a Constituição Federal e, especialmente, contra:

I – a existência da União;

II – o livre exercício do Poder Legislativo, do Poder Judiciário, do Ministério Público e dos Poderes Constitucionais das Unidades da Federação;

III – o exercício dos direitos políticos, individuais e sociais;
IV – a segurança interna do País;
V – a probidade na administração;
VI – a lei orçamentária;
VII – o cumprimento das leis e das decisões judiciais.

Parágrafo único. Estes crimes serão definidos em lei especial, que estabelecerá as normas de processo e julgamento.

- Súm. nº 722 do STF.

Art. 86. Admitida a acusação contra o Presidente da República, por dois terços da Câmara dos Deputados, será ele submetido a julgamento perante o Supremo Tribunal Federal, nas infrações penais comuns, ou perante o Senado Federal, nos crimes de responsabilidade.

§ 1º O Presidente ficará suspenso de suas funções:

I – nas infrações penais comuns, se recebida a denúncia ou queixa-crime pelo Supremo Tribunal Federal;
II – nos crimes de responsabilidade, após a instauração do processo pelo Senado Federal.

§ 2º Se, decorrido o prazo de cento e oitenta dias, o julgamento não estiver concluído, cessará o afastamento do Presidente, sem prejuízo do regular prosseguimento do processo.

§ 3º Enquanto não sobrevier sentença condenatória, nas infrações comuns, o Presidente da República não estará sujeito à prisão.

§ 4º O Presidente da República, na vigência de seu mandato, não pode ser responsabilizado por atos estranhos ao exercício de suas funções.

Seção IV — *DOS MINISTROS DE ESTADO*

Art. 87. Os Ministros de Estado serão escolhidos dentre brasileiros maiores de vinte e um anos e no exercício dos direitos políticos.

Parágrafo único. Compete ao Ministro de Estado, além de outras atribuições estabelecidas nesta Constituição e na lei:

I – exercer a orientação, coordenação e supervisão dos órgãos e entidades da administração federal na área de sua competência e referendar os atos e decretos assinados pelo Presidente da República;
II – expedir instruções para a execução das leis, decretos e regulamentos;
III – apresentar ao Presidente da República relatório anual de sua gestão no Ministério;
IV – praticar os atos pertinentes às atribuições que lhe forem outorgadas ou delegadas pelo Presidente da República.

Art. 88. A lei disporá sobre a criação e extinção de Ministérios e órgãos da administração pública.

- Artigo com a redação dada pela EC nº 32, de 11-9-2001.

Seção V — *DO CONSELHO DA REPÚBLICA E DO CONSELHO DE DEFESA NACIONAL*

Subseção I — *DO CONSELHO DA REPÚBLICA*

Art. 89. O Conselho da República é órgão superior de consulta do Presidente da República, e dele participam:

I – o Vice-Presidente da República;
II – o Presidente da Câmara dos Deputados;
III – o Presidente do Senado Federal;
IV – os líderes da maioria e da minoria na Câmara dos Deputados;
V – os líderes da maioria e da minoria no Senado Federal;

- Arts. 51, V, 52, XIV, e 84, XIV, desta Constituição.

VI – o Ministro da Justiça;
VII – seis cidadãos brasileiros natos, com mais de trinta e cinco anos de idade, sendo dois nomeados pelo Presidente da República, dois eleitos pelo Senado Federal e dois eleitos pela Câmara dos Deputados, todos com mandato de três anos, vedada a recondução.

- Arts. 51, V, 52, XIV, e 84, XVII, desta Constituição.

Art. 90. Compete ao Conselho da República pronunciar-se sobre:

I – intervenção federal, estado de defesa e estado de sítio;
II – as questões relevantes para a estabilidade das instituições democráticas.

§ 1º O Presidente da República poderá convocar Ministro de Estado para participar da reunião do Conselho, quando constar da pauta questão relacionada com o respectivo Ministério.

§ 2º A lei regulará a organização e o funcionamento do Conselho da República.

Subseção II — *DO CONSELHO DE DEFESA NACIONAL*

Art. 91. O Conselho de Defesa Nacional é órgão de consulta do Presidente da República nos assuntos relacionados com a soberania nacional e a defesa do Estado democrático, e dele participam como membros natos:

I – o Vice-Presidente da República;
II – o Presidente da Câmara dos Deputados;
III – o Presidente do Senado Federal;
IV – o Ministro da Justiça;
V – o Ministro de Estado da Defesa;

- Inciso V com a redação dada pela EC nº 23, de 2-9-1999.

VI – o Ministro das Relações Exteriores;
VII – o Ministro do Planejamento;
VIII – os Comandantes da Marinha, do Exército e da Aeronáutica.

- Inciso VIII acrescido pela EC nº 23, de 2-9-1999.

§ 1º Compete ao Conselho de Defesa Nacional:

I – opinar nas hipóteses de declaração de guerra e de celebração da paz, nos termos desta Constituição;
II – opinar sobre a decretação do estado de defesa, do estado de sítio e da intervenção federal;
III – propor os critérios e condições de utilização de áreas indispensáveis à segurança do território nacional e opinar sobre seu efetivo uso, especialmente na faixa de fronteira e nas relacionadas com a preservação e a exploração dos recursos naturais de qualquer tipo;
IV – estudar, propor e acompanhar o desenvolvimento de iniciativas necessárias a garantir a independência nacional e a defesa do Estado democrático.

§ 2º A lei regulará a organização e o funcionamento do Conselho de Defesa Nacional.

CAPÍTULO III — DO PODER JUDICIÁRIO

Seção I — *DISPOSIÇÕES GERAIS*

Art. 92. São órgãos do Poder Judiciário:

I – o Supremo Tribunal Federal;
I-A – O Conselho Nacional de Justiça;

- Inciso I-A acrescido pela EC nº 45, de 8-12-2004.

- O STF, ao julgar a ADIN nº 3.367, considerou constitucional a criação do CNJ, como órgão interno de controle administrativo, financeiro e disciplinar da magistratura, inovação trazida com a EC nº 45, 8-12-2004.
- Art. 103-B desta Constituição.

II – o Superior Tribunal de Justiça;

II-A – o Tribunal Superior do Trabalho;

- Inciso II-A acrescido pela EC nº 92, de 12-7-2016.

III – os Tribunais Regionais Federais e Juízes Federais;

IV – os Tribunais e Juízes do Trabalho;

V – os Tribunais e Juízes Eleitorais;

VI – os Tribunais e Juízes Militares;

VII – os Tribunais e Juízes dos Estados e do Distrito Federal e Territórios.

§ 1º O Supremo Tribunal Federal, o Conselho Nacional de Justiça e os Tribunais Superiores têm sede na Capital Federal.

- Art. 103-B desta Constituição.

§ 2º O Supremo Tribunal Federal e os Tribunais Superiores têm jurisdição em todo o território nacional.

- §§ 1º e 2º acrescidos pela EC nº 45, de 8-12-2004.

Art. 93. Lei complementar, de iniciativa do Supremo Tribunal Federal, disporá sobre o Estatuto da Magistratura, observados os seguintes princípios:

I – ingresso na carreira, cujo cargo inicial será o de juiz substituto, mediante concurso público de provas e títulos, com a participação da Ordem dos Advogados do Brasil em todas as fases, exigindo-se do bacharel em direito, no mínimo, três anos de atividade jurídica e obedecendo-se, nas nomeações, à ordem de classificação;

- Inciso I com a redação dada pela EC nº 45, de 8-12-2004.

II – promoção de entrância para entrância, alternadamente, por antiguidade e merecimento, atendidas as seguintes normas:

a) é obrigatória a promoção do juiz que figure por três vezes consecutivas ou cinco alternadas em lista de merecimento;

b) a promoção por merecimento pressupõe dois anos de exercício na respectiva entrância e integrar o juiz a primeira quinta parte da lista de antiguidade desta, salvo se não houver com tais requisitos quem aceite o lugar vago;

c) aferição do merecimento conforme o desempenho e pelos critérios objetivos de produtividade e presteza no exercício da jurisdição e pela frequência e aproveitamento em cursos oficiais ou reconhecidos de aperfeiçoamento;

d) na apuração de antiguidade, o tribunal somente poderá recusar o juiz mais antigo pelo voto fundamentado de dois terços de seus membros, conforme procedimento próprio, e assegurada ampla defesa, repetindo-se a votação até fixar-se a indicação;

- Alíneas *c* e *d* com a redação dada pela EC nº 45, de 8-12-2004.

e) não será promovido o juiz que, injustificadamente, retiver autos em seu poder além do prazo legal, não podendo devolvê-los ao cartório sem o devido despacho ou decisão;

- Alínea *e* acrescida pela EC nº 45, de 8-12-2004.

III – o acesso aos tribunais de segundo grau far-se-á por antiguidade e merecimento, alternadamente, apurados na última ou única entrância;

IV – previsão de cursos oficiais de preparação, aperfeiçoamento e promoção de magistrados, constituindo etapa obrigatória do processo de vitaliciamento a participação em curso oficial ou reconhecido por escola nacional de formação e aperfeiçoamento de magistrados;

- Incisos III e IV com a redação dada pela EC nº 45, de 8-12-2004.

V – o subsídio dos Ministros dos Tribunais Superiores corresponderá a noventa e cinco por cento do subsídio mensal fixado para os Ministros do Supremo Tribunal Federal e os subsídios dos demais magistrados serão fixados em lei e escalonados, em nível federal e estadual, conforme as respectivas categorias da estrutura judiciária nacional, não podendo a diferença entre uma e outra ser superior a dez por cento ou inferior a cinco por cento, nem exceder a noventa e cinco por cento do subsídio mensal dos Ministros dos Tribunais Superiores, obedecido, em qualquer caso, o disposto nos artigos 37, XI, e 39, § 4º;

- Inciso V com a redação dada pela EC nº 19, de 4-6-1998.

VI – a aposentadoria dos magistrados e a pensão de seus dependentes observarão o disposto no artigo 40;

- Inciso VI com a redação dada pela EC nº 20, de 15-12-1998.

VII – o juiz titular residirá na respectiva comarca, salvo autorização do tribunal;

- Inciso VII com a redação dada pela EC nº 45, de 8-12-2004.

VIII – o ato de remoção ou de disponibilidade do magistrado, por interesse público, fundar-se-á em decisão por voto da maioria absoluta do respectivo tribunal ou do Conselho Nacional de Justiça, assegurada ampla defesa;

- Inciso VIII com a redação dada pela EC nº 103, de 12-11-2019.
- Arts. 95, II, e 103-B desta Constituição.

VIII-A – a remoção a pedido ou a permuta de magistrados de comarca de igual entrância atenderá, no que couber, ao disposto nas alíneas *a*, *b*, *c* e *e* do inciso II;

- Inciso VIII-A acrescido pela EC nº 45, de 8-12-2004.

IX – todos os julgamentos dos órgãos do Poder Judiciário serão públicos, e fundamentadas todas as decisões, sob pena de nulidade, podendo a lei limitar a presença, em determinados atos, às próprias partes e a seus advogados, ou somente a estes, em casos nos quais a preservação do direito à intimidade do interessado no sigilo não prejudique o interesse público à informação;

- Súm. nº 123 do STJ.

X – as decisões administrativas dos tribunais serão motivadas e em sessão pública, sendo as disciplinares tomadas pelo voto da maioria absoluta de seus membros;

XI – nos tribunais com número superior a vinte e cinco julgadores, poderá ser constituído órgão especial, com o mínimo de onze e o máximo de vinte e cinco membros, para o exercício das atribuições administrativas e jurisdicionais delegadas da competência do tribunal pleno, provendo-se metade das vagas por antiguidade e a outra metade por eleição pelo tribunal pleno;

- Incisos IX a XI com a redação dada pela EC nº 45, de 8-12-2004.

XII – a atividade jurisdicional será ininterrupta, sendo vedado férias coletivas nos juízos e tribunais de segundo grau, funcionando, nos dias em que não houver expediente forense normal, juízes em plantão permanente;

XIII – o número de juízes na unidade jurisdicional será proporcional à efetiva demanda judicial e à respectiva população;

XIV – os servidores receberão delegação para a prática de atos de administração e atos de mero expediente sem caráter decisório;

XV – a distribuição de processos será imediata, em todos os graus de jurisdição.

- Incisos XII a XV acrescidos pela EC nº 45, de 8-12-2004.

Art. 94. Um quinto dos lugares dos Tribunais Regionais Federais, dos Tribunais dos Estados, e do Distrito Federal e Territórios será composto de membros, do Ministério Público, com mais de dez anos de carreira, e de advogados de notório saber jurídico e de reputação ilibada, com mais de dez anos de efetiva atividade profissional, indicados em lista sêxtupla pelos órgãos de representação das respectivas classes.

- Arts. 104, II, e 115, II, desta Constituição.

Parágrafo único. Recebidas as indicações, o Tribunal formará lista tríplice, enviando-a ao Poder Executivo, que, nos vinte dias subsequentes, escolherá um de seus integrantes para nomeação.

Art. 95. Os juízes gozam das seguintes garantias:

I – vitaliciedade, que, no primeiro grau, só será adquirida após dois anos de exercício, dependendo a perda do cargo, nesse período, de deliberação do Tribunal a que o juiz estiver vinculado, e, nos demais casos, de sentença judicial transitada em julgado;

- Súm. nº 36 do STF.

II – inamovibilidade, salvo por motivo de interesse público, na forma do artigo 93, VIII;

III – irredutibilidade de subsídio, ressalvado o disposto nos artigos 37, X e XI, 39, § 4º, 150, II, 153, III, e 153, § 2º, I.

- Inciso III com a redação dada pela EC nº 19, de 4-6-1998.

Parágrafo único. Aos juízes é vedado:

I – exercer, ainda que em disponibilidade, outro cargo ou função, salvo uma de magistério;

II – receber, a qualquer título ou pretexto, custas ou participação em processo;

III – dedicar-se à atividade político-partidária;

IV – receber, a qualquer título ou pretexto, auxílios ou contribuições de pessoas físicas, entidades públicas ou privadas, ressalvadas as exceções previstas em lei;

V – exercer a advocacia no juízo ou tribunal do qual se afastou, antes de decorridos três anos do afastamento do cargo por aposentadoria ou exoneração.

- Incisos IV e V acrescidos pela EC nº 45, de 8-12-2004.

Art. 96. Compete privativamente:

I – aos Tribunais:

a) eleger seus órgãos diretivos e elaborar seus regimentos internos, com observância das normas de processo e das garantias processuais das partes, dispondo sobre a competência e o funcionamento dos respectivos órgãos jurisdicionais e administrativos;

b) organizar suas secretarias e serviços auxiliares e os dos juízos que lhes forem vinculados, velando pelo exercício da atividade correicional respectiva;

c) prover, na forma prevista nesta Constituição, os cargos de juiz de carreira da respectiva jurisdição;

d) propor a criação de novas varas judiciárias;

e) prover, por concurso público de provas, ou de provas e títulos, obedecido o disposto no artigo 169, parágrafo único, os cargos necessários à administração da Justiça, exceto os de confiança assim definidos em lei;

- Art. 169, § 1º, desta Constituição.

f) conceder licença, férias e outros afastamentos a seus membros e aos juízes e servidores que lhes forem imediatamente vinculados;

II – ao Supremo Tribunal Federal, aos Tribunais Superiores e aos Tribunais de Justiça propor ao Poder Legislativo respectivo, observado o disposto no artigo 169:

a) a alteração do número de membros dos Tribunais inferiores;

b) a criação e a extinção de cargos e a remuneração dos seus serviços auxiliares e dos juízos que lhes forem vinculados, bem como a fixação do subsídio de seus membros e dos juízes, inclusive dos tribunais inferiores, onde houver;

- Alínea *b* com a redação dada pela EC nº 41, de 19-12-2003.

c) a criação ou extinção dos Tribunais inferiores;

d) a alteração da organização e da divisão judiciárias;

III – aos Tribunais de Justiça julgar os juízes estaduais e do Distrito Federal e Territórios, bem como os membros do Ministério Público, nos crimes comuns e de responsabilidade, ressalvada a competência da Justiça Eleitoral.

Art. 97. Somente pelo voto da maioria absoluta de seus membros ou dos membros do respectivo órgão especial poderão os Tribunais declarar a inconstitucionalidade de lei ou ato normativo do Poder Público.

- Súm. Vinc. nº 10 do STF.

Art. 98. A União, no Distrito Federal e nos Territórios, e os Estados criarão:

I – juizados especiais, providos por juízes togados, ou togados e leigos, competentes para a conciliação, o julgamento e a execução de causas cíveis de menor complexidade e infrações penais de menor potencial ofensivo, mediante os procedimentos oral e sumaríssimo, permitidos, nas hipóteses previstas em lei, a transação e o julgamento de recursos por turmas de juízes de primeiro grau;

- Lei nº 9.099, de 26-9-1995 (Lei dos Juizados Especiais).
- Lei nº 10.259, de 12-7-2001 (Lei dos Juizados Especiais Federais).
- Lei nº 12.153, de 22-12-2009 (Lei dos Juizados Especiais da Fazenda Pública).
- Súm. Vinc. nº 27 do STF.
- Súm. nº 376 do STJ.

II – justiça de paz, remunerada, composta de cidadãos eleitos pelo voto direto, universal e secreto, com mandato de quatro anos e competência para, na forma da lei, celebrar casamentos, verificar, de ofício ou em face de impugnação apresentada, o processo de habilitação e exercer atribuições conciliatórias, sem caráter jurisdicional, além de outras previstas na legislação.

- Art. 30 do ADCT.

§ 1º Lei federal disporá sobre a criação de juizados especiais no âmbito da Justiça Federal.

- Antigo parágrafo único renumerado para § 1º pela EC nº 45, de 8-12-2004.
- Lei nº 10.259, de 12-7-2001 (Lei dos Juizados Especiais Federais).
- Súm. nº 428 do STJ.

§ 2º As custas e emolumentos serão destinados exclusivamente ao custeio dos serviços afetos às atividades específicas da Justiça.

- § 2º acrescido pela EC nº 45, de 8-12-2004.

Art. 99. Ao Poder Judiciário é assegurada autonomia administrativa e financeira.

- Art. 134, § 2º, desta Constituição.

§ 1º Os Tribunais elaborarão suas propostas orçamentárias dentro dos limites estipulados conjuntamente com os demais Poderes na lei de diretrizes orçamentárias.

§ 2º O encaminhamento da proposta, ouvidos os outros Tribunais interessados, compete:

I – no âmbito da União, aos Presidentes do Supremo Tribunal Federal e dos Tribunais Superiores, com a aprovação dos respectivos Tribunais;

II – no âmbito dos Estados e no do Distrito Federal e Territórios, aos Presidentes dos Tribunais de Justiça, com a aprovação dos respectivos Tribunais.

§ 3º Se os órgãos referidos no § 2º não encaminharem as respectivas propostas orçamentárias dentro do prazo estabelecido na lei de diretrizes orçamentárias, o Poder Executivo considerará, para fins de consolidação da proposta orçamentária anual, os valores aprovados na lei orçamentária vigente, ajustados de acordo com os limites estipulados na forma do § 1º deste artigo.

§ 4º Se as propostas orçamentárias de que trata este artigo forem encaminhadas em desacordo com os limites estipulados na forma do § 1º, o Poder Executivo procederá aos ajustes necessários para fins de consolidação da proposta orçamentária anual.

§ 5º Durante a execução orçamentária do exercício, não poderá haver a realização de despesas ou a assunção de obrigações que extrapolem os limites estabelecidos na lei de diretrizes orçamentárias, exceto se previamente autorizadas, mediante a abertura de créditos suplementares ou especiais.

- §§ 3º a 5º acrescidos pela EC nº 45, de 8-12-2004.

Art. 100. Os pagamentos devidos pelas Fazendas Públicas Federal, Estaduais, Distrital e Municipais, em virtude de sentença judiciária, far-se-ão exclusivamente na ordem cronológica de apresentação dos precatórios e à conta dos créditos respectivos, proibida a designação de casos ou de pessoas nas dotações orçamentárias e nos créditos adicionais abertos para este fim.

- *Caput* com a redação dada pela EC nº 62, de 9-12-2009.
- Arts. 33, 78, 86, 87 e 97 do ADCT.
- Súmulas nºs 655 e 729 do STF.
- Súmulas nºs 144 e 339 do STJ.

§ 1º Os débitos de natureza alimentícia compreendem aqueles decorrentes de salários, vencimentos, proventos, pensões e suas complementações, benefícios previdenciários e indenizações por morte ou por invalidez, fundadas em responsabilidade civil, em virtude de sentença judicial transitada em julgado, e serão pagos com preferência sobre todos os demais débitos, exceto sobre aqueles referidos no § 2º deste artigo.

- § 1º com a redação dada pela EC nº 62, de 9-12-2009.
- Súm. Vinc. nº 17 do STF.

§ 2º Os débitos de natureza alimentícia cujos titulares, originários ou por sucessão hereditária, tenham 60 (sessenta) anos de idade, ou sejam portadores de doença grave, ou pessoas com deficiência, assim definidos na forma da lei, serão pagos com preferência sobre todos os demais débitos, até o valor equivalente ao triplo fixado em lei para os fins do disposto no § 3º deste artigo, admitido o fracionamento para essa finalidade, sendo que o restante será pago na ordem cronológica de apresentação do precatório.

- § 2º com a redação dada pela EC nº 94, de 15-12-2016.
- Art. 97, § 17, do ADCT.

§ 3º O disposto no *caput* deste artigo relativamente à expedição de precatórios não se aplica aos pagamentos de obrigações definidas em leis como de pequeno valor que as Fazendas referidas devam fazer em virtude de sentença judicial transitada em julgado.

- Art. 87 do ADCT.
- Lei nº 10.259, de 12-7-2001 (Lei dos Juizados Especiais Federais).
- Lei nº 12.153, de 22-12-2009 (Lei dos Juizados Especiais da Fazenda Pública).

§ 4º Para os fins do disposto no § 3º, poderão ser fixados, por leis próprias, valores distintos às entidades de direito público, segundo as diferentes capacidades econômicas, sendo o mínimo igual ao valor do maior benefício do regime geral de previdência social.

- Art. 97, § 12, do ADCT.

§ 5º É obrigatória a inclusão no orçamento das entidades de direito público de verba necessária ao pagamento de seus débitos oriundos de sentenças transitadas em julgado constantes de precatórios judiciários apresentados até 2 de abril, fazendo-se o pagamento até o final do exercício seguinte, quando terão seus valores atualizados monetariamente.

- § 5º com a redação dada pela EC nº 114, de 16-12-2021.
- Súm. Vinc. nº 17 do STF.

§ 6º As dotações orçamentárias e os créditos abertos serão consignados diretamente ao Poder Judiciário, cabendo ao Presidente do Tribunal que proferir a decisão exequenda determinar o pagamento integral e autorizar, a requerimento do credor e exclusivamente para os casos de preterimento de seu direito de precedência ou de não alocação orçamentária do valor necessário à satisfação do seu débito, o sequestro da quantia respectiva.

- §§ 3º a 6º com a redação dada pela EC nº 62, de 9-12-2009.
- Súm. nº 733 do STF.

§ 7º O Presidente do Tribunal competente que, por ato comissivo ou omissivo, retardar ou tentar frustrar a liquidação regular de precatórios incorrerá em crime de responsabilidade e responderá, também, perante o Conselho Nacional de Justiça.

§ 8º É vedada a expedição de precatórios complementares ou suplementares de valor pago, bem como o fracionamento, repartição ou quebra do valor da execução para fins de enquadramento de parcela do total ao que dispõe o § 3º deste artigo.

- Art. 87 do ADCT.

§ 9º Sem que haja interrupção no pagamento do precatório e mediante comunicação da Fazenda Pública ao Tribunal, o valor correspondente aos eventuais débitos inscritos em dívida ativa contra o credor do requisitório e seus substituídos deverá ser depositado à conta do juízo responsável pela ação de cobrança, que decidirá pelo seu destino definitivo.

- § 9º com a redação dada pela EC nº 113, de 8-12-2021.
- Orient. Norm. do CJF nº 4, de 8-6-2010, estabelece regra de transição para os procedimentos de compensação previstos neste inciso.

§ 10. Antes da expedição dos precatórios, o Tribunal solicitará à Fazenda Pública devedora, para resposta em até 30 (trinta) dias, sob pena de perda do direito de abatimento, informação sobre os débitos que preencham as condições estabelecidas no § 9º, para os fins nele previstos.

- Orient. Norm. do CJF nº 4, de 8-6-2010, estabelece regra de transição para os procedimentos de compensação previstos neste inciso.
- O STF, por maioria dos votos, julgou parcialmente procedente a ADIN nº 4.425, para declarar a inconstitucionalidade deste parágrafo (*DOU* de 8-3-2021).

§ 11. É facultada ao credor, conforme estabelecido em lei do ente federativo devedor, com autoaplicabilidade para a União, a oferta de créditos líquidos e certos que originalmente lhe são próprios ou adquiridos de terceiros reconhecidos pelo ente federativo ou por decisão judicial transitada em julgado para:

- *Caput* do § 11 com a redação dada pela EC nº 113, de 8-12-2021.

I – quitação de débitos parcelados ou débitos inscritos em dívida ativa do ente federativo devedor, inclusive em transação resolutiva de litígio, e, subsidiariamente, débitos com a administração autárquica e fundacional do mesmo ente;

II – compra de imóveis públicos de propriedade do mesmo ente disponibilizados para venda;

III – pagamento de outorga de delegações de serviços públicos e demais espécies de concessão negocial promovidas pelo mesmo ente;

IV – aquisição, inclusive minoritária, de participação societária, disponibilizada para venda, do respectivo ente federativo; ou

V – compra de direitos, disponibilizados para cessão, do respectivo ente federativo, inclusive, no caso da União, da antecipação de valores a serem recebidos a título do excedente em óleo em contratos de partilha de petróleo.

- Incisos I a V acrescidos pela EC nº 113, de 8-12-2021.

§ 12. A partir da promulgação desta Emenda Constitucional, a atualização de valores de requisitórios, após sua expedição, até o efetivo pagamento, independentemente de sua natureza, será feita pelo índice oficial de remuneração básica da caderneta de poupança, e, para fins de compensação da mora, incidirão juros simples no mesmo percentual de juros incidentes sobre a caderneta de poupança, ficando excluída a incidência de juros compensatórios.

- O STF, por maioria dos votos, julgou parcialmente procedente a ADIN nº 4.425 para declarar a inconstitucionalidade parcial sem redução da expressão "independentemente de sua natureza", contida neste parágrafo, para determinar que, quanto aos precatórios de natureza tributária, sejam aplicados os mesmos juros de mora incidentes sobre todo e qualquer crédito tributário.

§ 13. O credor poderá ceder, total ou parcialmente, seus créditos em precatórios a terceiros, independentemente da concordância do devedor, não se aplicando ao cessionário o disposto nos §§ 2º e 3º.

- Arts. 286 a 298 do CC.

§ 14. A cessão de precatórios, observado o disposto no § 9º deste artigo, somente produzirá efeitos após comunicação, por meio de petição protocolizada, ao Tribunal de origem e ao ente federativo devedor.

- § 14 com a redação dada pela EC nº 113, de 8-12-2021.

§ 15. Sem prejuízo do disposto neste artigo, lei complementar a esta Constituição Federal poderá estabelecer regime especial para pagamento de crédito de precatórios de Estados, Distrito Federal e Municípios, dispondo sobre vinculações à receita corrente líquida e forma e prazo de liquidação.

- O STF, por maioria dos votos, julgou parcialmente procedente a ADIN nº 4.425, para declarar a inconstitucionalidade deste parágrafo.
- Art. 97 do ADCT.

§ 16. A seu critério exclusivo e na forma de lei, a União poderá assumir débitos, oriundos de precatórios, de Estados, Distrito Federal e Municípios, refinanciando-os diretamente.

- §§ 7º a 16 acrescidos pela EC nº 62, de 9-12-2009.

§ 17. A União, os Estados, o Distrito Federal e os Municípios aferirão mensalmente, em base anual, o comprometimento de suas respectivas receitas correntes líquidas com o pagamento de precatórios e obrigações de pequeno valor.

§ 18. Entende-se como receita corrente líquida, para os fins de que trata o § 17, o somatório das receitas tributárias, patrimoniais, industriais, agropecuárias, de contribuições e de serviços, de transferências correntes e outras receitas correntes, incluindo as oriundas do § 1º do art. 20 da Constituição Federal, verificado no período compreendido pelo segundo mês imediatamente anterior ao de referência e os 11 (onze) meses precedentes, excluídas as duplicidades, e deduzidas:

I – na União, as parcelas entregues aos Estados, ao Distrito Federal e aos Municípios por determinação constitucional;

II – nos Estados, as parcelas entregues aos Municípios por determinação constitucional;

III – na União, nos Estados, no Distrito Federal e nos Municípios, a contribuição dos servidores para custeio de seu sistema de previdência e assistência social e as receitas provenientes da compensação financeira referida no § 9º do art. 201 da Constituição Federal.

§ 19. Caso o montante total de débitos decorrentes de condenações judiciais em precatórios e obrigações de pequeno valor, em período de 12 (doze) meses, ultrapasse a média do comprometimento percentual da receita corrente líquida nos 5 (cinco) anos imediatamente anteriores, a parcela que exceder esse percentual poderá ser financiada, excetuada dos limites de endividamento de que tratam os incisos VI e VII do art. 52 da Constituição Federal e de quaisquer outros limites de endividamento previstos, não se aplicando a esse financiamento a vedação de vinculação de receita prevista no inciso IV do art. 167 da Constituição Federal.

§ 20. Caso haja precatório com valor superior a 15% (quinze por cento) do montante dos precatórios apresentados nos termos do § 5º deste artigo, 15% (quinze por cento) do valor deste precatório serão pagos até o final do exercício seguinte e o restante em parcelas iguais nos cinco exercícios subsequentes, acrescidas de juros de mora e correção monetária, ou mediante acordos diretos, perante Juízos Auxiliares de Conciliação de Precatórios, com redução máxima de 40% (quarenta por cento) do valor do crédito atualizado, desde que em relação ao crédito não penda recurso ou defesa judicial e que sejam observados os requisitos definidos na regulamentação editada pelo ente federado.

- §§ 17 a 20 acrescidos pela EC nº 94, de 15-12-2016.

§ 21. Ficam a União e os demais entes federativos, nos montantes que lhes são próprios, desde que aceito por ambas as partes, autorizados a utilizar valores objeto de sentenças transitadas em julgado devidos a pessoa jurídica de direito público para amortizar dívidas, vencidas ou vincendas:

I – nos contratos de refinanciamento cujos créditos sejam detidos pelo ente federativo que figure como devedor na sentença de que trata o *caput* deste artigo;

II – nos contratos em que houve prestação de garantia a outro ente federativo;

III – nos parcelamentos de tributos ou de contribuições sociais; e

IV – nas obrigações decorrentes do descumprimento de prestação de contas ou de desvio de recursos.

§ 22. A amortização de que trata o § 21 deste artigo:

I – nas obrigações vencidas, será imputada primeiramente às parcelas mais antigas;

II – nas obrigações vincendas, reduzirá uniformemente o valor de cada parcela devida, mantida a duração original do respectivo contrato ou parcelamento.

- §§ 21 e 22 acrescidos pela EC nº 113, de 8-12-2021.

Seção II

DO SUPREMO TRIBUNAL FEDERAL

Art. 101. O Supremo Tribunal Federal compõe-se de onze Ministros, escolhidos dentre cidadãos com mais de trinta e cinco e menos de setenta anos de idade, de notável saber jurídico e reputação ilibada.

- *Caput* com a redação dada pela EC nº 122, de 17-5-2022.
- Lei nº 8.038, de 28-5-1990, institui normas procedimentais para os processos que especifica, perante o STJ e o STF.

Parágrafo único. Os Ministros do Supremo Tribunal Federal serão nomeados pelo Presidente da República, depois de aprovada a escolha pela maioria absoluta do Senado Federal.

Art. 102. Compete ao Supremo Tribunal Federal, precipuamente, a guarda da Constituição, cabendo-lhe:

- Lei nº 8.038, de 28-5-1990, institui normas procedimentais para os processos que especifica, perante o STJ e o STF.

I – processar e julgar, originariamente:

a) a ação direta de inconstitucionalidade de lei ou ato normativo federal ou estadual e a ação declaratória de constitucionalidade de lei ou ato normativo federal;

- Alínea *a* com a redação dada pela EC nº 3, de 17-3-1993.
- Lei nº 9.868, de 10-11-1999 (Lei da ADIN e da ADECON).

b) nas infrações penais comuns, o Presidente da República, o Vice-Presidente, os membros do Congresso Nacional, seus próprios Ministros e o Procurador-Geral da República;

c) nas infrações penais comuns e nos crimes de responsabilidade, os Ministros de Estado e os Comandantes da Marinha, do Exército e da Aeronáutica, ressalvado o disposto no artigo 52, I, os membros dos Tribunais Superiores, os do Tribunal de Contas da União e os chefes de missão diplomática de caráter permanente;

- Alínea *c* com a redação dada pela EC nº 23, de 2-9-1999.

d) o *habeas corpus*, sendo paciente qualquer das pessoas referidas nas alíneas anteriores; o mandado de segurança e o *habeas data* contra atos do Presidente da República, das Mesas da Câmara dos Deputados e do Senado Federal, do Tribunal de Contas da União, do Procurador-Geral da República e do próprio Supremo Tribunal Federal;

- Lei nº 9.507, de 12-11-1997 (Lei do *Habeas Data*).
- Lei nº 12.016, de 7-8-2009 (Lei do Mandado de Segurança Individual e Coletivo).
- Súm. nº 624 do STF.

e) o litígio entre Estado estrangeiro ou organismo internacional e a União, o Estado, o Distrito Federal ou o Território;

f) as causas e os conflitos entre a União e os Estados, a União e o Distrito Federal, ou entre uns e outros, inclusive as respectivas entidades da administração indireta;

g) a extradição solicitada por Estado estrangeiro;

- Súmulas nºs 367, 421 e 692 do STF.

h) *Revogada.* EC nº 45, de 8-12-2004;

i) o *habeas corpus*, quando o coator for Tribunal Superior ou quando o coator ou o paciente for autoridade ou funcionário cujos atos estejam sujeitos diretamente à jurisdição do Supremo Tribunal Federal, ou se trate de crime sujeito à mesma jurisdição em uma única instância;

- Alínea *i* com a redação dada pela EC nº 22, de 18-3-1999.
- Súmulas nºs 691, 692 e 731 do STF.

j) a revisão criminal e a ação rescisória de seus julgados;

l) a reclamação para a preservação de sua competência e garantia da autoridade de suas decisões;

- Art. 103-A, § 3º, desta Constituição.
- Art. 988 do CPC/2015.
- Lei nº 8.038, de 28-5-1990, institui normas procedimentais para os processos que especifica, perante o STJ e o STF.
- Art. 7º da Lei nº 11.417, de 19-12-2006 (Lei da Súmula Vinculante).

m) a execução de sentença nas causas de sua competência originária, facultada a delegação de atribuições para a prática de atos processuais;

n) a ação em que todos os membros da magistratura sejam direta ou indiretamente interessados, e aquela em que mais da metade dos membros do Tribunal de origem estejam impedidos ou sejam direta ou indiretamente interessados;

- Súm. nº 731 do STF.

o) os conflitos de competência entre o Superior Tribunal de Justiça e quaisquer Tribunais, entre Tribunais Superiores, ou entre estes e qualquer outro Tribunal;

- Arts. 105, I, *d*, 108, I, *e*, e 114, V, desta Constituição.

p) o pedido de medida cautelar das ações diretas de inconstitucionalidade;

q) o mandado de injunção, quando a elaboração da norma regulamentadora for atribuição do Presidente da República, do Congresso Nacional, da Câmara dos Deputados, do Senado Federal, das Mesas de uma dessas Casas Legislativas, do Tribunal de Contas da União, de um dos Tribunais Superiores, ou do próprio Supremo Tribunal Federal;

r) as ações contra o Conselho Nacional de Justiça e contra o Conselho Nacional do Ministério Público;

- Alínea *r* acrescida pela EC nº 45, de 8-12-2004.
- Arts. 103-A e 103-B desta Constituição.
- Arts. 1.003, § 5º, 1.007 e 1.027 do CPC/2015.

II – julgar, em recurso ordinário:

a) o *habeas corpus*, o mandado de segurança, o *habeas data* e o mandado de injunção decididos em única instância pelos Tribunais Superiores, se denegatória a decisão;

- Lei nº 9.507, de 12-11-1997 (Lei do *Habeas Data*).
- Lei nº 12.016, de 7-8-2009 (Lei do Mandado de Segurança Individual e Coletivo).

b) o crime político;

III – julgar, mediante recurso extraordinário, as causas decididas em única ou última instância, quando a decisão recorrida:

- Súmulas nºs 279, 283 e 733 do STF.

a) contrariar dispositivo desta Constituição;

- Súm. nº 400 do STF.

b) declarar a inconstitucionalidade de tratado ou lei federal;

c) julgar válida lei ou ato de governo local contestado em face desta Constituição;

d) julgar válida lei local contestada em face de lei federal.

- Alínea *d* acrescida pela EC nº 45, de 8-12-2004.

§ 1º A arguição de descumprimento de preceito fundamental decorrente desta Constituição será apreciada pelo Supremo Tribunal Federal, na forma da lei.

- Parágrafo único transformado em § 1º pela EC nº 3, de 17-3-1993.
- Lei nº 9.882, de 3-12-1999 (Lei da Ação de Descumprimento de Preceito Fundamental).

§ 2º As decisões definitivas de mérito, proferidas pelo Supremo Tribunal Federal, nas ações diretas de inconstitucionalidade e nas ações declaratórias de constitucionalidade, produzirão eficácia contra todos e efeito vinculante, relativamente aos demais órgãos do Poder Judiciário e à administração pública direta e indireta, nas esferas federal, estadual e municipal.

- § 2º com a redação dada pela EC nº 45, de 8-12-2004.
- Art. 28, par. ún., da Lei nº 9.868, de 10-11-1999 (Lei da ADIN e da ADECON).

§ 3º No recurso extraordinário o recorrente deverá demonstrar a repercussão geral das questões constitucionais discutidas no caso, nos termos da lei, a fim de que o Tribunal examine a admissão do recurso, somente podendo recusá-lo pela manifestação de dois terços de seus membros.

- § 3º acrescido pela EC nº 45, de 8-12-2004.
- Lei nº 11.418, de 19-12-2006, regulamenta este parágrafo.
- Súm. nº 282 do STF.

Art. 103. Podem propor a ação direta de inconstitucionalidade e a ação declaratória de constitucionalidade:

- *Caput* com a redação dada pela EC nº 45, de 8-12-2004.
- Arts. 2º, 12-A e 13 da Lei nº 9.868, de 10-11-1999 (Lei da ADIN e da ADECON).

I – o Presidente da República;

II – a Mesa do Senado Federal;

III – a Mesa da Câmara dos Deputados;

IV – a Mesa de Assembleia Legislativa ou da Câmara Legislativa do Distrito Federal;

V – o Governador de Estado ou do Distrito Federal;

- Incisos IV e V com a redação dada pela EC nº 45, de 8-12-2004.

VI – o Procurador-Geral da República;

VII – o Conselho Federal da Ordem dos Advogados do Brasil;

VIII – partido político com representação no Congresso Nacional;

IX – confederação sindical ou entidade de classe de âmbito nacional.

§ 1º O Procurador-Geral da República deverá ser previamente ouvido nas ações de inconstitucionalidade e em todos os processos de competência do Supremo Tribunal Federal.

§ 2º Declarada a inconstitucionalidade por omissão de medida para tornar efetiva norma constitucional, será dada ciência ao Poder competente para a adoção das providências necessárias e, em se tratando de órgão administrativo, para fazê-lo em trinta dias.

- Art. 12-H da Lei nº 9.868, de 10-11-1999 (Lei da ADIN e da ADECON).

§ 3º Quando o Supremo Tribunal Federal apreciar a inconstitucionalidade, em tese, de norma legal ou ato normativo, citará, previamente, o Advogado-Geral da União, que defenderá o ato ou texto impugnado.

§ 4º *Revogado*. EC nº 45, de 8-12-2004.

Art. 103-A. O Supremo Tribunal Federal poderá, de ofício ou por provocação, mediante decisão de dois terços dos seus membros, após reiteradas decisões sobre matéria constitucional, aprovar súmula que, a partir de sua publicação na imprensa oficial, terá efeito vinculante em relação aos demais órgãos do Poder Judiciário e à administração pública direta e indireta, nas esferas federal, estadual e municipal, bem como proceder à sua revisão ou cancelamento, na forma estabelecida em lei.

§ 1º A súmula terá por objetivo a validade, a interpretação e a eficácia de normas determinadas, acerca das quais haja controvérsia atual entre órgãos judiciários ou entre esses e a administração pública que acarrete grave insegurança jurídica e relevante multiplicação de processos sobre questão idêntica.

§ 2º Sem prejuízo do que vier a ser estabelecido em lei, a aprovação, revisão ou cancelamento de súmula poderá ser provocada por aqueles que podem propor a ação direta de inconstitucionalidade.

§ 3º Do ato administrativo ou decisão judicial que contrariar a súmula aplicável ou que indevidamente a aplicar, caberá reclamação ao Supremo Tribunal Federal que, julgando-a procedente, anulará o ato administrativo ou cassará a decisão judicial reclamada, e determinará que outra seja proferida com ou sem a aplicação da súmula, conforme o caso.

- Art. 103-A acrescido pela EC nº 45, de 8-12-2004.

Art. 103-B. O Conselho Nacional de Justiça compõe-se de 15 (quinze) membros com mandato de 2 (dois) anos, admitida 1 (uma) recondução, sendo:

- *Caput* com a redação dada pela EC nº 61, de 11-11-2009.

I – o Presidente do Supremo Tribunal Federal;

- Inciso I com a redação dada pela EC nº 61, de 11-11-2009.

II – um Ministro do Superior Tribunal de Justiça, indicado pelo respectivo tribunal;

III – um Ministro do Tribunal Superior do Trabalho, indicado pelo respectivo tribunal;

IV – um desembargador de Tribunal de Justiça, indicado pelo Supremo Tribunal Federal;

V – um juiz estadual, indicado pelo Supremo Tribunal Federal;

VI – um juiz de Tribunal Regional Federal, indicado pelo Superior Tribunal de Justiça;

VII – um juiz federal, indicado pelo Superior Tribunal de Justiça;

VIII – um juiz de Tribunal Regional do Trabalho, indicado pelo Tribunal Superior do Trabalho;

IX – um juiz do trabalho, indicado pelo Tribunal Superior do Trabalho;

X – um membro do Ministério Público da União, indicado pelo Procurador-Geral da República;

XI – um membro do Ministério Público estadual, escolhido pelo Procurador-Geral da República dentre os nomes indicados pelo órgão competente de cada instituição estadual;

XII – dois advogados, indicados pelo Conselho Federal da Ordem dos Advogados do Brasil;

XIII – dois cidadãos, de notável saber jurídico e reputação ilibada, indicados um pela Câmara dos Deputados e outro pelo Senado Federal.

- Incisos II a XIII acrescidos pela EC nº 45, de 8-12-2004.

§ 1º O Conselho será presidido pelo Presidente do Supremo Tribunal Federal e, nas suas ausências e impedimentos, pelo Vice-Presidente do Supremo Tribunal Federal.

§ 2º Os demais membros do Conselho serão nomeados pelo Presidente da República, depois de aprovada a escolha pela maioria absoluta do Senado Federal.

- §§ 1º e 2º com a redação dada pela EC nº 61, de 11-11-2009.

§ 3º Não efetuadas, no prazo legal, as indicações previstas neste artigo, caberá a escolha ao Supremo Tribunal Federal.

- § 3º acrescido pela EC nº 45, de 8-12-2004.

§ 4º Compete ao Conselho o controle da atuação administrativa e financeira do Poder Judiciário e do cumprimento dos deveres funcionais dos juízes, cabendo-lhe, além de outras atribuições que lhe forem conferidas pelo Estatuto da Magistratura:

- *Caput* do § 4º acrescido pela EC nº 45, de 8-12-2004.

I – zelar pela autonomia do Poder Judiciário e pelo cumprimento do Estatuto da Magistratura, podendo expedir atos regulamentares, no âmbito de sua competência, ou recomendar providências;

II – zelar pela observância do art. 37 e apreciar, de ofício ou mediante provocação, a legalidade dos atos administrativos praticados por membros ou órgãos do Poder Judiciário, podendo desconstituí-los, revê-los ou fixar prazo para que se adotem as providências necessárias ao exato cumprimento da lei, sem prejuízo da competência do Tribunal de Contas da União;

- Incisos I e II acrescidos pela EC nº 45, de 8-12-2004.

III – receber e conhecer das reclamações contra membros ou órgãos do Poder Judiciário, inclusive contra seus serviços auxiliares, serventias e órgãos prestadores de serviços notariais e de registro que atuem por delegação do poder público ou oficializados, sem prejuízo da competência disciplinar e correicional dos tribunais, podendo avocar processos disciplinares em curso, determinar a remoção ou a disponibilidade e aplicar outras sanções administrativas, assegurada ampla defesa;

- Inciso III com a redação dada pela EC nº 103, de 12-11-2019.

IV – representar ao Ministério Público, no caso de crime contra a administração pública ou de abuso de autoridade;

V – rever, de ofício ou mediante provocação, os processos disciplinares de juízes e membros de tribunais julgados há menos de um ano;

VI – elaborar semestralmente relatório estatístico sobre processos e sentenças prolatadas, por unidade da Federação, nos diferentes órgãos do Poder Judiciário;

VII – elaborar relatório anual, propondo as providências que julgar necessárias, sobre a situação do Poder Judiciário no País e as atividades do Conselho, o qual deve integrar mensagem do Presidente do Supremo Tribunal Federal a ser remetida ao Congresso Nacional, por ocasião da abertura da sessão legislativa.

- Incisos IV a VII acrescidos pela EC nº 45, de 8-12-2004.

§ 5º O Ministro do Superior Tribunal de Justiça exercerá a função de Ministro-Corregedor e ficará excluído da distribuição de processos no Tribunal, competindo-lhe, além das atribuições que lhe forem conferidas pelo Estatuto da Magistratura, as seguintes:

I – receber as reclamações e denúncias, de qualquer interessado, relativas aos magistrados e aos serviços judiciários;

II – exercer funções executivas do Conselho, de inspeção e de correição geral;

III – requisitar e designar magistrados, delegando-lhes atribuições, e requisitar servidores de juízos ou tribunais, inclusive nos Estados, Distrito Federal e Territórios.

§ 6º Junto ao Conselho oficiarão o Procurador-Geral da República e o Presidente do Conselho Federal da Ordem dos Advogados do Brasil.

§ 7º A União, inclusive no Distrito Federal e nos Territórios, criará ouvidorias de justiça, competentes para receber reclamações e denúncias de qualquer interessado contra membros ou órgãos do Poder Judiciário, ou contra seus serviços auxiliares, representando diretamente ao Conselho Nacional de Justiça.

- §§ 5º a 7º acrescidos pela EC nº 45, de 8-12-2004.

Seção III

DO SUPERIOR TRIBUNAL DE JUSTIÇA

- Lei nº 8.038, de 28-5-1990, institui normas procedimentais para os processos que especifica, perante o STJ e o STF.

Art. 104. O Superior Tribunal de Justiça compõe-se de, no mínimo, trinta e três Ministros.

Parágrafo único. Os Ministros do Superior Tribunal de Justiça serão nomeados pelo Presidente da República, dentre brasileiros com mais de trinta e cinco e menos de setenta anos de idade, de notável saber jurídico e reputação ilibada, depois de aprovada a escolha pela maioria absoluta do Senado Federal, sendo:

- *Caput* do parágrafo único com a redação dada pela EC nº 122, de 17-5-2022.

I – um terço dentre juízes dos Tribunais Regionais Federais e um terço dentre desembargadores dos Tribunais de Justiça, indicados em lista tríplice elaborada pelo próprio Tribunal;

II – um terço, em partes iguais, dentre advogados e membros do Ministério Público Federal, Estadual, do Distrito Federal e Territórios, alternadamente, indicados na forma do artigo 94.

Art. 105. Compete ao Superior Tribunal de Justiça:

- Lei nº 8.038, de 28-5-1990, institui normas procedimentais para os processos que especifica, perante o STJ e o STF.

I – processar e julgar, originariamente:

a) nos crimes comuns, os Governadores dos Estados e do Distrito Federal, e, nestes e nos de responsabilidade, os desembargadores dos Tribunais de Justiça dos Estados e do Distrito Federal, os membros dos Tribunais de Contas dos Estados e do Distrito Federal, os dos Tribunais Regionais Federais, dos Tribunais Regionais Eleitorais e do Trabalho, os membros dos Conselhos ou Tribunais de Contas dos Municípios e os do Ministério Público da União que oficiem perante tribunais;

b) os mandados de segurança e os *habeas data* contra ato de Ministro de Estado, dos Comandantes da Marinha, do Exército e da Aeronáutica ou do próprio Tribunal;

- Alínea *b* com a redação dada pela EC nº 23, de 2-9-1999.
- Lei nº 9.507, de 12-11-1997 (Lei do *Habeas Data*).
- Lei nº 12.016, de 7-8-2009 (Lei do Mandado de Segurança Individual e Coletivo).

c) os *habeas corpus*, quando o coator ou paciente for qualquer das pessoas mencionadas na alínea *a*, ou quando o coator for tribunal sujeito à sua jurisdição, Ministro de Estado ou Comandante da Marinha, do Exército ou da Aeronáutica, ressalvada a competência da Justiça Eleitoral;

- Alínea *c* com a redação dada pela EC nº 23, de 2-9-1999.

d) os conflitos de competência entre quaisquer tribunais, ressalvado o disposto no artigo 102, I, *o*, bem como entre Tribunal e juízes a ele não vinculados e entre juízes vinculados a Tribunais diversos;

e) as revisões criminais e as ações rescisórias de seus julgados;

f) a reclamação para a preservação de sua competência e garantia da autoridade de suas decisões;

- Arts. 13 a 18 da Lei nº 8.038, de 28-5-1990, que institui normas procedimentais para os processos que especifica, perante o STJ e o STF.

g) os conflitos de atribuições entre autoridades administrativas e judiciárias da União, ou entre autoridades judiciárias de um Estado e administrativas de outro ou do Distrito Federal, ou entre as deste e da União;

h) o mandado de injunção, quando a elaboração da norma regulamentadora for atribuição de órgão, entidade ou autoridade federal, da administração direta ou indireta, excetuados os casos de competência do Supremo Tribunal Federal e dos órgãos da Justiça Militar, da Justiça Eleitoral, da Justiça do Trabalho e da Justiça Federal;

- Art. 109 desta Constituição.

i) a homologação de sentenças estrangeiras e a concessão de *exequatur* às cartas rogatórias;

- Alínea *i* acrescida pela EC nº 45, de 8-12-2004.
- Art. 109 desta Constituição.

II – julgar, em recurso ordinário:

- Art. 30 da Lei nº 8.038, de 28-5-1990, que institui normas procedimentais para os processos que especifica, perante o STJ e o STF.

a) os *habeas corpus* decididos em única ou última instância pelos Tribunais Regionais Federais ou pelos Tribunais dos Estados, do Distrito Federal e Territórios, quando a decisão for denegatória;

b) os mandados de segurança decididos em única instância pelos Tribunais Regionais Federais ou pelos Tribunais dos Estados, do Distrito Federal e Territórios, quando denegatória a decisão;

c) as causas em que forem partes Estado estrangeiro ou organismo internacional, de um lado, e, do outro, Município ou pessoa residente ou domiciliada no País;

- Lei nº 12.016, de 7-8-2009 (Lei do Mandado de Segurança Individual e Coletivo).

III – julgar, em recurso especial, as causas decididas, em única ou última instância, pelos Tribunais Regionais Federais ou pelos Tribunais dos Estados, do Distrito Federal e Territórios, quando a decisão recorrida:

- Súmulas nºs 95 e 320 do STJ.

a) contrariar tratado ou lei federal, ou negar-lhes vigência;

b) julgar válido ato de governo local contestado em face de lei federal;

- Alínea *b* com a redação dada pela EC nº 45, de 8-12-2004.

c) der a lei federal interpretação divergente da que lhe haja atribuído outro Tribunal.

§ 1º Funcionarão junto ao Superior Tribunal de Justiça:

I – a escola nacional de formação e aperfeiçoamento de magistrados, cabendo-lhe, dentre outras funções, regulamentar os cursos oficiais para o ingresso e promoção na carreira;

II – o Conselho da Justiça Federal, cabendo-lhe exercer, na forma da lei, a supervisão administrativa e orçamentária da Justiça Federal de primeiro e segundo graus, como órgão central do sistema e com poderes correicionais, cujas decisões terão caráter vinculante.

- Parágrafo único renumerado para § 1º pela EC nº 125, de 14-7-2022.

§ 2º No recurso especial, o recorrente deve demonstrar a relevância das questões de direito federal infraconstitucional discutidas no caso, nos termos da lei, a fim de que a admissão do recurso seja examinada pelo Tribunal, o qual somente pode dele não conhecer com base nesse motivo pela manifestação de 2/3 (dois terços) dos membros do órgão competente para o julgamento.

§ 3º Haverá a relevância de que trata o § 2º deste artigo nos seguintes casos:

I – ações penais;

II – ações de improbidade administrativa;

III – ações cujo valor da causa ultrapasse 500 (quinhentos) salários mínimos;

IV – ações que possam gerar inelegibilidade;

V – hipóteses em que o acórdão recorrido contrariar jurisprudência dominante do Superior Tribunal de Justiça;

VI – outras hipóteses previstas em lei.

- §§ 2º e 3º acrescidos pela EC nº 125, de 14-7-2022.

Seção IV

DOS TRIBUNAIS REGIONAIS FEDERAIS E DOS JUÍZES FEDERAIS

Art. 106. São órgãos da Justiça Federal:

I – os Tribunais Regionais Federais;

II – os Juízes Federais.

Art. 107. Os Tribunais Regionais Federais compõem-se de, no mínimo, sete juízes, recrutados, quando possível, na respectiva região e nomeados pelo Presidente da República dentre brasileiros com mais de trinta e menos de setenta anos de idade, sendo:

- *Caput* com a redação dada pela EC nº 122, de 17-5-2022.

I – um quinto dentre advogados com mais de dez anos de efetiva atividade profissional e membros do Ministério Público Federal com mais de dez anos de carreira;

II – os demais, mediante promoção de juízes federais com mais de cinco anos de exercício, por antiguidade e merecimento, alternadamente.

- Art. 27, § 9º, do ADCT.

§ 1º A lei disciplinará a remoção ou a permuta de juízes dos Tribunais Regionais Federais e determinará sua jurisdição e sede.

- Parágrafo único transformado em § 1º pela EC nº 45, de 8-12-2004.

§ 2º Os Tribunais Regionais Federais instalarão a justiça itinerante, com a realização de audiências e demais funções da atividade jurisdicional, nos limites territoriais da respectiva jurisdição, servindo-se de equipamentos públicos e comunitários.

§ 3º Os Tribunais Regionais Federais poderão funcionar descentralizadamente, constituindo Câmaras regionais, a fim de assegurar o pleno acesso do jurisdicionado à justiça em todas as fases do processo.

- §§ 2º e 3º acrescidos pela EC nº 45, de 8-12-2004.

Art. 108. Compete aos Tribunais Regionais Federais:

I – processar e julgar, originariamente:

a) os juízes federais da área de sua jurisdição, incluídos os da Justiça Militar e da Justiça do Trabalho, nos crimes comuns e de responsabilidade, e os membros do Ministério Público da União, ressalvada a competência da Justiça Eleitoral;

b) as revisões criminais e as ações rescisórias de julgados seus ou dos juízes federais da região;

c) os mandados de segurança e os *habeas data* contra ato do próprio Tribunal ou de juiz federal;

- Lei nº 9.507, de 12-11-1997 (Lei do *Habeas Data*).
- Lei nº 12.016, de 7-8-2009 (Lei do Mandado de Segurança Individual e Coletivo).

d) os *habeas corpus*, quando a autoridade coatora for juiz federal;

e) os conflitos de competência entre juízes federais vinculados ao Tribunal;

- Súm. nº 3 do STJ.

II – julgar, em grau de recurso, as causas decididas pelos juízes federais e pelos juízes estaduais no exercício da competência federal da área de sua jurisdição.

- Súm. nº 55 do STJ.

Art. 109. Aos juízes federais compete processar e julgar:

- Lei nº 10.259, de 12-7-2001 (Lei dos Juizados Especiais Federais).
- Súmulas nºs 504, 511, 557 e 689 do STF.
- Súmulas nºs 3, 42, 66, 150, 151, 224, 324, 349 e 365 do STJ.

I – as causas em que a União, entidade autárquica ou empresa pública federal forem interessadas na condição de autoras, rés, assistentes ou oponentes, exceto as de falência, as de acidentes de trabalho e as sujeitas à Justiça Eleitoral e à Justiça do Trabalho;

- Súmulas nos 42, 66, 150, 324, 349 e 365 do STJ.

II – as causas entre Estado estrangeiro ou organismo internacional e Município ou pessoa domiciliada ou residente no País;

III – as causas fundadas em tratado ou contrato da União com Estado estrangeiro ou organismo internacional;

- Súm. nº 689 do STF.

IV – os crimes políticos e as infrações penais praticadas em detrimento de bens, serviços ou interesse da União ou de suas entidades autárquicas ou empresas públicas, excluídas as contravenções e ressalvada a competência da Justiça Militar e da Justiça Eleitoral;

- Súm. nº 42 do STJ.

V – os crimes previstos em tratado ou convenção internacional, quando, iniciada a execução no País, o resultado tenha ou devesse ter ocorrido no estrangeiro, ou reciprocamente;

V-A – as causas relativas a direitos humanos a que se refere o § 5º deste artigo;

- Inciso V-A acrescido pela EC nº 45, de 8-12-2004.

VI – os crimes contra a organização do trabalho e, nos casos determinados por lei, contra o sistema financeiro e a ordem econômico-financeira;

- Lei nº 8.137, de 27-12-1990 (Lei dos Crimes Contra a Ordem Tributária, Econômica e Contra as Relações de Consumo).

VII – os *habeas corpus*, em matéria criminal de sua competência ou quando o constrangimento provier de autoridade cujos atos não estejam diretamente sujeitos a outra jurisdição;

VIII – os mandados de segurança e os *habeas data* contra ato de autoridade federal, excetuados os casos de competência dos Tribunais federais;

- Lei nº 9.507, de 12-11-1997 (Lei do *Habeas Data*).
- Lei nº 12.016, de 7-8-2009 (Lei do Mandado de Segurança Individual e Coletivo).

IX – os crimes cometidos a bordo de navios ou aeronaves, ressalvada a competência da Justiça Militar;

- Art. 125, § 4º, desta Constituição.

X – os crimes de ingresso ou permanência irregular de estrangeiro, a execução de carta rogatória, após o *exequatur*, e de sentença estrangeira após a homologação, as causas referentes à nacionalidade, inclusive a respectiva opção, e à naturalização;

- Art. 105, I, *i*, desta Constituição.

XI – a disputa sobre direitos indígenas.

§ 1º As causas em que a União for autora serão aforadas na seção judiciária onde tiver domicílio a outra parte.

§ 2º As causas intentadas contra a União poderão ser aforadas na seção judiciária em que for domiciliado o autor, naquela onde houver ocorrido o ato ou fato que deu origem à demanda ou onde esteja situada a coisa, ou, ainda, no Distrito Federal.

- Art. 51 do CPC/2015.

§ 3º Lei poderá autorizar que as causas de competência da Justiça Federal em que forem parte instituição de previdência social e segurado possam ser processadas e julgadas na justiça estadual quando a comarca do domicílio do segurado não for sede de vara federal.

- § 3º com a redação dada pela EC nº 103, de 12-11-2019.

§ 4º Na hipótese do parágrafo anterior, o recurso cabível será sempre para o Tribunal Regional Federal na área de jurisdição do juiz de primeiro grau.

§ 5º Nas hipóteses de grave violação de direitos humanos, o Procurador-Geral da República, com a finalidade de assegurar o cumprimento de obrigações decorrentes de tratados internacionais de direitos humanos dos quais o Brasil seja parte, poderá suscitar, perante o Superior Tribunal de Justiça, em qualquer fase do inquérito ou processo, incidente de deslocamento de competência para a Justiça Federal.

- § 5º acrescido pela EC nº 45, de 8-12-2004.

Art. 110. Cada Estado, bem como o Distrito Federal, constituirá uma seção judiciária que terá por sede a respectiva Capital, e varas localizadas segundo o estabelecido em lei.

Parágrafo único. Nos Territórios Federais, a jurisdição e as atribuições cometidas aos juízes federais caberão aos juízes da justiça local, na forma da lei.

Seção V
DO TRIBUNAL SUPERIOR DO TRABALHO, DOS TRIBUNAIS REGIONAIS DO TRABALHO E DOS JUÍZES DO TRABALHO

- Seção V com a denominação dada pela EC nº 92, de 12-7-2016.

Art. 111. São órgãos da Justiça do Trabalho:

I – o Tribunal Superior do Trabalho;

II – os Tribunais Regionais do Trabalho;

III – Juízes do Trabalho.

- Inciso III com a redação dada pela EC nº 24, de 9-12-1999.

§§ 1º a 3º *Revogados*. EC nº 45, de 8-12-2004.

Art. 111-A. O Tribunal Superior do Trabalho compõe-se de vinte e sete Ministros, escolhidos dentre brasileiros com mais de trinta e cinco e menos de setenta anos de idade, de notável saber jurídico e reputação ilibada, nomeados pelo Presidente da República após aprovação pela maioria absoluta do Senado Federal, sendo:

- *Caput* com a redação dada pela EC nº 122, de 17-5-2022.

I – um quinto dentre advogados com mais de dez anos de efetiva atividade profissional e membros do Ministério Público do Trabalho com mais de dez anos de efetivo exercício, observado o disposto no art. 94;

II – os demais dentre juízes do Trabalho dos Tribunais Regionais do Trabalho, oriundos da magistratura da carreira, indicados pelo próprio Tribunal Superior.

- Incisos I e II acrescidos pela EC nº 45, de 8-12-2004.

§ 1º A lei disporá sobre a competência do Tribunal Superior do Trabalho.

§ 2º Funcionarão junto ao Tribunal Superior do Trabalho:

I – a Escola Nacional de Formação e Aperfeiçoamento de Magistrados do Trabalho, cabendo-lhe, dentre outras funções, regulamentar os cursos oficiais para o ingresso e promoção na carreira;

II – o Conselho Superior da Justiça do Trabalho, cabendo-lhe exercer, na forma da lei, a supervisão administrativa, orçamentária, financeira e patrimonial da Justiça do Trabalho de primeiro e segundo graus, como órgão central do sistema, cujas decisões terão efeito vinculante.

- §§ 1º e 2º acrescidos pela EC nº 45, de 8-12-2004.

§ 3º Compete ao Tribunal Superior do Trabalho processar e julgar, originariamente, a reclamação para a preservação de sua competência e garantia da autoridade de suas decisões.

- § 3º acrescido pela EC nº 92, de 12-7-2016.

Art. 112. A lei criará varas da Justiça do Trabalho, podendo, nas comarcas não abrangidas por sua jurisdição, atribuí-la aos juízes de direito, com recurso para o respectivo Tribunal Regional do Trabalho.

- Artigo com a redação dada pela EC nº 45, de 8-12-2004.

Art. 113. A lei disporá sobre a constituição, investidura, jurisdição, competência, garantias e condições de exercício dos órgãos da Justiça do Trabalho.

- Artigo com a redação dada pela EC nº 24, de 9-12-1999.

Art. 114. Compete à Justiça do Trabalho processar e julgar:

- *Caput* com a redação dada pela EC nº 45, de 8-12-2004.
- Súmulas nºs 349 e 363 do STJ.

I – as ações oriundas da relação de trabalho, abrangidos os entes de direito público externo e da administração pública direta e indireta da União, dos Estados, do Distrito Federal e dos Municípios;

- O STF, por maioria de votos, julgou parcialmente procedente as Ações Diretas de Inconstitucionalidade nºs 3.395 e 3.529, confirmando a decisão liminar concedida e fixando, com aplicação de interpretação conforme a CF, que o disposto neste inciso não abrange causas ajuizadas para discussão de relação jurídico-estatutária entre o Poder Público dos Entes da Federação e seus Servidores (*DOU* de 23-4-2020).

II – as ações que envolvam exercício do direito de greve;

- Art. 9º desta Constituição.

III – as ações sobre representação sindical, entre sindicatos, entre sindicatos e trabalhadores, e entre sindicatos e empregadores;

IV – os mandados de segurança, *habeas corpus* e *habeas data*, quando o ato questionado envolver matéria sujeita à sua jurisdição;

- Arts. 5º, LXVIII, LXIX, LXXII, e 7º, XXVIII, desta Constituição.
- Lei nº 9.507, de 12-11-1997 (Lei do *Habeas Data*).
- Lei nº 12.016, de 7-8-2009 (Lei do Mandado de Segurança Individual e Coletivo).

V – os conflitos de competência entre órgãos com jurisdição trabalhista, ressalvado o disposto no art. 102, I, *o*;

VI – as ações de indenização por dano moral ou patrimonial, decorrentes da relação de trabalho;

- Arts. 5º, X, e 109, I, desta Constituição.
- Súmulas nºs 362 e 376 do STJ.

VII – as ações relativas às penalidades administrativas impostas aos empregadores pelos órgãos de fiscalização das relações de trabalho;

VIII – a execução, de ofício, das contribuições sociais previstas no art. 195, I, *a*, e II, e seus acréscimos legais, decorrentes das sentenças que proferir;

IX – outras controvérsias decorrentes da relação de trabalho, na forma da lei.

- Incisos I a IX acrescidos pela EC nº 45, de 8-12-2004.
- O STF, por maioria de votos, julgou procedente a ADIN nº 3.684 para dar interpretação conforme a CF ao art. 114, I, IV e IX, com a redação dada pela EC nº 45, de 8-12-2004, para afastar qualquer interpretação que entenda competir à Justiça do Trabalho processar e julgar ações penais, nos termos da medida cautelar anteriormente deferida pelo Plenário (*DOU* de 22-5-2020).

§ 1º Frustrada a negociação coletiva, as partes poderão eleger árbitros.

§ 2º Recusando-se qualquer das partes à negociação coletiva ou à arbitragem, é facultado às mesmas, de comum acordo, ajuizar dissídio coletivo de natureza econômica, podendo a Justiça do Trabalho decidir o conflito, respeitadas as disposições mínimas legais de proteção ao trabalho, bem como as convencionadas anteriormente.

§ 3º Em caso de greve em atividade essencial, com possibilidade de lesão do interesse público, o Ministério Público do Trabalho poderá ajuizar dissídio coletivo, competindo à Justiça do Trabalho decidir o conflito.

- §§ 2º e 3º com a redação dada pela EC nº 45, de 8-12-2004.
- Art. 9º, § 1º, desta Constituição.

Art. 115. Os Tribunais Regionais do Trabalho compõem-se de, no mínimo, sete juízes, recrutados, quando possível, na respectiva região e nomeados pelo Presidente da República dentre brasileiros com mais de trinta e menos de setenta anos de idade, sendo:

- *Caput* com a redação dada pela EC nº 122, de 17-5-2022.

I – um quinto dentre advogados com mais de dez anos de efetiva atividade profissional e membros do Ministério Público do Trabalho com mais de dez anos de efetivo exercício, observado o disposto no art. 94;

II – os demais, mediante promoção de juízes do trabalho por antiguidade e merecimento, alternadamente.

- Incisos I e II acrescidos pela EC nº 45, de 8-12-2004.

§ 1º Os Tribunais Regionais do Trabalho instalarão a justiça itinerante, com a realização de audiências e demais funções de atividade jurisdicional, nos limites territoriais da respectiva jurisdição, servindo-se de equipamentos públicos e comunitários.

§ 2º Os Tribunais Regionais do Trabalho poderão funcionar descentralizadamente, constituindo Câmaras regionais, a fim de assegurar o pleno acesso do jurisdicionado à justiça em todas as fases do processo.

- §§ 1º e 2º acrescidos pela EC nº 45, de 8-12-2004.

Art. 116. Nas Varas do Trabalho, a jurisdição será exercida por um juiz singular.

- *Caput* com a redação dada pela EC nº 24, de 9-12-1999.

Parágrafo único. *Revogado.* EC nº 24, de 9-12-1999.

Art. 117. *Revogado.* EC nº 24, de 9-12-1999.

Seção VI

DOS TRIBUNAIS E JUÍZES ELEITORAIS

Art. 118. São órgãos da Justiça Eleitoral:

I – o Tribunal Superior Eleitoral;

II – os Tribunais Regionais Eleitorais;

III – os Juízes Eleitorais;

IV – as Juntas Eleitorais.

Art. 119. O Tribunal Superior Eleitoral compor-se-á, no mínimo, de sete membros, escolhidos:

I – mediante eleição, pelo voto secreto:

a) três juízes dentre os Ministros do Supremo Tribunal Federal;

b) dois juízes dentre os Ministros do Superior Tribunal de Justiça;

II – por nomeação do Presidente da República, dois juízes dentre seis advogados de notável saber jurídico e idoneidade moral, indicados pelo Supremo Tribunal Federal.

Parágrafo único. O Tribunal Superior Eleitoral elegerá seu Presidente e o Vice-Presidente dentre os Ministros do Supremo Tribunal Federal, e o Corregedor Eleitoral dentre os Ministros do Superior Tribunal de Justiça.

Art. 120. Haverá um Tribunal Regional Eleitoral na Capital de cada Estado e no Distrito Federal.

§ 1º Os Tribunais Regionais Eleitorais compor-se-ão:

I – mediante eleição, pelo voto secreto:

a) de dois juízes dentre os desembargadores do Tribunal de Justiça;

b) de dois juízes, dentre juízes de direito, escolhidos pelo Tribunal de Justiça;

II – de um juiz do Tribunal Regional Federal com sede na Capital do Estado ou no Distrito Federal, ou, não havendo, de juiz federal, escolhido, em qualquer caso, pelo Tribunal Regional Federal respectivo;

III – por nomeação, pelo Presidente da República, de dois juízes dentre seis advogados de notável saber jurídico e idoneidade moral, indicados pelo Tribunal de Justiça.

§ 2º O Tribunal Regional Eleitoral elegerá seu Presidente e o Vice-Presidente dentre os desembargadores.

Art. 121. Lei complementar disporá sobre a organização e competência dos Tribunais, dos juízes de direito e das juntas eleitorais.

§ 1º Os membros dos Tribunais, os juízes de direito e os integrantes das juntas eleitorais, no exercício de suas funções, e no que lhes for aplicável, gozarão de plenas garantias e serão inamovíveis.

§ 2º Os juízes dos Tribunais eleitorais, salvo motivo justificado, servirão por dois anos, no mínimo, e nunca por mais de dois biênios consecutivos, sendo os substitutos escolhidos na mesma ocasião e pelo mesmo processo, em número igual para cada categoria.

§ 3º São irrecorríveis as decisões do Tribunal Superior Eleitoral, salvo as que contrariarem esta Constituição e as denegatórias de *habeas corpus* ou mandado de segurança.

§ 4º Das decisões dos Tribunais Regionais Eleitorais somente caberá recurso quando:

I – forem proferidas contra disposição expressa desta Constituição ou de lei;

II – ocorrer divergência na interpretação de lei entre dois ou mais Tribunais eleitorais;

III – versarem sobre inelegibilidade ou expedição de diplomas nas eleições federais ou estaduais;

IV – anularem diplomas ou decretarem a perda de mandatos eletivos federais ou estaduais;

V – denegarem *habeas corpus*, mandado de segurança, *habeas data* ou mandado de injunção.

Seção VII

DOS TRIBUNAIS E JUÍZES MILITARES

Art. 122. São órgãos da Justiça Militar:

I – o Superior Tribunal Militar;

II – os Tribunais e Juízes Militares instituídos por lei.

Art. 123. O Superior Tribunal Militar compor-se-á de quinze Ministros vitalícios, nomeados pelo Presidente da República, depois de aprovada a indicação pelo Senado Federal, sendo três dentre oficiais-generais da Marinha, quatro dentre oficiais-generais do Exército, três dentre oficiais-generais da Aeronáutica, todos da ativa e do posto mais elevado da carreira, e cinco dentre civis.

Parágrafo único. Os Ministros civis serão escolhidos pelo Presidente da República dentre brasileiros com mais de trinta e cinco e menos de setenta anos de idade, sendo:

• *Caput* do parágrafo único com a redação dada pela EC nº 122, de 17-5-2022.

I – três dentre advogados de notório saber jurídico e conduta ilibada, com mais de dez anos de efetiva atividade profissional;

II – dois, por escolha paritária, dentre juízes auditores e membros do Ministério Público da Justiça Militar.

Art. 124. À Justiça Militar compete processar e julgar os crimes militares definidos em lei.

Parágrafo único. A lei disporá sobre a organização, o funcionamento e a competência da Justiça Militar.

○ Art. 90-A da Lei nº 9.099, de 26-9-1995 (Lei dos Juizados Especiais).

Seção VIII

DOS TRIBUNAIS E JUÍZES DOS ESTADOS

Art. 125. Os Estados organizarão sua Justiça, observados os princípios estabelecidos nesta Constituição.

○ Súm. nº 721 do STF.

§ 1º A competência dos Tribunais será definida na Constituição do Estado, sendo a lei de organização judiciária de iniciativa do Tribunal de Justiça.

○ Art. 70 do ADCT.

§ 2º Cabe aos Estados a instituição de representação de inconstitucionalidade de leis ou atos normativos estaduais ou municipais em face da Constituição Estadual, vedada a atribuição da legitimação para agir a um único órgão.

§ 3º A lei estadual poderá criar, mediante proposta do Tribunal de Justiça, a Justiça Militar estadual, constituída, em primeiro grau, pelos juízes de direito e pelos Conselhos de Justiça e, em segundo grau, pelo próprio Tribunal de Justiça, ou por Tribunal de Justiça Militar nos Estados em que o efetivo militar seja superior a vinte mil integrantes.

§ 4º Compete à Justiça Militar estadual processar e julgar os militares dos Estados, nos crimes militares definidos em lei e as ações judiciais contra atos disciplinares militares, ressalvada a competência do júri quando a vítima for civil, cabendo ao tribunal competente decidir sobre a perda do posto e da patente dos oficiais e da graduação das praças.

• §§ 3º e 4º com a redação dada pela EC nº 45, de 8-12-2004.

§ 5º Compete aos juízes de direito do juízo militar processar e julgar, singularmente, os crimes militares cometidos contra civis e as ações judiciais contra atos disciplinares militares, cabendo ao Conselho de Justiça, sob a presidência de juiz de direito, processar e julgar os demais crimes militares.

§ 6º O Tribunal de Justiça poderá funcionar descentralizadamente, constituindo Câmaras regionais, a fim de assegurar o pleno acesso do jurisdicionado à justiça em todas as fases do processo.

§ 7º O Tribunal de Justiça instalará a justiça itinerante, com a realização de audiências e demais funções da atividade jurisdicional, nos limites territoriais da respectiva jurisdição, servindo-se de equipamentos públicos e comunitários.

• §§ 5º a 7º acrescidos pela EC nº 45, de 8-12-2004.

Art. 126. Para dirimir conflitos fundiários, o Tribunal de Justiça proporá a criação de varas especializadas, com competência exclusiva para questões agrárias.

• *Caput* com a redação dada pela EC nº 45, de 8-12-2004.

Parágrafo único. Sempre que necessário à eficiente prestação jurisdicional, o juiz far-se-á presente no local do litígio.

CAPÍTULO IV
DAS FUNÇÕES ESSENCIAIS À JUSTIÇA

Seção I
DO MINISTÉRIO PÚBLICO

Art. 127. O Ministério Público é instituição permanente, essencial à função jurisdicional do Estado, incumbindo-lhe a defesa da ordem jurídica, do regime democrático e dos interesses sociais e individuais indisponíveis.

§ 1º São princípios institucionais do Ministério Público a unidade, a indivisibilidade e a independência funcional.

§ 2º Ao Ministério Público é assegurada autonomia funcional e administrativa, podendo, observado o disposto no artigo 169, propor ao Poder Legislativo a criação e extinção de seus cargos e serviços auxiliares, provendo-os por concurso público de provas ou de provas e títulos, a política remuneratória e os planos de carreira; a lei disporá sua organização e funcionamento.

- § 2º com a redação dada pela EC nº 19, de 4-6-1998.

§ 3º O Ministério Público elaborará sua proposta orçamentária dentro dos limites estabelecidos na lei de diretrizes orçamentárias.

§ 4º Se o Ministério Público não encaminhar a respectiva proposta orçamentária dentro do prazo estabelecido na lei de diretrizes orçamentárias, o Poder Executivo considerará, para fins de consolidação da proposta orçamentária anual, os valores aprovados na lei orçamentária vigente, ajustados de acordo com os limites estipulados na forma do § 3º.

§ 5º Se a proposta orçamentária de que trata este artigo for encaminhada em desacordo com os limites estipulados na forma do § 3º, o Poder Executivo procederá aos ajustes necessários para fins de consolidação da proposta orçamentária anual.

§ 6º Durante a execução orçamentária do exercício, não poderá haver a realização de despesas ou a assunção de obrigações que extrapolem os limites estabelecidos na lei de diretrizes orçamentárias, exceto se previamente autorizadas, mediante a abertura de créditos suplementares ou especiais.

- §§ 4º a 6º acrescidos pela EC nº 45, de 8-12-2004.

Art. 128. O Ministério Público abrange:

I – o Ministério Público da União, que compreende:

a) o Ministério Público Federal;

b) o Ministério Público do Trabalho;

c) o Ministério Público Militar;

d) o Ministério Público do Distrito Federal e Territórios;

II – os Ministérios Públicos dos Estados.

§ 1º O Ministério Público da União tem por chefe o Procurador-Geral da República, nomeado pelo Presidente da República dentre integrantes da carreira, maiores de trinta e cinco anos, após a aprovação de seu nome pela maioria absoluta dos membros do Senado Federal, para mandato de dois anos, permitida a recondução.

§ 2º A destituição do Procurador-Geral da República, por iniciativa do Presidente da República, deverá ser precedida de autorização da maioria absoluta do Senado Federal.

§ 3º Os Ministérios Públicos dos Estados e o do Distrito Federal e Territórios formarão lista tríplice dentre integrantes da carreira, na forma da lei respectiva, para escolha de seu Procurador-Geral, que será nomeado pelo Chefe do Poder Executivo, para mandato de dois anos, permitida uma recondução.

§ 4º Os Procuradores-Gerais nos Estados e no Distrito Federal e Territórios poderão ser destituídos por deliberação da maioria absoluta do Poder Legislativo, na forma da lei complementar respectiva.

§ 5º Leis complementares da União e dos Estados, cuja iniciativa é facultada aos respectivos Procuradores-Gerais, estabelecerão a organização, as atribuições e o estatuto de cada Ministério Público, observadas, relativamente a seus membros:

I – as seguintes garantias:

a) vitaliciedade, após dois anos de exercício, não podendo perder o cargo senão por sentença judicial transitada em julgado;

b) inamovibilidade, salvo por motivo de interesse público, mediante decisão do órgão colegiado competente do Ministério Público, pelo voto da maioria absoluta de seus membros, assegurada ampla defesa;

- Alínea *b* com a redação dada pela EC nº 45, de 8-12-2004.

c) irredutibilidade de subsídio, fixado na forma do artigo 39, § 4º, e ressalvado o disposto nos artigos 37, X e XI, 150, II, 153, III, 153, § 2º, I;

- Alínea *c* com a redação dada pela EC nº 19, de 4-6-1998.

II – as seguintes vedações:

a) receber, a qualquer título e sob qualquer pretexto, honorários, percentagens ou custas processuais;

b) exercer a advocacia;

c) participar de sociedade comercial, na forma da lei;

d) exercer, ainda que em disponibilidade, qualquer outra função pública, salvo uma de magistério;

e) exercer atividade político-partidária;

- Alínea *e* com a redação dada pela EC nº 45, de 8-12-2004.

f) receber, a qualquer título ou pretexto, auxílios ou contribuições de pessoas físicas, entidades públicas ou privadas, ressalvadas as exceções previstas em lei.

- Alínea *f* acrescida pela EC nº 45, de 8-12-2004.

§ 6º Aplica-se aos membros do Ministério Público o disposto no art. 95, parágrafo único, V.

- § 6º acrescido pela EC nº 45, de 8-12-2004.

Art. 129. São funções institucionais do Ministério Público:

I – promover, privativamente, a ação penal pública, na forma da lei;

II – zelar pelo efetivo respeito dos Poderes Públicos e dos serviços de relevância pública aos direitos assegurados nesta Constituição, promovendo as medidas necessárias a sua garantia;

III – promover o inquérito civil e a ação civil pública, para a proteção do patrimônio público e social, do meio ambiente e de outros interesses difusos e coletivos;

- Lei nº 7.347, de 24-7-1985 (Lei da Ação Civil Pública).

IV – promover a ação de inconstitucionalidade ou representação para fins de intervenção da União e dos Estados, nos casos previstos nesta Constituição;

- Arts. 34 a 36 desta Constituição.

V – defender judicialmente os direitos e interesses das populações indígenas;

- Arts. 231 e 232 desta Constituição.

VI – expedir notificações nos procedimentos administrativos de sua competência, requisitando informações e documentos para instruí-los, na forma da lei complementar respectiva;

VII – exercer o controle externo da atividade policial, na forma da lei complementar mencionada no artigo anterior;

VIII – requisitar diligências investigatórias e a instauração de inquérito policial, indicados os fundamentos jurídicos de suas manifestações processuais;

IX – exercer outras funções que lhe forem conferidas, desde que compatíveis com sua finalidade, sendo-lhe vedada a representação judicial e a consultoria jurídica de entidades públicas.

§ 1º A legitimação do Ministério Público para as ações civis previstas neste artigo não impede a de terceiros, nas mesmas hipóteses, segundo o disposto nesta Constituição e na lei.

- Lei nº 7.347, de 24-7-1985 (Lei da Ação Civil Pública).

§ 2º As funções do Ministério Público só podem ser exercidas por integrantes da carreira, que deverão residir na comarca da respectiva lotação, salvo autorização do chefe da instituição.

§ 3º O ingresso na carreira do Ministério Público far-se-á mediante concurso público de provas e títulos, assegurada a participação da Ordem dos Advogados do Brasil em sua realização, exigindo-se do bacharel em direito, no mínimo, três anos de atividade jurídica e observando-se, nas nomeações, a ordem de classificação.

§ 4º Aplica-se ao Ministério Público, no que couber, o disposto no art. 93.

- §§ 2º a 4º com a redação dada pela EC nº 45, de 8-12-2004.

§ 5º A distribuição de processos no Ministério Público será imediata.

- § 5º acrescido pela EC nº 45, de 8-12-2004.

Art. 130. Aos membros do Ministério Público junto aos Tribunais de Contas aplicam-se as disposições desta seção pertinentes a direitos, vedações e forma de investidura.

Art. 130-A. O Conselho Nacional do Ministério Público compõe-se de quatorze membros nomeados pelo Presidente da República, depois de aprovada a escolha pela maioria absoluta do Senado Federal, para um mandato de dois anos, admitida uma recondução, sendo:

- *Caput* do art. 130-A acrescido pela EC nº 45, de 8-12-2004.

I – o Procurador-Geral da República, que o preside;

II – quatro membros do Ministério Público da União, assegurada a representação de cada uma de suas carreiras;

III – três membros do Ministério Público dos Estados;

IV – dois juízes, indicados um pelo Supremo Tribunal Federal e outro pelo Superior Tribunal de Justiça;

V – dois advogados, indicados pelo Conselho Federal da Ordem dos Advogados do Brasil;

VI – dois cidadãos de notável saber jurídico e reputação ilibada, indicados um pela Câmara dos Deputados e outro pelo Senado Federal.

- Incisos I a VI acrescidos pela EC nº 45, de 8-12-2004.

§ 1º Os membros do Conselho oriundos do Ministério Público serão indicados pelos respectivos Ministérios Públicos, na forma da lei.

- § 1º acrescido pela EC nº 45, de 8-12-2004.

§ 2º Compete ao Conselho Nacional do Ministério Público o controle da atuação administrativa e financeira do Ministério Público e do cumprimento dos deveres funcionais de seus membros, cabendo-lhe:

- *Caput* do § 2º acrescido pela EC nº 45, de 8-12-2004.

I – zelar pela autonomia funcional e administrativa do Ministério Público, podendo expedir atos regulamentares, no âmbito de sua competência, ou recomendar providências;

II – zelar pela observância do art. 37 e apreciar, de ofício ou mediante provocação, a legalidade dos atos administrativos praticados por membros ou órgãos do Ministério Público da União e dos Estados, podendo desconstituí-los, revê-los ou fixar prazo para que se adotem as providências necessárias ao exato cumprimento da lei, sem prejuízo da competência dos Tribunais de Contas;

- Incisos I e II acrescidos pela EC nº 45, de 8-12-2004.

III – receber e conhecer das reclamações contra membros ou órgãos do Ministério Público da União ou dos Estados, inclusive contra seus serviços auxiliares, sem prejuízo da competência disciplinar e correicional da instituição, podendo avocar processos disciplinares em curso, determinar a remoção ou a disponibilidade e aplicar outras sanções administrativas, assegurada ampla defesa;

- Inciso III com a redação dada pela EC nº 103, de 12-11-2019.

IV – rever, de ofício ou mediante provocação, os processos disciplinares de membros do Ministério Público da União ou dos Estados julgados há menos de um ano;

V – elaborar relatório anual, propondo as providências que julgar necessárias sobre a situação do Ministério Público no País e as atividades do Conselho, o qual deve integrar a mensagem prevista no art. 84, XI.

- Incisos IV e V acrescidos pela EC nº 45, de 8-12-2004.

§ 3º O Conselho escolherá, em votação secreta, um Corregedor nacional, dentre os membros do Ministério Público que o integram, vedada a recondução, competindo-lhe, além das atribuições que lhe forem conferidas pela lei, as seguintes:

I – receber reclamações e denúncias, de qualquer interessado, relativas aos membros do Ministério Público e dos seus serviços auxiliares;

II – exercer funções executivas do Conselho, de inspeção e correição geral;

III – requisitar e designar membros do Ministério Público, delegando-lhes atribuições, e requisitar servidores de órgãos do Ministério Público.

§ 4º O Presidente do Conselho Federal da Ordem dos Advogados do Brasil oficiará junto ao Conselho.

§ 5º Leis da União e dos Estados criarão ouvidorias do Ministério Público, competentes para receber reclamações e denúncias de qualquer interessado contra membros ou órgãos do Ministério Público, inclusive contra seus serviços auxiliares, representando diretamente ao Conselho Nacional do Ministério Público.

- §§ 3º a 5º acrescidos pela EC nº 45, de 8-12-2004.

Seção II

DA ADVOCACIA PÚBLICA

- Denominação da Seção dada pela EC nº 19, de 4-6-1998.

Art. 131. A Advocacia-Geral da União é a instituição que, diretamente ou através de órgão vinculado, representa a União, judicial e extrajudicialmente, cabendo-lhe, nos termos da lei complementar que dispuser sobre sua organização e funcionamento, as atividades de consultoria e assessoramento jurídico do Poder Executivo.

§ 1º A Advocacia-Geral da União tem por chefe o Advogado-Geral da União, de livre nomeação pelo Presidente da República dentre cidadãos maiores de trinta e cinco anos, de notável saber jurídico e reputação ilibada.

§ 2º O ingresso nas classes iniciais das carreiras da instituição de que trata este artigo far-se-á mediante concurso público de provas e títulos.

§ 3º Na execução da dívida ativa de natureza tributária, a representação da União cabe à Procuradoria-Geral da Fazenda Nacional, observado o disposto em lei.

Art. 132. Os Procuradores dos Estados e do Distrito Federal, organizados em carreira, na qual o ingresso dependerá de concurso público de provas e títulos, com a participação da Ordem dos Advogados do Brasil em todas as suas fases, exercerão a representação judicial e a consultoria jurídica das respectivas unidades federadas.

Parágrafo único. Aos procuradores referidos neste artigo é assegurada estabilidade após três anos de efetivo exercício, mediante avaliação de desempenho perante os órgãos próprios, após relatório circunstanciado das corregedorias.

- Art. 132 com a redação dada pela EC nº 19, de 4-6-1998.

Seção III

DA ADVOCACIA

- Denominação da Seção dada pela EC nº 80, de 4-6-2014.

Art. 133. O advogado é indispensável à administração da justiça, sendo inviolável por seus atos e manifestações no exercício da profissão, nos limites da lei.

- O STF, ao julgar a ADIN nº 1.194, deu interpretação conforme à Constituição ao art. 21 e parágrafo único da Lei nº 8.906, de 4-7-1994 (Estatuto da OAB), no sentido da preservação da liberdade contratual quanto à destinação dos honorários de sucumbência fixados judicialmente.
- Lei nº 8.906, de 4-7-1994 (Estatuto da Advocacia e da OAB).

Seção IV

DA DEFENSORIA PÚBLICA

- Denominação da Seção dada pela EC nº 80, de 4-6-2014.

Art. 134. A Defensoria Pública é instituição permanente, essencial à função jurisdicional do Estado, incumbindo-lhe, como expressão e instrumento do regime democrático, fundamentalmente, a orientação jurídica, a promoção dos direitos humanos e a defesa, em todos os graus, judicial e extrajudicial, dos direitos individuais e coletivos, de forma integral e gratuita, aos necessitados, na forma do inciso LXXIV do art. 5º desta Constituição Federal.

- *Caput* com a redação dada pela EC nº 80, de 4-6-2014.

§ 1º Lei complementar organizará a Defensoria Pública da União e do Distrito Federal e dos Territórios e prescreverá normas gerais para sua organização nos Estados, em cargos de carreira, providos, na classe inicial, mediante concurso público de provas e títulos, assegurada a seus integrantes a garantia da inamovibilidade e vedado o exercício da advocacia fora das atribuições institucionais.

- Parágrafo único transformado em § 1º pela EC nº 45, de 8-12-2004.

§ 2º Às Defensorias Públicas Estaduais é assegurada autonomia funcional e administrativa, e a iniciativa de sua proposta orçamentária dentro dos limites estabelecidos na lei de diretrizes orçamentárias e subordinação ao disposto no art. 99, § 2º.

- § 2º acrescido pela EC nº 45, de 8-12-2004.

§ 3º Aplica-se o disposto no § 2º às Defensorias Públicas da União e do Distrito Federal.

- § 3º acrescido pela EC nº 74, de 6-8-2013.

§ 4º São princípios institucionais da Defensoria Pública a unidade, a indivisibilidade e a independência funcional, aplicando-se também, no que couber, o disposto no art. 93 e no inciso II do art. 96 desta Constituição Federal.

- § 4º acrescido pela EC nº 80, de 4-6-2014.

Art. 135. Os servidores integrantes das carreiras disciplinadas nas Seções II e III deste Capítulo serão remunerados na forma do artigo 39, § 4º.

- Artigo com a redação dada pela EC nº 19, de 4-6-1998.

TÍTULO V – DA DEFESA DO ESTADO E DAS INSTITUIÇÕES DEMOCRÁTICAS

CAPÍTULO I

DO ESTADO DE DEFESA E DO ESTADO DE SÍTIO

Seção I

DO ESTADO DE DEFESA

Art. 136. O Presidente da República pode, ouvidos o Conselho da República e o Conselho de Defesa Nacional, decretar estado de defesa para preservar ou prontamente restabelecer, em locais restritos e determinados, a ordem pública ou a paz social ameaçadas por grave e iminente instabilidade institucional ou atingidas por calamidades de grandes proporções na natureza.

§ 1º O decreto que instituir o estado de defesa determinará o tempo de sua duração, especificará as áreas a serem abrangidas e indicará, nos termos e limites da lei, as medidas coercitivas a vigorarem, dentre as seguintes:

I – restrições aos direitos de:

a) reunião, ainda que exercida no seio das associações;

b) sigilo de correspondência;

c) sigilo de comunicação telegráfica e telefônica;

II – ocupação e uso temporário de bens e serviços públicos, na hipótese de calamidade pública, respondendo a União pelos danos e custos decorrentes.

§ 2º O tempo de duração do estado de defesa não será superior a trinta dias, podendo ser prorrogado uma vez, por igual período, se persistirem as razões que justificaram a sua decretação.

§ 3º Na vigência do estado de defesa:

I – a prisão por crime contra o Estado, determinada pelo executor da medida, será por este comunicada imediatamente ao juiz competente, que a relaxará, se não for legal, facultado ao preso requerer exame de corpo de delito à autoridade policial;

II – a comunicação será acompanhada de declaração, pela autoridade, do estado físico e mental do detido no momento de sua autuação;

III – a prisão ou detenção de qualquer pessoa não poderá ser superior a dez dias, salvo quando autorizada pelo Poder Judiciário;

IV – é vedada a incomunicabilidade do preso.

§ 4º Decretado o estado de defesa ou sua prorrogação, o Presidente da República, dentro de vinte e quatro horas, submeterá o ato com a respectiva justificação ao Congresso Nacional, que decidirá por maioria absoluta.

§ 5º Se o Congresso Nacional estiver em recesso, será convocado, extraordinariamente, no prazo de cinco dias.

§ 6º O Congresso Nacional apreciará o decreto dentro de dez dias contados de seu recebimento, devendo continuar funcionando enquanto vigorar o estado de defesa.

§ 7º Rejeitado o decreto, cessa imediatamente o estado de defesa.

Seção II

DO ESTADO DE SÍTIO

Art. 137. O Presidente da República pode, ouvidos o Conselho da República e o Conselho de Defesa Nacional, solicitar ao Congresso Nacional autorização para decretar o estado de sítio nos casos de:

I – comoção grave de repercussão nacional ou ocorrência de fatos que comprovem a ineficácia de medida tomada durante o estado de defesa;

II – declaração de estado de guerra ou resposta a agressão armada estrangeira.

Parágrafo único. O Presidente da República, ao solicitar autorização para decretar o estado de sítio ou sua prorrogação, relatará os motivos determinantes do pedido, devendo o Congresso Nacional decidir por maioria absoluta.

Art. 138. O decreto do estado de sítio indicará sua duração, as normas necessárias a sua execução e as garantias constitucionais que ficarão suspensas, e, depois de publicado, o Presidente da República designará o executor das medidas específicas e as áreas abrangidas.

§ 1º O estado de sítio, no caso do artigo 137, I, não poderá ser decretado por mais de trinta dias, nem prorrogado, de cada vez, por prazo superior; no do inciso II, poderá ser decretado por todo o tempo que perdurar a guerra ou a agressão armada estrangeira.

§ 2º Solicitada autorização para decretar o estado de sítio durante o recesso parlamentar, o Presidente do Senado Federal, de imediato, convocará extraordinariamente o Congresso Nacional para se reunir dentro de cinco dias, a fim de apreciar o ato.

§ 3º O Congresso Nacional permanecerá em funcionamento até o término das medidas coercitivas.

Art. 139. Na vigência do estado de sítio decretado com fundamento no artigo 137, I, só poderão ser tomadas contra as pessoas as seguintes medidas:

I – obrigação de permanência em localidade determinada;

II – detenção em edifício não destinado a acusados ou condenados por crimes comuns;

III – restrições relativas à inviolabilidade da correspondência, ao sigilo das comunicações, à prestação de informações e à liberdade de imprensa, radiodifusão e televisão, na forma da lei;

IV – suspensão da liberdade de reunião;

V – busca e apreensão em domicílio;

VI – intervenção nas empresas de serviços públicos;

VII – requisição de bens.

Parágrafo único. Não se inclui nas restrições do inciso III a difusão de pronunciamentos de parlamentares efetuados em suas Casas Legislativas, desde que liberada pela respectiva Mesa.

Seção III

DISPOSIÇÕES GERAIS

Art. 140. A Mesa do Congresso Nacional, ouvidos os líderes partidários, designará Comissão composta de cinco de seus membros para acompanhar e fiscalizar a execução das medidas referentes ao estado de defesa e ao estado de sítio.

Art. 141. Cessado o estado de defesa ou o estado de sítio, cessarão também seus efeitos, sem prejuízo da responsabilidade pelos ilícitos cometidos por seus executores ou agentes.

Parágrafo único. Logo que cesse o estado de defesa ou o estado de sítio, as medidas aplicadas em sua vigência serão relatadas pelo Presidente da República, em mensagem ao Congresso Nacional, com especificação e justificação das providências adotadas, com relação nominal dos atingidos, e indicação das restrições aplicadas.

CAPÍTULO II

DAS FORÇAS ARMADAS

Art. 142. As Forças Armadas, constituídas pela Marinha, pelo Exército e pela Aeronáutica, são instituições nacionais permanentes e regulares, organizadas com base na hierarquia e na disciplina, sob a autoridade suprema do Presidente da República, e destinam-se à defesa da Pátria, à garantia dos poderes constitucionais e, por iniciativa de qualquer destes, da lei e da ordem.

- Art. 37, X, desta Constituição.

§ 1º Lei complementar estabelecerá as normas gerais a serem adotadas na organização, no preparo e no emprego das Forças Armadas.

§ 2º Não caberá *habeas corpus* em relação a punições disciplinares militares.

§ 3º Os membros das Forças Armadas são denominados militares, aplicando-se-lhes, além das que vierem a ser fixadas em lei, as seguintes disposições:

- § 3º acrescido pela EC nº 18, de 5-2-1998.
- Art. 42, § 2º, desta Constituição.

I – as patentes, com prerrogativas, direitos e deveres a elas inerentes, são conferidas pelo Presidente da República e asseguradas em plenitude aos oficiais da ativa, da reserva ou reformados, sendo-lhes privativos os títulos e postos militares e, juntamente com os demais membros, o uso dos uniformes das Forças Armadas;

- Inciso I acrescido pela EC nº 18, de 5-2-1998.

II – o militar em atividade que tomar posse em cargo ou emprego público civil permanente, ressalvada a hipótese prevista no art. 37, inciso XVI, alínea *c*, será transferido para a reserva, nos termos da lei;

III – o militar da ativa que, de acordo com a lei, tomar posse em cargo, emprego ou função pública civil temporária, não eletiva, ainda que da administração indireta, ressalvada a hipótese prevista no art. 37, inciso XVI, alínea *c*, ficará agregado ao respectivo quadro e somente poderá, enquanto permanecer nessa situação, ser promovido por antiguidade, contando-se-lhe o tempo de serviço apenas para aquela promoção e transferência para a reserva, sendo depois de dois anos de afastamento, contínuos ou não, transferido para a reserva, nos termos da lei;

- Incisos II e III com a redação dada pela EC nº 77, de 11-2-2014.

IV – ao militar são proibidas a sindicalização e a greve;

V – o militar, enquanto em serviço ativo, não pode estar filiado a partidos políticos;

VI – o oficial só perderá o posto e a patente se for julgado indigno do oficialato ou com ele incompatível, por decisão de Tribunal militar de caráter permanente, em tempo de paz, ou de Tribunal especial, em tempo de guerra;

VII – o oficial condenado na justiça comum ou militar a pena privativa de liberdade superior a dois anos, por sentença transitada em julgado, será submetido ao julgamento previsto no inciso anterior;

- Incisos IV a VII acrescidos pela EC nº 18, de 5-2-1998.

VIII – aplica-se aos militares o disposto no art. 7º, incisos VIII, XII, XVII, XVIII, XIX e XXV, e no art. 37, incisos XI, XIII,

XIV e XV, bem como, na forma da lei e com prevalência da atividade militar, no art. 37, inciso XVI, alínea *c*;

- Inciso VIII com a redação dada pela EC nº 77, de 11-2-2014.

IX – *Revogado*. EC nº 41, de 19-12-2003;

X – a lei disporá sobre o ingresso nas Forças Armadas, os limites de idade, a estabilidade e outras condições de transferência do militar para a inatividade, os direitos, os deveres, a remuneração, as prerrogativas e outras situações especiais dos militares, consideradas as peculiaridades de suas atividades, inclusive aquelas cumpridas por força de compromissos internacionais e de guerra.

- Inciso X acrescido pela EC nº 18, de 5-2-1998.
- o Art. 40, § 20, desta Constituição.

Art. 143. O serviço militar é obrigatório nos termos da lei.

§ 1º Às Forças Armadas compete, na forma da lei, atribuir serviço alternativo aos que, em tempo de paz, após alistados, alegarem imperativo de consciência, entendendo-se como tal o decorrente de crença religiosa e de convicção filosófica ou política, para se eximirem de atividades de caráter essencialmente militar.

§ 2º As mulheres e os eclesiásticos ficam isentos do serviço militar obrigatório em tempo de paz, sujeitos, porém, a outros encargos que a lei lhes atribuir.

CAPÍTULO III

DA SEGURANÇA PÚBLICA

- Dec. nº 5.289, de 29-11-2004, disciplina a organização e o funcionamento da administração pública federal, para o desenvolvimento do programa de cooperação federativa denominado Força Nacional de Segurança Pública.

Art. 144. A segurança pública, dever do Estado, direito e responsabilidade de todos, é exercida para a preservação da ordem pública e da incolumidade das pessoas e do patrimônio, através dos seguintes órgãos:

I – polícia federal;

- o Lei nº 8.137, de 27-12-1990 (Lei dos Crimes Contra a Ordem Tributária, Econômica e Contra as Relações de Consumo).

II – polícia rodoviária federal;

III – polícia ferroviária federal;

IV – polícias civis;

V – polícias militares e corpos de bombeiros militares;

VI – polícias penais federal, estaduais e distrital.

- Inciso VI acrescido pela EC nº 104, de 4-12-2019.

§ 1º A polícia federal, instituída por lei como órgão permanente, organizado e mantido pela União e estruturado em carreira, destina-se a:

- § 1º com a redação dada pela EC nº 19, de 4-6-1998.

I – apurar infrações penais contra a ordem política e social ou em detrimento de bens, serviços e interesses da União ou de suas entidades autárquicas e empresas públicas, assim como outras infrações cuja prática tenha repercussão interestadual ou internacional e exija repressão uniforme, segundo se dispuser em lei;

II – prevenir e reprimir o tráfico ilícito de entorpecentes e drogas afins, o contrabando e o descaminho, sem prejuízo da ação fazendária e de outros órgãos públicos nas respectivas áreas de competência;

III – exercer as funções de polícia marítima, aeroportuária e de fronteiras;

- Inciso III com a redação dada pela EC nº 19, de 4-6-1998.

IV – exercer, com exclusividade, as funções de polícia judiciária da União.

§ 2º A polícia rodoviária federal, órgão permanente, organizado e mantido pela União e estruturado em carreira, destina-se, na forma da lei, ao patrulhamento ostensivo das rodovias federais.

§ 3º A polícia ferroviária federal, órgão permanente, organizado e mantido pela União e estruturado em carreira, destina-se, na forma da lei, ao patrulhamento ostensivo das ferrovias federais.

- §§ 2º e 3º com a redação dada pela EC nº 19, de 4-6-1998.

§ 4º Às polícias civis, dirigidas por delegados de polícia de carreira, incumbem, ressalvada a competência da União, as funções de polícia judiciária e a apuração de infrações penais, exceto as Militares.

§ 5º Às polícias militares cabem a polícia ostensiva e a preservação da ordem pública; aos corpos de bombeiros militares, além das atribuições definidas em lei, incumbe a execução de atividades de defesa civil.

§ 5º-A. Às polícias penais, vinculadas ao órgão administrador do sistema penal da unidade federativa a que pertencem, cabe a segurança dos estabelecimentos penais.

- § 5º-A acrescido pela EC nº 104, de 4-12-2019.

§ 6º As polícias militares e os corpos de bombeiros militares, forças auxiliares e reserva do Exército subordinam-se, juntamente com as polícias civis e as polícias penais estaduais e distrital, aos Governadores dos Estados, do Distrito Federal e dos Territórios.

- § 6º com a redação dada pela EC nº 104, de 4-12-2019.

§ 7º A lei disciplinará a organização e o funcionamento dos órgãos responsáveis pela segurança pública, de maneira a garantir a eficiência de suas atividades.

§ 8º Os Municípios poderão constituir guardas municipais destinadas à proteção de seus bens, serviços e instalações, conforme dispuser a lei.

§ 9º A remuneração dos servidores policiais integrantes dos órgãos relacionados neste artigo será fixada na forma do § 4º do artigo 39.

- § 9º acrescido pela EC nº 19, de 4-6-1998.

§ 10. A segurança viária, exercida para a preservação da ordem pública e da incolumidade das pessoas e do seu patrimônio nas vias públicas:

I – compreende a educação, engenharia e fiscalização de trânsito, além de outras atividades previstas em lei, que assegurem ao cidadão o direito à mobilidade urbana eficiente; e

II – compete, no âmbito dos Estados, do Distrito Federal e dos Municípios, aos respectivos órgãos ou entidades executivos e seus agentes de trânsito, estruturados em Carreira, na forma da lei.

- § 10 acrescido pela EC nº 82, de 16-7-2014.

TÍTULO VI – DA TRIBUTAÇÃO E DO ORÇAMENTO

- o Lei nº 5.172, de 25-10-1966 (Código Tributário Nacional).

CAPÍTULO I

DO SISTEMA TRIBUTÁRIO NACIONAL

- o Lei nº 8.137, de 27-12-1990 (Lei dos Crimes Contra a Ordem Tributária, Econômica e Contra as Relações de Consumo).
- o Dec. nº 2.730, de 10-8-1990, dispõe sobre o encaminhamento ao Ministério Público da representação fiscal para os crimes contra a ordem tributária.

Seção I

DOS PRINCÍPIOS GERAIS

Art. 145. A União, os Estados, o Distrito Federal e os Municípios poderão instituir os seguintes tributos:

- Arts. 3º a 8º do CTN.
- LC nº 101, de 4-5-2000 (Lei da Responsabilidade Fiscal).
- Súm. nº 689 do STF.

I – impostos;

- Arts. 16 a 18 do CTN.

II – taxas, em razão do exercício do poder de polícia ou pela utilização, efetiva ou potencial, de serviços públicos específicos e divisíveis, prestados ao contribuinte ou postos a sua disposição;

- Arts. 5º, XXXIV, *a* e *b*, e 236 desta Constituição.
- Arts. 77 a 80 do CTN.
- Art. 17-B da Lei nº 6.938, de 31-8-1981 (Lei da Política Nacional do Meio Ambiente).
- Lei nº 7.940, de 20-12-1989, institui a Taxa de Fiscalização dos mercados de títulos e valores mobiliários.
- Lei nº 10.169, de 29-12-2000, regula o § 2º do art. 236 da Constituição Federal, mediante o estabelecimento de normas gerais para a fixação de emolumentos relativos aos atos praticados pelos serviços notariais e de registro.
- Súmulas Vinculantes nºs 12, 19 e 41 do STF.
- Súmulas nºs 129, 348, 545, 595, 665, 667 e 670 do STF.
- Súm. nº 157 do STJ.

III – contribuição de melhoria, decorrente de obras públicas.

- Arts. 81 e 82 do CTN.
- Dec.-lei nº 195, de 24-2-1967 (Lei da Contribuição de Melhoria).

§ 1º Sempre que possível, os impostos terão caráter pessoal e serão graduados segundo a capacidade econômica do contribuinte, facultado à administração tributária, especialmente para conferir efetividade a esses objetivos, identificar, respeitados os direitos individuais e nos termos da lei, o patrimônio, os rendimentos e as atividades econômicas do contribuinte.

- Lei nº 8.021, de 12-4-1990, dispõe sobre a identificação dos contribuintes para fins fiscais.
- Súmulas nºs 656 e 668 do STF.

§ 2º As taxas não poderão ter base de cálculo própria de impostos.

- Art. 77, par. ún., do CTN.
- Súm. Vinc. nº 29 do STF.
- Súm. nº 665 do STF.
- Súm. nº 157 do STJ.

Art. 146. Cabe à lei complementar:

- Arts. 148, 153, VII, 154, I, 155, § 1º, III, § 2º, XII, 156, § 3º, e 195, § 4º, desta Constituição.

I – dispor sobre conflitos de competência, em matéria tributária, entre a União, os Estados, o Distrito Federal e os Municípios;

- Arts. 6º a 8º do CTN.

II – regular as limitações constitucionais ao poder de tributar;

- Arts. 9º a 15 do CTN.

III – estabelecer normas gerais em matéria de legislação tributária, especialmente sobre:

- Art. 149 desta Constituição.

a) definição de tributos e de suas espécies, bem como, em relação aos impostos discriminados nesta Constituição, a dos respectivos fatos geradores, bases de cálculo e contribuintes;

- Arts. 114 a 118 e 121 a 123 do CTN.

b) obrigação, lançamento, crédito, prescrição e decadência tributários;

- Arts. 113, 139 a 150, 173 e 174 do CTN.
- Súm. Vinc. nº 8 do STF.

c) adequado tratamento tributário ao ato cooperativo praticado pelas sociedades cooperativas;

d) definição de tratamento diferenciado e favorecido para as microempresas e para as empresas de pequeno porte, inclusive regimes especiais ou simplificados no caso do imposto previsto no art. 155, II, das contribuições previstas no art. 195, I e §§ 12 e 13, e da contribuição a que se refere o art. 239.

- Alínea *d* acrescida pela EC nº 42, de 19-12-2003.
- O referido § 13 foi revogado pela EC nº 103, de 12-11-2019 (Reforma da Previdência).
- Art. 94 do ADCT.
- LC nº 123, de 14-12-2006 (Estatuto Nacional da Microempresa e da Empresa de Pequeno Porte).
- Súmulas nºs 76, 77, 81 e 134 do CARF.

Parágrafo único. A lei complementar de que trata o inciso III, *d*, também poderá instituir um regime único de arrecadação dos impostos e contribuições da União, dos Estados, do Distrito Federal e dos Municípios, observado que:

I – será opcional para o contribuinte;

II – poderão ser estabelecidas condições de enquadramento diferenciadas por Estado;

III – o recolhimento será unificado e centralizado e a distribuição da parcela de recursos pertencentes aos respectivos entes federados será imediata, vedada qualquer retenção ou condicionamento;

IV – a arrecadação, a fiscalização e a cobrança poderão ser compartilhadas pelos entes federados, adotado cadastro nacional único de contribuintes.

- Parágrafo único acrescido pela EC nº 42, de 19-12-2003.

Art. 146-A. Lei complementar poderá estabelecer critérios especiais de tributação, com o objetivo de prevenir desequilíbrios da concorrência, sem prejuízo da competência de a União, por lei, estabelecer normas de igual objetivo.

- Art. 146-A acrescido pela EC nº 42, de 19-12-2003.

Art. 147. Competem à União, em Território Federal, os impostos estaduais e, se o Território não for dividido em Municípios, cumulativamente, os impostos municipais; ao Distrito Federal cabem os impostos municipais.

Art. 148. A União, mediante lei complementar, poderá instituir empréstimos compulsórios:

I – para atender a despesas extraordinárias, decorrentes de calamidade pública, de guerra externa ou sua iminência;

- Art. 150, § 1º, desta Constituição.

II – no caso de investimento público de caráter urgente e de relevante interesse nacional, observado o disposto no artigo 150, III, *b*.

- Art. 150, III, *c*, desta Constituição.
- Art. 34, § 12, do ADCT.

Parágrafo único. A aplicação dos recursos provenientes de empréstimo compulsório será vinculada à despesa que fundamentou sua instituição.

- Súm. nº 553 do STJ.

Art. 149. Compete exclusivamente à União instituir contribuições sociais, de intervenção no domínio econômico e de interesse das categorias profissionais ou econômicas, como instrumento de sua atuação nas respectivas áreas, observado o disposto nos artigos 146, III, e 150, I e III, e sem prejuízo do previsto no artigo 195, § 6º, relativamente às contribuições a que alude o dispositivo.

- Art. 177, § 4º, desta Constituição.
- Art. 76 do ADCT.
- Art. 579 da CLT.
- Lei nº 9.424, de 24-12-1996, dispõe sobre o Fundo de Manutenção e Desenvolvimento do Ensino Fundamental e de Valorização do Magistério, na forma prevista no art. 60, § 7º, do Ato das Disposições Constitucionais Transitórias.
- Lei nº 10.168, de 29-12-2000, institui Contribuição de Intervenção de Domínio Econômico destinada a financiar o Programa de Estímulo à Interação Universidade-Empresa para o Apoio à Inovação.
- Lei nº 10.336, de 19-12-2001, institui a Contribuição de Intervenção no Domínio Econômico incidente sobre a importação e a comercialização de petróleo e seus derivados.
- Lei nº 10.893, de 13-7-2004, dispõe sobre o Adicional ao Frete para a Renovação da Marinha Mercante – AFRMM e o Fundo da Marinha Mercante – FMM.
- Súm. Vinc. nº 40 do STF.
- Súmulas nºs 241, 466, 666, 688 e 732 do STF.
- Súm. nº 499 do STJ.
- Súmulas nºs 15, 36, 53, 62, 64 e 89 do CARF.

§ 1º Os Estados, o Distrito Federal e os Municípios instituirão contribuição, cobrada de seus servidores, para o custeio, em benefício destes, do regime previdenciário de que trata o art. 40, cuja alíquota não será inferior à da contribuição dos servidores titulares de cargos efetivos da União.

- § 1º com a redação dada pela EC nº 41, de 19-12-2003.

* **Nova redação do dispositivo alterado:** "§ 1º A União, os Estados, o Distrito Federal e os Municípios instituirão, por meio de lei, contribuições para custeio de regime próprio de previdência social, cobradas dos servidores ativos, dos aposentados e dos pensionistas, que poderão ter alíquotas progressivas de acordo com o valor da base de contribuição ou dos proventos de aposentadoria e de pensões."

- § 1º com a redação dada pela EC nº 103, de 12-11-2019, em vigor na data de publicação de lei de iniciativa privativa do respectivo Poder Executivo que o referende integralmente.

§ 1º-A. Quando houver *deficit* atuarial, a contribuição ordinária dos aposentados e pensionistas poderá incidir sobre o valor dos proventos de aposentadoria e de pensões que supere o salário mínimo.

§ 1º-B. Demonstrada a insuficiência da medida prevista no § 1º-A para equacionar o *deficit* atuarial, é facultada a instituição de contribuição extraordinária, no âmbito da União, dos servidores públicos ativos, dos aposentados e dos pensionistas.

§ 1º-C. A contribuição extraordinária de que trata o § 1º-B deverá ser instituída simultaneamente com outras medidas para equacionamento do *deficit* e vigorará por período determinado, contado da data de sua instituição.

- §§ 1º-A a 1º-C acrescidos pela EC nº 103, de 12-11-2019, em vigor na data de publicação de lei de iniciativa privativa do respectivo Poder Executivo que os referende integralmente.

§ 2º As contribuições sociais e de intervenção no domínio econômico de que trata o *caput* deste artigo:

I – não incidirão sobre as receitas decorrentes de exportação;

II – incidirão também sobre a importação de produtos estrangeiros ou serviços;

- Inciso II com a redação dada pela EC nº 42, de 19-12-2003.
- Lei nº 10.865, de 30-4-2004, dispõe sobre o PIS/PASEP-Importação e a COFINS-Importação.

III – poderão ter alíquotas:

a) *ad valorem*, tendo por base o faturamento, a receita bruta ou o valor da operação e, no caso de importação, o valor aduaneiro;

b) específica, tendo por base a unidade de medida adotada.

§ 3º A pessoa natural destinatária das operações de importação poderá ser equiparada a pessoa jurídica, na forma da lei.

§ 4º A lei definirá as hipóteses em que as contribuições incidirão uma única vez.

- §§ 2º a 4º acrescidos pela EC nº 33, de 11-12-2001.

Art. 149-A. Os Municípios e o Distrito Federal poderão instituir contribuição, na forma das respectivas leis, para o custeio do serviço de iluminação pública, observado o disposto no art. 150, I e III.

Parágrafo único. É facultada a cobrança da contribuição a que se refere o *caput*, na fatura de consumo de energia elétrica.

- Art. 149-A acrescido pela EC nº 39, de 19-12-2002.

Seção II

DAS LIMITAÇÕES DO PODER DE TRIBUTAR

Art. 150. Sem prejuízo de outras garantias asseguradas ao contribuinte, é vedado à União, aos Estados, ao Distrito Federal e aos Municípios:

I – exigir ou aumentar tributo sem lei que o estabeleça;

- Arts. 153, § 1º, 155, § 4º, IV, *c*, e 177, § 4º, I, *b*, desta Constituição.
- Arts. 3º e 97 do CTN.

II – instituir tratamento desigual entre contribuintes que se encontrem em situação equivalente, proibida qualquer distinção em razão de ocupação profissional ou função por eles exercida, independentemente da denominação jurídica dos rendimentos, títulos ou direitos;

- Art. 5º, *caput*, desta Constituição.
- Súm. nº 658 do STF.

III – cobrar tributos:

a) em relação a fatos geradores ocorridos antes do início da vigência da lei que os houver instituído ou aumentado;

- Arts. 9º, II, 106 e 144, § 1º, do CTN.

b) no mesmo exercício financeiro em que haja sido publicada a lei que os instituiu ou aumentou;

- Arts. 150, § 1º, 155, § 4º, IV, *c*, 177, § 4º, I, *b*, e 195, § 6º, desta Constituição.
- Arts. 9º, II, 106 e 144, § 1º, do CTN.
- Súm. Vinc. nº 50 do STF.
- Súm. nº 669 do STF.

c) antes de decorridos noventa dias da data em que haja sido publicada a lei que os instituiu ou aumentou, observado o disposto na alínea *b*;

- Alínea *c* acrescida pela EC nº 42, de 19-12-2003.

IV – utilizar tributo com efeito de confisco;

- Súmulas nºs 70 e 323 do STF.

V – estabelecer limitações ao tráfego de pessoas ou bens, por meio de tributos interestaduais ou intermunicipais, ressalvada a cobrança de pedágio pela utilização de vias conservadas pelo Poder Público;

- Art. 9º, III, do CTN.
- Súm. nº 545 do STF.

VI – instituir impostos sobre:

- Súm. nº 591 do STF.

a) patrimônio, renda ou serviços, uns dos outros;

- Art. 150, §§ 2º e 3º, desta Constituição.
- Art. 9º, IV, *a*, do CTN.

b) templos de qualquer culto;

- Art. 156, § 1º-A, desta Constituição.
- Art. 9º, IV, *b*, do CTN.

c) patrimônio, renda ou serviços dos partidos políticos, inclusive suas fundações, das entidades sindicais dos trabalhadores, das instituições de educação e de assistência social, sem fins lucrativos, atendidos os requisitos da lei;

- Arts. 146, II, e 195, § 7º, desta Constituição.
- Arts. 9º, IV, *c*, e 14 do CTN.
- Lei nº 12.101, de 27-11-2009 (Lei da Certificação das Entidades Beneficentes de Assistência Social).
- Súm. Vinc. nº 52 do STF.
- Súmulas nºs 724 e 730 do STF.

d) livros, jornais, periódicos e o papel destinado à sua impressão;

- Lei nº 10.753, de 30-10-2003, institui a Política Nacional do Livro.
- Súm. Vinc. nº 57 do STF.
- Súmulas nºs 657 a 662 do STF.

e) fonogramas e videofonogramas musicais produzidos no Brasil contendo obras musicais ou literomusicais de autores brasileiros e/ou obras em geral interpretadas por artistas brasileiros bem como os suportes materiais ou arquivos digitais que os contenham, salvo na etapa de replicação industrial de mídias ópticas de leitura a *laser*.

- Alínea *e* acrescida pela EC nº 75, de 15-10-2013.

§ 1º A vedação do inciso III, *b*, não se aplica aos tributos previstos nos arts. 148, I, 153, I, II, IV e V; e 154, II; e a vedação do inciso III, *c*, não se aplica aos tributos previstos nos arts. 148, I, 153, I, II, III e V; e 154, II, nem à fixação da base de cálculo dos impostos previstos nos arts. 155, III, e 156, I.

- § 1º com a redação dada pela EC nº 42, de 19-12-2003.

§ 2º A vedação do inciso VI, *a*, é extensiva às autarquias e às fundações instituídas e mantidas pelo Poder Público, no que se refere ao patrimônio, à renda e aos serviços, vinculados a suas finalidades essenciais ou às delas decorrentes.

- Arts. 155, § 4º, IV, *c*, 177, § 4º, I, *b*, e 195, § 6º, desta Constituição.

§ 3º As vedações do inciso VI, *a*, e do parágrafo anterior não se aplicam ao patrimônio, à renda e aos serviços, relacionados com exploração de atividades econômicas regidas pelas normas aplicáveis a empreendimentos privados, ou em que haja contraprestação ou pagamento de preços ou tarifas pelo usuário, nem exonera o promitente comprador da obrigação de pagar imposto relativamente ao bem imóvel.

- Art. 173, § 2º, desta Constituição.
- Súmulas nºs 73 a 75 e 583 do STF.

§ 4º As vedações expressas no inciso VI, alíneas *b* e *c*, compreendem somente o patrimônio, a renda e os serviços, relacionados com as finalidades essenciais das entidades nelas mencionadas.

- Súm. nº 724 do STF.

§ 5º A lei determinará medidas para que os consumidores sejam esclarecidos acerca dos impostos que incidam sobre mercadorias e serviços.

- Lei nº 12.741, de 8-12-2012 (Lei da Nota Fiscal).

§ 6º Qualquer subsídio ou isenção, redução de base de cálculo, concessão de crédito presumido, anistia ou remissão, relativos a impostos, taxas ou contribuições, só poderá ser concedido mediante lei específica, federal, estadual ou municipal, que regule exclusivamente as matérias acima enumeradas ou o correspondente tributo ou contribuição, sem prejuízo do disposto no artigo 155, § 2º, XII, *g*.

- Art. 156, § 3º, II e III, desta Constituição.
- Arts. 176 a 179 do CTN.

§ 7º A lei poderá atribuir a sujeito passivo de obrigação tributária a condição de responsável pelo pagamento de imposto ou contribuição, cujo fato gerador deva ocorrer posteriormente, assegurada a imediata e preferencial restituição da quantia paga, caso não se realize o fato gerador presumido.

- §§ 6º e 7º acrescidos pela EC nº 3, de 17-3-1993.
- Arts. 121, II, e 128 do CTN.

Art. 151. É vedado à União:

I – instituir tributo que não seja uniforme em todo o Território Nacional ou que implique distinção ou preferência em relação a Estado, ao Distrito Federal ou a Município, em detrimento de outro, admitida a concessão de incentivos fiscais destinados a promover o equilíbrio do desenvolvimento socioeconômico entre as diferentes regiões do País;

- Arts. 19, III, e 150, II, desta Constituição.
- Art. 10 do CTN.
- Lei nº 11.508, de 20-7-2007 (Lei das Zonas de Processamento de Exportação).

II – tributar a renda das obrigações da dívida pública dos Estados, do Distrito Federal e dos Municípios, bem como a remuneração e os proventos dos respectivos agentes públicos, em níveis superiores aos que fixar para suas obrigações e para seus agentes;

III – instituir isenções de tributos da competência dos Estados, do Distrito Federal ou dos Municípios.

- Art. 156, § 3º, II e III, desta Constituição.
- Art. 11 do CTN.
- Súm. nº 575 do STF.
- Súm. nº 185 do STJ.

Art. 152. É vedado aos Estados, ao Distrito Federal e aos Municípios estabelecer diferença tributária entre bens e serviços, de qualquer natureza, em razão de sua procedência ou destino.

- Art. 11 do CTN.

Seção III

DOS IMPOSTOS DA UNIÃO

Art. 153. Compete à União instituir impostos sobre:

I – importação de produtos estrangeiros;

- Arts. 60, § 2º, e 154, I, desta Constituição.
- Arts. 19 a 22 do CTN.
- Lei nº 7.810, de 30-8-1989, dispõe sobre a redução de impostos na importação.
- Lei nº 8.032, de 12-4-1990, dispõe sobre a isenção ou redução de imposto de importação.
- Lei nº 9.449, de 14-3-1997, reduz o Imposto de Importação para os produtos que especifica.
- Art. 23 do Dec.-lei nº 37, de 18-11-1966 (Lei do Imposto de Importação).
- Dec. nº 6.759, de 5-2-2009, regulamenta a administração das atividades aduaneiras e a fiscalização, o controle e a tributação das operações de comércio exterior.

II – exportação, para o exterior, de produtos nacionais ou nacionalizados;

- Art. 60, § 2º, desta Constituição.
- Arts. 23 a 28 do CTN.
- Dec.-lei nº 1.578, de 11-10-1977, dispõe sobre o imposto sobre a exportação.

- Dec. nº 6.759, de 5-2-2009, regulamenta a administração das atividades aduaneiras e a fiscalização, o controle e a tributação das operações de comércio exterior.

III – renda e proventos de qualquer natureza;

- Arts. 27, § 2º, 28, § 2º, 29, V e VI, 37, XV, 48, XV, 49, VII e VIII, 95, III, e 128, § 5º, I, *c*, desta Constituição.
- Art. 34, § 2º, I, do ADCT.
- Arts. 43 a 45 do CTN.
- Art. 6º, V, da Lei nº 7.713, de 22-12-1988, que altera a legislação do imposto de renda.
- Lei nº 8.166, de 11-1-1991, dispõe sobre a não incidência do imposto de renda sobre lucros ou dividendos distribuídos a residentes ou domiciliados no exterior.
- Lei nº 8.981, de 20-1-1995, altera a legislação tributária federal.
- Art. 21 da Lei nº 9.249, de 26-12-1995, que altera a legislação do imposto de renda das pessoas jurídicas, bem como da contribuição social sobre o lucro líquido.
- Lei nº 9.430, de 27-12-1996, dispõe sobre a legislação tributária federal, as contribuições para a seguridade social, o processo administrativo de consulta.
- Lei nº 9.532, de 10-12-1997, altera a legislação tributária federal.
- Súmulas nºs 125, 136, 215, 386, 394, 447, 463, 498, 556, 590, 598 e 627 do STJ.

IV – produtos industrializados;

- Art. 60, § 2º, desta Constituição.
- Art. 34, § 2º, I, do ADCT.
- Arts. 46 a 51 do CTN.
- Lei nº 4.502, de 30-11-1964, dispõe sobre o imposto de consumo.
- Lei nº 9.363, de 13-12-1996, dispõe sobre a instituição de crédito presumido do IPI, para ressarcimento do valor do PIS/PASEP e COFINS.
- Art. 74 da Lei nº 9.430, de 27-12-1996, que dispõe sobre a legislação tributária federal, as contribuições para a seguridade social, o processo administrativo de consulta.
- Lei nº 9.493, de 10-9-1997, concede isenção do Imposto sobre Produtos Industrializados – IPI na aquisição de equipamentos, máquinas, aparelhos e instrumentos.
- Art. 11 da Lei nº 9.779, de 19-1-1999, que altera a legislação do Imposto sobre a Renda, relativamente à tributação dos Fundos de Investimento Imobiliário e dos rendimentos auferidos em aplicação ou operação financeira de renda fixa ou variável, ao Sistema Integrado de Pagamento de Impostos e Contribuições das Microempresas e das Empresas de Pequeno Porte – SIMPLES, à incidência sobre rendimentos de beneficiários no exterior, bem assim a legislação do Imposto sobre Produtos Industrializados – IPI, relativamente ao aproveitamento de créditos e à equiparação de atacadista a estabelecimento industrial, do Imposto sobre Operações de Crédito, Câmbio e Seguros ou Relativas a Títulos e Valores Mobiliários – IOF, relativamente às operações de mútuo, e da Contribuição Social sobre o Lucro Líquido, relativamente às despesas financeiras.
- Dec. nº 7.212, de 15-6-2010, regulamenta a cobrança, fiscalização, arrecadação e administração do Imposto sobre Produtos Industrializados – IPI.
- Súm. Vinc. nº 58 do STF.
- Súm. nº 591 do STF.
- Súmulas nºs 411, 494 e 495 do STJ.
- Súmulas nºs 16, 18, 20, 124, 128, 154 e 183 do CARF.

V – operações de crédito, câmbio e seguro, ou relativas a títulos ou valores mobiliários;

- Art. 62, § 2º, desta Constituição.
- Arts. 63 a 67 do CTN.
- Lei nº 8.894, de 21-6-1994, dispõe sobre o Imposto sobre Operações de Crédito, Câmbio e Seguro, ou relativas a Títulos ou Valores Mobiliários.
- Art. 2º do Dec. nº 6.306, de 14-12-2007, que regulamenta o Imposto sobre Operações de Crédito, Câmbio e Seguro, ou relativas a Títulos ou Valores Mobiliários – IOF.
- Súm. Vinc. nº 32 do STF.
- Súm. nº 664 do STF.
- Súm. nº 185 do STJ.

VI – propriedade territorial rural;

- Arts. 29 a 31 do CTN.
- Arts. 1º, § 3º, 3º e 10 da Lei nº 9.393, de 19-9-1996, que dispõe sobre o Imposto sobre a Propriedade Territorial Rural – ITR, e sobre o pagamento da Dívida representada por Títulos da Dívida Agrária.
- Art. 15 do Dec.-lei nº 57, de 18-11-1966, que altera dispositivos sobre lançamento e cobrança do Imposto sobre a Propriedade Territorial Rural, institui normas sobre arrecadação da Dívida Ativa correspondente.
- Art. 32 do Dec. nº 4.382, de 19-9-2002, que regulamenta a tributação, fiscalização, arrecadação e administração do Imposto sobre a Propriedade Territorial Rural – ITR.
- Súm. nº 139 do STJ.

VII – grandes fortunas, nos termos de lei complementar.

§ 1º É facultado ao Poder Executivo, atendidas as condições e os limites estabelecidos em lei, alterar as alíquotas dos impostos enumerados nos incisos I, II, IV e V.

- Arts. 150, § 1º, 155, § 4º, IV, *c*, e 177, § 4º, I, *b*, desta Constituição.
- Dec.-lei nº 1.578, de 11-10-1977, dispõe sobre o imposto sobre a exportação.

§ 2º O imposto previsto no inciso III:

I – será informado pelos critérios da generalidade, da universalidade e da progressividade, na forma da lei;

- Arts. 27, § 2º, 28, § 2º, 29, V e VI, 37, XV, 48, XV, 49, VII e VIII, 95, III, e 128, § 5º, I, *c*, desta Constituição.

II – *Revogado*. EC nº 20, de 15-12-1998.

§ 3º O imposto previsto no inciso IV:

I – será seletivo, em função da essencialidade do produto;

- Art. 48 do CTN.

II – será não cumulativo, compensando-se o que for devido em cada operação com o montante cobrado nas anteriores;

- Art. 49 do CTN.
- Súm. nº 495 do STJ.

III – não incidirá sobre produtos industrializados destinados ao exterior;

IV – terá reduzido seu impacto sobre a aquisição de bens de capital pelo contribuinte do imposto, na forma da lei.

- Inciso IV acrescido pela EC nº 42, de 19-12-2003.

§ 4º O imposto previsto no inciso VI do *caput*:

- *Caput* com a redação dada pela EC nº 42, de 19-12-2003.

I – será progressivo e terá suas alíquotas fixadas de forma a desestimular a manutenção de propriedades improdutivas;

- Art. 11 da Lei nº 9.393, de 19-9-1996, que dispõe sobre o Imposto sobre a Propriedade Territorial Rural – ITR, e sobre o pagamento da Dívida representada por Títulos da Dívida Agrária.

II – não incidirá sobre pequenas glebas rurais, definidas em lei, quando as explore o proprietário que não possua outro imóvel;

- Art. 146, II, desta Constituição.
- Art. 2º da Lei nº 9.393, de 19-9-1996, que dispõe sobre o Imposto sobre a Propriedade Territorial Rural – ITR.

III – será fiscalizado e cobrado pelos Municípios que assim optarem, na forma da lei, desde que não implique redução do imposto ou qualquer outra forma de renúncia fiscal.

- Incisos I a III acrescidos pela EC nº 42, de 19-12-2003.
- Art. 158, II, desta Constituição.
- Arts. 6º e 7º do CTN.
- Lei nº 11.250, de 27-12-2005, regulamenta este inciso.
- Dec. nº 6.453, de 15-4-2008, regulamenta este inciso.

§ 5º O ouro, quando definido em lei como ativo financeiro ou instrumento cambial, sujeita-se exclusivamente à incidência do imposto de que trata o inciso V do *caput* deste artigo, devido na operação de origem; a alíquota mínima será de um por cento, assegurada a transferência do montante da arrecadação nos seguintes termos:

- Arts. 72, § 3º, 74, § 2º, 75 e 76, § 1º, do ADCT.
- Lei nº 7.766, de 11-5-1989, dispõe sobre o ouro, ativo financeiro e sobre seu tratamento tributário.

I – trinta por cento para o Estado, o Distrito Federal ou o Território, conforme a origem;

II – setenta por cento para o Município de origem.

- Arts. 72, § 3º, 74, § 2º, 75 e 76, § 1º, do ADCT.
- Lei nº 7.766, de 11-5-1989, dispõe sobre o ouro, ativo financeiro e sobre seu tratamento tributário.

Art. 154. A União poderá instituir:

- Art. 74, § 2º, do ADCT.

I – mediante lei complementar, impostos não previstos no artigo anterior, desde que sejam não cumulativos e não tenham fato gerador ou base de cálculo próprios dos discriminados nesta Constituição;

- Arts. 62, § 2º, e 195, § 4º, desta Constituição.
- Arts. 74, § 2º, e 75 do ADCT.
- Art. 76 do CTN.

II – na iminência ou no caso de guerra externa, impostos extraordinários, compreendidos ou não em sua competência tributária, os quais serão suprimidos, gradativamente, cessadas as causas de sua criação.

- Arts. 60, § 2º, e 150, § 1º, desta Constituição.
- Art. 76 do CTN.

Seção IV

DOS IMPOSTOS DOS ESTADOS E DO DISTRITO FEDERAL

Art. 155. Compete aos Estados e ao Distrito Federal instituir impostos sobre:

- *Caput* com a redação dada pela EC nº 3, de 17-3-1993.

I – transmissão *causa mortis* e doação de quaisquer bens ou direitos;

- Arts. 538 e 540 do CC.
- Arts. 35 a 42 do CTN.
- Súmulas nºs 112 a 115, 331, 435 e 590 do STJ.

II – operações relativas à circulação de mercadorias e sobre prestações de serviços de transporte interestadual e intermunicipal e de comunicação, ainda que as operações e as prestações se iniciem no exterior;

- Art. 60, II e § 2º, do ADCT.
- LC nº 24, de 7-1-1975, dispõe sobre os convênios para a concessão de isenções do imposto sobre operações relativas à circulação de mercadorias.
- LC nº 87, de 13-9-1996 (Lei Kandir – ICMS).
- LC nº 160, de 7-8-2017, dispõe sobre convênio que permite aos Estados e ao Distrito Federal deliberar sobre a remissão dos créditos tributários, constituídos ou não, decorrentes das isenções, dos incentivos e dos benefícios fiscais ou financeiro-fiscais instituídos em desacordo com o disposto na alínea *g* do inciso XII do § 2º do art. 155 da Constituição Federal e a reinstituição das respectivas isenções, incentivos e benefícios fiscais ou financeiro-fiscais; e altera a Lei nº 12.973, de 13 de maio de 2014.
- Súm. Vinc. nº 32 do STF.
- Súmulas nºs 323, 569, 661 e 662 do STF.
- Súmulas nºs 163, 166, 198, 237, 334, 350, 391, 395, 431 a 433, 457, 509 e 649 do STJ.

III – propriedade de veículos automotores;

- Incisos I a III acrescidos pela EC nº 3, de 17-3-1993.
- § 6º deste artigo.
- Art. 152 desta Constituição.
- Súm. nº 585 do STJ.

§ 1º O imposto previsto no inciso I:

- § 1º com a redação dada pela EC nº 3, de 17-3-1993.

I – relativamente a bens imóveis e respectivos direitos, compete ao Estado da situação do bem, ou ao Distrito Federal;

II – relativamente a bens móveis, títulos e créditos, compete ao Estado onde se processar o inventário ou arrolamento, ou tiver domicílio o doador, ou ao Distrito Federal;

- Súm. nº 435 do STF.

III – terá a competência para sua instituição regulada por lei complementar:

a) se o doador tiver domicílio ou residência no exterior;

b) se o *de cujus* possuía bens, era residente ou domiciliado ou teve o seu inventário processado no exterior;

IV – terá suas alíquotas máximas fixadas pelo Senado Federal;

- Art. 1º da Res. do SF nº 9, de 5-5-1992, que estabelece alíquota máxima para o imposto de que trata este inciso.

V – não incidirá sobre as doações destinadas, no âmbito do Poder Executivo da União, a projetos socioambientais ou destinados a mitigar os efeitos das mudanças climáticas e às instituições federais de ensino.

- Inciso V acrescido pela EC nº 126, de 21-12-2022.

§ 2º O imposto previsto no inciso II atenderá ao seguinte:

- *Caput* do § 2º com a redação dada pela EC nº 3, de 17-3-1993.
- LC nº 24, de 7-1-1975, dispõe sobre os convênios para a concessão de isenções do imposto sobre operações relativas à circulação de mercadorias.
- LC nº 87, de 13-9-1996 (Lei Kandir – ICMS).
- LC nº 101, de 4-5-2000 (Lei da Responsabilidade Fiscal).
- Dec.-lei nº 406, de 31-12-1968, estabelece normas gerais de direito financeiro, aplicáveis aos Impostos sobre Operações relativas à Circulação de Mercadorias e sobre Serviços de Qualquer Natureza.

I – será não cumulativo, compensando-se o que for devido em cada operação relativa à circulação de mercadorias ou prestação de serviços com o montante cobrado nas anteriores pelo mesmo ou outro Estado ou pelo Distrito Federal;

II – a isenção ou não incidência, salvo determinação em contrário da legislação:

- Art. 155, § 2º, X, *a*, desta Constituição.
- LC nº 24, de 7-1-1975, dispõe sobre os convênios para a concessão de isenções do imposto sobre operações relativas à circulação de mercadorias.
- LC nº 87, de 13-9-1996 (Lei Kandir – ICMS).
- Súm. nº 662 do STF.

a) não implicará crédito para compensação com o montante devido nas operações ou prestações seguintes;

b) acarretará a anulação do crédito relativo às operações anteriores;

III – poderá ser seletivo, em função da essencialidade das mercadorias e dos serviços;

IV – resolução do Senado Federal, de iniciativa do Presidente da República ou de um terço dos Senadores, aprovada pela maioria absoluta de seus membros, estabelecerá as alíquotas aplicáveis às operações e prestações, interestaduais e de exportação;

- Res. do SF nº 22, de 19-5-1989, estabelece alíquota do imposto sobre operações relativas a circulação de mercadorias e sobre prestação de serviços de transporte interestadual e intermunicipal e de comunicação, nas operações e prestações interestaduais.
- Res. do SF nº 13, de 25-4-2002, estabelece alíquotas do imposto sobre operações relativas a circulação de mercadorias e sobre prestação de serviços de transporte interestadual e intermunicipal e de comu-

nicação (ICMS), nas operações interestaduais com bens e mercadorias importados do exterior.

V – é facultado ao Senado Federal:

a) estabelecer alíquotas mínimas nas operações internas, mediante resolução de iniciativa de um terço e aprovada pela maioria absoluta de seus membros;

b) fixar alíquotas máximas nas mesmas operações para resolver conflito específico que envolva interesse de Estados, mediante resolução de iniciativa da maioria absoluta e aprovada por dois terços de seus membros;

VI – salvo deliberação em contrário dos Estados e do Distrito Federal, nos termos do disposto no inciso XII, *g*, as alíquotas internas, nas operações relativas à circulação de mercadorias e nas prestações de serviços, não poderão ser inferiores às previstas para as operações interestaduais;

VII – nas operações e prestações que destinem bens e serviços a consumidor final, contribuinte ou não do imposto, localizado em outro Estado, adotar-se-á a alíquota interestadual e caberá ao Estado de localização do destinatário o imposto correspondente à diferença entre a alíquota interna do Estado destinatário e a alíquota interestadual;

- Inciso VII com a redação dada pela EC nº 87, de 16-4-2015.

a) e *b)* *Revogadas*. EC nº 87, de 16-4-2015.

VIII – a responsabilidade pelo recolhimento do imposto correspondente à diferença entre a alíquota interna e a interestadual de que trata o inciso VII será atribuída:

a) ao destinatário, quando este for contribuinte do imposto;

b) ao remetente, quando o destinatário não for contribuinte do imposto;

- Inciso VIII com a redação dada pela EC nº 87, de 16-4-2015.

IX – incidirá também:

a) sobre a entrada de bem ou mercadoria importados do exterior por pessoa física ou jurídica, ainda que não seja contribuinte habitual do imposto, qualquer que seja a sua finalidade, assim como sobre o serviço prestado no exterior, cabendo o imposto ao Estado onde estiver situado o domicílio ou o estabelecimento do destinatário da mercadoria, bem ou serviço;

- Alínea *a* com a redação dada pela EC nº 33, de 11-12-2001.
- Súm. Vinc. nº 48 do STF.
- Súmulas nºs 577 e 661 do STF.
- Súm. nº 198 do STJ.

b) sobre o valor total da operação, quando mercadorias forem fornecidas com serviços não compreendidos na competência tributária dos Municípios;

- Súm. nº 163 do STJ.

X – não incidirá:

a) sobre operações que destinem mercadorias para o exterior, nem sobre serviços prestados a destinatários no exterior, assegurada a manutenção e o aproveitamento do montante do imposto cobrado nas operações e prestações anteriores;

- Alínea *a* com a redação dada pela EC nº 42, de 19-12-2003.
- Art. 155, § 2º, I, desta Constituição.
- Art. 25 da LC nº 87, de 13-9-1996 (Lei Kandir – ICMS).
- Súm. nº 433 do STJ.

b) sobre operações que destinem a outros Estados petróleo, inclusive lubrificantes, combustíveis líquidos e gasosos dele derivados, e energia elétrica;

c) sobre o ouro, nas hipóteses definidas no artigo 153, § 5º;

- Lei nº 7.766, de 11-5-1989, dispõe sobre o ouro, ativo financeiro e sobre seu tratamento tributário.

d) nas prestações de serviço de comunicação nas modalidades de radiodifusão sonora e de sons e imagens de recepção livre e gratuita;

- Alínea *d* acrescida pela EC nº 42, de 19-12-2003.

XI – não compreenderá, em sua base de cálculo, o montante do imposto sobre produtos industrializados, quando a operação, realizada entre contribuintes e relativa a produto destinado à industrialização ou à comercialização, configure fato gerador dos dois impostos;

XII – cabe à lei complementar:

a) definir seus contribuintes;

b) dispor sobre substituição tributária;

c) disciplinar o regime de compensação do imposto;

d) fixar, para efeito de sua cobrança e definição do estabelecimento responsável, o local das operações relativas à circulação de mercadorias e das prestações de serviços;

e) excluir da incidência do imposto, nas exportações para o exterior, serviços e outros produtos além dos mencionados no inciso X, *a*;

f) prever casos de manutenção de crédito, relativamente à remessa para outro Estado e exportação para o exterior, de serviços e de mercadorias;

g) regular a forma como, mediante deliberação dos Estados e do Distrito Federal, isenções, incentivos e benefícios fiscais serão concedidos e revogados;

- LC nº 24, de 7-1-1975, dispõe sobre os convênios para a concessão de isenções do imposto sobre operações relativas à circulação de mercadorias.
- LC nº 160, de 7-8-2017, dispõe sobre convênio que permite aos Estados e ao Distrito Federal deliberar sobre a remissão dos créditos tributários, constituídos ou não, decorrentes das isenções, dos incentivos e dos benefícios fiscais ou financeiro-fiscais instituídos em desacordo com o disposto na alínea *g* do inciso XII do § 2º do art. 155 da Constituição Federal e a reinstituição das respectivas isenções, incentivos e benefícios fiscais ou financeiro-fiscais; e altera a Lei nº 12.973, de 13 de maio de 2014.

h) definir os combustíveis e lubrificantes sobre os quais o imposto incidirá uma única vez, qualquer que seja a sua finalidade, hipótese em que não se aplicará o disposto no inciso X, *b*;

- Alínea *h* acrescida pela EC nº 33, de 11-12-2001.
- Conforme o art. 4º da EC nº 33, de 11-12-2001, enquanto não entrar em vigor a lei complementar de que trata esta alínea, os Estados e o Distrito Federal, mediante convênio celebrado nos termos do § 2º, XII, *g*, deste artigo, fixarão normas para regular provisoriamente a matéria.
- § 4º deste artigo.
- Art. 4º da EC nº 33, de 11-12-2001.

i) fixar a base de cálculo, de modo que o montante do imposto a integre, também na importação do exterior de bem, mercadoria ou serviço.

- Alínea *i* acrescida pela EC nº 33, de 11-12-2001.
- LC nº 87, de 13-9-1996 (Lei Kandir – ICMS).
- Súm. nº 457 do STJ.

§ 3º À exceção dos impostos de que tratam o inciso II do *caput* deste artigo e o artigo 153, I e II, nenhum outro imposto poderá incidir sobre operações relativas a energia elétrica, serviços de telecomunicações, derivados de petróleo, combustíveis e minerais do País.

- § 3º com a redação dada pela EC nº 33, de 11-12-2001.
- Súm. nº 659 do STF.
- Súm. nº 391 do STJ.

§ 4º Na hipótese do inciso XII, *h*, observar-se-á o seguinte:

I – nas operações com os lubrificantes e combustíveis derivados de petróleo, o imposto caberá ao Estado onde ocorrer o consumo;

II – nas operações interestaduais, entre contribuintes, com gás natural e seus derivados, e lubrificantes e combustíveis não incluídos no inciso I deste parágrafo, o imposto será repartido entre os Estados de origem e de destino, mantendo-se a mesma proporcionalidade que ocorre nas operações com as demais mercadorias;

III – nas operações interestaduais com gás natural e seus derivados, e lubrificantes e combustíveis não incluídos no inciso I deste parágrafo, destinadas a não contribuinte, o imposto caberá ao Estado de origem;

- Súm. nº 585 do STJ.

IV – as alíquotas do imposto serão definidas mediante deliberação dos Estados e Distrito Federal, nos termos do § 2º, XII, *g*, observando-se o seguinte:

a) serão uniformes em todo o território nacional, podendo ser diferenciadas por produto;

b) poderão ser específicas, por unidade de medida adotada, ou *ad valorem*, incidindo sobre o valor da operação ou sobre o preço que o produto ou seu similar alcançaria em uma venda em condições de livre concorrência;

c) poderão ser reduzidas e restabelecidas, não se lhes aplicando o disposto no artigo 150, III, *b*.

§ 5º As regras necessárias à aplicação do disposto no § 4º, inclusive as relativas à apuração e à destinação do imposto, serão estabelecidas mediante deliberação dos Estados e do Distrito Federal, nos termos do § 2º, XII, *g*.

- §§ 4º e 5º acrescidos pela EC nº 33, de 11-12-2001.

§ 6º O imposto previsto no inciso III:

I – terá alíquotas mínimas fixadas pelo Senado Federal;

II – poderá ter alíquotas diferenciadas em função do tipo e utilização.

- § 6º acrescido pela EC nº 42, de 19-12-2003.

Seção V

DOS IMPOSTOS DOS MUNICÍPIOS

Art. 156. Compete aos Municípios instituir impostos sobre:

- Art. 147 desta Constituição.

I – propriedade predial e territorial urbana;

- Arts. 32 a 34 do CTN.
- Art. 1.228 do CC.
- Súmulas nºs 539, 583, 589, 668 e 724 do STF.
- Súmulas nºs 160, 397, 399, 614 e 626 do STJ.

II – transmissão *inter vivos*, a qualquer título, por ato oneroso, de bens imóveis, por natureza ou acessão física, e de direitos reais sobre imóveis, exceto os de garantia, bem como cessão de direitos à sua aquisição;

- Art. 184, § 5º, desta Constituição.
- Arts. 1.225 e 1.245 do CC.
- Arts. 34 a 42 do CTN.
- LC nº 116, de 31-7-2003 (Lei do ISS).

III – serviços de qualquer natureza, não compreendidos no artigo 155, II, definidos em lei complementar.

- Inciso III com a redação dada pela EC nº 3, de 17-3-1993.
- LC nº 116, de 31-7-2003 (Lei do ISS).
- Súm. Vinc. nº 31 do STF.
- Súm. nº 663 do STF.
- Súmulas nºs 138, 156, 274, 424 e 524 do STJ.

IV – *Revogado*. EC nº 3, de 17-3-1993.

§ 1º Sem prejuízo da progressividade no tempo a que se refere o artigo 182, § 4º, inciso II, o imposto previsto no inciso I poderá:

- Arts. 182, §§ 2º e 4º, e 186 desta Constituição.
- Súm. nº 589 do STF.

I – ser progressivo em razão do valor do imóvel; e

- Súm. nº 668 do STF.

II – ter alíquotas diferentes de acordo com a localização e o uso do imóvel.

- § 1º com a redação dada pela EC nº 29, de 13-9-2000.
- Lei nº 10.257, de 10-7-2001 (Estatuto da Cidade).

§ 1º-A. O imposto previsto no inciso I do *caput* deste artigo não incide sobre templos de qualquer culto, ainda que as entidades abrangidas pela imunidade de que trata a alínea *b* do inciso VI do *caput* do art. 150 desta Constituição sejam apenas locatárias do bem imóvel.

- § 1º-A acrescido pela EC nº 116, de 17-2-2022.

§ 2º O imposto previsto no inciso II:

I – não incide sobre a transmissão de bens ou direitos incorporados ao patrimônio de pessoa jurídica em realização de capital, nem sobre a transmissão de bens ou direitos decorrentes de fusão, incorporação, cisão ou extinção de pessoa jurídica, salvo se, nesses casos, a atividade preponderante do adquirente for a compra e venda desses bens ou direitos, locação de bens imóveis ou arrendamento mercantil;

- Arts. 36 e 37 do CTN.

II – compete ao Município da situação do bem.

§ 3º Em relação ao imposto previsto no inciso III do *caput* deste artigo, cabe à lei complementar:

- *Caput* do § 3º com a redação dada pela EC nº 37, de 12-6-2002.

I – fixar as suas alíquotas máximas e mínimas;

- Inciso I com a redação dada pela EC nº 37, de 12-6-2002.
- Art. 88 do ADCT.
- LC nº 116, de 31-7-2003 (Lei do ISS).

II – excluir da sua incidência exportações de serviços para o exterior;

- Inciso II com a redação dada pela EC nº 3, de 17-3-1993.

III – regular a forma e as condições como isenções, incentivos e benefícios fiscais serão concedidos e revogados.

- Inciso III acrescido pela EC nº 37, de 12-6-2002.
- Art. 88 do ADCT.

§ 4º *Revogado*. EC nº 3, de 17-3-1993.

Seção VI

DA REPARTIÇÃO DAS RECEITAS TRIBUTÁRIAS

- Art. 6º, par. ún., do CTN.

Art. 157. Pertencem aos Estados e ao Distrito Federal:

- Art. 167, § 4º, desta Constituição.

I – o produto da arrecadação do imposto da União sobre renda e proventos de qualquer natureza, incidente na fonte, sobre rendimentos pagos, a qualquer título, por eles, suas autarquias e pelas fundações que instituírem e mantiverem;

- Art. 159, § 1º, desta Constituição.
- Art. 76, § 1º, do ADCT.
- Súm. nº 447 do STJ.

II – vinte por cento do produto da arrecadação do imposto que a União instituir no exercício da competência que lhe é atribuída pelo artigo 154, I.

- Art. 72, § 3º, do ADCT.

Art. 158. Pertencem aos Municípios:

- Art. 167, IV, desta Constituição.

- LC nº 63, de 11-1-1990, dispõe sobre critérios e prazos de crédito das parcelas dos produtos da arrecadação de impostos de competência dos Estados e de transferência por estes recebidas, pertencentes aos Municípios.

I – o produto da arrecadação do imposto da União sobre renda e proventos de qualquer natureza, incidente na fonte, sobre rendimentos pagos, a qualquer título, por eles, suas autarquias e pelas fundações que instituírem e mantiverem;

- Art. 159, § 1º, desta Constituição.
- Art. 76, § 1º, do ADCT.
- Súm. nº 447 do STJ.

II – cinquenta por cento do produto da arrecadação do imposto da União sobre a propriedade territorial rural, relativamente aos imóveis neles situados, cabendo a totalidade na hipótese da opção a que se refere o art. 153, § 4º, III;

- Inciso II com a redação dada pela EC nº 42, de 19-12-2003.
- Arts. 72, § 4º, e 76, § 1º, do ADCT.
- Súm. nº 139 do STJ.

III – cinquenta por cento do produto da arrecadação do imposto do Estado sobre a propriedade de veículos automotores licenciados em seus territórios;

- Art. 1º da LC nº 63, de 11-1-1990, que dispõe sobre critérios e prazos de crédito das parcelas dos produtos da arrecadação de impostos de competência dos Estados e de transferência por estes recebidas, pertencentes aos Municípios.

IV – vinte e cinco por cento do produto da arrecadação do imposto do Estado sobre operações relativas à circulação de mercadorias e sobre prestações de serviços de transporte interestadual e intermunicipal e de comunicação.

- Arts. 60, § 2º, e 82, § 1º, do ADCT.
- Art. 1º da LC nº 63, de 11-1-1990, que dispõe sobre critérios e prazos de crédito das parcelas dos produtos da arrecadação de impostos de competência dos Estados e de transferência por estes recebidas, pertencentes aos Municípios.

Parágrafo único. As parcelas de receita pertencentes aos Municípios, mencionadas no inciso IV, serão creditadas conforme os seguintes critérios:

I – 65% (sessenta e cinco por cento), no mínimo, na proporção do valor adicionado nas operações relativas à circulação de mercadorias e nas prestações de serviços, realizadas em seus territórios;

II – até 35% (trinta e cinco por cento), de acordo com o que dispuser lei estadual, observada, obrigatoriamente, a distribuição de, no mínimo, 10 (dez) pontos percentuais com base em indicadores de melhoria nos resultados de aprendizagem e de aumento da equidade, considerado o nível socioeconômico dos educandos.

- Incisos I e II com a redação dada pela EC nº 108, de 26-8-2020.

Art. 159. A União entregará:

- Art. 167, IV, desta Constituição.
- Arts. 72, §§ 2º e 4º, e 80, § 1º, do ADCT.
- LC nº 62, de 28-12-1989, estabelece normas sobre o cálculo, a entrega e o controle de liberações dos recursos de Fundos de Participação dos Estados, do Distrito Federal e dos Municípios.

I – do produto da arrecadação dos impostos sobre renda e proventos de qualquer natureza e sobre produtos industrializados, 50% (cinquenta por cento), da seguinte forma:

- *Caput* do inciso I com a redação dada pela EC nº 112, de 27-10-2021, para vigorar na data de sua publicação (*DOU* de 28-10-2021), produzindo efeitos financeiros a partir de 1º de janeiro do exercício subsequente.
- Art. 60, II e § 2º, do ADCT.
- Art. 3º da EC nº 17, de 22-11-1997.
- Art. 2º da EC nº 55, de 20-9-2007, que determina que as alterações inseridas neste artigo somente se aplicam sobre a arrecadação dos impostos sobre renda e proventos de qualquer natureza e sobre produtos industrializados realizada a partir de 1º-9-2007.

a) vinte e um inteiros e cinco décimos por cento ao Fundo de Participação dos Estados e do Distrito Federal;

- Arts. 34, § 2º, II, 60, § 2º, e 76, § 1º, do ADCT.
- LC nº 62, de 28-12-1989, estabelece normas sobre o cálculo, a entrega e o controle de liberações dos recursos de Fundos de Participação dos Estados, do Distrito Federal e dos Municípios.

b) vinte e dois inteiros e cinco décimos por cento ao Fundo de Participação dos Municípios;

- Art. 76, § 1º, do ADCT.
- LC nº 62, de 28-12-1989, estabelece normas sobre o cálculo, a entrega e o controle de liberações dos recursos de Fundos de Participação dos Estados, do Distrito Federal e dos Municípios.
- LC nº 91, de 22-12-1997, dispõe sobre a fixação dos coeficientes do Fundo de Participação dos Municípios.

c) três por cento, para aplicação em programas de financiamento ao setor produtivo das Regiões Norte, Nordeste e Centro-Oeste, através de suas instituições financeiras de caráter regional, de acordo com os planos regionais de desenvolvimento, ficando assegurada ao semiárido do Nordeste a metade dos recursos destinados à Região, na forma que a lei estabelecer;

- Lei nº 7.827, de 22-9-1989, regulamenta esta alínea.
- Lei nº 12.761, de 21-9-2012, regulamenta esta alínea.

d) um por cento ao Fundo de Participação dos Municípios, que será entregue no primeiro decêndio do mês de dezembro de cada ano;

- Alínea *d* acrescida pela EC nº 55, de 20-9-2007.
- Art. 2º da EC nº 55, de 20-9-2007, que determina que as alterações inseridas neste artigo somente se aplicam sobre a arrecadação dos impostos sobre renda e proventos de qualquer natureza e sobre produtos industrializados realizada a partir de 1º-9-2007.

e) 1% (um por cento) ao Fundo de Participação dos Municípios, que será entregue no primeiro decêndio do mês de julho de cada ano;

- Alínea *e* acrescida pela EC nº 84, de 2-12-2014.

f) 1% (um por cento) ao Fundo de Participação dos Municípios, que será entregue no primeiro decêndio do mês de setembro de cada ano;

- Alínea *f* acrescida pela EC nº 112, de 27-10-2021, para vigorar na data de sua publicação (*DOU* de 28-10-2021), produzindo efeitos financeiros a partir de 1º de janeiro do exercício subsequente.

II – do produto da arrecadação do imposto sobre produtos industrializados, dez por cento aos Estados e ao Distrito Federal, proporcionalmente ao valor das respectivas exportações de produtos industrializados;

- Arts. 60, II e § 2º, e 76, § 1º, do ADCT.
- Art. 1º da LC nº 63, de 11-1-1990, que dispõe sobre critérios e prazos de crédito das parcelas dos produtos da arrecadação de impostos de competência dos Estados e de transferência por estes recebidas, pertencentes aos Municípios.
- Lei nº 8.016, de 8-4-1990, dispõe sobre a entrega das quotas de participação dos Estados e do Distrito Federal na arrecadação do Imposto sobre Produtos Industrializados – IPI, a que se refere este inciso.

III – do produto da arrecadação da contribuição de intervenção no domínio econômico prevista no art. 177, § 4º, 29% (vinte e nove por cento) para os Estados e o Distrito Federal, distribuídos na forma da lei, observada a destinação a que se refere o inciso II, *c*, do referido parágrafo.

- Inciso III com a redação dada pela EC nº 44, de 30-6-2004.
- Art. 93 do ADCT.

§ 1º Para efeito de cálculo da entrega a ser efetuada de acordo com o previsto no inciso I, excluir-se-á a parcela da arrecadação do imposto de renda e proventos de qualquer natureza pertencente aos Estados, ao Distrito Federal e aos Municípios, nos termos do disposto nos artigos 157, I, e 158, I.

§ 2º A nenhuma unidade federada poderá ser destinada parcela superior a vinte por cento do montante a que se refere o inciso II, devendo o eventual excedente ser distribuído entre os demais participantes, mantido, em relação a esses, o critério de partilha nele estabelecido.

- LC nº 61, de 26-12-1989, estabelece normas para participação dos Estados e Distrito Federal no produto da arrecadação do IPI, relativamente às exportações.

§ 3º Os Estados entregarão aos respectivos Municípios vinte e cinco por cento dos recursos que receberem nos termos do inciso II, observados os critérios estabelecidos no artigo 158, parágrafo único, I e II.

- LC nº 63, de 11-1-1990, dispõe sobre critérios e prazos de crédito das parcelas dos produtos da arrecadação de impostos de competência dos Estados e de transferência por estes recebidas, pertencentes aos Municípios.

§ 4º Do montante de recursos de que trata o inciso III que cabe a cada Estado, vinte e cinco por cento serão destinados aos seus Municípios, na forma da lei a que se refere o mencionado inciso.

- § 4º acrescido pela EC nº 42, de 19-12-2003.
- Art. 93 do ADCT.
- Art. 3º da EC nº 17, de 22-11-1997.

Art. 160. É vedada a retenção ou qualquer restrição à entrega e ao emprego dos recursos atribuídos, nesta seção, aos Estados, ao Distrito Federal e aos Municípios, neles compreendidos adicionais e acréscimos relativos a impostos.

§ 1º A vedação prevista neste artigo não impede a União e os Estados de condicionarem a entrega de recursos:

I – ao pagamento de seus créditos, inclusive de suas autarquias;

II – ao cumprimento do disposto no artigo 198, § 2º, incisos II e III.

- Parágrafo único renumerado para § 1º pela EC nº 113, de 8-12-2021.

§ 2º Os contratos, os acordos, os ajustes, os convênios, os parcelamentos ou as renegociações de débitos de qualquer espécie, inclusive tributários, firmados pela União com os entes federativos conterão cláusulas para autorizar a dedução dos valores devidos dos montantes a serem repassados relacionados às respectivas cotas nos Fundos de Participação ou aos precatórios federais.

- § 2º acrescido pela EC nº 113, de 8-12-2021.

Art. 161. Cabe à lei complementar:

I – definir valor adicionado para fins do disposto no artigo 158, parágrafo único, I;

- LC nº 63, de 11-1-1990, dispõe sobre critérios e prazos de crédito das parcelas dos produtos da arrecadação de impostos de competência dos Estados e de transferência por estes recebidas, pertencentes aos Municípios.

II – estabelecer normas sobre a entrega dos recursos de que trata o artigo 159, especialmente sobre os critérios de rateio dos fundos previstos em seu inciso I, objetivando promover o equilíbrio socioeconômico entre Estados e entre Municípios;

- Art. 34, § 2º, do ADCT.
- LC nº 62, de 28-12-1989, estabelece normas sobre o cálculo, a entrega e o controle de liberações dos recursos de Fundos de Participação dos Estados, do Distrito Federal e dos Municípios.

III – dispor sobre o acompanhamento, pelos beneficiários, do cálculo das quotas e da liberação das participações previstas nos artigos 157, 158 e 159.

- LC nº 62, de 28-12-1989, estabelece normas sobre o cálculo, a entrega e o controle de liberações dos recursos de Fundos de Participação dos Estados, do Distrito Federal e dos Municípios.

Parágrafo único. O Tribunal de Contas da União efetuará o cálculo das quotas referentes aos fundos de participação a que alude o inciso II.

Art. 162. A União, os Estados, o Distrito Federal e os Municípios divulgarão, até o último dia do mês subsequente ao da arrecadação, os montantes de cada um dos tributos arrecadados, os recursos recebidos, os valores de origem tributária entregues e a entregar e a expressão numérica dos critérios de rateio.

Parágrafo único. Os dados divulgados pela União serão discriminados por Estado e por Município; os dos Estados, por Município.

CAPÍTULO II
DAS FINANÇAS PÚBLICAS

Seção I
NORMAS GERAIS

Art. 163. Lei complementar disporá sobre:

- Lei nº 4.320, de 17-3-1964, estatui normas gerais de direito financeiro para elaboração e controle dos orçamentos e balanços da União, dos Estados, dos Municípios e do Distrito Federal.
- Lei nº 6.830, de 22-9-1980 (Lei das Execuções Fiscais).

I – finanças públicas;

- LC nº 101, de 4-5-2000 (Lei da Responsabilidade Fiscal).

II – dívida pública externa e interna, incluída a das autarquias, fundações e demais entidades controladas pelo Poder Público;

III – concessão de garantias pelas entidades públicas;

IV – emissão e resgate de títulos da dívida pública;

- Art. 34, § 2º, I, do ADCT.

V – fiscalização financeira da administração pública direta e indireta;

- Inciso V com a redação dada pela EC nº 40, de 29-5-2003.
- Lei nº 4.595, de 31-12-1964 (Lei do Sistema Financeiro Nacional).

VI – operações de câmbio realizadas por órgãos e entidades da União, dos Estados, do Distrito Federal e dos Municípios;

VII – compatibilização das funções das instituições oficiais de crédito da União, resguardadas as características e condições operacionais plenas das voltadas ao desenvolvimento regional;

- LC nº 101, de 4-5-2000 (Lei da Responsabilidade Fiscal).
- Lei nº 4.595, de 31-12-1964 (Lei do Sistema Financeiro Nacional).

VIII – sustentabilidade da dívida, especificando:

a) indicadores de sua apuração;

b) níveis de compatibilidade dos resultados fiscais com a trajetória da dívida;

c) trajetória de convergência do montante da dívida com os limites definidos em legislação;

d) medidas de ajuste, suspensões e vedações;

e) planejamento de alienação de ativos com vistas à redução do montante da dívida.

- Inciso VIII acrescido pela EC nº 109, de 15-3-2021.

Parágrafo único. A lei complementar de que trata o inciso VIII do *caput* deste artigo pode autorizar a aplicação das vedações previstas no art. 167-A desta Constituição.

- Parágrafo único acrescido pela EC nº 109, de 15-3-2021.

Art. 163-A. A União, os Estados, o Distrito Federal e os Municípios disponibilizarão suas informações e dados contábeis, orçamentários e fiscais, conforme periodicidade, formato e sistema estabelecidos pelo órgão central de contabilidade da União, de forma a garantir a rastreabilidade, a comparabilidade e a publicidade dos dados coletados, os quais deverão ser divulgados em meio eletrônico de amplo acesso público.

- Art. 163-A acrescido pela EC nº 108, de 26-8-2020.

Art. 164. A competência da União para emitir moeda será exercida exclusivamente pelo Banco Central.

§ 1º É vedado ao Banco Central conceder, direta ou indiretamente, empréstimos ao Tesouro Nacional e a qualquer órgão ou entidade que não seja instituição financeira.

§ 2º O Banco Central poderá comprar e vender títulos de emissão do Tesouro Nacional, com o objetivo de regular a oferta de moeda ou a taxa de juros.

§ 3º As disponibilidades de caixa da União serão depositadas no Banco Central; as dos Estados, do Distrito Federal, dos Municípios e dos órgãos ou entidades do Poder Público e das empresas por ele controladas, em instituições financeiras oficiais, ressalvados os casos previstos em lei.

Art. 164-A. A União, os Estados, o Distrito Federal e os Municípios devem conduzir suas políticas fiscais de forma a manter a dívida pública em níveis sustentáveis, na forma da lei complementar referida no inciso VIII do *caput* do art. 163 desta Constituição.

Parágrafo único. A elaboração e a execução de planos e orçamentos devem refletir a compatibilidade dos indicadores fiscais com a sustentabilidade da dívida.

- Art. 164-A acrescido pela EC nº 109, de 15-3-2021.

Seção II
DOS ORÇAMENTOS

Art. 165. Leis de iniciativa do Poder Executivo estabelecerão:

I – o plano plurianual;

II – as diretrizes orçamentárias;

III – os orçamentos anuais.

§ 1º A lei que instituir o plano plurianual estabelecerá, de forma regionalizada, as diretrizes, os objetivos e metas da administração pública federal para as despesas de capital e outras delas decorrentes e para as relativas aos programas de duração continuada.

§ 2º A lei de diretrizes orçamentárias compreenderá as metas e prioridades da administração pública federal, estabelecerá as diretrizes de política fiscal e respectivas metas, em consonância com trajetória sustentável da dívida pública, orientará a elaboração da lei orçamentária anual, disporá sobre as alterações na legislação tributária e estabelecerá a política de aplicação das agências financeiras oficiais de fomento.

- § 2º com a redação dada pela EC nº 109, de 15-3-2021.
- LC nº 101, de 4-5-2000 (Lei da Responsabilidade Fiscal).

§ 3º O Poder Executivo publicará, até trinta dias após o encerramento de cada bimestre, relatório resumido da execução orçamentária.

§ 4º Os planos e programas nacionais, regionais e setoriais previstos nesta Constituição serão elaborados em consonância com o plano plurianual e apreciados pelo Congresso Nacional.

§ 5º A lei orçamentária anual compreenderá:

I – o orçamento fiscal referente aos Poderes da União, seus fundos, órgãos e entidades da administração direta e indireta, inclusive fundações instituídas e mantidas pelo Poder Público;

II – o orçamento de investimento das empresas em que a União, direta ou indiretamente, detenha a maioria do capital social com direito a voto;

III – o orçamento da seguridade social, abrangendo todas as entidades e órgãos a ela vinculados, da administração direta ou indireta, bem como os fundos e fundações instituídos e mantidos pelo Poder Público.

§ 6º O projeto de lei orçamentária será acompanhado de demonstrativo regionalizado do efeito, sobre as receitas e despesas, decorrente de isenções, anistias, remissões, subsídios e benefícios de natureza financeira, tributária e creditícia.

§ 7º Os orçamentos previstos no § 5º, I e II, deste artigo, compatibilizados com o plano plurianual, terão entre suas funções a de reduzir desigualdades inter-regionais, segundo critério populacional.

- Art. 35 do ADCT.

§ 8º A lei orçamentária anual não conterá dispositivo estranho à previsão da receita e à fixação da despesa, não se incluindo na proibição a autorização para abertura de créditos suplementares e contratação de operações de crédito, ainda que por antecipação de receita, nos termos da lei.

- Art. 167, IV, desta Constituição.

§ 9º Cabe à lei complementar:

- Art. 168 desta Constituição.
- Lei nº 4.320, de 17-3-1964, estatui normas gerais de direito financeiro para elaboração e controle dos orçamentos e balanços da União, dos Estados, dos Municípios e do Distrito Federal.

I – dispor sobre o exercício financeiro, a vigência, os prazos, a elaboração e a organização do plano plurianual, da lei de diretrizes orçamentárias e da lei orçamentária anual;

II – estabelecer normas de gestão financeira e patrimonial da administração direta e indireta, bem como condições para a instituição e funcionamento de fundos;

- Arts. 35, § 2º, 71, § 1º, e 81, § 3º, do ADCT.
- LC nº 101, de 4-5-2000 (Lei da Responsabilidade Fiscal).

III – dispor sobre critérios para a execução equitativa, além de procedimentos que serão adotados quando houver impedimentos legais e técnicos, cumprimento de restos a pagar e limitação das programações de caráter obrigatório, para a realização do disposto nos §§ 11 e 12 do art. 166.

- Inciso III com a redação dada pela EC nº 100, de 26-6-2019, para vigorar na data de sua publicação (*DOU* de 27-6-2019), produzindo efeitos a partir da execução orçamentária do exercício financeiro subsequente.

§ 10. A administração tem o dever de executar as programações orçamentárias, adotando os meios e as medidas necessários, com o propósito de garantir a efetiva entrega de bens e serviços à sociedade.

- § 10 acrescido pela EC nº 100, de 26-6-2019, para vigorar na data de sua publicação (*DOU* de 27-6-2019), produzindo efeitos a partir da execução orçamentária do exercício financeiro subsequente.

§ 11. O disposto no § 10 deste artigo, nos termos da lei de diretrizes orçamentárias:

I – subordina-se ao cumprimento de dispositivos constitucionais e legais que estabeleçam metas fiscais ou limites de despesas e não impede o cancelamento necessário à abertura de créditos adicionais;

II – não se aplica nos casos de impedimentos de ordem técnica devidamente justificados;

III – aplica-se exclusivamente às despesas primárias discricionárias.

§ 12. Integrará a lei de diretrizes orçamentárias, para o exercício a que se refere e, pelo menos, para os 2 (dois) exercícios subsequentes, anexo com previsão de agregados fiscais e a proporção dos recursos para investimentos que serão alocados na lei orçamentária anual para a continuidade daqueles em andamento.

§ 13. O disposto no inciso III do § 9º e nos §§ 10, 11 e 12 deste artigo aplica-se exclusivamente aos orçamentos fiscal e da seguridade social da União.

§ 14. A lei orçamentária anual poderá conter previsões de despesas para exercícios seguintes, com a especificação dos investimentos plurianuais e daqueles em andamento.

§ 15. A União organizará e manterá registro centralizado de projetos de investimento contendo, por Estado ou Distrito Federal, pelo menos, análises de viabilidade, estimativas de custos e informações sobre a execução física e financeira.

- §§ 11 a 15 acrescidos pela EC nº 102, de 26-9-2019, para vigorar na data de sua publicação (*DOU* de 27-9-2019), produzindo efeitos a partir da execução orçamentária do exercício financeiro subsequente.

§ 16. As leis de que trata este artigo devem observar, no que couber, os resultados do monitoramento e da avaliação das políticas públicas previstos no § 16 do art. 37 desta Constituição.

- § 16 acrescido pela EC nº 109, de 15-3-2021.

Art. 166. Os projetos de lei relativos ao plano plurianual, às diretrizes orçamentárias, ao orçamento anual e aos créditos adicionais serão apreciados pelas duas Casas do Congresso Nacional, na forma do regimento comum.

§ 1º Caberá a uma Comissão mista permanente de Senadores e Deputados:

I – examinar e emitir parecer sobre os projetos referidos neste artigo e sobre as contas apresentadas anualmente pelo Presidente da República;

II – examinar e emitir parecer sobre os planos e programas nacionais, regionais e setoriais previstos nesta Constituição e exercer o acompanhamento e a fiscalização orçamentária, sem prejuízo da atuação das demais comissões do Congresso Nacional e de suas Casas, criadas de acordo com o artigo 58.

§ 2º As emendas serão apresentadas na Comissão mista, que sobre elas emitirá parecer, e apreciadas, na forma regimental, pelo Plenário das duas Casas do Congresso Nacional.

§ 3º As emendas ao projeto de lei do orçamento anual ou aos projetos que o modifiquem somente podem ser aprovadas caso:

I – sejam compatíveis com o plano plurianual e com a lei de diretrizes orçamentárias;

II – indiquem os recursos necessários, admitidos apenas os provenientes de anulação de despesa, excluídas as que incidam sobre:

a) dotações para pessoal e seus encargos;

b) serviço da dívida;

c) transferências tributárias constitucionais para Estados, Municípios e Distrito Federal; ou

III – sejam relacionadas:

a) com a correção de erros ou omissões; ou

b) com os dispositivos do texto do projeto de lei.

§ 4º As emendas ao projeto de lei de diretrizes orçamentárias não poderão ser aprovadas quando incompatíveis com o plano plurianual.

- Art. 63, I, desta Constituição.

§ 5º O Presidente da República poderá enviar mensagem ao Congresso Nacional para propor modificação nos projetos a que se refere este artigo enquanto não iniciada a votação, na Comissão mista, da parte cuja alteração é proposta.

§ 6º Os projetos de lei do plano plurianual, das diretrizes orçamentárias e do orçamento anual serão enviados pelo Presidente da República ao Congresso Nacional, nos termos da lei complementar a que se refere o artigo 165, § 9º.

§ 7º Aplicam-se aos projetos mencionados neste artigo, no que não contrariar o disposto nesta seção, as demais normas relativas ao processo legislativo.

§ 8º Os recursos que, em decorrência de veto, emenda ou rejeição do projeto de lei orçamentária anual, ficarem sem despesas correspondentes poderão ser utilizados, conforme o caso, mediante créditos especiais ou suplementares, com prévia e específica autorização legislativa.

§ 9º As emendas individuais ao projeto de lei orçamentária serão aprovadas no limite de 2% (dois por cento) da receita corrente líquida do exercício anterior ao do encaminhamento do projeto, observado que a metade desse percentual será destinada a ações e serviços públicos de saúde.

- § 9º com a redação dada pela EC nº 126, de 21-12-2022.

§ 9º-A. Do limite a que se refere o § 9º deste artigo, 1,55% (um inteiro e cinquenta e cinco centésimos por cento) caberá às emendas de Deputados e 0,45% (quarenta e cinco centésimos por cento) às de Senadores.

- § 9º-A acrescido pela EC nº 126, de 21-12-2022.

§ 10. A execução do montante destinado a ações e serviços públicos de saúde previsto no § 9º, inclusive custeio, será computada para fins do cumprimento do inciso I do § 2º do art. 198, vedada a destinação para pagamento de pessoal ou encargos sociais.

- § 10 acrescido pela EC nº 86, de 17-3-2015.

§ 11. É obrigatória a execução orçamentária e financeira das programações oriundas de emendas individuais, em montante correspondente ao limite a que se refere o § 9º deste artigo, conforme os critérios para a execução equitativa da programação definidos na lei complementar prevista no § 9º do art. 165 desta Constituição, observado o disposto no § 9º-A deste artigo.

- § 11 com a redação dada pela EC nº 126, de 21-12-2022.

§ 12. A garantia de execução de que trata o § 11 deste artigo aplica-se também às programações incluídas por todas as emendas de iniciativa de bancada de parlamentares de Estado ou do Distrito Federal, no montante de até 1% (um por cento) da receita corrente líquida realizada no exercício anterior.

- Art. 2º da EC nº 100, de 26-6-2019, que determina que o montante previsto neste parágrafo será de 0,8% (oito décimos por cento) no exercício subsequente ao da promulgação da referida Emenda Constitucional (*DOU* de 27-6-2019).
- Art. 3º da EC nº 100, de 26-6-2019, que determina que a partir do 3º (terceiro) ano posterior à promulgação da referida Emenda Constitucio-

nal até o último exercício de vigência do regime previsto na EC nº 95, de 15-12-2016, a execução prevista neste parágrafo corresponderá ao montante de execução obrigatória para o exercício anterior, corrigido na forma estabelecida no inciso II do § 1º do art. 107 do ADCT.

§ 13. As programações orçamentárias previstas nos §§ 11 e 12 deste artigo não serão de execução obrigatória nos casos dos impedimentos de ordem técnica.

- §§ 12 e 13 com a redação dada pela EC nº 100, de 26-6-2019, para vigorar na data de sua publicação (*DOU* de 27-6-2019), produzindo efeitos a partir da execução orçamentária do exercício financeiro subsequente.

§ 14. Para fins de cumprimento do disposto nos §§ 11 e 12 deste artigo, os órgãos de execução deverão observar, nos termos da lei de diretrizes orçamentárias, cronograma para análise e verificação de eventuais impedimentos das programações e demais procedimentos necessários à viabilização da execução dos respectivos montantes.

- *Caput* do § 14 com a redação dada pela EC nº 100, de 26-6-2019, para vigorar na data de sua publicação (*DOU* de 27-6-2019), produzindo efeitos a partir da execução orçamentária do exercício financeiro subsequente.

I a IV – *Revogados*. EC nº 100, de 26-6-2019, para vigorar na data de sua publicação (*DOU* de 27-6-2019), produzindo efeitos a partir da execução orçamentária do exercício financeiro subsequente.

§ 15. *Revogado*. EC nº 100, de 26-6-2019, para vigorar na data de sua publicação (*DOU* de 27-6-2019), produzindo efeitos a partir da execução orçamentária do exercício financeiro subsequente.

§ 16. Quando a transferência obrigatória da União para a execução da programação prevista nos §§ 11 e 12 deste artigo for destinada a Estados, ao Distrito Federal e a Municípios, independerá da adimplência do ente federativo destinatário e não integrará a base de cálculo da receita corrente líquida para fins de aplicação dos limites de despesa de pessoal de que trata o *caput* do art. 169.

- § 16 com a redação dada pela EC nº 100, de 26-6-2019, para vigorar na data de sua publicação (*DOU* de 27-6-2019), produzindo efeitos a partir da execução orçamentária do exercício financeiro subsequente.

§ 17. Os restos a pagar provenientes das programações orçamentárias previstas nos §§ 11 e 12 deste artigo poderão ser considerados para fins de cumprimento da execução financeira até o limite de 1% (um por cento) da receita corrente líquida do exercício anterior ao do encaminhamento do projeto de lei orçamentária, para as programações das emendas individuais, e até o limite de 0,5% (cinco décimos por cento), para as programações das emendas de iniciativa de bancada de parlamentares de Estado ou do Distrito Federal.

- § 17 com a redação dada pela EC nº 126, de 21-12-2022.

§ 18. Se for verificado que a reestimativa da receita e da despesa poderá resultar no não cumprimento da meta de resultado fiscal estabelecida na lei de diretrizes orçamentárias, os montantes previstos nos §§ 11 e 12 deste artigo poderão ser reduzidos em até a mesma proporção da limitação incidente sobre o conjunto das demais despesas discricionárias.

- § 18 com a redação dada pela EC nº 100, de 26-6-2019, para vigorar na data de sua publicação (*DOU* de 27-6-2019), produzindo efeitos a partir da execução orçamentária do exercício financeiro subsequente.

§ 19. Considera-se equitativa a execução das programações de caráter obrigatório que observe critérios objetivos e imparciais e que atenda de forma igualitária e impessoal às emendas apresentadas, independentemente da autoria, observado o disposto no § 9º-A deste artigo.

- § 19 com a redação dada pela EC nº 126, de 21-12-2022.

§ 20. As programações de que trata o § 12 deste artigo, quando versarem sobre o início de investimentos com duração de mais de 1 (um) exercício financeiro ou cuja execução já tenha sido iniciada, deverão ser objeto de emenda pela mesma bancada estadual, a cada exercício, até a conclusão da obra ou do empreendimento.

- §§ 19 e 20 acrescidos pela EC nº 100, de 26-6-2019, para vigorar na data de sua publicação (*DOU* de 27-6-2019), produzindo efeitos a partir da execução orçamentária do exercício financeiro subsequente.

Art. 166-A. As emendas individuais impositivas apresentadas ao projeto de lei orçamentária anual poderão alocar recursos a Estados, ao Distrito Federal e a Municípios por meio de:

I – transferência especial; ou

- Art. 2º da EC nº 105, de 12-12-2019, que acrescentou este artigo para autorizar a transferência de recursos federais a Estados, ao Distrito Federal e a Municípios mediante emendas ao projeto de lei orçamentária anual.

II – transferência com finalidade definida.

§ 1º Os recursos transferidos na forma do *caput* deste artigo não integrarão a receita do Estado, do Distrito Federal e dos Municípios para fins de repartição e para o cálculo dos limites da despesa com pessoal ativo e inativo, nos termos do § 16 do art. 166, e de endividamento do ente federado, vedada, em qualquer caso, a aplicação dos recursos a que se refere o *caput* deste artigo no pagamento de:

I – despesas com pessoal e encargos sociais relativas a ativos e inativos, e com pensionistas; e

II – encargos referentes ao serviço da dívida.

§ 2º Na transferência especial a que se refere o inciso I do *caput* deste artigo, os recursos:

I – serão repassados diretamente ao ente federado beneficiado, independentemente de celebração de convênio ou de instrumento congênere;

II – pertencerão ao ente federado no ato da efetiva transferência financeira; e

III – serão aplicadas em programações finalísticas das áreas de competência do Poder Executivo do ente federado beneficiado, observado o disposto no § 5º deste artigo.

§ 3º O ente federado beneficiado da transferência especial a que se refere o inciso I do *caput* deste artigo poderá firmar contratos de cooperação técnica para fins de subsidiar o acompanhamento da execução orçamentária na aplicação dos recursos.

§ 4º Na transferência com finalidade definida a que se refere o inciso II do *caput* deste artigo, os recursos serão:

I – vinculados à programação estabelecida na emenda parlamentar; e

II – aplicados nas áreas de competência constitucional da União.

§ 5º Pelo menos 70% (setenta por cento) das transferências especiais de que trata o inciso I do *caput* deste artigo deverão ser aplicadas em despesas de capital, observada a restrição a que se refere o inciso II do § 1º deste artigo.

- Art. 166-A acrescido pela EC nº 105, de 12-12-2019.

Art. 167. São vedados:

I – o início de programas ou projetos não incluídos na lei orçamentária anual;

II – a realização de despesas ou a assunção de obrigações diretas que excedam os créditos orçamentários ou adicionais;

III – a realização de operações de créditos que excedam o montante das despesas de capital, ressalvadas as autorizadas mediante créditos suplementares ou especiais com finalidade precisa, aprovados pelo Poder Legislativo por maioria absoluta;

- Art. 37 do ADCT.
- Art. 38, § 1º, da LC nº 101, de 4-5-2000 (Lei da Responsabilidade Fiscal).

IV – a vinculação de receita de impostos a órgão, fundo ou despesa, ressalvadas a repartição do produto da arrecadação dos impostos a que se referem os arts. 158 e 159, a destinação de recursos para as ações e serviços públicos de saúde, para manutenção e desenvolvimento do ensino e para realização de atividades da administração tributária, como determinado, respectivamente, pelos arts. 198, § 2º, 212 e 37, XXII, e a prestação de garantias às operações de crédito por antecipação de receita, previstas no art. 165, § 8º, bem como o disposto no § 4º deste artigo;

- Inciso IV com a redação dada pela EC nº 42, de 19-12-2003.
- Art. 80, § 1º, do ADCT.

V – a abertura de crédito suplementar ou especial sem prévia autorização legislativa e sem indicação dos recursos correspondentes;

VI – a transposição, o remanejamento ou a transferência de recursos de uma categoria de programação para outra ou de um órgão para o outro, sem prévia autorização legislativa;

VII – a concessão ou utilização de créditos ilimitados;

VIII – a utilização, sem autorização legislativa específica, de recursos dos orçamentos fiscal e da seguridade social para suprir necessidade ou cobrir déficit de empresas, fundações e fundos, inclusive dos mencionados no artigo 165, § 5º;

IX – a instituição de fundos de qualquer natureza, sem prévia autorização legislativa;

X – a transferência voluntária de recursos e a concessão de empréstimos, inclusive por antecipação de receita, pelos Governos Federal e Estaduais e suas instituições financeiras, para pagamento de despesas com pessoal ativo, inativo e pensionista, dos Estados, do Distrito Federal e dos Municípios;

- Inciso X acrescido pela EC nº 19, de 4-6-1998.

XI – a utilização dos recursos provenientes das contribuições sociais de que trata o artigo 195, I, *a*, e II, para realização de despesas distintas do pagamento de benefícios do regime geral de previdência social de que trata o artigo 201;

- Inciso XI acrescido pela EC nº 20, de 15-12-1998.

XII – na forma estabelecida na lei complementar de que trata o § 22 do art. 40, a utilização de recursos de regime próprio de previdência social, incluídos os valores integrantes dos fundos previstos no art. 249, para a realização de despesas distintas do pagamento dos benefícios previdenciários do respectivo fundo vinculado àquele regime e das despesas necessárias à sua organização e ao seu funcionamento;

XIII – a transferência voluntária de recursos, a concessão de avais, as garantias e as subvenções pela União e a concessão de empréstimos e de financiamentos por instituições financeiras federais aos Estados, ao Distrito Federal e aos Municípios na hipótese de descumprimento das regras gerais de organização e de funcionamento de regime próprio de previdência social;

- Incisos XII e XIII acrescidos pela EC nº 103, de 12-11-2019.

XIV – a criação de fundo público, quando seus objetivos puderem ser alcançados mediante a vinculação de receitas orçamentárias específicas ou mediante a execução direta por programação orçamentária e financeira de órgão ou entidade da administração pública.

- Inciso XIV acrescido pela EC nº 109, de 15-3-2021.

§ 1º Nenhum investimento cuja execução ultrapasse um exercício financeiro poderá ser iniciado sem prévia inclusão no plano plurianual, ou sem lei que autorize a inclusão, sob pena de crime de responsabilidade.

§ 2º Os créditos especiais e extraordinários terão vigência no exercício financeiro em que forem autorizados, salvo se o ato de autorização for promulgado nos últimos quatro meses daquele exercício, caso em que, reabertos nos limites de seus saldos, serão incorporados ao orçamento do exercício financeiro subsequente.

§ 3º A abertura de crédito extraordinário somente será admitida para atender a despesas imprevisíveis e urgentes, como as decorrentes de guerra, comoção interna ou calamidade pública, observado o disposto no artigo 62.

§ 4º É permitida a vinculação das receitas a que se referem os arts. 155, 156, 157, 158 e as alíneas *a*, *b*, *d* e *e* do inciso I e o inciso II do *caput* do art. 159 desta Constituição para pagamento de débitos com a União e para prestar-lhe garantia ou contragarantia.

- § 4º com a redação dada pela EC nº 109, de 15-3-2021.

§ 5º A transposição, o remanejamento ou a transferência de recursos de uma categoria de programação para outra poderão ser admitidos, no âmbito das atividades de ciência, tecnologia e inovação, com o objetivo de viabilizar os resultados de projetos restritos a essas funções, mediante ato do Poder Executivo, sem necessidade da prévia autorização legislativa prevista no inciso VI deste artigo.

- § 5º acrescido pela EC nº 85, de 26-2-2015.

§ 6º Para fins da apuração ao término do exercício financeiro do cumprimento do limite de que trata o inciso III do *caput* deste artigo, as receitas das operações de crédito efetuadas no contexto da gestão da dívida pública mobiliária federal somente serão consideradas no exercício financeiro em que for realizada a respectiva despesa.

- § 6º acrescido pela EC nº 109, de 15-3-2021.

§ 7º A lei não imporá nem transferirá qualquer encargo financeiro decorrente da prestação de serviço público, inclusive despesas de pessoal e seus encargos, para a União, os Estados, o Distrito Federal ou os Municípios, sem a previsão de fonte orçamentária e financeira necessária à realização da despesa ou sem a previsão da correspondente transferência de recursos financeiros necessários ao seu custeio, ressalvadas as obrigações assumidas espontaneamente pelos entes federados e aquelas decorrentes da fixação do salário mínimo, na forma do inciso IV do *caput* do art. 7º desta Constituição.

- § 7º acrescido pela EC nº 128, de 22-12-2022.

Art. 167-A. Apurado que, no período de 12 (doze) meses, a relação entre despesas correntes e receitas correntes supera 95% (noventa e cinco por cento), no âmbito dos Estados, do Distrito Federal e dos Municípios, é facultado aos Poderes Executivo, Legislativo e Judiciário, ao Ministério Público, ao Tribunal de Contas e à Defensoria Pública do ente, enquanto permanecer a situação, aplicar o mecanismo de ajuste fiscal de vedação da:

I – concessão, a qualquer título, de vantagem, aumento, reajuste ou adequação de remuneração de membros de Poder ou de órgão, de servidores e empregados públicos e de militares, exceto dos derivados de sentença judicial transitada em julgado ou de determinação legal anterior ao início da aplicação das medidas de que trata este artigo;

II – criação de cargo, emprego ou função que implique aumento de despesa;

III – alteração de estrutura de carreira que implique aumento de despesa;

IV – admissão ou contratação de pessoal, a qualquer título, ressalvadas:

a) as reposições de cargos de chefia e de direção que não acarretem aumento de despesa;

b) as reposições decorrentes de vacâncias de cargos efetivos ou vitalícios;

c) as contratações temporárias de que trata o inciso IX do *caput* do art. 37 desta Constituição; e

d) as reposições de temporários para prestação de serviço militar e de alunos de órgãos de formação de militares;

V – realização de concurso público, exceto para as reposições de vacâncias previstas no inciso IV deste *caput*;

VI – criação ou majoração de auxílios, vantagens, bônus, abonos, verbas de representação ou benefícios de qualquer natureza, inclusive os de cunho indenizatório, em favor de membros de Poder, do Ministério Público ou da Defensoria Pública e de servidores e empregados públicos e de militares, ou ainda de seus dependentes, exceto quando derivados de sentença judicial transitada em julgado ou de determinação legal anterior ao início da aplicação das medidas de que trata este artigo;

VII – criação de despesa obrigatória;

VIII – adoção de medida que implique reajuste de despesa obrigatória acima da variação da inflação, observada a preservação do poder aquisitivo referida no inciso IV do *caput* do art. 7º desta Constituição;

IX – criação ou expansão de programas e linhas de financiamento, bem como remissão, renegociação ou refinanciamento de dívidas que impliquem ampliação das despesas com subsídios e subvenções;

X – concessão ou ampliação de incentivo ou benefício de natureza tributária.

§ 1º Apurado que a despesa corrente supera 85% (oitenta e cinco por cento) da receita corrente, sem exceder o percentual mencionado no *caput* deste artigo, as medidas nele indicadas podem ser, no todo ou em parte, implementadas por atos do Chefe do Poder Executivo com vigência imediata, facultado aos demais Poderes e órgãos autônomos implementá-las em seus respectivos âmbitos.

§ 2º O ato de que trata o § 1º deste artigo deve ser submetido, em regime de urgência, à apreciação do Poder Legislativo.

§ 3º O ato perde a eficácia, reconhecida a validade dos atos praticados na sua vigência, quando:

I – rejeitado pelo Poder Legislativo;

II – transcorrido o prazo de 180 (cento e oitenta) dias sem que se ultime a sua apreciação; ou

III – apurado que não mais se verifica a hipótese prevista no § 1º deste artigo, mesmo após a sua aprovação pelo Poder Legislativo.

§ 4º A apuração referida neste artigo deve ser realizada bimestralmente.

§ 5º As disposições de que trata este artigo:

I – não constituem obrigação de pagamento futuro pelo ente da Federação ou direitos de outrem sobre o erário;

II – não revogam, dispensam ou suspendem o cumprimento de dispositivos constitucionais e legais que disponham sobre metas fiscais ou limites máximos de despesas.

§ 6º Ocorrendo a hipótese de que trata o *caput* deste artigo, até que todas as medidas nele previstas tenham sido adotadas por todos os Poderes e órgãos nele mencionados, de acordo com declaração do respectivo Tribunal de Contas, é vedada:

I – a concessão, por qualquer outro ente da Federação, de garantias ao ente envolvido;

II – a tomada de operação de crédito por parte do ente envolvido com outro ente da Federação, diretamente ou por intermédio de seus fundos, autarquias, fundações ou empresas estatais dependentes, ainda que sob a forma de novação, refinanciamento ou postergação de dívida contraída anteriormente, ressalvados os financiamentos destinados a projetos específicos celebrados na forma de operações típicas das agências financeiras oficiais de fomento.

Art. 167-B. Durante a vigência de estado de calamidade pública de âmbito nacional, decretado pelo Congresso Nacional por iniciativa privativa do Presidente da República, a União deve adotar regime extraordinário fiscal, financeiro e de contratações para atender às necessidades dele decorrentes, somente naquilo em que a urgência for incompatível com o regime regular, nos termos definidos nos arts. 167-C, 167-D, 167-E, 167-F e 167-G desta Constituição.

Art. 167-C. Com o propósito exclusivo de enfrentamento da calamidade pública e de seus efeitos sociais e econômicos, no seu período de duração, o Poder Executivo federal pode adotar processos simplificados de contratação de pessoal, em caráter temporário e emergencial, e de obras, serviços e compras que assegurem, quando possível, competição e igualdade de condições a todos os concorrentes, dispensada a observância do § 1º do art. 169 na contratação de que trata o inciso IX do *caput* do art. 37 desta Constituição, limitada a dispensa às situações de que trata o referido inciso, sem prejuízo do controle dos órgãos competentes.

Art. 167-D. As proposições legislativas e os atos do Poder Executivo com propósito exclusivo de enfrentar a calamidade e suas consequências sociais e econômicas, com vigência e efeitos restritos à sua duração, desde que não impliquem despesa obrigatória de caráter continuado, ficam dispensados da observância das limitações legais quanto à criação, à expansão ou ao aperfeiçoamento de ação governamental que acarrete aumento de despesa e à concessão ou à ampliação de incentivo ou benefício de natureza tributária da qual decorra renúncia de receita.

Parágrafo único. Durante a vigência da calamidade pública de âmbito nacional de que trata o art. 167-B, não se aplica o disposto no § 3º do art. 195 desta Constituição.

Art. 167-E. Fica dispensada, durante a integralidade do exercício financeiro em que vigore a calamidade pública de âmbito nacional, a observância do inciso III do *caput* do art. 167 desta Constituição.

Art. 167-F. Durante a vigência da calamidade pública de âmbito nacional de que trata o art. 167-B desta Constituição:

I – são dispensados, durante a integralidade do exercício financeiro em que vigore a calamidade pública, os limites, as condições e demais restrições aplicáveis à União para a contratação de operações de crédito, bem como sua verificação;

II – o superávit financeiro apurado em 31 de dezembro do ano imediatamente anterior ao reconhecimento pode ser destinado à cobertura de despesas oriundas das medidas de combate à calamidade pública de âmbito nacional e ao pagamento da dívida pública.

§ 1º Lei complementar pode definir outras suspensões, dispensas e afastamentos aplicáveis durante a vigência do estado de calamidade pública de âmbito nacional.

§ 2º O disposto no inciso II do *caput* deste artigo não se aplica às fontes de recursos:

I – decorrentes de repartição de receitas a Estados, ao Distrito Federal e a Municípios;

II – decorrentes das vinculações estabelecidas pelos arts. 195, 198, 201, 212, 212-A e 239 desta Constituição;

III – destinadas ao registro de receitas oriundas da arrecadação de doações ou de empréstimos compulsórios, de transferências recebidas para o atendimento de finalidades determinadas ou das receitas de capital produto de operações de financiamento celebradas com finalidades contratualmente determinadas.

Art. 167-G. Na hipótese de que trata o art. 167-B, aplicam-se à União, até o término da calamidade pública, as vedações previstas no art. 167-A desta Constituição.

§ 1º Na hipótese de medidas de combate à calamidade pública cuja vigência e efeitos não ultrapassem a sua duração, não se aplicam as vedações referidas nos incisos II, IV, VII, IX e X do *caput* do art. 167-A desta Constituição.

§ 2º Na hipótese de que trata o art. 167-B, não se aplica a alínea *c* do inciso I do *caput* do art. 159 desta Constituição, devendo a transferência a que se refere aquele dispositivo ser efetuada nos mesmos montantes transferidos no exercício anterior à decretação da calamidade.

§ 3º É facultada aos Estados, ao Distrito Federal e aos Municípios a aplicação das vedações referidas no *caput*, nos termos deste artigo, e, até que as tenham adotado na integralidade, estarão submetidos às restrições do § 6º do art. 167-A desta Constituição, enquanto perdurarem seus efeitos para a União.

- Arts. 167-A a 167-G acrescidos pela EC nº 109, de 15-3-2021.

Art. 168. Os recursos correspondentes às dotações orçamentárias, compreendidos os créditos suplementares e especiais, destinados aos órgãos dos Poderes Legislativo e Judiciário, do Ministério Público e da Defensoria Pública, ser-lhes-ão entregues até o dia 20 de cada mês, em duodécimos, na forma da lei complementar a que se refere o art. 165, § 9º.

- *Caput* com a redação dada pela EC nº 45, de 8-12-2004.

§ 1º É vedada a transferência a fundos de recursos financeiros oriundos de repasses duodecimais.

§ 2º O saldo financeiro decorrente dos recursos entregues na forma do *caput* deste artigo deve ser restituído ao caixa único do Tesouro do ente federativo, ou terá seu valor deduzido das primeiras parcelas duodecimais do exercício seguinte.

- §§ 1º e 2º acrescidos pela EC nº 109, de 15-3-2021.

Art. 169. A despesa com pessoal ativo e inativo e pensionistas da União, dos Estados, do Distrito Federal e dos Municípios não pode exceder os limites estabelecidos em lei complementar.

- *Caput* com a redação dada pela EC nº 109, de 15-3-2021.
- o Arts. 96, II, e 127, § 2º, desta Constituição.
- o Arts. 19 a 23 da LC nº 101, de 4-5-2000 (Lei da Responsabilidade Fiscal).

§ 1º A concessão de qualquer vantagem ou aumento de remuneração, a criação de cargos, empregos e funções ou alteração de estrutura de carreiras, bem como a admissão ou contratação de pessoal, a qualquer título, pelos órgãos e entidades da administração direta ou indireta, inclusive fundações instituídas e mantidas pelo poder público, só poderão ser feitas:

- o Art. 96, I, *e*, desta Constituição.

I – se houver prévia dotação orçamentária suficiente para atender às projeções de despesa de pessoal e aos acréscimos dela decorrentes;

II – se houver autorização específica na lei de diretrizes orçamentárias, ressalvadas as empresas públicas e as sociedades de economia mista.

- § 1º com a redação dada pela EC nº 19, de 4-6-1998.

§ 2º Decorrido o prazo estabelecido na lei complementar referida neste artigo para a adaptação aos parâmetros ali previstos, serão imediatamente suspensos todos os repasses de verbas federais ou estaduais aos Estados, ao Distrito Federal e aos Municípios que não observarem os referidos limites.

§ 3º Para o cumprimento dos limites estabelecidos com base neste artigo, durante o prazo fixado na lei complementar referida no *caput*, a União, os Estados, o Distrito Federal e os Municípios adotarão as seguintes providências:

I – redução em pelo menos vinte por cento das despesas com cargos em comissão e funções de confiança;

II – exoneração dos servidores não estáveis.

§ 4º Se as medidas adotadas com base no parágrafo anterior não forem suficientes para assegurar o cumprimento da determinação da lei complementar referida neste artigo, o servidor estável poderá perder o cargo, desde que ato normativo motivado de cada um dos Poderes especifique a atividade funcional, o órgão ou unidade administrativa objeto da redução de pessoal.

- o Art. 198, § 6º, desta Constituição.

§ 5º O servidor que perder o cargo na forma do parágrafo anterior fará jus a indenização correspondente a um mês de remuneração por ano de serviço.

§ 6º O cargo objeto da redução prevista nos parágrafos anteriores será considerado extinto, vedada a criação de cargo, emprego ou função com atribuições iguais ou assemelhadas pelo prazo de quatro anos.

§ 7º Lei federal disporá sobre as normas gerais a serem obedecidas na efetivação do disposto no § 4º.

- §§ 2º a 7º acrescidos pela EC nº 19, de 4-6-1998.
- o Art. 247 desta Constituição.

TÍTULO VII – DA ORDEM ECONÔMICA E FINANCEIRA

CAPÍTULO I
DOS PRINCÍPIOS GERAIS DA ATIVIDADE ECONÔMICA

- o Lei nº 8.137, de 27-12-1990 (Lei dos Crimes Contra a Ordem Tributária, Econômica e Contra as Relações de Consumo).

Art. 170. A ordem econômica, fundada na valorização do trabalho humano e na livre iniciativa, tem por fim assegurar a todos existência digna, conforme os ditames da justiça social, observados os seguintes princípios:

I – soberania nacional;

- o Art. 1º, I, desta Constituição.

II – propriedade privada;

- o Art. 5º, XXII, desta Constituição.
- o Art. 1.228 do CC.

III – função social da propriedade;

IV – livre concorrência;

V – defesa do consumidor;

VI – defesa do meio ambiente, inclusive mediante tratamento diferenciado conforme o impacto ambiental dos produtos e serviços e de seus processos de elaboração e prestação;

- Inciso VI com a redação dada pela EC nº 42, de 19-12-2003.
- Art. 5º, LXXIII, desta Constituição.
- Lei nº 7.347, de 24-1-1985 (Lei da Ação Civil Pública).

VII – redução das desigualdades regionais e sociais;

- Art. 3º, III, desta Constituição.

VIII – busca do pleno emprego;

- Arts. 6º e 7º desta Constituição.
- Art. 47 da Lei nº 11.101, de 9-2-2005 (Lei de Recuperação de Empresas e Falências).

IX – tratamento favorecido para as empresas de pequeno porte constituídas sob as leis brasileiras e que tenham sua sede e administração no País.

- Inciso IX com a redação dada pela EC nº 6, de 15-8-1995.
- Art. 246 desta Constituição.
- LC nº 123, de 14-12-2006 (Estatuto Nacional da Microempresa e da Empresa de Pequeno Porte).

Parágrafo único. É assegurado a todos o livre exercício de qualquer atividade econômica, independentemente de autorização de órgãos públicos, salvo nos casos previstos em lei.

Art. 171. *Revogado.* EC nº 6, de 15-8-1995.

Art. 172. A lei disciplinará, com base no interesse nacional, os investimentos de capital estrangeiro, incentivará os reinvestimentos e regulará a remessa de lucros.

- Dec.-lei nº 37, de 18-11-1966 (Lei do Imposto de Importação).

Art. 173. Ressalvados os casos previstos nesta Constituição, a exploração direta de atividade econômica pelo Estado só será permitida quando necessária aos imperativos da segurança nacional ou a relevante interesse coletivo, conforme definidos em lei.

§ 1º A lei estabelecerá o estatuto jurídico da empresa pública, da sociedade de economia mista e de suas subsidiárias que explorem atividade econômica de produção ou comercialização de bens ou de prestação de serviços, dispondo sobre:

- *Caput* do § 1º com a redação dada pela EC nº 19, de 4-6-1998.

I – sua função social e formas de fiscalização pelo Estado e pela sociedade;

II – a sujeição ao regime jurídico próprio das empresas privadas, inclusive quanto aos direitos e obrigações civis, comerciais, trabalhistas e tributários;

III – licitação e contratação de obras, serviços, compras e alienações, observados os princípios da administração pública;

- Art. 22, XXVII, desta Constituição.

IV – a constituição e o funcionamento dos conselhos de administração e fiscal, com a participação de acionistas minoritários;

V – os mandatos, a avaliação de desempenho e a responsabilidade dos administradores.

- Incisos I a V com a redação dada pela EC nº 19, de 4-6-1998.

§ 2º As empresas públicas e as sociedades de economia mista não poderão gozar de privilégios fiscais não extensivos às do setor privado.

§ 3º A lei regulamentará as relações da empresa pública com o Estado e a sociedade.

§ 4º A lei reprimirá o abuso do poder econômico que vise à dominação dos mercados, à eliminação da concorrência e ao aumento arbitrário dos lucros.

- Lei nº 8.137, de 27-12-1990 (Lei dos Crimes Contra a Ordem Tributária, Econômica e Contra as Relações de Consumo).

§ 5º A lei, sem prejuízo da responsabilidade individual dos dirigentes da pessoa jurídica, estabelecerá a responsabilidade desta, sujeitando-a às punições compatíveis com sua natureza, nos atos praticados contra a ordem econômica e financeira e contra a economia popular.

Art. 174. Como agente normativo e regulador da atividade econômica, o Estado exercerá, na forma da lei, as funções de fiscalização, incentivo e planejamento, sendo este determinante para o setor público e indicativo para o setor privado.

§ 1º A lei estabelecerá as diretrizes e bases do planejamento do desenvolvimento nacional equilibrado, o qual incorporará e compatibilizará os planos nacionais e regionais de desenvolvimento.

§ 2º A lei apoiará e estimulará o cooperativismo e outras formas de associativismo.

§ 3º O Estado favorecerá a organização da atividade garimpeira em cooperativas, levando em conta a proteção do meio ambiente e a promoção econômico-social dos garimpeiros.

§ 4º As cooperativas a que se refere o parágrafo anterior terão prioridade na autorização ou concessão para pesquisa e lavra dos recursos e jazidas de minerais garimpáveis, nas áreas onde estejam atuando, e naquelas fixadas de acordo com o artigo 21, XXV, na forma da lei.

Art. 175. Incumbe ao Poder Público, na forma da lei, diretamente ou sob regime de concessão ou permissão, sempre através de licitação, a prestação de serviços públicos.

- Lei nº 8.987, de 13-2-1995 (Lei da Concessão e Permissão da Prestação de Serviços Públicos).

Parágrafo único. A lei disporá sobre:

I – o regime das empresas concessionárias e permissionárias de serviços públicos, o caráter especial de seu contrato e de sua prorrogação, bem como as condições de caducidade, fiscalização e rescisão da concessão ou permissão;

II – os direitos dos usuários;

III – política tarifária;

IV – a obrigação de manter serviço adequado.

Art. 176. As jazidas, em lavra ou não, e demais recursos minerais e os potenciais de energia hidráulica constituem propriedade distinta da do solo, para efeito de exploração ou aproveitamento, e pertencem à União, garantida ao concessionário a propriedade do produto da lavra.

§ 1º A pesquisa e a lavra de recursos minerais e o aproveitamento dos potenciais a que se refere o *caput* deste artigo somente poderão ser efetuados mediante autorização ou concessão da União, no interesse nacional, por brasileiros ou empresa constituída sob as leis brasileiras e que tenha sua sede e administração no País, na forma da lei, que estabelecerá as condições específicas quando essas atividades se desenvolverem em faixa de fronteira ou terras indígenas.

- § 1º com a redação dada pela EC nº 6, de 15-8-1995.
- Art. 246 desta Constituição.

§ 2º É assegurada participação ao proprietário do solo nos resultados da lavra, na forma e no valor que dispuser a lei.

§ 3º A autorização de pesquisa será sempre por prazo determinado, e as autorizações e concessões previstas neste artigo não poderão ser cedidas ou transferidas, total ou parcialmente, sem prévia anuência do poder concedente.

§ 4º Não dependerá de autorização ou concessão o aproveitamento do potencial de energia renovável de capacidade reduzida.

Art. 177. Constituem monopólio da União:

I – a pesquisa e a lavra das jazidas de petróleo e gás natural e outros hidrocarbonetos fluidos;

II – a refinação do petróleo nacional ou estrangeiro;

- Art. 45 do ADCT.

III – a importação e exportação dos produtos e derivados básicos resultantes das atividades previstas nos incisos anteriores;

IV – o transporte marítimo do petróleo bruto de origem nacional ou de derivados básicos de petróleo produzidos no País, bem assim o transporte, por meio de conduto, de petróleo bruto, seus derivados e gás natural de qualquer origem;

V – a pesquisa, a lavra, o enriquecimento, o reprocessamento, a industrialização e o comércio de minérios e minerais nucleares e seus derivados, com exceção dos radioisótopos cuja produção, comercialização e utilização poderão ser autorizadas sob regime de permissão, conforme as alíneas *b* e *c* do inciso XXIII do *caput* do art. 21 desta Constituição Federal.

- Inciso V com a redação dada pela EC nº 49, de 8-2-2006.

§ 1º A União poderá contratar com empresas estatais ou privadas a realização das atividades previstas nos incisos I a IV deste artigo, observadas as condições estabelecidas em Lei.

- § 1º com a redação dada pela EC nº 9, de 9-11-1995.

§ 2º A lei a que se refere o § 1º disporá sobre:

I – a garantia do fornecimento dos derivados de petróleo em todo o Território Nacional;

II – as condições de contratação;

III – a estrutura e atribuições do órgão regulador do monopólio da União.

- § 2º acrescido pela EC nº 9, de 9-11-1995.

§ 3º A lei disporá sobre transporte e a utilização de materiais radioativos no Território Nacional.

- Antigo § 2º transformado em § 3º pela EC nº 9, de 9-11-1995.

§ 4º A lei que instituir contribuição de intervenção no domínio econômico relativa às atividades de importação ou comercialização de petróleo e seus derivados, gás natural e seus derivados e álcool combustível deverá atender aos seguintes requisitos:

- Lei nº 10.336, de 19-12-2001, institui a Contribuição de Intervenção de Domínio Econômico incidente sobre a importação e a Comercialização de Petróleo e seus derivados, gás natural e seus derivados, e álcool etílico combustível – CIDE.

I – a alíquota da contribuição poderá ser:

a) diferenciada por produto ou uso;

b) reduzida e restabelecida por ato do Poder Executivo, não se lhe aplicando o disposto no artigo 150, III, *b*;

II – os recursos arrecadados serão destinados:

- Lei nº 10.336, de 19-12-2001, institui a Contribuição de Intervenção de Domínio Econômico incidente sobre a importação e a Comercialização de Petróleo e seus derivados, gás natural e seus derivados, e álcool etílico combustível – CIDE.

a) ao pagamento de subsídios a preços ou transporte de álcool combustível, gás natural e seus derivados e derivados de petróleo;

b) ao financiamento de projetos ambientais relacionados com a indústria do petróleo e do gás;

c) ao financiamento de programas de infraestrutura de transportes.

- § 4º acrescido pela EC nº 33, de 11-12-2001.
- O STF, por maioria de votos, julgou parcialmente procedente a ADIN nº 2.925-8, para dar interpretação conforme a CF, no sentido de que a abertura de crédito suplementar deve ser destinada às três finalidades enumeradas nas alíneas *a* a *c*, deste inciso (*DJ* de 4-3-2005).
- Lei nº 10.336, de 19-12-2001, institui a Contribuição de Intervenção de Domínio Econômico incidente sobre a importação e a Comercialização de Petróleo e seus derivados, gás natural e seus derivados, e álcool etílico combustível – CIDE.

Art. 178. A lei disporá sobre a ordenação dos transportes aéreo, aquático e terrestre, devendo, quanto à ordenação do transporte internacional, observar os acordos firmados pela União, atendido o princípio da reciprocidade.

- Art. 246 desta Constituição.

Parágrafo único. Na ordenação do transporte aquático, a lei estabelecerá as condições em que o transporte de mercadorias na cabotagem e a navegação interior poderão ser feitos por embarcações estrangeiras.

- Art. 178 com a redação dada pela EC nº 7, de 15-8-1995.
- Art. 246 desta Constituição.

Art. 179. A União, os Estados, o Distrito Federal e os Municípios dispensarão às microempresas e às empresas de pequeno porte, assim definidas em lei, tratamento jurídico diferenciado, visando a incentivá-las pela simplificação de suas obrigações administrativas, tributárias, previdenciárias e creditícias, ou pela eliminação ou redução destas por meio de lei.

- Art. 47, § 1º, do ADCT.
- LC nº 123, de 14-12-2006 (Estatuto Nacional da Microempresa e da Empresa de Pequeno Porte).

Art. 180. A União, os Estados, o Distrito Federal e os Municípios promoverão e incentivarão o turismo como fator de desenvolvimento social e econômico.

Art. 181. O atendimento de requisição de documento ou informação de natureza comercial, feita por autoridade administrativa ou judiciária estrangeira, a pessoa física ou jurídica residente ou domiciliada no País dependerá de autorização do Poder competente.

CAPÍTULO II

DA POLÍTICA URBANA

Art. 182. A política de desenvolvimento urbano, executada pelo Poder Público municipal, conforme diretrizes gerais fixadas em lei, tem por objetivo ordenar o pleno desenvolvimento das funções sociais da cidade e garantir o bem-estar de seus habitantes.

- Lei nº 10.257, de 10-7-2001 (Estatuto da Cidade).

§ 1º O plano diretor, aprovado pela Câmara Municipal, obrigatório para cidades com mais de vinte mil habitantes, é o instrumento básico da política de desenvolvimento e de expansão urbana.

§ 2º A propriedade urbana cumpre sua função social quando atende às exigências fundamentais de ordenação da cidade expressas no plano diretor.

- Art. 168 desta Constituição.
- Súm. nº 668 do STF.

§ 3º As desapropriações de imóveis urbanos serão feitas com prévia e justa indenização em dinheiro.

- Art. 46 da LC nº 101, de 4-5-2000 (Lei da Responsabilidade Fiscal).

§ 4º É facultado ao Poder Público municipal, mediante lei específica para área incluída no plano diretor, exigir, nos termos da lei federal, do proprietário do solo urbano não edificado, subutilizado ou não utilizado, que promova seu adequado aproveitamento, sob pena, sucessivamente, de:

I – parcelamento ou edificação compulsórios;

II – imposto sobre a propriedade predial e territorial urbana progressivo no tempo;

- Art. 156, § 1º, desta Constituição.
- Súm. nº 668 do STF.

III – desapropriação com pagamento mediante títulos da dívida pública de emissão previamente aprovada pelo Senado Federal, com prazo de resgate de até dez anos, em parcelas anuais, iguais e sucessivas, assegurados o valor real da indenização e os juros legais.

- Lei nº 10.257, de 10-7-2001 (Estatuto da Cidade).

Art. 183. Aquele que possuir como sua área urbana de até duzentos e cinquenta metros quadrados, por cinco anos, ininterruptamente e sem oposição, utilizando-a para sua moradia ou de sua família, adquirir-lhe-á o domínio, desde que não seja proprietário de outro imóvel urbano ou rural.

- Lei nº 10.257, de 10-7-2001 (Estatuto da Cidade).

§ 1º O título de domínio e a concessão de uso serão conferidos ao homem ou à mulher, ou a ambos, independentemente do estado civil.

§ 2º Esse direito não será reconhecido ao mesmo possuidor mais de uma vez.

§ 3º Os imóveis públicos não serão adquiridos por usucapião.

- Lei nº 10.257, de 10-7-2001 (Estatuto da Cidade).

CAPÍTULO III

DA POLÍTICA AGRÍCOLA E FUNDIÁRIA E DA REFORMA AGRÁRIA

- Lei nº 9.393, de 19-12-1996, dispõe sobre o ITR.

Art. 184. Compete à União desapropriar por interesse social, para fins de reforma agrária, o imóvel rural que não esteja cumprindo sua função social, mediante prévia e justa indenização em títulos da dívida agrária, com cláusula de preservação do valor real, resgatáveis no prazo de até vinte anos, a partir do segundo ano de sua emissão, e cuja utilização será definida em lei.

§ 1º As benfeitorias úteis e necessárias serão indenizadas em dinheiro.

§ 2º O decreto que declarar o imóvel como de interesse social, para fins de reforma agrária, autoriza a União a propor a ação de desapropriação.

§ 3º Cabe à lei complementar estabelecer procedimento contraditório especial, de rito sumário, para o processo judicial de desapropriação.

§ 4º O orçamento fixará anualmente o volume total de títulos da dívida agrária, assim como o montante de recursos para atender ao programa de reforma agrária no exercício.

§ 5º São isentas de impostos federais, estaduais e municipais as operações de transferência de imóveis desapropriados para fins de reforma agrária.

Art. 185. São insuscetíveis de desapropriação para fins de reforma agrária:

I – a pequena e média propriedade rural, assim definida em lei, desde que seu proprietário não possua outra;

II – a propriedade produtiva.

Parágrafo único. A lei garantirá tratamento especial à propriedade produtiva e fixará normas para o cumprimento dos requisitos relativos à sua função social.

Art. 186. A função social é cumprida quando a propriedade rural atende, simultaneamente, segundo critérios e graus de exigência estabelecidos em lei, aos seguintes requisitos:

I – aproveitamento racional e adequado;

II – utilização adequada dos recursos naturais disponíveis e preservação do meio ambiente;

III – observância das disposições que regulam as relações de trabalho;

IV – exploração que favoreça o bem-estar dos proprietários e dos trabalhadores.

Art. 187. A política agrícola será planejada e executada na forma da lei, com a participação efetiva do setor de produção, envolvendo produtores e trabalhadores rurais, bem como dos setores de comercialização, de armazenamento e de transportes, levando em conta, especialmente:

I – os instrumentos creditícios e fiscais;

II – os preços compatíveis com os custos de produção e a garantia de comercialização;

III – o incentivo à pesquisa e à tecnologia;

IV – a assistência técnica e extensão rural;

V – o seguro agrícola;

VI – o cooperativismo;

VII – a eletrificação rural e irrigação;

VIII – a habitação para o trabalhador rural.

§ 1º Incluem-se no planejamento agrícola as atividades agroindustriais, agropecuárias, pesqueiras e florestais.

§ 2º Serão compatibilizadas as ações de política agrícola e de reforma agrária.

Art. 188. A destinação de terras públicas e devolutas será compatibilizada com a política agrícola e com o plano nacional de reforma agrária.

§ 1º A alienação ou a concessão, a qualquer título, de terras públicas com área superior a dois mil e quinhentos hectares a pessoa física ou jurídica, ainda que por interposta pessoa, dependerá de prévia aprovação do Congresso Nacional.

§ 2º Excetuam-se do disposto no parágrafo anterior as alienações ou as concessões de terras públicas para fins de reforma agrária.

Art. 189. Os beneficiários da distribuição de imóveis rurais pela reforma agrária receberão títulos de domínio ou de concessão de uso, inegociáveis, pelo prazo de dez anos.

Parágrafo único. O título de domínio e a concessão de uso serão conferidos ao homem ou à mulher, ou a ambos, independentemente do estado civil, nos termos e condições previstos em lei.

Art. 190. A lei regulará e limitará a aquisição ou o arrendamento de propriedade rural por pessoa física ou jurídica estrangeira e estabelecerá os casos que dependerão de autorização do Congresso Nacional.

Art. 191. Aquele que, não sendo proprietário de imóvel rural ou urbano, possua como seu, por cinco anos ininterruptos, sem oposição, área de terra, em zona rural, não superior a cinquenta hectares, tornando-a produtiva por seu trabalho ou de sua família, tendo nela sua moradia, adquirir-lhe-á a propriedade.

Parágrafo único. Os imóveis públicos não serão adquiridos por usucapião.

CAPÍTULO IV

DO SISTEMA FINANCEIRO NACIONAL

- Lei nº 9.613, de 3-3-1998 (Lei dos Crimes de Lavagem de Dinheiro).

Art. 192. O sistema financeiro nacional, estruturado de forma a promover o desenvolvimento equilibrado do País e a servir aos interesses da coletividade, em todas as partes que o compõem, abrangendo as cooperativas de crédito, será regulado por leis complementares que disporão, inclusive, sobre a participação do capital estrangeiro nas instituições que o integram.

- *Caput* com a redação dada pela EC nº 40, de 29-5-2003.

I a VIII – *Revogados*. EC nº 40, de 29-5-2003.

§§ 1º a 3º *Revogados*. EC nº 40, de 29-5-2003.

TÍTULO VIII – DA ORDEM SOCIAL

CAPÍTULO I

DISPOSIÇÃO GERAL

Art. 193. A ordem social tem como base o primado do trabalho, e como objetivo o bem-estar e a justiça sociais.

Parágrafo único. O Estado exercerá a função de planejamento das políticas sociais, assegurada, na forma da lei, a participação da sociedade nos processos de formulação, de monitoramento, de controle e de avaliação dessas políticas.

- Parágrafo único acrescido pela EC nº 108, de 26-8-2020.

CAPÍTULO II

DA SEGURIDADE SOCIAL

- Lei nº 8.212, de 24-7-1991 (Lei Orgânica da Seguridade Social).

Seção I

DISPOSIÇÕES GERAIS

Art. 194. A seguridade social compreende um conjunto integrado de ações de iniciativa dos Poderes Públicos e da sociedade, destinadas a assegurar os direitos relativos à saúde, à previdência e à assistência social.

- Lei nº 8.212, de 24-7-1991 (Lei Orgânica da Seguridade Social).

Parágrafo único. Compete ao Poder Público, nos termos da lei, organizar a seguridade social, com base nos seguintes objetivos:

I – universalidade da cobertura e do atendimento;

II – uniformidade e equivalência dos benefícios e serviços às populações urbanas e rurais;

III – seletividade e distributividade na prestação dos benefícios e serviços;

IV – irredutibilidade do valor dos benefícios;

V – equidade na forma de participação no custeio;

VI – diversidade da base de financiamento, identificando-se, em rubricas contábeis específicas para cada área, as receitas e as despesas vinculadas a ações de saúde, previdência e assistência social, preservado o caráter contributivo da previdência social;

- Inciso VI com a redação dada pela EC nº 103, de 12-11-2019.

VII – caráter democrático e descentralizado da administração, mediante gestão quadripartite, com participação dos trabalhadores, dos empregadores, dos aposentados e do Governo nos órgãos colegiados.

- Inciso VII com a redação dada pela EC nº 20, de 15-12-1998.

Art. 195. A seguridade social será financiada por toda a sociedade, de forma direta e indireta, nos termos da lei, mediante recursos provenientes dos orçamentos da União, dos Estados, do Distrito Federal e dos Municípios, e das seguintes contribuições sociais:

- Art. 240 desta Constituição.
- Lei nº 7.689, de 15-12-1988 (Lei da Contribuição Social Sobre o Lucro das Pessoas Jurídicas).
- Lei nº 9.363, de 13-12-1996, dispõe sobre a instituição de crédito presumido do Imposto sobre Produtos Industrializados.
- Lei nº 9.718, de 27-11-1998, altera a legislação tributária federal.
- Lei nº 10.637, de 30-12-2002, dispõe sobre a não cumulatividade na cobrança da contribuição para o PIS/PASEP, nos casos que especifica; sobre o pagamento e o parcelamento de débitos tributários federais, a compensação de créditos fiscais, a declaração de inaptidão de inscrição de pessoas jurídicas, a legislação aduaneira.
- Lei nº 10.833, de 29-12-2003, altera a legislação tributária federal.
- Lei nº 10.865, de 30-4-2004, dispõe sobre a Contribuição para os Programas de Integração Social e de Formação do Patrimônio do Servidor Público e a Contribuição para o Financiamento da Seguridade Social incidentes sobre a importação de bens e serviços.
- Súmulas nºs 658, 659 e 688 do STF.
- Súmulas nºs 178, 276, 423, 458, 468, 494, 499 e 508 do STJ.

I – do empregador, da empresa e da entidade a ela equiparada na forma da lei, incidentes sobre:

- Súm. nº 688 do STF.

a) a folha de salários e demais rendimentos do trabalho pagos ou creditados, a qualquer título, à pessoa física que lhe preste serviço, mesmo sem vínculo empregatício;

- Art. 114, VIII, desta Constituição.

b) a receita ou o faturamento;

- LC nº 7, de 7-9-1970, institui o Programa de Integração Social.
- LC nº 70, de 30-12-1991, institui contribuição para financiamento da Seguridade Social, eleva a alíquota da contribuição social sobre o lucro das instituições financeiras.
- Lei nº 9.718, de 27-11-1998, altera a legislação tributária federal.

c) o lucro;

- Inciso I com a redação dada pela EC nº 20, de 15-12-1998.
- Art. 114, VIII, desta Constituição.
- LC nº 70, de 30-12-1991, institui contribuição para financiamento da Seguridade Social, eleva a alíquota da contribuição social sobre o lucro das instituições financeiras.
- Lei nº 10.637, de 30-12-2002, dispõe sobre a não cumulatividade na cobrança da contribuição para o PIS/PASEP, nos casos que especifica; sobre o pagamento e o parcelamento de débitos tributários federais, a compensação de créditos fiscais, a declaração de inaptidão de inscrição de pessoas jurídicas, a legislação aduaneira.
- Lei nº 10.833, de 29-12-2003, altera a legislação tributária federal.
- Lei nº 10.865, de 30-4-2004, dispõe sobre a Contribuição para os Programas de Integração Social e de Formação do Patrimônio do Servidor Público e a Contribuição para o Financiamento da Seguridade Social incidentes sobre a importação de bens e serviços.

II – do trabalhador e dos demais segurados da previdência social, podendo ser adotadas alíquotas progressivas de acordo com o valor do salário de contribuição, não incidindo contribuição sobre aposentadoria e pensão concedidas pelo Regime Geral de Previdência Social;

- Inciso II com a redação dada pela EC nº 103, de 12-11-2019.
- Arts. 114, VIII, e 167, IX, desta Constituição.

III – sobre a receita de concursos de prognósticos;

IV – do importador de bens ou serviços do exterior, ou de quem a lei a ele equiparar.

- Inciso IV acrescido pela EC nº 42, de 19-12-2003.
- Lei nº 10.865, de 30-4-2004, dispõe sobre a Contribuição para os Programas de Integração Social e de Formação do Patrimônio do Servidor Público e a Contribuição para o Financiamento da Seguridade Social incidentes sobre a importação de bens e serviços.

§ 1º As receitas dos Estados, do Distrito Federal e dos Municípios destinadas à seguridade social constarão dos respectivos orçamentos, não integrando o orçamento da União.

§ 2º A proposta de orçamento da seguridade social será elaborada de forma integrada pelos órgãos responsáveis pela saúde, previdência social e assistência social, tendo em vista as metas e prioridades estabelecidas na lei de diretrizes orçamentárias, assegurada a cada área a gestão de seus recursos.

§ 3º A pessoa jurídica em débito com o sistema da seguridade social, como estabelecido em lei, não poderá contratar com o Poder Público nem dele receber benefícios ou incentivos fiscais ou creditícios.

- Lei nº 8.212, de 24-7-1991 (Lei Orgânica da Seguridade Social).

§ 4º A lei poderá instituir outras fontes destinadas a garantir a manutenção ou expansão da seguridade social, obedecido o disposto no artigo 154, I.

§ 5º Nenhum benefício ou serviço da seguridade social poderá ser criado, majorado ou estendido sem a correspondente fonte de custeio total.

- Art. 24 da LC nº 101, de 4-5-2000 (Lei da Responsabilidade Fiscal).

§ 6º As contribuições sociais de que trata este artigo só poderão ser exigidas após decorridos noventa dias da data da publicação da lei que as houver instituído ou modificado, não se lhes aplicando o disposto no artigo 150, III, *b*.

- Arts. 74, § 4º, e 75, § 1º, do ADCT.
- Súm. nº 669 do STF.

§ 7º São isentas de contribuição para a seguridade social as entidades beneficentes de assistência social que atendam às exigências estabelecidas em lei.

- Ações Diretas de Inconstitucionalidade nºs 2.028, 2.036, 2.228 e 2.261 convoladas em Ações de Descumprimento de Preceito Fundamental.
- Art. 146, II, desta Constituição.
- Súm. nº 659 do STF.
- Súmulas nºs 352 e 612 do STJ.

§ 8º O produtor, o parceiro, o meeiro e o arrendatário rurais e o pescador artesanal, bem como os respectivos cônjuges, que exerçam suas atividades em regime de economia familiar, sem empregados permanentes, contribuirão para a seguridade social mediante a aplicação de uma alíquota sobre o resultado da comercialização da produção e farão jus aos benefícios nos termos da lei.

- § 8º com a redação dada pela EC nº 20, de 15-12-1998.

§ 9º As contribuições sociais previstas no inciso I do *caput* deste artigo poderão ter alíquotas diferenciadas em razão da atividade econômica, da utilização intensiva de mão de obra, do porte da empresa ou da condição estrutural do mercado de trabalho, sendo também autorizada a adoção de bases de cálculo diferenciadas apenas no caso das alíneas *b* e *c* do inciso I do *caput*.

- § 9º com a redação dada pela EC nº 103, de 12-11-2019.

§ 10. A lei definirá os critérios de transferência de recursos para o sistema único de saúde e ações de assistência social da União para os Estados, o Distrito Federal e os Municípios, e dos Estados para os Municípios, observada a respectiva contrapartida de recursos.

- § 10 acrescido pela EC nº 20, de 15-12-1998.

§ 11. São vedados a moratória e o parcelamento em prazo superior a 60 (sessenta) meses e, na forma de lei complementar, a remissão e a anistia das contribuições sociais de que tratam a alínea *a* do inciso I e o inciso II do *caput*.

- § 11 com a redação dada pela EC nº 103, de 12-11-2019.

§ 12. A lei definirá os setores de atividade econômica para os quais as contribuições incidentes na forma dos incisos I, *b*; e IV do *caput*, serão não cumulativas.

- § 12 acrescido pela EC nº 42, de 19-12-2003.

§ 13. *Revogado*. EC nº 103, de 12-11-2019.

§ 14. O segurado somente terá reconhecida como tempo de contribuição ao Regime Geral de Previdência Social a competência cuja contribuição seja igual ou superior à contribuição mínima mensal exigida para sua categoria, assegurado o agrupamento de contribuições.

- § 14 acrescido pela EC nº 103, de 12-11-2019.

Seção II

DA SAÚDE

Art. 196. A saúde é direito de todos e dever do Estado, garantido mediante políticas sociais e econômicas que visem à redução do risco de doença e de outros agravos e ao acesso universal e igualitário às ações e serviços para sua promoção, proteção e recuperação.

Art. 197. São de relevância pública as ações e serviços de saúde, cabendo ao Poder Público dispor, nos termos da lei, sobre sua regulamentação, fiscalização e controle, devendo sua execução ser feita diretamente ou através de terceiros e, também, por pessoa física ou jurídica de direito privado.

Art. 198. As ações e serviços públicos de saúde integram uma rede regionalizada e hierarquizada e constituem um sistema único, organizado de acordo com as seguintes diretrizes:

I – descentralização, com direção única em cada esfera de governo;

II – atendimento integral, com prioridade para as atividades preventivas, sem prejuízo dos serviços assistenciais;

III – participação da comunidade.

§ 1º O sistema único de saúde será financiado, nos termos do artigo 195, com recursos do orçamento da seguridade social, da União, dos Estados, do Distrito Federal e dos Municípios, além de outras fontes.

- Parágrafo único transformado em § 1º pela EC nº 29, de 13-9-2000.

§ 2º União, os Estados, o Distrito Federal e os Municípios aplicarão, anualmente, em ações e serviços públicos de saúde recursos mínimos derivados da aplicação de percentuais calculados sobre:

- Art. 167, IV, desta Constituição.

I – no caso da União, a receita corrente líquida do respectivo exercício financeiro, não podendo ser inferior a 15% (quinze por cento);

- Inciso I com a redação dada pela EC nº 86, de 17-3-2015.

II – no caso dos Estados e do Distrito Federal, o produto da arrecadação dos impostos a que se refere o artigo 155 e dos recursos de que tratam os artigos 157 e 159, inciso I, alínea *a* e inciso II, deduzidas as parcelas que forem transferidas aos respectivos Municípios;

III – no caso dos Municípios e do Distrito Federal, o produto da arrecadação dos impostos a que se refere o artigo 156 e dos recursos de que tratam os artigos 158 e 159, inciso I, alínea *b* e § 3º.

- Incisos II e III acrescidos pela EC nº 29, de 13-9-2000.

§ 3º Lei complementar, que será reavaliada pelo menos a cada cinco anos, estabelecerá:

- *Caput* do § 3º acrescido pela EC nº 29, de 13-9-2000.

I – os percentuais de que tratam os incisos II e III do § 2º;

- Inciso I com a redação dada pela EC nº 86, de 17-3-2015.

II – os critérios de rateio dos recursos da União vinculados à saúde destinados aos Estados, ao Distrito Federal e aos Municípios, e dos Estados destinados a seus respectivos Municípios, objetivando a progressiva redução das disparidades regionais;

III – as normas de fiscalização, avaliação e controle das despesas com saúde nas esferas federal, estadual, distrital e municipal;

• Incisos II e III acrescidos pela EC nº 29, de 13-9-2000.

IV – *Revogado*. EC nº 86, de 17-3-2015.

§ 4º Os gestores locais do sistema único de saúde poderão admitir agentes comunitários de saúde e agentes de combate às endemias por meio de processo seletivo público, de acordo com a natureza e complexidade de suas atribuições e requisitos específicos para sua atuação.

• § 4º acrescido pela EC nº 51, de 14-2-2006.

o Art. 169 desta Constituição.

§ 5º Lei federal disporá sobre o regime jurídico, o piso salarial profissional nacional, as diretrizes para os Planos de Carreira e a regulamentação das atividades de agente comunitário de saúde e agente de combate às endemias, competindo à União, nos termos da lei, prestar assistência financeira complementar aos Estados, ao Distrito Federal e aos Municípios, para o cumprimento do referido piso salarial.

• § 5º com a redação dada pela EC nº 63, de 4-2-2010.

§ 6º Além das hipóteses previstas no § 1º do art. 41 e no § 4º do art. 169 da Constituição Federal, o servidor que exerça funções equivalentes às de agente comunitário de saúde ou de agente de combate às endemias poderá perder o cargo em caso de descumprimento dos requisitos específicos, fixados em lei, para o seu exercício.

• § 6º acrescido pela EC nº 51, de 14-2-2006.

§ 7º O vencimento dos agentes comunitários de saúde e dos agentes de combate às endemias fica sob responsabilidade da União, e cabe aos Estados, ao Distrito Federal e aos Municípios estabelecer, além de outros consectários e vantagens, incentivos, auxílios, gratificações e indenizações, a fim de valorizar o trabalho desses profissionais.

§ 8º Os recursos destinados ao pagamento do vencimento dos agentes comunitários de saúde e dos agentes de combate às endemias serão consignados no orçamento geral da União com dotação própria e exclusiva.

§ 9º O vencimento dos agentes comunitários de saúde e dos agentes de combate às endemias não será inferior a 2 (dois) salários mínimos, repassados pela União aos Municípios, aos Estados e ao Distrito Federal.

§ 10. Os agentes comunitários de saúde e os agentes de combate às endemias terão também, em razão dos riscos inerentes às funções desempenhadas, aposentadoria especial e, somado aos seus vencimentos, adicional de insalubridade.

§ 11. Os recursos financeiros repassados pela União aos Estados, ao Distrito Federal e aos Municípios para pagamento do vencimento ou de qualquer outra vantagem dos agentes comunitários de saúde e dos agentes de combate às endemias não serão objeto de inclusão no cálculo para fins do limite de despesa com pessoal.

• §§ 7º a 11 acrescidos pela EC nº 120, de 5-5-2022.

§ 12. Lei federal instituirá pisos salariais profissionais nacionais para o enfermeiro, o técnico de enfermagem, o auxiliar de enfermagem e a parteira, a serem observados por pessoas jurídicas de direito público e de direito privado.

§ 13. A União, os Estados, o Distrito Federal e os Municípios, até o final do exercício financeiro em que for publicada a lei de que trata o § 12 deste artigo, adequarão a remuneração dos cargos ou dos respectivos planos de carreiras, quando houver, de modo a atender aos pisos estabelecidos para cada categoria profissional.

• §§ 12 e 13 acrescidos pela EC nº 124, de 14-7-2022.

§ 14. Compete à União, nos termos da lei, prestar assistência financeira complementar aos Estados, ao Distrito Federal e aos Municípios e às entidades filantrópicas, bem como aos prestadores de serviços contratualizados que atendam, no mínimo, 60% (sessenta por cento) de seus pacientes pelo sistema único de saúde, para o cumprimento dos pisos salariais de que trata o § 12 deste artigo.

§ 15. Os recursos federais destinados aos pagamentos da assistência financeira complementar aos Estados, ao Distrito Federal e aos Municípios e às entidades filantrópicas, bem como aos prestadores de serviços contratualizados que atendam, no mínimo, 60% (sessenta por cento) de seus pacientes pelo sistema único de saúde, para o cumprimento dos pisos salariais de que trata o § 12 deste artigo serão consignados no orçamento geral da União com dotação própria e exclusiva.

• §§ 14 e 15 acrescidos pela EC nº 127, de 22-12-2022.

Art. 199. A assistência à saúde é livre à iniciativa privada.

§ 1º As instituições privadas poderão participar de forma complementar do sistema único de saúde, segundo diretrizes deste, mediante contrato de direito público ou convênio, tendo preferência as entidades filantrópicas e as sem fins lucrativos.

§ 2º É vedada a destinação de recursos públicos para auxílios ou subvenções às instituições privadas com fins lucrativos.

§ 3º É vedada a participação direta ou indireta de empresas ou capitais estrangeiros na assistência à saúde no País, salvo nos casos previstos em lei.

§ 4º A lei disporá sobre as condições e os requisitos que facilitem a remoção de órgãos, tecidos e substâncias humanas para fins de transplante, pesquisa e tratamento, bem como a coleta, processamento e transfusão de sangue e seus derivados, sendo vedado todo tipo de comercialização.

Art. 200. Ao sistema único de saúde compete, além de outras atribuições, nos termos da lei:

I – controlar e fiscalizar procedimentos, produtos e substâncias de interesse para a saúde e participar da produção de medicamentos, equipamentos, imunobiológicos, hemoderivados e outros insumos;

II – executar as ações de vigilância sanitária e epidemiológica, bem como as de saúde do trabalhador;

III – ordenar a formação de recursos humanos na área de saúde;

IV – participar da formulação da política e da execução das ações de saneamento básico;

V – incrementar, em sua área de atuação, o desenvolvimento científico e tecnológico e a inovação;

• Inciso V com a redação dada pela EC nº 85, de 26-2-2015.

VI – fiscalizar e inspecionar alimentos, compreendido o controle de seu teor nutricional, bem como bebidas e águas para consumo humano;

VII – participar do controle e fiscalização da produção, transporte, guarda e utilização de substâncias e produtos psicoativos, tóxicos e radioativos;

VIII – colaborar na proteção do meio ambiente, nele compreendido o do trabalho.

Seção III

DA PREVIDÊNCIA SOCIAL

Art. 201. A previdência social será organizada sob a forma do Regime Geral de Previdência Social, de caráter contributivo e de filiação obrigatória, observados critérios que preservem o equilíbrio financeiro e atuarial, e atenderá, na forma da lei, a:

- *Caput* com a redação dada pela EC nº 103, de 12-11-2019.
- Arts. 40, 167, XI, e 195, II, desta Constituição.
- Lei nº 8.212, de 24-7-1991 (Lei Orgânica da Seguridade Social).

I – cobertura dos eventos de incapacidade temporária ou permanente para o trabalho e idade avançada;

- Inciso I com a redação dada pela EC nº 103, de 12-11-2019.

II – proteção à maternidade, especialmente à gestante;
III – proteção ao trabalhador em situação de desemprego involuntário;
IV – salário-família e auxílio-reclusão para os dependentes dos segurados de baixa renda;
V – pensão por morte do segurado, homem ou mulher, ao cônjuge ou companheiro e dependentes, observado o disposto no § 2º.

- Incisos II a V com a redação dada pela EC nº 20, de 15-12-1998.

§ 1º É vedada a adoção de requisitos ou critérios diferenciados para concessão de benefícios, ressalvada, nos termos de lei complementar, a possibilidade de previsão de idade e tempo de contribuição distintos da regra geral para concessão de aposentadoria exclusivamente em favor dos segurados:

I – com deficiência, previamente submetidos a avaliação biopsicossocial realizada por equipe multiprofissional e interdisciplinar;
II – cujas atividades sejam exercidas com efetiva exposição a agentes químicos, físicos e biológicos prejudiciais à saúde, ou associação desses agentes, vedada a caracterização por categoria profissional ou ocupação.

- § 1º com a redação dada pela EC nº 103, de 12-11-2019.

§ 2º Nenhum benefício que substitua o salário de contribuição ou o rendimento do trabalho do segurado terá valor mensal inferior ao salário mínimo.

§ 3º Todos os salários de contribuição considerados para o cálculo de benefício serão devidamente atualizados, na forma da lei.

§ 4º É assegurado o reajustamento dos benefícios para preservar-lhes, em caráter permanente, o valor real, conforme critérios definidos em lei.

§ 5º É vedada a filiação ao regime geral de previdência social, na qualidade de segurado facultativo, de pessoa participante de regime próprio de previdência.

§ 6º A gratificação natalina dos aposentados e pensionistas terá por base o valor dos proventos do mês de dezembro de cada ano.

- §§ 2º a 6º com a redação dada pela EC nº 20, de 15-12-1998.

§ 7º É assegurada aposentadoria no regime geral de previdência social, nos termos da lei, obedecidas as seguintes condições:

- *Caput* com a redação dada pela EC nº 20, de 15-12-1998.

I – 65 (sessenta e cinco) anos de idade, se homem, e 62 (sessenta e dois) anos de idade, se mulher, observado tempo mínimo de contribuição;
II – 60 (sessenta) anos de idade, se homem, e 55 (cinquenta e cinco) anos de idade, se mulher, para os trabalhadores rurais e para os que exerçam suas atividades em regime de economia familiar, nestes incluídos o produtor rural, o garimpeiro e o pescador artesanal.

- Incisos I e II com a redação dada pela EC nº 103, de 12-11-2019.

§ 8º O requisito de idade a que se refere o inciso I do § 7º será reduzido em 5 (cinco) anos, para o professor que comprove tempo de efetivo exercício das funções de magistério na educação infantil e no ensino fundamental e médio fixado em lei complementar.

§ 9º Para fins de aposentadoria, será assegurada a contagem recíproca do tempo de contribuição entre o Regime Geral de Previdência Social e os regimes próprios de previdência social, e destes entre si, observada a compensação financeira, de acordo com os critérios estabelecidos em lei.

- §§ 8º e 9º com a redação dada pela EC nº 103, de 12-11-2019.

§ 9º-A. O tempo de serviço militar exercido nas atividades de que tratam os arts. 42, 142 e 143 e o tempo de contribuição ao Regime Geral de Previdência Social ou a regime próprio de previdência social terão contagem recíproca para fins de inativação militar ou aposentadoria, e a compensação financeira será devida entre as receitas de contribuição referentes aos militares e as receitas de contribuição aos demais regimes.

- § 9º-A acrescido pela EC nº 103, de 12-11-2019.

§ 10. Lei complementar poderá disciplinar a cobertura de benefícios não programados, inclusive os decorrentes de acidente do trabalho, a ser atendida concorrentemente pelo Regime Geral de Previdência Social e pelo setor privado.

- § 10 com a redação dada pela EC nº 103, de 12-11-2019.

§ 11. Os ganhos habituais do empregado, a qualquer título, serão incorporados ao salário para efeito de contribuição previdenciária e consequente repercussão em benefícios, nos casos e na forma da lei.

- § 11 acrescido pela EC nº 20, de 15-12-1998.

§ 12. Lei instituirá sistema especial de inclusão previdenciária, com alíquotas diferenciadas, para atender aos trabalhadores de baixa renda, inclusive os que se encontram em situação de informalidade, e àqueles sem renda própria que se dediquem exclusivamente ao trabalho doméstico no âmbito de sua residência, desde que pertencentes a famílias de baixa renda.

§ 13. A aposentadoria concedida ao segurado de que trata o § 12 terá valor de 1 (um) salário mínimo.

- §§ 12 e 13 com a redação dada pela EC nº 103, de 12-11-2019.

§ 14. É vedada a contagem de tempo de contribuição fictício para efeito de concessão dos benefícios previdenciários e de contagem recíproca.

§ 15. Lei complementar estabelecerá vedações, regras e condições para a acumulação de benefícios previdenciários.

§ 16. Os empregados dos consórcios públicos, das empresas públicas, das sociedades de economia mista e das suas subsidiárias serão aposentados compulsoriamente, observado o cumprimento do tempo mínimo de contribuição, ao atingir a idade máxima de que trata o inciso II do § 1º do art. 40, na forma estabelecida em lei.

- §§ 14 a 16 acrescidos pela EC nº 103, de 12-11-2019.

Art. 202. O regime de previdência privada, de caráter complementar e organizado de forma autônoma em relação ao regime geral de previdência social, será facultativo, baseado na constituição de reservas que garantam o benefício contratado, e regulado por lei complementar.

- *Caput* com a redação dada pela EC nº 20, de 15-12-1998.
- Art. 40, § 15, desta Constituição.
- Súm. nº 149 do STJ.

§ 1º A lei complementar de que trata este artigo assegurará ao participante de planos de benefícios de entidades de previdência privada o pleno acesso às informações relativas à gestão de seus respectivos planos.

§ 2º As contribuições do empregador, os benefícios e as condições contratuais previstas nos estatutos, regulamentos e planos de benefícios das entidades de previdência privada não integram o contrato de trabalho dos participantes, assim como, à exceção dos benefícios concedidos, não integram a remuneração dos participantes, nos termos da lei.

- §§ 1º e 2º com a redação dada pela EC nº 20, de 15-12-1998.

§ 3º É vedado o aporte de recursos a entidade de previdência privada pela União, Estados, Distrito Federal e Municípios, suas autarquias, fundações, empresas públicas, sociedades de economia mista e outras entidades públicas, salvo na qualidade de patrocinador, situação na qual, em hipótese alguma, sua contribuição normal poderá exceder a do segurado.

- § 3º acrescido pela EC nº 20, de 15-12-1998.
- LC nº 108, de 29-5-2001, regulamenta este parágrafo.

§ 4º Lei complementar disciplinará a relação entre a União, Estados, Distrito Federal ou Municípios, inclusive suas autarquias, fundações, sociedades de economia mista e empresas controladas direta ou indiretamente, enquanto patrocinadores de planos de benefícios previdenciários, e as entidades de previdência complementar.

- Art. 40, § 14, desta Constituição.
- LC nº 108, de 29-5-2001, regulamenta este parágrafo.

§ 5º A lei complementar de que trata o § 4º aplicar-se-á, no que couber, às empresas privadas permissionárias ou concessionárias de prestação de serviços públicos, quando patrocinadoras de planos de benefícios em entidades de previdência complementar.

- LC nº 108, de 29-5-2001, regulamenta este parágrafo.

§ 6º Lei complementar estabelecerá os requisitos para a designação dos membros das diretorias das entidades fechadas de previdência complementar instituídas pelos patrocinadores de que trata o § 4º e disciplinará a inserção dos participantes nos colegiados e instâncias de decisão em que seus interesses sejam objeto de discussão e deliberação.

- §§ 4º a 6º com a redação dada pela EC nº 103, de 12-11-2019.
- LC nº 108, de 29-5-2001, regulamenta este parágrafo.

Seção IV — *DA ASSISTÊNCIA SOCIAL*

Art. 203. A assistência social será prestada a quem dela necessitar, independentemente de contribuição à seguridade social, e tem por objetivos:

I – a proteção à família, à maternidade, à infância, à adolescência e à velhice;

II – o amparo às crianças e adolescentes carentes;

III – a promoção da integração ao mercado de trabalho;

IV – a habilitação e reabilitação das pessoas portadoras de deficiência e a promoção de sua integração à vida comunitária;

V – a garantia de um salário mínimo de benefício mensal à pessoa portadora de deficiência e ao idoso que comprovem não possuir meios de prover à própria manutenção ou de tê-la provida por sua família, conforme dispuser a lei;

VI – a redução da vulnerabilidade socioeconômica de famílias em situação de pobreza ou de extrema pobreza.

- Inciso VI acrescido pela EC nº 114, de 16-12-2021.

Art. 204. As ações governamentais na área da assistência social serão realizadas com recursos do orçamento da seguridade social, previstos no artigo 195, além de outras fontes, e organizadas com base nas seguintes diretrizes:

I – descentralização político-administrativa, cabendo a coordenação e as normas gerais à esfera federal e a coordenação e a execução dos respectivos programas às esferas estadual e municipal, bem como a entidades beneficentes e de assistência social;

II – participação da população, por meio de organizações representativas, na formulação das políticas e no controle das ações em todos os níveis.

Parágrafo único. É facultado aos Estados e ao Distrito Federal vincular a programa de apoio à inclusão e promoção social até cinco décimos por cento de sua receita tributária líquida, vedada a aplicação desses recursos no pagamento de:

I – despesas com pessoal e encargos sociais;

II – serviço da dívida;

III – qualquer outra despesa corrente não vinculada diretamente aos investimentos ou ações apoiados.

- Parágrafo único acrescido pela EC nº 42, de 19-12-2003.

CAPÍTULO III — DA EDUCAÇÃO, DA CULTURA E DO DESPORTO

Seção I — *DA EDUCAÇÃO*

- Lei nº 9.424, de 24-12-1996, dispõe sobre o fundo de manutenção e desenvolvimento e de valorização do magistério.
- Lei nº 9.766, de 18-12-1998, altera a legislação que rege o salário-educação.

Art. 205. A educação, direito de todos e dever do Estado e da família, será promovida e incentivada com a colaboração da sociedade, visando ao pleno desenvolvimento da pessoa, seu preparo para o exercício da cidadania e sua qualificação para o trabalho.

Art. 206. O ensino será ministrado com base nos seguintes princípios:

I – igualdade de condições para o acesso e permanência na escola;

II – liberdade de aprender, ensinar, pesquisar e divulgar o pensamento, a arte e o saber;

III – pluralismo de ideias e de concepções pedagógicas, e coexistência de instituições públicas e privadas de ensino;

IV – gratuidade do ensino público em estabelecimentos oficiais;

- Art. 242 desta Constituição.
- Súm. Vinc. nº 12 do STF.

V – valorização dos profissionais da educação escolar, garantidos, na forma da lei, planos de carreira, com ingresso exclusivamente por concurso público de provas e títulos, aos das redes públicas;

- Inciso V com a redação dada pela EC nº 53, de 19-12-2006.
- Lei nº 9.424, de 24-12-1996, dispõe sobre o fundo de manutenção e desenvolvimento e de valorização do magistério.

VI – gestão democrática do ensino público, na forma da lei;

VII – garantia de padrão de qualidade;

VIII – piso salarial profissional nacional para os profissionais da educação escolar pública, nos termos de lei federal;

- Inciso VIII acrescido pela EC nº 53, de 19-12-2006.

IX – garantia do direito à educação e à aprendizagem ao longo da vida.

- Inciso IX acrescido pela EC nº 108, de 26-8-2020.

Parágrafo único. A lei disporá sobre as categorias de trabalhadores considerados profissionais da educação básica e sobre a fixação de prazo para a elaboração ou adequação de seus planos de carreira, no âmbito da União, dos Estados, do Distrito Federal e dos Municípios.

- Parágrafo único acrescido pela EC nº 53, de 19-12-2006.

Art. 207. As universidades gozam de autonomia didático-científica, administrativa e de gestão financeira e patrimonial, e obedecerão ao princípio de indissociabilidade entre ensino, pesquisa e extensão.

§ 1º É facultado às universidades admitir professores, técnicos e cientistas estrangeiros, na forma da lei.

§ 2º O disposto neste artigo aplica-se às instituições de pesquisa científica e tecnológica.

- §§ 1º e 2º acrescidos pela EC nº 11, de 30-4-1996.

Art. 208. O dever do Estado com a educação será efetivado mediante a garantia de:

I – educação básica obrigatória e gratuita dos 4 (quatro) aos 17 (dezessete) anos de idade, assegurada inclusive sua oferta gratuita para todos os que a ela não tiveram acesso na idade própria;

- Inciso I com a redação dada pela EC nº 59, de 11-11-2009.

II – progressiva universalização do ensino médio gratuito;

- Inciso II com a redação dada pela EC nº 14, de 12-9-1996.

III – atendimento educacional especializado aos portadores de deficiência, preferencialmente na rede regular de ensino;

IV – educação infantil, em creche e pré-escola, às crianças até 5 (cinco) anos de idade;

- Inciso IV com a redação dada pela EC nº 53, de 19-12-2006.

○ Art. 7º, XXV, desta Constituição.

V – acesso aos níveis mais elevados do ensino, da pesquisa e da criação artística, segundo a capacidade de cada um;

VI – oferta de ensino noturno regular, adequado às condições do educando;

VII – atendimento ao educando, em todas as etapas da educação básica, por meio de programas suplementares de material didático-escolar, transporte, alimentação e assistência à saúde.

- Inciso VII com a redação dada pela EC nº 59, de 11-11-2009.

○ Arts. 6º e 212, § 4º, desta Constituição.

§ 1º O acesso ao ensino obrigatório e gratuito é direito público subjetivo.

§ 2º O não oferecimento do ensino obrigatório pelo Poder Público, ou sua oferta irregular, importa responsabilidade da autoridade competente.

§ 3º Compete ao Poder Público recensear os educandos no ensino fundamental, fazer-lhes a chamada e zelar, junto aos pais ou responsáveis, pela frequência à escola.

Art. 209. O ensino é livre à iniciativa privada, atendidas as seguintes condições:

I – cumprimento das normas gerais da educação nacional;

II – autorização e avaliação de qualidade pelo Poder Público.

Art. 210. Serão fixados conteúdos mínimos para o ensino fundamental, de maneira a assegurar formação básica comum e respeito aos valores culturais e artísticos, nacionais e regionais.

§ 1º O ensino religioso, de matrícula facultativa, constituirá disciplina dos horários normais das escolas públicas de ensino fundamental.

§ 2º O ensino fundamental regular será ministrado em língua portuguesa, assegurada às comunidades indígenas também a utilização de suas línguas maternas e processos próprios de aprendizagem.

Art. 211. A União, os Estados, o Distrito Federal e os Municípios organizarão em regime de colaboração seus sistemas de ensino.

○ Art. 60 e parágrafos do ADCT.

§ 1º A União organizará o sistema federal de ensino e o dos Territórios, financiará as instituições de ensino públicas federais e exercerá, em matéria educacional, função redistributiva e supletiva, de forma a garantir equalização de oportunidades educacionais e padrão mínimo de qualidade de ensino mediante assistência técnica e financeira aos Estados, ao Distrito Federal e aos Municípios.

§ 2º Os Municípios atuarão prioritariamente no ensino fundamental e na educação infantil.

- §§ 1º e 2º com a redação dada pela EC nº 14, de 12-9-1996.

§ 3º Os Estados e o Distrito Federal atuarão prioritariamente no ensino fundamental e médio.

- § 3º acrescido pela EC nº 14, de 12-9-1996.

§ 4º Na organização de seus sistemas de ensino, a União, os Estados, o Distrito Federal e os Municípios definirão formas de colaboração, de forma a assegurar a universalização, a qualidade e a equidade do ensino obrigatório.

- § 4º com a redação dada pela EC nº 108, de 26-8-2020.

§ 5º A educação básica pública atenderá prioritariamente ao ensino regular.

- § 5º acrescido pela EC nº 53, de 19-12-2006.

§ 6º A União, os Estados, o Distrito Federal e os Municípios exercerão ação redistributiva em relação a suas escolas.

§ 7º O padrão mínimo de qualidade de que trata o § 1º deste artigo considerará as condições adequadas de oferta e terá como referência o Custo Aluno Qualidade (CAQ), pactuados em regime de colaboração na forma disposta em lei complementar, conforme o parágrafo único do art. 23 desta Constituição.

- §§ 6º e 7º acrescidos pela EC nº 108, de 26-8-2020.

Art. 212. A União aplicará, anualmente, nunca menos de dezoito, e os Estados, o Distrito Federal e os Municípios vinte e cinco por cento, no mínimo, da receita resultante de impostos, compreendida a proveniente de transferências, na manutenção e desenvolvimento do ensino.

○ Arts. 34, VI, 35, II, e 167, IV, desta Constituição.

○ Arts. 60 e 72, §§ 2º e 3º, do ADCT.

§ 1º A parcela da arrecadação de impostos transferida pela União aos Estados, ao Distrito Federal e aos Municípios, ou pelos Estados aos respectivos Municípios, não é considerada, para efeito do cálculo previsto neste artigo, receita do governo que a transferir.

§ 2º Para efeito do cumprimento do disposto no *caput* deste artigo, serão considerados os sistemas de ensino federal, estadual e municipal e os recursos aplicados na forma do artigo 213.

§ 3º A distribuição dos recursos públicos assegurará prioridade ao atendimento das necessidades do ensino obrigatório, no que se refere a universalização, garantia de padrão de qualidade e equidade, nos termos do plano nacional de educação.

- § 3º com a redação dada pela EC nº 59, de 11-11-2009.

§ 4º Os programas suplementares de alimentação e assistência à saúde previstos no artigo 208, VII, serão financiados com recursos provenientes de contribuições sociais e outros recursos orçamentários.

§ 5º A educação básica pública terá como fonte adicional de financiamento a contribuição social do salário-educação, recolhida pelas empresas na forma da lei.

- § 5º com a redação dada pela EC nº 53, de 19-12-2006.
- Art. 76, § 2º, do ADCT.
- Lei nº 9.424, de 24-12-1996, dispõe sobre o fundo de manutenção e desenvolvimento e de valorização do magistério.
- Lei nº 9.766, de 18-12-1998, altera a legislação que rege o salário-educação.
- Súm. nº 732 do STF.

§ 6º As cotas estaduais e municipais da arrecadação da contribuição social do salário-educação serão distribuídas proporcionalmente ao número de alunos matriculados na educação básica nas respectivas redes públicas de ensino.

- § 6º acrescido pela EC nº 53, de 19-12-2006.

§ 7º É vedado o uso dos recursos referidos no *caput* e nos §§ 5º e 6º deste artigo para pagamento de aposentadorias e de pensões.

§ 8º Na hipótese de extinção ou de substituição de impostos, serão redefinidos os percentuais referidos no *caput* deste artigo e no inciso II do *caput* do art. 212-A, de modo que resultem recursos vinculados à manutenção e ao desenvolvimento do ensino, bem como os recursos subvinculados aos fundos de que trata o art. 212-A desta Constituição, em aplicações equivalentes às anteriormente praticadas.

§ 9º A lei disporá sobre normas de fiscalização, de avaliação e de controle das despesas com educação nas esferas estadual, distrital e municipal.

- §§ 7º a 9º acrescidos pela EC nº 108, de 26-8-2020.

Art. 212-A. Os Estados, o Distrito Federal e os Municípios destinarão parte dos recursos a que se refere o *caput* do art. 212 desta Constituição à manutenção e ao desenvolvimento do ensino na educação básica e à remuneração condigna de seus profissionais, respeitadas as seguintes disposições:

I – a distribuição dos recursos e de responsabilidades entre o Distrito Federal, os Estados e seus Municípios é assegurada mediante a instituição, no âmbito de cada Estado e do Distrito Federal, de um Fundo de Manutenção e Desenvolvimento da Educação Básica e de Valorização dos Profissionais da Educação (FUNDEB), de natureza contábil;

II – os fundos referidos no inciso I do *caput* deste artigo serão constituídos por 20% (vinte por cento) dos recursos a que se referem os incisos I, II e III do *caput* do art. 155, o inciso II do *caput* do art. 157, os incisos II, III e IV do *caput* do art. 158 e as alíneas *a* e *b* do inciso I e o inciso II do *caput* do art. 159 desta Constituição;

III – os recursos referidos no inciso II do *caput* deste artigo serão distribuídos entre cada Estado e seus Municípios, proporcionalmente ao número de alunos das diversas etapas e modalidades da educação básica presencial matriculados nas respectivas redes, nos âmbitos de atuação prioritária, conforme estabelecido nos §§ 2º e 3º do art. 211 desta Constituição, observadas as ponderações referidas na alínea *a* do inciso X do *caput* e no § 2º deste artigo;

IV – a União complementará os recursos dos fundos a que se refere o inciso II do *caput* deste artigo;

V – a complementação da União será equivalente a, no mínimo, 23% (vinte e três por cento) do total de recursos a que se refere o inciso II do *caput* deste artigo, distribuída da seguinte forma:

a) 10 (dez) pontos percentuais no âmbito de cada Estado e do Distrito Federal, sempre que o valor anual por aluno (VAAF), nos termos do inciso III do *caput* deste artigo, não alcançar o mínimo definido nacionalmente;

b) no mínimo, 10,5 (dez inteiros e cinco décimos) pontos percentuais em cada rede pública de ensino municipal, estadual ou distrital, sempre que o valor anual total por aluno (VAAT), referido no inciso VI do *caput* deste artigo, não alcançar o mínimo definido nacionalmente;

c) 2,5 (dois inteiros e cinco décimos) pontos percentuais nas redes públicas que, cumpridas condicionalidades de melhoria de gestão previstas em lei, alcançarem evolução de indicadores a serem definidos, de atendimento e melhoria da aprendizagem com redução das desigualdades, nos termos do sistema nacional de avaliação da educação básica;

VI – o VAAT será calculado, na forma da lei de que trata o inciso X do *caput* deste artigo, com base nos recursos a que se refere o inciso II do *caput* deste artigo, acrescidos de outras receitas e de transferências vinculadas à educação, observado o disposto no § 1º e consideradas as matrículas nos termos do inciso III do *caput* deste artigo;

VII – os recursos de que tratam os incisos II e IV do *caput* deste artigo serão aplicados pelos Estados e pelos Municípios exclusivamente nos respectivos âmbitos de atuação prioritária, conforme estabelecido nos §§ 2º e 3º do art. 211 desta Constituição;

VIII – a vinculação de recursos à manutenção e ao desenvolvimento do ensino estabelecida no art. 212 desta Constituição suportará, no máximo, 30% (trinta por cento) da complementação da União, considerados para os fins deste inciso os valores previstos no inciso V do *caput* deste artigo;

IX – o disposto no *caput* do art. 160 desta Constituição aplica-se aos recursos referidos nos incisos II e IV do *caput* deste artigo, e seu descumprimento pela autoridade competente importará em crime de responsabilidade;

X – a lei disporá, observadas as garantias estabelecidas nos incisos I, II, III e IV do *caput* e no § 1º do art. 208 e as metas pertinentes do plano nacional de educação, nos termos previstos no art. 214 desta Constituição, sobre:

a) a organização dos fundos referidos no inciso I do *caput* deste artigo e a distribuição proporcional de seus recursos, as diferenças e as ponderações quanto ao valor anual por aluno entre etapas, modalidades, duração da jornada e tipos de estabelecimento de ensino, observados as respectivas especificidades e os insumos necessários para a garantia de sua qualidade;

b) a forma de cálculo do VAAF decorrente do inciso III do *caput* deste artigo e do VAAT referido no inciso VI do *caput* deste artigo;

c) a forma de cálculo para distribuição prevista na alínea *c* do inciso V do *caput* deste artigo;

d) a transparência, o monitoramento, a fiscalização e o controle interno, externo e social dos fundos referidos no inciso I do *caput* deste artigo, assegurada a criação, a autonomia, a manutenção e a consolidação de conselhos de acompanhamento e controle social, admitida sua integração aos conselhos de educação;

e) o conteúdo e a periodicidade da avaliação, por parte do órgão responsável, dos efeitos redistributivos, da melhoria dos indicadores educacionais e da ampliação do atendimento;

XI – proporção não inferior a 70% (setenta por cento) de cada fundo referido no inciso I do *caput* deste artigo, excluídos os recursos de que trata a alínea *c* do inciso V do *caput* deste artigo, será destinada ao pagamento dos profissionais da educação básica em efetivo exercício, observado, em relação aos recursos previstos na alínea *b* do inciso V do *caput* deste artigo, o percentual mínimo de 15% (quinze por cento) para despesas de capital;

XII – lei específica disporá sobre o piso salarial profissional nacional para os profissionais do magistério da educação básica pública;

XIII – a utilização dos recursos a que se refere o § 5º do art. 212 desta Constituição para a complementação da União ao FUNDEB, referida no inciso V do *caput* deste artigo, é vedada.

§ 1º O cálculo do VAAT, referido no inciso VI do *caput* deste artigo, deverá considerar, além dos recursos previstos no inciso II do *caput* deste artigo, pelo menos, as seguintes disponibilidades:

I – receitas de Estados, do Distrito Federal e de Municípios vinculadas à manutenção e ao desenvolvimento do ensino não integrantes dos fundos referidos no inciso I do *caput* deste artigo;

II – cotas estaduais e municipais da arrecadação do salário-educação de que trata o § 6º do art. 212 desta Constituição;

III – complementação da União transferida a Estados, ao Distrito Federal e a Municípios nos termos da alínea *a* do inciso V do *caput* deste artigo.

§ 2º Além das ponderações previstas na alínea *a* do inciso X do *caput* deste artigo, a lei definirá outras relativas ao nível socioeconômico dos educandos e aos indicadores de disponibilidade de recursos vinculados à educação e de potencial de arrecadação tributária de cada ente federado, bem como seus prazos de implementação.

§ 3º Será destinada à educação infantil a proporção de 50% (cinquenta por cento) dos recursos globais a que se refere a alínea *b* do inciso V do *caput* deste artigo, nos termos da lei.

• Art. 212-A acrescido pela EC nº 108, de 26-8-2020.

Art. 213. Os recursos públicos serão destinados às escolas públicas, podendo ser dirigidos a escolas comunitárias, confessionais ou filantrópicas, definidas em lei, que:

○ Art. 212 desta Constituição.

○ Art. 61 do ADCT.

I – comprovem finalidade não lucrativa e apliquem seus excedentes financeiros em educação;

II – assegurem a destinação de seu patrimônio à outra escola comunitária, filantrópica ou confessional, ou ao Poder Público, no caso de encerramento de suas atividades.

○ Art. 61 do ADCT.

§ 1º Os recursos de que trata este artigo poderão ser destinados a bolsas de estudo para o ensino fundamental e médio, na forma da lei, para os que demonstrarem insuficiência de recursos, quando houver falta de vagas e cursos regulares da rede pública na localidade da residência do educando, ficando o Poder Público obrigado a investir prioritariamente na expansão de sua rede na localidade.

§ 2º As atividades de pesquisa, de extensão e de estímulo e fomento à inovação realizadas por universidades e/ou por instituições de educação profissional e tecnológica poderão receber apoio financeiro do Poder Público.

• § 2º com a redação dada pela EC nº 85, de 26-2-2015.

Art. 214. A lei estabelecerá o plano nacional de educação, de duração decenal, com o objetivo de articular o sistema nacional de educação em regime de colaboração e definir diretrizes, objetivos, metas e estratégias de implementação para assegurar a manutenção e desenvolvimento do ensino em seus diversos níveis, etapas e modalidades por meio de ações integradas dos poderes públicos das diferentes esferas federativas que conduzam a:

• *Caput* com a redação dada pela EC nº 59, de 11-11-2009.

I – erradicação do analfabetismo;

II – universalização do atendimento escolar;

III – melhoria da qualidade do ensino;

IV – formação para o trabalho;

V – promoção humanística, científica e tecnológica do País;

VI – estabelecimento de meta de aplicação de recursos públicos em educação como proporção do produto interno bruto.

• Inciso VI acrescido pela EC nº 59, de 11-11-2009.

Seção II

DA CULTURA

Art. 215. O Estado garantirá a todos o pleno exercício dos direitos culturais e acesso às fontes da cultura nacional, e apoiará e incentivará a valorização e a difusão das manifestações culturais.

§ 1º O Estado protegerá as manifestações das culturas populares, indígenas e afro-brasileiras, e das de outros grupos participantes do processo civilizatório nacional.

§ 2º A lei disporá sobre a fixação de datas comemorativas de alta significação para os diferentes segmentos étnicos nacionais.

§ 3º A lei estabelecerá o Plano Nacional de Cultura, de duração plurianual, visando ao desenvolvimento cultural do País e à integração das ações do poder público que conduzem à:

I – defesa e valorização do patrimônio cultural brasileiro;

II – produção, promoção e difusão de bens culturais;

III – formação de pessoal qualificado para a gestão da cultura em suas múltiplas dimensões;

IV – democratização do acesso aos bens de cultura;

V – valorização da diversidade étnica e regional.

• § 3º acrescido pela EC nº 48, de 10-8-2005.

Art. 216. Constituem patrimônio cultural brasileiro os bens de natureza material e imaterial, tomados individualmente ou em conjunto, portadores de referência à identidade, à ação, à memória dos diferentes grupos formadores da sociedade brasileira, nos quais se incluem:

I – as formas de expressão;

II – os modos de criar, fazer e viver;

III – as criações científicas, artísticas e tecnológicas;

IV – as obras, objetos, documentos, edificações e demais espaços destinados às manifestações artístico-culturais;

V – os conjuntos urbanos e sítios de valor histórico, paisagístico, artístico, arqueológico, paleontológico, ecológico e científico.

§ 1º O Poder Público, com a colaboração da comunidade, promoverá e protegerá o patrimônio cultural brasileiro, por meio de inventários, registros, vigilância, tombamento e desapropriação, e de outras formas de acautelamento e preservação.

- Lei nº 7.347, de 24-7-1985 (Lei da Ação Civil Pública).

§ 2º Cabem à administração pública, na forma da lei, a gestão da documentação governamental e as providências para franquear sua consulta a quantos dela necessitem.

§ 3º A lei estabelecerá incentivos para a produção e o conhecimento de bens e valores culturais.

§ 4º Os danos e ameaças ao patrimônio cultural serão punidos, na forma da lei.

- Lei nº 7.347, de 24-7-1985 (Lei da Ação Civil Pública).

§ 5º Ficam tombados todos os documentos e os sítios detentores de reminiscências históricas dos antigos quilombos.

§ 6º É facultado aos Estados e ao Distrito Federal vincular a fundo estadual de fomento à cultura até cinco décimos por cento de sua receita tributária líquida, para o financiamento de programas e projetos culturais, vedada a aplicação desses recursos no pagamento de:

I – despesas com pessoal e encargos sociais;

II – serviço da dívida;

III – qualquer outra despesa corrente não vinculada diretamente aos investimentos ou ações apoiados.

- § 6º acrescido pela EC nº 42, de 19-12-2003.

Art. 216-A. O Sistema Nacional de Cultura, organizado em regime de colaboração, de forma descentralizada e participativa, institui um processo de gestão e promoção conjunta de políticas públicas de cultura, democráticas e permanentes, pactuadas entre os entes da Federação e a sociedade, tendo por objetivo promover o desenvolvimento humano, social e econômico com pleno exercício dos direitos culturais.

§ 1º O Sistema Nacional de Cultura fundamenta-se na política nacional de cultura e nas suas diretrizes, estabelecidas no Plano Nacional de Cultura, e rege-se pelos seguintes princípios:

I – diversidade das expressões culturais;

II – universalização do acesso aos bens e serviços culturais;

III – fomento à produção, difusão e circulação de conhecimento e bens culturais;

IV – cooperação entre os entes federados, os agentes públicos e privados atuantes na área cultural;

V – integração e interação na execução das políticas, programas, projetos e ações desenvolvidas;

VI – complementaridade nos papéis dos agentes culturais;

VII – transversalidade das políticas culturais;

VIII – autonomia dos entes federados e das instituições da sociedade civil;

IX – transparência e compartilhamento das informações;

X – democratização dos processos decisórios com participação e controle social;

XI – descentralização articulada e pactuada da gestão, dos recursos e das ações;

XII – ampliação progressiva dos recursos contidos nos orçamentos públicos para a cultura.

§ 2º Constitui a estrutura do Sistema Nacional de Cultura, nas respectivas esferas da Federação:

I – órgãos gestores da cultura;

II – conselhos de política cultural;

III – conferências de cultura;

IV – comissões intergestores;

V – planos de cultura;

VI – sistemas de financiamento à cultura;

VII – sistemas de informações e indicadores culturais;

VIII – programas de formação na área da cultura; e

IX – sistemas setoriais de cultura.

§ 3º Lei federal disporá sobre a regulamentação do Sistema Nacional de Cultura, bem como de sua articulação com os demais sistemas nacionais ou políticas setoriais de governo.

§ 4º Os Estados, o Distrito Federal e os Municípios organizarão seus respectivos sistemas de cultura em leis próprias.

- Art. 216-A acrescido pela EC nº 71, de 29-11-2012.

Seção III — DO DESPORTO

- Lei nº 11.438, de 29-12-2006, dispõe sobre incentivos e benefícios para fomentar as atividades de caráter desportivo.

Art. 217. É dever do Estado fomentar práticas desportivas formais e não formais, como direito de cada um, observados:

I – a autonomia das entidades desportivas dirigentes e associações, quanto a sua organização e funcionamento;

II – a destinação de recursos públicos para a promoção prioritária do desporto educacional e, em casos específicos, para a do desporto de alto rendimento;

III – o tratamento diferenciado para o desporto profissional e o não profissional;

IV – a proteção e o incentivo às manifestações desportivas de criação nacional.

§ 1º O Poder Judiciário só admitirá ações relativas à disciplina e às competições desportivas após esgotarem-se as instâncias da justiça desportiva, regulada em lei.

§ 2º A justiça desportiva terá o prazo máximo de sessenta dias, contados da instauração do processo, para proferir decisão final.

§ 3º O Poder Público incentivará o lazer, como forma de promoção social.

CAPÍTULO IV — DA CIÊNCIA, TECNOLOGIA E INOVAÇÃO

- Capítulo IV com a denominação dada pela EC nº 85, de 26-2-2015.
- Lei nº 10.168, de 29-12-2000, institui Contribuição de Intervenção de Domínio Econômico destinado a financiar o Programa de Estímulo à Interação Universidade-Empresa para o apoio à inovação.

Art. 218. O Estado promoverá e incentivará o desenvolvimento científico, a pesquisa, a capacitação científica e tecnológica e a inovação.

- *Caput* com a redação dada EC nº 85, de 26-2-2015.

§ 1º A pesquisa científica básica e tecnológica receberá tratamento prioritário do Estado, tendo em vista o bem público e o progresso da ciência, tecnologia e inovação.

- § 1º com a redação dada pela EC nº 85, de 26-2-2015.

§ 2º A pesquisa tecnológica voltar-se-á preponderantemente para a solução dos problemas brasileiros e para o desenvolvimento do sistema produtivo nacional e regional.

§ 3º O Estado apoiará a formação de recursos humanos nas áreas de ciência, pesquisa, tecnologia e inovação, inclusive por meio do apoio às atividades de extensão tecnológica, e concederá aos que delas se ocupem meios e condições especiais de trabalho.

- § 3º com a redação dada pela EC nº 85, de 26-2-2015.

§ 4º A lei apoiará e estimulará as empresas que invistam em pesquisa, criação de tecnologia adequada ao País, formação e aperfeiçoamento de seus recursos humanos e que pratiquem sistemas de remuneração que assegurem ao empregado, desvinculada do salário, participação nos ganhos econômicos resultantes da produtividade de seu trabalho.

§ 5º É facultado aos Estados e ao Distrito Federal vincular parcela de sua receita orçamentária a entidades públicas de fomento ao ensino e à pesquisa científica e tecnológica.

§ 6º O Estado, na execução das atividades previstas no *caput*, estimulará a articulação entre entes, tanto públicos quanto privados, nas diversas esferas de governo.

§ 7º O Estado promoverá e incentivará a atuação no exterior das instituições públicas de ciência, tecnologia e inovação, com vistas à execução das atividades previstas no *caput*.

- §§ 6º e 7º acrescidos pela EC nº 85, de 26-2-2015.

Art. 219. O mercado interno integra o patrimônio nacional e será incentivado de modo a viabilizar o desenvolvimento cultural e socioeconômico, o bem-estar da população e a autonomia tecnológica do País, nos termos de lei federal.

Parágrafo único. O Estado estimulará a formação e o fortalecimento da inovação nas empresas, bem como nos demais entes, públicos ou privados, a constituição e a manutenção de parques e polos tecnológicos e de demais ambientes promotores da inovação, a atuação dos inventores independentes e a criação, absorção, difusão e transferência de tecnologia.

- Parágrafo único acrescido pela EC nº 85, de 26-2-2015.

Art. 219-A. A União, os Estados, o Distrito Federal e os Municípios poderão firmar instrumentos de cooperação com órgãos e entidades públicos e com entidades privadas, inclusive para o compartilhamento de recursos humanos especializados e capacidade instalada, para a execução de projetos de pesquisa, de desenvolvimento científico e tecnológico e de inovação, mediante contrapartida financeira ou não financeira assumida pelo ente beneficiário, na forma da lei.

Art. 219-B. O Sistema Nacional de Ciência, Tecnologia e Inovação será organizado em regime de colaboração entre entes, tanto públicos quanto privados, com vistas a promover o desenvolvimento científico e tecnológico e a inovação.

§ 1º Lei federal disporá sobre as normas gerais do Sistema Nacional de Ciência, Tecnologia e Inovação.

§ 2º Os Estados, o Distrito Federal e os Municípios legislarão concorrentemente sobre suas peculiaridades.

- Arts. 219-A e 219-B acrescidos pela EC nº 85, de 26-2-2015.

CAPÍTULO V
DA COMUNICAÇÃO SOCIAL

Art. 220. A manifestação do pensamento, a criação, a expressão e a informação, sob qualquer forma, processo ou veículo não sofrerão qualquer restrição, observado o disposto nesta Constituição.

- Arts. 1º, III e IV, 3º, III e IV, 4º, II, 5º, IX, XII, XIV, XXVII a XXIX, desta Constituição.

§ 1º Nenhuma lei conterá dispositivo que possa constituir embaraço à plena liberdade de informação jornalística em qualquer veículo de comunicação social, observado o disposto no artigo 5º, IV, V, X, XIII e XIV.

§ 2º É vedada toda e qualquer censura de natureza política, ideológica e artística.

§ 3º Compete à lei federal:

I – regular as diversões e espetáculos públicos, cabendo ao Poder Público informar sobre a natureza deles, as faixas etárias a que não se recomendem, locais e horários em que sua apresentação se mostre inadequada;

- Art. 21, XVI, desta Constituição.

II – estabelecer os meios legais que garantam à pessoa e à família a possibilidade de se defenderem de programas ou programações de rádio e televisão que contrariem o disposto no artigo 221, bem como da propaganda de produtos, práticas e serviços que possam ser nocivos à saúde e ao meio ambiente.

§ 4º A propaganda comercial de tabaco, bebidas alcoólicas, agrotóxicos, medicamentos e terapias estará sujeita a restrições legais, nos termos do inciso II do parágrafo anterior, e conterá, sempre que necessário, advertência sobre os malefícios decorrentes de seu uso.

§ 5º Os meios de comunicação social não podem, direta ou indiretamente, ser objeto de monopólio ou oligopólio.

§ 6º A publicação de veículo impresso de comunicação independe de licença de autoridade.

Art. 221. A produção e a programação das emissoras de rádio e televisão atenderão aos seguintes princípios:

I – preferência a finalidades educativas, artísticas, culturais e informativas;

II – promoção da cultura nacional e regional e estímulo à produção independente que objetive sua divulgação;

III – regionalização da produção cultural, artística e jornalística, conforme percentuais estabelecidos em lei;

- Art. 3º, III, desta Constituição.

IV – respeito aos valores éticos e sociais da pessoa e da família.

- Arts. 1º, III, 5º, XLII, XLIII, XLVIII, XLIX e L, 34, VII, *b*, 225 a 227 e 230 desta Constituição.

Art. 222. A propriedade de empresa jornalística e de radiodifusão sonora e de sons e imagens é privativa de brasileiros natos ou naturalizados há mais de dez anos, ou de pessoas jurídicas constituídas sob as leis brasileiras e que tenham sede no País.

- *Caput* com a redação dada pela EC nº 36, de 28-5-2002.

§ 1º Em qualquer caso, pelo menos setenta por cento do capital total e do capital votante das empresas jornalísticas e de radiodifusão sonora e de sons e imagens deverá pertencer, direta ou indiretamente, a brasileiros natos ou naturalizados há mais de dez anos, que exercerão obrigatoriamente a gestão das atividades e estabelecerão o conteúdo da programação.

§ 2º A responsabilidade editorial e as atividades de seleção e direção da programação veiculada são privativas de brasileiros natos ou naturalizados há mais de dez anos, em qualquer meio de comunicação social.

- §§ 1º e 2º com a redação dada pela EC nº 36, de 28-5-2002.

§ 3º Os meios de comunicação social eletrônica, independentemente da tecnologia utilizada para a prestação do serviço, deverão observar os princípios enunciados no art. 221, na forma de lei específica, que também garantirá a prioridade de profissionais brasileiros na execução de produções nacionais.

§ 4º Lei disciplinará a participação de capital estrangeiro nas empresas de que trata o § 1º.

§ 5º As alterações de controle societário das empresas de que trata o § 1º serão comunicadas ao Congresso Nacional.

- §§ 3º a 5º acrescidos pela EC nº 36, de 28-5-2002.

Art. 223. Compete ao Poder Executivo outorgar e renovar concessão, permissão e autorização para o serviço de radiodifusão sonora e de sons e imagens, observado o princípio da complementaridade dos sistemas privado, público e estatal.

§ 1º O Congresso Nacional apreciará o ato no prazo do artigo 64, §§ 2º e 4º, a contar do recebimento da mensagem.

§ 2º A não renovação da concessão ou permissão dependerá de aprovação de, no mínimo, dois quintos do Congresso Nacional, em votação nominal.

§ 3º O ato de outorga ou renovação somente produzirá efeitos legais após deliberação do Congresso Nacional, na forma dos parágrafos anteriores.

§ 4º O cancelamento da concessão ou permissão, antes de vencido o prazo, depende de decisão judicial.

§ 5º O prazo da concessão ou permissão será de dez anos para as emissoras de rádio e de quinze para as de televisão.

Art. 224. Para os efeitos do disposto neste Capítulo, o Congresso Nacional instituirá, como seu órgão auxiliar, o Conselho de Comunicação Social, na forma da lei.

CAPÍTULO VI
DO MEIO AMBIENTE

Art. 225. Todos têm direito ao meio ambiente ecologicamente equilibrado, bem de uso comum do povo e essencial à sadia qualidade de vida, impondo-se ao Poder Público e à coletividade o dever de defendê-lo e preservá-lo para as presentes e futuras gerações.

§ 1º Para assegurar a efetividade desse direito, incumbe ao Poder Público:

I – preservar e restaurar os processos ecológicos essenciais e prover o manejo ecológico das espécies e ecossistemas;

II – preservar a diversidade e a integridade do patrimônio genético do País e fiscalizar as entidades dedicadas à pesquisa e manipulação de material genético;

III – definir, em todas as Unidades da Federação, espaços territoriais e seus componentes a serem especialmente protegidos, sendo a alteração e a supressão permitidas somente através de lei, vedada qualquer utilização que comprometa a integridade dos atributos que justifiquem sua proteção;

IV – exigir, na forma da lei, para instalação de obra ou atividade potencialmente causadora de significativa degradação do meio ambiente, estudo prévio de impacto ambiental, a que se dará publicidade;

V – controlar a produção, a comercialização e o emprego de técnicas, métodos e substâncias que comportem risco para a vida, a qualidade de vida e o meio ambiente;

VI – promover a educação ambiental em todos os níveis de ensino e a conscientização pública para a preservação do meio ambiente;

VII – proteger a fauna e a flora, vedadas, na forma da lei, as práticas que coloquem em risco sua função ecológica, provoquem a extinção de espécies ou submetam os animais à crueldade;

VIII – manter regime fiscal favorecido para os biocombustíveis destinados ao consumo final, na forma de lei complementar, a fim de assegurar-lhes tributação inferior à incidente sobre os combustíveis fósseis, capaz de garantir diferencial competitivo em relação a estes, especialmente em relação às contribuições de que tratam a alínea *b* do inciso I e o inciso IV do *caput* do art. 195 e o art. 239 e ao imposto a que se refere o inciso II do *caput* do art. 155 desta Constituição.

- Inciso VIII acrescido pela EC nº 123, de 14-7-2022.

§ 2º Aquele que explorar recursos minerais fica obrigado a recuperar o meio ambiente degradado, de acordo com solução técnica exigida pelo órgão público competente, na forma da lei.

§ 3º As condutas e atividades consideradas lesivas ao meio ambiente sujeitarão os infratores, pessoas físicas ou jurídicas, a sanções penais e administrativas, independentemente da obrigação de reparar os danos causados.

§ 4º A Floresta Amazônica brasileira, a Mata Atlântica, a Serra do Mar, o Pantanal Mato-Grossense e a Zona Costeira são patrimônio nacional, e sua utilização far-se-á, na forma da lei, dentro de condições que assegurem a preservação do meio ambiente, inclusive quanto ao uso dos recursos naturais.

- Lei nº 7.347, de 24-7-1985 (Lei da Ação Civil Pública).

§ 5º São indisponíveis as terras devolutas ou arrecadadas pelos Estados, por ações discriminatórias, necessárias à proteção dos ecossistemas naturais.

§ 6º As usinas que operem com reator nuclear deverão ter sua localização definida em lei federal, sem o que não poderão ser instaladas.

§ 7º Para fins do disposto na parte final do inciso VII do § 1º deste artigo, não se consideram cruéis as práticas desportivas que utilizem animais, desde que sejam manifestações culturais, conforme o § 1º do art. 215 desta Constituição Federal, registradas como bem de natureza imaterial integrante do patrimônio cultural brasileiro, devendo ser regulamentadas por lei específica que assegure o bem-estar dos animais envolvidos.

- § 7º acrescido pela EC nº 96, de 6-6-2017.

CAPÍTULO VII
DA FAMÍLIA, DA CRIANÇA, DO ADOLESCENTE, DO JOVEM E DO IDOSO

- Capítulo VII com a denominação dada pela EC nº 65, de 13-7-2010.

Art. 226. A família, base da sociedade, tem especial proteção do Estado.

§ 1º O casamento é civil e gratuita a celebração.

§ 2º O casamento religioso tem efeito civil, nos termos da lei.

§ 3º Para efeito da proteção do Estado, é reconhecida a união estável entre o homem e a mulher como entidade familiar, devendo a lei facilitar sua conversão em casamento.

- O STF, por unanimidade de votos, julgou procedentes a ADPF nº 132 (como ação direta de inconstitucionalidade) e a ADIN nº 4.277, com eficácia *erga omnes* e efeito vinculante, para dar ao art. 1.723 do CC interpretação conforme à CF para dele excluir qualquer significado que impeça o reconhecimento da união contínua, pública e duradoura entre pessoas do mesmo sexo como entidade familiar (*DOU* de 13-5-2011).

§ 4º Entende-se, também, como entidade familiar a comunidade formada por qualquer dos pais e seus descendentes.

§ 5º Os direitos e deveres referentes à sociedade conjugal são exercidos igualmente pelo homem e pela mulher.

§ 6º O casamento civil pode ser dissolvido pelo divórcio.

- § 6º com a redação dada pela EC nº 66, de 13-7-2010.

§ 7º Fundado nos princípios da dignidade da pessoa humana e da paternidade responsável, o planejamento familiar é livre decisão do casal, competindo ao Estado propiciar recursos educacionais e científicos para o exercício desse direito, vedada qualquer forma coercitiva por parte de instituições oficiais ou privadas.

§ 8º O Estado assegurará a assistência à família na pessoa de cada um dos que a integram, criando mecanismos para coibir a violência no âmbito de suas relações.

Art. 227. É dever da família, da sociedade e do Estado assegurar à criança, ao adolescente e ao jovem, com absoluta prioridade, o direito à vida, à saúde, à alimentação, à educação, ao lazer, à profissionalização, à cultura, à dignidade, ao respeito, à liberdade e à convivência familiar e comunitária, além de colocá-los a salvo de toda forma de negligência, discriminação, exploração, violência, crueldade e opressão.

- *Caput* com a redação dada pela EC nº 65, de 13-7-2010.
- Arts. 6º, 208 e 212, § 4º, desta Constituição.

§ 1º O Estado promoverá programas de assistência integral à saúde da criança, do adolescente e do jovem, admitida a participação de entidades não governamentais, mediante políticas específicas e obedecendo aos seguintes preceitos:

- § 1º com a redação dada pela EC nº 65, de 13-7-2010.

I – aplicação de percentual dos recursos públicos destinados à saúde na assistência materno-infantil;

II – criação de programas de prevenção e atendimento especializado para as pessoas portadoras de deficiência física, sensorial ou mental, bem como de integração social do adolescente e do jovem portador de deficiência, mediante o treinamento para o trabalho e a convivência, e a facilitação do acesso aos bens e serviços coletivos, com a eliminação de obstáculos arquitetônicos e de todas as formas de discriminação.

- Inciso II com a redação dada pela EC nº 65, de 13-7-2010.

§ 2º A lei disporá sobre normas de construção dos logradouros e dos edifícios de uso público e de fabricação de veículos de transporte coletivo, a fim de garantir acesso adequado às pessoas portadoras de deficiência.

- Art. 244 desta Constituição.

§ 3º O direito a proteção especial abrangerá os seguintes aspectos:

I – idade mínima de quatorze anos para admissão ao trabalho, observado o disposto no artigo 7º, XXXIII;

- O art. 7º, XXXIII, desta Constituição, foi alterado pela EC nº 20, de 15-12-1998, e agora fixa em dezesseis anos a idade mínima para admissão ao trabalho.

II – garantia de direitos previdenciários e trabalhistas;

III – garantia de acesso do trabalhador adolescente e jovem à escola;

- Inciso III com a redação dada pela EC nº 65, de 13-7-2010.

IV – garantia de pleno e formal conhecimento da atribuição de ato infracional, igualdade na relação processual e defesa técnica por profissional habilitado, segundo dispuser a legislação tutelar específica;

V – obediência aos princípios de brevidade, excepcionalidade e respeito à condição peculiar de pessoa em desenvolvimento, quando da aplicação de qualquer medida privativa da liberdade;

VI – estímulo do Poder Público, através de assistência jurídica, incentivos fiscais e subsídios, nos termos da lei, ao acolhimento, sob a forma de guarda, de criança ou adolescente órfão ou abandonado;

VII – programas de prevenção e atendimento especializado à criança, ao adolescente e ao jovem dependente de entorpecentes e drogas afins.

- Inciso VII com a redação dada pela EC nº 65, de 13-7-2010.

§ 4º A lei punirá severamente o abuso, a violência e a exploração sexual da criança e do adolescente.

§ 5º A adoção será assistida pelo Poder Público, na forma da lei, que estabelecerá casos e condições de sua efetivação por parte de estrangeiros.

§ 6º Os filhos, havidos ou não da relação do casamento, ou por adoção, terão os mesmos direitos e qualificações, proibidas quaisquer designações discriminatórias relativas à filiação.

§ 7º No atendimento dos direitos da criança e do adolescente levar-se-á em consideração o disposto no artigo 204.

§ 8º A lei estabelecerá:

I – o estatuto da juventude, destinado a regular os direitos dos jovens;

II – o plano nacional de juventude, de duração decenal, visando à articulação das várias esferas do poder público para a execução de políticas públicas.

- § 8º acrescido pela EC nº 65, de 13-7-2010.

Art. 228. São penalmente inimputáveis os menores de dezoito anos, sujeitos às normas da legislação especial.

Art. 229. Os pais têm o dever de assistir, criar e educar os filhos menores, e os filhos maiores têm o dever de ajudar e amparar os pais na velhice, carência ou enfermidade.

Art. 230. A família, a sociedade e o Estado têm o dever de amparar as pessoas idosas, assegurando sua participação na comunidade, defendendo sua dignidade e bem-estar e garantindo-lhes o direito à vida.

§ 1º Os programas de amparo aos idosos serão executados preferencialmente em seus lares.

§ 2º Aos maiores de sessenta e cinco anos é garantida a gratuidade dos transportes coletivos urbanos.

CAPÍTULO VIII
DOS ÍNDIOS

Art. 231. São reconhecidos aos índios sua organização social, costumes, línguas, crenças e tradições, e os direitos originários sobre as terras que tradicionalmente ocupam, competindo à União demarcá-las, proteger e fazer respeitar todos os seus bens.

§ 1º São terras tradicionalmente ocupadas pelos índios as por eles habitadas em caráter permanente, as utilizadas para suas atividades produtivas, as imprescindíveis à preservação dos recursos ambientais necessários a seu bem-estar e as necessárias a sua reprodução física e cultural, segundo seus usos, costumes e tradições.

§ 2º As terras tradicionalmente ocupadas pelos índios destinam-se a sua posse permanente, cabendo-lhes o usufruto exclusivo das riquezas do solo, dos rios e dos lagos nelas existentes.

§ 3º O aproveitamento dos recursos hídricos, incluídos os potenciais energéticos, a pesquisa e a lavra das riquezas minerais em terras indígenas só podem ser efetivados com autorização do Congresso Nacional, ouvidas as comunidades afetadas, ficando-lhes assegurada participação nos resultados da lavra, na forma da lei.

§ 4º As terras de que trata este artigo são inalienáveis e indisponíveis, e os direitos sobre elas, imprescritíveis.

§ 5º É vedada a remoção dos grupos indígenas de suas terras, salvo, *ad referendum* do Congresso Nacional, em caso de catástrofe ou epidemia que ponha em risco sua população, ou no interesse da soberania do País, após deliberação do Congresso Nacional, garantindo, em qualquer hipótese, o retorno imediato logo que cesse o risco.

§ 6º São nulos e extintos, não produzindo efeitos jurídicos, os atos que tenham por objeto a ocupação, o domínio e a posse das terras a que se refere este artigo, ou a exploração das riquezas naturais do solo, dos rios e dos lagos nelas existentes, ressalvado relevante interesse público da União, segundo o que dispuser lei complementar, não gerando a nulidade e a extinção direito a indenização ou ações contra a União, salvo, na forma da lei, quanto às benfeitorias derivadas da ocupação de boa-fé.

§ 7º Não se aplica às terras indígenas o disposto no artigo 174, §§ 3º e 4º.

Art. 232. Os índios, suas comunidades e organizações são partes legítimas para ingressar em juízo em defesa de seus direitos e interesses, intervindo o Ministério Público em todos os atos do processo.

TÍTULO IX – DAS DISPOSIÇÕES CONSTITUCIONAIS GERAIS

Art. 233. *Revogado.* EC nº 28, de 25-5-2000.

Art. 234. É vedado à União, direta ou indiretamente, assumir, em decorrência da criação de Estado, encargos referentes a despesas com pessoal inativo e com encargos e amortizações da dívida interna ou externa da administração pública, inclusive da indireta.

o Art. 13, § 6º, do ADCT.

Art. 235. Nos dez primeiros anos da criação de Estado, serão observadas as seguintes normas básicas:

I – a Assembleia Legislativa será composta de dezessete Deputados se a população do Estado for inferior a seiscentos mil habitantes, e de vinte e quatro, se igual ou superior a esse número, até um milhão e quinhentos mil;

II – o Governo terá no máximo dez Secretarias;

III – o Tribunal de Contas terá três membros, nomeados, pelo Governador eleito, dentre brasileiros de comprovada idoneidade e notório saber;

IV – o Tribunal de Justiça terá sete Desembargadores;

V – os primeiros Desembargadores serão nomeados pelo Governador eleito, escolhidos da seguinte forma:

a) cinco dentre os magistrados com mais de trinta e cinco anos de idade, em exercício na área do novo Estado ou do Estado originário;

b) dois dentre promotores, nas mesmas condições, e advogados de comprovada idoneidade e saber jurídico, com dez anos, no mínimo, de exercício profissional, obedecido o procedimento fixado na Constituição;

VI – no caso de Estado proveniente de Território Federal, os cinco primeiros Desembargadores poderão ser escolhidos dentre juízes de direito de qualquer parte do País;

VII – em cada Comarca, o primeiro Juiz de Direito, o primeiro Promotor de Justiça e o primeiro Defensor Público serão nomeados pelo Governador eleito após concurso público de provas e títulos;

VIII – até a promulgação da Constituição Estadual, responderão pela Procuradoria-Geral, pela Advocacia-Geral e pela Defensoria-Geral do Estado advogados de notório saber, com trinta e cinco anos de idade, no mínimo, nomeados pelo Governador eleito e demissíveis *ad nutum*;

IX – se o novo Estado for resultado de transformação de Território Federal, a transferência de encargos financeiros da União para pagamento dos servidores optantes que pertenciam à Administração Federal ocorrerá da seguinte forma:

a) no sexto ano de instalação, o Estado assumirá vinte por cento dos encargos financeiros para fazer face ao pagamento dos servidores públicos, ficando ainda o restante sob a responsabilidade da União;

b) no sétimo ano, os encargos do Estado serão acrescidos de trinta por cento e, no oitavo, dos restantes cinquenta por cento;

X – as nomeações que se seguirem às primeiras, para os cargos mencionados neste artigo, serão disciplinadas na Constituição Estadual;

XI – as despesas orçamentárias com pessoal não poderão ultrapassar cinquenta por cento da receita do Estado.

Art. 236. Os serviços notariais e de registro são exercidos em caráter privado, por delegação do Poder Público.

o Art. 32 do ADCT.

§ 1º Lei regulará as atividades, disciplinará a responsabilidade civil e criminal dos notários, dos oficiais de registro e de seus prepostos, e definirá a fiscalização de seus atos pelo Poder Judiciário.

§ 2º Lei federal estabelecerá normas gerais para fixação de emolumentos relativos aos atos praticados pelos serviços notariais e de registro.

o Lei nº 10.169, de 29-12-2000, dispõe sobre normas gerais para a fixação de emolumentos relativos aos atos praticados pelos serviços notariais e de registro.

§ 3º O ingresso na atividade notarial e de registro depende de concurso público de provas e títulos, não se permitindo que qualquer serventia fique vaga, sem abertura de concurso de provimento ou de remoção, por mais de seis meses.

Art. 237. A fiscalização e o controle sobre o comércio exterior, essenciais à defesa dos interesses fazendários nacionais, serão exercidos pelo Ministério da Fazenda.

Art. 238. A lei ordenará a venda e revenda de combustíveis de petróleo, álcool carburante e outros combustíveis derivados de matérias-primas renováveis, respeitados os princípios desta Constituição.

Art. 239. A arrecadação decorrente das contribuições para o Programa de Integração Social, criado pela Lei Complementar nº 7, de 7 de setembro de 1970, e para o Programa de Formação do Patrimônio do Servidor Público, criado pela Lei Complementar nº 8, de 3 de dezembro de 1970, passa, a partir da promulgação desta Constituição, a financiar, nos termos que a lei dispuser, o programa do seguro-desemprego, outras ações da previdência social e o abono de que trata o § 3º deste artigo.

• *Caput* com a redação dada pela EC nº 103, de 12-11-2019.

o Art. 72, §§ 2º e 3º, do ADCT.

§ 1º Dos recursos mencionados no *caput*, no mínimo 28% (vinte e oito por cento) serão destinados para o financiamento de programas de desenvolvimento econômico, por meio do Banco Nacional de Desenvolvimento Econômico e Social, com critérios de remuneração que preservem o seu valor.

• § 1º com a redação dada pela EC nº 103, de 12-11-2019.

§ 2º Os patrimônios acumulados do Programa de Integração Social e do Programa de Formação do Patrimônio do Servidor Público são preservados, mantendo-se os critérios de saque nas situações previstas nas leis específicas, com exceção da retirada por motivo de casamento, ficando vedada a distribuição da arrecadação de que trata o *caput* deste artigo, para depósito nas contas individuais dos participantes.

§ 3º Aos empregados que percebam de empregadores que contribuem para o Programa de Integração Social ou para o Programa de Formação do Patrimônio do Servidor Público, até dois salários mínimos de remuneração mensal, é assegurado o pagamento de um salário mínimo anual, computado neste valor o rendimento das contas individuais, no caso daqueles que já participavam dos referidos programas, até a data da promulgação desta Constituição.

§ 4º O financiamento do seguro-desemprego receberá uma contribuição adicional da empresa cujo índice de rotatividade da força de trabalho superar o índice médio da rotatividade do setor, na forma estabelecida por lei.

§ 5º Os programas de desenvolvimento econômico financiados na forma do § 1º e seus resultados serão anualmente avaliados e divulgados em meio de comunicação social eletrônico e apresentados em reunião da comissão mista permanente de que trata o § 1º do art. 166.

• § 5º acrescido pela EC nº 103, de 12-11-2019.

Art. 240. Ficam ressalvadas do disposto no artigo 195 as atuais contribuições compulsórias dos empregadores sobre a folha de salários, destinadas às entidades privadas de serviço social e de formação profissional vinculadas ao sistema sindical.

○ Art. 13, § 3º, da LC nº 123, de 14-12-2006 (Estatuto Nacional da Microempresa e da Empresa de Pequeno Porte).

Art. 241. A União, os Estados, o Distrito Federal e os Municípios disciplinarão por meio de lei os consórcios públicos e os convênios de cooperação entre os entes federados, autorizando a gestão associada de serviços públicos, bem como a transferência total ou parcial de encargos, serviços, pessoal e bens essenciais à continuidade dos serviços transferidos.

• Artigo com a redação dada pela EC nº 19, de 4-6-1998.

Art. 242. O princípio do artigo 206, IV, não se aplica às instituições educacionais oficiais criadas por lei estadual ou municipal e existentes na data da promulgação desta Constituição, que não sejam total ou preponderantemente mantidas com recursos públicos.

§ 1º O ensino da História do Brasil levará em conta as contribuições das diferentes culturas e etnias para a formação do povo brasileiro.

§ 2º O Colégio Pedro II, localizado na cidade do Rio de Janeiro, será mantido na órbita federal.

Art. 243. As propriedades rurais e urbanas de qualquer região do País onde forem localizadas culturas ilegais de plantas psicotrópicas ou a exploração de trabalho escravo na forma da lei serão expropriadas e destinadas à reforma agrária e a programas de habitação popular, sem qualquer indenização ao proprietário e sem prejuízo de outras sanções previstas em lei, observado, no que couber, o disposto no art. 5º.

Parágrafo único. Todo e qualquer bem de valor econômico apreendido em decorrência do tráfico ilícito de entorpecentes e drogas afins e da exploração de trabalho escravo será confiscado e reverterá a fundo especial com destinação específica, na forma da lei.

• Art. 243 com a redação dada pela EC nº 81, de 5-6-2014.

Art. 244. A lei disporá sobre a adaptação dos logradouros, dos edifícios de uso público e dos veículos de transporte coletivo atualmente existentes a fim de garantir acesso adequado às pessoas portadoras de deficiência, conforme o disposto no art. 227, § 2º.

Art. 245. A lei disporá sobre as hipóteses e condições em que o Poder Público dará assistência aos herdeiros e dependentes carentes de pessoas vitimadas por crime doloso, sem prejuízo da responsabilidade civil do autor do ilícito.

Art. 246. É vedada a adoção de medida provisória na regulamentação de artigo da Constituição cuja redação tenha sido alterada por meio de emenda promulgada entre 1º de janeiro de 1995 até a promulgação desta emenda, inclusive.

• Artigo com a redação dada pela EC nº 32, de 11-9-2001.

○ Art. 62 desta Constituição.

Art. 247. As leis previstas no inciso III do § 1º do artigo 41 e no § 7º do artigo 169 estabelecerão critérios e garantias especiais para a perda do cargo pelo servidor público estável que, em decorrência das atribuições de seu cargo efetivo, desenvolva atividades exclusivas de Estado.

Parágrafo único. Na hipótese de insuficiência de desempenho, a perda do cargo somente ocorrerá mediante processo administrativo em que lhe sejam assegurados o contraditório e a ampla defesa.

• Art. 247 acrescido pela EC nº 19, de 4-6-1998.

Art. 248. Os benefícios pagos, a qualquer título, pelo órgão responsável pelo regime geral de previdência social, ainda que à conta do Tesouro Nacional, e os não sujeitos ao limite máximo de valor fixado para os benefícios concedidos por esse regime observarão os limites fixados no artigo 37, XI.

Art. 249. Com o objetivo de assegurar recursos para o pagamento de proventos de aposentadoria e pensões concedidas aos respectivos servidores e seus dependentes, em adição aos recursos dos respectivos tesouros, a União, os Estados, o Distrito Federal e os Municípios poderão constituir fundos integrados pelos recursos provenientes de contribuições e por bens, direitos e ativos de qualquer natureza, mediante lei que disporá sobre a natureza e administração desses fundos.

Art. 250. Com o objetivo de assegurar recursos para o pagamento dos benefícios concedidos pelo regime geral de previdência social, em adição aos recursos de sua arrecadação, a União poderá constituir fundo integrado por bens, direitos e ativos de qualquer natureza, mediante lei que disporá sobre a natureza e administração desse fundo.

• Arts. 248 a 250 acrescidos pela EC nº 20, de 15-12-1998.

ATO DAS DISPOSIÇÕES CONSTITUCIONAIS TRANSITÓRIAS

Art. 1º O Presidente da República, o Presidente do Supremo Tribunal Federal e os membros do Congresso Nacional prestarão o compromisso de manter, defender e cumprir a Constituição, no ato e na data de sua promulgação.

Art. 2º No dia 7 de setembro de 1993 o eleitorado definirá, através de plebiscito, a forma (república ou monarquia constitucional) e o sistema de governo (parlamentarismo ou presidencialismo) que devem vigorar no País.

• No plebiscito realizado em 21-4-1993, disciplinado pela EC nº 2, de 25-8-1992, foram mantidos a República e o Presidencialismo, como forma e sistema de Governo, respectivamente.

§ 1º Será assegurada gratuidade na livre divulgação dessas formas e sistemas, através dos meios de comunicação de massa cessionários de serviço público.

§ 2º O Tribunal Superior Eleitoral, promulgada a Constituição, expedirá as normas regulamentadoras deste artigo.

Art. 3º A revisão constitucional será realizada após cinco anos, contados da promulgação da Constituição, pelo voto da maioria absoluta dos membros do Congresso Nacional, em sessão unicameral.

Art. 4º O mandato do atual Presidente da República terminará em 15 de março de 1990.

§ 1º A primeira eleição para Presidente da República após a promulgação da Constituição será realizada no dia 15 de novembro de 1989, não se lhe aplicando o disposto no artigo 16 da Constituição.

§ 2º É assegurada a irredutibilidade da atual representação dos Estados e do Distrito Federal na Câmara dos Deputados.

§ 3º Os mandatos dos Governadores e dos Vice-Governadores eleitos em 15 de novembro de 1986 terminarão em 15 de março de 1991.

§ 4º Os mandatos dos atuais Prefeitos, Vice-Prefeitos e Vereadores terminarão no dia 1º de janeiro de 1989, com a posse dos eleitos.

Art. 5º Não se aplicam às eleições previstas para 15 de novembro de 1988 o disposto no artigo 16 e as regras do artigo 77 da Constituição.

§ 1º Para as eleições de 15 de novembro de 1988 será exigido domicílio eleitoral na circunscrição pelo menos durante os quatro meses anteriores ao pleito, podendo os candidatos que preencham este requisito, atendidas as demais exigências da lei, ter seu registro efetivado pela Justiça Eleitoral após a promulgação da Constituição.

§ 2º Na ausência de norma legal específica, caberá ao Tribunal Superior Eleitoral editar as normas necessárias à realização das eleições de 1988, respeitada a legislação vigente.

§ 3º Os atuais parlamentares federais e estaduais eleitos Vice-Prefeitos, se convocados a exercer a função de Prefeito, não perderão o mandato parlamentar.

§ 4º O número de vereadores por município será fixado, para a representação a ser eleita em 1988, pelo respectivo Tribunal Regional Eleitoral, respeitados os limites estipulados no artigo 29, IV, da Constituição.

§ 5º Para as eleições de 15 de novembro de 1988, ressalvados os que já exercem mandato eletivo, são inelegíveis para qualquer cargo, no território de jurisdição do titular, o cônjuge e os parentes por consanguinidade ou afinidade, até o segundo grau, ou por adoção, do Presidente da República, do Governador de Estado, do Governador do Distrito Federal e do Prefeito que tenham exercido mais da metade do mandato.

Art. 6º Nos seis meses posteriores à promulgação da Constituição, parlamentares federais, reunidos em número não inferior a trinta, poderão requerer ao Tribunal Superior Eleitoral o registro de novo partido político, juntando ao requerimento o manifesto, o estatuto e o programa devidamente assinados pelos requerentes.

§ 1º O registro provisório, que será concedido de plano pelo Tribunal Superior Eleitoral, nos termos deste artigo, defere ao novo partido todos os direitos, deveres e prerrogativas dos atuais, entre eles o de participar, sob legenda própria, das eleições que vierem a ser realizadas nos doze meses seguintes à sua formação.

§ 2º O novo partido perderá automaticamente seu registro provisório se, no prazo de vinte e quatro meses, contados de sua formação, não obtiver registro definitivo no Tribunal Superior Eleitoral, na forma que a lei dispuser.

Art. 7º O Brasil propugnará pela formação de um Tribunal Internacional dos Direitos Humanos.

Art. 8º É concedida anistia aos que, no período de 18 de setembro de 1946 até a data da promulgação da Constituição, foram atingidos, em decorrência de motivação exclusivamente política, por atos de exceção, institucionais ou complementares, aos que foram abrangidos pelo Decreto Legislativo nº 18, de 15 de dezembro de 1961, e aos atingidos pelo Decreto-Lei nº 864, de 12 de setembro de 1969, asseguradas as promoções, na inatividade, ao cargo, emprego, posto ou graduação a que teriam direito se estivessem em serviço ativo, obedecidos os prazos de permanência em atividade previstos nas leis e regulamentos vigentes, respeitadas as características e peculiaridades das carreiras dos servidores públicos civis e militares e observados os respectivos regimes jurídicos.

§ 1º O disposto neste artigo somente gerará efeitos financeiros a partir da promulgação da Constituição, vedada a remuneração de qualquer espécie em caráter retroativo.

§ 2º Ficam assegurados os benefícios estabelecidos neste artigo aos trabalhadores do setor privado, dirigentes e representantes sindicais que, por motivos exclusivamente políticos, tenham sido punidos, demitidos ou compelidos ao afastamento das atividades remuneradas que exerciam, bem como aos que foram impedidos de exercer atividades profissionais em virtude de pressões ostensivas ou expedientes oficiais sigilosos.

§ 3º Aos cidadãos que foram impedidos de exercer, na vida civil, atividade profissional específica, em decorrência das Portarias Reservadas do Ministério da Aeronáutica nº S-50-GM5, de 19 de junho de 1964, e nº S-285-GM5 será concedida reparação de natureza econômica, na forma que dispuser lei de iniciativa do Congresso Nacional e a entrar em vigor no prazo de doze meses a contar da promulgação da Constituição.

§ 4º Aos que, por força de atos institucionais, tenham exercido gratuitamente mandato eletivo de vereador serão computados, para efeito de aposentadoria no serviço público e Previdência Social, os respectivos períodos.

§ 5º A anistia concedida nos termos deste artigo aplica-se aos servidores públicos civis e aos empregados em todos os níveis de governo ou em suas fundações, empresas públicas ou empresas mistas sob controle estatal, exceto nos Ministérios militares, que tenham sidos punidos ou demitidos por atividades profissionais interrompidas em virtude de decisão de seus trabalhadores, bem como em decorrência do Decreto-lei nº 1.632, de 4 de agosto de 1978, ou por motivos exclusivamente políticos, assegurada a readmissão dos que foram atingidos a partir de 1979, observado o disposto no § 1º.

- O referido Decreto-lei foi revogado pela Lei nº 7.783, de 28-6-1989 (Lei de Greve).

Art. 9º Os que, por motivos exclusivamente políticos, foram cassados ou tiveram seus direitos políticos suspensos no período de 15 de julho a 31 de dezembro de 1969, por ato do então Presidente da República, poderão requerer ao Supremo Tribunal Federal o reconhecimento dos direitos e vantagens interrompidos pelos atos punitivos, desde que comprovem terem sido estes eivados de vício grave.

Parágrafo único. O Supremo Tribunal Federal proferirá a decisão no prazo de cento e vinte dias, a contar do pedido do interessado.

Art. 10. Até que seja promulgada a lei complementar a que se refere o artigo 7º, I, da Constituição:

- A referida Lei foi revogada pela Lei nº 7.839 de 12-10-1989, e pela atual Lei de FGTS: Lei nº 8.036, de 11-5-1990.

I – fica limitada a proteção nele referida ao aumento, para quatro vezes, da porcentagem prevista no artigo 6º, *caput* e § 1º, da Lei nº 5.107, de 13 de setembro de 1966;

- A referida Lei foi revogada pela Lei nº 7.839, de 12-10-1989, e essa pela Lei nº 8.036, de 11-5-1990.

II – fica vedada a dispensa arbitrária ou sem justa causa:

a) do empregado eleito para cargo de direção de comissões internas de prevenção de acidentes, desde o registro de sua candidatura até um ano após o final de seu mandato;

b) da empregada gestante, desde a confirmação da gravidez até cinco meses após o parto.

§ 1º Até que a lei venha a disciplinar o disposto no artigo 7º, XIX, da Constituição, o prazo da licença-paternidade a que se refere o inciso é de cinco dias.

§ 2º Até ulterior disposição legal, a cobrança das contribuições para o custeio das atividades dos sindicatos rurais será feita juntamente com a do imposto territorial rural, pelo mesmo órgão arrecadador.

§ 3º Na primeira comprovação do cumprimento das obrigações trabalhistas pelo empregador rural, na forma do artigo 233, após a promulgação da Constituição, será certificada perante a Justiça do Trabalho a regularidade do contrato e das atualizações das obrigações trabalhistas de todo o período.

- O referido art. 233 foi revogado pela EC nº 28, de 25-5-2000.

Art. 11. Cada Assembleia Legislativa, com poderes constituintes, elaborará a Constituição do Estado, no prazo de um ano, contado da promulgação da Constituição Federal, obedecidos os princípios desta.

Parágrafo único. Promulgada a Constituição do Estado, caberá à Câmara Municipal, no prazo de seis meses, votar a Lei Orgânica respectiva, em dois turnos de discussão e votação, respeitado o disposto na Constituição Federal e na Constituição Estadual.

Art. 12. Será criada, dentro de noventa dias da promulgação da Constituição, Comissão de Estudos Territoriais, com dez membros indicados pelo Congresso Nacional e cinco pelo Poder Executivo, com a finalidade de apresentar estudos sobre o território nacional e anteprojetos relativos a novas unidades territoriais, notadamente na Amazônia Legal e em áreas pendentes de solução.

§ 1º No prazo de um ano, a Comissão submeterá ao Congresso Nacional os resultados de seus estudos para, nos termos da Constituição, serem apreciados nos doze meses subsequentes, extinguindo-se logo após.

§ 2º Os Estados e os Municípios deverão, no prazo de três anos, a contar da promulgação da Constituição, promover, mediante acordo ou arbitramento, a demarcação de suas linhas divisórias atualmente litigiosas, podendo para isso fazer alterações e compensações de área que atendam aos acidentes naturais, critérios históricos, conveniências administrativas e comodidade das populações limítrofes.

§ 3º Havendo solicitação dos Estados e Municípios interessados, a União poderá encarregar-se dos trabalhos demarcatórios.

§ 4º Se, decorrido o prazo de três anos, a contar da promulgação da Constituição, os trabalhos demarcatórios não tiverem sido concluídos, caberá à União determinar os limites das áreas litigiosas.

§ 5º Ficam reconhecidos e homologados os atuais limites do Estado do Acre com os Estados do Amazonas e de Rondônia, conforme levantamentos cartográficos e geodésicos realizados pela Comissão Tripartite integrada por representantes dos Estados e dos serviços técnico-especializados do Instituto Brasileiro de Geografia e Estatística.

Art. 13. É criado o Estado do Tocantins, pelo desmembramento da área descrita neste artigo, dando-se sua instalação no quadragésimo sexto dia após a eleição prevista no § 3º, mas não antes de 1º de janeiro de 1989.

§ 1º O Estado do Tocantins integra a Região Norte e limita-se com o Estado de Goiás pelas divisas norte dos Municípios de São Miguel do Araguaia, Porangatu, Formoso, Minaçu, Cavalcante, Monte Alegre de Goiás e Campos Belos, conservando a leste, norte e oeste as divisas atuais de Goiás com os Estados da Bahia, Piauí, Maranhão, Pará e Mato Grosso.

§ 2º O Poder Executivo designará uma das cidades do Estado para sua Capital provisória até a aprovação da sede definitiva do governo pela Assembleia Constituinte.

§ 3º O Governador, o Vice-Governador, os Senadores, os Deputados Federais e os Deputados Estaduais serão eleitos, em um único turno, até setenta e cinco dias após a promulgação da Constituição, mas não antes de 15 de novembro de 1988, a critério do Tribunal Superior Eleitoral, obedecidas, entre outras, as seguintes normas:

I – o prazo de filiação partidária dos candidatos será encerrado setenta e cinco dias antes da data das eleições;

II – as datas das convenções regionais partidárias destinadas a deliberar sobre coligações e escolha de candidatos, de apresentação de requerimento de registro dos candidatos escolhidos e dos demais procedimentos legais serão fixadas em calendário especial, pela Justiça Eleitoral;

III – são inelegíveis os ocupantes de cargos estaduais ou municipais que não se tenham deles afastado, em caráter definitivo, setenta e cinco dias antes da data das eleições previstas neste parágrafo;

IV – ficam mantidos os atuais diretórios regionais dos partidos políticos do Estado de Goiás, cabendo às Comissões Executivas Nacionais designar comissões provisórias no Estado do Tocantins, nos termos e para os fins previstos na lei.

§ 4º Os mandatos do Governador, do Vice-Governador, dos Deputados Federais e Estaduais eleitos na forma do parágrafo anterior extinguir-se-ão concomitantemente aos das demais Unidades da Federação; o mandato do Senador eleito menos votado extinguir-se-á nessa mesma oportunidade, e os dos outros dois, juntamente com os dos Senadores eleitos em 1986 nos demais Estados.

§ 5º A Assembleia Estadual Constituinte será instalada no quadragésimo sexto dia da eleição de seus integrantes, mas não antes de 1º de janeiro de 1989, sob a presidência do Presidente do Tribunal Regional Eleitoral do Estado de Goiás, e dará posse, na mesma data, ao Governador e ao Vice-Governador eleitos.

§ 6º Aplicam-se à criação e instalação do Estado do Tocantins, no que couber, as normas legais disciplinadoras da divisão do Estado de Mato Grosso, observado o disposto no artigo 234 da Constituição.

§ 7º Fica o Estado de Goiás liberado dos débitos e encargos decorrentes de empreendimentos no território do novo Estado, e autorizada a União, a seu critério, a assumir os referidos débitos.

Art. 14. Os Territórios Federais de Roraima e do Amapá são transformados em Estados Federados, mantidos seus atuais limites geográficos.

§ 1º A instalação dos Estados dar-se-á com a posse dos Governadores eleitos em 1990.

§ 2º Aplicam-se à transformação e instalação dos Estados de Roraima e Amapá as normas e critérios seguidos na criação do Estado de Rondônia, respeitado o disposto na Constituição e neste Ato.

§ 3º O Presidente da República, até quarenta e cinco dias após a promulgação da Constituição, encaminhará à apreciação do Senado Federal os nomes dos Governadores dos Estados de Roraima e do Amapá que exercerão o Poder Executivo até a instalação dos novos Estados com a posse dos Governadores eleitos.

§ 4º Enquanto não concretizada a transformação em Estados, nos termos deste artigo, os Territórios Federais de Roraima e do Amapá serão beneficiados pela transferência de recursos prevista nos artigos 159, I, *a*, da Constituição, e 34, § 2º, II, deste Ato.

Art. 15. Fica extinto o Território Federal de Fernando de Noronha, sendo sua área reincorporada ao Estado de Pernambuco.

Art. 16. Até que se efetive o disposto no artigo 32, § 2º, da Constituição, caberá ao Presidente da República, com a aprovação do Senado Federal, indicar o Governador e o Vice-Governador do Distrito Federal.

§ 1º A competência da Câmara Legislativa do Distrito Federal, até que se instale, será exercida pelo Senado Federal.

§ 2º A fiscalização contábil, financeira, orçamentária, operacional e patrimonial do Distrito Federal, enquanto não for instalada a Câmara Legislativa, será exercida pelo Senado Federal, mediante controle externo, com o auxílio do Tribunal de Contas do Distrito Federal, observado o disposto no artigo 72 da Constituição.

§ 3º Incluem-se entre os bens do Distrito Federal aqueles que lhe vierem a ser atribuídos pela União na forma da lei.

Art. 17. Os vencimentos, a remuneração, as vantagens e os adicionais, bem como os proventos de aposentadoria que estejam sendo percebidos em desacordo com a Constituição serão imediatamente reduzidos aos limites dela decorrentes, não se admitindo, neste caso, invocação de direito adquirido ou percepção de excesso a qualquer título.

§ 1º É assegurado o exercício cumulativo de dois cargos ou empregos privativos de médico que estejam sendo exercidos por médico militar na administração pública direta ou indireta.

§ 2º É assegurado o exercício cumulativo de dois cargos ou empregos privativos de profissionais de saúde que estejam sendo exercidos na administração pública direta ou indireta.

Art. 18. Ficam extintos os efeitos jurídicos de qualquer ato legislativo ou administrativo, lavrado a partir da instalação da Assembleia Nacional Constituinte, que tenha por objeto a concessão de estabilidade a servidor admitido sem concurso público, da administração direta ou indireta, inclusive das fundações instituídas e mantidas pelo Poder Público.

Art. 18-A. Os atos administrativos praticados no Estado do Tocantins, decorrentes de sua instalação, entre 1º de janeiro de 1989 e 31 de dezembro de 1994, eivados de qualquer vício jurídico e dos quais decorram efeitos favoráveis para os destinatários ficam convalidados após 5 (cinco) anos, contados da data em que foram praticados, salvo comprovada má-fé.

- Art. 18-A acrescido pela EC nº 110, de 12-7-2021.

Art. 19. Os servidores públicos civis da União, dos Estados, do Distrito Federal e dos Municípios, da administração direta, autárquica e das fundações públicas, em exercício na data da promulgação da Constituição, há pelo menos cinco anos continuados, e que não tenham sido admitidos na forma regulada no artigo 37, da Constituição, são considerados estáveis no serviço público.

§ 1º O tempo de serviço dos servidores referidos neste artigo será contado como título quando se submeterem a concurso para fins de efetivação, na forma da lei.

§ 2º O disposto neste artigo não se aplica aos ocupantes de cargos, funções e empregos de confiança ou em comissão, nem aos que a lei declare de livre exoneração, cujo tempo de serviço não será computado para os fins do *caput* deste artigo, exceto se se tratar de servidor.

§ 3º O disposto neste artigo não se aplica aos professores de nível superior, nos termos da lei.

Art. 20. Dentro de cento e oitenta dias, proceder-se-á à revisão dos direitos dos servidores públicos inativos e pensionistas e à atualização dos proventos e pensões a eles devidos, a fim de ajustá-los ao disposto na Constituição.

Art. 21. Os juízes togados de investidura limitada no tempo, admitidos mediante concurso público de provas e títulos e que estejam em exercício na data da promulgação da Constituição, adquirem estabilidade, observado o estágio probatório, e passam a compor quadro em extinção, mantidas as competências, prerrogativas e restrições da legislação a que se achavam submetidos, salvo as inerentes à transitoriedade da investidura.

Parágrafo único. A aposentadoria dos juízes de que trata este artigo regular-se-á pelas normas fixadas para os demais juízes estaduais.

Art. 22. É assegurado aos defensores públicos investidos na função até a data de instalação da Assembleia Nacional Constituinte o direito de opção pela carreira, com a observância das garantias e vedações previstas no artigo 134, parágrafo único, da Constituição.

- O referido parágrafo único foi renumerado para § 1º, pela EC nº 45, de 8-12-2004.

Art. 23. Até que se edite a regulamentação do artigo 21, XVI, da Constituição, os atuais ocupantes do cargo de Censor Federal continuarão exercendo funções com este compatíveis, no Departamento de Polícia Federal, observadas as disposições constitucionais.

Parágrafo único. A lei referida disporá sobre o aproveitamento dos Censores Federais, nos termos deste artigo.

Art. 24. A União, os Estados, o Distrito Federal e os Municípios editarão leis que estabeleçam critérios para a compatibilização de seus quadros de pessoal ao disposto no artigo 39 da Constituição e à reforma administrativa dela decorrente, no prazo de dezoito meses, contados da sua promulgação.

Art. 25. Ficam revogados, a partir de cento e oitenta dias da promulgação da Constituição, sujeito este prazo a prorrogação por lei, todos os dispositivos legais que atribuam ou deleguem a órgão do Poder Executivo competência assinalada pela Constituição ao Congresso Nacional, especialmente no que tange à:

I – ação normativa;

II – alocação ou transferência de recursos de qualquer espécie.

§ 1º Os decretos-leis em tramitação no Congresso Nacional e por este não apreciados até a promulgação da Constituição terão seus efeitos regulados da seguinte forma:

I – se editados até 2 de setembro de 1988, serão apreciados pelo Congresso Nacional no prazo de até cento e oitenta dias a contar da promulgação da Constituição, não computado o recesso parlamentar;

II – decorrido o prazo definido no inciso anterior, e não havendo apreciação, os decretos-leis ali mencionados serão considerados rejeitados;

III – nas hipóteses definidas nos incisos I e II, terão plena validade os atos praticados na vigência dos respectivos decretos-leis, podendo o Congresso Nacional, se necessário, legislar sobre os efeitos deles remanescentes.

§ 2º Os decretos-leis editados entre 3 de setembro de 1988 e a promulgação da Constituição serão convertidos, nesta data, em medidas provisórias, aplicando-se-lhes as regras estabelecidas no artigo 62, parágrafo único.

- Art. 62, § 3º, da CF.

Art. 26. No prazo de um ano a contar da promulgação da Constituição, o Congresso Nacional promoverá, através de Comissão Mista, exame analítico e pericial dos atos e fatos geradores do endividamento externo brasileiro.

§ 1º A Comissão terá a força legal de Comissão Parlamentar de Inquérito para os fins de requisição e convocação, e atuará com o auxílio do Tribunal de Contas da União.

§ 2º Apurada irregularidade, o Congresso Nacional proporá ao Poder Executivo a declaração de nulidade do ato e encaminhará o processo ao Ministério Público Federal, que formalizará, no prazo de sessenta dias, a ação cabível.

Art. 27. O Superior Tribunal de Justiça será instalado sob a Presidência do Supremo Tribunal Federal.

§ 1º Até que se instale o Superior Tribunal de Justiça, o Supremo Tribunal Federal exercerá as atribuições e competências definidas na ordem constitucional precedente.

§ 2º A composição inicial do Superior Tribunal de Justiça far-se-á:

I – pelo aproveitamento dos Ministros do Tribunal Federal de Recursos;

II – pela nomeação dos Ministros que sejam necessários para completar o número estabelecido na Constituição.

§ 3º Para os efeitos do disposto na Constituição, os atuais Ministros do Tribunal Federal de Recursos serão considerados pertencentes à classe de que provieram, quando de sua nomeação.

§ 4º Instalado o Tribunal, os Ministros aposentados do Tribunal Federal de Recursos tornar-se-ão, automaticamente, Ministros aposentados do Superior Tribunal de Justiça.

§ 5º Os Ministros a que se refere o § 2º, II, serão indicados em lista tríplice pelo Tribunal Federal de Recursos, observado o disposto no artigo 104, parágrafo único, da Constituição.

§ 6º Ficam criados cinco Tribunais Regionais Federais, a serem instalados no prazo de seis meses a contar da promulgação da Constituição, com a jurisdição e sede que lhes fixar o Tribunal Federal de Recursos, tendo em conta o número de processos e sua localização geográfica.

§ 7º Até que se instalem os Tribunais Regionais Federais, o Tribunal Federal de Recursos exercerá a competência a eles atribuída em todo o território nacional, cabendo-lhe promover sua instalação e indicar os candidatos a todos os cargos da composição inicial, mediante lista tríplice, podendo desta constar juízes federais de qualquer região, observado o disposto no § 9º.

§ 8º É vedado, a partir da promulgação da Constituição, o provimento de vagas de Ministros do Tribunal Federal de Recursos.

§ 9º Quando não houver juiz federal que conte o tempo mínimo previsto no artigo 107, II, da Constituição, a promoção poderá contemplar juiz com menos de cinco anos no exercício do cargo.

§ 10. Compete à Justiça Federal julgar as ações nela propostas até a data da promulgação da Constituição, e aos Tribunais Regionais Federais bem como ao Superior Tribunal de Justiça julgar as ações rescisórias das decisões até então proferidas pela Justiça Federal, inclusive daquelas cuja matéria tenha passado à competência de outro ramo do Judiciário.

§ 11. São criados, ainda, os seguintes Tribunais Regionais Federais: o da 6ª Região, com sede em Curitiba, Estado do Paraná, e jurisdição nos Estados do Paraná, Santa Catarina e Mato Grosso do Sul; o da 7ª Região, com sede em Belo Horizonte, Estado de Minas Gerais, e jurisdição no Estado de Minas Gerais; o da 8ª Região, com sede em Salvador, Estado da Bahia, e jurisdição nos Estados da Bahia e Sergipe; e o da 9ª Região, com sede em Manaus, Estado do Amazonas, e jurisdição nos Estados do Amazonas, Acre, Rondônia e Roraima.

- § 11 acrescido pela EC nº 73, de 6-6-2013.
- O STF, na ADIN nº 5.017, deferiu, em caráter excepcional e sujeita ao referendo do Colegiado, medida cautelar para suspender os efeitos da EC nº 73, de 6-6-2013 (*DJe* 1º-8-2013).

Art. 28. Os juízes federais de que trata o artigo 123, § 2º, da Constituição de 1967, com a redação dada pela Emenda Constitucional nº 7, de 1977, ficam investidos na titularidade de varas na Seção Judiciária para a qual tenham sido nomeados ou designados; na inexistência de vagas, proceder-se-á ao desdobramento das varas existentes.

- Dispunha o artigo citado: "A lei poderá atribuir a juízes federais exclusivamente funções de substituição, em uma ou mais seções judiciárias e, ainda, as de auxílio a juízes titulares de Varas, quando não se encontrarem no exercício de substituição".

Parágrafo único. Para efeito de promoção por antiguidade, o tempo de serviço desses juízes será computado a partir do dia de sua posse.

Art. 29. Enquanto não aprovadas as leis complementares relativas ao Ministério Público e à Advocacia-Geral da União, o Ministério Público Federal, a Procuradoria-Geral da Fazenda Nacional, as Consultorias Jurídicas dos Ministérios, as Procuradorias e Departamentos Jurídicos de autarquias federais com representação própria e os membros das Procuradorias das Universidades fundacionais públicas continuarão a exercer suas atividades na área das respectivas atribuições.

§ 1º O Presidente da República, no prazo de cento e vinte dias, encaminhará ao Congresso Nacional projeto de lei complementar dispondo sobre a organização e o funcionamento da Advocacia-Geral da União.

§ 2º Aos atuais Procuradores da República, nos termos da lei complementar, será facultada a opção, de forma irretratável, entre as carreiras do Ministério Público Federal e da Advocacia-Geral da União.

§ 3º Poderá optar pelo regime anterior, no que respeita às garantias e vantagens, o membro do Ministério Público admitido antes da promulgação da Constituição, observando-se, quanto às vedações, a situação jurídica na data desta.

§ 4º Os atuais integrantes do quadro suplementar dos Ministérios Públicos do Trabalho e Militar que tenham adquirido estabilidade nessas funções passam a integrar o quadro da respectiva carreira.

§ 5º Cabe à atual Procuradoria-Geral da Fazenda Nacional, diretamente ou por delegação, que pode ser ao Ministério Público Estadual, representar judicialmente a União nas causas de natureza fiscal, na área da respectiva competência, até a promulgação das leis complementares previstas neste artigo.

Art. 30. A legislação que criar a Justiça de Paz manterá os atuais juízes de paz até a posse dos novos titulares, assegurando-lhes os direitos e atribuições conferidos a estes, e designará o dia para a eleição prevista no artigo 98, II, da Constituição.

Art. 31. Serão estatizadas as serventias do foro judicial, assim definidas em lei, respeitados os direitos dos atuais titulares.

Art. 32. O disposto no artigo 236 não se aplica aos serviços notariais e de registro que já tenham sido oficializados pelo Poder Público, respeitando-se o direito de seus servidores.

Art. 33. Ressalvados os créditos de natureza alimentar, o valor dos precatórios judiciais pendentes de pagamento na data da promulgação da Constituição, incluído o remanescente de juros e correção monetária, poderá ser pago em moeda corrente, com atualização, em prestações anuais, iguais e sucessivas, no prazo máximo de oito anos, a partir de 1º de julho de 1989, por decisão editada pelo Poder Executivo até cento e oitenta dias da promulgação da Constituição.

- Art. 97, § 15, deste Ato.

Parágrafo único. Poderão as entidades devedoras, para o cumprimento do disposto neste artigo, emitir, em cada ano, no exato montante do dispêndio, títulos de dívida pública não computáveis para efeito do limite global de endividamento.

Art. 34. O sistema tributário nacional entrará em vigor a partir do primeiro dia do quinto mês seguinte ao da promulgação da Constituição, mantido, até então, o da Constituição de 1967, com a redação dada pela Emenda nº 1, de 1969, e pelas posteriores.

§ 1º Entrarão em vigor com a promulgação da Constituição os artigos 148, 149, 150, 154, I, 156, III, e 159, I, *c*, revogadas as disposições em contrário da Constituição de 1967 e das Emendas que a modificaram, especialmente de seu artigo 25, III.

§ 2º O Fundo de Participação dos Estados e do Distrito Federal e o Fundo de Participação dos Municípios obedecerão às seguintes determinações:

I – a partir da promulgação da Constituição, os percentuais serão, respectivamente, de dezoito por cento e de vinte por cento, calculados sobre o produto da arrecadação dos impostos referidos no artigo 153, III e IV, mantidos os atuais critérios de rateio até a entrada em vigor da lei complementar a que se refere o artigo 161, II;

II – o percentual relativo ao Fundo de Participação dos Estados e do Distrito Federal será acrescido de um ponto percentual no exercício financeiro de 1989 e, a partir de 1990, inclusive, à razão de meio ponto por exercício, até 1992, inclusive, atingindo em 1993 o percentual estabelecido no artigo 159, I, *a*;

III – o percentual relativo ao Fundo de Participação dos Municípios, a partir de 1989, inclusive, será elevado à razão de meio ponto percentual por exercício financeiro, até atingir o estabelecido no artigo 159, I, *b*.

§ 3º Promulgada a Constituição, a União, os Estados, o Distrito Federal e os Municípios poderão editar as leis necessárias à aplicação do sistema tributário nacional nela previsto.

§ 4º As leis editadas nos termos do parágrafo anterior produzirão efeitos a partir da entrada em vigor do sistema tributário nacional previsto na Constituição.

§ 5º Vigente o novo sistema tributário nacional, fica assegurada a aplicação da legislação anterior, no que não seja incompatível com ele e com a legislação referida nos §§ 3º e 4º.

- Súm. nº 663 do STF.

§ 6º Até 31 de dezembro de 1989, o disposto no artigo 150, III, *b*, não se aplica aos impostos de que tratam os artigos 155, I, *a* e *b*, e 156, II e III, que podem ser cobrados trinta dias após a publicação da lei que os tenha instituído ou aumentado.

- Com a alteração determinada pela EC nº 3, de 17-3-1993, a referência ao art. 155, I, *b*, passou a ser ao art. 155, II.

§ 7º Até que sejam fixadas em lei complementar, as alíquotas máximas do imposto municipal sobre vendas a varejo de combustíveis líquidos e gasosos não excederão a três por cento.

§ 8º Se, no prazo de sessenta dias contados da promulgação da Constituição, não for editada a lei complementar necessária à instituição do imposto de que trata o artigo 155, I, *b*, os Estados e o Distrito Federal, mediante convênio celebrado nos termos da Lei Complementar nº 24, de 7 de janeiro de 1975, fixarão normas para regular provisoriamente a matéria.

- De acordo com a nova redação dada pela EC nº 3, de 17-3-1993, a referência ao art. 155, I, *b* passou a ser art. 155, II.
- LC nº 24, de 7-1-1975, dispõe sobre os convênios para a concessão de isenções sobre os impostos dos Estados e do Distrito Federal, sobre operações relativas à circulação de mercadorias.
- LC nº 87, de 13-9-1996 (Lei Kandir – ICMS).

§ 9º Até que lei complementar disponha sobre a matéria, as empresas distribuidoras de energia elétrica, na condição de contribuintes ou de substitutos tributários, serão as responsáveis, por ocasião da saída do produto de seus estabelecimentos, ainda que destinado a outra Unidade da Federação, pelo pagamento do Imposto sobre Operações Relativas à Circulação de mercadorias incidente sobre energia elétrica, desde a produção ou importação até a última operação, calculado o imposto sobre o preço então praticado na operação final e assegurado seu recolhimento ao Estado ou ao Distrito Federal, conforme o local onde deva ocorrer essa operação.

§ 10. Enquanto não entrar em vigor a lei prevista no artigo 159, I, *c*, cuja promulgação se fará até 31 de dezembro de 1989, é assegurada a aplicação dos recursos previstos naquele dispositivo da seguinte maneira:

- Lei nº 7.827, de 27-9-1989, regulamenta o art. 159, I, *c*, da Constituição, que institui o Fundo Constitucional de Financiamento do Norte – FNO, o Fundo Constitucional de Financiamento do Nordeste - FNE e o Fundo Constitucional de Financiamento do Centro-Oeste - FCO.

I – seis décimos por cento na Região Norte, através do Banco da Amazônia S/A;

II – um inteiro e oito décimos por cento na Região Nordeste, através do Banco do Nordeste do Brasil S/A;

III – seis décimos por cento na Região Centro-Oeste, através do Banco do Brasil S/A.

§ 11. Fica criado, nos termos da lei, o Banco de Desenvolvimento do Centro-Oeste, para dar cumprimento, na referida região, ao que determinam os artigos 159, I, *c*, e 192, § 2º, da Constituição.

• O referido § 2º foi revogado pela EC nº 40, de 29-5-2003.

§ 12. A urgência prevista no artigo 148, II, não prejudica a cobrança do empréstimo compulsório instituído, em benefício das Centrais Elétricas Brasileiras S/A (ELETROBRÁS), pela Lei nº 4.156, de 28 de novembro de 1962, com as alterações posteriores.

Art. 35. O disposto no artigo 165, § 7º, será cumprido de forma progressiva, no prazo de até dez anos, distribuindo-se os recursos entre as regiões macroeconômicas em razão proporcional à população, a partir da situação verificada no biênio 1986/1987.

§ 1º Para aplicação dos critérios de que trata este artigo, excluem-se das despesas totais as relativas:

I – aos projetos considerados prioritários no plano plurianual;

II – à segurança e defesa nacional;

III – à manutenção dos órgãos federais no Distrito Federal;

IV – ao Congresso Nacional, ao Tribunal de Contas da União e ao Poder Judiciário;

V – ao serviço da dívida da administração direta e indireta da União, inclusive fundações instituídas e mantidas pelo Poder Público Federal.

§ 2º Até a entrada em vigor da lei complementar a que se refere o artigo 165, § 9º, I e II, serão obedecidas as seguintes normas:

I – o projeto do plano plurianual, para vigência até o final do primeiro exercício financeiro do mandato presidencial subsequente, será encaminhado até quatro meses antes do encerramento do primeiro exercício financeiro e devolvido para sanção até o encerramento da sessão legislativa;

II – o projeto de lei de diretrizes orçamentárias será encaminhado até oito meses e meio antes do encerramento do exercício financeiro e devolvido para sanção até o encerramento do primeiro período da sessão legislativa;

III – o projeto de lei orçamentária da União será encaminhado até quatro meses antes do encerramento do exercício financeiro e devolvido para sanção até o encerramento da sessão legislativa.

Art. 36. Os fundos existentes na data da promulgação da Constituição, excetuados os resultantes de isenções fiscais que passem a integrar patrimônio privado e os que interessem à defesa nacional, extinguir-se-ão, se não forem ratificados pelo Congresso Nacional no prazo de dois anos.

Art. 37. A adaptação ao que estabelece o artigo 167, III, deverá processar-se no prazo de cinco anos, reduzindo-se o excesso à base de, pelo menos, um quinto por ano.

Art. 38. Até a promulgação da lei complementar referida no artigo 169, a União, os Estados, o Distrito Federal e os Municípios não poderão despender com pessoal mais do que sessenta e cinco por cento do valor das respectivas receitas correntes.

§ 1º A União, os Estados, o Distrito Federal e os Municípios, quando a respectiva despesa de pessoal exceder o limite previsto neste artigo, deverão retornar àquele limite, reduzindo o percentual excedente à razão de um quinto por ano.

• Parágrafo único renumerado para § 1º pela EC nº 127, de 22-12-2022.

§ 2º As despesas com pessoal resultantes do cumprimento do disposto nos §§ 12, 13, 14 e 15 do art. 198 da Constituição Federal serão contabilizadas, para fins dos limites de que trata o art. 169 da Constituição Federal, da seguinte forma:

I – até o fim do exercício financeiro subsequente ao da publicação deste dispositivo, não serão contabilizadas para esses limites;

II – no segundo exercício financeiro subsequente ao da publicação deste dispositivo, serão deduzidas em 90% (noventa por cento) do seu valor;

III – entre o terceiro e o décimo segundo exercício financeiro subsequente ao da publicação deste dispositivo, a dedução de que trata o inciso II deste parágrafo será reduzida anualmente na proporção de 10% (dez por cento) de seu valor.

• § 2º acrescido pela EC nº 127, de 22-12-2022.

Art. 39. Para efeito do cumprimento das disposições constitucionais que impliquem variações de despesas e receitas da União, após a promulgação da Constituição, o Poder Executivo deverá elaborar e o Poder Legislativo apreciar projeto de revisão da lei orçamentária referente ao exercício financeiro de 1989.

Parágrafo único. O Congresso Nacional deverá votar no prazo de doze meses a lei complementar prevista no artigo 161, II.

Art. 40. É mantida a Zona Franca de Manaus, com suas características de área livre de comércio, de exportação e importação, e de incentivos fiscais, pelo prazo de vinte e cinco anos, a partir da promulgação da Constituição.

○ Art. 92 deste Ato.

Parágrafo único. Somente por lei federal podem ser modificados os critérios que disciplinaram ou venham a disciplinar a aprovação dos projetos na Zona Franca de Manaus.

Art. 41. Os Poderes Executivos da União, dos Estados, do Distrito Federal e dos Municípios reavaliarão todos os incentivos fiscais de natureza setorial ora em vigor, propondo aos Poderes Legislativos respectivos as medidas cabíveis.

○ Art. 92 deste Ato.

○ Arts. 151, I, 155, XII, *g*, 195, § 3º, e 227, § 3º, VI, da CF.

○ Lei nº 8.402, de 8-1-1992, restabelece os incentivos fiscais que menciona.

§ 1º Considerar-se-ão revogados após dois anos, a partir da data da promulgação da Constituição, os incentivos que não forem confirmados por lei.

§ 2º A revogação não prejudicará os direitos que já tiverem sido adquiridos, àquela data, em relação a incentivos concedidos sob condição e com prazo certo.

§ 3º Os incentivos concedidos por convênio entre Estados, celebrados nos termos do artigo 23, § 6º, da Constituição de 1967, com a redação da Emenda nº 1, de 17 de outubro de 1969, também deverão ser reavaliados e reconfirmados nos prazos deste artigo.

Art. 42. Durante 40 (quarenta) anos, a União aplicará dos recursos destinados à irrigação:

I – 20% (vinte por cento) na Região Centro-Oeste;

II – 50% (cinquenta por cento) na Região Nordeste, preferencialmente no Semiárido.

Parágrafo único. Dos percentuais previstos nos incisos I e II do *caput*, no mínimo 50% (cinquenta por cento) serão destinados a projetos de irrigação que beneficiem agricultores familiares que atendam aos requisitos previstos em legislação específica.

- Art. 42 com a redação dada pela EC nº 89, de 15-9-2015.

Art. 43. Na data da promulgação da lei que disciplinar a pesquisa e a lavra de recursos e jazidas minerais, ou no prazo de um ano, a contar da promulgação da Constituição, tornar-se-ão sem efeito as autorizações, concessões e demais títulos atributivos de direitos minerários, caso os trabalhos de pesquisa ou de lavra não hajam sido comprovadamente iniciados nos prazos legais ou estejam inativos.

Art. 44. As atuais empresas brasileiras titulares de autorização de pesquisa, concessão de lavra de recursos minerais e de aproveitamento dos potenciais de energia hidráulica em vigor terão quatro anos, a partir da promulgação da Constituição, para cumprir os requisitos do artigo 176, § 1º.

§ 1º Ressalvadas as disposições de interesse nacional previstas no texto constitucional, as empresas brasileiras ficarão dispensadas do cumprimento do disposto no artigo 176, § 1º, desde que, no prazo de até quatro anos da data da promulgação da Constituição, tenham o produto de sua lavra e beneficiamento destinado a industrialização no território nacional, em seus próprios estabelecimentos ou em empresa industrial controladora ou controlada.

§ 2º Ficarão também dispensadas do cumprimento do disposto no artigo 176, § 1º, as empresas brasileiras titulares de concessão de energia hidráulica para uso em seu processo de industrialização.

§ 3º As empresas brasileiras referidas no § 1º somente poderão ter autorizações de pesquisa e concessões de lavra ou potenciais de energia hidráulica, desde que a energia e o produto da lavra sejam utilizados nos respectivos processos industriais.

Art. 45. Ficam excluídas do monopólio estabelecido pelo artigo 177, II, da Constituição as refinarias em funcionamento no País amparadas pelo artigo 43 e nas condições do artigo 45 da Lei nº 2.004, de 3 de outubro de 1953.

- A referida Lei foi revogada pela Lei nº 9.478, de 6-8-1997.

Parágrafo único. Ficam ressalvados da vedação do artigo 177, § 1º, os contratos de risco feitos com a Petróleo Brasileiro S/A (PETROBRAS), para pesquisa de petróleo, que estejam em vigor na data da promulgação da Constituição.

Art. 46. São sujeitos à correção monetária desde o vencimento, até seu efetivo pagamento, sem interrupção ou suspensão, os créditos junto a entidades submetidas aos regimes de intervenção ou liquidação extrajudicial, mesmo quando esses regimes sejam convertidos em falência.

Parágrafo único. O disposto neste artigo aplica-se também:

I – às operações realizadas posteriormente à decretação dos regimes referidos no *caput* deste artigo;

II – às operações de empréstimo, financiamento, refinanciamento, assistência financeira de liquidez, cessão ou sub-rogação de créditos ou cédulas hipotecárias, efetivação de garantia de depósitos do público ou de compra de obrigações passivas, inclusive as realizadas com recursos de fundos que tenham essas destinações;

III – aos créditos anteriores à promulgação da Constituição;

IV – aos créditos das entidades da administração pública anteriores à promulgação da Constituição, não liquidados até 1º de janeiro de 1988.

Art. 47. Na liquidação dos débitos, inclusive suas renegociações e composições posteriores, ainda que ajuizados, decorrentes de quaisquer empréstimos concedidos por bancos e por instituições financeiras, não existirá correção monetária desde que o empréstimo tenha sido concedido:

I – aos micro e pequenos empresários ou seus estabelecimentos no período de 28 de fevereiro de 1986 a 28 de fevereiro de 1987;

II – aos mini, pequenos e médios produtores rurais no período de 28 de fevereiro de 1986 a 31 de dezembro de 1987, desde que relativos a crédito rural.

§ 1º Consideram-se, para efeito deste artigo, microempresas as pessoas jurídicas e as firmas individuais com receitas anuais de até dez mil Obrigações do Tesouro Nacional, e pequenas empresas as pessoas jurídicas e as firmas individuais com receita anual de até vinte e cinco mil Obrigações do Tesouro Nacional.

- Art. 179 da CF.

§ 2º A classificação de mini, pequeno e médio produtor rural será feita obedecendo-se às normas de crédito rural vigentes à época do contrato.

§ 3º A isenção da correção monetária a que se refere este artigo só será concedida nos seguintes casos:

I – se a liquidação do débito inicial, acrescido de juros legais e taxas judiciais, vier a ser efetivada no prazo de noventa dias, a contar da data da promulgação da Constituição;

II – se a aplicação dos recursos não contrariar a finalidade do financiamento, cabendo o ônus da prova à instituição credora;

III – se não for demonstrado pela instituição credora que o mutuário dispõe de meios para o pagamento de seu débito, excluído desta demonstração seu estabelecimento, a casa de moradia e os instrumentos de trabalho e produção;

IV – se o financiamento inicial não ultrapassar o limite de cinco mil Obrigações do Tesouro Nacional;

V – se o beneficiário não for proprietário de mais de cinco módulos rurais.

§ 4º Os benefícios de que trata este artigo não se estendem aos débitos já quitados e aos devedores que sejam constituintes.

§ 5º No caso de operações com prazos de vencimento posteriores à data-limite de liquidação da dívida, havendo interesse do mutuário, os bancos e as instituições financeiras promoverão, por instrumento próprio, alteração nas condições contratuais originais de forma a ajustá-las ao presente benefício.

§ 6º A concessão do presente benefício por bancos comerciais privados em nenhuma hipótese acarretará ônus para o Poder Público, ainda que através de refinanciamento e repasse de recursos pelo Banco Central.

§ 7º No caso de repasse a agentes financeiros oficiais ou cooperativas de crédito, o ônus recairá sobre a fonte de recursos originária.

Art. 48. O Congresso Nacional, dentro de cento e vinte dias da promulgação da Constituição, elaborará Código de Defesa do Consumidor.

Art. 49. A lei disporá sobre o instituto da enfiteuse em imóveis urbanos, sendo facultada aos foreiros, no caso de sua extinção, a remição dos aforamentos mediante aquisição do domínio direto, na conformidade do que dispuserem os respectivos contratos.

§ 1º Quando não existir cláusula contratual, serão adotados os critérios e bases hoje vigentes na legislação especial dos imóveis da União.

§ 2º Os direitos dos atuais ocupantes inscritos ficam assegurados pela aplicação de outra modalidade de contrato.

§ 3º A enfiteuse continuará sendo aplicada aos terrenos de marinha e seus acrescidos, situados na faixa de segurança, a partir da orla marítima.

§ 4º Remido o foro, o antigo titular do domínio direto deverá, no prazo de noventa dias, sob pena de responsabilidade, confiar à guarda do registro de imóveis competente toda a documentação a ele relativa.

Art. 50. Lei agrícola a ser promulgada no prazo de um ano disporá, nos termos da Constituição, sobre os objetivos e instrumentos de política agrícola, prioridades, planejamento de safras, comercialização, abastecimento interno, mercado externo e instituição de crédito fundiário.

Art. 51. Serão revistos pelo Congresso Nacional, através de Comissão Mista, nos três anos a contar da data da promulgação da Constituição, todas as doações, vendas e concessões de terras públicas com área superior a três mil hectares, realizadas no período de 1º de janeiro de 1962 a 31 de dezembro de 1987.

§ 1º No tocante às vendas, a revisão será feita com base exclusivamente no critério de legalidade da operação.

§ 2º No caso de concessões e doações, a revisão obedecerá aos critérios de legalidade e de conveniência do interesse público.

§ 3º Nas hipóteses previstas nos parágrafos anteriores, comprovada a ilegalidade, ou havendo interesse público, as terras reverterão ao patrimônio da União, dos Estados, do Distrito Federal ou dos Municípios.

Art. 52. Até que sejam fixadas as condições do art. 192, são vedados:

- *Caput* com a redação dada pela EC nº 40, de 29-5-2003.

I – a instalação, no País, de novas agências de instituições financeiras domiciliadas no exterior;

II – o aumento do percentual de participação, no capital de instituições financeiras com sede no País, de pessoas físicas ou jurídicas residentes ou domiciliadas no exterior.

Parágrafo único. A vedação a que se refere este artigo não se aplica às autorizações resultantes de acordos internacionais, de reciprocidade, ou de interesse do Governo brasileiro.

Art. 53. Ao ex-combatente que tenha efetivamente participado de operações bélicas durante a Segunda Guerra Mundial, nos termos da Lei nº 5.315, de 12 de setembro de 1967, serão assegurados os seguintes direitos:

I – aproveitamento no serviço público, sem a exigência de concurso, com estabilidade;

II – pensão especial correspondente à deixada por segundo-tenente das Forças Armadas, que poderá ser requerida a qualquer tempo, sendo inacumulável com quaisquer rendimentos recebidos dos cofres públicos, exceto os benefícios previdenciários, ressalvado o direito de opção;

III – em caso de morte, pensão à viúva ou companheira ou dependente, de forma proporcional, de valor igual à do inciso anterior;

IV – assistência médica, hospitalar e educacional gratuita, extensiva aos dependentes;

V – aposentadoria com proventos integrais aos vinte e cinco anos de serviço efetivo, em qualquer regime jurídico;

VI – prioridade na aquisição da casa própria, para os que não a possuam ou para suas viúvas ou companheiras.

Parágrafo único. A concessão da pensão especial do inciso II substitui, para todos os efeitos legais, qualquer outra pensão já concedida ao ex-combatente.

Art. 54. Os seringueiros recrutados nos termos do Decreto-Lei nº 5.813, de 14 de setembro de 1943, e amparados pelo Decreto-Lei nº 9.882, de 16 de setembro de 1946, receberão, quando carentes, pensão mensal vitalícia no valor de dois salários mínimos.

§ 1º O benefício é estendido aos seringueiros que, atendendo a apelo do Governo brasileiro, contribuíram para o esforço de guerra, trabalhando na produção de borracha, na Região Amazônica, durante a Segunda Guerra Mundial.

§ 2º Os benefícios estabelecidos neste artigo são transferíveis aos dependentes reconhecidamente carentes.

§ 3º A concessão do benefício far-se-á conforme lei a ser proposta pelo Poder Executivo dentro de cento e cinquenta dias da promulgação da Constituição.

Art. 54-A. Os seringueiros de que trata o art. 54 deste Ato das Disposições Constitucionais Transitórias receberão indenização, em parcela única, no valor de R$ 25.000,00 (vinte e cinco mil reais).

- Artigo acrescido pela EC nº 78, de 14-5-2014 (*DOU* de 15-5-2014), para vigorar no exercício financeiro seguinte ao de sua publicação.

Art. 55. Até que seja aprovada a lei de diretrizes orçamentárias, trinta por cento, no mínimo, do orçamento da seguridade social, excluído o seguro-desemprego, serão destinados ao setor de saúde.

Art. 56. Até que a lei disponha sobre o artigo 195, I, a arrecadação decorrente de, no mínimo, cinco dos seis décimos percentuais correspondentes à alíquota da contribuição de que trata o Decreto-Lei nº 1.940, de 25 de maio de 1982, alterada pelo Decreto-Lei nº 2.049, de 1º de agosto de 1983, pelo Decreto nº 91.236, de 8 de maio de 1985, e pela Lei nº 7.611, de 8 de julho de 1987, passa a integrar a receita da seguridade social, ressalvados, exclusivamente no exercício de 1988, os compromissos assumidos com programas e projetos em andamento.

- LC nº 70, de 30-12-1991, institui contribuição para financiamento da Seguridade Social, eleva a alíquota da contribuição social sobre o lucro das instituições financeiras.
- Dec.-lei nº 1.940, de 25-5-1982, institui contribuição social para financiamento da Seguridade Social e cria o Fundo de Investimento Social – FINSOCIAL.
- Súm. nº 658 do STF.

Art. 57. Os débitos dos Estados e dos Municípios relativos às contribuições previdenciárias até 30 de junho de 1988 serão liquidados, com correção monetária, em cento e vinte parcelas mensais, dispensados os juros e multas sobre eles incidentes, desde que os devedores requeiram o parcelamento e iniciem seu pagamento no prazo de cento e oitenta dias a contar da promulgação da Constituição.

§ 1º O montante a ser pago em cada um dos dois primeiros anos não será inferior a cinco por cento do total do débito consolidado e atualizado, sendo o restante dividido em parcelas mensais de igual valor.

§ 2º A liquidação poderá incluir pagamentos na forma de cessão de bens e prestação de serviços, nos termos da Lei nº 7.578, de 23 de dezembro de 1986.

§ 3º Em garantia do cumprimento do parcelamento, os Estados e os Municípios consignarão, anualmente, nos respectivos orçamentos as dotações necessárias ao pagamento de seus débitos.

§ 4º Descumprida qualquer das condições estabelecidas para concessão do parcelamento, o débito será considerado vencido em sua totalidade, sobre ele incidindo juros de mora; nesta hipótese, parcela dos recursos correspondentes aos Fundos de Participação, destinada aos Estados e Municípios devedores, será bloqueada e repassada à Previdência Social para pagamento de seus débitos.

Art. 58. Os benefícios de prestação continuada, mantidos pela Previdência Social na data da promulgação da Constituição, terão seus valores revistos, a fim de que seja restabelecido o poder aquisitivo, expresso em número de salários mínimos, que tinham na data de sua concessão, obedecendo-se a esse critério de atualização até a implantação do plano de custeio e benefícios referidos no artigo seguinte.

- Súm. nº 687 do STF.

Parágrafo único. As prestações mensais dos benefícios atualizadas de acordo com este artigo serão devidas e pagas a partir do sétimo mês a contar da promulgação da Constituição.

- Lei nº 8.212, de 24-7-1991 (Lei Orgânica da Seguridade Social).

Art. 59. Os projetos de lei relativos à organização da seguridade social e aos planos de custeio e de benefício serão apresentados no prazo máximo de seis meses da promulgação da Constituição ao Congresso Nacional, que terá seis meses para apreciá-los.

Parágrafo único. Aprovados pelo Congresso Nacional, os planos serão implantados progressivamente nos dezoito meses seguintes.

Art. 60. A complementação da União referida no inciso IV do *caput* do art. 212-A da Constituição Federal será implementada progressivamente até alcançar a proporção estabelecida no inciso V do *caput* do mesmo artigo, a partir de 1º de janeiro de 2021, nos seguintes valores mínimos:

I – 12% (doze por cento), no primeiro ano;

II – 15% (quinze por cento), no segundo ano;

III – 17% (dezessete por cento), no terceiro ano;

IV – 19% (dezenove por cento), no quarto ano;

V – 21% (vinte e um por cento), no quinto ano;

VI – 23% (vinte e três por cento), no sexto ano.

§ 1º A parcela da complementação de que trata a alínea *b* do inciso V do caput do art. 212-A da Constituição Federal observará, no mínimo, os seguintes valores:

I – 2 (dois) pontos percentuais, no primeiro ano;

II – 5 (cinco) pontos percentuais, no segundo ano;

III – 6,25 (seis inteiros e vinte e cinco centésimos) pontos percentuais, no terceiro ano;

IV – 7,5 (sete inteiros e cinco décimos) pontos percentuais, no quarto ano;

V – 9 (nove) pontos percentuais, no quinto ano;

VI – 10,5 (dez inteiros e cinco décimos) pontos percentuais, no sexto ano.

§ 2º A parcela da complementação de que trata a alínea *c* do inciso V do *caput* do art. 212-A da Constituição Federal observará os seguintes valores:

I – 0,75 (setenta e cinco centésimos) ponto percentual, no terceiro ano;

II – 1,5 (um inteiro e cinco décimos) ponto percentual, no quarto ano;

III – 2 (dois) pontos percentuais, no quinto ano;

IV – 2,5 (dois inteiros e cinco décimos) pontos percentuais, no sexto ano.

- Art. 60 com a redação dada pela EC nº 108, de 26-8-2020.

Art. 60-A. Os critérios de distribuição da complementação da União e dos fundos a que se refere o inciso I do *caput* do art. 212-A da Constituição Federal serão revistos em seu sexto ano de vigência e, a partir dessa primeira revisão, periodicamente, a cada 10 (dez) anos.

- Art. 60-A acrescido pela EC nº 108, de 26-8-2020.

Art. 61. As entidades educacionais a que se refere o artigo 213, bem como as fundações de ensino e pesquisa cuja criação tenha sido autorizada por lei, que preencham os requisitos dos incisos I e II do referido artigo e que, nos últimos três anos, tenham recebido recursos públicos, poderão continuar a recebê-los, salvo disposição legal em contrário.

Art. 62. A lei criará o Serviço Nacional de Aprendizagem Rural (SENAR) nos moldes da legislação relativa ao Serviço Nacional de Aprendizagem Industrial (SENAI) e ao Serviço Nacional de Aprendizagem do Comércio (SENAC), sem prejuízo das atribuições dos órgãos públicos que atuam na área.

Art. 63. É criada uma Comissão composta de nove membros, sendo três do Poder Legislativo, três do Poder Judiciário e três do Poder Executivo, para promover as comemorações do centenário da proclamação da República e da promulgação da primeira Constituição republicana do País, podendo, a seu critério, desdobrar-se em tantas subcomissões quantas forem necessárias.

Parágrafo único. No desenvolvimento de suas atribuições, a Comissão promoverá estudos, debates e avaliações sobre a evolução política, social, econômica e cultural do País, podendo articular-se com os governos estaduais e municipais e com instituições públicas e privadas que desejem participar dos eventos.

Art. 64. A Imprensa Nacional e demais gráficas da União, dos Estados, do Distrito Federal e dos Municípios, da administração direta ou indireta, inclusive fundações instituídas e mantidas pelo Poder Público, promoverão edição popular do texto integral da Constituição, que será posta à disposição das escolas e dos cartórios, dos sindicatos, dos quartéis, das igrejas e de outras instituições representativas da comunidade, gratuitamente, de modo que cada cidadão brasileiro possa receber do Estado um exemplar da Constituição do Brasil.

Art. 65. O Poder Legislativo regulamentará, no prazo de doze meses, o artigo 220, § 4º.

Art. 66. São mantidas as concessões de serviços públicos de telecomunicações atualmente em vigor, nos termos da lei.

Art. 67. A União concluirá a demarcação das terras indígenas no prazo de cinco anos a partir da promulgação da Constituição.

Art. 68. Aos remanescentes das comunidades dos quilombos que estejam ocupando suas terras é reconhecida a propriedade definitiva, devendo o Estado emitir-lhes os títulos respectivos.

Art. 69. Será permitido aos Estados manter consultorias jurídicas separadas de suas Procuradorias-Gerais ou Advocacias-Gerais, desde que, na data da promulgação da Constituição, tenham órgãos distintos para as respectivas funções.

Art. 70. Fica mantida a atual competência dos tribunais estaduais até que a mesma seja definida na Constituição do Estado, nos termos do artigo 125, § 1º, da Constituição.

Art. 71. É instituído, nos exercícios financeiros de 1994 e 1995, bem assim nos períodos de 1º de janeiro de 1996 a 30 de junho de 1997 e 1º de julho de 1997 a 31 de dezembro de 1999, o Fundo Social de Emergência, com o objetivo de saneamento financeiro da Fazenda Pública Federal e de estabilização econômica, cujos recursos serão aplicados prioritariamente no custeio das ações dos sistemas de saúde e educação, incluindo a complementação de recursos de que trata o § 3º do artigo 60 do Ato das Disposições Constitucionais Transitórias, benefícios previdenciários e auxílios assistenciais de prestação continuada, inclusive liquidação de passivo previdenciário, e despesas orçamentárias associadas a programas de relevante interesse econômico e social.

- *Caput* com a redação dada pela EC nº 17, de 22-11-1997.

§ 1º Ao Fundo criado por este artigo não se aplica o disposto na parte final do inciso II do § 9º do artigo 165 da Constituição.

§ 2º O Fundo criado por este artigo passa a ser denominado Fundo de Estabilização Fiscal a partir do início do exercício financeiro de 1996.

§ 3º O Poder Executivo publicará demonstrativo da execução orçamentária, de periodicidade bimestral, no qual se discriminarão as fontes e usos do Fundo criado por este artigo.

- §§ 1º a 3º acrescidos pela EC nº 10, de 4-3-1996.

Art. 72. Integram o Fundo Social de Emergência:

- *Caput* acrescido pela ECR nº 1, de 1º-3-1994.

I – o produto da arrecadação do imposto sobre renda e proventos de qualquer natureza incidente na fonte sobre pagamentos efetuados, a qualquer título, pela União, inclusive suas autarquias e fundações;

- Inciso I acrescido pela ECR nº 1, de 1º-3-1994.

II – a parcela do produto da arrecadação do imposto sobre renda e proventos de qualquer natureza e do imposto sobre operações de crédito, câmbio e seguro, ou relativas a títulos e valores mobiliários, decorrente das alterações produzidas pela Lei nº 8.894, de 21 de junho de 1994, e pelas Leis nºs 8.849 e 8.848, ambas de 28 de janeiro de 1994, e modificações posteriores;

III – a parcela do produto da arrecadação resultante da elevação da alíquota da contribuição social sobre o lucro dos contribuintes a que se refere o § 1º do artigo 22 da Lei nº 8.212, de 24 de julho de 1991, a qual, nos exercícios financeiros de 1994 e 1995, bem assim no período de 1º de janeiro de 1996 a 30 de junho de 1997, passa a ser de trinta por cento, sujeita a alteração por lei ordinária, mantidas as demais normas da Lei nº 7.689, de 15 de dezembro de 1988;

IV – vinte por cento do produto da arrecadação de todos os impostos e contribuições da União, já instituídos ou a serem criados, excetuado o previsto nos incisos I, II e III, observado o disposto nos §§ 3º e 4º;

- Incisos II a IV com a redação dada pela EC nº 10, de 4-3-1996.

V – a parcela do produto da arrecadação da contribuição de que trata a Lei Complementar nº 7, de 7 de setembro de 1970, devida pelas pessoas jurídicas a que se refere o inciso III deste artigo, a qual será calculada, nos exercícios financeiros de 1994 a 1995, bem assim nos períodos de 1º de janeiro de 1996 a 30 de junho de 1997 e de 1º de julho de 1997 a 31 de dezembro de 1999, mediante a aplicação da alíquota de setenta e cinco centésimos por cento, sujeita a alteração por lei ordinária posterior, sobre a receita bruta operacional, como definida na legislação do imposto sobre renda e proventos de qualquer natureza;

- Inciso V com a redação dada pela EC nº 17, de 22-11-1997.

VI – outras receitas previstas em lei específica.

§ 1º As alíquotas e a base de cálculo previstas nos incisos III e IV aplicar-se-ão a partir do primeiro dia do mês seguinte aos noventa dias posteriores à promulgação desta Emenda.

- § 1º acrescido pela ECR nº 1, de 1º-3-1994.

§ 2º As parcelas de que tratam os incisos I, II, III e V serão previamente deduzidas da base de cálculo de qualquer vinculação ou participação constitucional ou legal, não se lhes aplicando o disposto nos artigos 159, 212 e 239 da Constituição.

§ 3º A parcela de que trata o inciso IV será previamente deduzida da base de cálculo das vinculações ou participações constitucionais previstas nos artigos 153, § 5º, 157, II, 212 e 239 da Constituição.

§ 4º O disposto no parágrafo anterior não se aplica aos recursos previstos nos artigos 158, II, e 159 da Constituição.

§ 5º A parcela dos recursos provenientes do imposto sobre renda e proventos de qualquer natureza, destinada ao Fundo Social de Emergência, nos termos do inciso II deste artigo, não poderá exceder a cinco inteiros e seis décimos por cento do total do produto da sua arrecadação.

- §§ 2º a 5º acrescidos pela EC nº 10, de 4-3-1996.

Art. 73. Na regulação do Fundo Social de Emergência não poderá ser utilizado o instrumento previsto no inciso V do artigo 59 da Constituição.

- Artigo acrescido pela ECR nº 1, de 1º-3-1994.
- Art. 71 deste Ato.

Art. 74. A União poderá instituir contribuição provisória sobre movimentação ou transmissão de valores e de créditos e direitos de natureza financeira.

- Art. 84 deste Ato.

§ 1º A alíquota da contribuição de que trata este artigo não excederá a vinte e cinco centésimos por cento, facultado ao Poder Executivo reduzi-la ou restabelecê-la, total ou parcialmente, nas condições e limites fixados em lei.

- Alíquota alterada pela EC nº 21, de 18-3-1999.

§ 2º À contribuição de que trata este artigo não se aplica o disposto nos artigos 153, § 5º, e 154, I, da Constituição.

§ 3º O produto da arrecadação da contribuição de que trata este artigo será destinado integralmente ao Fundo Nacional de Saúde, para financiamento das ações e serviços de saúde.

§ 4º A contribuição de que trata este artigo terá sua exigibilidade subordinada ao disposto no artigo 195, § 6º, da Constituição, e não poderá ser cobrada por prazo superior a dois anos.

- Art. 74 acrescido pela EC nº 12, de 15-8-1996.
- Arts. 75 e 84 deste Ato.
- Lei nº 9.311, de 24-10-1996, institui a Contribuição Provisória sobre Movimentação ou Transmissão de Valores e de Créditos e Direitos de Natureza Financeira – CPMF.

Art. 75. É prorrogada, por trinta e seis meses, a cobrança da contribuição provisória sobre movimentação ou transmissão de valores e de créditos e direitos de natureza financeira de que trata o artigo 74, instituída pela Lei nº 9.311, de 24 de outubro de 1996, modificada pela Lei nº 9.539, de 12 de dezembro de 1997, cuja vigência é também prorrogada por idêntico prazo.

- Arts. 80, I, e 84 deste Ato.

§ 1º Observado o disposto no § 6º do artigo 195 da Constituição Federal, a alíquota da contribuição será de trinta e oito centésimos por cento, nos primeiros doze meses, e de trinta centésimos, nos meses subsequentes, facultado ao Poder Executivo reduzi-la total ou parcialmente, nos limites aqui definidos.

§ 2º O resultado do aumento da arrecadação, decorrente da alteração da alíquota, nos exercícios financeiros de 1999, 2000 e 2001, será destinado ao custeio da Previdência Social.

§ 3º É a União autorizada a emitir títulos da dívida pública interna, cujos recursos serão destinados ao custeio da saúde e da Previdência Social, em montante equivalente ao produto da arrecadação da contribuição, prevista e não realizada em 1999.

- Art. 75 acrescido pela EC nº 21, de 18-3-1999.
- O STF, por maioria de votos, julgou parcialmente procedente a ADIN nº 2.031-5, para declarar a inconstitucionalidade deste parágrafo, acrescido pela EC nº 21, de 18-3-1999 (*DOU* de 5-11-2003).

Art. 76. São desvinculados de órgão, fundo ou despesa, até 31 de dezembro de 2024, 30% (trinta por cento) da arrecadação da União relativa às contribuições sociais, sem prejuízo do pagamento das despesas do Regime Geral de Previdência Social, às contribuições de intervenção no domínio econômico e às taxas, já instituídas ou que vierem a ser criadas até a referida data.

- *Caput* com a redação dada pela EC nº 126, de 21-12-2022.

§ 1º *Revogado.* EC nº 93, de 8-9-2016 (*DOU* de 9-9-2016 – edição extra), produzindo efeitos a partir de 1º de janeiro de 2016.

§ 2º Excetua-se da desvinculação de que trata o *caput* a arrecadação da contribuição social do salário-educação a que se refere o § 5º do art. 212 da Constituição Federal.

- § 2º com a redação dada pela EC nº 68, de 21-12-2011.

§ 3º *Revogado.* EC nº 93, de 8-9-2016 (*DOU* de 9-9-2016 – edição extra), produzindo efeitos a partir de 1º de janeiro de 2016.

§ 4º A desvinculação de que trata o *caput* não se aplica às receitas das contribuições sociais destinadas ao custeio da seguridade social.

- § 4º acrescido pela EC nº 103, de 12-11-2019.

Art. 76-A. São desvinculados de órgão, fundo ou despesa, até 31 de dezembro de 2023, 30% (trinta por cento) das receitas dos Estados e do Distrito Federal relativas a impostos, taxas e multas, já instituídos ou que vierem a ser criados até a referida data, seus adicionais e respectivos acréscimos legais, e outras receitas correntes.

Parágrafo único. Excetuam-se da desvinculação de que trata o *caput*:

I – recursos destinados ao financiamento das ações e serviços públicos de saúde e à manutenção e desenvolvimento do ensino de que tratam, respectivamente, os incisos II e III do § 2º do art. 198 e o art. 212 da Constituição Federal;

II – receitas que pertencem aos Municípios decorrentes de transferências previstas na Constituição Federal;

III – receitas de contribuições previdenciárias e de assistência à saúde dos servidores;

IV – demais transferências obrigatórias e voluntárias entre entes da Federação com destinação especificada em lei;

V – fundos instituídos pelo Poder Judiciário, pelos Tribunais de Contas, pelo Ministério Público, pelas Defensorias Públicas e pelas Procuradorias-Gerais dos Estados e do Distrito Federal.

Art. 76-B. São desvinculados de órgão, fundo ou despesa, até 31 de dezembro de 2023, 30% (trinta por cento) das receitas dos Municípios relativas a impostos, taxas e multas, já instituídos ou que vierem a ser criados até a referida data, seus adicionais e respectivos acréscimos legais, e outras receitas correntes.

Parágrafo único. Excetuam-se da desvinculação de que trata o *caput*:

I – recursos destinados ao financiamento das ações e serviços públicos de saúde e à manutenção e desenvolvimento do ensino de que tratam, respectivamente, os incisos II e III do § 2º do art. 198 e o art. 212 da Constituição Federal;

II – receitas de contribuições previdenciárias e de assistência à saúde dos servidores;

III – transferências obrigatórias e voluntárias entre entes da Federação com destinação especificada em lei;

IV – fundos instituídos pelo Tribunal de Contas do Município.

- Arts. 76-A e 76-B acrescidos pela EC nº 93, de 8-9-2016 (*DOU* de 9-9-2016 – edição extra), produzindo efeitos a partir de 1º de janeiro de 2016.

Art. 77. Até o exercício financeiro de 2004, os recursos mínimos aplicados nas ações e serviços públicos de saúde serão equivalentes:

I – no caso da União:

a) no ano 2000, o montante empenhado em ações e serviços públicos de saúde no exercício financeiro de 1999 acrescido de, no mínimo, cinco por cento;

b) do ano de 2001 ao ano de 2004, o valor apurado no ano anterior, corrigido pela variação nominal do Produto Interno Bruto – PIB;

II – no caso dos Estados e do Distrito Federal, doze por cento do produto da arrecadação dos impostos a que se refere o artigo 155 e dos recursos de que tratam os artigos 157 e 159, inciso I, alínea *a* e inciso II, deduzidas as parcelas que forem transferidas aos respectivos Municípios; e

III – no caso dos Municípios e do Distrito Federal, quinze por cento do produto da arrecadação dos impostos a que se refere o artigo 156 e dos recursos de que tratam os artigos 158 e 159, inciso I, alínea *b* e § 3º.

§ 1º Os Estados, o Distrito Federal e os municípios que apliquem percentuais inferiores aos fixados nos incisos II e III deverão elevá-los gradualmente, até o exercício financeiro de 2004, reduzida a diferença à razão de, pelo menos, um quinto por ano, sendo que, a partir de 2000, a aplicação será de pelo menos sete por cento.

§ 2º Dos recursos da União apurados nos termos deste artigo, quinze por cento, no mínimo, serão aplicados nos Municípios, segundo o critério populacional, em ações e serviços básicos de saúde, na forma da lei.

§ 3º Os recursos dos Estados, do Distrito Federal e dos Municípios destinados às ações e serviços públicos de saúde e os transferidos pela União para a mesma finalidade serão aplicados por meio de Fundo de Saúde que será acompanhado e fiscalizado por Conselho de Saúde, sem prejuízo do disposto no artigo 74 da Constituição Federal.

§ 4º Na ausência da lei complementar a que se refere o artigo 198, § 3º, a partir do exercício financeiro de 2005, aplicar-se-á à União, aos Estados, ao Distrito Federal e aos Municípios o disposto neste artigo.

- Art. 77 acrescido pela EC nº 29, de 13-9-2000.

Art. 78. Ressalvados os créditos definidos em lei como de pequeno valor, os de natureza alimentícia, os de que trata o artigo 33 deste Ato das Disposições Constitucionais Transitórias e suas complementações e os que já tiverem os seus respectivos recursos liberados ou depositados em juízo, os precatórios pendentes na data da publicação desta Emenda e os que decorram de ações iniciais ajuizadas até 31 de dezembro de 1999 serão liquidados pelo seu valor real, em moeda corrente, acrescido de juros legais, em prestações anuais, iguais e sucessivas, no prazo máximo de dez anos, permitida a cessão dos créditos.

- O STF, por maioria de votos, deferiu as cautelares, nas Ações Diretas de Inconstitucionalidade n°s 2.356 e 2.362, para suspender a eficácia do art. 2º da EC nº 30/2000, que introduziu este artigo ao ADCT (*DOU* de 7-12-2010).

o Arts. 86 e 97, § 15, deste Ato.

§ 1º É permitida a decomposição de parcelas, a critério do credor.

§ 2º As prestações anuais a que se refere o *caput* deste artigo terão, se não liquidadas até o final do exercício a que se referem, poder liberatório do pagamento de tributos da entidade devedora.

§ 3º O prazo referido no *caput* deste artigo fica reduzido para dois anos, nos casos de precatórios judiciais originários de desapropriação de imóvel residencial do credor, desde que comprovadamente único à época da imissão na posse.

§ 4º O Presidente do Tribunal competente deverá, vencido o prazo ou em caso de omissão no orçamento, ou preterição ao direito de precedência, a requerimento do credor, requisitar ou determinar o sequestro de recursos financeiros da entidade executada, suficientes à satisfação da prestação.

- Art. 78 acrescido pela EC nº 30, de 13-12-2000.

Art. 79. É instituído, para vigorar até o ano de 2010, no âmbito do Poder Executivo Federal, o Fundo de Combate e Erradicação da Pobreza, a ser regulado por lei complementar com o objetivo de viabilizar a todos os brasileiros acesso a níveis dignos de subsistência, cujos recursos serão aplicados em ações suplementares de nutrição, habitação, educação, saúde, reforço de renda familiar e outros programas de relevante interesse social voltados para melhoria da qualidade de vida.

o EC nº 67, de 22-12-2010, prorroga por tempo indeterminado, o prazo de vigência do Fundo de combate e Erradicação da Pobreza.

Parágrafo único. O Fundo previsto neste artigo terá Conselho Consultivo e de Acompanhamento que conte com a participação de representantes da sociedade civil, nos termos da lei.

- Art. 79 acrescido pela EC nº 31, de 14-12-2000.

Art. 80. Compõem o Fundo de Combate e Erradicação da Pobreza:

o Art. 84 deste Ato.

I – a parcela do produto da arrecadação correspondente a um adicional de oito centésimos por cento, aplicável de 18 de junho de 2000 a 17 de junho de 2002, na alíquota da contribuição social de que trata o art. 75 do Ato das Disposições Constitucionais Transitórias;

II – a parcela do produto da arrecadação correspondente a um adicional de cinco pontos percentuais na alíquota do Imposto sobre Produtos Industrializados – IPI, ou do imposto que vier a substituí-lo, incidente sobre produtos supérfluos e aplicável até a extinção do Fundo;

o Art. 83 deste Ato.

III – o produto da arrecadação do imposto de que trata o artigo 153, inciso VII, da Constituição;

IV – dotações orçamentárias;

V – doações, de qualquer natureza, de pessoas físicas ou jurídicas do País ou do exterior;

VI – outras receitas, a serem definidas na regulamentação do referido Fundo.

§ 1º Aos recursos integrantes do Fundo de que trata este artigo não se aplica o disposto nos artigos 159 e 167, inciso IV, da Constituição, assim como qualquer desvinculação de recursos orçamentários.

§ 2º A arrecadação decorrente do disposto no inciso I deste artigo, no período compreendido entre 18 de junho de 2000 e o início da vigência da lei complementar a que se refere o artigo 79, será integralmente repassada ao Fundo, preservando o seu valor real, em títulos públicos federais, progressivamente resgatáveis após 18 de junho de 2002, na forma da lei.

- Art. 80 acrescido pela EC nº 31, de 14-12-2000.

Art. 81. É instituído Fundo constituído pelos recursos recebidos pela União em decorrência da desestatização de sociedades de economia mista ou empresas públicas por ela controladas, direta ou indiretamente, quando a operação envolver a alienação do respectivo controle acionário a pessoa ou entidade não integrante da Administração Pública, ou de participação societária remanescente após a alienação, cujos rendimentos, gerados a partir de 18 de junho de 2002, reverterão ao Fundo de Combate e Erradicação da Pobreza.

§ 1º Caso o montante anual previsto nos rendimentos transferidos ao Fundo de Combate e Erradicação da Pobreza, na forma deste artigo, não alcance o valor de quatro bilhões de reais, far-se-á complementação na forma do artigo 80, inciso IV, do Ato das Disposições Constitucionais Transitórias.

§ 2º Sem prejuízo do disposto no § 1º, o Poder Executivo poderá destinar o Fundo a que se refere este artigo outras receitas decorrentes da alienação de bens da União.

§ 3º A constituição do Fundo a que se refere o *caput*, a transferência de recursos ao Fundo de Combate e Erradicação da Pobreza e as demais disposições referentes ao § 1º deste artigo serão disciplinadas em lei, não se aplicando o disposto no artigo 165, § 9º, inciso II, da Constituição.

- Art. 81 acrescido pela EC nº 31, de 13-12-2000.

Art. 82. Os Estados, o Distrito Federal e os Municípios devem instituir Fundos de Combate à Pobreza, com os recursos de que trata este artigo e outros que vierem a destinar, devendo os referidos Fundos ser geridos por entidades que contém com a participação da sociedade civil.

- *Caput* acrescido pela EC nº 31, de 14-12-2000.

§ 1º Para o financiamento dos Fundos Estaduais e Distrital, poderá ser criado adicional de até dois pontos percentuais na alíquota do Imposto sobre Circulação de Mercadorias e Serviços – ICMS, sobre os produtos e serviços supérfluos e nas condições definidas na lei complementar de que trata o art. 155, § 2º, XII, da Constituição, não se aplicando, sobre este percentual, o disposto no art. 158, IV, da Constituição.

- § 1º com a redação dada pela EC nº 42, de 19-12-2003.

§ 2º Para o financiamento dos Fundos Municipais, poderá ser criado adicional de até meio ponto percentual na alíquota do Imposto sobre serviços ou do imposto que vier a substituí-lo, sobre os serviços supérfluos.

- § 2º acrescido pela EC nº 31, de 14-12-2000.

Art. 83. Lei federal definirá os produtos e serviços supérfluos a que se referem os arts. 80, II, e 82, § 2º.

• Artigo com a redação dada pela EC nº 42, de 19-12-2003.

Art. 84. A contribuição provisória sobre movimentação ou transmissão de valores e de créditos e direitos de natureza financeira, prevista nos arts. 74, 75 e 80, I, deste Ato das Disposições Constitucionais Transitórias, será cobrada até 31 de dezembro de 2004.

○ Art. 90 deste Ato.

§ 1º Fica prorrogada, até a data referida no *caput* deste artigo, a vigência da Lei nº 9.311, de 24 de outubro de 1996, e suas alterações.

§ 2º Do produto da arrecadação da contribuição social de que trata este artigo será destinada a parcela correspondente à alíquota de:

I – vinte centésimos por cento ao Fundo Nacional de Saúde, para financiamento das ações e serviços de saúde;

II – dez centésimos por cento ao custeio da previdência social;

III – oito centésimos por cento ao Fundo de Combate e Erradicação da Pobreza, de que tratam os arts. 80 e 81 deste Ato das Disposições Constitucionais Transitórias.

§ 3º A alíquota da contribuição de que trata este artigo será de:

I – trinta e oito centésimos por cento, nos exercícios financeiros de 2002 e 2003;

○ Art. 90, § 2º, deste Ato.

II – *Revogado*. EC nº 42, de 19-12-2003.

• Art. 84 acrescido pela EC nº 37, de 12-6-2002.

Art. 85. A contribuição a que se refere o art. 84 deste Ato das Disposições Constitucionais Transitórias não incidirá, a partir do trigésimo dia da data de publicação desta Emenda Constitucional, nos lançamentos:

I – em contas correntes de depósito especialmente abertas e exclusivamente utilizadas para operações de:

a) câmaras e prestadoras de serviços de compensação e de liquidação de que trata o parágrafo único do art. 2º da Lei nº 10.214, de 27 de março de 2001;

b) companhias securitizadoras de que trata a Lei nº 9.514, de 20 de novembro de 1997;

c) sociedades anônimas que tenham por objeto exclusivo a aquisição de créditos oriundos de operações praticadas no mercado financeiro;

II – em contas correntes de depósito, relativos a:

a) operações de compra e venda de ações, realizadas em recintos ou sistemas de negociação de bolsas de valores e no mercado de balcão organizado;

b) contratos referenciados em ações ou índices de ações, em suas diversas modalidades, negociados em bolsas de valores, de mercadorias e de futuros;

III – em contas de investidores estrangeiros, relativos a entradas no País e a remessas para o exterior de recursos financeiros empregados, exclusivamente, em operações e contratos referidos no inciso II deste artigo.

§ 1º O Poder Executivo disciplinará o disposto neste artigo no prazo de trinta dias da data de publicação desta Emenda Constitucional.

§ 2º O disposto no inciso I deste artigo aplica-se somente às operações relacionadas em ato do Poder Executivo, dentre aquelas que constituam o objeto social das referidas entidades.

§ 3º O disposto no inciso II deste artigo aplica-se somente a operações e contratos efetuados por intermédio de instituições financeiras, sociedades corretoras de títulos e valores mobiliários, sociedades distribuidoras de títulos e valores mobiliários e sociedades corretoras de mercadorias.

• Art. 85 acrescido pela EC nº 37, de 12-6-2002.

Art. 86. Serão pagos conforme disposto no art. 100 da Constituição Federal, não se lhes aplicando a regra de parcelamento estabelecida no *caput* do art. 78 deste Ato das Disposições Constitucionais Transitórias, os débitos da Fazenda Federal, Estadual, Distrital ou Municipal oriundos de sentenças transitadas em julgado, que preencham, cumulativamente, as seguintes condições:

I – ter sido objeto de emissão de precatórios judiciários;

II – ter sido definidos como de pequeno valor pela lei de que trata o § 3º do art. 100 da Constituição Federal ou pelo art. 87 deste Ato das Disposições Constitucionais Transitórias;

III – estar, total ou parcialmente, pendentes de pagamento na data da publicação desta Emenda Constitucional.

§ 1º Os débitos a que se refere o *caput* deste artigo, ou os respectivos saldos, serão pagos na ordem cronológica de apresentação dos respectivos precatórios, com precedência sobre os de maior valor.

§ 2º Os débitos a que se refere o *caput* deste artigo, se ainda não tiverem sido objeto de pagamento parcial, nos termos do art. 78 deste Ato das Disposições Constitucionais Transitórias, poderão ser pagos em duas parcelas anuais, se assim dispuser a lei.

§ 3º Observada a ordem cronológica de sua apresentação, os débitos de natureza alimentícia previstos neste artigo terão precedência para pagamento sobre todos os demais.

• Art. 86 acrescido pela EC nº 37, de 12-6-2002.

Art. 87. Para efeito do que dispõem o § 3º do art. 100 da Constituição Federal e o art. 78 deste Ato das Disposições Constitucionais Transitórias serão considerados de pequeno valor, até que se dê a publicação oficial das respectivas leis definidoras pelos entes da Federação, observado o disposto no § 4º do art. 100 da Constituição Federal, os débitos ou obrigações consignados em precatório judiciário, que tenham valor igual ou inferior a:

I – quarenta salários mínimos, perante a Fazenda dos Estados e do Distrito Federal;

II – trinta salários mínimos, perante a Fazenda dos Municípios.

Parágrafo único. Se o valor da execução ultrapassar o estabelecido neste artigo, o pagamento far-se-á, sempre, por meio de precatório, sendo facultada à parte exequente a renúncia ao crédito do valor excedente, para que possa optar pelo pagamento do saldo sem o precatório, da forma prevista no § 3º do art. 100.

• Art. 87 acrescido pela EC nº 37, de 12-6-2002.

Art. 88. Enquanto lei complementar não disciplinar o disposto nos incisos I e III do § 3º do art. 156 da Constituição Federal, o imposto a que se refere o inciso III do *caput* do mesmo artigo:

I – terá alíquota mínima de dois por cento, exceto para os serviços a que se referem os itens 32, 33 e 34 da Lista de Serviços anexa ao Decreto-Lei nº 406, de 31 de dezembro de 1968;

II – não será objeto de concessão de isenções, incentivos e benefícios fiscais, que resulte, direta ou indiretamente, na redução da alíquota mínima estabelecida no inciso I.

- Art. 88 acrescido pela EC nº 37, de 12-6-2002.

Art. 89. Os integrantes da carreira policial militar e os servidores municipais do ex-Território Federal de Rondônia que, comprovadamente, se encontravam no exercício regular de suas funções prestando serviço àquele ex-Território na data em que foi transformado em Estado, bem como os servidores e os policiais militares alcançados pelo disposto no art. 36 da Lei Complementar nº 41, de 22 de dezembro de 1981, e aqueles admitidos regularmente nos quadros do Estado de Rondônia até a data de posse do primeiro Governador eleito, em 15 de março de 1987, constituirão, mediante opção, quadro em extinção da administração federal, assegurados os direitos e as vantagens a eles inerentes, vedado o pagamento, a qualquer título, de diferenças remuneratórias.

- *Caput* com a redação dada pela EC nº 60, de 11-11-2009.

§ 1º Os membros da Polícia Militar continuarão prestando serviços ao Estado de Rondônia, na condição de cedidos, submetidos às corporações da Polícia Militar, observadas as atribuições de função compatíveis com o grau hierárquico.

§ 2º Os servidores a que se refere o *caput* continuarão prestando serviços ao Estado de Rondônia na condição de cedidos, até seu aproveitamento em órgão ou entidade da administração federal direta, autárquica ou fundacional.

- §§ 1º e 2º acrescidos pela EC nº 60, de 11-11-2009.

Art. 90. O prazo previsto no *caput* do art. 84 deste Ato das Disposições Constitucionais Transitórias fica prorrogado até 31 de dezembro de 2007.

§ 1º Fica prorrogada, até a data referida no *caput* deste artigo, a vigência da Lei nº 9.311, de 24 de outubro de 1996, e suas alterações.

§ 2º Até a data referida no *caput* deste artigo, a alíquota da contribuição de que trata o art. 84 deste Ato das Disposições Constitucionais Transitórias será de trinta e oito centésimos por cento.

- Art. 90 acrescido pela EC nº 42, de 19-12-2003.

Art. 91. *Revogado.* EC nº 109, de 15-3-2021.

Art. 92. São acrescidos dez anos ao prazo fixado no art. 40 deste Ato das Disposições Constitucionais Transitórias.

- Artigo acrescido pela EC nº 42, de 19-12-2003.

Art. 92-A. São acrescidos 50 (cinquenta) anos ao prazo fixado pelo art. 92 deste Ato das Disposições Constitucionais Transitórias.

- Artigo acrescido pela EC nº 83, de 5-8-2014.

Art. 93. A vigência do disposto no art. 159, III, e § 4º, iniciará somente após a edição da lei de que trata o referido inciso III.

- Artigo acrescido pela EC nº 42, de 19-12-2003.

Art. 94. Os regimes especiais de tributação para microempresas e empresas de pequeno porte próprios da União, dos Estados, do Distrito Federal e dos Municípios cessarão a partir da entrada em vigor do regime previsto no art. 146, III, *d*, da Constituição.

- Artigo acrescido pela EC nº 42, de 19-12-2003.
- LC nº 123, de 14-12-2006 (Estatuto Nacional da Microempresa e da Empresa de Pequeno Porte).

Art. 95. Os nascidos no estrangeiro entre 7 de junho de 1994 e a data da promulgação desta Emenda Constitucional, filhos de pai brasileiro ou mãe brasileira, poderão ser registrados em repartição diplomática ou consular brasileira competente ou em ofício de registro, se vierem a residir na República Federativa do Brasil.

- Artigo acrescido pela EC nº 54, de 20-9-2007.
- Art. 95 da CF.

Art. 96. Ficam convalidados os atos de criação, fusão, incorporação e desmembramento de Municípios, cuja lei tenha sido publicada até 31 de dezembro de 2006, atendidos os requisitos estabelecidos na legislação do respectivo Estado à época de sua criação.

- Artigo acrescido pela EC nº 57, de 18-12-2008.

Art. 97. Até que seja editada a Lei Complementar de que trata o § 15 do art. 100 da Constituição Federal, os Estados, o Distrito Federal e os Municípios que, na data de publicação desta Emenda Constitucional, estejam em mora na quitação de precatórios vencidos, relativos às suas administrações direta e indireta, inclusive os emitidos durante o período de vigência do regime especial instituído por este artigo, farão esses pagamentos de acordo com as normas a seguir estabelecidas, sendo inaplicável o disposto no art. 100 desta Constituição Federal, exceto em seus §§ 2º, 3º, 9º, 10, 11, 12, 13 e 14, e sem prejuízo dos acordos de juízos conciliatórios já formalizados na data de promulgação desta Emenda Constitucional.

- O STF, por maioria dos votos, julgou parcialmente procedente a ADIN nº 4.425, para declarar a inconstitucionalidade deste artigo.

§ 1º Os Estados, o Distrito Federal e os Municípios sujeitos ao regime especial de que trata este artigo optarão, por meio de ato do Poder Executivo:

I – pelo depósito em conta especial do valor referido pelo § 2º deste artigo; ou

II – pela adoção do regime especial pelo prazo de até 15 (quinze) anos, caso em que o percentual a ser depositado na conta especial a que se refere o § 2º deste artigo corresponderá, anualmente, ao saldo total dos precatórios devidos, acrescido do índice oficial de remuneração básica da caderneta de poupança e de juros simples no mesmo percentual de juros incidentes sobre a caderneta de poupança para fins de compensação da mora, excluída a incidência de juros compensatórios, diminuído das amortizações e dividido pelo número de anos restantes no regime especial de pagamento.

§ 2º Para saldar os precatórios, vencidos e a vencer, pelo regime especial, os Estados, o Distrito Federal e os Municípios devedores depositarão mensalmente, em conta especial criada para tal fim, 1/12 (um doze avos) do valor calculado percentualmente sobre as respectivas receitas correntes líquidas, apuradas no segundo mês anterior ao mês de pagamento, sendo que esse percentual, calculado no momento de opção pelo regime e mantido fixo até o final do prazo a que se refere o § 14 deste artigo, será:

I – para os Estados e para o Distrito Federal:

a) de, no mínimo, 1,5% (um inteiro e cinco décimos por cento), para os Estados das regiões Norte, Nordeste e Centro-Oeste, além do Distrito Federal, ou cujo estoque de precatórios pendentes das suas administrações direta e indireta corresponder a até 35% (trinta e cinco por cento) do total da receita corrente líquida;

b) de, no mínimo, 2% (dois por cento), para os Estados das regiões Sul e Sudeste, cujo estoque de precatórios pendentes das suas administrações direta e indireta corresponder a mais de 35% (trinta e cinco por cento) da receita corrente líquida;

II – para Municípios:

a) de, no mínimo, 1% (um por cento), para Municípios das regiões Norte, Nordeste e Centro-Oeste, ou cujo estoque de precatórios pendentes das suas administrações direta e indireta corresponder a até 35% (trinta e cinco por cento) da receita corrente líquida;

b) de, no mínimo, 1,5% (um inteiro e cinco décimos por cento), para Municípios das regiões Sul e Sudeste, cujo estoque de precatórios pendentes das suas administrações direta e indireta corresponder a mais de 35 % (trinta e cinco por cento) da receita corrente líquida.

§ 3º Entende-se como receita corrente líquida, para os fins de que trata este artigo, o somatório das receitas tributárias, patrimoniais, industriais, agropecuárias, de contribuições e de serviços, transferências correntes e outras receitas correntes, incluindo as oriundas do § 1º do art. 20 da Constituição Federal, verificado no período compreendido pelo mês de referência e os 11 (onze) meses anteriores, excluídas as duplicidades, e deduzidas:

I – nos Estados, as parcelas entregues aos Municípios por determinação constitucional;

II – nos Estados, no Distrito Federal e nos Municípios, a contribuição dos servidores para custeio do seu sistema de previdência e assistência social e as receitas provenientes da compensação financeira referida no § 9º do art. 201 da Constituição Federal.

§ 4º As contas especiais de que tratam os §§ 1º e 2º serão administradas pelo Tribunal de Justiça local, para pagamento de precatórios expedidos pelos tribunais.

§ 5º Os recursos depositados nas contas especiais de que tratam os §§ 1º e 2º deste artigo não poderão retornar para Estados, Distrito Federal e Municípios devedores.

§ 6º Pelo menos 50% (cinquenta por cento) dos recursos de que tratam os §§ 1º e 2º deste artigo serão utilizados para pagamento de precatórios em ordem cronológica de apresentação, respeitadas as preferências definidas no § 1º, para os requisitórios do mesmo ano e no § 2º do art. 100, para requisitórios de todos os anos.

§ 7º Nos casos em que não se possa estabelecer a precedência cronológica entre 2 (dois) precatórios, pagar-se-á primeiramente o precatório de menor valor.

§ 8º A aplicação dos recursos restantes dependerá de opção a ser exercida por Estados, Distrito Federal e Municípios devedores, por ato do Poder Executivo, obedecendo à seguinte forma, que poderá ser aplicada isoladamente ou simultaneamente:

I – destinados ao pagamento dos precatórios por meio do leilão;

II – destinados a pagamento a vista de precatórios não quitados na forma do § 6º e do inciso I, em ordem única e crescente de valor por precatório;

III – destinados a pagamento por acordo direto com os credores, na forma estabelecida por lei própria da entidade devedora, que poderá prever criação e forma de funcionamento de câmara de conciliação.

§ 9º Os leilões de que trata o inciso I do § 8º deste artigo:

I – serão realizados por meio de sistema eletrônico administrado por entidade autorizada pela Comissão de Valores Mobiliários ou pelo Banco Central do Brasil;

II – admitirão a habilitação de precatórios, ou parcela de cada precatório indicada pelo seu detentor, em relação aos quais não esteja pendente, no âmbito do Poder Judiciário, recurso ou impugnação de qualquer natureza, permitida por iniciativa do Poder Executivo a compensação com débitos líquidos e certos, inscritos ou não em dívida ativa e constituídos contra devedor originário pela Fazenda Pública devedora até a data da expedição do precatório, ressalvados aqueles cuja exigibilidade esteja suspensa nos termos da legislação, ou que já tenham sido objeto de abatimento nos termos do § 9º do art. 100 da Constituição Federal;

III – ocorrerão por meio de oferta pública a todos os credores habilitados pelo respectivo ente federativo devedor;

IV – considerarão automaticamente habilitado o credor que satisfaça o que consta no inciso II;

V – serão realizados tantas vezes quanto necessário em função do valor disponível;

VI – a competição por parcela do valor total ocorrerá a critério do credor, com deságio sobre o valor desta;

VII – ocorrerão na modalidade deságio, associado ao maior volume ofertado cumulado ou não com o maior percentual de deságio, pelo maior percentual de deságio, podendo ser fixado valor máximo por credor, ou por outro critério a ser definido em edital;

VIII – o mecanismo de formação de preço constará nos editais publicados para cada leilão;

IX – a quitação parcial dos precatórios será homologada pelo respectivo Tribunal que o expediu.

§ 10. No caso de não liberação tempestiva dos recursos de que tratam o inciso II do § 1º e os §§ 2º e 6º deste artigo:

I – haverá o sequestro de quantia nas contas de Estados, Distrito Federal e Municípios devedores, por ordem do Presidente do Tribunal referido no § 4º, até o limite do valor não liberado;

II – constituir-se-á, alternativamente, por ordem do Presidente do Tribunal requerido, em favor dos credores de precatórios, contra Estados, Distrito Federal e Municípios devedores, direito líquido e certo, autoaplicável e independentemente de regulamentação, à compensação automática com débitos líquidos lançados por esta contra aqueles, e, havendo saldo em favor do credor, o valor terá automaticamente poder liberatório do pagamento de tributos de Estados, Distrito Federal e Municípios devedores, até onde se compensarem;

III – o chefe do Poder Executivo responderá na forma da legislação de responsabilidade fiscal e de improbidade administrativa;

IV – enquanto perdurar a omissão, a entidade devedora:

a) não poderá contrair empréstimo externo ou interno;

b) ficará impedida de receber transferências voluntárias;

V – a União reterá os repasses relativos ao Fundo de Participação dos Estados e do Distrito Federal e ao Fundo de Participação dos Municípios, e os depositará nas contas especiais referidas no § 1º, devendo sua utilização obedecer ao que prescreve o § 5º, ambos deste artigo.

§ 11. No caso de precatórios relativos a diversos credores, em litisconsórcio, admite-se o desmembramento do valor, realizado pelo Tribunal de origem do precatório, por credor, e, por este, a habilitação do valor total a que tem direito, não se aplicando, neste caso, a regra do § 3º do art. 100 da Constituição Federal.

§ 12. Se a lei a que se refere o § 4º do art. 100 não estiver publicada em até 180 (cento e oitenta) dias, contados da data de publicação desta Emenda Constitucional, será considerado, para os fins referidos, em relação a Estados, Distrito Federal e Municípios devedores, omissos na regulamentação, o valor de:

I – 40 (quarenta) salários mínimos para Estados e para o Distrito Federal;

II – 30 (trinta) salários mínimos para Municípios.

§ 13. Enquanto Estados, Distrito Federal e Municípios devedores estiverem realizando pagamentos de precatórios pelo regime especial, não poderão sofrer sequestro de valores, exceto no caso de não liberação tempestiva dos recursos de que tratam o inciso II do § 1º e o § 2º deste artigo.

§ 14. O regime especial de pagamento de precatório previsto no inciso I do § 1º vigorará enquanto o valor dos precatórios devidos for superior ao valor dos recursos vinculados, nos termos do § 2º, ambos deste artigo, ou pelo prazo fixo de até 15 (quinze) anos, no caso da opção prevista no inciso II do § 1º.

§ 15. Os precatórios parcelados na forma do art. 33 ou do art. 78 deste Ato das Disposições Constitucionais Transitórias e ainda pendentes de pagamento ingressarão no regime especial com o valor atualizado das parcelas não pagas relativas a cada precatório, bem como o saldo dos acordos judiciais e extrajudiciais.

§ 16. A partir da promulgação desta Emenda Constitucional, a atualização de valores de requisitórios, até o efetivo pagamento, independentemente de sua natureza, será feita pelo índice oficial de remuneração básica da caderneta de poupança, e, para fins de compensação da mora, incidirão juros simples no mesmo percentual de juros incidentes sobre a caderneta de poupança, ficando excluída a incidência de juros compensatórios.

§ 17. O valor que exceder o limite previsto no § 2º do art. 100 da Constituição Federal será pago, durante a vigência do regime especial, na forma prevista nos §§ 6º e 7º ou nos incisos I, II e III do § 8º deste artigo, devendo os valores dispendidos para o atendimento do disposto no § 2º do art. 100 da Constituição Federal serem computados para efeito do § 6º deste artigo.

§ 18. Durante a vigência do regime especial a que se refere este artigo, gozarão também da preferência a que se refere o § 6º os titulares originais de precatórios que tenham completado 60 (sessenta) anos de idade até a data da promulgação desta Emenda Constitucional.

• Art. 97 acrescido pela EC nº 62, de 9-12-2009.

Art. 98. O número de defensores públicos na unidade jurisdicional será proporcional à efetiva demanda pelo serviço da Defensoria Pública e à respectiva população.

§ 1º No prazo de 8 (oito) anos, a União, os Estados e o Distrito Federal deverão contar com defensores públicos em todas as unidades jurisdicionais, observado o disposto no *caput* deste artigo.

§ 2º Durante o decurso do prazo previsto no § 1º deste artigo, a lotação dos defensores públicos ocorrerá, prioritariamente, atendendo as regiões com maiores índices de exclusão social e adensamento populacional.

• Art. 98 acrescido pela EC nº 80, de 4-6-2014.

Art. 99. Para efeito do disposto no inciso VII do § 2º do art. 155, no caso de operações e prestações que destinem bens e serviços a consumidor final não contribuinte localizado em outro Estado, o imposto correspondente à diferença entre a alíquota interna e a interestadual será partilhado entre os Estados de origem e de destino, na seguinte proporção:

I – para o ano de 2015: 20% (vinte por cento) para o Estado de destino e 80% (oitenta por cento) para o Estado de origem;

II – para o ano de 2016: 40% (quarenta por cento) para o Estado de destino e 60% (sessenta por cento) para o Estado de origem;

III – para o ano de 2017: 60% (sessenta por cento) para o Estado de destino e 40% (quarenta por cento) para o Estado de origem;

IV – para o ano de 2018: 80% (oitenta por cento) para o Estado de destino e 20% (vinte por cento) para o Estado de origem;

V – a partir do ano de 2019: 100% (cem por cento) para o Estado de destino.

• Art. 99 acrescido pela EC nº 87, de 16-4-2015.

Art. 100. Até que entre em vigor a lei complementar de que trata o inciso II do § 1º do art. 40 da Constituição Federal, os Ministros do Supremo Tribunal Federal, dos Tribunais Superiores e do Tribunal de Contas da União aposentar-se-ão, compulsoriamente, aos 75 (setenta e cinco) anos de idade, nas condições do art. 52 da Constituição Federal.

• Artigo acrescido pela EC nº 88, de 7-5-2015.

• O STF, por maioria de votos, deferiu o pedido de medida cautelar na ADIN nº 5.316 (*DOU* de 9-6-2015), para: "1) suspender a aplicação da expressão *"nas condições do art. 52 da Constituição Federal"* contida no art. 100 do ADCT, introduzido pela EC nº 88/2015, por vulnerar as condições materiais necessárias ao exercício imparcial e independente da função jurisdicional, ultrajando a separação dos Poderes, cláusula pétrea inscrita no art. 60, § 4º, III, da CRFB; 2) fixar a interpretação, quanto à parte remanescente da EC nº 88/2015, de que o art. 100 do ADCT não pode ser estendido a outros agentes públicos até que seja editada a lei complementar a que alude o art. 40, § 1º, II, da CRFB, a qual, quanto à magistratura, é a lei complementar de iniciativa do Supremo Tribunal Federal nos termos do art. 93 da CRFB; 3) suspender a tramitação de todos os processos que envolvam a aplicação a magistrados do art. 40, § 1º, II da CRFB e do art. 100 do ADCT, até o julgamento definitivo da presente demanda, e 4) declarar sem efeito todo e qualquer pronunciamento judicial ou administrativo que afaste, amplie ou reduza a literalidade do comando previsto no art. 100 do ADCT e, com base neste fundamento, assegure a qualquer outro agente público o exercício das funções relativas a cargo efetivo após ter completado setenta anos de idade."

Art. 101. Os Estados, o Distrito Federal e os Municípios que, em 25 de março de 2015, se encontravam em mora no pagamento de seus precatórios quitarão, até 31 de dezembro de 2029, seus débitos vencidos e os que vencerão dentro desse período, atualizados pelo Índice Nacional de Preços ao Consumidor Amplo Especial (IPCA-E), ou por outro índice que venha a substituí-lo, depositando mensalmente em conta especial do Tribunal de Justiça local, sob única e exclusiva administração deste, 1/12 (um doze avos) do valor calculado percentualmente sobre suas receitas correntes líquidas apuradas no segundo mês anterior ao mês de pagamento, em percentual suficiente para a quitação de seus débitos e, ainda que variável, nunca inferior, em cada exercício, ao percentual praticado na data da entrada em vigor do regime especial a que se refere este artigo, em conformidade com plano de pagamento a ser anualmente apresentado ao Tribunal de Justiça local.

• *Caput* com a redação dada pela EC nº 109, de 15-3-2021.

§ 1º Entende-se como receita corrente líquida, para os fins de que trata este artigo, o somatório das receitas tributárias, patrimoniais, industriais, agropecuárias, de contribuições e de serviços, de transferências correntes e outras receitas correntes, incluindo as oriundas do § 1º do art. 20 da Constituição Federal, verificado no período compreendido pelo segundo mês imediatamente anterior ao de referência e os 11 (onze) meses precedentes, excluídas as duplicidades, e deduzidas:

I – nos Estados, as parcelas entregues aos Municípios por determinação constitucional;

II – nos Estados, no Distrito Federal e nos Municípios, a contribuição dos servidores para custeio de seu sistema de previdência e assistência social e as receitas provenientes da compensação financeira referida no § 9º do art. 201 da Constituição Federal.

- § 1º acrescido pela EC nº 94, de 15-12-2016.

§ 2º O débito de precatórios será pago com recursos orçamentários próprios provenientes das fontes de receita corrente líquida referidas no § 1º deste artigo e, adicionalmente, poderão ser utilizados recursos dos seguintes instrumentos:

- *Caput* do § 2º com a redação dada pela EC nº 99, de 14-12-2017.

I – até 75% (setenta e cinco por cento) dos depósitos judiciais e dos depósitos administrativos em dinheiro referentes a processos judiciais ou administrativos, tributários ou não tributários, nos quais sejam parte os Estados, o Distrito Federal ou os Municípios, e as respectivas autarquias, fundações e empresas estatais dependentes, mediante a instituição de fundo garantidor em montante equivalente a 1/3 (um terço) dos recursos levantados, constituído pela parcela restante dos depósitos judiciais e remunerado pela taxa referencial do Sistema Especial de Liquidação e de Custódia (SELIC) para títulos federais, nunca inferior aos índices e critérios aplicados aos depósitos levantados;

- Inciso I com a redação dada pela EC nº 99, de 14-12-2017.

II – até 30% (trinta por cento) dos demais depósitos judiciais da localidade sob jurisdição do respectivo Tribunal de Justiça, mediante a instituição de fundo garantidor em montante equivalente aos recursos levantados, constituído pela parcela restante dos depósitos judiciais e remunerado pela taxa referencial do Sistema Especial de Liquidação e de Custódia (SELIC) para títulos federais, nunca inferior aos índices e critérios aplicados aos depósitos levantados, destinando-se:

- *Caput* do inciso II com a redação dada pela EC nº 99, de 14-12-2017.

a) no caso do Distrito Federal, 100% (cem por cento) desses recursos ao próprio Distrito Federal;

- Alínea *a* acrescida pela EC nº 94, de 15-12-2016.

b) no caso dos Estados, 50% (cinquenta por cento) desses recursos ao próprio Estado e 50% (cinquenta por cento) aos respectivos Municípios, conforme a circunscrição judiciária onde estão depositados os recursos, e, se houver mais de um Município na mesma circunscrição judiciária, os recursos serão rateados entre os Municípios concorrentes, proporcionalmente às respectivas populações, utilizado como referência o último levantamento censitário ou a mais recente estimativa populacional da Fundação Instituto Brasileiro de Geografia e Estatística (IBGE);

- Alínea *b* com a redação dada pela EC nº 99, de 14-12-2017.

III – empréstimos, excetuados para esse fim os limites de endividamento de que tratam os incisos VI e VII do *caput* do art. 52 da Constituição Federal e quaisquer outros limites de endividamento previstos em lei, não se aplicando a esses empréstimos a vedação de vinculação de receita prevista no inciso IV do *caput* do art. 167 da Constituição Federal;

- Inciso III com a redação dada pela EC nº 99, de 14-12-2017.

IV – a totalidade dos depósitos em precatórios e requisições diretas de pagamento de obrigações de pequeno valor efetuados até 31 de dezembro de 2009 e ainda não levantados, com o cancelamento dos respectivos requisitórios e a baixa das obrigações, assegurada a revalidação dos requisitórios pelos juízos dos processos perante os Tribunais, a requerimento dos credores e após a oitiva da entidade devedora, mantidas a posição de ordem cronológica original e a remuneração de todo o período.

- Inciso IV acrescido pela EC nº 99, de 14-12-2017.

§ 3º Os recursos adicionais previstos nos incisos I, II e IV do § 2º deste artigo serão transferidos diretamente pela instituição financeira depositária para a conta especial referida no *caput* deste artigo, sob única e exclusiva administração do Tribunal de Justiça local, e essa transferência deverá ser realizada em até sessenta dias contados a partir da entrada em vigor deste parágrafo, sob pena de responsabilização pessoal do dirigente da instituição financeira por improbidade.

- § 3º acrescido pela EC nº 99, de 14-12-2017.

§ 4º *Revogado.* EC nº 109, de 15-3-2021.

§ 5º Os empréstimos de que trata o inciso III do § 2º deste artigo poderão ser destinados, por meio de ato do Poder Executivo, exclusivamente ao pagamento de precatórios por acordo direto com os credores, na forma do disposto no inciso III do § 8º do art. 97 deste Ato das Disposições Constitucionais Transitórias.

- § 5º acrescido pela EC nº 113, de 8-12-2021.

Art. 102. Enquanto viger o regime especial previsto nesta Emenda Constitucional, pelo menos 50% (cinquenta por cento) dos recursos que, nos termos do art. 101 deste Ato das Disposições Constitucionais Transitórias, forem destinados ao pagamento dos precatórios em mora serão utilizados no pagamento segundo a ordem cronológica de apresentação, respeitadas as preferências dos créditos alimentares, e, nessas, as relativas à idade, ao estado de saúde e à deficiência, nos termos do § 2º do art. 100 da Constituição Federal, sobre todos os demais créditos de todos os anos.

- *Caput* acrescido pela EC nº 94, de 15-12-2016.

§ 1º A aplicação dos recursos remanescentes, por opção a ser exercida por Estados, Distrito Federal e Municípios, por ato do respectivo Poder Executivo, observada a ordem de preferência dos credores, poderá ser destinada ao pagamento mediante acordos diretos, perante Juízos Auxiliares de Conciliação de Precatórios, com redução máxima de 40% (quarenta por cento) do valor do crédito atualizado, desde que em relação ao crédito não penda recurso ou defesa judicial e que sejam observados os requisitos definidos na regulamentação editada pelo ente federado.

- Parágrafo único transformado em § 1º pela EC nº 99, de 14-12-2017.

§ 2º Na vigência do regime especial previsto no art. 101 deste Ato das Disposições Constitucionais Transitórias, as preferências relativas à idade, ao estado de saúde e à deficiência serão atendidas até o valor equivalente ao quíntuplo fixado em lei para os fins do disposto no § 3º do art. 100 da Constituição Federal, admitido o fracionamento para essa finalidade, e o restante será pago em ordem cronológica de apresentação do precatório.

- § 2º acrescido pela EC nº 99, de 14-12-2017.

Art. 103. Enquanto os Estados, o Distrito Federal e os Municípios estiverem efetuando o pagamento da parcela mensal devida como previsto no *caput* do art. 101 deste Ato das Disposições Constitucionais Transitórias, nem eles, nem as respectivas autarquias, fundações e empresas estatais dependentes poderão sofrer sequestro de valores, exceto no caso de não liberação tempestiva dos recursos.

- *Caput* acrescido pela EC nº 94, de 15-12-2016.

Parágrafo único. Na vigência do regime especial previsto no art. 101 deste Ato das Disposições Constitucionais Transitórias, ficam vedadas desapropriações pelos Estados, pelo Distrito Federal e pelos Municípios, cujos estoques de precatórios ainda pendentes de pagamento, incluídos os precatórios a pagar de suas entidades da administração indireta, sejam superiores a 70% (setenta por cento) das respectivas receitas correntes líquidas, excetuadas as desapropriações para fins de necessidade pública nas áreas de saúde, educação, segurança pública, transporte público, saneamento básico e habitação de interesse social.

- Parágrafo único acrescido pela EC nº 99, de 14-12-2017.

Art. 104. Se os recursos referidos no art. 101 deste Ato das Disposições Constitucionais Transitórias para o pagamento de precatórios não forem tempestivamente liberados, no todo ou em parte:

I – o Presidente do Tribunal de Justiça local determinará o sequestro, até o limite do valor não liberado, das contas do ente federado inadimplente;

II – o chefe do Poder Executivo do ente federado inadimplente responderá, na forma da legislação de responsabilidade fiscal e de improbidade administrativa;

III – a União reterá os recursos referentes aos repasses ao Fundo de Participação dos Estados e do Distrito Federal e ao Fundo de Participação dos Municípios e os depositará na conta especial referida no art. 101 deste Ato das Disposições Constitucionais Transitórias, para utilização como nele previsto;

IV – os Estados reterão os repasses previstos no parágrafo único do art. 158 da Constituição Federal e os depositarão na conta especial referida no art. 101 deste Ato das Disposições Constitucionais Transitórias, para utilização como nele previsto.

Parágrafo único. Enquanto perdurar a omissão, o ente federado não poderá contrair empréstimo externo ou interno, exceto para os fins previstos no § 2º do art. 101 deste Ato das Disposições Constitucionais Transitórias, e ficará impedido de receber transferências voluntárias.

- Art. 104 acrescido pela EC nº 94, de 15-12-2016.

Art. 105. Enquanto viger o regime de pagamento de precatórios previsto no art. 101 deste Ato das Disposições Constitucionais Transitórias, é facultada aos credores de precatórios, próprios ou de terceiros, a compensação com débitos de natureza tributária ou de outra natureza que até 25 de março de 2015 tenham sido inscritos na dívida ativa dos Estados, do Distrito Federal ou dos Municípios, observados os requisitos definidos em lei própria do ente federado.

- *Caput* acrescido pela EC nº 94, de 15-12-2016.

§ 1º Não se aplica às compensações referidas no *caput* deste artigo qualquer tipo de vinculação, como as transferências a outros entes e as destinadas à educação, à saúde e a outras finalidades.

- Parágrafo único transformado em § 1º pela EC nº 99, de 14-12-2017.

§ 2º Os Estados, o Distrito Federal e os Municípios regulamentarão nas respectivas leis o disposto no *caput* deste artigo em até cento e vinte dias a partir de 1º de janeiro de 2018.

§ 3º Decorrido o prazo estabelecido no § 2º deste artigo sem a regulamentação nele prevista, ficam os credores de precatórios autorizados a exercer a faculdade a que se refere o *caput* deste artigo.

- §§ 2º e 3º acrescidos pela EC nº 99, de 14-12-2017.

Art. 106. Fica instituído o Novo Regime Fiscal no âmbito dos Orçamentos Fiscal e da Seguridade Social da União, que vigorará por vinte exercícios financeiros, nos termos dos arts. 107 a 114 deste Ato das Disposições Constitucionais Transitórias.

- Art. 106 acrescido pela EC nº 95, de 15-12-2016.
- Este artigo estará revogado pela EC nº 126, de 21-12-2022, após a publicação da lei complementar prevista no art. 6º da referida Emenda Constitucional.

Art. 107. Ficam estabelecidos, para cada exercício, limites individualizados para as despesas primárias:

- *Caput* acrescido pela EC nº 95, de 15-12-2016.
- Este artigo estará revogado pela EC nº 126, de 21-12-2022, após a publicação da lei complementar prevista no art. 6º da referida Emenda Constitucional.

I – do Poder Executivo;

II – do Supremo Tribunal Federal, do Superior Tribunal de Justiça, do Conselho Nacional de Justiça, da Justiça do Trabalho, da Justiça Federal, da Justiça Militar da União, da Justiça Eleitoral e da Justiça do Distrito Federal e Territórios, no âmbito do Poder Judiciário;

III – do Senado Federal, da Câmara dos Deputados e do Tribunal de Contas da União, no âmbito do Poder Legislativo;

IV – do Ministério Público da União e do Conselho Nacional do Ministério Público; e

V – da Defensoria Pública da União.

- Incisos I a V acrescidos pela EC nº 95, de 15-12-2016.

§ 1º Cada um dos limites a que se refere o *caput* deste artigo equivalerá:

I – para o exercício de 2017, à despesa primária paga no exercício de 2016, incluídos os restos a pagar pagos e demais operações que afetam o resultado primário, corrigida em 7,2% (sete inteiros e dois décimos por cento); e

II – para os exercícios posteriores, ao valor do limite referente ao exercício imediatamente anterior, corrigido pela variação do Índice Nacional de Preços ao Consumidor Amplo (IPCA), publicado pela Fundação Instituto Brasileiro de Geografia e Estatística, ou de outro índice que vier a substituí-lo, apurado no exercício anterior a que se refere a lei orçamentária.

- Inciso II com a redação dada pela EC nº 113, de 8-12-2021.

§ 2º Os limites estabelecidos na forma do inciso IV do *caput* do art. 51, do inciso XIII do *caput* do art. 52, do § 1º do art. 99, do § 3º do art. 127 e do § 3º do art. 134 da Constituição Federal não poderão ser superiores aos estabelecidos nos termos deste artigo.

§ 3º A mensagem que encaminhar o projeto de lei orçamentária demonstrará os valores máximos de programação compatíveis com os limites individualizados calculados na forma do § 1º deste artigo, observados os §§ 7º a 9º deste artigo.

§ 4º As despesas primárias autorizadas na lei orçamentária anual sujeitas aos limites de que trata este artigo não poderão exceder os valores máximos demonstrados nos termos do § 3º deste artigo.

§ 5º É vedada a abertura de crédito suplementar ou especial que amplie o montante total autorizado de despesa primária sujeita aos limites de que trata este artigo.

- §§ 1º a 5º acrescidos pela EC nº 95, de 15-12-2016.

§ 6º Não se incluem na base de cálculo e nos limites estabelecidos neste artigo:

- *Caput* do § 6º acrescido pela EC nº 95, de 15-12-2016.

I – transferências constitucionais estabelecidas no § 1º do art. 20, no inciso III do parágrafo único do art. 146, no § 5º do art. 153, no art. 157, nos incisos I e II do *caput* do art. 158, no art. 159 e no § 6º do art. 212, as despesas referentes ao inciso XIV do *caput* do art. 21 e as complementações de que tratam os incisos IV e V do *caput* do art. 212-A, todos da Constituição Federal;

- Inciso I com a redação dada pela EC nº 108, de 26-8-2020.

II – créditos extraordinários a que se refere o § 3º do art. 167 da Constituição Federal;

III – despesas não recorrentes da Justiça Eleitoral com a realização de eleições; e

IV – despesas com aumento de capital de empresas estatais não dependentes;

• Incisos II a IV acrescidos pela EC nº 95, de 15-12-2016.

V – transferências a Estados, Distrito Federal e Municípios de parte dos valores arrecadados com os leilões dos volumes excedentes ao limite a que se refere o § 2º do art. 1º da Lei nº 12.276, de 30 de junho de 2010, e a despesa decorrente da revisão do contrato de cessão onerosa de que trata a mesma Lei;

• Inciso V acrescido pela EC nº 102, de 26-9-2019, para vigorar no mesmo exercício financeiro da data de sua publicação (*DOU* de 27-9-2019).

VI – despesas correntes ou transferências aos fundos de saúde dos Estados, do Distrito Federal e dos Municípios, destinadas ao pagamento de despesas com pessoal para cumprimento dos pisos nacionais salariais para o enfermeiro, o técnico de enfermagem, o auxiliar de enfermagem e a parteira, de acordo com os §§ 12, 13, 14 e 15 do art. 198 da Constituição Federal.

• Inciso VI acrescido pela EC nº 127, de 22-12-2022.

§ 6º-A. Não se incluem no limite estabelecido no inciso I do *caput* deste artigo, a partir do exercício financeiro de 2023:

I – despesas com projetos socioambientais ou relativos às mudanças climáticas custeadas com recursos de doações, bem como despesas com projetos custeados com recursos decorrentes de acordos judiciais ou extrajudiciais firmados em função de desastres ambientais;

II – despesas das instituições federais de ensino e das Instituições Científicas, Tecnológicas e de Inovação (ICTs) custeadas com receitas próprias, de doações ou de convênios, contratos ou outras fontes, celebrados com os demais entes da Federação ou entidades privadas;

III – despesas custeadas com recursos oriundos de transferências dos demais entes da Federação para a União destinados à execução direta de obras e serviços de engenharia.

§ 6º-B. Não se incluem no limite estabelecido no inciso I do *caput* deste artigo as despesas com investimentos em montante que corresponda ao excesso de arrecadação de receitas correntes do exercício anterior ao que se refere a lei orçamentária, limitadas a 6,5% (seis inteiros e cinco décimos por cento) do excesso de arrecadação de receitas correntes do exercício de 2021.

§ 6º-C. As despesas previstas no § 6º-B deste artigo não serão consideradas para fins de verificação do cumprimento da meta de resultado primário estabelecida no *caput* do art. 2º da Lei nº 14.436, de 9 de agosto de 2022.

• §§ 6º-A a 6º-C acrescidos pela EC nº 126, de 21-12-2022.

§ 7º Nos três primeiros exercícios financeiros da vigência do Novo Regime Fiscal, o Poder Executivo poderá compensar com redução equivalente na sua despesa primária, consoante os valores estabelecidos no projeto de lei orçamentária encaminhado pelo Poder Executivo no respectivo exercício, o excesso de despesas primárias em relação aos limites de que tratam os incisos II a V do *caput* deste artigo.

§ 8º A compensação de que trata o § 7º deste artigo não excederá a 0,25% (vinte e cinco centésimos por cento) do limite do Poder Executivo.

§ 9º Respeitado o somatório em cada um dos incisos de II a IV do *caput* deste artigo, a lei de diretrizes orçamentárias poderá dispor sobre a compensação entre os limites individualizados dos órgãos elencados em cada inciso.

§ 10. Para fins de verificação do cumprimento dos limites de que trata este artigo, serão consideradas as despesas primárias pagas, incluídos os restos a pagar pagos e demais operações que afetam o resultado primário no exercício.

§ 11. O pagamento de restos a pagar inscritos até 31 de dezembro de 2015 poderá ser excluído da verificação do cumprimento dos limites de que trata este artigo, até o excesso de resultado primário dos Orçamentos Fiscal e da Seguridade Social do exercício em relação à meta fixada na lei de diretrizes orçamentárias.

• §§ 7º a 11 acrescidos pela EC nº 95, de 15-12-2016.

§ 12. Para fins da elaboração do projeto de lei orçamentária anual, o Poder Executivo considerará o valor realizado até junho do índice previsto no inciso II do § 1º deste artigo, relativo ao ano de encaminhamento do projeto, e o valor estimado até dezembro desse mesmo ano.

§ 13. A estimativa do índice a que se refere o § 12 deste artigo, juntamente com os demais parâmetros macroeconômicos, serão elaborados mensalmente pelo Poder Executivo e enviados à comissão mista de que trata o § 1º do art. 166 da Constituição Federal.

§ 14. O resultado da diferença aferida entre as projeções referidas nos §§ 12 e 13 deste artigo e a efetiva apuração do índice previsto no inciso II do § 1º deste artigo será calculado pelo Poder Executivo, para fins de definição da base de cálculo dos respectivos limites do exercício seguinte, a qual será comunicada aos demais Poderes por ocasião da elaboração do projeto de lei orçamentária.

• §§ 12 a 14 acrescidos pela EC nº 113, de 8-12-2021.

Art. 107-A. Até o fim de 2026, fica estabelecido, para cada exercício financeiro, limite para alocação na proposta orçamentária das despesas com pagamentos em virtude de sentença judiciária de que trata o art. 100 da Constituição Federal, equivalente ao valor da despesa paga no exercício de 2016, incluídos os restos a pagar pagos, corrigido, para o exercício de 2017, em 7,2% (sete inteiros e dois décimos por cento) e, para os exercícios posteriores, pela variação do Índice Nacional de Preços ao Consumidor Amplo (IPCA), publicado pela Fundação Instituto Brasileiro de Geografia e Estatística, ou de outro índice que vier a substituí-lo, apurado no exercício anterior a que se refere a lei orçamentária, devendo o espaço fiscal decorrente da diferença entre o valor dos precatórios expedidos e o respectivo limite ser destinado ao programa previsto no parágrafo único do art. 6º e à seguridade social, nos termos do art. 194, ambos da Constituição Federal, a ser calculado da seguinte forma:

• *Caput* do art. 107-A com a redação dada pela EC nº 126, de 21-12-2022.

I – no exercício de 2022, o espaço fiscal decorrente da diferença entre o valor dos precatórios expedidos e o limite estabelecido no *caput* deste artigo deverá ser destinado ao programa previsto no parágrafo único do art. 6º e à seguridade social, nos termos do art. 194, ambos da Constituição Federal;

II – no exercício de 2023, pela diferença entre o total de precatórios expedidos entre 2 de julho de 2021 e 2 de abril de 2022 e o limite de que trata o *caput* deste artigo válido para o exercício de 2023; e

III – nos exercícios de 2024 a 2026, pela diferença entre o total de precatórios expedidos entre 3 de abril de dois anos anteriores e 2 de abril do ano anterior ao exercício e o limite de que trata o *caput* deste artigo válido para o mesmo exercício.

• Incisos I a III acrescidos pela EC nº 114, de 16-12-2021.

§ 1º O limite para o pagamento de precatórios corresponderá, em cada exercício, ao limite previsto no *caput* deste artigo, reduzido da projeção para a despesa com o pagamento de requisições de pequeno valor para o mesmo exercício, que terão prioridade no pagamento.

§ 2º Os precatórios que não forem pagos em razão do previsto neste artigo terão prioridade para pagamento em exercícios seguintes, observada a ordem cronológica e o disposto no § 8º deste artigo.

§ 3º É facultado ao credor de precatório que não tenha sido pago em razão do disposto neste artigo, além das hipóteses previstas no § 11 do art. 100 da Constituição Federal e sem prejuízo dos procedimentos previstos nos §§ 9º e 21 do referido artigo, optar pelo recebimento, mediante acordos diretos perante Juízos Auxiliares de Conciliação de Pagamento de Condenações Judiciais contra a Fazenda Pública Federal, em parcela única, até o final do exercício seguinte, com renúncia de 40% (quarenta por cento) do valor desse crédito.

§ 4º O Conselho Nacional de Justiça regulamentará a atuação dos Presidentes dos Tribunais competentes para o cumprimento deste artigo.

§ 5º Não se incluem no limite estabelecido neste artigo as despesas para fins de cumprimento do disposto nos §§ 11, 20 e 21 do art. 100 da Constituição Federal e no § 3º deste artigo, bem como a atualização monetária dos precatórios inscritos no exercício.

§ 6º Não se incluem nos limites estabelecidos no art. 107 deste Ato das Disposições Constitucionais Transitórias o previsto nos §§ 11, 20 e 21 do art. 100 da Constituição Federal e no § 3º deste artigo.

§ 7º Na situação prevista no § 3º deste artigo, para os precatórios não incluídos na proposta orçamentária de 2022, os valores necessários à sua quitação serão providenciados pela abertura de créditos adicionais durante o exercício de 2022.

§ 8º Os pagamentos em virtude de sentença judiciária de que trata o art. 100 da Constituição Federal serão realizados na seguinte ordem:

I – obrigações definidas em lei como de pequeno valor, previstas no § 3º do art. 100 da Constituição Federal;

II – precatórios de natureza alimentícia cujos titulares, originários ou por sucessão hereditária, tenham no mínimo 60 (sessenta) anos de idade, ou sejam portadores de doença grave ou pessoas com deficiência, assim definidos na forma da lei, até o valor equivalente ao triplo do montante fixado em lei como obrigação de pequeno valor;

III – demais precatórios de natureza alimentícia até o valor equivalente ao triplo do montante fixado em lei como obrigação de pequeno valor;

IV – demais precatórios de natureza alimentícia além do valor previsto no inciso III deste parágrafo;

V – demais precatórios.

- §§ 1º a 8º acrescidos pela EC nº 114, de 16-12-2021.

Art. 108. *Revogado.* EC nº 113, de 8-12-2021.

Art. 109. Se verificado, na aprovação da lei orçamentária, que, no âmbito das despesas sujeitas aos limites do art. 107 deste Ato das Disposições Constitucionais Transitórias, a proporção da despesa obrigatória primária em relação à despesa primária total foi superior a 95% (noventa e cinco por cento), aplicam-se ao respectivo Poder ou órgão, até o final do exercício a que se refere a lei orçamentária, sem prejuízo de outras medidas, as seguintes vedações:

- *Caput* com a redação dada pela EC nº 109, de 15-3-2021.
- Este artigo estará revogado pela EC nº 126, de 21-12-2022, após a publicação da lei complementar prevista no art. 6º da referida Emenda Constitucional.

I – concessão, a qualquer título, de vantagem, aumento, reajuste ou adequação de remuneração de membros de Poder ou de órgão, de servidores e empregados públicos e de militares, exceto dos derivados de sentença judicial transitada em julgado ou de determinação legal anterior ao início da aplicação das medidas de que trata este artigo;

- Inciso I com a redação dada pela EC nº 109, de 15-3-2021.

II – criação de cargo, emprego ou função que implique aumento de despesa;

III – alteração de estrutura de carreira que implique aumento de despesa;

- Incisos II e III acrescidos pela EC nº 95, de 15-12-2016.

IV – admissão ou contratação de pessoal, a qualquer título, ressalvadas:

a) as reposições de cargos de chefia e de direção que não acarretem aumento de despesa;

b) as reposições decorrentes de vacâncias de cargos efetivos ou vitalícios;

c) as contratações temporárias de que trata o inciso IX do *caput* do art. 37 da Constituição Federal; e

d) as reposições de temporários para prestação de serviço militar e de alunos de órgãos de formação de militares;

- Inciso IV com a redação dada pela EC nº 109, de 15-3-2021.

V – realização de concurso público, exceto para as reposições de vacâncias previstas no inciso IV;

- Inciso V acrescido pela EC nº 95, de 15-12-2016.

VI – criação ou majoração de auxílios, vantagens, bônus, abonos, verbas de representação ou benefícios de qualquer natureza, inclusive os de cunho indenizatório, em favor de membros de Poder, do Ministério Público ou da Defensoria Pública, de servidores e empregados públicos e de militares, ou ainda de seus dependentes, exceto quando derivados de sentença judicial transitada em julgado ou de determinação legal anterior ao início da aplicação das medidas de que trata este artigo;

- Inciso VI com a redação dada pela EC nº 109, de 15-3-2021.

VII – criação de despesa obrigatória; e

VIII – adoção de medida que implique reajuste de despesa obrigatória acima da variação da inflação, observada a preservação do poder aquisitivo referida no inciso IV do *caput* do art. 7º da Constituição Federal;

- Incisos VII e VIII acrescidos pela EC nº 95, de 15-12-2016.

IX – aumento do valor de benefícios de cunho indenizatório destinados a qualquer membro de Poder, servidor ou empregado da administração pública e a seus dependentes, exceto quando derivado de sentença judicial transitada em julgado ou de determinação legal anterior ao início da aplicação das medidas de que trata este artigo.

- Inciso IX acrescido pela EC nº 109, de 15-3-2021.

§ 1º As vedações previstas nos incisos I, III e VI do *caput* deste artigo, quando acionadas as vedações para qualquer dos órgãos elencados nos incisos II, III e IV do *caput* do art. 107 deste Ato das Disposições Constitucionais Transitórias, aplicam-se ao conjunto dos órgãos referidos em cada inciso.

- § 1º com a redação dada pela EC nº 109, de 15-3-2021.

§ 2º Caso as vedações de que trata o *caput* deste artigo sejam acionadas para o Poder Executivo, ficam vedadas:

- *Caput* do § 2º com a redação dada pela EC nº 109, de 15-3-2021.

I – a criação ou expansão de programas e linhas de financiamento, bem como a remissão, renegociação ou refinanciamento de dívidas que impliquem ampliação das despesas com subsídios e subvenções; e

II – a concessão ou a ampliação de incentivo ou benefício de natureza tributária.

- Incisos I e II acrescidos pela EC nº 95, de 15-12-2016.

§ 3º Caso as vedações de que trata o *caput* deste artigo sejam acionadas, fica vedada a concessão da revisão geral prevista no inciso X do *caput* do art. 37 da Constituição Federal.

§ 4º As disposições deste artigo:

I – não constituem obrigação de pagamento futuro pela União ou direitos de outrem sobre o erário;

II – não revogam, dispensam ou suspendem o cumprimento de dispositivos constitucionais e legais que disponham sobre metas fiscais ou limites máximos de despesas; e

III – aplicam-se também a proposições legislativas.

- §§ 3º e 4º com a redação dada pela EC nº 109, de 15-3-2021.

§ 5º O disposto nos incisos II, IV, VII e VIII do *caput* e no § 2º deste artigo não se aplica a medidas de combate a calamidade pública nacional cuja vigência e efeitos não ultrapassem a sua duração.

- § 5º acrescido pela EC nº 109, de 15-3-2021.

Art. 110. Na vigência do Novo Regime Fiscal, as aplicações mínimas em ações e serviços públicos de saúde e em manutenção e desenvolvimento do ensino equivalerão:

- Este artigo estará revogado pela EC nº 126, de 21-12-2022, após a publicação da lei complementar prevista no art. 6º da referida Emenda Constitucional.

I – no exercício de 2017, às aplicações mínimas calculadas nos termos do inciso I do § 2º do art. 198 e do *caput* do art. 212, da Constituição Federal; e

II – nos exercícios posteriores, aos valores calculados para as aplicações mínimas do exercício imediatamente anterior, corrigidos na forma estabelecida pelo inciso II do § 1º do art. 107 deste Ato das Disposições Constitucionais Transitórias.

- Artigo acrescido pela EC nº 95, de 15-12-2016.

Art. 111. A partir do exercício financeiro de 2018, até o exercício financeiro de 2022, a aprovação e a execução previstas nos §§ 9º e 11 do art. 166 da Constituição Federal corresponderão ao montante de execução obrigatória para o exercício de 2017, corrigido na forma estabelecida no inciso II do § 1º do art. 107 deste Ato das Disposições Constitucionais Transitórias.

- Artigo com a redação dada pela EC nº 126, de 21-12-2022.
- Este artigo estará revogado pela EC nº 126, de 21-12-2022, após a publicação da lei complementar prevista no art. 6º da referida Emenda Constitucional.

Art. 111-A. A partir do exercício financeiro de 2024, até o último exercício de vigência do Novo Regime Fiscal, a aprovação e a execução previstas nos §§ 9º e 11 do art. 166 da Constituição Federal corresponderão ao montante de execução obrigatória para o exercício de 2023, corrigido na forma estabelecida no inciso II do § 1º do art. 107 deste Ato das Disposições Constitucionais Transitórias.

- Art. 111-A acrescido pela EC nº 126, de 21-12-2022.
- Este artigo estará revogado pela EC nº 126, de 21-12-2022, após a publicação da lei complementar prevista no art. 6º da referida Emenda Constitucional.

Art. 112. As disposições introduzidas pelo Novo Regime Fiscal:

- Este artigo estará revogado pela EC nº 126, de 21-12-2022, após a publicação da lei complementar prevista no art. 6º da referida Emenda Constitucional.

I – não constituirão obrigação de pagamento futuro pela União ou direitos de outrem sobre o erário; e

II – não revogam, dispensam ou suspendem o cumprimento de dispositivos constitucionais e legais que disponham sobre metas fiscais ou limites máximos de despesas.

Art. 113. A proposição legislativa que crie ou altere despesa obrigatória ou renúncia de receita deverá ser acompanhada da estimativa do seu impacto orçamentário e financeiro.

Art. 114. A tramitação de proposição elencada no *caput* do art. 59 da Constituição Federal, ressalvada a referida no seu inciso V, quando acarretar aumento de despesa ou renúncia de receita, será suspensa por até vinte dias, a requerimento de um quinto dos membros da Casa, nos termos regimentais, para análise de sua compatibilidade com o Novo Regime Fiscal.

- Arts. 112 a 114 acrescidos pela EC nº 95, de 15-12-2016.
- Este artigo estará revogado pela EC nº 126, de 21-12-2022, após a publicação da lei complementar prevista no art. 6º da referida Emenda Constitucional.

Art. 115. Fica excepcionalmente autorizado o parcelamento das contribuições previdenciárias e dos demais débitos dos Municípios, incluídas suas autarquias e fundações, com os respectivos regimes próprios de previdência social, com vencimento até 31 de outubro de 2021, inclusive os parcelados anteriormente, no prazo máximo de 240 (duzentos e quarenta) prestações mensais, mediante autorização em lei municipal específica, desde que comprovem ter alterado a legislação do regime próprio de previdência social para atendimento das seguintes condições, cumulativamente:

I – adoção de regras de elegibilidade, de cálculo e de reajustamento dos benefícios que contemplem, nos termos previstos nos incisos I e III do § 1º e nos §§ 3º a 5º, 7º e 8º do art. 40 da Constituição Federal, regras assemelhadas às aplicáveis aos servidores públicos do regime próprio de previdência social da União e que contribuam efetivamente para o atingimento e a manutenção do equilíbrio financeiro e atuarial;

II – adequação do rol de benefícios ao disposto nos §§ 2º e 3º do art. 9º da Emenda Constitucional nº 103, de 12 de novembro de 2019;

III – adequação da alíquota de contribuição devida pelos servidores, nos termos do § 4º do art. 9º da Emenda Constitucional nº 103, de 12 de novembro de 2019; e

IV – instituição do regime de previdência complementar e adequação do órgão ou entidade gestora do regime próprio de previdência social, nos termos do § 6º do art. 9º da Emenda Constitucional nº 103, de 12 de novembro de 2019.

Parágrafo único. Ato do Ministério do Trabalho e Previdência, no âmbito de suas competências, definirá os critérios para o parcelamento previsto neste artigo, inclusive quanto ao cumprimento do disposto nos incisos I, II, III e IV do *caput* deste artigo, bem como disponibilizará as informações aos Municípios sobre o montante das dívidas, as formas de parcelamento, os juros e os encargos incidentes, de modo a possibilitar o acompanhamento da evolução desses débitos.

Art. 116. Fica excepcionalmente autorizado o parcelamento dos débitos decorrentes de contribuições previdenciárias dos Municípios, incluídas suas autarquias e fundações, com o Regime Geral de Previdência Social, com vencimento até 31 de outubro de 2021, ainda que em fase de execução fiscal ajuizada, inclusive os decorrentes do descumprimento de obrigações acessórias e os parcelados anteriormente, no prazo máximo de 240 (duzentos e quarenta) prestações mensais.

§ 1º Os Municípios que possuam regime próprio de previdência social deverão comprovar, para fins de formalização do parcelamento com o Regime Geral de Previdência Social, de que trata este artigo, terem atendido as condições estabelecidas nos incisos I, II, III e IV do *caput* do art. 115 deste Ato das Disposições Constitucionais Transitórias.

§ 2º Os débitos parcelados terão redução de 40% (quarenta por cento) das multas de mora, de ofício e isoladas, de 80% (oitenta por cento) dos juros de mora, de 40% (quarenta por cento) dos encargos legais e de 25% (vinte e cinco por cento) dos honorários advocatícios.

§ 3º O valor de cada parcela será acrescido de juros equivalentes à taxa referencial do Sistema Especial de Liquidação e de Custódia (SELIC), acumulada mensalmente, calculados a partir do mês subsequente ao da consolidação até o mês anterior ao do pagamento.

§ 4º Não constituem débitos dos Municípios aqueles considerados prescritos ou atingidos pela decadência.

§ 5º A Secretaria Especial da Receita Federal do Brasil e a Procuradoria-Geral da Fazenda Nacional, no âmbito de suas competências, deverão fixar os critérios para o parcelamento previsto neste artigo, bem como disponibilizar as informações aos Municípios sobre o montante das dívidas, as formas de parcelamento, os juros e os encargos incidentes, de modo a possibilitar o acompanhamento da evolução desses débitos.

Art. 117. A formalização dos parcelamentos de que tratam os arts. 115 e 116 deste Ato das Disposições Constitucionais Transitórias deverá ocorrer até 30 de junho de 2022 e ficará condicionada à autorização de vinculação do Fundo de Participação dos Municípios para fins de pagamento das prestações acordadas nos termos de parcelamento, observada a seguinte ordem de preferência:

I – a prestação de garantia ou de contragarantia à União ou os pagamentos de débitos em favor da União, na forma do § 4º do art. 167 da Constituição Federal;

II – as contribuições parceladas devidas ao Regime Geral de Previdência Social;

III – as contribuições parceladas devidas ao respectivo regime próprio de previdência social.

• Arts. 115 a 117 acrescidos pela EC nº 113, de 8-12-2021.

Art. 118. Os limites, as condições, as normas de acesso e os demais requisitos para o atendimento do disposto no parágrafo único do art. 6º e no inciso VI do *caput* do art. 203 da Constituição Federal serão determinados, na forma da lei e respectivo regulamento, até 31 de dezembro de 2022, dispensada, exclusivamente no exercício de 2022, a observância das limitações legais quanto à criação, à expansão ou ao aperfeiçoamento de ação governamental que acarrete aumento de despesa no referido exercício.

• Artigo acrescido pela EC nº 114, de 16-12-2021.

Art. 119. Em decorrência do estado de calamidade pública provocado pela pandemia da COVID-19, os Estados, o Distrito Federal, os Municípios e os agentes públicos desses entes federados não poderão ser responsabilizados administrativa, civil ou criminalmente pelo descumprimento, exclusivamente nos exercícios financeiros de 2020 e 2021, do disposto no *caput* do art. 212 da Constituição Federal.

Parágrafo único. Para efeitos do disposto no *caput* deste artigo, o ente deverá complementar na aplicação da manutenção e desenvolvimento do ensino, até o exercício financeiro de 2023, a diferença a menor entre o valor aplicado, conforme informação registrada no sistema integrado de planejamento e orçamento, e o valor mínimo exigível constitucionalmente para os exercícios de 2020 e 2021.

• Art. 119 acrescido pela EC nº 119, de 27-4-2022.

Art. 120. Fica reconhecido, no ano de 2022, o estado de emergência decorrente da elevação extraordinária e imprevisível dos preços do petróleo, combustíveis e seus derivados e dos impactos sociais dela decorrentes.

Parágrafo único. Para enfretamento ou mitigação dos impactos decorrentes do estado de emergência reconhecido, as medidas implementadas, até os limites de despesas previstos em uma única e exclusiva norma constitucional observarão o seguinte:

I – quanto às despesas:

a) serão atendidas por meio de crédito extraordinário;

b) não serão consideradas para fins de apuração da meta de resultado primário estabelecida no *caput* do art. 2º da Lei nº 14.194, de 20 de agosto de 2021, e do limite estabelecido para as despesas primárias, conforme disposto no inciso I do *caput* do art. 107 do Ato das Disposições Constitucionais Transitórias; e

c) ficarão ressalvadas do disposto no inciso III do *caput* do art. 167 da Constituição Federal;

II – a abertura do crédito extraordinário para seu atendimento dar-se-á independentemente da observância dos requisitos exigidos no § 3º do art. 167 da Constituição Federal; e

III – a dispensa das limitações legais, inclusive quanto à necessidade de compensação:

a) à criação, à expansão ou ao aperfeiçoamento de ação governamental que acarrete aumento de despesa; e

b) à renúncia de receita que possa ocorrer.

• Art. 120 acrescido pela EC nº 123, de 14-7-2022.

Art. 121. As contas referentes aos patrimônios acumulados de que trata o § 2º do art. 239 da Constituição Federal cujos recursos não tenham sido reclamados por prazo superior a 20 (vinte) anos serão encerradas após o prazo de 60 (sessenta) dias da publicação de aviso no *Diário Oficial da União*, ressalvada reivindicação por eventual interessado legítimo dentro do referido prazo.

Parágrafo único. Os valores referidos no *caput* deste artigo serão tidos por abandonados, nos termos do inciso III do *caput* do art. 1.275 da Lei nº 10.406, de 10 de janeiro de 2002 (Código Civil), e serão apropriados pelo Tesouro Nacional como receita primária para realização de despesas de investimento de que trata o § 6º-B do art. 107, que não serão computadas nos limites previstos no art. 107, ambos deste Ato das Disposições Constitucionais Transitórias, podendo o interessado reclamar ressarcimento à União no prazo de até 5 (cinco) anos do encerramento das contas.

Art. 122. As transferências financeiras realizadas pelo Fundo Nacional de Saúde e pelo Fundo Nacional de Assistência Social diretamente aos fundos de saúde e assistência social estaduais, municipais e distritais, para enfrentamento da pandemia da COVID-19, poderão ser executadas pelos entes federativos até 31 de dezembro de 2023.

• Arts. 121 e 122 acrescidos pela EC nº 126, de 21-12-2022.

Brasília, 5 de outubro de 1988.

Ulysses Guimarães – Presidente,
Mauro Benevides – 1º Vice-Presidente,
Jorge Arbage – 2º Vice-Presidente,
Marcelo Cordeiro – 1º Secretário,
Mário Maia – 2º Secretário,
Arnaldo Faria de Sá – 3º Secretário,
Benedita da Silva – 1º Suplente de Secretário,
Luiz Soyer – 2º Suplente de Secretário,
Sotero Cunha – 3º Suplente de Secretário,
Bernardo Cabral – Relator Geral,
Adolfo Oliveira – Relator Adjunto,
Antônio Carlos Konder Reis – Relator Adjunto,
José Fogaça – Relator Adjunto.

Índice Alfabético-Remissivo da Constituição Federal e de suas Disposições Transitórias

A

Índice Alfabético-Remissivo da Constituição Federal e de suas Disposições Transitórias

E

Q

LINDB

LEI DE INTRODUÇÃO ÀS NORMAS DO DIREITO BRASILEIRO

DECRETO-LEI Nº 4.657, DE 4 DE SETEMBRO DE 1942

Lei de Introdução às normas do Direito Brasileiro.

• Antiga Lei de Introdução ao Código Civil (LICC), cuja ementa foi alterada pela Lei nº 12.376, de 30-12-2010.

• Publicado no *DOU* de 9-9-1942, retificado no *DOU* de 8-10-1942 e no *DOU* de 17-6-1943.

O Presidente da República, usando da atribuição que lhe confere o artigo 180 da Constituição, decreta:

Art. 1º Salvo disposição contrária, a lei começa a vigorar em todo o País quarenta e cinco dias depois de oficialmente publicada.

o Art. 62, §§ 3º, 4º, 6º e 7º, da CF.

o Arts. 101 a 104 do CTN.

o Art. 8º da LC nº 95, de 26-2-1998, que dispõe sobre a elaboração, a redação, a alteração e a consolidação das leis, conforme determina o par. ún. do art. 59 da Constituição Federal, e estabelece normas para a consolidação dos atos normativos que menciona.

§ 1º Nos Estados estrangeiros, a obrigatoriedade da lei brasileira, quando admitida, se inicia três meses depois de oficialmente publicada.

§ 2º *Revogado.* Lei nº 12.036, de 1º-10-2009.

§ 3º Se, antes de entrar a lei em vigor, ocorrer nova publicação de seu texto, destinada a correção, o prazo deste artigo e dos parágrafos anteriores começará a correr da nova publicação.

§ 4º As correções a texto de lei já em vigor consideram-se lei nova.

Art. 2º Não se destinando à vigência temporária, a lei terá vigor até que outra a modifique ou revogue.

§ 1º A lei posterior revoga a anterior quando expressamente o declare, quando seja com ela incompatível ou quando regule inteiramente a matéria de que tratava a lei anterior.

§ 2º A lei nova, que estabeleça disposições gerais ou especiais a par das já existentes, não revoga nem modifica a lei anterior.

§ 3º Salvo disposição em contrário, a lei revogada não se restaura por ter a lei revogadora perdido a vigência.

Art. 3º Ninguém se escusa de cumprir a lei, alegando que não a conhece.

Art. 4º Quando a lei for omissa, o juiz decidirá o caso de acordo com a analogia, os costumes e os princípios gerais de direito.

o Art. 100 e segs., do CTN.

Art. 5º Na aplicação da lei, o juiz atenderá aos fins sociais a que ela se dirige e às exigências do bem comum.

o Art. 5º, LIV, da CF.

o Arts. 107 a 112 do CTN.

o Art. 6º da Lei nº 9.099, de 26-9-1995 (Lei dos Juizados Especiais)

Art. 6º A Lei em vigor terá efeito imediato e geral, respeitados o ato jurídico perfeito, o direito adquirido e a coisa julgada.

o Art. 5º, XXXVI, da CF.

§ 1º Reputa-se ato jurídico perfeito o já consumado segundo a lei vigente ao tempo em que se efetuou.

§ 2º Consideram-se adquiridos assim os direitos que o seu titular, ou alguém por ele, possa exercer, como aqueles cujo começo do exercício tenha termo prefixo, ou condição preestabelecida inalterável, a arbítrio de outrem.

§ 3º Chama-se coisa julgada ou caso julgado a decisão judicial de que já não caiba recurso.

• Art. 6º com a redação dada pela Lei nº 3.238, de 1º-8-1957.

o Art. 5º, XXXVI, da CF.

o Arts. 105 e 106 do CTN.

Art. 7º A lei do país em que for domiciliada a pessoa determina as regras sobre o começo e o fim da personalidade, o nome, a capacidade e os direitos de família.

§ 1º Realizando-se o casamento no Brasil, será aplicada a lei brasileira quanto aos impedimentos dirimentes e às formalidades da celebração.

§ 2º O casamento de estrangeiros poderá celebrar-se perante autoridades diplomáticas ou consulares do país de ambos os nubentes.

• § 2º com a redação dada pela Lei nº 3.238, de 1º-8-1957.

§ 3º Tendo os nubentes domicílio diverso, regerá os casos de invalidade do matrimônio a lei do primeiro domicílio conjugal.

§ 4º O regime de bens, legal ou convencional, obedece à lei do país em que tiverem os nubentes domicílio, e, se este for diverso, à do primeiro domicílio conjugal.

§ 5º O estrangeiro casado, que se naturalizar brasileiro, pode, mediante expressa anuência de seu cônjuge, requerer ao juiz, no ato de entrega do decreto de naturalização, se apostile ao mesmo a adoção do regime de comunhão parcial de bens, respeitados os direitos de terceiros e dada esta adoção ao competente registro.

• § 5º com a redação dada pela Lei nº 6.515, de 26-12-1977 (Lei do Divórcio).

§ 6º O divórcio realizado no estrangeiro, se um ou ambos os cônjuges forem brasileiros, só será reconhecido no Brasil depois de 1 (um) ano da data da sentença, salvo se houver sido antecedida de separação judicial por igual prazo, caso em que a homologação produzirá efeito imediato, obedecidas as condições estabelecidas para a eficácia das sentenças estrangeiras no país. O Superior Tribunal de Justiça, na forma de seu regimento interno, poderá reexaminar, a requerimento do interessado, decisões já proferidas em pedidos de homologação de sentenças estrangeiras de divórcio de brasileiros, a fim de que passem a produzir todos os efeitos legais.

• § 6º com a redação dada pela Lei nº 12.036, de 1º-10-2009.

○ Art. 227, § 6º, da CF.

§ 7º Salvo o caso de abandono, o domicílio do chefe da família estende-se ao outro cônjuge e aos filhos não emancipados, e o do tutor ou curador aos incapazes sob sua guarda.

○ Arts. 226, § 5º, e 227, § 6º, da CF.

○ Art. 76 do CC.

§ 8º Quando a pessoa não tiver domicílio, considerar-se-á domiciliada no lugar de sua residência ou naquele em que se encontre.

○ Arts. 70 a 73 do CC.

Art. 8º Para qualificar os bens e regular as relações a eles concernentes, aplicar-se-á a lei do país em que estiverem situados.

§ 1º Aplicar-se-á a lei do país em que for domiciliado o proprietário, quanto aos bens móveis que ele trouxer ou se destinarem a transporte para outros lugares.

§ 2º O penhor regula-se pela lei do domicílio que tiver a pessoa, em cuja posse se encontre a coisa apenhada.

Art. 9º Para qualificar e reger as obrigações, aplicar-se-á a lei do país em que se constituírem.

§ 1º Destinando-se a obrigação a ser executada no Brasil e dependendo de forma essencial, será esta observada, admitidas as peculiaridades da lei estrangeira quanto aos requisitos extrínsecos do ato.

§ 2º A obrigação resultante do contrato reputa-se constituída no lugar em que residir o proponente.

Art. 10. A sucessão por morte ou por ausência obedece à lei do país em que era domiciliado o defunto ou o desaparecido, qualquer que seja a natureza e a situação dos bens.

○ Arts. 26 a 39 do CC.

§ 1º A sucessão de bens de estrangeiros, situados no País, será regulada pela lei brasileira em benefício do cônjuge ou dos filhos brasileiros, ou de quem os represente, sempre que não lhes seja mais favorável a lei pessoal do *de cujus*.

• § 1º com a redação dada pela Lei nº 9.047, de 18-5-1995.

○ Art. 5º, XXXI, da CF.

§ 2º A lei do domicílio do herdeiro ou legatário regula a capacidade para suceder.

Art. 11. As organizações destinadas a fins de interesse coletivo, como as sociedades e as fundações, obedecem à lei do Estado em que se constituírem.

○ Arts. 62 a 69 do CC.

§ 1º Não poderão, entretanto, ter no Brasil filiais, agências ou estabelecimentos antes de serem os atos constitutivos aprovados pelo Governo brasileiro, ficando sujeitas à lei brasileira.

○ Art. 170, par. ún., da CF.

§ 2º Os Governos estrangeiros, bem como as organizações de qualquer natureza, que eles tenham constituído, dirijam ou hajam investido de funções públicas, não poderão adquirir no Brasil bens imóveis ou suscetíveis de desapropriação.

§ 3º Os Governos estrangeiros podem adquirir a propriedade dos prédios necessários à sede dos representantes diplomáticos ou dos agentes consulares.

Art. 12. É competente a autoridade judiciária brasileira, quando for o réu domiciliado no Brasil ou aqui tiver de ser cumprida a obrigação.

§ 1º Só à autoridade judiciária brasileira compete conhecer das ações relativas a imóveis situados no Brasil.

§ 2º A autoridade judiciária brasileira cumprirá, concedido o *exequatur* e segundo a forma estabelecida pela lei brasileira, as diligências deprecadas por autoridade estrangeira competente, observando a lei desta, quanto ao objeto das diligências.

• A concessão de *exequatur* às cartas rogatórias passou a ser da competência do STJ, conforme art. 105, I, *i*, da CF, com a redação dada pela EC nº 45, de 8-12-2004.

○ Arts. 105, I, *i*, e 109, X, da CF.

Art. 13. A prova dos fatos ocorridos em país estrangeiro rege-se pela lei que nele vigorar, quanto ao ônus e aos meios de produzir-se, não admitindo os tribunais brasileiros provas que a lei brasileira desconheça.

Art. 14. Não conhecendo a lei estrangeira, poderá o juiz exigir de quem a invoca prova do texto e da vigência.

Art. 15. Será executada no Brasil a sentença proferida no estrangeiro, que reúna os seguintes requisitos:

a) haver sido proferida por juiz competente;

b) terem sido as partes citadas ou haver-se legalmente verificado à revelia;

c) ter passado em julgado e estar revestida das formalidades necessárias para a execução no lugar em que foi proferida;

d) estar traduzida por intérprete autorizado;

e) ter sido homologada pelo Supremo Tribunal Federal.

• A concessão de *exequatur* às cartas rogatórias passou a ser da competência do STJ, conforme art. 105, I, *i*, da CF, com a redação dada pela EC nº 45, de 8-12-2004.

○ Art. 105, I, *i*, da CF.

Parágrafo único. *Revogado.* Lei nº 12.036, de 1º-10-2009.

Art. 16. Quando, nos termos dos artigos precedentes, se houver de aplicar a lei estrangeira, ter-se-á em vista a disposição desta, sem considerar-se qualquer remissão por ela feita a outra lei.

Art. 17. As leis, atos e sentenças de outro país, bem como quaisquer declarações de vontade, não terão eficácia no Brasil, quando ofenderem a soberania nacional, a ordem pública e os bons costumes.

Art. 18. Tratando-se de brasileiros, são competentes as autoridades consulares brasileiras para lhes celebrar o casamento e os mais atos de registro civil e de tabelionato, inclusive o registro de nascimento e de óbito dos filhos de brasileiro ou brasileira nascidos no país da sede do consulado.

• *Caput* com a redação dada pela Lei nº 3.238, de 1º-8-1957.

§ 1º As autoridades consulares brasileiras também poderão celebrar a separação consensual e o divórcio consensual de brasileiros, não havendo filhos menores ou incapazes do casal e observados os requisitos legais quanto aos prazos, devendo constar da respectiva escritura pública as disposições relativas à descrição e à partilha dos bens comuns e à pensão alimentícia e, ainda, ao acordo quanto à retomada pelo cônjuge de seu nome de solteiro ou à manutenção do nome adotado quando se deu o casamento.

§ 2º É indispensável a assistência de advogado, devidamente constituído, que se dará mediante a subscrição de petição, juntamente com ambas as partes, ou com apenas uma delas, caso a outra constitua advogado próprio, não se fazendo necessário que a assinatura do advogado conste da escritura pública.

• §§ 1º e 2º acrescidos pela Lei nº 12.874, de 29-10-2013.

o Art. 12, I, *c*, da CF.

Art. 19. Reputam-se válidos todos os atos indicados no artigo anterior e celebrados pelos cônsules brasileiros na vigência do Decreto-Lei nº 4.657, de 4 de setembro de 1942, desde que satisfaçam todos os requisitos legais.

Parágrafo único. No caso em que a celebração desses atos tiver sido recusada pelas autoridades consulares, com fundamento no artigo 18 do mesmo Decreto-Lei, ao interessado é facultado renovar o pedido dentro de noventa dias contados da data da publicação desta Lei.

• Art. 19 acrescido pela Lei nº 3.238, de 1º-8-1957.

Art. 20. Nas esferas administrativa, controladora e judicial, não se decidirá com base em valores jurídicos abstratos sem que sejam consideradas as consequências práticas da decisão.

o Dec. nº 9.830, de 10-6-2019, regulamenta este artigo.

Parágrafo único. A motivação demonstrará a necessidade e a adequação da medida imposta ou da invalidação de ato, contrato, ajuste, processo ou norma administrativa, inclusive em face das possíveis alternativas.

Art. 21. A decisão que, nas esferas administrativa, controladora ou judicial, decretar a invalidação de ato, contrato, ajuste, processo ou norma administrativa deverá indicar de modo expresso suas consequências jurídicas e administrativas.

o Dec. nº 9.830, de 10-6-2019, regulamenta este artigo.

Parágrafo único. A decisão a que se refere o *caput* deste artigo deverá, quando for o caso, indicar as condições para que a regularização ocorra de modo proporcional e equânime e sem prejuízo aos interesses gerais, não se podendo impor aos sujeitos atingidos ônus ou perdas que, em função das peculiaridades do caso, sejam anormais ou excessivos.

Art. 22. Na interpretação de normas sobre gestão pública, serão considerados os obstáculos e as dificuldades reais do gestor e as exigências das políticas públicas a seu cargo, sem prejuízo dos direitos dos administrados.

o Dec. nº 9.830, de 10-6-2019, regulamenta este artigo.

§ 1º Em decisão sobre regularidade de conduta ou validade de ato, contrato, ajuste, processo ou norma administrativa, serão consideradas as circunstâncias práticas que houverem imposto, limitado ou condicionado a ação do agente.

§ 2º Na aplicação de sanções, serão consideradas a natureza e a gravidade da infração cometida, os danos que dela provierem para a administração pública, as circunstâncias agravantes ou atenuantes e os antecedentes do agente.

§ 3º As sanções aplicadas ao agente serão levadas em conta na dosimetria das demais sanções de mesma natureza e relativas ao mesmo fato.

• Arts. 20 a 22 acrescidos pela Lei nº 13.655, de 25-4-2018.

Art. 23. A decisão administrativa, controladora ou judicial que estabelecer interpretação ou orientação nova sobre norma de conteúdo indeterminado, impondo novo dever ou novo condicionamento de direito, deverá prever regime de transição quando indispensável para que o novo dever ou condicionamento de direito seja cumprido de modo proporcional, equânime e eficiente e sem prejuízo aos interesses gerais.

• *Caput* acrescido pela Lei nº 13.655, de 25-4-2018.

o Dec. nº 9.830, de 10-6-2019, regulamenta este artigo.

Parágrafo único. VETADO. Lei nº 13.655, de 25-4-2018.

Art. 24. A revisão, nas esferas administrativa, controladora ou judicial, quanto à validade de ato, contrato, ajuste, processo ou norma administrativa cuja produção já se houver completado levará em conta as orientações gerais da época, sendo vedado que, com base em mudança posterior de orientação geral, se declarem inválidas situações plenamente constituídas.

o Dec. nº 9.830, de 10-6-2019, regulamenta este artigo.

Parágrafo único. Consideram-se orientações gerais as interpretações e especificações contidas em atos públicos de caráter geral ou em jurisprudência judicial ou administrativa majoritária, e ainda as adotadas por prática administrativa reiterada e de amplo conhecimento público.

• Art. 24 acrescido pela Lei nº 13.655, de 25-4-2018.

Art. 25. VETADO. Lei nº 13.655, de 25-4-2018.

Art. 26. Para eliminar irregularidade, incerteza jurídica ou situação contenciosa na aplicação do direito público, inclusive no caso de expedição de licença, a autoridade administrativa poderá, após oitiva do órgão jurídico e, quando for o caso, após realização de consulta pública, e presentes razões de relevante interesse geral, celebrar compromisso com os interessados, observada a legislação aplicável, o qual só produzirá efeitos a partir de sua publicação oficial.

• *Caput* acrescido pela Lei nº 13.655, de 25-4-2018.

o Dec. nº 9.830, de 10-6-2019, regulamenta este artigo.

§ 1º O compromisso referido no *caput* deste artigo:

I – buscará solução jurídica proporcional, equânime, eficiente e compatível com os interesses gerais;

II – VETADO. Lei nº 13.655, de 25-4-2018;

III – não poderá conferir desoneração permanente de dever ou condicionamento de direito reconhecidos por orientação geral;

IV – deverá prever com clareza as obrigações das partes, o prazo para seu cumprimento e as sanções aplicáveis em caso de descumprimento.

• § 1º acrescido pela Lei nº 13.655, de 25-4-2018.

§ 2º VETADO. Lei nº 13.655, de 25-4-2018.

Art. 27. A decisão do processo, nas esferas administrativa, controladora ou judicial, poderá impor compensação por benefícios indevidos ou prejuízos anormais ou injustos resultantes do processo ou da conduta dos envolvidos.

o Dec. nº 9.830, de 10-6-2019, regulamenta este artigo.

§ 1º A decisão sobre a compensação será motivada, ouvidas previamente as partes sobre seu cabimento, sua forma e, se for o caso, seu valor.

§ 2º Para prevenir ou regular a compensação, poderá ser celebrado compromisso processual entre os envolvidos.

• Art. 27 acrescido pela Lei nº 13.655, de 25-4-2018.

Art. 28. O agente público responderá pessoalmente por suas decisões ou opiniões técnicas em caso de dolo ou erro grosseiro.

• *Caput* acrescido pela Lei nº 13.655, de 25-4-2018.

o Dec. nº 9.830, de 10-6-2019, regulamenta este artigo.

§§ 1º a 3º VETADOS. Lei nº 13.655, de 25-4-2018.

Art. 29. Em qualquer órgão ou Poder, a edição de atos normativos por autoridade administrativa, salvo os de mera organização interna, poderá ser precedida de consulta pública para manifestação de interessados, preferencialmente por meio eletrônico, a qual será considerada na decisão.

• *Caput* acrescido pela Lei nº 13.655, de 25-4-2018.

o Dec. nº 9.830, de 10-6-2019, regulamenta este artigo.

§ 1º A convocação conterá a minuta do ato normativo e fixará o prazo e demais condições da consulta pública, observadas as normas legais e regulamentares específicas, se houver.

- § 1º acrescido pela Lei nº 13.655, de 25-4-2018.

§ 2º VETADO. Lei nº 13.655, de 25-4-2018.

Art. 30. As autoridades públicas devem atuar para aumentar a segurança jurídica na aplicação das normas, inclusive por meio de regulamentos, súmulas administrativas e respostas a consultas.

- Dec. nº 9.830, de 10-6-2019, regulamenta este artigo.

Parágrafo único. Os instrumentos previstos no *caput* deste artigo terão caráter vinculante em relação ao órgão ou entidade a que se destinam, até ulterior revisão.

- Art. 30 acrescido pela Lei nº 13.655, de 25-4-2018.

Rio de Janeiro, 4 de setembro de 1942;
121º da Independência e
54º da República.

Getúlio Vargas

CÓDIGO TRIBUTÁRIO NACIONAL

Índice Sistemático do Código Tributário Nacional

CÓDIGO TRIBUTÁRIO NACIONAL

LEI Nº 5.172, DE 25 DE OUTUBRO DE 1966

Dispõe sobre o Sistema Tributário Nacional e institui normas gerais de direito tributário aplicáveis à União, Estados e Municípios.

- Publicada no *DOU* de 27-10-1966 e retificada no *DOU* de 31-10-1966.
- O art. 7º do Ato Complementar nº 36, de 13-3-1967, atribuiu à Lei nº 5.172, de 25-10-1966, a denominação de Código Tributário Nacional.

O Presidente da República:

Faço saber que o Congresso Nacional decreta e eu sanciono a seguinte Lei:

DISPOSIÇÃO PRELIMINAR

Art. 1º Esta Lei regula, com fundamento na Emenda Constitucional nº 18, de 1º de dezembro de 1965, o sistema tributário nacional e estabelece, com fundamento no artigo 5º, XV, *b*, da Constituição Federal, as normas gerais de direito tributário aplicáveis à União, aos Estados, ao Distrito Federal e aos Municípios, sem prejuízo da respectiva legislação complementar, supletiva ou regulamentar.

- Este dispositivo refere-se à CF/1946, que corresponde ao art. 146 da Constituição atual.

LIVRO PRIMEIRO – SISTEMA TRIBUTÁRIO NACIONAL

- Arts. 145 a 162 da CF.

TÍTULO I – DISPOSIÇÕES GERAIS

Art. 2º O sistema tributário nacional é regido pelo disposto na Emenda Constitucional nº 18, de 1º de dezembro de 1965, em leis complementares, em resoluções do Senado Federal e, nos limites das respectivas competências, em leis federais, nas Constituições e em leis estaduais, e em leis municipais.

- Arts. 5º, § 2º, e 145 a 162 da CF.
- Art. 96 deste Código.
- Lei nº 4.320, de 17-3-1964, estatui normas gerais de direito financeiro para elaboração e controle dos orçamentos e balanços da União, dos Estados, dos Municípios e do Distrito Federal.

Art. 3º Tributo é toda prestação pecuniária compulsória, em moeda ou cujo valor nela se possa exprimir, que não constitua sanção de ato ilícito, instituída em lei e cobrada mediante atividade administrativa plenamente vinculada.

- Arts. 145, § 1º, e 150, II, da CF.
- Arts. 97, 118, I, e 142 deste Código.
- Arts. 186 a 188 do CC.
- Súmulas nºs 545 e 666 do STF.
- Súm. nº 353 do STJ.

Art. 4º A natureza jurídica específica do tributo é determinada pelo fato gerador da respectiva obrigação, sendo irrelevantes para qualificá-la:

- Arts. 97, III, e 114 a 118 deste Código.

I – a denominação e demais características formais adotadas pela lei;

- Art. 97, III, deste Código.

II – a destinação legal do produto da sua arrecadação.

- Art. 167, IV, da CF.
- Arts. 97, IV, e 114 a 118 deste Código.

Art. 5º Os tributos são impostos, taxas e contribuições de melhoria.

- Arts. 145, 146, III, *a*, 148 a 149-A, 153 a 156, 177, § 4º, 195, § 6º, e 212, § 5º, da CF.
- Art. 56 do ADCT.
- Arts. 16 e segs., 77 e segs., e 81 e segs., deste Código.
- Súm. nº 418 do STF.
- Súm. nº 353 do STJ.

TÍTULO II – COMPETÊNCIA TRIBUTÁRIA

CAPÍTULO I

DISPOSIÇÕES GERAIS

Art. 6º A atribuição constitucional de competência tributária compreende a competência legislativa plena, ressalvadas as limitações contidas na Constituição Federal, nas Constituições dos Estados e nas Leis Orgânicas do Distrito Federal e dos Municípios, e observado o disposto nesta Lei.

- Arts. 24, 30, 145, *caput* e § 1º, e 150 a 152 da CF.

Parágrafo único. Os tributos cuja receita seja distribuída, no todo ou em parte, a outras pessoas jurídicas de direito público pertencem à competência legislativa daquela a que tenham sido atribuídos.

- Arts. 146, I e II, 150, 153, § 5º, 154 a 162 da CF.
- Súmulas nºs 69 e 578 do STF.

Art. 7º A competência tributária é indelegável, salvo atribuição das funções de arrecadar ou fiscalizar tributos, ou de executar leis, serviços, atos ou decisões administrativas em matéria tributária, conferida por uma pessoa jurídica de direito público a outra, nos termos do § 3º do artigo 18 da Constituição.

- O art. 7º refere-se a artigo da CF/1946.
- Arts. 37, XXII, 145, 148 a 149-A e 153 a 156 da CF.
- Arts. 33, § 1º, e 41 da LC nº 123, de 14-12-2006 (Estatuto Nacional da Microempresa e da Empresa de Pequeno Porte).
- Súm. nº 69 do STF.

§ 1º A atribuição compreende as garantias e os privilégios processuais que competem à pessoa jurídica de direito público que a conferir.

- Arts. 183 a 193 deste Código.
- Súm. nº 483 do STF.

§ 2º A atribuição pode ser revogada, a qualquer tempo, por ato unilateral da pessoa jurídica de direito público que a tenha conferido.

§ 3º Não constitui delegação de competência o cometimento, a pessoas de direito privado, do encargo ou da função de arrecadar tributos.

- Art. 150, § 6º, da CF.
- Art. 119 deste Código.
- Súm. nº 396 do STJ.

Art. 8º O não exercício da competência tributária não a defere a pessoa jurídica de direito público diversa daquela a que a Constituição a tenha atribuído.

- Art. 155, § 2º, XII, *a*, da CF.
- Art. 11 da LC nº 101, de 4-5-2000 (Lei da Responsabilidade Fiscal).

CAPÍTULO II
LIMITAÇÕES DA COMPETÊNCIA TRIBUTÁRIA

- Arts. 150 a 152 da CF.

Seção I
DISPOSIÇÕES GERAIS

Art. 9º É vedado à União, aos Estados, ao Distrito Federal e aos Municípios:

I – instituir ou majorar tributos sem que a lei o estabeleça, ressalvado, quanto à majoração, o disposto nos artigos 21, 26 e 65;

- Arts. 5º, II, 150, I, 153, §§ 1º a 4º, 155, § 4º, IV, *c*, e 177, § 4º, I, *b*, da CF.
- Art. 97, I e II, deste Código.

II – cobrar imposto sobre o patrimônio e a renda com base em lei posterior à data inicial do exercício financeiro a que corresponda;

- Art. 150, III, da CF.
- Arts. 106 e 144, § 1º, deste Código.

III – estabelecer limitações ao tráfego, no Território Nacional, de pessoas ou mercadorias, por meio de tributos interestaduais ou intermunicipais;

- Arts. 5º, XV, 150, V, e 155, II, da CF.

IV – cobrar imposto sobre:

- Súm. nº 591 do STF.

a) o patrimônio, a renda ou os serviços uns dos outros;

- Art. 150, VI, *a*, e §§ 2º e 3º, da CF.
- § 2º deste artigo.
- Arts. 12 e 13 deste Código.

b) templos de qualquer culto;

- Arts. 19, I, e 150, VI, *b*, e § 4º, da CF.

c) o patrimônio, a renda ou serviços dos partidos políticos, inclusive suas fundações, das entidades sindicais dos trabalhadores, das instituições de educação e de assistência social, sem fins lucrativos, observados os requisitos fixados na Seção II deste Capítulo;

- Alínea *c* com a redação dada pela LC nº 104, de 10-1-2001.
- Arts. 150, VI, *c*, e §§ 1º, 2º e 4º, e 195, § 7º, da CF.
- Art. 14, § 2º, deste Código.
- Súmulas nºs 724 e 730 do STF.

d) papel destinado exclusivamente à impressão de jornais, periódicos e livros.

- Art. 150, VI, *d*, e §§ 1º a e 4º, da CF.
- Art. 1º da Lei nº 11.945, de 4-6-2009, que dispõe sobre o Registro Especial na Secretaria da Receita Federal do Brasil.
- Súmulas nºs 657 e 662 do STF.

§ 1º O disposto no inciso IV não exclui a atribuição, por lei, às entidades nele referidas, da condição de responsáveis pelos tributos que lhes caiba reter na fonte, e não as dispensa da prática de atos, previstos em lei, assecuratórios do cumprimento de obrigações tributárias por terceiros.

- Arts. 12, 13, par. ún., 14, § 1º, e 128 deste Código.

§ 2º O disposto na alínea *a* do inciso IV aplica-se, exclusivamente, aos serviços próprios das pessoas jurídicas de direito público a que se refere este artigo, e inerentes aos seus objetivos.

- Art. 150, VI, *a*, e § 2º, da CF.
- Art. 12 deste Código.

Art. 10. É vedado à União instituir tributo que não seja uniforme em todo o Território Nacional, ou que importe distinção ou preferência em favor de determinado Estado ou Município.

- Arts. 19, III, 150, II, e 151, I, da CF.

Art. 11. É vedado aos Estados, ao Distrito Federal e aos Municípios estabelecer diferença tributária entre bens de qualquer natureza, em razão da sua procedência ou do seu destino.

- Art. 152 da CF.
- Súm. nº 591 do STF.

Seção II
DISPOSIÇÕES ESPECIAIS

Art. 12. O disposto na alínea *a* do inciso IV do artigo 9º, observado o disposto nos seus §§ 1º e 2º, é extensivo às autarquias criadas pela União, pelos Estados, pelo Distrito Federal, ou pelos Municípios, tão somente no que se refere ao patrimônio, à renda ou aos serviços vinculados às suas finalidades essenciais, ou delas decorrentes.

- Arts. 37, XIX, e 150, §§ 2º e 3º, da CF.
- Súmulas nºs 73 a 75, 336 e 583 do STF.

Art. 13. O disposto na alínea *a* do inciso IV do artigo 9º não se aplica aos serviços públicos concedidos, cujo tratamento tributário é estabelecido pelo poder concedente, no que se refere aos tributos de sua competência, ressalvado o que dispõe o parágrafo único.

- Arts. 150, § 3º, e 173, § 1º, da CF.
- Súmulas nºs 77 e 78 do STF.

Parágrafo único. Mediante lei especial e tendo em vista o interesse comum, a União pode instituir isenção de tributos federais, estaduais e municipais para os serviços públicos que conceder, observado o disposto no § 1º do artigo 9º.

- Arts. 150, §§ 3º e 6º, 151, III, e 173, § 2º, da CF.
- Art. 152, I, *b*, deste Código.
- Súmulas nºs 77 a 79 e 81 do STF.

Art. 14. O disposto na alínea *c* do inciso IV do artigo 9º é subordinado à observância dos seguintes requisitos pelas entidades nele referidas:

- Art. 146, II, da CF.
- Lei nº 9.430, de 27-12-1996, dispõe sobre a legislação tributária federal, as contribuições para a seguridade social, o processo administrativo de consulta.

I – não distribuírem qualquer parcela de seu patrimônio ou de suas rendas, a qualquer título;

- Inciso I com a redação dada pela LC nº 104, de 10-1-2001.

II – aplicarem integralmente, no País, os seus recursos na manutenção dos seus objetivos institucionais;

CTN

III – manterem escrituração de suas receitas e despesas em livros revestidos de formalidades capazes de assegurar sua exatidão.

- Art. 113, § 2º, deste Código.

§ 1º Na falta de cumprimento do disposto neste artigo, ou no § 1º do artigo 9º, a autoridade competente pode suspender a aplicação do benefício.

§ 2º Os serviços a que se refere a alínea *c* do inciso IV do artigo 9º são exclusivamente os diretamente relacionados com os objetivos institucionais das entidades de que trata este artigo, previsto nos respectivos estatutos ou atos constitutivos.

- Art. 150, § 4º, da CF.

Art. 15. Somente a União, nos seguintes casos excepcionais, pode instituir empréstimos compulsórios:

- Art. 148 da CF.
- Súm. nº 418 do STF.

I – guerra externa, ou sua iminência;

II – calamidade pública que exija auxílio federal impossível de atender com os recursos orçamentários disponíveis;

III – conjuntura que exija a absorção temporária de poder aquisitivo.

- Art. 148 da CF.

Parágrafo único. A lei fixará obrigatoriamente o prazo do empréstimo e as condições de seu resgate, observando, no que for aplicável, o disposto nesta Lei.

- Súm. nº 418 do STF.

TÍTULO III – IMPOSTOS

CAPÍTULO I

DISPOSIÇÕES GERAIS

Art. 16. Imposto é o tributo cuja obrigação tem por fato gerador uma situação independente de qualquer atividade estatal específica, relativa ao contribuinte.

- Art. 167, IV, da CF.

Art. 17. Os impostos componentes do sistema tributário nacional são exclusivamente os que constam deste Título, com as competências e limitações nele previstas.

- Arts. 146, III, *a*, e 153 a 156 da CF.
- Art. 217 deste Código.

Art. 18. Compete:

I – à União instituir, nos Territórios Federais, os impostos atribuídos aos Estados e, se aqueles não forem divididos em Municípios, cumulativamente, os atribuídos a estes;

- O último território, o de Fernando de Noronha, já foi abolido.
- Arts. 147, 155 e 156 da CF.

II – ao Distrito Federal e aos Estados não divididos em Municípios instituir, cumulativamente, os impostos atribuídos aos Estados e aos Municípios.

- Arts. 147, 155 e 156 da CF.

Art. 18-A. Para fins da incidência do imposto de que trata o inciso II do *caput* do art. 155 da Constituição Federal, os combustíveis, o gás natural, a energia elétrica, as comunicações e o transporte coletivo são considerados bens e serviços essenciais e indispensáveis, que não podem ser tratados como supérfluos.

Parágrafo único. Para efeito do disposto neste artigo:

I – é vedada a fixação de alíquotas sobre as operações referidas no *caput* deste artigo em patamar superior ao das operações em geral, considerada a essencialidade dos bens e serviços;

II – é facultada ao ente federativo competente a aplicação de alíquotas reduzidas em relação aos bens referidos no *caput* deste artigo, como forma de beneficiar os consumidores em geral; e

III – é vedada a fixação de alíquotas reduzidas de que trata o inciso II deste parágrafo, para os combustíveis, a energia elétrica e o gás natural, em percentual superior ao da alíquota vigente por ocasião da publicação deste artigo.

- Art. 18-A acrescido pela LC nº 194, de 23-6-2022.

CAPÍTULO II

IMPOSTOS SOBRE O COMÉRCIO EXTERIOR

Seção I

IMPOSTO SOBRE A IMPORTAÇÃO

- Lei nº 10.755, de 3-11-2003, estabelece multa em operações de importação.

Art. 19. O imposto, de competência da União, sobre a importação de produtos estrangeiros tem como fato gerador a entrada destes no Território Nacional.

- Arts. 150, § 1º, e 153, I e § 1º, da CF.
- Art. 74, II, deste Código.
- Lei nº 3.244, de 14-8-1957, dispõe sobre a reforma da tarifa das alfândegas.
- Art. 2º da Lei nº 8.032, de 12-4-1990, que dispõe sobre a isenção ou redução de impostos de importação.
- Lei nº 8.085, de 23-10-1990, dispõe sobre o imposto de importação.
- Lei nº 9.449, de 14-3-1997, reduz o imposto de importação para os produtos que especifica.
- Dec.-lei nº 37, de 18-11-1966 (Lei do Imposto de Importação).
- Dec.-lei nº 2.434, de 19-5-1988, dispõe sobre a isenção ou redução de impostos na importação de bens.
- Arts. 69 a 211 do Dec. nº 6.759, de 5-2-2009, que regulamenta a administração das atividades aduaneiras, e a fiscalização, o controle e a tributação das operações de comércio exterior.
- Súmulas nºs 89, 132, 142, 302, 308, 404, 534, 577 e 582 do STF.

Art. 20. A base de cálculo do imposto é:

- Art. 146, III, *a*, da CF.

I – quando a alíquota seja específica, a unidade de medida adotada pela lei tributária;

- Art. 2º, I, do Dec.-lei nº 37, de 18-11-1966 (Lei do Imposto de Importação).

II – quando a alíquota seja *ad valorem*, o preço normal que o produto, ou seu similar, alcançaria, ao tempo da importação, em uma venda em condições de livre concorrência, para entrega no porto ou lugar de entrada do produto no País;

- Arts. 2º, II, e 17 a 21 do Dec.-lei nº 37, de 18-11-1966 (Lei do Imposto de Importação).
- Súm. nº 124 do STJ.

III – quando se trate de produto apreendido ou abandonado, levado a leilão, o preço da arrematação.

- Arts. 1.204 e 1.263 do CC.
- Art. 2º do Dec.-lei nº 37, de 18-11-1966 (Lei do Imposto de Importação).

Art. 21. O Poder Executivo pode, nas condições e nos limites estabelecidos em lei, alterar as alíquotas ou as bases de cálculo do imposto, a fim de ajustá-lo aos objetivos da política cambial e do comércio exterior.

- Art. 153, § 1º, da CF.
- Arts. 9º, I, e 97, I, II e IV, deste Código.

Art. 22. Contribuinte do imposto é:

I – o importador ou quem a lei a ele equiparar;

- Arts. 31 e 32, par. ún., do Dec.-lei nº 37, de 18-11-1966 (Lei do Imposto de Importação).

○ Dec. nº 6.759, de 5-2-2009, regulamenta a administração das atividades aduaneiras, e a fiscalização, o controle e a tributação das operações de comércio exterior.

II – o arrematante de produtos apreendidos ou abandonados.

Seção II

IMPOSTO SOBRE A EXPORTAÇÃO

○ Dec.-lei nº 1.578, de 11-10-1977, dispõe sobre o imposto de exportação.

Art. 23. O imposto, de competência da União, sobre a exportação, para o estrangeiro, de produtos nacionais ou nacionalizados tem como fato gerador a saída destes do Território Nacional.

○ Arts. 62, § 2º, e 153, II e § 1º, da CF.

○ Art. 1º do Dec.-lei nº 1.578, de 11-10-1977, que dispõe sobre o imposto de exportação.

○ Arts. 212 a 281 do Dec. nº 6.759, de 5-2-2009, que regulamenta a administração das atividades aduaneiras, e a fiscalização, o controle e a tributação das operações de comércio exterior.

○ Súm. nº 129 do STJ.

Art. 24. A base de cálculo do imposto é:

○ Art. 146, III, *a*, da CF.

○ Art. 1º do Dec.-lei nº 1.578, de 11-10-1977, que dispõe sobre o imposto de exportação.

○ Art. 214 do Dec. nº 6.759, de 5-2-2009, que regulamenta a administração das atividades aduaneiras, e a fiscalização, o controle e a tributação das operações de comércio exterior.

I – quando a alíquota seja específica, a unidade de medida adotada pela lei tributária;

II – quando a alíquota seja *ad valorem*, o preço normal que o produto, ou seu similar, alcançaria, ao tempo da exportação, em uma venda em condições de livre concorrência.

Parágrafo único. Para os efeitos do inciso II, considera-se a entrega como efetuada no porto ou lugar da saída do produto, deduzidos os tributos diretamente incidentes sobre a operação de exportação e, nas vendas efetuadas a prazo superior aos correntes no mercado internacional, o custo do financiamento.

Art. 25. A lei pode adotar como base de cálculo a parcela do valor ou do preço, referidos no artigo anterior, excedente de valor básico, fixado de acordo com os critérios e dentro dos limites por ela estabelecidos.

○ Art. 2º do Dec.-lei nº 1.578, de 11-10-1977, que dispõe sobre o imposto de exportação.

Art. 26. O Poder Executivo pode, nas condições e nos limites estabelecidos em lei, alterar as alíquotas ou as bases de cálculo do imposto, a fim de ajustá-lo aos objetivos da política cambial e do comércio exterior.

○ Arts. 150, I, e 153, § 1º, da CF.

○ Arts. 9º, I, e 97, I, II e IV, deste Código.

○ Arts. 2º e 3º, par. ún., do Dec.-lei nº 1.578, de 11-10-1977, que dispõe sobre o imposto de exportação.

Art. 27. Contribuinte do imposto é o exportador ou quem a lei a ele equiparar.

○ Art. 146, III, *a*, da CF.

○ Art. 5º do Dec.-lei nº 1.578, de 11-10-1977, que dispõe sobre o imposto de exportação.

Art. 28. A receita líquida do imposto destina-se à formação de reservas monetárias, na forma da lei.

○ Art. 167, IV, deste Código.

○ Art. 28 do Dec.-lei nº 1.578, de 11-10-1977, dispõe sobre o imposto de exportação.

CAPÍTULO III

IMPOSTOS SOBRE O PATRIMÔNIO E A RENDA

Seção I

IMPOSTO SOBRE A PROPRIEDADE TERRITORIAL RURAL

Art. 29. O imposto, de competência da União, sobre a propriedade territorial rural tem como fato gerador a propriedade, o domínio útil ou a posse de imóvel por natureza, como definido na lei civil, localizado fora da zona urbana do Município.

○ Arts. 153, VI, § 4º, 186 e 191 da CF.

○ Art. 32, § 1º, deste Código.

○ Arts. 1.196, 1.228, 1.473, III, 1.784 e 1.791 do CC.

○ Lei nº 9.393, de 19-12-1996, dispõe sobre o Imposto sobre a Propriedade Territorial Rural – ITR, e sobre pagamento da dívida representada por Títulos da Dívida Agrária.

○ Arts. 8º a 10 do Dec.-lei nº 57, de 18-11-1966, que dispõe sobre lançamento e cobrança do Imposto sobre a Propriedade Territorial Rural e institui normas sobre arrecadação da dívida ativa correspondente.

○ Dec. nº 4.382, de 19-9-2002, regulamenta a tributação, fiscalização, arrecadação e administração do Imposto sobre a Propriedade Territorial Rural – ITR.

○ Súm. nº 139 do STJ.

Art. 30. A base do cálculo do imposto é o valor fundiário.

○ Art. 50 da Lei nº 4.504, de 30-11-1964 (Estatuto da Terra).

○ Art. 1º da Lei nº 9.393, de 19-12-1996, que dispõe sobre o Imposto sobre a Propriedade Territorial Rural – ITR, e sobre pagamento da dívida representada por Títulos da Dívida Agrária.

○ Art. 9º do Dec. nº 4.382, de 19-9-2002, que regulamenta a tributação, fiscalização, arrecadação e administração do Imposto sobre a Propriedade Territorial Rural – ITR.

○ Súm. nº 595 do STF.

Art. 31. Contribuinte do imposto é o proprietário do imóvel, o titular de seu domínio útil, ou o seu possuidor a qualquer título.

○ Arts. 1.196, 1.228 e 1.473 do CC.

○ Art. 1º da Lei nº 9.393, de 19-12-1996, que dispõe sobre o Imposto sobre a Propriedade Territorial Rural – ITR, e sobre pagamento da dívida representada por Títulos da Dívida Agrária.

○ Arts. 5º e 6º do Dec. nº 4.382, de 19-9-2002, que regulamenta a tributação, fiscalização, arrecadação e administração do Imposto sobre a Propriedade Territorial Rural – ITR.

Seção II

IMPOSTO SOBRE A PROPRIEDADE PREDIAL E TERRITORIAL URBANA

Art. 32. O imposto, de competência dos Municípios, sobre a propriedade predial e territorial urbana tem como fato gerador a propriedade, o domínio útil ou a posse de bem imóvel por natureza ou por acessão física, como definido na lei civil, localizado na zona urbana do Município.

○ Arts. 156, I e § 1º, e 182, § 4º, II, da CF.

○ Arts. 79 a 81, 1.196, 1.228 e 1.473 do CC.

○ Lei nº 10.257, de 10-7-2001 (Estatuto da Cidade).

○ Súmulas nºs 539, 583, 589, 668 e 724 do STF.

○ Súmulas nºs 160, 397 e 399 do STJ.

§ 1º Para os efeitos deste imposto, entende-se como zona urbana a definida em lei municipal, observado o requisito mínimo da existência de melhoramentos indicados em pelo menos dois dos incisos seguintes, construídos ou mantidos pelo Poder Público:

○ Art. 15 do Dec.-lei nº 57, de 18-11-1966, que dispõe sobre lançamento e cobrança do Imposto sobre a Propriedade Territorial Rural e institui normas sobre arrecadação da dívida ativa correspondente.

I – meio-fio ou calçamento, com canalização de águas pluviais;

II – abastecimento de água;

III – sistema de esgotos sanitários;

IV – rede de iluminação pública, com ou sem posteamento para distribuição domiciliar;

V – escola primária ou posto de saúde a uma distância máxima de três quilômetros do imóvel considerado.

§ 2º A lei municipal pode considerar urbanas as áreas urbanizáveis, ou de expansão urbana, constantes de loteamentos aprovados pelos órgãos competentes, destinados à habitação, à indústria ou ao comércio, mesmo que localizados fora das zonas definidas nos termos do parágrafo anterior.

- Art. 16 do Dec.-lei nº 57, de 18-11-1966, que dispõe sobre lançamento e cobrança do Imposto sobre a Propriedade Territorial Rural e institui normas sobre arrecadação da dívida ativa correspondente.
- Súm. nº 626 do STJ.

Art. 33. A base do cálculo do imposto é o valor venal do imóvel.

Parágrafo único. Na determinação da base de cálculo, não se considera o valor dos bens móveis mantidos, em caráter permanente ou temporário, no imóvel, para efeito de sua utilização, exploração, aformoseamento ou comodidade.

- Arts. 156, § 1º, e 182, §§ 2º e 4º, II, da CF.
- Súmulas nºs 539, 589 e 668 do STF.
- Súm. nº 160 do STJ.

Art. 34. Contribuinte do imposto é o proprietário do imóvel, o titular do seu domínio útil, ou o seu possuidor a qualquer título.

- Arts. 156, § 1º, e 182, § 4º, da CF.
- Súmulas nºs 74, 75, 539, 583 e 668 e 724 do STF.
- Súm. nº 399 do STJ.

Seção III

IMPOSTO SOBRE A TRANSMISSÃO DE BENS IMÓVEIS E DE DIREITOS A ELES RELATIVOS

Art. 35. O imposto, de competência dos Estados, sobre a transmissão de bens imóveis e de direitos a eles relativos tem como fato gerador:

- Arts. 155, I e § 1º, e 156, II e § 2º, da CF.
- Súmulas nºs 75, 108, 110 a 115, 326, 329, 331, 435, 470, 590 e 656 do STF.

I – a transmissão, a qualquer título, da propriedade ou do domínio útil de bens imóveis, por natureza ou por acessão física, como definidos na lei civil;

- Art. 156, I, da CF.
- Arts. 79, 80, 1.196, 1.228 e 1.473 do CC.
- Súmulas nºs 328 e 329 do STF.

II – a transmissão, a qualquer título, de direitos reais sobre imóveis, exceto os direitos reais de garantia;

- Art. 156, II, da CF.
- Arts. 1.225 e 1.245 do CC.

III – a cessão de direitos relativos às transmissões referidas nos incisos I e II.

Parágrafo único. Nas transmissões *causa mortis*, ocorrem tantos fatos geradores distintos quantos sejam os herdeiros ou legatários.

- Arts. 79 a 81, 1.225, 1.228, 1.229, 1.231, 1.232, 1.245, 1.248, 1.282, 1.473 e 1.784 do CC.
- Súmulas nºs 108, 110 a 115, 326, 328 a 331, 435, 470 e 590 do STF.

Art. 36. Ressalvado o disposto no artigo seguinte, o imposto não incide sobre a transmissão dos bens ou direitos referidos no artigo anterior:

- Art. 156, § 2º, I, da CF.

I – quando efetuada para sua incorporação ao patrimônio de pessoa jurídica em pagamento de capital nela subscrito;

II – quando decorrente da incorporação ou da fusão de uma pessoa jurídica por outra ou com outra.

Parágrafo único. O imposto não incide sobre a transmissão aos mesmos alienantes, dos bens e direitos adquiridos na forma do inciso I deste artigo, em decorrência da sua desincorporação do patrimônio da pessoa jurídica a que foram conferidos.

- Art. 156, § 2º, I, da CF.
- Art. 1.245 do CC.
- Arts. 223, 227 e 228 da Lei nº 6.404, de 15-12-1976 (Lei das Sociedades por Ações).

Art. 37. O disposto no artigo anterior não se aplica quando a pessoa jurídica adquirente tenha como atividade preponderante a venda ou locação de propriedade imobiliária ou a cessão de direitos relativos à sua aquisição.

- Art. 156, § 2º, I, e § 3º, da CF.

§ 1º Considera-se caracterizada a atividade preponderante referida neste artigo quando mais de cinquenta por cento da receita operacional da pessoa jurídica adquirente, nos dois anos anteriores e nos dois anos subsequentes à aquisição, decorrer de transações mencionadas neste artigo.

§ 2º Se a pessoa jurídica adquirente iniciar suas atividades após a aquisição, ou menos de dois anos antes dela, apurar-se-á a preponderância referida no parágrafo anterior, levando em conta os três primeiros anos seguintes à data da aquisição.

§ 3º Verificada a preponderância referida neste artigo, tornar-se-á devido o imposto, nos termos da lei vigente à data da aquisição, sobre o valor do bem ou direito nessa data.

§ 4º O disposto neste artigo não se aplica à transmissão de bens ou direitos, quando realizada em conjunto com a da totalidade do patrimônio da pessoa jurídica alienante.

- Art. 1.245 do CC.
- Súmulas nºs 75, 108, 110, 113, 326, 328, 470 e 590 do STF.

Art. 38. A base de cálculo do imposto é o valor venal dos bens ou direitos transmitidos.

- Art. 130, par. ún., deste Código.
- Arts. 79 e 80 do CC.

Art. 39. A alíquota do imposto não excederá os limites fixados em resolução do Senado Federal, que distinguirá, para efeito de aplicação de alíquota mais baixa, as transmissões que atendam à política nacional de habitação.

- Art. 155, § 1º, IV, da CF.
- Art. 97, II e IV, deste Código.
- Res. do SF nº 9, de 5-5-1992, estabelece alíquota máxima para o Imposto sobre Transmissão *Causa Mortis* e Doação, de que trata a alínea *a*, inciso I, e § 1º, inciso IV do art. 155 da Constituição Federal.
- Súm. nº 656 do STF.

Art. 40. O montante do imposto é dedutível do devido à União, a título do imposto de que trata o artigo 43, sobre o provento decorrente da mesma transmissão.

Art. 41. O imposto compete ao Estado da situação do imóvel transmitido, ou sobre que versarem os direitos cedidos, mesmo que a mutação patrimonial decorra de sucessão aberta no estrangeiro.

- Arts. 155, § 1º, I a III, *a* e *b*, e 156, § 2º, II, da CF.
- Arts. 1.784 e 1.786 do CC.

Art. 42. Contribuinte do imposto é qualquer das partes na operação tributada, como dispuser a lei.

- Súmulas nºs 75 e 108 do STF.

Seção IV

IMPOSTO SOBRE A RENDA E PROVENTOS DE QUALQUER NATUREZA

Art. 43. O imposto, de competência da União, sobre a renda e proventos de qualquer natureza tem como fato gerador a aquisição da disponibilidade econômica ou jurídica:

- Art. 153, III, § 2º, I, da CF.
- Arts. 40 e 45 deste Código.
- Lei nº 9.249, de 26-12-1995, altera a legislação do imposto de renda das pessoas jurídicas, bem como da contribuição social sobre o lucro líquido.
- Arts. 22 e 23 da Lei nº 9.250, de 26-12-1995, que altera a legislação do imposto de rendas das pessoas físicas.
- Lei nº 9.430, de 27-12-1996, dispõe sobre a legislação tributária federal, as contribuições para a seguridade social, o processo administrativo de consulta.
- Art. 39 da Lei nº 11.196, de 21-11-2005, que institui o Regime Especial de Tributação para a Plataforma de Exportação de Serviços de Tecnologia da Informação – REPES, o Regime Especial de Aquisição de Bens de Capital para Empresas Exportadoras – RECAP e o Programa de Inclusão Digital; dispõe sobre incentivos fiscais para a inovação tecnológica.
- Súmulas nºs 125, 136, 215, 386, 394, 447, 463, 498, 556, 590, 598 e 627 do STJ.

I – de renda, assim entendido o produto do capital, do trabalho ou da combinação de ambos;

- Súm. Vinc. nº 41 do STF.
- Súmulas nºs 125, 136, 184, 215, 262, 386 e 463 do STJ.

II – de proventos de qualquer natureza, assim entendidos os acréscimos patrimoniais não compreendidos no inciso anterior.

- Art. 153, III, § 2º, II, da CF.
- Art. 4º da Lei nº 8.383, de 31-12-1991, que institui a Unidade Fiscal de Referência, altera a legislação do imposto de renda.
- Art. 2º da Lei nº 8.981, de 20-1-1995, que altera a legislação tributária federal.
- Lei nº 9.249, de 26-12-1995, altera a legislação do imposto de renda das pessoas jurídicas, bem como da contribuição social sobre o lucro líquido.
- Lei nº 9.250, de 26-12-1995, altera a legislação do imposto de rendas das pessoas físicas.
- Lei nº 9.430, de 27-12-1996, dispõe sobre a legislação tributária federal, as contribuições para a seguridade social, o processo administrativo de consulta.
- Súmulas nºs 93, 94, 96 a 99 e 587 do STF.
- Súmulas nºs 125 e 136 do STJ.

§ 1º A incidência do imposto independe da denominação da receita ou do rendimento, da localização, condição jurídica ou nacionalidade da fonte, da origem e da forma de percepção.

§ 2º Na hipótese de receita ou de rendimento oriundos do exterior, a lei estabelecerá as condições e o momento em que se dará sua disponibilidade, para fins de incidência do imposto referido neste artigo.

- §§ 1º e 2º acrescidos pela LC nº 104, de 10-1-2001.

Art. 44. A base de cálculo do imposto é o montante, real, arbitrado ou presumido, da renda ou dos proventos tributáveis.

- Art. 35 da Lei nº 7.713, de 22-12-1988, que altera a legislação do imposto de renda.
- Arts. 4º a 19 da Lei nº 8.383, de 31-12-1991, que institui a Unidade Fiscal de Referência, altera a legislação do imposto de renda.
- Art. 47 da Lei nº 8.981, de 20-1-1995, que altera a legislação tributária federal.
- Art. 15 da Lei nº 9.249, de 26-12-1995, que altera a legislação do imposto de renda das pessoas jurídicas, bem como da contribuição social sobre o lucro líquido.
- Arts. 1º e 25 da Lei nº 9.430, de 27-12-1996, que dispõe sobre a legislação tributária federal, as contribuições para a seguridade social, o processo administrativo de consulta., as contribuições para a seguridade social, o processo administrativo de consulta.
- Arts. 13 e 14 da Lei nº 9.718, de 27-11-1998, que altera a legislação tributária federal.
- Lei nº 11.482, de 31-5-2007, efetua alterações na tabela do imposto de renda da pessoa física; dispõe sobre a redução a 0 (zero) da alíquota da CPMF nas hipóteses que menciona.

Art. 45. Contribuinte do imposto é o titular da disponibilidade a que se refere o artigo 43, sem prejuízo de atribuir a lei essa condição ao possuidor, a qualquer título, dos bens produtores de renda ou dos proventos tributáveis.

- Art. 128 deste Código.

Parágrafo único. A lei pode atribuir à fonte pagadora da renda ou dos proventos tributáveis a condição de responsável pelo imposto cuja retenção e recolhimento lhe caibam.

- Art. 64 da Lei nº 9.430, de 27-12-1996, que dispõe sobre a legislação tributária federal, as contribuições para a seguridade social, o processo administrativo de consulta.
- Súm. nº 94 do STF.
- Súm. nº 447 do STJ.

CAPÍTULO IV

IMPOSTOS SOBRE A PRODUÇÃO E A CIRCULAÇÃO

Seção I

IMPOSTO SOBRE PRODUTOS INDUSTRIALIZADOS

- Art. 153, IV e § 3º, da CF.
- Dec. nº 7.212, de 15-6-2010, regulamenta a cobrança, fiscalização, arrecadação e administração do Imposto sobre Produtos Industrializados – IPI.
- Súm. nº 591 do STF.
- Súmulas nºs 411, 494 e 495 do STJ.

Art. 46. O imposto, de competência da União, sobre produtos industrializados tem como fato gerador:

I – o seu desembaraço aduaneiro, quando de procedência estrangeira;

II – a sua saída dos estabelecimentos a que se refere o parágrafo único do artigo 51;

III – a sua arrematação, quando apreendido ou abandonado e levado a leilão.

Parágrafo único. Para os efeitos deste imposto, considera-se industrializado o produto que tenha sido submetido a qualquer operação que lhe modifique a natureza ou a finalidade, ou o aperfeiçoe para o consumo.

- Art. 153, IV e §§ 1º e 3º, da CF.
- Arts. 74, I, 83 e 86 deste Código.
- Art. 2º da Lei nº 4.502, de 30-11-1964, que dispõe sobre o Imposto de Consumo e reorganiza a Diretoria de Rendas Internas.
- Dec. nº 7.212, de 15-6-2010, regulamenta a cobrança, fiscalização, arrecadação e administração do Imposto sobre Produtos Industrializados – IPI.
- Súmulas nºs 536 e 591 do STF.
- Súm. nº 95 do STJ.

Art. 47. A base de cálculo do imposto é:

- Art. 14 da Lei nº 4.502, de 30-11-1964, que dispõe sobre o Imposto de Consumo e reorganiza a Diretoria de Rendas Internas.
- Dec. nº 7.212, de 15-6-2010, regulamenta a cobrança, fiscalização, arrecadação e administração do Imposto sobre Produtos Industrializados – IPI.

I – no caso do inciso I do artigo anterior, o preço normal, como definido no inciso II do artigo 20, acrescido do montante:

a) do Imposto sobre a Importação;

b) das taxas exigidas para entrada do produto no País;

c) dos encargos cambiais efetivamente pagos pelo importador ou dele exigíveis;

II – no caso do inciso II do artigo anterior:

a) o valor da operação de que decorrer a saída da mercadoria;

b) na falta do valor a que se refere a alínea anterior, o preço corrente da mercadoria, ou sua similar, no mercado atacadista da praça do remetente;

III – no caso do inciso III do artigo anterior, o preço da arrematação.

Art. 48. O imposto é seletivo em função da essencialidade dos produtos.

- Art. 153, § 3º, I, da CF.
- Dec. nº 7.212, de 15-6-2010, regulamenta a cobrança, fiscalização, arrecadação e administração do Imposto sobre Produtos Industrializados – IPI.

Art. 49. O imposto é não cumulativo, dispondo a lei de forma que o montante devido resulte da diferença a maior, em determinado período, entre o imposto referente aos produtos saídos do estabelecimento e o pago relativamente aos produtos nele entrados.

- Dec. nº 7.212, de 15-6-2010, regulamenta a cobrança, fiscalização, arrecadação e administração do Imposto sobre Produtos Industrializados – IPI.
- Súmulas nºs 494 e 495 do STJ.

Parágrafo único. O saldo verificado, em determinado período, em favor do contribuinte, transfere-se para o período ou períodos seguintes.

- Art. 153, § 3º, II, da CF.
- Art. 11 da Lei nº 9.779, de 19-1-1999, que altera a legislação do Imposto sobre a Renda, relativamente à tributação dos Fundos de Investimento Imobiliário e dos rendimentos auferidos em aplicação ou operação financeira de renda fixa ou variável, ao Sistema Integrado de Pagamento de Impostos e Contribuições das Microempresas e das Empresas de Pequeno Porte – SIMPLES, à incidência sobre rendimentos de beneficiários no exterior, bem assim a legislação do Imposto sobre Produtos Industrializados – IPI, relativamente ao aproveitamento de créditos e à equiparação de atacadista a estabelecimento industrial, do Imposto sobre Operações de Crédito, Câmbio e Seguros ou Relativas a Títulos e Valores Mobiliários – IOF, relativamente às operações de mútuo, e da Contribuição Social sobre o Lucro Líquido, relativamente às despesas financeiras.
- Art. 225 do Dec. nº 7.212, de 15-6-2010, que regulamenta a cobrança, fiscalização, arrecadação e administração do Imposto sobre Produtos Industrializados – IPI.

Art. 50. Os produtos sujeitos ao imposto, quando remetidos de um para outro Estado, ou do ou para o Distrito Federal, serão acompanhados de nota fiscal de modelo especial, emitida em séries próprias e contendo, além dos elementos necessários ao controle fiscal, os dados indispensáveis à elaboração da estatística do comércio por cabotagem e demais vias internas.

- Art. 195 deste Código.

Art. 51. Contribuinte do imposto é:

I – o importador ou quem a lei a ele equiparar;

II – o industrial ou quem a lei a ele equiparar;

III – o comerciante de produtos sujeitos ao imposto, que os forneça aos contribuintes definidos no inciso anterior;

IV – o arrematante de produtos apreendidos ou abandonados, levados a leilão.

Parágrafo único. Para os efeitos deste imposto, considera-se contribuinte autônomo qualquer estabelecimento de importador, industrial, comerciante ou arrematante.

- Arts. 20, III, e 46, II, deste Código.
- Art. 35 da Lei nº 4.502, de 30-11-1964, que dispõe sobre o Imposto de Consumo e reorganiza a Diretoria de Rendas Internas.
- Dec.-lei nº 37, de 18-11-1966 (Lei do Imposto de Importação).
- Dec. nº 7.212, de 15-6-2010, regulamenta a cobrança, fiscalização, arrecadação e administração do Imposto sobre Produtos Industrializados – IPI.
- Súm. nº 591 do STF.

Seção II

IMPOSTO ESTADUAL SOBRE OPERAÇÕES RELATIVAS À CIRCULAÇÃO DE MERCADORIAS

- Art. 155, II e § 2º, da CF.
- Art. 2º, § 2º, da LC nº 87, de 13-9-1996 (Lei Kandir – ICMS).
- Dec.-lei nº 406, de 31-12-1968, estabelece normas gerais de direito financeiro, aplicáveis aos ICM e ISS.
- Art. 225 do Dec. nº 7.212, de 15-6-2010, que regulamenta a cobrança, fiscalização, arrecadação e administração do Imposto sobre Produtos Industrializados – IPI.
- Res. do SF nº 22, de 19-5-1989, estabelece alíquotas do ICMS, nas operações e prestações interestaduais.
- Súmulas nºs 536, 569, 571 a 574, 576, 578 e 579 do STF.

Art. 52. *Revogado.* Dec.-lei nº 406, de 31-12-1968.

- Embora expressamente revogado pelo Dec.-lei nº 406, de 31-12-1968, o art. 52 do CTN teve nova redação dada ao seu § 3º, II, pela Lei nº 5.589, de 3-7-1970, sem que houvesse revigoração expressa.

Arts. 53 a 58. *Revogados.* Dec.-lei nº 406, de 31-12-1968.

Seção III

IMPOSTO MUNICIPAL SOBRE OPERAÇÕES RELATIVAS À CIRCULAÇÃO DE MERCADORIAS

Arts. 59 a 62. *Revogados.* Ato Complementar nº 31, de 28-12-1966.

- Art. 155, II e § 2º, da CF.
- LC nº 87, de 13-9-1996 (Lei Kandir – ICMS).

Seção IV

IMPOSTO SOBRE OPERAÇÕES DE CRÉDITO, CÂMBIO E SEGURO, E SOBRE OPERAÇÕES RELATIVAS A TÍTULOS E VALORES MOBILIÁRIOS

- Arts. 153, V, § 5º, e 155, II e § 2º, da CF.
- Lei nº 5.143, de 20-10-1966, institui o Imposto sobre Operações Financeiras, regula a respectiva cobrança, dispõe sobre a aplicação das reservas monetárias oriundas de sua receita.
- Dec. nº 6.306, de 14-12-2007, regulamenta o imposto sobre operações de crédito, câmbio e seguro, ou relativas a títulos ou valores mobiliários – IOF.
- Súmulas nºs 588 e 664 do STF.
- Súm. nº 185 do STJ.

Art. 63. O imposto, de competência da União, sobre operações de crédito, câmbio e seguro, e sobre operações relativas a títulos e valores mobiliários tem como fato gerador:

I – quanto às operações de crédito, a sua efetivação pela entrega total ou parcial do montante ou do valor que constitua o objeto da obrigação, ou sua colocação à disposição do interessado;

- Art. 3º do Dec. nº 6.306, de 14-12-2007, que regulamenta o imposto sobre operações de crédito, câmbio e seguro, ou relativas a títulos ou valores mobiliários – IOF.

II – quanto às operações de câmbio, a sua efetivação pela entrega de moeda nacional ou estrangeira, ou de documento que a represente, ou sua colocação à disposição do interessado, em montante equivalente à moeda estrangeira ou nacional entregue ou posta à disposição por este;

- Art. 11 do Dec. nº 6.306, de 14-12-2007, que regulamenta o imposto sobre operações de crédito, câmbio e seguro, ou relativas a títulos ou valores mobiliários – IOF.

III – quanto às operações de seguro, a sua efetivação pela emissão da apólice ou do documento equivalente, ou recebimento do prêmio, na forma da lei aplicável;

- Art. 18 do Dec. nº 6.306, de 14-12-2007, que regulamenta o imposto sobre operações de crédito, câmbio e seguro, ou relativas a títulos ou valores mobiliários – IOF.

IV – quanto às operações relativas a títulos e valores mobiliários, a emissão, transmissão, pagamento ou resgate destes, na forma da lei aplicável.

- Art. 25 do Dec. nº 6.306, de 14-12-2007, que regulamenta o imposto sobre operações de crédito, câmbio e seguro, ou relativas a títulos ou valores mobiliários – IOF.

Parágrafo único. A incidência definida no inciso I exclui a definida no inciso IV, e reciprocamente, quanto à emissão, ao pagamento ou resgate do título representativo de uma mesma operação de crédito.

- Art. 1º da Lei nº 5.143, de 20-10-1966, que institui o Imposto sobre Operações Financeiras, regula a respectiva cobrança, dispõe sobre a aplicação das reservas monetárias oriundas de sua receita.
- Art. 8º da Lei nº 7.766, de 11-5-1989, que dispõe sobre o ouro, ativo financeiro e sobre seu tratamento tributário.
- Art. 1º da Lei nº 8.033, de 12-4-1990, que altera, mediante conversão em lei das Medidas Provisórias nºs 160, de 15 de março de 1990, e 171, de 17 de março de 1990, a legislação do Imposto sobre Operações Financeiras, instituindo incidências de caráter transitório sobre os atos que menciona.
- Lei nº 8.894, de 21-6-1994, dispõe sobre o Imposto sobre Operações de Crédito, Câmbio e Seguro, ou relativas a Títulos ou Valores Mobiliários.
- Lei nº 8.981, de 20-1-1995, altera a legislação tributária federal.
- Dec.-lei nº 1.783, de 18-4-1990, dispõe sobre o Imposto sobre Operações de Crédito, Câmbio e Seguro, e sobre Operações relativas a Títulos e Valores Mobiliários.
- Súm. nº 588 do STF.

Art. 64. A base de cálculo do imposto é:

I – quanto às operações de crédito, o montante da obrigação, compreendendo o principal e os juros;

II – quanto às operações de câmbio, o respectivo montante em moeda nacional, recebido, entregue ou posto à disposição;

III – quanto às operações de seguro, o montante do prêmio;

IV – quanto às operações relativas a títulos e valores mobiliários:

a) na emissão, o valor nominal mais o ágio, se houver;

b) na transmissão, o preço ou o valor nominal ou o valor da cotação em Bolsa, como determinar a lei;

c) no pagamento ou resgate, o preço.

- Art. 1º do Dec.-lei nº 1.783, de 18-4-1990, que dispõe sobre o Imposto sobre Operações de Crédito, Câmbio e Seguro, e sobre Operações relativas a Títulos e Valores Mobiliários.

Art. 65. O Poder Executivo pode, nas condições e nos limites estabelecidos em lei, alterar as alíquotas ou as bases de cálculo do imposto, a fim de ajustá-lo aos objetivos da política monetária.

- Parcialmente recepcionado pelo § 1º do art. 153 da CF.
- Art. 153, § 1º, da CF.
- Arts. 9º, I, e 97, II e IV, deste Código.
- Arts. 3º e 19 da Lei nº 5.143, de 20-10-1966, que institui o Imposto sobre Operações Financeiras, regula a respectiva cobrança, dispõe sobre a aplicação das reservas monetárias oriundas de sua receita.
- Lei nº 8.894, de 21-6-1994, dispõe sobre o Imposto sobre Operações de Crédito, Câmbio e Seguro, ou relativas a Títulos ou Valores Mobiliários.

Art. 66. Contribuinte do imposto é qualquer das partes na operação tributada, como dispuser a lei.

- Art. 4º da Lei nº 5.143, de 20-10-1966, que institui o Imposto sobre Operações Financeiras, regula a respectiva cobrança, dispõe sobre a aplicação das reservas monetárias oriundas de sua receita.
- Art. 3º do Dec.-lei nº 1.783, de 18-4-1990, que dispõe sobre o Imposto sobre Operações de Crédito, Câmbio e Seguro, e sobre Operações relativas a Títulos e Valores Mobiliários.
- Súmulas nºs 30 e 435 do STJ.

Art. 67. A receita líquida do imposto destina-se à formação de reservas monetária, na forma da lei.

- Art. 12 da Lei nº 5.143, de 20-10-1966, que institui o Imposto sobre Operações Financeiras, regula a respectiva cobrança, dispõe sobre a aplicação das reservas monetárias oriundas de sua receita.

Seção V

IMPOSTO SOBRE SERVIÇOS DE TRANSPORTES E COMUNICAÇÕES

- Art. 155, II e § 2º, da CF.
- LC nº 87, de 13-9-1996 (Lei Kandir – ICMS).

Art. 68. O imposto, de competência da União, sobre serviços de transportes e comunicações tem como fato gerador:

- Art. 155, II e § 2º, da CF.

I – a prestação do serviço de transporte, por qualquer via, de pessoas, bens, mercadorias ou valores, salvo quando o trajeto se contenha inteiramente no território de um mesmo Município;

- LC nº 87, de 13-9-1996 (Lei Kandir – ICMS).

II – a prestação do serviço de comunicações, assim se entendendo a transmissão e o recebimento, por qualquer processo, de mensagens escritas, faladas ou visuais, salvo quando os pontos de transmissão e de recebimento se situem no território de um mesmo Município e a mensagem em curso não possa ser captada fora desse território.

- Súmulas nºs 334 e 350 do STJ.

Art. 69. A base de cálculo do imposto é o preço do serviço.

- Art. 13, III, da LC nº 87, de 13-9-1996 (Lei Kandir – ICMS).

Art. 70. Contribuinte do imposto é o prestador do serviço.

Seção VI

IMPOSTO SOBRE SERVIÇOS DE QUALQUER NATUREZA

- LC nº 116, de 31-7-2003 (Lei do ISS).

Arts. 71 a 73. *Revogados.* Dec.-lei nº 406, de 31-12-1968.

CAPÍTULO V

IMPOSTOS ESPECIAIS

Seção I

IMPOSTO SOBRE OPERAÇÕES RELATIVAS A COMBUSTÍVEIS, LUBRIFICANTES, ENERGIA ELÉTRICA E MINERAIS DO PAÍS

Art. 74. O imposto, de competência da União, sobre operações relativas a combustíveis, lubrificantes, energia elétrica e minerais do País tem como fato gerador:

- A competência para instituição do imposto sobre vendas a varejo de combustíveis líquidos e gasosos, exceto óleo diesel, é dos Municípios (CF, art. 156, III).
- Arts. 155, II, § 2º, XII, *h*, e §§ 3º e 5º, e 156, III, da CF.

I – a produção, como definida no artigo 46 e seu parágrafo único;

II – a importação, como definida no artigo 19;

III – a circulação, como definida no artigo 52;

- O mencionado art. 52 foi revogado pelo Dec.-lei nº 406, de 31-12-1968.

IV – a distribuição, assim entendida a colocação do produto no estabelecimento consumidor ou em local de venda ao público;

V – o consumo, assim entendida a venda do produto ao público.

§ 1º Para os efeitos deste imposto, a energia elétrica considera-se produto industrializado.

§ 2º O imposto incide, uma só vez, sobre uma das operações previstas em cada inciso deste artigo, como dispuser a lei, e exclui quaisquer outros tributos, sejam quais forem sua natureza ou competência, incidentes sobre aquelas operações.

- Art. 155, § 3º, da CF.
- Arts. 95 e 217 deste Código.

Art. 75. A lei observará o disposto neste Título relativamente:

I – ao Imposto sobre Produtos Industrializados, quando a incidência seja sobre a produção ou sobre o consumo;

- Arts. 46 a 51 deste Código.
- Súmulas nºs 30 e 435 do STJ.

II – ao Imposto sobre a Importação, quando a incidência seja sobre essa operação;

- Arts. 19 a 22 deste Código.

III – ao Imposto sobre Operações Relativas à Circulação de Mercadorias, quando a incidência seja sobre a distribuição.

- Art. 155, II e § 2º, da CF.
- Arts. 3º a 10 da Lei nº 5.143, de 20-10-1966, que institui o Imposto sobre Operações Financeiras, regula a respectiva cobrança, dispõe sobre a aplicação das reservas monetárias oriundas de sua receita.
- Arts. 1º a 7º do Dec.-lei nº 406, de 31-12-1968, que estabelece normas gerais de direito financeiro, aplicáveis aos ICM e ISS.

Seção II
IMPOSTOS EXTRAORDINÁRIOS

- Art. 154, II, da CF.

Art. 76. Na iminência ou no caso de guerra externa, a União pode instituir, temporariamente, impostos extraordinários compreendidos ou não entre os referidos nesta Lei, suprimidos, gradativamente, no prazo máximo de cinco anos, contados da celebração da paz.

- Arts. 150, § 1º, e 154, II, deste Código.

TÍTULO IV – TAXAS

- Art. 145, II, da CF.
- Súmulas Vinculantes nºs 12 e 19 do STF.
- Súmulas nºs 129, 348, 545, 595, 665, 667 e 670 do STF.
- Súm. nº 157 do STJ.

Art. 77. As taxas cobradas pela União, pelos Estados, pelo Distrito Federal ou pelos Municípios, no âmbito de suas respectivas atribuições, têm como fato gerador o exercício regular do poder de polícia, ou a utilização, efetiva ou potencial, de serviço público específico e divisível, prestado ao contribuinte ou posto à sua disposição.

- Súm. Vinc. nº 41 do STF.
- Súmulas nºs 82, 128, 129, 132, 140 a 142, 302, 324, 348, 545, 550, 595 e 596 do STF.

Parágrafo único. A taxa não pode ter base de cálculo ou fato gerador idênticos aos que correspondam a imposto nem ser calculada em função do capital das empresas.

- Parágrafo único com a redação dada pelo Ato Complementar nº 34, de 30-1-1967.

- Arts. 5º, XXXIV, 145, II e § 2º, 150, V, e 206, IV, da CF.
- Arts. 78 e 79 deste Código.
- Súmulas Vinculantes nºs 19 e 29 do STF.
- Súmulas nºs 82, 128, 129, 132, 140 a 142, 302, 324, 348, 545, 550, 595 e 596 do STF.
- Súmulas nºs 80 e 124 do STJ.

Art. 78. Considera-se poder de polícia a atividade da administração pública que, limitando ou disciplinando direito, interesse ou liberdade, regula a prática de ato ou abstenção de fato, em razão de interesse público concernente à segurança, à higiene, à ordem, aos costumes, à disciplina da produção e do mercado, ao exercício de atividades econômicas dependentes de concessão ou autorização do Poder Público, à tranquilidade pública ou ao respeito à propriedade e aos direitos individuais ou coletivos.

- *Caput* com a redação dada pelo Ato Complementar nº 31, de 28-12-1966.

Parágrafo único. Considera-se regular o exercício do poder de polícia quando desempenhado pelo órgão competente nos limites da lei aplicável, com observância do processo legal e, tratando-se de atividade que a lei tenha como discricionária, sem abuso ou desvio de poder.

Art. 79. Os serviços públicos a que se refere o artigo 77 consideram-se:

I – utilizados pelo contribuinte:

a) efetivamente, quando por ele usufruídos a qualquer título;

b) potencialmente, quando, sendo de utilização compulsória, sejam postos à sua disposição mediante atividade administrativa em efetivo funcionamento;

- Súm. nº 670 do STF.

II – específicos, quando possam ser destacados em unidades autônomas de intervenção, de utilidade ou de necessidade públicas;

III – divisíveis, quando suscetíveis de utilização, separadamente, por parte de cada um dos seus usuários.

Art. 80. Para efeito de instituição e cobrança de taxas, consideram-se compreendidas no âmbito das atribuições da União, dos Estados, do Distrito Federal ou dos Municípios aquelas que, segundo a Constituição Federal, as Constituições dos Estados, as Leis Orgânicas do Distrito Federal e dos Municípios e a legislação com elas compatível, competem a cada uma dessas pessoas de direito público.

- Art. 145, II, da CF.

TÍTULO V – CONTRIBUIÇÃO DE MELHORIA

- Art. 145, III, da CF.
- Dec.-lei nº 195, de 24-2-1967 (Lei da Contribuição de Melhoria).

Art. 81. A contribuição de melhoria cobrada pela União, pelos Estados, pelo Distrito Federal ou pelos Municípios, no âmbito de suas respectivas atribuições, é instituída para fazer face ao custo de obras públicas de que decorra valorização imobiliária, tendo como limite total a despesa realizada e como limite individual o acréscimo de valor que da obra resultar para cada imóvel beneficiado.

- Arts. 5º, XII, 145, III, 150, IV, e 170, II, da CF.
- Dec.-lei nº 195, de 24-2-1967 (Lei da Contribuição de Melhoria).

Art. 82. A lei relativa à contribuição de melhoria observará os seguintes requisitos mínimos:

I – publicação prévia dos seguintes elementos:

a) memorial descritivo do projeto;

b) orçamento do custo da obra;

c) determinação da parcela do custo da obra a ser financiada pela contribuição;

d) delimitação da zona beneficiada;

e) determinação do fator de absorção do benefício da valorização para toda a zona ou para cada uma das áreas diferenciadas, nela contidas;

II – fixação de prazo não inferior a trinta dias, para impugnação, pelos interessados, de qualquer dos elementos referidos no inciso anterior;

III – regulamentação do processo administrativo de instrução e julgamento da impugnação a que se refere o inciso anterior, sem prejuízo da sua apreciação judicial.

- Dec. nº 70.235, de 6-3-1972 (Lei do Processo Administrativo Fiscal).

§ 1º A contribuição relativa a cada imóvel será determinada pelo rateio da parcela do custo da obra a que se refere a alínea *c*, do inciso I, pelos imóveis situados na zona beneficiada em função dos respectivos fatores individuais de valorização.

§ 2º Por ocasião do respectivo lançamento, cada contribuinte deverá ser notificado do montante da contribuição, da forma e dos prazos de seu pagamento e dos elementos que integraram o respectivo cálculo.

- Arts. 142 a 146 da CF.
- Dec.-lei nº 195, de 24-2-1967 (Lei da Contribuição de Melhoria).
- Dec. nº 70.235, de 6-3-1972 (Lei do Processo Administrativo Fiscal).

TÍTULO VI – DISTRIBUIÇÕES DE RECEITAS TRIBUTÁRIAS

CAPÍTULO I
DISPOSIÇÕES GERAIS

Art. 83. Sem prejuízo das demais disposições deste Título, os Estados e Municípios que celebrem com a União convênios destinados a assegurar ampla e eficiente coordenação dos respectivos programas de investimentos e serviços públicos, especialmente no campo da política tributária, poderão participar de até dez por cento da arrecadação efetuada, nos respectivos territórios, proveniente do imposto referido no artigo 43, incidente sobre o rendimento das pessoas físicas, e no artigo 46, excluído o incidente sobre o fumo e bebidas alcoólicas.

- Arts. 157 a 162 da CF.
- LC nº 61, de 26-12-1989, estabelece normas para a participação dos Estados e do Distrito Federal no produto da arrecadação do Imposto sobre Produtos Industrializados – IPI, relativamente às exportações.
- LC nº 62, de 28-12-1989, estabelece normas sobre o cálculo, a entrega e o controle das liberações dos recursos dos Fundos de Participação.
- LC nº 63, de 11-1-1990, dispõe sobre critérios e prazos de crédito das parcelas do produto da arrecadação de impostos de competência dos Estados e de transferências por estes recebidos, pertencentes aos Municípios.

Parágrafo único. O processo das distribuições previstas neste artigo será regulado nos convênios nele referidos.

Art. 84. A lei federal pode cometer aos Estados, ao Distrito Federal ou aos Municípios o encargo de arrecadar os impostos de competência da União, cujo produto lhes seja distribuído no todo ou em parte.

Parágrafo único. O disposto neste artigo aplica-se à arrecadação dos impostos de competência dos Estados, cujo produto estes venham a distribuir, no todo ou em parte, aos respectivos Municípios.

- Art. 15, § 4º, III, da CF.
- Arts. 6º a 8º deste Código.

CAPÍTULO II
IMPOSTO SOBRE A PROPRIEDADE TERRITORIAL RURAL E SOBRE A RENDA E PROVENTOS DE QUALQUER NATUREZA

Art. 85. Serão distribuídos pela União:

I – aos Municípios da localização dos imóveis, o produto da arrecadação do imposto a que se refere o artigo 29;

- Art. 158, II, da CF.

II – aos Estados, ao Distrito Federal e aos Municípios, o produto da arrecadação, na fonte, do imposto a que se refere o artigo 43, incidente sobre a renda das obrigações de sua dívida pública e sobre os proventos dos seus servidores e dos de suas autarquias.

- Arts. 158, I, e 159, I, da CF.

§ 1º Independentemente de ordem das autoridades superiores e sob pena de demissão, as autoridades arrecadadoras dos impostos a que se refere este artigo farão entrega, aos Estados, ao Distrito Federal e aos Municípios, das importâncias recebidas, à medida que forem sendo arrecadadas, em prazo não superior a trinta dias, a contar da data de cada recolhimento.

- Art. 162 da CF.

§ 2º A lei poderá autorizar os Estados, o Distrito Federal e os Municípios a incorporar definitivamente à sua receita o produto da arrecadação do imposto a que se refere o inciso II, estipulando as obrigações acessórias a serem cumpridas por aqueles no interesse da arrecadação, pela União, do imposto a ela devido pelos titulares da renda ou dos proventos tributados.

§ 3º A lei poderá dispor que uma parcela, não superior a vinte por cento, do imposto de que trata o inciso I seja destinada ao custeio do respectivo serviço de lançamento e arrecadação.

- § 3º com execução suspensa, por inconstitucionalidade, conforme a Res. do SF nº 337, de 27-9-1983.
- Art. 86, par. ún., deste Código.
- Arts. 47 e 48 da Lei nº 4.504, de 30-11-1964 (Estatuto da Terra).

CAPÍTULO III
FUNDOS DE PARTICIPAÇÃO DOS ESTADOS E DOS MUNICÍPIOS

- Arts. 159, I, *a* e *b*, e 161, II, III e par. ún., da CF.
- Arts. 34, § 2º, e 39 do ADCT.

Seção I
CONSTITUIÇÃO DOS FUNDOS

Arts. 86 e 87. *Revogados*. LC nº 143, de 17-7-2013.

Seção II
CRITÉRIO DE DISTRIBUIÇÃO DO FUNDO DE PARTICIPAÇÃO DOS ESTADOS

Arts. 88 e 89. *Revogados*. LC nº 143, de 17-7-2013.

Art. 90. O fator representativo do inverso da renda *per capita*, a que se refere o inciso II do artigo 88, será estabelecido da seguinte forma:

Inverso do índice relativo à renda *per capita* da entidade participante:	Fator
Até 0,0045	0,4
Acima de 0,0045 até 0,0055	0,5
Acima de 0,0055 até 0,0065	0,6
Acima de 0,0065 até 0,0075	0,7
Acima de 0,0075 até 0,0085	0,8

CTN

Acima de 0,0085 até 0,0095 0,9
Acima de 0,0095 até 0,0110 1,0
Acima de 0,0110 até 0,0130 1,2
Acima de 0,0130 até 0,0150 1,4
Acima de 0,0150 até 0,0170 1,6
Acima de 0,0170 até 0,0190 1,8
Acima de 0,0190 até 0,0220 2,0
Acima de 0,0220 2,5

Parágrafo único. Para os efeitos deste artigo, determina-se o índice relativo à renda *per capita* de cada entidade participante, tomando-se como cem a renda *per capita* média do País.

- Art. 91, § 1º, *b*, deste Código.
- Art. 3º, par. ún., *b*, do Dec.-lei nº 1.881, de 27-8-1981, que altera Lei nº 5.172, de 25 de outubro de 1966, cria a Reserva do Fundo de Participação dos Municípios – FPM.

Seção III

CRITÉRIO DE DISTRIBUIÇÃO DO FUNDO DE PARTICIPAÇÃO DOS MUNICÍPIOS

- LC nº 62, de 28-12-1989, estabelece normas sobre o cálculo, a entrega e o controle das liberações dos recursos dos Fundos de Participação.

Art. 91. Do Fundo de Participação dos Municípios a que se refere o artigo 86, serão atribuídos:

- Art. 159, I, *b*, e § 3º, da CF.

I – dez por cento aos Municípios das capitais dos Estados;

II – noventa por cento aos demais Municípios do País.

§ 1º A parcela de que trata o inciso I será distribuída proporcionalmente a um coeficiente individual de participação, resultante do produto dos seguintes fatores:

a) fator representativo da população, assim estabelecido:

Percentual da população de cada Município em relação à do conjunto das capitais:

Fator

Até 2% 2

Mais de 2% até 5%:

Pelos primeiros 2% 2

Cada 0,5% ou fração excedente, mais 0,5

Mais de 5% 5

b) fator representativo do inverso da renda *per capita* do respectivo Estado, de conformidade com o disposto no artigo 90.

§ 2º A distribuição da parcela a que se refere o item II deste artigo, deduzido o percentual referido no artigo 3º do Decreto-Lei que estabelece a redação deste parágrafo, far-se-á atribuindo-se a cada Município um coeficiente individual de participação determinado na forma seguinte:

Categoria do Município, segundo seu número de habitantes

Coeficiente

a) Até 16.980
Pelos primeiros 10.188 0,6
Para cada 3.396 ou fração excedente, mais 0,2

b) Acima de 16.980 até 50.940
Pelos primeiros 16.980 1,0
Para cada 6.792 ou fração excedente, mais 0,2

c) Acima de 50.940 até 101.880
Pelos primeiros 50.940 2,0
Para cada 10.188 ou fração excedente, mais 0,2

d) Acima de 101.880 até 156.216
Pelos primeiros 101.880 3,0
Para cada 13.584 ou fração excedente, mais 0,2

e) Acima de 156.216 4,0

§ 3º Para os efeitos deste artigo, consideram-se os Municípios regularmente instalados, fazendo-se a revisão das quotas anualmente, a partir de 1989, com base em dados oficiais de população produzidos pela Fundação Instituto Brasileiro de Geografia e Estatística – IBGE.

- § 3º com a redação dada pela LC nº 59, de 22-12-1988.

§§ 4º e 5º *Revogados*. LC nº 91, de 22-12-1997.

Seção IV

CÁLCULO E PAGAMENTO DAS QUOTAS ESTADUAIS E MUNICIPAIS

Art. 92. O Tribunal de Contas da União comunicará ao Banco do Brasil S.A., conforme os prazos a seguir especificados, os coeficientes individuais de participação nos fundos previstos no art. 159, inciso I, alíneas *a*, *b* e *d*, da Constituição Federal que prevalecerão no exercício subsequente:

I – até o último dia útil do mês de março de cada exercício financeiro, para cada Estado e para o Distrito Federal;

II – até o último dia útil de cada exercício financeiro, para cada Município.

Parágrafo único. Far-se-á nova comunicação sempre que houver, transcorrido o prazo fixado no inciso I do *caput*, a criação de novo Estado a ser implantado no exercício subsequente.

- Art. 92 com a redação dada pela LC nº 143, de 17-7-2013.

Art. 93. *Revogado*. LC nº 143, de 17-7-2013.

Seção V

COMPROVAÇÃO DA APLICAÇÃO DAS QUOTAS ESTADUAIS E MUNICIPAIS

Art. 94. *Revogado*. LC nº 143, de 17-7-2013.

CAPÍTULO IV

IMPOSTO SOBRE OPERAÇÕES RELATIVAS A COMBUSTÍVEIS, LUBRIFICANTES, ENERGIA ELÉTRICA E MINERAIS DO PAÍS

Art. 95. *Revogado*. LC nº 143, de 17-7-2013.

LIVRO SEGUNDO – NORMAS GERAIS DE DIREITO TRIBUTÁRIO

TÍTULO I – LEGISLAÇÃO TRIBUTÁRIA

CAPÍTULO I

DISPOSIÇÕES GERAIS

Seção I

DISPOSIÇÃO PRELIMINAR

Art. 96. A expressão "legislação tributária" compreende as leis, os tratados e as convenções internacionais, os decretos e as normas complementares que versem, no todo ou em parte, sobre tributos e relações jurídicas a eles pertinentes.

- Arts. 2º e 194 deste Código.

Seção II

LEIS, TRATADOS E CONVENÇÕES INTERNACIONAIS E DECRETOS

Art. 97. Somente a lei pode estabelecer:

- Arts. 5º, II, e 150, I, III, *b*, da CF.

I – a instituição de tributos, ou a sua extinção;

- Arts. 148, 153, VII, 154, I, e 195, § 4º, da CF.
- Súm. Vinc. nº 31 do STF.
- Súm. nº 185 do STJ.

II – a majoração de tributos, ou sua redução, ressalvado o disposto nos artigos 21, 26, 39, 57 e 65;

- O mencionado art. 57 foi revogado pelo Dec.-lei nº 406, de 31-12-1968.
- Arts. 150, I, 153, § 1º, 155, § 4º, IV, *c*, e 177, § 4º, I, *b*, da CF.
- Súm. nº 95 do STJ.

III – a definição do fato gerador da obrigação tributária principal, ressalvado o disposto no inciso I do § 3º do artigo 52, e do seu sujeito passivo;

- O art. 52 referido foi revogado pelo Dec.-lei nº 406, de 31-12-1968.
- Art. 146, III, *a*, da CF.
- Art. 4º deste Código.
- Súm. Vinc. nº 31 do STF.

IV – a fixação da alíquota do tributo e da sua base de cálculo, ressalvado o disposto nos artigos 21, 26, 39, 57 e 65;

- O mencionado art. 57 foi revogado pelo Dec.-lei nº 406, de 31-12-1968.
- Súm. nº 95 do STJ.

V – a cominação de penalidades para as ações ou omissões contrárias a seus dispositivos, ou para outras infrações nela definidas;

VI – as hipóteses de exclusão, suspensão e extinção de créditos tributários, ou de dispensa ou redução de penalidades.

- Art. 146, III, *b*, da CF.
- Arts. 139 a 141 e 151 a 182 deste Código.

§ 1º Equipara-se à majoração do tributo a modificação de sua base de cálculo, que importe em torná-lo mais oneroso.

- Súm. nº 160 do STJ.

§ 2º Não constitui majoração de tributo, para os fins do disposto no inciso II deste artigo, a atualização do valor monetário da respectiva base de cálculo.

- Súm. nº 160 do STJ.

Art. 98. Os tratados e as convenções internacionais revogam ou modificam a legislação tributária interna, e serão observados pela que lhes sobrevenha.

- Art. 5º, §§ 2º e 3º, da CF.
- Art. 96 deste Código.
- Súm. nº 575 do STF.
- Súmulas nºs 20 e 71 do STJ.

Art. 99. O conteúdo e o alcance dos decretos restringem-se aos das leis em função das quais sejam expedidos, determinados com observância das regras de interpretação estabelecidas nesta Lei.

Seção III

NORMAS COMPLEMENTARES

Art. 100. São normas complementares das leis, dos tratados e das convenções internacionais e dos decretos:

I – os atos normativos expedidos pelas autoridades administrativas;

- Art. 103, I, deste Código.

II – as decisões dos órgãos singulares ou coletivos de jurisdição administrativa, a que a lei atribua eficácia normativa;

- Art. 103, III, deste Código.

III – as práticas reiteradamente observadas pelas autoridades administrativas;

- Art. 108, § 2º, deste Código.
- Súm. nº 95 do STJ.

IV – os convênios que entre si celebrem a União, os Estados, o Distrito Federal e os Municípios.

- Art. 155, XII, *g*, da CF.
- Art. 103, III, deste Código.

Parágrafo único. A observância das normas referidas neste artigo exclui a imposição de penalidades, a cobrança de juros de mora e a atualização do valor monetário da base de cálculo do tributo.

- Art. 84, IV, da CF.

CAPÍTULO II

VIGÊNCIA DA LEGISLAÇÃO TRIBUTÁRIA

Art. 101. A vigência, no espaço e no tempo, da legislação tributária rege-se pelas disposições legais aplicáveis às normas jurídicas em geral, ressalvado o previsto neste Capítulo.

- Art. 2º deste Código.
- Arts. 1º a 6º do Dec.-lei nº 4.657, de 4-9-1942 (Lei de Introdução às Normas do Direito Brasileiro).

Art. 102. A legislação tributária dos Estados, do Distrito Federal e dos Municípios vigora, no País, fora dos respectivos territórios, nos limites em que lhe reconheçam extraterritorialidade os convênios de que participem, ou do que disponham esta ou outras leis de normas gerais expedidas pela União.

- Art. 2º deste Código.
- Art. 3º da LC nº 116, de 31-7-2003 (Lei do ISS).

Art. 103. Salvo disposição em contrário, entram em vigor:

I – os atos administrativos a que se refere o inciso I do artigo 100, na data da sua publicação;

II – as decisões a que se refere o inciso II do artigo 100 quanto a seus efeitos normativos, trinta dias após a data da sua publicação;

III – os convênios a que se refere o inciso IV do artigo 100 na data neles prevista.

Art. 104. Entram em vigor no primeiro dia do exercício seguinte àquele em que ocorra a sua publicação os dispositivos de lei, referentes a impostos sobre o patrimônio ou a renda:

- Art. 150, III, *b* e *c*, e § 1º, da CF.

I – que instituem ou majoram tais impostos;

- Art. 150, III, *b*, da CF.

II – que definem novas hipóteses de incidência;

III – que extinguem ou reduzem isenções, salvo se a lei dispuser de maneira mais favorável ao contribuinte, e observado o disposto no artigo 178.

CAPÍTULO III

APLICAÇÃO DA LEGISLAÇÃO TRIBUTÁRIA

Art. 105. A legislação tributária aplica-se imediatamente aos fatos geradores futuros e aos pendentes, assim entendidos aqueles cuja ocorrência tenha tido início mas não esteja completa nos termos do artigo 116.

- Este dispositivo não foi recepcionado pelo art. 150, III, *a*, da CF.
- Arts. 5º, XL, e 150, III, *a*, da CF.
- Arts. 101 a 104 deste Código.
- Arts. 1º a 3º do Dec.-lei nº 4.657, de 4-9-1942 (Lei de Introdução às Normas do Direito Brasileiro).

Art. 106. A lei aplica-se a ato ou fato pretérito:

- Art. 150, III, *a*, da CF.
- Art. 144, § 1º, deste Código.
- Súm. nº 448 do STJ.

I – em qualquer caso, quando seja expressamente interpretativa, excluída a aplicação de penalidade à infração dos dispositivos interpretados;

II – tratando-se de ato não definitivamente julgado:

a) quando deixe de defini-lo como infração;

b) quando deixe de tratá-lo como contrário a qualquer exigência de ação ou omissão, desde que não tenha sido fraudulento e não tenha implicado em falta de pagamento de tributo;

c) quando lhe comine penalidade menos severa que a prevista na lei vigente ao tempo da sua prática.

- Art. 5º, XL, da CF.

CAPÍTULO IV
INTERPRETAÇÃO E INTEGRAÇÃO DA LEGISLAÇÃO TRIBUTÁRIA

Art. 107. A legislação tributária será interpretada conforme o disposto neste Capítulo.

- Art. 2º deste Código.

Art. 108. Na ausência de disposição expressa, a autoridade competente para aplicar a legislação tributária utilizará, sucessivamente, na ordem indicada:

I – a analogia;

- Art. 4º do Dec.-lei nº 4.657, de 4-9-1942 (Lei de Introdução às Normas do Direito Brasileiro).

II – os princípios gerais de direito tributário;

III – os princípios gerais de direito público;

IV – a equidade.

§ 1º O emprego da analogia não poderá resultar na exigência de tributo não previsto em lei.

- Art. 150, I, da CF.
- Arts. 3º e 97 deste Código.

§ 2º O emprego da equidade não poderá resultar na dispensa do pagamento de tributo devido.

- Art. 172, IV, deste Código.
- Arts. 2º, 4º e 6º do Dec.-lei nº 4.657, de 4-9-1942 (Lei de Introdução às Normas do Direito Brasileiro).

Art. 109. Os princípios gerais de direito privado utilizam-se para pesquisa da definição, do conteúdo e do alcance de seus institutos, conceitos e formas, mas não para definição dos respectivos efeitos tributários.

- Art. 110 deste Código.

Art. 110. A lei tributária não pode alterar a definição, o conteúdo e o alcance de institutos, conceitos e formas de direito privado, utilizados, expressa ou implicitamente, pela Constituição Federal, pelas Constituições dos Estados, ou pelas Leis Orgânicas do Distrito Federal ou dos Municípios, para definir ou limitar competências tributárias.

- Art. 109 deste Código.

Art. 111. Interpreta-se literalmente a legislação tributária que disponha sobre:

- Arts. 151 a 155 e 175 a 182 deste Código.
- Súmulas nºs 95 e 100 do STJ.

I – suspensão ou exclusão do crédito tributário;

- Arts. 151 e 175 deste Código.

II – outorga de isenção;

- Art. 150, § 6º, da CF.
- Arts. 175, I, 176 a 179 deste Código.
- Súm. nº 100 do STJ.

III – dispensa do cumprimento de obrigações tributárias acessórias.

- Arts. 113, § 2º, 151 a 155 e 175 a 182 deste Código.
- Súm. nº 95 do STJ.

Art. 112. A lei tributária que define infrações, ou lhe comina penalidades, interpreta-se da maneira mais favorável ao acusado, em caso de dúvida quanto:

- Art. 133 deste Código.

I – à capitulação legal do fato;

II – à natureza ou às circunstâncias materiais do fato, ou à natureza ou extensão dos seus efeitos;

III – à autoria, imputabilidade, ou punibilidade;

IV – à natureza da penalidade aplicável, ou à sua graduação.

TÍTULO II – OBRIGAÇÃO TRIBUTÁRIA

CAPÍTULO I
DISPOSIÇÕES GERAIS

Art. 113. A obrigação tributária é principal ou acessória.

- Art. 9º, § 1º, deste Código.

§ 1º A obrigação principal surge com a ocorrência do fato gerador, tem por objeto o pagamento de tributo ou penalidade pecuniária e extingue-se juntamente com o crédito dela decorrente.

- Arts. 139 a 193 deste Código.

§ 2º A obrigação acessória decorre da legislação tributária e tem por objeto as prestações, positivas ou negativas, nela previstas no interesse da arrecadação ou da fiscalização dos tributos.

- Arts. 96, 128 a 138 deste Código.

§ 3º A obrigação acessória, pelo simples fato da sua inobservância, converte-se em obrigação principal relativamente a penalidade pecuniária.

CAPÍTULO II
FATO GERADOR

Art. 114. Fato gerador da obrigação principal é a situação definida em lei como necessária e suficiente à sua ocorrência.

- Art. 150, III, *a* a *c*, e § 7º, da CF.
- Art. 2º, § 2º, da EC nº 3, de 17-3-1993.
- Art. 105 deste Código.
- Art. 2º da Lei nº 4.502, de 30-11-1964, que dispõe sobre o Imposto de Consumo e reorganiza a Diretoria de Rendas Internas.
- Art. 1º da Lei nº 5.143, de 20-10-1966, que institui o Imposto sobre Operações Financeiras, regula a respectiva cobrança, dispõe sobre a aplicação das reservas monetárias oriundas de sua receita.
- Art. 1º do Dec.-lei nº 37, de 18-11-1966 (Lei do Imposto de Importação).
- Art. 1º do Dec.-lei nº 406, de 31-12-1968, que estabelece normas gerais de direito financeiro, aplicáveis aos ICM e ISS.
- Art. 1º do Dec.-lei nº 1.578, de 11-10-1977, que dispõe sobre o imposto de exportação.
- Dec. nº 7.212, de 15-6-2010, regulamenta a cobrança, fiscalização, arrecadação e administração do Imposto sobre Produtos Industrializados – IPI.

Art. 115. Fato gerador da obrigação acessória é qualquer situação que, na forma da legislação aplicável, impõe a prática ou a abstenção de ato que não configure obrigação principal.

- Arts. 96 e 113, § 1º, deste Código.

Art. 116. Salvo disposição de lei em contrário, considera-se ocorrido o fato gerador e existentes os seus efeitos:

I – tratando-se de situação de fato, desde o momento em que se verifiquem as circunstâncias materiais necessárias a que produza os efeitos que normalmente lhe são próprios;

II – tratando-se da situação jurídica, desde o momento em que esteja definitivamente constituída, nos termos de direito aplicável.

- Art. 150, § 7º, da CF.
- Arts. 105 e 146 deste Código.

Parágrafo único. A autoridade administrativa poderá desconsiderar atos ou negócios jurídicos praticados com a finalidade de dissimular a ocorrência do fato gerador do tributo ou a natureza dos elementos constitutivos da obrigação tributária, observados os procedimentos a serem estabelecidos em lei ordinária.

- Parágrafo único acrescido pela LC nº 104, de 10-1-2001.
- Art. 149, VII, deste Código.
- Arts. 71 a 73 da Lei nº 4.502, de 30-11-1964, que dispõe sobre o Imposto de Consumo e reorganiza a Diretoria de Rendas Internas.

Art. 117. Para os efeitos do inciso II do artigo anterior e salvo disposição de lei em contrário, os atos ou negócios jurídicos condicionais reputam-se perfeitos e acabados:

- Art. 121 do CC.

I – sendo suspensiva a condição, desde o momento de seu implemento;

II – sendo resolutória a condição, desde o momento da prática do ato ou da celebração do negócio.

Art. 118. A definição legal do fato gerador é interpretada abstraindo-se:

I – da validade jurídica dos atos efetivamente praticados pelos contribuintes, responsáveis, ou terceiros, bem como da natureza do seu objeto ou dos seus efeitos;

II – dos efeitos dos fatos efetivamente ocorridos.

- Arts. 104 a 114 e 166 a 184 do CC.
- Art. 2º, § 2º, da LC nº 87, de 13-9-1996 (Lei Kandir – ICMS).

CAPÍTULO III

SUJEITO ATIVO

Art. 119. Sujeito ativo da obrigação é a pessoa jurídica de direito público titular da competência para exigir o seu cumprimento.

- Arts. 70, par. ún., e 71, II e § 2º, da CF.
- Art. 1º deste Código.
- Súm. nº 497 do STJ.

Art. 120. Salvo disposição de lei em contrário, a pessoa jurídica de direito público, que se constituir pelo desmembramento territorial de outra, sub-roga-se nos direitos desta, cuja legislação tributária aplicará até que entre em vigor a sua própria.

- Art. 147 da CF.

CAPÍTULO IV

SUJEITO PASSIVO

Seção I

DISPOSIÇÕES GERAIS

Art. 121. Sujeito passivo da obrigação principal é a pessoa obrigada ao pagamento de tributo ou penalidade pecuniária.

- Art. 150, § 7º, da CF.
- Arts. 113, § 1º, e 128 a 138 deste Código.

Parágrafo único. O sujeito passivo da obrigação principal diz-se:

I – contribuinte, quando tenha relação pessoal e direta com a situação que constitua o respectivo fato gerador;

II – responsável, quando, sem revestir a condição de contribuinte, sua obrigação decorra de disposição expressa de lei.

- Art. 97, III, deste Código.
- Art. 40 da Lei nº 4.502, de 30-11-1964, que dispõe sobre o Imposto de Consumo e reorganiza a Diretoria de Rendas Internas.
- Dec. nº 7.212, de 15-6-2010, regulamenta a cobrança, fiscalização, arrecadação e administração do Imposto sobre Produtos Industrializados – IPI.

Art. 122. Sujeito passivo da obrigação acessória é a pessoa obrigada às prestações que constituam o seu objeto.

- Arts. 113, § 2º, e 115 deste Código.

Art. 123. Salvo disposições de lei em contrário, as convenções particulares, relativas à responsabilidade pelo pagamento de tributos, não podem ser opostas à Fazenda Pública, para modificar a definição legal do sujeito passivo das obrigações tributárias correspondentes.

- Lei nº 10.257, de 10-7-2001 (Estatuto da Cidade).

Seção II

SOLIDARIEDADE

Art. 124. São solidariamente obrigadas:

- Art. 264 do CC.

I – as pessoas que tenham interesse comum na situação que constitua o fato gerador da obrigação principal;

II – as pessoas expressamente designadas por lei.

- Art. 135 deste Código.
- Art. 264 do CC.
- Art. 1º, § 16, II, da Lei nº 11.941, de 27-5-2009, que altera a legislação tributária federal relativa ao parcelamento ordinário de débitos tributários; concede remissão nos casos em que especifica; institui regime tributário de transição.

Parágrafo único. A solidariedade referida neste artigo não comporta benefício de ordem.

Art. 125. Salvo disposição de lei em contrário, são os seguintes os efeitos da solidariedade:

I – o pagamento efetuado por um dos obrigados aproveita aos demais;

- Arts. 157 a 164 deste Código.

II – a isenção ou remissão de crédito exonera todos os obrigados, salvo se outorgada pessoalmente a um deles, subsistindo, nesse caso, a solidariedade quanto aos demais pelo saldo;

- Arts. 172, 176 e 179 deste Código.

III – a interrupção da prescrição, em favor ou contra um dos obrigados, favorece ou prejudica aos demais.

- Arts. 155, par. ún., 156, V, 165 a 169, 174, par. ún., e 195, par. ún., deste Código.

Seção III

CAPACIDADE TRIBUTÁRIA

Art. 126. A capacidade tributária passiva independe:

I – da capacidade civil das pessoas naturais;

- Art. 145, § 1º, da CF.
- Arts. 1º, e 3º a 5º do CC.

II – de achar-se a pessoa natural sujeita a medidas que importem privação ou limitação do exercício de atividades civis, comerciais ou profissionais, ou da administração direta de seus bens ou negócios;

- Arts. 1º a 5º do CC.

III – de estar a pessoa jurídica regularmente constituída, bastando que configure uma unidade econômica ou profissional.

- Arts. 1º a 41, 43 e 44 do CC.

CTN

Seção IV

DOMICÍLIO TRIBUTÁRIO

- Art. 70 e segs. do CC.

Art. 127. Na falta de eleição, pelo contribuinte ou responsável, de domicílio tributário, na forma da legislação aplicável, considera-se como tal:

- Art. 109, I e §§ 1º a 3º, da CF.
- Súm. nº 435 do STJ.

I – quanto às pessoas naturais, a sua residência habitual, ou, sendo esta incerta ou desconhecida, o centro habitual de sua atividade;

- Arts. 70 e 71 do CC.

II – quanto às pessoas jurídicas de direito privado ou às firmas individuais, o lugar da sua sede, ou, em relação aos atos ou fatos que derem origem à obrigação, o de cada estabelecimento;

- Art. 75, IV e § 1º, do CC.
- Súm. nº 435 do STJ.

III – quanto às pessoas jurídicas de direito público, qualquer de suas repartições no território da entidade tributante.

- Art. 109, I e §§ 1º, 2º e 4º, da CF.
- Art. 75, I a III, do CC.

§ 1º Quando não couber a aplicação das regras fixadas em qualquer dos incisos deste artigo, considerar-se-á como domicílio tributário do contribuinte ou responsável o lugar da situação dos bens ou da ocorrência dos atos ou fatos que deram origem à obrigação.

§ 2º A autoridade administrativa pode recusar o domicílio eleito, quando impossibilite ou dificulte a arrecadação ou a fiscalização do tributo, aplicando-se então a regra do parágrafo anterior.

- Arts. 70, 71 e 75 do CC.

CAPÍTULO V

RESPONSABILIDADE TRIBUTÁRIA

Seção I

DISPOSIÇÃO GERAL

Art. 128. Sem prejuízo do disposto neste Capítulo, a lei pode atribuir de modo expresso a responsabilidade pelo crédito tributário a terceira pessoa, vinculada ao fato gerador da respectiva obrigação, excluindo a responsabilidade do contribuinte ou atribuindo-a a este em caráter supletivo do cumprimento total ou parcial da referida obrigação.

- Art. 150, § 7º, da CF.
- Arts. 121, par. ún., II, e 128 a 193 deste Código.
- Arts. 5º e 6º da LC nº 87, de 13-9-1996 (Lei Kandir – ICMS).
- Art. 30 da Lei nº 8.383, de 31-12-1991, que institui a Unidade Fiscal de Referência, altera a legislação do imposto de renda.
- Art. 79 da Lei nº 8.981, de 20-1-1995, que altera a legislação tributária federal.

Seção II

RESPONSABILIDADE DOS SUCESSORES

Art. 129. O disposto nesta Seção aplica-se por igual aos créditos tributários definitivamente constituídos ou em curso de constituição à data dos atos nela referidos, e aos constituídos posteriormente aos mesmos atos, desde que relativos a obrigações tributárias surgidas até a referida data.

- Arts. 105, 130 a 133 deste Código.
- Art. 1.787 do CC.
- Art. 6º do Dec.-lei nº 4.657, de 4-9-1942 (Lei de Introdução às Normas do Direito Brasileiro).

Art. 130. Os créditos tributários relativos a impostos cujo fato gerador seja a propriedade, o domínio útil ou a posse de bens imóveis, e bem assim os relativos a taxas pela prestação de serviços referentes a tais bens, ou a contribuições de melhoria, sub-rogam-se na pessoa dos respectivos adquirentes, salvo quando conste do título a prova de sua quitação.

- Arts. 145, II (primeira parte), 153, VI, e 156, I, da CF.
- Arts. 81, 82 e 123 deste Código.

Parágrafo único. No caso de arrematação em hasta pública, a sub-rogação ocorre sobre o respectivo preço.

- Arts. 81, 82, 110 e 139 a 193 deste Código.
- Arts. 79 e segs., 1.196, 1.228, 1.245 e 1.473 do CC.

Art. 131. São pessoalmente responsáveis:

- Art. 141, § 1º, da Lei nº 11.101, de 9-2-2005 (Lei de Recuperação de Empresas e Falências).
- Súm. nº 585 do STJ.

I – o adquirente ou remitente, pelos tributos relativos aos bens adquiridos ou remidos;

- Arts. 826 e 876 do CPC/2015.

II – o sucessor a qualquer título e o cônjuge meeiro, pelos tributos devidos pelo *de cujus* até a data da partilha ou adjudicação, limitada esta responsabilidade ao montante do quinhão, do legado ou da meação;

- Arts. 1.784, 1.796 e segs., 1.845 e segs., e 2013 e segs. do CC.

III – o espólio, pelos tributos devidos pelo *de cujus* até a data da abertura da sucessão.

Art. 132. A pessoa jurídica de direito privado que resultar de fusão, transformação ou incorporação de outra ou em outra é responsável pelos tributos devidos até a data do ato pelas pessoas jurídicas de direito privado fusionadas, transformadas ou incorporadas.

- Arts. 220, 223, 227 a 229 da Lei nº 6.404, de 15-12-1976 (Lei das Sociedades por Ações).
- Súm. nº 554 do STJ.

Parágrafo único. O disposto neste artigo aplica-se aos casos de extinção de pessoas jurídicas de direito privado, quando a exploração da respectiva atividade seja continuada por qualquer sócio remanescente, ou seu espólio, sob a mesma ou outra razão social, ou sob firma individual.

- Arts. 206 a 209 e 219 da Lei nº 6.404, de 15-12-1976 (Lei das Sociedades por Ações).

Art. 133. A pessoa natural ou jurídica de direito privado que adquirir de outra, por qualquer título, fundo de comércio ou estabelecimento comercial, industrial ou profissional, e continuar a respectiva exploração, sob a mesma ou outra razão social ou sob firma ou nome individual, responde pelos tributos, relativos ao fundo ou estabelecimento adquirido, devidos até a data do ato:

- Art. 123 deste Código.
- Arts. 111 e 166 da Lei nº 11.101, de 9-2-2005 (Lei de Recuperação de Empresas e Falências).
- Súm. nº 554 do STJ.

I – integralmente, se o alienante cessar a exploração do comércio, indústria ou atividade;

II – subsidiariamente com o alienante, se este prosseguir na exploração ou iniciar dentro de seis meses, a contar da data da alienação, nova atividade no mesmo ou em outro ramo de comércio, indústria ou profissão.

§ 1º O disposto no *caput* deste artigo não se aplica na hipótese de alienação judicial:

I – em processo de falência;

II – de filial ou unidade produtiva isolada, em processo de recuperação judicial.

o Art. 60 da Lei nº 11.101, de 9-2-2005 (Lei de Recuperação de Empresas e Falências).

§ 2º Não se aplica o disposto no § 1º deste artigo quando o adquirente for:

o Art. 60 da Lei nº 11.101, de 9-2-2005 (Lei de Recuperação de Empresas e Falências).

I – sócio da sociedade falida ou em recuperação judicial, ou sociedade controlada pelo devedor falido ou em recuperação judicial;

II – parente, em linha reta ou colateral até o quarto grau, consanguíneo ou afim, do devedor falido ou em recuperação judicial ou de qualquer de seus sócios; ou

III – identificado como agente do falido ou do devedor em recuperação judicial com o objetivo de fraudar a sucessão tributária.

§ 3º Em processo da falência, o produto da alienação judicial de empresa, filial ou unidade produtiva isolada permanecerá em conta de depósito à disposição do juízo de falência pelo prazo de um ano, contado da data de alienação, somente podendo ser utilizado para o pagamento de créditos extraconcursais ou de créditos que preferem ao tributário.

• §§ 1º a 3º acrescidos pela LC nº 118, de 9-2-2005.

Seção III

RESPONSABILIDADE DE TERCEIROS

Art. 134. Nos casos de impossibilidade de exigência do cumprimento da obrigação principal pelo contribuinte, respondem solidariamente com este nos atos em que intervierem ou pelas omissões de que forem responsáveis:

o Arts. 128, 137, II, *a*, e 197 deste Código.

o Art. 33 da Lei nº 11.101, de 9-2-2005 (Lei de Recuperação de Empresas e Falências).

I – os pais, pelos tributos devidos por seus filhos menores;

o Arts. 3º, I e II, e 4º, I e IV, do CC.

II – os tutores e curadores, pelos tributos devidos por seus tutelados ou curatelados;

o Arts. 3º e 4º do CC.

III – os administradores de bens de terceiros, pelos tributos devidos por estes;

IV – o inventariante, pelos tributos devidos pelo espólio;

o Art. 137, II, deste Código.

V – o síndico e o comissário, pelos tributos devidos pela massa falida ou pelo concordatário;

o Art. 33 da Lei nº 11.101, de 9-2-2005 (Lei de Recuperação de Empresas e Falências).

VI – os tabeliães, escrivães e demais serventuários de ofício, pelos tributos devidos sobre os atos praticados por eles, ou perante eles, em razão do seu ofício;

o Art. 21, par. ún., da Lei nº 9.393, de 19-9-1996, que dispõe sobre o Imposto sobre a Propriedade Territorial Rural – ITR, e sobre o pagamento da Dívida representada por Títulos da Dívida Agrária.

VII – os sócios, no caso de liquidação de sociedade de pessoas.

o Súmulas nºs 430 e 435 do STJ.

Parágrafo único. O disposto neste artigo só se aplica, em matéria de penalidades, às de caráter moratório.

o Art. 137, III, *a*, deste Código.

Art. 135. São pessoalmente responsáveis pelos créditos correspondentes a obrigações tributárias resultantes de atos praticados com excesso de poderes ou infração de lei, contrato social ou estatutos:

I – as pessoas referidas no artigo anterior;

II – os mandatários, prepostos e empregados;

III – os diretores, gerentes ou representantes de pessoas jurídicas de direito privado.

o Art. 137 deste Código.

o Art. 50 do CC.

o Arts. 133 e 674 do CPC/2015.

o Art. 158 da Lei nº 6.404, de 15-12-1976 (Lei das Sociedades por Ações).

o Lei nº 8.137, de 27-12-1990 (Lei dos Crimes Contra a Ordem Tributária, Econômica e Contra as Relações de Consumo).

o Súmulas nºs 353, 430 e 435 do STJ.

Seção IV

RESPONSABILIDADE POR INFRAÇÕES

Art. 136. Salvo disposição de lei em contrário, a responsabilidade por infrações da legislação tributária independe da intenção do agente ou do responsável e da efetividade, natureza e extensão dos efeitos do ato.

Art. 137. A responsabilidade é pessoal ao agente:

o Art. 207 deste Código.

o Súm. Vinc. nº 24 do STF.

o Súm. nº 560 do STF.

I – quanto às infrações conceituadas por lei como crimes ou contravenções, salvo quando praticadas no exercício regular de administração, mandato, função, cargo ou emprego, ou no cumprimento de ordem expressa emitida por quem de direito;

o Lei nº 8.137, de 27-12-1990 (Lei dos Crimes Contra a Ordem Tributária, Econômica e Contra as Relações de Consumo).

II – quanto às infrações em cuja definição o dolo específico do agente seja elementar;

III – quanto às infrações que decorram direta e exclusivamente de dolo específico:

a) das pessoas referidas no artigo 134, contra aquelas por quem respondem;

b) dos mandatários, prepostos ou empregados, contra seus mandantes, preponentes ou empregadores;

c) dos diretores, gerentes ou representantes de pessoas jurídicas de direito privado, contra estas.

Art. 138. A responsabilidade é excluída pela denúncia espontânea da infração, acompanhada, se for o caso, do pagamento do tributo devido e dos juros de mora, ou do depósito da importância arbitrada pela autoridade administrativa, quando o montante do tributo dependa de apuração.

o Art. 34 da Lei nº 9.249, de 26-12-1995, que altera a legislação do imposto de renda das pessoas jurídicas, bem como da contribuição social sobre o lucro líquido.

o Súmulas nºs 360 e 436 do STJ.

o Súm. nº 49 do CARF.

Parágrafo único. Não se considera espontânea a denúncia apresentada após o início de qualquer procedimento administrativo ou medida de fiscalização, relacionados com a infração.

o Dec. nº 70.235, de 6-3-1972 (Lei do Processo Administrativo Fiscal).

CTN

TÍTULO III – CRÉDITO TRIBUTÁRIO

CAPÍTULO I
DISPOSIÇÕES GERAIS

Art. 139. O crédito tributário decorre da obrigação principal e tem a mesma natureza desta.

- Arts. 113 e 121 deste Código.

Art. 140. As circunstâncias que modificam o crédito tributário, sua extensão ou seus efeitos, ou as garantias ou os privilégios a ele atribuídos, ou que excluem sua exigibilidade, não afetam a obrigação tributária que lhe deu origem.

- Arts. 113, § 1º, e 173, II, deste Código.

Art. 141. O crédito tributário regularmente constituído somente se modifica ou extingue, ou tem sua exigibilidade suspensa ou excluída, nos casos previstos nesta Lei, fora dos quais não podem ser dispensadas, sob pena de responsabilidade funcional na forma da lei, a sua efetivação ou as respectivas garantias.

- Arts. 151 a 164 e 175 a 182 deste Código.
- Súm. nº 437 do STJ.

CAPÍTULO II
CONSTITUIÇÃO DO CRÉDITO TRIBUTÁRIO

Seção I
LANÇAMENTO

Art. 142. Compete privativamente à autoridade administrativa constituir o crédito tributário pelo lançamento, assim entendido o procedimento administrativo tendente a verificar a ocorrência do fato gerador da obrigação correspondente, determinar a matéria tributável, calcular o montante do tributo devido, identificar o sujeito passivo e, sendo caso, propor a aplicação da penalidade cabível.

- Arts. 145 a 147 e 150 deste Código.
- Art. 7º do Dec. nº 70.235, de 6-3-1972 (Lei do Processo Administrativo Fiscal).
- Súm. Vinc. nº 24 do STF.
- Súmulas nºs 397 e 436 do STJ.

Parágrafo único. A atividade administrativa de lançamento é vinculada e obrigatória, sob pena de responsabilidade funcional.

- Art. 149, IX, deste Código.
- Art. 2º da Lei nº 6.830, de 22-9-1980 (Lei das Execuções Fiscais).

Art. 143. Salvo disposição de lei em contrário, quando o valor tributário esteja expresso em moeda estrangeira, no lançamento far-se-á sua conversão em moeda nacional ao câmbio do dia da ocorrência do fato gerador da obrigação.

Art. 144. O lançamento reporta-se à data da ocorrência do fato gerador da obrigação e rege-se pela lei então vigente, ainda que posteriormente modificada ou revogada.

- Arts. 5º, XL, e 150, III, *a*, da CF.
- Arts. 145 e 156, par. ún., II, deste Código.

§ 1º Aplica-se ao lançamento a legislação que, posteriormente à ocorrência do fato gerador da obrigação, tenha instituído novos critérios de apuração ou processos de fiscalização, ampliado os poderes de investigação das autoridades administrativas, ou outorgado ao crédito maiores garantias ou privilégios, exceto, neste último caso, para o efeito de atribuir responsabilidade tributária a terceiros.

- Art. 11, § 3º, da Lei nº 9.311, de 24-10-1996, que institui a Contribuição Provisória sobre Movimentação ou Transmissão de Valores e de Créditos e Direitos de Natureza Financeira – CPMF.

§ 2º O disposto neste artigo não se aplica aos impostos lançados por períodos certos de tempo, desde que a respectiva lei fixe expressamente a data em que o fato gerador se considera ocorrido.

- Art. 156, par. ún., deste Código.
- Súm. nº 577 do STF.

Art. 145. O lançamento regularmente notificado ao sujeito passivo só pode ser alterado em virtude de:

I – impugnação do sujeito passivo;

- Art. 151, III, deste Código.
- Arts. 56 e 57 do Dec. nº 7.574, de 29-9-2011, que regulamenta o processo de determinação e exigência de créditos tributários da União, o processo de consulta sobre a aplicação da legislação tributária federal e outros processos que especifica, sobre matérias administradas pela Secretaria da Receita Federal do Brasil.

II – recurso de ofício;

- Art. 496, II, do CPC/2015.
- Arts. 70 a 72 do Dec. nº 7.574, de 29-9-2011, que regulamenta o processo de determinação e exigência de créditos tributários da União, o processo de consulta sobre a aplicação da legislação tributária federal e outros processos que especifica, sobre matérias administradas pela Secretaria da Receita Federal do Brasil.

III – iniciativa de ofício da autoridade administrativa, nos casos previstos no artigo 149.

- Arts. 121 e 122 deste Código.

Art. 146. A modificação introduzida, de ofício ou em consequência de decisão administrativa ou judicial, nos critérios jurídicos adotados pela autoridade administrativa no exercício do lançamento somente pode ser efetivada, em relação a um mesmo sujeito passivo, quanto a fato gerador ocorrido posteriormente à sua introdução.

- Arts. 121 e 122 deste Código.

Seção II
MODALIDADES DE LANÇAMENTO

Art. 147. O lançamento é efetuado com base na declaração do sujeito passivo ou de terceiro, quando um ou outro, na forma da legislação tributária, presta à autoridade administrativa informações sobre matéria de fato, indispensáveis à sua efetivação.

- Arts. 121 e 122 deste Código.
- Súm. nº 436 do STJ.

§ 1º A retificação da declaração por iniciativa do próprio declarante, quando vise a reduzir ou a excluir tributo, só é admissível mediante comprovação do erro em que se funde, e antes de notificado o lançamento.

§ 2º Os erros contidos na declaração e apuráveis pelo seu exame serão retificados de ofício pela autoridade administrativa a que competir a revisão daquela.

Art. 148. Quando o cálculo do tributo tenha por base, ou tome em consideração, o valor ou o preço de bens, direitos, serviços ou atos jurídicos, a autoridade lançadora, mediante processo regular, arbitrará aquele valor ou preço, sempre que sejam omissos ou não mereçam fé as declarações ou os esclarecimentos prestados, ou os documentos expedidos pelo sujeito passivo ou pelo terceiro legalmente obrigado, ressalvada, em caso de contestação, avaliação contraditória, administrativa ou judicial.

- Súm. nº 431 do STJ.

Art. 149. O lançamento é efetuado e revisto de ofício pela autoridade administrativa nos seguintes casos:

- Art. 145, III, deste Código.

I – quando a lei assim o determine;

II – quando a declaração não seja prestada, por quem de direito, no prazo e na forma da legislação tributária;

III – quando a pessoa legalmente obrigada, embora tenha prestado declaração nos termos do inciso anterior, deixe de atender, no prazo e na forma da legislação tributária, a pedido de esclarecimento formulado pela autoridade administrativa, recuse-se a prestá-lo ou não o preste satisfatoriamente, a juízo daquela autoridade;

IV – quando se comprove falsidade, erro ou omissão quanto a qualquer elemento definido na legislação tributária como sendo de declaração obrigatória;

V – quando se comprove omissão ou inexatidão, por parte da pessoa legalmente obrigada, no exercício da atividade a que se refere o artigo seguinte;

VI – quando se comprove ação ou omissão do sujeito passivo, ou de terceiro legalmente obrigado, que dê lugar à aplicação de penalidade pecuniária;

VII – quando se comprove que o sujeito passivo, ou terceiro em benefício daquele, agiu com dolo, fraude ou simulação;

- Arts. 145 e 167, *caput* e § 2º, do CC.
- Arts. 71 a 73 da Lei nº 4.502, de 30-11-1964, que dispõe sobre o Imposto de Consumo e reorganiza a Diretoria de Rendas Internas.

VIII – quando deva ser apreciado fato não conhecido ou não provado por ocasião do lançamento anterior;

IX – quando se comprove que, no lançamento anterior, ocorreu fraude ou falta funcional da autoridade que o efetuou, ou omissão, pela mesma autoridade, de ato ou formalidade especial.

- Art. 142, par. ún., deste Código.

Parágrafo único. A revisão do lançamento só pode ser iniciada enquanto não extinto o direito da Fazenda Pública.

- Arts. 145, III, 150, § 4º, 156 e 173 deste Código.
- Arts. 145 e 167 do CC.

Art. 150. O lançamento por homologação, que ocorre quanto aos tributos cuja legislação atribua ao sujeito passivo o dever de antecipar o pagamento sem prévio exame da autoridade administrativa, opera-se pelo ato em que a referida autoridade, tomando conhecimento da atividade assim exercida pelo obrigado, expressamente a homologa.

- Art. 162, § 3º, deste Código.
- Súm. nº 436 do STJ.

§ 1º O pagamento antecipado pelo obrigado nos termos deste artigo extingue o crédito, sob condição resolutória da ulterior homologação do lançamento.

§ 2º Não influem sobre a obrigação tributária quaisquer atos anteriores à homologação, praticados pelo sujeito passivo ou por terceiro, visando à extinção total ou parcial do crédito.

- Art. 156, par. ún., deste Código.

§ 3º Os atos a que se refere o parágrafo anterior serão, porém, considerados na apuração do saldo porventura devido e, sendo o caso, na imposição de penalidade, ou sua graduação.

§ 4º Se a lei não fixar prazo à homologação, será ele de cinco anos, a contar da ocorrência do fato gerador; expirado esse prazo sem que a Fazenda Pública se tenha pronunciado, considera-se homologado o lançamento e definitivamente extinto o crédito, salvo se comprovada a ocorrência de dolo, fraude ou simulação.

- Arts. 145 e 167 do CC.
- Arts. 71 a 73 da Lei nº 4.502, de 30-11-1964, que dispõe sobre o Imposto de Consumo e reorganiza a Diretoria de Rendas Internas.
- Súmulas nºs 446 e 622 do STJ.

CAPÍTULO III
SUSPENSÃO DO CRÉDITO TRIBUTÁRIO

Seção I
DISPOSIÇÕES GERAIS

Art. 151. Suspendem a exigibilidade do crédito tributário:

- Súm. nº 48 do CARF.

I – moratória;

- Arts. 111, 121, 122 e 191-A deste Código.
- Art. 5º, § 5º, da Lei nº 4.504, de 30-11-1964 (Estatuto da Terra).

II – o depósito do seu montante integral;

- Arts. 152 a 155-A deste Código.
- LC nº 151, de 5-8-2015, altera a Lei Complementar nº 148, de 25 de novembro de 2014; revoga as Leis nºs 10.819, de 16 de dezembro de 2003, e 11.429, de 26 de dezembro de 2006; e dá outras providências.
- Lei nº 8.866, de 11-4-1994 (Lei do Depositário Infiel).
- Súmulas Vinculantes nºs 21 e 28 do STF.
- Súmulas nºs 112, 373 e 436 do STJ.

III – as reclamações e os recursos, nos termos das leis reguladoras do processo tributário administrativo;

- Dec. nº 70.235, de 6-3-1972 (Lei do Processo Administrativo Fiscal).
- Arts. 70 a 72 do Dec. nº 7.574, de 29-9-2011, que regulamenta o processo de determinação e exigência de créditos tributários da União, o processo de consulta sobre a aplicação da legislação tributária federal e outros processos que especifica, sobre matérias administradas pela Secretaria da Receita Federal do Brasil.
- Súm. Vinc. nº 21 do STF.
- Súm. nº 373 do STJ.

IV – a concessão de medida liminar em mandado de segurança;

- Art. 5º, LXIX e LXX, da CF.
- Art. 41, § 1º, da Lei nº 8.981, de 20-1-1995, que altera a legislação tributária federal.
- Art. 63 da Lei nº 9.430, de 27-12-1996, que dispõe sobre a legislação tributária federal, as contribuições para a seguridade social, o processo administrativo de consulta.
- Lei nº 12.016, de 7-8-2009 (Lei do Mandado de Segurança Individual e Coletivo)
- Súmulas nºs 266 e 510 do STF.

V – a concessão de medida liminar ou de tutela antecipada, em outras espécies de ação judicial;

- Arts. 294 a 311 do CPC/2015.
- Art. 63 da Lei nº 9.430, de 27-12-1996, que dispõe sobre a legislação tributária federal, as contribuições para a seguridade social, o processo administrativo de consulta.

VI – o parcelamento.

- Incisos V e VI acrescidos pela LC nº 104, de 10-1-2001.
- Art. 155-A deste Código.
- Lei nº 10.522, de 19-7-2005, dispõe sobre o Cadastro Informativo dos créditos não quitados de órgãos e entidades federais.
- Art. 6º, § 7º, da Lei nº 11.101, de 9-2-2005 (Lei de Recuperação de Empresas e Falências).
- Súm. nº 437 do STJ.

Parágrafo único. O disposto neste artigo não dispensa o cumprimento das obrigações acessórias dependentes da obrigação principal cujo crédito seja suspenso, ou dela consequentes.

- Art. 113 deste Código.
- Dec. nº 70.235, de 6-3-1972 (Lei do Processo Administrativo Fiscal).

Seção II
MORATÓRIA

Art. 152. A moratória somente pode ser concedida:

I – em caráter geral:

CTN

a) pela pessoa jurídica de direito público competente para instituir o tributo a que se refira;

b) pela União, quanto a tributos de competência dos Estados, do Distrito Federal ou dos Municípios, quando simultaneamente concedida quanto aos tributos de competência federal e às obrigações de direito privado;

- Arts. 155 e 156 da CF.
- Art. 10 da LC nº 24, de 7-1-1975, que dispõe sobre os convênios para a concessão de isenções do imposto sobre operações relativas à circulação de mercadorias.

II – em caráter individual, por despacho da autoridade administrativa, desde que autorizada por lei nas condições do inciso anterior.

Parágrafo único. A lei concessiva de moratória pode circunscrever expressamente a sua aplicabilidade a determinada região do território da pessoa jurídica de direito público que a expedir, ou a determinada classe ou categoria de sujeitos passivos.

Art. 153. A lei que conceda moratória em caráter geral ou autorize sua concessão em caráter individual especificará, sem prejuízo de outros requisitos:

I – o prazo de duração do favor;

II – as condições da concessão do favor em caráter individual;

III – sendo caso:

a) os tributos a que se aplica;

b) o número de prestações e seus vencimentos, dentro do prazo a que se refere o inciso I, podendo atribuir a fixação de uns e de outros à autoridade administrativa, para cada caso de concessão em caráter individual;

c) as garantias que devem ser fornecidas pelo beneficiado no caso de concessão em caráter individual.

Art. 154. Salvo disposição de lei em contrário, a moratória somente abrange os créditos definitivamente constituídos à data da lei ou do despacho que a conceder, ou cujo lançamento já tenha sido iniciado àquela data por ato regularmente notificado ao sujeito passivo.

- Art. 111 deste Código.

Parágrafo único. A moratória não aproveita aos casos de dolo, fraude ou simulação do sujeito passivo ou do terceiro em benefício daquele.

- Arts. 161, § 1º, 172, par. ún., 174 e 179, § 2º, deste Código.
- Arts. 145 e 167, III, do CC.
- Arts. 71 a 73 da Lei nº 4.502, de 30-11-1964, que dispõe sobre o Imposto de Consumo e reorganiza a Diretoria de Rendas Internas.

Art. 155. A concessão da moratória em caráter individual não gera direito adquirido e será revogada de ofício, sempre que se apure que o beneficiado não satisfazia ou deixou de satisfazer as condições ou não cumpria ou deixou de cumprir os requisitos para a concessão do favor, cobrando-se o crédito acrescido de juros de mora:

- Arts. 161, § 1º, 172, par. ún., 179, § 2º, e 182, par. ún., deste Código.

I – com imposição da penalidade cabível, nos casos de dolo ou simulação do beneficiado, ou de terceiro em benefício daquele;

- Arts. 145 e 167 do CC.

II – sem imposição de penalidade, nos demais casos.

- Art. 174 deste Código.

Parágrafo único. No caso do inciso I deste artigo, o tempo decorrido entre a concessão da moratória e sua revogação não se computa para efeito da prescrição do direito à cobrança do crédito; no caso do inciso II deste artigo, a revogação só pode ocorrer antes de prescrito o referido direito.

Art. 155-A. O parcelamento será concedido na forma e condição estabelecidas em lei específica.

- Artigo acrescido pela LC nº 104, de 10-1-2001.
- Art. 174, par. ún., IV, deste Código.
- Arts. 6º, § 7º, e 68 da Lei nº 11.101, de 9-2-2005 (Lei de Recuperação de Empresas e Falências).
- Lei nº 11.941, de 27-5-2009, altera a legislação tributária federal relativa ao parcelamento ordinário de débitos tributários; concede remissão nos casos em que especifica; institui regime tributário de transição.
- Súm. nº 355 do STJ.

§ 1º Salvo disposição de lei em contrário, o parcelamento do crédito tributário não exclui a incidência de juros e multas.

§ 2º Aplicam-se, subsidiariamente, ao parcelamento as disposições desta Lei, relativas à moratória.

- §§ 1º e 2º acrescidos pela LC nº 104, de 10-1-2001.

§ 3º Lei específica disporá sobre as condições de parcelamento dos créditos tributários do devedor em recuperação judicial.

- Art. 10-A da Lei nº 10.522, de 19-7-2005, que dispõe sobre o Cadastro Informativo dos créditos não quitados de órgãos e entidades federais.
- Art. 68 da Lei nº 11.101, de 9-2-2005 (Lei de Recuperação de Empresas e Falências).

§ 4º A inexistência da lei específica a que se refere o § 3º deste artigo importa na aplicação das leis gerais de parcelamento do ente da Federação ao devedor em recuperação judicial, não podendo, neste caso, ser o prazo de parcelamento inferior ao concedido pela lei federal específica.

- §§ 3º e 4º acrescidos pela LC nº 118, de 9-2-2005.

CAPÍTULO IV
EXTINÇÃO DO CRÉDITO TRIBUTÁRIO

Seção I
MODALIDADES DE EXTINÇÃO

Art. 156. Extinguem o crédito tributário:

- Art. 78, § 2º, do ADCT.
- Art. 6º da EC nº 62, de 9-12-2009.
- Súm. nº 393 do STJ.

I – o pagamento;

- Arts. 157 a 164 deste Código.

II – a compensação;

- Arts. 170 e 170-A deste Código.
- Art. 66 da Lei nº 8.383, de 31-12-1991, que institui a Unidade Fiscal de Referência, altera a legislação do imposto de renda.
- Arts. 73 e 74 da Lei nº 9.430, de 27-12-1996, que dispõe sobre a legislação tributária federal, as contribuições para a seguridade social, o processo administrativo de consulta.

III – a transação;

- Art. 171 deste Código.

IV – a remissão;

- Art. 150, § 6º, da CF.
- Art. 172 deste Código.

V – a prescrição e a decadência;

- Art. 146, III, b, da CF.
- Arts. 150, § 4º, 173 e 174 deste Código.
- Art. 53 da Lei nº 11.941, de 27-5-2009, que altera a legislação tributária federal relativa ao parcelamento ordinário de débitos tributários; concede remissão nos casos em que especifica; institui regime tributário de transição.

VI – a conversão de depósito em renda;

VII – o pagamento antecipado e a homologação do lançamento nos termos do disposto no artigo 150 e seus §§ 1º e 4º;

VIII – a consignação em pagamento, nos termos do disposto no § 2º do artigo 164;

IX – a decisão administrativa irreformável, assim entendida a definitiva na órbita administrativa, que não mais possa ser objeto de ação anulatória;

X – a decisão judicial passada em julgado;

XI – a dação em pagamento em bens imóveis, na forma e condições estabelecidas em lei.

- Inciso XI acrescido pela LC nº 104, de 10-1-2001.
- Art. 2º da EC nº 30, de 13-9-2000.
- Lei nº 13.259, de 16-3-2016, regulamenta este inciso.

Parágrafo único. A lei disporá quanto aos efeitos da extinção total ou parcial do crédito sobre a ulterior verificação da irregularidade da sua constituição, observado o disposto nos artigos 144 e 149.

Seção II

PAGAMENTO

Art. 157. A imposição de penalidade não ilide o pagamento integral do crédito tributário.

- Embora conste da publicação oficial o termo "ilide", o correto é "elide".
- Súmulas nºs 92 e 560 do STF.

Art. 158. O pagamento de um crédito não importa em presunção de pagamento:

I – quando parcial, das prestações em que se decomponha;

II – quando total, de outros créditos referentes ao mesmo ou a outros tributos.

Art. 159. Quando a legislação tributária não dispuser a respeito, o pagamento é efetuado na repartição competente do domicílio do sujeito passivo.

- Arts. 96 e 127 deste Código.

Art. 160. Quando a legislação tributária não fixar o tempo do pagamento, o vencimento do crédito ocorre trinta dias depois da data em que se considera o sujeito passivo notificado do lançamento.

- Súmulas nºs 360, 436 e 446 do STJ.

Parágrafo único. A legislação tributária pode conceder desconto pela antecipação do pagamento, nas condições que estabeleça.

- Art. 171 deste Código.

Art. 161. O crédito não integralmente pago no vencimento é acrescido de juros de mora, seja qual for o motivo determinante da falta, sem prejuízo da imposição das penalidades cabíveis e da aplicação de quaisquer medidas de garantia previstas nesta Lei ou em lei tributária.

- Art. 192 da CF.
- Arts. 84, § 3º, e 85 da Lei nº 8.981, de 20-1-1995, que altera a legislação tributária federal.
- Art. 61 da Lei nº 9.430, de 27-12-1996, que dispõe sobre a legislação tributária federal, as contribuições para a seguridade social, o processo administrativo de consulta.
- Súm. nº 596 do STF.

§ 1º Se a lei não dispuser de modo diverso, os juros de mora são calculados à taxa de um por cento ao mês.

§ 2º O disposto neste artigo não se aplica na pendência de consulta formulada pelo devedor dentro do prazo legal para pagamento do crédito.

Art. 162. O pagamento é efetuado:

I – em moeda corrente, cheque ou vale postal;

- Art. 3º deste Código.

II – nos casos previstos em lei, em estampilha, em papel selado, ou por processo mecânico.

- Súm. nº 547 do STF.

§ 1º A legislação tributária pode determinar as garantias exigidas para o pagamento por cheque ou vale postal, desde que não o torne impossível ou mais oneroso que o pagamento em moeda corrente.

§ 2º O crédito pago por cheque somente se considera extinto com o resgate deste pelo sacado.

§ 3º O crédito pagável em estampilha considera-se extinto com a inutilização regular daquela, ressalvado o disposto no artigo 150.

§ 4º A perda ou destruição da estampilha, ou o erro no pagamento por esta modalidade não dão direito à restituição, salvo nos casos expressamente previstos na legislação tributária, ou naqueles em que o erro seja imputável à autoridade administrativa.

§ 5º O pagamento em papel selado ou por processo mecânico equipara-se ao pagamento em estampilha.

Art. 163. Existindo simultaneamente dois ou mais débitos vencidos do mesmo sujeito passivo para com a mesma pessoa jurídica de direito público, relativos ao mesmo ou a diferentes tributos ou provenientes de penalidade pecuniária ou juros de mora, a autoridade administrativa competente para receber o pagamento determinará a respectiva imputação, obedecidas as seguintes regras, na ordem em que enumeradas:

- Art. 187, par. ún., deste Código.

I – em primeiro lugar, aos débitos por obrigação própria, e em segundo lugar aos decorrentes de responsabilidade tributária;

- Art. 128 deste Código.

II – primeiramente, às contribuições de melhoria, depois às taxas e por fim aos impostos;

- Arts. 16, 18, 77, 81 e 82 deste Código.

III – na ordem crescente dos prazos de prescrição;

- Art. 174 deste Código.

IV – na ordem decrescente dos montantes.

- Arts. 81 e segs., 128 e segs. e 174 deste Código.

Art. 164. A importância do crédito tributário pode ser consignada judicialmente pelo sujeito passivo, nos casos:

- Arts. 539 a 549 do CPC/2015.

I – de recusa de recebimento, ou subordinação deste ao pagamento de outro tributo ou de penalidade, ou ao cumprimento de obrigação acessória;

II – de subordinação do recebimento ao cumprimento de exigências administrativas sem fundamento legal;

III – de exigência, por mais de uma pessoa jurídica de direito público, de tributo idêntico sobre um mesmo fato gerador.

§ 1º A consignação só pode versar sobre o crédito que o consignante se propõe pagar.

§ 2º Julgada procedente a consignação, o pagamento se reputa efetuado e a importância consignada é convertida em renda; julgada improcedente a consignação no todo ou em parte, cobra-se o crédito acrescido de juros de mora, sem prejuízo das penalidades cabíveis.

- Art. 156, VI e VIII, deste Código.

CTN

Seção III

PAGAMENTO INDEVIDO

Art. 165. O sujeito passivo tem direito, independentemente de prévio protesto, à restituição total ou parcial do tributo, seja qual for a modalidade do seu pagamento, ressalvado o disposto no § 4º do artigo 162, nos seguintes casos:

- Art. 121 deste Código.
- Súmulas nºs 162, 188, 447 e 461 do STJ.

I – cobrança ou pagamento espontâneo de tributo indevido ou maior que o devido em face da legislação tributária aplicável, ou da natureza ou circunstâncias materiais do fato gerador efetivamente ocorrido;

- Art. 168, I, deste Código.
- Súm. nº 461 do STJ.

II – erro na edificação do sujeito passivo, na determinação da alíquota aplicável, no cálculo do montante do débito ou na elaboração ou conferência de qualquer documento relativo ao pagamento;

- Mantivemos "edificação", conforme publicação oficial. No lugar desta expressão leia-se "identificação".
- Art. 168, I, deste Código.
- Súmulas nºs 71, 546 e 547 do STF.

III – reforma, anulação, revogação ou rescisão de decisão condenatória.

- Art. 168, II, deste Código.

Art. 166. A restituição de tributos que comportem, por sua natureza, transferência do respectivo encargo financeiro somente será feita a quem prove haver assumido referido encargo, ou, no caso de tê-lo transferido a terceiro, estar por este expressamente autorizado a recebê-la.

- Súm. nº 546 do STF.

Art. 167. A restituição total ou parcial do tributo dá lugar à restituição, na mesma proporção, dos juros de mora e das penalidades pecuniárias, salvo as referentes a infrações de caráter formal não prejudicadas pela causa da restituição.

- Súmulas nºs 4 e 5 do CARF.

Parágrafo único. A restituição vence juros não capitalizáveis, a partir do trânsito em julgado da decisão definitiva que a determinar.

- Art. 39, § 4º, da Lei nº 9.250, de 26-12-1995, que altera a legislação do imposto de rendas das pessoas físicas.
- Súmulas nºs 162, 188 e 523 do STJ.

Art. 168. O direito de pleitear a restituição extingue-se com o decurso do prazo de cinco anos, contados:

- Súmulas nºs 412 e 625 do STJ.

I – nas hipóteses dos incisos I e II do artigo 165, da data da extinção do crédito tributário;

- Art. 106, I, deste Código.
- Art. 3º da LC nº 118, de 9-2-2005, que dispõe sobre a interpretação deste inciso.

II – na hipótese do inciso III do artigo 165, da data em que se tornar definitiva a decisão administrativa ou passar em julgado a decisão judicial que tenha reformado, anulado, revogado ou rescindido a decisão condenatória.

Art. 169. Prescreve em dois anos a ação anulatória da decisão administrativa que denegar a restituição.

- Art. 5º, XXXV, da CF.

Parágrafo único. O prazo de prescrição é interrompido pelo início da ação judicial, recomeçando o seu curso, por metade, a partir da data da intimação validamente feita ao representante judicial da Fazenda Pública interessada.

Seção IV

DEMAIS MODALIDADES DE EXTINÇÃO

Art. 170. A lei pode, nas condições e sob as garantias que estipular, ou cuja estipulação em cada caso atribuir à autoridade administrativa, autorizar a compensação de créditos tributários com créditos líquidos e certos, vencidos ou vincendos, do sujeito passivo contra a Fazenda Pública.

- A Secretaria da Receita Federal passou a ser denominada Secretaria da Receita Federal do Brasil, pelo art. 1º da Lei nº 11.457, de 16-3-2007 (Lei da Super-Receita).
- Art. 66 da Lei nº 8.383, de 31-12-1991, que institui a Unidade Fiscal de Referência, altera a legislação do imposto de renda.
- Arts. 73 e 74 da Lei nº 9.430, de 27-12-1996, que dispõe sobre a legislação tributária federal, as contribuições para a seguridade social, o processo administrativo de consulta.
- Dec. nº 2.138, de 29-1-1997, dispõe sobre a compensação de créditos tributários com créditos do sujeito passivo decorrentes de restituição ou ressarcimento de tributos ou contribuições, a ser efetuada pela Secretaria da Receita Federal.
- Súmulas nºs 212, 213, 460, 461 e 464 do STJ.

Parágrafo único. Sendo vincendo o crédito do sujeito passivo, a lei determinará, para os efeitos deste artigo, a apuração do seu montante, não podendo, porém, cominar redução maior que a correspondente ao juro de um por cento ao mês pelo tempo a decorrer entre a data da compensação e a do vencimento.

Art. 170-A. É vedada a compensação mediante o aproveitamento de tributo, objeto de contestação judicial pelo sujeito passivo, antes do trânsito em julgado da respectiva decisão judicial.

- Artigo acrescido pela LC nº 104, de 10-1-2001.
- Art. 5º, XXXV, da CF.
- Art. 7º, § 2º, da Lei nº 12.016, de 7-8-2009 (Lei do Mandado de Segurança Individual e Coletivo)
- Súm. nº 212 do STJ.

Art. 171. A lei pode facultar, nas condições que estabeleça, aos sujeitos ativo e passivo da obrigação tributária celebrar transação que, mediante concessões mútuas, importe em determinação de litígio e consequente extinção de crédito tributário.

- Mantivemos "determinação", conforme publicação oficial. No lugar desta expressão leia-se "terminação".

Parágrafo único. A lei indicará a autoridade competente para autorizar a transação em cada caso.

Art. 172. A lei pode autorizar a autoridade administrativa a conceder, por despacho fundamentado, remissão total ou parcial do crédito tributário, atendendo:

- Art. 156, IV, deste Código.
- Súmulas nºs 162, 186, 447 e 461 do STJ.

I – à situação econômica do sujeito passivo;

II – ao erro ou ignorância escusáveis do sujeito passivo, quanto a matéria de fato;

III – à diminuta importância do crédito tributário;

IV – a considerações de equidade, em relação com as características pessoais ou materiais do caso;

- Art. 108, IV, deste Código.

V – a condições peculiares a determinada região do território da entidade tributante.

Parágrafo único. O despacho referido neste artigo não gera direito adquirido, aplicando-se, quando cabível, o disposto no artigo 155.

- Art. 156, IV, deste Código.

Art. 173. O direito de a Fazenda Pública constituir o crédito tributário extingue-se após cinco anos, contados:

- Art. 146, III, *b*, da CF.
- Art. 332, § 1º, do CPC.
- Lei nº 8.212, de 24-7-1991 (Lei Orgânica da Seguridade Social).
- Súm. Vinc. nº 8 do STF.
- Súmulas nºs 153, 436, 555 e 622 do STJ.

I – do primeiro dia do exercício seguinte àquele em que o lançamento poderia ter sido efetuado;

- Art. 150, § 4º, deste Código.
- Súm. nº 555 do STJ.

II – da data em que se tornar definitiva a decisão que houver anulado, por vício formal, o lançamento anteriormente efetuado.

Parágrafo único. O direito a que se refere este artigo extingue-se definitivamente com o decurso do prazo nele previsto, contado da data em que tenha sido iniciada a constituição do crédito tributário pela notificação, ao sujeito passivo, de qualquer medida preparatória indispensável ao lançamento.

- Arts. 142 a 150 deste Código.

Art. 174. A ação para a cobrança do crédito tributário prescreve em cinco anos, contados da data da sua constituição definitiva.

- Arts. 142 e 145 deste Código.
- Art. 40, § 4º, da Lei nº 6.830, de 22-9-1980 (Lei das Execuções Fiscais).
- Art. 6º, § 7º, da Lei nº 11.101, de 9-2-2005 (Lei de Recuperação de Empresas e Falências).
- Art. 53 da Lei nº 11.941, de 27-5-2009, que altera a legislação tributária federal relativa ao parcelamento ordinário de débitos tributários; concede remissão nos casos em que especifica; institui regime tributário de transição.
- Súm. Vinc. nº 8 do STF.
- Súmulas nºs 106, 314, 409 e 436 do STJ.

Parágrafo único. A prescrição se interrompe:

I – pelo despacho do juiz que ordenar a citação em execução fiscal;

- Inciso I com a redação dada pela LC nº 118, de 9-2-2005.
- Arts. 240, § 1º, 332, § 1º, e 487, par. ún., do CPC/2015.
- Art. 8º, § 2º, da Lei nº 6.830, de 22-9-1980 (Lei das Execuções Fiscais).

II – pelo protesto judicial;

- Lei nº 9.492, de 10-9-1997 (Lei do Protesto de Títulos).

III – por qualquer ato judicial que constitua em mora o devedor;

IV – por qualquer ato inequívoco ainda que extrajudicial, que importe em reconhecimento do débito pelo devedor.

- Súm. nº 314 do STJ.

CAPÍTULO V

EXCLUSÃO DO CRÉDITO TRIBUTÁRIO

Seção I

DISPOSIÇÕES GERAIS

Art. 175. Excluem o crédito tributário:

I – a isenção;

- Art. 150, § 6º, da CF.
- Arts. 176 a 179 deste Código.
- Súm. nº 544 do STF.

II – a anistia.

- Arts. 111 e 180 a 182 deste Código.

Parágrafo único. A exclusão do crédito tributário não dispensa o cumprimento das obrigações acessórias, dependentes da obrigação principal cujo crédito seja excluído, ou dela consequente.

Seção II

ISENÇÃO

- Art. 150, § 6º, da CF.

Art. 176. A isenção, ainda quando prevista em contrato, é sempre decorrente de lei que especifique as condições e requisitos exigidos para a sua concessão, os tributos a que se aplica e, sendo caso, o prazo de sua duração.

- Art. 151, I, da CF.
- Súm. nº 544 do STF.

Parágrafo único. A isenção pode ser restrita a determinada região do território da entidade tributante, em função de condições a ela peculiares.

- Art. 151, I, da CF.

Art. 177. Salvo disposição de lei em contrário, a isenção não é extensiva:

I – às taxas e às contribuições de melhoria;

II – aos tributos instituídos posteriormente à sua concessão.

Art. 178. A isenção, salvo se concedida por prazo certo e em função de determinadas condições, pode ser revogada ou modificada por lei, a qualquer tempo, observado o disposto no inciso III do artigo 104.

- Artigo com a redação dada pela LC nº 24, de 7-1-1975.
- Súmulas nºs 543 e 544 do STF.

Art. 179. A isenção, quando não concedida em caráter geral, é efetivada, em cada caso, por despacho da autoridade administrativa, em requerimento com o qual o interessado faça prova do preenchimento das condições e do cumprimento dos requisitos previstos em lei ou contrato para sua concessão.

- Súmulas nºs 543 e 544 do STF.

§ 1º Tratando-se de tributo lançado por período certo de tempo, o despacho referido neste artigo será renovado antes da expiração de cada período, cessando automaticamente os seus efeitos a partir do primeiro dia do período para o qual o interessado deixar de promover a continuidade do reconhecimento da isenção.

§ 2º O despacho referido neste artigo não gera direito adquirido, aplicando-se, quando cabível, o disposto no artigo 155.

Seção III

ANISTIA

Art. 180. A anistia abrange exclusivamente as infrações cometidas anteriormente à vigência da lei que a concede, não se aplicando:

- Art. 72 da Lei nº 4.502, de 30-11-1964, que dispõe sobre o Imposto de Consumo e reorganiza a Diretoria de Rendas Internas.
- Arts. 1º, I, e 2º, I, da Lei nº 8.137, de 27-12-1990 (Lei dos Crimes Contra a Ordem Tributária, Econômica e Contra as Relações de Consumo).

I – aos atos qualificados em lei como crimes ou contravenções e aos que, mesmo sem essa qualificação, sejam praticados com dolo, fraude ou simulação pelo sujeito passivo ou por terceiro em benefício daquele;

II – salvo disposição em contrário, às infrações resultantes de conluio entre duas ou mais pessoas naturais ou jurídicas.

Art. 181. A anistia pode ser concedida:

I – em caráter geral;

II – limitadamente:

a) às infrações da legislação relativa a determinado tributo;

b) às infrações punidas com penalidades pecuniárias até determinado montante, conjugadas ou não com penalidades de outra natureza;

CTN

c) a determinada região do território da entidade tributante, em função de condições a ela peculiares;

- Art. 151, I, da CF.

d) sob condição do pagamento de tributo no prazo fixado pela lei que a conceder, ou cuja fixação seja atribuída pela mesma lei à autoridade administrativa.

Art. 182. A anistia, quando não concedida em caráter geral, é efetivada, em cada caso, por despacho da autoridade administrativa, em requerimento com o qual o interessado faça prova do preenchimento das condições e do cumprimento dos requisitos previstos em lei para sua concessão.

Parágrafo único. O despacho referido neste artigo não gera direito adquirido, aplicando-se, quando cabível, o disposto no artigo 155.

CAPÍTULO VI
GARANTIAS E PRIVILÉGIOS DO CRÉDITO TRIBUTÁRIO

Seção I
DISPOSIÇÕES GERAIS

Art. 183. A enumeração das garantias atribuídas neste Capítulo ao crédito tributário não exclui outras que sejam expressamente previstas em lei, em função da natureza ou das características do tributo a que se refiram.

Parágrafo único. A natureza das garantias atribuídas ao crédito tributário não altera a natureza deste nem a da obrigação tributária a que corresponda.

Art. 184. Sem prejuízo dos privilégios especiais sobre determinados bens, que sejam previstos em lei, responde pelo pagamento do crédito tributário a totalidade dos bens e das rendas, de qualquer origem ou natureza, do sujeito passivo, seu espólio ou sua massa falida, inclusive os gravados por ônus real ou cláusula de inalienabilidade ou impenhorabilidade, seja qual for a data da constituição do ônus ou da cláusula, excetuados unicamente os bens e rendas que a lei declare absolutamente impenhoráveis.

- Arts. 833 e 834 do CPC/2015.
- Art. 30 da Lei nº 6.830, de 22-9-1980 (Lei das Execuções Fiscais).
- Art. 3º, IV, da Lei nº 8.009, de 29-3-1990 (Lei da Impenhorabilidade do Bem de Família)).

Art. 185. Presume-se fraudulenta a alienação ou oneração de bens ou rendas, ou seu começo, por sujeito passivo em débito para com a Fazenda Pública, por crédito tributário regularmente inscrito como dívida ativa.

- Art. 204 deste Código.
- Art. 168 da Lei nº 11.101, de 9-2-2005 (Lei de Recuperação de Empresas e Falências).
- Súm. nº 560 do STJ.

Parágrafo único. O disposto neste artigo não se aplica na hipótese de terem sido reservados, pelo devedor, bens ou rendas suficientes ao total pagamento da dívida inscrita.

- Art. 185 com a redação dada pela LC nº 118, de 9-2-2005.

Art. 185-A. Na hipótese de o devedor tributário, devidamente citado, não pagar nem apresentar bens à penhora no prazo legal e não forem encontrados bens penhoráveis, o juiz determinará a indisponibilidade de seus bens e direitos, comunicando a decisão, preferencialmente por meio eletrônico, aos órgãos e entidades que promovem registros de transferência de bens, especialmente ao registro público de imóveis e às autoridades supervisoras do mercado bancário e do mercado de capitais, a fim de que, no âmbito de suas atribuições, façam cumprir a ordem judicial.

- Súm. nº 560 do STJ.

§ 1º A indisponibilidade de que trata o *caput* deste artigo limitar-se-á ao valor total exigível, devendo o juiz determinar o imediato levantamento da indisponibilidade dos bens ou valores que excederem esse limite.

§ 2º Os órgãos e entidades aos quais se fizer a comunicação de que trata o *caput* deste artigo enviarão imediatamente ao juízo a relação discriminada dos bens e direitos cuja indisponibilidade houverem promovido.

- Art. 185-A acrescido pela LC nº 118, de 9-2-2005.

Seção II
PREFERÊNCIAS

Art. 186. O crédito tributário prefere a qualquer outro, seja qual for sua natureza ou o tempo de sua constituição, ressalvados os créditos decorrentes da legislação do trabalho ou do acidente de trabalho.

- *Caput* com a redação dada pela LC nº 118, de 19-2-2005.
- Art. 4º, § 4º, da Lei nº 6.830, de 22-9-1980 (Lei das Execuções Fiscais).
- Súm. nº 270 do STJ.

Parágrafo único. Na falência:

I – o crédito tributário não prefere aos créditos extraconcursais ou às importâncias passíveis de restituição, nos termos da lei falimentar, nem aos créditos com garantia real, no limite do valor do bem gravado;

- Art. 188 deste Código.
- Art. 84 da Lei nº 11.101, de 9-2-2005 (Lei de Recuperação de Empresas e Falências).

II – a lei poderá estabelecer limites e condições para a preferência dos créditos decorrentes da legislação do trabalho; e

- Art. 83, I, da Lei nº 11.101, de 9-2-2005 (Lei de Recuperação de Empresas e Falências).

III – a multa tributária prefere apenas aos créditos subordinados.

- Parágrafo único acrescido pela LC nº 118, de 9-2-2005.
- Art. 83, VI, da Lei nº 11.101, de 9-2-2005 (Lei de Recuperação de Empresas e Falências).
- Súm. nº 270 do STJ.

Art. 187. A cobrança judicial do crédito tributário não é sujeita a concurso de credores ou habilitação em falência, recuperação judicial, concordata, inventário ou arrolamento.

- *Caput* com a redação dada pela LC nº 118, de 9-2-2005.
- Art. 1.796 do CC.
- Arts. 4º, § 4º, e 29 da Lei nº 6.830, de 22-9-1980 (Lei das Execuções Fiscais).
- Arts. 76 e 83, VII, da Lei nº 11.101, de 9-2-2005 (Lei de Recuperação de Empresas e Falências).

Parágrafo único. O concurso de preferência somente se verifica entre pessoas jurídicas de direito público, na seguinte ordem:

- O STF, por maioria dos votos, julgou procedente o pedido formulado da ADPF nº 357, para declarar a não recepção pela Constituição Federal da norma prevista neste parágrafo único (*DOU* de 6-7-2021).
- Art. 163 deste Código.
- Art. 29, par. ún., da Lei nº 6.830, de 22-9-1980 (Lei das Execuções Fiscais).

I – União;

II – Estados, Distrito Federal e Territórios, conjuntamente e *pro rata;*

III – Municípios, conjuntamente e *pro rata.*

- Súm. nº 497 do STJ.

Art. 188. São extraconcursais os créditos tributários decorrentes de fatos geradores ocorridos no curso do processo de falência.

- Arts. 84 e 150 da Lei nº 11.101, de 9-2-2005 (Lei de Recuperação de Empresas e Falências).
- *Caput* com a redação dada pela LC nº 118, de 9-2-2005.

§ 1º Contestado o crédito tributário, o juiz remeterá as partes ao processo competente, mandando reservar bens suficientes à extinção total do crédito e seus acrescidos, se a massa não puder efetuar a garantia da instância por outra forma, ouvido, quanto à natureza e valor dos bens reservados, o representante da Fazenda Pública interessada.

- Art. 4º, § 4º, da Lei nº 6.830, de 22-9-1980 (Lei das Execuções Fiscais).

§ 2º O disposto neste artigo aplica-se aos processos de concordata.

- A concordata foi substituída pela recuperação judicial, conforme Lei nº 11.101, de 9-2-2005 (Lei de Recuperação de Empresas e Falências).

Art. 189. São pagos preferencialmente a quaisquer créditos habilitados em inventário ou arrolamento, ou a outros encargos do monte, os créditos tributários vencidos ou vincendos, a cargo do *de cujus* ou de seu espólio, exigíveis no decurso do processo de inventário ou arrolamento.

- Art. 1.796 do CC.

Parágrafo único. Contestado o crédito tributário, proceder-se-á na forma do disposto no § 1º do artigo anterior.

Art. 190. São pagos preferencialmente a quaisquer outros os créditos tributários vencidos ou vincendos, a cargo de pessoas jurídicas de direito privado em liquidação judicial ou voluntária, exigíveis no decurso da liquidação.

- Art. 186 deste Código.
- Art. 18, *b*, da Lei nº 6.024, de 13-3-1974 (Lei das Intervenções e Liquidações Extrajudiciais de Instituições Financeiras).
- Arts. 4º, § 4º, e 31 da Lei nº 6.830, de 22-9-1980 (Lei das Execuções Fiscais).

Art. 191. A extinção das obrigações do falido requer prova de quitação de todos os tributos.

- Artigo com a redação dada pela LC nº 118, de 9-2-2005.
- Art. 29, par. ún., da Lei nº 6.830, de 22-9-1980 (Lei das Execuções Fiscais).
- Arts. 48, I, 57, 156, 159 e 160 da Lei nº 11.101, de 9-2-2005 (Lei de Recuperação de Empresas e Falências).
- Art. 1º, I, do Dec.-lei nº 1.715, de 22-11-1979, que regula a expedição de certidão de quitação de tributos federais e extingue a declaração de devedor remisso.

Art. 191-A. A concessão de recuperação judicial depende da apresentação da prova de quitação de todos os tributos, observado o disposto nos arts. 151, 205 e 206 desta Lei.

- Artigo acrescido pela LC nº 118, de 9-2-2005.
- Arts. 6º, § 7º, 57 e 58 da Lei nº 11.101, de 9-2-2005 (Lei de Recuperação de Empresas e Falências).

Art. 192. Nenhuma sentença de julgamento de partilha ou adjudicação será proferida sem prova da quitação de todos os tributos relativos aos bens do espólio, ou às suas rendas.

- Arts. 1.792 e 2.013 e segs. do CC.
- Arts. 4º, § 4º, 29 e 31 da Lei nº 6.830, de 22-9-1980 (Lei das Execuções Fiscais).

Art. 193. Salvo quando expressamente autorizado por lei, nenhum departamento da administração pública da União, dos Estados, do Distrito Federal ou dos Municípios, ou sua autarquia, celebrará contrato ou aceitará proposta em concorrência pública sem que contratante ou proponente faça prova da quitação de todos os tributos devidos à Fazenda Pública interessada, relativos à atividade em cujo exercício contrata ou concorre.

- Arts. 205 e 206 deste Código.

TÍTULO IV – ADMINISTRAÇÃO TRIBUTÁRIA

CAPÍTULO I

FISCALIZAÇÃO

- Dec. nº 7.574, de 29-9-2011, regulamenta o processo de determinação e exigência de créditos tributários da União, o processo de consulta sobre a aplicação da legislação tributária federal e outros processos que especifica, sobre matérias administradas pela Secretaria da Receita Federal do Brasil.

Art. 194. A legislação tributária, observado o disposto nesta Lei, regulará, em caráter geral, ou especificamente em função da natureza do tributo de que se tratar, a competência e os poderes das autoridades administrativas em matéria de fiscalização da sua aplicação.

- Art. 37, XXII, da CF.
- Arts. 4º, 96 e 179 deste Código.

Parágrafo único. A legislação a que se refere este artigo aplica-se às pessoas naturais ou jurídicas, contribuintes ou não, inclusive às que gozem de imunidade tributária ou de isenção de caráter pessoal.

- Art. 9º, § 1º, deste Código.

Art. 195. Para os efeitos da legislação tributária, não têm aplicação quaisquer disposições legais excludentes ou limitativas do direito de examinar mercadorias, livros, arquivos, documentos, papéis e efeitos comerciais ou fiscais dos comerciantes, industriais ou produtores, ou da obrigação destes de exibi-los.

- Súmulas nºs 260 e 439 do STF.

Parágrafo único. Os livros obrigatórios de escrituração comercial e fiscal e os comprovantes dos lançamentos neles efetuados serão conservados até que ocorra a prescrição dos créditos tributários decorrentes das operações a que se refiram.

- Art. 174 deste Código.
- Súm. nº 439 do STF.

Art. 196. A autoridade administrativa que proceder ou presidir a quaisquer diligências de fiscalização lavrará os termos necessários para que se documente o início do procedimento, na forma da legislação aplicável, que fixará prazo máximo para a conclusão daquelas.

- Arts. 138 e 173, par. ún., deste Código.

Parágrafo único. Os termos a que se refere este artigo serão lavrados, sempre que possível, em um dos livros fiscais exibidos; quando lavrados em separado deles se entregará, à pessoa sujeita à fiscalização, cópia autenticada pela autoridade a que se refere este artigo.

Art. 197. Mediante intimação escrita, são obrigados a prestar à autoridade administrativa todas as informações de que disponham com relação aos bens, negócios ou atividades de terceiros:

I – os tabeliães, escrivães e demais serventuários de ofício;

II – os bancos, casas bancárias, Caixas Econômicas e demais instituições financeiras;

III – as empresas de administração de bens;

IV – os corretores, leiloeiros e despachantes oficiais;

V – os inventariantes;

VI – os síndicos, comissários e liquidatários;

- Arts. 21 a 25 da Lei nº 11.101, de 9-2-2005 (Lei de Recuperação de Empresas e Falências).

CTN

VII – quaisquer outras entidades ou pessoas que a lei designe, em razão de seu cargo, ofício, função, ministério, atividade ou profissão.

Parágrafo único. A obrigação prevista neste artigo não abrange a prestação de informações quanto a fatos sobre os quais o informante esteja legalmente obrigado a observar segredo em razão de cargo, ofício, função, ministério, atividade ou profissão.

- Arts. 5º, X e XII, e 133 da CF.
- Art. 229 do CC.
- Art. 38 da Lei nº 4.595, de 31-12-1964 (Lei do Sistema Financeiro Nacional).
- Art. 7º, XIX, da Lei nº 8.906, de 4-7-1994 (Estatuto da Advocacia e da OAB).

Art. 198. Sem prejuízo do disposto na legislação criminal, é vedada a divulgação, por parte da Fazenda Pública ou de seus servidores, de informação obtida em razão do ofício sobre a situação econômica ou financeira do sujeito passivo ou de terceiros e sobre a natureza e o estado de seus negócios ou atividades.

- *Caput* com a redação dada pela LC nº 104, de 10-1-2001.
- Art. 58, § 3º, da CF.
- Lei nº 11.457, de 16-3-2007 (Lei da Super-Receita).

§ 1º Excetuam-se do disposto neste artigo, além dos casos previstos no artigo 199, os seguintes:

I – requisição de autoridade judiciária no interesse da justiça;

II – solicitações de autoridade administrativa no interesse da Administração Pública, desde que seja comprovada a instauração regular de processo administrativo, no órgão ou na entidade respectiva, com o objetivo de investigar o sujeito passivo a que se refere a informação, por prática de infração administrativa.

- Parágrafo único transformado em § 1º pela LC nº 104, de 10-1-2001.

§ 2º O intercâmbio de informação sigilosa, no âmbito da Administração Pública, será realizado mediante processo regularmente instaurado, e a entrega será feita pessoalmente à autoridade solicitante, mediante recibo, que formalize a transferência e assegure a preservação do sigilo.

- § 2º acrescido pela LC nº 104, de 10-1-2001.

§ 3º Não é vedada a divulgação de informações relativas a:

- *Caput* do § 3º acrescido pela LC nº 104, de 10-1-2001.

I – representações fiscais para fins penais;

- Lei nº 8.137, de 27-12-1990 (Lei dos Crimes Contra a Ordem Tributária, Econômica e Contra as Relações de Consumo).
- Art. 83 da Lei nº 9.430, de 27-12-1996, que dispõe sobre a legislação tributária federal, as contribuições para a seguridade social, o processo administrativo de consulta.
- Dec. nº 2.730, de 10-8-1998, dispõe sobre o encaminhamento ao Ministério Público da representação fiscal para fins penais.

II – inscrições na Dívida Ativa da Fazenda Pública;

- Incisos I e II acrescidos pela LC nº 104, de 10-1-2001.
- Art. 202 deste Código.
- Art. 2º da Lei nº 6.830, de 22-9-1980 (Lei das Execuções Fiscais).

III – parcelamento ou moratória; e

- Inciso III com a redação dada pela LC nº 187, de 16-12-2021.

IV – incentivo, renúncia, benefício ou imunidade de natureza tributária cujo beneficiário seja pessoa jurídica.

- Inciso IV acrescido pela LC nº 187, de 16-12-2021.

Art. 199. A Fazenda Pública da União e as dos Estados, do Distrito Federal e dos Municípios prestar-se-ão mutuamente assistência para a fiscalização dos tributos respectivos e permuta de informações, na forma estabelecida, em caráter geral ou específico, por lei ou convênio.

- Art. 37, XXII, da CF.
- Art. 198, § 2º, deste Código.

Parágrafo único. A Fazenda Pública da União, na forma estabelecida em tratados, acordos ou convênios, poderá permutar informações com Estados estrangeiros no interesse da arrecadação e da fiscalização de tributos.

- Parágrafo único acrescido pela LC nº 104, de 10-1-2001.
- Art. 96 deste Código.

Art. 200. As autoridades administrativas federais poderão requisitar o auxílio da força pública federal, estadual ou municipal, e reciprocamente, quando vítimas de embaraço ou desacato no exercício de suas funções, ou quando necessário à efetivação de medida prevista na legislação tributária, ainda que não se configure fato definido em lei como crime ou contravenção.

- Art. 29, II, da LC nº 123, de 14-12-2006 (Estatuto Nacional da Microempresa e da Empresa de Pequeno Porte).
- Lei nº 4.729, de 14-7-1965 (Lei do Crime de Sonegação Fiscal).
- Art. 33, I e II, da Lei nº 9.430, de 27-12-1996, que dispõe sobre a legislação tributária federal, as contribuições para a seguridade social, o processo administrativo de consulta.

CAPÍTULO II

DÍVIDA ATIVA

- Lei nº 6.830, de 22-9-1980 (Lei das Execuções Fiscais).

Art. 201. Constitui dívida ativa tributária a proveniente de crédito dessa natureza, regularmente inscrita na repartição administrativa competente, depois de esgotado o prazo fixado, para pagamento, pela lei ou por decisão final proferida em processo regular.

- Art. 185 deste Código.
- Art. 39, § 2º, da Lei nº 4.320, de 17-3-1964, que estatui normas gerais de direito financeiro para elaboração e controle dos orçamentos e balanços da União, dos Estados, dos Municípios e do Distrito Federal.
- Art. 2º da Lei nº 6.830, de 22-9-1980 (Lei das Execuções Fiscais).
- Lei nº 8.397, de 6-1-1992 (Lei da Medida Cautelar Fiscal).
- Lei nº 9.964, de 10-4-200, estatui o Programa de Recuperação Fiscal – REFIS.
- Súm. nº 277 do STF.

Parágrafo único. A fluência de juros de mora não exclui, para os efeitos deste artigo, a liquidez do crédito.

Art. 202. O termo de inscrição da dívida ativa, autenticado pela autoridade competente, indicará obrigatoriamente:

- Art. 2º, § 5º, da Lei nº 6.830, de 22-9-1980 (Lei das Execuções Fiscais).
- Súm. nº 392 do STJ.

I – o nome do devedor e, sendo caso, o dos corresponsáveis, bem como, sempre que possível, o domicílio ou a residência de um e de outros;

II – a quantia devida e a maneira de calcular os juros de mora acrescidos;

III – a origem e a natureza do crédito, mencionada especificamente a disposição da lei em que seja fundado;

IV – a data em que foi inscrita;

V – sendo caso, o número do processo administrativo de que se originar o crédito.

Parágrafo único. A certidão conterá, além dos requisitos deste artigo, a indicação do livro e da folha da inscrição.

Art. 203. A omissão de quaisquer dos requisitos previstos no artigo anterior ou o erro a eles relativo são causas de nulidade da inscrição e do processo de cobrança dela decorrente, mas a nulidade poderá ser sanada até a decisão de primeira instância, mediante substituição da certidão nula, devolvido ao sujeito passivo, acusado ou interessado, o prazo para defesa, que somente poderá versar sobre a parte modificada.

- Art. 26 da Lei nº 6.830, de 22-9-1980 (Lei das Execuções Fiscais).
- Súmulas nºs 153 e 392 do STJ.

Art. 204. A dívida regularmente inscrita goza da presunção de certeza e liquidez e tem o efeito de prova pré-constituída.

- Art. 185 deste Código.
- Art. 3º da Lei nº 6.830, de 22-9-1980 (Lei das Execuções Fiscais).
- Súm. nº 393 do STJ.

Parágrafo único. A presunção a que se refere este artigo é relativa e pode ser ilidida por prova inequívoca, a cargo do sujeito passivo ou do terceiro a que aproveite.

CAPÍTULO III
CERTIDÕES NEGATIVAS

- Dec. nº 8.302, de 4-9-2014, dispõe sobre a prova de regularidade fiscal perante a Fazenda Nacional, e revoga dispositivos do Decreto nº 3.048, de 6 de maio de 1999, que aprova o Regulamento da Previdência Social.
- Súm. nº 446 do STJ.

Art. 205. A lei poderá exigir que a prova da quitação de determinado tributo, quando exigível, seja feita por certidão negativa, expedida à vista de requerimento do interessado, que contenha todas as informações necessárias à identificação de sua pessoa, domicílio fiscal e ramo de negócio ou atividade e indique o período a que se refere o pedido.

- Art. 5º, XXXIV, *b*, da CF.
- Art. 191-A deste Código.
- Arts. 303 a 305 do CPC/2015.
- Art. 1º da Lei nº 7.711, de 22-12-1998, que dispõe sobre formas de melhoria da administração tributária.
- Art. 57 da Lei nº 11.101, de 9-2-2005 (Lei de Recuperação de Empresas e Falências).
- Art. 1º, I, do Dec.-lei nº 1.715, de 22-11-1979, que regula a expedição de certidão de quitação de tributos federais e extingue a declaração de devedor remisso.
- Súm. nº 547 do STF.
- Súmulas nºs 446 e 569 do STJ.

Parágrafo único. A certidão negativa será sempre expedida nos termos em que tenha sido requerida e será fornecida dentro de dez dias da data da entrada do requerimento na repartição.

Art. 206. Tem os mesmos efeitos previstos no artigo anterior a certidão de que conste a existência de créditos não vencidos, em curso de cobrança executiva em que tenha sido efetivada a penhora, ou cuja exigibilidade esteja suspensa.

- Arts. 151, 191-A e 193 deste Código.
- Art. 16 da Lei nº 6.830, de 22-9-1980 (Lei das Execuções Fiscais).
- Dec. nº 8.302, de 4-9-2014, dispõe sobre a prova de regularidade fiscal perante a Fazenda Nacional, e revoga dispositivos do Decreto nº 3.048, de 6 de maio de 1999, que aprova o Regulamento da Previdência Social.
- Súm nº 446 do STJ.

Art. 207. Independentemente de disposição legal permissiva, será dispensada a prova de quitação de tributos, ou o seu suprimento, quando se tratar de prática de ato indispensável para evitar a caducidade de direito, respondendo, porém, todos os participantes no ato pelo tributo porventura devido, juros de mora e penalidades cabíveis, exceto as relativas a infrações cuja responsabilidade seja pessoal ao infrator.

Art. 208. A certidão negativa expedida com dolo ou fraude, que contenha erro contra a Fazenda Pública, responsabiliza pessoalmente o funcionário que a expedir, pelo crédito tributário e juros de mora acrescidos.

Parágrafo único. O disposto neste artigo não exclui a responsabilidade criminal e funcional que no caso couber.

DISPOSIÇÕES FINAIS E TRANSITÓRIAS

Art. 209. A expressão "Fazenda Pública", quando empregada nesta Lei sem qualificação, abrange a Fazenda Pública da União, dos Estados, do Distrito Federal e dos Municípios.

Art. 210. Os prazos fixados nesta Lei ou na legislação tributária serão contínuos, excluindo-se na sua contagem o dia de início e incluindo-se o de vencimento.

- Súm. nº 310 do STF.

Parágrafo único. Os prazos só se iniciam ou vencem em dia de expediente normal na repartição em que corra o processo ou deva ser praticado o ato.

Art. 211. Incumbe ao Conselho Técnico de Economia e Finanças, do Ministério da Fazenda, prestar assistência técnica aos governos estaduais e municipais, com o objetivo de assegurar a uniforme aplicação da presente Lei.

Art. 212. Os Poderes Executivos federal, estaduais e municipais expedirão, por decreto, dentro de noventa dias da entrada em vigor desta Lei, a consolidação, em texto único, da legislação vigente, relativa a cada um dos tributos, repetindo-se esta providência até o dia 31 de janeiro de cada ano.

Art. 213. Os Estados pertencentes a uma mesma região geoeconômica celebrarão entre si convênios para o estabelecimento de alíquota uniforme para o imposto a que se refere o artigo 52.

- O mencionado art. 52 foi revogado pelo Dec.-lei nº 406, de 31-12-1968.

Parágrafo único. Os Municípios de um mesmo Estado procederão igualmente, no que se refere à fixação da alíquota de que trata o artigo 60.

- O mencionado art. 60 foi revogado pelo Dec.-lei nº 406, de 31-12-1968 e pelo Ato Complementar nº 31, de 28-12-1966.

Art. 214. O Poder Executivo promoverá a realização de convênios com os Estados, para excluir ou limitar a incidência do Imposto sobre Operações Relativas à Circulação de Mercadorias, no caso de exportação para o Exterior.

- Art. 155, § 2º, XII, *e*, da CF.
- LC nº 24, de 7-1-1975, dispõe sobre os convênios para a concessão de isenções do imposto sobre operações relativas à circulação de mercadorias.

Art. 215. A lei estadual pode autorizar o Poder Executivo a reajustar, no exercício de 1967, a alíquota de imposto a que se refere o artigo 52, dentro de limites e segundo critérios por ela estabelecidos.

- O mencionado art. 52 foi revogado pelo Dec.-lei nº 406, de 31-12-1968.

Art. 216. O Poder Executivo proporá as medidas legislativas adequadas a possibilitar, sem compressão dos investimentos previstos na proposta orçamentária de 1967, o cumprimento do disposto no artigo 21 da Emenda Constitucional nº 18, de 1965.

Art. 217. As disposições desta Lei, notadamente as dos artigos 17, 74, § 2º, e 77, parágrafo único, bem como a do ar-

CTN

tigo 54 da Lei nº 5.025, de 10 de junho de 1966, não excluem a incidência e a exigibilidade:

- Artigo acrescido pelo Dec.-lei nº 27, de 14-11-1966, que faz menção errada ao novo artigo acrescentado considerando-o como sendo o de número 218.
- Art. 8º, IV, da CF.

I – da "contribuição sindical", denominação que passa a ter o Imposto Sindical de que tratam os artigos 578 e seguintes da Consolidação das Leis do Trabalho, sem prejuízo do disposto no artigo 16 da Lei nº 4.589, de 11 de dezembro de 1964;

- Arts. 545, 578, 579 e 582 da CLT, com as redações dadas pela Lei nº 13.467, de 13-7-2017.

II – das denominadas "quotas de previdência" a que aludem os artigos 71 e 74 da Lei nº 3.807, de 26 de agosto de 1960, com as alterações determinadas pelo artigo 34 da Lei nº 4.863, de 29 de novembro de 1965, que integram a contribuição da União para a Previdência Social, de que trata o artigo 157, item XVI, da Constituição Federal;

- Refere-se à CF/1946, correspondendo aos arts. 194 e 195 da CF vigente.
- Lei nº 8.212, de 24-7-1991 (Lei Orgânica da Seguridade Social).

III – da contribuição destinada a constituir "Fundo de Assistência" e "Previdência do Trabalhador Rural", de que trata o artigo 158 da Lei nº 4.214, de 2 de março de 1963;

IV – da contribuição destinada ao Fundo de Garantia do Tempo de Serviço, criada pelo artigo 2º da Lei nº 5.107, de 13 de setembro de 1966;

- A Lei nº 5.107, de 13-9-1966, foi revogada pela Lei nº 7.839, de 12-10-1989, que foi posteriormente revogada pela Lei nº 8.036, de 11-5-1990 (Lei do FGTS).

V – das contribuições enumeradas no § 2º do artigo 34 da Lei nº 4.863, de 29 de novembro de 1965, com as alterações decorrentes do disposto nos artigos 22 e 23 da Lei nº 5.107, de 13 de setembro de 1966, e outras de fins sociais criadas por lei.

- A Lei nº 5.107, de 13-9-1966, foi revogada pela Lei nº 7.839, de 12-10-1989, que foi posteriormente revogada pela Lei nº 8.036, de 11-5-1990 (Lei do FGTS).

Art. 218. Esta Lei entrará em vigor, em todo o Território Nacional, no dia 1º de janeiro de 1967, revogadas as disposições em contrário, especialmente a Lei nº 854, de 10 de outubro de 1949.

- Antigo art. 217 renumerado pelo Dec.-lei nº 27, de 14-11-1966.

Brasília, 25 de outubro de 1966;
145º da Independência e
78º da República.

H. Castello Branco

Índice Alfabético-Remissivo do Código Tributário Nacional

CÓDIGO DE PROCESSO CIVIL

Índice Sistemático do Código de Processo Civil

CÓDIGO DE PROCESSO CIVIL

LEI Nº 13.105, DE 16 DE MARÇO DE 2015

Código de Processo Civil.

- Publicada no *DOU* de 17-3-2015.

A Presidenta da República

Faço saber que o Congresso Nacional decreta e eu sanciono a seguinte Lei:

PARTE GERAL

LIVRO I – DAS NORMAS PROCESSUAIS CIVIS

TÍTULO ÚNICO – DAS NORMAS FUNDAMENTAIS E DA APLICAÇÃO DAS NORMAS PROCESSUAIS

CAPÍTULO I
DAS NORMAS FUNDAMENTAIS DO PROCESSO CIVIL

Art. 1º O processo civil será ordenado, disciplinado e interpretado conforme os valores e as normas fundamentais estabelecidos na Constituição da República Federativa do Brasil, observando-se as disposições deste Código.

Art. 2º O processo começa por iniciativa da parte e se desenvolve por impulso oficial, salvo as exceções previstas em lei.

Art. 3º Não se excluirá da apreciação jurisdicional ameaça ou lesão a direito.

§ 1º É permitida a arbitragem, na forma da lei.

§ 2º O Estado promoverá, sempre que possível, a solução consensual dos conflitos.

§ 3º A conciliação, a mediação e outros métodos de solução consensual de conflitos deverão ser estimulados por juízes, advogados, defensores públicos e membros do Ministério Público, inclusive no curso do processo judicial.

- Art. 5º, LXXVIII, da CF.

Art. 4º As partes têm o direito de obter em prazo razoável a solução integral do mérito, incluída a atividade satisfativa.

Art. 5º Aquele que de qualquer forma participa do processo deve comportar-se de acordo com a boa-fé.

Art. 6º Todos os sujeitos do processo devem cooperar entre si para que se obtenha, em tempo razoável, decisão de mérito justa e efetiva.

Art. 7º É assegurada às partes paridade de tratamento em relação ao exercício de direitos e faculdades processuais, aos meios de defesa, aos ônus, aos deveres e à aplicação de sanções processuais, competindo ao juiz zelar pelo efetivo contraditório.

- Art. 5º, LV, da CF.

Art. 8º Ao aplicar o ordenamento jurídico, o juiz atenderá aos fins sociais e às exigências do bem comum, resguardando e promovendo a dignidade da pessoa humana e observando a proporcionalidade, a razoabilidade, a legalidade, a publicidade e a eficiência.

- Arts. 1º, III, e 37 da CF.
- Art. 5º do Dec.-lei nº 4.657, de 4-9-1942 (Lei de Introdução às Normas do Direito Brasileiro).

Art. 9º Não se proferirá decisão contra uma das partes sem que ela seja previamente ouvida.

Parágrafo único. O disposto no *caput* não se aplica:

I – à tutela provisória de urgência;

II – às hipóteses de tutela da evidência previstas no art. 311, incisos II e III;

III – à decisão prevista no art. 701.

Art. 10. O juiz não pode decidir, em grau algum de jurisdição, com base em fundamento a respeito do qual não se tenha dado às partes oportunidade de se manifestar, ainda que se trate de matéria sobre a qual deva decidir de ofício.

Art. 11. Todos os julgamentos dos órgãos do Poder Judiciário serão públicos, e fundamentadas todas as decisões, sob pena de nulidade.

- Art. 93, IX, da CF.

Parágrafo único. Nos casos de segredo de justiça, pode ser autorizada a presença somente das partes, de seus advogados, de defensores públicos ou do Ministério Público.

- Art. 93, IX, da CF.

Art. 12. Os juízes e os tribunais atenderão, preferencialmente, à ordem cronológica de conclusão para proferir sentença ou acórdão.

- *Caput* com a redação dada pela Lei nº 13.256, de 4-2-2016.

§ 1º A lista de processos aptos a julgamento deverá estar permanentemente à disposição para consulta pública em cartório e na rede mundial de computadores.

§ 2º Estão excluídos da regra do *caput*:

I – as sentenças proferidas em audiência, homologatórias de acordo ou de improcedência liminar do pedido;

II – o julgamento de processos em bloco para aplicação de tese jurídica firmada em julgamento de casos repetitivos;

III – o julgamento de recursos repetitivos ou de incidente de resolução de demandas repetitivas;

IV – as decisões proferidas com base nos arts. 485 e 932;

V – o julgamento de embargos de declaração;

VI – o julgamento de agravo interno;

VII – as preferências legais e as metas estabelecidas pelo Conselho Nacional de Justiça;

VIII – os processos criminais, nos órgãos jurisdicionais que tenham competência penal;

IX – a causa que exija urgência no julgamento, assim reconhecida por decisão fundamentada.

§ 3º Após elaboração de lista própria, respeitar-se-á a ordem cronológica das conclusões entre as preferências legais.

§ 4º Após a inclusão do processo na lista de que trata o § 1º, o requerimento formulado pela parte não altera a ordem cronológica para a decisão, exceto quando implicar a reabertura da instrução ou a conversão do julgamento em diligência.

§ 5º Decidido o requerimento previsto no § 4º, o processo retornará à mesma posição em que anteriormente se encontrava na lista.

§ 6º Ocupará o primeiro lugar na lista prevista no § 1º ou, conforme o caso, no § 3º, o processo que:

I – tiver sua sentença ou acórdão anulado, salvo quando houver necessidade de realização de diligência ou de complementação da instrução;

II – se enquadrar na hipótese do art. 1.040, inciso II.

CAPÍTULO II

DA APLICAÇÃO DAS NORMAS PROCESSUAIS

Art. 13. A jurisdição civil será regida pelas normas processuais brasileiras, ressalvadas as disposições específicas previstas em tratados, convenções ou acordos internacionais de que o Brasil seja parte.

Art. 14. A norma processual não retroagirá e será aplicável imediatamente aos processos em curso, respeitados os atos processuais praticados e as situações jurídicas consolidadas sob a vigência da norma revogada.

Art. 15. Na ausência de normas que regulem processos eleitorais, trabalhistas ou administrativos, as disposições deste Código lhes serão aplicadas supletiva e subsidiariamente.

LIVRO II – DA FUNÇÃO JURISDICIONAL

TÍTULO I – DA JURISDIÇÃO E DA AÇÃO

Art. 16. A jurisdição civil é exercida pelos juízes e pelos tribunais em todo o território nacional, conforme as disposições deste Código.

- Art. 5º, XXXVII, da CF.

Art. 17. Para postular em juízo é necessário ter interesse e legitimidade.

Art. 18. Ninguém poderá pleitear direito alheio em nome próprio, salvo quando autorizado pelo ordenamento jurídico.

- Arts. 5º, XXI e LXX, e 8º, III, da CF.
- Arts. 330 e 485 deste Código.
- Arts. 81 e 82 do CDC.
- Art. 5º da Lei nº 7.347, de 24-7-1985 (Lei da Ação Civil Pública).

Parágrafo único. Havendo substituição processual, o substituído poderá intervir como assistente litisconsorcial.

Art. 19. O interesse do autor pode limitar-se à declaração:

I – da existência, da inexistência ou do modo de ser de uma relação jurídica;

- Súmulas nºs 181 e 242 do STJ.

II – da autenticidade ou da falsidade de documento.

- Súm. nº 258 do STF.

Art. 20. É admissível a ação meramente declaratória, ainda que tenha ocorrido a violação do direito.

- Art. 327 deste Código.

TÍTULO II – DOS LIMITES DA JURISDIÇÃO NACIONAL E DA COOPERAÇÃO INTERNACIONAL

CAPÍTULO I

DOS LIMITES DA JURISDIÇÃO NACIONAL

Art. 21. Compete à autoridade judiciária brasileira processar e julgar as ações em que:

- Arts. 9º e 12, VIII e § 3º, do CC.
- Art. 12 do Dec.-lei nº 4.657, de 4-9-1942 (Lei de Introdução às Normas do Direito Brasileiro).

I – o réu, qualquer que seja a sua nacionalidade, estiver domiciliado no Brasil;

II – no Brasil tiver de ser cumprida a obrigação;

III – o fundamento seja fato ocorrido ou ato praticado no Brasil.

Parágrafo único. Para o fim do disposto no inciso I, considera-se domiciliada no Brasil a pessoa jurídica estrangeira que nele tiver agência, filial ou sucursal.

Art. 22. Compete, ainda, à autoridade judiciária brasileira processar e julgar as ações:

I – de alimentos, quando:

a) o credor tiver domicílio ou residência no Brasil;

b) o réu mantiver vínculos no Brasil, tais como posse ou propriedade de bens, recebimento de renda ou obtenção de benefícios econômicos;

II – decorrentes de relações de consumo, quando o consumidor tiver domicílio ou residência no Brasil;

III – em que as partes, expressa ou tacitamente, se submeterem à jurisdição nacional.

Art. 23. Compete à autoridade judiciária brasileira, com exclusão de qualquer outra:

I – conhecer de ações relativas a imóveis situados no Brasil;

- Arts. 10 e 12 do Dec.-lei nº 4.657, de 4-9-1942 (Lei de Introdução às Normas do Direito Brasileiro).

II – em matéria de sucessão hereditária, proceder à confirmação de testamento particular e ao inventário e à partilha de bens situados no Brasil, ainda que o autor da herança seja de nacionalidade estrangeira ou tenha domicílio fora do território nacional;

- Arts. 48 e 610 deste Código.
- Arts. 7º, 10, 14 e 18 do Dec.-lei nº 4.657, de 4-9-1942 (Lei de Introdução às Normas do Direito Brasileiro).

III – em divórcio, separação judicial ou dissolução de união estável, proceder à partilha de bens situados no Brasil, ainda que o titular seja de nacionalidade estrangeira ou tenha domicílio fora do território nacional.

Art. 24. A ação proposta perante tribunal estrangeiro não induz litispendência e não obsta a que a autoridade judiciária brasileira conheça da mesma causa e das que lhe são conexas, ressalvadas as disposições em contrário de tratados internacionais e acordos bilaterais em vigor no Brasil.

Parágrafo único. A pendência de causa perante a jurisdição brasileira não impede a homologação de sentença judicial estrangeira quando exigida para produzir efeitos no Brasil.

Art. 25. Não compete à autoridade judiciária brasileira o processamento e o julgamento da ação quando houver cláusula de eleição de foro exclusivo estrangeiro em contrato internacional, arguida pelo réu na contestação.

§ 1º Não se aplica o disposto no *caput* às hipóteses de competência internacional exclusiva previstas neste Capítulo.

§ 2º Aplica-se à hipótese do *caput* o art. 63, §§ 1º a 4º.

CAPÍTULO II
DA COOPERAÇÃO INTERNACIONAL

Seção I
DISPOSIÇÕES GERAIS

Art. 26. A cooperação jurídica internacional será regida por tratado de que o Brasil faz parte e observará:

I – o respeito às garantias do devido processo legal no Estado requerente;

II – a igualdade de tratamento entre nacionais e estrangeiros, residentes ou não no Brasil, em relação ao acesso à justiça e à tramitação dos processos, assegurando-se assistência judiciária aos necessitados;

III – a publicidade processual, exceto nas hipóteses de sigilo previstas na legislação brasileira ou na do Estado requerente;

IV – a existência de autoridade central para recepção e transmissão dos pedidos de cooperação;

V – a espontaneidade na transmissão de informações a autoridades estrangeiras.

§ 1º Na ausência de tratado, a cooperação jurídica internacional poderá realizar-se com base em reciprocidade, manifestada por via diplomática.

§ 2º Não se exigirá a reciprocidade referida no § 1º para homologação de sentença estrangeira.

§ 3º Na cooperação jurídica internacional não será admitida a prática de atos que contrariem ou que produzam resultados incompatíveis com as normas fundamentais que regem o Estado brasileiro.

§ 4º O Ministério da Justiça exercerá as funções de autoridade central na ausência de designação específica.

Art. 27. A cooperação jurídica internacional terá por objeto:

I – citação, intimação e notificação judicial e extrajudicial;

II – colheita de provas e obtenção de informações;

III – homologação e cumprimento de decisão;

IV – concessão de medida judicial de urgência;

V – assistência jurídica internacional;

VI – qualquer outra medida judicial ou extrajudicial não proibida pela lei brasileira.

Seção II
DO AUXÍLIO DIRETO

Art. 28. Cabe auxílio direto quando a medida não decorrer diretamente de decisão de autoridade jurisdicional estrangeira a ser submetida a juízo de delibação no Brasil.

Art. 29. A solicitação de auxílio direto será encaminhada pelo órgão estrangeiro interessado à autoridade central, cabendo ao Estado requerente assegurar a autenticidade e a clareza do pedido.

Art. 30. Além dos casos previstos em tratados de que o Brasil faz parte, o auxílio direto terá os seguintes objetos:

I – obtenção e prestação de informações sobre o ordenamento jurídico e sobre processos administrativos ou jurisdicionais findos ou em curso;

II – colheita de provas, salvo se a medida for adotada em processo, em curso no estrangeiro, de competência exclusiva de autoridade judiciária brasileira;

III – qualquer outra medida judicial ou extrajudicial não proibida pela lei brasileira.

Art. 31. A autoridade central brasileira comunicar-se-á diretamente com suas congêneres e, se necessário, com outros órgãos estrangeiros responsáveis pela tramitação e pela execução de pedidos de cooperação enviados e recebidos pelo Estado brasileiro, respeitadas disposições específicas constantes de tratado.

Art. 32. No caso de auxílio direto para a prática de atos que, segundo a lei brasileira, não necessitem de prestação jurisdicional, a autoridade central adotará as providências necessárias para seu cumprimento.

Art. 33. Recebido o pedido de auxílio direto passivo, a autoridade central o encaminhará à Advocacia-Geral da União, que requererá em juízo a medida solicitada.

Parágrafo único. O Ministério Público requererá em juízo a medida solicitada quando for autoridade central.

- Súm. nº 206 do STJ.

Art. 34. Compete ao juízo federal do lugar em que deva ser executada a medida apreciar pedido de auxílio direto passivo que demande prestação de atividade jurisdicional.

- Art. 109, X, da CF.

Seção III
DA CARTA ROGATÓRIA

Art. 35. VETADO.

- O dispositivo vetado tinha a seguinte redação: "Art. 35. Dar-se-á por meio de carta rogatória o pedido de cooperação entre órgão jurisdicional brasileiro e órgão jurisdicional estrangeiro para prática de ato de citação, intimação, notificação judicial, colheita de provas, obtenção de informações e cumprimento de decisão interlocutória, sempre que o ato estrangeiro constituir decisão a ser executada no Brasil."

Art. 36. O procedimento da carta rogatória perante o Superior Tribunal de Justiça é de jurisdição contenciosa e deve assegurar às partes as garantias do devido processo legal.

- Arts. 105, I, *i*, e 109, X, da CF.

§ 1º A defesa restringir-se-á à discussão quanto ao atendimento dos requisitos para que o pronunciamento judicial estrangeiro produza efeitos no Brasil.

§ 2º Em qualquer hipótese, é vedada a revisão do mérito do pronunciamento judicial estrangeiro pela autoridade judiciária brasileira.

Seção IV
DISPOSIÇÕES COMUNS ÀS SEÇÕES ANTERIORES

Art. 37. O pedido de cooperação jurídica internacional oriundo de autoridade brasileira competente será encaminhado à autoridade central para posterior envio ao Estado requerido para lhe dar andamento.

Art. 38. O pedido de cooperação oriundo de autoridade brasileira competente e os documentos anexos que o instruem serão encaminhados à autoridade central, acompanhados de tradução para a língua oficial do Estado requerido.

Art. 39. O pedido passivo de cooperação jurídica internacional será recusado se configurar manifesta ofensa à ordem pública.

Art. 40. A cooperação jurídica internacional para execução de decisão estrangeira dar-se-á por meio de carta rogatória ou de ação de homologação de sentença estrangeira, de acordo com o art. 960.

Art. 41. Considera-se autêntico o documento que instruir pedido de cooperação jurídica internacional, inclusive tradução para a língua portuguesa, quando encaminhado ao Estado brasileiro por meio de autoridade central ou por via diplomática, dispensando-se ajuramentação, autenticação ou qualquer procedimento de legalização.

Parágrafo único. O disposto no *caput* não impede, quando necessária, a aplicação pelo Estado brasileiro do princípio da reciprocidade de tratamento.

TÍTULO III – DA COMPETÊNCIA INTERNA

CAPÍTULO I
DA COMPETÊNCIA

Seção I
DISPOSIÇÕES GERAIS

Art. 42. As causas cíveis serão processadas e decididas pelo juiz nos limites de sua competência, ressalvado às partes o direito de instituir juízo arbitral, na forma da lei.

- Art. 5º, XXXV, da CF.

Art. 43. Determina-se a competência no momento do registro ou da distribuição da petição inicial, sendo irrelevantes as modificações do estado de fato ou de direito ocorridas posteriormente, salvo quando suprimirem órgão judiciário ou alterarem a competência absoluta.

- Art. 109, X, da CF.
- Súmulas nºs 10, 58 e 367 do STJ.

Art. 44. Obedecidos os limites estabelecidos pela Constituição Federal, a competência é determinada pelas normas previstas neste Código ou em legislação especial, pelas normas de organização judiciária e, ainda, no que couber, pelas constituições dos Estados.

- Arts. 91 e 93 da CF.

Art. 45. Tramitando o processo perante outro juízo, os autos serão remetidos ao juízo federal competente se nele intervier a União, suas empresas públicas, entidades autárquicas e fundações, ou conselho de fiscalização de atividade profissional, na qualidade de parte ou de terceiro interveniente, exceto as ações:

- Súmulas nºs 150, 170, 224 e 254 do STJ.

I – de recuperação judicial, falência, insolvência civil e acidente de trabalho;

II – sujeitas à justiça eleitoral e à justiça do trabalho.

§ 1º Os autos não serão remetidos se houver pedido cuja apreciação seja de competência do juízo perante o qual foi proposta a ação.

§ 2º Na hipótese do § 1º, o juiz, ao não admitir a cumulação de pedidos em razão da incompetência para apreciar qualquer deles, não examinará o mérito daquele em que exista interesse da União, de suas entidades autárquicas ou de suas empresas públicas.

§ 3º O juízo federal restituirá os autos ao juízo estadual sem suscitar conflito se o ente federal cuja presença ensejou a remessa for excluído do processo.

- Art. 109, I, da CF.
- Súmulas nºs 150, 170, 224 e 254 do STJ.

Art. 46. A ação fundada em direito pessoal ou em direito real sobre bens móveis será proposta, em regra, no foro de domicílio do réu.

§ 1º Tendo mais de um domicílio, o réu será demandado no foro de qualquer deles.

§ 2º Sendo incerto ou desconhecido o domicílio do réu, ele poderá ser demandado onde for encontrado ou no foro de domicílio do autor.

§ 3º Quando o réu não tiver domicílio ou residência no Brasil, a ação será proposta no foro de domicílio do autor, e, se este também residir fora do Brasil, a ação será proposta em qualquer foro.

§ 4º Havendo 2 (dois) ou mais réus com diferentes domicílios, serão demandados no foro de qualquer deles, à escolha do autor.

§ 5º A execução fiscal será proposta no foro de domicílio do réu, no de sua residência ou no do lugar onde for encontrado.

- Art. 12 do Dec.-lei nº 4.657, de 4-9-1942 (Lei de Introdução às Normas do Direito Brasileiro).
- Súm. nº 58 do STJ.

Art. 47. Para as ações fundadas em direito real sobre imóveis é competente o foro de situação da coisa.

§ 1º O autor pode optar pelo foro de domicílio do réu ou pelo foro de eleição se o litígio não recair sobre direito de propriedade, vizinhança, servidão, divisão e demarcação de terras e de nunciação de obra nova.

§ 2º A ação possessória imobiliária será proposta no foro de situação da coisa, cujo juízo tem competência absoluta.

Art. 48. O foro de domicílio do autor da herança, no Brasil, é o competente para o inventário, a partilha, a arrecadação, o cumprimento de disposições de última vontade, a impugnação ou anulação de partilha extrajudicial e para todas as ações em que o espólio for réu, ainda que o óbito tenha ocorrido no estrangeiro.

- Arts. 1.785 e 1.819 do CC.

Parágrafo único. Se o autor da herança não possuía domicílio certo, é competente:

I – o foro de situação dos bens imóveis;

II – havendo bens imóveis em foros diferentes, qualquer destes;

III – não havendo bens imóveis, o foro do local de qualquer dos bens do espólio.

Art. 49. A ação em que o ausente for réu será proposta no foro de seu último domicílio, também competente para a arrecadação, o inventário, a partilha e o cumprimento de disposições testamentárias.

Art. 50. A ação em que o incapaz for réu será proposta no foro de domicílio de seu representante ou assistente.

Art. 51. É competente o foro de domicílio do réu para as causas em que seja autora a União.

- Art. 109, §§ 1º e 2º, da CF.

Parágrafo único. Se a União for a demandada, a ação poderá ser proposta no foro de domicílio do autor, no de ocorrência do ato ou fato que originou a demanda, no de situação da coisa ou no Distrito Federal.

Art. 52. É competente o foro de domicílio do réu para as causas em que seja autor Estado ou o Distrito Federal.

Parágrafo único. Se Estado ou o Distrito Federal for o demandado, a ação poderá ser proposta no foro de domicílio do autor, no de ocorrência do ato ou fato que originou a demanda, no de situação da coisa ou na capital do respectivo ente federado.

- Súm. nº 206 do STJ.

Art. 53. É competente o foro:

CPC

I – para a ação de divórcio, separação, anulação de casamento e reconhecimento ou dissolução de união estável:

- EC nº 66, de 13-7-2010, suprimiu o requisito da prévia separação judicial para a dissolução do casamento civil pelo divórcio.

a) de domicílio do guardião de filho incapaz;

b) do último domicílio do casal, caso não haja filho incapaz;

c) de domicílio do réu, se nenhuma das partes residir no antigo domicílio do casal;

d) de domicílio da vítima de violência doméstica e familiar, nos termos da Lei nº 11.340, de 7 de agosto de 2006 (Lei Maria da Penha);

- Alínea *d* acrescida pela Lei nº 13.894, de 29-10-2019.

II – de domicílio ou residência do alimentando, para a ação em que se pedem alimentos;

- Arts. 227, 229 e 230 da CF.
- Súm. nº 1 do STJ.

III – do lugar:

a) onde está a sede, para a ação em que for ré pessoa jurídica;

- Art. 75 do CC.

b) onde se acha agência ou sucursal, quanto às obrigações que a pessoa jurídica contraiu;

- Súm. nº 363 do STF.

c) onde exerce suas atividades, para a ação em que for ré sociedade ou associação sem personalidade jurídica;

d) onde a obrigação deve ser satisfeita, para a ação em que se lhe exigir o cumprimento;

e) de residência do idoso, para a causa que verse sobre direito previsto no respectivo estatuto;

f) da sede da serventia notarial ou de registro, para a ação de reparação de dano por ato praticado em razão do ofício;

IV – do lugar do ato ou fato para a ação:

a) de reparação de dano;

- Arts. 43, 186, 402 a 405 e 927 a 954 do CC.

b) em que for réu administrador ou gestor de negócios alheios;

- Arts. 861 a 875, 1.010 a 1.021 e 1.060 a 1.065 do CC.

V – de domicílio do autor ou do local do fato, para a ação de reparação de dano sofrido em razão de delito ou acidente de veículos, inclusive aeronaves.

- Art. 80 do CC.
- Súm. nº 363 do STF.
- Súm. nº 206 do STJ.

Seção II

DA MODIFICAÇÃO DA COMPETÊNCIA

Art. 54. A competência relativa poderá modificar-se pela conexão ou pela continência, observado o disposto nesta Seção.

- Súm. nº 235 do STJ.

Art. 55. Reputam-se conexas 2 (duas) ou mais ações quando lhes for comum o pedido ou a causa de pedir.

§ 1º Os processos de ações conexas serão reunidos para decisão conjunta, salvo se um deles já houver sido sentenciado.

§ 2º Aplica-se o disposto no *caput*:

I – à execução de título extrajudicial e à ação de conhecimento relativa ao mesmo ato jurídico;

II – às execuções fundadas no mesmo título executivo.

§ 3º Serão reunidos para julgamento conjunto os processos que possam gerar risco de prolação de decisões conflitantes ou contraditórias caso decididos separadamente, mesmo sem conexão entre eles.

- Súmulas nºs 235 e 383 do STJ.

Art. 56. Dá-se a continência entre 2 (duas) ou mais ações quando houver identidade quanto às partes e à causa de pedir, mas o pedido de uma, por ser mais amplo, abrange o das demais.

Art. 57. Quando houver continência e a ação continente tiver sido proposta anteriormente, no processo relativo à ação contida será proferida sentença sem resolução de mérito, caso contrário, as ações serão necessariamente reunidas.

- Súm. nº 489 do STJ.

Art. 58. A reunião das ações propostas em separado far-se-á no juízo prevento, onde serão decididas simultaneamente.

- Súm. nº 235 do STJ.

Art. 59. O registro ou a distribuição da petição inicial torna prevento o juízo.

Art. 60. Se o imóvel se achar situado em mais de um Estado, comarca, seção ou subseção judiciária, a competência territorial do juízo prevento estender-se-á sobre a totalidade do imóvel.

Art. 61. A ação acessória será proposta no juízo competente para a ação principal.

Art. 62. A competência determinada em razão da matéria, da pessoa ou da função é inderrogável por convenção das partes.

- Art. 78 do CC.
- Súm. nº 335 do STF.

Art. 63. As partes podem modificar a competência em razão do valor e do território, elegendo foro onde será proposta ação oriunda de direitos e obrigações.

§ 1º A eleição de foro só produz efeito quando constar de instrumento escrito e aludir expressamente a determinado negócio jurídico.

§ 2º O foro contratual obriga os herdeiros e sucessores das partes.

§ 3º Antes da citação, a cláusula de eleição de foro, se abusiva, pode ser reputada ineficaz de ofício pelo juiz, que determinará a remessa dos autos ao juízo do foro de domicílio do réu.

§ 4º Citado, incumbe ao réu alegar a abusividade da cláusula de eleição de foro na contestação, sob pena de preclusão.

- Súm. nº 33 do STJ.

Seção III

DA INCOMPETÊNCIA

Art. 64. A incompetência, absoluta ou relativa, será alegada como questão preliminar de contestação.

- Súmulas nºs 33 e 187 do STJ.

§ 1º A incompetência absoluta pode ser alegada em qualquer tempo e grau de jurisdição e deve ser declarada de ofício.

§ 2º Após manifestação da parte contrária, o juiz decidirá imediatamente a alegação de incompetência.

§ 3º Caso a alegação de incompetência seja acolhida, os autos serão remetidos ao juízo competente.

§ 4º Salvo decisão judicial em sentido contrário, conservar-se-ão os efeitos de decisão proferida pelo juízo incompetente até que outra seja proferida, se for o caso, pelo juízo competente.

Art. 65. Prorrogar-se-á a competência relativa se o réu não alegar a incompetência em preliminar de contestação.

Parágrafo único. A incompetência relativa pode ser alegada pelo Ministério Público nas causas em que atuar.

Art. 66. Há conflito de competência quando:

I – 2 (dois) ou mais juízes se declaram competentes;

II – 2 (dois) ou mais juízes se consideram incompetentes, atribuindo um ao outro a competência;

III – entre 2 (dois) ou mais juízes surge controvérsia acerca da reunião ou separação de processos.

- Súmulas nºs 59, 236 e 428 do STJ.

Parágrafo único. O juiz que não acolher a competência declinada deverá suscitar o conflito, salvo se a atribuir a outro juízo.

CAPÍTULO II
DA COOPERAÇÃO NACIONAL

Art. 67. Aos órgãos do Poder Judiciário, estadual ou federal, especializado ou comum, em todas as instâncias e graus de jurisdição, inclusive aos tribunais superiores, incumbe o dever de recíproca cooperação, por meio de seus magistrados e servidores.

Art. 68. Os juízos poderão formular entre si pedido de cooperação para prática de qualquer ato processual.

Art. 69. O pedido de cooperação jurisdicional deve ser prontamente atendido, prescinde de forma específica e pode ser executado como:

I – auxílio direto;

II – reunião ou apensamento de processos;

III – prestação de informações;

IV – atos concertados entre os juízes cooperantes.

§ 1º As cartas de ordem, precatória e arbitral seguirão o regime previsto neste Código.

§ 2º Os atos concertados entre os juízes cooperantes poderão consistir, além de outros, no estabelecimento de procedimento para:

I – a prática de citação, intimação ou notificação de ato;

II – a obtenção e apresentação de provas e a coleta de depoimentos;

III – a efetivação de tutela provisória;

IV – a efetivação de medidas e providências para recuperação e preservação de empresas;

V – a facilitação de habilitação de créditos na falência e na recuperação judicial;

VI – a centralização de processos repetitivos;

VII – a execução de decisão jurisdicional.

§ 3º O pedido de cooperação judiciária pode ser realizado entre órgãos jurisdicionais de diferentes ramos do Poder Judiciário.

LIVRO III – DOS SUJEITOS DO PROCESSO

TÍTULO I – DAS PARTES E DOS PROCURADORES

CAPÍTULO I
DA CAPACIDADE PROCESSUAL

Art. 70. Toda pessoa que se encontre no exercício de seus direitos tem capacidade para estar em juízo.

- Art. 8º da Lei nº 9.099, de 26-9-1995 (Lei dos Juizados Especiais).

Art. 71. O incapaz será representado ou assistido por seus pais, por tutor ou por curador, na forma da lei.

- Arts. 3º e 4º do CC.

Art. 72. O juiz nomeará curador especial ao:

I – incapaz, se não tiver representante legal ou se os interesses deste colidirem com os daquele, enquanto durar a incapacidade;

II – réu preso revel, bem como ao réu revel citado por edital ou com hora certa, enquanto não for constituído advogado.

Parágrafo único. A curatela especial será exercida pela Defensoria Pública, nos termos da lei.

- Arts. 3º e 4º e 1.692 do CC.
- Súm. nº 196 do STJ.

Art. 73. O cônjuge necessitará do consentimento do outro para propor ação que verse sobre direito real imobiliário, salvo quando casados sob o regime de separação absoluta de bens.

- Art. 1.225 do CC.

§ 1º Ambos os cônjuges serão necessariamente citados para a ação:

I – que verse sobre direito real imobiliário, salvo quando casados sob o regime de separação absoluta de bens;

- Art. 1.225 do CC.

II – resultante de fato que diga respeito a ambos os cônjuges ou de ato praticado por eles;

III – fundada em dívida contraída por um dos cônjuges a bem da família;

- Art. 226, § 5º, da CF.

IV – que tenha por objeto o reconhecimento, a constituição ou a extinção de ônus sobre imóvel de um ou de ambos os cônjuges.

- Arts. 1.642 e 1.647, I, do CC.

§ 2º Nas ações possessórias, a participação do cônjuge do autor ou do réu somente é indispensável nas hipóteses de composse ou de ato por ambos praticado.

§ 3º Aplica-se o disposto neste artigo à união estável comprovada nos autos.

- Arts. 1.225, 1.643, 1.644 e 1.647 do CC.

Art. 74. O consentimento previsto no art. 73 pode ser suprido judicialmente quando for negado por um dos cônjuges sem justo motivo, ou quando lhe seja impossível concedê-lo.

- Art. 1.648 do CC.

Parágrafo único. A falta de consentimento, quando necessário e não suprido pelo juiz, invalida o processo.

Art. 75. Serão representados em juízo, ativa e passivamente:

I – a União, pela Advocacia-Geral da União, diretamente ou mediante órgão vinculado;

- Arts. 131 e 132 da CF.

II – o Estado e o Distrito Federal, por seus procuradores;

III – o Município, por seu prefeito, procurador ou Associação de Representação de Municípios, quando expressamente autorizada;

- Inciso III com a redação dada pela Lei nº 14.341, de 18-5-2022.

IV – a autarquia e a fundação de direito público, por quem a lei do ente federado designar;

V – a massa falida, pelo administrador judicial;

VI – a herança jacente ou vacante, por seu curador;

- Arts. 1.819 a 1.823 do CC.

VII – o espólio, pelo inventariante;

CPC

VIII – a pessoa jurídica, por quem os respectivos atos constitutivos designarem ou, não havendo essa designação, por seus diretores;

IX – a sociedade e a associação irregulares e outros entes organizados sem personalidade jurídica, pela pessoa a quem couber a administração de seus bens;

- Arts. 1.323 e 1.348, II, do CC.

X – a pessoa jurídica estrangeira, pelo gerente, representante ou administrador de sua filial, agência ou sucursal aberta ou instalada no Brasil;

XI – o condomínio, pelo administrador ou síndico.

§ 1º Quando o inventariante for dativo, os sucessores do falecido serão intimados no processo no qual o espólio seja parte.

§ 2º A sociedade ou associação sem personalidade jurídica não poderá opor a irregularidade de sua constituição quando demandada.

- Arts. 986 a 996 do CC.

§ 3º O gerente de filial ou agência presume-se autorizado pela pessoa jurídica estrangeira a receber citação para qualquer processo.

§ 4º Os Estados e o Distrito Federal poderão ajustar compromisso recíproco para prática de ato processual por seus procuradores em favor de outro ente federado, mediante convênio firmado pelas respectivas procuradorias.

- Art. 1.991 do CC.

§ 5º A representação judicial do Município pela Associação de Representação de Municípios somente poderá ocorrer em questões de interesse comum dos Municípios associados e dependerá de autorização do respectivo chefe do Poder Executivo municipal, com indicação específica do direito ou da obrigação a ser objeto das medidas judiciais.

- § 5º acrescido pela Lei nº 14.341, de 18-5-2022.

Art. 76. Verificada a incapacidade processual ou a irregularidade da representação da parte, o juiz suspenderá o processo e designará prazo razoável para que seja sanado o vício.

§ 1º Descumprida a determinação, caso o processo esteja na instância originária:

I – o processo será extinto, se a providência couber ao autor;

II – o réu será considerado revel, se a providência lhe couber;

III – o terceiro será considerado revel ou excluído do processo, dependendo do polo em que se encontre.

§ 2º Descumprida a determinação em fase recursal perante tribunal de justiça, tribunal regional federal ou tribunal superior, o relator:

I – não conhecerá do recurso, se a providência couber ao recorrente;

II – determinará o desentranhamento das contrarrazões, se a providência couber ao recorrido.

CAPÍTULO II

DOS DEVERES DAS PARTES E DE SEUS PROCURADORES

Seção I

DOS DEVERES

Art. 77. Além de outros previstos neste Código, são deveres das partes, de seus procuradores e de todos aqueles que de qualquer forma participem do processo:

I – expor os fatos em juízo conforme a verdade;

II – não formular pretensão ou de apresentar defesa quando cientes de que são destituídas de fundamento;

III – não produzir provas e não praticar atos inúteis ou desnecessários à declaração ou à defesa do direito;

IV – cumprir com exatidão as decisões jurisdicionais, de natureza provisória ou final, e não criar embaraços à sua efetivação;

V – declinar, no primeiro momento que lhes couber falar nos autos, o endereço residencial ou profissional onde receberão intimações, atualizando essa informação sempre que ocorrer qualquer modificação temporária ou definitiva;

VI – não praticar inovação ilegal no estado de fato de bem ou direito litigioso;

VII – informar e manter atualizados seus dados cadastrais perante os órgãos do Poder Judiciário e, no caso do § 6º do art. 246 deste Código, da Administração Tributária, para recebimento de citações e intimações.

- Inciso VII acrescido pela Lei nº 14.195, de 26-8-2021.

§ 1º Nas hipóteses dos incisos IV e VI, o juiz advertirá qualquer das pessoas mencionadas no *caput* de que sua conduta poderá ser punida como ato atentatório à dignidade da justiça.

§ 2º A violação ao disposto nos incisos IV e VI constitui ato atentatório à dignidade da justiça, devendo o juiz, sem prejuízo das sanções criminais, civis e processuais cabíveis, aplicar ao responsável multa de até vinte por cento do valor da causa, de acordo com a gravidade da conduta.

§ 3º Não sendo paga no prazo a ser fixado pelo juiz, a multa prevista no § 2º será inscrita como dívida ativa da União ou do Estado após o trânsito em julgado da decisão que a fixou, e sua execução observará o procedimento da execução fiscal, revertendo-se aos fundos previstos no art. 97.

§ 4º A multa estabelecida no § 2º poderá ser fixada independentemente da incidência das previstas nos arts. 523, § 1º, e 536, § 1º.

§ 5º Quando o valor da causa for irrisório ou inestimável, a multa prevista no § 2º poderá ser fixada em até 10 (dez) vezes o valor do salário mínimo.

§ 6º Aos advogados públicos ou privados e aos membros da Defensoria Pública e do Ministério Público não se aplica o disposto nos §§ 2º a 5º, devendo eventual responsabilidade disciplinar ser apurada pelo respectivo órgão de classe ou corregedoria, ao qual o juiz oficiará.

§ 7º Reconhecida violação ao disposto no inciso VI, o juiz determinará o restabelecimento do estado anterior, podendo, ainda, proibir a parte de falar nos autos até a purgação do atentado, sem prejuízo da aplicação do § 2º.

§ 8º O representante judicial da parte não pode ser compelido a cumprir decisão em seu lugar.

Art. 78. É vedado às partes, a seus procuradores, aos juízes, aos membros do Ministério Público e da Defensoria Pública e a qualquer pessoa que participe do processo empregar expressões ofensivas nos escritos apresentados.

- Art. 7º, § 2º, da Lei nº 8.906, de 4-7-1994 (Estatuto da Advocacia e da OAB).

§ 1º Quando expressões ou condutas ofensivas forem manifestadas oral ou presencialmente, o juiz advertirá o ofensor de que não as deve usar ou repetir, sob pena de lhe ser cassada a palavra.

§ 2º De ofício ou a requerimento do ofendido, o juiz determinará que as expressões ofensivas sejam riscadas e, a requerimento do ofendido, determinará a expedição de certidão com inteiro teor das expressões ofensivas e a colocará à disposição da parte interessada.

Seção II

DA RESPONSABILIDADE DAS PARTES POR DANO PROCESSUAL

Art. 79. Responde por perdas e danos aquele que litigar de má-fé como autor, réu ou interveniente.

Art. 80. Considera-se litigante de má-fé aquele que:

- Art. 32 da Lei nº 8.906, de 4-7-1994 (Estatuto da Advocacia e da OAB).

I – deduzir pretensão ou defesa contra texto expresso de lei ou fato incontroverso;

II – alterar a verdade dos fatos;

III – usar do processo para conseguir objetivo ilegal;

IV – opuser resistência injustificada ao andamento do processo;

V – proceder de modo temerário em qualquer incidente ou ato do processo;

VI – provocar incidente manifestamente infundado;

VII – interpuser recurso com intuito manifestamente protelatório.

Art. 81. De ofício ou a requerimento, o juiz condenará o litigante de má-fé a pagar multa, que deverá ser superior a um por cento e inferior a dez por cento do valor corrigido da causa, a indenizar a parte contrária pelos prejuízos que esta sofreu e a arcar com os honorários advocatícios e com todas as despesas que efetuou.

- Art. 5º, LV, da CF.
- Art. 87 do CDC.
- Art. 17 da Lei nº 7.347, de 24-7-1985 (Lei da Ação Civil Pública).
- Art. 32, par. ún., da Lei nº 8.906, de 4-7-1994 (Estatuto da Advocacia e da OAB).

§ 1º Quando forem 2 (dois) ou mais os litigantes de má-fé, o juiz condenará cada um na proporção de seu respectivo interesse na causa ou solidariamente aqueles que se coligaram para lesar a parte contrária.

- Arts. 275 a 285 e 942 do CC.
- Art. 32, par. ún., da Lei nº 8.906, de 4-7-1994 (Estatuto da Advocacia e da OAB).

§ 2º Quando o valor da causa for irrisório ou inestimável, a multa poderá ser fixada em até 10 (dez) vezes o valor do salário mínimo.

- Arts. 275 a 285 do CC.

§ 3º O valor da indenização será fixado pelo juiz ou, caso não seja possível mensurá-lo, liquidado por arbitramento ou pelo procedimento comum, nos próprios autos.

Seção III

DAS DESPESAS, DOS HONORÁRIOS ADVOCATÍCIOS E DAS MULTAS

Art. 82. Salvo as disposições concernentes à gratuidade da justiça, incumbe às partes prover as despesas dos atos que realizarem ou requererem no processo, antecipando-lhes o pagamento, desde o início até a sentença final ou, na execução, até a plena satisfação do direito reconhecido no título.

- Art. 5º, LXIII, LXIV e LXXVII, da CF.
- Súmulas nºs 111 e 232 do STJ.

§ 1º Incumbe ao autor adiantar as despesas relativas a ato cuja realização o juiz determinar de ofício ou a requerimento do Ministério Público, quando sua intervenção ocorrer como fiscal da ordem jurídica.

§ 2º A sentença condenará o vencido a pagar ao vencedor as despesas que antecipou.

- Arts. 23 a 26 da Lei nº 8.906, de 4-7-1994 (Estatuto da Advocacia e da OAB).
- Súmulas nºs 234, 256, 257, 389, 512 e 616 do STF.
- Súmulas nºs 14, 29, 105, 110, 111, 131, 141, 201, 303, 306, 325, 326 e 453 do STJ.

Art. 83. O autor, brasileiro ou estrangeiro, que residir fora do Brasil ou deixar de residir no país ao longo da tramitação de processo prestará caução suficiente ao pagamento das custas e dos honorários de advogado da parte contrária nas ações que propuser, se não tiver no Brasil bens imóveis que lhes assegurem o pagamento.

§ 1º Não se exigirá a caução de que trata o *caput*:

I – quando houver dispensa prevista em acordo ou tratado internacional de que o Brasil faz parte;

II – na execução fundada em título extrajudicial e no cumprimento de sentença;

III – na reconvenção.

§ 2º Verificando-se no trâmite do processo que se desfalcou a garantia, poderá o interessado exigir reforço da caução, justificando seu pedido com a indicação da depreciação do bem dado em garantia e a importância do reforço que pretende obter.

Art. 84. As despesas abrangem as custas dos atos do processo, a indenização de viagem, a remuneração do assistente técnico e a diária de testemunha.

Art. 85. A sentença condenará o vencido a pagar honorários ao advogado do vencedor.

- Arts. 23 a 26 da Lei nº 8.906, de 4-7-1994 (Estatuto da Advocacia e da OAB).
- Súmulas nºs 234, 256, 257, 389, 512 e 616 do STF.
- Súmulas nºs 14, 29, 105, 110, 111, 131, 141, 201, 303, 306, 325, 326, 453, 517 e 519 do STJ.

§ 1º São devidos honorários advocatícios na reconvenção, no cumprimento de sentença, provisório ou definitivo, na execução, resistida ou não, e nos recursos interpostos, cumulativamente.

§ 2º Os honorários serão fixados entre o mínimo de dez e o máximo de vinte por cento sobre o valor da condenação, do proveito econômico obtido ou, não sendo possível mensurá-lo, sobre o valor atualizado da causa, atendidos:

I – o grau de zelo do profissional;

II – o lugar de prestação do serviço;

III – a natureza e a importância da causa;

IV – o trabalho realizado pelo advogado e o tempo exigido para o seu serviço.

§ 3º Nas causas em que a Fazenda Pública for parte, a fixação dos honorários observará os critérios estabelecidos nos incisos I a IV do § 2º e os seguintes percentuais:

I – mínimo de dez e máximo de vinte por cento sobre o valor da condenação ou do proveito econômico obtido até 200 (duzentos) salários mínimos;

II – mínimo de oito e máximo de dez por cento sobre o valor da condenação ou do proveito econômico obtido acima de 200 (duzentos) salários mínimos até 2.000 (dois mil) salários mínimos;

III – mínimo de cinco e máximo de oito por cento sobre o valor da condenação ou do proveito econômico obtido acima de 2.000 (dois mil) salários mínimos até 20.000 (vinte mil) salários mínimos;

IV – mínimo de três e máximo de cinco por cento sobre o valor da condenação ou do proveito econômico obtido acima de 20.000 (vinte mil) salários mínimos até 100.000 (cem mil) salários mínimos;

V – mínimo de um e máximo de três por cento sobre o valor da condenação ou do proveito econômico obtido acima de 100.000 (cem mil) salários mínimos.

§ 4º Em qualquer das hipóteses do § 3º:

I – os percentuais previstos nos incisos I a V devem ser aplicados desde logo, quando for líquida a sentença;

II – não sendo líquida a sentença, a definição do percentual, nos termos previstos nos incisos I a V, somente ocorrerá quando liquidado o julgado;

III – não havendo condenação principal ou não sendo possível mensurar o proveito econômico obtido, a condenação em honorários dar-se-á sobre o valor atualizado da causa;

IV – será considerado o salário mínimo vigente quando prolatada sentença líquida ou o que estiver em vigor na data da decisão de liquidação.

§ 5º Quando, conforme o caso, a condenação contra a Fazenda Pública ou o benefício econômico obtido pelo vencedor ou o valor da causa for superior ao valor previsto no inciso I do § 3º, a fixação do percentual de honorários deve observar a faixa inicial e, naquilo que a exceder, a faixa subsequente, e assim sucessivamente.

§ 6º Os limites e critérios previstos nos §§ 2º e 3º aplicam-se independentemente de qual seja o conteúdo da decisão, inclusive aos casos de improcedência ou de sentença sem resolução de mérito.

§ 6º-A. Quando o valor da condenação ou do proveito econômico obtido ou o valor atualizado da causa for líquido ou liquidável, para fins de fixação dos honorários advocatícios, nos termos dos §§ 2º e 3º, é proibida a apreciação equitativa, salvo nas hipóteses expressamente previstas no § 8º deste artigo.

- § 6º-A acrescido pela Lei nº 14.365, de 2-6-2022.

§ 7º Não serão devidos honorários no cumprimento de sentença contra a Fazenda Pública que enseje expedição de precatório, desde que não tenha sido impugnada.

§ 8º Nas causas em que for inestimável ou irrisório o proveito econômico ou, ainda, quando o valor da causa for muito baixo, o juiz fixará o valor dos honorários por apreciação equitativa, observando o disposto nos incisos do § 2º.

- Art. 1º-D da Lei nº 9.494, de 10-9-1997, que dispõe sobre aplicação da tutela antecipada contra a Fazenda Pública.
- Súmulas nºs 153 e 345 do STJ.

§ 8º-A. Na hipótese do § 8º deste artigo, para fins de fixação equitativa de honorários sucumbenciais, o juiz deverá observar os valores recomendados pelo Conselho Seccional da Ordem dos Advogados do Brasil a título de honorários advocatícios ou o limite mínimo de 10% (dez por cento) estabelecido no § 2º deste artigo, aplicando-se o que for maior.

- § 8º-A acrescido pela Lei nº 14.365, de 2-6-2022.

§ 9º Na ação de indenização por ato ilícito contra pessoa, o percentual de honorários incidirá sobre a soma das prestações vencidas acrescida de 12 (doze) prestações vincendas.

- Súmulas nºs 111 e 313 do STJ.

§ 10. Nos casos de perda do objeto, os honorários serão devidos por quem deu causa ao processo.

§ 11. O tribunal, ao julgar recurso, majorará os honorários fixados anteriormente levando em conta o trabalho adicional realizado em grau recursal, observando, conforme o caso, o disposto nos §§ 2º a 6º, sendo vedado ao tribunal, no cômputo geral da fixação de honorários devidos ao advogado do vencedor, ultrapassar os respectivos limites estabelecidos nos §§ 2º e 3º para a fase de conhecimento.

§ 12. Os honorários referidos no § 11 são cumuláveis com multas e outras sanções processuais, inclusive as previstas no art. 77.

§ 13. As verbas de sucumbência arbitradas em embargos à execução rejeitados ou julgados improcedentes e em fase de cumprimento de sentença serão acrescidas no valor do débito principal, para todos os efeitos legais.

§ 14. Os honorários constituem direito do advogado e têm natureza alimentar, com os mesmos privilégios dos créditos oriundos da legislação do trabalho, sendo vedada a compensação em caso de sucumbência parcial.

§ 15. O advogado pode requerer que o pagamento dos honorários que lhe caibam seja efetuado em favor da sociedade de advogados que integra na qualidade de sócio, aplicando-se à hipótese o disposto no § 14.

§ 16. Quando os honorários forem fixados em quantia certa, os juros moratórios incidirão a partir da data do trânsito em julgado da decisão.

§ 17. Os honorários serão devidos quando o advogado atuar em causa própria.

§ 18. Caso a decisão transitada em julgado seja omissa quanto ao direito aos honorários ou ao seu valor, é cabível ação autônoma para sua definição e cobrança.

§ 19. Os advogados públicos perceberão honorários de sucumbência, nos termos da lei.

- O STF, por maioria dos votos, julgou parcialmente procedente a ADIN nº 6.053, para conferindo interpretação conforme a CF a este parágrafo, "estabelecer que a somatória dos subsídios e honorários de sucumbência percebidos mensalmente pelos advogados públicos não poderá exceder ao teto dos Ministros do Supremo Tribunal Federal, conforme o que dispõe o art. 37, XI, da CF" (*DOU* de 1º-7-2020).

§ 20. O disposto nos §§ 2º, 3º, 4º, 5º, 6º, 6º-A, 8º, 8º-A, 9º e 10 deste artigo aplica-se aos honorários fixados por arbitramento judicial.

- § 20 acrescido pela Lei nº 14.365, de 2-6-2022.

Art. 86. Se cada litigante for, em parte, vencedor e vencido, serão proporcionalmente distribuídas entre eles as despesas.

- Súmulas nºs 111 e 313 do STJ.

Parágrafo único. Se um litigante sucumbir em parte mínima do pedido, o outro responderá, por inteiro, pelas despesas e pelos honorários.

Art. 87. Concorrendo diversos autores ou diversos réus, os vencidos respondem proporcionalmente pelas despesas e pelos honorários.

- Art. 257 do CC.

§ 1º A sentença deverá distribuir entre os litisconsortes, de forma expressa, a responsabilidade proporcional pelo pagamento das verbas previstas no *caput*.

§ 2º Se a distribuição de que trata o § 1º não for feita, os vencidos responderão solidariamente pelas despesas e pelos honorários.

Art. 88. Nos procedimentos de jurisdição voluntária, as despesas serão adiantadas pelo requerente e rateadas entre os interessados.

Art. 89. Nos juízos divisórios, não havendo litígio, os interessados pagarão as despesas proporcionalmente a seus quinhões.

Art. 90. Proferida sentença com fundamento em desistência, em renúncia ou em reconhecimento do pedido, as despesas e os honorários serão pagos pela parte que desistiu, renunciou ou reconheceu.

§ 1º Sendo parcial a desistência, a renúncia ou o reconhecimento, a responsabilidade pelas despesas e pelos honorários será proporcional à parcela reconhecida, à qual se renunciou ou da qual se desistiu.

§ 2º Havendo transação e nada tendo as partes disposto quanto às despesas, estas serão divididas igualmente.

§ 3º Se a transação ocorrer antes da sentença, as partes ficam dispensadas do pagamento das custas processuais remanescentes, se houver.

§ 4º Se o réu reconhecer a procedência do pedido e, simultaneamente, cumprir integralmente a prestação reconhecida, os honorários serão reduzidos pela metade.

Art. 91. As despesas dos atos processuais praticados a requerimento da Fazenda Pública, do Ministério Público ou da Defensoria Pública serão pagas ao final pelo vencido.

- Art. 39 da Lei nº 6.830, de 22-9-1980 (Lei das Execuções Fiscais).
- Súmulas nºs 232 e 483 do STJ.

§ 1º As perícias requeridas pela Fazenda Pública, pelo Ministério Público ou pela Defensoria Pública poderão ser realizadas por entidade pública ou, havendo previsão orçamentária, ter os valores adiantados por aquele que requerer a prova.

§ 2º Não havendo previsão orçamentária no exercício financeiro para adiantamento dos honorários periciais, eles serão pagos no exercício seguinte ou ao final, pelo vencido, caso o processo se encerre antes do adiantamento a ser feito pelo ente público.

Art. 92. Quando, a requerimento do réu, o juiz proferir sentença sem resolver o mérito, o autor não poderá propor novamente a ação sem pagar ou depositar em cartório as despesas e os honorários a que foi condenado.

Art. 93. As despesas de atos adiados ou cuja repetição for necessária ficarão a cargo da parte, do auxiliar da justiça, do órgão do Ministério Público ou da Defensoria Pública ou do juiz que, sem justo motivo, houver dado causa ao adiamento ou à repetição.

Art. 94. Se o assistido for vencido, o assistente será condenado ao pagamento das custas em proporção à atividade que houver exercido no processo.

Art. 95. Cada parte adiantará a remuneração do assistente técnico que houver indicado, sendo a do perito adiantada pela parte que houver requerido a perícia ou rateada quando a perícia for determinada de ofício ou requerida por ambas as partes.

- Súm. nº 232 do STJ.

§ 1º O juiz poderá determinar que a parte responsável pelo pagamento dos honorários do perito deposite em juízo o valor correspondente.

§ 2º A quantia recolhida em depósito bancário à ordem do juízo será corrigida monetariamente e paga de acordo com o art. 465, § 4º.

§ 3º Quando o pagamento da perícia for de responsabilidade de beneficiário de gratuidade da justiça, ela poderá ser:

I – custeada com recursos alocados no orçamento do ente público e realizada por servidor do Poder Judiciário ou por órgão público conveniado;

II – paga com recursos alocados no orçamento da União, do Estado ou do Distrito Federal, no caso de ser realizada por particular, hipótese em que o valor será fixado conforme tabela do tribunal respectivo ou, em caso de sua omissão, do Conselho Nacional de Justiça.

§ 4º Na hipótese do § 3º, o juiz, após o trânsito em julgado da decisão final, oficiará a Fazenda Pública para que promova, contra quem tiver sido condenado ao pagamento das despesas processuais, a execução dos valores gastos com a perícia particular ou com a utilização de servidor público ou da estrutura de órgão público, observando-se, caso o responsável pelo pagamento das despesas seja beneficiário de gratuidade da justiça, o disposto no art. 98, § 2º.

§ 5º Para fins de aplicação do § 3º, é vedada a utilização de recursos do fundo de custeio da Defensoria Pública.

Art. 96. O valor das sanções impostas ao litigante de má-fé reverterá em benefício da parte contrária, e o valor das sanções impostas aos serventuários pertencerá ao Estado ou à União.

Art. 97. A União e os Estados podem criar fundos de modernização do Poder Judiciário, aos quais serão revertidos os valores das sanções pecuniárias processuais destinadas à União e aos Estados, e outras verbas previstas em lei.

Seção IV
DA GRATUIDADE DA JUSTIÇA

Art. 98. A pessoa natural ou jurídica, brasileira ou estrangeira, com insuficiência de recursos para pagar as custas, as despesas processuais e os honorários advocatícios tem direito à gratuidade da justiça, na forma da lei.

§ 1º A gratuidade da justiça compreende:

I – as taxas ou as custas judiciais;

II – os selos postais;

III – as despesas com publicação na imprensa oficial, dispensando-se a publicação em outros meios;

IV – a indenização devida à testemunha que, quando empregada, receberá do empregador salário integral, como se em serviço estivesse;

V – as despesas com a realização de exame de código genético – DNA e de outros exames considerados essenciais;

VI – os honorários do advogado e do perito e a remuneração do intérprete ou do tradutor nomeado para apresentação de versão em português de documento redigido em língua estrangeira;

VII – o custo com a elaboração de memória de cálculo, quando exigida para instauração da execução;

VIII – os depósitos previstos em lei para interposição de recurso, para propositura de ação e para a prática de outros atos processuais inerentes ao exercício da ampla defesa e do contraditório;

IX – os emolumentos devidos a notários ou registradores em decorrência da prática de registro, averbação ou qualquer outro ato notarial necessário à efetivação de decisão judicial ou à continuidade de processo judicial no qual o benefício tenha sido concedido.

§ 2º A concessão de gratuidade não afasta a responsabilidade do beneficiário pelas despesas processuais e pelos honorários advocatícios decorrentes de sua sucumbência.

§ 3º Vencido o beneficiário, as obrigações decorrentes de sua sucumbência ficarão sob condição suspensiva de exigibilidade e somente poderão ser executadas se, nos 5 (cinco) anos subsequentes ao trânsito em julgado da decisão que as certificou, o credor demonstrar que deixou de existir a situação de insuficiência de recursos que justificou a concessão de gratuidade, extinguindo-se, passado esse prazo, tais obrigações do beneficiário.

§ 4º A concessão de gratuidade não afasta o dever de o beneficiário pagar, ao final, as multas processuais que lhe sejam impostas.

§ 5º A gratuidade poderá ser concedida em relação a algum ou a todos os atos processuais, ou consistir na redução percentual de despesas processuais que o beneficiário tiver de adiantar no curso do procedimento.

§ 6º Conforme o caso, o juiz poderá conceder direito ao parcelamento de despesas processuais que o beneficiário tiver de adiantar no curso do procedimento.

§ 7º Aplica-se o disposto no art. 95, §§ 3º a 5º, ao custeio dos emolumentos previstos no § 1º, inciso IX, do presente artigo, observada a tabela e as condições da lei estadual ou distrital respectiva.

§ 8º Na hipótese do § 1º, inciso IX, havendo dúvida fundada quanto ao preenchimento atual dos pressupostos para a concessão de gratuidade, o notário ou registrador, após praticar o ato, pode requerer, ao juízo competente para decidir questões notariais ou registrais, a revogação total ou parcial do benefício ou a sua substituição pelo parcelamento de que trata o § 6º deste artigo, caso em que o beneficiário será citado para, em 15 (quinze) dias, manifestar-se sobre esse requerimento.

- Art. 1.072, III, deste Código.

Art. 99. O pedido de gratuidade da justiça pode ser formulado na petição inicial, na contestação, na petição para ingresso de terceiro no processo ou em recurso.

§ 1º Se superveniente à primeira manifestação da parte na instância, o pedido poderá ser formulado por petição simples, nos autos do próprio processo, e não suspenderá seu curso.

§ 2º O juiz somente poderá indeferir o pedido se houver nos autos elementos que evidenciem a falta dos pressupostos legais para a concessão de gratuidade, devendo, antes de indeferir o pedido, determinar à parte a comprovação do preenchimento dos referidos pressupostos.

§ 3º Presume-se verdadeira a alegação de insuficiência deduzida exclusivamente por pessoa natural.

§ 4º A assistência do requerente por advogado particular não impede a concessão de gratuidade da justiça.

§ 5º Na hipótese do § 4º, o recurso que verse exclusivamente sobre valor de honorários de sucumbência fixados em favor do advogado de beneficiário estará sujeito a preparo, salvo se o próprio advogado demonstrar que tem direito à gratuidade.

§ 6º O direito à gratuidade da justiça é pessoal, não se estendendo a litisconsorte ou a sucessor do beneficiário, salvo requerimento e deferimento expressos.

§ 7º Requerida a concessão de gratuidade da justiça em recurso, o recorrente estará dispensado de comprovar o recolhimento do preparo, incumbindo ao relator, neste caso, apreciar o requerimento e, se indeferi-lo, fixar prazo para realização do recolhimento.

Art. 100. Deferido o pedido, a parte contrária poderá oferecer impugnação na contestação, na réplica, nas contrarrazões de recurso ou, nos casos de pedido superveniente ou formulado por terceiro, por meio de petição simples, a ser apresentada no prazo de 15 (quinze) dias, nos autos do próprio processo, sem suspensão de seu curso.

Parágrafo único. Revogado o benefício, a parte arcará com as despesas processuais que tiver deixado de adiantar e pagará, em caso de má-fé, até o décuplo de seu valor a título de multa, que será revertida em benefício da Fazenda Pública estadual ou federal e poderá ser inscrita em dívida ativa.

Art. 101. Contra a decisão que indeferir a gratuidade ou a que acolher pedido de sua revogação caberá agravo de instrumento, exceto quando a questão for resolvida na sentença, contra a qual caberá apelação.

§ 1º O recorrente estará dispensado do recolhimento de custas até decisão do relator sobre a questão, preliminarmente ao julgamento do recurso.

§ 2º Confirmada a denegação ou a revogação da gratuidade, o relator ou o órgão colegiado determinará ao recorrente o recolhimento das custas processuais, no prazo de 5 (cinco) dias, sob pena de não conhecimento do recurso.

Art. 102. Sobrevindo o trânsito em julgado de decisão que revoga a gratuidade, a parte deverá efetuar o recolhimento de todas as despesas de cujo adiantamento foi dispensada, inclusive as relativas ao recurso interposto, se houver, no prazo fixado pelo juiz, sem prejuízo de aplicação das sanções previstas em lei.

Parágrafo único. Não efetuado o recolhimento, o processo será extinto sem resolução de mérito, tratando-se do autor, e, nos demais casos, não poderá ser deferida a realização de nenhum ato ou diligência requerida pela parte enquanto não efetuado o depósito.

CAPÍTULO III
DOS PROCURADORES

Art. 103. A parte será representada em juízo por advogado regularmente inscrito na Ordem dos Advogados do Brasil.

- Art. 133 da CF.

Parágrafo único. É lícito à parte postular em causa própria quando tiver habilitação legal.

- Art. 133 da CF.
- Art. 692 do CC.
- Art. 1º da Lei nº 8.906, de 4-7-1994 (Estatuto da Advocacia e da OAB).
- Art. 9º da Lei nº 9.099, de 26-9-1995 (Lei dos Juizados Especiais).

Art. 104. O advogado não será admitido a postular em juízo sem procuração, salvo para evitar preclusão, decadência ou prescrição, ou para praticar ato considerado urgente.

- Arts. 662 e 692 do CC.
- Arts. 5º e 15, § 3º, da Lei nº 8.906, de 4-7-1994 (Estatuto da Advocacia e da OAB).
- Súm. nº 644 do STF.
- Súm. nº 115 do STJ.

§ 1º Nas hipóteses previstas no *caput*, o advogado deverá, independentemente de caução, exibir a procuração no prazo de 15 (quinze) dias, prorrogável por igual período por despacho do juiz.

§ 2º O ato não ratificado será considerado ineficaz relativamente àquele em cujo nome foi praticado, respondendo o advogado pelas despesas e por perdas e danos.

- Arts. 402 a 405 e 927 do CC.

Art. 105. A procuração geral para o foro, outorgada por instrumento público ou particular assinado pela parte, habilita o advogado a praticar todos os atos do processo, exceto receber citação, confessar, reconhecer a procedência do pedido, transigir, desistir, renunciar ao direito sobre o qual se funda a ação, receber, dar quitação, firmar compromisso e assinar declaração de hipossuficiência econômica, que devem constar de cláusula específica.

- Arts. 653, 654 e 692 do CC.

§ 1º A procuração pode ser assinada digitalmente, na forma da lei.

§ 2º A procuração deverá conter o nome do advogado, seu número de inscrição na Ordem dos Advogados do Brasil e endereço completo.

§ 3º Se o outorgado integrar sociedade de advogados, a procuração também deverá conter o nome dessa, seu número de registro na Ordem dos Advogados do Brasil e endereço completo.

§ 4º Salvo disposição expressa em sentido contrário constante do próprio instrumento, a procuração outorgada na fase de conhecimento é eficaz para todas as fases do processo, inclusive para o cumprimento de sentença.

Art. 106. Quando postular em causa própria, incumbe ao advogado:

I – declarar, na petição inicial ou na contestação, o endereço, seu número de inscrição na Ordem dos Advogados do Brasil e o nome da sociedade de advogados da qual participa, para o recebimento de intimações;

II – comunicar ao juízo qualquer mudança de endereço.

§ 1º Se o advogado descumprir o disposto no inciso I, o juiz ordenará que se supra a omissão, no prazo de 5 (cinco) dias, antes de determinar a citação do réu, sob pena de indeferimento da petição.

§ 2º Se o advogado infringir o previsto no inciso II, serão consideradas válidas as intimações enviadas por carta registrada ou meio eletrônico ao endereço constante dos autos.

Art. 107. O advogado tem direito a:

- Art. 7º da Lei nº 8.906, de 4-7-1994 (Estatuto da Advocacia e da OAB).

I – examinar, em cartório de fórum e secretaria de tribunal, mesmo sem procuração, autos de qualquer processo, independentemente da fase de tramitação, assegurados a obtenção de cópias e o registro de anotações, salvo na hipótese de segredo de justiça, nas quais apenas o advogado constituído terá acesso aos autos;

II – requerer, como procurador, vista dos autos de qualquer processo, pelo prazo de 5 (cinco) dias;

III – retirar os autos do cartório ou da secretaria, pelo prazo legal, sempre que neles lhe couber falar por determinação do juiz, nos casos previstos em lei.

§ 1º Ao receber os autos, o advogado assinará carga em livro ou documento próprio.

§ 2º Sendo o prazo comum às partes, os procuradores poderão retirar os autos somente em conjunto ou mediante prévio ajuste, por petição nos autos.

§ 3º Na hipótese do § 2º, é lícito ao procurador retirar os autos para obtenção de cópias, pelo prazo de 2 (duas) a 6 (seis) horas, independentemente de ajuste e sem prejuízo da continuidade do prazo.

§ 4º O procurador perderá no mesmo processo o direito a que se refere o § 3º se não devolver os autos tempestivamente, salvo se o prazo for prorrogado pelo juiz.

§ 5º O disposto no inciso I do *caput* deste artigo aplica-se integralmente a processos eletrônicos.

- § 5º acrescido pela Lei nº 13.793, de 3-1-2019.

CAPÍTULO IV

DA SUCESSÃO DAS PARTES E DOS PROCURADORES

Art. 108. No curso do processo, somente é lícita a sucessão voluntária das partes nos casos expressos em lei.

Art. 109. A alienação da coisa ou do direito litigioso por ato entre vivos, a título particular, não altera a legitimidade das partes.

§ 1º O adquirente ou cessionário não poderá ingressar em juízo, sucedendo o alienante ou cedente, sem que o consinta a parte contrária.

§ 2º O adquirente ou cessionário poderá intervir no processo como assistente litisconsorcial do alienante ou cedente.

§ 3º Estendem-se os efeitos da sentença proferida entre as partes originárias ao adquirente ou cessionário.

Art. 110. Ocorrendo a morte de qualquer das partes, dar-se-á a sucessão pelo seu espólio ou pelos seus sucessores, observado o disposto no art. 313, §§ 1º e 2º.

Art. 111. A parte que revogar o mandato outorgado a seu advogado constituirá, no mesmo ato, outro que assuma o patrocínio da causa.

- Arts. 683 a 687 do CC.

Parágrafo único. Não sendo constituído novo procurador no prazo de 15 (quinze) dias, observar-se-á o disposto no art. 76.

Art. 112. O advogado poderá renunciar ao mandato a qualquer tempo, provando, na forma prevista neste Código, que comunicou a renúncia ao mandante, a fim de que este nomeie sucessor.

- Art. 688 do CC.

§ 1º Durante os 10 (dez) dias seguintes, o advogado continuará a representar o mandante, desde que necessário para lhe evitar prejuízo.

§ 2º Dispensa-se a comunicação referida no *caput* quando a procuração tiver sido outorgada a vários advogados e a parte continuar representada por outro, apesar da renúncia.

TÍTULO II – DO LITISCONSÓRCIO

Art. 113. Duas ou mais pessoas podem litigar, no mesmo processo, em conjunto, ativa ou passivamente, quando:

I – entre elas houver comunhão de direitos ou de obrigações relativamente à lide;

II – entre as causas houver conexão pelo pedido ou pela causa de pedir;

III – ocorrer afinidade de questões por ponto comum de fato ou de direito.

§ 1º O juiz poderá limitar o litisconsórcio facultativo quanto ao número de litigantes na fase de conhecimento, na liquidação de sentença ou na execução, quando este comprometer a rápida solução do litígio ou dificultar a defesa ou o cumprimento da sentença.

§ 2º O requerimento de limitação interrompe o prazo para manifestação ou resposta, que recomeçará da intimação da decisão que o solucionar.

Art. 114. O litisconsórcio será necessário por disposição de lei ou quando, pela natureza da relação jurídica controvertida, a eficácia da sentença depender da citação de todos que devam ser litisconsortes.

- Súm. nº 631 do STF.
- Súm. nº 77 do STJ.

Art. 115. A sentença de mérito, quando proferida sem a integração do contraditório, será:

I – nula, se a decisão deveria ser uniforme em relação a todos que deveriam ter integrado o processo;

II – ineficaz, nos outros casos, apenas para os que não foram citados.

Parágrafo único. Nos casos de litisconsórcio passivo necessário, o juiz determinará ao autor que requeira a citação de

CPC

todos que devam ser litisconsortes, dentro do prazo que assinar, sob pena de extinção do processo.

- Súm. nº 631 do STF.

Art. 116. O litisconsórcio será unitário quando, pela natureza da relação jurídica, o juiz tiver de decidir o mérito de modo uniforme para todos os litisconsortes.

Art. 117. Os litisconsortes serão considerados, em suas relações com a parte adversa, como litigantes distintos, exceto no litisconsórcio unitário, caso em que os atos e as omissões de um não prejudicarão os outros, mas os poderão beneficiar.

Art. 118. Cada litisconsorte tem o direito de promover o andamento do processo, e todos devem ser intimados dos respectivos atos.

TÍTULO III – DA INTERVENÇÃO DE TERCEIROS

CAPÍTULO I – DA ASSISTÊNCIA

Seção I – *DISPOSIÇÕES COMUNS*

Art. 119. Pendendo causa entre 2 (duas) ou mais pessoas, o terceiro juridicamente interessado em que a sentença seja favorável a uma delas poderá intervir no processo para assisti-la.

Parágrafo único. A assistência será admitida em qualquer procedimento e em todos os graus de jurisdição, recebendo o assistente o processo no estado em que se encontre.

Art. 120. Não havendo impugnação no prazo de 15 (quinze) dias, o pedido do assistente será deferido, salvo se for caso de rejeição liminar.

Parágrafo único. Se qualquer parte alegar que falta ao requerente interesse jurídico para intervir, o juiz decidirá o incidente, sem suspensão do processo.

Seção II – *DA ASSISTÊNCIA SIMPLES*

Art. 121. O assistente simples atuará como auxiliar da parte principal, exercerá os mesmos poderes e sujeitar-se-á aos mesmos ônus processuais que o assistido.

Parágrafo único. Sendo revel ou, de qualquer outro modo, omisso o assistido, o assistente será considerado seu substituto processual.

- Arts. 861 a 875 do CC.

Art. 122. A assistência simples não obsta a que a parte principal reconheça a procedência do pedido, desista da ação, renuncie ao direito sobre o que se funda a ação ou transija sobre direitos controvertidos.

Art. 123. Transitada em julgado a sentença no processo em que interveio o assistente, este não poderá, em processo posterior, discutir a justiça da decisão, salvo se alegar e provar que:

I – pelo estado em que recebeu o processo ou pelas declarações e pelos atos do assistido, foi impedido de produzir provas suscetíveis de influir na sentença;

II – desconhecia a existência de alegações ou de provas das quais o assistido, por dolo ou culpa, não se valeu.

Seção III – *DA ASSISTÊNCIA LITISCONSORCIAL*

Art. 124. Considera-se litisconsorte da parte principal o assistente sempre que a sentença influir na relação jurídica entre ele e o adversário do assistido.

CAPÍTULO II – DA DENUNCIAÇÃO DA LIDE

Art. 125. É admissível a denunciação da lide, promovida por qualquer das partes:

- Arts. 13 e 88 do CDC.

I – ao alienante imediato, no processo relativo à coisa cujo domínio foi transferido ao denunciante, a fim de que possa exercer os direitos que da evicção lhe resultam;

II – àquele que estiver obrigado, por lei ou pelo contrato, a indenizar, em ação regressiva, o prejuízo de quem for vencido no processo.

- Art. 927 e segs. do CC.
- Arts. 13 e 88 do CDC.
- Súm. nº 188 do STF.

§ 1º O direito regressivo será exercido por ação autônoma quando a denunciação da lide for indeferida, deixar de ser promovida ou não for permitida.

§ 2º Admite-se uma única denunciação sucessiva, promovida pelo denunciado, contra seu antecessor imediato na cadeia dominial ou quem seja responsável por indenizá-lo, não podendo o denunciado sucessivo promover nova denunciação, hipótese em que eventual direito de regresso será exercido por ação autônoma.

Art. 126. A citação do denunciado será requerida na petição inicial, se o denunciante for autor, ou na contestação, se o denunciante for réu, devendo ser realizada na forma e nos prazos previstos no art. 131.

Art. 127. Feita a denunciação pelo autor, o denunciado poderá assumir a posição de litisconsorte do denunciante e acrescentar novos argumentos à petição inicial, procedendo-se em seguida à citação do réu.

Art. 128. Feita a denunciação pelo réu:

I – se o denunciado contestar o pedido formulado pelo autor, o processo prosseguirá tendo, na ação principal, em litisconsórcio, denunciante e denunciado;

II – se o denunciado for revel, o denunciante pode deixar de prosseguir com sua defesa, eventualmente oferecida, e abster-se de recorrer, restringindo sua atuação à ação regressiva;

III – se o denunciado confessar os fatos alegados pelo autor na ação principal, o denunciante poderá prosseguir com sua defesa ou, aderindo a tal reconhecimento, pedir apenas a procedência da ação de regresso.

Parágrafo único. Procedente o pedido da ação principal, pode o autor, se for o caso, requerer o cumprimento da sentença também contra o denunciado, nos limites da condenação deste na ação regressiva.

Art. 129. Se o denunciante for vencido na ação principal, o juiz passará ao julgamento da denunciação da lide.

Parágrafo único. Se o denunciante for vencedor, a ação de denunciação não terá o seu pedido examinado, sem prejuízo da condenação do denunciante ao pagamento das verbas de sucumbência em favor do denunciado.

CAPÍTULO III

DO CHAMAMENTO AO PROCESSO

Art. 130. É admissível o chamamento ao processo, requerido pelo réu:

- Art. 101 do CDC.

I – do afiançado, na ação em que o fiador for réu;

II – dos demais fiadores, na ação proposta contra um ou alguns deles;

III – dos demais devedores solidários, quando o credor exigir de um ou de alguns o pagamento da dívida comum.

- Arts. 275 a 285 e 818 a 839 do CC.
- Art. 101 do CDC.
- Súm. nº 492 do STF.

Art. 131. A citação daqueles que devam figurar em litisconsórcio passivo será requerida pelo réu na contestação e deve ser promovida no prazo de 30 (trinta) dias, sob pena de ficar sem efeito o chamamento.

Parágrafo único. Se o chamado residir em outra comarca, seção ou subseção judiciárias, ou em lugar incerto, o prazo será de 2 (dois) meses.

Art. 132. A sentença de procedência valerá como título executivo em favor do réu que satisfizer a dívida, a fim de que possa exigi-la, por inteiro, do devedor principal, ou, de cada um dos codevedores, a sua quota, na proporção que lhes tocar.

- Arts. 283 a 285 e 831 do CC.

CAPÍTULO IV

DO INCIDENTE DE DESCONSIDERAÇÃO DA PERSONALIDADE JURÍDICA

Art. 133. O incidente de desconsideração da personalidade jurídica será instaurado a pedido da parte ou do Ministério Público, quando lhe couber intervir no processo.

- Art. 50 do CC.

§ 1º O pedido de desconsideração da personalidade jurídica observará os pressupostos previstos em lei.

§ 2º Aplica-se o disposto neste Capítulo à hipótese de desconsideração inversa da personalidade jurídica.

- Art. 50 do CC.
- Art. 28 do CDC.

Art. 134. O incidente de desconsideração é cabível em todas as fases do processo de conhecimento, no cumprimento de sentença e na execução fundada em título executivo extrajudicial.

§ 1º A instauração do incidente será imediatamente comunicada ao distribuidor para as anotações devidas.

§ 2º Dispensa-se a instauração do incidente se a desconsideração da personalidade jurídica for requerida na petição inicial, hipótese em que será citado o sócio ou a pessoa jurídica.

§ 3º A instauração do incidente suspenderá o processo, salvo na hipótese do § 2º.

§ 4º O requerimento deve demonstrar o preenchimento dos pressupostos legais específicos para desconsideração da personalidade jurídica.

Art. 135. Instaurado o incidente, o sócio ou a pessoa jurídica será citado para manifestar-se e requerer as provas cabíveis no prazo de 15 (quinze) dias.

- Art. 135 do CTN.

Art. 136. Concluída a instrução, se necessária, o incidente será resolvido por decisão interlocutória.

- Art. 1.015 deste Código.

Parágrafo único. Se a decisão for proferida pelo relator, cabe agravo interno.

Art. 137. Acolhido o pedido de desconsideração, a alienação ou a oneração de bens, havida em fraude de execução, será ineficaz em relação ao requerente.

CAPÍTULO V

DO *AMICUS CURIAE*

Art. 138. O juiz ou o relator, considerando a relevância da matéria, a especificidade do tema objeto da demanda ou a repercussão social da controvérsia, poderá, por decisão irrecorrível, de ofício ou a requerimento das partes ou de quem pretenda manifestar-se, solicitar ou admitir a participação de pessoa natural ou jurídica, órgão ou entidade especializada, com representatividade adequada, no prazo de 15 (quinze) dias de sua intimação.

§ 1º A intervenção de que trata o *caput* não implica alteração de competência nem autoriza a interposição de recursos, ressalvadas a oposição de embargos de declaração e a hipótese do § 3º.

§ 2º Caberá ao juiz ou ao relator, na decisão que solicitar ou admitir a intervenção, definir os poderes do *amicus curiae*.

§ 3º O *amicus curiae* pode recorrer da decisão que julgar o incidente de resolução de demandas repetitivas.

TÍTULO IV – DO JUIZ E DOS AUXILIARES DA JUSTIÇA

CAPÍTULO I

DOS PODERES, DOS DEVERES E DA RESPONSABILIDADE DO JUIZ

Art. 139. O juiz dirigirá o processo conforme as disposições deste Código, incumbindo-lhe:

I – assegurar às partes igualdade de tratamento;

II – velar pela duração razoável do processo;

- Art. 2º do CDC.

III – prevenir ou reprimir qualquer ato contrário à dignidade da justiça e indeferir postulações meramente protelatórias;

IV – determinar todas as medidas indutivas, coercitivas, mandamentais ou sub-rogatórias necessárias para assegurar o cumprimento de ordem judicial, inclusive nas ações que tenham por objeto prestação pecuniária;

V – promover, a qualquer tempo, a autocomposição, preferencialmente com auxílio de conciliadores e mediadores judiciais;

VI – dilatar os prazos processuais e alterar a ordem de produção dos meios de prova, adequando-os às necessidades do conflito de modo a conferir maior efetividade à tutela do direito;

VII – exercer o poder de polícia, requisitando, quando necessário, força policial, além da segurança interna dos fóruns e tribunais;

VIII – determinar, a qualquer tempo, o comparecimento pessoal das partes, para inquiri-las sobre os fatos da causa, hipótese em que não incidirá a pena de confesso;

IX – determinar o suprimento de pressupostos processuais e o saneamento de outros vícios processuais;

X – quando se deparar com diversas demandas individuais repetitivas, oficiar o Ministério Público, a Defensoria Pública e, na medida do possível, outros legitimados a que se referem o art. 5º da Lei nº 7.347, de 24 de julho de 1985, e o art. 82 da Lei nº 8.078, de 11 de setembro de 1990, para, se for o caso, promover a propositura da ação coletiva respectiva.

CPC

Parágrafo único. A dilação de prazos prevista no inciso VI somente pode ser determinada antes de encerrado o prazo regular.

Art. 140. O juiz não se exime de decidir sob a alegação de lacuna ou obscuridade do ordenamento jurídico.

- Arts. 4º e 5º do Dec.-lei nº 4.657, de 4-9-1942 (Lei de Introdução às Normas do Direito Brasileiro).

Parágrafo único. O juiz só decidirá por equidade nos casos previstos em lei.

Art. 141. O juiz decidirá o mérito nos limites propostos pelas partes, sendo-lhe vedado conhecer de questões não suscitadas a cujo respeito a lei exige iniciativa da parte.

Art. 142. Convencendo-se, pelas circunstâncias, de que autor e réu se serviram do processo para praticar ato simulado ou conseguir fim vedado por lei, o juiz proferirá decisão que impeça os objetivos das partes, aplicando, de ofício, as penalidades da litigância de má-fé.

Art. 143. O juiz responderá, civil e regressivamente, por perdas e danos quando:

I – no exercício de suas funções, proceder com dolo ou fraude;

II – recusar, omitir ou retardar, sem justo motivo, providência que deva ordenar de ofício ou a requerimento da parte.

- Arts. 187, 402 a 405, 927, 940 e 1.744 do CC.

Parágrafo único. As hipóteses previstas no inciso II somente serão verificadas depois que a parte requerer ao juiz que determine a providência e o requerimento não for apreciado no prazo de 10 (dez) dias.

CAPÍTULO II

DOS IMPEDIMENTOS E DA SUSPEIÇÃO

Art. 144. Há impedimento do juiz, sendo-lhe vedado exercer suas funções no processo:

I – em que interveio como mandatário da parte, oficiou como perito, funcionou como membro do Ministério Público ou prestou depoimento como testemunha;

II – de que conheceu em outro grau de jurisdição, tendo proferido decisão;

III – quando nele estiver postulando, como defensor público, advogado ou membro do Ministério Público, seu cônjuge ou companheiro, ou qualquer parente, consanguíneo ou afim, em linha reta ou colateral, até o terceiro grau, inclusive;

IV – quando for parte no processo ele próprio, seu cônjuge ou companheiro, ou parente, consanguíneo ou afim, em linha reta ou colateral, até o terceiro grau, inclusive;

V – quando for sócio ou membro de direção ou de administração de pessoa jurídica parte no processo;

VI – quando for herdeiro presuntivo, donatário ou empregador de qualquer das partes;

VII – em que figure como parte instituição de ensino com a qual tenha relação de emprego ou decorrente de contrato de prestação de serviços;

VIII – em que figure como parte cliente do escritório de advocacia de seu cônjuge, companheiro ou parente, consanguíneo ou afim, em linha reta ou colateral, até o terceiro grau, inclusive, mesmo que patrocinado por advogado de outro escritório;

IX – quando promover ação contra a parte ou seu advogado.

§ 1º Na hipótese do inciso III, o impedimento só se verifica quando o defensor público, o advogado ou o membro do Ministério Público já integrava o processo antes do início da atividade judicante do juiz.

§ 2º É vedada a criação de fato superveniente a fim de caracterizar impedimento do juiz.

§ 3º O impedimento previsto no inciso III também se verifica no caso de mandato conferido a membro de escritório de advocacia que tenha em seus quadros advogado que individualmente ostente a condição nele prevista, mesmo que não intervenha diretamente no processo.

- Súm. nº 252 do STF.

Art. 145. Há suspeição do juiz:

I – amigo íntimo ou inimigo de qualquer das partes ou de seus advogados;

II – que receber presentes de pessoas que tiverem interesse na causa antes ou depois de iniciado o processo, que aconselhar alguma das partes acerca do objeto da causa ou que subministrar meios para atender às despesas do litígio;

III – quando qualquer das partes for sua credora ou devedora, de seu cônjuge ou companheiro ou de parentes destes, em linha reta até o terceiro grau, inclusive;

IV – interessado no julgamento do processo em favor de qualquer das partes.

§ 1º Poderá o juiz declarar-se suspeito por motivo de foro íntimo, sem necessidade de declarar suas razões.

§ 2º Será ilegítima a alegação de suspeição quando:

I – houver sido provocada por quem a alega;

II – a parte que a alega houver praticado ato que signifique manifesta aceitação do arguido.

Art. 146. No prazo de 15 (quinze) dias, a contar do conhecimento do fato, a parte alegará o impedimento ou a suspeição, em petição específica dirigida ao juiz do processo, na qual indicará o fundamento da recusa, podendo instruí-la com documentos em que se fundar a alegação e com rol de testemunhas.

§ 1º Se reconhecer o impedimento ou a suspeição ao receber a petição, o juiz ordenará imediatamente a remessa dos autos a seu substituto legal, caso contrário, determinará a autuação em apartado da petição e, no prazo de 15 (quinze) dias, apresentará suas razões, acompanhadas de documentos e de rol de testemunhas, se houver, ordenando a remessa do incidente ao tribunal.

§ 2º Distribuído o incidente, o relator deverá declarar os seus efeitos, sendo que, se o incidente for recebido:

I – sem efeito suspensivo, o processo voltará a correr;

II – com efeito suspensivo, o processo permanecerá suspenso até o julgamento do incidente.

§ 3º Enquanto não for declarado o efeito em que é recebido o incidente ou quando este for recebido com efeito suspensivo, a tutela de urgência será requerida ao substituto legal.

§ 4º Verificando que a alegação de impedimento ou de suspeição é improcedente, o tribunal rejeitá-la-á.

§ 5º Acolhida a alegação, tratando-se de impedimento ou de manifesta suspeição, o tribunal condenará o juiz nas custas e remeterá os autos ao seu substituto legal, podendo o juiz recorrer da decisão.

§ 6º Reconhecido o impedimento ou a suspeição, o tribunal fixará o momento a partir do qual o juiz não poderia ter atuado.

§ 7º O tribunal decretará a nulidade dos atos do juiz, se praticados quando já presente o motivo de impedimento ou de suspeição.

Art. 147. Quando 2 (dois) ou mais juízes forem parentes, consanguíneos ou afins, em linha reta ou colateral, até o terceiro grau, inclusive, o primeiro que conhecer do processo impede que o outro nele atue, caso em que o segundo se escusará, remetendo os autos ao seu substituto legal.

Art. 148. Aplicam-se os motivos de impedimento e de suspeição:

I – ao membro do Ministério Público;

II – aos auxiliares da justiça;

III – aos demais sujeitos imparciais do processo.

§ 1º A parte interessada deverá arguir o impedimento ou a suspeição, em petição fundamentada e devidamente instruída, na primeira oportunidade em que lhe couber falar nos autos.

§ 2º O juiz mandará processar o incidente em separado e sem suspensão do processo, ouvindo o arguido no prazo de 15 (quinze) dias e facultando a produção de prova, quando necessária.

§ 3º Nos tribunais, a arguição a que se refere o § 1º será disciplinada pelo regimento interno.

§ 4º O disposto nos §§ 1º e 2º não se aplica à arguição de impedimento ou de suspeição de testemunha.

CAPÍTULO III

DOS AUXILIARES DA JUSTIÇA

Art. 149. São auxiliares da Justiça, além de outros cujas atribuições sejam determinadas pelas normas de organização judiciária, o escrivão, o chefe de secretaria, o oficial de justiça, o perito, o depositário, o administrador, o intérprete, o tradutor, o mediador, o conciliador judicial, o partidor, o distribuidor, o contabilista e o regulador de avarias.

Seção I

DO ESCRIVÃO, DO CHEFE DE SECRETARIA E DO OFICIAL DE JUSTIÇA

Art. 150. Em cada juízo haverá um ou mais ofícios de justiça, cujas atribuições serão determinadas pelas normas de organização judiciária.

Art. 151. Em cada comarca, seção ou subseção judiciária haverá, no mínimo, tantos oficiais de justiça quantos sejam os juízos.

Art. 152. Incumbe ao escrivão ou ao chefe de secretaria:

I – redigir, na forma legal, os ofícios, os mandados, as cartas precatórias e os demais atos que pertençam ao seu ofício;

II – efetivar as ordens judiciais, realizar citações e intimações, bem como praticar todos os demais atos que lhe forem atribuídos pelas normas de organização judiciária;

III – comparecer às audiências ou, não podendo fazê-lo, designar servidor para substituí-lo;

IV – manter sob sua guarda e responsabilidade os autos, não permitindo que saiam do cartório, exceto:

a) quando tenham de seguir à conclusão do juiz;

b) com vista a procurador, à Defensoria Pública, ao Ministério Público ou à Fazenda Pública;

c) quando devam ser remetidos ao contabilista ou ao partidor;

d) quando forem remetidos a outro juízo em razão da modificação da competência;

V – fornecer certidão de qualquer ato ou termo do processo, independentemente de despacho, observadas as disposições referentes ao segredo de justiça;

VI – praticar, de ofício, os atos meramente ordinatórios.

§ 1º O juiz titular editará ato a fim de regulamentar a atribuição prevista no inciso VI.

§ 2º No impedimento do escrivão ou chefe de secretaria, o juiz convocará substituto e, não o havendo, nomeará pessoa idônea para o ato.

Art. 153. O escrivão ou o chefe de secretaria atenderá, preferencialmente, à ordem cronológica de recebimento para publicação e efetivação dos pronunciamentos judiciais.

• *Caput* com a redação dada pela Lei nº 13.256, de 4-2-2016.

§ 1º A lista de processos recebidos deverá ser disponibilizada, de forma permanente, para consulta pública.

§ 2º Estão excluídos da regra do *caput*:

I – os atos urgentes, assim reconhecidos pelo juiz no pronunciamento judicial a ser efetivado;

II – as preferências legais.

§ 3º Após elaboração de lista própria, respeitar-se-ão a ordem cronológica de recebimento entre os atos urgentes e as preferências legais.

§ 4º A parte que se considerar preterida na ordem cronológica poderá reclamar, nos próprios autos, ao juiz do processo, que requisitará informações ao servidor, a serem prestadas no prazo de 2 (dois) dias.

§ 5º Constatada a preterição, o juiz determinará o imediato cumprimento do ato e a instauração de processo administrativo disciplinar contra o servidor.

Art. 154. Incumbe ao oficial de justiça:

I – fazer pessoalmente citações, prisões, penhoras, arrestos e demais diligências próprias do seu ofício, sempre que possível na presença de 2 (duas) testemunhas, certificando no mandado o ocorrido, com menção ao lugar, ao dia e à hora;

II – executar as ordens do juiz a que estiver subordinado;

III – entregar o mandado em cartório após seu cumprimento;

IV – auxiliar o juiz na manutenção da ordem;

V – efetuar avaliações, quando for o caso;

VI – certificar, em mandado, proposta de autocomposição apresentada por qualquer das partes, na ocasião de realização de ato de comunicação que lhe couber.

Parágrafo único. Certificada a proposta de autocomposição prevista no inciso VI, o juiz ordenará a intimação da parte contrária para manifestar-se, no prazo de 5 (cinco) dias, sem prejuízo do andamento regular do processo, entendendo-se o silêncio como recusa.

Art. 155. O escrivão, o chefe de secretaria e o oficial de justiça são responsáveis, civil e regressivamente, quando:

I – sem justo motivo, se recusarem a cumprir no prazo os atos impostos pela lei ou pelo juiz a que estão subordinados;

II – praticarem ato nulo com dolo ou culpa.

Seção II

DO PERITO

Art. 156. O juiz será assistido por perito quando a prova do fato depender de conhecimento técnico ou científico.

§ 1º Os peritos serão nomeados entre os profissionais legalmente habilitados e os órgãos técnicos ou científicos devidamente inscritos em cadastro mantido pelo tribunal ao qual o juiz está vinculado.

§ 2º Para formação do cadastro, os tribunais devem realizar consulta pública, por meio de divulgação na rede mundial de computadores ou em jornais de grande circulação, além de consulta direta a universidades, a conselhos de classe, ao Ministério Público, à Defensoria Pública e à Ordem dos Advogados do Brasil, para a indicação de profissionais ou de órgãos técnicos interessados.

CPC

§ 3º Os tribunais realizarão avaliações e reavaliações periódicas para manutenção do cadastro, considerando a formação profissional, a atualização do conhecimento e a experiência dos peritos interessados.

§ 4º Para verificação de eventual impedimento ou motivo de suspeição, nos termos dos arts. 148 e 467, o órgão técnico ou científico nomeado para realização da perícia informará ao juiz os nomes e os dados de qualificação dos profissionais que participarão da atividade.

§ 5º Na localidade onde não houver inscrito no cadastro disponibilizado pelo tribunal, a nomeação do perito é de livre escolha pelo juiz e deverá recair sobre profissional ou órgão técnico ou científico comprovadamente detentor do conhecimento necessário à realização da perícia.

o Súm. nº 232 do STJ.

Art. 157. O perito tem o dever de cumprir o ofício no prazo que lhe designar o juiz, empregando toda sua diligência, podendo escusar-se do encargo alegando motivo legítimo.

§ 1º A escusa será apresentada no prazo de 15 (quinze) dias, contado da intimação, da suspeição ou do impedimento supervenientes, sob pena de renúncia ao direito a alegá-la.

§ 2º Será organizada lista de peritos na vara ou na secretaria, com disponibilização dos documentos exigidos para habilitação à consulta de interessados, para que a nomeação seja distribuída de modo equitativo, observadas a capacidade técnica e a área de conhecimento.

Art. 158. O perito que, por dolo ou culpa, prestar informações inverídicas responderá pelos prejuízos que causar à parte e ficará inabilitado para atuar em outras perícias no prazo de 2 (dois) a 5 (cinco) anos, independentemente das demais sanções previstas em lei, devendo o juiz comunicar o fato ao respectivo órgão de classe para adoção das medidas que entender cabíveis.

Seção III

DO DEPOSITÁRIO E DO ADMINISTRADOR

Art. 159. A guarda e a conservação de bens penhorados, arrestados, sequestrados ou arrecadados serão confiadas a depositário ou a administrador, não dispondo a lei de outro modo.

o Súmulas nºs 304 e 305 do STJ.

Art. 160. Por seu trabalho o depositário ou o administrador perceberá remuneração que o juiz fixará levando em conta a situação dos bens, ao tempo do serviço e às dificuldades de sua execução.

Parágrafo único. O juiz poderá nomear um ou mais prepostos por indicação do depositário ou do administrador.

Art. 161. O depositário ou o administrador responde pelos prejuízos que, por dolo ou culpa, causar à parte, perdendo a remuneração que lhe foi arbitrada, mas tem o direito a haver o que legitimamente despendeu no exercício do encargo.

Parágrafo único. O depositário infiel responde civilmente pelos prejuízos causados, sem prejuízo de sua responsabilidade penal e da imposição de sanção por ato atentatório à dignidade da justiça.

o Súm. Vinc. nº 25 do STF.

Seção IV

DO INTÉRPRETE E DO TRADUTOR

Art. 162. O juiz nomeará intérprete ou tradutor quando necessário para:

I – traduzir documento redigido em língua estrangeira;

II – verter para o português as declarações das partes e das testemunhas que não conhecerem o idioma nacional;

III – realizar a interpretação simultânea dos depoimentos das partes e testemunhas com deficiência auditiva que se comuniquem por meio da Língua Brasileira de Sinais, ou equivalente, quando assim for solicitado.

o Arts. 224, 1.871 e 1.880 do CC.

Art. 163. Não pode ser intérprete ou tradutor quem:

I – não tiver a livre administração de seus bens;

II – for arrolado como testemunha ou atuar como perito no processo;

III – estiver inabilitado para o exercício da profissão por sentença penal condenatória, enquanto durarem seus efeitos.

Art. 164. O intérprete ou tradutor, oficial ou não, é obrigado a desempenhar seu ofício, aplicando-se-lhe o disposto nos arts. 157 e 158.

Seção V

DOS CONCILIADORES E MEDIADORES JUDICIAIS

Art. 165. Os tribunais criarão centros judiciários de solução consensual de conflitos, responsáveis pela realização de sessões e audiências de conciliação e mediação e pelo desenvolvimento de programas destinados a auxiliar, orientar e estimular a autocomposição.

§ 1º A composição e a organização dos centros serão definidas pelo respectivo tribunal, observadas as normas do Conselho Nacional de Justiça.

§ 2º O conciliador, que atuará preferencialmente nos casos em que não houver vínculo anterior entre as partes, poderá sugerir soluções para o litígio, sendo vedada a utilização de qualquer tipo de constrangimento ou intimidação para que as partes conciliem.

§ 3º O mediador, que atuará preferencialmente nos casos em que houver vínculo anterior entre as partes, auxiliará aos interessados a compreender as questões e os interesses em conflito, de modo que eles possam, pelo restabelecimento da comunicação, identificar, por si próprios, soluções consensuais que gerem benefícios mútuos.

Art. 166. A conciliação e a mediação são informadas pelos princípios da independência, da imparcialidade, da autonomia da vontade, da confidencialidade, da oralidade, da informalidade e da decisão informada.

§ 1º A confidencialidade estende-se a todas as informações produzidas no curso do procedimento, cujo teor não poderá ser utilizado para fim diverso daquele previsto por expressa deliberação das partes.

§ 2º Em razão do dever de sigilo, inerente às suas funções, o conciliador e o mediador, assim como os membros de suas equipes, não poderão divulgar ou depor acerca de fatos ou elementos oriundos da conciliação ou da mediação.

§ 3º Admite-se a aplicação de técnicas negociais, com o objetivo de proporcionar ambiente favorável à autocomposição.

§ 4º A mediação e a conciliação serão regidas conforme a livre autonomia dos interessados, inclusive no que diz respeito à definição das regras procedimentais.

Art. 167. Os conciliadores, os mediadores e as câmaras privadas de conciliação e mediação serão inscritos em cadastro nacional e em cadastro de tribunal de justiça ou de tribunal regional federal, que manterá registro de profissionais habilitados, com indicação de sua área profissional.

§ 1º Preenchendo o requisito da capacitação mínima, por meio de curso realizado por entidade credenciada, conforme parâmetro curricular definido pelo Conselho Nacional de Justiça em conjunto com o Ministério da Justiça, o conciliador ou o mediador, com o respectivo certificado, poderá requerer sua inscrição no cadastro nacional e no cadastro de tribunal de justiça ou de tribunal regional federal.

§ 2º Efetivado o registro, que poderá ser precedido de concurso público, o tribunal remeterá ao diretor do foro da comarca, seção ou subseção judiciária onde atuará o conciliador ou o mediador os dados necessários para que seu nome passe a constar da respectiva lista, a ser observada na distribuição alternada e aleatória, respeitado o princípio da igualdade dentro da mesma área de atuação profissional.

§ 3º Do credenciamento das câmaras e do cadastro de conciliadores e mediadores constarão todos os dados relevantes para a sua atuação, tais como o número de processos de que participou, o sucesso ou insucesso da atividade, a matéria sobre a qual versou a controvérsia, bem como outros dados que o tribunal julgar relevantes.

§ 4º Os dados colhidos na forma do § 3º serão classificados sistematicamente pelo tribunal, que os publicará, ao menos anualmente, para conhecimento da população e para fins estatísticos e de avaliação da conciliação, da mediação, das câmaras privadas de conciliação e de mediação, dos conciliadores e dos mediadores.

§ 5º Os conciliadores e mediadores judiciais cadastrados na forma do *caput*, se advogados, estarão impedidos de exercer a advocacia nos juízos em que desempenhem suas funções.

§ 6º O tribunal poderá optar pela criação de quadro próprio de conciliadores e mediadores, a ser preenchido por concurso público de provas e títulos, observadas as disposições deste Capítulo.

Art. 168. As partes podem escolher, de comum acordo, o conciliador, o mediador ou a câmara privada de conciliação e de mediação.

§ 1º O conciliador ou mediador escolhido pelas partes poderá ou não estar cadastrado no tribunal.

§ 2º Inexistindo acordo quanto à escolha do mediador ou conciliador, haverá distribuição entre aqueles cadastrados no registro do tribunal, observada a respectiva formação.

§ 3º Sempre que recomendável, haverá a designação de mais de um mediador ou conciliador.

Art. 169. Ressalvada a hipótese do art. 167, § 6º, o conciliador e o mediador receberão pelo seu trabalho remuneração prevista em tabela fixada pelo tribunal, conforme parâmetros estabelecidos pelo Conselho Nacional de Justiça.

§ 1º A mediação e a conciliação podem ser realizadas como trabalho voluntário, observada a legislação pertinente e a regulamentação do tribunal.

§ 2º Os tribunais determinarão o percentual de audiências não remuneradas que deverão ser suportadas pelas câmaras privadas de conciliação e mediação, com o fim de atender aos processos em que deferida gratuidade da justiça, como contrapartida de seu credenciamento.

Art. 170. No caso de impedimento, o conciliador ou mediador o comunicará imediatamente, de preferência por meio eletrônico, e devolverá os autos ao juiz do processo ou ao coordenador do centro judiciário de solução de conflitos, devendo este realizar nova distribuição.

Parágrafo único. Se a causa de impedimento for apurada quando já iniciado o procedimento, a atividade será interrompida, lavrando-se ata com relatório do ocorrido e solicitação de distribuição para novo conciliador ou mediador.

Art. 171. No caso de impossibilidade temporária do exercício da função, o conciliador ou mediador informará o fato ao centro, preferencialmente por meio eletrônico, para que, durante o período em que perdurar a impossibilidade, não haja novas distribuições.

Art. 172. O conciliador e o mediador ficam impedidos, pelo prazo de 1 (um) ano, contado do término da última audiência em que atuaram, de assessorar, representar ou patrocinar qualquer das partes.

Art. 173. Será excluído do cadastro de conciliadores e mediadores aquele que:

I – agir com dolo ou culpa na condução da conciliação ou da mediação sob sua responsabilidade ou violar qualquer dos deveres decorrentes do art. 166, §§ 1º e 2º;

II – atuar em procedimento de mediação ou conciliação, apesar de impedido ou suspeito.

§ 1º Os casos previstos neste artigo serão apurados em processo administrativo.

§ 2º O juiz do processo ou o juiz coordenador do centro de conciliação e mediação, se houver, verificando atuação inadequada do mediador ou conciliador, poderá afastá-lo de suas atividades por até 180 (cento e oitenta) dias, por decisão fundamentada, informando o fato imediatamente ao tribunal para instauração do respectivo processo administrativo.

Art. 174. A União, os Estados, o Distrito Federal e os Municípios criarão câmaras de mediação e conciliação, com atribuições relacionadas à solução consensual de conflitos no âmbito administrativo, tais como:

I – dirimir conflitos envolvendo órgãos e entidades da administração pública;

II – avaliar a admissibilidade dos pedidos de resolução de conflitos, por meio de conciliação, no âmbito da administração pública;

III – promover, quando couber, a celebração de termo de ajustamento de conduta.

Art. 175. As disposições desta Seção não excluem outras formas de conciliação e mediação extrajudiciais vinculadas a órgãos institucionais ou realizadas por intermédio de profissionais independentes, que poderão ser regulamentadas por lei específica.

Parágrafo único. Os dispositivos desta Seção aplicam-se, no que couber, às câmaras privadas de conciliação e mediação.

TÍTULO V – DO MINISTÉRIO PÚBLICO

Art. 176. O Ministério Público atuará na defesa da ordem jurídica, do regime democrático e dos interesses e direitos sociais e individuais indisponíveis.

Art. 177. O Ministério Público exercerá o direito de ação em conformidade com suas atribuições constitucionais.

- Arts. 127 e 129 da CF.

Art. 178. O Ministério Público será intimado para, no prazo de 30 (trinta) dias, intervir como fiscal da ordem jurídica nas hipóteses previstas em lei ou na Constituição Federal e nos processos que envolvam:

I – interesse público ou social;

II – interesse de incapaz;

III – litígios coletivos pela posse de terra rural ou urbana.

- Súm. nº 226 do STJ.

CPC

Parágrafo único. A participação da Fazenda Pública não configura, por si só, hipótese de intervenção do Ministério Público.

Art. 179. Nos casos de intervenção como fiscal da ordem jurídica, o Ministério Público:

I – terá vista dos autos depois das partes, sendo intimado de todos os atos do processo;

II – poderá produzir provas, requerer as medidas processuais pertinentes e recorrer.

Art. 180. O Ministério Público gozará de prazo em dobro para manifestar-se nos autos, que terá início a partir de sua intimação pessoal, nos termos do art. 183, § 1º.

§ 1º Findo o prazo para manifestação do Ministério Público sem o oferecimento de parecer, o juiz requisitará os autos e dará andamento ao processo.

§ 2º Não se aplica o benefício da contagem em dobro quando a lei estabelecer, de forma expressa, prazo próprio para o Ministério Público.

Art. 181. O membro do Ministério Público será civil e regressivamente responsável quando agir com dolo ou fraude no exercício de suas funções.

- Arts. 187, 402 a 405, 927 e 940 do CC.

TÍTULO VI – DA ADVOCACIA PÚBLICA

Art. 182. Incumbe à Advocacia Pública, na forma da lei, defender e promover os interesses públicos da União, dos Estados, do Distrito Federal e dos Municípios, por meio da representação judicial, em todos os âmbitos federativos, das pessoas jurídicas de direito público que integram a administração direta e indireta.

- Arts. 131 e 132 da CF.

Art. 183. A União, os Estados, o Distrito Federal, os Municípios e suas respectivas autarquias e fundações de direito público gozarão de prazo em dobro para todas as suas manifestações processuais, cuja contagem terá início a partir da intimação pessoal.

§ 1º A intimação pessoal far-se-á por carga, remessa ou meio eletrônico.

§ 2º Não se aplica o benefício da contagem em dobro quando a lei estabelecer, de forma expressa, prazo próprio para o ente público.

Art. 184. O membro da Advocacia Pública será civil e regressivamente responsável quando agir com dolo ou fraude no exercício de suas funções.

TÍTULO VII – DA DEFENSORIA PÚBLICA

Art. 185. A Defensoria Pública exercerá a orientação jurídica, a promoção dos direitos humanos e a defesa dos direitos individuais e coletivos dos necessitados, em todos os graus, de forma integral e gratuita.

Art. 186. A Defensoria Pública gozará de prazo em dobro para todas as suas manifestações processuais.

§ 1º O prazo tem início com a intimação pessoal do defensor público, nos termos do art. 183, § 1º.

§ 2º A requerimento da Defensoria Pública, o juiz determinará a intimação pessoal da parte patrocinada quando o ato processual depender de providência ou informação que somente por ela possa ser realizada ou prestada.

§ 3º O disposto no *caput* aplica-se aos escritórios de prática jurídica das faculdades de Direito reconhecidas na forma da lei e às entidades que prestam assistência jurídica gratuita em razão de convênios firmados com a Defensoria Pública.

§ 4º Não se aplica o benefício da contagem em dobro quando a lei estabelecer, de forma expressa, prazo próprio para a Defensoria Pública.

Art. 187. O membro da Defensoria Pública será civil e regressivamente responsável quando agir com dolo ou fraude no exercício de suas funções.

LIVRO IV – DOS ATOS PROCESSUAIS

TÍTULO I – DA FORMA, DO TEMPO E DO LUGAR DOS ATOS PROCESSUAIS

CAPÍTULO I
DA FORMA DOS ATOS PROCESSUAIS

Seção I
DOS ATOS EM GERAL

Art. 188. Os atos e os termos processuais independem de forma determinada, salvo quando a lei expressamente a exigir, considerando-se válidos os que, realizados de outro modo, lhe preencham a finalidade essencial.

Art. 189. Os atos processuais são públicos, todavia tramitam em segredo de justiça os processos:

- Arts. 5º, LX, e 93, IX, da CF.
- Art. 1.075 do CC.

I – em que o exija o interesse público ou social;

II – que versem sobre casamento, separação de corpos, divórcio, separação, união estável, filiação, alimentos e guarda de crianças e adolescentes;

III – em que constem dados protegidos pelo direito constitucional à intimidade;

IV – que versem sobre arbitragem, inclusive sobre cumprimento de carta arbitral, desde que a confidencialidade estipulada na arbitragem seja comprovada perante o juízo.

§ 1º O direito de consultar os autos de processo que tramite em segredo de justiça e de pedir certidões de seus atos é restrito às partes e aos seus procuradores.

§ 2º O terceiro que demonstrar interesse jurídico pode requerer ao juiz certidão do dispositivo da sentença, bem como de inventário e de partilha resultantes de divórcio ou separação.

Art. 190. Versando o processo sobre direitos que admitam autocomposição, é lícito às partes plenamente capazes estipular mudanças no procedimento para ajustá-lo às especificidades da causa e convencionar sobre os seus ônus, poderes, faculdades e deveres processuais, antes ou durante o processo.

Parágrafo único. De ofício ou a requerimento, o juiz controlará a validade das convenções previstas neste artigo, recusando-lhes aplicação somente nos casos de nulidade ou de inserção abusiva em contrato de adesão ou em que alguma parte se encontre em manifesta situação de vulnerabilidade.

Art. 191. De comum acordo, o juiz e as partes podem fixar calendário para a prática dos atos processuais, quando for o caso.

§ 1º O calendário vincula as partes e o juiz, e os prazos nele previstos somente serão modificados em casos excepcionais, devidamente justificados.

§ 2º Dispensa-se a intimação das partes para a prática de ato processual ou a realização de audiência cujas datas tiverem sido designadas no calendário.

Art. 192. Em todos os atos e termos do processo é obrigatório o uso da língua portuguesa.

Parágrafo único. O documento redigido em língua estrangeira somente poderá ser juntado aos autos quando acompanhado de versão para a língua portuguesa tramitada por via diplomática ou pela autoridade central, ou firmada por tradutor juramentado.

- Art. 224 do CC.

Seção II

DA PRÁTICA ELETRÔNICA DE ATOS PROCESSUAIS

Art. 193. Os atos processuais podem ser total ou parcialmente digitais, de forma a permitir que sejam produzidos, comunicados, armazenados e validados por meio eletrônico, na forma da lei.

Parágrafo único. O disposto nesta Seção aplica-se, no que for cabível, à prática de atos notariais e de registro.

Art. 194. Os sistemas de automação processual respeitarão a publicidade dos atos, o acesso e a participação das partes e de seus procuradores, inclusive nas audiências e sessões de julgamento, observadas as garantias da disponibilidade, independência da plataforma computacional, acessibilidade e interoperabilidade dos sistemas, serviços, dados e informações que o Poder Judiciário administre no exercício de suas funções.

Art. 195. O registro de ato processual eletrônico deverá ser feito em padrões abertos, que atenderão aos requisitos de autenticidade, integridade, temporalidade, não repúdio, conservação e, nos casos que tramitem em segredo de justiça, confidencialidade, observada a infraestrutura de chaves públicas unificada nacionalmente, nos termos da lei.

Art. 196. Compete ao Conselho Nacional de Justiça e, supletivamente, aos tribunais, regulamentar a prática e a comunicação oficial de atos processuais por meio eletrônico e velar pela compatibilidade dos sistemas, disciplinando a incorporação progressiva de novos avanços tecnológicos e editando, para esse fim, os atos que forem necessários, respeitadas as normas fundamentais deste Código.

Art. 197. Os tribunais divulgarão as informações constantes de seu sistema de automação em página própria na rede mundial de computadores, gozando a divulgação de presunção de veracidade e confiabilidade.

Parágrafo único. Nos casos de problema técnico do sistema e de erro ou omissão do auxiliar da justiça responsável pelo registro dos andamentos, poderá ser configurada a justa causa prevista no art. 223, *caput* e § 1º.

Art. 198. As unidades do Poder Judiciário deverão manter gratuitamente, à disposição dos interessados, equipamentos necessários à prática de atos processuais e à consulta e ao acesso ao sistema e aos documentos dele constantes.

Parágrafo único. Será admitida a prática de atos por meio não eletrônico no local onde não estiverem disponibilizados os equipamentos previstos no *caput*.

Art. 199. As unidades do Poder Judiciário assegurarão às pessoas com deficiência acessibilidade aos seus sítios na rede mundial de computadores, ao meio eletrônico de prática de atos judiciais, à comunicação eletrônica dos atos processuais e à assinatura eletrônica.

Seção III

DOS ATOS DAS PARTES

Art. 200. Os atos das partes consistentes em declarações unilaterais ou bilaterais de vontade produzem imediatamente a constituição, modificação ou extinção de direitos processuais.

Parágrafo único. A desistência da ação só produzirá efeitos após homologação judicial.

Art. 201. As partes poderão exigir recibo de petições, arrazoados, papéis e documentos que entregarem em cartório.

Art. 202. É vedado lançar nos autos cotas marginais ou interlineares, as quais o juiz mandará riscar, impondo a quem as escrever multa correspondente à metade do salário mínimo.

Seção IV

DOS PRONUNCIAMENTOS DO JUIZ

Art. 203. Os pronunciamentos do juiz consistirão em sentenças, decisões interlocutórias e despachos.

§ 1º Ressalvadas as disposições expressas dos procedimentos especiais, sentença é o pronunciamento por meio do qual o juiz, com fundamento nos arts. 485 e 487, põe fim à fase cognitiva do procedimento comum, bem como extingue a execução.

§ 2º Decisão interlocutória é todo pronunciamento judicial de natureza decisória que não se enquadre no § 1º.

§ 3º São despachos todos os demais pronunciamentos do juiz praticados no processo, de ofício ou a requerimento da parte.

§ 4º Os atos meramente ordinatórios, como a juntada e a vista obrigatória, independem de despacho, devendo ser praticados de ofício pelo servidor e revistos pelo juiz quando necessário.

Art. 204. Acórdão é o julgamento colegiado proferido pelos tribunais.

Art. 205. Os despachos, as decisões, as sentenças e os acórdãos serão redigidos, datados e assinados pelos juízes.

§ 1º Quando os pronunciamentos previstos no *caput* forem proferidos oralmente, o servidor os documentará, submetendo-os aos juízes para revisão e assinatura.

§ 2º A assinatura dos juízes, em todos os graus de jurisdição, pode ser feita eletronicamente, na forma da lei.

§ 3º Os despachos, as decisões interlocutórias, o dispositivo das sentenças e a ementa dos acórdãos serão publicados no *Diário de Justiça eletrônico*.

Seção V

DOS ATOS DO ESCRIVÃO OU DO CHEFE DE SECRETARIA

Art. 206. Ao receber a petição inicial de processo, o escrivão ou o chefe de secretaria a autuará, mencionando o juízo, a natureza do processo, o número de seu registro, os nomes das partes e a data de seu início, e procederá do mesmo modo em relação aos volumes em formação.

Art. 207. O escrivão ou o chefe de secretaria numerará e rubricará todas as folhas dos autos.

Parágrafo único. À parte, ao procurador, ao membro do Ministério Público, ao defensor público e aos auxiliares da justiça é facultado rubricar as folhas correspondentes aos atos em que intervierem.

Art. 208. Os termos de juntada, vista, conclusão e outros semelhantes constarão de notas datadas e rubricadas pelo escrivão ou pelo chefe de secretaria.

Art. 209. Os atos e os termos do processo serão assinados pelas pessoas que neles intervierem, todavia, quando essas não puderem ou não quiserem firmá-los, o escrivão ou o chefe de secretaria certificará a ocorrência.

§ 1º Quando se tratar de processo total ou parcialmente documentado em autos eletrônicos, os atos processuais praticados na presença do juiz poderão ser produzidos e armaze-

CPC

nados de modo integralmente digital em arquivo eletrônico inviolável, na forma da lei, mediante registro em termo, que será assinado digitalmente pelo juiz e pelo escrivão ou chefe de secretaria, bem como pelos advogados das partes.

§ 2º Na hipótese do § 1º, eventuais contradições na transcrição deverão ser suscitadas oralmente no momento de realização do ato, sob pena de preclusão, devendo o juiz decidir de plano e ordenar o registro, no termo, da alegação e da decisão.

Art. 210. É lícito o uso da taquigrafia, da estenotipia ou de outro método idôneo em qualquer juízo ou tribunal.

Art. 211. Não se admitem nos atos e termos processuais espaços em branco, salvo os que forem inutilizados, assim como entrelinhas, emendas ou rasuras, exceto quando expressamente ressalvadas.

CAPÍTULO II
DO TEMPO E DO LUGAR DOS ATOS PROCESSUAIS

Seção I
DO TEMPO

Art. 212. Os atos processuais serão realizados em dias úteis, das 6 (seis) às 20 (vinte) horas.

§ 1º Serão concluídos após as 20 (vinte) horas os atos iniciados antes, quando o adiamento prejudicar a diligência ou causar grave dano.

§ 2º Independentemente de autorização judicial, as citações, intimações e penhoras poderão realizar-se no período de férias forenses, onde as houver, e nos feriados ou dias úteis fora do horário estabelecido neste artigo, observado o disposto no art. 5º, inciso XI, da Constituição Federal.

§ 3º Quando o ato tiver de ser praticado por meio de petição em autos não eletrônicos, essa deverá ser protocolada no horário de funcionamento do fórum ou tribunal, conforme o disposto na lei de organização judiciária local.

Art. 213. A prática eletrônica de ato processual pode ocorrer em qualquer horário até as 24 (vinte e quatro) horas do último dia do prazo.

Parágrafo único. O horário vigente no juízo perante o qual o ato deve ser praticado será considerado para fins de atendimento do prazo.

Art. 214. Durante as férias forenses e nos feriados, não se praticarão atos processuais, excetuando-se:

I – os atos previstos no art. 212, § 2º;

II – a tutela de urgência.

Art. 215. Processam-se durante as férias forenses, onde as houver, e não se suspendem pela superveniência delas:

I – os procedimentos de jurisdição voluntária e os necessários à conservação de direitos, quando puderem ser prejudicados pelo adiamento;

II – a ação de alimentos e os processos de nomeação ou remoção de tutor e curador;

III – os processos que a lei determinar.

Art. 216. Além dos declarados em lei, são feriados, para efeito forense, os sábados, os domingos e os dias em que não haja expediente forense.

Seção II
DO LUGAR

Art. 217. Os atos processuais realizar-se-ão ordinariamente na sede do juízo, ou, excepcionalmente, em outro lugar em razão de deferência, de interesse da justiça, da natureza do ato ou de obstáculo arguido pelo interessado e acolhido pelo juiz.

CAPÍTULO III
DOS PRAZOS

Seção I
DISPOSIÇÕES GERAIS

Art. 218. Os atos processuais serão realizados nos prazos prescritos em lei.

§ 1º Quando a lei for omissa, o juiz determinará os prazos em consideração à complexidade do ato.

§ 2º Quando a lei ou o juiz não determinar prazo, as intimações somente obrigarão a comparecimento após decorridas 48 (quarenta e oito) horas.

§ 3º Inexistindo preceito legal ou prazo determinado pelo juiz, será de 5 (cinco) dias o prazo para a prática de ato processual a cargo da parte.

§ 4º Será considerado tempestivo o ato praticado antes do termo inicial do prazo.

Art. 219. Na contagem de prazo em dias, estabelecido por lei ou pelo juiz, computar-se-ão somente os dias úteis.

Parágrafo único. O disposto neste artigo aplica-se somente aos prazos processuais.

Art. 220. Suspende-se o curso do prazo processual nos dias compreendidos entre 20 de dezembro e 20 de janeiro, inclusive.

§ 1º Ressalvadas as férias individuais e os feriados instituídos por lei, os juízes, os membros do Ministério Público, da Defensoria Pública e da Advocacia Pública e os auxiliares da Justiça exercerão suas atribuições durante o período previsto no *caput*.

§ 2º Durante a suspensão do prazo, não se realizarão audiências nem sessões de julgamento.

Art. 221. Suspende-se o curso do prazo por obstáculo criado em detrimento da parte ou ocorrendo qualquer das hipóteses do art. 313, devendo o prazo ser restituído por tempo igual ao que faltava para sua complementação.

- Súm. nº 173 do STF.

Parágrafo único. Suspendem-se os prazos durante a execução de programa instituído pelo Poder Judiciário para promover a autocomposição, incumbindo aos tribunais especificar, com antecedência, a duração dos trabalhos.

Art. 222. Na comarca, seção ou subseção judiciária onde for difícil o transporte, o juiz poderá prorrogar os prazos por até 2 (dois) meses.

§ 1º Ao juiz é vedado reduzir prazos peremptórios sem anuência das partes.

§ 2º Havendo calamidade pública, o limite previsto no *caput* para prorrogação de prazos poderá ser excedido.

Art. 223. Decorrido o prazo, extingue-se o direito de praticar ou de emendar o ato processual, independentemente de declaração judicial, ficando assegurado, porém, à parte provar que não o realizou por justa causa.

§ 1º Considera-se justa causa o evento alheio à vontade da parte e que a impediu de praticar o ato por si ou por mandatário.

§ 2º Verificada a justa causa, o juiz permitirá à parte a prática do ato no prazo que lhe assinar.

Art. 224. Salvo disposição em contrário, os prazos serão contados excluindo o dia do começo e incluindo o dia do vencimento.

§ 1º Os dias do começo e do vencimento do prazo serão protraídos para o primeiro dia útil seguinte, se coincidirem com dia em que o expediente forense for encerrado antes ou iniciado depois da hora normal ou houver indisponibilidade da comunicação eletrônica.

§ 2º Considera-se como data de publicação o primeiro dia útil seguinte ao da disponibilização da informação no *Diário da Justiça eletrônico*.

§ 3º A contagem do prazo terá início no primeiro dia útil que seguir ao da publicação.

- Art. 32 do CC.
- Súm. nº 310 do STF.

Art. 225. A parte poderá renunciar ao prazo estabelecido exclusivamente em seu favor, desde que o faça de maneira expressa.

Art. 226. O juiz proferirá:

I – os despachos no prazo de 5 (cinco) dias;

II – as decisões interlocutórias no prazo de 10 (dez) dias;

III – as sentenças no prazo de 30 (trinta) dias.

Art. 227. Em qualquer grau de jurisdição, havendo motivo justificado, pode o juiz exceder, por igual tempo, os prazos a que está submetido.

Art. 228. Incumbirá ao serventuário remeter os autos conclusos no prazo de 1 (um) dia e executar os atos processuais no prazo de 5 (cinco) dias, contado da data em que:

I – houver concluído o ato processual anterior, se lhe foi imposto pela lei;

II – tiver ciência da ordem, quando determinada pelo juiz.

§ 1º Ao receber os autos, o serventuário certificará o dia e a hora em que teve ciência da ordem referida no inciso II.

§ 2º Nos processos em autos eletrônicos, a juntada de petições ou de manifestações em geral ocorrerá de forma automática, independentemente de ato de serventuário da justiça.

Art. 229. Os litisconsortes que tiverem diferentes procuradores, de escritórios de advocacia distintos, terão prazos contados em dobro para todas as suas manifestações, em qualquer juízo ou tribunal, independentemente de requerimento.

- Súm. nº 641 do STF.

§ 1º Cessa a contagem do prazo em dobro se, havendo apenas 2 (dois) réus, é oferecida defesa por apenas um deles.

§ 2º Não se aplica o disposto no *caput* aos processos em autos eletrônicos.

Art. 230. O prazo para a parte, o procurador, a Advocacia Pública, a Defensoria Pública e o Ministério Público será contado da citação, da intimação ou da notificação.

Art. 231. Salvo disposição em sentido diverso, considera-se dia do começo do prazo:

I – a data de juntada aos autos do aviso de recebimento, quando a citação ou a intimação for pelo correio;

- Súm. nº 429 do STJ.

II – a data de juntada aos autos do mandado cumprido, quando a citação ou a intimação for por oficial de justiça;

III – a data de ocorrência da citação ou da intimação, quando ela se der por ato do escrivão ou do chefe de secretaria;

IV – o dia útil seguinte ao fim da dilação assinada pelo juiz, quando a citação ou a intimação for por edital;

V – o dia útil seguinte à consulta ao teor da citação ou da intimação ou ao término do prazo para que a consulta se dê, quando a citação ou a intimação for eletrônica;

VI – a data de juntada do comunicado de que trata o art. 232 ou, não havendo esse, a data de juntada da carta aos autos de origem devidamente cumprida, quando a citação ou a intimação se realizar em cumprimento de carta;

VII – a data de publicação, quando a intimação se der pelo *Diário da Justiça* impresso ou eletrônico;

VIII – o dia da carga, quando a intimação se der por meio da retirada dos autos, em carga, do cartório ou da secretaria;

IX – o quinto dia útil seguinte à confirmação, na forma prevista na mensagem de citação, do recebimento da citação realizada por meio eletrônico.

- Inciso IX acrescido pela Lei nº 14.195, de 26-8-2021.

§ 1º Quando houver mais de um réu, o dia do começo do prazo para contestar corresponderá à última das datas a que se referem os incisos I a VI do *caput*.

§ 2º Havendo mais de um intimado, o prazo para cada um é contado individualmente.

§ 3º Quando o ato tiver de ser praticado diretamente pela parte ou por quem, de qualquer forma, participe do processo, sem a intermediação de representante judicial, o dia do começo do prazo para cumprimento da determinação judicial corresponderá à data em que se der a comunicação.

§ 4º Aplica-se o disposto no inciso II do *caput* à citação com hora certa.

Art. 232. Nos atos de comunicação por carta precatória, rogatória ou de ordem, a realização da citação ou da intimação será imediatamente informada, por meio eletrônico, pelo juiz deprecado ao juiz deprecante.

Seção II – *DA VERIFICAÇÃO DOS PRAZOS E DAS PENALIDADES*

Art. 233. Incumbe ao juiz verificar se o serventuário excedeu, sem motivo legítimo, os prazos estabelecidos em lei.

§ 1º Constatada a falta, o juiz ordenará a instauração de processo administrativo, na forma da lei.

§ 2º Qualquer das partes, o Ministério Público ou a Defensoria Pública poderá representar ao juiz contra o serventuário que injustificadamente exceder os prazos previstos em lei.

Art. 234. Os advogados públicos ou privados, o defensor público e o membro do Ministério Público devem restituir os autos no prazo do ato a ser praticado.

- Arts. 7º, XV e XVI, §§ 1º e 3º, e 34, XXII, da Lei nº 8.906, de 4-7-1994 (Estatuto da Advocacia e da OAB).

§ 1º É lícito a qualquer interessado exigir os autos do advogado que exceder prazo legal.

§ 2º Se, intimado, o advogado não devolver os autos no prazo de 3 (três) dias, perderá o direito à vista fora de cartório e incorrerá em multa correspondente à metade do salário mínimo.

§ 3º Verificada a falta, o juiz comunicará o fato à seção local da Ordem dos Advogados do Brasil para procedimento disciplinar e imposição de multa.

§ 4º Se a situação envolver membro do Ministério Público, da Defensoria Pública ou da Advocacia Pública, a multa, se for o caso, será aplicada ao agente público responsável pelo ato.

§ 5º Verificada a falta, o juiz comunicará o fato ao órgão competente responsável pela instauração de procedimento disciplinar contra o membro que atuou no feito.

Art. 235. Qualquer parte, o Ministério Público ou a Defensoria Pública poderá representar ao corregedor do tribunal ou ao Conselho Nacional de Justiça contra juiz ou relator que injustificadamente exceder os prazos previstos em lei, regulamento ou regimento interno.

§ 1º Distribuída a representação ao órgão competente e ouvido previamente o juiz, não sendo caso de arquivamento liminar, será instaurado procedimento para apuração da responsabilidade, com intimação do representado por meio eletrônico para, querendo, apresentar justificativa no prazo de 15 (quinze) dias.

§ 2º Sem prejuízo das sanções administrativas cabíveis, em até 48 (quarenta e oito) horas após a apresentação ou não da justificativa de que trata o § 1º, se for o caso, o corregedor do tribunal ou o relator no Conselho Nacional de Justiça determinará a intimação do representado por meio eletrônico para que, em 10 (dez) dias, pratique o ato.

§ 3º Mantida a inércia, os autos serão remetidos ao substituto legal do juiz ou do relator contra o qual se representou para decisão em 10 (dez) dias.

TÍTULO II – DA COMUNICAÇÃO DOS ATOS PROCESSUAIS

CAPÍTULO I

DISPOSIÇÕES GERAIS

Art. 236. Os atos processuais serão cumpridos por ordem judicial.

§ 1º Será expedida carta para a prática de atos fora dos limites territoriais do tribunal, da comarca, da seção ou da subseção judiciárias, ressalvadas as hipóteses previstas em lei.

§ 2º O tribunal poderá expedir carta para juízo a ele vinculado, se o ato houver de se realizar fora dos limites territoriais do local de sua sede.

§ 3º Admite-se a prática de atos processuais por meio de videoconferência ou outro recurso tecnológico de transmissão de sons e imagens em tempo real.

Art. 237. Será expedida carta:

I – de ordem, pelo tribunal, na hipótese do § 2º do art. 236;

II – rogatória, para que órgão jurisdicional estrangeiro pratique ato de cooperação jurídica internacional, relativo a processo em curso perante órgão jurisdicional brasileiro;

III – precatória, para que órgão jurisdicional brasileiro pratique ou determine o cumprimento, na área de sua competência territorial, de ato relativo a pedido de cooperação judiciária formulado por órgão jurisdicional de competência territorial diversa;

- A concessão de *exequatur* às cartas rogatórias passou a ser da competência do STJ, conforme art. 105, I, *i*, da CF.

IV – arbitral, para que órgão do Poder Judiciário pratique ou determine o cumprimento, na área de sua competência territorial, de ato objeto de pedido de cooperação judiciária formulado por juízo arbitral, inclusive os que importem efetivação de tutela provisória.

Parágrafo único. Se o ato relativo a processo em curso na justiça federal ou em tribunal superior houver de ser praticado em local onde não haja vara federal, a carta poderá ser dirigida ao juízo estadual da respectiva comarca.

CAPÍTULO II

DA CITAÇÃO

Art. 238. Citação é o ato pelo qual são convocados o réu, o executado ou o interessado para integrar a relação processual.

Parágrafo único. A citação será efetivada em até 45 (quarenta e cinco) dias a partir da propositura da ação.

- Parágrafo único acrescido pela Lei nº 14.195, de 26-8-2021.

Art. 239. Para a validade do processo é indispensável a citação do réu ou do executado, ressalvadas as hipóteses de indeferimento da petição inicial ou de improcedência liminar do pedido.

§ 1º O comparecimento espontâneo do réu ou do executado supre a falta ou a nulidade da citação, fluindo a partir desta data o prazo para apresentação de contestação ou de embargos à execução.

§ 2º Rejeitada a alegação de nulidade, tratando-se de processo de:

I – conhecimento, o réu será considerado revel;

II – execução, o feito terá seguimento.

Art. 240. A citação válida, ainda quando ordenada por juízo incompetente, induz litispendência, torna litigiosa a coisa e constitui em mora o devedor, ressalvado o disposto nos arts. 397 e 398 da Lei nº 10.406, de 10 de janeiro de 2002 (Código Civil).

§ 1º A interrupção da prescrição, operada pelo despacho que ordena a citação, ainda que proferido por juízo incompetente, retroagirá à data de propositura da ação.

§ 2º Incumbe ao autor adotar, no prazo de 10 (dez) dias, as providências necessárias para viabilizar a citação, sob pena de não se aplicar o disposto no § 1º.

- Art. 202, I, do CC.
- Súmulas nºs 106 e 204 do STJ.

§ 3º A parte não será prejudicada pela demora imputável exclusivamente ao serviço judiciário.

§ 4º O efeito retroativo a que se refere o § 1º aplica-se à decadência e aos demais prazos extintivos previstos em lei.

Art. 241. Transitada em julgado a sentença de mérito proferida em favor do réu antes da citação, incumbe ao escrivão ou ao chefe de secretaria comunicar-lhe o resultado do julgamento.

Art. 242. A citação será pessoal, podendo, no entanto, ser feita na pessoa do representante legal ou do procurador do réu, do executado ou do interessado.

§ 1º Na ausência do citando, a citação será feita na pessoa de seu mandatário, administrador, preposto ou gerente, quando a ação se originar de atos por eles praticados.

§ 2º O locador que se ausentar do Brasil sem cientificar o locatário de que deixou, na localidade onde estiver situado o imóvel, procurador com poderes para receber citação será citado na pessoa do administrador do imóvel encarregado do recebimento dos aluguéis, que será considerado habilitado para representar o locador em juízo.

§ 3º A citação da União, dos Estados, do Distrito Federal, dos Municípios e de suas respectivas autarquias e fundações de direito público será realizada perante o órgão de Advocacia Pública responsável por sua representação judicial.

- Súm. nº 429 do STJ.

Art. 243. A citação poderá ser feita em qualquer lugar em que se encontre o réu, o executado ou o interessado.

Parágrafo único. O militar em serviço ativo será citado na unidade em que estiver servindo, se não for conhecida sua residência ou nela não for encontrado.

Art. 244. Não se fará a citação, salvo para evitar o perecimento do direito:

I – de quem estiver participando de ato de culto religioso;

II – de cônjuge, de companheiro ou de qualquer parente do morto, consanguíneo ou afim, em linha reta ou na linha colateral em segundo grau, no dia do falecimento e nos 7 (sete) dias seguintes;

III – de noivos, nos 3 (três) primeiros dias seguintes ao casamento;

IV – de doente, enquanto grave o seu estado.

Art. 245. Não se fará citação quando se verificar que o citando é mentalmente incapaz ou está impossibilitado de recebê-la.

§ 1º O oficial de justiça descreverá e certificará minuciosamente a ocorrência.

§ 2º Para examinar o citando, o juiz nomeará médico, que apresentará laudo no prazo de 5 (cinco) dias.

§ 3º Dispensa-se a nomeação de que trata o § 2º se pessoa da família apresentar declaração do médico do citando que ateste a incapacidade deste.

§ 4º Reconhecida a impossibilidade, o juiz nomeará curador ao citando, observando, quanto à sua escolha, a preferência estabelecida em lei e restringindo a nomeação à causa.

§ 5º A citação será feita na pessoa do curador, a quem incumbirá a defesa dos interesses do citando.

Art. 246. A citação será feita preferencialmente por meio eletrônico, no prazo de até 2 (dois) dias úteis, contado da decisão que a determinar, por meio dos endereços eletrônicos indicados pelo citando no banco de dados do Poder Judiciário, conforme regulamento do Conselho Nacional de Justiça.

• *Caput* com a redação dada pela Lei nº 14.195, de 26-8-2021.

I a V – *Revogados*. Lei nº 14.195, de 26-8-2021.

§ 1º As empresas públicas e privadas são obrigadas a manter cadastro nos sistemas de processo em autos eletrônicos, para efeito de recebimento de citações e intimações, as quais serão efetuadas preferencialmente por esse meio.

• § 1º com a redação dada pela Lei nº 14.195, de 26-8-2021.

§ 1º-A. A ausência de confirmação, em até 3 (três) dias úteis, contados do recebimento da citação eletrônica, implicará a realização da citação:

I – pelo correio;

II – por oficial de justiça;

III – pelo escrivão ou chefe de secretaria, se o citando comparecer em cartório;

IV – por edital.

§ 1º-B. Na primeira oportunidade de falar nos autos, o réu citado nas formas previstas nos incisos I, II, III e IV do § 1º-A deste artigo deverá apresentar justa causa para a ausência de confirmação do recebimento da citação enviada eletronicamente.

§ 1º-C. Considera-se ato atentatório à dignidade da justiça, passível de multa de até 5% (cinco por cento) do valor da causa, deixar de confirmar no prazo legal, sem justa causa, o recebimento da citação recebida por meio eletrônico.

• §§ 1º-A a 1º-C acrescidos pela Lei nº 14.195, de 26-8-2021.

§ 2º O disposto no § 1º aplica-se à União, aos Estados, ao Distrito Federal, aos Municípios e às entidades da administração indireta.

§ 3º Na ação de usucapião de imóvel, os confinantes serão citados pessoalmente, exceto quando tiver por objeto unidade autônoma de prédio em condomínio, caso em que tal citação é dispensada.

§ 4º As citações por correio eletrônico serão acompanhadas das orientações para realização da confirmação de recebimento e de código identificador que permitirá a sua identificação na página eletrônica do órgão judicial citante.

§ 5º As microempresas e as pequenas empresas somente se sujeitam ao disposto no § 1º deste artigo quando não possuírem endereço eletrônico cadastrado no sistema integrado da Rede Nacional para a Simplificação do Registro e da Legalização de Empresas e Negócios (REDESIM).

§ 6º Para os fins do § 5º deste artigo, deverá haver compartilhamento de cadastro com o órgão do Poder Judiciário, incluído o endereço eletrônico constante do sistema integrado da REDESIM, nos termos da legislação aplicável ao sigilo fiscal e ao tratamento de dados pessoais.

• §§ 4º a 6º acrescidos pela Lei nº 14.195, de 26-8-2021.

Art. 247. A citação será feita por meio eletrônico ou pelo correio para qualquer comarca do País, exceto:

• *Caput* com a redação dada pela Lei nº 14.195, de 26-8-2021.

I – nas ações de estado, observado o disposto no art. 695, § 3º;

II – quando o citando for incapaz;

III – quando o citando for pessoa de direito público;

IV – quando o citando residir em local não atendido pela entrega domiciliar de correspondência;

V – quando o autor, justificadamente, a requerer de outra forma.

○ Súm. nº 429 do STJ.

Art. 248. Deferida a citação pelo correio, o escrivão ou o chefe de secretaria remeterá ao citando cópias da petição inicial e do despacho do juiz e comunicará o prazo para resposta, o endereço do juízo e o respectivo cartório.

§ 1º A carta será registrada para entrega ao citando, exigindo-lhe o carteiro, ao fazer a entrega, que assine o recibo.

○ Súm. nº 429 do STJ.

§ 2º Sendo o citando pessoa jurídica, será válida a entrega do mandado a pessoa com poderes de gerência geral ou de administração ou, ainda, a funcionário responsável pelo recebimento de correspondências.

§ 3º Da carta de citação no processo de conhecimento constarão os requisitos do art. 250.

§ 4º Nos condomínios edilícios ou nos loteamentos com controle de acesso, será válida a entrega do mandado a funcionário da portaria responsável pelo recebimento de correspondência, que, entretanto, poderá recusar o recebimento, se declarar, por escrito, sob as penas da lei, que o destinatário da correspondência está ausente.

Art. 249. A citação será feita por meio de oficial de justiça nas hipóteses previstas neste Código ou em lei, ou quando frustrada a citação pelo correio.

Art. 250. O mandado que o oficial de justiça tiver de cumprir conterá:

I – os nomes do autor e do citando e seus respectivos domicílios ou residências;

II – a finalidade da citação, com todas as especificações constantes da petição inicial, bem como a menção do prazo para contestar, sob pena de revelia, ou para embargar a execução;

III – a aplicação de sanção para o caso de descumprimento da ordem, se houver;

IV – se for o caso, a intimação do citando para comparecer, acompanhado de advogado ou de defensor público, à audiência de conciliação ou de mediação, com a menção do dia, da hora e do lugar do comparecimento;

CPC

V – a cópia da petição inicial, do despacho ou da decisão que deferir tutela provisória;

VI – a assinatura do escrivão ou do chefe de secretaria e a declaração de que o subscreve por ordem do juiz.

Art. 251. Incumbe ao oficial de justiça procurar o citando e, onde o encontrar, citá-lo:

I – lendo-lhe o mandado e entregando-lhe a contrafé;

II – portando por fé se recebeu ou recusou a contrafé;

III – obtendo a nota de ciente ou certificando que o citando não a apôs no mandado.

Art. 252. Quando, por 2 (duas) vezes, o oficial de justiça houver procurado o citando em seu domicílio ou residência sem o encontrar, deverá, havendo suspeita de ocultação, intimar qualquer pessoa da família ou, em sua falta, qualquer vizinho de que, no dia útil imediato, voltará a fim de efetuar a citação, na hora que designar.

Parágrafo único. Nos condomínios edilícios ou nos loteamentos com controle de acesso, será válida a intimação a que se refere o *caput* feita a funcionário da portaria responsável pelo recebimento de correspondência.

Art. 253. No dia e na hora designados, o oficial de justiça, independentemente de novo despacho, comparecerá ao domicílio ou à residência do citando a fim de realizar a diligência.

- Arts. 70 a 78 do CC.

§ 1º Se o citando não estiver presente, o oficial de justiça procurará informar-se das razões da ausência, dando por feita a citação, ainda que o citando se tenha ocultado em outra comarca, seção ou subseção judiciárias.

§ 2º A citação com hora certa será efetivada mesmo que a pessoa da família ou o vizinho que houver sido intimado esteja ausente, ou se, embora presente, a pessoa da família ou o vizinho se recusar a receber o mandado.

§ 3º Da certidão da ocorrência, o oficial de justiça deixará contrafé com qualquer pessoa da família ou vizinho, conforme o caso, declarando-lhe o nome.

§ 4º O oficial de justiça fará constar do mandado a advertência de que será nomeado curador especial se houver revelia.

Art. 254. Feita a citação com hora certa, o escrivão ou chefe de secretaria enviará ao réu, executado ou interessado, no prazo de 10 (dez) dias, contado da data da juntada do mandado aos autos, carta, telegrama ou correspondência eletrônica, dando-lhe de tudo ciência.

- Súm. nº 196 do STJ.

Art. 255. Nas comarcas contíguas de fácil comunicação e nas que se situem na mesma região metropolitana, o oficial de justiça poderá efetuar, em qualquer delas, citações, intimações, notificações, penhoras e quaisquer outros atos executivos.

- Art. 238 do CC.

Art. 256. A citação por edital será feita:

- Súm. nº 238 do STJ.

I – quando desconhecido ou incerto o citando;

II – quando ignorado, incerto ou inacessível o lugar em que se encontrar o citando;

III – nos casos expressos em lei.

§ 1º Considera-se inacessível, para efeito de citação por edital, o país que recusar o cumprimento de carta rogatória.

- A concessão de *exequatur* às cartas rogatórias passou a ser da competência do STJ, conforme art. 105, I, *i*, da CF.

§ 2º No caso de ser inacessível o lugar em que se encontrar o réu, a notícia de sua citação será divulgada também pelo rádio, se na comarca houver emissora de radiodifusão.

§ 3º O réu será considerado em local ignorado ou incerto se infrutíferas as tentativas de sua localização, inclusive mediante requisição pelo juízo de informações sobre seu endereço nos cadastros de órgãos públicos ou de concessionárias de serviços públicos.

Art. 257. São requisitos da citação por edital:

I – a afirmação do autor ou a certidão do oficial informando a presença das circunstâncias autorizadoras;

II – a publicação do edital na rede mundial de computadores, no sítio do respectivo tribunal e na plataforma de editais do Conselho Nacional de Justiça, que deve ser certificada nos autos;

III – a determinação, pelo juiz, do prazo, que variará entre 20 (vinte) e 60 (sessenta) dias, fluindo da data da publicação única ou, havendo mais de uma, da primeira;

IV – a advertência de que será nomeado curador especial em caso de revelia.

Parágrafo único. O juiz poderá determinar que a publicação do edital seja feita também em jornal local de ampla circulação ou por outros meios, considerando as peculiaridades da comarca, da seção ou da subseção judiciárias.

Art. 258. A parte que requerer a citação por edital, alegando dolosamente a ocorrência das circunstâncias autorizadoras para sua realização, incorrerá em multa de 5 (cinco) vezes o salário mínimo.

Parágrafo único. A multa reverterá em benefício do citando.

Art. 259. Serão publicados editais:

I – na ação de usucapião de imóvel;

II – na ação de recuperação ou substituição de título ao portador;

III – em qualquer ação em que seja necessária, por determinação legal, a provocação, para participação no processo, de interessados incertos ou desconhecidos.

CAPÍTULO III
DAS CARTAS

Art. 260. São requisitos das cartas de ordem, precatória e rogatória:

- A concessão de *exequatur* às cartas rogatórias passou a ser da competência do STJ, conforme art. 105, I, *i*, da CF.

I – a indicação dos juízes de origem e de cumprimento do ato;

II – o inteiro teor da petição, do despacho judicial e do instrumento do mandato conferido ao advogado;

III – a menção do ato processual que lhe constitui o objeto;

IV – o encerramento com a assinatura do juiz.

§ 1º O juiz mandará trasladar para a carta quaisquer outras peças, bem como instruí-la com mapa, desenho ou gráfico, sempre que esses documentos devam ser examinados, na diligência, pelas partes, pelos peritos ou pelas testemunhas.

§ 2º Quando o objeto da carta for exame pericial sobre documento, este será remetido em original, ficando nos autos reprodução fotográfica.

§ 3º A carta arbitral atenderá, no que couber, aos requisitos a que se refere o *caput* e será instruída com a convenção de arbitragem e com as provas da nomeação do árbitro e de sua aceitação da função.

Art. 261. Em todas as cartas o juiz fixará o prazo para cumprimento, atendendo à facilidade das comunicações e à natureza da diligência.

§ 1º As partes deverão ser intimadas pelo juiz do ato de expedição da carta.

§ 2º Expedida a carta, as partes acompanharão o cumprimento da diligência perante o juízo destinatário, ao qual compete a prática dos atos de comunicação.

§ 3º A parte a quem interessar o cumprimento da diligência cooperará para que o prazo a que se refere o *caput* seja cumprido.

Art. 262. A carta tem caráter itinerante, podendo, antes ou depois de lhe ser ordenado o cumprimento, ser encaminhada a juízo diverso do que dela consta, a fim de se praticar o ato.

Parágrafo único. O encaminhamento da carta a outro juízo será imediatamente comunicado ao órgão expedidor, que intimará as partes.

Art. 263. As cartas deverão, preferencialmente, ser expedidas por meio eletrônico, caso em que a assinatura do juiz deverá ser eletrônica, na forma da lei.

- A concessão de *exequatur* às cartas rogatórias passou a ser da competência do STJ, conforme art. 105, I, *i*, da CF.

Art. 264. A carta de ordem e a carta precatória por meio eletrônico, por telefone ou por telegrama conterão, em resumo substancial, os requisitos mencionados no art. 250, especialmente no que se refere à aferição da autenticidade.

Art. 265. O secretário do tribunal, o escrivão ou o chefe de secretaria do juízo deprecante transmitirá, por telefone, a carta de ordem ou a carta precatória ao juízo em que houver de se cumprir o ato, por intermédio do escrivão do primeiro ofício da primeira vara, se houver na comarca mais de um ofício ou de uma vara, observando-se, quanto aos requisitos, o disposto no art. 264.

§ 1º O escrivão ou o chefe de secretaria, no mesmo dia ou no dia útil imediato, telefonará ou enviará mensagem eletrônica ao secretário do tribunal, ao escrivão ou ao chefe de secretaria do juízo deprecante, lendo-lhe os termos da carta e solicitando-lhe que os confirme.

§ 2º Sendo confirmada, o escrivão ou o chefe de secretaria submeterá a carta a despacho.

Art. 266. Serão praticados de ofício os atos requisitados por meio eletrônico e de telegrama, devendo a parte depositar, contudo, na secretaria do tribunal ou no cartório do juízo deprecante, a importância correspondente às despesas que serão feitas no juízo em que houver de praticar-se o ato.

Art. 267. O juiz recusará cumprimento a carta precatória ou arbitral, devolvendo-a com decisão motivada quando:

I – a carta não estiver revestida dos requisitos legais;

II – faltar ao juiz competência em razão da matéria ou da hierarquia;

III – o juiz tiver dúvida acerca de sua autenticidade.

Parágrafo único. No caso de incompetência em razão da matéria ou da hierarquia, o juiz deprecado, conforme o ato a ser praticado, poderá remeter a carta ao juiz ou ao tribunal competente.

Art. 268. Cumprida a carta, será devolvida ao juízo de origem no prazo de 10 (dez) dias, independentemente de traslado, pagas as custas pela parte.

CAPÍTULO IV
DAS INTIMAÇÕES

Art. 269. Intimação é o ato pelo qual se dá ciência a alguém dos atos e dos termos do processo.

§ 1º É facultado aos advogados promover a intimação do advogado da outra parte por meio do correio, juntando aos autos, a seguir, cópia do ofício de intimação e do aviso de recebimento.

§ 2º O ofício de intimação deverá ser instruído com cópia do despacho, da decisão ou da sentença.

§ 3º A intimação da União, dos Estados, do Distrito Federal, dos Municípios e de suas respectivas autarquias e fundações de direito público será realizada perante o órgão de Advocacia Pública responsável por sua representação judicial.

Art. 270. As intimações realizam-se, sempre que possível, por meio eletrônico, na forma da lei.

Parágrafo único. Aplica-se ao Ministério Público, à Defensoria Pública e à Advocacia Pública o disposto no § 1º do art. 246.

Art. 271. O juiz determinará de ofício as intimações em processos pendentes, salvo disposição em contrário.

Art. 272. Quando não realizadas por meio eletrônico, consideram-se feitas as intimações pela publicação dos atos no órgão oficial.

§ 1º Os advogados poderão requerer que, na intimação a eles dirigida, figure apenas o nome da sociedade a que pertençam, desde que devidamente registrada na Ordem dos Advogados do Brasil.

§ 2º Sob pena de nulidade, é indispensável que da publicação constem os nomes das partes e de seus advogados, com o respectivo número de inscrição na Ordem dos Advogados do Brasil, ou, se assim requerido, da sociedade de advogados.

§ 3º A grafia dos nomes das partes não deve conter abreviaturas.

§ 4º A grafia dos nomes dos advogados deve corresponder ao nome completo e ser a mesma que constar da procuração ou que estiver registrada na Ordem dos Advogados do Brasil.

§ 5º Constando dos autos pedido expresso para que as comunicações dos atos processuais sejam feitas em nome dos advogados indicados, o seu desatendimento implicará nulidade.

§ 6º A retirada dos autos do cartório ou da secretaria em carga pelo advogado, por pessoa credenciada a pedido do advogado ou da sociedade de advogados, pela Advocacia Pública, pela Defensoria Pública ou pelo Ministério Público implicará intimação de qualquer decisão contida no processo retirado, ainda que pendente de publicação.

§ 7º O advogado e a sociedade de advogados deverão requerer o respectivo credenciamento para a retirada de autos por preposto.

§ 8º A parte arguirá a nulidade da intimação em capítulo preliminar do próprio ato que lhe caiba praticar, o qual será tido por tempestivo se o vício for reconhecido.

§ 9º Não sendo possível a prática imediata do ato diante da necessidade de acesso prévio aos autos, a parte limitar-se-á a arguir a nulidade da intimação, caso em que o prazo será contado da intimação da decisão que a reconheça.

Art. 273. Se inviável a intimação por meio eletrônico e não houver na localidade publicação em órgão oficial, incumbirá ao escrivão ou chefe de secretaria intimar de todos os atos do processo os advogados das partes:

I – pessoalmente, se tiverem domicílio na sede do juízo;

II – por carta registrada, com aviso de recebimento, quando forem domiciliados fora do juízo.

Art. 274. Não dispondo a lei de outro modo, as intimações serão feitas às partes, aos seus representantes legais, aos advogados e aos demais sujeitos do processo pelo correio ou, se presentes em cartório, diretamente pelo escrivão ou chefe de secretaria.

Parágrafo único. Presumem-se válidas as intimações dirigidas ao endereço constante dos autos, ainda que não recebidas pessoalmente pelo interessado, se a modificação temporária ou definitiva não tiver sido devidamente comunicada ao juízo, fluindo os prazos a partir da juntada aos autos do comprovante de entrega da correspondência no primitivo endereço.

Art. 275. A intimação será feita por oficial de justiça quando frustrada a realização por meio eletrônico ou pelo correio.

§ 1º A certidão de intimação deve conter:

I – a indicação do lugar e a descrição da pessoa intimada, mencionando, quando possível, o número de seu documento de identidade e o órgão que o expediu;

II – a declaração de entrega da contrafé;

III – a nota de ciente ou a certidão de que o interessado não a apôs no mandado.

- Mantivemos o termo "interessado", conforme publicação oficial; a expressão deve ser entendida como "intimado".

§ 2º Caso necessário, a intimação poderá ser efetuada com hora certa ou por edital.

TÍTULO III – DAS NULIDADES

Art. 276. Quando a lei prescrever determinada forma sob pena de nulidade, a decretação desta não pode ser requerida pela parte que lhe deu causa.

Art. 277. Quando a lei prescrever determinada forma, o juiz considerará válido o ato se, realizado de outro modo, lhe alcançar a finalidade.

Art. 278. A nulidade dos atos deve ser alegada na primeira oportunidade em que couber à parte falar nos autos, sob pena de preclusão.

Parágrafo único. Não se aplica o disposto no *caput* às nulidades que o juiz deva decretar de ofício, nem prevalece a preclusão provando a parte legítimo impedimento.

Art. 279. É nulo o processo quando o membro do Ministério Público não for intimado a acompanhar o feito em que deva intervir.

§ 1º Se o processo tiver tramitado sem conhecimento do membro do Ministério Público, o juiz invalidará os atos praticados a partir do momento em que ele deveria ter sido intimado.

§ 2º A nulidade só pode ser decretada após a intimação do Ministério Público, que se manifestará sobre a existência ou a inexistência de prejuízo.

Art. 280. As citações e as intimações serão nulas quando feitas sem observância das prescrições legais.

Art. 281. Anulado o ato, consideram-se de nenhum efeito todos os subsequentes que dele dependam, todavia, a nulidade de uma parte do ato não prejudicará as outras que dela sejam independentes.

- Art. 184 do CC.

Art. 282. Ao pronunciar a nulidade, o juiz declarará que atos são atingidos e ordenará as providências necessárias a fim de que sejam repetidos ou retificados.

§ 1º O ato não será repetido nem sua falta será suprida quando não prejudicar a parte.

§ 2º Quando puder decidir o mérito a favor da parte a quem aproveite a decretação da nulidade, o juiz não a pronunciará nem mandará repetir o ato ou suprir-lhe a falta.

Art. 283. O erro de forma do processo acarreta unicamente a anulação dos atos que não possam ser aproveitados, devendo ser praticados os que forem necessários a fim de se observarem as prescrições legais.

Parágrafo único. Dar-se-á o aproveitamento dos atos praticados desde que não resulte prejuízo à defesa de qualquer parte.

TÍTULO IV – DA DISTRIBUIÇÃO E DO REGISTRO

Art. 284. Todos os processos estão sujeitos a registro, devendo ser distribuídos onde houver mais de um juiz.

Art. 285. A distribuição, que poderá ser eletrônica, será alternada e aleatória, obedecendo-se rigorosa igualdade.

Parágrafo único. A lista de distribuição deverá ser publicada no *Diário de Justiça*.

Art. 286. Serão distribuídas por dependência as causas de qualquer natureza:

- Súm. nº 253 do STJ.

I – quando se relacionarem, por conexão ou continência, com outra já ajuizada;

- Súm. nº 235 do STJ.

II – quando, tendo sido extinto o processo sem resolução de mérito, for reiterado o pedido, ainda que em litisconsórcio com outros autores ou que sejam parcialmente alterados os réus da demanda;

III – quando houver ajuizamento de ações nos termos do art. 55, § 3º, ao juízo prevento.

Parágrafo único. Havendo intervenção de terceiro, reconvenção ou outra hipótese de ampliação objetiva do processo, o juiz, de ofício, mandará proceder à respectiva anotação pelo distribuidor.

Art. 287. A petição inicial deve vir acompanhada de procuração, que conterá os endereços do advogado, eletrônico e não eletrônico.

Parágrafo único. Dispensa-se a juntada da procuração:

I – no caso previsto no art. 104;

II – se a parte estiver representada pela Defensoria Pública;

III – se a representação decorrer diretamente de norma prevista na Constituição Federal ou em lei.

Art. 288. O juiz, de ofício ou a requerimento do interessado, corrigirá o erro ou compensará a falta de distribuição.

Art. 289. A distribuição poderá ser fiscalizada pela parte, por seu procurador, pelo Ministério Público e pela Defensoria Pública.

Art. 290. Será cancelada a distribuição do feito se a parte, intimada na pessoa de seu advogado, não realizar o pagamento das custas e despesas de ingresso em 15 (quinze) dias.

TÍTULO V – DO VALOR DA CAUSA

Art. 291. A toda causa será atribuído valor certo, ainda que não tenha conteúdo econômico imediatamente aferível.

Art. 292. O valor da causa constará da petição inicial ou da reconvenção e será:

I – na ação de cobrança de dívida, a soma monetariamente corrigida do principal, dos juros de mora vencidos e de outras penalidades, se houver, até a data de propositura da ação;

II – na ação que tiver por objeto a existência, a validade, o cumprimento, a modificação, a resolução, a resilição ou a rescisão de ato jurídico, o valor do ato ou o de sua parte controvertida;

III – na ação de alimentos, a soma de 12 (doze) prestações mensais pedidas pelo autor;

IV – na ação de divisão, de demarcação e de reivindicação, o valor de avaliação da área ou do bem objeto do pedido;

V – na ação indenizatória, inclusive a fundada em dano moral, o valor pretendido;

VI – na ação em que há cumulação de pedidos, a quantia correspondente à soma dos valores de todos eles;

VII – na ação em que os pedidos são alternativos, o de maior valor;

VIII – na ação em que houver pedido subsidiário, o valor do pedido principal.

§ 1º Quando se pedirem prestações vencidas e vincendas, considerar-se-á o valor de umas e outras.

§ 2º O valor das prestações vincendas será igual a uma prestação anual, se a obrigação for por tempo indeterminado ou por tempo superior a 1 (um) ano, e, se por tempo inferior, será igual à soma das prestações.

§ 3º O juiz corrigirá, de ofício e por arbitramento, o valor da causa quando verificar que não corresponde ao conteúdo patrimonial em discussão ou ao proveito econômico perseguido pelo autor, caso em que se procederá ao recolhimento das custas correspondentes.

Art. 293. O réu poderá impugnar, em preliminar da contestação, o valor atribuído à causa pelo autor, sob pena de preclusão, e o juiz decidirá a respeito, impondo, se for o caso, a complementação das custas.

LIVRO V – DA TUTELA PROVISÓRIA

TÍTULO I – DISPOSIÇÕES GERAIS

Art. 294. A tutela provisória pode fundamentar-se em urgência ou evidência.

Parágrafo único. A tutela provisória de urgência, cautelar ou antecipada, pode ser concedida em caráter antecedente ou incidental.

Art. 295. A tutela provisória requerida em caráter incidental independe do pagamento de custas.

Art. 296. A tutela provisória conserva sua eficácia na pendência do processo, mas pode, a qualquer tempo, ser revogada ou modificada.

Parágrafo único. Salvo decisão judicial em contrário, a tutela provisória conservará a eficácia durante o período de suspensão do processo.

Art. 297. O juiz poderá determinar as medidas que considerar adequadas para efetivação da tutela provisória.

- Súm. nº 212 do STJ.

Parágrafo único. A efetivação da tutela provisória observará as normas referentes ao cumprimento provisório da sentença, no que couber.

Art. 298. Na decisão que conceder, negar, modificar ou revogar a tutela provisória, o juiz motivará seu convencimento de modo claro e preciso.

Art. 299. A tutela provisória será requerida ao juízo da causa e, quando antecedente, ao juízo competente para conhecer do pedido principal.

Parágrafo único. Ressalvada disposição especial, na ação de competência originária de tribunal e nos recursos a tutela provisória será requerida ao órgão jurisdicional competente para apreciar o mérito.

TÍTULO II – DA TUTELA DE URGÊNCIA

CAPÍTULO I

DISPOSIÇÕES GERAIS

Art. 300. A tutela de urgência será concedida quando houver elementos que evidenciem a probabilidade do direito e o perigo de dano ou o risco ao resultado útil do processo.

§ 1º Para a concessão da tutela de urgência, o juiz pode, conforme o caso, exigir caução real ou fidejussória idônea para ressarcir os danos que a outra parte possa vir a sofrer, podendo a caução ser dispensada se a parte economicamente hipossuficiente não puder oferecê-la.

§ 2º A tutela de urgência pode ser concedida liminarmente ou após justificação prévia.

§ 3º A tutela de urgência de natureza antecipada não será concedida quando houver perigo de irreversibilidade dos efeitos da decisão.

Art. 301. A tutela de urgência de natureza cautelar pode ser efetivada mediante arresto, sequestro, arrolamento de bens, registro de protesto contra alienação de bem e qualquer outra medida idônea para asseguração do direito.

Art. 302. Independentemente da reparação por dano processual, a parte responde pelo prejuízo que a efetivação da tutela de urgência causar à parte adversa, se:

I – a sentença lhe for desfavorável;

II – obtida liminarmente a tutela em caráter antecedente, não fornecer os meios necessários para a citação do requerido no prazo de 5 (cinco) dias;

III – ocorrer a cessação da eficácia da medida em qualquer hipótese legal;

IV – o juiz acolher a alegação de decadência ou prescrição da pretensão do autor.

Parágrafo único. A indenização será liquidada nos autos em que a medida tiver sido concedida, sempre que possível.

CAPÍTULO II

DO PROCEDIMENTO DA TUTELA ANTECIPADA REQUERIDA EM CARÁTER ANTECEDENTE

Art. 303. Nos casos em que a urgência for contemporânea à propositura da ação, a petição inicial pode limitar-se ao requerimento da tutela antecipada e à indicação do pedido de tutela final, com a exposição da lide, do direito que se busca realizar e do perigo de dano ou do risco ao resultado útil do processo.

§ 1º Concedida a tutela antecipada a que se refere o *caput* deste artigo:

I – o autor deverá aditar a petição inicial, com a complementação de sua argumentação, a juntada de novos documentos e a confirmação do pedido de tutela final, em 15 (quinze) dias ou em outro prazo maior que o juiz fixar;

II – o réu será citado e intimado para a audiência de conciliação ou de mediação na forma do art. 334;

CPC

III – não havendo autocomposição, o prazo para contestação será contado na forma do art. 335.

§ 2º Não realizado o aditamento a que se refere o inciso I do § 1º deste artigo, o processo será extinto sem resolução do mérito.

§ 3º O aditamento a que se refere o inciso I do § 1º deste artigo dar-se-á nos mesmos autos, sem incidência de novas custas processuais.

§ 4º Na petição inicial a que se refere o *caput* deste artigo, o autor terá de indicar o valor da causa, que deve levar em consideração o pedido de tutela final.

§ 5º O autor indicará na petição inicial, ainda, que pretende valer-se do benefício previsto no *caput* deste artigo.

§ 6º Caso entenda que não há elementos para a concessão de tutela antecipada, o órgão jurisdicional determinará a emenda da petição inicial em até 5 (cinco) dias, sob pena de ser indeferida e de o processo ser extinto sem resolução de mérito.

Art. 304. A tutela antecipada, concedida nos termos do art. 303, torna-se estável se da decisão que a conceder não for interposto o respectivo recurso.

§ 1º No caso previsto no *caput*, o processo será extinto.

§ 2º Qualquer das partes poderá demandar a outra com o intuito de rever, reformar ou invalidar a tutela antecipada estabilizada nos termos do *caput*.

§ 3º A tutela antecipada conservará seus efeitos enquanto não revista, reformada ou invalidada por decisão de mérito proferida na ação de que trata o § 2º.

§ 4º Qualquer das partes poderá requerer o desarquivamento dos autos em que foi concedida a medida, para instruir a petição inicial da ação a que se refere o § 2º, prevento o juízo em que a tutela antecipada foi concedida.

§ 5º O direito de rever, reformar ou invalidar a tutela antecipada, previsto no § 2º deste artigo, extingue-se após 2 (dois) anos, contados da ciência da decisão que extinguiu o processo, nos termos do § 1º.

§ 6º A decisão que concede a tutela não fará coisa julgada, mas a estabilidade dos respectivos efeitos só será afastada por decisão que a revir, reformar ou invalidar, proferida em ação ajuizada por uma das partes, nos termos do § 2º deste artigo.

CAPÍTULO III
DO PROCEDIMENTO DA TUTELA CAUTELAR REQUERIDA EM CARÁTER ANTECEDENTE

Art. 305. A petição inicial da ação que visa à prestação de tutela cautelar em caráter antecedente indicará a lide e seu fundamento, a exposição sumária do direito que se objetiva assegurar e o perigo de dano ou o risco ao resultado útil do processo.

Parágrafo único. Caso entenda que o pedido a que se refere o *caput* tem natureza antecipada, o juiz observará o disposto no art. 303.

Art. 306. O réu será citado para, no prazo de 5 (cinco) dias, contestar o pedido e indicar as provas que pretende produzir.

Art. 307. Não sendo contestado o pedido, os fatos alegados pelo autor presumir-se-ão aceitos pelo réu como ocorridos, caso em que o juiz decidirá dentro de 5 (cinco) dias.

Parágrafo único. Contestado o pedido no prazo legal, observar-se-á o procedimento comum.

Art. 308. Efetivada a tutela cautelar, o pedido principal terá de ser formulado pelo autor no prazo de 30 (trinta) dias, caso em que será apresentado nos mesmos autos em que deduzido o pedido de tutela cautelar, não dependendo do adiantamento de novas custas processuais.

§ 1º O pedido principal pode ser formulado conjuntamente com o pedido de tutela cautelar.

§ 2º A causa de pedir poderá ser aditada no momento de formulação do pedido principal.

§ 3º Apresentado o pedido principal, as partes serão intimadas para a audiência de conciliação ou de mediação, na forma do art. 334, por seus advogados ou pessoalmente, sem necessidade de nova citação do réu.

§ 4º Não havendo autocomposição, o prazo para contestação será contado na forma do art. 335.

Art. 309. Cessa a eficácia da tutela concedida em caráter antecedente, se:

I – o autor não deduzir o pedido principal no prazo legal;

- Súm. nº 482 do STJ.

II – não for efetivada dentro de 30 (trinta) dias;

III – o juiz julgar improcedente o pedido principal formulado pelo autor ou extinguir o processo sem resolução de mérito.

Parágrafo único. Se por qualquer motivo cessar a eficácia da tutela cautelar, é vedado à parte renovar o pedido, salvo sob novo fundamento.

Art. 310. O indeferimento da tutela cautelar não obsta a que a parte formule o pedido principal, nem influi no julgamento desse, salvo se o motivo do indeferimento for o reconhecimento de decadência ou de prescrição.

TÍTULO III – DA TUTELA DA EVIDÊNCIA

Art. 311. A tutela da evidência será concedida, independentemente da demonstração de perigo de dano ou de risco ao resultado útil do processo, quando:

- Súm. nº 212 do STJ.

I – ficar caracterizado o abuso do direito de defesa ou o manifesto propósito protelatório da parte;

II – as alegações de fato puderem ser comprovadas apenas documentalmente e houver tese firmada em julgamento de casos repetitivos ou em súmula vinculante;

III – se tratar de pedido reipersecutório fundado em prova documental adequada do contrato de depósito, caso em que será decretada a ordem de entrega do objeto custodiado, sob cominação de multa;

IV – a petição inicial for instruída com prova documental suficiente dos fatos constitutivos do direito do autor, a que o réu não oponha prova capaz de gerar dúvida razoável.

Parágrafo único. Nas hipóteses dos incisos II e III, o juiz poderá decidir liminarmente.

LIVRO VI – DA FORMAÇÃO, DA SUSPENSÃO E DA EXTINÇÃO DO PROCESSO

TÍTULO I – DA FORMAÇÃO DO PROCESSO

Art. 312. Considera-se proposta a ação quando a petição inicial for protocolada, todavia, a propositura da ação só produz quanto ao réu os efeitos mencionados no art. 240 depois que for validamente citado.

TÍTULO II – DA SUSPENSÃO DO PROCESSO

Art. 313. Suspende-se o processo:

I – pela morte ou pela perda da capacidade processual de qualquer das partes, de seu representante legal ou de seu procurador;

II – pela convenção das partes;

III – pela arguição de impedimento ou de suspeição;

IV – pela admissão de incidente de resolução de demandas repetitivas;

V – quando a sentença de mérito:

a) depender do julgamento de outra causa ou da declaração de existência ou de inexistência de relação jurídica que constitua o objeto principal de outro processo pendente;

b) tiver de ser proferida somente após a verificação de determinado fato ou a produção de certa prova, requisitada a outro juízo;

VI – por motivo de força maior;

VII – quando se discutir em juízo questão decorrente de acidentes e fatos da navegação de competência do Tribunal Marítimo;

VIII – nos demais casos que este Código regula;

IX – pelo parto ou pela concessão de adoção, quando a advogada responsável pelo processo constituir a única patrona da causa;

X – quando o advogado responsável pelo processo constituir o único patrono da causa e tornar-se pai.

- Incisos IX e X acrescidos pela Lei nº 13.363, de 25-11-2016.

§ 1º Na hipótese do inciso I, o juiz suspenderá o processo, nos termos do art. 689.

§ 2º Não ajuizada ação de habilitação, ao tomar conhecimento da morte, o juiz determinará a suspensão do processo e observará o seguinte:

I – falecido o réu, ordenará a intimação do autor para que promova a citação do respectivo espólio, de quem for o sucessor ou, se for o caso, dos herdeiros, no prazo que designar, de no mínimo 2 (dois) e no máximo 6 (seis) meses;

II – falecido o autor e sendo transmissível o direito em litígio, determinará a intimação de seu espólio, de quem for o sucessor ou, se for o caso, dos herdeiros, pelos meios de divulgação que reputar mais adequados, para que manifestem interesse na sucessão processual e promovam a respectiva habilitação no prazo designado, sob pena de extinção do processo sem resolução de mérito.

§ 3º No caso de morte do procurador de qualquer das partes, ainda que iniciada a audiência de instrução e julgamento, o juiz determinará que a parte constitua novo mandatário, no prazo de 15 (quinze) dias, ao final do qual extinguirá o processo sem resolução de mérito, se o autor não nomear novo mandatário, ou ordenará o prosseguimento do processo à revelia do réu, se falecido o procurador deste.

§ 4º O prazo de suspensão do processo nunca poderá exceder 1 (um) ano nas hipóteses do inciso V e 6 (seis) meses naquela prevista no inciso II.

§ 5º O juiz determinará o prosseguimento do processo assim que esgotados os prazos previstos no § 4º.

§ 6º No caso do inciso IX, o período de suspensão será de 30 (trinta) dias, contado a partir da data do parto ou da concessão da adoção, mediante apresentação de certidão de nascimento ou documento similar que comprove a realização do parto, ou de termo judicial que tenha concedido a adoção, desde que haja notificação ao cliente.

§ 7º No caso do inciso X, o período de suspensão será de 8 (oito) dias, contado a partir da data do parto ou da concessão da adoção, mediante apresentação de certidão de nascimento ou documento similar que comprove a realização do parto, ou de termo judicial que tenha concedido a adoção, desde que haja notificação ao cliente.

- §§ 6º e 7º acrescidos pela Lei nº 13.363, de 25-11-2016.

Art. 314. Durante a suspensão é vedado praticar qualquer ato processual, podendo o juiz, todavia, determinar a realização de atos urgentes a fim de evitar dano irreparável, salvo no caso de arguição de impedimento e de suspeição.

Art. 315. Se o conhecimento do mérito depender de verificação da existência de fato delituoso, o juiz pode determinar a suspensão do processo até que se pronuncie a justiça criminal.

- Art. 953 do CC.
- Súm. nº 18 do STF.

§ 1º Se a ação penal não for proposta no prazo de 3 (três) meses, contado da intimação do ato de suspensão, cessará o efeito desse, incumbindo ao juiz cível examinar incidentemente a questão prévia.

§ 2º Proposta a ação penal, o processo ficará suspenso pelo prazo máximo de 1 (um) ano, ao final do qual aplicar-se-á o disposto na parte final do § 1º.

TÍTULO III – DA EXTINÇÃO DO PROCESSO

Art. 316. A extinção do processo dar-se-á por sentença.

Art. 317. Antes de proferir decisão sem resolução de mérito, o juiz deverá conceder à parte oportunidade para, se possível, corrigir o vício.

PARTE ESPECIAL

LIVRO I – DO PROCESSO DE CONHECIMENTO E DO CUMPRIMENTO DE SENTENÇA

TÍTULO I – DO PROCEDIMENTO COMUM

CAPÍTULO I
DISPOSIÇÕES GERAIS

Art. 318. Aplica-se a todas as causas o procedimento comum, salvo disposição em contrário deste Código ou de lei.

Parágrafo único. O procedimento comum aplica-se subsidiariamente aos demais procedimentos especiais e ao processo de execução.

CAPÍTULO II
DA PETIÇÃO INICIAL

Seção I
DOS REQUISITOS DA PETIÇÃO INICIAL

Art. 319. A petição inicial indicará:

I – o juízo a que é dirigida;

- Art. 109 da CF.
- Lei nº 10.259, de 12-7-2001 (Lei dos Juizados Especiais Federais).
- Lei nº 12.153, de 22-12-2009 (Lei dos Juizados Especiais da Fazenda Pública).

II – os nomes, os prenomes, o estado civil, a existência de união estável, a profissão, o número de inscrição no Cadastro de Pessoas Físicas ou no Cadastro Nacional da Pessoa Jurídica, o endereço eletrônico, o domicílio e a residência do autor e do réu;

III – o fato e os fundamentos jurídicos do pedido;

IV – o pedido com as suas especificações;

V – o valor da causa;

VI – as provas com que o autor pretende demonstrar a verdade dos fatos alegados;

VII – a opção do autor pela realização ou não de audiência de conciliação ou de mediação.

§ 1º Caso não disponha das informações previstas no inciso II, poderá o autor, na petição inicial, requerer ao juiz diligências necessárias a sua obtenção.

§ 2º A petição inicial não será indeferida se, a despeito da falta de informações a que se refere o inciso II, for possível a citação do réu.

§ 3º A petição inicial não será indeferida pelo não atendimento ao disposto no inciso II deste artigo se a obtenção de tais informações tornar impossível ou excessivamente oneroso o acesso à justiça.

- Art. 178 deste Código.

Art. 320. A petição inicial será instruída com os documentos indispensáveis à propositura da ação.

Art. 321. O juiz, ao verificar que a petição inicial não preenche os requisitos dos arts. 319 e 320 ou que apresenta defeitos e irregularidades capazes de dificultar o julgamento de mérito, determinará que o autor, no prazo de 15 (quinze) dias, a emende ou a complete, indicando com precisão o que deve ser corrigido ou completado.

Parágrafo único. Se o autor não cumprir a diligência, o juiz indeferirá a petição inicial.

Seção II

DO PEDIDO

Art. 322. O pedido deve ser certo.

- Arts. 82 a 85 deste Código.
- Súmulas nºs 163 e 254 do STF.

§ 1º Compreendem-se no principal os juros legais, a correção monetária e as verbas de sucumbência, inclusive os honorários advocatícios.

§ 2º A interpretação do pedido considerará o conjunto da postulação e observará o princípio da boa-fé.

Art. 323. Na ação que tiver por objeto cumprimento de obrigação em prestações sucessivas, essas serão consideradas incluídas no pedido, independentemente de declaração expressa do autor, e serão incluídas na condenação, enquanto durar a obrigação, se o devedor, no curso do processo, deixar de pagá-las ou de consigná-las.

Art. 324. O pedido deve ser determinado.

§ 1º É lícito, porém, formular pedido genérico:

I – nas ações universais, se o autor não puder individuar os bens demandados;

II – quando não for possível determinar, desde logo, as consequências do ato ou do fato;

III – quando a determinação do objeto ou do valor da condenação depender de ato que deva ser praticado pelo réu.

§ 2º O disposto neste artigo aplica-se à reconvenção.

Art. 325. O pedido será alternativo quando, pela natureza da obrigação, o devedor puder cumprir a prestação de mais de um modo.

- Arts. 252 a 256 do CC.

Parágrafo único. Quando, pela lei ou pelo contrato, a escolha couber ao devedor, o juiz lhe assegurará o direito de cumprir a prestação de um ou de outro modo, ainda que o autor não tenha formulado pedido alternativo.

Art. 326. É lícito formular mais de um pedido em ordem subsidiária, a fim de que o juiz conheça do posterior, quando não acolher o anterior.

Parágrafo único. É lícito formular mais de um pedido, alternativamente, para que o juiz acolha um deles.

Art. 327. É lícita a cumulação, em um único processo, contra o mesmo réu, de vários pedidos, ainda que entre eles não haja conexão.

§ 1º São requisitos de admissibilidade da cumulação que:

I – os pedidos sejam compatíveis entre si;

II – seja competente para conhecer deles o mesmo juízo;

III – seja adequado para todos os pedidos o tipo de procedimento.

§ 2º Quando, para cada pedido, corresponder tipo diverso de procedimento, será admitida a cumulação se o autor empregar o procedimento comum, sem prejuízo do emprego das técnicas processuais diferenciadas previstas nos procedimentos especiais a que se sujeitam um ou mais pedidos cumulados, que não forem incompatíveis com as disposições sobre o procedimento comum.

§ 3º O inciso I do § 1º não se aplica às cumulações de pedidos de que trata o art. 326.

Art. 328. Na obrigação indivisível com pluralidade de credores, aquele que não participou do processo receberá sua parte, deduzidas as despesas na proporção de seu crédito.

- Arts. 260 e 261 do CC.

Art. 329. O autor poderá:

I – até a citação, aditar ou alterar o pedido ou a causa de pedir, independentemente de consentimento do réu;

II – até o saneamento do processo, aditar ou alterar o pedido e a causa de pedir, com consentimento do réu, assegurado o contraditório mediante a possibilidade de manifestação deste no prazo mínimo de 15 (quinze) dias, facultado o requerimento de prova suplementar.

Parágrafo único. Aplica-se o disposto neste artigo à reconvenção e à respectiva causa de pedir.

Seção III

DO INDEFERIMENTO DA PETIÇÃO INICIAL

Art. 330. A petição inicial será indeferida quando:

I – for inepta;

II – a parte for manifestamente ilegítima;

III – o autor carecer de interesse processual;

IV – não atendidas as prescrições dos arts. 106 e 321.

§ 1º Considera-se inepta a petição inicial quando:

I – lhe faltar pedido ou causa de pedir;

II – o pedido for indeterminado, ressalvadas as hipóteses legais em que se permite o pedido genérico;

III – da narração dos fatos não decorrer logicamente a conclusão;

IV – contiver pedidos incompatíveis entre si.

§ 2º Nas ações que tenham por objeto a revisão de obrigação decorrente de empréstimo, de financiamento ou de alienação de bens, o autor terá de, sob pena de inépcia, discriminar na petição inicial, dentre as obrigações contratuais, aquelas que pretende controverter, além de quantificar o valor incontroverso do débito.

§ 3º Na hipótese do § 2º, o valor incontroverso deverá continuar a ser pago no tempo e modo contratados.

Art. 331. Indeferida a petição inicial, o autor poderá apelar, facultado ao juiz, no prazo de 5 (cinco) dias, retratar-se.

§ 1º Se não houver retratação, o juiz mandará citar o réu para responder ao recurso.

§ 2º Sendo a sentença reformada pelo tribunal, o prazo para a contestação começará a correr da intimação do retorno dos autos, observado o disposto no art. 334.

§ 3º Não interposta a apelação, o réu será intimado do trânsito em julgado da sentença.

CAPÍTULO III
DA IMPROCEDÊNCIA LIMINAR DO PEDIDO

Art. 332. Nas causas que dispensem a fase instrutória, o juiz, independentemente da citação do réu, julgará liminarmente improcedente o pedido que contrariar:

I – enunciado de súmula do Supremo Tribunal Federal ou do Superior Tribunal de Justiça;

II – acórdão proferido pelo Supremo Tribunal Federal ou pelo Superior Tribunal de Justiça em julgamento de recursos repetitivos;

III – entendimento firmado em incidente de resolução de demandas repetitivas ou de assunção de competência;

IV – enunciado de súmula de tribunal de justiça sobre direito local.

§ 1º O juiz também poderá julgar liminarmente improcedente o pedido se verificar, desde logo, a ocorrência de decadência ou de prescrição.

- Súm. nº 409 do STJ.

§ 2º Não interposta a apelação, o réu será intimado do trânsito em julgado da sentença, nos termos do art. 241.

§ 3º Interposta a apelação, o juiz poderá retratar-se em 5 (cinco) dias.

§ 4º Se houver retratação, o juiz determinará o prosseguimento do processo, com a citação do réu, e, se não houver retratação, determinará a citação do réu para apresentar contrarrazões, no prazo de 15 (quinze) dias.

CAPÍTULO IV
DA CONVERSÃO DA AÇÃO INDIVIDUAL EM AÇÃO COLETIVA

Art. 333. VETADO.

- O dispositivo vetado tinha a seguinte redação:

"Art. 333. Atendidos os pressupostos da relevância social e dificuldade de formação do litisconsórcio, o juiz, a requerimento do Ministério Público ou da Defensoria Pública, ouvido o autor, poderá converter em coletiva a ação individual que veicule pedido que:

I – tenha alcance coletivo, em razão da tutela de bem jurídico difuso ou coletivo, assim entendidos aqueles definidos pelo art. 81, parágrafo único, incisos I e II, da Lei nº 8.078, de 11 de setembro de 1990 (Código de Defesa do Consumidor), e cuja ofensa afete, a um só tempo, as esferas jurídicas do indivíduo e da coletividade;

II – tenha por objetivo a solução de conflito de interesse relativo a uma mesma relação jurídica plurilateral, cuja solução, por sua natureza ou por disposição de lei, deva ser necessariamente uniforme, assegurando-se tratamento isonômico para todos os membros do grupo.

§ 1º Além do Ministério Público e da Defensoria Pública, podem requerer a conversão os legitimados referidos no art. 5º da Lei nº 7.347, de 24 de julho de 1985, e no art. 82 da Lei nº 8.078, de 11 de setembro de 1990 (Código de Defesa do Consumidor).

§ 2º A conversão não pode implicar a formação de processo coletivo para a tutela de direitos individuais homogêneos.

§ 3º Não se admite a conversão, ainda, se: I – já iniciada, no processo individual, a audiência de instrução e julgamento; ou II – houver processo coletivo pendente com o mesmo objeto; ou III – o juízo não tiver competência para o processo coletivo que seria formado.

§ 4º Determinada a conversão, o juiz intimará o autor do requerimento para que, no prazo fixado, adite ou emende a petição inicial, para adaptá-la à tutela coletiva.

§ 5º Havendo aditamento ou emenda da petição inicial, o juiz determinará a intimação do réu para, querendo, manifestar-se no prazo de 15 (quinze) dias.

§ 6º O autor originário da ação individual atuará na condição de litisconsorte unitário do legitimado para condução do processo coletivo.

§ 7º O autor originário não é responsável por nenhuma despesa processual decorrente da conversão do processo individual em coletivo.

§ 8º Após a conversão, observar-se-ão as regras do processo coletivo.

§ 9º A conversão poderá ocorrer mesmo que o autor tenha cumulado pedido de natureza estritamente individual, hipótese em que o processamento desse pedido dar-se-á em autos apartados.

§ 10. O Ministério Público deverá ser ouvido sobre o requerimento previsto no *caput*, salvo quando ele próprio o houver formulado."

CAPÍTULO V
DA AUDIÊNCIA DE CONCILIAÇÃO OU DE MEDIAÇÃO

Art. 334. Se a petição inicial preencher os requisitos essenciais e não for o caso de improcedência liminar do pedido, o juiz designará audiência de conciliação ou de mediação com antecedência mínima de 30 (trinta) dias, devendo ser citado o réu com pelo menos 20 (vinte) dias de antecedência.

§ 1º O conciliador ou mediador, onde houver, atuará necessariamente na audiência de conciliação ou de mediação, observando o disposto neste Código, bem como as disposições da lei de organização judiciária.

§ 2º Poderá haver mais de uma sessão destinada à conciliação e à mediação, não podendo exceder a 2 (dois) meses da data de realização da primeira sessão, desde que necessárias à composição das partes.

§ 3º A intimação do autor para a audiência será feita na pessoa de seu advogado.

§ 4º A audiência não será realizada:

I – se ambas as partes manifestarem, expressamente, desinteresse na composição consensual;

II – quando não se admitir a autocomposição.

§ 5º O autor deverá indicar, na petição inicial, seu desinteresse na autocomposição, e o réu deverá fazê-lo, por petição, apresentada com 10 (dez) dias de antecedência, contados da data da audiência.

§ 6º Havendo litisconsórcio, o desinteresse na realização da audiência deve ser manifestado por todos os litisconsortes.

§ 7º A audiência de conciliação ou de mediação pode realizar-se por meio eletrônico, nos termos da lei.

§ 8º O não comparecimento injustificado do autor ou do réu à audiência de conciliação é considerado ato atentatório à dignidade da justiça e será sancionado com multa de até dois por cento da vantagem econômica pretendida ou do valor da causa, revertida em favor da União ou do Estado.

§ 9º As partes devem estar acompanhadas por seus advogados ou defensores públicos.

§ 10. A parte poderá constituir representante, por meio de procuração específica, com poderes para negociar e transigir.

§ 11. A autocomposição obtida será reduzida a termo e homologada por sentença.

§ 12. A pauta das audiências de conciliação ou de mediação será organizada de modo a respeitar o intervalo mínimo de 20 (vinte) minutos entre o início de uma e o início da seguinte.

CAPÍTULO VI
DA CONTESTAÇÃO

Art. 335. O réu poderá oferecer contestação, por petição, no prazo de 15 (quinze) dias, cujo termo inicial será a data:

I – da audiência de conciliação ou de mediação, ou da última sessão de conciliação, quando qualquer parte não comparecer ou, comparecendo, não houver autocomposição;

CPC

II – do protocolo do pedido de cancelamento da audiência de conciliação ou de mediação apresentado pelo réu, quando ocorrer a hipótese do art. 334, § 4º, inciso I;

III – prevista no art. 231, de acordo com o modo como foi feita a citação, nos demais casos.

§ 1º No caso de litisconsórcio passivo, ocorrendo a hipótese do art. 334, § 6º, o termo inicial previsto no inciso II será, para cada um dos réus, a data de apresentação de seu respectivo pedido de cancelamento da audiência.

§ 2º Quando ocorrer a hipótese do art. 334, § 4º, inciso II, havendo litisconsórcio passivo e o autor desistir da ação em relação a réu ainda não citado, o prazo para resposta correrá da data de intimação da decisão que homologar a desistência.

Art. 336. Incumbe ao réu alegar, na contestação, toda a matéria de defesa, expondo as razões de fato e de direito com que impugna o pedido do autor e especificando as provas que pretende produzir.

Art. 337. Incumbe ao réu, antes de discutir o mérito, alegar:

- Art. 485 deste Código.
- Súm. nº 237 do STF.
- Súm. nº 393 do STJ.

I – inexistência ou nulidade da citação;

II – incompetência absoluta e relativa;

III – incorreção do valor da causa;

IV – inépcia da petição inicial;

V – perempção;

VI – litispendência;

VII – coisa julgada;

- Art. 5º, XXXVI, da CF.

VIII – conexão;

IX – incapacidade da parte, defeito de representação ou falta de autorização;

X – convenção de arbitragem;

- Súm. nº 485 do STJ.

XI – ausência de legitimidade ou de interesse processual;

XII – falta de caução ou de outra prestação que a lei exige como preliminar;

- Súm. nº 237 do STF.
- Súm. nº 485 do STJ.

XIII – indevida concessão do benefício de gratuidade de justiça.

§ 1º Verifica-se a litispendência ou a coisa julgada quando se reproduz ação anteriormente ajuizada.

§ 2º Uma ação é idêntica a outra quando possui as mesmas partes, a mesma causa de pedir e o mesmo pedido.

§ 3º Há litispendência quando se repete ação que está em curso.

§ 4º Há coisa julgada quando se repete ação que já foi decidida por decisão transitada em julgado.

§ 5º Excetuadas a convenção de arbitragem e a incompetência relativa, o juiz conhecerá de ofício das matérias enumeradas neste artigo.

§ 6º A ausência de alegação da existência de convenção de arbitragem, na forma prevista neste Capítulo, implica aceitação da jurisdição estatal e renúncia ao juízo arbitral.

Art. 338. Alegando o réu, na contestação, ser parte ilegítima ou não ser o responsável pelo prejuízo invocado, o juiz facultará ao autor, em 15 (quinze) dias, a alteração da petição inicial para substituição do réu.

Parágrafo único. Realizada a substituição, o autor reembolsará as despesas e pagará os honorários ao procurador do réu excluído, que serão fixados entre três e cinco por cento do valor da causa ou, sendo este irrisório, nos termos do art. 85, § 8º.

Art. 339. Quando alegar sua ilegitimidade, incumbe ao réu indicar o sujeito passivo da relação jurídica discutida sempre que tiver conhecimento, sob pena de arcar com as despesas processuais e de indenizar o autor pelos prejuízos decorrentes da falta de indicação.

§ 1º O autor, ao aceitar a indicação, procederá, no prazo de 15 (quinze) dias, à alteração da petição inicial para a substituição do réu, observando-se, ainda, o parágrafo único do art. 338.

§ 2º No prazo de 15 (quinze) dias, o autor pode optar por alterar a petição inicial para incluir, como litisconsorte passivo, o sujeito indicado pelo réu.

Art. 340. Havendo alegação de incompetência relativa ou absoluta, a contestação poderá ser protocolada no foro de domicílio do réu, fato que será imediatamente comunicado ao juiz da causa, preferencialmente por meio eletrônico.

§ 1º A contestação será submetida a livre distribuição ou, se o réu houver sido citado por meio de carta precatória, juntada aos autos dessa carta, seguindo-se a sua imediata remessa para o juízo da causa.

§ 2º Reconhecida a competência do foro indicado pelo réu, o juízo para o qual for distribuída a contestação ou a carta precatória será considerado prevento.

§ 3º Alegada a incompetência nos termos do *caput*, será suspensa a realização da audiência de conciliação ou de mediação, se tiver sido designada.

§ 4º Definida a competência, o juízo competente designará nova data para a audiência de conciliação ou de mediação.

Art. 341. Incumbe também ao réu manifestar-se precisamente sobre as alegações de fato constantes da petição inicial, presumindo-se verdadeiras as não impugnadas, salvo se:

I – não for admissível, a seu respeito, a confissão;

II – a petição inicial não estiver acompanhada de instrumento que a lei considerar da substância do ato;

- Arts. 108 e 215 do CC.

III – estiverem em contradição com a defesa, considerada em seu conjunto.

Parágrafo único. O ônus da impugnação especificada dos fatos não se aplica ao defensor público, ao advogado dativo e ao curador especial.

Art. 342. Depois da contestação, só é lícito ao réu deduzir novas alegações quando:

I – relativas a direito ou a fato superveniente;

II – competir ao juiz conhecer delas de ofício;

III – por expressa autorização legal, puderem ser formuladas em qualquer tempo e grau de jurisdição.

CAPÍTULO VII

DA RECONVENÇÃO

- Súm. nº 258 do STF.
- Súm. nº 292 do STJ.

Art. 343. Na contestação, é lícito ao réu propor reconvenção para manifestar pretensão própria, conexa com a ação principal ou com o fundamento da defesa.

- Súm. nº 258 do STF.

§ 1º Proposta a reconvenção, o autor será intimado, na pessoa de seu advogado, para apresentar resposta no prazo de 15 (quinze) dias.

§ 2º A desistência da ação ou a ocorrência de causa extintiva que impeça o exame de seu mérito não obsta ao prosseguimento do processo quanto à reconvenção.

§ 3º A reconvenção pode ser proposta contra o autor e terceiro.

§ 4º A reconvenção pode ser proposta pelo réu em litisconsórcio com terceiro.

§ 5º Se o autor for substituto processual, o reconvinte deverá afirmar ser titular de direito em face do substituído, e a reconvenção deverá ser proposta em face do autor, também na qualidade de substituto processual.

§ 6º O réu pode propor reconvenção independentemente de oferecer contestação.

CAPÍTULO VIII
DA REVELIA

Art. 344. Se o réu não contestar a ação, será considerado revel e presumir-se-ão verdadeiras as alegações de fato formuladas pelo autor.

○ Súm. nº 231 do STF.

Art. 345. A revelia não produz o efeito mencionado no art. 344 se:

I – havendo pluralidade de réus, algum deles contestar a ação;

II – o litígio versar sobre direitos indisponíveis;

III – a petição inicial não estiver acompanhada de instrumento que a lei considere indispensável à prova do ato;

○ Arts. 108 e 215 do CC.

IV – as alegações de fato formuladas pelo autor forem inverossímeis ou estiverem em contradição com prova constante dos autos.

Art. 346. Os prazos contra o revel que não tenha patrono nos autos fluirão da data de publicação do ato decisório no órgão oficial.

○ Súm. nº 231 do STF.

Parágrafo único. O revel poderá intervir no processo em qualquer fase, recebendo-o no estado em que se encontrar.

CAPÍTULO IX
DAS PROVIDÊNCIAS PRELIMINARES E DO SANEAMENTO

Art. 347. Findo o prazo para a contestação, o juiz tomará, conforme o caso, as providências preliminares constantes das seções deste Capítulo.

Seção I
DA NÃO INCIDÊNCIA DOS EFEITOS DA REVELIA

Art. 348. Se o réu não contestar a ação, o juiz, verificando a inocorrência do efeito da revelia previsto no art. 344, ordenará que o autor especifique as provas que pretenda produzir, se ainda não as tiver indicado.

○ Súm. nº 231 do STF.

Art. 349. Ao réu revel será lícita a produção de provas, contrapostas às alegações do autor, desde que se faça representar nos autos a tempo de praticar os atos processuais indispensáveis a essa produção.

○ Súm. nº 231 do STF.

Seção II
DO FATO IMPEDITIVO, MODIFICATIVO OU EXTINTIVO DO DIREITO DO AUTOR

Art. 350. Se o réu alegar fato impeditivo, modificativo ou extintivo do direito do autor, este será ouvido no prazo de 15 (quinze) dias, permitindo-lhe o juiz a produção de prova.

Seção III
DAS ALEGAÇÕES DO RÉU

Art. 351. Se o réu alegar qualquer das matérias enumeradas no art. 337, o juiz determinará a oitiva do autor no prazo de 15 (quinze) dias, permitindo-lhe a produção de prova.

Art. 352. Verificando a existência de irregularidades ou de vícios sanáveis, o juiz determinará sua correção em prazo nunca superior a 30 (trinta) dias.

Art. 353. Cumpridas as providências preliminares ou não havendo necessidade delas, o juiz proferirá julgamento conforme o estado do processo, observando o que dispõe o Capítulo X.

CAPÍTULO X
DO JULGAMENTO CONFORME O ESTADO DO PROCESSO

Seção I
DA EXTINÇÃO DO PROCESSO

Art. 354. Ocorrendo qualquer das hipóteses previstas nos arts. 485 e 487, incisos II e III, o juiz proferirá sentença.

Parágrafo único. A decisão a que se refere o *caput* pode dizer respeito a apenas parcela do processo, caso em que será impugnável por agravo de instrumento.

Seção II
DO JULGAMENTO ANTECIPADO DO MÉRITO

Art. 355. O juiz julgará antecipadamente o pedido, proferindo sentença com resolução de mérito, quando:

I – não houver necessidade de produção de outras provas;

II – o réu for revel, ocorrer o efeito previsto no art. 344 e não houver requerimento de prova, na forma do art. 349.

Seção III
DO JULGAMENTO ANTECIPADO PARCIAL DO MÉRITO

Art. 356. O juiz decidirá parcialmente o mérito quando um ou mais dos pedidos formulados ou parcela deles:

I – mostrar-se incontroverso;

II – estiver em condições de imediato julgamento, nos termos do art. 355.

§ 1º A decisão que julgar parcialmente o mérito poderá reconhecer a existência de obrigação líquida ou ilíquida.

§ 2º A parte poderá liquidar ou executar, desde logo, a obrigação reconhecida na decisão que julgar parcialmente o mérito, independentemente de caução, ainda que haja recurso contra essa interposto.

§ 3º Na hipótese do § 2º, se houver trânsito em julgado da decisão, a execução será definitiva.

§ 4º A liquidação e o cumprimento da decisão que julgar parcialmente o mérito poderão ser processados em autos suplementares, a requerimento da parte ou a critério do juiz.

§ 5º A decisão proferida com base neste artigo é impugnável por agravo de instrumento.

Seção IV
DO SANEAMENTO E DA ORGANIZAÇÃO DO PROCESSO

Art. 357. Não ocorrendo nenhuma das hipóteses deste Capítulo, deverá o juiz, em decisão de saneamento e de organização do processo:

I – resolver as questões processuais pendentes, se houver;

II – delimitar as questões de fato sobre as quais recairá a atividade probatória, especificando os meios de prova admitidos;

III – definir a distribuição do ônus da prova, observado o art. 373;

IV – delimitar as questões de direito relevantes para a decisão do mérito;

V – designar, se necessário, audiência de instrução e julgamento.

§ 1º Realizado o saneamento, as partes têm o direito de pedir esclarecimentos ou solicitar ajustes, no prazo comum de 5 (cinco) dias, findo o qual a decisão se torna estável.

§ 2º As partes podem apresentar ao juiz, para homologação, delimitação consensual das questões de fato e de direito a que se referem os incisos II e IV, a qual, se homologada, vincula as partes e o juiz.

§ 3º Se a causa apresentar complexidade em matéria de fato ou de direito, deverá o juiz designar audiência para que o saneamento seja feito em cooperação com as partes, oportunidade em que o juiz, se for o caso, convidará as partes a integrar ou esclarecer suas alegações.

§ 4º Caso tenha sido determinada a produção de prova testemunhal, o juiz fixará prazo comum não superior a 15 (quinze) dias para que as partes apresentem rol de testemunhas.

§ 5º Na hipótese do § 3º, as partes devem levar, para a audiência prevista, o respectivo rol de testemunhas.

§ 6º O número de testemunhas arroladas não pode ser superior a 10 (dez), sendo 3 (três), no máximo, para a prova de cada fato.

§ 7º O juiz poderá limitar o número de testemunhas levando em conta a complexidade da causa e dos fatos individualmente considerados.

§ 8º Caso tenha sido determinada a produção de prova pericial, o juiz deve observar o disposto no art. 465 e, se possível, estabelecer, desde logo, calendário para sua realização.

§ 9º As pautas deverão ser preparadas com intervalo mínimo de 1 (uma) hora entre as audiências.

CAPÍTULO XI
DA AUDIÊNCIA DE INSTRUÇÃO E JULGAMENTO

Art. 358. No dia e na hora designados, o juiz declarará aberta a audiência de instrução e julgamento e mandará apregoar as partes e os respectivos advogados, bem como outras pessoas que dela devam participar.

Art. 359. Instalada a audiência, o juiz tentará conciliar as partes, independentemente do emprego anterior de outros métodos de solução consensual de conflitos, como a mediação e a arbitragem.

Art. 360. O juiz exerce o poder de polícia, incumbindo-lhe:

I – manter a ordem e o decoro na audiência;

II – ordenar que se retirem da sala de audiência os que se comportarem inconvenientemente;

III – requisitar, quando necessário, força policial;

IV – tratar com urbanidade as partes, os advogados, os membros do Ministério Público e da Defensoria Pública e qualquer pessoa que participe do processo;

V – registrar em ata, com exatidão, todos os requerimentos apresentados em audiência.

Art. 361. As provas orais serão produzidas em audiência, ouvindo-se nesta ordem, preferencialmente:

I – o perito e os assistentes técnicos, que responderão aos quesitos de esclarecimentos requeridos no prazo e na forma do art. 477, caso não respondidos anteriormente por escrito;

II – o autor e, em seguida, o réu, que prestarão depoimentos pessoais;

III – as testemunhas arroladas pelo autor e pelo réu, que serão inquiridas.

Parágrafo único. Enquanto depuserem o perito, os assistentes técnicos, as partes e as testemunhas, não poderão os advogados e o Ministério Público intervir ou apartear, sem licença do juiz.

Art. 362. A audiência poderá ser adiada:

I – por convenção das partes;

II – se não puder comparecer, por motivo justificado, qualquer pessoa que dela deva necessariamente participar;

III – por atraso injustificado de seu início em tempo superior a 30 (trinta) minutos do horário marcado.

§ 1º O impedimento deverá ser comprovado até a abertura da audiência, e, não o sendo, o juiz procederá à instrução.

§ 2º O juiz poderá dispensar a produção das provas requeridas pela parte cujo advogado ou defensor público não tenha comparecido à audiência, aplicando-se a mesma regra ao Ministério Público.

§ 3º Quem der causa ao adiamento responderá pelas despesas acrescidas.

- Art. 7º, XX, da Lei nº 8.906, de 4-7-1994 (Estatuto da Advocacia e da OAB).

Art. 363. Havendo antecipação ou adiamento da audiência, o juiz, de ofício ou a requerimento da parte, determinará a intimação dos advogados ou da sociedade de advogados para ciência da nova designação.

Art. 364. Finda a instrução, o juiz dará a palavra ao advogado do autor e do réu, bem como ao membro do Ministério Público, se for o caso de sua intervenção, sucessivamente, pelo prazo de 20 (vinte) minutos para cada um, prorrogável por 10 (dez) minutos, a critério do juiz.

§ 1º Havendo litisconsorte ou terceiro interveniente, o prazo, que formará com o da prorrogação um só todo, dividir-se-á entre os do mesmo grupo, se não convencionarem de modo diverso.

§ 2º Quando a causa apresentar questões complexas de fato ou de direito, o debate oral poderá ser substituído por razões finais escritas, que serão apresentadas pelo autor e pelo réu, bem como pelo Ministério Público, se for o caso de sua intervenção, em prazos sucessivos de 15 (quinze) dias, assegurada vista dos autos.

Art. 365. A audiência é una e contínua, podendo ser excepcional e justificadamente cindida na ausência de perito ou de testemunha, desde que haja concordância das partes.

Parágrafo único. Diante da impossibilidade de realização da instrução, do debate e do julgamento no mesmo dia, o juiz marcará seu prosseguimento para a data mais próxima possível, em pauta preferencial.

Art. 366. Encerrado o debate ou oferecidas as razões finais, o juiz proferirá sentença em audiência ou no prazo de 30 (trinta) dias.

Art. 367. O servidor lavrará, sob ditado do juiz, termo que conterá, em resumo, o ocorrido na audiência, bem como, por extenso, os despachos, as decisões e a sentença, se proferida no ato.

§ 1º Quando o termo não for registrado em meio eletrônico, o juiz rubricar-lhe-á as folhas, que serão encadernadas em volume próprio.

§ 2º Subscreverão o termo o juiz, os advogados, o membro do Ministério Público e o escrivão ou chefe de secretaria, dispensadas as partes, exceto quando houver ato de disposição para cuja prática os advogados não tenham poderes.

§ 3º O escrivão ou chefe de secretaria trasladará para os autos cópia autêntica do termo de audiência.

§ 4º Tratando-se de autos eletrônicos, observar-se-á o disposto neste Código, em legislação específica e nas normas internas dos tribunais.

§ 5º A audiência poderá ser integralmente gravada em imagem e em áudio, em meio digital ou analógico, desde que assegure o rápido acesso das partes e dos órgãos julgadores, observada a legislação específica.

§ 6º A gravação a que se refere o § 5º também pode ser realizada diretamente por qualquer das partes, independentemente de autorização judicial.

Art. 368. A audiência será pública, ressalvadas as exceções legais.

CAPÍTULO XII
DAS PROVAS

Seção I
DISPOSIÇÕES GERAIS

Art. 369. As partes têm o direito de empregar todos os meios legais, bem como os moralmente legítimos, ainda que não especificados neste Código, para provar a verdade dos fatos em que se funda o pedido ou a defesa e influir eficazmente na convicção do juiz.

- Art. 212 do CC.
- Súm. nº 231 do STF.

Art. 370. Caberá ao juiz, de ofício ou a requerimento da parte, determinar as provas necessárias ao julgamento do mérito.

Parágrafo único. O juiz indeferirá, em decisão fundamentada, as diligências inúteis ou meramente protelatórias.

Art. 371. O juiz apreciará a prova constante dos autos, independentemente do sujeito que a tiver promovido, e indicará na decisão as razões da formação de seu convencimento.

Art. 372. O juiz poderá admitir a utilização de prova produzida em outro processo, atribuindo-lhe o valor que considerar adequado, observado o contraditório.

Art. 373. O ônus da prova incumbe:

- Art. 6º, VIII, do CDC.

I – ao autor, quanto ao fato constitutivo de seu direito;

II – ao réu, quanto à existência de fato impeditivo, modificativo ou extintivo do direito do autor.

§ 1º Nos casos previstos em lei ou diante de peculiaridades da causa relacionadas à impossibilidade ou à excessiva dificuldade de cumprir o encargo nos termos do *caput* ou à maior facilidade de obtenção da prova do fato contrário, poderá o juiz atribuir o ônus da prova de modo diverso, desde que o faça por decisão fundamentada, caso em que deverá dar à parte a oportunidade de se desincumbir do ônus que lhe foi atribuído.

§ 2º A decisão prevista no § 1º deste artigo não pode gerar situação em que a desincumbência do encargo pela parte seja impossível ou excessivamente difícil.

§ 3º A distribuição diversa do ônus da prova também pode ocorrer por convenção das partes, salvo quando:

I – recair sobre direito indisponível da parte;

II – tornar excessivamente difícil a uma parte o exercício do direito.

§ 4º A convenção de que trata o § 3º pode ser celebrada antes ou durante o processo.

- Arts. 6º, VIII, e 38 do CDC.

Art. 374. Não dependem de prova os fatos:

I – notórios;

II – afirmados por uma parte e confessados pela parte contrária;

III – admitidos no processo como incontroversos;

IV – em cujo favor milita presunção legal de existência ou de veracidade.

- Súm. nº 301 do STJ.

Art. 375. O juiz aplicará as regras de experiência comum subministradas pela observação do que ordinariamente acontece e, ainda, as regras de experiência técnica, ressalvado, quanto a estas, o exame pericial.

Art. 376. A parte que alegar direito municipal, estadual, estrangeiro ou consuetudinário provar-lhe-á o teor e a vigência, se assim o juiz determinar.

Art. 377. A carta precatória, a carta rogatória e o auxílio direto suspenderão o julgamento da causa no caso previsto no art. 313, inciso V, alínea *b*, quando, tendo sido requeridos antes da decisão de saneamento, a prova neles solicitada for imprescindível.

Parágrafo único. A carta precatória e a carta rogatória não devolvidas no prazo ou concedidas sem efeito suspensivo poderão ser juntadas aos autos a qualquer momento.

- A concessão de *exequatur* às cartas rogatórias passou a ser da competência do STJ, conforme art. 105, I, *i*, da CF.

Art. 378. Ninguém se exime do dever de colaborar com o Poder Judiciário para o descobrimento da verdade.

Art. 379. Preservado o direito de não produzir prova contra si própria, incumbe à parte:

I – comparecer em juízo, respondendo ao que lhe for interrogado;

II – colaborar com o juízo na realização de inspeção judicial que for considerada necessária;

III – praticar o ato que lhe for determinado.

Art. 380. Incumbe ao terceiro, em relação a qualquer causa:

I – informar ao juiz os fatos e as circunstâncias de que tenha conhecimento;

II – exibir coisa ou documento que esteja em seu poder.

Parágrafo único. Poderá o juiz, em caso de descumprimento, determinar, além da imposição de multa, outras medidas indutivas, coercitivas, mandamentais ou sub-rogatórias.

- Art. 5º, XIV, da CF.

Seção II
DA PRODUÇÃO ANTECIPADA DA PROVA

Art. 381. A produção antecipada da prova será admitida nos casos em que:

I – haja fundado receio de que venha a tornar-se impossível ou muito difícil a verificação de certos fatos na pendência da ação;

II – a prova a ser produzida seja suscetível de viabilizar a autocomposição ou outro meio adequado de solução de conflito;

III – o prévio conhecimento dos fatos possa justificar ou evitar o ajuizamento de ação.

CPC

§ 1º O arrolamento de bens observará o disposto nesta Seção quando tiver por finalidade apenas a realização de documentação e não a prática de atos de apreensão.

§ 2º A produção antecipada da prova é da competência do juízo do foro onde esta deva ser produzida ou do foro de domicílio do réu.

§ 3º A produção antecipada da prova não previne a competência do juízo para a ação que venha a ser proposta.

§ 4º O juízo estadual tem competência para produção antecipada de prova requerida em face da União, de entidade autárquica ou de empresa pública federal se, na localidade, não houver vara federal.

§ 5º Aplica-se o disposto nesta Seção àquele que pretender justificar a existência de algum fato ou relação jurídica para simples documento e sem caráter contencioso, que exporá, em petição circunstanciada, a sua intenção.

Art. 382. Na petição, o requerente apresentará as razões que justificam a necessidade de antecipação da prova e mencionará com precisão os fatos sobre os quais a prova há de recair.

§ 1º O juiz determinará, de ofício ou a requerimento da parte, a citação de interessados na produção da prova ou no fato a ser provado, salvo se inexistente caráter contencioso.

§ 2º O juiz não se pronunciará sobre a ocorrência ou a inocorrência do fato, nem sobre as respectivas consequências jurídicas.

§ 3º Os interessados poderão requerer a produção de qualquer prova no mesmo procedimento, desde que relacionada ao mesmo fato, salvo se a sua produção conjunta acarretar excessiva demora.

§ 4º Neste procedimento, não se admitirá defesa ou recurso, salvo contra decisão que indeferir totalmente a produção da prova pleiteada pelo requerente originário.

Art. 383. Os autos permanecerão em cartório durante 1 (um) mês para extração de cópias e certidões pelos interessados.

Parágrafo único. Findo o prazo, os autos serão entregues ao promovente da medida.

Seção III

DA ATA NOTARIAL

Art. 384. A existência e o modo de existir de algum fato podem ser atestados ou documentados, a requerimento do interessado, mediante ata lavrada por tabelião.

Parágrafo único. Dados representados por imagem ou som gravados em arquivos eletrônicos poderão constar da ata notarial.

Seção IV

DO DEPOIMENTO PESSOAL

Art. 385. Cabe à parte requerer o depoimento pessoal da outra parte, a fim de que esta seja interrogada na audiência de instrução e julgamento, sem prejuízo do poder do juiz de ordená-lo de ofício.

§ 1º Se a parte, pessoalmente intimada para prestar depoimento pessoal e advertida da pena de confesso, não comparecer ou, comparecendo, se recusar a depor, o juiz aplicar-lhe-á a pena.

§ 2º É vedado a quem ainda não depôs assistir ao interrogatório da outra parte.

§ 3º O depoimento pessoal da parte que residir em comarca, seção ou subseção judiciária diversa daquela onde tramita o processo poderá ser colhido por meio de videoconferência ou outro recurso tecnológico de transmissão de sons e imagens em tempo real, o que poderá ocorrer, inclusive, durante a realização da audiência de instrução e julgamento.

Art. 386. Quando a parte, sem motivo justificado, deixar de responder ao que lhe for perguntado ou empregar evasivas, o juiz, apreciando as demais circunstâncias e os elementos de prova, declarará, na sentença, se houve recusa de depor.

Art. 387. A parte responderá pessoalmente sobre os fatos articulados, não podendo servir-se de escritos anteriormente preparados, permitindo-lhe o juiz, todavia, a consulta a notas breves, desde que objetivem completar esclarecimentos.

Art. 388. A parte não é obrigada a depor sobre fatos:

I – criminosos ou torpes que lhe forem imputados;

II – a cujo respeito, por estado ou profissão, deva guardar sigilo;

III – acerca dos quais não possa responder sem desonra própria, de seu cônjuge, de seu companheiro ou de parente em grau sucessível;

IV – que coloquem em perigo a vida do depoente ou das pessoas referidas no inciso III.

Parágrafo único. Esta disposição não se aplica às ações de estado e de família.

o Art. 1.072, II, deste Código.

Seção V

DA CONFISSÃO

Art. 389. Há confissão, judicial ou extrajudicial, quando a parte admite a verdade de fato contrário ao seu interesse e favorável ao do adversário.

Art. 390. A confissão judicial pode ser espontânea ou provocada.

§ 1º A confissão espontânea pode ser feita pela própria parte ou por representante com poder especial.

§ 2º A confissão provocada constará do termo de depoimento pessoal.

Art. 391. A confissão judicial faz prova contra o confitente, não prejudicando, todavia, os litisconsortes.

Parágrafo único. Nas ações que versarem sobre bens imóveis ou direitos reais sobre imóveis alheios, a confissão de um cônjuge ou companheiro não valerá sem a do outro, salvo se o regime de casamento for o de separação absoluta de bens.

o Art. 1.647, II, do CC.

Art. 392. Não vale como confissão a admissão, em juízo, de fatos relativos a direitos indisponíveis.

o Arts. 213 e 841 do CC.

§ 1º A confissão será ineficaz se feita por quem não for capaz de dispor do direito a que se referem os fatos confessados.

§ 2º A confissão feita por um representante somente é eficaz nos limites em que este pode vincular o representado.

Art. 393. A confissão é irrevogável, mas pode ser anulada se decorreu de erro de fato ou de coação.

Parágrafo único. A legitimidade para a ação prevista no *caput* é exclusiva do confitente e pode ser transferida a seus herdeiros se ele falecer após a propositura.

o Art. 214 do CC.

Art. 394. A confissão extrajudicial, quando feita oralmente, só terá eficácia nos casos em que a lei não exija prova literal.

Art. 395. A confissão é, em regra, indivisível, não podendo a parte que a quiser invocar como prova aceitá-la no tópico que a beneficiar e rejeitá-la no que lhe for desfavorável, porém cindir-se-á quando o confitente a ela aduzir fatos novos, capazes de constituir fundamento de defesa de direito material ou de reconvenção.

Seção VI
DA EXIBIÇÃO DE DOCUMENTO OU COISA

Art. 396. O juiz pode ordenar que a parte exiba documento ou coisa que se encontre em seu poder.

- Súm. nº 372 do STJ.

Art. 397. O pedido formulado pela parte conterá:

I – a descrição, tão completa quanto possível, do documento ou da coisa, ou das categorias de documentos ou de coisas buscados;

II – a finalidade da prova, com indicação dos fatos que se relacionam com o documento ou com a coisa, ou com suas categorias;

III – as circunstâncias em que se funda o requerente para afirmar que o documento ou a coisa existe, ainda que a referência seja a categoria de documentos ou de coisas, e se acha em poder da parte contrária.

- Incisos I a III com a redação dada pela Lei nº 14.195, de 26-8-2021.

Art. 398. O requerido dará sua resposta nos 5 (cinco) dias subsequentes à sua intimação.

Parágrafo único. Se o requerido afirmar que não possui o documento ou a coisa, o juiz permitirá que o requerente prove, por qualquer meio, que a declaração não corresponde à verdade.

Art. 399. O juiz não admitirá a recusa se:

I – o requerido tiver obrigação legal de exibir;

II – o requerido tiver aludido ao documento ou à coisa, no processo, com o intuito de constituir prova;

III – o documento, por seu conteúdo, for comum às partes.

Art. 400. Ao decidir o pedido, o juiz admitirá como verdadeiros os fatos que, por meio do documento ou da coisa, a parte pretendia provar se:

I – o requerido não efetuar a exibição nem fizer nenhuma declaração no prazo do art. 398;

II – a recusa for havida por ilegítima.

Parágrafo único. Sendo necessário, o juiz pode adotar medidas indutivas, coercitivas, mandamentais ou sub-rogatórias para que o documento seja exibido.

- Súm. nº 372 do STJ.

Art. 401. Quando o documento ou a coisa estiver em poder de terceiro, o juiz ordenará sua citação para responder no prazo de 15 (quinze) dias.

Art. 402. Se o terceiro negar a obrigação de exibir ou a posse do documento ou da coisa, o juiz designará audiência especial, tomando-lhe o depoimento, bem como o das partes e, se necessário, o de testemunhas, e em seguida proferirá decisão.

Art. 403. Se o terceiro, sem justo motivo, se recusar a efetuar a exibição, o juiz ordenar-lhe-á que proceda ao respectivo depósito em cartório ou em outro lugar designado, no prazo de 5 (cinco) dias, impondo ao requerente que o ressarça pelas despesas que tiver.

Parágrafo único. Se o terceiro descumprir a ordem, o juiz expedirá mandado de apreensão, requisitando, se necessário, força policial, sem prejuízo da responsabilidade por crime de desobediência, pagamento de multa e outras medidas indutivas, coercitivas, mandamentais ou sub-rogatórias necessárias para assegurar a efetivação da decisão.

Art. 404. A parte e o terceiro se escusam de exibir, em juízo, o documento ou a coisa se:

I – concernente a negócios da própria vida da família;

II – sua apresentação puder violar dever de honra;

III – sua publicidade redundar em desonra à parte ou ao terceiro, bem como a seus parentes consanguíneos ou afins até o terceiro grau, ou lhes representar perigo de ação penal;

IV – sua exibição acarretar a divulgação de fatos a cujo respeito, por estado ou profissão, devam guardar segredo;

V – subsistirem outros motivos graves que, segundo o prudente arbítrio do juiz, justifiquem a recusa da exibição;

VI – houver disposição legal que justifique a recusa da exibição.

Parágrafo único. Se os motivos de que tratam os incisos I a VI do *caput* disserem respeito a apenas uma parcela do documento, a parte ou o terceiro exibirá a outra em cartório, para dela ser extraída cópia reprográfica, de tudo sendo lavrado auto circunstanciado.

Seção VII
DA PROVA DOCUMENTAL

Subseção I
DA FORÇA PROBANTE DOS DOCUMENTOS

Art. 405. O documento público faz prova não só da sua formação, mas também dos fatos que o escrivão, o chefe de secretaria, o tabelião ou o servidor declarar que ocorreram em sua presença.

- Art. 215 do CC.

Art. 406. Quando a lei exigir instrumento público como da substância do ato, nenhuma outra prova, por mais especial que seja, pode suprir-lhe a falta.

- Arts. 108 e 215 do CC.

Art. 407. O documento feito por oficial público incompetente ou sem a observância das formalidades legais, sendo subscrito pelas partes, tem a mesma eficácia probatória do documento particular.

Art. 408. As declarações constantes do documento particular escrito e assinado ou somente assinado presumem-se verdadeiras em relação ao signatário.

- Arts. 219 e 220 do CC.
- Lei nº 7.115, de 29-8-1983, dispõe sobre prova documental nos casos que indica.

Parágrafo único. Quando, todavia, contiver declaração de ciência de determinado fato, o documento particular prova a ciência, mas não o fato em si, incumbindo o ônus de prová-lo ao interessado em sua veracidade.

Art. 409. A data do documento particular, quando a seu respeito surgir dúvida ou impugnação entre os litigantes, provar-se-á por todos os meios de direito.

Parágrafo único. Em relação a terceiros, considerar-se-á datado o documento particular:

I – no dia em que foi registrado;

II – desde a morte de algum dos signatários;

III – a partir da impossibilidade física que sobreveio a qualquer dos signatários;

IV – da sua apresentação em repartição pública ou em juízo;

V – do ato ou do fato que estabeleça, de modo certo, a anterioridade da formação do documento.

Art. 410. Considera-se autor do documento particular:

I – aquele que o fez e o assinou;

II – aquele por conta de quem ele foi feito, estando assinado;

III – aquele que, mandando compô-lo, não o firmou porque, conforme a experiência comum, não se costuma assinar, como livros empresariais e assentos domésticos.

Art. 411. Considera-se autêntico o documento quando:

I – o tabelião reconhecer a firma do signatário;

II – a autoria estiver identificada por qualquer outro meio legal de certificação, inclusive eletrônico, nos termos da lei;

III – não houver impugnação da parte contra quem foi produzido o documento.

Art. 412. O documento particular de cuja autenticidade não se duvida prova que o seu autor fez a declaração que lhe é atribuída.

Parágrafo único. O documento particular admitido expressa ou tacitamente é indivisível, sendo vedado à parte que pretende utilizar-se dele aceitar os fatos que lhe são favoráveis e recusar os que são contrários ao seu interesse, salvo se provar que estes não ocorreram.

Art. 413. O telegrama, o radiograma ou qualquer outro meio de transmissão tem a mesma força probatória do documento particular se o original constante da estação expedidora tiver sido assinado pelo remetente.

- Súm. nº 216 do STJ.

Parágrafo único. A firma do remetente poderá ser reconhecida pelo tabelião, declarando-se essa circunstância no original depositado na estação expedidora.

Art. 414. O telegrama ou o radiograma presume-se conforme com o original, provando as datas de sua expedição e de seu recebimento pelo destinatário.

Art. 415. As cartas e os registros domésticos provam contra quem os escreveu quando:

I – enunciam o recebimento de um crédito;

II – contêm anotação que visa a suprir a falta de título em favor de quem é apontado como credor;

III – expressam conhecimento de fatos para os quais não se exija determinada prova.

Art. 416. A nota escrita pelo credor em qualquer parte de documento representativo de obrigação, ainda que não assinada, faz prova em benefício do devedor.

Parágrafo único. Aplica-se essa regra tanto para o documento que o credor conservar em seu poder quanto para aquele que se achar em poder do devedor ou de terceiro.

Art. 417. Os livros empresariais provam contra seu autor, sendo lícito ao empresário, todavia, demonstrar, por todos os meios permitidos em direito, que os lançamentos não correspondem à verdade dos fatos.

- Arts. 1.179 e 1.195 do CC.

Art. 418. Os livros empresariais que preencham os requisitos exigidos por lei provam a favor de seu autor no litígio entre empresários.

- Arts. 1.179 e 1.195 do CC.

Art. 419. A escrituração contábil é indivisível, e, se dos fatos que resultam dos lançamentos, uns são favoráveis ao interesse de seu autor e outros lhe são contrários, ambos serão considerados em conjunto, como unidade.

- Arts. 1.179 e 1.195 do CC.

Art. 420. O juiz pode ordenar, a requerimento da parte, a exibição integral dos livros empresariais e dos documentos do arquivo:

I – na liquidação de sociedade;

II – na sucessão por morte de sócio;

III – quando e como determinar a lei.

- Arts. 1.179 e 1.195 do CC.

Art. 421. O juiz pode, de ofício, ordenar à parte a exibição parcial dos livros e dos documentos, extraindo-se deles a suma que interessar ao litígio, bem como reproduções autenticadas.

- Súm. nº 260 do STF.

Art. 422. Qualquer reprodução mecânica, como a fotográfica, a cinematográfica, a fonográfica ou de outra espécie, tem aptidão para fazer prova dos fatos ou das coisas representadas, se a sua conformidade com o documento original não for impugnada por aquele contra quem foi produzida.

§ 1º As fotografias digitais e as extraídas da rede mundial de computadores fazem prova das imagens que reproduzem, devendo, se impugnadas, ser apresentada a respectiva autenticação eletrônica ou, não sendo possível, realizada perícia.

§ 2º Se se tratar de fotografia publicada em jornal ou revista, será exigido um exemplar original do periódico, caso impugnada a veracidade pela outra parte.

§ 3º Aplica-se o disposto neste artigo à forma impressa de mensagem eletrônica.

Art. 423. As reproduções dos documentos particulares, fotográficas ou obtidas por outros processos de repetição, valem como certidões sempre que o escrivão ou o chefe de secretaria certificar sua conformidade com o original.

Art. 424. A cópia de documento particular tem o mesmo valor probante que o original, cabendo ao escrivão, intimadas as partes, proceder à conferência e certificar a conformidade entre a cópia e o original.

Art. 425. Fazem a mesma prova que os originais:

I – as certidões textuais de qualquer peça dos autos, do protocolo das audiências ou de outro livro a cargo do escrivão ou do chefe de secretaria, se extraídas por ele ou sob sua vigilância e por ele subscritas;

II – os traslados e as certidões extraídas por oficial público de instrumentos ou documentos lançados em suas notas;

III – as reproduções dos documentos públicos, desde que autenticadas por oficial público ou conferidas em cartório com os respectivos originais;

IV – as cópias reprográficas de peças do próprio processo judicial declaradas autênticas pelo advogado, sob sua responsabilidade pessoal, se não lhes for impugnada a autenticidade;

V – os extratos digitais de bancos de dados públicos e privados, desde que atestado pelo seu emitente, sob as penas da lei, que as informações conferem com o que consta na origem;

VI – as reproduções digitalizadas de qualquer documento público ou particular, quando juntadas aos autos pelos órgãos da justiça e seus auxiliares, pelo Ministério Público e seus auxiliares, pela Defensoria Pública e seus auxiliares, pelas procuradorias, pelas repartições públicas em geral e por advogados, ressalvada a alegação motivada e fundamentada de adulteração.

§ 1º Os originais dos documentos digitalizados mencionados no inciso VI deverão ser preservados pelo seu detentor até o final do prazo para propositura de ação rescisória.

§ 2º Tratando-se de cópia digital de título executivo extrajudicial ou de documento relevante à instrução do processo, o juiz poderá determinar seu depósito em cartório ou secretaria.

○ Arts. 216 e 217 do CC.

Art. 426. O juiz apreciará fundamentadamente a fé que deva merecer o documento, quando em ponto substancial e sem ressalva contiver entrelinha, emenda, borrão ou cancelamento.

Art. 427. Cessa a fé do documento público ou particular sendo-lhe declarada judicialmente a falsidade.

Parágrafo único. A falsidade consiste em:

I – formar documento não verdadeiro;

II – alterar documento verdadeiro.

Art. 428. Cessa a fé do documento particular quando:

I – for impugnada sua autenticidade e enquanto não se comprovar sua veracidade;

II – assinado em branco, for impugnado seu conteúdo, por preenchimento abusivo.

Parágrafo único. Dar-se-á abuso quando aquele que recebeu documento assinado com texto não escrito no todo ou em parte formá-lo ou completá-lo por si ou por meio de outrem, violando o pacto feito com o signatário.

Art. 429. Incumbe o ônus da prova quando:

I – se tratar de falsidade de documento ou de preenchimento abusivo, à parte que a arguir;

II – se tratar de impugnação da autenticidade, à parte que produziu o documento.

Subseção II

DA ARGUIÇÃO DE FALSIDADE

Art. 430. A falsidade deve ser suscitada na contestação, na réplica ou no prazo de 15 (quinze) dias, contado a partir da intimação da juntada do documento aos autos.

Parágrafo único. Uma vez arguida, a falsidade será resolvida como questão incidental, salvo se a parte requerer que o juiz a decida como questão principal, nos termos do inciso II do art. 19.

Art. 431. A parte arguirá a falsidade expondo os motivos em que funda a sua pretensão e os meios com que provará o alegado.

Art. 432. Depois de ouvida a outra parte no prazo de 15 (quinze) dias, será realizado o exame pericial.

Parágrafo único. Não se procederá ao exame pericial se a parte que produziu o documento concordar em retirá-lo.

Art. 433. A declaração sobre a falsidade do documento, quando suscitada como questão principal, constará da parte dispositiva da sentença e sobre ela incidirá também a autoridade da coisa julgada.

Subseção III

DA PRODUÇÃO DA PROVA DOCUMENTAL

Art. 434. Incumbe à parte instruir a petição inicial ou a contestação com os documentos destinados a provar suas alegações.

Parágrafo único. Quando o documento consistir em reprodução cinematográfica ou fonográfica, a parte deverá trazê-lo nos termos do *caput*, mas sua exposição será realizada em audiência, intimando-se previamente as partes.

Art. 435. É lícito às partes, em qualquer tempo, juntar aos autos documentos novos, quando destinados a fazer prova de fatos ocorridos depois dos articulados ou para contrapô-los aos que foram produzidos nos autos.

Parágrafo único. Admite-se também a juntada posterior de documentos formados após a petição inicial ou a contestação, bem como dos que se tornaram conhecidos, acessíveis ou disponíveis após esses atos, cabendo à parte que os produzir comprovar o motivo que a impediu de juntá-los anteriormente e incumbindo ao juiz, em qualquer caso, avaliar a conduta da parte de acordo com o art. 5º.

Art. 436. A parte, intimada a falar sobre documento constante dos autos, poderá:

I – impugnar a admissibilidade da prova documental;

II – impugnar sua autenticidade;

III – suscitar sua falsidade, com ou sem deflagração do incidente de arguição de falsidade;

IV – manifestar-se sobre seu conteúdo.

Parágrafo único. Nas hipóteses dos incisos II e III, a impugnação deverá basear-se em argumentação específica, não se admitindo alegação genérica de falsidade.

Art. 437. O réu manifestar-se-á na contestação sobre os documentos anexados à inicial, e o autor manifestar-se-á na réplica sobre os documentos anexados à contestação.

§ 1º Sempre que uma das partes requerer a juntada de documento aos autos, o juiz ouvirá, a seu respeito, a outra parte, que disporá do prazo de 15 (quinze) dias para adotar qualquer das posturas indicadas no art. 436.

§ 2º Poderá o juiz, a requerimento da parte, dilatar o prazo para manifestação sobre a prova documental produzida, levando em consideração a quantidade e a complexidade da documentação.

Art. 438. O juiz requisitará às repartições públicas, em qualquer tempo ou grau de jurisdição:

I – as certidões necessárias à prova das alegações das partes;

II – os procedimentos administrativos nas causas em que forem interessados a União, os Estados, o Distrito Federal, os Municípios ou entidades da administração indireta.

§ 1º Recebidos os autos, o juiz mandará extrair, no prazo máximo e improrrogável de 1 (um) mês, certidões ou reproduções fotográficas das peças que indicar e das que forem indicadas pelas partes, e, em seguida, devolverá os autos à repartição de origem.

§ 2º As repartições públicas poderão fornecer todos os documentos em meio eletrônico, conforme disposto em lei, certificando, pelo mesmo meio, que se trata de extrato fiel do que consta em seu banco de dados ou no documento digitalizado.

○ Art. 5º, XXXIV, da CF.

Seção VIII

DOS DOCUMENTOS ELETRÔNICOS

Art. 439. A utilização de documentos eletrônicos no processo convencional dependerá de sua conversão à forma impressa e da verificação de sua autenticidade, na forma da lei.

Art. 440. O juiz apreciará o valor probante do documento eletrônico não convertido, assegurado às partes o acesso ao seu teor.

Art. 441. Serão admitidos documentos eletrônicos produzidos e conservados com a observância da legislação específica.

CPC

Seção IX
DA PROVA TESTEMUNHAL

Subseção I
DA ADMISSIBILIDADE E DO VALOR DA PROVA TESTEMUNHAL

Art. 442. A prova testemunhal é sempre admissível, não dispondo a lei de modo diverso.

Art. 443. O juiz indeferirá a inquirição de testemunhas sobre fatos:

I – já provados por documento ou confissão da parte;

II – que só por documento ou por exame pericial puderem ser provados.

o Art. 227, par. ún., do CC.

o Súm. nº 149 do STJ.

Art. 444. Nos casos em que a lei exigir prova escrita da obrigação, é admissível a prova testemunhal quando houver começo de prova por escrito, emanado da parte contra a qual se pretende produzir a prova.

o Arts. 227, 319 e 385 a 388 do CC.

o Súm. nº 149 do STJ.

Art. 445. Também se admite a prova testemunhal quando o credor não pode ou não podia, moral ou materialmente, obter a prova escrita da obrigação, em casos como o de parentesco, de depósito necessário ou de hospedagem em hotel ou em razão das práticas comerciais do local onde contraída a obrigação.

Art. 446. É lícito à parte provar com testemunhas:

I – nos contratos simulados, a divergência entre a vontade real e a vontade declarada;

o Arts. 110 e 167 do CC.

II – nos contratos em geral, os vícios de consentimento.

Art. 447. Podem depor como testemunhas todas as pessoas, exceto as incapazes, impedidas ou suspeitas.

§ 1º São incapazes:

I – o interdito por enfermidade ou deficiência mental;

II – o que, acometido por enfermidade ou retardamento mental, ao tempo em que ocorreram os fatos, não podia discerni-los, ou, ao tempo em que deve depor, não está habilitado a transmitir as percepções;

III – o que tiver menos de 16 (dezesseis) anos;

IV – o cego e o surdo, quando a ciência do fato depender dos sentidos que lhes faltam.

o Art. 228 do CC.

§ 2º São impedidos:

I – o cônjuge, o companheiro, o ascendente e o descendente em qualquer grau e o colateral, até o terceiro grau, de alguma das partes, por consanguinidade ou afinidade, salvo se o exigir o interesse público ou, tratando-se de causa relativa ao estado da pessoa, não se puder obter de outro modo a prova que o juiz repute necessária ao julgamento do mérito;

II – o que é parte na causa;

III – o que intervém em nome de uma parte, como o tutor, o representante legal da pessoa jurídica, o juiz, o advogado e outros que assistam ou tenham assistido as partes.

§ 3º São suspeitos:

I – o inimigo da parte ou o seu amigo íntimo;

II – o que tiver interesse no litígio.

§ 4º Sendo necessário, pode o juiz admitir o depoimento das testemunhas menores, impedidas ou suspeitas.

§ 5º Os depoimentos referidos no § 4º serão prestados independentemente de compromisso, e o juiz lhes atribuirá o valor que possam merecer.

Art. 448. A testemunha não é obrigada a depor sobre fatos:

I – que lhe acarretem grave dano, bem como ao seu cônjuge ou companheiro e aos seus parentes consanguíneos ou afins, em linha reta ou colateral, até o terceiro grau;

II – a cujo respeito, por estado ou profissão, deva guardar sigilo.

o Art. 229 do CC.

Art. 449. Salvo disposição especial em contrário, as testemunhas devem ser ouvidas na sede do juízo.

Parágrafo único. Quando a parte ou a testemunha, por enfermidade ou por outro motivo relevante, estiver impossibilitada de comparecer, mas não de prestar depoimento, o juiz designará, conforme as circunstâncias, dia, hora e lugar para inquiri-la.

Subseção II
DA PRODUÇÃO DA PROVA TESTEMUNHAL

Art. 450. O rol de testemunhas conterá, sempre que possível, o nome, a profissão, o estado civil, a idade, o número de inscrição no Cadastro de Pessoas Físicas, o número de registro de identidade e o endereço completo da residência e do local de trabalho.

Art. 451. Depois de apresentado o rol de que tratam os §§ 4º e 5º do art. 357, a parte só pode substituir a testemunha:

I – que falecer;

II – que, por enfermidade, não estiver em condições de depor;

III – que, tendo mudado de residência ou de local de trabalho, não for encontrada.

Art. 452. Quando for arrolado como testemunha, o juiz da causa:

I – declarar-se-á impedido, se tiver conhecimento de fatos que possam influir na decisão, caso em que será vedado à parte que o incluiu no rol desistir de seu depoimento;

II – se nada souber, mandará excluir o seu nome.

Art. 453. As testemunhas depõem, na audiência de instrução e julgamento, perante o juiz da causa, exceto:

I – as que prestam depoimento antecipadamente;

II – as que são inquiridas por carta.

§ 1º A oitiva de testemunha que residir em comarca, seção ou subseção judiciária diversa daquela onde tramita o processo poderá ser realizada por meio de videoconferência ou outro recurso tecnológico de transmissão e recepção de sons e imagens em tempo real, o que poderá ocorrer, inclusive, durante a audiência de instrução e julgamento.

§ 2º Os juízos deverão manter equipamento para a transmissão e recepção de sons e imagens a que se refere o § 1º.

Art. 454. São inquiridos em sua residência ou onde exercem sua função:

I – o presidente e o vice-presidente da República;

II – os ministros de Estado;

III – os ministros do Supremo Tribunal Federal, os conselheiros do Conselho Nacional de Justiça e os ministros do Superior Tribunal de Justiça, do Superior Tribunal Militar, do Tribunal Superior Eleitoral, do Tribunal Superior do Trabalho e do Tribunal de Contas da União;

IV – o procurador-geral da República e os conselheiros do Conselho Nacional do Ministério Público;

V – o advogado-geral da União, o procurador-geral do Estado, o procurador-geral do Município, o defensor público-geral federal e o defensor público-geral do Estado;

VI – os senadores e os deputados federais;

VII – os governadores dos Estados e do Distrito Federal;

VIII – o prefeito;

IX – os deputados estaduais e distritais;

X – os desembargadores dos Tribunais de Justiça, dos Tribunais Regionais Federais, dos Tribunais Regionais do Trabalho e dos Tribunais Regionais Eleitorais e os conselheiros dos Tribunais de Contas dos Estados e do Distrito Federal;

o Art. 4º da EC nº 45, de 30-12-2004.

XI – o procurador-geral de justiça;

XII – o embaixador de país que, por lei ou tratado, concede idêntica prerrogativa a agente diplomático do Brasil.

§ 1º O juiz solicitará à autoridade que indique dia, hora e local a fim de ser inquirida, remetendo-lhe cópia da petição inicial ou da defesa oferecida pela parte que a arrolou como testemunha.

§ 2º Passado 1 (um) mês sem manifestação da autoridade, o juiz designará dia, hora e local para o depoimento, preferencialmente na sede do juízo.

§ 3º O juiz também designará dia, hora e local para o depoimento, quando a autoridade não comparecer, injustificadamente, à sessão agendada para a colheita de seu testemunho no dia, hora e local por ela mesma indicados.

Art. 455. Cabe ao advogado da parte informar ou intimar a testemunha por ele arrolada do dia, da hora e do local da audiência designada, dispensando-se a intimação do juízo.

§ 1º A intimação deverá ser realizada por carta com aviso de recebimento, cumprindo ao advogado juntar aos autos, com antecedência de pelo menos 3 (três) dias da data da audiência, cópia da correspondência de intimação e do comprovante de recebimento.

§ 2º A parte pode comprometer-se a levar a testemunha à audiência, independentemente da intimação de que trata o § 1º, presumindo-se, caso a testemunha não compareça, que a parte desistiu de sua inquirição.

§ 3º A inércia na realização da intimação a que se refere o § 1º importa desistência da inquirição da testemunha.

§ 4º A intimação será feita pela via judicial quando:

I – for frustrada a intimação prevista no § 1º deste artigo;

II – sua necessidade for devidamente demonstrada pela parte ao juiz;

III – figurar no rol de testemunhas servidor público ou militar, hipótese em que o juiz o requisitará ao chefe da repartição ou ao comando do corpo em que servir;

IV – a testemunha houver sido arrolada pelo Ministério Público ou pela Defensoria Pública;

V – a testemunha for uma daquelas previstas no art. 454.

§ 5º A testemunha que, intimada na forma do § 1º ou do § 4º, deixar de comparecer sem motivo justificado será conduzida e responderá pelas despesas do adiamento.

Art. 456. O juiz inquirirá as testemunhas separada e sucessivamente, primeiro as do autor e depois as do réu, e providenciará para que uma não ouça o depoimento das outras.

Parágrafo único. O juiz poderá alterar a ordem estabelecida no *caput* se as partes concordarem.

Art. 457. Antes de depor, a testemunha será qualificada, declarará ou confirmará seus dados e informará se tem relações de parentesco com a parte ou interesse no objeto do processo.

§ 1º É lícito à parte contraditar a testemunha, arguindo-lhe a incapacidade, o impedimento ou a suspeição, bem como, caso a testemunha negue os fatos que lhe são imputados, provar a contradita com documentos ou com testemunhas, até 3 (três), apresentadas no ato e inquiridas em separado.

§ 2º Sendo provados ou confessados os fatos a que se refere o § 1º, o juiz dispensará a testemunha ou lhe tomará o depoimento como informante.

§ 3º A testemunha pode requerer ao juiz que a escuse de depor, alegando os motivos previstos neste Código, decidindo o juiz de plano após ouvidas as partes.

Art. 458. Ao início da inquirição, a testemunha prestará o compromisso de dizer a verdade do que souber e lhe for perguntado.

Parágrafo único. O juiz advertirá à testemunha que incorre em sanção penal quem faz afirmação falsa, cala ou oculta a verdade.

Art. 459. As perguntas serão formuladas pelas partes diretamente à testemunha, começando pela que a arrolou, não admitindo o juiz aquelas que puderem induzir a resposta, não tiverem relação com as questões de fato objeto da atividade probatória ou importarem repetição de outra já respondida.

§ 1º O juiz poderá inquirir a testemunha tanto antes quanto depois da inquirição feita pelas partes.

§ 2º As testemunhas devem ser tratadas com urbanidade, não se lhes fazendo perguntas ou considerações impertinentes, capciosas ou vexatórias.

§ 3º As perguntas que o juiz indeferir serão transcritas no termo, se a parte o requerer.

Art. 460. O depoimento poderá ser documentado por meio de gravação.

§ 1º Quando digitado ou registrado por taquigrafia, estenotipia ou outro método idôneo de documentação, o depoimento será assinado pelo juiz, pelo depoente e pelos procuradores.

§ 2º Se houver recurso em processo em autos não eletrônicos, o depoimento somente será digitado quando for impossível o envio de sua documentação eletrônica.

§ 3º Tratando-se de autos eletrônicos, observar-se-á o disposto neste Código e na legislação específica sobre a prática eletrônica de atos processuais.

Art. 461. O juiz pode ordenar, de ofício ou a requerimento da parte:

I – a inquirição de testemunhas referidas nas declarações da parte ou das testemunhas;

II – a acareação de 2 (duas) ou mais testemunhas ou de alguma delas com a parte, quando, sobre fato determinado que possa influir na decisão da causa, divergirem as suas declarações.

§ 1º Os acareados serão reperguntados para que expliquem os pontos de divergência, reduzindo-se a termo o ato de acareação.

§ 2º A acareação pode ser realizada por videoconferência ou por outro recurso tecnológico de transmissão de sons e imagens em tempo real.

Art. 462. A testemunha pode requerer ao juiz o pagamento da despesa que efetuou para comparecimento à audiência, devendo a parte pagá-la logo que arbitrada ou depositá-la em cartório dentro de 3 (três) dias.

CPC

Art. 463. O depoimento prestado em juízo é considerado serviço público.

Parágrafo único. A testemunha, quando sujeita ao regime da legislação trabalhista, não sofre, por comparecer à audiência, perda de salário nem desconto no tempo de serviço.

Seção X

DA PROVA PERICIAL

Art. 464. A prova pericial consiste em exame, vistoria ou avaliação.

§ 1º O juiz indeferirá a perícia quando:

I – a prova do fato não depender de conhecimento especial de técnico;

II – for desnecessária em vista de outras provas produzidas;

III – a verificação for impraticável.

§ 2º De ofício ou a requerimento das partes, o juiz poderá, em substituição à perícia, determinar a produção de prova técnica simplificada, quando o ponto controvertido for de menor complexidade.

§ 3º A prova técnica simplificada consistirá apenas na inquirição de especialista, pelo juiz, sobre ponto controvertido da causa que demande especial conhecimento científico ou técnico.

§ 4º Durante a arguição, o especialista, que deverá ter formação acadêmica específica na área objeto de seu depoimento, poderá valer-se de qualquer recurso tecnológico de transmissão de sons e imagens com o fim de esclarecer os pontos controvertidos da causa.

Art. 465. O juiz nomeará perito especializado no objeto da perícia e fixará de imediato o prazo para a entrega do laudo.

§ 1º Incumbe às partes, dentro de 15 (quinze) dias contados da intimação do despacho de nomeação do perito:

I – arguir o impedimento ou a suspeição do perito, se for o caso;

II – indicar assistente técnico;

III – apresentar quesitos.

§ 2º Ciente da nomeação, o perito apresentará em 5 (cinco) dias:

I – proposta de honorários;

II – currículo, com comprovação de especialização;

III – contatos profissionais, em especial o endereço eletrônico, para onde serão dirigidas as intimações pessoais.

§ 3º As partes serão intimadas da proposta de honorários para, querendo, manifestar-se no prazo comum de 5 (cinco) dias, após o que o juiz arbitrará o valor, intimando-se as partes para os fins do art. 95.

§ 4º O juiz poderá autorizar o pagamento de até cinquenta por cento dos honorários arbitrados a favor do perito no início dos trabalhos, devendo o remanescente ser pago apenas ao final, depois de entregue o laudo e prestados todos os esclarecimentos necessários.

§ 5º Quando a perícia for inconclusiva ou deficiente, o juiz poderá reduzir a remuneração inicialmente arbitrada para o trabalho.

§ 6º Quando tiver de realizar-se por carta, poder-se-á proceder à nomeação de perito e à indicação de assistentes técnicos no juízo ao qual se requisitar a perícia.

Art. 466. O perito cumprirá escrupulosamente o encargo que lhe foi cometido, independentemente de termo de compromisso.

§ 1º Os assistentes técnicos são de confiança da parte e não estão sujeitos a impedimento ou suspeição.

§ 2º O perito deve assegurar aos assistentes das partes o acesso e o acompanhamento das diligências e dos exames que realizar, com prévia comunicação, comprovada nos autos, com antecedência mínima de 5 (cinco) dias.

Art. 467. O perito pode escusar-se ou ser recusado por impedimento ou suspeição.

Parágrafo único. O juiz, ao aceitar a escusa ou ao julgar procedente a impugnação, nomeará novo perito.

Art. 468. O perito pode ser substituído quando:

I – faltar-lhe conhecimento técnico ou científico;

II – sem motivo legítimo, deixar de cumprir o encargo no prazo que lhe foi assinado.

§ 1º No caso previsto no inciso II, o juiz comunicará a ocorrência à corporação profissional respectiva, podendo, ainda, impor multa ao perito, fixada tendo em vista o valor da causa e o possível prejuízo decorrente do atraso no processo.

§ 2º O perito substituído restituirá, no prazo de 15 (quinze) dias, os valores recebidos pelo trabalho não realizado, sob pena de ficar impedido de atuar como perito judicial pelo prazo de 5 (cinco) anos.

§ 3º Não ocorrendo a restituição voluntária de que trata o § 2º, a parte que tiver realizado o adiantamento dos honorários poderá promover execução contra o perito, na forma dos arts. 513 e seguintes deste Código, com fundamento na decisão que determinar a devolução do numerário.

Art. 469. As partes poderão apresentar quesitos suplementares durante a diligência, que poderão ser respondidos pelo perito previamente ou na audiência de instrução e julgamento.

Parágrafo único. O escrivão dará à parte contrária ciência da juntada dos quesitos aos autos.

Art. 470. Incumbe ao juiz:

I – indeferir quesitos impertinentes;

II – formular os quesitos que entender necessários ao esclarecimento da causa.

Art. 471. As partes podem, de comum acordo, escolher o perito, indicando-o mediante requerimento, desde que:

I – sejam plenamente capazes;

II – a causa possa ser resolvida por autocomposição.

§ 1º As partes, ao escolher o perito, já devem indicar os respectivos assistentes técnicos para acompanhar a realização da perícia, que se realizará em data e local previamente anunciados.

§ 2º O perito e os assistentes técnicos devem entregar, respectivamente, laudo e pareceres em prazo fixado pelo juiz.

§ 3º A perícia consensual substitui, para todos os efeitos, a que seria realizada por perito nomeado pelo juiz.

Art. 472. O juiz poderá dispensar prova pericial quando as partes, na inicial e na contestação, apresentarem, sobre as questões de fato, pareceres técnicos ou documentos elucidativos que considerar suficientes.

Art. 473. O laudo pericial deverá conter:

I – a exposição do objeto da perícia;

II – a análise técnica ou científica realizada pelo perito;

III – a indicação do método utilizado, esclarecendo-o e demonstrando ser predominantemente aceito pelos especialistas da área do conhecimento da qual se originou;

IV – resposta conclusiva a todos os quesitos apresentados pelo juiz, pelas partes e pelo órgão do Ministério Público.

§ 1º No laudo, o perito deve apresentar sua fundamentação em linguagem simples e com coerência lógica, indicando como alcançou suas conclusões.

§ 2º É vedado ao perito ultrapassar os limites de sua designação, bem como emitir opiniões pessoais que excedam o exame técnico ou científico do objeto da perícia.

§ 3º Para o desempenho de sua função, o perito e os assistentes técnicos podem valer-se de todos os meios necessários, ouvindo testemunhas, obtendo informações, solicitando documentos que estejam em poder da parte, de terceiros ou em repartições públicas, bem como instruir o laudo com planilhas, mapas, plantas, desenhos, fotografias ou outros elementos necessários ao esclarecimento do objeto da perícia.

Art. 474. As partes terão ciência da data e do local designados pelo juiz ou indicados pelo perito para ter início a produção da prova.

Art. 475. Tratando-se de perícia complexa que abranja mais de uma área de conhecimento especializado, o juiz poderá nomear mais de um perito, e a parte, indicar mais de um assistente técnico.

Art. 476. Se o perito, por motivo justificado, não puder apresentar o laudo dentro do prazo, o juiz poderá conceder-lhe, por uma vez, prorrogação pela metade do prazo originalmente fixado.

Art. 477. O perito protocolará o laudo em juízo, no prazo fixado pelo juiz, pelo menos 20 (vinte) dias antes da audiência de instrução e julgamento.

§ 1º As partes serão intimadas para, querendo, manifestar-se sobre o laudo do perito do juízo no prazo comum de 15 (quinze) dias, podendo o assistente técnico de cada uma das partes, em igual prazo, apresentar seu respectivo parecer.

§ 2º O perito do juízo tem o dever de, no prazo de 15 (quinze) dias, esclarecer ponto:

I – sobre o qual exista divergência ou dúvida de qualquer das partes, do juiz ou do órgão do Ministério Público;

II – divergente apresentado no parecer do assistente técnico da parte.

§ 3º Se ainda houver necessidade de esclarecimentos, a parte requererá ao juiz que mande intimar o perito ou o assistente técnico a comparecer à audiência de instrução e julgamento, formulando, desde logo, as perguntas, sob forma de quesitos.

§ 4º O perito ou o assistente técnico será intimado por meio eletrônico, com pelo menos 10 (dez) dias de antecedência da audiência.

Art. 478. Quando o exame tiver por objeto a autenticidade ou a falsidade de documento ou for de natureza médico-legal, o perito será escolhido, de preferência, entre os técnicos dos estabelecimentos oficiais especializados, a cujos diretores o juiz autorizará a remessa dos autos, bem como do material sujeito a exame.

§ 1º Nas hipóteses de gratuidade de justiça, os órgãos e as repartições oficiais deverão cumprir a determinação judicial com preferência, no prazo estabelecido.

§ 2º A prorrogação do prazo referido no § 1º pode ser requerida motivadamente.

§ 3º Quando o exame tiver por objeto a autenticidade da letra e da firma, o perito poderá requisitar, para efeito de comparação, documentos existentes em repartições públicas e, na falta destes, poderá requerer ao juiz que a pessoa a quem se atribuir a autoria do documento lance em folha de papel, por cópia ou sob ditado, dizeres diferentes, para fins de comparação.

Art. 479. O juiz apreciará a prova pericial de acordo com o disposto no art. 371, indicando na sentença os motivos que o levaram a considerar ou a deixar de considerar as conclusões do laudo, levando em conta o método utilizado pelo perito.

Art. 480. O juiz determinará, de ofício ou a requerimento da parte, a realização de nova perícia quando a matéria não estiver suficientemente esclarecida.

§ 1º A segunda perícia tem por objeto os mesmos fatos sobre os quais recaiu a primeira e destina-se a corrigir eventual omissão ou inexatidão dos resultados a que esta conduziu.

§ 2º A segunda perícia rege-se pelas disposições estabelecidas para a primeira.

§ 3º A segunda perícia não substitui a primeira, cabendo ao juiz apreciar o valor de uma e de outra.

Seção XI

DA INSPEÇÃO JUDICIAL

Art. 481. O juiz, de ofício ou a requerimento da parte, pode, em qualquer fase do processo, inspecionar pessoas ou coisas, a fim de se esclarecer sobre fato que interesse à decisão da causa.

Art. 482. Ao realizar a inspeção, o juiz poderá ser assistido por um ou mais peritos.

Art. 483. O juiz irá ao local onde se encontre a pessoa ou a coisa quando:

I – julgar necessário para a melhor verificação ou interpretação dos fatos que deva observar;

II – a coisa não puder ser apresentada em juízo sem consideráveis despesas ou graves dificuldades;

III – determinar a reconstituição dos fatos.

Parágrafo único. As partes têm sempre direito a assistir à inspeção, prestando esclarecimentos e fazendo observações que considerem de interesse para a causa.

Art. 484. Concluída a diligência, o juiz mandará lavrar auto circunstanciado, mencionando nele tudo quanto for útil ao julgamento da causa.

Parágrafo único. O auto poderá ser instruído com desenho, gráfico ou fotografia.

CAPÍTULO XIII

DA SENTENÇA E DA COISA JULGADA

Seção I

DISPOSIÇÕES GERAIS

Art. 485. O juiz não resolverá o mérito quando:

I – indeferir a petição inicial;

II – o processo ficar parado durante mais de 1 (um) ano por negligência das partes;

III – por não promover os atos e as diligências que lhe incumbir, o autor abandonar a causa por mais de 30 (trinta) dias;

- Art. 11 do CC.
- Súm. nº 240 do STJ.

IV – verificar a ausência de pressupostos de constituição e de desenvolvimento válido e regular do processo;

V – reconhecer a existência de perempção, de litispendência ou de coisa julgada;

VI – verificar ausência de legitimidade ou de interesse processual;

CPC

VII – acolher a alegação de existência de convenção de arbitragem ou quando o juízo arbitral reconhecer sua competência;

- Súm. nº 485 do STJ.

VIII – homologar a desistência da ação;

IX – em caso de morte da parte, a ação for considerada intransmissível por disposição legal; e

- Art. 11 do CC.

X – nos demais casos prescritos neste Código.

§ 1º Nas hipóteses descritas nos incisos II e III, a parte será intimada pessoalmente para suprir a falta no prazo de 5 (cinco) dias.

§ 2º No caso do § 1º, quanto ao inciso II, as partes pagarão proporcionalmente as custas, e, quanto ao inciso III, o autor será condenado ao pagamento das despesas e dos honorários de advogado.

§ 3º O juiz conhecerá de ofício da matéria constante dos incisos IV, V, VI e IX, em qualquer tempo e grau de jurisdição, enquanto não ocorrer o trânsito em julgado.

§ 4º Oferecida a contestação, o autor não poderá, sem o consentimento do réu, desistir da ação.

§ 5º A desistência da ação pode ser apresentada até a sentença.

§ 6º Oferecida a contestação, a extinção do processo por abandono da causa pelo autor depende de requerimento do réu.

§ 7º Interposta a apelação em qualquer dos casos de que tratam os incisos deste artigo, o juiz terá 5 (cinco) dias para retratar-se.

Art. 486. O pronunciamento judicial que não resolve o mérito não obsta a que a parte proponha de novo a ação.

§ 1º No caso de extinção em razão de litispendência e nos casos dos incisos I, IV, VI e VII do art. 485, a propositura da nova ação depende da correção do vício que levou à sentença sem resolução do mérito.

§ 2º A petição inicial, todavia, não será despachada sem a prova do pagamento ou do depósito das custas e dos honorários de advogado.

§ 3º Se o autor der causa, por 3 (três) vezes, a sentença fundada em abandono da causa, não poderá propor nova ação contra o réu com o mesmo objeto, ficando-lhe ressalvada, entretanto, a possibilidade de alegar em defesa o seu direito.

Art. 487. Haverá resolução de mérito quando o juiz:

I – acolher ou rejeitar o pedido formulado na ação ou na reconvenção;

II – decidir, de ofício ou a requerimento, sobre a ocorrência de decadência ou prescrição;

- Súmulas nºs 149 a 151, 153, 154, 383, 443, 445 e 494 do STF.
- Súmulas nºs 101, 119 e 419 do STJ.

III – homologar:

a) o reconhecimento da procedência do pedido formulado na ação ou na reconvenção;

b) a transação;

c) a renúncia à pretensão formulada na ação ou na reconvenção.

- Súm. nº 409 do STJ.

Parágrafo único. Ressalvada a hipótese do § 1º do art. 332, a prescrição e a decadência não serão reconhecidas sem que antes seja dada às partes oportunidade de manifestar-se.

Art. 488. Desde que possível, o juiz resolverá o mérito sempre que a decisão for favorável à parte a quem aproveitaria eventual pronunciamento nos termos do art. 485.

Seção II

DOS ELEMENTOS E DOS EFEITOS DA SENTENÇA

Art. 489. São elementos essenciais da sentença:

I – o relatório, que conterá os nomes das partes, a identificação do caso, com a suma do pedido e da contestação, e o registro das principais ocorrências havidas no andamento do processo;

II – os fundamentos, em que o juiz analisará as questões de fato e de direito;

III – o dispositivo, em que o juiz resolverá as questões principais que as partes lhe submeterem.

- Lei nº 6.899, de 8-4-1981, determina a aplicação da correção monetária nos débitos oriundos de decisão judicial.

§ 1º Não se considera fundamentada qualquer decisão judicial, seja ela interlocutória, sentença ou acórdão, que:

I – se limitar à indicação, à reprodução ou à paráfrase de ato normativo, sem explicar sua relação com a causa ou a questão decidida;

II – empregar conceitos jurídicos indeterminados, sem explicar o motivo concreto de sua incidência no caso;

III – invocar motivos que se prestariam a justificar qualquer outra decisão;

IV – não enfrentar todos os argumentos deduzidos no processo capazes de, em tese, infirmar a conclusão adotada pelo julgador;

V – se limitar a invocar precedente ou enunciado de súmula, sem identificar seus fundamentos determinantes nem demonstrar que o caso sob julgamento se ajusta àqueles fundamentos;

VI – deixar de seguir enunciado de súmula, jurisprudência ou precedente invocado pela parte, sem demonstrar a existência de distinção no caso em julgamento ou a superação do entendimento.

§ 2º No caso de colisão entre normas, o juiz deve justificar o objeto e os critérios gerais da ponderação efetuada, enunciando as razões que autorizam a interferência na norma afastada e as premissas fáticas que fundamentam a conclusão.

§ 3º A decisão judicial deve ser interpretada a partir da conjugação de todos os seus elementos e em conformidade com o princípio da boa-fé.

Art. 490. O juiz resolverá o mérito acolhendo ou rejeitando, no todo ou em parte, os pedidos formulados pelas partes.

Art. 491. Na ação relativa à obrigação de pagar quantia, ainda que formulado pedido genérico, a decisão definirá desde logo a extensão da obrigação, o índice de correção monetária, a taxa de juros, o termo inicial de ambos e a periodicidade da capitalização dos juros, se for o caso, salvo quando:

I – não for possível determinar, de modo definitivo, o montante devido;

II – a apuração do valor devido depender da produção de prova de realização demorada ou excessivamente dispendiosa, assim reconhecida na sentença.

§ 1º Nos casos previstos neste artigo, seguir-se-á a apuração do valor devido por liquidação.

§ 2º O disposto no *caput* também se aplica quando o acórdão alterar a sentença.

Art. 492. É vedado ao juiz proferir decisão de natureza diversa da pedida, bem como condenar a parte em quantidade superior ou em objeto diverso do que lhe foi demandado.

Parágrafo único. A decisão deve ser certa, ainda que resolva relação jurídica condicional.

Art. 493. Se, depois da propositura da ação, algum fato constitutivo, modificativo ou extintivo do direito influir no julgamento do mérito, caberá ao juiz tomá-lo em consideração, de ofício ou a requerimento da parte, no momento de proferir a decisão.

Parágrafo único. Se constatar de ofício o fato novo, o juiz ouvirá as partes sobre ele antes de decidir.

Art. 494. Publicada a sentença, o juiz só poderá alterá-la:

- Súm. nº 453 do STJ.

I – para corrigir-lhe, de ofício ou a requerimento da parte, inexatidões materiais ou erros de cálculo;

II – por meio de embargos de declaração.

- Súm. nº 317 do STF.

Art. 495. A decisão que condenar o réu ao pagamento de prestação consistente em dinheiro e a que determinar a conversão de prestação de fazer, de não fazer ou de dar coisa em prestação pecuniária valerão como título constitutivo de hipoteca judiciária.

§ 1º A decisão produz a hipoteca judiciária:

I – embora a condenação seja genérica;

II – ainda que o credor possa promover o cumprimento provisório da sentença ou esteja pendente arresto sobre bem do devedor;

III – mesmo que impugnada por recurso dotado de efeito suspensivo.

§ 2º A hipoteca judiciária poderá ser realizada mediante apresentação de cópia da sentença perante o cartório de registro imobiliário, independentemente de ordem judicial, de declaração expressa do juiz ou de demonstração de urgência.

§ 3º No prazo de até 15 (quinze) dias da data de realização da hipoteca, a parte informá-la-á ao juízo da causa, que determinará a intimação da outra parte para que tome ciência do ato.

§ 4º A hipoteca judiciária, uma vez constituída, implicará, para o credor hipotecário, o direito de preferência, quanto ao pagamento, em relação a outros credores, observada a prioridade no registro.

§ 5º Sobrevindo a reforma ou a invalidação da decisão que impôs o pagamento de quantia, a parte responderá, independentemente de culpa, pelos danos que a outra parte tiver sofrido em razão da constituição da garantia, devendo o valor da indenização ser liquidado e executado nos próprios autos.

Seção III

DA REMESSA NECESSÁRIA

Art. 496. Está sujeita ao duplo grau de jurisdição, não produzindo efeito senão depois de confirmada pelo tribunal, a sentença:

I – proferida contra a União, os Estados, o Distrito Federal, os Municípios e suas respectivas autarquias e fundações de direito público;

- Súm. nº 620 do STF.
- Súm. nº 45 do STJ.

II – que julgar procedentes, no todo ou em parte, os embargos à execução fiscal.

- Lei nº 6.830, de 22-9-1980 (Lei das Execuções Fiscais).
- Súm. nº 620 do STF.
- Súmulas nºs 254 e 325 do STJ.

§ 1º Nos casos previstos neste artigo, não interposta a apelação no prazo legal, o juiz ordenará a remessa dos autos ao tribunal, e, se não o fizer, o presidente do respectivo tribunal avocá-los-á.

§ 2º Em qualquer dos casos referidos no § 1º, o tribunal julgará a remessa necessária.

§ 3º Não se aplica o disposto neste artigo quando a condenação ou o proveito econômico obtido na causa for de valor certo e líquido inferior a:

- Súm. nº 490 do STJ.

I – 1.000 (mil) salários mínimos para a União e as respectivas autarquias e fundações de direito público;

II – 500 (quinhentos) salários mínimos para os Estados, o Distrito Federal, as respectivas autarquias e fundações de direito público e os Municípios que constituam capitais dos Estados;

III – 100 (cem) salários mínimos para todos os demais Municípios e respectivas autarquias e fundações de direito público.

§ 4º Também não se aplica o disposto neste artigo quando a sentença estiver fundada em:

I – súmula de tribunal superior;

II – acórdão proferido pelo Supremo Tribunal Federal ou pelo Superior Tribunal de Justiça em julgamento de recursos repetitivos;

III – entendimento firmado em incidente de resolução de demandas repetitivas ou de assunção de competência;

IV – entendimento coincidente com orientação vinculante firmada no âmbito administrativo do próprio ente público, consolidada em manifestação, parecer ou súmula administrativa.

Seção IV

DO JULGAMENTO DAS AÇÕES RELATIVAS ÀS PRESTAÇÕES DE FAZER, DE NÃO FAZER E DE ENTREGAR COISA

Art. 497. Na ação que tenha por objeto a prestação de fazer ou de não fazer, o juiz, se procedente o pedido, concederá a tutela específica ou determinará providências que assegurem a obtenção de tutela pelo resultado prático equivalente.

- Art. 84 do CDC.
- Art. 7º, § 5º, da Lei nº 12.016, de 7-8-2009 (Lei do Mandado de Segurança Individual e Coletivo).

Parágrafo único. Para a concessão da tutela específica destinada a inibir a prática, a reiteração ou a continuação de um ilícito, ou a sua remoção, é irrelevante a demonstração da ocorrência de dano ou da existência de culpa ou dolo.

Art. 498. Na ação que tenha por objeto a entrega de coisa, o juiz, ao conceder a tutela específica, fixará o prazo para o cumprimento da obrigação.

Parágrafo único. Tratando-se de entrega de coisa determinada pelo gênero e pela quantidade, o autor individualizá-la-á na petição inicial, se lhe couber a escolha, ou, se a escolha couber ao réu, este a entregará individualizada, no prazo fixado pelo juiz.

Art. 499. A obrigação somente será convertida em perdas e danos se o autor o requerer ou se impossível a tutela específica ou a obtenção de tutela pelo resultado prático equivalente.

Art. 500. A indenização por perdas e danos dar-se-á sem prejuízo da multa fixada periodicamente para compelir o réu ao cumprimento específico da obrigação.

CPC

Art. 501. Na ação que tenha por objeto a emissão de declaração de vontade, a sentença que julgar procedente o pedido, uma vez transitada em julgado, produzirá todos os efeitos da declaração não emitida.

Seção V

DA COISA JULGADA

Art. 502. Denomina-se coisa julgada material a autoridade que torna imutável e indiscutível a decisão de mérito não mais sujeita a recurso.

- Art. 5º, XXXVI, da CF.
- Art. 6º, § 3º, do Dec.-lei nº 4.657, de 4-9-1942 (Lei de Introdução às Normas do Direito Brasileiro).

Art. 503. A decisão que julgar total ou parcialmente o mérito tem força de lei nos limites da questão principal expressamente decidida.

§ 1º O disposto no *caput* aplica-se à resolução de questão prejudicial, decidida expressa e incidentemente no processo, se:

I – dessa resolução depender o julgamento do mérito;

II – a seu respeito tiver havido contraditório prévio e efetivo, não se aplicando no caso de revelia;

III – o juízo tiver competência em razão da matéria e da pessoa para resolvê-la como questão principal.

§ 2º A hipótese do § 1º não se aplica se no processo houver restrições probatórias ou limitações à cognição que impeçam o aprofundamento da análise da questão prejudicial.

- Art. 1.054 deste Código.

Art. 504. Não fazem coisa julgada:

I – os motivos, ainda que importantes para determinar o alcance da parte dispositiva da sentença;

II – a verdade dos fatos, estabelecida como fundamento da sentença.

Art. 505. Nenhum juiz decidirá novamente as questões já decididas relativas à mesma lide, salvo:

I – se, tratando-se de relação jurídica de trato continuado, sobreveio modificação no estado de fato ou de direito, caso em que poderá a parte pedir a revisão do que foi estatuído na sentença;

II – nos demais casos prescritos em lei.

Art. 506. A sentença faz coisa julgada às partes entre as quais é dada, não prejudicando terceiros.

Art. 507. É vedado à parte discutir no curso do processo as questões já decididas a cujo respeito se operou a preclusão.

Art. 508. Transitada em julgado a decisão de mérito, considerar-se-ão deduzidas e repelidas todas as alegações e as defesas que a parte poderia opor tanto ao acolhimento quanto à rejeição do pedido.

CAPÍTULO XIV

DA LIQUIDAÇÃO DE SENTENÇA

Art. 509. Quando a sentença condenar ao pagamento de quantia ilíquida, proceder-se-á à sua liquidação, a requerimento do credor ou do devedor:

- Súmulas nºs 318 e 344 do STJ.

I – por arbitramento, quando determinado pela sentença, convencionado pelas partes ou exigido pela natureza do objeto da liquidação;

II – pelo procedimento comum, quando houver necessidade de alegar e provar fato novo.

§ 1º Quando na sentença houver uma parte líquida e outra ilíquida, ao credor é lícito promover simultaneamente a execução daquela e, em autos apartados, a liquidação desta.

§ 2º Quando a apuração do valor depender apenas de cálculo aritmético, o credor poderá promover, desde logo, o cumprimento da sentença.

§ 3º O Conselho Nacional de Justiça desenvolverá e colocará à disposição dos interessados programa de atualização financeira.

§ 4º Na liquidação é vedado discutir de novo a lide ou modificar a sentença que a julgou.

Art. 510. Na liquidação por arbitramento, o juiz intimará as partes para a apresentação de pareceres ou documentos elucidativos, no prazo que fixar, e, caso não possa decidir de plano, nomeará perito, observando-se, no que couber, o procedimento da prova pericial.

Art. 511. Na liquidação pelo procedimento comum, o juiz determinará a intimação do requerido, na pessoa de seu advogado ou da sociedade de advogados a que estiver vinculado, para, querendo, apresentar contestação no prazo de 15 (quinze) dias, observando-se, a seguir, no que couber, o disposto no Livro I da Parte Especial deste Código.

Art. 512. A liquidação poderá ser realizada na pendência de recurso, processando-se em autos apartados no juízo de origem, cumprindo ao liquidante instruir o pedido com cópias das peças processuais pertinentes.

TÍTULO II – DO CUMPRIMENTO DA SENTENÇA

CAPÍTULO I

DISPOSIÇÕES GERAIS

Art. 513. O cumprimento da sentença será feito segundo as regras deste Título, observando-se, no que couber e conforme a natureza da obrigação, o disposto no Livro II da Parte Especial deste Código.

§ 1º O cumprimento da sentença que reconhece o dever de pagar quantia, provisório ou definitivo, far-se-á a requerimento do exequente.

§ 2º O devedor será intimado para cumprir a sentença:

I – pelo *Diário da Justiça*, na pessoa de seu advogado constituído nos autos;

II – por carta com aviso de recebimento, quando representado pela Defensoria Pública ou quando não tiver procurador constituído nos autos, ressalvada a hipótese do inciso IV;

III – por meio eletrônico, quando, no caso do § 1º do art. 246, não tiver procurador constituído nos autos;

IV – por edital, quando, citado na forma do art. 256, tiver sido revel na fase de conhecimento.

§ 3º Na hipótese do § 2º, incisos II e III, considera-se realizada a intimação quando o devedor houver mudado de endereço sem prévia comunicação ao juízo, observado o disposto no parágrafo único do art. 274.

§ 4º Se o requerimento a que alude o § 1º for formulado após 1 (um) ano do trânsito em julgado da sentença, a intimação será feita na pessoa do devedor, por meio de carta com aviso de recebimento encaminhada ao endereço constante dos autos, observado o disposto no parágrafo único do art. 274 e no § 3º deste artigo.

§ 5º O cumprimento da sentença não poderá ser promovido em face do fiador, do coobrigado ou do corresponsável que não tiver participado da fase de conhecimento.

Art. 514. Quando o juiz decidir relação jurídica sujeita a condição ou termo, o cumprimento da sentença dependerá de demonstração de que se realizou a condição ou de que ocorreu o termo.

Art. 515. São títulos executivos judiciais, cujo cumprimento dar-se-á de acordo com os artigos previstos neste Título:

I – as decisões proferidas no processo civil que reconheçam a exigibilidade de obrigação de pagar quantia, de fazer, de não fazer ou de entregar coisa;

II – a decisão homologatória de autocomposição judicial;

III – a decisão homologatória de autocomposição extrajudicial de qualquer natureza;

IV – o formal e a certidão de partilha, exclusivamente em relação ao inventariante, aos herdeiros e aos sucessores a título singular ou universal;

V – o crédito de auxiliar da justiça, quando as custas, emolumentos ou honorários tiverem sido aprovados por decisão judicial;

VI – a sentença penal condenatória transitada em julgado;

VII – a sentença arbitral;

VIII – a sentença estrangeira homologada pelo Superior Tribunal de Justiça;

- A homologação de sentença estrangeira passou a ser da competência do STJ, conforme art. 105, I, *i*, da CF.

IX – a decisão interlocutória estrangeira, após a concessão do *exequatur* à carta rogatória pelo Superior Tribunal de Justiça;

X – VETADO.

- O dispositivo vetado tinha a seguinte redação: "X – o acórdão proferido pelo Tribunal Marítimo quando do julgamento de acidentes e fatos da navegação;".

§ 1º Nos casos dos incisos VI a IX, o devedor será citado no juízo cível para o cumprimento da sentença ou para a liquidação no prazo de 15 (quinze) dias.

§ 2º A autocomposição judicial pode envolver sujeito estranho ao processo e versar sobre relação jurídica que não tenha sido deduzida em juízo.

Art. 516. O cumprimento da sentença efetuar-se-á perante:

I – os tribunais, nas causas de sua competência originária;

II – o juízo que decidiu a causa no primeiro grau de jurisdição;

III – o juízo cível competente, quando se tratar de sentença penal condenatória, de sentença arbitral, de sentença estrangeira ou de acórdão proferido pelo Tribunal Marítimo.

Parágrafo único. Nas hipóteses dos incisos II e III, o exequente poderá optar pelo juízo do atual domicílio do executado, pelo juízo do local onde se encontrem os bens sujeitos à execução ou pelo juízo do local onde deva ser executada a obrigação de fazer ou de não fazer, casos em que a remessa dos autos do processo será solicitada ao juízo de origem.

Art. 517. A decisão judicial transitada em julgado poderá ser levada a protesto, nos termos da lei, depois de transcorrido o prazo para pagamento voluntário previsto no art. 523.

§ 1º Para efetivar o protesto, incumbe ao exequente apresentar certidão de teor da decisão.

§ 2º A certidão de teor da decisão deverá ser fornecida no prazo de 3 (três) dias e indicará o nome e a qualificação do exequente e do executado, o número do processo, o valor da dívida e a data de decurso do prazo para pagamento voluntário.

§ 3º O executado que tiver proposto ação rescisória para impugnar a decisão exequenda pode requerer, a suas expensas e sob sua responsabilidade, a anotação da propositura da ação à margem do título protestado.

§ 4º A requerimento do executado, o protesto será cancelado por determinação do juiz, mediante ofício a ser expedido ao cartório, no prazo de 3 (três) dias, contado da data de protocolo do requerimento, desde que comprovada a satisfação integral da obrigação.

Art. 518. Todas as questões relativas à validade do procedimento de cumprimento da sentença e dos atos executivos subsequentes poderão ser arguidas pelo executado nos próprios autos e nestes serão decididas pelo juiz.

Art. 519. Aplicam-se as disposições relativas ao cumprimento da sentença, provisório ou definitivo, e à liquidação, no que couber, às decisões que concederem tutela provisória.

CAPÍTULO II
DO CUMPRIMENTO PROVISÓRIO DA SENTENÇA QUE RECONHECE A EXIGIBILIDADE DE OBRIGAÇÃO DE PAGAR QUANTIA CERTA

Art. 520. O cumprimento provisório da sentença impugnada por recurso desprovido de efeito suspensivo será realizado da mesma forma que o cumprimento definitivo, sujeitando-se ao seguinte regime:

- Súm. nº 517 do STJ.

I – corre por iniciativa e responsabilidade do exequente, que se obriga, se a sentença for reformada, a reparar os danos que o executado haja sofrido;

II – fica sem efeito, sobrevindo decisão que modifique ou anule a sentença objeto da execução, restituindo-se as partes ao estado anterior e liquidando-se eventuais prejuízos nos mesmos autos;

III – se a sentença objeto de cumprimento provisório for modificada ou anulada apenas em parte, somente nesta ficará sem efeito a execução;

IV – o levantamento de depósito em dinheiro e a prática de atos que importem transferência de posse ou alienação de propriedade ou de outro direito real, ou dos quais possa resultar grave dano ao executado, dependem de caução suficiente e idônea, arbitrada de plano pelo juiz e prestada nos próprios autos.

§ 1º No cumprimento provisório da sentença, o executado poderá apresentar impugnação, se quiser, nos termos do art. 525.

§ 2º A multa e os honorários a que se refere o § 1º do art. 523 são devidos no cumprimento provisório de sentença condenatória ao pagamento de quantia certa.

§ 3º Se o executado comparecer tempestivamente e depositar o valor, com a finalidade de isentar-se da multa, o ato não será havido como incompatível com o recurso por ele interposto.

§ 4º A restituição ao estado anterior a que se refere o inciso II não implica o desfazimento da transferência de posse ou da alienação de propriedade ou de outro direito real eventualmente já realizada, ressalvado, sempre, o direito à reparação dos prejuízos causados ao executado.

§ 5º Ao cumprimento provisório de sentença que reconheça obrigação de fazer, de não fazer ou de dar coisa aplica-se, no que couber, o disposto neste Capítulo.

- Súm. nº 517 do STJ.

Art. 521. A caução prevista no inciso IV do art. 520 poderá ser dispensada nos casos em que:

CPC

I – o crédito for de natureza alimentar, independentemente de sua origem;

II – o credor demonstrar situação de necessidade;

III – pender o agravo do art. 1.042;

• Inciso III com a redação dada pela Lei nº 13.256, de 4-2-2016.

IV – a sentença a ser provisoriamente cumprida estiver em consonância com súmula da jurisprudência do Supremo Tribunal Federal ou do Superior Tribunal de Justiça ou em conformidade com acórdão proferido no julgamento de casos repetitivos.

Parágrafo único. A exigência de caução será mantida quando da dispensa possa resultar manifesto risco de grave dano de difícil ou incerta reparação.

Art. 522. O cumprimento provisório da sentença será requerido por petição dirigida ao juízo competente.

Parágrafo único. Não sendo eletrônicos os autos, a petição será acompanhada de cópias das seguintes peças do processo, cuja autenticidade poderá ser certificada pelo próprio advogado, sob sua responsabilidade pessoal:

I – decisão exequenda;

II – certidão de interposição do recurso não dotado de efeito suspensivo;

III – procurações outorgadas pelas partes;

IV – decisão de habilitação, se for o caso;

V – facultativamente, outras peças processuais consideradas necessárias para demonstrar a existência do crédito.

CAPÍTULO III

DO CUMPRIMENTO DEFINITIVO DA SENTENÇA QUE RECONHECE A EXIGIBILIDADE DE OBRIGAÇÃO DE PAGAR QUANTIA CERTA

Art. 523. No caso de condenação em quantia certa, ou já fixada em liquidação, e no caso de decisão sobre parcela incontroversa, o cumprimento definitivo da sentença far-se-á a requerimento do exequente, sendo o executado intimado para pagar o débito, no prazo de 15 (quinze) dias, acrescido de custas, se houver.

§ 1º Não ocorrendo pagamento voluntário no prazo do *caput*, o débito será acrescido de multa de dez por cento e, também, de honorários de advogado de dez por cento.

§ 2º Efetuado o pagamento parcial no prazo previsto no *caput*, a multa e os honorários previstos no § 1º incidirão sobre o restante.

§ 3º Não efetuado tempestivamente o pagamento voluntário, será expedido, desde logo, mandado de penhora e avaliação, seguindo-se os atos de expropriação.

Art. 524. O requerimento previsto no art. 523 será instruído com demonstrativo discriminado e atualizado do crédito, devendo a petição conter:

I – o nome completo, o número de inscrição no Cadastro de Pessoas Físicas ou no Cadastro Nacional da Pessoa Jurídica do exequente e do executado, observado o disposto no art. 319, §§ 1º a 3º;

○ Art. 151, II, do CTN.

II – o índice de correção monetária adotado;

III – os juros aplicados e as respectivas taxas;

IV – o termo inicial e o termo final dos juros e da correção monetária utilizados;

V – a periodicidade da capitalização dos juros, se for o caso;

VI – especificação dos eventuais descontos obrigatórios realizados;

VII – indicação dos bens passíveis de penhora, sempre que possível.

§ 1º Quando o valor apontado no demonstrativo aparentemente exceder os limites da condenação, a execução será iniciada pelo valor pretendido, mas a penhora terá por base a importância que o juiz entender adequada.

§ 2º Para a verificação dos cálculos, o juiz poderá valer-se de contabilista do juízo, que terá o prazo máximo de 30 (trinta) dias para efetuá-la, exceto se outro lhe for determinado.

§ 3º Quando a elaboração do demonstrativo depender de dados em poder de terceiros ou do executado, o juiz poderá requisitá-los, sob cominação do crime de desobediência.

§ 4º Quando a complementação do demonstrativo depender de dados adicionais em poder do executado, o juiz poderá, a requerimento do exequente, requisitá-los, fixando prazo de até 30 (trinta) dias para o cumprimento da diligência.

§ 5º Se os dados adicionais a que se refere o § 4º não forem apresentados pelo executado, sem justificativa, no prazo designado, reputar-se-ão corretos os cálculos apresentados pelo exequente apenas com base nos dados de que dispõe.

Art. 525. Transcorrido o prazo previsto no art. 523 sem o pagamento voluntário, inicia-se o prazo de 15 (quinze) dias para que o executado, independentemente de penhora ou nova intimação, apresente, nos próprios autos, sua impugnação.

§ 1º Na impugnação, o executado poderá alegar:

I – falta ou nulidade da citação se, na fase de conhecimento, o processo correu à revelia;

II – ilegitimidade de parte;

III – inexequibilidade do título ou inexigibilidade da obrigação;

IV – penhora incorreta ou avaliação errônea;

V – excesso de execução ou cumulação indevida de execuções;

VI – incompetência absoluta ou relativa do juízo da execução;

VII – qualquer causa modificativa ou extintiva da obrigação, como pagamento, novação, compensação, transação ou prescrição, desde que supervenientes à sentença.

§ 2º A alegação de impedimento ou suspeição observará o disposto nos arts. 146 e 148.

§ 3º Aplica-se à impugnação o disposto no art. 229.

§ 4º Quando o executado alegar que o exequente, em excesso de execução, pleiteia quantia superior à resultante da sentença, cumprir-lhe-á declarar de imediato o valor que entende correto, apresentando demonstrativo discriminado e atualizado de seu cálculo.

§ 5º Na hipótese do § 4º, não apontado o valor correto ou não apresentado o demonstrativo, a impugnação será liminarmente rejeitada, se o excesso de execução for o seu único fundamento, ou, se houver outro, a impugnação será processada, mas o juiz não examinará a alegação de excesso de execução.

§ 6º A apresentação de impugnação não impede a prática dos atos executivos, inclusive os de expropriação, podendo o juiz, a requerimento do executado e desde que garantido o juízo com penhora, caução ou depósito suficientes, atribuir-lhe efeito suspensivo, se seus fundamentos forem relevantes e se o prosseguimento da execução for manifestamente suscetível de causar ao executado grave dano de difícil ou incerta reparação.

§ 7º A concessão de efeito suspensivo a que se refere o § 6º não impedirá a efetivação dos atos de substituição, de reforço ou de redução da penhora e de avaliação dos bens.

§ 8º Quando o efeito suspensivo atribuído à impugnação disser respeito apenas a parte do objeto da execução, esta prosseguirá quanto à parte restante.

§ 9º A concessão de efeito suspensivo à impugnação deduzida por um dos executados não suspenderá a execução contra os que não impugnaram, quando o respectivo fundamento disser respeito exclusivamente ao impugnante.

§ 10. Ainda que atribuído efeito suspensivo à impugnação, é lícito ao exequente requerer o prosseguimento da execução, oferecendo e prestando, nos próprios autos, caução suficiente e idônea a ser arbitrada pelo juiz.

§ 11. As questões relativas a fato superveniente ao término do prazo para apresentação da impugnação, assim como aquelas relativas à validade e à adequação da penhora, da avaliação e dos atos executivos subsequentes, podem ser arguidas por simples petição, tendo o executado, em qualquer dos casos, o prazo de 15 (quinze) dias para formular esta arguição, contado da comprovada ciência do fato ou da intimação do ato.

§ 12. Para efeito do disposto no inciso III do § 1º deste artigo, considera-se também inexigível a obrigação reconhecida em título executivo judicial fundado em lei ou ato normativo considerado inconstitucional pelo Supremo Tribunal Federal, ou fundado em aplicação ou interpretação da lei ou do ato normativo tido pelo Supremo Tribunal Federal como incompatível com a Constituição Federal, em controle de constitucionalidade concentrado ou difuso.

§ 13. No caso do § 12, os efeitos da decisão do Supremo Tribunal Federal poderão ser modulados no tempo, em atenção à segurança jurídica.

§ 14. A decisão do Supremo Tribunal Federal referida no § 12 deve ser anterior ao trânsito em julgado da decisão exequenda.

§ 15. Se a decisão referida no § 12 for proferida após o trânsito em julgado da decisão exequenda, caberá ação rescisória, cujo prazo será contado do trânsito em julgado da decisão proferida pelo Supremo Tribunal Federal.

- Art. 1.057 deste Código.

Art. 526. É lícito ao réu, antes de ser intimado para o cumprimento da sentença, comparecer em juízo e oferecer em pagamento o valor que entender devido, apresentando memória discriminada do cálculo.

§ 1º O autor será ouvido no prazo de 5 (cinco) dias, podendo impugnar o valor depositado, sem prejuízo do levantamento do depósito a título de parcela incontroversa.

§ 2º Concluindo o juiz pela insuficiência do depósito, sobre a diferença incidirão multa de dez por cento e honorários advocatícios, também fixados em dez por cento, seguindo-se a execução com penhora e atos subsequentes.

§ 3º Se o autor não se opuser, o juiz declarará satisfeita a obrigação e extinguirá o processo.

Art. 527. Aplicam-se as disposições deste Capítulo ao cumprimento provisório da sentença, no que couber.

CAPÍTULO IV

DO CUMPRIMENTO DE SENTENÇA QUE RECONHEÇA A EXIGIBILIDADE DE OBRIGAÇÃO DE PRESTAR ALIMENTOS

Art. 528. No cumprimento de sentença que condene ao pagamento de prestação alimentícia ou de decisão interlocutória que fixe alimentos, o juiz, a requerimento do exequente, mandará intimar o executado pessoalmente para, em 3 (três) dias, pagar o débito, provar que o fez ou justificar a impossibilidade de efetuá-lo.

§ 1º Caso o executado, no prazo referido no *caput*, não efetue o pagamento, não prove que o efetuou ou não apresente justificativa da impossibilidade de efetuá-lo, o juiz mandará protestar o pronunciamento judicial, aplicando-se, no que couber, o disposto no art. 517.

- Art. 5º, LXVII, da CF.
- Art. 1.072, V, deste Código.
- Súm. nº 309 do STJ.

§ 2º Somente a comprovação de fato que gere a impossibilidade absoluta de pagar justificará o inadimplemento.

§ 3º Se o executado não pagar ou se a justificativa apresentada não for aceita, o juiz, além de mandar protestar o pronunciamento judicial na forma do § 1º, decretar-lhe-á a prisão pelo prazo de 1 (um) a 3 (três) meses.

§ 4º A prisão será cumprida em regime fechado, devendo o preso ficar separado dos presos comuns.

§ 5º O cumprimento da pena não exime o executado do pagamento das prestações vencidas e vincendas.

§ 6º Paga a prestação alimentícia, o juiz suspenderá o cumprimento da ordem de prisão.

§ 7º O débito alimentar que autoriza a prisão civil do alimentante é o que compreende até as 3 (três) prestações anteriores ao ajuizamento da execução e as que se vencerem no curso do processo.

§ 8º O exequente pode optar por promover o cumprimento da sentença ou decisão desde logo, nos termos do disposto neste Livro, Título II, Capítulo III, caso em que não será admissível a prisão do executado, e, recaindo a penhora em dinheiro, a concessão de efeito suspensivo à impugnação não obsta a que o exequente levante mensalmente a importância da prestação.

§ 9º Além das opções previstas no art. 516, parágrafo único, o exequente pode promover o cumprimento da sentença ou decisão que condena ao pagamento de prestação alimentícia no juízo de seu domicílio.

Art. 529. Quando o executado for funcionário público, militar, diretor ou gerente de empresa ou empregado sujeito à legislação do trabalho, o exequente poderá requerer o desconto em folha de pagamento da importância da prestação alimentícia.

§ 1º Ao proferir a decisão, o juiz oficiará à autoridade, à empresa ou ao empregador, determinando, sob pena de crime de desobediência, o desconto a partir da primeira remuneração posterior do executado, a contar do protocolo do ofício.

§ 2º O ofício conterá o nome e o número de inscrição no Cadastro de Pessoas Físicas do exequente e do executado, a importância a ser descontada mensalmente, o tempo de sua duração e a conta na qual deve ser feito o depósito.

§ 3º Sem prejuízo do pagamento dos alimentos vincendos, o débito objeto de execução pode ser descontado dos rendimentos ou rendas do executado, de forma parcelada, nos termos do *caput* deste artigo, contanto que, somado à parcela devida, não ultrapasse cinquenta por cento de seus ganhos líquidos.

Art. 530. Não cumprida a obrigação, observar-se-á o disposto nos arts. 831 e seguintes.

Art. 531. O disposto neste Capítulo aplica-se aos alimentos definitivos ou provisórios.

§ 1º A execução dos alimentos provisórios, bem como a dos alimentos fixados em sentença ainda não transitada em julgado, se processa em autos apartados.

CPC

§ 2º O cumprimento definitivo da obrigação de prestar alimentos será processado nos mesmos autos em que tenha sido proferida a sentença.

Art. 532. Verificada a conduta procrastinatória do executado, o juiz deverá, se for o caso, dar ciência ao Ministério Público dos indícios da prática do crime de abandono material.

Art. 533. Quando a indenização por ato ilícito incluir prestação de alimentos, caberá ao executado, a requerimento do exequente, constituir capital cuja renda assegure o pagamento do valor mensal da pensão.

§ 1º O capital a que se refere o *caput*, representado por imóveis ou por direitos reais sobre imóveis suscetíveis de alienação, títulos da dívida pública ou aplicações financeiras em banco oficial, será inalienável e impenhorável enquanto durar a obrigação do executado, além de constituir-se em patrimônio de afetação.

§ 2º O juiz poderá substituir a constituição do capital pela inclusão do exequente em folha de pagamento de pessoa jurídica de notória capacidade econômica ou, a requerimento do executado, por fiança bancária ou garantia real, em valor a ser arbitrado de imediato pelo juiz.

§ 3º Se sobrevier modificação nas condições econômicas, poderá a parte requerer, conforme as circunstâncias, redução ou aumento da prestação.

§ 4º A prestação alimentícia poderá ser fixada tomando por base o salário mínimo.

§ 5º Finda a obrigação de prestar alimentos, o juiz mandará liberar o capital, cessar o desconto em folha ou cancelar as garantias prestadas.

CAPÍTULO V

DO CUMPRIMENTO DE SENTENÇA QUE RECONHEÇA A EXIGIBILIDADE DE OBRIGAÇÃO DE PAGAR QUANTIA CERTA PELA FAZENDA PÚBLICA

Art. 534. No cumprimento de sentença que impuser à Fazenda Pública o dever de pagar quantia certa, o exequente apresentará demonstrativo discriminado e atualizado do crédito contendo:

I – o nome completo e o número de inscrição no Cadastro de Pessoas Físicas ou no Cadastro Nacional da Pessoa Jurídica do exequente;

II – o índice de correção monetária adotado;

III – os juros aplicados e as respectivas taxas;

IV – o termo inicial e o termo final dos juros e da correção monetária utilizados;

V – a periodicidade da capitalização dos juros, se for o caso;

VI – a especificação dos eventuais descontos obrigatórios realizados.

§ 1º Havendo pluralidade de exequentes, cada um deverá apresentar o seu próprio demonstrativo, aplicando-se à hipótese, se for o caso, o disposto nos §§ 1º e 2º do art. 113.

§ 2º A multa prevista no § 1º do art. 523 não se aplica à Fazenda Pública.

Art. 535. A Fazenda Pública será intimada na pessoa de seu representante judicial, por carga, remessa ou meio eletrônico, para, querendo, no prazo de 30 (trinta) dias e nos próprios autos, impugnar a execução, podendo arguir:

I – falta ou nulidade da citação se, na fase de conhecimento, o processo correu à revelia;

II – ilegitimidade de parte;

III – inexequibilidade do título ou inexigibilidade da obrigação;

IV – excesso de execução ou cumulação indevida de execuções;

V – incompetência absoluta ou relativa do juízo da execução;

VI – qualquer causa modificativa ou extintiva da obrigação, como pagamento, novação, compensação, transação ou prescrição, desde que supervenientes ao trânsito em julgado da sentença.

- Arts. 304 a 380 do CC.
- Súm. nº 394 do STJ.

§ 1º A alegação de impedimento ou suspeição observará o disposto nos arts. 146 e 148.

§ 2º Quando se alegar que o exequente, em excesso de execução, pleiteia quantia superior à resultante do título, cumprirá à executada declarar de imediato o valor que entende correto, sob pena de não conhecimento da arguição.

§ 3º Não impugnada a execução ou rejeitadas as arguições da executada:

I – expedir-se-á, por intermédio do presidente do tribunal competente, precatório em favor do exequente, observando-se o disposto na Constituição Federal;

II – por ordem do juiz, dirigida à autoridade na pessoa de quem o ente público foi citado para o processo, o pagamento de obrigação de pequeno valor será realizado no prazo de 2 (dois) meses contado da entrega da requisição, mediante depósito na agência de banco oficial mais próxima da residência do exequente.

§ 4º Tratando-se de impugnação parcial, a parte não questionada pela executada será, desde logo, objeto de cumprimento.

§ 5º Para efeito do disposto no inciso III do *caput* deste artigo, considera-se também inexigível a obrigação reconhecida em título executivo judicial fundado em lei ou ato normativo considerado inconstitucional pelo Supremo Tribunal Federal, ou fundado em aplicação ou interpretação da lei ou do ato normativo tido pelo Supremo Tribunal Federal como incompatível com a Constituição Federal, em controle de constitucionalidade concentrado ou difuso.

- Súm. nº 487 do STJ.

§ 6º No caso do § 5º, os efeitos da decisão do Supremo Tribunal Federal poderão ser modulados no tempo, de modo a favorecer a segurança jurídica.

§ 7º A decisão do Supremo Tribunal Federal referida no § 5º deve ter sido proferida antes do trânsito em julgado da decisão exequenda.

§ 8º Se a decisão referida no § 5º for proferida após o trânsito em julgado da decisão exequenda, caberá ação rescisória, cujo prazo será contado do trânsito em julgado da decisão proferida pelo Supremo Tribunal Federal.

- Art. 1.057 deste Código.

CAPÍTULO VI

DO CUMPRIMENTO DE SENTENÇA QUE RECONHEÇA A EXIGIBILIDADE DE OBRIGAÇÃO DE FAZER, DE NÃO FAZER OU DE ENTREGAR COISA

Seção I

DO CUMPRIMENTO DE SENTENÇA QUE RECONHEÇA A EXIGIBILIDADE DE OBRIGAÇÃO DE FAZER OU DE NÃO FAZER

Art. 536. No cumprimento de sentença que reconheça a exigibilidade de obrigação de fazer ou de não fazer, o juiz poderá, de ofício ou a requerimento, para a efetivação da tutela específica ou a obtenção de tutela pelo resultado prático equivalente, determinar as medidas necessárias à satisfação do exequente.

○ Art. 7º, § 5º, da Lei nº 12.016, de 7-8-2009 (Lei do Mandado de Segurança Individual e Coletivo).

§ 1º Para atender ao disposto no *caput*, o juiz poderá determinar, entre outras medidas, a imposição de multa, a busca e apreensão, a remoção de pessoas e coisas, o desfazimento de obras e o impedimento de atividade nociva, podendo, caso necessário, requisitar o auxílio de força policial.

§ 2º O mandado de busca e apreensão de pessoas e coisas será cumprido por 2 (dois) oficiais de justiça, observando-se o disposto no art. 846, §§ 1º a 4º, se houver necessidade de arrombamento.

§ 3º O executado incidirá nas penas de litigância de má-fé quando injustificadamente descumprir a ordem judicial, sem prejuízo de sua responsabilização por crime de desobediência.

○ Art. 1.219 do CC.

§ 4º No cumprimento de sentença que reconheça a exigibilidade de obrigação de fazer ou de não fazer, aplica-se o art. 525, no que couber.

§ 5º O disposto neste artigo aplica-se, no que couber, ao cumprimento de sentença que reconheça deveres de fazer e de não fazer de natureza não obrigacional.

Art. 537. A multa independe de requerimento da parte e poderá ser aplicada na fase de conhecimento, em tutela provisória ou na sentença, ou na fase de execução, desde que seja suficiente e compatível com a obrigação e que se determine prazo razoável para cumprimento do preceito.

§ 1º O juiz poderá, de ofício ou a requerimento, modificar o valor ou a periodicidade da multa vincenda ou excluí-la, caso verifique que:

I – se tornou insuficiente ou excessiva;

II – o obrigado demonstrou cumprimento parcial superveniente da obrigação ou justa causa para o descumprimento.

§ 2º O valor da multa será devido ao exequente.

§ 3º A decisão que fixa a multa é passível de cumprimento provisório, devendo ser depositada em juízo, permitido o levantamento do valor após o trânsito em julgado da sentença favorável à parte.

• § 3º com a redação dada pela Lei nº 13.256, de 4-2-2016.

§ 4º A multa será devida desde o dia em que se configurar o descumprimento da decisão e incidirá enquanto não for cumprida a decisão que a tiver cominado.

§ 5º O disposto neste artigo aplica-se, no que couber, ao cumprimento de sentença que reconheça deveres de fazer e de não fazer de natureza não obrigacional.

Seção II
DO CUMPRIMENTO DE SENTENÇA QUE RECONHEÇA A EXIGIBILIDADE DE OBRIGAÇÃO DE ENTREGAR COISA

Art. 538. Não cumprida a obrigação de entregar coisa no prazo estabelecido na sentença, será expedido mandado de busca e apreensão ou de imissão na posse em favor do credor, conforme se tratar de coisa móvel ou imóvel.

§ 1º A existência de benfeitorias deve ser alegada na fase de conhecimento, em contestação, de forma discriminada e com atribuição, sempre que possível e justificadamente, do respectivo valor.

§ 2º O direito de retenção por benfeitorias deve ser exercido na contestação, na fase de conhecimento.

§ 3º Aplicam-se ao procedimento previsto neste artigo, no que couber, as disposições sobre o cumprimento de obrigação de fazer ou de não fazer.

○ Art. 1.219 do CC.

TÍTULO III – DOS PROCEDIMENTOS ESPECIAIS

CAPÍTULO I
DA AÇÃO DE CONSIGNAÇÃO EM PAGAMENTO

Art. 539. Nos casos previstos em lei, poderá o devedor ou terceiro requerer, com efeito de pagamento, a consignação da quantia ou da coisa devida.

○ Arts. 334 a 345 do CC.

§ 1º Tratando-se de obrigação em dinheiro, poderá o valor ser depositado em estabelecimento bancário, oficial onde houver, situado no lugar do pagamento, cientificando-se o credor por carta com aviso de recebimento, assinado o prazo de 10 (dez) dias para a manifestação de recusa.

§ 2º Decorrido o prazo do § 1º, contado do retorno do aviso de recebimento, sem a manifestação de recusa, considerar-se-á o devedor liberado da obrigação, ficando à disposição do credor a quantia depositada.

§ 3º Ocorrendo a recusa, manifestada por escrito ao estabelecimento bancário, poderá ser proposta, dentro de 1 (um) mês, a ação de consignação, instruindo-se a inicial com a prova do depósito e da recusa.

§ 4º Não proposta a ação no prazo do § 3º, ficará sem efeito o depósito, podendo levantá-lo o depositante.

Art. 540. Requerer-se-á a consignação no lugar do pagamento, cessando para o devedor, à data do depósito, os juros e os riscos, salvo se a demanda for julgada improcedente.

Art. 541. Tratando-se de prestações sucessivas, consignada uma delas, pode o devedor continuar a depositar, no mesmo processo e sem mais formalidades, as que se forem vencendo, desde que o faça em até 5 (cinco) dias contados da data do respectivo vencimento.

Art. 542. Na petição inicial, o autor requererá:

I – o depósito da quantia ou da coisa devida, a ser efetivado no prazo de 5 (cinco) dias contados do deferimento, ressalvada a hipótese do art. 539, § 3º;

II – a citação do réu para levantar o depósito ou oferecer contestação.

○ Art. 319, VII, deste Código.

Parágrafo único. Não realizado o depósito no prazo do inciso I, o processo será extinto sem resolução do mérito.

Art. 543. Se o objeto da prestação for coisa indeterminada e a escolha couber ao credor, será este citado para exercer o direito dentro de 5 (cinco) dias, se outro prazo não constar de lei ou do contrato, ou para aceitar que o devedor a faça, devendo o juiz, ao despachar a petição inicial, fixar lugar, dia e hora em que se fará a entrega, sob pena de depósito.

○ Arts. 252 a 256 e 334 a 345 do CC.

Art. 544. Na contestação, o réu poderá alegar que:

I – não houve recusa ou mora em receber a quantia ou a coisa devida;

II – foi justa a recusa;

III – o depósito não se efetuou no prazo ou no lugar do pagamento;

IV – o depósito não é integral.

CPC

Parágrafo único. No caso do inciso IV, a alegação somente será admissível se o réu indicar o montante que entende devido.

Art. 545. Alegada a insuficiência do depósito, é lícito ao autor completá-lo, em 10 (dez) dias, salvo se corresponder a prestação cujo inadimplemento acarrete a rescisão do contrato.

§ 1º No caso do *caput*, poderá o réu levantar, desde logo, a quantia ou a coisa depositada, com a consequente liberação parcial do autor, prosseguindo o processo quanto à parcela controvertida.

§ 2º A sentença que concluir pela insuficiência do depósito determinará, sempre que possível, o montante devido e valerá como título executivo, facultado ao credor promover-lhe o cumprimento nos mesmos autos, após liquidação, se necessária.

Art. 546. Julgado procedente o pedido, o juiz declarará extinta a obrigação e condenará o réu ao pagamento de custas e honorários advocatícios.

Parágrafo único. Proceder-se-á do mesmo modo se o credor receber e der quitação.

Art. 547. Se ocorrer dúvida sobre quem deva legitimamente receber o pagamento, o autor requererá o depósito e a citação dos possíveis titulares do crédito para provarem o seu direito.

Art. 548. No caso do art. 547:

I – não comparecendo pretendente algum, converter-se-á o depósito em arrecadação de coisas vagas;

II – comparecendo apenas um, o juiz decidirá de plano;

III – comparecendo mais de um, o juiz declarará efetuado o depósito e extinta a obrigação, continuando o processo a correr unicamente entre os presuntivos credores, observado o procedimento comum.

Art. 549. Aplica-se o procedimento estabelecido neste Capítulo, no que couber, ao resgate do aforamento.

- Art. 2.038 do CC.

CAPÍTULO II
DA AÇÃO DE EXIGIR CONTAS

Art. 550. Aquele que afirmar ser titular do direito de exigir contas requererá a citação do réu para que as preste ou ofereça contestação no prazo de 15 (quinze) dias.

§ 1º Na petição inicial, o autor especificará, detalhadamente, as razões pelas quais exige as contas, instruindo-a com documentos comprobatórios dessa necessidade, se existirem.

§ 2º Prestadas as contas, o autor terá 15 (quinze) dias para se manifestar, prosseguindo-se o processo na forma do Capítulo X do Título I deste Livro.

§ 3º A impugnação das contas apresentadas pelo réu deverá ser fundamentada e específica, com referência expressa ao lançamento questionado.

§ 4º Se o réu não contestar o pedido, observar-se-á o disposto no art. 355.

§ 5º A decisão que julgar procedente o pedido condenará o réu a prestar as contas no prazo de 15 (quinze) dias, sob pena de não lhe ser lícito impugnar as que o autor apresentar.

§ 6º Se o réu apresentar as contas no prazo previsto no § 5º, seguir-se-á o procedimento do § 2º, caso contrário, o autor apresentá-las-á no prazo de 15 (quinze) dias, podendo o juiz determinar a realização de exame pericial, se necessário.

Art. 551. As contas do réu serão apresentadas na forma adequada, especificando-se as receitas, a aplicação das despesas e os investimentos, se houver.

§ 1º Havendo impugnação específica e fundamentada pelo autor, o juiz estabelecerá prazo razoável para que o réu apresente os documentos justificativos dos lançamentos individualmente impugnados.

§ 2º As contas do autor, para os fins do art. 550, § 5º, serão apresentadas na forma adequada, já instruídas com os documentos justificativos, especificando-se as receitas, a aplicação das despesas e os investimentos, se houver, bem como o respectivo saldo.

Art. 552. A sentença apurará o saldo e constituirá título executivo judicial.

Art. 553. As contas do inventariante, do tutor, do curador, do depositário e de qualquer outro administrador serão prestadas em apenso aos autos do processo em que tiver sido nomeado.

Parágrafo único. Se qualquer dos referidos no *caput* for condenado a pagar o saldo e não o fizer no prazo legal, o juiz poderá destituí-lo, sequestrar os bens sob sua guarda, glosar o prêmio ou a gratificação a que teria direito e determinar as medidas executivas necessárias à recomposição do prejuízo.

CAPÍTULO III
DAS AÇÕES POSSESSÓRIAS

Seção I
DISPOSIÇÕES GERAIS

Art. 554. A propositura de uma ação possessória em vez de outra não obstará a que o juiz conheça do pedido e outorgue a proteção legal correspondente àquela cujos pressupostos estejam provados.

§ 1º No caso de ação possessória em que figure no polo passivo grande número de pessoas, serão feitas a citação pessoal dos ocupantes que forem encontrados no local e a citação por edital dos demais, determinando-se, ainda, a intimação do Ministério Público e, se envolver pessoas em situação de hipossuficiência econômica, da Defensoria Pública.

§ 2º Para fim da citação pessoal prevista no § 1º, o oficial de justiça procurará os ocupantes no local por uma vez, citando-se por edital os que não forem encontrados.

§ 3º O juiz deverá determinar que se dê ampla publicidade da existência da ação prevista no § 1º e dos respectivos prazos processuais, podendo, para tanto, valer-se de anúncios em jornal ou rádio locais, da publicação de cartazes na região do conflito e de outros meios.

Art. 555. É lícito ao autor cumular ao pedido possessório o de:

I – condenação em perdas e danos;

- Arts. 402 a 405 e 927 do CC.

II – indenização dos frutos.

Parágrafo único. Pode o autor requerer, ainda, imposição de medida necessária e adequada para:

I – evitar nova turbação ou esbulho;

II – cumprir-se a tutela provisória ou final.

Art. 556. É lícito ao réu, na contestação, alegando que foi o ofendido em sua posse, demandar a proteção possessória e a indenização pelos prejuízos resultantes da turbação ou do esbulho cometido pelo autor.

Art. 557. Na pendência de ação possessória é vedado, tanto ao autor quanto ao réu, propor ação de reconhecimento do domínio, exceto se a pretensão for deduzida em face de terceira pessoa.

- Art. 341 do CC.
- Súm. nº 487 do STF.

Parágrafo único. Não obsta à manutenção ou à reintegração de posse a alegação de propriedade ou de outro direito sobre a coisa.

Art. 558. Regem o procedimento de manutenção e de reintegração de posse as normas da Seção II deste Capítulo quando a ação for proposta dentro de ano e dia da turbação ou do esbulho afirmado na petição inicial.

Parágrafo único. Passado o prazo referido no *caput*, será comum o procedimento, não perdendo, contudo, o caráter possessório.

Art. 559. Se o réu provar, em qualquer tempo, que o autor provisoriamente mantido ou reintegrado na posse carece de idoneidade financeira para, no caso de sucumbência, responder por perdas e danos, o juiz designar-lhe-á o prazo de 5 (cinco) dias para requerer caução, real ou fidejussória, sob pena de ser depositada a coisa litigiosa, ressalvada a impossibilidade da parte economicamente hipossuficiente.

Seção II

DA MANUTENÇÃO E DA REINTEGRAÇÃO DE POSSE

Art. 560. O possuidor tem direito a ser mantido na posse em caso de turbação e reintegrado em caso de esbulho.

Art. 561. Incumbe ao autor provar:

I – a sua posse;

II – a turbação ou o esbulho praticado pelo réu;

III – a data da turbação ou do esbulho;

IV – a continuação da posse, embora turbada, na ação de manutenção, ou a perda da posse, na ação de reintegração.

Art. 562. Estando a petição inicial devidamente instruída, o juiz deferirá, sem ouvir o réu, a expedição do mandado liminar de manutenção ou de reintegração, caso contrário, determinará que o autor justifique previamente o alegado, citando-se o réu para comparecer à audiência que for designada.

- Súm. nº 262 do STF.

Parágrafo único. Contra as pessoas jurídicas de direito público não será deferida a manutenção ou a reintegração liminar sem prévia audiência dos respectivos representantes judiciais.

Art. 563. Considerada suficiente a justificação, o juiz fará logo expedir mandado de manutenção ou de reintegração.

Art. 564. Concedido ou não o mandado liminar de manutenção ou de reintegração, o autor promoverá, nos 5 (cinco) dias subsequentes, a citação do réu para, querendo, contestar a ação no prazo de 15 (quinze) dias.

Parágrafo único. Quando for ordenada a justificação prévia, o prazo para contestar será contado da intimação da decisão que deferir ou não a medida liminar.

Art. 565. No litígio coletivo pela posse de imóvel, quando o esbulho ou a turbação afirmado na petição inicial houver ocorrido há mais de ano e dia, o juiz, antes de apreciar o pedido de concessão da medida liminar, deverá designar audiência de mediação, a realizar-se em até 30 (trinta) dias, que observará o disposto nos §§ 2º e 4º.

§ 1º Concedida a liminar, se essa não for executada no prazo de 1 (um) ano, a contar da data de distribuição, caberá ao juiz designar audiência de mediação, nos termos dos §§ 2º a 4º deste artigo.

§ 2º O Ministério Público será intimado para comparecer à audiência, e a Defensoria Pública será intimada sempre que houver parte beneficiária de gratuidade da justiça.

§ 3º O juiz poderá comparecer à área objeto do litígio quando sua presença se fizer necessária à efetivação da tutela jurisdicional.

§ 4º Os órgãos responsáveis pela política agrária e pela política urbana da União, de Estado ou do Distrito Federal e de Município onde se situe a área objeto do litígio poderão ser intimados para a audiência, a fim de se manifestarem sobre seu interesse no processo e sobre a existência de possibilidade de solução para o conflito possessório.

§ 5º Aplica-se o disposto neste artigo ao litígio sobre propriedade de imóvel.

Art. 566. Aplica-se, quanto ao mais, o procedimento comum.

Seção III

DO INTERDITO PROIBITÓRIO

Art. 567. O possuidor direto ou indireto que tenha justo receio de ser molestado na posse poderá requerer ao juiz que o segure da turbação ou esbulho iminente, mediante mandado proibitório em que se comine ao réu determinada pena pecuniária caso transgrida o preceito.

Art. 568. Aplica-se ao interdito proibitório o disposto na Seção II deste Capítulo.

CAPÍTULO IV

DA AÇÃO DE DIVISÃO E DA DEMARCAÇÃO DE TERRAS PARTICULARES

Seção I

DISPOSIÇÕES GERAIS

Art. 569. Cabe:

I – ao proprietário a ação de demarcação, para obrigar o seu confinante a estremar os respectivos prédios, fixando-se novos limites entre eles ou aviventando-se os já apagados;

II – ao condômino a ação de divisão, para obrigar os demais consortes a estremar os quinhões.

- Arts. 1.297, 1.298 e 1.320 do CC.

Art. 570. É lícita a cumulação dessas ações, caso em que deverá processar-se primeiramente a demarcação total ou parcial da coisa comum, citando-se os confinantes e os condôminos.

Art. 571. A demarcação e a divisão poderão ser realizadas por escritura pública, desde que maiores, capazes e concordes todos os interessados, observando-se, no que couber, os dispositivos deste Capítulo.

Art. 572. Fixados os marcos da linha de demarcação, os confinantes considerar-se-ão terceiros quanto ao processo divisório, ficando-lhes, porém, ressalvado o direito de vindicar os terrenos de que se julguem despojados por invasão das linhas limítrofes constitutivas do perímetro ou de reclamar indenização correspondente ao seu valor.

§ 1º No caso do *caput*, serão citados para a ação todos os condôminos, se a sentença homologatória da divisão ainda não houver transitado em julgado, e todos os quinhoeiros dos terrenos vindicados, se a ação for proposta posteriormente.

§ 2º Neste último caso, a sentença que julga procedente a ação, condenando a restituir os terrenos ou a pagar a indenização, valerá como título executivo em favor dos qui-

CPC

nhoeiros para haverem dos outros condôminos que forem parte na divisão ou de seus sucessores a título universal, na proporção que lhes tocar, a composição pecuniária do desfalque sofrido.

Art. 573. Tratando-se de imóvel georreferenciado, com averbação no registro de imóveis, pode o juiz dispensar a realização de prova pericial.

Seção II

DA DEMARCAÇÃO

Art. 574. Na petição inicial, instruída com os títulos da propriedade, designar-se-á o imóvel pela situação e pela denominação, descrever-se-ão os limites por constituir, aviventar ou renovar e nomear-se-ão todos os confinantes da linha demarcanda.

Art. 575. Qualquer condômino é parte legítima para promover a demarcação do imóvel comum, requerendo a intimação dos demais para, querendo, intervir no processo.

Art. 576. A citação dos réus será feita por correio, observado o disposto no art. 247.

Parágrafo único. Será publicado edital, nos termos do inciso III do art. 259.

Art. 577. Feitas as citações, terão os réus o prazo comum de 15 (quinze) dias para contestar.

Art. 578. Após o prazo de resposta do réu, observar-se-á o procedimento comum.

Art. 579. Antes de proferir a sentença, o juiz nomeará um ou mais peritos para levantar o traçado da linha demarcanda.

Art. 580. Concluídos os estudos, os peritos apresentarão minucioso laudo sobre o traçado da linha demarcanda, considerando os títulos, os marcos, os rumos, a fama da vizinhança, as informações de antigos moradores do lugar e outros elementos que coligirem.

Art. 581. A sentença que julgar procedente o pedido determinará o traçado da linha demarcanda.

Parágrafo único. A sentença proferida na ação demarcatória determinará a restituição da área invadida, se houver, declarando o domínio ou a posse do prejudicado, ou ambos.

Art. 582. Transitada em julgado a sentença, o perito efetuará a demarcação e colocará os marcos necessários.

Parágrafo único. Todas as operações serão consignadas em planta e memorial descritivo com as referências convenientes para a identificação, em qualquer tempo, dos pontos assinalados, observada a legislação especial que dispõe sobre a identificação do imóvel rural.

Art. 583. As plantas serão acompanhadas das cadernetas de operações de campo e do memorial descritivo, que conterá:

I – o ponto de partida, os rumos seguidos e a aviventação dos antigos com os respectivos cálculos;

II – os acidentes encontrados, as cercas, os valos, os marcos antigos, os córregos, os rios, as lagoas e outros;

III – a indicação minuciosa dos novos marcos cravados, dos antigos aproveitados, das culturas existentes e da sua produção anual;

IV – a composição geológica dos terrenos, bem como a qualidade e a extensão dos campos, das matas e das capoeiras;

V – as vias de comunicação;

VI – as distâncias a pontos de referência, tais como rodovias federais e estaduais, ferrovias, portos, aglomerações urbanas e polos comerciais;

VII – a indicação de tudo o mais que for útil para o levantamento da linha ou para a identificação da linha já levantada.

Art. 584. É obrigatória a colocação de marcos tanto na estação inicial, dita marco primordial, quanto nos vértices dos ângulos, salvo se algum desses últimos pontos for assinalado por acidentes naturais de difícil remoção ou destruição.

Art. 585. A linha será percorrida pelos peritos, que examinarão os marcos e os rumos, consignando em relatório escrito a exatidão do memorial e da planta apresentados pelo agrimensor ou as divergências porventura encontradas.

Art. 586. Juntado aos autos o relatório dos peritos, o juiz determinará que as partes se manifestem sobre ele no prazo comum de 15 (quinze) dias.

Parágrafo único. Executadas as correções e as retificações que o juiz determinar, lavrar-se-á, em seguida, o auto de demarcação em que os limites demarcandos serão minuciosamente descritos de acordo com o memorial e a planta.

Art. 587. Assinado o auto pelo juiz e pelos peritos, será proferida a sentença homologatória da demarcação.

Seção III

DA DIVISÃO

Art. 588. A petição inicial será instruída com os títulos de domínio do promovente e conterá:

I – a indicação da origem da comunhão e a denominação, a situação, os limites e as características do imóvel;

II – o nome, o estado civil, a profissão e a residência de todos os condôminos, especificando-se os estabelecidos no imóvel com benfeitorias e culturas;

III – as benfeitorias comuns.

Art. 589. Feitas as citações como preceitua o art. 576, prosseguir-se-á na forma dos arts. 577 e 578.

Art. 590. O juiz nomeará um ou mais peritos para promover a medição do imóvel e as operações de divisão, observada a legislação especial que dispõe sobre a identificação do imóvel rural.

Parágrafo único. O perito deverá indicar as vias de comunicação existentes, as construções e as benfeitorias, com a indicação dos seus valores e dos respectivos proprietários e ocupantes, as águas principais que banham o imóvel e quaisquer outras informações que possam concorrer para facilitar a partilha.

Art. 591. Todos os condôminos serão intimados a apresentar, dentro de 10 (dez) dias, os seus títulos, se ainda não o tiverem feito, e a formular os seus pedidos sobre a constituição dos quinhões.

Art. 592. O juiz ouvirá as partes no prazo comum de 15 (quinze) dias.

§ 1º Não havendo impugnação, o juiz determinará a divisão geodésica do imóvel.

§ 2º Havendo impugnação, o juiz proferirá, no prazo de 10 (dez) dias, decisão sobre os pedidos e os títulos que devam ser atendidos na formação dos quinhões.

Art. 593. Se qualquer linha do perímetro atingir benfeitorias permanentes dos confinantes feitas há mais de 1 (um) ano, serão elas respeitadas, bem como os terrenos onde estiverem, os quais não se computarão na área dividenda.

Art. 594. Os confinantes do imóvel dividendo podem demandar a restituição dos terrenos que lhes tenham sido usurpados.

§ 1º Serão citados para a ação todos os condôminos, se a sentença homologatória da divisão ainda não houver transitado em julgado, e todos os quinhoeiros dos terrenos vindicados, se a ação for proposta posteriormente.

§ 2º Nesse último caso terão os quinhoeiros o direito, pela mesma sentença que os obrigar à restituição, a haver dos outros condôminos do processo divisório ou de seus sucessores a título universal a composição pecuniária proporcional ao desfalque sofrido.

Art. 595. Os peritos proporão, em laudo fundamentado, a forma da divisão, devendo consultar, quanto possível, a comodidade das partes, respeitar, para adjudicação a cada condômino, a preferência dos terrenos contíguos às suas residências e benfeitorias e evitar o retalhamento dos quinhões em glebas separadas.

Art. 596. Ouvidas as partes, no prazo comum de 15 (quinze) dias, sobre o cálculo e o plano da divisão, o juiz deliberará a partilha.

Parágrafo único. Em cumprimento dessa decisão, o perito procederá à demarcação dos quinhões, observando, além do disposto nos arts. 584 e 585, as seguintes regras:

I – as benfeitorias comuns que não comportarem divisão cômoda serão adjudicadas a um dos condôminos mediante compensação;

II – instituir-se-ão as servidões que forem indispensáveis em favor de uns quinhões sobre os outros, incluindo o respectivo valor no orçamento para que, não se tratando de servidões naturais, seja compensado o condômino aquinhoado com o prédio serviente;

III – as benfeitorias particulares dos condôminos que excederem à área a que têm direito serão adjudicadas ao quinhoeiro vizinho mediante reposição;

IV – se outra coisa não acordarem as partes, as compensações e as reposições serão feitas em dinheiro.

Art. 597. Terminados os trabalhos e desenhados na planta os quinhões e as servidões aparentes, o perito organizará o memorial descritivo.

§ 1º Cumprido o disposto no art. 586, o escrivão, em seguida, lavrará o auto de divisão, acompanhado de uma folha de pagamento para cada condômino.

§ 2º Assinado o auto pelo juiz e pelo perito, será proferida sentença homologatória da divisão.

§ 3º O auto conterá:

I – a confinação e a extensão superficial do imóvel;

II – a classificação das terras com o cálculo das áreas de cada consorte e com a respectiva avaliação ou, quando a homogeneidade das terras não determinar diversidade de valores, a avaliação do imóvel na sua integridade;

III – o valor e a quantidade geométrica que couber a cada condômino, declarando-se as reduções e as compensações resultantes da diversidade de valores das glebas componentes de cada quinhão.

§ 4º Cada folha de pagamento conterá:

I – a descrição das linhas divisórias do quinhão, mencionadas as confinantes;

II – a relação das benfeitorias e das culturas do próprio quinhoeiro e das que lhe foram adjudicadas por serem comuns ou mediante compensação;

III – a declaração das servidões instituídas, especificados os lugares, a extensão e o modo de exercício.

Art. 598. Aplica-se às divisões o disposto nos arts. 575 a 578.

CAPÍTULO V
DA AÇÃO DE DISSOLUÇÃO PARCIAL DE SOCIEDADE

Art. 599. A ação de dissolução parcial de sociedade pode ter por objeto:

- Arts. 1.028 a 1.038, 1.085 a 1.087 e 1.102 a 1.112 do CC.

I – a resolução da sociedade empresária contratual ou simples em relação ao sócio falecido, excluído ou que exerceu o direito de retirada ou recesso; e

II – a apuração dos haveres do sócio falecido, excluído ou que exerceu o direito de retirada ou recesso; ou

III – somente a resolução ou a apuração de haveres.

§ 1º A petição inicial será necessariamente instruída com o contrato social consolidado.

§ 2º A ação de dissolução parcial de sociedade pode ter também por objeto a sociedade anônima de capital fechado quando demonstrado, por acionista ou acionistas que representem cinco por cento ou mais do capital social, que não pode preencher o seu fim.

Art. 600. A ação pode ser proposta:

I – pelo espólio do sócio falecido, quando a totalidade dos sucessores não ingressar na sociedade;

II – pelos sucessores, após concluída a partilha do sócio falecido;

III – pela sociedade, se os sócios sobreviventes não admitirem o ingresso do espólio ou dos sucessores do falecido na sociedade, quando esse direito decorrer do contrato social;

IV – pelo sócio que exerceu o direito de retirada ou recesso, se não tiver sido providenciada, pelos demais sócios, a alteração contratual consensual formalizando o desligamento, depois de transcorridos 10 (dez) dias do exercício do direito;

V – pela sociedade, nos casos em que a lei não autoriza a exclusão extrajudicial; ou

VI – pelo sócio excluído.

Parágrafo único. O cônjuge ou companheiro do sócio cujo casamento, união estável ou convivência terminou poderá requerer a apuração de seus haveres na sociedade, que serão pagos à conta da quota social titulada por este sócio.

Art. 601. Os sócios e a sociedade serão citados para, no prazo de 15 (quinze) dias, concordar com o pedido ou apresentar contestação.

- Arts. 1.028 a 1.038, 1.085 a 1.087 e 1.102 a 1.112 do CC.

Parágrafo único. A sociedade não será citada se todos os seus sócios o forem, mas ficará sujeita aos efeitos da decisão e à coisa julgada.

Art. 602. A sociedade poderá formular pedido de indenização compensável com o valor dos haveres a apurar.

- Arts. 1.028 a 1.038, 1.085 a 1.087 e 1.102 a 1.112 do CC.

Art. 603. Havendo manifestação expressa e unânime pela concordância da dissolução, o juiz a decretará, passando-se imediatamente à fase de liquidação.

- Arts. 1.028 a 1.038, 1.085 a 1.087 e 1.102 a 1.112 do CC.

§ 1º Na hipótese prevista no *caput*, não haverá condenação em honorários advocatícios de nenhuma das partes, e as custas serão rateadas segundo a participação das partes no capital social.

§ 2º Havendo contestação, observar-se-á o procedimento comum, mas a liquidação da sentença seguirá o disposto neste Capítulo.

Art. 604. Para apuração dos haveres, o juiz:

- Arts. 1.028 a 1.038, 1.085 a 1.087 e 1.102 a 1.112 do CC.

I – fixará a data da resolução da sociedade;

CPC

II – definirá o critério de apuração dos haveres à vista do disposto no contrato social; e

III – nomeará o perito.

§ 1º O juiz determinará à sociedade ou aos sócios que nela permanecerem que depositem em juízo a parte incontroversa dos haveres devidos.

§ 2º O depósito poderá ser, desde logo, levantando pelo ex-sócio, pelo espólio ou pelos sucessores.

§ 3º Se o contrato social estabelecer o pagamento dos haveres, será observado o que nele se dispôs no depósito judicial da parte incontroversa.

Art. 605. A data da resolução da sociedade será:

- Arts. 1.028 a 1.038, 1.085 a 1.087 e 1.102 a 1.112 do CC.

I – no caso de falecimento do sócio, a do óbito;

II – na retirada imotivada, o sexagésimo dia seguinte ao do recebimento, pela sociedade, da notificação do sócio retirante;

III – no recesso, o dia do recebimento, pela sociedade, da notificação do sócio dissidente;

IV – na retirada por justa causa de sociedade por prazo determinado e na exclusão judicial de sócio, a do trânsito em julgado da decisão que dissolver a sociedade; e

V – na exclusão extrajudicial, a data da assembleia ou da reunião de sócios que a tiver deliberado.

Art. 606. Em caso de omissão do contrato social, o juiz definirá, como critério de apuração de haveres, o valor patrimonial apurado em balanço de determinação, tomando-se por referência a data da resolução e avaliando-se bens e direitos do ativo, tangíveis e intangíveis, a preço de saída, além do passivo também a ser apurado de igual forma.

- Arts. 1.028 a 1.038, 1.085 a 1.087 e 1.102 a 1.112 do CC.

Parágrafo único. Em todos os casos em que seja necessária a realização de perícia, a nomeação do perito recairá preferencialmente sobre especialista em avaliação de sociedades.

Art. 607. A data da resolução e o critério de apuração de haveres podem ser revistos pelo juiz, a pedido da parte, a qualquer tempo antes do início da perícia.

- Arts. 1.028 a 1.038, 1.085 a 1.087 e 1.102 a 1.112 do CC.

Art. 608. Até a data da resolução, integram o valor devido ao ex-sócio, ao espólio ou aos sucessores a participação nos lucros ou os juros sobre o capital próprio declarados pela sociedade e, se for o caso, a remuneração como administrador.

- Arts. 1.028 a 1.038, 1.085 a 1.087 e 1.102 a 1.112 do CC.

Parágrafo único. Após a data da resolução, o ex-sócio, o espólio ou os sucessores terão direito apenas à correção monetária dos valores apurados e aos juros contratuais ou legais.

Art. 609. Uma vez apurados, os haveres do sócio retirante serão pagos conforme disciplinar o contrato social e, no silêncio deste, nos termos do § 2º do art. 1.031 da Lei nº 10.406, de 10 de janeiro de 2002 (Código Civil).

- Arts. 1.028 a 1.038, 1.085 a 1.087 e 1.102 a 1.112 do CC.

CAPÍTULO VI
DO INVENTÁRIO E DA PARTILHA

Seção I
DISPOSIÇÕES GERAIS

Art. 610. Havendo testamento ou interessado incapaz, proceder-se-á ao inventário judicial.

§ 1º Se todos forem capazes e concordes, o inventário e a partilha poderão ser feitos por escritura pública, a qual constituirá documento hábil para qualquer ato de registro, bem como para levantamento de importância depositada em instituições financeiras.

§ 2º O tabelião somente lavrará a escritura pública se todas as partes interessadas estiverem assistidas por advogado ou por defensor público, cuja qualificação e assinatura constarão do ato notarial.

Art. 611. O processo de inventário e de partilha deve ser instaurado dentro de 2 (dois) meses, a contar da abertura da sucessão, ultimando-se nos 12 (doze) meses subsequentes, podendo o juiz prorrogar esses prazos, de ofício ou a requerimento de parte.

- Art. 1.796 do CC.
- Súm. nº 542 do STF.

Art. 612. O juiz decidirá todas as questões de direito desde que os fatos relevantes estejam provados por documento, só remetendo para as vias ordinárias as questões que dependerem de outras provas.

Art. 613. Até que o inventariante preste o compromisso, continuará o espólio na posse do administrador provisório.

Art. 614. O administrador provisório representa ativa e passivamente o espólio, é obrigado a trazer ao acervo os frutos que desde a abertura da sucessão percebeu, tem direito ao reembolso das despesas necessárias e úteis que fez e responde pelo dano a que, por dolo ou culpa, der causa.

Seção II
DA LEGITIMIDADE PARA REQUERER O INVENTÁRIO

Art. 615. O requerimento de inventário e de partilha incumbe a quem estiver na posse e na administração do espólio, no prazo estabelecido no art. 611.

Parágrafo único. O requerimento será instruído com a certidão de óbito do autor da herança.

Art. 616. Têm, contudo, legitimidade concorrente:

I – o cônjuge ou companheiro supérstite;

II – o herdeiro;

III – o legatário;

IV – o testamenteiro;

V – o cessionário do herdeiro ou do legatário;

VI – o credor do herdeiro, do legatário ou do autor da herança;

VII – o Ministério Público, havendo herdeiros incapazes;

VIII – a Fazenda Pública, quando tiver interesse;

IX – o administrador judicial da falência do herdeiro, do legatário, do autor da herança ou do cônjuge ou companheiro supérstite.

Seção III
DO INVENTARIANTE E DAS PRIMEIRAS DECLARAÇÕES

Art. 617. O juiz nomeará inventariante na seguinte ordem:

I – o cônjuge ou companheiro sobrevivente, desde que estivesse convivendo com o outro ao tempo da morte deste;

II – o herdeiro que se achar na posse e na administração do espólio, se não houver cônjuge ou companheiro sobrevivente ou se estes não puderem ser nomeados;

III – qualquer herdeiro, quando nenhum deles estiver na posse e na administração do espólio;

IV – o herdeiro menor, por seu representante legal;

V – o testamenteiro, se lhe tiver sido confiada a administração do espólio ou se toda a herança estiver distribuída em legados;

VI – o cessionário do herdeiro ou do legatário;

VII – o inventariante judicial, se houver;

VIII – pessoa estranha idônea, quando não houver inventariante judicial.

Parágrafo único. O inventariante, intimado da nomeação, prestará, dentro de 5 (cinco) dias, o compromisso de bem e fielmente desempenhar a função.

Art. 618. Incumbe ao inventariante:

I – representar o espólio ativa e passivamente, em juízo ou fora dele, observando-se, quanto ao dativo, o disposto no art. 75, § 1º;

II – administrar o espólio, velando-lhe os bens com a mesma diligência que teria se seus fossem;

III – prestar as primeiras e as últimas declarações pessoalmente ou por procurador com poderes especiais;

IV – exibir em cartório, a qualquer tempo, para exame das partes, os documentos relativos ao espólio;

V – juntar aos autos certidão do testamento, se houver;

VI – trazer à colação os bens recebidos pelo herdeiro ausente, renunciante ou excluído;

VII – prestar contas de sua gestão ao deixar o cargo ou sempre que o juiz lhe determinar;

VIII – requerer a declaração de insolvência.

Art. 619. Incumbe ainda ao inventariante, ouvidos os interessados e com autorização do juiz:

I – alienar bens de qualquer espécie;

II – transigir em juízo ou fora dele;

- Arts. 840 a 850 do CC.

III – pagar dívidas do espólio;

IV – fazer as despesas necessárias para a conservação e o melhoramento dos bens do espólio.

Art. 620. Dentro de 20 (vinte) dias contados da data em que prestou o compromisso, o inventariante fará as primeiras declarações, das quais se lavrará termo circunstanciado, assinado pelo juiz, pelo escrivão e pelo inventariante, no qual serão exarados:

I – o nome, o estado, a idade e o domicílio do autor da herança, o dia e o lugar em que faleceu e se deixou testamento;

II – o nome, o estado, a idade, o endereço eletrônico e a residência dos herdeiros e, havendo cônjuge ou companheiro supérstite, além dos respectivos dados pessoais, o regime de bens do casamento ou da união estável;

III – a qualidade dos herdeiros e o grau de parentesco com o inventariado;

IV – a relação completa e individualizada de todos os bens do espólio, inclusive aqueles que devem ser conferidos à colação, e dos bens alheios que nele forem encontrados, descrevendo-se:

a) os imóveis, com as suas especificações, nomeadamente local em que se encontram, extensão da área, limites, confrontações, benfeitorias, origem dos títulos, números das matrículas e ônus que os gravam;

b) os móveis, com os sinais característicos;

c) os semoventes, seu número, suas espécies, suas marcas e seus sinais distintivos;

d) o dinheiro, as joias, os objetos de ouro e prata e as pedras preciosas, declarando-se-lhes especificadamente a qualidade, o peso e a importância;

e) os títulos da dívida pública, bem como as ações, as quotas e os títulos de sociedade, mencionando-se-lhes o número, o valor e a data;

f) as dívidas ativas e passivas, indicando-se-lhes as datas, os títulos, a origem da obrigação e os nomes dos credores e dos devedores;

g) direitos e ações;

h) o valor corrente de cada um dos bens do espólio.

§ 1º O juiz determinará que se proceda:

I – ao balanço do estabelecimento, se o autor da herança era empresário individual;

II – à apuração de haveres, se o autor da herança era sócio de sociedade que não anônima.

§ 2º As declarações podem ser prestadas mediante petição, firmada por procurador com poderes especiais, à qual o termo se reportará.

Art. 621. Só se pode arguir sonegação ao inventariante depois de encerrada a descrição dos bens, com a declaração, por ele feita, de não existirem outros por inventariar.

- Art. 1.996 do CC.

Art. 622. O inventariante será removido de ofício ou a requerimento:

I – se não prestar, no prazo legal, as primeiras ou as últimas declarações;

II – se não der ao inventário andamento regular, se suscitar dúvidas infundadas ou se praticar atos meramente protelatórios;

III – se, por culpa sua, bens do espólio se deteriorarem, forem dilapidados ou sofrerem dano;

IV – se não defender o espólio nas ações em que for citado, se deixar de cobrar dívidas ativas ou se não promover as medidas necessárias para evitar o perecimento de direitos;

V – se não prestar contas ou se as que prestar não forem julgadas boas;

VI – se sonegar, ocultar ou desviar bens do espólio.

Art. 623. Requerida a remoção com fundamento em qualquer dos incisos do art. 622, será intimado o inventariante para, no prazo de 15 (quinze) dias, defender-se e produzir provas.

Parágrafo único. O incidente da remoção correrá em apenso aos autos do inventário.

Art. 624. Decorrido o prazo, com a defesa do inventariante ou sem ela, o juiz decidirá.

Parágrafo único. Se remover o inventariante, o juiz nomeará outro, observada a ordem estabelecida no art. 617.

Art. 625. O inventariante removido entregará imediatamente ao substituto os bens do espólio e, caso deixe de fazê-lo, será compelido mediante mandado de busca e apreensão ou de imissão na posse, conforme se tratar de bem móvel ou imóvel, sem prejuízo da multa a ser fixada pelo juiz em montante não superior a três por cento do valor dos bens inventariados.

Seção IV
DAS CITAÇÕES E DAS IMPUGNAÇÕES

Art. 626. Feitas as primeiras declarações, o juiz mandará citar, para os termos do inventário e da partilha, o cônjuge, o companheiro, os herdeiros e os legatários e intimar a Fazenda Pública, o Ministério Público, se houver herdeiro incapaz ou ausente, e o testamenteiro, se houver testamento.

§ 1º O cônjuge ou o companheiro, os herdeiros e os legatários serão citados pelo correio, observado o disposto no art. 247, sendo, ainda, publicado edital, nos termos do inciso III do art. 259.

§ 2º Das primeiras declarações extrair-se-ão tantas cópias quantas forem as partes.

§ 3º A citação será acompanhada de cópia das primeiras declarações.

CPC

§ 4º Incumbe ao escrivão remeter cópias à Fazenda Pública, ao Ministério Público, ao testamenteiro, se houver, e ao advogado, se a parte já estiver representada nos autos.

Art. 627. Concluídas as citações, abrir-se-á vista às partes, em cartório e pelo prazo comum de 15 (quinze) dias, para que se manifestem sobre as primeiras declarações, incumbindo às partes:

I – arguir erros, omissões e sonegação de bens;

II – reclamar contra a nomeação de inventariante;

III – contestar a qualidade de quem foi incluído no título de herdeiro.

§ 1º Julgando procedente a impugnação referida no inciso I, o juiz mandará retificar as primeiras declarações.

§ 2º Se acolher o pedido de que trata o inciso II, o juiz nomeará outro inventariante, observada a preferência legal.

§ 3º Verificando que a disputa sobre a qualidade de herdeiro a que alude o inciso III demanda produção de provas que não a documental, o juiz remeterá a parte às vias ordinárias e sobrestará, até o julgamento da ação, a entrega do quinhão que na partilha couber ao herdeiro admitido.

Art. 628. Aquele que se julgar preterido poderá demandar sua admissão no inventário, requerendo-a antes da partilha.

§ 1º Ouvidas as partes no prazo de 15 (quinze) dias, o juiz decidirá.

§ 2º Se para solução da questão for necessária a produção de provas que não a documental, o juiz remeterá o requerente às vias ordinárias, mandando reservar, em poder do inventariante, o quinhão do herdeiro excluído até que se decida o litígio.

Art. 629. A Fazenda Pública, no prazo de 15 (quinze) dias, após a vista de que trata o art. 627, informará ao juízo, de acordo com os dados que constam de seu cadastro imobiliário, o valor dos bens de raiz descritos nas primeiras declarações.

Seção V
DA AVALIAÇÃO E DO CÁLCULO DO IMPOSTO

Art. 630. Findo o prazo previsto no art. 627 sem impugnação ou decidida a impugnação que houver sido oposta, o juiz nomeará, se for o caso, perito para avaliar os bens do espólio, se não houver na comarca avaliador judicial.

Parágrafo único. Na hipótese prevista no art. 620, § 1º, o juiz nomeará perito para avaliação das quotas sociais ou apuração dos haveres.

Art. 631. Ao avaliar os bens do espólio, o perito observará, no que for aplicável, o disposto nos arts. 872 e 873.

Art. 632. Não se expedirá carta precatória para a avaliação de bens situados fora da comarca onde corre o inventário se eles forem de pequeno valor ou perfeitamente conhecidos do perito nomeado.

Art. 633. Sendo capazes todas as partes, não se procederá à avaliação se a Fazenda Pública, intimada pessoalmente, concordar de forma expressa com o valor atribuído, nas primeiras declarações, aos bens do espólio.

Art. 634. Se os herdeiros concordarem com o valor dos bens declarados pela Fazenda Pública, a avaliação cingir-se-á aos demais.

Art. 635. Entregue o laudo de avaliação, o juiz mandará que as partes se manifestem no prazo de 15 (quinze) dias, que correrá em cartório.

§ 1º Versando a impugnação sobre o valor dado pelo perito, o juiz a decidirá de plano, à vista do que constar dos autos.

§ 2º Julgando procedente a impugnação, o juiz determinará que o perito retifique a avaliação, observando os fundamentos da decisão.

Art. 636. Aceito o laudo ou resolvidas as impugnações suscitadas a seu respeito, lavrar-se-á em seguida o termo de últimas declarações, no qual o inventariante poderá emendar, aditar ou completar as primeiras.

Art. 637. Ouvidas as partes sobre as últimas declarações no prazo comum de 15 (quinze) dias, proceder-se-á ao cálculo do tributo.

- Súmulas nºs 112 a 116 e 331 do STF.

Art. 638. Feito o cálculo, sobre ele serão ouvidas todas as partes no prazo comum de 5 (cinco) dias, que correrá em cartório, e, em seguida, a Fazenda Pública.

- Súmulas nºs 112 a 115, 331 e 590 do STF.

§ 1º Se acolher eventual impugnação, o juiz ordenará nova remessa dos autos ao contabilista, determinando as alterações que devam ser feitas no cálculo.

§ 2º Cumprido o despacho, o juiz julgará o cálculo do tributo.

Seção VI
DAS COLAÇÕES

Art. 639. No prazo estabelecido no art. 627, o herdeiro obrigado à colação conferirá por termo nos autos ou por petição à qual o termo se reportará os bens que recebeu ou, se já não os possuir, trar-lhes-á o valor.

Parágrafo único. Os bens a serem conferidos na partilha, assim como as acessões e as benfeitorias que o donatário fez, calcular-se-ão pelo valor que tiverem ao tempo da abertura da sucessão.

Art. 640. O herdeiro que renunciou à herança ou o que dela foi excluído não se exime, pelo fato da renúncia ou da exclusão, de conferir, para o efeito de repor a parte inoficiosa, as liberalidades que obteve do doador.

§ 1º É lícito ao donatário escolher, dentre os bens doados, tantos quantos bastem para perfazer a legítima e a metade disponível, entrando na partilha o excedente para ser dividido entre os demais herdeiros.

§ 2º Se a parte inoficiosa da doação recair sobre bem imóvel que não comporte divisão cômoda, o juiz determinará que sobre ela se proceda a licitação entre os herdeiros.

§ 3º O donatário poderá concorrer na licitação referida no § 2º e, em igualdade de condições, terá preferência sobre os herdeiros.

- Arts. 1.806, 1.808, 1.813 e 2.007 do CC.

Art. 641. Se o herdeiro negar o recebimento dos bens ou a obrigação de os conferir, o juiz, ouvidas as partes no prazo comum de 15 (quinze) dias, decidirá à vista das alegações e das provas produzidas.

§ 1º Declarada improcedente a oposição, se o herdeiro, no prazo improrrogável de 15 (quinze) dias, não proceder à conferência, o juiz mandará sequestrar-lhe, para serem inventariados e partilhados, os bens sujeitos à colação ou imputar ao seu quinhão hereditário o valor deles, se já não os possuir.

§ 2º Se a matéria exigir dilação probatória diversa da documental, o juiz remeterá as partes às vias ordinárias, não podendo o herdeiro receber o seu quinhão hereditário, enquanto pender a demanda, sem prestar caução correspondente ao valor dos bens sobre os quais versar a conferência.

Seção VII

DO PAGAMENTO DAS DÍVIDAS

Art. 642. Antes da partilha, poderão os credores do espólio requerer ao juízo do inventário o pagamento das dívidas vencidas e exigíveis.

o Art. 1.997 do CC.

§ 1º A petição, acompanhada de prova literal da dívida, será distribuída por dependência e autuada em apenso aos autos do processo de inventário.

§ 2º Concordando as partes com o pedido, o juiz, ao declarar habilitado o credor, mandará que se faça a separação de dinheiro ou, em sua falta, de bens suficientes para o pagamento.

§ 3º Separados os bens, tantos quantos forem necessários para o pagamento dos credores habilitados, o juiz mandará aliená-los, observando-se as disposições deste Código relativas à expropriação.

§ 4º Se o credor requerer que, em vez de dinheiro, lhe sejam adjudicados, para o seu pagamento, os bens já reservados, o juiz deferir-lhe-á o pedido, concordando todas as partes.

§ 5º Os donatários serão chamados a pronunciar-se sobre a aprovação das dívidas, sempre que haja possibilidade de resultar delas a redução das liberalidades.

Art. 643. Não havendo concordância de todas as partes sobre o pedido de pagamento feito pelo credor, será o pedido remetido às vias ordinárias.

Parágrafo único. O juiz mandará, porém, reservar, em poder do inventariante, bens suficientes para pagar o credor quando a dívida constar de documento que comprove suficientemente a obrigação e a impugnação não se fundar em quitação.

Art. 644. O credor de dívida líquida e certa, ainda não vencida, pode requerer habilitação no inventário.

Parágrafo único. Concordando as partes com o pedido referido no *caput*, o juiz, ao julgar habilitado o crédito, mandará que se faça separação de bens para o futuro pagamento.

Art. 645. O legatário é parte legítima para manifestar-se sobre as dívidas do espólio:

I – quando toda a herança for dividida em legados;

II – quando o reconhecimento das dívidas importar redução dos legados.

Art. 646. Sem prejuízo do disposto no art. 860, é lícito aos herdeiros, ao separarem bens para o pagamento de dívidas, autorizar que o inventariante os indique à penhora no processo em que o espólio for executado.

Seção VIII

DA PARTILHA

Art. 647. Cumprido o disposto no art. 642, § 3º, o juiz facultará às partes que, no prazo comum de 15 (quinze) dias, formulem o pedido de quinhão e, em seguida, proferirá a decisão de deliberação da partilha, resolvendo os pedidos das partes e designando os bens que devam constituir quinhão de cada herdeiro e legatário.

Parágrafo único. O juiz poderá, em decisão fundamentada, deferir antecipadamente a qualquer dos herdeiros o exercício dos direitos de usar e de fruir de determinado bem, com a condição de que, ao término do inventário, tal bem integre a cota desse herdeiro, cabendo a este, desde o deferimento, todos os ônus e bônus decorrentes do exercício daqueles direitos.

Art. 648. Na partilha, serão observadas as seguintes regras:

I – a máxima igualdade possível quanto ao valor, à natureza e à qualidade dos bens;

II – a prevenção de litígios futuros;

III – a máxima comodidade dos coerdeiros, do cônjuge ou do companheiro, se for o caso.

Art. 649. Os bens insuscetíveis de divisão cômoda que não couberem na parte do cônjuge ou companheiro supérstite ou no quinhão de um só herdeiro serão licitados entre os interessados ou vendidos judicialmente, partilhando-se o valor apurado, salvo se houver acordo para que sejam adjudicados a todos.

Art. 650. Se um dos interessados for nascituro, o quinhão que lhe caberá será reservado em poder do inventariante até o seu nascimento.

Art. 651. O partidor organizará o esboço da partilha de acordo com a decisão judicial, observando nos pagamentos a seguinte ordem:

I – dívidas atendidas;

II – meação do cônjuge;

III – meação disponível;

IV – quinhões hereditários, a começar pelo coerdeiro mais velho.

Art. 652. Feito o esboço, as partes manifestar-se-ão sobre esse no prazo comum de 15 (quinze) dias, e, resolvidas as reclamações, a partilha será lançada nos autos.

Art. 653. A partilha constará:

I – de auto de orçamento, que mencionará:

a) os nomes do autor da herança, do inventariante, do cônjuge ou companheiro supérstite, dos herdeiros, dos legatários e dos credores admitidos;

b) o ativo, o passivo e o líquido partível, com as necessárias especificações;

c) o valor de cada quinhão;

II – de folha de pagamento para cada parte, declarando a quota a pagar-lhe, a razão do pagamento e a relação dos bens que lhe compõem o quinhão, as características que os individualizam e os ônus que os gravam.

Parágrafo único. O auto e cada uma das folhas serão assinados pelo juiz e pelo escrivão.

Art. 654. Pago o imposto de transmissão a título de morte e juntada aos autos certidão ou informação negativa de dívida para com a Fazenda Pública, o juiz julgará por sentença a partilha.

Parágrafo único. A existência de dívida para com a Fazenda Pública não impedirá o julgamento da partilha, desde que o seu pagamento esteja devidamente garantido.

Art. 655. Transitada em julgado a sentença mencionada no art. 654, receberá o herdeiro os bens que lhe tocarem e um formal de partilha, do qual constarão as seguintes peças:

I – termo de inventariante e título de herdeiros;

II – avaliação dos bens que constituíram o quinhão do herdeiro;

III – pagamento do quinhão hereditário;

IV – quitação dos impostos;

V – sentença.

Parágrafo único. O formal de partilha poderá ser substituído por certidão de pagamento do quinhão hereditário quando esse não exceder a 5 (cinco) vezes o salário mínimo, caso em que se transcreverá nela a sentença de partilha transitada em julgado.

Art. 656. A partilha, mesmo depois de transitada em julgado a sentença, pode ser emendada nos mesmos autos do inventário, convindo todas as partes, quando tenha havido erro de fato na descrição dos bens, podendo o juiz, de ofício ou a requerimento da parte, a qualquer tempo, corrigir-lhe as inexatidões materiais.

Art. 657. A partilha amigável, lavrada em instrumento público, reduzida a termo nos autos do inventário ou constante de escrito particular homologado pelo juiz, pode ser anulada por dolo, coação, erro essencial ou intervenção de incapaz, observado o disposto no § 4º do art. 966.

Parágrafo único. O direito à anulação de partilha amigável extingue-se em 1 (um) ano, contado esse prazo:

I – no caso de coação, do dia em que ela cessou;

II – no caso de erro ou dolo, do dia em que se realizou o ato;

III – quanto ao incapaz, do dia em que cessar a incapacidade.

Art. 658. É rescindível a partilha julgada por sentença:

I – nos casos mencionados no art. 657;

II – se feita com preterição de formalidades legais;

III – se preteriu herdeiro ou incluiu quem não o seja.

Seção IX

DO ARROLAMENTO

Art. 659. A partilha amigável, celebrada entre partes capazes, nos termos da lei, será homologada de plano pelo juiz, com observância dos arts. 660 a 663.

○ Art. 2.015 do CC.

§ 1º O disposto neste artigo aplica-se, também, ao pedido de adjudicação, quando houver herdeiro único.

§ 2º Transitada em julgado a sentença de homologação de partilha ou de adjudicação, será lavrado o formal de partilha ou elaborada a carta de adjudicação e, em seguida, serão expedidos os alvarás referentes aos bens e às rendas por ele abrangidos, intimando-se o fisco para lançamento administrativo do imposto de transmissão e de outros tributos porventura incidentes, conforme dispuser a legislação tributária, nos termos do § 2º do art. 662.

Art. 660. Na petição de inventário, que se processará na forma de arrolamento sumário, independentemente da lavratura de termos de qualquer espécie, os herdeiros:

I – requererão ao juiz a nomeação do inventariante que designarem;

II – declararão os títulos dos herdeiros e os bens do espólio, observado o disposto no art. 630;

III – atribuirão valor aos bens do espólio, para fins de partilha.

Art. 661. Ressalvada a hipótese prevista no parágrafo único do art. 663, não se procederá à avaliação dos bens do espólio para nenhuma finalidade.

Art. 662. No arrolamento, não serão conhecidas ou apreciadas questões relativas ao lançamento, ao pagamento ou à quitação de taxas judiciárias e de tributos incidentes sobre a transmissão da propriedade dos bens do espólio.

§ 1º A taxa judiciária, se devida, será calculada com base no valor atribuído pelos herdeiros, cabendo ao fisco, se apurar em processo administrativo valor diverso do estimado, exigir a eventual diferença pelos meios adequados ao lançamento de créditos tributários em geral.

§ 2º O imposto de transmissão será objeto de lançamento administrativo, conforme dispuser a legislação tributária, não ficando as autoridades fazendárias adstritas aos valores dos bens do espólio atribuídos pelos herdeiros.

Art. 663. A existência de credores do espólio não impedirá a homologação da partilha ou da adjudicação, se forem reservados bens suficientes para o pagamento da dívida.

Parágrafo único. A reserva de bens será realizada pelo valor estimado pelas partes, salvo se o credor, regularmente notificado, impugnar a estimativa, caso em que se promoverá a avaliação dos bens a serem reservados.

Art. 664. Quando o valor dos bens do espólio for igual ou inferior a 1.000 (mil) salários mínimos, o inventário processar-se-á na forma de arrolamento, cabendo ao inventariante nomeado, independentemente de assinatura de termo de compromisso, apresentar, com suas declarações, a atribuição de valor aos bens do espólio e o plano da partilha.

§ 1º Se qualquer das partes ou o Ministério Público impugnar a estimativa, o juiz nomeará avaliador, que oferecerá laudo em 10 (dez) dias.

§ 2º Apresentado o laudo, o juiz, em audiência que designar, deliberará sobre a partilha, decidindo de plano todas as reclamações e mandando pagar as dívidas não impugnadas.

§ 3º Lavrar-se-á de tudo um só termo, assinado pelo juiz, pelo inventariante e pelas partes presentes ou por seus advogados.

§ 4º Aplicam-se a essa espécie de arrolamento, no que couber, as disposições do art. 672, relativamente ao lançamento, ao pagamento e à quitação da taxa judiciária e do imposto sobre a transmissão da propriedade dos bens do espólio.

§ 5º Provada a quitação dos tributos relativos aos bens do espólio e às suas rendas, o juiz julgará a partilha.

Art. 665. O inventário processar-se-á também na forma do art. 664, ainda que haja interessado incapaz, desde que concordem todas as partes e o Ministério Público.

Art. 666. Independerá de inventário ou de arrolamento o pagamento dos valores previstos na Lei nº 6.858, de 24 de novembro de 1980.

Art. 667. Aplicam-se subsidiariamente a esta Seção as disposições das Seções VII e VIII deste Capítulo.

Seção X

DISPOSIÇÕES COMUNS A TODAS AS SEÇÕES

Art. 668. Cessa a eficácia da tutela provisória prevista nas Seções deste Capítulo:

I – se a ação não for proposta em 30 (trinta) dias contados da data em que da decisão foi intimado o impugnante, o herdeiro excluído ou o credor não admitido;

II – se o juiz extinguir o processo de inventário com ou sem resolução de mérito.

Art. 669. São sujeitos à sobrepartilha os bens:

I – sonegados;

II – da herança descobertos após a partilha;

III – litigiosos, assim como os de liquidação difícil ou morosa;

IV – situados em lugar remoto da sede do juízo onde se processa o inventário.

Parágrafo único. Os bens mencionados nos incisos III e IV serão reservados à sobrepartilha sob a guarda e a administração do mesmo ou de diverso inventariante, a consentimento da maioria dos herdeiros.

Art. 670. Na sobrepartilha dos bens, observar-se-á o processo de inventário e de partilha.

Parágrafo único. A sobrepartilha correrá nos autos do inventário do autor da herança.

Art. 671. O juiz nomeará curador especial:

I – ao ausente, se não o tiver;

II – ao incapaz, se concorrer na partilha com o seu representante, desde que exista colisão de interesses.

Art. 672. É lícita a cumulação de inventários para a partilha de heranças de pessoas diversas quando houver:

I – identidade de pessoas entre as quais devam ser repartidos os bens;

II – heranças deixadas pelos dois cônjuges ou companheiros;

III – dependência de uma das partilhas em relação à outra.

Parágrafo único. No caso previsto no inciso III, se a dependência for parcial, por haver outros bens, o juiz pode ordenar a tramitação separada, se melhor convier ao interesse das partes ou à celeridade processual.

Art. 673. No caso previsto no art. 672, inciso II, prevalecerão as primeiras declarações, assim como o laudo de avaliação, salvo se alterado o valor dos bens.

CAPÍTULO VII

DOS EMBARGOS DE TERCEIRO

Art. 674. Quem, não sendo parte no processo, sofrer constrição ou ameaça de constrição sobre bens que possua ou sobre os quais tenha direito incompatível com o ato constritivo, poderá requerer seu desfazimento ou sua inibição por meio de embargos de terceiro.

- Súmulas nºs 84, 134, 195, 196 e 303 do STJ.

§ 1º Os embargos podem ser de terceiro proprietário, inclusive fiduciário, ou possuidor.

§ 2º Considera-se terceiro, para ajuizamento dos embargos:

I – o cônjuge ou companheiro, quando defende a posse de bens próprios ou de sua meação, ressalvado o disposto no art. 843;

II – o adquirente de bens cuja constrição decorreu de decisão que declara a ineficácia da alienação realizada em fraude à execução;

III – quem sofre constrição judicial de seus bens por força de desconsideração da personalidade jurídica, de cujo incidente não fez parte;

IV – o credor com garantia real para obstar expropriação judicial do objeto de direito real de garantia, caso não tenha sido intimado, nos termos legais dos atos expropriatórios respectivos.

Art. 675. Os embargos podem ser opostos a qualquer tempo no processo de conhecimento enquanto não transitada em julgado a sentença e, no cumprimento de sentença ou no processo de execução, até 5 (cinco) dias depois da adjudicação, da alienação por iniciativa particular ou da arrematação, mas sempre antes da assinatura da respectiva carta.

Parágrafo único. Caso identifique a existência de terceiro titular de interesse em embargar o ato, o juiz mandará intimá-lo pessoalmente.

Art. 676. Os embargos serão distribuídos por dependência ao juízo que ordenou a constrição e autuados em apartado.

Parágrafo único. Nos casos de ato de constrição realizado por carta, os embargos serão oferecidos no juízo deprecado, salvo se indicado pelo juízo deprecante o bem constrito ou se já devolvida a carta.

Art. 677. Na petição inicial, o embargante fará a prova sumária de sua posse ou de seu domínio e da qualidade de terceiro, oferecendo documentos e rol de testemunhas.

§ 1º É facultada a prova da posse em audiência preliminar designada pelo juiz.

- Art. 1.197 do CC.
- Súm. nº 303 do STJ.

§ 2º O possuidor direto pode alegar, além da sua posse, o domínio alheio.

§ 3º A citação será pessoal, se o embargado não tiver procurador constituído nos autos da ação principal.

§ 4º Será legitimado passivo o sujeito a quem o ato de constrição aproveita, assim como o será seu adversário no processo principal quando for sua a indicação do bem para a constrição judicial.

Art. 678. A decisão que reconhecer suficientemente provado o domínio ou a posse determinará a suspensão das medidas constritivas sobre os bens litigiosos objeto dos embargos, bem como a manutenção ou a reintegração provisória da posse, se o embargante a houver requerido.

Parágrafo único. O juiz poderá condicionar a ordem de manutenção ou de reintegração provisória de posse à prestação de caução pelo requerente, ressalvada a impossibilidade da parte economicamente hipossuficiente.

Art. 679. Os embargos poderão ser contestados no prazo de 15 (quinze) dias, findo o qual se seguirá o procedimento comum.

Art. 680. Contra os embargos do credor com garantia real, o embargado somente poderá alegar que:

I – o devedor comum é insolvente;

II – o título é nulo ou não obriga a terceiro;

III – outra é a coisa dada em garantia.

Art. 681. Acolhido o pedido inicial, o ato de constrição judicial indevida será cancelado, com o reconhecimento do domínio, da manutenção da posse ou da reintegração definitiva do bem ou do direito ao embargante.

CAPÍTULO VIII

DA OPOSIÇÃO

Art. 682. Quem pretender, no todo ou em parte, a coisa ou o direito sobre que controvertem autor e réu poderá, até ser proferida a sentença, oferecer oposição contra ambos.

Art. 683. O opoente deduzirá o pedido em observação aos requisitos exigidos para propositura da ação.

Parágrafo único. Distribuída a oposição por dependência, serão os opostos citados, na pessoa de seus respectivos advogados, para contestar o pedido no prazo comum de 15 (quinze) dias.

Art. 684. Se um dos opostos reconhecer a procedência do pedido, contra o outro prosseguirá o opoente.

Art. 685. Admitido o processamento, a oposição será apensada aos autos e tramitará simultaneamente à ação originária, sendo ambas julgadas pela mesma sentença.

Parágrafo único. Se a oposição for proposta após o início da audiência de instrução, o juiz suspenderá o curso do processo ao fim da produção das provas, salvo se concluir que a unidade da instrução atende melhor ao princípio da duração razoável do processo.

Art. 686. Cabendo ao juiz decidir simultaneamente a ação originária e a oposição, desta conhecerá em primeiro lugar.

CAPÍTULO IX

DA HABILITAÇÃO

Art. 687. A habilitação ocorre quando, por falecimento de qualquer das partes, os interessados houverem de suceder-lhe no processo.

CPC

Art. 688. A habilitação pode ser requerida:

I – pela parte, em relação aos sucessores do falecido;

II – pelos sucessores do falecido, em relação à parte.

Art. 689. Proceder-se-á à habilitação nos autos do processo principal, na instância em que estiver, suspendendo-se, a partir de então, o processo.

Art. 690. Recebida a petição, o juiz ordenará a citação dos requeridos para se pronunciarem no prazo de 5 (cinco) dias.

Parágrafo único. A citação será pessoal, se a parte não tiver procurador constituído nos autos.

Art. 691. O juiz decidirá o pedido de habilitação imediatamente, salvo se este for impugnado e houver necessidade de dilação probatória diversa da documental, caso em que determinará que o pedido seja autuado em apartado e disporá sobre a instrução.

Art. 692. Transitada em julgado a sentença de habilitação, o processo principal retomará o seu curso, e cópia da sentença será juntada aos autos respectivos.

CAPÍTULO X
DAS AÇÕES DE FAMÍLIA

Art. 693. As normas deste Capítulo aplicam-se aos processos contenciosos de divórcio, separação, reconhecimento e extinção de união estável, guarda, visitação e filiação.

Parágrafo único. A ação de alimentos e a que versar sobre interesse de criança ou de adolescente observarão o procedimento previsto em legislação específica, aplicando-se, no que couber, as disposições deste Capítulo.

Art. 694. Nas ações de família, todos os esforços serão empreendidos para a solução consensual da controvérsia, devendo o juiz dispor do auxílio de profissionais de outras áreas de conhecimento para a mediação e conciliação.

Parágrafo único. A requerimento das partes, o juiz pode determinar a suspensão do processo enquanto os litigantes se submetem a mediação extrajudicial ou a atendimento multidisciplinar.

Art. 695. Recebida a petição inicial e, se for o caso, tomadas as providências referentes à tutela provisória, o juiz ordenará a citação do réu para comparecer à audiência de mediação e conciliação, observado o disposto no art. 694.

§ 1º O mandado de citação conterá apenas os dados necessários à audiência e deverá estar desacompanhado de cópia da petição inicial, assegurado ao réu o direito de examinar seu conteúdo a qualquer tempo.

§ 2º A citação ocorrerá com antecedência mínima de 15 (quinze) dias da data designada para a audiência.

§ 3º A citação será feita na pessoa do réu.

§ 4º Na audiência, as partes deverão estar acompanhadas de seus advogados ou de defensores públicos.

Art. 696. A audiência de mediação e conciliação poderá dividir-se em tantas sessões quantas sejam necessárias para viabilizar a solução consensual, sem prejuízo de providências jurisdicionais para evitar o perecimento do direito.

Art. 697. Não realizado o acordo, passarão a incidir, a partir de então, as normas do procedimento comum, observado o art. 335.

Art. 698. Nas ações de família, o Ministério Público somente intervirá quando houver interesse de incapaz e deverá ser ouvido previamente à homologação de acordo.

Parágrafo único. O Ministério Público intervirá, quando não for parte, nas ações de família em que figure como parte vítima de violência doméstica e familiar, nos termos da Lei nº 11.340, de 7 de agosto de 2006 (Lei Maria da Penha).

• Parágrafo único acrescido pela Lei nº 13.894, de 29-10-2019.

Art. 699. Quando o processo envolver discussão sobre fato relacionado a abuso ou a alienação parental, o juiz, ao tomar o depoimento do incapaz, deverá estar acompanhado por especialista.

CAPÍTULO XI
DA AÇÃO MONITÓRIA

Art. 700. A ação monitória pode ser proposta por aquele que afirmar, com base em prova escrita sem eficácia de título executivo, ter direito de exigir do devedor capaz:

○ Súmulas nºs 233, 247, 299, 339 e 384 do STJ.

I – o pagamento de quantia em dinheiro;

II – a entrega de coisa fungível ou infungível ou de bem móvel ou imóvel;

III – o adimplemento de obrigação de fazer ou de não fazer.

§ 1º A prova escrita pode consistir em prova oral documentada, produzida antecipadamente nos termos do art. 381.

§ 2º Na petição inicial, incumbe ao autor explicitar, conforme o caso:

I – a importância devida, instruindo-a com memória de cálculo;

II – o valor atual da coisa reclamada;

III – o conteúdo patrimonial em discussão ou o proveito econômico perseguido.

§ 3º O valor da causa deverá corresponder à importância prevista no § 2º, incisos I a III.

§ 4º Além das hipóteses do art. 330, a petição inicial será indeferida quando não atendido o disposto no § 2º deste artigo.

§ 5º Havendo dúvida quanto à idoneidade de prova documental apresentada pelo autor, o juiz intimá-lo-á para, querendo, emendar a petição inicial, adaptando-a ao procedimento comum.

§ 6º É admissível ação monitória em face da Fazenda Pública.

§ 7º Na ação monitória, admite-se citação por qualquer dos meios permitidos para o procedimento comum.

Art. 701. Sendo evidente o direito do autor, o juiz deferirá a expedição de mandado de pagamento, de entrega de coisa ou para execução de obrigação de fazer ou de não fazer, concedendo ao réu prazo de 15 (quinze) dias para o cumprimento e o pagamento de honorários advocatícios de cinco por cento do valor atribuído à causa.

○ Súm. nº 282 do STJ.

§ 1º O réu será isento do pagamento de custas processuais se cumprir o mandado no prazo.

§ 2º Constituir-se-á de pleno direito o título executivo judicial, independentemente de qualquer formalidade, se não realizado o pagamento e não apresentados os embargos previstos no art. 702, observando-se, no que couber, o Título II do Livro I da Parte Especial.

§ 3º É cabível ação rescisória da decisão prevista no *caput* quando ocorrer a hipótese do § 2º.

§ 4º Sendo a ré Fazenda Pública, não apresentados os embargos previstos no art. 702, aplicar-se-á o disposto no art. 496, observando-se, a seguir, no que couber, o Título II do Livro I da Parte Especial.

§ 5º Aplica-se à ação monitória, no que couber, o art. 916.

Art. 702. Independentemente de prévia segurança do juízo, o réu poderá opor, nos próprios autos, no prazo previsto no art. 701, embargos à ação monitória.

§ 1º Os embargos podem se fundar em matéria passível de alegação como defesa no procedimento comum.

§ 2º Quando o réu alegar que o autor pleiteia quantia superior à devida, cumprir-lhe-á declarar de imediato o valor que entende correto, apresentando demonstrativo discriminado e atualizado da dívida.

§ 3º Não apontado o valor correto ou não apresentado o demonstrativo, os embargos serão liminarmente rejeitados, se esse for o seu único fundamento, e, se houver outro fundamento, os embargos serão processados, mas o juiz deixará de examinar a alegação de excesso.

§ 4º A oposição dos embargos suspende a eficácia da decisão referida no *caput* do art. 701 até o julgamento em primeiro grau.

§ 5º O autor será intimado para responder aos embargos no prazo de 15 (quinze) dias.

§ 6º Na ação monitória admite-se a reconvenção, sendo vedado o oferecimento de reconvenção à reconvenção.

§ 7º A critério do juiz, os embargos serão autuados em apartado, se parciais, constituindo-se de pleno direito o título executivo judicial em relação à parcela incontroversa.

§ 8º Rejeitados os embargos, constituir-se-á de pleno direito o título executivo judicial, prosseguindo-se o processo em observância ao disposto no Título II do Livro I da Parte Especial, no que for cabível.

§ 9º Cabe apelação contra a sentença que acolhe ou rejeita os embargos.

§ 10. O juiz condenará o autor de ação monitória proposta indevidamente e de má-fé ao pagamento, em favor do réu, de multa de até dez por cento sobre o valor da causa.

§ 11. O juiz condenará o réu que de má-fé opuser embargos à ação monitória ao pagamento de multa de até dez por cento sobre o valor atribuído à causa, em favor do autor.

○ Súm. nº 292 do STJ.

CAPÍTULO XII
DA HOMOLOGAÇÃO DO PENHOR LEGAL

Art. 703. Tomado o penhor legal nos casos previstos em lei, requererá o credor, ato contínuo, a homologação.

○ Arts. 1.467 a 1.472 do CC.

§ 1º Na petição inicial, instruída com o contrato de locação ou a conta pormenorizada das despesas, a tabela dos preços e a relação dos objetos retidos, o credor pedirá a citação do devedor para pagar ou contestar na audiência preliminar que for designada.

§ 2º A homologação do penhor legal poderá ser promovida pela via extrajudicial mediante requerimento, que conterá os requisitos previstos no § 1º deste artigo, do credor a notário de sua livre escolha.

§ 3º Recebido o requerimento, o notário promoverá a notificação extrajudicial do devedor para, no prazo de 5 (cinco) dias, pagar o débito ou impugnar sua cobrança, alegando por escrito uma das causas previstas no art. 704, hipótese em que o procedimento será encaminhado ao juízo competente para decisão.

§ 4º Transcorrido o prazo sem manifestação do devedor, o notário formalizará a homologação do penhor legal por escritura pública.

Art. 704. A defesa só pode consistir em:

I – nulidade do processo;

II – extinção da obrigação;

III – não estar a dívida compreendida entre as previstas em lei ou não estarem os bens sujeitos a penhor legal;

IV – alegação de haver sido ofertada caução idônea, rejeitada pelo credor.

Art. 705. A partir da audiência preliminar, observar-se-á o procedimento comum.

Art. 706. Homologado judicialmente o penhor legal, consolidar-se-á a posse do autor sobre o objeto.

§ 1º Negada a homologação, o objeto será entregue ao réu, ressalvado ao autor o direito de cobrar a dívida pelo procedimento comum, salvo se acolhida a alegação de extinção da obrigação.

§ 2º Contra a sentença caberá apelação, e, na pendência de recurso, poderá o relator ordenar que a coisa permaneça depositada ou em poder do autor.

CAPÍTULO XIII
DA REGULAÇÃO DE AVARIA GROSSA

Art. 707. Quando inexistir consenso acerca da nomeação de um regulador de avarias, o juiz de direito da comarca do primeiro porto onde o navio houver chegado, provocado por qualquer parte interessada, nomeará um de notório conhecimento.

Art. 708. O regulador declarará justificadamente se os danos são passíveis de rateio na forma de avaria grossa e exigirá das partes envolvidas a apresentação de garantias idôneas para que possam ser liberadas as cargas aos consignatários.

§ 1º A parte que não concordar com o regulador quanto à declaração de abertura da avaria grossa deverá justificar suas razões ao juiz, que decidirá no prazo de 10 (dez) dias.

§ 2º Se o consignatário não apresentar garantia idônea a critério do regulador, este fixará o valor da contribuição provisória com base nos fatos narrados e nos documentos que instruírem a petição inicial, que deverá ser caucionado sob a forma de depósito judicial ou de garantia bancária.

§ 3º Recusando-se o consignatário a prestar caução, o regulador requererá ao juiz a alienação judicial de sua carga na forma dos arts. 879 a 903.

§ 4º É permitido o levantamento, por alvará, das quantias necessárias ao pagamento das despesas da alienação a serem arcadas pelo consignatário, mantendo-se o saldo remanescente em depósito judicial até o encerramento da regulação.

Art. 709. As partes deverão apresentar nos autos os documentos necessários à regulação da avaria grossa em prazo razoável a ser fixado pelo regulador.

Art. 710. O regulador apresentará o regulamento da avaria grossa no prazo de até 12 (doze) meses, contado da data da entrega dos documentos nos autos pelas partes, podendo o prazo ser estendido a critério do juiz.

§ 1º Oferecido o regulamento da avaria grossa, dele terão vista as partes pelo prazo comum de 15 (quinze) dias, e, não havendo impugnação, o regulamento será homologado por sentença.

§ 2º Havendo impugnação ao regulamento, o juiz decidirá no prazo de 10 (dez) dias, após a oitiva do regulador.

Art. 711. Aplicam-se ao regulador de avarias os arts. 156 a 158, no que couber.

CPC

CAPÍTULO XIV
DA RESTAURAÇÃO DE AUTOS

Art. 712. Verificado o desaparecimento dos autos, eletrônicos ou não, pode o juiz, de ofício, qualquer das partes ou o Ministério Público, se for o caso, promover-lhes a restauração.

Parágrafo único. Havendo autos suplementares, nesses prosseguirá o processo.

Art. 713. Na petição inicial, declarará a parte o estado do processo ao tempo do desaparecimento dos autos, oferecendo:

I – certidões dos atos constantes do protocolo de audiências do cartório por onde haja corrido o processo;

II – cópia das peças que tenha em seu poder;

III – qualquer outro documento que facilite a restauração.

Art. 714. A parte contrária será citada para contestar o pedido no prazo de 5 (cinco) dias, cabendo-lhe exibir as cópias, as contrafés e as reproduções dos atos e dos documentos que estiverem em seu poder.

§ 1º Se a parte concordar com a restauração, lavrar-se-á o auto que, assinado pelas partes e homologado pelo juiz, suprirá o processo desaparecido.

§ 2º Se a parte não contestar ou se a concordância for parcial, observar-se-á o procedimento comum.

Art. 715. Se a perda dos autos tiver ocorrido depois da produção das provas em audiência, o juiz, se necessário, mandará repeti-las.

§ 1º Serão reinquiridas as mesmas testemunhas, que, em caso de impossibilidade, poderão ser substituídas de ofício ou a requerimento.

§ 2º Não havendo certidão ou cópia do laudo, far-se-á nova perícia, sempre que possível pelo mesmo perito.

§ 3º Não havendo certidão de documentos, esses serão reconstituídos mediante cópias ou, na falta dessas, pelos meios ordinários de prova.

§ 4º Os serventuários e os auxiliares da justiça não podem eximir-se de depor como testemunhas a respeito de atos que tenham praticado ou assistido.

§ 5º Se o juiz houver proferido sentença da qual ele próprio ou o escrivão possua cópia, esta será juntada aos autos e terá a mesma autoridade da original.

Art. 716. Julgada a restauração, seguirá o processo os seus termos.

Parágrafo único. Aparecendo os autos originais, neles se prosseguirá, sendo-lhes apensados os autos da restauração.

Art. 717. Se o desaparecimento dos autos tiver ocorrido no tribunal, o processo de restauração será distribuído, sempre que possível, ao relator do processo.

§ 1º A restauração far-se-á no juízo de origem quanto aos atos nele realizados.

§ 2º Remetidos os autos ao tribunal, nele completar-se-á a restauração e proceder-se-á ao julgamento.

Art. 718. Quem houver dado causa ao desaparecimento dos autos responderá pelas custas da restauração e pelos honorários de advogado, sem prejuízo da responsabilidade civil ou penal em que incorrer.

CAPÍTULO XV
DOS PROCEDIMENTOS DE JURISDIÇÃO VOLUNTÁRIA

Seção I
DISPOSIÇÕES GERAIS

Art. 719. Quando este Código não estabelecer procedimento especial, regem os procedimentos de jurisdição voluntária as disposições constantes desta Seção.

Art. 720. O procedimento terá início por provocação do interessado, do Ministério Público ou da Defensoria Pública, cabendo-lhes formular o pedido devidamente instruído com os documentos necessários e com a indicação da providência judicial.

Art. 721. Serão citados todos os interessados, bem como intimado o Ministério Público, nos casos do art. 178, para que se manifestem, querendo, no prazo de 15 (quinze) dias.

Art. 722. A Fazenda Pública será sempre ouvida nos casos em que tiver interesse.

Art. 723. O juiz decidirá o pedido no prazo de 10 (dez) dias.

Parágrafo único. O juiz não é obrigado a observar critério de legalidade estrita, podendo adotar em cada caso a solução que considerar mais conveniente ou oportuna.

Art. 724. Da sentença caberá apelação.

Art. 725. Processar-se-á na forma estabelecida nesta Seção o pedido de:

I – emancipação;

II – sub-rogação;

III – alienação, arrendamento ou oneração de bens de crianças ou adolescentes, de órfãos e de interditos;

IV – alienação, locação e administração da coisa comum;

V – alienação de quinhão em coisa comum;

VI – extinção de usufruto, quando não decorrer da morte do usufrutuário, do termo da sua duração ou da consolidação, e de fideicomisso, quando decorrer de renúncia ou quando ocorrer antes do evento que caracterizar a condição resolutória;

VII – expedição de alvará judicial;

VIII – homologação de autocomposição extrajudicial, de qualquer natureza ou valor.

Parágrafo único. As normas desta Seção aplicam-se, no que couber, aos procedimentos regulados nas seções seguintes.

- Arts. 1.410, 1.955 e 1.958 do CC.

Seção II
DA NOTIFICAÇÃO E DA INTERPELAÇÃO

Art. 726. Quem tiver interesse em manifestar formalmente sua vontade a outrem sobre assunto juridicamente relevante poderá notificar pessoas participantes da mesma relação jurídica para dar-lhes ciência de seu propósito.

§ 1º Se a pretensão for a de dar conhecimento geral ao público, mediante edital, o juiz só a deferirá se a tiver por fundada e necessária ao resguardo de direito.

§ 2º Aplica-se o disposto nesta Seção, no que couber, ao protesto judicial.

Art. 727. Também poderá o interessado interpelar o requerido, no caso do art. 726, para que faça ou deixe de fazer o que o requerente entenda ser de seu direito.

Art. 728. O requerido será previamente ouvido antes do deferimento da notificação ou do respectivo edital:

I – se houver suspeita de que o requerente, por meio da notificação ou do edital, pretende alcançar fim ilícito;

II – se tiver sido requerida a averbação da notificação em registro público.

Art. 729. Deferida e realizada a notificação ou interpelação, os autos serão entregues ao requerente.

Seção III

DA ALIENAÇÃO JUDICIAL

Art. 730. Nos casos expressos em lei, não havendo acordo entre os interessados sobre o modo como se deve realizar a alienação do bem, o juiz, de ofício ou a requerimento dos interessados ou do depositário, mandará aliená-lo em leilão, observando-se o disposto na Seção I deste Capítulo e, no que couber, o disposto nos arts. 879 a 903.

Seção IV

DO DIVÓRCIO E DA SEPARAÇÃO CONSENSUAIS, DA EXTINÇÃO CONSENSUAL DE UNIÃO ESTÁVEL E DA ALTERAÇÃO DO REGIME DE BENS DO MATRIMÔNIO

Art. 731. A homologação do divórcio ou da separação consensuais, observados os requisitos legais, poderá ser requerida em petição assinada por ambos os cônjuges, da qual constarão:

- EC nº 66, de 13-7-2010, institui o divórcio direto.

I – as disposições relativas à descrição e à partilha dos bens comuns;

II – as disposições relativas à pensão alimentícia entre os cônjuges;

- Súm. nº 305 do STF.

III – o acordo relativo à guarda dos filhos incapazes e ao regime de visitas; e

- Art. 1.584 do CC.

IV – o valor da contribuição para criar e educar os filhos.

- Art. 226, § 6º, da CF.
- EC nº 66, de 13-7-2010, institui o divórcio direto.

Parágrafo único. Se os cônjuges não acordarem sobre a partilha dos bens, far-se-á esta depois de homologado o divórcio, na forma estabelecida nos arts. 647 a 658.

Art. 732. As disposições relativas ao processo de homologação judicial de divórcio ou de separação consensuais aplicam-se, no que couber, ao processo de homologação da extinção consensual de união estável.

Art. 733. O divórcio consensual, a separação consensual e a extinção consensual de união estável, não havendo nascituro ou filhos incapazes e observados os requisitos legais, poderão ser realizados por escritura pública, da qual constarão as disposições de que trata o art. 731.

- EC nº 66, de 13-7-2010, institui o divórcio direto.

§ 1º A escritura não depende de homologação judicial e constitui título hábil para qualquer ato de registro, bem como para levantamento de importância depositada em instituições financeiras.

§ 2º O tabelião somente lavrará a escritura se os interessados estiverem assistidos por advogado ou por defensor público, cuja qualificação e assinatura constarão do ato notarial.

Art. 734. A alteração do regime de bens do casamento, observados os requisitos legais, poderá ser requerida, motivadamente, em petição assinada por ambos os cônjuges, na qual serão expostas as razões que justificam a alteração, ressalvados os direitos de terceiros.

§ 1º Ao receber a petição inicial, o juiz determinará a intimação do Ministério Público e a publicação de edital que divulgue a pretendida alteração de bens, somente podendo decidir depois de decorrido o prazo de 30 (trinta) dias da publicação do edital.

§ 2º Os cônjuges, na petição inicial ou em petição avulsa, podem propor ao juiz meio alternativo de divulgação da alteração do regime de bens, a fim de resguardar direitos de terceiros.

§ 3º Após o trânsito em julgado da sentença, serão expedidos mandados de averbação aos cartórios de registro civil e de imóveis e, caso qualquer dos cônjuges seja empresário, ao Registro Público de Empresas Mercantis e Atividades Afins.

- Arts. 1.639, § 2º, e 2.039 do CC.

Seção V

DOS TESTAMENTOS E DOS CODICILOS

Art. 735. Recebendo testamento cerrado, o juiz, se não achar vício externo que o torne suspeito de nulidade ou falsidade, o abrirá e mandará que o escrivão o leia em presença do apresentante.

- Arts. 1.868 a 1.875 do CC.

§ 1º Do termo de abertura constarão o nome do apresentante e como ele obteve o testamento, a data e o lugar do falecimento do testador, com as respectivas provas, e qualquer circunstância digna de nota.

§ 2º Depois de ouvido o Ministério Público, não havendo dúvidas a serem esclarecidas, o juiz mandará registrar, arquivar e cumprir o testamento.

§ 3º Feito o registro, será intimado o testamenteiro para assinar o termo da testamentária.

- Art. 1.984 do CC.

§ 4º Se não houver testamenteiro nomeado ou se ele estiver ausente ou não aceitar o encargo, o juiz nomeará testamenteiro dativo, observando-se a preferência legal.

§ 5º O testamenteiro deverá cumprir as disposições testamentárias e prestar contas em juízo do que recebeu e despendeu, observando-se o disposto em lei.

Art. 736. Qualquer interessado, exibindo o traslado ou a certidão de testamento público, poderá requerer ao juiz que ordene o seu cumprimento, observando-se, no que couber, o disposto nos parágrafos do art. 735.

Art. 737. A publicação do testamento particular poderá ser requerida, depois da morte do testador, pelo herdeiro, pelo legatário ou pelo testamenteiro, bem como pelo terceiro detentor do testamento, se impossibilitado de entregá-lo a algum dos outros legitimados para requerê-la.

- Arts. 1.876 a 1.880 do CC.

§ 1º Serão intimados os herdeiros que não tiverem requerido a publicação do testamento.

§ 2º Verificando a presença dos requisitos da lei, ouvido o Ministério Público, o juiz confirmará o testamento.

§ 3º Aplica-se o disposto neste artigo ao codicilo e aos testamentos marítimo, aeronáutico, militar e nuncupativo.

§ 4º Observar-se-á, no cumprimento do testamento, o disposto nos parágrafos do art. 735.

Seção VI

DA HERANÇA JACENTE

Art. 738. Nos casos em que a lei considere jacente a herança, o juiz em cuja comarca tiver domicílio o falecido procederá imediatamente à arrecadação dos respectivos bens.

- Arts. 1.819 e 1.823 do CC.

Art. 739. A herança jacente ficará sob a guarda, a conservação e a administração de um curador até a respectiva

CPC

entrega ao sucessor legalmente habilitado ou até a declaração de vacância.

o Art. 1.822 do CC.

§ 1º Incumbe ao curador:

I – representar a herança em juízo ou fora dele, com intervenção do Ministério Público;

II – ter em boa guarda e conservação os bens arrecadados e promover a arrecadação de outros porventura existentes;

III – executar as medidas conservatórias dos direitos da herança;

IV – apresentar mensalmente ao juiz balancete da receita e da despesa;

V – prestar contas ao final de sua gestão.

§ 2º Aplica-se ao curador o disposto nos arts. 159 a 161.

Art. 740. O juiz ordenará que o oficial de justiça, acompanhado do escrivão ou do chefe de secretaria e do curador, arrole os bens e descreva-os em auto circunstanciado.

§ 1º Não podendo comparecer ao local, o juiz requisitará à autoridade policial que proceda à arrecadação e ao arrolamento dos bens, com 2 (duas) testemunhas, que assistirão às diligências.

§ 2º Não estando ainda nomeado o curador, o juiz designará depositário e lhe entregará os bens, mediante simples termo nos autos, depois de compromissado.

§ 3º Durante a arrecadação, o juiz ou a autoridade policial inquirirá os moradores da casa e da vizinhança sobre a qualificação do falecido, o paradeiro de seus sucessores e a existência de outros bens, lavrando-se de tudo auto de inquirição e informação.

§ 4º O juiz examinará reservadamente os papéis, as cartas missivas e os livros domésticos e, verificando que não apresentam interesse, mandará empacotá-los e lacrá-los para serem assim entregues aos sucessores do falecido ou queimados quando os bens forem declarados vacantes.

§ 5º Se constar ao juiz a existência de bens em outra comarca, mandará expedir carta precatória a fim de serem arrecadados.

§ 6º Não se fará a arrecadação, ou essa será suspensa, quando, iniciada, apresentarem-se para reclamar os bens o cônjuge ou companheiro, o herdeiro ou o testamenteiro notoriamente reconhecido e não houver oposição motivada do curador, de qualquer interessado, do Ministério Público ou do representante da Fazenda Pública.

Art. 741. Ultimada a arrecadação, o juiz mandará expedir edital, que será publicado na rede mundial de computadores, no sítio do tribunal a que estiver vinculado o juízo e na plataforma de editais do Conselho Nacional de Justiça, onde permanecerá por 3 (três) meses, ou, não havendo sítio, no órgão oficial e na imprensa da comarca, por 3 (três) vezes com intervalos de 1 (um) mês, para que os sucessores do falecido venham a habilitar-se no prazo de 6 (seis) meses contado da primeira publicação.

§ 1º Verificada a existência de sucessor ou de testamenteiro em lugar certo, far-se-á a sua citação, sem prejuízo do edital.

§ 2º Quando o falecido for estrangeiro, será também comunicado o fato à autoridade consular.

§ 3º Julgada a habilitação do herdeiro, reconhecida a qualidade do testamenteiro ou provada a identidade do cônjuge ou companheiro, a arrecadação converter-se-á em inventário.

§ 4º Os credores da herança poderão habilitar-se como nos inventários ou propor a ação de cobrança.

Art. 742. O juiz poderá autorizar a alienação:

I – de bens móveis, se forem de conservação difícil ou dispendiosa;

II – de semoventes, quando não empregados na exploração de alguma indústria;

III – de títulos e papéis de crédito, havendo fundado receio de depreciação;

IV – de ações de sociedade quando, reclamada a integralização, não dispuser a herança de dinheiro para o pagamento;

V – de bens imóveis:

a) se ameaçarem ruína, não convindo a reparação;

b) se estiverem hipotecados e vencer-se a dívida, não havendo dinheiro para o pagamento.

§ 1º Não se procederá, entretanto, à venda se a Fazenda Pública ou o habilitando adiantar a importância para as despesas.

§ 2º Os bens com valor de afeição, como retratos, objetos de uso pessoal, livros e obras de arte, só serão alienados depois de declarada a vacância da herança.

Art. 743. Passado 1 (um) ano da primeira publicação do edital e não havendo herdeiro habilitado nem habilitação pendente, será a herança declarada vacante.

§ 1º Pendendo habilitação, a vacância será declarada pela mesma sentença que a julgar improcedente, aguardando-se, no caso de serem diversas as habilitações, o julgamento da última.

§ 2º Transitada em julgado a sentença que declarou a vacância, o cônjuge, o companheiro, os herdeiros e os credores só poderão reclamar o seu direito por ação direta.

o Art. 1.822 do CC.

Seção VII

DOS BENS DOS AUSENTES

o Súm. nº 331 do STF.

Art. 744. Declarada a ausência nos casos previstos em lei, o juiz mandará arrecadar os bens do ausente e nomear-lhes-á curador na forma estabelecida na Seção VI, observando-se o disposto em lei.

Art. 745. Feita a arrecadação, o juiz mandará publicar editais na rede mundial de computadores, no sítio do tribunal a que estiver vinculado e na plataforma de editais do Conselho Nacional de Justiça, onde permanecerá por 1 (um) ano, ou, não havendo sítio, no órgão oficial e na imprensa da comarca, durante 1 (um) ano, reproduzida de 2 (dois) em 2 (dois) meses, anunciando a arrecadação e chamando o ausente a entrar na posse de seus bens.

§ 1º Findo o prazo previsto no edital, poderão os interessados requerer a abertura da sucessão provisória, observando-se o disposto em lei.

§ 2º O interessado, ao requerer a abertura da sucessão provisória, pedirá a citação pessoal dos herdeiros presentes e do curador e, por editais, a dos ausentes para requererem habilitação, na forma dos arts. 689 a 692.

§ 3º Presentes os requisitos legais, poderá ser requerida a conversão da sucessão provisória em definitiva.

§ 4º Regressando o ausente ou algum de seus descendentes ou ascendentes para requerer ao juiz a entrega de bens, serão citados para contestar o pedido os sucessores provisórios ou definitivos, o Ministério Público e o representante da Fazenda Pública, seguindo-se o procedimento comum.

Seção VIII
DAS COISAS VAGAS

Art. 746. Recebendo do descobridor coisa alheia perdida, o juiz mandará lavrar o respectivo auto, do qual constará a descrição do bem e as declarações do descobridor.

§ 1º Recebida a coisa por autoridade policial, esta a remeterá em seguida ao juízo competente.

§ 2º Depositada a coisa, o juiz mandará publicar edital na rede mundial de computadores, no sítio do tribunal a que estiver vinculado e na plataforma de editais do Conselho Nacional de Justiça ou, não havendo sítio, no órgão oficial e na imprensa da comarca, para que o dono ou o legítimo possuidor a reclame, salvo se se tratar de coisa de pequeno valor e não for possível a publicação no sítio do tribunal, caso em que o edital será apenas afixado no átrio do edifício do fórum.

§ 3º Observar-se-á, quanto ao mais, o disposto em lei.

Seção IX
DA INTERDIÇÃO

Art. 747. A interdição pode ser promovida:

I – pelo cônjuge ou companheiro;

II – pelos parentes ou tutores;

III – pelo representante da entidade em que se encontra abrigado o interditando;

IV – pelo Ministério Público.

Parágrafo único. A legitimidade deverá ser comprovada por documentação que acompanhe a petição inicial.

- Art. 1.072, II, deste Código.
- Art. 1.767 do CC.

Art. 748. O Ministério Público só promoverá interdição em caso de doença mental grave:

I – se as pessoas designadas nos incisos I, II e III do art. 747 não existirem ou não promoverem a interdição;

II – se, existindo, forem incapazes as pessoas mencionadas nos incisos I e II do art. 747.

Art. 749. Incumbe ao autor, na petição inicial, especificar os fatos que demonstram a incapacidade do interditando para administrar seus bens e, se for o caso, para praticar atos da vida civil, bem como o momento em que a incapacidade se revelou.

Parágrafo único. Justificada a urgência, o juiz pode nomear curador provisório ao interditando para a prática de determinados atos.

Art. 750. O requerente deverá juntar laudo médico para fazer prova de suas alegações ou informar a impossibilidade de fazê-lo.

Art. 751. O interditando será citado para, em dia designado, comparecer perante o juiz, que o entrevistará minuciosamente acerca de sua vida, negócios, bens, vontades, preferências e laços familiares e afetivos e sobre o que mais lhe parecer necessário para convencimento quanto à sua capacidade para praticar atos da vida civil, devendo ser reduzidas a termo as perguntas e respostas.

§ 1º Não podendo o interditando deslocar-se, o juiz o ouvirá no local onde estiver.

§ 2º A entrevista poderá ser acompanhada por especialista.

§ 3º Durante a entrevista, é assegurado o emprego de recursos tecnológicos capazes de permitir ou de auxiliar o interditando a expressar suas vontades e preferências e a responder às perguntas formuladas.

§ 4º A critério do juiz, poderá ser requisitada a oitiva de parentes e de pessoas próximas.

Art. 752. Dentro do prazo de 15 (quinze) dias contado da entrevista, o interditando poderá impugnar o pedido.

§ 1º O Ministério Público intervirá como fiscal da ordem jurídica.

§ 2º O interditando poderá constituir advogado, e, caso não o faça, deverá ser nomeado curador especial.

§ 3º Caso o interditando não constitua advogado, o seu cônjuge, companheiro ou qualquer parente sucessível poderá intervir como assistente.

Art. 753. Decorrido o prazo previsto no art. 752, o juiz determinará a produção de prova pericial para avaliação da capacidade do interditando para praticar atos da vida civil.

§ 1º A perícia pode ser realizada por equipe composta por expertos com formação multidisciplinar.

§ 2º O laudo pericial indicará especificadamente, se for o caso, os atos para os quais haverá necessidade de curatela.

Art. 754. Apresentado o laudo, produzidas as demais provas e ouvidos os interessados, o juiz proferirá sentença.

Art. 755. Na sentença que decretar a interdição, o juiz:

I – nomeará curador, que poderá ser o requerente da interdição, e fixará os limites da curatela, segundo o estado e o desenvolvimento mental do interdito;

II – considerará as características pessoais do interdito, observando suas potencialidades, habilidades, vontades e preferências.

§ 1º A curatela deve ser atribuída a quem melhor possa atender aos interesses do curatelado.

§ 2º Havendo, ao tempo da interdição, pessoa incapaz sob a guarda e a responsabilidade do interdito, o juiz atribuirá a curatela a quem melhor puder atender aos interesses do interdito e do incapaz.

§ 3º A sentença de interdição será inscrita no registro de pessoas naturais e imediatamente publicada na rede mundial de computadores, no sítio do tribunal a que estiver vinculado o juízo e na plataforma de editais do Conselho Nacional de Justiça, onde permanecerá por 6 (seis) meses, na imprensa local, 1 (uma) vez, e no órgão oficial, por 3 (três) vezes, com intervalo de 10 (dez) dias, constando do edital os nomes do interdito e do curador, a causa da interdição, os limites da curatela e, não sendo total a interdição, os atos que o interdito poderá praticar autonomamente.

- Art. 1.782 do CC.

Art. 756. Levantar-se-á a curatela quando cessar a causa que a determinou.

§ 1º O pedido de levantamento da curatela poderá ser feito pelo interdito, pelo curador ou pelo Ministério Público e será apensado aos autos da interdição.

§ 2º O juiz nomeará perito ou equipe multidisciplinar para proceder ao exame do interdito e designará audiência de instrução e julgamento após a apresentação do laudo.

§ 3º Acolhido o pedido, o juiz decretará o levantamento da interdição e determinará a publicação da sentença, após o trânsito em julgado, na forma do art. 755, § 3º, ou, não sendo possível, na imprensa local e no órgão oficial, por 3 (três) vezes, com intervalo de 10 (dez) dias, seguindo-se a averbação no registro de pessoas naturais.

§ 4º A interdição poderá ser levantada parcialmente quando demonstrada a capacidade do interdito para praticar alguns atos da vida civil.

Art. 757. A autoridade do curador estende-se à pessoa e aos bens do incapaz que se encontrar sob a guarda e a responsabilidade do curatelado ao tempo da interdição, salvo se o juiz considerar outra solução como mais conveniente aos interesses do incapaz.

o Arts. 1.778 e 1.779, par. ún., do CC.

Art. 758. O curador deverá buscar tratamento e apoio apropriados à conquista da autonomia pelo interdito.

o Art. 1.776 do CC.

Seção X

DISPOSIÇÕES COMUNS À TUTELA E À CURATELA

Art. 759. O tutor ou o curador será intimado a prestar compromisso no prazo de 5 (cinco) dias contado da:

I – nomeação feita em conformidade com a lei;

II – intimação do despacho que mandar cumprir o testamento ou o instrumento público que o houver instituído.

§ 1º O tutor ou o curador prestará o compromisso por termo em livro rubricado pelo juiz.

§ 2º Prestado o compromisso, o tutor ou o curador assume a administração dos bens do tutelado ou do interditado.

Art. 760. O tutor ou o curador poderá eximir-se do encargo apresentando escusa ao juiz no prazo de 5 (cinco) dias contado:

o Arts. 1.736 e 1.739 do CC.

I – antes de aceitar o encargo, da intimação para prestar compromisso;

II – depois de entrar em exercício, do dia em que sobrevier o motivo da escusa.

§ 1º Não sendo requerida a escusa no prazo estabelecido neste artigo, considerar-se-á renunciado o direito de alegá-la.

§ 2º O juiz decidirá de plano o pedido de escusa, e, não o admitindo, exercerá o nomeado a tutela ou a curatela enquanto não for dispensado por sentença transitada em julgado.

Art. 761. Incumbe ao Ministério Público ou a quem tenha legítimo interesse requerer, nos casos previstos em lei, a remoção do tutor ou do curador.

Parágrafo único. O tutor ou o curador será citado para contestar a arguição no prazo de 5 (cinco) dias, findo o qual observar-se-á o procedimento comum.

Art. 762. Em caso de extrema gravidade, o juiz poderá suspender o tutor ou o curador do exercício de suas funções, nomeando substituto interino.

Art. 763. Cessando as funções do tutor ou do curador pelo decurso do prazo em que era obrigado a servir, ser-lhe-á lícito requerer a exoneração do encargo.

§ 1º Caso o tutor ou o curador não requeira a exoneração do encargo dentro dos 10 (dez) dias seguintes à expiração do termo, entender-se-á reconduzido, salvo se o juiz o dispensar.

§ 2º Cessada a tutela ou a curatela, é indispensável a prestação de contas pelo tutor ou pelo curador, na forma da lei civil.

Seção XI

DA ORGANIZAÇÃO E DA FISCALIZAÇÃO DAS FUNDAÇÕES

o Arts. 62 a 69 do CC.

Art. 764. O juiz decidirá sobre a aprovação do estatuto das fundações e de suas alterações sempre que o requeira o interessado, quando:

o Arts. 65 e 66 do CC.

I – ela for negada previamente pelo Ministério Público ou por este forem exigidas modificações com as quais o interessado não concorde;

II – o interessado discordar do estatuto elaborado pelo Ministério Público.

§ 1º O estatuto das fundações deve observar o disposto na Lei nº 10.406, de 10 de janeiro de 2002 (Código Civil).

§ 2º Antes de suprir a aprovação, o juiz poderá mandar fazer no estatuto modificações a fim de adaptá-lo ao objetivo do instituidor.

o Arts. 65 e 66 do CC.

Art. 765. Qualquer interessado ou o Ministério Público promoverá em juízo a extinção da fundação quando:

I – se tornar ilícito o seu objeto;

II – for impossível a sua manutenção;

III – vencer o prazo de sua existência.

o Art. 69 do CC.

Seção XII

DA RATIFICAÇÃO DOS PROTESTOS MARÍTIMOS E DOS PROCESSOS TESTEMUNHÁVEIS FORMADOS A BORDO

Art. 766. Todos os protestos e os processos testemunháveis formados a bordo e lançados no livro Diário da Navegação deverão ser apresentados pelo comandante ao juiz de direito do primeiro porto, nas primeiras 24 (vinte e quatro) horas de chegada da embarcação, para sua ratificação judicial.

Art. 767. A petição inicial conterá a transcrição dos termos lançados no livro Diário da Navegação e deverá ser instruída com cópias das páginas que contenham os termos que serão ratificados, dos documentos de identificação do comandante e das testemunhas arroladas, do rol de tripulantes, do documento de registro da embarcação e, quando for o caso, do manifesto das cargas sinistradas e a qualificação de seus consignatários, traduzidos, quando for o caso, de forma livre para o português.

Art. 768. A petição inicial deverá ser distribuída com urgência e encaminhada ao juiz, que ouvirá, sob compromisso a ser prestado no mesmo dia, o comandante e as testemunhas em número mínimo de 2 (duas) e máximo de 4 (quatro), que deverão comparecer ao ato independentemente de intimação.

§ 1º Tratando-se de estrangeiros que não dominem a língua portuguesa, o autor deverá fazer-se acompanhar por tradutor, que prestará compromisso em audiência.

§ 2º Caso o autor não se faça acompanhar por tradutor, o juiz deverá nomear outro que preste compromisso em audiência.

Art. 769. Aberta a audiência, o juiz mandará apregoar os consignatários das cargas indicados na petição inicial e outros eventuais interessados, nomeando para os ausentes curador para o ato.

Art. 770. Inquiridos o comandante e as testemunhas, o juiz, convencido da veracidade dos termos lançados no Diário da Navegação, em audiência, ratificará por sentença o protesto ou o processo testemunhável lavrado a bordo, dispensado o relatório.

Parágrafo único. Independentemente do trânsito em julgado, o juiz determinará a entrega dos autos ao autor ou ao seu advogado, mediante a apresentação de traslado.

LIVRO II – DO PROCESSO DE EXECUÇÃO

TÍTULO I – DA EXECUÇÃO EM GERAL

CAPÍTULO I

DISPOSIÇÕES GERAIS

Art. 771. Este Livro regula o procedimento da execução fundada em título extrajudicial, e suas disposições aplicam-se, também, no que couber, aos procedimentos especiais de execução, aos atos executivos realizados no procedimento de cumprimento de sentença, bem como aos efeitos de atos ou fatos processuais a que a lei atribuir força executiva.

Parágrafo único. Aplicam-se subsidiariamente à execução as disposições do Livro I da Parte Especial.

Art. 772. O juiz pode, em qualquer momento do processo:

I – ordenar o comparecimento das partes;

II – advertir o executado de que seu procedimento constitui ato atentatório à dignidade da justiça;

III – determinar que sujeitos indicados pelo exequente forneçam informações em geral relacionadas ao objeto da execução, tais como documentos e dados que tenham em seu poder, assinando-lhes prazo razoável.

Art. 773. O juiz poderá, de ofício ou a requerimento, determinar as medidas necessárias ao cumprimento da ordem de entrega de documentos e dados.

Parágrafo único. Quando, em decorrência do disposto neste artigo, o juízo receber dados sigilosos para os fins da execução, o juiz adotará as medidas necessárias para assegurar a confidencialidade.

Art. 774. Considera-se atentatória à dignidade da justiça a conduta comissiva ou omissiva do executado que:

I – frauda a execução;

II – se opõe maliciosamente à execução, empregando ardis e meios artificiosos;

III – dificulta ou embaraça a realização da penhora;

IV – resiste injustificadamente às ordens judiciais;

V – intimado, não indica ao juiz quais são e onde estão os bens sujeitos à penhora e os respectivos valores, nem exibe prova de sua propriedade e, se for o caso, certidão negativa de ônus.

Parágrafo único. Nos casos previstos neste artigo, o juiz fixará multa em montante não superior a vinte por cento do valor atualizado do débito em execução, a qual será revertida em proveito do exequente, exigível nos próprios autos do processo, sem prejuízo de outras sanções de natureza processual ou material.

Art. 775. O exequente tem o direito de desistir de toda a execução ou de apenas alguma medida executiva.

Parágrafo único. Na desistência da execução, observar-se-á o seguinte:

I – serão extintos a impugnação e os embargos que versarem apenas sobre questões processuais, pagando o exequente as custas processuais e os honorários advocatícios;

II – nos demais casos, a extinção dependerá da concordância do impugnante ou do embargante.

Art. 776. O exequente ressarcirá ao executado os danos que este sofreu, quando a sentença, transitada em julgado, declarar inexistente, no todo ou em parte, a obrigação que ensejou a execução.

Art. 777. A cobrança de multas ou de indenizações decorrentes de litigância de má-fé ou de prática de ato atentatório à dignidade da justiça será promovida nos próprios autos do processo.

CAPÍTULO II

DAS PARTES

Art. 778. Pode promover a execução forçada o credor a quem a lei confere título executivo.

§ 1º Podem promover a execução forçada ou nela prosseguir, em sucessão ao exequente originário:

I – o Ministério Público, nos casos previstos em lei;

II – o espólio, os herdeiros ou os sucessores do credor, sempre que, por morte deste, lhes for transmitido o direito resultante do título executivo;

III – o cessionário, quando o direito resultante do título executivo lhe for transferido por ato entre vivos;

IV – o sub-rogado, nos casos de sub-rogação legal ou convencional.

§ 2º A sucessão prevista no § 1º independe de consentimento do executado.

Art. 779. A execução pode ser promovida contra:

- Súm. nº 268 do STJ.

I – o devedor, reconhecido como tal no título executivo;

II – o espólio, os herdeiros ou os sucessores do devedor;

III – o novo devedor que assumiu, com o consentimento do credor, a obrigação resultante do título executivo;

IV – o fiador do débito constante em título extrajudicial;

V – o responsável titular do bem vinculado por garantia real ao pagamento do débito;

VI – o responsável tributário, assim definido em lei.

Art. 780. O exequente pode cumular várias execuções, ainda que fundadas em títulos diferentes, quando o executado for o mesmo e desde que para todas elas seja competente o mesmo juízo e idêntico o procedimento.

- Súm. nº 27 do STJ.

CAPÍTULO III

DA COMPETÊNCIA

Art. 781. A execução fundada em título extrajudicial será processada perante o juízo competente, observando-se o seguinte:

I – a execução poderá ser proposta no foro de domicílio do executado, de eleição constante do título ou, ainda, de situação dos bens a ela sujeitos;

II – tendo mais de um domicílio, o executado poderá ser demandado no foro de qualquer deles;

III – sendo incerto ou desconhecido o domicílio do executado, a execução poderá ser proposta no lugar onde for encontrado ou no foro de domicílio do exequente;

IV – havendo mais de um devedor, com diferentes domicílios, a execução será proposta no foro de qualquer deles, à escolha do exequente;

V – a execução poderá ser proposta no foro do lugar em que se praticou o ato ou em que ocorreu o fato que deu origem ao título, mesmo que nele não mais resida o executado.

Art. 782. Não dispondo a lei de modo diverso, o juiz determinará os atos executivos, e o oficial de justiça os cumprirá.

§ 1º O oficial de justiça poderá cumprir os atos executivos determinados pelo juiz também nas comarcas contíguas, de fácil comunicação, e nas que se situem na mesma região metropolitana.

§ 2º Sempre que, para efetivar a execução, for necessário o emprego de força policial, o juiz a requisitará.

§ 3º A requerimento da parte, o juiz pode determinar a inclusão do nome do executado em cadastros de inadimplentes.

§ 4º A inscrição será cancelada imediatamente se for efetuado o pagamento, se for garantida a execução ou se a execução for extinta por qualquer outro motivo.

§ 5º O disposto nos §§ 3º e 4º aplica-se à execução definitiva de título judicial.

CAPÍTULO IV
DOS REQUISITOS NECESSÁRIOS PARA REALIZAR QUALQUER EXECUÇÃO

Seção I
DO TÍTULO EXECUTIVO

Art. 783. A execução para cobrança de crédito fundar-se-á sempre em título de obrigação certa, líquida e exigível.

Art. 784. São títulos executivos extrajudiciais:

I – a letra de câmbio, a nota promissória, a duplicata, a debênture e o cheque;

- Súm. nº 600 do STF.
- Súmulas nºs 60 e 258 do STJ.

II – a escritura pública ou outro documento público assinado pelo devedor;

- Art. 24 da Lei nº 8.906, de 4-7-1994 (Estatuto da Advocacia e da OAB).
- Súmulas nºs 233, 247 e 300 do STJ.

III – o documento particular assinado pelo devedor e por 2 (duas) testemunhas;

IV – o instrumento de transação referendado pelo Ministério Público, pela Defensoria Pública, pela Advocacia Pública, pelos advogados dos transatores ou por conciliador ou mediador credenciado por tribunal;

V – o contrato garantido por hipoteca, penhor, anticrese ou outro direito real de garantia e aquele garantido por caução;

VI – o contrato de seguro de vida em caso de morte;

VII – o crédito decorrente de foro e laudêmio;

VIII – o crédito, documentalmente comprovado, decorrente de aluguel de imóvel, bem como de encargos acessórios, tais como taxas e despesas de condomínio;

IX – a certidão de dívida ativa da Fazenda Pública da União, dos Estados, do Distrito Federal e dos Municípios, correspondente aos créditos inscritos na forma da lei;

- Súm. nº 392 do STJ.

X – o crédito referente às contribuições ordinárias ou extraordinárias de condomínio edilício, previstas na respectiva convenção ou aprovadas em assembleia-geral, desde que documentalmente comprovadas;

XI – a certidão expedida por serventia notarial ou de registro relativa a valores de emolumentos e demais despesas devidas pelos atos por ela praticados, fixados nas tabelas estabelecidas em lei;

XII – todos os demais títulos aos quais, por disposição expressa, a lei atribuir força executiva.

§ 1º A propositura de qualquer ação relativa a débito constante de título executivo não inibe o credor de promover-lhe a execução.

§ 2º Os títulos executivos extrajudiciais oriundos de país estrangeiro não dependem de homologação para serem executados.

§ 3º O título estrangeiro só terá eficácia executiva quando satisfeitos os requisitos de formação exigidos pela lei do lugar de sua celebração e quando o Brasil for indicado como o lugar de cumprimento da obrigação.

Art. 785. A existência de título executivo extrajudicial não impede a parte de optar pelo processo de conhecimento, a fim de obter título executivo judicial.

Seção II
DA EXIGIBILIDADE DA OBRIGAÇÃO

Art. 786. A execução pode ser instaurada caso o devedor não satisfaça a obrigação certa, líquida e exigível consubstanciada em título executivo.

- Lei nº 6.899, de 8-4-1981, determina a aplicação da correção monetária nos débitos oriundos de decisão judicial.

Parágrafo único. A necessidade de simples operações aritméticas para apurar o crédito exequendo não retira a liquidez da obrigação constante do título.

Art. 787. Se o devedor não for obrigado a satisfazer sua prestação senão mediante a contraprestação do credor, este deverá provar que a adimpliu ao requerer a execução, sob pena de extinção do processo.

Parágrafo único. O executado poderá eximir-se da obrigação, depositando em juízo a prestação ou a coisa, caso em que o juiz não permitirá que o credor a receba sem cumprir a contraprestação que lhe tocar.

Art. 788. O credor não poderá iniciar a execução ou nela prosseguir se o devedor cumprir a obrigação, mas poderá recusar o recebimento da prestação se ela não corresponder ao direito ou à obrigação estabelecidos no título executivo, caso em que poderá requerer a execução forçada, ressalvado ao devedor o direito de embargá-la.

- Art. 313 do CC.

CAPÍTULO V
DA RESPONSABILIDADE PATRIMONIAL

Art. 789. O devedor responde com todos os seus bens presentes e futuros para o cumprimento de suas obrigações, salvo as restrições estabelecidas em lei.

Art. 790. São sujeitos à execução os bens:

I – do sucessor a título singular, tratando-se de execução fundada em direito real ou obrigação reipersecutória;

II – do sócio, nos termos da lei;

III – do devedor, ainda que em poder de terceiros;

IV – do cônjuge ou companheiro, nos casos em que seus bens próprios ou de sua meação respondem pela dívida;

V – alienados ou gravados com ônus real em fraude à execução;

- Súm. nº 375 do STJ.

VI – cuja alienação ou gravação com ônus real tenha sido anulada em razão do reconhecimento, em ação autônoma, de fraude contra credores;

VII – do responsável, nos casos de desconsideração da personalidade jurídica.

Art. 791. Se a execução tiver por objeto obrigação de que seja sujeito passivo o proprietário de terreno submetido ao regime do direito de superfície, ou o superficiário, responderá pela dívida, exclusivamente, o direito real do qual é titular o executado, recaindo a penhora ou outros atos de constrição exclusivamente sobre o terreno, no primeiro caso, ou sobre a construção ou a plantação, no segundo caso.

§ 1º Os atos de constrição a que se refere o *caput* serão averbados separadamente na matrícula do imóvel, com a identificação do executado, do valor do crédito e do objeto sobre o qual recai o gravame, devendo o oficial destacar o bem que responde pela dívida, se o terreno, a construção ou a plantação, de modo a assegurar a publicidade da responsabilidade patrimonial de cada um deles pelas dívidas e pelas obrigações que a eles estão vinculadas.

§ 2º Aplica-se, no que couber, o disposto neste artigo à enfiteuse, à concessão de uso especial para fins de moradia e à concessão de direito real de uso.

○ Art. 1.369 do CC.

Art. 792. A alienação ou a oneração de bem é considerada fraude à execução:

I – quando sobre o bem pender ação fundada em direito real ou com pretensão reipersecutória, desde que a pendência do processo tenha sido averbada no respectivo registro público, se houver;

II – quando tiver sido averbada, no registro do bem, a pendência do processo de execução, na forma do art. 828;

III – quando tiver sido averbado, no registro do bem, hipoteca judiciária ou outro ato de constrição judicial originário do processo onde foi arguida a fraude;

IV – quando, ao tempo da alienação ou da oneração, tramitava contra o devedor ação capaz de reduzi-lo à insolvência;

○ Súm. nº 375 do STJ.

V – nos demais casos expressos em lei.

§ 1º A alienação em fraude à execução é ineficaz em relação ao exequente.

§ 2º No caso de aquisição de bem não sujeito a registro, o terceiro adquirente tem o ônus de provar que adotou as cautelas necessárias para a aquisição, mediante a exibição das certidões pertinentes, obtidas no domicílio do vendedor e no local onde se encontra o bem.

§ 3º Nos casos de desconsideração da personalidade jurídica, a fraude à execução verifica-se a partir da citação da parte cuja personalidade se pretende desconsiderar.

§ 4º Antes de declarar a fraude à execução, o juiz deverá intimar o terceiro adquirente, que, se quiser, poderá opor embargos de terceiro, no prazo de 15 (quinze) dias.

Art. 793. O exequente que estiver, por direito de retenção, na posse de coisa pertencente ao devedor não poderá promover a execução sobre outros bens senão depois de excutida a coisa que se achar em seu poder.

Art. 794. O fiador, quando executado, tem o direito de exigir que primeiro sejam executados os bens do devedor situados na mesma comarca, livres e desembargados, indicando-os pormenorizadamente à penhora.

§ 1º Os bens do fiador ficarão sujeitos à execução se os do devedor, situados na mesma comarca que os seus, forem insuficientes à satisfação do direito do credor.

§ 2º O fiador que pagar a dívida poderá executar o afiançado nos autos do mesmo processo.

§ 3º O disposto no *caput* não se aplica se o fiador houver renunciado ao benefício de ordem.

○ Art. 827 do CC.

Art. 795. Os bens particulares dos sócios não respondem pelas dívidas da sociedade, senão nos casos previstos em lei.

§ 1º O sócio réu, quando responsável pelo pagamento da dívida da sociedade, tem o direito de exigir que primeiro sejam excutidos os bens da sociedade.

§ 2º Incumbe ao sócio que alegar o benefício do § 1º nomear quantos bens da sociedade situados na mesma comarca, livres e desembargados, bastem para pagar o débito.

§ 3º O sócio que pagar a dívida poderá executar a sociedade nos autos do mesmo processo.

§ 4º Para a desconsideração da personalidade jurídica é obrigatória a observância do incidente previsto neste Código.

Art. 796. O espólio responde pelas dívidas do falecido, mas, feita a partilha, cada herdeiro responde por elas dentro das forças da herança e na proporção da parte que lhe coube.

○ Art. 1.997 do CC.

TÍTULO II – DAS DIVERSAS ESPÉCIES DE EXECUÇÃO

CAPÍTULO I

DISPOSIÇÕES GERAIS

Art. 797. Ressalvado o caso de insolvência do devedor, em que tem lugar o concurso universal, realiza-se a execução no interesse do exequente que adquire, pela penhora, o direito de preferência sobre os bens penhorados.

Parágrafo único. Recaindo mais de uma penhora sobre o mesmo bem, cada exequente conservará o seu título de preferência.

Art. 798. Ao propor a execução, incumbe ao exequente:

I – instruir a petição inicial com:

a) o título executivo extrajudicial;

b) o demonstrativo do débito atualizado até a data de propositura da ação, quando se tratar de execução por quantia certa;

c) a prova de que se verificou a condição ou ocorreu o termo, se for o caso;

d) a prova, se for o caso, de que adimpliu a contraprestação que lhe corresponde ou que lhe assegura o cumprimento, se o executado não for obrigado a satisfazer a sua prestação senão mediante a contraprestação do exequente;

II – indicar:

a) a espécie de execução de sua preferência, quando por mais de um modo puder ser realizada;

b) os nomes completos do exequente e do executado e seus números de inscrição no Cadastro de Pessoas Físicas ou no Cadastro Nacional da Pessoa Jurídica;

c) os bens suscetíveis de penhora, sempre que possível.

Parágrafo único. O demonstrativo do débito deverá conter:

I – o índice de correção monetária adotado;

II – a taxa de juros aplicada;

III – os termos inicial e final de incidência do índice de correção monetária e da taxa de juros utilizados;

IV – a periodicidade da capitalização dos juros, se for o caso;

V – a especificação de desconto obrigatório realizado.

Art. 799. Incumbe ainda ao exequente:

I – requerer a intimação do credor pignoratício, hipotecário, anticrético ou fiduciário, quando a penhora recair sobre bens gravados por penhor, hipoteca, anticrese ou alienação fiduciária;

II – requerer a intimação do titular de usufruto, uso ou habitação, quando a penhora recair sobre bem gravado por usufruto, uso ou habitação;

III – requerer a intimação do promitente comprador, quando a penhora recair sobre bem em relação ao qual haja promessa de compra e venda registrada;

IV – requerer a intimação do promitente vendedor, quando a penhora recair sobre direito aquisitivo derivado de promessa de compra e venda registrada;

CPC

V – requerer a intimação do superficiário, enfiteuta ou concessionário, em caso de direito de superfície, enfiteuse, concessão de uso especial para fins de moradia ou concessão de direito real de uso, quando a penhora recair sobre imóvel submetido ao regime do direito de superfície, enfiteuse ou concessão;

VI – requerer a intimação do proprietário de terreno com regime de direito de superfície, enfiteuse, concessão de uso especial para fins de moradia ou concessão de direito real de uso, quando a penhora recair sobre direitos do superficiário, do enfiteuta ou do concessionário;

VII – requerer a intimação da sociedade, no caso de penhora de quota social ou de ação de sociedade anônima fechada, para o fim previsto no art. 876, § 7º;

VIII – pleitear, se for o caso, medidas urgentes;

IX – proceder à averbação em registro público do ato de propositura da execução e dos atos de constrição realizados, para conhecimento de terceiros;

- Arts. 1.373 e 1.501 do CC.

X – requerer a intimação do titular da construção-base, bem como, se for o caso, do titular de lajes anteriores, quando a penhora recair sobre o direito real de laje;

XI – requerer a intimação do titular das lajes, quando a penhora recair sobre a construção-base.

- Incisos X e XI acrescidos pela Lei nº 13.465, de 11-7-2017.

Art. 800. Nas obrigações alternativas, quando a escolha couber ao devedor, esse será citado para exercer a opção e realizar a prestação dentro de 10 (dez) dias, se outro prazo não lhe foi determinado em lei ou em contrato.

§ 1º Devolver-se-á ao credor a opção, se o devedor não a exercer no prazo determinado.

§ 2º A escolha será indicada na petição inicial da execução quando couber ao credor exercê-la.

- Arts. 252 a 256 do CC.

Art. 801. Verificando que a petição inicial está incompleta ou que não está acompanhada dos documentos indispensáveis à propositura da execução, o juiz determinará que o exequente a corrija, no prazo de 15 (quinze) dias, sob pena de indeferimento.

Art. 802. Na execução, o despacho que ordena a citação, desde que realizada em observância ao disposto no § 2º do art. 240, interrompe a prescrição, ainda que proferido por juízo incompetente.

- Súm. nº 150 do STF.

Parágrafo único. A interrupção da prescrição retroagirá à data de propositura da ação.

Art. 803. É nula a execução se:

I – o título executivo extrajudicial não corresponder a obrigação certa, líquida e exigível;

II – o executado não for regularmente citado;

III – for instaurada antes de se verificar a condição ou de ocorrer o termo.

Parágrafo único. A nulidade de que cuida este artigo será pronunciada pelo juiz, de ofício ou a requerimento da parte, independentemente de embargos à execução.

Art. 804. A alienação de bem gravado por penhor, hipoteca ou anticrese será ineficaz em relação ao credor pignoratício, hipotecário ou anticrético não intimado.

§ 1º A alienação de bem objeto de promessa de compra e venda ou de cessão registrada será ineficaz em relação ao promitente comprador ou ao cessionário não intimado.

§ 2º A alienação de bem sobre o qual tenha sido instituído direito de superfície, seja do solo, da plantação ou da construção, será ineficaz em relação ao concedente ou ao concessionário não intimado.

§ 3º A alienação de direito aquisitivo de bem objeto de promessa de venda, de promessa de cessão ou de alienação fiduciária será ineficaz em relação ao promitente vendedor, ao promitente cedente ou ao proprietário fiduciário não intimado.

§ 4º A alienação de imóvel sobre o qual tenha sido instituída enfiteuse, concessão de uso especial para fins de moradia ou concessão de direito real de uso será ineficaz em relação ao enfiteuta ou ao concessionário não intimado.

§ 5º A alienação de direitos do enfiteuta, do concessionário de direito real de uso ou do concessionário de uso especial para fins de moradia será ineficaz em relação ao proprietário do respectivo imóvel não intimado.

§ 6º A alienação de bem sobre o qual tenha sido instituído usufruto, uso ou habitação será ineficaz em relação ao titular desses direitos reais não intimado.

- Arts. 1.373 e 1.501 do CC.

Art. 805. Quando por vários meios o exequente puder promover a execução, o juiz mandará que se faça pelo modo menos gravoso para o executado.

- Súm. nº 417 do STJ.

Parágrafo único. Ao executado que alegar ser a medida executiva mais gravosa incumbe indicar outros meios mais eficazes e menos onerosos, sob pena de manutenção dos atos executivos já determinados.

CAPÍTULO II
DA EXECUÇÃO PARA A ENTREGA DE COISA

Seção I
DA ENTREGA DE COISA CERTA

Art. 806. O devedor de obrigação de entrega de coisa certa, constante de título executivo extrajudicial, será citado para, em 15 (quinze) dias, satisfazer a obrigação.

- Súm. nº 196 do STJ.

§ 1º Ao despachar a inicial, o juiz poderá fixar multa por dia de atraso no cumprimento da obrigação, ficando o respectivo valor sujeito a alteração, caso se revele insuficiente ou excessivo.

§ 2º Do mandado de citação constará ordem para imissão na posse ou busca e apreensão, conforme se tratar de bem imóvel ou móvel, cujo cumprimento se dará de imediato, se o executado não satisfizer a obrigação no prazo que lhe foi designado.

Art. 807. Se o executado entregar a coisa, será lavrado o termo respectivo e considerada satisfeita a obrigação, prosseguindo-se a execução para o pagamento de frutos ou o ressarcimento de prejuízos, se houver.

Art. 808. Alienada a coisa quando já litigiosa, será expedido mandado contra o terceiro adquirente, que somente será ouvido após depositá-la.

Art. 809. O exequente tem direito a receber, além de perdas e danos, o valor da coisa, quando essa se deteriorar, não lhe for entregue, não for encontrada ou não for reclamada do poder de terceiro adquirente.

- Arts. 402 a 405 e 927 do CC.

§ 1º Não constando do título o valor da coisa e sendo impossível sua avaliação, o exequente apresentará estimativa, sujeitando-a ao arbitramento judicial.

§ 2º Serão apurados em liquidação o valor da coisa e os prejuízos.

Art. 810. Havendo benfeitorias indenizáveis feitas na coisa pelo executado ou por terceiros de cujo poder ela houver sido tirada, a liquidação prévia é obrigatória.

Parágrafo único. Havendo saldo:

I – em favor do executado ou de terceiros, o exequente o depositará ao requerer a entrega da coisa;

II – em favor do exequente, esse poderá cobrá-lo nos autos do mesmo processo.

- Arts. 1.219 a 1.222 e 1.255 a 1.257 do CC.

Seção II

DA ENTREGA DE COISA INCERTA

- Arts. 243 a 246 do CC.

Art. 811. Quando a execução recair sobre coisa determinada pelo gênero e pela quantidade, o executado será citado para entregá-la individualizada, se lhe couber a escolha.

Parágrafo único. Se a escolha couber ao exequente, esse deverá indicá-la na petição inicial.

Art. 812. Qualquer das partes poderá, no prazo de 15 (quinze) dias, impugnar a escolha feita pela outra, e o juiz decidirá de plano ou, se necessário, ouvindo perito de sua nomeação.

Art. 813. Aplicar-se-ão à execução para entrega de coisa incerta, no que couber, as disposições da Seção I deste Capítulo.

CAPÍTULO III

DA EXECUÇÃO DAS OBRIGAÇÕES DE FAZER OU DE NÃO FAZER

Seção I

DISPOSIÇÕES COMUNS

Art. 814. Na execução de obrigação de fazer ou de não fazer fundada em título extrajudicial, ao despachar a inicial, o juiz fixará multa por período de atraso no cumprimento da obrigação e a data a partir da qual será devida.

Parágrafo único. Se o valor da multa estiver previsto no título e for excessivo, o juiz poderá reduzi-lo.

Seção II

DA OBRIGAÇÃO DE FAZER

Art. 815. Quando o objeto da execução for obrigação de fazer, o executado será citado para satisfazê-la no prazo que o juiz lhe designar, se outro não estiver determinado no título executivo.

- Súmulas nºs 96 e 410 do STJ.

Art. 816. Se o executado não satisfizer a obrigação no prazo designado, é lícito ao exequente, nos próprios autos do processo, requerer a satisfação da obrigação à custa do executado ou perdas e danos, hipótese em que se converterá em indenização.

- Arts. 249, 402 a 405 e 927 do CC.

Parágrafo único. O valor das perdas e danos será apurado em liquidação, seguindo-se a execução para cobrança de quantia certa.

Art. 817. Se a obrigação puder ser satisfeita por terceiro, é lícito ao juiz autorizar, a requerimento do exequente, que aquele a satisfaça à custa do executado.

Parágrafo único. O exequente adiantará as quantias previstas na proposta que, ouvidas as partes, o juiz houver aprovado.

Art. 818. Realizada a prestação, o juiz ouvirá as partes no prazo de 10 (dez) dias e, não havendo impugnação, considerará satisfeita a obrigação.

Parágrafo único. Caso haja impugnação, o juiz a decidirá.

Art. 819. Se o terceiro contratado não realizar a prestação no prazo ou se o fizer de modo incompleto ou defeituoso, poderá o exequente requerer ao juiz, no prazo de 15 (quinze) dias, que o autorize a concluí-la ou a repará-la à custa do contratante.

Parágrafo único. Ouvido o contratante no prazo de 15 (quinze) dias, o juiz mandará avaliar o custo das despesas necessárias e o condenará a pagá-lo.

Art. 820. Se o exequente quiser executar ou mandar executar, sob sua direção e vigilância, as obras e os trabalhos necessários à realização da prestação, terá preferência, em igualdade de condições de oferta, em relação ao terceiro.

Parágrafo único. O direito de preferência deverá ser exercido no prazo de 5 (cinco) dias, após aprovada a proposta do terceiro.

Art. 821. Na obrigação de fazer, quando se convencionar que o executado a satisfaça pessoalmente, o exequente poderá requerer ao juiz que lhe assine prazo para cumpri-la.

- Arts. 402 a 405 e 927 do CC.

Parágrafo único. Havendo recusa ou mora do executado, sua obrigação pessoal será convertida em perdas e danos, caso em que se observará o procedimento de execução por quantia certa.

Seção III

DA OBRIGAÇÃO DE NÃO FAZER

- Arts. 250 e 251 do CC.

Art. 822. Se o executado praticou ato a cuja abstenção estava obrigado por lei ou por contrato, o exequente requererá ao juiz que assine prazo ao executado para desfazê-lo.

Art. 823. Havendo recusa ou mora do executado, o exequente requererá ao juiz que mande desfazer o ato à custa daquele, que responderá por perdas e danos.

- Arts. 402 a 405 e 927 do CC.

Parágrafo único. Não sendo possível desfazer-se o ato, a obrigação resolve-se em perdas e danos, caso em que, após a liquidação, se observará o procedimento de execução por quantia certa.

CAPÍTULO IV

DA EXECUÇÃO POR QUANTIA CERTA

Seção I

DISPOSIÇÕES GERAIS

Art. 824. A execução por quantia certa realiza-se pela expropriação de bens do executado, ressalvadas as execuções especiais.

Art. 825. A expropriação consiste em:

I – adjudicação;

II – alienação;

III – apropriação de frutos e rendimentos de empresa ou de estabelecimentos e de outros bens.

Art. 826. Antes de adjudicados ou alienados os bens, o executado pode, a todo tempo, remir a execução, pagando ou consignando a importância atualizada da dívida, acrescida de juros, custas e honorários advocatícios.

- Arts. 303 e 334 do CC.

CPC

Seção II

DA CITAÇÃO DO DEVEDOR E DO ARRESTO

Art. 827. Ao despachar a inicial, o juiz fixará, de plano, os honorários advocatícios de dez por cento, a serem pagos pelo executado.

§ 1º No caso de integral pagamento no prazo de 3 (três) dias, o valor dos honorários advocatícios será reduzido pela metade.

§ 2º O valor dos honorários poderá ser elevado até vinte por cento, quando rejeitados os embargos à execução, podendo a majoração, caso não opostos os embargos, ocorrer ao final do procedimento executivo, levando-se em conta o trabalho realizado pelo advogado do exequente.

Art. 828. O exequente poderá obter certidão de que a execução foi admitida pelo juiz, com identificação das partes e do valor da causa, para fins de averbação no registro de imóveis, de veículos ou de outros bens sujeitos a penhora, arresto ou indisponibilidade.

§ 1º No prazo de 10 (dez) dias de sua concretização, o exequente deverá comunicar ao juízo as averbações efetivadas.

§ 2º Formalizada penhora sobre bens suficientes para cobrir o valor da dívida, o exequente providenciará, no prazo de 10 (dez) dias, o cancelamento das averbações relativas àqueles não penhorados.

§ 3º O juiz determinará o cancelamento das averbações, de ofício ou a requerimento, caso o exequente não o faça no prazo.

§ 4º Presume-se em fraude à execução a alienação ou a oneração de bens efetuada após a averbação.

- Súm. nº 375 do STJ.

§ 5º O exequente que promover averbação manifestamente indevida ou não cancelar as averbações nos termos do § 2º indenizará a parte contrária, processando-se o incidente em autos apartados.

Art. 829. O executado será citado para pagar a dívida no prazo de 3 (três) dias, contado da citação.

§ 1º Do mandado de citação constarão, também, a ordem de penhora e a avaliação a serem cumpridas pelo oficial de justiça tão logo verificado o não pagamento no prazo assinalado, de tudo lavrando-se auto, com intimação do executado.

§ 2º A penhora recairá sobre os bens indicados pelo exequente, salvo se outros forem indicados pelo executado e aceitos pelo juiz, mediante demonstração de que a constrição proposta lhe será menos onerosa e não trará prejuízo ao exequente.

Art. 830. Se o oficial de justiça não encontrar o executado, arrestar-lhe-á tantos bens quantos bastem para garantir a execução.

§ 1º Nos 10 (dez) dias seguintes à efetivação do arresto, o oficial de justiça procurará o executado 2 (duas) vezes em dias distintos e, havendo suspeita de ocultação, realizará a citação com hora certa, certificando pormenorizadamente o ocorrido.

§ 2º Incumbe ao exequente requerer a citação por edital, uma vez frustradas a pessoal e a com hora certa.

§ 3º Aperfeiçoada a citação e transcorrido o prazo de pagamento, o arresto converter-se-á em penhora, independentemente de termo.

Seção III

DA PENHORA, DO DEPÓSITO E DA AVALIAÇÃO

Subseção I

DO OBJETO DA PENHORA

Art. 831. A penhora deverá recair sobre tantos bens quantos bastem para o pagamento do principal atualizado, dos juros, das custas e dos honorários advocatícios.

- Súmulas nºs 319, 328 e 497 do STJ.

Art. 832. Não estão sujeitos à execução os bens que a lei considera impenhoráveis ou inalienáveis.

- Lei nº 8.009, de 29-3-1990 (Lei da Impenhorabilidade do Bem de Família).
- Súm. nº 364 do STJ.

Art. 833. São impenhoráveis:

- Lei nº 8.009, de 29-3-1990 (Lei da Impenhorabilidade do Bem de Família).
- Súmulas nºs 364 e 486 do STJ.

I – os bens inalienáveis e os declarados, por ato voluntário, não sujeitos à execução;

II – os móveis, os pertences e as utilidades domésticas que guarnecem a residência do executado, salvo os de elevado valor ou os que ultrapassem as necessidades comuns correspondentes a um médio padrão de vida;

III – os vestuários, bem como os pertences de uso pessoal do executado, salvo se de elevado valor;

IV – os vencimentos, os subsídios, os soldos, os salários, as remunerações, os proventos de aposentadoria, as pensões, os pecúlios e os montepios, bem como as quantias recebidas por liberalidade de terceiro e destinadas ao sustento do devedor e de sua família, os ganhos de trabalhador autônomo e os honorários de profissional liberal, ressalvado o § 2º;

- Art. 813 do CC.

V – os livros, as máquinas, as ferramentas, os utensílios, os instrumentos ou outros bens móveis necessários ou úteis ao exercício da profissão do executado;

- Súm. nº 451 do STJ.

VI – o seguro de vida;

VII – os materiais necessários para obras em andamento, salvo se essas forem penhoradas;

VIII – a pequena propriedade rural, assim definida em lei, desde que trabalhada pela família;

IX – os recursos públicos recebidos por instituições privadas para aplicação compulsória em educação, saúde ou assistência social;

X – a quantia depositada em caderneta de poupança, até o limite de 40 (quarenta) salários mínimos;

XI – os recursos públicos do fundo partidário recebidos por partido político, nos termos da lei;

XII – os créditos oriundos de alienação de unidades imobiliárias, sob regime de incorporação imobiliária, vinculados à execução da obra.

§ 1º A impenhorabilidade não é oponível à execução de dívida relativa ao próprio bem, inclusive àquela contraída para sua aquisição.

§ 2º O disposto nos incisos IV e X do *caput* não se aplica à hipótese de penhora para pagamento de prestação alimentícia, independentemente de sua origem, bem como às importâncias excedentes a 50 (cinquenta) salários mínimos mensais, devendo a constrição observar o disposto no art. 528, § 8º, e no art. 529, § 3º.

§ 3º Incluem-se na impenhorabilidade prevista no inciso V do *caput* os equipamentos, os implementos e as máquinas agrícolas pertencentes a pessoa física ou a empresa individual produtora rural, exceto quando tais bens tenham sido objeto de financiamento e estejam vinculados em garantia a negócio jurídico ou quando respondam por dívida de natureza alimentar, trabalhista ou previdenciária.

- Art. 5º, XXVI, da CF.
- Súm. nº 451 do STJ.

Art. 834. Podem ser penhorados, à falta de outros bens, os frutos e os rendimentos dos bens inalienáveis.

Art. 835. A penhora observará, preferencialmente, a seguinte ordem:

I – dinheiro, em espécie ou em depósito ou aplicação em instituição financeira;

- Súmulas nºs 328 e 417 do STJ.

II – títulos da dívida pública da União, dos Estados e do Distrito Federal com cotação em mercado;

III – títulos e valores mobiliários com cotação em mercado;

IV – veículos de via terrestre;

V – bens imóveis;

VI – bens móveis em geral;

VII – semoventes;

VIII – navios e aeronaves;

IX – ações e quotas de sociedades simples e empresárias;

X – percentual do faturamento de empresa devedora;

XI – pedras e metais preciosos;

XII – direitos aquisitivos derivados de promessa de compra e venda e de alienação fiduciária em garantia;

XIII – outros direitos.

- Súm. nº 406 do STJ.

§ 1º É prioritária a penhora em dinheiro, podendo o juiz, nas demais hipóteses, alterar a ordem prevista no *caput* de acordo com as circunstâncias do caso concreto.

§ 2º Para fins de substituição da penhora, equiparam-se a dinheiro a fiança bancária e o seguro garantia judicial, desde que em valor não inferior ao do débito constante da inicial, acrescido de trinta por cento.

§ 3º Na execução de crédito com garantia real, a penhora recairá sobre a coisa dada em garantia, e, se a coisa pertencer a terceiro garantidor, este também será intimado da penhora.

- Súm. nº 417 do STJ.

Art. 836. Não se levará a efeito a penhora quando ficar evidente que o produto da execução dos bens encontrados será totalmente absorvido pelo pagamento das custas da execução.

§ 1º Quando não encontrar bens penhoráveis, independentemente de determinação judicial expressa, o oficial de justiça descreverá na certidão os bens que guarnecem a residência ou o estabelecimento do executado, quando este for pessoa jurídica.

§ 2º Elaborada a lista, o executado ou seu representante legal será nomeado depositário provisório de tais bens até ulterior determinação do juiz.

Subseção II

DA DOCUMENTAÇÃO DA PENHORA, DE SEU REGISTRO E DO DEPÓSITO

Art. 837. Obedecidas as normas de segurança instituídas sob critérios uniformes pelo Conselho Nacional de Justiça, a penhora de dinheiro e as averbações de penhoras de bens imóveis e móveis podem ser realizadas por meio eletrônico.

Art. 838. A penhora será realizada mediante auto ou termo, que conterá:

I – a indicação do dia, do mês, do ano e do lugar em que foi feita;

II – os nomes do exequente e do executado;

III – a descrição dos bens penhorados, com as suas características;

IV – a nomeação do depositário dos bens.

- Súm. nº 319 do STJ.

Art. 839. Considerar-se-á feita a penhora mediante a apreensão e o depósito dos bens, lavrando-se um só auto se as diligências forem concluídas no mesmo dia.

Parágrafo único. Havendo mais de uma penhora, serão lavrados autos individuais.

Art. 840. Serão preferencialmente depositados:

I – as quantias em dinheiro, os papéis de crédito e as pedras e os metais preciosos, no Banco do Brasil, na Caixa Econômica Federal ou em banco do qual o Estado ou o Distrito Federal possua mais da metade do capital social integralizado, ou, na falta desses estabelecimentos, em qualquer instituição de crédito designada pelo juiz;

II – os móveis, os semoventes, os imóveis urbanos e os direitos aquisitivos sobre imóveis urbanos, em poder do depositário judicial;

III – os imóveis rurais, os direitos aquisitivos sobre imóveis rurais, as máquinas, os utensílios e os instrumentos necessários ou úteis à atividade agrícola, mediante caução idônea, em poder do executado.

§ 1º No caso do inciso II do *caput*, se não houver depositário judicial, os bens ficarão em poder do exequente.

§ 2º Os bens poderão ser depositados em poder do executado nos casos de difícil remoção ou quando anuir o exequente.

§ 3º As joias, as pedras e os objetos preciosos deverão ser depositados com registro do valor estimado de resgate.

- Súm. Vinc. nº 25 do STF.

Art. 841. Formalizada a penhora por qualquer dos meios legais, dela será imediatamente intimado o executado.

§ 1º A intimação da penhora será feita ao advogado do executado ou à sociedade de advogados a que aquele pertença.

§ 2º Se não houver constituído advogado nos autos, o executado será intimado pessoalmente, de preferência por via postal.

§ 3º O disposto no § 1º não se aplica aos casos de penhora realizada na presença do executado, que se reputa intimado.

§ 4º Considera-se realizada a intimação a que se refere o § 2º quando o executado houver mudado de endereço sem prévia comunicação ao juízo, observado o disposto no parágrafo único do art. 274.

Art. 842. Recaindo a penhora sobre bem imóvel ou direito real sobre imóvel, será intimado também o cônjuge do executado, salvo se forem casados em regime de separação absoluta de bens.

- Art. 1.647, I e II, do CC.
- Súm. nº 134 do STJ.

Art. 843. Tratando-se de penhora de bem indivisível, o equivalente à quota-parte do coproprietário ou do cônjuge

CPC

alheio à execução recairá sobre o produto da alienação do bem.

o Súm. nº 134 do STJ.

§ 1º É reservada ao coproprietário ou ao cônjuge não executado a preferência na arrematação do bem em igualdade de condições.

§ 2º Não será levada a efeito expropriação por preço inferior ao da avaliação na qual o valor auferido seja incapaz de garantir, ao coproprietário ou ao cônjuge alheio à execução, o correspondente à sua quota-parte calculado sobre o valor da avaliação.

Art. 844. Para presunção absoluta de conhecimento por terceiros, cabe ao exequente providenciar a averbação do arresto ou da penhora no registro competente, mediante apresentação de cópia do auto ou do termo, independentemente de mandado judicial.

Subseção III

DO LUGAR DE REALIZAÇÃO DA PENHORA

Art. 845. Efetuar-se-á a penhora onde se encontrem os bens, ainda que sob a posse, a detenção ou a guarda de terceiros.

o Súm. nº 46 do STJ.

§ 1º A penhora de imóveis, independentemente de onde se localizem, quando apresentada certidão da respectiva matrícula, e a penhora de veículos automotores, quando apresentada certidão que ateste a sua existência, serão realizadas por termo nos autos.

§ 2º Se o executado não tiver bens no foro do processo, não sendo possível a realização da penhora nos termos do § 1º, a execução será feita por carta, penhorando-se, avaliando-se e alienando-se os bens no foro da situação.

Art. 846. Se o executado fechar as portas da casa a fim de obstar a penhora dos bens, o oficial de justiça comunicará o fato ao juiz, solicitando-lhe ordem de arrombamento.

§ 1º Deferido o pedido, 2 (dois) oficiais de justiça cumprirão o mandado, arrombando cômodos e móveis em que se presuma estarem os bens, e lavrarão de tudo auto circunstanciado, que será assinado por 2 (duas) testemunhas presentes à diligência.

§ 2º Sempre que necessário, o juiz requisitará força policial, a fim de auxiliar os oficiais de justiça na penhora dos bens.

§ 3º Os oficiais de justiça lavrarão em duplicata o auto da ocorrência, entregando uma via ao escrivão ou ao chefe de secretaria, para ser juntada aos autos, e a outra à autoridade policial a quem couber a apuração criminal dos eventuais delitos de desobediência ou de resistência.

§ 4º Do auto da ocorrência constará o rol de testemunhas, com a respectiva qualificação.

Subseção IV

DAS MODIFICAÇÕES DA PENHORA

Art. 847. O executado pode, no prazo de 10 (dez) dias contado da intimação da penhora, requerer a substituição do bem penhorado, desde que comprove que lhe será menos onerosa e não trará prejuízo ao exequente.

§ 1º O juiz só autorizará a substituição se o executado:

I – comprovar as respectivas matrículas e os registros por certidão do correspondente ofício, quanto aos bens imóveis;

II – descrever os bens móveis, com todas as suas propriedades e características, bem como o estado deles e o lugar onde se encontram;

III – descrever os semoventes, com indicação de espécie, de número, de marca ou sinal e do local onde se encontram;

IV – identificar os créditos, indicando quem seja o devedor, qual a origem da dívida, o título que a representa e a data do vencimento; e

V – atribuir, em qualquer caso, valor aos bens indicados à penhora, além de especificar os ônus e os encargos a que estejam sujeitos.

§ 2º Requerida a substituição do bem penhorado, o executado deve indicar onde se encontram os bens sujeitos à execução, exibir a prova de sua propriedade e a certidão negativa ou positiva de ônus, bem como abster-se de qualquer atitude que dificulte ou embarace a realização da penhora.

§ 3º O executado somente poderá oferecer bem imóvel em substituição caso o requeira com a expressa anuência do cônjuge, salvo se o regime for o de separação absoluta de bens.

§ 4º O juiz intimará o exequente para manifestar-se sobre o requerimento de substituição do bem penhorado.

o Art. 1.647, I e II, do CC.

Art. 848. As partes poderão requerer a substituição da penhora se:

I – ela não obedecer à ordem legal;

II – ela não incidir sobre os bens designados em lei, contrato ou ato judicial para o pagamento;

III – havendo bens no foro da execução, outros tiverem sido penhorados;

IV – havendo bens livres, ela tiver recaído sobre bens já penhorados ou objeto de gravame;

V – ela incidir sobre bens de baixa liquidez;

VI – fracassar a tentativa de alienação judicial do bem; ou

VII – o executado não indicar o valor dos bens ou omitir qualquer das indicações previstas em lei.

Parágrafo único. A penhora pode ser substituída por fiança bancária ou por seguro garantia judicial, em valor não inferior ao do débito constante da inicial, acrescido de trinta por cento.

o Súm. nº 406 do STJ.

Art. 849. Sempre que ocorrer a substituição dos bens inicialmente penhorados, será lavrado novo termo.

Art. 850. Será admitida a redução ou a ampliação da penhora, bem como sua transferência para outros bens, se, no curso do processo, o valor de mercado dos bens penhorados sofrer alteração significativa.

Art. 851. Não se procede à segunda penhora, salvo se:

I – a primeira for anulada;

II – executados os bens, o produto da alienação não bastar para o pagamento do exequente;

III – o exequente desistir da primeira penhora, por serem litigiosos os bens ou por estarem submetidos a constrição judicial.

Art. 852. O juiz determinará a alienação antecipada dos bens penhorados quando:

I – se tratar de veículos automotores, de pedras e metais preciosos e de outros bens móveis sujeitos à depreciação ou à deterioração;

II – houver manifesta vantagem.

Art. 853. Quando uma das partes requerer alguma das medidas previstas nesta Subseção, o juiz ouvirá sempre a outra, no prazo de 3 (três) dias, antes de decidir.

Parágrafo único. O juiz decidirá de plano qualquer questão suscitada.

Subseção V

DA PENHORA DE DINHEIRO EM DEPÓSITO OU EM APLICAÇÃO FINANCEIRA

Art. 854. Para possibilitar a penhora de dinheiro em depósito ou em aplicação financeira, o juiz, a requerimento do exequente, sem dar ciência prévia do ato ao executado, determinará às instituições financeiras, por meio de sistema eletrônico gerido pela autoridade supervisora do sistema financeiro nacional, que torne indisponíveis ativos financeiros existentes em nome do executado, limitando-se a indisponibilidade ao valor indicado na execução.

§ 1º No prazo de 24 (vinte e quatro) horas a contar da resposta, de ofício, o juiz determinará o cancelamento de eventual indisponibilidade excessiva, o que deverá ser cumprido pela instituição financeira em igual prazo.

§ 2º Tornados indisponíveis os ativos financeiros do executado, este será intimado na pessoa de seu advogado ou, não o tendo, pessoalmente.

§ 3º Incumbe ao executado, no prazo de 5 (cinco) dias, comprovar que:

I – as quantias tornadas indisponíveis são impenhoráveis;

II – ainda remanesce indisponibilidade excessiva de ativos financeiros.

§ 4º Acolhida qualquer das arguições dos incisos I e II do § 3º, o juiz determinará o cancelamento de eventual indisponibilidade irregular ou excessiva, a ser cumprido pela instituição financeira em 24 (vinte e quatro) horas.

§ 5º Rejeitada ou não apresentada a manifestação do executado, converter-se-á a indisponibilidade em penhora, sem necessidade de lavratura de termo, devendo o juiz da execução determinar à instituição financeira depositária que, no prazo de 24 (vinte e quatro) horas, transfira o montante indisponível para conta vinculada ao juízo da execução.

§ 6º Realizado o pagamento da dívida por outro meio, o juiz determinará, imediatamente, por sistema eletrônico gerido pela autoridade supervisora do sistema financeiro nacional, a notificação da instituição financeira para que, em até 24 (vinte e quatro) horas, cancele a indisponibilidade.

§ 7º As transmissões das ordens de indisponibilidade, de seu cancelamento e de determinação de penhora previstas neste artigo far-se-ão por meio de sistema eletrônico gerido pela autoridade supervisora do sistema financeiro nacional.

§ 8º A instituição financeira será responsável pelos prejuízos causados ao executado em decorrência da indisponibilidade de ativos financeiros em valor superior ao indicado na execução ou pelo juiz, bem como na hipótese de não cancelamento da indisponibilidade no prazo de 24 (vinte e quatro) horas, quando assim determinar o juiz.

§ 9º Quando se tratar de execução contra partido político, o juiz, a requerimento do exequente, determinará às instituições financeiras, por meio de sistema eletrônico gerido por autoridade supervisora do sistema bancário, que tornem indisponíveis ativos financeiros somente em nome do órgão partidário que tenha contraído a dívida executada ou que tenha dado causa à violação de direito ou ao dano, ao qual cabe exclusivamente a responsabilidade pelos atos praticados, na forma da lei.

Subseção VI

DA PENHORA DE CRÉDITOS

Art. 855. Quando recair em crédito do executado, enquanto não ocorrer a hipótese prevista no art. 856, considerar-se-á feita a penhora pela intimação:

I – ao terceiro devedor para que não pague ao executado, seu credor;

II – ao executado, credor do terceiro, para que não pratique ato de disposição do crédito.

- Art. 312 do CC.

Art. 856. A penhora de crédito representado por letra de câmbio, nota promissória, duplicata, cheque ou outros títulos far-se-á pela apreensão do documento, esteja ou não este em poder do executado.

§ 1º Se o título não for apreendido, mas o terceiro confessar a dívida, será este tido como depositário da importância.

§ 2º O terceiro só se exonerará da obrigação depositando em juízo a importância da dívida.

- Art. 344 do CC.

§ 3º Se o terceiro negar o débito em conluio com o executado, a quitação que este lhe der caracterizará fraude à execução.

§ 4º A requerimento do exequente, o juiz determinará o comparecimento, em audiência especialmente designada, do executado e do terceiro, a fim de lhes tomar os depoimentos.

Art. 857. Feita a penhora em direito e ação do executado, e não tendo ele oferecido embargos ou sendo estes rejeitados, o exequente ficará sub-rogado nos direitos do executado até a concorrência de seu crédito.

§ 1º O exequente pode preferir, em vez da sub-rogação, a alienação judicial do direito penhorado, caso em que declarará sua vontade no prazo de 10 (dez) dias contado da realização da penhora.

§ 2º A sub-rogação não impede o sub-rogado, se não receber o crédito do executado, de prosseguir na execução, nos mesmos autos, penhorando outros bens.

Art. 858. Quando a penhora recair sobre dívidas de dinheiro a juros, de direito a rendas ou de prestações periódicas, o exequente poderá levantar os juros, os rendimentos ou as prestações à medida que forem sendo depositados, abatendo-se do crédito as importâncias recebidas, conforme as regras de imputação do pagamento.

- Arts. 325 a 355 do CC.

Art. 859. Recaindo a penhora sobre direito a prestação ou a restituição de coisa determinada, o executado será intimado para, no vencimento, depositá-la, correndo sobre ela a execução.

Art. 860. Quando o direito estiver sendo pleiteado em juízo, a penhora que recair sobre ele será averbada, com destaque, nos autos pertinentes ao direito e na ação correspondente à penhora, a fim de que esta seja efetivada nos bens que forem adjudicados ou que vierem a caber ao executado.

Subseção VII

DA PENHORA DAS QUOTAS OU DAS AÇÕES DE SOCIEDADES PERSONIFICADAS

Art. 861. Penhoradas as quotas ou as ações de sócio em sociedade simples ou empresária, o juiz assinará prazo razoável, não superior a 3 (três) meses, para que a sociedade:

I – apresente balanço especial, na forma da lei;

II – ofereça as quotas ou as ações aos demais sócios, observado o direito de preferência legal ou contratual;

III – não havendo interesse dos sócios na aquisição das ações, proceda à liquidação das quotas ou das ações, depositando em juízo o valor apurado, em dinheiro.

§ 1º Para evitar a liquidação das quotas ou das ações, a sociedade poderá adquiri-las sem redução do capital social e com utilização de reservas, para manutenção em tesouraria.

§ 2º O disposto no *caput* e no § 1º não se aplica à sociedade anônima de capital aberto, cujas ações serão adjudicadas ao exequente ou alienadas em bolsa de valores, conforme o caso.

§ 3º Para os fins da liquidação de que trata o inciso III do *caput*, o juiz poderá, a requerimento do exequente ou da sociedade, nomear administrador, que deverá submeter à aprovação judicial a forma de liquidação.

§ 4º O prazo previsto no *caput* poderá ser ampliado pelo juiz, se o pagamento das quotas ou das ações liquidadas:

I – superar o valor do saldo de lucros ou reservas, exceto a legal, e sem diminuição do capital social, ou por doação; ou

II – colocar em risco a estabilidade financeira da sociedade simples ou empresária.

§ 5º Caso não haja interesse dos demais sócios no exercício de direito de preferência, não ocorra a aquisição das quotas ou das ações pela sociedade e a liquidação do inciso III do *caput* seja excessivamente onerosa para a sociedade, o juiz poderá determinar o leilão judicial das quotas ou das ações.

Subseção VIII

DA PENHORA DE EMPRESA, DE OUTROS ESTABELECIMENTOS E DE SEMOVENTES

Art. 862. Quando a penhora recair em estabelecimento comercial, industrial ou agrícola, bem como em semoventes, plantações ou edifícios em construção, o juiz nomeará administrador-depositário, determinando-lhe que apresente em 10 (dez) dias o plano de administração.

- Súm. nº 319 do STJ.

§ 1º Ouvidas as partes, o juiz decidirá.

§ 2º É lícito às partes ajustar a forma de administração e escolher o depositário, hipótese em que o juiz homologará por despacho a indicação.

§ 3º Em relação aos edifícios em construção sob regime de incorporação imobiliária, a penhora somente poderá recair sobre as unidades imobiliárias ainda não comercializadas pelo incorporador.

§ 4º Sendo necessário afastar o incorporador da administração da incorporação, será ela exercida pela comissão de representantes dos adquirentes ou, se se tratar de construção financiada, por empresa ou profissional indicado pela instituição fornecedora dos recursos para a obra, devendo ser ouvida, neste último caso, a comissão de representantes dos adquirentes.

Art. 863. A penhora de empresa que funcione mediante concessão ou autorização far-se-á, conforme o valor do crédito, sobre a renda, sobre determinados bens ou sobre todo o patrimônio, e o juiz nomeará como depositário, de preferência, um de seus diretores.

- Súm. nº 319 do STJ.

§ 1º Quando a penhora recair sobre a renda ou sobre determinados bens, o administrador-depositário apresentará a forma de administração e o esquema de pagamento, observando-se, quanto ao mais, o disposto em relação ao regime de penhora de frutos e rendimentos de coisa móvel e imóvel.

§ 2º Recaindo a penhora sobre todo o patrimônio, prosseguirá a execução em seus ulteriores termos, ouvindo-se, antes da arrematação ou da adjudicação, o ente público que houver outorgado a concessão.

Art. 864. A penhora de navio ou de aeronave não obsta que continuem navegando ou operando até a alienação, mas o juiz, ao conceder a autorização para tanto, não permitirá que saiam do porto ou do aeroporto antes que o executado faça o seguro usual contra riscos.

Art. 865. A penhora de que trata esta Subseção somente será determinada se não houver outro meio eficaz para a efetivação do crédito.

Subseção IX

DA PENHORA DE PERCENTUAL DE FATURAMENTO DE EMPRESA

Art. 866. Se o executado não tiver outros bens penhoráveis ou se, tendo-os, esses forem de difícil alienação ou insuficientes para saldar o crédito executado, o juiz poderá ordenar a penhora de percentual de faturamento de empresa.

§ 1º O juiz fixará percentual que propicie a satisfação do crédito exequendo em tempo razoável, mas que não torne inviável o exercício da atividade empresarial.

§ 2º O juiz nomeará administrador-depositário, o qual submeterá à aprovação judicial a forma de sua atuação e prestará contas mensalmente, entregando em juízo as quantias recebidas, com os respectivos balancetes mensais, a fim de serem imputadas no pagamento da dívida.

§ 3º Na penhora de percentual de faturamento de empresa, observar-se-á, no que couber, o disposto quanto ao regime de penhora de frutos e rendimentos de coisa móvel e imóvel.

- Súm. nº 319 do STJ.

Subseção X

DA PENHORA DE FRUTOS E RENDIMENTOS DE COISA MÓVEL OU IMÓVEL

Art. 867. O juiz pode ordenar a penhora de frutos e rendimentos de coisa móvel ou imóvel quando a considerar mais eficiente para o recebimento do crédito e menos gravosa ao executado.

Art. 868. Ordenada a penhora de frutos e rendimentos, o juiz nomeará administrador-depositário, que será investido de todos os poderes que concernem à administração do bem e à fruição de seus frutos e utilidades, perdendo o executado o direito de gozo do bem, até que o exequente seja pago do principal, dos juros, das custas e dos honorários advocatícios.

§ 1º A medida terá eficácia em relação a terceiros a partir da publicação da decisão que a conceda ou de sua averbação no ofício imobiliário, em caso de imóveis.

§ 2º O exequente providenciará a averbação no ofício imobiliário mediante a apresentação de certidão de inteiro teor do ato, independentemente de mandado judicial.

Art. 869. O juiz poderá nomear administrador-depositário o exequente ou o executado, ouvida a parte contrária, e, não havendo acordo, nomeará profissional qualificado para o desempenho da função.

§ 1º O administrador submeterá à aprovação judicial a forma de administração e a de prestar contas periodicamente.

§ 2º Havendo discordância entre as partes ou entre essas e o administrador, o juiz decidirá a melhor forma de administração do bem.

§ 3º Se o imóvel estiver arrendado, o inquilino pagará o aluguel diretamente ao exequente, salvo se houver administrador.

§ 4º O exequente ou o administrador poderá celebrar locação do móvel ou do imóvel, ouvido o executado.

§ 5º As quantias recebidas pelo administrador serão entregues ao exequente, a fim de serem imputadas ao pagamento da dívida.

§ 6º O exequente dará ao executado, por termo nos autos, quitação das quantias recebidas.

Subseção XI

DA AVALIAÇÃO

Art. 870. A avaliação será feita pelo oficial de justiça.

Parágrafo único. Se forem necessários conhecimentos especializados e o valor da execução o comportar, o juiz nomeará avaliador, fixando-lhe prazo não superior a 10 (dez) dias para entrega do laudo.

Art. 871. Não se procederá à avaliação quando:

I – uma das partes aceitar a estimativa feita pela outra;

II – se tratar de títulos ou de mercadorias que tenham cotação em bolsa, comprovada por certidão ou publicação no órgão oficial;

III – se tratar de títulos da dívida pública, de ações de sociedades e de títulos de crédito negociáveis em bolsa, cujo valor será o da cotação oficial do dia, comprovada por certidão ou publicação no órgão oficial;

IV – se tratar de veículos automotores ou de outros bens cujo preço médio de mercado possa ser conhecido por meio de pesquisas realizadas por órgãos oficiais ou de anúncios de venda divulgados em meios de comunicação, caso em que caberá a quem fizer a nomeação o encargo de comprovar a cotação de mercado.

Parágrafo único. Ocorrendo a hipótese do inciso I deste artigo, a avaliação poderá ser realizada quando houver fundada dúvida do juiz quanto ao real valor do bem.

Art. 872. A avaliação realizada pelo oficial de justiça constará de vistoria e de laudo anexados ao auto de penhora ou, em caso de perícia realizada por avaliador, de laudo apresentado no prazo fixado pelo juiz, devendo-se, em qualquer hipótese, especificar:

I – os bens, com as suas características, e o estado em que se encontram;

II – o valor dos bens.

§ 1º Quando o imóvel for suscetível de cômoda divisão, a avaliação, tendo em conta o crédito reclamado, será realizada em partes, sugerindo-se, com a apresentação de memorial descritivo, os possíveis desmembramentos para alienação.

§ 2º Realizada a avaliação e, sendo o caso, apresentada a proposta de desmembramento, as partes serão ouvidas no prazo de 5 (cinco) dias.

Art. 873. É admitida nova avaliação quando:

I – qualquer das partes arguir, fundamentadamente, a ocorrência de erro na avaliação ou dolo do avaliador;

II – se verificar, posteriormente à avaliação, que houve majoração ou diminuição no valor do bem;

III – o juiz tiver fundada dúvida sobre o valor atribuído ao bem na primeira avaliação.

Parágrafo único. Aplica-se o art. 480 à nova avaliação prevista no inciso III do *caput* deste artigo.

Art. 874. Após a avaliação, o juiz poderá, a requerimento do interessado e ouvida a parte contrária, mandar:

I – reduzir a penhora aos bens suficientes ou transferi-la para outros, se o valor dos bens penhorados for consideravelmente superior ao crédito do exequente e dos acessórios;

II – ampliar a penhora ou transferi-la para outros bens mais valiosos, se o valor dos bens penhorados for inferior ao crédito do exequente.

Art. 875. Realizadas a penhora e a avaliação, o juiz dará início aos atos de expropriação do bem.

Seção IV

DA EXPROPRIAÇÃO DE BENS

Subseção I

DA ADJUDICAÇÃO

Art. 876. É lícito ao exequente, oferecendo preço não inferior ao da avaliação, requerer que lhe sejam adjudicados os bens penhorados.

§ 1º Requerida a adjudicação, o executado será intimado do pedido:

I – pelo *Diário da Justiça*, na pessoa de seu advogado constituído nos autos;

II – por carta com aviso de recebimento, quando representado pela Defensoria Pública ou quando não tiver procurador constituído nos autos;

III – por meio eletrônico, quando, sendo o caso do § 1º do art. 246, não tiver procurador constituído nos autos.

§ 2º Considera-se realizada a intimação quando o executado houver mudado de endereço sem prévia comunicação ao juízo, observado o disposto no art. 274, parágrafo único.

§ 3º Se o executado, citado por edital, não tiver procurador constituído nos autos, é dispensável a intimação prevista no § 1º.

§ 4º Se o valor do crédito for:

I – inferior ao dos bens, o requerente da adjudicação depositará de imediato a diferença, que ficará à disposição do executado;

II – superior ao dos bens, a execução prosseguirá pelo saldo remanescente.

§ 5º Idêntico direito pode ser exercido por aqueles indicados no art. 889, incisos II a VIII, pelos credores concorrentes que hajam penhorado o mesmo bem, pelo cônjuge, pelo companheiro, pelos descendentes ou pelos ascendentes do executado.

§ 6º Se houver mais de um pretendente, proceder-se-á a licitação entre eles, tendo preferência, em caso de igualdade de oferta, o cônjuge, o companheiro, o descendente ou o ascendente, nessa ordem.

§ 7º No caso de penhora de quota social ou de ação de sociedade anônima fechada realizada em favor de exequente alheio à sociedade, esta será intimada, ficando responsável por informar aos sócios a ocorrência da penhora, assegurando-se a estes a preferência.

Art. 877. Transcorrido o prazo de 5 (cinco) dias, contado da última intimação, e decididas eventuais questões, o juiz ordenará a lavratura do auto de adjudicação.

§ 1º Considera-se perfeita e acabada a adjudicação com a lavratura e a assinatura do auto pelo juiz, pelo adjudicatário, pelo escrivão ou chefe de secretaria, e, se estiver presente, pelo executado, expedindo-se:

I – a carta de adjudicação e o mandado de imissão na posse, quando se tratar de bem imóvel;

CPC

II – a ordem de entrega ao adjudicatário, quando se tratar de bem móvel.

§ 2º A carta de adjudicação conterá a descrição do imóvel, com remissão à sua matrícula e aos seus registros, a cópia do auto de adjudicação e a prova de quitação do imposto de transmissão.

§ 3º No caso de penhora de bem hipotecado, o executado poderá remi-lo até a assinatura do auto de adjudicação, oferecendo preço igual ao da avaliação, se não tiver havido licitantes, ou ao do maior lance oferecido.

§ 4º Na hipótese de falência ou de insolvência do devedor hipotecário, o direito de remição previsto no § 3º será deferido à massa ou aos credores em concurso, não podendo o exequente recusar o preço da avaliação do imóvel.

○ Art. 1.072, II, deste Código.

Art. 878. Frustradas as tentativas de alienação do bem, será reaberta oportunidade para requerimento de adjudicação, caso em que também se poderá pleitear a realização de nova avaliação.

Subseção II

DA ALIENAÇÃO

Art. 879. A alienação far-se-á:

I – por iniciativa particular;

II – em leilão judicial eletrônico ou presencial.

Art. 880. Não efetivada a adjudicação, o exequente poderá requerer a alienação por sua própria iniciativa ou por intermédio de corretor ou leiloeiro público credenciado perante o órgão judiciário.

§ 1º O juiz fixará o prazo em que a alienação deve ser efetivada, a forma de publicidade, o preço mínimo, as condições de pagamento, as garantias e, se for o caso, a comissão de corretagem.

§ 2º A alienação será formalizada por termo nos autos, com a assinatura do juiz, do exequente, do adquirente e, se estiver presente, do executado, expedindo-se:

I – a carta de alienação e o mandado de imissão na posse, quando se tratar de bem imóvel;

II – a ordem de entrega ao adquirente, quando se tratar de bem móvel.

§ 3º Os tribunais poderão editar disposições complementares sobre o procedimento da alienação prevista neste artigo, admitindo, quando for o caso, o concurso de meios eletrônicos, e dispor sobre o credenciamento dos corretores e leiloeiros públicos, os quais deverão estar em exercício profissional por não menos que 3 (três) anos.

§ 4º Nas localidades em que não houver corretor ou leiloeiro público credenciado nos termos do § 3º, a indicação será de livre escolha do exequente.

Art. 881. A alienação far-se-á em leilão judicial se não efetivada a adjudicação ou a alienação por iniciativa particular.

§ 1º O leilão do bem penhorado será realizado por leiloeiro público.

§ 2º Ressalvados os casos de alienação a cargo de corretores de bolsa de valores, todos os demais bens serão alienados em leilão público.

Art. 882. Não sendo possível a sua realização por meio eletrônico, o leilão será presencial.

§ 1º A alienação judicial por meio eletrônico será realizada, observando-se as garantias processuais das partes, de acordo com regulamentação específica do Conselho Nacional de Justiça.

§ 2º A alienação judicial por meio eletrônico deverá atender aos requisitos de ampla publicidade, autenticidade e segurança, com observância das regras estabelecidas na legislação sobre certificação digital.

§ 3º O leilão presencial será realizado no local designado pelo juiz.

Art. 883. Caberá ao juiz a designação do leiloeiro público, que poderá ser indicado pelo exequente.

Art. 884. Incumbe ao leiloeiro público:

I – publicar o edital, anunciando a alienação;

II – realizar o leilão onde se encontrem os bens ou no lugar designado pelo juiz;

III – expor aos pretendentes os bens ou as amostras das mercadorias;

IV – receber e depositar, dentro de 1 (um) dia, à ordem do juiz, o produto da alienação;

V – prestar contas nos 2 (dois) dias subsequentes ao depósito.

Parágrafo único. O leiloeiro tem o direito de receber do arrematante a comissão estabelecida em lei ou arbitrada pelo juiz.

Art. 885. O juiz da execução estabelecerá o preço mínimo, as condições de pagamento e as garantias que poderão ser prestadas pelo arrematante.

Art. 886. O leilão será precedido de publicação de edital, que conterá:

I – a descrição do bem penhorado, com suas características, e, tratando-se de imóvel, sua situação e suas divisas, com remissão à matrícula e aos registros;

II – o valor pelo qual o bem foi avaliado, o preço mínimo pelo qual poderá ser alienado, as condições de pagamento e, se for o caso, a comissão do leiloeiro designado;

III – o lugar onde estiverem os móveis, os veículos e os semoventes e, tratando-se de créditos ou direitos, a identificação dos autos do processo em que foram penhorados;

IV – o sítio, na rede mundial de computadores, e o período em que se realizará o leilão, salvo se este se der de modo presencial, hipótese em que serão indicados o local, o dia e a hora de sua realização;

V – a indicação de local, dia e hora de segundo leilão presencial, para a hipótese de não haver interessado no primeiro;

VI – menção da existência de ônus, recurso ou processo pendente sobre os bens a serem leiloados.

Parágrafo único. No caso de títulos da dívida pública e de títulos negociados em bolsa, constará do edital o valor da última cotação.

Art. 887. O leiloeiro público designado adotará providências para a ampla divulgação da alienação.

§ 1º A publicação do edital deverá ocorrer pelo menos 5 (cinco) dias antes da data marcada para o leilão.

§ 2º O edital será publicado na rede mundial de computadores, em sítio designado pelo juízo da execução, e conterá descrição detalhada e, sempre que possível, ilustrada dos bens, informando expressamente se o leilão se realizará de forma eletrônica ou presencial.

§ 3º Não sendo possível a publicação na rede mundial de computadores ou considerando o juiz, em atenção às condições da sede do juízo, que esse modo de divulgação é insuficiente ou inadequado, o edital será afixado em local de costume e publicado, em resumo, pelo menos uma vez em jornal de ampla circulação local.

§ 4º Atendendo ao valor dos bens e às condições da sede do juízo, o juiz poderá alterar a forma e a frequência da publicidade na imprensa, mandar publicar o edital em local de ampla circulação de pessoas e divulgar avisos em emissora de rádio ou televisão local, bem como em sítios distintos do indicado no § 2º.

§ 5º Os editais de leilão de imóveis e de veículos automotores serão publicados pela imprensa ou por outros meios de divulgação, preferencialmente na seção ou no local reservados à publicidade dos respectivos negócios.

§ 6º O juiz poderá determinar a reunião de publicações em listas referentes a mais de uma execução.

Art. 888. Não se realizando o leilão por qualquer motivo, o juiz mandará publicar a transferência, observando-se o disposto no art. 887.

Parágrafo único. O escrivão, o chefe de secretaria ou o leiloeiro que culposamente der causa à transferência responde pelas despesas da nova publicação, podendo o juiz aplicar-lhe a pena de suspensão por 5 (cinco) dias a 3 (três) meses, em procedimento administrativo regular.

Art. 889. Serão cientificados da alienação judicial, com pelo menos 5 (cinco) dias de antecedência:

I – o executado, por meio de seu advogado ou, se não tiver procurador constituído nos autos, por carta registrada, mandado, edital ou outro meio idôneo;

II – o coproprietário de bem indivisível do qual tenha sido penhorada fração ideal;

III – o titular de usufruto, uso, habitação, enfiteuse, direito de superfície, concessão de uso especial para fins de moradia ou concessão de direito real de uso, quando a penhora recair sobre bem gravado com tais direitos reais;

IV – o proprietário do terreno submetido ao regime de direito de superfície, enfiteuse, concessão de uso especial para fins de moradia ou concessão de direito real de uso, quando a penhora recair sobre tais direitos reais;

V – o credor pignoratício, hipotecário, anticrético, fiduciário ou com penhora anteriormente averbada, quando a penhora recair sobre bens com tais gravames, caso não seja o credor, de qualquer modo, parte na execução;

VI – o promitente comprador, quando a penhora recair sobre bem em relação ao qual haja promessa de compra e venda registrada;

VII – o promitente vendedor, quando a penhora recair sobre direito aquisitivo derivado de promessa de compra e venda registrada;

VIII – a União, o Estado e o Município, no caso de alienação de bem tombado.

Parágrafo único. Se o executado for revel e não tiver advogado constituído, não constando dos autos seu endereço atual ou, ainda, não sendo ele encontrado no endereço constante do processo, a intimação considerar-se-á feita por meio do próprio edital de leilão.

- Art. 1.072, II, deste Código.

Art. 890. Pode oferecer lance quem estiver na livre administração de seus bens, com exceção:

I – dos tutores, dos curadores, dos testamenteiros, dos administradores ou dos liquidantes, quanto aos bens confiados à sua guarda e à sua responsabilidade;

- Art. 497 do CC.
- Arts. 21 a 25 da Lei nº 11.101, de 9-2-2005 (Lei de Recuperação de Empresas e Falências).

II – dos mandatários, quanto aos bens de cuja administração ou alienação estejam encarregados;

III – do juiz, do membro do Ministério Público e da Defensoria Pública, do escrivão, do chefe de secretaria e dos demais servidores e auxiliares da justiça, em relação aos bens e direitos objeto de alienação na localidade onde servirem ou a que se estender a sua autoridade;

IV – dos servidores públicos em geral, quanto aos bens ou aos direitos da pessoa jurídica a que servirem ou que estejam sob sua administração direta ou indireta;

V – dos leiloeiros e seus prepostos, quanto aos bens de cuja venda estejam encarregados;

VI – dos advogados de qualquer das partes.

Art. 891. Não será aceito lance que ofereça preço vil.

Parágrafo único. Considera-se vil o preço inferior ao mínimo estipulado pelo juiz e constante do edital, e, não tendo sido fixado preço mínimo, considera-se vil o preço inferior a cinquenta por cento do valor da avaliação.

Art. 892. Salvo pronunciamento judicial em sentido diverso, o pagamento deverá ser realizado de imediato pelo arrematante, por depósito judicial ou por meio eletrônico.

§ 1º Se o exequente arrematar os bens e for o único credor, não estará obrigado a exibir o preço, mas, se o valor dos bens exceder ao seu crédito, depositará, dentro de 3 (três) dias, a diferença, sob pena de tornar-se sem efeito a arrematação, e, nesse caso, realizar-se-á novo leilão, à custa do exequente.

§ 2º Se houver mais de um pretendente, proceder-se-á entre eles à licitação, e, no caso de igualdade de oferta, terá preferência o cônjuge, o companheiro, o descendente ou o ascendente do executado, nessa ordem.

§ 3º No caso de leilão de bem tombado, a União, os Estados e os Municípios terão, nessa ordem, o direito de preferência na arrematação, em igualdade de oferta.

- Art. 1.072, I, deste Código.

Art. 893. Se o leilão for de diversos bens e houver mais de um lançador, terá preferência aquele que se propuser a arrematá-los todos, em conjunto, oferecendo, para os bens que não tiverem lance, preço igual ao da avaliação e, para os demais, preço igual ao do maior lance que, na tentativa de arrematação individualizada, tenha sido oferecido para eles.

Art. 894. Quando o imóvel admitir cômoda divisão, o juiz, a requerimento do executado, ordenará a alienação judicial de parte dele, desde que suficiente para o pagamento do exequente e para a satisfação das despesas da execução.

§ 1º Não havendo lançador, far-se-á a alienação do imóvel em sua integridade.

§ 2º A alienação por partes deverá ser requerida a tempo de permitir a avaliação das glebas destacadas e sua inclusão no edital, e, nesse caso, caberá ao executado instruir o requerimento com planta e memorial descritivo subscritos por profissional habilitado.

Art. 895. O interessado em adquirir o bem penhorado em prestações poderá apresentar, por escrito:

I – até o início do primeiro leilão, proposta de aquisição do bem por valor não inferior ao da avaliação;

II – até o início do segundo leilão, proposta de aquisição do bem por valor que não seja considerado vil.

§ 1º A proposta conterá, em qualquer hipótese, oferta de pagamento de pelo menos vinte e cinco por cento do valor do lance à vista e o restante parcelado em até 30 (trinta) meses, garantido por caução idônea, quando se tratar de

CPC

móveis, e por hipoteca do próprio bem, quando se tratar de imóveis.

§ 2º As propostas para aquisição em prestações indicarão o prazo, a modalidade, o indexador de correção monetária e as condições de pagamento do saldo.

§ 3º VETADO.

- O dispositivo vetado tinha a seguinte redação: "§ 3º As prestações, que poderão ser pagas por meio eletrônico, serão corrigidas mensalmente pelo índice oficial de atualização financeira, a ser informado, se for o caso, para a operadora do cartão de crédito."

§ 4º No caso de atraso no pagamento de qualquer das prestações, incidirá multa de dez por cento sobre a soma da parcela inadimplida com as parcelas vincendas.

§ 5º O inadimplemento autoriza o exequente a pedir a resolução da arrematação ou promover, em face do arrematante, a execução do valor devido, devendo ambos os pedidos ser formulados nos autos da execução em que se deu a arrematação.

§ 6º A apresentação da proposta prevista neste artigo não suspende o leilão.

§ 7º A proposta de pagamento do lance à vista sempre prevalecerá sobre as propostas de pagamento parcelado.

§ 8º Havendo mais de uma proposta de pagamento parcelado:

I – em diferentes condições, o juiz decidirá pela mais vantajosa, assim compreendida, sempre, a de maior valor;

II – em iguais condições, o juiz decidirá pela formulada em primeiro lugar.

§ 9º No caso de arrematação a prazo, os pagamentos feitos pelo arrematante pertencerão ao exequente até o limite de seu crédito, e os subsequentes, ao executado.

Art. 896. Quando o imóvel de incapaz não alcançar em leilão pelo menos oitenta por cento do valor da avaliação, o juiz o confiará à guarda e à administração de depositário idôneo, adiando a alienação por prazo não superior a 1 (um) ano.

§ 1º Se, durante o adiamento, algum pretendente assegurar, mediante caução idônea, o preço da avaliação, o juiz ordenará a alienação em leilão.

§ 2º Se o pretendente à arrematação se arrepender, o juiz impor-lhe-á multa de vinte por cento sobre o valor da avaliação, em benefício do incapaz, valendo a decisão como título executivo.

§ 3º Sem prejuízo do disposto nos §§ 1º e 2º, o juiz poderá autorizar a locação do imóvel no prazo do adiamento.

§ 4º Findo o prazo do adiamento, o imóvel será submetido a novo leilão.

Art. 897. Se o arrematante ou seu fiador não pagar o preço no prazo estabelecido, o juiz impor-lhe-á, em favor do exequente, a perda da caução, voltando os bens a novo leilão, do qual não serão admitidos a participar o arrematante e o fiador remissos.

Art. 898. O fiador do arrematante que pagar o valor do lance e a multa poderá requerer que a arrematação lhe seja transferida.

Art. 899. Será suspensa a arrematação logo que o produto da alienação dos bens for suficiente para o pagamento do credor e para a satisfação das despesas da execução.

Art. 900. O leilão prosseguirá no dia útil imediato, à mesma hora em que teve início, independentemente de novo edital, se for ultrapassado o horário de expediente forense.

Art. 901. A arrematação constará de auto que será lavrado de imediato e poderá abranger bens penhorados em mais de uma execução, nele mencionadas as condições nas quais foi alienado o bem.

§ 1º A ordem de entrega do bem móvel ou a carta de arrematação do bem imóvel, com o respectivo mandado de imissão na posse, será expedida depois de efetuado o depósito ou prestadas as garantias pelo arrematante, bem como realizado o pagamento da comissão do leiloeiro e das demais despesas da execução.

§ 2º A carta de arrematação conterá a descrição do imóvel, com remissão à sua matrícula ou individuação e aos seus registros, a cópia do auto de arrematação e a prova de pagamento do imposto de transmissão, além da indicação da existência de eventual ônus real ou gravame.

Art. 902. No caso de leilão de bem hipotecado, o executado poderá remi-lo até a assinatura do auto de arrematação, oferecendo preço igual ao do maior lance oferecido.

Parágrafo único. No caso de falência ou insolvência do devedor hipotecário, o direito de remição previsto no *caput* defere-se à massa ou aos credores em concurso, não podendo o exequente recusar o preço da avaliação do imóvel.

- Art. 1.072, II, deste Código.

Art. 903. Qualquer que seja a modalidade de leilão, assinado o auto pelo juiz, pelo arrematante e pelo leiloeiro, a arrematação será considerada perfeita, acabada e irretratável, ainda que venham a ser julgados procedentes os embargos do executado ou a ação autônoma de que trata o § 4º deste artigo, assegurada a possibilidade de reparação pelos prejuízos sofridos.

§ 1º Ressalvadas outras situações previstas neste Código, a arrematação poderá, no entanto, ser:

I – invalidada, quando realizada por preço vil ou com outro vício;

II – considerada ineficaz, se não observado o disposto no art. 804;

III – resolvida, se não for pago o preço ou se não for prestada a caução.

§ 2º O juiz decidirá acerca das situações referidas no § 1º, se for provocado em até 10 (dez) dias após o aperfeiçoamento da arrematação.

§ 3º Passado o prazo previsto no § 2º sem que tenha havido alegação de qualquer das situações previstas no § 1º, será expedida a carta de arrematação e, conforme o caso, a ordem de entrega ou mandado de imissão na posse.

§ 4º Após a expedição da carta de arrematação ou da ordem de entrega, a invalidação da arrematação poderá ser pleiteada por ação autônoma, em cujo processo o arrematante figurará como litisconsorte necessário.

§ 5º O arrematante poderá desistir da arrematação, sendo-lhe imediatamente devolvido o depósito que tiver feito:

I – se provar, nos 10 (dez) dias seguintes, a existência de ônus real ou gravame não mencionado no edital;

II – se, antes de expedida a carta de arrematação ou a ordem de entrega, o executado alegar alguma das situações previstas no § 1º;

III – uma vez citado para responder a ação autônoma de que trata o § 4º deste artigo, desde que apresente a desistência no prazo de que dispõe para responder a essa ação.

§ 6º Considera-se ato atentatório à dignidade da justiça a suscitação infundada de vício com o objetivo de ensejar a desistência do arrematante, devendo o suscitante ser condenado, sem prejuízo da responsabilidade por perdas e danos, ao pagamento de multa, a ser fixada pelo juiz e devida ao exequente, em montante não superior a vinte por cento do valor atualizado do bem.

Seção V
DA SATISFAÇÃO DO CRÉDITO

Art. 904. A satisfação do crédito exequendo far-se-á:
I – pela entrega do dinheiro;
II – pela adjudicação dos bens penhorados.

Art. 905. O juiz autorizará que o exequente levante, até a satisfação integral de seu crédito, o dinheiro depositado para segurar o juízo ou o produto dos bens alienados, bem como do faturamento de empresa ou de outros frutos e rendimentos de coisas ou empresas penhoradas, quando:
I – a execução for movida só a benefício do exequente singular, a quem, por força da penhora, cabe o direito de preferência sobre os bens penhorados e alienados;
II – não houver sobre os bens alienados outros privilégios ou preferências instituídos anteriormente à penhora.

Parágrafo único. Durante o plantão judiciário, veda-se a concessão de pedidos de levantamento de importância em dinheiro ou valores ou de liberação de bens apreendidos.

Art. 906. Ao receber o mandado de levantamento, o exequente dará ao executado, por termo nos autos, quitação da quantia paga.

Parágrafo único. A expedição de mandado de levantamento poderá ser substituída pela transferência eletrônica do valor depositado em conta vinculada ao juízo para outra indicada pelo exequente.

Art. 907. Pago ao exequente o principal, os juros, as custas e os honorários, a importância que sobrar será restituída ao executado.

Art. 908. Havendo pluralidade de credores ou exequentes, o dinheiro lhes será distribuído e entregue consoante a ordem das respectivas preferências.

§ 1º No caso de adjudicação ou alienação, os créditos que recaem sobre o bem, inclusive os de natureza *propter rem*, sub-rogam-se sobre o respectivo preço, observada a ordem de preferência.

§ 2º Não havendo título legal à preferência, o dinheiro será distribuído entre os concorrentes, observando-se a anterioridade de cada penhora.

- Art. 1.345 do CC.
- Art. 99 do CDC.
- Art. 24 da Lei nº 8.906, de 4-7-1994 (Estatuto da Advocacia e da OAB).

Art. 909. Os exequentes formularão as suas pretensões, que versarão unicamente sobre o direito de preferência e a anterioridade da penhora, e, apresentadas as razões, o juiz decidirá.

CAPÍTULO V
DA EXECUÇÃO CONTRA A FAZENDA PÚBLICA

Art. 910. Na execução fundada em título extrajudicial, a Fazenda Pública será citada para opor embargos em 30 (trinta) dias.

- O STF, por unanimidade de votos, deferiu a medida cautelar na ADECON nº 11, para suspender todos os processos em que se discuta a constitucionalidade do art. 1º-B da Lei nº 9.494, de 10-9-1997, acrescido pela MP nº 2.180-35, de 24-8-2001 (*DOU* de 10-4-2007).

§ 1º Não opostos embargos ou transitada em julgado a decisão que os rejeitar, expedir-se-á precatório ou requisição de pequeno valor em favor do exequente, observando-se o disposto no art. 100 da Constituição Federal.

§ 2º Nos embargos, a Fazenda Pública poderá alegar qualquer matéria que lhe seria lícito deduzir como defesa no processo de conhecimento.

§ 3º Aplica-se a este Capítulo, no que couber, o disposto nos artigos 534 e 535.

- Súm. nº 279 do STJ.

CAPÍTULO VI
DA EXECUÇÃO DE ALIMENTOS

Art. 911. Na execução fundada em título executivo extrajudicial que contenha obrigação alimentar, o juiz mandará citar o executado para, em 3 (três) dias, efetuar o pagamento das parcelas anteriores ao início da execução e das que se vencerem no seu curso, provar que o fez ou justificar a impossibilidade de fazê-lo.

Parágrafo único. Aplicam-se, no que couber, os §§ 2º a 7º do art. 528.

Art. 912. Quando o executado for funcionário público, militar, diretor ou gerente de empresa, bem como empregado sujeito à legislação do trabalho, o exequente poderá requerer o desconto em folha de pagamento de pessoal da importância da prestação alimentícia.

§ 1º Ao despachar a inicial, o juiz oficiará à autoridade, à empresa ou ao empregador, determinando, sob pena de crime de desobediência, o desconto a partir da primeira remuneração posterior do executado, a contar do protocolo do ofício.

§ 2º O ofício conterá os nomes e o número de inscrição no Cadastro de Pessoas Físicas do exequente e do executado, a importância a ser descontada mensalmente, a conta na qual deve ser feito o depósito e, se for o caso, o tempo de sua duração.

Art. 913. Não requerida a execução nos termos deste Capítulo, observar-se-á o disposto no art. 824 e seguintes, com a ressalva de que, recaindo a penhora em dinheiro, a concessão de efeito suspensivo aos embargos à execução não obsta a que o exequente levante mensalmente a importância da prestação.

TÍTULO III – DOS EMBARGOS À EXECUÇÃO

Art. 914. O executado, independentemente de penhora, depósito ou caução, poderá se opor à execução por meio de embargos.

- Súm. nº 196 do STJ.

§ 1º Os embargos à execução serão distribuídos por dependência, autuados em apartado e instruídos com cópias das peças processuais relevantes, que poderão ser declaradas autênticas pelo próprio advogado, sob sua responsabilidade pessoal.

§ 2º Na execução por carta, os embargos serão oferecidos no juízo deprecante ou no juízo deprecado, mas a competência para julgá-los é do juízo deprecante, salvo se versarem unicamente sobre vícios ou defeitos da penhora, da avaliação ou da alienação dos bens efetuadas no juízo deprecado.

- Súm. nº 46 do STJ.

Art. 915. Os embargos serão oferecidos no prazo de 15 (quinze) dias, contado, conforme o caso, na forma do art. 231.

§ 1º Quando houver mais de um executado, o prazo para cada um deles embargar conta-se a partir da juntada do respectivo comprovante da citação, salvo no caso de cônjuges ou de companheiros, quando será contado a partir da juntada do último.

- Súm. nº 134 do STJ.

CPC

§ 2º Nas execuções por carta, o prazo para embargos será contado:

I – da juntada, na carta, da certificação da citação, quando versarem unicamente sobre vícios ou defeitos da penhora, da avaliação ou da alienação dos bens;

II – da juntada, nos autos de origem, do comunicado de que trata o § 4º deste artigo ou, não havendo este, da juntada da carta devidamente cumprida, quando versarem sobre questões diversas da prevista no inciso I deste parágrafo.

§ 3º Em relação ao prazo para oferecimento dos embargos à execução, não se aplica o disposto no art. 229.

§ 4º Nos atos de comunicação por carta precatória, rogatória ou de ordem, a realização da citação será imediatamente informada, por meio eletrônico, pelo juiz deprecado ao juiz deprecante.

Art. 916. No prazo para embargos, reconhecendo o crédito do exequente e comprovando o depósito de trinta por cento do valor em execução, acrescido de custas e de honorários de advogado, o executado poderá requerer que lhe seja permitido pagar o restante em até 6 (seis) parcelas mensais, acrescidas de correção monetária e de juros de um por cento ao mês.

§ 1º O exequente será intimado para manifestar-se sobre o preenchimento dos pressupostos do *caput*, e o juiz decidirá o requerimento em 5 (cinco) dias.

§ 2º Enquanto não apreciado o requerimento, o executado terá de depositar as parcelas vincendas, facultado ao exequente seu levantamento.

§ 3º Deferida a proposta, o exequente levantará a quantia depositada, e serão suspensos os atos executivos.

§ 4º Indeferida a proposta, seguir-se-ão os atos executivos, mantido o depósito, que será convertido em penhora.

§ 5º O não pagamento de qualquer das prestações acarretará cumulativamente:

I – o vencimento das prestações subsequentes e o prosseguimento do processo, com o imediato reinício dos atos executivos;

II – a imposição ao executado de multa de dez por cento sobre o valor das prestações não pagas.

§ 6º A opção pelo parcelamento de que trata este artigo importa renúncia ao direito de opor embargos

§ 7º O disposto neste artigo não se aplica ao cumprimento da sentença.

Art. 917. Nos embargos à execução, o executado poderá alegar:

I – inexequibilidade do título ou inexigibilidade da obrigação;

II – penhora incorreta ou avaliação errônea;

III – excesso de execução ou cumulação indevida de execuções;

IV – retenção por benfeitorias necessárias ou úteis, nos casos de execução para entrega de coisa certa;

V – incompetência absoluta ou relativa do juízo da execução;

VI – qualquer matéria que lhe seria lícito deduzir como defesa em processo de conhecimento.

§ 1º A incorreção da penhora ou da avaliação poderá ser impugnada por simples petição, no prazo de 15 (quinze) dias, contado da ciência do ato.

§ 2º Há excesso de execução quando:

I – o exequente pleiteia quantia superior à do título;

II – ela recai sobre coisa diversa daquela declarada no título;

III – ela se processa de modo diferente do que foi determinado no título;

IV – o exequente, sem cumprir a prestação que lhe corresponde, exige o adimplemento da prestação do executado;

V – o exequente não prova que a condição se realizou.

§ 3º Quando alegar que o exequente, em excesso de execução, pleiteia quantia superior à do título, o embargante declarará na petição inicial o valor que entende correto, apresentando demonstrativo discriminado e atualizado de seu cálculo.

§ 4º Não apontado o valor correto ou não apresentado o demonstrativo, os embargos à execução:

I – serão liminarmente rejeitados, sem resolução de mérito, se o excesso de execução for o seu único fundamento;

II – serão processados, se houver outro fundamento, mas o juiz não examinará a alegação de excesso de execução.

§ 5º Nos embargos de retenção por benfeitorias, o exequente poderá requerer a compensação de seu valor com o dos frutos ou dos danos considerados devidos pelo executado, cumprindo ao juiz, para a apuração dos respectivos valores, nomear perito, observando-se, então, o art. 464.

§ 6º O exequente poderá a qualquer tempo ser imitido na posse da coisa, prestando caução ou depositando o valor devido pelas benfeitorias ou resultante da compensação.

§ 7º A arguição de impedimento e suspeição observará o disposto nos arts. 146 e 148.

Art. 918. O juiz rejeitará liminarmente os embargos:

I – quando intempestivos;

II – nos casos de indeferimento da petição inicial e de improcedência liminar do pedido;

III – manifestamente protelatórios.

Parágrafo único. Considera-se conduta atentatória à dignidade da justiça o oferecimento de embargos manifestamente protelatórios.

Art. 919. Os embargos à execução não terão efeito suspensivo.

o Súm. nº 317 do STJ.

§ 1º O juiz poderá, a requerimento do embargante, atribuir efeito suspensivo aos embargos quando verificados os requisitos para a concessão da tutela provisória e desde que a execução já esteja garantida por penhora, depósito ou caução suficientes.

§ 2º Cessando as circunstâncias que a motivaram, a decisão relativa aos efeitos dos embargos poderá, a requerimento da parte, ser modificada ou revogada a qualquer tempo, em decisão fundamentada.

§ 3º Quando o efeito suspensivo atribuído aos embargos disser respeito apenas a parte do objeto da execução, esta prosseguirá quanto à parte restante.

§ 4º A concessão de efeito suspensivo aos embargos oferecidos por um dos executados não suspenderá a execução contra os que não embargaram quando o respectivo fundamento disser respeito exclusivamente ao embargante.

§ 5º A concessão de efeito suspensivo não impedirá a efetivação dos atos de substituição, de reforço ou de redução da penhora e de avaliação dos bens.

Art. 920. Recebidos os embargos:

I – o exequente será ouvido no prazo de 15 (quinze) dias;

II – a seguir, o juiz julgará imediatamente o pedido ou designará audiência;

III – encerrada a instrução, o juiz proferirá sentença.

TÍTULO IV – DA SUSPENSÃO E DA EXTINÇÃO DO PROCESSO DE EXECUÇÃO

CAPÍTULO I
DA SUSPENSÃO DO PROCESSO DE EXECUÇÃO

Art. 921. Suspende-se a execução:

I – nas hipóteses dos arts. 313 e 315, no que couber;

II – no todo ou em parte, quando recebidos com efeito suspensivo os embargos à execução;

III – quando não for localizado o executado ou bens penhoráveis;

- Inciso III com a redação dada pela Lei nº 14.195, de 26-8-2021.

IV – se a alienação dos bens penhorados não se realizar por falta de licitantes e o exequente, em 15 (quinze) dias, não requerer a adjudicação nem indicar outros bens penhoráveis;

V – quando concedido o parcelamento de que trata o art. 916.

§ 1º Na hipótese do inciso III, o juiz suspenderá a execução pelo prazo de 1 (um) ano, durante o qual se suspenderá a prescrição.

§ 2º Decorrido o prazo máximo de 1 (um) ano sem que seja localizado o executado ou que sejam encontrados bens penhoráveis, o juiz ordenará o arquivamento dos autos.

§ 3º Os autos serão desarquivados para prosseguimento da execução se a qualquer tempo forem encontrados bens penhoráveis.

§ 4º O termo inicial da prescrição no curso do processo será a ciência da primeira tentativa infrutífera de localização do devedor ou de bens penhoráveis, e será suspensa, por uma única vez, pelo prazo máximo previsto no § 1º deste artigo.

- § 4º com a redação dada pela Lei nº 14.195, de 26-8-2021.

§ 4º-A. A efetiva citação, intimação do devedor ou constrição de bens penhoráveis interrompe o prazo de prescrição, que não corre pelo tempo necessário à citação e à intimação do devedor, bem como para as formalidades da constrição patrimonial, se necessária, desde que o credor cumpra os prazos previstos na lei processual ou fixados pelo juiz.

- § 4º-A acrescido pela Lei nº 14.195, de 26-8-2021.

§ 5º O juiz, depois de ouvidas as partes, no prazo de 15 (quinze) dias, poderá, de ofício, reconhecer a prescrição no curso do processo e extingui-lo, sem ônus para as partes.

- § 5º com a redação dada pela Lei nº 14.195, de 26-8-2021.
- Súm. nº 150 do STF.

§ 6º A alegação de nulidade quanto ao procedimento previsto neste artigo somente será conhecida caso demonstrada a ocorrência de efetivo prejuízo, que será presumido apenas em caso de inexistência da intimação de que trata o § 4º deste artigo.

§ 7º Aplica-se o disposto neste artigo ao cumprimento de sentença de que trata o art. 523 deste Código.

- §§ 6º e 7º acrescidos pela Lei nº 14.195, de 26-8-2021.

Art. 922. Convindo as partes, o juiz declarará suspensa a execução durante o prazo concedido pelo exequente para que o executado cumpra voluntariamente a obrigação.

Parágrafo único. Findo o prazo sem cumprimento da obrigação, o processo retomará o seu curso.

Art. 923. Suspensa a execução, não serão praticados atos processuais, podendo o juiz, entretanto, salvo no caso de arguição de impedimento ou de suspeição, ordenar providências urgentes.

CAPÍTULO II
DA EXTINÇÃO DO PROCESSO DE EXECUÇÃO

Art. 924. Extingue-se a execução quando:

I – a petição inicial for indeferida;

II – a obrigação for satisfeita;

III – o executado obtiver, por qualquer outro meio, a extinção total da dívida;

IV – o exequente renunciar ao crédito;

V – ocorrer a prescrição intercorrente.

Art. 925. A extinção só produz efeito quando declarada por sentença.

- Súm. nº 150 do STF.

LIVRO III – DOS PROCESSOS NOS TRIBUNAIS E DOS MEIOS DE IMPUGNAÇÃO DAS DECISÕES JUDICIAIS

TÍTULO I – DA ORDEM DOS PROCESSOS E DOS PROCESSOS DE COMPETÊNCIA ORIGINÁRIA DOS TRIBUNAIS

CAPÍTULO I
DISPOSIÇÕES GERAIS

Art. 926. Os tribunais devem uniformizar sua jurisprudência e mantê-la estável, íntegra e coerente.

§ 1º Na forma estabelecida e segundo os pressupostos fixados no regimento interno, os tribunais editarão enunciados de súmula correspondentes a sua jurisprudência dominante.

§ 2º Ao editar enunciados de súmula, os tribunais devem ater-se às circunstâncias fáticas dos precedentes que motivaram sua criação.

Art. 927. Os juízes e os tribunais observarão:

I – as decisões do Supremo Tribunal Federal em controle concentrado de constitucionalidade;

II – os enunciados de súmula vinculante;

III – os acórdãos em incidente de assunção de competência ou de resolução de demandas repetitivas e em julgamento de recursos extraordinário e especial repetitivos;

IV – os enunciados das súmulas do Supremo Tribunal Federal em matéria constitucional e do Superior Tribunal de Justiça em matéria infraconstitucional;

V – a orientação do plenário ou do órgão especial aos quais estiverem vinculados.

§ 1º Os juízes e os tribunais observarão o disposto no art. 10 e no art. 489, § 1º, quando decidirem com fundamento neste artigo.

§ 2º A alteração de tese jurídica adotada em enunciado de súmula ou em julgamento de casos repetitivos poderá ser precedida de audiências públicas e da participação de pessoas, órgãos ou entidades que possam contribuir para a rediscussão da tese.

§ 3º Na hipótese de alteração de jurisprudência dominante do Supremo Tribunal Federal e dos tribunais superiores ou daquela oriunda de julgamento de casos repetitivos, pode haver modulação dos efeitos da alteração no interesse social e no da segurança jurídica.

§ 4º A modificação de enunciado de súmula, de jurisprudência pacificada ou de tese adotada em julgamento de casos repetitivos observará a necessidade de fundamentação adequada e específica, considerando os princípios da segurança jurídica, da proteção da confiança e da isonomia.

CPC

§ 5º Os tribunais darão publicidade a seus precedentes, organizando-os por questão jurídica decidida e divulgando-os, preferencialmente, na rede mundial de computadores.

Art. 928. Para os fins deste Código, considera-se julgamento de casos repetitivos a decisão proferida em:

I – incidente de resolução de demandas repetitivas;

II – recursos especial e extraordinário repetitivos.

Parágrafo único. O julgamento de casos repetitivos tem por objeto questão de direito material ou processual.

CAPÍTULO II
DA ORDEM DOS PROCESSOS NO TRIBUNAL

Art. 929. Os autos serão registrados no protocolo do tribunal no dia de sua entrada, cabendo à secretaria ordená-los, com imediata distribuição.

Parágrafo único. A critério do tribunal, os serviços de protocolo poderão ser descentralizados, mediante delegação a ofícios de justiça de primeiro grau.

Art. 930. Far-se-á a distribuição de acordo com o regimento interno do tribunal, observando-se a alternatividade, o sorteio eletrônico e a publicidade.

Parágrafo único. O primeiro recurso protocolado no tribunal tornará prevento o relator para eventual recurso subsequente interposto no mesmo processo ou em processo conexo.

Art. 931. Distribuídos, os autos serão imediatamente conclusos ao relator, que, em 30 (trinta) dias, depois de elaborar o voto, restituí-los-á, com relatório, à secretaria.

Art. 932. Incumbe ao relator:

I – dirigir e ordenar o processo no tribunal, inclusive em relação à produção de prova, bem como, quando for o caso, homologar autocomposição das partes;

II – apreciar o pedido de tutela provisória nos recursos e nos processos de competência originária do tribunal;

III – não conhecer de recurso inadmissível, prejudicado ou que não tenha impugnado especificamente os fundamentos da decisão recorrida;

IV – negar provimento a recurso que for contrário a:

a) súmula do Supremo Tribunal Federal, do Superior Tribunal de Justiça ou do próprio tribunal;

b) acórdão proferido pelo Supremo Tribunal Federal ou pelo Superior Tribunal de Justiça em julgamento de recursos repetitivos;

c) entendimento firmado em incidente de resolução de demandas repetitivas ou de assunção de competência;

V – depois de facultada a apresentação de contrarrazões, dar provimento ao recurso se a decisão recorrida for contrária a:

a) súmula do Supremo Tribunal Federal, do Superior Tribunal de Justiça ou do próprio tribunal;

b) acórdão proferido pelo Supremo Tribunal Federal ou pelo Superior Tribunal de Justiça em julgamento de recursos repetitivos;

c) entendimento firmado em incidente de resolução de demandas repetitivas ou de assunção de competência;

VI – decidir o incidente de desconsideração da personalidade jurídica, quando este for instaurado originariamente perante o tribunal;

VII – determinar a intimação do Ministério Público, quando for o caso;

VIII – exercer outras atribuições estabelecidas no regimento interno do tribunal.

Parágrafo único. Antes de considerar inadmissível o recurso, o relator concederá o prazo de 5 (cinco) dias ao recorrente para que seja sanado vício ou complementada a documentação exigível.

- Súm. nº 115 do STJ.

Art. 933. Se o relator constatar a ocorrência de fato superveniente à decisão recorrida ou a existência de questão apreciável de ofício ainda não examinada que devam ser considerados no julgamento do recurso, intimará as partes para que se manifestem no prazo de 5 (cinco) dias.

§ 1º Se a constatação ocorrer durante a sessão de julgamento, esse será imediatamente suspenso a fim de que as partes se manifestem especificamente.

§ 2º Se a constatação se der em vista dos autos, deverá o juiz que a solicitou encaminhá-los ao relator, que tomará as providências previstas no *caput* e, em seguida, solicitará a inclusão do feito em pauta para prosseguimento do julgamento, com submissão integral da nova questão aos julgadores.

Art. 934. Em seguida, os autos serão apresentados ao presidente, que designará dia para julgamento, ordenando, em todas as hipóteses previstas neste Livro, a publicação da pauta no órgão oficial.

Art. 935. Entre a data de publicação da pauta e a da sessão de julgamento decorrerá, pelo menos, o prazo de 5 (cinco) dias, incluindo-se em nova pauta os processos que não tenham sido julgados, salvo aqueles cujo julgamento tiver sido expressamente adiado para a primeira sessão seguinte.

- Súm. nº 117 do STJ.

§ 1º Às partes será permitida vista dos autos em cartório após a publicação da pauta de julgamento.

§ 2º Afixar-se-á a pauta na entrada da sala em que se realizar a sessão de julgamento.

Art. 936. Ressalvadas as preferências legais e regimentais, os recursos, a remessa necessária e os processos de competência originária serão julgados na seguinte ordem:

I – aqueles nos quais houver sustentação oral, observada a ordem dos requerimentos;

II – os requerimentos de preferência apresentados até o início da sessão de julgamento;

III – aqueles cujo julgamento tenha iniciado em sessão anterior; e

IV – os demais casos.

Art. 937. Na sessão de julgamento, depois da exposição da causa pelo relator, o presidente dará a palavra, sucessivamente, ao recorrente, ao recorrido e, nos casos de sua intervenção, ao membro do Ministério Público, pelo prazo improrrogável de 15 (quinze) minutos para cada um, a fim de sustentarem suas razões, nas seguintes hipóteses, nos termos da parte final do *caput* do art. 1.021:

I – no recurso de apelação;

II – no recurso ordinário;

III – no recurso especial;

IV – no recurso extraordinário;

V – nos embargos de divergência;

VI – na ação rescisória, no mandado de segurança e na reclamação;

VII – VETADO;

- O dispositivo vetado tinha a seguinte redação: "VII – no agravo interno originário de recurso de apelação, de recurso ordinário, de recurso especial ou de recurso extraordinário;".

VIII – no agravo de instrumento interposto contra decisões interlocutórias que versem sobre tutelas provisórias de urgência ou da evidência;

IX – em outras hipóteses previstas em lei ou no regimento interno do tribunal.

§ 1º A sustentação oral no incidente de resolução de demandas repetitivas observará o disposto no art. 984, no que couber.

§ 2º O procurador que desejar proferir sustentação oral poderá requerer, até o início da sessão, que o processo seja julgado em primeiro lugar, sem prejuízo das preferências legais.

§ 3º Nos processos de competência originária previstos no inciso VI, caberá sustentação oral no agravo interno interposto contra decisão de relator que o extinga.

§ 4º É permitido ao advogado com domicílio profissional em cidade diversa daquela onde está sediado o tribunal realizar sustentação oral por meio de videoconferência ou outro recurso tecnológico de transmissão de sons e imagens em tempo real, desde que o requeira até o dia anterior ao da sessão.

Art. 938. A questão preliminar suscitada no julgamento será decidida antes do mérito, deste não se conhecendo caso seja incompatível com a decisão.

§ 1º Constatada a ocorrência de vício sanável, inclusive aquele que possa ser conhecido de ofício, o relator determinará a realização ou a renovação do ato processual, no próprio tribunal ou em primeiro grau de jurisdição, intimadas as partes.

§ 2º Cumprida a diligência de que trata o § 1º, o relator, sempre que possível, prosseguirá no julgamento do recurso.

§ 3º Reconhecida a necessidade de produção de prova, o relator converterá o julgamento em diligência, que se realizará no tribunal ou em primeiro grau de jurisdição, decidindo-se o recurso após a conclusão da instrução.

§ 4º Quando não determinadas pelo relator, as providências indicadas nos §§ 1º e 3º poderão ser determinadas pelo órgão competente para julgamento do recurso.

Art. 939. Se a preliminar for rejeitada ou se a apreciação do mérito for com ela compatível, seguir-se-ão a discussão e o julgamento da matéria principal, sobre a qual deverão se pronunciar os juízes vencidos na preliminar.

Art. 940. O relator ou outro juiz que não se considerar habilitado a proferir imediatamente seu voto poderá solicitar vista pelo prazo máximo de 10 (dez) dias, após o qual o recurso será reincluído em pauta para julgamento na sessão seguinte à data da devolução.

§ 1º Se os autos não forem devolvidos tempestivamente ou se não for solicitada pelo juiz prorrogação de prazo de no máximo mais 10 (dez) dias, o presidente do órgão fracionário os requisitará para julgamento do recurso na sessão ordinária subsequente, com publicação da pauta em que for incluído.

§ 2º Quando requisitar os autos na forma do § 1º, se aquele que fez o pedido de vista ainda não se sentir habilitado a votar, o presidente convocará substituto para proferir voto, na forma estabelecida no regimento interno do tribunal.

Art. 941. Proferidos os votos, o presidente anunciará o resultado do julgamento, designando para redigir o acórdão o relator ou, se vencido este, o autor do primeiro voto vencedor.

§ 1º O voto poderá ser alterado até o momento da proclamação do resultado pelo presidente, salvo aquele já proferido por juiz afastado ou substituído.

§ 2º No julgamento de apelação ou de agravo de instrumento, a decisão será tomada, no órgão colegiado, pelo voto de 3 (três) juízes.

§ 3º O voto vencido será necessariamente declarado e considerado parte integrante do acórdão para todos os fins legais, inclusive de pré-questionamento.

○ Súm. nº 200 do STJ.

Art. 942. Quando o resultado da apelação for não unânime, o julgamento terá prosseguimento em sessão a ser designada com a presença de outros julgadores, que serão convocados nos termos previamente definidos no regimento interno, em número suficiente para garantir a possibilidade de inversão do resultado inicial, assegurado às partes e a eventuais terceiros o direito de sustentar oralmente suas razões perante os novos julgadores.

§ 1º Sendo possível, o prosseguimento do julgamento dar-se-á na mesma sessão, colhendo-se os votos de outros julgadores que porventura componham o órgão colegiado.

§ 2º Os julgadores que já tiverem votado poderão rever seus votos por ocasião do prosseguimento do julgamento.

§ 3º A técnica de julgamento prevista neste artigo aplica-se, igualmente, ao julgamento não unânime proferido em:

I – ação rescisória, quando o resultado for a rescisão da sentença, devendo, nesse caso, seu prosseguimento ocorrer em órgão de maior composição previsto no regimento interno;

II – agravo de instrumento, quando houver reforma da decisão que julgar parcialmente o mérito.

§ 4º Não se aplica o disposto neste artigo ao julgamento:

I – do incidente de assunção de competência e ao de resolução de demandas repetitivas;

II – da remessa necessária;

III – não unânime proferido, nos tribunais, pelo plenário ou pela corte especial.

Art. 943. Os votos, os acórdãos e os demais atos processuais podem ser registrados em documento eletrônico inviolável e assinados eletronicamente, na forma da lei, devendo ser impressos para juntada aos autos do processo quando este não for eletrônico.

§ 1º Todo acórdão conterá ementa.

§ 2º Lavrado o acórdão, sua ementa será publicada no órgão oficial no prazo de 10 (dez) dias.

Art. 944. Não publicado o acórdão no prazo de 30 (trinta) dias, contado da data da sessão de julgamento, as notas taquigráficas o substituirão, para todos os fins legais, independentemente de revisão.

Parágrafo único. No caso do *caput*, o presidente do tribunal lavrará, de imediato, as conclusões e a ementa e mandará publicar o acórdão.

Art. 945. *Revogado.* Lei nº 13.256, de 4-2-2016.

Art. 946. O agravo de instrumento será julgado antes da apelação interposta no mesmo processo.

Parágrafo único. Se ambos os recursos de que trata o *caput* houverem de ser julgados na mesma sessão, terá precedência o agravo de instrumento.

CAPÍTULO III
DO INCIDENTE DE ASSUNÇÃO DE COMPETÊNCIA

Art. 947. É admissível a assunção de competência quando o julgamento de recurso, de remessa necessária ou de processo de competência originária envolver relevante questão de direito, com grande repercussão social, sem repetição em múltiplos processos.

§ 1º Ocorrendo a hipótese de assunção de competência, o relator proporá, de ofício ou a requerimento da parte, do Ministério Público ou da Defensoria Pública, que seja o recurso, a remessa necessária ou o processo de competência originária julgado pelo órgão colegiado que o regimento indicar.

§ 2º O órgão colegiado julgará o recurso, a remessa necessária ou o processo de competência originária se reconhecer interesse público na assunção de competência.

§ 3º O acórdão proferido em assunção de competência vinculará todos os juízes e órgãos fracionários, exceto se houver revisão de tese.

§ 4º Aplica-se o disposto neste artigo quando ocorrer relevante questão de direito a respeito da qual seja conveniente a prevenção ou a composição de divergência entre câmaras ou turmas do tribunal.

CAPÍTULO IV

DO INCIDENTE DE ARGUIÇÃO DE INCONSTITUCIONALIDADE

Art. 948. Arguida, em controle difuso, a inconstitucionalidade de lei ou de ato normativo do poder público, o relator, após ouvir o Ministério Público e as partes, submeterá a questão à turma ou à câmara à qual competir o conhecimento do processo.

- Arts. 102, I, *a*, e 103 da CF.

Art. 949. Se a arguição for:

I – rejeitada, prosseguirá o julgamento;

II – acolhida, a questão será submetida ao plenário do tribunal ou ao seu órgão especial, onde houver.

Parágrafo único. Os órgãos fracionários dos tribunais não submeterão ao plenário ou ao órgão especial a arguição de inconstitucionalidade quando já houver pronunciamento destes ou do plenário do Supremo Tribunal Federal sobre a questão.

Art. 950. Remetida cópia do acórdão a todos os juízes, o presidente do tribunal designará a sessão de julgamento.

§ 1º As pessoas jurídicas de direito público responsáveis pela edição do ato questionado poderão manifestar-se no incidente de inconstitucionalidade se assim o requererem, observados os prazos e as condições previstos no regimento interno do tribunal.

§ 2º A parte legitimada à propositura das ações previstas no art. 103 da Constituição Federal poderá manifestar-se, por escrito, sobre a questão constitucional objeto de apreciação, no prazo previsto pelo regimento interno, sendo-lhe assegurado o direito de apresentar memoriais ou de requerer a juntada de documentos.

§ 3º Considerando a relevância da matéria e a representatividade dos postulantes, o relator poderá admitir, por despacho irrecorrível, a manifestação de outros órgãos ou entidades.

- Arts. 97 e 103 da CF.
- Súm. Vinc. nº 10 do STF.
- Súmulas nºs 293 e 455 do STF.

CAPÍTULO V

DO CONFLITO DE COMPETÊNCIA

Art. 951. O conflito de competência pode ser suscitado por qualquer das partes, pelo Ministério Público ou pelo juiz.

Parágrafo único. O Ministério Público somente será ouvido nos conflitos de competência relativos aos processos previstos no art. 178, mas terá qualidade de parte nos conflitos que suscitar.

- Súmulas nºs 3, 59, 180 e 348 do STJ.

Art. 952. Não pode suscitar conflito a parte que, no processo, arguiu incompetência relativa.

Parágrafo único. O conflito de competência não obsta, porém, a que a parte que não o arguiu suscite a incompetência.

Art. 953. O conflito será suscitado ao tribunal:

I – pelo juiz, por ofício;

II – pela parte e pelo Ministério Público, por petição.

Parágrafo único. O ofício e a petição serão instruídos com os documentos necessários à prova do conflito.

Art. 954. Após a distribuição, o relator determinará a oitiva dos juízes em conflito ou, se um deles for suscitante, apenas do suscitado.

Parágrafo único. No prazo designado pelo relator, incumbirá ao juiz ou aos juízes prestar as informações.

Art. 955. O relator poderá, de ofício ou a requerimento de qualquer das partes, determinar, quando o conflito for positivo, o sobrestamento do processo e, nesse caso, bem como no de conflito negativo, designará um dos juízes para resolver, em caráter provisório, as medidas urgentes.

Parágrafo único. O relator poderá julgar de plano o conflito de competência quando sua decisão se fundar em:

I – súmula do Supremo Tribunal Federal, do Superior Tribunal de Justiça ou do próprio tribunal;

II – tese firmada em julgamento de casos repetitivos ou em incidente de assunção de competência.

Art. 956. Decorrido o prazo designado pelo relator, será ouvido o Ministério Público, no prazo de 5 (cinco) dias, ainda que as informações não tenham sido prestadas, e, em seguida, o conflito irá a julgamento.

Art. 957. Ao decidir o conflito, o tribunal declarará qual o juízo competente, pronunciando-se também sobre a validade dos atos do juízo incompetente.

Parágrafo único. Os autos do processo em que se manifestou o conflito serão remetidos ao juiz declarado competente.

Art. 958. No conflito que envolva órgãos fracionários dos tribunais, desembargadores e juízes em exercício no tribunal, observar-se-á o que dispuser o regimento interno do tribunal.

Art. 959. O regimento interno do tribunal regulará o processo e o julgamento do conflito de atribuições entre autoridade judiciária e autoridade administrativa.

CAPÍTULO VI

DA HOMOLOGAÇÃO DE DECISÃO ESTRANGEIRA E DA CONCESSÃO DO *EXEQUATUR* À CARTA ROGATÓRIA

Art. 960. A homologação de decisão estrangeira será requerida por ação de homologação de decisão estrangeira, salvo disposição especial em sentido contrário prevista em tratado.

§ 1º A decisão interlocutória estrangeira poderá ser executada no Brasil por meio de carta rogatória.

§ 2º A homologação obedecerá ao que dispuserem os tratados em vigor no Brasil e o Regimento Interno do Superior Tribunal de Justiça.

- Art. 109, X, da CF.

§ 3º A homologação de decisão arbitral estrangeira obedecerá ao disposto em tratado e em lei, aplicando-se, subsidiariamente, as disposições deste Capítulo.

Art. 961. A decisão estrangeira somente terá eficácia no Brasil após a homologação de sentença estrangeira ou a concessão do *exequatur* às cartas rogatórias, salvo disposição em sentido contrário de lei ou tratado.

- A homologação de sentença estrangeira passou a ser da competência do STJ, conforme art. 105, I, *i*, da CF.

§ 1º É passível de homologação a decisão judicial definitiva, bem como a decisão não judicial que, pela lei brasileira, teria natureza jurisdicional.

§ 2º A decisão estrangeira poderá ser homologada parcialmente.

§ 3º A autoridade judiciária brasileira poderá deferir pedidos de urgência e realizar atos de execução provisória no processo de homologação de decisão estrangeira.

§ 4º Haverá homologação de decisão estrangeira para fins de execução fiscal quando prevista em tratado ou em promessa de reciprocidade apresentada à autoridade brasileira.

§ 5º A sentença estrangeira de divórcio consensual produz efeitos no Brasil, independentemente de homologação pelo Superior Tribunal de Justiça.

§ 6º Na hipótese do § 5º, competirá a qualquer juiz examinar a validade da decisão, em caráter principal ou incidental, quando essa questão for suscitada em processo de sua competência.

Art. 962. É passível de execução a decisão estrangeira concessiva de medida de urgência.

§ 1º A execução no Brasil de decisão interlocutória estrangeira concessiva de medida de urgência dar-se-á por carta rogatória.

§ 2º A medida de urgência concedida sem audiência do réu poderá ser executada, desde que garantido o contraditório em momento posterior.

§ 3º O juízo sobre a urgência da medida compete exclusivamente à autoridade jurisdicional prolatora da decisão estrangeira.

§ 4º Quando dispensada a homologação para que a sentença estrangeira produza efeitos no Brasil, a decisão concessiva de medida de urgência dependerá, para produzir efeitos, de ter sua validade expressamente reconhecida pelo juiz competente para dar-lhe cumprimento, dispensada a homologação pelo Superior Tribunal de Justiça.

Art. 963. Constituem requisitos indispensáveis à homologação da decisão:

I – ser proferida por autoridade competente;

II – ser precedida de citação regular, ainda que verificada a revelia;

III – ser eficaz no país em que foi proferida;

IV – não ofender a coisa julgada brasileira;

V – estar acompanhada de tradução oficial, salvo disposição que a dispense prevista em tratado;

VI – não conter manifesta ofensa à ordem pública.

Parágrafo único. Para a concessão do *exequatur* às cartas rogatórias, observar-se-ão os pressupostos previstos no *caput* deste artigo e no art. 962, § 2º.

- Art. 15 do Dec.-lei nº 4.657, de 4-9-1942 (Lei de Introdução às Normas do Direito Brasileiro).

Art. 964. Não será homologada a decisão estrangeira na hipótese de competência exclusiva da autoridade judiciária brasileira.

Parágrafo único. O dispositivo também se aplica à concessão do *exequatur* à carta rogatória.

Art. 965. O cumprimento de decisão estrangeira far-se-á perante o juízo federal competente, a requerimento da parte, conforme as normas estabelecidas para o cumprimento de decisão nacional.

- A homologação de sentença estrangeira passou a ser da competência do STJ, conforme art. 105, I, *i*, da CF.

Parágrafo único. O pedido de execução deverá ser instruído com cópia autenticada da decisão homologatória ou do *exequatur*, conforme o caso.

- Art. 109, X, da CF.

CAPÍTULO VII
DA AÇÃO RESCISÓRIA

Art. 966. A decisão de mérito, transitada em julgado, pode ser rescindida quando:

- Súm. nº 514 do STF.

I – se verificar que foi proferida por força de prevaricação, concussão ou corrupção do juiz;

- Súm. nº 343 do STF.

II – for proferida por juiz impedido ou por juízo absolutamente incompetente;

III – resultar de dolo ou coação da parte vencedora em detrimento da parte vencida ou, ainda, de simulação ou colusão entre as partes, a fim de fraudar a lei;

IV – ofender a coisa julgada;

V – violar manifestamente norma jurídica;

- Súm. nº 343 do STF.

VI – for fundada em prova cuja falsidade tenha sido apurada em processo criminal ou venha a ser demonstrada na própria ação rescisória;

VII – obtiver o autor, posteriormente ao trânsito em julgado, prova nova cuja existência ignorava ou de que não pôde fazer uso, capaz, por si só, de lhe assegurar pronunciamento favorável;

VIII – for fundada em erro de fato verificável do exame dos autos.

§ 1º Há erro de fato quando a decisão rescindenda admitir fato inexistente ou quando considerar inexistente fato efetivamente ocorrido, sendo indispensável, em ambos os casos, que o fato não represente ponto controvertido sobre o qual o juiz deveria ter se pronunciado.

§ 2º Nas hipóteses previstas nos incisos do *caput*, será rescindível a decisão transitada em julgado que, embora não seja de mérito, impeça:

I – nova propositura da demanda; ou

II – admissibilidade do recurso correspondente.

§ 3º A ação rescisória pode ter por objeto apenas um capítulo da decisão.

§ 4º Os atos de disposição de direitos, praticados pelas partes ou por outros participantes do processo e homologados pelo juízo, bem como os atos homologatórios praticados no curso da execução, estão sujeitos à anulação, nos termos da lei.

§ 5º Cabe ação rescisória, com fundamento no inciso V do *caput* deste artigo, contra decisão baseada em enunciado de súmula ou acórdão proferido em julgamento de casos repetitivos que não tenha considerado a existência de distinção entre a questão discutida no processo e o padrão decisório que lhe deu fundamento.

§ 6º Quando a ação rescisória fundar-se na hipótese do § 5º deste artigo, caberá ao autor, sob pena de inépcia, demonstrar, fundamentadamente, tratar-se de situação particulari-

CPC

zada por hipótese fática distinta ou de questão jurídica não examinada, a impor outra solução jurídica.

• §§ 5º e 6º acrescidos pela Lei nº 13.256, de 4-2-2016.

Art. 967. Têm legitimidade para propor a ação rescisória:

I – quem foi parte no processo ou o seu sucessor a título universal ou singular;

II – o terceiro juridicamente interessado;

III – o Ministério Público:

a) se não foi ouvido no processo em que lhe era obrigatória a intervenção;

b) quando a decisão rescindenda é o efeito de simulação ou de colusão das partes, a fim de fraudar a lei;

c) em outros casos em que se imponha sua atuação;

IV – aquele que não foi ouvido no processo em que lhe era obrigatória a intervenção.

Parágrafo único. Nas hipóteses do art. 178, o Ministério Público será intimado para intervir como fiscal da ordem jurídica quando não for parte.

Art. 968. A petição inicial será elaborada com observância dos requisitos essenciais do art. 319, devendo o autor:

I – cumular ao pedido de rescisão, se for o caso, o de novo julgamento do processo;

II – depositar a importância de cinco por cento sobre o valor da causa, que se converterá em multa caso a ação seja, por unanimidade de votos, declarada inadmissível ou improcedente.

o Súmulas nºs 75 e 401 do STJ.

§ 1º Não se aplica o disposto no inciso II à União, aos Estados, ao Distrito Federal, aos Municípios, às suas respectivas autarquias e fundações de direito público, ao Ministério Público, à Defensoria Pública e aos que tenham obtido o benefício de gratuidade da justiça.

§ 2º O depósito previsto no inciso II do *caput* deste artigo não será superior a 1.000 (mil) salários mínimos.

§ 3º Além dos casos previstos no art. 330, a petição inicial será indeferida quando não efetuado o depósito exigido pelo inciso II do *caput* deste artigo.

§ 4º Aplica-se à ação rescisória o disposto no art. 332.

§ 5º Reconhecida a incompetência do tribunal para julgar a ação rescisória, o autor será intimado para emendar a petição inicial, a fim de adequar o objeto da ação rescisória, quando a decisão apontada como rescindenda:

I – não tiver apreciado o mérito e não se enquadrar na situação prevista no § 2º do art. 966;

II – tiver sido substituída por decisão posterior.

§ 6º Na hipótese do § 5º, após a emenda da petição inicial, será permitido ao réu complementar os fundamentos de defesa, e, em seguida, os autos serão remetidos ao tribunal competente.

Art. 969. A propositura da ação rescisória não impede o cumprimento da decisão rescindenda, ressalvada a concessão de tutela provisória.

Art. 970. O relator ordenará a citação do réu, designando-lhe prazo nunca inferior a 15 (quinze) dias nem superior a 30 (trinta) dias para, querendo, apresentar resposta, ao fim do qual, com ou sem contestação, observar-se-á, no que couber, o procedimento comum.

Art. 971. Na ação rescisória, devolvidos os autos pelo relator, a secretaria do tribunal expedirá cópias do relatório e as distribuirá entre os juízes que compuserem o órgão competente para o julgamento.

Parágrafo único. A escolha de relator recairá, sempre que possível, em juiz que não haja participado do julgamento rescindendo.

Art. 972. Se os fatos alegados pelas partes dependerem de prova, o relator poderá delegar a competência ao órgão que proferiu a decisão rescindenda, fixando prazo de 1 (um) a 3 (três) meses para a devolução dos autos.

Art. 973. Concluída a instrução, será aberta vista ao autor e ao réu para razões finais, sucessivamente, pelo prazo de 10 (dez) dias.

o Súm. nº 252 do STF.

Parágrafo único. Em seguida, os autos serão conclusos ao relator, procedendo-se ao julgamento pelo órgão competente.

Art. 974. Julgando procedente o pedido, o tribunal rescindirá a decisão, proferirá, se for o caso, novo julgamento e determinará a restituição do depósito a que se refere o inciso II do art. 968.

Parágrafo único. Considerando, por unanimidade, inadmissível ou improcedente o pedido, o tribunal determinará a reversão, em favor do réu, da importância do depósito, sem prejuízo do disposto no § 2º do art. 82.

Art. 975. O direito à rescisão se extingue em 2 (dois) anos contados do trânsito em julgado da última decisão proferida no processo.

o Súm. nº 264 do STF.

o Súm. nº 401 do STJ.

§ 1º Prorroga-se até o primeiro dia útil imediatamente subsequente o prazo a que se refere o *caput*, quando expirar durante férias forenses, recesso, feriados ou em dia em que não houver expediente forense.

§ 2º Se fundada a ação no inciso VII do art. 966, o termo inicial do prazo será a data de descoberta da prova nova, observado o prazo máximo de 5 (cinco) anos, contado do trânsito em julgado da última decisão proferida no processo.

§ 3º Nas hipóteses de simulação ou de colusão das partes, o prazo começa a contar, para o terceiro prejudicado e para o Ministério Público, que não interveio no processo, a partir do momento em que têm ciência da simulação ou da colusão.

CAPÍTULO VIII
DO INCIDENTE DE RESOLUÇÃO DE DEMANDAS REPETITIVAS

Art. 976. É cabível a instauração do incidente de resolução de demandas repetitivas quando houver, simultaneamente:

I – efetiva repetição de processos que contenham controvérsia sobre a mesma questão unicamente de direito;

II – risco de ofensa à isonomia e à segurança jurídica.

§ 1º A desistência ou o abandono do processo não impede o exame de mérito do incidente.

§ 2º Se não for o requerente, o Ministério Público intervirá obrigatoriamente no incidente e deverá assumir sua titularidade em caso de desistência ou de abandono.

§ 3º A inadmissão do incidente de resolução de demandas repetitivas por ausência de qualquer de seus pressupostos de admissibilidade não impede que, uma vez satisfeito o requisito, seja o incidente novamente suscitado.

§ 4º É incabível o incidente de resolução de demandas repetitivas quando um dos tribunais superiores, no âmbito de sua respectiva competência, já tiver afetado recurso para definição de tese sobre questão de direito material ou processual repetitiva.

§ 5º Não serão exigidas custas processuais no incidente de resolução de demandas repetitivas.

Art. 977. O pedido de instauração do incidente será dirigido ao presidente de tribunal:

I – pelo juiz ou relator, por ofício;

II – pelas partes, por petição;

III – pelo Ministério Público ou pela Defensoria Pública, por petição.

Parágrafo único. O ofício ou a petição será instruído com os documentos necessários à demonstração do preenchimento dos pressupostos para a instauração do incidente.

Art. 978. O julgamento do incidente caberá ao órgão indicado pelo regimento interno dentre aqueles responsáveis pela uniformização de jurisprudência do tribunal.

Parágrafo único. O órgão colegiado incumbido de julgar o incidente e de fixar a tese jurídica julgará igualmente o recurso, a remessa necessária ou o processo de competência originária de onde se originou o incidente.

Art. 979. A instauração e o julgamento do incidente serão sucedidos da mais ampla e específica divulgação e publicidade, por meio de registro eletrônico no Conselho Nacional de Justiça.

§ 1º Os tribunais manterão banco eletrônico de dados atualizados com informações específicas sobre questões de direito submetidas ao incidente, comunicando-o imediatamente ao Conselho Nacional de Justiça para inclusão no cadastro.

§ 2º Para possibilitar a identificação dos processos abrangidos pela decisão do incidente, o registro eletrônico das teses jurídicas constantes do cadastro conterá, no mínimo, os fundamentos determinantes da decisão e os dispositivos normativos a ela relacionados.

§ 3º Aplica-se o disposto neste artigo ao julgamento de recursos repetitivos e da repercussão geral em recurso extraordinário.

Art. 980. O incidente será julgado no prazo de 1 (um) ano e terá preferência sobre os demais feitos, ressalvados os que envolvam réu preso e os pedidos de *habeas corpus*.

Parágrafo único. Superado o prazo previsto no *caput*, cessa a suspensão dos processos prevista no art. 982, salvo decisão fundamentada do relator em sentido contrário.

Art. 981. Após a distribuição, o órgão colegiado competente para julgar o incidente procederá ao seu juízo de admissibilidade, considerando a presença dos pressupostos do art. 976.

Art. 982. Admitido o incidente, o relator:

I – suspenderá os processos pendentes, individuais ou coletivos, que tramitam no Estado ou na região, conforme o caso;

II – poderá requisitar informações a órgãos em cujo juízo tramita processo no qual se discute o objeto do incidente, que as prestarão no prazo de 15 (quinze) dias;

III – intimará o Ministério Público para, querendo, manifestar-se no prazo de 15 (quinze) dias.

§ 1º A suspensão será comunicada aos órgãos jurisdicionais competentes.

§ 2º Durante a suspensão, o pedido de tutela de urgência deverá ser dirigido ao juízo onde tramita o processo suspenso.

§ 3º Visando à garantia da segurança jurídica, qualquer legitimado mencionado no art. 977, incisos II e III, poderá requerer, ao tribunal competente para conhecer do recurso extraordinário ou especial, a suspensão de todos os processos individuais ou coletivos em curso no território nacional que versem sobre a questão objeto do incidente já instaurado.

§ 4º Independentemente dos limites da competência territorial, a parte no processo em curso no qual se discuta a mesma questão objeto do incidente é legitimada para requerer a providência prevista no § 3º deste artigo.

§ 5º Cessa a suspensão a que se refere o inciso I do *caput* deste artigo se não for interposto recurso especial ou recurso extraordinário contra a decisão proferida no incidente.

Art. 983. O relator ouvirá as partes e os demais interessados, inclusive pessoas, órgãos e entidades com interesse na controvérsia, que, no prazo comum de 15 (quinze) dias, poderão requerer a juntada de documentos, bem como as diligências necessárias para a elucidação da questão de direito controvertida, e, em seguida, manifestar-se-á o Ministério Público, no mesmo prazo.

§ 1º Para instruir o incidente, o relator poderá designar data para, em audiência pública, ouvir depoimentos de pessoas com experiência e conhecimento na matéria.

§ 2º Concluídas as diligências, o relator solicitará dia para o julgamento do incidente.

Art. 984. No julgamento do incidente, observar-se-á a seguinte ordem:

I – o relator fará a exposição do objeto do incidente;

II – poderão sustentar suas razões, sucessivamente:

a) o autor e o réu do processo originário e o Ministério Público, pelo prazo de 30 (trinta) minutos;

b) os demais interessados, no prazo de 30 (trinta) minutos, divididos entre todos, sendo exigida inscrição com 2 (dois) dias de antecedência.

§ 1º Considerando o número de inscritos, o prazo poderá ser ampliado.

§ 2º O conteúdo do acórdão abrangerá a análise de todos os fundamentos suscitados concernentes à tese jurídica discutida, sejam favoráveis ou contrários.

Art. 985. Julgado o incidente, a tese jurídica será aplicada:

I – a todos os processos individuais ou coletivos que versem sobre idêntica questão de direito e que tramitem na área de jurisdição do respectivo tribunal, inclusive àqueles que tramitem nos juizados especiais do respectivo Estado ou região;

II – aos casos futuros que versem idêntica questão de direito e que venham a tramitar no território de competência do tribunal, salvo revisão na forma do art. 986.

§ 1º Não observada a tese adotada no incidente, caberá reclamação.

§ 2º Se o incidente tiver por objeto questão relativa a prestação de serviço concedido, permitido ou autorizado, o resultado do julgamento será comunicado ao órgão, ao ente ou à agência reguladora competente para fiscalização da efetiva aplicação, por parte dos entes sujeitos a regulação, da tese adotada.

Art. 986. A revisão da tese jurídica firmada no incidente far-se-á pelo mesmo tribunal, de ofício ou mediante requerimento dos legitimados mencionados no art. 977, inciso III.

Art. 987. Do julgamento do mérito do incidente caberá recurso extraordinário ou especial, conforme o caso.

§ 1º O recurso tem efeito suspensivo, presumindo-se a repercussão geral de questão constitucional eventualmente discutida.

§ 2º Apreciado o mérito do recurso, a tese jurídica adotada pelo Supremo Tribunal Federal ou pelo Superior Tribunal de Justiça será aplicada no território nacional a todos os processos individuais ou coletivos que versem sobre idêntica questão de direito.

- Art. 1.072, IV, deste Código.
- Súm. nº 734 do STF.

CAPÍTULO IX
DA RECLAMAÇÃO

Art. 988. Caberá reclamação da parte interessada ou do Ministério Público para:

- Art. 102, I, da CF.

I – preservar a competência do tribunal;
II – garantir a autoridade das decisões do tribunal;
III – garantir a observância de enunciado de súmula vinculante e de decisão do Supremo Tribunal Federal em controle concentrado de constitucionalidade;
IV – garantir a observância de acórdão proferido em julgamento de incidente de resolução de demandas repetitivas ou de incidente de assunção de competência;

- Incisos III e IV com a redação dada pela Lei nº 13.256, de 4-2-2016.

§ 1º A reclamação pode ser proposta perante qualquer tribunal, e seu julgamento compete ao órgão jurisdicional cuja competência se busca preservar ou cuja autoridade se pretenda garantir.

§ 2º A reclamação deverá ser instruída com prova documental e dirigida ao presidente do tribunal.

§ 3º Assim que recebida, a reclamação será autuada e distribuída ao relator do processo principal, sempre que possível.

§ 4º As hipóteses dos incisos III e IV compreendem a aplicação indevida da tese jurídica e sua não aplicação aos casos que a ela correspondam.

§ 5º É inadmissível a reclamação:

- Súm. nº 734 do STF.

I – proposta após o trânsito em julgado da decisão reclamada;
II – proposta para garantir a observância de acórdão de recurso extraordinário com repercussão geral reconhecida ou de acórdão proferido em julgamento de recursos extraordinário ou especial repetitivos, quando não esgotadas as instâncias ordinárias.

- § 5º com a redação dada pela Lei nº 13.256, de 4-2-2016.

§ 6º A inadmissibilidade ou o julgamento do recurso interposto contra a decisão proferida pelo órgão reclamado não prejudica a reclamação.

- Art. 1.072, IV, deste Código.

Art. 989. Ao despachar a reclamação, o relator:
I – requisitará informações da autoridade a quem for imputada a prática do ato impugnado, que as prestará no prazo de 10 (dez) dias;
II – se necessário, ordenará a suspensão do processo ou do ato impugnado para evitar dano irreparável;
III – determinará a citação do beneficiário da decisão impugnada, que terá prazo de 15 (quinze) dias para apresentar a sua contestação.

Art. 990. Qualquer interessado poderá impugnar o pedido do reclamante.

Art. 991. Na reclamação que não houver formulado, o Ministério Público terá vista do processo por 5 (cinco) dias, após o decurso do prazo para informações e para o oferecimento da contestação pelo beneficiário do ato impugnado.

Art. 992. Julgando procedente a reclamação, o tribunal cassará a decisão exorbitante de seu julgado ou determinará medida adequada à solução da controvérsia.

Art. 993. O presidente do tribunal determinará o imediato cumprimento da decisão, lavrando-se o acórdão posteriormente.

TÍTULO II – DOS RECURSOS

CAPÍTULO I
DISPOSIÇÕES GERAIS

Art. 994. São cabíveis os seguintes recursos:
I – apelação;
II – agravo de instrumento;
III – agravo interno;
IV – embargos de declaração;
V – recurso ordinário;
VI – recurso especial;
VII – recurso extraordinário;
VIII – agravo em recurso especial ou extraordinário;
IX – embargos de divergência.

- Súmulas nºs 158, 168, 315, 316 e 420 do STJ.

Art. 995. Os recursos não impedem a eficácia da decisão, salvo disposição legal ou decisão judicial em sentido diverso.

Parágrafo único. A eficácia da decisão recorrida poderá ser suspensa por decisão do relator, se da imediata produção de seus efeitos houver risco de dano grave, de difícil ou impossível reparação, e ficar demonstrada a probabilidade de provimento do recurso.

Art. 996. O recurso pode ser interposto pela parte vencida, pelo terceiro prejudicado e pelo Ministério Público, como parte ou como fiscal da ordem jurídica.

- Súmulas nºs 99, 202 e 226 do STJ.

Parágrafo único. Cumpre ao terceiro demonstrar a possibilidade de a decisão sobre a relação jurídica submetida à apreciação judicial atingir direito de que se afirme titular ou que possa discutir em juízo como substituto processual.

Art. 997. Cada parte interporá o recurso independentemente, no prazo e com observância das exigências legais.

§ 1º Sendo vencidos autor e réu, ao recurso interposto por qualquer deles poderá aderir o outro.

§ 2º O recurso adesivo fica subordinado ao recurso independente, sendo-lhe aplicáveis as mesmas regras deste quanto aos requisitos de admissibilidade e julgamento no tribunal, salvo disposição legal diversa, observado, ainda, o seguinte:
I – será dirigido ao órgão perante o qual o recurso independente fora interposto, no prazo de que a parte dispõe para responder;
II – será admissível na apelação, no recurso extraordinário e no recurso especial;
III – não será conhecido, se houver desistência do recurso principal ou se for ele considerado inadmissível.

Art. 998. O recorrente poderá, a qualquer tempo, sem a anuência do recorrido ou dos litisconsortes, desistir do recurso.

Parágrafo único. A desistência do recurso não impede a análise de questão cuja repercussão geral já tenha sido reconhecida e daquela objeto de julgamento de recursos extraordinários ou especiais repetitivos.

Art. 999. A renúncia ao direito de recorrer independe da aceitação da outra parte.

Art. 1.000. A parte que aceitar expressa ou tacitamente a decisão não poderá recorrer.

Parágrafo único. Considera-se aceitação tácita a prática, sem nenhuma reserva, de ato incompatível com a vontade de recorrer.

Art. 1.001. Dos despachos não cabe recurso.

Art. 1.002. A decisão pode ser impugnada no todo ou em parte.

○ Súm. nº 354 do STF.

Art. 1.003. O prazo para interposição de recurso conta-se da data em que os advogados, a sociedade de advogados, a Advocacia Pública, a Defensoria Pública ou o Ministério Público são intimados da decisão.

§ 1º Os sujeitos previstos no *caput* considerar-se-ão intimados em audiência quando nesta for proferida a decisão.

§ 2º Aplica-se o disposto no art. 231, incisos I a VI, ao prazo de interposição de recurso pelo réu contra decisão proferida anteriormente à citação.

§ 3º No prazo para interposição de recurso, a petição será protocolada em cartório ou conforme as normas de organização judiciária, ressalvado o disposto em regra especial.

§ 4º Para aferição da tempestividade do recurso remetido pelo correio, será considerada como data de interposição a data de postagem.

§ 5º Excetuados os embargos de declaração, o prazo para interpor os recursos e para responder-lhes é de 15 (quinze) dias.

○ Arts. 180, 183 e 186 deste Código.

§ 6º O recorrente comprovará a ocorrência de feriado local no ato de interposição do recurso.

○ Súmulas nºs 116 e 216 do STJ.

Art. 1.004. Se, durante o prazo para a interposição do recurso, sobrevier o falecimento da parte ou de seu advogado ou ocorrer motivo de força maior que suspenda o curso do processo, será tal prazo restituído em proveito da parte, do herdeiro ou do sucessor, contra quem começará a correr novamente depois da intimação.

Art. 1.005. O recurso interposto por um dos litisconsortes a todos aproveita, salvo se distintos ou opostos os seus interesses.

Parágrafo único. Havendo solidariedade passiva, o recurso interposto por um devedor aproveitará aos outros quando as defesas opostas ao credor lhes forem comuns.

Art. 1.006. Certificado o trânsito em julgado, com menção expressa da data de sua ocorrência, o escrivão ou o chefe de secretaria, independentemente de despacho, providenciará a baixa dos autos ao juízo de origem, no prazo de 5 (cinco) dias.

Art. 1.007. No ato de interposição do recurso, o recorrente comprovará, quando exigido pela legislação pertinente, o respectivo preparo, inclusive porte de remessa e de retorno, sob pena de deserção.

○ Súmulas nºs 187, 215 e 484 do STJ.

§ 1º São dispensados de preparo, inclusive porte de remessa e de retorno, os recursos interpostos pelo Ministério Público, pela União, pelo Distrito Federal, pelos Estados, pelos Municípios, e respectivas autarquias, e pelos que gozam de isenção legal.

§ 2º A insuficiência no valor do preparo, inclusive porte de remessa e de retorno, implicará deserção se o recorrente, intimado na pessoa de seu advogado, não vier a supri-lo no prazo de 5 (cinco) dias.

§ 3º É dispensado o recolhimento do porte de remessa e de retorno no processo em autos eletrônicos.

§ 4º O recorrente que não comprovar, no ato de interposição do recurso, o recolhimento do preparo, inclusive porte de remessa e de retorno, será intimado, na pessoa de seu advogado, para realizar o recolhimento em dobro, sob pena de deserção.

§ 5º É vedada a complementação se houver insuficiência parcial do preparo, inclusive porte de remessa e de retorno, no recolhimento realizado na forma do § 4º.

§ 6º Provando o recorrente justo impedimento, o relator relevará a pena de deserção, por decisão irrecorrível, fixando-lhe prazo de 5 (cinco) dias para efetuar o preparo.

§ 7º O equívoco no preenchimento da guia de custas não implicará a aplicação da pena de deserção, cabendo ao relator, na hipótese de dúvida quanto ao recolhimento, intimar o recorrente para sanar o vício no prazo de 5 (cinco) dias.

Art. 1.008. O julgamento proferido pelo tribunal substituirá a decisão impugnada no que tiver sido objeto de recurso.

CAPÍTULO II

DA APELAÇÃO

Art. 1.009. Da sentença cabe apelação.

○ Arts. 331, 485, 487 e 997 deste Código.

§ 1º As questões resolvidas na fase de conhecimento, se a decisão a seu respeito não comportar agravo de instrumento, não são cobertas pela preclusão e devem ser suscitadas em preliminar de apelação, eventualmente interposta contra a decisão final, ou nas contrarrazões.

○ Art. 203 deste Código.

§ 2º Se as questões referidas no § 1º forem suscitadas em contrarrazões, o recorrente será intimado para, em 15 (quinze) dias, manifestar-se a respeito delas.

§ 3º O disposto no *caput* deste artigo aplica-se mesmo quando as questões mencionadas no art. 1.015 integrarem capítulo da sentença.

Art. 1.010. A apelação, interposta por petição dirigida ao juízo de primeiro grau, conterá:

I – os nomes e a qualificação das partes;

II – a exposição do fato e do direito;

III – as razões do pedido de reforma ou de decretação de nulidade;

IV – o pedido de nova decisão.

§ 1º O apelado será intimado para apresentar contrarrazões no prazo de 15 (quinze) dias.

§ 2º Se o apelado interpuser apelação adesiva, o juiz intimará o apelante para apresentar contrarrazões.

§ 3º Após as formalidades previstas nos §§ 1º e 2º, os autos serão remetidos ao tribunal pelo juiz, independentemente de juízo de admissibilidade.

Art. 1.011. Recebido o recurso de apelação no tribunal e distribuído imediatamente, o relator:

I – decidi-lo-á monocraticamente apenas nas hipóteses do art. 932, incisos III a V;

II – se não for o caso de decisão monocrática, elaborará seu voto para julgamento do recurso pelo órgão colegiado.

Art. 1.012. A apelação terá efeito suspensivo.

CPC

§ 1º Além de outras hipóteses previstas em lei, começa a produzir efeitos imediatamente após a sua publicação a sentença que:

I – homologa divisão ou demarcação de terras;

II – condena a pagar alimentos;

III – extingue sem resolução do mérito ou julga improcedentes os embargos do executado;

IV – julga procedente o pedido de instituição de arbitragem;

V – confirma, concede ou revoga tutela provisória;

VI – decreta a interdição.

§ 2º Nos casos do § 1º, o apelado poderá promover o pedido de cumprimento provisório depois de publicada a sentença.

§ 3º O pedido de concessão de efeito suspensivo nas hipóteses do § 1º poderá ser formulado por requerimento dirigido ao:

I – tribunal, no período compreendido entre a interposição da apelação e sua distribuição, ficando o relator designado para seu exame prevento para julgá-la;

II – relator, se já distribuída a apelação.

§ 4º Nas hipóteses do § 1º, a eficácia da sentença poderá ser suspensa pelo relator se o apelante demonstrar a probabilidade de provimento do recurso ou se, sendo relevante a fundamentação, houver risco de dano grave ou de difícil reparação.

Art. 1.013. A apelação devolverá ao tribunal o conhecimento da matéria impugnada.

§ 1º Serão, porém, objeto de apreciação e julgamento pelo tribunal todas as questões suscitadas e discutidas no processo, ainda que não tenham sido solucionadas, desde que relativas ao capítulo impugnado.

§ 2º Quando o pedido ou a defesa tiver mais de um fundamento e o juiz acolher apenas um deles, a apelação devolverá ao tribunal o conhecimento dos demais.

§ 3º Se o processo estiver em condições de imediato julgamento, o tribunal deve decidir desde logo o mérito quando:

I – reformar sentença fundada no art. 485;

II – decretar a nulidade da sentença por não ser ela congruente com os limites do pedido ou da causa de pedir;

III – constatar a omissão no exame de um dos pedidos, hipótese em que poderá julgá-lo;

IV – decretar a nulidade de sentença por falta de fundamentação.

§ 4º Quando reformar sentença que reconheça a decadência ou a prescrição, o tribunal, se possível, julgará o mérito, examinando as demais questões, sem determinar o retorno do processo ao juízo de primeiro grau.

§ 5º O capítulo da sentença que confirma, concede ou revoga a tutela provisória é impugnável na apelação.

- Súm. nº 331 do STJ.

Art. 1.014. As questões de fato não propostas no juízo inferior poderão ser suscitadas na apelação, se a parte provar que deixou de fazê-lo por motivo de força maior.

CAPÍTULO III

DO AGRAVO DE INSTRUMENTO

Art. 1.015. Cabe agravo de instrumento contra as decisões interlocutórias que versarem sobre:

- Arts. 203, 356, § 5º, e 1.037, § 13, I, deste Código.

I – tutelas provisórias;

II – mérito do processo;

III – rejeição da alegação de convenção de arbitragem;

IV – incidente de desconsideração da personalidade jurídica;

V – rejeição do pedido de gratuidade da justiça ou acolhimento do pedido de sua revogação;

VI – exibição ou posse de documento ou coisa;

VII – exclusão de litisconsorte;

VIII – rejeição do pedido de limitação do litisconsórcio;

IX – admissão ou inadmissão de intervenção de terceiros;

X – concessão, modificação ou revogação do efeito suspensivo aos embargos à execução;

XI – redistribuição do ônus da prova nos termos do art. 373, § 1º;

XII – VETADO;

- O dispositivo vetado tinha a seguinte redação: "XII – conversão da ação individual em ação coletiva;".

XIII – outros casos expressamente referidos em lei.

- Art. 7º, § 1º, da Lei nº 12.016, de 7-8-2009 (Lei do Mandado de Segurança Individual e Coletivo)

Parágrafo único. Também caberá agravo de instrumento contra decisões interlocutórias proferidas na fase de liquidação de sentença ou de cumprimento de sentença, no processo de execução e no processo de inventário.

Art. 1.016. O agravo de instrumento será dirigido diretamente ao tribunal competente, por meio de petição com os seguintes requisitos:

I – os nomes das partes;

II – a exposição do fato e do direito;

III – as razões do pedido de reforma ou de invalidação da decisão e o próprio pedido;

- Súm. nº 182 do STJ.

IV – o nome e o endereço completo dos advogados constantes do processo.

Art. 1.017. A petição de agravo de instrumento será instruída:

I – obrigatoriamente, com cópias da petição inicial, da contestação, da petição que ensejou a decisão agravada, da própria decisão agravada, da certidão da respectiva intimação ou outro documento oficial que comprove a tempestividade e das procurações outorgadas aos advogados do agravante e do agravado;

- Art. 425, IV, deste Código.
- Súm. nº 223 do STJ.

II – com declaração de inexistência de qualquer dos documentos referidos no inciso I, feita pelo advogado do agravante, sob pena de sua responsabilidade pessoal;

III – facultativamente, com outras peças que o agravante reputar úteis.

§ 1º Acompanhará a petição o comprovante do pagamento das respectivas custas e do porte de retorno, quando devidos, conforme tabela publicada pelos tribunais.

§ 2º No prazo do recurso, o agravo será interposto por:

I – protocolo realizado diretamente no tribunal competente para julgá-lo;

II – protocolo realizado na própria comarca, seção ou subseção judiciárias;

III – postagem, sob registro, com aviso de recebimento;

IV – transmissão de dados tipo fac-símile, nos termos da lei;

V – outra forma prevista em lei.

§ 3º Na falta da cópia de qualquer peça ou no caso de algum outro vício que comprometa a admissibilidade do agravo de instrumento, deve o relator aplicar o disposto no art. 932, parágrafo único.

§ 4º Se o recurso for interposto por sistema de transmissão de dados tipo fac-símile ou similar, as peças devem ser juntadas no momento de protocolo da petição original.

§ 5º Sendo eletrônicos os autos do processo, dispensam-se as peças referidas nos incisos I e II do *caput*, facultando-se ao agravante anexar outros documentos que entender úteis para a compreensão da controvérsia.

Art. 1.018. O agravante poderá requerer a juntada, aos autos do processo, de cópia da petição do agravo de instrumento, do comprovante de sua interposição e da relação dos documentos que instruíram o recurso.

§ 1º Se o juiz comunicar que reformou inteiramente a decisão, o relator considerará prejudicado o agravo de instrumento.

§ 2º Não sendo eletrônicos os autos, o agravante tomará a providência prevista no *caput*, no prazo de 3 (três) dias a contar da interposição do agravo de instrumento.

§ 3º O descumprimento da exigência de que trata o § 2º, desde que arguido e provado pelo agravado, importa inadmissibilidade do agravo de instrumento.

Art. 1.019. Recebido o agravo de instrumento no tribunal e distribuído imediatamente, se não for o caso de aplicação do art. 932, incisos III e IV, o relator, no prazo de 5 (cinco) dias:

- Art. 995 deste Código.

I – poderá atribuir efeito suspensivo ao recurso ou deferir, em antecipação de tutela, total ou parcialmente, a pretensão recursal, comunicando ao juiz sua decisão;

II – ordenará a intimação do agravado pessoalmente, por carta com aviso de recebimento, quando não tiver procurador constituído, ou pelo *Diário da Justiça* ou por carta com aviso de recebimento dirigida ao seu advogado, para que responda no prazo de 15 (quinze) dias, facultando-lhe juntar a documentação que entender necessária ao julgamento do recurso;

III – determinará a intimação do Ministério Público, preferencialmente por meio eletrônico, quando for o caso de sua intervenção, para que se manifeste no prazo de 15 (quinze) dias.

Art. 1.020. O relator solicitará dia para julgamento em prazo não superior a 1 (um) mês da intimação do agravado.

- Súm. nº 86 do STJ.

CAPÍTULO IV

DO AGRAVO INTERNO

Art. 1.021. Contra decisão proferida pelo relator caberá agravo interno para o respectivo órgão colegiado, observadas, quanto ao processamento, as regras do regimento interno do tribunal.

- Art. 1.030, § 2º, deste Código.

§ 1º Na petição de agravo interno, o recorrente impugnará especificadamente os fundamentos da decisão agravada.

§ 2º O agravo será dirigido ao relator, que intimará o agravado para manifestar-se sobre o recurso no prazo de 15 (quinze) dias, ao final do qual, não havendo retratação, o relator levá-lo-á a julgamento pelo órgão colegiado, com inclusão em pauta.

- Art. 1.036, § 3º, deste Código.

§ 3º É vedado ao relator limitar-se à reprodução dos fundamentos da decisão agravada para julgar improcedente o agravo interno.

- Art. 1.070 deste Código.

§ 4º Quando o agravo interno for declarado manifestamente inadmissível ou improcedente em votação unânime, o órgão colegiado, em decisão fundamentada, condenará o agravante a pagar ao agravado multa fixada entre um e cinco por cento do valor atualizado da causa.

§ 5º A interposição de qualquer outro recurso está condicionada ao depósito prévio do valor da multa prevista no § 4º, à exceção da Fazenda Pública e do beneficiário de gratuidade da justiça, que farão o pagamento ao final.

- Súm. nº 117 do STJ.

CAPÍTULO V

DOS EMBARGOS DE DECLARAÇÃO

Art. 1.022. Cabem embargos de declaração contra qualquer decisão judicial para:

- Art. 15 deste Código.

I – esclarecer obscuridade ou eliminar contradição;

II – suprir omissão de ponto ou questão sobre o qual devia se pronunciar o juiz de ofício ou a requerimento;

- Súmulas nºs 98, 211 e 453 do STJ.

III – corrigir erro material.

Parágrafo único. Considera-se omissa a decisão que:

I – deixe de se manifestar sobre tese firmada em julgamento de casos repetitivos ou em incidente de assunção de competência aplicável ao caso sob julgamento;

II – incorra em qualquer das condutas descritas no art. 489, § 1º.

Art. 1.023. Os embargos serão opostos, no prazo de 5 (cinco) dias, em petição dirigida ao juiz, com indicação do erro, obscuridade, contradição ou omissão, e não se sujeitam a preparo.

§ 1º Aplica-se aos embargos de declaração o art. 229.

§ 2º O juiz intimará o embargado para, querendo, manifestar-se, no prazo de 5 (cinco) dias, sobre os embargos opostos, caso seu eventual acolhimento implique a modificação da decisão embargada.

Art. 1.024. O juiz julgará os embargos em 5 (cinco) dias.

§ 1º Nos tribunais, o relator apresentará os embargos em mesa na sessão subsequente, proferindo voto, e, não havendo julgamento nessa sessão, será o recurso incluído em pauta automaticamente.

§ 2º Quando os embargos de declaração forem opostos contra decisão de relator ou outra decisão unipessoal proferida em tribunal, o órgão prolator da decisão embargada decidi-los-á monocraticamente.

§ 3º O órgão julgador conhecerá dos embargos de declaração como agravo interno se entender ser este o recurso cabível, desde que determine previamente a intimação do recorrente para, no prazo de 5 (cinco) dias, complementar as razões recursais, de modo a ajustá-las às exigências do art. 1.021, § 1º.

§ 4º Caso o acolhimento dos embargos de declaração implique modificação da decisão embargada, o embargado que já tiver interposto outro recurso contra a decisão originária tem o direito de complementar ou alterar suas razões, nos exatos limites da modificação, no prazo de 15 (quinze) dias, contado da intimação da decisão dos embargos de declaração.

§ 5º Se os embargos de declaração forem rejeitados ou não alterarem a conclusão do julgamento anterior, o recurso interposto pela outra parte antes da publicação do julgamento

CPC

dos embargos de declaração será processado e julgado independentemente de ratificação.

- Súm. nº 418 do STJ.

Art. 1.025. Consideram-se incluídos no acórdão os elementos que o embargante suscitou, para fins de pré-questionamento, ainda que os embargos de declaração sejam inadmitidos ou rejeitados, caso o tribunal superior considere existentes erro, omissão, contradição ou obscuridade.

- Súm. nº 211 do STJ.

Art. 1.026. Os embargos de declaração não possuem efeito suspensivo e interrompem o prazo para a interposição de recurso.

- Súmulas nºs 98 e 418 do STJ.

§ 1º A eficácia da decisão monocrática ou colegiada poderá ser suspensa pelo respectivo juiz ou relator se demonstrada a probabilidade de provimento do recurso ou, sendo relevante a fundamentação, se houver risco de dano grave ou de difícil reparação.

§ 2º Quando manifestamente protelatórios os embargos de declaração, o juiz ou o tribunal, em decisão fundamentada, condenará o embargante a pagar ao embargado multa não excedente a dois por cento sobre o valor atualizado da causa.

§ 3º Na reiteração de embargos de declaração manifestamente protelatórios, a multa será elevada a até dez por cento sobre o valor atualizado da causa, e a interposição de qualquer recurso ficará condicionada ao depósito prévio do valor da multa, à exceção da Fazenda Pública e do beneficiário de gratuidade da justiça, que a recolherão ao final.

- Súm. nº 98 do STJ.

§ 4º Não serão admitidos novos embargos de declaração se os dois anteriores houverem sido considerados protelatórios.

CAPÍTULO VI

DOS RECURSOS PARA O SUPREMO TRIBUNAL FEDERAL E PARA O SUPERIOR TRIBUNAL DE JUSTIÇA

Seção I

DO RECURSO ORDINÁRIO

Art. 1.027. Serão julgados em recurso ordinário:

- Arts. 102, II, e 105, II, da CF.

I – pelo Supremo Tribunal Federal, os mandados de segurança, os *habeas data* e os mandados de injunção decididos em única instância pelos tribunais superiores, quando denegatória a decisão;

II – pelo Superior Tribunal de Justiça:

a) os mandados de segurança decididos em única instância pelos tribunais regionais federais ou pelos tribunais de justiça dos Estados e do Distrito Federal e Territórios, quando denegatória a decisão;

b) os processos em que forem partes, de um lado, Estado estrangeiro ou organismo internacional e, de outro, Município ou pessoa residente ou domiciliada no País.

§ 1º Nos processos referidos no inciso II, alínea *b*, contra as decisões interlocutórias caberá agravo de instrumento dirigido ao Superior Tribunal de Justiça, nas hipóteses do art. 1.015.

§ 2º Aplica-se ao recurso ordinário o disposto nos arts. 1.013, § 3º, e 1.029, § 5º.

Art. 1.028. Ao recurso mencionado no art. 1.027, inciso II, alínea *b*, aplicam-se, quanto aos requisitos de admissibilidade e ao procedimento, as disposições relativas à apelação e o Regimento Interno do Superior Tribunal de Justiça.

§ 1º Na hipótese do art. 1.027, § 1º, aplicam-se as disposições relativas ao agravo de instrumento e o Regimento Interno do Superior Tribunal de Justiça.

§ 2º O recurso previsto no art. 1.027, incisos I e II, alínea *a*, deve ser interposto perante o tribunal de origem, cabendo ao seu presidente ou vice-presidente determinar a intimação do recorrido para, em 15 (quinze) dias, apresentar as contrarrazões.

§ 3º Findo o prazo referido no § 2º, os autos serão remetidos ao respectivo tribunal superior, independentemente de juízo de admissibilidade.

Seção II

DO RECURSO EXTRAORDINÁRIO E DO RECURSO ESPECIAL

Subseção I

DISPOSIÇÕES GERAIS

- Lei nº 8.038, de 28-5-1990, institui normas procedimentais para os processos que especifica, perante o STJ e o STF.
- Súmulas nºs 288, 633 a 640, 733 e 735 do STF.
- Súmulas nºs 5, 7, 83, 86, 126, 203, 207, 211, 256, 320 e 418 do STJ.

Art. 1.029. O recurso extraordinário e o recurso especial, nos casos previstos na Constituição Federal, serão interpostos perante o presidente ou o vice-presidente do tribunal recorrido, em petições distintas que conterão:

I – a exposição do fato e do direito;

II – a demonstração do cabimento do recurso interposto;

III – as razões do pedido de reforma ou de invalidação da decisão recorrida.

§ 1º Quando o recurso fundar-se em dissídio jurisprudencial, o recorrente fará a prova da divergência com a certidão, cópia ou citação do repositório de jurisprudência, oficial ou credenciado, inclusive em mídia eletrônica, em que houver sido publicado o acórdão divergente, ou ainda com a reprodução de julgado disponível na rede mundial de computadores, com indicação da respectiva fonte, devendo-se, em qualquer caso, mencionar as circunstâncias que identifiquem ou assemelhem os casos confrontados.

§ 2º *Revogado.* Lei nº 13.256, de 4-2-2016.

§ 3º O Supremo Tribunal Federal ou o Superior Tribunal de Justiça poderá desconsiderar vício formal de recurso tempestivo ou determinar sua correção, desde que não o repute grave.

§ 4º Quando, por ocasião do processamento do incidente de resolução de demandas repetitivas, o presidente do Supremo Tribunal Federal ou do Superior Tribunal de Justiça receber requerimento de suspensão de processos em que se discuta questão federal constitucional ou infraconstitucional, poderá, considerando razões de segurança jurídica ou de excepcional interesse social, estender a suspensão a todo o território nacional, até ulterior decisão do recurso extraordinário ou do recurso especial a ser interposto.

§ 5º O pedido de concessão de efeito suspensivo a recurso extraordinário ou a recurso especial poderá ser formulado por requerimento dirigido:

I – ao tribunal superior respectivo, no período compreendido entre a publicação da decisão de admissão do recurso e sua distribuição, ficando o relator designado para seu exame prevento para julgá-lo;

- Inciso I com a redação dada pela Lei nº 13.256, de 4-2-2016.

II – ao relator, se já distribuído o recurso;

III – ao presidente ou ao vice-presidente do tribunal recorrido, no período compreendido entre a interposição do recurso e a publicação da decisão de admissão do recurso, assim como no caso de o recurso ter sido sobrestado, nos termos do art. 1.037.

- Inciso III com a redação dada pela Lei nº 13.256, de 4-2-2016.

o Súmulas nºs 634 e 635 do STF.

o Súm. nº 115 do STJ.

Art. 1.030. Recebida a petição do recurso pela secretaria do tribunal, o recorrido será intimado para apresentar contrarrazões no prazo de 15 (quinze) dias, findo o qual os autos serão conclusos ao presidente ou ao vice-presidente do tribunal recorrido, que deverá:

o Arts. 1.021 e 1.042 deste Código.

I – negar seguimento:

a) a recurso extraordinário que discuta questão constitucional à qual o Supremo Tribunal Federal não tenha reconhecido a existência de repercussão geral ou a recurso extraordinário interposto contra acórdão que esteja em conformidade com entendimento do Supremo Tribunal Federal exarado no regime de repercussão geral;

b) a recurso extraordinário ou a recurso especial interposto contra acórdão que esteja em conformidade com entendimento do Supremo Tribunal Federal ou do Superior Tribunal de Justiça, respectivamente, exarado no regime de julgamento de recursos repetitivos;

II – encaminhar o processo ao órgão julgador para realização do juízo de retratação, se o acórdão recorrido divergir do entendimento do Supremo Tribunal Federal ou do Superior Tribunal de Justiça exarado, conforme o caso, nos regimes de repercussão geral ou de recursos repetitivos;

III – sobrestar o recurso que versar sobre controvérsia de caráter repetitivo ainda não decidida pelo Supremo Tribunal Federal ou pelo Superior Tribunal de Justiça, conforme se trate de matéria constitucional ou infraconstitucional;

IV – selecionar o recurso como representativo de controvérsia constitucional ou infraconstitucional, nos termos do § 6º do art. 1.036;

V – realizar o juízo de admissibilidade e, se positivo, remeter o feito ao Supremo Tribunal Federal ou ao Superior Tribunal de Justiça, desde que:

a) o recurso ainda não tenha sido submetido ao regime de repercussão geral ou de julgamento de recursos repetitivos;

b) o recurso tenha sido selecionado como representativo da controvérsia; ou

c) o tribunal recorrido tenha refutado o juízo de retratação.

§ 1º Da decisão de inadmissibilidade proferida com fundamento no inciso V caberá agravo ao tribunal superior, nos termos do art. 1.042.

§ 2º Da decisão proferida com fundamento nos incisos I e III caberá agravo interno, nos termos do art. 1.021.

- Art. 1.030 com a redação dada pela Lei nº 13.256, de 4-2-2016.

Art. 1.031. Na hipótese de interposição conjunta de recurso extraordinário e recurso especial, os autos serão remetidos ao Superior Tribunal de Justiça.

§ 1º Concluído o julgamento do recurso especial, os autos serão remetidos ao Supremo Tribunal Federal para apreciação do recurso extraordinário, se este não estiver prejudicado.

§ 2º Se o relator do recurso especial considerar prejudicial o recurso extraordinário, em decisão irrecorrível, sobrestará o julgamento e remeterá os autos ao Supremo Tribunal Federal.

§ 3º Na hipótese do § 2º, se o relator do recurso extraordinário, em decisão irrecorrível, rejeitar a prejudicialidade, devolverá os autos ao Superior Tribunal de Justiça para o julgamento do recurso especial.

Art. 1.032. Se o relator, no Superior Tribunal de Justiça, entender que o recurso especial versa sobre questão constitucional, deverá conceder prazo de 15 (quinze) dias para que o recorrente demonstre a existência de repercussão geral e se manifeste sobre a questão constitucional.

Parágrafo único. Cumprida a diligência de que trata o *caput*, o relator remeterá o recurso ao Supremo Tribunal Federal, que, em juízo de admissibilidade, poderá devolvê-lo ao Superior Tribunal de Justiça.

Art. 1.033. Se o Supremo Tribunal Federal considerar como reflexa a ofensa à Constituição afirmada no recurso extraordinário, por pressupor a revisão da interpretação de lei federal ou de tratado, remetê-lo-á ao Superior Tribunal de Justiça para julgamento como recurso especial.

o Súm. nº 636 do STF.

Art. 1.034. Admitido o recurso extraordinário ou o recurso especial, o Supremo Tribunal Federal ou o Superior Tribunal de Justiça julgará o processo, aplicando o direito.

Parágrafo único. Admitido o recurso extraordinário ou o recurso especial por um fundamento, devolve-se ao tribunal superior o conhecimento dos demais fundamentos para a solução do capítulo impugnado.

o Súmulas nºs 292, 456 e 528 do STF.

Art. 1.035. O Supremo Tribunal Federal, em decisão irrecorrível, não conhecerá do recurso extraordinário quando a questão constitucional nele versada não tiver repercussão geral, nos termos deste artigo.

o Art. 102, § 3º, da CF.

§ 1º Para efeito de repercussão geral, será considerada a existência ou não de questões relevantes do ponto de vista econômico, político, social ou jurídico que ultrapassem os interesses subjetivos do processo.

§ 2º O recorrente deverá demonstrar a existência de repercussão geral para apreciação exclusiva pelo Supremo Tribunal Federal.

§ 3º Haverá repercussão geral sempre que o recurso impugnar acórdão que:

I – contrarie súmula ou jurisprudência dominante do Supremo Tribunal Federal;

II – *Revogado*. Lei nº 13.256, de 4-2-2016;

III – tenha reconhecido a inconstitucionalidade de tratado ou de lei federal, nos termos do art. 97 da Constituição Federal.

§ 4º O relator poderá admitir, na análise da repercussão geral, a manifestação de terceiros, subscrita por procurador habilitado, nos termos do Regimento Interno do Supremo Tribunal Federal.

§ 5º Reconhecida a repercussão geral, o relator no Supremo Tribunal Federal determinará a suspensão do processamento de todos os processos pendentes, individuais ou coletivos, que versem sobre a questão e tramitem no território nacional.

§ 6º O interessado pode requerer, ao presidente ou ao vice-presidente do tribunal de origem, que exclua da decisão de sobrestamento e inadmita o recurso extraordinário que tenha sido interposto intempestivamente, tendo o recorren-

CPC

te o prazo de 5 (cinco) dias para manifestar-se sobre esse requerimento.

§ 7º Da decisão que indeferir o requerimento referido no § 6º ou que aplicar entendimento firmado em regime de repercussão geral ou em julgamento de recursos repetitivos caberá agravo interno.

• § 7º com a redação dada pela Lei nº 13.256, de 4-2-2016.

§ 8º Negada a repercussão geral, o presidente ou o vice-presidente do tribunal de origem negará seguimento aos recursos extraordinários sobrestados na origem que versem sobre matéria idêntica.

§ 9º O recurso que tiver a repercussão geral reconhecida deverá ser julgado no prazo de 1 (um) ano e terá preferência sobre os demais feitos, ressalvados os que envolvam réu preso e os pedidos de *habeas corpus*.

§ 10. *Revogado.* Lei nº 13.256, de 4-2-2016.

§ 11. A súmula da decisão sobre a repercussão geral constará de ata, que será publicada no *Diário Oficial* e valerá como acórdão.

Subseção II

DO JULGAMENTO DOS RECURSOS EXTRAORDINÁRIO E ESPECIAL REPETITIVOS

Art. 1.036. Sempre que houver multiplicidade de recursos extraordinários ou especiais com fundamento em idêntica questão de direito, haverá afetação para julgamento de acordo com as disposições desta Subseção, observado o disposto no Regimento Interno do Supremo Tribunal Federal e no do Superior Tribunal de Justiça.

§ 1º O presidente ou o vice-presidente de tribunal de justiça ou de tribunal regional federal selecionará 2 (dois) ou mais recursos representativos da controvérsia, que serão encaminhados ao Supremo Tribunal Federal ou ao Superior Tribunal de Justiça para fins de afetação, determinando a suspensão do trâmite de todos os processos pendentes, individuais ou coletivos, que tramitem no Estado ou na região, conforme o caso.

§ 2º O interessado pode requerer, ao presidente ou ao vice-presidente, que exclua da decisão de sobrestamento e inadmita o recurso especial ou o recurso extraordinário que tenha sido interposto intempestivamente, tendo o recorrente o prazo de 5 (cinco) dias para manifestar-se sobre esse requerimento.

§ 3º Da decisão que indeferir o requerimento referido no § 2º caberá apenas agravo interno.

• § 3º com a redação dada pela Lei nº 13.256, de 4-2-2016.

§ 4º A escolha feita pelo presidente ou vice-presidente do tribunal de justiça ou do tribunal regional federal não vinculará o relator no tribunal superior, que poderá selecionar outros recursos representativos da controvérsia.

§ 5º O relator em tribunal superior também poderá selecionar 2 (dois) ou mais recursos representativos da controvérsia para julgamento da questão de direito independentemente da iniciativa do presidente ou do vice-presidente do tribunal de origem.

§ 6º Somente podem ser selecionados recursos admissíveis que contenham abrangente argumentação e discussão a respeito da questão a ser decidida.

Art. 1.037. Selecionados os recursos, o relator, no tribunal superior, constatando a presença do pressuposto do *caput* do art. 1.036, proferirá decisão de afetação, na qual:

I – identificará com precisão a questão a ser submetida a julgamento;

II – determinará a suspensão do processamento de todos os processos pendentes, individuais ou coletivos, que versem sobre a questão e tramitem no território nacional;

III – poderá requisitar aos presidentes ou aos vice-presidentes dos tribunais de justiça ou dos tribunais regionais federais a remessa de um recurso representativo da controvérsia.

§ 1º Se, após receber os recursos selecionados pelo presidente ou pelo vice-presidente de tribunal de justiça ou de tribunal regional federal, não se proceder à afetação, o relator, no tribunal superior, comunicará o fato ao presidente ou ao vice-presidente que os houver enviado, para que seja revogada a decisão de suspensão referida no art. 1.036, § 1º.

§ 2º *Revogado.* Lei nº 13.256, de 4-2-2016.

§ 3º Havendo mais de uma afetação, será prevento o relator que primeiro tiver proferido a decisão a que se refere o inciso I do *caput*.

§ 4º Os recursos afetados deverão ser julgados no prazo de 1 (um) ano e terão preferência sobre os demais feitos, ressalvados os que envolvam réu preso e os pedidos de *habeas corpus*.

§ 5º *Revogado.* Lei nº 13.256, de 4-2-2016.

§ 6º Ocorrendo a hipótese do § 5º, é permitido a outro relator do respectivo tribunal superior afetar 2 (dois) ou mais recursos representativos da controvérsia na forma do art. 1.036.

§ 7º Quando os recursos requisitados na forma do inciso III do *caput* contiverem outras questões além daquela que é objeto da afetação, caberá ao tribunal decidir esta em primeiro lugar e depois as demais, em acórdão específico para cada processo.

§ 8º As partes deverão ser intimadas da decisão de suspensão de seu processo, a ser proferida pelo respectivo juiz ou relator quando informado da decisão a que se refere o inciso II do *caput*.

§ 9º Demonstrando distinção entre a questão a ser decidida no processo e aquela a ser julgada no recurso especial ou extraordinário afetado, a parte poderá requerer o prosseguimento do seu processo.

§ 10. O requerimento a que se refere o § 9º será dirigido:

I – ao juiz, se o processo sobrestado estiver em primeiro grau;

II – ao relator, se o processo sobrestado estiver no tribunal de origem;

III – ao relator do acórdão recorrido, se for sobrestado recurso especial ou recurso extraordinário no tribunal de origem;

IV – ao relator, no tribunal superior, de recurso especial ou de recurso extraordinário cujo processamento houver sido sobrestado.

§ 11. A outra parte deverá ser ouvida sobre o requerimento a que se refere o § 9º, no prazo de 5 (cinco) dias.

§ 12. Reconhecida a distinção no caso:

I – dos incisos I, II e IV do § 10, o próprio juiz ou relator dará prosseguimento ao processo;

II – do inciso III do § 10, o relator comunicará a decisão ao presidente ou ao vice-presidente que houver determinado o sobrestamento, para que o recurso especial ou o recurso extraordinário seja encaminhado ao respectivo tribunal superior, na forma do art. 1.030, parágrafo único.

§ 13. Da decisão que resolver o requerimento a que se refere o § 9º caberá:

I – agravo de instrumento, se o processo estiver em primeiro grau;

II – agravo interno, se a decisão for de relator.

Art. 1.038. O relator poderá:

I – solicitar ou admitir manifestação de pessoas, órgãos ou entidades com interesse na controvérsia, considerando a relevância da matéria e consoante dispuser o regimento interno;

II – fixar data para, em audiência pública, ouvir depoimentos de pessoas com experiência e conhecimento na matéria, com a finalidade de instruir o procedimento;

III – requisitar informações aos tribunais inferiores a respeito da controvérsia e, cumprida a diligência, intimará o Ministério Público para manifestar-se.

§ 1º No caso do inciso III, os prazos respectivos são de 15 (quinze) dias, e os atos serão praticados, sempre que possível, por meio eletrônico.

§ 2º Transcorrido o prazo para o Ministério Público e remetida cópia do relatório aos demais ministros, haverá inclusão em pauta, devendo ocorrer o julgamento com preferência sobre os demais feitos, ressalvados os que envolvam réu preso e os pedidos de *habeas corpus*.

§ 3º O conteúdo do acórdão abrangerá a análise dos fundamentos relevantes da tese jurídica discutida.

- § 3º com a redação dada pela Lei nº 13.256, de 4-2-2016.

Art. 1.039. Decididos os recursos afetados, os órgãos colegiados declararão prejudicados os demais recursos versando sobre idêntica controvérsia ou os decidirão aplicando a tese firmada.

Parágrafo único. Negada a existência de repercussão geral no recurso extraordinário afetado, serão considerados automaticamente inadmitidos os recursos extraordinários cujo processamento tenha sido sobrestado.

Art. 1.040. Publicado o acórdão paradigma:

I – o presidente ou o vice-presidente do tribunal de origem negará seguimento aos recursos especiais ou extraordinários sobrestados na origem, se o acórdão recorrido coincidir com a orientação do tribunal superior;

II – o órgão que proferiu o acórdão recorrido, na origem, reexaminará o processo de competência originária, a remessa necessária ou o recurso anteriormente julgado, se o acórdão recorrido contrariar a orientação do tribunal superior;

III – os processos suspensos em primeiro e segundo graus de jurisdição retomarão o curso para julgamento e aplicação da tese firmada pelo tribunal superior;

IV – se os recursos versarem sobre questão relativa a prestação de serviço público objeto de concessão, permissão ou autorização, o resultado do julgamento será comunicado ao órgão, ao ente ou à agência reguladora competente para fiscalização da efetiva aplicação, por parte dos entes sujeitos a regulação, da tese adotada.

§ 1º A parte poderá desistir da ação em curso no primeiro grau de jurisdição, antes de proferida a sentença, se a questão nela discutida for idêntica à resolvida pelo recurso representativo da controvérsia.

§ 2º Se a desistência ocorrer antes de oferecida contestação, a parte ficará isenta do pagamento de custas e de honorários de sucumbência.

§ 3º A desistência apresentada nos termos do § 1º independe de consentimento do réu, ainda que apresentada contestação.

Art. 1.041. Mantido o acórdão divergente pelo tribunal de origem, o recurso especial ou extraordinário será remetido ao respectivo tribunal superior, na forma do art. 1.036, § 1º.

§ 1º Realizado o juízo de retratação, com alteração do acórdão divergente, o tribunal de origem, se for o caso, decidirá as demais questões ainda não decididas cujo enfrentamento se tornou necessário em decorrência da alteração.

§ 2º Quando ocorrer a hipótese do inciso II do *caput* do art. 1.040 e o recurso versar sobre outras questões, caberá ao presidente ou ao vice-presidente do tribunal recorrido, depois do reexame pelo órgão de origem e independentemente de ratificação do recurso, sendo positivo o juízo de admissibilidade, determinar a remessa do recurso ao tribunal superior para julgamento das demais questões.

- § 2º com a redação dada pela Lei nº 13.256, de 4-2-2016.

Seção III

DO AGRAVO EM RECURSO ESPECIAL E EM RECURSO EXTRAORDINÁRIO

Art. 1.042. Cabe agravo contra decisão do presidente ou do vice-presidente do tribunal recorrido que inadmitir recurso extraordinário ou recurso especial, salvo quando fundada na aplicação de entendimento firmado em regime de repercussão geral ou em julgamento de recursos repetitivos.

- *Caput* com a redação dada pela Lei nº 13.256, de 4-2-2016.
- Arts. 1.021 e 1.030 deste Código.

I a III – *Revogados*. Lei nº 13.256, de 4-2-2016.

§ 1º *Revogado*. Lei nº 13.256, de 4-2-2016.

§ 2º A petição de agravo será dirigida ao presidente ou ao vice-presidente do tribunal de origem e independe do pagamento de custas e despesas postais, aplicando-se a ela o regime de repercussão geral e de recursos repetitivos, inclusive quanto à possibilidade de sobrestamento e do juízo de retratação.

- § 2º com a redação dada pela Lei nº 13.256, de 4-2-2016.

§ 3º O agravado será intimado, de imediato, para oferecer resposta no prazo de 15 (quinze) dias.

§ 4º Após o prazo de resposta, não havendo retratação, o agravo será remetido ao tribunal superior competente.

§ 5º O agravo poderá ser julgado, conforme o caso, conjuntamente com o recurso especial ou extraordinário, assegurada, neste caso, sustentação oral, observando-se, ainda, o disposto no regimento interno do tribunal respectivo.

§ 6º Na hipótese de interposição conjunta de recursos extraordinário e especial, o agravante deverá interpor um agravo para cada recurso não admitido.

§ 7º Havendo apenas um agravo, o recurso será remetido ao tribunal competente, e, havendo interposição conjunta, os autos serão remetidos ao Superior Tribunal de Justiça.

§ 8º Concluído o julgamento do agravo pelo Superior Tribunal de Justiça e, se for o caso, do recurso especial, independentemente de pedido, os autos serão remetidos ao Supremo Tribunal Federal para apreciação do agravo a ele dirigido, salvo se estiver prejudicado.

- Súmulas nºs 288 e 639 do STF.

Seção IV

DOS EMBARGOS DE DIVERGÊNCIA

Art. 1.043. É embargável o acórdão de órgão fracionário que:

I – em recurso extraordinário ou em recurso especial, divergir do julgamento de qualquer outro órgão do mesmo tribunal, sendo os acórdãos, embargado e paradigma, de mérito;

II – *Revogado*. Lei nº 13.256, de 4-2-2016;

III – em recurso extraordinário ou em recurso especial, divergir do julgamento de qualquer outro órgão do mesmo tribu-

CPC

nal, sendo um acórdão de mérito e outro que não tenha conhecido do recurso, embora tenha apreciado a controvérsia;

IV – *Revogado*. Lei nº 13.256, de 4-2-2016.

§ 1º Poderão ser confrontadas teses jurídicas contidas em julgamentos de recursos e de ações de competência originária.

§ 2º A divergência que autoriza a interposição de embargos de divergência pode verificar-se na aplicação do direito material ou do direito processual.

§ 3º Cabem embargos de divergência quando o acórdão paradigma for da mesma turma que proferiu a decisão embargada, desde que sua composição tenha sofrido alteração em mais da metade de seus membros.

§ 4º O recorrente provará a divergência com certidão, cópia ou citação de repositório oficial ou credenciado de jurisprudência, inclusive em mídia eletrônica, onde foi publicado o acórdão divergente, ou com a reprodução de julgado disponível na rede mundial de computadores, indicando a respectiva fonte, e mencionará as circunstâncias que identificam ou assemelham os casos confrontados.

§ 5º *Revogado*. Lei nº 13.256, de 4-2-2016.

- Súmulas nºs 353 e 598 do STF.
- Súmulas nºs 158, 168, 315, 316 e 420 do STJ.

Art. 1.044. No recurso de embargos de divergência, será observado o procedimento estabelecido no regimento interno do respectivo tribunal superior.

- Súmulas nºs 315 e 316 do STJ.

§ 1º A interposição de embargos de divergência no Superior Tribunal de Justiça interrompe o prazo para interposição de recurso extraordinário por qualquer das partes.

§ 2º Se os embargos de divergência forem desprovidos ou não alterarem a conclusão do julgamento anterior, o recurso extraordinário interposto pela outra parte antes da publicação do julgamento dos embargos de divergência será processado e julgado independentemente de ratificação.

LIVRO COMPLEMENTAR – DISPOSIÇÕES FINAIS E TRANSITÓRIAS

Art. 1.045. Este Código entra em vigor após decorrido 1 (um) ano da data de sua publicação oficial.

Art. 1.046. Ao entrar em vigor este Código, suas disposições se aplicarão desde logo aos processos pendentes, ficando revogada a Lei nº 5.869, de 11 de janeiro de 1973.

§ 1º As disposições da Lei nº 5.869, de 11 de janeiro de 1973, relativas ao procedimento sumário e aos procedimentos especiais que forem revogadas aplicar-se-ão às ações propostas e não sentenciadas até o início da vigência deste Código.

§ 2º Permanecem em vigor as disposições especiais dos procedimentos regulados em outras leis, aos quais se aplicará supletivamente este Código.

§ 3º Os processos mencionados no art. 1.218 da Lei nº 5.869, de 11 de janeiro de 1973, cujo procedimento ainda não tenha sido incorporado por lei submetem-se ao procedimento comum previsto neste Código.

§ 4º As remissões a disposições do Código de Processo Civil revogado, existentes em outras leis, passam a referir-se às que lhes são correspondentes neste Código.

§ 5º A primeira lista de processos para julgamento em ordem cronológica observará a antiguidade da distribuição entre os já conclusos na data da entrada em vigor deste Código.

Art. 1.047. As disposições de direito probatório adotadas neste Código aplicam-se apenas às provas requeridas ou determinadas de ofício a partir da data de início de sua vigência.

Art. 1.048. Terão prioridade de tramitação, em qualquer juízo ou tribunal, os procedimentos judiciais:

I – em que figure como parte ou interessado pessoa com idade igual ou superior a 60 (sessenta) anos ou portadora de doença grave, assim compreendida qualquer das enumeradas no art. 6º, inciso XIV, da Lei nº 7.713, de 22 de dezembro de 1988;

II – regulados pela Lei nº 8.069, de 13 de julho de 1990 (Estatuto da Criança e do Adolescente);

III – em que figure como parte a vítima de violência doméstica e familiar, nos termos da Lei nº 11.340, de 7 de agosto de 2006 (Lei Maria da Penha);

- Inciso III acrescido pela Lei nº 13.894, de 29-10-2019.

IV – em que se discuta a aplicação do disposto nas normas gerais de licitação e contratação a que se refere o inciso XXVII do *caput* do art. 22 da Constituição Federal.

- Inciso IV acrescido pela Lei nº 14.133, de 1º-4-2021 (Nova Lei de Licitações e Contratos Administrativos).

§ 1º A pessoa interessada na obtenção do benefício, juntando prova de sua condição, deverá requerê-lo à autoridade judiciária competente para decidir o feito, que determinará ao cartório do juízo as providências a serem cumpridas.

§ 2º Deferida a prioridade, os autos receberão identificação própria que evidencie o regime de tramitação prioritária.

§ 3º Concedida a prioridade, essa não cessará com a morte do beneficiado, estendendo-se em favor do cônjuge supérstite ou do companheiro em união estável.

§ 4º A tramitação prioritária independe de deferimento pelo órgão jurisdicional e deverá ser imediatamente concedida diante da prova da condição de beneficiário.

Art. 1.049. Sempre que a lei remeter a procedimento previsto na lei processual sem especificá-lo, será observado o procedimento comum previsto neste Código.

Parágrafo único. Na hipótese de a lei remeter ao procedimento sumário, será observado o procedimento comum previsto neste Código, com as modificações previstas na própria lei especial, se houver.

Art. 1.050. A União, os Estados, o Distrito Federal, os Municípios, suas respectivas entidades da administração indireta, o Ministério Público, a Defensoria Pública e a Advocacia Pública, no prazo de 30 (trinta) dias a contar da data da entrada em vigor deste Código, deverão se cadastrar perante a administração do tribunal no qual atuem para cumprimento do disposto nos arts. 246, § 2º, e 270, parágrafo único.

Art. 1.051. As empresas públicas e privadas devem cumprir o disposto no art. 246, § 1º, no prazo de 30 (trinta) dias, a contar da data de inscrição do ato constitutivo da pessoa jurídica, perante o juízo onde tenham sede ou filial.

Parágrafo único. O disposto no *caput* não se aplica às microempresas e às empresas de pequeno porte.

Art. 1.052. Até a edição de lei específica, as execuções contra devedor insolvente, em curso ou que venham a ser propostas, permanecem reguladas pelo Livro II, Título IV, da Lei nº 5.869, de 11 de janeiro de 1973.

Art. 1.053. Os atos processuais praticados por meio eletrônico até a transição definitiva para certificação digital ficam convalidados, ainda que não tenham observado os requisitos mínimos estabelecidos por este Código, desde que tenham atingido sua finalidade e não tenha havido prejuízo à defesa de qualquer das partes.

Art. 1.054. O disposto no art. 503, § 1º, somente se aplica aos processos iniciados após a vigência deste Código, aplicando-se aos anteriores o disposto nos arts. 5º, 325 e 470 da Lei nº 5.869, de 11 de janeiro de 1973.

Art. 1.055. VETADO.

- O dispositivo vetado tinha a seguinte redação: "Art. 1.055. O devedor ou arrendatário não se exime da obrigação de pagamento dos tributos, das multas e das taxas incidentes sobre os bens vinculados e de outros encargos previstos em contrato, exceto se a obrigação de pagar não for de sua responsabilidade, conforme contrato, ou for objeto de suspensão em tutela provisória."

Art. 1.056. Considerar-se-á como termo inicial do prazo da prescrição prevista no art. 924, inciso V, inclusive para as execuções em curso, a data de vigência deste Código.

Art. 1.057. O disposto no art. 525, §§ 14 e 15, e no art. 535, §§ 7º e 8º, aplica-se às decisões transitadas em julgado após a entrada em vigor deste Código, e, às decisões transitadas em julgado anteriormente, aplica-se o disposto no art. 475-L, § 1º, e no art. 741, parágrafo único, da Lei nº 5.869, de 11 de janeiro de 1973.

Art. 1.058. Em todos os casos em que houver recolhimento de importância em dinheiro, esta será depositada em nome da parte ou do interessado, em conta especial movimentada por ordem do juiz, nos termos do art. 840, inciso I.

Art. 1.059. À tutela provisória requerida contra a Fazenda Pública aplica-se o disposto nos arts. 1º a 4º da Lei nº 8.437, de 30 de junho de 1992, e no art. 7º, § 2º, da Lei nº 12.016, de 7 de agosto de 2009.

Art. 1.060. O inciso II do art. 14 da Lei nº 9.289, de 4 de julho de 1996, passa a vigorar com a seguinte redação:

"Art. 14. ....

....

II – aquele que recorrer da sentença adiantará a outra metade das custas, comprovando o adiantamento no ato de interposição do recurso, sob pena de deserção, observado o disposto nos §§ 1º a 7º do art. 1.007 do Código de Processo Civil;

.........."

Art. 1.061. O § 3º do art. 33 da Lei nº 9.307, de 23 de setembro de 1996 (Lei de Arbitragem), passa a vigorar com a seguinte redação:

- Alteração inserida no texto da referida Lei.

Art. 1.062. O incidente de desconsideração da personalidade jurídica aplica-se ao processo de competência dos juizados especiais.

Art. 1.063. Até a edição de lei específica, os juizados especiais cíveis previstos na Lei nº 9.099, de 26 de setembro de 1995, continuam competentes para o processamento e julgamento das causas previstas no art. 275, inciso II, da Lei nº 5.869, de 11 de janeiro de 1973.

Art. 1.064. O *caput* do art. 48 da Lei nº 9.099, de 26 de setembro de 1995, passa a vigorar com a seguinte redação:

"Art. 48. Caberão embargos de declaração contra sentença ou acórdão nos casos previstos no Código de Processo Civil.

.........."

Art. 1.065. O art. 50 da Lei nº 9.099, de 26 de setembro de 1995, passa a vigorar com a seguinte redação:

"Art. 50. Os embargos de declaração interrompem o prazo para a interposição de recurso."

Art. 1.066. O art. 83 da Lei nº 9.099, de 26 de setembro de 1995, passam a vigorar com a seguinte redação:

"Art. 83. Cabem embargos de declaração quando, em sentença ou acórdão, houver obscuridade, contradição ou omissão.

....

§ 2º Os embargos de declaração interrompem o prazo para a interposição de recurso.

.........."

Art. 1.067. O art. 275 da Lei nº 4.737, de 15 de julho de 1965 (Código Eleitoral), passa a vigorar com a seguinte redação:

"Art. 275. São admissíveis embargos de declaração nas hipóteses previstas no Código de Processo Civil.

§ 1º Os embargos de declaração serão opostos no prazo de 3 (três) dias, contado da data de publicação da decisão embargada, em petição dirigida ao juiz ou relator, com a indicação do ponto que lhes deu causa.

§ 2º Os embargos de declaração não estão sujeitos a preparo.

§ 3º O juiz julgará os embargos em 5 (cinco) dias.

§ 4º Nos tribunais:

I – o relator apresentará os embargos em mesa na sessão subsequente, proferindo voto;

II – não havendo julgamento na sessão referida no inciso I, será o recurso incluído em pauta;

III – vencido o relator, outro será designado para lavrar o acórdão.

§ 5º Os embargos de declaração interrompem o prazo para a interposição de recurso.

§ 6º Quando manifestamente protelatórios os embargos de declaração, o juiz ou o tribunal, em decisão fundamentada, condenará o embargante a pagar ao embargado multa não excedente a 2 (dois) salários mínimos.

§ 7º Na reiteração de embargos de declaração manifestamente protelatórios, a multa será elevada a até 10 (dez) salários mínimos."

Art. 1.068. O art. 274 e o *caput* do art. 2.027 da Lei nº 10.406, de 10 de janeiro de 2002 (Código Civil), passam a vigorar com a seguinte redação:

"Art. 274. O julgamento contrário a um dos credores solidários não atinge os demais, mas o julgamento favorável aproveita-lhes, sem prejuízo de exceção pessoal que o devedor tenha direito de invocar em relação a qualquer deles."

"Art. 2.027. A partilha é anulável pelos vícios e defeitos que invalidam, em geral, os negócios jurídicos.

Art. 1.069. O Conselho Nacional de Justiça promoverá, periodicamente, pesquisas estatísticas para avaliação da efetividade das normas previstas neste Código.

Art. 1.070. É de 15 (quinze) dias o prazo para a interposição de qualquer agravo, previsto em lei ou em regimento interno de tribunal, contra decisão de relator ou outra decisão unipessoal proferida em tribunal.

- Arts. 317 e 335, § 2º, do RISTF.

Art. 1.071. O Capítulo III do Título V da Lei nº 6.015, de 31 de dezembro de 1973 (Lei de Registros Públicos), passa a vigorar acrescida do seguinte art. 216-A:

"Art. 216-A. Sem prejuízo da via jurisdicional, é admitido o pedido de reconhecimento extrajudicial de usucapião, que será processado diretamente perante o cartório do registro de imóveis da comarca em que estiver situado o imóvel usucapiendo, a requerimento do interessado, representado por advogado, instruído com:

I – ata notarial lavrada pelo tabelião, atestando o tempo de posse do requerente e seus antecessores, conforme o caso e suas circunstâncias;

II – planta e memorial descritivo assinado por profissional legalmente habilitado, com prova de anotação de responsabilidade técnica no respectivo conselho de fiscalização profissional, e pelos titulares de

CPC

direitos reais e de outros direitos registrados ou averbados na matrícula do imóvel usucapiendo e na matrícula dos imóveis confinantes;

III – certidões negativas dos distribuidores da comarca da situação do imóvel e do domicílio do requerente;

IV – justo título ou quaisquer outros documentos que demonstrem a origem, a continuidade, a natureza e o tempo da posse, tais como o pagamento dos impostos e das taxas que incidirem sobre o imóvel.

§ 1º O pedido será autuado pelo registrador, prorrogando-se o prazo da prenotação até o acolhimento ou a rejeição do pedido.

§ 2º Se a planta não contiver a assinatura de qualquer um dos titulares de direitos reais e de outros direitos registrados ou averbados na matrícula do imóvel usucapiendo e na matrícula dos imóveis confinantes, esse será notificado pelo registrador competente, pessoalmente ou pelo correio com aviso de recebimento, para manifestar seu consentimento expresso em 15 (quinze) dias, interpretado o seu silêncio como discordância.

§ 3º O oficial de registro de imóveis dará ciência à União, ao Estado, ao Distrito Federal e ao Município, pessoalmente, por intermédio do oficial de registro de títulos e documentos, ou pelo correio com aviso de recebimento, para que se manifestem, em 15 (quinze) dias, sobre o pedido.

§ 4º O oficial de registro de imóveis promoverá a publicação de edital em jornal de grande circulação, onde houver, para a ciência de terceiros eventualmente interessados, que poderão se manifestar em 15 (quinze) dias.

§ 5º Para a elucidação de qualquer ponto de dúvida, poderão ser solicitadas ou realizadas diligências pelo oficial de registro de imóveis.

§ 6º Transcorrido o prazo de que trata o § 4º deste artigo, sem pendência de diligências na forma do § 5º deste artigo e achando-se em ordem a documentação, com inclusão da concordância expressa dos titulares de direitos reais e de outros direitos registrados ou averbados na matrícula do imóvel usucapiendo e na matrícula dos imóveis confinantes, o oficial de registro de imóveis registrará a aquisição do imóvel com as descrições apresentadas, sendo permitida a abertura de matrícula, se for o caso.

§ 7º Em qualquer caso, é lícito ao interessado suscitar o procedimento de dúvida, nos termos desta Lei.

§ 8º Ao final das diligências, se a documentação não estiver em ordem, o oficial de registro de imóveis rejeitará o pedido.

§ 9º A rejeição do pedido extrajudicial não impede o ajuizamento de ação de usucapião.

§ 10. Em caso de impugnação do pedido de reconhecimento extrajudicial de usucapião, apresentada por qualquer um dos titulares de direito reais e de outros direitos registrados ou averbados na matrícula do imóvel usucapiendo e na matrícula dos imóveis confinantes, por algum dos entes públicos ou por algum terceiro interessado, o oficial de registro de imóveis remeterá os autos ao juízo competente da comarca da situação do imóvel, cabendo ao requerente emendar a petição inicial para adequá-la ao procedimento comum."

Art. 1.072. Revogam-se:

I – o art. 22 do Decreto-Lei nº 25, de 30 de novembro de 1937;

II – os arts. 227, *caput*, 229, 230, 456, 1.482, 1.483 e 1.768 a 1.773 da Lei nº 10.406, de 10 de janeiro de 2002 (Código Civil);

III – os arts. 2º, 3º, 4º, 6º, 7º, 11, 12 e 17 da Lei nº 1.060, de 5 de fevereiro de 1950;

IV – os arts. 13 a 18, 26 a 29 e 38 da Lei nº 8.038, de 28 de maio de 1990;

V – os arts. 16 a 18 da Lei nº 5.478, de 25 de julho de 1968; e

VI – o art. 98, § 4º, da Lei nº 12.529, de 30 de novembro de 2011.

Brasília, 16 de março de 2015;
194º da Independência e
127º da República.

Dilma Rousseff

Índice Alfabético-Remissivo do Código de Processo Civil

ÍND. ALFABÉTICO DO CPC

IND. ALFABÉTICO DO CPC

ÍND. ALFABÉTICO DO CPC

IND. ALFABÉTICO DO CPC

LEGISLAÇÃO COMPLEMENTAR

DECRETO-LEI Nº 2.848, DE 7 DE DEZEMBRO DE 1940

Código Penal.

(EXCERTOS)

- Publicado no *DOU* de 31-12-1940 e retificado no *DOU* de 3-1-1941.

PARTE GERAL

- A Parte Geral, compreendendo os arts. 1º a 120, tem a redação determinada pela Lei nº 7.209, de 11-7-1984.

TÍTULO I – DA APLICAÇÃO DA LEI PENAL

Anterioridade da lei

Art. 1º Não há crime sem lei anterior que o defina. Não há pena sem prévia cominação legal.

- Art. 5º, XXXIX e XL, da CF.
- Art. 61 da Lei nº 9.099, de 26-9-1995 (Lei dos Juizados Especiais).

Lei penal no tempo

Art. 2º Ninguém pode ser punido por fato que lei posterior deixa de considerar crime, cessando em virtude dela a execução e os efeitos penais da sentença condenatória.

- Art. 5º, XXXVI e XL, da CF.

Parágrafo único. A lei posterior, que de qualquer modo favorecer o agente, aplica-se aos fatos anteriores, ainda que decididos por sentença condenatória transitada em julgado.

- Art. 5º, XXXVI, XL, LIII e LIV, da CF.

Lei excepcional ou temporária

Art. 3º A lei excepcional ou temporária, embora decorrido o período de sua duração ou cessadas as circunstâncias que a determinaram, aplica-se ao fato praticado durante sua vigência.

Tempo do crime

Art. 4º Considera-se praticado o crime no momento da ação ou omissão, ainda que outro seja o momento do resultado.

Territorialidade

Art. 5º Aplica-se a lei brasileira, sem prejuízo de convenções, tratados e regras de direito internacional, ao crime cometido no território nacional.

- Arts. 5º, LIII e §§ 2º a 4º, e 20, VI, da CF.

§ 1º Para os efeitos penais, consideram-se como extensão do território nacional as embarcações e aeronaves brasileiras, de natureza pública ou a serviço do governo brasileiro onde quer que se encontrem, bem como as aeronaves e as embarcações brasileiras, mercantes ou de propriedade privada, que se achem, respectivamente, no espaço aéreo correspondente ou em alto-mar.

§ 2º É também aplicável a lei brasileira aos crimes praticados a bordo de aeronaves ou embarcações estrangeiras de propriedade privada, achando-se aquelas em pouso no território nacional ou em voo no espaço aéreo correspondente, e estas em porto ou mar territorial do Brasil.

Lugar do crime

Art. 6º Considera-se praticado o crime no lugar em que ocorreu a ação ou omissão, no todo ou em parte, bem como onde se produziu ou deveria produzir-se o resultado.

- Art. 63 da Lei nº 9.099, de 26-9-1995 (Lei dos Juizados Especiais).

Extraterritorialidade

Art. 7º Ficam sujeitos à lei brasileira, embora cometidos no estrangeiro:

I – os crimes:

a) contra a vida ou a liberdade do Presidente da República;

b) contra o patrimônio ou a fé pública da União, do Distrito Federal, de Estado, de Território, de Município, de empresa pública, sociedade de economia mista, autarquia ou fundação instituída pelo Poder Público;

- Art. 109, I e V, da CF.

c) contra a administração pública, por quem está a seu serviço;

d) de genocídio, quando o agente for brasileiro ou domiciliado no Brasil;

II – os crimes:

a) que, por tratado ou convenção, o Brasil se obrigou a reprimir;

- Art. 109, V, da CF.

b) praticados por brasileiro;

- Art. 12 da CF.

c) praticados em aeronaves ou embarcações brasileiras, mercantes ou de propriedade privada, quando em território estrangeiro e aí não sejam julgados.

§ 1º Nos casos do inciso I, o agente é punido segundo a lei brasileira, ainda que absolvido ou condenado no estrangeiro.

§ 2º Nos casos do inciso II, a aplicação da lei brasileira depende do concurso das seguintes condições:

a) entrar o agente no território nacional;

b) ser o fato punível também no país em que foi praticado;

c) estar o crime incluído entre aqueles pelos quais a lei brasileira autoriza a extradição;

d) não ter sido o agente absolvido no estrangeiro ou não ter aí cumprido a pena;

e) não ter sido o agente perdoado no estrangeiro ou, por outro motivo, não estar extinta a punibilidade, segundo a lei mais favorável.

§ 3º A lei brasileira aplica-se também ao crime cometido por estrangeiro contra brasileiro fora do Brasil, se, reunidas as condições previstas no parágrafo anterior:

a) não foi pedida ou foi negada a extradição;

b) houve requisição do Ministro da Justiça.

- Art. 5º, *caput*, deste Código.

Pena cumprida no estrangeiro

Art. 8º A pena cumprida no estrangeiro atenua a imposta no Brasil pelo mesmo crime, quando diversas, ou nela é computada, quando idênticas.

Eficácia de sentença estrangeira

Art. 9º A sentença estrangeira, quando a aplicação da lei brasileira produz na espécie as mesmas consequências, pode ser homologada no Brasil para:

- Art. 105, I, *i*, da CF.

I – obrigar o condenado à reparação do dano, a restituições e a outros efeitos civis;

II – sujeitá-lo a medida de segurança.

Parágrafo único. A homologação depende:

a) para os efeitos previstos no inciso I, de pedido da parte interessada;

b) para os outros efeitos, da existência de tratado de extradição com o país de cuja autoridade judiciária emanou a sentença, ou, na falta de tratado, de requisição do Ministro da Justiça.

- Art. 5º, *caput*, deste Código.

Contagem de prazo

Art. 10. O dia do começo inclui-se no cômputo do prazo. Contam-se os dias, os meses e os anos pelo calendário comum.

- Súm. nº 310 do STF.

Frações não computáveis da pena

Art. 11. Desprezam-se, nas penas privativas de liberdade e nas restritivas de direitos, as frações de dia, e, na pena de multa, as frações de cruzeiro.

Legislação especial

Art. 12. As regras gerais deste Código aplicam-se aos fatos incriminados por lei especial, se esta não dispuser de modo diverso.

PARTE ESPECIAL

TÍTULO I – DOS CRIMES CONTRA A PESSOA

CAPÍTULO VI
DOS CRIMES CONTRA A LIBERDADE INDIVIDUAL

Seção IV
DOS CRIMES CONTRA A INVIOLABILIDADE DOS SEGREDOS

Violação do segredo profissional

Art. 154. Revelar alguém, sem justa causa, segredo, de que tem ciência em razão de função, ministério, ofício ou profissão, e cuja revelação possa produzir dano a outrem:

Pena – detenção, de três meses a um ano, ou multa.

- Art. 229 do CC.
- Art. 7º, XIX, da Lei nº 8.906, de 4-7-1994 (Estatuto da Advocacia e da OAB).
- Arts. 61 e 89 da Lei nº 9.099, de 26-9-1995 (Lei dos Juizados Especiais).

Parágrafo único. Somente se procede mediante representação.

TÍTULO II – DOS CRIMES CONTRA O PATRIMÔNIO

CAPÍTULO V
DA APROPRIAÇÃO INDÉBITA

Apropriação indébita previdenciária

Art. 168-A. Deixar de repassar à previdência social as contribuições recolhidas dos contribuintes, no prazo e forma legal ou convencional:

- Arts. 1º e 2º da Lei nº 8.137, de 27-12-1990 (Lei dos Crimes Contra a Ordem Tributária, Econômica e Contra as Relações de Consumo).
- Art. 9º da Lei nº 10.684, de 30-5-2003, que altera a legislação tributária, dispõe sobre parcelamento de débitos junto à Secretaria da Receita Federal, à Procuradoria-Geral da Fazenda Nacional e ao Instituto Nacional do Seguro Social.
- Arts. 68 e 69 da Lei nº 11.941, de 27-5-2009, que altera a legislação tributária federal relativa ao parcelamento ordinário de débitos tributários; concede remissão nos casos em que especifica; institui regime tributário de transição.

Pena – reclusão, de dois a cinco anos, e multa.

- *Caput* acrescido pela Lei nº 9.983, de 14-7-2000.

§ 1º Nas mesmas penas incorre quem deixar de:

I – recolher, no prazo legal, contribuição ou outra importância destinada à previdência social que tenha sido descontada de pagamento efetuado a segurados, a terceiros ou arrecadada do público;

II – recolher contribuições devidas à previdência social que tenham integrado despesas contábeis ou custos relativos à venda de produtos ou à prestação de serviços;

III – pagar benefício devido a segurado, quando as respectivas cotas ou valores já tiverem sido reembolsados à empresa pela previdência social.

§ 2º É extinta a punibilidade se o agente, espontaneamente, declara, confessa e efetua o pagamento das contribuições, importâncias ou valores e presta as informações devidas à previdência social, na forma definida em lei ou regulamento, antes do início da ação fiscal.

§ 3º É facultado ao juiz deixar de aplicar a pena ou aplicar somente a de multa se o agente for primário e de bons antecedentes, desde que:

I – tenha promovido, após o início da ação fiscal e antes de oferecida a denúncia, o pagamento da contribuição social previdenciária, inclusive acessórios; ou

II – o valor das contribuições devidas, inclusive acessórios, seja igual ou inferior àquele estabelecido pela previdência social, administrativamente, como sendo o mínimo para o ajuizamento de suas execuções fiscais.

- §§ 1º a 3º acrescidos pela Lei nº 9.983, de 14-7-2000.

§ 4º A faculdade prevista no § 3º deste artigo não se aplica aos casos de parcelamento de contribuições cujo valor, inclusive dos acessórios, seja superior àquele estabelecido, administrativamente, como sendo o mínimo para o ajuizamento de suas execuções fiscais.

- § 4º acrescido pela Lei nº 13.606, de 9-1-2018.

TÍTULO XI – DOS CRIMES CONTRA A ADMINISTRAÇÃO PÚBLICA

- Art. 1º, V, VIII, da Lei nº 9.613, de 3-3-1998 (Lei dos Crimes de Lavagem de Dinheiro).

CAPÍTULO IV
DOS CRIMES CONTRA AS FINANÇAS PÚBLICAS

- Arts. 70 a 75 e 163 a 169 da CF.
- LC nº 101, de 4-5-2000 (Lei da Responsabilidade Fiscal).

Contratação de operação de crédito

Art. 359-A. Ordenar, autorizar ou realizar operação de crédito, interno ou externo, sem prévia autorização legislativa:

Pena – reclusão, de um a dois anos.

- Arts. 61 e 89 da Lei nº 9.099, de 26-9-1995 (Lei dos Juizados Especiais).

Parágrafo único. Incide na mesma pena quem ordena, autoriza ou realiza operação de crédito, interno ou externo:

I – com inobservância de limite, condição ou montante estabelecido em lei ou em resolução do Senado Federal;

II – quando o montante da dívida consolidada ultrapassa o limite máximo autorizado por lei.

Inscrição de despesas não empenhadas em restos a pagar

Art. 359-B. Ordenar ou autorizar inscrição em restos a pagar, de despesa que não tenha sido previamente empenhada ou que exceda limite estabelecido em lei:

Pena – detenção, de seis meses a dois anos.

- Arts. 61 e 89 da Lei nº 9.099, de 26-9-1995 (Lei dos Juizados Especiais).

Assunção de obrigação no último ano do mandato ou legislatura

Art. 359-C. Ordenar ou autorizar a assunção de obrigação, nos dois últimos quadrimestres do último ano do mandato ou legislatura, cuja despesa não possa ser paga no mesmo exercício financeiro ou, caso reste parcela a ser paga no exercício seguinte, que não tenha contrapartida suficiente de disponibilidade de caixa:

Pena – reclusão, de um a quatro anos.

- Arts. 61 e 89 da Lei nº 9.099, de 26-9-1995 (Lei dos Juizados Especiais).

Ordenação de despesa não autorizada

Art. 359-D. Ordenar despesa não autorizada por lei:

Pena – reclusão, de um a quatro anos.

- Arts. 61 e 89 da Lei nº 9.099, de 26-9-1995 (Lei dos Juizados Especiais).

Prestação de garantia graciosa

Art. 359-E. Prestar garantia em operação de crédito sem que tenha sido constituída contragarantia em valor igual ou superior ao valor da garantia prestada, na forma da lei:

Pena – detenção, de três meses a um ano.

- Arts. 61 e 89 da Lei nº 9.099, de 26-9-1995 (Lei dos Juizados Especiais).

Não cancelamento de restos a pagar

Art. 359-F. Deixar de ordenar, de autorizar ou de promover o cancelamento do montante de restos a pagar inscrito em valor superior ao permitido em lei:

Pena – detenção, de seis meses a dois anos.

- Arts. 61 e 89 da Lei nº 9.099, de 26-9-1995 (Lei dos Juizados Especiais).

Aumento de despesa total com pessoal no último ano do mandato ou legislatura

Art. 359-G. Ordenar, autorizar ou executar ato que acarrete aumento de despesa total com pessoal, nos cento e oitenta dias anteriores ao final do mandato ou da legislatura:

Pena – reclusão, de um a quatro anos.

- Arts. 61 e 89 da Lei nº 9.099, de 26-9-1995 (Lei dos Juizados Especiais).

Oferta pública ou colocação de títulos no mercado

Art. 359-H. Ordenar, autorizar ou promover a oferta pública ou a colocação no mercado financeiro de títulos da dívida pública sem que tenham sido criados por lei ou sem que estejam registrados em sistema centralizado de liquidação e de custódia:

Pena – reclusão, de um a quatro anos.

- Arts. 359-A a 359-H acrescidos pela Lei nº 10.028, de 19-10-2000.
- Arts. 61 e 89 da Lei nº 9.099, de 26-9-1995 (Lei dos Juizados Especiais).

TÍTULO XII – DOS CRIMES CONTRA O ESTADO DEMOCRÁTICO DE DIREITO

- Título XII acrescido pela Lei nº 14.197, de 1º-9-2021.

CAPÍTULO I

DOS CRIMES CONTRA A SOBERANIA NACIONAL

- Capítulo I acrescido pela Lei nº 14.197, de 1º-9-2021.

Atentado à soberania

Art. 359-I. Negociar com governo ou grupo estrangeiro, ou seus agentes, com o fim de provocar atos típicos de guerra contra o País ou invadi-lo:

Pena – reclusão, de 3 (três) a 8 (oito) anos.

§ 1º Aumenta-se a pena de metade até o dobro, se declarada guerra em decorrência das condutas previstas no *caput* deste artigo.

§ 2º Se o agente participa de operação bélica com o fim de submeter o território nacional, ou parte dele, ao domínio ou à soberania de outro país:

Pena – reclusão, de 4 (quatro) a 12 (doze) anos.

Atentado à integridade nacional

Art. 359-J. Praticar violência ou grave ameaça com a finalidade de desmembrar parte do território nacional para constituir país independente:

Pena – reclusão, de 2 (dois) a 6 (seis) anos, além da pena correspondente à violência.

Espionagem

Art. 359-K. Entregar a governo estrangeiro, a seus agentes, ou a organização criminosa estrangeira, em desacordo com determinação legal ou regulamentar, documento ou informação classificados como secretos ou ultrassecretos nos termos da lei, cuja revelação possa colocar em perigo a preservação da ordem constitucional ou a soberania nacional:

- Arts. 143 e 366 do CPM.

Pena – reclusão, de 3 (três) a 12 (doze) anos.

§ 1º Incorre na mesma pena quem presta auxílio a espião, conhecendo essa circunstância, para subtraí-lo à ação da autoridade pública.

§ 2º Se o documento, dado ou informação é transmitido ou revelado com violação do dever de sigilo:

Pena – reclusão, de 6 (seis) a 15 (quinze) anos.

§ 3º Facilitar a prática de qualquer dos crimes previstos neste artigo mediante atribuição, fornecimento ou empréstimo de senha, ou de qualquer outra forma de acesso de pessoas não autorizadas a sistemas de informações:

Pena – detenção, de 1 (um) a 4 (quatro) anos.

§ 4º Não constitui crime a comunicação, a entrega ou a publicação de informações ou de documentos com o fim de expor a prática de crime ou a violação de direitos humanos.

- Arts. 359-I a 359-K acrescidos pela Lei nº 14.197, de 1º-9-2021.

CAPÍTULO II

DOS CRIMES CONTRA AS INSTITUIÇÕES DEMOCRÁTICAS

- Capítulo II acrescido pela Lei nº 14.197, de 1º-9-2021.

Abolição violenta do Estado Democrático de Direito

Art. 359-L. Tentar, com emprego de violência ou grave ameaça, abolir o Estado Democrático de Direito, impedindo ou restringindo o exercício dos poderes constitucionais:

Pena – reclusão, de 4 (quatro) a 8 (oito) anos, além da pena correspondente à violência.

Golpe de Estado

Art. 359-M. Tentar depor, por meio de violência ou grave ameaça, o governo legitimamente constituído:

Pena – reclusão, de 4 (quatro) a 12 (doze) anos, além da pena correspondente à violência.

- Arts. 359-L e 359-M acrescidos pela Lei nº 14.197, de 1º-9-2021.

CAPÍTULO III

DOS CRIMES CONTRA O FUNCIONAMENTO DAS INSTITUIÇÕES DEMOCRÁTICAS NO PROCESSO ELEITORAL

- Capítulo III acrescido pela Lei nº 14.197, de 1º-9-2021.

Interrupção do processo eleitoral

Art. 359-N. Impedir ou perturbar a eleição ou a aferição de seu resultado, mediante violação indevida de mecanismos de segurança do sistema eletrônico de votação estabelecido pela Justiça Eleitoral:

Pena – reclusão, de 3 (três) a 6 (seis) anos, e multa.

• Art. 359-N acrescido pela Lei nº 14.197, de 1º-9-2021.

Comunicação enganosa em massa

Art. 359-O. VETADO. Lei nº 14.197, de 1º-9-2021.

Violência política

Art. 359-P. Restringir, impedir ou dificultar, com emprego de violência física, sexual ou psicológica, o exercício de direitos políticos a qualquer pessoa em razão de seu sexo, raça, cor, etnia, religião ou procedência nacional:

Pena – reclusão, de 3 (três) a 6 (seis) anos, e multa, além da pena correspondente à violência.

• Art. 359-P acrescido pela Lei nº 14.197, de 1º-9-2021.

Ação penal privada subsidiária

Art. 359-Q. VETADO. Lei nº 14.197, de 1º-9-2021.

CAPÍTULO IV

DOS CRIMES CONTRA O FUNCIONAMENTO DOS SERVIÇOS ESSENCIAIS

• Capítulo IV acrescido pela Lei nº 14.197, de 1º-9-2021.

Sabotagem

Art. 359-R. Destruir ou inutilizar meios de comunicação ao público, estabelecimentos, instalações ou serviços destinados à defesa nacional, com o fim de abolir o Estado Democrático de Direito:

Pena – reclusão, de 2 (dois) a 8 (oito) anos.

• Art. 359-R acrescido pela Lei nº 14.197, de 1º-9-2021.

CAPÍTULO V

DOS CRIMES CONTRA A CIDADANIA

Atentado a direito de manifestação

Art. 359-S. VETADO. Lei nº 14.197, de 1º-9-2021.

CAPÍTULO VI

DISPOSIÇÕES COMUNS

• Capítulo VI acrescido pela Lei nº 14.197, de 1º-9-2021.

Art. 359-T. Não constitui crime previsto neste Título a manifestação crítica aos poderes constitucionais nem a atividade jornalística ou a reivindicação de direitos e garantias constitucionais por meio de passeatas, de reuniões, de greves, de aglomerações ou de qualquer outra forma de manifestação política com propósitos sociais.

• Art. 359-T acrescido pela Lei nº 14.197, de 1º-9-2021.

Aumento de pena

Art. 359-U. VETADO. Lei nº 14.197, de 1º-9-2021.

DISPOSIÇÕES FINAIS

Art. 360. Ressalvada a legislação especial sobre os crimes contra a existência, a segurança e a integridade do Estado e contra a guarda e o emprego da economia popular, os crimes de imprensa e os de falência, os de responsabilidade do Presidente da República e dos Governadores ou Interventores, e os crimes militares, revogam-se as disposições em contrário.

Art. 361. Este Código entrará em vigor no dia 1º de janeiro de 1942.

Rio de Janeiro, 7 de dezembro de 1940;
119º da Independência e
52º da República.

Getúlio Vargas

DECRETO-LEI Nº 3.689, DE 3 DE OUTUBRO DE 1941

Código de Processo Penal.

(EXCERTOS)

• Publicado no *DOU* de 13-10-1941 e retificado no *DOU* de 24-10-1941.

O Presidente da República, usando da atribuição que lhe confere o artigo 180 da Constituição, decreta a seguinte Lei:

CÓDIGO DE PROCESSO PENAL

....

LIVRO III – DAS NULIDADES E DOS RECURSOS EM GERAL

....

CAPÍTULO X

DO *HABEAS CORPUS* E SEU PROCESSO

Art. 647. Dar-se-á *habeas corpus* sempre que alguém sofrer ou se achar na iminência de sofrer violência ou coação ilegal na sua liberdade de ir e vir, salvo nos casos de punição disciplinar.

Art. 648. A coação considerar-se-á ilegal:

I – quando não houver justa causa;

II – quando alguém estiver preso por mais tempo do que determina a lei;

III – quando quem ordenar a coação não tiver competência para fazê-lo;

IV – quando houver cessado o motivo que autorizou a coação;

V – quando não for alguém admitido a prestar fiança, nos casos em que a lei a autoriza;

VI – quando o processo for manifestamente nulo;

VII – quando extinta a punibilidade.

Art. 649. O juiz ou o tribunal, dentro dos limites da sua jurisdição, fará passar imediatamente a ordem impetrada, nos casos em que tenha cabimento, seja qual for a autoridade coatora.

Art. 650. Competirá conhecer, originariamente, do pedido de *habeas corpus*:

I – ao Supremo Tribunal Federal, nos casos previstos no artigo 101, I, *g*, da Constituição;

II – aos Tribunais de Apelação, sempre que os atos de violência ou coação forem atribuídos aos governadores ou interventores dos Estados ou Territórios e ao prefeito do Distrito Federal, ou a seus secretários, ou aos chefes de Polícia.

§ 1º A competência do juiz cessará sempre que a violência ou coação provier de autoridade judiciária de igual ou superior jurisdição.

§ 2º Não cabe o *habeas corpus* contra a prisão administrativa, atual ou iminente, dos responsáveis por dinheiro ou valor pertencente à Fazenda Pública, alcançados ou omissos em fazer o seu recolhimento nos prazos legais, salvo se o pedido for acompanhado de prova de quitação ou de depósito do alcance verificado, ou se a prisão exceder o prazo legal.

Art. 651. A concessão do *habeas corpus* não obstará, nem porá termo ao processo, desde que este não esteja em conflito com os fundamentos daquela.

Art. 652. Se o *habeas corpus* for concedido em virtude de nulidade do processo, este será renovado.

Art. 653. Ordenada a soltura do paciente em virtude de *habeas corpus*, será condenada nas custas a autoridade que, por má-fé ou evidente abuso de poder, tiver determinado a coação.

Parágrafo único. Neste caso, será remetida ao Ministério Público cópia das peças necessárias para ser promovida a responsabilidade da autoridade.

Art. 654. O *habeas corpus* poderá ser impetrado por qualquer pessoa, em seu favor ou de outrem, bem como pelo Ministério Público.

§ 1º A petição de *habeas corpus* conterá:

a) o nome da pessoa que sofre ou está ameaçada de sofrer violência ou coação e o de quem exercer a violência, coação ou ameaça;

b) a declaração da espécie de constrangimento ou, em caso de simples ameaça de coação, as razões em que funda o seu temor;

c) a assinatura do impetrante, ou de alguém a seu rogo, quando não souber ou não puder escrever, e a designação das respectivas residências.

§ 2º Os juízes e os tribunais têm competência para expedir de ofício ordem de *habeas corpus*, quando no curso de processo verificarem que alguém sofre ou está na iminência de sofrer coação ilegal.

Art. 655. O carcereiro ou o diretor da prisão, o escrivão, o oficial de justiça ou a autoridade judiciária ou policial que embaraçar ou procrastinar a expedição de ordem de *habeas corpus*, as informações sobre a causa da prisão, a condução e apresentação do paciente, ou a sua soltura, será multado na quantia de duzentos mil-réis a um conto de réis, sem prejuízo das penas em que incorrer. As multas serão impostas pelo juiz do tribunal que julgar o *habeas corpus*, salvo quando se tratar de autoridade judiciária, caso em que caberá ao Supremo Tribunal Federal ou ao Tribunal de Apelação impor as multas.

- Os Tribunais de Apelação, com a promulgação da CF/1946, passaram a ser denominados Tribunais de Justiça.

Art. 656. Recebida a petição de *habeas corpus*, o juiz, se julgar necessário, e estiver preso o paciente, mandará que este lhe seja imediatamente apresentado em dia e hora que designar.

Parágrafo único. Em caso de desobediência, será expedido mandado de prisão contra o detentor, que será processado na forma da lei, e o juiz providenciará para que o paciente seja tirado da prisão e apresentado em juízo.

Art. 657. Se o paciente estiver preso, nenhum motivo escusará a sua apresentação, salvo:

I – grave enfermidade do paciente;

II – não estar ele sob a guarda da pessoa a quem se atribui a detenção;

III – se o comparecimento não tiver sido determinado pelo juiz ou pelo tribunal.

Parágrafo único. O juiz poderá ir ao local em que o paciente se encontrar, se este não puder ser apresentado por motivo de doença.

Art. 658. O detentor declarará à ordem de quem o paciente estiver preso.

Art. 659. Se o juiz ou o tribunal verificar que já cessou a violência ou coação ilegal, julgará prejudicado o pedido.

Art. 660. Efetuadas as diligências, e interrogado o paciente, o juiz decidirá, fundamentadamente, dentro de vinte e quatro horas.

§ 1º Se a decisão for favorável ao paciente, será logo posto em liberdade, salvo se por outro motivo dever ser mantido na prisão.

§ 2º Se os documentos que instruírem a petição evidenciarem a ilegalidade da coação, o juiz ou o tribunal ordenará que cesse imediatamente o constrangimento.

§ 3º Se a ilegalidade decorrer do fato de não ter sido o paciente admitido a prestar fiança, o juiz arbitrará o valor desta, que poderá ser prestada perante ele, remetendo, neste caso, à autoridade os respectivos autos, para serem anexados aos do inquérito policial ou aos do processo judicial.

§ 4º Se a ordem de *habeas corpus* for concedida para evitar ameaça de violência ou coação ilegal, dar-se-á ao paciente salvo-conduto assinado pelo juiz.

§ 5º Será incontinenti enviada cópia da decisão à autoridade que tiver ordenado a prisão ou tiver o paciente à sua disposição, a fim de juntar-se aos autos do processo.

§ 6º Quando o paciente estiver preso em lugar que não seja o da sede do juízo ou do tribunal que conceder a ordem, o alvará de soltura será expedido pelo telégrafo, se houver, observadas as formalidades estabelecidas no artigo 289, parágrafo único, *in fine*, ou por via postal.

Art. 661. Em caso de competência originária do Tribunal de Apelação, a petição de *habeas corpus* será apresentada ao secretário, que a enviará imediatamente ao presidente do tribunal, ou da câmara criminal, ou da turma, que estiver reunida, ou primeiro tiver de reunir-se.

- Os Tribunais de Apelação, com a promulgação da CF/1946, passaram a ser denominados Tribunais de Justiça.

Art. 662. Se a petição contiver os requisitos do artigo 654, § 1º, o presidente, se necessário, requisitará da autoridade indicada como coatora informações por escrito. Faltando, porém, qualquer daqueles requisitos, o presidente mandará preenchê-lo, logo que lhe for apresentada a petição.

Art. 663. As diligências do artigo anterior não serão ordenadas, se o presidente entender que o *habeas corpus* deva ser indeferido *in limine*. Nesse caso, levará a petição ao tribunal, câmara ou turma, para que delibere a respeito.

Art. 664. Recebidas as informações, ou dispensadas, o *habeas corpus* será julgado na primeira sessão, podendo, entretanto, adiar-se o julgamento para a sessão seguinte.

Parágrafo único. A decisão será tomada por maioria de votos. Havendo empate, se o presidente não tiver tomado parte na votação, proferirá voto de desempate; no caso contrário, prevalecerá a decisão mais favorável ao paciente.

Art. 665. O secretário do tribunal lavrará a ordem que, assinada pelo presidente do tribunal, câmara ou turma, será dirigida, por ofício ou telegrama, ao detentor, ao carcereiro ou autoridade que exercer ou ameaçar exercer o constrangimento.

Parágrafo único. A ordem transmitida por telegrama obedecerá ao disposto no artigo 289, parágrafo único, *in fine*.

Art. 666. Os regimentos dos Tribunais de Apelação estabelecerão as normas complementares para o processo e julgamento do pedido de *habeas corpus* de sua competência originária.

Art. 667. No processo e julgamento do *habeas corpus* de competência originária do Supremo Tribunal Federal, bem como nos de recurso das decisões de última ou única instância, denegatórias de *habeas corpus*, observar-se-á, no que lhes for aplicável, o disposto nos artigos anteriores, devendo o regimento interno do tribunal estabelecer as regras complementares.

LIVRO VI – DISPOSIÇÕES GERAIS

Art. 810. Este Código entrará em vigor no dia 1º de janeiro de 1942.

Art. 811. Revogam-se as disposições em contrário.

Rio de Janeiro, em 3 de outubro de 1941;
120º da Independência e
53º da República.
Getúlio Vargas

DECRETO-LEI Nº 4.597, DE 19 DE AGOSTO DE 1942

Dispõe sobre a prescrição das ações contra a Fazenda Pública e dá outras providências.

• Publicado no *DOU* de 20-8-1942.

Art. 1º Salvo o caso do foro do contrato, compete à Justiça de cada Estado e à do Distrito Federal processar e julgar as causas em que for interessado, como autor, réu, assistente ou opoente, respectivamente, o mesmo Estado, ou seus Municípios, e o Distrito Federal.

○ Art. 110 da CF.

Parágrafo único. O disposto neste artigo não se aplica às causas já ajuizadas.

Art. 2º O Decreto nº 20.910, de 6 de janeiro de 1932, que regula a prescrição quinquenal, abrange as dívidas passivas das autarquias, ou entidades e órgãos paraestatais, criados por lei e mantidos mediante impostos, taxas ou quaisquer contribuições, exigidas em virtude de lei federal, estadual ou municipal, bem como a todo e qualquer direito e ação contra os mesmos.

Art. 3º A prescrição das dívidas, direitos e ações a que se refere o Decreto nº 20.910, de 6 de janeiro de 1932, somente pode ser interrompida uma vez, e recomeça a correr, pela metade do prazo, da data do ato que a interrompeu, ou do último do processo para a interromper; consumar-se-á a prescrição no curso da lide sempre que a partir do último ato ou termo da mesma, inclusive da sentença nela proferida, embora passada em julgado, decorrer o prazo de dois anos e meio.

○ Súm. nº 383 do STF.

Art. 4º As disposições do artigo anterior aplicam-se desde logo a todas as dívidas, direitos e ações a que se referem, ainda não extintos por qualquer causa, ajuizados ou não, devendo prescrição ser alegada e decretada em qualquer tempo e instância, inclusive nas execuções de sentença.

Art. 5º Este Decreto-lei entrará em vigor na data da sua publicação, revogadas as disposições em contrário.

Rio de Janeiro, 19 de agosto de 1942;
121º da Independência e
54º da República.
Getúlio Vargas

LEI Nº 810, DE 6 DE SETEMBRO DE 1949

Define o ano civil.

• Publicada no *DOU* de 16-9-1949.

Art. 1º Considera-se ano o período de doze meses contados do dia do início ao dia e mês correspondentes do ano seguinte.

Art. 2º Considera-se mês o período de tempo contado do dia do início ao dia correspondente do mês seguinte.

Art. 3º Quando no ano ou mês do vencimento não houver o dia correspondente ao do início do prazo, este findará no primeiro dia subsequente.

Art. 4º Revogam-se as disposições em contrário.

Rio de Janeiro, 6 de setembro de 1949;
128º da Independência e
61º da República.
Eurico G. Dutra

LEI Nº 1.408, DE 9 DE AGOSTO DE 1951

Prorroga vencimentos de prazos judiciais e dá outras providências.

• Publicada no *DOU* de 13-8-1951.

Art. 1º Sempre que, por motivo de ordem pública, se fizer necessário o fechamento do Foro, de edifícios anexos ou de quaisquer dependências do serviço judiciário ou o respectivo expediente tiver de ser encerrado antes da hora legal, observar-se-á o seguinte:

○ Súm. nº 310 do STF.

a) os prazos serão restituídos aos interessados na medida em que houverem sido atingidos pela providência tomada;

b) as audiências, que ficarem prejudicadas, serão realizadas em outro dia mediante designação da autoridade competente.

Art. 2º O fechamento extraordinário do Foro e dos edifícios anexos e as demais medidas, a que se refere o artigo 1º, poderão ser determinados pelo presidente dos Tribunais de Justiça, nas comarcas onde esses tribunais tiverem a sede e pelos juízes de direito nas respectivas comarcas.

Art. 3º Os prazos judiciais que se iniciarem ou vencerem a os sábados, serão prorrogados por um dia útil.

Art. 4º Se o jornal, que divulgar o expediente oficial do Foro, se publicar à tarde, serão dilatados de um dia os prazos que devam correr de sua inserção nessa folha e feitas, na véspera da realização do ato oficial, as publicações que devam ser efetuadas no dia fixado para esse ato.

Art. 5º Não haverá expediente do Foro e nos ofícios de justiça, no "Dia da Justiça", nos feriados nacionais, na terça-feira de Carnaval, na Sexta-feira Santa, e nos dias que a lei estadual designar.

Parágrafo único. Os casamentos e atos de registro civil serão realizados em qualquer dia.

Art. 6º Esta Lei entrará em vigor na data de sua publicação, revogadas as disposições em contrário.

Rio de Janeiro, 9 de agosto de 1951;
130º da Independência e
63º da República.
Getúlio Vargas

LEI Nº 3.244, DE 14 DE AGOSTO DE 1957

Dispõe sobre a reforma da tarifa das alfândegas, e dá outras providências.

- Publicada no *DOU* de 14-8-1957.

CAPÍTULO I
DA INCIDÊNCIA

Art. 1º Está sujeita ao imposto de importação a mercadoria estrangeira que entrar em território nacional.

§ 1º Não se aplicará o disposto neste artigo à mercadoria estrangeira destinada a outro país, em trânsito regular pelo território nacional, trafegando por via usual ao comércio internacional.

§ 2º Considerar-se-á igualmente entrada no território nacional, para os efeitos deste artigo, a mercadoria manifestada, cuja falta for apurada no ato de descarga ou de conferência do manifesto, sem prejuízo das sanções cabíveis.

CAPÍTULO II
DA ALÍQUOTA

Art. 2º O Imposto sobre a Importação será cobrado na forma estabelecida por esta Lei e pela Tarifa Aduaneira do Brasil, por meio de alíquota *ad valorem* ou específica, ou pela conjugação de ambas.

Parágrafo único. A alíquota específica poderá ser determinada em moeda nacional ou estrangeira, podendo ser alterada de acordo com o disposto no Art.3º, modificado pelo Art.5º do Decreto-Lei nº 63, de 21 de novembro de 1966, e pelo Art.1º do Decreto-Lei nº 2.162, de 19 de setembro de 1984.

- Art. 2º com a redação dada pelo Dec.-lei nº 2.434, de 19-5-1988.

Art. 3º Poderá ser alterada dentro dos limites máximo e mínimo do respectivo capítulo, a alíquota relativa a produto:

a) cujo nível tarifário venha a se revelar insuficiente ou excessivo ao adequado cumprimento dos objetivos da Tarifa;

b) cuja produção interna for de interesse fundamental estimular;

c) que haja obtido registro de similar;

d) de país que dificultar a exportação brasileira para seu mercado, ouvido previamente o Ministério das Relações Exteriores;

e) de país que desvalorizar sua moeda ou conceder subsídio à exportação, de forma a frustrar os objetivos da Tarifa.

§ 1º Nas hipóteses dos itens *a*, *b* e *c* a alteração da alíquota, em cada caso, não poderá ultrapassar, para mais ou para menos, a 30% (trinta por cento) *ad valorem*.

§ 2º Na ocorrência de *dumping*, a alíquota poderá ser elevada até o limite capaz de neutralizá-lo.

Art. 4º Quando não houver produção nacional de matéria-prima e de qualquer produto de base, ou a produção nacional desses bens for insuficiente para atender ao consumo interno, poderá ser concedida isenção ou redução do imposto para a importação total ou complementar, conforme o caso.

§ 1º A isenção ou redução do imposto, conforme as características de produção e de comercialização, e a critério do Conselho de Política Aduaneira, será concedida:

a) mediante comprovação da inexistência de produção nacional, e, havendo produção, mediante prova, anterior ao desembaraço aduaneiro, de aquisição de quota determinada do produto nacional na respectiva fonte, ou comprovação de recusa, incapacidade ou impossibilidade de fornecimento em prazo e a preço normal;

b) por meio de estabelecimento de quotas tarifárias globais e/ou por período determinado, que não ultrapasse um ano, ou quotas percentuais em relação ao consumo nacional.

§ 2º A concessão será de caráter geral em relação a cada espécie de produto, garantida a aquisição integral de produção nacional, observada, quanto ao preço, a definição do art. 3º, do Decreto-Lei nº 37, de 18-11-1966.

§ 3º Quando, por motivo de escassez no mercado interno, se tornar imperiosa a aquisição no exterior, de gêneros alimentícios de primeira necessidade, de matérias-primas e de outros produtos de base, poderá ser concedida para a sua importação, por ato do Conselho de Política Aduaneira, isenção do imposto de importação e da taxa de despacho aduaneiro, ouvidos os órgãos ligados à execução da política do abastecimento e da produção.

§ 4º Será no máximo de um ano, a contar da emissão, o prazo de validade dos comprovantes da aquisição da quota de produto nacional prevista neste artigo e nas notas correlatas da Tarifa Aduaneira.

§ 5º A isenção do imposto de importação sobre matéria-prima e outro qualquer produto de base, industrializado ou não, mesmo os de aplicação direta, somente poderá beneficiar a importação complementar da produção nacional se observadas as normas deste artigo.

- Art. 4º com a redação dada pelo Dec.-lei nº 63, de 21-11-1966.

CAPÍTULO III
DA BASE DE CÁLCULO

Arts. 5º a 10. *Revogados.* Dec.-lei nº 730, de 5-8-1969.

CAPÍTULO IV
DA CLASSIFICAÇÃO

Art. 11. A mercadoria que, a primeira vista, estiver contida em mais de uma posição da Tarifa, classificar-se-á de acordo com as seguintes normas:

a) a posição com descrição mais específica terá preferência sobre a de caráter geral;

b) a mercadoria mista ou composta, e a constituída pela montagem ou reunião de matérias ou artigos heterogêneos, não abrangidas pelo item *a*, seguirão o regime da matéria ou artigo que lhe conferir caráter essencial;

c) a mercadoria que permanecer em mais de uma posição, apesar da aplicação das normas dos itens *a* e *b*, será classificada na de alíquota mais elevada;

d) a parte ou peça sem classificação própria na Tarifa e identificável como pertencente a determinado aparelho, obra ou objeto, seguirá o regime do todo.

Arts. 12 a 14. *Revogados.* Dec.-lei nº 37, de 18-11-1966.

CAPÍTULO V
DO RECIPIENTE, ENVOLTÓRIO OU EMBALAGEM

Art. 15. O recipiente, envoltório ou embalagem, estará sujeito ao imposto, de acordo com sua classificação própria na Tarifa, se não for normalmente usado no acondicionamento da mercadoria ou se tiver, no mercado nacional, valor superior ao do conteúdo.

Parágrafo único. Quando no mesmo envoltório ou embalagem houver mercadorias heterogêneas, o valor ou peso respectivo será repartido proporcionalmente ao imposto por elas devido.

Art. 16. Considerar-se-á:

a) peso líquido, o da mercadoria, excluído o recipiente, envoltório ou embalagem;

b) peso bruto, o da mercadoria, com o seu recipiente, envoltório ou embalagem.

CAPÍTULO VI

DA BAGAGEM

Art. 17. *Revogado.* Dec.-lei nº 37, de 18-11-1966.

Arts. 18 a 20. VETADOS.

CAPÍTULO VII

DO CONSELHO DE POLÍTICA ADUANEIRA

Art. 21. É instituído, no Ministério da Fazenda, o Conselho de Política Aduaneira.

Art. 22. Competirá privativamente ao Conselho:

a) determinar a alíquota específica, na forma do art. 2º;

- Alínea *a* com a redação dada pelo Dec.-lei nº 2.434, de 19-5-1988.

b) modificar qualquer alíquota do imposto, na forma do art. 3º;

c) estabelecer, anualmente, a quota de aquisição de matéria-prima ou qualquer produto de base e a correspondente isenção ou redução do imposto, na forma do art. 4º;

d) estabelecer a pauta do valor mínimo, na forma do art. 9º;

e) atualizar a nomenclatura da Tarifa e nela introduzir correções;

f) reconhecer a similaridade da produção nacional, na forma das disposições pertinentes do Decreto-Lei nº 37, de 18-11-1966.

- Alínea *f* com a redação dada pelo Dec.-lei nº 730, de 5-8-1969.

g) coordenar, no âmbito interno, os trabalhos preparatórios das negociações tarifárias em acordos internacionais, assim como opinar sobre extensão e retirada de concessões tarifárias outorgadas, respeitadas as disposições da Lei nº 5.025, de 10 de junho de 1966.

- Alínea *g* acrescida pelo Dec.-lei nº 730, de 5-8-1969.

Parágrafo único. A alteração de alíquota, a que se referem as letras *a* e *b* do art. 3º, será precedida de audiência realizada entre os interessados nas principais praças do país, por período não inferior a 30 (trinta) dias.

Art. 23. Competirá igualmente ao Conselho;

a) propor alterações na legislação aduaneira;

b) opinar sobre a concessão de favor aduaneiro em convênio internacional;

c) emitir parecer sobre projeto de lei, quando solicitado por qualquer Comissão da Câmara dos Deputados ou do Senado Federal;

d) participar do exame de qualquer outro problema relacionado com a formulação e execução da política aduaneira.

Art. 24. O Conselho será integrado por pessoas de ilibada reputação, com notórios conhecimentos em assuntos econômicos e financeiros, e constituído de:

a) um membro-presidente, indicado pelo Ministro da Fazenda e nomeado pelo Presidente da República;

b) 9 (nove) membros, sendo 6 (seis) efetivos e 3 (três) suplentes, escolhidos na forma do § 1º deste artigo;

c) 3 (três) membros, sendo 2 (dois) efetivos e um suplente, indicados pela Confederação Nacional do Comércio;

d) 3 (três) membros, sendo 2 (dois) efetivos e um suplente, indicados pela Confederação Nacional da Indústria;

e) 3 (três) membros, sendo 2 (dois) efetivos e um suplente, indicados pela Confederação Rural Brasileira;

f) um membro efetivo e um suplente, indicados em lista quádrupla pelas Confederações Nacionais dos Trabalhadores no Comércio, na Indústria, nos Transportes Marítimos e nos Terrestres.

§ 1º Os membros efetivos das alíneas *a* e *b* serão escolhidos entre os servidores dos setores governamentais ligados, diretamente, à execução da política econômica e financeira.

§ 2º Os membros do Conselho a que se referem as letras *b, c, d,* e *e* deste artigo, serão nomeados por decreto do Presidente da República, pelo prazo de 4 (quatro) anos, renováveis pela metade, de 2 (dois) em 2 (dois) anos, podendo ser reconduzidos até 2 (duas) vezes. Os suplentes servirão por convocação do Presidente nos impedimentos dos correspondentes membros efetivos.

§ 3º No período inicial, a metade dos membros será nomeada por 2 (dois) anos.

§ 4º Os membros a que se refere o item *b* serão indicados pelo Ministro da Fazenda, e os dos itens *c, d* e *e*, pelas respectivas Confederações, estes em lista tríplice para cada cargo.

§ 5º O Presidente e o Vice-Presidente, este eleito pelo Conselho dentre os membros indicados pelas Confederações, terão o mandato de 2 (dois) anos.

Art. 25. O Conselho funcionará com a presença de 2/3 (dois terços) de seus membros, sendo as decisões tomadas por maioria.

§ 1º Quando versarem sobre matéria das letras *d* e *e* do art. 3º, as decisões serão tomadas por maioria de 2/3 (dois terços) de seus membros.

§ 2º O Presidente terá o voto de desempate.

Art. 26. O Conselho reunir-se-á, ordinariamente, duas vezes por semana e, extraordinariamente, mediante convocação do Presidente ou por deliberação da maioria de seus membros.

§ 1º As sessões do Conselho serão públicas, salvo deliberação em contrário da maioria de seus membros.

§ 2º O Conselho poderá autorizar, por decisão própria ou por solicitação, a audiência de técnicos e interessados nos assuntos sob exame.

Art. 27. As deliberações do Conselho sobre as matérias do art. 22 entrarão em vigor dentro do prazo de 15 (quinze) dias da data da publicação do ato do Ministro da Fazenda que as houver homologado.

§ 1º Se denegar a homologação, o Ministro da Fazenda, dentro do prazo de 30 (trinta) dias, restituirá o processo ao Conselho, acompanhado das razões da impugnação, o qual só poderá confirmar a deliberação anterior com o voto da maioria de 2/3 (dois terços) de seus membros.

§ 2º Confirmada a deliberação anterior, ou na ausência de decisão do Ministro da Fazenda, dentro do prazo do parágrafo anterior, será a deliberação do Conselho posta em vigor por ato do respectivo Presidente, na forma e no prazo deste artigo.

Art. 28. Ficam criados, no quadro do Ministério da Fazenda, os seguintes cargos em comissão:

CC-1 – 1 (um) Presidente do Conselho de Política Aduaneira;

CC-3 – 1 (um) Secretário Executivo do Conselho de Política Aduaneira

Art. 29. O Presidente, demais membros e o Secretário-Executivo, do Conselho de Política Aduaneira, perceberão, por sessão realizada, até o máximo de 12 (doze) por mês, gratificação correspondente a 30% (trinta por cento)

LEG. COMPLEMENTAR

da importância fixada para o Nível 1 da escala de vencimentos dos servidores públicos civis do Poder Executivo.

• *Caput* com a redação dada pelo Dec.-lei nº 37, de 18-11-1966.

Parágrafo único. O não comparecimento à sessão ou a ausência no ato de votação, mesmo por motivo justificado, importará na perda da gratificação de presença.

Art. 30. Perderá automaticamente o cargo o membro do Conselho que deixar de comparecer sem motivo justificado, a mais de 3 (três) sessões por mês, ou a mais de 1/5 (um quinto) das sessões durante um ano.

§ 1º Dentro de 10 (dez) dias da ocorrência de vaga de membro do Conselho, o Presidente fará a devida comunicação:

a) ao Ministro da Fazenda, no caso de membro a que se refere a letra *b*, do Art.24; e

b) à Confederação competente, no caso de membro a que se referem as letras *c*, *d* e *e* do art. 24.

§ 2º A nomeação em caso de vaga superveniente obedecerá ao sistema estabelecido no art. 24, e será feita pelo prazo restante do mandato.

§ 3º O Conselho poderá conceder licença ao membro que a requerer, pelo prazo máximo de 120 (cento e vinte) dias.

Art. 31. O Conselho terá uma secretaria técnica, dirigida por um secretário executivo, e integrada por servidores lotados ou requisitados na forma da legislação em vigor.

§ 1º O secretário executivo participará, sem direito a voto, das sessões do Conselho e perceberá a gratificação de presença a que se refere o art. 29.

§ 2º Os assessores e auxiliares técnicos, em exercício na secretaria técnica, perceberão gratificação arbitrada pelo Ministro da Fazenda.

Art. 32. Dentro de 180 (cento e oitenta) dias da data da publicação desta lei, o Poder Executivo remeterá ao Congresso Nacional projeto de lei, dispondo sobre a criação do quadro de servidores, atribuições e organização da secretaria técnica do Conselho de Política Aduaneira.

Parágrafo único. Enquanto não for convertido em lei o projeto a que se refere este artigo, o Ministro da Fazenda poderá contratar para a secretaria técnica economistas e outros técnicos, dentro dos limites do quadro aprovado pelo Presidente da República.

CAPÍTULO VIII
DAS PENALIDADES

Arts. 33 a 35. *Revogados.* Dec.-lei nº 37, de 18-11-1966.

Art. 36. 20% (vinte por cento) das multas aplicadas na forma dos artigos 33 e 34 serão adjudicados ao funcionário que houver apurado a falta.

Parágrafo único. Quando a fraude for apurada mediante denúncia, a quota adjudicada ao funcionário será dividida, em partes iguais, com o denunciante.

CAPÍTULO IX
DISPOSIÇÕES GERAIS E TRANSITÓRIAS

Art. 37. Será concedida remissão total ou parcial do imposto relativo a produto utilizado na composição de outro a exportar (*drawbrack*), nos termos do Regulamento a ser baixado por proposta do Conselho de Política Aduaneira, revogado o Decreto nº 904, de 28 de julho de 1934.

Art. 38. Será abolida a partir de 1º de janeiro de 1958, a fatura consular, aplicando-se à fatura comercial, no que couber, o regulamento aprovado pelo Decreto nº 22.717, de 16 de maio de 1933, revogado o regime de multas previsto no referido decreto.

§ 1º A fatura comercial conterá as indicações a serem estabelecidas em Regulamento, e será visada pela autoridade consular, mediante pagamento dos emolumentos previstos no referido decreto e apresentação do certificado de licença expedido pela Carteira de Comércio Exterior do Banco do Brasil, ou, no caso do art. 55, da prova de cobertura cambial emitida pela Carteira de Câmbio do Banco do Brasil.

§ 2º Ressalvados os casos previstos em lei ou Regulamento, o visto consular constitui condição essencial ao desembaraço aduaneiro sob pena de pagamento de multa equivalente a 20% (vinte por cento) do valor da mercadoria, sem prejuízo de outras penalidades combinadas em lei, não importando, todavia, na aprovação dos dados relativos à natureza, quantidade e preço da mercadoria, constantes da fatura comercial.

§ 3º Além dos elementos indispensáveis ao despacho aduaneiro, a nota de importação deverá conter outras indicações para fins estatísticos, ou ser acompanhada de formulário especial com a mesma finalidade, na forma estabelecida em Regulamento.

Art. 39. VETADO.

Art. 40. Nenhuma vantagem pecuniária poderá ser adjudicada a qualquer funcionário, decorrente de decisão exarada por força de cargo ou função que esteja exercendo.

Art. 41. VETADO.

Art. 42. Excetuada a hipótese de depósito ou fiança previstos no § 3º do art. 6º, ou para garantia de entrância em recurso fiscal, só haverá desembaraço aduaneiro com suspensão temporária do pagamento do imposto devido, mediante termo de responsabilidade, nos casos previstos por esta lei e mais os seguintes:

a) franquia temporária;

b) pelo prazo máximo de um ano, a importação de determinado equipamento ou conjunto de equipamento, sem similar nacional e considerado de interesse para o desenvolvimento econômico do país, quando objeto de projeto de lei enviado ao Congresso Nacional, com mensagem do Poder Executivo.

Art. 43. A nota de importação, a guia comprobatória, a nota de diferença e qualquer outro formulário aduaneiro, em qualquer número de vias, poderão ser preenchidos a máquina.

Art. 44. Será suspensa por 6 (seis) meses, a contar da data da apresentação do pedido de registro de similar, a aplicação da nota 183 da Tarifa.

Parágrafo único. O disposto neste artigo não se aplicará à importação cujo câmbio haja sido fechado antes da data da apresentação do pedido de registro.

Art. 45. Estará isenta do imposto de importação a parte ou peça complementar de unidade a ser completada no país, que for importada por fabricante de veículo nacional, com plano aprovado pelo Poder Executivo até 31 de dezembro de 1957, mediante a apresentação de documento comprobatório da aquisição do câmbio correspondente, que será feita por importância igual ao custo da unidade monetária estrangeira, calculado com base na média ponderada resultante dos leilões da respectiva categoria de importação no semestre anterior à data da publicação desta lei.

§ 1º A isenção não abrangerá parte ou peça com similar nacional registrado.

§ 2º Os favores previstos neste artigo expirarão a 30 de junho de 1959.

Art. 46. Na época oportuna, o Conselho de Política Aduaneira fixará a redução do imposto a ser concedida a partir de 1º de julho de 1959, segundo o grau de nacionalização atingido pelos fabricantes a que se refere o artigo anterior ou que tiverem planos de fabricação aprovados depois de 31 de dezembro de 1957.

Art. 47. O limite de alteração de alíquota *ad valorem*, previsto no § 1º do art. 3º, vigorará a partir de dois anos após a data da publicação desta lei.

Arts. 48 a 55. *Revogados.* Lei nº 14.286, de 29-12-2021.

Art. 56. O art. 7º da Lei nº 2.145, de 29 de dezembro de 1953, passa a vigorar com a seguinte redação:

- A Lei nº 2.145, de 29-12-1953, foi revogada pela Lei nº 14.286, de 29-12-2021.

Art. 57. É mantido, no que não contrariar essa lei, o regime que regula o intercâmbio comercial com o exterior, estabelecido pela Lei nº 2.145, de 29 de dezembro de 1953, VETADO.

Art. 58. *Revogado.* Lei nº 5.067, de 6-7-1966.

Art. 59. De acordo com a letra *a*, § 3º do Art.48, a Carteira de Câmbio do Banco do Brasil S.A. fará realizar licitação específica para automóveis de passageiros, de peso até 1.600 quilos e valor FOB, não superior a US$ 2.300,00 (dois mil e trezentos dólares) ou equivalente a outra moeda, nos limites mínimos de US$ 12.000.000,00 (doze milhões de dólares) no primeiro ano e US$ 8.000.000,00 (oito milhões de dólares) no segundo ano, ou equivalente em outras moedas, mediante leilões mensais e dentro de verbas fixadas no orçamento de câmbio, a que se refere o art. 12 da Lei nº 1.807, de 7 de janeiro de 1953.

§ 1º O preço a que se refere esse artigo será o do veículo montado, atendido o que dispõe o parágrafo único do art. 5º.

§ 2º As importações de que trata este artigo poderão também ser feitas por fabricantes ou montadores daqueles veículos, desde que os carros venham completamente desmontados (CKD) e com as omissões em peso indicadas no § 3º deste artigo.

§ 3º Aos fabricantes e montadores, que se valerem do disposto no parágrafo anterior, serão concedidas reduções no valor do imposto de importação, proporcionalmente às omissões em peso de acordo com a seguinte tabela:

Omissões em peso Redução no imposto de importação

15% (quinze por cento) 40% (quarenta por cento)

25% (vinte e cinco por cento) 60% (sessenta por cento)

35% (trinta e cinco por cento) 70% (setenta por cento)

45% (quarenta e cinco por cento) 80% (oitenta por cento)

mais de 45% (quarenta e cinco por cento) 90% (noventa por cento)

§ 4º Para fins aduaneiros, o valor do veículo desmontado, com as reduções em peso do que trata o parágrafo anterior, será determinado pelo Conselho da Política Aduaneira, de acordo com o disposto na letra *d* do Art.22.

§ 5º Para gozar os benefícios de que tratam os §§ 2º e 3º deste artigo, os fabricantes ou montadores deverão submeter ao Ministério da Viação o seu plano de fabricação ou montagem.

§ 6º O automóvel importado e montado, na forma dos §§ 2º e 3º deste artigo, não poderá ser vendido com margem de lucro superior a 18% (dezoito por cento) para o montador e 18% (dezoito por cento) para o revendedor, sob pena de perda das vantagens decorrentes deste mesmo artigo.

§ 7º Para obtenção das reduções no imposto de importação, previstas no § 3º deste artigo, o fabricante ou montador fará, perante o Ministério da Viação e Obras Públicas a comprovação de compra das peças ou partes de fabricação nacional, correspondente às omissões.

§ 8º O custo da unidade monetária estrangeira, para as importações a que se refere este artigo, não poderá ser inferior a CR$ 100,00 (cem cruzeiros) por dólar americano ou equivalente em outras moedas.

Art. 60. *Revogado.* Lei nº 6.562, de 18-9-1978.

Art. 61. O Conselho de Política Aduaneira será instalado dentro de 30 (trinta) dias da data da publicação desta lei.

Art. 62. O Poder Executivo deverá, no prazo de um ano, a contar da data de publicação desta lei:

I – remeter ao Congresso Nacional, com base em proposta do Conselho de Política Aduaneira, projeto de lei que reexamine e atualize a legislação geral e específica sobre isenção e redução de imposto;

II – promover as gestões necessárias à atualização dos acordos internacionais em matéria de tratamento aduaneiro e que importem na aplicação de imposto diferente do estabelecido na Tarifa;

III – atualizar e consolidar as disposições da legislação aduaneira não revogadas por esta lei.

§ 1º Em caso de acordo ainda não ratificado pelo Congresso Nacional, até a data da publicação desta lei, o Poder Executivo promoverá novas gestões, no sentido de ajustar suas cláusulas às disposições desta lei.

§ 2º Ficam revogadas as isenções concedidas pelo Decreto-Lei nº 300, de 24 de fevereiro de 1938 e leis posteriores, ressalvadas, VETADO as que beneficiarem, VETADO expressamente, VETADO entidades, empresas ou pessoas.

Art. 63. O Ministério da Fazenda tomará as providências necessárias para que, dentro do prazo de um ano, a contar da data da publicação desta lei, os trabalhos de exame e julgamento dos recursos fiscais a cargo do Conselho Superior de Tarifa estejam regularizados, podendo para esse fim:

I – elevar, temporária ou permanentemente, até o triplo, o número atual de membros do referido Conselho, distribuídos em tantas Câmaras quantas necessárias, inclusive para os fins do art. 60;

II – suspender ou dispensar membro do Conselho que não cumprir os prazos fixados em regulamento.

Art. 64. Aos servidores lotados nas repartições aduaneiras, assim como aos do Laboratório Nacional de Análises e suas seções regionais, será distribuída uma percentagem, calculada sobre a respectiva arrecadação do imposto de importação, em quotas proporcionais aos respectivos vencimentos.

§ 1º A percentagem será fixada anualmente, por ato do Ministro da Fazenda, podendo ser variável para cada repartição ou categoria de repartição, de forma a assegurar equidade em sua distribuição.

§ 2º A quota atribuída mensalmente a cada servidor não poderá ser superior a 100% (cem por cento) dos respectivos vencimentos ou salários e será incluída nos proventos respectivos, desde que conte mais de cinco anos de efetivo exercício nas repartições a que se refere este artigo.

§ 3º O montante das quotas a serem distribuídas a todos os servidores não poderá exceder a três por cento (3%) da receita anual do imposto de importação, calculada com base na previsão orçamentária de cada exercício.

Art. 65. São extintos o imposto sobre transferência de fundos para o exterior e qualquer tributo incidente sobre a mercadoria importada, cobrado por ocasião do respectivo despacho aduaneiro, exclusive o imposto de consumo e o imposto único sobre combustíveis e lubrificantes.

Art. 66. Em substituição aos tributos extintos na forma do artigo anterior, fica criada a taxa de despacho aduaneiro de 5% (cinco por cento) sobre o valor da mercadoria importada, exclusive as gravadas pelo imposto único sobre combustíveis e lubrificantes.

§ 1º O produto da taxa terá a seguinte destinação:

Fundo de Marinha Mercante – 32% (trinta e dois por cento)
Fundo de Previdência Social – 18% (dezoito por cento)
Fundo Naval – 15% (quinze por cento)
Fundo aeronáutico – 15% (quinze por cento)
Fundo Federal de Eletrificação – 10% (dez por cento)
Concessionários de portos – 6% (seis por cento).
Fundo de Reaparelhamento das Repartições aduaneiras – 3,5 (três e meio por cento).
Caixa de Crédito da Pesca – 0,5 (meio por cento).

§ 2º Enquanto não for criado o Fundo de Marinha Mercante, a parcela do produto da taxa que lhe é destinada será depositada, em conta especial, no Banco Nacional do Desenvolvimento Econômico, para aplicação, conforme a lei determinar.

§ 3º Ressalvado o disposto no parágrafo anterior, a distribuição do produto da taxa será feita a partir de 1958, prevalecendo, no corrente exercício, as dotações constantes do orçamento vigente

Art. 67. Ficam isentos de imposto de consumo os veículos automotores tipo jipe, camionetas de carga ou de uso misto.

Art. 68. Fica extinta qualquer discriminação do imposto de consumo entre o produto nacional e o estrangeiro, prevalecendo sempre a alíquota prevista para o primeiro.

Art. 69. Fica extinta a Comissão de Similares da Alfândega, transferidas as suas atribuições ao Conselho de Política Aduaneira.

Parágrafo único. Os arquivos e expediente da Comissão de Similares deverão ser encaminhados ao Conselho de Política Aduaneira.

Art. 70. Para apuração da regularidade do pagamento do imposto devido sobre mercadorias, bens ou coisas procedentes dos estrangeiros e entrados no território nacional, a ação das autoridades aduaneiras encarregadas desse controle poderá estender-se a qualquer ponto do país, de acordo com as instruções que forem baixadas pelo Ministro da Fazenda.

Art. 71. VETADO.

Parágrafo único. VETADO.

Art. 72. É o Poder Executivo autorizado a abrir o crédito especial de CR$ 300.000.000,00 (trezentos milhões de cruzeiros) para ocorrer as despesas com:

a) instalação e funcionamento do Conselho de Política Aduaneira;

b) reaparelhamento das repartições aduaneiras, inclusive do Laboratório Nacional de Análises;

c) ajuda de custo, passagens e diárias dos integrantes da delegação brasileira encarregada de promover novas negociações com as partes contratantes do Acordo Geral Sobre Tarifas e Comércio (GATT);

d) qualquer outra providência indispensável à implantação da nova Tarifa, inclusive encargos de pessoal e material decorrentes da aplicação desta lei.

Parágrafo único. Este crédito será automaticamente registrado pelo Tribunal de Contas e distribuído ao Tesouro Nacional.

Art. 73. Será garantido o desembaraço alfandegário no regime vigente na data da publicação desta lei:

a) à mercadoria já licenciada pela Carteira de Comércio Exterior (CACEX);

b) à que for importada com base em promessa de venda de câmbio anteriormente licitada ou concedida;

c) à excluída do regime de licença prévia, desde que a respectiva cobertura cambial, na forma do regulamento aprovado pelo Decreto nº 32.285, de 19 de dezembro de 1953 (art. 62, inciso II), esteja assegurada por documento já expedido pela Carteira de Câmbio do Banco do Brasil – Fiscalização Bancária (FIBAN);

d) a que por lei anterior esteja isenta de licença prévia e possa ser paga pelo mercado de taxa livre, desde que tenha sido embarcada antes da data de vigência da presente Lei.

Art. 74. VETADO.

Art. 75. A designação dos membros das Comissões de Tarifa das Alfândegas será feita pelos respectivos Inspetores e submetida à aprovação do Diretor das Rendas Aduaneiras.

Arts. 76 e 77. VETADOS.

Art. 78. Revogadas as disposições em contrário, esta lei entrará em vigor na data de sua publicação, inclusive quanto à sua obrigatoriedade nos Estados Estrangeiros, revogado por esse único efeito o disposto no § 1º do Art. 1º do Decreto-lei nº 4.657, de 4 de setembro de 1942.

Rio de Janeiro, em 14 de agosto de 1957;
136º da Independência e
69º da República.

Juscelino Kubitschek

- Optamos por não publicar o anexo nesta edição.

LEI Nº 4.320, DE 17 DE MARÇO DE 1964

Estatui normas gerais de direito financeiro para elaboração e controle dos orçamentos e balanços da União, dos Estados, dos Municípios e do Distrito Federal.

- Publicada no *DOU* de 23-3-1964.

DISPOSIÇÃO PRELIMINAR

Art. 1º Esta Lei estatui normas gerais de direito financeiro para elaboração e controle dos orçamentos e balanços da União, dos Estados, dos Municípios e do Distrito Federal, de acordo com o disposto no artigo 5º, XV, *b*, da Constituição Federal.

- Refere-se à CF/1946.
- Arts. 163 a 169 da CF.
- Art. 1º do CTN.

TÍTULO I – DA LEI DE ORÇAMENTO

CAPÍTULO I

DISPOSIÇÕES GERAIS

Art. 2º A Lei de Orçamento conterá a discriminação da receita e despesa de forma a evidenciar a política econômico-financeira e o programa de trabalho do Governo, obedecidos os princípios de unidade, universalidade e anualidade.

§ 1º Integrarão a Lei de Orçamento:

o Art. 8º, *caput*, desta Lei.

I – sumário geral da receita por fontes e da despesa por funções do Governo;

II – quadro demonstrativo da receita e despesa segundo as categorias econômicas, na forma do Anexo nº 1;

III – quadro discriminativo da receita por fontes e respectiva legislação;

IV – quadro das dotações por órgãos do Governo e da Administração.

§ 2º Acompanharão a Lei de Orçamento:

I – quadros demonstrativos da receita e planos de aplicação dos fundos especiais;

II – quadros demonstrativos da despesa, na forma dos Anexos nºs 6 e 9;

III – quadro demonstrativo do programa anual de trabalho do Governo, em termos de realização de obras e de prestação de serviços.

Art. 3º A Lei de Orçamento compreenderá todas as receitas, inclusive as de operações de crédito autorizadas em lei.

Parágrafo único. Não se consideram para os fins deste artigo as operações de crédito por antecipação da receita, as emissões de papel-moeda e outras entradas compensatórias no ativo e passivo financeiros.

o Art. 57 desta Lei.

Art. 4º A Lei de Orçamento compreenderá todas as despesas próprias dos órgãos do Governo e da Administração centralizada, ou que, por intermédio deles se devam realizar, observado o disposto no artigo 2º.

Art. 5º A Lei de Orçamento não consignará dotações globais destinadas a atender indiferentemente a despesas de pessoal, material, serviços de terceiros, transferências ou quaisquer outras, ressalvado o disposto no artigo 20 e seu parágrafo único.

Art. 6º Todas as receitas e despesas constarão da Lei de Orçamento pelos seus totais, vedadas quaisquer deduções.

§ 1º As cotas de receitas que uma entidade pública deva transferir a outra incluir-se-ão, como despesa, no orçamento da entidade obrigada à transferência e, como receita, no orçamento da que as deva receber.

§ 2º Para cumprimento do disposto no parágrafo anterior, o cálculo das cotas terá por base os dados apurados no balanço do exercício anterior àquele em que se elaborar a proposta orçamentária do Governo obrigado à transferência.

Art. 7º A Lei de Orçamento poderá conter autorização ao Executivo para:

I – abrir créditos suplementares até determinada importância, obedecidas as disposições do artigo 43;

II – realizar, em qualquer mês do exercício financeiro, operações de crédito por antecipação da receita, para atender a insuficiência de caixa.

§ 1º Em casos de *deficit*, a Lei de Orçamento indicará as fontes de recursos que o Poder Executivo fica autorizado a utilizar para atender a sua cobertura.

§ 2º O produto estimado de operações de crédito e de alienação de bens imóveis somente se incluirá na receita quando umas e outras forem especificamente autorizadas pelo Poder Legislativo em forma que juridicamente possibilite ao Poder Executivo realizá-las no exercício.

§ 3º A autorização legislativa a que se refere o parágrafo anterior, no tocante a operações de crédito, poderá constar da própria Lei de Orçamento.

Art. 8º A discriminação da receita geral e da despesa de cada órgão do Governo ou unidade administrativa, a que se refere o artigo 2º, § 1º, III e IV, obedecerá a forma do Anexo nº 2.

§ 1º Os itens da discriminação da receita e da despesa, mencionados nos artigos 11, § 4º, e 13, serão identificados por números de código decimal, na forma dos Anexos nºs 3 e 4.

§ 2º Completarão os números do código decimal referido no parágrafo anterior os algarismos caracterizadores da classificação funcional da despesa conforme estabelece o Anexo nº 5.

§ 3º O código geral estabelecido nesta Lei não prejudicará a adoção de códigos locais.

CAPÍTULO II

DA RECEITA

Art. 9º Tributo é a receita derivada, instituída pelas entidades de direito público, compreendendo os impostos, as taxas e contribuições, nos termos da Constituição e das leis vigentes em matéria financeira, destinando-se o seu produto ao custeio de atividades gerais ou específicas exercidas por essas entidades.

Art. 10. VETADO.

Art. 11. A receita classificar-se-á nas seguintes categorias econômicas: Receitas Correntes e Receitas de Capital.

§ 1º São Receitas Correntes as receitas tributária, de contribuições, patrimonial, agropecuária, industrial, de serviços e outras e, ainda, as provenientes de recursos financeiros recebidos de outras pessoas de direito público ou privado, quando destinadas a atender despesas classificáveis em Despesas Correntes.

§ 2º São Receitas de Capital as provenientes da realização de recursos financeiros oriundos de constituição de dívidas; da conversão, em espécie, de bens e direitos; os recursos recebidos de outras pessoas de direito público ou privado, destinados a atender despesas classificáveis em Despesas de Capital e, ainda, o superávit do Orçamento Corrente.

§ 3º O superávit do Orçamento Corrente resultante do balanceamento dos totais das receitas e despesas correntes, apurado na demonstração a que se refere o Anexo nº 1, não constituirá item de receita orçamentária.

§ 4º A classificação da receita obedecerá ao seguinte esquema:

Receitas Correntes

o Art. 8º, § 1º, desta Lei.

Receita Tributária
- Impostos
- Taxas
- Contribuições de Melhoria

Receita de Contribuições
Receita Patrimonial
Receita Agropecuária
Receita Industrial
Receita de Serviços
Transferências Correntes
Outras Receitas Correntes

Receitas de Capital
- Operações de Crédito

LEG. COMPLEMENTAR

Alienação de Bens
Amortização de Empréstimos
Transferências de Capital
Outras receitas de Capital

- Art. 11 com a redação dada pelo Dec.-lei nº 1.939, de 20-5-1982.

CAPÍTULO III

DA DESPESA

Art. 12. A despesa será classificada nas seguintes categorias econômicas:

Despesas Correntes
Despesas de Custeio
Transferências Correntes
Despesas de Capital
Investimentos
Inversões Financeiras
Transferências de Capital

§ 1º Classificam-se como Despesas de Custeio as dotações para manutenção de serviços anteriormente criados, inclusive as destinadas a atender a obras de conservação e adaptação de bens imóveis.

§ 2º Classificam-se como Transferências Correntes as dotações para despesas às quais não corresponda contraprestação direta em bens ou serviços, inclusive para contribuições e subvenções destinadas a atender à manutenção de outras entidades de direito público ou privado.

§ 3º Consideram-se subvenções, para os efeitos desta Lei, as transferências destinadas a cobrir despesas de custeio das entidades beneficiadas, distinguindo-se como:

I – subvenções sociais, as que se destinem a instituições públicas ou privadas de caráter assistencial ou cultural, sem finalidade lucrativa;

II – subvenções econômicas, as que se destinem a empresas públicas ou privadas de caráter industrial, comercial, agrícola ou pastoril.

§ 4º Classificam-se como investimentos as dotações para o planejamento e a execução de obras, inclusive as destinadas à aquisição de imóveis considerados necessários à realização destas últimas, bem como para os programas especiais de trabalho, aquisição de instalações, equipamentos e material permanente e constituição ou aumento do capital de empresas que não sejam de caráter comercial ou financeiro.

§ 5º Classificam-se como Inversões Financeiras as dotações destinadas a:

I – aquisição de imóveis, ou de bens de capital já em utilização;

II – aquisição de títulos representativos do capital de empresas ou entidades de qualquer espécie, já constituídas, quando a operação não importe aumento do capital;

III – constituição ou aumento do capital de entidades ou empresas que visem a objetivos comerciais ou financeiros, inclusive operações bancárias ou de seguros.

§ 6º São Transferências de Capital as dotações para investimentos ou inversões financeiras que outras pessoas de direito público ou privado devam realizar, independentemente de contraprestação direta em bens ou serviços, constituindo essas transferências auxílios ou contribuições, segundo derivem diretamente da Lei de Orçamento ou de lei especialmente anterior, bem como as dotações para amortização da dívida pública.

Art. 13. Observadas as categorias econômicas do artigo 12, a discriminação ou especificação da despesa por elementos, em cada unidade administrativa ou órgão do Governo, obedecerá ao seguinte esquema:

Despesas Correntes

- Art. 8º, § 1º, desta Lei.

Despesas de Custeio
Pessoal Civil
Pessoal Militar
Material de Consumo
Serviços de Terceiros
Encargos Diversos
Transferências Correntes
Subvenções Sociais
Subvenções Econômicas
Inativos
Pensionistas
Salário-Família e Abono Familiar
Juros da Dívida Pública
Contribuições de Previdência Social
Diversas Transferências Correntes
Despesas de Capital
Investimentos
Obras Públicas
Serviços em Regime de Programação Especial
Equipamentos e Instalações
Material Permanente
Participação em Constituição ou Aumento de Capital de Empresas ou Entidades Industriais ou Agrícolas
Inversões Financeiras
Aquisição de Imóveis
Participação em Constituição ou Aumento de Capital de Empresas ou Entidades Comerciais ou Financeiras
Aquisição de Títulos Representativos de Capital de Empresa em Funcionamento
Constituição de Fundos Rotativos
Concessão de Empréstimos
Diversas Inversões Financeiras
Transferência de Capital
Amortização da Dívida Pública
Auxílios para Obras Públicas
Auxílios para Equipamentos e Instalações
Auxílios para Inversões Financeiras
Outras Contribuições

Art. 14. Constitui unidade orçamentária o agrupamento de serviços subordinados ao mesmo órgão ou repartição a que serão consignadas dotações próprias.

Parágrafo único. Em casos excepcionais, serão consignadas dotações a unidades administrativas subordinadas ao mesmo órgão.

Art. 15. Na Lei de Orçamento a discriminação da despesa far-se-á, no mínimo, por elementos.

§ 1º Entende-se por elementos o desdobramento da despesa com pessoal, material, serviços, obras e outros meios de que se serve a administração pública para consecução de seus fins.

§ 2º Para efeito de classificação da despesa, considera-se material permanente o de duração superior a dois anos.

Seção I

DAS DESPESAS CORRENTES

Subseção Única

DAS TRANSFERÊNCIAS CORRENTES

I) Das Subvenções Sociais

Art. 16. Fundamentalmente e nos limites das possibilidades financeiras a concessão de subvenções sociais visará à prestação de serviços essenciais de assistência social, médica e educacional, sempre que a suplementação de recursos de origem privada aplicados a esses objetivos revelar-se mais econômica.

Parágrafo único. O valor das subvenções, sempre que possível, será calculado com base em unidades de serviços efetivamente prestados ou postos à disposição dos interessados, obedecidos os padrões mínimos de eficiência previamente fixados.

Art. 17. Somente à instituição cujas condições de funcionamento forem julgadas satisfatórias pelos órgãos oficiais de fiscalização serão concedidas subvenções.

II) Das Subvenções Econômicas

Art. 18. A cobertura dos *deficits* de manutenção das empresas públicas, de natureza autárquica ou não, far-se-á mediante subvenções econômicas expressamente incluídas nas despesas correntes do orçamento da União, do Estado, do Município ou do Distrito Federal.

Parágrafo único. Consideram-se, igualmente, como subvenções econômicas:

a) as dotações destinadas a cobrir a diferença entre os preços de mercado e os preços de revenda, pelo Governo, de gêneros alimentícios ou outros materiais;

b) as dotações destinadas ao pagamento de bonificações a produtores de determinados gêneros ou materiais.

Art. 19. A Lei de Orçamento não consignará ajuda financeira, a qualquer título, a empresa de fins lucrativos, salvo quando se tratar de subvenções cuja concessão tenha sido expressamente autorizada em lei especial.

Seção II

DAS DESPESAS DE CAPITAL

Subseção I

DOS INVESTIMENTOS

Art. 20. Os investimentos serão discriminados na Lei de Orçamento segundo os projetos de obras e de outras aplicações.

Parágrafo único. Os programas especiais de trabalho que, por sua natureza, não possam cumprir-se subordinadamente às normas gerais de execução da despesa poderão ser custeados por dotações globais, classificadas entre as Despesas de Capital.

o Art. 5º desta Lei.

Subseção II

DAS TRANSFERÊNCIAS DE CAPITAL

Art. 21. A Lei de Orçamento não consignará auxílio para investimentos que se devam incorporar ao patrimônio das empresas privadas de fins lucrativos.

Parágrafo único. O disposto neste artigo aplica-se às transferências de capital à conta de fundos especiais ou dotações sob regime excepcional de aplicação.

TÍTULO II – DA PROPOSTA ORÇAMENTÁRIA

CAPÍTULO I

CONTEÚDO E FORMA DA PROPOSTA ORÇAMENTÁRIA

Art. 22. A proposta orçamentária que o Poder Executivo encaminhará ao Poder Legislativo, nos prazos estabelecidos nas Constituições e nas Leis Orgânicas dos Municípios, compor-se-á de:

o Arts. 99, §§ 3º a 5º, 127, §§ 4º a 6º, da CF.

I – mensagem que conterá: exposição circunstanciada da situação econômico-financeira, documentada com demonstração da dívida fundada e flutuante, saldos de créditos especiais, restos a pagar e outros compromissos financeiros exigíveis; exposição e justificação da política econômico-financeira do Governo; justificação da receita e despesa, particularmente no tocante ao orçamento de capital;

II – projeto de Lei de Orçamento;

III – tabelas explicativas, das quais, além das estimativas de receita e despesa, constarão, em colunas distintas e para fins de comparação:

o Art. 28, I, desta Lei.

a) a receita arrecadada nos três últimos exercícios anteriores àquele em que se elaborou a proposta;

b) a receita prevista para o exercício em que se elabora a proposta;

c) a receita prevista para o exercício a que se refere a proposta;

d) a despesa realizada no exercício imediatamente anterior;

e) a despesa fixada para o exercício em que se elabora a proposta; e

f) a despesa prevista para o exercício a que se refere a proposta;

IV – especificação dos programas especiais de trabalho custeados por dotações globais, em termos de metas visadas, decompostas em estimativa do custo das obras a realizar e dos serviços a prestar, acompanhadas de justificação econômica, financeira, social e administrativa.

Parágrafo único. Constará da proposta orçamentária, para cada unidade administrativa, descrição sucinta de suas principais finalidades, com indicação da respectiva legislação.

CAPÍTULO II

DA ELABORAÇÃO DA PROPOSTA ORÇAMENTÁRIA

Seção I

DAS PREVISÕES PLURIANUAIS

Art. 23. As receitas e despesas de capital serão objeto de um Quadro de Recursos e de Aplicação de Capital, aprovado por decreto do Poder Executivo, abrangendo, no mínimo, um triênio.

Parágrafo único. O Quadro de Recursos e de Aplicação de Capital será anualmente reajustado acrescentando-se-lhe as previsões de mais um ano, de modo a assegurar a projeção contínua dos períodos.

Art. 24. O Quadro de Recursos e de Aplicação de Capital abrangerá:

I – as despesas e, como couber, também as receitas previstas em planos especiais aprovados em lei e destinados a atender a regiões ou a setores da administração ou da economia;

II – as despesas à conta de fundos especiais e, como couber, as receitas que os constituam;

III – em anexos, as despesas de capital das entidades referidas no Título X desta Lei, com indicação das respectivas

LEG. COMPLEMENTAR

receitas, para as quais forem previstas transferências de capital.

Art. 25. Os programas constantes do Quadro de Recursos e de Aplicação de Capital sempre que possível serão correlacionados a metas objetivas em termos de realização de obras e de prestação de serviços.

Parágrafo único. Consideram-se metas os resultados que se pretendem obter com a realização de cada programa.

Art. 26. A proposta orçamentária conterá o programa anual atualizado dos investimentos, inversões financeiras e transferências previstos no Quadro de Recursos e de Aplicação de Capital.

Seção II

DAS PREVISÕES ANUAIS

Art. 27. As propostas parciais de orçamento guardarão estrita conformidade com a política econômico-financeira, o programa anual de trabalho do Governo e, quando fixado, o limite global máximo para o orçamento de cada unidade administrativa.

Art. 28. As propostas parciais das unidades administrativas, organizadas em formulário próprio, serão acompanhadas de:

I – tabelas explicativas da despesa, sob a forma estabelecida no artigo 22, III, *d*, *e* e *f*;

II – justificação pormenorizada de cada dotação solicitada, com a indicação dos atos de aprovação de projetos e orçamentos de obras públicas, para cujo início ou prosseguimento ela se destina.

Art. 29. Caberá aos órgãos de contabilidade ou de arrecadação organizar demonstrações mensais da receita arrecadada, segundo as rubricas, para servirem de base à estimativa da receita na proposta orçamentária.

Parágrafo único. Quando houver órgão central de orçamento, essas demonstrações ser-lhe-ão remetidas mensalmente.

Art. 30. A estimativa da receita terá por base as demonstrações a que se refere o artigo anterior à arrecadação dos três últimos exercícios, pelo menos, bem como as circunstâncias de ordem conjuntural e outras, que possam afetar a produtividade de cada fonte de receita.

Art. 31. As propostas orçamentárias parciais serão revistas e coordenadas na proposta geral, considerando-se a receita estimada e as novas circunstâncias.

TÍTULO III – DA ELABORAÇÃO DA LEI DE ORÇAMENTO

Art. 32. Se não receber a proposta orçamentária no prazo fixado nas Constituições ou nas Leis Orgânicas dos Municípios, o Poder Legislativo considerará como proposta a Lei de Orçamento vigente.

- Arts. 99, §§ 3º a 5º, 127, §§ 4º e 5º, da CF.

Art. 33. Não se admitirão emendas ao projeto de Lei de Orçamento que visem a:

a) alterar a dotação solicitada para despesa de custeio, salvo quando provada, nesse ponto, a inexatidão da proposta;

b) conceder dotação para o início de obra cujo projeto não esteja aprovado pelos órgãos competentes;

c) conceder dotação para instalação ou funcionamento de serviço que não esteja anteriormente criado;

d) conceder dotação superior aos quantitativos previamente fixados em resolução do Poder Legislativo para concessão de auxílios e subvenções.

TÍTULO IV – DO EXERCÍCIO FINANCEIRO

Art. 34. O exercício financeiro coincidirá com o ano civil.

Art. 35. Pertencem ao exercício financeiro:

I – as receitas nele arrecadadas;

II – as despesas nele legalmente empenhadas.

Art. 36. Consideram-se Restos a Pagar as despesas empenhadas mas não pagas até o dia 31 de dezembro, distinguindo-se as processadas das não processadas.

Parágrafo único. Os empenhos que correm à conta de créditos com vigência plurianual, que não tenham sido liquidados, só serão computados como Restos a Pagar no último ano de vigência do crédito.

Art. 37. As despesas de exercícios encerrados, para as quais o orçamento respectivo consignava crédito próprio, com saldo suficiente para atendê-las, que não se tenham processado na época própria, bem como os Restos a Pagar com prescrição interrompida e os compromissos reconhecidos após o encerramento do exercício correspondente poderão ser pagos à conta de dotação específica consignada no orçamento, discriminada por elementos, obedecida, sempre que possível, a ordem cronológica.

Art. 38. Reverte à dotação a importância de despesa anulada no exercício: quando a anulação ocorrer após o encerramento deste considerar-se-á receita do ano em que se efetivar.

Art. 39. Os créditos da Fazenda Pública, de natureza tributária ou não tributária, serão escriturados como receita do exercício em que forem arrecadados, nas respectivas rubricas orçamentárias.

§ 1º Os créditos de que trata este artigo, exigíveis pelo transcurso do prazo para pagamento, serão inscritos, na forma da legislação própria, como Dívida Ativa, em registro próprio, após apurada a sua liquidez e certeza, e a respectiva receita será escriturada a esse título.

§ 2º Dívida Ativa Tributária é o crédito da Fazenda Pública dessa natureza, proveniente de obrigação legal relativa a tributos e respectivos adicionais e multas, e Dívida Ativa Não Tributária são os demais créditos da Fazenda Pública, tais como os provenientes de empréstimos compulsórios, contribuições estabelecidas em lei, multas de qualquer origem ou natureza, exceto as tributárias, foros, laudêmios, aluguéis ou taxas de ocupação, custas processuais, preços de serviços prestados por estabelecimentos públicos, indenizações, reposições, restituições, alcances dos responsáveis definitivamente julgados, bem assim os créditos decorrentes de obrigações em moeda estrangeira, de sub-rogação de hipoteca, fiança, aval ou outra garantia, de contratos em geral ou de outras obrigações legais.

- Art. 2º da Lei nº 6.830, de 22-9-1980 (Lei das Execuções Fiscais).

§ 3º O valor do crédito da Fazenda Nacional em moeda estrangeira será convertido ao correspondente valor na moeda nacional à taxa cambial oficial, para compra, na data da notificação ou intimação do devedor, pela autoridade administrativa, ou, à sua falta, na data da inscrição da Dívida Ativa, incidindo, a partir da conversão, a atualização monetária e os juros de mora, de acordo com preceitos legais pertinentes aos débitos tributários.

§ 4º A receita da Dívida Ativa abrange os créditos mencionados nos parágrafos anteriores, bem como os valores correspondentes à respectiva atualização monetária, à multa e juros de mora e ao encargo de que tratam o artigo 1º do Decreto-Lei nº 1.025, de 21 de outubro de 1969, e o artigo 3º do Decreto-Lei nº 1.645, de 11 de dezembro de 1978.

§ 5º A Dívida Ativa da União será apurada e inscrita na Procuradoria da Fazenda Nacional.

- Art. 39 com a redação dada pela Dec.lei nº 1.735, de 20-12-1979.

TÍTULO V – DOS CRÉDITOS ADICIONAIS

Art. 40. São créditos adicionais as autorizações de despesa não computadas ou insuficientemente dotadas na Lei de Orçamento.

Art. 41. Os créditos adicionais classificam-se em:

I – suplementares, os destinados a reforço de dotação orçamentária;

- Arts. 99, § 5º, 127, § 6º, e 168 da CF.

II – especiais, os destinados a despesas para as quais não haja dotação orçamentária específica;

- Arts. 99, § 5º, 127, § 6º, e 168 da CF.

III – extraordinários, os destinados a despesas urgentes e imprevistas, em caso de guerra, comoção intestina ou calamidade pública.

Art. 42. Os créditos suplementares e especiais serão autorizados por lei e abertos por decreto executivo.

- Arts. 99, § 5º, 127, § 6º, e 168 da CF.

Art. 43. A abertura dos créditos suplementares e especiais depende da existência de recursos disponíveis para ocorrer à despesa e será precedida de ex-posição justificativa.

- Arts. 99, § 5º, 127, § 6º, e 168 da CF.
- Art. 7º, I, desta Lei.

§ 1º Consideram-se recursos para o fim deste artigo, desde que não comprometidos:

I – o superávit financeiro apurado em balanço patrimonial do exercício anterior;

II – os provenientes de excesso de arrecadação;

III – os resultantes de anulação parcial ou total de dotações orçamentárias ou de créditos adicionais, autorizados em lei;

IV – o produto de operações de crédito autorizadas, em forma que juridicamente possibilite ao Poder Executivo realizá-las.

§ 2º Entende-se por superávit financeiro a diferença positiva entre o ativo financeiro e o passivo financeiro, conjugando-se, ainda, os saldos dos créditos adicionais transferidos e as operações de crédito a eles vinculadas.

§ 3º Entende-se por excesso de arrecadação, para os fins deste artigo, o saldo positivo das diferenças acumuladas mês a mês, entre a arrecadação prevista e a realizada, considerando-se, ainda, a tendência do exercício.

§ 4º Para o fim de apurar os recursos utilizáveis, provenientes de excesso de arrecadação, deduzir-se-á a importância dos créditos extraordinários abertos no exercício.

Art. 44. Os créditos extraordinários serão abertos por decreto do Poder Executivo, que deles dará imediato conhecimento ao Poder Legislativo.

Art. 45. Os créditos adicionais terão vigência adstrita ao exercício financeiro em que forem abertos, salvo expressa disposição legal em contrário, quanto aos especiais e extraordinários.

Art. 46. O ato que abrir crédito adicional indicará a importância, a espécie do mesmo e a classificação da despesa, até onde for possível.

TÍTULO VI – DA EXECUÇÃO DO ORÇAMENTO

CAPÍTULO I
DA PROGRAMAÇÃO DA DESPESA

Art. 47. Imediatamente após a promulgação da Lei de Orçamento e com base nos limites nela fixados, o Poder Executivo aprovará um quadro de cotas trimestrais da despesa que cada unidade orçamentária fica autorizada a utilizar.

Art. 48. A fixação das cotas a que se refere o artigo anterior atenderá aos seguintes objetivos:

a) assegurar às unidades orçamentárias, em tempo útil, a soma de recursos necessários e suficientes à melhor execução do seu programa anual de trabalho;

b) manter, durante o exercício, na medida do possível, o equilíbrio entre a receita arrecadada e a despesa realizada, de modo a reduzir ao mínimo eventuais insuficiências de tesouraria.

Art. 49. A programação da despesa orçamentária, para efeito do disposto no artigo anterior, levará em conta os créditos adicionais e as operações extraorçamentárias.

Art. 50. As cotas trimestrais poderão ser alteradas durante o exercício, observados o limite da dotação e o comportamento da execução orçamentária.

CAPÍTULO II
DA RECEITA

Art. 51. Nenhum tributo será exigido ou aumentado sem que a lei o estabeleça, nenhum será cobrado em cada exercício sem prévia autorização orçamentária, ressalvados a tarifa aduaneira e o imposto lançado por motivo de guerra.

Art. 52. São objeto de lançamento os impostos diretos e quaisquer outras rendas com vencimento determinado em lei, regulamento ou contrato.

Art. 53. O lançamento da receita é ato da repartição competente, que verifica a procedência do crédito fiscal e a pessoa que lhe é devedora e inscreve o débito desta.

Art. 54. Não será admitida a compensação da observação de recolher rendas ou receitas com direito creditório contra a Fazenda Pública.

Art. 55. Os agentes da arrecadação devem fornecer recibos das importâncias que arrecadarem.

§ 1º Os recibos devem conter o nome da pessoa que paga a soma arrecadada, proveniência e classificação, bem como a data e assinatura do agente arrecadador.

§ 2º Os recibos serão fornecidos em uma única via.

Art. 56. O recolhimento de todas as receitas far-se-á em estrita observância ao princípio de unidade de tesouraria, vedada qualquer fragmentação para criação de caixas especiais.

Art. 57. Ressalvado o disposto no parágrafo único do artigo 3º desta Lei serão classificadas como receita orçamentária, sob as rubricas próprias, todas as receitas arrecadadas, inclusive as provenientes de operações de crédito, ainda que não previstas no Orçamento.

CAPÍTULO III
DA DESPESA

Art. 58. O empenho de despesa é o ato emanado de autoridade competente que cria para o Estado obrigação de pagamento pendente ou não de implemento de condição.

Art. 59. O empenho da despesa não poderá exceder o limite dos créditos concedidos.

§ 1º Ressalvado o disposto no artigo 67 da Constituição Federal, é vedado aos Municípios empenhar, no último mês do mandato do prefeito, mais do que o duodécimo da despesa prevista no Orçamento vigente.

§ 2º Fica, também, vedado aos Municípios, no mesmo período, assumir, por qualquer forma, compromissos financeiros para execução depois do término do mandato do prefeito.

§ 3º As disposições dos parágrafos anteriores não se aplicam nos casos comprovados de calamidade pública.

§ 4º Reputam-se nulos e de nenhum efeito os empenhos e atos praticados em desacordo com o disposto nos §§ 1º e 2º deste artigo, sem prejuízo da responsabilidade do prefeito nos termos do artigo 1º, V, do Decreto-Lei nº 201, de 27 de fevereiro de 1967.

- Art. 59 com a redação dada pela Lei nº 6.397, de 10-12-1976.

Art. 60. É vedada a realização de despesa sem prévio empenho.

§ 1º Em casos especiais previstos na legislação específica será dispensada a emissão da nota de empenho.

§ 2º Será feito por estimativa o empenho da despesa cujo montante não se possa determinar.

§ 3º É permitido o empenho global de despesas contratuais e outras, sujeitas a parcelamento.

Art. 61. Para cada empenho será extraído um documento denominado nota de empenho que indicará o nome do credor, a representação e a importância da despesa, bem como a dedução desta do saldo da dotação própria.

Art. 62. O pagamento da despesa só será efetuado quando ordenado após sua regular liquidação.

Art. 63. A liquidação da despesa consiste na verificação do direito adquirido pelo credor tendo por base os títulos e documentos comprobatórios do respectivo crédito.

§ 1º Essa verificação tem por fim apurar:

I – a origem e o objeto do que se deve pagar;

II – a importância exata a pagar;

III – a quem se deve pagar a importância, para extinguir a obrigação.

§ 2º A liquidação da despesa por fornecimentos feitos ou serviços prestados terá por base:

I – o contrato, ajuste ou acordo respectivo;

II – a nota de empenho;

III – os comprovantes da entrega de material ou da prestação efetiva do serviço.

Art. 64. A ordem de pagamento é o despacho exarado por autoridade competente, determinando que a despesa seja paga.

Parágrafo único. A ordem de pagamento só poderá ser exarada em documentos processados pelos serviços de contabilidade.

Art. 65. O pagamento da despesa será efetuado por tesouraria ou pagadoria regularmente instituídos por estabelecimentos bancários credenciados e, em casos excepcionais, por meio de adiantamento.

Art. 66. As dotações atribuídas às diversas unidades orçamentárias poderão quando expressamente determinado na Lei de Orçamento ser movimentadas por órgãos centrais de administração geral.

Parágrafo único. É permitida a redistribuição de parcelas das dotações de pessoal, de uma para outra unidade orçamentária, quando considerada indispensável à movimentação de pessoal dentro das tabelas ou quadros comuns às unidades interessadas, a que se realize em obediência à legislação específica.

Art. 67. Os pagamentos devidos pela Fazenda Pública, em virtude de sentença judiciária, far-se-ão na ordem de apresentação dos precatórios e à conta dos créditos respectivos, sendo proibida a designação de casos ou de pessoas nas dotações orçamentárias e nos créditos adicionais abertos para esse fim.

- Art. 1º da Lei nº 6.830, de 22-9-1980 (Lei das Execuções Fiscais).

Art. 68. O regime de adiantamento é aplicável aos casos de despesas expressamente definidos em lei e consiste na entrega de numerário a servidor, sempre precedida de empenho na dotação própria para o fim de realizar despesas que não possam subordinar-se ao processo normal de aplicação.

Art. 69. Não se fará adiantamento a servidor em alcance nem a responsável por dois adiantamentos.

Art. 70. A aquisição de material, o fornecimento e a adjudicação de obras e serviços serão regulados em lei, respeitado o princípio da concorrência.

TÍTULO VII – DOS FUNDOS ESPECIAIS

Art. 71. Constitui fundo especial o produto de receitas especificadas que por lei se vinculam à realização de determinados objetivos ou serviços, facultada a adoção de normas peculiares de aplicação.

Art. 72. A aplicação das receitas orçamentárias vinculadas a fundos especiais far-se-á através de dotação consignada na Lei de Orçamento ou em créditos adicionais.

Art. 73. Salvo determinação em contrário da lei que o instituiu, o saldo positivo do fundo especial apurado em balanço será transferido para o exercício seguinte, a crédito do mesmo fundo.

Art. 74. A lei que instituir fundo especial poderá determinar normas peculiares de controle, prestação e tomada de contas, sem, de qualquer modo, elidir a competência específica do Tribunal de Contas ou órgão equivalente.

TÍTULO VIII – DO CONTROLE DA EXECUÇÃO ORÇAMENTÁRIA

CAPÍTULO I
DISPOSIÇÕES GERAIS

Art. 75. O controle da execução orçamentária compreenderá:

- Art. 70 da CF.

I – a legalidade dos atos de que resultem a arrecadação da receita ou a realização da despesa, o nascimento ou a extinção de direitos e obrigações;

II – a fidelidade funcional dos agentes da administração, responsáveis por bens e valores públicos;

III – o cumprimento do programa de trabalho expresso em termos monetários e em termos de realização de obras e prestação de serviços.

- Art. 79 desta Lei.

CAPÍTULO II
DO CONTROLE INTERNO

Art. 76. O Poder Executivo exercerá os três tipos de controle a que se refere o artigo 75, sem prejuízo das atribuições do Tribunal de Contas ou órgão equivalente.

○ Art. 74 da CF.

Art. 77. A verificação da legalidade dos atos de execução orçamentária será prévia, concomitante e subsequente.

Art. 78. Além da prestação ou tomada de contas anual, quando instituída em lei, ou por fim de gestão, poderá haver, a qualquer tempo, levantamento, prestação ou tomada de contas de todos os responsáveis por bens ou valores públicos.

Art. 79. Ao órgão incumbido da elaboração da proposta orçamentária ou a outro indicado na legislação, caberá o controle estabelecido no inciso III do artigo 75.

Parágrafo único. Esse controle far-se-á, quando for o caso, em termos de unidades de medida, previamente estabelecidos para cada atividade.

Art. 80. Compete aos serviços de contabilidade ou órgãos equivalentes verificar a exata observância dos limites das cotas trimestrais atribuídas a cada unidade orçamentária, dentro do sistema que for instituído para esse fim.

CAPÍTULO III
DO CONTROLE EXTERNO

Art. 81. O controle da execução orçamentária, pelo Poder Legislativo, terá por objetivo verificar a probidade da administração, a guarda e legal emprego dos dinheiros públicos e o cumprimento da Lei de Orçamento.

○ Art. 71 da CF.

Art. 82. O Poder Executivo, anualmente, prestará contas ao Poder Legislativo, no prazo estabelecido nas Constituições ou nas Leis Orgânicas dos Municípios.

§ 1º As contas do Poder Executivo serão submetidas ao Poder Legislativo, com parecer prévio do Tribunal de Contas ou órgão equivalente.

§ 2º Quando, no Município não houver Tribunal de Contas ou órgão equivalente, a Câmara de Vereadores poderá designar peritos contadores para verificarem as contas do prefeito e sobre elas emitirem parecer.

TÍTULO IX – DA CONTABILIDADE

CAPÍTULO I
DISPOSIÇÕES GERAIS

Art. 83. A contabilidade evidenciará perante a Fazenda Pública a situação de todos quantos, de qualquer modo, arrecadem receitas, efetuem despesas, administrem ou guardem bens a ela pertencentes ou confiados.

Art. 84. Ressalvada a competência do Tribunal de Contas ou órgão equivalente, a tomada de contas dos agentes responsáveis por bens ou dinheiros públicos será realizada ou superintendida pelos serviços de contabilidade.

Art. 85. Os serviços de contabilidade serão organizados de forma a permitirem o acompanhamento da execução orçamentária, o conhecimento da composição patrimonial, a determinação dos custos dos serviços industriais, o levantamento dos balanços gerais, a análise e a interpretação dos resultados econômicos e financeiros.

Art. 86. A escrituração sintética das operações financeiras e patrimoniais efetuar-se-á pelo método das partidas dobradas.

Art. 87. Haverá controle contábil dos direitos e obrigações oriundos de ajustes ou contratos em que a administração pública for parte.

Art. 88. Os débitos e créditos serão escriturados com individuação do devedor ou do credor e especificação da natureza, importância e data do vencimento, quando fixada.

Art. 89. A contabilidade evidenciará os fatos ligados à administração orçamentária, financeira, patrimonial e industrial.

CAPÍTULO II
DA CONTABILIDADE ORÇAMENTÁRIA E FINANCEIRA

Art. 90. A contabilidade deverá evidenciar, em seus registros, o montante dos créditos orçamentários vigentes, a despesa empenhada e a despesa realizada, à conta dos mesmos créditos, e as dotações disponíveis.

Art. 91. O registro contábil da receita e da despesa far-se-á de acordo com as especificações constantes da Lei de Orçamento e dos créditos adicionais.

Art. 92. A dívida flutuante compreende:

I – os restos a pagar, excluídos os serviços da dívida;

II – os serviços da dívida a pagar;

III – os depósitos;

IV – os débitos de tesouraria.

Parágrafo único. O registro dos Restos a Pagar far-se-á por exercício e por credor, distinguindo-se as despesas processadas das não processadas.

Art. 93. Todas as operações de que resultem débitos e créditos de natureza financeira, não compreendidas na execução orçamentária, serão também objeto de registro, individuação e controle contábil.

CAPÍTULO III
DA CONTABILIDADE PATRIMONIAL E INDUSTRIAL

Art. 94. Haverá registros analíticos de todos os bens de caráter permanente, com indicação dos elementos necessários para a perfeita caracterização de cada um deles e dos agentes responsáveis pela sua guarda e administração.

Art. 95. A contabilidade manterá registros sintéticos dos bens móveis e imóveis.

Art. 96. O levantamento geral dos bens móveis e imóveis terá por base o inventário analítico de cada unidade administrativa e os elementos da escrituração sintética na contabilidade.

Art. 97. Para fins orçamentários e determinação dos devedores, ter-se-á o registro contábil das receitas patrimoniais, fiscalizando-se sua efetivação.

Art. 98. A dívida fundada compreende os compromissos de exigibilidade superior a doze meses, contraídos para atender a desequilíbrio orçamentário ou a financeiro de obras e serviços públicos.

○ Art. 35, I, da CF.

Parágrafo único. A dívida fundada será escriturada com individuação e especificações que permitem verificar, a qualquer momento, a posição dos empréstimos, bem como os respectivos serviços de amortização e juros.

Art. 99. Os serviços públicos industriais, ainda que não organizados como empresa pública ou autárquica, manterão contabilidade especial para determinação dos custos, ingressos e resultados, sem prejuízo da escrituração patrimonial e financeira comum.

Art. 100. As alterações da situação líquida patrimonial, que abrangem os resultados da execução orçamentária, bem como as variações independentes dessa execução e as superveniências e insubsistências ativas e passivas, constituirão elementos da conta patrimonial.

CAPÍTULO IV

DOS BALANÇOS

Art. 101. Os resultados gerais do exercício serão demonstrados no Balanço Orçamentário, no Balanço Financeiro, no Balanço Patrimonial, na Demonstração das Variações Patrimoniais, segundo os Anexos nºs 12, 13, 14 e 15 e os quadros demonstrativos constantes dos Anexos nºs 1, 6, 7, 8, 9, 10, 11, 16 e 17.

Art. 102. O Balanço Orçamentário demonstrará as receitas e despesas previstas em confronto com as realizadas.

Art. 103. O Balanço Financeiro demonstrará a receita e a despesa orçamentárias, bem como os recebimentos e os pagamentos de natureza extraorçamentária, conjugados com os saldos em espécie provenientes do exercício anterior, e os que se transferem para o exercício seguinte.

Parágrafo único. Os Restos a Pagar do exercício serão computados na receita extraorçamentária para compensar sua inclusão na despesa orçamentária.

Art. 104. A Demonstração das Variações Patrimoniais evidenciará as alterações verificadas no patrimônio, resultantes ou independentes da execução orçamentária, e indicará o resultado patrimonial do exercício.

Art. 105. O Balanço Patrimonial demonstrará:

I – o Ativo Financeiro;

II – o Ativo Permanente;

III – o Passivo Financeiro;

IV – o Passivo Permanente;

V – o Saldo Patrimonial;

VI – as Contas de Compensação.

§ 1º O Ativo Financeiro compreenderá os créditos e valores realizáveis independentemente de autorização orçamentária e os valores numerários.

§ 2º O Ativo Permanente compreenderá os bens, créditos e valores, cuja mobilização ou alienação dependa de autorização legislativa.

§ 3º O Passivo Financeiro compreenderá as dívidas fundadas e outras, cujo pagamento independa de autorização orçamentária.

§ 4º O Passivo Permanente compreenderá as dívidas fundadas e outras que dependam de autorização legislativa para amortização ou resgate.

§ 5º Nas contas de compensação serão registrados os bens, valores, obrigações e situações não compreendidas nos parágrafos anteriores e que, imediata ou indiretamente, possam vir a afetar o patrimônio.

Art. 106. A avaliação dos elementos patrimoniais obedecerá às normas seguintes:

I – os débitos e créditos, bem como os títulos de renda, pelo seu valor nominal, feita a conversão, quando em moeda estrangeira, à taxa de câmbio vigente na data do balanço;

II – os bens móveis e imóveis, pelo valor de aquisição ou pelo custo de produção ou de construção;

III – os bens de almoxarifado, pelo preço médio ponderado das compras.

§ 1º Os valores em espécie, assim como os débitos e créditos, quando em moeda estrangeira, deverão figurar ao lado das correspondentes importâncias em moeda nacional.

§ 2º As variações resultantes da conversão dos débitos, créditos e valores em espécie serão levadas à conta patrimonial.

§ 3º Poderão ser feitas reavaliações dos bens móveis e imóveis.

TÍTULO X – DAS AUTARQUIAS E OUTRAS ENTIDADES

Art. 107. As entidades autárquicas ou paraestatais, inclusive de previdência social ou investidas de delegação para arrecadação de contribuições parafiscais da União, dos Estados, dos Municípios e do Distrito Federal, terão seus orçamentos aprovados por decreto do Poder Executivo, salvo se disposição legal expressa determinar que o sejam pelo Poder Legislativo.

Parágrafo único. Compreendem-se nesta disposição as empresas com autonomia financeira e administrativa cujo capital pertencer, integralmente, ao Poder Público.

Art. 108. Os orçamentos das entidades referidas no artigo anterior vincular-se-ão ao orçamento da União, dos Estados, dos Municípios e do Distrito Federal, pela inclusão:

I – como receita, salvo disposição legal em contrário, de saldo positivo previsto entre os totais das receitas e despesas;

II – como subvenção econômica, na receita do orçamento da beneficiária, salvo disposição legal em contrário, do saldo negativo previsto entre os totais das receitas e despesas.

§ 1º Os investimentos ou inversões financeiras da União, dos Estados, dos Municípios e do Distrito Federal, realizados por intermédio das entidades aludidas no artigo anterior, serão classificados como receita de capital destas e despesa de transferência de capital daqueles.

§ 2º As previsões para depreciação serão computadas para efeito de apuração do saldo líquido das mencionadas entidades.

Art. 109. Os orçamentos e balanços das entidades compreendidas no artigo 107 serão publicados como complemento dos orçamentos e balanços da União, dos Estados, dos Municípios e do Distrito Federal a que estejam vinculados.

Art. 110. Os orçamentos e balanços das entidades já referidas obedecerão aos padrões e normas instituídas por esta Lei, ajustados às respectivas peculiaridades.

Parágrafo único. Dentro do prazo que a legislação fixar, os balanços serão remetidos ao órgão central de contabilidade da União, dos Estados, dos Municípios e do Distrito Federal, para fins de incorporação dos resultados, salvo disposição legal em contrário.

TÍTULO XI – DISPOSIÇÕES FINAIS

Art. 111. O Conselho Técnico de Economia e Finanças do Ministério de Fazenda, além de outras apurações, para fins estatísticos, de interesse nacional, organizará e publicará o balanço consolidado das contas da União, Estados, Municípios e Distrito Federal, suas autarquias e outras entidades, bem como um quadro estruturalmente idêntico, baseado em dados orçamentários.

§ 1º Os quadros referidos neste artigo terão a estrutura do Anexo nº 1.

§ 2º O quadro baseado nos orçamentos será publicado até o último dia do primeiro semestre do próprio exercício e o baseado nos balanços, até o último dia do segundo semestre do exercício imediato àquele a que se referirem.

Art. 112. Para cumprimento do disposto no artigo precedente, a União, os Estados, os Municípios e o Distrito Federal remeterão ao mencionado órgão, até 30 de abril, os orçamentos do exercício, e até 30 de junho, os balanços do exercício anterior.

Parágrafo único. O pagamento, pela União, de auxílio ou contribuição a Estados, Municípios ou Distrito Federal, cuja concessão não decorra de imperativo constitucional, dependerá de prova do atendimento ao que se determina neste artigo.

Art. 113. Para fiel e uniforme aplicação das presentes normas, o Conselho Técnico de Economia e Finanças do Ministério da Fazenda atenderá a consultas, coligirá elementos, promoverá o intercâmbio de dados informativos, expedirá recomendações técnicas, quando solicitadas, e atualizará, sempre que julgar conveniente, os anexos que integram a presente Lei.

Parágrafo único. Para os fins previstos neste artigo, poderão ser promovidas, quando necessário, conferências ou reuniões técnicas, com a participação de representantes das entidades abrangidas por estas normas.

Art. 114. Os efeitos desta Lei são contados a partir de 1º de janeiro de 1964, para o fim da elaboração dos orçamentos, e a partir de 1º de janeiro de 1965, quanto às demais atividades estatuídas.

- Art. 114 com a redação dada pela Lei nº 4.489, de 19-11-1964.

Art. 115. Revogam-se as disposições em contrário.

Brasília, 17 de março de 1964;
143º da Independência e
76º da República.
João Goulart

- Optamos por não publicar os anexos nesta edição.

LEI Nº 4.337, DE 1º DE JUNHO DE 1964

Regula a declaração de inconstitucionalidade para os efeitos do art. 7º, VII, da Constituição Federal.

- Publicada no *DOU* de 4-6-1964.
- Refere-se à CF/1946. Arts. 34 e 36 da CF vigente.
- Lei nº 9.868, de 10-11-1999 (Lei da ADIN e da ADECON).

Art. 1º Cabe ao Procurador-Geral da República, ao ter conhecimento de ato dos poderes estaduais que infrinja qualquer dos princípios estatuídos no artigo 7º, inciso VII, da Constituição Federal, promover a declaração de inconstitucionalidade perante o Supremo Tribunal Federal.

Art. 2º Se o conhecimento da inconstitucionalidade resultar de representação que lhe seja dirigida por qualquer interessado, o Procurador-Geral da República terá o prazo de trinta dias, a contar do recebimento da representação, para apresentar a arguição perante o Supremo Tribunal Federal.

Art. 3º O relator que for designado ouvirá, em trinta dias, os órgãos que hajam elaborado ou praticado o ato arguido e, findo esse termo, terá prazo igual para apresentar o relatório.

Art. 4º Apresentado o relatório, do qual se remeterá cópia a todos os Ministros, o Presidente designará dia para que o Tribunal Pleno decida a espécie, cientes os interessados.

Parágrafo único. Na sessão de julgamento, findo o relatório, poderão usar da palavra, na forma do Regimento Interno do Tribunal, o Procurador-Geral da República, sustentando a arguição, e o Procurador dos órgãos estatuais interessados, defendendo a constitucionalidade do ato impugnado.

Art. 5º Se, ao receber os autos, ou no curso do processo, o Ministro Relator entender que a decisão de espécie é urgente em face de relevante interesse de ordem pública, poderá requerer, com prévia ciência das partes, a imediata convocação do Tribunal, e este, sentindo-se esclarecido, poderá suprimir os prazos do artigo 3º desta Lei e proferir seu pronunciamento, com as cautelas do artigo 200 da Constituição Federal.

Art. 6º Só caberão embargos, que se processarão na forma da legislação em vigor, quando, na decisão, forem três ou mais os votos divergentes.

Art. 7º Se a decisão final for pela inconstitucionalidade, o Presidente do Supremo Tribunal Federal imediatamente a comunicará aos órgãos estaduais interessados e, publicado que seja o acórdão, levá-lo-á ao conhecimento do Congresso Nacional para os fins dos artigos 8º, parágrafo único, e 13 da Constituição Federal.

Art. 8º Caso não sejam suficientes as providências determinadas no artigo anterior e, sem prejuízo da iniciativa que possa competir ao Poder Legislativo, o Procurador-Geral da República representará ao Congresso Nacional para que seja decretada a intervenção federal nos termos do art. 8º, parágrafo único, da Constituição Federal.

Art. 9º Revogam-se as disposições em contrário, especialmente a Lei nº 2.271, de 22 de julho de 1954, entrando a presente lei em vigor na data de sua publicação.

Brasília, 1º de julho de 1964;
143º da Independência e
76º da República.
H. Castello Branco

LEI Nº 4.502, DE 30 DE NOVEMBRO DE 1964

Dispõe sobre o Imposto de Consumo e reorganiza a Diretoria de Rendas Internas.

- Publicada no *DOU* de 30-11-1964, retificada no *DOU* de 20-1-1965 e 23-3-1965.

TÍTULO I – DO IMPOSTO

CAPÍTULO I
DA INCIDÊNCIA

Art. 1º O Imposto de Consumo incide sobre os produtos industrializados compreendidos na Tabela anexa.

Art. 2º Constitui fato gerador do imposto:

I – quanto aos produtos de procedência estrangeira o respectivo desembaraço aduaneiro;

II – quanto aos de produção nacional, a saída do respectivo estabelecimento produtor.

§ 1º Quando a industrialização se der no próprio local de consumo ou de utilização do produto, fora de estabelecimento produtor, o fato gerador considerar-se-á ocorrido no momento em que ficar concluída a operação industrial.

§ 2º O imposto é devido sejam quais forem as finalidades a que se destine o produto ou o título jurídico a que se faça a importação ou de que decorra a saída do estabelecimento produtor.

§ 3º Para efeito do disposto no inciso I, considerar-se-á ocorrido o respectivo desembaraço aduaneiro da mercadoria que constar como tendo sido importada e cujo extravio ou avaria venham a ser apurados pela autoridade fiscal, inclusive na hipótese de mercadoria sob regime suspensivo de tributação.

- § 3º acrescido pela Lei nº 10.833, de 29-12-2003.

Art. 3º Considera-se estabelecimento produtor todo aquele que industrializar produtos sujeitos ao imposto.

Parágrafo único. Para os efeitos deste artigo, considera-se industrialização qualquer operação de que resulte alteração da natureza, funcionamento, utilização, acabamento ou apresentação do produto, salvo:

I – o conserto de máquinas, aparelhos e objetos pertencentes a terceiros;

II – o acondicionamento destinado apenas ao transporte do produto;

III – o preparo de medicamentos oficinais ou magistrais, manipulados em farmácias, para venda no varejo, diretamente e consumidor, assim como a montagem de óculos, mediante receita médica;

- Inciso III acrescido pelo Dec.-lei nº 1.199, de 27-12-1971.

IV – a mistura de tintas entre si, ou com concentrados de pigmentos, sob encomenda do consumidor ou usuário, realizada em estabelecimento varejista, efetuada por máquina automática ou manual, desde que fabricante e varejista não sejam empresas interdependentes, controladora, controlada ou coligadas.

- Inciso IV acrescido pela Lei nº 9.493, de 10-9-1997.

Art. 4º Equiparam-se a estabelecimento produtor, para todos os efeitos desta Lei:

I – os importadores e os arrematantes de produtos de procedência estrangeira;

II – as filiais e demais estabelecimentos que exercerem o comércio de produtos importados, industrializados ou mandados industrializar por outro estabelecimento do mesmo contribuinte;

- Inciso II com a redação dada pela Lei nº 9.532, de 10-12-1997.

III – os que enviarem a estabelecimento de terceiro, matéria-prima, produto intermediário, moldes, matrizes ou modelos destinados à industrialização de produtos de seu comércio;

IV – os que efetuem vendas por atacado de matérias-primas, produtos intermediários, embalagens, equipamentos e outros bens de produção;

- Inciso IV acrescido pelo Dec.-lei nº 34, de 18-11-1966.

V – *Revogado*. Lei nº 9.532, de 10-12-1997.

§ 1º O regulamento conceituará para efeitos fiscais, operações de venda e bens compreendidos no inciso IV deste artigo.

- § 1º acrescido pelo Dec.-lei nº 34, de 18-11-1966.

§ 2º Excluem-se do disposto no inciso II os estabelecimentos que operem exclusivamente na venda a varejo.

- § 2º renumerado pelo Dec.-lei nº 34, de 18-11-1966.

Art. 5º Para os feitos do artigo 2º:

- *Caput* com a redação dada pelo Dec.-lei nº 1.133, de 16-11-1970.

I – considera-se saído do estabelecimento industrial ou equiparado a industrial o produto:

- *Caput* do inciso I com a redação dada pelo Dec.-lei nº 1.133, de 16-11-1970.

a) que for vendido por intermédio de ambulantes, armazéns gerais ou outros depositários;

b) que, antes de entrar em estabelecimento do importador ou do arrematante de produtos de procedências estrangeira, seja, por estes, remetido a terceiros,

c) que for remetido a estabelecimento diferente daquele que o tenha mandado industrializar por encomenda sem que o mesmo produto haja entrado no estabelecimento encomendante;

d) que permanecer no estabelecimento decorridos 3 (três) dias da data da emissão da respectiva "nota fiscal;

- Alíneas *a* a *d* com a redação dada pelo Dec.-lei nº 1.133, de 16-11-1970.

e) objeto de operação de venda, que for consumido ou utilizado dentro do estabelecimento industrial;

- Alínea *e* acrescida pela Lei nº 9.532, de 10-12-1997.

II – não se considera saída do estabelecimento produtor:

a) a remessa de matérias-primas ou produtos intermediários para serem industrializados em estabelecimentos do mesmo contribuinte ou de terceiros, desde que o produto resultante tenha que retornar ao estabelecimento de origem;

b) o retorno do produto industrializado ao estabelecimento de origem, na forma da alínea anterior, se o remetente não tiver utilizado, na respectiva industrialização, outras matérias-primas ou produtos intermediários por ele adquiridos ou produzidos, e desde que o produto industrializado se destine a comércio, a nova industrialização ou a emprego no acondicionamento de outros.

CAPÍTULO II

DAS ISENÇÕES

Art. 6º *Suprimido*. Dec.-lei nº 34, de 18-11-1966.

Art. 7º São também isentos:

I – os produtos exportados para o exterior, na forma das instruções baixadas pelo Ministério da Fazenda;

II – produtos industrializados pelas entidades a que se refere a artigo 31, inciso V letra *b* da Constituição Federal, quando exclusivamente para uso próprio ou para distribuição gratuita a seus assistidos tendo em vista suas finalidades, e desde que obtida declaração de isenção exigida no artigo 2º da Lei nº 3.193, de 4 de julho de 1957;

III – os produtos industrializados por estabelecimentos públicos e autárquicos federais, estaduais ou municipais, quando não se destinarem ao comércio;

IV – os produtos industrializados pelos estabelecimentos particulares de ensino, quando para fornecimento gratuito aos alunos;

V – as amostras de diminuto ou de nenhum valor comercial, assim considerados os fragmentos ou parte de qualquer mercadoria, em quantidade estritamente necessária para dar a conhecer sua natureza espécie e qualidade, para distribuição gratuita, desde que tragam, em caracteres bem visíveis, declaração neste sentido;

VI – as amostras dos tecidos de qualquer largura até 0,45m de comprimento para os tecidos de algodão estampado e 0,30m para os demais, desde que contenham impressa ou a carimbo a indicação "sem valor comercial" da qual ficam dispensadas aquelas até 0,25m e 0,15m;

VII – os pés isolados de calçados, quando conduzidos por viajantes dos respectivos estabelecimentos, como mostruários, desde que contenham, gravada no solado, a declaração "amostra para viajante";

VIII – as obras de escultura, quando vendidas por seus autores;

IX – *Suprimido.* Dec.-lei nº 34, de 18-11-1966;

X e XI – *Revogados.* Lei nº 9.532, de 10-12-1997;

XII – o papel destinado exclusivamente à impressão de jornais, periódicos, livros e músicas;

XIII e XIV – *Revogados.* Lei nº 9.532, de 10-12-1997;

XV – os caixões funerários;

XVI – os produtos de origem mineral, inclusive os que tiverem sofrido beneficiamento para eliminação de impurezas, através de processos químicos, desde que sujeitos ao imposto único;

XVII – as preparações que constituem típicos inseticidas, carrapaticidas, herbicidas e semelhantes, segundo lista organizada pelo órgão competente do Ministério da Fazenda, ouvidos o Ministério da Agricultura e outros órgãos técnicos;

XVIII – as embarcações de mais de 100 toneladas brutas de registro, excetuadas as de caráter esportivo e recreativo;

XIX – os barcos de pesca produzidos ou adquiridos pelas Colônias ou Cooperativas de Pescadores, para distribuição ou venda a seus associados;

XX a XXII – *Revogados.* Lei nº 9.532, de 10-12-1997;

XXIII – *Revogado.* Dec.-lei nº 400, de 30-12-1968;

XXIV – *Revogado.* Dec.-lei nº 104, de 10-1-1967;

XXV – *Revogado.* Lei nº 9.532, de 10-12-1997;

XXVI – panelas e outros artefatos rústicos de uso doméstico fabricados de pedra ou de barro bruto, apenas umedecido e amassado, com ou sem vidramento de sal;

- Inciso XXVI com a redação dada pelo Dec.-lei nº 34, de 18-11-1966.

XXVII – *Revogado.* Lei nº 9.532, de 10-12-1997;

XXVIII – chapéus, roupas e proteção, de couro, próprios para tropeiros;

- Inciso XXVIII acrescido pelo Dec.-lei nº 34, de 18-11-1966.

XXIX a XXXV – *Revogados.* Lei nº 9.532, de 10-12-1997;

XXXVI – material bélico, quando de uso privativo das Forças Armadas e vendido à União;

XXXVII – as aeronaves de uso militar, suas partes e peças, quando vendidas à União.

- Incisos XXXVI e XXXVII acrescidos pelo Dec.-lei nº 34, de 18-11-1966.

§ 1º No caso o inciso I, quando a exportação for efetuada diretamente pelo produtor, fica assegurado o ressarcimento, por compensação, do imposto relativo às matérias-primas e produtos intermediários efetivamente utilizados na respectiva industrialização, ou por via de restituição, quando não for possível a recuperação pelo sistema de crédito.

§ 2º No caso do inciso XII, a cessão do papel só poderá ser feita a outro jornal, revista ou editora, mediante prévia autorização da repartição arrecadadora competente, respondendo o primeiro cedente por qualquer infração que se verificar com relação ao produto.

Art. 8º São ainda isentos do imposto, nos termos, limites e condições aplicáveis para efeito de isenção do imposto de importação, os produtos de procedência estrangeira:

I – importados pela União, Estados, Distrito Federal, Municípios, autarquias e demais entidades que gozam de isenção tributária na forma da Constituição;

II – importados por missões diplomáticas e representações, no país de organismos internacionais de que o Brasil seja membro;

III – que constituírem a bagagem de passageiros e imigrantes;

IV – importados pelas sociedades de economia mista, nos termos expressos das leis pertinentes;

V – que constituírem equipamentos destinados a investimentos essenciais ao processo de desenvolvimento econômico do país, especialmente das regiões menos desenvolvidas;

VI – importados sob o regime de *drawback*.

Parágrafo único. No caso da bagagem referida no inciso III deste artigo, será entregue ao passageiro ou integrante, como comprovante, uma via da "declaração de bagagem" devidamente visada pela repartição ou funcionário que efetuar o desembaraço.

Art. 9º Salvo disposição expressa de lei, as isenções do imposto se referem ao produto e não ao respectivo produtor ou adquirente.

§ 1º Se a imunidade, a isenção ou a suspensão for condicionada à destinação do produto, e a este for dado destino diverso, ficará o responsável pelo fato sujeito ao pagamento do imposto e da penalidade cabível, como se a imunidade, a isenção ou a suspensão não existissem.

- § 1º com a redação dada pela Lei nº 9.532, de 10-12-1997.

§ 2º Salvo comprovado intuito de fraude, se a mudança da destinação se der após um ano da ocorrência do fato gerador que obrigaria ao pagamento do imposto se inexistisse a isenção, poderá o tributo ser recolhido sem multa antes do fato modificador da destinação, não sendo devido se, da ocorrência do fato gerador da mudança de destinação, tiverem decorridos mais de três anos.

§ 3º As isenções concedidas pela legislação vigente a empresas a instituições, públicas ou privadas, se restringem aos produtos por elas diretamente produzidos ou importados, para seu próprio uso.

CAPÍTULO III
DA CLASSIFICAÇÃO DOS PRODUTOS

Art. 10. Na Tabela anexa, os produtos estão classificados em alíneas, capítulos, subcapítulos, posições e incisos.

§ 1º O código numérico e o texto relativo aos capítulos e posições correspondem aos usados pela nomenclatura aprovada pelo Conselho de Cooperação Aduaneira de Bruxelas.

§ 2º As posições não reproduzidas na Tabela correspondem a produtos não sujeitos ao imposto.

§ 3º Quando uma posição figurar na Tabela com redação diferente da usada pela Nomenclatura de Bruxelas, entende-se que o novo texto restringe o conteúdo da referida posição.

Art. 11. A classificação dos produtos nas alíneas, capítulos, subcapítulos, posições e incisos da Tabela far-se-á de conformidade com as seguintes regras:

1ª o texto dos títulos de cada alínea, capítulo ou subcapítulo tem apenas valor indicativo, sendo a classificação determinada legalmente pelos dizeres das posições e incisos pelas Notas de cada uma das alíneas, capítulos e, supletivamente, pelas regras que se seguem.

2ª A menção de uma matéria numa determinada posição da Tabela entende-se como a ela se referindo, quer esteja em estado puro, quer misturada ou associada a outras. A emenção de um produto, como sendo de determinada matéria, a ele diz respeito, mesmo que constituído apenas parcialmente dessa matéria. A classificação de um produto, quando misturado ou composto de mais de uma matéria, será efetuada de acordo com a regra seguinte.

3ª Quando, aplicada a regra 2ª ou em qualquer outro caso, o produto possa ser incluído em duas ou mais posições, sua classificação efetuar-se-á, sucessiva e excludentemente, na ordem seguinte:

a) na posição em que tiver descrição mais específica;

b) na posição da matéria ou artigo que lhe conferir caráter essencial, quando o produto for misturado, composto de diferentes matérias ou constituído pela reunião de diversos artigos;

c) na posição que dê lugar a aplicação da alíquota mais elevada.

4ª Quando uma nota de uma alínea ou capítulo previr a exclusão de certos produtos, fazendo referência a outras alíneas ou capítulos ou a determinadas posições, a exclusão alcançará, salvo disposição em contrário, todos os produtos incluídos nessas alíneas, capítulos ou posições, mesmo que a enumeração seja incompleta.

§ 1º A parte ou peça sem classificação própria na Tabela e identificável como pertencente a determinado produto, seguirá o regime do todo.

§ 2º Os conjuntos ou estojos de objetos sortidos quando acondicionados em um mesmo envoltório ou embalagem para assim serem vendidos no varejo, serão classificados na posição do objeto sujeito à alíquota mais elevada.

§ 3º O recipiente, envoltório ou embalagem que, pelo seu alto valor, esteja em desproporção com o do produto que acondiciona, determinará a classificação deste, sempre que isso importe na aplicação de alíquota mais elevada.

Art. 12. As Notas Explicativas da Nomenclatura referida no § 1º do artigo 10, atualizada até junho de 1966, constituem elementos de informação para a correta interpretação das Notas e do texto das Posições constantes da Tabela Anexa.

• Artigo com a redação dada pelo Dec.-lei nº 34, de 18-11-1966.

CAPÍTULO IV

DO CÁLCULO DO IMPOSTO

Art. 13. O imposto será calculado mediante aplicação das alíquotas constantes da Tabela anexa sobre o valor tributável dos produtos na forma estabelecida neste Capítulo.

Art. 14. Salvo disposição em contrário, constitui valor tributável:

• *Caput* com a redação dada pela Lei nº 7.798, de 10-7-1989.

I – quanto aos produtos de procedência estrangeira, para o cálculo efetuado na ocasião do despacho;

a) o preço da arrematação, no caso de produto vendido em leilão;

b) o valor que servir de base, ou que serviria se o produto tributado fosse para o cálculo dos tributos aduaneiros, acrescido de valor deste e dos ágios e sobretaxas cambiais pagos pelo importador;

II – quanto aos produtos nacionais, o valor total da operação de que decorrer a saída do estabelecimento industrial ou equiparado a industrial.

• Inciso II com a redação dada pela Lei nº 7.798, de 10-7-1989.

§ 1º O valor da operação compreende o preço do produto, acrescido do valor do frete e das demais despesas acessórias, cobradas ou debitadas pelo contribuinte ao comprador ou destinatário.

§ 2º Não podem ser deduzidos do valor da operação os descontos, diferenças ou abatimentos, concedidos a qualquer título, ainda que incondicionalmente.

• §§ 1º e 2º com a redação dada pela Lei nº 7.798, de 10-7-1989.

§ 3º Será também considerado como cobrado ou debitado pelo contribuinte, ao comprador ou destinatário, para efeitos do disposto no § 1º, o valor do frete, quando o transporte for realizado ou cobrado por firma coligada, controlada ou controladora (Lei nº 6.404) ou interligada (Decreto-Lei nº 1.950) do estabelecimento contribuinte ou por firma com a qual este tenha relação de interdependência, mesmo quando o frete seja subcontratado.

§ 4º Será acrescido ao valor da operação o valora das matérias-primas, produtos intermediários e material de embalagem, nos casos de remessa de produtos industrializados por encomenda, desde que não se destinem a comércio, a emprego na industrialização ou no acondicionamento de produtos tributados, quando esses insumos tenham sido fornecidos pelo próprio encomendante, salvo se se tratar de insumos usados.

• §§ 3º e 4º acrescidos pela Lei nº 7.798, de 10-7-1989.

Art. 15. O valor tributável não poderá ser inferior:

I – ao preço corrente no mercado atacadista da praça do remetente, quando o produto for remetido a outro estabelecimento da mesma pessoa jurídica ou a estabelecimento de terceiro incluído no artigo 42 e seu parágrafo único;

• Inciso I com a redação dada pelo Dec.-lei nº 34, de 18-11-1966.

II – a 90% (noventa por cento) do preço de venda aos consumidores, não inferior ao previsto no inciso anterior, quando o produto for remetido a outro estabelecimento da mesma empresa, desde que o destinatário opere exclusivamente na venda a varejo;

• Inciso II com a redação dada pela Lei nº 9.532, de 10-12-1997.

III – ao custo do produto, acrescido das margens de lucro normal da empresa fabricante e do revendedor e, ainda, das demais parcelas que deverão ser adicionadas ao preço da operação, no caso de produtos saídos do estabelecimento industrial, ou do que lhe seja equiparado, com destino a comerciante autônomo, ambulante ou não, para venda direta a consumidor.

• Inciso III acrescido pelo Dec.-lei nº 1.593, de 21-12-1977.

§§ 1º e 2º *Revogados*. Lei nº 7.798, de 10-7-1989.

Art. 15-A. Para os efeitos de apuração do valor tributável de que tratam os incisos I e II do *caput* do art. 15 desta Lei, considera-se praça o Município onde está situado o estabelecimento do remetente.

• Art. 15-A acrescido pelo Lei nº 14.395, de 8-7-2022.

Art. 16. Se a saída do produto do estabelecimento produtor ou revendedor se der a título de locação ou decorrer de operação a título gratuito, assim considerada também aquela que, em virtude de não transferir a propriedade do produto, não importe em fixar-lhe o preço, o imposto será calculado sobre o valor tributável definido nos incisos I e II do artigo anterior, consideradas as hipóteses neles previstas.

Art. 17. Ressalvada a avaliação contraditória na forma do art. 109, o fisco poderá arbitrar o valor tributável ou qualquer dos seus elementos nos termos dos arts. 14 e 15 quando sejam omissos ou não mereçam fé os documentos expedidos pelas partes, ou, tratando-se de operação a título gratuito, quando inexistir ou for de difícil apuração o valor previsto no artigo anterior.

Art. 18. Aplica-se ao cálculo do imposto devido pela saída dos produtos de precedência estrangeira dos estabelecimentos importadores ou arrematantes, o disposto nos arts. 14, inciso II, 15, 16 e 17.

CAPÍTULO V
DO LANÇAMENTO E DO PAGAMENTO DO IMPOSTO

Seção I
DO LANÇAMENTO

Art. 19. O imposto será lançado pelo próprio contribuinte:

I – na guia de recolhimento;

a) por ocasião do despacho de produtos de procedência estrangeira, nos casos de importação e de arrematação em leilão;

b) antes do pagamento, no caso do art. 81;

II – na nota fiscal:

a) por ocasião da saída do produto do respectivo estabelecimento produtor, ressalvadas as hipóteses previstas nas alíneas *a* e *b* do inciso II, do art. 5º;

b) no momento de conclusão da operação industrial, na hipótese do § 1º do art. 2º, e por ocasião do consumo ou da utilização do produto, da exposição à venda ou da venda, respectivamente, nos casos das alíneas *a*, *b* e *c* do inciso I, do artigo 5º.

Parágrafo único. Quando, em virtude de contrato escrito ocorrer reajustamento de preços, o imposto correspondente ao acréscimo de valor será lançado em nota fiscal dentro de (três) 3 dias da data em que o reajustamento se efetivar.

- Parágrafo único acrescido pelo Dec.-lei nº 34, de 18-11-1966.

Art. 20. O lançamento consistirá na descrição da operação que o originar e do produto a que se referir, na classificação fiscal deste no cálculo do imposto devido e no registro de seu valor, em parcela destacada, na guia ou na nota fiscal em que deva ser efetuado.

Parágrafo único. O lançamento é de exclusiva responsabilidade do contribuinte.

Art. 21. A autoridade administrativa efetuará de ofício o lançamento mediante a instauração do processo fiscal, quando o contribuinte não o fizer na época própria ou fizer em desacordo com as normas desta lei.

§ 1º O lançamento considerar-se-á efetuado quando passar em julgado a decisão proferida no processo respectivo.

§ 2º Antes de qualquer iniciativa da autoridade, o contribuinte poderá corrigir a omissão ou erro, comunicando o fato à repartição e procedendo, se for o caso, na forma do art. 81.

Art. 22. O lançamento regularmente homologado, ou o efetuado de ofício, será definitivo e inalterável ressalvados os casos de vício expressamente previstos na legislação reguladora do processo administrativo tributário.

Art. 23. Considera-se como não efetuado o lançamento:

I – quando feito em desacordo com as normas desta Seção;

II – quando realizado em documento considerado, por esta lei, sem valor legal;

III – quando o produto a que se referir for considerado como não identificado com o descrito nos documentos respectivos.

Seção II
DO PAGAMENTO DO IMPOSTO

Art. 24. O imposto será recolhido por guia, ao órgão arrecadador competente, na forma estabelecida nesta lei e em regulamento.

Art. 25. A importância a recolher será o montante do imposto relativo aos produtos saídos do estabelecimento, em cada mês, diminuído do montante do imposto relativo aos produtos nele entrados, no mesmo período, obedecidas as especificações e normas que o regulamento estabelecer.

- *Caput* com a redação dada pelo Dec.-lei nº 1.136, de 7-12-1970.

§ 1º O direito de dedução só é aplicável aos casos em que os produtos entrados se destinem à comercialização, industrialização ou acondicionamento e desde que os mesmos produtos ou os que resultarem do processo industrial sejam tributados na saída do estabelecimento.

- § 1º com a redação dada pelo Dec.-lei nº 1.136, de 7-12-1970.

§ 2º *Revogado.* Dec.-lei nº 2.433, de 19-5-1988.

§ 3º O Regulamento disporá sobre a anulação do crédito ou o restabelecimento do débito correspondente ao imposto deduzido, nos casos em que os produtos adquiridos saiam do estabelecimento com isenção do tributo ou os resultantes da industrialização estejam sujeitos à alíquota zero, não estejam tributados ou gozem de isenção, ainda que esta seja decorrente de uma operação no mercado interno equiparada a exportação, ressalvados os casos expressamente contemplados em lei.

- § 3º com a redação dada pela Lei nº 7.798, de 10-7-1989.

Art. 26. O recolhimento do imposto far-se-á:

I – antes da saída do produto da repartição que processar o despacho – nos casos de importação e de arrematação em leilão de produtos de procedência estrangeiro;

II – *Revogado.* Dec.-lei nº 623, de 11-6-1969;

III – até o último dia da quinzena do segundo mês subsequente àquele em que houver ocorrido o fato gerador – nos demais casos, excetuado o disposto nos parágrafos deste artigo.

- Inciso III com a redação dada pelo Dec.-lei nº 326, de 8-5-1967.

§ 1º Os contribuintes do imposto sobre produtos industrializados das posições 22.02 (refrigerantes etc.), 22.03 (cervejas), 25.23 (cimento etc.), 43.02 a 43.04 (peles etc.) e 71.01 a 71.15 (pérolas etc.), recolherão o tributo até o último dia da quinzena subsequente ao mês em que houve ocorrido o fato gerador.

- § 1º acrescido pelo Dec.-lei nº 326, de 8-5-1967.

§ 2º Os contribuintes do Imposto sobre Produtos Industrializados da Posição 24.02.00.00 (fumo) da respectiva Tabela da Incidência, recolherão o tributo até o décimo dia da quinzena subsequente àquela em que houver ocorrido a fato gerador.

- § 2º com a redação dada pela Lei nº 7.450, de 23-12-1985.

§ 3º Os contribuintes do Imposto sobre Produtos Industrializados das Subposições 87.02.01.00, 87.02.02.00, 87.02.05.00 e 87.02.06.00 da respectiva Tabela de Incidência recolherão o tributo até o último dia útil do mês seguinte àquele em que houver ocorrido o fato gerador.

- § 3º acrescido pela Lei nº 7.450, de 23-12-1985.

Art. 27. Quando ocorrer saldo credor de imposto num mês, será ele transportado para o mês seguinte, sem prejuízo da obrigação de o contribuinte apresentar ao órgão arrecadador, dentro do prazo legal previsto para o recolhimento, a guia demonstrativa desse saldo.

- Artigo com a redação dada pelo Dec.-lei nº 34, de 18-11-1966.

Art. 28. Não será permitido o recolhimento do imposto referente a uma quinzena sem que o contribuinte comprove, com relação à quinzena anterior, o pagamento efetuado, a existência de saldo credor ou a instauração de processo fiscal para apuração do débito.

Art. 29. O recolhimento espontâneo, fora do prazo legal, somente poderá ser feito com as multas previstas no art. 81 mediante requerimento-guia de modelo oficial.

Art. 30. Ocorrendo devolução do produto ao estabelecimento produtor, devidamente comprovada, nos termos que estabelecer o regulamento, o contribuinte poderá creditar-se pelo valor do imposto que sobre ele incidiu quando da sua saída.

CAPÍTULO VI

DA RESTITUIÇÃO

Art. 31. A restituição do imposto ocorrerá:

I – no caso de pagamento indevido;

II – quando houver impossibilidade de utilização de crédito pelo produtor, na hipótese prevista no § 1º do art. 7º.

Parágrafo único. A restituição processar-se-á a requerimento do contribuinte, na forma da legislação especial reguladora da matéria.

Art. 32. A restituição do imposto indevidamente pago fica subordinada à prova, pelo contribuinte, de que o mesmo imposto não foi recebido de terceiro.

Parágrafo único. O terceiro, que faça prova de haver pago o imposto ao contribuinte nos termos deste artigo, sub-roga-se no direito daquele à respectiva restituição.

Art. 33. A restituição total ou parcial do imposto dá lugar à restituição, na mesma proporção, dos juros de mora e das penalidades pecuniárias, salvo as referentes a infrações de caráter formal que não se devam reputar prejudicadas pela causa assecuratória da restituição.

TÍTULO II – DOS CONTRIBUINTES E DOS RESPONSÁVEIS TRIBUTÁRIOS

CAPÍTULO I

DOS CONTRIBUINTES

Art. 34. É contribuinte do Imposto do Consumo toda pessoa natural ou jurídica de direito público ou privado que, por sujeição direta ou por substituição, seja obrigada ao pagamento do tributo.

Art. 35. São obrigados ao pagamento do imposto:

I – como contribuinte originário:

a) o produtor, inclusive os que lhe são equiparados pelo art. 4º – com relação aos produtos tributados que real ou ficticiamente, saírem de seu estabelecimento observadas as exceções previstas nas alíneas *a* e *b* do inciso II do art. 5º;

b) o importador e o arrematante de produtos de procedência estrangeira – com relação aos produtos tributados que importarem ou arrematarem;

II – como contribuinte substituto:

a) o transportador com relação aos produtos tributados que transportar desacompanhados da documentação comprobatória de sua procedência;

b) qualquer possuidor – com relação aos produtos tributados cuja posse mantiver para fins de venda ou industrialização, nas mesmas condições da alínea anterior.

c) o industrial ou equiparado, mediante requerimento, nas operações anteriores, concomitantes ou posteriores às saídas que promover, nas hipóteses e condições estabelecidas pela Secretaria da Receita Federal.

• Alínea *c* acrescida pela Lei nº 9.430, de 27-12-1996.

§ 1º Nos casos das alíneas *a* e *b* do inciso II deste artigo, o pagamento do imposto não exclui a responsabilidade por infração do contribuinte originário quando este for identificado, e será considerado como efetuado fora do prazo, para todos os efeitos legais.

• Parágrafo único renumerado para § 1º pela Lei nº 9.430, de 27-12-1996.

§ 2º Para implementar o disposto na alínea *c* do inciso II, a Secretaria da Receita Federal poderá instituir regime especial de suspensão do imposto.

• § 2º acrescido pela Lei nº 9.430, de 27-12-1996.

CAPÍTULO II

DOS RESPONSÁVEIS TRIBUTÁRIOS

Seção I

DOS SUCESSORES

Arts. 36 a 38. *Suprimidos.* Dec.-lei nº 34, de 18-11-1966.

Seção II

DOS TERCEIROS RESPONSÁVEIS

Art. 39. *Suprimido.* Dec.-lei nº 34, de 18-11-1966.

CAPÍTULO III

DA CAPACIDADE JURÍDICA TRIBUTÁRIA

Art. 40. A capacidade jurídica para ser sujeito passivo da obrigação tributária decorre exclusivamente do fato de se encontrar a pessoa nas condições previstas nesta lei e no seu regulamento, ou nos atos administrativos de caráter normativo destinados a completá-los, como dando lugar à referida obrigação.

Parágrafo único. São irrelevantes para excluir a responsabilidade de cumprimento da obrigação ou a decorrente de sua inobservância:

I – as causas que, de acordo com o direito privado, excluam ou limitem a capacidade jurídica das pessoas naturais;

II – a irregularidade formal da constituição das pessoas jurídicas de direito privado e das firmas individuais, bastando que configurem uma unidade econômica ou profissional;

III – a inexistência de estabelecimento fixo, a sua clandestinidade ou a precariedade de suas instalações;

IV – a inabitualidade no exercício da atividade ou na prática dos atos que deem origem, à atributação ou à imposição da pena.

CAPÍTULO IV

DO DOMICÍLIO FISCAL

Art. 41. Para os efeitos de cumprimento da obrigação tributária e de determinação da competência das autoridades administrativas considera-se domicílio fiscal do sujeito passivo direto ou indireto:

I – se pessoa jurídica, de direito privado ou público, ou firma individual – o lugar de situação do seu estabelecimento ou repartição, ou, se houver mais de um ou de uma, ou daquele ou daquela que for responsável pelo cumprimento da obrigação tributária de que se tratar;

II – se comerciante ambulante – o lugar da sede principal de seus negócios ou, na impossibilidade de determinação, o local de sua residência habitual ou qualquer dos lugares em que exercer a sua atividade, quando não tiver residência certa ou conhecida;

III – se pessoa natural não compreendida nos incisos anteriores – o lugar da prática dos atos ou da ocorrência dos fatos que deem origem à tributação ou à imposição de penalidade, ou, na sua falta ou dificuldade de determinação sucessivamente, pela ordem indicada, o local da sede habitual de seus negócios, e da sua residência habitual ou o lugar onde for encontrada.

Parágrafo único. O domicílio do fiador é o mesmo do devedor originário.

CAPÍTULO V

DAS FIRMAS INTERDEPENDENTES

Art. 42. Para os efeitos desta lei, considera-se existir relação de interdependência entre duas firmas:

I – quando uma delas tiver participação na outra de quinze por cento ou mais do capital social, por si, seus sócios ou acionistas, bem assim por intermédio de parentes destes até o segundo grau e respectivos cônjuges, se a participação societária for de pessoa física;

• Inciso I com a redação dada pela Lei nº 7.798, de 10-7-1989.

II – quando, de ambas, uma mesma pessoa fizer parte, na qualidade de diretor ou de sócio que exerçam funções de gerência, ainda que essas funções sejam exercidas sob outra denominação;

III – quando uma delas tiver vendido ou consignado à outra, no ano anterior, mais de 20% (vinte por cento) no caso de distribuição com exclusividade em determinada área do território nacional, e mais de 50% (cinquenta por cento), nos demais casos, do volume das vendas dos produtos tributados de sua fabricação, importação ou arrematação.

Parágrafo único. Considera-se ainda haver interdependência entre duas firmas, com relação a determinado produto:

I – quando uma delas for a única adquirente, por qualquer forma ou título inclusive por padronagem, marca ou tipo de um ou de mais de um dos produtos, industrializados, importados ou arrematados pela outra;

II – quando uma delas vender à outra produto tributado de sua fabricação, importação, ou arrematação, mediante contrato de comissão, participação e ajustes semelhantes.

TÍTULO III – DAS OBRIGAÇÕES ACESSÓRIAS

CAPÍTULO I

DA ROTULAGEM, MARCAÇÃO E CONTROLE DOS PRODUTOS

Art. 43. O fabricante é obrigado a rotular ou marcar seus produtos e os volumes que os acondicionarem, em lugar visível, indicando a sua firma ou a sua marca fabril registrada, a situação da fábrica produtora (localidade, rua e número) a expressão "Indústria Brasileira" e outros dizeres que forem necessários à identificação e ao controle fiscal do produto, na forma do regulamento.

§ 1º Os produtos isentos conterão ainda, em caracteres visíveis, a expressão – "Isento do Imposto de Consumo" – e a marcação do preço de venda no varejo quando a isenção decorrer dessa circunstância; as amostras de produtos farmacêuticos, conterão a expressão "Amostra Grátis".

§ 2º As indicações do *caput* deste artigo e de seu § 1º serão feitas na forma do regulamento, podendo ser substituídas por outros elementos que possibilitem a classificação e controle fiscal dos produtos.

• § 2º com a redação dada pela Lei nº 11.196, de 21-11-2005.

§ 3º O reacondicionador indicará ainda o nome do Estado ou país produtor, conforme o produto seja nacional ou estrangeiro.

§ 4º A rotulagem ou marcação será feita antes da saída do produto do respectivo estabelecimento produtor.

§ 5º A indicação da origem dos produtos, consubstanciada na expressão "Indústria Brasileira" poderá ser dispensada em casos especiais, de conformidade com as normas que a esse respeito forem baixadas pelo Conselho Nacional do Comércio Exterior, para atender às exigências do mercado importador estrangeiro.

• § 5º acrescido pela Lei nº 6.137, de 7-11-1974.

Art. 44. Os rótulos de produtos fabricados no Brasil serão escritos exclusivamente em idioma nacional, excetuados apenas os nomes dos produtos e outras expressões que não tenham correspondência em português, desde que constituam, aqueles nomes, marcas registradas no Departamento Nacional da Propriedade Industrial.

§ 1º Esta disposição não se aplica aos produtos especificamente destinados à exportação, cuja rotulagem ou marcação poderá ser adaptada às exigências do mercado estrangeiro importador.

• Parágrafo único renumerado para § 1º pelo Dec.-lei nº 1.118, de 10-8-1970.

§ 2º Para os produtos destinados à Zona Franca de Manaus, prevalece o disposto no *caput* deste artigo.

• § 2º acrescido pelo Dec.-lei nº 1.118, de 10-8-1970.

Art. 45. É proibido:

I – importar, fabricar, possuir, aplicar, vender ou expor à venda, rótulos, etiquetas, cápsulas ou invólucros que se prestem a indicar, como estrangeiro, produto nacional, ou vice-versa;

II – importar produto estrangeiro com rótulo escrito, no todo ou em parte, em língua portuguesa, sem mencionar o país de origem;

III – empregar rótulo que indique falsamente a procedência ou a qualidade do produto;

IV – adquirir, possuir, vender ou expor à venda produto rotulado, etiquetado ou embalado nas condições dos números anteriores.

Art. 46. O regulamento poderá determinar, ou autorizar que o Ministério da Fazenda, pelo seu órgão competente, determine a rotulagem, marcação ou numeração, pelos importadores, arrematantes, comerciantes ou repartições fazendárias, de produtos estrangeiros cujo controle entenda necessário, bem como prescrever, para estabelecimentos produtores e comerciantes de determinados produtos nacionais, sistema diferente de rotulagem, etiquetagem obrigatoriedade de numeração ou aplicação de selo especial que possibilite o seu controle quantitativo.

§ 1º *Revogado.* Lei nº 12.995, de 18-6-2014.

§ 2º A falta de rotulagem ou marcação do produto ou de aplicação do selo especial, ou o uso de selo impróprio ou aplicado em desacordo com as normas regulamentares, importará em considerar o produto respectivo como não identificado com o descrito nos documentos fiscais.

• § 2º com a redação dada pela Lei nº 9.532, de 10-12-1997.

§ 3º O regulamento disporá sobre o controle dos selos especiais fornecidos ao contribuinte e por ele utilizados, caracterizando-se, nas quantidades correspondentes:

a) como saída de produtos sem a emissão de nota fiscal, a falta que for apurada no estoque de selos;

b) como saída de produtos sem a aplicação do selo, o excesso verificado.

§ 4º Em qualquer das hipóteses das alíneas *a* e *b*, do parágrafo anterior, além da multa cabível, será exigido o respectivo imposto, que, no caso de produtos de diferentes preços, será calculado com base no de preço mais elevado da linha de produção, desde que não seja possível identificar-se o produto e o respectivo preço a que corresponder o selo em excesso ou falta.

- §§ 3º e 4º acrescidos pelo Dec.-lei nº 34, de 18-11-1966.

CAPÍTULO II
DO DOCUMENTÁRIO FISCAL

Seção I
DAS NOTAS FISCAIS

Art. 47. É obrigatória a emissão de nota fiscal em todas as operações tributáveis que importem em saídas de produtos tributados ou isentos dos estabelecimentos industriais ou dos estabelecimentos comerciais atacadistas, e ainda nas operações referidas nas alíneas *a* e *b* do inciso II do art. 5º.

- Artigo com a redação dada pelo Dec.-lei nº 34, de 18-11-1966.

Art. 48. A nota fiscal obedecerá ao modelo que o regulamento estabelecer e conterá as seguintes indicações mínimas:

I – denominação "Nota Fiscal" e número de ordem;

II – nome, endereço e número de inscrição do emitente;

III – natureza da operação;

IV – nome e endereço do destinatário;

V – data e via da nota e data da saída do produto do estabelecimento emitente;

VI – discriminação dos produto pela quantidade, marca, tipo, modelo, número, espécie, qualidade e demais elementos que permitam a sua perfeita identificação, assim como o preço unitário e total da operação, e o preço de venda no varejo quando o cálculo do imposto estiver ligado a este ou dele decorrer isenção;

VII – classificação fiscal do produto e valor do imposto sobre ele incidente;

VIII – nome e endereço do transportador e forma de acondicionamento do produto (marca, numeração, quantidade, espécie e peso dos volumes).

§ 1º Serão impressas as indicações do inciso I e a relativa à via da nota.

§ 2º A indicação do inciso VII, referente à classificação fiscal do produto, é obrigatória apenas para os contribuintes, e a relativa ao valor do imposto é defesa àqueles que não sejam legalmente obrigados ao seu recolhimento.

§ 3º A nota fiscal poderá conter outras indicações de interesse do emitente, desde que não prejudiquem a clareza do documento, podendo, inclusive, ser adaptada para substituir as faturas.

Art. 49. As notas fiscais serão numeradas em ordem crescente e enfeixadas em blocos uniformes, não podendo ser emitidas fora da ordem no mesmo bloco, nem extraídas de bloco novo sem que se tenha esgotado o de numeração imediatamente inferior.

§ 1º É permitido o uso simultâneo de duas ou mais séries de notas fiscais, desde que se distingam por letras maiúsculas em seriação alfabética impressa, facultado ao fisco, restringir o número de séries, quando usadas em condições que não ofereçam segurança de fiscalização.

§ 2º É obrigatório o uso de talonário de série especial para os fabricantes de produtos isentos e para os comerciantes de produtos de procedência estrangeira, contendo, respectivamente, impressa, em cada nota, a declaração – "Nota de Produto isento do Imposto de Consumo" – ou –"Nota de Produto Estrangeiro" –, com separação, ainda, no último caso, entre os produtos de importação própria e os adquiridos no mercado interno.

§ 3º A nota de produto estrangeiro a que se refere o parágrafo anterior conterá ainda, em coluna própria, a indicação do número do livro de registro de estoque e da respectiva folha, ou o número da ficha que o substituir, em que o produto tenha sido lançado na escrita fiscal do emitente.

§ 4º Também é obrigatório o uso de talonário da série especial e distinta para cada ambulante quando os fabricantes, importadores ou arrematantes realizarem vendas por esse sistema.

Art. 50. As notas fiscais serão extraídas a máquina ou manuscritas a tinta ou lápis-tinta, por decalque a carbono ou em papel carbonado, no número de vias estabelecido pelo regulamento, devendo todos os seus dizeres e Indicações estar bem legível, inclusive nas cópias.

§ 1º O regulamento poderá permitir, com as cautelas e formalidades que estabelecer, o uso de notas fiscais emitidas mecanicamente ou datilografadas, inclusive pelo sistema de formulário contínuo em sanfonas, desde que, em qualquer caso, contenham todos os dizeres do modelo oficial.

§ 2º A primeira via da nota acompanhará o produto e será entregue pelo transportador ao destinatário, que a reterá para exibição ao fisco quando por este exigida, e a última via ficará presa ao bloco e arquivada em poder do emitente, também para efeito de fiscalização.

§ 3º A primeira via da nota que acompanhar o produto deverá estar, durante o percurso do estabelecimento do remetente ao do destinatário, em condições de ser exibida aos agentes fiscais em qualquer instante, para conferência da mercadoria nela especificada e da exatidão do lançamento do respectivo imposto.

§ 4º Cada estabelecimento, seja matriz, sucursal, filial, depósito, agência ou representação da mesma pessoa, terá o seu talonário próprio.

Art. 51. É vedada a emissão de nota fiscal que não corresponda à saída efetiva do produto nela descrito do estabelecimento emitente, ressalvados os seguintes casos:

I – a saída de partes do produto desmontado, cuja unidade não possa ser transportada de uma só vez, desde que o imposto, de acordo com as normas desta lei, deva incidir sobre o todo;

II – a saída ficta do produto, prevista no inciso I do art. 5º.

Parágrafo único. No caso do inciso I, será emitida, sem lançamento de imposto, nota fiscal relativa ao todo. Nas saídas parciais, emitir-se-ão as notas fiscais correspondentes, aplicando-se sobre o valor de cada remessa a alíquota, relativa ao todo.

- Parágrafo único com a redação dada pelo Dec.-lei nº 34, de 18-11-1966.

Art. 52. Os talões de notas fiscais destinados a uso dos contribuintes e dos comerciantes de produtos estrangeiros serão autenticados, antes de sua utilização, mediante os processos e formalidades que o regulamento estabelecer.

Art. 53. Serão consideradas, para efeitos fiscais, sem valor legal, e servirão de prova apenas em favor do fisco, as notas fiscais que não satisfizerem as exigências dos incisos I, II, IV e V do artigo 48, bem como as que não contiverem, dentre as indicações exigidas no inciso IV, as necessárias à identificação e classificação do produto e ao cálculo do imposto devido.

- Artigo com a redação dada pelo Dec.-lei nº 34, de 18-11-1966.

Seção II
DA GUIA DE TRÂNSITO

Arts. 54 e 55. *Suprimidos.* Dec.-lei nº 34, de 18-11-1966.

CAPÍTULO III
DA ESCRITA FISCAL

Seção I
DOS LIVROS

Art. 56. Os contribuintes e outros sujeitos passivos que o regulamento indicar dentre os previstos nesta lei, são obrigados a possuir, de acordo com a atividade que exercerem e os produtos que industrializarem, importarem, movimentarem, venderem, adquirirem ou receberem, livros fiscais para o registro da produção, estoque, movimentação, entrada e saída de produtos tributados ou isentos, bem como para controle de imposto a pagar ou a creditar e para registro dos respectivos documentos.

§ 1º O regulamento estabelecerá os modelos dos livros e indicará os que competem a cada contribuinte ou pessoa obrigada.

§ 2º Os livros conterão termos de abertura e de encerramento assinados pela firma possuidora e as folhas numeradas tipograficamente, e serão autenticadas pela repartição fazendária competente, antes de sua utilização.

§ 3º O Ministério da Fazenda, por seu órgão competente, tomadas as necessárias cautelas, poderá autorizar, a título precário, o uso de fichas em substituição aos livros.

§ 4º Constituem instrumentos auxiliares da escrita fiscal do contribuinte e das pessoas obrigadas à escrituração, os livros da contabilidade geral, as notas fiscais, as guias de trânsito e de recolhimento do imposto e todos os documentos, ainda que pertencentes ao arquivo de terceiros, que se relacionem com os lançamentos nela feitos.

§ 5º O Departamento de Rendas Internas poderá permitir, mediante as condições que estabelecer, e resguardada a segurança do controle fiscal, que, com as adaptações necessárias, livros ou elementos de contabilidade geral do contribuinte, substituam os livros e documentário fiscal previstos nesta lei.

- § 5º acrescido pelo Dec.-lei nº 34, de 18-11-1966.

Art. 57. Cada estabelecimento, seja matriz, sucursal, filial, depósito, agência ou representante, terá escrituração fiscal própria, vedada a sua centralização, inclusive no estabelecimento matriz.

§ 1º Os livros e os documentos que servirem de base à sua escrituração serão conservados nos próprios estabelecimentos, para serem exibidos à fiscalização quando exigidos, durante o prazo de cinco anos ou até que ocorra a prescrição dos créditos tributários decorrentes das operações a que se refiram, se esta verificar-se em prazo maior.

§ 2º Nos casos de transferência de firma ou de local, feitas as necessárias anotações, continuarão a ser usados os mesmos livros fiscais, salvo motivo especial que aconselhe o seu cancelamento e a exigência de novos, a critério do fisco.

§ 3º O prazo previsto no § 1º, deste artigo, interrompe-se por qualquer exigência fiscal, relacionada com as operações a que se refiram os livros ou documentos, ou com os créditos tributários deles decorrentes.

Seção II
DA ESCRITURAÇÃO

Art. 58. A escrituração dos livros fiscais far-se-á em ordem cronológica e com a necessária clareza, asseio e exatidão, de modo a não deixar dúvidas, devendo o movimento diário ser lançado dentro de três dias e encerrado nos prazos fixados nos respectivos modelos ou no regulamento desta lei.

§ 1º Os dados constantes dos livros da escrita fiscal, quanto ao registro da produção, são sujeitos a tolerância de quebras admissíveis para cada espécie tributada, segundo critério que for determinado pelo órgão competente do Ministério da Fazenda.

§ 2º Em casos especiais, poderá o Ministério da Fazenda, por seu órgão competente, no interesse da fiscalização, estabelecer a unidade de medida que deva ser utilizada para o registro da produção de determinados produtos.

Art. 59. O regulamento e os modelos oficiais estabelecerão as normas de autenticação, uso e escrituração dos livros e fichas, de forma a assegurar a maior clareza e exatidão dos lançamentos, o perfeito controle do pagamento do imposto e os elementos necessários à organização da estatística da produção industrial

Parágrafo único. Poderá, ainda, o órgão competente do Ministério da Fazenda baixar normas complementares de escrituração, bem como alterar os modelos em uso, visando disciplinar as peculiaridades de cada caso com relação à atividade dos contribuintes e demais obrigados e à natureza dos produtos de sua indústria ou comércio.

CAPÍTULO IV
DAS OBRIGAÇÕES DOS TRANSPORTADORES, ADQUIRENTES E DEPOSITÁRIOS DE PRODUTOS

Seção I
DAS OBRIGAÇÕES DOS TRANSPORTADORES

Art. 60. Os transportadores não poderão aceitar despachos ou efetuar o transporte de produtos que não estiverem acompanhados dos documentos exigidos por esta lei ou por seu regulamento.

Parágrafo único. A proibição estende-se aos casos de manifesto desacordo entre os volumes e a sua descriminação nos documentos, à falta de descrição ou descrição incompleta que impossibilite ou dificulte a identificação dos volumes, e à falta de indicação do nome e endereço do remetente ou do destinatário.

Art. 61. Os transportadores prestarão aos funcionários fiscais todo o concurso para facilitar-lhes o exame dos documentos e das mercadorias em despacho, já despachadas ou em trânsito, sendo pessoalmente responsáveis pelo extravio dos documentos que lhes tenham sido entregues pelo remetente dos produtos.

Parágrafo único. Se um mesmo documento se referir a produtos que devam ser transportados por mais de um veículo, o documento deverá acompanhar o primeiro veículo cabendo ao transportador a obrigação de fazer, nos manifestos respectivos, anotações claras e precisas na forma que o regulamento estabelecer.

Seção II
DAS OBRIGAÇÕES DOS ADQUIRENTES E DEPOSITÁRIOS

Art. 62. Os fabricantes, comerciantes e depositários que receberem ou adquirirem para industrialização, comércio ou depósito, ou para emprego ou utilização nos respectivos estabelecimentos, produtos tributados ou isentos, deverão examinar se eles se acham devidamente rotulados ou marcados ou, ainda, selados se estiverem sujeitos ao selo de controle, bem como se estão acompanhados dos documentos exigidos e se estes satisfazem a todas as prescrições legais e regulamentares.

§ 1º Verificada qualquer falta, os interessados, a fim de se eximirem de responsabilidade, darão conhecimento à repartição competente, dentro de oito dias do recebimento do

LEG. COMPLEMENTAR

produto, ou antes do início do consumo ou da venda, se este se der em prazo menor, avisando, ainda, na mesma ocasião o fato ao remetente da mercadoria.

§ 2º No caso de falta do documento fiscal que comprove a procedência do produto e identifique o remetente pelo nome e endereço, ou de produto que não se encontre selado, rotulado ou marcado quando exigido o selo de controle, a rotulagem ou a marcação, não poderá o destinatário recebê-lo, sob pena de ficar responsável pelo pagamento do imposto, se exigível, e sujeito às sanções cabíveis.

- § 2º com a redação dada pela Lei nº 9.532, de 10-12-1997.

Art. 63. As pessoas mencionadas no artigo anterior são obrigadas a franquear, aos agentes do fisco, os seus estabelecimentos, depósitos, dependências e móveis, permitindo-lhes o mais amplo exame dos produtos, documentos e livros fiscais e comerciais.

TÍTULO IV – DAS INFRAÇÕES E DAS PENALIDADES

CAPÍTULO I
DAS INFRAÇÕES

Art. 64. Constitui infração toda ação ou omissão, voluntária ou involuntária, que importe em inobservância, por parte do sujeito passivo de obrigação tributária, positiva ou negativa, estabelecida ou disciplinada por esta lei, por seu regulamento ou pelos atos administrativos de caráter normativo destinados a complementá-los.

§ 1º O Regulamento e os atos administrativos não poderão estabelecer ou disciplinar obrigações nem definir frações ou cominar penalidades que não estejam autorizadas ou previstas em lei.

§ 2º Salvo disposição expressa em contrário, a responsabilidade por infrações independe da intenção do agente ou do responsável da efetividade, natureza e extensão dos efeitos do ato.

Art. 65. As infrações serão apuradas mediante processo administrativo que terá por base o auto ou a representação, conforme a verificação da falta se dê no serviço externo de fiscalização ou no serviço interno das repartições.

CAPÍTULO II
DAS PENALIDADES

Seção I
DAS ESPÉCIES DE PENALIDADES

Art. 66. As infrações serão punidas com as seguintes penas, aplicáveis separada ou cumulativamente:

I – multa;

II – perda da mercadoria;

III – proibição de transformar com as repartições públicas ou autárquicas federais e com os estabelecimentos bancários controlados pela União;

IV – sujeição a sistema especial de fiscalização;

V – cassação de regimes ou controles especiais estabelecidos em benefício dos sujeitos passivos.

Seção II
DA APLICAÇÃO E GRADUAÇÃO DAS PENALIDADES

Art. 67. Compete à autoridade julgadora, atendendo aos antecedentes do infrator, aos motivos determinantes da infração e à gravidade de suas consequências efetivas ou potenciais:

I – determinar a pena ou as penas aplicáveis ao infrator;

II – fixar, dentro dos limites legais, a quantidade da pena aplicável.

Art. 68. A autoridade fixará a pena de multa partindo da pena básica estabelecida para a infração, como se atenuantes houvesse, só a majorando em razão das circunstâncias agravantes ou qualificativas provadas no processo.

§ 1º São circunstâncias agravantes:

I – a reincidência;

II – o fato de o imposto, não lançado ou lançado a menos, referir-se a produto cuja tributação e classificação fiscal já tenham sido objeto de decisão passada em julgado, proferida em consulta formulada pelo infrator;

III – a inobservância de instruções dos agentes fiscalizadores sobre a obrigação violada, anotada nos livros e documentos fiscais do sujeito passivo;

IV – qualquer circunstância que demonstre a existência de artifício doloso na prática da infração, ou que importe em agravar as suas consequências ou em retardar o seu conhecimento pela autoridade fazendária.

§ 2º São circunstâncias qualificativas a sonegação, a fraude e o conluio.

- Art. 68 com a redação dada pelo Dec.-lei nº 34, de 18-11-1966.

Art. 69. *Revogado.* Lei nº 11.488, de 15-6-2007.

Art. 70. Considera-se reincidência a nova infração da legislação do Imposto do Consumo, cometida pela mesma pessoa natural ou jurídica ou pelos sucessores referidos nos incisos III e IV do artigo 36, dentro de cinco anos da data em que passar em julgado, administrativamente, a decisão condenatória referente à infração anterior.

Parágrafo único. Diz-se a reincidência:

I – genérica, quando as infrações são de natureza diversa;

II – específica, quando as infrações são da mesma natureza, assim entendidas as que tenham a mesma capitulação legal e as referentes a obrigações tributárias previstas num mesmo capítulo desta lei.

Art. 71. Sonegação é toda ação ou omissão dolosa tendente a impedir ou retardar, total ou parcialmente, o conhecimento por parte da autoridade fazendária:

I – da ocorrência do fato gerador da obrigação tributária principal, sua natureza ou circunstâncias materiais;

II – das condições pessoais de contribuinte, suscetíveis de afetar a obrigação tributária principal ou o crédito tributário correspondente.

Art. 72. Fraude é toda ação ou omissão dolosa tendente a impedir ou retardar, total ou parcialmente, a ocorrência do fato gerador da obrigação tributária principal, ou a excluir ou modificar as suas características essenciais, de modo a reduzir o montante do imposto devido a evitar ou diferir o seu pagamento.

Art. 73. Conluio é o ajuste doloso entre duas ou mais pessoas naturais ou jurídicas, visando qualquer dos efeitos referidos nos arts. 71 e 72.

Art. 74. Apurando-se, no mesmo processo, a prática de duas ou mais infrações pela mesma pessoa natural ou jurídica, aplicam-se cumulativamente, no grau correspondente, as penas a elas cominadas, se as infrações não forem idênticas ou quando ocorrerem as hipóteses previstas no art. 85 e em seu parágrafo.

§ 1º Se idênticas as infrações e sujeitas à pena de multas fixas, previstas no art. 84, aplica-se, no grau correspondente, a pena cominada a uma delas, aumentada de 10% (dez por cento) para cada repetição da falta, consideradas, em conjunto, as circunstâncias qualificativas e agravantes, como se de uma só infração se tratasse.

§ 2º Se a pena cominada for a de perda da mercadoria ou de multa proporcional ao valor do imposto ou do produto a que se referirem as infrações, consideradas, em conjunto, as circunstâncias qualificativas e agravantes, como se de uma só infração se tratasse.

§ 3º Quando se tratar de infração continuada, em relação à qual tenham sido lavrados diversos autos ou representações, serão eles reunidos em um só processo, para imposição da pena.

§ 4º Não se considera infração continuada a repetição de falta já arrolada em processo fiscal de cuja instauração o infrator tenha sido intimado.

Art. 75. Se do processo se apurar a responsabilidade de duas ou mais pessoas, será imposta a cada uma delas a pena relativa à infração que houver cometido.

Art. 76. Não serão aplicadas penalidades:

I – aos que, antes de qualquer procedimento fiscal, procurarem espontaneamente, a repartição fazendária competente, para denunciar a falta e sanar a irregularidade, ressalvados os casos previstos no art. 81, nos incisos I e II do art. 83 e nos incisos I, II e III do art. 87;

II – enquanto prevalecer o entendimento – aos que tiverem agido ou pago o imposto:

a) de acordo com interpretação fiscal constante de decisão irrecorrível de última instância administrativa, proferida em processo fiscal, inclusive de consulta, seja ou não parte o interessado;

b) de acordo com interpretação fiscal constante de decisão de primeira instância, proferida em processo fiscal, inclusive de consulta, em que o interessado for parte;

c) de acordo com interpretação fiscal constante de circulares instruções, portarias, ordens de serviço e outros atos interpretativos baixados pelas autoridades fazendárias competentes.

Art. 77. A aplicação da penalidade fiscal e o seu cumprimento não dispensam, em caso algum, o pagamento do imposto devido, nem prejudicam a aplicação das penas cominadas para o mesmo fato pela legislação criminal, e vice versa.

Art. 78. O direito de impor penalidade extingue-se em cinco anos, contados da data da infração.

§ 1º O prazo estabelecido neste artigo interrompe-se por qualquer notificação ou exigência administrativa feita ao sujeito passivo, com referência ao imposto que tenham deixado de pagar ou à infração que haja cometido, recomeçado a correr a partir da data em que este procedimento se tenha verificado.

§ 2º Não corre o prazo enquanto o processo de cobrança estiver pendente de decisão, inclusive nos casos de processos fiscais instaurados, ainda em fase de preparo ou de julgamento.

§ 3º A interrupção do prazo mencionado no § 1º só poderá ocorrer uma vez.

Art. 79. O valor da multa será reduzido de 30% (trinta por cento), e o processo respectivo considerar-se-á findo administrativamente, se o infrator, conformando-se com a decisão de primeira instância, efetuar o pagamento das importâncias exigidas no prazo previsto para a interposição do recurso.

• *Caput* com a redação dada pelo Dec.-lei nº 34, de 18-11-1966.

Parágrafo único. Perderá o infrator o direito à redução prevista neste artigo se procurar a via judicial para contraditar a exigência.

• Parágrafo único acrescido pelo Dec.-lei nº 34, de 18-11-1966.

Seção III

DAS MULTAS

Art. 80. A falta de lançamento do valor, total ou parcial, do imposto sobre produtos industrializados na respectiva nota fiscal ou a falta de recolhimento do imposto lançado sujeitará o contribuinte à multa de ofício de 75% (setenta e cinco por cento) do valor do imposto que deixou de ser lançado ou recolhido.

• *Caput* com a redação dada pela Lei nº 11.488, de 4-6-2007.

I a III – *Revogados*. Lei nº 11.488, de 4-6-2007.

§ 1º No mesmo percentual de multa incorrem:

• *Caput* do § 1º com a redação dada pela Lei nº 11.488, de 4-6-2007.

I – os fabricantes de produtos isentos que não emitirem ou emitirem de forma irregular, as notas fiscais a que são obrigados;

II – os remetentes que, nos casos previstos no artigo 54, deixarem de emitir, ou emitirem de forma irregular, a guia de trânsito a que são obrigados;

III – os que transportarem produtos tributados ou isentos, desacompanhados da documentação comprobatória de sua procedência;

IV – os que possuírem, nas condições do inciso anterior, produtos tributados ou isentos, para fins de venda ou industrialização;

V – os que indevidamente destacarem o imposto na nota fiscal, ou o lançarem a maior.

§ 2º Nos casos do parágrafo anterior, quando o produto for isento ou a sua saída do estabelecimento não obrigar a lançamento, as multas serão calculadas sobre o valor do imposto que, de acordo com as regras de classificação e de cálculo estabelecidas nesta lei, incidiria se o produto ou a operação fossem tributados.

§ 3º Na hipótese do inciso V do § 1º, a multa regular-se-á pelo valor do imposto indevidamente destacado ou lançado, e não será aplicada se o responsável, já tendo recolhido, antes do procedimento fiscal, a importância irregularmente lançada, provar que a infração decorreu de erro escusável, a juízo da autoridade julgadora, ficando, porém, neste caso, vedada a respectiva restituição.

§ 4º As multas deste artigo aplicam-se, inclusive, aos casos equiparados por esta lei à falta de lançamento ou de recolhimento do imposto, desde que para o fato não seja cominada penalidade específica.

§ 5º A falta de identificação do contribuinte originário ou substituto não exclui a aplicação das multas previstas neste artigo e em seus parágrafos, cuja cobrança, juntamente com a do imposto que for devido, será efetivada pela venda em leilão da mercadoria a que se referir a infração, aplicando-se, ao processo respectivo, o disposto no § 3º, do artigo 87.

§ 6º O percentual de multa a que se refere o *caput* deste artigo, independentemente de outras penalidades administrativas ou criminais cabíveis, será:

I – aumentado de metade, ocorrendo apenas uma circunstância agravante, exceto a reincidência específica;

II – duplicado, ocorrendo reincidência específica ou mais de uma circunstância agravante e nos casos previstos nos arts. 71, 72 e 73 desta Lei.

§ 7º Os percentuais de multa a que se referem o *caput* e o § 6º deste artigo serão aumentados de metade nos casos de não atendimento pelo sujeito passivo, no prazo marcado, de intimação para prestar esclarecimentos.

§ 8º A multa de que trata este artigo será exigida:

I – juntamente com o imposto quando este não houver sido lançado nem recolhido;

II – isoladamente nos demais casos.

§ 9º Aplica-se à multa de que trata este artigo o disposto nos §§ 3º e 4º do art. 44 da Lei nº 9.430, de 27 de dezembro de 1996.

• §§ 8º e 9º acrescidos pela Lei nº 11.488, de 15-6-2007.

Art. 81. *Revogado.* Dec.-lei nº 1.736, de 20-12-1979.

Art. 82. A inobservância das prescrições do artigo 62 e de seus parágrafos, pelos adquirentes e depositários ali mencionados, sujeitá-los-á às mesmas penas cominadas ao produtor ou remetente dos produtos pela falta apurada, considerada, porém, para efeito de fixação e graduação da penalidade, o capital registrado daqueles responsáveis.

Art. 83. Incorrem em multa igual ao valor comercial da mercadoria ou ao que lhe é atribuído na nota fiscal, respectivamente:

I – os que entregarem ao consumo, ou consumirem produto de procedência estrangeira introduzido clandestinamente no País ou importado irregular ou fraudulentamente ou que tenha entrado no estabelecimento, dele saído ou nele permanecido desacompanhado da nota de importação ou da nota fiscal, conforme o caso;

II – os que emitirem, fora dos casos permitidos nesta Lei, nota fiscal que não corresponda à saída efetiva, de produto nela descrito, do estabelecimento emitente, e os que, em proveito próprio ou alheio, utilizarem, receberem ou registrarem essa nota para qualquer efeito, haja ou não destaque do imposto e ainda que a nota se refira a produto isento.

• Incisos I e II com a redação dada pelo Dec.-lei nº 400, de 30-12-1968.

§ 1º No caso do inciso I, a pena não prejudica a que for aplicável ao comprador ou recebedor do produto, e no caso do inciso II, é independente da que for cabível pela falta ou insuficiência de recolhimento do imposto, em razão da utilização da nota, não podendo, em qualquer dos casos, o mínimo da multa aplicada ser inferior ao grau máximo da pena prevista no artigo seguinte para a classe de capital do infrator.

§ 2º Incorre na multa de 50% (cinquenta por cento) do valor comercial da mercadoria o transportador que conduzir produto de procedência estrangeira que saiba, ou deva presumir pelas circunstâncias do caso, ter sido introduzido clandestinamente no País ou importado irregular ou fraudulentamente.

§ 3º *Revogado.* Lei nº 9.532, de 10-12-1997.

Art. 84. Os que praticarem infração a dispositivo desta Lei ou de seu Regulamento, para a qual não seja prevista pena proporcional ao valor do imposto ou do produto, ou de perda da mercadoria, serão punidos com multas compreendidas entre os limites mínimo de Cr$ 20.000 (vinte mil cruzeiros) e máximo de Cr$ 500.000 (quinhentos mil cruzeiros).

• *Caput* com a redação dada pelo Dec.-lei nº 34, de 18-11-1966.

§ 1º O Regulamento disporá sobre a aplicação das penalidades, fixando-lhes as penas básicas, conforme a gravidade da infração e o dispositivo infringido.

• § 1º com a redação dada pelo Dec.-lei nº 34, de 18-11-1966.

§ 2º *Revogado.* Lei nº 9.532, de 10-12-1997.

§ 3º *Suprimido.* Dec.-lei nº 34, de 18-11-1966.

Art. 85. Ficam sujeitos à multa de cinco vezes o limite máximo da pena prevista no art. 84, aqueles que simularem, viciarem ou falsificarem documentos ou a escrituração de seus livros fiscais ou comerciais, ou utilizarem documentos falsos para iludir a fiscalização ou fugir ao pagamento do imposto, se outra maior não couber por falta de lançamento ou pagamento do tributo.

Parágrafo único. Na mesma pena incorre quem, por qualquer meio ou forma, desacatar os agentes do fisco, ou embaraçar, dificultar ou impedir a sua atividade fiscalizadora, sem prejuízo de qualquer outra penalidade cabível por infração a esta lei ou seu Regulamento.

Art. 86. Em nenhum caso a multa aplicada poderá ser inferior ao limite mínimo previsto no art. 84.

• Arts. 85 e 86 com a redação dada pelo Dec.-lei nº 34, de 18-11-1966.

Seção IV
DA PERDA DA MERCADORIA

Art. 87. Incorre na pena de perda da mercadoria o proprietário de produtos de procedência estrangeira, encontrados fora da zona fiscal aduaneira, em qualquer situação ou lugar, nos seguintes casos:

I – quando o produto, tributado ou não, tiver sido introduzido clandestinamente no país ou importado irregular ou fraudulentamente;

II – quando o produto, sujeito ao imposto de consumo, estiver desacompanhado da nota de importação ou de leilão, se em poder do estabelecimento importador ou arrematante, ou de nota fiscal emitida com obediência a todas as exigências desta lei, se em poder de outros estabelecimentos ou pessoas, ou ainda, quando estiver acompanhado de nota fiscal emitida por firma inexistente;

III – *Suprimido.* Dec.-lei nº 400, de 30-12-1968.

§ 1º Se o proprietário não for conhecido ou identificado, considera-se como tal, para os efeitos deste artigo, o possuidor ou detentor da mercadoria.

§ 2º O fato de não serem conhecidas ou identificadas as pessoas a que se referem este artigo e o seu § 1º, não obsta a aplicação da penalidade, considerando-se, no caso, a mercadoria como abandonada.

§ 3º Na hipótese do parágrafo anterior, em qualquer tempo, antes ocorrida a prescrição, o processo poderá ser reaberto exclusivamente para apuração da autoria, vedada a discussão de qualquer outra matéria ou a alteração do julgado quando à infração, a prova de sua existência, à penalidade aplicada e os fundamentos jurídicos da condenação.

§ 4º No caso do inciso II deste artigo, a nota fiscal será substituída pela guia de trânsito se ocorre qualquer das hipóteses previstas no artigo 54.

Seção V
DA PROIBIÇÃO DE TRANSACIONAR

Art. 88. Os devedores, inclusive os fiadores, declarados remissos, são proibidos de transacionar, a qualquer título, com as repartições públicas ou autárquicas federais e com os estabelecimentos bancários controlados pela União.

§ 1º A proibição de transacionar, constante deste artigo, compreende o recebimento de quaisquer quantias ou créditos que os devedores tiverem com a União e suas autarquias; a participação em concorrência, coleta ou tomada de preços; o despacho de mercadorias nas repartições fazendárias; a celebração de contratos de qualquer natureza, inclusive de abertura de crédito e levantamento de empréstimos nas Caixas Econômicas Federais e nos demais estabelecimentos bancários constituídos em autarquias federais ou controlados pela União; e quaisquer outros atos que importem em transação.

§ 2º A declaração de remisso será feito pelo órgão arrecadador local, após decorridos trinta dias da data em que se tornar irrecorrível, na esfera administrativa, a decisão condenatória desde que o devedor não tenha feito prova de pagamento da dívida ou de ter iniciado em juízo, a competente ação anulatória do ato administrativo, com o depósito da importância em litígio, em dinheiro ou em títulos da dívida pública federal na repartição arrecadadora de seu domicílio fiscal.

§ 3º No caso do parágrafo anterior, a autoridade, sob pena de responsabilidade administrativa e penal fará a declaração nos 15 (quinze) dias seguintes ao término do prazo ali referido, publicando a decisão no órgão oficial ou, na sua falta, comunicado-a, para o mesmo fim, à repartição competente com sede na capital do Estado sem prejuízo da afixação em lugar visível do prédio da repartição".

Seção VI

DA SUJEIÇÃO A SISTEMA ESPECIAL DE FISCALIZAÇÃO

Art. 89. O sujeito passivo que repetidamente reincidir em infração da legislação do imposto de consumo poderá ser submetido, pelo órgão competente do Ministério da Fazenda, a regime especial de fiscalização.

Parágrafo único. O regime especial de fiscalização será disciplinado no regulamento desta lei.

Seção VII

DA CASSAÇÃO DE REGIMES OU CONTROLES ESPECIAIS

Art. 90. Os regimes ou controles especiais de pagamento do imposto, de uso de documentos ou de escrituração, de rotulagem ou marcação dos produtos ou quaisquer outros, previstos nesta lei ou no seu regulamento, quando estabelecidos em benefício dos sujeitos passivos, serão cassados se os beneficiários procederem de modo fraudulento no gozo das respectivas concessões.

Parágrafo único. É competente para a cassação a mesma autoridade que o for para a concessão, cabendo recurso à autoridade superior.

TÍTULO V – DA FISCALIZAÇÃO

CAPÍTULO I

DISPOSIÇÕES GERAIS

Art. 91. A direção dos serviços de fiscalização do imposto de consumo compete, em geral, ao Departamento de Rendas Internas.

Parágrafo único. A execução dos serviços incumbe, nos limites de suas jurisdições, aos órgão regionais do Departamento e aos seus agentes fiscalizadores.

Art. 92. Para efeito de fiscalização, serão os Estados divididos em circunscrições fiscais e estas em seções.

Art. 93. A fiscalização externa compete aos agentes fiscais do imposto de consumo e nos casos previstos em lei, aos fiscais auxiliares de impostos internos.

Parágrafo único. O disposto neste artigo não exclui a admissibilidade de denúncia apresentada por particulares nem a apreensão, por qualquer pessoa, de produtos de procedência estrangeira encontrados fora dos estabelecimentos comerciais e industriais, desacompanhados da documentação fiscal comprobatória de sua entrada legal no país ou de seu trânsito regular no território nacional.

Art. 94. A fiscalização será exercida sobre todas as pessoas naturais ou jurídicas, contribuintes ou não que forem sujeitos passivos de obrigações tributárias previstas na legislação do imposto de consumo, inclusive sobre as que gozarem de imunidade tributária ou de isenção de caráter pessoal.

Parágrafo único. As pessoas a que se refere este artigo exibirão aos agentes fiscalizadores, sempre que exigido, os produtos, os livros fiscais e comerciais e todos os documentos ou papéis, em uso ou já arquivados, que forem julgados necessários à fiscalização e lhes franquearão os seus estabelecimentos, depósitos, dependências e móveis, a qualquer hora do dia ou da noite, se à noite estiverem funcionando.

Art. 95. Os agentes fiscalizadores que procederem a diligências de fiscalização lavrarão, além do auto de infração que couber, termos circunstanciados de início e de conclusão de cada uma delas, nos quais consignarão as datas inicial e final do período fiscalizado, a relação dos livros e documentos comerciais e fiscais exibidos e tudo mais que seja de interesse para a fiscalização.

§ 1º Os termos a que se refere este artigo serão lavrados, sempre que possível, em um dos livros fiscais exibidos; quando lavrados em separado, deles se entregará, ao contribuinte ou pessoa sujeita à fiscalização, cópia autenticada pelo autor da diligência.

§ 2º Quando vítimas de embaraço ou desacato no exercício de suas funções, ou quando seja necessário à efetivação de medidas acauteladoras do interesse do fisco, ainda que não se configure fato definido em lei como crime ou contravenção, os agentes fiscalizadores, diretamente ou através das repartições a que pertencerem, poderão requisitar o auxílio da força pública federal, estadual ou municipal.

Art. 96. Os agentes fiscais do imposto de consumo e os fiscais auxiliares de impostos internos terão direito a portar armas para sua defesa pessoal, em todo o território nacional.

Parágrafo único. O direito ao porte de arma constará da carteira funcional que for expedida pela repartição a que estiver subordinado o funcionário.

Art. 97. Mediante intimação escrita são obrigados a prestar às autoridades fiscalizadoras todas as informações de que disponham com relação aos produtos, negócios ou atividades de terceiros:

I – os tabeliães, escrivães e demais serventuários de ofício;

II – os bancos, casas bancárias, Caixas Econômicas e semelhantes;

III – as empresas transportadoras e os transportadores singulares;

IV – os corretores, leiloeiros e despachantes oficiais;

V – os inventariantes;

VI – os síndicos, comissários e liquidatários;

VII – as repartições públicas e autárquicas federais as entidades paraestatais e de economia mista;

VIII – todas as demais pessoas naturais ou jurídicas cujas atividades envolvam negócios ligados ao imposto de consumo.

Art. 98. Sem prejuízo do disposto na legislação criminal, é vedada a divulgação para qualquer fim por parte da Fazenda Nacional ou de seus funcionários, de qualquer informação obtida em razão do ofício sobre a situação econômica ou financeira e sobre a natureza e o estado dos negócios ou atividades dos contribuintes ou de terceiros.

Parágrafo único. Excetuam-se do disposto neste artigo unicamente os casos de requisição do Poder Legislativo e de autoridade judicial no interesse da Justiça e os de prestação mútua de assistência para a fiscalização dos tributos respectivos e de permuta de informações entre os diversos setores da Fazenda Pública da União e entre estas e a dos Estados do Distrito Federal e dos Municípios.

CAPÍTULO II
DOS PRODUTOS E EFEITOS FISCAIS EM SITUAÇÃO IRREGULAR

Art. 99. Serão apreendidas e apresentadas à repartição competente, mediante as formalidades legais, as mercadorias, rótulos, selos, notas fiscais e guias, em contravenção às disposições da legislação do imposto de consumo, e todas as coisas móveis que forem necessárias à comprovação das infrações.

§ 1º Se não for possível efetuar a remoção das mercadorias ou objetos apreendidos, o apreensor, tomadas as necessárias cautelas, incumbirá da sua guarda ou depósito pessoa idônea ou o próprio infrator mediante termo de depósito.

§ 2º Salvo nos casos de infração punida com a pena de perda da mercadoria ou quando esta constituir a garantia da cobrança do crédito fiscal (§ 5º do art. 80), se a prova das faltas, existentes em livros ou documentos, fiscais ou comerciais, ou verificadas através deles, independer da verificação da mercadoria será feita a apreensão, somente do documento que contiver a infração ou que comprovar a sua existência.

Art. 100. Havendo prova ou suspeita fundada de que as coisas a que se refere o artigo anterior se encontram em residência particular ou em dependência de estabelecimento comercial, industrial, profissional ou qualquer outra utilizada como moradia, todas as necessárias cautelas para evitar a sua remoção clandestina, será promovida a busca e apreensão judicial, se o morador ou detentor, pessoalmente intimado, recusar-se a fazer a sua entrega.

Art. 101. No caso de suspeita de estarem em situação irregular as mercadorias que devam ser expedidas nas estações de empresas ferroviárias, fluviais, marítimas ou aéreas, serão tomadas as medidas necessárias à retenção dos volumes pela empresa transportadora na estação do destino.

§ 1º As empresas a que se refere este artigo farão imediata comunicação do fato ao órgão fiscalizador do lugar de destino e aguardarão, durante cinco dias úteis, as providências respectivas.

§ 2º Se a suspeita ocorrer na ocasião da descarga, a empresa transportadora agirá pela forma indicada no final deste artigo e no seu § 1º.

Art. 102. As mercadorias de procedência estrangeira encontradas nas condições previstas no artigo 87 e nos seus incisos I, II e III, serão apreendidas, intimando-se imediatamente, o seu proprietário, possuidor ou detentor a apresentar, no prazo de 24 horas, os documentos comprobatórios de sua entrada legal no país ou de seu trânsito regular no território nacional, lavrando-se de tudo os necessários termos.

§ 1º Na hipótese de falta de registro da mercadoria nos livros ou fichas de controle quantitativo próprios, comprovada no ato da apreensão, ou quando a mercadoria estiver acompanhada de documentação que não atenda às exigências desta Lei, será dispensada a intimação preliminar prevista neste artigo.

§ 2º Verificando-se as hipóteses do parágrafo anterior, ou decorrido o prazo da intimação sem que sejam apresentados os documentos exigidos ou se estes não satisfizerem aos requisitos legais, será lavrado o competente auto de infração, que servirá de base ao processo fiscal para a aplicação da penalidade de perda da mercadoria.

§ 3º Transitada em julgado a decisão condenatória, serão as mercadorias vendidas em leilão, competindo ao arrematante pagar o imposto devido.

Art. 103. Ressalvados os casos previstos no artigo anterior e os de produtos falsificados, adulterados ou deteriorados, as mercadorias apreendidas poderão ser restituídas antes do julgamento definitivo do processo, a requerimento da parte, depois de sanadas as irregularidades que motivaram a apreensão e mediante depósito na repartição competente, do valor do imposto e do máximo da multa aplicável, ou prestação de fiança idônea, quando cabível, ficando retidos os espécimes necessários ao esclarecimento do processo.

§ 1º Tratando-se de mercadoria de fácil deterioração, a retenção dos espécimes poderá ser dispensada, consignando-se minuciosamente no termo da entrega, com a assinatura do interessado, o estado da mercadoria e as faltas determinantes da apreensão.

§ 2º As mercadorias e os objetos que, depois do julgamento definitivo do processo, não forem retirados dentro de trinta dias, contados da data da intimação do último despacho, considerar-se-ão abandonados e serão vendidos em leilão, recolhendo-se o produto deste aos cofres públicos.

§ 3º Os produtos falsificados, adulterados ou deteriorados serão inutilizados, logo que a decisão do processo tiver passado em julgado.

Art. 104. Quando a mercadoria apreendida for de fácil deterioração, a repartição convidará o interessado a retirá-la, no prazo que fixar, observado o disposto no artigo anterior, sob pena de perda da mesma.

Parágrafo único. Desatendida a intimação ou nos casos de infração punida com a pena de perda da mercadoria, esta será imediatamente arrolada para leilão, procedendo-se, posteriormente, ao preparo e julgamento do processo que terá andamento preferencial, e conservando-se em depósito as importâncias arrecadadas, até final decisão.

Art. 105. As mercadorias e os objetos apreendidos que estiverem depositados em poder do negociante que vier a falir, não serão arrecadados na massa, mas removidos para outro local a pedido do chefe da repartição arrecadadora.

Art. 106. Os laudos do Laboratório Nacional de Análises e do Instituto Nacional de Tecnologia, nos aspectos técnicos de competência desses órgãos, serão adotados pela Administração, nos processos fiscais, como nas consultas, salvo se comprovada sua improcedência perante a autoridade julgadora.

CAPÍTULO III
DO EXAME DA ESCRITA FISCAL E COMERCIAL

Art. 107. No interesse da Fazenda Nacional os agentes fiscais do imposto de consumo procederão ao exame da escrita geral das pessoas sujeitas à fiscalização referidas no artigo 97.

§ 1º No caso de recusa, o agente fiscalizador, diretamente, ou por intermédio da repartição, providenciará junto ao representante do Ministério Público para que se faça a exibição judicial dos livros e documentos sem prejuízo da lavratura do auto de infração que couber por embaraço à fiscalização.

§ 2º Se a recusa referir-se à exibição de livros comerciais registrados, procederá às providências previstas no parágrafo anterior, intimando com prazo não inferior a 72 horas, para que seja feita a apresentação, salvo se, estando os livros no estabelecimento fiscalizado, não apresentar, o responsável, motivo que justifique a sua atitude.

§ 3º Se pelos livros apresentados não se puder apurar convenientemente o movimento comercial do estabelecimento, colher-se-ão os elementos necessários através de exame de livros ou documentos de outros estabelecimentos que com o fiscalizado transacionem, ou nos despachos, livros e papéis de empresas de transporte, suas estações ou agências, ou noutras fontes subsidiárias.

Art. 108. Constituem elementos subsidiários para o cálculo da produção o correspondente pagamento do imposto de consumo dos estabelecimentos industriais, o valor ou quantidade da matéria-prima ou secundária adquirida e empregada na industrialização dos produtos, o das despesas gerais efetivamente feitas, o da mão de obra empregada e o dos demais componentes do custo da produção, assim como as variações dos estoques de matérias-primas ou secundárias.

§ 1º Apurada qualquer diferença, será exigido o respectivo imposto de consumo, que, no caso, de fabricante de produtos sujeitos a alíquotas diversas, será calculado com base na mais elevada quando não for possível fazer a separação pelos elementos da escrita do contribuinte.

§ 2º Apuradas, também, receitas cuja origem não seja comprovada, será sobre elas, exigido o imposto de consumo, mediante adoção do critério estabelecido no parágrafo anterior.

Art. 109. O funcionário que tiver de realizar exame de escrita convidará o proprietário do estabelecimento ou seu representante a acompanhar o exame ou indicar pessoa que o faça e, em caso de recusa, fará constar do processo essa ocorrência.

§ 1º Se o interessado, mesmo que tenha firmado por si ou por seu representante o auto ou termo respectivo, não se conformar com o resultado do exame, poderá requerer outro, indicando em seu requerimento, de forma precisa a discordância e as razões e provas que tiver, bem como o nome e endereço do seu perito.

§ 2º Deferido o pedido, o chefe da repartição designará outro funcionário para, como perito da Fazenda, preceder, juntamente com o perito indicado pelo interessado, a novo exame desde que ouvido o autor do procedimento, persista este em suas conclusões anteriores.

§ 3º Se as conclusões dos peritos forem divergentes, prevalecerá a que for coincidente com o exame impugnado não havendo coincidência, será nomeado, pela autoridade preparadora, funcionário do Ministério da Fazenda ou, na sua falta, de qualquer outro Ministério para desempatar.

§ 4º As disposições dos parágrafos anteriores aplicam-se, no que couberem, aos casos em que o contribuinte não concordar com o valor atribuído à mercadoria para efeito de cálculo do imposto ou de aplicação da multa.

Art. 110. Salvo quando for indispensável à defesa dos interesses da Fazenda Nacional, não serão apreendidos os livros da escrita fiscal ou comercial.

TÍTULO VI – DISPOSIÇÕES FINAIS E TRANSITÓRIAS

Art. 111. A atual Diretoria das Rendas Internas, do Ministério da Fazenda, passa a denominar-se Departamento de Rendas Internas, competindo-lhe especificamente:

I – dirigir, superintender, orientar e coordenar os serviços de aplicação das leis fiscais relacionadas com os impostos de consumo e selo, assim como os demais tributos não compreendidos nas atribuições das Diretorias de Rendas Aduaneiras e do Impôsto de Renda;

II – promover o controle e fiscalização da cobrança dos tributos incluídos no âmbito de sua competência;

III – fiscalizar as empresas autorizadas a realizar vendas de bens imóveis e mercadorias, por meio de sorteios, distribuição de prêmios, quinhões, bonificações e processos semelhantes;

IV – Interpretar as leis e regulamentos fiscais relacionados com suas atribuições, decidindo sobre os casos omissos e baixando os atos esclarecedores;

V – julgar:

a) em primeira instância, através de seus órgãos regionais – os processos fiscais, inclusive de consulta, relativo aos tributos incluídos no âmbito de sua competência, excetuados os referentes à falta de pagamento do imposto de consumo verificada por ocasião do despacho de mercadoria estrangeira, os quais, com o rito aduaneiro em primeira instância, serão da competência da repartição que efetuar o despacho, de cuja decisão caberá recurso para o Segundo Conselho de Contribuintes;

b) em única instância, através de seu órgão central – as consultas relativas aos tributos de sua competência formuladas pelos órgãos centrais do Serviço Público e Autarquia Federal, das Sociedades de Economia Mista, controladas pela União, e das entidades de classe de âmbito nacional;

c) em segunda e última instância através de seu órgão central – as consultas julgadas em primeira instância pelos seus órgãos regionais.

§ 1º A competência para o preparo dos processos referidos no inciso V deste artigo será fixada em Regulamento.

§ 2º O Departamento de Rendas Internas contará, para o exercício de suas atribuições, com Delegacias e Inspetorias, regionais e seccionais, cuja competência, sede e jurisdição serão estabelecidas em Regimento aprovado por decreto do Poder Executivo.

§ 3º À medida em que forem sendo instalados os órgãos a que se refere o parágrafo anterior, passarão a integrar o Departamento de Rendas Internas os serviços de sua competência que estiverem a cargo das Recebedorias Federais, Delegacias Fiscais e Alfândegas.

Art. 112. Fica o Poder Executivo autorizado a criar as funções gratificadas necessárias à reestruturação do Departamento de Rendas Internas e a fixar-lhes os respectivos símbolos, observados os princípios de hierarquia e analogia de funções, assim como sua importância e complexidade.

Art. 113. Serão da competência do Diretor do Departamento de Rendas Internas a designação dos delegados e inspetores, regionais e seccionais, bem como a movimentação interna do pessoal lotado no mesmo Departamento.

Art. 114. Atendendo às necessidades do serviço e respeitada a distribuição numérica de cada Estado, os Agentes Fiscais de Rendas Internas, dos níveis 18-E e 17-D, poderão

LEG. COMPLEMENTAR

ser lotados indistintamente nas capitais dos Estados de primeira categoria e categoria especial.

§ 1º O provimento por remoção será limitado a metade dos claros verificados para efeito de promoção.

§ 2º Fica assegurada aos atuais ocupantes dos cargos do nível 18-E a permanência no Estado da Guanabara, admitida, porém, a remoção a pedido ou por permuta.

§ 3º Serão lotados no Distrito Federal pelo menos dois (2) agentes fiscais de rendas internas nível 18-E. VETADO.

Art. 115. A expressão "firma", quando empregado em sentido geral nesta lei, compreende, além das firmas individuais, todos os tipos de sociedades, quer funcionem sob uma razão social ou sob uma designação ou denominação particular.

Art. 116. Salvo disposição em contrário, os prazos previstos nesta lei serão contados em dias corridos e, na sua contagem, excluir-se-á o dia do começo e incluir-se-á o do vencimento. Se este cair em domingo, feriado nacional ou local, ponto facultativo ou data em que, por qualquer motivo, não funcione a repartição onde deva ser cumprida a obrigação, o prazo considerar-se-á prorrogado até o primeiro dia útil subsequente.

Art. 117. Fica extinto o adicional de 10% (dez por cento) sobre bebidas, de que tratam os Decretos-lei nºs 6.785, de 11 de agosto de 1944, e 9.846, de 12 de setembro de 1946.

Art. 118. É mantida a Junta Consultiva do Impôsto de Consumo, criada pelo Decreto-lei nº 7.404, de 22 de março de 1945.

Art. 119. Por ato do Ministro da Fazenda, o recolhimento quinzenal do imposto, previsto no inciso III do artigo 26, poderá passar a mensal, a realizar-se na primeira quinzena do mês seguinte ao da saída dos produtos do estabelecimento produtor.

Parágrafo único. A medida poderá ser global, para todos os contribuintes, ou especial, para determinadas classes de produtos.

Art. 120. Continua em vigor, no que não tenha sido alterada expressamente por esta lei, a legislação relativa à série de classes do agente fiscal de imposto de consumo e a classe de fiscal auxiliar de impostos internos, suas atribuições, direitos e deveres.

Parágrafo único. A série de classes de agente fiscal do imposto de consumo passa a denominar-se "agente fiscal de rendas internas".

Art. 121. Ficam revogados, no que não tenham sido mantidos expressamente por esta lei, o Decreto-lei nº 7.404, de 22 de março de 1945, e as leis posteriores que o modificaram, ressalvadas as disposições referentes ao processo fiscal e as que se apliquem também a outros tributos ou disciplinem matéria estranha ao imposto de consumo.

Parágrafo único. Até que seja instituído e implantado o cadastro geral dos contribuintes, continuará a ser exigida a patente de registro na forma da legislação atual, expedida, porém, gratuitamente.

Art. 122. Os que, em 1º de janeiro de 1965, possuírem estampilhas do imposto de consumo deverão recolhê-las, dentro de noventa dias, à repartição arrecadadora local, por meio de guia, para exame de sua legitimidade pela Casa da Moeda e posterior restituição de seu valor.

Art. 123. Na regulamentação desta lei o Poder Executivo disciplinará, de maneira clara e minuciosa, toda a matéria relativa ao imposto de consumo, sua arrecadação e fiscalização, instituirá os modelos de documento e livros fiscais, ou alterará os já existentes prescrevendo as normas necessárias à sua escrituração e a clareza e segurança de seus lançamentos; e adotará toda as cautelas de ordem fiscal tendentes a evitar a evasão do imposto.

Parágrafo único. Para fins exclusivamente estatísticos, poderá ainda o Poder Executivo, com relação à Tabela anexa, agrupar, de forma diferente, os capítulos nas alíneas, com ou sem alteração do número destas, e desdobrar as posições em novos incisos, sem ampliação do campo de incidência ou alteração das alíquotas do imposto.

Art. 124. VETADO.

§§ 1º a 5º VETADOS.

Art. 125. Aos fabricantes, sujeitos ao pagamento do Imposto de Consumo pelo sistema de selagem direta ou pelo sistema misto, de selagem direta e por guia, que já procederam no regime das leis anteriores, à dedução dos impostos pagos sobre as matérias-primas que concorreram para produção de artigos de seu fabrico, fica assegurado o direito expresso no artigo 5º da alteração 1ª da Lei nº 3.520, de 30 de dezembro de 1958, desde então até a data de início de vigência da presente lei.

Art. 126. Nos exercícios de 1965 a 1967, o imposto incidente sobre tecidos e confecções será devido na seguinte forma:

I – quanto aos produtos das posições 61.01 a 61.04; em 1965 e 1966 – 6% e, em 1967 8%.

II – quando aos das posições 50.09, 51.04 53.11 a 53.13; 54.05; 55.07 a 55.09 e 56.07; em 1965 e 1966 – 12% e em 1967 – 11%.

Art. 127. Esta lei entrara em vigor, no dia 1º de janeiro de 1965, revogadas as disposições em contrário.

Brasília, 30 de novembro de 1964;
143º da Independência e
76º da República.

H. Castello Branco

LEI Nº 4.504, DE 30 DE NOVEMBRO DE 1964

Dispõe sobre o Estatuto da Terra, e dá outras providências.

- Publicada no *DOU* de 30-11-1964 e retificada no *DOU* de 17-12-1964 e 6-4-1965.

TÍTULO I – DISPOSIÇÕES PRELIMINARES

CAPÍTULO I
PRINCÍPIOS E DEFINIÇÕES

Art. 1º Esta Lei regula os direitos e obrigações concernentes aos bens imóveis rurais, para os fins de execução da Reforma Agrária e promoção da Política Agrícola.

§ 1º Considera-se Reforma Agrária o conjunto de medidas que visem a promover melhor distribuição da terra, mediante modificações no regime de sua posse e uso, a fim de atender aos princípios de justiça social e ao aumento de produtividade.

§ 2º Entende-se por Política Agrícola o conjunto de providências de amparo à propriedade da terra, que se destinem a orientar, no interesse da economia rural, as atividades agropecuárias, seja no sentido de garantir-lhes o pleno emprego, seja no de harmonizá-las com o processo de industrialização do país.

Art. 2º É assegurada a todos a oportunidade de acesso à propriedade da terra, condicionada pela sua função social, na forma prevista nesta Lei.

§ 1º A propriedade da terra desempenha integralmente a sua função social quando, simultaneamente:

a) favorece o bem-estar dos proprietários e dos trabalhadores que nela labutam, assim como de suas famílias;

b) mantém níveis satisfatórios de produtividade;

c) assegura a conservação dos recursos naturais;

d) observa as disposições legais que regulam as justas relações de trabalho entre os que a possuem e a cultivem.

§ 2º É dever do Poder Público:

a) promover e criar as condições de acesso do trabalhador rural à propriedade da terra economicamente útil, de preferência nas regiões onde habita, ou, quando as circunstâncias regionais, o aconselhem em zonas previamente ajustadas na forma do disposto na regulamentação desta Lei;

b) zelar para que a propriedade da terra desempenhe sua função social, estimulando planos para a sua racional utilização, promovendo a justa remuneração e o acesso do trabalhador aos benefícios do aumento da produtividade e ao bem-estar coletivo.

§ 3º A todo agricultor assiste o direito de permanecer na terra que cultive, dentro dos termos e limitações desta Lei, observadas sempre que for o caso, as normas dos contratos de trabalho.

§ 4º É assegurado às populações indígenas o direito à posse das terras que ocupam ou que lhes sejam atribuídas de acordo com a legislação especial que disciplina o regime tutelar a que estão sujeitas.

Art. 3º O Poder Público reconhece às entidades privadas, nacionais ou estrangeiras, o direito à propriedade da terra em condomínio, quer sob a forma de cooperativas quer como sociedades abertas constituídas na forma da legislação em vigor.

Parágrafo único. Os estatutos das cooperativas e demais sociedades, que se organizarem na forma prevista neste artigo, deverão ser aprovados pelo Instituto Brasileiro de Reforma Agrária (IBRA) que estabelecerá condições mínimas para a democratização dessas sociedades.

Art. 4º Para os efeitos desta Lei, definem-se:

I – "Imóvel Rural", o prédio rústico, de área contínua qualquer que seja a sua localização que se destina à exploração extrativa agrícola, pecuária ou agroindustrial, quer através de planos públicos de valorização, quer através de iniciativa privada;

II – "Propriedade Familiar", o imóvel rural que, direta e pessoalmente explorado pelo agricultor e sua família, lhes absorva toda a força de trabalho, garantindo-lhes a subsistência e o progresso social e econômico, com área máxima fixada para cada região e tipo de exploração, e eventualmente trabalho com a ajuda de terceiros;

III – "Módulo Rural", a área fixada nos termos do inciso anterior;

IV – "Minifúndio", o imóvel rural de área e possibilidades inferiores às da propriedade familiar;

V – "Latifúndio", o imóvel rural que:

a) exceda a dimensão máxima fixada na forma do artigo 46, § 1º, alínea *b*, desta Lei, tendo-se em vista as condições ecológicas, sistemas agrícolas regionais e o fim a que se destine;

b) não excedendo o limite referido na alínea anterior, e tendo área igual ou superior à dimensão do módulo de propriedade rural, seja mantido inexplorado em relação às possibilidades físicas, econômicas e sociais do meio, com fins especulativos, ou seja deficiente ou inadequadamente explorado, de modo a vedar-lhe a inclusão no conceito de empresa rural;

VI – "Empresa Rural" é o empreendimento de pessoa física ou jurídica, pública ou privada, que explore econômica e racionalmente imóvel rural, dentro de condição de rendimento econômico ... VETADO ... da região em que se situe e que explore área mínima agricultável do imóvel segundo padrões fixados, pública e previamente, pelo Poder Executivo. Para esse fim, equiparam-se às áreas cultivadas, as pastagens, as matas naturais e artificiais e as áreas ocupadas com benfeitorias;

VII – "Parceleiro", aquele que venha a adquirir lotes ou parcelas em área destinada à Reforma Agrária ou à colonização pública ou privada;

VIII – "Cooperativa Integral de Reforma Agrária (CIRA)", toda sociedade cooperativa mista, de natureza civil, ... VETADO ... criada nas áreas prioritárias de Reforma Agrária, contando temporariamente com a contribuição financeira e técnica do Poder Público, através do Instituto Brasileiro de Reforma Agrária, com a finalidade de industrializar, beneficiar, preparar e padronizar a produção agropecuária, bem como realizar os demais objetivos previstos na legislação vigente;

IX – "Colonização", toda a atividade oficial ou particular, que se destine a promover o aproveitamento econômico da terra, pela sua divisão em propriedade familiar ou através de Cooperativas ... VETADO ...

Parágrafo único. Não se considera latifúndio:

a) o imóvel rural, qualquer que seja a sua dimensão, cujas características recomendem, sob o ponto de vista técnico e econômico, a exploração florestal racionalmente realizada, mediante planejamento adequado;

b) o imóvel rural, ainda que de domínio particular, cujo objeto de preservação florestal ou de outros recursos naturais haja sido reconhecido para fins de tombamento, pelo órgão competente da administração pública.

Art. 5º A dimensão da área dos módulos de propriedade rural será fixada para cada zona de características econômicas e ecológicas homogêneas, distintamente, por tipos de exploração rural que nela possam ocorrer.

Parágrafo único. No caso de exploração mista, o módulo será fixado pela média ponderada das partes do imóvel destinadas a cada um dos tipos de exploração considerados.

CAPÍTULO II

DOS ACORDOS E CONVÊNIOS

Art. 6º A União, os Estados, o Distrito Federal e os Municípios poderão unir seus esforços e recursos, mediante acordos, convênios ou contratos para a solução de problemas de interesse rural, principalmente os relacionados com a aplicação da presente Lei, visando a implantação da Reforma Agrária e à unidade de critérios na execução desta.

§ 1º Para os efeitos da Reforma Agrária, o Instituto Nacional de Colonização e Reforma Agrária – INCRA representará a União nos acordos, convênios ou contratos multilaterais referidos neste artigo.

- Parágrafo único transformado em § 1º e com a redação dada pela MP nº 2.183-56, de 24-8-2001, que até o encerramento desta edição não havia sido convertida em lei.

LEG. COMPLEMENTAR

§ 2º A União, mediante convênio, poderá delegar aos Estados, ao Distrito Federal e aos Municípios o cadastramento, as vistorias e avaliações de propriedades rurais situadas no seu território, bem como outras atribuições relativas à execução do Programa Nacional de Reforma Agrária, observados os parâmetros e critérios estabelecidos nas leis e nos atos normativos federais.

§ 3º O convênio de que trata o *caput* será celebrado com os Estados, com o Distrito Federal e com os Municípios que tenham instituído órgão colegiado, com a participação das organizações dos agricultores familiares e trabalhadores rurais sem terra, mantida a paridade de representação entre o poder público e a sociedade civil organizada, com a finalidade de formular propostas para a adequada implementação da política agrária.

§ 4º Para a realização da vistoria e avaliação do imóvel rural para fins de reforma agrária, poderá o Estado utilizar-se de força policial.

§ 5º O convênio de que trata o *caput* deverá prever que a União poderá utilizar servidores integrantes dos quadros de pessoal dos órgãos e das entidades da Administração Pública dos Estados, do Distrito Federal e dos Municípios, para a execução das atividades referidas neste artigo.

- §§ 2º a 5º acrescidos pela MP nº 2.183-56, de 24-8-2001, que até o encerramento desta edição não havia sido convertida em lei.

Art. 7º Mediante acordo com a União, os Estados poderão encarregar funcionários federais da execução de Leis e serviços estaduais ou de atos e decisões das suas autoridades, pertinentes aos problemas rurais, e, reciprocamente, a União poderá, em matéria de sua competência, cometer a funcionários estaduais, encargos análogos, provendo às necessárias despesas de conformidade com o disposto no parágrafo terceiro do artigo 18 da Constituição Federal.

Art. 8º Os acordos, convênios ou contratos poderão conter cláusula que permita expressamente a adesão de outras pessoas de direito público, interno ou externo, bem como de pessoas físicas nacionais ou estrangeiras, não participantes direta dos atos jurídicos celebrados.

Parágrafo único. A adesão efetivar-se-á com a só notificação oficial às partes contratantes, independentemente de condição ou termo.

CAPÍTULO III
DAS TERRAS PÚBLICAS E PARTICULARES

Seção I
DAS TERRAS PÚBLICAS

Art. 9º Dentre as terras públicas, terão prioridade, subordinando-se aos itens previstos nesta Lei, as seguintes:

I – as de propriedade da União, que não tenham outra destinação específica;

II – as reservadas pelo Poder Público para serviços ou obras de qualquer natureza, ressalvadas as pertinentes à segurança nacional, desde que o órgão competente considere sua utilização econômica compatível com a atividade principal, sob a forma de exploração agrícola;

III – as devolutas da União, dos Estados e dos Municípios.

Art. 10. O Poder Público poderá explorar direta ou indiretamente, qualquer imóvel rural de sua propriedade, unicamente para fins de pesquisa, experimentação, demonstração e fomento, visando ao desenvolvimento da agricultura, a programas de colonização ou fins educativos de assistência técnica e de readaptação.

§ 1º Somente se admitirá a existência de imóveis rurais de propriedade pública, com objetivos diversos dos previstos neste artigo, em caráter transitório, desde que não haja viabilidade de transferi-los para a propriedade privada.

§ 2º Executados os projetos de colonização nos imóveis rurais de propriedade pública, com objetivos diversos dos previstos neste artigo, em caráter transitório.

§ 3º Os imóveis rurais pertencentes à União, cuja utilização não se enquadre nos termos deste artigo, poderão ser transferidos ao Instituto Brasileiro de Reforma Agrária, ou com ele permutados por ato do Poder Executivo.

Art. 11. O Instituto Brasileiro de Reforma Agrária fica investido de poderes de representação da União, para promover a discriminação das terras devolutas federais, restabelecida a instância administrativa disciplinada pelo Decreto-Lei nº 9.760, de 5 de setembro de 1946, e com autoridade para reconhecer as posses legítimas manifestadas através de cultura efetiva e morada habitual, bem como para incorporar ao patrimônio público as terras devolutas federais ilegalmente ocupadas e as que se encontrarem desocupadas.

§ 1º Através de convênios, celebrados com os Estados e Municípios, iguais poderes poderão ser atribuídos ao Instituto Brasileiro de Reforma Agrária, quanto às terras devolutas estaduais e municipais, respeitada a legislação local, o regime jurídico próprio das terras situadas na faixa da fronteira nacional bem como a atividade dos órgãos de valorização regional.

§ 2º Tanto quanto possível, o Instituto Brasileiro de Reforma Agrária imprimirá ao instituto das terras devolutas orientação tendente a harmonizar as peculiaridades regionais com os altos interesses do desbravamento através da colonização racional visando a erradicar os males do minifúndio e do latifúndio.

Seção II
DAS TERRAS PARTICULARES

Art. 12. À propriedade privada da terra cabe intrinsecamente uma função social e seu uso é condicionado ao bem-estar coletivo previsto na Constituição Federal e caracterizado nesta Lei.

Art. 13. O Poder Público promoverá a gradativa extinção das formas de ocupação e de exploração da terra que contrariem sua função social.

Art. 14. O Poder Público facilitará e prestigiará a criação e a expansão de associações de pessoas físicas e jurídicas que tenham por finalidade o racional desenvolvimento extrativo agrícola, pecuário ou agroindustrial, e promoverá a ampliação do sistema cooperativo, bem como de outras modalidades associativas e societárias que objetivem a democratização do capital.

§ 1º Para a implementação dos objetivos referidos neste artigo, os agricultores e trabalhadores rurais poderão constituir entidades societárias por cotas, em forma consorcial ou condominial, com a denominação de "consórcio" ou "condomínio", nos termos dos arts. 3º e 6º desta Lei.

§ 2º Os atos constitutivos dessas sociedades deverão ser arquivados na Junta Comercial, quando elas praticarem atos de comércio, e no Cartório de Registro das Pessoas Jurídicas, quando não envolver essa atividade.

- Art. 14 com a redação dada pela MP nº 2.183-56, de 24-8-2001, que até o encerramento desta edição não havia sido convertida em lei.

Art. 15. A implantação da Reforma Agrária em terras particulares será feita em caráter prioritário, quando se tratar de zonas críticas ou de tensão social.

TÍTULO II – DA REFORMA AGRÁRIA

CAPÍTULO I

DOS OBJETIVOS E DOS MEIOS DE ACESSO À PROPRIEDADE RURAL

Art. 16. A Reforma Agrária visa a estabelecer um sistema de relações entre o homem, a propriedade rural e o uso da terra, capaz de promover a justiça social, o progresso e o bem-estar do trabalhador rural e o desenvolvimento econômico do país, com a gradual extinção do minifúndio e do latifúndio.

Parágrafo único. O Instituto Brasileiro de Reforma Agrária será o órgão competente para promover e coordenar a execução dessa reforma, observadas as normas gerais da presente Lei e do seu regulamento.

Art. 17. O acesso à propriedade rural será promovido mediante a distribuição ou a redistribuição de terras, pela execução de qualquer das seguintes medidas:

a) desapropriação por interesse social;

b) doação;

c) compra e venda;

d) arrecadação dos bens vagos;

e) reversão à posse ... VETADO ... do Poder Público de terras de sua propriedade, indevidamente ocupadas e exploradas, a qualquer título, por terceiros;

f) herança ou legado.

Art. 18. À desapropriação por interesse social tem por fim:

a) condicionar o uso da terra à sua função social;

b) promover a justa e adequada distribuição da propriedade;

c) obrigar a exploração racional da terra;

d) permitir a recuperação social e econômica de regiões;

e) estimular pesquisas pioneiras, experimentação, demonstração e assistência técnica;

f) efetuar obras de renovação, melhoria e valorização dos recursos naturais;

g) incrementar a eletrificação e a industrialização no meio rural;

h) facultar a criação de áreas de proteção à fauna, à flora ou a outros recursos naturais, a fim de preservá-los de atividades predatórias.

Art. 19. A desapropriação far-se-á na forma prevista na Constituição Federal, obedecidas as normas constantes da presente Lei.

§ 1º Se for intentada desapropriação parcial, o proprietário poderá optar pela desapropriação de todo o imóvel que lhe pertence, quando a área agricultável remanescente, inferior a cinquenta por cento da área original, ficar:

a) reduzida a superfície inferior a três vezes a dimensão do módulo de propriedade; ou

b) prejudicada substancialmente em suas condições de exploração econômica, caso seja o seu valor inferior ao da parte desapropriada.

§ 2º Para efeito de desapropriação observar-se-ão os seguintes princípios:

a) para a fixação da justa indenização, na forma do artigo 147, § 1º, da Constituição Federal, levar-se-ão em conta o valor declarado do imóvel para efeito do Imposto Territorial Rural, o valor constante do cadastro acrescido das benfeitorias com a correção monetária porventura cabível, apurada na forma da legislação específica, e o valor venal do mesmo;

b) o poder expropriante não será obrigado a consignar, para fins de imissão de posse dos bens, quantia superior à que lhes tiver sido atribuída pelo proprietário na sua última declaração, exigida pela Lei do Imposto de Renda, a partir de 1965, se se tratar de pessoa física ou o valor constante do ativo, se se tratar de pessoa jurídica, num e noutro caso com a correção monetária cabível;

c) efetuada a imissão de posse, fica assegurado ao expropriado o levantamento de oitenta por cento da quantia depositada para obtenção da medida possessória.

§ 3º Salvo por motivo de necessidade ou utilidade pública, estão isentos da desapropriação:

a) os imóveis rurais que, em cada zona, não excederem de três vezes o módulo de produto de propriedade, fixado nos termos do artigo 4º, inciso III;

b) os imóveis que satisfizerem os requisitos pertinentes à empresa rural, enunciados no artigo 4º, inciso VI;

c) os imóveis que, embora não classificados como empresas rurais, situados fora da área prioritária de Reforma Agrária, tiverem aprovados pelo Instituto Brasileiro de Reforma Agrária, e em execução projetos que em prazo determinado, os elevem àquela categoria.

§ 4º O foro competente para desapropriação é o da situação do imóvel.

§ 5º De toda decisão que fixar o preço em quantia superior à oferta formulada pelo órgão expropriante, haverá, obrigatoriamente, recurso de ofício para o Tribunal Federal de Recursos. Verificado, em ação expropriatório, ter o imóvel valor superior ao declarado pelo expropriado, e apurada a má-fé ou o dolo deste, poderá a sentença condená-lo à penalidade prevista no artigo 49, § 3º, desta Lei, deduzindo-se do valor da indenização o montante da penalidade.

Art. 20. As desapropriações a serem realizadas pelo Poder Público, nas áreas prioritárias, recairão sobre:

I – os minifúndios e latifúndios;

II – as áreas já beneficiadas ou a serem por obras públicas de vulto;

III – as áreas cujos proprietários desenvolverem atividades predatórias, recusando-se a pôr em prática normas de conservação dos recursos naturais;

IV – as áreas destinadas a empreendimentos de colonização, quando estes não tiverem logrado atingir seus objetivos;

V – as áreas que apresentem elevada incidência de arrendatários, parceiros e posseiros;

VI – as terras cujo uso atual, estudos levados a efeito pelo Instituto Brasileiro de Reforma Agrária comprovem não ser o adequado à sua vocação de uso econômico.

Art. 21. Em áreas de minifúndio, o Poder Público tomará as medidas necessárias à organização de unidades econômicas adequadas, desapropriando, aglutinando e redistribuindo as áreas.

Art. 22. É o Instituto Brasileiro de Reforma Agrária autorizado, para todos os efeitos legais, a promover as desapropriações necessárias ao cumprimento da presente Lei.

Parágrafo único. A União poderá desapropriar, por interesse social, bens do domínio dos Estados, Municípios, Distrito Federal e Territórios, precedido o ato, em qualquer caso, de autorização legislativa.

Art. 23. Os bens desapropriados por sentença definitiva, uma vez incorporados ao patrimônio público, não podem ser objeto de reivindicação, ainda que fundada em nulidade do processo de desapropriação. Qualquer ação julgada procedente, resolver-se-á em perdas e danos.

Parágrafo único. A regra deste artigo aplica-se aos imóveis rurais incorporados ao domínio da União, em consequência de ações por motivo de enriquecimento ilícito em prejuízo do Patrimônio Federal, os quais transferidos ao Instituto Brasileiro de Reforma Agrária, serão aplicados aos objetivos desta Lei.

CAPÍTULO II
DA DISTRIBUIÇÃO DE TERRAS

Art. 24. As terras desapropriadas para os fins da Reforma Agrária que, a qualquer título, vierem a ser incorporadas ao patrimônio do Instituto Brasileiro de Reforma Agrária, respeitada a ocupação de terras devolutas federais manifestada em cultura efetiva e moradia habitual, só poderão ser distribuídas:

I – sob a forma de propriedade familiar, nos termos das normas aprovadas pelo Instituto Brasileiro de Reforma Agrária;

II – a agricultores cujos imóveis rurais sejam comprovadamente insuficientes para o sustento próprio e o de sua família;

III – para a formação de glebas destinadas à exploração extrativa, agrícola, pecuária ou agroindustrial, por associações de agricultores organizadas sob regime cooperativo;

IV – para fins de realização, a cargo do Poder Público, de atividades de demonstração educativa, de pesquisa, experimentação, assistência técnica e de organização de colônias-escolas;

V – para fins de reflorestamento ou de conservação de reservas florestais a cargo da União, dos Estados ou dos Municípios.

Art. 25. As terras adquiridas pelo Poder Público, nos termos desta Lei, deverão ser vendidas, atendidas as condições de maioridade, sanidade e de bons antecedentes, ou de reabilitação, de acordo com a seguinte ordem de preferência:

I – ao proprietário do imóvel desapropriado, desde que venha a explorar a parcela, diretamente ou por intermédio de sua família;

II – aos que trabalhem no imóvel desapropriado como posseiros, assalariados, parceiros ou arrendatários;

III – aos agricultores cujas propriedades não alcancem a dimensão da propriedade familiar da região;

IV – aos agricultores cujas propriedades sejam comprovadamente insuficientes para o sustento próprio e o de sua família;

V – aos tecnicamente habilitados na forma dá legislação em vigor, ou que tenham comprovada competência para a prática das atividades agrícolas.

§ 1º Na ordem de preferência de que trata este artigo, terão prioridade os chefes de família numerosas cujos membros se proponham a exercer atividade agrícola na área a ser distribuída.

§ 2º Só poderão adquirir lotes os trabalhadores sem terra, salvo as exceções previstas nesta Lei.

§ 3º Não poderá ser beneficiário da distribuição de terras a que se refere este artigo o proprietário rural, salvo nos casos dos incisos I, III e IV, nem quem exerça função pública, autárquica ou em órgão paraestatal, ou se ache investido de atribuições parafiscais.

§ 4º Sob pena de nulidade, qualquer alienação ou concessão de terras públicas, nas regiões prioritárias, definidas na forma do artigo 43, será precedida de consulta ao Instituto Brasileiro de Reforma Agrária, que se pronunciará obrigatoriamente no prazo de sessenta dias.

Art. 26. Na distribuição de terras regulada por este Capítulo, ressalvar-se-á sempre a prioridade pública dos terrenos de marinha e seus acrescidos na orla oceânica e na faixa marginal dos rios federais, até onde se faça sentir a influência das marés, bem como a reserva à margem dos rios navegáveis e dos que formam os navegáveis.

CAPÍTULO III
DO FINANCIAMENTO DA REFORMA AGRÁRIA

Seção I
DO FUNDO NACIONAL DE REFORMA AGRÁRIA

Art. 27. É criado o Fundo Nacional de Reforma Agrária, destinado a fornecer os meios necessários para o financiamento da Reforma Agrária e dos órgãos incumbidos da sua execução.

Art. 28. O Fundo Nacional de Reforma Agrária será constituído:

I – do produto da arrecadação da Contribuição de Melhoria cobrada pela União de acordo com a legislação vigente;

II – da destinação específica de 3% (três por cento) da receita tributária da União;

III – dos recursos destinados em lei à Superintendência de Política Agrária (SUPRA), ressalvado o disposto no artigo 117;

IV – dos recursos oriundos das verbas de órgãos e de entidades vinculados por convênios ao Instituto Brasileiro de Reforma Agrária;

V – de doações recebidas;

VI – da receita do Instituto Brasileiro de Reforma Agrária.

§ 1º Os recursos de que tratam os incisos I e II, deste artigo, bem como os provenientes de quaisquer créditos adicionais destinados à execução dos planos nacional e regionais de Reforma Agrária, não poderão ser suprimidos, nem aplicados em outros fins.

§ 2º Os saldos dessas dotações em poder do Instituto Brasileiro de Reforma Agrária ou a seu favor, verificados no final de cada exercício, não prescrevem, e serão aplicados, na sua totalidade, em consonância com os objetivos da presente Lei.

§ 3º Os tributos, dotações e recursos referidos nos incisos deste artigo terão a destinação, durante vinte anos, vinculada à execução dos programas da Reforma Agrária.

§ 4º Os atos relativos à receita do Instituto Brasileiro de Reforma Agrária constituída pelos recursos previstos no inciso II, e pelos resultados apurados no exercício anterior, nas hipóteses dos incisos I, III e IV, considerar-se-ão registrados, pelo Tribunal de Contas, a 1º de janeiro, e os respectivos recursos distribuídos ao Tesouro Nacional, que os depositará no Banco do Brasil, à disposição do referido Instituto, em quatro parcelas, até 31 de janeiro, 30 de abril, 31 de julho e 31 de outubro, respectivamente.

Art. 29. Além dos recursos do Fundo Nacional de Reforma Agrária, a execução dos projetos regionais contará com as contribuições financeiras dos órgãos e entidades vinculadas por convênios ao Instituto Brasileiro de Reforma Agrária, notadamente os de valorização regional, como a Superintendência do Desenvolvimento Econômico do Nordeste (SUDENE), a Superintendência do Plano de Valorização Econômica da Amazônia (SPVEA) a Comissão do Vale do São Francisco (CVSF) e a Superintendência do Plano de Valorização Econômica da Região da Fronteira Sudoeste do País (SUDOESTE), os quais deverão destinar, para este fim, vinte por cento, no mínimo de suas dotações globais.

Parágrafo único. Os recursos referidos neste artigo, depois de aprovados os planos para as respectivas regiões, serão entregues ao Instituto Brasileiro de Reforma Agrária, que, para a execução destes, contribuirá com igual quantia.

Art. 30. Para fins da presente Lei, é o Poder Executivo autorizado a receber doações, bem como a contrair empréstimos no país e no exterior, até o limite fixado no artigo 105.

Art. 31. É o Instituto Brasileiro de Reforma Agrária autorizado a:

I – firmar convênios com os Estados, Municípios, entidades públicas e privadas, para financiamento, execução ou administração dos planos regionais de Reforma Agrária;

II – colocar os títulos da Dívida Agrária Nacional para os fins desta Lei;

III – realizar operações financeiras ou de compra e venda para os objetivos desta Lei;

IV – praticar atos, tanto no contencioso como no administrativo, inclusive os relativos à desapropriação por interesse social ou por utilidade ou necessidade públicas.

Seção II

DO PATRIMÔNIO DO ÓRGÃO DE REFORMA AGRÁRIA

Art. 32. O Patrimônio do Instituto Brasileiro de Reforma Agrária será constituído:

I – do Fundo Nacional de Reforma Agrária;

II – dos bens das entidades públicas incorporadas ao Instituto Brasileiro de Reforma Agrária;

III – das terras e demais bens adquiridos a qualquer título.

CAPÍTULO IV

DA EXECUÇÃO E DA ADMINISTRAÇÃO DA REFORMA AGRÁRIA

Seção I

DOS PLANOS NACIONAL E REGIONAIS DE REFORMA AGRÁRIA

Art. 33. A Reforma Agrária será realizada por meio de planos periódicos, nacionais e regionais, com prazos e objetivos determinados, de acordo com projetos específicos.

Art. 34. O Plano Nacional de Reforma Agrária, elaborado pelo Instituto Brasileiro de Reforma Agrária e aprovado pelo Presidente da República, consignará necessariamente:

I – a delimitação de áreas regionais prioritárias;

II – a especificação dos órgãos regionais, zonas e locais, que vierem a ser criados para a execução e a administração da Reforma Agrária;

III – a determinação dos objetivos que deverão condicionar a elaboração dos Planos Regionais;

IV – a hierarquização das medidas a serem programadas pelos órgãos públicos, nas áreas prioritárias, nos setores de obras de saneamento, educação e assistência técnica;

V – a fixação dos limites das dotações destinadas à execução do Plano Nacional e de cada um dos planos regionais.

§ 1º Uma vez aprovados, os Planos terão prioridade absoluta para atuação dos órgãos e serviços federais já existentes nas áreas escolhidas.

§ 2º As entidades públicas e privadas que firmarem acordos, convênios ou tratados com o Instituto Brasileiro de Reforma Agrária, nos termos desta Lei, assumirão, igualmente compromisso expresso, quanto à prioridade aludida no parágrafo anterior, relativamente aos assuntos e serviços de sua alçada nas respectivas áreas.

Art. 35. Os Planos Regionais de Reforma Agrária antecederão, sempre, qualquer desapropriação por interesse social, e serão elaborados pelas Delegacias Regionais do Instituto Brasileiro de Reforma Agrária (IBRA), obedecidos os seguintes requisitos mínimos:

I – delimitação da área de ação;

II – determinação dos objetivos específicos da Reforma Agrária na região respectiva;

III – fixação das prioridades regionais;

IV – extensão e localização das áreas desapropriáveis;

V – previsão das obras de melhoria;

VI – estimativa das inversões necessárias e dos custos.

Art. 36. Os projetos elaborados para regiões geoeconômicas ou grupos de imóveis rurais, que possam ser tratados em comum, deverão consignar:

I – o levantamento socioeconômico da área;

II – os tipos e as unidades de exploração econômica perfeitamente determinados e caracterizados;

III – as obras de infraestrutura e os órgãos de defesa econômica dos parceleiros necessários à implementação do projeto;

IV – o custo dos investimentos e o seu esquema de aplicação;

V – os serviços essenciais a serem instalados no centro da comunidade;

VI – a renda familiar que se pretende alcançar;

VII – a colaboração a ser recebida dos órgãos públicos ou privados que celebrarem convênios ou acordos para a execução do projeto.

Seção II

DOS ÓRGÃOS ESPECÍFICOS

Art. 37. São órgãos específicos para a execução da Reforma Agrária:

I – O Grupo Executivo da Reforma Agrária (GERA);

II – O Instituto Brasileiro de Reforma Agrária (IBRA), diretamente, ou através de suas Delegacias Regionais;

III – as Comissões Agrárias.

Art. 38. O IBRA será dirigido por um Presidente nomeado pelo Presidente da República.

§ 1º O Presidente do IBRA terá a remuneração correspondente a 75% (setenta e cinco por cento) do que percebem os Ministros de Estado.

§ 2º Integrarão, ainda, a Administração Superior do IBRA Diretores, até o máximo de seis, de nomeação do Presidente do IBRA, mediante aprovação do GERA.

- Arts. 37 e 38 com a redação dada pelo Dec.-lei nº 582, de 15-5-1969.

Art. 39. Ao Conselho Técnico competirá discutir e propor as diretrizes dos planos nacional e regionais de Reforma Agrária, estudar e sugerir medidas de caráter legislativo e administrativo, necessárias à boa execução da Reforma.

Art. 40. À Secretaria Executiva competirá elaborar e promover a execução do plano nacional de Reforma Agrária, assessorar as Delegacias Regionais, analisar os projetos regionais e dirigir a vida administrativa do Instituto Brasileiro de Reforma Agrária.

Art. 41. As Delegacias Regionais do Instituto Brasileiro de Reforma Agrária (IBRA), cada qual dirigida por um Delegado Regional, nomeado pelo Presidente do Instituto Brasileiro

LEG. COMPLEMENTAR

de Reforma Agrária dentre técnicos de comprovada experiência em problemas agrários e reconhecida idoneidade, são órgãos executores da Reforma nas regiões do país, com áreas de jurisdição, competência e funções que serão fixadas na regulamentação da presente Lei, compreendendo a elaboração do cadastro, classificação das terras, formas e condições de uso atual e potencial da propriedade, preparo das propostas de desapropriação, e seleção dos candidatos à aquisição das parcelas.

Parágrafo único. Dentro de cento e oitenta dias, após a publicação do decreto que a criar, a Delegacia Regional apresentará ao Presidente do Instituto Brasileiro de Reforma Agrária o plano regional de Reforma Agrária, na forma prevista nesta Lei.

Art. 42. A Comissão Agrária, constituída de um representante do Instituto Brasileiro de Reforma Agrária, que a presidirá, de três representantes dos trabalhadores rurais, eleitos ou indicados pelos órgãos de classe respectivos, de três representantes dos proprietários rurais eleitos ou indicados pelos órgãos de classe respectivos, um representante categorizado de entidade pública vinculada à agricultura e um representante dos estabelecimentos de ensino agrícola, é o órgão competente para:

I – instruir e encaminhar os pedidos de aquisição e de desapropriação de terras;

II – manifestar-se sobre a lista de candidatos selecionados para a adjudicação de lotes;

III – oferecer sugestões à Delegacia Regional na elaboração e execução dos programas regionais de Reforma Agrária;

IV – acompanhar, até sua implantação, os programas de reformas nas áreas escolhidas, mantendo a Delegacia Regional informada sobre o andamento dos trabalhos.

§ 1º A Comissão Agrária será constituída quando estiver definida a área prioritária regional de reforma agrária e terá vigência até a implantação dos respectivos projetos.

§ 2º VETADO.

Seção III

DO ZONEAMENTO E DOS CADASTROS

Art. 43. O Instituto Brasileiro de Reforma Agrária promoverá a realização de estudos para o zoneamento do país em regiões homogêneas do ponto de vista socioeconômico e das características da estrutura agrária, visando a definir:

I – as regiões críticas que estão exigindo reforma agrária com progressiva eliminação dos minifúndios e dos latifúndios;

II – as regiões em estágio mais avançado de desenvolvimento social e econômico, em que não ocorram tenções nas estruturas demográficas e agrárias;

III – as regiões já economicamente ocupadas em que predomine economia de subsistência e cujos lavradores e pecuaristas careçam de assistência adequada;

IV – as regiões ainda em fase de ocupação econômica, carentes de programa de desbravamento, povoamento e colonização de áreas pioneiras.

§ 1º Para a elaboração do zoneamento e caracterização das áreas prioritárias, serão levados em conta, essencialmente, os seguintes elementos:

a) a posição geográfica das áreas, em relação aos centros econômicos de várias ordens, existentes no país;

b) o grau de intensidade de ocorrência de áreas em imóveis rurais acima de mil hectares e abaixo de cinquenta hectares;

c) o número médio de hectares por pessoa ocupada;

d) as populações rurais, seu incremento anual e a densidade específica da população agrícola;

e) a relação entre o número de proprietários e o número de rendeiros, parceiros e assalariados em cada área.

§ 2º A declaração de áreas prioritárias será feita por decreto do Presidente da República, mencionando:

a) a criação da Delegacia Regional do Instituto Brasileiro de Reforma Agrária com a exata delimitação de sua área de jurisdição;

b) a duração do período de intervenção governamental na área;

c) os objetivos a alcançar, principalmente o número de unidades familiares e cooperativas a serem criadas;

d) outras medidas destinadas a atender a peculiaridades regionais.

Art. 44. São objetivos dos zoneamentos definidos no artigo anterior:

I – estabelecer as diretrizes da política agrária a ser adotada em cada tipo de região;

II – programar a ação dos órgãos governamentais, para desenvolvimento do setor rural, nas regiões delimitadas como de maior significação econômica e social.

Art. 45. A fim de completar os trabalhos de zoneamento serão elaborados pelo Instituto Brasileiro de Reforma Agrária levantamentos e análises para:

I – orientar as disponibilidades agropecuárias nas áreas sob o controle do Instituto Brasileiro de Reforma Agrária quanto à melhor destinação econômica das terras, adoção de práticas adequadas segundo as condições ecológicas, capacidade de potencial de uso e mercados interno e externo;

II – recuperar, diretamente, mediante projetos especiais, as áreas degradadas em virtude de uso predatório e ausência de medidas de proteção dos recursos naturais renováveis e que se situem em regiões de elevado valor econômico.

Art. 46. O Instituto Brasileiro de Reforma Agrária promoverá levantamentos, com utilização, nos casos indicados, dos meios previstos no Capítulo II do Título I, para a elaboração do cadastro dos imóveis rurais em todo o país, mencionando:

I – dados para caracterização dos imóveis rurais com indicação:

a) do proprietário e de sua família;

b) dos títulos de domínio, da natureza da posse e da forma de administração;

c) da localização geográfica;

d) da área com descrição das linhas de divisas e nome dos respectivos confrontantes;

e) das dimensões das testadas para vias públicas;

f) do valor das terras, das benfeitorias, dos equipamentos e das instalações existentes discriminadamente;

II – natureza e condições das vias de acesso e respectivas distâncias dos centros demográficos mais próximos com população:

a) até 5.000 habitantes;

b) de mais de 5.000 a 10.000 habitantes;

c) de mais de 10.000 a 20.000 habitantes;

d) de mais de 20.000 a 50.000 habitantes;

e) de mais de 50.000 a 100.000 habitantes;

f) de mais de 100.000 habitantes;

III – condições da exploração e do uso da terra, indicando:

a) as percentagens da superfície total em cerrados, matas, pastagens, glebas de cultivo (especificadamente em exploração e inexplorados) e em áreas inaproveitáveis;

b) os tipos de cultivo e de criação, as formas de proteção e comercialização dos produtos;

c) os sistemas de contrato de trabalho, com discriminação de arrendatários, parceiros e trabalhadores rurais;

d) as práticas conservacionistas empregadas e o grau de mecanização;

e) os volumes e os índices médios relativos à produção obtida;

f) as condições para o beneficiamento dos produtos agropecuários.

§ 1º Nas áreas prioritárias de reforma agrária serão complementadas as fichas cadastrais elaboradas para atender às finalidades fiscais, com dados relativos ao relevo, às pendentes, à drenagem, aos solos e a outras características ecológicas que permitam avaliar a capacidade do uso atual e potencial, e fixar uma classificação das terras para os fins de realização de estudos microeconômicos, visando, essencialmente, à determinação por amostragem para cada zona e forma de exploração:

a) das áreas mínimas ou módulos de propriedade rural determinados de acordo com elementos enumerados neste parágrafo e, mais a força de trabalho do conjunto familiar médio, o nível tecnológico predominante e a renda familiar a ser obtida;

b) dos limites máximos permitidos de áreas dos imóveis rurais, os quais não excederão a seiscentas vezes o módulo médio da propriedade rural nem a seiscentas vezes a área média dos imóveis rurais, na respectiva zona;

c) das dimensões ótimas do imóvel rural do ponto de vista do rendimento econômico;

d) do valor das terras em função das características do imóvel rural, da classificação da capacidade potencial de uso e da vocação agrícola das terras;

e) dos limites mínimos de produtividade agrícola para confronto com os mesmos índices obtidos em cada imóvel nas áreas prioritárias de reforma agrária.

§ 2º Os cadastros serão organizados de acordo com normas e fichas aprovadas pelo Instituto Brasileiro de Reforma Agrária na forma indicada no regulamento, e poderão ser executados centralizadamente pelos órgãos de valorização regional, pelos Estados ou pelos Municípios, caso em que o Instituto Brasileiro de Reforma Agrária lhes prestará assistência técnica e financeira com o objetivo de acelerar sua realização em áreas prioritárias de Reforma Agrária.

§ 3º Os cadastros terão em vista a possibilidade de garantir a classificação, a identificação e o grupamento dos vários imóveis rurais que pertençam a um único proprietário, ainda que situados em municípios distintos, sendo fornecido ao proprietário o certificado de cadastro na forma indicada na regulamentação desta Lei.

§ 4º Os cadastros serão continuamente atualizados para inclusão das novas propriedades que forem sendo constituídas e, no mínimo, de cinco em cinco anos serão feitas revisões gerais para atualização das fichas já levantadas.

§ 5º Poderão os proprietários requerer a atualização de suas fichas, dentro de um ano da data das modificações substanciais relativas aos respectivos imóveis rurais, desde que comprovadas as alterações, a critério do Instituto Brasileiro de Reforma Agrária.

§ 6º No caso de imóvel rural em comum por força de herança, as partes ideais, para os fins desta Lei, serão consideradas como se divisão houvesse, devendo ser cadastrada a área que, na partilha, tocaria a cada herdeiro e admitidos os demais dados médios verificados na área total do imóvel rural.

§ 7º O cadastro inscreverá o valor de cada imóvel de acordo com os elementos enumerados neste artigo, com base na declaração do proprietário relativa ao valor da terra nua, quando não impugnado pelo Instituto Brasileiro de Reforma Agrária, ou o valor que resultar da avaliação cadastral.

TÍTULO III – DA POLÍTICA DE DESENVOLVIMENTO RURAL

CAPÍTULO I
DA TRIBUTAÇÃO DA TERRA

Seção I
CRITÉRIOS BÁSICOS

Art. 47. Para incentivar a política de desenvolvimento rural, o Poder Público se utilizará da tributação progressiva da terra, do Imposto de Renda, da colonização pública e particular, da assistência e proteção à economia rural e ao cooperativismo e, finalmente, da regulamentação do uso e posse temporários da terra, objetivando:

I – desestimular os que exercem o direito de propriedade sem observância da função social e econômica da terra;

II – estimular a racionalização da atividade agropecuária dentro dos princípios de conservação dos recursos naturais renováveis;

III – proporcionar recursos à União, aos Estados e Municípios para financiar os projetos de Reforma Agrária;

IV – aperfeiçoar os sistemas de controle da arrecadação dos impostos.

Seção II
DO IMPOSTO TERRITORIAL RURAL

Art. 48. Observar-se-ão, quanto ao Imposto Territorial Rural, os seguintes princípios:

I – a União poderá atribuir, por convênio, aos Estados e Municípios, o lançamento, tendo por base os levantamentos cadastrais executados e periodicamente atualizados;

II – a União também poderá atribuir, por convênio, aos Municípios, a arrecadação, ficando a eles garantida a utilização da importância arrecadada;

III – quando a arrecadação for atribuída, por convênio, ao Município, à União caberá o controle da cobrança;

IV – as épocas de cobrança deverão ser fixadas em regulamento, de tal forma que, em cada região, se ajustem, o mais possível, aos períodos normais de comercialização da produção;

V – o imposto arrecadado será contabilizado diariamente como depósito à ordem, exclusivamente, do Município, a que pertencer e a ele entregue diretamente pelas repartições arrecadadoras, no último dia útil de cada mês;

VI – o imposto não incidirá sobre sítios de área não excedente a vinte hectares, quando os cultive só ou com sua família, o proprietário que não possua outro imóvel (artigo 29, parágrafo único, da Constituição Federal).

Art. 49. As normas gerais para a fixação do imposto sobre a propriedade territorial rural obedecerão a critérios de progressividade e regressividade, levando-se em conta os seguintes fatores:

I – o valor da terra nua;

II – a área do imóvel rural;

III – o grau de utilização da terra na exploração agrícola, pecuária e florestal;

IV – o grau de eficiência obtido nas diferentes explorações;

V – a área total, no País, do conjunto de imóveis rurais de um mesmo proprietário.

§ 1º Os fatores mencionados neste artigo serão estabelecidos com base nas informações apresentadas pelos proprietários, titulares do domínio útil ou possuidores, a qualquer título, de imóveis rurais, obrigados a prestar declaração para cadastro, nos prazos e segundo normas fixadas na regulamentação desta Lei.

§ 2º O órgão responsável pelo lançamento do imposto poderá efetuar o levantamento e a revisão das declarações prestadas pelos proprietários, titulares do domínio útil ou possuidores, a qualquer título, de imóveis rurais, procedendo-se a verificações *in loco* se necessário.

§ 3º As declarações previstas no parágrafo primeiro serão apresentadas sob inteira responsabilidade dos proprietários, titulares do domínio útil ou possuidores, a qualquer título, de imóvel rural, e, no caso de dolo ou má-fé, os obrigará ao pagamento em dobro dos tributos devidos, além das multas decorrentes e das despesas com as verificações necessárias.

§ 4º Fica facultado ao órgão responsável pelo lançamento, quando houver omissão dos proprietários, titulares do domínio útil ou possuidores, a qualquer título, de imóvel rural, na prestação da declaração para cadastro, proceder ao lançamento do imposto com a utilização de dados indiciários, além da cobrança de multas e despesas necessárias à apuração dos referidos dados.

Art. 50. Para cálculo do imposto, aplicar-se-á sobre o valor da terra nua, constante da declaração para cadastro, e não impugnado pelo órgão competente, ou resultante de avaliação, a alíquota correspondente ao número de módulos fiscais do imóvel, de acordo com a tabela adiante:

NÚMERO DE MÓDULOS FISCAIS	Alíquotas
Até 2	0,2%
Acima de 2 até 3	0,3%
Acima de 3 até 4	0,4%
Acima de 4 até 5	0,5%
Acima de 5 até 6	0,6%
Acima de 6 até 7	0,7%
Acima de 7 até 8	0,8%
Acima de 8 até 9	0,9%
Acima de 9 até 10	1,0%
Acima de 10 até 15	1,2%
Acima de 15 até 20	1,4%
Acima de 20 até 25	1,6%
Acima de 25 até 30	1,8%
Acima de 30 até 35	2,0%
Acima de 35 até 40	2,2%
Acima de 40 até 50	2,4%
Acima de 50 até 60	2,6%
Acima de 60 até 70	2,8%

NÚMERO DE MÓDULOS FISCAIS	Alíquotas
Acima de 70 até 80	3,0%
Acima de 80 até 90	3,2%
Acima de 90 até 100	3,4%
Acima de 100	3,5%

§ 1º O imposto não incidirá sobre o imóvel rural, ou conjunto de imóveis rurais, de área igual ou inferior a um módulo fiscal, desde que seu proprietário, titular do domínio útil ou possuidor, a qualquer título, o cultive só ou com sua família, admitida a ajuda eventual de terceiros.

§ 2º O módulo fiscal de cada Município, expresso em hectares, será determinado levando-se em conta os seguintes fatores:

a) o tipo de exploração predominante no Município:

I – hortifrutigranjeira;

II – cultura permanente;

III – cultura temporária;

IV – pecuária;

V – florestal;

b) a renda obtida no tipo de exploração predominante;

c) outras explorações existentes no Município que, embora não predominantes, sejam expressivas em função da renda ou da área utilizada;

d) o conceito de "propriedade familiar", definido no item II do artigo 4º desta Lei.

§ 3º O número de módulos fiscais de um imóvel rural será obtido dividindo-se sua área aproveitável total pelo modulo fiscal do Município.

§ 4º Para os efeitos desta Lei; constitui área aproveitável do imóvel rural a que for passível de exploração agrícola, pecuária ou florestal. Não se considera aproveitável:

a) a área ocupada por benfeitoria;

b) a área ocupada por floresta ou mata de efetiva preservação permanente, ou reflorestada com essências nativas;

c) a área comprovadamente imprestável para qualquer exploração agrícola, pecuária ou florestal.

§ 5º O imposto calculado na forma do *caput* deste artigo poderá ser objeto de redução de até 90% (noventa por cento) a título de estímulo fiscal, segundo o grau de utilização econômica do imóvel rural, da forma seguinte:

a) redução de até 45% (quarenta e cinco por cento), pelo grau de utilização da terra, medido pela relação entre a área efetivamente utilizada e a área aproveitável total do imóvel rural;

b) redução de até 45% (quarenta e cinco por cento), pelo grau de eficiência na exploração, medido pela relação entre o rendimento obtido por hectare para cada produto explorado e os correspondentes índices regionais fixados pelo Poder Executivo e multiplicado pelo grau de utilização da terra, referido na alínea *a* deste parágrafo.

§ 6º A redução do imposto de que trata o § 5º deste artigo não se aplicará para o imóvel que, na data do lançamento, não esteja com o imposto de exercícios anteriores devidamente quitado, ressalvadas as hipóteses previstas no artigo 151 do Código Tributário Nacional.

§ 7º O Poder Executivo poderá, mantido o limite máximo de 90% (noventa por cento), alterar a distribuição percentual prevista nas alíneas a e b do § 5º deste artigo, ajustando-a à política agrícola adotada para as diversas regiões do País.

§ 8º Nos casos de intempérie ou calamidade de que resulte frustração de safras ou mesmo destruição de pastos, para o cálculo da redução prevista nas alíneas *a* e *b* do § 5º deste artigo, poderão ser utilizados os dados do período anterior ao da ocorrência, podendo ainda o Ministro da Agricultura fixar as percentagens de redução do imposto que serão utilizadas.

§ 9º Para os imóveis rurais que apresentarem grau de utilização da terra, calculado na forma da alínea *a* § 5º deste artigo, inferior aos limites fixados no § 11, a alíquota a ser aplicada será multiplicada pelos seguintes coeficientes:

a) no primeiro ano: 2,0 (dois);

b) no segundo ano: 3,0 (três);

c) no terceiro ano e seguintes: 4,0 (quatro).

§ 10. Em qualquer hipótese, a aplicação do disposto no § 9º não resultará em alíquotas inferiores a:

a) no primeiro ano: 2% (dois por cento);

b) no segundo ano: 3% (três por cento);

c) no terceiro ano e seguintes: 4% (quatro por cento).

§ 11. Os limites referidos no § 9º são fixados segundo o tamanho do módulo fiscal do Município de localização do imóvel rural, da seguinte forma:

ÁREA DO MÓDULO FISCAL	GRAU DE UTILIZAÇÃO DA TERRA
Até 25 hectares	30%
Acima de 25 hectares até 50 hectares	25%
Acima de 50 hectares até 80 hectares	18%
Acima de 80 hectares	10%

§ 12. Nos casos de projetos agropecuários, a suspensão da aplicação do disposto nos §§ 9º 10 e 11 deste artigo, poderá ser requerida por um período de até 3 (três) anos.

- Arts. 49 e 50 com a redação dada pela Lei nº 6.746, de 10-12-1979.

Art. 51. VETADO.

Parágrafo único. VETADO.

Art. 52. *Revogado.* Lei nº 6.746, de 10-12-1979.

Seção III

DO RENDIMENTO DA EXPLORAÇÃO AGRÍCOLA E PASTORIL E DAS INDÚSTRIAS EXTRATIVAS, VEGETAL E ANIMAL

Art. 53. Na determinação, para efeitos do Imposto de Renda, do rendimento líquido da exploração agrícola ou pastoril, das indústrias extrativas, vegetal e animal, e de transformação de produtos agrícolas e pecuários feita pelo próprio agricultor ou criador, com matéria-prima da propriedade explorada, aplicar-se-á o coeficiente de três por cento sobre o valor referido no inciso I do artigo 49 desta Lei, constante da declaração de bens ou do balanço patrimonial.

§ 1º As construções e benfeitorias serão deduzidas do valor do imposto, sobre elas não recaindo a tributação de que trata este artigo.

§ 2º No caso de não ser possível apurar o valor exato das construções e benfeitorias existentes, será ele arbitrado em trinta por cento do valor da terra nua, conforme declaração para efeito do pagamento do imposto territorial.

§ 3º Igualmente será deduzido o valor do gado, das máquinas agrícolas e das culturas permanentes, sobre ele aplicando-se o coeficiente da um por cento para a determinação da renda tributável.

§ 4º No caso de imóvel rural explorado por arrendatário, o valor anual do arrendamento poderá ser deduzido da importância tributável, calculado nos termos deste artigo e §§ 1º, 2º e 3º. Admitir-se-á essa dedução dentro do limite de cinquenta por cento do respectivo valor, desde que se comuniquem à repartição arrecadadora o nome e endereço do proprietário, e o valor do pagamento que lhe houver sido feito.

§ 5º Poderá também ser deduzida do valor tributável, referido no parágrafo anterior, a importância paga pelo contribuinte no último exercício, a título de Imposto Territorial Rural.

§ 6º Não serão permitidas quaisquer outras deduções do rendimento líquido calculado na forma deste artigo, ressalvado o disposto nos §§ 4º e 5º.

§ 7º Ao proprietário do imóvel rural, total ou parcialmente arrendado, conceder-se-á o direito de excluir o valor dos bens arrendados, desde que declarado e comprovado o valor do arrendamento e identificado o arrendatário.

§ 8º Às pessoas físicas é facultado reajustar o valor dos imóveis rurais em suas declarações de renda e de bens, a partir do exercício financeiro de 1965, independentemente de qualquer comprovação, sem que seja tributável o aumento de patrimônio resultante desse reajustamento. Às empresas rurais, organizadas sob a forma de sociedade civil, serão outorgados idênticos benefícios quanto ao registro contábil e ao aumento do ativo líquido.

§ 9º À falta de integralização do capital das empresas rurais, referidas no parágrafo anterior, não impede a correção do ativo, prevista neste artigo. O aumento do ativo líquido e do capital resultante dessa correção não poderá ser aplicado na integralização de ações ou quotas.

§ 10. Os aumentos de capital das pessoas jurídicas resultantes da incorporação, a seu ativo, de ações distribuídas em virtude da correção monetária realizada por empresas rurais, de que sejam acionistas ou sócias nos termos deste artigo, não sofrerão qualquer tributação. Idêntica isenção vigorará relativamente às ações resultantes daquele aumento de capital.

§ 11. Os valores de que tratam os §§ 8º e 10, deste artigo, não poderão ser inferiores ao preço de aquisição do imóvel e das inversões em benfeitorias, atualizadas de acordo com os coeficientes de correção monetária, fixados pelo Conselho Nacional de Economia.

Art. 54. VETADO.

§§ 1º a 5º VETADOS.

CAPÍTULO II

DA COLONIZAÇÃO

Seção I

DA COLONIZAÇÃO OFICIAL

Art. 55. Na colonização oficial, o Poder Público tomará a iniciativa de recrutar e selecionar pessoas ou famílias, dentro ou fora do território nacional, reunindo-as em núcleos agrícolas ou agroindustriais, podendo encarregar-se de seu transporte, recepção, hospedagem e encaminhamento, até a sua colocação e integração nos respectivos núcleos.

Art. 56. A colonização oficial deverá ser realizada em terras já incorporadas ao Patrimônio Público ou que venham a sê-lo. Ela será efetuada, preferencialmente, nas áreas:

I – ociosas ou de aproveitamento inadequado;

II – próximas a grandes centros urbanos e de mercados de fácil acesso, tendo em vista os problemas de abastecimento;

III – de êxodo, em locais de fácil acesso e comunicação, de acordo com os planos nacionais e regionais de vias de transporte;

IV – de colonização predominantemente estrangeira, tendo em mira facilitar o processo de interculturação;

V – de desbravamento ao longo dos eixos viários, para ampliar a fronteira econômica do país.

Art. 57. Os programas de colonização têm em vista, além dos objetivos especificados no artigo 56:

I – a integração e o progresso social e econômico do parceleiro;

II – o levantamento do nível de vida do trabalhador rural;

III – a conservação dos recursos naturais e a recuperação social e econômica de determinadas áreas;

IV – o aumento da produção e da produtividade no setor primário.

Art. 58. Nas regiões prioritárias definidas pelo zoneamento e na fixação de suas populações em outras regiões, caberão ao Instituto Brasileiro de Reforma Agrária as atividades colonizadoras.

§ 1º Nas demais regiões, a colonização oficial obedecerá à metodologia observada nos projetos realizados nas áreas prioritárias, e será coordenada pelo Órgão do Ministério da Agricultura referido no artigo 74, e executada por este, pelos Governos Estaduais ou por entidades de valorização regional, mediante convênios.

§ 2º As atribuições referentes à seleção de imigrantes são da competência do Ministério das Relações Exteriores, conforme diretrizes fixadas pelo Ministério da Agricultura, em articulação com o Ministério do Trabalho e Previdência Social, cabendo ao órgão referido no artigo 74 a recepção e o encaminhamento dos imigrantes.

Art. 59. O órgão competente do Ministério da Agricultura referido no artigo 74, poderá criar núcleos de colonização, visando a fins especiais, e deverá igualmente entrar em entendimentos com o Ministério da Guerra para o estabelecimento de colônias, com assistência militar, na fronteira continental.

Seção II — *DA COLONIZAÇÃO PARTICULAR*

Art. 60. Para os efeitos desta Lei, consideram-se empresas particulares de colonização as pessoas físicas, nacionais ou estrangeiras, residentes ou domiciliadas no Brasil, ou jurídicas, constituídas e sediadas no País, que tiverem por finalidade executar programa de valorização de área ou distribuição de terras.

- *Caput* com a redação dada pela Lei nº 5.709, de 7-10-1971.

§ 1º É dever do Estado estimular, pelos meios enumerados no artigo 73, as iniciativas particulares de colonização.

§ 2º A empresa rural, definida no inciso VI do artigo 4º, desde que incluída em projeto de colonização, deverá permitir a livre participação em seu capital dos respectivos parceleiros.

Art. 61. Os projetos de colonização particular, quanto à metodologia, deverão ser previamente examinados pelo Instituto Brasileiro de Reforma Agrária, que inscreverá a entidade e o respectivo projeto em registro próprio. Tais projetos serão aprovados pelo Ministério da Agricultura, cujo órgão próprio coordenará a respectiva execução.

§ 1º Sem prévio registro da entidade colonizadora e do projeto e sem a aprovação deste, nenhuma parcela poderá ser vendida em programas particulares de colonização.

§ 2º O proprietário de terras próprias para a lavoura ou pecuária, interessados em loteá-las para fins de urbanização ou formação de sítios de recreio, deverá submeter o respectivo projeto à prévia aprovação e fiscalização do órgão competente do Ministério da Agricultura ou do Instituto Brasileiro de Reforma Agrária, conforme o caso.

§ 3º A fim de possibilitar o cadastro, o controle e a fiscalização dos loteamentos rurais, os Cartórios de Registro de Imóveis são obrigados a comunicar aos órgãos competentes, referidos no parágrafo anterior, os registros efetuados nas respectivas circunscrições, nos termos da legislação em vigor, informando o nome do proprietário, a denominação do imóvel e sua localização, bem como a área, o número de lotes, e a data do registro nos citados órgãos.

§ 4º Nenhum projeto de colonização particular será aprovado para gozar das vantagens desta Lei, se não consignar para a empresa colonizadora as seguintes obrigações mínimas:

a) abertura de estradas de acesso e de penetração à área a ser colonizada;

b) divisão dos lotes e respectivo piqueteamento, obedecendo a divisão, tanto quanto possível, ao critério de acompanhar as vertentes, partindo a sua orientação no sentido do espigão para as águas, de modo a todos os lotes possuírem água própria ou comum;

c) manutenção de uma reserva florestal nos vértices dos espigões e nas nascentes;

d) prestação de assistência médica e técnica aos adquirentes de lotes e aos membros de suas famílias;

e) fomento da produção de uma determinada cultura agrícola já predominante na região ou ecologicamente aconselhada pelos técnicos do Instituto Brasileiro de Reforma Agrária ou do Ministério da Agricultura;

f) entrega de documentação legalizada e em ordem aos adquirentes de lotes.

§§ 5º a 8º VETADOS.

Art. 62. Os interessados em projetos de colonização destinados à ocupação e valorização econômica da terra, em que predominem o trabalho assalariado ou contratos de arrendamento e parceria, não gozarão dos benefícios previstos nesta Lei.

Seção III — *DA ORGANIZAÇÃO DA COLONIZAÇÃO*

Art. 63. Para atender aos objetivos da presente Lei e garantir as melhores condições de fixação do homem à terra e seu progresso social e econômico, os programas de colonização serão elaborados prevendo-se os grupamentos de lotes em núcleos de colonização, e destes em distritos, e associação dos parceleiros em cooperativas.

Art. 64. Os lotes de colonização podem ser:

I – parcelas, quando se destinem ao trabalho agrícola do parceleiro e de sua família cuja moradia, quando não for no próprio local, há de ser no centro da comunidade a que elas correspondam;

II – urbanos, quando se destinem a constituir o centro da comunidade, incluindo as residências dos trabalhadores dos vários serviços implantados no núcleo ou distritos, eventualmente às dos próprios parceleiros, e as instalações necessárias à localização dos serviços administrativos assistenciais, bem como das atividades cooperativas, comerciais, artesanais e industriais.

§ 1º Sempre que o órgão competente do Ministério da Agricultura ou o Instituto Brasileiro de Reforma Agrária não manifestarem, dentro de noventa dias da consulta, a preferência a que terão direito, os lotes de colonização poderão ser alienados:

a) a pessoas que se enquadrem nas condições e ordem de preferência, previstas no artigo 25; ou

b) livremente, após cinco anos, contados da data de sua transcrição.

§ 2º No caso em que o adquirente ou seu sucessor venha a desistir da exploração direta, os imóveis rurais, vendidos nos termos desta Lei, reverterão ao patrimônio do alienante, podendo o regulamento prever as condições em que se dará essa reversão, resguardada a restituição da quantia já paga pelo adquirente, com a correção monetária de acordo com os índices do Conselho Nacional de Economia, apurados entre a data do pagamento e da restituição, se tal cláusula constar do contrato de venda respectivo.

§ 3º Se os adquirentes mantiverem inexploradas áreas suscetíveis de aproveitamento, desde que à sua disposição existam condições objetivas para explorá-las, perderão o direito a essas áreas, que reverterão ao patrimônio do alienante, com a simples devolução das despesas feitas.

§ 4º Na regulamentação das matérias de que trata este capítulo, com a observância das primazias já codificadas, se estipularão:

a) as exigências quanto aos títulos de domínio e à demarcação de divisas;

b) os critérios para fixação das áreas-limites de parcelas, lotes urbanos e glebas de uso comum, bem como dos preços, condições de financiamento e pagamento;

c) o sistema de seleção dos parceleiros e artesãos;

d) as limitações para distribuição, desmembramentos, alienação e transmissão dos lotes;

e) as sanções pelo inadimplemento das cláusulas contratuais;

f) os serviços que devam ser assegurados aos promitentes compradores, bem como os encargos e isenções tributárias que, nos termos da lei, lhes sejam conferidos.

Art. 65. O imóvel rural não é divisível em áreas de dimensão inferior à constitutiva do módulo de propriedade rural.

§ 1º Em caso de sucessão causa mortis e nas partilhas judiciais ou amigáveis, não se poderão dividir imóveis em áreas inferiores às da dimensão do módulo de propriedade rural.

§ 2º Os herdeiros ou os legatários, que adquirirem por sucessão o domínio de imóveis rurais, não poderão dividi-los em outros de dimensão inferior ao módulo de propriedade rural.

§ 3º No caso de um ou mais herdeiros ou legatários desejar explorar as terras assim havidas, o Instituto Brasileiro de Reforma Agrária poderá prover no sentido de o requerente ou requerentes obterem financiamentos que lhes facultem o numerário para indenizar os demais condôminos.

§ 4º O financiamento referido no parágrafo anterior só poderá ser concedido mediante prova de que o requerente não possui recursos para adquirir o respectivo lote.

§ 5º Não se aplica o disposto no *caput* deste artigo aos parcelamentos de imóveis rurais em dimensão inferior à do módulo, fixada pelo órgão fundiário federal, quando promovidos pelo Poder Público, em programas oficiais de apoio à atividade agrícola familiar, cujos beneficiários sejam agricultores que não possuam outro imóvel rural ou urbano.

§ 6º Nenhum imóvel rural adquirido na forma do § 5º deste artigo poderá ser desmembrado ou dividido.

• §§ 5º e 6º acrescidos pela Lei nº 11.446, de 5-1-2007.

Art. 66. Os compradores e promitentes compradores de parcelas resultantes de colonização oficial ou particular, ficam isentos do pagamento dos tributos federais que incidam diretamente sobre o imóvel durante o período de cinco anos, a contar da data da compra ou compromisso.

Parágrafo único. O órgão competente firmará convênios com o fim de obter, para os compradores e promitentes compradores, idênticas isenções de tributos estaduais e municipais.

Art. 67. O Núcleo de Colonização, como unidade básica, caracteriza-se por um conjunto de parcelas integradas por uma sede administrativa e serviços comunitários.

Parágrafo único. O número de parcelas de um núcleo será condicionado essencialmente pela possibilidade de conhecimento mútuo entre os parceleiros e de sua identificação pelo administrador, em função das dimensões adequadas a cada região.

Art. 68. A emancipação do núcleo ocorrerá quando este tiver condições de vida autônoma, e será declarada por ato do órgão competente, observados os preceitos legais e regulamentares.

Art. 69. O custo operacional do núcleo de colonização será progressivamente transferido aos proprietários das parcelas, através de cooperativas ou outras entidades que os congreguem. O prazo para essa transferência, nunca superior a cinco anos, contar-se-á:

a) a partir de sua emancipação;

b) desde quando a maioria dos parceleiros já tenha recebido os títulos definitivos, embora o núcleo não tenha adquirido condições de vida autônoma.

Art. 70. O Distrito de Colonização caracteriza-se como unidade constituída por três ou mais núcleos interligados, subordinados a uma única chefia, integrado por serviços gerais administrativos e comunitários.

Art. 71. Nos casos de regiões muito afastadas dos centros urbanos e dos mercados consumidores, só se permitirá a organização de Distrito de Colonização.

Art. 72. A regulamentação deste capítulo estabelecerá, para os projetos de colonização que venham a gozar dos benefícios desta Lei:

a) a forma de administração, a composição, a área de jurisdição e os critérios de vinculação, desmembramento e incorporação dos núcleos aos Distritos de Colonização;

b) os serviços gerais administrativos e comunitários indispensáveis para a implantação de núcleos e Distrito de Colonizações;

c) os serviços complementares de assistência educacional, sanitária, social, técnica e creditícia;

d) os serviços de produção, de beneficiamento e de industrialização e de eletrificação rural, de comercialização e transportes;

e) os serviços de planejamento e execução de obras que, em cada caso, sejam aconselháveis e devam ser considerados para a eficácia dos programas.

CAPÍTULO III

DA ASSISTÊNCIA E PROTEÇÃO À ECONOMIA RURAL

Art. 73. Dentro das diretrizes fixadas para a política de desenvolvimento rural, com o fim de prestar assistência social, técnica e fomentista e de estimular a produção agropecuária, de forma a que ela atenda não só ao consumo nacional, mas também à possibilidade de obtenção de excedentes exportáveis, serão mobilizados, entre outros, os seguintes meios:

I – assistência técnica;

II – produção e distribuição de sementes e mudas;

III – criação, venda e distribuição de reprodutores e uso da inseminação artificial;

IV – mecanização agrícola;

V – cooperativismo;

VI – assistência financeira e creditícia; (Vide Lei nº 13.001, de 2014)

VII – assistência à comercialização;

VIII – industrialização e beneficiamento dos produtos;

IX – eletrificação rural e obras de infraestrutura;

X – seguro agrícola;

XI – educação, através de estabelecimentos agrícolas de orientação profissional;

XII – garantia de preços mínimos à produção agrícola.

§ 1º Todos os meios enumerados neste artigo serão utilizados para dar plena capacitação ao agricultor e sua família e visam, especialmente, ao preparo educacional, à formação empresarial e técnico-profissional:

a) garantindo sua integração social e ativa participação no processo de desenvolvimento rural;

b) estabelecendo, no meio rural, clima de cooperação entre o homem e o Estado, no aproveitamento da terra.

§ 2º No que tange aos campos de ação dos órgãos incumbidos de orientar, normalizar ou executar a política de desenvolvimento rural, através dos meios enumerados neste artigo, observar-se-á o seguinte:

a) nas áreas abrangidas pelas regiões prioritárias e incluídas nos planos nacional e regionais de Reforma Agrária, a atuação competirá sempre ao Instituto Brasileiro de Reforma Agrária;

b) nas demais áreas do país, esses meios de assistência e proteção serão utilizados sob coordenação do Ministério da Agricultura; no âmbito de atuação dos órgãos federais, pelas repartições e entidades subordinadas ou vinculadas àquele Ministério; nas áreas de jurisdição dos Estados, pelas respectivas Secretarias de Agricultura e entidades de economia mista, criadas e adequadamente organizadas com a finalidade de promover o desenvolvimento rural;

c) nas regiões em que atuem órgãos de valorização econômica, tais como a Superintendência do Desenvolvimento Econômico do Nordeste (SUDENE), a Superintendência do Plano de Valorização Econômica da Amazônia (SPVEA), a Comissão do Vale do São Francisco (CVSF), a Fundação Brasil Central (FBC), a Superintendência do Plano de Valorização Econômica da Região Fronteira Sudoeste do País (SUDOESTE), a utilização desses meios poderá ser, no todo ou em parte, exercida Por esses órgãos.

§ 3º Os projetos de Reforma Agrária receberão assistência integral, assim compreendido o emprego de todos os meios enumerados neste artigo, ficando a cargo dos organismos criados pela presente Lei e daqueles já existentes, sob coordenação do Instituto Brasileiro de Reforma Agrária.

§ 4º Nas regiões prioritárias de Reforma Agrária, será essa assistência prestada, também, pelo Instituto Brasileiro de Reforma Agrária, em colaboração com os órgãos estaduais pertinentes, aos proprietários rurais aí existentes, desde que se constituam em cooperativas, requeiram os benefícios aqui mencionados e se comprometam a observar as normas estabelecidas.

Art. 74. É criado, para atender às atividades atribuídas por esta Lei ao Ministério da Agricultura, o Instituto Nacional do Desenvolvimento Agrário (INDA), entidade autárquica vinculada ao mesmo Ministério, com personalidade jurídica e autonomia financeira, de acordo com o prescrito nos dispositivos seguintes:

I – o Instituto Nacional do Desenvolvimento Agrário tem por finalidade promover o desenvolvimento rural nos setores da colonização, da extensão rural e do cooperativismo;

II – o Instituto Nacional do Desenvolvimento Agrário terá os recursos e o patrimônio definidos na presente Lei;

III – o Instituto Nacional do Desenvolvimento Agrário será dirigido por um Presidente e um Conselho Diretor, composto de três membros, de nomeação do Presidente da República, mediante indicação do Ministro da Agricultura;

IV – Presidente do Instituto Nacional do Desenvolvimento Agrário integrará a Comissão de Planejamento da Política Agrícola;

V – além das atribuições que esta Lei lhe confere, cabe ao Instituto Nacional do Desenvolvimento Agrário:

a) VETADO;

b) planejar, programar, orientar, promover e fiscalizar as atividades relativas ao cooperativismo e associativismo rural;

c) colaborar em programas de colonização e de recolonização;

d) planejar, programar, promover e controlar as atividades relativas à extensão rural e cooperar com outros órgãos ou entidades que a executem;

e) planejar, programar e promover medidas visando à implantação e desenvolvimento da eletrificação rural;

f) proceder à avaliação do desenvolvimento das atividades de extensão rural. VETADO;

g) realizar estudos e pesquisas sobre a organização rural e propor as medidas deles decorrentes;

h) VETADO;

i) atuar, em colaboração com os órgãos do Ministério do Trabalho incumbidos da sindicalização rural visando a harmonizar as atribuições legais com os propósitos sociais, econômicos e técnicos da agricultura;

j) estabelecer normas, proceder ao registro e promover a fiscalização do funcionamento das cooperativas e de outras entidades de associativismo rural;

k) planejar e promover a aquisição e revenda de materiais agropecuários, reprodutores, sementes e mudas;

l) controlar os estoques e as operações financeiras de revenda;

m) centralizar a movimentação de recursos financeiros destinados à aquisição e revenda de materiais agropecuários, de acordo com o plano geral aprovado pela Comissão de Planejamento da Política Agrícola;

n) exercer as atribuições de que trata o artigo 88, desta Lei, no âmbito federal;

o) desempenhar as atribuições constantes do artigo 162 da Constituição Federal, observado o disposto no § 2º do artigo 58, desta Lei, coordenadas as suas atividades com as do Banco Nacional de Crédito Cooperativo;

p) firmar convênios com os Estados, Municípios e entidades privadas para execução dos programas de desenvolvimento rural nos setores da colonização, extensão rural, cooperativismo e demais atividades de sua atribuição;

VI – a organização do Instituto Nacional do Desenvolvimento Agrário e de seus sistemas de funcionamento será estabelecida em regulamento, com competência idêntica à fixada para o Instituto Brasileiro de Reforma Agrária, no artigo 104 e seus parágrafos.

Seção I

DA ASSISTÊNCIA TÉCNICA

Art. 75. A assistência técnica, nas modalidades e com os objetivos definidos nos parágrafos seguintes, será prestada por todos os órgãos referidos no artigo 73, § 2º, alíneas *a*, *b* e *c*.

§ 1º Nas áreas dos projetos de reforma agrária, a prestação de assistência técnica será feita através do Administrador do Projeto, dos agentes de extensão rural e das equipes de especialistas. O Administrador residirá obrigatoriamente, na área do projeto. Os agentes de extensão rural e as equipes de especialistas atuarão ao nível da Delegacia Regional do Instituto Brasileiro de Reforma Agrária e deverão residir na sua área de jurisdição, e durante a fase da implantação, se necessário, na própria área do projeto.

§ 2º Nas demais áreas, fora das regiões prioritárias, este tipo de assistência técnica será prestado na forma indicada no artigo 73, parágrafo 2º, alínea *b*.

§ 3º Os estabelecimentos rurais isolados continuarão a ser atendidos pelos órgãos de assistência técnica do Ministério da Agricultura e das Secretarias Estaduais, na forma atual ou através de técnicos e sistemas que vierem a ser adotados por aqueles organismos.

§ 4º As atividades de assistência técnica tanto nas áreas prioritárias de Reforma Agrária como nas previstas no § 3º deste artigo, terão, entre outros, os seguintes objetivos:

a) a planificação de empreendimentos e atividades agrícolas;

b) a elevação do nível sanitário, através de serviços próprios de saúde e saneamento rural, melhoria de habitação e de capacitação de lavradores e criadores, bem como de suas famílias;

c) a criação do espírito empresarial e a formação adequada em economia doméstica, indispensável à gerência dos pequenos estabelecimentos rurais e à administração da própria vida familiar;

d) a transmissão de conhecimentos e acesso a meios técnicos concernentes a métodos e práticas agropecuárias e extrativas, visando a escolha econômica das culturas e criações, a racional implantação e desenvolvimento, e ao emprego de medidas de defesa sanitária, vegetal e animal;

e) o auxílio e a assistência para o uso racional do solo, a execução de planos de reflorestamento, a obtenção de crédito e financiamento, a defesa e preservação dos recursos naturais;

f) a promoção, entre os agricultores, do espírito de liderança e de associativismo.

Seção II

DA PRODUÇÃO E DISTRIBUIÇÃO DE SEMENTES E MUDAS

Art. 76. Os órgãos referidos no artigo 73, § 2º, alínea *b*, deverão expandir suas atividades no setor de produção e distribuição e de material de plantio, inclusive o básico, de modo a atender tanto aos parceleiros como aos agricultores em geral.

Parágrafo único. A produção e distribuição de sementes e mudas, inclusive de novas variedades, poderão também ser feitas por organizações particulares, dentro do sistema de certificação de material de plantio, sob a fiscalização, controle e amparo do Poder Público.

Seção III

DA CRIAÇÃO, VENDA, DISTRIBUIÇÃO DE REPRODUTORES E USO DA INSEMINAÇÃO ARTIFICIAL

Art. 77. A melhoria dos rebanhos e plantéis será feita através de criação, venda de reprodutores e uso da inseminação artificial, devendo os órgãos referidos no artigo 73, § 2º, alínea *b*, ampliar para esse fim, a sua rede de postos especializados.

Parágrafo único. A criação de reprodutores e o emprego da inseminação artificial poderão ser feitos por entidades privadas, sob fiscalização, controle e amparo do Poder Público.

Seção IV

DA MECANIZAÇÃO AGRÍCOLA

Art. 78. Os planos de mecanização agrícola, elaborados pelos órgãos referidos no artigo 73, § 2º, alínea *b*, levarão em conta o mercado de mão-de-obra regional, as necessidades de preparação e capacitação de pessoal, para utilização e manutenção de maquinaria.

§ 1º Esses planos serão dimensionados em função do grau de produtividade que se pretende alcançar em cada uma das áreas geoeconômica do país, e deverão ser condicionados ao nível tecnológico já existente e à composição da força de trabalho ocorrente.

§ 2º Nos mesmos planos poderão ser incluídos serviços adequados de manutenção e de orientação técnica para o uso econômico das máquinas e implementos, os quais, sempre que possível deverão ser realizados por entidades privadas especializadas.

Seção V

DO COOPERATIVISMO

Art. 79. A Cooperativa Integral de Reforma Agrária (CIRA) contará com a contribuição financeira do Poder Público, através do Instituto Brasileiro de Reforma Agrária, durante o período de implantação dos respectivos projetos.

§ 1º A contribuição financeira referida neste artigo será feita de acordo com o vulto do empreendimento, a possibilidade de obtenção de crédito, empréstimo ou financiamento externo e outras facilidades.

§ 2º A Cooperativa Integral de Reforma Agrária terá um Delegado indicado pelo Instituto Brasileiro de Reforma Agrária, integrante do Conselho de Administração, sem direito a voto, com a função de prestar assistência técnico-administrativa à Diretoria e de orientar e fiscalizar a aplicação de recursos que o Instituto Brasileiro de Reforma Agrária tiver destinado à entidade cooperativa.

§ 3º Às cooperativas assim constituídas será permitida a contratação de gerentes não-cooperados na forma de lei.

§ 4º A participação direta do Instituto Brasileiro de Reforma Agrária na constituição, instalação e desenvolvimento da Cooperativa Integral de Reforma Agrária, quando constituir contribuição financeira, será feita com recursos do Fundo Nacional de Reforma Agrária, na forma de investimentos sem recuperação direta, considerada a finalidade social e econômica desses investimentos. Quando se tratar de assistência creditícia, tal participação será feita por intermédio do Banco Nacional de Crédito Cooperativo, de acordo com normas traçadas pela entidade coordenadora do crédito rural.

§ 5º A Contribuição do Estado será feita pela Cooperativa Integral de Reforma Agrária, levada à conta de um Fundo de Implantação da própria cooperativa.

§ 6º Quando o empreendimento resultante do projeto de Reforma Agrária tiver condições de vida autônoma, sua emancipação será declarada pelo Instituto Brasileiro de Reforma Agrária, cessando as funções do Delegado de que trata o § 2º deste artigo e incorporando-se ao patrimônio da cooperativa o Fundo requerido no parágrafo anterior.

§ 7º O Estatuto da Cooperativa integral de Reforma Agrária deverá determinar a incorporação ao Banco Nacional de Crédito Cooperativo do remanescente patrimonial, no caso de dissolução da sociedade.

§ 8º Além da sua designação qualitativa, a Cooperativa Integral de Reforma Agrária adotará a denominação que o respectivo Estatuto estabelecer.

§ 9º As cooperativas já existentes nas áreas prioritárias poderão transformar-se em Cooperativas Integradas de Reforma Agrária, a critério do Instituto Brasileiro de Reforma Agrária.

§ 10. O disposto nesta seção aplica-se, no que couber, às demais cooperativas, inclusive às destinadas a atividades extrativas.

Art. 80. O órgão referido no artigo 74 deverá promover a expansão do sistema cooperativista, prestando, quando necessário, assistência técnica, financeira e comercial às cooperativas visando à capacidade e ao treinamento dos cooperados para garantir a implantação dos serviços administrativos, técnicos, comerciais e industriais.

Seção VI

DA ASSISTÊNCIA FINANCEIRA E CREDITÍCIA

Art. 81. Para aquisição de terra destinada a seu trabalho e de sua família, o trabalhador rural terá direito a um empréstimo correspondente ao valor do salário mínimo anual da região, pelo Fundo Nacional de Reforma Agrária, prazo de vinte anos, ao juro de seis por cento ao ano.

Parágrafo único. Poderão acumular o empréstimo de que trata este artigo, dois ou mais trabalhadores rurais que se entenderem para aquisição de propriedade de área superior à que estabelece o número 2 do artigo 4º, desta Lei, sob a administração comum ou em forma de cooperativa.

Art. 82. Nas áreas prioritárias de Reforma Agrária, a assistência creditícia aos parceleiros e demais cooperados será prestada, preferencialmente, através das cooperativas.

Parágrafo único. Nas demais regiões, sempre que possível, far-se-á o mesmo com referência aos pequenos e médios proprietários.

Art. 83. O Instituto Brasileiro de Reforma Agrária, em colaboração com o Ministério da Agricultura, a Superintendência da Moeda e do Crédito (SUMOC) e a Coordenação Nacional do Crédito Rural, promoverá as medidas legais necessárias para a institucionalização do crédito rural, tecnificado.

§ 1º A Coordenação Nacional do Crédito Rural fixará as normas do contrato padrão de financiamento que permita assegurar proteção ao agricultor, desde a fase do preparo da terra, até a venda de suas safras, ou entrega das mesmas à cooperativa para comercialização ou industrialização.

§ 2º O mesmo organismo deverá prover à forma de desconto de títulos oriundos de operações de financiamento a agricultores ou de venda de produtos, máquinas, implementos e utilidades agrícolas necessários ao custeio de safras, construção de benfeitorias e melhoramentos fundiários.

§ 3º A Superintendência da Moeda e do Crédito poderá determinar que dos depósitos compulsórios dos Bancos particulares, à sua ordem, sejam deduzidas as quantias a serem utilizadas em operações de crédito rural, na forma por ela regulamentada.

Seção VII

DA ASSISTÊNCIA À COMERCIALIZAÇÃO

Art. 84. Os planos de armazenamento e proteção dos produtos agropecuários levarão em conta o zoneamento de que trata o artigo 43, a fim de condicionar aos objetivos desta Lei, as atividades da Superintendência Nacional de Abastecimento (SUNAB) e de outros órgãos federais e estaduais com atividades que objetivem o desenvolvimento rural.

§ 1º Os órgãos referidos neste artigo, se necessário, deverão instalar em convênio com o Instituto Brasileiro de Reforma Agrária, armazéns, silos, frigoríficos, postos ou agências de compra, visando a dar segurança à produção agrícola.

§ 2º Os planos deverão também levar em conta a classificação dos produtos e o adequado e oportuno escoamento das safras.

Art. 85. A fixação dos preços mínimos, de acordo com a essencialidade dos produtos agropecuários, visando aos mercados interno e externo, deverá ser feita, no mínimo, sessenta dias antes da época do plantio em cada região e reajustados, na época da venda, de acordo com os índices de correção fixados pelo Conselho Nacional de Economia.

§ 1º Para fixação do preço mínimo se tomará por base o custo efetivo da produção, acrescido das despesas de transporte para o mercado mais próximo e da margem de lucro do produtor, que não poderá ser inferior a trinta por cento.

§ 2º As despesas do armazenamento, expurgo, conservação e embalagem dos produtos agrícolas correrão por conta do órgão executor da política de garantia de preços mínimos, não sendo dedutíveis do total a ser pago ao produtor.

Art. 86. Os órgãos referidos no artigo 73, § 2º, alínea *b*, deverão, se necessário e quando a rede comercial se mostrar insuficiente, promover a expansão desta ou expandir seus postos de revenda para atender aos interesses de lavradores e de criadores na obtenção de mercadorias e utilidades necessárias às suas atividades rurais, de forma oportuna e econômica, visando à melhoria da produção e ao aumento da produtividade, através, entre outros, de serviços locais, para distribuição de produção própria ou revenda de:

I – tratores, implementos agrícolas, conjuntos de irrigação e perfuração de poços, aparelhos e utensílios para pequenas indústrias de beneficiamento da produção;

II – arames, herbicidas, inseticidas, fungicidas, rações, misturas, soros, vacinas e medicamentos para animais;

III – corretivo de solo, fertilizantes e adubos, sementes e mudas.

Seção VIII

DA INDUSTRIALIZAÇÃO E BENEFICIAMENTO DOS PRODUTOS AGRÍCOLAS

Art. 87. Nas áreas prioritárias da Reforma Agrária, a industrialização e o beneficiamento dos produtos agrícolas serão promovidos pelas Cooperativas Integrais de Reforma Agrária.

Art. 88. O Poder Público, através dos órgãos referidos no artigo 73, § 2º, alínea *b*, exercerá atividades de orientação, planificação, execução e controle, com o objetivo de promover o incentivo da industrialização, do beneficiamento dos produtos agropecuários e dos meios indispensáveis ao aumento da produção e da produtividade agrícola, especialmente os referidos no artigo 86.

Parágrafo único. VETADO.

Seção IX

DA ELETRIFICAÇÃO RURAL E OBRAS DE INFRAESTRUTURA

Art. 89. Os planos nacional e regional de Reforma Agrária incluirão, obrigatoriamente, as providências de valorização, relativas a eletrificação rural e outras obras de melhoria de infraestrutura, tais como reflorestamento, regularização dos deflúvios dos cursos d'água, açudagem, barragens submersas, drenagem, irrigação, abertura de poços, saneamento, obras de conservação do solo, além do sistema viário indispensável à realização do projeto.

Art. 90. Os órgão públicos federais ou estaduais referidos no artigo 73, § 2º, alíneas a, b e c, bem como o Banco Nacional de Crédito Cooperativo, na medida de suas disponibilidades técnicas e financeiras, promoverão a difusão das atividades de reflorestamento e de eletrificação rural, estas essencialmente através de cooperativas de eletrificação e industrialização rural, organizadas pelos lavradores e pecuaristas da região.

§ 1º Os mesmos órgãos especialmente as entidades de economia mista destinadas a promover o desenvolvimento rural, deverão manter serviços para atender à orientação, planificação, execução e fiscalização das obras de melhoria e outras de infraestrutura, referidas neste artigo.

§ 2º Os consumidores rurais de energia elétrica distribuída através de cooperativa de eletrificação e industrialização rural ficarão isentos do respectivo empréstimo compulsório.

§ 3º Os projetos de eletrificação rural feitos pelas cooperativas rurais terão prioridade nos financiamentos e poderão receber auxílio do Governo federal, estadual e municipal.

Seção X

DO SEGURO AGRÍCOLA

Art. 91. A Companhia Nacional de Seguro Agrícola (CNSA), em convênio com o Instituto Brasileiro de Reforma Agrária, atuará nas áreas do projeto de Reforma Agrária, garantindo culturas, safras, colheitas, rebanhos e plantéis.

§ 1º O estabelecimento das tabelas dos prêmios de seguro para os vários tipos de atividade agropecuária nas diversas regiões do pais será feito tendo-se em vista a necessidade de sua aplicação, não somente nas áreas prioritárias de Reforma Agrária, como também nas outras regiões selecionadas pela Companhia Nacional de Seguro Agrícola, nas quais a produção agropecuária represente fator essencial de desenvolvimento.

§ 2º Os contratos de financiamento e empréstimo e os contratos agropecuários, de qualquer natureza, realizados através dos órgãos oficiais de crédito, deverão ser segurados na Companhia Nacional de Seguro Agrícola.

CAPÍTULO IV

DO USO OU DA POSSE TEMPORÁRIA DA TERRA

Seção I

DAS NORMAS GERAIS

Art. 92. A posse ou uso temporário da terra serão exercidos em virtude de contrato expresso ou tácito, estabelecido entre o proprietário e os que nela exercem atividade agrícola ou pecuária, sob forma de arrendamento rural, de parceria agrícola, pecuária, agroindustrial e extrativa, nos termos desta Lei.

§ 1º O proprietário garantirá ao arrendatário ou parceiro o uso e gozo do imóvel arrendado ou cedido em parceria.

§ 2º Os preços de arrendamento e de parceria fixados em contrato ... VETADO ... serão reajustados periodicamente, de acordo com os índices aprovados pelo Conselho Nacional de Economia. Nos casos em que ocorra exploração de produtos com preço oficialmente fixado, a relação entre os preços reajustados e os iniciais não pode ultrapassar a relação entre o novo preço fixado para os produtos e o respectivo preço na época do contrato, obedecidas as normas do Regulamento desta Lei.

§ 3º No caso de alienação do imóvel arrendado, o arrendatário terá preferência para adquiri-lo em igualdade de condições, devendo o proprietário dar-lhe conhecimento da venda, a fim de que possa exercitar o direito de perempção dentro de trinta dias, a contar da notificação judicial ou comprovadamente efetuada, mediante recibo.

§ 4º O arrendatário a quem não se notificar a venda poderá, depositando o preço, haver para si o imóvel arrendado, se o requerer no prazo de seis meses, a contar da transcrição do ato de alienação no Registro de Imóveis.

§ 5º A alienação ou a imposição de ônus real ao imóvel não interrompe a vigência dos contratos de arrendamento ou de parceria ficando o adquirente sub-rogado nos direitos e obrigações do alienante.

§ 6º O inadimplemento das obrigações assumidas por qualquer das partes dará lugar, facultativamente, à rescisão do contrato de arrendamento ou de parceria. observado o disposto em lei.

§ 7º Qualquer simulação ou fraude do proprietário nos contratos de arrendamento ou de parceria, em que o preço seja satisfeito em produtos agrícolas, dará ao arrendatário ou ao parceiro o direito de pagar pelas taxas mínimas vigorantes na região para cada tipo de contrato.

§ 8º Para prova dos contratos previstos neste artigo, será permitida a produção de testemunhas. A ausência de contrato não poderá elidir a aplicação dos princípios estabelecidos neste Capítulo e nas normas regulamentares.

§ 9º Para solução dos casos omissos na presente Lei, prevalecerá o disposto no Código Civil.

Art. 93. Ao proprietário é vedado exigir do arrendatário ou do parceiro:

I – prestação de serviço gratuito;

II – exclusividade da venda da colheita;

III – obrigatoriedade do beneficiamento da produção em seu estabelecimento;

IV – obrigatoriedade da aquisição de gêneros e utilidades em seus armazéns ou barracões;

V – aceitação de pagamento em "ordens", "vales", "borós" ou outras formas regionais substitutivas da moeda.

Parágrafo único. Ao proprietário que houver financiado o arrendatário ou parceiro, por inexistência de financiamento direto, será facultado exigir a venda da colheita até o limite do financiamento concedido, observados os níveis de preços do mercado local.

Art. 94. É vedado contrato de arrendamento ou parceria na exploração de terras de propriedade pública, ressalvado o disposto no parágrafo único deste artigo.

Parágrafo único. Excepcionalmente, poderão ser arrendadas ou dadas em parceria terras de propriedade púbica, quando:

a) razões de segurança nacional o determinarem;

b) áreas de núcleos de colonização pioneira, na sua fase de implantação, forem organizadas para fins de demonstração;

c) forem motivo de posse pacífica e a justo título, reconhecida pelo Poder Público, antes da vigência desta Lei.

Seção II

DO ARRENDAMENTO RURAL

Art. 95. Quanto ao arrendamento rural, observar-se-ão os seguintes princípios:

I – os prazos de arrendamento terminarão sempre depois de ultimada a colheita, inclusive a de plantas forrageiras temporárias cultiváveis. No caso de retardamento da colheita por motivo de força maior, considerar-se-ão esses prazos prorrogados nas mesmas condições, até sua ultimação;

II – presume-se feito, no prazo mínimo de três anos, o arrendamento por tempo indeterminado, observada a regra do item anterior;

III – o arrendatário, para iniciar qualquer cultura cujos frutos não possam ser recolhidos antes de terminado o prazo de arrendamento, deverá ajustar, previamente, com o arrendador a forma de pagamento do uso da terra por esse prazo excedente;

IV – em igualdade de condições com estranhos, o arrendatário terá preferência à renovação do arrendamento, devendo o proprietário, até 6 (seis) meses antes do vencimento do contrato, fazer-lhe a competente notificação extrajudicial das propostas existentes. Não se verificando a notificação extrajudicial, o contrato considera-se automaticamente renovado, desde que o arrendador, nos 30 (trinta) dias seguintes, não manifeste sua desistência ou formule nova proposta, tudo mediante simples registro de suas declarações no competente Registro de Títulos e Documentos;

V – os direitos assegurados no inciso IV do *caput* deste artigo não prevalecerão se, no prazo de 6 (seis) meses antes do vencimento do contrato, o proprietário, por via de notificação extrajudicial, declarar sua intenção de retomar o imóvel para explorá-lo diretamente ou por intermédio de descendente seu;

• Incisos III a V com a redação dada pela Lei nº 11.443, de 5-1-2007.

VI – sem expresso consentimento do proprietário é vedado o subarrendamento;

VII – poderá ser acertada, entre o proprietário e arrendatário, cláusula que permita a substituição de área arrendada por outra equivalente no mesmo imóvel rural, desde que respeitadas as condições de arrendamento e os direitos do arrendatário;

VIII – o arrendatário, ao termo do contrato, tem direito à indenização das benfeitorias necessárias e úteis; será indenizado das benfeitorias voluptuárias quando autorizadas pelo proprietário do solo; e, enquanto o arrendatário não for indenizado das benfeitorias necessárias e úteis, poderá permanecer no imóvel, no uso e gozo das vantagens por ele oferecidas, nos termos do contrato de arrendamento e das disposições do inciso I deste artigo;

• Inciso VIII com a redação dada pela Lei nº 11.443, de 5-1-2007.

IX – constando do contrato de arrendamento animais de cria, de corte ou de trabalho, cuja forma de restituição não tenha sido expressamente regulada, o arrendatário é obrigado, findo ou rescindido o contrato, a restituí-los em igual número, espécie e valor;

X – o arrendatário não responderá por qualquer deterioração ou prejuízo a que não tiver dado causa;

XI – na regulamentação desta Lei, serão complementadas as seguintes condições que, obrigatoriamente, constarão dos contratos de arrendamento:

a) limites da remuneração e formas de pagamento em dinheiro ou no seu equivalente em produtos;

b) prazos mínimos de arrendamento e limites de vigência para os vários tipos de atividades agrícolas;

• Alíneas *a* e *b* com a redação dada pela Lei nº 11.443, de 5-1-2007.

c) bases para as renovações convencionadas;

d) formas de extinção ou rescisão;

e) direito e formas de indenização ajustadas quanto às benfeitorias realizadas;

XII – a remuneração do arrendamento, sob qualquer forma de pagamento, não poderá ser superior a 15% (quinze por cento) do valor cadastral do imóvel, incluídas as benfeitorias que entrarem na composição do contrato, salvo se o arrendamento for parcial e recair apenas em glebas selecionadas para fins de exploração intensiva de alta rentabilidade, caso em que a remuneração poderá ir até o limite de 30% (trinta por cento)

• Inciso XII com a redação dada pela Lei nº 11.443, de 5-1-2007.

XIII – a todo aquele que ocupar, sob qualquer forma de arrendamento, por mais de cinco anos, um imóvel rural desapropriado, em área prioritária de Reforma Agrária, é assegurado o direito preferencial de acesso à terra ... VETADO ...

Art. 95-A. Fica instituído o Programa de Arrendamento Rural, destinado ao atendimento complementar de acesso à terra por parte dos trabalhadores rurais qualificados para participar do Programa Nacional de Reforma Agrária, na forma estabelecida em regulamento.

Parágrafo único. Os imóveis que integrarem o Programa de Arrendamento Rural não serão objeto de desapropriação para fins de reforma agrária enquanto se mantiverem arrendados, desde que atendam aos requisitos estabelecidos em regulamento.

• Art. 95-A acrescido pela MP nº 2.183-56, de 24-8-2001, que até o encerramento desta edição não havia sido convertida em lei.

Seção III

DA PARCERIA AGRÍCOLA, PECUÁRIA, AGROINDUSTRIAL E EXTRATIVA

Art. 96. Na parceria agrícola, pecuária, agroindustrial e extrativa, observar-se-ão os seguintes princípios:

I – o prazo dos contratos de parceria, desde que não convencionados pelas partes, será no mínimo de três anos, assegurado ao parceiro o direito à conclusão da colheita, pendente, observada a norma constante do inciso I, do artigo 95;

II – expirado o prazo, se o proprietário não quiser explorar diretamente a terra por conta própria, o parceiro em igualdade de condições com estranhos, terá preferência para firmar novo contrato de parceria;

III – as despesas com o tratamento e criação dos animais, não havendo acordo em contrário, correrão por conta do parceiro tratador e criador;

IV – o proprietário assegurará ao parceiro que residir no imóvel rural, e para atender ao uso exclusivo da família deste, casa de moradia higiênica e área suficiente para horta e criação de animais de pequeno porte;

V – no Regulamento desta Lei, serão complementadas, conforme o caso, as seguintes condições, que constarão, obrigatoriamente, dos contratos de parceria agrícola, pecuária, agroindustrial ou extrativa:

a) quota-limite do proprietário na participação dos frutos, segundo a natureza de atividade agropecuária e facilidades oferecidas ao parceiro;

b) prazos mínimos de duração e os limites de vigência segundo os vários tipos de atividade agrícola;

c) bases para as renovações convencionadas;

d) formas de extinção ou rescisão;

e) direitos e obrigações quanto às indenizações por benfeitorias levantadas com consentimento do proprietário e aos danos substanciais causados pelo parceiro, por práticas predatórias na área de exploração ou nas benfeitorias, nos equipamentos, ferramentas e implementos agrícolas a ele cedidos;

f) direito e oportunidade de dispor sobre os frutos repartidos;

VI – na participação dos frutos da parceria, a quota do proprietário não poderá ser superior a:

a) 20% (vinte por cento), quando concorrer apenas com a terra nua;

b) 25% (vinte e cinco por cento), quando concorrer com a terra preparada;

c) 30% (trinta por cento), quando concorrer com a terra preparada e moradia;

d) 40% (quarenta por cento), caso concorra com o conjunto básico de benfeitorias, constituído especialmente de casa de moradia, galpões, banheiro para gado, cercas, valas ou currais, conforme o caso;

e) 50% (cinquenta por cento), caso concorra com a terra preparada e o conjunto básico de benfeitorias enumeradas na alínea *d* deste inciso e mais o fornecimento de máquinas e implementos agrícolas, para atender aos tratos culturais, bem como as sementes e animais de tração, e, no caso de parceria pecuária, com animais de cria em proporção superior a 50% (cinquenta por cento) do número total de cabeças objeto de parceria;

f) 75% (setenta e cinco por cento), nas zonas de pecuária ultra-extensiva em que forem os animais de cria em proporção superior a 25% (vinte e cinco por cento) do rebanho e onde se adotarem a meação do leite e a comissão mínima de 5% (cinco por cento) por animal vendido;

- Alíneas *a* a *f* com a redação dada pela Lei nº 11.443, de 5-1-2007.

g) nos casos não previstos nas alíneas anteriores, a quota adicional do proprietário será fixada com base em percentagem máxima de dez por cento do valor das benfeitorias ou dos bens postos à disposição do parceiro;

VII – aplicam-se à parceria agrícola, pecuária, agropecuária, agroindustrial ou extrativa as normas pertinentes ao arrendamento rural, no que couber, bem como as regras do contrato de sociedade, no que não estiver regulado pela presente Lei.

VIII – o proprietário poderá sempre cobrar do parceiro, pelo seu preço de custo, o valor de fertilizantes e inseticidas fornecidos no percentual que corresponder à participação deste, em qualquer das modalidades previstas nas alíneas do inciso VI do *caput* deste artigo;

IX – nos casos não previstos nas alíneas do inciso VI do *caput* deste artigo, a quota adicional do proprietário será fixada com base em percentagem máxima de 10% (dez por cento) do valor das benfeitorias ou dos bens postos à disposição do parceiro.

- Incisos VIII e IX acrescidos pela Lei nº 11.443, de 5-1-2007.

§ 1º Parceria rural é o contrato agrário pelo qual uma pessoa se obriga a ceder à outra, por tempo determinado ou não, o uso específico de imóvel rural, de parte ou partes dele, incluindo, ou não, benfeitorias, outros bens e/ou facilidades, com o objetivo de nele ser exercida atividade de exploração agrícola, pecuária, agroindustrial, extrativa vegetal ou mista; e/ou lhe entrega animais para cria, recria, invernagem, engorda ou extração de matérias-primas de origem animal, mediante partilha, isolada ou cumulativamente, dos seguintes riscos:

I – caso fortuito e de força maior do empreendimento rural;

II – dos frutos, produtos ou lucros havidos nas proporções que estipularem, observados os limites percentuais estabelecidos no inciso VI do *caput* deste artigo;

III – variações de preço dos frutos obtidos na exploração do empreendimento rural.

§ 2º As partes contratantes poderão estabelecer a prefixação, em quantidade ou volume, do montante da participação do proprietário, desde que, ao final do contrato, seja realizado o ajustamento do percentual pertencente ao proprietário, de acordo com a produção.

§ 3º Eventual adiantamento do montante prefixado não descaracteriza o contrato de parceria.

§ 4º Os contratos que prevejam o pagamento do trabalhador, parte em dinheiro e parte em percentual na lavoura cultivada ou em gado tratado, são considerados simples locação de serviço, regulada pela legislação trabalhista, sempre que a direção dos trabalhos seja de inteira e exclusiva responsabilidade do proprietário, locatário do serviço a quem cabe todo o risco, assegurando-se ao locador, pelo menos, a percepção do salário mínimo no cômputo das 2 (duas) parcelas.

§ 5º O disposto neste artigo não se aplica aos contratos de parceria agroindustrial, de aves e suínos, que serão regulados por lei específica.

- §§ 1º a 5º acrescidos pela Lei nº 11.443, de 5-1-2007.

Seção IV

DOS OCUPANTES DE TERRAS PÚBLICAS FEDERAIS

Art. 97. Quanto aos legítimos possuidores de terras devolutas federais, observar-se-á o seguinte:

I – o Instituto Brasileiro de Reforma Agrária promoverá a discriminação das áreas ocupadas por posseiros, para a progressiva regularização de suas condições de uso e posse da terra, providenciando, nos casos e condições previstos nesta Lei, a emissão dos títulos de domínio;

II – todo o trabalhador agrícola que, à data da presente Lei, tiver ocupado, por um ano, terras devolutas, terá preferência para adquirir um lote da dimensão do módulo de propriedade rural, que for estabelecido para a região, obedecidas as prescrições da lei.

Art. 98. Todo aquele que, não sendo proprietário rural nem urbano, ocupar por dez anos ininterruptos, sem oposição nem reconhecimento de domínio alheio, tornando-o produtivo por seu trabalho, e tendo nele sua morada, trecho de terra com área caracterizada como suficiente para, por seu cultivo direto pelo lavrador e sua família, garantir-lhes a subsistência, o progresso social e econômico, nas dimensões fixadas por esta Lei, para o módulo de propriedade, adquirir-lhe-á o domínio, mediante sentença declaratória devidamente transcrita.

Art. 99. A transferência do domínio ao posseiro de terras devolutas federais efetivar-se-á no competente processo

LEG. COMPLEMENTAR

administrativo de legitimação de posse, cujos atos e termos obedecerão às normas do Regulamento da presente Lei.

Art. 100. O título de domínio expedido pelo Instituto Brasileiro de Reforma Agrária será, dentro do prazo que o Regulamento estabelecer, transcrito no competente Registro Geral de Imóveis.

Art. 101. As taxas devidas pelo legitimante de posse em terras devolutas federais, constarão de tabela a ser periodicamente expedida pelo Instituto Brasileiro de Reforma Agrária, atendendo-se à ancianidade da posse, bem como às diversificações das regiões em que se verificar a respectiva discriminação.

Art. 102. Os direitos dos legítimos possuidores de terras devolutas federais estão condicionados ao implemento dos requisitos absolutamente indispensáveis da cultura efetiva e da morada habitual.

TÍTULO IV – DAS DISPOSIÇÕES GERAIS E TRANSITÓRIAS

Art. 103. A aplicação da presente Lei deverá objetivar, antes e acima de tudo, a perfeita ordenação do sistema agrário do país, de acordo com os princípios da justiça social, conciliando a liberdade de iniciativa com a valorização do trabalho humano.

§ 1º Para a plena execução do disposto neste artigo, o Poder Executivo, através dos órgãos da sua administração centralizada e descentralizada, deverá prover no sentido de facultar e garantir todas as atividades extrativas, agrícolas, pecuárias e agroindustriais, de modo a não prejudicar, direta ou indiretamente, o harmônico desenvolvimento da vida rural.

§ 2º Dentro dessa orientação, a implantação dos serviços e trabalhos previstos nesta Lei processar-se-á progressivamente, seguindo-se os critérios, as condições técnicas e as prioridades fixados pelas mesmas, a fim de que a política de desenvolvimento rural de nenhum modo tenha solução de continuidade.

§ 3º De acordo com os princípios normativos deste artigo e dos parágrafos anteriores, será dada prioridade à elaboração do zoneamento e do cadastro, previstos no Título II, Capítulo IV, Seção III, desta Lei.

Art. 104. O Quadro de servidores do Instituto Brasileiro de Reforma Agrária será constituído de pessoal dos órgãos e repartições a ele incorporados, ou para ele transferidos, e de pessoal admitido na forma da lei.

§ 1º O disposto neste artigo não se aplica aos cargos ou funções cujos ocupantes estejam em exercício como requisitados, nos mencionados órgãos incorporados ou transferidos, bem como aos funcionários públicos civis ou militares, assim definidos pela legislação especial.

§ 2º O Instituto Brasileiro de Reforma Agrária poderá admitir, mediante portaria ou contrato, em regime especial de trabalho e salário, dentro das dotações orçamentárias próprias, especialistas necessários ao desempenho de atividades técnicas e científicas para cuja execução não dispuser de servidores habilitados.

§ 3º O Instituto Brasileiro de Reforma Agrária poderá requisitar servidores da administração centralizada ou descentralizada, sem prejuízo dos seus vencimentos, direitos e vantagens.

§ 4º Nenhuma admissão de pessoal, com exceção do parágrafo segundo, poderá ser feita senão mediante prestação de concurso de provas ou de títulos e provas.

§ 5º Os servidores da Superintendência da Política Agrária (SUPRA), pertencentes aos quadros do extinto Instituto Nacional de Imigração e Colonização (INIC), e do Serviço Social Rural (SSR) poderão optar pela sua lotação em qualquer órgão onde existirem cargos ou funções por eles ocupados.

Art. 105. Fica o Poder Executivo autorizado a emitir títulos, denominados Títulos da Dívida Agrária, distribuídos em séries autônomas, respeitado o limite máximo de circulação equivalente a 500.000.000 de OTN (quinhentos milhões de Obrigações do Tesouro Nacional).

- *Caput* com a redação dada pela Lei nº 7.647, de 19-1-1988.
- A OTN (Obrigação do Tesouro Nacional) foi extinta pelo art. 15, II, da Lei nº 7.730, de 31-1-1989, sendo substituída pelo BTN (Bônus do Tesouro Nacional). A partir de 1º-2-1991, foi extinto o BTN pelo art. 3º da Lei nº 8.177, de 1º-3-1991, que fixa, no seu parágrafo único, a conversão do BTN em cruzeiros no valor de CR$ 126,8621. Tal valor foi mantido pelo art. 21, I, da Lei nº 8.178, de 4-3-1991, tendo sido elevado em 70% pelo art. 10 da Lei nº 8.218, de 29-8-1991. Desde 1º-8-1993, o cruzeiro passou para cruzeiro real na paridade de mil por um, em função da MP nº 336, de 28-7-1993, convertida na Lei nº 8.697, de 27-8-1993. Desde 1º-7-1994, o cruzeiro real passou a real pela Lei nº 8.880, de 27-5-1994, fixada a paridade de R$ 1,00 para 2.750,00 URVs. Pelo art. 1º da Lei nº 8.383, de 30-12-1991, foi instituída a UFIR como medida de valor e parâmetro de atualização monetária de tributos e de multas e penalidades de qualquer natureza. O art. 29, § 3º, da Lei nº 10.522, de 19-7-2002, que dispõe sobre o Cadastro Informativo dos créditos não quitados de órgãos e entidades federais, extinguiu a UFIR.

§ 1º Os títulos de que trata este artigo vencerão juros de seis por cento a doze por cento ao ano, terão cláusula de garantia contra eventual desvalorização da moeda, em função dos índices fixados pelo Conselho Nacional de Economia, e poderão ser utilizados:

a) em pagamento de até cinquenta por cento do Imposto Territorial Rural;

b) em pagamento de preço de terras públicas;

c) em caução para garantia de quaisquer contratos, obras e serviços celebrados com a União;

d) como fiança em geral;

e) em caução como garantia de empréstimos ou financiamentos em estabelecimentos da União, autarquias federais e sociedades de economia mista, em entidades ou fundos de aplicação às atividades rurais criadas para este fim;

f) em depósito, para assegurar a execução em ações judiciais ou administrativas.

§ 2º Esses títulos serão nominativos ou ao portador e de valor nominal de referência equivalente ao de 5 (cinco), 10 (dez), 20 (vinte), 50 (cinquenta) e 100 (cem) Obrigações do Tesouro Nacional, ou outra unidade de correção monetária plena que venha a substituí-las, de acordo com o que estabelecer a regulamentação desta Lei.

- § 2º com a redação dada pela Lei nº 7.647, de 19-1-1988.

§ 3º Os títulos de cada série autônoma serão resgatados a partir do segundo ano de sua efetiva colocação em prazos variáveis de cinco, dez, quinze e vinte anos, de conformidade com o que estabelecer a regulamentação desta Lei. Dentro de uma mesma série não se poderá fazer diferenciação de juros e de prazo.

§ 4º Os orçamentos da União, a partir do relativo ao exercício de 1966, consignarão verbas específicas destinadas ao serviço de juros e amortização decorrentes desta Lei, inclusive as dotações necessárias para cumprimento da cláusula de correção monetária, as quais serão distribuídas automaticamente ao Tesouro Nacional.

§ 5º O Poder Executivo, de acordo com autorização e as normas constantes deste artigo e dos parágrafos anteriores, regulamentará a expedição, condições e colocação dos Títulos da Dívida Agrária.

Art. 106. A lei que for baixada para institucionalização do crédito rural tecnificado nos termos do artigo 83 fixará as normas gerais a que devem satisfazer os fundos de garantia e as formas permitidas para aplicação dos recursos provenientes da colocação, relativamente aos Títulos da Dívida Agrária ou de Bônus Rurais, emitidos pelos Governos Estaduais, para que estes possam ter direito à coobrigação da União Federal.

Art. 107. Os litígios judiciais entre proprietários e arrendatários rurais obedecerão ao rito processual previsto pelo artigo 685, do Código do Processo Civil.

§ 1º Não terão efeito suspensivo os recursos interpostos contra as decisões proferidas nos processos de que trata o presente artigo.

§ 2º Os litígios relativos às relações de trabalho rural em geral, inclusive as reclamações de trabalhadores agrícolas, pecuários, agroindustriais ou extrativos, são de competência da Justiça do Trabalho, regendo-se o seu processo pelo rito processual trabalhista.

Art. 108. Para fins de enquadramento serão revistos, a partir da data da publicação desta Lei, os regulamentos, portarias, instruções, circulares e outras disposições administrativas ou técnicas expedidas pelos Ministérios e Repartições.

Art. 109. Observado o disposto nesta Lei, será permitido o reajustamento das prestações mensais de amortizações e juros e dos saldos devedores nos contratos de venda a prazo de:

I – lotes de terra com ou sem benfeitorias, em projetos de Reforma Agrária e em núcleos de colonização;

II – máquinas, equipamentos e implementos agrícolas, a cooperativas agrícolas ou entidades especializadas em prestação de serviço e assistência à mecanização;

III – instalação de indústrias de beneficiamento, para cooperativas agrícolas ou empresas rurais.

§ 1º O reajustamento de que trata este artigo será feito em intervalos não inferiores a um ano, proporcionalmente aos índices gerais de preços, fixados pelo Conselho Nacional de Economia.

§ 2º Os contratos relativos às operações referidas no inciso I, serão limitados ao prazo máximo de vinte anos; os relativos às do inciso II ao prazo máximo de cinco anos; e as referentes às do inciso III ao prazo máximo de quinze anos.

§ 3º A correção monetária ... VETADO ... não constituirá rendimento tributável dos seus beneficiários.

Art. 110. Será permitida a negociação nas Bolsas de Valores do País, warrants fornecidos pelos armazéns-gerais, silos e frigoríficos.

Art. 111. Os oficiais do Registro de Imóveis inscreverão obrigatoriamente os contratos de promessa de venda ou de hipoteca celebrados de acordo com a presente Lei, declarando expressamente que os valores deles constantes são meramente estimativos, estando sujeitos, como as prestações mensais, às correções de valor determinadas nesta Lei.

§ 1º Mediante simples requerimento, firmado por qualquer das partes contratantes, acompanhado da publicação oficial do índice de correção aplicado, os oficiais do Registro de Imóveis averbarão, à margem das respectivas instruções, as correções de valor determinadas por esta Lei, com indicação do novo valor do preço ou da dívida e do saldo respectivo, bem como da nova prestação contratual.

§ 2º Se o promitente comprador ou mutuário se recusar a assinar o requerimento de averbação das correções verificadas, ficará, não obstante, obrigado ao pagamento da nova prestação, podendo a entidade financiadora, se lhe convier, rescindir o contrato com notificação prévia no prazo de noventa dias.

Art. 112. Passa a ter a seguinte redação o artigo 38, alínea *b*, do Decreto nº 22.239, de 19 de dezembro de 1932, revigorado pelo Decreto-Lei nº 8.401, de 19 de dezembro de 1945:

"*b*) do beneficiamento, industrialização e venda em comum de produtos de origem extrativa, agrícola ou de criação de animais".

Art. 113. O Estabelecimento Rural do Tapajós, incorporado à Superintendência de Política Agrária pela Lei Delegada nº 11, de 11 de outubro de 1962, fica, para todos os efeitos legais e patrimoniais, transferido para o Ministério da Agricultura.

Art. 114. Para fins de regularização, os núcleos coloniais e as terras pertencentes ao antigo Instituto Nacional de Imigração e Colonização, incorporados à Superintendência de Política Agrária pela Lei Delegada referida no artigo anterior, serão transferidos:

a) ao Instituto Brasileiro de Reforma Agrária, os localizados nas áreas prioritárias de reforma agrária;

b) ao patrimônio do Instituto Nacional de Desenvolvimento Agrário, os situados nas demais áreas do país.

Art. 115. As atribuições conferidas à Superintendência de Política Agrária pela Lei Delegada nº 11, de 11 de outubro de 1962, e que não são transferidas para o Instituto Brasileiro de Reforma Agrária, ficam distribuídas pelos órgãos federais, na forma dos seguintes dispositivos:

I – para os órgãos próprios do Ministério da Agricultura, transferem-se as atribuições, de:

a) planejar e executar, direta ou indiretamente, programas de colonização visando à fixação e ao acesso à terra própria de agricultores e trabalhadores sem terra nacionais ou estrangeiros, radicados no país, mediante a formação de unidades familiares reunidas em cooperativas nas áreas de ocupação pioneira e, nos vazios demográficos e econômicos;

b) promover, supletivamente, a entrada de imigrantes necessários ao aperfeiçoamento e à difusão de métodos agrícolas mais avançados;

c) fixar diretrizes para o serviço de imigração e seleção de imigrantes, exercido pelo Ministério das Relações Exteriores, através de seus órgãos próprios de representação;

d) administrar, direta ou indiretamente, os núcleos de colonização fora das áreas prioritárias de Reforma Agrária;

II – para os órgãos próprios de representação do Ministério das Relações Exteriores, as atividades concernentes à seleção de imigrantes;

III – para os órgãos próprios do Ministério da Justiça e Negócios Interiores, os assuntos pertinentes à legalização de permanência, prorrogação e retificação de nacionalidade de estrangeiros, no território nacional;

IV – para a Divisão de Turismo e Certames, do Departamento Nacional de Comércio, do Ministério da Indústria e do Comércio, o registro e a fiscalização de empresas de turismo e venda de passagens;

LEG. COMPLEMENTAR

V – para os órgãos próprios do Ministério do Trabalho e Previdência Social:

a) a assistência e o encaminhamento dos trabalhadores rurais migrantes de uma para outra região, à vista das necessidades do desenvolvimento harmônico do país;

b) a recepção dos imigrantes selecionados pelo Ministério das Relações Exteriores, encaminhando-os para áreas predeterminadas de acordo com as normas gerais convencionadas com o Ministério da Agricultura.

Art. 116. Fica revogada a Lei Delegada nº 11, de 11 de outubro de 1962, extinta a Superintendência de Política Agrária (SUPRA) e incorporados ao Instituto Brasileiro de Reforma Agrária, ao Ministério da Agricultura, ao Instituto Nacional do Desenvolvimento Agrário e aos demais Ministérios, na forma do artigo 115, para todos os efeitos legais, jurídicos e patrimoniais, os serviços, atribuições e bens patrimoniais, na forma do disposto nesta Lei.

Parágrafo único. São transferidos para o Instituto Brasileiro de Reforma Agrária e para o Instituto Nacional do Desenvolvimento Agrário, quando for o caso, os saldos das dotações orçamentárias e dos créditos especiais destinados à Superintendência de Política Agrária, inclusive os recursos financeiro arrecadados e os que forem a ela devidos até a data da promulgação da presente Lei.

Art. 117. As atividades do Serviço Social Rural, incorporados à Superintendência de Política Agrária pela Lei Delegada nº 11, de 11 de outubro de 1962, bem como o produto da arrecadação das contribuições criadas pela Lei nº 2.613, de 23 de setembro de 1955, serão transferidas, de acordo com o disposto nos seguintes incisos:

I – ao Instituto Nacional do Desenvolvimento Agrário caberão as atribuições relativas à extensão rural e cinquenta por cento da arrecadação;

II – ao órgão do Serviço Social da Previdência que atenderá aos trabalhos rurais, ... VETADO ... caberão as demais atribuições e cinquenta por cento da arrecadação. Enquanto não for criado esse órgão, suas atribuições e arrecadações serão da competência da autarquia referida no inciso I;

III – VETADO.

Art. 118. São extensivos ao Instituto Brasileiro de Reforma Agrária os privilégios da Fazenda Pública no tocante à cobrança dos seus créditos e processos em geral, custas, prazos de prescrição, imunidades tributárias e isenções fiscais.

Art. 119. Não poderão gozar dos benefícios desta Lei, inclusive a obtenção de financiamentos, empréstimos e outras facilidades financeiras, os proprietários de imóveis rurais, cujos certificados de cadastro os classifiquem na forma prevista no artigo 4º, inciso V.

§ 1º Os órgãos competentes do Instituto Brasileiro de Reforma Agrária e do Ministério da Agricultura, poderão acordar com o proprietário, a forma e o prazo de enquadramento do imóvel nos objetivos desta Lei, dando deste fato ciência aos estabelecimentos de crédito de economia mista.

§ 2º VETADO.

Art. 120. É instituído o Fundo Agroindustrial de Reconversão, com a finalidade de financiar projetos apresentados por proprietários cujos imóveis rurais tiverem sido desapropriados contra pagamento por meio de Títulos da Dívida Agrária.

§ 1º O Fundo, administrado pelo Banco Nacional do Desenvolvimento Econômico (BNDE), terá as seguintes fontes:

I – dez por cento do Fundo Nacional de Reforma Agrária;

II – recursos provenientes de empréstimos contraídos no país e no exterior;

III – resultado de suas operações;

IV – recursos próprios do Banco Nacional de Desenvolvimento Econômico ou de outras entidades governamentais que venham a ser atribuídos ao Fundo.

§ 2º O Fundo somente financiará projetos de desenvolvimento econômico agropecuário ou industrial, que satisfaçam as condições técnicas e econômicas estabelecidas pelo Banco Nacional de Desenvolvimento Econômico e que se enquadrem dentro dos critérios de propriedade fixados pelo Ministério Extraordinário para o Planejamento e Coordenação Econômica.

§ 3º Os encargos resultantes do financiamento, inclusive amortização e juros, serão liquidados em Títulos da Dívida Agrária.

§ 4º Dentro dos recursos do Fundo, o financiamento será concedido em total nunca superior a cinquenta por cento do montante dos Títulos da Dívida Agrária que tiverem entrado na composição do preço da desapropriação.

Art. 121. É o Poder Executivo autorizado a abrir, pelo Ministério da Agricultura, o crédito especial de CR$ 100.000.000,00 (cem milhões de cruzeiros) para atender às despesas de qualquer natureza com a instalação, organização e funcionamento do Instituto Brasileiro de Reforma Agrária, bem como as relativas ao cumprimento do disposto nesta Lei.

Art. 122. O Poder Executivo, dentro do prazo de cento e oitenta dias, a partir da publicação da presente Lei, deverá baixar a regulamentação necessária à sua execução.

Art. 123. O critério da tributação constante do Título III, Capítulo I, passará a vigorar a partir de 1º de janeiro de 1965.

Parágrafo único. Do Imposto Territorial Rural, calculado na forma do disposto no artigo 50 e seus parágrafos serão feitas, nos três primeiros anos de aplicação desta Lei, as seguintes deduções:

a) no primeiro ano, setenta e cinco por cento do acréscimo verificado entre o valor apurado e o imposto pago no último exercício anterior à aplicação da Lei;

b) no segundo ano, cinquenta por cento do acréscimo verificado entre o valor apurado naquele ano e o imposto pago no último exercício anterior à aplicação da Lei, com a correção monetária pelos índices do Conselho Nacional de Economia;

c) no terceiro ano, vinte e cinco por cento do acréscimo verificado para o respectivo ano, na forma do disposto na alínea anterior.

Art. 124. A aplicação do disposto no artigo 19, § 2º, *a* e *b*, só terá a vigência respectivamente a partir das datas de encerramento da inscrição do cadastro das propriedades agrícolas e da de declaração do Imposto de Renda relativa ao ano-base de 1964.

Art. 125. Dentro de dez anos contados da publicação da presente Lei ficam isentas do pagamento do imposto sobre lucro imobiliário as transmissões de imóveis rurais realizadas com o objetivo imediato de eliminar latifúndio ou efetuar reagrupamentos de glebas, no propósito de corrigir minifúndios, desde que tais objetivos sejam verificados pelo Instituto Brasileiro de Reforma Agrária.

Art. 126. A Carteira de Colonização do Banco do Brasil, sem prejuízo de suas atribuições legais, atuará como entidade financiadora nas operações de venda de lotes rurais ... VETADO ...

§ 1º As Letras Hipotecárias que o Banco do Brasil está autorizado a emitir, em provimento de recursos e em empréstimos da sua Carteira de Colonização, poderão conter cláusula de garantia contra eventual desvalorização de moeda, de acordo com índices que forem sugeridos pelo Conselho Nacional de Economia, assegurando ao mesmo Banco o ressarcimento de prejuízos já previstos no artigo 4º da Lei nº 2.237, de 19 de junho de 1954.

§ 2º Caberá à Diretoria do Banco do Brasil fixar o limite do valor dos empréstimos que o Banco fica autorizado a realizar no país ou no estrangeiro para aplicação, pela sua Carteira de Colonização, revogado, portanto o limite estabelecido no parágrafo único do artigo 8º da Lei nº 2.237, de 19 de junho de 1954, e as disposições em contrário.

Art. 127. VETADO.

Art. 128. Esta Lei entrará em vigor na data de sua publicação, revogadas as disposições em contrário.

Brasília, 30 de novembro de 1964;
143º da Independência e
76º da República.

H. Castello Branco

LEI Nº 4.595, DE 31 DE DEZEMBRO DE 1964

Dispõe sobre a Política e as Instituições monetárias, bancárias e creditícias, cria o Conselho Monetário Nacional e dá outras providências.

- Publicada no *DOU* de 31-12-1964, Edição Extra, e retificada no *DOU* de 3-2-1965.
- Lei nº 9.069, de 29-6-1995, dispõe sobre o Plano Real, o Sistema Monetário Nacional, estabelece as regras e condições de emissão do REAL e os critérios para conversão das obrigações para o REAL.

CAPÍTULO I
DO SISTEMA FINANCEIRO NACIONAL

Art. 1º O Sistema Financeiro Nacional, estruturado e regulado pela presente Lei, será constituído:

I – do Conselho Monetário Nacional;

II – do Banco Central do Brasil;

- Dec.-lei nº 278, de 28-2-1967, alterou a denominação de Banco Central da República do Brasil para Banco Central do Brasil.

III – do Banco do Brasil S.A.;

IV – do Banco Nacional do Desenvolvimento Econômico;

- A denominação Banco Nacional do Desenvolvimento Econômico foi alterada para Banco Nacional do Desenvolvimento Econômico e Social (BNDES).

V – das demais instituições financeiras públicas e privadas.

CAPÍTULO II
DO CONSELHO MONETÁRIO NACIONAL

Art. 2º Fica extinto o Conselho da atual Superintendência da Moeda e do Crédito, e criado, em substituição, o Conselho Monetário Nacional, com a finalidade de formular a política da moeda e do crédito, como previsto nesta Lei, objetivando o progresso econômico e social do País.

Art. 3º A política do Conselho Monetário Nacional objetivará:

I a III – *Revogados*. LC nº 179, de 24-2-2021;

IV – orientar a aplicação dos recursos das instituições financeiras, quer públicas, quer privadas; tendo em vista propiciar, nas diferentes regiões do País, condições favoráveis ao desenvolvimento harmônico da economia nacional;

V – propiciar o aperfeiçoamento das instituições e dos instrumentos financeiros, com vistas à maior eficiência do sistema de pagamentos e de mobilização de recursos;

VI – zelar pela liquidez e solvência das instituições financeiras;

VII – coordenar as políticas monetária, creditícia, orçamentária, fiscal e da dívida pública, interna e externa.

Art. 4º Compete ao Conselho Monetário Nacional, segundo diretrizes estabelecidas pelo Presidente da República:

- *Caput* com a redação dada pela Lei nº 6.045, de 15-5-1974.

I e II – *Revogados*. LC nº 179, de 24-2-2021;

III – Aprovar os orçamentos monetários, preparados pelo Banco Central do Brasil, por meio dos quais se estimarão as necessidades globais de moeda e crédito;

IV – Determinar as características gerais (VETADO) das cédulas e das moedas;

V – Fixar as diretrizes e normas da política cambial, inclusive quanto à compra e venda de ouro e quaisquer operações em Direitos Especiais de Saque e em moeda estrangeira;

- Inciso V com a redação dada pelo Dec.-lei nº 581, de 14-5-1969.

VI – Disciplinar o crédito em todas as suas modalidades e as operações creditícias em todas as suas formas, inclusive aceites, avais e prestações de quaisquer garantias por parte das instituições financeiras;

VII – Coordenar a política de que trata o artigo 3º desta Lei com a de investimentos do Governo Federal;

VIII – Regular a constituição, funcionamento e fiscalização dos que exercerem atividades subordinadas a esta Lei, bem como a aplicação das penalidades previstas;

- Súm. nº 19 do STJ.

IX – Limitar, sempre que necessário, as taxas de juros, descontos, comissões e qualquer outra forma de remuneração de operações e serviços bancários ou financeiros, inclusive os prestados pelo Banco Central do Brasil, assegurando taxas favorecidas aos financiamentos que se destinem a promover:

- recuperação e fertilização do solo;
- reflorestamento;
- combate a epizootias e pragas, nas atividades rurais;
- eletrificação rural;
- mecanização;
- irrigação;
- investimentos indispensáveis às atividades agropecuárias.

X – Determinar a percentagem máxima dos recursos que as instituições financeiras poderão emprestar a um mesmo cliente ou grupo de empresas;

XI – Estipular índices e outras condições técnicas sobre encaixes, mobilizações e outras relações patrimoniais, a serem observadas pelas instituições financeiras;

XII – Expedir normas gerais de contabilidade e estatística a serem observadas pelas instituições financeiras;

XIII – Delimitar, com periodicidade não inferior a dois anos, o capital mínimo das instituições financeiras privadas, levando em conta sua natureza, bem como a localização de suas sedes e agências ou filiais;

XIV – *Revogado*. LC nº 179, de 24-2-2021;

XV – Estabelecer para as instituições financeiras públicas a dedução dos depósitos de pessoas jurídicas de direito público que lhes detenham o controle acionário, bem como dos das respectivas autarquias e sociedades de economia mista, no cálculo a que se refere o inciso anterior;

XVI e XVII – *Revogados.* LC nº 179, de 24-2-2021;

XVIII – Outorgar ao Banco Central do Brasil o monopólio das operações de câmbio quando ocorrer grave desequilíbrio no balanço de pagamentos ou houver sérias razões para prever a iminência de tal situação;

XIX – *Revogado.* LC nº 179, de 24-2-2021;

XX – Autorizar o Banco Central do Brasil e as instituições financeiras públicas federais a efetuar a subscrição, compra e venda de ações e outros papéis emitidos ou de responsabilidade das sociedades de economia mista e empresas do Estado;

XXI – Disciplinar as atividades das bolsas de valores e dos corretores de fundos públicos;

XXII – Estatuir normas para as operações das instituições financeiras públicas, para preservar sua solidez e adequar seu funcionamento aos objetivos desta Lei;

XXIII – Fixar, até quinze vezes a soma do capital realizado e reservas livres, o limite além do qual os excedentes dos depósitos das instituições financeiras serão recolhidos ao Banco Central do Brasil ou aplicados de acordo com as normas que o Conselho estabelecer;

XXIV – Decidir de sua própria organização, elaborando seu regimento interno no prazo máximo de trinta dias;

XXV – *Revogado.* LC nº 179, de 24-2-2021;

XXVI – Conhecer dos recursos de decisões do Banco Central do Brasil;

- Lei nº 9.069, de 29-6-1995, dispõe sobre o Plano Real, o Sistema Monetário Nacional, estabelece as regras e condições de emissão do REAL e os critérios para conversão das obrigações para o REAL.

XXVII – Aprovar o regimento interno e as contas do Banco Central do Brasil e decidir sobre o seu orçamento e sobre seus sistemas de contabilidade, bem como sobre a forma e prazo de transferência de seus resultados para o Tesouro Nacional, sem prejuízo da competência do Tribunal de Contas da União;

- Inciso XXVII com a redação dada pelo Dec.-lei nº 2.376, de 25-11-1987.

XXVIII – Aplicar aos bancos estrangeiros que funcionem no País as mesmas vedações ou restrições equivalentes, que vigorem, nas praças de suas matrizes, em relação a bancos brasileiros ali instalados ou que nelas desejem estabelecer-se;

XXIX – Colaborar com o Senado Federal, na instrução dos processos de empréstimos externos dos Estados, do Distrito Federal e dos Municípios, para cumprimento do disposto no artigo 63, II, da Constituição Federal;

- Refere-se à CF/1946.

XXX – Expedir normas e regulamentação para as designações e demais efeitos do artigo 7º desta Lei;

- Lei nº 9.069, de 29-6-1995, dispõe sobre o Plano Real, o Sistema Monetário Nacional, estabelece as regras e condições de emissão do REAL e os critérios para conversão das obrigações para o REAL.

XXXI – *Revogado.* Lei nº 14.286, de 29-12-2021;

XXXII – Regular os depósitos a prazo de instituições financeiras e demais sociedades autorizadas a funcionar pelo Banco Central do Brasil, inclusive entre aquelas sujeitas ao mesmo controle acionário ou coligadas.

- Inciso XXXII com a redação dada pelo Dec.-lei nº 2.290, de 21-11-1986.

§ 1º O Conselho Monetário Nacional, no exercício das atribuições previstas no inciso VIII deste artigo, poderá determinar que o Banco Central do Brasil recuse autorização para o funcionamento de novas instituições financeiras, em função de conveniências de ordem geral.

§ 2º Competirá ao Banco Central do Brasil acompanhar a execução dos orçamentos monetários e relatar a matéria ao Conselho Monetário Nacional, apresentando as sugestões que considerar convenientes.

§ 3º *Revogado.* LC nº 179, de 24-2-2021.

§ 4º O Conselho Monetário Nacional poderá convidar autoridades, pessoas ou entidades para prestar esclarecimentos considerados necessários.

§ 5º Nas hipóteses do artigo 4º, I, e do § 6º do artigo 49 desta Lei, se o Congresso Nacional negar homologação à emissão extraordinária efetuada, as autoridades responsáveis serão responsabilizadas nos termos da Lei nº 1.079, de 10 de abril de 1950.

§ 6º O Conselho Monetário Nacional encaminhará ao Congresso Nacional, até 31 de março de cada ano, relatório da evolução da situação monetária e creditícia do País no ano anterior, no qual descreverá, minudentemente, as providências adotadas para cumprimento dos objetivos estabelecidos nesta Lei, justificando, destacadamente, os montantes das emissões de papel-moeda que tenham sido feitas para atendimento das atividades produtivas.

§ 7º O Banco Nacional da Habitação é o principal instrumento de execução da política habitacional do Governo Federal e integra o sistema financeiro nacional, juntamente com as sociedades de crédito imobiliário, sob orientação, autorização, coordenação e fiscalização do Conselho Monetário Nacional e do Banco Central do Brasil, quanto à execução, nos termos desta Lei, revogadas as disposições especiais em contrário.

- Lei nº 9.069, de 29-6-1995, dispõe sobre o Plano Real, o Sistema Monetário Nacional, estabelece as regras e condições de emissão do REAL e os critérios para conversão das obrigações para o REAL.

Art. 5º As deliberações do Conselho Monetário Nacional entendem-se de responsabilidade de seu presidente para os efeitos do artigo 104, I, *b*, da Constituição Federal e obrigarão também os órgãos oficiais, inclusive autarquias e sociedades de economia mista, nas atividades que afetem o mercado financeiro e o de capitais.

- Refere-se à CF/1946.

Arts. 6º e 7º *Revogados.* LC nº 179, de 24-2-2021.

CAPÍTULO III
DO BANCO CENTRAL DO BRASIL

Art. 8º A atual Superintendência da Moeda e do Crédito é transformada em autarquia federal, tendo sede e foro na Capital da República, sob a denominação de Banco Central do Brasil, com personalidade jurídica e patrimônio próprios, este constituído dos bens, direitos e valores que lhe são transferidos na forma desta Lei e ainda da apropriação dos juros e rendas resultantes, na data da vigência desta Lei, do disposto no artigo 9º do Decreto-Lei nº 8.495, de 28 de dezembro de 1945, dispositivo que ora é expressamente revogado.

Parágrafo único. Os resultados obtidos pelo Banco Central do Brasil, consideradas as receitas e despesas de todas as suas operações, serão, a partir de 1º de janeiro de 1988, apurados pelo regime de competência e transferidos para o Tesouro Nacional, após compensados eventuais prejuízos de exercícios anteriores.

- Parágrafo único com a redação dada pelo Dec.-lei nº 2.376, de 25-11-1987.

Art. 9º Compete ao Banco Central do Brasil cumprir e fazer cumprir as disposições que lhe são atribuídas pela legislação em vigor e as normas expedidas pelo Conselho Monetário Nacional.

- Súm. nº 23 do STJ.

Art. 10. Compete privativamente ao Banco Central do Brasil:

I – emitir moeda-papel e moeda metálica, nas condições e limites autorizados pelo Conselho Monetário Nacional (VETADO);

- Arts. 21, VII, 48, XIV, e 164 da CF.

II – executar os serviços do meio circulante;

III – determinar o recolhimento de até cem por cento do total dos depósitos à vista e de até sessenta por cento de outros títulos contábeis das instituições financeiras, seja na forma de subscrição de Letras ou Obrigações do Tesouro Nacional ou compra de títulos da Dívida Pública Federal, seja através de recolhimento em espécie, em ambos os casos entregues ao Banco Central do Brasil, a forma e condições por ele determinadas, podendo:

a) adotar percentagens diferentes em função:

1. das regiões geoeconômicas;
2. das prioridades que atribuir às aplicações;
3. da natureza das instituições financeiras;

b) determinar percentuais que não serão recolhidos, desde que tenham sido reaplicados em financiamentos à agricultura, sob juros favorecidos e outras condições por ele fixadas.

- Inciso III acrescido pela Lei nº 7.730, de 31-1-1989.

IV – receber os recolhimentos compulsórios de que trata o inciso anterior e, ainda, os depósitos voluntários à vista das instituições financeiras, nos termos do inciso III e § 2º do artigo 19;

V – realizar operações de redesconto e empréstimo com instituições financeiras públicas e privadas, consoante remuneração, limites, prazos, garantias, formas de negociação e outras condições estabelecidos em regulamentação por ele editada;

- Inciso V com a redação dada pela LC nº 179, de 24-2-2021.

VI – exercer o controle do crédito sob todas as suas formas;

VII – efetuar o controle dos capitais estrangeiros, nos termos da lei;

VIII – ser depositário das reservas oficiais de ouro de moeda estrangeira e de Direitos Especiais de Saque e fazer com estas últimas todas e quaisquer operações previstas no Convênio Constitutivo do Fundo Monetário Internacional;

IX – exercer a fiscalização das instituições financeiras e aplicar as penalidades previstas;

X – conceder autorização às instituições financeiras, a fim de que possam:

a) funcionar no País;

b) instalar ou transferir suas sedes, ou dependências, inclusive no Exterior;

c) ser transformadas, fundidas, incorporadas ou encampadas;

d) praticar operações de câmbio, crédito real e venda habitual de títulos da dívida pública federal, estadual ou municipal, ações, debêntures, letras hipotecárias e outros títulos de crédito ou imobiliários;

e) ter prorrogados os prazos concedidos para funcionamento;

f) alterar seus estatutos;

g) alienar ou, por qualquer outra forma, transferir o seu controle acionário;

XI – estabelecer condições para a posse e para o exercício de quaisquer cargos de administração de instituições financeiras privadas, assim como para o exercício de quaisquer funções em órgãos consultivos, fiscais e semelhantes, segundo normas que forem expedidas pelo Conselho Monetário Nacional;

XII – efetuar, como instrumento de política monetária, operações de compra e venda de títulos públicos federais, consoante remuneração, limites, prazos, formas de negociação e outras condições estabelecidos em regulamentação por ele editada, sem prejuízo do disposto no art. 39 da Lei Complementar nº 101, de 4 de maio de 2000;

- Inciso XII com a redação dada pela LC nº 179, de 24-2-2021.

XIII – determinar que as matrizes das instituições financeiras registrem os cadastros das firmas que operam com suas agências há mais de um ano;

XIV – aprovar seu regimento interno;

XV – efetuar, como instrumento de política cambial, operações de compra e venda de moeda estrangeira e operações com instrumentos derivativos no mercado interno, consoante remuneração, limites, prazos, formas de negociação e outras condições estabelecidos em regulamentação por ele editada.

- Incisos XIV e XV acrescidos pela LC nº 179, de 24-2-2021.

§ 1º No exercício das atribuições a que se refere o inciso IX deste artigo, com base nas normas estabelecidas pelo Conselho Monetário Nacional, o Banco Central do Brasil estudará os pedidos que lhe sejam formulados e resolverá conceder ou recusar a autorização pleiteada, podendo (VETADO) incluir as cláusulas que reputar convenientes ao interesse público.

§ 2º Observado o disposto no parágrafo anterior, as instituições financeiras estrangeiras dependem de autorização do Poder Executivo, mediante decreto, para que possam funcionar no País (VETADO).

§ 3º O Banco Central do Brasil informará previamente ao Conselho Monetário Nacional sobre o deferimento de operações na forma estabelecida no inciso V do *caput* deste artigo, sempre que identificar a possibilidade de impacto fiscal relevante.

- § 3º acrescido pela LC nº 179, de 24-2-2021.

Art. 11. Compete ao Banco Central do Brasil:

I – entender-se, em nome do Governo brasileiro, com as instituições financeiras estrangeiras e internacionais;

II – promover, como agente do Governo Federal, a colocação de empréstimos internos ou externos, podendo, também, encarregar-se dos respectivos serviços;

III – atuar no sentido de funcionamento regular do mercado cambial, da estabilidade relativa das taxas de câmbio e do equilíbrio no balanço de pagamentos, podendo para esse fim comprar e vender ouro e moeda estrangeira, bem como realizar operações de crédito no exterior, inclusive as referentes aos Direitos Especiais de Saque e separar os mercados de câmbio financeiro e comercial;

- Inciso III com a redação dada pelo Dec.-lei nº 581, de 14-5-1969.

IV – *Revogado.* LC nº 179, de 24-2-2021;

V – emitir títulos de responsabilidade própria, de acordo com as condições estabelecidas pelo Conselho Monetário Nacional;

VI – regular a execução dos serviços de compensação de cheques e outros papéis;
VII – exercer permanente vigilância nos mercados financeiros e de capitais sobre empresas que, direta, ou indiretamente, interfiram nesses mercados e em relação às modalidades ou processos operacionais que utilizem;
VIII – prover, sob controle do Conselho Monetário Nacional, os serviços de sua Secretaria.

§ 1º No exercício das atribuições a que se refere o inciso VIII do artigo 10 desta Lei, o Banco Central do Brasil poderá examinar os livros e documentos das pessoas naturais ou jurídicas que detenham o controle acionário de instituição financeira, ficando essas pessoas sujeitas ao disposto no artigo 44, § 8º, desta Lei.

- § 1º acrescido pelo Dec.-lei nº 2.321, de 25-2-1987.

§ 2º O Banco Central do Brasil instalará delegacias, com autorização do Conselho Monetário Nacional, nas diferentes regiões geoeconômicas do País, tendo em vista a descentralização administrativa para distribuição e recolhimento da moeda e o cumprimento das decisões adotadas pelo mesmo Conselho ou prescritas em lei.

- Antigo § 1º renumerado para § 2º pelo Dec.-lei nº 2.321, de 25-2-1987.

Art. 12. O Banco Central do Brasil operará exclusivamente com instituições financeiras públicas e privadas, vedadas operações bancárias de qualquer natureza com outras pessoas de direito público ou privado, salvo as expressamente autorizadas por lei.

Art. 13. Os encargos e serviços de competência do Banco Central, quando por ele não executados diretamente, serão contratados de preferência com o Banco do Brasil S.A., exceto nos casos especialmente autorizados pelo Conselho Monetário Nacional.

- Artigo com a redação dada pelo Dec.-lei nº 278, de 28-2-1967.

Art. 14. *Revogado*. LC nº 179, de 24-2-2021.

Art. 15. O regimento interno do Banco Central do Brasil, a que se refere o inciso XXVII do artigo 4º desta Lei, prescreverá as atribuições do presidente e dos diretores e especificará os casos que dependerão de deliberação da diretoria, a qual será tomada por maioria de votos, presentes no mínimo o presidente ou seu substituto eventual e dois outros diretores, cabendo ao presidente também o voto de qualidade.

Parágrafo único. A diretoria se reunirá, ordinariamente, uma vez por semana, e, extraordinariamente, sempre que necessário, por convocação do presidente ou a requerimento de, pelo menos, dois de seus membros.

Art. 16. Constituem receita do Banco Central do Brasil as rendas:

- *Caput* com a redação dada pelo Dec.-lei nº 2.376, de 25-11-1987.

I – de operações financeiras e de outras aplicações de seus recursos;
II – das suas operações de câmbio, da compra e venda de ouro e de quaisquer outras operações em moeda estrangeira;
III – eventuais, inclusive as derivadas de multas e de juros de mora aplicados por força do disposto na legislação em vigor.

- Incisos I a III com a redação dada pelo Dec.-lei nº 2.376, de 25-11-1987.

§ 1º Do resultado das operações de câmbio de que trata o inciso II deste artigo, ocorrido a partir da data de entrada em vigor desta Lei, setenta e cinco por cento da parte referente ao lucro realizado na compra e venda de moeda estrangeira destinar-se-á à formação de reserva monetária do Banco Central do Brasil, que registrará esses recursos em conta específica, na forma que for estabelecida pelo Conselho Monetário Nacional.

- § 1º com a redação dada pelo Dec.-lei nº 2.076, de 20-12-1983.

§ 2º A critério do Conselho Monetário Nacional, poderão também ser destinados à reserva monetária de que trata o § 1º os recursos provenientes de rendimentos gerados por:
a) suprimentos específicos do Banco Central do Brasil ao Banco do Brasil S.A., concedidos nos termos do § 1º, do artigo 19, desta Lei;
b) suprimentos especiais do Banco Central do Brasil aos fundos e programas que administra.

§ 3º O Conselho Monetário Nacional estabelecerá, observado o disposto no § 1º do artigo 19 desta Lei, a cada exercício, as bases da remuneração das operações referidas no § 2º e as condições para incorporação desses rendimentos à referida reserva monetária.

- §§ 2º e 3º acrescidos pelo Dec.-lei nº 2.076, de 20-12-1983.

CAPÍTULO IV
DAS INSTITUIÇÕES FINANCEIRAS

Seção I
DA CARACTERIZAÇÃO E SUBORDINAÇÃO

Art. 17. Consideram-se instituições financeiras, para os efeitos da legislação em vigor, as pessoas jurídicas públicas ou privadas, que tenham como atividade principal ou acessória a coleta, intermediação ou aplicação de recursos financeiros próprios ou de terceiros, em moeda nacional ou estrangeira, e a custódia de valor de propriedade de terceiros.

Parágrafo único. Para os efeitos desta Lei e da legislação em vigor, equiparam-se às instituições financeiras as pessoas físicas que exerçam qualquer das atividades referidas neste artigo, de forma permanente ou eventual.

- Art. 163, V, da CF.

Art. 18. As instituições financeiras somente poderão funcionar no País mediante prévia autorização do Banco Central do Brasil ou decreto do Poder Executivo, quando forem estrangeiras.

§ 1º Além dos estabelecimentos bancários oficiais ou privados, das sociedades de crédito, financiamento e investimentos, das caixas econômicas e das cooperativas de crédito ou a seção de crédito das cooperativas que a tenham, também se subordinam às disposições e disciplinas desta Lei no que for aplicável, as bolsas de valores, companhias de seguros e de capitalização, as sociedades que efetuam distribuição de prêmios em imóveis, mercadoria ou dinheiro, mediante sorteio de títulos de sua emissão ou por qualquer forma, e as pessoas físicas ou jurídicas que exerçam, por conta própria ou de terceiros, atividade relacionada com a compra e venda de ações e outros quaisquer títulos, realizando, nos mercados financeiros e de capitais, operações ou serviços de natureza dos executados pelas instituições financeiras.

§ 2º O Banco Central do Brasil, no exercício da fiscalização que lhe compete, regulará as condições de concorrência entre instituições financeiras, coibindo-lhes os abusos com a aplicação da pena (VETADO) nos termos desta Lei.

§ 3º Dependerão de prévia autorização do Banco Central do Brasil as campanhas destinadas à coleta de recursos do público, praticadas por pessoas físicas ou jurídicas abrangidas neste artigo, salvo para subscrição pública de ações, nos termos da lei das sociedades por ações.

Seção II

DO BANCO DO BRASIL S.A.

Art. 19. Ao Banco do Brasil S.A. competirá, precipuamente, sob a supervisão do Conselho Monetário Nacional e como instrumento de execução da política creditícia e financeira do Governo Federal:

I – na qualidade de Agente Financeiro do Tesouro Nacional, sem prejuízo de outras funções que lhe venham a ser atribuídas e ressalvado o disposto no artigo 8º da Lei nº 1.628, de 20 de junho de 1952:

a) receber, a crédito do Tesouro Nacional, as importâncias provenientes da arrecadação de tributos ou rendas federais e ainda o produto das operações de que trata o artigo 49 desta Lei;

b) realizar os pagamentos e suprimentos necessários à execução do Orçamento Geral da União e leis complementares que lhe forem transmitidas pelo Ministério da Fazenda, as quais não poderão exceder o montante global dos recursos a que se refere a letra anterior, vedada a concessão, pelo Banco, de créditos de qualquer natureza ao Tesouro Nacional;

c) conceder aval, fiança e outras garantias, consoante expressa autorização legal;

d) adquirir e financiar estoques de produção exportável;

e) executar a política de preços mínimos dos produtos agropastoris;

f) ser agente pagador e receber fora do País;

g) executar o serviço da dívida pública consolidada;

II – como principal executor dos serviços bancários de interesse do Governo Federal, inclusive suas autarquias, receber em depósito, com exclusividade, as disponibilidades de quaisquer entidades federais, compreendendo as repartições de todos os ministérios civis e militares, instituições de previdência e outras autarquias, comissões, departamentos, entidades em regime especial de administração e quaisquer pessoas físicas ou jurídicas responsáveis por adiantamentos, ressalvados o disposto no § 5º deste artigo, as exceções previstas em lei ou casos especiais, expressamente autorizadas pelo Conselho Monetário Nacional, por proposta do Banco Central do Brasil;

III – arrecadar os depósitos voluntários, à vista, das instituições de que trata o inciso III, do artigo 10, desta Lei, escriturando as respectivas contas;

- Inciso III com a redação dada pelo Dec.-lei nº 2.284, de 10-3-1986.

IV – executar os serviços de compensação de cheques e outros papéis;

V – receber, com exclusividade, os depósitos de que tratam os artigos 38, item 3º, do Decreto-Lei nº 2.627, de 26 de setembro de 1940, e 1º do Decreto-Lei nº 5.956, de 1º de novembro de 1943, ressalvado o disposto no artigo 27 desta Lei;

- Art. 80, III, da Lei nº 6.404, de 15-12-1976 (Lei das Sociedades por Ações).

VI – realizar, por conta própria, operações de compra e venda de moeda estrangeira e, por conta do Banco Central do Brasil, nas condições estabelecidas pelo Conselho Monetário Nacional;

VII – realizar recebimentos ou pagamentos e outros serviços de interesse do Banco Central do Brasil, mediante contratação na forma do artigo 13 desta Lei;

VIII – dar execução à política de comércio exterior (VETADO);

IX – financiar a aquisição e instalação da pequena e média propriedade rural, nos termos da legislação que regular a matéria;

X – financiar as atividades industriais e rurais, estas com o favorecimento referido no artigo 4º, IX, e artigo 53 desta Lei;

XI – difundir e orientar o crédito, inclusive as atividades comerciais suplementando a ação da rede bancária:

a) no financiamento das atividades econômicas, atendendo às necessidades creditícias das diferentes regiões do País;

b) no financiamento das exportações e importações.

§ 1º O Conselho Monetário Nacional assegurará recursos específicos que possibilitem ao Banco do Brasil S.A., sob adequada remuneração, o atendimento dos encargos previstos nesta Lei.

§ 2º Do montante global dos depósitos arrecadados, na forma do inciso III deste artigo, o Banco do Brasil S.A. colocará à disposição do Banco Central do Brasil, observadas as normas que forem estabelecidas pelo Conselho Monetário Nacional, a parcela que exceder as necessidades normais de movimentação das contas respectivas, em função dos serviços aludidos no inciso IV deste artigo.

§ 3º Os encargos referidos no inciso I deste artigo serão objeto de contratação entre o Banco do Brasil S.A. e a União Federal, esta representada pelo Ministro da Fazenda.

§ 4º O Banco do Brasil S.A. prestará ao Banco Central do Brasil todas as informações por este julgadas necessárias para a exata execução desta Lei.

§ 5º Os depósitos de que trata o inciso II deste artigo também poderão ser feitos nas Caixas Econômicas Federais, nos limites e condições fixados pelo Conselho Monetário Nacional.

Art. 20. O Banco do Brasil S.A. e o Banco Central do Brasil elaborarão, em conjunto, o programa global de aplicações e recursos do primeiro, para fins de inclusão nos orçamentos monetários de que trata o inciso III do artigo 4º desta Lei.

Art. 21. O presidente e os diretores do Banco do Brasil S.A. deverão ser pessoas de reputação ilibada e notória capacidade.

§ 1º A nomeação do presidente do Banco do Brasil S.A. será feita pelo Presidente da República, após aprovação do Senado Federal.

§ 2º As substituições eventuais do presidente do Banco do Brasil S.A. não poderão exceder o prazo de trinta dias consecutivos, sem que o Presidente da República submeta ao Senado Federal o nome do substituto.

§§ 3º e 4º VETADOS.

Seção III

DAS INSTITUIÇÕES FINANCEIRAS PÚBLICAS

Art. 22. As instituições financeiras públicas são órgãos auxiliares da execução da política de crédito do Governo Federal.

§ 1º O Conselho Monetário Nacional regulará as atividades, capacidade e modalidade operacionais das instituições financeiras públicas federais, que deverão submeter à aprovação daquele órgão, com a prioridade por ele prescrita, seus programas de recursos e aplicações, de forma que se ajustem à política de crédito do Governo Federal.

§ 2º A escolha dos diretores ou administradores das instituições financeiras públicas federais e a nomeação dos respectivos presidentes e designação dos substitutos observarão o disposto no artigo 21, §§ 1º e 2º, desta Lei.

LEG. COMPLEMENTAR

§ 3º A atuação das instituições financeiras públicas será coordenada nos termos do artigo 4º desta Lei.

Art. 23. O Banco Nacional do Desenvolvimento Econômico é o principal instrumento de execução de política de investimentos do Governo Federal, nos termos das Leis nºs 1.628, de 20 de junho de 1952, e 2.973, de 26 de novembro de 1956.

- A denominação Banco Nacional do Desenvolvimento Econômico foi alterada para Banco Nacional do Desenvolvimento Econômico e Social (BNDES).

Art. 24. As instituições financeiras públicas não federais ficam sujeitas às disposições relativas às instituições financeiras privadas, assegurada a forma de constituição das existentes na data da publicação desta Lei.

Parágrafo único. As Caixas Econômicas Estaduais equiparam-se, no que couber, às Caixas Econômicas Federais, para os efeitos da legislação em vigor, estando isentas do recolhimento a que se refere o artigo 4º, XIV, e à taxa de fiscalização, mencionada no artigo 16 desta Lei.

Seção IV

DAS INSTITUIÇÕES FINANCEIRAS PRIVADAS

Art. 25. As instituições financeiras privadas, exceto as cooperativas de crédito, constituir-se-ão unicamente sob a forma de sociedade anônima, devendo a totalidade de seu capital com direito a voto ser representada por ações nominativas.

- *Caput* com a redação dada pela Lei nº 5.710, de 7-10-1971.

§ 1º Observadas as normas fixadas pelo Conselho Monetário Nacional as instituições a que se refere este artigo poderão emitir até o limite de 50% de seu capital social em ações preferenciais, nas formas nominativas e ao portador, sem direito a voto, às quais não se aplicará o disposto no parágrafo único do art. 81 do Decreto-Lei nº 2.627, de 26 de setembro de 1940.

§ 2º A emissão de ações preferenciais ao portador, que poderá ser feita em virtude de aumento de capital, conversão de ações ordinárias ou de ações preferenciais nominativas, ficará sujeita a alterações prévias dos estatutos das sociedades, a fim de que sejam neles incluídas as declarações sobre:

I – as vantagens, preferenciais e restrições atribuídas a cada classe de ações preferenciais, de acordo com o Decreto-lei nº 2.627, de 26 de setembro de 1940;

II – as formas e prazos em que poderá ser autorizada a conversão das ações, vedada a conversão das ações preferenciais em outro tipo de ações com direito a voto.

§ 3º Os títulos e cautelas representativas das ações preferenciais, emitidos nos termos dos parágrafos anteriores, deverão conter expressamente as restrições ali especificadas.

- §§ 1º a 3º acrescidos pela Lei nº 5.710, de 7-10-1971.

Art. 26. O capital inicial das instituições financeiras públicas e privadas será sempre realizado em moeda corrente.

Art. 27. Na subscrição do capital inicial e na de seus aumentos em moeda corrente, será exigida no ato a realização de, pelo menos, cinquenta por cento do montante subscrito.

§ 1º As quantias recebidas dos subscritores de ações serão recolhidas no prazo de cinco dias, contados do recebimento, ao Banco Central do Brasil, permanecendo indisponíveis até a solução do respectivo processo.

§ 2º O remanescente do capital subscrito, inicial ou aumentado, em moeda corrente, deverá ser integralizado dentro de um ano da data da solução do respectivo processo.

Art. 28. Os aumentos de capital, que não forem realizados em moeda corrente, poderão decorrer da incorporação de reservas, segundo normas expedidas pelo Conselho Monetário Nacional, e da reavaliação da parcela dos bens do ativo imobilizado, representado por imóveis de uso e instalações, aplicados no caso, como limite máximo, os índices fixados pelo Conselho Nacional de Economia.

Art. 29. As instituições financeiras privadas deverão aplicar, de preferência, não menos de cinquenta por cento dos depósitos do público que recolherem, na respectiva Unidade Federada ou Território.

§ 1º O Conselho Monetário Nacional poderá, em casos especiais, admitir que o percentual referido neste artigo seja aplicado em cada Estado e Território isoladamente ou por grupos de Estados e Territórios componentes da mesma região geoeconômica.

§ 2º *Revogado*. Dec.-lei nº 48, de 18-11-1966.

Art. 30. As instituições financeiras de direito privado, exceto as de investimento, só poderão participar de capital de quaisquer sociedades com prévia autorização do Banco Central do Brasil, solicitada justificadamente e concedida expressamente, ressalvados os casos de garantia de subscrição, nas condições que forem estabelecidas, em caráter geral, pelo Conselho Monetário Nacional.

Parágrafo único. VETADO.

Art. 31. As instituições financeiras levantarão balanços gerais a 30 de junho e 31 de dezembro de cada ano, obrigatoriamente, com observância das regras contábeis estabelecidas pelo Conselho Monetário Nacional.

Art. 32. As instituições financeiras públicas deverão comunicar ao Banco Central do Brasil a nomeação ou a eleição de diretores e membros de órgãos consultivos, fiscais e semelhantes, no prazo de quinze dias da data de sua ocorrência.

Art. 33. As instituições financeiras privadas deverão comunicar ao Banco Central do Brasil os atos relativos à eleição de diretores e membros de órgãos consultivos, fiscais e semelhantes, no prazo de quinze dias de sua ocorrência, de acordo com o estabelecido no artigo 10, X, desta Lei.

§ 1º O Banco Central do Brasil, no prazo máximo de sessenta dias, decidirá aceitar ou recusar o nome do eleito, que não atender às condições a que se refere o artigo 10, X, desta Lei.

§ 2º A posse do eleito dependerá da aceitação a que se refere o parágrafo anterior.

§ 3º Oferecida integralmente a documentação prevista nas normas referidas no artigo 10, X, desta Lei, e decorrido, sem manifestações do Banco Central do Brasil, o prazo mencionado no § 1º deste artigo, entender-se-á não ter havido recusa à posse.

Art. 34. É vedado às instituições financeiras realizar operação de crédito com a parte relacionada.

- *Caput* com a redação dada pela Lei nº 13.506, de 13-11-2017.

I a V – *Revogados*. Lei nº 13.506, de 13-11-2017.

§§ 1º e 2º *Revogados*. Lei nº 13.506, de 13-11-2017.

§ 3º Considera-se parte relacionada à instituição financeira, para efeitos deste artigo:

I – seus controladores, pessoas físicas ou jurídicas, nos termos do art. 116 da Lei nº 6.404, de 15 de dezembro de 1976;

II – seus diretores e membros de órgãos estatutários ou contratuais;

III – o cônjuge, o companheiro e os parentes, consanguíneos ou afins, até o segundo grau, das pessoas mencionadas nos incisos I e II deste parágrafo;

IV – as pessoas físicas com participação societária qualificada em seu capital; e

V – as pessoas jurídicas:

a) com participação qualificada em seu capital;

b) em cujo capital, direta ou indiretamente, haja participação societária qualificada;

c) nas quais haja controle operacional efetivo ou preponderância nas deliberações, independentemente da participação societária; e

d) que possuírem diretor ou membro de conselho de administração em comum.

§ 4º Excetuam-se da vedação de que trata o *caput* deste artigo, respeitados os limites e as condições estabelecidos em regulamentação:

I – as operações realizadas em condições compatíveis com as de mercado, inclusive quanto a limites, taxas de juros, carência, prazos, garantias requeridas e critérios para classificação de risco para fins de constituição de provisão para perdas prováveis e baixa como prejuízo, sem benefícios adicionais ou diferenciados comparativamente às operações deferidas aos demais clientes de mesmo perfil das respectivas instituições;

II – as operações com empresas controladas pela União, no caso das instituições financeiras públicas federais;

III – as operações de crédito que tenham como contraparte instituição financeira integrante do mesmo conglomerado prudencial, desde que contenham cláusula contratual de subordinação, observado o disposto no inciso V do art. 10 desta Lei, no caso das instituições financeiras bancárias;

IV – os depósitos interfinanceiros regulados na forma do inciso XXXII do *caput* do art. 4º desta Lei;

V – as obrigações assumidas entre partes relacionadas em decorrência de responsabilidade imposta a membros de compensação e demais participantes de câmaras ou prestadores de serviços de compensação e de liquidação autorizados pelo Banco Central do Brasil ou pela Comissão de Valores Mobiliários e suas respectivas contrapartes em operações conduzidas no âmbito das referidas câmaras ou prestadores de serviços; e

VI – os demais casos autorizados pelo Conselho Monetário Nacional.

§ 5º Considera-se também realizada com parte relacionada qualquer operação que caracterize negócio indireto, simulado ou mediante interposição de terceiro, com o fim de realizar operação vedada nos termos deste artigo.

§ 6º O Conselho Monetário Nacional disciplinará o disposto neste artigo, inclusive a definição de operação de crédito, de limites e de participação qualificada.

- §§ 3º a 6º acrescidos pela Lei nº 13.506, de 13-11-2017.

Arts. 35 e 36. *Revogados.* Lei nº 13.506, de 13-11-2017.

Art. 37. As instituições financeiras, entidades e pessoas referidas nos artigos 17 e 18 desta Lei, bem como os corretores de fundos públicos, ficam obrigados a fornecer ao Banco Central do Brasil, na forma por ele determinada, os dados ou informes julgados necessários para o fiel desempenho de suas atribuições.

Art. 38. *Revogado.* LC nº 105, de 10-1-2001.

Art. 39. Aplicam-se às instituições financeiras estrangeiras, em funcionamento ou que venham a se instalar no País, as disposições da presente Lei, sem prejuízo das que se contêm na legislação vigente.

Arts. 40 e 41. *Revogados.* LC nº 130, de 17-4-2009.

CAPÍTULO V

DAS PENALIDADES

Arts. 42 a 44. *Revogados.* Lei nº 13.506, de 13-11-2017.

Art. 45. As instituições financeiras públicas não federais e as privadas estão sujeitas, nos termos da legislação vigente, à intervenção efetuada pelo Banco Central do Brasil ou à liquidação extrajudicial.

Parágrafo único. A partir da vigência desta Lei, as instituições de que trata este artigo não poderão impetrar concordata.

CAPÍTULO VI

DISPOSIÇÕES GERAIS

Art. 46. Ficam transferidas as atribuições legais e regulamentares do Ministério da Fazenda relativamente ao meio circulante, inclusive as exercidas pela Caixa de Amortização para o Conselho Monetário Nacional, e (VETADO) para o Banco Central do Brasil.

Art. 47. Será transferido à responsabilidade do Tesouro Nacional, mediante encampação, sendo definitivamente incorporado ao meio circulante, o montante das emissões feitas por solicitação da Carteira de Redesconto do Banco do Brasil S.A., e da Caixa de Mobilização Bancária.

§ 1º O valor correspondente à encampação será destinado à liquidação das responsabilidades financeiras do Tesouro Nacional no Banco do Brasil S.A., inclusive as decorrentes de operações de câmbio concluídas até a data da vigência desta Lei, mediante aprovação específica do Poder Legislativo, ao qual será submetida a lista completa dos débitos assim amortizados.

§ 2º Para a liquidação do saldo remanescente das responsabilidades do Tesouro Nacional, após a encampação das emissões atuais por solicitação da Carteira de Redescontos do Banco do Brasil S.A., e da Caixa de Mobilização Bancária, o Poder Executivo submeterá ao Poder Legislativo proposta específica, indicando os recursos e os meios necessários a esse fim.

Art. 48. Concluídos os acertos financeiros previstos no artigo anterior, a responsabilidade da moeda em circulação passará a ser do Banco Central do Brasil.

Art. 49. As operações de crédito da União, por antecipação de receita orçamentária ou a qualquer outro título dentro dos limites legalmente autorizados, somente serão realizadas mediante colocação de obrigações, apólices ou letras do Tesouro Nacional.

§ 1º A lei de orçamento, nos termos do artigo 73, § 1º, II, da Constituição Federal, determinará, quando for o caso, a parcela do *deficit* que poderá ser coberta pela venda de títulos do Tesouro Nacional diretamente ao Banco Central do Brasil.

- Refere-se à CF/1946.

§ 2º O Banco Central do Brasil, mediante autorização do Conselho Monetário Nacional baseada na lei orçamentária do exercício, poderá adquirir diretamente letras do Tesouro Nacional, com emissão de papel-moeda.

§ 3º O Conselho Monetário Nacional decidirá, a seu exclusivo critério, a política de sustentação em bolsa da cotação dos títulos de emissão do Tesouro Nacional.

§ 4º No caso de despesas urgentes e inadiáveis do Governo Federal, a serem atendidas mediante critérios suplementares ou especiais, autorizados após a lei do orçamento, o

Congresso Nacional determinará, especificamente, os recursos a serem utilizados na cobertura de tais despesas, estabelecendo, quando a situação do Tesouro Nacional for deficitária, a discriminação prevista neste artigo.

§ 5º Na ocorrência das hipóteses citadas no parágrafo único do artigo 75 da Constituição Federal, o Presidente da República poderá determinar que o Conselho Monetário Nacional, através do Banco Central do Brasil, faça aquisição de letras do Tesouro Nacional com a emissão de papel-moeda até o montante do crédito extraordinário que tiver sido decretado.

- Refere-se à CF/1946.

§ 6º O Presidente da República fará acompanhar a determinação ao Conselho Monetário Nacional, mencionada no parágrafo anterior, de cópia da mensagem que deverá dirigir ao Congresso Nacional, indicando os motivos que tornaram indispensável a emissão e solicitando a sua homologação.

§ 7º As letras do Tesouro Nacional, colocadas por antecipação de receita, não poderão ter vencimentos posteriores a cento e vinte dias do encerramento do exercício respectivo.

§ 8º Até 15 de março do ano seguinte, o Poder Executivo enviará mensagem ao Poder Legislativo, propondo a forma de liquidação das letras do Tesouro Nacional emitidas no exercício anterior e não resgatadas.

§ 9º É vedada a aquisição dos títulos mencionados neste artigo pelo Banco do Brasil S.A., e pelas instituições bancárias de que a União detenha a maioria das ações.

Art. 50. O Conselho Monetário Nacional, o Banco Central do Brasil, o Banco Nacional do Desenvolvimento Econômico, o Banco do Brasil S.A., o Banco do Nordeste do Brasil S.A. e o Banco de Crédito da Amazônia S.A. gozarão dos favores, isenções e privilégios, inclusive fiscais, que são próprios da Fazenda Nacional, ressalvado quanto aos três últimos o regime especial de tributação do Imposto de Renda a que estão sujeitos na forma da legislação em vigor.

Parágrafo único. São mantidos os favores, isenções e privilégios de que atualmente gozam as instituições financeiras.

Art. 51. Ficam abolidas, após três meses da data da vigência desta Lei, as exigências de "visto" em "pedidos de licença" para efeito de exportação, excetuadas as referentes às armas, munições, entorpecentes, materiais estratégicos, objetos e obras de valor artístico, cultural ou histórico.

Parágrafo único. Quando o interesse nacional exigir, o Conselho Monetário Nacional criará o "visto" ou exigência equivalente.

Art. 52. O quadro de pessoal do Banco Central do Brasil será constituído de:

I – pessoal próprio, admitido mediante concurso público de provas ou de títulos e provas, sujeita à pena de nulidade a admissão que se processar com inobservância destas exigências;

II – pessoal requisitado ao Banco do Brasil S.A. e a outras instituições financeiras federais, de comum acordo com as respectivas administrações;

III – pessoal requisitado a outras instituições e que venham prestando serviços à Superintendência da Moeda e do Crédito há mais de um ano, contado da data da publicação desta Lei.

§ 1º O Banco Central do Brasil baixará, dentro de noventa dias da vigência desta Lei, o estatuto de seus funcionários e servidores, no qual serão garantidos os direitos legalmente atribuídos a seus atuais servidores e mantidos deveres e obrigações que lhes são inerentes.

§ 2º Aos funcionários e servidores requisitados, na forma deste artigo, as instituições de origem lhes assegurarão os direitos e vantagens que lhes cabem ou lhes venham a ser atribuídos, como se em efetivo exercício nelas estivessem.

§ 3º Correrão por conta do Banco Central do Brasil todas as despesas decorrentes do cumprimento do disposto no parágrafo anterior, inclusive as de aposentadoria e pensão que sejam de responsabilidade das instituições de origem ali mencionadas, estas últimas rateadas proporcionalmente em função dos prazos de vigência da requisição.

§ 4º Os funcionários do quadro pessoal próprio permanecerão com seus direitos e garantias regidos pela legislação de proteção ao trabalho e de previdência social, incluídos na categoria profissional de bancários.

§ 5º Durante o prazo de dez anos, contados da data da vigência desta Lei, é facultado aos funcionários de que tratam os incisos II e III deste artigo, manifestarem opção para transferência para o quadro do pessoal próprio do Banco Central do Brasil, desde que:

a) tenham sido admitidos nas respectivas instituições de origem, consoante determina o inciso I deste artigo;

b) estejam em exercício (VETADO) há mais de dois anos;

c) seja a opção feita pela diretoria do Banco Central do Brasil, que sobre ela deverá pronunciar-se conclusivamente no prazo máximo de três meses, contados da entrega do respectivo requerimento.

Art. 53. *Revogado.* Lei nº 4.829, de 5-11-1965.

CAPÍTULO VII

DISPOSIÇÕES TRANSITÓRIAS

Art. 54. O Poder Executivo, com base em proposta do Conselho Monetário Nacional, que deverá ser apresentada dentro de noventa dias de sua instalação, submeterá ao Poder Legislativo projeto de lei que institucionalize o crédito rural, regule seu campo específico e caracterize as modalidades de aplicação, indicando as respectivas fontes de recursos.

Parágrafo único. A Comissão Consultiva do Crédito Rural dará assessoramento ao Conselho Monetário Nacional, na elaboração da proposta que estabelecerá a coordenação das instituições existentes ou que venham a ser criadas, com o objetivo de garantir sua melhor utilização e da rede bancária privada na difusão do crédito rural, inclusive com redução de seu custo.

Art. 55. Ficam transferidas ao Banco Central do Brasil as atribuições cometidas por lei ao Ministério da Agricultura, no que concerne à autorização de funcionamento e fiscalização de cooperativas de crédito de qualquer tipo, bem assim da seção de crédito das cooperativas que a tenham.

Art. 56. Ficam extintas a Carteira de Redescontos do Banco do Brasil S.A. e a Caixa de Mobilização Bancária, incorporando-se seus bens, direitos e obrigações ao Banco Central do Brasil.

Parágrafo único. As atribuições e prerrogativas legais da Caixa de Mobilização Bancária passam a ser exercidas pelo Banco Central do Brasil, sem solução de continuidade.

Art. 57. *Revogado.* Lei nº 14.286, de 29-12-2021.

Art. 58. Os prejuízos decorrentes das operações de câmbio concluídas e eventualmente não regularizadas nos termos desta Lei, bem como os das operações de câmbio contratadas e não concluídas até a data de vigência desta Lei, pelo Banco do Brasil S.A., como mandatário do Governo Federal, serão, na medida em que se efetivarem, transferidos ao Banco Central do Brasil, sendo neste registrados como responsabilidade do Tesouro Nacional.

§ 1º Os débitos do Tesouro Nacional perante o Banco Central do Brasil, provenientes das transferências de que trata este artigo, serão regularizados com recursos orçamentários da União.

§ 2º O disposto neste artigo se aplica também aos prejuízos decorrentes de operações de câmbio que outras instituições financeiras federais, de natureza bancária, tenham realizado como mandatárias do Governo Federal.

Art. 59. É mantida, no Banco do Brasil S.A., a Carteira de Comércio Exterior, criada nos termos da Lei nº 2.145, de 29 de dezembro de 1953, e regulamentada pelo Decreto nº 42.820, de 16 de dezembro de 1957, como órgão executor da política de comércio exterior (VETADO).

Art. 60. O valor equivalente aos recursos financeiros que, nos termos desta Lei, passarem à responsabilidade do Banco Central do Brasil, e estejam, na data de sua vigência, em poder do Banco do Brasil S.A., será neste escriturado em conta e em nome do primeiro, considerando-se como suprimento de recursos, nos termos do § 1º do artigo 19 desta Lei.

Art. 61. Para cumprir as disposições desta Lei, o Banco do Brasil S.A. tomará providências no sentido de que seja remodelada sua estrutura administrativa, a fim de que possa eficazmente exercer os encargos e executar os serviços que lhe estão reservados, como principal instrumento de execução da política de crédito do Governo Federal.

Art. 62. O Conselho Monetário Nacional determinará providências no sentido de que a transferência de atribuições dos órgãos existentes para o Banco Central do Brasil se processe sem solução de continuidade dos serviços atingidos por esta Lei.

Art. 63. Os mandatos dos primeiros membros do Conselho Monetário Nacional, a que alude o inciso IV do artigo 6º desta Lei, serão respectivamente de seis, cinco, quatro, três, dois e um anos.

Art. 64. O Conselho Monetário Nacional fixará prazo de até um ano de vigência desta Lei para a adaptação das instituições financeiras às disposições desta Lei.

§ 1º Em casos excepcionais o Conselho Monetário Nacional poderá prorrogar até mais de um ano o prazo para que seja complementada a adaptação a que se refere este artigo.

§ 2º Será de um ano, prorrogável, nos termos do parágrafo anterior, o prazo para cumprimento do estabelecido por força do artigo 30 desta Lei.

Art. 65. Esta Lei entrará em vigor noventa dias após a data de sua publicação, revogadas as disposições em contrário.

Brasília, 31 de dezembro de 1964;
143º da Independência e
76º da República.

H. Castello Branco

LEI Nº 4.673, DE 15 DE JUNHO DE 1965

Aplica aos bens penhorados em execuções fiscais as normas de impenhorabilidade do art. 942 do Código do Processo Civil.

- Publicada no *DOU* de 18-6-1965.
- Art. 108, § 4º, da Lei nº 11.101, de 9-2-2005 (Lei de Recuperação de Empresas e Falências).

Art. 1º Nas execuções fiscais promovidas nos termos do Decreto-lei nº 960, de 1938, aplicam-se, quanto aos bens e direitos objeto de penhora, as cláusulas de impenhorabilidade prevista no art. 942 do Código do Processo Civil.

- Refere-se ao CPC/1939.

Art. 2º O executado nomeará bens à penhora, obedecendo-se à gradação prevista no Código do Processo Civil.

Art. 3º Esta Lei entra em vigor na data de sua publicação.

Art. 4º Revogam-se as disposições em contrário.

Brasília, 15 de junho de 1965;
144º da Independência e
77º da República.

H Castello Branco

LEI Nº 4.717, DE 29 DE JUNHO DE 1965

Regula a ação popular.

- Publicada no *DOU* de 5-7-1965.

Art. 1º Qualquer cidadão será parte legítima para pleitear a anulação ou a declaração de nulidade de atos lesivos ao patrimônio da União, do Distrito Federal, dos Estados e dos Municípios, de entidades autárquicas, de sociedades de economia mista (Constituição, artigo 141, § 38), de sociedades mútuas de seguro nas quais a União represente os segurados ausentes, de empresas públicas, de serviços sociais autônomos, de instituições ou fundações para cuja criação ou custeio o tesouro público haja concorrido ou concorra com mais de cinquenta por cento do patrimônio ou da receita ânua de empresas incorporadas ao patrimônio da União, do Distrito Federal, dos Estados e dos Municípios e de quaisquer pessoas jurídicas ou entidades subvencionadas pelos cofres públicos.

- Refere-se à CF/1946.

§ 1º Consideram-se patrimônio público para os fins referidos neste artigo, os bens e direitos de valor econômico, artístico, estético, histórico ou turístico.

- § 1º com a redação dada pela Lei nº 6.513, de 20-12-1977.

§ 2º Em se tratando de instituições ou fundações, para cuja criação ou custeio o tesouro público concorra com menos de cinquenta por cento do patrimônio ou da receita ânua, bem como de pessoas jurídicas ou entidades subvencionadas, as consequências patrimoniais da invalidez dos atos lesivos terão por limite a repercussão deles sobre a contribuição dos cofres públicos.

§ 3º A prova da cidadania, para ingresso em juízo, será feita com o título eleitoral, ou com documento que a ele corresponda.

§ 4º Para instruir a inicial, o cidadão poderá requerer às entidades a que se refere este artigo, as certidões e informações que julgar necessárias, bastando para isso indicar a finalidade das mesmas.

§ 5º As certidões e informações, a que se refere o parágrafo anterior, deverão ser fornecidas dentro de quinze dias da entrega, sob recibo, dos respectivos requerimentos, e só poderão ser utilizadas para a instrução de ação popular.

§ 6º Somente nos casos em que o interesse público, devidamente justificado, impuser sigilo, poderá ser negada certidão ou informação.

§ 7º Ocorrendo a hipótese do parágrafo anterior, a ação poderá ser proposta desacompanhada das certidões ou informações negadas, cabendo ao juiz, após apreciar os motivos do indeferimento, e salvo em se tratando de razão de segurança nacional, requisitar umas e outras; feita a requisição, o processo correrá em segredo de justiça, que cessará com o trânsito em julgado de sentença condenatória.

Art. 2º São nulos os atos lesivos ao patrimônio das entidades mencionadas no artigo anterior, nos casos de:

a) incompetência;

b) vício de forma;

c) ilegalidade do objeto;

d) inexistência dos motivos;

e) desvio de finalidade.

Parágrafo único. Para a conceituação dos casos de nulidade observar-se-ão as seguintes normas:

a) a incompetência fica caracterizada quando o ato não se incluir nas atribuições legais do agente que o praticou;

b) o vício de forma consiste na omissão ou na observância incompleta ou irregular de formalidades indispensáveis à existência ou seriedade do ato;

c) a ilegalidade do objeto ocorre quando o resultado do ato importa em violação de lei, regulamento ou outro ato normativo;

d) a inexistência dos motivos se verifica quando a matéria de fato ou de direito, em que se fundamenta o ato, é materialmente inexistente ou juridicamente inadequada ao resultado obtido;

e) o desvio da finalidade se verifica quando o agente pratica o ato visando a fim diverso daquele previsto, explícita ou implicitamente, na regra de competência.

Art. 3º Os atos lesivos ao patrimônio das pessoas de direito público ou privado, ou das entidades mencionadas no artigo 1º, cujos vícios não se compreendam nas especificações do artigo anterior, serão anuláveis, segundo as prescrições legais, enquanto compatíveis com a natureza deles.

Art. 4º São também nulos os seguintes atos ou contratos, praticados ou celebrados por quaisquer das pessoas ou entidades referidas no artigo 1º:

I – a admissão ao serviço público remunerado, com desobediência, quanto às condições de habilitação das normas legais, regulamentares ou constantes de instruções gerais;

II – a operação bancária ou de crédito real, quando:

a) for realizada com desobediência a normas legais, regulamentares, estatutárias, regimentais ou internas;

b) o valor real do bem dado em hipoteca ou penhor for inferior ao constante de escritura, contrato ou avaliação;

III – a empreitada, a tarefa e a concessão do serviço público, quando:

a) o respectivo contrato houver sido celebrado sem prévia concorrência pública ou administrativa, sem que essa condição seja estabelecida em lei, regulamento ou norma geral;

b) no edital de concorrência forem incluídas cláusulas ou condições, que comprometam o seu caráter competitivo;

c) a concorrência administrativa for processada em condições que impliquem na limitação das possibilidades normais de competição;

IV – as modificações ou vantagens, inclusive prorrogações que forem admitidas, em favor do adjudicatário, durante a execução dos contratos de empreitada, tarefa e concessão de serviço público, sem que estejam previstas em lei ou nos respectivos instrumentos;

V – a compra e venda de bens móveis ou imóveis, nos casos em que não for cabível concorrência pública ou administrativa, quando:

a) for realizada com desobediência a normas legais regulamentares, ou constantes de instruções gerais;

b) o preço de compra dos bens for superior ao corrente no mercado, na época da operação;

c) o preço de venda dos bens for inferior ao corrente no mercado, na época da operação;

VI – a concessão de licença de exportação ou importação, qualquer que seja a sua modalidade, quando:

a) houver sido praticada com violação das normas legais e regulamentares ou de instruções e ordens de serviço;

b) resultar em exceção ou privilégio, em favor de exportador ou importador;

VII – a operação de redesconto quando, sob qualquer aspecto, inclusive o limite de valor, desobedecer a normas legais, regulamentares ou constantes de instruções gerais;

VIII – o empréstimo concedido pelo Banco Central da República, quando:

a) concedido com desobediência de quaisquer normas legais, regulamentares, regimentais ou constantes de instruções gerais;

b) o valor dos bens dados em garantia, na época da operação, for inferior ao da avaliação;

IX – a emissão, quando efetuada sem observância das normas constitucionais, legais e regulamentadoras que regem a espécie.

DA COMPETÊNCIA

Art. 5º Conforme a origem do ato impugnado, é competente para conhecer da ação, processá-la e julgá-la, o juiz que, de acordo com a organização judiciária de cada Estado, o for para as causas que interessem à União, ao Distrito Federal, ao Estado ou ao Município.

§ 1º Para fins de competência, equiparam-se a atos da União, do Distrito Federal, do Estado ou dos Municípios os atos das pessoas criadas ou mantidas por essas pessoas jurídicas de direito público, bem como os atos das sociedades de que elas sejam acionistas e os das pessoas ou entidades por elas subvencionadas ou em relação às quais tenham interesse patrimonial.

§ 2º Quando o pleito interessar simultaneamente à União e a qualquer outra pessoa ou entidade, será competente o juiz das causas da União, se houver; quando interessar simultaneamente ao Estado e ao Município, será competente o juiz das causas do Estado, se houver.

§ 3º A propositura da ação prevenirá a jurisdição do juízo para todas as ações, que forem posteriormente intentadas contra as mesmas partes e sob os mesmos fundamentos.

§ 4º Na defesa do patrimônio público caberá a suspensão liminar do ato lesivo impugnado.

• § 4º acrescido pela Lei nº 6.513, de 20-12-1977.

DOS SUJEITOS PASSIVOS DA AÇÃO E DOS ASSISTENTES

Art. 6º A ação será proposta contra as pessoas públicas ou privadas e as entidades referidas no artigo 1º, contra as autoridades, funcionários ou administradores que houverem autorizado, aprovado, ratificado ou praticado o ato impugnado, ou que, por omissão, tiverem dado oportunidade à lesão, e contra os beneficiários diretos do mesmo.

§ 1º Se não houver beneficiário direto do ato lesivo, ou se for ele indeterminado ou desconhecido, a ação será proposta somente contra as outras pessoas indicadas neste artigo.

§ 2º No caso de que trata o inciso II, *b*, do artigo 4º, quando o valor real do bem for inferior ao da avaliação, citar-se-ão como réus, além das pessoas públicas ou privadas e entidades referidas no artigo 1º, apenas os responsáveis pela avaliação inexata e os beneficiários da mesma.

§ 3º A pessoa jurídica de direito público ou de direito privado, cujo ato seja objeto de impugnação, poderá abster-se de contestar o pedido, ou poderá atuar ao lado do autor, desde que isso se afigure útil ao interesse público, a juízo do respectivo representante legal ou dirigente.

§ 4º O Ministério Público acompanhará a ação, cabendo-lhe apressar a produção da prova e promover a responsabilidade, civil ou criminal, dos que nela incidirem, sendo-lhe vedado, em qualquer hipótese, assumir a defesa do ato impugnado ou dos seus autores.

§ 5º É facultado a qualquer cidadão habilitar-se como litisconsorte ou assistente do autor da ação popular.

DO PROCESSO

Art. 7º A ação obedecerá ao procedimento ordinário, previsto no Código de Processo Civil, observadas as seguintes normas modificativas:

I – ao despachar a inicial o juiz ordenará:

a) além da citação dos réus, a intimação do representante do Ministério Público;

b) a requisição às entidades indicadas na petição inicial, dos documentos que tiverem sido referidos pelo autor (artigo 1º, § 6º), bem como a de outros que se lhe afigurem necessários ao esclarecimento dos fatos, fixando o prazo de quinze a trinta dias para o atendimento.

§ 1º O representante do Ministério Público providenciará para que as requisições, a que se refere o inciso anterior, sejam atendidas dentro dos prazos fixados pelo juiz.

§ 2º Se os documentos e informações não puderem ser oferecidos nos prazos assinalados, o juiz poderá autorizar prorrogação dos mesmos, por prazo razoável.

II – quando o autor o preferir, a citação dos beneficiários far-se-á por edital com o prazo de trinta dias, afixado na sede do juízo e publicado três vezes no jornal oficial do Distrito Federal, ou da Capital do Estado ou Território em que seja ajuizada a ação. A publicação será gratuita e deverá iniciar-se no máximo três dias após a entrega, na repartição competente, sob protocolo, de uma via autenticada do mandado;

III – qualquer pessoa, beneficiada ou responsável pelo ato impugnado, cuja existência ou identidade se torne conhecida no curso do processo e antes de proferida a sentença final de primeira instância, deverá ser citada para a integração do contraditório, sendo-lhe restituído o prazo para contestação e produção de provas. Salvo, quanto a beneficiário, se a citação se houver feito na forma do inciso anterior;

IV – o prazo de contestação é de vinte dias prorrogáveis por mais vinte, a requerimento do interessado, se particularmente difícil a produção de prova documental, e será comum a todos os interessados, correndo da entrega em cartório do mandado cumprido, ou, quando for o caso, do decurso do prazo assinado em edital;

V – caso não requerida, até o despacho saneador, a produção de prova testemunhal ou pericial, o juiz ordenará vista às partes por dez dias, para alegações, sendo-lhe os autos conclusos, para sentença, quarenta e oito horas após a expiração desse prazo; havendo requerimento de prova, o processo tomará o rito ordinário;

VI – a sentença, quando não prolatada em audiência de instrução e julgamento, deverá ser proferida dentro de quinze dias do recebimento dos autos pelo juiz.

Parágrafo único. O proferimento da sentença além do prazo estabelecido privará o juiz da inclusão em lista de merecimento para promoção, durante dois anos, e acarretará a perda, para efeito de promoção por antiguidade, de tantos dias, quantos forem os do retardamento; salvo motivo justo, declinado nos autos e comprovado perante o órgão disciplinar competente.

Art. 8º Ficará sujeita à pena de desobediência, salvo motivo justo devidamente comprovado, à autoridade, o administrador ou o dirigente, que deixar de fornecer, no prazo fixado no artigo 1º, § 5º, ou naquele que tiver sido estipulado pelo juiz (artigo 7º, I, *b*), informações e certidão ou fotocópia de documentos necessários à instrução da causa.

Parágrafo único. O prazo contar-se-á do dia em que entregue, sob recibo, o requerimento do interessado ou o ofício de requisição (artigo 1º, § 5º, e artigo 7º, I, *b*).

Art. 9º Se o autor desistir da ação ou der motivo à absolvição da instância, serão publicados editais nos prazos e condições previstos no artigo 7º, II, ficando assegurado a qualquer cidadão, bem como ao representante do Ministério Público, dentro do prazo de noventa dias da última publicação feita, promover o prosseguimento da ação.

Art. 10. As partes só pagarão custas e preparo a final.

Art. 11. A sentença que julgando procedente a ação popular decretar a invalidade do ato impugnado, condenará ao pagamento de perdas e danos os responsáveis pela sua prática e os beneficiários dele, ressalvada a ação regressiva contra os funcionários causadores de dano, quando incorrerem em culpa.

Art. 12. A sentença incluirá sempre, na condenação dos réus, o pagamento, ao autor, das custas e demais despesas, judiciais e extrajudiciais, diretamente relacionadas com a ação e comprovadas, bem como o dos honorários de advogado.

Art. 13. A sentença que, apreciando o fundamento de direito do pedido, julgar a lide manifestamente temerária, condenará o autor ao pagamento do décuplo das custas.

Art. 14. Se o valor da lesão ficar provado no curso da causa, será indicado na sentença; se depender da avaliação ou perícia, será apurado na execução.

§ 1º Quando a lesão resultar da falta ou isenção de qualquer pagamento, a condenação imporá o pagamento devido, com acréscimo de juros de mora e multa legal ou contratual, se houver.

§ 2º Quando a lesão resultar da execução fraudulenta, simulada ou irreal de contratos, a condenação versará sobre a reposição do débito, com juros de mora.

§ 3º Quando o réu condenado perceber dos cofres públicos, a execução far-se-á por desconto em folha até o integral ressarcimento de dano causado, se assim mais convier ao interesse público.

§ 4º A parte condenada a restituir bens ou valores ficará sujeita a sequestro e penhora, desde a prolação da sentença condenatória.

Art. 15. Se, no curso da ação, ficar provada a infringência da lei penal ou a prática de falta disciplinar a que a lei comine a pena de demissão ou a de rescisão de contrato de trabalho, o juiz, *ex officio*, determinará a remessa de cópia autenticada das peças necessárias às autoridades ou aos administradores a quem competir aplicar a sanção.

Art. 16. Caso decorridos sessenta dias de publicação da sentença condenatória de segunda instância, sem que o autor ou terceiro promova a respectiva execução, o representante do Ministério Público a promoverá nos trinta dias seguintes, sob pena de falta grave.

Art. 17. É sempre permitido às pessoas ou entidades referidas no artigo 1º, ainda que hajam contestado a ação, promover, em qualquer tempo, e no que as beneficiar, a execução da sentença contra os demais réus.

Art. 18. A sentença terá eficácia de coisa julgada oponível *erga omnes*, exceto no caso de haver sido a ação julgada improcedente por deficiência de prova; neste caso, qualquer cidadão poderá intentar outra ação com idêntico fundamento, valendo-se de nova prova.

Art. 19. A sentença que concluir pela carência ou pela improcedência da ação está sujeita ao duplo grau de jurisdição, não produzindo efeito senão depois de confirmada pelo tribunal; da que julgar a ação procedente, caberá apelação, com efeito suspensivo.

§ 1º Das decisões interlocutórias cabe agravo de instrumento.

§ 2º Das sentenças e decisões proferidas contra o autor da ação e suscetíveis de recurso, poderá recorrer qualquer cidadão e também o Ministério Público.

• Art. 19 com a redação dada pela Lei nº 6.014, de 27-12-1973.

DISPOSIÇÕES GERAIS

Art. 20. Para os fins desta Lei, consideram-se entidades autárquicas:

a) o serviço estatal descentralizado com personalidade jurídica, custeado mediante orçamento próprio, independente do orçamento geral;

b) as pessoas jurídicas especialmente instituídas por lei, para a execução de serviços de interesse público ou social, custeados por tributos de qualquer natureza ou por outros recursos oriundos do Tesouro Público;

c) as entidades de direito público ou privado a que a lei tiver atribuído competência para receber e aplicar contribuições parafiscais.

Art. 21. A ação prevista nesta Lei prescreve em cinco anos.

Art. 22. Aplicam-se à ação popular as regras do Código de Processo Civil, naquilo em que não contrariem os dispositivos desta Lei, nem à natureza específica da ação.

Brasília, 29 de junho de 1965;
144º da Independência e
77º da República.

H. Castello Branco

LEI Nº 4.729, DE 14 DE JULHO DE 1965

Define o crime de sonegação fiscal e dá outras providências.

• Publicada no *DOU* de 19-7-1965.

○ Art. 34 da Lei nº 9.249, de 26-12-1995, que altera a legislação do imposto de renda das pessoas jurídicas, bem como da contribuição social sobre o lucro líquido.

Art. 1º Constitui crime de sonegação fiscal:

○ Dec. nº 325, de 1º-11-1991, disciplina a comunicação, ao Ministério Público Federal, da prática de ilícitos penais previstos na legislação tributária e de crime funcional contra a ordem tributária.

○ Súm. nº 609 do STF.

I – prestar declaração falsa ou omitir, total ou parcialmente, informação que deva ser produzida a agentes das pessoas jurídicas de direito público interno, com a intenção de eximir-se, total ou parcialmente, do pagamento de tributos, taxas e quaisquer adicionais devidos por lei;

II – inserir elementos inexatos ou omitir rendimentos ou operações de qualquer natureza em documentos ou livros exigidos pelas leis fiscais, com a intenção de exonerar-se do pagamento de tributos devidos à Fazenda Pública;

III – alterar faturas e quaisquer documentos relativos a operações mercantis com o propósito de fraudar a Fazenda Pública;

IV – fornecer ou emitir documentos graciosos ou alterar despesas, majorando-as, com o objetivo de obter dedução de tributos devidos à Fazenda Pública, sem prejuízo das sanções administrativas cabíveis;

V – exigir, pagar ou receber, para si ou para o contribuinte beneficiário da paga, qualquer percentagem sobre a parcela dedutível ou deduzida do Imposto sobre a Renda como incentivo fiscal.

• Inciso V com a redação dada pela Lei nº 5.569, de 25-11-1969.

Pena – detenção de seis meses a dois anos, e multa de duas a cinco vezes o valor do tributo.

○ Art. 2º da Lei nº 8.137, de 27-12-1990 (Lei dos Crimes Contra a Ordem Tributária, Econômica e Contra as Relações de Consumo).

§ 1º Quando se tratar de criminoso primário, a pena será reduzida à multa de dez vezes o valor do tributo.

§ 2º Se o agente cometer o crime prevalecendo-se do cargo público que exerce, a pena será aumentada da sexta parte.

§ 3º O funcionário público com atribuições de verificação, lançamento ou fiscalização de tributos, que concorrer para a prática do crime de sonegação fiscal, será punido com a pena deste artigo, aumentada da terça parte, com a abertura obrigatória do competente processo administrativo.

Art. 2º *Revogado.* Lei nº 8.383, de 30-12-1991.

Art. 3º Somente os atos definidos nesta Lei poderão constituir crime de sonegação fiscal.

Art. 4º A multa aplicada nos termos desta Lei será computada e recolhida, integralmente, como receita pública extraordinária.

Art. 5º No artigo 334, do Código Penal, substituam-se os §§ 1º e 2º, pelos seguintes:

"§ 1º Incorre na mesma pena quem:

a) pratica navegação de cabotagem, fora dos casos permitidos em lei;

b) pratica fato assimilado, em lei especial, a contrabando ou descaminho;

c) vende, expõe à venda, mantém em depósito ou, de qualquer forma, utiliza em proveito próprio ou alheio, no exercício de atividade comercial ou industrial, mercadoria de procedência estrangeira que introduziu clandestinamente no País ou importou fraudulentamente ou que sabe ser produto de introdução clandestina no Território Nacional ou de importação fraudulenta por parte de outrem;

d) adquire, recebe ou oculta, em proveito próprio ou alheio, no exercício de atividade comercial ou industrial, mercadoria de procedência estrangeira, desacompanhada de documentação legal, ou acompanhada de documentos que sabe serem falsos.

§ 2º Equipara-se às atividades comerciais, para os efeitos deste artigo, qualquer forma de comércio irregular ou clandestino de mercadorias estrangeiras, inclusive o exercido em residências.

§ 3º A pena aplica-se em dobro, se o crime de contrabando ou descaminho é praticado em transporte aéreo".

Art. 6º Quando se tratar de pessoa jurídica, a responsabilidade penal pelas infrações previstas nesta Lei será de todos os que, direta ou indiretamente ligados à mesma, de modo permanente ou eventual, tenham praticado ou concorrido para a prática da sonegação fiscal.

- Art. 137 do CTN.

Art. 7º As autoridades administrativas que tiverem conhecimento de crime previsto nesta Lei, inclusive em autos e papéis que conhecerem, sob pena de responsabilidade, remeterão ao Ministério Público os elementos comprobatórios da infração, para instrução do procedimento criminal cabível.

§ 1º Se os elementos comprobatórios forem suficientes, o Ministério Público oferecerá, desde logo, denúncia.

§ 2º Sendo necessários esclarecimentos, documentos ou diligências complementares, o Ministério Público os requisitará, na forma estabelecida no Código de Processo Penal.

Art. 8º Em tudo o mais em que couber e não contrariar os artigos 1º a 7º desta Lei, aplicar-se-ão o Código Penal e o Código de Processo Penal.

Art. 9º *Revogado.* Lei nº 8.021, de 12-4-1990.

Art. 10. O Poder Executivo procederá às alterações do Regulamento do Imposto de Renda decorrentes das modificações constantes desta Lei.

Art. 11. Esta Lei entrará em vigor sessenta dias após sua publicação.

Art. 12. Revogam-se as disposições em contrário.

Brasília, 14 de julho de 1965;
144º da Independência e
77º da República.

H. Castello Branco

LEI Nº 5.143, DE 20 DE OUTUBRO DE 1966

Institui o Imposto sobre Operações Financeiras, regula a respectiva cobrança, dispõe sobre a aplicação das reservas monetárias oriundas da sua receita, e dá outras providências.

- Publicada no *DOU* de 24-10-1966.
- Dec. nº 6.306, de 14-12-2007, regulamenta o Imposto sobre Operações de Crédito, Câmbio e Seguro, ou relativas a Títulos ou Valores Mobiliários – IOF.

Art. 1º O Imposto sobre Operações Financeiras incide nas operações de crédito e seguro, realizadas por instituições financeiras e seguradoras, e tem como fato gerador:

I – no caso de operações de crédito, a entrega do respectivo valor ou sua colocação à disposição do interessado;

II – no caso de operações de seguro, o recebimento do prêmio.

- Art. 63 do CTN.

Art. 2º Constituirá a base do imposto:

- Art. 64 do CTN.

I – nas operações de crédito, o valor global dos saldos das operações de empréstimo de abertura de crédito, e de desconto de títulos, apurados mensalmente;

II – nas operações de seguro, o valor global dos prêmios recebidos em cada mês.

Art. 3º O imposto será cobrado com as seguintes alíquotas:

I – empréstimos sob qualquer modalidade, as aberturas de crédito, e os descontos de títulos – três décimos por cento;

II – seguro de vida e congêneres e de acidentes pessoais e do trabalho – um por cento;

III – seguros de bens, valores, coisas e outros não especificados, excluídos o resseguro, o seguro de crédito a exportação e o de transporte de mercadorias em viagens internacionais – dois por cento.

- Art. 8º desta Lei.
- Art. 65 do CTN.
- Art. 1º do Dec.-lei nº 1.783, de 18-4-1980, que dispõe sobre o Imposto sobre Operações de Crédito, Câmbio e Seguro e sobre Operações relativas a Títulos e Valores Mobiliários.

Art. 4º São contribuintes do imposto os tomadores de crédito e os segurados.

- Artigo com a redação dada pelo Dec.-lei nº 914, de 7-10-1969.
- Art. 3º do Dec.-lei nº 1.783, de 18-4-1980, que dispõe sobre o Imposto sobre Operações de Crédito, Câmbio e Seguro e sobre Operações relativas a Títulos e Valores Mobiliários.

Art. 5º São responsáveis pela cobrança do imposto e pelo seu recolhimento ao Banco Central do Brasil, ou a quem este determinar, nos prazos fixados pelo Conselho Monetário Nacional:

- *Caput* com a redação dada pelo Dec.-lei nº 914, de 7-10-1969.
- Art. 3º do Dec.-lei nº 1.783, de 18-4-1980, que dispõe sobre o Imposto sobre Operações de Crédito, Câmbio e Seguro e sobre Operações relativas a Títulos e Valores Mobiliários.

I – nas operações de crédito, as instituições financeiras a que se refere o artigo 17 da Lei nº 4.595, de 31 de dezembro de 1964;

II – nas operações de seguro, o segurador ou as instituições financeiras a quem este encarregar da cobrança dos prêmios.

- Incisos I e II com a redação dada pelo Dec.-lei nº 914, de 7-10-1969.

Art. 6º Sem prejuízo da pena criminal que couber, serão punidos com:

I – multa de trinta por cento a cem por cento do valor do imposto devido, a falta de recolhimento do imposto no prazo fixado;

II – multa de valor equivalente a quinhentas Obrigações do Tesouro Nacional – OTN: a falsificação ou adulteração de guia, livro ou outro papel necessário ao registro ou ao recolhimento do imposto ou a coautoria na prática de qualquer dessas infrações;

III – multa de valor equivalente a trezentos e cinquenta Obrigações do Tesouro Nacional – OTN: o embaraço ou impedimento da ação fiscalizadora ou a recusa de exibição de livros, guias ou outro papel necessário ao registro ou ao recolhimento do imposto, quando solicitado pela fiscalização;

IV – multa de valor equivalente a vinte Obrigações do Tesouro Nacional – OTN: qualquer outra infração prevista no Regulamento.

- Incisos II a IV com a redação dada pelo Dec.-lei nº 2.391, de18-12-1987.

Parágrafo único. Na hipótese do inciso III será imposta cumulativamente a penalidade que couber, se for apurada a prática de outra infração.

Art. 7º A instituição financeira ou seguradora, que, antes de qualquer procedimento fiscal, recolher espontaneamente o imposto fora do prazo previsto, ficará sujeita à multa de vinte por cento do imposto, a qual será incluída na mesma guia correspondente ao tributo, sem necessidade de autorização ou despacho.

Parágrafo único. O pagamento do imposto, sem a multa a que se refere este artigo, importará na aplicação das penalidades do artigo 6º.

• Art. 7º com a redação dada pelo Dec.-lei nº 914, de 7-10-1969.

Art. 8º A fiscalização da aplicação desta Lei caberá ao Banco Central da República do Brasil, que poderá delegá-la, no todo ou em parte, ao Departamento Nacional de Seguros Privados e Capitalização do Ministério da Indústria e do Comércio, no que respeita às operações previstas nos incisos II e III do artigo 3º, ou a outros órgãos ou autoridades em todo o País ou apenas em certas regiões, segundo entenda conveniente.

Art. 9º O Conselho Monetário Nacional baixará normas para execução do presente Decreto-Lei, estabelecendo inclusive o processo fiscal aplicável às controvérsias a respeito do imposto.

• *Caput* com a redação dada pelo Dec.-lei nº 914, de 7-10-1969.

§ 1º Enquanto não for expedida a regulamentação de que trata este artigo, aplicar-se-ão as normas de processo fiscal relativas ao Imposto sobre Produtos Industrializados.

§ 2º O julgamento dos processos contraditórios caberá:

• §§ 1º e 2º acrescidos pelo Dec.-lei nº 914, de 7-10-1969.

I – em primeira instância, ao órgão ou autoridade que o Conselho Monetário Nacional designar;

II – em segunda instância, ao Terceiro Conselho de Contribuintes.

Art. 10. O Conselho Monetário Nacional poderá desdobrar as hipóteses de incidência, modificar ou eliminar as alíquotas e alterar as bases de cálculo do imposto, observado, no caso de aumento, o limite máximo do dobro daquela que resultar das normas desta Lei.

○ Art. 65 do CTN.

Art. 11. Do produto da arrecadação do imposto será destacada uma parcela, não superior a dois por cento, destinada às despesas de custeio do Banco Central da República do Brasil na substituição da taxa de fiscalização referida no § 1º do artigo 16 da Lei nº 4.595, de 31 de dezembro de 1964, que fica extinta.

Art. 12. *Revogado.* Lei nº 14.007, de 2-6-2020.

Art. 13. As vinculações da receita do Imposto de Selo, de que tratam o artigo 4º da Lei nº 3.519, de 30 de dezembro de 1958, e o artigo 6º da Lei nº 3.736, de 22 de março de 1960, passarão a ser feitas com base na arrecadação do Imposto sobre Produtos Industrializados correspondente à posição nº 24.02 da Tabela anexa à Lei nº 4.502, de 30 de novembro de 1964.

Art. 14. Os casos omissos nesta Lei serão resolvidos pelo Conselho Monetário Nacional.

Art. 15. São revogadas as leis relativas ao Imposto de Selo e as disposições em contrário, e o artigo 11 da Lei nº 1.002, de 24 de dezembro de 1949, observado o seguinte:

I – aplicar-se-á a legislação vigente à época em que se constitui a obrigação tributária, no caso de exigência do imposto cujo fato gerador tenha ocorrido até 31 de dezembro de 1966;

II – a complementação periódica ao Imposto de Selo deixará de ser obrigatória a partir de 1º de janeiro de 1967, ainda que a ocorrência do respectivo fato gerador seja anterior à vigência desta Lei;

III – as sanções previstas na Lei nº 4.505, de 30 de novembro de 1964, regulamentada pelo Decreto nº 55.852, de 22 de março de 1955, aplicam-se às infrações das respectivas normas ocorridas durante a sua vigência, ainda que se relacionem com hipóteses de incidência que esta Lei revoga.

Art. 16. A partir da data da publicação desta Lei, o Ministro da Fazenda, por proposta do Conselho Monetário Nacional, poderá reduzir ou suprimir o Imposto de Selo sobre operações de câmbio.

Art. 17. O Conselho Monetário Nacional poderá permitir que a assinatura no cheque seja impressa, por processo mecânico, atendidas as cautelas que estabelecer.

Art. 18. Esta Lei entrará em vigor no dia 1º de janeiro de 1967, salvo quanto aos artigos 16 e 17, que vigorarão a partir da data de sua publicação.

Brasília, 20 de outubro de 1965;
145º da Independência e
78º da República.

H. Castello Branco

DECRETO-LEI Nº 37, DE 18 DE NOVEMBRO DE 1966

Dispõe sobre o imposto de importação, reorganiza os serviços aduaneiros e dá outras providências.

• Publicado no *DOU* de 21-11-1966 e retificado no *DOU* de 1º-12-1966.

TÍTULO I – IMPOSTO DE IMPORTAÇÃO

CAPÍTULO I
INCIDÊNCIA

○ Lei nº 8.085, de 23-10-1990, dispõe sobre o imposto de importação.

Art. 1º O Imposto sobre a Importação incide sobre mercadoria estrangeira e tem como fato gerador sua entrada no Território Nacional.

• *Caput* com a redação dada pelo Dec.-lei nº 2.472, de 1º-9-1988.

○ Art. 23, par. ún., desta Lei.

○ Art. 19 do CTN.

§ 1º Para fins de incidência do imposto, considerar-se-á também estrangeira a mercadoria nacional ou nacionalizada exportada, que retornar ao País, salvo se:

a) enviada em consignação e não vendida no prazo autorizado;

b) devolvida por motivo de defeito técnico, para reparo ou substituição;

c) por motivo de modificações na sistemática de importação por parte do país importador;

d) por motivo de guerra ou calamidade pública;

e) por outros fatores alheios à vontade do exportador.

• § 1º acrescido pelo Dec.-lei nº 2.472, de 1º-9-1988.

§ 2º Para efeito de ocorrência do fato gerador, considerar-se-á entrada no Território Nacional a mercadoria que constar como tendo sido importada e cuja falta venha a ser apurada pela autoridade aduaneira.

• Antigo parágrafo único transformado em § 2º e com a redação dada pelo Dec.-lei nº 2.472, de 1º-9-1988.

§ 3º Para fins de aplicação do disposto no § 2º deste artigo, o regulamento poderá estabelecer percentuais de tolerância para a falta apurada na importação de granéis que, por sua natureza ou condições de manuseio na descarga, estejam sujeitos à quebra ou decréscimo de quantidade ou peso.

• §§ 1º a 3º acrescidos pelo Dec.-lei nº 2.472, de 1º-9-1988.

§ 4º O imposto não incide sobre mercadoria estrangeira:

- *Caput* do § 4º acrescido pela Lei nº 10.833, de 29-12-2003.

I – destruída sob controle aduaneiro, sem ônus para a Fazenda Nacional, antes de desembaraçada;

- Inciso I com a redação dada pela Lei nº 12.350, de 20-12-2010.

II – em trânsito aduaneiro de passagem, acidentalmente destruída; ou

III – que tenha sido objeto de pena de perdimento, exceto na hipótese em que não seja localizada, tenha sido consumida ou revendida.

- Incisos II e III acrescidos pela Lei nº 10.833, de 29-12-2003.

CAPÍTULO II
BASE DE CÁLCULO

Art. 2º A base de cálculo do imposto é:

I – quando a alíquota for específica, a quantidade de mercadoria, expressa na unidade de medida indicada na tarifa;

- Art. 20, I, do CTN.

II – quando a alíquota for *ad valorem*, o valor aduaneiro apurado segundo as normas do art.7º do Acordo Geral sobre Tarifas Aduaneiras e Comércio – GATT.

- Art. 2º com a redação dada pelo Dec.-lei nº 2.472, de 1º-9-1988.
- Art. 20, II, do CTN.

Arts. 3º a 6º *Revogados.* Dec.-lei nº 2.472, de 1º-9-1988.

Art. 7º *Revogado.* Dec.-lei nº 730, de 5-8-1969.

CAPÍTULO III
ISENÇÕES E REDUÇÕES

Seção I
DISPOSIÇÕES GERAIS

Art. 8º O tratamento aduaneiro decorrente de ato internacional, aplica-se exclusivamente a mercadoria originária do país beneficiário.

Art. 9º Respeitados os critérios decorrentes do ato internacional de que o Brasil participe, entender-se-á por país de origem da mercadoria aquele onde houver sido produzida ou, no caso de mercadoria resultante de material ou mão de obra de mais de um país, aquele onde houver recebido transformação substancial.

Art. 10. Aos produtos isentos do imposto de importação, na forma prevista neste capítulo, poderá ser concedida isenção ou redução de imposto sobre produtos industrializados, nos termos, limites e condições previstos neste artigo e em regulamento a ser baixado pelo Poder Executivo.

- *Caput* com a redação dada pela Lei nº 5.444, de 30-5-1968.

§ 1º As importações destinadas à União, Estados, Municípios e Distrito Federal, bem como às Autarquias e demais entidades de direito público interno, ficam também sujeitas às normas previstas neste artigo.

§ 2º O Poder Executivo, em relação a empresas produtoras de bens industriais, poderá condicionar a isenção ou redução a exportações compensatórias.

§ 3º As disposições deste artigo aplicam-se aos casos previstos em leis específicas que autorizam a isenção do imposto sobre produtos industrializados nas importações de equipamento para setores de produção determinados, dependendo de lei prévia a ampliação de período e das condições e espécies das isenções.

- §§ 1º a 3º acrescidos pela Lei nº 5.444, de 30-5-1968.

Art. 11. Quando a isenção ou redução for vinculada à qualidade do importador, a transferência de propriedade ou uso, a qualquer título, dos bens obriga, na forma do regulamento, ao prévio recolhimento dos tributos e gravames cambiais, inclusive quando tenham sido dispensados apenas estes gravames.

Parágrafo único. O disposto neste artigo não se aplica aos bens transferidos a qualquer título:

I – a pessoa ou entidades que gozem de igual tratamento fiscal, mediante prévia decisão da autoridade aduaneira;

II – após o decurso do prazo de 5 (cinco) anos da data da outorga da isenção ou redução.

Art. 12. A isenção ou redução, quando vinculada à destinação dos bens, ficará condicionada ao cumprimento das exigências regulamentares, e, quando for o caso, à comprovação posterior do seu efetivo emprego nas finalidades que motivarem a concessão.

Seção II
BAGAGEM

Art. 13. É concedida isenção do imposto de importação, nos termos e condições estabelecidos no regulamento, à bagagem constituída de:

- *Caput* com a redação dada pelo Dec.-lei nº 1.123, de 3-9-1970.

I – roupas e objetos de uso ou consumo pessoal do passageiro, necessários a sua estada no exterior;

II – objetos de qualquer natureza, nos limites de quantidade e/ou valor estabelecidos por ato do Ministro da Fazenda;

III – outros bens de propriedade de:

a) funcionários da carreira diplomática, quando removidos para a Secretaria de Estado das Relações Exteriores, e os que a eles se assemelharem, pelas funções permanentes de caráter diplomático, ao serem dispensados de função exercida no exterior e cujo término importe em seu regresso ao país;

b) servidores públicos civis e militares, servidores de autarquias, empresas públicas e sociedades de economia mista, que regressarem ao país, quando dispensados de qualquer função oficial, de caráter permanente, exercida no exterior por mais de 2 (dois) anos ininterruptamente;

c) brasileiros que regressarem ao país, depois de servirem por mais de dois anos ininterruptos em organismo internacional, de que o Brasil faça parte;

d) estrangeiros radicados no Brasil há mais de 5 (cinco) anos, nas mesmas condições da alínea anterior;

e) pessoas a que se referem as alíneas anteriores, falecidas no período do desempenho de suas funções no exterior;

f) brasileiros radicados no exterior por mais de 5 (cinco) anos ininterruptamente, que transfiram seu domicílio para o país;

g) estrangeiros que transfiram seu domicílio para o país;

h) cientistas, engenheiros e técnicos brasileiros e estrangeiros, radicados no exterior.

- Incisos I a III com a redação dada pelo Dec.-lei nº 1.123, de 3-9-1970.

§ 1º O regulamento disporá sobre o tratamento fiscal a ser dispensado à bagagem do tripulante, aplicando-lhe, no que couber, o disposto neste artigo.

§ 2º A isenção a que aludem as alíneas *f* e *g* só se aplicará aos casos de primeira transferência de domicílio ou, em hipótese de outras transferências, se decorridos 5 (cinco) anos do retôrno da pessoa ao exterior.

§ 3º Para os efeitos fiscais deste artigo, considera-se função oficial permanente, no exterior, a estabelecida regularmente, exercida em terra e que não se extinga com a dispensa do respectivo servidor.

- §§ 1º a 3º com a redação dada pelo Dec.-lei nº 1.123, de 3-9-1970.

LEG. COMPLEMENTAR

§ 4º A isenção de que trata a alínea *h* só será reconhecida quando ocorrerem cumulativamente as seguintes condições:

- *Caput* do § 4º com a redação dada pelo Dec.-lei nº 1.123, de 3-9-1970.

I – que a especialização tecnica do interessado esteja enquadrada em Resolução baixada pelo Conselho Nacional de Pesquisas, antes da sua chegada ao País;

II – que o regresso tenha decorrido de convite do Conselho Nacional de Pesquisas;

III – que o interessado se comprometa, perante o Conselho Nacional de Pesquisas a exercer sua profissão no Brasil durante o prazo mínimo de 5 (cinco) anos, a partir da data do desembaraço dos bens;

- Incisos I a III acrescidos pelo Dec.-lei nº 1.123, de 3-9-1970.

§ 5º Os prazos referido nas alíneas *b* e *c* do inciso III deste artigo, poderão ser relevados, em carater excepcional pelo Ministro da Fazenda, por proposta do Ministro a que o servidor estiver subordinado, atendidas as seguintes condições cumulativas;

- *Caput* do § 5º com a redação dada pelo Dec.-lei nº 1.123, de 3-9-1970.

I – designação para função permanente no exterior por prazo superior a 2 (dois) anos;

II – regresso ao país antes de decorrido o prazo previsto na alínea anterior, por motivo de interesse nacional;

III – que a interrupção da função tenha se dado, no mínimo, após 1 (ano) ano de permanência no exterior.

- Incisos I a III acrescidos pelo Dec.-lei nº 1.123, de 3-9-1970.

Seção III

BENS DE INTERESSE PARA O DESENVOLVIMENTO ECONÔMICO

Art. 14. Poderá ser concedida isenção do imposto de importação, nos termos e condições estabelecidas no regulamento:

I – Aos bens de capital destinados à implantação, ampliação e reaparelhamento de empreendimentos de fundamental interêsse para o desenvolvimento econômico do país;

II – aos bens importados para construção, execução, exploração, conservação e ampliação dos serviços públicos explorados diretamente pelo Poder Público, empresas públicas, sociedades de economia mista e empresas concessionárias ou permissionárias;

III – aos bens destinados a complementar equipamentos, veículos, embarcações, semelhantes fabricados no país, quando a importação for processada por fabricantes com plano de industrialização e programa de nacionalização, aproveitados pelos órgãos competentes;

IV – as máquinas, aparelhos, partes, peças complementares e semelhantes, destinados à fabricação de equipamentos no país por empresas que hajam vencido concorrência internacional referente a projeto de desenvolvimento de atividades básicas.

§ 1º Na concessão a que se refere o inciso I serão consideradas as peculiaridades regionais e observados os critérios de prioridade setorial estabelecidos por órgãos federais de investimento ou planejamento econômico.

§ 2º Compreendem-se, exclusivamente, na isenção do inciso I os bens indicados em projetos que forem analisados e aprovados por órgãos governamentais de investimento ou planejamento.

§ 3º Na concepção prevista no inciso II, exigir-se-á a apresentação de projetos e programas aprovados pelo órgão a que estiver técnica e normativamente subordinada a atividade correspondente.

§ 4º O direito à isenção prevista neste artigo será declarado em resolução do Conselho de Política Aduaneira, nos termos do artigo 27 da Lei nº 3.244, de 14 de agosto de 1957.

Seção IV

ISENÇÕES DIVERSAS

Art. 15. É concedida isenção do imposto de importação nos termos, limites e condições estabelecidos no regulamento:

I – à União, Estados, Distrito Federal e Municípios;

II – às autarquias e demais entidades de direito público interno;

III – às instituições científicas, educacionais e de assistência social;

IV – às missões diplomáticas e repartições consulares de caráter permanente, e a seus integrantes;

V – às representações de órgãos internacionais e regionais de caráter permanente, de que o Brasil seja membro, e a seus funcionários, peritos, técnicos e consultores estrangeiros, que gozarão do tratamento aduaneiro outorgado ao corpo diplomático quanto às suas bagagens, automóveis, móveis e bens de consumo, enquanto exercerem suas funções de caráter permanente;

VI – às amostras comerciais e às remessas postais internacionais, sem valor comercial;

VII – aos materiais de reposição e conserto para uso de embarcações ou aeronaves, estrangeiras;

VIII – às sementes, espécies vegetais para plantio e animais reprodutores;

IX – aos aparelhos, motores, reatores, peças e acessórios de aeronaves importados por estabelecimento com oficina especializada, comprovadamente destinados à manutenção, revisão e reparo de aeronaves ou de seus componentes, bem como aos equipamentos, aparelhos, instrumentos, máquinas, ferramentas e materiais específicos indispensáveis à execução dos respectivos serviços;

- Inciso IX com a redação dada pelo Dec.-lei nº 1.639, de 18-10-1978.

X – *Revogado*. Dec.-lei nº 2.433, de 19-5-1988;

XI – às aeronaves, suas partes, peças e demais materiais de manutenção e reparo, aparelhos e materiais de radiocomunicação, equipamentos de terra e equipamentos para treinamento de pessoal e segurança de voo, materiais destinados às oficinas de manutenção e de reparo de aeronave nos aeroportos, bases e hangares, importados por empresas nacionais concessionárias de linhas regulares de transporte aéreo, por aeroclubes, considerados de utilidade pública, com funcionamento regular, e por empresas que explorem serviços de táxis-aéreos;

XII – às aeronaves, equipamentos e material técnico, destinados a operações de aerolevantamento e importados por empresas de capital exclusivamente nacional que explorem atividades pertinentes, conforme previstas na legislação específica sobre aerolevantamento.

- Inciso XII com a redação dada pelo Dec.-lei nº 1.639, de 18-10-1978.

Art. 16. Somente podem importar papel com isenção de tributos as pessoas naturais ou jurídicas responsáveis pela exploração da indústria de livro ou de jornal, ou de outra publicação periódica que não contenha, exclusivamente, matéria de propaganda comercial, na forma e mediante o preenchimento dos requisitos indicados no regulamento.

§ 1º As empresas estabelecido no país, como representantes de papel com sede no exterior, dependerão de autorização do Ministro da Fazenda, renovável em cada exercício e seu juízo, para também realizarem a importação, deste que o papel se destina ao uso exclusivo das pessoas a que se refere este artigo.

- § 1º com a redação dada pelo Dec.-lei nº 751, de 8-8-1969.

§ 2º As gráficas que imprimirem publicações das pessoas de que trata este artigo estão igualmente obrigadas ao cumprimento das exigências do regulamento.

§ 3º Não se incluem nas disposições deste artigo catálogos, listas de preços e publicações semelhantes, jornais ou revistas de propaganda de sociedades, comerciais ou não.

§ 4º Poderá ser autorizada a venda de aparas e de bobinas impróprias para impressão, quando destinadas à utilização como matéria-prima.

§ 5º A Secretaria da Receita Federal baixará as normas da escrituração especial a que ficam obrigadas as empresas mencionadas neste artigo, registrando quantidade, origem e destino do papel adquirido ou importado.

- § 5º acrescido pelo Dec.-lei nº 751, de 8-8-1969.

Seção V

SIMILARIDADE

Art. 17. A isenção do imposto de importação somente beneficia produto sem similar nacional, em condições de substituir o importado.

- Art. 1º da Lei nº 9.449, de 14-3-1997, que reduz o Imposto de Importação para os produtos que especifica.
- Súm. nº 89 do STF.

Parágrafo único. Excluem-se do disposto neste artigo:

I – Os casos previstos no artigo 13 e nos incisos IV a VIII do artigo 15 deste decreto-lei e no artigo 4º da Lei nº 3.244, de 14 de agosto de 1957;

II – as partes, pecas, acessórios, ferramentas e utensílios:

a) que, em quantidade normal, acompanham o aparelho, instrumento, máquina ou equipamento;

b) destinados, exclusivamente, na forma do regulamento, ao reparo ou manutenção de aparelho, instrumento, máquina ou equipamento de procedência estrangeira, instalado ou em funcionamento no país.

III – Os casos de importações resultando de concorrência com financiamento internacional superior a 15 (quinze) anos, em que tiver sido assegurada a participação da indústria nacional com uma margem de proteção não inferior a 15% (quinze por cento) sobre o preço CIF, porto de desembarque brasileiro, de equipamento estrangeiro oferecido de acordo com as normas que regulam a matéria;

IV – *Revogado*. Dec.-lei nº 2.433, de 19-5-1988;

V – bens doados, destinados a fins culturais, científicos e assistenciais, desde que os beneficiários sejam entidades sem fins lucrativos.

- Inciso V acrescido pela Lei nº 10.833, de 29-12-2003.

Art. 18. O Conselho de Política Aduaneira formulará critérios, gerais ou específicos, para julgamento da similaridade, à vista das condições de oferta do produto nacional, e observadas as seguintes normas básicas:

- Art. 20, II, do CTN.
- Art. 1º da Lei nº 9.449, de 14-3-1997, que reduz o Imposto de Importação para os produtos que especifica.

I – Preço não superior ao custo de importação em cruzeiros do similar estrangeiro, calculado com base no preço normal, acrescido dos tributos que incidem sobre a importação, e de outros encargos de efetivo equivalente;

II – prazo de entrega normal ou corrente para o mesmo tipo de mercadoria;

III – qualidade equivalente e especificações adequadas.

§ 1º Ao formular critérios de similaridade, o Conselho de Política Aduaneira considerará a orientação de órgãos governamentais incumbidos da política relativa a produtos ou a setores de produção.

§ 2º Quando se tratar de projeto de interêsse econômico fundamental, financiado por entidade internacional de crédito, poderão ser consideradas, para efeito de aplicação do disposto neste artigo, as condições especiais que regularem a participação da indústria nacional no fornecimento de bens.

§ 3º Não será aplicável o conceito de similaridade quando importar em fracionamento de peça ou máquina, com prejuízo da garantia de bom funcionamento ou com retardamento substancial no prazo de entrega ou montagem.

Art. 19. A apuração da similaridade deverá ser feita pelo Conselho de Política Aduaneira, diretamente ou em colaboração com outros órgãos governamentais ou entidades de classe, antes da importação.

Parágrafo único. Os critérios de similaridade fixados na forma estabelecida neste Decreto-Lei e seu regulamento serão observados pela Carteira de Comércio Exterior, quando do exame dos pedidos de importação.

Art. 20. Independem de apuração, para serem considerados similares, os produtos naturais ou com beneficiamento primário, as matérias-primas e os bens de consumo, de notória produção no país.

Art. 21. No caso das disposições da Tarifa Aduaneira que condicionam a incidência do imposto ou o nível de alíquota à exigência de similar registrado, o Conselho de Política Aduaneira publicará a relação dos produtos com similar nacional.

CAPÍTULO IV

CÁLCULO E RECOLHIMENTO DO IMPOSTO

Art. 22. O imposto será calculado pela aplicação, das alíquotas previstas na Tarifa Aduaneira, sobre a base de cálculo definida no Capítulo II deste título.

Art. 23. Quando se tratar de mercadoria despachada para consumo, considera-se ocorrido o fato gerador na data do registro, na repartição aduaneira, da declaração a que se refere o artigo 44.

- Art. 19 do CTN.

Parágrafo único. A mercadoria ficará sujeita aos tributos vigorantes na data em que a autoridade aduaneira efetuar o correspondente lançamento de ofício no caso de:

I – falta, na hipótese a que se refere o § 2º do art. 1º; e

II – introdução no País sem o registro de declaração de importação, a que se refere o inciso III do § 4º do art. 1º.

- Parágrafo único com a redação dada pela Lei nº 12.350, de 20-12-2010.

Art. 24. Para efeito de cálculo do imposto, os valores expressos em moeda estrangeira serão convertidos em moeda nacional à taxa de câmbio vigente no momento da ocorrência do fato gerador.

Parágrafo único. A taxa a que se refere este artigo será estabelecida para venda da moeda respectiva no último dia útil de cada semana, para vigência na semana subsequente.

- Parágrafo único com a redação dada pela Lei nº 7.683, de 2-12-1988.
- Art. 106 da Lei nº 8.981, de 20-1-1995, que altera a legislação tributária federal.

Art. 25. Na ocorrência de dano casual ou de acidente, o valor aduaneiro da mercadoria será reduzido proporcionalmente ao prejuízo, para efeito de cálculo dos tributos devidos, observado o disposto no art. 60.

- Artigo com a redação dada pela Lei nº 12.350, de 20-12-2010.

Art. 26. Na transferência de propriedade ou uso de bens prevista no art. 11, os tributos e gravames cambiais dispensados quando da importação, serão reajustados pela aplicação dos índices de correção monetária fixados pelo Conselho Nacional de Economia e das taxas de depreciação estabelecidas no regulamento.

Art. 27. O recolhimento do imposto será realizado na forma e momento indicados no regulamento.

CAPÍTULO V
RESTITUIÇÃO

Art. 28. Conceder-se-á restituição do imposto, na forma do regulamento:

I – quando apurado excesso no pagamento, decorrente de erro de cálculo ou de aplicação de alíquota;

II – quando houver dano ou avaria, perda ou extravio.

§ 1º A restituição de tributos independe da iniciativa do contribuinte, podendo processar-se de ofício, como estabelecer o regulamento, sempre que se apurar excesso de pagamento na conformidade deste artigo.

§ 2º As reclamações do importador quanto a erro ou engano, nas declarações, sobre quantidade ou qualidade da mercadoria, ou no caso do inciso II deste artigo, deverão ser apresentadas antes de sua saída de recintos aduaneiros.

Art. 29. A restituição será efetuada, mediante anulação contábil da respectiva receita, pela autoridade incumbida de promover a cobrança originária, a qual, ao reconhecer o direito creditório contra a Fazenda Nacional, autorizará a entrega da importância considerada indevida.

§ 1º Quando a importância a ser restituída for superior a Cr$ 5.000.000 (cinco milhões de cruzeiros) o chefe da repartição aduaneira recorrerá de ofício para o Diretor do Departamento de Rendas Aduaneiras.

§ 2º Nos casos de que trata o parágrafo anterior, a importância da restituição será classificada em conta de responsáveis, a débito dos beneficiários, até que seja anotada a decisão do Diretor do Departamento de Rendas Aduaneiras.

Art. 30. Na restituição de depósitos, que também poderá processar-se de ofício, a importância da correção monetária, de que trata o art. 7º, § 3º, da Lei nº 4.357, de 16 de julho de 1964, obedecerá igualmente ao que dispõe o artigo anterior.

CAPÍTULO VI
CONTRIBUINTES E RESPONSÁVEIS

Art. 31. É contribuinte do imposto:

I – o importador, assim considerada qualquer pessoa que promova a entrada de mercadoria estrangeira no Território Nacional;

II – o destinatário de remessa postal internacional indicado pelo respectivo remetente;

III – o adquirente de mercadoria entrepostada.

- Art. 31 com a redação dada pelo Dec.-lei nº 2.472, de 1º-9-1988.

Art. 32. É responsável pelo imposto:

I – o transportador, quando transportar mercadoria procedente do exterior ou sob controle aduaneiro, inclusive em percurso interno;

II – o depositário, assim considerada qualquer pessoa incumbida da custódia de mercadoria sob controle aduaneiro.

- Incisos I e II acrescidos pelo Dec.-lei nº 2.472, de 1º-9-1988.

Parágrafo único. É responsável solidário:

- *Caput* do parágrafo único acrescido pelo Dec.-lei nº 2.472, de 1º-9-1988.

I – o adquirente ou cessionário da mercadoria beneficiada com isenção ou redução do imposto;

II – o representante, no País, do transportador estrangeiro;

- Incisos I e II com a redação dada pela MP nº 2.158-35, de 24-8-2004.

c) o adquirente de mercadoria de procedência estrangeira, no caso de importação realizada por sua conta e ordem, por intermédio de pessoa jurídica importadora;

- A Lei nº 11.281, de 20-2-2006, reproduziu a redação do antigo inciso III, sem alterações, transformando-o nesta alínea *c*.

d) o encomendante predeterminado que adquire mercadoria de procedência estrangeira de pessoa jurídica importadora.

- Alínea *d* acrescida pela Lei nº 11.281, de 20-2-2006.

TÍTULO II – CONTROLE ADUANEIRO

CAPÍTULO I
JURISDIÇÃO DOS SERVIÇOS ADUANEIROS

Art. 33. A jurisdição dos serviços aduaneiros se estende por todo o território aduaneiro, e abrange:

I – zona primária – compreendendo as faixas internas de portos e aeroportos, recintos alfandegados e locais habilitados nas fronteiras terrestres, bem como outras áreas nos quais se efetuem operações de carga e descarga de mercadoria, ou embarque e desembarque de passageiros, procedentes do exterior ou a ele destinados;

II – zona secundária – compreendendo a parte restante do território nacional, nela incluídos as águas territoriais e o espaço aéreo correspondente.

Parágrafo único. Para efeito de adoção de medidas de controle fiscal, poderão ser demarcadas, na orla marítima e na faixa de fronteira, zonas de vigilância aduaneira, nas quais a existência e a circulação de mercadoria estarão sujeitas às cautelas fiscais, proibições e restrições que forem prescritas no regulamento.

Art. 34. O regulamento disporá sobre:

I – registro de pessoas que cruzem as fronteiras;

II – apresentação de mercadorias às autoridades aduaneiras da jurisdição dos portos, aeroportos e outros locais de entrada e saída do território aduaneiro;

III – controle de veículos, mercadorias, animais e pessoas, na zona primária e na zona de vigilância aduaneira;

IV – apuração de infrações por descumprimento de medidas de controle estabelecidas pela legislação aduaneira.

Art. 35. Em tudo o que interessar à fiscalização aduaneira, na zona primária, a autoridade aduaneira tem precedência sobre as demais que ali exercem suas atribuições.

Art. 36. A fiscalização aduaneira poderá ser ininterrupta, em horários determinados, ou eventual, nos portos, aeroportos, pontos de fronteira e recintos alfandegados.

- *Caput* com a redação dada pela Lei nº 10.833, de 29-12-2003.

§ 1º A administração aduaneira determinará os horários e as condições de realização dos serviços aduaneiros, nos locais referidos no *caput*.

- § 1º com a redação dada pela Lei nº 10.833, de 29-12-2003.

§ 2º O atendimento em dias e horas fora do expediente normal da repartição aduaneira é considerado serviço extraordinário, caso em que os interessados deverão, na forma estabelecida em regulamento, ressarcir a Administração das despesas decorrentes dos serviços a eles efetivamente prestados, como tais também compreendida a remuneração dos funcionários.

- § 2º acrescido pelo Dec.-lei nº 2.472, de 1-9-1988.

CAPÍTULO II

NORMAS GERAIS DO CONTROLE ADUANEIRO DOS VEÍCULOS

Art. 37. O transportador deve prestar à Secretaria da Receita Federal, na forma e no prazo por ela estabelecidos, as informações sobre as cargas transportadas, bem como sobre a chegada de veículo procedente do exterior ou a ele destinado.

- *Caput* com a redação dada pela Lei nº 10.833, de 29-12-2003.

§ 1º O agente de carga, assim considerada qualquer pessoa que, em nome do importador ou do exportador, contrate o transporte de mercadoria, consolide ou desconsolide cargas e preste serviços conexos, e o operador portuário, também devem prestar as informações sobre as operações que executem e respectivas cargas.

§ 2º Não poderá ser efetuada qualquer operação de carga ou descarga, em embarcações, enquanto não forem prestadas as informações referidas neste artigo.

§ 3º A Secretaria da Receita Federal fica dispensada de participar da visita a embarcações prevista no art. 32 da Lei nº 5.025, de 10 de junho de 1966.

- §§ 1º a 3º com a redação dada pela Lei nº 10.833, de 29-12-2003.

§ 4º A autoridade aduaneira poderá proceder às buscas em veículos necessárias para prevenir e reprimir a ocorrência de infração à legislação, inclusive em momento anterior à prestação das informações referidas no *caput*.

- Antigo parágrafo único transformado em § 4º e com a redação dada pela Lei nº 10.833, de 29-12-2003.

Art. 38. O regulamento estabelecerá as normas de disciplina aduaneira a que ficam obrigados os veículos, seus tripulantes e passageiros na zona primária, ou quando sujeitos à fiscalização.

Art. 39. A mercadoria procedente do exterior e transportada por qualquer via será registrada em manifesto ou outras declarações de efeito equivalente, para apresentação à autoridade aduaneira, como dispuser o regulamento.

§ 1º O manifesto será submetido a conferência final para apuração de responsabilidade por eventuais diferenças quanto a falta ou acréscimo de mercadoria.

§ 2º O veículo responde pelos débitos fiscais, inclusive os decorrentes de multas aplicadas aos transportadores da carga ou a seus condutores.

§ 3º O veículo poderá ser liberado, antes da conferência final do manifesto, mediante termo de responsabilidade firmado pelo representante do transportador, no País, quanto aos tributos, multas e demais obrigações que venham a ser apuradas.

- § 3º com a redação dada pelo Dec.-lei nº 2.472, de 1º-9-1988.

Art. 40. A autoridade aduaneira disciplinará o funcionamento de lojas, bares e semelhantes, instalados em embarcações, aeronaves e outros veículos empregados no transporte internacional, de modo a impedir a venda de produtos com descumprimento da legislação aduaneira.

Art. 41. Para efeitos fiscais, os transportadores respondem pelo conteúdo dos volumes, quando:

I – ficar apurado ter havido, após o embarque, substituição de mercadoria;

II – houver falta de mercadoria em volume descarregado com indícios de violação;

III – o volume for descarregado com peso ou dimensão inferior ao manifesto ou documento de efeito equivalente, ou ainda do conhecimento de carga.

Art. 42. A autoridade aduaneira poderá impedir a saída, da zona primária, de veículo que não haja satisfeito as exigências legais ou regulamentares.

Art. 43. O disposto neste Capítulo se aplica igualmente aos veículos militares utilizados no transporte de mercadoria.

Seção I

DESPACHO ADUANEIRO

Art. 44. Toda mercadoria procedente do exterior por qualquer via, destinada a consumo ou a outro regime, sujeita ou não ao pagamento do imposto, deverá ser submetida a despacho aduaneiro, que será processado com base em declaração apresentada à repartição aduaneira no prazo e na forma prescritos em regulamento.

Art. 45. As declarações do importador subsistem para quaisquer efeitos fiscais, ainda quando o despacho seja interrompido e a mercadoria abandonada.

- Arts. 44 e 45 com a redação dada pelo Dec.-lei nº 2.472, de 1-9-1988.

Art. 46. Além da declaração de que trata o art. 44 deste Decreto-Lei e de outros documentos previstos em leis ou regulamentos, serão exigidas, para o processamento do despacho aduaneiro, a prova de posse ou propriedade da mercadoria e a fatura comercial, com as exceções que estabelecer o regulamento.

- *Caput* com a redação dada pelo Dec.-lei nº 2.472, de 1-9-1988.

§ 1º O conhecimento aéreo poderá equiparar-se à fatura comercial, se contiver as indicações de quantidade, espécie e valor das mercadorias que lhe correspondam.

§ 2º O regulamento disporá sobre dispensa de visto consular na fatura.

- §§ 1º e 2º acrescidos pelo Dec.-lei nº 2.472, de 1º-9-1988.

Art. 47. Quando exigível depósito ou pagamento de quaisquer ônus financeiros ou cambiais, a tramitação do despacho aduaneiro ficará sujeita à prévia satisfação da mencionada exigência.

Art. 48. Na hipótese de mercadoria, cuja importação esteja sujeita a restrições especiais distintas das de natureza cambial, que chegar ao País com inobservância das formalidades pertinentes, a autoridade aduaneira procederá de acordo com as leis e regulamentos que hajam estabelecido as referidas restrições.

Art. 49. O despacho aduaneiro poderá ser efetuado em zona primária ou em outros locais admitidos pela autoridade aduaneira.

- Arts. 47 a 49 com a redação dada pelo Dec.-lei nº 2.472, de 1º-9-1988.

Art. 50. A verificação de mercadoria, na conferência aduaneira ou em outra ocasião, será realizada por Auditor-Fiscal da Receita Federal do Brasil ou, sob a sua supervisão, por Analista-Tributário, na presença do viajante, do importador, do exportador ou de seus representantes, podendo ser adotados critérios de seleção e amostragem, de conformidade com o estabelecido pela Secretaria da Receita Federal do Brasil.

- *Caput* com a redação dada pela Lei nº 12.350, de 20-12-2010.

§ 1º Na hipótese de mercadoria depositada em recinto alfandegado, a verificação poderá ser realizada na presença do depositário ou de seus prepostos, dispensada a exigência da presença do importador ou do exportador.

§ 2º A verificação de bagagem ou de outra mercadoria que esteja sob a responsabilidade do transportador poderá ser realizada na presença deste ou de seus prepostos, dispensada a exigência da presença do viajante, do importador ou do exportador.

§ 3º Nas hipóteses dos §§ 1º e 2º, o depositário e o transportador, ou seus prepostos, representam o viajante, o importador ou o exportador, para efeitos de identificação, quantificação e descrição da mercadoria verificada.

- §§ 1º a 3º acrescidos pela Lei nº 10.833, de 29-12-2003.

Art. 51. Concluída a conferência aduaneira, sem exigência fiscal relativamente a valor aduaneiro, classificação ou outros elementos do despacho, a mercadoria será desembaraçada e posta à disposição do importador.

- *Caput* com a redação dada pelo Dec.-lei nº 2.472, de 1º-9-1988.

§ 1º Se, no curso da conferência aduaneira, houver exigência fiscal na forma deste artigo, a mercadoria poderá ser desembaraçada, desde que, na forma do regulamento, sejam adotadas as indispensáveis cautelas fiscais.

§ 2º O regulamento disporá sobre os casos em que a mercadoria poderá ser posta à disposição do importador antecipadamente ao desembaraço.

- §§ 1º e 2º acrescidos pelo Dec.-lei nº 2.472, de 1º-9-1988.

Art. 52. O regulamento poderá estabelecer procedimentos para simplificação do despacho aduaneiro.

- *Caput* com a redação dada pelo Dec.-lei nº 2.472, de 1º-9-1988.

Parágrafo único. A utilização dos procedimentos de que trata este artigo constituirá tratamento especial que poderá ser extinto, cassado ou suspenso, por conveniência administrativa ou por inobservância das regras estabelecidas.

- Parágrafo único acrescido pelo Dec.-lei nº 2.472, de 1º-9-1988.

Art. 53. O Ministro da Fazenda poderá autorizar a adoção, em casos determinados, de procedimentos especiais com relação à mercadoria introduzida no País sob fundada suspeita de ilegalidade, com o fim específico de facilitar a identificação de eventuais responsáveis.

- Artigo com a redação dada pelo Dec.-lei nº 2.472, de 1º-9-1988.

Seção II

CONCLUSÃO DO DESPACHO

Art. 54. A apuração da regularidade do pagamento do imposto e demais gravames devidos à Fazenda Nacional ou do benefício fiscal aplicado, e da exatidão das informações prestadas pelo importador será realizada na forma que estabelecer o regulamento e processada no prazo de 5 (cinco) anos, contado do registro da declaração de que trata o art. 44 deste Decreto-Lei.

- Artigo com a redação dada pelo Dec.-lei nº 2.472, de 1º-9-1988.

CAPÍTULO IV

NORMAS ESPECIAIS DE CONTROLE ADUANEIRO DAS MERCADORIAS

Seção I

MERCADORIA PROVENIENTE DE NAUFRÁGIO E OUTROS ACIDENTES

Art. 55. A mercadoria lançada às costas e praias interiores, por força de naufrágio das embarcações ou de medidas de segurança de sua navegação, e a que seja recolhida em águas territoriais, deverá ser encaminhada à repartição aduaneira mais próxima.

§ 1º Aplica-se a norma deste artigo, no que couber:

a) à mercadoria lançada ao solo ou às águas territoriais, por aeronaves, ou nestas recolhida, em virtude de sinistro ou pouso de emergência;

b) a eventos semelhantes, nos transportes terrestres.

§ 2º A disposição deste artigo alcança apenas o veículo em viagem internacional, salvo quanto à mercadoria estrangeira sob regime de trânsito aduaneiro.

Art. 56. A repartição aduaneira fará notificar o proprietário da mercadoria para despachá-la no prazo de 60 (sessenta) dias, sob pena de ser havida como abandonada.

Parágrafo único. A questão suscitada quanto à entrega dos salvados não modifica a figura de abandono em que incorrer a mercadoria, na forma deste artigo, salvo se proposta perante a autoridade judicial.

Art. 57. A pessoa que entregar mercadoria nas condições deste Capítulo fará jus a uma gratificação equivalente a 10% (dez por cento) do valor da venda em hasta pública.

Seção II

MERCADORIA ABANDONADA

Art. 58. Considera-se abandonada a mercadoria que permanecer nos recintos aduaneiros além dos prazos e nas condições a seguir indicadas:

I – 30 (trinta) dias após a descarga, ou a arrematação sem que tenha sido iniciado seu despacho;

II – 15 (quinze) dias da data da interrupção do despacho por ação ou omissão do importador ou seu representante;

III – 60 (sessenta) dias da data da notificação a que se refere o art.56, nos casos previstos no art. 55;

IV – 30 (trinta) dias após esgotar-se o prazo fixado para permanência em entreposto aduaneiro.

§ 1º A mercadoria cujo despacho não for iniciado dentro dos prazos fixados neste artigo será obrigatoriamente indicada à repartição aduaneira pelo depositário.

§ 2º Não se aplica a disposição deste artigo às remessas postais internacionais e à mercadoria apreendida.

Art. 59. Aquele que abandonar mercadoria depois de haver iniciado seu despacho fica obrigado ao pagamento da diferença entre o valor da arrematação e o dos gravames que seriam devidos se a mercadoria fosse regularmente despachada para consumo.

Seção III

MERCADORIA AVARIADA E EXTRAVIADA

Art. 60. Considerar-se-á, para efeitos fiscais:

I – dano ou avaria – qualquer prejuízo que sofrer a mercadoria ou seu envoltório;

II – extravio – toda e qualquer falta de mercadoria, ressalvados os casos de erro inequívoco ou comprovado de expedição.

- Inciso II com a redação dada pela Lei nº 12.350, de 20-12-2010.

§ 1º Os créditos relativos aos tributos e direitos correspondentes às mercadorias extraviadas na importação serão exigidos do responsável mediante lançamento de ofício.

§ 2º Para os efeitos do disposto no § 1º, considera-se responsável:

I – o transportador, quando constatado o extravio até a conclusão da descarga da mercadoria no local ou recinto alfandegado, observado o disposto no art. 41; ou

II – o depositário, quando o extravio for constatado em mercadoria sob sua custódia, em momento posterior ao referido no inciso I.

§ 3º Fica dispensado o lançamento de ofício de que trata o § 1º na hipótese de o importador ou de o responsável assumir espontaneamente o pagamento dos tributos.

• §§ 1º a 3º com a redação dada pela Lei nº 12.350, de 20-12-2010.

Seção IV

REMESSAS POSTAIS INTERNACIONAIS

Art. 61. As normas deste Decreto-Lei aplicam-se, no que couber, às remessas postais internacionais sujeitas a controle aduaneiro, ressalvado o disposto nos atos internacionais pertinentes.

Seção V

CABOTAGEM

Art. 62. O regulamento disporá sobre as cautelas fiscais a serem adotadas no transporte por cabotagem, assim entendido o efetuado entre portos e aeroportos nacionais.

CAPÍTULO V

LEILÕES

Arts. 63 a 70. *Revogados.* Lei nº 12.350, de 20-12-2010.

TÍTULO III – REGIMES ADUANEIROS ESPECIAIS

CAPÍTULO I

DISPOSIÇÕES GERAIS

Art. 71. Poderá ser concedida suspensão do imposto incidente na importação de mercadoria despachada sob regime aduaneiro especial, na forma e nas condições previstas em regulamento, por prazo não superior a 1 (um) ano, ressalvado o disposto no § 3º, deste artigo.

• *Caput* com a redação dada pelo Dec.-lei nº 2.472, de 1-9-1988.

§ 1º O prazo estabelecido neste artigo poderá ser prorrogado, a juízo da autoridade aduaneira, por período não superior, no total, a 5 (cinco) anos.

§ 2º A título excepcional, em casos devidamente justificados, a critério do Ministro da Fazenda, o prazo de que trata este artigo poderá ser prorrogado por período superior a 5 (cinco) anos.

§ 3º Quando o regime aduaneiro especial for aplicado à mercadoria vinculada a contrato de prestação de serviços por prazo certo, de relevante interesse nacional, nos termos e condições previstos em regulamento, o prazo de que trata este artigo será o previsto no contrato, prorrogável na mesma medida deste.

§ 4º A autoridade aduaneira, na forma e nas condições prescritas em regulamento, poderá delimitar áreas destinadas a atividades econômicas vinculadas a regime aduaneiro especial, em que se suspendam os efeitos fiscais destas decorrentes, pendentes sobre as mercadorias de que forem objeto.

• §§ 1º a 4º com a redação dada pelo Dec.-lei nº 2.472, de 1º-9-1988.

§ 5º O despacho aduaneiro de mercadoria sob regime aduaneiro especial obedecerá, no que couber, às disposições contidas nos artigos 44 a 53 deste Decreto-Lei.

§ 6º Não será desembaraçada para reexportação a mercadoria sujeita à multa, enquanto não for efetuado o pagamento desta.

• §§ 5º e 6º acrescidos pelo Dec.-lei nº 2.472, de 1º-9-1988.

Art. 72. Ressalvado o disposto no Capítulo V deste Título, as obrigações fiscais relativas à mercadoria sujeita a regime aduaneiro especial serão constituídas em termo de responsabilidade.

• *Caput* com a redação dada pelo Dec.-lei nº 2.472, de 1º-9-1988.

§ 1º No caso deste artigo, a autoridade aduaneira poderá exigir garantia real ou pessoal.

§ 2º O termo de responsabilidade é título representativo de direito líquido e certo da Fazenda Nacional com relação às obrigações fiscais nele constituídas.

§ 3º O termo de responsabilidade não formalizado por quantia certa será liquidado à vista dos elementos constantes do despacho aduaneiro a que estiver vinculado.

§ 4º Aplicam-se as disposições deste artigo e seus parágrafos, no que couber, ao termo de responsabilidade para cumprimento de formalidade ou apresentação de documento.

• §§ 1º a 4º acrescidos pelo Dec.-lei nº 2.472, de 1º-9-1988.

CAPÍTULO II

TRÂNSITO ADUANEIRO

Art. 73. O regime de trânsito é o que permite o transporte de mercadoria sob controle aduaneiro, de um ponto a outro do território aduaneiro, com suspensão de tributos.

Parágrafo único. Aplica-se, igualmente, o regime de trânsito ao transporte de mercadoria destinada ao exterior.

Art. 74. O termo de responsabilidade para garantia de transporte de mercadoria conterá os registros necessários a assegurar a eventual liquidação e cobrança de tributos e gravames cambiais.

§ 1º A mercadoria cuja chegada ao destino não for comprovada ficará sujeita aos tributos vigorantes na data da assinatura do termo de responsabilidade.

§ 2º Considerada a natureza do meio de transporte utilizado, o regulamento poderá estabelecer outras medidas de segurança julgadas úteis a permitir, no ponto de destino ou de saída do território aduaneiro, a identificação da mercadoria.

§ 3º É facultado à autoridade aduaneira exigir que o despacho de trânsito seja efetuado com os requisitos exigidos no despacho de importação para consumo.

CAPÍTULO III

IMPORTAÇÕES VINCULADAS À EXPORTAÇÃO

Art. 75. Poderá ser concedida, na forma e condições do regulamento, suspensão dos tributos que incidem sobre a importação de bens que devam permanecer no país durante prazo fixado.

§ 1º A aplicação do regime de admissão temporária ficará sujeita ao cumprimento das seguintes condições básicas:

I – garantia de tributos e gravames devidos, mediante depósito ou termo de responsabilidade;

II – utilização dos bens dentro do prazo da concessão e exclusivamente nos fins previstos;

III – identificação dos bens.

§ 2º A admissão temporária de automóveis, motocicletas e outros veículos será concedida na forma deste artigo ou de atos internacionais subscritos pelo Governo brasileiro e, no caso de aeronave, na conformidade, ainda, de normas fixadas pelo Ministério da Aeronáutica.

§ 3º A disposição do parágrafo anterior somente se aplica aos bens de pessoa que entrar no país em caráter temporário.

§ 4º A Secretaria da Receita Federal do Brasil disporá sobre os casos em que poderá ser dispensada a garantia a que se refere o inciso I do § 1º.

• § 4º com a redação dada pela Lei nº 12.350, de 20-12-2010.

Art. 76. O Departamento de Rendas Aduaneiras poderá disciplinar, com a adoção das cautelas que forem necessárias a entrada dos bens a que se refere o § 2º do artigo anterior, quando importados por brasileiro domiciliado ou residente no exterior, que entre no país em viagem temporária.

Art. 77. Os bens importados sob o regime de admissão temporária poderão ser despachados, posteriormente, para consumo, mediante cumprimento prévio das exigências legais e regulamentares.

Art. 78. Poderá ser concedida, nos termos e condições estabelecidas no regulamento:

I – restituição, total ou parcial, dos tributos que hajam incidido sobre a importação de mercadoria exportada após beneficiamento, ou utilizada na fabricação, complementação ou acondicionamento de outra exportada;

II – suspensão do pagamento dos tributos sobre a importação de mercadoria a ser exportada após beneficiamento, ou destinada à fabricação, complementação ou acondicionamento de outra a ser exportada;

III – isenção dos tributos que incidirem sobre importação de mercadoria, em quantidade e qualidade equivalentes à utilizada no beneficiamento, fabricação, complementação ou acondicionamento de produto exportado.

§ 1º A restituição de que trata este artigo poderá ser feita mediante crédito da importância correspondente, a ser ressarcida em importação posterior.

§ 2º *Revogado.* Lei nº 12.350, de 20-12-2010.

§ 3º Aplicam-se a este artigo, no que couber, as disposições do § 1º do art. 75.

CAPÍTULO IV

ENTREPOSTO ADUANEIRO

Arts. 79 a 88. *Revogados.* Dec.-lei nº 1.455, de 7-4-1976.

CAPÍTULO V

ENTREPOSTO INDUSTRIAL

Art. 89. O regime de entreposto industrial permite, a empresa que importe mercadoria na conformidade dos regimes previstos no art.78, transformá-la, sob controle aduaneiro, em produtos destinados a exportação e, se for o caso, também ao mercado interno.

Art. 90. A aplicação do regime de entreposto industrial será autorizada pelo Ministro da Fazenda, observadas as seguintes condições básicas, conforme dispuser o regulamento:

I – prazo da concessão;

II – quantidade máxima de mercadoria importada a ser depositada no entreposto e prazo de sua utilização;

III – percentagem mínima da produção total a ser obrigatoriamente exportada.

§ 1º O regime de entreposto industrial será aplicado a título precário, podendo ser cancelado a qualquer tempo, no caso de descumprimento das normas legais e regulamentares.

§ 2º Findo o prazo do regime de entreposto industrial, serão cobrados os tributos devidos por mercadoria ainda depositada.

§ 3º O regulamento disporá sobre as medidas de controle fiscal a serem adotadas pelo Departamento de Rendas Aduaneiras.

§ 4º Aplicam-se a este capítulo, no que couber, as disposições dos Capítulos III e IV.

Art. 91. No caso de despacho para consumo dos produtos resultantes de transformação ou elaboração, o imposto será cobrado segundo a espécie e quantidade das matérias-primas e componentes utilizados naqueles produtos.

CAPÍTULO VI

EXPORTAÇÃO TEMPORÁRIA

Art. 92. Poderá ser autorizada, nos termos do regulamento, a exportação de mercadoria que deva permanecer no exterior por prazo fixado, não superior a 1 (um) ano, ressalvado o disposto no § 3º deste artigo.

- *Caput* com a redação dada pelo Dec.-lei nº 2.472, de 1º-9-1988.

§ 1º O prazo estabelecido neste artigo poderá ser prorrogado, a juízo da autoridade aduaneira, por período não superior, no total, a 2 (dois) anos.

§ 2º A título excepcional, em casos devidamente justificados, a critério do Ministro da Fazenda, o prazo de que trata este artigo poderá ser prorrogado por período superior a 2 (dois) anos.

§ 3º Quando o regime aduaneiro especial for aplicado à mercadoria vinculada a contrato de prestação de serviços por prazo certo, nos termos e condições previstos em regulamento, o prazo de que trata este artigo será o previsto no contrato, prorrogável na mesma medida deste.

- §§ 1º a 3º com a redação dada pelo Dec.-lei nº 2.472, de 1º-9-1988.

§ 4º A reimportação de mercadoria exportada na forma deste artigo não constitui fato gerador do imposto.

- Antigo parágrafo único transformado em § 4º pelo Dec.-lei nº 2.472, de 1º-9-1988.

CAPÍTULO VII

OUTROS REGIMES

Art. 93. O regulamento poderá instituir outros regimes aduaneiros especiais, além dos expressamente previstos neste Título, destinados a atender a situações econômicas peculiares, estabelecendo termos, prazos e condições para a sua aplicação.

- Artigo com a redação dada pelo Dec.-lei nº 2.472, de 1º-9-1988.

TÍTULO IV – INFRAÇÕES E PENALIDADES

CAPÍTULO I

INFRAÇÕES

Art. 94. Constitui infração toda ação ou omissão, voluntária ou involuntária, que importe inobservância, por parte da pessoa natural ou jurídica, de norma estabelecida neste Decreto-Lei, no seu regulamento ou em ato administrativo de caráter normativo destinado a completá-los.

§ 1º O regulamento e demais atos administrativos não poderão estabelecer ou disciplinar obrigação, nem definir infração ou cominar penalidade que estejam autorizadas ou previstas em lei.

§ 2º Salvo disposição expressa em contrário, a responsabilidade por infração independe da intenção do agente ou do responsável e da efetividade, natureza e extensão dos efeitos do ato.

Art. 95. Respondem pela infração:

I – conjunta ou isoladamente, quem quer que, de qualquer forma, concorra para sua prática, ou dela se beneficie;

II – conjunta ou isoladamente, o proprietário e o consignatário do veículo, quanto à que decorrer do exercício de atividade própria do veículo, ou de ação ou omissão de seus tripulantes;

III – o comandante ou condutor de veículo nos casos do inciso anterior, quando o veículo proceder do exterior sem estar consignada a pessoa natural ou jurídica estabelecida no ponto de destino;

IV – a pessoa natural ou jurídica, em razão do despacho que promover, de qualquer mercadoria;

V – conjunta ou isoladamente, o adquirente de mercadoria de procedência estrangeira, no caso da importação realizada por sua conta e ordem, por intermédio de pessoa jurídica importadora;

- Inciso V acrescido pela Medida Provisória nº 2.158-35, de 24-8-2001.

VI – conjunta ou isoladamente, o encomendante predeterminado que adquire mercadoria de procedência estrangeira de pessoa jurídica importadora.

- Inciso VI acrescido pela Lei nº 11.281, de 20-2-2006.

CAPÍTULO II
PENALIDADES

Seção I
ESPÉCIES DE PENALIDADES

Art. 96. As infrações estão sujeitas às seguintes penas, aplicáveis separada ou cumulativamente:

I – perda do veículo transportador;

II – perda da mercadoria;

III – multa;

IV – proibição de transacionar com repartição pública ou autárquica federal, empresa pública e sociedade de economia mista.

Seção II
APLICAÇÃO E GRADUAÇÃO DAS PENALIDADES

Art. 97. Compete à autoridade julgadora:

I – determinar a pena ou as penas aplicáveis ao infrator ou a quem deva responder pela infração, nos termos da lei;

II – fixar a quantidade da pena, respeitados os limites legais.

Art. 98. Quando a pena de multa for expressa em faixa variável de quantidade, o chefe da repartição aduaneira imporá a pena mínima prevista para a infração, só a majorando em razão de circunstância que demonstre a existência de artifício doloso na prática da infração, ou que importe agravar suas consequências ou retardar seu conhecimento pela autoridade fazendária.

Art. 99. Apurando-se, no mesmo processo, a prática de duas ou mais infrações pela mesma pessoa natural ou jurídica, aplicam-se cumulativamente, no grau correspondente, quando for o caso, as penas a elas cominadas, se as infrações não forem idênticas.

§ 1º Quando se tratar de infração continuada em relação à qual tenham sido lavrados diversos autos ou representações, serão eles reunidos em um só processo, para imposição da pena.

§ 2º Não se considera infração continuada a repetição de falta já arrolada em processo fiscal de cuja instauração o infrator tenha sido intimado.

Art. 100. Se do processo se apurar responsabilidade de duas ou mais pessoas, será imposta a cada uma delas a pena relativa à infração que houver cometido.

Art. 101. Não será aplicada penalidade – enquanto prevalecer o entendimento – a quem proceder ou pagar o imposto:

I – de acordo com interpretação fiscal constante de decisão irrecorrível de última instância administrativa, proferida em processo fiscal inclusive de consulta, seja o interessado parte ou não;

II – de acordo com interpretação fiscal constante de decisão de primeira instância proferida em processo fiscal, inclusive de consulta, em que o interessado for parte;

III – de acordo com interpretação fiscal constante de circular, instrução, portaria, ordem de serviço e outros atos interpretativos baixados pela autoridade fazendária competente.

Art. 102. A denúncia espontânea da infração, acompanhada, se for o caso, do pagamento do imposto e dos acréscimos, excluirá a imposição da correspondente penalidade.

- *Caput* com a redação dada pelo Dec.-lei nº 2.472, de 1º-9-1988.

§ 1º Não se considera espontânea a denúncia apresentada:

a) no curso do despacho aduaneiro, até o desembaraço da mercadoria;

b) após o início de qualquer outro procedimento fiscal, mediante ato de ofício, escrito, praticado por servidor competente, tendente a apurar a infração.

- § 1º acrescido pelo Dec.-lei nº 2.472, de 1º-9-1988.

§ 2º A denúncia espontânea exclui a aplicação de penalidades de natureza tributária ou administrativa, com exceção das penalidades aplicáveis na hipótese de mercadoria sujeita a pena de perdimento.

- § 2º com a redação dada pela Lei nº 12.350, de 20-12-2010.

Art. 103. A aplicação da penalidade fiscal, e seu cumprimento, não elidem, em caso algum, o pagamento dos tributos devidos e a regularização cambial nem prejudicam a aplicação das penas cominadas para o mesmo fato pela legislação criminal e especial.

Seção III
PERDA DO VEÍCULO

Art. 104. Aplica-se a pena de perda do veículo nos seguintes casos:

I – quando o veículo transportador estiver em situação ilegal, quanto às normas que o habilitem a exercer a navegação ou o transporte internacional correspondente à sua espécie;

II – quando o veículo transportador efetuar operação de descarga de mercadoria estrangeira ou a carga de mercadoria nacional ou nacionalizada fora do porto, aeroporto ou outro local para isso habilitado;

III – quando a embarcação atracar a navio ou quando qualquer veículo, na zona primária, se colocar nas proximidades de outro, vindo um deles do exterior ou a eles destinado, de modo a tornar possível o transbordo de pessoa ou carga, sem observância das normas legais e regulamentares;

IV – quando a embarcação navegar dentro do porto, sem trazer escrito, em tipo destacado e em local visível do casco, seu nome de registro;

V – quando o veículo conduzir mercadoria sujeita à pena de perda, se pertencente ao responsável por infração punível com aquela sanção;

VI – quando o veículo terrestre utilizado no trânsito de mercadoria estrangeira desviar-se de sua rota legal, sem motivo justificado:

Parágrafo único. Aplicam-se cumulativamente:

- *Caput* do parágrafo único com a redação dada pela Lei nº 10.833, de 29-12-2003.

I – no caso do inciso II do *caput*, a pena de perdimento da mercadoria;

II – no caso do inciso III do *caput*, a multa de R$ 200,00 (duzentos reais) por passageiro ou tripulante conduzido pelo veículo que efetuar a operação proibida, além do perdimento da mercadoria que transportar.

- Incisos I e II acrescidos pela Lei nº 10.833, de 29-12-2003.

Seção IV

PERDA DA MERCADORIA

Art. 105. Aplica-se a pena de perda da mercadoria:

I – em operação de carga já carregada, em qualquer veículo ou dele descarregada ou em descarga, sem ordem, despacho ou licença, por escrito da autoridade aduaneira ou não cumprimento de outra formalidade especial estabelecida em texto normativo;

II – incluída em listas de sobressalentes e previsões de bordo quando em desacordo, quantitativo ou qualificativo, com as necessidades do serviço e do custeio do veículo e da manutenção de sua tripulação e passageiros;

III – oculta, a bordo do veículo ou na zona primária, qualquer que seja o processo utilizado;

IV – existente a bordo do veículo, sem registro um manifesto, em documento de efeito equivalente ou em outras declarações;

V – nacional ou nacionalizada em grande quantidade ou de vultoso valor, encontrada na zona de vigilância aduaneira, em circunstâncias que tornem evidente destinar-se a exportação clandestina;

VI – estrangeira ou nacional, na importação ou na exportação, se qualquer documento necessário ao seu embarque ou desembaraço tiver sido falsificado ou adulterado;

VII – nas condições do inciso anterior possuída a qualquer título ou para qualquer fim;

VIII – estrangeira que apresente característica essencial falsificada ou adulterada, que impeça ou dificulte sua identificação, ainda que a falsificação ou a adulteração não influa no seu tratamento tributário ou cambial;

IX – estrangeira, encontrada ao abandono, desacompanhada de prova de pagamento dos tributos aduaneiros, salvo as do art.58;

X – estrangeira, exposta à venda, depositada ou em circulação comercial no país, se não for feita prova de sua importação regular;

XI – estrangeira, já desembaraçada e cujos tributos aduaneiros tenham sido pagos apenas em parte, mediante artifício doloso;

XII – estrangeira, chegada ao país com falsa declaração de conteúdo;

XIII – transferida a terceiro, sem o pagamento dos tributos aduaneiros e outros gravames, quando desembaraçada nos termos do inciso III do art.13;

XIV – encontrada em poder de pessoa natural ou jurídica não habilitada, tratando-se de papel com linha ou marca d'água, inclusive aparas;

XV – constante de remessa postal internacional com falsa declaração de conteúdo;

XVI – fracionada em duas ou mais remessas postais ou encomendas aéreas internacionais visando a elidir, no todo ou em parte, o pagamento dos tributos aduaneiros ou quaisquer normas estabelecidas para o controle das importações ou, ainda, a beneficiar-se de regime de tributação simplificada;

• Inciso XVI com a redação dada pelo Dec.-lei nº 1.804, de 3-9-1980.

XVII – estrangeira, em trânsito no território aduaneiro, quando o veículo terrestre que a conduzir, desviar-se de sua rota legal, sem motivo justificado;

XVIII – estrangeira, acondicionada sob fundo falso, ou de qualquer modo oculta;

XIX – estrangeira, atentatória à moral, aos bons costumes, à saúde ou ordem públicas.

Seção V

MULTAS

Art. 106. Aplicam-se as seguintes multas, proporcionais ao valor do imposto incidente sobre a importação da mercadoria ou o que incidiria se não houvesse isenção ou redução:

I – de 100% (cem por cento):

a) pelo não emprego dos bens de qualquer natureza nos fins ou atividades para que foram importados com isenção de tributos;

b) pelo desvio, por qualquer forma, dos bens importados com isenção ou redução de tributos;

c) pelo uso de falsidade nas provas exigidas para obtenção dos benefícios e estímulos previstos neste Decreto;

d) pela não apresentação de mercadoria depositada em entreposto aduaneiro;

II – de 50% (cinquenta por cento):

a) pela transferência, a terceiro, à qualquer título, dos bens importados com isenção de tributos, sem prévia autorização da repartição aduaneira, ressalvado o caso previsto no inciso XIII do art. 105;

b) pelo não retorno ao exterior, no prazo fixado, dos bens importados sob regime de admissão temporária;

c) pela importação, como bagagem de mercadoria que, por sua quantidade e características, revele finalidade comercial;

d) pelo extravio ou falta de mercadoria, inclusive apurado em ato de vistoria aduaneira;

III – de 20% (vinte por cento):

a) *Revogada.* Lei nº 10.833, de 29-12-2003.

b) pela chegada ao país de bagagem e bens de passageiro fora dos prazos regulamentares, quando se tratar de mercadoria sujeita a tributação;

IV – de 10% (dez por cento):

a) *Revogada.* Lei nº 10.833, de 29-12-2003.

b) pela apresentação de fatura comercial sem o visto consular, quando exige essa formalidade;

c) pela comprovação, fora do prazo, da chegada da mercadoria no destino, nos casos de reexportação e trânsito;

V – *Revogado.* Lei nº 10.833, de 29-12-2003.

§ 1º No caso de papel com linhas ou marcas d'água, as multas previstas nos incisos I e II serão de 150% e 75%, respectivamente, adotando-se, para calculá-las, a maior alíquota do imposto taxada para papel, similar, destinado a impressão, sem aquelas características.

§ 2º Aplicam-se as multas, calculadas pela forma referida no parágrafo anterior, de 75% e 20%, respectivamente, também nos seguintes casos:

a) venda não faturada de sobra de papel não impresso (mantas, aparas de bobinas e restos de bobinas);

b) venda de sobra de papel não impresso, mantas, aparas de bobinas e restos de bobinas, salvo a editoras ou, como matéria-prima a fábricas.

• §§ 1º e 2º acrescidos pelo Dec.-lei nº 751, de 8-8-1969.

Art. 107. Aplicam-se ainda as seguintes multas:

• *Caput* com a redação dada pela Lei nº 10.833, de 29-12-2003.

I – de R$ 50.000,00 (cinquenta mil reais), por contêiner ou qualquer veículo contendo mercadoria, inclusive a granel, ingressado em local ou recinto sob controle aduaneiro, que não seja localizado;

II – de R$ 15.000,00 (quinze mil reais), por contêiner ou veículo contendo mercadoria, inclusive a granel, no regime de trânsito aduaneiro, que não seja localizado;

III – de R$ 10.000,00 (dez mil reais), por desacato à autoridade aduaneira;

• Incisos I a III com a redação dada pela Lei nº 10.833, de 29-12-2003.

IV – de R$ 5.000,00 (cinco mil reais):

• *Caput* do inciso IV com a redação dada pela Lei nº 10.833, de 29-12-2003.

a) por ponto percentual que ultrapasse a margem de 5% (cinco por cento), na diferença de peso apurada em relação ao manifesto de carga a granel apresentado pelo transportador marítimo, fluvial ou lacustre;

b) por mês-calendário, a quem não apresentar à fiscalização os documentos relativos à operação que realizar ou em que intervier, bem como outros documentos exigidos pela Secretaria da Receita Federal, ou não mantiver os correspondentes arquivos em boa guarda e ordem;

c) a quem, por qualquer meio ou forma, omissiva ou comissiva, embaraçar, dificultar ou impedir ação de fiscalização aduaneira, inclusive no caso de não apresentação de resposta, no prazo estipulado, a intimação em procedimento fiscal;

d) a quem promover a saída de veículo de local ou recinto sob controle aduaneiro, sem autorização prévia da autoridade aduaneira;

e) por deixar de prestar informação sobre veículo ou carga nele transportada, ou sobre as operações que execute, na forma e no prazo estabelecidos pela Secretaria da Receita Federal, aplicada à empresa de transporte internacional, inclusive a prestadora de serviços de transporte internacional expresso porta-a-porta, ou ao agente de carga; e

f) por deixar de prestar informação sobre carga armazenada, ou sob sua responsabilidade, ou sobre as operações que execute, na forma e no prazo estabelecidos pela Secretaria da Receita Federal, aplicada ao depositário ou ao operador portuário;

• Alíneas *a* a *f* acrescidas pela Lei nº 10.833, de 29-12-2003.

V – de R$ 3.000,00 (três mil reais), ao transportador de carga ou de passageiro, pelo descumprimento de exigência estabelecida para a circulação de veículos e mercadorias em zona de vigilância aduaneira;

VI – de R$ 2.000,00 (dois mil reais), no caso de violação de volume ou unidade de carga que contenha mercadoria sob controle aduaneiro, ou de dispositivo de segurança;

• Incisos V e VI com a redação dada pela Lei nº 10.833, de 29-12-2003.

VII – de R$ 1.000,00 (mil reais):

• *Caput* do inciso VII com a redação dada pela Lei nº 10.833, de 29-12-2003.

a) por volume depositado em local ou recinto sob controle aduaneiro, que não seja localizado;

b) pela importação de mercadoria estrangeira atentatória à moral, aos bons costumes, à saúde ou à ordem pública, sem prejuízo da aplicação da pena prevista no inciso XIX do art. 105;

c) pela substituição do veículo transportador, em operação de trânsito aduaneiro, sem autorização prévia da autoridade aduaneira;

d) por dia, pelo descumprimento de condição estabelecida pela administração aduaneira para a prestação de serviços relacionados com o despacho aduaneiro;

e) por dia, pelo descumprimento de requisito, condição ou norma operacional para habilitar-se ou utilizar regime aduaneiro especial ou aplicado em áreas especiais, ou para habilitar-se ou manter recintos nos quais tais regimes sejam aplicados;

f) por dia, pelo descumprimento de requisito, condição ou norma operacional para executar atividades de movimentação e armazenagem de mercadorias sob controle aduaneiro, e serviços conexos; e

g) por dia, pelo descumprimento de condição estabelecida para utilização de procedimento aduaneiro simplificado;

• Alíneas *a* a *g* acrescidas pela Lei nº 10.833, de 29-12-2003.

VIII – de R$ 500,00 (quinhentos reais):

• Inciso VIII acrescido pela Lei nº 10.833, de 29-12-2003.

a) por ingresso de pessoa em local ou recinto sob controle aduaneiro sem a regular autorização, aplicada ao administrador do local ou recinto;

b) por tonelada de carga a granel depositada em local ou recinto sob controle aduaneiro, que não seja localizada;

c) por dia de atraso ou fração, no caso de veículo que, em operação de trânsito aduaneiro, chegar ao destino fora do prazo estabelecido, sem motivo justificado;

d) por erro ou omissão de informação em declaração relativa ao controle de papel imune; e

e) pela não apresentação do romaneio de carga (*packing-list*) nos documentos de instrução da declaração aduaneira;

IX – de R$ 300,00 (trezentos reais), por volume de mercadoria, em regime de trânsito aduaneiro, que não seja localizado no veículo transportador, limitada ao valor de R$ 15.000,00 (quinze mil reais);

• Inciso IX acrescido pela Lei nº 10.833, de 29-12-2003.

X – de R$ 200,00 (duzentos reais):

• *Caput* do inciso X acrescido pela Lei nº 10.833, de 29-12-2003.

a) por tonelada de carga a granel em regime de trânsito aduaneiro que não seja localizada no veículo transportador, limitada ao valor de R$ 15.000,00 (quinze mil reais);

b) para a pessoa que ingressar em local ou recinto sob controle aduaneiro sem a regular autorização; e

c) pela apresentação de fatura comercial em desacordo com uma ou mais de uma das indicações estabelecidas no regulamento; e

• Alíneas *a* a *c* acrescidas pela Lei nº 10.833, de 29-12-2003.

XI – de R$ 100,00 (cem reais):

a) por volume de carga não manifestada pelo transportador, sem prejuízo da aplicação da pena prevista no inciso IV do art. 105; e

b) por ponto percentual que ultrapasse a margem de 5% (cinco por cento), na diferença de peso apurada em relação ao manifesto de carga a granel apresentado pelo transportador rodoviário ou ferroviário.

• Inciso XI acrescido pela Lei nº 10.833, de 29-12-2003.

§ 1º O recolhimento das multas previstas nas alíneas *e*, *f* e *g* do inciso VII não garante o direito a regular operação do regime ou do recinto, nem a execução da atividade, do serviço ou do procedimento concedidos a título precário.

§ 2º As multas previstas neste artigo não prejudicam a exigência dos impostos incidentes, a aplicação de outras penalidades cabíveis e a representação fiscal para fins penais, quando for o caso.

• §§ 1º e 2º acrescidos pela Lei nº 10.833, de 29-12-2003.

Art. 108. Aplica-se a multa de 50% (cinquenta por cento) da diferença de imposto apurada em razão de declaração indevida de mercadoria, ou atribuição de valor ou quantidade diferente do real, quando a diferença do imposto for superior a 10% (dez por cento) quanto ao preço e a 5% (cinco por cento) quanto a quantidade ou peso em relação ao declarado pelo importador.

Parágrafo único. Será de 100% (cem por cento) a multa relativa a falsa declaração correspondente ao valor, à natureza e à quantidade.

Art. 109. *Revogado.* Lei nº 10.833, de 29-12-2003.

Art. 110. Todos os valores expressos em cruzeiros, nesta Lei, serão atualizados anualmente, segundo os índices de correção monetária fixados pelo Conselho Nacional de Economia.

Art. 111. Somente quando procedendo do exterior ou a ele se destinar, é alcançado pelas normas das Seções III, IV e V deste Capítulo, o veículo assim designado e suas operações ali indicadas.

Parágrafo único. Excluem-se da regra deste artigo os casos dos incisos V e VI do art. 104.

Art. 112. No caso de extravio ou falta de mercadoria previsto na alínea *d* do inciso II do art. 106, os tributos e multa serão calculados sobre o valor que constar do manifesto ou outros documentos ou sobre o valor da mercadoria contida em volume idêntico ao do manifesto, quando forem incompletas as declarações relativas ao não descarregado.

Parágrafo único. Se à declaração corresponder mais de uma alíquota da Tarifa Aduaneira, sendo impossível precisar a competente, por ser genérica a declaração, o cálculo se fará pela alíquota mais elevada.

Art. 113. No que couber, aplicam-se as disposições deste Capítulo a qualquer meio de transporte vindo do exterior ou a ele destinado, bem como a seu proprietário, condutor ou responsável, documentação, carga, tripulantes e passageiros.

Art. 114. No caso de o responsável pela infração conformar-se com o procedimento fiscal, poderão ser recolhidas, no prazo de 10 (dez) dias, independentemente do processo, as multas cominadas nos incisos III e V do art. 106 bem como no art. 108.

Parágrafo único. Não efetuado o pagamento do débito no prazo fixado, será instaurado processo fiscal, na forma do art. 118.

Art. 115. Ao funcionário que houver apontado a infração serão adjudicados 40% (quarenta por cento) da multa aplicada, exceto nos casos dos incisos IV e V do art. 106, quando o produto dela será integralmente recolhido ao Tesouro Nacional, observado o que dispõe o art. 23 da Lei nº 4.863, de 29 de novembro de 1965.

§ 1º Quando a infração for apurada mediante denúncia, metade da quota-parte atribuída aos funcionários caberá ao denunciante.

§ 2º Exclui-se da regra deste artigo a infração prevista no inciso I do art. 107.

Seção VI
PROIBIÇÃO DE TRANSACIONAR

Art. 116. O devedor, inclusive o fiador, declarado remisso, é proibido de transacionar, a qualquer título, com repartição pública ou autárquica federal, empresa pública e sociedade de economia mista.

§ 1º A declaração da remissão será feita pelo órgão aduaneiro local, após decorridos trinta dias da data em que se tornar irrecorrível, na esfera administrativa, a decisão condenatória, desde que o devedor não tenha feito prova de pagamento da dívida ou de ter iniciado, perante a autoridade judicial, ação anulatória de ato administrativo, com o depósito da importância em litígio, em dinheiro ou em títulos da dívida pública federal, na repartição competente de seu domicílio fiscal.

§ 2º No caso do parágrafo anterior, o chefe da repartição fará a declaração nos 15 (quinze) dias seguintes ao término do prazo ali marcado, publicando a decisão no órgão oficial, ou, na sua falta, comunicando-a, para o mesmo fim, ao Departamento de Rendas Aduaneiras, sem prejuízo da sua afixação em lugar visível do prédio da repartição.

Art. 117. No caso de reincidência na fraude punida no parágrafo único do art. 108 e no inciso II do art. 60 da Lei nº 3.244, de 14 de agosto de 1957, com a redação que lhe dá o art. 169 deste Decreto-Lei, o Diretor do Departamento de Rendas Aduaneiras:

I – suspenderá, pelo prazo de 1 (um) a 5 (cinco) anos, a aceitação, por repartição aduaneira, de declaração apresentada pelo infrator;

II – aplicará a proibição de transacionar à firma ou sociedade estrangeira que, de qualquer modo, concorrer para a prática do ato.

TÍTULO V – PROCESSO FISCAL

CAPÍTULO I
DISPOSIÇÕES GERAIS

Art. 118. A infração será apurada mediante processo fiscal, que terá por base a representação ou auto lavrado pelo Agente Fiscal do Imposto Aduaneiro ou Guarda Aduaneiro, observadas, quanto a este, as restrições do regulamento.

Parágrafo único. O regulamento definirá os casos em que o processo fiscal terá por base a representação.

Art. 119. São anuláveis:

I – o auto, a representação ou o termo:

a) que não contenha elementos suficientes para determinar a infração e o infrator, ressalvados, quanto à identificação deste, nos casos de abandono da mercadoria pelo próprio infrator;

b) lavrado por funcionário diferente do indicado no art. 118;

II – a decisão ou o despacho proferido por autoridade incompetente, ou com preterição do direito de defesa.

Parágrafo único. A nulidade é sanável pela repetição do ato ou suprida pela sua retificação ou complementação, nos termos do regulamento.

Art. 120. A nulidade de qualquer ato não prejudicará senão os posteriores que dele dependam diretamente ou dele sejam consequência.

Art. 121. Nas fases de defesa, recurso e pedido de reconsideração, dar-se-á vista do processo ao sujeito passivo de procedimento fiscal.

Art. 122. Compete o preparo do processo fiscal à repartição aduaneira com jurisdição no local onde se formalizar o procedimento.

Art. 123. O responsável pela infração será intimado a apresentar defesa no prazo de 30 (trinta) dias da ciência do procedimento fiscal, prorrogável por mais 10 (dez) dias, por motivo imperioso, alegado pelo interessado.

Parágrafo único. Se o término do prazo cair em dia em que não haja expediente normal na repartição, considerar-se-á prorrogado o prazo até o primeiro dia útil seguinte.

Art.124. A intimação a que se refere o artigo anterior ou para satisfazer qualquer exigência, obedecerá a uma das seguintes formas, como estabelecer o regulamento:

I – pessoalmente;

II – através do Correio, pelo sistema denominado "AR" (Aviso de Recebimento);

III – mediante publicação no *Diário Oficial da União* ou do Estado em que estiver localizada a repartição ou em jornal local de grande circulação;

IV – por edital afixado na portaria da repartição.

§ 1º Omitida a data no recibo "AR" a que se refere o inciso II deste artigo, dar-se-á por feita a intimação 15 (quinze) dias depois da entrada da carta de notificação no Correio.

§ 2º O regulamento estabelecerá os prazos, não afixados neste Decreto-Lei, para qualquer diligência.

Art. 125. A competência para julgamento do processo fiscal será estabelecida no regulamento.

Art. 126. As inexatidões materiais, devidas a lapso manifesto, e os erros de escrita ou cálculo, existentes na decisão, poderão ser corrigidos por despacho de ofício ou por provocação do interessado ou funcionário.

Art. 127. Proferida a decisão, dela serão cientificadas as partes, na forma do art. 124.

CAPÍTULO II
PEDIDO DE RECONSIDERAÇÃO E RECURSO

Art. 128. Da decisão caberá:

I – em primeira ou segunda instância, pedido de reconsideração apresentado no prazo de 30 (trinta) dias, que fluirá simultaneamente com o da interposição do recurso, quando for o caso;

II – recurso:

a) voluntário, em igual prazo, mediante prévio depósito do valor em litígio ou prestação de fiança idônea, para o Conselho Superior de Tarifa;

b) de ofício, na própria decisão ou posteriormente em nôvo despacho, quando o litígio, de valor superior a Cr$500.000 (quinhentos mil cruzeiros), for decidido a favor da parte, total ou parcialmente.

Parágrafo único. No caso de restituição de tributo, o recurso será interposto para o Diretor do Departamento de Rendas Aduaneiras, impondo-se o de ofício quando o litígio for de valor superior a Cr$5.000.000 (cinco milhões de cruzeiros).

Art. 129. O recurso terá efeito suspensivo se voluntário, ou sem ele no de ofício.

§ 1º No caso de apreensão julgada improcedente, a devolução da coisa de valor superior a Cr$ 500.000 (quinhentos mil cruzeiros), antes do julgamento do recurso de ofício, dependerá de prévia observância da norma prevista no § 2º do art. 71.

§ 2º Não interposto o recurso do ofício cabível, cumpre ao funcionário autor do procedimento fiscal representar à autoridade prolatora da decisão, propondo a medida.

Art. 130. Ressalvados os casos de ausência de depósito ou fiança, compete à instância superior julgar da perempção do recurso.

CAPÍTULO III
DISPOSIÇÕES ESPECIAIS

Art. 131. Na ocorrência de fato punível com a perda do veículo ou da mercadoria, proceder-se-á, de pleno, à apreciação.

§ 1º A coisa apreendida será recolhida à repartição aduaneira, ou à ordem de sua chefia, a depósito alfandegado ou a outro local, onde permanecerá até que a decisão do processo fiscal lhe dê o destino competente.

§ 2º O regulamento disporá sobre as cautelas e providências que a autoridade aduaneira poderá adotar na ocorrência de apreensão, mencionando os casos em que se admite o depósito e quais as obrigações do depositário.

§ 3º A perícia que se impuser, para qualquer fim, em mercadoria apreendida, será feita no próprio depósito da repartição aduaneira, quando solicitada ou determinada pela autoridade competente.

Art. 132. Na apuração de infração verificada no serviço de remessas postais internacionais serão observadas, além das normas deste Decreto-Lei e do seu regulamento, a legislação especial pertinente à espécie.

Art. 133. Será considerada inexistente a denúncia que não determine de modo preciso a infração e o infrator ou que não identifique o denunciante pelo nome e endereço.

Art. 134. A autoridade julgadora poderá, de pleno, em despacho fundamentado, sustar o prosseguimento do processo que se origine de representação ou auto lavrado com apoio em erro de fato.

§ 1º No caso deste artigo, a autoridade cientificará o autor do feito e relacionará os despachos proferidos, submetendo-os, trimestralmente, ao Departamento de Rendas Aduaneiras, que, se discordar da orientação adotada, determinará o prosseguimento do processo.

§ 2º Se não cumprido o disposto no parágrafo anterior, o funcionário que firmar o auto ou a representação requererá à autoridade para que proceda na forma ali determinada.

Art. 135. Considera-se findo o processo fiscal de que não caiba recurso na via administrativa.

Art. 136. Sem prejuízo do disposto no art. 114, a apuração das infrações de que tratam as alíneas *a* e *b* do inciso IV e o inciso V do art. 106, não interromperá o despacho da mercadoria, nem impedirá seu final desembaraço.

Parágrafo único. O regulamento estabelecerá as cautelas a serem observadas no caso de desembaraço previsto neste artigo.

TÍTULO VI – DECADÊNCIA E PRESCRIÇÃO

CAPÍTULO ÚNICO
DISPOSIÇÕES GERAIS

Art. 137. *Revogado.* Lei nº 10.833, de 29-12-2003.

Art. 138. O direito de exigir o tributo extingue-se em 5 (cinco) anos, a contar do primeiro dia do exercício seguinte àquele em que poderia ter sido lançado.

Parágrafo único. Tratando-se de exigência de diferença de tributo, contar-se-á o prazo a partir do pagamento efetuado.

- Art. 138 com a redação dada pelo Dec.-lei nº 2.472, de 1º-9-1988.

Art. 139. No mesmo prazo do artigo anterior se extingue o direito de impor penalidade, a contar da data da infração.

Art. 140. Prescreve em 5 (cinco) anos, a contar de sua constituição definitiva, a cobrança do crédito tributário.

Art. 141. O prazo a que se refere o artigo anterior não corre:

I – enquanto o processo de cobrança depender de exigência a ser satisfeita pelo contribuinte;

II – até que a autoridade aduaneira seja diretamente informada pelo Juízo de Direito, Tribunal ou órgão do Ministério

Público, da revogação de ordem ou decisão judicial que haja suspenso, anulado ou modificado exigência, inclusive no caso de sobrestamento do processo.

- Arts. 140 e 141 com a redação dada pelo Dec.-lei nº 2.472, de 1º-9-1988.

TÍTULO VII – ORGANIZAÇÃO ADUANEIRA

CAPÍTULO I
DEPARTAMENTO DE RENDAS ADUANEIRAS

Art. 142. A Diretoria das Rendas Aduaneiras fica transformada no Departamento de Rendas Aduaneiras.

Art. 143. Ao Departamento de Rendas Aduaneiras compete:

I – dirigir, superintender, controlar, orientar e executar, em todo o território aduaneiro, os serviços de aplicação das leis fiscais relativas aos tributos federais que incidem sobre importação e exportação de mercadoria;

II – exercer, na esfera de sua competência, as demais atribuições que lhe forem outorgadas pela legislação de câmbio e comércio exterior;

III – promover o controle e a fiscalização da cobrança dos tributos incluídos no âmbito de sua competência;

IV – executar ou promover a execução dos serviços de análises, exames e pesquisas químicas e tecnológicas, indispensáveis à identificação e classificação de mercadorias, para efeitos fiscais;

V – dirigir, controlar, orientar e executar os serviços de prevenção e repressão das fraudes aduaneiras, elaborando os respectivos planos;

VI – interpretar as leis e regulamentos relacionados com a matéria de suas atribuições e decidir os casos omissos;

VII – instaurar e preparar processos relativos às infrações aduaneiras;

VIII – julgar os processos fiscais sobre matéria de suas atribuições, inclusive os de consulta quanto a tributos que incidam sobre mercadoria importada, os de restituição de tributos aduaneiros, os de reconhecimento de danos ou avarias ou extravio de mercadorias, os de infração de obrigações acessórias e sobre outras matérias que venham a ser incluídas na sua competência;

IX – expedir atos de designação e dispensa de chefes das repartições subordinadas, de despachantes aduaneiros e corretores de navios, seus ajudantes e prepostos;

X – rever e adotar modelos de formulários para uso das repartições aduaneiras;

XI – disciplinar o tratamento aduaneiro aplicando à navegação, inclusive área, e ao tráfego de veículo através da fronteira, bem como em relação à respectiva tripulação, carga e passageiros;

XII – estabelecer rota para o veículo terrestre utilizado no trânsito ou reexportação de mercadoria estrangeira destinada ao exterior;

XIII – dirigir, superintender, controlar, orientar e executar, em porto não organizado e em outras áreas em situação semelhante, o serviço de capatazia.

Art. 144. O Departamento de Rendas Aduaneiras contará, para o exercício de suas atribuições, com órgãos regionais de supervisão e controle e com órgãos locais de execução, vigilância e fiscalização.

Art. 145. Fica o Poder Executivo autorizado a instalar Alfândegas, Postos Aduaneiros e outras repartições nos locais onde essa medida se impuser, bem como a extinguir as repartições aduaneiras cuja manutenção não mais se justifique.

Parágrafo único. As atuais Mesas de Rendas, Agências Aduaneiras, Registros Fiscais e Postos Fiscais serão, se justificada sua manutenção, transformados em Alfândegas, Postos Aduaneiros ou outras repartições.

Art. 146. O Laboratório Nacional de Análises passa a integrar o Departamento de Rendas Aduaneiras.

Art. 147. A estrutura, competência, denominação, sede e jurisdição dos órgãos do Departamento de Rendas Aduaneiras serão fixados no Regimento a ser baixado pelo Poder Executivo.

CAPÍTULO II
CONSELHO DE POLÍTICA ADUANEIRA

Art. 148. São membros do Conselho de Política Aduaneira o Diretor do Departamento de Rendas Aduaneiras, do Ministério da Fazenda, e o Chefe da Divisão de Política Comercial, do Ministério das Relações Exteriores, ampliando-se para mais dois membros a representação governamental a que se refere a alínea *b* do art.24 da Lei nº 3.244, de 14 de agosto de 1957.

Art. 149. Fica ampliada para 2 (dois) membros efetivos a representação das Confederações Nacionais dos Trabalhadores.

Art. 150. O art. 29 da Lei nº 3.244, de 14 de agosto de 1957, mantido seu parágrafo único, passa a vigorar com a seguinte redação:

- Alteração inserida no texto da referida Lei.

Art. 151. São restabelecidas as condições para o provimento do cargo em comissão de membro-presidente do Conselho de Política Aduaneira, de que tratam a alínea *a* do art.24, e seu § 1º, da Lei nº 3.244, de 14 de agosto de 1957, e restaurada a equivalência dos símbolos do cargo fixados no art. 28 da mesma Lei.

Art. 152. Além do pessoal de sua lotação, o Conselho de Política Aduaneira poderá contar com outros servidores que forem postos à sua disposição pelo Ministro da Fazenda ou Diretor-Geral da Fazenda Nacional.

Art. 153. Aos servidores em exercício no Conselho de Política Aduaneira poderá ser concedida a gratificação prevista no inciso IV do art. 145 da Lei nº 1.711, de 28 de outubro de 1952.

Art. 154. O Conselho de Política Aduaneira promoverá a conversão da nomenclatura da Tarifa Aduaneira à Nomenclatura Aduaneira de Bruxelas, podendo, para tal fim:

I – alterar a numeração das notas tarifárias, introduzir notas interpretativas e regras gerais de classificação;

II – reclassificar as posições entre os capítulos e reajustar a respectiva linguagem;

III – alterar o sistema de desdobramento das posições, a fim de melhor atender aos objetivos fiscais e estatísticos da nomenclatura.

Parágrafo único. As eventuais alterações de alíquota, decorrentes da adoção de nova nomenclatura, serão processadas pelo Conselho de Política Aduaneira, dentro dos limites máximo e mínimo previstos no art.3º da Lei nº 3.244, de 14 de agosto de 1957.

CAPÍTULO III
COMITÊ BRASILEIRO DE NOMENCLATURA

Art. 155. A nomenclatura a que se refere o artigo anterior passará a constituir a Nomenclatura Brasileira de Mercadorias e será adotada:

I – nas operações de exportação e importação;

II – no comércio de cabotagem por vias internas;

III – na cobrança dos impostos de exportação, importação e sobre produtos industrializados;

IV – nos demais casos previstos em lei, decreto ou em resoluções da Junta Nacional de Estatística.

Art. 156. É criado o Comitê Brasileiro de Nomenclatura, com as seguintes atribuições:

I – manter a Nomenclatura Brasileira de Mercadorias permanentemente atualizada;

II – propor aos órgãos interessados na aplicação da Nomenclatura Brasileira de Mercadorias medidas relacionadas com a atualização, aperfeiçoamento e harmonização dos desdobramentos de suas posições, de modo a melhor ajustá-los às suas finalidades estatísticas ou de controle fiscal;

III – difundir o conhecimento da Nomenclatura Brasileira de Mercadorias, inclusive mediante a publicação de seu índice, e propor as medidas necessárias à sua aplicação uniforme;

IV – promover a divulgação das Notas Explicativas da Nomenclatura Aduaneira de Bruxelas e recomendar normas, critérios ou notas complementares de interpretação;

V – prestar assistência técnica aos órgãos diretamente interessados na aplicação da Nomenclatura Brasileira de Mercadorias;

VI – administrar o Fundo de Administração da Nomenclatura Brasileira de Mercadorias;

VII – estabelecer critérios e normas de classificação, para aplicação uniforme da Nomenclatura Brasileira de Mercadorias (NBM).

- Inciso VII acrescido pelo Dec.-lei nº 1.154, de 1º-3-1971.

Art. 157. O Comitê Brasileiro de Nomenclatura, funcionará sob a presidência do Secretário Executivo do Conselho de Política Aduaneira, e será integrado por 6 (seis) membros especializados em nomenclatura, designados pelo Ministro da Fazenda, dentre funcionários de órgãos diretamente ligados à aplicação da Nomenclatura Brasileira de Mercadorias (NBM).

- *Caput* com a redação dada pelo Dec.-lei nº 1.154, de 1º-3-1971.

§ 1º O Comitê disporá de uma Secretaria dirigida por um Secretário-Executivo e integrada por funcionários do Ministério da Fazenda, postos à sua disposição por solicitação do respectivo Presidente.

§ 2º O Comitê poderá dispor de um Corpo Consultivo constituído de técnicos indicados pelo Plenário e credenciado pelo Presidente, com a finalidade de prestar assistência especializada nos diferentes setores da nomenclatura.

Art. 158. O Fundo de Administração da Nomenclatura Brasileira de Mercadorias destina-se ao custeio dos trabalhos de documentação, divulgação, análises e pesquisas necessárias ao cumprimento das atribuições do Comitê Brasileiro de Nomenclatura e será constituído:

I – pelas dotações orçamentárias e créditos especiais que lhe forem destinados;

II – pelo produto da venda ou assinatura de publicações editadas pelo Comitê;

III – por dotações recebidas de instituições nacionais ou internacionais.

§ 1º O Fundo será utilizado de conformidade com o plano de aplicação aprovado pelo Ministro da Fazenda.

§ 2º O Presidente do Comitê poderá firmar, com órgãos da administração federal, órgãos e entidades internacionais, convênio para a execução dos seus serviços, inclusive publicação e divulgação de atos e trabalhos, mediante utilização dos recursos do Fundo.

§ 3º Até 28 (vinte e oito) de fevereiro de cada ano o Presidente encaminhará ao Ministério da Fazenda e ao Tribunal de Contas a prestação de contas relativas ao exercício anterior, acompanhada do pronunciamento do Comitê.

Art. 159. A organização e o funcionamento do Comitê serão estabelecidos em regimento a ser expedido pelo Poder Executivo.

TÍTULO VIII – DISPOSIÇÕES FINAIS E TRANSITÓRIAS

Art. 160. As entidades de direito público e as pessoas jurídicas de direito privado, que gozem de isenção de tributos, ficam obrigadas a dar preferência à compra do produto nacional, salvo prova de recusa ou incapacidade do fornecimento, em condições satisfatórias, conforme definido nos incisos I e II do art.18.

Art. 161. A isenção prevista nos incisos IV e V do art. 15, para a importação de automóvel, poderá ser substituída pelo direito de aquisição, em idênticas condições, de veículo de produção nacional, com isenção do imposto sobre produtos industrializados, aplicando-se, quanto ao ressarcimento, pelo produtor, do tributo relativo às matérias-primas e produtos intermediários, a norma do § 1º do art. 7º da Lei nº 4.502, de 30 de novembro de 1964.

Parágrafo único. O imposto sobre produtos industrializados será cobrado na forma do art.26, se a propriedade ou uso do automóvel for transferido, antes do prazo de 1 (um) ano, a pessoa que não goza do mesmo tratamento fiscal.

Art. 162. Serão destinados ao Conselho de Política Aduaneira 5% (cinco por cento) dos recursos correspondentes ao Fundo de Reaparelhamento das Repartições Aduaneiras previsto no § 1º do art.66 da Lei nº 3.244, de 14 de agosto de 1957, para atender a despesas de funcionamento e reaparelhamento, inclusive quanto a encargos de material e de prestação de serviços técnicos e administrativos, publicações de trabalhos e divulgação de seus atos, e diligências e estudos necessários ao exercício de suas atribuições.

Art. 163. A taxa de despacho aduaneiro a que se refere o art.66, da Lei nº 3.244, de 14 de agosto de 1957, será extinta a partir de 1º de janeiro de 1968, destinando-se, a contar daquela data, 25% (vinte e cinco por cento) da arrecadação do imposto de importação às aplicações previstas no § 1º daquele artigo.

Art. 164. A isenção do imposto de importação prevista neste Decreto-Lei implica na isenção da taxa de despacho aduaneiro.

Parágrafo único. Nos demais casos, somente haverá isenção da taxa quando expressamente prevista.

Art. 165. O eventual desembaraço de mercadoria objeto de apreensão anulada por decisão judicial não transitada em julgado ou cujo processo fiscal se interrompa por igual motivo, dependerá, sempre, de prévia fiança idônea ou depósito do valor das multas e das despesas de regularização cambial emitidas pela autoridade aduaneira, além do pagamento dos tributos devidos.

Parágrafo único. O depósito será convertido aos títulos próprios, de acordo com a solução final da lide, de que não caiba recurso com efeito suspensivo.

Art. 166. O cargo em comissão de Diretor do Departamento de Rendas Aduaneiras e as funções gratificadas de chefia e assessoramento das repartições aduaneiras serão exercidas, privativamente, por Agentes Fiscais de Imposto Aduaneiro, desde que sejam de natureza fiscal ou técnica e guardem correlação com as atribuições da série de classes.

Art. 167. A bagagem poderá ser classificada por capítulos, para aplicação de alíquota média, conforme dispuser o regulamento.

Art. 168. Reduzido o que couber ao preparador, ao escrivão do processo e classificadores, nos termos do art.124 da Lei nº 2.924, de 5 de janeiro de 1915, o saldo do produto da arrematação da mercadoria apreendida será adjudicado ao apreensor.

Parágrafo único. O denunciante participará do saldo a que se refere este artigo, em igualdade de condições com o apreensor.

Art. 169. Constituem infrações administrativas ao controle das importações:

• *Caput* com a redação dada pela Lei nº 6.562, de 18-9-1978.

I – importar mercadorias do exterior:

• *Caput* do inciso I com a redação dada pela Lei nº 6.562, de 18-9-1978.

a) sem Guia de Importação ou documento equivalente, que implique a falta de depósito ou a falta de pagamento de quaisquer ônus financeiros ou cambiais:

Pena: multa de 100% (cem por cento) do valor da mercadoria.

b) sem Guia de Importação ou documento equivalente, que não implique a falta de depósito ou a falta de pagamento de quaisquer ônus financeiros ou cambiais:

• Alíneas *a* e *b* acrescidas pela Lei nº 6.562, de 18-9-1978.

Pena: multa de 30% (trinta por cento) do valor da mercadoria.

II – subfaturar ou superfaturar o preço ou valor da mercadoria:

Pena: multa de 100% (cem por cento) da diferença.

• Inciso II com a redação dada pela Lei nº 6.562, de 18-9-1978.

III – descumprir outros requisitos de controle da importação, constantes ou não de Guia de Importação ou de documento equivalente:

a) embarque da mercadoria após vencido o prazo de validade da Guia de Importação respectiva ou do documento equivalente:

1 – até 20 (vinte) dias:

Pena: multa de 10% (dez por cento) do valor da mercadoria.

2 – de mais de 20 (vinte) até 40 (quarenta) dias:

Pena: multa de 20% (vinte por cento) do valor da mercadoria.

b) embarque da mercadoria antes de emitida a Guia de Importação ou documento equivalente:

• Alínea *b* acrescida pela Lei nº 6.562, de 18-9-1978.

Pena: multa de 30% (trinta por cento) do valor da mercadoria.

c) não apresentação ao órgão competente de relação discriminatória do material importado ou fazê-la fora do prazo, no caso de Guia de Importação ou de documento equivalente expedidos sob tal cláusula:

Pena: alternativamente, como abaixo indicado, consoante ocorra, respectivamente, uma das figuras do inciso I:

1 – no caso da alínea *a*: multa de 100% (cem por cento) do valor da mercadoria;

2 – no caso da alínea *b*: multa de 30% (trinta por cento) do valor da mercadoria.

d) não compreendidos nas alíneas anteriores:

Pena: multa de 20% (vinte por cento) do valor da mercadoria.

• Inciso III acrescido pela Lei nº 6.562, de 18-9-1978.

§ 1º Após o vencimento dos prazos indicados no inciso III, alínea *a*, do *caput* deste artigo, a importação será considerada como tendo sido realizada sem Guia de Importação ou documento equivalente.

§ 2º As multas previstas neste artigo não poderão ser:

I – inferiores a R$ 500,00 (quinhentos reais);

II – superiores a R$ 5.000,00 (cinco mil reais) nas hipóteses previstas nas alíneas *a*, *b* e *c*, item 2, do inciso III do *caput* deste artigo.

§ 3º Os limites de valor, a que se refere o parágrafo anterior, serão atualizados anualmente pelo Secretário da Receita Federal, de acordo com o índice de correção das Obrigações Reajustáveis do Tesouro Nacional, desprezadas, para o limite mínimo, as frações de Cr$ 100,00 (cem cruzeiros) e para o limite máximo as frações de Cr$ 1.000,00 (hum mil cruzeiros).

• §§ 1º a 3º com a redação dada pela Lei nº 6.562, de 18-9-1978.

§ 4º Salvo no caso do inciso II do *caput* deste artigo, na ocorrência simultânea de mais de uma infração, será punida apenas aquela a que for cominada a penalidade mais grave.

§ 5º A aplicação das penas previstas neste artigo:

I – não exclui o pagamento dos tributos devidos, nem a imposição de outras penas, inclusive criminais, previstas em legislação específica;

II – não prejudicada a imunidade e, salvo disposição expressa em contrário, a isenção de impostos, de que goze a importação, em virtude de lei ou de outro ato específico baixado pelo órgão competente;

III – não elide o depósito ou o pagamento de quaisquer ônus financeiros ou cambiais, quando a importação estiver sujeita ao cumprimento de tais requisitos.

§ 6 Para efeito do disposto neste artigo, o valor da mercadoria será aquele obtido segundo a aplicação da legislação relativa à base de cálculo do Imposto sobre a Importação.

§ 7º Não constituirão infrações:

I – a diferença, para mais ou para menos, não superior a 10% (dez por cento) quanto ao preço, e a 5% (cinco por cento) quanto à quantidade ou ao peso, desde que não ocorram concomitantemente;

II – nos casos do inciso III do *caput* deste artigo, se alterados pelo órgão competente os dados constantes da Guia de Importação ou de documento equivalente;

III – a importação de máquinas e equipamentos declaradamente originários de determinado país, constituindo um todo integrado, embora contenham partes ou componentes produzidos em outros países que não o indicado na Guia de Importação.

• §§ 4º a 7º acrescidos pela Lei nº 6.562, de 18-9-1978.

Art. 170. Constitui infração cambial, punível com a multa de 30% (trinta por cento) do valor, a inobservância dos prazos regulamentares para a chegada, ao ponto de destino, da bagagem e bens dos passageiros, salvo quanto a objetos e roupas de uso pessoal, usados.

Art. 171. A mercadoria estrangeira importada a título de bagagem, e que, por suas características e quantidades, não mereça tal conceito, fica sujeita ao regime da importação comum.

Art. 172. Independem de licença ou de cumprimento de qualquer outra exigência relativa a controle cambial:

I – a bagagem a que se apliquem as disposições constantes do artigo 13 e seus parágrafos;

II – a importação de que tratam os incisos IV, V e VII do art. 15.

Art. 173. Serão reunidas num só documento a atual nota de importação, a guia de importação a que se refere o Decreto nº 42.914, de 27 de dezembro de 1957, e a guia de recolhimento do imposto sobre produtos industrializados.

Art. 174. Dentro de 2 (dois) anos, a partir da publicação deste Decreto-Lei, ficará revogada toda e qualquer isenção ou redução do imposto concedida por leis anteriores.

Parágrafo único. Não estão compreendidas na revogação prevista neste artigo as isenções ou reduções:

I – que beneficiem nominalmente entidades não industriais prestadoras de serviço público ou de assistência social, centros de pesquisas científicas e museus de arte;

II – que beneficiem nominalmente entidades por prazo fixado em lei, vedada a prorrogação;

III – prevista na legislação específica de órgãos federais incumbidos por lei da execução de programas regionais de desenvolvimento econômico, da execução da política e programas de energia nuclear, de energia elétrica, petróleo e carvão;

IV – previstas nas Leis nºs 1.815, de 13 de fevereiro de 1953, 2.004, de 3 de outubro de 1953, 3.890-A, de 25 de abril de 1961, 4.287, de 3 de dezembro de 1963, e 5.174, de 27 de outubro de 1966;

• Inciso IV com a redação dada pelo Dec.-lei nº 164, de 13-2-1967.

V – previstas na Lei nº 3.244, de 14 de agosto de 1957, não especificamente modificadas ou revogadas por este Decreto-Lei.

Art. 175. Fica o Poder Executivo autorizado a abrir um crédito especial de Cr$ 3.000.000.000 (três bilhões de cruzeiros) destinado a atender, nos exercícios de 1967 a 1969, às despesas indispensáveis ao reaparelhamento e à reestruturação do Conselho de Política Aduaneira e do Departamento de Rendas Aduaneiras, inclusive as decorrentes do provimento das funções gratificadas de chefia, assessoramento e de secretariado, a serem criadas.

Parágrafo único. O crédito especial de que trata este artigo será automaticamente registrado pelo Tribunal de Contas e distribuído ao Tesouro Nacional.

Art. 176. O Poder Executivo regulamentará as disposições deste Decreto-Lei dentro do prazo de 180 (cento e oitenta) dias, a contar da data de sua publicação.

Art. 177. Ficam revogadas, a partir de 30 (trinta) dias da publicação do regulamento a que se refere o artigo anterior, as seguintes disposições legais e regulamentares: Nova Consolidação das Leis das Alfândegas e Mesas de Rendas; Decretos nºs 12.328, de 27 de dezembro de 1916, 19.909, de 23 de abril e 1931; artigos 96 a 101 do Decreto nº 24.036, de 26 de março de 1934; Decretos-Leis nºs 300, de 24 de fevereiro de 1938, 8.644, de 11 de janeiro de 1946, 9.179, de 15 de abril de 1946, e 9.763, de 6 de setembro de 1946; art. 7º da Lei nº 2.145, de 29 de dezembro de 1953; artigos 5 e seu parágrafo único, 6 e seus parágrafos 7º, 8º e seu parágrafo único, 9º, 10, 12, 13, 14, 17, 33, 34 e 35, da Lei nº 3.244, de 14 de agosto de 1957, e art. 15 da Lei nº 4.131, de 3 de setembro e 1962.

Parágrafo único. O art. 11 da Lei nº 3.244, de 14 de agosto de 1957, ficará revogado a partir da vigência da nomenclatura a que se refere o art. 154 deste Decreto-Lei.

Art. 178. Este Decreto-Lei entrará em vigor em 1 de janeiro de 1967, salvo quanto às disposições que dependam de regulamentação, cuja vigência será fixada no regulamento.

Brasília, 18 de novembro de 1966;
145º da Independência e
78º da República.

H. Castello Branco

DECRETO-LEI Nº 57, DE 18 DE NOVEMBRO DE 1966

Altera dispositivos sobre lançamento e cobrança do Imposto sobre a Propriedade Territorial Rural, institui normas sobre arrecadação da Dívida Ativa correspondente, e dá outras providências.

• Publicado no *DOU* de 21-11-1966.

Art. 1º Os débitos dos contribuintes, relativos ao Imposto sobre a Propriedade Territorial Rural (ITR), Taxas de Serviços Cadastrais e respectivas multas, não liquidadas em cada exercício, serão inscritos como dívida ativa, acrescidos da multa de 20% (vinte por cento).

Art. 2º A dívida ativa, de que trata o artigo anterior, enquanto não liquidada, estará sujeita à multa de 20% (por cento) por exercício, devido a partir de primeiro de janeiro de cada ano, sempre sobre o montante do débito de 31 de dezembro do ano anterior.

§ 1º Os débitos em dívida ativa, na data de primeiro de janeiro de cada exercício subsequente, estarão sujeitos aos juros de mora de 12% a.a. (doze por cento ao ano) e mais correção monetária, aplicados sobre o total da dívida em 31 de dezembro do exercício anterior.

§ 2º O Conselho Nacional de Economia fixará os índices de correção monetária, específicos para o previsto no parágrafo anterior.

Art. 3º Enquanto não for iniciada a cobrança judicial, os débitos inscritos em dívida ativa poderão ser incluídos na guia de arrecadação do ITR dos exercícios subsequentes, para sua liquidação conjunta.

Parágrafo único. Ressalvada a hipótese prevista neste artigo, não será permitido o pagamento dos tributos referentes a um exercício, sem que o contribuinte comprove a liquidação dos débitos do exercício anterior ou o competente depósito judicial das quantias devidas.

Art. 4º Do produto do ITR e seus acrescidos, cabe ao Instituto Brasileiro de Reforma Agrária (IBRA) a parcela de 20% (vinte por cento) para custeio do respectivo serviço de lançamento e arrecadação.

• Artigo com a execução suspensa pela RSF nº 337/1983.

○ Suspensa a execução por força da Res. do SF nº 337, de 27-9-1983.

Art. 5º A taxa de serviços cadastrais cobrada pelo IBRA, pela emissão do Certificado de Cadastro, incide sobre todos os imóveis rurais, ainda que isentos do ITR.

§§ 1º e 2º *Revogados*. Lei nº 5.868, de 12-12-1972.

Art. 6º As isenções concedidas pelo art. 66 da Lei nº 4.504, de 30 de novembro de 1964, não se referem ao ITR e à Taxa de Serviços Cadastrais.

Art. 7º *Revogado.* Lei nº 5.868, de 12-12-1972.

Art. 8º Para fins de cadastramento e do lançamento do ITR, a área destinada a exploração mineral, em um imóvel rural, será considerada como inaproveitável, desde que seja comprovado que a mencionada destinação impede a exploração da mesma em atividades agrícolas, pecuária ou agroindustrial e que sejam satisfeitas as exigências estabelecidas na regulamentação deste Decreto-Lei.

- Art. 29 do CTN.

Art. 9º Para fins de cadastramento e lançamento do ITR, as empresas industriais situadas em imóvel rural poderão incluir como inaproveitáveis as áreas ocupadas por suas instalações e as não cultivadas necessárias ao seu funcionamento, desde que feita a comprovação, junto ao IBRA, na forma do disposto na regulamentação deste Decreto-Lei.

- Suspensa a execução por força da Res. do SF nº 337, de 27-9-1983.

Art. 10. As notificações de lançamento e de cobrança do ITR e da Taxa de Cadastro considerar-se-ão feitas aos contribuintes, pela só publicação dos respectivos editais, no *Diário Oficial da União* e sua afixação na sede das Prefeituras em cujos municípios se localizam os imóveis, devendo os Prefeitos promoverem a mais ampla divulgação desses editais.

Parágrafo único. Até que sejam instalados os equipamentos próprios de computação do IBRA, que permitam a programação das emissões na forma estabelecida no inciso IV do artigo 48 da Lei 4.504, de 30 de novembro de 1964, o período de emissão de Guias será de 1º de abril a 31 de julho de cada exercício.

- Suspensa a execução por força da Res. do SF nº 337, de 27-9-1983.

Art. 11. *Revogado.* Lei nº 5.868, de 12-12-1972.

Art. 12. Os tabeliães e oficiais do Registro de Imóvel franquearão seus livros, registros e demais papéis ao IBRA, por seus representantes devidamente credenciados, para a obtenção de elementos necessários ao Cadastro de Imóveis Rurais.

Art. 13. As terras de empresas organizadas como pessoa jurídica, pública ou privada, somente poderão ser consideradas como terras racionalmente aproveitadas, para os fins de aplicação do § 7º do art. 50 da Lei 4.504, de 30 de novembro de 1964, quando satisfaçam, comprovadamente, junto ao IBRA, as exigências da referida lei e estejam classificadas como empresas de capital aberto, na forma do disposto no art. 59 da Lei 4.728 de 14 de julho de 1965.

- Suspensa a execução por força da Res. do SF nº 337/1983.

Art. 14. *Revogado.* Lei nº 5.868, de 12-12-1972.

Art. 15. O disposto no art. 32 da Lei nº 5.172, de 25 de outubro de 1966, não abrange o imóvel de que, comprovadamente, seja utilizado em exploração extrativa vegetal, agrícola, pecuária ou agroindustrial, incidindo assim, sobre o mesmo, o ITR e demais tributos com o mesmo cobrados.

- Revogação suspensa pela Res. do SF nº 9, de 7-6-2005

Art. 16. Os loteamentos das áreas situadas fora da zona urbana, referidos no parágrafo 2º do art. 32 da Lei 5.172 de 25 de outubro de 1966, só serão permitidos quando atendido o disposto no art. 61 da Lei 4.504, de 30 de novembro de 1964.

- Art. 32, § 2º, do CTN.

Art. 17. O Poder Executivo baixará dentro do prazo de 30 dias, regulamento sobre a aplicação deste Decreto-Lei.

Art. 18. O presente Decreto-Lei entra em vigor, na data de sua publicação, revogadas as disposições em contrário.

Brasília, 18 de novembro de 1966;
145º da Independência e
78º da República.

H. Castello Branco

DECRETO-LEI Nº 195, DE 24 DE FEVEREIRO DE 1967

Dispõe sobre a cobrança da Contribuição de Melhoria.

- Publicado no *DOU* de 27-2-1967.
- Arts. 81 e 82 do CTN.

Art. 1º A Contribuição de Melhoria, prevista na Constituição Federal, tem como fato gerador o acréscimo do valor do imóvel localizado nas áreas beneficiadas direta ou indiretamente por obras públicas.

- Art. 145, III, da CF.
- Súm. nº 129 do STF.

Art. 2º Será devida a Contribuição de Melhoria, no caso de valorização de imóveis de propriedade privada, em virtude de qualquer das seguintes obras públicas:

- Súm. nº 129 do STF.

I – abertura, alargamento, pavimentação, iluminação, arborização, esgotos pluviais e outros melhoramentos de praças e vias públicas;

II – construção e ampliação de parques, campos de desportos, pontes, túneis e viadutos;

III – construção ou ampliação de sistemas de trânsito rápido, inclusive todas as obras e edificações necessárias ao funcionamento do sistema;

IV – serviços e obras de abastecimento de água potável, esgotos, instalações de redes elétricas, telefônicas, transportes e comunicações em geral ou de suprimento de gás, funiculares, ascensores e instalações de comodidade pública;

V – proteção contra secas, inundações, erosão, ressacas, e de saneamento e drenagem em geral, diques, cais, desobstrução de barras, portos e canais, retificação e regularização de cursos d'água e irrigação;

VI – construção de estradas de ferro e construção, pavimentação e melhoramento de estradas de rodagem;

VII – construção de aeródromos e aeroportos e seus acessos;

VIII – aterros e realizações de embelezamento em geral, inclusive desapropriações em desenvolvimento de plano de aspecto paisagístico.

Art. 3º A Contribuição de Melhoria a ser exigida pela União, Estados, Distrito Federal e Municípios, para fazer face ao custo das obras públicas, será cobrada pela Unidade administrativa que as realizar, adotando-se como critério o benefício resultante da obra, calculado através de índices cadastrais das respectivas zonas de influência, a serem fixados em regulamentação deste Decreto-Lei.

§ 1º A apuração, dependendo da natureza das obras, far-se-á levando em conta a situação do imóvel na zona de influência, sua testada, área, finalidade de exploração econômica e outros elementos a serem considerados, isolada ou conjuntamente.

§ 2º A determinação da Contribuição de Melhoria far-se-á rateando, proporcionalmente, o custo parcial ou total das obras, entre todos os imóveis incluídos nas respectivas zonas de influência.

§ 3º A Contribuição de Melhoria será cobrada dos proprietários de imóveis do domínio privado, situados nas áreas direta e indiretamente beneficiadas pela obra.

§ 4º Reputam-se feitas pela União as obras executadas pelos Territórios.

Art. 4º A cobrança da Contribuição de Melhoria terá como limite o custo das obras, computadas as despesas de estudos, projetos, fiscalização, desapropriações, administração, execução e financiamento, inclusive prêmios de reembolso e outras de praxe em financiamento ou empréstimos e terá a sua expressão monetária atualizada na época do lançamento mediante aplicação de coeficientes de correção monetária.

§ 1º Serão incluídos, nos orçamentos de custo das obras, todos os investimentos necessários para que os benefícios delas decorrentes sejam integralmente alcançados pelos imóveis situados nas respectivas zonas de influência.

§ 2º A percentagem do custo real a ser cobrada mediante Contribuição de Melhoria será fixada tendo em vista a natureza da obra, os benefícios para os usuários, as atividades econômicas predominantes e o nível de desenvolvimento da região.

Art. 5º Para cobrança da Contribuição de Melhoria, a Administração competente deverá publicar edital, contendo, entre outros, os seguintes elementos:

I – delimitação das áreas direta e indiretamente beneficiadas e a relação dos imóveis nelas compreendidos;

II – memorial descritivo do projeto;

III – orçamento total ou parcial do custo das obras;

IV – determinação da parcela do custo das obras a ser ressarcida pela contribuição, com o correspondente plano de rateio entre os imóveis beneficiados.

Parágrafo único. O disposto neste artigo aplica-se, também, aos casos de cobrança da Contribuição de Melhoria por obras públicas em execução, constantes de projetos ainda não concluídos.

Art. 6º Os proprietários de imóveis situados nas zonas beneficiadas pelas obras públicas têm o prazo de trinta dias, a começar da data da publicação do edital referido no artigo 5º, para a impugnação de qualquer dos elementos dele constantes, cabendo ao impugnante o ônus da prova.

Art. 7º A impugnação deverá ser dirigida à Administração competente, através de petição, que servirá para o início do processo administrativo conforme venha a ser regulamentado por decreto federal.

Art. 8º Responde pelo pagamento da Contribuição de Melhoria o proprietário do imóvel ao tempo do seu lançamento, e esta responsabilidade se transmite aos adquirentes e sucessores, a qualquer título, do domínio do imóvel.

§ 1º No caso de enfiteuse, responde pela Contribuição de Melhoria o enfiteuta.

§ 2º No imóvel locado é lícito ao locador exigir aumento de aluguel correspondente a dez por cento ao ano da Contribuição de Melhoria efetivamente paga.

§ 3º É nula a cláusula do contrato de locação que atribua ao locatário o pagamento, no todo ou em parte, da Contribuição de Melhoria lançada sobre o imóvel.

§ 4º Os bens indivisos serão considerados como pertencentes a um só proprietário e aquele que for lançado terá direito de exigir dos condôminos as parcelas que lhes couberem.

Art. 9º Executada a obra de melhoramento na sua totalidade ou em parte suficiente para beneficiar determinados imóveis, de modo a justificar o início da cobrança da Contribuição de Melhoria, proceder-se-á ao lançamento referente a esses imóveis depois de publicado o respectivo demonstrativo de custos.

Art. 10. O órgão encarregado do lançamento deverá escriturar, em registro próprio, o débito da Contribuição de Melhoria correspondente a cada imóvel, notificando o proprietário, diretamente ou por edital, do:

I – valor da Contribuição de Melhoria lançada;

II – prazo para o seu pagamento, suas prestações e vencimentos;

III – prazo para a impugnação;

IV – local do pagamento.

Parágrafo único. Dentro do prazo que lhe for concedido na notificação do lançamento, que não será inferior a trinta dias, o contribuinte poderá reclamar, ao órgão lançador, contra:

I – o erro na localização e dimensões do imóvel;

II – o cálculo dos índices atribuídos;

III – o valor da contribuição;

IV – o número de prestações.

Art. 11. Os requerimentos de impugnação de reclamação, como também quaisquer recursos administrativos, não suspendem o início ou prosseguimento das obras e nem terão efeito de obstar a administração a prática dos atos necessários ao lançamento e cobrança da Contribuição de Melhoria.

Art. 12. A Contribuição de Melhoria será paga pelo contribuinte de forma que a sua parcela anual não exceda a três por cento do maior valor fiscal do seu imóvel, atualizado à época da cobrança.

§ 1º O ato da autoridade que determinar o lançamento poderá fixar descontos para o pagamento à vista, ou em prazos menores do que o lançado.

§ 2º As prestações da Contribuição de Melhoria serão corrigidas monetariamente, de acordo com os coeficientes aplicáveis na correção dos débitos fiscais.

§ 3º O atraso no pagamento das prestações fixadas no lançamento sujeitará o contribuinte à multa de mora de doze por cento ao ano.

§ 4º É lícito ao contribuinte liquidar a Contribuição de Melhoria com títulos da dívida pública, emitidos especialmente para financiamento da obra pela qual foi lançado; neste caso, o pagamento será feito pelo valor nominal do título, se o preço do mercado for inferior.

§ 5º No caso do serviço público concedido, o poder concedente poderá lançar e arrecadar a contribuição.

§ 6º Mediante convênio, a União poderá legar aos Estados e Municípios, ou ao Distrito Federal, o lançamento e a arrecadação da Contribuição de Melhoria devida por obra pública federal, fixando a percentagem da receita, que caberá ao Estado ou Município que arrecadar a contribuição.

§ 7º Nas obras federais, quando, por circunstâncias da área a ser lançada ou da natureza da obra, o montante previsto na arrecadação da Contribuição de Melhoria não compensar o lançamento pela União, ou por seus órgãos, o lançamento poderá ser delegado aos municípios interessados e neste caso:

a) caberão aos Municípios o lançamento, arrecadação e as receitas apuradas; e

LEG. COMPLEMENTAR

b) o órgão federal delegante se limitará a fixar os índices e critérios para o lançamento.

Art. 13. A cobrança da Contribuição de Melhoria resultante de obras executadas pela União, situadas em áreas urbanas de um único Município, poderá ser efetuada pelo órgão arrecadador municipal, em convênio com o órgão federal que houver realizado as referidas obras.

Art. 14. A conservação, a operação e a manutenção das obras referidas no artigo anterior, depois de concluídas, constituem encargos do Município em que estiverem situadas.

Art. 15. Os encargos de conservação, operação e manutenção das obras de drenagem e irrigação, não abrangidas pelo artigo 13 e implantadas através da Contribuição de Melhoria, serão custeados pelos seus usuários.

Art. 16. Do produto de arrecadação de Contribuição de Melhoria, nas áreas prioritárias para a Reforma Agrária, cobrada pela União e prevista como integrante do Fundo Nacional da Reforma Agrária (artigo 28, I, da Lei nº 4.504, de 30 de novembro de 1964), o Instituto Brasileiro de Reforma Agrária destinará importância idêntica a recolhida, para ser aplicada em novas obras e projetos de Reforma Agrária pelo mesmo órgão que realizou as obras públicas do que decorreu a contribuição.

Art. 17. Para efeito do Imposto sobre a Renda, devido sobre a valorização imobiliária resultante de obra pública, deduzir-se-á a importância que o contribuinte houver pago, a título de Contribuição de Melhoria.

Art. 18. A dívida fiscal oriunda da Contribuição de Melhoria terá preferência sobre outras dívidas fiscais quanto ao imóvel beneficiado.

- Art. 29, par. ún., da Lei nº 6.830, de 22-9-1980 (Lei das Execuções Fiscais).

Art. 19. Fica revogada a Lei nº 854, de 10 de outubro de 1949, e demais disposições legais em contrário.

Art. 20. Dentro de noventa dias o Poder Executivo baixará decreto regulamentando o presente Decreto-Lei, que entra em vigor na data de sua publicação.

Brasília, 24 de fevereiro de 1967;
146º da Independência e
79º da República.

H. Castello Branco

DECRETO-LEI Nº 288, DE 28 DE FEVEREIRO DE 1967

Altera as disposições da Lei nº 3.173 de 6 de junho de 1957 e regula a Zona Franca de Manaus.

- Publicado no *DOU* de 28-2-1967 e retificado em 10-3-1967.

CAPÍTULO I
DAS FINALIDADES E LOCALIZAÇÃO DA ZONA FRANCA DE MANAUS

Art. 1º A Zona Franca de Manaus é uma área de livre comércio de importação e exportação e de incentivos fiscais especiais, estabelecida com a finalidade de criar no interior da Amazônia um centro industrial, comercial e agropecuário dotado de condições econômicas que permitam seu desenvolvimento, em face dos fatores locais e da grande distância, a que se encontram, os centros consumidores de seus produtos.

Art. 2º O Poder Executivo fará, demarcar, à margem esquerda dos rios Negro e Amazonas, uma área contínua com uma superfície mínima de dez mil quilômetros quadrados, incluindo a cidade de Manaus e seus arredores, na qual se instalará a Zona Franca.

§ 1º A área da Zona Franca terá um comprimento máximo continuo nas margens esquerdas dos rios Negro e Amazonas, de cinquenta quilômetros a juzante de Manaus e de setenta quilômetros a montante desta cidade.

§ 2º A faixa da superfície dos rios adjacentes à Zona Franca, nas proximidades do porto ou portos desta, considera-se nela integrada, na extensão mínima de trezentos metros a contar da margem.

§ 3º O Poder Executivo, mediante decreto e por proposta da Superintendência da Zona Franca, aprovada pelo Ministério do Interior, poderá aumentar a área originalmente estabelecida ou alterar sua configuração dentro dos limites estabelecidos no parágrafo 1º deste artigo.

CAPÍTULO II
DOS INCENTIVOS FISCAIS

Art. 3º A entrada de mercadorias estrangeiras na Zona Franca, destinadas a seu consumo interno, industrialização em qualquer grau, inclusive beneficiamento, agropecuária, pesca, instalação e operação de indústrias e serviços de qualquer natureza e a estocagem para reexportação, será isenta dos impostos de importação, e sobre produtos industrializados.

§ 1º Excetuam-se da isenção fiscal prevista no *caput* deste artigo armas e munições, fumo, bebidas alcoólicas, automóveis de passageiros, petróleo, lubrificantes e combustíveis líquidos e gasosos derivados de petróleo, e produtos de perfumaria ou de toucador, preparados e preparações cosméticas, salvo quanto a estes (posições 3303 a 3307 da Nomenclatura Comum do MERCOSUL), se destinados exclusivamente a consumo interno na Zona Franca de Manaus ou se produzidos com utilização de matérias-primas da fauna e da flora regionais, em conformidade com processo produtivo básico.

- § 1º com a redação dada pela Lei nº 14.183, de 14-7-2021 (*DOU* de 15-7-2021), produzindo efeitos a partir do primeiro dia do quarto mês subsequente ao de sua publicação.

§ 2º Com o objetivo de coibir práticas ilegais, ou antieconômicas, e por proposta justificada da Superintendência, aprovada pelos Ministérios do Interior, Fazenda e Planejamento, a lista de mercadorias constante do parágrafo 1º pode ser alterada por decreto.

§ 3º As mercadorias entradas na Zona Franca de Manaus nos termos do *caput* deste artigo poderão ser posteriormente destinadas à exportação para o exterior, ainda que usadas, com a manutenção da isenção dos tributos incidentes na importação.

§ 4º O disposto no § 3º deste artigo aplica-se a procedimento idêntico que, eventualmente, tenha sido anteriormente adotado.

- §§ 3º e 4º acrescidos pela Lei nº 11.196, de 2005.

Art. 4º A exportação de mercadorias de origem nacional para consumo ou industrialização na Zona Franca de Manaus, ou reexportação para o estrangeiro, será, para todos os efeitos fiscais constantes da legislação em vigor, equivalente a uma exportação brasileira para o estrangeiro, exceto a exportação ou reexportação de petróleo, lubrificantes e combustíveis líquidos e gasosos derivados de petróleo para a Zona Franca de Manaus.

- Artigo com a redação dada pela Lei nº 14.183, de 14-7-2021 (*DOU* de 15-7-2021), produzindo efeitos a partir do primeiro dia do quarto mês subsequente ao de sua publicação.

Art. 5º A exportação de mercadorias da Zona Franca para o estrangeiro, qualquer que seja sua origem, está isenta do imposto de exportação.

Art. 6º As mercadorias de origem estrangeira estocadas na Zona Franca, quando saírem desta para comercialização em qualquer ponto do território nacional, ficam sujeitas ao pagamento de todos os impostos de uma importação do exterior, a não ser nos casos de isenção prevista em legislação específica.

Art. 7º Os produtos industrializados na Zona Franca de Manaus, salvo os bens de informática e os veículos automóveis, tratores e outros veículos terrestres, suas partes e peças, excluídos os das posições 8711 a 8714 da Tarifa Aduaneira do Brasil (TAB), e respectivas partes e peças, quando dela saírem para qualquer ponto do Território Nacional, estarão sujeitos à exigibilidade do Imposto sobre Importação relativo a matérias-primas, produtos intermediários, materiais secundários e de embalagem, componentes e outros insumos de origem estrangeira neles empregados, calculado o tributo mediante coeficiente de redução de sua alíquota *ad valorem*, na conformidade do § 1º deste artigo, desde que atendam nível de industrialização local compatível com processo produtivo básico para produtos compreendidos na mesma posição e subposição da Tarifa Aduaneira do Brasil (TAB).

- *Caput* com a redação dada pela Lei nº 8.387, de 30.12.1991.

§ 1º O coeficiente de redução do imposto será obtido mediante a aplicação da fórmula que tenha:

I – no dividendo, a soma dos valores de matérias-primas, produtos intermediários, materiais secundários e de embalagem, componentes e outros insumos de produção nacional e da mão de obra empregada no processo produtivo;

II – no divisor, a soma dos valores de matérias-primas, produtos intermediários, materiais secundários e de embalagem, componentes e outros insumos de produção nacional e de origem estrangeira, e da mão-de-obra empregada no processo produtivo.

§ 2º No prazo de até doze meses, contado da data de vigência desta lei, o Poder Executivo enviará ao Congresso Nacional projeto de lei estabelecendo os coeficientes diferenciados de redução das alíquotas do Imposto sobre Importação, em substituição à fórmula de que trata o parágrafo anterior.

§ 3º Os projetos para produção de bens sem similares ou congêneres na Zona Franca de Manaus, que vierem a ser aprovados entre o início da vigência desta lei e o da lei a que se refere o § 2º, poderão optar pela fórmula prevista no § 1º.

§ 4º Para os produtos industrializados na Zona Franca de Manaus, salvo os bens de informática e os veículos automóveis, tratores e outros veículos terrestres, suas partes e peças, excluídos os das posições 8711 a 8714 da Tarifa Aduaneira do Brasil (TAB), cujos projetos tenham sido aprovados pelo Conselho de Administração da Suframa até 31 de março de 1991 ou para seus congêneres ou similares, compreendidos na mesma posição e subposição da Tarifa Aduaneira do Brasil (TAB), constantes de projetos que venham a ser aprovados, no prazo de que trata o art. 40 do Ato das Disposições Constitucionais Transitórias, a redução de que trata o *caput* deste artigo será de oitenta e oito por cento.

§ 5º A exigibilidade do Imposto sobre Importação, de que trata o *caput* deste artigo, abrange as matérias-primas, produtos intermediários, materiais secundários e de embalagem empregados no processo produtivo industrial do produto final, exceto quando empregados por estabelecimento industrial localizado na Zona Franca de Manaus, de acordo com projeto aprovado com processo produtivo básico, na fabricação de produto que, por sua vez tenha sido utilizado como insumo por outra empresa, não coligada à empresa fornecedora do referido insumo, estabelecida na mencionada Região, na industrialização dos produtos de que trata o parágrafo anterior.

- §§ 1º a 5º com redação dada pela Lei nº 8.387, de 30.12.1991.

§ 6º Os Ministros de Estado do Desenvolvimento, Indústria e Comércio Exterior e da Ciência e Tecnologia estabelecerão os processos produtivos básicos no prazo máximo de cento e vinte dias, contado da data da solicitação fundada da empresa interessada, devendo ser indicados em portaria interministerial os processos aprovados, bem como os motivos determinantes do indeferimento.

- § 6º com a redação dada pela Lei nº 10.176, de 2001.

§ 7º A redução do Imposto sobre Importação, de que trata este artigo, somente será deferida a produtos industrializados previstos em projeto aprovado pelo Conselho de Administração da Suframa que:

I – se atenha aos limites anuais de importação de matérias-primas, produtos intermediários, materiais secundários e de embalagem, constantes da respectiva resolução aprobatória do projeto e suas alterações;

II – objetive:

a) o incremento de oferta de emprego na região;

b) a concessão de benefícios sociais aos trabalhadores;

c) a incorporação de tecnologias de produtos e de processos de produção compatíveis com o estado da arte e da técnica;

d) níveis crescentes de produtividade e de competitividade;

e) reinvestimento de lucros na região; e

f) investimento na formação e capacitação de recursos humanos para o desenvolvimento científico e tecnológico.

§ 8º Para os efeitos deste artigo, consideram-se:

a) produtos industrializados os resultantes das operações de transformação, beneficiamento, montagem e recondicionamento, como definidas na legislação de regência do Imposto sobre Produtos Industrializados;

b) processo produtivo básico é o conjunto mínimo de operações, no estabelecimento fabril, que caracteriza a efetiva industrialização de determinado produto.

§ 9º Os veículos automóveis, tratores e outros veículos terrestres, suas partes e peças, excluídos os das posições e subposições 8711 a 8714 da Tabela Aduaneira do Brasil (TAB) e respectivas partes e peças, industrializados na Zona Franca de Manaus, quando dela saírem para qualquer ponto do Território Nacional, estarão sujeitos à exigibilidade do Imposto sobre Importação relativo a matérias-primas, produtos intermediários, materiais secundários e de embalagem, componentes e outros insumos, de origem estrangeira e neles empregados, conforme coeficiente de redução estabelecido neste artigo, ao qual serão acrescidos cinco pontos percentuais.

§ 10. Em nenhum caso o percentual previsto no parágrafo anterior poderá ser superior a cem.

- §§ 7º a 10 com redação dada pela Lei nº 8.387, de 30-12-1991.

LEG. COMPLEMENTAR

§ 11. A alíquota que serviu de base para a aplicação dos coeficientes de redução de que trata este artigo permanecerá aplicável, ainda que haja alteração na classificação dos produtos beneficiados na Nomenclatura Comum do Mercosul.

§ 12. O disposto no § 11 não se aplica no caso de alteração da classificação fiscal do produto decorrente de incorreção na classificação adotada à época da aprovação do projeto respectivo.

• §§ 11 e 12 acrescidos pela Lei nº 12.431, de 2011.

§ 13. O tratamento tributário estabelecido no caput e nos §§ 4º e 9º deste artigo, aplicáveis às posições 8711 a 8714, estende-se aos quadriciclos e triciclos e às respectivas partes e peças, independentemente do código da Nomenclatura Comum do Mercosul (NCM).

• § 13 acrescido pela Lei nº 13.755, de 10-12-2018.

Art. 8º As mercadorias de origem nacional destinadas à Zona Franca com a finalidade de serem reexportadas para outros pontos do território nacional serão estocadas em armazéns, ou embarcações, sob controle da Superintendência e pagarão todos os impostos em vigor para a produção e circulação de mercadorias no país.

Art. 9º Estão isentas do Imposto sobre Produtos Industrializados (IPI) todas as mercadorias produzidas na Zona Franca de Manaus, quer se destinem ao seu consumo interno, quer à comercialização em qualquer ponto do Território Nacional.

§ 1º A isenção de que trata este artigo, no que respeita aos produtos industrializados na Zona Franca de Manaus que devam ser internados em outras regiões do País, ficará condicionada à observância dos requisitos estabelecidos no art. 7º deste decreto-lei.

§ 2º A isenção de que trata este artigo não se aplica às mercadorias referidas no § 1º do art. 3º deste Decreto-Lei, excetuados os quadriciclos e triciclos e as respectivas partes e peças.

• § 2º com a redação dada pela Lei nº 13.755, de 10-12-2018.

CAPÍTULO III

DA ADMINISTRAÇÃO DA ZONA FRANCA

Art. 10. A administração das instalações e serviços da Zona Franca será exercida pela Superintendência da Zona Franca de Manaus (SUFRAMA) entidade autárquica, com personalidade jurídica e patrimônio próprio, autonomia administrativa e financeira, com sede e foro na cidade de Manaus, capital do Estado do Amazonas.

Parágrafo único. A SUFRAMA vincula-se ao Ministério do Interior.

Art. 11. São atribuições da SUFRAMA:

a) elaborar o Plano Diretor Plurienal da Zona Franca e coordenar ou promover a sua execução, diretamente ou mediante convênio com órgãos ou entidades públicas inclusive sociedades de economia mista, ou através de contrato com pessoas ou entidades privadas;

b) revisar, uma vez por ano, o Plano Diretor e avaliar, os resultados de sua execução;

c) promover a elaboração e a execução dos programas e projetos de interesse para o desenvolvimento da Zona Franca;

d) prestar assistência técnica a entidades públicas ou privadas, na elaboração ou execução de programas de interesse para o desenvolvimento da Zona Franca;

e) manter constante articulação com a Superintendência do Desenvolvimento da Amazônia (SUDAM), com o Governo do Estado do Amazonas e autoridades dos municípios em que se encontra localizada a Zona Franca;

f) sugerir a SUDAM e a outras entidades governamentais, estaduais ou municipais, providências julgadas necessárias ao desenvolvimento da Zona Franca;

g) promover e divulgar pesquisas, estudos e análises, visando ao reconhecimento sistemático das potencialidades econômicas da Zona Franca;

h) praticar todos os demais atos necessárias as suas funções de órgão de planejamento, promoção, coordenação e administração da Zona Franca.

Art. 12. A Superintendência da Zona Franca de Manaus dirigida por um Superintendente, é assim constituída:

a) Conselho Técnico;

b) Unidades Administrativas.

Art. 13. O Superintendente será nomeado pelo Presidente da República, por indicação do Ministro do Interior e demissível *ad nutum*.

Parágrafo único. O Superintendente será auxiliado por um Secretário Executivo nomeado pelo Presidente da República, por indicação daquele e demissível ad nutum.

Art. 14. Compete ao Superintendente:

a) praticar todos os atos necessários ao bom desempenho das atribuições estabelecidas para a SUFRAMA;

b) elaborar o regulamento da entidade a ser aprovado pelo Poder Executivo;

c) elaborar o Regimento Interno;

d) submeter à apreciação do Conselho Técnico os planos e suas revisões anuais;

e) representar a autarquia ativa e passivamente, em juízo ou fora dele.

Parágrafo único. O Secretário Executivo é o substituto eventual do Superintendente e desempenhará as funções que por êste lhe forem cometidas.

Art. 15. Compete ao Conselho Técnico:

a) sugerir e apreciar as normas básicas da elaboração do Plano Diretor e suas revisões anuais;

b) aprovar o Regulamento e Regimento Interno da Zona Franca;

c) homologar a escolha de firma ou firmas auditores a que se refere o artigo 27 da presente lei;

d) aprovar as necessidades de pessoal e níveis salariais das diversas categorias ocupacionais da SUFRAMA;

e) aprovar os critérios da contratação de serviços técnicos ou de natureza especializada, com terceiros;

f) aprovar relatórios periódicos apresentados pelo Superintendente;

g) aprovar o balanço anual da autarquia;

h) aprovar a Plano Diretor da Zona Franca e suas revisões anuais;

i) aprovar as propostas do Superintendente de Compra e alienação de bens imóveis e de bens móveis de capital;

j) aprovar o orçamento da SUFRAMA e os programas de aplicação das dotações globais e de quaisquer outros recursos que lhe forem atribuídos;

k) aprovar convênios, contratos e acordos firmados pela SUFRAMA, quando se referirem a execução de obras.

Art. 16. O Conselho Técnico é composto do Superintendente, que o presidirá, do Secretário Executivo, do Representante do Governo do Estado do Amazonas, do Representante da Superintendência do Desenvolvimento da

Amazônia e de dois membros nomeados pelo Presidente da República, e indicados pelo Superintendente da SUFRAMA, sendo um engenheiro e o outro especialista em assuntos fiscais.

Parágrafo único. Os membros do Conselho Técnico deverão ter reputação ilibada, larga experiência e notório conhecimento no campo de sua especialidade.

Art. 17. As unidades administrativas terão as atribuições definidas no Regimento Interno da Entidade.

Art. 18. A SUFRAMA contará exclusivamente com pessoal sob o regime de legislação trabalhista, cujos níveis salariais serão fixados pelo Superintendente, com observância do mercado de trabalho, e aprovados pelo Conselho Técnico.

Art. 19. O Superintendente e Secretário Executivo perceberão, respectivamente, 20% (vinte por cento), 10% (dez por cento) a mais do maior salário pago pela SUFRAMA aos seus servidores, de acordo com o estabelecido na presente lei.

CAPÍTULO IV
DOS RECURSOS E REGIME FINANCEIRO E CONTÁBIL

Art. 20. Constituem recurso da SUFRAMA:

I – as dotações orçamentárias ou créditos adicionais que lhe sejam atribuídos;

II – o produto de juros de depósitos bancários, de multas, emolumentos e taxas devidas a SUFRAMA;

III – os auxílios, subvenções, contribuições e doações de entidades públicas ou privadas, internacionais ou estrangeiras;

IV – as rendas provenientes de serviços prestados;

V – a sua renda patrimonial.

Art. 21. As dotações orçamentárias e os créditos adicionais destinados à SUFRAMA serão distribuídos independentemente de prévio registro no Tribunal de Contas da União.

Parágrafo único. Os contratos, acordos ou convênios firmados pela SUFRAMA independem de registro prévio no Tribunal de Contas da União.

Art. 22. Os recursos provenientes de dotações orçamentárias ou de créditos adicionais ou provenientes de outras fontes atribuídas à SUFRAMA incorporar-se-ão ao seu patrimônio, podendo os saldos ter aplicação nos exercícios subsequentes.

Parágrafo único. Os saldos não entregues à SUFRAMA até o fim do exercício serão escriturados como "Restos a Pagar".

Art. 23. A SUFRAMA, por proposta do Superintendente, aprovada pela Conselho Técnico da autarquia, poderá contrair empréstimos no país ou no Exterior para acelerar ou garantir a execução de programas ou projetos integrantes do Plano Diretor da Zona Franca.

§ 1º As operações em moedas estrangeiras dependerão de autorização do Chefe do Poder Executivo;

§ 2º As operações de que trata este artigo poderão ser garantidas com os próprios recursos da SUFRAMA;

§ 3º Fica o Poder Executivo autorizado a dar a garantia do Tesouro Nacional para operações de crédito externo ou interno, destinadas a realização de obras e serviços básicos, previstos no orçamento do Plano Diretor;

§ 4º A garantia de que tratam os parágrafos anteriores será concedida às operações de crédito contratadas diretamente pela SUFRAMA ou com sua interveniência, sempre mediante parecer fundamentado do Superintendente aprovado pelo Conselho Técnico;

§ 5º As operações de crédito mencionadas neste artigo serão isentas de todos os impostos e taxas federais;

§ 6º Considera-se aplicação legal dos recursos destinados à SUFRAMA, a amortização e o pagamento de juros relativos a operações de crédito por ela contratadas, para aplicação em programas ou projetos atinentes às desatinações dos mesmos recursos.

Art. 24. A SUFRAMA poderá cobrar taxas por utilização de suas instalações e emolumentos por serviços prestados a particular.

Parágrafo único. As taxas e emolumentos de que tratam este artigo serão fixadas pelo Superintendente depois de aprovadas pelo Conselho Técnico.

Art. 25. Os recursos da SUFRAMA sem desatinação prevista em lei e as dotações globais que lhe sejam atribuídas, serão empregados nos serviços e obras do Pano Diretor, de acordo com os programas de aplicação propostos pelo Superintendente aprovados pelo Conselho Técnico.

Art. 26. A SUFRAMA autorizada a realizar despesas de pronto pagamento até cinco (5) vezes o valor do maior salário mínimo vigente no país.

Art. 27. No controle dos atos de gestão da SUFRAMA será adotado, além da auditoria interna, o regime de auditoria externa independente a ser contratada com firma ou firmas brasileiras de reconhecida idoneidade moral e técnica.

Art. 28. A SUFRAMA terá completo serviço de contabilidade patrimonial, financeira e orçamentária.

Parágrafo único. Até o dia 30 de junho de cada ano, a SUFRAMA remeterá os balanços do exercício anterior ao Ministro do Interior e através deste ao Ministério da Fazenda.

Art. 29. A SUFRAMA poderá alienar bens móveis e imóveis integrantes do seu patrimônio, mediante proposta de Superintendente aprovada pelo Conselho Técnico.

Parágrafo único. A compra e alienação de bens imóveis depende de autorização do Ministro do Interior.

Art. 30. Fica o Superintendente da SUFRAMA autorizado a dispensar licitação e contrato formal para aquisição de material, prestação de serviços, execução de obras ou locação de imóveis até 500 (quinhentas) vezes o valor do maior salário mínimo vigente no país.

Art. 31. O Superintendente da SUFRAMA, na conformidade das disposições do parágrafo único do artigo 139, da Lei nº 830, de 23 de setembro de 1949, apresentará ao Tribunal de Contas da União, até o dia 30 de junho de cada ano, prestação de contas correspondentes à gestão administrativa do exercício anterior.

Art. 32. São Extensivos à SUFRAMA os privilégios da Fazenda Pública quanto à impenhorabilidade de bens, renda ou serviços, aos prazos, cobranças de crédito, uso de ações especiais, juros e custas.

Art. 33. A SUFRAMA terá todas as isenções tributárias deferidas aos órgãos e serviços da União.

Art. 34. A SUFRAMA desempenhará suas funções especializadas preferentemente através da contratação de serviços com pessoas físicas ou jurídicas habilitadas, segundo os critérios que forem aprovados pelo Conselho Técnico.

Art. 35. A SUFRAMA apresentará relatórios periódicos de suas atividades, ao Ministro do Interior.

CAPÍTULO V

DAS DISPOSIÇÕES GERAIS E TRANSITÓRIAS

Art. 36. O Plano Diretor da Zona Franca e o orçamento-programa da SUFRAMA serão aprovados pelo Ministro do Interior e considerado àquele como empreendimento prioritário na elaboração e execução do Plano de Valorização Econômica da Amazônia.

Art. 37. As disposições deste Decreto-Lei não serão aplicadas às exportações ou reexportações, às importações e às operações realizadas dentro do território nacional, inclusive as ocorridas exclusivamente dentro da Zona Franca de Manaus, com petróleo, lubrificantes e combustíveis líquidos e gasosos derivados de petróleo por empresa localizada na Zona Franca de Manaus.

- Artigo com a redação dada pela Lei nº 14.183, de 14-7-2021 (*DOU* de 15-7-2021), produzindo efeitos a partir do primeiro dia do quarto mês subsequente ao de sua publicação.

Art. 38. *Revogado.* Decreto-Lei nº 1.455, de 1976.

Art. 39. Será considerado contrabando a saída de mercadorias da Zona Franca sem a autorização legal expedida pelas autoridades competentes.

Art. 40. Compete ao Governo Federal a vigilância das áreas limites da Zona Franca e a repressão ao contrabando.

Art. 41. Na Zona Franca de Manaus poderão instalar-se depósitos e agências aduaneiras de outros países na forma de tratados ou notas complementares a tratados de comércio.

§ 1º Para os fins deste artigo, o Governo brasileiro, conforme haja sido ou venha a ser pactuado, proporcionará facilidades para a construção ou locação dos entrepostos de depósito franco e instalações conexas.

§ 2º Poderão estender-se àqueles países, quanto às mercadorias estocadas nos depósitos a que se refere este artigo, os privilégios e obrigações especificados no Regulamento da Zona Franca, segundo as condições estabelecidas em ajuste entre o Brasil e cada país.

Art. 42. As isenções previstas neste decreto-lei vigorarão pelo prazo de trinta anos, podendo ser prorrogadas por decreto do Poder Executivo, mediante aprovação prévia do Conselho de Segurança Nacional.

Art. 43. O pessoal pertencente à antiga Zona Franca poderia ser aproveitado na SUFRAMA, uma vez verificada, em cada caso, a necessidade dêsse aproveitamento e a habilitação do servidor para as funções que deverá exercer.

§ 1º O pessoal não aproveitado na SUFRAMA, segundo o critério que esta estabelecer, será relotado em outro órgão da Administração Pública Federal, de acôrdo com as conveniências desta.

§ 2º Até 31 de julho de 1967, o pessoal não aproveitado continuará a ser pago pela SUFRAMA, caso não tenha sido relotado em outros órgãos da Administração Federal, na forma do parágrafo.

Art. 44. O Servidor da antiga Zona Franca, ao ser admitido, pela SUFRAMA, passa a reger-se pela Legislação Trabalhista e será considerado, em caráter excepcional, automàticamente licenciado de sua função pública, sem vencimentos, por esta, e em prazo não excedente a 2 (dois) anos.

Art. 45. Até quatro meses antes de se esgotar o prazo a que se refere o artigo anterior, o servidor da antiga Zona Franca deverá declarar, por escrito, ao Ministro do Interior, sua opção quanto a situação que preferir adotar.

§ 1º A opção pela permanência a serviço da SUFRAMA implicará em perda imediata da condição de servidor.

§ 2º Esgotado o prazo de dois (2) anos a contar da data da publicação dêste decreto-lei, a SUFRAMA não poderá ter em sua lotação de servidores pessoa alguma no gôzo da qualidade do funcionário público.

Art. 46. Fica a SUFRAMA autorizada a reexaminar os acordos, contratos, ajustes e convênios firmados pela antiga Administração da Zona Franca, a fim de ratificá-los bem como promover a sua modificação ou seu cancelamento, em consonância com as normas deste decreto-lei.

Art. 47. O Poder Executivo baixará decreto regulamentando o presente decreto-lei, dentro do prazo de 90 (noventa) dias a contar da data de sua publicação.

Art. 48. Fica o Poder Executivo autorizado a abrir, pelo Ministério da Fazenda, o crédito especial de NCR$ 1.000.000,00 (hum milhão de cruzeiros novos) para atender as despesas de capital e custeio da Zona Franca, durante o ano de 1967.

§ 1º O crédito especial de que trata este artigo será registrado pelo Tribunal de Contas e distribuído automaticamente ao Tesouro Nacional.

§ 2º Fica revogada a Lei nº 3.173, de 6 de junho de 1957 e o Decreto nº 47.757, de 2 de fevereiro de 1960 que a regulamenta.

Art. 49. As isenções fiscais previstas neste decreto-lei somente entrarão em vigor na data em que for concedida:

I – pelo Estado do Amazonas, crédito do imposto de circulação de mercadorias nas operações comerciais dentro da Zona, igual ao montante que teria sido pago na origem em outros estados da União, se a remessa de mercadorias para a Zona Franca não fosse equivalente a uma exportação brasileira para a estrangeiro;

II – pelos Municípios do Estado do Amazonas, isenção do Imposto de Serviços na área em que estiver instalada a Zona Franca.

Art. 50. Este decreto-lei entrará em vigor na data de sua publicação, revogadas as disposições em contrário.

Brasília, 28 de fevereiro de 1967;
146º da Independência e
79º da República.

H. Castello Branco

DECRETO-LEI Nº 406, DE 31 DE DEZEMBRO DE 1968

Estabelece normas gerais de direito financeiro, aplicáveis aos Impostos sobre Operações relativas à Circulação de Mercadorias e sobre Serviços de qualquer Natureza, e dá outras providências.

- Publicado no *DOU* de 31-12-1968.

Art. 1º O Imposto sobre Operações relativas à Circulação de Mercadorias tem como fato gerador:

I – a saída de mercadorias de estabelecimento comercial, industrial ou produtor;

II – a entrada em estabelecimento comercial, industrial ou produtor, de mercadoria importada do Exterior pelo titular do estabelecimento;

III – o fornecimento de alimentação, bebidas e outras mercadorias em restaurantes, bares, cafés e estabelecimentos similares.

- Súm. nº 661 do STF.

§ 1º Equipara-se à saída a transmissão da propriedade de mercadoria, quando esta não transitar pelo estabelecimento do transmitente.

§ 2º Quando a mercadoria for remetida para armazém geral ou para depósito fechado do próprio contribuinte, no mesmo Estado, a saída considera-se ocorrida no lugar do estabelecimento remetente:

I – no momento da saída da mercadoria do armazém geral ou do depósito fechado, salvo se para retornar ao estabelecimento de origem;

II – no momento da transmissão de propriedade da mercadoria depositada em armazém geral ou em depósito fechado.

§ 3º O imposto não incide:

I – sobre a saída de produtos industrializados destinados ao Exterior;

II – sobre a alienação fiduciária em garantia;

III – sobre a saída de estabelecimento prestador dos serviços a que se refere o artigo 8º, de mercadorias a serem ou que tenham sido utilizadas na prestação de tais serviços, ressalvados os casos de incidência previstos na lista de serviços tributados;

- Inciso III com a redação dada pelo Dec.-lei nº 834, de 8-9-1969.

IV – sobre a saída de estabelecimento de empresa de transporte ou de depósito por conta e ordem desta, de mercadorias de terceiros.

§ 4º São isentas do imposto:

I – as saídas de vasilhame, recipientes e embalagens, inclusive sacaria, quando não cobrados do destinatário ou não computados no valor das mercadorias que acondicionam e desde que devam retornar ao estabelecimento remetente ou a outro do mesmo titular;

II – as saídas de vasilhame, recipiente e embalagens, inclusive sacaria, em retorno ao estabelecimento remetente ou a outro do mesmo titular ou a depósito em seu nome;

III – a saída de mercadorias destinadas ao mercado interno e produzidas em estabelecimentos industriais como resultado de concorrência internacional, com participação de indústrias do País, contra pagamento com recursos oriundos de divisas conversíveis provenientes de financiamento a longo prazo de instituições financeiras internacionais ou entidades governamentais estrangeiras;

IV – as entradas de mercadorias em estabelecimento do importador, quando importadas do Exterior e destinadas à fabricação de peças, máquinas e equipamentos para o mercado interno como resultado de concorrência internacional com participação da indústria do País, contra pagamento com recursos provenientes de divisas conversíveis provenientes de financiamento a longo prazo de instituições financeiras internacionais ou entidades governamentais estrangeiras;

V – a entrada de mercadorias importadas do Exterior quando destinadas à utilização como matéria-prima em processos de industrialização, em estabelecimento do importador, desde que a saída dos produtos industrializados resultantes fique efetivamente sujeita ao pagamento do imposto;

VI – a entrada de mercadorias cuja importação estiver isenta do imposto, de competência da União, sobre a importação de produtos estrangeiros;

VII – a entrada, em estabelecimento do importador, de mercadorias importadas do Exterior sob o regime de *drawback*;

VIII – a saída, de estabelecimento de empreiteiro de construção civil, obras hidráulicas e outras obras semelhantes, inclusive serviços auxiliares ou complementares, de mercadorias adquiridas de terceiros e destinadas às construções, obras ou serviços referidos a cargo do remetente;

- Inciso VIII com a redação dada pelo Dec.-lei nº 834, de 8-9-1969.

IX – as saídas de mercadorias de estabelecimento de produtor para estabelecimento de cooperativa de que faça parte, situado no mesmo Estado;

X – as saídas de mercadorias de estabelecimento de cooperativa de produtores para estabelecimentos, no mesmo Estado, da própria cooperativa, de cooperativa central ou de federação de cooperativas de que a cooperativa remetente faça parte.

§ 5º O disposto no § 3º, I, aplica-se também à saída de mercadorias de estabelecimentos, indústrias ou de seus depósitos com destino:

I – a empresas comerciais que operem exclusivamente no comércio de exportação;

II – a armazéns alfandegados e entrepostos aduaneiros.

§ 6º No caso do § 5º, a reintrodução da mercadoria no mercado interno tornará exigível o imposto devido pela saída com destino aos estabelecimentos ali referidos.

§ 7º Os Estados isentarão do Imposto de Circulação de Mercadorias a venda a varejo, diretamente ao consumidor, dos gêneros de primeira necessidade que especificarem, não podendo estabelecer diferença em função dos que participam da operação tributada.

Art. 2º A base de cálculo do imposto é:

- Súmulas nºs 395 e 431 do STJ.

I – o valor da operação de que decorrer a saída da mercadoria;

II – na falta do valor a que se refere o inciso anterior, o preço corrente da mercadoria, ou sua similar, no mercado atacadista da praça remetente;

- Súm. nº 431 do STJ.

III – na falta do valor e na impossibilidade de determinar o preço aludido no inciso anterior:

a) se o remetente for industrial, o preço FOB estabelecimento industrial, à vista;

b) se o remetente for comerciante, o preço FOB estabelecimento comercial, à vista, em vendas a outros comerciantes ou industriais;

IV – no caso do inciso II do artigo 1º, a base de cálculo é o valor constante dos documentos de importação, convertido em cruzeiros à taxa cambial efetivamente aplicada em cada caso e acrescido do valor dos Impostos de Importação e sobre Produtos Industrializados e demais despesas aduaneiras efetivamente pagos.

§ 1º Nas saídas de mercadorias para estabelecimento em outro Estado, pertencente ao mesmo titular ou seu representante, quando as mercadorias não devam sofrer, no estabelecimento de destino, alteração de qualquer espécie, salvo reacondicionamento e quando a remessa for feita por preço de venda a não contribuinte, uniforme em todo o País, a base de cálculo será equivalente a setenta e cinco por cento deste preço.

§ 2º Na hipótese do inciso III, *b*, deste artigo, se o estabelecimento comercial remetente não efetuar vendas a outros comerciantes ou a industriais, a base de cálculo será equivalente a setenta e cinco por cento do preço de venda no estabelecimento remetente, observado o disposto no § 3º.

§ 3º Para aplicação do inciso III do *caput* deste artigo, adotar-se-á a média ponderada dos preços efetivamente cobrados pelo estabelecimento remetente, no segundo mês anterior ao da remessa.

§ 4º Nas operações interestaduais entre estabelecimentos de contribuintes diferentes, quando houver reajuste do valor

LEG. COMPLEMENTAR

da operação depois da remessa, a diferença ficará sujeita ao imposto no estabelecimento de origem.

§ 5º O montante do Imposto sobre Produtos Industrializados não integra a base de cálculo definida neste artigo:

I – quando a operação constitua fato gerador de ambos os tributos;

II – em relação a mercadorias sujeitas ao Imposto sobre Produtos Industrializados com base de cálculo relacionada com o preço máximo de vendas no varejo marcado pelo fabricante.

§ 6º Nas saídas de mercadorias decorrentes de operações de vendas aos encarregados da execução da política de preços mínimos, a base de cálculo é o preço mínimo fixado pela autoridade federal competente.

§ 7º O montante do Imposto de Circulação de Mercadorias integra a base de cálculo a que se refere este artigo, constituindo o respectivo destaque mera indicação para fins de controle.

- § 7º acrescido pela LC nº 44, de 7-12-1983.

§ 8º Na saída de mercadorias para o Exterior ou para os estabelecimentos a que se refere o § 5º do artigo 1º, a base de cálculo será o valor líquido faturado, a ele não se adicionando frete auferido por terceiro, seguro, ou despesas decorrentes do serviço de embarque por via aérea ou marítima.

§ 9º Quando for atribuída a condição de responsável, ao industrial, ao comerciante atacadista ou ao produtor, relativamente ao imposto devido pelo comerciante varejista, a base de cálculo do imposto será:

a) o valor da operação promovida pelo responsável acrescido da margem estimada de lucro do comerciante varejista obtida mediante aplicação de percentual fixado em lei sobre aquele valor;

b) o valor da operação promovida pelo responsável, acrescido da margem de lucro atribuída ao revendedor, no caso de mercadorias com preço de venda, máximo ou único, marcado pelo fabricante ou fixado pela autoridade competente.

§ 10. Caso a margem de lucro efetiva seja normalmente superior à estimada na forma da alínea *a* do parágrafo anterior, o percentual ali estabelecido será substituído pelo que for determinado em convênio celebrado na forma do disposto no § 6º do artigo 23 da Constituição Federal.

- §§ 9º e 10 acrescidos pela LC nº 44, de 7-12-1983.

Art. 3º O Imposto sobre Circulação de Mercadorias é não cumulativo, abatendo-se, em cada operação, o montante cobrado nas anteriores, pelo mesmo ou por outro Estado.

§ 1º A lei estadual disporá de forma que o montante devido resulte da diferença a maior, em determinado período, entre o imposto referente às mercadorias saídas do estabelecimento e o pago relativamente às mercadorias nele entradas. O saldo verificado em determinado período a favor do contribuinte transfere-se para o período ou períodos seguintes.

§ 2º Os Estados poderão facultar aos produtores a opção pelo abatimento de uma percentagem fixa, a título do montante do imposto pago relativamente às mercadorias entradas no respectivo estabelecimento.

§ 3º Não se exigirá o estorno do imposto relativo às mercadorias entradas para utilização, como matéria-prima ou material secundário, na fabricação e embalagem dos produtos de que tratam o § 3º, I, e o § 4º, III, do artigo 1º. O disposto neste parágrafo não se aplica, salvo disposição da legislação estadual em contrário, às matérias-primas de origem animal ou vegetal que representem, individualmente, mais de cinquenta por cento do valor do produto resultante de sua industrialização.

§ 4º As empresas produtoras de discos fonográficos e de outros materiais de gravação de som poderão abater, do montante do Imposto de Circulação de Mercadorias, o valor dos direitos autorais, artísticos e conexos, comprovadamente pagos pela empresa, no mesmo período, aos autores e artistas, nacionais ou domiciliados no País, assim como aos seus herdeiros e sucessores, mesmo através de entidades que os representem.

§ 5º Para efeito do cálculo a que se refere o § 1º deste artigo, os Estados podem determinar a exclusão de imposto referente a mercadorias entradas no estabelecimento quando este imposto tiver sido devolvido, no todo ou em parte, ao próprio ou a outros contribuintes, por qualquer entidade tributante, mesmo sob forma de prêmio ou estímulo.

§ 6º O disposto no parágrafo anterior não se aplica a mercadorias cuja industrialização for objeto de incentivo fiscal, prêmio ou estímulo, resultante de reconhecimento ou concessão por ato administrativo anterior a 31 de dezembro de 1968 e baseada em lei estadual promulgada até a mesma data.

- § 6º acrescido pelo Dec.-lei nº 834, de 8-9-1969.

§ 7º A lei estadual poderá estabelecer que o montante devido pelo contribuinte, em determinado período, seja calculado com base em valor fixado por estimativa, garantida, ao final do período, a complementação ou a restituição em moeda ou sob a forma de utilização como crédito fiscal, em relação, respectivamente, às quantias pagas com insuficiência ou em excesso.

Art. 4º Em substituição ao sistema de que trata o artigo anterior, os Estados poderão dispor que o imposto devido resulte da diferença a maior, entre o montante do imposto relativo à operação a tributar e o pago na incidência anterior sobre a mesma mercadoria, nas seguintes hipóteses:

I – saída, de estabelecimentos comerciais atacadistas ou de cooperativas de beneficiamento e venda em comum, de produtos agrícolas *in natura* ou simplesmente beneficiados;

II – operações de vendedores ambulantes e de estabelecimentos de existência transitória.

Art. 5º A alíquota do Imposto de Circulação de Mercadorias será uniforme para todas as mercadorias; o Senado Federal, através de resolução adotada por iniciativa do Presidente da República, fixará as alíquotas máximas para as operações internas, para as operações interestaduais e para as operações de exportação para o estrangeiro.

Parágrafo único. O limite a que se refere este artigo substituirá a alíquota estadual, quando esta for superior.

Art. 6º Contribuinte do imposto é o comerciante, industrial ou produtor que promove a saída da mercadoria, o que a importa do Exterior ou que arremata em leilão ou adquire, em concorrência promovida pelo poder público, mercadoria importada e apreendida.

- Súm. nº 660 do STF.

§ 1º Consideram-se também contribuintes:

I – as sociedades civis de fins econômicos, inclusive cooperativas que pratiquem com habitualidade operações relativas à circulação de mercadorias;

II – as sociedades civis de fins não econômicos que explorem estabelecimentos industriais ou que pratiquem, com habitualidade, venda de mercadorias que para esse fim adquirem;

III – os órgãos da administração pública direta, as autarquias e empresas públicas, federais, estaduais ou municipais, que vendam, ainda que apenas a compradores de determinada categoria profissional ou funcional, mercadorias que, para esse fim, adquirirem ou produzirem.

§ 2º Os Estados poderão considerar como contribuinte autônomo cada estabelecimento comercial, industrial ou produtor, permanente ou temporário, do contribuinte, inclusive veículos utilizados por este no comércio ambulante.

§ 3º A lei estadual poderá atribuir a condição de responsável:

a) ao industrial, comerciante ou outra categoria de contribuinte, quanto ao imposto devido na operação ou operações anteriores promovidas com a mercadoria ou seus insumos;

b) ao produtor industrial ou comerciante atacadista, quanto ao imposto devido pelo comerciante varejista;

c) ao produtor ou industrial, quanto ao imposto devido pelo comerciante atacadista e pelo comerciante varejista;

d) aos transportadores, depositários e demais encarregados da guarda ou comercialização de mercadorias.

§ 4º Caso o responsável e o contribuinte substituído estejam estabelecidos em Estados diversos, a substituição dependerá de convênio entre os Estados interessados.

• §§ 3º e 4º acrescidos pela LC nº 44, de 7-12-1983.

Art. 7º Nas remessas de mercadorias para fora do Estado será obrigatória a emissão de documento fiscal, segundo modelo estabelecido em decreto do Poder Executivo federal.

Art. 8º *Revogado.* LC nº 116, de 31-7-2003.

Art. 9º A base de cálculo do imposto é o preço do serviço.

○ Art. 7º da LC nº 116, de 31-7-2003 (Lei do ISS).

§ 1º Quando se tratar de prestação de serviços sob a forma de trabalho pessoal do próprio contribuinte, o imposto será calculado, por meio de alíquotas fixas ou variáveis, em função da natureza do serviço ou de outros fatores pertinentes, nestes não compreendida a importância paga a título de remuneração do próprio trabalho.

○ Súm. nº 663 do STF.

§ 2º Na prestação dos serviços a que se referem os itens 19 e 20 da lista anexa o imposto será calculado sobre o preço deduzido das parcelas correspondentes:

• § 2º com a redação dada pelo Dec.-lei nº 834, de 8-9-1969.

a) ao valor dos materiais fornecidos pelo prestador dos serviços;

b) ao valor das subempreitadas já tributadas pelo imposto.

§ 3º Quando os serviços a que se referem os itens 1, 4, 8, 25, 52, 88, 89, 90, 91 e 92 da lista anexa forem prestados por sociedades, estas ficarão sujeitas ao imposto na forma do § 1º, calculado em relação a cada profissional habilitado, sócio, empregado ou não, que preste serviços em nome da sociedade, embora assumindo responsabilidade pessoal, nos termos da lei aplicável.

• § 3º com a redação dada pela LC nº 56, de 15-12-1967.

○ Súm. nº 663 do STF.

§ 4º Na prestação do serviço a que se refere o item 101 da Lista Anexa, o imposto é calculado sobre a parcela do preço correspondente à proporção direta da parcela da extensão da rodovia explorada, no território do Município, ou da metade da extensão de ponte que una os dois Municípios.

• § 4º acrescido pela LC nº 100, de 21-12-1999.

§ 5º A base de cáculo apurado nos termos do parágrafo anterior:

I – é reduzida, nos Municípios onde não haja posto de cobrança de pedágio, para sessenta por cento do seu valor;

II – é acrescida, nos Municípios onde haja posto de cobrança de pedágio, do complemento necessário à sua integralidade em relação à rodovia explorada.

§ 6º Para efeito do disposto nos §§ 4º e 5º, considera-se rodovia explorada o trecho limitado pelos pontos equidistantes entre cada posto de cobrança de pedágio ou entre o mais próximo deles e o ponto inicial ou terminal da rodovia.

• §§ 5º e 6º acrescidos pela LC nº 100, de 21-12-1999.

Arts. 10 a 12. *Revogados.* LC nº 116, de 31-7-2003.

Art. 13. Revogam-se os artigos 52, 53, 54, 55, 56, 57, 58, 71, 72 e 73 da Lei nº 5.172, de 25 de outubro de 1966, com suas modificações posteriores, bem como todas as demais disposições em contrário.

Art. 14. Este Decreto-Lei entrará em vigor em 1º de janeiro de 1969.

Brasília, 31 de dezembro de 1968;
147º da Independência e
80º da República.

A. Costa e Silva

LISTA DE SERVIÇOS

○ Súm. nº 424 do STJ.

1. Médicos, inclusive análises clínicas, eletricidade médica, radioterapia, ultrassonografia, radiologia, tomografia e congêneres;
2. Hospitais, clínicas, sanatórios, laboratórios de análise, ambulatórios, prontos-socorros, manicômios, casas de saúde, de repouso, de recuperação e congêneres;
3. Bancos de sangue, leite, pele, olhos, sêmen e congêneres;
4. Enfermeiros, obstetras, ortópticos, fonoaudiólogos, protéticos (prótese dentária);
5. Assistência médica e congêneres, previstos nos itens 1, 2 e 3 desta lista, prestados através de planos de medicina de grupo, convênios, inclusive com empresas, para assistência a empregados;
6. Planos de saúde, prestados por empresa que não esteja incluída no inciso V desta lista e que se cumpram através de serviços prestados por terceiros, contratados pela empresa ou apenas pagos por esta, mediante indicação do beneficiário do plano;
7. VETADO;
8. Médicos veterinários;
9. Hospitais veterinários, clínicas veterinárias e congêneres;
10. Guarda, tratamento, amestramento, adestramento, embelezamento, alojamento e congêneres, relativos a animais;
11. Barbeiros, cabeleireiros, manicuros, pedicuros, tratamento de pele, depilação e congêneres; 12. Banhos, duchas, sauna, massagens, ginásticas e congêneres;
13. Varrição, coleta, remoção e incineração de lixo;
14. Limpeza e dragagem de portos, rios e canais;
15. Limpeza, manutenção e conservação de imóveis, inclusive vias públicas, parques e jardins; 16. Desinfecção, imunização, higienização, desratização e congêneres;
17. Controle e tratamento de efluentes de qualquer natureza, e de agentes físicos e biológicos;
18. Incineração de resíduos quaisquer;
19. Limpeza de chaminés;

20. Saneamento ambiental e congêneres;
21. Assistência técnica VETADO;
22. Assessoria ou consultoria de qualquer natureza, não contida em outros incisos desta lista, organização, programação, planejamento, assessoria, processamento de dados, consultoria técnica, financeira ou administrativa VETADO;
23. Planejamento, coordenação, programação ou organização técnica, financeira ou administrativa VETADO;
24. Análises, inclusive de sistemas, exames, pesquisas e informações, coleta e processamento de dados de qualquer natureza;
25. Contabilidade, auditoria, guarda-livros, técnicos em contabilidade e congêneres;
26. Perícias, laudos, exames técnicos e análises técnicas;
27. Traduções e interpretações;
28. Avaliação de bens;
29. Datilografia, estenografia, expediente, secretaria em geral e congêneres;
30. Projetos, cálculos e desenhos técnicos de qualquer natureza;
31. Aerofotogrametria (inclusive interpretação), mapeamento e topografia;
32. Execução por administração, empreitada ou subempreitada, de construção civil, de obras hidráulicas e outras obras semelhantes e respectiva engenharia consultiva, inclusive serviços auxiliares ou complementares (exceto o fornecimento de mercadorias produzidas pelo prestador de serviços, fora do local da prestação dos serviços, que fica sujeito ao ICM);
33. Demolição;
34. Reparação, conservação e reforma de edifícios, estradas, pontes, portos e congêneres (exceto o fornecimento de mercadorias produzidas pelo prestador dos serviços fora do local da prestação dos serviços, que fica sujeito ao ICM);
35. Pesquisa, perfuração, cimentação, perfilagem, VETADO, estimulação e outros serviços relacionados com a exploração e explotação de petróleo e gás natural;
36. Florestamento e reflorestamento;
37. Escoramento e contenção de encostas e serviços congêneres;
38. Paisagismo, jardinagem e decoração (exceto o fornecimento de mercadorias, que fica sujeito ao ICM);
39. Raspagem, calafetação, polimento, lustração de pisos, paredes e divisórias;
40. Ensino, instrução, treinamento, avaliação de conhecimentos, de qualquer grau ou natureza; 41. Planejamento, organização e administração de feiras, exposições, congressos e congêneres;
42. Organização de festas e recepções: "buffet" (exceto o fornecimento de alimentação e bebidas, que fica sujeito ao ICM);
43. Administração de bens e negócios de terceiros e de consórcio VETADO;
44. Administração de fundos mútuos (exceto a realizada por instituições autorizadas a funcionar pelo Banco Central);
45. Agenciamento, corretagem ou intermediação de câmbio, de seguros e de planos de previdência privada;
46. Agenciamento, corretagem ou intermediação de títulos quaisquer (exceto os serviços executados por instituições autorizadas a funcionar pelo Banco Central);
47. Agenciamento, corretagem ou intermediação de direitos da propriedade industrial, artística ou literária;
48. Agenciamento, corretagem ou intermediação de contratos de franquia (*franchise*) e de faturação (*factoring*) (excetuam-se os serviços prestados por instituições autorizadas a funcionar pelo Banco Central);
49. Agenciamento, organização, promoção e execução de programas de turismo, passeios, excursões, guias de turismo e congêneres;
50. Agenciamento, corretagem, ou intermediação de bens móveis e imóveis não abrangidos nos itens 45, 46, 47 e 48;
51. Despachantes;
52. Agentes da propriedade industrial;
53. Agentes da propriedade artística ou literária;
54. Leilão;
55. Regulação de sinistros cobertos por contratos de seguros; inspeção e avaliação de riscos para cobertura de contratos de seguros; prevenção e gerência de riscos seguráveis, prestados por quem não seja o próprio segurado ou companhia de seguro;
56. Armazenamento, depósito, carga, descarga, arrumação e guarda de bens de qualquer espécie (exceto depósitos feitos em instituições financeiras autorizadas a funcionar pelo Banco Central);
57. Guarda e estacionamento de veículos automotores terrestres;
58. Vigilância ou segurança de pessoas e bens;
59. Transporte, coleta, remessa ou entrega de bens ou valores, dentro do território do município;
60. Diversões públicas:
a) VETADO, cinemas, VETADO, taxi dancings e congêneres;
b) bilhares, boliches, corridas de animais e outros jogos;
c) exposições, com cobrança de ingresso;
d) bailes, shows, festivais, recitais e congêneres, inclusive espetáculos que sejam também transmitidos, mediante compra de direitos para tanto, pela televisão ou pelo rádio;
e) jogos eletrônicos;
f) competições esportivas ou de destreza física ou intelectual com ou sem a participação do espectador, inclusive a venda de direitos à transmissão pelo rádio ou pela televisão;
g) execução de música, individualmente ou por conjuntos (Vetado);
61. Distribuição e venda de bilhete de loteria, cartões, pules ou cupões de apostas, sorteios ou prêmios;
62. Fornecimento de música, mediante transmissão por qualquer processo, para vias públicas ou ambientes fechados (exceto transmissões radiofônicas ou de televisão);
63. Gravação e distribuição de filmes e "vídeo-tapes";
64. Fonografia ou gravação de sons ou ruídos, inclusive trucagem, dublagem e mixagem sonora;
65. Fotografia e cinematografia, inclusive revelação, ampliação, cópia, reprodução e trucagem;
66. Produção, para terceiros, mediante ou sem encomenda prévia, de espetáculos, entrevistas e congêneres;
67. Colocação de tapetes e cortinas, com material fornecido pelo usuário final do serviço;

68. Lubrificação, limpeza e revisão de máquinas, veículos, aparelhos e equipamentos (exceto o fornecimento de peças e partes, que fica sujeito ao ICM);

69. Conserto, restauração, manutenção e conservação de máquinas, veículos, motores, elevadores ou de quaisquer objetos (exceto fornecimento de peças e partes, que fica sujeito ao ICM);

70. Recondicionamento de motores (o valor das peças fornecidas pelo prestador do serviço fica sujeito ao ICM);

71. Recauchutagem ou regeneração de pneus para o usuário final;

72. Recondicionamento, acondicionamento, pintura, beneficiamento, lavagem, secagem, tingimento, galvanoplastia, anodização, corte, recorte, polimento, plastificação e congêneres, de objetos não destinados à industrialização ou comercialização;

73. Lustração de bens móveis quando o serviço for prestado para usuário final do objeto lustrado;

74. Instalação e montagem de aparelhos, máquinas e equipamentos, prestados ao usuário final do serviço, exclusivamente com material por ele fornecido;

75. Montagem industrial, prestado ao usuário final do serviço, exclusivamente com material por ele fornecido;

76. Cópia ou reprodução, por quaisquer processos, de documentos e outros papéis, plantas ou desenhos;

77. Composição gráfica, fotocomposição, clicheria, zincografia, litografia e fotolitografia;

78. Colocação de molduras e afins, encadernação, gravação e douração de livros, revistas e congêneres;

79. Locação de bens móveis, inclusive arrendamento mercantil;

80. Funerais;

81. Alfaiataria e costura, quando o material for fornecido pelo usuário final, exceto aviamento;

82. Tinturaria e lavanderia;

83. Taxidermia;

84. Recrutamento, agenciamento, seleção, colocação ou fornecimento de mão-de-obra, mesmo em caráter temporário, inclusive por empregados do prestador do serviço ou por trabalhadores avulsos por ele contratados;

85. Propaganda e publicidade, inclusive promoção de vendas, planejamento de campanhas ou sistemas de publicidade, elaboração de desenhos, textos e demais materiais publicitários (exceto sua impressão, reprodução ou fabricação);

86. Veiculação e divulgação de textos, desenhos e outros materiais de publicidade, por qualquer meio (exceto em jornais, periódicos, rádio, e televisão);

87. Serviços portuários e aeroportuários; utilização de porto ou aeroporto; atracação; capatazia; armazenagem interna, externa e especial; suprimento de água, serviços acessórios; movimentação de mercadorias fora do cais;

88. Advogados;

89. Engenheiros, arquitetos, urbanistas, agrônomos;

90. Dentistas;

91. Economistas;

92. Psicólogos;

93. Assistentes sociais;

94. Relações públicas;

95. Cobranças e recebimentos por conta de terceiros, inclusive direitos autorais, protestos de títulos, sustação de protestos, devolução de títulos não pagos, manutenção de títulos vencidos, fornecimentos de posição de cobrança ou recebimento e outros serviços correlatos da cobrança ou recebimento (este item abrange também os serviços prestados por instituições autorizadas a funcionar pelo Banco Central);

96. Instituições financeiras autorizadas a funcionar pelo Banco Central: fornecimento de talão de cheques; emissão de cheques administrativos; transferência de fundos; devolução de cheques; sustação de pagamento de cheques; ordens de pagamento e de crédito, por qualquer meio; emissão e renovação de cartões magnéticos; consultas em terminais eletrônicos; pagamentos por conta de terceiros, inclusive os feitos fora do estabelecimento; elaboração de ficha cadastral; aluguel de cofres; fornecimento de segunda via de avisos de lançamento de extrato de contas; emissão de carnês (neste item não está abrangido o ressarcimento, a instituições financeiras, de gastos com portes do Correio, telegramas, telex e teleprocessamento, necessários à prestação dos serviços);

97. Transporte de natureza estritamente municipal;

98. Comunicações telefônicas de um para outro aparelho dentro do mesmo município;

99. Hospedagem em hotéis, motéis, pensões e congêneres (o valor da alimentação, quando incluído no preço da diária, fica sujeito ao Imposto sobre Serviços);

100. Distribuição de bens de terceiros em representação de qualquer natureza;

- Itens 1 a 100 com a redação dada pela LC nº 56, de 15-12-1987.

101. Exploração de rodovia mediante cobrança de preço dos usuários, envolvendo execução de serviços de conservação, manutenção, melhoramentos para adequação de capacidade e segurança de trânsito, operação, monitoração, assistência aos usuários e outros definidos em contratos, atos de concessão ou de permissão ou em normas oficiais.

- Item acrescido pela LC nº 100, de 22-12-1999.

LEI COMPLEMENTAR Nº 7, DE 7 DE SETEMBRO DE 1970

Institui o Programa de Integração Social, e dá outras providências.

- Publicada no *DOU* de 8-9-1970 e retificada no *DOU* de 10-9-1970.

Art. 1º É instituído, na forma prevista nesta Lei, o Programa de Integração Social, destinado a promover a integração do empregado na vida e no desenvolvimento das empresas.

§ 1º Para os fins desta Lei, entende-se por empresa a pessoa jurídica, nos termos da legislação do Imposto de Renda, e por empregado todo aquele assim definido pela Legislação Trabalhista.

§ 2º A participação dos trabalhadores avulsos, assim definidos os que prestam serviços a diversas empresas, sem relação empregatícia, no Programa de Integração Social, far-se-á nos termos do Regulamento a ser baixado, de acordo com o artigo 11 desta Lei.

Art. 2º O Programa de que trata o artigo anterior será executado mediante Fundo de Participação, constituído por depósitos efetuados pelas empresas na Caixa Econômica Federal.

Parágrafo único. A Caixa Econômica Federal poderá celebrar convênios com estabelecimentos da rede bancária nacional, para o fim de receber os depósitos a que se refere este artigo.

Art. 3º O Fundo de Participação será constituído por duas parcelas:

a) a primeira, mediante dedução do Imposto de Renda devido, na forma estabelecida no § 1º deste artigo, processando-se o seu recolhimento ao Fundo juntamente com o pagamento do Imposto de Renda;

b) a segunda, com recursos próprios da empresa, calculados com base no faturamento, como segue:

1) no exercício de 1971 – 0,15%;

2) no exercício de 1972 – 0,25%;

3) no exercício de 1973 – 0,40%;

4) no exercício de 1974 e subsequentes – 0,50%.

§ 1º A dedução a que se refere a alínea *a* deste artigo será feita sem prejuízo do direito de utilização dos incentivos fiscais previstos na legislação em vigor e calculada com base no valor do Imposto de Renda devido, nas seguintes proporções:

a) no exercício de 1971 – 2%;

b) no exercício de 1972 – 3%;

c) no exercício de 1973 e subsequentes – 5%.

§ 2º As instituições financeiras, sociedades seguradoras e outras empresas que não realizam operações de vendas de mercadorias participarão do Programa de Integração Social com uma contribuição ao Fundo de Participação de recursos próprios de valor idêntico do que for apurado na forma do parágrafo anterior.

§ 3º As empresas que a título de incentivos fiscais estejam isentas, ou venham a ser isentadas, do pagamento do Imposto de Renda, contribuirão para o Fundo de Participação, na base de cálculo como se aquele tributo fosse devido, obedecidas as percentagens previstas neste artigo.

§ 4º As entidades de fins não lucrativos, que tenham empregados assim definidos pela Legislação Trabalhista, contribuirão para o Fundo na forma da lei.

§ 5º A Caixa Econômica Federal resolverá os casos omissos de acordo com os critérios fixados pelo Conselho Monetário Nacional.

Art. 4º O Conselho Monetário Nacional poderá alterar, até cinquenta por cento, para mais ou para menos, os percentuais de contribuição de que trata o § 2º do artigo 3º, tendo em vista a proporcionalidade das contribuições.

Art. 5º A Caixa Econômica Federal emitirá, em nome de cada empregado, uma Caderneta de Participação – Programa de Integração Social – movimentável na forma dos artigos 8º e 9º desta Lei.

Art. 6º A efetivação dos depósitos no Fundo correspondente à contribuição referida na alínea *b* do artigo 3º será processada mensalmente a partir de 1º de julho de 1971.

Parágrafo único. A contribuição de julho será calculada com base no faturamento de janeiro; a de agosto, com base no faturamento de fevereiro; e assim sucessivamente.

Art. 7º A participação do empregado no Fundo far-se-á mediante depósitos efetuados em contas individuais abertas em nome de cada empregado, obedecidos os seguintes critérios:

a) cinquenta por cento do valor destinado ao Fundo será dividido em partes proporcionais ao montante de salários recebidos no período;

b) os cinquenta por cento restantes serão divididos em partes proporcionais aos quinquênios de serviços prestados pelo empregado.

§ 1º Para os fins deste artigo, a Caixa Econômica Federal, com base nas informações fornecidas pelas empresas, no prazo de cento e oitenta dias, contados da publicação desta Lei, organizará um Cadastro-Geral dos participantes do Fundo, na forma que for estabelecida em regulamento.

§ 2º A omissão dolosa de nome de empregado entre os participantes do Fundo sujeitará a empresa a multa, em benefício do Fundo, no valor de dez meses de salários, devidos ao empregado cujo nome houver sido omitido.

§ 3º Igual penalidade será aplicada em caso de declaração falsa sobre o valor do salário e do tempo de serviço do empregado na empresa.

Arts. 8º e 9º *Revogados.* LC nº 26, de 11-9-1975.

Art. 10. As obrigações das empresas, decorrentes desta Lei, são de caráter exclusivamente fiscal, não gerando direitos de natureza trabalhista nem incidência de qualquer contribuição previdenciária em relação a quaisquer prestações devidas, por lei ou por sentença judicial, ao empregado.

Parágrafo único. As importâncias incorporadas ao Fundo não se classificam como rendimento do trabalho, para qualquer efeito da Legislação Trabalhista, de Previdência Social ou Fiscal e não se incorporam aos salários ou gratificações, nem estão sujeitas ao Imposto sobre a Renda e proventos de qualquer natureza.

Art. 11. Dentro de cento e vinte dias, a contar da vigência desta Lei, a Caixa Econômica Federal submeterá à aprovação do Conselho Monetário Nacional o regulamento do Fundo, fixando as normas para o recolhimento e a distribuição dos recursos, assim como as diretrizes e os critérios para a sua aplicação.

Parágrafo único. O Conselho Monetário Nacional pronunciar-se-á, no prazo de sessenta dias, a contar do seu recebimento, sobre o Projeto de regulamento do Fundo.

Art. 12. As disposições desta Lei não se aplicam a quaisquer entidades integrantes da administração pública federal, estadual ou municipal, dos Territórios e do Distrito Federal, direta ou indireta, adotando-se, em todos os níveis, para efeito de conceituação, como entidades da Administração Indireta, os critérios constantes dos Decretos-Leis nºs 200, de 25 de fevereiro de 1967, e 900, de 29 de setembro de 1969.

Art. 13. Esta Lei Complementar entrará em vigor na data de sua publicação.

Art. 14. Revogam-se as disposições em contrário.

Brasília, 7 de setembro de 1970;
149º da Independência e
82º da República.

Emílio G. Médici

DECRETO Nº 70.235, DE 6 DE MARÇO DE 1972

Dispõe sobre o processo administrativo fiscal e dá outras providências.

- Publicado no *DOU* de 7-3-1972.
- Lei nº 9.784, de 29-1-1999 (Lei do Processo Administrativo Federal).
- Lei nº 11.457, de 16-3-2007 (Lei da Super-Receita).
- Lei nº 11.941, de 27-5-2009, altera a legislação tributária federal relativa ao parcelamento ordinário de débitos tributários; concede

remissão nos casos em que especifica; institui regime tributário de transição.

- Dec. nº 6.103, de 30-4-2007, antecipa para 2-5-2007 a aplicação do Dec. nº 70.235, de 6-3-1972, relativamente aos prazos processuais e à competência para julgamento em primeira instância, os processos administrativos-fiscais relativos às contribuições de que tratam os arts. 2º e 3º da Lei nº 11.457, de 16-3-2007 (Lei da Super-Receita).
- Art. 2º do Dec. nº 6.104, de 30-4-2007, que dispõe sobre a execução dos procedimentos fiscais no âmbito da Secretaria da Receita Federal do Brasil.
- Dec. nº 7.574, de 29-9-2011, regulamenta o processo de determinação e exigência de créditos tributários da União, o processo de consulta sobre a aplicação da legislação tributária federal e outros processos que especifica, sobre matérias administradas pela Secretaria da Receita Federal do Brasil.

DISPOSIÇÃO PRELIMINAR

Art. 1º Este Decreto rege o processo administrativo de determinação e exigência dos créditos tributários da União e o de consulta sobre a aplicação da legislação tributária federal.

CAPÍTULO I
DO PROCESSO FISCAL

Seção I
DOS ATOS E TERMOS PROCESSUAIS

Art. 2º Os atos e termos processuais, quando a lei não prescrever forma determinada, conterão somente o indispensável à sua finalidade, sem espaço em branco, e sem entrelinhas, rasuras ou emendas não ressalvadas.

Parágrafo único. Os atos e termos processuais poderão ser formalizados, tramitados, comunicados e transmitidos em formato digital, conforme disciplinado em ato da administração tributária.

- Parágrafo único com a redação dada pela Lei nº 12.865, de 9-10-2013.

Art. 3º A autoridade local fará realizar, no prazo de trinta dias, os atos processuais que devam ser praticados em sua jurisdição, por solicitação de outra autoridade preparadora ou julgadora.

Art. 4º Salvo disposição em contrário, o servidor executará os atos processuais no prazo de oito dias.

Seção II
DOS PRAZOS

Art. 5º Os prazos serão contínuos, excluindo-se na sua contagem o dia do início e incluindo-se o do vencimento.

Parágrafo único. Os prazos só se iniciam ou vencem no dia de expediente normal no órgão em que corra o processo ou deva ser praticado o ato.

Art. 6º *Revogado.* Lei nº 8.748, de 9-12-1993.

Seção III
DO PROCEDIMENTO

Art. 7º O procedimento fiscal tem início com:

I – o primeiro ato de ofício, escrito, praticado por servidor competente, cientificado o sujeito passivo da obrigação tributária ou seu preposto;

II – a apreensão de mercadorias, documentos ou livros;

III – o começo de despacho aduaneiro de mercadoria importada.

§ 1º O início do procedimento exclui a espontaneidade do sujeito passivo em relação aos atos anteriores e, independentemente de intimação, a dos demais envolvidos nas infrações verificadas.

§ 2º Para os efeitos do disposto no § 1º, os atos referidos nos incisos I e II valerão pelo prazo de sessenta dias, prorrogável, sucessivamente, por igual período com qualquer outro ato escrito que indique o prosseguimento dos trabalhos.

Art. 8º Os termos decorrentes de atividade fiscalizadora serão lavrados, sempre que possível, em livro fiscal, extraindo-se cópia para anexação ao processo; quando não lavrados em livro, entregar-se-á cópia autenticada à pessoa sob fiscalização.

Art. 9º A exigência do crédito tributário e a aplicação de penalidade isolada serão formalizados em autos de infração ou notificações de lançamento, distintos para cada tributo ou penalidade, os quais deverão estar instruídos com todos os termos, depoimentos, laudos e demais elementos de prova indispensáveis à comprovação do ilícito.

- *Caput* com a redação dada pela Lei nº 11.941, de 27-5-2009.

§ 1º Os autos de infração e as notificações de lançamento de que trata o *caput* deste artigo, formalizados em relação ao mesmo sujeito passivo, podem ser objeto de um único processo, quando a comprovação dos ilícitos depender dos mesmos elementos de prova.

- § 1º com a redação dada pela Lei nº 11.196, de 21-11-2005.

§ 2º Os procedimentos de que tratam este artigo e o artigo 7º serão válidos, mesmo que formalizados por servidor competente de jurisdição diversa da do domicílio tributário do sujeito passivo.

- § 2º com a redação dada pela Lei nº 8.748, de 9-12-1993.

§ 3º A formalização da exigência, nos termos do parágrafo anterior, previne a jurisdição e prorroga a competência da autoridade que dela primeiro conhecer.

- § 3º acrescido pela Lei nº 8.748, de 9-12-1993.

§ 4º O disposto no *caput* deste artigo aplica-se também nas hipóteses em que, constatada infração à legislação tributária, dela não resulte exigência de crédito tributário.

§ 5º Os autos de infração e as notificações de lançamento de que trata o *caput* deste artigo, formalizados em decorrência de fiscalização relacionada a regime especial unificado de arrecadação de tributos, poderão conter lançamento único para todos os tributos por eles abrangidos.

§ 6º O disposto no *caput* deste artigo não se aplica às contribuições de que trata o art. 3º da Lei nº 11.457, de 16 de março de 2007.

- §§ 4º a 6º com a redação dada pela Lei nº 11.941, de 27-5-2009.
- A Lei nº 11.941, de 27-5-2009, ao converter a MP nº 449, de 3-12-2008, não manteve o acréscimo do § 7º.

Art. 10. O auto de infração será lavrado por servidor competente, no local da verificação da falta, e conterá obrigatoriamente:

I – a qualificação do autuado;

II – o local, a data e a hora da lavratura;

III – a descrição do fato;

IV – a disposição legal infringida e a penalidade aplicável;

V – a determinação da exigência e a intimação para cumpri-la ou impugná-la no prazo de trinta dias;

VI – a assinatura do autuante e a indicação de seu cargo ou função e o número de matrícula.

- Art. 142 do CTN.

Art. 11. A notificação de lançamento será expedida pelo órgão que administra o tributo e conterá obrigatoriamente:

I – a qualificação do notificado;

II – o valor do crédito tributário e o prazo para recolhimento ou impugnação;

III – a disposição legal infringida, se for o caso;

IV – a assinatura do chefe do órgão expedidor ou de outro servidor autorizado e a indicação de seu cargo ou função e o número de matrícula.

- Art. 145 do CTN.

Parágrafo único. Prescinde de assinatura a notificação de lançamento emitida por processo eletrônico.

- Art. 82, § 2º, do CTN.

Art. 12. O servidor que verificar a ocorrência de infração à legislação tributária federal e não for competente para formalizar a exigência comunicará o fato, em representação circunstanciada, a seu chefe imediato, que adotará as providências necessárias.

Art. 13. A autoridade preparadora determinará que seja informado, no processo, se o infrator é reincidente, conforme definição da lei específica, se essa circunstância não tiver sido declarada na formalização da exigência.

Art. 14. A impugnação da exigência instaura a fase litigiosa do procedimento.

Art. 14-A. No caso de determinação e exigência de créditos tributários da União cujo sujeito passivo seja órgão ou entidade de direito público da administração pública federal, a submissão do litígio à composição extrajudicial pela Advocacia-Geral da União é considerada reclamação, para fins do disposto no inciso III do art. 151 da Lei nº 5.172, de 25 de outubro de 1966 – Código Tributário Nacional.

- Artigo acrescido pela Lei nº 13.140, de 26-6-2015.

Art. 15. A impugnação, formalizada por escrito e instruída com os documentos em que se fundamentar, será apresentada ao órgão preparador no prazo de trinta dias, contados da data em que for feita a intimação da exigência.

Parágrafo único. *Revogado.* Lei nº 11.941, de 27-5-2009.

Art. 16. A impugnação mencionará:

I – a autoridade julgadora a quem é dirigida;

II – a qualificação do impugnante;

III – os motivos de fato e de direito em que se fundamenta, os pontos de discordância e as razões e provas que possuir;

IV – as diligências, ou perícias que o impugnante pretenda sejam efetuadas, expostos os motivos que a justifiquem, com a formulação dos quesitos referentes aos exames desejados, assim como, no caso de perícia, o nome, o endereço e a qualificação profissional do seu perito;

- Incisos III e IV com a redação dada pela Lei nº 8.748, de 1993.

V – se a matéria impugnada foi submetida à apreciação judicial, devendo ser juntada cópia da petição.

- Inciso V acrescido pela Lei nº 11.196, de 21-11-2005.

§ 1º Considerar-se-á não formulado o pedido de diligência ou perícia que deixar de atender aos requisitos previstos no inciso IV do artigo 16.

§ 2º É defeso ao impugnante, ou a seu representante legal, empregar expressões injuriosas nos escritos apresentados no processo, cabendo ao julgador, de ofício ou a requerimento do ofendido, mandar riscá-las.

§ 3º Quando o impugnante alegar direito municipal, estadual ou estrangeiro, provar-lhe-á o teor e a vigência, se assim o determinar o julgador.

- §§ 1º a 3º acrescidos pela Lei nº 8.748, de 9-12-1993.

§ 4º A prova documental será apresentada na impugnação, precluindo o direito de o impugnante fazê-lo em outro momento processual, a menos que:

a) fique demonstrada a impossibilidade de sua apresentação oportuna, por motivo de força maior;

b) refira-se a fato ou a direito superveniente;

c) destine-se a contrapor fatos ou razões posteriormente trazidas aos autos.

§ 5º A juntada de documentos após a impugnação deverá ser requerida à autoridade julgadora, mediante petição em que se demonstre, com fundamentos, a ocorrência de uma das condições previstas nas alíneas do parágrafo anterior.

§ 6º Caso já tenha sido proferida a decisão, os documentos apresentados permanecerão nos autos para, se for interposto recurso, serem apreciados pela autoridade julgadora de segunda instância.

- §§ 4º a 6º acrescidos pela Lei nº 9.532, de 10-12-1997.

Art. 17. Considerar-se-á não impugnada a matéria que não tenha sido expressamente contestada pelo impugnante.

- Artigo com a redação dada pela Lei nº 9.532, de 10-12-1997.

Art. 18. A autoridade julgadora de primeira instância determinará, de ofício ou a requerimento do impugnante, a realização de diligências ou perícias, quando entendê-las necessárias, indeferindo as que considerar prescindíveis ou impraticáveis, observando o disposto no artigo 28, *in fine*.

- Art. 82, III, do CTN.

§ 1º Deferido o pedido de perícia, ou determinada de ofício sua realização, a autoridade designará servidor para, como perito da União, a ela proceder e intimará o perito do sujeito passivo a realizar o exame requerido, cabendo a ambos apresentar os respectivos laudos em prazo que será fixado segundo o grau de complexidade dos trabalhos a serem executados.

§ 2º Os prazos para realização de diligência ou perícia poderão ser prorrogados, a juízo da autoridade.

§ 3º Quando, em exames posteriores, diligências ou perícias, realizados no curso do processo, forem verificadas incorreções, omissões ou inexatidões de que resultem agravamento da exigência inicial, inovação ou alteração da fundamentação legal da exigência, será lavrado auto de infração ou emitida notificação de lançamento complementar, devolvendo-se, ao sujeito passivo, prazo para impugnação no concernente à matéria modificada.

- Art. 18 com a redação dada pela Lei nº 8.748, de 9-12-1993.

Art. 19. *Revogado.* Lei nº 8.748, de 9-12-1993.

Art. 20. No âmbito da Secretaria da Receita Federal, a designação de servidor para proceder aos exames relativos a diligências ou perícias recairá sobre Auditor Fiscal do Tesouro Nacional.

- Artigo com a redação dada pela Lei nº 8.748, de 9-12-1993.
- Por força do art. 1º da Lei nº 11.457, de 16-3-2007 (Lei da Super-Receita), a Secretaria da Receita Federal passou a ser denominada Secretaria da Receita Federal do Brasil.

Art. 21. Não sendo cumprida nem impugnada a exigência, a autoridade preparadora declarará a revelia, permanecendo o processo no órgão preparador, pelo prazo de trinta dias, para cobrança amigável.

- *Caput* com a redação dada pela Lei nº 8.748, de 9-12-1993.

§ 1º No caso de impugnação parcial, não cumprida a exigência relativa à parte não litigiosa do crédito, o órgão preparador, antes da remessa dos autos a julgamento, providenciará a formação de autos apartados para a imediata cobrança da parte não contestada, consignando essa circunstância no processo original.

§ 2º A autoridade preparadora, após a declaração de revelia e findo o prazo previsto no *caput* deste artigo, procederá, em relação às mercadorias e outros bens perdidos em razão de exigência não impugnada, na forma do artigo 63.

- §§ 1º e 2º com a redação dada pela Lei nº 8.748, de 9-12-1993.

§ 3º Esgotado o prazo de cobrança amigável sem que tenha sido pago o crédito tributário, o órgão preparador declarará o sujeito passivo devedor remisso e encaminhará o processo à autoridade competente para promover a cobrança executiva.

- Art. 43 deste Decreto.

§ 4º O disposto no parágrafo anterior aplicar-se-á aos casos em que o sujeito passivo não cumprir as condições estabelecidas para a concessão de moratória.

§ 5º *Suprimido*. Lei nº 8.748, de 9-12-1993.

Art. 22. O processo será organizado em ordem cronológica e terá suas folhas numeradas e rubricadas.

Seção IV

DA INTIMAÇÃO

Art. 23. Far-se-á a intimação:

I – pessoal, pelo autor do procedimento ou por agente do órgão preparador, na repartição ou fora dela, provada com a assinatura do sujeito passivo, seu mandatário ou preposto, ou, no caso de recusa, com declaração escrita de quem o intimar;

II – por via postal, telegráfica ou por qualquer outro meio ou via, com prova de recebimento no domicílio tributário eleito pelo sujeito passivo;

- Incisos I e II com a redação dada pela Lei nº 9.532, de 10-12-1997.
- Art. 127 do CTN.

III – se por meio eletrônico, 15 (quinze) dias contados da data registrada:

- *Caput* do inciso III com a redação dada pela Lei nº 11.196, de 21-11-2005.

a) envio ao domicílio tributário do sujeito passivo; ou

b) registro em meio magnético ou equivalente utilizado pelo sujeito passivo.

- Inciso III acrescido pela Lei nº 11.196, de 21-11-2005.

§ 1º Quando resultar improfícuo um dos meios previstos no *caput* deste artigo ou quando o sujeito passivo tiver sua inscrição declarada inapta perante o cadastro fiscal, a intimação poderá ser feita por edital publicado:

- *Caput* do § 1º com a redação dada pela Lei nº 11.941, de 27-5-2009.

I – no endereço da administração tributária na *internet*;

II – em dependência, franqueada ao público, do órgão encarregado da intimação; ou

III – uma única vez, em órgão da imprensa oficial local.

- § 1º com a redação dada pela Lei nº 11.196, de 21-11-2005.

§ 2º Considera-se feita a intimação:

I – na data da ciência do intimado ou da declaração de quem fizer a intimação, se pessoal;

II – no caso do inciso II do *caput* deste artigo, na data do recebimento ou, se omitida, quinze dias após a data da expedição da intimação;

- Inciso II com a redação dada pela Lei nº 9.532, de 10-12-1997.

III – se por meio eletrônico:

a) 15 (quinze) dias contados da data registrada no comprovante de entrega no domicílio tributário do sujeito passivo;

b) na data em que o sujeito passivo efetuar consulta no endereço eletrônico a ele atribuído pela administração tributária, se ocorrida antes do prazo previsto na alínea *a*; ou

c) na data registrada no meio magnético ou equivalente utilizado pelo sujeito passivo;

- Inciso III com a redação dada pela Lei nº 12.844, de 19-7-2013.

IV – quinze dias após a publicação do edital, se este for o meio utilizado.

- Inciso IV com a redação dada pela Lei nº 11.196, de 21-11-2005.

§ 3º Os meios de intimação previstos nos incisos do *caput* deste artigo não estão sujeitos a ordem de preferência.

§ 4º Para fins de intimação, considera-se domicílio tributário do sujeito passivo:

I – o endereço postal por ele fornecido, para fins cadastrais, à administração tributária; e

II – o endereço eletrônico a ele atribuído pela administração tributária, desde que autorizado pelo sujeito passivo.

- §§ 3º e 4º com a redação dada pela Lei nº 11.196, de 21-11-2005.

§ 5º O endereço eletrônico de que trata este artigo somente será implementado com expresso consentimento do sujeito passivo, e a administração tributária informar-lhe-á as normas e condições de sua utilização e manutenção.

§ 6º As alterações efetuadas por este artigo serão disciplinadas em ato da administração tributária.

- §§ 5º e 6º acrescidos pela Lei nº 11.196, de 21-11-2005.

§ 7º Os Procuradores da Fazenda Nacional serão intimados pessoalmente das decisões do Conselho de Contribuintes e da Câmara Superior de Recursos Fiscais, do Ministério da Fazenda na sessão das respectivas câmaras subsequente à formalização do acórdão.

- Art. 51, II, da Lei nº 11.457, de 16-3-2007 (Lei da Super-Receita).

§ 8º Se os Procuradores da Fazenda Nacional não tiverem sido intimados pessoalmente em até 40 (quarenta) dias contados da formalização do acórdão do Conselho de Contribuintes ou da Câmara Superior de Recursos Fiscais, do Ministério da Fazenda, os respectivos autos serão remetidos e entregues, mediante protocolo, à Procuradoria da Fazenda Nacional, para fins de intimação.

- Art. 51, II, da Lei nº 11.457, de 16-3-2007 (Lei da Super-Receita).

§ 9º Os Procuradores da Fazenda Nacional serão considerados intimados pessoalmente das decisões do Conselho de Contribuintes e da Câmara Superior de Recursos Fiscais, do Ministério da Fazenda, com o término do prazo de 30 (trinta) dias contados da data em que os respectivos autos forem entregues à Procuradoria na forma do § 8º deste artigo.

- §§ 7º a 9º acrescidos pela Lei nº 11.457, de 16-3-2007.
- Art. 51, II, da Lei nº 11.457, de 16-3-2007 (Lei da Super-Receita).

Seção V

DA COMPETÊNCIA

- Arts. 48 a 52 da Lei nº 11.941, de 27-5-2009, que altera a legislação tributária federal relativa ao parcelamento ordinário de débitos tributários; concede remissão nos casos em que especifica; institui regime tributário de transição.

Art. 24. O preparo do processo compete à autoridade local do órgão encarregado da administração do tributo.

Parágrafo único. Quando o ato for praticado por meio eletrônico, a administração tributária poderá atribuir o preparo do processo a unidade da administração tributária diversa da prevista no *caput* deste artigo.

- Parágrafo único com a redação dada pela Lei nº 11.941, de 27-5-2009.

Art. 25. O julgamento do processo de exigência de tributos ou contribuições administrados pela Secretaria da Receita Federal compete:

- *Caput* com a redação dada pela MP nº 2.158-35, de 24-8-2001, que até o encerramento desta edição não havia sido convertida em Lei.
- A Lei nº 11.941, de 27-5-2009, ao converter a MP nº 449, de 3-12-2008, não manteve as alterações deste *caput*.

I – em primeira instância, às Delegacias da Receita Federal de Julgamento, órgãos de deliberação interna e natureza colegiada da Secretaria da Receita Federal;

- Inciso I com a redação dada pela MP nº 2.158-35, de 24-8-2001, que até o encerramento desta edição não havia sido convertida em Lei.
- Por força do art. 1º da Lei nº 11.457, de 16-3-2007 (Lei da Super-Receita), a Secretaria da Receita Federal passou a ser denominada Secretaria da Receita Federal do Brasil.
- Art. 1º do Dec. nº 6.103, de 30-4-2007, que antecipa para 2-5-2007 a aplicação do Dec. nº 70.235, de 6-3-1972, relativamente aos prazos processuais e à competência para julgamento em primeira instância, os processos administrativos-fiscais relativos às contribuições de que tratam os arts. 2º e 3º da Lei nº 11.457, de 16-3-2007 (Lei da Super-Receita).

II – em segunda instância, ao Conselho Administrativo de Recursos Fiscais, órgão colegiado, paritário, integrante da estrutura do Ministério da Fazenda, com atribuição de julgar recursos de ofício e voluntários de decisão de primeira instância, bem como recursos de natureza especial.

- Inciso II com a redação dada pela Lei nº 11.941, de 27-5-2009.
- Arts. 48 e 49 da Lei nº 11.941, de 27-5-2009, que altera a legislação tributária federal relativa ao parcelamento ordinário de débitos tributários; concede remissão nos casos em que especifica; institui regime tributário de transição.

§ 1º O Conselho Administrativo de Recursos Fiscais será constituído por seções e pela Câmara Superior de Recursos Fiscais.

- § 1º com a redação dada pela Lei nº 11.941, de 27-5-2009.
- Art. 49, § 1º, da Lei nº 11.941, de 27-5-2009, que altera a legislação tributária federal relativa ao parcelamento ordinário de débitos tributários; concede remissão nos casos em que especifica; institui regime tributário de transição.

I a IV – *Revogados*. Lei nº 11.941, de 27-5-2009.

§ 2º As seções serão especializadas por matéria e constituídas por câmaras.

§ 3º A Câmara Superior de Recursos Fiscais será constituída por turmas, compostas pelos Presidentes e Vice-Presidentes das câmaras.

§ 4º As câmaras poderão ser divididas em turmas.

§ 5º O Ministro de Estado da Fazenda poderá criar, nas seções, turmas especiais, de caráter temporário, com competência para julgamento de processos que envolvam valores reduzidos, que poderão funcionar nas cidades onde estão localizadas as Superintendências Regionais da Receita Federal do Brasil.

- §§ 2º a 5º com a redação dada pela Lei nº 11.941, de 27-5-2009.

§ 6º VETADO. Lei nº 11.941, de 27-5-2009.

§ 7º As turmas da Câmara Superior de Recursos Fiscais serão constituídas pelo Presidente do Conselho Administrativo de Recursos Fiscais, pelo Vice-Presidente, pelos Presidentes e pelos Vice-Presidentes das câmaras, respeitada a paridade.

§ 8º A presidência das turmas da Câmara Superior de Recursos Fiscais será exercida pelo Presidente do Conselho Administrativo de Recursos Fiscais e a vice-presidência, por conselheiro representante dos contribuintes.

§ 9º Os cargos de Presidente das Turmas da Câmara Superior de Recursos Fiscais, das câmaras, das suas turmas e das turmas especiais serão ocupados por conselheiros representantes da Fazenda Nacional, que, em caso de empate, terão o voto de qualidade, e os cargos de Vice-Presidente, por representantes dos contribuintes.

§ 10. Os conselheiros serão designados pelo Ministro de Estado da Fazenda para mandato, limitando-se as reconduções, na forma e no prazo estabelecidos no regimento interno.

§ 11. O Ministro de Estado da Fazenda, observado o devido processo legal, decidirá sobre a perda do mandato dos conselheiros que incorrerem em falta grave, definida no regimento interno.

- §§ 7º a 11 com a redação dada pela Lei nº 11.941, de 27-5-2009.

Art. 26. Compete ao Ministro da Fazenda, em instância especial:

I – julgar recursos de decisões dos Conselhos de Contribuintes, interpostos pelos Procuradores Representantes da Fazenda junto aos mesmos Conselhos;

II – decidir sobre as propostas de aplicação de equidade apresentadas pelos Conselhos de Contribuintes.

- A Lei nº 11.941, de 27-5-2009, ao converter a MP nº 449, de 3-12-2008, não manteve as alterações do *caput* e o acréscimo do parágrafo único, deste artigo.

Art. 26-A. No âmbito do processo administrativo fiscal, fica vedado aos órgãos de julgamento afastar a aplicação ou deixar de observar tratado, acordo internacional, lei ou decreto, sob fundamento de inconstitucionalidade.

- *Caput* com a redação dada pela Lei nº 11.941, de 27-5-2009.

§§ 1º a 5º *Revogados*. Lei nº 11.941, de 27-5-2009.

§ 6º O disposto no *caput* deste artigo não se aplica aos casos de tratado, acordo internacional, lei ou ato normativo:

I – que já tenha sido declarado inconstitucional por decisão definitiva plenária do Supremo Tribunal Federal;

II – que fundamente crédito tributário objeto de:

a) dispensa legal de constituição ou de ato declaratório do Procurador-Geral da Fazenda Nacional, na forma dos arts. 18 e 19 da Lei nº 10.522, de 19 de julho de 2002;

b) súmula da Advocacia-Geral da União, na forma do art. 43 da Lei Complementar nº 73, de 10 de fevereiro de 1993; ou

c) pareceres do Advogado-Geral da União aprovados pelo Presidente da República, na forma do art. 40 da Lei Complementar nº 73, de 10 de fevereiro de 1993.

- § 6º acrescido pela Lei nº 11.941, de 27-5-2009.

Seção VI

DO JULGAMENTO EM PRIMEIRA INSTÂNCIA

Art. 27. Os processos remetidos para apreciação da autoridade julgadora de primeira instância deverão ser qualificados e identificados, tendo prioridade no julgamento aqueles em que estiverem presentes as circunstâncias de crime contra a ordem tributária ou de elevado valor, este definido em ato do Ministro de Estado da Fazenda.

- *Caput* com a redação dada pela Lei nº 9.532, de 10-12-1997.
- Art. 68 da Lei nº 9.532, de 10-12-1997, que altera a legislação tributária federal.

Parágrafo único. Os processos serão julgados na ordem e nos prazos estabelecidos em ato do Secretário da Receita Federal, observada a prioridade de que trata o *caput* deste artigo.

- Parágrafo único acrescido pela Lei nº 9.532, de 10-12-1997.

Art. 28. Na decisão em que for julgada questão preliminar será também julgado o mérito, salvo quando incompatíveis, e dela constará o indeferimento fundamentado do pedido de diligência ou perícia, se for o caso.

- Artigo com a redação dada pela Lei nº 8.748, de 9-12-1993.
- Art. 18 deste Decreto.

Art. 29. Na apreciação da prova, a autoridade julgadora formará livremente sua convicção, podendo determinar as diligências que entender necessárias.

Art. 30. Os laudos ou pareceres do Laboratório Nacional de Análises, do Instituto Nacional de Tecnologia e de outros órgãos federais congêneres serão adotados nos aspectos técnicos de sua competência, salvo se comprovada a improcedência desses laudos ou pareceres.

§ 1º Não se considera como aspecto técnico a classificação fiscal de produtos.

§ 2º A existência no processo de laudos ou pareceres técnicos não impede a autoridade julgadora de solicitar outros a qualquer dos órgãos referidos neste artigo.

§ 3º Atribuir-se-á eficácia aos laudos e pareceres técnicos sobre produtos, exarados em outros processos administrativos fiscais e transladados mediante certidão de inteiro teor ou cópia fiel, nos seguintes casos:

a) quando tratarem de produtos originários do mesmo fabricante, com igual denominação, marca e especificação;

b) quando tratarem de máquinas, aparelhos, equipamentos, veículos e outros produtos complexos de fabricação em série, do mesmo fabricante, com iguais especificações, marca e modelo.

- § 3º acrescido pela Lei nº 9.532, de 10-12-1997.

Art. 31. A decisão conterá relatório resumido do processo, fundamentos legais, conclusão e ordem de intimação, devendo referir-se, expressamente, a todos os autos de infração e notificações de lançamento objeto do processo, bem como às razões de defesa suscitadas pelo impugnante contra todas as exigências.

- Artigo com a redação dada pela Lei nº 8.748, de 9-12-1993.

Art. 32. As inexatidões materiais devidas a lapso manifesto e os erros de escrita ou de cálculos existentes na decisão poderão ser corrigidos de ofício ou a requerimento do sujeito passivo.

Art. 33. Da decisão caberá recurso voluntário, total ou parcial, com efeito suspensivo, dentro de trinta dias seguintes à ciência da decisão.

§ 1º *Revogado.* Lei nº 12.096, de 24-11-2009.

§ 2º Em qualquer caso, o recurso voluntário somente terá seguimento se o recorrente arrolar bens e direitos de valor equivalente a 30% (trinta por cento) da exigência fiscal definida na decisão, limitado o arrolamento, sem prejuízo do seguimento do recurso, ao total do ativo permanente se pessoa jurídica ou ao patrimônio se pessoa física.

- O STF, por unanimidade de votos, julgou procedente a ADIN nº 1.976-7, para declarar a inconstitucionalidade do art. 32 da MP nº 1.699-41, de 27-10-1998, convertida na Lei nº 10.522, de 19-7-2002, que deu nova redação a este parágrafo (*DJU* de 18-5-2007).
- Súm. Vinc. nº 21 do STF.

§ 3º O arrolamento de que trata o § 2º será realizado preferencialmente sobre bens imóveis.

- Dec. nº 4.523, de 17-12-2002, regulamenta o arrolamento de bens para interposição de recurso voluntário no processo administrativo de determinação e exigência de créditos tributários da União.

§ 4º O Poder Executivo editará as normas regulamentares necessárias à operacionalização do arrolamento previsto no § 2º.

- §§ 2º a 4º com a redação dada pela Lei nº 10.522, de 19-7-2002.

Art. 34. A autoridade de primeira instância recorrerá de ofício sempre que a decisão:

I – exonerar o sujeito passivo do pagamento de tributo e encargos de multa de valor total (lançamento principal e decorrentes) a ser fixado em ato do Ministro de Estado da Fazenda;

- Inciso I com a redação dada pela Lei nº 9.532, de 10-12-1997.

II – deixar de aplicar pena de perda de mercadorias ou outros bens cominada à infração denunciada na formalização da exigência.

§ 1º O recurso será interposto mediante declaração na própria decisão.

§ 2º Não sendo interposto o recurso, o servidor que verificar o fato representará à autoridade julgadora, por intermédio de seu chefe imediato, no sentido de que seja observada aquela formalidade.

Art. 35. O recurso, mesmo perempto, será encaminhado ao órgão de segunda instância, que julgará a perempção.

Art. 36. Da decisão de primeira instância não cabe pedido de reconsideração.

Seção VII — *DO JULGAMENTO EM SEGUNDA INSTÂNCIA*

Art. 37. O julgamento no Conselho Administrativo de Recursos Fiscais far-se-á conforme dispuser o regimento interno.

- *Caput* com a redação dada pela Lei nº 11.941, de 27-5-2009.

§ 1º *Revogado.* Dec. nº 83.304, de 28-3-1979.

§ 2º Caberá recurso especial à Câmara Superior de Recursos Fiscais, no prazo de 15 (quinze) dias da ciência do acórdão ao interessado:

- *Caput* do § 2º com a redação dada pela Lei nº 11.941, de 27-5-2009.

I – VETADO. Lei nº 11.941, de 27-5-2009;

II – de decisão que der à lei tributária interpretação divergente da que lhe tenha dado outra Câmara, turma de Câmara, turma especial ou a própria Câmara Superior de Recursos Fiscais.

- Inciso II com a redação dada pela Lei nº 11.941, de 27-5-2009.

§ 3º Caberá pedido de reconsideração, com efeito suspensivo, no prazo de trinta dias, contados da ciência:

- A alteração que seria introduzida neste parágrafo pela Lei nº 11.941, de 27-5-2009, foi vetada, razão pela qual mantivemos a sua redação.

I e II – *Revogados.* Lei nº 11.941, de 27-5-2009.

- A Lei nº 11.941, de 27-5-2009, ao converter a MP nº 449, de 3-12-2008, não manteve o acréscimo do § 4º.

Art. 38. O julgamento em outros órgãos da administração federal far-se-á de acordo com a legislação própria, ou, na sua falta, conforme dispuser o órgão que administra o tributo.

Seção VIII — *DO JULGAMENTO EM INSTÂNCIA ESPECIAL*

Art. 39. Não cabe pedido de reconsideração de ato do Ministro da Fazenda que julgar ou decidir as matérias de sua competência.

Art. 40. As propostas de aplicação de equidade apresentadas pelos Conselhos de Contribuintes atenderão às características pessoais ou materiais da espécie julgada e serão restritas à dispensa total ou parcial de penalidade pecuniária, nos casos em que não houver reincidência nem sonegação, fraude ou conluio.

Art. 41. O órgão preparador dará ciência ao sujeito passivo da decisão do Ministro da Fazenda, intimando-o, quando for o caso, a cumpri-la, no prazo de trinta dias.

Seção IX

DA EFICÁCIA E EXECUÇÃO DAS DECISÕES

Art. 42. São definitivas as decisões:

I – de primeira instância, esgotado o prazo para recurso voluntário sem que este tenha sido interposto;

II – de segunda instância, de que não caiba recurso ou, se cabível, quando decorrido o prazo sem sua interposição;

III – de instância especial.

Parágrafo único. Serão também definitivas as decisões de primeira instância na parte que não for objeto de recurso voluntário ou não estiver sujeita a recurso de ofício.

Art. 43. A decisão definitiva contrária ao sujeito passivo será cumprida no prazo para cobrança amigável fixado no artigo 21, aplicando-se, no caso de descumprimento, o disposto no § 3º do mesmo artigo.

§ 1º A quantia depositada para evitar a correção monetária do crédito tributário ou para liberar mercadoria será convertida em renda se o sujeito passivo não comprovar, no prazo legal, a propositura de ação judicial.

§ 2º Se o valor depositado não for suficiente para cobrir o crédito tributário, aplicar-se-á à cobrança do restante o disposto no *caput* deste artigo; se exceder o exigido, a autoridade promoverá a restituição da quantia excedente, na forma da legislação específica.

Art. 44. A decisão que declarar a perda de mercadoria ou outros bens será executada pelo órgão preparador, findo o prazo previsto no artigo 21, segundo dispuser a legislação aplicável.

Art. 45. No caso de decisão definitiva favorável ao sujeito passivo, cumpre à autoridade preparadora exonerá-lo, de ofício, dos gravames decorrentes do litígio.

CAPÍTULO II

DO PROCESSO DA CONSULTA

- Lei nº 9.430, de 27-12-1996, dispõe sobre a legislação tributária federal, as contribuições para a seguridade social, o processo administrativo de consulta.

Art. 46. O sujeito passivo poderá formular consulta sobre dispositivos da legislação tributária aplicáveis a fato determinado.

- Art. 52, I, deste Decreto.

Parágrafo único. Os órgãos da administração pública e as entidades representativas de categorias econômicas ou profissionais também poderão formular consulta.

Art. 47. A consulta deverá ser apresentada por escrito, no domicílio tributário do consulente, ao órgão local da entidade incumbida de administrar o tributo sobre que versa.

- Art. 52, I, deste Decreto.

Art. 48. Salvo o disposto no artigo seguinte, nenhum procedimento fiscal será instaurado contra o sujeito passivo relativamente à espécie consultada, a partir da apresentação da consulta até o trigésimo dia subsequente à data da ciência:

I – de decisão de primeira instância da qual não haja sido interposto recurso;

II – de decisão de segunda instância.

Art. 49. A consulta não suspende o prazo para recolhimento de tributo, retido na fonte ou autolançado antes ou depois de sua apresentação, nem o prazo para apresentação de declaração de rendimentos.

Art. 50. A decisão de segunda instância não obriga ao recolhimento de tributo que deixou de ser retido ou autolançado após a decisão reformada e de acordo com a orientação desta, no período compreendido entre as datas de ciência das duas decisões.

Art. 51. No caso de consulta formulada por entidade representativa de categoria econômica ou profissional, os efeitos referidos no artigo 48 só alcançam seus associados ou filiados depois de cientificado o consulente da decisão.

Art. 52. Não produzirá efeito a consulta formulada:

I – em desacordo com os artigos 46 e 47;

II – por quem tiver sido intimado a cumprir obrigação relativa ao fato objeto da consulta;

III – por quem estiver sob procedimento fiscal iniciado para apurar fatos que se relacionem com a matéria consultada;

IV – quando o fato já houver sido objeto de decisão anterior, ainda não modificada, proferida em consulta ou litígio em que tenha sido parte o consulente;

V – quando o fato estiver disciplinado em ato normativo, publicado antes de sua apresentação;

VI – quando o fato estiver definido ou declarado em disposição literal da lei;

VII – quando o fato for definido como crime ou contravenção penal;

VIII – quando não descrever, completa ou exatamente, a hipótese a que se referir, ou não contiver os elementos necessários à sua solução, salvo se a inexatidão ou omissão for escusável, a critério da autoridade julgadora.

Art. 53. O preparo do processo compete ao órgão local da entidade encarregada da administração do tributo.

Art. 54. O julgamento compete:

I – em primeira instância:

a) aos superintendentes regionais da Receita Federal, quanto aos tributos administrados pela Secretaria da Receita Federal, atendida, no julgamento, a orientação emanada dos atos normativos da Coordenação do Sistema de Tributação;

- Por força do art. 1º da Lei nº 11.457, de 16-3-2007 (Lei da Super-Receita), a Secretaria da Receita Federal passou a ser denominada Secretaria da Receita Federal do Brasil.

b) às autoridades referidas na alínea *b* do inciso I do artigo 25;

II – em segunda instância:

a) ao coordenador do Sistema de Tributação da Secretaria da Receita Federal, salvo quanto aos tributos incluídos na competência julgadora de outro órgão da administração federal;

- Por força do art. 1º da Lei nº 11.457, de 16-3-2007 (Lei da Super-Receita), a Secretaria da Receita Federal passou a ser denominada Secretaria da Receita Federal do Brasil.

b) à autoridade mencionada na legislação dos tributos ressalvados na alínea precedente ou, na falta dessa indicação, à que for designada pela entidade que administra o tributo;

III – em instância única, ao coordenador do Sistema de Tributação, quanto às consultas relativas aos tributos administrados pela Secretaria da Receita Federal e formuladas:

- Por força do art. 1º da Lei nº 11.457, de 16-3-2007 (Lei da Super-Receita), a Secretaria da Receita Federal passou a ser denominada Secretaria da Receita Federal do Brasil.

a) sobre classificação fiscal de mercadorias;

b) pelos órgãos centrais da administração pública;

c) por entidades representativas de categorias econômicas ou profissionais, de âmbito nacional.

Art. 55. Compete à autoridade julgadora declarar a ineficácia da consulta.

Art. 56. Cabe recurso voluntário, com efeito suspensivo, de decisão de primeira instância, dentro de trinta dias, contados da ciência.

Art. 57. A autoridade de primeira instância recorrerá de ofício de decisão favorável ao consulente.

Art. 58. Não cabe pedido de reconsideração de decisão proferida em processo de consulta, inclusive da que declarar a sua ineficácia.

CAPÍTULO III

DAS NULIDADES

Art. 59. São nulos:

I – os atos e termos lavrados por pessoa incompetente;

II – os despachos e decisões proferidos por autoridade incompetente ou com preterição do direito de defesa.

§ 1º A nulidade de qualquer ato só prejudica os posteriores que dele diretamente dependam ou sejam consequência.

§ 2º Na declaração de nulidade, a autoridade dirá os atos alcançados e determinará as providências necessárias ao prosseguimento ou solução do processo.

§ 3º Quando puder decidir do mérito a favor do sujeito passivo a quem aproveitaria a declaração de nulidade, a autoridade julgadora não a pronunciará nem mandará repetir o ato ou suprir-lhe a falta.

- § 3º acrescido pela Lei nº 8.748, de 9-12-1993.

Art. 60. As irregularidades, incorreções e omissões diferentes das referidas no artigo anterior não importarão em nulidade e serão sanadas quando resultarem em prejuízo para o sujeito passivo, salvo se este lhes houver dado causa, ou quando não influírem na solução do litígio.

Art. 61. A nulidade será declarada pela autoridade competente para praticar o ato ou julgar a sua legitimidade.

CAPÍTULO IV

DISPOSIÇÕES FINAIS E TRANSITÓRIAS

Art. 62. Durante a vigência de medida judicial que determinar a suspensão da cobrança do tributo não será instaurado procedimento fiscal contra o sujeito passivo favorecido pela decisão, relativamente à matéria sobre que versar a ordem de suspensão.

Parágrafo único. Se a medida referir-se a matéria objeto de processo fiscal, o curso deste não será suspenso, exceto quanto aos atos executórios.

Art. 63. A destinação de mercadorias ou outros bens apreendidos ou dados em garantia de pagamento do crédito tributário obedecerá às normas estabelecidas na legislação aplicável.

- Art. 21, § 2º, deste Decreto.

Art. 64. Os documentos que instruem o processo poderão ser restituídos, em qualquer fase, a requerimento do sujeito passivo, desde que a medida não prejudique a instrução e deles fique cópia autenticada no processo.

Art. 64-A. Os documentos que instruem o processo poderão ser objeto de digitalização, observado o disposto nos arts. 1º e 3º da Lei nº 12.682, de 9 de julho de 2012.

- Artigo acrescido pela Lei nº 12.865, de 9-10-2013.

Art. 64-B. No processo eletrônico, os atos, documentos e termos que o instruem poderão ser natos digitais ou produzidos por meio de digitalização, observado o disposto na Medida Provisória nº 2.200-2, de 24 de agosto de 2001.

- *Caput* acrescido pela Lei nº 12.865, de 9-10-2013.

§ 1º Os atos, termos e documentos submetidos a digitalização pela administração tributária e armazenados eletronicamente possuem o mesmo valor probante de seus originais.

§ 2º Os autos de processos eletrônicos, ou parte deles, que tiverem de ser remetidos a órgãos ou entidades que não disponham de sistema compatível de armazenagem e tramitação poderão ser encaminhados impressos em papel ou por meio digital, conforme disciplinado em ato da administração tributária.

- §§ 1º e 2º acrescidos pela Lei nº 12.865, de 9-10-2013.

§ 3º As matrizes físicas dos atos, dos termos e dos documentos digitalizados e armazenados eletronicamente, nos termos do § 1º, poderão ser descartadas, conforme regulamento.

- § 3º acrescido pela Lei nº 13.097, de 19-1-2015.

Art. 65. O disposto neste Decreto não prejudicará a validade dos atos praticados na vigência da legislação anterior.

§ 1º O preparo dos processos em curso, até a decisão de primeira instância, continuará regido pela legislação precedente.

§ 2º Não se modificarão os prazos iniciados antes da entrada em vigor deste Decreto.

Art. 66. O Conselho Superior de Tarifa passa a denominar-se 4º Conselho de Contribuintes.

Art. 67. Os Conselhos de Contribuintes, no prazo de noventa dias, adaptarão seus regimentos internos às disposições deste Decreto.

Art. 68. Revogam-se as disposições em contrário.

Brasília, 6 de março de 1972;
151º da Independência e
84º da República.

Emílio G. Médici

LEI Nº 6.024, DE 13 DE MARÇO DE 1974

Dispõe sobre a intervenção e a liquidação extrajudicial de instituições financeiras, e dá outras providências.

- Publicada no *DOU* de 14-3-1974.

CAPÍTULO I

DISPOSIÇÃO PRELIMINAR

Art. 1º As instituições financeiras privadas e as públicas não federais, assim como as cooperativas de crédito, estão sujeitas, nos termos desta Lei, à intervenção ou à liquidação extrajudicial, em ambos os casos efetuada e decretada pelo Banco Central do Brasil, sem prejuízo do disposto nos artigos 137 e 138 do Decreto-Lei nº 2.627, de 26 de setembro de 1940, ou à falência, nos termos da legislação vigente.

CAPÍTULO II
DA INTERVENÇÃO E SEU PROCESSO

Seção I
DA INTERVENÇÃO

Art. 2º Far-se-á a intervenção quando se verificarem as seguintes anormalidades nos negócios sociais da instituição:

I – a entidade sofrer prejuízo, decorrente da má administração, que sujeite a riscos os seus credores;

II – forem verificadas reiteradas infrações a dispositivos da legislação bancária não regularizadas após as determinações do Banco Central do Brasil, no uso das suas atribuições de fiscalização;

III – na hipótese de ocorrer qualquer dos fatos mencionados nos artigos 1º e 2º, do Decreto-Lei nº 7.661, de 21 de junho de 1945 (Lei de Falências), houver possibilidade de evitar-se, a liquidação extrajudicial.

Art. 3º A intervenção será decretada *ex officio* pelo Banco Central do Brasil, ou por solicitação dos administradores da instituição – se o respectivo estatuto lhes conferir esta competência – com indicação das causas do pedido, sem prejuízo da responsabilidade civil e criminal em que incorrerem os mesmos administradores, pela indicação falsa ou dolosa.

Art. 4º O período da intervenção não excederá a 6 (seis) meses o qual, por decisão do Banco Central do Brasil, poderá ser prorrogado uma única vez, até o máximo de outros 6 (seis) meses.

Art. 5º A intervenção será executada por interventor nomeado pelo Banco Central do Brasil, com plenos poderes de gestão.

Parágrafo único. Dependerão de prévia e expressa autorização do Banco Central do Brasil os atos do interventor que impliquem em disposição ou oneração do patrimônio da sociedade, admissão e demissão de pessoal.

Art. 6º A intervenção produzirá, desde sua decretação, os seguintes efeitos:

a) suspensão da exigibilidade das obrigações vencidas;

b) suspensão da fluência do prazo das obrigações vincendas anteriormente contraídas;

c) inexigibilidade dos depósitos já existentes à data de sua decretação.

Art. 7º A intervenção cessará:

a) se os interessados, apresentando as necessárias condições de garantia, julgados a critério do Banco Central do Brasil, tomarem a si o prosseguimento das atividades econômicas da empresa;

b) quando, a critério do Banco Central do Brasil, a situação da entidade se houver normalizado;

c) se decretada a liquidação extrajudicial, ou a falência da entidade.

Seção II
DO PROCESSO DA INTERVENÇÃO

Art. 8º Independentemente da publicação do ato de sua nomeação, o interventor será investido, de imediato, em suas funções, mediante termo de posse lavrado no "Diário" da entidade, ou, na falta deste, no livro que o substituir, com a transcrição do ato que houver decretado a medida e que o tenha nomeado.

Art. 9º Ao assumir suas funções, o interventor:

a) arrecadará, mediante termo, todos os livros da entidade e os documentos de interesse da administração;

b) levantará o balanço geral e o inventário de todos os livros, documentos, dinheiro e demais bens da entidade, ainda que em poder de terceiros, a qualquer título.

Parágrafo único. O termo de arrecadação, o balanço geral e o inventário, deverão ser assinados também pelos administradores em exercício no dia anterior ao da posse do interventor, os quais poderão apresentar, em separado, as declarações e observações que julgarem a bem dos seus interesses.

Art. 10. Os ex-administradores da entidade deverão entregar ao interventor, dentro de cinco dias, contados da posse deste, declaração, assinada em conjunto por todos eles, de que conste a indicação:

a) do nome, nacionalidade, estado civil e endereço dos administradores e membros do Conselho Fiscal que estiverem em exercício nos últimos 12 meses anteriores à decretação da medida;

b) dos mandatos que, porventura, tenham outorgado em nome da instituição, indicando o seu objeto, nome e endereço do mandatário;

c) dos bens imóveis, assim como dos móveis, que não se encontrem no estabelecimento;

d) da participação que, porventura, cada administrador ou membro do Conselho Fiscal tenha em outras sociedades, com a respectiva indicação.

Art. 11. O interventor, dentro em sessenta dias, contados de sua posse, prorrogável se necessário, apresentará ao Banco Central do Brasil relatório, que conterá:

a) exame da escrituração, da aplicação dos fundos e disponibilidades, e da situação econômico-financeira da instituição;

b) indicação, devidamente comprovada, dos atos e omissões danosos que eventualmente tenha verificado;

c) proposta justificada da adoção das providências que lhe pareçam convenientes à instituição.

Parágrafo único. As disposições deste artigo não impedem que o interventor, antes da apresentação do relatório, proponha ao Banco Central do Brasil a adoção de qualquer providência que lhe pareça necessária e urgente.

Art. 12. À vista do relatório ou da proposta do interventor, o Banco Central do Brasil poderá:

a) determinar a cessação da intervenção, hipótese em que o interventor será autorizado a promover os atos que, nesse sentido, se tornaram necessários;

b) manter a instituição sob intervenção, até serem eliminadas as irregularidades que a motivaram, observado o disposto no artigo 4º;

c) decretar a liquidação extrajudicial da entidade;

d) autorizar o interventor a requerer a falência da entidade, quando o seu ativo não for suficiente para cobrir sequer metade do valor dos créditos quirografários, ou quando julgada inconveniente a liquidação extrajudicial, ou quando a complexidade dos negócios da instituição ou a gravidade dos fatos apurados aconselharem a medida.

Art. 13. Das decisões do interventor caberá recurso, sem efeito suspensivo, dentro de dez dias da respectiva ciência, para o Banco Central do Brasil, em única instância.

§ 1º Findo o prazo sem a interposição de recurso, a decisão assumirá caráter definitivo.

§ 2º O recurso será entregue, mediante protocolo, ao interventor que o informará e o encaminhará dentro em cinco dias, ao Banco Central do Brasil.

Art. 14. O interventor prestará contas ao Banco Central do Brasil, independentemente de qualquer exigência, no momento em que deixar suas funções, ou a qualquer tempo, quando solicitado, e responderá, civil e criminalmente, por seus atos.

CAPÍTULO III

DA LIQUIDAÇÃO EXTRAJUDICIAL

Seção I

DA APLICAÇÃO E DOS EFEITOS DA MEDIDA

Art. 15. Decretar-se-á a liquidação extrajudicial da instituição financeira:

I – *ex officio*:

a) em razão de ocorrências que comprometam sua situação econômica ou financeira especialmente quando deixar de satisfazer, com pontualidade, seus compromissos ou quando se caracterizar qualquer dos motivos que autorizem a declararão de falência;

b) quando a administração violar gravemente as normas legais e estatutárias que disciplinam a atividade da instituição bem como as determinações do Conselho Monetário Nacional ou do Banco Central do Brasil, no uso de suas atribuições legais;

c) quando a instituição sofrer prejuízo que sujeite a risco anormal seus credores quirografários;

d) quando, cassada a autorização para funcionar, a instituição não iniciar, nos 90 (noventa) dias seguintes, sua liquidação ordinária, ou quando, iniciada esta, verificar o Banco Central do Brasil que a morosidade de sua administração pode acarretar prejuízo para os credores;

II – a requerimento dos administradores da instituição – se o respectivo estatuto social lhes conferir esta competência – ou por proposta do interventor, expostos circunstanciadamente os motivos justificadores da medida.

§ 1º O Banco Central do Brasil decidirá sobre a gravidade dos fatos determinantes da liquidação extrajudicial, considerando as repercussões deste sobre os interesses dos mercados financeiro e de capitais, e, poderá, em lugar da liquidação, efetuar a intervenção, se julgar esta medida suficiente para a normalização dos negócios da instituição e preservação daqueles interesses.

§ 2º O ato do Banco Central do Brasil, que decretar a liquidação extrajudicial, indicará a data em que se tenha caracterizado o estado que a determinou, fixando o termo legal da liquidação que não poderá ser superior a 60 (sessenta) dias contados do primeiro protesto por falta de pagamento ou, na falta deste do ato que haja decretado a intervenção ou a liquidação.

Art. 16. A liquidação extrajudicial será executada por liquidante nomeado pelo Banco Central do Brasil, com amplos poderes de administração e liquidação, especialmente os de verificação e classificação dos créditos, podendo nomear e demitir funcionários, fixando-lhes os vencimentos, outorgar e cassar mandatos, propor ações e representar a massa em Juízo ou fora dele.

§ 1º Com prévia e expressa autorização do Banco Central do Brasil, poderá o liquidante, em benefício da massa, ultimar os negócios pendentes e, a qualquer tempo, onerar ou alienar seus bens, neste último caso através de licitações.

§ 2º Os honorários do liquidante, a serem pagos por conta da liquidanda, serão fixados pelo Banco Central do Brasil.

Art. 17. Em todos os atos, documentos e publicações de interesse da liquidação, será usada obrigatoriamente, a expressão "Em liquidação extrajudicial", em seguida à denominação da entidade.

Art. 18. A decretação da liquidação extrajudicial produzirá, de imediato, os seguintes efeitos:

a) suspensão das ações e execuções iniciadas sobre direitos e interesses relativos ao acervo da entidade liquidanda, não podendo ser intentadas quaisquer outras, enquanto durar a liquidação;

b) vencimento antecipado das obrigações da liquidanda;

c) não atendimento das cláusulas penais dos contratos unilaterais vencidos em virtude da decretação da liquidação extrajudicial;

d) não fluência de juros, mesmo que estipulados, contra a massa, enquanto não integralmente pago o passivo;

e) interrupção da prescrição relativa a obrigações de responsabilidade da instituição;

f) não reclamação de correção monetária de quaisquer dívidas passivas, nem de penas pecuniárias por infração de leis penais ou administrativas.

Art. 19. A liquidação extrajudicial será encerrada:

• *Caput* com a redação dada pela Lei nº 13.506, de 13-11-2017.

a a *d*) Revogadas. Lei nº 13.506, de 13-11-2017.

I – por decisão do Banco Central do Brasil, nas seguintes hipóteses:

a) pagamento integral dos credores quirografários;

b) mudança de objeto social da instituição para atividade econômica não integrante do Sistema Financeiro Nacional;

c) transferência do controle societário da instituição;

d) convolação em liquidação ordinária;

e) exaustão do ativo da instituição, mediante a sua realização total e a distribuição do produto entre os credores, ainda que não ocorra o pagamento integral dos créditos; ou

f) iliquidez ou difícil realização do ativo remanescente na instituição, reconhecidas pelo Banco Central do Brasil;

II – pela decretação da falência da instituição.

• Incisos I e II acrescidos pela Lei nº 13.506, de 13-11-2017.

§ 1º Encerrada a liquidação extrajudicial nas hipóteses previstas nas alíneas *a*, *b*, *d*, *e* e *f* do inciso I do *caput* deste artigo, o Banco Central do Brasil comunicará o encerramento ao órgão competente do registro do comércio, que deverá:

I – nas hipóteses das alíneas *b* e *d* do inciso I do *caput* deste artigo, promover as anotações pertinentes;

II – nas hipóteses das alíneas *a*, *e* e *f* do inciso I do *caput* deste artigo, proceder à anotação do encerramento da liquidação extrajudicial no registro correspondente e substituir, na denominação da sociedade, a expressão "Em liquidação extrajudicial" por "Liquidação extrajudicial encerrada".

§ 2º Encerrada a liquidação extrajudicial nas hipóteses previstas no inciso I do *caput* deste artigo, o prazo prescricional relativo às obrigações da instituição voltará a contar da data da publicação do ato de encerramento do regime.

§ 3º O encerramento da liquidação extrajudicial nas hipóteses previstas nas alíneas *b* e *d* do inciso I do *caput* deste artigo pode ser proposto ao Banco Central do Brasil, após a aprovação por maioria simples dos presentes à assembleia geral de credores, pelos:

LEG. COMPLEMENTAR

I – cooperados ou associados, autorizados pela assembleia geral; ou

II – controladores.

§ 4º A assembleia geral de credores a que se refere o § 3º será presidida pelo liquidante e nela poderão votar os titulares de créditos inscritos no quadro geral de credores, computados os votos proporcionalmente ao valor dos créditos dos presentes.

§ 5º Encerrada a liquidação extrajudicial nas hipóteses previstas no inciso I do *caput* deste artigo, o acervo remanescente da instituição, se houver, será restituído:

I – ao último sócio controlador ou a qualquer sócio participante do grupo de controle ou, na impossibilidade de identificá-lo ou localizá-lo, ao maior acionista ou cotista da sociedade; ou

II – a qualquer cooperado, no caso de cooperativa de crédito.

§ 6º As pessoas referidas no § 5º deste artigo não poderão recusar o recebimento do acervo remanescente e serão consideradas depositárias dos bens recebidos.

§ 7º Na hipótese em que o lugar em que se encontrarem as pessoas referidas no § 5º deste artigo for ignorado, incerto ou inacessível, ou na hipótese de suspeita de ocultação, é o liquidante autorizado a depositar o acervo remanescente em favor delas, no juízo ao qual caberia decretar a falência.

- §§ 1º a 7º acrescidos pela Lei nº 13.506, de 13-11-2017.

Seção II

DO PROCESSO DA LIQUIDAÇÃO EXTRAJUDICIAL

Art. 20. Aplicam-se, ao processo da liquidação extrajudicial, as disposições relativas ao processo da intervenção, constantes dos artigos 8º, 9º, 10 e 11, desta Lei.

Art. 21. À vista do relatório ou da proposta previstos no artigo 11, apresentados pelo liquidante na conformidade do artigo anterior, o Banco Central do Brasil poderá autorizá-lo a:

a) prosseguir na liquidação extrajudicial;

b) requerer a falência da entidade, quando o seu ativo não for suficiente para cobrir pelo menos a metade do valor dos créditos quirografários, ou quando houver fundados indícios de crimes falimentares.

Parágrafo único. Sem prejuízo do disposto neste artigo, em qualquer tempo, o Banco Central do Brasil poderá estudar pedidos de cessação da liquidação extrajudicial, formulados pelos interessados, concedendo ou recusando a medida pleiteada, segundo as garantias oferecidas e as conveniências de ordem geral.

Art. 22. Se determinado o prosseguimento da liquidação extrajudicial o liquidante fará publicar, no *Diário Oficial da União* e em jornal de grande circulação do local da sede da entidade, aviso aos credores para que declarem os respectivos créditos, dispensados desta formalidade os credores por depósitos ou por letras de câmbio de aceite da instituição financeira liquidanda.

§ 1º No aviso de que trata este artigo, o liquidante fixará o prazo para a declaração dos créditos, o qual não será inferior a vinte, nem superior a quarenta dias, conforme a importância da liquidação e os interesses nela envolvidos.

§ 2º Relativamente aos créditos dispensados de habilitação, o liquidante manterá, na sede da liquidanda, relação nominal dos depositantes e respectivos saldos, bem como relação das letras de câmbio de seu aceite.

§ 3º Aos credores obrigados à declaração assegurar-se-á o direito de obterem do liquidante as informações, extratos de contas, saldos e outros elementos necessários à defesa dos seus interesses e à prova dos respectivos créditos.

§ 4º O liquidante dará sempre recibo das declarações de crédito e dos documentos recebidos.

Art. 23. O liquidante juntará a cada declaração a informação completa a respeito do resultado das averiguações a que procedeu nos livros, papéis e assentamentos da entidade, relativos ao crédito declarado, bem como sua decisão quanto à legitimidade, valor e classificação.

Parágrafo único. O liquidante poderá exigir dos ex-administradores da instituição que prestem informações sobre qualquer dos créditos declarados.

Art. 24. Os credores serão notificados, por escrito, da decisão do liquidante, os quais, a contar da data do recebimento da notificação, terão o prazo de dez dias para recorrer, ao Banco Central do Brasil, do ato que lhes pareça desfavorável.

Art. 25. Esgotado o prazo para a declaração de créditos e julgados estes, o liquidante organizará o quadro geral de credores e publicará, na forma prevista no artigo 22, aviso de que dito quadro, juntamente com o balanço geral, se acha fixado na sede e demais dependências da entidade, para conhecimento dos interessados.

Parágrafo único. Após a publicação mencionada neste artigo, qualquer interessado poderá impugnar a legitimidade, valor, ou a classificação dos créditos constantes do referido quadro.

Art. 26. A impugnação será apresentada por escrito, devidamente justificada com os documentos julgados convenientes, dentro de dez dias, contados da data da publicação de que trata o artigo anterior.

§ 1º A entrega da impugnação será feita contra recibo, passado pelo liquidante, com cópia que será juntada ao processo.

§ 2º O titular do crédito impugnado será notificado pelo liquidante e, a contar da data do recebimento da notificação, terá o prazo de cinco dias para oferecer as alegações e provas que julgar convenientes à defesa dos seus direitos.

§ 3º O liquidante encaminhará as impugnações com o seu parecer, juntando os elementos probatórios, à decisão do Banco Central do Brasil.

§ 4º Julgadas todas as impugnações, o liquidante fará publicar avisos na forma do artigo 22, sobre as eventuais modificações no quadro geral de credores que, a partir desse momento, será considerado definitivo.

Art. 27. Os credores que se julgarem prejudicados pelo não provimento do recurso interposto, ou pela decisão proferida na impugnação poderão prosseguir nas ações que tenham sido suspensas por força do artigo 18, ou propor as que couberem, dando ciência do fato ao liquidante para que este reserve fundos suficientes à eventual satisfação dos respectivos pedidos.

Parágrafo único. Decairão do direito assegurado neste artigo os interessados que não o exercitarem dentro do prazo de trinta dias, contados da data em que for considerado definitivo o quadro geral dos credores, com a publicação a que alude o § 4º do artigo anterior.

Art. 28. Nos casos de descoberta de falsidade, dolo, simulação, fraude, erro essencial, ou de documentos ignorados na época do julgamento dos créditos, o liquidante ou qualquer credor admitido pode pedir ao Banco Central do Brasil, até ao encerramento da liquidação, a exclusão, ou outra classificação, ou a simples retificação de qualquer crédito.

Parágrafo único. O titular desse crédito será notificado do pedido e, a contar da data do recebimento da notificação, terá o prazo de cinco dias para oferecer as alegações e provas que julgar convenientes, sendo-lhe assegurado o direito a que se refere o artigo anterior, se se julgar prejudicado pela decisão proferida, que lhe será notificada por escrito, contando-se da data do recebimento da notificação o prazo de decadência fixado no parágrafo único do mesmo artigo.

Art. 29. Incluem-se, entre os encargos da massa, as quantias a ela fornecidas pelos credores, pelo liquidante ou pelo Banco Central do Brasil.

Art. 30. Salvo expressa disposição em contrário desta Lei, das decisões do liquidante caberá recurso sem efeito suspensivo, dentro em dez dias da respectiva ciência, para o Banco Central do Brasil, em única instância.

§ 1º Findo o prazo, sem a interposição de recurso, a decisão assumirá caráter definitivo.

§ 2º O recurso será entregue, mediante protocolo, ao liquidante, que o informará e o encaminhará, dentro de cinco dias, ao Banco Central do Brasil.

Art. 31. No resguardo da economia pública, da poupança privada e da segurança nacional, sempre que a atividade da entidade liquidanda colidir com os interesses daquelas áreas, poderá o liquidante, prévia e expressamente autorizado pelo Banco Central do Brasil, adotar qualquer forma especial ou qualificada de realização do ativo e liquidação do passivo, ceder o ativo a terceiros, organizar ou reorganizar sociedade para continuação geral ou parcial do negócio ou atividade da liquidanda.

§ 1º Os atos referidos neste artigo produzem efeitos jurídicos imediatos, independentemente de formalidades e registros.

§ 2º Os registros correspondentes serão procedidos no prazo de quinze dias, pelos Oficiais dos Registros de Imóveis e pelos Registros do Comércio, bem como pelos demais órgãos da administração pública, quando for o caso, à vista da comunicação formal, que lhes tenha sido feita pelo liquidante.

Art. 32. Apurados, no curso da liquidação, seguros elementos de prova, mesmo indiciária, da prática de contravenções penais ou crimes por parte de qualquer dos antigos administradores e membros do Conselho Fiscal, o liquidante os encaminhará ao órgão do Ministério Público para que este promova a ação penal.

Art. 33. O liquidante prestará contas ao Banco Central do Brasil, independentemente de qualquer exigência, no momento em que deixar suas funções, ou a qualquer tempo, quando solicitado, e responderá, civil e criminalmente, por seus atos.

Art. 34. Aplicam-se à liquidação extrajudicial no que couberem e não colidirem com os preceitos desta Lei, as disposições da Lei de Falências (Decreto-Lei nº 7.661, de 21 de junho de 1945), equiparando-se ao síndico, o liquidante, ao juiz da falência, o Banco Central do Brasil, sendo competente para conhecer da ação revocatória prevista no artigo 55 daquele Decreto-lei, o juiz a quem caberia processar e julgar a falência da instituição liquidanda.

Art. 35. Os atos indicados nos artigos 52 e 53, da Lei de Falências (Decreto-Lei nº 7.661, de 1945) praticados pelos administradores da liquidanda poderão ser declarados nulos ou revogados, cumprindo o disposto nos artigos 54 e 58 da mesma Lei.

Parágrafo único. A ação revocatória será proposta pelo liquidante, observado o disposto nos artigos 55, 56 e 57, da Lei de Falências.

CAPÍTULO IV

DOS ADMINISTRADORES E MEMBROS DO CONSELHO FISCAL

Seção I

DA INDISPONIBILIDADE DOS BENS

Art. 36. Os administradores das instituições financeiras em intervenção, em liquidação extrajudicial ou em falência, ficarão com todos os seus bens indisponíveis não podendo, por qualquer forma, direta ou indireta, aliená-los ou onerá-los, até apuração e liquidação final de suas responsabilidades.

§ 1º A indisponibilidade prevista neste artigo decorre do ato que decretar a intervenção, a liquidação extrajudicial ou a falência, e atinge a todos aqueles que tenham estado no exercício das funções nos doze meses anteriores ao mesmo ato.

§ 2º Por proposta do Banco Central do Brasil, aprovada pelo Conselho Monetário Nacional, a indisponibilidade prevista neste artigo poderá ser estendida:

a) aos bens de gerentes, conselheiros fiscais e aos de todos aqueles que, até o limite da responsabilidade estimada de cada um, tenham concorrido, nos últimos doze meses, para a decretação da intervenção ou da liquidação extrajudicial;

b) aos bens de pessoas que, nos últimos doze meses, os tenham a qualquer título, adquirido de administradores da instituição, ou das pessoas referidas na alínea anterior desde que haja seguros elementos de convicção de que se trata de simulada transferência com o fim de evitar os efeitos desta Lei.

§ 3º Não se incluem nas disposições deste artigo os bens considerados inalienáveis ou impenhoráveis pela legislação em vigor.

§ 4º Não são igualmente atingidos pela indisponibilidade os bens objeto de contrato de alienação, de promessa de compra e venda, de cessão ou promessa de cessão de direitos, desde que os respectivos instrumentos tenham sido levados ao competente registro público, anteriormente à data da decretação da intervenção, da liquidação extrajudicial ou da falência.

Art. 37. Os abrangidos pela indisponibilidade de bens de que trata o artigo anterior, não poderão ausentar-se do foro, da intervenção, da liquidação extrajudicial ou da falência, sem prévia e expressa autorização do Banco Central do Brasil ou do juiz da falência.

Art. 38. Decretada a intervenção, a liquidação extrajudicial ou a falência, o interventor, o liquidante ou escrivão da falência comunicará ao registro público competente e às Bolsas de Valores a indisponibilidade de bens imposta no artigo 36.

Parágrafo único. Recebida a comunicação, a autoridade competente ficará relativamente a esses bens impedida de:

a) fazer transcrições, inscrições, ou averbações de documentos públicos ou particulares;

b) arquivar atos ou contratos que importem em transferência de cotas sociais, ações ou partes beneficiárias;

c) realizar ou registrar operações e títulos de qualquer natureza;

LEG. COMPLEMENTAR

d) processar a transferência de propriedade de veículos automotores.

Seção II

DA RESPONSABILIDADE DOS ADMINISTRADORES E MEMBROS DO CONSELHO FISCAL

Art. 39. Os administradores e membros do Conselho Fiscal de instituições financeiras responderão, a qualquer tempo salvo prescrição extintiva, pelos que tiverem praticado ou omissões em que houverem incorrido.

Art. 40. Os administradores de instituições financeiras respondem solidariamente pelas obrigações por elas assumidas durante sua gestão até que se cumpram.

Parágrafo único. A responsabilidade solidária se circunscreverá ao montante dos prejuízos causados.

Art. 41. Decretada a intervenção, a liquidação extrajudicial ou a falência de instituição financeira, o Banco Central do Brasil procederá a inquérito, a fim de apurar as causas que levaram a sociedade àquela situação e a responsabilidade de seus administradores e membros do Conselho Fiscal.

§ 1º Para os efeitos deste artigo, decretada a falência, o escrivão do feito a comunicará, dentro em vinte e quatro horas, ao Banco Central do Brasil.

§ 2º O inquérito será aberto imediatamente à decretação da intervenção ou da liquidação extrajudicial, ou ao recebimento da comunicação da falência, e concluído dentro em cento e vinte dias, prorrogáveis, se absolutamente necessário, por igual prazo.

§ 3º No inquérito, o Banco Central do Brasil poderá:

a) examinar, quando e quantas vezes julgar necessário, a contabilidade, os arquivos, os documentos, os valores e mais elementos das instituições;

b) tomar depoimentos solicitando para isso, se necessário, o auxílio da polícia;

c) solicitar informações a qualquer autoridade ou repartição pública, ao juiz da falência, ao órgão do Ministério Público, ao síndico, ao liquidante ou ao interventor;

d) examinar, por pessoa que designar, os autos da falência e obter, mediante solicitação escrita, cópias ou certidões de peças desses autos;

e) examinar a contabilidade e os arquivos de terceiros com os quais a instituição financeira tiver negociado e no que entender com esses negócios, bem como a contabilidade e os arquivos dos ex-administradores, se comerciantes ou industriais sob firma individual, e as respectivas contas junto a outras instituições financeiras.

§ 4º Os ex-administradores poderão acompanhar o inquérito, oferecer documentos e indicar diligências.

Art. 42. Concluída a apuração, os ex-administradores serão convidados por carta, a apresentar, por escrito, suas alegações e explicações dentro em cinco dias comuns para todos.

Art. 43. Transcorrido o prazo do artigo anterior, com ou sem a defesa, será o inquérito encerrado com um relatório, do qual constarão, em síntese, a situação da entidade examinada, as causas de sua queda, o nome, a qualificação e a relação dos bens particulares dos que, nos últimos cinco anos, geriram a sociedade, bem como o montante ou a estimativa dos prejuízos apurados em cada gestão.

Art. 44. Se o inquérito concluir pela inexistência de prejuízo, será, no caso de intervenção e de liquidação extrajudicial, arquivado no próprio Banco Central do Brasil, ou, no caso de falência, será remetido ao competente juiz, que o mandará apensar aos respectivos autos.

Parágrafo único. Na hipótese prevista neste artigo, o Banco Central do Brasil, nos casos de intervenção e de liquidação extrajudicial ou o juiz, no caso de falência, de ofício ou a requerimento de qualquer interessado, determinará o levantamento da indisponibilidade de que trata o artigo 36.

Art. 45. Concluindo o inquérito pela existência de prejuízos será ele, com o respectivo relatório, remetido pelo Banco Central do Brasil ao juiz da falência, ou ao que for competente para decretá-la, o qual o fará com vista ao órgão do Ministério Público, que, em oito dias, sob pena de responsabilidade, requererá o sequestro dos bens dos ex-administradores, que não tinham sido atingidos pela indisponibilidade prevista no artigo 36, quantos bastem para a efetivação da responsabilidade.

§ 1º Em caso de intervenção ou liquidação extrajudicial, a distribuição do inquérito ao juízo competente na forma deste artigo, previne a jurisdição do mesmo juízo, na hipótese de vir a ser decretada a falência.

§ 2º Feito o arresto, os bens serão depositados em mãos do interventor, do liquidante ou do síndico, conforme a hipótese, cumprindo ao depositário administrá-los, receber os respectivos rendimentos e prestar contas a final.

Art. 46. A responsabilidade dos ex-administradores, definida nesta Lei, será apurada em ação própria, proposta no juízo da falência ou no que for para ela competente.

Parágrafo único. O órgão do Ministério Público, nos casos de intervenção e liquidação extrajudicial proporá a ação obrigatoriamente dentro em trinta dias, a contar da realização do arresto, sob pena de responsabilidade e preclusão da sua iniciativa. Findo esse prazo ficarão os autos em cartório, à disposição de qualquer credor, que poderá iniciar a ação, nos quinze dias seguintes. Se neste último prazo ninguém o fizer, levantar-se-ão o arresto e a indisponibilidade, apensando-se os autos aos da falência, se for o caso.

Art. 47. Se, decretado o arresto ou proposta a ação, sobrevier a falência da entidade, competirá ao síndico tomar, daí por diante as providências necessárias ao efetivo cumprimento das determinações desta Lei, cabendo-lhe promover a devida substituição processual, no prazo de trinta dias, contados da data do seu compromisso.

Art. 48. Independentemente do inquérito e do arresto, qualquer das partes, a que se refere o parágrafo único do artigo 46, no prazo nele previsto, poderá propor a ação de responsabilidade dos ex-administradores, na forma desta Lei.

Art. 49. Passada em julgado a sentença que declarar a responsabilidade dos ex-administradores, o arresto e a indisponibilidade de bens se convolarão em penhora, seguindo-se o processo de execução.

§ 1º Apurados os bens penhorados e pagas as custas judiciais, o líquido será entregue ao interventor, ao liquidante ou ao síndico, conforme o caso, para rateio entre os credores da instituição.

§ 2º Se, no curso da ação ou da execução, encerrar-se a intervenção ou a liquidação extrajudicial, o interventor ou o liquidante, por ofício, dará conhecimento da ocorrência ao juiz, solicitando sua substituição como depositário dos bens arrestados ou penhorados, e fornecendo a relação nominal e respectivos saldos dos credores a serem, nesta hipótese diretamente contemplados com o rateio previsto no parágrafo anterior.

CAPÍTULO V
DISPOSIÇÕES GERAIS

Art. 50. A intervenção determina a suspensão, e, a liquidação extrajudicial, a perda do mandato respectivamente, dos administradores e membros do Conselho Fiscal e de quaisquer outros órgãos criados pelo estatuto, competindo, exclusivamente, ao interventor e ao liquidante a convocação da assembleia-geral nos casos em que julgarem conveniente.

Art. 51. Com o objetivo de preservar os interesses da poupança popular e a integridade do acervo das entidades submetidas a intervenção ou a liquidação extrajudicial o Banco Central do Brasil poderá estabelecer idêntico regime para as pessoas jurídicas que com elas tenham integração de atividade ou vínculo de interesse, ficando os seus administradores sujeitos aos preceitos desta Lei.

Parágrafo único. Verifica-se integração de atividade ou vínculo de interesse, quando as pessoas jurídicas referidas neste artigo, forem devedoras da sociedade sob intervenção ou submetida a liquidação extrajudicial, ou quando seus sócios ou acionistas participarem do capital desta importância superior a 10% (dez por cento) ou sejam cônjuges, ou parentes até o segundo grau, consanguíneos ou afins, de seus diretores ou membros dos conselhos consultivo, administrativo, fiscal ou semelhantes.

Art. 52. Aplicam-se as disposições da presente Lei às sociedades ou empresas que integram o sistema de distribuição de títulos ou valores mobiliários no mercado de capitais (artigo 5º, da Lei nº 4.728, de 14 de julho de 1965), assim como às sociedades ou empresas corretoras de câmbio.

§ 1º A intervenção nessas sociedades ou empresas, ou sua liquidação extrajudicial, poderá ser decretada pelo Banco Central do Brasil por iniciativa própria ou por solicitação das Bolsas de Valores quanto às corretoras a elas associadas, mediante representação fundamentada.

§ 2º Por delegação de competência do Banco Central do Brasil e sem prejuízo de suas atribuições a intervenção ou a liquidação extrajudicial, das sociedades corretoras, membros das Bolsas de Valores, poderá ser processada por estas, sendo competente no caso, aquela da área em que a sociedade tiver sede.

Art. 53. As sociedades ou empresas que integram o sistema de distribuição de títulos ou valores mobiliários no mercado de capitais, assim como as sociedades ou empresas corretoras do câmbio, não poderão com as instituições financeiras, impetrar concordata.

Art. 54. As disposições da presente Lei estendem-se às intervenções e liquidações extrajudiciais em curso, no que couberem.

Art. 55. O Banco Central do Brasil é autorizado a prestar assistência financeira às Bolsas de Valores, nas condições fixadas pelo Conselho Nacional, quando, a seu critério, se fizer necessária para que elas se adaptem, inteiramente, às exigências do mercado de capitais.

Parágrafo único. A assistência financeira prevista neste artigo poderá ser estendida às Bolsas de Valores nos casos de intervenção ou liquidação extrajudicial em sociedades corretoras de valores mobiliários e de câmbio, com vistas a resguardar legítimos interesses de investidores.

Art. 56. Ao artigo 129, do Decreto-Lei nº 2.627, de 26 de setembro de 1940, é acrescentado o seguinte parágrafo, além do que já lhe fora aditado pela Lei nº 5.589, de 3 de junho de 1970:

- O referido Dec.-lei nº 2.627/1940 foi revogado pela Lei nº 6.404, de 15-12-1976 (Lei das Sociedades por Ações)

Art. 57. Esta Lei entrará em vigor na data de sua publicação, revogada a Lei nº 1.808, de 7 de janeiro de 1953, os Decretos-Leis nºs 9.228, de 3 de maio de 1946; 9.328, de 10 de junho de 1946; 9.346, de 10 de junho de 1946; 48, de 18 de novembro de 1966; 462, de 11 de fevereiro de 1969; e 685, de 17 de julho de 1969, e demais disposições gerais e especiais em contrário.

Brasília, 13 de março de 1974;
153º da Independência e
86º da República.

Emílio G. Médici

LEI Nº 6.099, DE 12 DE SETEMBRO DE 1974

Dispõe sobre o tratamento tributário das operações de arrendamento mercantil, e dá outras providências.

- Publicada no *DOU* de 13-9-1974.

Art. 1º O tratamento tributário das operações de arrendamento mercantil reger-se-á pelas disposições desta Lei.

- A Lei nº 11.941, de 27-5-2009, ao converter a MP nº 449, de 3-12-2008, não manteve a inclusão do art. 1º-A.

Parágrafo único. Considera-se arrendamento mercantil, para os efeitos desta Lei, o negócio jurídico realizado entre pessoa jurídica, na qualidade de arrendadora, e pessoa física ou jurídica, na qualidade de arrendatária, e que tenha por objeto o arrendamento de bens adquiridos pela arrendadora, segundo especificações da arrendatária e para uso próprio desta.

- A Lei nº 11.941, de 27-5-2009, ao converter a MP nº 449, de 3-12-2008, não manteve o acréscimo do art. 1º-A.

Art. 2º Não terá o tratamento previsto nesta Lei o arrendamento de bens contratado entre pessoas jurídicas direta ou indiretamente coligadas ou interdependentes, assim como o contratado com o próprio fabricante.

- Art. 9º desta Lei.

§ 1º O Conselho Monetário Nacional especificará em regulamento os casos de coligação e interdependência.

§ 2º Somente farão jus ao tratamento previsto nesta Lei as operações realizadas ou por empresas arrendadoras que fizerem dessa operação o objeto principal de sua atividade ou que centralizarem tais operações em um departamento especializado com escrituração própria.

Art. 3º Serão escriturados em conta especial do ativo imobilizado da arrendadora os bens destinados a arrendamento mercantil.

Art. 4º A pessoa jurídica arrendadora manterá registro individualizado que permita a verificação do fator determinante da receita e do tempo efetivo de arrendamento.

Art. 5º Os contratos de arrendamento mercantil conterão as seguintes disposições:

- Súm. nº 293 do STJ.

a) prazo do contrato;

b) valor de cada contraprestação por períodos determinados, não superiores a um semestre;

c) opção de compra ou renovação de contrato, como faculdade do arrendatário;

LEG. COMPLEMENTAR

d) preço para opção de compra ou critério para sua fixação, quando for estipulada esta cláusula.

Parágrafo único. Poderá o Conselho Monetário Nacional, nas operações que venha a definir, estabelecer que as contraprestações sejam estipuladas por períodos superiores aos previstos na alínea *b* deste artigo.

- Parágrafo único acrescido pela Lei nº 7.132, de 26-10-1983.

Art. 6º O Conselho Monetário Nacional poderá estabelecer índices máximos para a soma das contraprestações, acrescidas do preço para exercício da opção da compra nas operações de arrendamento mercantil.

§ 1º Ficam sujeitas à regra deste artigo as prorrogações do arrendamento nele referido.

§ 2º Os índices de que trata este artigo serão fixados, considerando o custo do arrendamento em relação ao do financiamento da compra e venda.

Art. 7º Todas as operações de arrendamento mercantil subordinam-se ao controle e fiscalização do Banco Central do Brasil, segundo normas estabelecidas pelo Conselho Monetário Nacional, a elas se aplicando, no que couber, as disposições da Lei nº 4.595, de 31 de dezembro de 1964, e legislação posterior relativa ao Sistema Financeiro Nacional.

Art. 8º O Conselho Monetário Nacional poderá baixar resolução disciplinando as condições segundo as quais as instituições financeiras poderão financiar suas controladas, coligadas ou interdependentes que se especializarem em operações de arrendamento mercantil.

Parágrafo único. A aquisição de debêntures emitidas por sociedades de arrendamento mercantil em mercado primário ou secundário constitui obrigação de natureza cambiária, não caracterizando operação de empréstimo ou adiantamento.

- Art. 8º com a redação dada pela Lei nº 11.882, de 23-12-2008.

Art. 9º As operações de arrendamento mercantil contratadas com o próprio vendedor do bem ou com pessoas jurídicas a ele vinculadas, mediante quaisquer das relações previstas no artigo 2º desta Lei, poderão também ser realizadas por instituições financeiras expressamente autorizadas pelo Conselho Monetário Nacional, que estabelecerá as condições para a realização das operações previstas neste artigo.

Parágrafo único. Nos casos deste artigo, o prejuízo decorrente da venda do bem não será dedutível na determinação do lucro real.

- Art. 9º com a redação dada pela Lei nº 7.132, de 26-10-1983.

Art. 10. Somente poderão ser objeto de arrendamento mercantil os bens de produção estrangeira que forem enumerados pelo Conselho Monetário Nacional, que poderá, também, estabelecer condições para seu arrendamento a empresas cujo controle acionário pertencer a pessoas residentes no Exterior.

Art. 11. Serão consideradas como custo ou despesa operacional da pessoa jurídica arrendatária as contraprestações pagas ou creditadas por força do contrato de arrendamento mercantil.

§ 1º A aquisição pelo arrendatário de bens arrendados em desacordo com as disposições desta Lei será considerada operação de compra e venda a prestação.

§ 2º O preço de compra e venda, no caso do parágrafo anterior, será o total das contraprestações pagas durante a vigência do arrendamento, acrescido da parcela paga a título de preço de aquisição.

§ 3º Na hipótese prevista no § 1º deste artigo, as importâncias já deduzidas, como custo ou despesa operacional pela adquirente, acrescerão ao lucro tributável pelo Imposto sobre a Renda, no exercício correspondente à respectiva dedução.

§ 4º O imposto não recolhido, na hipótese do parágrafo anterior, será devido com acréscimo de juros e correção monetária, multa e demais penalidades legais.

Art. 12. Serão admitidas como custos das pessoas jurídicas arrendadoras as quotas de depreciação do preço de aquisição de bem arrendado, calculadas de acordo com a vida útil do bem.

§ 1º Entende-se por vida útil do bem o prazo durante o qual se possa esperar a sua efetiva utilização econômica.

§ 2º A Secretaria da Receita Federal publicará periodicamente o prazo de vida útil admissível, em condições normais, para cada espécie de bem.

§ 3º Enquanto não forem publicados os prazos de vida útil de que trata o parágrafo anterior, a sua determinação se fará segundo as normas previstas pela legislação do Imposto sobre a Renda para fixação da taxa de depreciação.

Art. 13. Nos casos de operações de vendas de bens que tenham sido objeto de arrendamento mercantil, o saldo não depreciado será admitido como custo para efeito de apuração do lucro tributável pelo Imposto sobre a Renda.

Art. 14. Não será dedutível, para fins de apuração do lucro tributável pelo Imposto sobre a Renda, a diferença a menor entre o valor contábil residual do bem arrendado e o seu preço de venda, quando do exercício da opção de compra.

Art. 15. *Revogado.* Lei nº 12.973, de 13-5-2014.

Art. 16. Os contratos de arrendamento mercantil celebrados com entidades domiciliadas no Exterior serão submetidos a registro no Banco Central do Brasil.

- Este artigo estará revogado pela Lei nº 14.286, de 29-12-2021, após 1 (um) ano de sua publicação (*DOU* de 30-12-2021).

§ 1º O Conselho Monetário Nacional estabelecerá as normas para a concessão do registro a que se refere este artigo, observando as seguintes condições:

a) razoabilidade da contraprestação e de sua composição;

b) critérios para fixação do prazo de vida útil do bem;

c) compatibilidade do prazo de arrendamento do bem com a sua vida útil;

d) relação entre o preço internacional do bem e o custo total do arrendamento;

e) cláusula de opção de compra ou renovação do contrato;

f) outras cautelas ditadas pela política econômico-financeira nacional.

§ 2º Mediante prévia autorização do Banco Central do Brasil, segundo normas para este fim expedidas pelo Conselho Monetário Nacional, os bens objeto das operações de que trata este artigo poderão ser arrendados a sociedades arrendadoras domiciliadas no País, para o fim de subarrendamento.

§ 3º Estender-se-ão ao subarrendamento as normas aplicáveis aos contratos de arrendamento mercantil celebrados com entidades domiciliadas no Exterior.

§ 4º No subarrendamento poderá haver vínculo de coligação ou de interdependência entre a entidade domiciliada no Exterior e a sociedade arrendatária subarrendadora, domiciliada no País.

§ 5º Mediante as condições que estabelecer, o Conselho Monetário Nacional poderá autorizar o registro de contratos sem cláusula de opção de compra, bem como fixar prazos mínimos para as operações previstas neste artigo.

Art. 17. A entrada no Território Nacional dos bens objeto de arrendamento mercantil, contratado com entidades arrendadoras domiciliadas no Exterior, não se confunde com o regime de admissão temporária de que trata o Decreto-Lei nº 37, de 18 de novembro de 1966, e se sujeitará a todas as normas legais que regem a importação.

- Arts. 16 e 17 com a redação dada pela Lei nº 7.132, de 26-10-1983.

Art. 18. A base de cálculo, para efeito do Imposto sobre Produtos Industrializados, do fato gerador que ocorrer por ocasião da remessa de bens importados ao estabelecimento da empresa arrendatária, corresponderá ao preço atacado desse bem na praça em que a empresa arrendadora estiver domiciliada.

- *Caput* com a redação dada pela Lei nº 7.132, de 26-10-1983.

§ 1º *Revogado*. Lei nº 9.532, de 10-12-1997.

§ 2º Nas hipóteses em que o preço dos bens importados para o fim de arrendamento for igual ou superior ao que seria pago pelo arrendatário se os importasse diretamente, a base de cálculo mencionada no *caput* deste artigo será o valor que servir de base para o recolhimento do Imposto sobre Produtos Industrializados, por ocasião do desembaraço alfandegário desses bens.

Art. 19. Fica equiparada à exportação a compra e venda de bens no mercado interno, para o fim específico de arrendamento pelo comprador a arrendatário domiciliado no Exterior.

Art. 20. São assegurados ao vendedor dos bens de que trata o artigo anterior todos os benefícios fiscais concedidos por lei para incentivo à exportação, observadas as condições de qualidade da pessoa do vendedor e outras exigidas para os casos de exportação direta ou indireta.

§ 1º Os benefícios fiscais de que trata este artigo serão concedidos sobre o equivalente em moeda nacional de garantia irrevogável do pagamento das contraprestações do arrendamento contratado, limitada a base de cálculo ao preço da compra e venda.

§ 2º Para os fins do disposto no § 1º, a equivalência em moeda nacional será determinada pela maior taxa de câmbio do dia da utilização dos benefícios fiscais, quando o pagamento das contraprestações do arrendamento contratado for efetivado em moeda estrangeira de livre conversibilidade.

- § 2º com a redação dada pela Lei nº 12.024, de 27-8-2009.

Art. 21. O Ministro da Fazenda poderá estender aos arrendatários de máquinas, aparelhos e equipamentos de produção nacional, objeto de arrendamento mercantil, os benefícios de que trata o Decreto-Lei nº 1.136, de 7 de dezembro de 1970.

Art. 22. As pessoas jurídicas que estiverem operando com arrendamento de bens, e que se ajustarem às disposições desta Lei dentro de cento e oitenta dias, a contar da sua vigência, terão as suas operações regidas por este Diploma legal, desde que ajustem convenientemente os seus contratos, mediante instrumentos de aditamento.

Art. 23. Fica o Conselho Monetário Nacional autorizado a:

a) expedir normas que visem a estabelecer mecanismos reguladores das atividades previstas nesta Lei, inclusive excluir modalidades de operações do tratamento nela previsto e limitar ou proibir sua prática por determinadas categorias de pessoas físicas ou jurídicas;

- Alínea *a* com a redação dada pela Lei nº 7.132, de 26-10-1983.

b) enumerar restritivamente os bens que não poderão ser objeto de arrendamento mercantil, tendo em vista a política econômico-financeira do País.

Art. 24. A cessão do contrato de arrendamento mercantil a entidade domiciliada no Exterior reger-se-á pelo disposto nesta Lei e dependerá de prévia autorização do Banco Central do Brasil, conforme normas expedidas pelo Conselho Monetário Nacional.

- *Caput* com a redação dada pela Lei nº 7.132, de 26-10-1983.
- Este artigo estará revogado pela Lei nº 14.286, de 29-12-2021, após 1 (um) ano de sua publicação (*DOU* de 30-12-2021).

Parágrafo único. Observado o disposto neste artigo, poderão ser transferidos, exclusiva e independentemente da cessão do contrato, os direitos de crédito relativos às contraprestações devidas.

Art. 25. Esta Lei entrará em vigor na data de sua publicação, revogadas as disposições em contrário.

- Anterior art. 24 renumerado pela Lei nº 7.132, de 26-10-1983.

Brasília, 12 de setembro de 1974;
153º da Independência e
86º da República.

Ernesto Geisel

LEI COMPLEMENTAR Nº 24, DE 7 DE JANEIRO DE 1975

Dispõe sobre os convênios para a concessão de isenções do imposto sobre operações relativas à circulação de mercadorias, e dá outras providências.

- Publicada no *DOU* de 9-1-1975.
- Art. 155, § 2º, XII, *g*, da CF.

Art. 1º As isenções do imposto sobre operações relativas à circulação de mercadorias serão concedidas ou revogadas nos termos de convênios celebrados e ratificados pelos Estados e pelo Distrito Federal, segundo esta Lei.

- Arts. 9º e 15 desta Lei Complementar.

Parágrafo único. O disposto neste artigo também se aplica:

I – à redução da base de cálculo;

II – à devolução total ou parcial, direta ou indireta, condicionada ou não, do tributo, ao contribuinte, a responsável ou a terceiros;

III – à concessão de créditos presumidos;

IV – à quaisquer outros incentivos ou favores fiscais ou financeiro-fiscais, concedidos com base no Imposto de Circulação de Mercadorias, dos quais resulte redução ou eliminação, direta ou indireta, do respectivo ônus;

V – às prorrogações e às extensões das isenções vigentes nesta data.

Art. 2º Os convênios a que alude o artigo 1º, serão celebrados em reuniões para as quais tenham sido convocados representantes de todos os Estados e do Distrito Federal, sob a presidência de representantes do Governo Federal.

§ 1º As reuniões se realizarão com a presença de representantes da maioria das Unidades da Federação.

§ 2º A concessão de benefícios dependerá sempre de decisão unânime dos Estados representados; a sua revogação total ou parcial dependerá de aprovação de quatro quintos, pelo menos, dos representantes presentes.

§ 3º Dentro de dez dias, contados da data final da reunião a que se refere este artigo, a resolução nela adotada será publicada no *Diário Oficial da União*.

Art. 3º Os convênios podem dispor que a aplicação de qualquer de suas cláusulas seja limitada a uma ou a algumas Unidades da Federação.

Art. 4º Dentro do prazo de quinze dias contados da publicação dos convênios no *Diário Oficial da União*, e independentemente de qualquer outra comunicação, o Poder Executivo de cada Unidade da Federação publicará decreto ratificando ou não os convênios celebrados, considerando-se ratificação tácita dos convênios a falta de manifestação no prazo assinalado neste artigo.

- Art. 12, § 3º, desta Lei Complementar.

§ 1º O disposto neste artigo aplica-se também às Unidades da Federação cujos representantes não tenham comparecido à reunião em que hajam sido celebrados os convênios.

§ 2º Considerar-se-á rejeitado o convênio que não for expressa ou tacitamente ratificado pelo Poder Executivo de todas as Unidades da Federação ou, nos casos de revogação a que se refere o artigo 2º, § 2º, desta Lei, pelo Poder Executivo de, no mínimo, quatro quintos das Unidades da Federação.

Art. 5º Até dez dias depois de findo o prazo de ratificação dos convênios, promover-se-á, segundo o disposto em Regimento, a publicação relativa à ratificação ou à rejeição no *Diário Oficial da União*.

Art. 6º Os convênios entrarão em vigor no trigésimo dia após a publicação a que se refere o artigo 5º, salvo disposição em contrário.

Art. 7º Os convênios ratificados obrigam todas as Unidades da Federação inclusive as que, regularmente convocadas, não se tenham feito representar na reunião.

Art. 8º A inobservância dos dispositivos desta Lei acarretará, cumulativamente:

I – a nulidade do ato e a ineficácia do crédito fiscal atribuído ao estabelecimento recebedor da mercadoria;

II – a exigibilidade do imposto não pago ou devolvido e a ineficácia da lei ou ato que conceda remissão do débito correspondente.

Parágrafo único. As sanções previstas neste artigo poder-se-ão acrescer a presunção de irregularidade das contas correspondentes ao exercício, a juízo do Tribunal de Contas da União, e a suspensão do pagamento das quotas referentes ao Fundo de Participação, ao Fundo Especial e aos impostos referidos nos itens VIII e IX do artigo 21 da Constituição Federal.

Art. 9º É vedado aos Municípios, sob pena das sanções previstas no artigo anterior, concederem qualquer dos benefícios relacionados no artigo 1º no que se refere à sua parcela na receita do imposto de circulação de mercadorias.

Art. 10. Os convênios definirão as condições gerais em que se poderão conceder, unilateralmente, anistia, remissão, transação, moratória, parcelamento de débitos fiscais e ampliação do prazo de recolhimento do imposto de circulação de mercadorias.

Art. 11. O Regimento das reuniões de representantes das Unidades da Federação será aprovado em convênio.

Art. 12. São mantidos os benefícios fiscais decorrentes de convênios regionais e nacionais vigentes à data desta Lei, até que revogados ou alterados por outro.

§ 1º Continuam em vigor os benefícios fiscais ressalvados pelo § 6º do artigo 3º do Decreto-Lei nº 406, de 31 de dezembro de 1968, com a redação que lhe deu o artigo 5º do Decreto-Lei nº 834, de 8 de setembro de 1969, até o vencimento do prazo ou cumprimento das condições correspondentes.

§ 2º Quaisquer outros benefícios fiscais concedidos pela legislação estadual considerar-se-ão revogados se não forem convalidados pelo primeiro convênio que se realizar na forma desta Lei, ressalvados os concedidos por prazo certo ou em função de determinadas condições que já tenham sido incorporadas ao patrimônio jurídico de contribuinte. O prazo para a celebração deste convênio será de noventa dias a contar da data da publicação desta Lei.

§ 3º A convalidação de que trata o parágrafo anterior se fará pela aprovação de dois terços dos representantes presentes, observando-se, na respectiva ratificação, este *quorum* e o mesmo processo do disposto no artigo 4º.

Art. 13. O artigo 178 do Código Tributário Nacional (Lei nº 5.172, de 25 de outubro de 1966), passa a vigorar com a seguinte redação:

- Alteração inserida no texto do referido Código.

Art. 14. Sairão com suspensão do Imposto de Circulação de Mercadorias:

I – as mercadorias remetidas pelo estabelecimento do produtor para estabelecimento de Cooperativa de que faça parte, situada no mesmo Estado;

II – as mercadorias remetidas pelo estabelecimento de Cooperativa de Produtores, para estabelecimento, no mesmo Estado, da própria Cooperativa, de Cooperativa Central ou de Federação de Cooperativas de que a Cooperativa remetente faça parte.

§ 1º O imposto devido pelas saídas mencionadas nos incisos I e II será recolhido pelo destinatário quando da saída subsequente, esteja esta sujeita ou não ao pagamento do tributo.

§ 2º Ficam revogados os incisos IX e X do artigo 1º da Lei Complementar nº 4, de 2 de dezembro de 1969.

Art. 15. O disposto nesta Lei não se aplica às indústrias instaladas ou que vierem a instalar-se na Zona Franca de Manaus, sendo vedado às demais Unidades da Federação determinar a exclusão de incentivo fiscal, prêmio ou estímulo concedido pelo Estado do Amazonas.

Art. 16. Esta Lei entrará em vigor na data de sua publicação, revogadas as disposições em contrário.

Brasília, 7 de janeiro de 1975;
154º da Independência e
87º da República.

Ernesto Geisel

LEI Nº 6.404, DE 15 DE DEZEMBRO DE 1976

Dispõe sobre as sociedades por ações.

- Publicada no *DOU* de 17-12-1976.

CAPÍTULO I
CARACTERÍSTICAS E NATUREZA DA COMPANHIA OU SOCIEDADE ANÔNIMA

Características

Art. 1º A companhia ou sociedade anônima terá o capital dividido em ações, e a responsabilidade dos sócios ou acionistas será limitada ao preço de emissão das ações subscritas ou adquiridas.

Objetivo Social

Art. 2º Pode ser objeto da companhia qualquer empresa de fim lucrativo, não contrário à lei, à ordem pública e aos bons costumes.

- Art. 237 desta Lei.

§ 1º Qualquer que seja o objeto, a companhia é mercantil e se rege pelas leis e usos do comércio.

§ 2º O estatuto social definirá o objeto de modo preciso e completo.

- Arts. 5º, 11, 17, §§ 4º e 5º, 18, 19, 22, 35, § 3º, 47, 48, § 2º, 51, 135 e 296 desta Lei.

§ 3º A companhia pode ter por objeto participar de outras sociedades; ainda que não prevista no estatuto, a participação é facultada como meio de realizar o objeto social, ou para beneficiar-se de incentivos fiscais.

Denominação

Art. 3º A sociedade será designada por denominação acompanhada das expressões "*companhia*" ou "*sociedade anônima*", expressas por extenso ou abreviadamente mas vedada a utilização da primeira ao final.

- Art. 281, par. ún., desta Lei.

§ 1º O nome do fundador, acionista, ou pessoa que, por qualquer outro modo, tenha concorrido para o êxito da empresa, poderá figurar na denominação.

§ 2º Se a denominação for idêntica ou semelhante a de companhia já existente assistirá à prejudicada o direito de requerer a modificação, por via administrativa (artigo 97) ou em juízo, e demandar as perdas e danos resultantes.

Companhia Aberta e Fechada

Art. 4º Para os efeitos desta Lei, a companhia é aberta ou fechada conforme os valores mobiliários de sua emissão estejam ou não admitidos à negociação no mercado de valores mobiliários.

- *Caput* com a redação dada pela Lei nº 10.303, de 31-10-2001.
- Art. 158, § 3º, desta Lei.

§ 1º Somente os valores mobiliários de emissão de companhia registrada na Comissão de Valores Mobiliários podem ser negociados no mercado de valores mobiliários.

- Parágrafo único transformado em § 1º e com a redação dada pela Lei nº 10.303, de 31-10-2001.

§ 2º Nenhuma distribuição pública de valores mobiliários será efetivada no mercado sem prévio registro na Comissão de Valores Mobiliários.

§ 3º A Comissão de Valores Mobiliários poderá classificar as companhias abertas em categorias, segundo as espécies e classes dos valores mobiliários por ela emitidos negociados no mercado, e especificará as normas sobre companhias abertas aplicáveis a cada categoria.

§ 4º O registro de companhia aberta para negociação de ações no mercado somente poderá ser cancelado se a companhia emissora de ações, o acionista controlador ou a sociedade que a controle, direta ou indiretamente, formular oferta pública para adquirir a totalidade das ações em circulação no mercado, por preço justo, ao menos igual ao valor de avaliação da companhia, apurado com base nos critérios, adotados de forma isolada ou combinada, de patrimônio líquido contábil, de patrimônio líquido avaliado a preço de mercado, de fluxo de caixa descontado, de comparação por múltiplos, de cotação das ações no mercado de valores mobiliários, ou com base em outro critério aceito pela Comissão de Valores Mobiliários, assegurada a revisão do valor da oferta, em conformidade com o disposto no artigo 4º-A.

§ 5º Terminado o prazo da oferta pública fixado na regulamentação expedida pela Comissão de Valores Mobiliários, se remanescerem em circulação menos de cinco por cento do total das ações emitidas pela companhia, a assembleia-geral poderá deliberar o resgate dessas ações pelo valor da oferta de que trata o § 4º, desde que deposite em estabelecimento bancário autorizado pela Comissão de Valores Mobiliários, à disposição dos seus titulares, o valor de resgate, não se aplicando, nesse caso, o disposto no § 6º do artigo 44.

§ 6º O acionista controlador ou a sociedade controladora que adquirir ações da companhia aberta sob seu controle que elevem sua participação, direta ou indireta, em determinada espécie e classe de ações à porcentagem que, segundo normas gerais expedidas pela Comissão de Valores Mobiliários, impeça a liquidez de mercado das ações remanescentes, será obrigado a fazer oferta pública, por preço determinado nos termos do § 4º, para aquisição da totalidade das ações remanescentes no mercado.

- §§ 2º a 6º acrescidos pela Lei nº 10.303, de 31-10-2001.

Art. 4º-A. Na companhia aberta, os titulares de, no mínimo, dez por cento das ações em circulação no mercado poderão requerer aos administradores da companhia que convoquem assembleia especial dos acionistas titulares de ações em circulação no mercado, para deliberar sobre a realização de nova avaliação pelo mesmo ou por outro critério, para efeito de determinação do valor de avaliação da companhia, referido no § 4º do artigo 4º.

§ 1º O requerimento deverá ser apresentado no prazo de quinze dias da divulgação do valor da oferta pública, devidamente fundamentado e acompanhado de elementos de convicção que demonstrem a falha ou imprecisão no emprego da metodologia de cálculo ou no critério de avaliação adotado, podendo os acionistas referidos no *caput* convocar a assembleia quando os administradores não atenderem, no prazo de oito dias, ao pedido de convocação.

§ 2º Consideram-se ações em circulação no mercado todas as ações do capital da companhia aberta menos as de propriedade do acionista controlador, de diretores, de conselheiros de administração e as em tesouraria.

§ 3º Os acionistas que requererem a realização de nova avaliação e aqueles que votarem a seu favor deverão ressarcir a companhia pelos custos incorridos, caso o novo valor seja inferior ou igual ao valor inicial da oferta pública.

§ 4º Caberá à Comissão de Valores Mobiliários disciplinar o disposto no artigo 4º e neste artigo, e fixar prazos para a eficácia desta revisão.

- Art. 4º-A acrescido pela Lei nº 10.303, de 31-10-2001.

CAPÍTULO II
CAPITAL SOCIAL

Seção I
VALOR

Fixação no Estatuto e Moeda

Art. 5º O estatuto da companhia fixará o valor do capital social, expresso em moeda nacional.

- Art. 2º, § 2º, desta Lei.

Parágrafo único. A expressão monetária do valor do capital social realizado será corrigida anualmente (artigo 167).

- Art. 132, IV, desta Lei.

Alteração

Art. 6º O capital social somente poderá ser modificado com observância dos preceitos desta Lei e do estatuto social (artigos 166 a 174).

Seção II
FORMAÇÃO

Dinheiro e Bens

Art. 7º O capital social poderá ser formado com contribuições em dinheiro ou em qualquer espécie de bens suscetíveis de avaliação em dinheiro.

- Art. 9º, 89, 106 a 108, e 166 a 174 desta Lei.

LEG. COMPLEMENTAR

Avaliação

Art. 8º A avaliação dos bens será feita por três peritos ou por empresa especializada, nomeados em assembleia-geral dos subscritores, convocada pela imprensa e presidida por um dos fundadores, instalando-se em primeira convocação com a presença de subscritores que representem metade, pelo menos, do capital social, e em segunda convocação com qualquer número.

- Art. 86, I, 88, § 2º, e, 95, IV, 170, § 3º, e 182, § 3º, desta Lei.

§ 1º Os peritos ou a empresa avaliadora deverão apresentar laudo fundamentado, com a indicação dos critérios de avaliação e dos elementos de comparação adotados e instruído com os documentos relativos aos bens avaliados, e estarão presentes à assembleia que conhecer do laudo, a fim de prestarem as informações que lhes forem solicitadas.

§ 2º Se o subscritor aceitar o valor aprovado pela assembleia, os bens incorporar-se-ão ao patrimônio da companhia, competindo aos primeiros diretores cumprir as formalidades necessárias à respectiva transmissão.

- Art. 98, § 2º, desta Lei.

§ 3º Se a assembleia não aprovar a avaliação, ou o subscritor não aceitar a avaliação aprovada, ficará sem efeito o projeto de constituição da companhia.

§ 4º Os bens não poderão ser incorporados ao patrimônio da companhia por valor acima do que lhes tiver dado o subscritor.

§ 5º Aplica-se à assembleia referida neste artigo o disposto nos §§ 1º e 2º do artigo 115.

§ 6º Os avaliadores e o subscritor responderão perante a companhia, os acionistas e terceiros, pelos danos que lhes causarem por culpa ou dolo na avaliação dos bens, sem prejuízo da responsabilidade penal em que tenham incorrido. No caso de bens em condomínio, a responsabilidade dos subscritores é solidária.

- Art. 256, § 1º, desta Lei.

Transferência dos Bens

Art. 9º Na falta de declaração expressa em contrário, os bens transferem-se à companhia a título de propriedade.

- Arts. 7º e 89 desta Lei.

Responsabilidade do Subscritor

Art. 10. A responsabilidade civil dos subscritores ou acionistas que contribuírem com bens para a formação do capital social será idêntica à do vendedor.

Parágrafo único. Quando a entrada consistir em crédito, o subscritor ou acionista responderá pela solvência do devedor.

CAPÍTULO III
AÇÕES

Seção I
NÚMERO E VALOR NOMINAL

Fixação no Estatuto

Art. 11. O estatuto fixará o número das ações em que se divide o capital social e estabelecerá se as ações terão ou não valor nominal.

§ 1º Na companhia com ações sem valor nominal, o estatuto poderá criar uma ou mais classes de ações preferenciais com valor nominal.

§ 2º O valor nominal será o mesmo para todas as ações da companhia.

§ 3º O valor nominal das ações de companhia aberta não poderá ser inferior ao mínimo fixado pela Comissão de Valores Mobiliários.

Alteração

Art. 12. O número e o valor nominal das ações somente poderão ser alterados nos casos de modificação do valor do capital social ou da sua expressão monetária, de desdobramento ou grupamento de ações, ou de cancelamento de ações autorizado nesta Lei.

- Art. 6º desta Lei.

Seção II
PREÇO DE EMISSÃO

Ações com Valor Nominal

Art. 13. É vedada a emissão de ações por preço inferior ao seu valor nominal.

§ 1º A infração do disposto neste artigo importará nulidade do ato ou operação e responsabilidade dos infratores, sem prejuízo da ação penal que no caso couber.

§ 2º A contribuição do subscritor que ultrapassar o valor nominal constituirá reserva de capital (artigo 182, § 1º).

Ações sem Valor Nominal

Art. 14. O preço de emissão das ações sem valor nominal será fixado, na constituição da companhia, pelos fundadores, e no aumento de capital, pela assembleia-geral ou pelo conselho de administração (artigos 166 e 170, § 2º).

Parágrafo único. O preço de emissão pode ser fixado com parte destinada à formação de reserva de capital; na emissão de ações preferenciais com prioridade no reembolso do capital, somente a parcela que ultrapassar o valor de reembolso poderá ter essa destinação.

Seção III
ESPÉCIES E CLASSES

Espécies

Art. 15. As ações, conforme a natureza dos direitos ou vantagens que confiram a seus titulares, são ordinárias, preferenciais ou de fruição.

- Arts. 17, 40, par. ún., 44, §§ 5º e 6º, 48, § 3º, e 57, § 2º, desta Lei.

§ 1º As ações ordinárias e preferenciais poderão ser de uma ou mais classes, observado, no caso das ordinárias, o disposto nos arts. 16, 16-A e 110-A desta Lei.

- § 1º com a redação dada pela Lei nº 14.195, de 26-8-2021.

§ 2º O número de ações preferenciais sem direito a voto, ou sujeitas a restrição no exercício desse direito, não pode ultrapassar cinquenta por cento do total das ações emitidas.

- § 2º com a redação dada pela Lei nº 10.303, de 31-10-2001.

Ações Ordinárias

Art. 16. As ações ordinárias de companhia fechada poderão ser de classes diversas, em função de:

I – conversibilidade em ações preferenciais;

II – exigência de nacionalidade brasileira do acionista; ou

III – direito de voto em separado para o preenchimento de determinados cargos de órgãos administrativos;

- Incisos I a III com a redação dada pela Lei nº 9.457, de 5-5-1997.

IV – atribuição de voto plural a uma ou mais classes de ações, observados o limite e as condições dispostos no art. 110-A desta Lei.

- Inciso IV acrescido pela Lei nº 14.195, de 26-8-2021.

Parágrafo único. A alteração do estatuto na parte em que regula a diversidade de classes, se não for expressamente prevista e regulada, requererá a concordância de todos os titulares das ações atingidas.

• Parágrafo único com a redação dada pela Lei nº 14.195, de 26-8-2021.

Art. 16-A. Na companhia aberta, é vedada a manutenção de mais de uma classe de ações ordinárias, ressalvada a adoção do voto plural nos termos e nas condições dispostos no art. 110-A desta Lei.

• Art. 16-A acrescido pela Lei nº 14.195, de 26-8-2021.

Ações Preferenciais

Art. 17. As preferências ou vantagens das ações preferenciais podem consistir:

• *Caput* com a redação dada pela Lei nº 10.303, de 31-10-2001.

I – em prioridade na distribuição de dividendo, fixo ou mínimo;

II – em prioridade no reembolso do capital, com prêmio ou sem ele; ou

III – na acumulação das preferências e vantagens de que tratam os incisos I e II.

• Incisos I a III com a redação dada pela Lei nº 10.303, de 31-10-2001.

§ 1º Independentemente do direito de receber ou não o valor de reembolso do capital com prêmio ou sem ele, as ações preferenciais sem direito de voto ou com restrição ao exercício deste direito, somente serão admitidas à negociação no mercado de valores mobiliários se a elas for atribuída pelo menos uma das seguintes preferências ou vantagens:

I – direito de participar do dividendo a ser distribuído, correspondente a, pelo menos, vinte e cinco por cento do lucro líquido do exercício, calculado na forma do artigo 202, de acordo com o seguinte critério:

a) prioridade no recebimento dos dividendos mencionados neste inciso correspondente a, no mínimo, três por cento do valor do patrimônio líquido da ação; e

b) direito de participar dos lucros distribuídos em igualdade de condições com as ordinárias, depois de a estas assegurado dividendo igual ao mínimo prioritário estabelecido em conformidade com a alínea *a*; ou

II – direito ao recebimento de dividendo, por ação preferencial, pelo menos dez por cento maior do que o atribuído a cada ação ordinária; ou

III – direito de serem incluídas na oferta pública de alienação de controle, nas condições previstas no artigo 254-A, assegurado o dividendo pelo menos igual ao das ações ordinárias.

§ 2º Deverão constar do estatuto, com precisão e minúcia, outras preferências ou vantagens que sejam atribuídas aos acionistas sem direito a voto, ou com voto restrito, além das previstas neste artigo.

§ 3º Os dividendos, ainda que fixos ou cumulativos, não poderão ser distribuídos em prejuízo do capital social, salvo quando, em caso de liquidação da companhia, essa vantagem tiver sido expressamente assegurada.

§ 4º Salvo disposição em contrário no estatuto, o dividendo prioritário não é cumulativo, a ação com dividendo fixo não participa dos lucros remanescentes e a ação com dividendo mínimo participa dos lucros distribuídos em igualdade de condições com as ordinárias, depois de a estas assegurado dividendo igual ao mínimo.

§ 5º Salvo no caso de ações com dividendo fixo, o estatuto não pode excluir ou restringir o direito das ações preferenciais de participar dos aumentos de capital decorrentes da capitalização de reservas ou lucros (artigo 169).

§ 6º O estatuto pode conferir às ações preferenciais com prioridade na distribuição de dividendo cumulativo, o direito de recebê-lo, no exercício em que o lucro for insuficiente, à conta das reservas de capital de que trata o § 1º do artigo 182.

• §§ 1º a 6º com a redação dada pela Lei nº 10.303, de 31-10-2001.

§ 7º Nas companhias objeto de desestatização poderá ser criada ação preferencial de classe especial, de propriedade exclusiva do ente desestatizante, à qual o estatuto social poderá conferir os poderes que especificar, inclusive o poder de veto às deliberações da assembleia-geral nas matérias que especificar.

• § 7º acrescido pela Lei nº 10.303, de 31-10-2001.

Vantagens Políticas

Art. 18. O estatuto pode assegurar a uma ou mais classes de ações preferenciais o direito de eleger, em votação em separado, um ou mais membros dos órgãos da administração.

o Art. 15 desta Lei.

Parágrafo único. O estatuto pode subordinar as alterações estatutárias que especificar à aprovação, em assembleia especial, dos titulares de uma ou mais classes de ações preferenciais.

Regulação no Estatuto

Art. 19. O estatuto da companhia com ações preferenciais declarará as vantagens ou preferências atribuídas a cada classe dessas ações e as restrições a que ficarão sujeitas, e poderá prever o resgate ou a amortização, a conversão de ações de uma classe em ações de outra e em ações ordinárias, e destas em preferenciais, fixando as respectivas condições.

Seção IV

FORMA

Art. 20. As ações devem ser nominativas.

• Artigo com a redação dada pela Lei nº 8.021, de 12-4-1990.

o Arts. 34 e 36 desta Lei.

Ações não Integralizadas

Art. 21. Além dos casos regulados em lei especial, as ações terão obrigatoriamente forma nominativa ou endossável até o integral pagamento do preço de emissão.

Determinação no Estatuto

Art. 22. O estatuto determinará a forma das ações e a conversibilidade de uma em outra forma.

Parágrafo único. As ações ordinárias da companhia aberta e ao menos uma das classes de ações ordinárias da companhia fechada, quando tiverem a forma ao portador, serão obrigatoriamente conversíveis, à vontade do acionista, em nominativas ou endossáveis.

Seção V

CERTIFICADOS

Emissão

Art. 23. A emissão de certificado de ação somente será permitida depois de cumpridas as formalidades necessárias ao funcionamento legal da companhia.

§ 1º A infração do disposto neste artigo importa nulidade do certificado e responsabilidade dos infratores.

§ 2º Os certificados das ações, cujas entradas não consistirem em dinheiro, só poderão ser emitidos depois de cumpridas as formalidades necessárias à transmissão de bens, ou de realizados os créditos.

§ 3º A companhia poderá cobrar o custo da substituição dos certificados, quando pedida pelo acionista.

Requisitos

Art. 24. Os certificados das ações serão escritos em vernáculo e conterão as seguintes declarações:

- Arts. 4º, par. ún., 25, 27 e 65 desta Lei.

I – denominação da companhia, sua sede e prazo de duração;

- Art. 79, I, desta Lei.

II – o valor do capital social, a data do ato que o tiver fixado, o número de ações em que se divide e o valor nominal das ações, ou a declaração de que não têm valor nominal;

- Art. 79, I, desta Lei.

III – nas companhias com capital autorizado, o limite da autorização, em número de ações ou valor do capital social;

- Arts. 79, I, e 142, VII, desta Lei.

IV – o número de ações ordinárias e preferenciais das diversas classes, se houver, as vantagens ou preferências conferidas a cada classe e as limitações ou restrições a que as ações estiverem sujeitas;

- Art. 79, I, desta Lei.

V – o número de ordem do certificado e da ação, e a espécie e classe a que pertence;

VI – os direitos conferidos às partes beneficiárias, se houver;

VII – a época e o lugar da reunião da assembleia-geral ordinária;

VIII – a data da constituição da companhia e do arquivamento e publicação de seus atos constitutivos;

IX – o nome do acionista;

X – o débito do acionista e a época e o lugar de seu pagamento, se a ação não estiver integralizada;

XI – a data da emissão do certificado e as assinaturas de dois diretores, ou do agente emissor de certificados (artigo 27).

- Incisos IX a XI com a redação dada pela Lei nº 9.457, de 5-5-1997.

§ 1º A omissão de qualquer dessas declarações dá ao acionista direito a indenização por perdas e danos contra a companhia e os diretores na gestão dos quais os certificados tenham sido emitidos.

§ 2º Os certificados de ações emitidas por companhias abertas podem ser assinados por dois mandatários com poderes especiais, ou autenticados por chancela mecânica, observadas as normas expedidas pela Comissão de Valores Mobiliários.

- § 2º com a redação dada pela Lei nº 10.303, de 31-10-2001.

Títulos Múltiplos e Cautelas

Art. 25. A companhia poderá, satisfeitos os requisitos do artigo 24, emitir certificados de múltiplos de ações e, provisoriamente, cautelas que as representem.

Parágrafo único. Os títulos múltiplos das companhias abertas obedecerão à padronização de número de ações fixada pela Comissão de Valores Mobiliários.

Cupões

Art. 26. Aos certificados das ações ao portador podem ser anexados cupões relativos a dividendos ou outros direitos.

Parágrafo único. Os cupões conterão a denominação da companhia, a indicação do lugar da sede, o número de ordem do certificado, a classe da ação e o número de ordem do cupão.

Agente Emissor de Certificados

Art. 27. A companhia pode contratar a escrituração e a guarda dos livros de registro e transferência de ações e a emissão dos certificados com instituição financeira autorizada pela Comissão de Valores Mobiliários a manter esse serviço.

- Arts. 24, XI, 43, 101, 103 e 293 desta Lei.

§ 1º Contratado o serviço, somente o agente emissor poderá praticar os atos relativos aos registros e emitir certificados.

§ 2º O nome do agente emissor constará das publicações e ofertas públicas de valores mobiliários feitas pela companhia.

§ 3º Os certificados de ações emitidos pelo agente emissor da companhia deverão ser numerados seguidamente, mas a numeração das ações será facultativa.

Seção VI

PROPRIEDADE E CIRCULAÇÃO

Indivisibilidade

Art. 28. A ação é indivisível em relação à companhia.

Parágrafo único. Quando a ação pertencer a mais de uma pessoa, os direitos por ela conferidos serão exercidos pelo representante do condomínio.

Negociabilidade

Art. 29. As ações da companhia aberta somente poderão ser negociadas depois de realizados trinta por cento do preço de emissão.

Parágrafo único. A infração do disposto neste artigo importa na nulidade do ato.

Negociação com as Próprias Ações

Art. 30. A companhia não poderá negociar com as próprias ações.

§ 1º Nessa proibição não se compreendem:

a) as operações de resgate, reembolso ou amortização previstas em lei;

b) a aquisição, para permanência em tesouraria ou cancelamento, desde que até o valor do saldo de lucros ou reservas, exceto a legal, e sem diminuição do capital social ou por doação;

- Art. 244, § 1º, desta Lei.

c) a alienação das ações adquiridas nos termos da alínea *b* e mantidas em tesouraria;

d) a compra quando, resolvida a redução do capital mediante restituição, em dinheiro, de parte do valor das ações, o preço destas em bolsa for inferior ou igual à importância que deve ser restituída.

- Art. 244, § 3º, desta Lei.

§ 2º A aquisição das próprias ações pela companhia aberta obedecerá, sob pena de nulidade, às normas expedidas pela Comissão de Valores Mobiliários, que poderá subordiná-la a prévia autorização em cada caso.

- Art. 244, § 3º, desta Lei.

§ 3º A companhia não poderá receber em garantia as próprias ações, salvo para assegurar a gestão dos seus administradores.

§ 4º As ações adquiridas nos termos da alínea *b* do § 1º, enquanto mantidas em tesouraria, não terão direito a dividendo nem a voto.

§ 5º No caso da alínea *d* do § 1º, as ações adquiridas serão retiradas definitivamente de circulação.

Ações Nominativas

Art. 31. A propriedade das ações nominativas presume-se pela inscrição do nome do acionista no livro de "Registro de Ações Nominativas" ou pelo extrato que seja fornecido pela instituição custodiante, na qualidade de proprietária fiduciária das ações.

- *Caput* com a redação dada pela Lei nº 10.303, de 31-10-2001.

§ 1º A transferência das ações nominativas opera-se por termo lavrado no livro de "*Transferência de Ações Nominativas*", datado e assinado pelo cedente e pelo cessionário, ou seus legítimos representantes.

§ 2º A transferência das ações nominativas em virtude de transmissão por sucessão universal ou legado, de arrematação, adjudicação ou outro ato judicial, ou por qualquer outro título, somente se fará mediante averbação no livro de "*Registro de Ações Nominativas*", à vista de documento hábil, que ficará em poder da companhia.

§ 3º Na transferência das ações nominativas adquiridas em Bolsa de Valores, o cessionário será representado, independentemente de instrumento de procuração, pela sociedade corretora, ou pela caixa de liquidação da Bolsa de Valores.

Ações Endossáveis

Art. 32. *Revogado.* Lei nº 8.021, de 12-4-1990.

Ações ao Portador

Art. 33. *Revogado.* Lei nº 8.021, de 12-4-1990.

Ações Escriturais

Art. 34. O estatuto da companhia pode autorizar ou estabelecer que todas as ações da companhia, ou uma ou mais classes delas, sejam mantidas em contas de depósito, em nome de seus titulares, na instituição que designar, sem emissão de certificados.

- Art. 103 desta Lei.

§ 1º No caso de alteração estatutária, a conversão em ação escritural depende da apresentação e do cancelamento do respectivo certificado em circulação.

§ 2º Somente as instituições financeiras autorizadas pela Comissão de Valores Mobiliários podem manter serviços de escrituração de ações e de outros valores mobiliários.

- § 2º com a redação dada pela Lei nº 12.810, de 15-5-2013.
- Art. 293 desta Lei.

§ 3º A companhia responde pelas perdas e danos causados aos interessados por erros ou irregularidades no serviço de ações escriturais, sem prejuízo do eventual direito de regresso contra a instituição depositária.

Art. 35. A propriedade da ação escritural presume-se pelo registro na conta de depósito das ações, aberta em nome do acionista nos livros da instituição depositária.

§ 1º A transferência da ação escritural opera-se pelo lançamento efetuado pela instituição depositária em seus livros, a débito da conta de ações do alienante e a crédito da conta de ações do adquirente, à vista de ordem escrita do alienante, ou de autorização ou ordem judicial, em documento hábil que ficará em poder da instituição.

§ 2º A instituição depositária fornecerá ao acionista extrato da conta de depósito das ações escriturais, sempre que solicitado, ao término de todo mês em que for movimentada e, ainda que não haja movimentação, ao menos uma vez por ano.

§ 3º O estatuto pode autorizar a instituição depositária a cobrar do acionista o custo do serviço de transferência da propriedade das ações escriturais, observados os limites máximos fixados pela Comissão de Valores Mobiliários.

Limitações à Circulação

Art. 36. O estatuto da companhia fechada pode impor limitações à circulação das ações nominativas, contanto que regule minuciosamente tais limitações e não impeça a negociação, nem sujeite o acionista ao arbítrio dos órgãos de administração da companhia ou da maioria dos acionistas.

Parágrafo único. A limitação à circulação criada por alteração estatutária somente se aplicará às ações cujos titulares com ela expressamente concordarem, mediante pedido de averbação no livro de "*Registro de Ações Nominativas*".

Suspensão dos Serviços de Certificados

Art. 37. A companhia aberta pode, mediante comunicação às Bolsas de Valores em que suas ações forem negociadas e publicação de anúncio, suspender, por períodos que não ultrapassem, cada um, quinze dias, nem o total de noventa dias durante o ano, os serviços de transferência, conversão e desdobramento de certificados.

Parágrafo único. O disposto neste artigo não prejudicará o registro da transferência das ações negociadas em bolsa anteriormente ao início do período de suspensão.

Perda ou Extravio

Art. 38. O titular de certificado perdido ou extraviado de ação ao portador ou endossável poderá, justificando a propriedade e a perda ou extravio, promover, na forma da lei processual, o procedimento de anulação e substituição para obter a expedição de novo certificado.

§ 1º Somente será admitida a anulação e substituição de certificado ao portador ou endossado em branco à vista da prova, produzida pelo titular, da destruição ou inutilização do certificado a ser substituído.

§ 2º Até que o certificado seja recuperado ou substituído, as transferências poderão ser averbadas sob condição, cabendo à companhia exigir do titular, para satisfazer dividendo e demais direitos, garantia idônea de sua eventual restituição.

Seção VII

CONSTITUIÇÃO DE DIREITOS REAIS E OUTROS ÔNUS

Penhor

Art. 39. O penhor ou caução de ações se constitui pela averbação do respectivo instrumento no livro de "*Registro de Ações Nominativas*".

- *Caput* com a redação dada pela Lei nº 9.457, de 5-5-1997.

§ 1º O penhor da ação escritural se constitui pela averbação do respectivo instrumento nos livros da instituição financeira, a qual será anotado no extrato da conta de depósito fornecido ao acionista.

- Art. 293 desta Lei.

§ 2º Em qualquer caso, a companhia, ou a instituição financeira, tem o direito de exigir, para seu arquivo, um exemplar do instrumento de penhor.

Outros Direitos e Ônus

Art. 40. O usufruto, o fideicomisso, a alienação fiduciária em garantia e quaisquer cláusulas ou ônus que gravarem a ação deverão ser averbados:

- Arts. 113, 114, 205 e 293 desta Lei.

I – se nominativa, no livro de "*Registro de Ações Nominativas*";

II – se escritural, nos livros da instituição financeira, que os anotará no extrato da conta de depósito fornecida ao acionista.

- Inciso II com a redação dada pela Lei nº 9.457, de 5-5-1997.

Parágrafo único. Mediante averbação nos termos deste artigo, a promessa de venda da ação e o direito de preferência à sua aquisição são oponíveis a terceiros.

Seção VIII

CUSTÓDIA DE AÇÕES FUNGÍVEIS

Art. 41. A instituição autorizada pela Comissão de Valores Mobiliários a prestar serviços de custódia de ações fungíveis pode contratar custódia em que as ações de cada espécie e classe da companhia sejam recebidas em depósito como valores fungíveis, adquirindo a instituição depositária a propriedade fiduciária das ações.

- *Caput* com a redação dada pela Lei nº 10.303, de 31-10-2001.

§ 1º A instituição depositária não pode dispor das ações e fica obrigada a devolver ao depositante a quantidade de ações recebidas, com as modificações resultantes de alterações no capital social ou no número de ações da companhia emissora, independentemente do número de ordem das ações ou dos certificados recebidos em depósito.

- Parágrafo único transformado em § 1º e com a redação dada pela Lei nº 10.303, de 31-10-2001.

§ 2º Aplica-se o disposto neste artigo, no que couber, aos demais valores mobiliários.

§ 3º A instituição depositária ficará obrigada a comunicar à companhia emissora:

I – imediatamente, o nome do proprietário efetivo quando houver qualquer evento societário que exija a sua identificação; e

II – no prazo de até dez dias, a contratação da custódia e a criação de ônus ou gravames sobre as ações.

§ 4º A propriedade das ações em custódia fungível será provada pelo contrato firmado entre o proprietário das ações e a instituição depositária.

§ 5º A instituição tem as obrigações de depositária e responde perante o acionista e terceiros pelo descumprimento de suas obrigações.

- §§ 2º a 5º acrescidos pela Lei nº 10.303, de 31-10-2001.

Representação e Responsabilidade

Art. 42. A instituição financeira representa, perante a companhia, os titulares das ações recebidas em custódia nos termos do artigo 41, para receber dividendos e ações bonificadas e exercer direito de preferência para subscrição de ações.

- Art. 293 desta Lei.

§ 1º Sempre que houver distribuição de dividendos ou bonificação de ações e, em qualquer caso, ao menos uma vez por ano, a instituição financeira fornecerá à companhia a lista dos depositantes de ações recebidas nos termos deste artigo, assim como a quantidade de ações de cada um.

- § 1º com a redação dada pela Lei nº 9.457, de 5-5-1997.

§ 2º O depositante pode, a qualquer tempo, extinguir a custódia e pedir a devolução dos certificados de suas ações.

§ 3º A companhia não responde perante o acionista nem terceiros pelos atos da instituição depositária das ações.

Seção IX

CERTIFICADO DE DEPÓSITO DE AÇÕES

Art. 43. A instituição financeira autorizada a funcionar como agente emissor de certificados (artigo 27) pode emitir título representativo das ações que receber em depósito, do qual constarão:

- *Caput* com a redação dada pela Lei nº 9.457, de 5-5-1997.

I – o local e a data da emissão;

II – o nome da instituição emitente e as assinaturas de seus representantes;

III – a denominação "*Certificado de Depósito de Ações*";

IV – a especificação das ações depositadas;

V – a declaração de que as ações depositadas, seus rendimentos e o valor recebido nos casos de resgate ou amortização somente serão entregues ao titular do certificado de depósito, contra apresentação deste;

VI – o nome e a qualificação do depositante;

VII – o preço do depósito cobrado pelo banco, se devido na entrega das ações depositadas;

VIII – o lugar da entrega do objeto do depósito.

§ 1º A instituição financeira responde pela origem e autenticidade dos certificados das ações depositadas.

§ 2º Emitido o certificado de depósito, as ações depositadas, seus rendimentos, o valor de resgate ou de amortização não poderão ser objeto de penhora, arresto, sequestro, busca ou apreensão, ou qualquer outro embaraço que impeça sua entrega ao titular do certificado, mas este poderá ser objeto de penhora ou de qualquer medida cautelar por obrigação do seu titular.

§ 3º Os certificados de depósito de ações serão nominativos, podendo ser mantidos sob o sistema escritural.

- § 3º com a redação dada pela Lei nº 9.457, de 5-5-1997.

§ 4º Os certificados de depósitos de ações poderão, a pedido do seu titular, e por sua conta, ser desdobrados ou grupados.

§ 5º Aplicam-se ao endosso do certificado, no que couber, as normas que regulam o endosso de títulos cambiários.

Seção X

RESGATE, AMORTIZAÇÃO E REEMBOLSO

Resgate e Amortização

Art. 44. O estatuto ou assembleia-geral extraordinária pode autorizar a aplicação de lucros ou reservas no resgate ou na amortização de ações, determinando as condições e o modo de proceder-se à operação.

- Art. 293 desta Lei.

§ 1º O resgate consiste no pagamento do valor das ações para retirá-las definitivamente de circulação, com redução ou não do capital social; mantido o mesmo capital, será atribuído, quando for o caso, novo valor nominal às ações remanescentes.

§ 2º A amortização consiste na distribuição aos acionistas, a título de antecipação e sem redução do capital social, de quantias que lhes poderiam tocar em caso de liquidação da companhia.

§ 3º A amortização pode ser integral ou parcial e abranger todas as classes de ações ou só uma delas.

§ 4º O resgate e a amortização que não abrangerem a totalidade das ações de uma mesma classe serão feitos mediante sorteio; sorteadas ações custodiadas nos termos do artigo 41, a instituição financeira especificará, mediante rateio, as resgatadas ou amortizadas, se outra forma não estiver prevista no contrato de custódia.

§ 5º As ações integralmente amortizadas poderão ser substituídas por ações de fruição, com as restrições fixadas pelo estatuto ou pela assembleia-geral que deliberar a amortização; em qualquer caso, ocorrendo liquidação da companhia, as ações amortizadas só concorrerão ao acervo líquido depois de assegurado às ações não amortizadas valor igual ao da amortização, corrigido monetariamente.

- Arts. 206 a 209 desta Lei.

§ 6º Salvo disposição em contrário do estatuto social, o resgate de ações de uma ou mais classes só será efetuado se, em assembleia especial convocada para deliberar essa matéria específica, for aprovado por acionistas que representem, no mínimo, a metade das ações da(s) classe(s) atingida(s).

• § 6º acrescido pela Lei nº 10.303, de 31-10-2001.

Reembolso

Art. 45. O reembolso é a operação pela qual, nos casos previstos em lei, a companhia paga aos acionistas dissidentes de deliberação da assembleia-geral o valor de suas ações.

○ Arts. 137, 174, 264, § 3º, 296, § 4º, e 298, III, desta Lei.

§ 1º O Estatuto pode estabelecer normas para a determinação do valor de reembolso, que, entretanto, somente poderá ser inferior ao valor de patrimônio líquido constante do último balanço aprovado pela assembleia-geral, observado o disposto no § 2º, se estipulado com base no valor econômico da companhia, a ser apurado em avaliação (§§ 3º e 4º).

• § 1º com a redação dada pela Lei nº 9.457, de 5-5-1997.

○ Art. 137 desta Lei.

§ 2º Se a deliberação da assembleia-geral ocorrer mais de sessenta dias depois da data do último balanço aprovado, será facultado ao acionista dissidente pedir, juntamente com o reembolso, levantamento de balanço especial em data que atenda àquele prazo. Nesse caso, a companhia pagará imediatamente oitenta por cento do valor de reembolso calculado com base no último balanço e, levantado o balanço especial, pagará o saldo no prazo de cento e vinte dias, a contar da data da deliberação da assembleia-geral.

§ 3º Se o Estatuto determinar a avaliação da ação para efeito de reembolso, o valor será o determinado por três peritos ou empresa especializada, mediante laudo que satisfaça os requisitos do § 1º, do artigo 8º e com a responsabilidade prevista no § 6º do mesmo artigo.

§ 4º Os peritos ou empresa especializada serão indicados em lista sêxtupla ou tríplice, respectivamente, pelo Conselho de Administração ou, se não houver, pela Diretoria, e escolhidos pela Assembleia-Geral em deliberação tomada por maioria absoluta de votos, não se computando os votos em branco, cabendo a cada ação, independentemente de sua espécie ou classe, o direito a um voto.

§ 5º O valor de reembolso poderá ser pago à conta de lucros ou reservas, exceto a legal, e nesse caso as ações reembolsadas ficarão em tesouraria.

§ 6º Se, no prazo de cento e vinte dias, a contar da data da publicação da ata da assembleia, não forem substituídos os acionistas cujas ações tenham sido reembolsadas à conta do capital social, este considerar-se-á reduzido no montante correspondente, cumprindo aos órgãos da administração convocar a assembleia-geral, dentro de cinco dias, para tomar conhecimento daquela redução.

§ 7º Se sobrevier a falência da sociedade, os acionistas dissidentes, credores pelo reembolso de suas ações, serão classificados como quirografários em quadro separado, e os rateios que lhes couberem serão imputados no pagamento dos créditos constituídos anteriormente à data da publicação da ata da assembleia. As quantias assim atribuídas aos créditos mais antigos não se deduzirão dos créditos dos ex-acionistas que subsistirão integralmente para serem satisfeitos pelos bens da massa, depois de pagos os primeiros.

§ 8º Se, quando ocorrer a falência, já se houver efetuado, à conta do capital social, o reembolso dos ex-acionistas, estes não tiverem sido substituídos, e a massa não bastar para o pagamento dos créditos mais antigos, caberá ação revocatória para restituição do reembolso pago com redução do capital social, até a concorrência do que remanescer dessa parte do passivo. A restituição será havida, na mesma proporção, de todos os acionistas cujas ações tenham sido reembolsadas.

• §§ 3º a 8º com a redação dada pela Lei nº 9.457, de 5-5-1997.

CAPÍTULO IV

PARTES BENEFICIÁRIAS

Características

Art. 46. A companhia pode criar, a qualquer tempo, títulos negociáveis, sem valor nominal e estranhos ao capital social, denominados "partes beneficiárias".

§ 1º As partes beneficiárias conferirão aos seus titulares direito de crédito eventual contra a companhia, consistente na participação nos lucros anuais (artigo 190).

§ 2º A participação atribuída às partes beneficiárias, inclusive para formação de reserva para resgate, se houver, não ultrapassará um décimo dos lucros.

§ 3º É vedado conferir às partes beneficiárias qualquer direito privativo de acionista, salvo o de fiscalizar, nos termos desta Lei, os atos dos administradores.

§ 4º É proibida a criação de mais de uma classe ou série de partes beneficiárias.

Emissão

Art. 47. As partes beneficiárias poderão ser alienadas pela companhia, nas condições determinadas pelo estatuto ou pela assembleia-geral, ou atribuídas a fundadores, acionistas ou terceiros, como remuneração de serviços prestados à companhia.

Parágrafo único. É vedado às companhias abertas emitir partes beneficiárias.

• Parágrafo único com a redação dada pela Lei nº 10.303, de 31-10-2001.

Resgate e Conversão

Art. 48. O estatuto fixará o prazo de duração das partes beneficiárias e, sempre que estipular resgate, deverá criar reserva especial para esse fim.

§ 1º O prazo de duração das partes beneficiárias atribuídas gratuitamente, salvo as destinadas a sociedades ou fundações beneficentes dos empregados da companhia, não poderá ultrapassar dez anos.

§ 2º O estatuto poderá prever a conversão das partes beneficiárias em ações, mediante capitalização de reserva criada para esse fim.

§ 3º No caso de liquidação da companhia, solvido o passivo exigível, os titulares das partes beneficiárias terão direito de preferência sobre o que restar do ativo até a importância da reserva para resgate ou conversão.

Certificados

Art. 49. Os certificados das partes beneficiárias conterão:

I – a denominação "*Parte Beneficiária*";

II – a denominação da companhia, sua sede e prazo de duração;

III – o valor do capital social, a data do ato que o fixou e o número de ações em que se divide;

IV – o número de partes beneficiárias criadas pela companhia e o respectivo número de ordem;

V – os direitos que lhes são atribuídos pelo estatuto, o prazo de duração e as condições de resgate, se houver;

VI – a data da constituição da companhia e do arquivamento e publicação dos seus atos constitutivos;

VII – o nome do beneficiário;

- Inciso VII com a redação dada pela Lei nº 9.457, de 5-5-1997.

VIII – a data da emissão do certificado e as assinaturas de dois diretores.

- Inciso VIII com a redação dada pela Lei nº 9.457, de 5-5-1997.

Forma, Propriedade, Circulação e Ônus

Art. 50. As partes beneficiárias serão nominativas e a elas se aplica, no que couber, o disposto nas Seções V a VII do Capítulo III.

- *Caput* com a redação dada pela Lei nº 9.457, de 5-5-1997.

§ 1º As partes beneficiárias serão registradas em livros próprios, mantidos pela companhia.

- § 1º com a redação dada pela Lei nº 9.457, de 5-5-1997.

§ 2º As partes beneficiárias podem ser objeto de depósito com emissão de certificado, nos termos do artigo 43.

Modificação dos Direitos

Art. 51. A reforma do estatuto que modificar ou reduzir as vantagens conferidas às partes beneficiárias só terá eficácia quando aprovada pela metade, no mínimo, dos seus titulares, reunidos em assembleia-geral especial.

o Art. 296, § 2º, desta Lei.

§ 1º A assembleia será convocada, através da imprensa, de acordo com as exigências para convocação das assembleias de acionistas, com um mês de antecedência, no mínimo. Se, após duas convocações, deixar de instalar-se por falta de número, somente seis meses depois outra poderá ser convocada.

o Arts. 123 e 124 desta Lei.

§ 2º Cada parte beneficiária dá direito a um voto, não podendo a companhia votar com os títulos que possuir em tesouraria.

§ 3º A emissão de partes beneficiárias poderá ser feita com a nomeação de agente fiduciário dos seus titulares, observado, no que couber, o disposto nos artigos 66 a 71.

CAPÍTULO V

DEBÊNTURES

Características

Art. 52. A companhia poderá emitir debêntures que conferirão aos seus titulares direito de crédito contra ela, nas condições constantes da escritura de emissão e, se houver, do certificado.

- Artigo com a redação dada pela Lei nº 10.303, de 31-10-2001.

Seção I

DIREITO DOS DEBENTURISTAS

Emissões e Séries

Art. 53. A companhia poderá efetuar mais de uma emissão de debêntures, e cada emissão pode ser dividida em séries.

Parágrafo único. As debêntures da mesma série terão igual valor nominal e conferirão a seus titulares os mesmos direitos.

Valor Nominal

Art. 54. A debênture terá valor nominal expresso em moeda nacional, salvo nos casos de obrigação que, nos termos da legislação em vigor, possa ter o pagamento estipulado em moeda estrangeira.

§ 1º A debênture poderá conter cláusula de correção monetária, com base nos coeficientes fixados para correção de títulos da dívida pública, na variação da taxa cambial ou em outros referenciais não expressamente vedados em lei.

- Parágrafo único transformado em § 1º e com a redação dada pela Lei nº 10.303, de 31-10-2001.

§ 2º A escritura de debênture poderá assegurar ao debenturista a opção de escolher receber o pagamento do principal e acessórios, quando do vencimento, amortização ou resgate, em moeda ou em bens avaliados nos termos do artigo 8º.

- § 2º acrescido pela Lei nº 10.303, de 31-10-2001.

Vencimento, Amortização e Resgate

Art. 55. A época do vencimento da debênture deverá constar da escritura de emissão e do certificado, podendo a companhia estipular amortizações parciais de cada série, criar fundos de amortização e reservar-se o direito de resgate antecipado, parcial ou total, dos títulos da mesma série.

§ 1º A amortização de debêntures da mesma série deve ser feita mediante rateio.

- § 1º com a redação dada pela Lei nº 12.431, de 24-6-2011.

§ 2º O resgate parcial de debêntures da mesma série deve ser feito:

- *Caput* do § 2º com a redação dada pela Lei nº 12.431, de 24-6-2011.

I – mediante sorteio; ou

II – se as debêntures estiverem cotadas por preço inferior ao valor nominal, por compra no mercado organizado de valores mobiliários, observadas as regras expedidas pela Comissão de Valores Mobiliários.

- Incisos I e II acrescidos pela Lei nº 12.431, de 24-6-2011.

§ 3º É facultado à companhia adquirir debêntures de sua emissão:

- *Caput* do § 2º com a redação dada pela Lei nº 12.431, de 24-6-2011.

I – por valor igual ou inferior ao nominal, devendo o fato constar do relatório da administração e das demonstrações financeiras; ou

II – por valor superior ao nominal, desde que observe as regras expedidas pela Comissão de Valores Mobiliários.

- Incisos I e II acrescidos pela Lei nº 12.431, de 24-6-2011.

§ 4º A companhia poderá emitir debêntures cujo vencimento somente ocorra nos casos de inadimplência da obrigação de pagar juros e dissolução da companhia, ou de outras condições previstas no título.

- § 4º acrescido pela Lei nº 12.431, de 24-6-2011.

Juros e Outros Direitos

Art. 56. A debênture poderá assegurar ao seu titular juros, fixos ou variáveis, participação no lucro da companhia e prêmio de reembolso.

Conversibilidade em Ações

Art. 57. A debênture poderá ser conversível em ações nas condições constantes da escritura de emissão, que especificará:

I – as bases da conversão, seja em número de ações em que poderá ser convertida cada debênture, seja como relação entre o valor nominal da debênture e o preço de emissão das ações;

II – a espécie e a classe das ações em que poderá ser convertida;

III – o prazo ou época para o exercício do direito à conversão;

IV – as demais condições a que a conversão acaso fique sujeita.

§ 1º Os acionistas terão direito de preferência para subscrever a emissão de debêntures com cláusula de conversibilidade em ações, observado o disposto nos artigos 171 e 172.

§ 2º Enquanto puder ser exercido o direito à conversão, dependerá de prévia aprovação dos debenturistas, em assembleia especial, ou de seu agente fiduciário, a alteração do estatuto para:

a) mudar o objeto da companhia;

b) criar ações preferenciais ou modificar as vantagens das existentes, em prejuízo das ações em que são conversíveis as debêntures.

Seção II

ESPÉCIES

Art. 58. A debênture poderá, conforme dispuser a escritura de emissão, ter garantia real ou garantia flutuante, não gozar de preferência ou ser subordinada aos demais credores da companhia.

- Art. 83, II, da Lei nº 11.101, de 9-2-2005 (Lei de Recuperação de Empresas e Falências).

§ 1º A garantia flutuante assegura à debênture privilégio geral sobre o ativo da companhia, mas não impede a negociação dos bens que compõem esse ativo.

- Art. 83, V, da Lei nº 11.101, de 9-2-2005 (Lei de Recuperação de Empresas e Falências).

§ 2º As garantias poderão ser constituídas cumulativamente.

- Art. 83, VIII, *a*, da Lei nº 11.101, de 9-2-2005 (Lei de Recuperação de Empresas e Falências).

§ 3º As debêntures com garantia flutuante de nova emissão são preferidas pelas de emissão ou emissões anteriores, e a prioridade se estabelece pela data da inscrição da escritura de emissão; mas dentro da mesma emissão, as séries concorrem em igualdade.

§ 4º A debênture que não gozar de garantia poderá conter cláusula de subordinação aos credores quirografários, preferindo apenas os acionistas no ativo remanescente, se houver, em caso de liquidação da companhia.

§ 5º A obrigação de não alienar ou onerar bem imóvel ou outro bem sujeito a registro de propriedade, assumida pela companhia na escritura de emissão, é oponível a terceiros, desde que averbada no competente registro.

§ 6º As debêntures emitidas por companhia integrante de grupo de sociedades (artigo 265) poderão ter garantia flutuante do ativo de duas ou mais sociedades do grupo.

Seção III

CRIAÇÃO E EMISSÃO

Competência

Art. 59. A deliberação sobre emissão de debêntures é da competência privativa da assembleia-geral, que deverá fixar, observado o que a respeito dispuser o estatuto:

I – o valor da emissão ou os critérios de determinação do seu limite, e a sua divisão em séries, se for o caso;

II – o número e o valor nominal das debêntures;

III – as garantias reais ou a garantia flutuante, se houver;

IV – as condições de correção monetária, se houver;

V – a conversibilidade ou não em ações e as condições a serem observadas na conversão;

VI – a época e as condições de vencimento, amortização ou resgate;

VII – a época e as condições do pagamento dos juros, da participação nos lucros e do prêmio de reembolso, se houver;

VIII – o modo de subscrição ou colocação, e o tipo das debêntures.

§ 1º Na companhia aberta, o conselho de administração pode deliberar sobre a emissão de debêntures não conversíveis em ações, salvo disposição estatutária em contrário.

§ 2º O estatuto da companhia aberta poderá autorizar o conselho de administração a, dentro dos limites do capital autorizado, deliberar sobre a emissão de debêntures conversíveis em ações, especificando o limite do aumento de capital decorrente da conversão das debêntures, em valor do capital social ou em número de ações, e as espécies e classes das ações que poderão ser emitidas.

§ 3º A assembleia-geral pode deliberar que a emissão terá valor e número de série indeterminados, dentro dos limites por ela fixados.

- §§ 1º a 3º com a redação dada pela Lei nº 12.431, de 24-6-2011.

§ 4º Nos casos não previstos nos §§ 1º e 2º, a assembleia-geral pode delegar ao conselho de administração a deliberação sobre as condições de que tratam os incisos VI a VIII do *caput* e sobre a oportunidade da emissão.

- § 4º acrescido pela Lei nº 12.431, de 24-6-2011.

Limite de Emissão

Art. 60. *Revogado.* Lei nº 12.431, de 24-6-2011.

Escritura de Emissão

Art. 61. A companhia fará constar da escritura de emissão os direitos conferidos pelas debêntures, suas garantias e demais cláusulas ou condições.

§ 1º A escritura de emissão, por instrumento público ou particular, de debêntures distribuídas ou admitidas à negociação no mercado, terá obrigatoriamente a intervenção de agente fiduciário dos debenturistas (artigos 66 a 70).

§ 2º Cada nova série da mesma emissão será objeto de aditamento à respectiva escritura.

§ 3º A Comissão de Valores Mobiliários poderá aprovar padrões de cláusulas e condições que devam ser adotados nas escrituras de emissão de debêntures destinadas à negociação em bolsa ou no mercado de balcão, e recusar a admissão ao mercado da emissão que não satisfaça a esses padrões.

Registro

Art. 62. Nenhuma emissão de debêntures será feita sem que tenham sido satisfeitos os seguintes requisitos:

- *Caput* com a redação dada pela Lei nº 10.303, de 31-10-2001.

I – arquivamento, no registro do comércio, e publicação da ata da assembleia-geral, ou do conselho de administração, que deliberou sobre a emissão;

II – inscrição da escritura de emissão no registro do comércio;

- Incisos I e II com a redação dada pela Lei nº 10.303, de 31-10-2001.

III – constituição das garantias reais, se for o caso.

§ 1º Os administradores da companhia respondem pelas perdas e danos causados à companhia ou a terceiros por infração deste artigo.

§ 2º O agente fiduciário e qualquer debenturista poderão promover os registros requeridos neste artigo e sanar as lacunas e irregularidades porventura existentes nos registros promovidos pelos administradores da companhia; neste caso, o oficial do registro notificará a administração da companhia para que lhe forneça as indicações e documentos necessários.

§ 3º Os aditamentos à escritura de emissão serão averbados nos mesmos registros.

§ 4º Os registros do comércio manterão livro especial para inscrição das emissões de debêntures, no qual serão anotadas as condições essenciais de cada emissão.

- § 4º com a redação dada pela Lei nº 10.303, de 31-10-2001.

Seção IV
FORMA, PROPRIEDADE, CIRCULAÇÃO E ÔNUS

Art. 63. As debêntures serão nominativas, aplicando-se, no que couber, o disposto nas Seções V a VII do Capítulo III.

- *Caput* com a redação dada pela Lei nº 9.457, de 5-5-1997.
- Arts. 34 e 74 desta Lei.

§ 1º As debêntures podem ser objeto de depósito com emissão de certificado, nos termos do artigo 43.

- Parágrafo único transformado em § 1º pela Lei nº 10.303, de 31-10-2001.

§ 2º A escritura de emissão pode estabelecer que as debêntures sejam mantidas em contas de custódia, em nome de seus titulares, na instituição que designar, sem emissão de certificados, aplicando-se, no que couber, o disposto no artigo 41.

- § 2º acrescido pela Lei nº 10.303, de 31-10-2001.

Seção V
CERTIFICADOS

Requisitos

Art. 64. Os certificados das debêntures conterão:

I – a denominação, sede, prazo de duração e objeto da companhia;

II – a data da constituição da companhia e do arquivamento e publicação dos seus atos constitutivos;

III – a data da publicação da ata da assembleia-geral que deliberou sobre a emissão;

IV – a data e ofício do registro de imóveis em que foi inscrita a emissão;

V – a denominação "Debênture" e a indicação da sua espécie, pelas palavras "com garantia real", "com garantia flutuante", "sem preferência" ou "subordinada";

VI – a designação da emissão e da série;

VII – o número de ordem;

VIII – o valor nominal e a cláusula de correção monetária, se houver, as condições de vencimento, amortização, resgate, juros, participação no lucro ou prêmio de reembolso, e a época em que serão devidos;

IX – as condições de conversibilidade em ações, se for o caso;

X – o nome do debenturista;

XI – o nome do agente fiduciário dos debenturistas, se houver;

XII – a data da emissão do certificado e a assinatura de dois diretores da companhia;

XIII – a autenticação do agente fiduciário, se for o caso.

- Incisos X a XIII com a redação dada pela Lei nº 9.457, de 5-5-1997.

Títulos Múltiplos e Cautelas

Art. 65. A companhia poderá emitir certificados de múltiplos de debêntures e, provisoriamente, cautelas que as representem, satisfeitos os requisitos do artigo 64.

§ 1º Os títulos múltiplos de debêntures das companhias abertas obedecerão à padronização de quantidade fixada pela Comissão de Valores Mobiliários.

§ 2º Nas condições previstas na escritura de emissão com nomeação de agente fiduciário, os certificados poderão ser substituídos, desdobrados ou grupados.

Seção VI
AGENTE FIDUCIÁRIO DOS DEBENTURISTAS

Requisitos e Incompatibilidades

Art. 66. O agente fiduciário será nomeado e deverá aceitar a função na escritura de emissão das debêntures.

- Arts. 51, § 3º, e 61, § 1º, desta Lei.

§ 1º Somente podem ser nomeados agentes fiduciários as pessoas naturais que satisfaçam aos requisitos para o exercício de cargo em órgão de administração da companhia e as instituições financeiras que, especialmente autorizadas pelo Banco Central do Brasil, tenham por objeto a administração ou a custódia de bens de terceiros.

§ 2º A Comissão de Valores Mobiliários poderá estabelecer que nas emissões de debêntures negociadas no mercado o agente fiduciário, ou um dos agentes fiduciários, seja instituição financeira.

§ 3º Não pode ser agente fiduciário:

a) pessoa que já exerça a função em outra emissão da mesma companhia, a menos que autorizado, nos termos das normas expedidas pela Comissão de Valores Mobiliários;

- Alínea *a* com a redação dada pela Lei nº 12.431, de 24-6-2011.

b) instituição financeira coligada à companhia emissora ou à entidade que subscreva a emissão para distribuí-la no mercado, e qualquer sociedade por elas controlada;

c) credor, por qualquer título, da sociedade emissora, ou sociedade por ele controlada;

d) instituição financeira cujos administradores tenham interesse na companhia emissora;

e) pessoa que, de qualquer outro modo, se coloque em situação de conflito de interesse pelo exercício da função.

§ 4º O agente fiduciário que, por circunstâncias posteriores à emissão, ficar impedido de continuar a exercer a função deverá comunicar imediatamente o fato aos debenturistas e pedir sua substituição.

Substituição, Remuneração e Fiscalização

Art. 67. A escritura de emissão estabelecerá as condições de substituição e remuneração do agente fiduciário, observadas as normas expedidas pela Comissão de Valores Mobiliários.

- Arts. 51, § 3º, e 61, § 1º, desta Lei.

Parágrafo único. A Comissão de Valores Mobiliários fiscalizará o exercício da função de agente fiduciário das emissões distribuídas no mercado, ou de debêntures negociadas em bolsa ou no mercado de balcão, podendo:

a) nomear substituto provisório, nos casos de vacância;

b) suspender o agente fiduciário de suas funções e dar-lhe substituto, se deixar de cumprir os seus deveres.

Deveres e Atribuições

Art. 68. O agente fiduciário representa, nos termos desta Lei e da escritura de emissão, a comunhão dos debenturistas perante a companhia emissora.

- Arts. 51, § 3º, e 61, § 1º, desta Lei.

§ 1º São deveres do agente fiduciário:

a) proteger os direitos e interesses dos debenturistas, empregando no exercício da função o cuidado e a diligência que todo homem ativo e probo costuma empregar na administração de seus próprios bens;

b) elaborar relatório e colocá-lo anualmente à disposição dos debenturistas, dentro de quatro meses do encerramento do exercício social da companhia, informando os fatos relevantes ocorridos durante o exercício, relativos à execução das obrigações assumidas pela companhia, aos bens garantidores das debêntures e à constituição e aplicação do fundo de amortização, se houver; do relatório constará, ainda, declaração do agente sobre sua aptidão para continuar no exercício da função;

c) notificar os debenturistas, no prazo máximo de sessenta dias, de qualquer inadimplemento, pela companhia, de obrigações assumidas na escritura da emissão.

• Alínea *c* com a redação dada pela Lei nº 10.303, de 31-10-2001.

§ 2º A escritura de emissão disporá sobre o modo de cumprimento dos deveres de que tratam as alíneas *b* e *c* do parágrafo anterior.

§ 3º O agente fiduciário pode usar de qualquer ação para proteger direitos ou defender interesses dos debenturistas, sendo-lhe especialmente facultado, no caso de inadimplemento da companhia:

a) declarar, observadas as condições da escritura de emissão, antecipadamente vencidas as debêntures e cobrar o seu principal e acessórios;

b) executar garantias reais, receber o produto da cobrança e aplicá-lo no pagamento, integral ou proporcional, dos debenturistas;

c) requerer a falência da companhia emissora, se não existirem garantias reais;

d) representar os debenturistas em processos de falência, concordata, intervenção ou liquidação extrajudicial da companhia emissora, salvo deliberação em contrário da assembleia dos debenturistas;

o De acordo com a Lei nº 11.101, de 9-2-2005 (Lei de Recuperação de Empresas e Falências), a concordata foi substituída pela recuperação judicial.

e) tomar qualquer providência necessária para que os debenturistas realizem os seus créditos.

§ 4º O agente fiduciário responde perante os debenturistas pelos prejuízos que lhes causar por culpa ou dolo no exercício das suas funções.

§ 5º O crédito do agente fiduciário por despesas que tenha feito para proteger direitos e interesses ou realizar créditos dos debenturistas será acrescido à dívida da companhia emissora, gozará das mesmas garantias das debêntures e preferirá a estas na ordem de pagamento.

§ 6º Serão reputadas não escritas as cláusulas da escritura de emissão que restringirem os deveres, atribuições e responsabilidade do agente fiduciário previstos neste artigo.

Outras Funções

Art. 69. A escritura de emissão poderá ainda atribuir ao agente fiduciário as funções de autenticar os certificados de debêntures, administrar o fundo de amortização, manter em custódia bens dados em garantia e efetuar os pagamentos de juros, amortização e resgate.

o Arts. 51, § 3º, e 61, § 1º, desta Lei.

Substituição de Garantias e Modificação da Escritura

Art. 70. A substituição de bens dados em garantia, quando autorizada na escritura de emissão, dependerá da concordância do agente fiduciário.

o Arts. 51, § 3º, e 61, §§ 1º e 3º, desta Lei.

Parágrafo único. O agente fiduciário não tem poderes para acordar na modificação das cláusulas e condições da emissão.

Seção VII

ASSEMBLEIA DE DEBENTURISTAS

Art. 71. Os titulares de debêntures da mesma emissão ou série podem, a qualquer tempo, reunir-se em assembleia a fim de deliberar sobre matéria de interesse da comunhão dos debenturistas.

o Arts. 51, § 3º, 61, § 1º, e 231 desta Lei.

§ 1º A assembleia de debenturistas pode ser convocada pelo agente fiduciário, pela companhia emissora, por debenturistas que representem dez por cento, no mínimo, dos títulos em circulação, e pela Comissão de Valores Mobiliários.

§ 2º Aplica-se à assembleia de debenturistas, no que couber, o disposto nesta Lei sobre a assembleia-geral de acionistas.

§ 3º A assembleia se instalará, em primeira convocação, com a presença de debenturistas que representem metade, no mínimo, das debêntures em circulação, e, em segunda convocação, com qualquer número.

§ 4º O agente fiduciário deverá comparecer à assembleia e prestar aos debenturistas as informações que lhe forem solicitadas.

§ 5º A escritura de emissão estabelecerá a maioria necessária, que não será inferior à metade das debêntures em circulação, para aprovar modificação nas condições das debêntures.

o Art. 293, § 2º, desta Lei.

§ 6º Nas deliberações da assembleia, a cada debênture caberá um voto.

Seção VIII

CÉDULA DE DEBÊNTURES

• Denominação da Seção com a redação dada pela Lei nº 9.457, de 5-5-1997.

Art. 72. As instituições financeiras autorizadas pelo Banco Central do Brasil a efetuar esse tipo de operação poderão emitir cédulas lastreadas em debêntures, com garantia própria, que conferirão a seus titulares direito de crédito contra o emitente, pelo valor nominal e os juros nela estipulados.

• *Caput* com a redação dada pela Lei nº 9.457, de 5-5-1997.

o Art. 293 desta Lei.

§ 1º A cédula será nominativa, escritural ou não.

• § 1º com a redação dada pela Lei nº 9.457, de 5-5-1997.

§ 2º O certificado da cédula conterá as seguintes declarações:

a) o nome da instituição financeira emitente e as assinaturas dos seus representantes;

b) o número de ordem, o local e a data da emissão;

c) a denominação Cédula de Debêntures;

• Alínea *c* com a redação dada pela Lei nº 9.457, de 5-5-1997.

d) o valor nominal e a data do vencimento;

e) os juros, que poderão ser fixos ou variáveis, e as épocas do seu pagamento;

f) o lugar do pagamento do principal e dos juros;

g) a identificação das debêntures lastro, do seu valor e da garantia constituída;

• Alínea *g* com a redação dada pela Lei nº 9.457, de 5-5-1997.

h) o nome do agente fiduciário dos debenturistas;

i) a cláusula de correção monetária, se houver;

j) o nome do titular.

• Alínea *j* com a redação dada pela Lei nº 9.457, de 5-5-1997.

LEG. COMPLEMENTAR

Seção IX

EMISSÃO DE DEBÊNTURES NO ESTRANGEIRO

Art. 73. Somente com a prévia aprovação do Banco Central do Brasil as companhias brasileiras poderão emitir debêntures no Exterior com garantia real ou flutuante de bens situados no País.

§ 1º Os credores por obrigações contraídas no Brasil terão preferência sobre os créditos por debêntures emitidas no Exterior por companhias estrangeiras autorizadas a funcionar no país, salvo se a emissão tiver sido previamente autorizada pelo Banco Central do Brasil e o seu produto aplicado em estabelecimento situado no território nacional.

§ 2º Em qualquer caso, somente poderão ser remetidos para o exterior o principal e os encargos de debêntures registradas no Banco Central do Brasil.

§ 3º A emissão de debêntures no estrangeiro, além de observar os requisitos do artigo 62, requer a inscrição, no Registro de Imóveis, do local da sede ou do estabelecimento, dos demais documentos exigidos pelas leis do lugar da emissão, autenticadas de acordo com a lei aplicável, legalizadas pelo consulado brasileiro no exterior e acompanhadas de tradução em vernáculo, feita por tradutor público juramentado; e, no caso de companhia estrangeira, o arquivamento no registro do comércio e publicação do ato que, de acordo com o estatuto social e a lei do local da sede, tenha autorizado a emissão.

§ 4º A negociação, no mercado de capitais do Brasil, de debêntures emitidas no estrangeiro, depende de prévia autorização da Comissão de Valores Mobiliários.

Seção X

EXTINÇÃO

Art. 74. A companhia emissora fará, nos livros próprios, as anotações referentes à extinção das debêntures, e manterá arquivados, pelo prazo de cinco anos, juntamente com os documentos relativos à extinção, os certificados cancelados ou os recibos dos titulares das contas das debêntures escriturais.

§ 1º Se a emissão tiver agente fiduciário, caberá a este fiscalizar o cancelamento dos certificados.

§ 2º Os administradores da companhia responderão solidariamente pelas perdas e danos decorrentes da infração do disposto neste artigo.

CAPÍTULO VI

BÔNUS DE SUBSCRIÇÃO

Características

Art. 75. A companhia poderá emitir, dentro do limite de aumento do capital autorizado no estatuto (artigo 168), títulos negociáveis denominados "bônus de subscrição".

Parágrafo único. Os bônus de subscrição conferirão aos seus titulares, nas condições constantes do certificado, direito de subscrever ações do capital social, que será exercido mediante apresentação do título à companhia e pagamento do preço de emissão das ações.

Competência

Art. 76. A deliberação sobre emissão de bônus de subscrição compete à assembleia-geral, se o estatuto não a atribuir ao Conselho de Administração.

Emissão

Art. 77. Os bônus de subscrição serão alienados pela companhia ou por ela atribuídos, como vantagem adicional, aos subscritores de emissões de suas ações ou debêntures.

Parágrafo único. Os acionistas da companhia gozarão, nos termos dos artigos 171 e 172, de preferência para subscrever a emissão de bônus.

Forma, Propriedade e Circulação

Art. 78. Os bônus de subscrição terão a forma nominativa.

- *Caput* com a redação dada pela Lei nº 9.457, de 5-5-1997.

Parágrafo único. Aplica-se aos bônus de subscrição, no que couber, o disposto nas Seções V a VII do Capítulo III.

Certificados

Art. 79. O certificado de bônus de subscrição conterá as seguintes declarações:

I – as previstas nos nºs I a IV do artigo 24;

II – a denominação "Bônus de Subscrição";

III – o número de ordem;

IV – o número, a espécie e a classe das ações que poderão ser subscritas, o preço de emissão ou os critérios para sua determinação;

V – a época em que o direito de subscrição poderá ser exercido e a data do término do prazo para esse exercício;

VI – o nome do titular;

- Inciso VI com a redação dada pela Lei nº 9.457, de 5-5-1997.

VII – a data da emissão do certificado e as assinaturas de dois diretores.

- Inciso VII com a redação dada pela Lei nº 9.457, de 5-5-1997.

CAPÍTULO VII

CONSTITUIÇÃO DA COMPANHIA

Seção I

REQUISITOS PRELIMINARES

Art. 80. A constituição da companhia depende do cumprimento dos seguintes requisitos preliminares:

I – subscrição, pelo menos por duas pessoas, de todas as ações em que se divide o capital social fixado no estatuto;

- Art. 27 da Lei nº 4.595, de 31-12-1964 (Lei do Sistema Financeiro Nacional).

II – realização, como entrada, de dez por cento, no mínimo, do preço de emissão das ações subscritas em dinheiro;

- Art. 95, III, desta Lei.

III – depósito, no Banco do Brasil S.A., ou em outro estabelecimento bancário autorizado pela Comissão de Valores Mobiliários, da parte do capital realizado em dinheiro.

- Arts. 87, § 1º, e 88, § 2º, *d*, desta Lei.

Parágrafo único. O disposto no nº II não se aplica às companhias para as quais a lei exige realização inicial de parte maior do capital social.

Depósito da Entrada

Art. 81. O depósito referido no nº III do artigo 80 deverá ser feito pelo fundador no prazo de cinco dias contados do recebimento das quantias, em nome do subscritor e a favor da sociedade em organização, que só poderá levantá-lo após haver adquirido personalidade jurídica.

Parágrafo único. Caso a companhia não se constitua dentro de seis meses da data do depósito, o banco restituirá as quantias depositadas diretamente aos subscritores.

Seção II

CONSTITUIÇÃO POR SUBSCRIÇÃO PÚBLICA

Registro da Emissão

Art. 82. A constituição de companhia por subscrição pública depende do prévio registro da emissão na Comissão de Valores Mobiliários, e a subscrição somente poderá ser efetuada com a intermediação de instituição financeira.

○ Art. 170, § 5º, desta Lei.

§ 1º O pedido de registro de emissão obedecerá às normas expedidas pela Comissão de Valores Mobiliários e será instruído com:

a) o estudo de viabilidade econômica e financeira do empreendimento;

b) o projeto do estatuto social;

c) o prospecto, organizado e assinado pelos fundadores e pela instituição financeira intermediária.

§ 2º A Comissão de Valores Mobiliários poderá condicionar o registro a modificações no estatuto ou no prospecto e denegá-lo por inviabilidade ou temeridade do empreendimento, ou inidoneidade dos fundadores.

○ Art. 170, § 6º, desta Lei.

Projeto do Estatuto

Art. 83. O projeto de estatuto deverá satisfazer a todos os requisitos exigidos para os contratos das sociedades mercantis em geral e aos peculiares às companhias, e conterá as normas pelas quais se regerá a companhia.

Prospecto

Art. 84. O prospecto deverá mencionar, com precisão e clareza, as bases da companhia e os motivos que justifiquem a expectativa de bom êxito do empreendimento, e em especial:

I – o valor do capital social a ser subscrito, o modo de sua realização e a existência ou não de autorização para aumento futuro;

II – a parte do capital a ser formada com bens, a discriminação desses bens e o valor a eles atribuído pelos fundadores;

III – o número, as espécies e classes de ações em que se dividirá o capital; o valor nominal das ações, e o preço da emissão das ações;

IV – a importância da entrada a ser realizada no ato da subscrição;

V – as obrigações assumidas pelos fundadores, os contratos assinados no interesse da futura companhia e as quantias já despendidas e por despender;

VI – as vantagens particulares, a que terão direito os fundadores ou terceiros, e o dispositivo do projeto do estatuto que as regula;

VII – a autorização governamental para constituir-se a companhia, se necessária;

VIII – as datas de início e término da subscrição e as instituições autorizadas a receber as entradas;

IX – a solução prevista para o caso de excesso de subscrição;

X – o prazo dentro do qual deverá realizar-se a assembleia de constituição da companhia, ou a preliminar para avaliação dos bens, se for o caso;

XI – o nome, nacionalidade, estado civil, profissão e residência dos fundadores, ou, se pessoa jurídica, a firma ou denominação, nacionalidade e sede, bem como o número e espécie de ações que cada um houver subscrito;

XII – a instituição financeira intermediária do lançamento, em cujo poder ficarão depositados os originais do prospecto e do projeto de estatuto, com os documentos a que fizerem menção, para exame de qualquer interessado.

Lista, Boletim de Entrada

Art. 85. No ato da subscrição das ações a serem realizadas em dinheiro, o subscritor pagará a entrada e assinará a lista ou o boletim individual autenticados pela instituição autorizada a receber as entradas, qualificando-se pelo nome, nacionalidade, residência, estado civil, profissão e documento de identidade, ou, se pessoa jurídica, pela firma ou denominação, nacionalidade e sede, devendo especificar o número das ações subscritas, a sua espécie e classe, se houver mais de uma, e o total da entrada.

○ Arts. 88, § 2º, *a*, e 94, II, desta Lei.

§ 1º A subscrição poderá ser feita, nas condições previstas no prospecto, por carta à instituição, acompanhada das declarações a que se refere este artigo e do pagamento da entrada.

• Parágrafo único transformado em § 1º e com a redação dada pela Lei nº 13.874, de 20-9-2019.

§ 2º Será dispensada a assinatura de lista ou de boletim a que se refere o *caput* deste artigo na hipótese de oferta pública cuja liquidação ocorra por meio de sistema administrado por entidade administradora de mercados organizados de valores mobiliários.

• § 2º acrescido pela Lei nº 13.874, de 20-9-2019.

Convocação de Assembleia

Art. 86. Encerrada a subscrição e havendo sido subscrito todo o capital social, os fundadores convocarão a assembleia-geral, que deverá:

○ Art. 124, § 1º, desta Lei.

I – promover a avaliação dos bens, se for o caso (artigo 8º);

II – deliberar sobre a constituição da companhia.

○ Art. 88, § 1º, desta Lei.

Parágrafo único. Os anúncios de convocação mencionarão hora, dia e local da reunião e serão inseridos nos jornais em que houver sido feita a publicidade da oferta de subscrição.

Assembleia de Constituição

Art. 87. A assembleia de constituição instalar-se-á, em primeira convocação, com a presença de subscritores que representem, no mínimo, metade do capital social, e, em segunda convocação, com qualquer número.

○ Arts. 88, § 1º, 95, V, e 97, § 1º, desta Lei.

§ 1º Na assembleia, presidida por um dos fundadores e secretariada por subscritor, será lido o recibo de depósito de que trata o nº III do artigo 80, bem como discutido e votado o projeto de estatuto.

§ 2º Cada ação, independentemente de sua espécie ou classe, dá direito a um voto; a maioria não tem poder para alterar o projeto de estatuto.

§ 3º Verificando-se que foram observadas as formalidades legais e não havendo oposição de subscritores que representem mais da metade do capital social, o presidente declarará constituída a companhia, procedendo-se, a seguir, à eleição dos administradores e fiscais.

§ 4º A ata da reunião, lavrada em duplicata, depois de lida e aprovada pela assembleia, será assinada por todos os subscritores presentes, ou por quantos bastem à validade das deliberações; um exemplar ficará em poder da companhia e o outro será destinado ao registro do comércio.

Seção III

CONSTITUIÇÃO POR SUBSCRIÇÃO PARTICULAR

Art. 88. A constituição da companhia por subscrição particular do capital pode fazer-se por deliberação dos subscritores em assembleia-geral ou por escritura pública, considerando-se fundadores todos os subscritores.

§ 1º Se a forma escolhida for a de assembleia-geral, observar-se-á o disposto nos artigos 86 e 87, devendo ser entregues à assembleia o projeto do estatuto, assinado em duplicata por todos os subscritores do capital, e as listas ou boletins de subscrição de todas as ações.

- Art. 95, I, desta Lei.

§ 2º Preferida a escritura pública, será ela assinada por todos os subscritores, e conterá:

a) a qualificação dos subscritores, nos termos do artigo 85;

b) o estatuto da companhia;

c) a relação das ações tomadas pelos subscritores e a importância das entradas pagas;

d) a transcrição do recibo do depósito referido no nº III do artigo 80;

e) a transcrição do laudo de avaliação dos peritos, caso tenha havido subscrição do capital social em bens (artigo 8º);

f) a nomeação dos primeiros administradores e, quando for o caso, dos fiscais.

Seção IV
DISPOSIÇÕES GERAIS

Art. 89. A incorporação de imóveis para formação do capital social não exige escritura pública.

Art. 90. O subscritor pode fazer-se representar na assembleia-geral ou na escritura pública por procurador com poderes especiais.

Art. 91. Nos atos e publicações referentes a companhia em constituição, sua denominação deverá ser aditada da cláusula "em organização".

Art. 92. Os fundadores e as instituições financeiras que participarem da constituição por subscrição pública responderão, no âmbito das respectivas atribuições, pelos prejuízos resultantes da inobservância de preceitos legais.

- Art. 97, § 1º, desta Lei.

Parágrafo único. Os fundadores responderão, solidariamente, pelo prejuízo decorrente de culpa ou dolo em atos ou operações anteriores à constituição.

Art. 93. Os fundadores entregarão aos primeiros administradores eleitos todos os documentos, livros ou papéis relativos à constituição da companhia ou a esta pertencentes.

CAPÍTULO VIII
FORMALIDADES COMPLEMENTARES DA CONSTITUIÇÃO

Arquivamento e Publicação

Art. 94. Nenhuma companhia poderá funcionar sem que sejam arquivados e publicados seus atos constitutivos.

Companhia Constituída por Assembleia

Art. 95. Se a companhia houver sido constituída por deliberação em assembleia-geral, deverão ser arquivados no Registro do Comércio do lugar da sede:

I – um exemplar do estatuto social, assinado por todos os subscritores (artigo 88, § 1º) ou, se a subscrição houver sido pública, os originais do estatuto e do prospecto, assinados pelos fundadores, bem como do jornal em que tiverem sido publicados;

II – a relação completa, autenticada pelos fundadores ou pelo presidente da assembleia, dos subscritores do capital social, com a qualificação, número das ações e o total da entrada de cada subscritor (artigo 85);

III – o recibo do depósito a que se refere o nº III do artigo 80;

IV – duplicata das atas das assembleias realizadas para a avaliação de bens, quando for o caso (artigo 8º);

V – duplicata da ata da assembleia-geral dos subscritores que houver deliberado a constituição da companhia (artigo 87).

Companhia Constituída por Escritura Pública

Art. 96. Se a companhia tiver sido constituída por escritura pública, bastará o arquivamento de certidão do instrumento.

Registro do Comércio

Art. 97. Cumpre ao Registro do Comércio examinar se as prescrições legais foram observadas na constituição da companhia, bem como se no estatuto existem cláusulas contrárias à lei, à ordem pública e aos bons costumes.

- Art. 3º, § 2º, desta Lei.

§ 1º Se o arquivamento for negado, por inobservância de prescrição ou exigência legal ou por irregularidade verificada na constituição da companhia, os primeiros administradores deverão convocar imediatamente a assembleia-geral para sanar a falta ou irregularidade, ou autorizar as providências que se fizerem necessárias. A instalação e funcionamento da assembleia obedecerão ao disposto no artigo 87, devendo a deliberação ser tomada por acionistas que representem, no mínimo, metade do capital social. Se a falta for do estatuto, poderá ser sanada na mesma assembleia, a qual deliberará, ainda, sobre se a companhia deve promover a responsabilidade civil dos fundadores (artigo 92).

- Art. 135, § 2º, desta Lei.

§ 2º Com a segunda via da ata da assembleia e a prova de ter sido sanada a falta ou irregularidade, o Registro do Comércio procederá ao arquivamento dos atos constitutivos da companhia.

- Art. 135, § 2º, desta Lei.

§ 3º A criação de sucursais, filiais ou agências, observado o disposto no estatuto, será arquivada no Registro do Comércio.

Publicação e Transferência de Bens

Art. 98. Arquivados os documentos relativos à constituição da companhia, os seus administradores providenciarão, nos trinta dias subsequentes, a publicação deles, bem como a de certidão do arquivamento, em órgão oficial do local de sua sede.

- Art. 135, § 2º, desta Lei.

§ 1º Um exemplar do órgão oficial deverá ser arquivado no Registro do Comércio.

- Art. 135, § 2º, desta Lei.

§ 2º A certidão dos atos constitutivos da companhia, passada pelo Registro do Comércio em que foram arquivados, será o documento hábil para a transferência, por transcrição no registro público competente, dos bens com que o subscritor tiver contribuído para a formação do capital social (artigo 8º, § 2º).

- Art. 170, § 3º, desta Lei.

§ 3º A ata da assembleia-geral que aprovar a incorporação deverá identificar o bem com precisão, mas poderá descrevê-lo sumariamente, desde que seja suplementada por declaração, assinada pelo subscritor, contendo todos os elementos necessários para a transcrição no registro público.

- Art. 170, § 3º, desta Lei.

Responsabilidade dos Primeiros Administradores

Art. 99. Os primeiros administradores são solidariamente responsáveis perante a companhia pelos prejuízos causados pela demora no cumprimento das formalidades complementares à sua constituição.

Parágrafo único. A companhia não responde pelos atos ou operações praticados pelos primeiros administradores antes de cumpridas as formalidades de constituição, mas a assembleia-geral poderá deliberar em contrário.

CAPÍTULO IX

LIVROS SOCIAIS

Art. 100. A companhia deve ter, além dos livros obrigatórios para qualquer comerciante, os seguintes, revestidos das mesmas formalidades legais:

- Arts. 101 a 104 desta Lei.

I – o livro de *"Registro de Ações Nominativas"*, para inscrição, anotação ou averbação:

- Inciso I com a redação dada pela Lei nº 9.457, de 5-5-1997.
- Art. 101 desta Lei.

a) do nome do acionista e do número das suas ações;

b) das entradas ou prestações de capital realizado;

c) das conversões de ações, de uma em outra espécie ou classe;

- Alínea *c* com a redação dada pela Lei nº 9.457, de 5-5-1997.

d) do resgate, reembolso e amortização das ações, ou de sua aquisição pela companhia;

e) das mutações operadas pela alienação ou transferência de ações;

f) do penhor, usufruto, fideicomisso, da alienação fiduciária em garantia ou de qualquer ônus que grave as ações ou obste sua negociação;

II – o livro de "Transferência de Ações Nominativas", para lançamento dos termos de transferência, que deverão ser assinados pelo cedente e pelo cessionário ou seus legítimos representantes;

- Art. 101 desta Lei.

III – o livro de "Registro de Partes Beneficiárias Nominativas" e o de "Transferência de Partes Beneficiárias Nominativas", se tiverem sido emitidos, observando-se, em ambos, no que couber, o disposto nos nºs I e II deste artigo;

IV – o livro de "Atas das Assembleias-Gerais";

V – o livro de "Presença dos Acionistas";

VI – os livros de "Atas das Reuniões do Conselho de Administração", se houver, e de Ata das Reuniões da Diretoria;

VII – o livro de "Atas e Pareceres do Conselho Fiscal".

- Incisos IV a VII com a redação dada pela Lei nº 9.457, de 5-5-1997.

§ 1º A qualquer pessoa, desde que se destinem a defesa de direitos e esclarecimento de situações de interesse pessoal ou dos acionistas ou do mercado de valores mobiliários, serão dadas certidões dos assentamentos constantes dos livros mencionados nos incisos I a III, e por elas a companhia poderá cobrar o custo do serviço, cabendo, do indeferimento do pedido por parte da companhia, recurso à Comissão de Valores Mobiliários.

- § 1º com a redação dada pela Lei nº 9.457, de 5-5-1997.

§ 2º Nas companhias abertas, os livros referidos nos incisos I a V do *caput* deste artigo poderão ser substituídos, observadas as normas expedidas pela Comissão de Valores Mobiliários, por registros mecanizados ou eletrônicos.

- § 2º com a redação dada pela Lei nº 12.431, de 24-6-2011.

§ 3º Nas companhias fechadas, os livros referidos nos incisos I, II, III, IV e V do *caput* deste artigo poderão ser substituídos por registros mecanizados ou eletrônicos, nos termos do regulamento.

- § 3º acrescido pela Lei nº 14.195, de 26-8-2021.

Escrituração do Agente Emissor

Art. 101. O agente emissor de certificados (artigo 27) poderá substituir os livros referidos nos incisos I a III do artigo 100 pela sua escrituração e manter, mediante sistemas adequados, aprovados pela Comissão de Valores Mobiliários, os registros de propriedade das ações, partes beneficiárias, debêntures e bônus de subscrição, devendo uma vez por ano preparar lista dos seus titulares, com o número dos títulos de cada um, a qual será encadernada, autenticada no registro do comércio e arquivada na companhia.

- *Caput* com a redação dada pela Lei nº 9.457, de 5-5-1997.

§ 1º Os termos de transferência de ações nominativas perante o agente emissor poderão ser lavrados em folhas soltas, à vista do certificado da ação, no qual serão averbados a transferência e o nome e qualificação do adquirente.

§ 2º Os termos de transferência em folhas soltas serão encadernados em ordem cronológica, em livros autenticados no Registro do Comércio e arquivados no agente emissor.

Ações Escriturais

Art. 102. A instituição financeira depositária de ações escriturais deverá fornecer à companhia, ao menos uma vez por ano, cópia dos extratos das contas de depósito das ações e a lista dos acionistas com a quantidade das respectivas ações, que serão encadernadas em livros autenticados no Registro do Comércio e arquivados na instituição financeira.

- Art. 293 desta Lei.

Fiscalização e Dúvidas no Registro

Art. 103. Cabe à companhia verificar a regularidade das transferências e da constituição de direitos ou ônus sobre os valores mobiliários de sua emissão; nos casos dos artigos 27 e 34, essa atribuição compete, respectivamente, ao agente emissor de certificados e à instituição financeira depositária das ações escriturais.

- Arts. 291 e 293 desta Lei.

Parágrafo único. As dúvidas suscitadas entre o acionista, ou qualquer interessado, e a companhia, o agente emissor de certificados ou a instituição financeira depositária das ações escriturais, a respeito das averbações ordenadas por esta Lei, ou sobre anotações, lançamentos ou transferências de ações, partes beneficiárias, debêntures, ou bônus de subscrição, nos livros de registro ou transferência, serão dirimidas pelo juiz competente para solucionar as dúvidas levantadas pelos oficiais dos registros públicos, excetuadas as questões atinentes à substância do direito.

Responsabilidade da Companhia

Art. 104. A companhia é responsável pelos prejuízos que causar aos interessados por vícios ou irregularidades verificadas nos livros de que tratam os incisos I a III do artigo 100.

- *Caput* com a redação dada pela Lei nº 9.457, de 5-5-1997.

Parágrafo único. A companhia deverá diligenciar para que os atos de emissão e substituição de certificados, e de transferências e averbações nos livros sociais, sejam praticados ao menor prazo possível, não excedente do fixado pela Comissão de Valores Mobiliários, respondendo perante acionistas e terceiros pelos prejuízos decorrentes de atrasos culposos.

Exibição dos Livros

Art. 105. A exibição por inteiro dos livros da companhia pode ser ordenada judicialmente sempre que, a requerimento de acionistas que representem, pelo menos, cinco por cento do capital social, sejam apontados atos violadores da lei ou do estatuto, ou haja fundada suspeita de graves irregularidades praticadas por qualquer dos órgãos da companhia.

- Art. 291 desta Lei.
- Súm. nº 260 do STF.

CAPÍTULO X
ACIONISTAS

Seção I
OBRIGAÇÃO DE REALIZAR O CAPITAL

Condições e Mora

Art. 106. O acionista é obrigado a realizar, nas condições previstas no estatuto ou no boletim de subscrição, a prestação correspondente às ações subscritas ou adquiridas.

§ 1º Se o estatuto e o boletim forem omissos quanto ao montante da prestação e ao prazo ou data do pagamento, caberá aos órgãos da administração efetuar chamada, mediante avisos publicados na imprensa, por três vezes, no mínimo, fixando prazo, não inferior a trinta dias, para o pagamento.

§ 2º O acionista que não fizer o pagamento nas condições previstas no estatuto ou boletim, ou na chamada, ficará de pleno direito constituído em mora, sujeitando-se ao pagamento dos juros, da correção monetária e da multa que o estatuto determinar, esta não superior a dez por cento do valor da prestação.

Acionista Remisso

Art. 107. Verificada a mora do acionista, a companhia pode, à sua escolha:

- Arts. 120 e 174 desta Lei.

I – promover contra o acionista, e os que com ele forem solidariamente responsáveis (artigo 108), processo de execução para cobrar as importâncias devidas, servindo o boletim de subscrição e o aviso de chamada como título extrajudicial nos termos do Código de Processo Civil; ou

II – mandar vender as ações em Bolsa de Valores, por conta e risco do acionista.

§ 1º Será havida como não escrita, relativamente à companhia, qualquer estipulação do estatuto do boletim de subscrição que exclua ou limite o exercício da opção prevista neste artigo, mas o subscritor de boa-fé terá ação, contra os responsáveis pela estipulação, para haver perdas e danos sofridos, sem prejuízo da responsabilidade penal que no caso couber.

§ 2º A venda será feita em leilão especial na Bolsa de Valores do lugar da sede social, ou, se não houver, na mais próxima, depois de publicado aviso, por três vezes, com antecedência mínima de três dias. Do produto da venda serão deduzidos as despesas com a operação e, se previsto no estatuto, os juros, correção monetária e multa, ficando o saldo à disposição do ex-acionista, na sede da sociedade.

§ 3º É facultado à companhia, mesmo após iniciada a cobrança judicial, mandar vender a ação em bolsa de valores; a companhia poderá também promover a cobrança judicial se as ações oferecidas em bolsa não encontrarem tomador, ou se o preço apurado não bastar para pagar os débitos do acionista.

§ 4º Se a companhia não conseguir, por qualquer dos meios previstos neste artigo, a integralização das ações, poderá declará-las caducas e fazer suas as entradas realizadas, integralizando-as com lucros ou reservas, exceto a legal; se não tiver lucros e reservas suficientes, terá o prazo de um ano para colocar as ações caídas em comisso, findo o qual, não tendo sido encontrado comprador, a assembleia-geral deliberará sobre a redução do capital em importância correspondente.

Responsabilidade dos Alienantes

Art. 108. Ainda quando negociadas as ações, os alienantes continuarão responsáveis, solidariamente com os adquirentes, pelo pagamento das prestações que faltarem para integralizar as ações transferidas.

Parágrafo único. Tal responsabilidade cessará em relação a cada alienante, no fim de dois anos a contar da data da transferência das ações.

Seção II
DIREITOS ESSENCIAIS

Art. 109. Nem o estatuto social nem a assembleia-geral poderão privar o acionista dos direitos de:

I – participar dos lucros sociais;

- Art. 202 desta Lei.

II – participar do acervo da companhia, em caso de liquidação;

III – fiscalizar, na forma prevista nesta Lei, a gestão dos negócios sociais;

IV – preferência para subscrição de ações, partes beneficiárias conversíveis em ações, debêntures conversíveis em ações e bônus de subscrição, observado o disposto nos artigos 171 e 172;

V – retirar-se da sociedade nos casos previstos nesta Lei.

- Arts. 111, 136, I, II, IV, V e VII, 137, 221, 230, 236, par. ún., 252, § 2º, 256, § 2º, 264, § 3º, 270, par. ún., 296, § 4º, e 298, III, desta Lei.

§ 1º As ações de cada classe conferirão iguais direitos aos seus titulares.

§ 2º Os meios, processos ou ações que a lei confere ao acionista para assegurar os seus direitos não podem ser elididos pelo estatuto ou pela assembleia-geral.

§ 3º O estatuto da sociedade pode estabelecer que as divergências entre os acionistas e a companhia, ou entre os acionistas controladores e os acionistas minoritários, poderão ser solucionadas mediante arbitragem, nos termos em que especificar.

- § 3º acrescido pela Lei nº 10.303, de 31-10-2001.

Seção III
DIREITO DE VOTO

Disposições Gerais

Art. 110. A cada ação ordinária corresponde um voto nas deliberações da assembleia-geral.

§ 1º O estatuto pode estabelecer limitação ao número de votos de cada acionista.

§ 2º *Revogado.* Lei nº 14.195, de 26-8-2021.

Ações Preferenciais

Art. 110-A. É admitida a criação de uma ou mais classes de ações ordinárias com atribuição de voto plural, não superior a 10 (dez) votos por ação ordinária:

I – na companhia fechada; e

II – na companhia aberta, desde que a criação da classe ocorra previamente à negociação de quaisquer ações ou valores mobiliários conversíveis em ações de sua emissão em mercados organizados de valores mobiliários.

§ 1º A criação de classe de ações ordinárias com atribuição do voto plural depende do voto favorável de acionistas que representem:

I – metade, no mínimo, do total de votos conferidos pelas ações com direito a voto; e

II – metade, no mínimo, das ações preferenciais sem direito a voto ou com voto restrito, se emitidas, reunidas em assembleia especial convocada e instalada com as formalidades desta Lei.

§ 2º Nas deliberações de que trata o § 1º deste artigo, será assegurado aos acionistas dissidentes o direito de se retirarem da companhia mediante reembolso do valor de suas ações nos termos do art. 45 desta Lei, salvo se a criação da classe de ações ordinárias com atribuição de voto plural já estiver prevista ou autorizada pelo estatuto.

§ 3º O estatuto social da companhia, aberta ou fechada, nos termos dos incisos I e II do *caput* deste artigo, poderá exigir quórum maior para as deliberações de que trata o § 1º deste artigo.

§ 4º A listagem de companhias que adotem voto plural e a admissão de valores mobiliários de sua emissão em segmento de listagem de mercados organizados sujeitar-se-ão à observância das regras editadas pelas respectivas entidades administradoras, que deverão dar transparência sobre a condição de tais companhias abertas.

§ 5º Após o início da negociação das ações ou dos valores mobiliários conversíveis em ações em mercados organizados de valores mobiliários, é vedada a alteração das características de classe de ações ordinárias com atribuição de voto plural, exceto para reduzir os respectivos direitos ou vantagens.

§ 6º É facultado aos acionistas estipular no estatuto social o fim da vigência do voto plural condicionado a um evento ou a termo, observado o disposto nos §§ 7º e 8º deste artigo.

§ 7º O voto plural atribuído às ações ordinárias terá prazo de vigência inicial de até 7 (sete) anos, prorrogável por qualquer prazo, desde que:

I – seja observado o disposto nos §§ 1º e 3º deste artigo para a aprovação da prorrogação;

II – sejam excluídos das votações os titulares de ações da classe cujo voto plural se pretende prorrogar; e

III – seja assegurado aos acionistas dissidentes, nas hipóteses de prorrogação, o direito previsto no § 2º deste artigo.

§ 8º As ações de classe com voto plural serão automaticamente convertidas em ações ordinárias sem voto plural na hipótese de:

I – transferência, a qualquer título, a terceiros, exceto nos casos em que:

a) o alienante permanecer indiretamente como único titular de tais ações e no controle dos direitos políticos por elas conferidos;

b) o terceiro for titular da mesma classe de ações com voto plural a ele alienadas; ou

c) a transferência ocorrer no regime de titularidade fiduciária para fins de constituição do depósito centralizado; ou

II – o contrato ou acordo de acionistas, entre titulares de ações com voto plural e acionistas que não sejam titulares de ações com voto plural, dispor sobre exercício conjunto do direito de voto.

§ 9º Quando a lei expressamente indicar quóruns com base em percentual de ações ou do capital social, sem menção ao número de votos conferidos pelas ações, o cálculo respectivo deverá desconsiderar a pluralidade de voto.

§ 10. VETADO. Lei nº 14.195, de 26-8-2021.

§ 11. São vedadas as operações:

I – de incorporação, de incorporação de ações e de fusão de companhia aberta que não adote voto plural, e cujas ações ou valores mobiliários conversíveis em ações sejam negociados em mercados organizados, em companhia que adote voto plural;

II – de cisão de companhia aberta que não adote voto plural, e cujas ações ou valores mobiliários conversíveis em ações sejam negociados em mercados organizados, para constituição de nova companhia com adoção do voto plural, ou incorporação da parcela cindida em companhia que o adote.

§ 12. Não será adotado o voto plural nas votações pela assembleia de acionistas que deliberarem sobre:

I – a remuneração dos administradores; e

II – a celebração de transações com partes relacionadas que atendam aos critérios de relevância a serem definidos pela Comissão de Valores Mobiliários.

§ 13. O estatuto social deverá estabelecer, além do número de ações de cada espécie e classe em que se divide o capital social, no mínimo:

I – o número de votos atribuído por ação de cada classe de ações ordinárias com direito a voto, respeitado o limite de que trata o *caput* deste artigo;

II – o prazo de duração do voto plural, observado o limite previsto no § 7º deste artigo, bem como eventual quórum qualificado para deliberar sobre as prorrogações, nos termos do § 3º deste artigo; e

III – se aplicável, outras hipóteses de fim de vigência do voto plural condicionadas a evento ou a termo, além daquelas previstas neste artigo, conforme autorizado pelo § 6º deste artigo.

§ 14. As disposições relativas ao voto plural não se aplicam às empresas públicas, às sociedades de economia mista, às suas subsidiárias e às sociedades controladas direta ou indiretamente pelo poder público.

• Art. 110-A acrescido pela Lei nº 14.195, de 26-8-2021.

Art. 111. O estatuto poderá deixar de conferir às ações preferenciais algum ou alguns dos direitos reconhecidos às ações ordinárias, inclusive o de voto, ou conferi-lo com restrições, observado o disposto no artigo 109.

§ 1º As ações preferenciais sem direito de voto adquirirão o exercício desse direito se a companhia, pelo prazo previsto no estatuto, não superior a três exercícios consecutivos, deixar de pagar os dividendos fixos ou mínimos a que fizerem jus, direito que conservarão até o pagamento, se tais dividendos não forem cumulativos, ou até que sejam pagos os cumulativos em atraso.

○ Art. 112, par. ún., desta Lei.

§ 2º Na mesma hipótese e sob a mesma condição do § 1º, as ações preferenciais com direito de voto restrito terão suspensas as limitações ao exercício desse direito.

§ 3º O estatuto poderá estipular que o disposto nos §§ 1º e 2º vigorará a partir do término da implantação do empreendimento inicial da companhia.

Não Exercício de Voto pelas Ações ao Portador

Art. 112. Somente os titulares de ações nominativas, endossáveis e escriturais poderão exercer o direito de voto.

- Art. 295, § 3º, desta Lei.

Parágrafo único. Os titulares de ações preferenciais ao portador que adquirirem direito de voto de acordo com o disposto nos §§ 1º e 2º do artigo 111, e enquanto dele gozarem, poderão converter as ações em nominativas ou endossáveis, independentemente de autorização estatutária.

Voto das Ações Empenhadas e Alienadas Fiduciariamente

Art. 113. O penhor da ação não impede o acionista de exercer o direito de voto; será lícito, todavia, estabelecer, no contrato, que o acionista não poderá, sem consentimento do credor pignoratício, votar em certas deliberações.

Parágrafo único. O credor garantido por alienação fiduciária da ação não poderá exercer o direito de voto; o devedor somente poderá exercê-lo nos termos do contrato.

Voto das Ações Gravadas com Usufruto

Art. 114. O direito de voto da ação gravada com usufruto, se não for regulado no ato de constituição do gravame, somente poderá ser exercido mediante prévio acordo entre o proprietário e o usufrutuário.

Abuso do Direito de Voto e Conflito de Interesses

Art. 115. O acionista deve exercer o direito a voto no interesse da companhia; considerar-se-á abusivo o voto exercido com o fim de causar dano à companhia ou a outros acionistas, ou de obter, para si ou para outrem, vantagem a que não faz jus e de que resulte, ou possa resultar, prejuízo para a companhia ou para outros acionistas.

- *Caput* com a redação dada pela Lei nº 10.303, de 31-10-2001.

§ 1º O acionista não poderá votar nas deliberações da assembleia-geral relativas ao laudo de avaliação de bens com que concorrer para a formação do capital social e à aprovação de suas contas como administrador, nem em quaisquer outras que puderem beneficiá-lo de modo particular, ou em que tiver interesse conflitante com o da companhia.

§ 2º Se todos os subscritores forem condôminos de bem com que concorreram para a formação do capital social, poderão aprovar o laudo, sem prejuízo da responsabilidade de que trata o § 6º do artigo 8º.

- Art. 8, § 5º, desta Lei.

§ 3º O acionista responde pelos danos causados pelo exercício abusivo do direito de voto, ainda que seu voto não haja prevalecido.

§ 4º A deliberação tomada em decorrência do voto de acionista que tem interesse conflitante com o da companhia é anulável; o acionista responderá pelos danos causados e será obrigado a transferir para a companhia as vantagens que tiver auferido.

§§ 5º a 10. VETADOS. Lei nº 10.303, de 31-10-2001.

Seção IV

ACIONISTA CONTROLADOR

Deveres

Art. 116. Entende-se por acionista controlador a pessoa, natural ou jurídica, ou o grupo de pessoas vinculadas por acordo de voto, ou sob controle comum, que:

- Arts. 118, § 2º, 238, 243, § 2º, e 246 desta Lei.

a) é titular de direitos de sócio que lhe assegurem, de modo permanente, a maioria dos votos nas deliberações da assembleia-geral e o poder de eleger a maioria dos administradores da companhia; e

b) usa efetivamente seu poder para dirigir as atividades sociais e orientar o funcionamento dos órgãos da companhia.

- Art. 118, § 2º, desta Lei.

Parágrafo único. O acionista controlador deve usar o poder com o fim de fazer a companhia realizar o seu objeto e cumprir sua função social, e tem deveres e responsabilidades para com os demais acionistas da empresa, os que nela trabalham e para com a comunidade em que atua, cujos direitos e interesses deve lealmente respeitar e atender.

- Art. 82 da Lei nº 9.069, de 29-6-1995, que dispõe sobre o Plano Real, o Sistema Monetário Nacional, estabelece as regras e condições de emissão do REAL e os critérios para conversão das obrigações para o REAL.

Art. 116-A. O acionista controlador da companhia aberta e os acionistas, ou grupo de acionistas, que elegerem membro do conselho de administração ou membro do conselho fiscal, deverão informar imediatamente as modificações em sua posição acionária na companhia à Comissão de Valores Mobiliários e às Bolsas de Valores ou entidades do mercado de balcão organizado nas quais os valores mobiliários de emissão da companhia estejam admitidos à negociação, nas condições e na forma determinadas pela Comissão de Valores Mobiliários.

- Art. 116-A acrescido pela Lei nº 10.303, de 31-10-2001.

Responsabilidade

Art. 117. O acionista controlador responde pelos danos causados por atos praticados com abuso de poder.

- Arts. 118, § 2º, 238 e 246 desta Lei.

§ 1º São modalidades de exercício abusivo de poder:

a) orientar a companhia para fim estranho ao objeto social ou lesivo ao interesse nacional, ou levá-la a favorecer outra sociedade, brasileira ou estrangeira, em prejuízo da participação dos acionistas minoritários nos lucros ou no acervo da companhia, ou da economia nacional;

b) promover a liquidação de companhia próspera, ou a transformação, incorporação, fusão ou cisão da companhia, com o fim de obter, para si ou para outrem, vantagem indevida, em prejuízo dos demais acionistas, dos que trabalham na empresa ou dos investidores em valores mobiliários emitidos pela companhia;

c) promover alteração estatutária, emissão de valores mobiliários ou adoção de políticas ou decisões que não tenham por fim o interesse da companhia e visem a causar prejuízo a acionistas minoritários, aos que trabalham na empresa ou aos investidores em valores mobiliários emitidos pela companhia;

d) eleger administrador ou fiscal que sabe inapto, moral ou tecnicamente;

e) induzir, ou tentar induzir, administrador ou fiscal a praticar ato ilegal, ou, descumprindo seus deveres definidos nesta Lei e no estatuto, promover, contra o interesse da companhia, sua ratificação pela assembleia-geral;

f) contratar com a companhia, diretamente ou através de outrem, ou de sociedade na qual tenha interesse, em condições de favorecimento ou não equitativas;

g) aprovar ou fazer aprovar contas irregulares de administradores, por favorecimento pessoal, ou deixar de apurar denúncia que saiba ou devesse saber procedente, ou que justifique fundada suspeita de irregularidade;

h) subscrever ações, para os fins do disposto no artigo 170, com a realização em bens estranhos ao objeto social da companhia.

- Alínea *h* acrescida pela Lei nº 9.457, de 5-5-1997.

§ 2º No caso da alínea *e* do § 1º, o administrador ou fiscal que praticar o ato ilegal responde solidariamente com o acionista controlador.

§ 3º O acionista controlador que exerce cargo de administrador ou fiscal tem também os deveres e responsabilidades próprios do cargo.

Seção V

ACORDO DE ACIONISTAS

Art. 118. Os acordos de acionistas, sobre a compra e venda de suas ações, preferência para adquiri-las, exercício do direito a voto, ou do poder de controle deverão ser observados pela companhia quando arquivados na sua sede.

- *Caput* com a redação dada pela Lei nº 10.303, de 31-10-2001.

§ 1º As obrigações ou ônus decorrentes desses acordos somente serão oponíveis a terceiros, depois de averbados nos livros de registro e nos certificados das ações, se emitidos.

§ 2º Esses acordos não poderão ser invocados para eximir o acionista de responsabilidade no exercício do direito de voto (artigo 115) ou do poder de controle (artigos 116 e 117).

§ 3º Nas condições previstas no acordo, os acionistas podem promover a execução específica das obrigações assumidas.

- A alteração que seria introduzida no § 3º pela Lei nº 10.303, de 31-10-2001, foi vetada, razão pela qual mantivemos a sua redação.

§ 4º As ações averbadas nos termos deste artigo não poderão ser negociadas em bolsa ou no mercado de balcão.

§ 5º No relatório anual, os órgãos da administração da companhia aberta informarão à assembleia-geral as disposições sobre política de reinvestimento de lucros e distribuição de dividendos, constantes de acordos de acionistas arquivados na companhia.

§ 6º O acordo de acionistas cujo prazo for fixado em função de termo ou condição resolutiva somente pode ser denunciado segundo suas estipulações.

§ 7º O mandato outorgado nos termos de acordo de acionistas para proferir, em assembleia-geral ou especial, voto contra ou a favor de determinada deliberação, poderá prever prazo superior ao constante do § 1º do artigo 126 desta Lei.

§ 8º O presidente da assembleia ou do órgão colegiado de deliberação da companhia não computará o voto proferido com infração de acordo de acionistas devidamente arquivado.

§ 9º O não comparecimento à assembleia ou às reuniões dos órgãos de administração da companhia, bem como as abstenções de voto de qualquer parte de acordo de acionistas ou de membros do conselho de administração eleitos nos termos de acordo de acionistas, assegura à parte prejudicada o direito de votar com as ações pertencentes ao acionista ausente ou omisso e, no caso de membro do conselho de administração, pelo conselheiro eleito com os votos da parte prejudicada.

§ 10. Os acionistas vinculados a acordo de acionistas deverão indicar, no ato de arquivamento, representante para comunicar-se com a companhia, para prestar ou receber informações, quando solicitadas.

§ 11. A companhia poderá solicitar aos membros do acordo esclarecimento sobre suas cláusulas.

- §§ 6º a 11 acrescidos pela Lei nº 10.303, de 31-10-2001.

Seção VI

REPRESENTAÇÃO DE ACIONISTA RESIDENTE OU DOMICILIADO NO EXTERIOR

Art. 119. O acionista residente ou domiciliado no Exterior deverá manter, no País, representante com poderes para receber citação em ações contra ele, propostas com fundamento nos preceitos desta Lei.

Parágrafo único. O exercício, no Brasil, de qualquer dos direitos de acionista, confere ao mandatário ou representante legal qualidade para receber citação judicial.

Seção VII

SUSPENSÃO DO EXERCÍCIO DE DIREITOS

Art. 120. A assembleia-geral poderá suspender o exercício dos direitos do acionista que deixar de cumprir obrigação imposta pela lei ou pelo estatuto, cessando a suspensão logo que cumprida a obrigação.

- Arts. 109 e 122, V, desta Lei.

CAPÍTULO XI

ASSEMBLEIA-GERAL

Seção I

DISPOSIÇÕES GERAIS

Art. 121. A assembleia-geral, convocada e instalada de acordo com a lei e o estatuto, tem poderes para decidir todos os negócios relativos ao objeto da companhia e tomar as resoluções que julgar convenientes à sua defesa e desenvolvimento.

- Art. 59 desta Lei.

Parágrafo único. Nas companhias, abertas e fechadas, o acionista poderá participar e votar a distância em assembleia geral, nos termos do regulamento da Comissão de Valores Mobiliários e do órgão competente do Poder Executivo federal, respectivamente.

- Parágrafo único com a redação dada pela Lei nº 14.030, de 28-7-2020.

Competência Privativa

Art. 122. Compete privativamente à assembleia-geral:

- *Caput* com a redação dada pela Lei nº 12.431, de 24-6-2011.

I – reformar o estatuto social;

II – eleger ou destituir, a qualquer tempo, os administradores e fiscais da companhia, ressalvado o disposto no inciso II do artigo 142;

III – tomar, anualmente, as contas dos administradores e deliberar sobre as demonstrações financeiras por eles apresentadas;

- Incisos I a III com a redação dada pela Lei nº 10.303, de 31-10-2001.

IV – autorizar a emissão de debêntures, ressalvado o disposto nos §§ 1º, 2º e 4º do art. 59;

- Inciso IV com a redação dada pela Lei nº 12.431, de 24-6-2011.

V – suspender o exercício dos direitos do acionista (artigo 120);

VI – deliberar sobre a avaliação de bens com que o acionista concorrer para a formação do capital social;

VII – autorizar a emissão de partes beneficiárias;

VIII – deliberar sobre transformação, fusão, incorporação e cisão da companhia, sua dissolução e liquidação, eleger e destituir liquidantes e julgar as suas contas;

IX – autorizar os administradores a confessar falência e a pedir recuperação judicial; e

- Incisos VIII e IX com a redação dada pela Lei nº 14.195, de 26-8-2021.

X – deliberar, quando se tratar de companhias abertas, sobre a celebração de transações com partes relacionadas, a alienação ou a contribuição para outra empresa de ativos, caso o valor da operação corresponda a mais de 50% (cinquenta por cento) do valor dos ativos totais da companhia constantes do último balanço aprovado.

- Inciso X acrescido pela Lei nº 14.195, de 26-8-2021.

Parágrafo único. Em caso de urgência, a confissão de falência ou o pedido de recuperação judicial poderá ser formulado pelos administradores, com a concordância do acionista controlador, se houver, hipótese em que a assembleia-geral será convocada imediatamente para deliberar sobre a matéria.

- Parágrafo único com redação dada pela Lei nº 14.195, de 26-8-2021.

Competência para Convocação

Art. 123. Compete ao Conselho de Administração, se houver, ou aos diretores, observado o disposto no estatuto, convocar a assembleia-geral.

Parágrafo único. A assembleia-geral pode também ser convocada:

a) pelo Conselho Fiscal, nos casos previstos no nº V do artigo 163;

b) por qualquer acionista, quando os administradores retardarem, por mais de sessenta dias, a convocação, nos casos previstos em lei ou no estatuto;

c) por acionistas que representem cinco por cento, no mínimo, do capital social, quando os administradores não atenderem, no prazo de oito dias, a pedido de convocação que apresentarem, devidamente fundamentado, com indicação das matérias a serem tratadas;

- Alínea *c* com a redação dada pela Lei nº 9.457, de 5-5-1997.

d) por acionistas que representem cinco por cento, no mínimo, do capital votante, ou cinco por cento, no mínimo, dos acionistas sem direito a voto, quando os administradores não atenderem, no prazo de oito dias, a pedido de convocação de assembleia para instalação do Conselho Fiscal.

- Alínea *d* acrescida pela Lei nº 9.457, de 5-5-1997.

Modo de Convocação e Local

Art. 124. A convocação far-se-á mediante anúncio publicado por três vezes, no mínimo, contendo, além do local, data e hora da assembleia, a ordem do dia, e, no caso de reforma do estatuto, a indicação da matéria.

- *Caput* do § 1º com a redação dada pela Lei nº 10.303, de 31-10-2001.

§ 1º A primeira convocação da assembleia-geral deverá ser feita:

- *Caput* do § 1º com a redação dada pela Lei nº 10.303, de 31-10-2001.

I – na companhia fechada, com oito dias de antecedência, no mínimo, contado o prazo da publicação do primeiro anúncio; não se realizando a assembleia, será publicado novo anúncio, de segunda convocação, com antecedência mínima de cinco dias;

- Inciso I com a redação dada pela Lei nº 10.303, de 31-10-2001.

II – na companhia aberta, com 21 (vinte e um) dias de antecedência, e a segunda convocação com 8 (oito) dias de antecedência.

- Inciso II com a redação dada pela Lei nº 14.195, de 26-8-2021.

§ 2º A assembleia geral deverá ser realizada, preferencialmente, no edifício onde a companhia tiver sede ou, por motivo de força maior, em outro lugar, desde que seja no mesmo Município da sede e seja indicado com clareza nos anúncios.

- § 2º com a redação dada pela Lei nº 14.030, de 28-7-2020.

§ 2º-A. Sem prejuízo do disposto no § 2º deste artigo, as companhias, abertas e fechadas, poderão realizar assembleia digital, nos termos do regulamento da Comissão de Valores Mobiliários e do órgão competente do Poder Executivo federal, respectivamente.

- § 2º-A acrescido pela Lei nº 14.030, de 28-7-2020.

§ 3º Nas companhias fechadas, o acionista que representar cinco por cento, ou mais, do capital social, será convocado por telegrama ou carta registrada, expedidos com a antecedência prevista no § 1º, desde que o tenha solicitado, por escrito, à companhia, com a indicação do endereço completo e do prazo de vigência do pedido, não superior a dois exercícios sociais, e renovável; essa convocação não dispensa a publicação do aviso previsto no § 1º, e sua inobservância dará ao acionista direito de haver, dos administradores da companhia, indenização pelos prejuízos sofridos.

§ 4º Independentemente das formalidades previstas neste artigo, será considerada regular a assembleia-geral a que comparecerem todos os acionistas.

§ 5º A Comissão de Valores Mobiliários poderá, a seu exclusivo critério, mediante decisão fundamentada de seu Colegiado, a pedido de qualquer acionista, e ouvida a companhia:

- *Caput* do § 5º acrescido pela Lei nº 10.303, de 31-10-2001.

I – determinar, fundamentadamente, o adiamento de assembleia-geral por até 30 (trinta) dias, em caso de insuficiência de informações necessárias para a deliberação, contado o prazo da data em que as informações completas forem colocadas à disposição dos acionistas; e

- Inciso I com a redação dada pela Lei nº 14.195, de 26-8-2021.

II – interromper, por até quinze dias, o curso do prazo de antecedência da convocação de assembleia-geral extraordinária de companhia aberta, a fim de conhecer e analisar as propostas a serem submetidas à assembleia e, se for o caso, informar à companhia, até o término da interrupção, as razões pelas quais entende que a deliberação proposta à assembleia viola dispositivos legais ou regulamentares.

- Inciso II acrescido pela Lei nº 10.303, de 31-10-2001.

§ 6º As companhias abertas com ações admitidas à negociação em bolsa de valores deverão remeter, na data da publicação do anúncio de convocação da assembleia, à bolsa de valores em que suas ações forem mais negociadas, os documentos postos à disposição dos acionistas para deliberação na assembleia-geral.

- § 6º acrescido pela Lei nº 10.303, de 31-10-2001.

Quorum de Instalação

Art. 125. Ressalvadas as exceções previstas em lei, a assembleia-geral instalar-se-á, em primeira convocação, com a presença de acionistas que representem, no mínimo, 1/4 (um quarto) do total de votos conferidos pelas ações com direito a voto e, em segunda convocação, instalar-se-á com qualquer número.

- *Caput* com a redação dada pela Lei nº 14.195, de 26-8-2021.

Parágrafo único. Os acionistas sem direito de voto podem comparecer à assembleia-geral e discutir a matéria submetida à deliberação.

Legitimação e Representação

Art. 126. As pessoas presentes à assembleia deverão provar a sua qualidade de acionista, observadas as seguintes normas:

I – os titulares de ações nominativas exibirão, se exigido, documento hábil de sua identidade;

II – os titulares de ações escriturais ou em custódia nos termos do artigo 41, além do documento de identidade, exibirão, ou depositarão na companhia, se o estatuto o exigir, comprovante expedido pela instituição financeira depositária.

- Inciso II com a redação dada pela Lei nº 9.457, de 5-5-1997.

III – os titulares de ações ao portador exibirão os respectivos certificados ou documento de depósito nos termos do nº II;

IV – os titulares de ações escriturais ou em custódia nos termos do artigo 41, além do documento de identidade, exibirão, ou depositarão na companhia, se o estatuto o exigir, comprovante expedido pela instituição financeira depositária.

§ 1º O acionista pode ser representado na assembleia-geral por procurador constituído há menos de um ano, que seja acionista, administrador da companhia ou advogado; na companhia aberta, o procurador pode, ainda, ser instituição financeira, cabendo ao administrador de fundos de investimento representar os condôminos.

- Arts. 133 e 134, § 1º, desta Lei.

§ 2º O pedido de procuração mediante correspondência, ou anúncio publicado, sem prejuízo da regulamentação que sobre o assunto vier a baixar a Comissão de Valores Mobiliários, deverá satisfazer aos seguintes requisitos:

a) conter todos os elementos informativos necessários ao exercício do voto pedido;

b) facultar ao acionista o exercício de voto contrário à decisão com indicação de outro procurador para o exercício desse voto;

c) ser dirigido a todos os titulares de ações cujos endereços constem da companhia.

- Alínea *c* com a redação dada pela Lei nº 9.457, de 5-5-1997.

§ 3º É facultado a qualquer acionista, detentor de ações, com ou sem voto, que represente meio por cento, no mínimo, do capital social, solicitar relação de endereços dos acionistas, para os fins previstos no § 1º, obedecidos sempre os requisitos do parágrafo anterior.

- § 3º com a redação dada pela Lei nº 9.457, de 5-5-1997.

§ 4º Têm a qualidade para comparecer à assembleia os representantes legais dos acionistas.

Livro de Presença

Art. 127. Antes de abrir-se a assembleia, os acionistas assinarão o "Livro de Presença", indicando o seu nome, nacionalidade e residência, bem como a quantidade, espécie e classe das ações de que forem titulares.

Parágrafo único. Considera-se presente em assembleia-geral, para todos os efeitos desta Lei, o acionista que registrar a distância sua presença, na forma prevista em regulamento da Comissão de Valores Mobiliários.

- Parágrafo único acrescido pela Lei nº 12.431, de 24-6-2011.

Mesa

Art. 128. Os trabalhos da assembleia serão dirigidos por mesa composta, salvo disposição diversa do estatuto, de presidente e secretário, escolhidos pelos acionistas presentes.

Quorum das Deliberações

Art. 129. As deliberações da assembleia-geral, ressalvadas as exceções previstas em lei, serão tomadas por maioria absoluta de votos, não se computando os votos em branco.

§ 1º O estatuto da companhia fechada pode aumentar o *quorum* exigido para certas deliberações, desde que especifique as matérias.

§ 2º No caso de empate, se o estatuto não estabelecer procedimento de arbitragem e não contiver norma diversa, a assembleia será convocada, com intervalo mínimo de dois meses, para votar a deliberação; se permanecer o empate e os acionistas não concordarem em cometer a decisão a um terceiro, caberá ao Poder Judiciário decidir, no interesse da companhia.

Ata da Assembleia

Art. 130. Dos trabalhos e deliberações da assembleia será lavrada, em livro próprio, ata assinada pelos membros da mesa e pelos acionistas presentes. Para validade da ata é suficiente a assinatura de quantos bastem para constituir a maioria necessária para as deliberações tomadas na assembleia. Da ata tirar-se-ão certidões ou cópias autênticas para os fins legais.

§ 1º A ata poderá ser lavrada na forma de sumário dos fatos ocorridos, inclusive dissidências e protestos, e conter a transcrição apenas das deliberações tomadas, desde que:

a) os documentos ou propostas submetidos à assembleia, assim como as declarações de voto ou dissidência, referidos na ata, sejam numerados seguidamente, autenticados pela mesa e por qualquer acionista que o solicitar, e arquivados na companhia;

b) a mesa, a pedido de acionista interessado, autentique exemplar ou cópia de proposta, declaração de voto ou dissidência, ou protesto apresentado.

§ 2º A assembleia-geral da companhia aberta pode autorizar a publicação de ata com omissão das assinaturas dos acionistas.

§ 3º Se a ata não for lavrada na forma permitida pelo § 1º, poderá ser publicado apenas o seu extrato, com o sumário dos fatos ocorridos e a transcrição das deliberações tomadas.

Espécies de Assembleia

Art. 131. A assembleia-geral é ordinária quando tem por objeto as matérias previstas no artigo 132, e extraordinária nos demais casos.

Parágrafo único. A assembleia-geral ordinária e a assembleia-geral extraordinária poderão ser, cumulativamente, convocadas e realizadas no mesmo local, data e hora, instrumentadas em ata única.

Seção II

ASSEMBLEIA-GERAL ORDINÁRIA

Objeto

Art. 132. Anualmente, nos quatro primeiros meses seguintes ao término do exercício social, deverá haver uma assembleia-geral para:

- Arts. 131, 142, IV, 158, § 2º, e 165, § 2º, desta Lei.

I – tomar as contas dos administradores, examinar, discutir e votar as demonstrações financeiras;

II – deliberar sobre a destinação do lucro líquido do exercício e a distribuição de dividendos;

III – eleger os administradores e os membros do Conselho Fiscal, quando for o caso;

IV – aprovar a correção da expressão monetária do capital social (artigo 167).

Documentos da Administração

Art. 133. Os administradores devem comunicar, até um mês antes da data marcada para a realização da assembleia-geral ordinária, por anúncios publicados na forma prevista no artigo 124, que se acham à disposição dos acionistas:

- Art. 134 desta Lei.

LEG. COMPLEMENTAR

I – o relatório da administração sobre os negócios sociais e os principais fatos administrativos do exercício findo;

II – a cópia das demonstrações financeiras;

III – o parecer dos auditores independentes, se houver;

IV – o parecer do conselho fiscal, inclusive votos dissidentes, se houver; e

V – demais documentos pertinentes a assuntos incluídos na ordem do dia.

- Incisos IV e V acrescidos pela Lei nº 10.303, de 31-10-2001.

§ 1º Os anúncios indicarão o local ou locais onde os acionistas poderão obter cópias desses documentos.

§ 2º A companhia remeterá cópia desses documentos aos acionistas que o pedirem por escrito, nas condições previstas no § 3º do artigo 124.

§ 3º Os documentos referidos neste artigo, à exceção dos constantes dos incisos IV e V, serão publicados até cinco dias, pelo menos, antes da data marcada para a realização da assembleia-geral.

- § 3º com a redação dada pela Lei nº 10.303, de 31-10-2001.

§ 4º A assembleia-geral que reunir a totalidade dos acionistas poderá considerar sanada a falta de publicação dos anúncios ou a inobservância dos prazos referidos neste artigo; mas é obrigatória a publicação dos documentos antes da realização da assembleia.

§ 5º A publicação dos anúncios é dispensada quando os documentos a que se refere este artigo são publicados até um mês antes da data marcada para a realização da assembleia-geral ordinária.

Procedimento

Art. 134. Instalada a assembleia-geral, proceder-se-á, se requerida por qualquer acionista, à leitura dos documentos referidos no artigo 133 e do parecer do Conselho Fiscal, se houver, os quais serão submetidos pela mesa à discussão e votação.

§ 1º Os administradores da companhia, ou ao menos um deles, e o auditor independente, se houver, deverão estar presentes à assembleia para atender a pedidos de esclarecimentos de acionistas, mas os administradores não poderão votar, como acionistas ou procuradores, os documentos referidos neste artigo.

§ 2º Se a assembleia tiver necessidade de outros esclarecimentos, poderá adiar a deliberação e ordenar diligências; também será adiada a deliberação, salvo dispensa dos acionistas presentes, na hipótese de não comparecimento de administrador, membro do Conselho Fiscal ou auditor independente.

§ 3º A aprovação, sem reserva, das demonstrações financeiras e das contas, exonera de responsabilidade os administradores e fiscais, salvo erro, dolo, fraude ou simulação (artigo 286).

§ 4º Se a assembleia aprovar as demonstrações financeiras com modificação no montante do lucro do exercício ou no valor das obrigações da companhia, os administradores promoverão, dentro de trinta dias, a republicação das demonstrações, com as retificações deliberadas pela assembleia; se a destinação dos lucros proposta pelos órgãos de administração não lograr aprovação (artigo 176, § 3º), as modificações introduzidas constarão da ata da assembleia.

§ 5º A ata da assembleia-geral ordinária será arquivada no Registro do Comércio e publicada.

§ 6º As disposições do § 1º, segunda parte, não se aplicam quando, nas sociedades fechadas, os diretores forem os únicos acionistas.

Seção III

ASSEMBLEIA-GERAL EXTRAORDINÁRIA

Reforma do Estatuto

Art. 135. A assembleia-geral extraordinária que tiver por objeto a reforma do estatuto somente se instalará, em primeira convocação, com a presença de acionistas que representem, no mínimo, 2/3 (dois terços) do total de votos conferidos pelas ações com direito a voto, mas poderá instalar-se, em segunda convocação, com qualquer número.

- *Caput* com a redação dada pela Lei nº 14.195, de 26-8-2021.
- Art. 271, § 4º, desta Lei.

§ 1º Os atos relativos a reformas do estatuto, para valerem contra terceiros, ficam sujeitos às formalidades de arquivamento e publicação, não podendo, todavia, a falta de cumprimento dessas formalidades ser oposta, pela companhia ou por seus acionistas, a terceiros de boa-fé.

§ 2º Aplica-se aos atos de reforma do estatuto o disposto no artigo 97 e seus §§ 1º e 2º e no artigo 98 e seu § 1º.

§ 3º Os documentos pertinentes à matéria a ser debatida na assembleia-geral extraordinária deverão ser postos à disposição dos acionistas, na sede da companhia, por ocasião da publicação do primeiro anúncio de convocação da assembleia-geral.

- § 3º acrescido pela Lei nº 10.303, de 31-10-2001.

***Quorum* Qualificado**

Art. 136. É necessária a aprovação de acionistas que representem metade, no mínimo, do total de votos conferidos pelas ações com direito a voto, se maior quórum não for exigido pelo estatuto da companhia cujas ações não estejam admitidas à negociação em bolsa ou no mercado de balcão, para deliberação sobre:

- *Caput* com a redação dada pela Lei nº 14.195, de 26-8-2021.

I – criação de ações preferenciais ou aumento de classe de ações preferenciais existentes, sem guardar proporção com as demais classes de ações preferenciais, salvo se já previstos ou autorizados pelo estatuto;

- Inciso I com a redação dada pela Lei nº 10.303, de 31-10-2001.

II – alteração nas preferências, vantagens e condições de resgate ou amortização de uma ou mais classes de ações preferenciais, ou criação de nova classe mais favorecida;

III – redução do dividendo obrigatório;

IV – fusão da companhia, ou sua incorporação em outra;

V – participação em grupo de sociedades (artigo 265);

VI – mudança do objeto da companhia;

VII – cessação do estado de liquidação da companhia;

VIII – criação de partes beneficiárias;

- Incisos II a VIII com a redação dada pela Lei nº 9.457, de 5-5-1997.

IX – cisão de companhia;

X – dissolução da companhia.

- Incisos IX e X acrescidos pela Lei nº 9.457, de 5-5-1997.

§ 1º Nos casos dos incisos I e II, a eficácia da deliberação depende de prévia aprovação ou da ratificação, em prazo improrrogável de um ano, por titulares de mais da metade de cada classe de ações preferenciais prejudicadas, reunidos em assembleia especial convocada pelos administradores e instalada com as formalidades desta Lei.

- § 1º com a redação dada pela Lei nº 9.457, de 5-5-1997.

§ 2º A Comissão de Valores Mobiliários pode autorizar a redução do quórum previsto neste artigo no caso de companhia aberta com a propriedade das ações dispersa no mercado e cujas 3 (três) últimas assembleias tenham sido realizadas com a presença de acionistas que representem menos da metade do total de votos conferidos pelas ações com direito a voto.

• § 2º com a redação dada pela Lei nº 14.195, de 26-8-2021.

§ 2º-A. Na hipótese do § 2º deste artigo, a autorização da Comissão de Valores Mobiliários será mencionada nos avisos de convocação e a deliberação com quórum reduzido somente poderá ser adotada em terceira convocação.

• § 2º-A acrescido pela Lei nº 14.195, de 26-8-2021.

§ 3º O disposto nos §§ 2º e 2º-A deste artigo aplica-se também às assembleias especiais de acionistas preferenciais de que trata o § 1º deste artigo.

• § 3º com a redação dada pela Lei nº 14.195, de 26-8-2021.

§ 4º Deverá constar da ata da assembleia-geral que deliberar sobre as matérias dos incisos I e II, se não houver prévia aprovação, que a deliberação só terá eficácia após a sua ratificação pela assembleia especial prevista no § 1º.

• § 4º acrescido pela Lei nº 9.457, de 5-5-1997.

Art. 136-A. A aprovação da inserção de convenção de arbitragem no estatuto social, observado o *quorum* do art. 136, obriga a todos os acionistas, assegurado ao acionista dissidente o direito de retirar-se da companhia mediante o reembolso do valor de suas ações, nos termos do art. 45.

§ 1º A convenção somente terá eficácia após o decurso do prazo de 30 (trinta) dias, contado da publicação da ata da assembleia geral que a aprovou.

§ 2º O direito de retirada previsto no *caput* não será aplicável:

I – caso a inclusão da convenção de arbitragem no estatuto social represente condição para que os valores mobiliários de emissão da companhia sejam admitidos à negociação em segmento de listagem de bolsa de valores ou de mercado de balcão organizado que exija dispersão acionária mínima de 25% (vinte e cinco por cento) das ações de cada espécie ou classe;

II – caso a inclusão da convenção de arbitragem seja efetuada no estatuto social de companhia aberta cujas ações sejam dotadas de liquidez e dispersão no mercado, nos termos das alíneas *a* e *b* do inciso II do art. 137 desta Lei.

• Art. 136-A acrescido pela Lei nº 13.129, de 26-5-2015.

Direito de Retirada

Art. 137. A aprovação das matérias previstas nos incisos I a VI e IX do artigo 136 dá ao acionista dissidente o direito de retirar-se da companhia, mediante reembolso do valor das suas ações (artigo 45), observadas as seguintes normas:

• *Caput* com a redação dada pela Lei nº 10.303, de 31-10-2001.

I – nos casos dos incisos I e II do artigo 136, somente terá direito de retirada o titular de ações de espécie ou classe prejudicadas;

• Inciso I com a redação dada pela Lei nº 9.457, de 5-5-1997.

II – nos casos dos incisos IV e V do artigo 136, não terá direito de retirada o titular de ação de espécie ou classe que tenha liquidez e dispersão no mercado, considerando-se haver:

a) liquidez, quando a espécie ou classe de ação, ou certificado que a represente, integre índice geral representativo de carteira de valores mobiliários admitido à negociação no mercado de valores mobiliários, no Brasil ou no exterior, definido pela Comissão de Valores Mobiliários; e

b) dispersão, quando o acionista controlador, a sociedade controladora ou outras sociedades sob seu controle detiverem menos da metade da espécie ou classe de ação;

III – no caso do inciso IX do artigo 136, somente haverá direito de retirada se a cisão implicar:

a) mudança do objeto social, salvo quando o patrimônio cindido for vertido para sociedade cuja atividade preponderante coincida com a decorrente do objeto social da sociedade cindida;

b) redução do dividendo obrigatório; ou

c) participação em grupo de sociedades;

IV – o reembolso da ação deve ser reclamado à companhia no prazo de trinta dias contado da publicação da ata da assembleia-geral;

V – o prazo para o dissidente de deliberação de assembleia especial (artigo 136, § 1º) será contado da publicação da respectiva ata;

• Incisos II a V com a redação dada pela Lei nº 10.303, de 31-10-2001.

VI – o pagamento do reembolso somente poderá ser exigido após a observância do disposto no § 3º e, se for o caso, da ratificação da deliberação pela assembleia-geral.

• Inciso VI acrescido pela Lei nº 10.303, de 31-10-2001.

§ 1º O acionista dissidente de deliberação da assembleia, inclusive o titular de ações preferenciais sem direito de voto, poderá exercer o direito de reembolso das ações de que, comprovadamente, era titular na data da primeira publicação do edital de convocação da assembleia, ou na data da comunicação do fato relevante objeto da deliberação, se anterior.

• § 1º com a redação dada pela Lei nº 9.457, de 5-5-1997.

§ 2º O direito de reembolso poderá ser exercido no prazo previsto nos incisos IV ou V do *caput* deste artigo, conforme o caso, ainda que o titular das ações tenha se abstido de votar contra a deliberação ou não tenha comparecido à assembleia.

§ 3º Nos dez dias subsequentes ao término do prazo de que tratam os incisos IV e V do *caput* deste artigo, conforme o caso, contado da publicação da ata da assembleia-geral ou da assembleia especial que ratificar a deliberação, é facultado aos órgãos da administração convocar a assembleia-geral para ratificar ou reconsiderar a deliberação, se entenderem que o pagamento do preço do reembolso das ações aos acionistas dissidentes que exerceram o direito de retirada porá em risco a estabilidade financeira da empresa.

• §§ 2º e 3º com a redação dada pela Lei nº 10.303, de 31-10-2001.

§ 4º Decairá do direito de retirada o acionista que não o exercer no prazo fixado.

• § 4º acrescido pela Lei nº 9.457, de 5-5-1997.

CAPÍTULO XII

CONSELHO DE ADMINISTRAÇÃO E DIRETORIA

Administração da Companhia

Art. 138. A administração da companhia competirá, conforme dispuser o estatuto, ao Conselho de Administração e à diretoria, ou somente à diretoria.

§ 1º O Conselho de Administração é órgão de deliberação colegiada, sendo a representação da companhia privativa dos diretores.

§ 2º As companhias abertas e as de capital autorizado terão, obrigatoriamente, Conselho de Administração.

§ 3º É vedada, nas companhias abertas, a acumulação do cargo de presidente do conselho de administração e do cargo de diretor-presidente ou de principal executivo da companhia.

- Art. 58 da Lei nº 14.195, de 26-8-2021, que estabelece um prazo de 360 dias, contados de sua publicação, para a produção de efeitos da redação dada a este parágrafo.

§ 4º A Comissão de Valores Mobiliários poderá editar ato normativo que excepcione as companhias de menor porte previstas no art. 294-B desta Lei da vedação de que trata o § 3º deste artigo.

- §§ 3º e 4º acrescidos pela Lei nº 14.195, de 26-8-2021.

Art. 139. As atribuições e poderes conferidos por lei aos órgãos de administração não podem ser outorgados a outro órgão, criado por lei ou pelo estatuto.

Seção I

CONSELHO DE ADMINISTRAÇÃO

Composição

Art. 140. O Conselho de Administração será composto por, no mínimo, três membros, eleitos pela assembleia-geral e por ela destituíveis a qualquer tempo, devendo o estatuto estabelecer:

I – o número de conselheiros, ou o máximo e mínimo permitidos, e o processo de escolha e substituição do presidente do conselho pela assembleia ou pelo próprio conselho;

- Inciso I com a redação dada pela Lei nº 10.303, de 31-10-2001.

II – o modo de substituição dos conselheiros;

III – o prazo de gestão, que não poderá ser superior a três anos, permitida a reeleição;

IV – as normas sobre convocação, instalação e funcionamento do conselho, que deliberará por maioria de votos, podendo o estatuto estabelecer *quorum* qualificado para certas deliberações, desde que especifique as matérias.

- Inciso IV com a redação dada pela Lei nº 10.303, de 31-10-2001.

§ 1º O estatuto poderá prever a participação no conselho de representantes dos empregados, escolhidos pelo voto destes, em eleição direta, organizada pela empresa, em conjunto com as entidades sindicais que os representam.

- Parágrafo único transformado em § 1º e com a redação dada pela Lei nº 14.195, de 26-8-2021.

§ 2º Na composição do conselho de administração das companhias abertas, é obrigatória a participação de conselheiros independentes, nos termos e nos prazos definidos pela Comissão de Valores Mobiliários.

- § 2º acrescido pela Lei nº 14.195, de 26-8-2021.

Voto Múltiplo

Art. 141. Na eleição dos conselheiros, é facultado aos acionistas que representem, no mínimo, 10% (dez por cento) do capital social com direito a voto, esteja ou não previsto no estatuto, requerer a adoção do processo de voto múltiplo, por meio do qual o número de votos de cada ação será multiplicado pelo número de cargos a serem preenchidos, reconhecido ao acionista o direito de cumular os votos em um só candidato ou distribuí-los entre vários.

- *Caput* com a redação dada pela Lei nº 14.195, de 26-8-2021.
- Art. 291 desta Lei.

§ 1º A faculdade prevista neste artigo deverá ser exercida pelos acionistas até quarenta e oito horas antes da assembleia-geral, cabendo à mesa que dirigir os trabalhos da assembleia informar previamente aos acionistas, à vista do "Livro de Presença", o número de votos necessários para a eleição de cada membro do Conselho.

§ 2º Os cargos que, em virtude de empate, não forem preenchidos, serão objeto de nova votação, pelo mesmo processo, observado o disposto no § 1º, *in fine*.

§ 3º Sempre que a eleição tiver sido realizada por esse processo, a destituição de qualquer membro do Conselho de Administração pela assembleia-geral importará destituição dos demais membros, procedendo-se a nova eleição; nos demais casos de vaga, não havendo suplente, a primeira assembleia-geral procederá à nova eleição de todo o Conselho.

§ 4º Terão direito de eleger e destituir um membro e seu suplente do conselho de administração, em votação em separado na assembleia-geral, excluído o acionista controlador, a maioria dos titulares, respectivamente:

I – de ações de emissão de companhia aberta com direito a voto, que representem, pelo menos, quinze por cento do total das ações com direito a voto; e

II – de ações preferenciais sem direito a voto ou com voto restrito de emissão de companhia aberta, que representem, no mínimo, dez por cento do capital social, que não houverem exercido o direito previsto no estatuto, em conformidade com o artigo 18.

- § 4º com a redação dada pela Lei nº 10.303, de 31-10-2001.

§ 5º Verificando-se que nem os titulares de ações com direito a voto e nem os titulares de ações preferenciais sem direito a voto ou com voto restrito perfizeram, respectivamente, o *quorum* exigido nos incisos I e II do § 4º, ser-lhes-á facultado agregar suas ações para elegerem em conjunto um membro e seu suplente para o conselho de administração, observando-se, nessa hipótese, o *quorum* exigido pelo inciso II do § 4º.

§ 6º Somente poderão exercer o direito previsto no § 4º os acionistas que comprovarem a titularidade ininterrupta da participação acionária ali exigida durante o período de três meses, no mínimo, imediatamente anterior à realização da assembleia-geral.

- §§ 5º e 6º acrescidos pela Lei nº 10.303, de 31-10-2001.

§ 7º Sempre que, cumulativamente, a eleição do conselho de administração ocorrer pelo sistema do voto múltiplo e os titulares de ações ordinárias ou preferenciais exercerem a prerrogativa de eleger conselheiro, será assegurado a acionista ou a grupo de acionistas vinculados por acordo de votos que detenham mais de 50% (cinquenta por cento) do total de votos conferidos pelas ações com direito a voto o direito de eleger conselheiros em número igual ao dos eleitos pelos demais acionistas, mais um, independentemente do número de conselheiros que, segundo o estatuto, componha o órgão.

- § 7º com a redação dada pela Lei nº 14.195, de 26-8-2021.

§ 8º A companhia deverá manter registro com a identificação dos acionistas que exercerem a prerrogativa a que se refere o § 4º.

- § 8º acrescido pela Lei nº 10.303, de 31-10-2001.

§ 9º VETADO. Lei nº 10.303, de 31-10-2001.

Competência

Art. 142. Compete ao conselho de administração:

- *Caput* com a redação dada pela Lei nº 10.303, de 31-10-2001.

I – fixar a orientação geral dos negócios da companhia;

II – eleger e destituir os diretores da companhia e fixar-lhes as atribuições, observado o que a respeito dispuser o estatuto;

III – fiscalizar a gestão dos diretores, examinar, a qualquer tempo, os livros e papéis da companhia, solicitar informações sobre contratos celebrados ou em via de celebração, e quaisquer outros atos;

IV – convocar a assembleia-geral quando julgar conveniente, ou no caso do artigo 132;

V – manifestar-se sobre o relatório da administração e as contas da diretoria;

VI – manifestar-se previamente sobre atos ou contratos, quando o estatuto assim o exigir;

VII – deliberar, quando autorizado pelo estatuto, sobre a emissão de ações ou de bônus de subscrição;

VIII – autorizar, se o estatuto não dispuser em contrário, a alienação de bens do ativo não circulante, a constituição de ônus reais e a prestação de garantias a obrigações de terceiros;

- Inciso VIII com a redação dada pela Lei nº 11.941, de 27-5-2009.

IX – escolher e destituir os auditores independentes, se houver.

§ 1º Serão arquivadas no registro do comércio e publicadas as atas das reuniões do conselho de administração que contiverem deliberação destinada a produzir efeitos perante terceiros.

- Parágrafo único transformado em § 1º pela Lei nº 10.303, de 31-10-2001.

§ 2º A escolha e a destituição do auditor independente ficará sujeita a veto, devidamente fundamentado, dos conselheiros eleitos na forma do artigo 141, § 4º, se houver.

- § 2º acrescido pela Lei nº 10.303, de 31-10-2001.

Seção II

DIRETORIA

Composição

Art. 143. A Diretoria será composta por 1 (um) ou mais membros eleitos e destituíveis a qualquer tempo pelo conselho de administração ou, se inexistente, pela assembleia-geral, e o estatuto estabelecerá:

- *Caput* com a redação dada pela LC nº 182, de 1º-6-2021.

I – o número de diretores, ou o máximo e o mínimo permitidos;

II – o modo de sua substituição;

III – o prazo de gestão, que não será superior a três anos, permitida a reeleição;

IV – as atribuições e poderes de cada diretor.

§ 1º Os membros do Conselho de Administração, até o máximo de um terço, poderão ser eleitos para cargos de diretores.

§ 2º O estatuto pode estabelecer que determinadas decisões, de competência dos diretores, sejam tomadas em reunião da diretoria.

- A alteração que seria introduzida no art. 143 pela Lei nº 10.303, de 31-10-2001, foi vetada, razão pela qual mantivemos a sua redação.

Representação

Art. 144. No silêncio do estatuto e inexistindo deliberação do Conselho de Administração (artigo 142, II e parágrafo único), competirão a qualquer diretor a representação da companhia e a prática dos atos necessários ao seu funcionamento regular.

Parágrafo único. Nos limites de suas atribuições e poderes, é lícito aos diretores constituir mandatários da companhia, devendo ser especificados no instrumento os atos ou operações que poderão praticar e a duração do mandato, que, no caso de mandato judicial, poderá ser por prazo indeterminado.

Seção III

ADMINISTRADORES

Normas Comuns

Art. 145. As normas relativas a requisitos, impedimentos, investidura, remuneração, deveres e responsabilidades dos administradores aplicam-se a conselheiros e diretores.

Requisitos e Impedimentos

Art. 146. Apenas pessoas naturais poderão ser eleitas para membros dos órgãos de administração.

- *Caput* com a redação dada pela Lei nº 14.195, de 26-8-2021.

§ 1º A ata da assembleia-geral ou da reunião do conselho de administração que eleger administradores deverá conter a qualificação e o prazo de gestão de cada um dos eleitos, devendo ser arquivada no registro do comércio e publicada.

- § 1º com a redação dada pela Lei nº 10.303, de 31-10-2001.

§ 2º A posse de administrador residente ou domiciliado no exterior fica condicionada à constituição de representante residente no País, com poderes para, até, no mínimo, 3 (três) anos após o término do prazo de gestão do administrador, receber:

I – citações em ações contra ele propostas com base na legislação societária; e

II – citações e intimações em processos administrativos instaurados pela Comissão de Valores Mobiliários, no caso de exercício de cargo de administração em companhia aberta.

- § 2º com a redação dada pela Lei nº 14.195, de 26-8-2021.

Art. 147. Quando a lei exigir certos requisitos para a investidura em cargo de administração da companhia, a assembleia-geral somente poderá eleger quem tenha exibido os necessários comprovantes, dos quais se arquivará cópia autêntica na sede social.

- Art. 162 desta Lei.

§ 1º São inelegíveis para os cargos de administração da companhia as pessoas impedidas por lei especial, ou condenadas por crime falimentar, de prevaricação, peita ou suborno, concussão, peculato, contra a economia popular, a fé pública ou a propriedade ou a pena criminal que vede, ainda que temporariamente, o acesso a cargos públicos.

- Art. 162, § 2º, desta Lei.

§ 2º São ainda inelegíveis para os cargos de administração de companhia aberta as pessoas declaradas inabilitadas por ato da Comissão de Valores Mobiliários.

- Art. 162, § 2º, desta Lei.

§ 3º O conselheiro deve ter reputação ilibada, não podendo ser eleito, salvo dispensa da assembleia-geral, aquele que:

I – ocupar cargos em sociedades que possam ser consideradas concorrentes no mercado, em especial, em conselhos consultivos, de administração ou fiscal; e

II – tiver interesse conflitante com a sociedade.

§ 4º A comprovação do cumprimento das condições previstas no § 3º será efetuada por meio de declaração firmada pelo conselheiro eleito nos termos definidos pela Comissão de Valores Mobiliários, com vistas ao disposto nos artigos 145 e 159, sob as penas da lei.

- §§ 3º e 4º acrescidos pela Lei nº 10.303, de 31-10-2001.

Garantia da Gestão

Art. 148. O estatuto pode estabelecer que o exercício do cargo de administrador deva ser assegurado, pelo titular ou por terceiro, mediante penhor de ações da companhia ou outra garantia.

Parágrafo único. A garantia só será levantada após aprovação das últimas contas apresentadas pelo administrador que houver deixado o cargo.

Investidura

Art. 149. Os conselheiros e diretores serão investidos nos seus cargos mediante assinatura de termo de posse no livro de atas do Conselho de Administração ou da diretoria, conforme o caso.

§ 1º Se o termo não for assinado nos trinta dias seguintes à nomeação, esta tornar-se-á sem efeito, salvo justificação aceita pelo órgão da administração para o qual tiver sido eleito.

• Parágrafo único transformado em § 1º pela Lei nº 10.303, de 31-10-2001.

§ 2º O termo de posse deverá conter, sob pena de nulidade, a indicação de pelo menos um domicílio no qual o administrador receberá as citações e intimações em processos administrativos e judiciais relativos a atos de sua gestão, as quais reputar-se-ão cumpridas mediante entrega no domicílio indicado, o qual somente poderá ser alterado mediante comunicação por escrito à companhia.

• § 2º acrescido pela Lei nº 10.303, de 31-10-2001.

Substituição e Término da Gestão

Art. 150. No caso de vacância do cargo de conselheiro, salvo disposição em contrário do estatuto, o substituto será nomeado pelos conselheiros remanescentes e servirá até a primeira assembleia-geral. Se ocorrer vacância da maioria dos cargos, a assembleia-geral será convocada para proceder a nova eleição.

§ 1º No caso de vacância de todos os cargos do Conselho de Administração, compete à diretoria convocar a assembleia-geral.

§ 2º No caso de vacância de todos os cargos da diretoria, se a companhia não tiver Conselho de Administração, compete ao Conselho Fiscal, se em funcionamento, ou a qualquer acionista, convocar a assembleia-geral, devendo o representante de maior número de ações praticar, até a realização da assembleia, os atos urgentes de administração da companhia.

§ 3º O substituto eleito para preencher cargo vago completará o prazo de gestão do substituído.

§ 4º O prazo de gestão do Conselho de Administração ou da diretoria se estende até a investidura dos novos administradores eleitos.

Renúncia

Art. 151. A renúncia do administrador torna-se eficaz, em relação à companhia, desde o momento em que lhe for entregue a comunicação escrita do renunciante, e em relação a terceiros de boa-fé, após arquivamento no Registro do Comércio e publicação, que poderão ser promovidos pelo renunciante.

Remuneração

Art. 152. A assembleia-geral fixará o montante global ou individual da remuneração dos administradores, inclusive benefícios de qualquer natureza e verbas de representação, tendo em conta suas responsabilidades, o tempo dedicado às suas funções, sua competência e reputação profissional e o valor dos seus serviços no mercado.

• *Caput* com a redação dada pela Lei nº 9.457, de 5-5-1997.

§ 1º O estatuto da companhia que fixar o dividendo obrigatório em vinte e cinco por cento ou mais do lucro líquido, pode atribuir aos administradores participação no lucro da companhia, desde que o seu total não ultrapasse a remuneração anual dos administradores nem um décimo dos lucros (artigo 190), prevalecendo o limite que for menor.

§ 2º Os administradores somente farão jus à participação nos lucros do exercício social em relação ao qual for atribuído aos acionistas o dividendo obrigatório, de que trata o artigo 202.

Seção IV

DEVERES E RESPONSABILIDADES

Dever de Diligência

Art. 153. O administrador da companhia deve empregar, no exercício de suas funções, o cuidado e diligência que todo homem ativo e probo costuma empregar na administração dos seus próprios negócios.

Finalidade das Atribuições e Desvio de Poder

Art. 154. O administrador deve exercer as atribuições que a lei e o estatuto lhe conferem para lograr os fins e no interesse da companhia, satisfeitas as exigências do bem público e da função social da empresa.

§ 1º O administrador eleito por grupo ou classe de acionistas tem, para com a companhia, os mesmos deveres que os demais, não podendo, ainda que para defesa do interesse dos que o elegeram, faltar a esses deveres.

§ 2º É vedado ao administrador:

a) praticar ato de liberalidade à custa da companhia;

b) sem prévia autorização da assembleia-geral ou do Conselho de Administração, tomar por empréstimo recursos ou bens da companhia, ou usar, em proveito próprio, de sociedade em que tenha interesse, ou de terceiros, os seus bens, serviços ou crédito;

c) receber de terceiros sem autorização estatutária ou da assembleia-geral, qualquer modalidade de vantagem pessoal, direta ou indireta, em razão do exercício de seu cargo.

§ 3º As importâncias recebidas com infração ao disposto na alínea *c* do § 2º pertencerão à companhia.

§ 4º O Conselho de Administração ou a diretoria podem autorizar a prática de atos gratuitos razoáveis em benefício dos empregados ou da comunidade de que participe a empresa, tendo em vista suas responsabilidades sociais.

Dever de Lealdade

Art. 155. O administrador deve servir com lealdade à companhia e manter reserva sobre os seus negócios, sendo-lhe vedado:

I – usar, em benefício próprio ou de outrem, com ou sem prejuízo para a companhia, as oportunidades comerciais de que tenha conhecimento em razão do exercício de seu cargo;

II – omitir-se no exercício ou proteção de direitos da companhia ou, visando à obtenção de vantagens, para si ou para outrem, deixar de aproveitar oportunidades de negócio de interesse da companhia;

III – adquirir, para revender com lucro, bem ou direito que sabe necessário à companhia, ou que esta tencione adquirir.

§ 1º Cumpre, ademais, ao administrador de companhia aberta, guardar sigilo sobre qualquer informação que ainda não tenha sido divulgada para conhecimento do mercado, obtida em razão do cargo e capaz de influir de modo ponderável na cotação de valores mobiliários, sendo-lhe vedado valer-se da informação para obter, para si ou para outrem, vantagem mediante compra ou venda de valores mobiliários.

§ 2º O administrador deve zelar para que a violação do disposto no § 1º não possa ocorrer através de subordinados ou terceiros de sua confiança.

§ 3º A pessoa prejudicada em compra e venda de valores mobiliários, contratada com infração do disposto nos §§ 1º e 2º, tem direito de haver do infrator indenização por perdas e danos, a menos que ao contratar já conhecesse a informação.

§ 4º É vedada a utilização de informação relevante ainda não divulgada, por qualquer pessoa que a ela tenha tido acesso, com a finalidade de auferir vantagem, para si ou para outrem, no mercado de valores mobiliários.

• § 4º acrescido pela Lei nº 10.303, de 31-10-2001.

Conflito de Interesses

Art. 156. É vedado ao administrador intervir em qualquer operação social em que tiver interesse conflitante com o da companhia, bem como na deliberação que a respeito tomarem os demais administradores, cumprindo-lhe cientificá-los do seu impedimento e fazer consignar, em ata de reunião do Conselho de Administração ou da diretoria, a natureza e extensão do seu interesse.

§ 1º Ainda que observado o disposto neste artigo, o administrador somente pode contratar com a companhia em condições razoáveis ou equitativas, idênticas às que prevalecem no mercado ou em que a companhia contrataria com terceiros.

§ 2º O negócio contratado com infração do disposto no § 1º é anulável, e o administrador interessado será obrigado a transferir para a companhia as vantagens que dele tiver auferido.

Dever de Informar

Art. 157. O administrador de companhia aberta deve declarar, ao firmar o termo de posse, o número de ações, bônus de subscrição, opções de compra de ações e debêntures conversíveis em ações, de emissão da companhia e de sociedades controladas ou do mesmo grupo, de que seja titular.

§ 1º O administrador de companhia aberta é obrigado a revelar à assembleia-geral ordinária, a pedido de acionistas que representem cinco por cento ou mais do capital social:

a) o número dos valores mobiliários de emissão da companhia ou de sociedades controladas, ou do mesmo grupo, que tiver adquirido ou alienado, diretamente ou através de outras pessoas, no exercício anterior;

b) as opções de compra de ações que tiver contratado ou exercido no exercício anterior;

c) os benefícios ou vantagens, indiretas ou complementares, que tenha recebido ou esteja recebendo da companhia e de sociedades coligadas, controladas ou do mesmo grupo;

d) as condições dos contratos de trabalho que tenham sido firmados pela companhia com os diretores e empregados de alto nível;

e) quaisquer atos ou fatos relevantes nas atividades da companhia.

§ 2º Os esclarecimentos prestados pelo administrador poderão, a pedido de qualquer acionista, ser reduzidos a escrito, autenticados pela mesa da assembleia, e fornecidos por cópia aos solicitantes.

§ 3º A revelação dos atos ou fatos de que trata este artigo só poderá ser utilizada no legítimo interesse da companhia ou do acionista, respondendo os solicitantes pelos abusos que praticarem.

§ 4º Os administradores da companhia aberta são obrigados a comunicar imediatamente à Bolsa de Valores e a divulgar pela imprensa qualquer deliberação da assembleia-geral ou dos órgãos de administração da companhia, ou fato relevante ocorrido nos seus negócios, que possa influir, de modo ponderável, na decisão dos investidores do mercado de vender ou comprar valores mobiliários emitidos pela companhia.

§ 5º Os administradores poderão recusar-se a prestar a informação (§ 1º, *e*), ou deixar de divulgá-la (§ 4º), se entenderem que sua revelação porá em risco interesse legítimo da companhia, cabendo à Comissão de Valores Mobiliários, a pedido dos administradores, de qualquer acionista, ou por iniciativa própria, decidir sobre a prestação de informação e responsabilizar os administradores, se for o caso.

§ 6º Os administradores da companhia aberta deverão informar imediatamente, nos termos e na forma determinados pela Comissão de Valores Mobiliários, a esta e às bolsas de valores ou entidades do mercado de balcão organizado nas quais os valores mobiliários de emissão da companhia estejam admitidos à negociação, as modificações em suas posições acionárias na companhia.

• § 6º acrescido pela Lei nº 10.303, de 31-10-2001.

Responsabilidade dos Administradores

Art. 158. O administrador não é pessoalmente responsável pelas obrigações que contrair em nome da sociedade e em virtude de ato regular de gestão; responde, porém, civilmente, pelos prejuízos que causar, quando proceder:

○ Súm. nº 430 do STJ.

I – dentro de suas atribuições ou poderes, com culpa ou dolo;

II – com violação da lei ou do estatuto.

§ 1º O administrador não é responsável por atos ilícitos de outros administradores, salvo se com eles for conivente, se negligenciar em descobri-los ou se, deles tendo conhecimento, deixar de agir para impedir a sua prática. Exime-se de responsabilidade o administrador dissidente que faça consignar sua divergência em ata de reunião do órgão de administração ou, não sendo possível, dela dê ciência imediata e por escrito ao órgão da administração, ao Conselho Fiscal, se em funcionamento, ou à assembleia-geral.

§ 2º Os administradores são solidariamente responsáveis pelos prejuízos causados em virtude do não cumprimento dos deveres impostos por lei para assegurar o funcionamento normal da companhia, ainda que, pelo estatuto, tais deveres não caibam a todos eles.

§ 3º Nas companhias abertas, a responsabilidade de que trata o § 2º ficará restrita, ressalvado o disposto no § 4º, aos administradores que, por disposição do estatuto, tenham atribuição específica de dar cumprimento àqueles deveres.

§ 4º O administrador que, tendo conhecimento do não cumprimento desses deveres por seu predecessor, ou pelo administrador competente nos termos do § 3º, deixar de comunicar o fato à assembleia-geral, tornar-se-á por ele solidariamente responsável.

§ 5º Responderá solidariamente com o administrador quem, com o fim de obter vantagem para si ou para outrem, concorrer para a prática de ato com violação da lei ou do estatuto.

Ação de Responsabilidade

Art. 159. Compete à companhia, mediante prévia deliberação da assembleia-geral, a ação de responsabilidade civil contra o administrador, pelos prejuízos causados ao seu patrimônio.

§ 1º A deliberação poderá ser tomada em assembleia-geral ordinária e, se prevista na ordem do dia, ou for consequência direta de assunto nela incluído, em assembleia-geral extraordinária.

§ 2º O administrador ou administradores contra os quais deva ser proposta a ação ficarão impedidos e deverão ser substituídos na mesma assembleia.

§ 3º Qualquer acionista poderá promover a ação, se não for proposta no prazo de três meses da deliberação da assembleia-geral.

§ 4º Se a assembleia deliberar não promover a ação, poderá ela ser proposta por acionistas que representem cinco por cento, pelo menos, do capital social.

§ 5º Os resultados da ação promovida por acionista deferem-se à companhia, mas esta deverá indenizá-lo, até o limite daqueles resultados, de todas as despesas em que tiver incorrido, inclusive correção monetária e juros dos dispêndios realizados.

§ 6º O juiz poderá reconhecer a exclusão da responsabilidade do administrador, se convencido de que este agiu de boa-fé e visando ao interesse da companhia.

§ 7º A ação prevista neste artigo não exclui a que couber ao acionista ou terceiro diretamente prejudicado por ato de administrador.

Órgãos Técnicos e Consultivos

Art. 160. As normas desta Seção aplicam-se aos membros de quaisquer órgãos, criados pelo estatuto, com funções técnicas ou destinados a aconselhar os administradores.

CAPÍTULO XIII

CONSELHO FISCAL

Composição e Funcionamento

Art. 161. A companhia terá um Conselho Fiscal e o estatuto disporá sobre seu funcionamento, de modo permanente ou nos exercícios sociais em que for instalado a pedido de acionistas.

§ 1º O Conselho Fiscal será composto de, no mínimo, três e no máximo, cinco membros, e suplentes em igual número, acionistas ou não, eleitos pela assembleia-geral.

§ 2º O Conselho Fiscal, quando o funcionamento não for permanente, será instalado pela assembleia-geral a pedido de acionistas que representem, no mínimo, um décimo das ações com direito a voto, ou cinco por cento das ações sem direito a voto, e cada período de seu funcionamento terminará na primeira assembleia-geral ordinária após a sua instalação.

§ 3º O pedido de funcionamento do Conselho Fiscal, ainda que a matéria não conste do anúncio de convocação, poderá ser formulado em qualquer assembleia-geral, que elegerá os seus membros.

§ 4º Na constituição do Conselho Fiscal serão observadas as seguintes normas:

a) os titulares de ações preferenciais sem direito a voto, ou com voto restrito, terão direito de eleger, em votação em separado, um membro e respectivo suplente; igual direito terão os acionistas minoritários, desde que representem, em conjunto, dez por cento ou mais das ações com direito a voto;

b) ressalvado o disposto na alínea anterior, os demais acionistas com direito a voto poderão eleger os membros efetivos e suplentes que, em qualquer caso, serão em número igual ao dos eleitos nos termos da alínea *a*, mais um.

§ 5º Os membros do Conselho Fiscal e seus suplentes exercerão seus cargos até a primeira assembleia-geral ordinária que se realizar após a sua eleição, e poderão ser reeleitos.

- A alteração que seria introduzida no § 5º pela Lei nº 10.303, de 31-10-2001, foi vetada, razão pela qual mantivemos a sua redação.

§ 6º Os membros do conselho fiscal e seus suplentes exercerão seus cargos até a primeira assembleia-geral ordinária que se realizar após a sua eleição, e poderão ser reeleitos.

- § 6º acrescido pela Lei nº 10.303, de 31-10-2001.

§ 7º A função de membro do conselho fiscal é indelegável.

- § 6º transformado em § 7º pela Lei nº 10.303, de 31-10-2001.

Requisitos, Impedimentos e Remuneração

Art. 162. Somente podem ser eleitas para o Conselho Fiscal pessoas naturais, residentes no País, diplomadas em curso de nível universitário, ou que tenham exercido, por prazo mínimo de três anos, cargo de administrador de empresa ou de conselheiro fiscal.

§ 1º Nas localidades em que não houver pessoas habilitadas, em número suficiente, para o exercício da função, caberá ao juiz dispensar a companhia da satisfação dos requisitos estabelecidos neste artigo.

§ 2º Não podem ser eleitos para o Conselho Fiscal, além das pessoas enumeradas nos parágrafos do artigo 147, membros de órgãos de administração e empregados da companhia ou de sociedade controlada ou do mesmo grupo, e o cônjuge ou parente, até terceiro grau, de administrador da companhia.

§ 3º A remuneração dos membros do Conselho Fiscal, além do reembolso, obrigatório, das despesas de locomoção e estada necessárias ao desempenho da função será fixada pela assembleia-geral que os eleger, e não poderá ser inferior, para cada membro em exercício, a dez por cento da que, em média, for atribuída a cada diretor, não computados benefícios, verbas da representação e participação nos lucros.

- § 3º com a redação dada pela Lei nº 9.457, de 5-5-1997.

Competência

Art. 163. Compete ao conselho fiscal:

- Arts. 47, 50 e 75 da Lei nº 11.101, de 9-2-2005 (Lei de Recuperação de Empresas e Falências).

I – fiscalizar, por qualquer de seus membros, os atos dos administradores e verificar o cumprimento dos seus deveres legais e estatuários;

- Inciso I com a redação dada pela Lei nº 10.303, de 31-10-2001.

II – opinar sobre o relatório anual da administração, fazendo constar do seu parecer as informações complementares que julgar necessárias ou úteis à deliberação da assembleia-geral;

III – opinar sobre as propostas dos órgãos da administração, a serem submetidas à assembleia-geral, relativas a modificação do capital social, emissão de debêntures ou bônus de subscrição, planos de investimento ou orçamentos de capital, distribuição de dividendos, transformação, incorporação, fusão ou cisão;

IV – denunciar, por qualquer de seus membros, aos órgãos de administração e, se estes não tomarem as providências necessárias para a proteção dos interesses da companhia, à assembleia-geral, os erros, fraudes ou crimes que descobrirem, e sugerir providências úteis à companhia;

• Inciso IV com a redação dada pela Lei nº 10.303, de 31-10-2001.

V – convocar a assembleia-geral ordinária, se os órgãos da administração retardarem por mais de um mês essa convocação, e a extraordinária, sempre que ocorrerem motivos graves ou urgentes, incluindo na agenda das assembleias as matérias que considerarem necessárias;

VI – analisar, ao menos trimestralmente, o balancete e demais demonstrações financeiras elaboradas periodicamente pela companhia;

VII – examinar as demonstrações financeiras de exercício social e sobre elas opinar;

VIII – exercer essas atribuições, durante a liquidação, tendo em vista as disposições especiais que a regulam.

§ 1º Os órgãos de administração são obrigados, através de comunicação por escrito, a colocar à disposição dos membros em exercício do Conselho Fiscal, dentro de dez dias, cópias das atas de suas reuniões e, dentro de quinze dias do seu recebimento, cópias dos balancetes e demais demonstrações financeiras elaboradas periodicamente e, quando houver, dos relatórios de execução de orçamentos.

§ 2º O conselho fiscal, a pedido de qualquer dos seus membros, solicitará aos órgãos de administração esclarecimentos ou informações, desde que relativas à sua função fiscalizadora, assim como a elaboração de demonstrações financeiras ou contábeis especiais.

• § 2º com a redação dada pela Lei nº 10.303, de 31-10-2001.

§ 3º Os membros do Conselho Fiscal assistirão às reuniões do Conselho de Administração, se houver, ou da diretoria, em que se deliberar sobre os assuntos em que devam opinar (nºs II, III e VII).

§ 4º Se a companhia tiver auditores independentes, o Conselho Fiscal, a pedido de qualquer de seus membros, poderá solicitar-lhes esclarecimentos ou informações, e a apuração de fatos específicos.

• § 4º com a redação dada pela Lei nº 9.457, de 5-5-1997.

§ 5º Se a companhia não tiver auditores independentes, o Conselho Fiscal poderá, para melhor desempenho das suas funções, escolher contador ou firma de auditoria e fixar-lhes os honorários, dentro de níveis razoáveis, vigentes na praça e compatíveis com a dimensão econômica da companhia, os quais serão pagos por esta.

§ 6º O Conselho Fiscal deverá fornecer ao acionista, ou grupo de acionistas que representem, no mínimo, cinco por cento do capital social, sempre que solicitadas, informações sobre matérias de sua competência.

§ 7º As atribuições e poderes conferidos pela lei ao Conselho Fiscal não podem ser outorgados a outro órgão da companhia.

§ 8º O conselho fiscal poderá, para apurar fato cujo esclarecimento seja necessário ao desempenho de suas funções, formular, com justificativa, questões a serem respondidas por perito e solicitar à diretoria que indique, para esse fim, no prazo máximo de trinta dias, três peritos, que podem ser pessoas físicas ou jurídicas, de notório conhecimento na área em questão, entre os quais o Conselho Fiscal escolherá um, cujos honorários serão pagos pela companhia.

• § 8º acrescido pela Lei nº 9.457, de 5-5-1997.

Pareceres e Representações

Art. 164. Os membros do Conselho Fiscal, ou ao menos um deles, deverão comparecer às reuniões da assembleia-geral e responder aos pedidos de informações formulados pelos acionistas.

Parágrafo único. Os pareceres e representações do conselho fiscal, ou de qualquer um de seus membros, poderão ser apresentados e lidos na assembleia-geral, independentemente de publicação e ainda que a matéria não conste da ordem do dia.

• Parágrafo único com a redação dada pela Lei nº 10.303, de 31-10-2001.

Deveres e Responsabilidades

Art. 165. Os membros do conselho fiscal têm os mesmos deveres dos administradores de que tratam os artigos 153 a 156 e respondem pelos danos resultantes de omissão no cumprimento de seus deveres e de atos praticados com culpa ou dolo, ou com violação da lei ou do estatuto.

• *Caput* com a redação dada pela Lei nº 10.303, de 31-10-2001.

o Arts. 22, II, *d*, e 72 da Lei nº 11.101, de 9-2-2005 (Lei de Recuperação de Empresas e Falências).

§ 1º Os membros do conselho fiscal deverão exercer suas funções no exclusivo interesse da companhia; considerar-se-á abusivo o exercício da função com o fim de causar dano à companhia, ou aos seus acionistas ou administradores, ou de obter, para si ou para outrem, vantagem a que não faz jus e de que resulte, ou possa resultar, prejuízo para a companhia, seus acionistas ou administradores.

§ 2º O membro do conselho fiscal não é responsável pelos atos ilícitos de outros membros, salvo se com eles foi conivente, ou se concorrer para a prática do ato.

• §§ 1º e 2º com a redação dada pela Lei nº 10.303, de 31-10-2001.

§ 3º A responsabilidade dos membros do conselho fiscal por omissão no cumprimento de seus deveres é solidária, mas dela se exime o membro dissidente que fizer consignar sua divergência em ata da reunião do órgão e a comunicar aos órgãos da administração e à assembleia-geral.

• § 3º acrescido pela Lei nº 10.303, de 31-10-2001.

Art. 165-A. Os membros do conselho fiscal da companhia aberta deverão informar imediatamente as modificações em suas posições acionárias na companhia à Comissão de Valores Mobiliários e às Bolsas de Valores ou entidades do mercado de balcão organizado nas quais os valores mobiliários de emissão da companhia estejam admitidos à negociação, nas condições e na forma determinadas pela Comissão de Valores Mobiliários.

• Artigo acrescido pela Lei nº 10.303, de 31-10-2001.

CAPÍTULO XIV
MODIFICAÇÃO DO CAPITAL SOCIAL

Seção I
AUMENTO

Competência

Art. 166. O capital social pode ser aumentado:

I – por deliberação da assembleia-geral ordinária, para correção da expressão monetária do seu valor (artigo 167);

o Arts. 6º e 14 desta Lei.

II – por deliberação da assembleia-geral ou do Conselho de Administração, observado o que a respeito dispuser o estatuto, nos casos de emissão de ações dentro do limite autorizado no estatuto (artigo 168);

III – por conversão, em ações, de debêntures ou partes beneficiárias e pelo exercício de direitos conferidos por bônus de subscrição, ou de opção de compra de ações;

IV – por deliberação da assembleia-geral extraordinária convocada para decidir sobre reforma do estatuto social, no caso de inexistir autorização de aumento, ou de estar a mesma esgotada.

○ Art. 4º desta Lei.

§ 1º Dentro dos trinta dias subsequentes à efetivação do aumento, a companhia requererá ao Registro do Comércio a sua averbação, nos casos dos nºs I a III, ou o arquivamento da ata da assembleia de reforma do estatuto, no caso do nº IV.

§ 2º O Conselho Fiscal, se em funcionamento, deverá, salvo nos casos do nº III, ser obrigatoriamente ouvido antes da deliberação sobre o aumento de capital.

Correção Monetária Anual

Art. 167. A reserva de capital constituída por ocasião do balanço de encerramento do exercício social e resultante da correção monetária do capital realizado (artigo 182, § 2º) será capitalizada por deliberação da assembleia-geral ordinária que aprovar o balanço.

○ Arts. 5º, par. ún., 6º, 17, § 4º, 132, 166, I, e 297 desta Lei.

§ 1º Na companhia aberta, a capitalização prevista neste artigo será feita sem modificação do número de ações emitidas e com aumento do valor nominal das ações, se for o caso.

○ Art. 297 desta Lei.

§ 2º A companhia poderá deixar de capitalizar o saldo da reserva correspondente às frações de centavo do valor nominal das ações, ou, se não tiverem valor nominal, à fração inferior a um por cento do capital social.

§ 3º Se a companhia tiver ações com e sem valor nominal, a correção do capital correspondente às ações com valor nominal será feita separadamente, sendo a reserva resultante capitalizada em benefício dessas ações.

Capital Autorizado

Art. 168. O estatuto pode conter autorização para aumento do capital social independentemente de reforma estatutária.

§ 1º A autorização deverá especificar:

a) o limite de aumento, em valor do capital ou em número de ações, e as espécies e classes das ações que poderão ser emitidas;

b) o órgão competente para deliberar sobre as emissões, que poderá ser a assembleia-geral ou o Conselho de Administração;

c) as condições a que estiverem sujeitas as emissões;

d) os casos ou as condições em que os acionistas terão direito de preferência para subscrição, ou de inexistência desse direito (artigo 172).

§ 2º O limite de autorização, quando fixado em valor do capital social, será anualmente corrigido pela assembleia-geral ordinária, com base nos mesmos índices adotados na correção do capital social.

§ 3º O estatuto pode prever que a companhia, dentro do limite de capital autorizado, e de acordo com plano aprovado pela assembleia-geral, outorgue opção de compra de ações a seus administradores ou empregados, ou a pessoas naturais que prestem serviços à companhia ou à sociedade sob seu controle.

Capitalização de Lucros e Reservas

Art. 169. O aumento mediante capitalização de lucros ou de reservas importará alteração do valor nominal das ações ou distribuição das ações novas, correspondentes ao aumento, entre acionistas, na proporção do número de ações que possuírem.

○ Arts. 6º e 17, § 4º, desta Lei.

§ 1º Na companhia com ações sem valor nominal, a capitalização de lucros ou de reservas poderá ser efetivada sem modificação do número de ações.

§ 2º Às ações distribuídas de acordo com este artigo se estenderão, salvo cláusula em contrário dos instrumentos que os tenham constituído, o usufruto, o fideicomisso, a inalienabilidade e a incomunicabilidade que porventura gravarem as ações de que elas forem derivadas.

§ 3º As ações que não puderem ser atribuídas por inteiro a cada acionista serão vendidas em Bolsa, dividindo-se o produto da venda, proporcionalmente, pelos titulares das frações; antes da venda, a companhia fixará prazo, não inferior a trinta dias, durante o qual os acionistas poderão transferir as frações de ação.

Aumento Mediante Subscrição de Ações

Art. 170. Depois de realizados três quartos, no mínimo, do capital social, a companhia pode aumentá-lo mediante subscrição pública ou particular de ações.

○ Art. 6º desta Lei.

§ 1º O preço de emissão deverá ser fixado, sem diluição injustificada da participação dos antigos acionistas, ainda que tenham direito de preferência para subscrevê-las, tendo em vista, alternativa ou conjuntamente:

I – a perspectiva de rentabilidade da companhia;

II – o valor do patrimônio líquido da ação;

○ Súm. nº 371 do STJ.

III – a cotação de suas ações em Bolsa de Valores ou no mercado de balcão organizado, admitido ágio ou deságio em função das condições de mercado.

● § 1º com a redação dada pela Lei nº 9.457, de 5-5-1997.

○ Súm. nº 371 do STJ.

§ 2º A assembleia-geral, quando for de sua competência deliberar sobre o aumento, poderá delegar ao Conselho de Administração a fixação do preço de emissão de ações a serem distribuídas no mercado.

○ Art. 14 desta Lei.

§ 3º A subscrição de ações para realização em bens será sempre procedida com observância do disposto no artigo 8º, e a ela se aplicará o disposto nos §§ 2º e 3º do artigo 98.

§ 4º As entradas e as prestações da realização das ações poderão ser recebidas pela companhia independentemente de depósito bancário.

§ 5º No aumento de capital observar-se-á, se mediante subscrição pública, o disposto no artigo 82, e se mediante subscrição particular, o que a respeito for deliberado pela assembleia-geral ou pelo Conselho de Administração, conforme dispuser o estatuto.

§ 6º Ao aumento de capital aplica-se, no que couber, o disposto sobre a constituição da companhia, exceto na parte final do § 2º do artigo 82.

§ 7º A proposta de aumento do capital deverá esclarecer qual o critério adotado, nos termos do § 1º deste artigo, justificando pormenorizadamente os aspectos econômicos que determinaram a sua escolha.

• § 7º acrescido pela Lei nº 9.457, de 5-5-1997.

Direito de Preferência

Art. 171. Na proporção do número de ações que possuírem, os acionistas terão preferência para a subscrição do aumento de capital.

○ Arts. 6º e 57, § 1º, 77, par. ún., 109, IV, e 253, par. ún., desta Lei.

§ 1º Se o capital for dividido em ações de diversas espécies ou classes e o aumento for feito por emissão de mais de uma espécie ou classe, observar-se-ão as seguintes normas:

a) no caso de aumento, na mesma proporção, do número de ações de todas as espécies e classes existentes, cada acionista exercerá o direito de preferência sobre ações idênticas às de que for possuidor;

b) se as ações emitidas forem de espécies e classes existentes, mas importarem alteração das respectivas proporções no capital social, a preferência será exercida sobre ações de espécies e classes idênticas às de que forem possuidores os acionistas, somente se estendendo às demais se aquelas forem insuficientes para lhes assegurar, no capital aumentado, a mesma proporção que tinham no capital antes do aumento;

c) se houver emissão de ações de espécie ou classe diversa das existentes, cada acionista exercerá a preferência, na proporção do número de ações que possuir, sobre ações de todas as espécies e classes do aumento.

§ 2º No aumento mediante capitalização de créditos ou subscrição em bens, será sempre assegurado aos acionistas o direito de preferência e, se for o caso, as importâncias por eles pagas serão entregues ao titular do crédito a ser capitalizado ou do bem a ser incorporado.

§ 3º Os acionistas terão direito de preferência para subscrição das emissões de debêntures conversíveis em ações, bônus de subscrição e partes beneficiárias conversíveis em ações emitidas para alienação onerosa; mas na conversão desses títulos em ações, ou na outorga e no exercício de opção de compra de ações, não haverá direito de preferência.

§ 4º O estatuto ou a assembleia-geral fixará prazo de decadência, não inferior a trinta dias, para o exercício do direito de preferência.

§ 5º No usufruto e no fideicomisso, o direito de preferência, quando não exercido pelo acionista até dez dias antes do vencimento do prazo, poderá sê-lo pelo usufrutuário ou fideicomissário.

§ 6º O acionista poderá ceder seu direito de preferência.

§ 7º Na companhia aberta, o órgão que deliberar sobre a emissão mediante subscrição particular deverá dispor sobre as sobras de valores mobiliários não subscritos, podendo:

a) mandar vendê-las em Bolsa, em benefício da companhia; ou

b) rateá-las, na proporção dos valores subscritos, entre os acionistas que tiverem pedido, no boletim ou lista de subscrição, reserva de sobras; nesse caso, a condição constará dos boletins e listas de subscrição e o saldo não rateado será vendido em Bolsa, nos termos da alínea anterior.

§ 8º Na companhia fechada, será obrigatório o rateio previsto na alínea *b* do § 7º, podendo o saldo, se houver, ser subscrito por terceiros, de acordo com os critérios estabelecidos pela assembleia-geral ou pelos órgãos da administração.

Exclusão do Direito de Preferência

Art. 172. O estatuto da companhia aberta que contiver autorização para o aumento do capital pode prever a emissão, sem direito de preferência para os antigos acionistas, ou com redução do prazo de que trata o § 4º do artigo 171, de ações e debêntures conversíveis em ações, ou bônus de subscrição, cuja colocação seja feita mediante:

• *Caput* com a redação dada pela Lei nº 10.303, de 31-10-2001.

I – venda em Bolsa de Valores ou subscrição pública; ou

• A alteração que seria introduzida no inciso I pela Lei nº 10.303, de 31-10-2001, foi vetada, razão pela qual mantivemos a sua redação.

II – permuta por ações, em oferta pública de aquisição de controle, nos termos dos artigos 257 e 263.

• Inciso II com a redação dada pela Lei nº 10.303, de 31-10-2001.

Parágrafo único. O estatuto da companhia, ainda que fechada, pode excluir o direito de preferência para subscrição de ações nos termos de lei especial sobre incentivos fiscais.

Seção II

REDUÇÃO

Art. 173. A assembleia-geral poderá deliberar a redução do capital social se houver perda, até o montante dos prejuízos acumulados, ou se julgá-lo excessivo.

○ Art. 6º desta Lei.

§ 1º A proposta de redução do capital social, quando de iniciativa dos administradores, não poderá ser submetida à deliberação da assembleia-geral sem o parecer do Conselho Fiscal, se em funcionamento.

§ 2º A partir da deliberação de redução ficarão suspensos os direitos correspondentes às ações cujos certificados tenham sido emitidos, até que sejam apresentados à companhia para substituição.

Oposição dos Credores

Art. 174. Ressalvado o disposto nos artigos 45 e 107, a redução do capital social com restituição aos acionistas de parte do valor das ações, ou pela diminuição do valor destas, quando não integralizadas, à importância das entradas, só se tornará efetiva sessenta dias após a publicação da ata da assembleia-geral que a tiver deliberado.

○ Art. 6º desta Lei.

§ 1º Durante o prazo previsto neste artigo, os credores quirografários por títulos anteriores à data da publicação da ata poderão, mediante notificação, de que se dará ciência ao Registro do Comércio da sede da companhia, opor-se à redução do capital; decairão desse direito os credores que o não exercerem dentro do prazo.

§ 2º Findo o prazo, a ata da assembleia-geral que houver deliberado a redução poderá ser arquivada se não tiver havido oposição ou, se tiver havido oposição de algum credor, desde que feita a prova do pagamento do seu crédito ou do depósito judicial da importância respectiva.

§ 3º Se houver em circulação debêntures emitidas pela companhia, a redução do capital, nos casos previstos neste artigo, não poderá ser efetivada sem prévia aprovação pela maioria dos debenturistas, reunidos em assembleia especial.

CAPÍTULO XV
EXERCÍCIO SOCIAL E DEMONSTRAÇÕES FINANCEIRAS

Seção I
EXERCÍCIO SOCIAL

Art. 175. O exercício social terá duração de um ano e a data do término será fixada no estatuto.

Parágrafo único. Na constituição da companhia e nos casos de alteração estatutária o exercício social poderá ter duração diversa.

Seção II
DEMONSTRAÇÕES FINANCEIRAS

Disposições Gerais

Art. 176. Ao fim de cada exercício social, a diretoria fará elaborar, com base na escrituração mercantil da companhia, as seguintes demonstrações financeiras, que deverão exprimir com clareza a situação do patrimônio da companhia e as mutações ocorridas no exercício:

I – balanço patrimonial;

II – demonstração dos lucros ou prejuízos acumulados;

III – demonstração do resultado do exercício; e

IV – demonstração dos fluxos de caixa; e

• Inciso IV com a redação dada pela Lei nº 11.638, de 28-12-2007.

o Art. 188 desta Lei.

V – se companhia aberta, demonstração do valor adicionado.

• Inciso V acrescido pela Lei nº 11.638, de 28-12-2007.

o Art. 188 desta Lei.

§ 1º As demonstrações de cada exercício serão publicadas com a indicação dos valores correspondentes das demonstrações do exercício anterior.

o Art. 295, § 1º, *b*, desta Lei.

§ 2º Nas demonstrações, as contas semelhantes poderão ser agrupadas; os pequenos saldos poderão ser agregados, desde que indicada a sua natureza e não ultrapassem um décimo do valor do respectivo grupo de contas; mas é vedada a utilização de designações genéricas, como "*diversas contas*" ou "*contas-correntes*".

§ 3º As demonstrações financeiras registrarão a destinação dos lucros segundo a proposta dos órgãos da administração, no pressuposto de sua aprovação pela assembleia-geral.

o Art. 134, § 4º, desta Lei.

§ 4º As demonstrações serão complementadas por notas explicativas e outros quadros analíticos ou demonstrações contábeis necessários para esclarecimento da situação patrimonial e dos resultados do exercício.

§ 5º As notas explicativas devem:

I – apresentar informações sobre a base de preparação das demonstrações financeiras e das práticas contábeis específicas selecionadas e aplicadas para negócios e eventos significativos;

II – divulgar as informações exigidas pelas práticas contábeis adotadas no Brasil que não estejam apresentadas em nenhuma outra parte das demonstrações financeiras;

III – fornecer informações adicionais não indicadas nas próprias demonstrações financeiras e consideradas necessárias para uma apresentação adequada; e

IV – indicar:

a) os principais critérios de avaliação dos elementos patrimoniais, especialmente estoques, dos cálculos de depreciação, amortização e exaustão, de constituição de provisões para encargos ou riscos, e dos ajustes para atender a perdas prováveis na realização de elementos do ativo;

b) os investimentos em outras sociedades, quando relevantes (art. 247, parágrafo único);

c) o aumento de valor de elementos do ativo resultante de novas avaliações (art. 182, § 3º);

d) os ônus reais constituídos sobre elementos do ativo, as garantias prestadas a terceiros e outras responsabilidades eventuais ou contingentes;

e) a taxa de juros, as datas de vencimento e as garantias das obrigações a longo prazo;

f) o número, espécies e classes das ações do capital social;

g) as opções de compra de ações outorgadas e exercidas no exercício;

h) os ajustes de exercícios anteriores (art. 186, § 1º); e

i) os eventos subsequentes à data de encerramento do exercício que tenham, ou possam vir a ter, efeito relevante sobre a situação financeira e os resultados futuros da companhia.

• § 5º com a redação dada pela Lei nº 11.941, de 27-5-2009.

§ 6º A companhia fechada com patrimônio líquido, na data do balanço, inferior a R$ 2.000.000,00 (dois milhões de reais) não será obrigada à elaboração e publicação da demonstração dos fluxos de caixa.

• § 6º com a redação dada pela Lei nº 11.638, de 28-12-2007.

§ 7º A Comissão de Valores Mobiliários poderá, a seu critério, disciplinar de forma diversa o registro de que trata o § 3º deste artigo.

• § 7º com a redação dada pela Lei nº 11.941, de 27-5-2009.

Escrituração

Art. 177. A escrituração da companhia será mantida em registros permanentes, com obediência aos preceitos da legislação comercial e desta Lei e aos princípios de contabilidade geralmente aceitos, devendo observar métodos ou critérios contábeis uniformes no tempo e registrar as mutações patrimoniais segundo o regime de competência.

o Art. 61 da Lei nº 11.941, de 27-5-2009, que altera a legislação tributária federal relativa ao parcelamento ordinário de débitos tributários; concede remissão nos casos em que especifica; institui regime tributário de transição.

§ 1º As demonstrações financeiras do exercício em que houver modificação de métodos ou critérios contábeis, de efeitos relevantes, deverão indicá-la em nota e ressaltar esses efeitos.

§ 2º A companhia observará exclusivamente em livros ou registros auxiliares, sem qualquer modificação da escrituração mercantil e das demonstrações reguladas nesta Lei, as disposições da lei tributária, ou de legislação especial sobre a atividade que constitui seu objeto, que prescrevam, conduzam ou incentivem a utilização de métodos ou critérios contábeis diferentes ou determinem registros, lançamentos ou ajustes ou a elaboração de outras demonstrações financeiras.

• *Caput* do § 2º com a redação dada pela Lei nº 11.941, de 27-5-2009.

I e II – *Revogados*. Lei nº 11.941, de 27-5-2009.

§ 3º As demonstrações financeiras das companhias abertas observarão, ainda, as normas expedidas pela Comissão de Valores Mobiliários e serão obrigatoriamente submetidas a auditoria por auditores independentes nela registrados.

• § 3º com a redação dada pela Lei nº 11.941, de 27-5-2009.

§ 4º As demonstrações financeiras serão assinadas pelos administradores e por contabilistas legalmente habilitados.

§ 5º As normas expedidas pela Comissão de Valores Mobiliários a que se refere o § 3º deste artigo deverão ser elaboradas em consonância com os padrões internacionais de contabilidade adotados nos principais mercados de valores mobiliários.

§ 6º As companhias fechadas poderão optar por observar as normas sobre demonstrações financeiras expedidas pela Comissão de Valores Mobiliários para as companhias abertas.

- §§ 5º e 6º acrescidos pela Lei nº 11.638, de 28-12-2007.

§ 7º *Revogado.* Lei nº 11.941, de 27-5-2009.

Seção III

BALANÇO PATRIMONIAL

Grupo de Contas

Art. 178. No balanço, as contas serão classificadas segundo os elementos do patrimônio que registrem, e agrupadas de modo a facilitar o conhecimento e a análise da situação financeira da companhia.

§ 1º No ativo, as contas serão dispostas em ordem decrescente de grau de liquidez dos elementos nelas registrados, nos seguintes grupos:

I – ativo circulante; e

II – ativo não circulante, composto por ativo realizável a longo prazo, investimentos, imobilizado e intangível.

- Incisos I e II com a redação dada pela Lei nº 11.941, de 27-5-2009.

§ 2º No passivo, as contas serão classificadas nos seguintes grupos:

I – passivo circulante;

II – passivo não circulante; e

III – patrimônio líquido, dividido em capital social, reservas de capital, ajustes de avaliação patrimonial, reservas de lucros, ações em tesouraria e prejuízos acumulados.

- Incisos I a III com a redação dada pela Lei nº 11.941, de 27-5-2009.

§ 3º Os saldos devedores e credores que a companhia não tiver direito de compensar serão classificados separadamente.

Ativo

Art. 179. As contas serão classificadas do seguinte modo:

I – no ativo circulante: as disponibilidades, os direitos realizáveis no curso do exercício social subsequente e as aplicações de recursos em despesas do exercício seguinte;

II – no ativo realizável a longo prazo: os direitos realizáveis após o término do exercício seguinte, assim como os derivados de vendas, adiantamentos ou empréstimos a sociedades coligadas ou controladas (artigo 243), diretores, acionistas ou participantes no lucro da companhia, que não constituírem negócios usuais na exploração do objeto da companhia;

III – em investimentos: as participações permanentes em outras sociedades e os direitos de qualquer natureza, não classificáveis no ativo circulante, e que não se destinem à manutenção da atividade da companhia ou da empresa;

IV – no ativo imobilizado: os direitos que tenham por objeto bens corpóreos destinados à manutenção das atividades da companhia ou da empresa ou exercidos com essa finalidade, inclusive os decorrentes de operações que transfiram à companhia os benefícios, riscos e controle desses bens;

- Inciso IV com a redação dada pela Lei nº 11.638, de 28-12-2007.

V – *Revogado.* Lei nº 11.941, de 27-5-2009;

VI – no intangível: os direitos que tenham por objeto bens incorpóreos destinados à manutenção da companhia ou exercidos com essa finalidade, inclusive o fundo de comércio adquirido.

- Inciso VI acrescido pela Lei nº 11.638, de 28-12-2007.

Parágrafo único. Na companhia em que o ciclo operacional da empresa tiver duração maior que o exercício social, a classificação no circulante ou longo prazo terá por base o prazo desse ciclo.

Passivo Exigível

Art. 180. As obrigações da companhia, inclusive financiamentos para aquisição de direitos do ativo não circulante, serão classificadas no passivo circulante, quando se vencerem no exercício seguinte, e no passivo não circulante, se tiverem vencimento em prazo maior, observado o disposto no parágrafo único do art. 179 desta Lei.

- Artigo com a redação dada pela Lei nº 11.941, de 27-5-2009.

Resultados de Exercícios Futuros

Art. 181. *Revogado.* Lei nº 11.941, de 27-5-2009.

Patrimônio Líquido

Art. 182. A conta do capital social discriminará o montante subscrito e, por dedução, a parcela ainda não realizada.

§ 1º Serão classificadas como reservas de capital as contas que registrarem:

- Arts. 13, § 2º, 17, § 5º, 193, § 1º, e 204, § 1º, desta Lei.

a) a contribuição do subscritor de ações que ultrapassar o valor nominal e a parte do preço de emissão das ações, sem valor nominal, que ultrapassar a importância destinada à formação do capital social, inclusive nos casos de conversão em ações de debêntures ou partes beneficiárias;

b) o produto da alienação de partes beneficiárias e bônus de subscrição;

c e *d)* *Revogadas.* Lei nº 11.638, de 28-12-2007.

§ 2º Será ainda registrado como reserva de capital o resultado da correção monetária do capital realizado, enquanto não capitalizado.

- Art. 167 desta Lei.

§ 3º Serão classificadas como ajustes de avaliação patrimonial, enquanto não computadas no resultado do exercício em obediência ao regime de competência, as contrapartidas de aumentos ou diminuições de valor atribuídos a elementos do ativo e do passivo, em decorrência da sua avaliação a valor justo, nos casos previstos nesta Lei ou, em normas expedidas pela Comissão de Valores Mobiliários, com base na competência conferida pelo § 3º do art. 177 desta Lei.

- § 3º com a redação dada pela Lei nº 11.941, de 27-5-2009.

§ 4º Serão classificadas como reservas de lucros as contas constituídas pela apropriação de lucros da companhia.

§ 5º As ações em tesouraria deverão ser destacadas no balanço como dedução da conta do patrimônio líquido que registrar a origem dos recursos aplicados na sua aquisição.

Critérios de Avaliação do Ativo

Art. 183. No balanço, os elementos do ativo serão avaliados segundo os seguintes critérios:

I – as aplicações em instrumentos financeiros, inclusive derivativos, e em direitos e títulos de créditos, classificados no ativo circulante ou no realizável a longo prazo:

- *Caput* do inciso I com a redação dada pela Lei nº 11.638, de 28-12-2007.

a) pelo seu valor justo, quando se tratar de aplicações destinadas à negociação ou disponíveis para venda; e

- Alínea *a* com a redação dada pela Lei nº 11.941, de 27-5-2009.

b) pelo valor de custo de aquisição ou valor de emissão, atualizado conforme disposições legais ou contratuais, ajustado ao valor provável de realização, quando este for inferior, no caso das demais aplicações e os direitos e títulos de crédito;

- Alínea *b* acrescida pela Lei nº 11.638, de 28-12-2007.

II – os direitos que tiverem por objeto mercadorias e produtos do comércio da companhia, assim como matérias-primas, produtos em fabricação e bens em almoxarifado, pelo custo de aquisição ou produção, deduzido de provisão para ajustá-lo ao valor de mercado, quando este for inferior;

III – os investimentos em participação no capital social de outras sociedades, ressalvado o disposto nos artigos 248 a 250, pelo custo de aquisição, deduzido de provisão para perdas prováveis na realização do seu valor, quando essa perda estiver comprovada como permanente, e que não será modificado em razão do recebimento, sem custo para a companhia, de ações ou quotas bonificadas;

IV – os demais investimentos, pelo custo de aquisição, deduzido de provisão para atender às perdas prováveis na realização do seu valor, ou para redução do custo de aquisição ao valor de mercado, quando este for inferior;

V – os direitos classificados no imobilizado, pelo custo de aquisição, deduzido do saldo da respectiva conta de depreciação, amortização ou exaustão;

VI – *Revogado.* Lei nº 11.941, de 27-5-2009;

VII – os direitos classificados no intangível, pelo custo incorrido na aquisição deduzido do saldo da respectiva conta de amortização;

VIII – os elementos do ativo decorrentes de operações de longo prazo serão ajustados a valor presente, sendo os demais ajustados quando houver efeito relevante.

- Incisos VII e VIII acrescidos pela Lei nº 11.638, de 28-12-2007.

§ 1º Para efeitos do disposto neste artigo, considera-se valor justo:

- *Caput* do § 1º com a redação dada pela Lei nº 11.941, de 27-5-2009.
- Art. 256, II, *b*, desta Lei.

a) das matérias-primas e dos bens em almoxarifado, o preço pelo qual possam ser repostos, mediante compra no mercado;

b) dos bens ou direitos destinados à venda, o preço líquido de realização mediante venda no mercado, deduzidos os impostos e demais despesas necessárias para a venda, e a margem de lucro;

c) dos investimentos, o valor líquido pelo qual possam ser alienados a terceiros;

d) dos instrumentos financeiros, o valor que pode se obter em um mercado ativo, decorrente de transação não compulsória realizada entre partes independentes; e, na ausência de um mercado ativo para um determinado instrumento financeiro:

1) o valor que se pode obter em um mercado ativo com a negociação de outro instrumento financeiro de natureza, prazo e risco similares;

2) o valor presente líquido dos fluxos de caixa futuros para instrumentos financeiros de natureza, prazo e risco similares; ou

3) o valor obtido por meio de modelos matemático-estatísticos de precificação de instrumentos financeiros.

- Alínea *d* acrescida pela Lei nº 11.638, de 28-12-2007.

§ 2º A diminuição do valor dos elementos dos ativos imobilizado e intangível será registrada periodicamente nas contas de:

- *Caput* do § 2º com a redação dada pela Lei nº 11.941, de 27-5-2009.

a) depreciação, quando corresponder à perda do valor dos direitos que têm por objeto bens físicos sujeitos a desgaste ou perda de utilidade por uso, ação da natureza ou obsolescência;

b) amortização, quando corresponder à perda do valor do capital aplicado na aquisição de direitos da propriedade industrial ou comercial e quaisquer outros com existência ou exercício de duração limitada, ou cujo objeto sejam bens de utilização por prazo legal ou contratualmente limitado;

c) exaustão, quando corresponder à perda do valor, decorrente da sua exploração, de direitos cujo objeto sejam recursos minerais ou florestais, ou bens aplicados nessa exploração.

§ 3º A companhia deverá efetuar, periodicamente, análise sobre a recuperação dos valores registrados no imobilizado e no intangível, a fim de que sejam:

- *Caput* do § 3º com a redação dada pela Lei nº 11.941, de 27-5-2009.

I – registradas as perdas de valor do capital aplicado quando houver decisão de interromper os empreendimentos ou atividades a que se destinavam ou quando comprovado que não poderão produzir resultados suficientes para recuperação desse valor; ou

II – revisados e ajustados os critérios utilizados para determinação da vida útil econômica estimada e para cálculo da depreciação, exaustão e amortização.

- Incisos I e II acrescidos pela Lei nº 11.638, de 28-12-2007.

§ 4º Os estoques de mercadorias fungíveis destinadas à venda poderão ser avaliados pelo valor de mercado, quando esse for o costume mercantil aceito pela técnica contábil.

Critérios de Avaliação do Passivo

Art. 184. No balanço, os elementos do passivo serão avaliados de acordo com os seguintes critérios:

I – as obrigações, encargos e riscos, conhecidos ou calculáveis, inclusive Imposto de Renda a pagar com base no resultado do exercício, serão computados pelo valor atualizado até a data do balanço;

II – as obrigações em moeda estrangeira, com cláusula de paridade cambial, serão convertidas em moeda nacional à taxa de câmbio em vigor na data do balanço;

III – as obrigações, os encargos e os riscos classificados no passivo não circulante serão ajustados ao seu valor presente, sendo os demais ajustados quando houver efeito relevante.

- Inciso III com a redação dada pela Lei nº 11.941, de 27-5-2009.

Critérios de Avaliação em Operações Societárias

- Denominação com a redação dada pela Lei nº 11.941, de 27-5-2009.

Art. 184-A. A Comissão de Valores Mobiliários estabelecerá, com base na competência conferida pelo § 3º do art. 177 desta Lei, normas especiais de avaliação e contabilização aplicáveis à aquisição de controle, participações societárias ou negócios.

- Art. 184-A acrescido pela Lei nº 11.941, de 27-5-2009.

Correção Monetária

Art. 185. *Revogado.* Lei nº 7.730, de 31-1-1989.

Seção IV

DEMONSTRAÇÃO DE LUCROS OU PREJUÍZOS ACUMULADOS

Art. 186. A demonstração dos lucros ou prejuízos acumulados discriminará:

I – o saldo do início do período, os ajustes de exercícios anteriores e a correção monetária do saldo inicial;

II – as reversões de reservas e o lucro líquido do exercício;

III – as transferências para reservas, os dividendos, a parcela dos lucros incorporada ao capital e o saldo ao fim do período.

§ 1º Como ajustes de exercícios anteriores serão considerados apenas os decorrentes de efeitos da mudança de critério contábil, ou da retificação de erro imputável a determinado exercício anterior, e que não possam ser atribuídos a fatos subsequentes.

§ 2º A demonstração de lucros ou prejuízos acumulados deverá indicar o montante do dividendo por ação do capital social e poderá ser incluída na demonstração das mutações do patrimônio líquido, se elaborada e publicada pela companhia.

Seção V

DEMONSTRAÇÃO DO RESULTADO DO EXERCÍCIO

Art. 187. A demonstração do resultado do exercício discriminará:

I – a receita bruta das vendas e serviços, as deduções das vendas, os abatimentos e os impostos;

II – a receita líquida das vendas e serviços, o custo das mercadorias e serviços vendidos e o lucro bruto;

III – as despesas com as vendas, as despesas financeiras, deduzidas das receitas, as despesas gerais e administrativas, e outras despesas operacionais;

IV – o lucro ou prejuízo operacional, as outras receitas e as outras despesas;

- Inciso IV com a redação dada pela Lei nº 11.941, de 27-5-2009.

o Art. 60 da Lei nº 11.941, de 27-5-2009, que altera a legislação tributária federal relativa ao parcelamento ordinário de débitos tributários; concede remissão nos casos em que especifica; institui regime tributário de transição.

V – o resultado do exercício antes do Imposto de Renda e a provisão para o imposto;

VI – as participações de debêntures, empregados, administradores e partes beneficiárias, mesmo na forma de instrumentos financeiros, e de instituições ou fundos de assistência ou previdência de empregados, que não se caracterizem como despesa;

- Inciso VI com a redação dada pela Lei nº 11.941, de 27-5-2009.

VII – o lucro ou prejuízo líquido do exercício e o seu montante por ação do capital social.

o Art. 256, II, *c*, desta Lei.

§ 1º Na determinação do resultado do exercício serão computados:

a) as receitas e os rendimentos ganhos no período, independentemente da sua realização em moeda; e

b) os custos, despesas, encargos e perdas, pagos ou incorridos, correspondentes a essas receitas e rendimentos.

§ 2º *Revogado.* Lei nº 11.638, de 28-12-2007.

Seção VI

DEMONSTRAÇÃO DAS ORIGENS E APLICAÇÕES DE RECURSOS

- Denominação da Seção VI com a redação dada pela Lei nº 11.638, de 28-12-2007.

Demonstrações dos Fluxos de Caixa e do Valor Adicionado

Art. 188. As demonstrações referidas nos incisos IV e V do *caput* do art. 176 desta Lei indicarão, no mínimo:

- *Caput* com a redação dada pela Lei nº 11.638, de 28-12-2007.

I – demonstração dos fluxos de caixa – as alterações ocorridas, durante o exercício, no saldo de caixa e equivalentes de caixa, segregando-se essas alterações em, no mínimo, 3 (três) fluxos:

a) das operações;

b) dos financiamentos; e

c) dos investimentos;

II – demonstração do valor adicionado – o valor da riqueza gerada pela companhia, a sua distribuição entre os elementos que contribuíram para a geração dessa riqueza, tais como empregados, financiadores, acionistas, governo e outros, bem como a parcela da riqueza não distribuída.

- Incisos I e II com a redação dada pela Lei nº 11.638, de 28-12-2007.

III e IV – *Revogados.* Lei nº 11.941, de 27-5-2009.

CAPÍTULO XVI

LUCROS, RESERVAS E DIVIDENDOS

Seção I

LUCRO

Dedução de Prejuízos e Imposto sobre a Renda

Art. 189. Do resultado do exercício serão deduzidos, antes de qualquer participação, os prejuízos acumulados e a provisão para o Imposto sobre a Renda.

Parágrafo único. O prejuízo do exercício será obrigatoriamente absorvido pelos lucros acumulados, pelas reservas de lucros e pela reserva legal, nessa ordem.

Participações

Art. 190. As participações estatutárias de empregados, administradores e partes beneficiárias serão determinadas, sucessivamente e nessa ordem, com base nos lucros que remanescerem depois de deduzida a participação anteriormente calculada.

o Arts. 46, § 1º, 152 e 191 desta Lei.

Parágrafo único. Aplica-se ao pagamento das participações dos administradores e das partes beneficiárias o disposto nos parágrafos do artigo 201.

Lucro Líquido

Art. 191. Lucro líquido do exercício é o resultado do exercício que remanescer depois de deduzidas as participações de que trata o artigo 190.

Proposta de Destinação do Lucro

Art. 192. Juntamente com as demonstrações financeiras do exercício, os órgãos da administração da companhia apresentarão à assembleia-geral ordinária, observado o disposto nos artigos 193 a 203 e no estatuto, proposta sobre a destinação a ser dada ao lucro líquido do exercício.

Seção II

RESERVAS E RETENÇÃO DE LUCROS

Reserva Legal

Art. 193. Do lucro líquido do exercício, cinco por cento serão aplicados, antes de qualquer outra destinação, na constituição da reserva legal, que não excederá de vinte por cento do capital social.

o Arts. 192, 197 e 202, I, desta Lei.

§ 1º A companhia poderá deixar de constituir a reserva legal no exercício em que o saldo dessa reserva, acrescido do montante das reservas de capital de que trata o § 1º do artigo 182, exceder de trinta por cento do capital social.

§ 2º A reserva legal tem por fim assegurar a integridade do capital social e somente poderá ser utilizada para compensar prejuízos ou aumentar o capital.

Reservas Estatutárias

Art. 194. O estatuto poderá criar reservas desde que, para cada uma:

- Arts. 192, 193, 197, 198 e 203 desta Lei.

I – indique, de modo preciso e completo, a sua finalidade;

II – fixe os critérios para determinar a parcela anual dos lucros líquidos que serão destinados à sua constituição; e

III – estabeleça o limite máximo da reserva.

Reservas para Contingências

Art. 195. A assembleia-geral poderá, por proposta dos órgãos da administração, destinar parte do lucro líquido à formação de reserva com a finalidade de compensar, em exercício futuro, a diminuição do lucro decorrente de perda julgada provável, cujo valor possa ser estimado.

- Arts. 192, 197, 202, II, e 203 desta Lei.

§ 1º A proposta dos órgãos da administração deverá indicar a causa da perda prevista e justificar, com as razões de prudência que a recomendem, a constituição da reserva.

§ 2º A reserva será revertida no exercício em que deixarem de existir as razões que justificarem a sua constituição ou em que ocorrer a perda.

Art. 195-A. A assembleia-geral poderá, por proposta dos órgãos de administração, destinar para a reserva de incentivos fiscais a parcela do lucro líquido decorrente de doações ou subvenções governamentais para investimentos, que poderá ser excluída da base de cálculo do dividendo obrigatório (inciso I do *caput* do art. 202 desta Lei).

- Artigo acrescido pela Lei nº 11.638, de 28-12-2007.

Retenção de Lucros

Art. 196. A assembleia-geral poderá, por proposta dos órgãos da administração, deliberar reter parcela do lucro líquido do exercício prevista em orçamento de capital por ela previamente aprovado.

- Arts. 192, 197, 198 e 203 desta Lei.

§ 1º O orçamento, submetido pelos órgãos da administração com a justificativa da retenção de lucros proposta, deverá compreender todas as fontes de recursos e aplicações de capital, fixo ou circulante, e poderá ter a duração de até cinco exercícios, salvo no caso de execução, por prazo maior, de projeto de investimento.

§ 2º O orçamento poderá ser aprovado pela assembleia-geral ordinária que deliberar sobre o balanço do exercício e revisado anualmente, quando tiver duração superior a um exercício social.

- § 2º com a redação dada pela Lei nº 10.303, de 31-10-2001.

Reservas de Lucros a Realizar

Art. 197. No exercício em que o montante do dividendo obrigatório, calculado nos termos do estatuto ou do artigo 202, ultrapassar a parcela realizada do lucro líquido do exercício, a assembleia-geral poderá, por proposta dos órgãos de administração, destinar o excesso à constituição de reserva de lucros a realizar.

- *Caput* com a redação dada pela Lei nº 10.303, de 31-10-2001.

§ 1º Para os efeitos deste artigo, considera-se realizada a parcela do lucro líquido do exercício que exceder da soma dos seguintes valores:

- *Caput* do § 1º acrescido pela Lei nº 10.303, de 31-10-2001.

I – o resultado líquido positivo da equivalência patrimonial (artigo 248); e

- Inciso I acrescido pela Lei nº 10.303, de 31-10-2001.

II – o lucro, rendimento ou ganho líquidos em operações ou contabilização de ativo e passivo pelo valor de mercado, cujo prazo de realização financeira ocorra após o término do exercício social seguinte.

- Inciso II com a redação dada pela Lei nº 11.638, de 28-12-2007.

§ 2º A reserva de lucros a realizar somente poderá ser utilizada para pagamento do dividendo obrigatório e, para efeito do inciso III do artigo 202, serão considerados como integrantes da reserva os lucros a realizar de cada exercício que forem os primeiros a serem realizados em dinheiro.

- § 2º acrescido pela Lei nº 10.303, de 31-10-2001.

Limite da Constituição de Reservas e Retenção de Lucros

Art. 198. A destinação dos lucros para constituição das reservas de que trata o artigo 194 e a retenção nos termos do artigo 196 não poderão ser aprovadas, em cada exercício, em prejuízo da distribuição do dividendo obrigatório (artigo 202).

Limite do Saldo das Reservas de Lucros

Art. 199. O saldo das reservas de lucros, exceto as para contingências, de incentivos fiscais e de lucros a realizar, não poderá ultrapassar o capital social. Atingindo esse limite, a assembleia deliberará sobre aplicação do excesso na integralização ou no aumento do capital social ou na distribuição de dividendos.

- Artigo com a redação dada pela Lei nº 11.638, de 28-12-2007.
- Arts. 192 e 296, § 5º, desta Lei.

Reservas de Capital

Art. 200. As reservas de capital somente poderão ser utilizadas para:

- Art. 192 desta Lei.

I – absorção de prejuízos que ultrapassarem os lucros acumulados e as reservas de lucros (artigo 189, parágrafo único);

II – resgate, reembolso ou compra de ações;

III – resgate de partes beneficiárias;

IV – incorporação ao capital social;

V – pagamento de dividendo a ações preferenciais, quando essa vantagem lhes for assegurada (artigo 17, § 5º).

Parágrafo único. A reserva constituída com o produto da venda de partes beneficiárias poderá ser destinada ao resgate desses títulos.

Seção III

DIVIDENDOS

Origem

Art. 201. A companhia somente pode pagar dividendos à conta de lucro líquido do exercício, de lucros acumulados e de reserva de lucros; e à conta de reserva de capital, no caso das ações preferenciais de que trata o § 5º do artigo 17.

- Arts. 190, par. ún., e 192 desta Lei.

§ 1º A distribuição de dividendos com inobservância do disposto neste artigo implica responsabilidade solidária dos administradores e fiscais, que deverão repor à caixa social a importância distribuída, sem prejuízo da ação penal que no caso couber.

§ 2º Os acionistas não são obrigados a restituir os dividendos que em boa-fé tenham recebido. Presume-se a má-fé quando os dividendos forem distribuídos sem o levantamento do balanço ou em desacordo com os resultados deste.

Dividendo Obrigatório

Art. 202. Os acionistas têm direito de receber como dividendo obrigatório, em cada exercício, a parcela dos lucros estabelecida no estatuto ou, se este for omisso, a importância determinada de acordo com as seguintes normas:

• *Caput* com a redação dada pela Lei nº 10.303, de 31-10-2001.

I – metade do lucro líquido do exercício diminuído ou acrescido dos seguintes valores:

a) importância destinada à constituição da reserva legal (artigo 193); e

b) importância destinada à formação da reserva para contingências (artigo 195) e reversão da mesma reserva formada em exercícios anteriores;

II – o pagamento do dividendo determinado nos termos do inciso I poderá ser limitado ao montante do lucro líquido do exercício que tiver sido realizado, desde que a diferença seja registrada como reserva de lucros a realizar (artigo 197);

III – os lucros registrados na reserva de lucros a realizar, quando realizados e se não tiverem sido absorvidos por prejuízos em exercícios subsequentes, deverão ser acrescidos ao primeiro dividendo declarado após a realização.

• Incisos I a III com a redação dada pela Lei nº 10.303, de 31-10-2001.

§ 1º O estatuto poderá estabelecer o dividendo como porcentagem do lucro ou do capital social, ou fixar outros critérios para determiná-lo, desde que sejam regulados com precisão e minúcia e não sujeitem os acionistas minoritários ao arbítrio dos órgãos de administração ou da maioria.

○ Art. 296, § 4º, desta Lei.

§ 2º Quando o estatuto for omisso e a assembleia-geral deliberar alterá-lo para introduzir norma sobre a matéria, o dividendo obrigatório não poderá ser inferior a vinte e cinco por cento do lucro líquido ajustado nos termos do inciso I deste artigo.

§ 3º A assembleia-geral pode, desde que não haja oposição de qualquer acionista presente, deliberar a distribuição de dividendo inferior ao obrigatório, nos termos deste artigo, ou a retenção de todo o lucro líquido, nas seguintes sociedades:

I – companhias abertas exclusivamente para a captação de recursos por debêntures não conversíveis em ações;

II – companhias fechadas, exceto nas controladas por companhias abertas que não se enquadrem na condição prevista no inciso I.

• §§ 2º e 3º com a redação dada pela Lei nº 10.303, de 31-10-2001.

§ 4º O dividendo previsto neste artigo não será obrigatório no exercício social em que os órgãos da administração informarem à assembleia-geral ordinária ser ele incompatível com a situação financeira da companhia. O Conselho Fiscal, se em funcionamento, deverá dar parecer sobre essa informação e, na companhia aberta, seus administradores encaminharão à Comissão de Valores Mobiliários, dentro de cinco dias da realização da assembleia-geral, exposição justificativa da informação transmitida à assembleia.

§ 5º Os lucros que deixarem de ser distribuídos nos termos do § 4º serão registrados como reserva especial e, se não absorvidos por prejuízos em exercícios subsequentes, deverão ser pagos como dividendo assim que o permitir a situação financeira da companhia.

§ 6º Os lucros não destinados nos termos dos artigos 193 a 197 deverão ser distribuídos como dividendos.

• § 6º acrescido pela Lei nº 10.303, de 31-10-2001.

Dividendos de Ações Preferenciais

Art. 203. O disposto nos artigos 194 a 197, e 202, não prejudicará o direito dos acionistas preferenciais de receber os dividendos fixos ou mínimos a que tenham prioridade, inclusive os atrasados, se cumulativos.

○ Art. 192 desta Lei.

Dividendos Intermediários

Art. 204. A companhia que, por força de lei ou de disposição estatutária, levantar balanço semestral, poderá declarar, por deliberação dos órgãos de administração, se autorizados pelo estatuto, dividendo à conta do lucro apurado nesse balanço.

○ Art. 31 da Lei nº 4.595, de 31-12-1964 (Lei do Sistema Financeiro Nacional).

§ 1º A companhia poderá, nos termos de disposição estatutária, levantar balanço e distribuir dividendos em períodos menores, desde que o total dos dividendos pagos em cada semestre do exercício social não exceda o montante das reservas de capital de que trata o § 1º do artigo 182.

§ 2º O estatuto poderá autorizar os órgãos de administração a declarar dividendos intermediários, à conta de lucros acumulados ou de reservas de lucros existentes no último balanço anual ou semestral.

Pagamento de Dividendos

Art. 205. A companhia pagará o dividendo de ações nominativas à pessoa que, na data do ato de declaração do dividendo, estiver inscrita como proprietária ou usufrutuária da ação.

§ 1º Os dividendos poderão ser pagos por cheque nominativo remetido por via postal para o endereço comunicado pelo acionista à companhia, ou mediante crédito em conta-corrente bancária aberta em nome do acionista.

§ 2º Os dividendos das ações em custódia bancária ou em depósito nos termos dos artigos 41 e 43 serão pagos pela companhia à instituição financeira depositária, que será responsável pela sua entrega aos titulares das ações depositadas.

§ 3º O dividendo deverá ser pago, salvo deliberação em contrário da assembleia-geral, no prazo de sessenta dias da data em que for declarado e, em qualquer caso, dentro do exercício social.

CAPÍTULO XVII
DISSOLUÇÃO, LIQUIDAÇÃO E EXTINÇÃO

Seção I
DISSOLUÇÃO

Art. 206. Dissolve-se a companhia:

○ Art. 209, I e II, desta Lei.

○ Súm. nº 435 do STJ.

I – de pleno direito:

a) pelo término do prazo de duração;

b) nos casos previstos no estatuto;

c) por deliberação da assembleia-geral (artigo 136, X);

• Alínea *c* com a redação dada pela Lei nº 9.457, de 5-5-1997.

d) pela existência de um único acionista, verificada em assembleia-geral ordinária, se o mínimo de dois não for reconstituído até à do ano seguinte, ressalvado o disposto no artigo 251;

e) pela extinção, na forma da lei, da autorização para funcionar;

II – por decisão judicial:

o Art. 209 desta Lei.

a) quando anulada a sua constituição, em ação proposta por qualquer acionista;

b) quando provado que não pode preencher o seu fim, em ação proposta por acionistas que representem cinco por cento ou mais do capital social;

c) em caso de falência, na forma prevista na respectiva lei;

III – por decisão de autoridade administrativa competente, nos casos e na forma previstos em lei especial.

Efeitos

Art. 207. A companhia dissolvida conserva a personalidade jurídica, até a extinção, com o fim de proceder à liquidação.

Seção II

LIQUIDAÇÃO

Liquidação pelos Órgãos da Companhia

Art. 208. Silenciando o estatuto, compete à assembleia-geral, nos casos do nº I do artigo 206, determinar o modo de liquidação e nomear o liquidante e o Conselho Fiscal que devam funcionar durante o período de liquidação.

§ 1º A companhia que tiver Conselho de Administração poderá mantê-lo, competindo-lhe nomear o liquidante; o funcionamento do Conselho Fiscal será permanente ou a pedido de acionistas, conforme dispuser o estatuto.

§ 2º O liquidante poderá ser destituído, a qualquer tempo, pelo órgão que o tiver nomeado.

Liquidação Judicial

Art. 209. Além dos casos previstos no nº II do artigo 206, a liquidação será processada judicialmente:

I – a pedido de qualquer acionista, se os administradores ou a maioria de acionistas deixarem de promover a liquidação, ou a ela se opuserem, nos casos do nº I do artigo 206;

II – a requerimento do Ministério Público, à vista de comunicação da autoridade competente, se a companhia, nos trinta dias subsequentes à dissolução, não iniciar a liquidação ou se, após iniciá-la, interrompê-la por mais de quinze dias, no caso da alínea *e* do nº I do artigo 206.

Parágrafo único. Na liquidação judicial será observado o disposto na lei processual, devendo o liquidante ser nomeado pelo juiz.

Deveres do Liquidante

Art. 210. São deveres do liquidante:

I – arquivar e publicar a ata da assembleia-geral, ou certidão de sentença, que tiver deliberado ou decidido a liquidação;

II – arrecadar os bens, livros e documentos da companhia, onde quer que estejam;

III – fazer levantar, de imediato, em prazo não superior ao fixado pela assembleia-geral ou pelo juiz, o balanço patrimonial da companhia;

IV – ultimar os negócios da companhia, realizar o ativo, pagar o passivo, e partilhar o remanescente entre os acionistas;

V – exigir dos acionistas, quando o ativo não bastar para a solução do passivo, a integralização de suas ações;

VI – convocar a assembleia-geral, nos casos previstos em lei ou quando julgar necessário;

VII – confessar a falência da companhia e pedir concordata, nos casos previstos em lei;

o Lei nº 11.101, de 9-2-2005 (Lei de Recuperação de Empresas e Falências).

VIII – finda a liquidação, submeter à assembleia-geral relatório dos atos e operações da liquidação e suas contas finais;

IX – arquivar e publicar a ata da assembleia-geral que houver encerrado a liquidação.

Poderes do Liquidante

Art. 211. Compete ao liquidante representar a companhia e praticar todos os atos necessários à liquidação, inclusive alienar bens móveis ou imóveis, transigir, receber e dar quitação.

Parágrafo único. Sem expressa autorização da assembleia-geral o liquidante não poderá gravar bens e contrair empréstimos, salvo quando indispensáveis ao pagamento de obrigações inadiáveis, nem prosseguir, ainda que para facilitar a liquidação, na atividade social.

Denominação da Companhia

Art. 212. Em todos os atos ou operações, o liquidante deverá usar a denominação social seguida das palavras "em liquidação".

Assembleia-Geral

Art. 213. O liquidante convocará a assembleia-geral cada seis meses, para prestar-lhe contas dos atos e operações praticados no semestre e apresentar-lhe o relatório e o balanço do estado da liquidação; a assembleia-geral pode fixar, para essas prestações de contas, períodos menores ou maiores que, em qualquer caso, não serão inferiores a três nem superiores a doze meses.

§ 1º Nas assembleias-gerais da companhia em liquidação todas as ações gozam de igual direito de voto, tornando-se ineficazes as restrições ou limitações porventura existentes em relação às ações ordinárias ou preferenciais; cessando o estado de liquidação, restaura-se a eficácia das restrições ou limitações relativas ao direito de voto.

§ 2º No curso da liquidação judicial, as assembleias-gerais necessárias para deliberar sobre os interesses da liquidação serão convocadas por ordem do juiz, a quem compete presidi-las e resolver, sumariamente, as dúvidas e litígios que forem suscitados. As atas das assembleias-gerais serão, por cópias autênticas, apensadas ao processo judicial.

Pagamento do Passivo

Art. 214. Respeitados os direitos dos credores preferenciais, o liquidante pagará as dívidas sociais proporcionalmente e sem distinção entre vencidas e vincendas, mas, em relação a estas, com desconto às taxas bancárias.

Parágrafo único. Se o ativo for superior ao passivo, o liquidante poderá, sob sua responsabilidade pessoal, pagar integralmente as dívidas vencidas.

Partilha do Ativo

Art. 215. A assembleia-geral pode deliberar que antes de ultimada a liquidação, e depois de pagos todos os credores, se façam rateios entre os acionistas, à proporção que se forem apurando os haveres sociais.

§ 1º É facultado à assembleia-geral aprovar, pelo voto de acionistas que representem, no mínimo, 90% (noventa por cento) dos votos conferidos pelas ações com direito a voto, depois de pagos ou garantidos os credores, condições especiais para a partilha do ativo remanescente, com a atribuição de bens aos sócios, pelo valor contábil ou outro por ela fixado.

• § 1º com a redação dada pela Lei nº 14.195, de 26-8-2021.

§ 2º Provado pelo acionista dissidente (artigo 216, § 2º) que as condições especiais de partilha visaram a favorecer a maioria, em detrimento da parcela que lhe tocaria, se inexistissem tais condições, será a partilha suspensa, se não consumada, ou, se já consumada, os acionistas majoritários indenizarão os minoritários pelos prejuízos apurados.

Prestação de Contas

Art. 216. Pago o passivo e rateado o ativo remanescente, o liquidante convocará a assembleia-geral para a prestação final das contas.

§ 1º Aprovadas as contas, encerra-se a liquidação e a companhia se extingue.

§ 2º O acionista dissidente terá o prazo de trinta dias, a contar da publicação da ata, para promover a ação que lhe couber.

○ Art. 215, § 2º, desta Lei.

Responsabilidade na Liquidação

Art. 217. O liquidante terá as mesmas responsabilidades do administrador, e os deveres e responsabilidades dos administradores, fiscais e acionistas subsistirão até a extinção da companhia.

Direito do Credor não Satisfeito

Art. 218. Encerrada a liquidação, o credor não satisfeito só terá direto de exigir dos acionistas, individualmente, o pagamento de seu crédito, até o limite da soma, por eles recebida, e de propor contra o liquidante, se for o caso, ação de perdas e danos. O acionista executado terá direito de haver dos demais a parcela que lhes couber no crédito pago.

Seção III

EXTINÇÃO

Art. 219. Extingue-se a companhia:

I – pelo encerramento da liquidação;

II – pela incorporação ou fusão, e pela cisão com versão de todo o patrimônio em outras sociedades.

CAPÍTULO XVIII

TRANSFORMAÇÃO, INCORPORAÇÃO, FUSÃO E CISÃO

Seção I

TRANSFORMAÇÃO

Conceito e Forma

Art. 220. A transformação é a operação pela qual a sociedade passa, independentemente de dissolução e liquidação, de um tipo para outro.

○ Arts. 80, I, 86, 87 e 124, § 4º, desta Lei.

Parágrafo único. A transformação obedecerá aos preceitos que regulam a constituição e o registro do tipo a ser adotado pela sociedade.

Deliberação

Art. 221. A transformação exige o consentimento unânime dos sócios ou acionistas, salvo se prevista no estatuto ou no contrato social, caso em que o sócio dissidente terá o direito de retirar-se da sociedade.

Parágrafo único. Os sócios podem renunciar, no contrato social, ao direito da retirada no caso de transformação em companhia.

Direito dos Credores

Art. 222. A transformação não prejudicará, em caso algum, os direitos dos credores, que continuarão, até o pagamento integral dos seus créditos, com as mesmas garantias que o tipo anterior de sociedade lhes oferecia.

Parágrafo único. A falência da sociedade transformada somente produzirá efeitos em relação aos sócios que, no tipo anterior, a eles estariam sujeitos, se o pedirem os titulares de créditos anteriores à transformação, e somente a estes beneficiará.

Seção II

INCORPORAÇÃO, FUSÃO E CISÃO

Competência e Processo

Art. 223. A incorporação, fusão e cisão podem ser operadas entre sociedades de tipos iguais ou diferentes e deverão ser deliberadas na forma prevista para a alteração dos respectivos estatutos ou contratos sociais.

§ 1º Nas operações em que houver criação de sociedade serão observadas as normas reguladoras da constituição das sociedades do seu tipo.

§ 2º Os sócios ou acionistas das sociedades incorporadas, fundidas ou cindidas receberão, diretamente da companhia emissora, as ações que lhes couberem.

§ 3º Se a incorporação, fusão ou cisão envolverem companhia aberta, as sociedades que a sucederem serão também abertas, devendo obter o respectivo registro e, se for o caso, promover a admissão de negociação das novas ações no mercado secundário, no prazo máximo de cento e vinte dias, contados da data da assembleia-geral que aprovou a operação, observando as normas pertinentes baixadas pela Comissão de Valores Mobiliários.

§ 4º O descumprimento do previsto no parágrafo anterior dará ao acionista direito de retirar-se da companhia, mediante reembolso do valor das suas ações (artigo 45), nos trinta dias seguintes ao término do prazo nele referido, observado o disposto nos §§ 1º e 4º do artigo 137.

• §§ 3º e 4º acrescidos pela Lei nº 9.457, de 5-5-1997.

Protocolo

Art. 224. As condições da incorporação, fusão ou cisão com incorporação em sociedade existente constarão de protocolo firmado pelos órgãos de administração ou sócios das sociedades interessadas, que incluirá:

○ Arts. 229, § 2º, 252 e 264 desta Lei.

I – o número, espécie e classe das ações que serão atribuídas em substituição dos direitos de sócios que se extinguirão e os critérios utilizados para determinar as relações de substituição;

II – os elementos ativos e passivos que formarão cada parcela do patrimônio, no caso de cisão;

III – os critérios de avaliação do patrimônio líquido, a data a que será referida a avaliação, e o tratamento das variações patrimoniais posteriores;

IV – a solução a ser adotada quanto às ações ou quotas do capital de uma das sociedades possuídas por outra;

V – o valor do capital das sociedades a serem criadas ou do aumento ou redução do capital das sociedades que forem parte na operação;

VI – o projeto ou projetos de estatuto, ou de alterações estatutárias, que deverão ser aprovados para efetivar a operação;

VII – todas as demais condições a que estiver sujeita a operação.

○ Art. 229, § 2º, desta Lei.

Parágrafo único. Os valores sujeitos a determinação serão indicados por estimativa.

Justificação

Art. 225. As operações de incorporação, fusão e cisão serão submetidas à deliberação da assembleia-geral das companhias interessadas mediante justificação, na qual serão expostos:

○ Arts. 252 e 264 desta Lei.

I – os motivos ou fins da operação, e o interesse da companhia na sua realização;

II – as ações que os acionistas preferenciais receberão e as razões para a modificação dos seus direitos, se prevista;

III – a composição, após a operação, segundo espécies e classes das ações, do capital das companhias que deverão emitir ações em substituição às que se deverão extinguir;

IV – o valor de reembolso das ações a que terão direito os acionistas dissidentes.

Transformação, Incorporação, Fusão e Cisão

• Denominação do artigo com a redação dada pela Lei nº 11.638, de 28-12-2007.

Art. 226. As operações de incorporação, fusão e cisão somente poderão ser efetivadas nas condições aprovadas se os peritos nomeados determinarem que o valor do patrimônio ou patrimônios líquidos a serem vertidos para a formação de capital social é, ao menos, igual ao montante do capital a realizar.

§ 1º As ações ou quotas do capital da sociedade a ser incorporada que forem de propriedade da companhia incorporadora poderão, conforme dispuser o protocolo de incorporação, ser extintas, ou substituídas por ações em tesouraria da incorporadora, até o limite dos lucros acumulados e reservas, exceto a legal.

§ 2º O disposto no § 1º aplicar-se-á aos casos de fusão, quando uma das sociedades fundidas for proprietária de ações ou quotas de outra, e de cisão com incorporação, quando a companhia que incorporar parcela do patrimônio da cindida for proprietária de ações ou quotas do capital desta.

§ 3º A Comissão de Valores Mobiliários estabelecerá normas especiais de avaliação e contabilização aplicáveis às operações de fusão, incorporação e cisão que envolvam companhia aberta.

• § 3º com a redação dada pela Lei nº 11.941, de 27-5-2009.

Incorporação

Art. 227. A incorporação é a operação pela qual uma ou mais sociedades são absorvidas por outra, que lhes sucede em todos os direitos e obrigações.

○ Arts. 135 e 229, § 3º, desta Lei.

§ 1º A assembleia-geral da companhia incorporadora, se aprovar o protocolo da operação, deverá autorizar o aumento de capital a ser subscrito e realizado pela incorporada mediante versão do seu patrimônio líquido, e nomear os peritos que o avaliarão.

§ 2º A sociedade que houver de ser incorporada, se aprovar o protocolo da operação, autorizará seus administradores a praticarem os atos necessários à incorporação, inclusive a subscrição do aumento de capital da incorporadora.

§ 3º Aprovados pela assembleia-geral da incorporadora o laudo de avaliação e a incorporação, extingue-se a incorporada, competindo à primeira promover o arquivamento e a publicação dos atos da incorporação.

Fusão

Art. 228. A fusão é a operação pela qual se unem duas ou mais sociedades para formar sociedade nova, que lhes sucederá em todos os direitos e obrigações.

§ 1º A assembleia-geral de cada companhia, se aprovar o protocolo de fusão, deverá nomear os peritos que avaliarão os patrimônios líquidos das demais sociedades.

§ 2º Apresentados os laudos, os administradores convocarão os sócios ou acionistas das sociedades para uma assembleia-geral, que deles tomará conhecimento e resolverá sobre a constituição definitiva da nova sociedade, vedado aos sócios ou acionistas votar o laudo de avaliação do patrimônio líquido da sociedade de que fazem parte.

§ 3º Constituída a nova companhia, incumbirá aos primeiros administradores promover o arquivamento e a publicação da fusão.

Cisão

Art. 229. A cisão é a operação pela qual a companhia transfere parcelas do seu patrimônio para uma ou mais sociedades, constituídas para esse fim ou já existentes, extinguindo-se a companhia cindida, se houver versão de todo o seu patrimônio, ou dividindo-se o seu capital, se parcial a versão.

§ 1º Sem prejuízo do disposto no artigo 233, a sociedade que absorver parcela do patrimônio da companhia cindida sucede a esta nos direitos e obrigações relacionados no ato da cisão; no caso de cisão com extinção, as sociedades que absorverem parcelas do patrimônio da companhia cindida sucederão a esta, na proporção dos patrimônios líquidos transferidos, nos direitos e obrigações não relacionados.

§ 2º Na cisão com versão de parcela do patrimônio em sociedade nova, a operação será deliberada pela assembleia-geral da companhia à vista de justificação que incluirá as informações de que tratam os números do artigo 224; a assembleia, se a aprovar, nomeará os peritos que avaliarão a parcela do patrimônio a ser transferida, e funcionará como assembleia de constituição da nova companhia.

§ 3º A cisão com versão de parcela de patrimônio em sociedade já existente obedecerá às disposições sobre incorporação (artigo 227).

§ 4º Efetivada a cisão com extinção da companhia cindida, caberá aos administradores das sociedades que tiverem absorvido parcelas do seu patrimônio promover o arquivamento e publicação dos atos da operação; na cisão com versão parcial do patrimônio, esse dever caberá aos administradores da companhia cindida e da que absorver parcela do seu patrimônio.

§ 5º As ações integralizadas com parcelas de patrimônio da companhia cindida serão atribuídas a seus titulares, em substituição às extintas, na proporção das que possuíam; a atribuição em proporção diferente requer aprovação de todos os titulares, inclusive das ações sem direito a voto.

• § 5º com a redação dada pela Lei nº 9.457, de 5-5-1997.

Direito da Retirada

Art. 230. Nos casos de incorporação ou fusão, o prazo para exercício do direito de retirada, previsto no artigo 137, inciso II, será contado a partir da publicação da ata que aprovar o protocolo ou justificação, mas o pagamento do preço de reembolso somente será devido se a operação vier a efetivar-se.

• Artigo com a redação dada pela Lei nº 9.457, de 5-5-1997.

o Arts. 252, §§ 1º e 2º, e 264, § 3º, desta Lei.

Direitos dos Debenturistas

Art. 231. A incorporação, fusão ou cisão da companhia emissora de debêntures em circulação dependerá da prévia aprovação dos debenturistas, reunidos em assembleia especialmente convocada com esse fim.

§ 1º Será dispensada a aprovação pela assembleia se for assegurado aos debenturistas que o desejarem, durante o prazo mínimo de seis meses a contar da data da publicação das atas das assembleias relativas à operação, o resgate das debêntures de que forem titulares.

§ 2º No caso do § 1º, a sociedade cindida e as sociedades que absorverem parcelas do seu patrimônio responderão solidariamente pelo resgate das debêntures.

Direitos dos Credores na Incorporação ou Fusão

Art. 232. Até sessenta dias depois de publicados os atos relativos à incorporação ou à fusão, o credor anterior por ela prejudicado poderá pleitear judicialmente a anulação da operação; findo o prazo, decairá do direito o credor que não o tiver exercido.

§ 1º A consignação da importância em pagamento prejudicará a anulação pleiteada.

§ 2º Sendo ilíquida a dívida, a sociedade poderá garantir-lhe a execução, suspendendo-se o processo de anulação.

§ 3º Ocorrendo, no prazo deste artigo, a falência da sociedade incorporadora ou da sociedade nova, qualquer credor anterior terá o direito de pedir a separação dos patrimônios, para o fim de serem os créditos pagos pelos bens das respectivas massas.

Direitos dos Credores na Cisão

Art. 233. Na cisão com extinção da companhia cindida, as sociedades que absorverem parcelas do seu patrimônio responderão solidariamente pelas obrigações da companhia extinta. A companhia cindida que subsistir e as que absorverem parcelas do seu patrimônio responderão solidariamente pelas obrigações da primeira anteriores à cisão.

o Art. 229, § 1º, desta Lei.

Parágrafo único. O ato de cisão parcial poderá estipular que as sociedades que absorverem parcelas do patrimônio da companhia cindida serão responsáveis apenas pelas obrigações que lhes forem transferidas, sem solidariedade entre si ou com a companhia cindida, mas, nesse caso, qualquer credor anterior poderá se opor à estipulação, em relação ao seu crédito, desde que notifique a sociedade no prazo de noventa dias a contar da data da publicação dos atos da cisão.

Averbação da Sucessão

Art. 234. A certidão, passada pelo Registro do Comércio, da incorporação, fusão ou cisão, é documento hábil para averbação, nos registros públicos competentes, da sucessão, decorrente da operação, em bens, direitos e obrigações.

CAPÍTULO XIX

SOCIEDADES DE ECONOMIA MISTA

Legislação Aplicável

Art. 235. As sociedades anônimas de economia mista estão sujeitas a esta Lei, sem prejuízo das disposições especiais de lei federal.

o Arts. 37, XIX, e 173, §§ 1º e 2º da CF.

o Arts. 208 e 210 a 218 desta Lei.

o Art. 82 da Lei nº 9.069, de 29-6-1995, que dispõe sobre o Plano Real, o Sistema Monetário Nacional, estabelece as regras e condições de emissão do REAL e os critérios para conversão das obrigações para o REAL.

o Súm. nº 42 do STJ.

§ 1º As companhias abertas de economia mista estão também sujeitas às normas expedidas pela Comissão de Valores Mobiliários.

§ 2º As companhias de que participarem, majoritária ou minoritariamente, as sociedades de economia mista, estão sujeitas ao disposto nesta Lei, sem as exceções previstas neste Capítulo.

Constituição e Aquisição de Controle

Art. 236. A constituição de companhia de economia mista depende de prévia autorização legislativa.

Parágrafo único. Sempre que pessoa jurídica de direito público adquirir, por desapropriação, o controle de companhia em funcionamento, os acionistas terão direito de pedir, dentro de sessenta dias da publicação da primeira ata da assembleia-geral, realizada após a aquisição do controle, o reembolso das suas ações, salvo se a companhia já se achava sob o controle, direto ou indireto, de outra pessoa jurídica de direito público, ou no caso de concessionária de serviço público.

Objeto

Art. 237. A companhia de economia mista somente poderá explorar os empreendimentos ou exercer as atividades previstas na lei que autorizou a sua constituição.

§ 1º A companhia de economia mista somente poderá participar de outras sociedades quando autorizada por lei ou no exercício de opção legal para aplicar Imposto de Renda em investimentos para o desenvolvimento regional ou setorial.

o Art. 296, § 6º, desta Lei.

§ 2º As instituições financeiras de economia mista poderão participar de outras sociedades, observadas as normas estabelecidas pelo Banco Central do Brasil.

o Art. 296, § 6º, desta Lei.

Acionista Controlador

Art. 238. A pessoa jurídica que controla a companhia de economia mista tem os deveres e responsabilidades do acionista controlador (artigos 116 e 117), mas poderá orientar as atividades da companhia de modo a atender ao interesse público que justificou a sua criação.

Administração

Art. 239. As companhias de economia mista terão obrigatoriamente Conselho de Administração, assegurado à minoria o direito de eleger um dos conselheiros, se maior número não lhes couber pelo processo de voto múltiplo.

o Art. 146, *caput*, desta Lei.

o Súm. nº 8 do STF.

Parágrafo único. Os deveres e responsabilidades dos administradores das companhias de economia mista são os mesmos dos administradores das companhias abertas.

Conselho Fiscal

Art. 240. O funcionamento do Conselho Fiscal será permanente nas companhias de economia mista; um dos seus membros, e respectivo suplente, será eleito pelas ações ordinárias minoritárias e outro pelas ações preferenciais, se houver.

LEG. COMPLEMENTAR

Correção Monetária

Art. 241. *Revogado.* Dec.-lei nº 2.287, de 23-7-1986.

Falência e Responsabilidade Subsidiária

Art. 242. *Revogado.* Lei nº 10.303, de 31-10-2001.

CAPÍTULO XX
SOCIEDADES COLIGADAS, CONTROLADORAS E CONTROLADAS

Seção I
INFORMAÇÕES NO RELATÓRIO DA ADMINISTRAÇÃO

Art. 243. O relatório anual da administração deve relacionar os investimentos da companhia em sociedades coligadas e controladas e mencionar as modificações ocorridas durante o exercício.

- Art. 179, III, desta Lei.

§ 1º São coligadas as sociedades nas quais a investidora tenha influência significativa.

- § 1º com a redação dada pela Lei nº 11.941, de 27-5-2009.
- Art. 46 da Lei nº 11.941, de 27-5-2009, que altera a legislação tributária federal relativa ao parcelamento ordinário de débitos tributários; concede remissão nos casos em que especifica; institui regime tributário de transição.

§ 2º Considera-se controlada a sociedade na qual a controladora, diretamente ou através de outras controladas, é titular de direitos de sócio que lhe assegurem, de modo permanente, preponderância nas deliberações sociais e o poder de eleger a maioria dos administradores.

- Art. 2º da Lei nº 9.779, de 19-1-1999, que altera a legislação do Imposto sobre a Renda, relativamente à tributação dos Fundos de Investimento Imobiliário e dos rendimentos auferidos em aplicação ou operação financeira de renda fixa ou variável, ao Sistema Integrado de Pagamento de Impostos e Contribuições das Microempresas e das Empresas de Pequeno Porte – SIMPLES, à incidência sobre rendimentos de beneficiários no exterior, bem assim a legislação do Imposto sobre Produtos Industrializados – IPI, relativamente ao aproveitamento de créditos e à equiparação de atacadista a estabelecimento industrial, do Imposto sobre Operações de Crédito, Câmbio e Seguros ou Relativas a Títulos e Valores Mobiliários – IOF, relativamente às operações de mútuo, e da Contribuição Social sobre o Lucro Líquido, relativamente às despesas financeiras.

§ 3º A companhia aberta divulgará as informações adicionais, sobre coligadas e controladas, que forem exigidas pela Comissão de Valores Mobiliários.

§ 4º Considera-se que há influência significativa quando a investidora detém ou exerce o poder de participar nas decisões das políticas financeira ou operacional da investida, sem controlá-la.

- § 4º com a redação dada pela Lei nº 11.941, de 27-5-2009.

§ 5º É presumida influência significativa quando a investidora for titular de 20% (vinte por cento) ou mais dos votos conferidos pelo capital da investida, sem controlá-la.

- § 5º com a redação dada pela Lei nº 14.195, de 26-8-2021.

Seção II
PARTICIPAÇÃO RECÍPROCA

Art. 244. É vedada a participação recíproca entre a companhia e suas coligadas ou controladas.

- Arts. 265, § 2º, e 296, § 3º, desta Lei.

§ 1º O disposto neste artigo não se aplica ao caso em que ao menos uma das sociedades participa de outra com observância das condições em que a lei autoriza a aquisição das próprias ações (artigo 30, § 1º, *b*).

- Art. 296, § 3º, desta Lei.

§ 2º As ações do capital da controladora, de propriedade da controlada, terão suspenso o direito de voto.

- Art. 296, § 3º, desta Lei.

§ 3º O disposto no § 2º do artigo 30 aplica-se à aquisição de ações da companhia aberta por suas coligadas e controladas.

- Art. 296, § 3º, desta Lei.

§ 4º No caso do § 1º, a sociedade deverá alienar, dentro de seis meses, as ações ou quotas que excederem do valor dos lucros ou reservas, sempre que esses sofrerem redução.

- Art. 296, § 3º, desta Lei.

§ 5º A participação recíproca, quando ocorrer em virtude de incorporação, fusão ou cisão, ou da aquisição, pela companhia, do controle de sociedade, deverá ser mencionada nos relatórios e demonstrações financeiras de ambas as sociedades e será eliminada no prazo máximo de um ano; no caso de coligada, salvo acordo em contrário, deverão ser alienadas as ações ou quotas de aquisição mais recente ou, se da mesma data, que representem menor porcentagem do capital social.

- Art. 296, § 3º, desta Lei.

§ 6º A aquisição de ações ou quotas de que resulte participação recíproca com violação ao disposto neste artigo importa responsabilidade civil solidária dos administradores da sociedade, equiparando-se, para efeitos penais, à compra ilegal das próprias ações.

- Art. 296, § 3º, desta Lei.

Seção III
RESPONSABILIDADE DOS ADMINISTRADORES E DAS SOCIEDADES CONTROLADORAS

Administradores

Art. 245. Os administradores não podem, em prejuízo da companhia, favorecer sociedade coligada, controladora ou controlada, cumprindo-lhes zelar para que as operações entre as sociedades, se houver, observem condições estritamente comutativas, ou com pagamento compensatório adequado; e respondem perante a companhia pelas perdas e danos resultantes de atos praticados com infração disposto neste artigo.

Sociedade Controladora

Art. 246. A sociedade controladora será obrigada a reparar os danos que causar à companhia por atos praticados com infração ao disposto nos artigos 116 e 117.

§ 1º A ação para haver reparação cabe:

- Art. 276, § 3º, desta Lei.

a) a acionistas que representem cinco por cento ou mais do capital social;

- Art. 291 desta Lei.

b) a qualquer acionista, desde que preste caução pelas custas e honorários de advogado devidos no caso de vir a ação ser julgada improcedente.

§ 2º A sociedade controladora, se condenada, além de reparar o dano e arcar com as custas, pagará honorários de advogado de vinte por cento e prêmio de cinco por cento ao autor da ação, calculados sobre o valor da indenização.

- Art. 276, § 3º, desta Lei.

Seção IV
DEMONSTRAÇÕES FINANCEIRAS

Notas Explicativas

Art. 247. As notas explicativas dos investimentos a que se refere o art. 248 desta Lei devem conter informações precisas sobre as sociedades coligadas e controladas e suas relações com a companhia, indicando:

• *Caput* com a redação dada pela Lei nº 11.941, de 27-5-2009.

I – a denominação da sociedade, seu capital social e patrimônio líquido;

II – o número, espécies e classes das ações ou quotas de propriedade da companhia, e o preço de mercado das ações, se houver;

III – o lucro líquido do exercício;

IV – os créditos e obrigações entre a companhia e as sociedades coligadas e controladas;

V – o montante das receitas e despesas em operações entre a companhia e as sociedades coligadas e controladas.

o Arts. 248 e 256, I, desta Lei.

Parágrafo único. Considera-se relevante o investimento:

a) em cada sociedade coligada ou controlada, se o valor contábil é igual ou superior a dez por cento do valor do patrimônio líquido da companhia;

b) no conjunto das sociedades coligadas e controladas, se o valor contábil é igual ou superior a quinze por cento do valor do patrimônio líquido da companhia.

Avaliação do Investimento em Coligadas e Controladas

Art. 248. No balanço patrimonial da companhia, os investimentos em coligadas ou em controladas e em outras sociedades que façam parte de um mesmo grupo ou estejam sob controle comum serão avaliados pelo método da equivalência patrimonial, de acordo com as seguintes normas:

• *Caput* com a redação dada pela Lei nº 11.941, de 27-5-2009.

o Arts. 183, III, 197, § 1º, I, e 256, II, *b*, desta Lei.

I – o valor do patrimônio líquido da coligada ou da controlada será determinado com base em balanço patrimonial ou balancete de verificação levantado, com observância das normas desta Lei, na mesma data, ou até sessenta dias, no máximo, antes da data do balanço da companhia; no valor de patrimônio líquido não serão computados os resultados não realizados decorrentes de negócios com a companhia, ou com outras sociedades coligadas à companhia, ou por ela controladas;

o Art. 248, § 2º, desta Lei.

II – o valor do investimento será determinado mediante a aplicação, sobre o valor de patrimônio líquido referido no número anterior, da porcentagem de participação no capital da coligada ou controlada;

III – a diferença entre o valor do investimento, de acordo com o nº II, e o custo de aquisição corrigido monetariamente, somente será registrada como resultado do exercício:

a) se decorrer de lucro ou prejuízo apurado na coligada ou controlada;

b) se corresponder, comprovadamente, a ganhos ou perdas efetivos;

c) no caso de companhia aberta, com observância das normas expedidas pela Comissão de Valores Mobiliários.

§ 1º Para efeito de determinar a relevância do investimento, nos casos deste artigo, serão computados como parte do custo de aquisição os saldos de créditos da companhia contra as coligadas e controladas.

§ 2º A sociedade coligada, sempre que solicitada pela companhia, deverá elaborar e fornecer o balanço ou balancete de verificação previsto no nº I.

Demonstrações Consolidadas

Art. 249. A companhia aberta que tiver mais de trinta por cento do valor do seu patrimônio líquido representado por investimentos em sociedades controladas deverá elaborar e divulgar, juntamente com suas demonstrações financeiras, demonstrações consolidadas nos termos do artigo 250.

o Arts. 183, III, e 291, par. ún., desta Lei.

Parágrafo único. A Comissão de Valores Mobiliários poderá expedir normas sobre as sociedades cujas demonstrações devam ser abrangidas na consolidação, e:

a) determinar a inclusão de sociedades que, embora não controladas, sejam financeira ou administrativamente dependentes da companhia;

b) autorizar, em casos especiais, a exclusão de uma ou mais sociedades controladas.

Normas sobre Consolidação

Art. 250. Das demonstrações financeiras consolidadas serão excluídas:

o Arts. 183, III, e 275 desta Lei.

I – as participações de uma sociedade em outra;

II – os saldos de quaisquer contas entre as sociedades;

III – as parcelas dos resultados do exercício, dos lucros ou prejuízos acumulados e do custo de estoques ou do ativo não circulante que corresponderem a resultados, ainda não realizados, de negócios entre as sociedades.

• Inciso III com a redação dada pela Lei nº 11.941, de 27-5-2009.

§ 1º A participação dos acionistas não controladores no patrimônio líquido e no lucro do exercício será destacada, respectivamente, no balanço patrimonial e na demonstração do resultado do exercício.

• § 1º com a redação dada pela Lei nº 9.457, de 5-5-1997.

§ 2º A parcela do custo de aquisição do investimento em controlada, que não for absorvida na consolidação, deverá ser mantida no ativo não circulante, com dedução da provisão adequada para perdas já comprovadas, e será objeto de nota explicativa.

• § 2º com a redação dada pela Lei nº 11.941, de 27-5-2009.

§ 3º O valor da participação que exceder do custo de aquisição constituirá parcela destacada dos resultados de exercícios futuros até que fique comprovada a existência de ganho efetivo.

§ 4º Para fins deste artigo, as sociedades controladas, cujo exercício social termine mais de sessenta dias antes da data do encerramento do exercício da companhia, elaborarão, com observância das normas desta Lei, demonstrações financeiras extraordinárias em data compreendida nesse prazo.

Seção V

SUBSIDIÁRIA INTEGRAL

Subsidiária Integral

Art. 251. A companhia pode ser constituída, mediante escritura pública, tendo como único acionista sociedade brasileira.

o Art. 206, I, *d*, desta Lei.

§ 1º A sociedade que subscrever em bens o capital de subsidiária integral deverá aprovar o laudo de avaliação de que trata o artigo 8º, respondendo nos termos do § 6º do artigo 8º e do artigo 10 e seu parágrafo único.

§ 2º A companhia pode ser convertida em subsidiária integral mediante aquisição, por sociedade brasileira, de todas as suas ações, ou nos termos do artigo 252.

Incorporação de Ações

Art. 252. A incorporação de todas as ações do capital social ao patrimônio de outra companhia brasileira, para convertê-la em subsidiária integral, será submetida à deliberação da assembleia-geral das duas companhias mediante protocolo e justificação, nos termos dos artigos 224 e 225.

§ 1º A assembleia-geral da companhia incorporadora, se aprovar a operação, deverá autorizar o aumento de capital, a ser realizado com as ações a serem incorporadas e nomear peritos que as avaliarão; os acionistas não terão direito de preferência para subscrever o aumento de capital, mas os dissidentes poderão retirar-se da companhia, observado o disposto no artigo 137, II, mediante o reembolso do valor de suas ações, nos termos do artigo 230.

- § 1º com a redação dada pela Lei nº 9.457, de 5-5-1997.

§ 2º A assembleia-geral da companhia cujas ações houverem de ser incorporadas somente poderá aprovar a operação por metade, no mínimo, do total de votos conferidos pelas ações com direito a voto e, se a aprovar, autorizará a diretoria a subscrever o aumento do capital da incorporadora, por conta dos seus acionistas, e os dissidentes da deliberação terão direito de se retirar da companhia, observado o disposto no inciso II do *caput* do art. 137 desta Lei, mediante o reembolso do valor de suas ações, nos termos do art. 230 desta Lei.

- § 2º com a redação dada pela Lei nº 14.195, de 26-8-2021.

§ 3º Aprovado o laudo de avaliação pela assembleia-geral da incorporadora, efetivar-se-á a incorporação e os titulares das ações incorporadas receberão diretamente da incorporadora as ações que lhes couberem.

§ 4º A Comissão de Valores Mobiliários estabelecerá normas especiais de avaliação e contabilização aplicáveis às operações de incorporação de ações que envolvam companhia aberta.

- § 4º com a redação dada pela Lei nº 11.941, de 27-5-2009.

Admissão de Acionistas em Subsidiária Integral

Art. 253. Na proporção das ações que possuírem no capital da companhia, os acionistas terão direito de preferência para:

I – adquirir ações do capital da subsidiária integral, se a companhia decidir aliená-las no todo ou em parte; e

II – subscrever aumento de capital da subsidiária integral, se a companhia decidir admitir outros acionistas.

Parágrafo único. As ações ou o aumento de capital de subsidiária integral serão oferecidos aos acionistas da companhia em assembleia-geral convocada para esse fim, aplicando-se à hipótese, no que couber, o disposto no artigo 171.

Seção VI

ALIENAÇÃO DE CONTROLE

Divulgação

Art. 254. *Revogado*. Lei nº 9.457, de 5-5-1997.

Art. 254-A. A alienação, direta ou indireta, do controle de companhia aberta somente poderá ser contratada sob a condição, suspensiva ou resolutiva, de que o adquirente se obrigue a fazer oferta pública de aquisição das ações com direito a voto de propriedade dos demais acionistas da companhia, de modo a lhes assegurar o preço no mínimo igual a oitenta por cento do valor pago por ação com direito a voto, integrante do bloco de controle.

§ 1º Entende-se como alienação de controle a transferência, de forma direta ou indireta, de ações integrantes do bloco de controle, de ações vinculadas a acordos de acionistas e de valores mobiliários conversíveis em ações com direito a voto, cessão de direitos de subscrição de ações e de outros títulos ou direitos relativos a valores mobiliários conversíveis em ações que venham a resultar na alienação de controle acionário da sociedade.

§ 2º A Comissão de Valores Mobiliários autorizará a alienação de controle de que trata o *caput*, desde que verificado que as condições da oferta pública atendem aos requisitos legais.

§ 3º Compete à Comissão de Valores Mobiliários estabelecer normas a serem observadas na oferta pública de que trata o *caput*.

§ 4º O adquirente do controle acionário de companhia aberta poderá oferecer aos acionistas minoritários a opção de permanecer na companhia, mediante o pagamento de um prêmio equivalente à diferença entre o valor de mercado das ações e o valor pago por ação integrante do bloco de controle.

§ 5º VETADO.

- Art. 254-A acrescido pela Lei nº 10.303, de 31-10-2001.

Companhia Aberta Sujeita à Autorização

Art. 255. A alienação do controle de companhia aberta que dependa de autorização do governo para funcionar está sujeita à prévia autorização do órgão competente para aprovar a alteração do seu Estatuto.

- *Caput* com a redação dada pela Lei nº 9.457, de 5-5-1997.

§§ 1º e 2º *Revogados*. Lei nº 9.457, de 5-5-1997.

Aprovação pela Assembleia-Geral da Compradora

Art. 256. A compra, por companhia aberta, do controle de qualquer sociedade mercantil, dependerá de deliberação da assembleia-geral da compradora, especialmente convocada para conhecer da operação, sempre que:

I – o preço de compra constituir, para a compradora, investimento relevante (artigo 247, parágrafo único); ou

II – o preço médio de cada ação ou quota ultrapassar uma vez e meia o maior dos três valores a seguir indicados:

a) cotação média das ações em bolsa ou no mercado de balcão organizado, durante os noventa dias anteriores à data da contratação;

- Alínea *a* com a redação dada pela Lei nº 9.457, de 5-5-1997.

b) valor de patrimônio líquido (artigo 248) da ação ou quota, avaliado o patrimônio a preços de mercado (artigo 183, § 1º);

c) valor do lucro líquido da ação ou quota, que não poderá ser superior a quinze vezes o lucro líquido anual por ação (artigo 187, VII) nos dois últimos exercícios sociais, atualizado monetariamente.

§ 1º A proposta ou o contrato de compra, acompanhado de laudo de avaliação, observado o disposto no artigo 8º, §§ 1º e 6º, será submetido à prévia autorização da assembleia-geral, ou à sua ratificação, sob pena de responsabilidade dos administradores, instruído com todos os elementos necessários à deliberação.

§ 2º Se o preço da aquisição ultrapassar uma vez e meia o maior dos três valores de que trata o inciso II do *caput*, o acionista dissidente da deliberação da assembleia que a aprovar terá o direito de retirar-se da companhia mediante reembolso do valor de suas ações, nos termos do artigo 137, observado o disposto em seu inciso II.

- §§ 1º e 2º com a redação dada pela Lei nº 9.457, de 5-5-1997.

Seção VII

AQUISIÇÃO DE CONTROLE MEDIANTE OFERTA PÚBLICA

Requisitos

Art. 257. A oferta pública para aquisição de controle de companhia aberta somente poderá ser feita com a participação de instituição financeira que garanta o cumprimento das obrigações assumidas pelo ofertante.

o Arts. 172, II, e 264, § 5º, desta Lei.

§ 1º Se a oferta contiver permuta, total ou parcial, dos valores mobiliários, somente poderá ser efetuada após prévio registro na Comissão de Valores Mobiliários.

§ 2º A oferta deverá ter por objeto ações com direito a voto em número suficiente para assegurar o controle da companhia e será irrevogável.

§ 3º Se o ofertante já for titular de ações votantes do capital da companhia, a oferta poderá ter por objeto o número de ações necessário para completar o controle, mas o ofertante deverá fazer prova, perante a Comissão de Valores Mobiliários, das ações de sua propriedade.

§ 4º A Comissão de Valores Mobiliários poderá expedir normas sobre oferta pública de aquisição de controle.

Instrumento da Oferta de Compra

Art. 258. O instrumento de oferta de compra, firmado pelo ofertante e pela instituição financeira que garante o pagamento, será publicado na imprensa e deverá indicar:

o Arts. 172, II, e 264, § 5º, desta Lei.

I – o número mínimo de ações que o ofertante se propõe a adquirir e, se for o caso, o número máximo;

II – o preço e as condições de pagamento;

III – a subordinação da oferta ao número mínimo de aceitantes e a forma de rateio entre os aceitantes, se o número deles ultrapassar o máximo fixado;

IV – o procedimento que deverá ser adotado pelos acionistas aceitantes para manifestar a sua aceitação e efetivar a transferência das ações;

V – o prazo de validade da oferta, que não poderá ser inferior a vinte dias;

VI – informações sobre o ofertante.

Parágrafo único. A oferta será comunicada à Comissão de Valores Mobiliários dentro de vinte e quatro horas da primeira publicação.

Instrumento de Oferta de Permuta

Art. 259. O projeto de instrumento de oferta de permuta será submetido à Comissão de Valores Mobiliários com o pedido de registro prévio da oferta e deverá conter, além das referidas no artigo 258, informações sobre os valores mobiliários oferecidos em permuta e as companhias emissoras desses valores.

o Arts. 172, II, e 264, § 5º, desta Lei.

Parágrafo único. A Comissão de Valores Mobiliários poderá fixar normas sobre o instrumento de oferta de permuta e o seu registro prévio.

Sigilo

Art. 260. Até a publicação da oferta, o ofertante, a instituição financeira intermediária e a Comissão de Valores Mobiliários devem manter sigilo sobre a oferta projetada, respondendo o infrator pelos danos que causar.

o Arts. 172, II, 255, 264, § 5º, e 287, II, *f*, desta Lei.

Processamento da Oferta

Art. 261. A aceitação da oferta deverá ser feita nas instituições financeiras ou no mercado de valores mobiliários indicadas no instrumento de oferta e os aceitantes deverão firmar ordens irrevogáveis de venda ou permuta, nas condições ofertadas, ressalvado o disposto no § 1º do artigo 262.

o Arts. 172, II, e 264, § 5º, desta Lei.

§ 1º É facultado ao ofertante melhorar, uma vez, as condições de preço ou forma de pagamento, desde que em porcentagem igual ou superior a cinco por cento e até dez dias antes do término do prazo da oferta; as novas condições se estenderão aos acionistas que já tiverem aceito a oferta.

§ 2º Findo o prazo da oferta, a instituição financeira intermediária comunicará o resultado à Comissão de Valores Mobiliários e, mediante publicação pela imprensa, aos aceitantes.

§ 3º Se o número de aceitantes ultrapassar o máximo, será obrigatório o rateio, na forma prevista no instrumento da oferta.

Oferta Concorrente

Art. 262. A existência de oferta pública em curso não impede oferta concorrente, desde que observadas as normas desta Seção.

o Arts. 172, II, e 264, § 5º, desta Lei.

§ 1º A publicação de oferta concorrente torna nulas as ordens de venda que já tenham sido firmadas em aceitação de oferta anterior.

§ 2º É facultado ao primeiro ofertante prorrogar o prazo de sua oferta até fazê-lo coincidir com o da oferta concorrente.

Negociação Durante a Oferta

Art. 263. A Comissão de Valores Mobiliários poderá expedir normas que disciplinem a negociação das ações objeto da oferta durante o seu prazo.

o Arts. 172, II, e 264, § 5º, desta Lei.

Seção VIII

INCORPORAÇÃO DE COMPANHIA CONTROLADA

Art. 264. Na incorporação, pela controladora, de companhia controlada, a justificação, apresentada à assembleia-geral da controlada, deverá conter, além das informações previstas nos artigos 224 e 225, o cálculo das relações de substituição das ações dos acionistas não controladores da controlada com base no valor do patrimônio líquido das ações da controladora e da controlada, avaliados os dois patrimônios segundo os mesmos critérios e na mesma data, a preços de mercado, ou com base em outro critério aceito pela Comissão de Valores Mobiliários, no caso de companhias abertas.

• *Caput* com a redação dada pela Lei nº 10.303, de 31-10-2001.

§ 1º A avaliação dos dois patrimônios será feita por três peritos ou empresa especializada e, no caso de companhias abertas, por empresa especializada.

§ 2º Para efeito da comparação referida neste artigo, as ações do capital da controlada de propriedade da controladora serão avaliadas, no patrimônio desta, em conformidade com o disposto no *caput*.

§ 3º Se as relações de substituição das ações dos acionistas não controladores, previstas no protocolo da incorporação, forem menos vantajosas que as resultantes da comparação prevista neste artigo, os acionistas dissidentes da deliberação da assembleia-geral da controlada que aprovar a operação, poderão optar, no prazo previsto no artigo 230, entre o valor de reembolso fixado nos termos do artigo 45 e o valor apurado em conformidade com o disposto no *caput*, observado o disposto no artigo 137, inciso II.

§ 4º Aplicam-se as normas previstas neste artigo à incorporação de controladora por sua controlada, à fusão de companhia controladora com a controlada, à incorporação de ações de companhia controlada ou controladora, à incorporação, fusão e incorporação de ações de sociedades sob controle comum.

• §§ 1º a 4º com a redação dada pela Lei nº 10.303, de 31-10-2001.

§ 5º O disposto neste artigo não se aplica no caso de as ações do capital da controlada terem sido adquiridas no pregão da Bolsa de Valores ou mediante oferta pública nos termos dos artigos 257 e 263.

CAPÍTULO XXI
GRUPO DE SOCIEDADES

Seção I
CARACTERÍSTICAS E NATUREZA

Características

Art. 265. A sociedade controladora e suas controladas podem constituir, nos termos deste Capítulo, grupo de sociedades, mediante convenção pela qual se obriguem a combinar recursos ou esforços para a realização dos respectivos objetos, ou a participar de atividades ou empreendimentos comuns.

○ Arts. 58, § 6º, e 136, VIII, desta Lei.

§ 1º A sociedade controladora, ou de comando do grupo, deve ser brasileira e exercer, direta ou indiretamente, e de modo permanente, o controle das sociedades filiadas, como titular de direitos de sócio ou acionista, ou mediante acordo com outros sócios ou acionistas.

§ 2º A participação recíproca das sociedades do grupo obedecerá ao disposto no artigo 244.

Natureza

Art. 266. As relações entre as sociedades, a estrutura administrativa do grupo e a coordenação ou subordinação dos administradores das sociedades filiadas serão estabelecidas na convenção do grupo, mas cada sociedade conservará personalidade e patrimônios distintos.

Designação

Art. 267. O grupo de sociedades terá designação de que constarão as palavras "grupo de sociedades" ou "grupo".

Parágrafo único. Somente os grupos organizados de acordo com este Capítulo poderão usar designação com as palavras "grupo" ou "grupo de sociedades".

Companhia Sujeita a Autorização para Funcionar

Art. 268. A companhia que, por seu objeto, depende de autorização para funcionar, somente poderá participar de grupo de sociedades após a aprovação da convenção do grupo pela autoridade competente para aprovar suas alterações estatutárias.

Seção II
CONSTITUIÇÃO, REGISTRO E PUBLICIDADE

Art. 269. O grupo de sociedades será constituído por convenção aprovada pelas sociedades que o componham, a qual deverá conter:

I – a designação do grupo;

II – a indicação da sociedade de comando e das filiadas;

III – as condições de participação das diversas sociedades;

IV – o prazo de duração, se houver, e as condições de extinção;

V – as condições para admissão de outras sociedades e para a retirada das que o componham;

VI – os órgãos e cargos da administração do grupo, suas atribuições e as relações entre a estrutura administrativa do grupo e as das sociedades que o componham;

VII – a declaração da nacionalidade do controle do grupo;

VIII – as condições para alteração da convenção.

Parágrafo único. Para os efeitos do nº VII, o grupo de sociedades considera-se sob controle brasileiro se a sua sociedade de comando está sob o controle de:

a) pessoas naturais residentes ou domiciliadas no Brasil;

b) pessoas jurídicas de direito público interno; ou

c) sociedade ou sociedades brasileiras que, direta ou indiretamente, estejam sob controle das pessoas referidas nas alíneas *a* e *b*.

Aprovação pelos Sócios das Sociedades

Art. 270. A convenção de grupo deve ser aprovada com observância das normas para alteração do contrato social ou do estatuto (artigo 136, V).

• *Caput* com a redação dada pela Lei nº 9.457, de 5-5-1997.

Parágrafo único. Os sócios ou acionistas dissidentes da deliberação de se associar a grupo têm direito, nos termos do artigo 137, ao reembolso de suas ações ou quotas.

Registro e Publicidade

Art. 271. Considera-se constituído o grupo a partir da data do arquivamento, no Registro do Comércio da sede da sociedade de comando, dos seguintes documentos:

I – convenção de constituição do grupo;

II – atas das assembleias-gerais, ou instrumentos de alteração contratual, de todas as sociedades que tiverem aprovado a constituição do grupo;

III – declaração autenticada do número das ações ou quotas de que a sociedade de comando e as demais sociedades integrantes do grupo são titulares em cada sociedade filiada, ou exemplar de acordo de acionistas que assegura o controle da sociedade filiada.

§ 1º Quando as sociedades filiadas tiverem sede em locais diferentes, deverão ser arquivadas no Registro do Comércio das respectivas sedes as atas de assembleia ou alterações contratuais que tiverem aprovado a convenção, sem prejuízo do registro na sede da sociedade de comando.

§ 2º As certidões de arquivamento no Registro do Comércio serão publicadas.

§ 3º A partir da data do arquivamento, a sociedade de comando e as filiadas passarão a usar as respectivas denominações acrescidas da designação do grupo.

§ 4º As alterações da convenção do grupo serão arquivadas e publicadas nos termos deste artigo, observando-se o disposto no § 1º do artigo 135.

Seção III
ADMINISTRAÇÃO

Administradores do Grupo

Art. 272. A convenção deve definir a estrutura administrativa do grupo de sociedades, podendo criar órgãos de deliberação colegiada e cargos de direção-geral.

Parágrafo único. A representação das sociedades perante terceiros, salvo disposição expressa na convenção do grupo, arquivada no Registro do Comércio e publicada, caberá exclusivamente aos administradores de cada sociedade, de acordo com os respectivos estatutos ou contratos sociais.

Administradores das Sociedades Filiadas

Art. 273. Aos administradores das sociedades filiadas, sem prejuízo de suas atribuições, poderes e responsabilidades, de acordo com os respectivos estatutos ou contratos sociais, compete observar a orientação geral estabelecida e as instruções expedidas pelos administradores do grupo que não importem violação da lei ou da convenção do grupo.

Remuneração

Art. 274. Os administradores do grupo e os investidos em cargos de mais de uma sociedade poderão ter a sua remuneração rateada entre as diversas sociedades, e a gratificação dos administradores, se houver, poderá ser fixada, dentro dos limites do § 1º do artigo 152 com base nos resultados apurados nas demonstrações financeiras consolidadas do grupo.

Seção IV

DEMONSTRAÇÕES FINANCEIRAS

Art. 275. O grupo de sociedades publicará, além das demonstrações financeiras referentes a cada uma das companhias que o compõem, demonstrações consolidadas, compreendendo todas as sociedades do grupo, elaboradas com observância do disposto no artigo 250.

§ 1º As demonstrações consolidadas do grupo serão publicadas juntamente com as da sociedade de comando.

§ 2º A sociedade de comando deverá publicar demonstrações financeiras nos termos desta Lei, ainda que não tenha a forma de companhia.

§ 3º As companhias filiadas indicarão, em nota às suas demonstrações financeiras publicadas, o órgão que publicou a última demonstração consolidada do grupo a que pertencer.

§ 4º As demonstrações consolidadas de grupo de sociedades que inclua companhia aberta serão obrigatoriamente auditadas por auditores independentes registrados na Comissão de Valores Mobiliários, e observarão as normas expedidas por essa Comissão.

Seção V

PREJUÍZOS RESULTANTES DE ATOS CONTRÁRIOS À CONVENÇÃO

Art. 276. A combinação de recursos e esforços, a subordinação dos interesses de uma sociedade aos de outra, ou do grupo, e a participação em custos, receitas ou resultados de atividades ou empreendimentos, somente poderão ser opostos aos sócios minoritários das sociedades filiadas nos termos da convenção do grupo.

§ 1º Consideram-se minoritários, para os efeitos deste artigo, todos os sócios da filiada, com exceção da sociedade de comando e das demais filiadas do grupo.

§ 2º A distribuição de custos, receitas e resultados e as compensações entre sociedades, previstas na convenção do grupo, deverão ser determinadas e registradas no balanço de cada exercício social das sociedades interessadas.

§ 3º Os sócios minoritários da filiada terão ação contra os seus administradores e contra a sociedade de comando do grupo para haver reparação de prejuízos resultantes de atos praticados com infração das normas deste artigo, observado o disposto nos parágrafos do artigo 246.

Conselho Fiscal das Filiadas

Art. 277. O funcionamento do Conselho Fiscal da companhia filiada a grupo, quando não for permanente, poderá ser pedido por acionistas não controladores que representem, no mínimo, cinco por cento das ações ordinárias, ou das ações preferenciais sem direito de voto.

- Art. 291 desta Lei.

§ 1º Na constituição do Conselho Fiscal da filiada serão observadas as seguintes normas:

a) os acionistas não controladores votarão em separado, cabendo às ações com direito a voto o direito de eleger um membro e respectivo suplente e às ações sem direito a voto, ou com voto restrito, o de eleger outro;

b) a sociedade de comando e as filiadas poderão eleger número de membros, e respectivos suplentes, igual ao dos eleitos nos termos da alínea *a*, mais um.

§ 2º O Conselho Fiscal da sociedade filiada poderá solicitar aos órgãos de administração da sociedade de comando, ou de outras filiadas, os esclarecimentos ou informações que julgar necessários para fiscalizar a observância da convenção do grupo.

CAPÍTULO XXII

CONSÓRCIO

Art. 278. As companhias e quaisquer outras sociedades, sob o mesmo controle ou não, podem constituir consórcio para executar determinado empreendimento, observado o disposto neste Capítulo.

- Art. 2º, II, da Lei nº 11.101, de 9-2-2005 (Lei de Recuperação de Empresas e Falências).

§ 1º O consórcio não tem personalidade jurídica e as consorciadas somente se obrigam nas condições previstas no respectivo contrato, respondendo cada uma por suas obrigações, sem presunção de solidariedade.

§ 2º A falência de uma consorciada não se estende às demais, subsistindo o consórcio com as outras contratantes; os créditos que porventura tiver a falida serão apurados e pagos na forma prevista no contrato de consórcio.

Art. 279. O consórcio será constituído mediante contrato aprovado pelo órgão da sociedade competente para autorizar a alienação de bens do ativo não circulante, do qual constarão:

- *Caput* com a redação dada pela Lei nº 11.941, de 27-5-2009.

I – a designação do consórcio, se houver;

II – o empreendimento que constitua o objeto do consórcio;

III – a duração, endereço e foro;

IV – a definição das obrigações e responsabilidade de cada sociedade consorciada, e das prestações específicas;

V – normas sobre recebimento de receitas e partilha de resultados;

VI – normas sobre administração do consórcio, contabilização, representação das sociedades consorciadas e taxa de administração, se houver;

VII – forma de deliberação sobre assuntos de interesse comum, com o número de votos que cabe a cada consorciado;

VIII – contribuição de cada consorciado para as despesas comuns, se houver.

Parágrafo único. O contrato de consórcio e suas alterações serão arquivados no Registro do Comércio do lugar da sua sede, devendo a certidão do arquivamento ser publicada.

CAPÍTULO XXIII

SOCIEDADES EM COMANDITA POR AÇÕES

Art. 280. A sociedade em comandita por ações terá o capital dividido em ações e reger-se-á pelas normas relativas às companhias ou sociedades anônimas, sem prejuízo das modificações constantes deste Capítulo.

LEG. COMPLEMENTAR

Art. 281. A sociedade poderá comerciar sob firma ou razão social, da qual só farão parte os nomes dos sócios diretores ou gerentes. Ficam ilimitada e solidariamente responsáveis, nos termos desta Lei, pelas obrigações sociais, os que, por seus nomes, figurarem na firma ou razão social.

○ Arts. 20, 77 e 190 da Lei nº 11.101, de 9-2-2005 (Lei de Recuperação de Empresas e Falências).

Parágrafo único. A denominação ou a firma deve ser seguida das palavras "Comandita por Ações", por extenso ou abreviadamente.

Art. 282. Apenas o sócio ou acionista tem qualidade para administrar ou gerir a sociedade e, como diretor ou gerente, responder subsidiária, mas ilimitada e solidariamente, pelas obrigações da sociedade.

§ 1º Os diretores ou gerentes serão nomeados, sem limitação de tempo, no estatuto da sociedade, e somente poderão ser destituídos por deliberação de acionistas que representem dois terços, no mínimo, do capital social.

§ 2º O diretor ou gerente que for destituído ou se exonerar continuará responsável pelas obrigações sociais contraídas sob sua administração.

Art. 283. A assembleia-geral não pode, sem o consentimento dos diretores ou gerentes, mudar o objeto essencial da sociedade, prorrogar-lhe o prazo de duração, aumentar ou diminuir o capital social, emitir debêntures ou criar partes beneficiárias nem aprovar a participação em grupo de sociedade.

• Artigo com a redação dada pela Lei nº 9.457, de 5-5-1997.

Art. 284. Não se aplica à sociedade em comandita por ações o disposto nesta Lei sobre voto plural, sobre conselho de administração, sobre autorização estatutária de aumento de capital e sobre emissão de bônus de subscrição.

• Artigo com a redação dada pela Lei nº 14.195, de 26-8-2021.

CAPÍTULO XXIV
PRAZOS DE PRESCRIÇÃO

Art. 285. A ação para anular a constituição da companhia, por vício ou defeito, prescreve em um ano, contado da publicação dos atos constitutivos.

Parágrafo único. Ainda depois de proposta a ação, é lícito à companhia, por deliberação da assembleia-geral, providenciar para que seja sanado o vício ou defeito.

Art. 286. A ação para anular as deliberações tomadas em assembleia-geral ou especial, irregularmente convocada ou instalada, violadoras da lei ou do estatuto, ou eivadas de erro, dolo, fraude ou simulação prescreve em dois anos, contados da deliberação.

○ Art. 134, § 3º, desta Lei.

Art. 287. Prescreve:

I – em um ano:

a) a ação contra peritos e subscritores do capital, para deles haver reparação civil pela avaliação de bens, contado o prazo da publicação da ata da assembleia-geral que aprovar o laudo;

b) a ação dos credores não pagos contra os acionistas e os liquidantes, contado o prazo da publicação da ata de encerramento da liquidação da companhia;

II – em três anos:

a) a ação para haver dividendos, contado o prazo da data em que tenham sido postos à disposição do acionista;

b) a ação contra os fundadores, acionistas, administradores, liquidantes, fiscais ou sociedade de comando, para deles haver reparação civil por atos culposos ou dolosos, no caso de violação da lei, do estatuto ou da convenção do grupo, contado o prazo:

1) para os fundadores, da data da publicação dos atos constitutivos da companhia;

2) para os acionistas, administradores, fiscais e sociedades de comando, da data da publicação da ata que aprovar o balanço referente ao exercício em que a violação tenha ocorrido;

3) para os liquidantes, da data da publicação da ata da primeira assembleia-geral posterior à violação;

c) a ação contra acionistas para restituição de dividendos recebidos de má-fé, contado o prazo da data da publicação da ata de assembleia-geral ordinária do exercício em que os dividendos tenham sido declarados;

d) a ação contra os administradores ou titulares de partes beneficiárias para restituição das participações no lucro recebidas de má-fé, contado o prazo da data da publicação da ata da assembleia-geral ordinária do exercício em que as participações tenham sido pagas;

e) a ação contra o agente fiduciário de debenturistas ou titulares de partes beneficiárias para dele haver reparação civil por atos culposos ou dolosos, no caso de violação da lei ou da escritura de emissão, a contar da publicação da ata da assembleia-geral em que tiver tomado conhecimento da violação;

f) a ação contra o violador do dever de sigilo de que trata o artigo 260 para dele haver reparação civil, a contar da data da publicação da oferta;

g) a ação movida pelo acionista contra a companhia, qualquer que seja o seu fundamento.

• Alínea *g* acrescida pela Lei nº 10.303, de 31-10-2001.

Art. 288. Quando a ação se originar de fato que deva ser apurado no juízo criminal, não ocorrerá a prescrição antes da respectiva sentença definitiva, ou da prescrição da ação penal.

CAPÍTULO XXV
DISPOSIÇÕES GERAIS

Art. 289. As publicações ordenadas por esta Lei obedecerão às seguintes condições:

• *Caput* com a redação dada pela Lei nº 13.818, de 24-4-2019.

I – deverão ser efetuadas em jornal de grande circulação editado na localidade em que esteja situada a sede da companhia, de forma resumida e com divulgação simultânea da íntegra dos documentos na página do mesmo jornal na internet, que deverá providenciar certificação digital da autenticidade dos documentos mantidos na página própria emitida por autoridade certificadora credenciada no âmbito da Infraestrutura de Chaves Públicas Brasileiras (ICP-Brasil);

II – no caso de demonstrações financeiras, a publicação de forma resumida deverá conter, no mínimo, em comparação com os dados do exercício social anterior, informações ou valores globais relativos a cada grupo e a respectiva classificação de contas ou registros, assim como extratos das informações relevantes contempladas nas notas explicativas e nos pareceres dos auditores independentes e do conselho fiscal, se houver.

• Incisos I e II acrescidos pela Lei nº 13.818, de 24-4-2019.

§ 1º A Comissão de Valores Mobiliários poderá determinar que as publicações ordenadas por esta Lei sejam feitas, também, em jornal de grande circulação nas localidades em que os valores mobiliários da companhia sejam negociados em bolsa ou em mercado de balcão, ou disseminadas por algum outro meio que assegure sua ampla divulgação e imediato acesso às informações.

- § 1º com a redação dada pela Lei nº 9.457, de 5-5-1997.

§ 2º Se no lugar em que estiver situada a sede da companhia não for editado jornal, a publicação se fará em órgão de grande circulação local.

§ 3º A companhia deve fazer as publicações previstas nesta Lei sempre no mesmo jornal, e qualquer mudança deverá ser precedida de aviso aos acionistas no extrato da ata da assembleia-geral ordinária.

§ 4º O disposto no final do § 3º não se aplica à eventual publicação de atas ou balanços em outros jornais.

§ 5º Todas as publicações ordenadas nesta Lei deverão ser arquivadas no Registro do Comércio.

§ 6º As publicações do balanço e da demonstração de lucros e perdas poderão ser feitas adotando-se como expressão monetária o milhar de reais.

- § 6º com a redação dada pela Lei nº 9.457, de 5-5-1997.

§ 7º Sem prejuízo do disposto no *caput* deste artigo, as companhias abertas poderão, ainda, disponibilizar as referidas publicações pela rede mundial de computadores.

- § 7º acrescido pela Lei nº 10.303, de 31-10-2001.
- O art. 289-A, que seria acrescido pela Lei nº 12.431, de 24-6-2011, teve seu texto vetado.

Art. 290. A indenização por perdas e danos em ações com fundamento nesta Lei será corrigida monetariamente até o trimestre civil em que for efetivamente liquidada.

- Lei nº 6.899, de 8-4-1981, determina a aplicação da correção monetária nos débitos oriundos de decisão judicial.

Art. 291. A Comissão de Valores Mobiliários poderá reduzir, mediante fixação de escala em função do valor do capital social, a porcentagem mínima aplicável às companhias abertas, estabelecida no artigo 105; na alínea *c* do parágrafo único do artigo 123; no *caput* do artigo 141; no § 1º do artigo 157; no § 4º do artigo 159; no § 2º do artigo 161; no § 6º do artigo 163; na alínea *a* do § 1º do artigo 246; e no artigo 277.

- *Caput* com a redação dada pela Lei nº 10.303, de 31-10-2001.
- Art. 2º da Lei nº 8.021, de 12-4-1990, que dispõe sobre a identificação dos contribuintes para fins fiscais.

Parágrafo único. A Comissão de Valores Mobiliários poderá reduzir a porcentagem de que trata o artigo 249.

Art. 292. As sociedades de que trata o artigo 62 da Lei nº 4.728, de 14 de julho de 1965, podem ter suas ações ao portador.

Art. 293. A Comissão de Valores Mobiliários poderá autorizar as bolsas de valores e outras entidades, que sejam ou não instituições financeiras, a prestar os serviços previstos nos seguintes dispositivos desta Lei:

- *Caput* com a redação dada pela Lei nº 14.430, de 3-8-2022.

I – art. 27;

II – § 2º do art. 34;

III – § 1º do art. 39;

IV – arts. 40, 41, 42, 43 e 44;

V – art. 72; e

VI – arts. 102 e 103.

- Incisos I a VI acrescidos pela Lei nº 14.430, de 3-8-2022.

Parágrafo único. *Revogado.* Lei nº 12.810, de 15-5-2013.

Art. 294. A companhia fechada que tiver receita bruta anual de até R$ 78.000.000,00 (setenta e oito milhões de reais) poderá:

- *Caput* com a redação dada pela LC nº 182, de 1º-6-2021.

I e II – *Revogados.* LC nº 182, de 1º-6-2021;

III – realizar as publicações ordenadas por esta Lei de forma eletrônica, em exceção ao disposto no art. 289 desta Lei; e

IV – substituir os livros de que trata o art. 100 desta Lei por registros mecanizados ou eletrônicos.

- Incisos III e IV acrescidos pela LC nº 182, de 1º-6-2021.

§ 1º A companhia deverá guardar os recibos de entrega dos anúncios de convocação e arquivar no Registro do Comércio, juntamente com a ata da assembleia, cópia autenticada dos mesmos.

§ 2º Nas companhias de que trata este artigo, o pagamento da participação dos administradores poderá ser feito sem observância do disposto no § 2º do artigo 152, desde que aprovada pela unanimidade dos acionistas.

§ 3º O disposto neste artigo não se aplica à companhia controladora de grupo de sociedades, ou a ela filiadas.

§ 4º Na hipótese de omissão do estatuto quanto à distribuição de dividendos, estes serão estabelecidos livremente pela assembleia-geral, hipótese em que não se aplicará o disposto no art. 202 desta Lei, desde que não seja prejudicado o direito dos acionistas preferenciais de receber os dividendos fixos ou mínimos a que tenham prioridade.

§ 5º Ato do Ministro de Estado da Economia disciplinará o disposto neste artigo.

- §§ 4º e 5º acrescidos pela LC nº 182, de 1º-6-2021.

Art. 294-A. A Comissão de Valores Mobiliários regulamentará as condições facilitadas para o acesso de companhias de menor porte ao mercado de capitais, e será permitido dispensar ou modular a observância ao disposto:

I – no art. 161 desta Lei, quanto à obrigatoriedade de instalação do conselho fiscal a pedido de acionistas;

II – no § 5º do art. 170 desta Lei, quanto à obrigatoriedade de intermediação de instituição financeira em distribuições públicas de valores mobiliários, sem prejuízo da competência prevista no inciso III do § 3º do art. 2º da Lei nº 6.385, de 7 de dezembro de 1976;

III – no inciso I do *caput* do art. 109, nos §§ 1º e 2º do art. 111 e no art. 202 desta Lei, quanto ao recebimento de dividendo obrigatório;

IV – no art. 289 desta Lei, quanto à forma de realização das publicações ordenadas por esta Lei; e

V – VETADO.

Art. 294-B. Para fins do disposto nesta Lei, considera-se companhia de menor porte aquela que aufira receita bruta anual inferior a R$ 500.000.000,00 (quinhentos milhões de reais).

§ 1º A regulamentação editada não prejudica o estabelecimento de procedimentos simplificados aplicáveis às companhias de menor porte, pela Comissão de Valores Mobiliários, com base nas competências previstas na Lei nº 6.385, de 7 de dezembro de 1976, especialmente quanto:

I – à obtenção de registro de emissor;

II – às distribuições públicas de valores mobiliários de sua emissão; e

III – à elaboração e à prestação de informações periódicas e eventuais.

§ 2º A Comissão de Valores Mobiliários poderá:

LEG. COMPLEMENTAR

I – estabelecer a forma de atualização do valor previsto no *caput* deste artigo e os critérios adicionais para a manutenção da condição de companhia de menor porte após seu acesso ao mercado de capitais; e

II – disciplinar o tratamento a ser empregado às companhias abertas que se caracterizem como de menor porte nos termos do *caput* deste artigo.

- Arts. 294-A e 294-B acrescidos pela LC nº 182, de 1º-6-2021.

CAPÍTULO XXVI

DISPOSIÇÕES TRANSITÓRIAS

Art. 295. A presente Lei entrará em vigor sessenta dias após a sua publicação, aplicando-se, todavia, a partir da data da publicação, às companhias que se constituírem.

§ 1º O disposto neste artigo não se aplica às disposições sobre:

a) elaboração das demonstrações financeiras, que serão observadas pelas companhias existentes a partir do exercício social que se iniciar após 1º de janeiro de 1978;

b) a apresentação, nas demonstrações financeiras, de valores do exercício anterior (artigo 176, § 1º), que será obrigatória a partir do balanço do exercício social subsequente ao referido na alínea anterior;

c) elaboração e publicação de demonstrações financeiras consolidadas, que somente serão obrigatórias para os exercícios iniciados a partir de 1º de janeiro de 1978.

§ 2º A participação dos administradores nos lucros sociais continuará a regular-se pelas disposições legais e estatutárias, em vigor, aplicando-se o disposto nos §§ 1º e 2º do artigo 152 a partir do exercício social que se iniciar no curso do ano de 1977.

§ 3º A restrição ao direito de voto das ações ao portador (artigo 112) só vigorará a partir de um ano a contar da data em que esta Lei entrar em vigor.

- Art. 2º da Lei nº 8.021, de 12-4-1990, que dispõe sobre a identificação dos contribuintes para fins fiscais.

Art. 296. As companhias existentes deverão proceder à adaptação do seu estatuto aos preceitos desta Lei no prazo de um ano a contar da data em que ela entrar em vigor, devendo para esse fim ser convocada assembleia-geral dos acionistas.

- Arts. 297 e 298 desta Lei.

§ 1º Os administradores e membros do Conselho Fiscal respondem pelos prejuízos que causarem pela inobservância do disposto neste artigo.

§ 2º O disposto neste artigo não prejudicará os direitos pecuniários conferidos por partes beneficiárias e debêntures em circulação na data da publicação desta Lei, que somente poderão ser modificados ou reduzidos com observância do disposto no artigo 51 e no § 5º do artigo 71.

§ 3º As companhias existentes deverão eliminar, no prazo de cinco anos, a contar da data da entrada em vigor desta Lei, as participações recíprocas vedadas pelo artigo 244 e seus parágrafos.

§ 4º As companhias existentes, cujo estatuto for omisso quanto à fixação do dividendo, ou que o estabelecer em condições que não satisfaçam aos requisitos do § 1º do artigo 202 poderão, dentro do prazo previsto neste artigo, fixá-lo em porcentagem inferior à prevista no § 2º do artigo 202, mas os acionistas dissidentes dessa deliberação terão direito de retirar-se da companhia, mediante reembolso do valor de suas ações, com observância do disposto nos artigos 45 e 137.

§ 5º O disposto no artigo 199 não se aplica às reservas constituídas e aos lucros acumulados em balanços levantados antes de 1º de janeiro de 1977.

§ 6º O disposto nos §§ 1º e 2º do artigo 237 não se aplica às participações existentes na data da publicação desta Lei.

Art. 297. As companhias existentes que tiverem ações preferenciais com prioridade na distribuição de dividendo fixo ou mínimo ficarão dispensadas do disposto no artigo 167 e seu § 1º, desde que no prazo de que trata o artigo 296 regulem no estatuto a participação das ações preferenciais na correção anual do capital social, com observância das seguintes normas:

- Art. 167 desta Lei.

I – o aumento de capital poderá ficar na dependência de deliberação da assembleia-geral, mas será obrigatório quando o saldo da conta de que trata o § 3º do artigo 182 ultrapassar cinquenta por cento do capital social;

II – a capitalização da reserva poderá ser procedida mediante aumento do valor nominal das ações ou emissões de novas ações bonificadas, cabendo à assembleia-geral escolher, em cada aumento de capital, o modo a ser adotado;

III – em qualquer caso, será observado o disposto no § 4º do artigo 17;

IV – as condições estatutárias de participação serão transcritas nos certificados das ações da companhia.

Art. 298. As companhias existentes, com capital inferior a cinco milhões de cruzeiros, poderão, no prazo de que trata o artigo 296, deliberar, pelo voto de acionistas que representem dois terços do capital social, a sua transformação em sociedade por quotas, de responsabilidade limitada, observadas as seguintes normas:

I – na deliberação da assembleia a cada ação caberá um voto, independentemente de espécie ou classe;

II – a sociedade por quotas resultante da transformação deverá ter o seu capital integralizado e o seu contrato social assegurará aos sócios a livre transferência das quotas, entre si ou para terceiros;

III – o acionista dissidente da deliberação da assembleia poderá pedir o reembolso das ações pelo valor de patrimônio líquido a preços de mercado, observado o disposto nos artigos 45 e 137;

IV – o prazo para o pedido de reembolso será de noventa dias a partir da data da publicação da ata da assembleia, salvo para os titulares de ações nominativas, que será contado da data do recebimento de aviso por escrito da companhia.

Art. 299. Ficam mantidas as disposições sobre sociedades por ações, constantes de legislação especial sobre a aplicação de incentivos fiscais nas áreas da SUDENE, SUDAM, SUDEPE, EMBRATUR, e REFLORESTAMENTO, bem como todos os dispositivos das Leis nºs 4.131, de 3 de setembro de 1962, e 4.390, de 29 de agosto de 1964.

Art. 299-A. O saldo existente em 31 de dezembro de 2008 no ativo diferido que, pela sua natureza, não puder ser alocado a outro grupo de contas, poderá permanecer no ativo sob essa classificação até sua completa amortização, sujeito à análise sobre a recuperação de que trata o § 3º do art. 183 desta Lei.

Art. 299-B. O saldo existente no resultado de exercício futuro em 31 de dezembro de 2008 deverá ser reclassificado para o passivo não circulante em conta representativa de receita diferida.

Parágrafo único. O registro do saldo de que trata o *caput* deste artigo deverá evidenciar a receita diferida e o respectivo custo diferido.

• Arts. 299-A e 299-B com a redação dada pela Lei nº 11.941, de 27-5-2009.

Art. 300. Ficam revogados o Decreto-Lei nº 2.627, de 26 de setembro de 1940, com exceção dos artigos 59 a 73, e demais disposições em contrário.

Brasília, 15 de dezembro de 1976;
155º da Independência e
88º da República.

Ernesto Geisel

DECRETO-LEI Nº 1.578, DE 11 DE OUTUBRO DE 1977

Dispõe sobre o Imposto sobre a Exportação, e dá outras providências.

• Publicado no *DOU* de 12-10-1977.

○ Arts. 150, § 1º, e 153, II e § 1º, da CF.

Art. 1º O Imposto sobre a Exportação, para o estrangeiro, de produto nacional ou nacionalizado tem como fato gerador a saída deste do Território Nacional.

○ Art. 23 do CTN.

§ 1º Considera-se ocorrido o fato gerador no momento da expedição da Guia de Exportação ou documento equivalente.

§ 2º *Revogado.* Lei nº 9.019, de 30-3-1995.

§ 3º O Poder Executivo relacionará os produtos sujeitos ao imposto.

• § 3º acrescido pela Lei nº 9.716, de 26-11-1998.

Art. 2º A base de cálculo do imposto é o preço normal que o produto, ou seu similar, alcançaria, ao tempo da exportação, em uma venda em condições de livre concorrência no mercado internacional, observadas as normas expedidas pelo Poder Executivo, mediante ato da CAMEX – Câmara de Comércio Exterior.

• *Caput* com a redação dada pela MP nº 2.158-35, de 24-8-2001.

§ 1º O preço à vista do produto, FOB ou posto da fronteira, é indicativo do preço normal.

§ 2º Quando o preço do produto for de difícil apuração ou for susceptível de oscilações bruscas no mercado internacional, o Poder Executivo, mediante ato da CAMEX, fixará critérios específicos ou estabelecerá pauta de valor mínimo, para apuração de base de cálculo.

• § 2º com a redação dada pela MP nº 2.158-35, de 24-8-2001, que até o encerramento desta edição não havia sido convertida em Lei.

○ Art. 25 do CTN.

§ 3º Para efeito de determinação da base de cálculo do imposto, o preço de venda das mercadorias exportadas não poderá ser inferior ao seu custo de aquisição ou produção, acrescido dos impostos e das contribuições incidentes e de margem de lucro de quinze por cento sobre a soma dos custos, mais impostos e contribuições.

• § 3º acrescido pela Lei nº 9.716, de 26-11-1998.

Art. 3º A alíquota do imposto é de trinta por cento, facultado ao Poder Executivo reduzi-la ou aumentá-la, para atender aos objetivos da política cambial e do comércio exterior.

Parágrafo único. Em caso de elevação, a alíquota do imposto não poderá ser superior a cinco vezes o percentual fixado neste artigo.

• Art. 3º com a redação dada pela Lei nº 9.716, de 26-11-1998.

○ Art. 26 do CTN.

Art. 4º O pagamento do imposto será realizado na forma e no momento fixados pelo Ministro da Fazenda, que poderá determinar sua exigibilidade antes da efetiva saída do produto a ser exportado.

Parágrafo único. Poderá ser dispensada a cobrança do imposto em função do destino da mercadoria exportada, observadas normas editadas pelo Ministro de Estado da Fazenda.

• Parágrafo único acrescido pela Lei nº 9.716, de 26-11-1998.

Art. 5º O contribuinte do imposto é o exportador, assim considerada qualquer pessoa que promova a saída do produto do Território Nacional.

○ Art. 27 do CTN.

Art. 6º Não efetivada a exportação do produto ou ocorrendo o seu retorno na forma do artigo 11 do Decreto-Lei nº 491, de 5 de março de 1969, a quantia paga a título de imposto será restituída a requerimento do interessado acompanhado da respectiva documentação comprobatória.

Art. 7º *Revogado.* Lei nº 10.833, de 29-12-2003.

Art. 8º No que couber, aplicar-se-á, subsidiariamente, ao Imposto sobre a Exportação a legislação relativa ao Imposto sobre a Importação.

Art. 9º O produto da arrecadação do Imposto sobre a Exportação constituirá reserva monetária, a crédito do Banco Central do Brasil, a qual só poderá ser aplicada na forma estabelecida pelo Conselho Monetário Nacional.

○ Art. 28 do CTN.

Art. 10. A CAMEX expedirá normas complementares a este Decreto-Lei, respeitado o disposto no § 2º do artigo 1º, *caput* e § 2º do artigo 2º, e artigos 3º e 9º.

• Artigo com a redação dada pela MP nº 2.158-35, de 24-8-2001.

Art. 11. Este Decreto-Lei entrará em vigor na data de sua publicação, revogadas a Lei nº 5.072, de 12 de agosto de 1966, e demais disposições em contrário.

Brasília, 11 de outubro de 1977;
156º da Independência e
89º da República.

Ernesto Geisel

DECRETO-LEI Nº 1.715, DE 22 DE NOVEMBRO DE 1979

Regula a expedição de certidão de quitação de tributos federais e extingue a declaração de devedor remisso.

• Publicado no *DOU* de 23-11-1979.

Art. 1º A prova de quitação de tributos, multas e outros encargos fiscais, cuja administração seja da competência do Ministério da Fazenda, será exigida nas seguintes hipóteses:

I – concessão de concordata e declaração de extinção das obrigações do falido;

II – celebração de contrato com quaisquer órgãos da Administração Federal Direta e Autarquias da União e participação em concorrência pública promovida por esses órgãos e entidades, observado, nesta última hipótese, o disposto no artigo 3º;

III – transferência de residência para o exterior;

IV – venda de estabelecimentos comerciais ou industriais por intermédio de leiloeiros;

V – registro ou arquivamento de distrato, alterações contratuais e outros atos perante o registro público competente, desde que importem na extinção de sociedade ou baixa de firma individual, ou na redução de capital das mesmas, exceto no caso de falência;

VI – outros casos que venham a ser estabelecidos pelo Poder Executivo.

§ 1º A prova de quitação prevista neste artigo será feita por meio de certidão ou outro documento hábil, na forma e prazo determinados pelo Ministro da Fazenda.

§ 2º A certidão de quitação será eficaz, dentro do seu prazo de validade e para o fim a que se destina, perante qualquer órgão ou entidade da Administração Federal, Estadual e Municipal, Direta ou Indireta.

§ 3º Para efeito do julgamento de partilha ou de adjudicação, relativamente aos bens do espólio ou às suas rendas, o Ministério da Fazenda prestará ao Juízo, as informações que forem solicitadas.

Art. 2º É vedado aos órgãos e entidades da Administração Federal, Direta ou Indireta, exigir a prova de quitação de que trata este Decreto-lei, salvo nas hipóteses previstas no artigo 1º.

Art. 3º O Poder Executivo estabelecerá as condições de dispensa de apresentação da prova de quitação, de que trata o artigo 1º, na habitação em licitações para compras, obras e serviços no âmbito da Administração Federal, Estadual ou Municipal.

Art. 4º É facultado às empresas públicas, sociedades de economia mista e fundações, criadas, instituídas ou mantidas pela União, deixarem de contratar com pessoas que se encontrem em débito com a Fazenda Nacional.

Parágrafo único. Para os efeitos previstos neste artigo, será divulgada, periodicamente, relação de devedores por créditos tributários devidos à Fazenda Nacional, na forma e condições estabelecidas pelo Ministro da Fazenda.

Art. 5º Fica extinta, para todos os efeitos legais, a declaração de devedor remisso à Fazenda Nacional.

Art. 6º Este Decreto-lei entrará em vigor na data de sua publicação, revogadas as disposições em contrário.

Brasília, 22 de novembro de 1979;
158º da Independência e
91º da República.

João Figueiredo

DECRETO-LEI Nº 1.755, DE 31 DE DEZEMBRO DE 1979

Dispõe sobre a arrecadação e restituição das receitas federais, e dá outras providências.

- Publicado no *DOU* de 31-12-1979.

Art. 1º A arrecadação de todas as receitas da União far-se-á na forma estabelecida pelo Ministério da Fazenda, devendo o seu produto ser obrigatoriamente recolhido à conta do Tesouro Nacional.

Art. 2º *Revogado.* Dec.-lei nº 2.312, de 23-12-1986.

Art. 3º *Revogado.* Dec.-lei nº 1.805, de 1º-10-1980.

Art. 4º Os órgãos autônomos da Administração Federal Direta promoverão o recolhimento de suas receitas próprias ao Banco do Brasil S/A, à conta do Tesouro Nacional, observando-se o disposto no artigo 2º deste Decreto-Lei.

Parágrafo único. A receita própria de órgãos autônomos corresponde àquela gerada nas atividades de pesquisa ou ensino ou de caráter industrial, comercial ou agrícola, nos termos do Decreto-Lei nº 200, de 25 de fevereiro de 1967, com a redação dada pelo Decreto-Lei nº 900, de 29 de setembro de 1969, bem como nas relativas prestações de serviços de qualquer natureza.

Art. 5º A restituição de receitas federais e o ressarcimento em espécie, a título de incentivo ou benefício fiscal, dedutíveis da arrecadação, mediante anulação de receita, serão efetuados através de documento próprio a ser instituído pelo Ministério da Fazenda.

Art. 6º A Secretaria de Planejamento da Presidência da República e o Ministério da Fazenda baixarão as normas complementares necessárias à implementação do disposto neste Decreto-Lei.

Art. 7º Este Decreto-Lei entrará em vigor na data de sua publicação, ficando extintas todas as formas de arrecadação das receitas federais que não estejam de acordo com o disposto no presente Decreto-Lei, revogando-se ainda as demais disposições em contrário.

Brasília, 31 de dezembro de 1979;
158º da Independência e
91º da República.

João Figueiredo

DECRETO-LEI Nº 1.783, DE 18 DE ABRIL DE 1980

Dispõe sobre o Imposto sobre Operações de Crédito, Câmbio e Seguro, e sobre Operações Relativas a Títulos e Valores Mobiliários.

- Publicado no *DOU* de 22-4-1980.

Art. 1º O imposto incidente, nos termos do artigo 63 do Código Tributário Nacional, sobre operações de crédito, câmbio e seguro, e sobre operações relativas a títulos e valores mobiliários será cobrado às seguintes alíquotas:

I – empréstimos sob qualquer modalidade, aberturas de crédito e descontos de títulos: meio por cento ao mês sobre o valor da operação ou percentual proporcionalmente equivalente quando for cobrado de uma só vez;

II – seguros de vida e congêneres e de acidentes pessoais e do trabalho: dois por cento sobre o valor dos prêmios pagos;

III – seguros de bens, valores, coisas e outros não especificados: quatro por cento sobre o valor dos prêmios pagos;

IV – operações de câmbio: cento e trinta por cento sobre o valor da operação;

V – operações relativas a títulos e valores mobiliários: dez por cento sobre o valor da operação.

Art. 2º São contribuintes do imposto os tomadores do crédito, os segurados, os compradores de moeda estrangeira e os adquirentes de títulos e valores mobiliários.

Art. 3º São responsáveis pela cobrança do imposto e pelo seu recolhimento ao Tesouro Nacional, nos prazos e condições fixados pela Secretaria da Receita Federal:

- *Caput* com a redação dada pelo Dec.-Lei nº 2.471, de 1º-9-1988.

I – nas operações de crédito, as instituições financeiras;

- A Lei nº 11.941, de 27-5-2009, ao converter a MP nº 449, de 3-12-2008, não manteve a alteração deste inciso.

II – nas operações de seguro, o segurador ou as instituições financeiras a quem este encarregar da cobrança do prêmio;

III – nas operações de câmbio, as instituições autorizadas a operar em câmbio;

IV – nas operações relativas a títulos ou valores mobiliários, as instituições autorizadas a operar na compra e venda de títulos e valores mobiliários e, nas operações de contratos derivativos, as entidades autorizadas a registrar os referidos contratos.

• Inciso IV com a redação dada pela Lei nº 12.543, de 8-12-2011.

Art. 4º Este Decreto-Lei entrará em vigor na data de sua publicação, revogados o artigo 2º do Decreto-Lei nº 914, de 7 de outubro de 1969, e as disposições em contrário.

Brasília, 18 de abril de 1980;
159º da Independência e
92º da República.
João Figueiredo

LEI Nº 6.822, DE 22 DE SETEMBRO DE 1980

Dispõe sobre a cobrança executiva dos débitos fixados em acórdãos do Tribunal de Contas da União, e dá outras providências.

• Publicada no *DOU* de 23-9-1980.

Art. 1º As decisões do Tribunal de Contas da União condenatórias de responsáveis em débito para com a Fazenda Pública tornam a dívida líquida e certa e têm força executiva, cumprindo ao Ministério Público Federal, ou, nos Estados e Municípios, a quem dele as vezes fizer, ou aos procuradores das entidades da administração indireta, promover a sua cobrança executiva, independentemente de quaisquer outras formalidades, na forma do disposto na alínea *c* do artigo 50 do Decreto-lei nº 199, de 25 de fevereiro de 1967.

○ Arts. 70 e 71 da CF.

Art. 2º Incluem-se entre os responsáveis mencionados no artigo anterior os da administração indireta, os das fundações instituídas ou mantidas pela União e os abrangidos pelos artigos 31, item X, e 43 do Decreto-lei nº 199, de 25 de fevereiro de 1967, e pelo artigo 183 do Decreto-lei nº 200, de 25 de fevereiro de 1967, bem como os administradores de quaisquer recursos originários de transferências federais.

Art. 3º As multas impostas pelo Tribunal de Contas da União, nos casos previstos no artigo 53 do Decreto-lei nº 199, de 25 de fevereiro de 1967, após fixadas em decisão definitiva, serão, também, objeto de cobrança executiva, na forma estabelecida no artigo 1º.

Art. 4º Esta Lei entrará em vigor na data de sua publicação, revogadas as disposições em contrário.

Brasília, em 22 de setembro de 1980;
159º da Independência e
92º da República.
João Figueiredo

LEI Nº 6.830, DE 22 DE SETEMBRO DE 1980

Dispõe sobre a cobrança judicial da Dívida Ativa da Fazenda Pública e dá outras providências.

• Publicada no *DOU* de 24-9-1980.

○ Súmulas nºs 314, 393, 400, 409, 414, 435, 521, 558 e 559 do STJ.

Art. 1º A execução judicial para cobrança da Dívida Ativa da União, dos Estados, do Distrito Federal, dos Municípios e respectivas autarquias será regida por esta Lei e, subsidiariamente, pelo Código de Processo Civil.

○ Art. 201 do CTN.

○ Súm. nº 190 do STJ.

Art. 2º Constitui Dívida Ativa da Fazenda Pública aquela definida como tributária ou não tributária na Lei nº 4.320, de 17 de março de 1964, com as alterações posteriores, que estatui normas gerais de direito financeiro para elaboração e controle dos orçamentos e balanços da União, dos Estados, dos Municípios e do Distrito Federal.

○ Art. 142 do CTN.

○ Art. 39 da Lei nº 4.320, de 17-3-1964, que estatui normas gerais de direito financeiro para elaboração e controle dos orçamentos e balanços da União, dos Estados, dos Municípios e do Distrito Federal.

§ 1º Qualquer valor, cuja cobrança seja atribuída por lei às entidades de que trata o artigo 1º, será considerado Dívida Ativa da Fazenda Pública.

§ 2º A Dívida Ativa da Fazenda Pública, compreendendo a tributária e a não tributária, abrange atualização monetária, juros e multa de mora e demais encargos previstos em lei ou contrato.

○ Art. 6º, § 4º, desta Lei.

○ Art. 161, § 1º, do CTN.

○ Súm. nº 565 do STF.

§ 3º A inscrição, que se constitui no ato de controle administrativo da legalidade, será feita pelo órgão competente para apurar a liquidez e certeza do crédito e suspenderá a prescrição, para todos os efeitos de direito, por cento e oitenta dias ou até a distribuição da execução fiscal, se esta ocorrer antes de findo aquele prazo.

○ Art. 71 da CF.

○ Arts. 8º, § 2º, e 40, *caput*, desta Lei.

○ Arts. 174 e 201 do CTN.

○ Art. 75, I, da Lei nº 4.320, de 17-3-1964, que estatui normas gerais de direito financeiro para elaboração e controle dos orçamentos e balanços da União, dos Estados, dos Municípios e do Distrito Federal.

○ Súm. Vinc. nº 8 do STF.

§ 4º A Dívida Ativa da União será apurada e inscrita na Procuradoria da Fazenda Nacional.

○ Art. 1º da Lei nº 8.022, de 12-4-1990, que altera o sistema de administração das receitas federais.

○ Art. 58 da Lei nº 11.941, de 27-5-2009, que altera a legislação tributária federal relativa ao parcelamento ordinário de débitos tributários; concede remissão nos casos em que especifica; institui regime tributário de transição.

§ 5º O Termo de Inscrição de Dívida Ativa deverá conter:

○ Art. 202 do CTN.

I – o nome do devedor, dos corresponsáveis e, sempre que conhecido, o domicílio ou residência de um e de outros;

II – o valor originário da dívida, bem como o termo inicial e a forma de calcular os juros de mora e demais encargos previstos em lei ou contrato;

III – a origem, a natureza e o fundamento legal ou contratual da dívida;

IV – a indicação, se for o caso, de estar a dívida sujeita à atualização monetária, bem como o respectivo fundamento legal e o termo inicial para o cálculo;

V – a data e o número da inscrição, no Registro de Dívida Ativa; e

VI – o número do processo administrativo ou do auto de infração, se neles estiver apurado o valor da dívida.

§ 6º A Certidão de Dívida Ativa conterá os mesmos elementos do Termo de Inscrição e será autenticada pela autoridade competente.

§ 7º O Termo de Inscrição e a Certidão de Dívida Ativa poderão ser preparados e numerados por processo manual, mecânico ou eletrônico.

§ 8º Até a decisão de primeira instância, a Certidão de Dívida Ativa poderá ser emendada ou substituída, assegurada ao executado a devolução do prazo para embargos.

- Súm. nº 392 do STJ.

§ 9º O prazo para a cobrança das contribuições previdenciárias continua a ser o estabelecido no artigo 144 da Lei nº 3.807, de 26 de agosto de 1960.

- Arts. 173 e 174 do CTN.
- Arts. 45, 46 e 88 da Lei nº 8.212, de 24-7-1991 (Lei Orgânica da Seguridade Social).

Art. 3º A Dívida Ativa regularmente inscrita goza da presunção de certeza e liquidez.

- Art. 204 do CTN.
- Súm. nº 279 do STJ.

Parágrafo único. A presunção a que se refere este artigo é relativa e pode ser ilidida por prova inequívoca, a cargo do executado ou de terceiro, a quem aproveite.

Art. 4º A execução fiscal poderá ser promovida contra:

- Arts. 134 e 135 do CTN.

I – o devedor;
II – o fiador;
III – o espólio;
IV – a massa;
V – o responsável, nos termos da lei, por dívidas, tributárias ou não, de pessoas físicas ou pessoas jurídicas de direito privado; e

- Súmulas nºs 430 e 435 do STJ.

VI – os sucessores a qualquer título.

§ 1º Ressalvado o disposto no artigo 31, o síndico, o comissário, o liquidante, o inventariante e o administrador, nos casos de falência, concordata, liquidação, inventário, insolvência ou concurso de credores, se, antes de garantidos os créditos da Fazenda Pública, alienarem ou derem em garantia quaisquer dos bens administrados, respondem, solidariamente, pelo valor desses bens.

- Arts. 21 a 25 da Lei nº 11.101, de 9-2-2005 (Lei de Recuperação de Empresas e Falências).

§ 2º À Dívida Ativa da Fazenda Pública, de qualquer natureza, aplicam-se as normas relativas à responsabilidade prevista na legislação tributária, civil e comercial.

§ 3º Os responsáveis, inclusive as pessoas indicadas no § 1º deste artigo, poderão nomear bens livres e desembaraçados do devedor, tantos quantos bastem para pagar a dívida. Os bens dos responsáveis ficarão, porém, sujeitos à execução, se os do devedor forem insuficientes à satisfação da dívida.

§ 4º Aplica-se à Dívida Ativa da Fazenda Pública de natureza não tributária o disposto nos artigos 186 e 188 a 192 do Código Tributário Nacional.

Art. 5º A competência para processar e julgar a execução da Dívida Ativa da Fazenda Pública exclui a de qualquer outro juízo, inclusive o da falência, da concordata, da liquidação, da insolvência ou do inventário.

- Arts. 109, § 3º, 114, VII e VIII, da CF.
- Art. 29 desta Lei.
- Lei nº 11.101, de 9-2-2005 (Lei de Recuperação de Empresas e Falências).
- Súmulas nºs 58 e 66 do STJ.

Art. 6º A petição inicial indicará apenas:

I – o juiz a quem é dirigida;
II – o pedido; e
III – o requerimento para a citação.

- Art. 53 da Lei nº 8.212, de 24-7-1991 (Lei Orgânica da Seguridade Social).

§ 1º A petição inicial será instruída com a Certidão da Dívida Ativa, que dela fará parte integrante, como se estivesse transcrita.

§ 2º A petição inicial e a Certidão de Dívida Ativa poderão constituir um único documento, preparado inclusive por processo eletrônico.

§ 3º A produção de provas pela Fazenda Pública independe de requerimento na petição inicial.

§ 4º O valor da causa será o da dívida constante da certidão, com os encargos legais.

Art. 7º O despacho do juiz que deferir a inicial importa em ordem para:

I – citação, pelas sucessivas modalidades previstas no artigo 8º;
II – penhora, se não for paga a dívida, nem garantida a execução, por meio de depósito, fiança ou seguro garantia;

- Inciso II com a redação dada pela Lei nº 13.043, de 13-11-2014.

III – arresto, se o executado não tiver domicílio ou dele se ocultar;
IV – registro da penhora ou do arresto, independentemente do pagamento de custas ou outras despesas, observado o disposto no artigo 14; e
V – avaliação dos bens penhorados ou arrestados.

Art. 8º O executado será citado para, no prazo de cinco dias, pagar a dívida com os juros e multa de mora e encargos indicados na Certidão de Dívida Ativa, ou garantir a execução, observadas as seguintes normas:

- Súmulas nºs 393 e 414 do STJ.

I – a citação será feita pelo correio, com aviso de recepção, se a Fazenda Pública não a requerer por outra forma;

- Súm. nº 429 do STJ.

II – a citação pelo correio considera-se feita na data da entrega da carta no endereço do executado; ou, se a data for omitida, no aviso de recepção, dez dias após a entrega da carta à agência postal;

- Art. 12, § 3º, desta Lei.

III – se o aviso de recepção não retornar no prazo de quinze dias da entrega da carta à agência postal, a citação será feita por oficial de justiça ou por edital;
IV – o edital de citação será afixado na sede do juízo, publicado uma só vez no órgão oficial, gratuitamente, como expediente judiciário, com o prazo de trinta dias, e conterá, apenas, a indicação da exequente, o nome do devedor e dos corresponsáveis, a quantia devida, a natureza da dívida, a data e o número da inscrição no Registro da Dívida Ativa, o prazo e o endereço da sede do juízo.

- Súm. nº 414 do STJ.

§ 1º O executado ausente do País será citado por edital, com o prazo de sessenta dias.

§ 2º O despacho do juiz, que ordenar a citação, interrompe a prescrição.

- Art. 174, par. ún., do CTN.

Art. 9º Em garantia da execução, pelo valor da dívida, juros e multa de mora e encargos indicados na Certidão da Dívida Ativa, o executado poderá:

I – efetuar depósito em dinheiro, à ordem do juízo em estabelecimento oficial de crédito, que assegure atualização monetária;

- Art. 21 do CTN.

II – oferecer fiança bancária ou seguro garantia;

- Inciso II com a redação dada pela Lei nº 13.043, de 13-11-2014.

III – nomear bens à penhora, observada a ordem do artigo 11; ou

IV – indicar à penhora bens oferecidos por terceiros e aceitos pela Fazenda Pública.

§ 1º O executado só poderá indicar e o terceiro oferecer bem imóvel à penhora com o consentimento expresso do respectivo cônjuge.

§ 2º Juntar-se-á aos autos a prova do depósito, da fiança bancária, do seguro garantia ou da penhora dos bens do executado ou de terceiros.

§ 3º A garantia da execução, por meio de depósito em dinheiro, fiança bancária ou seguro garantia, produz os mesmos efeitos da penhora.

- §§ 2º e 3º com a redação dada pela Lei nº 13.043, de 13-11-2014.

§ 4º Somente o depósito em dinheiro, na forma do artigo 32, faz cessar a responsabilidade pela atualização monetária e juros de mora.

- Súm. nº 112 do STJ.

§ 5º A fiança bancária prevista no inciso II obedecerá às condições preestabelecidas pelo Conselho Monetário Nacional.

§ 6º O executado poderá pagar parcela da dívida, que julgar incontroversa, e garantir a execução do saldo devedor.

Art. 10. Não ocorrendo o pagamento, nem a garantia da execução de que trata o artigo 9º, a penhora poderá recair em qualquer bem do executado, exceto os que a lei declare absolutamente impenhoráveis.

- Art. 108, §§ 3º e 4º, da Lei nº 11.101, de 9-2-2005 (Lei de Recuperação de Empresas e Falências).

Art. 11. A penhora ou arresto de bens obedecerá à seguinte ordem:

- Art. 15, II, desta Lei.
- Súm. nº 406 do STJ.

I – dinheiro;

- Súm. nº 417 do STJ.

II – título da dívida pública, bem como título de crédito, que tenham cotação em Bolsa;

III – pedras e metais preciosos;

IV – imóveis;

V – navios e aeronaves;

VI – veículos;

VII – móveis ou semoventes; e

VIII – direito e ações.

§ 1º Excepcionalmente, a penhora poderá recair sobre estabelecimento comercial, industrial ou agrícola, bem como em plantações ou edifícios em construção.

- Súm. nº 415 do STJ.

§ 2º A penhora efetuada em dinheiro será convertida no depósito de que trata o inciso I do artigo 9º.

§ 3º O juiz ordenará a remoção do bem penhorado para depósito judicial, particular ou da Fazenda Pública exequente, sempre que esta o requerer, em qualquer fase do processo.

Art. 12. Na execução fiscal, far-se-á a intimação da penhora ao executado, mediante publicação, no órgão oficial, do ato de juntada do termo ou do auto de penhora.

§ 1º Nas comarcas do interior dos Estados, a intimação poderá ser feita pela remessa de cópia do termo ou do auto de penhora, pelo correio, na forma estabelecida no artigo 8º, I e II, para a citação.

§ 2º Se a penhora recair sobre o imóvel, far-se-á a intimação ao cônjuge, observadas as normas previstas para a citação.

§ 3º Far-se-á a intimação da penhora pessoalmente ao executado se, na citação feita pelo correio, o aviso de recepção não contiver a assinatura do próprio executado, ou de seu representante legal.

Art. 13. O termo ou auto de penhora conterá, também, a avaliação dos bens penhorados, efetuada por quem o lavrar.

§ 1º Impugnada a avaliação, pelo executado, ou pela Fazenda Pública, antes de publicado o edital de leilão, o juiz, ouvida a outra parte, nomeará avaliador oficial para proceder a nova avaliação dos bens penhorados.

§ 2º Se não houver, na comarca, avaliador oficial ou este não puder apresentar o laudo de avaliação no prazo de quinze dias, será nomeada pessoa ou entidade habilitada, a critério do juiz.

§ 3º Apresentado o laudo, o juiz decidirá de plano sobre a avaliação.

Art. 14. O oficial de justiça entregará contrafé e cópia do termo ou do auto de penhora ou arresto, com a ordem de registro de que trata o artigo 7º, IV:

I – no ofício próprio, se o bem for imóvel ou a ele equiparado;

II – na repartição competente para emissão de certificado de registro, se for veículo;

III – na Junta Comercial, na Bolsa de Valores, e na sociedade comercial, se forem ações, debênture, parte beneficiária, quota ou qualquer outro título, crédito ou direito societário nominativo.

Art. 15. Em qualquer fase do processo, será deferida pelo juiz:

- Súm. nº 406 do STJ.

I – ao executado, a substituição da penhora por depósito em dinheiro, fiança bancária ou seguro garantia; e

- Inciso I com a redação dada pela Lei nº 13.043, de 13-11-2014.

II – à Fazenda Pública, a substituição dos bens penhorados por outros, independentemente da ordem enumerada no artigo 11, bem como o reforço da penhora insuficiente.

- Súm. nº 406 do STJ.

Art. 16. O executado oferecerá embargos, no prazo de trinta dias, contados:

I – do depósito;

II – da juntada da prova da fiança bancária ou do seguro garantia;

- Inciso II com a redação dada pela Lei nº 13.043, de 13-11-2014.

III – da intimação da penhora.

§ 1º Não são admissíveis embargos do executado antes de garantida a execução.

- Súm. nº 393 do STJ.

§ 2º No prazo dos embargos, o executado deverá alegar toda matéria útil à defesa, requerer provas e juntar aos autos os documentos e rol de testemunhas, até três, ou, a critério do juiz, até o dobro desse limite.

§ 3º Não será admitida reconvenção, nem compensação, e as exceções, salvo as de suspeição, incompetência e impedimento, serão arguidas como matéria preliminar e serão processadas e julgadas com os embargos.

Art. 17. Recebidos os embargos, o juiz mandará intimar a Fazenda, para impugná-los no prazo de trinta dias, designando, em seguida, audiência de instrução e julgamento.

- Súm. nº 277 do STF.

Parágrafo único. Não se realizará audiência, se os embargos versarem sobre matéria de direito ou, sendo de direito e de fato, a prova for exclusivamente documental, caso em que o juiz proferirá a sentença no prazo de trinta dias.

Art. 18. Caso não sejam oferecidos os embargos, a Fazenda Pública manifestar-se-á sobre a garantia da execução.

Art. 19. Não sendo embargada a execução ou sendo rejeitados os embargos, no caso de garantia prestada por terceiro, será este intimado, sob pena de contra ele prosseguir a execução nos próprios autos, para, no prazo de quinze dias:

I – remir o bem, se a garantia for real; ou

II – pagar o valor da dívida, juros e multa de mora e demais encargos, indicados na Certidão de Dívida Ativa, pelos quais se obrigou, se a garantia for fidejussória.

Art. 20. Na execução por carta, os embargos do executado serão oferecidos no juízo deprecado, que os remeterá ao juízo deprecante, para instrução e julgamento.

- Súm. nº 46 do STJ.

Parágrafo único. Quando os embargos tiverem por objeto vícios ou irregularidades de atos do próprio juízo deprecado, caber-lhe-á unicamente o julgamento dessa matéria.

Art. 21. Na hipótese de alienação antecipada dos bens penhorados, o produto será depositado em garantia da execução, nos termos previstos no artigo 9º, I.

Art. 22. A arrematação será precedida de edital, afixado no local do costume, na sede do juízo, e publicado em resumo, uma só vez, gratuitamente, como expediente judiciário, no órgão oficial.

- Art. 1º desta Lei.

§ 1º O prazo entre as datas de publicação do edital e do leilão não poderá ser superior a trinta, nem inferior a dez dias.

§ 2º O representante judicial da Fazenda Pública será intimado, pessoalmente, da realização do leilão, com a antecedência prevista no parágrafo anterior.

Art. 23. A alienação de quaisquer bens penhorados será feita em leilão público, no lugar designado pelo juiz.

- Súm. nº 121 do STJ.

§ 1º A Fazenda Pública e o executado poderão requerer que os bens sejam leiloados englobadamente ou em lotes que indicarem.

§ 2º Cabe ao arrematante o pagamento da comissão do leiloeiro e demais despesas indicadas no edital.

Art. 24. A Fazenda Pública poderá adjudicar os bens penhorados:

I – antes do leilão, pelo preço da avaliação, se a execução não for embargada ou se rejeitados os embargos;

II – findo o leilão:

a) se não houver licitante, pelo preço da avaliação;

b) havendo licitantes, com preferência, em igualdade de condições com a melhor oferta, no prazo de trinta dias.

Parágrafo único. Se o preço da avaliação ou o valor da melhor oferta for superior ao dos créditos da Fazenda Pública, a adjudicação somente será deferida pelo juiz se a diferença for depositada, pela exequente, à ordem do juízo, no prazo de trinta dias.

- Art. 71 da Lei nº 11.941, de 27-5-2009, que altera a legislação tributária federal relativa ao parcelamento ordinário de débitos tributários; concede remissão nos casos em que especifica; institui regime tributário de transição.

Art. 25. Na execução fiscal, qualquer intimação ao representante judicial da Fazenda Pública será feita pessoalmente.

Parágrafo único. A intimação de que trata este artigo poderá ser feita mediante vista dos autos, com imediata remessa ao representante judicial da Fazenda Pública, pelo cartório ou secretaria.

Art. 26. Se, antes da decisão de primeira instância, a inscrição de Dívida Ativa for, a qualquer título, cancelada, a execução fiscal será extinta, sem qualquer ônus para as partes.

Art. 27. As publicações de atos processuais poderão ser feitas resumidamente ou reunir num só texto os de diferentes processos.

Parágrafo único. As publicações farão sempre referência ao número do processo no respectivo juízo e ao número da correspondente inscrição de Dívida Ativa, bem como ao nome das partes e de seus advogados, suficientes para a sua identificação.

Art. 28. O juiz, a requerimento das partes, poderá, por conveniência da unidade da garantia da execução, ordenar a reunião de processos contra o mesmo devedor.

Parágrafo único. Na hipótese deste artigo, os processos serão redistribuídos ao juízo da primeira distribuição.

Art. 29. A cobrança judicial da Dívida Ativa da Fazenda Pública não é sujeita a concurso de credores ou habilitação em falência, concordata, liquidação, inventário ou arrolamento.

- Art. 5º desta Lei.
- Art. 187 do CTN.
- Art. 76, *caput*, da Lei nº 11.101, de 9-2-2005 (Lei de Recuperação de Empresas e Falências).

Parágrafo único. O concurso de preferência somente se verifica entre pessoas jurídicas de direito público, na seguinte ordem:

- Art. 19, II, da CF.
- ADPF nº 357.
- Súm. nº 497 do STJ.

I – União e suas autarquias;

II – Estados, Distrito Federal e Territórios e suas autarquias, conjuntamente e *pro rata*;

III – Municípios e suas autarquias, conjuntamente e *pro rata*.

- O STF, por maioria dos votos, julgou procedente o pedido formulado da ADPF nº 357, para declarar a não recepção pela Constituição Federal da norma prevista neste parágrafo único (*DOU* de 6-7-2021).

Art. 30. Sem prejuízo dos privilégios especiais sobre determinados bens, que sejam previstos em lei, responde pelo pagamento da Dívida Ativa da Fazenda Pública a totalidade dos bens e das rendas, de qualquer origem ou natureza, do sujeito passivo, seu espólio ou sua massa, inclusive os gravados por ônus real ou cláusula de inalienabilidade ou impenhorabilidade, seja qual for a data da constituição do ônus ou da cláusula, excetuados unicamente os bens e rendas que a lei declara absolutamente impenhoráveis.

- Art. 4º desta Lei.
- Art. 184 do CTN.

Art. 31. Nos processos de falência, concordata, liquidação, inventário, arrolamento ou concurso de credores, nenhuma alienação será judicialmente autorizada sem a prova de quitação da Dívida Ativa ou a concordância da Fazenda Pública.

- Art. 187 do CTN.

Art. 32. Os depósitos judiciais em dinheiro serão obrigatoriamente feitos:

- Art. 9º, § 4º desta Lei.
- Súm. nº 112 do STJ.

I – na Caixa Econômica Federal, de acordo com o Decreto-Lei nº 1.737, de 20 de dezembro de 1979, quando relacionados com a execução fiscal proposta pela União ou suas autarquias;

II – na Caixa Econômica ou no banco oficial da unidade federativa ou, à sua falta, na Caixa Econômica Federal, quando relacionados com execução fiscal proposta pelo Estado, Distrito Federal, Municípios e suas autarquias.

§ 1º Os depósitos de que trata este artigo estão sujeitos à atualização monetária, segundo os índices estabelecidos para os débitos tributários federais.

§ 2º Após o trânsito em julgado da decisão, o depósito, monetariamente atualizado, será devolvido ao depositante ou entregue à Fazenda Pública, mediante ordem do juízo competente.

Art. 33. O juízo, de ofício, comunicará à repartição competente da Fazenda Pública, para fins de averbação no Registro da Dívida Ativa, a decisão final, transitada em julgado, que der por improcedente a execução, total ou parcialmente.

Art. 34. Das sentenças de primeira instância proferidas em execuções de valor igual ou inferior a cinquenta Obrigações do Tesouro Nacional – OTN, só se admitirão embargos infringentes e de declaração.

- Arts. 5º, LV, e 108, II, da CF.
- Súm. nº 277 do STF.

§ 1º Para os efeitos deste artigo, considerar-se-á o valor da dívida monetariamente atualizado e acrescido de multa e juros de mora e demais encargos legais, na data da distribuição.

§ 2º Os embargos infringentes, instruídos, ou não, com documentos novos, serão deduzidos, no prazo de dez dias perante o mesmo juízo, em petição fundamentada.

§ 3º Ouvido o embargado, no prazo de dez dias, serão os autos conclusos ao juiz, que, dentro de vinte dias, os rejeitará ou reformará a sentença.

Art. 35. Nos processos regulados por esta Lei, poderá ser dispensada a audiência de revisor, no julgamento das apelações.

- Arts. 102, III, e 105, III, da CF.

Art. 36. Compete à Fazenda Pública baixar normas sobre o recolhimento da Dívida Ativa respectiva, em juízo ou fora dele, e aprovar, inclusive, os modelos de documentos de arrecadação.

Art. 37. O auxiliar de justiça que, por ação ou omissão, culposa ou dolosa, prejudicar a execução, será responsabilizado, civil, penal e administrativamente.

Parágrafo único. O oficial de justiça deverá efetuar, em dez dias, as diligências que lhe forem ordenadas, salvo motivo de força maior devidamente justificado perante o juízo.

Art. 38. A discussão judicial da Dívida Ativa da Fazenda Pública só é admissível em execução, na forma desta Lei, salvo as hipóteses de mandado de segurança, ação de repetição do indébito ou ação anulatória do ato declarativo da dívida, esta precedida do depósito preparatório do valor do débito, monetariamente corrigido e acrescido dos juros e multa de mora e demais encargos.

- Art. 5º, XXXV, da CF.
- Súm. Vinc. nº 28 do STF.
- Súm. nº 112 do STJ.

Parágrafo único. A propositura, pelo contribuinte, da ação prevista neste artigo importa em renúncia ao poder de recorrer na esfera administrativa e desistência do recurso acaso interposto.

Art. 39. A Fazenda Pública não está sujeita ao pagamento de custas e emolumentos. A prática dos atos judiciais de seu interesse independerá de preparo ou de prévio depósito.

Parágrafo único. Se vencida, a Fazenda Pública ressarcirá o valor das despesas feitas pela parte contrária.

Art. 40. O juiz suspenderá o curso da execução, enquanto não for localizado o devedor ou encontrados bens sobre os quais possa recair a penhora, e, nesses casos, não correrá o prazo de prescrição.

- Art. 174 do CTN.
- Súm. nº 314 do STJ.

§ 1º Suspenso o curso da execução, será aberta vista dos autos ao representante judicial da Fazenda Pública.

§ 2º Decorrido o prazo máximo de um ano, sem que seja localizado o devedor ou encontrados bens penhoráveis, o juiz ordenará o arquivamento dos autos.

§ 3º Encontrados que sejam, a qualquer tempo, o devedor ou os bens, serão desarquivados os autos para prosseguimento da execução.

§ 4º Se da decisão que ordenar o arquivamento tiver ocorrido o prazo prescricional, o juiz, depois de ouvida a Fazenda Pública, poderá, de ofício, reconhecer a prescrição intercorrente e decretá-la de imediato.

- § 4º acrescido pela Lei nº 11.051, de 29-12-2004.

§ 5º A manifestação prévia da Fazenda Pública prevista no § 4º deste artigo será dispensada no caso de cobranças judiciais cujo valor seja inferior ao mínimo fixado por ato do Ministro de Estado da Fazenda.

- § 5º acrescido pela Lei nº 11.960, de 29-6-2009.

Art. 41. O processo administrativo correspondente à inscrição de Dívida Ativa, à execução fiscal ou à ação proposta contra a Fazenda Pública será mantido na repartição competente, dele se extraindo as cópias autenticadas ou certidões, que forem requeridas pelas partes ou requisitadas pelo juiz ou pelo Ministério Público.

Parágrafo único. Mediante requisição do juiz à repartição competente, com dia e hora previamente marcados, poderá o processo administrativo ser exibido, na sede do juízo, pelo funcionário para esse fim designado, lavrando o serventuário termo da ocorrência, com indicação, se for o caso, das peças a serem trasladadas.

Art. 42. Revogadas as disposições em contrário, esta Lei entrará em vigor noventa dias após a data de sua publicação.

- Art. 1º desta Lei.

Brasília, 22 de setembro de 1980;
159º da Independência e
92º da República.

João Figueiredo

LEI Nº 6.899, DE 8 DE ABRIL DE 1981

Determina a aplicação da correção monetária nos débitos oriundos de decisão judicial e dá outras providências.

- Publicada no *DOU* de 9-4-1981.

Art. 1º A correção monetária incide sobre qualquer débito resultante de decisão judicial, inclusive sobre custas e honorários advocatícios.

- Súmulas nºs 490 e 562 do STF.
- Súmulas nºs 14, 29, 36, 43 e 67 do STJ.

LEG. COMPLEMENTAR

§ 1º Nas execuções de títulos de dívida líquida e certa, a correção será calculada a contar do respectivo vencimento.

- Súm. nº 14 do STJ.

§ 2º Nos demais casos, o cálculo far-se-á a partir do ajuizamento da ação.

- Súmulas nºs 14 e 362 do STJ.

Art. 2º O Poder Executivo, no prazo de sessenta dias, regulamentará a forma pela qual será efetuado o cálculo da correção monetária.

- Dec. nº 86.649, de 25-11-1981, regulamenta esta Lei.

Art. 3º O disposto nesta Lei aplica-se a todas as causas pendentes de julgamento.

Art. 4º Esta Lei entrará em vigor na data de sua publicação.

Art. 5º Revogam-se as disposições em contrário.

Brasília, 8 de abril de 1981;
160º da Independência e
93º da República.

João Figueiredo

DECRETO-LEI Nº 1.881, DE 27 DE AGOSTO DE 1981

Altera a Lei nº 5.172, de 25 de outubro de 1966, cria a Reserva do Fundo de Participação dos Municípios – FPM e dá outras providências.

- Publicado no *DOU* de 29-8-1981.

Art. 1º Os §§ 2º e 4º do artigo 91 da Lei nº 5.172, de 25 de outubro de 1966, com a redação estabelecia pelo Ato Complementar nº 35, de 28 de fevereiro de 1967, passam a vigorar com a seguinte redação:

- Alterações inseridas no texto do referido Código.

Art. 2º Fica criada a Reserva do Fundo de Participação dos Municípios FPM, destinada, exclusivamente, nos Municípios que se enquadrem no coeficiente individual de participação 4,0 (quatro), conforme definido no artigo 91 da Lei nº 5.172, de 25 de outubro de 1966, com a redação alterada pelo Ato Complementar nº 35, de 28 de fevereiro de 1967.

Parágrafo único. Os Municípios que participarem dos recursos da Reserva ora criada não sofrerão prejuízo quanto ao recebimento da parcela prevista no § 2º do artigo 91 da Lei nº 5.172, de 25 de outubro de 1966, com a redação dada pelo Ato Complementar nº 35, de 28 de fevereiro de 1967.

Art. 3º A Reserva referida no artigo anterior será constituída por 4,0% (quatro por cento) dos recursos resultantes do disposto no item II do artigo 91 da Lei nº 5.172, de 25 de outubro de 1966, com a redação dada pelo Ato Complementar nº 35, de 28 de fevereiro de 1967.

Parágrafo único. A sua distribuição será proporcional a um coeficiente individual de participação, resultante do produto dos seguintes fatores:

a) fator representativo da população, assim estabelecido:

Percentual da População de cada Município beneficiário em relação à do conjunto	FATOR
Até 2%	2
Mais de 2% até 5%	
Pelos primeiros 2%	2
Cada 0,5% ou fração excedente, mais	0,5
Mais de 5%	5

b) fator representativo do inverso da renda *per capita* do respectivo Estado, de conformidade com o disposto no artigo 90 da Lei nº 5.172, de 25 de fevereiro de 1966.

Art. 4º Este Decreto-lei entrará em vigor na data de sua publicação, com efeitos a partir de 1.982, revogadas as disposições em contrário.

Brasília, em 27 de agosto de 1981;
160º da Independência e
93º da República.

João Figueiredo

LEI Nº 6.938, DE 31 DE AGOSTO DE 1981

Dispõe sobre a Política Nacional do Meio Ambiente, seus fins e mecanismos de formulação e aplicação, e dá outras providências.

- Publicada no *DOU* de 2-9-1981.
- Art. 225, § 1º, I a VII, da CF.

Art. 1º Esta lei, com fundamento nos incisos VI e VII do art. 23 e no art. 235 da Constituição, estabelece a Política Nacional do Meio Ambiente, seus fins e mecanismos de formulação e aplicação, constitui o Sistema Nacional do Meio Ambiente – SISNAMA e institui o Cadastro de Defesa Ambiental.

- Artigo com a redação dada pela Lei nº 8.028, de 12-4-1990.
- Mantivemos art. 235, conforme publicação oficial.
- Art. 225 da CF.

DA POLÍTICA NACIONAL DO MEIO AMBIENTE

Art. 2º A Política Nacional do Meio Ambiente tem por objetivo a preservação, melhoria e recuperação da qualidade ambiental propícia à vida, visando assegurar, no País, condições ao desenvolvimento socioeconômico, aos interesses da segurança nacional e à proteção da dignidade da vida humana, atendidos os seguintes princípios:

I – ação governamental na manutenção do equilíbrio ecológico, considerando o meio ambiente como um patrimônio público a ser necessariamente assegurado e protegido, tendo em vista o uso coletivo;

II – racionalização do uso do solo, do subsolo, da água e do ar;

III – planejamento e fiscalização do uso dos recursos ambientais;

IV – proteção dos ecossistemas, com a preservação de áreas representativas;

V – controle e zoneamento das atividades potencial ou efetivamente poluidoras;

VI – incentivos ao estudo e à pesquisa de tecnologias orientadas para o uso racional e a proteção dos recursos ambientais;

VII – acompanhamento do estado da qualidade ambiental;

VIII – recuperação de áreas degradadas;

IX – proteção de áreas ameaçadas de degradação;

X – educação ambiental a todos os níveis do ensino, inclusive a educação da comunidade, objetivando capacitá-la para participação ativa na defesa do meio ambiente.

Art. 3º Para os fins previstos nesta Lei, entende-se por:

I – meio ambiente, o conjunto de condições, leis, influências e interações de ordem física, química e biológica, que permite, abriga e rege a vida em todas as suas formas;

II – degradação da qualidade ambiental, a alteração adversa das características do meio ambiente;

III – poluição, a degradação da qualidade ambiental resultante de atividades que direta ou indiretamente:

a) prejudiquem a saúde, a segurança e o bem-estar da população;

b) criem condições adversas às atividades sociais e econômicas;

c) afetem desfavoravelmente a biota;

d) afetem as condições estéticas ou sanitárias do meio ambiente;

e) lancem matérias ou energia em desacordo com os padrões ambientais estabelecidos;

IV – poluidor, a pessoa física ou jurídica, de direito público ou privado, responsável, direta ou indiretamente, por atividade causadora de degradação ambiental;

V – recursos ambientais: a atmosfera, as águas interiores, superficiais e subterrâneas, os estuários, o mar territorial, o solo, o subsolo, os elementos da biosfera, a fauna e a flora.

• Inciso V com a redação dada pela Lei nº 7.804, de 18-7-1989.

DOS OBJETIVOS DA POLÍTICA NACIONAL DO MEIO AMBIENTE

Art. 4º A Política Nacional do Meio Ambiente visará:

I – à compatibilização do desenvolvimento econômico social com a preservação da qualidade do meio ambiente e do equilíbrio ecológico;

II – à definição de áreas prioritárias de ação governamental relativa à qualidade e ao equilíbrio ecológico, atendendo aos interesses da União, dos Estados, do Distrito Federal, dos Territórios e dos Municípios;

III – ao estabelecimento de critérios e padrões da qualidade ambiental e de normas relativas ao uso e manejo de recursos ambientais;

IV – ao desenvolvimento de pesquisas e de tecnologias nacionais orientadas para o uso racional de recursos ambientais;

V – à difusão de tecnologias de manejo do meio ambiente, à divulgação de dados e informações ambientais e à formação de uma consciência pública sobre a necessidade de preservação da qualidade ambiental e do equilíbrio ecológico;

VI – à preservação e restauração dos recursos ambientais com vistas à sua utilização racional e disponibilidade permanente, concorrendo para a manutenção do equilíbrio ecológico propício à vida;

VII – à imposição, ao poluidor e ao predador, da obrigação de recuperar e/ou indenizar os danos causados, e ao usuário, da contribuição pela utilização de recursos ambientais com fins econômicos.

Art. 5º As diretrizes da Política Nacional do Meio Ambiente serão formuladas em normas e planos, destinados a orientar a ação dos Governos da União, dos Estados, do Distrito Federal, dos Territórios e dos Municípios no que se relaciona com a preservação da qualidade ambiental e manutenção do equilíbrio ecológico, observados os princípios estabelecidos no art. 2º desta Lei.

Parágrafo único. As atividades empresariais públicas ou privadas serão exercidas em consonância com as diretrizes da Política Nacional do Meio Ambiente.

DO SISTEMA NACIONAL DO MEIO AMBIENTE

Art. 6º Os órgãos e entidades da União, dos Estados, do Distrito Federal, dos Territórios e dos Municípios, bem como as fundações instituídas pelo Poder Público, responsáveis pela proteção e melhoria da qualidade ambiental, constituirão o Sistema Nacional do Meio Ambiente – SISNAMA, assim estruturado:

I – órgão superior: o Conselho de Governo, com a função de assessorar o Presidente da República na formulação da política nacional e nas diretrizes governamentais para o meio ambiente e os recursos ambientais;

II – órgão consultivo e deliberativo: o Conselho Nacional do Meio Ambiente – CONAMA, com a finalidade de assessorar, estudar e propor ao Conselho de Governo, diretrizes de políticas governamentais para o meio ambiente e os recursos naturais e deliberar, no âmbito de sua competência, sobre normas e padrões compatíveis com o meio ambiente ecologicamente equilibrado e essencial à sadia qualidade de vida;

III – órgão central: a Secretaria do Meio Ambiente da Presidência da República, com a finalidade de planejar, coordenar, supervisionar e controlar, como órgão federal, a política nacional e as diretrizes governamentais fixadas para o meio ambiente;

• Incisos I a III com a redação dada pela Lei nº 8.028, de 12-4-1990.

IV – órgãos executores: o Instituto Brasileiro do Meio Ambiente e dos Recursos Naturais Renováveis – IBAMA e o Instituto Chico Mendes de Conservação da Biodiversidade – Instituto Chico Mendes, com a finalidade de executar e fazer executar a política e as diretrizes governamentais fixadas para o meio ambiente, de acordo com as respectivas competências;

• Inciso IV com a redação dada pela Lei nº 12.856, de 2-9-2013.

V – órgãos seccionais: os órgãos ou entidades estaduais responsáveis pela execução de programas, projetos e pelo controle e fiscalização de atividades capazes de provocar a degradação ambiental;

• Inciso V com a redação dada pela Lei nº 7.804, de 18-7-1989.

VI – órgãos locais: os órgãos ou entidades municipais, responsáveis pelo controle e fiscalização dessas atividades, nas suas respectivas jurisdições.

• Inciso VI acrescido pela Lei nº 7.804, de 18-7-1989.

§ 1º Os Estados, na esfera de suas competências e nas áreas de sua jurisdição, elaborarão normas supletivas e complementares e padrões relacionados com o meio ambiente, observados os que forem estabelecidos pelo CONAMA.

§ 2º Os Municípios, observadas as normas e os padrões federais e estaduais, também poderão elaborar as normas mencionadas no parágrafo anterior.

§ 3º Os órgãos central, setoriais, seccionais e locais mencionados neste artigo deverão fornecer os resultados das análises efetuadas e sua fundamentação, quando solicitados por pessoa legitimamente interessada.

§ 4º De acordo com a legislação em vigor, é o Poder Executivo autorizado a criar uma Fundação de apoio técnico científico às atividades do IBAMA.

o O art. 3º da Lei nº 7.804, de 18-7-1989, substituiu a expressão Secretaria Especial do Meio Ambiente – SEMA por Instituto Brasileiro do Meio Ambiente e Recursos Naturais Renováveis – IBAMA.

CONSELHO NACIONAL DO MEIO AMBIENTE

Art. 7º *Revogado.* Lei nº 8.028, de 12-4-1990.

LEG. COMPLEMENTAR

Art. 8º Compete ao CONAMA:

- *Caput* com a redação dada pela Lei nº 8.028, de 12-4-1990.

I – estabelecer, mediante proposta do IBAMA, normas e critérios para o licenciamento de atividades efetiva ou potencialmente poluidoras, a ser concedido pelos Estados e supervisionado pelo IBAMA;

- O art. 3º da Lei nº 7.804, de 18-7-1989, substituiu a expressão Secretaria Especial do Meio Ambiente – SEMA por Instituto Brasileiro do Meio Ambiente e Recursos Naturais Renováveis – IBAMA.

II – determinar, quando julgar necessário, a realização de estudos das alternativas e das possíveis consequências ambientais de projetos públicos ou privados, requisitando aos órgãos federais, estaduais e municipais, bem assim a entidades privadas, as informações indispensáveis para apreciação dos estudos de impacto ambiental, e respectivos relatórios, no caso de obras ou atividades de significativa degradação ambiental, especialmente nas áreas consideradas patrimônio nacional;

- Inciso II com a redação dada pela Lei nº 8.028, de 12-4-1990.

III – *Revogado* a partir da instalação do Conselho Administrativo de Recursos Fiscais. Lei nº 11.941, de 27-5-2009;

IV – homologar acordos visando à transformação de penalidades pecuniárias na obrigação de executar medidas de interesse para a proteção ambiental (VETADO);

V – determinar, mediante representação do IBAMA, a perda ou restrição de benefícios fiscais concedidos pelo Poder Público, em caráter geral ou condicional, e a perda ou suspensão de participação em linhas de financiamento em estabelecimentos oficiais de crédito;

- O art. 3º da Lei nº 7.804, de 18-7-1989, substituiu a expressão Secretaria Especial do Meio Ambiente – SEMA por Instituto Brasileiro do Meio Ambiente e Recursos Naturais Renováveis – IBAMA.

VI – estabelecer, privativamente, normas e padrões nacionais de controle da poluição por veículos automotores, aeronaves e embarcações, mediante audiência dos Ministérios competentes;

VII – estabelecer normas, critérios e padrões relativos ao controle e à manutenção da qualidade do meio ambiente com vistas ao uso racional dos recursos ambientais, principalmente os hídricos.

Parágrafo único. O Secretário do Meio Ambiente é, sem prejuízo de suas funções, o Presidente do CONAMA.

- Parágrafo único acrescido pela Lei nº 8.028, de 12-4-1990.

DOS INSTRUMENTOS DA POLÍTICA NACIONAL DO MEIO AMBIENTE

Art. 9º São instrumentos da Política Nacional do Meio Ambiente:

I – o estabelecimento de padrões de qualidade ambiental;

II – o zoneamento ambiental;

III – a avaliação de impactos ambientais;

IV – o licenciamento e a revisão de atividades efetiva ou potencialmente poluidoras;

V – os incentivos à produção e instalação de equipamentos e a criação ou absorção de tecnologia, voltados para a melhoria da qualidade ambiental;

VI – a criação de espaços territoriais especialmente protegidos pelo Poder Público federal, estadual e municipal, tais como áreas de proteção ambiental, de relevante interesse ecológico e reservas extrativistas;

- Inciso VI com a redação dada pela Lei nº 7.804, de 18-7-1989.

VII – o sistema nacional de informações sobre o meio ambiente;

VIII – o Cadastro Técnico Federal de Atividades e Instrumentos de Defesa Ambiental;

IX – as penalidades disciplinares ou compensatórias ao não cumprimento das medidas necessárias à preservação ou correção da degradação ambiental;

X – a instituição do Relatório de Qualidade do Meio Ambiente, a ser divulgado anualmente pelo Instituto Brasileiro do Meio Ambiente e Recursos Naturais Renováveis – IBAMA;

XI – a garantia da prestação de informações relativas ao Meio Ambiente, obrigando-se o Poder Público a produzi-las, quando inexistentes;

XII – o Cadastro Técnico Federal de atividades potencialmente poluidoras e/ou utilizadoras dos recursos ambientais;

- Incisos X a XII acrescidos pela Lei nº 7.804, de 18-7-1989.

XIII – instrumentos econômicos, como concessão florestal, servidão ambiental, seguro ambiental e outros.

- Inciso XIII acrescido pela Lei nº 11.284, de 2-3-2006.

Art. 9º-A. O proprietário ou possuidor de imóvel, pessoa natural ou jurídica, pode, por instrumento público ou particular ou por termo administrativo firmado perante órgão integrante do SISNAMA, limitar o uso de toda a sua propriedade ou de parte dela para preservar, conservar ou recuperar os recursos ambientais existentes, instituindo servidão ambiental.

- *Caput* com a redação dada pela Lei nº 12.651, de 25-5-2012.

§ 1º O instrumento ou termo de instituição da servidão ambiental deve incluir, no mínimo, os seguintes itens:

- *Caput* do § 1º com a redação dada pela Lei nº 12.651, de 25-5-2012.

I – memorial descritivo da área da servidão ambiental, contendo pelo menos um ponto de amarração georreferenciado;

II – objeto da servidão ambiental;

III – direitos e deveres do proprietário ou possuidor instituidor;

IV – prazo durante o qual a área permanecerá como servidão ambiental.

- Incisos I a IV acrescidos pela Lei nº 12.651, de 25-5-2012.

§ 2º A servidão ambiental não se aplica às Áreas de Preservação Permanente e à Reserva Legal mínima exigida.

§ 3º A restrição ao uso ou à exploração da vegetação da área sob servidão ambiental deve ser, no mínimo, a mesma estabelecida para a Reserva Legal.

- §§ 2º e 3º com a redação dada pela Lei nº 12.651, de 25-5-2012.

§ 4º Devem ser objeto de averbação na matrícula do imóvel no registro de imóveis competente:

- *Caput* do § 4º com a redação dada pela Lei nº 12.651, de 25-5-2012.

I – o instrumento ou termo de instituição da servidão ambiental;

II – o contrato de alienação, cessão ou transferência da servidão ambiental.

- Incisos I e II acrescidos pela Lei nº 12.651, de 25-5-2012.

§ 5º Na hipótese de compensação de Reserva Legal, a servidão ambiental deve ser averbada na matrícula de todos os imóveis envolvidos.

- § 5º com a redação dada pela Lei nº 12.651, de 25-5-2012.

§ 6º É vedada, durante o prazo de vigência da servidão ambiental, a alteração da destinação da área, nos casos de transmissão do imóvel a qualquer título, de desmembramento ou de retificação dos limites do imóvel.

§ 7º As áreas que tenham sido instituídas na forma de servidão florestal, nos termos do art. 44-A da Lei nº 4.771, de 15 de setembro de 1965, passam a ser consideradas, pelo efeito desta Lei, como de servidão ambiental.

- §§ 6º e 7º acrescidos pela Lei nº 12.651, de 25-5-2012.

Art. 9º-B. A servidão ambiental poderá ser onerosa ou gratuita, temporária ou perpétua.

§ 1º O prazo mínimo da servidão ambiental temporária é de 15 (quinze) anos.

§ 2º A servidão ambiental perpétua equivale, para fins creditícios, tributários e de acesso aos recursos de fundos públicos, à Reserva Particular do Patrimônio Natural – RPPN, definida no art. 21 da Lei nº 9.985, de 18 de julho de 2000.

§ 3º O detentor da servidão ambiental poderá aliená-la, cedê-la ou transferi-la, total ou parcialmente, por prazo determinado ou em caráter definitivo, em favor de outro proprietário ou de entidade pública ou privada que tenha a conservação ambiental como fim social.

Art. 9º-C. O contrato de alienação, cessão ou transferência da servidão ambiental deve ser averbado na matrícula do imóvel.

§ 1º O contrato referido no *caput* deve conter, no mínimo, os seguintes itens:

I – a delimitação da área submetida à preservação, conservação ou recuperação ambiental;

II – o objeto da servidão ambiental;

III – os direitos e deveres do proprietário instituidor e dos futuros adquirentes ou sucessores;

IV – os direitos e deveres do detentor da servidão ambiental;

V – os benefícios de ordem econômica do instituidor e do detentor da servidão ambiental;

VI – a previsão legal para garantir o seu cumprimento, inclusive medidas judiciais necessárias, em caso de ser descumprido.

§ 2º São deveres do proprietário do imóvel serviente, entre outras obrigações estipuladas no contrato:

I – manter a área sob servidão ambiental;

II – prestar contas ao detentor da servidão ambiental sobre as condições dos recursos naturais ou artificiais;

III – permitir a inspeção e a fiscalização da área pelo detentor da servidão ambiental;

IV – defender a posse da área serviente, por todos os meios em direito admitidos.

§ 3º São deveres do detentor da servidão ambiental, entre outras obrigações estipuladas no contrato:

I – documentar as características ambientais da propriedade;

II – monitorar periodicamente a propriedade para verificar se a servidão ambiental está sendo mantida;

III – prestar informações necessárias a quaisquer interessados na aquisição ou aos sucessores da propriedade;

IV – manter relatórios e arquivos atualizados com as atividades da área objeto da servidão;

V – defender judicialmente a servidão ambiental.

- Arts. 9º-B e 9º-C acrescidos pela Lei nº 12.651, de 25-5-2012.

Art. 10. A construção, instalação, ampliação e funcionamento de estabelecimentos e atividades utilizadores de recursos ambientais, efetiva ou potencialmente poluidores ou capazes, sob qualquer forma, de causar degradação ambiental dependerão de prévio licenciamento ambiental.

- *Caput* com a redação dada pela LC nº 140, de 8-12-2011.

§ 1º Os pedidos de licenciamento, sua renovação e a respectiva concessão serão publicados no jornal oficial, bem como em periódico regional ou local de grande circulação, ou em meio eletrônico de comunicação mantido pelo órgão ambiental competente.

- § 1º com a redação dada pela LC nº 140, de 8-12-2011.

§§ 2º a 4º *Revogados*. LC nº 140, de 8-12-2011.

Art. 11. Compete ao IBAMA propor ao CONAMA normas e padrões para implantação, acompanhamento e fiscalização do licenciamento previsto no artigo anterior, além das que forem oriundas do próprio CONAMA.

- *Caput* com a redação dada pela Lei nº 7.804, de 18-7-1989.

§ 1º *Revogado*. LC nº 140, de 8-12-2011.

§ 2º Inclui-se na competência da fiscalização e controle a análise de projetos de entidades, públicas ou privadas, objetivando a preservação ou a recuperação de recursos ambientais, afetados por processos de exploração predatórios ou poluidores.

Art. 12. As entidades e órgãos de financiamento e incentivos governamentais condicionarão a aprovação de projetos habilitados a esses benefícios ao licenciamento, na forma desta Lei, e ao cumprimento das normas, dos critérios e dos padrões expedidos pelo CONAMA.

Parágrafo único. As entidades e órgãos referidos no *caput* deste artigo deverão fazer constar dos projetos a realização de obras e aquisição de equipamentos destinados ao controle de degradação ambiental e a melhoria da qualidade do meio ambiente.

Art. 13. O Poder Executivo incentivará as atividades voltadas ao meio ambiente, visando:

I – ao desenvolvimento, no País, de pesquisas e processos tecnológicos destinados a reduzir a degradação da qualidade ambiental;

II – à fabricação de equipamentos antipoluidores;

III – a outras iniciativas que propiciem a racionalização do uso de recursos ambientais.

Parágrafo único. Os órgãos, entidades e programas do Poder Público, destinados ao incentivo das pesquisas científicas e tecnológicas, considerarão, entre as suas metas prioritárias, o apoio aos projetos que visem a adquirir e desenvolver conhecimentos básicos e aplicáveis na área ambiental e ecológica.

Art. 14. Sem prejuízo das penalidades definidas pela legislação federal, estadual e municipal, o não cumprimento das medidas necessárias à preservação ou correção dos inconvenientes e danos causados pela degradação da qualidade ambiental sujeitará os transgressores:

I – à multa simples ou diária, nos valores correspondentes, no mínimo, a 10 (dez) e, no máximo, a 1.000 (mil) Obrigações do Tesouro Nacional – OTNs, agravada em casos de reincidência específica, conforme dispuser o regulamento, vedada a sua cobrança pela União se já tiver sido aplicada pelo Estado, Distrito Federal, Territórios ou pelos Municípios;

II – à perda ou restrição de incentivos e benefícios fiscais concedidos pelo Poder Público;

III – à perda ou suspensão de participação em linhas de financiamento em estabelecimentos oficiais de crédito;

IV – à suspensão de sua atividade.

§ 1º Sem obstar a aplicação das penalidades previstas neste artigo, é o poluidor obrigado, independentemente da existência de culpa, a indenizar ou reparar os danos causados ao meio ambiente e a terceiros, afetados por sua atividade. O

Ministério Público da União e dos Estados terá legitimidade para propor ação de responsabilidade civil e criminal, por danos causados ao meio ambiente.

§ 2º No caso de omissão da autoridade estadual ou municipal, caberá ao Secretário do Meio Ambiente a aplicação das penalidades pecuniárias previstas neste artigo.

§ 3º Nos casos previstos nos incisos II e III deste artigo, o ato declaratório da perda, restrição ou suspensão será atribuição da autoridade administrativa ou financeira que concedeu os benefícios, incentivos ou financiamento, cumprimento resolução do CONAMA.

§ 4º *Revogado.* Lei nº 9.966, de 28-4-2000.

§ 5º A execução das garantias exigidas do poluidor não impede a aplicação das obrigações de indenização e reparação de danos previstas no § 1º deste artigo.

- § 5º acrescido pela Lei nº 11.284, de 2-3-2006.

Art. 15. O poluidor que expuser a perigo a incolumidade humana, animal ou vegetal, ou estiver tornando mais grave situação de perigo existente, fica sujeito à pena de reclusão de 1 (um) a 3 (três) anos e multa de 100 (cem) a 1.000 (mil) MVR.

§ 1º A pena é aumentada até o dobro se:

I – resultar:

a) dano irreversível à fauna, à flora e ao meio ambiente;

b) lesão corporal grave;

II – a poluição é decorrente de atividade industrial ou de transporte;

III – o crime é praticado durante a noite, em domingo ou em feriado.

§ 2º Incorre no mesmo crime a autoridade competente que deixar de promover as medidas tendentes a impedir a prática das condutas acima descritas.

- Art. 15 com a redação dada pela Lei nº 7.804, de 18-7-1989.

Art. 16. *Revogado.* Lei nº 7.804, de 18-7-1989.

Art. 17. Fica instituído, sob a administração do Instituto Brasileiro do Meio Ambiente e Recursos Naturais Renováveis – IBAMA:

I – Cadastro Técnico Federal de Atividades e Instrumentos de Defesa Ambiental, para registro obrigatório de pessoas físicas ou jurídicas que se dedicam à consultoria técnica sobre problemas ecológicos e ambientais e à indústria e comércio de equipamentos, aparelhos e instrumentos destinados ao controle de atividades efetiva ou potencialmente poluidoras;

II – Cadastro Técnico Federal de Atividades Potencialmente Poluidoras ou Utilizadoras de Recursos Ambientais, para registro obrigatório de pessoas físicas ou jurídicas que se dedicam a atividades potencialmente poluidoras e/ou à extração, produção, transporte e comercialização de produtos potencialmente perigosos ao meio ambiente, assim como de produtos e subprodutos da fauna e flora.

- Art. 17 com a redação dada pela Lei nº 7.804, de 18-7-1989.

Art. 17-A. São estabelecidos os preços dos serviços e produtos do Instituto Brasileiro do Meio Ambiente e dos Recursos Naturais Renováveis – IBAMA, a serem aplicados em âmbito nacional, conforme Anexo a esta Lei.

- Art. 17-A acrescido pela Lei nº 9.960, de 28-1-2000.

Art. 17-B. Fica instituída a Taxa de Controle e Fiscalização Ambiental – TCFA, cujo fato gerador é o exercício regular do poder de polícia conferido ao Instituto Brasileiro do Meio Ambiente e dos Recursos Naturais Renováveis – IBAMA para controle e fiscalização das atividades potencialmente poluidoras e utilizadoras de recursos naturais.

- *Caput* com a redação dada pela Lei nº 10.165, de 27-12-2000.

§§ 1º e 2º *Revogados*. Lei nº 10.165, de 27-12-2000.

Art. 17-C. É sujeito passivo da TCFA todo aquele que exerça as atividades constantes do Anexo VIII desta Lei.

- *Caput* com a redação dada pela Lei nº 10.165, de 27-12-2000.

§ 1º O sujeito passivo da TCFA é obrigado a entregar até o dia 31 de março de cada ano relatório das atividades exercidas no ano anterior, cujo modelo será definido pelo IBAMA, para o fim de colaborar com os procedimentos de controle e fiscalização.

§ 2º O descumprimento da providência determinada no § 1º sujeita o infrator a multa equivalente a vinte por cento da TCFA devida, sem prejuízo da exigência desta.

- §§ 1º e 2º com a redação dada pela Lei nº 10.165, de 27-12-2000.

§ 3º *Revogado.* Lei nº 10.165, de 27-12-2000.

Art. 17-D. A TCFA é devida por estabelecimento e os seus valores são os fixados no Anexo IX desta Lei.

§ 1º Para os fins desta Lei, consideram-se:

I – microempresa e empresa de pequeno porte, as pessoas jurídicas que se enquadrem, respectivamente, nas descrições dos incisos I e II do *caput* do art. 2º da Lei nº 9.841, de 5 de outubro de 1999;

- A Lei nº 9.841, de 5-10-1999, foi revogada pela LC nº 123, de 14-12-2006.
- A LC nº 123, de 14-12-2006, revogou a Lei nº 9.841, de 5-10-1999.

II – empresa de médio porte, a pessoa jurídica que tiver receita bruta anual superior a R$ 1.200.000,00 (um milhão e duzentos mil reais) e igual ou inferior a R$ 12.000.000,00 (doze milhões de reais);

III – empresa de grande porte, a pessoa jurídica que tiver receita bruta anual superior a R$ 12.000.000,00 (doze milhões de reais).

§ 2º O potencial de poluição (PP) e o grau de utilização (GU) de recursos naturais de cada uma das atividades sujeitas à fiscalização encontram-se definidos no Anexo VIII desta Lei.

§ 3º Caso o estabelecimento exerça mais de uma atividade sujeita à fiscalização, pagará a taxa relativamente a apenas uma delas, pelo valor mais elevado.

- Art. 17-D com a redação dada pela Lei nº 10.165, de 27-12-2000.

Art. 17-E. É o IBAMA autorizado a cancelar débitos de valores inferiores a R$ 40,00 (quarenta reais), existentes até 31 de dezembro de 1999.

- Art. 17-E acrescido pela Lei nº 9.960, de 28-1-2000.

Art. 17-F. São isentas do pagamento da TCFA as entidades públicas federais, distritais, estaduais e municipais, as entidades filantrópicas, aqueles que praticam agricultura de subsistência e as populações tradicionais.

- Artigo com a redação dada pela Lei nº 10.165, de 27-12-2000.

Art. 17-G. A TCFA será devida no último dia útil de cada trimestre do ano civil, nos valores fixados no Anexo IX desta Lei, e o recolhimento será efetuado em conta bancária vinculada ao IBAMA, por intermédio de documento próprio de arrecadação, até o quinto dia útil do mês subsequente.

- *Caput* com a redação dada pela Lei nº 10.165, de 27-12-2000.

Parágrafo único. *Revogado.* Lei nº 10.165, de 27-12-2000.

§ 2º Os recursos arrecadados com a TCFA terão utilização restrita em atividades de controle e fiscalização ambiental.

- § 2º acrescido pela Lei nº 11.284, de 2-3-2006.

Art. 17-H. A TCFA não recolhida nos prazos e nas condições estabelecidas no artigo anterior será cobrada com os seguintes acréscimos:

I – juros de mora, na via administrativa ou judicial, contados do mês seguinte ao do vencimento, à razão de um por cento;

II – multa de mora de vinte por cento, reduzida a dez por cento se o pagamento for efetuado até o último dia útil do mês subsequente ao do vencimento;

III – encargo de vinte por cento, substitutivo da condenação do devedor em honorários de advogado, calculado sobre o total do débito inscrito como Dívida Ativa, reduzido para dez por cento se o pagamento for efetuado antes do ajuizamento da execução.

§ 1º-A. Os juros de mora não incidem sobre o valor da multa de mora.

§ 1º Os débitos relativos à TCFA poderão ser parcelados de acordo com os critérios fixados na legislação tributária, conforme dispuser o regulamento desta Lei.

- Art. 17-H com a redação dada pela Lei nº 10.165, de 27-12-2000.

Art. 17-I. As pessoas físicas e jurídicas que exerçam as atividades mencionadas nos incisos I e II do art. 17 e que não estiverem inscritas nos respectivos cadastros até o último dia útil do terceiro mês que se seguir ao da publicação desta Lei incorrerão em infração punível com multa de:

- *Caput* com a redação dada pela Lei nº 10.165, de 27-12-2000.

I – R$ 50,00 (cinquenta reais), se pessoa física;

II – R$ 150,00 (cento e cinquenta reais), se microempresa;

III – R$ 900,00 (novecentos reais), se empresa de pequeno porte;

IV – R$ 1.800,00 (mil e oitocentos reais), se empresa de médio porte;

V – R$ 9.000,00 (nove mil reais), se empresa de grande porte.

- Incisos I a V com a redação dada pela Lei nº 10.165, de 27-12-2000.

Parágrafo único. *Revogado.* Lei nº 10.165, de 27-12-2000.

Art. 17-J. *Revogado.* Lei nº 10.165, de 27-12-2000.

Art. 17-L. As ações de licenciamento, registro, autorizações, concessões e permissões relacionadas à fauna, à flora, e ao controle ambiental são de competência exclusiva dos órgãos integrantes do Sistema Nacional do Meio Ambiente.

- Art. 17-L acrescido pela Lei nº 9.960, de 28-1-2000.

Art. 17-M. Os preços dos serviços administrativos prestados pelo IBAMA, inclusive os referentes à venda de impressos e publicações, assim como os de entrada, permanência e utilização de áreas ou instalações nas unidades de conservação, serão definidos em portaria do Ministro de Estado do Meio Ambiente, mediante proposta do Presidente daquele Instituto.

- Art. 17-M acrescido pela Lei nº 9.960, de 28-1-2000.

Art. 17-N. Os preços dos serviços técnicos do Laboratório de Produtos Florestais do IBAMA, assim como os para venda de produtos da flora, serão, também, definidos em portaria do Ministro de Estado do Meio Ambiente, mediante proposta do Presidente daquele Instituto.

- Art. 17-N acrescido pela Lei nº 9.960, de 28-1-2000.

Art. 17-O. Os proprietários rurais que se beneficiarem com redução do valor do Imposto sobre a Propriedade Territorial Rural – ITR, com base em Ato Declaratório Ambiental – ADA, deverão recolher ao IBAMA a importância prevista no item 3.11 do Anexo VII da Lei nº 9.960, de 29 de janeiro de 2000, a título de Taxa de Vistoria.

§ 1º-A. A Taxa de Vistoria a que se refere o *caput* deste artigo não poderá exceder a dez por cento do valor da redução do imposto proporcionada pelo ADA.

§ 1º A utilização do ADA para efeito de redução do valor a pagar do ITR é obrigatória.

§ 2º O pagamento de que trata o *caput* deste artigo poderá ser efetivado em cota única ou em parcelas, nos mesmos moldes escolhidos pelo contribuinte para o pagamento do ITR, em documento próprio de arrecadação do IBAMA.

§ 3º Para efeito de pagamento parcelado, nenhuma parcela poderá ser inferior a R$ 50,00 (cinquenta reais).

§ 4º O inadimplemento de qualquer parcela ensejará a cobrança de juros e multa nos termos dos incisos I e II do *caput* e §§ 1º-A e 1º, todos do art. 17-H desta Lei.

§ 5º Após a vistoria, realizada por amostragem, caso os dados constantes do ADA não coincidam com os efetivamente levantados pelos técnicos do IBAMA, estes lavrarão, de ofício, novo ADA, contendo os dados reais, o qual será encaminhado à Secretaria da Receita Federal, para as providências cabíveis.

- Art. 17-O com a redação dada pela Lei nº 10.165, de 27-12-2000.
- A Secretaria da Receita Federal passou a ser denominada Secretaria da Receita Federal do Brasil pelo art. 1º da Lei nº 11.457, de 16-3-2007 (Lei da Super-Receita).

Art. 17-P. Constitui crédito para compensação com o valor devido a título de TCFA, até o limite de sessenta por cento e relativamente ao mesmo ano, o montante efetivamente pago pelo estabelecimento ao Estado, ao Município e ao Distrito Federal em razão de taxa de fiscalização ambiental.

§ 1º Valores recolhidos ao Estado, ao Município e ao Distrital Federal a qualquer outro título, tais como taxas ou preços públicos de licenciamento e venda de produtos, não constituem crédito para compensação com a TCFA.

§ 2º A restituição, administrativa ou judicial, qualquer que seja a causa que a determine, da taxa de fiscalização ambiental estadual ou distrital compensada com a TCFA restaura o direito de crédito do IBAMA contra o estabelecimento, relativamente ao valor compensado.

- Art. 17-P acrescido pela Lei nº 10.165, de 27-12-2000.

Art. 17-Q. É o IBAMA autorizado a celebrar convênios com os Estados, os Municípios e o Distrito Federal para desempenharem atividades de fiscalização ambiental, podendo repassar-lhes parcela da receita obtida com a TCFA.

- Art. 17-Q acrescido pela Lei nº 10.165, de 27-12-2000.

Art. 18. *Revogado.* Lei nº 9.985, de 18-7-2000.

Art. 19. Ressalvado o disposto nas Leis nºs 5.357, de 17 de novembro de 1967, e 7.661, de 16 de maio de 1988, a receita proveniente da aplicação desta Lei será recolhida de acordo com o disposto no art. 4º da Lei nº 7.735, de 22 de fevereiro de 1989.

- Art. 19 acrescido pela Lei nº 7.804, de 18-7-1989.

Art. 20. Esta Lei entrará em vigor na data de sua publicação.

Art. 21. Revogam-se as disposições em contrário.

Brasília, 31 de agosto de 1981;
160º da Independência e
93º da República.

João Figueiredo

- Optamos por não publicar os Anexos desta Lei nesta edição.

DECRETO-LEI Nº 1.940, DE 25 DE MAIO DE 1982

Institui contribuição social, cria o Fundo de Investimento Social (FINSOCIAL) e dá outras providências.

• Publicado no *DOU* de 26-5-1982.

Art. 1º Fica instituída, na forma prevista neste Decreto-lei, contribuição social, destinada a custear investimentos de caráter assistencial em alimentação, habitação popular, saúde, educação, justiça e amparo ao pequeno agricultor.

• *Caput* com a redação dada pela Lei nº 7.611, de 8-7-1987.

○ Art. 4º, I, deste Decreto-lei.

○ Art. 9º da Lei nº 7.689, de 15-12-1988 (Lei da Contribuição Social Sobre o Lucro das Pessoas Jurídicas).

○ Lei nº 9.363, de 13-12-1996, dispõe sobre a instituição de crédito presumido do Imposto sobre Produtos Industrializados, para ressarcimento do valor do PIS/PASEP e COFINS nos casos que especifica.

○ Arts. 2º a 8º da Lei nº 9.718, de 27-11-1998, que altera a legislação tributária federal.

§ 1º A contribuição social de que trata este artigo será de 0,5% (meio por cento) e incidirá mensalmente sobre:

• § 1º com a redação dada pelo Dec.-lei nº 2.397, de 21-12-1987.

○ O referido percentual foi atualizado pela Lei nº 8.147, de 28-12-1990.

○ Súm. nº 424 do STJ.

a) a receita bruta das vendas de mercadorias e de mercadorias e serviços, de qualquer natureza, das empresas públicas ou privadas definidas como pessoa jurídica ou a elas equiparadas pela legislação do Imposto de Renda;

○ Súm. nº 659 do STF.

b) as rendas e receitas operacionais das instituições financeiras e entidades a elas equiparadas, permitidas as seguintes exclusões: encargos com obrigações por refinanciamentos e repasse de recursos de órgãos oficiais e do exterior; despesas de captação de títulos de renda fixa no mercado aberto, em valor limitado aos das rendas obtidas nessas operações; juros e correção monetária passiva decorrentes de empréstimos efetuados ao Sistema Financeiro de Habitação; variação monetária passiva dos recursos captados do público; despesas com recursos, em moeda estrangeira, de debêntures e de arrendamento; e despesas com cessão de créditos com coobrigação, em valor limitado ao das rendas obtidas nessas operações, somente no caso das instituições cedentes;

c) as receitas operacionais e patrimoniais das sociedades seguradoras e entidades a elas equiparadas.

• Alíneas *a* a *c* acrescidas pelo Dec.-lei nº 2.397, de 21-12-1987.

§ 2º Para as empresas públicas e privadas que realizam exclusivamente venda de serviços, a contribuição será de 5% (cinco por cento) e incidirá sobre o valor do imposto de renda devido, ou como se devido fosse.

§ 3º A contribuição não incidirá sobre a venda de mercadorias ou serviços destinados ao exterior, nas condições estabelecidas em Portaria do Ministro da Fazenda.

○ Art. 1º, XIV, da Lei nº 8.402, de 8-1-1992, que restabelece os incentivos fiscais que menciona.

§ 4º Não integra as rendas e receitas de que trata o § 1º deste artigo, para efeito de determinação da base de cálculo da contribuição, conforme o caso, o valor:

a) do Imposto sobre Produtos Industrializados (IPI), do Imposto sobre Transportes (IST), do Imposto Único sobre Lubrificantes e Combustíveis Líquidos e Gasosos (IULCLG), do Imposto Único sobre Minerais (IUM), e do Imposto Único sobre Energia Elétrica (IUEE), quando destacados em separado no documento fiscal pelos respectivos contribuintes;

b) dos empréstimos compulsórios:

c) das vendas canceladas, das devolvidas e dos descontos a qualquer título concedidos incondicionalmente;

d) das receitas de Certificados de Depósitos Interfinanceiros.

§ 5º Em relação aos fatos geradores ocorridos no ano de 1988, a alíquota de que trata o § 1º deste artigo será acrescida de 0,1% (um décimo por cento). O acréscimo de receita correspondente à elevação da alíquota será destinado a fundo especial com a finalidade de fornecer recursos para financiamento da reforma agrária.

• §§ 4º e 5º acrescidos pelo Dec.-lei nº 2.397, de 21-12-1987.

Art. 2º A arrecadação da contribuição será feita pelo Banco do Brasil S.A. e pela Caixa Econômica Federal e seus agentes, na forma disciplinada em Portaria do Ministro da Fazenda.

Art. 3º *Revogado.* Dec-lei nº 2.463, de 30-8-1988.

Art. 4º Constituem recursos do FINSOCIAL:

I – o produto da arrecadação da contribuição instituída pelo artigo 1º deste Decreto-lei;

II – recursos de dotações orçamentárias da União;

III – retornos de suas aplicações;

IV – outros recursos de origem interna ou externa, compreendendo repasses e financiamentos.

Art. 5º O Banco Nacional do Desenvolvimento Econômico (BNDE) passa a denominar-se, Banco Nacional de Desenvolvimento Econômico e Social (BNDES).

§ 1º Sem prejuízo de sua subordinação técnica à autoridade monetária, o Banco Nacional de Desenvolvimento Econômico e Social fica vinculado administrativamente à Secretaria de Planejamento da Presidência da República (SEPLAN).

§ 2º O Ministro-Chefe da Secretaria de Planejamento da Presidência da República e o Ministro da Indústria e do Comércio adotarão as providências necessárias ao cumprimento do disposto neste artigo, no prazo de 30 (trinta) dias.

Art. 6º O Fundo de Investimento Social (FINSOCIAL) será administrado pelo Banco Nacional de Desenvolvimento Econômico e Social (BNDES), que aplicará os recursos disponíveis em programas e projetos elaborados segundo diretrizes estabelecidas pelo Presidente da República.

Parágrafo único. A execução desses programas e projetos dependerá de aprovação do Presidente da República.

Art. 7º Este Decreto-lei entrará em vigor na data de sua publicação e produzirá efeitos a partir de 1º de junho de 1982.

○ Art. 13 da LC nº 70, de 30-12-1991, que institui contribuição para financiamento da Seguridade Social, eleva a alíquota da contribuição social sobre o lucro das instituições financeiras.

Brasília, em 25 de maio de 1982;
161º da Independência e
94º da República.

João Figueiredo

LEI Nº 7.115, DE 29 DE AGOSTO DE 1983

Dispõe sobre prova documental nos casos que indica, e dá outras providências.

• Publicada no *DOU* de 30-8-1983.

Art. 1º A declaração destinada a fazer prova de vida, residência, pobreza, dependência econômica, homonímia ou bons antecedentes, quando firmada pelo próprio interessado ou por procurador bastante, e sob as penas da lei, presume-se verdadeira.

Parágrafo único. O disposto neste artigo não se aplica para fins de prova em processo penal.

Art. 2º Se comprovadamente falsa a declaração, sujeitar-se-á o declarante às sanções civis, administrativas e criminais previstas na legislação aplicável.

Art. 3º A declaração mencionará expressamente a responsabilidade do declarante.

Art. 4º Esta Lei entra em vigor na data de sua publicação.

Art. 5º Revogam-se as disposições em contrário.

Brasília, 29 de agosto de 1983;
162º da Independência e
95º da República.
João Figueiredo

DECRETO-LEI Nº 2.162, DE 19 DE SETEMBRO DE 1984

Altera o limite máximo para elevação das alíquotas da Tarifa Aduaneira no Brasil.

- Publicado no *DOU* de 20-9-1984.

Art. 1º Fica alterado para 60% (sessenta por cento) *ad valorem* o limite para mais estabelecido pelo § 1º do artigo 3º da Lei nº 3.244, de 14 de agosto de 1957, dispensada a observância do limite máximo do respectivo capítulo a que se refere o *caput* do mesmo artigo.

Art. 2º Este Decreto-lei entrará em vigor na data de sua publicação, revogadas as disposições em contrário.

Brasília-DF, 19 de setembro de 1984;
163º da Independência e
96º da República.
João Figueiredo

LEI Nº 7.347, DE 24 DE JULHO DE 1985

Disciplina a ação civil pública de responsabilidade por danos causados ao meio ambiente, ao consumidor, a bens e direitos de valor artístico, estético, histórico, turístico e paisagístico (VETADO), e dá outras providências.

- Publicada no *DOU* de 25-7-1985.
- Art. 129, III, da CF.
- Súm. nº 489 do STJ.

Art. 1º Regem-se pelas disposições desta Lei, sem prejuízo da ação popular, as ações de responsabilidade por danos morais e patrimoniais causados:

- *Caput* com a redação dada pela Lei nº 12.529, de 30-11-2011.
- Art. 5º, LXXIII, da CF.
- Súmulas. nºs 37 e 329 do STJ.

I – ao meio ambiente;

- Arts. 200, VIII, e 225 da CF.

II – ao consumidor;

- Súm. nº 643 do STF.

III – a bens e direitos de valor artístico, estético, histórico, turístico e paisagístico;

IV – a qualquer outro interesse difuso ou coletivo;

- Inciso IV acrescido pela Lei nº 8.078, de 11-9-1990.

V – por infração da ordem econômica;

- Inciso V com a redação dada pela Lei nº 12.529, de 30-11-2011.

VI – à ordem urbanística;

- Incisos V e VI com a redação dada pela MP nº 2.180-35, de 24-8-2001, que até o encerramento desta edição não havia sido convertida em Lei.
- Lei nº 10.257, de 10-7-2001 (Estatuto da Cidade).
- Súm. nº 329 do STJ.

VII – à honra e à dignidade de grupos raciais, étnicos ou religiosos;

- Inciso VII acrescido pela Lei nº 12.966, de 24-4-2014.

VIII – ao patrimônio público e social.

- Inciso VIII acrescido pela Lei nº 13.004, de 24-6-2014.

Parágrafo único. Não será cabível ação civil pública para veicular pretensões que envolvam tributos, contribuições previdenciárias, o Fundo de Garantia do Tempo de Serviço – FGTS ou outros fundos de natureza institucional cujos beneficiários podem ser individualmente determinados.

- Parágrafo único acrescido pela MP nº 2.180-35, de 24-8-2001, que até o encerramento desta edição não havia sido convertida em Lei.

Art. 2º As ações previstas nesta Lei serão propostas no foro do local onde ocorrer o dano, cujo juízo terá competência funcional para processar e julgar a causa.

- Art. 109, § 3º, da CF.

Parágrafo único. A propositura da ação prevenirá a jurisdição do juízo para todas as ações posteriormente intentadas que possuam a mesma causa de pedir ou o mesmo objeto.

- Parágrafo único acrescido pela MP nº 2.180-35, de 24-8-2001, que até o encerramento desta edição não havia sido convertida em Lei.

Art. 3º A ação civil poderá ter por objeto a condenação em dinheiro ou o cumprimento de obrigação de fazer ou não fazer.

Art. 4º Poderá ser ajuizada ação cautelar para os fins desta Lei, objetivando, inclusive, evitar dano ao patrimônio público e social, ao meio ambiente, ao consumidor, à honra e à dignidade de grupos raciais, étnicos ou religiosos, à ordem urbanística ou aos bens e direitos de valor artístico, estético, histórico, turístico e paisagístico.

- Artigo com a redação dada pela Lei nº 13.004, de 24-6-2014.

Art. 5º Têm legitimidade para propor a ação principal e a ação cautelar:

- *Caput* com a redação dada pela Lei nº 11.448, de 15-1-2007.

I – o Ministério Público;

- Súm. nº 643 do STF.
- Súm. nº 329 do STJ.

II – a Defensoria Pública;

- Incisos I e II com a redação dada pela Lei nº 11.448, de 15-1-2007.

III – a União, os Estados, o Distrito Federal e os Municípios;

IV – a autarquia, empresa pública, fundação ou sociedade de economia mista;

- Incisos III e IV acrescidos pela Lei nº 11.488, de 15-1-2007.

V – a associação que, concomitantemente:

- *Caput* do inciso V acrescido pela Lei nº 11.488, de 15-1-2007.

a) esteja constituída há pelo menos 1 (um) ano nos termos da lei civil;

- Alínea *a* acrescida pela Lei nº 11.488, de 15-1-2007.
- Arts. 45 e 53 do CC.

b) inclua, entre suas finalidades institucionais, a proteção ao patrimônio público e social, ao meio ambiente, ao consumidor, à ordem econômica, à livre concorrência, aos direitos de grupos raciais, étnicos ou religiosos ou ao patrimônio artístico, estético, histórico, turístico e paisagístico.

- Alínea *b* com a redação dada pela Lei nº 13.004, de 24-6-2014.

o Art. 5º, XXI e LXX, da CF.

§ 1º O Ministério Público, se não intervier no processo como parte, atuará obrigatoriamente como fiscal da lei.

§ 2º Fica facultado ao Poder Público e a outras associações legitimadas nos termos deste artigo habilitar-se como litisconsortes de qualquer das partes.

§ 3º Em caso de desistência infundada ou abandono da ação por associação legitimada, o Ministério Público ou outro legitimado assumirá a titularidade ativa.

- § 3º com a redação dada pela Lei nº 8.078, de 11-9-1990.

§ 4º O requisito da pré-constituição poderá ser dispensado pelo juiz, quando haja manifesto interesse social evidenciado pela dimensão ou característica do dano, ou pela relevância do bem jurídico a ser protegido.

§ 5º Admitir-se-á o litisconsórcio facultativo entre os Ministérios Públicos da União, do Distrito Federal e dos Estados na defesa dos interesses e direitos de que cuida esta Lei.

§ 6º Os órgãos públicos legitimados poderão tomar dos interessados compromisso de ajustamento de sua conduta às exigências legais, mediante cominações, que terá eficácia de título executivo extrajudicial.

- §§ 4º a 6º acrescidos pela Lei nº 8.078, de 11-9-1990.

Art. 6º Qualquer pessoa poderá e o servidor público deverá provocar a iniciativa do Ministério Público, ministrando-lhe informações sobre fatos que constituam objeto da ação civil e indicando-lhe os elementos de convicção.

o Art. 129, VI, da CF.

Art. 7º Se, no exercício de suas funções, os juízes e tribunais tiverem conhecimento de fatos que possam ensejar a propositura da ação civil, remeterão peças ao Ministério Público para as providências cabíveis.

Art. 8º Para instruir a inicial, o interessado poderá requerer às autoridades competentes as certidões e informações que julgar necessárias, a serem fornecidas no prazo de quinze dias.

§ 1º O Ministério Público poderá instaurar, sob sua presidência, inquérito civil, ou requisitar, de qualquer organismo público ou particular, certidões, informações, exames ou perícias, no prazo que assinalar, o qual não poderá ser inferior a dez dias úteis.

§ 2º Somente nos casos em que a lei impuser sigilo, poderá ser negada certidão ou informação, hipótese em que a ação poderá ser proposta desacompanhada daqueles documentos, cabendo ao juiz requisitá-los.

Art. 9º Se o órgão do Ministério Público, esgotadas todas as diligências, se convencer da inexistência de fundamento para a propositura da ação civil, promoverá o arquivamento dos autos do inquérito civil ou das peças informativas, fazendo-o fundamentadamente.

§ 1º Os autos do inquérito civil ou das peças de informação arquivadas serão remetidos, sob pena de se incorrer em falta grave, no prazo de três dias, ao Conselho Superior do Ministério Público.

§ 2º Até que, em sessão do Conselho Superior do Ministério Público, seja homologada ou rejeitada a promoção de arquivamento, poderão as associações legitimadas apresentar razões escritas ou documentos, que serão juntados aos autos do inquérito ou anexados às peças de informação.

§ 3º A promoção de arquivamento será submetida a exame e deliberação do Conselho Superior do Ministério Público, conforme dispuser o seu regimento.

§ 4º Deixando o Conselho Superior de homologar a promoção de arquivamento, designará, desde logo, outro órgão do Ministério Público para o ajuizamento da ação.

Art. 10. Constitui crime, punido com pena de reclusão de um a três anos, mais multa de dez a mil Obrigações do Tesouro Nacional – OTN, a recusa, o retardamento ou a omissão de dados técnicos indispensáveis à propositura da ação civil, quando requisitados pelo Ministério Público.

o A OTN foi extinta pela Lei nº 7.730, de 31-1-1989.

Art. 11. Na ação que tenha por objeto o cumprimento de obrigação de fazer ou não fazer, o juiz determinará o cumprimento da prestação da atividade devida ou a cessação da atividade nociva, sob pena de execução específica, ou de cominação de multa diária, se esta for suficiente ou compatível, independentemente de requerimento do autor.

Art. 12. Poderá o juiz conceder mandado liminar, com ou sem justificação prévia, em decisão sujeita a agravo.

o Art. 14 desta Lei.

§ 1º A requerimento de pessoa jurídica de direito público interessada, e para evitar grave lesão à ordem, à saúde, à segurança e à economia pública, poderá o Presidente do Tribunal a que competir o conhecimento do respectivo recurso suspender a execução da liminar, em decisão fundamentada, da qual caberá agravo para uma das turmas julgadoras, no prazo de cinco dias a partir da publicação do ato.

§ 2º A multa cominada liminarmente só será exigível do réu após o trânsito em julgado da decisão favorável ao autor, mas será devida desde o dia em que se houver configurado o descumprimento.

Art. 13. Havendo condenação em dinheiro, a indenização pelo dano causado reverterá a um fundo gerido por um Conselho Federal ou por Conselhos Estaduais de que participarão necessariamente o Ministério Público e representantes da comunidade, sendo seus recursos destinados à reconstituição dos bens lesados.

§ 1º Enquanto o fundo não for regulamentado, o dinheiro ficará depositado em estabelecimento oficial de crédito, em conta com correção monetária.

- Antigo parágrafo único renumerado para § 1º pela Lei nº 12.288, de 20-7-2010.

§ 2º Havendo acordo ou condenação com fundamento em dano causado por ato de discriminação étnica nos termos do disposto no art. 1º desta Lei, a prestação em dinheiro reverterá diretamente ao fundo de que trata o *caput* e será utilizada para ações de promoção da igualdade étnica, conforme definição do Conselho Nacional de Promoção da Igualdade Racial, na hipótese de extensão nacional, ou dos Conselhos de Promoção de Igualdade Racial estaduais ou locais, nas hipóteses de danos com extensão regional ou local, respectivamente.

- § 2º acrescido pela Lei nº 12.288, de 20-7-2010.

Art. 14. O juiz poderá conferir efeito suspensivo aos recursos, para evitar dano irreparável à parte.

Art. 15. Decorridos sessenta dias do trânsito em julgado da sentença condenatória, sem que a associação autora lhe promova a execução, deverá fazê-lo o Ministério Público, facultada igual iniciativa aos demais legitimados.

- Artigo com a redação dada pela Lei nº 8.078, de 11-9-1990.

Art. 16. A sentença civil fará coisa julgada *erga omnes*, nos limites da competência territorial do órgão prolator, exceto se o pedido for julgado improcedente por insuficiência de provas, hipótese em que qualquer legitimado poderá intentar outra ação com idêntico fundamento, valendo-se de nova prova.

- Artigo com a redação dada pela Lei nº 9.494, de 19-9-1997.
- Art. 2º-A da Lei nº 9.494, de 10-9-1997, que dispõe sobre aplicação da tutela antecipada contra a Fazenda Pública.

Art. 17. Em caso de litigância de má-fé, a associação autora e os diretores responsáveis pela propositura da ação serão solidariamente condenados em honorários advocatícios e ao décuplo das custas, sem prejuízo da responsabilidade por perdas e danos.

- Artigo com a redação dada pela Lei nº 8.078, de 11-9-1990, retificada no *DOU* de 10-1-2007.

Art. 18. Nas ações de que trata esta Lei, não haverá adiantamento de custas, emolumentos, honorários periciais e quaisquer outras despesas, nem condenação da associação autora, salvo comprovada má-fé, em honorários de advogado, custas e despesas processuais.

- Artigo com a redação dada pela Lei nº 8.078, de 11-9-1990.

Art. 19. Aplica-se à ação civil pública, prevista nesta Lei, o Código de Processo Civil, aprovado pela Lei nº 5.869, de 11 de janeiro de 1973, naquilo em que não contrarie suas disposições.

- A Lei nº 13.105, de 16-3-2015 (CPC/2015) revogou a Lei nº 5.869, de 11-1-1973 (CPC/1973) a partir de 1 (um) ano da data de sua publicação, *DOU* 17-3-2015.

Art. 20. O fundo de que trata o artigo 13 desta Lei será regulamentado pelo Poder Executivo no prazo de noventa dias.

Art. 21. Aplicam-se à defesa dos direitos e interesses difusos, coletivos e individuais, no que for cabível, os dispositivos do Título III da Lei que instituiu o Código de Defesa do Consumidor.

- Artigo acrescido pela Lei nº 8.078, de 11-9-1990.

Art. 22. Esta Lei entra em vigor na data de sua publicação.

- Art. 21 renumerado para art. 22 pela Lei nº 8.078, de 11-9-1990.

Art. 23. Revogam-se as disposições em contrário.

- Art. 22 renumerado para art. 23 pela Lei nº 8.078, de 11-9-1990.

Brasília, 24 de julho de 1985;
164º da Independência e
97º da República.
José Sarney

DECRETO Nº 92.930, DE 16 DE JULHO DE 1986

Promulga o Acordo sobre a Implementação do artigo VII do Acordo Geral sobre Tarifas Aduaneiras e Comércio (Código de Valoração Aduaneira) e seu Protocolo Adicional.

- Publicado no *DOU* de 17-7-1986.

Art. 1º O Acordo sobre a Implementação do artigo VII do Acordo Geral sobre Tarifas Aduaneiras e Comércio, apenso por cópia ao presente decreto, será executado e cumprido tão inteiramente como nele se contém, com as ressalvas feitas aos parágrafos 3, 4 e 5 de seu Protocolo Adicional.

Art. 2º Na base de cálculo do imposto de importação, definida de conformidade com o acordo que com este decreto se promulga, serão incluídos os elementos a que se referem as alíneas a, b, e c, do parágrafo 2, de seu artigo oitavo.

Art. 3º A Secretaria da Receita Federal expedirá normas complementares para a aplicação do acordo.

Art. 4º Este decreto entrará em vigor no dia 23 de julho de 1986, revogadas as disposições em contrário.

Brasília, 16 de julho de 1986;
165º da Independência e
98º da República.
José Sarney

DECRETO-LEI Nº 2.434, DE 19 DE MAIO DE 1988

Dispõe sobre a isenção ou redução de impostos na importação de bens e dá outras providências.

- Publicado no *DOU* de 20.5.1988.

Art. 1º As isenções e reduções do Imposto de Importação e do Imposto Sobre Produtos Industrializados, incidentes sobre bens de procedência estrangeira, somente poderão ser concedidas:

I – nas importações realizadas:

a) pelas missões diplomáticas e repartições consulares de caráter permanente e pelos respectivos integrantes;

b) pelas representações de organismos internacionais de caráter permanente, inclusive os de âmbito regional, dos quais o Brasil seja membro, e pelos seus integrantes; e

c) pelas instituições científicas;

II – nos casos de:

a) amostras e remessas postais internacionais, sem valor comercial;

b) remessas postais e encomendas aéreas, internacionais, destinadas a pessoa física;

c) bagagem de viajantes procedentes do exterior ou da Zona Franca de Manaus;

d) bens adquiridos em loja franca, no País;

e) bens trazidos do exterior, referidos na alínea b do § 2º do art. 1º do Decreto-lei nº 2.120, de 14 de maio de 1984;

f) bens importados sob o regime aduaneiro especial de que trata o inciso III do art. 78 do Decreto-lei nº 37, de 18 de novembro de 1966;

g) bens importados nos termos do Decreto-lei nº 2.433, de 19 de maio de 1988;

h) bens importados ao amparo do Decreto-lei nº 2.324, de 30 de março de 1987;

i) gêneros alimentícios de primeira necessidade; de fertilizantes e defensivos para aplicação na agricultura ou pecuária, bem assim das matérias-primas para sua produção no País, importados ao amparo do art. 4º da Lei nº 3.244, de 14 de agosto de 1957, com a redação dada pelo art. 7º do Decreto-lei nº 63, de 21 de novembro de 1966;

j) bens importados ao amparo da Lei nº 7.232, de 29 de outubro de 1984; e

l) partes, peças e componentes destinados ao reparo, revisão e manutenção de aeronaves e embarcações.

§ 1º As isenções e reduções referidas neste artigo serão concedidas com observância do disposto na legislação respectiva.

§ 2º Os Impostos de Importação e sobre Produtos Industrializados não serão cobrados sobre as importações:

a) realizadas pela União, pelos Estados, pelo Distrito Federal, pelos Territórios, pelos Municípios e pelas respectivas autarquias, inexistindo similar nacional;

b) realizadas pelos partidos políticos e pelas instituições educacionais ou de assistência social, observado o disposto no final da alínea anterior;

c) de livro, jornal e periódicos, assim como do papel destinado à sua impressão.

Art. 2º É concedida redução do Imposto de Importação:

I – de oitenta por cento, nas importações de máquinas, equipamentos, aparelhos e instrumentos, a serem incorporados ao ativo fixo de empresas de geração, transmissão e distribuição de energia elétrica;

II – de oitenta por cento, nas importações de aeronaves, por empresas nacionais concessionárias de linhas regulares de transporte aéreo, por aeroclubes considerados de utilidade pública, com funcionamento regular, por empresas que explorem serviços de táxis aéreos ou de aerolevantamento;

III – de oitenta por cento, nas importações de máquinas, equipamentos, aparelhos e instrumentos para uso de importador, desde que se destinem a empresa de televisão e radiodifusão.

Art. 3º A isenção ou redução do Imposto sobre Produtos Industrializados será concedida, desde que satisfeitos os requisitos e condições para a concessão de benefício análogo relativo ao Imposto de Importação de que trata este decreto-lei.

Parágrafo único. Fica assegurada a isenção do Imposto sobre Produtos Industrializados nos casos de tributação especial de bagagem ou tributação simplificada de remessas postais e encomendas aéreas, internacionais.

Art. 4º Fica mantido o tratamento tributário previsto para as importações efetuadas para:

I – a Zona Franca de Manaus, nos termos dos arts. 3º e 7º do Decreto-lei nº 288, de 28 de fevereiro de 1967, e alterações posteriores;

II – a Amazônia Ocidental, nos termos do art. 2º do Decreto-lei nº 356, de 15 de agosto de 1968, com a redação dada pelo art. 3º do Decreto-lei nº 1.435, de 16 de dezembro de 1975.

Art. 5º Os bens importados com alíquota zero do Imposto de Importação estão sujeitos aos demais tributos, nos termos das respectivas legislações.

Art. 6º Ficam isentas do Imposto sobre Operações de Crédito, Câmbio e Seguro e sobre Operações relativas a Títulos e Valores Mobiliários as operações de câmbio realizadas para o pagamento de bens importados, ao amparo de Guia de Importação ou documento as semelhado, emitida a partir de 1º de julho de 1988.

Parágrafo único. Quando se tratar de bens importados sem Guia de Importação ou documento assemelhado, ou dela dispensados, a isenção a que se refere este artigo abrangerá os bens com Declaração de Importação registrada a partir de 1º de julho de 1988.

Art. 7º Fica extinta, a partir de 1º de julho de 1988, a Taxa de Melhoramento dos Portos, de que trata o art. 3º da Lei nº 3.421, de 10 de julho de 1958, com a redação dada pelo art. 1º do Decreto-lei nº 1.507, de 23 de dezembro de 1976.

Art. 8º Continua em vigor a competência da Comissão de Política Aduaneira prevista na alínea b do art. 22 da Lei nº 3.244, de 14 de agosto de 1957, para alterar alíquotas do Imposto de Importação, na forma do art. 3º da referida lei, modificado pelo art. 1º do Decreto-lei nº 2.162, de 19 de setembro de 1984, e do art. 5º do Decreto-lei nº 63, de 21 de novembro de 1966.

Parágrafo único. A competência da Comissão de Política Aduaneira prevista no Decreto-lei nº 1.953, de 3 de agosto de 1982, fica limitada à redução de até oitenta por cento do Imposto de Importação.

Art. 9º O art. 2º e a alínea *a* do art. 22 da Lei nº 3.244, de 14 de agosto de 1957, passam a ter a seguinte redação:

- Alterações inseridas no texto da referida Lei.

Art. 10. Ressalvado o disposto neste decreto-lei, ficam revogadas as isenções e reduções, de caráter geral ou especial, do Imposto de Importação e do Imposto sobre Produtos Industrializados incidente sobre bens de procedência estrangeira, exceto:

I – as comprovadamente concedidas, nos termos da legislação respectiva, até a data da publicação deste decreto-lei; e

II – as importações beneficiadas com isenção ou redução, na forma da legislação anterior, cujas Guias de Importação tenham sido emitidas até a data da publicação deste decreto-lei.

Parágrafo único. O disposto neste artigo inclui as importações efetuadas por entidades da administração pública indireta, federal, estadual ou municipal.

Art. 11. Este decreto-lei entra em vigor na data de sua publicação.

Art. 12. Ficam revogados o art. 12 do Decreto-lei nº 491, de 5 de março de 1969; o Decreto-lei nº 1.726, de 17 de dezembro de 1979; o Decreto-lei nº 1.857, de 10 de fevereiro de 1981, e demais disposições em contrário.

Brasília, 19 de maio de 1988;
167º da Independência e
100º da República.

José Sarney

DECRETO-LEI Nº 2.472, DE 1º DE SETEMBRO DE 1988

Altera disposições da legislação aduaneira, consubstanciada no Decreto-Lei nº 37, de 18 de novembro de 1966, e dá outras providências.

(EXCERTOS)

- Publicado no *DOU* de 2-9-1988.

Art. 5º A designação do representante do importador e do exportador poderá recair em despachante aduaneiro, relativamente ao despacho aduaneiro de mercadorias importadas e exportadas e em toda e qualquer outra operação de comércio exterior, realizada por qualquer via, inclusive no despacho de bagagem de viajante.

§ 1º Nas operações a que se refere este artigo, o processamento, em todos os trâmites, junto aos órgãos competentes, poderá ser feito:

a) se pessoa jurídica de direito privado, somente por intermédio de dirigente, ou empregado com vínculo empregatício exclusivo com o interessado, munido de mandato que lhe outorgue plenos poderes para o mister, sem cláusulas excludentes da responsabilidade do outorgante mediante ato ou omissão do outorgado, ou por despachante aduaneiro;

b) se pessoa física, somente por ela própria ou por despachante aduaneiro;

c) se órgão da administração pública direta ou autárquica, federal, estadual ou municipal, missão diplomática ou repartição consular de país estrangeiro ou representação de órgãos internacionais, por intermédio de funcionário ou servidor, especialmente designado, ou por despachante aduaneiro.

§ 2º Na execução dos serviços referidos neste artigo, o despachante aduaneiro poderá contratar livremente seus honorários profissionais, que serão recolhidos por intermédio da entidade de classe com jurisdição em sua região de trabalho, a qual processará o correspondente recolhimento do imposto de renda na fonte.

§ 3º Para a execução das atividades de que trata este artigo, o Poder Executivo disporá sobre a forma de investidura na função de Despachante Aduaneiro, mediante ingresso como Ajudante de Despachante Aduaneiro, e sobre os requisitos que serão exigidos das demais pessoas para serem admitidas como representantes das partes interessadas.

Art. 6º Considerar-se-á exportada para o exterior, para todos os efeitos fiscais, creditícios e cambiais, a mercadoria em regime de depósito alfandegado certificado, como previsto em regulamento.

Art. 7º Em local habilitado de fronteira terrestre, a autoridade aduaneira poderá determinar que o controle de veículos e a verificação de mercadorias em despacho aduaneiro sejam efetuados em recinto pó ele designado, localizado convenientemente em relação ao tráfego e ao controle aduaneiro, e para isso alfandegado.

§ 1º A tarifa referente aos serviços prestados no recinto alfandegado referido neste artigo será paga pelo usuário, na forma prescrita em regulamento, segundo tabela aprovada pelo Ministro da Fazenda.

§ 2º A administração do recinto alfandegado previsto neste artigo poderá ser concedida pela autoridade aduaneira a empresa devidamente habilitada na forma da legislação pertinente.

Art. 8º Os custos administrativos do despacho aduaneiro de mercadorias importadas serão ressarcidos, pelo importador, mediante contribuição ao Fundo Especial de Desenvolvimento e Aperfeiçoamento das Atividades de Fiscalização (FUNDAF), criado pelo Decreto-Lei nº 1.437, de 17 de novembro de 1975, não superior a meio por cento do valor aduaneiro da mercadoria, conforme dispuser o regulamento.

Art. 9º As despesas realizadas pelos órgãos aduaneiros da Secretaria da Receita Federal, com a aplicação de elementos de segurança em volumes, veículos e unidades de carga, deverão ser ressarcidas pelos interessados, na forma estabelecida em regulamento.

Art. 10. O regulamento fixará percentuais de tolerância para exclusão da responsabilidade tributária em casos de perda inevitável de mercadoria em operação, sob controle aduaneiro, de transporte, carga e descarga, armazenagem, industrialização ou qualquer manipulação.

Art. 11. É concedida isenção de imposto de importação às mercadorias destinadas a consumo, no recinto de feiras e exposições internacionais, a título de promoção ou degustação, de montagem, decoração ou conservação de "stands", ou de demonstração de equipamentos em exposição.

§ 1º É condição, para gozo da isenção prevista neste artigo, que nenhum pagamento seja feito ao exterior, a qualquer título.

§ 2º As mercadorias de que trata este artigo são dispensadas de guia de importação, sujeitando-se a limites de quantidade e valor, além de outros requisitos estabelecidos pelo Ministro da Fazenda.

Art. 12. Nos casos e na forma previstos em regulamento, o Ministro da Fazenda poderá autorizar o desembaraço aduaneiro, com suspensão de tributos, de mercadoria objeto de isenção ou de redução do imposto de importação concedida por órgão governamental ou decorrente de acordo internacional, quando o benefício estiver pendente de aprovação ou de publicação do respectivo ato.

Art. 13. Este Decreto-Lei entra em vigor na data de sua publicação.

Art. 14. Revogam-se as disposições em contrário, especialmente os artigos 3º a 6º do Decreto-Lei nº 37, de 18 de novembro de 1966; e o artigo 1º da Lei nº 6.562, de 18 de setembro de 1978.

Brasília, 1º de setembro de 1988;
167º da Independência e
100º da República.
José Sarney

LEI Nº 7.689, DE 15 DE DEZEMBRO DE 1988

Institui contribuição social sobre o lucro das pessoas jurídicas, e dá outras providências.

• Publicada no *DOU* de 16-12-1988.

Art. 1º Fica instituída contribuição social sobre o lucro das pessoas jurídicas, destinada ao financiamento da seguridade social.

○ Art. 195, I, *c*, da CF.

○ Art. 18, I, da Lei nº 10.522, de 19-7-2005, dispõe sobre o Cadastro Informativo dos créditos não quitados de órgãos e entidades federais.

Art. 2º A base de cálculo da contribuição é o valor do resultado do exercício, antes da provisão para o Imposto sobre a Renda.

○ Art. 55 da Lei nº 8.981, de 20-1-1995, que altera a legislação tributária federal.

○ Art. 52 da Lei nº 9.069, de 29-6-1995, que dispõe sobre o Plano Real, o Sistema Monetário Nacional, estabelece as regras e condições de emissão do REAL e os critérios para conversão das obrigações para o REAL.

§ 1º Para efeito do disposto neste artigo:

a) será considerado o resultado do período base encerrado em 31 de dezembro de cada ano;

b) no caso de incorporação, fusão, cisão ou encerramento de atividades, a base de cálculo é o resultado apurado no respectivo balanço;

c) o resultado do período base, apurado com observância da legislação comercial, será ajustado pela:

• Alínea *c* com a redação dada pela Lei nº 8.034, de 12-4-1990.

1 – adição do resultado negativo da avaliação de investimentos pelo valor de patrimônio líquido;

2 – adição do valor de reserva de reavaliação, baixado durante o período base, cuja contrapartida não tenha sido computada no resultado do período base;

3 – adição do valor das provisões não dedutíveis da determinação do lucro real, exceto a provisão para o imposto de renda;

4 – exclusão do resultado positivo da avaliação de investimentos pelo valor de patrimônio líquido;

5 – exclusão dos lucros e dividendos derivados de participações societárias em pessoas jurídicas domiciliadas no Brasil que tenham sido computados como receita;

- Item 5 com a redação dada pela Lei nº 12.973, de 13-5-2014.

6 – exclusão do valor, corrigido monetariamente, das provisões adicionadas na forma do item 3, que tenham sido baixadas no curso de período base.

§ 2º No caso de pessoa jurídica desobrigada de escrituração contábil, a base de cálculo da contribuição corresponderá a dez por cento da receita bruta auferida no período de 1º de janeiro a 31 de dezembro de cada ano, ressalvado o disposto na alínea *b* do parágrafo anterior.

Art. 3º A alíquota da contribuição é de:

- *Caput* com a redação dada pela Lei nº 11.727, de 23-6-2008.

I – 20% (vinte por cento) até o dia 31 de dezembro de 2021 e 15% (quinze por cento) a partir de 1º de janeiro de 2022, no caso das pessoas jurídicas de seguros privados, das de capitalização e das referidas nos incisos II, III, IV, V, VI, VII, IX e X do § 1º do art. 1º da Lei Complementar nº 105, de 10 de janeiro de 2001;

- Inciso I com a redação dada pela Lei nº 14.183, de 14-7-2021.

II – *Revogado.* Lei nº 14.183, de 14-7-2021;

II-A – 25% (vinte e cinco por cento) até o dia 31 de dezembro de 2021 e 20% (vinte por cento) a partir de 1º de janeiro de 2022, no caso das pessoas jurídicas referidas no inciso I do § 1º do art. 1º da Lei Complementar nº 105, de 10 de janeiro de 2001; e

- Inciso II-A acrescido pela Lei nº 14.183, de 14-7-2021.

III – 9% (nove por cento), no caso das demais pessoas jurídicas.

- Inciso III com a redação dada pela Lei nº 13.169, de 6-10-2015.

Parágrafo único. As alíquotas da contribuição de que tratam os incisos I e II-A do *caput* deste artigo serão de 16% (dezesseis por cento) e de 21% (vinte e um por cento), respectivamente, até 31 de dezembro de 2022.

- Parágrafo único acrescido pela Lei nº 14.446, de 2-9-2022.

Art. 4º São contribuintes as pessoas jurídicas estabelecidas no País e as que lhe são equiparadas pela legislação tributária, ressalvadas as vedadas na alínea *b* do inciso VI do *caput* do art. 150 da Constituição Federal, na forma restritiva prevista no § 4º do mesmo artigo.

- *Caput* com a redação dada pela Lei nº 14.057, de 11-9-2020, promulgado nos termos do art. 66, § 5º, da CF (*DOU* de 26-3-2021 – edição extra D).

Parágrafo único. Conforme previsto nos arts. 106 e 110 da Lei nº 5.172, de 25 de outubro de 1966 (Código Tributário Nacional), passam a ser consideradas nulas as autuações feitas em descumprimento do previsto no *caput* deste artigo, em desrespeito ao disposto na alínea *b* do inciso VI do *caput* do art. 150 da Constituição Federal, na forma restritiva prevista no § 4º do mesmo artigo.

- Parágrafo único acrescido pela Lei nº 14.057, de 11-9-2020, promulgado nos termos do art. 66, § 5º, da CF (*DOU* de 26-3-2021 – edição extra D).

Art. 5º A contribuição social será convertida em número de Obrigações do Tesouro Nacional – OTN, mediante a divisão de seu valor em cruzados pelo valor de uma OTN, vigente no mês de encerramento do período base de sua apuração.

- Art. 50 da Lei nº 9.069, de 29-6-1995, que dispõe sobre o Plano Real, o Sistema Monetário Nacional, estabelece as regras e condições de emissão do REAL e os critérios para conversão das obrigações para o REAL.

§ 1º A contribuição será paga em seis prestações mensais iguais e consecutivas, expressas em número de OTN, vencíveis no último dia útil de abril a setembro de cada exercício financeiro.

§ 2º No caso do artigo 2º, § 1º, alínea *b*, a contribuição social deverá ser paga até o último dia útil do mês subsequente ao da incorporação, fusão, cisão ou encerramento de atividades.

§ 3º Os valores da contribuição social e de cada parcela serão expressos em número de OTN até a segunda casa decimal quando resultarem fracionários, abandonando-se as demais.

§ 4º Nenhuma parcela, exceto parcela única, será inferior ao valor de dez OTN.

§ 5º O valor em cruzados de cada parcela será determinado mediante a multiplicação de seu valor, expresso em número de OTN, pelo valor da OTN no mês de seu pagamento.

Art. 6º A administração e fiscalização da contribuição social de que trata esta Lei compete à Secretaria da Receita Federal.

Parágrafo único. Aplicam-se à contribuição social, no que couber, as disposições da legislação do Imposto sobre a Renda referentes à administração, ao lançamento, à consulta, à cobrança, às penalidades, às garantias e ao processo administrativo.

Art. 7º Os órgãos da Secretaria da Receita Federal enviarão às Procuradorias da Fazenda Nacional os demonstrativos de débitos da contribuição de que trata esta Lei, para fins de apuração e inscrição em Dívida Ativa da União.

§ 1º Os débitos de que trata este artigo poderão, sem prejuízo da respectiva liquidez e certeza, ser inscritos em Dívida Ativa pelo valor expresso em OTN.

§ 2º Far-se-á a conversão do débito na forma prevista no parágrafo anterior com base no valor da OTN no mês de seu vencimento.

Art. 8º A contribuição social será devida a partir do resultado apurado no período-base a ser encerrado em 31 de dezembro de 1988.

- O STF, por unanimidade de votos, julgou parcialmente procedente a ADIN nº 15-2, para declarar a inconstitucionalidade deste artigo (*DOU* de 21-6-2007).
- A Res. do SF nº 11, de 4-4-1995, suspendeu a execução deste artigo.

Art. 9º Ficam mantidas as contribuições previstas na legislação em vigor, incidentes sobre a folha de salários e a de que trata o Decreto-Lei nº 1.940, de 25 de maio de 1982, e alterações posteriores, incidente sobre o faturamento das empresas, com fundamento no artigo 195, I, da Constituição Federal.

- O STF, por unanimidade de votos, julgou parcialmente procedente a ADIN nº 15-2, para declarar a inconstitucionalidade deste artigo (*DOU* de 21-6-2007).
- Art. 18, III, da Lei nº 10.522, de 19-7-2005, dispõe sobre o Cadastro Informativo dos créditos não quitados de órgãos e entidades federais.

Art. 10. A partir do exercício financeiro de 1989, as pessoas jurídicas pagarão o Imposto sobre a Renda à alíquota de trinta por cento sobre o lucro real ou arbitrado, apurado em conformidade com a legislação tributária, sem prejuízo do adicional de que tratam os artigos 1º e 2º do Decreto-Lei nº 2.462, de 30 de agosto de 1988.

- Art. 57 da Lei nº 8.981, de 20-1-1995, que altera a legislação tributária federal.

Art. 11. Em relação aos fatos geradores ocorridos entre 1º de janeiro e 31 de dezembro de 1989, fica alterada para trinta e cinco centésimos por cento a alíquota de que tratam os itens II, III e V do artigo 1º do Decreto-Lei nº 2.445, de

29 de junho de 1988, com a redação dada pelo Decreto-Lei nº 2.449, de 21 de julho de 1988.

Art. 12. Esta Lei entra em vigor na data de sua publicação.

Art. 13. Revogam-se as disposições em contrário.

Senado Federal, 15 de dezembro de 1998; 167º da Independência e 100º da República.

Humberto Lucena

LEI Nº 7.711, DE 22 DE DEZEMBRO DE 1988

Dispõe sobre formas de melhoria da administração tributária, e dá outras providências.

- Publicada no *DOU* de 23-12-1988.
- ADIN nº 394

Art. 1º Sem prejuízo do disposto em leis especiais, a quitação de créditos tributários exigíveis, que tenham por objeto tributos e penalidades pecuniárias, bem como contribuições federais e outras imposições pecuniárias compulsórias, será comprovada nas seguintes hipóteses:

I – transferência de domicílio para o exterior;

- O STF, por unanimidade de votos, julgou procedentes as Ações Diretas de Inconstitucionalidade nºs 173-6 e 394-1, para declarar a inconstitucionalidade deste inciso (*DJe* de 15-10-2008).

II – habilitação e licitação promovida por órgão da Administração Federal Direta, Indireta ou fundacional ou por entidade controlada direta ou indiretamente pela União;

- O STF, por unanimidade de votos, julgou procedentes as Ações Diretas de Inconstitucionalidade nºs 173-6 e 394-1, para declarar a inconstitucionalidade deste inciso (*DJe* de 15-10-2008).

III – registro ou arquivamento de contrato social, alteração contratual e distrato social perante o registro público competente, exceto quando praticado por microempresa, conforme definida na legislação de regência;

- O STF, por unanimidade de votos, julgou procedentes as Ações Diretas de Inconstitucionalidade nºs 173-6 e 394-1, para declarar a inconstitucionalidade deste inciso (*DJe* de 15-10-2008).

IV – quando o valor da operação for igual ou superior ao equivalente a 5.000 (cinco mil) Obrigações do Tesouro Nacional – OTN:

a) registro de contrato ou outros documentos em Cartórios de Registro de Títulos e Documentos;

b) registro em Cartório de Registro de Imóveis;

c) operação de empréstimo e de financiamento junto à instituição financeira, exceto quando destinada a saldar dívidas para com as Fazendas Nacional, Estaduais ou Municipais.

- O STF, por unanimidade de votos, julgou procedentes as Ações Diretas de Inconstitucionalidade nºs 173-6 e 394-1, para declarar a inconstitucionalidade deste inciso (*DJe* de 15-10-2008).

§ 1º Nos casos das alíneas *a* e *b* do inciso IV, a exigência deste artigo é aplicável às partes intervenientes.

- O STF, por unanimidade de votos, julgou procedentes as Ações Diretas de Inconstitucionalidade nºs 173-6 e 394-1, para declarar a inconstitucionalidade deste parágrafo (*DJe* de 15-10-2008).

§ 2º Para os fins de que trata este artigo, a Secretaria da Receita Federal, segundo normas a serem dispostas em Regulamento, remeterá periodicamente aos órgãos ou entidades sob a responsabilidade das quais se realizarem os atos mencionados nos incisos III e IV relação dos contribuintes com débitos que se tornarem definitivos na instância administrativa, procedendo às competentes exclusões, nos casos de quitação ou garantia da dívida.

- O STF, por unanimidade de votos, julgou procedentes as Ações Diretas de Inconstitucionalidade nºs 173-6 e 394-1, para declarar a inconstitucionalidade deste parágrafo (*DJe* de 15-10-2008).

§ 3º A prova de quitação prevista neste artigo será feita por meio de certidão ou outro documento hábil, emitido pelo órgão competente.

- O STF, por unanimidade de votos, julgou procedentes as Ações Diretas de Inconstitucionalidade nºs 173-6 e 394-1, para declarar a inconstitucionalidade deste parágrafo (*DJe* de 15-10-2008).

Art. 2º Fica autorizado o Ministério da Fazenda a estabelecer convênio com as Fazendas Estaduais e Municipais para extensão àquelas esferas de governo das hipóteses previstas no art. 1º desta Lei.

Art. 3º A partir do exercício de 1989 fica instituído programa de trabalho de "Incentivo à Arrecadação da Dívida Ativa da União", constituído de projetos destinados ao incentivo da arrecadação, administrativa ou judicial, de receitas inscritas como Dívida Ativa da União, à implementação, desenvolvimento e modernização de redes e sistemas de processamento de dados, no custeio de taxas, custas e emolumentos relacionados com a execução fiscal e a defesa judicial da Fazenda Nacional e sua representação em Juízo, em causas de natureza fiscal, bem assim diligências, publicações, *pro labore* de peritos técnicos, de êxito, inclusive a seus procuradores e ao Ministério Público Estadual e de avaliadores e contadores, e aos serviços relativos à penhora de bens e à remoção e depósito de bens penhorados ou adjudicados à Fazenda Nacional.

Parágrafo único. O produto dos recolhimentos do encargo de que trata o art. 1º Decreto-Lei nº 1.025, de 21 de outubro de 1969, modificado pelo art. 3º do Decreto-Lei nº 1.569, de 8 de agosto de 1977, art. 3º do Decreto-Lei nº 1.645, de 11 de dezembro de 1978, e art. 12 do Decreto-Lei nº 2.163, de 19 de setembro de 1984, será recolhido ao Fundo a que se refere o art. 4º, em subconta especial, destinada a atender a despesa com o programa previsto neste artigo e que será gerida pelo Procurador-Geral da Fazenda Nacional, de acordo com o disposto no art. 6º desta Lei.

Art. 4º A partir do exercício de 1989, o produto da arrecadação de multas, inclusive as que fazem parte do valor pago por execução da Dívida Ativa e de sua respectiva correção monetária, incidentes sobre os tributos e contribuições administrados pela Secretaria da Receita Federal e próprios da União, constituirá receita do Fundo instituído pelo Decreto-Lei nº 1.437, de 17 de dezembro de 1975, excluídas as transferências tributárias constitucionais para Estados, Distritos Federal e Municípios.

Art. 5º *Revogado.* Lei nº 10.593, de 6-12-2002.

Art. 6º O Poder Executivo estabelecerá por decreto as normas, planos, critérios, condições e limites para a aplicação do Fundo de que tratam os arts. 3º e 4º, e ato do Ministro da Fazenda o detalhará.

§ 1º O Poder Executivo encaminhará ao Poder Legislativo relatório semestral detalhado relativo à aplicação desse Fundo, inclusive especificando metas e avaliando os resultados.

§ 2º Em nenhuma hipótese o incentivo ou retribuição adicional poderá caracterizar participação direta proporcional ao valor cobrado ou fiscalizado.

§ 3º O incentivo ou retribuição adicional mensal observará o limite estabelecido no art. 37, item XI da Constituição Federal.

Art. 7º A receita proveniente de multas, bem assim de juros de mora, relativa aos impostos constitutivos dos Fundos de Participação de Estados, Distrito Federal e Municípios, são partes integrantes deles na proporção estabelecida na Constituição Federal.

Art. 8º O inciso III do art. 8º do Decreto-Lei nº 1.437, de 17 de dezembro de 1975, passa a vigorar com a seguinte redação:

"III – receitas diversas, decorrentes de atividades próprias da Secretaria da Receita Federal; e".

Art. 9º Esta Lei entra em vigor na data de sua publicação.

Art. 10. Revogam-se o inciso II do art. 8º do Decreto-Lei nº 1.437, de 17 de dezembro de 1975, e demais disposições em contrário.

Brasília, 22 de dezembro de 1988;
167º da Independência e
100º da República.

José Sarney

LEI Nº 7.713, DE 22 DE DEZEMBRO DE 1988

Altera a legislação do imposto de renda, e dá outras providências.

- Publicada no *DOU* de 23-12-1988.

Art. 1º Os rendimentos e ganhos de capital percebidos a partir de 1º de janeiro de 1989, por pessoas físicas residentes ou domiciliadas no Brasil, serão tributados pelo imposto de renda na forma da legislação vigente, com as modificações introduzidas por esta Lei.

Art. 2º O imposto de renda das pessoas físicas será devido, mensalmente, à medida em que os rendimentos e ganhos de capital forem percebidos.

Art. 3º O imposto incidirá sobre o rendimento bruto, sem qualquer dedução, ressalvado o disposto nos arts. 9º a 14 desta Lei.

- Art. 13, par. ún., da Lei nº 11.482, de 31-5-2007, que efetua alterações na tabela do imposto de renda da pessoa física; dispõe sobre a redução a 0 (zero) da alíquota da CPMF nas hipóteses que menciona.

§ 1º Constituem rendimento bruto todo o produto do capital, do trabalho ou da combinação de ambos, os alimentos e pensões percebidos em dinheiro, e ainda os proventos de qualquer natureza, assim também entendidos os acréscimos patrimoniais não correspondentes aos rendimentos declarados.

§ 2º Integrará o rendimento bruto, como ganho de capital, o resultado da soma dos ganhos auferidos no mês, decorrentes de alienação de bens ou direitos de qualquer natureza, considerando-se como ganho a diferença positiva entre o valor de transmissão do bem ou direito e o respectivo custo de aquisição corrigido monetariamente, observado o disposto nos arts. 15 a 22 desta Lei.

§ 3º Na apuração do ganho de capital serão consideradas as operações que importem alienação, a qualquer título, de bens ou direitos ou cessão ou promessa de cessão de direitos à sua aquisição, tais como as realizadas por compra e venda, permuta, adjudicação, desapropriação, dação em pagamento, doação, procuração em causa própria, promessa de compra e venda, cessão de direitos ou promessa de cessão de direitos e contratos afins.

§ 4º A tributação independe da denominação dos rendimentos, títulos ou direitos, da localização, condição jurídica ou nacionalidade da fonte, da origem dos bens produtores da renda, e da forma de percepção das rendas ou proventos, bastando, para a incidência do imposto, o benefício do contribuinte por qualquer forma e a qualquer título.

§ 5º Ficam revogados todos os dispositivos legais concessivos de isenção ou exclusão, da base de cálculo do imposto de renda das pessoas físicas, de rendimentos e proventos de qualquer natureza, bem como os que autorizam redução do imposto por investimento de interesse econômico ou social.

§ 6º Ficam revogados todos os dispositivos legais que autorizam deduções cedulares ou abatimentos da renda bruta do contribuinte, para efeito de incidência do imposto de renda.

Art. 4º Fica suprimida a classificação por cédulas dos rendimentos e ganhos de capital percebidos pelas pessoas físicas.

Art. 5º Salvo disposição em contrário, o imposto retido na fonte sobre rendimentos e ganhos de capital percebidos por pessoas físicas será considerado redução do apurado na forma dos arts. 23 e 24 desta Lei.

Art. 6º Ficam isentos do imposto de renda os seguintes rendimentos percebidos por pessoas físicas:

I – a alimentação, o transporte e os uniformes ou vestimentas especiais de trabalho, fornecidos gratuitamente pelo empregador a seus empregados, ou a diferença entre o preço cobrado e o valor de mercado;

II – as diárias destinadas, exclusivamente, ao pagamento de despesas de alimentação e pousada, por serviço eventual realizado em município diferente do da sede de trabalho;

III – o valor locativo do prédio construído, quando ocupado por seu proprietário ou cedido gratuitamente para uso do cônjuge ou de parentes de primeiro grau;

IV – as indenizações por acidentes de trabalho;

V – a indenização e o aviso prévio pagos por despedida ou rescisão de contrato de trabalho, até o limite garantido por lei, bem como o montante recebido pelos empregados e diretores, ou respectivos beneficiários, referente aos depósitos, juros e correção monetária creditados em contas vinculadas, nos termos da legislação do Fundo de Garantia do Tempo de Serviço;

- Súm. nº 386 do STJ.

VI – o montante dos depósitos, juros, correção monetária e quotas-partes creditados em contas individuais pelo Programa de Integração Social e pelo Programa de Formação do Patrimônio do Servidor Público;

VII – os seguros recebidos de entidades de previdência privada decorrentes de morte ou invalidez permanente do participante;

- Inciso VII com a redação dada pela Lei nº 9.250, de 26-12-1995.

VIII – as contribuições pagas pelos empregadores relativas a programas de previdência privada em favor de seus empregados e dirigentes;

IX – os valores resgatados dos Planos de Poupança e Investimento – PAIT, de que trata o Decreto-Lei nº 2.292, de 21 de novembro de 1986, relativamente à parcela correspondente às contribuições efetuadas pelo participante;

X – as contribuições empresariais a Plano de Poupança e Investimento – PAIT, a que se refere o art. 5º, § 2º, do Decreto-Lei nº 2.292, de 21 de novembro de 1986;

XI – o pecúlio recebido pelos aposentados que voltam a trabalhar em atividade sujeita ao regime previdenciário, quando dela se afastarem, e pelos trabalhadores que ingressarem nesse regime após completarem sessenta anos de idade, pago pelo Instituto Nacional de Previdência Social ao segurado ou a seus dependentes, após sua morte, nos termos do art. 1º da Lei nº 6.243, de 24 de setembro de 1975;

XII – as pensões e os proventos concedidos de acordo com os Decretos-Leis, nºs 8.794 e 8.795, de 23 de janeiro de 1946, e Lei nº 2.579, de 23 de agosto de 1955, e art. 30 da Lei nº 4.242, de 17 de julho de 1963, em decorrência de reforma ou falecimento de ex-combatente da Força Expedicionária Brasileira;

XIII – capital das apólices de seguro ou pecúlio pago por morte do segurado, bem como os prêmios de seguro restituídos em qualquer caso, inclusive no de renúncia do contrato;

XIV – os proventos de aposentadoria ou reforma motivada por acidente em serviço e os percebidos pelos portadores de moléstia profissional, tuberculose ativa, alienação mental, esclerose múltipla, neoplasia maligna, cegueira, hanseníase, paralisia irreversível e incapacitante, cardiopatia grave, doença de Parkinson, espondiloartrose anquilosante, nefropatia grave, hepatopatia grave, estados avançados da doença de Paget (osteíte deformante), contaminação por radiação, síndrome da imunodeficiência adquirida, com base em conclusão da medicina especializada, mesmo que a doença tenha sido contraída depois da aposentadoria ou reforma;

- Inciso XIV com a redação dada pela Lei nº 11.052, de 29-12-2004.
- Art. 30 da Lei nº 9.250, de 26-12-1995, que altera a legislação do imposto de rendas das pessoas físicas.

XV – os rendimentos provenientes de aposentadoria e pensão, de transferência para a reserva remunerada ou de reforma pagos pela Previdência Social da União, dos Estados, do Distrito Federal e dos Municípios, por qualquer pessoa jurídica de direito público interno ou por entidade de previdência privada, a partir do mês em que o contribuinte completar 65 (sessenta e cinco) anos de idade, sem prejuízo da parcela isenta prevista na tabela de incidência mensal do imposto, até o valor de:

- Inciso XV com a redação dada pela Lei nº 11.482, de 31-5-2007.

a) R$ 1.313,69 (mil, trezentos e treze reais e sessenta e nove centavos), por mês, para o ano-calendário de 2007;

b) R$ 1.372,81 (mil, trezentos e setenta e dois reais e oitenta e um centavos), por mês, para o ano-calendário de 2008;

c) R$ 1.434,59 (mil, quatrocentos e trinta e quatro reais e cinquenta e nove centavos), por mês, para o ano-calendário de 2009;

- Alíneas *a* a *c* acrescidas pela Lei nº 11.482, de 31-5-2007.

d) R$ 1.499,15 (mil, quatrocentos e noventa e nove reais e quinze centavos), por mês, para o ano-calendário de 2010;

e) R$ 1.566,61 (mil, quinhentos e sessenta e seis reais e sessenta e um centavos), por mês, para o ano-calendário de 2011;

f) R$ 1.637,11 (mil, seiscentos e trinta e sete reais e onze centavos), por mês, para o ano-calendário de 2012;

g) R$ 1.710,78 (mil, setecentos e dez reais e setenta e oito centavos), por mês, para o ano-calendário de 2013;

- Alíneas *d* a *g* com a redação dada pela Lei nº 12.469, de 26-8-2011.

h) R$ 1.787,77 (mil, setecentos e oitenta e sete reais e setenta e sete centavos), por mês, para o ano-calendário de 2014 e nos meses de janeiro a março do ano-calendário de 2015; e

i) R$ 1.903,98 (mil, novecentos e três reais e noventa e oito centavos), por mês, a partir do mês de abril do ano-calendário de 2015;

- Alíneas *h* e *i* com a redação dada pela Lei nº 13.149, de 21-7-2015.

XVI – o valor dos bens adquiridos por doação ou herança;

XVII – os valores decorrentes de aumento de capital:

a) mediante a incorporação de reservas ou lucros que tenham sido tributados na forma do art. 36 desta Lei;

b) efetuado com observância do disposto no art. 63 do Decreto-Lei nº 1.598, de 26 de dezembro de 1977, relativamente aos lucros apurados em períodos-base encerrados anteriormente à vigência desta Lei;

XVIII – a correção monetária de investimentos, calculada aos mesmos índices aprovados para os Bônus do Tesouro Nacional – BTN, e desde que seu pagamento ou crédito ocorra em intervalos não inferiores a trinta dias;

- Inciso XVIII com a redação dada pela Lei nº 7.799, de 10-7-1989.

XIX – a diferença entre o valor de aplicação e o de resgate de quotas de fundos de aplicações de curto prazo;

XX – ajuda de custo destinada a atender às despesas com transporte, frete e locomoção do beneficiado e seus familiares, em caso de remoção de um município para outro, sujeita à comprovação posterior pelo contribuinte;

XXI – os valores recebidos a título de pensão quando o beneficiário desse rendimento for portador das doenças relacionadas no inciso XIV deste artigo, exceto as decorrentes de moléstia profissional, com base em conclusão da medicina especializada, mesmo que a doença tenha sido contraída após a concessão da pensão;

- Inciso XXI acrescido pela Lei nº 8.541, de 23-12-1992.

XXII – os valores pagos em espécie pelos Estados, Distrito Federal e Municípios, relativos ao Imposto sobre Operações relativas à Circulação de Mercadorias e sobre Prestações de Serviços de Transporte Interestadual e Intermunicipal e de Comunicação – ICMS e ao Imposto sobre Serviços de Qualquer Natureza – ISS, no âmbito de programas de concessão de crédito voltados ao estímulo à solicitação de documento fiscal na aquisição de mercadorias e serviços;

- Inciso XXII com a redação dada pela Lei nº 11.945, de 4-6-2009.

XXIII – o valor recebido a título de vale-cultura.

- Inciso XXIII acrescido pela Lei nº 12.761, de 27-12-2012.

Parágrafo único. O disposto no inciso XXII do *caput* deste artigo não se aplica aos prêmios recebidos por meio de sorteios, em espécie, bens ou serviços, no âmbito dos referidos programas.

- Parágrafo único com a redação dada pela Lei nº 11.945, de 4-6-2009.

Art. 7º Ficam sujeitos à incidência do imposto de renda na fonte, calculado de acordo com o disposto no art. 25 desta Lei:

- Art. 47 desta Lei.
- Art. 5º da Lei nº 8.383, de 31-12-1991, que institui a Unidade Fiscal de Referência, altera a legislação do imposto de renda.
- Art. 3º da Lei nº 9.250, de 26-12-1995, que altera a legislação do imposto de rendas das pessoas físicas.
- Arts. 64 a 66 da Lei nº 9.430, de 27-12-1996, que dispõe sobre a legislação tributária federal, as contribuições para a seguridade social, o processo administrativo de consulta.

I – os rendimentos do trabalho assalariado, pagos ou creditados por pessoas físicas ou jurídicas;

II – os demais rendimentos percebidos por pessoas físicas, que não estejam sujeitos à tributação exclusiva na fonte, pagos ou creditados por pessoas jurídicas.

§ 1º O imposto a que se refere este artigo será retido por ocasião de cada pagamento ou crédito e, se houver mais de um pagamento ou crédito, pela mesma fonte pagadora, aplicar-se-á a alíquota correspondente à soma dos rendimentos pagos ou creditados à pessoa física no mês, a qualquer título.

§ 2º *Revogado*. Lei nº 8.218, de 29-8-1991.

§ 3º VETADO.

Art. 8º Fica sujeita ao pagamento do imposto de renda, calculado de acordo com o disposto no art. 25 desta Lei, a pessoa física que receber de outra pessoa física, ou de fontes situadas no exterior, rendimentos e ganhos de capital que não tenham sido tributados na fonte, no País.

- Art. 47 desta Lei.
- Arts. 5º e 6º da Lei nº 8.383, de 31-12-1991, que institui a Unidade Fiscal de Referência, altera a legislação do imposto de renda.
- Art. 39 da Lei nº 9.069, de 29-6-1995, que dispõe sobre o Plano Real, o Sistema Monetário Nacional, estabelece as regras e condições de emissão do REAL e os critérios para conversão das obrigações para o REAL.
- Art. 3º da Lei nº 9.250, de 26-12-1995, que altera a legislação do imposto de rendas das pessoas físicas.
- Arts. 64 a 66 da Lei nº 9.430, de 27-12-1996, que dispõe sobre a legislação tributária federal, as contribuições para a seguridade social, o processo administrativo de consulta.

§ 1º O disposto neste artigo se aplica, também, aos emolumentos e custas dos serventuários da Justiça, como tabeliães, notários, oficiais públicos e outros, quando não forem remunerados exclusivamente pelos cofres públicos.

§ 2º O imposto de que trata este artigo deverá ser pago até o último dia útil da primeira quinzena do mês subsequente ao da percepção dos rendimentos.

Art. 9º Quando o contribuinte auferir rendimentos da prestação de serviços de transporte, em veículo próprio locado, ou adquirido com reservas de domínio ou alienação fiduciária, o imposto de renda incidirá sobre:

I – 10% (dez por cento) do rendimento bruto, decorrente do transporte de carga;

- Inciso I com a redação dada pela Lei nº 12.794, de 2-4-2013.

II – sessenta por cento do rendimento bruto, decorrente do transporte de passageiros.

- Art. 3º desta Lei.

Parágrafo único. O percentual referido no item I deste artigo aplica-se também sobre o rendimento bruto da prestação de serviços com trator, máquina de terraplenagem, colheitadeira e assemelhados.

Art. 10. O imposto incidirá sobre dez por cento do rendimento bruto auferido pelos garimpeiros matriculados nos termos do art. 73 do Decreto-Lei nº 227, de 28 de fevereiro de 1967, renumerado pelo art. 2º do Decreto-Lei nº 318, de 14 de março de 1967, na venda a empresas legalmente habilitadas de metais preciosos, pedras preciosas e semipreciosas por eles extraídos.

- Art. 3º desta Lei.

Parágrafo único. A prova de origem dos rendimentos de que trata este artigo far-se-á com base na via da nota de aquisição destinada ao garimpeiro pela empresa compradora.

Art. 11. Os titulares dos serviços notariais e de registro a que se refere o art. 236 da Constituição da República, desde que mantenham escrituração das receitas e das despesas, poderão deduzir dos emolumentos recebidos, para efeito da incidência do imposto:

I – a remuneração paga a terceiros, desde que com vínculo empregatício, inclusive encargos trabalhistas e previdenciários;

II – os emolumentos pagos a terceiros;

III – as despesas de custeio necessárias à manutenção dos serviços notariais e de registro.

§ 1º Fica ainda assegurada aos odontólogos a faculdade de deduzir, da receita decorrente do exercício da respectiva profissão, as despesas com a aquisição do material odontológico por eles aplicadas nos serviços prestados aos seus pacientes, assim como as despesas com o pagamento dos profissionais dedicados à prótese e à anestesia, eventualmente utilizados na prestação dos serviços, desde que, em qualquer caso, mantenham escrituração das receitas e despesas realizadas.

- § 1º acrescido pela Lei nº 7.975, de 26-12-1989.

§ 2º VETADO. Lei nº 7.975, de 26-12-1989.

Art. 12. *Revogado*. Lei nº 13.149, de 21-7-2015.

Art. 12-A. Os rendimentos recebidos acumuladamente e submetidos à incidência do imposto sobre a renda com base na tabela progressiva, quando correspondentes a anos-calendário anteriores ao do recebimento, serão tributados exclusivamente na fonte, no mês do recebimento ou crédito, em separado dos demais rendimentos recebidos no mês.

- *Caput* com a redação dada pela Lei nº 13.149, de 21-7-2015.

§ 1º O imposto será retido pela pessoa física ou jurídica obrigada ao pagamento ou pela instituição financeira depositária do crédito e calculado sobre o montante dos rendimentos pagos, mediante a utilização de tabela progressiva resultante da multiplicação da quantidade de meses a que se refiram os rendimentos pelos valores constantes da tabela progressiva mensal correspondente ao mês do recebimento ou crédito.

§ 2º Poderão ser excluídas as despesas, relativas ao montante dos rendimentos tributáveis, com ação judicial necessárias ao seu recebimento, inclusive de advogados, se tiverem sido pagas pelo contribuinte, sem indenização.

§ 3º A base de cálculo será determinada mediante a dedução das seguintes despesas relativas ao montante dos rendimentos tributáveis:

I – importâncias pagas em dinheiro a título de pensão alimentícia em face das normas do Direito de Família, quando em cumprimento de decisão judicial, de acordo homologado judicialmente ou de separação ou divórcio consensual realizado por escritura pública; e

II – contribuições para a Previdência Social da União, dos Estados, do Distrito Federal e dos Municípios.

§ 4º Não se aplica ao disposto neste artigo o constante no art. 27 da Lei nº 10.833, de 29 de dezembro de 2003, salvo o previsto nos seus §§ 1º e 3º.

§ 5º O total dos rendimentos de que trata o *caput*, observado o disposto no § 2º, poderá integrar a base de cálculo do Imposto sobre a Renda na Declaração de Ajuste Anual do ano-calendário do recebimento, à opção irretratável do contribuinte.

§ 6º Na hipótese do § 5º, o Imposto sobre a Renda Retido na Fonte será considerado antecipação do imposto devido apurado na Declaração de Ajuste Anual.

§ 7º Os rendimentos de que trata o *caput*, recebidos entre 1º de janeiro de 2010 e o dia anterior ao de publicação da Lei resultante da conversão da Medida Provisória nº 497, de 27 de julho de 2010, poderão ser tributados na forma deste artigo, devendo ser informados na Declaração de Ajuste Anual referente ao ano-calendário de 2010.

• §§ 1º ao 7º com a redação dada pela Lei nº 12.350, de 20-12-2010.

§ 8º VETADO. Lei nº 12.350, de 20-12-2010.

§ 9º A Secretaria da Receita Federal do Brasil disciplinará o disposto neste artigo.

• § 9º acrescido pela Lei nº 12.350, de 20-12-2010.

Art. 12-B. Os rendimentos recebidos acumuladamente, quando correspondentes ao ano-calendário em curso, serão tributados, no mês do recebimento ou crédito, sobre o total dos rendimentos, diminuídos do valor das despesas com ação judicial necessárias ao seu recebimento, inclusive de advogados, se tiverem sido pagas pelo contribuinte, sem indenização.

• Artigo com a redação dada pela Lei nº 13.149, de 21-7-2015.

Arts. 13 e 14. *Revogados.* Lei nº 8.383, de 30-12-1991.

Art. 15. *Revogado.* Lei nº 7.774, de 8-6-1989.

Art. 16. O custo de aquisição dos bens e direitos será o preço ou valor pago, e, na ausência deste, conforme o caso:

o Art. 3º, § 2º, desta Lei.

I – o valor atribuído para efeito de pagamento do imposto de transmissão;

II – o valor que tenha servido de base para o cálculo do imposto de importação acrescido do valor dos tributos e das despesas de desembaraço aduaneiro;

III – o valor da avaliação do inventário ou arrolamento;

IV – o valor de transmissão, utilizado na aquisição, para cálculo do ganho de capital do alienante;

V – seu valor corrente, na data da aquisição.

§ 1º O valor da contribuição de melhoria integra o custo do imóvel.

§ 2º O custo de aquisição de títulos e valores mobiliários, de quotas de capital e dos bens fungíveis será a média ponderada dos custos unitários, por espécie, desses bens.

§ 3º No caso de participações societárias resultantes de aumento de capital por incorporação de lucros e reservas, que tenham sido tributados na forma do art. 36 desta Lei, o custo de aquisição é igual à parcela do lucro ou reserva capitalizado, que corresponder ao sócio ou acionista beneficiário.

§ 4º O custo é considerado igual a zero no caso das participações societárias resultantes de aumento de capital por incorporação de lucros e reservas, no caso de partes beneficiárias adquiridas gratuitamente, assim como de qualquer bem cujo valor não possa ser determinado nos termos previstos neste artigo.

Art. 17. O valor de aquisição de cada bem ou direito, expresso em cruzados novos, apurado de acordo com o artigo anterior, deverá ser corrigido monetariamente, a partir da data do pagamento, da seguinte forma:

• *Caput* com a redação dada pela Lei nº 7.959, de 21-12-1989.

o Art. 3º, § 2º, desta Lei.

I – até janeiro de 1989, pela variação da OTN;

II – nos meses de fevereiro a abril de 1989, pelas seguintes variações: em fevereiro, 31,2025%; em março, 30,5774%; e em abril, 9,2415%;

III – a partir de maio de 1989, pela variação do BTN.

• Incisos I a III acrescidos pela Lei nº 7.959, de 21-12-1989.

§ 1º Na falta de documento que comprove a data do pagamento, no caso de bens e direitos adquiridos até 31 de dezembro de 1988, a conversão poderá ser feita pelo valor da OTN no mês de dezembro do ano em que este tiver constado pela primeira vez na declaração de bens.

• § 1º com a redação dada pela Lei nº 7.799, de 10-7-1989.

§ 2º Os bens ou direitos da mesma espécie, pagos em datas diferentes, mas que constem agrupadamente na declaração de bens, poderão ser convertidos na forma do parágrafo anterior, desde que tomados isoladamente em relação ao ano da aquisição.

§ 3º No caso do parágrafo anterior, não sendo possível identificar o ano dos pagamentos, a conversão será efetuada tomando-se por base o ano da aquisição mais recente.

§ 4º No caso de aquisição com pagamento parcelado, a correção monetária será efetivada em relação a cada parcela.

• § 4º com a redação dada pela Lei nº 7.799, de 10-7-1989.

Art. 18. Para apuração do valor a ser tributado, no caso de alienação de bens imóveis, poderá ser aplicado um percentual de redução sobre o ganho de capital apurado, segundo o ano de aquisição ou incorporação do bem, de acordo com a seguinte tabela:

Ano de Aquisição ou Incorporação	Percentual de Redução %	Ano de Aquisição ou Incorporação	Percentual de Redução %
Até 1969	100	1979	50
1970	95	1980	45
1971	90	1981	40
1972	85	1982	35
1973	80	1983	30
1974	75	1984	25
1975	70	1985	20
1976	65	1986	15
1977	60	1987	10
1978	55	1988	5

o Art. 3º, § 2º, desta Lei.

Parágrafo único. Não haverá redução, relativamente aos imóveis cuja aquisição venha ocorrer a partir de 1º de janeiro de 1989.

Art. 19. Valor da transmissão é o preço efetivo de operação de venda ou da cessão de direitos, ressalvado o disposto no art. 20 desta Lei.

o Art. 3º, § 2º, desta Lei.

Parágrafo único. Nas operações em que o valor não se expressar em dinheiro, o valor da transmissão será arbitrado segundo o valor de mercado.

Art. 20. A autoridade lançadora, mediante processo regular, arbitrará o valor ou preço, sempre que não mereça fé, por notoriamente diferente do de mercado, o valor ou preço informado pelo contribuinte, ressalvada em caso de contestação, avaliação contraditória, administrativa ou judicial.

o Art. 3º, § 2º, desta Lei.

Parágrafo único. VETADO.

Art. 21. Nas alienações a prazo, o ganho de capital será tributado na proporção das parcelas recebidas em cada mês, considerando-se a respectiva atualização monetária, se houver.

o Art. 3º, § 2º, desta Lei.

Art. 22. Na determinação do ganho de capital serão excluídos:

o Art. 3º, § 2º, desta Lei.

LEG. COMPLEMENTAR

I – o ganho de capital decorrente da alienação do único imóvel que o titular possua, desde que não tenha realizado outra operação nos últimos cinco anos e o valor da alienação não seja superior ao equivalente a trezentos mil BTN no mês da operação;

- Inciso I com a redação dada pela Lei nº 8.134, de 27-12-1990.
- O limite previsto neste artigo foi alterado pelo art. 21 da Lei nº 8.218, de 29-8-1991, para setenta milhões de cruzeiros.
- A partir de 1º-2-1991, foi extinto o BTN pelo art. 3º da Lei nº 8.177, de 1º-3-1991, que fixa, no seu parágrafo único, a conversão do BTN em cruzeiros no valor de CR$ 126,8621. Tal valor foi mantido pelo art. 21, I, da Lei nº 8.178, de 4-3-1991, tendo sido elevado em 70% pelo art. 10, da Lei nº 8.218, de 29-8-1991. Desde 1º-8-1993, o cruzeiro passou para cruzeiro real na paridade de mil por um, em função da MP nº 336, de 28-7-1993, convertida na Lei nº 8.697, de 27-8-1993. Desde 1º-7-1994, o cruzeiro real passou a real pela Lei nº 8.880, de 27-5-1994, fixada a paridade de R$ 1,00 para 2.750,00 URVs. Pelo art. 1º da Lei nº 8.383, de 30-12-1991, foi instituída a UFIR como medida de valor e parâmetro de atualização monetária de tributos e de multas e penalidades de qualquer natureza. O art. 29, § 3º, da Lei nº 10.522, de 19-7-2002, que dispõe sobre o Cadastro Informativo dos créditos não quitados de órgãos e entidades federais, extinguiu a UFIR.

II – *Revogado.* Lei nº 8.014, de 6-4-1990;

III – as transferências *causa mortis* e as doações em adiantamento da legítima;

IV – o ganho de capital auferido na alienação de bens de pequeno valor, definido pelo Poder Executivo.

Parágrafo único. Não se considera ganho de capital o valor decorrente de indenização por desapropriação para fins de reforma agrária, conforme o disposto no § 5º do art. 184 da Constituição Federal, e de liquidação de sinistro, furto ou roubo, relativo a objeto segurado.

Arts. 23 e 24. *Revogados.* Lei nº 8.134, de 27-12-1990.

Art. 25. O imposto será calculado, observado o seguinte:

- Arts. 6º, XV, 7º, 8º e 31 desta Lei.

I – se o rendimento mensal for de até CR$ 750.000,00, será deduzida uma parcela correspondente a CR$ 250.000,00 e, sobre o saldo remanescente incidirá alíquota de dez por cento;

II – se o rendimento mensal for superior a CR$ 750.000,00, será deduzida uma parcela correspondente a CR$ 550.000,00 e, sobre o saldo remanescente incidirá alíquota de vinte e cinco por cento.

§ 1º Na determinação da base de cálculo sujeita a incidência do imposto poderão ser deduzidos:

a) CR$ 20.000,00 por dependente, até o limite de cinco dependentes;

b) CR$ 250.000,00, correspondentes à parcela isenta dos rendimentos provenientes de aposentadoria e pensão, transferência para reserva remunerada ou reforma pagos pela Previdência Social da União, dos Estados, do Distrito Federal e dos Municípios, ou por qualquer pessoa jurídica de direito público interno, a partir do mês em que o contribuinte completar sessenta e cinco anos de idade;

c) o valor da contribuição paga, no mês, para a Previdência Social da União, dos Estados, do Distrito Federal e dos Municípios;

d) o valor da pensão judicial paga.

§ 2º As disposições deste artigo aplicam-se aos pagamentos efetuados a partir de 1º de dezembro de 1991.

- Art. 25 com a redação dada pela Lei nº 8.269, de 16-12-1991.

Art. 26. O valor da Gratificação de Natal (13º salário) a que se referem as Leis nº 4.090, de 13 de julho de 1962, e de nº 4.281, de 8 de novembro de 1963, e o art. 10 do Decreto-Lei nº 2.413, de 10 de fevereiro de 1988, será tributado à mesma alíquota (art. 25) a que estiver sujeito o rendimento mensal do contribuinte, antes de sua inclusão.

Art. 27. *Revogado.* Lei nº 9.250, de 26-12-1995.

Arts. 28 e 29. *Revogados.* Lei nº 8.134, de 27-12-1990.

Art. 30. Permanecem em vigor as isenções de que tratam os arts. 3º a 7º do Decreto-Lei nº 1.380, de 23 de dezembro de 1974, e o art. 5º da Lei nº 4.506, de 30 de novembro de 1964.

Art. 31. Ficam sujeitos à incidência do imposto de renda na fonte, calculado de acordo com o disposto no art. 25 desta Lei, relativamente à parcela correspondente às contribuições cujo ônus não tenha sido do beneficiário ou quando os rendimentos e ganhos de capital produzidos pelo patrimônio da entidade de previdência não tenham sido tributados na fonte:

- *Caput* com a redação dada pela Lei nº 7.751, de 14-4-1989.

I – as importâncias pagas ou creditadas a pessoas físicas, sob a forma de resgate, pecúlio ou renda periódica, pelas entidades de previdência privada;

II – os valores resgatados dos Planos de Poupança e Investimento – PAIT de que trata o Decreto-Lei nº 2.292, de 21 de novembro de 1986.

§ 1º O imposto será retido por ocasião do pagamento ou crédito, pela entidade de previdência privada, no caso do inciso I, e pelo administrador da carteira, fundo ou clube PAIT, no caso do inciso II.

§ 2º VETADO.

Art. 32. Ficam sujeitos à incidência do imposto de renda na fonte, à alíquota de vinte e cinco por cento:

I – os benefícios líquidos resultantes da amortização antecipada, mediante sorteio, dos títulos de economia denominados capitalização;

II – os benefícios atribuídos aos portadores de títulos de capitalização nos lucros da empresa emitente.

§ 1º A alíquota prevista neste artigo será de quinze por cento em relação aos prêmios pagos aos proprietários e criadores de cavalos de corrida.

§ 2º O imposto de que trata este artigo será considerado:

a) antecipação do devido na declaração de rendimentos, quando o beneficiário for pessoa jurídica tributada com base no lucro real;

b) devido exclusivamente na fonte, nos demais casos, inclusive quando o beneficiário for pessoa jurídica isenta.

§ 3º VETADO.

Art. 33. Ressalvado o disposto em normas especiais, no caso de ganho de capital auferido por residente ou domiciliado no exterior, o imposto será devido, à alíquota de vinte e cinco por cento, no momento da alienação do bem ou direito.

Parágrafo único. O imposto deverá ser pago no prazo de quinze dias contados da realização da operação ou por ocasião da remessa, sempre que esta ocorrer antes desse prazo.

Art. 34. Na inexistência de outros bens sujeitos a inventário ou arrolamento, os valores relativos ao imposto de renda e outros tributos administrados pela Secretaria da Receita Federal, bem como o resgate de quotas dos fundos fiscais criados pelos Decretos-Leis nºs 157, de 10 de fevereiro de 1967, e 880, de 18 de setembro de 1969, não recebidos em vida pelos respectivos titulares, poderão ser restituídos ao cônjuge, filho e demais dependentes do contribuinte falecido, inexigível a apresentação de alvará judicial.

Parágrafo único. Existindo outros bens sujeitos a inventário ou arrolamento, a restituição ao meeiro, herdeiros ou sucessores, far-se-á na forma e condições do alvará expedido pela autoridade judicial para essa finalidade.

Art. 35. O sócio-quotista, o acionista ou titular da empresa individual ficará sujeito ao imposto de renda na fonte, à alíquota de oito por cento, calculado com base no lucro líquido apurado pelas pessoas jurídicas na data do encerramento do período-base.

- A expressão "o acionista" foi suspensa pela Res. do Senado Federal nº 82, de 18-11-1996.
- Arts. 44, 75, 79, 81, I, 86, § 5º, e 87, § 2º, da Lei nº 8.383, de 31-12-1991, que institui a Unidade Fiscal de Referência, altera a legislação do imposto de renda.

§ 1º Para efeito da incidência de que trata este artigo, o lucro líquido do período-base apurado com observância da legislação comercial, será ajustado pela:

a) adição do valor das provisões não dedutíveis na determinação do lucro real, exceto a provisão para o imposto de renda;

b) adição do valor da reserva de reavaliação, baixado no curso do período-base, que não tenha sido computado no lucro líquido;

c) exclusão do valor, corrigido monetariamente, das provisões adicionadas, na forma da alínea *a*, que tenham sido baixadas no curso do período-base, utilizando-se a variação do BTN Fiscal;

- Alínea *c* com a redação dada pela Lei nº 7.799, de 10-7-1989.
- Lei nº 6.205, de 29-4-1975, c.c. a Lei nº 6.986, de 13-4-1982, elevou as multas por infração aos preceitos da CLT em dez vezes o seu valor. A partir de 1º-2-1991, foi extinto o BTN pelo art. 3º da Lei nº 8.177, de 1º-3-1991, que fixa, no seu parágrafo único, a conversão do BTN em cruzeiros no valor de CR$ 126,8621. Tal valor foi mantido pelo art. 21, I, da Lei nº 8.178, de 4-3-1991, tendo sido elevado em 70% pelo art. 10 da Lei nº 8.218, de 29-8-1991. Desde 1º-8-1993, o cruzeiro passou para cruzeiro real na paridade de mil por um, em função da MP nº 336, de 28-7-1993, convertida na Lei nº 8.697, de 27-8-1993. Desde 1º-7-1994, o cruzeiro real passou a real pela Lei nº 8.880, de 27-5-1994, fixada a paridade de R$ 1,00 para 2.750,00 URVs. Pelo art. 1º da Lei nº 8.383, de 30-12-1991, foi instituída a UFIR como medida de valor e parâmetro de atualização monetária de tributos e de multas e penalidades de qualquer natureza. O art. 29, § 3º, da Lei nº 10.522, de 19-7-2002, que dispõe sobre o Cadastro Informativo dos créditos não quitados de órgãos e entidades federais, extinguiu a UFIR.

d) compensação de prejuízos contábeis apurados em balanço de encerramento de período-base anterior, desde que tenham sido compensados contabilmente, ressalvado do disposto no § 2º deste artigo;

e) exclusão do resultado positivo de avaliação de investimentos pelo valor de patrimônio líquido;

f) exclusão dos lucros e dividendos derivados de investimentos avaliados pelo custo de aquisição, que tenham sido computados como receita;

g) adição do resultado negativo da avaliação de investimentos pelo valor de patrimônio líquido.

- Alíneas *e* a *g* acrescidas pela Lei nº 7.959, de 21-12-1989.

§ 2º Não poderão ser compensados os prejuízos:

a) que absorverem lucros ou reservas que não tenham sido tributados na forma deste artigo;

b) absorvidos na redução de capital que tenha sido aumentado com os benefícios do art. 63 do Decreto-Lei nº 1.598, de 26 de dezembro de 1977.

§ 3º O disposto nas alíneas *a* e *c* do § 1º não se aplica em relação às provisões admitidas pela Comissão de Valores Mobiliários, Banco Central do Brasil e Superintendência de Seguros Privados, quando constituídas por pessoas jurídicas submetidas à orientação normativa dessas entidades.

§ 4º O imposto de que trata este artigo:

a) será considerado devido exclusivamente na fonte, quando o beneficiário do lucro for pessoa física;

b) *Revogada*. Lei nº 7.959, de 21-12-1989;

c) poderá ser compensado com o imposto incidente na fonte sobre a parcela dos lucros apurados pelas pessoas jurídicas, que corresponder à participação de beneficiário, pessoa física ou jurídica, residente ou domiciliado no exterior.

§ 5º É dispensada a retenção na fonte do imposto a que se refere este artigo sobre a parcela do lucro líquido que corresponder à participação de pessoa jurídica imune ou isenta do imposto de renda.

- § 5º com a redação dada pela Lei nº 7.730, de 31-1-1989.

§ 6º O disposto neste artigo se aplica em relação ao lucro líquido apurado nos períodos-base encerrados a partir da data da vigência desta Lei.

Art. 36. Os lucros que forem tributados na forma do artigo anterior, quando distribuídos, não estarão sujeitos à incidência do imposto de renda na fonte.

- Art. 16, § 3º, desta Lei.

Parágrafo único. Incide, entretanto, o imposto de renda na fonte:

a) em relação aos lucros que não tenham sido tributados na forma do artigo anterior;

b) no caso de pagamento, crédito, entrega, emprego ou remessa de lucros, quando o beneficiário for residente ou domiciliado no exterior.

Art. 37. O imposto a que se refere o art. 36 desta Lei será convertido em número de OTN, pelo valor desta no mês de encerramento do período-base e deverá ser pago até o último dia útil do quarto mês subsequente ao do encerramento do período-base.

Art. 38. O disposto no art. 63 do Decreto-Lei nº 1.598, de 26 de dezembro de 1977, somente se aplicará aos lucros e reservas relativos a resultados de períodos-base encerrados anteriormente à data da vigência desta Lei.

- Art. 6º, XVII, *b*, desta Lei.

Art. 39. O disposto no art. 36 desta Lei não se aplicará às sociedades civis de que trata o art. 1º do Decreto-Lei nº 2.397, de 21 de dezembro de 1987.

Art. 40. Fica sujeita ao pagamento do imposto de renda à alíquota de dez por cento, a pessoa física que auferir ganhos líquidos nas operações realizadas nas Bolsas de Valores, de Mercadorias, de Futuros e Assemelhadas, ressalvado o disposto no inciso II do art. 22 desta Lei.

- *Caput* com a redação dada pela Lei nº 7.751, de 14-4-1989.

§ 1º Considera-se ganho líquido o resultado positivo auferido nas operações ou contratos liquidados em cada mês, admitida a dedução dos custos e despesas efetivamente incorridos, necessários à realização das operações, e à compensação das perdas efetivas ocorridas no mesmo período.

§ 2º O ganho líquido será constituído:

a) no caso dos mercados à vista, pela diferença positiva entre o valor de transmissão do ativo e o custo de aquisição do mesmo;

- Alínea *a* com a redação dada pela Lei nº 7.730, de 31-1-1989.

LEG. COMPLEMENTAR

b) no caso do mercado de opções:

1. nas operações tendo por objeto a opção, a diferença positiva apurada entre o valor das posições encerradas ou não exercidas até o vencimento da opção;
2. nas operações de exercício, a diferença positiva apurada entre o valor de venda à vista ou o preço médio à vista na data do exercício e o preço fixado para o exercício, ou a diferença positiva entre o preço do exercício acrescido do prêmio e o custo de aquisição;

- Alínea *b* com a redação dada pela Lei nº 7.730, de 31-1-1989.

c) no caso dos mercados a termo, a diferença positiva apurada entre o valor da venda à vista ou o preço médio à vista na data da liquidação do contrato a termo e o preço neste estabelecido;

d) no caso dos mercados futuros, o resultado líquido positivo dos ajustes diários apurados no período.

§ 3º Se o contribuinte apurar resultado negativo no mês será admitida a sua apropriação nos meses subsequentes.

- § 3º com a redação dada pela Lei nº 7.730, de 31-1-1989.

§ 4º O imposto deverá ser pago até o último dia útil da primeira quinzena do mês subsequente ao da percepção dos rendimentos.

§ 5º *Revogado*. Lei nº 8.014, de 6-4-1990.

§ 6º O Poder Executivo poderá baixar normas para apuração e demonstração de ganhos líquidos, bem como autorizar a compensação de perdas entre dois ou mais mercados ou modalidades operacionais, previstos neste artigo.

Art. 41. As deduções de despesas, bem como a compensação de perdas previstas no artigo anterior, serão admitidas exclusivamente para as operações realizadas em mercados organizados, geridos ou sob a responsabilidade de instituição credenciada pelo Poder Executivo e com objetivos semelhantes aos das Bolsas de Valores, de mercadorias ou de futuros.

- Art. 3º, § 2º, desta Lei.

Art. 42. *Revogado*. Lei nº 8.134, de 27-12-1990.

Art. 43. Fica sujeito à incidência do imposto de renda na fonte, à alíquota de sete inteiros e cinco décimos por cento, o rendimento bruto produzido por quaisquer aplicações financeiras.

§ 1º O disposto neste artigo aplica-se, também, às operações de financiamento realizadas em bolsas de valores, de mercadorias, de futuros ou assemelhadas.

§ 2º O disposto neste artigo não se aplica ao rendimento bruto auferido:

a) em aplicações em fundos de curto prazo, tributados nos termos do Decreto-Lei nº 2.458, de 25 de agosto de 1988;

b) em operações financeiras de curto prazo, assim consideradas as de prazo inferior a noventa dias, que serão tributadas às seguintes alíquotas, sobre o rendimento bruto:

1. quando a operação se iniciar e encerrar no mesmo dia, quarenta por cento;
2. nas demais operações, dez por cento, quando o beneficiário se identificar e trinta por cento, quando o beneficiário não se identificar.

§ 3º Nas operações tendo por objeto Letras Financeiras do Tesouro – LFT ou títulos estaduais e municipais a elas equiparados, o Imposto sobre a Renda na fonte será calculado à alíquota de:

a) quarenta por cento, em se tratando de operação de curto prazo; e

b) vinte e cinco por cento, quando o prazo da operação for igual ou superior a noventa dias.

§ 4º A base de cálculo do Imposto sobre a Renda na fonte sobre as operações de que trata o § 3º será constituída pelo rendimento que exceder à remuneração calculada com base na taxa referencial acumulada da Letra Financeira do Tesouro no período, divulgada pelo Banco Central do Brasil.

§ 5º O imposto de renda será retido pela fonte pagadora:

a) em relação aos juros de depósitos em cadernetas de poupança, na data do crédito ou pagamento;

b) em relação às operações de financiamento realizadas em bolsas de valores, de mercadorias, de futuros e assemelhadas, na liquidação;

c) nos demais casos, na data da cessão, liquidação ou resgate, ou nos pagamentos periódicos de rendimentos.

§ 6º Nas aplicações em fundos de condomínio, exceto os de curto prazo, ou clubes de investimentos, efetuadas até 31 de dezembro de 1988, o rendimento real será determinado tomando-se por base o valor da quota em 1º de janeiro de 1989, facultado à administradora optar pela tributação do rendimento no ato da liquidação ou resgate do título ou aplicação, em substituição à tributação quando do resgate das quotas.

§ 7º A alíquota de que trata o *caput* aplicar-se-á aos rendimentos de títulos, obrigações ou aplicações produzidas a partir do período iniciado em 16 de janeiro de 1989, mesmo quando adquiridos ou efetuadas anteriormente a esta data.

§ 8º As alíquotas de que tratam os §§ 2º e 3º, incidentes sobre rendimentos auferidos em operações de curto prazo, são aplicáveis às operações iniciadas a partir de 13 de fevereiro de 1989.

- Art. 43 com a redação dada pela Lei nº 7.738, de 9-3-1989.

Art. 44. O imposto de que trata o artigo anterior será considerado:

I – antecipação do devido na declaração de rendimentos, quando o beneficiário for pessoa jurídica tributada com base no lucro real;

II – devido exclusivamente na fonte nos demais casos, inclusive quando o beneficiário for pessoa jurídica isenta, observado o disposto no art. 47 desta Lei.

Art. 45. *Revogado*. Lei nº 8.134, de 27-12-1990.

Art. 46. *Revogado*. Lei nº 7.730, de 31-1-1989.

Art. 47. Fica sujeito à incidência do imposto de renda exclusivamente na fonte, à alíquota de trinta por cento, todo rendimento real ou ganho de capital pago a beneficiário não identificado.

Art. 48. A tributação de que tratam os arts. 7º, 8º e 23 não se aplica aos rendimentos e ganhos de capital tributados na forma dos arts. 41 e 47 desta Lei.

Art. 49. O disposto nesta Lei não se aplica aos rendimentos da atividade agrícola e pastoril, que serão tributados na forma da legislação específica.

Art. 50. VETADO.

Art. 51. A isenção do imposto de renda de que trata o art. 11, item I, da Lei nº 7.256, de 27 de novembro de 1984, não se aplica à empresa que se encontre nas situações previstas no art. 3º, itens I a V, da referida Lei, nem às empresas que prestem serviços profissionais de corretor, despachante, ator, empresário e produtor de espetáculos públicos, cantor, músico, médico, dentista, enfermeiro, engenheiro, físico, químico, economista, contador, auditor, estatístico, administrador, programador, analista de sistema, advogado, psicólogo, professor, jornalista, publicitário, ou assemelhados, e qualquer outra profissão cujo exercício dependa de habilitação profissional legalmente exigida.

○ Art. 179 da CF.

Art. 52. A falta ou insuficiência de recolhimento do imposto ou de quota deste, nos prazos fixados nesta Lei, apresentada ou não a declaração, sujeitará o contribuinte às multas e acréscimos previstos na legislação do imposto de renda.

Art. 53. Os juros e as multas serão calculados sobre o imposto ou quota, observado o seguinte:

a) quando expresso em BTN serão convertidos em cruzados novos pelo valor do BTN no mês do pagamento;

b) quando expresso em BTN Fiscal, serão convertidos em cruzados novos pelo valor do BTN Fiscal no dia do pagamento.

• Art. 53 com a redação dada pela Lei nº 7.799, de 10-7-1989.

Art. 54. Fica o Poder Executivo autorizado a implantar medidas de estímulo à eficiência da atividade fiscal em programas especiais de fiscalização.

Art. 55. Fica reduzida para um por cento a alíquota aplicável às importâncias pagas ou creditadas, a partir do mês de janeiro de 1989, a pessoas jurídicas, civis ou mercantis, pela prestação de serviços de limpeza, conservação, segurança, vigilância e por locação de mão de obra de que trata o art. 3º do Decreto-Lei nº 2.462, de 30 de agosto de 1988.

Art. 56. *Revogado.* Lei nº 9.430, de 27-12-1996.

Art. 57. Esta Lei entra em vigor em 1º de janeiro de 1989.

Art. 58. Revogam-se o art. 50 da Lei nº 4.862, de 29 de novembro de 1965, os arts. 1º a 9º do Decreto-Lei nº 1.510, de 27 de dezembro de 1976, os arts. 65 e 66 do Decreto-Lei nº 1.598, de 26 de dezembro de 1977, os arts. 1º a 4º do Decreto-Lei nº 1.641, de 7 de dezembro de 1978, os arts. 12 e 13 do Decreto-Lei nº 1.950, de 14 de julho de 1982, os arts. 15 e 100 da Lei nº 7.450, de 23 de dezembro de 1985, o art. 18 do Decreto-Lei nº 2.287, de 23 de julho de 1986, o item IV e o parágrafo único do art. 12 do Decreto-Lei nº 2.292, de 21 de novembro de 1986, o item III do art. 2º do Decreto-Lei nº 2.301, de 21 de novembro de 1986, o item III do art. 7º do Decreto-Lei nº 2.394, de 21 de dezembro de 1987, e demais disposições em contrário.

Brasília, 22 de dezembro de 1988;
167º da Independência e
100º da República.

José Sarney

LEI Nº 7.766, DE 11 DE MAIO DE 1989

Dispõe sobre o ouro, ativo financeiro, e sobre seu tratamento tributário.

• Publicada no *DOU* de 12.5.1989.

Art. 1º O ouro em qualquer estado de pureza, em bruto ou refinado, quando destinado ao mercado financeiro ou à execução da política cambial do País, em operações realizadas com a interveniência de instituições integrantes do Sistema Financeiro Nacional, na forma e condições autorizadas pelo Banco Central do Brasil, será desde a extração, inclusive, considerado ativo financeiro ou instrumento cambial.

§ 1º Enquadra-se na definição deste artigo:

I – o ouro envolvido em operações de tratamento, refino, transporte, depósito ou custódia, desde que formalizado compromisso de destiná-lo ao Banco Central do Brasil ou à instituição por ele autorizada.

II – as operações praticadas nas regiões de garimpo onde o ouro é extraído, desde que o ouro na saída do Município tenha o mesmo destino a que se refere o inciso I deste parágrafo.

§ 2º As negociações com o ouro, ativo financeiro, de que trata este artigo, efetuada nos pregões das bolsas de valores, de mercadorias, de futuros ou assemelhadas, ou no mercado de balcão com a interveniência de instituição financeira autorizada, serão consideradas operações financeiras.

Art. 2º Para os efeitos desta Lei, as cooperativas ou associações de garimpeiros, desde que regularmente constituídas, serão autorizadas pelo Banco Central do Brasil a operarem com ouro.

Parágrafo único. As operações com ouro, facultadas às cooperativas ou associações de garimpeiros, restringem-se, exclusivamente, à sua compra na origem e à venda ao Banco Central do Brasil, ou à instituição por ele autorizada.

Art. 3º A destinação e as operações a que se referem os arts. 1º e 2º desta Lei serão comprovadas mediante notas fiscais ou documentos que identifiquem tais operações.

§ 1º O transporte do ouro, ativo financeiro, para qualquer parte do território nacional, será acobertado exclusivamente por nota fiscal integrante da documentação fiscal mencionada.

§ 2º O ouro acompanhado por documentação fiscal irregular será objeto de apreensão pela Secretaria da Receita Federal.

Art. 4º O ouro destinado ao mercado financeiro sujeita-se, desde sua extração inclusive, exclusivamente à incidência do imposto sobre operações de crédito, câmbio e seguro, ou relativas a títulos ou valores mobiliários.

Parágrafo único. A alíquota desse imposto será de 1% (um por cento), assegurada a transferência do montante arrecadado, nos termos do art. 153, § 5º, incisos I e II, da Constituição Federal.

Art. 5º VETADO.

Art. 6º Tratando-se de ouro oriundo do exterior, considera-se Município e Estado de origem e de ingresso do ouro no País.

Art. 7º A pessoa jurídica adquirente fará constar, da nota fiscal de aquisição, o Estado, o Distrito Federal, ou o Território e o Município de origem do ouro.

Art. 8º O fato gerador do imposto é a primeira aquisição do ouro, ativo financeiro, efetuada por instituição autorizada, integrante do Sistema Financeiro Nacional.

Parágrafo único. Tratando-se de ouro físico oriundo do exterior, ingressado no País, o fato gerador é o seu desembaraço aduaneiro.

Art. 9º A base de cálculo do imposto é o preço de aquisição do ouro, desde que dentro dos limites de variação da cotação vigente no mercado doméstico, no dia da operação.

Parágrafo único. Tratando-se de ouro físico oriundo do exterior, o preço de aquisição, em moeda nacional, será determinado com base no valor de mercado doméstico na data do desembaraço aduaneiro.

Art. 10. Contribuinte do imposto é a instituição autorizada que efetuar a primeira aquisição do ouro, ativo financeiro.

LEG. COMPLEMENTAR

Art. 11. O imposto será pago até o último dia útil da primeira quinzena do mês subsequente ao da ocorrência do fato gerador.

Parágrafo único. A entidade arrecadadora repassará ao Estado, Distrito Federal ou Município, conforme a origem do ouro, o produto da arrecadação, na proporção do estabelecido no § 5º do art. 153 da Constituição Federal, no prazo de 30 (trinta) dias, encaminhando uma cópia dos documentos de arrecadação ao Departamento Nacional de Produção Mineral.

Art. 12. O recolhimento do imposto será efetuado no município produtor ou no município em que estiver localizado o estabelecimento-matriz do contribuinte, devendo ser indicado, no documento de arrecadação, o Estado, o Território ou o Distrito Federal e o Município, conforme a origem do ouro.

Art. 13. os rendimentos e ganhos de capital decorrentes de operações com ouro, ativo financeiro, sujeitam-se às mesmas normas de incidência do imposto de renda aplicáveis aos demais rendimentos e ganhos de capital resultantes de operações no mercado financeiro.

Parágrafo único. O ganho de capital em operações com ouro não considerado ativo financeiro será determinado segundo o disposto no art. 3º, § 2º, da Lei nº 7.713, de 22 de dezembro de 1988.

Art. 14. Esta Lei entra em vigor na data de sua publicação.

Art. 15. Revogam-se as disposições em contrário

Brasília, 11 de maio de 1989;
168º da Independência e
101º da República.

José Sarney

RESOLUÇÃO DO SENADO FEDERAL Nº 22, DE 19 DE MAIO DE 1989

Estabelece alíquotas do Imposto sobre Operações Relativas a Circulação de Mercadorias e sobre Prestação de Serviços de Transporte Interestadual e Intermunicipal e de Comunicação, nas operações e prestações interestaduais.

- Publicada no *DOU* de 22-5-1989.

Art. 1º A alíquota do Imposto sobre Operações Relativas à Circulação de Mercadorias e sobre Prestação de Serviços de Transporte Interestadual e Intermunicipal e de Comunicação, nas operações e prestações interestaduais, será de doze por cento.

Parágrafo único. Nas operações e prestações realizadas nas Regiões Sul e Sudeste, destinadas às Regiões Norte, Nordeste e Centro-Oeste e ao Estado do Espírito Santo, as alíquotas serão:

I – em 1989, oito por cento;

II – a partir de 1990, sete por cento.

Art. 2º A alíquota do imposto de que trata o art. 1º, nas operações de exportação para o exterior, será de treze por cento.

Art. 3º Esta Resolução entra em vigor em 1º de junho de 1989.

Senado Federal, 19 de maio de 1989.

Senador Iram Saraiva
1º Vice-Presidente, no exercício da Presidência

LEI Nº 7.810, DE 30 DE AGOSTO DE 1989

Dispõe sobre a redução de impostos na importação.

- Publicada no *DOU* de 31-8-1989.

Art. 1º É concedida redução de 80% (oitenta por cento) dos impostos de importação e sobre produtos industrializados incidentes sobre os equipamentos, máquinas, veículos, aparelhos e instrumentos, e seus respectivos acessórios, sobressalentes e ferramentas, importados por empresas concessionárias de serviço de transporte ferroviário ou metroviário, de passageiros ou de carga, desde que sem similar nacional e destinados a emprego exclusivo na execução dos referidos serviços.

Parágrafo único. A redação de que trata este artigo aplica-se, igualmente, às importações dos bens nele mencionados, realizadas por empresa usuária de serviços de transporte ferroviário e que integrem o ativo permanente da importadora, desde que cumulativamente:

I – a prestação de serviços seja realizada por empresa concessionária de serviços de transporte ferroviário de carga, mediante contrato de prazo não inferior a dois anos; e

II – os bens importados se destinem, exclusivamente, a uso na prestação dos serviços contratados.

- Parágrafo único acrescido pela Lei nº 8.003, de 14-3-1990.

Art. 2º Esta Lei entra em vigor na data de sua publicação.

Art. 3º Revogam-se as disposições em contrário.

Senado Federal, 30 de agosto de 1989;
168º da Independência e
101º da República.

Nelson Carneiro

LEI Nº 7.827, DE 27 DE SETEMBRO DE 1989

Regulamenta o art. 159, inciso I, alínea c, da Constituição Federal, institui o Fundo Constitucional de Financiamento do Norte – FNO, o Fundo Constitucional de Financiamento do Nordeste – FNE e o Fundo Constitucional de Financiamento do Centro-Oeste – FCO, e dá outras providências.

- Publicada no *DOU* de 28-9-1989.

Art. 1º Ficam criados o Fundo Constitucional de Financiamento do Norte – FNO, o Fundo Constitucional de Financiamento do Nordeste – FNE e o Fundo Constitucional de Financiamento do Centro-Oeste – FCO, para fins de aplicação dos recursos de que trata a alínea *c* do inciso I do art. 159 da Constituição Federal, os quais se organizarão e funcionarão nos termos desta Lei.

I – DAS FINALIDADES E DIRETRIZES GERAIS

Art. 2º Os Fundos Constitucionais de Financiamento do Norte, Nordeste e Centro-Oeste têm por objetivo contribuir para o desenvolvimento econômico e social das regiões Norte, Nordeste e Centro-Oeste, através das instituições financeiras federais de caráter regional, mediante a execução de programas de financiamento aos setores produtivos, em consonância com os respectivos planos regionais de desenvolvimento.

§ 1º Na aplicação de seus recursos, os Fundos Constitucionais de Financiamento do Norte, Nordeste e Centro-Oeste ficarão a salvo das restrições de controle monetário de natureza conjuntural e deverão destinar crédito diferenciado dos usualmente adotados pelas instituições financeiras, em função das reais necessidades das regiões beneficiárias.

§ 2º No caso da região Nordeste, o Fundo Constitucional de Financiamento do Nordeste inclui a finalidade específica de financiar, em condições compatíveis com as peculiaridades da área, atividades econômicas do semiárido, às quais destinará metade dos recursos ingressados nos termos do art. 159, inciso I, alínea *c*, da Constituição Federal.

Art. 3º Respeitadas as disposições dos Planos Regionais de Desenvolvimento, serão observadas as seguintes diretrizes na formulação dos programas de financiamento de cada um dos Fundos:

I – concessão de financiamento aos setores produtivos das regiões beneficiadas;

- Inciso I com a redação dada pela Lei nº 13.530, de 7-12-2017.

II – ação integrada com instituições federais sediadas nas regiões;

III – tratamento preferencial às atividades produtivas de pequenos e miniprodutores rurais e pequenas e microempresas, às de uso intensivo de matérias-primas e mão de obra locais e as que produzam alimentos básicos para consumo da população, bem como aos projetos de irrigação, quando pertencentes aos citados produtores, suas associações e cooperativas;

IV – preservação do meio ambiente;

V – adoção de prazos e carência, limites de financiamento, juros e outros encargos diferenciados ou favorecidos, em função dos aspectos sociais, econômicos, tecnológicos e espaciais dos empreendimentos;

VI – conjugação do crédito com a assistência técnica, no caso de setores tecnologicamente carentes;

VII – orçamentação anual das aplicações dos recursos;

VIII – uso criterioso dos recursos e adequada política de garantias, com limitação das responsabilidades de crédito por cliente ou grupo econômico, de forma a atender a um universo maior de beneficiários e assegurar racionalidade, eficiência, eficácia e retorno às aplicações;

IX – apoio à criação de novos centros, atividades e polos dinâmicos, notadamente em áreas interioranas, que estimulem a redução das disparidades intrarregionais de renda;

X – proibição de aplicação de recursos a fundo perdido;

XI – programação anual das receitas e despesas com nível de detalhamento que dê transparência à gestão dos Fundos e favoreça a participação das lideranças regionais com assento no conselho deliberativo das superintendências regionais de desenvolvimento;

- Inciso XI acrescido pela LC nº 129, de 8-1-2009.

XII – ampla divulgação das exigências de garantia e de outros requisitos para a concessão de financiamento;

- Inciso XII com a redação dada pela Lei nº 13.530, de 7-12-2017.

XIII – concessão de financiamento a estudantes regularmente matriculados em cursos superiores não gratuitos, de que trata a Lei nº 10.260, de 12 de julho de 2001.

- Inciso XIII acrescido pela Lei nº 13.530, de 7-12-2017.

II – DOS BENEFICIÁRIOS

Art. 4º São beneficiários dos recursos dos fundos constitucionais de financiamento do Norte, do Nordeste e do Centro-Oeste:

- *Caput* com a redação dada pela Lei nº 13.530, de 7-12-2017.

I – produtores e empresas, pessoas físicas e jurídicas, e cooperativas de produção que, de acordo com as prioridades estabelecidas nos planos regionais de desenvolvimento, desenvolvam atividades produtivas nos setores agropecuário, mineral, industrial, agroindustrial, de empreendimentos comerciais e de serviços das regiões Norte, Nordeste e Centro-Oeste;

II – estudantes regularmente matriculados em cursos superiores e de educação profissional, técnica e tecnológica não gratuitos que contribuirão para o desenvolvimento do setor produtivo das regiões Norte, Nordeste e Centro-Oeste, de acordo com as prioridades estabelecidas nos planos regionais de desenvolvimento.

- Incisos I e II acrescidos pela Lei nº 13.530, de 7-12-2017.

§ 1º Os Fundos Constitucionais de Financiamento poderão financiar empreendimentos de infraestrutura econômica, inclusive os de iniciativa de empresas públicas não dependentes de transferências financeiras do Poder Público, considerados prioritários para a economia em decisão do respectivo conselho deliberativo.

§ 2º No caso de produtores e empresas beneficiárias de fundos de incentivos regionais ou setoriais, a concessão de financiamentos de que trata esta Lei fica condicionada à regularidade da situação para com a Comissão de Valores Mobiliários – CVM e os citados fundos de incentivos.

- §§ 1º e 2º com a redação dada pela Lei nº 11.775, de 17-9-2008.

§ 3º *Revogado.* Lei nº 12.716, de 21-9-2012.

§ 4º Os estudantes e os cursos mencionados no inciso II do *caput* deste artigo deverão atender aos requisitos estabelecidos no art. 1º da Lei nº 10.260, de 12 de julho de 2001.

- § 4º acrescido pela Lei nº 13.530, de 7-9-2017.

Art. 5º Para efeito de aplicação dos recursos, entende-se por:

I – Norte, a região compreendida pelos Estados do Acre, Amazonas, Amapá, Pará, Roraima, Rondônia, e Tocantins;

II – Nordeste, a região abrangida pelos Estados do Maranhão, Piauí, Ceará, Rio Grande do Norte, Paraíba, Pernambuco, Alagoas, Sergipe e Bahia, além das partes dos Estados de Minas Gerais e Espírito Santo incluídas na área de atuação da SUDENE;

- Inciso II com a redação dada pela Lei nº 9.808, de 20-7-1999.

III – Centro-Oeste, a região de abrangência dos Estados de Mato Grosso, Mato Grosso do Sul, Goiás e Distrito Federal;

IV – semiárido, a região natural inserida na área de atuação da Superintendência de Desenvolvimento do Nordeste – SUDENE, definida em portaria daquela Autarquia.

- Inciso IV com a redação dada pela LC nº 125, de 3-1-2007.

III – DOS RECURSOS E APLICAÇÕES

Art. 6º Constituem fontes de recursos dos Fundos Constitucionais de Financiamento do Norte, Nordeste e Centro-Oeste:

I – 3% (três por cento) do produto da arrecadação do imposto sobre renda e proventos de qualquer natureza e do imposto sobre produtos industrializados, entregues pela União, na forma do art. 159, inciso I, alínea *c* da Constituição Federal;

II – os retornos e resultados de suas aplicações;

III – o resultado da remuneração dos recursos momentaneamente não aplicados, calculado com base em indexador oficial;

LEG. COMPLEMENTAR

IV – contribuições, doações, financiamentos e recursos de outras origens, concedidos por entidades de direito público ou privado, nacionais ou estrangeiras;

V – dotações orçamentárias ou outros recursos previstos em lei.

Parágrafo único. Nos casos dos recursos previstos no inciso I deste artigo, será observada a seguinte distribuição:

I – 0,6% (seis décimos por cento) para o Fundo Constitucional de Financiamento do Norte;

II – 1,8% (um inteiro e oito décimos por cento) para o Fundo Constitucional de Financiamento do Nordeste; e

III – 0,6% (seis décimos por cento) para o Fundo Constitucional de Financiamento do Centro-Oeste.

Art. 7º A Secretaria do Tesouro Nacional liberará ao Ministério da Integração Nacional, nas mesmas datas e, no que couber, segundo a mesma sistemática adotada na transferência dos recursos dos Fundos de Participação dos Estados, do Distrito Federal e dos Municípios, os valores destinados aos Fundos Constitucionais de Financiamento do Norte, do Nordeste e do Centro-Oeste, cabendo ao Ministério da Integração Nacional, observada essa mesma sistemática, repassar os recursos diretamente em favor das instituições federais de caráter regional e do Banco do Brasil S.A.

• *Caput* com a redação dada pela Lei nº 10.177, de 12-1-2001.

Parágrafo único. O Ministério da Fazenda informará, mensalmente, ao Ministério da Integração Nacional, às respectivas superintendências regionais de desenvolvimento e aos bancos administradores dos Fundos Constitucionais de Financiamento a soma da arrecadação do imposto sobre a renda e proventos de qualquer natureza e do imposto sobre produtos industrializados, o valor das liberações efetuadas para cada Fundo, bem como a previsão de datas e valores das 3 (três) liberações imediatamente subsequentes.

• Parágrafo único com a redação dada pela LC nº 125, de 3-1-2007.

Art. 8º Os Fundos gozarão de isenção tributária, estando os seus resultados, rendimentos e operações de financiamento livres de qualquer tributo ou contribuição, inclusive o imposto sobre operações de crédito, imposto sobre renda e proventos de qualquer natureza e as contribuições do PIS, PASEP e FINSOCIAL.

§ 1º Para os efeitos do art. 14 da Lei Complementar nº 101, de 4 de maio de 2000 (Lei de Responsabilidade Fiscal), a fim de compensar a renúncia de receita do crédito presumido de que trata o § 3º do art. 1º da Lei nº 9.826, de 23 de agosto de 1999, entre 1º de janeiro de 2021 e 31 de dezembro de 2025 será cobrado o Imposto sobre Operações de Crédito, Câmbio e Seguro ou relativas a Títulos ou Valores Mobiliários (IOF) sobre as operações de crédito praticadas com recursos do FCO, não aplicada a respectiva isenção de que trata o *caput* deste artigo.

§ 2º Relativamente às operações de crédito de que trata o § 1º deste artigo, a alíquota do IOF será a mesma alíquota incidente nas demais operações de crédito não isentas sujeitas ao referido imposto.

• §§ 1º e 2º acrescidos pela Lei nº 14.076, de 28-12-2020.

Art. 9º Observadas as diretrizes estabelecidas pelo Ministério da Integração Nacional, os bancos administradores poderão repassar recursos dos Fundos Constitucionais a outras instituições autorizadas a funcionar pelo Banco Central do Brasil, com capacidade técnica comprovada e com estrutura operacional e administrativa aptas a realizar, em segurança e no estrito cumprimento das diretrizes e normas estabelecidas, programas de crédito especificamente criados com essa finalidade.

• *Caput* com a redação dada pela Lei nº 10.177, de 12-1-2001.

§ 1º Respeitado o disposto no *caput* deste artigo, caberá aos Conselhos Deliberativos das Superintendências Regionais de Desenvolvimento definir o montante de recursos dos respectivos Fundos Constitucionais de Financiamento a serem repassados a outras instituições financeiras autorizadas a funcionar pelo Banco Central do Brasil.

• § 1º acrescido pela Lei nº 13.682, de 19-6-2018.

§ 2º As instituições financeiras beneficiárias dos repasses devolverão aos bancos administradores os valores devidos, de acordo com o cronograma de reembolso das operações formalizadas nos contratos, independentemente do pagamento pelo tomador final.

• § 2º com a redação dada pela Lei nº 13.986, de 7-4-2020.

§ 3º Aos bancos cooperativos e às confederações de cooperativas de crédito, em conformidade com o § 5º do art. 2º da Lei Complementar nº 130, de 17 de abril de 2009, no seu conjunto, sob seu risco exclusivo, fica assegurado, nos casos do FCO e do FNO, o repasse de 10% (dez por cento) dos recursos previstos para cada exercício ou do valor efetivamente demandado por essas instituições, o que for menor.

• § 3º com a redação dada pela Lei nº 14.227, de 20-10-2021.

§ 4º O montante do repasse de que trata este artigo terá como teto o limite de crédito da instituição beneficiária do repasse perante o banco administrador dos recursos dos Fundos Constitucionais de Financiamento, observadas as boas práticas bancárias.

• § 4º acrescido pela Lei nº 13.682, de 19-6-2018.

§ 5º As instituições financeiras beneficiárias dos repasses deverão assumir integralmente o risco da operação perante o respectivo Fundo.

• § 5º acrescido pela Lei nº 14.227, de 20-10-2021.

Art. 9º-A. Os recursos dos Fundos Constitucionais poderão ser repassados aos próprios bancos administradores, para que estes, em nome próprio e com seu risco exclusivo, realizem as operações de crédito autorizadas por esta Lei e pela Lei nº 10.177, de 12 de janeiro de 2001.

§ 1º O montante dos repasses a que se referem o *caput* estará limitado a proporção do patrimônio líquido da instituição financeira, fixada pelo Conselho Monetário Nacional.

§ 2º O retorno dos recursos aos Fundos Constitucionais se subordina à manutenção da proporção a que se refere o § 3º e independe do adimplemento, pelos mutuários, das obrigações contratadas pelas instituições financeiras com tais recursos.

§ 3º O retorno dos recursos aos Fundos Constitucionais, em decorrência de redução do patrimônio líquido das instituições financeiras, será regulamentado pelo Conselho Monetário Nacional.

• §§ 1º a 3º acrescidos pela MP nº 2.196-3, de 24-8-2001, que até o encerramento desta edição não havia sido convertida em lei.

§ 4º Nas operações realizadas nos termos deste artigo:

• *Caput* do § 4º acrescido pela MP nº 2.196-3, de 24-8-2001, que até o encerramento desta edição não havia sido convertida em lei.

I – serão observados os encargos estabelecidos na Lei nº 10.177, de 12 de janeiro de 2001; e

• Inciso I com a redação dada pela Lei nº 13.682, de 19-6-2018.

II – o *del credere* das instituições financeiras:

• *Caput* acrescido pela MP nº 2.196-3, de 24-8-2001, que até o encerramento desta edição não havia sido convertida em lei.

a) fica limitado a seis por cento ao ano;

b) está contido nos encargos a que se refere o inciso I; e

• Alíneas *a* e *b* acrescidas pela MP nº 2.196-3, de 24-8-2001, que até o encerramento desta edição não havia sido convertida em lei.

c) *Revogada.* Lei nº 14.227, de 20-10-2021.

§ 5º Os saldos diários das disponibilidades relativas aos recursos transferidos nos termos do *caput* serão remunerados pelas instituições financeiras com base na taxa extramercado divulgada pelo Banco Central do Brasil.

§ 6º Os recursos transferidos e utilizados em operações de crédito serão remunerados pelos encargos pactuados com os mutuários, deduzido o *del credere* a que se refere o § 4º, inciso II.

§ 7º Os bancos administradores deverão manter sistema que permita consolidar as disponibilidades e aplicações dos recursos, independentemente de estarem em nome do Fundo Constitucional ou da instituição financeira.

§ 8º As instituições financeiras, nas operações de financiamento realizadas nos termos deste artigo, gozam da isenção tributária a que se refere o art. 8º desta Lei.

§ 9º Poderão ser considerados, para os efeitos deste artigo, os valores que já tenham sido repassados às instituições financeiras e as operações de crédito respectivas.

§ 10. Na hipótese do § 9º:

I – não haverá risco de crédito para as instituições financeiras nas operações contratadas até 30 de novembro de 1998;

II – nas operações contratadas de 1º de dezembro de 1998 a 30 de junho de 2001, o risco de crédito das instituições financeiras fica limitado a cinquenta por cento; e

III – o *del credere* das instituições financeiras, mantendo-se inalterados os encargos pactuados com os mutuários:

a) fica reduzido a zero para as operações a que se refere o inciso I; e

b) fica limitado a três por cento para as operações a que se refere o inciso II.

§ 11. Para efeito do cálculo da taxa de administração a que fazem jus os bancos administradores, serão deduzidos do patrimônio líquido dos Fundos Constitucionais os valores repassados às instituições financeiras, nos termos deste artigo.

• §§ 5º a 11 acrescidos pela MP nº 2.196-3, de 24-8-2001, que até o encerramento desta edição não havia sido convertida em lei.

IV – DOS ENCARGOS FINANCEIROS

Art. 10. *Revogado.* Lei nº 9.126, de 10-11-1995.

Art. 11. *Revogado.* Lei nº 10.177, de 18.1.2001.

Art. 12. *Revogado.* Lei 9.126, de 10-11-1995.

V – DA ADMINISTRAÇÃO

Art. 13. A administração dos Fundos Constitucionais de Financiamento do Norte, Nordeste e Centro-Oeste será distinta e autônoma e, observadas as atribuições previstas em lei, exercida pelos seguintes órgãos:

• *Caput* com a redação dada pela Lei nº 10.177, de 12-1-2001.

I – Conselho Deliberativo das Superintendências de Desenvolvimento da Amazônia, do Nordeste e do Centro-Oeste;

• Inciso I com a redação dada pela LC nº 129, de 8-1-2009.

II – Ministério da Integração Nacional; e

• Inciso II com a redação dada pela Lei nº 10.177, de 12-1-2001.

III – instituição financeira de caráter regional e Banco do Brasil S.A.

• Inciso III acrescido pela Lei nº 10.177, de 12-1-2001.

Art. 14. Cabe ao Conselho Deliberativo da respectiva superintendência de desenvolvimento das regiões Norte, Nordeste e Centro-Oeste:

• *Caput* com a redação dada pela LC nº 125, de 3-1-2007.

I – estabelecer, anualmente, as diretrizes, prioridades e programas de financiamento dos Fundos Constitucionais de Financiamento, em consonância com o respectivo plano regional de desenvolvimento;

II – aprovar, anualmente, até o dia 15 de dezembro, os programas de financiamento de cada Fundo para o exercício seguinte, estabelecendo, entre outros parâmetros, os tetos de financiamento por mutuário;

III – avaliar os resultados obtidos e determinar as medidas de ajustes necessárias ao cumprimento das diretrizes estabelecidas e à adequação das atividades de financiamento às prioridades regionais;

• Incisos I a III com a redação dada pela LC nº 125, de 3-1-2007.

IV – encaminhar o programa de financiamento para o exercício seguinte, a que se refere o inciso II do *caput* deste artigo, juntamente com o resultado da apreciação e o parecer aprovado pelo Colegiado, à Comissão Mista permanente de que trata o § 1º do art. 166 da Constituição Federal, para conhecimento e acompanhamento pelo Congresso Nacional.

• Inciso IV acrescido pela LC nº 125, de 3-1-2007.

§ 1º Até o dia 30 de outubro de cada ano, as instituições financeiras federais de caráter regional encaminharão, à apreciação do Conselho Deliberativo da respectiva superintendência de desenvolvimento regional, a proposta de aplicação dos recursos relativa aos programas de financiamento para o exercício seguinte, a qual será aprovada até 15 de dezembro.

• Parágrafo único transformado em § 1º e com a redação dada pela Lei nº 13.682, de 19-6-2018.

§ 2º Na data prevista no § 1º deste artigo, as instituições financeiras administradoras deverão informar àquelas previstas no art. 9º desta Lei os limites disponíveis para repasse a cada uma, e os valores deverão ser apurados segundo critérios de avaliação fornecidos previamente pelas instituições administradoras às instituições tomadoras dos recursos.

§ 3º Para fins do disposto no § 2º deste artigo, as instituições beneficiárias dos repasses deverão habilitar-se até a data prevista no § 1º deste artigo perante as instituições financeiras administradoras.

§ 4º As instituições financeiras administradoras somente reservarão a parcela de que trata o § 3º do art. 9º desta Lei às instituições financeiras beneficiárias que cumprirem a exigência do § 3º deste artigo.

• §§ 2º a 4º acrescidos pela Lei nº 13.682, de 19-6-2018.

Art. 14-A. Cabe ao Ministério da Integração Nacional estabelecer as diretrizes e orientações gerais para as aplicações dos recursos dos Fundos Constitucionais de Financiamento do Norte, Nordeste e Centro-Oeste, de forma a compatibilizar os programas de financiamento com as orientações da política macroeconômica, das políticas setoriais e da Política Nacional de Desenvolvimento Regional.

• *Caput* do art. 14-A acrescido pela LC nº 125, de 3-1-2007.

Parágrafo único. O Ministério da Integração Nacional exercerá as competências relativas aos Conselhos Deliberativos das Superintendências de Desenvolvimento das Regiões

LEG. COMPLEMENTAR

Norte e Nordeste, de que trata o art. 14 desta Lei, até que sejam instalados os mencionados Conselhos.

- Parágrafo único acrescido pela Lei nº 11.524, de 24-9-2007.

Art. 15. São atribuições de cada uma das instituições financeiras federais de caráter regional e do Banco do Brasil S.A., nos termos da lei:

- *Caput* com a redação dada pela Lei nº 10.177, de 12-1-2001.

I – aplicar os recursos e implementar a política de concessão de crédito de acordo com os programas aprovados pelos respectivos Conselhos Deliberativos;

II – definir normas, procedimentos e condições operacionais próprias da atividade bancária, respeitadas, dentre outras, as diretrizes constantes dos programas de financiamento aprovados pelos Conselhos Deliberativos de cada Fundo;

- Incisos I e II com a redação dada pela Lei nº 10.177, de 12-1-2001.

III – analisar as propostas em seus múltiplos aspectos, inclusive quanto à viabilidade econômica e financeira do empreendimento, mediante exame da correlação custo/benefício, e quanto à capacidade futura de reembolso do financiamento almejado, para, com base no resultado dessa análise, enquadrar as propostas nas faixas de encargos e deferir créditos;

- Inciso III com a redação dada pela LC nº 125, de 3-1-2007.

IV – formalizar contratos de repasses de recursos na forma prevista no art. 9º desta Lei, respeitados os limites previstos no § 3º do referido dispositivo;

- Inciso IV com a redação dada pela Lei nº 13.682, de 19-6-2018.

V – prestar contas sobre os resultados alcançados, desempenho e estado dos recursos e aplicações ao Ministério da Integração Nacional e aos respectivos conselhos deliberativos;

- Inciso V com a redação dada pela LC nº 125, de 3-1-2007.

VI – exercer outras atividades inerentes à aplicação dos recursos, à recuperação dos créditos, inclusive nos termos definidos nos arts. 15-B, 15-C e 15-D, e à renegociação de dívidas, de acordo com as condições estabelecidas pelo Conselho Monetário Nacional.

- Inciso VI com a redação dada pela Lei nº 12.793, de 2-4-2013.

§ 1º O Conselho Monetário Nacional, por meio de proposta do Ministério da Integração Nacional, definirá as condições em que os bancos administradores poderão renegociar dívidas, limitando os encargos financeiros de renegociação aos estabelecidos no contrato de origem da operação inadimplida.

§ 2º Até o dia 30 de setembro de cada ano, as instituições financeiras de que trata o *caput* encaminharão ao Ministério da Integração Nacional e às respectivas superintendências regionais de desenvolvimento, para análise, a proposta dos programas de financiamento para o exercício seguinte.

- §§ 1º e 2º acrescidos pela Lei nº 12.793, de 2-4-2013.

Art. 15-A. *Revogado.* LC nº 125, de 3-1-2007.

Art. 15-B. Ficam convalidadas as liquidações de dívida efetuadas pelas instituições financeiras federais administradoras dos Fundos Constitucionais, que tenham sido realizadas em conformidade com as práticas e regulamentações bancárias das respectivas instituições e que tenham sido objeto de demanda judicial, recebidas pelo equivalente financeiro do valor dos bens passíveis de penhora dos devedores diretos e respectivos garantes, relativamente a operações concedidas com recursos dos Fundos Constitucionais de Financiamento, de que trata esta Lei.

§ 1º Para os efeitos desta Lei, considera-se liquidada a dívida pelo equivalente financeiro do valor dos bens passíveis de penhora quando obtida mediante o desconto a uma taxa real que corresponda ao custo de oportunidade do Fundo que tenha provido os recursos financiadores da dívida liquidada, pelo tempo estimado para o desfecho da ação judicial, aplicada sobre o valor de avaliação dos referidos bens.

§ 2º A convalidação referida no *caput* deste dispositivo resultará na anotação de restrição que impossibilitará a contratação de novas operações nas instituições financeiras federais, ressalvada a hipótese de o devedor inadimplente recolher ao respectivo Fundo financiador da operação o valor atualizado equivalente à diferença havida entre o que pagou na renegociação e o que deveria ter sido pago caso incidissem no cálculo os encargos de normalidade em sua totalidade, quando então poderá ser baixada a aludida anotação.

§ 3º As instituições financeiras federais administradoras dos Fundos Constitucionais deverão apresentar relatório ao Ministério da Integração Nacional, com a indicação dos quantitativos renegociados sob a metodologia referida no *caput*.

§ 4º O disposto neste artigo somente se aplica aos devedores que tenham investido corretamente os valores financiados, conforme previsto nos respectivos instrumentos de crédito.

Art. 15-C. As instituições financeiras federais poderão, nos termos do art. 15-B e parágrafos, proceder à liquidação de dívidas em relação às propostas cujas tramitações tenham sido iniciadas em conformidade com as práticas e regulamentações bancárias de cada instituição financeira federal.

Art. 15-D. Os administradores dos Fundos Constitucionais ficam autorizados a liquidar dívidas pelo equivalente financeiro do valor atual dos bens passíveis de penhora, observando regulamentação específica dos respectivos Conselhos Deliberativos, a qual deverá respeitar, no que couber, os critérios estabelecidos no art. 15-B.

- Arts. 15-B a 15-D acrescidos pela Lei nº 11.945, de 4-6-2009.

Art. 15-E. Além das medidas de recuperação de crédito e de renegociação de dívidas dispostas no inciso VI do *caput* e no § 1º do art. 15 desta Lei, os bancos administradores do FNO, do FNE e do FCO ficam autorizados a realizar acordos de renegociação extraordinária de operações de crédito inadimplidas sob sua gestão.

§ 1º A renegociação extraordinária poderá ser solicitada pelo mutuário sempre que satisfeitas as condições estabelecidas neste artigo.

§ 2º Os acordos de renegociação extraordinária de que trata o *caput* deste artigo aplicam-se exclusivamente às operações de crédito cuja contratação original tenha ocorrido há, no mínimo, 7 (sete) anos da data de sua solicitação e que, nas demonstrações financeiras dos Fundos Constitucionais, tenham sido:

I – integralmente provisionadas;

II – totalmente lançadas em prejuízo.

§ 3º Nos acordos de renegociação extraordinária de que trata o *caput* deste artigo ficam autorizadas a concessão de prazos e formas de pagamento especiais, incluídos o diferimento, a moratória e a concessão de descontos, observadas as seguintes condições:

I – os descontos:

a) não poderão reduzir o valor original da operação de crédito, excluídos os acréscimos a qualquer título;

b) não poderão implicar redução superior a 90% (noventa por cento) dos valores a serem renegociados; e

c) serão concedidos na forma de:

1. rebate para liquidação dos créditos atualizados na forma do § 5º deste artigo, segundo critérios e percentuais a serem definidos em regulamento;
2. bônus de adimplência para pagamento dos créditos repactuados atualizados na forma do § 5º deste artigo, segundo critérios e percentuais a serem definidos em regulamento;

II – as garantias vigentes deverão ser mantidas, permitidos o oferecimento de exoneração mediante pagamento do valor equivalente, a substituição, a liberação ou a alienação de garantias e de constrições, inclusive com a utilização do patrimônio rural em afetação, de acordo com o disposto na Lei nº 13.986, de 7 de abril de 2020.

§ 4º Fica vedada a renegociação extraordinária que envolva operação de crédito objeto de renegociação extraordinária anterior rescindida por descumprimento pelo mutuário das cláusulas e das condições pactuadas.

§ 5º O valor total dos créditos a serem liquidados ou repactuados será obtido mediante a soma dos valores que se enquadrem nos termos deste artigo, atualizados com base nos encargos de normalidade, sem o cômputo de multa, de mora ou de quaisquer outros encargos de inadimplemento, mesmo que tenham sido incorporados ou pactuados por meio de aditivos contratuais ou de escrituras públicas de confissão.

§ 6º Ao saldo devedor a ser liquidado ou repactuado, atualizado na forma do § 5º deste artigo, conforme o caso, poderão ser acrescidos honorários advocatícios máximos equivalentes a 1% (um por cento) do valor da dívida atualizada no caso de operações que se encontrem em cobrança judicial.

§ 7º A partir da data de repactuação, incidirão sobre o saldo devedor não liquidado nos termos deste artigo os encargos aplicáveis a novos créditos destinados ao financiamento de itens semelhantes aos originalmente financiados pela operação renegociada, observadas a atividade econômica e a classificação original de porte do devedor.

§ 8º Na hipótese de repactuação, o pagamento das prestações será realizado em até 120 (cento e vinte) meses, admitidas prestações anuais para as operações de crédito rural.

§ 9º O disposto neste artigo não se aplica às operações de crédito de mutuários que tenham comprovadamente cometido inaplicação, desvio de finalidade ou fraude em operações de crédito contratadas com recursos dos Fundos Constitucionais.

§ 10. O disposto no § 9º deste artigo não impede a renegociação nos casos em que:

I – a irregularidade tenha sido devidamente saneada pelo interessado ou em que seja saneada concomitantemente à liquidação ou à repactuação;

II – na hipótese de inaplicação, o objeto do financiamento tenha sido, de forma comprovada, fisicamente implantado ou adquirido.

§ 11. Para os fins deste artigo, considera-se contratação original:

I – a operação que deu origem ao crédito, mesmo que renegociada por meio dos normativos internos da instituição financeira, de resoluções do Conselho Monetário Nacional ou de autorização legal específica, inclusive aquelas operações alongadas com fundamento no § 3º do art. 5º da Lei nº 9.138, de 29 de novembro de 1995; e

II – as operações renegociadas com fundamento no § 6º do art. 5º da Lei nº 9.138, de 29 de novembro de 1995, e da Resolução nº 2.471, de 26 de fevereiro de 1998, do Conselho Monetário Nacional.

§ 12. O ônus financeiro decorrente do ajuste do saldo devedor e dos descontos previstos neste artigo será suportado:

I – no caso das operações provisionadas integralmente ou lançadas totalmente em prejuízo nas demonstrações financeiras dos Fundos Constitucionais, pela instituição financeira administradora, pela instituição repassadora ou pelo respectivo Fundo Constitucional, de acordo com a proporção do risco de cada um;

II – nos demais casos, pelo respectivo Fundo Constitucional.

§ 13. Para os fins do disposto neste artigo, sem prejuízo do estabelecido no § 3º do art. 195 da Constituição Federal, ficam afastadas as exigências de regularidade fiscal previstas no art. 62 do Decreto-Lei nº 147, de 3 de fevereiro de 1967, no § 1º do art. 1º do Decreto-Lei nº 1.715, de 22 de novembro de 1979, na alínea *b* do *caput* do art. 27 da Lei nº 8.036, de 11 de maio de 1990, e na Lei nº 10.522, de 19 de julho de 2002.

§ 14. O regulamento tratará dos casos omissos que necessitem ser disciplinados para dar efetividade ao disposto neste artigo.

Art. 15-F. Além das medidas de recuperação de crédito e de renegociação de dívidas dispostas no inciso VI do *caput* e no § 1º do art. 15 desta Lei, os bancos administradores dos Fundos Constitucionais de Financiamento ficam autorizados a realizar renegociações de dívidas com substituição dos encargos contratados na operação de crédito pelos encargos correntemente utilizados para contratação de nova operação.

§ 1º A substituição de encargos de que trata o *caput* deste artigo aplica-se exclusivamente às operações de crédito:

I – que tenham sido integralmente provisionadas ou lançadas totalmente em prejuízo nas demonstrações financeiras dos Fundos Constitucionais; e

II – em que seja proposta a realização de um dos seguintes procedimentos:

a) substituição do titular da operação, por meio de assunção, de expromissão ou por outro meio que transfira a obrigação da dívida a terceiro; ou

b) alteração do controle societário direto ou indireto da empresa mutuária.

§ 2º Nas hipóteses previstas no § 1º deste artigo, as renegociações serão condicionadas à avaliação do banco administrador acerca da idoneidade financeira e da capacidade de pagamento do assuntor, do expromitente ou do controlador direto ou indireto superior em relação ao devedor ou controlador original e a outros critérios, em conformidade com as práticas e as regulamentações bancárias das respectivas instituições.

§ 3º Os encargos a serem utilizados para a substituição de que trata este artigo terão como parâmetros:

I – na hipótese de substituição do titular da operação em que o novo titular exerça atividade econômica passível de financiamento pelo Fundo Constitucional:

a) o programa de crédito vigente para a concessão de crédito no momento da renegociação e que financie a principal atividade econômica desenvolvida pelo novo titular e que

LEG. COMPLEMENTAR

seja passível de financiamento pelo Fundo Constitucional; e

b) o porte do novo titular no momento da renegociação, de acordo com as normas de concessão de crédito; ou

II – na hipótese de não haver substituição do titular da operação ou na hipótese de substituição do titular em que o novo titular não exerça atividade econômica passível de financiamento pelo Fundo Constitucional:

a) o programa de crédito vigente para a concessão de crédito no momento da renegociação e que financie itens semelhantes aos financiados originalmente pela operação renegociada; e

b) a atividade econômica e o porte do devedor original no momento da contratação do crédito renegociado.

§ 4º Para os fins do disposto neste artigo, sem prejuízo do estabelecido no § 3º do art. 195 da Constituição Federal, ficam afastadas as exigências de regularidade fiscal previstas no art. 62 do Decreto-Lei nº 147, de 3 de fevereiro de 1967, no § 1º do art. 1º do Decreto-Lei nº 1.715, de 22 de novembro de 1979, na alínea *b* do *caput* do art. 27 da Lei nº 8.036, de 11 de maio de 1990, e na Lei nº 10.522, de 19 de julho de 2002.

Art. 15-G. Para os fins do disposto nos arts. 15-E e 15-F desta Lei:

I – o encaminhamento para cobrança judicial, as execuções e as cobranças judiciais em curso e o prazo de prescrição das dívidas para as quais foi solicitada a renegociação ficam suspensos a partir do protocolo do pedido de renegociação até o término da análise do pedido pelo banco administrador;

II – a instituição financeira deverá apresentar ao devedor, caso este solicite formalmente, extrato demonstrativo da evolução da dívida conforme os critérios estabelecidos nesta Lei;

III – as regras previstas nos demais dispositivos desta Lei aplicam-se subsidiariamente.

Art. 15-H. Ficam os bancos administradores dos Fundos Constitucionais de Financiamento autorizados a ceder a empresas especializadas na cobrança de créditos inadimplidos operações enquadradas mas não renegociadas nos termos dos arts. 15-E e 15-F desta Lei.

Parágrafo único. O valor obtido com a cessão de que trata o *caput* deste artigo será dividido entre o banco administrador e o Fundo Constitucional na proporção do risco de crédito assumido por cada um na data da concessão.

- Arts. 15-E a 15-H acrescidos pela Lei nº 14.166, de 10-6-2021.

Art. 16. O Banco da Amazônia S.A. – BASA, o Banco do Nordeste do Brasil S.A. – BNB e o Banco do Brasil S.A. – BB são os administradores do Fundo Constitucional de Financiamento do Norte – FNO, do Fundo Constitucional de Financiamento do Nordeste – FNE e do Fundo Constitucional de Financiamento do Centro-Oeste – FCO, respectivamente.

§ 1º O Banco do Brasil S.A. transferirá a administração, patrimônio, operações e recursos do Fundo Constitucional de Financiamento do Centro-Oeste – FCO para o Banco de Desenvolvimento do Centro-Oeste, após sua instalação e entrada em funcionamento, conforme estabelece o art. 34, § 11, do Ato das Disposições Constitucionais Transitórias.

§ 2º *Revogado*. Lei nº 10.177, de 18-1-2001.

Art. 17. *Revogado*. Lei nº 10.177, de 18-1-2001.

Art. 17-A. Os bancos administradores do FNO, do FNE e do FCO farão jus a taxa de administração sobre o patrimônio líquido dos respectivos Fundos, apropriada mensalmente, nos seguintes percentuais:

- *Caput* do art. 17-A acrescido pela Lei nº 13.682, de 19-6-2018.

I – 3% (três por cento) ao ano, no exercício de 2018;

II – 2,7% (dois inteiros e sete décimos por cento) ao ano, no exercício de 2019;

III – 2,4% (dois inteiros e quatro décimos por cento) ao ano, no exercício de 2020;

IV – 2,1% (dois inteiros e um décimo por cento) ao ano, no exercício de 2021;

V – 1,8% (um inteiro e oito décimos por cento) ao ano, no exercício de 2022; e

VI – 1,5% (um inteiro e cinco décimos por cento) ao ano, a partir de 1º de janeiro de 2023.

- Incisos I a VI acrescidos pela Lei nº 13.682, de 19-6-2018.

§ 1º Para efeitos do cálculo da taxa de administração a que se refere o *caput* deste artigo, serão deduzidos do patrimônio líquido apurado para o mês de referência:

I – os saldos dos recursos do FNO, do FNE e do FCO de que trata o art. 4º da Lei nº 9.126, de 10 de novembro de 1995;

II – os valores repassados ao banco administrador nos termos do § 11 do art. 9º-A desta Lei; e

III – os saldos das operações contratadas na forma do art. 6º-A da Lei nº 10.177, de 12 de janeiro de 2001, conforme regulamentado pelo Conselho Monetário Nacional.

- § 1º acrescido pela Lei nº 13.682, de 19-6-2018.

§ 2º Os bancos administradores farão jus ao percentual de 0,09% a.a. (nove centésimos por cento ao ano) sobre os saldos dos recursos do FNO, do FNE e do FCO de que trata o art. 4º da Lei nº 9.126, de 10 de novembro de 1995.

§ 3º O montante a ser recebido pelos bancos administradores em razão da taxa de administração de que trata este artigo, deduzido o valor a que se refere o § 2º deste artigo, poderá ser acrescido em até 20% (vinte por cento), a título de taxa de performance.

- §§ 2º e 3º com a redação dada pela Lei nº 14.227, de 20-10-2021.

§ 4º A taxa de administração de que trata o *caput* deste artigo somada à remuneração de que trata o § 2º deste artigo ficam limitadas, em cada mês, a 20% (vinte por cento) do valor acumulado, até o mês de referência, das transferências de que trata a alínea *c* do inciso I do *caput* do art. 159 da Constituição Federal, realizadas pela União a cada um dos bancos administradores, descontados os valores pagos nos meses anteriores referentes à taxa de administração de que trata o *caput* deste artigo e ao percentual de que trata o § 2º deste artigo.

- § 4º acrescido pela Lei nº 13.682, de 19-6-2018.

§ 5º Ato conjunto dos Ministros de Estado da Economia e do Desenvolvimento Regional regulamentará a taxa de performance de que trata o § 3º deste artigo.

- § 5º com a redação dada pela Lei nº 14.227, de 20-10-2021.

§ 6º Ato do Presidente da República regulamentará a sistemática do cálculo e da apropriação da taxa de administração a que fazem jus os bancos administradores do FNO, do FNE e do FCO.

- § 6º acrescido pela Lei nº 13.682, de 19-6-2018.

VI – DO CONTROLE E PRESTAÇÃO DE CONTAS

Art. 18. Cada Fundo terá contabilidade própria, registrando todos os atos e fatos a ele referentes, valendo-se, para tal, do sistema contábil da respectiva instituição financeira federal de caráter regional, no qual deverão ser criados e mantidos subtítulos específicos para esta finalidade, com apuração de resultados à parte.

Art. 18-A. Observadas as orientações gerais estabelecidas pelo Ministério da Integração Nacional, as Superintendências de Desenvolvimento da Amazônia, do Nordeste e do Centro-Oeste são responsáveis pelo funcionamento de ouvidorias para atender às sugestões e reclamações dos agentes econômicos e de suas entidades representativas quanto às rotinas e aos procedimentos empregados na aplicação dos recursos do respectivo Fundo Constitucional de Financiamento.

§ 1º As ouvidorias a que se refere o *caput* deste artigo terão seu funcionamento guiado por regulamento próprio, que estabelecerá as responsabilidades e as possibilidades das partes envolvidas, reservando-se às instituições financeiras a obrigação de fornecimento das informações e justificações necessárias à completa elucidação dos fatos ocorridos e à superação dos problemas detectados e pendências existentes.

§ 2º Cabe ao Conselho Deliberativo das Superintendências de Desenvolvimento da Amazônia, do Nordeste e do Centro-Oeste estabelecer o regulamento para o funcionamento da ouvidoria do respectivo Fundo.

§ 3º O ouvidor de cada Fundo será nomeado, por proposta da Superintendência Regional de Desenvolvimento, pelo respectivo Conselho Deliberativo, do qual participará com direito à voz.

§ 4º No prazo de até 30 (trinta) dias de sua solicitação, o tomador de financiamento tem o direito de receber do banco administrador uma ficha completa de cada uma de suas operações de crédito, com a discriminação de todos os lançamentos desde sua contratação.

§ 5º As entidades representativas dos produtores rurais poderão, nos termos do regulamento previsto no § 1º, assistir aos tomadores na obtenção de informações sobre as pendências em suas operações de crédito e promover reuniões de conciliação entre os agentes econômicos e os bancos administradores.

§ 6º A participação das entidades representativas dos produtores rurais, nos termos do § 5º, não exclui nem mitiga a responsabilidade primária dos bancos administradores em divulgar e disseminar as informações acerca das operações de crédito.

§ 7º Caso o banco administrador não atenda à solicitação prevista no § 4º, a respectiva ouvidoria assumirá a responsabilidade pela solicitação e informará ao Conselho Deliberativo em sua primeira reunião após esse fato, cabendo ao Presidente do Banco Administrador justificar o não atendimento ou a demora em fazê-lo.

- Art. 18-A acrescido pela Lei nº 12.716, de 21-9-2012.

Art. 19. As instituições financeiras federais de caráter regional farão publicar semestralmente os balanços dos respectivos Fundos, devidamente auditados.

Art. 20. Os bancos administradores dos Fundos Constitucionais de Financiamento apresentarão, anualmente, ao Ministério da Integração Nacional e às respectivas Superintendências Regionais de Desenvolvimento relatório circunstanciado sobre as atividades desenvolvidas e os resultados obtidos pelos respectivos Fundos.

- *Caput* com a redação dada pela Lei nº 13.682, de 19-6-2018.

§ 1º O exercício financeiro de cada Fundo coincidirá com o ano civil, para fins de apuração de resultados e apresentação de relatórios.

§ 2º Deverá ser contratada auditoria externa, às expensas do Fundo, para certificação do cumprimento das disposições constitucionais e legais estabelecidas, além do exame das contas e outros procedimentos usuais de auditagem.

§ 3º Os bancos administradores deverão colocar à disposição dos órgãos de fiscalização competentes os demonstrativos, com posições de final de mês, dos recursos, aplicações e resultados dos Fundos respectivos.

§ 4º O relatório de que trata o *caput* deste artigo, acompanhado das demonstrações contábeis, devidamente auditadas, será encaminhado pelo respectivo conselho deliberativo da superintendência do desenvolvimento, juntamente com sua apreciação, às comissões que tratam da questão das desigualdades inter-regionais de desenvolvimento na Câmara dos Deputados e no Senado Federal, para efeito de fiscalização e controle.

- § 4º com a redação dada pela LC nº 129, de 8-1-2009.

§ 5º O relatório de que trata o *caput* deste artigo, acompanhado das demonstrações contábeis, devidamente auditadas, será encaminhado pelo respectivo conselho deliberativo de desenvolvimento regional, juntamente com sua apreciação, a qual levará em consideração o disposto no § 4º deste artigo, à Comissão Mista permanente de que trata o § 1º do art. 166 da Constituição Federal, para efeito de fiscalização e controle, devendo ser apreciado na forma e no prazo do seu regimento interno.

- § 5º com a redação dada pela LC nº 125, de 3-1-2007.

§ 6º Do montante de recursos a que se refere o inciso II do *caput* do art. 6º desta Lei, será destinada anualmente a parcela de até 0,01 % (um centésimo por cento) para contratação pelas respectivas superintendências de desenvolvimento regional, e pagamento pelo banco administrador do respectivo Fundo, de atividades de avaliação dos impactos econômicos e sociais decorrentes da aplicação dos recursos dos Fundos, de forma a permitir a aferição da eficácia, da eficiência e da efetividade desses recursos, de acordo com as diretrizes definidas conjuntamente pelo Ministério da Economia e pelo Ministério do Desenvolvimento Regional, a ser descontada de cada Fundo Constitucional de Financiamento na proporção definida no parágrafo único do referido art. 6º.

- § 6º com a redação dada pela Lei nº 14.227, de 20-10-2021.

§ 7º O conjunto mínimo de informações que deve constar do relatório a que se refere o *caput* deste artigo e sua estrutura serão definidos em ato conjunto dos Ministros de Estado da Integração Nacional e da Fazenda, com indicadores qualitativos e quantitativos que permitam a mensuração do desempenho, consoante os propósitos e os resultados da política de aplicação dos recursos dos Fundos.

- § 7º acrescido pela Lei nº 13.682, de 19-6-2018.

VII – DAS DISPOSIÇÕES GERAIS E TRANSITÓRIAS

Art. 21. Até a aprovação da proposta prevista no inciso I do art. 14 desta Lei, ficam as instituições financeiras federais de caráter regional autorizadas a aplicar os recursos dos respectivos Fundos de acordo com as diretrizes gerais estabelecidas no art. 3º desta Lei.

§ 1º Dentro de 60 (sessenta) dias, a partir da publicação desta Lei, as instituições financeiras federais de caráter regional apresentarão, aos Conselhos Deliberativos das respectivas

LEG. COMPLEMENTAR

superintendências de desenvolvimento regional, as propostas de programas de financiamento de que trata o parágrafo único do art. 14 desta Lei, as quais deverão ser aprovadas até 60 (sessenta) dias após o recebimento.

§ 2º As operações realizadas antes da aprovação de que trata o parágrafo anterior, pelas instituições financeiras federais de caráter regional, com os recursos dos Fundos Constitucionais de Financiamento do Norte, Nordeste e Centro-Oeste, ficam ao abrigo desta Lei, inclusive para efeito de eventuais benefícios financeiros.

Art. 22. Esta Lei entra em vigor na data de sua publicação.

Art. 23. Revogam-se as disposições em contrário.

Brasília, 27 de setembro de 1989;
168º da Independência e
101º da República.
Antônio Paes de Andrade

LEI Nº 7.940, DE 20 DE DEZEMBRO DE 1989

Institui a Taxa de Fiscalização dos mercados de títulos e valores mobiliários, e dá outras providências.

• Publicada no *DOU* de 21-12-1989.

Art. 1º Fica instituída a Taxa de Fiscalização do mercado valores mobiliários.

Art. 2º Constitui fato gerador da Taxa o exercício do poder de polícia legalmente atribuído à Comissão de Valores Mobiliários – CVM.

Parágrafo único. A CVM, no âmbito de suas competências, poderá editar atos normativos para disciplinar a aplicabilidade da Taxa de Fiscalização prevista nesta Lei.

• Parágrafo único com a redação dada pela Lei nº 14.317, de 29-3-2022.

Art. 3º São contribuintes da Taxa:

• *Caput* com a redação dada pela Lei nº 14.317, de 29-3-2022.

I – as pessoas naturais e jurídicas que integram o sistema de distribuição de valores mobiliários;

II – as companhias abertas nacionais e as companhias estrangeiras sujeitas a registro na CVM;

III – as companhias securitizadoras;

IV – os fundos de investimento, independentemente dos ativos que componham sua carteira;

V – os administradores de carteira de valores mobiliários;

VI – os auditores independentes sujeitos a registro na CVM;

VII – os assessores de investimento;

VIII – os analistas e os consultores de valores mobiliários;

IX – as sociedades beneficiárias de recursos oriundos de incentivos fiscais registradas na CVM; X – as entidades administradoras de mercados organizados de valores mobiliários;

XI – as centrais depositárias de valores mobiliários e as demais instituições operadoras de infraestruturas de mercado;

XII – as plataformas eletrônicas de investimento coletivo e as pessoas jurídicas, com sede no País ou no exterior, participantes de ambiente regulatório experimental no âmbito da CVM;

XIII – o investidor, individual ou coletivo, pessoa natural ou jurídica, fundo ou outra entidade de investimento coletivo, com residência, sede ou domicílio no exterior, registrado na CVM como titular de conta própria ou de carteira coletiva;

XIV – as agências de classificação de risco;

XV – os agentes fiduciários;

XVI – os prestadores de serviços de escrituração e custódia de valores mobiliários e os emissores de certificados de depósito de valores mobiliários; e

XVII – os ofertantes de valores mobiliários no âmbito da realização da oferta pública de valores mobiliários, sujeita a registro ou dispensada de registro pela CVM.

• Incisos I a XVII acrescidos pela Lei nº 14.317, de 29-3-2022.

§ 1º Os analistas de valores mobiliários não sujeitos a registro na CVM são isentos do pagamento da Taxa.

§ 2º O representante legal, registrado na CVM, dos contribuintes que tenham sede, residência ou domicílio no exterior é responsável pelo recolhimento da Taxa.

• §§ 1º e 2º acrescidos pela Lei nº 14.317, de 29-3-2022.

Art. 4º A Taxa é devida:

I e II – *Revogados*. Lei nº 14.317, de 29-3-2022;

III – anualmente e paga integralmente com relação a todo o ano a que se refere, de acordo com os valores expressos em real e estabelecidos nos Anexos I, II e III desta Lei, inadmitido o pagamento *pro rata*;

• Inciso III com a redação dada pela Lei nº 14.317, de 29-3-2022.

IV – por ocasião da realização de oferta pública de valores mobiliários, sujeita a registro ou dispensada de registro pela CVM, com incidência sobre o valor da operação, conforme estabelecido no Anexo IV desta Lei; e

V – por ocasião do pedido de registro inicial como participante do mercado de valores mobiliários, conforme o disposto nesta Lei, ou da emissão de ato autorizativo equivalente, na hipótese prevista no Anexo V desta Lei, inadmitido o pagamento pro rata e com pagamento integral da Taxa independentemente da data do pedido.

• Incisos IV e V acrescidos pela Lei nº 14.317, de 29-3-2022.

§ 1º O valor da Taxa devido pelos fundos de investimento é o somatório dos valores indicados na faixa 5 do Anexo I desta Lei, de acordo com o patrimônio líquido de cada classe de cota ou, exclusivamente no caso de subdivisão de classe de cota, de cada subdivisão de classe prevista no regulamento do fundo.

§ 2º O valor da Taxa devido pelos fundos de investimento que não apresentem diferentes classes de cotas é aquele indicado na faixa 5 do Anexo I desta Lei, de acordo com o seu patrimônio líquido.

§ 3º O valor do patrimônio líquido a que se referem os §§ 1º e 2º deste artigo é calculado da seguinte forma:

I – pela média aritmética dos patrimônios líquidos diários apurados no primeiro quadrimestre do ano civil; ou

II – com base no valor calculado no último dia útil do primeiro quadrimestre do ano para aqueles que não apuraram diariamente o valor de seu patrimônio líquido.

§ 4º O valor da Taxa devido pelos contribuintes das demais faixas previstas nos Anexos I e V desta Lei é indicado:

I – de acordo com o patrimônio líquido do contribuinte em 31 de dezembro do ano anterior; ou

II – pelo menor valor de taxa previsto na faixa aplicável ao contribuinte, na hipótese de participante constituído posteriormente.

§ 5º Nas hipóteses previstas no Anexo II desta Lei, o recolhimento inicial deve ocorrer no prazo de 30 (trinta) dias, contado da data do registro na CVM.

§ 6º Nas hipóteses previstas no Anexo III desta Lei, o valor da Taxa é calculado de acordo com o número de estabelecimentos do contribuinte.

§ 7º Nas hipóteses previstas no Anexo IV desta Lei, o valor da Taxa é calculado em função do valor da oferta pública expresso em real.

§ 8º Na hipótese de uma mesma pessoa jurídica obter mais de um registro nos termos previstos nos Anexos I, II ou III desta Lei, é devido o valor da Taxa para cada registro concedido ao contribuinte.

§ 9º Não haverá sobreposição ou dupla cobrança da Taxa na hipótese de oferta pública de valores mobiliários concomitante ao pedido de registro inicial como emissor de valores mobiliários, situação na qual haverá incidência de taxa apenas nos termos do Anexo IV desta Lei.

- §§ 1º a 9º acrescidos pela Lei nº 14.317, de 29-3-2022.

Art. 5º A Taxa deve ser recolhida:

- *Caput* com a redação dada pela Lei nº 14.317, de 29-3-2022.

I – nas hipóteses previstas nos Anexos I, II e III desta Lei, até o último dia útil do primeiro decêndio do mês de maio de cada ano;

- Inciso I com a redação dada pela Lei nº 14.317, de 29-3-2022.

II – nas hipóteses previstas no Anexo IV desta Lei:

- *Caput* com a redação dada pela Lei nº 14.317, de 29-3-2022.

a) com a protocolização do pedido de registro na CVM, no caso de oferta pública sujeita a registro; ou

b) com o encerramento com êxito da oferta pública de valores mobiliários ao mercado, no caso de oferta dispensada de registro; e

- Alíneas *a* e *b* acrescidas pela Lei nº 14.317, de 29-3-2022.

III – na hipótese prevista no Anexo V desta Lei, com a protocolização do pedido de registro inicial na CVM como participante ou a emissão de ato autorizativo equivalente.

- Inciso III acrescido pela Lei nº 14.317, de 29-3-2022.

§ 1º A Taxa não recolhida no prazo estabelecido será atualizada na data do efetivo pagamento com os seguintes acréscimos:

- *Caput* do § 1º com a redação dada pela Lei nº 14.317, de 29-3-2022.

a a c) Revogadas. Lei nº 14.317, de 29-3-2022.

I – juros de mora equivalentes à taxa referencial do Sistema Especial de Liquidação e de Custódia (SELIC), na via administrativa ou judicial, contados do mês seguinte ao do vencimento e calculados na forma da legislação aplicável aos tributos federais;

II – multa de mora, calculada nos termos e na forma da legislação aplicável aos tributos federais; e

III – encargos de 20% (vinte por cento), substitutivos da condenação do devedor em honorários advocatícios e calculados sobre o total do débito inscrito como dívida ativa, que serão reduzidos para 10% (dez por cento) se o pagamento for efetuado antes do ajuizamento da execução.

- Incisos I a III acrescidos pela Lei nº 14.317, de 29-3-2022.

§ 3º São devidos na integralidade os valores estabelecidos nos Anexos I, II e III desta Lei pelos contribuintes registrados na CVM por período inferior a 365 (trezentos e sessenta e cinco) dias no ano de competência do tributo.

§ 4º No caso das ofertas referidas na alínea *a* do inciso II do *caput* deste artigo:

I – quando o valor da operação depender de procedimento de precificação, a Taxa deve ser recolhida com base no montante previsto para a captação que orientou a decisão pela realização da oferta, e deve ser recolhido eventual complemento da Taxa, por ocasião do registro da oferta, caso o valor da operação supere a previsão; e

II – não cabe ressarcimento da Taxa na hipótese de desistência da oferta.

- §§ 3º e 4º acrescidos pela Lei nº 14.317, de 29-3-2022.

Art. 6º Os débitos referentes à Taxa, sem prejuízo da respectiva liquidez e certeza, podem ser inscritos em dívida ativa com os acréscimos de que trata o art. 5º desta Lei.

Art. 7º Os débitos relativos à Taxa podem ser parcelados pela CVM, de acordo com os critérios fixados na legislação tributária.

- Arts. 6º e 7º com a redação dada pela Lei nº 14.317, de 29-3-2022.

Art. 8º A Taxa será recolhida ao Tesouro Nacional, em conta vinculada à Comissão de Valores Mobiliários – CVM, por intermédio de estabelecimento bancário integrante da rede credenciada.

Art. 9º A Taxa será cobrada a partir de 1º de janeiro de 1990.

Art. 10. Esta Lei entra em vigor na data de sua publicação.

Art. 11. Revogam-se as disposições em contrário.

Brasília, 20 de dezembro de 1989;
168º da Independência e
101º da República.

José Sarney

- Optamos por não publicar os anexos nesta edição.

LEI COMPLEMENTAR Nº 61, DE 26 DE DEZEMBRO DE 1989

Estabelece normas para a participação dos Estados e do Distrito Federal no produto da arrecadação do Imposto sobre Produtos Industrializados IPI, relativamente às exportações.

- Publicada no *DOU* de 27.12.1989.

Art. 1º A União entregará, do produto da arrecadação do Imposto sobre Produtos Industrializados – IPI, 10% (dez por cento) aos Estados e ao Distrito Federal, proporcionalmente ao valor das respectivas exportações de produtos industrializados, nos termos do inciso II e do § 2º do art. 159 da Constituição Federal.

§ 1º Para efeito de cálculo das parcelas pertencentes a cada unidade federada, considerar-se-ão:

I – as origens indicadas nas respectivas as guias de exportação ou em outros documentos que identifiquem a unidade federada exportadora;

II – o conceito de produtos industrializados adotados pela legislação federal referente ao IPI.

§ 2º Para os fins do inciso I do § 1º desta Lei Complementar, na hipótese de a operação interestadual anterior à exportação ter sido realizada ao abrigo de isenção, total ou parcial, do imposto de que trata a alínea *b* do inciso I do art. 155 da Constituição Federal, será considerada a unidade federada de origem, ou seja, aquela onde teve início a referida operação interestadual.

§ 3º Os coeficientes de rateio serão calculados para aplicação no ano-calendário, tomando-se como base o valor em dólar norte-americano das exportações ocorridas nos 12 (doze) meses antecedentes a primeiro de julho do ano imediatamente anterior.

§ 4º Sempre que a participação de qualquer unidade federada ultrapassar o limite de 20% (vinte por cento) do montante a que se refere o *caput* deste artigo, o eventual excedente será distribuído entre as demais, na proporção de suas respectivas participações relativas.

§ 5º O órgão encarregado do controle das exportações fornecerá ao Tribunal de Contas da União, de forma consolidada, até 25 do mês de julho de cada ano, o valor total em dólares das exportações do período a que se refere o § 3º deste artigo.

Art. 2º Os coeficientes individuais de participação, calculados na forma do artigo anterior, deverão ser apurados e publicados no *Diário Oficial da União* pelo Tribunal de Contas da União até o último dia útil do mês de julho de cada ano.

§ 1º As unidades federadas disporão de 30 (trinta) dias, a partir da publicação referida no *caput* deste artigo, para apresentar contestação, juntando desde logo as provas em que se fundamentar.

§ 2º O Tribunal de Contas da União, no prazo de 30 (trinta) dias contados do recebimento da contestação mencionada no parágrafo anterior, deverá manifestar-se sobre a mesma.

Art. 3º As quotas das unidades da federação serão determinadas de acordo com os coeficientes individuais da participação a que se refere o artigo anterior.

§ 1º VETADO.

§ 2º O cumprimento do disposto neste artigo será comunicado pelo Ministério da Fazenda ao Tribunal de Contas da União, discriminadamente por unidade federada, até o último dia útil do mês em que o crédito tiver sido lançado.

Art. 4º O Ministério da Fazenda publicará, até o último dia do mês subsequente ao da arrecadação, o montante do IPI arrecadado, bem como as parcelas distribuídas a cada unidade da federação.

Parágrafo único. Cada unidade federada poderá contestar os valores distribuídos, devendo tal contestação ser objeto de manifestação pelo órgão competente, no prazo de 30 (trinta) dias.

Art. 5º Os Estados entregarão aos seus respectivos Municípios 25% (vinte e cinco por cento) dos recursos que nos termos desta Lei Complementar receberem, observando-se para tanto os mesmos critérios, forma e prazos estabelecidos para o repasse da parcela do ICMS que a Constituição Federal assegura às municipalidades.

Art. 6º Para efeitos de apuração dos coeficientes a serem aplicados no período de 1º de março a 31 de dezembro de 1989, adotar-se-ão os critérios previstos nesta Lei Complementar.

Art. 7º VETADO.

Art. 8º Esta Lei Complementar entra em vigor na data de sua publicação, retroagindo seus efeitos a 1º de março de 1989.

Art. 9º Revogam-se as disposições em contrário.

Brasília, 26 de dezembro de 1989;
168º da Independência e
101º da República.

José Sarney

LEI COMPLEMENTAR Nº 62, DE 28 DE DEZEMBRO DE 1989

Estabelece normas sobre o cálculo, a entrega e o controle das liberações dos recursos dos Fundos de Participação e dá outras providências.

- Publicada no *DOU* de 29.12.1989.

Art. 1º O cálculo, a entrega e o controle das liberações dos recursos do Fundo de Participação dos Estados e do Distrito Federal – FPE e do Fundo de Participação dos Municípios – FPM, de que tratam as alíneas *a* e *b* do inciso I do art. 159 da Constituição, far-se-ão nos termos desta Lei Complementar, consoante o disposto nos incisos II e III do art. 161 da Constituição.

Parágrafo único. Para fins do disposto neste artigo, integrarão a base de cálculo das transferências, além do montante dos impostos nele referidos, inclusive os extintos por compensação ou dação, os respectivos adicionais, juros e multa moratória, cobrados administrativa ou judicialmente, com a correspondente atualização monetária paga.

Art. 2º Os recursos do Fundo de Participação dos Estados e do Distrito Federal (FPE), observado o disposto no art. 4º, serão entregues da seguinte forma:

- *Caput* com a redação dada pela LC nº 143, de 17-7-2013.

I – os coeficientes individuais de participação dos Estados e do Distrito Federal no FPE a serem aplicados até 31 de dezembro de 2015 são os constantes do Anexo Único desta Lei Complementar;

II – a partir de 1º de janeiro de 2016, cada entidade beneficiária receberá valor igual ao que foi distribuído no correspondente decêndio do exercício de 2015, corrigido pela variação acumulada do Índice Nacional de Preços ao Consumidor Amplo (IPCA) ou outro que vier a substituí-lo e pelo percentual equivalente a 75% (setenta e cinco por cento) da variação real do Produto Interno Bruto nacional do ano anterior ao ano considerado para base de cálculo;

- Incisos I e II com a redação dada pela LC nº 143, de 17-7-2013.

III – também a partir de 1º de janeiro de 2016, a parcela que superar o montante especificado no inciso II será distribuída proporcionalmente a coeficientes individuais de participação obtidos a partir da combinação de fatores representativos da população e do inverso da renda domiciliar *per capita* da entidade beneficiária, assim definidos:

a) o fator representativo da população corresponderá à participação relativa da população da entidade beneficiária na população do País, observados os limites superior e inferior de, respectivamente, 0,07 (sete centésimos) e 0,012 (doze milésimos), que incidirão uma única vez nos cálculos requeridos;

b) o fator representativo do inverso da renda domiciliar *per capita* corresponderá à participação relativa do inverso da renda domiciliar *per capita* da entidade beneficiária na soma dos inversos da renda domiciliar *per capita* de todas as entidades.

- Inciso III acrescido pela LC nº 143, de 17-7-2013.

§ 1º Em relação à parcela de que trata o inciso III do *caput*, serão observados os seguintes procedimentos:

- § 1º com a redação dada pela LC nº 143, de 17-7-2013.

I – a soma dos fatores representativos da população e a dos fatores representativos do inverso da renda domiciliar *per capita* deverão ser ambas iguais a 0,5 (cinco décimos), ajustando-se proporcionalmente, para esse efeito, os fatores das entidades beneficiárias;

II – o coeficiente individual de participação será a soma dos fatores representativos da população e do inverso da renda domiciliar *per capita* da entidade beneficiária, observados os ajustes previstos nos incisos III e IV deste parágrafo;

III – os coeficientes individuais de participação das entidades beneficiárias cujas rendas domiciliares *per capita* excederem valor de referência correspondente a 72% (setenta e dois por cento) da renda domiciliar *per capita* nacional serão reduzidos proporcionalmente à razão entre o excesso da renda domiciliar *per capita* da entidade beneficiária e o valor de referência, observado que nenhuma entidade beneficiária poderá ter coeficiente individual de participação inferior a 0,005 (cinco milésimos);

IV – em virtude da aplicação do disposto no inciso III deste parágrafo, os coeficientes individuais de participação de todas as entidades beneficiárias deverão ser ajustados proporcionalmente, de modo que resultem em soma igual a 1 (um).

• Incisos I a IV acrescidos pela LC nº 143, de 17-7-2013.

§ 2º Caso a soma dos valores a serem distribuídos, nos termos do inciso II do *caput*, seja igual ou superior ao montante a ser distribuído, a partilha dos recursos será feita exclusivamente de acordo com o referido inciso, ajustando-se proporcionalmente os valores.

§ 3º Para efeito do disposto neste artigo, serão considerados os valores censitários ou as estimativas mais recentes da população e da renda domiciliar *per capita* publicados pela entidade federal competente.

• §§ 2º e 3º com a redação dada pela LC nº 143, de 17-7-2013.

Art. 3º Ficam mantidos os atuais critérios de distribuição dos recursos do Fundo de Participação dos Municípios até que lei específica sobre eles disponha, com base no resultado do Censo de 1991, realizado pela Fundação IBGE.

• Artigo com a redação dada pela LC nº 71, de 3-9-1992.

Art. 4º A União observará, a partir de março de 1990, os seguintes prazos máximos na entrega, através de créditos em contas individuais dos Estados e Municípios, dos recursos do Fundo de Participação:

I – recursos arrecadados do primeiro ao décimo dia de cada mês: até o vigésimo dia;

II – recursos arrecadados do décimo primeiro ao vigésimo dia de cada mês: até o trigésimo dia;

III – recursos arrecadados do vigésimo primeiro dia ao final de cada mês: até o décimo dia do mês subsequente.

§ 1º Até a data prevista no *caput* deste artigo, a União observará os seguintes prazos máximos:

I – recursos arrecadados do primeiro ao vigésimo dia de cada mês: até o décimo quinto dia do mês subsequente;

II – recursos arrecadados do vigésimo dia ao final de cada mês: até o vigésimo dia do mês subsequente.

§ 2º Ficam sujeitos à correção monetária, com base na variação do Bônus do Tesouro Nacional Fiscal, os recursos não liberados nos prazos previstos neste artigo.

Art. 5º O Tribunal de Contas da União efetuará o cálculo das quotas referentes aos Fundos de Participação e acompanhará, junto aos órgãos competentes da União, a classificação das receitas que lhes dão origem.

Parágrafo único. No caso de criação e instalação de Município, o Tribunal de Contas da União fará revisão dos coeficientes individuais de participação dos demais Municípios do Estado a que pertence, reduzindo proporcionalmente as parcelas que a estes couberem, de modo a lhe assegurar recursos do Fundo de Participação dos Municípios – FPM.

Art. 6º A União divulgará mensalmente os montantes dos impostos arrecadados e classificados para efeitos de distribuição através dos Fundos de Participação e os valores das liberações por Estado e Município, além da previsão do comportamento dessas variáveis nos 3 (três) meses seguintes ao da divulgação.

Art. 7º A União, através do Ministério da Fazenda, e o Tribunal de Contas da União baixarão, nas suas respectivas áreas de competência, as normas e instrução complementares necessárias ao pleno cumprimento do disposto nesta Lei Complementar.

Art. 8º Esta Lei Complementar entra em vigor a partir do primeiro mês subsequente ao de sua publicação.

Art. 9º Revogam-se as disposições em contrário.

Brasília, 28 de dezembro de 1989;
168º da Independência e
101º da República.

José Sarney

ANEXO ÚNICO À LEI COMPLEMENTAR Nº 62, DE 28 DE DEZEMBRO DE 1989

Acre	3,421
Amapá	3,412
Amazonas	2,7904
Pará	6,112
Rondônia	2,8156
Roraima	2,4807
Tocantins	4,34
Alagoas	4,1601
Bahia	9,3962
Ceará	7,3369
Maranhão	7,2182
Paraíba	4,7889
Pernambuco	6,9002
Piauí	4,3214
Rio Grande do Norte	4,1779
Sergipe	4,1553
Distrito Federal	0,6902
Goiás	2,8431
Mato Grosso	2,3079
Mato Grosso do Sul	1,332
Espírito Santo	1,5
Minas Gerais	4,4545
Rio de Janeiro	1,5277
São Paulo	1
Paraná	2,8832
Rio Grande do Sul	2,3548
Santa Catarina	1,2798

LEI COMPLEMENTAR Nº 63, DE 11 DE JANEIRO DE 1990

Dispõe sobre critérios e prazos de crédito das parcelas do produto da arrecadação de impostos de competência dos Estados e de transferências por estes recebidos, pertencentes aos Municípios, e dá outras providências.

• Publicada no *DOU* de 12-1-1990.

Art. 1º As parcelas pertencentes aos Municípios do produto da arrecadação de impostos de competência dos Estados e de transferência por estes recebidas, conforme os incisos III e IV do art. 158 e inciso II e § 3º do art. 159, da Constituição Federal, serão creditadas segundo os critérios e prazos previstos nesta Lei Complementar.

Parágrafo único. As parcelas de que trata o *caput* deste artigo compreendem os juros, a multa moratória e a correção monetária, quando arrecadados como acréscimos dos impostos nele referidos.

LEG. COMPLEMENTAR

Art. 2º 50% (cinquenta por cento) do produto da arrecadação do Imposto sobre a Propriedade de Veículos Automotores licenciados no território de cada Município serão imediatamente creditados a este, através do próprio documento de arrecadação, no montante em que esta estiver sendo realizada.

Art. 3º 25% (vinte e cinco por cento) do produto da arrecadação do Imposto sobre Operações relativas à Circulação de Mercadorias e sobre Prestação de Serviços de Transporte Interestadual e Intermunicipal e de Comunicação serão creditados, pelos Estados, aos respectivos Municípios, conforme os seguintes critérios:

I – 3/4 (três quartos), no mínimo, na proporção do valor adicionado nas operações relativas à circulação de mercadorias e nas prestações de serviços, realizadas em seus territórios;

II – até 1/4 (um quarto), de acordo com o que dispuser lei estadual ou, no caso dos territórios, lei federal.

§ 1º O valor adicionado corresponderá, para cada Município:

- § 1º com a redação dada pela LC nº 123, de 14-12-2006.

I – ao valor das mercadorias saídas, acrescido do valor das prestações de serviços, no seu território, deduzido o valor das mercadorias entradas, em cada ano civil;

II – nas hipóteses de tributação simplificada a que se refere o parágrafo único do art. 146 da Constituição Federal, e, em outras situações, em que se dispensem os controles de entrada, considerar-se-á como valor adicionado o percentual de 32% (trinta e dois por cento) da receita bruta.

- Incisos I e II acrescidos pela LC nº 123, de 14-12-2006.

§ 1º-A. Na hipótese de pessoa jurídica promover saídas de mercadorias por estabelecimento diverso daquele no qual as transações comerciais são realizadas, excluídas as transações comerciais não presenciais, o valor adicionado deverá ser computado em favor do Município onde ocorreu a transação comercial, desde que ambos os estabelecimentos estejam localizados no mesmo Estado ou no Distrito Federal.

§ 1º-B. No caso do disposto no § 1º-A deste artigo, deverá constar no documento fiscal correspondente a identificação do estabelecimento no qual a transação comercial foi realizada.

- §§ 1º-A e 1º-B acrescidos pela LC nº 157, de 29-12-2016, produzindo efeitos a partir do primeiro dia do exercício subsequente ao da entrada em vigor desta Lei Complementar, ou do primeiro dia do sétimo mês subsequente a esta data, caso este último prazo seja posterior.

§ 2º Para efeito de cálculo do valor adicionado serão computadas:

I – as operações e prestações que constituam fato gerador do imposto, mesmo quando o pagamento for antecipado ou diferido, ou quando o crédito tributário for diferido, reduzido ou excluído em virtude de isenção ou outros benefícios, incentivos ou favores fiscais;

II – as operações imunes do imposto, conforme as alíneas *a* e *b* do inciso X do § 2º do art. 155, e a alínea *d* do inciso VI do art. 150, da Constituição Federal.

§ 3º O Estado apurará a relação percentual entre o valor adicionado em cada Município e o valor total do Estado, devendo este índice ser aplicado para a entrega das parcelas dos Municípios a partir do primeiro dia do ano imediatamente seguinte ao da apuração.

§ 4º O índice referido no parágrafo anterior corresponderá à média dos índices apurados no dois anos civis imediatamente anteriores ao da apuração.

§ 5º Os Prefeitos Municipais, as associações de Municípios e seus representantes terão livre acesso às informações e documentos utilizados pelos Estados no cálculo do valor adicionado, sendo vedado, a estes, omitir quaisquer dados ou critérios, ou dificultar ou impedir aqueles no acompanhamento dos cálculos.

§ 6º Para efeito de entrega das parcelas de um determinado ano, o Estado fará publicar, no seu órgão oficial, até o dia 30 de junho do ano da apuração, o valor adicionado em cada Município, além dos índices percentuais referidos nos §§ 3º e 4º deste artigo.

§ 7º Os Prefeitos Municipais e as associações de Municípios, ou seus representantes, poderão impugnar, no prazo de 30 (trinta) dias corridos contados da sua publicação, os dados e os índices de que trata o parágrafo anterior, sem prejuízo das ações cíveis e criminais cabíveis.

§ 8º No prazo de 60 (sessenta) dias corridos, contados da data da primeira publicação, os Estados deverão julgar e publicar as impugnações mencionadas no parágrafo anterior, bem como os índices definidos de cada Município.

§ 9º Quando decorrentes de ordem judicial, as correções de índices deverão ser publicadas até o dia 15 (quinze) do mês seguinte ao da data do ato que as determinar.

§ 10. Os Estados manterão um sistema de informações baseadas em documentos fiscais obrigatórios, capaz de apurar, com precisão, o valor adicionado de cada Município.

§ 11. O valor adicionado relativo a operações constatadas em ação fiscal será considerado no ano em que o resultado desta se tornar definitivo, em virtude da decisão administrativa irrecorrível.

§ 12. O valor adicionado relativo a operações ou prestações espontaneamente confessadas pelo contribuinte será considerado no período em que ocorrer a confissão.

§ 13. A lei estadual que criar, desmembrar, fundir ou incorporar Municípios levará em conta, no ano em que ocorrer, o valor adicionado de cada área abrangida.

§ 14. O valor da produção de energia proveniente de usina hidrelétrica, para fins da apuração do valor mencionado no inciso I do § 1º, corresponderá à quantidade de energia produzida, multiplicada pelo preço médio da energia hidráulica comprada das geradoras pelas distribuidoras, calculado pela Agência Nacional de Energia Elétrica (Aneel).

- § 14 acrescido pela LC nº 158, de 23-2-2017.

Art. 4º Do produto da arrecadação do imposto de que trata o artigo anterior, 25% (vinte e cinco por cento) serão depositados ou remetidos no momento em que a arrecadação estiver sendo realizada à "conta de participação dos Municípios no Imposto sobre Operações relativas à Circulação de Mercadorias e sobre Prestações de Serviços de Transporte Interestadual e Intermunicipal e de Comunicações", aberta em estabelecimento oficial de crédito e de que são titulares, conjuntos, todos os Municípios do Estado.

§ 1º Na hipótese de ser o crédito relativo ao Imposto sobre Operações relativas à Circulação de Mercadorias e sobre Prestações de Serviços de Transporte Interestadual e Interestadual e Intermunicipal e de Comunicação extinto por compensação ou transação, a repartição estadual deverá, no mesmo ato, efetuar o depósito ou a remessa dos 25% (vinte e cinco por cento) pertencentes aos Municípios na conta de que trata este artigo.

§ 2º Os agentes arrecadadores farão os depósitos e remessas a que alude este artigo independentemente de ordem das autoridades superiores, sob pena de responsabilidade pessoal.

Art. 5º Até o segundo dia útil de cada semana, o estabelecimento oficial de crédito entregará, a cada Município, mediante crédito em conta individual ou pagamento em dinheiro, à conveniência do beneficiário, a parcela que a este pertencer, do valor dos depósitos ou remessas feitos, na semana imediatamente anterior, na conta a que se refere o artigo anterior.

Art. 6º Os Municípios poderão verificar os documentos fiscais que, nos termos da lei federal ou estadual, devam acompanhar as mercadorias, em operações de que participem produtores, indústrias e comerciantes estabelecidos em seus territórios; apurada qualquer irregularidade, os agentes municipais deverão comunicá-la à repartição estadual incumbida do cálculo do índice de que tratam os §§ 3º e 4º do art. 3º desta Lei Complementar, assim como à autoridade competente.

§ 1º Sem prejuízo do cumprimento de outras obrigações a que estiverem sujeitos por lei federal ou estadual, os produtores serão obrigados, quando solicitados, a informar, às autoridades municipais, o valor e o destino das mercadorias que tiverem produzido.

§ 2º Fica vedado aos Municípios apreender mercadorias ou documentos, impor penalidade ou cobrar quaisquer taxas ou emolumentos em razão da verificação de que trata este artigo.

§ 3º Sempre que solicitado pelos Municípios, ficam os Estados obrigados a autorizá-lo a promover a verificação de que tratam o *caput* e o § 1º deste artigo, em estabelecimentos situados fora de seus territórios.

§ 4º O disposto no parágrafo anterior não prejudica a celebração, entre os Estados e seus Municípios e entre estes, de convênios para assistência mútua na fiscalização dos tributos e permuta de informações.

Art. 7º Dos recursos recebidos na forma do inciso II do art. 159 da Constituição Federal, os Estados entregarão, imediatamente, 25% (vinte e cinco por cento) aos respectivos Municípios, observados os critérios e a forma estabelecidos nos arts. 3º e 4º desta Lei Complementar.

Art. 8º Mensalmente, os Estados publicarão no seu órgão oficial a arrecadação total dos impostos a que se referem os arts. 2º e 3º desta Lei Complementar e o valor total dos recursos de que trata o art. 7º, arrecadados ou transferidos no mês anterior, discriminadas as parcelas entregues a cada Município.

Parágrafo único. A falta ou a incorreção da publicação de que trata este artigo implica a presunção da falta de entrega, aos Municípios, das receitas tributárias que lhes pertencem, salvo erro devidamente justificado e publicado até 15 (quinze) dias após a data da publicação incorreta.

Art. 9º O estabelecimento oficial de crédito que não entregar, no prazo, a qualquer Município, na forma desta Lei Complementar, as importâncias que lhes pertencem ficará sujeito ás sanções aplicáveis aos estabelecimentos bancários que deixam de cumprir saques de depositantes.

§ 1º Sem prejuízo do disposto no *caput* deste artigo, o estabelecimento oficial de crédito será, em qualquer hipótese, proibido de receber as remessas e os depósitos mencionados nos art. 4º desta Lei Complementar, por determinação do Banco Central do Brasil, a requerimento do Município.

§ 2º A proibição vigorará por prazo não inferior a 2 (dois) nem superior a 4 (quatro) anos, a critério do Banco Central do Brasil.

§ 3º Enquanto durar a proibição, os depósitos e as remessas serão obrigatoriamente feitos ao Banco do Brasil S.A., para o qual deve ser imediatamente transferido saldo em poder do estabelecimento infrator.

§ 4º O Banco do Brasil S.A. observará os prazos previstos nesta Lei Complementar, sob pena de responsabilidade de seus dirigentes.

§ 5º Findo o prazo da proibição, o estabelecimento infrator poderá tornar a receber os depósitos e remessas, se escolhido pelo Poder Executivo Estadual, ao qual será facultado eleger qualquer outro estabelecimento oficial de crédito.

Art. 10. A falta de entrega, total ou parcial, aos Municípios, dos recursos que lhes pertencem na forma e nos prazos previstos nesta Lei Complementar, sujeita o Estado faltoso à intervenção, nos termos do disposto na alínea b do inciso V do art. 34 da Constituição Federal.

Parágrafo único. Independentemente da aplicação do disposto no *caput* deste artigo, o pagamento dos recursos pertencentes aos Municípios, fora dos prazos estabelecidos nesta Lei Complementar, ficará sujeito à atualização monetária de seu valor e a juros de mora de 1% (um por cento) por mês ou fração de atraso.

Art. 11. Esta Lei Complementar entra em vigor na data de sua publicação.

Art. 12. Revogam-se as disposições em contrário, especialmente o Decreto-Lei nº 1.216, de 9 de maio de 1972.

Brasília, 11 de janeiro de 1990;
169º da Independência e
102º da República.
José Sarney

LEI Nº 8.009, DE 29 DE MARÇO DE 1990

Dispõe sobre a impenhorabilidade do bem de família.

- Publicada no *DOU* de 30-3-1990.
- Arts. 1.711 a 1.722 do CC.
- Súmulas nºs 205, 364 e 449 do STJ.

Art. 1º O imóvel residencial próprio do casal, ou da entidade familiar, é impenhorável e não responderá por qualquer tipo de dívida civil, comercial, fiscal, previdenciária ou de outra natureza, contraída pelos cônjuges ou pelos pais ou filhos que sejam seus proprietários e nele residam, salvo nas hipóteses previstas nesta Lei.

- Arts. 1.711, *caput*, e 1.715, *caput*, do CC.
- Art. 108, § 4º, da Lei nº 11.101, de 9-2-2005 (Lei de Recuperação de Empresas e Falências).
- Súmulas nºs 364, e 449 e 486 do STJ.

Parágrafo único. A impenhorabilidade compreende o imóvel sobre o qual se assentam a construção, as plantações, as benfeitorias de qualquer natureza e todos os equipamentos, inclusive os de uso profissional, ou móveis que guarnecem a casa, desde que quitados.

- Art. 1.712 do CC.

Art. 2º Excluem-se da impenhorabilidade os veículos de transporte, obras de arte e adornos suntuosos.

Parágrafo único. No caso de imóvel locado, a impenhorabilidade aplica-se aos bens móveis quitados que guarneçam a residência e que sejam de propriedade do locatário, observado o disposto neste artigo.

Art. 3º A impenhorabilidade é oponível em qualquer processo de execução civil, fiscal, previdenciária, trabalhista ou de outra natureza, salvo se movido:

- Art. 1.715 do CC.

I – *Revogado.* LC nº 150, de 1º-6-2015;

II – pelo titular do crédito decorrente do financiamento destinado à construção ou à aquisição do imóvel, no limite dos créditos e acréscimos constituídos em função do respectivo contrato;

III – pelo credor da pensão alimentícia, resguardados os direitos, sobre o bem, do seu coproprietário que, com o devedor, integre união estável ou conjugal, observadas as hipóteses em que ambos responderão pela dívida;

- Inciso III com a redação dada pela Lei nº 13.144, de 6-7-2015.

IV – para cobrança de imposto, predial ou territorial, taxas e contribuições devidas em função do imóvel familiar;

V – para execução de hipoteca sobre o imóvel oferecido como garantia real pelo casal ou pela entidade familiar;

VI – por ter sido adquirido com produto de crime ou para execução de sentença penal condenatória a ressarcimento, indenização ou perdimento de bens;

VII – por obrigação decorrente de fiança concedida em contrato de locação.

- Inciso VII acrescido pela Lei nº 8.245, de 18-10-1991.

Art. 4º Não se beneficiará do disposto nesta Lei aquele que, sabendo-se insolvente, adquire de má-fé imóvel mais valioso para transferir a residência familiar, desfazendo-se ou não da moradia antiga.

§ 1º Neste caso poderá o juiz, na respectiva ação do credor, transferir a impenhorabilidade para a moradia familiar anterior, ou anular-lhe a venda, liberando a mais valiosa para execução ou concurso, conforme a hipótese.

§ 2º Quando a residência familiar constituir-se em imóvel rural, a impenhorabilidade restringir-se-á à sede de moradia, com os respectivos bens móveis, e, nos casos do artigo 5º, inciso XXVI, da Constituição, à área limitada como pequena propriedade rural.

- Art. 5º, XXVI, da CF.

Art. 5º Para os efeitos de impenhorabilidade, de que trata esta Lei, considera-se residência um único imóvel utilizado pelo casal ou pela entidade familiar para moradia permanente.

- Refere-se ao CC/1916.
- Súm. nº 486 do STJ.

Parágrafo único. Na hipótese de o casal, ou entidade familiar, ser possuidor de vários imóveis utilizados como residência, a impenhorabilidade recairá sobre o de menor valor, salvo se outro tiver sido registrado, para esse fim, no Registro de Imóveis e na forma do artigo 70 do Código Civil.

- Refere-se ao CC/1916.
- Arts. 1.711, *caput*, 1.715, *caput*, 1.716 e 1.722 do CC.
- Art. 108, § 4º, da Lei nº 11.101, de 9-2-2005 (Lei de Recuperação de Empresas e Falências).

Art. 6º São canceladas as execuções suspensas pela Medida Provisória nº 143, de 8 de março de 1990, que deu origem a esta Lei.

Art. 7º Esta Lei entra em vigor na data de sua publicação.

Art. 8º Revogam-se as disposições em contrário.

Senado Federal, 29 de março de 1990;
169º da Independência e
102º da República.

Nelson Carneiro

LEI Nº 8.016, DE 8 DE ABRIL DE 1990

Dispõe sobre a entrega das quotas de participação dos Estados e do Distrito Federal na arrecadação do Imposto sobre Produtos Industrializados de que trata o inciso II do art. 159 da Constituição Federal.

- Publicada no *DOU* de 10-4-1990.

Art. 1º As quotas de participação dos Estados e do Distrito Federal no produto da arrecadação do Imposto sobre Produtos Industrializados (IPI), de que trata a Lei Complementar nº 61, de 26 de dezembro de 1989, serão creditadas em contas especiais abertas pelas Unidades da Federação, em seus respectivos bancos oficiais ou, na falta destes, em estabelecimentos por elas indicados, nos mesmos prazos de repasse das quotas do Fundo de Participação dos Estados e Municípios.

Art. 2º Os recursos já existentes relativos à arrecadação do IPI no período compreendido entre 1º de março e 31 de dezembro de 1989 serão creditados até o 5º (quinto) dia útil subsequente à publicação da medida provisória que deu origem a esta lei, tomando-se como base para o cálculo dos coeficientes de rateio o valor em dólar-americano das exportações de produtos industrializados, ocorridas nos Estados no período de janeiro a novembro de 1989, informadas pela Carteira de Comércio Exterior do Banco do Brasil S.A. – CACEX.

§ 1º Até a publicação dos coeficientes individuais de participação calculados pelo Tribunal de Contas da União – TCU, de que trata o art. 2º da Lei Complementar nº 61, de 26 de dezembro de 1989, os recursos relativos à arrecadação do IPI, a partir do mês de janeiro de 1990, serão creditados aos beneficiários com base nos mesmos coeficientes de rateio definidos neste artigo.

§ 2º Na programação orçamentária dos excessos de arrecadação de 1990, priorizar-se-á dotação para o pagamento da correção monetária dos recursos a que se refere este artigo, a ser calculada com base na variação mensal do valor do Bônus do Tesouro Nacional, a partir da data da classificação da receita, ressalvada a prioridade dos pagamentos de pessoal e dos serviços da dívida.

Art. 3º O Tribunal de Contas da União determinará os ajustes a serem procedidos em razão de diferenças que venham a ocorrer entre as quotas de participação calculadas com base nos critérios estabelecidos no art. 2º desta lei e aquelas definidas em conformidade com a Lei Complementar nº 61, de 26 de dezembro de 1989.

Art. 4º Esta Lei entra em vigor na data de sua publicação.

Art. 5º Revogam-se as disposições em contrário.

Senado Federal, 8 de abril de 1990;
169º da Independência e
102º da República.

Nelson Carneiro

LEI Nº 8.021, DE 12 DE ABRIL DE 1990

Dispõe sobre a identificação dos contribuintes para fins fiscais e dá outras providências.

- Publicada no *DOU* de 13-4-1990.

Art. 1º A partir da vigência desta Lei, fica vedado o pagamento ou resgate de qualquer título ou aplicação, bem como dos seus rendimentos ou ganhos, a beneficiário não identificado.

Parágrafo único. O descumprimento do disposto neste artigo sujeitará o responsável pelo pagamento ou resgate a multa igual ao valor da operação, corrigido monetariamente a partir da data da operação até o dia do seu efetivo pagamento.

Art. 2º A partir da data de publicação desta Lei fica vedada:

I – a emissão de quotas ao portador ou nominativas endossáveis, pelos fundos em condomínio;

II – a emissão de títulos e a captação de depósitos ou aplicações ao portador ou nominativos endossáveis;

III – *Revogado*. Lei nº 9.069, de 29-6-1995.

Parágrafo único. Os cheques emitidos em desacordo com o estabelecido no inciso III deste artigo não serão compensáveis por meio do Serviço de Compensação de Cheques e outros Papéis.

Art. 3º O contribuinte que receber o resgate de quotas de fundos ao portador e de títulos ou aplicações de renda fixa ao portador ou nominativos endossáveis, existentes em 16 de março de 1990, ficará sujeito à retenção de imposto de renda na fonte, à alíquota de vinte e cinco por cento, calculado sobre o valor do resgate recebido.

§ 1º O imposto será retido pela instituição que efetuar o pagamento dos títulos e aplicações e seu recolhimento deverá ser efetuado de conformidade com as normas aplicáveis ao imposto de renda retido na fonte.

§ 2º O valor sobre o qual for calculado o imposto, diminuído deste, será computado como rendimento líquido, para efeito de justificar acréscimo patrimonial na declaração de bens (Lei nº 4.069, de 11 de junho de 1962, artigo 51) a ser apresentada no exercício financeiro subsequente.

§ 3º A retenção do imposto, prevista neste artigo, não exclui a incidência do imposto de renda na fonte sobre os rendimentos produzidos pelos respectivos títulos ou aplicações.

§ 4º A retenção do imposto, prevista neste artigo, será dispensada caso o contribuinte comprove, perante o Departamento da Receita Federal, que o valor resgatado tem origem em rendimentos próprios, declarados na forma da legislação do imposto de renda.

§ 5º A liberação dos recursos sem a observância do disposto no parágrafo anterior sujeitará a instituição financeira à multa de vinte e cinco por cento sobre o valor do resgate dos títulos ou aplicações, corrigido monetariamente a partir da data do seu efetivo recolhimento.

Art. 4º O artigo 20 da Lei nº 6.404, de 15 de dezembro de 1976, passa a vigorar com a seguinte redação:

- Alteração inserida no texto da referida Lei.

Art. 5º As sociedades por ações terão um prazo de dois anos para adaptar seus estatutos ao disposto no artigo anterior.

§ 1º No prazo a que se refere este artigo, as operações com ações, ao portador ou endossáveis, existentes na data da publicação desta Lei, emitidas pelas sociedades por ações, somente poderão ser efetuadas quando atenderem, cumulativamente, às seguintes condições:

a) estiverem as ações sob custódia de instituição financeira ou de bolsa de valores, autorizada a operar por ato da Comissão de Valores Mobiliários – CVM ou do Banco Central do Brasil, no âmbito de sua competência;

b) houver a identificação do vendedor e do comprador.

§ 2º As ações mencionadas neste artigo somente poderão ser retiradas da custódia mediante a identificação do proprietário.

§ 3º A instituição financeira ou bolsa custodiante deverá enviar ao Departamento da Receita Federal, até o dia 15 de cada mês, comunicação que identifique o proprietário, a quantidade, a espécie e o valor de aquisição das ações que houverem sido retiradas de sua custódia no mês anterior.

§ 4º A inobservância do disposto no parágrafo anterior sujeitará a instituição financeira ou bolsa custodiante à multa de vinte e cinco por cento do valor das ações, corrigido monetariamente a partir do vencimento do prazo para a comunicação até a data do seu efetivo pagamento.

§ 5º Para efeito do disposto no parágrafo anterior, considera-se valor da ação o preço médio de negociação em pregão de Bolsa de Valores no dia da retirada da ação ou, na falta deste, o preço médio da ação da última negociação em pregão da Bolsa de Valores, corrigido pelo BTN Fiscal até o dia da retirada da ação.

§ 6º Para as ações não admitidas à negociação em Bolsas de Valores, considera-se o valor patrimonial da ação corrigido pelo BTN Fiscal desde a data do último balanço até a data de sua retirada da custódia.

Art. 6º O lançamento de ofício, além dos casos já especificados em lei, far-se-á arbitrando-se os rendimentos com base na renda presumida, mediante utilização dos sinais exteriores de riqueza.

§ 1º Considera-se sinal exterior de riqueza a realização de gastos incompatíveis com a renda disponível do contribuinte.

§ 2º Constitui renda disponível a receita auferida pelo contribuinte, diminuída dos abatimentos e deduções admitidos pela legislação do imposto de renda em vigor e do imposto de renda pago pelo contribuinte.

§ 3º Ocorrendo a hipótese prevista neste artigo, o contribuinte será notificado para o devido procedimento fiscal de arbitramento.

§ 4º No arbitramento tomar-se-ão como base os preços de mercado vigentes à época da ocorrência dos fatos ou eventos, podendo, para tanto, ser adotados índices ou indicadores econômicos oficiais ou publicações técnicas especializadas.

§ 5º *Revogado*. Lei nº 9.430, de 27-12-1996.

§ 6º Qualquer que seja a modalidade escolhida para o arbitramento, será sempre levada a efeito aquela que mais favorecer o contribuinte.

Art. 7º A autoridade fiscal do Ministério da Economia, Fazenda e Planejamento poderá proceder a exames de documentos, livros e registros das bolsas de valores, de mercadorias, de futuros e assemelhadas, bem como solicitar a prestação de esclarecimentos e informações a respeito de operações por elas praticadas, inclusive em relação a terceiros.

§ 1º As informações deverão ser prestadas no prazo máximo de dez dias úteis contados da data da solicitação. O não

LEG. COMPLEMENTAR

cumprimento desse prazo sujeitará a instituição a multa de valor equivalente a mil BTN Fiscais por dia útil de atraso.

§ 2º As informações obtidas com base neste artigo somente poderão ser utilizadas para efeito de verificação do cumprimento de obrigações tributárias.

§ 3º O servidor que revelar informações que tiver obtido na forma deste artigo estará sujeito às penas previstas no artigo 325 do Código Penal brasileiro.

Art. 8º Iniciado o procedimento fiscal, a autoridade fiscal poderá solicitar informações sobre operações realizadas pelo contribuinte em instituições financeiras, inclusive extratos de contas bancárias, não se aplicando, nesta hipótese, o disposto no artigo 38 da Lei nº 4.595, de 31 de dezembro de 1964.

Parágrafo único. As informações, que obedecerão às normas regulamentares expedidas pelo Ministério da Economia, Fazenda e Planejamento, deverão ser prestadas no prazo máximo de dez dias úteis contados da data da solicitação, aplicando-se, no caso de descumprimento desse prazo, a penalidade prevista no § 1º do artigo 7º.

Art. 9º *Revogado.* Lei nº 14.286, de 29-12-2021.

Art. 10. Fica o Poder Executivo autorizado a celebrar convênios com outros países para repatriar bens de qualquer natureza, inclusive financeiros e títulos de valores mobiliários, pertencentes a empresas brasileiras e pessoas físicas residentes e domiciliadas no País.

Parágrafo único. Os valores repatriados ficarão sujeitos ao imposto de renda à alíquota de vinte e cinco por cento.

Art. 11. O Poder Executivo regulamentará o disposto nesta Lei.

Art. 12. Esta Lei entra em vigor na data de sua publicação.

Art. 13. Revogam-se o artigo 9º da Lei nº 4.729, de 14 de julho de 1965, os artigos 32 e 33 da Lei nº 6.404, de 15 de dezembro de 1976, e demais disposições em contrário.

Brasília, 12 de abril de 1990;
169º da Independência e
102º da República.

Fernando Collor

LEI Nº 8.022, DE 12 DE ABRIL DE 1990

Altera o sistema de administração das receitas federais, e dá outras providências.

- Publicada no *DOU* de 13-4-1990.

Art. 1º É transferida para a Secretaria da Receita Federal a competência de administração das receitas arrecadadas pelo Instituto Nacional de Colonização e Reforma Agrária – INCRA, e para a Procuradoria-Geral da Fazenda Nacional a competência para a apuração, inscrição e cobrança da respectiva dívida ativa.

§ 1º A competência transferida neste artigo à Secretaria da Receita Federal compreende as atividades de tributação, arrecadação, fiscalização e cadastramento.

§ 2º O INCRA manterá seu cadastramento para o atendimento de suas outras funções, conforme o estabelecido no art. 2º do Decreto nº 72.106, de 18 de abril de 1973, que regulamentou a Lei nº 5.868, de 12 de dezembro de 1972.

§ 3º No exercício de suas funções, poderá a Secretaria da Receita Federal realizar diligências nas propriedades rurais para confrontar as informações cadastrais prestadas pelos proprietários com as reais condições de exploração do imóvel.

§ 4º Caberá ao Poder Executivo, no prazo de cento e vinte dias a contar da vigência desta lei, regulamentar os dispositivos relativos ao Sistema Nacional de Cadastro Rural, promovendo as alterações decorrentes da transferência da administração do Imposto Territorial Rural à Secretaria da Receita Federal.

Art. 2º As receitas de que trata o art. 1º desta lei, quando não recolhidas nos prazos fixados, serão atualizadas monetariamente, na data do efetivo pagamento, nos termos do art. 61 da Lei nº 7.799, de 10 de julho de 1989, e cobradas pela União com os seguintes acréscimos:

I – juros de mora, na via administrativa ou judicial, contados do mês seguinte ao do vencimento, à razão de 1% (um por cento) ao mês e calculados sobre o valor atualizado, monetariamente, na forma da legislação em vigor;

II – multa de mora de 20% (vinte por cento) sobre o valor atualizado, monetariamente, sendo reduzida a 10% (dez por cento) se o pagamento for efetuado até o último dia útil do mês subsequente àquele em que deveria ter sido pago;

III – encargo legal de cobrança da Dívida Ativa de que trata o art. 1º do Decreto-Lei nº 1.025, de 21 de outubro de 1969, e o art. 3º do Decreto-Lei nº 1.645, de 11 de dezembro de 1978, quando for o caso.

Parágrafo único. Os juros de mora não incidem sobre o valor da multa de mora.

Art. 3º Aplica-se aos parcelamentos de débitos das receitas referidas no art. 1º desta lei, concedidos administrativamente, a legislação prevista para o parcelamento de débitos de qualquer natureza para com a Fazenda Nacional.

Parágrafo único. O disposto neste artigo aplica-se, também, aos parcelamentos de débitos relativos às contribuições de que tratam os Decretos-Leis nºs 308, de 28 de fevereiro de 1967, e 1.712, de 14 de novembro de 1979, e do adicional previsto no Decreto-Lei nº 1.952, de 15 de julho de 1982.

Art. 4º Os procedimentos administrativos de determinação e a exigência das receitas referidas no art. 1º desta lei, bem como os de consulta sobre a aplicação da respectiva legislação, serão regidos, no que couber, pelas normas expedidas nos termos do art. 2º do Decreto-Lei nº 822, de 5 de setembro de 1969, e convalidadas pelo § 3º do art. 16 da Lei nº 7.739, de 16 de março de 1989.

§ 1º O disposto neste artigo aplica-se aos procedimentos em curso relativos aos créditos constituídos anteriormente à vigência da Medida Provisória nº 166, de 15 de março de 1990.

§ 2º Os órgãos do Departamento da Receita Federal enviarão às Procuradorias da Fazenda Nacional os demonstrativos de débitos das receitas a que se refere o art. 1º desta lei para fins de apuração e inscrição na Dívida Ativa da União.

Art. 5º A Secretaria da Administração Federal, em conjunto com o Ministério da Economia, Fazenda e Planejamento e o da Agricultura, estabelecerão as formas e condições para a realocação do pessoal, assim como a adaptação de cargos e funções de confiança decorrentes do que dispõe esta lei.

Art. 6º Esta lei entra em vigor na data de sua publicação.

Art. 7º Revogam-se as disposições em contrário.

Brasília, 12 de abril de 1990;
169º da Independência e
102º da República.
Fernando Collor

LEI Nº 8.032, DE 12 DE ABRIL DE 1990

Dispõe sobre a isenção ou redução de impostos de importação, e dá outras providências.

• Publicada no *DOU* de 13-4-1990.

Art. 1º Ficam revogadas as isenções e reduções do Imposto de Importação e do Imposto sobre Produtos Industrializados, de caráter geral ou especial, que beneficiam bens de procedência estrangeira, ressalvadas as hipóteses previstas nos artigos 2º a 6º desta lei.

Parágrafo único. As ressalvas estabelecidas no *caput* deste artigo aplicam-se às importações realizadas nas situações relacionadas no inciso I do art. 2º.

• Parágrafo único com a redação dada pela Lei nº 13.243, de 11-1-2016.

Art. 2º As isenções e reduções do Imposto de Importação ficam limitadas, exclusivamente:

I – às importações realizadas:

a) pela União, pelos Estados, pelo Distrito Federal, pelos Territórios, pelos Municípios e pelas respectivas autarquias;

b) pelos partidos políticos e pelas instituições de educação ou de assistência;

c) pelas Missões Diplomáticas e Repartições Consulares de caráter permanente e pelos respectivos integrantes;

d) pelas representações de organismos internacionais de caráter permanente, inclusive os de âmbito regional, dos quais o Brasil seja membro, e pelos respectivos integrantes;

e) por Instituições Científica, Tecnológica e de Inovação (ICTs), definidas pela Lei nº 10.973, de 2 de dezembro de 2004;

• Alínea *e* com a redação dada pela Lei nº 13.243, de 11-1-2016.

f) por cientistas e pesquisadores, nos termos do § 2º do art. 1º da Lei nº 8.010, de 29 de março de 1990;

• Alínea *f* acrescida pela Lei nº 10.964, de 28-10-2004.

g) por empresas, na execução de projetos de pesquisa, desenvolvimento e inovação, cujos critérios e habilitação serão estabelecidos pelo poder público, na forma de regulamento;

• Alínea *g* acrescida pela Lei nº 13.243, de 11-1-2016.

II – aos casos de:

a) importação de livros, jornais, periódicos e do papel destinado à sua reprodução;

b) amostras e remessas postais internacionais, sem valor comercial;

c) remessas postais e encomendas aéreas internacionais destinadas à pessoa física;

d) bagagem de viajantes procedentes do exterior ou da Zona Franca de Manaus;

e) bens adquiridos em Loja Franca, no País;

f) bens trazidos do exterior, referidos na alínea *b* do § 2º do art. 1º do Decreto-Lei nº 2.120, de 14 de maio de 1984;

g) bens importados sob o regime aduaneiro especial de que trata o inciso III, do artigo 78, do Decreto-Lei nº 37, de 18 de novembro de 1966;

h) gêneros alimentícios de primeira necessidade, fertilizantes e defensivos para aplicação na agricultura ou pecuária, bem assim matérias-primas para sua produção no País, importados ao amparo do art. 4º da Lei nº 3.244, de 14 de agosto de 1957, com a redação dada pelo art. 7º do Decreto-Lei nº 63, de 21 de novembro de 1966;

i) bens importados ao amparo da Lei nº 7.232, de 29 de outubro de 1984;

j) partes, peças e componentes destinados ao reparo, revisão e manutenção de aeronaves e embarcações;

l) importação de medicamentos destinados ao tratamento de aidéticos, bem como de instrumental científico destinado à pesquisa da Síndrome da Deficiência Imunológica Adquirida, sem similar nacional, os quais ficarão isentos, também, dos tributos internos;

m) bens importados pelas áreas de livre comércio;

n) bens adquiridos para industrialização nas Zonas de Processamento de Exportações (ZPEs).

§ 1º As isenções referidas neste artigo serão concedidas com observância da legislação respectiva.

• Parágrafo único renumerado para § 1º e com a redação dada pela Lei nº 13.243, de 11-1-2016.

§ 2º VETADO. Lei nº 13.243, de 11-1-2016.

Art. 3º Fica assegurada a isenção ou redução do Imposto sobre Produtos Industrializados, conforme o caso:

I – nas hipóteses previstas no art. 2º desta lei, desde que satisfeitos os requisitos e condições exigidos para a concessão do benefício análogo relativo ao Imposto de Importação;

II – nas hipóteses de tributação especial de bagagem ou de tributação simplificada de remessas postais e encomendas aéreas internacionais.

Art. 4º Fica igualmente assegurado às importações efetuadas para a Zona Franca de Manaus e Amazônia Ocidental o tratamento tributário previsto nos arts. 3º e 7º do Decreto-Lei nº 288, de 28 de fevereiro de 1967, e no art. 2º do Decreto-Lei nº 356, de 15 de agosto de 1968, com a redação dada pelo art. 3º do Decreto-Lei nº 1.435, de 16 de dezembro de 1975.

Art. 5º O regime aduaneiro especial de que trata o inciso II do art. 78 do Decreto-Lei nº 37, de 18 de novembro de 1966, poderá ser aplicado à importação de matérias-primas, produtos intermediários e componentes destinados à fabricação, no País, de máquinas e equipamentos a serem fornecidos, no mercado interno, em decorrência de licitação internacional, contra pagamento em moeda conversível proveniente de financiamento concedido por instituição financeira internacional, da qual o Brasil participe, ou por entidade governamental estrangeira, ou, ainda, pelo Banco Nacional de Desenvolvimento Econômico e Social (BNDES), com recursos captados no exterior.

• Art. 5º com a redação dada pela Lei nº 10.184, de 12-2-2001.

Art. 6º Os bens objeto de isenção ou redução do Imposto de Importação, em decorrência de acordos internacionais firmados pelo Brasil, terão o tratamento tributário neles previsto.

Art. 7º Os bens importados com alíquotas zero do Imposto de Importação estão sujeitos aos tributos internos, nos termos das respectivas legislações.

Art. 8º *Revogado.* Lei nº 8.085, de 23-10-1990.

Art. 9º *Revogado.* Lei nº 10.206, de 23-3-2001.

§ 1º VETADO.

LEG. COMPLEMENTAR

§ 2º É vedada a concessão de recursos do Fundo da Marinha Mercante a fundo perdido, ressalvadas as operações já autorizadas na data da publicação desta lei.

§ 3º O produto da arrecadação do Adicional de Tarifa Portuária (ATP) (Lei nº 7.700, de 21 de dezembro de 1988) passa a ser aplicado, a partir de 1º de janeiro de 1991, pelo Banco Nacional do Desenvolvimento Econômico e Social de acordo com normas baixadas pelos Ministérios da Infraestrutura e da Economia, Fazenda e Planejamento.

Art. 10. O disposto no art. 1º desta lei não se aplica:

I – às isenções e reduções comprovadamente concedidas nos termos da legislação respectiva até a data da entrada em vigor desta lei;

II – aos bens importados, a título definitivo, amparados por isenção ou redução na forma da legislação anterior, cujas guias de importação tenham sido emitidas até a data da entrada em vigor desta lei;

III – VETADO.

Art. 11. Ficam suspensas por 180 (cento e oitenta) dias a criação e implantação de Zonas de Processamento de Exportações (ZPEs) a que se refere o Decreto-Lei nº 2.452, 29 de julho de 1988, e aprovação de projetos industriais e instalação de empresas nas já criadas.

- O Dec.-lei nº 2.452, de 29-7-1988 foi revogado pela Lei nº 11.508, de 20-7-2007.

Art. 12. Esta lei entra em vigor na data de sua publicação.

Art. 13. Revogam-se o Decreto-Lei nº 1.953, de 3 de agosto de 1982, e demais disposições em contrário.

Brasília, 12 de abril de 1990;
169º da Independência e
102º da República.

Fernando Collor

LEI Nº 8.033, DE 12 DE ABRIL DE 1990

Altera, mediante conversão em lei das Medidas Provisórias nºs 160, de 15 de março de 1990, e 171, de 17 de março de 1990, a legislação do Imposto sobre Operações Financeiras, instituindo incidências de caráter transitório sobre os atos que menciona, e dá outras providências.

- Publicada no *DOU* de 13-4-1990.

Art. 1º São instituídas as seguintes incidências do imposto sobre operações de crédito, câmbio e seguro, ou relativas a títulos ou valores mobiliários:

I – transmissão ou resgate de títulos a valores mobiliários, públicos e privados, inclusive de aplicações de curto prazo, tais como letras de câmbio, depósitos a prazo com ou sem emissão de certificado, letras imobiliárias, debêntures e cédulas hipotecárias;

II – transmissão de ouro definido pela legislação como ativo financeiro;

- Execução suspensa pela Res. do Senado Federal nº 52, de 22-10-1999.

III – transmissão ou resgate de título representativo de ouro;

- Execução suspensa pela Res. do Senado Federal nº 52, de 22-10-1999..

IV – transmissão de ações de companhias abertas e das consequentes bonificações emitidas;

V – saques efetuados em cadernetas de poupança.

- Execução suspensa pela RSF nº 28, de 2007.

Art. 2º O imposto ora instituído terá as seguintes características:

I – somente incidirá sobre operações praticadas com ativos e aplicações, de cujo principal o contribuinte era titular em 16 de março de 1990;

II – incidirá uma só vez sobre as operações especificadas em cada um dos incisos do artigo anterior, praticadas a partir de 16 de março de 1990 com o título ou valor mobiliário, excluída sua incidência nas operações sucessivas que tenham por objeto o mesmo título ou valor mobiliário;

III – não prejudicará as incidências já estabelecidas na legislação, constituindo, quando ocorrer essa hipótese, um adicional para as operações já tributadas por essa legislação;

IV – não incidirá relativamente a ações, caso o valor total detido pelo titular, em 16 de março de 1990, seja igual ou inferior a 10.000 BTNs fiscais;

V – não incidirá relativamente aos depósitos em cadernetas de poupança cujo valor total dos depósitos detidos pelo titular, em 16 de março de 1990, seja igual ou inferior a 3.500 VRF;

VI – não incidirá sobre o resgate de quotas de fundos em condomínio, sobre o resgate dos títulos integrantes das carteiras das instituições financeiras vinculados a acordos de recompra e sobre os depósitos caracterizadamente interfinanceiros entre empresas do mesmo grupo.

VII – não incidirá relativamente a ações nas seguintes hipóteses:

a) transmissão causa mortis e adiantamento da legítima;

b) sucessão decorrente de fusão, cisão ou incorporação;

c) transferência das ações para sociedade controlada.

- Inciso VII acrescido pela Lei nº 8.383, de 30-12-1991.

§ 1º a apuração do valor total das ações detidas, pelo titular, mencionado no inciso IV deste artigo, será obtida tomando-se por base:

a) o valor da ação no último pregão da bolsa em que tenha sido mais negociada, anterior a 16 de março de 1990, atualizado até 30 de março de 1990, de acordo com a variação verificada no índice representativo de ações da bolsa de valores de maior movimento no País e convertido o valor apurado, nessa data, em BTN Fiscal; e

b) caso não seja possível determinar o valor de acordo com o critério estabelecido na alínea anterior, o valor patrimonial da ação em BTN Fiscal, segundo o último balanço da respectiva sociedade.

§ 2º A apuração do valor total dos depósitos em cadernetas de poupança, mencionado no inciso V, será obtida considerando-se a soma dos saldos das contas nas respectivas datas de crédito de rendimento do mês de março de 1990, já incluídos os depósitos efetuados neste mês, convertidos em BTN Fiscal, pelo valor vigente nessas datas.

§ 3º No caso das aplicações financeiras mencionadas no inciso I do art. 1º, o imposto de que trata esta lei não incidirá sobre os ativos das instituições financeiras aos quais corresponda operação passiva de idêntica natureza.

§ 4º Nas hipóteses do inciso VII, o imposto incidirá na ulterior transmissão das ações pelos herdeiros, legatários, donatários, sucessores e cessionários.

- § 4º acrescido pela Lei nº 8.383, de 30-12-1991.

Art. 3º A base de cálculo do imposto de que trata esta lei é:

I – nas hipóteses de que trata o inciso I do art. 1º, o valor transmitido ou resgatado;

II – nas hipóteses de que trata os incisos II e III do art. 1º, o valor da operação;

III – nas hipóteses de que trata o inciso IV do art. 1º, o valor da operação, observada a dedução prevista no § 1º do art. 7º;

IV – na hipótese de que trata o inciso V do art. 1º, o valor do saque, observada a dedução prevista no § 1º do art. 7º.

Parágrafo único. No caso de aquisição de ações e ouro, por exercício de opção, a base de cálculo será obtida utilizando-se o preço médio observado em pregão no dia do exercício, assegurada, para as ações, a dedução prevista no § 1º do art. 7º.

Art. 4º Fica estabelecida a obrigatoriedade da apresentação, pelo contribuinte, até 18 de maio de 1990, declaração discriminando os ativos financeiros mencionados nos incisos II, III, IV e V do artigo 1º, quando ocorrer, pelo menos, uma das seguintes hipóteses:

I – o contribuinte possuir ouro;

II – o valor total das ações for superior a 10.000 BTNs Fiscais; ou

III – o valor total dos saldos de cadernetas de poupança for superior a 3.500 VRF.

Parágrafo único. O Departamento da Receita Federal do Ministério da Economia, Fazenda e Planejamento estabelecerá as formas em que serão apresentadas as informações de que trata este artigo.

Art. 5º A alíquota do imposto de que trata esta lei é de:

I – 8%, nas hipóteses de que trata o inciso I do art. 1º;

II – 35%, nas hipóteses de que tratam os incisos II e III do art. 1º;

III – 25%, nas hipóteses de que trata o inciso IV do art. 1º;

IV – 20%, na hipótese de que trata o inciso V do art. 1º.

Art. 6º As alíquotas previstas nos incisos II, III e IV do artigo anterior serão reduzidas, respectivamente, para 15%, para 8% e para 8%, se o contribuinte, até 18 de maio de 1990, optar pelo pagamento antecipado do imposto previsto no artigo 1º, oportunidade em que lhe será concedido o parcelamento em 5 prestações mensais, iguais e sucessivas, atualizadas pela variação do BTN Fiscal.

§ 1º A intenção do contribuinte em optar pela antecipação do imposto deverá ser indicada na declaração de que trata o art. 4º.

§ 2º A opção pela antecipação poderá ser exercida em relação a cada espécie de ativo, isoladamente considerado, pelo seu valor total.

§ 3º Na hipótese de antecipação, a base de cálculo do imposto observará:

a) no caso dos incisos II e III do art. 1º, o valor do ouro apurado com base na média dos preços convertidos em BTN Fiscal, obtidos nos pregões da bolsa de mercadorias de maior movimento no País realizados no mês de março de 1990;

b) no caso dos incisos IV e V do art. 1º, o critério estabelecido nos §§ 1º e 2º do art. 2º desta lei.

Art. 7º O pagamento da primeira parcela da antecipação previsto no art. 6º será feito até 18 de maio de 1990, após a apresentação da declaração a que se refere o art. 4º, através do Documento de Arrecadação de Receitas Federais – DARF.

§ 1º No cálculo do valor a ser antecipado serão deduzidos os valores mencionados nos incisos IV e V do artigo 2º, respectivamente, para as ações e para os depósitos de poupança.

§ 2º O valor antecipado poderá ser pago em cruzados novos, não se admitindo, neste caso, o parcelamento.

§ 3º o pagamento será efetuado mediante a conversão em cruzeiros, na data do pagamento, do valor apurado em BTNs Fiscais, segundo o critério fixado no § 3º do art. 6º.

Art. 8º Para os casos em que não houver opção do contribuinte pela antecipação, o Departamento da Receita Federal baixará normas com vistas a permitir a redução prevista no § 1º do artigo anterior.

Parágrafo único. Na hipótese deste artigo, somente será admitido o pagamento em cruzeiros.

Art. 9º São contribuintes do imposto de que trata esta lei:

I – o transmitente ou beneficiário do pagamento do resgate, nas hipóteses de que tratam o inciso I do art. 1º;

II – o transmitente, na hipótese de que trata o inciso II do artigo 1º;

III – o transmitente ou beneficiário do pagamento do resgate, nas hipóteses de que trata o inciso III do artigo 1º;

IV – o transmitente, nas hipóteses de que trata o inciso IV do artigo 1º;

V – o sacador, na hipótese de que trata o inciso V do artigo 1º.

Parágrafo único. Nas hipóteses do inciso I do art. 1º, a responsabilidade pela retenção e recolhimento do imposto será da instituição financeira pagadora, exceto nos casos em que o beneficiário for outra instituição financeira, quando caberá a esta outra o recolhimento do tributo.

Art. 10. Para a facilidade de implementação e fiscalização da presente lei, sem prejuízo do sigilo legalmente estabelecido, é facultado à autoridade fiscal do Banco Central do Brasil e do Departamento da Receita Federal, proceder a fiscalizações junto aos agentes do Sistema Financeiro da Habitação e em quaisquer das entidades que interfiram, direta ou indiretamente, no mercado de títulos ou valores mobiliários, inclusive instituições financeiras e sociedades corretoras e distribuidoras, que são obrigadas a prestar as informações que lhes forem exigidas por aquela autoridade.

Art. 11. A custódia de títulos, valores mobiliários e ouro somente poderá ser levantada depois de assegurado o pagamento do imposto ora instituído.

Art. 12. O Banco Central do Brasil e o Departamento da Receita Federal expedirão, em ato conjunto, as normas necessárias à efetiva aplicação desta lei, especialmente as destinadas a fixar os prazos para pagamento do imposto.

Art. 13. VETADO.

Art. 14. Esta lei entra em vigor na data de sua publicação.

Brasília, 12 de abril de 1990;
169º da Independência e
102º da República.

Fernando Collor

LEI Nº 8.038, DE 28 DE MAIO DE 1990

Institui normas procedimentais para os processos que especifica, perante o Superior Tribunal de Justiça e o Supremo Tribunal Federal.

• Publicada no *DOU* de 29-5-1990.

TÍTULO I – PROCESSOS DE COMPETÊNCIA ORIGINÁRIA

CAPÍTULO I

AÇÃO PENAL ORIGINÁRIA

Art. 1º Nos crimes de ação penal pública, o Ministério Público terá o prazo de quinze dias para oferecer denúncia ou pedir arquivamento do inquérito ou das peças informativas.

• Art. 129, II, da CF.

• Art. 61 do RISTJ.

LEG. COMPLEMENTAR

§ 1º Diligências complementares poderão ser deferidas pelo relator, com interrupção do prazo deste artigo.

§ 2º Se o indiciado estiver preso:

a) o prazo para oferecimento da denúncia será de cinco dias;

b) as diligências complementares não interromperão o prazo, salvo se o relator, ao deferi-las, determinar o relaxamento da prisão.

○ Art. 5º, LXVII, da CF.

§ 3º Não sendo o caso de arquivamento e tendo o investigado confessado formal e circunstanciadamente a prática de infração penal sem violência ou grave ameaça e com pena mínima inferior a 4 (quatro) anos, o Ministério Público poderá propor acordo de não persecução penal, desde que necessário e suficiente para a reprovação e prevenção do crime, nos termos do art. 28-A do Decreto-Lei nº 3.689, de 3 de outubro de 1941 (Código de Processo Penal).

• § 3º acrescido pela Lei nº 13.964, de 24-12-2019.

Art. 2º O relator, escolhido na forma regimental, será o juiz da instrução, que se realizará segundo o disposto neste capítulo, no Código de Processo Penal, no que for aplicável, e no Regimento Interno do Tribunal.

Parágrafo único. O relator terá as atribuições que a legislação processual confere aos juízes singulares.

Art. 3º Compete ao relator:

I – determinar o arquivamento do inquérito ou de peças informativas, quando o requerer o Ministério Público, ou submeter o requerimento à decisão competente do Tribunal;

II – decretar a extinção da punibilidade, nos casos previstos em lei;

III – convocar desembargadores de Turmas Criminais dos Tribunais de Justiça ou dos Tribunais Regionais Federais, bem como juízes de varas criminais da Justiça dos Estados e da Justiça Federal, pelo prazo de 6 (seis) meses, prorrogável por igual período, até o máximo de 2 (dois) anos, para a realização do interrogatório e de outros atos da instrução, na sede do tribunal ou no local onde se deva produzir o ato.

• Inciso III acrescido pela Lei nº 12.019, de 21-8-2009.

Art. 4º Apresentada a denúncia ou a queixa ao Tribunal, far-se-á a notificação do acusado para oferecer resposta no prazo de quinze dias.

○ Art. 5º, LIV, da CF.

§ 1º Com a notificação, serão entregues ao acusado cópia da denúncia ou da queixa, do despacho do relator e dos documentos por este indicados.

§ 2º Se desconhecido o paradeiro do acusado, ou se este criar dificuldades para que o oficial cumpra a diligência, proceder-se-á a sua notificação por edital, contendo o teor resumido da acusação, para que compareça ao Tribunal, em cinco dias, onde terá vista dos autos pelo prazo de quinze dias, a fim de apresentar a resposta prevista neste artigo.

Art. 5º Se, com a resposta, forem apresentados novos documentos, será intimada a parte contrária para sobre eles se manifestar, no prazo de cinco dias.

Parágrafo único. Na ação de iniciativa privada, será ouvido, em igual prazo, o Ministério Público.

Art. 6º A seguir, o relator pedirá dia para que o Tribunal delibere sobre o recebimento, a rejeição da denúncia ou da queixa, ou a improcedência da acusação, se a decisão não depender de outras provas.

§ 1º No julgamento de que trata este artigo, será facultada sustentação oral pelo prazo de quinze minutos, primeiro à acusação, depois à defesa.

§ 2º Encerrados os debates, o Tribunal passará a deliberar, determinando o Presidente as pessoas que poderão permanecer no recinto, observado o disposto no inciso II do art. 12 desta lei.

Art. 7º Recebida a denúncia ou a queixa, o relator designará dia e hora para o interrogatório, mandando citar o acusado ou querelado e intimar o órgão do Ministério Público, bem como o querelante ou o assistente, se for o caso.

Art. 8º O prazo para defesa prévia será de cinco dias, contado do interrogatório ou da intimação do defensor dativo.

○ Art. 114 do RISTJ.

Art. 9º A instrução obedecerá, no que couber, ao procedimento comum do Código de Processo Penal.

§ 1º O relator poderá delegar a realização do interrogatório ou de outro ato da instrução ao juiz ou membro de tribunal com competência territorial no local de cumprimento da carta de ordem.

§ 2º Por expressa determinação do relator, as intimações poderão ser feitas por carta registrada com aviso de recebimento.

Art. 10. Concluída a inquirição de testemunhas, serão intimadas a acusação e a defesa, para requerimento de diligências no prazo de cinco dias.

Art. 11. Realizadas as diligências, ou não sendo estas requeridas nem determinadas pelo relator, serão intimadas a acusação e a defesa para, sucessivamente, apresentarem, no prazo de quinze dias, alegações escritas.

§ 1º Será comum o prazo do acusador e do assistente, bem como o dos corréus.

§ 2º Na ação penal de iniciativa privada, o Ministério Público terá vista, por igual prazo, após as alegações das partes.

§ 3º O relator poderá, após as alegações escritas, determinar de ofício a realização de provas reputadas imprescindíveis para o julgamento da causa.

Art. 12. Finda a instrução, o Tribunal procederá ao julgamento, na forma determinada pelo regimento interno, observando-se o seguinte:

I – a acusação e a defesa terão, sucessivamente, nessa ordem, prazo de uma hora para sustentação oral, assegurado ao assistente um quarto do tempo da acusação;

II – encerrados os debates, o Tribunal passará a proferir o julgamento, podendo o Presidente limitar a presença no recinto às partes e seus advogados, ou somente a estes, se o interesse público exigir.

CAPÍTULO II
RECLAMAÇÃO

Arts. 13 a 18. *Revogados.* Lei nº 13.105, de 16-3-2015.

CAPÍTULO III
INTERVENÇÃO FEDERAL

Art. 19. A requisição de intervenção federal prevista nos incisos II e IV do artigo 36 da Constituição Federal será promovida:

I – de ofício, ou mediante pedido de Presidente de Tribunal de Justiça do Estado, ou de Presidente de Tribunal Federal, quando se tratar de prover a execução de ordem ou decisão judicial, com ressalva, conforme a matéria, da competência do Supremo Tribunal Federal ou do Tribunal Superior Eleitoral;

II – de ofício, ou mediante pedido da parte interessada, quando se tratar de prover a execução de ordem ou decisão do Superior Tribunal de Justiça;

III – mediante representação do Procurador-Geral da República, quando se tratar de prover a execução de lei federal.

Art. 20. O Presidente, ao receber o pedido:

I – tomará as providências que lhe parecerem adequadas para remover, administrativamente, a causa do pedido.

II – mandará arquivá-lo, se for manifestamente infundado, cabendo do seu despacho agravo regimental.

Art. 21. Realizada a gestão prevista no inciso I do artigo anterior, solicitadas informações à autoridade estadual e ouvido o Procurador-Geral, o pedido será distribuído a um relator.

Parágrafo único. Tendo em vista o interesse público, poderá ser permitida a presença no recinto às partes e seus advogados, ou somente a estes.

Art. 22. Julgado procedente o pedido, o Presidente do Superior Tribunal de Justiça comunicará, imediatamente, a decisão aos órgãos do poder público interessados e requisitará a intervenção ao Presidente da República.

CAPÍTULO IV
HABEAS CORPUS

Art. 23. Aplicam-se ao *Habeas Corpus* perante o Superior Tribunal de Justiça as normas do Livro III, Título II, Capítulo X do Código de Processo Penal.

- Art. 5º, LXVIII, da CF.

CAPÍTULO V
OUTROS PROCEDIMENTOS

Art. 24. Na ação rescisória, nos conflitos de competência, de jurisdição e de atribuições, na revisão criminal e no mandado de segurança, será aplicada a legislação processual em vigor.

- Arts. 5º, LXIX, 102, I, e 105, I, da CF.

Parágrafo único. No mandado de injunção e no *habeas data*, serão observadas, no que couber, as normas do mandado de segurança, enquanto não editada legislação específica.

- Art. 5º, LXXI e LXXII, da CF.
- Lei nº 9.507, de 12-12-1997 (Lei do *Habeas Data*).

Art. 25. Salvo quando a causa tiver por fundamento matéria constitucional, compete ao Presidente do Superior Tribunal de Justiça, a requerimento do Procurador-Geral da República ou da pessoa jurídica de direito público interessada, e para evitar grave lesão à ordem, à saúde, à segurança e à economia pública, suspender, em despacho fundamentado, a execução de liminar ou de decisão concessiva de mandado de segurança, proferida, em única ou última instância, pelos Tribunais Regionais Federais ou pelos Tribunais dos Estados e do Distrito Federal.

- Art. 297 do RISTF.
- Art. 271 do RISTJ.

§ 1º O Presidente pode ouvir o impetrante, em cinco dias, e o Procurador-Geral quando não for o requerente, em igual prazo.

- Art. 297. § 1º, do RISTF.

§ 2º Do despacho que conceder a suspensão caberá agravo regimental.

- Art. 39 desta Lei.

§ 3º A suspensão de segurança vigorará enquanto pender o recurso, ficando sem efeito, se a decisão concessiva for mantida pelo Superior Tribunal de Justiça ou transitar em julgado.

- Art. 297, § 3º, do RISTF.
- Art. 271, § 3º, do RISTJ.
- Súm. nº 626 do STF.

TÍTULO II – RECURSOS

CAPÍTULO I
RECURSO EXTRAORDINÁRIO E RECURSO ESPECIAL

- Arts. 102, III, e 105, III, da CF.
- Súmulas nºs 5, 7, 83, 86, 126, 203, 207, 211, 256 e 320 do STJ.

Arts. 26 a 29. *Revogados.* Lei nº 13.105, de 16-3-2015.

CAPÍTULO II
RECURSO ORDINÁRIO EM *HABEAS CORPUS*

Art. 30. O recurso ordinário para o Superior Tribunal de Justiça, das decisões denegatórias de *Habeas Corpus*, proferidas pelos Tribunais Regionais Federais ou pelos Tribunais dos Estados e do Distrito Federal, será interposto no prazo de cinco dias, com as razões do pedido de reforma.

- Art. 105, II, *a*, da CF.

Art. 31. Distribuído o recurso, a Secretaria, imediatamente, fará os autos com vista ao Ministério Público, pelo prazo de dois dias.

Parágrafo único. Conclusos os autos ao relator, este submeterá o feito a julgamento independentemente de pauta.

Art. 32. Será aplicado, no que couber, ao processo e julgamento do recurso, o disposto com relação ao pedido originário de *Habeas Corpus*.

- Art. 102, I, *d* e *i*, da CF.

CAPÍTULO III
RECURSO ORDINÁRIO E MANDADO DE SEGURANÇA

Art. 33. O recurso ordinário para o Superior Tribunal de Justiça, das decisões denegatórias de mandado de segurança, proferidas em única instância pelos Tribunais Regionais Federais ou pelos Tribunais de Estados e do Distrito Federal, será interposto no prazo de quinze dias, com as razões do pedido de reforma.

- Art. 105, II, *b*, da CF.

Art. 34. Serão aplicadas, quanto aos requisitos de admissibilidade e ao procedimento no Tribunal recorrido, as regras do Código de Processo Civil relativas à apelação.

Art. 35. Distribuído o recurso, a Secretaria, imediatamente, fará os autos com vista ao Ministério Público, pelo prazo de cinco dias.

Parágrafo único. Conclusos os autos ao relator, este pedirá dia para julgamento.

CAPÍTULO IV
APELAÇÃO CÍVEL E AGRAVO DE INSTRUMENTO

Art. 36. Nas causas em que forem partes, de um lado, Estado estrangeiro ou organismo internacional e, de outro, município ou pessoa domiciliada ou residente no País, caberá:

- Art. 105, II, *c*, da CF.

I – apelação da sentença;

II – agravo de instrumento, das decisões interlocutórias.

Art. 37. Os recursos mencionados no artigo anterior serão interpostos para o Superior Tribunal de Justiça, aplicando-se-lhes, quanto aos requisitos de admissibilidade e ao procedimento, o disposto no Código de Processo Civil.

- Art. 105, II, c, da CF.

TÍTULO III – DISPOSIÇÕES GERAIS

Art. 38. *Revogado.* Lei nº 13.105, de 16-3-2015.

Art. 39. Da decisão do Presidente do Tribunal, de Seção, de Turma ou de Relator que causar gravame à parte, caberá agravo para o órgão especial, Seção ou Turma, conforme o caso, no prazo de cinco dias.

- Súm. nº 116 do STJ.

Art. 40. Haverá revisão, no Superior Tribunal de Justiça, nos seguintes processos:

I – ação rescisória;

II – ação penal originária;

III – revisão criminal.

Art. 41. Em caso de vaga ou afastamento de Ministro do Superior Tribunal de Justiça, por prazo superior a trinta dias, poderá ser convocado Juiz de Tribunal Regional Federal ou Desembargador, para substituição, pelo voto da maioria absoluta dos seus membros.

Art. 41-A. A decisão de Turma, no Superior Tribunal de Justiça, será tomada pelo voto da maioria absoluta de seus membros.

Parágrafo único. Em *habeas corpus* originário ou recursal, havendo empate, prevalecerá a decisão mais favorável ao paciente.

Art. 41-B. As despesas do porte de remessa e retorno dos autos serão recolhidas mediante documento de arrecadação, de conformidade com instruções e tabela expedidas pelo Supremo Tribunal Federal e pelo Superior Tribunal de Justiça.

Parágrafo único. A secretaria do tribunal local zelará pelo recolhimento das despesas postais.

- Arts. 41-A e 41-B acrescidos pela Lei nº 9.756, de 17-12-1998.

Art. 42. Os artigos 496, 497, 498, inciso II do artigo 500, e 508 da Lei nº 5.869, de 11 de janeiro de 1973 – Código de Processo Civil, passam a vigorar com a seguinte redação:

- Alterações inseridas no texto do referido Código

Art. 43. Esta Lei entra em vigor na data de sua publicação.

Art. 44. Revogam-se as disposições em contrário, especialmente os artigos 541 a 546 do Código de Processo Civil e a Lei nº 3.396, de 2 de junho de 1958.

- Os referidos artigos foram revigorados pela Lei nº 8.950, de 13-12-1994.
- Refere-se ao CPC/1973.

Brasília, 28 de maio de 1990;
169º da Independência e
102º da República.
Fernando Collor

LEI Nº 8.085, DE 23 DE OUTUBRO DE 1990

Dispõe sobre o Imposto de Importação.

- Publicada no *DOU* de 24-11-1990.

Art. 1º O Poder Executivo poderá, atendidas as condições e os limites estabelecidos na Lei nº 3.244, de 14 de agosto de 1957, modificada pelos Decretos-Leis nºs 63, de 21 de novembro de 1966, e 2.162, de 19 de setembro de 1984, alterar as alíquotas do imposto de importação.

Parágrafo único. O Presidente da República poderá outorgar competência à CAMEX para a prática dos atos previstos neste artigo.

- Parágrafo único com a redação dada pela MP nº 2.158-35, de 24-8-2001.

Art. 2º As atribuições da extinta Comissão de Política Aduaneira ficam transferidas à Secretaria Nacional de Economia, do Ministério da Economia, Fazenda e Planejamento, ressalvado o disposto no artigo anterior.

Art. 3º As mercadorias relacionadas na tabela anexa a esta lei, com a indicação dos correspondentes códigos de classificação na Nomenclatura Brasileira de Mercadorias, ficam sujeitas ao imposto de importação à alíquota *ad valorem* de zero por cento, aplicando-se-lhes o disposto no art. 1º.

Art. 4º Esta lei entra em vigor na data de sua publicação.

Art. 5º Revogam-se o art. 8º da Lei nº 8.032, de 12 de abril de 1990, e demais disposições em contrário.

Senado Federal, 23 de outubro de 1990;
169º da Independência e
102º da República.
Nelson Carneiro

TABELA ANEXA À LEI Nº 8.085, DE 23 DE OUTUBRO DE 1990

Código NBM/SH	Mercadoria
2207.10.0100	Álcool etílico não desnaturado, com um teor alcoólico em volume igual ou superior a 80% vol, para fins carburantes, com as especificações determinadas pelo órgão competente
2207.20.0101	Álcool etílico desnaturado, para fins carburantes, com as especificações determinadas pelo órgão competente 2709.00.0100 Óleos brutos de petróleo
2709.00.0200	Óleos brutos de minerais betuminosos
2710.00.0101	"Gasóleo" (óleo diesel)
2710.00.0102	"Fuel-oil"
2710.00.0199	Qualquer outro óleo combustível de petróleo ou de minerais betuminosos
2710.00.0201	Óleos lubrificantes a granel
2710.00.0202	Óleos lubrificantes embalados
2710.00.0301	Gasolina automotiva tipo A, segundo normas do órgão competente
2710.00.0302	Gasolina automotiva tipo B, segundo normas do órgão competente
2710.00.0303	Gasolina de aviação
2710.00.0399	Qualquer outra gasolina

Código NBM/SH	Mercadoria
2710.00.0401	Querosene de aviação
2710.00.0499	Qualquer outro querosene
2710.00.9901	Óleos de petróleo ou de minerais betuminosos, parcialmente refinados
2710.00.9904	Óleos para lamparina de mecha ("signal-oil")
2711.12.0100	Propano liquefeito, em bruto
2711.12.9900	Propano liquefeito, exceto em bruto
2711.13.0000	Butanos liquefeitos
2711.14.0000	Etileno, propileno, butileno e butadieno, liquefeitos
2711.19.0200	Mistura de propano e butano liquefeitos (GLP)
2711.19.9900	Outros gases de petróleo e outros hidrocarbonetos gasosos, liquefeitos
2711.29.0100	Butano no estado gasoso
2711.29.0201	Propano no estado gasoso, em bruto
2711.29.0299	Propano no estado gasoso, exceto em bruto
2711.29.9900	Outros gases de petróleo e outros hidrocarbonetos gasosos, no estado gasoso

LEI Nº 8.137, DE 27 DE DEZEMBRO DE 1990

Define crimes contra a ordem tributária, econômica e contra as relações de consumo, e dá outras providências.

- Publicada no *DOU* de 28-12-1990.
- Art. 34 da Lei nº 9.249, de 26-12-1995, que altera a legislação do imposto de renda das pessoas jurídicas, bem como da contribuição social sobre o lucro líquido.

CAPÍTULO I

DOS CRIMES CONTRA A ORDEM TRIBUTÁRIA

Seção I

DOS CRIMES PRATICADOS POR PARTICULARES

Art. 1º Constitui crime contra a ordem tributária suprimir ou reduzir tributo, ou contribuição social e qualquer acessório, mediante as seguintes condutas:

- Arts. 8º e 12 desta Lei.
- Art. 34 da Lei nº 9.249, de 26-12-1995, que altera a legislação do imposto de renda das pessoas jurídicas, bem como da contribuição social sobre o lucro líquido.
- Art. 83 da Lei nº 9.430, de 27-12-1996, que dispõe sobre a legislação tributária federal, as contribuições para a seguridade social, o processo administrativo de consulta.
- Lei nº 9.964, de 10-4-200, estatui o Programa de Recuperação Fiscal - REFIS.
- Art. 9º da Lei nº 10.684, de 30-5-2003, que altera a legislação tributária, dispõe sobre parcelamento de débitos junto à Secretaria da Receita Federal, à Procuradoria-Geral da Fazenda Nacional e ao Instituto Nacional do Seguro Social.
- Arts. 68 e 69 da Lei nº 11.941, de 27-5-2009, que altera a legislação tributária federal relativa ao parcelamento ordinário de débitos tributários; concede remissão nos casos em que especifica; institui regime tributário de transição.
- Súm. Vinc. nº 24 do STF.

I – omitir informação, ou prestar declaração falsa às autoridades fazendárias;

- Art. 1º, I, da Lei nº 4.729, de 14-7-1965 (Lei do Crime de Sonegação Fiscal).

II – fraudar a fiscalização tributária, inserindo elementos inexatos, ou omitindo operação de qualquer natureza, em documento ou livro exigido pela lei fiscal;

- Art. 1º, II, da Lei nº 4.729, de 14-7-1965 (Lei do Crime de Sonegação Fiscal).

III – falsificar ou alterar nota fiscal, fatura, duplicata, nota de venda, ou qualquer outro documento relativo à operação tributável;

- Art. 1º, III, da Lei nº 4.729, de 14-7-1965 (Lei do Crime de Sonegação Fiscal).

IV – elaborar, distribuir, fornecer, emitir ou utilizar documento que saiba ou deva saber falso ou inexato;

- Art. 1º, IV, da Lei nº 4.729, de 14-7-1965 (Lei do Crime de Sonegação Fiscal).

V – negar ou deixar de fornecer, quando obrigatório, nota fiscal ou documento equivalente, relativa à venda de mercadoria ou prestação de serviço, efetivamente realizada, ou fornecê-la em desacordo com a legislação.

Pena – reclusão, de dois a cinco anos, e multa.

- Arts. 8º, 10 e 12 desta Lei.

Parágrafo único. A falta de atendimento da exigência da autoridade, no prazo de dez dias, que poderá ser convertido em horas em razão da maior ou menor complexidade da matéria ou da dificuldade quanto ao atendimento da exigência, caracteriza a infração prevista no inciso V.

- Art. 59 da Lei nº 9.069, de 29-6-1995, que dispõe sobre o Plano Real, o Sistema Monetário Nacional, estabelece as regras e condições de emissão do REAL e os critérios para conversão das obrigações para o REAL.

Art. 2º Constitui crime da mesma natureza:

- Arts. 8º e 12 desta Lei.
- Art. 1º da Lei nº 4.729, de 14-7-1965 (Lei do Crime de Sonegação Fiscal).
- Art. 34 da Lei nº 9.249, de 26-12-1995, que altera a legislação do imposto de renda das pessoas jurídicas, bem como da contribuição social sobre o lucro líquido.
- Art. 9º da Lei nº 10.684, de 30-5-2003, que altera a legislação tributária, dispõe sobre parcelamento de débitos junto à Secretaria da Receita Federal, à Procuradoria-Geral da Fazenda Nacional e ao Instituto Nacional do Seguro Social.
- Arts. 68 e 69 da Lei nº 11.941, de 27-5-2009, que altera a legislação tributária federal relativa ao parcelamento ordinário de débitos tributários; concede remissão nos casos em que especifica; institui regime tributário de transição.

I – fazer declaração falsa ou omitir declaração sobre rendas, bens ou fatos, ou empregar outra fraude, para eximir-se, total ou parcialmente, de pagamento de tributo;

- Art. 1º, I, da Lei nº 4.729, de 14-7-1965 (Lei do Crime de Sonegação Fiscal).

LEG. COMPLEMENTAR

II – deixar de recolher, no prazo legal, valor de tributo ou de contribuição social, descontado ou cobrado, na qualidade de sujeito passivo de obrigação e que deveria recolher aos cofres públicos;

III – exigir, pagar ou receber, para si ou para o contribuinte beneficiário, qualquer percentagem sobre a parcela dedutível ou deduzida de imposto ou de contribuição como incentivo fiscal;

IV – deixar de aplicar, ou aplicar em desacordo com o estatuído, incentivo fiscal ou parcelas de imposto liberadas por órgão ou entidade de desenvolvimento;

V – utilizar ou divulgar programa de processamento de dados que permita ao sujeito passivo da obrigação tributária possuir informação contábil diversa daquela que é, por lei, fornecida à Fazenda Pública.

Pena – detenção, de seis meses a dois anos, e multa.

- Arts. 8º, 10 e 12 desta Lei.

Seção II

DOS CRIMES PRATICADOS POR FUNCIONÁRIOS PÚBLICOS

Art. 3º Constitui crime funcional contra a ordem tributária, além dos previstos no Decreto-Lei nº 2.848, de 7 de dezembro de 1940 – Código Penal (Título XI, Capítulo I):

- Art. 34 da Lei nº 9.249, de 26-12-1995, que altera a legislação do imposto de renda das pessoas jurídicas, bem como da contribuição social sobre o lucro líquido.

I – extraviar livro oficial, processo fiscal ou qualquer documento, de que tenha a guarda em razão da função; sonegá-lo, ou inutilizá-lo, total ou parcialmente, acarretando pagamento indevido ou inexato de tributo ou contribuição social;

II – exigir, solicitar ou receber, para si ou para outrem, direta ou indiretamente, ainda que fora da função ou antes de iniciar seu exercício, mas em razão dela, vantagem indevida; ou aceitar promessa de tal vantagem, para deixar de lançar ou cobrar tributo ou contribuição social, ou cobrá-los parcialmente;

Pena – reclusão, de três a oito anos e multa.

III – patrocinar, direta ou indiretamente, interesse privado perante a administração fazendária, valendo-se da qualidade de funcionário público.

Pena – reclusão, de um a quatro anos, e multa.

- Arts. 8º e 10 desta Lei.

CAPÍTULO II

DOS CRIMES CONTRA A ECONOMIA E AS RELAÇÕES DE CONSUMO

Art. 4º Constitui crime contra a ordem econômica:

- Arts. 9º, I, e 12 desta Lei.
- Art. 34 da Lei nº 9.249, de 26-12-1995, que altera a legislação do imposto de renda das pessoas jurídicas, bem como da contribuição social sobre o lucro líquido.

I – abusar do poder econômico, dominando o mercado ou eliminando, total ou parcialmente, a concorrência mediante qualquer forma de ajuste ou acordo de empresas;

- *Caput* do inciso I com a redação dada pela Lei nº 12.529, de 30-11-2011.

a a *f*) *Revogadas*. Lei nº 12.529, de 30-11-2011.

II – formar acordo, convênio, ajuste ou aliança entre ofertantes, visando:

a) à fixação artificial de preços ou quantidades vendidas ou produzidas;

b) ao controle regionalizado do mercado por empresa ou grupo de empresas;

c) ao controle, em detrimento da concorrência, de rede de distribuição ou de fornecedores.

Pena – reclusão, de 2 (dois) a 5 (cinco) anos e multa.

- Inciso II com a redação dada pela Lei nº 12.529, de 30-11-2011.
- Arts. 9º e 12 desta Lei.

III a VII – *Revogados*. Lei nº 12.529, de 30-11-2011.

Arts. 5º e 6º *Revogados*. Lei nº 12.529, de 30-11-2011.

Art. 7º Constitui crime contra as relações de consumo:

I – favorecer ou preferir, sem justa causa, comprador ou freguês, ressalvados os sistemas de entrega ao consumo por intermédio de distribuidores ou revendedores;

II – vender ou expor à venda mercadoria cuja embalagem, tipo, especificação, peso ou composição esteja em desacordo com as prescrições legais, ou que não corresponda à respectiva classificação oficial;

III – misturar gêneros e mercadorias de espécies diferentes, para vendê-los ou expô-los à venda como puros; misturar gêneros e mercadorias de qualidades desiguais para vendê-los ou expô-los à venda por preço estabelecido para os de mais alto custo;

IV – fraudar preços por meio de:

a) alteração, sem modificação essencial ou de qualidade, de elementos tais como denominação, sinal externo, marca, embalagem, especificação técnica, descrição, volume, peso, pintura ou acabamento de bem ou serviço;

b) divisão em partes de bem ou serviço, habitualmente oferecido à venda em conjunto;

c) junção de bens ou serviços, comumente oferecidos à venda em separado;

d) aviso de inclusão de insumo não empregado na produção do bem ou na prestação dos serviços;

V – elevar o valor cobrado nas vendas a prazo de bens ou serviços, mediante a exigência de comissão ou de taxa de juros ilegais;

VI – sonegar insumos ou bens, recusando-se a vendê-los a quem pretenda comprá-los nas condições publicamente ofertadas, ou retê-los para o fim de especulação;

VII – induzir o consumidor ou usuário a erro, por via de indicação ou afirmação falsa ou enganosa sobre a natureza, qualidade de bem ou serviço, utilizando-se de qualquer meio, inclusive a veiculação ou divulgação publicitária;

VIII – destruir, inutilizar ou danificar matéria-prima ou mercadoria, com o fim de provocar alta de preço, em proveito próprio ou de terceiros;

IX – vender, ter em depósito para vender ou expor à venda ou, de qualquer forma, entregar matéria-prima ou mercadoria, em condições impróprias ao consumo.

Pena – detenção, de dois a cinco anos, ou multa.

- Arts. 9º, III, e 12 desta Lei.

Parágrafo único. Nas hipóteses dos incisos II, III e IX pune-se a modalidade culposa, reduzindo-se a pena e a detenção de um terço ou a de multa à quinta parte.

CAPÍTULO III

DAS MULTAS

Art. 8º Nos crimes definidos nos artigos 1º a 3º desta Lei, a pena de multa será fixada entre dez e trezentos e sessenta dias-multa, conforme seja necessário e suficiente para reprovação e prevenção do crime.

Parágrafo único. O dia-multa será fixado pelo juiz em valor não inferior a quatorze nem superior a duzentos Bônus do Tesouro Nacional – BTN.

Art. 9º A pena de detenção ou reclusão poderá ser convertida em multa de valor equivalente a:

I – duzentos mil até cinco milhões de BTN, nos crimes definidos no artigo 4º;

II – cinco mil até duzentos mil BTN, nos crimes definidos nos artigos 5º e 6º;

III – cinquenta mil até um milhão de BTN, nos crimes definidos no artigo 7º.

Art. 10. Caso o juiz, considerado o ganho ilícito e a situação econômica do réu, verifique a insuficiência ou excessiva onerosidade das penas pecuniárias previstas nesta Lei, poderá diminuí-las até a décima parte ou elevá-las ao décuplo.

CAPÍTULO IV
DAS DISPOSIÇÕES GERAIS

Art. 11. Quem, de qualquer modo, inclusive por meio de pessoa jurídica, concorre para os crimes definidos nesta Lei, incide nas penas a estes cominadas, na medida de sua culpabilidade.

- Art. 5º, XLVI, da CF.

Parágrafo único. Quando a venda ao consumidor for efetuada por sistema de entrega ao consumo ou por intermédio de distribuidor ou revendedor, seja em regime de concessão comercial ou outro em que o preço ao consumidor é estabelecido ou sugerido pelo fabricante ou concedente, o ato por este praticado não alcança o distribuidor ou revendedor.

- Art. 6º da Lei nº 4.729, de 14-7-1965 (Lei do Crime de Sonegação Fiscal).

Art. 12. São circunstâncias que podem agravar de um terço até a metade as penas previstas nos artigos 1º, 2º e 4º a 7º:

I – ocasionar grave dano à coletividade;

II – ser o crime cometido por servidor público no exercício de suas funções;

III – ser o crime praticado em relação à prestação de serviços ou ao comércio de bens essenciais à vida ou à saúde.

Art. 13. VETADO.

Art. 14. *Revogado.* Lei nº 8.383, de 30-12-1991.

Art. 15. Os crimes previstos nesta Lei são de ação penal pública, aplicando-se-lhes o disposto no artigo 100 do Decreto-Lei nº 2.848, de 7 de dezembro de 1940 – Código Penal.

Art. 16. Qualquer pessoa poderá provocar a iniciativa do Ministério Público nos crimes descritos nesta Lei, fornecendo-lhe por escrito informações sobre o fato e a autoria, bem como indicando o tempo, o lugar e os elementos de convicção.

Parágrafo único. Nos crimes previstos nesta Lei, cometidos em quadrilha ou coautoria, o coautor ou partícipe que através de confissão espontânea revelar à autoridade policial ou judicial toda a trama delituosa terá a sua pena reduzida de um a dois terços.

- Parágrafo único acrescido pela Lei nº 9.080, de 19-7-1995.

Art. 17. Compete ao Departamento Nacional de Abastecimento e Preços, quando e se necessário, providenciar a desapropriação de estoques, a fim de evitar crise no mercado ou colapso no abastecimento.

Art. 18. *Revogado.* Lei nº 8.176, de 8-2-1991.

Art. 19. O *caput* do artigo 172 do Decreto-lei nº 2.848, de 7 de dezembro de 1940 – Código Penal, passa a ter a seguinte redação:

"Art. 172. Emitir fatura, duplicada ou nota de venda que não corresponda à mercadoria vendida, em quantidade ou qualidade, ou ao serviço prestado.

Pena – detenção, de dois a quatro anos, e multa".

Art. 20. O § 1º do artigo 316 do Decreto-Lei nº 2.848, de 7 de dezembro de 1940 – Código Penal, passa a ter a seguinte redação:

"Art. 316. ....

§ 1º Se o funcionário exige tributo ou contribuição social que sabe ou deveria saber indevido, ou, quando devido, emprega na cobrança meio vexatório ou gravoso, que a lei não autoriza:

Pena – reclusão, de três a oito anos, e multas".

Art. 21. O artigo 318 do Decreto-Lei nº 2.848, de 7 de dezembro de 1940 – Código Penal, quanto à fixação da pena, passa a ter a seguinte redação:

"Art. 318. ....

Pena – reclusão, de três a oito anos, e multa".

Art. 22. Esta Lei entra em vigor na data de sua publicação.

Art. 23. Revogam-se as disposições em contrário e, em especial, o artigo 279 do Decreto-Lei nº 2.848, de 7 de dezembro de 1940 – Código Penal.

Brasília, 27 de dezembro de 1990;
169º da Independência e
102º da República.

Fernando Collor

LEI Nº 8.166, DE 11 DE JANEIRO DE 1991

Dispõe sobre a não incidência do Imposto de Renda sobre lucros ou dividendos distribuídos a residentes ou domiciliados no exterior, doados a instituições sem fins lucrativos.

- Publicada no *DOU* de 14-1-1991.

Art. 1º O imposto de que trata o art. 97 do Decreto-Lei nº 5.844, de 23 de setembro de 1943, não incidirá sobre os valores dos lucros ou dividendos distribuídos por sociedades brasileiras a seus sócios ou acionistas residentes ou domiciliados no exterior, que sejam por eles doados a instituições filantrópicas, educacionais, de pesquisa científica ou tecnológica e de desenvolvimento cultural ou artístico domiciliadas no Brasil, que:

I – estejam devidamente registradas na Secretaria da Receita Federal e em funcionamento regular;

II – não distribuam lucros, bonificações ou vantagens aos seus administradores, mantenedores ou associados, sob qualquer forma ou pretexto;

III – apliquem integralmente seus recursos no País, na manutenção de seus objetivos institucionais;

IV – mantenham escrituração de suas receitas e despesas em livros revestidos de formalidades que assegurem a sua exatidão;

V – que estabeleçam, no respectivo contrato social ou estatuto, a incorporação, em caso de extinção, do seu patrimônio a entidade similar que atenda aos requisitos e condições referidos nos incisos anteriores ou, conforme a área de sua atuação, ao respectivo Município, ao respectivo Estado ou à União.

Art. 2º O disposto no artigo anterior aplica-se também às doações efetuadas através de agência, de sucursal ou de representante, no Brasil, de pessoas jurídicas domiciliadas no exterior.

Art. 3º Os valores doados, na forma prevista nos arts. 1º e 2º, não poderão ser transferidos ao exterior, nem serão considerados para fins de apuração do imposto suplementar de que trata o art. 1º do Decreto-Lei n 2.073, de 20 de dezembro de 1983.

Art. 4º O valor do imposto de que trata o art. 35 da Lei nº 7.713, de 22 de dezembro de 1988, incidente sobre o valor dos lucros ou dividendos na conformidade do art. 1º desta lei não poderá ser compensado.

Art. 5º A sociedade distribuidora dos lucros ou dividendos deverá comprovar à fiscalização, quando solicitada, a efetiva entrega da doação ao beneficiário, no prazo de dois dias contados da distribuição, mediante cheque nominativo e cruzado.

Art. 6º A inobservância do disposto nesta lei sujeitará a sociedade distribuidora dos lucros ou dividendos à obrigação de recolher o valor do imposto monetariamente corrigido, acrescido de juros de mora e demais cominações legais.

Art. 7º VETADO.

Art. 8º Esta lei entra em vigor na data de sua publicação.

Art. 9º Revogam-se as disposições em contrário.

Brasília, 11 de janeiro de 1991;
170º da Independência e
103º da República.

Fernando Collor

LEI Nº 8.212, DE 24 DE JULHO DE 1991

Dispõe sobre a organização da Seguridade Social, institui Plano de Custeio, e dá outras providências.

- Publicada no *DOU* de 25-7-1991, republicada no *DOU* de 11-4-1996 e no *DOU* de 14-8-1998.

LEI ORGÂNICA DA SEGURIDADE SOCIAL

TÍTULO I – CONCEITUAÇÃO E PRINCÍPIOS CONSTITUCIONAIS

- Arts. 194 e 195 da CF.

Art. 1º A Seguridade Social compreende um conjunto integrado de ações de iniciativa dos poderes públicos e da sociedade, destinado a assegurar o direito relativo à saúde, à previdência e à assistência social.

Parágrafo único. A Seguridade Social obedecerá aos seguintes princípios e diretrizes:

a) universalidade da cobertura e do atendimento;

b) uniformidade e equivalência dos benefícios e serviços às populações urbanas e rurais;

c) seletividade e distributividade na prestação dos benefícios e serviços;

d) irredutibilidade do valor dos benefícios;

e) equidade na forma de participação no custeio;

f) diversidade da base de financiamento;

g) caráter democrático e descentralizado da gestão administrativa com a participação da comunidade, em especial de trabalhadores, empresários e aposentados.

TÍTULO II – DA SAÚDE

Art. 2º A Saúde é direito de todos e dever do Estado, garantido mediante políticas sociais e econômicas que visem à redução do risco de doença e de outros agravos e ao acesso universal e igualitário às ações e serviços para sua promoção, proteção e recuperação.

Parágrafo único. As atividades de saúde são de relevância pública e sua organização obedecerá aos seguintes princípios e diretrizes:

a) acesso universal e igualitário;

b) provimento das ações e serviços através de rede regionalizada e hierarquizada, integrados em sistema único;

c) descentralização, com direção única em cada esfera de governo;

d) atendimento integral, com prioridade para as atividades preventivas;

e) participação da comunidade na gestão, fiscalização e acompanhamento das ações e serviços de saúde;

f) participação da iniciativa privada na assistência à saúde, obedecidos os preceitos constitucionais.

TÍTULO III – DA PREVIDÊNCIA SOCIAL

Art. 3º A Previdência Social tem por fim assegurar aos seus beneficiários meios indispensáveis de manutenção, por motivo de incapacidade, idade avançada, tempo de serviço, desemprego involuntário, encargos de família e reclusão ou morte daqueles de quem dependiam economicamente.

Parágrafo único. A organização da Previdência Social obedecerá aos seguintes princípios e diretrizes:

a) universalidade de participação nos planos previdenciários, mediante contribuição;

b) valor da renda mensal dos benefícios, substitutos do salário de contribuição ou do rendimento do trabalho do segurado, não inferior ao do salário mínimo;

c) cálculo dos benefícios considerando-se os salários de contribuição, corrigidos monetariamente;

d) preservação do valor real dos benefícios;

e) previdência complementar facultativa, custeada por contribuição adicional.

TÍTULO IV – DA ASSISTÊNCIA SOCIAL

Art. 4º A Assistência Social é a política social que provê o atendimento das necessidades básicas, traduzidas em proteção à família, à maternidade, à infância, à adolescência, à velhice e à pessoa portadora de deficiência, independentemente de contribuição à Seguridade Social.

Parágrafo único. A organização da Assistência Social obedecerá às seguintes diretrizes:

a) descentralização político-administrativa;

b) participação da população na formulação e controle das ações em todos os níveis.

TÍTULO V – DA ORGANIZAÇÃO DA SEGURIDADE SOCIAL

Art. 5º As ações nas áreas de Saúde, Previdência Social e Assistência Social, conforme o disposto no Capítulo II do Título VIII da Constituição Federal, serão organizadas em Sistema Nacional de Seguridade Social, na forma desta Lei.

Arts. 6º e 7º *Revogados.* MP nº 2.216-37, de 31-8-2001.

Art. 8º As propostas orçamentárias anuais ou plurianuais da Seguridade Social serão elaboradas por Comissão integrada por três representantes, sendo um da área da saúde, um da área da previdência social e um da área de assistência social.

Art. 9º As áreas de Saúde, Previdência Social e Assistência Social são objeto de leis específicas, que regulamentarão sua organização e funcionamento.

TÍTULO VI – DO FINANCIAMENTO DA SEGURIDADE SOCIAL

INTRODUÇÃO

Art. 10. A Seguridade Social será financiada por toda sociedade, de forma direta e indireta, nos termos do artigo 195 da Constituição Federal e desta Lei, mediante recursos provenientes da União, dos Estados, do Distrito Federal, dos Municípios e de contribuições sociais.

Art. 11. No âmbito federal, o orçamento da Seguridade Social é composto das seguintes receitas:

I – receitas da União;

II – receitas das contribuições sociais;

III – receitas de outras fontes.

Parágrafo único. Constituem contribuições sociais:

a) as das empresas, incidentes sobre a remuneração paga ou creditada aos segurados a seu serviço;

- Art. 39, *caput*, desta Lei.
- Arts. 2º e 32 da ei nº 11.457, de 16-3-2007 (Lei da Super-Receita).
- Súm. nº 458 do STJ.

b) as dos empregadores domésticos;

- Art. 39, *caput*, desta Lei.
- Art. 2º da Lei nº 11.457, de 16-3-2007 (Lei da Super-Receita).

c) as dos trabalhadores, incidentes sobre o seu salário de contribuição;

- Art. 39, *caput*, desta Lei.
- Arts. 2º e 32, *caput*, da ei nº 11.457, de 16-3-2007 (Lei da Super-Receita).

d) as das empresas, incidentes sobre faturamento e lucro;

e) as incidentes sobre a receita de concursos de prognósticos.

CAPÍTULO I – DOS CONTRIBUINTES

Seção I – *DOS SEGURADOS*

Art. 12. São segurados obrigatórios da Previdência Social as seguintes pessoas físicas:

I – como empregado:

a) aquele que presta serviço de natureza urbana ou rural à empresa, em caráter não eventual, sob sua subordinação e mediante remuneração, inclusive como diretor empregado;

b) aquele que, contratado por empresa de trabalho temporário, definida em legislação específica, presta serviço para atender a necessidade transitória de substituição de pessoal regular e permanente ou a acréscimo extraordinário de serviços de outras empresas;

c) o brasileiro ou estrangeiro domiciliado e contratado no Brasil para trabalhar como empregado em sucursal ou agência de empresa nacional no exterior;

d) aquele que presta serviço no Brasil a missão diplomática ou a repartição consular de carreira estrangeira e a órgãos a ela subordinados, ou a membros dessas missões e repartições, excluídos o não brasileiro sem residência permanente no Brasil e o brasileiro amparado pela legislação previdenciária do país da respectiva missão diplomática ou repartição consular;

e) o brasileiro civil que trabalha para a União, no exterior, em organismos oficiais brasileiros ou internacionais dos quais o Brasil seja membro efetivo, ainda que lá domiciliado e contratado, salvo se segurado na forma da legislação vigente do país do domicílio;

f) o brasileiro ou estrangeiro domiciliado e contratado no Brasil para trabalhar como empregado em empresa domiciliada no exterior, cuja maioria do capital votante pertença a empresa brasileira de capital nacional;

g) o servidor público ocupante de cargo em comissão, sem vínculo efetivo com a União, Autarquias, inclusive em regime especial, e Fundações Públicas Federais;

- Alínea *g* acrescida pela Lei nº 8.647, de 13-4-1993.

h) o exercente de mandato eletivo federal, estadual ou municipal, desde que não vinculado a regime próprio de previdência social;

- Res. do SF nº 26, de 21-6-2005, suspendeu a execução desta alínea, conforme declaração de inconstitucionalidade em decisão definitiva do STF nos autos do RE nº 351.717-1/PR.

i) o empregado de organismo oficial internacional ou estrangeiro em funcionamento no Brasil, salvo quando coberto por regime próprio de previdência social;

- Alínea *i* acrescida pela Lei nº 9.876, de 26-11-1999.

j) o exercente de mandato eletivo federal, estadual ou municipal, desde que não vinculado a regime próprio de previdência social;

- Alínea *j* acrescida pela Lei nº 10.887, de 18-6-2004.

II – como empregado doméstico: aquele que presta serviço de natureza contínua a pessoa ou família, no âmbito residencial desta, em atividades sem fins lucrativos;

III e IV – *Revogados*; Lei nº 9.876, de 26-11-1999.

V – como contribuinte individual:

- Inciso V com a redação dada pela Lei nº 9.876, de 26-11-1999.

a) a pessoa física, proprietária ou não, que explora atividade agropecuária, a qualquer título, em caráter permanente ou temporário, em área superior a 4 (quatro) módulos fiscais; ou, quando em área igual ou inferior a 4 (quatro) módulos fiscais ou atividade pesqueira, com auxílio de empregados ou por intermédio de prepostos; ou ainda nas hipóteses dos §§ 10 e 11 deste artigo;

- Alínea *a* com a redação dada pela Lei nº 11.718, de 20-6-2008.

b) a pessoa física, proprietária ou não, que explora atividade de extração mineral – garimpo, em caráter permanente ou temporário, diretamente ou por intermédio de prepostos, com ou sem o auxílio de empregados, utilizados a qualquer título, ainda que de forma não contínua;

- Alínea *b* com a redação dada pela Lei nº 9.876, de 26-11-1999.

c) o ministro de confissão religiosa e o membro de instituto de vida consagrada, de congregação ou de ordem religiosa;

- Alínea *c* com a redação dada pela Lei nº 10.403, de 8-1-2002.

d) *Revogada*. Lei nº 9.876, de 26-11-1999;

e) o brasileiro civil que trabalha no exterior para organismo oficial internacional do qual o Brasil é membro efetivo, ainda que lá domiciliado e contratado, salvo quando coberto por regime próprio de previdência social;

- Alínea *e* com a redação dada pela Lei nº 9.876, de 26-11-1999.

f) o titular de firma individual urbana ou rural, o diretor não empregado e o membro de conselho de administração de sociedade anônima, o sócio solidário, o sócio de indústria, o sócio gerente e o sócio cotista que recebam remuneração decorrente de seu trabalho em empresa urbana ou rural, e o associado eleito para cargo de direção em cooperativa, associação ou entidade de qualquer natureza ou finalidade, bem como o síndico ou administrador eleito para exercer atividade de direção condominial, desde que recebam remuneração;

g) quem presta serviço de natureza urbana ou rural, em caráter eventual, a uma ou mais empresas, sem relação de emprego;

h) a pessoa física que exerce, por conta própria, atividade econômica de natureza urbana, com fins lucrativos ou não;

- Alíneas *f* a *h* acrescidas pela Lei nº 9.876, de 26-11-1999.

VI – como trabalhador avulso: quem presta, a diversas empresas, sem vínculo empregatício, serviços de natureza urbana ou rural definidos no regulamento;

VII – como segurado especial: a pessoa física residente no imóvel rural ou em aglomerado urbano ou rural próximo a ele que, individualmente ou em regime de economia familiar, ainda que com o auxílio eventual de terceiros a título de mútua colaboração, na condição de:

- *Caput* do inciso VII com a redação dada pela Lei nº 11.718, de 20-6-2008.

a) produtor, seja proprietário, usufrutuário, possuidor, assentado, parceiro ou meeiro outorgados, comodatário ou arrendatário rurais, que explore atividade:

1. agropecuária em área de até quatro módulos fiscais; ou
2. de seringueiro ou extrativista vegetal que exerça suas atividades nos termos do inciso XII do *caput* do art. 2º da Lei nº 9.985, de 18 de julho de 2000, e faça dessas atividades o principal meio de vida;

b) pescador artesanal ou a este assemelhado, que faça da pesca profissão habitual ou principal meio de vida; e

c) cônjuge ou companheiro, bem como filho maior de 16 (dezesseis) anos de idade ou a este equiparado, do segurado de que tratam as alíneas *a* e *b* deste inciso, que, comprovadamente, trabalhem com o grupo familiar respectivo.

- Alíneas *a* a *c* acrescidas pela Lei nº 11.718, de 20-6-2008.

§ 1º Entende-se como regime de economia familiar a atividade em que o trabalho dos membros da família é indispensável à própria subsistência e ao desenvolvimento socioeconômico do núcleo familiar e é exercido em condições de mútua dependência e colaboração, sem a utilização de empregados permanentes.

- § 1º com a redação dada pela Lei nº 11.718, de 20-6-2008.

§ 2º Todo aquele que exercer, concomitantemente, mais de uma atividade remunerada sujeita ao Regime Geral de Previdência Social é obrigatoriamente filiado em relação a cada uma delas.

§ 3º *Revogado*. Lei nº 11.718, de 20-6-2008.

§ 4º O aposentado pelo Regime Geral de Previdência Social – RGPS que estiver exercendo ou que voltar a exercer atividade abrangida por este Regime é segurado obrigatório em relação a essa atividade, ficando sujeito às contribuições de que trata esta Lei, para fins de custeio da Seguridade Social.

- § 4º acrescido pela Lei nº 9.032, de 28-4-1995.

§ 5º O dirigente sindical mantém, durante o exercício do mandato eletivo, o mesmo enquadramento no Regime Geral de Previdência Social – RGPS de antes da investidura.

- § 5º acrescido pela Lei nº 9.528, de 10-12-1997.

§ 6º Aplica-se o disposto na alínea *g* do inciso I do *caput* ao ocupante de cargo de Ministro de Estado, de Secretário Estadual, Distrital ou Municipal, sem vínculo efetivo com a União, Estados, Distrito Federal e Municípios, suas autarquias, ainda que em regime especial, e fundações.

- § 6º acrescido pela Lei nº 9.876, de 26-11-1999.

§ 7º Para serem considerados segurados especiais, o cônjuge ou companheiro e os filhos maiores de 16 (dezesseis) anos ou os a estes equiparados deverão ter participação ativa nas atividades rurais do grupo familiar.

- § 7º acrescido pela Lei nº 11.718, de 20-6-2008.

§ 8º O grupo familiar poderá utilizar-se de empregados contratados por prazo determinado ou trabalhador de que trata a alínea *g* do inciso V do *caput* deste artigo, à razão de no máximo 120 (cento e vinte) pessoas por dia no ano civil, em períodos corridos ou intercalados ou, ainda, por tempo equivalente em horas de trabalho, não sendo computado nesse prazo o período de afastamento em decorrência da percepção de auxílio-doença.

- § 8º com a redação dada pela Lei nº 12.873, de 24-10-2013.

§ 9º Não descaracteriza a condição de segurado especial:

I – a outorga, por meio de contrato escrito de parceria, meação ou comodato, de até 50% (cinquenta por cento) de imóvel rural cuja área total não seja superior a quatro módulos fiscais, desde que outorgante e outorgado continuem a exercer a respectiva atividade, individualmente ou em regime de economia familiar;

II – a exploração da atividade turística da propriedade rural, inclusive com hospedagem, por não mais de 120 (cento e vinte) dias ao ano;

III – a participação em plano de previdência complementar instituído por entidade classista a que seja associado, em razão da condição de trabalhador rural ou de produtor rural em regime de economia familiar;

IV – ser beneficiário ou fazer parte de grupo familiar que tem algum componente que seja beneficiário de programa assistencial oficial de governo;

V – a utilização pelo próprio grupo familiar, na exploração da atividade, de processo de beneficiamento ou industrialização artesanal, na forma do § 11 do art. 25 desta Lei; e

VI – a associação em cooperativa agropecuária ou de crédito rural; e

- Inciso VI com a redação dada pela Lei nº 13.183, de 4-11-2015.

VII – a incidência do Imposto Sobre Produtos Industrializados – IPI sobre o produto das atividades desenvolvidas nos termos do § 14 deste artigo;

- Inciso VII com a redação dada pela Lei nº 12.873, de 24-10-2013.

VIII – a participação em programas e ações de pagamento por serviços ambientais.

- Inciso VIII acrescido pela Lei nº 14.119, de 13-1-2021.

§ 10. Não é segurado especial o membro de grupo familiar que possuir outra fonte de rendimento, exceto se decorrente de:

I – benefício de pensão por morte, auxílio-acidente ou auxílio-reclusão, cujo valor não supere o do menor benefício de prestação continuada da Previdência Social;

II – benefício previdenciário pela participação em plano de previdência complementar instituído nos termos do inciso IV do § 9º deste artigo;

III – exercício de atividade remunerada em período não superior a 120 (cento e vinte) dias, corridos ou intercalados, no ano civil, observado o disposto no § 13 deste artigo;

- Inciso III com a redação dada pela Lei nº 12.873, de 24-10-2013.

IV – exercício de mandato eletivo de dirigente sindical de organização da categoria de trabalhadores rurais;

V – exercício de mandato de vereador do município onde desenvolve a atividade rural, ou de dirigente de cooperativa rural constituída exclusivamente por segurados especiais, observado o disposto no § 13 deste artigo;

VI – parceria ou meação outorgada na forma e condições estabelecidas no inciso I do § 9º deste artigo;
VII – atividade artesanal desenvolvida com matéria-prima produzida pelo respectivo grupo familiar, podendo ser utilizada matéria-prima de outra origem, desde que a renda mensal obtida na atividade não exceda ao menor benefício de prestação continuada da Previdência Social; e
VIII – atividade artística, desde que em valor mensal inferior ao menor benefício de prestação continuada da Previdência Social.
§ 11. O segurado especial fica excluído dessa categoria:
I – a contar do primeiro dia do mês em que:
a) deixar de satisfazer as condições estabelecidas no inciso VII do *caput* deste artigo, sem prejuízo do disposto no art. 15 da Lei nº 8.213, de 24 de julho de 1991, ou exceder qualquer dos limites estabelecidos no inciso I do § 9º deste artigo;
b) enquadrar-se em qualquer outra categoria de segurado obrigatório do Regime Geral de Previdência Social, ressalvado o disposto nos incisos III, V, VII e VIII do § 10 e no § 14 deste artigo, sem prejuízo do disposto no art. 15 da Lei nº 8.213, de 24 de julho de 1991;
c) tornar-se segurado obrigatório de outro regime previdenciário; e
• Alíneas *b* e *c* com a redação dada pela Lei nº 12.873, de 24-10-2013.
d) participar de sociedade empresária, de sociedade simples, como empresário individual ou como titular de empresa individual de responsabilidade limitada em desacordo com as limitações impostas pelo § 14 deste artigo;
• Alínea *d* com a redação dada pela Lei nº 12.873, de 24-10-2013.
II – a contar do primeiro dia do mês subsequente ao da ocorrência, quando o grupo familiar a que pertence exceder o limite de:
a) utilização de trabalhadores nos termos do § 8º deste artigo;
b) dias em atividade remunerada estabelecidos no inciso III do § 10 deste artigo; e
c) dias de hospedagem a que se refere o inciso II do § 9º deste artigo.
§ 12. Aplica-se o disposto na alínea *a* do inciso V do *caput* deste artigo ao cônjuge ou companheiro do produtor que participe da atividade rural por este explorada.
• §§ 9º a 12 acrescidos pela Lei nº 11.718, de 20-6-2008.
§ 13. O disposto nos incisos III e V do § 10 e no § 14 deste artigo não dispensa o recolhimento da contribuição devida em relação ao exercício das atividades de que tratam os referidos dispositivos.
• § 13 com a redação dada pela Lei nº 12.873, de 24-10-2013.
§ 14. A participação do segurado especial em sociedade empresária, em sociedade simples, como empresário individual ou como titular de empresa individual de responsabilidade limitada de objeto ou âmbito agrícola, agroindustrial ou agroturístico, considerada microempresa nos termos da Lei Complementar nº 123, de 14 de dezembro de 2006, não o exclui de tal categoria previdenciária, desde que, mantido o exercício da sua atividade rural na forma do inciso VII do *caput* e do § 1º, a pessoa jurídica componha-se apenas de segurados de igual natureza e sedie-se no mesmo Município ou em Município limítrofe àquele em que eles desenvolvam suas atividades.
• § 14 com a redação dada pela Lei nº 12.873, de 24-10-2013.
§ 15. VETADO. Lei nº 12.873, de 24-10-2013.

Art. 13. O servidor civil ocupante de cargo efetivo ou o militar da União, dos Estados, do Distrito Federal ou dos Municípios, bem como o das respectivas autarquias e fundações, são excluídos do Regime Geral de Previdência Social consubstanciado nesta Lei, desde que amparados por regime próprio de previdência social.
§ 1º Caso o servidor ou o militar venham a exercer, concomitantemente, uma ou mais atividades abrangidas pelo Regime Geral de Previdência Social, tornar-se-ão segurados obrigatórios em relação a essas atividades.
§ 2º Caso o servidor ou o militar, amparados por regime próprio de previdência social, sejam requisitados para outro órgão ou entidade cujo regime previdenciário não permita a filiação nessa condição, permanecerão vinculados ao regime de origem, obedecidas as regras que cada ente estabeleça acerca de sua contribuição.
• Art. 13 com a redação dada pela Lei nº 9.876, de 26-11-1999.

Art. 14. É segurado facultativo o maior de quatorze anos de idade que se filiar ao Regime Geral de Previdência Social, mediante contribuição, na forma do artigo 21, desde que não incluído nas disposições do artigo 12.

Seção II
DA EMPRESA E DO EMPREGADOR DOMÉSTICO

Art. 15. Considera-se:
I – empresa – a firma individual ou sociedade que assume o risco de atividade econômica urbana ou rural, com fins lucrativos ou não, bem como os órgãos e entidades da administração pública direta, indireta e fundacional;
II – empregador doméstico – a pessoa ou família que admite a seu serviço, sem finalidade lucrativa, empregado doméstico.
Parágrafo único. Equiparam-se a empresa, para os efeitos desta Lei, o contribuinte individual e a pessoa física na condição de proprietário ou dono de obra de construção civil, em relação a segurado que lhe presta serviço, bem como a cooperativa, a associação ou a entidade de qualquer natureza ou finalidade, a missão diplomática e a repartição consular de carreira estrangeiras.
• Parágrafo único com a redação dada pela Lei nº 13.202, de 8-12-2015.

CAPÍTULO II
DA CONTRIBUIÇÃO DA UNIÃO

Art. 16. A contribuição da União é constituída de recursos adicionais do Orçamento Fiscal, fixados obrigatoriamente na lei orçamentária anual.
Parágrafo único. A União é responsável pela cobertura de eventuais insuficiências financeiras da Seguridade Social, quando decorrentes do pagamento de benefícios de prestação continuada da Previdência Social, na forma da Lei Orçamentária Anual.

Art. 17. Para pagamento dos encargos previdenciários da União, poderão contribuir os recursos da Seguridade Social referidos na alínea *d* do parágrafo único do artigo 11 desta Lei, na forma da Lei Orçamentária anual, assegurada a destinação de recursos para as ações desta Lei de Saúde e Assistência Social.
• Artigo com a redação dada pela Lei nº 9.711, de 20-11-1998.

Art. 18. Os recursos da Seguridade Social referidos nas alíneas *a*, *b*, *c* e *d* do parágrafo único do artigo 11 desta Lei poderão contribuir, a partir do exercício de 1992, para o financiamento das despesas com pessoal e administração geral apenas do Instituto Nacional do Seguro Social – INSS, do Instituto Nacional de Assistência Médica da Previdência Social – INAMPS, da Fundação Legião Brasileira de Assistência – LBA e da Fundação Centro Brasileira para Infância e Adolescência.

Art. 19. O Tesouro Nacional repassará mensalmente recursos referentes às contribuições mencionadas nas alíneas *d* e *e* do parágrafo único do artigo 11 desta Lei, destinados à execução do Orçamento da Seguridade Social.

• Artigo com a redação dada pela Lei nº 9.711, de 20-11-1998.

CAPÍTULO III
DA CONTRIBUIÇÃO DO SEGURADO

Seção I
DA CONTRIBUIÇÃO DOS SEGURADOS EMPREGADO, EMPREGADO DOMÉSTICO E TRABALHADOR AVULSO

Art. 20. A contribuição do empregado, inclusive o doméstico, e a do trabalhador avulso é calculada mediante a aplicação da correspondente alíquota sobre o seu salário de contribuição mensal, de forma não cumulativa, observado o disposto no artigo 28, de acordo com a seguinte tabela:

• *Caput* com a redação dada pela Lei nº 9.032, de 28-4-1995.

Salário de Contribuição (R$)	Alíquota Progressiva para fins de Recolhimento ao INSS
até 1.302,00	*7,5%*
de 1.302,01 até 2.571,29	*9%*
de 2.571,30 até 3.856,94	*12%*
de 3.856,95 até 7.507,49	*14%*

• Valores atualizados pela Port. Interministerial do MTPrev e MF nº 26, de 10-1-2023 (*DOU* de 11-1-2023).

§ 1º Os valores do salário de contribuição serão reajustados, a partir da data de entrada em vigor desta Lei, na mesma época e com os mesmos índices que os do reajustamento dos benefícios de prestação continuada da Previdência Social.

• § 1º com a redação dada pela Lei nº 8.620, de 5-1-1993.

§ 2º O disposto neste artigo aplica-se também aos segurados empregados e trabalhadores avulsos que prestem serviços a microempresas.

• § 2º acrescido pela Lei nº 8.620, de 5-1-1993.

Seção II
DA CONTRIBUIÇÃO DOS SEGURADOS CONTRIBUINTE INDIVIDUAL E FACULTATIVO

• Seção com denominação dada pela Lei nº 9.876, de 26-11-1999.

Art. 21. A alíquota de contribuição dos segurados contribuinte individual e facultativo será de vinte por cento sobre o respectivo salário de contribuição.

• *Caput* com a redação dada pela Lei nº 9.876, de 26-11-1999.

I e II – *Revogados*. Lei nº 9.876, de 26-11-1999.

§ 1º Os valores do salário de contribuição serão reajustados, a partir da data de entrada em vigor desta Lei, na mesma época e com os mesmos índices que os do reajustamento dos benefícios de prestação continuada da Previdência Social.

• Parágrafo único transformado em § 1º pela LC nº 123, de 14-12-2006.

§ 2º No caso de opção pela exclusão do direito ao benefício de aposentadoria por tempo de contribuição, a alíquota de contribuição incidente sobre o limite mínimo mensal do salário de contribuição será de:

• *Caput* do § 2º com a redação dada pela Lei nº 12.470, de 31-8-2011.

I – 11% (onze por cento), no caso do segurado contribuinte individual, ressalvado o disposto no inciso II, que trabalhe por conta própria, sem relação de trabalho com empresa ou equiparado e do segurado facultativo, observado o disposto na alínea *b* do inciso II deste parágrafo;

• Inciso I com a redação dada pela Lei nº 12.470, de 31-8-2011.

II – 5% (cinco por cento):

• *Caput* do inciso II com a redação dada pela Lei nº 12.470, de 31-8-2011.

a) no caso do microempreendedor individual, de que trata o art. 18-A da Lei Complementar nº 123, de 14 de dezembro de 2006; e

b) do segurado facultativo sem renda própria que se dedique exclusivamente ao trabalho doméstico no âmbito de sua residência, desde que pertencente a família de baixa renda.

• Alíneas *a* e *b* acrescidas pela Lei nº 12.470, de 31-8-2011.

§ 3º O segurado que tenha contribuído na forma do § 2º deste artigo e pretenda contar o tempo de contribuição correspondente para fins de obtenção da aposentadoria por tempo de contribuição ou da contagem recíproca do tempo de contribuição a que se refere o art. 94 da Lei nº 8.213, de 24 de julho de 1991, deverá complementar a contribuição mensal mediante recolhimento, sobre o valor correspondente ao limite mínimo mensal do salário de contribuição em vigor na competência a ser complementada, da diferença entre o percentual pago e o de 20% (vinte por cento), acrescido dos juros moratórios de que trata o § 3º do art. 5º da Lei nº 9.430, de 27 de dezembro de 1996.

o Art. 45, § 7º, desta Lei.

§ 4º Considera-se de baixa renda, para os fins do disposto na alínea *b* do inciso II do § 2º deste artigo, a família inscrita no Cadastro Único para Programas Sociais do Governo Federal – CadÚnico cuja renda mensal seja de até 2 (dois) salários mínimos.

• §§ 3º e 4º com a redação dada pela Lei nº 12.470, de 31-8-2011.

§ 5º A contribuição complementar a que se refere o § 3º deste artigo será exigida a qualquer tempo, sob pena de indeferimento do benefício.

• § 5º acrescido pela Lei nº 12.507, de 11-10-2011.

CAPÍTULO IV
DA CONTRIBUIÇÃO DA EMPRESA

Art. 22. A contribuição a cargo da empresa, destinada à Seguridade Social, além do disposto no artigo 23, é de:

o Art. 146, III, *d*, da CF.

o Arts. 13, VI, e 33, § 2º, da LC nº 123, de 14-12-2006 (Estatuto Nacional da Microempresa e da Empresa de Pequeno Porte).

I – vinte por cento sobre o total das remunerações pagas, devidas ou creditadas a qualquer título, durante o mês, aos segurados empregados e trabalhadores avulsos que lhe prestem serviços, destinadas a retribuir o trabalho, qualquer que seja a sua forma, inclusive as gorjetas, os ganhos habituais sob a forma de utilidades e os adiantamentos decorrentes de reajuste salarial, quer pelos serviços efetivamente prestados, quer pelo tempo à disposição do empregador ou tomador de serviços, nos termos da lei ou do contrato ou, ainda, de convenção ou acordo coletivo de trabalho ou sentença normativa.

• Inciso I com a redação dada pela Lei nº 9.876, de 26-11-1999.

o Art. 195, § 13, desta Lei.

II – para o financiamento do benefício previsto nos artigos 57 e 58 da Lei nº 8.213, de 24 de julho de 1991, e daqueles concedidos em razão do grau de incidência de incapacidade laborativa decorrente dos riscos ambientais do trabalho, sobre o total das remunerações pagas ou creditadas, no decorrer do mês, aos segurados empregados e trabalhadores avulsos:

a) 1% (um por cento) para as empresas em cuja atividade preponderante o risco de acidentes do trabalho seja considerado leve;

b) 2% (dois por cento) para as empresas em cuja atividade preponderante esse risco seja considerado médio;

c) 3% (três por cento) para as empresas em cuja atividade preponderante esse risco seja considerado grave.

• Inciso II com a redação dada pela Lei nº 9.732, de 11-12-1998.

o Súm. nº 351 do STJ.

III – vinte por cento sobre o total das remunerações pagas ou creditadas a qualquer título, no decorrer do mês, aos segurados contribuintes individuais que lhe prestem serviços;

IV – quinze por cento sobre o valor bruto da nota fiscal ou fatura de prestação de serviços, relativamente a serviços que lhe são prestados por cooperados por intermédio de cooperativas de trabalho.

• Incisos III e IV acrescidos pela Lei nº 9.876, de 26-11-1999.

o Res. do SF nº 10, de 30-3-2016 (*DOU* 31-3-2016), suspendeu a execução deste inciso, conforme declaração de inconstitucionalidade em decisão definitiva do STF nos autos do RE nº 595.838/SP.

§ 1º No caso de bancos comerciais, bancos de investimentos, bancos de desenvolvimento, caixas econômicas, sociedades de crédito, financiamento e investimento, sociedades de crédito imobiliário, sociedades corretoras, distribuidoras de títulos e valores mobiliários, empresas de arrendamento mercantil, cooperativas de crédito, empresas de seguros privados e de capitalização, agentes autônomos de seguros privados e de crédito e entidades de previdência privada abertas e fechadas, além das contribuições referidas neste artigo e no artigo 23, é devida a contribuição adicional de dois vírgula cinco por cento sobre a base de cálculo definida nos incisos I e III deste artigo.

• § 1º com a redação dada pela Lei nº 9.876, de 26-11-1999.

§ 2º Não integram a remuneração as parcelas de que trata o § 9º do artigo 28.

§ 3º O Ministério do Trabalho e da Previdência Social poderá alterar, com base nas estatísticas de acidentes do trabalho, apuradas em inspeção, o enquadramento de empresas para efeito da contribuição a que se refere o inciso II deste artigo, a fim de estimular investimentos em prevenção de acidentes.

§ 4º O Poder Executivo estabelecerá, na forma da lei, ouvido o Conselho Nacional da Seguridade Social, mecanismos de estímulo às empresas que se utilizem de empregados portadores de deficiências física, sensorial e/ou mental com desvio do padrão médio.

§ 5º *Revogado*. Lei nº 10.256, de 9-7-2001.

§ 6º A contribuição empresarial da associação desportiva que mantém equipe de futebol profissional destinada à Seguridade Social, em substituição à prevista nos incisos I e II deste artigo, corresponde a cinco por cento da receita bruta, decorrente dos espetáculos desportivos de que participem em todo território nacional em qualquer modalidade desportiva, inclusive jogos internacionais, e de qualquer forma de patrocínio, licenciamento de uso de marcas e símbolos, publicidade, propaganda e de transmissão de espetáculos desportivos.

§ 7º Caberá à entidade promotora do espetáculo a responsabilidade de efetuar o desconto de cinco por cento da receita bruta decorrente dos espetáculos desportivos e o respectivo recolhimento ao Instituto Nacional do Seguro Social, no prazo de até dois dias úteis após a realização do evento.

§ 8º Caberá à associação desportiva que mantém equipe de futebol profissional informar à entidade promotora do espetáculo desportivo todas as receitas auferidas no evento, discriminando-as detalhadamente.

§ 9º No caso de a associação desportiva que mantém equipe de futebol profissional receber recursos de empresa ou entidade, a título de patrocínio, licenciamento de uso de marcas e símbolos, publicidade, propaganda e transmissão de espetáculos, esta última ficará com a responsabilidade de reter e recolher o percentual de cinco por cento da receita bruta decorrente do evento, inadmitida qualquer dedução, no prazo estabelecido na alínea *b*, inciso I, do artigo 30 desta Lei.

§ 10. Não se aplica o disposto nos §§ 6º ao 9º às demais associações desportivas, que devem contribuir na forma dos incisos I e II deste artigo e do artigo 23 desta Lei.

• §§ 6º a 10 acrescidos pela Lei nº 9.528, de 10-12-1997.

§ 11. O disposto nos §§ 6º ao 9º deste artigo aplica-se à associação desportiva que mantenha equipe de futebol profissional e atividade econômica organizada para a produção e circulação de bens e serviços e que se organize regularmente, segundo um dos tipos regulados nos arts. 1.039 a 1.092 da Lei nº 10.406, de 10 de janeiro de 2002 – Código Civil.

• § 11 com a redação dada pela Lei nº 11.345, de 14-9-2006.

§ 11-A. O disposto no § 11 deste artigo aplica-se apenas às atividades diretamente relacionadas com a manutenção e administração de equipe profissional de futebol, não se estendendo às outras atividades econômicas exercidas pelas referidas sociedades empresariais beneficiárias.

• § 11-A acrescido pela Lei nº 11.505, de 18-7-2007.

§ 12. VETADO.

§ 13. Não se considera como remuneração direta ou indireta, para os efeitos desta Lei, os valores despendidos pelas entidades religiosas e instituições de ensino vocacional com ministro de confissão religiosa, membros de instituto de vida consagrada, de congregação ou de ordem religiosa em face de seu mister religioso ou para sua subsistência desde que fornecidos em condições que independam da natureza e da quantidade do trabalho executado.

• § 13 acrescido pela Lei nº 10.170, de 29-12-2000.

§ 14. Para efeito de interpretação do § 13 deste artigo:

I – os critérios informadores dos valores despendidos pelas entidades religiosas e instituições de ensino vocacional aos ministros de confissão religiosa, membros de vida consagrada, de congregação ou de ordem religiosa não são taxativos e sim exemplificativos;

II – os valores despendidos, ainda que pagos de forma e montante diferenciados, em pecúnia ou a título de ajuda de custo de moradia, transporte, formação educacional, vinculados exclusivamente à atividade religiosa não configuram remuneração direta ou indireta.

• § 14 acrescido pela Lei nº 13.137, de 19-6-2015.

§ 15. Na contratação de serviços de transporte rodoviário de carga ou de passageiro, de serviços prestados com a utilização de trator, máquina de terraplenagem, colheitadeira e assemelhados, a base de cálculo da contribuição da empresa corresponde a 20% (vinte por cento) do valor da nota fiscal, fatura ou recibo, quando esses serviços forem prestados por condutor autônomo de veículo rodoviário, auxiliar de condutor autônomo de veículo rodoviário, bem como por operador de máquinas.

- § 15 acrescido pela Lei nº 13.202, de 8-12-2015.

§ 16. Conforme previsto nos arts. 106 e 110 da Lei nº 5.172, de 25 de outubro de 1966 (Código Tributário Nacional), o disposto no § 14 deste artigo aplica-se aos fatos geradores anteriores à data de vigência da Lei nº 13.137, de 19 de junho de 2015, consideradas nulas as autuações emitidas em desrespeito ao previsto no respectivo diploma legal.

- § 16 acrescido pela Lei nº 14.057, de 11-9-2020.

Art. 22-A. A contribuição devida pela agroindústria, definida, para os efeitos desta Lei, como sendo o produtor rural pessoa jurídica cuja atividade econômica seja a industrialização de produção própria ou de produção própria e adquirida de terceiros, incidente sobre o valor da receita bruta proveniente da comercialização da produção, em substituição às previstas nos incisos I e II do artigo 22 desta Lei, é de:

I – 2,5 % (dois vírgula cinco por cento) destinados à Seguridade Social;

II – 0,1 % (zero vírgula um por cento) para o financiamento do benefício previsto nos artigos 57 e 58 da Lei nº 8.213, de 24 de julho de 1991, e daqueles concedidos em razão do grau de incidência de incapacidade para o trabalho decorrente dos riscos ambientais da atividade.

§ 1º VETADO.

§ 2º O disposto neste artigo não se aplica às operações relativas à prestação de serviços a terceiros, cujas contribuições previdenciárias continuam sendo devidas na forma do artigo 22 desta Lei.

§ 3º Na hipótese do § 2º, a receita bruta correspondente aos serviços prestados a terceiros será excluída da base de cálculo da contribuição de que trata o *caput*.

§ 4º O disposto neste artigo não se aplica às sociedades cooperativas e às agroindústrias de piscicultura, carcinicultura, suinocultura e avicultura.

§ 5º O disposto no inciso I do artigo 3º da Lei nº 8.315, de 23 de dezembro de 1991, não se aplica ao empregador de que trata este artigo, que contribuirá com o adicional de 0,25% (zero vírgula vinte e cinco por cento) da receita bruta proveniente da comercialização da produção, destinado ao Serviço Nacional de Aprendizagem Rural (SENAR).

- Art. 22-A acrescido pela Lei nº 10.256, de 9-7-2001.

§ 6º Não se aplica o regime substitutivo de que trata este artigo à pessoa jurídica que, relativamente à atividade rural, se dedique ao florestamento e reflorestamento como fonte de matéria-prima para industrialização própria mediante a utilização de processo industrial que modifique a natureza química ou a transforme em pasta celulósica.

§ 7º Aplica-se o disposto no § 6º ainda que a pessoa jurídica comercialize resíduos vegetais ou sobras ou partes da produção, desde que a receita bruta decorrente dessa comercialização represente menos de um por cento de sua receita bruta proveniente da comercialização da produção.

- §§ 6º e 7º acrescidos pela Lei nº 10.684, de 30-5-2003.

Art. 22-B. As contribuições de que tratam os incisos I e II do artigo 22 desta Lei são substituídas, em relação à remuneração paga, devida ou creditada ao trabalhador rural contratado pelo consórcio simplificado de produtores rurais de que trata o artigo 25-A, pela contribuição dos respectivos produtores rurais, calculada na forma do artigo 25 desta Lei.

- Art. 22-B acrescido pela Lei nº 10.256, de 9-7-2001.

Art. 23. As contribuições a cargo da empresa provenientes do faturamento e do lucro, destinadas à Seguridade Social, além do disposto no artigo 22, são calculadas mediante a aplicação das seguintes alíquotas:

I – Dois por cento sobre sua receita bruta, estabelecida segundo o disposto no § 1º do artigo 1º do Decreto-lei nº 1.940, de 25 de maio de 1982, com a redação dada pelo artigo 22, do Decreto-lei nº 2.397, de 21 de dezembro de 1987, e alterações posteriores;

- Em virtude da LC nº 70, de 30-12-1991, a partir de 1º de abril de 1992, a alíquota prevista neste inciso passou a incidir sobre o faturamento mensal.

II – Dez por cento sobre o lucro líquido do período base, antes da provisão para o Imposto de Renda, ajustado na forma do artigo 2º da Lei nº 8.034, de 12 de abril de 1990.

- O art. 19 da Lei nº 9.249, de 26-12-1995, alterou a alíquota prevista neste inciso para 8%.

§ 1º No caso das instituições citadas no § 1º do artigo 22 desta Lei, a alíquota da contribuição prevista no inciso II é de quinze por cento.

- Esta alíquota foi elevada em mais 8% (oito por cento) por força da LC nº 70, de 30-12-1991, e posteriormente reduzida para 18% (dezoito por cento) pela Lei nº 9.249, de 26-12-1995.

§ 2º O disposto neste artigo não se aplica às pessoas de que trata o artigo 25.

CAPÍTULO V
DA CONTRIBUIÇÃO DO EMPREGADOR DOMÉSTICO

Art. 24. A contribuição do empregador doméstico incidente sobre o salário de contribuição do empregado doméstico a seu serviço é de:

- *Caput* com a redação dada pela Lei nº 13.202, de 8-12-2015.

I – 8% (oito por cento); e

II – 0,8% (oito décimos por cento) para o financiamento do seguro contra acidentes de trabalho.

- Incisos I e II acrescidos pela Lei nº 13.202, de 8-12-2015.

Parágrafo único. Presentes os elementos da relação de emprego doméstico, o empregador doméstico não poderá contratar microempreendedor individual de que trata o art. 18-A da Lei Complementar nº 123, de 14 de dezembro de 2006, sob pena de ficar sujeito a todas as obrigações dela decorrentes, inclusive trabalhistas, tributárias e previdenciárias.

- Parágrafo único acrescido pela Lei nº 12.470, de 31-8-2011.

CAPÍTULO VI
DA CONTRIBUIÇÃO DO PRODUTOR RURAL E DO PESCADOR

- Capítulo com a denominação dada pela Lei nº 8.398, de 7-1-1992.

Art. 25. A contribuição do empregador rural pessoa física, em substituição à contribuição de que tratam os incisos I e II do artigo 22, e a do segurado especial, referidos, respectivamente, na alínea *a* do inciso V e no inciso VII do artigo 12 desta Lei, destinada à Seguridade Social, é de:

- *Caput* com a redação dada pela Lei nº 10.256, de 9-7-2001.

I – 1,2% (um inteiro e dois décimos por cento) da receita bruta proveniente da comercialização da sua produção;

- Inciso I com a redação dada pela Lei nº 13.606, de 9-1-2018.

II – 0,1% da receita bruta proveniente da comercialização da sua produção para financiamento das prestações por acidente do trabalho.

- Inciso II com a redação dada pela Lei nº 9.528, de 10-12-1997.
- Res. do Senado Federal nº 15, de 12-9-2017, suspendeu a execução deste inciso, conforme declaração de inconstitucionalidade em decisão definitiva do STF nos autos do RE nº 363.852.

§ 1º O segurado especial de que trata este artigo, além da contribuição obrigatória referida no *caput*, poderá contribuir, facultativamente, na forma do artigo 21 desta Lei.

§ 2º A pessoa física de que trata a alínea *a* do inciso V do artigo 12 contribui, também, obrigatoriamente, na forma do artigo 21 desta Lei.

• §§ 1º e 2º com a redação dada pela Lei nº 8.540, de 22-12-1992.

§ 3º Integram a produção, para os efeitos deste artigo, os produtos de origem animal ou vegetal, em estado natural ou submetidos a processos de beneficiamento ou industrialização rudimentar, assim compreendidos, entre outros, os processos de lavagem, limpeza, descaroçamento, pilagem, descascamento, lenhamento, pasteurização, resfriamento, secagem, fermentação, embalagem, cristalização, fundição, carvoejamento, cozimento, destilação, moagem e torrefação, bem como os subprodutos e os resíduos obtidos por meio desses processos, exceto, no caso de sociedades cooperativas, a parcela de produção que não seja objeto de repasse ao cooperado por meio de fixação de preço.

• § 3º com a redação dada pela Lei nº 13.986, de 7-4-2020, promulgado nos termos do art. 66, § 5º, da CF (*DOU* de 20-8-2020).

§ 4º *Revogado*. Lei nº 11.718, de 20-6-2008.

§ 5º VETADO.

§§ 6º a 8º *Revogados*. Lei nº 10.256, de 9-7-2001.

§ 9º VETADO. Lei nº 10.256, de 9-7-2001.

§ 10. Integra a receita bruta de que trata este artigo, além dos valores decorrentes da comercialização da produção relativa aos produtos a que se refere o § 3º deste artigo, a receita proveniente:

I – da comercialização da produção obtida em razão de contrato de parceria ou meação de parte do imóvel rural;

II – da comercialização de artigos de artesanato de que trata o inciso VII do § 10 do art. 12 desta Lei;

III – de serviços prestados, de equipamentos utilizados e de produtos comercializados no imóvel rural, desde que em atividades turística e de entretenimento desenvolvidas no próprio imóvel, inclusive hospedagem, alimentação, recepção, recreação e atividades pedagógicas, bem como taxa de visitação e serviços especiais;

IV – do valor de mercado da produção rural dada em pagamento ou que tiver sido trocada por outra, qualquer que seja o motivo ou finalidade; e

V – de atividade artística de que trata o inciso VIII do § 10 do art. 12 desta Lei.

§ 11. Considera-se processo de beneficiamento ou industrialização artesanal aquele realizado diretamente pelo próprio produtor rural pessoa física, desde que não esteja sujeito à incidência do Imposto Sobre Produtos Industrializados – IPI.

• §§ 10 e 11 acrescidos pela Lei nº 11.718, de 20-6-2008.

§ 12. Não integra a base de cálculo da contribuição de que trata o *caput* deste artigo a produção rural destinada ao plantio ou reflorestamento, nem o produto animal destinado à reprodução ou criação pecuária ou granjeira e à utilização como cobaia para fins de pesquisas científicas, quando vendido pelo próprio produtor e por quem a utilize diretamente com essas finalidades e, no caso de produto vegetal, por pessoa ou entidade registrada no Ministério da Agricultura, Pecuária e Abastecimento que se dedique ao comércio de sementes e mudas no País.

• § 12 com a redação dada pela Lei nº 13.606, de 9-1-2018, promulgado nos termos do art. 66, § 5º, da CF (*DOU* de 18-4-2018).

§ 13. O produtor rural pessoa física poderá optar por contribuir na forma prevista no *caput* deste artigo ou na forma dos incisos I e II do *caput* do art. 22 desta Lei, manifestando sua opção mediante o pagamento da contribuição incidente sobre a folha de salários relativa a janeiro de cada ano, ou à primeira competência subsequente ao início da atividade rural, e será irretratável para todo o ano-calendário.

• § 13 acrescido pela Lei nº 13.606, de 9-1-2018.

§ 14. Considera-se receita bruta proveniente da comercialização da produção o valor da fixação de preço repassado ao cooperado pela cooperativa ao qual esteja associado, por ocasião da realização do ato cooperativo de que trata o art. 79 da Lei nº 5.764, de 16 de dezembro de 1971, não compreendidos valores pagos, creditados ou capitalizados a título de sobras, os quais não representam preço ou complemento de preço.

§ 15. Não se considera receita bruta, para fins de base de cálculo das contribuições sociais devidas pelo produtor rural cooperado, a entrega ou o retorno de produção para a cooperativa nas operações em que não ocorra repasse pela cooperativa a título de fixação de preço, não podendo o mero retorno caracterizar permuta, compensação, dação em pagamento ou ressarcimento que represente valor, preço ou complemento de preço.

§ 16. Aplica-se ao disposto no *caput* e nos §§ 3º, 14 e 15 deste artigo o caráter interpretativo de que trata o art. 106 da Lei nº 5.172, de 25 de outubro de 1966 (Código Tributário Nacional).

• §§ 14 a 16 acrescidos pela Lei nº 13.986, de 7-4-2020, promulgados nos termos do art. 66, § 5º, da CF (*DOU* de 20-8-2020).

Art. 25-A. Equipara-se ao empregador rural pessoa física o consórcio simplificado de produtores rurais, formado pela união de produtores rurais pessoas físicas, que outorgar a um deles poderes para contratar, gerir e demitir trabalhadores para prestação de serviços, exclusivamente, aos seus integrantes, mediante documento registrado em cartório de títulos e documentos.

§ 1º O documento de que trata o *caput* deverá conter a identificação de cada produtor, seu endereço pessoal e o de sua propriedade rural, bem como o respectivo registro no Instituto Nacional de Colonização e Reforma Agrária – INCRA ou informações relativas a parceria, arrendamento ou equivalente e a matrícula no Instituto Nacional do Seguro Social – INSS de cada um dos produtores rurais.

§ 2º O consórcio deverá ser matriculado no INSS em nome do empregador a quem hajam sido outorgados os poderes, na forma do regulamento.

§ 3º Os produtores rurais integrantes do consórcio de que trata o *caput* serão responsáveis solidários em relação às obrigações previdenciárias.

§ 4º VETADO.

• Art. 25-A acrescido pela Lei nº 10.256, de 9-7-2001.

CAPÍTULO VII

DA CONTRIBUIÇÃO SOBRE A RECEITA DE CONCURSOS DE PROGNÓSTICOS

Art. 26. Constitui receita da Seguridade Social a contribuição social sobre a receita de concursos de prognósticos a que se refere o inciso III do *caput* do art. 195 da Constituição Federal.

• *Caput* com a redação dada pela Lei nº 13.756, de 12-12-2018.

§§ 1º a 3º *Revogados*. Lei nº 13.756, de 12-12-2018.

§ 4º O produto da arrecadação da contribuição será destinado ao financiamento da Seguridade Social.

§ 5º A base de cálculo da contribuição equivale à receita auferida nos concursos de prognósticos, sorteios e loterias.

§ 6º A alíquota da contribuição corresponde ao percentual vinculado à Seguridade Social em cada modalidade lotérica, conforme previsto em lei.

- §§ 4º a 6º acrescidos pela Lei nº 13.756, de 12-12-2018.

CAPÍTULO VIII
DAS OUTRAS RECEITAS

Art. 27. Constituem outras receitas da Seguridade Social:

I – as multas, a atualização monetária e os juros moratórios;

II – a remuneração recebida por serviços de arrecadação, fiscalização e cobrança prestados a terceiros;

III – as receitas provenientes de prestação de outros serviços e de fornecimento ou arrendamento de bens;

IV – as demais receitas patrimoniais, industriais e financeiras;

V – as doações, legados, subvenções e outras receitas eventuais;

VI – 50% (cinquenta por cento) dos valores obtidos e aplicados na forma do parágrafo único do artigo 243 da Constituição Federal;

VII – 40% (quarenta por cento) do resultado dos leilões dos bens apreendidos pelo Departamento da Receita Federal;

VIII – outras receitas previstas em legislação específica.

Parágrafo único. As companhias seguradoras que mantêm o seguro obrigatório de danos pessoais causados por veículos automotores de vias terrestres, de que trata a Lei nº 6.194, de dezembro de 1974, deverão repassar à Seguridade Social 50% (cinquenta por cento) do valor total do prêmio recolhido e destinado ao Sistema Único de Saúde – SUS, para custeio da assistência médico-hospitalar dos segurados vitimados em acidentes de trânsito.

CAPÍTULO IX
DO SALÁRIO DE CONTRIBUIÇÃO

Art. 28. Entende-se por salário de contribuição:

- Súm. nº 310 do STJ.

I – para o empregado e trabalhador avulso: a remuneração auferida em uma ou mais empresas, assim entendida a totalidade dos rendimentos pagos, devidos ou creditados a qualquer título, durante o mês, destinados a retribuir o trabalho, qualquer que seja a sua forma, inclusive as gorjetas, os ganhos habituais sob a forma de utilidades e os adiantamentos decorrentes de reajuste salarial, quer pelos serviços efetivamente prestados, quer pelo tempo à disposição do empregador ou tomador de serviços nos termos da lei ou do contrato ou, ainda, de convenção ou acordo coletivo de trabalho ou sentença normativa;

- Inciso I com a redação dada pela Lei nº 9.528, de 10-12-1997.

II – para o empregado doméstico: a remuneração registrada na Carteira de Trabalho e Previdência Social, observadas as normas a serem estabelecidas em regulamento para comprovação do vínculo empregatício e do valor da remuneração;

III – para o contribuinte individual: a remuneração auferida em uma ou mais empresas ou pelo exercício de sua atividade por conta própria, durante o mês, observado o limite máximo a que se refere o § 5º;

- Inciso III com a redação dada pela Lei nº 9.876, de 26-11-1999.

IV – para o segurado facultativo: o valor por ele declarado, observado o limite máximo a que se refere o § 5º.

- Inciso IV acrescido pela Lei nº 9.876, de 26-11-1999.

§ 1º Quando a admissão, a dispensa, o afastamento ou a falta do empregado ocorrer no curso do mês, o salário de contribuição será proporcional ao número de dias de trabalho efetivo, na forma estabelecida em regulamento.

§ 2º O salário-maternidade é considerado salário de contribuição.

§ 3º O limite mínimo do salário de contribuição corresponde ao piso salarial, legal ou normativo, da categoria ou, inexistindo este, ao salário mínimo, tomado no seu valor mensal, diário ou horário, conforme o ajustado e o tempo de trabalho efetivo durante o mês.

- § 3º com a redação dada pela Lei nº 9.528, de 10-12-1997.

§ 4º O limite mínimo do salário de contribuição do menor aprendiz corresponde à sua remuneração mínima definida em lei.

§ 5º O limite máximo do salário de contribuição é de CR$ 170.000,00 (cento e setenta mil cruzeiros), reajustado a partir da data da entrada em vigor desta Lei, na mesma época e com os mesmos índices que os do reajustamento dos benefícios de prestação continuada da Previdência Social.

- Art. 2º da Port. Interministerial do MTPrev e MF nº 26, de 10-1-2023 (*DOU* de 11-1-2023), que estabelece que o salário de benefício e o salário de contribuição não poderão ser inferiores a R$ 1.302,00 (mil trezentos e dois reais) nem superiores a R$ 7.507,49 (sete mil quinhentos e sete reais e quarenta e nove centavos), a partir de 1º-1-2023.

§ 6º No prazo de cento e oitenta dias, a contar da data de publicação desta Lei, o Poder Executivo encaminhará ao Congresso Nacional projeto de lei estabelecendo a previdência complementar, pública e privada, em especial para os que possam contribuir acima do limite máximo estipulado no parágrafo anterior deste artigo.

§ 7º O décimo-terceiro salário (gratificação natalina) integra o salário de contribuição, exceto para o cálculo de benefício, na forma estabelecida em regulamento.

- § 7º com a redação dada pela Lei nº 8.870, de 15-4-1994.
- Súm. nº 688 do STF.

§ 8º *Revogado.* Lei nº 13.467, de 13-7-2017.

a) *Revogada.* Lei nº 13.467, de 13-7-2017.

b) VETADA;

c) *Revogada.* Lei nº 9.711, de 20-11-1998.

§ 9º Não integram o salário de contribuição para os fins desta Lei, exclusivamente:

- § 9º com a redação dada pela Lei nº 9.528, de 10-12-1997.
- Súm. nº 310 do STJ.

a) os benefícios da previdência social, nos termos e limites legais, salvo o salário-maternidade;

- Alínea *a* com a redação dada pela Lei nº 9.528, de 10-12-1997.

b) as ajudas de custo e o adicional mensal recebidos pelo aeronauta nos termos da Lei nº 5.929, de 30 de outubro de 1973;

c) a parcela *in natura* recebida de acordo com os programas de alimentação aprovados pelo Ministério do Trabalho e da Previdência Social, nos termos da Lei nº 6.321, de 14 de abril de 1976;

d) as importâncias recebidas a título de férias indenizadas e respectivo adicional constitucional, inclusive o valor correspondente à dobra da remuneração de férias de que trata o artigo 137 da Consolidação das Leis do Trabalho – CLT;

- Alínea *d* com a redação dada pela Lei nº 9.528, de 10-12-1997.

e) as importâncias:

1. previstas no inciso I do artigo 10 do Ato das Disposições Constitucionais Transitórias;
2. relativas à indenização por tempo de serviço, anterior a 5 de outubro de 1988, do empregado não optante pelo Fundo de Garantia do Tempo de Serviço – FGTS;
3. recebidas a título da indenização de que trata o artigo 479 da CLT;
4. recebidas a título da indenização de que trata o artigo 14 da Lei nº 5.889, de 8 de junho de 1973;
5. recebidas a título de incentivo à demissão;

- Alínea *e* alterada e itens de 1 a 5 acrescidos pela Lei nº 9.528, de 10-12-1997.

6. recebidas a título de abono de férias na forma dos artigos 143 e 144 da CLT;
7. recebidas a título de ganhos eventuais e os abonos expressamente desvinculados do salário;
8. recebidas a título de licença-prêmio indenizada;
9. recebidas a título da indenização de que trata o artigo 9º da Lei nº 7.238, de 29 de outubro de 1984;

- Itens 6 a 9 acrescidos pela Lei nº 9.711, de 20-11-1998.

f) a parcela recebida a título de vale-transporte, na forma da legislação própria;

g) a ajuda de custo, em parcela única, recebida exclusivamente em decorrência de mudança de local de trabalho do empregado, na forma do artigo 470 da CLT;

- Alínea *g* com a redação dada pela Lei nº 9.528, de 10-12-1997.

h) as diárias para viagens;

- Alínea *h* com a redação dada pela Lei nº 13.467, de 13-7-2017.

i) a importância recebida a título de bolsa de complementação educacional de estagiário, quando paga nos termos da Lei nº 6.494, de 7 de dezembro de 1977;

- A referida lei foi revogada pela Lei nº 11.788, de 25-9-2008, dispõe sobre o estágio de estudantes.

j) a participação nos lucros ou resultados da empresa, quando paga ou creditada de acordo com lei específica;

l) o abono do Programa de Integração Social – PIS e do Programa de Assistência ao Servidor Público – PASEP;

m) os valores correspondentes a transporte, alimentação e habitação fornecidos pela empresa ao empregado contratado para trabalhar em localidade distante da de sua residência, em canteiro de obras ou local que, por força da atividade, exija deslocamento e estada, observadas as normas de proteção estabelecidas pelo Ministério do Trabalho;

n) a importância paga ao empregado a título de complementação ao valor do auxílio-doença, desde que este direito seja extensivo à totalidade dos empregados da empresa;

o) as parcelas destinadas à assistência ao trabalhador da agroindústria canavieira, de que trata o artigo 36 da Lei nº 4.870, de 1º de dezembro de 1965;

p) o valor das contribuições efetivamente pago pela pessoa jurídica relativo a programa de previdência complementar, aberto ou fechado, desde que disponível à totalidade de seus empregados e dirigentes, observados, no que couber, os artigos 9º e 468 da CLT;

- Alíneas *l* a *p* acrescidas pela Lei nº 9.528, de 10-12-1997.

q) o valor relativo à assistência prestada por serviço médico ou odontológico, próprio da empresa ou por ela conveniado, inclusive o reembolso de despesas com medicamentos, óculos, aparelhos ortopédicos, próteses, órteses, despesas médico-hospitalares e outras similares;

- Alínea *q* com a redação dada pela Lei nº 13.467, de 13-7-2017.

r) o valor correspondente a vestuários, equipamentos e outros acessórios fornecidos ao empregado e utilizados no local do trabalho para prestação dos respectivos serviços;

s) o ressarcimento de despesas pelo uso de veículo do empregado e o reembolso creche pago em conformidade com a legislação trabalhista, observado o limite máximo de seis anos de idade, quando devidamente comprovadas as despesas realizadas;

- Alíneas *r* e *s* acrescidas pela Lei nº 9.528, de 10-12-1997.

t) o valor relativo a plano educacional, ou bolsa de estudo, que vise à educação básica de empregados e seus dependentes e, desde que vinculada às atividades desenvolvidas pela empresa, à educação profissional e tecnológica de empregados, nos termos da Lei nº 9.394, de 20 de dezembro de 1996, e:

- *Caput* da alínea *t* com a redação dada pela Lei nº 12.513, de 26-10-2011.

1. não seja utilizado em substituição de parcela salarial; e
2. o valor mensal do plano educacional ou bolsa de estudo, considerado individualmente, não ultrapasse 5% (cinco por cento) da remuneração do segurado a que se destina ou o valor correspondente a uma vez e meia o valor do limite mínimo mensal do salário de contribuição, o que for maior;

- Itens 1 e 2 acrescidos pela Lei nº 12.513, de 26-10-2011.

u) a importância recebida a título de bolsa de aprendizagem garantida ao adolescente até quatorze anos de idade, de acordo com o disposto no artigo 64 da Lei nº 8.069, de 13 de julho de 1990;

v) os valores recebidos em decorrência da cessão de direitos autorais;

x) o valor da multa prevista no § 8º do artigo 477 da CLT;

- Alíneas *u* a *x* acrescidas pela Lei nº 9.528, de 10-12-1997.

y) o valor correspondente ao vale-cultura;

- Alínea *y* acrescida pela Lei nº 12.761, de 27-12-2012.

z) os prêmios e os abonos;

- Alínea *z* acrescida pela Lei nº 13.467, de 13-7-2017.

aa) os valores recebidos a título de bolsa-atleta, em conformidade com a Lei nº 10.891, de 9 de julho de 2004.

- Alínea *aa* redação dada pela Lei nº 13.756, de 12-12-2018.

§ 10. Considera-se salário de contribuição, para o segurado empregado e trabalhador avulso, na condição prevista no § 5º do artigo 12, a remuneração efetivamente auferida na entidade sindical ou empresa de origem.

- § 10 acrescido pela Lei nº 9.528, de 10-12-1997.

§ 11. Considera-se remuneração do contribuinte individual que trabalha como condutor autônomo de veículo rodoviário, como auxiliar de condutor autônomo de veículo rodoviário, em automóvel cedido em regime de colaboração, nos termos da Lei nº 6.094, de 30 de agosto de 1974, como operador de trator, máquina de terraplenagem, colheitadeira e assemelhados, o montante correspondente a 20% (vinte por cento) do valor bruto do frete, carreto, transporte de passageiros ou do serviço prestado, observado o limite máximo a que se refere o § 5º.

- § 11 acrescido pela Lei nº 13.202, de 8-12-2015.

Art. 29. *Revogado*. Lei nº 9.876, de 26-11-1999.

CAPÍTULO X
DA ARRECADAÇÃO E RECOLHIMENTO DAS CONTRIBUIÇÕES

Art. 30. A arrecadação e o recolhimento das contribuições ou de outras importâncias devidas à Seguridade Social obedecem às seguintes normas:

- *Caput* com a redação dada pela Lei nº 8.620, de 5-1-1993.

I – a empresa é obrigada a:

a) arrecadar as contribuições dos segurados empregados e trabalhadores avulsos a seu serviço, descontando-as da respectiva remuneração;

b) recolher os valores arrecadados na forma da alínea *a* deste inciso, a contribuição a que se refere o inciso IV do art. 22 desta Lei, assim como as contribuições a seu cargo incidentes sobre as remunerações pagas, devidas ou creditadas, a qualquer título, aos segurados empregados, trabalhadores avulsos e contribuintes individuais a seu serviço até o dia 20 (vinte) do mês subsequente ao da competência;

- Alínea *b* com a redação dada pela Lei nº 11.933, de 28-4-2009.

c) recolher as contribuições de que tratam os incisos I e II do artigo 23, na forma e prazos definidos pela legislação tributária federal vigente;

II – os segurados contribuinte individual e facultativo estão obrigados a recolher sua contribuição por iniciativa própria, até o dia quinze do mês seguinte ao da competência;

- Inciso II com a redação dada pela Lei nº 9.876, de 26-11-1999.

III – a empresa adquirente, consumidora ou consignatária ou a cooperativa são obrigadas a recolher a contribuição de que trata o art. 25 até o dia 20 (vinte) do mês subsequente ao da operação de venda ou consignação da produção, independentemente de essas operações terem sido realizadas diretamente com o produtor ou com intermediário pessoa física, na forma estabelecida em regulamento;

- Inciso III com a redação dada pela Lei nº 11.933, de 28-4-2009.

IV – a empresa adquirente, consumidora ou consignatária ou a cooperativa ficam sub-rogadas nas obrigações da pessoa física de que trata a alínea *a* do inciso V do artigo 12 e do segurado especial pelo cumprimento das obrigações do artigo 25 desta Lei, independentemente de as operações de venda ou consignação terem sido realizadas diretamente com o produtor ou com intermediário pessoa física, exceto no caso do inciso X deste artigo, na forma estabelecida em regulamento;

- Inciso IV com a redação dada pela Lei nº 9.528, de 10-12-1997.
- Res. do Senado Federal nº 15, de 12-9-2017, suspendeu a execução deste inciso, conforme declaração de inconstitucionalidade em decisão definitiva do STF nos autos do RE nº 363.852.

V – o empregador doméstico fica obrigado a arrecadar e a recolher a contribuição do segurado empregado a seu serviço e a parcela a seu cargo, até o vigésimo dia do mês seguinte ao da competência;

- Inciso V com a redação dada pela Lei nº 14.438, de 24-8-2022.

VI – o proprietário, o incorporador definido na Lei nº 4.591, de 16 de dezembro de 1964, o dono da obra ou condômino da unidade imobiliária, qualquer que seja a forma de contratação da construção, reforma ou acréscimo, são solidários com o construtor, e estes com a subempreiteira, pelo cumprimento das obrigações para com a Seguridade Social, ressalvado o seu direito regressivo contra o executor ou contratante da obra e admitida a retenção de importância a este devida para garantia do cumprimento dessas obrigações, não se aplicando, em qualquer hipótese, o benefício de ordem;

- Inciso VI com a redação dada pela Lei nº 9.528, de 10-12-1997.

VII – exclui-se da responsabilidade solidária perante a Seguridade Social o adquirente de prédio ou unidade imobiliária que realizar a operação com empresa de comercialização ou incorporador de imóveis, ficando estes solidariamente responsáveis com o construtor;

VIII – nenhuma contribuição à Seguridade Social é devida se a construção residencial unifamiliar, destinada ao uso próprio, de tipo econômico, for executada sem mão de obra assalariada, observadas as exigências do regulamento;

IX – as empresas que integram grupo econômico de qualquer natureza respondem entre si, solidariamente, pelas obrigações decorrentes desta Lei;

X – a pessoa física de que trata a alínea *a* do inciso V do artigo 12 e o segurado especial são obrigados a recolher a contribuição de que trata o artigo 25 desta Lei no prazo estabelecido no inciso III deste artigo, caso comercializem a sua produção:

a) no exterior;

b) diretamente, no varejo, ao consumidor pessoa física;

c) à pessoa física de que trata a alínea *a* do inciso V do artigo 12;

d) ao segurado especial;

- Inciso X com a redação dada pela Lei nº 9.528, de 10-12-1997.

XI – aplica-se o disposto nos incisos III e IV deste artigo à pessoa física não produtor rural que adquire produção para venda no varejo a consumidor pessoa física;

- Inciso XI acrescido pela Lei nº 9.528, de 10-12-1997.

XII – sem prejuízo do disposto no inciso X do *caput* deste artigo, o produtor rural pessoa física e o segurado especial são obrigados a recolher, diretamente, a contribuição incidente sobre a receita bruta proveniente:

a) da comercialização de artigos de artesanato elaborados com matéria-prima produzida pelo respectivo grupo familiar;

b) de comercialização de artesanato ou do exercício de atividade artística, observado o disposto nos incisos VII e VIII do § 10 do art. 12 desta Lei; e

c) de serviços prestados, de equipamentos utilizados e de produtos comercializados no imóvel rural, desde que em atividades turística e de entretenimento desenvolvidas no próprio imóvel, inclusive hospedagem, alimentação, recepção, recreação e atividades pedagógicas, bem como taxa de visitação e serviços especiais;

XIII – o segurado especial é obrigado a arrecadar a contribuição de trabalhadores a seu serviço e a recolhê-la no prazo referido na alínea *b* do inciso I do *caput* deste artigo;

- Incisos XII e XIII acrescidos pela Lei nº 11.718, de 20-6-2008.

§ 1º *Revogado*. Lei nº 9.032, de 28-4-1995.

§ 2º Se não houver expediente bancário nas datas indicadas:

- *Caput* do § 2º com a redação dada pela Lei nº 11.933, de 28-4-2009.

I – no inciso II do *caput*, o recolhimento deverá ser efetuado até o dia útil imediatamente posterior; e

II – na alínea *b* do inciso I e nos incisos III, V, X e XIII do *caput*, até o dia útil imediatamente anterior.

- Incisos I e II com a redação dada pela Lei nº 13.202, de 8-12-2015.

§ 3º Aplica-se à entidade sindical e à empresa de origem o disposto nas alíneas *a* e *b* do inciso I, relativamente à remuneração do segurado referido no § 5º do artigo 12.

- § 3º acrescido pela Lei nº 9.528, de 10-12-1997.

§ 4º Na hipótese de o contribuinte individual prestar serviço a uma ou mais empresas, poderá deduzir, da sua contribuição mensal, quarenta e cinco por cento da contribuição da empresa, efetivamente recolhida ou declarada, incidente sobre a remuneração que esta lhe tenha pago ou creditado, limitada a dedução a nove por cento do respectivo salário de contribuição.

§ 5º Aplica-se o disposto no § 4º ao cooperado que prestar serviço a empresa por intermédio de cooperativa de trabalho.

- §§ 4º e 5º acrescidos pela Lei nº 9.876, de 26-11-1999.

§ 6º *Revogado.* Lei nº 13.202, de 8-12-2015.

§ 7º A empresa ou cooperativa adquirente, consumidora ou consignatária da produção fica obrigada a fornecer ao segurado especial cópia do documento fiscal de entrada da mercadoria, para fins de comprovação da operação e da respectiva contribuição previdenciária.

§ 8º Quando o grupo familiar a que o segurado especial estiver vinculado não tiver obtido, no ano, por qualquer motivo, receita proveniente de comercialização de produção deverá comunicar a ocorrência à Previdência Social, na forma do regulamento.

§ 9º Quando o segurado especial tiver comercializado sua produção do ano anterior exclusivamente com empresa adquirente, consignatária ou cooperativa, tal fato deverá ser comunicado à Previdência Social pelo respectivo grupo familiar.

- §§ 7º a 9º acrescidos pela Lei nº 11.718, de 20-6-2008.

Art. 31. A empresa contratante de serviços executados mediante cessão de mão de obra, inclusive em regime de trabalho temporário, deverá reter 11% (onze por cento) do valor bruto da nota fiscal ou fatura de prestação de serviços e recolher, em nome da empresa cedente da mão de obra, a importância retida até o dia 20 (vinte) do mês subsequente ao da emissão da respectiva nota fiscal ou fatura, ou até o dia útil imediatamente anterior se não houver expediente bancário naquele dia, observado o disposto no § 5º do art. 33 desta Lei.

- *Caput* com a redação dada pela Lei nº 11.933, de 28-4-2009.
- Súm. nº 425 do STJ.

§ 1º O valor retido de que trata o *caput* deste artigo, que deverá ser destacado na nota fiscal ou fatura de prestação de serviços, poderá ser compensado por qualquer estabelecimento da empresa cedente da mão de obra, por ocasião do recolhimento das contribuições destinadas à Seguridade Social devidas sobre a folha de pagamento dos seus segurados.

- § 1º com a redação dada pela Lei nº 11.941, de 27-5-2009.

§ 2º Na impossibilidade de haver compensação integral na forma do parágrafo anterior, o saldo remanescente será objeto de restituição.

§ 3º Para os fins desta Lei, entende-se como cessão de mão de obra a colocação à disposição do contratante, em suas dependências ou nas de terceiros, de segurados que realizem serviços contínuos, relacionados ou não com a atividade-fim da empresa, quaisquer que sejam a natureza e a forma de contratação.

- §§ 2º e 3º com a redação dada pela Lei nº 9.711, de 20-11-1998.

§ 4º Enquadram-se na situação prevista no parágrafo anterior, além de outros estabelecidos em regulamento, os seguintes serviços:

- *Caput* do § 4º com a redação dada pela Lei nº 9.711, de 20-11-1998.

I – limpeza, conservação e zeladoria;

II – vigilância e segurança;

III – empreitada de mão de obra;

IV – contratação de trabalho temporário na forma da Lei nº 6.019, de 3 de janeiro de 1974.

- Incisos I a IV com a redação dada pela Lei nº 9.711, de 20-11-1998.

§ 5º O cedente da mão de obra deverá elaborar folhas de pagamento distintas para cada contratante.

- § 5º acrescido pela Lei nº 9.711, de 20-11-1998.

§ 6º Em se tratando de retenção e recolhimento realizados na forma do *caput* deste artigo, em nome de consórcio, de que tratam os arts. 278 e 279 da Lei nº 6.404, de 15 de dezembro de 1976, aplica-se o disposto em todo este artigo, observada a participação de cada uma das empresas consorciadas, na forma do respectivo ato constitutivo.

- § 6º acrescido pela Lei nº 11.941, de 27-5-2009.

Art. 32. A empresa é também obrigada a:

I – preparar folhas de pagamento das remunerações pagas ou creditadas a todos os segurados a seu serviço, de acordo com os padrões e normas estabelecidos pelo órgão competente da Seguridade Social;

II – lançar mensalmente em títulos próprios de sua contabilidade, de forma discriminada, os fatos geradores de todas as contribuições, o montante das quantias descontadas, as contribuições da empresa e os totais recolhidos;

III – prestar à Secretaria da Receita Federal do Brasil todas as informações cadastrais, financeiras e contábeis de seu interesse, na forma por ela estabelecida, bem como os esclarecimentos necessários à fiscalização;

IV – declarar à Secretaria da Receita Federal do Brasil e ao Conselho Curador do Fundo de Garantia do Tempo de Serviço – FGTS, na forma, prazo e condições estabelecidos por esses órgãos, dados relacionados a fatos geradores, base de cálculo e valores devidos da contribuição previdenciária e outras informações de interesse do INSS ou do Conselho Curador do FGTS;

- Incisos III e IV com a redação dada pela Lei nº 11.941, de 27-5-2009.

V – VETADO. Lei nº 10.403, de 8-1-2002;

VI – comunicar, mensalmente, aos empregados, por intermédio de documento a ser definido em regulamento, os valores recolhidos sobre o total de sua remuneração ao INSS.

- Inciso VI acrescido pela Lei nº 12.692, de 24-7-2012.

§ 1º *Revogado.* Lei nº 11.941, de 27-5-2009.

§ 2º A declaração de que trata o inciso IV do *caput* deste artigo constitui instrumento hábil e suficiente para a exigência do crédito tributário, e suas informações comporão a base de dados para fins de cálculo e concessão dos benefícios previdenciários.

- § 2º com a redação dada pela Lei nº 11.941, de 27-5-2009.

§§ 3º a 8º *Revogados.* Lei nº 11.941, de 27-5-2009.

§ 9º A empresa deverá apresentar o documento a que se refere o inciso IV do *caput* deste artigo ainda que não ocorram fatos geradores de contribuição previdenciária, aplicando-se, quando couber, a penalidade prevista no art. 32-A desta Lei.

§ 10. O descumprimento do disposto no inciso IV do *caput* deste artigo impede a expedição da certidão de prova de regularidade fiscal perante a Fazenda Nacional.

§ 11. Em relação aos créditos tributários, os documentos comprobatórios do cumprimento das obrigações de que trata este artigo devem ficar arquivados na empresa até que ocorra a prescrição relativa aos créditos decorrentes das operações a que se refiram.

• §§ 9º a 11 com a redação dada pela Lei nº 11.941, de 27-5-2009.

§ 12. VETADO. Lei nº 12.692, de 24-7-2012.

Art. 32-A. O contribuinte que deixar de apresentar a declaração de que trata o inciso IV do *caput* do art. 32 desta Lei no prazo fixado ou que a apresentar com incorreções ou omissões será intimado a apresentá-la ou a prestar esclarecimentos e sujeitar-se-á às seguintes multas:

I – de R$ 20,00 (vinte reais) para cada grupo de 10 (dez) informações incorretas ou omitidas; e

II – de 2% (dois por cento) ao mês-calendário ou fração, incidentes sobre o montante das contribuições informadas, ainda que integralmente pagas, no caso de falta de entrega da declaração ou entrega após o prazo, limitada a 20% (vinte por cento), observado o disposto no § 3º deste artigo.

§ 1º Para efeito de aplicação da multa prevista no inciso II do *caput* deste artigo, será considerado como termo inicial o dia seguinte ao término do prazo fixado para entrega da declaração e como termo final a data da efetiva entrega ou, no caso de não apresentação, a data da lavratura do auto de infração ou da notificação de lançamento.

§ 2º Observado o disposto no § 3º deste artigo, as multas serão reduzidas:

I – à metade, quando a declaração for apresentada após o prazo, mas antes de qualquer procedimento de ofício; ou

II – a 75% (setenta e cinco por cento), se houver apresentação da declaração no prazo fixado em intimação.

§ 3º A multa mínima a ser aplicada será de:

I – R$ 200,00 (duzentos reais), tratando-se de omissão de declaração sem ocorrência de fatos geradores de contribuição previdenciária; e

II – R$ 500,00 (quinhentos reais), nos demais casos.

• Art. 32-A com a redação dada pela Lei nº 11.941, de 27-5-2009.

Art. 32-B. Os órgãos da administração direta, as autarquias, as fundações e as empresas públicas da União, dos Estados, do Distrito Federal e dos Municípios, cujas Normas Gerais de Direito Financeiro para elaboração e controle dos orçamentos estão definidas pela Lei nº 4.320, de 17 de março de 1964, e pela Lei Complementar nº 101, de 4 de maio de 2000, ficam obrigados, na forma estabelecida pela Secretaria da Receita Federal do Brasil do Ministério da Fazenda, a apresentar:

I – a contabilidade entregue ao Tribunal de Controle Externo; e

II – a folha de pagamento.

Parágrafo único. As informações de que trata o *caput* deverão ser apresentadas até o dia 30 de abril do ano seguinte ao encerramento do exercício.

• Art. 32-B com a redação dada pela Lei nº 12.810, de 15-5-2013.

Art. 32-C. O segurado especial responsável pelo grupo familiar que contratar na forma do § 8º do art. 12 apresentará as informações relacionadas ao registro de trabalhadores, aos fatos geradores, à base de cálculo e aos valores das contribuições devidas à Previdência Social e ao Fundo de Garantia do Tempo de Serviço – FGTS e outras informações de interesse da Secretaria da Receita Federal do Brasil, do Ministério da Previdência Social, do Ministério do Trabalho e Emprego e do Conselho Curador do FGTS, por meio de sistema eletrônico com entrada única de dados, e efetuará os recolhimentos por meio de documento único de arrecadação.

• *Caput* acrescido pela Lei nº 12.873, de 24-10-2013 (*DOU* de 25-10-2013), em vigor a partir do 1º (primeiro) dia do sétimo mês subsequente à data de sua publicação.

§ 1º Os Ministros de Estado da Fazenda, da Previdência Social e do Trabalho e Emprego disporão, em ato conjunto, sobre a prestação das informações, a apuração, o recolhimento e a distribuição dos recursos recolhidos e sobre as informações geradas por meio do sistema eletrônico e da guia de recolhimento de que trata o *caput*.

§ 2º As informações prestadas no sistema eletrônico de que trata o *caput* têm caráter declaratório, constituem instrumento hábil e suficiente para a exigência dos tributos e encargos apurados e substituirão, na forma regulamentada pelo ato conjunto que prevê o § 1º, a obrigatoriedade de entrega de todas as informações, formulários e declarações a que está sujeito o grupo familiar, inclusive as relativas ao recolhimento do FGTS.

• §§ 1º e 2º acrescidos pela Lei nº 12.873, de 24-10-2013 (*DOU* de 25-10-2013), em vigor a partir do 1º (primeiro) dia do sétimo mês subsequente à data de sua publicação.

§ 3º O segurado especial de que trata o *caput* deste artigo fica obrigado a arrecadar, até o vigésimo dia do mês seguinte ao da competência:

• *Caput* do § 3º com a redação dada pela Lei nº 14.438, de 24-8-2022.

I – as contribuições previstas nos incisos X, XII e XIII do *caput* do art. 30 desta Lei;

II – os valores referentes ao FGTS; e

III – os encargos trabalhistas sob a sua responsabilidade.

• Incisos I a III acrescidos pela Lei nº 14.438, de 24-8-2022.

§ 4º Os recolhimentos devidos, nos termos do § 3º, deverão ser pagos por meio de documento único de arrecadação.

§ 5º Se não houver expediente bancário na data indicada no § 3º, o recolhimento deverá ser antecipado para o dia útil imediatamente anterior.

§ 6º Os valores não pagos até a data do vencimento sujeitar-se-ão à incidência de acréscimos e encargos legais na forma prevista na legislação do Imposto sobre a Renda e Proventos de Qualquer Natureza para as contribuições de caráter tributário, e conforme o art. 22 da Lei nº 8.036, de 11 de maio de 1990, para os depósitos do FGTS, inclusive no que se refere às multas por atraso.

§ 7º O recolhimento do valor do FGTS na forma deste artigo será creditado diretamente em conta vinculada do trabalhador, assegurada a transferência dos elementos identificadores do recolhimento ao agente operador do fundo.

§ 8º O ato de que trata o § 1º regulará a compensação e a restituição dos valores dos tributos e dos encargos trabalhistas recolhidos, no documento único de arrecadação, indevidamente ou em montante superior ao devido.

§ 9º A devolução de valores do FGTS, depositados na conta vinculada do trabalhador, será objeto de norma regulamentar do Conselho Curador e do Agente Operador do Fundo de Garantia do Tempo de Serviço.

§ 10. O produto da arrecadação de que trata o § 3º será centralizado na Caixa Econômica Federal.

§ 11. A Caixa Econômica Federal, com base nos elementos identificadores do recolhimento, disponíveis no sistema de que trata o *caput* deste artigo, transferirá para a Conta Única do Tesouro Nacional os valores arrecadados dos tributos e das contribuições previstas nos incisos X, XII e XIII do *caput* do art. 30.

§ 12. A impossibilidade de utilização do sistema eletrônico referido no *caput* será objeto de regulamento, a ser editado pelo Ministério da Fazenda e pelo Agente Operador do FGTS.

§ 13. A sistemática de entrega das informações e recolhimentos de que trata o *caput* poderá ser estendida pelas autoridades previstas no § 1º para o produtor rural pessoa física de que trata a alínea *a* do inciso V do *caput* do art. 12.

§ 14. Aplica-se às informações entregues na forma deste artigo o disposto no § 2º do art. 32 e no art. 32-A.

• §§ 4º a 14 acrescidos pela Lei nº 12.873, de 24-10-2013 (*DOU* de 25-10-2013), em vigor a partir do 1º (primeiro) dia do sétimo mês subsequente à data de sua publicação.

Art. 33. À Secretaria da Receita Federal do Brasil compete planejar, executar, acompanhar e avaliar as atividades relativas à tributação, à fiscalização, à arrecadação, à cobrança e ao recolhimento das contribuições sociais previstas no parágrafo único do art. 11 desta Lei, das contribuições incidentes a título de substituição e das devidas a outras entidades e fundos.

• *Caput* com a redação dada pela Lei nº 11.941, de 27-5-2009.

§ 1º É prerrogativa da Secretaria da Receita Federal do Brasil, por intermédio dos Auditores Fiscais da Receita Federal do Brasil, o exame da contabilidade das empresas, ficando obrigados a prestar todos os esclarecimentos e informações solicitados o segurado e os terceiros responsáveis pelo recolhimento das contribuições previdenciárias e das contribuições devidas a outras entidades e fundos.

§ 2º A empresa, o segurado da Previdência Social, o serventuário da Justiça, o síndico ou seu representante, o comissário e o liquidante de empresa em liquidação judicial ou extrajudicial são obrigados a exibir todos os documentos e livros relacionados com as contribuições previstas nesta Lei.

§ 3º Ocorrendo recusa ou sonegação de qualquer documento ou informação, ou sua apresentação deficiente, a Secretaria da Receita Federal do Brasil pode, sem prejuízo da penalidade cabível, lançar de ofício a importância devida.

§ 4º Na falta de prova regular e formalizada pelo sujeito passivo, o montante dos salários pagos pela execução de obra de construção civil pode ser obtido mediante cálculo da mão de obra empregada, proporcional à área construída, de acordo com critérios estabelecidos pela Secretaria da Receita Federal do Brasil, cabendo ao proprietário, dono da obra, condômino da unidade imobiliária ou empresa corresponsável o ônus da prova em contrário.

• §§ 1º a 4º com a redação dada pela Lei nº 11.941, de 27-5-2009.

§ 5º O desconto de contribuição e de consignação legalmente autorizadas sempre se presume feito oportuna e regularmente pela empresa a isso obrigada, não lhe sendo lícito alegar omissão para se eximir do recolhimento, ficando diretamente responsável pela importância que deixou de receber ou arrecadou em desacordo com o disposto nesta Lei.

§ 6º Se, no exame da escrituração contábil e de qualquer outro documento da empresa, a fiscalização constatar que a contabilidade não registra o movimento real de remuneração dos segurados a seu serviço, do faturamento e do lucro, serão apuradas, por aferição indireta, as contribuições efetivamente devidas, cabendo à empresa o ônus da prova em contrário.

§ 7º O crédito da seguridade social é constituído por meio de notificação de lançamento, de auto de infração e de confissão de valores devidos e não recolhidos pelo contribuinte.

§ 8º Aplicam-se às contribuições sociais mencionadas neste artigo as presunções legais de omissão de receita previstas nos §§ 2º e 3º do art. 12 do Decreto-Lei nº 1.598, de 26 de dezembro de 1977, e nos arts. 40, 41 e 42 da Lei nº 9.430, de 27 de dezembro de 1996.

• §§ 7º e 8º com a redação dada pela Lei nº 11.941, de 27-5-2009.

Art. 34. *Revogado.* Lei nº 11.941, de 27-5-2009.

Art. 35. Os débitos com a União decorrentes das contribuições sociais previstas nas alíneas *a*, *b* e *c* do parágrafo único do art. 11 desta Lei, das contribuições instituídas a título de substituição e das contribuições devidas a terceiros, assim entendidas outras entidades e fundos, não pagos nos prazos previstos em legislação, serão acrescidos de multa de mora e juros de mora, nos termos do art. 61 da Lei nº 9.430, de 27 de dezembro de 1996.

• *Caput* com a redação dada pela Lei nº 11.941, de 27-5-2009.

I a III – *Revogados.* Lei nº 11.941, de 27-5-2009.

§§ 1º a 4º *Revogados.* Lei nº 11.941, de 27-5-2009.

Art. 35-A. Nos casos de lançamento de ofício relativos às contribuições referidas no art. 35 desta Lei, aplica-se o disposto no art. 44 da Lei nº 9.430, de 27 de dezembro de 1996.

• Art. 35-A com a redação dada pela Lei nº 11.941, de 27-5-2009.

Art. 36. *Revogado.* Lei nº 8.218, de 29-8-1991.

Art. 37. Constatado o não recolhimento total ou parcial das contribuições tratadas nesta Lei, não declaradas na forma do art. 32 desta Lei, a falta de pagamento de benefício reembolsado ou o descumprimento de obrigação acessória, será lavrado auto de infração ou notificação de lançamento.

• *Caput* com a redação dada pela Lei nº 11.941, de 27-5-2009.

§§ 1º e 2º *Revogados.* Lei nº 11.941, de 27-5-2009.

Art. 38. *Revogado.* Lei nº 11.941, de 27-5-2009.

Art. 39. O débito original e seus acréscimos legais, bem como outras multas previstas em lei, constituem dívida ativa da União, promovendo-se a inscrição em livro próprio daquela resultante das contribuições de que tratam as alíneas *a*, *b* e *c* do parágrafo único do art. 11 desta Lei.

• *Caput* com a redação dada pela Lei nº 11.457, de 16-3-2007.

§ 1º *Revogado.* Lei nº 11.501, de 11-7-2007.

§ 2º É facultado aos órgãos competentes, antes de ajuizar a cobrança da dívida ativa de que trata o *caput* deste artigo, promover o protesto de título dado em garantia, que será recebido *pro solvendo*.

§ 3º Serão inscritas como dívida ativa da União as contribuições que não tenham sido recolhidas ou parceladas resultantes das informações prestadas no documento a que se refere o inciso IV do art. 32 desta Lei.

• §§ 2º e 3º com a redação dada pela Lei nº 11.457, de 16-3-2007.

Art. 40. VETADO.

Art. 41. *Revogado.* Lei nº 11.941, de 27-5-2009.

Art. 42. Os administradores de autarquias e fundações públicas, criadas e mantidas pelo Poder Público, de empresas públicas e de sociedades de economia mista sujeitas ao controle da União, dos Estados, do Distrito Federal ou dos Municípios, que se encontrarem em mora, por mais de 30 (trinta) dias, no recolhimento das contribuições previstas nesta Lei, tornam-se solidariamente responsáveis pelo respectivo pagamento, ficando ainda sujeitos às proibições do artigo 1º e às sanções dos artigos 4º e 7º do Decreto-Lei nº 368, de 19 de dezembro de 1968.

Art. 43. Nas ações trabalhistas de que resultar o pagamento de direitos sujeitos à incidência de contribuição previdenciária, o juiz, sob pena de responsabilidade, determinará o imediato recolhimento das importâncias devidas à Seguridade Social.

§ 1º Nas sentenças judiciais ou nos acordos homologados em que não figurarem, discriminadamente, as parcelas legais relativas às contribuições sociais, estas incidirão sobre o valor total apurado em liquidação de sentença ou sobre o valor do acordo homologado.

§ 2º Considera-se ocorrido o fato gerador das contribuições sociais na data da prestação do serviço.

§ 3º As contribuições sociais serão apuradas mês a mês, com referência ao período da prestação de serviços, mediante a aplicação de alíquotas, limites máximos do salário de contribuição e acréscimos legais moratórios vigentes relativamente a cada uma das competências abrangidas, devendo o recolhimento ser efetuado no mesmo prazo em que devam ser pagos os créditos encontrados em liquidação de sentença ou em acordo homologado, sendo que nesse último caso o recolhimento será feito em tantas parcelas quantas as previstas no acordo, nas mesmas datas em que sejam exigíveis e proporcionalmente a cada uma delas.

§ 4º No caso de reconhecimento judicial da prestação de serviços em condições que permitam a aposentadoria especial após 15 (quinze), 20 (vinte) ou 25 (vinte e cinco) anos de contribuição, serão devidos os acréscimos de contribuição de que trata o § 6º do art. 57 da Lei nº 8.213, de 24 de julho de 1991.

§ 5º Na hipótese de acordo celebrado após ter sido proferida decisão de mérito, a contribuição será calculada com base no valor do acordo.

§ 6º Aplica-se o disposto neste artigo aos valores devidos ou pagos nas Comissões de Conciliação Prévia de que trata a Lei nº 9.958, de 12 de janeiro de 2000.

- §§ 1º a 6º com a redação dada pela Lei nº 11.941, de 27-5-2009.

Art. 44. *Revogado.* Lei nº 11.501, de 11-7-2007.

Art. 45. *Revogado.* LC nº 128, de 19-12-2008.

Art. 45-A. O contribuinte individual que pretenda contar como tempo de contribuição, para fins de obtenção de benefício no Regime Geral de Previdência Social ou de contagem recíproca do tempo de contribuição, período de atividade remunerada alcançada pela decadência deverá indenizar o INSS.

§ 1º O valor da indenização a que se refere o *caput* deste artigo e o § 1º do art. 55 da Lei nº 8.213, de 24 de julho de 1991, corresponderá a 20% (vinte por cento):

I – da média aritmética simples dos maiores salários de contribuição, reajustados, correspondentes a 80% (oitenta por cento) de todo o período contributivo decorrido desde a competência julho de 1994; ou

II – da remuneração sobre a qual incidem as contribuições para o regime próprio de previdência social a que estiver filiado o interessado, no caso de indenização para fins da contagem recíproca de que tratam os arts. 94 a 99 da Lei nº 8.213, de 24 de julho de 1991, observados o limite máximo previsto no art. 28 e o disposto em regulamento.

§ 2º Sobre os valores apurados na forma do § 1º deste artigo incidirão juros moratórios de 0,5% (cinco décimos por cento) ao mês, capitalizados anualmente, limitados ao percentual máximo de 50% (cinquenta por cento), e multa de 10% (dez por cento).

§ 3º O disposto no § 1º deste artigo não se aplica aos casos de contribuições em atraso não alcançadas pela decadência do direito de a Previdência constituir o respectivo crédito, obedecendo-se, em relação a elas, as disposições aplicadas às empresas em geral.

- Art. 45-A acrescido pela LC nº 128, de 19-12-2008.

Art. 46. *Revogado.* LC nº 128, de 19-12-2008.

CAPÍTULO XI

DA PROVA DE INEXISTÊNCIA DE DÉBITO

Art. 47. É exigida Certidão Negativa de Débito – CND, fornecida pelo órgão competente, nos seguintes casos:

- *Caput* com a redação dada pela Lei nº 9.032, de 28-4-1995.
- Dec. nº 8.302, de 4-9-2014, dispõe sobre a prova de regularidade fiscal perante a Fazenda Nacional, e revoga dispositivos do Decreto nº 3.048, de 6 de maio de 1999, que aprova o Regulamento da Previdência Social.

I – da empresa:

a) na contratação com o Poder Público e no recebimento de benefícios ou incentivo fiscal ou creditício concedido por ele;

b) na alienação ou oneração, a qualquer título, de bem imóvel ou direito a ele relativo;

c) na alienação ou oneração, a qualquer título, de bem móvel de valor superior a CR$ 2.500.000,00 (dois milhões e quinhentos mil cruzeiros) incorporado ao ativo permanente da empresa;

- Art. 8º, V, da Port. Interministerial do MTPrev e MF nº 26, de 10-1-2023 (*DOU* de 11-1-2023), que altera o valor previsto nesta alínea para R$ 77.500,38 (setenta e sete mil quinhentos reais e trinta e oito centavos).

d) no registro ou arquivamento, no órgão próprio, de ato relativo a baixa ou redução de capital de firma individual, redução de capital social, cisão total ou parcial, transformação ou extinção de entidade ou sociedade comercial ou civil e transferência de controle de cotas de sociedades de responsabilidade limitada;

- Alínea *d* com a redação dada pela Lei nº 9.528, de 10-12-1997.

II – do proprietário, pessoa física ou jurídica, de obra de construção civil, quando de sua averbação no registro de imóveis, salvo no caso do inciso VIII do artigo 30.

§ 1º A prova de inexistência de débito deve ser exigida da empresa em relação a todas as suas dependências, estabelecimentos e obras de construção civil, independentemente do local onde se encontrem, ressalvado aos órgãos competentes o direito de cobrança de qualquer débito apurado posteriormente.

§ 2º A prova de inexistência de débito, quando exigível ao incorporador, independe da apresentada no registro de imóveis por ocasião da inscrição do memorial de incorporação.

§ 3º Fica dispensada a transcrição, em instrumento público ou particular, do inteiro teor do documento comprobatório de inexistência de débito, bastando a referência ao seu número de série e data da emissão, bem como a guarda do documento comprobatório à disposição dos órgãos competentes.

§ 4º O documento comprobatório de inexistência de débito poderá ser apresentado por cópia autenticada, dispensada a indicação de sua finalidade, exceto no caso do inciso II deste artigo.

§ 5º O prazo de validade da certidão expedida conjuntamente pela Secretaria Especial da Receita Federal do Brasil e pela Procuradoria-Geral da Fazenda Nacional do Ministério da Economia, referente aos tributos federais e à dívida ativa da União por elas administrados, será de até 180 (cento e oitenta) dias, contado da data de emissão da certidão, prorrogável, excepcionalmente, pelo prazo determinado em ato conjunto dos referidos órgãos.

- § 5º com a redação dada pela Lei nº 14.148, de 3-5-2021.

§ 6º Independe de prova de inexistência de débito:

a) a lavratura ou assinatura de instrumento, ato ou contrato que constitua retificação, ratificação ou efetivação de outro anterior para o qual já foi feita a prova;

b) a constituição de garantia para concessão de crédito rural, em qualquer de suas modalidades, por instituição de crédito pública ou privada, desde que o contribuinte referido no artigo 25, não seja responsável direto pelo recolhimento de contribuições sobre a sua produção para a Seguridade Social;

c) a averbação prevista no inciso II deste artigo, relativa a imóvel cuja construção tenha sido concluída antes de 22 de novembro de 1966;

d) o recebimento pelos Municípios de transferência de recursos destinados a ações de assistência social, educação, saúde e em caso de calamidade pública;

- Alínea *d* acrescida pela Lei nº 11.960, de 29-6-2009.

e) a averbação da construção civil localizada em área objeto de regularização fundiária de interesse social, na forma da Lei nº 11.977, de 7 de julho de 2009.

- Alínea *e* acrescida pela Lei nº 12.424, de 16-6-2011 (*DOU* de 17-6-2011 e republicada no *DOU* de 20-6-2011).

§ 7º O condômino adquirente de unidades imobiliárias de obra de construção civil não incorporada na forma da Lei nº 4.591, de 16 de dezembro de 1964, poderá obter documento comprobatório de inexistência de débito, desde que comprove o pagamento das contribuições relativas à sua unidade, conforme dispuser o regulamento.

§ 8º *Revogado*. Lei nº 11.941, de 27-5-2009.

Art. 48. A prática de ato com inobservância do disposto no artigo anterior, ou o seu registro, acarretará a responsabilidade solidária dos contratantes e do oficial que lavrar ou registrar o instrumento, sendo o ato nulo para todos os efeitos.

§ 1º Os órgãos competentes podem intervir em instrumento que depender de prova de inexistência de débito, a fim de autorizar sua lavratura, desde que o débito seja pago no ato ou o seu pagamento fique assegurado mediante confissão de dívida fiscal com o oferecimento de garantias reais suficientes, na forma estabelecida em regulamento.

§ 2º Em se tratando de alienação de bens do ativo de empresa em regime de liquidação extrajudicial, visando à obtenção de recursos necessários ao pagamento dos credores, independentemente do pagamento ou da confissão de dívida fiscal, o Instituto Nacional do Seguro Social – INSS poderá autorizar a lavratura do respectivo instrumento, desde que o valor do crédito previdenciário conste, regularmente, do quadro geral de credores, observada a ordem de preferência legal.

- § 2º acrescido pela Lei nº 9.639, de 25-5-1998.

§ 3º O servidor, o serventuário da Justiça, o titular de serventia extrajudicial e a autoridade ou órgão que infringirem o disposto no artigo anterior incorrerão em multa aplicada na forma estabelecida no artigo 92, sem prejuízo da responsabilidade administrativa e penal cabível.

- § 2º transformado em § 3º e com a redação dada pela Lei nº 9.639, de 25-5-1998.

TÍTULO VII – DAS DISPOSIÇÕES GERAIS

Art. 49. A matrícula da empresa será efetuada nos termos e condições estabelecidos pela Secretaria da Receita Federal do Brasil.

- *Caput* com a redação dada pela Lei nº 11.941, de 27-5-2009.

I e II – *Revogados*. Lei nº 11.941, de 27-5-2009.

§ 1º No caso de obra de construção civil, a matrícula deverá ser efetuada mediante comunicação obrigatória do responsável por sua execução, no prazo de 30 (trinta) dias, contado do início de suas atividades, quando obterá número cadastral básico, de caráter permanente.

- § 1º com a redação dada pela Lei nº 11.941, de 27-5-2009.

a e *b*) *Revogadas*. Lei nº 11.941, de 27-5-2009.

§ 2º *Revogado*. Lei nº 11.941, de 27-5-2009.

§ 3º O não cumprimento do disposto no § 1º deste artigo sujeita o responsável a multa na forma estabelecida no art. 92 desta Lei.

- § 3º com a redação dada pela Lei nº 11.491, de 27-5-2009.

§ 4º O Departamento Nacional de Registro do Comércio (DNRC), por intermédio das Juntas Comerciais, e os Cartórios de Registro Civil de Pessoas Jurídicas prestarão, obrigatoriamente, ao Ministério da Economia, ao INSS e à Secretaria da Receita Federal do Brasil todas as informações referentes aos atos constitutivos e alterações posteriores relativos a empresas e entidades neles registradas.

- § 4º com a redação dada pela Lei nº 13.846, de 18-6-2019.

§ 5º A matrícula atribuída pela Secretaria da Receita Federal do Brasil ao produtor rural pessoa física ou segurado especial é o documento de inscrição do contribuinte, em substituição à inscrição no Cadastro Nacional de Pessoa Jurídica – CNPJ, a ser apresentado em suas relações com o Poder Público, inclusive para licenciamento sanitário de produtos de origem animal ou vegetal submetidos a processos de beneficiamento ou industrialização artesanal, com as instituições financeiras, para fins de contratação de operações de crédito, e com os adquirentes de sua produção ou fornecedores de sementes, insumos, ferramentas e demais implementos agrícolas.

§ 6º O disposto no § 5º deste artigo não se aplica ao licenciamento sanitário de produtos sujeitos à incidência de Imposto sobre Produtos Industrializados ou ao contribuinte cuja inscrição no Cadastro Nacional de Pessoa Jurídica – CNPJ seja obrigatória.

- §§ 5º e 6º acrescidos pela Lei nº 11.718, de 20-6-2008.

Art. 50. Para fins de fiscalização do INSS, o Município, por intermédio do órgão competente, fornecerá relação de alvarás para construção civil e documentos de "habite-se" concedidos.

- Artigo com a redação dada pela Lei nº 9.476, de 23-6-1997.
- A alteração que seria introduzida neste artigo pela Lei nº 11.941, de 27-5-2009, foi vetada, razão pela qual mantivemos a sua redação.

Art. 51. O crédito relativo a contribuições, cotas e respectivos adicionais ou acréscimos de qualquer natureza arrecadados pelos órgãos competentes, bem como a atualização monetária e os juros de mora, estão sujeitos, nos processos de falência, concordata ou concurso de credores, às

LEG. COMPLEMENTAR

disposições atinentes aos créditos da União, aos quais são equiparados.

Parágrafo único. O Instituto Nacional do Seguro Social – INSS reivindicará os valores descontados pela empresa de seus empregados e ainda não recolhidos.

Art. 52. Às empresas, enquanto estiverem em débito não garantido com a União, aplica-se o disposto no art. 32 da Lei nº 4.357, de 16 de julho de 1964.

- *Caput* com a redação dada pela Lei nº 11.941, de 27-5-2009.

I e II – *Revogados*. Lei nº 11.941, de 27-5-2009.

Parágrafo único. *Revogado*. Lei nº 11.941, de 27-5-2009.

Art. 53. Na execução judicial da dívida ativa da União, suas autarquias e fundações públicas, será facultado ao exequente indicar bens à penhora, a qual será efetivada concomitantemente com a citação inicial do devedor.

§ 1º Os bens penhorados nos termos deste artigo ficam desde logo indisponíveis.

§ 2º Efetuado o pagamento integral da dívida executada, com seus acréscimos legais, no prazo de 2 (dois) dias úteis contados da citação, independentemente da juntada aos autos do respectivo mandado, poderá ser liberada a penhora, desde que não haja outra execução pendente.

§ 3º O disposto neste artigo aplica-se também às execuções já processadas.

§ 4º Não sendo opostos embargos, no caso legal, ou sendo eles julgados improcedentes, os autos serão conclusos ao juiz do feito, para determinar o prosseguimento da execução.

Art. 54. Os órgãos competentes estabelecerão critério para a dispensa de constituição ou exigência de crédito de valor inferior ao custo dessa medida.

Art. 55. *Revogado*. Lei nº 12.101, de 27-11-2009.

Art. 56. A inexistência de débitos em relação às contribuições devidas ao Instituto Nacional do Seguro Social – INSS, a partir da publicação desta Lei, é condição necessária para que os Estados, o Distrito Federal e os Municípios possam receber as transferências dos recursos do Fundo de Participação dos Estados e do Distrito Federal – FPE e do Fundo de Participação dos Municípios – FPM, celebrar acordos, contratos, convênios ou ajustes, bem como receber empréstimos, financiamentos, avais e subvenções em geral de órgãos ou entidades da administração direta e indireta da União.

§ 1º *Revogado*. MP nº 2.187-13, de 24-8-2001.

- Antigo parágrafo único renumerado para § 1º pela Lei nº 12.810, de 15-5-2013.

§ 2º Os recursos do FPE e do FPM não transferidos em decorrência da aplicação do *caput* deste artigo poderão ser utilizados para quitação, total ou parcial, dos débitos relativos às contribuições de que tratam as alíneas *a* e *c* do parágrafo único do art. 11 desta Lei, a pedido do representante legal do Estado, Distrito Federal ou Município.

- § 2º acrescido pela Lei nº 12.810, de 15-5-2013.

Art. 57. Os Estados, o Distrito Federal e os Municípios serão, igualmente, obrigados a apresentar, a partir de 1º de junho de 1992, para os fins do disposto no artigo anterior, comprovação de pagamento da parcela mensal referente aos débitos com o Instituto Nacional do Seguro Social – INSS, existentes até 1º de setembro de 1991, renegociados nos termos desta Lei.

Art. 58. Os débitos dos Estados, do Distrito Federal e dos Municípios para com o Instituto Nacional do Seguro Social – INSS, existentes até 1º de setembro de 1991, poderão ser liquidados em até 240 (duzentos e quarenta) parcelas mensais.

§ 1º Para apuração dos débitos será considerado o valor original atualizado pelo índice oficial utilizado pela Seguridade Social para correção de seus créditos.

- Parágrafo único transformado em § 1º pela Lei nº 8.444, de 20-7-1992.

§ 2º As contribuições descontadas até 30 de junho de 1992 dos segurados que tenham prestado serviços aos Estados, ao Distrito Federal e aos Municípios poderão ser objeto de acordo para parcelamento em até doze meses, não se lhes aplicando o disposto no § 1º do artigo 38 desta Lei.

- § 2º acrescido pela Lei nº 8.444, de 20-7-1992.

Art. 59. O Instituto Nacional do Seguro Social – INSS implantará, no prazo de 90 (noventa) dias a contar da data da publicação desta Lei, sistema próprio e informatizado de cadastro dos pagamentos e débitos dos Governos Estaduais, do Distrito Federal e das Prefeituras Municipais, que viabilize o permanente acompanhamento e fiscalização do disposto nos artigos 56, 57 e 58 e permita a divulgação periódica dos devedores da Previdência Social.

Art. 60. O pagamento dos benefícios da Seguridade Social será realizado por intermédio da rede bancária ou por outras formas definidas pelo Ministério da Previdência Social.

- *Caput* com a redação dada pela Lei nº 11.941, de 27-5-2009.

Parágrafo único. *Revogado*. MP nº 2.170-36, de 23-8-2001.

Art. 61. As receitas provenientes da cobrança de débitos dos Estados e Municípios e da alienação, arrendamento ou locação de bens móveis ou imóveis pertencentes ao patrimônio do Instituto Nacional do Seguro Social – INSS, deverão constituir reserva técnica, de longo prazo, que garantirá o seguro social estabelecido no Plano de Benefícios da Previdência Social.

Parágrafo único. É vedada a utilização dos recursos de que trata este artigo, para cobrir despesas de custeio em geral, inclusive as decorrentes de criação, majoração ou extensão dos benefícios ou serviços da Previdência Social, admitindo-se sua utilização, excepcionalmente, em despesas de capital, na forma da lei de orçamento.

Art. 62. A contribuição estabelecida na Lei nº 5.161, de 21 de outubro de 1966, em favor da Fundação Jorge Duprat Figueiredo de Segurança e Medicina do Trabalho – FUNDACENTRO, será de 2% (dois por cento) da receita proveniente da contribuição a cargo da empresa, a título de financiamento da complementação das prestações por acidente do trabalho, estabelecida no inciso II do artigo 22.

Parágrafo único. Os recursos referidos neste artigo poderão contribuir para o financiamento das despesas com pessoal e administração geral da Fundação Jorge Duprat Figueiredo de Segurança e Medicina do Trabalho – FUNDACENTRO.

- Parágrafo único acrescido pela Lei nº 9.639, de 25-5-1998.

TÍTULO VIII – DAS DISPOSIÇÕES FINAIS E TRANSITÓRIAS

CAPÍTULO I
DA MODERNIZAÇÃO DA PREVIDÊNCIA SOCIAL

Arts. 63 a 66. *Revogados*. MP nº 2.216-37, de 31-8-2001.

Art. 67. Até que seja implantado o Cadastro Nacional do Trabalhador – CNT, as instituições e órgãos federais, estaduais, do Distrito Federal e municipais, detentores de cadastros de empresas e de contribuintes em geral, deverão colocar à disposição do Instituto Nacional do Seguro Social

– INSS, mediante a realização de convênios, todos os dados necessários à permanente atualização dos cadastros da Previdência Social.

Art. 68. O Titular do Cartório de Registro Civil de Pessoas Naturais remeterá ao INSS, em até 1 (um) dia útil, pelo Sistema Nacional de Informações de Registro Civil (SIRC) ou por outro meio que venha a substituí-lo, a relação dos nascimentos, dos natimortos, dos casamentos, dos óbitos, das averbações, das anotações e das retificações registradas na serventia.

§ 1º Para os Municípios que não dispõem de provedor de conexão à internet ou de qualquer meio de acesso à internet, fica autorizada a remessa da relação em até 5 (cinco) dias úteis.

§ 2º Para os registros de nascimento e de natimorto, constarão das informações, obrigatoriamente, a inscrição no Cadastro de Pessoas Físicas (CPF), o sexo, a data e o local de nascimento do registrado, bem como o nome completo, o sexo, a data e o local de nascimento e a inscrição no CPF da filiação.

§ 3º Para os registros de casamento e de óbito, constarão das informações, obrigatoriamente, a inscrição no CPF, o sexo, a data e o local de nascimento do registrado, bem como, acaso disponíveis, os seguintes dados:

I – número do cadastro perante o Programa de Integração Social (PIS) ou o Programa de Formação do Patrimônio do Servidor Público (PASEP);

II – Número de Identificação do Trabalhador (NIT);

III – número de benefício previdenciário ou assistencial, se a pessoa falecida for titular de qualquer benefício pago pelo INSS;

IV – número de registro da Carteira de Identidade e respectivo órgão emissor;

V – número do título de eleitor;

VI – número e série da Carteira de Trabalho e Previdência Social (CTPS).

§ 4º No caso de não haver sido registrado nenhum nascimento, natimorto, casamento, óbito ou averbações, anotações e retificações no mês, deverá o Titular do Cartório de Registro Civil de Pessoas Naturais comunicar este fato ao INSS até o 5º (quinto) dia útil do mês subsequente.

§ 5º O descumprimento de qualquer obrigação imposta neste artigo e o fornecimento de informação inexata sujeitarão o Titular do Cartório de Registro Civil de Pessoas Naturais, além de outras penalidades previstas, à penalidade prevista no art. 92 desta Lei e à ação regressiva proposta pelo INSS, em razão dos danos sofridos.

Art. 68-A. A lavratura de procuração pública e a emissão de sua primeira via para fins exclusivos de recebimento de benefícios previdenciários ou assistenciais administrados pelo INSS são isentas do pagamento das custas e dos emolumentos.

- Art. 68-A acrescido pela Lei nº 14.199, de 2-9-2021.

Art. 69. O INSS manterá programa permanente de revisão da concessão e da manutenção dos benefícios por ele administrados, a fim de apurar irregularidades ou erros materiais.

§ 1º Na hipótese de haver indícios de irregularidade ou erros materiais na concessão, na manutenção ou na revisão do benefício, o INSS notificará o beneficiário, o seu representante legal ou o seu procurador para apresentar defesa, provas ou documentos dos quais dispuser, no prazo de:

I – 30 (trinta) dias, no caso de trabalhador urbano;

II – 60 (sessenta) dias, no caso de trabalhador rural individual e avulso, agricultor familiar ou segurado especial.

§ 2º A notificação a que se refere o § 1º deste artigo será feita:

I – preferencialmente por rede bancária ou por meio eletrônico, conforme previsto em regulamento;

II – por via postal, por carta simples, considerado o endereço constante do cadastro do benefício, hipótese em que o aviso de recebimento será considerado prova suficiente da notificação;

III – pessoalmente, quando entregue ao interessado em mãos; ou

IV – por edital, nos casos de retorno com a não localização do segurado, referente à comunicação indicada no inciso II deste parágrafo.

§ 3º A defesa poderá ser apresentada pelo canal de atendimento eletrônico do INSS ou na Agência da Previdência Social do domicílio do beneficiário, na forma do regulamento.

§ 4º O benefício será suspenso nas seguintes hipóteses:

I – não apresentação da defesa no prazo estabelecido no § 1º deste artigo;

II – defesa considerada insuficiente ou improcedente pelo INSS.

§ 5º O INSS deverá notificar o beneficiário quanto à suspensão do benefício de que trata o § 4º deste artigo e conceder-lhe prazo de 30 (trinta) dias para interposição de recurso.

§ 6º Decorrido o prazo de 30 (trinta) dias após a suspensão a que se refere o § 4º deste artigo, sem que o beneficiário, o seu representante legal ou o seu procurador apresente recurso administrativo aos canais de atendimento do INSS ou a outros canais autorizados, o benefício será cessado.

§ 7º Para fins do disposto no *caput* deste artigo, o INSS poderá realizar recenseamento para atualização do cadastro dos beneficiários, abrangidos os benefícios administrados pelo INSS, observado o disposto no § 8º deste artigo.

- § 7º com a redação dada pela Lei nº 14.199, de 2-9-2021.

§ 8º Aquele que receber benefício realizará anualmente, no mês de aniversário do titular do benefício, a comprovação de vida, preferencialmente por meio de atendimento eletrônico com uso de biometria, ou outro meio definido pelo INSS que assegure a identificação inequívoca do beneficiário, implementado pelas instituições financeiras pagadoras dos benefícios, observadas as seguintes disposições:

- *Caput* com a redação dada pela Lei nº 14.199, de 2-9-2021.

I – a prova de vida e a renovação de senha serão efetuadas pelo beneficiário, referencialmente no mesmo ato, mediante identificação por funcionário da instituição financeira responsável pelo pagamento, quando não realizadas por atendimento eletrônico com uso de biometria;

II – a prova de vida poderá ser realizada por representante legal ou por procurador do beneficiário, legalmente cadastrado no INSS;

- Incisos I e II com a redação dada pela Lei nº 14.199, de 2-9-2021.

III – *Revogado*. Lei nº 14.199, de 2-9-2021;

IV – os órgãos competentes deverão dispor de meios alternativos que garantam a realização da prova de vida do beneficiário com idade igual ou superior a 80 (oitenta) anos ou com dificuldade de locomoção, inclusive por meio de atendimento domiciliar quando necessário;

- Inciso IV com a redação dada pela Lei nº 14.199, de 2-9-2021.

IV-A – as instituições financeiras deverão, obrigatoriamente, envidar esforços a fim de facilitar e auxiliar o beneficiário

LEG. COMPLEMENTAR

com idade igual ou superior a 80 (oitenta) anos ou com dificuldade de locomoção, de forma a evitar ao máximo o seu deslocamento até a agência bancária e, caso isso ocorra, dar-lhe preferência máxima de atendimento, para diminuir o tempo de permanência do idoso no recinto e evitar sua exposição a aglomeração;

IV-B – a instituição financeira, quando a prova de vida for nela realizada, deverá enviar as informações ao INSS, bem como divulgar aos beneficiários, de forma ampla, todos os meios existentes para efetuar o procedimento, especialmente os remotos, a fim de evitar o deslocamento dos beneficiários; e

V – o INSS poderá bloquear o pagamento do benefício encaminhado às instituições financeiras até que o beneficiário realize a prova de vida, permitida a liberação do pagamento automaticamente pela instituição financeira.

• Incisos IV-A a V acrescidos pela Lei nº 14.199, de 2-9-2021.

§ 9º O recurso de que trata o § 5º deste artigo não terá efeito suspensivo.

§ 10. Apurada irregularidade recorrente ou fragilidade nos procedimentos, reconhecida na forma prevista no *caput* deste artigo ou pelos órgãos de controle, os procedimentos de análise e concessão de benefícios serão revistos, de modo a reduzir o risco de fraude e concessão irregular.

§ 11. Para fins do disposto no § 8º deste artigo, preservados a integridade dos dados e o sigilo eventualmente existente, o INSS:

I – terá acesso a todos os dados biométricos mantidos e administrados pelos órgãos públicos federais; e

II – poderá ter, por meio de convênio, acesso aos dados biométricos:

a) da Justiça Eleitoral; e

b) de outros entes federativos.

• Arts. 68 e 69 com a redação dada pela Lei nº 13.846, de 18-6-2019.

Art. 70. Os beneficiários da Previdência Social, aposentados por invalidez, ficam obrigados, sob pena de sustação do pagamento do benefício, a submeterem-se a exames médico-periciais, estabelecidos na forma do regulamento, que definirá sua periodicidade e os mecanismos de fiscalização e auditoria.

Art. 71. O Instituto Nacional do Seguro Social – INSS deverá rever os benefícios, inclusive os concedidos por acidente do trabalho, ainda que concedidos judicialmente, para avaliar a persistência, atenuação ou agravamento da incapacidade para o trabalho alegada como causa para a sua concessão.

Parágrafo único. Será cabível a concessão de liminar nas ações rescisórias e revisional, para suspender a execução do julgado rescindendo ou revisando, em caso de fraude ou erro material comprovado.

• Parágrafo único acrescido pela Lei nº 9.032, de 28-4-1995.

Art. 72. O Instituto Nacional do Seguro Social – INSS promoverá, no prazo de 180 (cento e oitenta) dias a contar da publicação desta Lei, a revisão das indenizações associadas a benefícios por acidentes do trabalho, cujos valores excedam a CR$ 1.700.000,00 (um milhão e setecentos mil cruzeiros).

Art. 73. O setor encarregado pela área de benefícios no âmbito do Instituto Nacional do Seguro Social – INSS deverá estabelecer indicadores qualitativos e quantitativos para acompanhamento e avaliação das concessões de benefícios realizadas pelos órgãos locais de atendimento.

Art. 74. Os postos de benefícios deverão adotar como prática o cruzamento das informações declaradas pelos segurados com os dados de cadastros de empresas e de contribuintes em geral quando da concessão de benefícios.

Art. 75. *Revogado.* Lei nº 9.711, de 20-11-1998.

Art. 76. O Instituto Nacional do Seguro Social – INSS deverá proceder ao recadastramento de todos aqueles que, por intermédio de procuração, recebem benefícios da Previdência Social.

§ 1º O documento de procuração deverá ser revalidado, anualmente, nos termos de norma definida pelo INSS.

• Parágrafo único transformado em § 1º e com a redação dada pela Lei nº 14.199, de 2-9-2021.

§ 2º Na hipótese de pagamento indevido de benefício a pessoa não autorizada, ou após o óbito do titular do benefício, a instituição financeira é responsável pela devolução dos valores ao INSS, em razão do descumprimento das obrigações a ela impostas por lei ou por força contratual.

• § 2º acrescido pela Lei nº 14.199, de 2-9-2021.

Art. 77. *Revogado.* MP nº 2.216-37, de 31-8-2001.

Art. 78. O Instituto Nacional do Seguro Social – INSS, na forma da legislação específica, fica autorizado a contratar auditorias externas, periodicamente, para analisar e emitir parecer sobre demonstrativos econômico-financeiros e contábeis, arrecadação, cobrança e fiscalização das contribuições, bem como pagamento dos benefícios, submetendo os resultados obtidos à apreciação do Conselho Nacional da Seguridade Social.

Art. 79. *Revogado.* Lei nº 9.711, de 20-11-1998.

Art. 80. Fica o Instituto Nacional do Seguro Social – INSS obrigado a:

I – enviar às empresas e aos seus segurados, quando solicitado, extrato relativo ao recolhimento das suas contribuições;

• Inciso I com a redação dada pela Lei nº 12.692, de 24-7-2012.

II – *Revogado.* Lei nº 11.941, de 27-5-2009;

III – emitir e enviar aos beneficiários o Aviso de Concessão de Benefício, além da memória de cálculo do valor dos benefícios concedidos;

IV – reeditar versão atualizada, nos termos do Plano de Benefícios, da Carta dos Direitos dos Segurados;

V – divulgar, com a devida antecedência, através dos meios de comunicação, alterações porventura realizadas na forma de contribuição das empresas e segurados em geral;

VI – descentralizar, progressivamente, o processamento eletrônico das informações, mediante extensão dos programas de informatização de postos de atendimento e de Regiões Fiscais;

VII – disponibilizará ao público, inclusive por meio de rede pública de transmissão de dados, informações atualizadas sobre as receitas e despesas do regime geral de previdência social, bem como os critérios e parâmetros adotados para garantir o equilíbrio financeiro e atuarial do regime.

• Inciso VII acrescido pela Lei nº 10.887, de 18-6-2004.

§ 1º O Ministério do Trabalho e Previdência divulgará, mensalmente, o resultado financeiro do Regime Geral de Previdência Social, no qual considerará:

I – para fins de aferição do equilíbrio financeiro do regime, as renúncias previdenciárias em adição às receitas realizadas; e

II – para os demais fins, apenas as receitas efetivamente arrecadadas e as despesas orçamentárias e financeiras efetivamente liquidadas e pagas.

§ 2º Para fins de apuração das renúncias previdenciárias de que trata o inciso I do § 1º deste artigo, serão consideradas as informações prestadas pela Secretaria Especial da Receita Federal do Brasil do Ministério da Economia.

- §§ 1º e 2º acrescidos pela Lei nº 14.360, de 1º-6-2022.

Art. 81. *Revogado.* Lei nº 11.941, de 27-5-2009.

Art. 82. A Auditoria e a Procuradoria do Instituto Nacional do Seguro Social – INSS deverão, a cada trimestre, elaborar relação das auditorias realizadas e dos trabalhos executados, bem como dos resultados obtidos, enviando-a a apreciação do Conselho Nacional da Seguridade Social.

Art. 83. O Instituto Nacional do Seguro Social – INSS deverá implantar um programa de qualificação e treinamento sistemático de pessoal, bem como promover a reciclagem e redistribuição de funcionários conforme as demandas dos órgãos regionais e locais, visando a melhoria da qualidade do atendimento e o controle e a eficiência dos sistemas de arrecadação e fiscalização de contribuições, bem como de pagamento de benefícios.

Art. 84. *Revogado.* MP nº 2.216-37, de 31-8-2001.

CAPÍTULO II
DAS DEMAIS DISPOSIÇÕES

Art. 85. O Conselho Nacional da Seguridade Social será instalado no prazo de 30 (trinta) dias após a promulgação desta Lei.

Art. 85-A. Os tratados, convenções e outros acordos internacionais de que Estado estrangeiro ou organismo internacional e o Brasil sejam partes, e que versem sobre matéria previdenciária, serão interpretados como lei especial.

- Art. 85-A acrescido pela Lei nº 9.876, de 26-11-1999.

Art. 86. *Revogado.* MP nº 2.216-37, de 31-8-2001.

Art. 87. Os orçamentos das pessoas jurídicas de direito público e das entidades da administração pública indireta devem consignar as dotações necessárias ao pagamento das contribuições da Seguridade Social, de modo a assegurar a sua regular liquidação dentro do exercício.

Art. 88. Os prazos de prescrição de que goza a União aplicam-se à Seguridade Social, ressalvado o disposto no artigo 46.

Art. 89. As contribuições sociais previstas nas alíneas *a*, *b* e *c* do parágrafo único do art. 11 desta Lei, as contribuições instituídas a título de substituição e as contribuições devidas a terceiros somente poderão ser restituídas ou compensadas nas hipóteses de pagamento ou recolhimento indevido ou maior que o devido, nos termos e condições estabelecidos pela Secretaria da Receita Federal do Brasil.

- *Caput* com a redação dada pela Lei nº 11.941, de 27-5-2009.

§§ 1º a 3º *Revogados.* Lei nº 11.941, de 27-5-2009.

§ 4º O valor a ser restituído ou compensado será acrescido de juros obtidos pela aplicação da taxa referencial do Sistema Especial de Liquidação e de Custódia – SELIC para títulos federais, acumulada mensalmente, a partir do mês subsequente ao do pagamento indevido ou a maior que o devido até o mês anterior ao da compensação ou restituição e de 1% (um por cento) relativamente ao mês em que estiver sendo efetuada.

- § 4º com a redação dada pela Lei nº 11.941, de 27-5-2009.

§§ 5º a 7º *Revogados.* Lei nº 11.941, de 27-5-2009.

§ 8º Verificada a existência de débito em nome do sujeito passivo, o valor da restituição será utilizado para extingui-lo, total ou parcialmente, mediante compensação.

- § 8º acrescido pela Lei nº 11.196, de 21-11-2005.

§ 9º Os valores compensados indevidamente serão exigidos com os acréscimos moratórios de que trata o art. 35 desta Lei.

§ 10. Na hipótese de compensação indevida, quando se comprove falsidade da declaração apresentada pelo sujeito passivo, o contribuinte estará sujeito à multa isolada aplicada no percentual previsto no inciso I do *caput* do art. 44 da Lei nº 9.430, de 27 de dezembro de 1996, aplicado em dobro, e terá como base de cálculo o valor total do débito indevidamente compensado.

§ 11. Aplica-se aos processos de restituição das contribuições de que trata este artigo e de reembolso de salário-família e salário-maternidade o rito previsto no Decreto nº 70.235, de 6 de março de 1972.

- §§ 9º a 11 com a redação dada pela Lei nº 11.941, de 27-5-2009.

§ 12. O disposto no § 10 deste artigo não se aplica à compensação efetuada nos termos do art. 74 da Lei nº 9.430, de 27 de dezembro de 1996.

- § 12 acrescido pela Lei nº 13.670, de 30-5-2018.

Art. 90. O Conselho Nacional da Seguridade Social, dentro de 180 (cento e oitenta) dias da sua instalação, adotará as providências necessárias ao levantamento das dívidas da União para com a Seguridade Social.

Art. 91. Mediante requisição da Seguridade Social, a empresa é obrigada a descontar, da remuneração paga aos segurados a seu serviço, a importância proveniente de dívida ou responsabilidade por eles contraída junto à Seguridade Social, relativa a benefícios pagos indevidamente.

Art. 92. A infração de qualquer dispositivo desta Lei para a qual não haja penalidade expressamente cominada sujeita o responsável, conforme a gravidade da infração, a multa variável de CR$ 100.000,00 (cem mil cruzeiros) a CR$ 10.000.000,00 (dez milhões de cruzeiros), conforme dispuser o regulamento.

- Art. 8º, III, da Port. Interministerial do MTPrev e MF nº 26, de 10-1-2023 (*DOU* de 11-1-2023), que altera o valor previsto neste artigo de multa variável para R$ 3.100,06 (três mil e cem reais e seis centavos) a R$ 310.004,70 (trezentos e dez mil quatro reais e setenta centavos).

Art. 93. *Revogado.* Lei nº 9.639, de 25-5-1998.

Parágrafo único. *Revogado.* Lei nº 11.941, de 27-5-2009.

Art. 94. *Revogado.* Lei nº 11.501, de 11-7-2007.

Art. 95. *Revogado.* Lei nº 9.983, de 14-7-2000.

a a *j*) *Revogadas.* Lei nº 9.983, de 14-7-2000.

§ 1º *Revogado.* Lei nº 9.983, de 14-7-2000.

§ 2º A empresa que transgredir as normas desta Lei, além das outras sanções previstas, sujeitar-se-á, nas condições em que dispuser o regulamento:

a) à suspensão de empréstimos e financiamentos, por instituições financeiras oficiais;

b) à revisão de incentivos fiscais de tratamento tributário especial;

c) à inabilitação para licitar e contratar com qualquer órgão ou entidade da administração pública direta ou indireta federal, estadual, do Distrito Federal ou municipal;

d) à interdição para o exercício do comércio, se for sociedade mercantil ou comerciante individual;

e) à desqualificação para impetrar concordata;

f) à cassação de autorização para funcionar no país, quando for o caso.

§§ 3º a 5º *Revogados.* Lei nº 9.983, de 14-7-2000.

Art. 96. O Poder Executivo enviará ao Congresso Nacional, anualmente, acompanhando a Proposta Orçamentária da Seguridade Social, projeções atuariais relativas à Seguridade Social, abrangendo um horizonte temporal de, no mínimo, 20 (vinte) anos, considerando hipóteses alternativas quanto às variáveis demográficas, econômicas e institucionais relevantes.

Art. 97. Fica o Instituto Nacional do Seguro Social – INSS autorizado a proceder a alienação ou permuta, por ato da autoridade competente, de bens imóveis de sua propriedade considerados desnecessários ou não vinculados às suas atividades operacionais.

- *Caput* com a redação dada pela Lei nº 9.528, de 10-12-1997.

§ 1º Na alienação a que se refere este artigo será observado o disposto no artigo 18 e nos incisos I, II e III do artigo 19, da Lei nº 8.666, de 21 de junho de 1993, alterada pelas Leis nºs 8.883, de 8 de junho de 1994, e 9.032, de 28 de abril de 1995.

- § 1º acrescido pela Lei nº 9.528, de 10-12-1997.

§ 2º VETADO.

Art. 98. Nas execuções fiscais da dívida ativa do INSS, o leilão judicial dos bens penhorados realizar-se-á por leiloeiro oficial, indicado pelo credor, que procederá à hasta pública:

I – no primeiro leilão, pelo valor do maior lance, que não poderá ser inferior ao da avaliação;

II – no segundo leilão, por qualquer valor, excetuado o vil.

§ 1º Poderá o juiz, a requerimento do credor, autorizar seja parcelado o pagamento do valor da arrematação, na forma prevista para os parcelamentos administrativos de débitos previdenciários.

§ 2º Todas as condições do parcelamento deverão constar do edital de leilão.

§ 3º O débito do executado será quitado na proporção do valor de arrematação.

§ 4º O arrematante deverá depositar, no ato, o valor da primeira parcela.

§ 5º Realizado o depósito, será expedida carta de arrematação, contendo as seguintes disposições:

a) valor da arrematação, valor e número de parcelas mensais em que será pago;

b) constituição de hipoteca do bem adquirido, ou de penhor, em favor do credor, servindo a carta de título hábil para registro da garantia;

c) indicação do arrematante como fiel depositário do bem móvel, quando constituído penhor;

d) especificação dos critérios de reajustamento do saldo e das parcelas, que será sempre o mesmo vigente para os parcelamentos de débitos previdenciários.

§ 6º Se o arrematante não pagar, no vencimento, qualquer das parcelas mensais, o saldo devedor remanescente vencerá antecipadamente, que será acrescido em cinquenta por cento de seu valor a título de multa, e, imediatamente inscrito em dívida ativa e executado.

§ 7º Se no primeiro ou no segundo leilões a que se refere o *caput* não houver licitante, o INSS poderá adjudicar o bem por cinquenta por cento do valor da avaliação.

§ 8º Se o bem adjudicado não puder ser utilizado pelo INSS, e for de difícil venda, poderá ser negociado ou doado a outro órgão ou entidade pública que demonstre interesse na sua utilização.

§ 9º Não havendo interesse na adjudicação, poderá o juiz do feito, de ofício ou a requerimento do credor, determinar sucessivas repetições da hasta pública.

§ 10. O leiloeiro oficial, a pedido do credor, poderá ficar como fiel depositário dos bens penhorados e realizar a respectiva remoção.

- Artigo restabelecido e com a redação dada pela Lei nº 9.528, de 10-12-1997.

§ 11. O disposto neste artigo aplica-se às execuções fiscais da Dívida Ativa da União.

- § 11 com a redação dada pela Lei nº 10.522, de 19-7-2002.

Art. 99. O Instituto Nacional do Seguro Social – INSS poderá contratar leiloeiros oficiais para promover a venda administrativa dos bens, adjudicados judicialmente ou que receber em dação de pagamento.

Parágrafo único. O INSS, no prazo de sessenta dias, providenciará alienação do bem por intermédio do leiloeiro oficial.

- Art. 99 restabelecido e com a redação dada pela Lei nº 9.528, de 10-12-1997.

Art. 100. *Revogado*. Lei nº 9.528, de 10-12-1997.

Art. 101. *Revogado*. MP nº 2.187-13, de 24-8-2001.

Art. 102. Os valores expressos em moeda corrente nesta Lei serão reajustados nas mesmas épocas e com os mesmos índices utilizados para o reajustamento dos benefícios de prestação continuada da Previdência Social.

§ 1º O disposto neste artigo não se aplica às penalidades previstas no art. 32-A desta Lei.

§ 2º O reajuste dos valores dos salários de contribuição em decorrência da alteração do salário mínimo será descontado por ocasião da aplicação dos índices a que se refere o *caput* deste artigo.

- §§ 1º e 2º com a redação dada pela Lei nº 11.941, de 27-5-2009.

Art. 103. O Poder Executivo regulamentará esta Lei no prazo de sessenta dias a partir da data de sua publicação.

Art. 104. Esta Lei entrará em vigor na data de sua publicação.

Art. 105. Revogam-se as disposições em contrário.

Brasília, em 24 de julho de 1991;
170º da Independência e
103º da República.

Fernando Collor

DECRETO Nº 325, DE 1º DE NOVEMBRO DE 1991

Disciplina a comunicação, ao Ministério Público Federal, da prática de ilícitos penais previstos na legislação tributária e de crime funcional contra a ordem tributária e dá outras providências.

- Publicado no *DOU* de 4-11-1991.

Art. 1º *Revogado*. Dec. nº 982, de 12-11-1993.

Art. 2º Os servidores que tiverem conhecimento da prática de crime funcional contra a ordem tributária (Lei nº 8.137, de 1990, art. 3º), representarão perante o titular da unidade administrativa do Ministério da Economia, Fazenda e Planejamento onde o representado tiver exercício.

- Art. 7º da Lei nº 4.729, de 14-7-1965 (Lei do Crime de Sonegação Fiscal).

§ 1º O titular da unidade administrativa providenciará a formação de processo administrativo correspondente à representação, que conterá:

a) exposição circunstanciada dos fatos;

b) elementos comprobatórios do ilícito;

c) identificação do representado e do representante e, se houver, o rol das testemunhas.

§ 2º Havendo na representação elementos suficientes à caracterização do ilícito, o titular da unidade administrativa determinará a imediata instauração de comissão destinada a apurar a responsabilidade do servidor, procedendo ao seu afastamento preventivo (arts. 147 a 152 da Lei nº 8.112, de 11 de dezembro de 1990), sem prejuízo do encaminhamento de cópia da representação ao Superintendente da Receita Federal.

§ 3º A representação formulada em desacordo com o disposto nos parágrafos precedentes será objeto de diligências complementares visando à sua adequada instrução.

Art. 3º O Superintendente da Receita Federal remeterá os autos (art. 1º) ou as cópias (art. 2º), no prazo de dez dias contados do respectivo recebimento, ao Diretor da Receita Federal que, em igual prazo, os encaminhará, mediante ofício, ao Procurador-Geral da República, com cópia ao Procurador-Geral da Fazenda Nacional.

Parágrafo único. A medida de que trata este artigo será efetivada sem prejuízo e independentemente da remessa do processo administrativo fiscal à Procuradoria da Fazenda Nacional, na forma da legislação pertinente, para fins de apuração, inscrição e cobrança da Dívida Ativa da União.

Art. 4º O eventual pagamento do tributo ou contribuição social, inclusive acessórios, bem assim a conclusão da comissão instituída para a apuração da responsabilidade do servidor (art. 2º, § 2º) serão igualmente comunicados, ao titular do Ministério Público Federal, na forma prevista no artigo precedente.

Art. 5º *Revogado.* Dec. nº 2.331, de 1º-10-1997.

Art. 6º O Ministro da Economia, Fazenda e Planejamento expedirá as instruções necessárias à fiel execução do disposto neste decreto.

Art. 7º Este Decreto entra em vigor na data de sua publicação.

Brasília, 1º de novembro de 1991;
170º da Independência e
103º da República.

Fernando Collor

LEI COMPLEMENTAR Nº 70, DE 30 DE DEZEMBRO DE 1991

Institui contribuição para financiamento da Seguridade Social, eleva a alíquota da contribuição social sobre o lucro das instituições financeiras e dá outras providências.

- Publicada no *DOU* de 30-12-1991.

Art. 1º Sem prejuízo da cobrança das contribuições para o Programa de Integração Social (PIS) e para o Programa de Formação do Patrimônio do Servidor Público (PASEP), fica instituída contribuição social para financiamento da Seguridade Social, nos termos do inciso I do artigo 195 da Constituição Federal, devida pelas pessoas jurídicas inclusive as a elas equiparadas pela legislação do Imposto sobre a Renda, destinadas exclusivamente às despesas com atividades fins das áreas de saúde, previdência e assistência social.

- Art. 11, par. ún., desta Lei Complementar.
- Arts. 10 a 48 da Lei nº 8.212, de 24-7-1991 (Lei Orgânica da Seguridade Social).
- Arts. 2º a 8º da Lei nº 9.718, de 27-11-1998, que altera a legislação tributária federal.
- Súm. nº 659 do STF.

Art. 2º A contribuição de que trata o artigo anterior será de dois por cento e incidirá sobre o faturamento mensal, assim considerado a receita bruta das vendas de mercadorias, de mercadorias e serviços e de serviço de qualquer natureza.

- Arts. 52, IV, e 53, IV, da Lei nº 8.383, de 31-12-1991, que institui a Unidade Fiscal de Referência, altera a legislação do imposto de renda.
- Súm. nº 423 do STJ.

Parágrafo único. Não integra a receita de que trata este artigo, para efeito de determinação da base de cálculo da contribuição, o valor:

a) do imposto sobre produtos industrializados, quando destacado em separado no documento fiscal;

b) das vendas canceladas, das devolvidas e dos descontos a qualquer título concedidos incondicionalmente.

Art. 3º A base de cálculo da contribuição mensal devida pelos fabricantes de cigarros, na condição de contribuintes e de substitutos dos comerciantes varejistas, será obtida multiplicando-se o preço de venda do produto no varejo por cento e dezoito por cento.

- Art. 29 da Lei nº 10.865, de 30-4-2004, que dispõe sobre o PIS/PASEP-Importação e a COFINS-Importação.
- Art. 62 da Lei nº 11.196, de 21-11-2005, que institui o Regime Especial de Tributação para a Plataforma de Exportação de Serviços de Tecnologia da Informação – REPES, o Regime Especial de Aquisição de Bens de Capital para Empresas Exportadoras – RECAP e o Programa de Inclusão Digital; dispõe sobre incentivos fiscais para a inovação tecnológica.

Art. 4º A contribuição mensal devida pelos distribuidores de derivados de petróleo e álcool etílico hidratado para fins carburantes, na condição de substitutos dos comerciantes varejistas, será calculada sobre o menor valor, no País, constante da tabela de preços máximos fixados para venda a varejo, sem prejuízo da contribuição incidente sobre suas próprias vendas.

Art. 5º A contribuição será convertida, no primeiro dia do mês subsequente ao de ocorrência do fato gerador, pela medida de valor e parâmetro de atualização monetária diária utilizada para os tributos federais, e paga até o dia vinte do mesmo mês.

- Art. 57 da Lei nº 9.069, de 29-6-1995, que dispõe sobre o Plano Real, o Sistema Monetário Nacional, estabelece as regras e condições de emissão do REAL e os critérios para conversão das obrigações para o REAL.

Art. 6º São isentas da contribuição:

- Art. 14 da LC nº 101, de 4-5-2000 (Lei da Responsabilidade Fiscal).

I – *Revogado*; MP nº 2.158-35, de 24-8-2001.

II – as sociedades civis de que trata o artigo 1º do Decreto-Lei nº 2.397, de 21 de dezembro de 1987;

- Art. 150, § 6º, da CF.
- Art. 56 da Lei nº 9.430, de 27-12-1996, que dispõe sobre a legislação tributária federal, as contribuições para a seguridade social, o processo administrativo de consulta.

III – *Revogado.* MP nº 2.158-35, de 24-8-2001.

IV – a Academia Brasileira de Letras, a Associação Brasileira de Imprensa e o Instituto Histórico e Geográfico Brasileiro.

- Inciso IV acrescido pela Lei nº 13.353, de 3-11-2016, para vigorar a partir do primeiro dia do exercício financeiro imediatamente posterior àquele em que for implementado o disposto no art. 6º da referida Lei.

Art. 7º *Revogado.* MP nº 2.158-35, de 24-8-2001.

Art. 8º VETADO.

Art. 9º A contribuição social sobre o faturamento de que trata esta Lei Complementar não extingue as atuais fontes de custeio da Seguridade Social, salvo a prevista no artigo

LEG. COMPLEMENTAR

23, inciso I, da Lei nº 8.212, de 24 de julho de 1991, a qual deixará de ser cobrada a partir da data em que for exigível a contribuição ora instituída.

Art. 10. O produto da arrecadação da contribuição social sobre o faturamento, instituída por esta Lei Complementar, observado o disposto na segunda parte do artigo 33 da Lei nº 8.212, de 24 de julho de 1991, integrará o Orçamento da Seguridade Social.

Parágrafo único. À contribuição referida neste artigo aplicam-se as normas relativas ao processo administrativo-fiscal de determinação e exigência de créditos tributários federais, bem como, subsidiariamente e no que couber, as disposições referentes ao Imposto sobre a Renda, especialmente quanto a atraso de pagamento e quanto a penalidades.

Art. 11. Fica elevada em oito pontos percentuais a alíquota referida no § 1º do artigo 23 da Lei nº 8.212, de 24 de julho de 1991, relativa à contribuição social sobre o lucro das instituições a que se refere o § 1º do artigo 22 da mesma lei, mantidas as demais normas da Lei nº 7.689, de 15 de dezembro de 1988, com as alterações posteriormente introduzidas.

Parágrafo único. As pessoas jurídicas sujeitas ao disposto neste artigo ficam excluídas do pagamento da contribuição social sobre o faturamento, instituída pelo artigo 1º desta Lei Complementar.

Art. 12. Sem prejuízo do disposto na legislação em vigor, as instituições financeiras, as sociedades corretoras e distribuidoras de títulos e valores mobiliários, as sociedades de investimento e as de arrendamento mercantil, os agentes do Sistema Financeiro da Habitação, as bolsas de valores, de mercadorias, de futuros e instituições assemelhadas e seus associados, e as empresas administradoras de cartões de crédito fornecerão à Receita Federal, nos termos estabelecidos pelo Ministro da Economia, Fazenda e Planejamento, informações cadastrais sobre os usuários dos respectivos serviços, relativas ao nome, à filiação, ao endereço e ao número de inscrição do cliente no Cadastro de Pessoas Físicas (CPF) ou no Cadastro Geral de Contribuintes (CGC).

§ 1º Às informações recebidas nos termos deste artigo aplica-se o disposto no § 7º do artigo 38 da Lei nº 4.595, de 31 de dezembro de 1964.

§ 2º As informações de que trata o *caput* deste artigo serão prestadas a partir das relações de usuários constantes dos registros relativos ao ano-calendário de 1992.

§ 3º A não observância do disposto neste artigo sujeitará o infrator, independentemente de outras penalidades administrativas, à multa equivalente a trinta e cinco unidades de valor referidas no artigo 5º desta Lei Complementar, por usuário omitido.

Art. 13. Esta Lei Complementar entra em vigor na data de sua publicação, produzindo efeitos a partir do primeiro dia do mês seguinte aos noventa dias posteriores, àquela publicação, mantidos, até essa data, o Decreto-Lei nº 1.940, de 25 de maio de 1982 e alterações posteriores, a alíquota fixada no artigo 11 da Lei nº 8.114, de 12 de dezembro de 1990.

Art. 14. Revoga-se o artigo 2º do Decreto-Lei nº 326, de 8 de maio de 1967 e demais disposições em contrário.

Brasília, 30 de dezembro de 1991;
170º da Independência e
103º da República.

Fernando Collor

LEI Nº 8.383, DE 30 DE DEZEMBRO DE 1991

Institui a Unidade Fiscal de Referência, altera a legislação do Imposto de Renda, e dá outras providências.

• Publicada no *DOU* de 23-12-1991.

CAPÍTULO I
DA UNIDADE FISCAL DE REFERÊNCIA – UFIR

Art. 1º Fica instituída a Unidade Fiscal de Referência – UFIR, como medida de valor e parâmetro de atualização monetária de tributos e de valores expressos em cruzeiros na legislação tributária federal, bem como os relativos a multas e penalidades de qualquer natureza.

○ Art. 36 da Lei nº 9.069, de 29-6-1995, que dispõe sobre o Plano Real, o Sistema Monetário Nacional, estabelece as regras e condições de emissão do REAL e os critérios para conversão das obrigações para o REAL.

○ Art. 29, § 3º, da Lei nº 10.522, de 19-7-2005, que dispõe sobre o Cadastro Informativo dos créditos não quitados de órgãos e entidades federais.

§ 1º O disposto neste Capítulo aplica-se a tributos e contribuições sociais, inclusive previdenciárias, de intervenção no domínio econômico e de interesse de categorias profissionais ou econômicas.

§ 2º É vedada a utilização da UFIR em negócio jurídico como referencial de correção monetária do preço de bens ou serviços e de salários, aluguéis ou *royalties*.

Art. 2º A expressão monetária da UFIR mensal será fixa em cada mês-calendário; e da UFIR diária ficará sujeita a variação em cada dia e a do primeiro dia do mês será igual à da UFIR do mesmo mês.

○ A UFIR diária foi extinta a partir de 1º de setembro de 1994, conforme art. 43 da Lei nº 9.069, de 29-6-1995.

○ Art. 1º, § 1º, da Lei nº 8.981, de 20-1-1995, que altera a legislação tributária federal.

○ Arts. 43 e 46 da Lei nº 9.069, de 29-6-1995, que dispõe sobre o Plano Real, o Sistema Monetário Nacional, estabelece as regras e condições de emissão do REAL e os critérios para conversão das obrigações para o REAL.

§ 1º O Ministério da Economia, Fazenda e Planejamento, por intermédio do Departamento da Receita Federal, divulgará a expressão monetária da UFIR mensal:

a) até o dia 1º de janeiro de 1992, para esse mês, mediante a aplicação, sobre CR$ 126,8621, do Índice Nacional de Preços ao Consumidor – INPC acumulado desde fevereiro até novembro de 1991, e do Índice de Preços ao Consumidor Ampliado – IPCA de dezembro de 1991, apurados pelo Instituto Brasileiro de Geografia e Estatística – IBGE;

b) até o primeiro dia de cada mês, a partir de 1º de fevereiro de 1992, com base no IPCA.

§ 2º O IPCA, a que se refere o parágrafo anterior, será constituído por série especial cuja apuração compreenderá o período entre o dia dezesseis do mês anterior e o dia quinze do mês de referência.

§ 3º Interrompida a apuração ou divulgação da série especial do IPCA, a expressão monetária da UFIR será estabelecida com base nos indicadores disponíveis, observada precedência em relação àqueles apurados por instituições oficiais de pesquisa.

§ 4º No caso do parágrafo anterior, o Departamento da Receita Federal divulgará a metodologia adotada para a determinação da expressão monetária da UFIR.

§ 5º *Revogado.* Lei nº 9.069, de 29-6-1995.

§ 6º A expressão monetária do Fator de Atualização Patrimonial – FAP, instituído em decorrência da Lei nº 8.200, de 28 de junho de 1991, será igual, no mês de dezembro de 1991, à expressão monetária da UFIR apurada conforme a alínea *a* do § 1º deste artigo.

- Art. 3º da Lei nº 9.250, de 26-12-1995, que altera a legislação do imposto de rendas das pessoas físicas.

§ 7º A expressão monetária do coeficiente utilizado na apuração do ganho de capital, de que trata a Lei nº 8.218, de 29 de agosto de 1991, corresponderá, a partir de janeiro de 1992, à expressão monetária da UFIR mensal.

Art. 3º Os valores expressos em cruzeiros na legislação tributária ficam convertidos em quantidade de UFIR, utilizando-se como divisores:

I – o valor de CR$ 215,6656, se relativos a multas e penalidades de qualquer natureza;

II – o valor de CR$ 126,8621, nos demais casos.

CAPÍTULO II
DO IMPOSTO DE RENDA DAS PESSOAS FÍSICAS

Art. 4º A renda e os proventos de qualquer natureza, inclusive os rendimentos e ganhos de capital, percebidos por pessoas físicas residentes ou domiciliadas no Brasil, serão tributados pelo Imposto de Renda na forma da legislação vigente, com as modificações introduzidas por esta Lei.

- Art. 44 do CTN.

Art. 5º A partir de 1º de janeiro do ano-calendário de 1992, o Imposto de Renda incidente sobre os rendimentos de que tratam os artigos 7º, 8º e 12 da Lei nº 7.713, de 22 de dezembro de 1988, será calculado de acordo com a seguinte tabela progressiva:

Base de Cálculo (em UFIR)	Parcela a Deduzir da Base de Cálculo (em UFIR)	Alíquota
Até 1.00	–	isento
Acima de 1.000 até 1.950	1.000	15%
Acima de 1.950	1.380	25%

- Art. 3º da Lei nº 9.250, de 26-12-1995, que altera a legislação do imposto de rendas das pessoas físicas.

Parágrafo único. O imposto de que trata este artigo será calculado sobre os rendimentos efetivamente recebidos em cada mês.

Art. 6º O imposto sobre os rendimentos de que trata o artigo 8º da Lei nº 7.713, de 1988:

I – será convertido em quantidade de UFIR pelo valor desta no mês em que os rendimentos forem recebidos;

II – deverá ser pago até o último dia útil do mês subsequente ao da percepção dos rendimentos.

Parágrafo único. A quantidade da UFIR de que trata o inciso I será reconvertida em cruzeiros pelo valor da UFIR no mês do pagamento do imposto.

Art. 7º Sem prejuízo dos pagamentos obrigatórios estabelecidos na legislação, fica facultado ao contribuinte efetuar, no curso do ano, complementação do imposto que for devido sobre os rendimentos recebidos.

Art. 8º O imposto retido na fonte ou pago pelo contribuinte, salvo disposição em contrário, será deduzido do apurado na forma do inciso I do artigo 15 desta Lei.

Parágrafo único. Para efeito da redução, o imposto retido ou pago será convertido em quantidade de UFIR pelo valor desta:

a) no mês em que os rendimentos forem pagos ao beneficiário, no caso de imposto retido na fonte;

- Art. 19, § 2º, desta Lei.

b) no mês do pagamento do imposto, nos demais casos.

Art. 9º As receitas e despesas a que se refere o artigo 6º da Lei nº 8.134, de 27 de dezembro de 1990, serão convertidas em quantidade de UFIR pelo valor desta no mês em que forem recebidas ou pagas, respectivamente.

Art. 10. Na determinação da base de cálculo sujeita à incidência mensal do Imposto sobre a Renda poderão ser deduzidas:

- Art. 83, par. ún., I, da Lei nº 9.069, de 29-6-1995, que dispõe sobre o Plano Real, o Sistema Monetário Nacional, estabelece as regras e condições de emissão do REAL e os critérios para conversão das obrigações para o REAL.

I – a soma dos valores referidos nos incisos do artigo 6º da Lei nº 8.134, de 1990;

II – as importâncias pagas em dinheiro a título de alimentos ou pensões, em cumprimento de acordo ou decisão judicial, inclusive a prestação de alimentos provisionais;

III – a quantia equivalente a cem UFIR por dependente;

- Inciso III com a redação dada pela Lei nº 9.069, de 29-6-1995.

IV – as contribuições para a Previdência Social da União, dos Estados, do Distrito Federal e dos Municípios;

V – o valor de mil UFIR, correspondente à parcela isenta dos rendimentos provenientes de aposentadoria e pensão, transferência para reserva remunerada ou reforma pagos pela Previdência Social da União, dos Estados, do Distrito Federal e dos Municípios, ou por qualquer pessoa jurídica de direito público interno, a partir do mês em que o contribuinte completar sessenta e cinco anos de idade.

Art. 11. Na declaração de ajuste anual (artigo 12) poderão ser deduzidos:

I – os pagamentos feitos, no ano-calendário, a médicos, dentistas, psicólogos, fisioterapeutas, fonoaudiólogos, terapeutas ocupacionais e hospitais, bem como as despesas provenientes de exames laboratoriais e serviços radiológicos;

II – as contribuições e doações efetuadas a entidades de que trata o artigo 1º da Lei nº 3.830, de 25 de novembro de 1960, observadas as condições estabelecidas no artigo 2º da mesma lei;

III – as doações de que trata o artigo 260 da Lei nº 8.069, de 13 de julho de 1990;

IV – a soma dos valores referidos no artigo 10 desta Lei;

V – as despesas feitas com instrução do contribuinte e seus dependentes até o limite anual individual de seiscentos e cinquenta UFIR.

§ 1º O disposto no inciso I:

a) aplica-se, também, aos pagamentos feitos a empresas brasileiras ou autorizadas a funcionar no País, destinados à cobertura de despesas com hospitalização e cuidados médicos e dentários, bem como a entidades que assegurem direito de atendimento ou ressarcimento de despesas de natureza médica, odontológica e hospitalar;

b) restringe-se aos pagamentos feitos pelo contribuinte, relativos ao seu próprio tratamento e ao de seus dependentes;

c) é condicionado a que os pagamentos sejam especificados e comprovados, com indicação do nome, endereço e número de inscrição no Cadastro de Pessoas Físicas ou no Cadastro de Pessoas Jurídicas de quem os recebeu, podendo, na falta de documentação, ser feita indicação do cheque nominativo pelo qual foi efetuado o pagamento.

§ 2º Não se incluem entre as deduções de que trata o inciso I deste artigo as despesas ressarcidas por entidade de qualquer espécie.

§ 3º A soma das deduções previstas nos incisos II e III está limitada a dez por cento da base de cálculo do imposto, na declaração de ajuste anual.

§ 4º As deduções de que trata este artigo serão convertidas em quantidade de UFIR pelo valor desta no mês do pagamento ou no mês em que tiverem sido consideradas na base de cálculo sujeita à incidência mensal do imposto.

- Art. 19, § 2º, desta Lei.

Art. 12. As pessoas físicas deverão apresentar anualmente declaração de ajuste, na qual se determinará o saldo do imposto a pagar ou valor a ser restituído.

§ 1º Os ganhos a que se referem o artigo 26 desta Lei e o inciso I do artigo 18 da Lei nº 8.134, de 1990, serão apurados e tributados em separado, não integrarão a base de cálculo do Imposto de Renda na declaração de ajuste anual e o imposto pago não poderá ser deduzido na declaração.

§ 2º A declaração de ajuste anual, em modelo aprovado pelo Departamento da Receita Federal, deverá ser apresentada até o último dia útil do mês de abril do ano subsequente ao da percepção dos rendimentos ou ganhos de capital.

§ 3º Ficam dispensadas da apresentação de declaração:

a) as pessoas físicas cujos rendimentos do trabalho assalariado, no ano-calendário, inclusive Gratificação de Natal ou Gratificação Natalina, conforme o caso, acrescidos dos demais rendimentos recebidos, exceto os não tributados ou tributados exclusivamente na fonte, sejam iguais ou inferiores a treze mil UFIR;

b) os aposentados, inativos e pensionistas da Previdência Social da União, dos Estados, do Distrito Federal e dos Municípios ou dos respectivos Tesouros, cujos proventos e pensões no ano-calendário, acrescidos dos demais rendimentos recebidos, exceto os não tributados ou tributados exclusivamente na fonte, sejam iguais ou inferiores a treze mil UFIR;

c) outras pessoas físicas declaradas em ato do Ministro da Economia, Fazenda e Planejamento, cuja qualificação fiscal assegure a preservação dos controles fiscais pela administração tributária.

Art. 13. Para efeito de cálculo do imposto a pagar ou do valor a ser restituído, os rendimentos serão convertidos em quantidade de UFIR pelo valor desta no mês em que forem recebidos pelo beneficiado.

- Art. 19, § 2º, desta Lei.

Parágrafo único. A base de cálculo do imposto, na declaração de ajuste anual, será a diferença entre as somas, em quantidade de UFIR:

a) de todos os rendimentos percebidos durante o ano-calendário, exceto os isentos, os não tributáveis e os tributados exclusivamente na fonte; e

b) das deduções de que trata o artigo 11 desta Lei.

Art. 14. O resultado da atividade rural será apurado segundo o disposto na Lei nº 8.023, de 12 de abril de 1990 e, quando positivo, integrará a base de cálculo do imposto definida no artigo anterior.

§ 1º O resultado da atividade rural e a base de cálculo do imposto serão expressos em quantidade de UFIR.

§ 2º As receitas, despesas e demais valores, que integram o resultado e a base de cálculo, serão convertidos em UFIR pelo valor desta no mês do efetivo pagamento ou recebimento.

Art. 15. O saldo do imposto a pagar ou o valor a ser restituído na declaração de ajuste anual (artigo 12) será determinado com observância das seguintes normas:

I – será calculado o imposto progressivo de acordo com a tabela (artigo 16);

II – será deduzido o imposto pago ou retido na fonte, correspondente a rendimentos incluídos na base de cálculo;

III – o montante assim determinado, expresso em quantidade de UFIR, constituirá, se positivo, o saldo do imposto a pagar e, se negativo, o valor a ser restituído.

Art. 16. Para fins do ajuste de que trata o artigo anterior, o Imposto de Renda progressivo será calculado de acordo com a seguinte tabela:

Base de Cálculo (em UFIR)	Parcela a Deduzir da Base de Cálculo (em UFIR)	Alíquota
Até 12.000	–	isento
Acima de 12.000 até 23.400	12.000	15%
Acima de 23.400	16.560	25%

- Art. 1º da Lei nº 11.482, de 31-5-2007, que efetua alterações na tabela do imposto de renda da pessoa física; dispõe sobre a redução a 0 (zero) da alíquota da CPMF nas hipóteses que menciona.

Art. 17. O saldo do imposto (artigo 15, III) poderá ser pago em até seis quotas iguais, mensais e sucessivas, observado o seguinte:

- Art. 14 da Lei nº 9.250, de 26-12-1995, que altera a legislação do imposto de rendas das pessoas físicas.

I – nenhuma quota será inferior a cinquenta UFIR e o imposto de valor inferior a cem UFIR será pago de uma só vez;

II – a primeira quota ou quota única deverá ser paga no mês de abril do ano subsequente ao da percepção dos rendimentos;

III – as quotas vencerão no último dia útil de cada mês;

IV – é facultado ao contribuinte antecipar, total ou parcialmente, o pagamento do imposto ou das quotas.

Parágrafo único. A quantidade de UFIR será reconvertida em cruzeiros pelo valor da UFIR no mês do pagamento do imposto ou da respectiva quota.

Art. 18. Para cálculo do imposto, os valores da tabela progressiva anual (artigo 16) serão divididos proporcionalmente ao número de meses do período abrangido pela tributação, em relação ao ano-calendário, nos casos de declaração apresentada:

I – em nome do espólio, no exercício em que for homologada a partilha ou feita a adjudicação dos bens;

II – pelo contribuinte, residente ou domiciliado no Brasil, que se retirar em caráter definitivo do Território Nacional.

Art. 19. As pessoas físicas ou jurídicas que efetuarem pagamentos com retenção do Imposto de Renda na fonte deverão fornecer à pessoa física beneficiária, até o dia 28 de fevereiro, documento comprobatório, em duas vias, com indicação da natureza e do montante do pagamento, das deduções e do Imposto de Renda retido no ano anterior.

§ 1º Tratando-se de rendimentos pagos por pessoas jurídicas, quando não tenha havido retenção do Imposto sobre a Renda na fonte, o comprovante deverá ser fornecido no mesmo prazo ao contribuinte que o tenha solicitado até o dia 15 de janeiro do ano subsequente.

§ 2º No documento de que trata este artigo, o imposto retido na fonte, as deduções e os rendimentos deverão ser informados por seus valores em cruzeiros e em quantidade de UFIR, convertidos segundo o disposto na alínea *a* do parágrafo único do artigo 8º, no § 4º do artigo 11 e no artigo 13 desta Lei.

§ 3º As pessoas físicas ou jurídicas que deixarem de fornecer aos beneficiários, dentro do prazo, ou fornecerem com inexatidão, o documento a que se refere este artigo ficarão sujeitas ao pagamento de multa de trinta e cinco UFIR por documento.

§ 4º À fonte pagadora que prestar informação falsa sobre rendimentos pagos, deduções, ou imposto retido na fonte, será aplicada a multa de cento e cinquenta por cento sobre o valor que for indevidamente utilizável como redução do Imposto de Renda devido, independentemente de outras penalidades administrativas ou criminais.

§ 5º Na mesma penalidade incorrerá aquele que se beneficiar da informação sabendo ou devendo saber da falsidade.

CAPÍTULO III

DA TRIBUTAÇÃO DAS OPERAÇÕES FINANCEIRAS

Art. 20. O rendimento produzido por aplicação financeira de renda fixa iniciada a partir de 1º de janeiro de 1992, auferido por qualquer beneficiário, inclusive pessoa jurídica isenta, sujeita-se à incidência do Imposto sobre a Renda na fonte às alíquotas seguintes:

I – *Revogado.* Lei nº 8.541, de 23-12-1992;

II – demais operações: trinta por cento.

§ 1º O disposto neste artigo aplica-se, inclusive, às operações de financiamento realizadas em bolsas de valores, de mercadorias, de futuros e assemelhadas, na forma da legislação em vigor.

§ 2º Fica dispensada a retenção do Imposto de Renda na fonte em relação à operação iniciada e encerrada no mesmo dia quando o alienante for instituição financeira, sociedade de arrendamento mercantil, sociedade corretora de títulos e valores mobiliários ou sociedade distribuidora de títulos e valores mobiliários.

§ 3º A base de cálculo do imposto é constituída pela diferença positiva entre o valor da alienação, líquido do Imposto sobre Operações de Crédito, Câmbio e Seguro, e sobre Operações Relativas a Títulos e Valores Mobiliários – IOF (artigo 18 da Lei nº 8.088, de 31 de outubro de 1990) e o valor da aplicação financeira de renda fixa, atualizado com base na variação acumulada da UFIR diária, desde a data inicial da operação até a da alienação.

- Art. 32, § 3º, *a*, desta Lei.

§ 4º Serão adicionados ao valor de alienação, para fins de composição da base de cálculo do imposto, os rendimentos periódicos produzidos pelo título ou aplicação, bem como qualquer remuneração adicional aos rendimentos prefixados, pagos ou creditados ao alienante e não submetidos à incidência do Imposto de Renda na fonte, atualizados com base na variação acumulada da UFIR diária, desde a data do crédito ou pagamento até a da alienação.

- Art. 32, § 3º, *b*, desta Lei.

§ 5º Para fins da incidência do Imposto de Renda na fonte, a alienação compreende qualquer forma de transmissão da propriedade, bem como a liquidação, resgate ou repactuação do título ou aplicação.

§ 6º *Revogado.* Lei nº 14.317, de 29-3-2022.

Art. 21. Nas aplicações em fundos de renda fixa, resgatadas a partir de 1º de janeiro de 1992, a base de cálculo do Imposto sobre a Renda na fonte será constituída pela diferença positiva entre o valor do resgate, líquido do IOF, e o custo de aquisição da quota, atualizado com base na variação acumulada da UFIR diária, desde a data da conversão da aplicação em quotas até a reconversão das quotas em cruzeiros.

- O art. 43 da Lei nº 9.069, de 29-6-1995, que dispõe sobre o Plano Real, determina a extinção da UFIR diária a partir de 1º-9-1994.
- Art. 37 desta Lei.

§ 1º Na determinação do custo de aquisição da quota, quando atribuída a remuneração ao valor resgatado, observar-se-á a precedência segundo a ordem sequencial direta das aplicações realizadas pelo beneficiário.

§ 2º *Revogado.* Lei nº 8.894, de 21-6-1994.

- Art. 10 da Lei nº 8.894, de 21-6-1994, que dispõe sobre o Imposto sobre Operações de Crédito, Câmbio e Seguro, ou relativas a Títulos ou Valores Mobiliários, revogou a isenção mencionada neste parágrafo.

§ 3º O Imposto de Renda na fonte, calculado à alíquota de trinta por cento, e o IOF serão retidos pelo administrador do fundo de renda fixa na data do resgate.

§ 4º Excluem-se do disposto neste artigo as aplicações em Fundo de Aplicação Financeira – FAF, que continuam sujeitas à tributação pelo Imposto sobre a Renda na fonte à alíquota de cinco por cento sobre o rendimento bruto apropriado diariamente ao quotista.

- Art. 32 desta Lei.
- Art. 4º da Lei nº 8.894, de 21-6-1994, que dispõe sobre o Imposto sobre Operações de Crédito, Câmbio e Seguro, ou relativas a Títulos ou Valores Mobiliários.
- Art. 53, § 1º, da Lei nº 9.069, de 29-6-1995, que dispõe sobre o Plano Real, o Sistema Monetário Nacional, estabelece as regras e condições de emissão do REAL e os critérios para conversão das obrigações para o REAL.

§ 5º Na determinação da base de cálculo do imposto em relação ao resgate de quota existente em 31 de dezembro de 1991, adotar-se-á, a título de custo de aquisição, o valor da quota na mesma data.

Art. 22. São isentos do Imposto de Renda na fonte:

I – os rendimentos creditados ao quotista pelo Fundo de Investimento em Quotas de Fundos de Aplicação, correspondente aos créditos apropriados por FAF;

- Art. 53, § 3º, da Lei nº 9.069, de 29-6-1995, que dispõe sobre o Plano Real, o Sistema Monetário Nacional, estabelece as regras e condições de emissão do REAL e os critérios para conversão das obrigações para o REAL.

II – os rendimentos auferidos por FAF, tributados quando da apropriação ao quotista.

Art. 23. A operação de mútuo e a operação de compra vinculada à revenda, no mercado secundário, tendo por objeto ouro, ativo financeiro, iniciadas a partir de 1º de janeiro de 1992, ficam equiparadas à operação de renda fixa para fins de incidência do Imposto sobre a Renda na fonte.

§ 1º Constitui fato gerador do imposto a liquidação da operação de mútuo ou a revenda de ouro, ativo financeiro.

§ 2º A base de cálculo do imposto nas operações de mútuo será constituída:

a) pelo valor do rendimento em moeda corrente, atualizado entre a data do recebimento e a data de liquidação do contrato; ou

b) quando o rendimento for fixado em quantidade de ouro, pelo valor da conversão do ouro em moeda corrente, es-

LEG. COMPLEMENTAR

tabelecido com base nos preços médios das operações realizadas no mercado à vista da bolsa em que ocorrer o maior volume de ouro transacionado na data de liquidação do contrato.

§ 3º A base de cálculo nas operações de revenda e de compra de ouro, quando vinculadas, será constituída pela diferença positiva entre o valor de revenda e o de compra do ouro, atualizada com base na variação acumulada da UFIR diária, entre a data de início e de encerramento da operação.

§ 4º O valor da operação de que trata a alínea *a* do § 2º será atualizado com base na UFIR diária.

§ 5º O Imposto de Renda na fonte será calculado aplicando-se alíquotas previstas no artigo 20, de acordo com o prazo de operação.

§ 6º Fica o Poder Executivo autorizado a baixar normas com vistas a definir as características da operação de compra vinculada à revenda, bem como a equiparar às operações de que trata este artigo outras que, pelas suas características, produzam os mesmos efeitos das operações indicadas.

§ 7º O Conselho Monetário Nacional poderá estabelecer prazo mínimo para as operações de que trata este artigo.

Art. 24. *Revogado.* Lei nº 8.541, de 23-12-1992.

Art. 25. O rendimento auferido no resgate, a partir de 1º de janeiro de 1992, de quota de fundo mútuo de ações, clube de investimento e outros fundos da espécie, inclusive Plano de Poupança e Investimentos – PAIT, de que trata o Decreto-Lei nº 2.292, de 21 de novembro de 1986, constituídos segundo a legislação aplicável, quando o beneficiário for pessoa física ou pessoa jurídica não tributada com base no lucro real, inclusive isenta, sujeita-se à incidência do Imposto de Renda na fonte à alíquota de vinte e cinco por cento.

- Art. 32, § 2º, *a*, desta Lei.

§ 1º A base de cálculo do imposto é constituída pela diferença positiva entre o valor de resgate e o custo médio de aquisição da quota, atualizado com base na variação acumulada da UFIR diária da data da conversão em quotas até a de reconversão das quotas em cruzeiros.

- O art. 43 da Lei nº 9.069, de 29-6-1995, que dispõe sobre o Plano Real, determina a extinção da UFIR diária a partir de 1º-9-1994.

§ 2º Os ganhos líquidos a que se refere o artigo seguinte e os rendimentos produzidos por aplicações financeiras de renda fixa, auferidos por fundo mútuo de ações, clube de investimentos e outros fundos da espécie, não estão sujeitos à incidência do Imposto de Renda na fonte.

§ 3º O imposto será retido pelo administrador do fundo ou clube de investimento na data do resgate.

§ 4º Fica o Poder Executivo autorizado a permitir a compensação de perdas ocorridas em aplicações de que trata este artigo.

Art. 26. Ficam sujeitas ao pagamento do Imposto sobre a Renda, à alíquota de vinte e cinco por cento, a pessoa física e a pessoa jurídica não tributada com base no lucro real, inclusive isenta, que auferirem ganhos líquidos nas operações realizadas nas bolsas de valores, de mercadorias, de futuros e assemelhadas, encerradas a partir de 1º de janeiro de 1992.

- Arts. 12, § 1º, e 36 desta Lei.

§ 1º Os custos de aquisição, os preços de exercício e os prêmios serão considerados pelos valores médios pagos, atualizados com base na variação acumulada da UFIR diária da data da aquisição até a data da alienação do ativo.

- O art. 43 da Lei nº 9.069, de 29-6-1995, que dispõe sobre o Plano Real, determina a extinção da UFIR diária a partir de 1º-9-1994.

§ 2º O Poder Executivo poderá baixar normas para apuração e demonstração dos ganhos líquidos, bem como autorizar a compensação de perdas em um mesmo ou entre dois ou mais mercados ou modalidades operacionais, previstos neste artigo, ressalvado o disposto no artigo 28 desta Lei.

§ 3º O disposto neste artigo aplica-se, também, aos ganhos líquidos decorrentes da alienação de ouro, ativo financeiro, fora da bolsa, com a interveniência de instituições integrantes do Sistema Financeiro Nacional.

§ 4º O imposto de que trata este artigo será apurado mensalmente.

Art. 27. As deduções de despesas, bem como a compensação de perdas na forma prevista no § 2º do artigo precedente, são admitidas exclusivamente para as operações realizadas nos mercados organizados, geridos ou sob responsabilidade de instituição credenciada pelo Poder Executivo e com objetivos semelhantes ao das bolsas de valores, de mercadorias ou de futuros.

Art. 28. Os prejuízos decorrentes de operações financeiras de compra e subsequente venda ou de venda e subsequente compra, realizadas no mesmo dia (*day-trade*), tendo por objeto ativo, título, valor mobiliário ou direito de natureza e características semelhantes, somente podem ser compensados com ganhos auferidos em operações da mesma espécie ou em operações de cobertura (*hedge*) à qual estejam vinculadas nos termos admitidos pelo Poder Executivo.

§ 1º O ganho líquido mensal corresponde às operações "*day-trade*", quando auferido por beneficiário dentre os referidos no artigo 26, integra a base de cálculo do Imposto de Renda de que trata o mesmo artigo.

§ 2º Os prejuízos decorrentes de operações realizadas fora de mercados organizados, geridos ou sob responsabilidade de instituição credenciada pelo Poder Público, não podem ser deduzidos da base de cálculo do Imposto de Renda e a apuração do ganho líquido de que trata o artigo 26, bem como não podem ser compensados com ganhos auferidos em operações de espécie, realizadas em qualquer mercado.

Art. 29. Os residentes ou domiciliados no exterior sujeitam-se às mesmas normas de tributação pelo Imposto de Renda, previstas para os residentes ou domiciliados no País, em relação aos:

I – rendimentos decorrentes de aplicações financeiras de renda fixa;

II – ganhos líquidos auferidos em operações realizadas em bolsas de valores, de mercadorias, de futuros e assemelhadas;

III – rendimentos obtidos em aplicações em fundos e clubes de investimentos de renda variável.

Parágrafo único. Sujeitam-se à tributação pelo Imposto de Renda, nos termos dos artigos 31 a 33, os rendimentos e ganhos de capital decorrentes de aplicações financeiras, auferidos por fundos, sociedades de investimento e carteiras de valores mobiliários de que participem, exclusivamente, pessoas físicas ou jurídicas, fundos ou outras entidades de investimento coletivo residentes, domiciliadas ou com sede no exterior.

- Art. 29 com a redação dada pela Lei nº 8.849, de 28-1-1994.

Art. 30. O investimento estrangeiro nos mercados financeiros e de valores mobiliários somente poderá ser realizado no País por intermédio de representante legal, previamente designado dentre as instituições autorizadas pelo Poder Executivo a prestar tal serviço e que será responsável, nos termos do artigo 128 do Código Tributário Nacional (Lei nº 5.172, de 25 de outubro de 1966), pelo cumprimento das obrigações tributárias decorrentes das operações que realizar por conta e ordem do representado.

§ 1º O representante legal não será responsável pela retenção e recolhimento do Imposto de Renda na fonte sobre aplicações financeiras quando, nos termos da legislação pertinente, tal responsabilidade for atribuída a terceiro.

§ 2º O Poder Executivo poderá excluir determinadas categorias de investidores da obrigatoriedade prevista neste artigo.

• Art. 30 com a redação dada pela Lei nº 8.849, de 28-1-1994.

Art. 31. Sujeitam-se à tributação pelo Imposto de Renda, à alíquota de vinte e cinco por cento, os rendimentos e ganhos de capital auferidos no resgate pelo quotista, quando distribuídos, sob qualquer forma e a qualquer título, por fundos em condomínio, a que se refere o artigo 50 da Lei nº 4.728, de 14 de julho de 1965, constituídos na forma prescrita pelo Conselho Monetário Nacional e mantidos com recursos provenientes de conversão de débitos externos brasileiros, e de que participem, exclusivamente, pessoas físicas ou jurídicas, fundos ou outras entidades de investimentos coletivos, residentes, domiciliados, ou com sede no exterior.

§ 1º A base de cálculo do imposto é constituída pela diferença positiva entre o valor de resgate e o custo médio de aquisição da quota, atualizados com base na variação acumulada da UFIR diária da data da aplicação até a data da distribuição ao exterior.

§ 2º Os rendimentos e ganhos de capital auferidos pelas carteiras dos fundos em condomínio de que trata este artigo, ficam excluídos da retenção do Imposto de Renda na fonte e do Imposto de Renda sobre o ganho líquido mensal.

• Art. 31 com a redação dada pela Lei nº 8.849, de 28-1-1994.

Art. 32. Ressalvados os rendimentos de Fundos de Aplicação Financeira – FAF, que continuam tributados de acordo com o disposto no artigo 21, § 4º, ficam sujeitos ao Imposto de Renda na fonte, à alíquota de quinze por cento, os rendimentos auferidos:

I – pelas entidades mencionadas nos artigos 1º e 2º do Decreto-Lei nº 2.285, de 23 de julho de 1986;

II – pelas sociedades de investimento a que se refere o artigo 49 da Lei nº 4.728, de 1965, de que participem investidores estrangeiros;

III – pelas carteiras de valores mobiliários, inclusive vinculadas à emissão, no exterior, de certificados representativos de ações, mantidas por investidores estrangeiros.

§ 1º Os ganhos de capital ficam excluídos da incidência do Imposto de Renda quando auferidos e distribuídos, sob qualquer forma e a qualquer título, inclusive em decorrência de liquidação parcial ou total do investimento pelos fundos, sociedades ou carteiras referidos no *caput* deste artigo.

§ 2º Para os efeitos deste artigo, consideram-se:

a) rendimentos: quaisquer valores que constituam remuneração de capital aplicado, inclusive aquela produzida por títulos de renda variável, tais como juros, prêmios, comissões, ágio, deságio, dividendos, bonificações em dinheiro e participações nos lucros, bem como os resultados positivos auferidos em aplicações nos fundos e clubes de investimento de que trata o artigo 25;

b) ganhos de capital, os resultados positivos auferidos:

b.1) nas operações realizadas em bolsas de valores, de mercadorias, de futuros e assemelhadas;

b.2) nas operações com ouro, ativo financeiro, fora de bolsa, intermediadas por instituições integrantes do Sistema Financeiro Nacional.

§ 3º A base de cálculo do Imposto de Renda sobre os rendimentos auferidos pelas entidades de que trata este artigo será apurada:

a) de acordo com os critérios previstos no § 3º do artigo 20 e no artigo 21, no caso de aplicações de renda fixa;

b) de acordo com o tratamento previsto no § 4º do artigo 20, no caso de rendimentos periódicos ou qualquer remuneração adicional não submetidos à incidência do Imposto de Renda na fonte;

c) pelo valor do respectivo rendimento ou resultado positivo nos demais casos.

§ 4º Na apuração do imposto de que trata este artigo serão indedutíveis os prejuízos apurados em operações de renda fixa e de renda variável.

§ 5º O disposto neste artigo alcança, exclusivamente, as entidades que atenderem às normas e condições estabelecidas pelo Conselho Monetário Nacional, não se aplicando, entretanto, aos fundos em condomínio referidos no artigo 31.

• Art. 32 com a redação dada pela Lei nº 8.849, de 28-1-1994.

Art. 33. O Imposto de Renda na fonte sobre os rendimentos auferidos pelas entidades de que trata o artigo 32, será devido por ocasião da cessão, resgate, repactuação ou liquidação de cada operação de renda fixa, ou do recebimento ou crédito, o que primeiro ocorrer, de outros rendimentos, inclusive dividendos e bonificações em dinheiro.

§ 1º Com exceção do imposto sobre aplicações no FAF, o imposto sobre os demais rendimentos será retido pela instituição administradora do fundo, sociedade de investimento ou carteira, e pelo banco custodiante, no caso de certificados representativos de ações, sendo considerado, mesmo no caso do FAF, como exclusivo de fonte.

§ 2º No caso de rendimentos auferidos em operações realizadas antes de 1º de janeiro de 1994 e ainda não distribuídos, a base de cálculo do Imposto de Renda de que trata este artigo será determinada de acordo com as normas da legislação aplicável às operações de renda fixa realizadas por residentes no País, ressalvado o disposto no artigo 34, devendo o imposto ser calculado à alíquota de quinze por cento e recolhido pelos administradores dos fundos, sociedades ou carteiras até 31 de janeiro de 1994 ou na da data da distribuição dos rendimentos, se ocorrer primeiro, sem atualização monetária.

§ 3º Os dividendos que foram atribuídos às ações integrantes do patrimônio do fundo, sociedade ou carteira, serão registrados, na data em que as ações foram cotadas sem os respectivos direitos (ex-dividendos), em conta representativa de rendimentos a receber, em contrapartida à diminuição de idêntico valor da parcela do ativo correspondente às ações as quais se vinculam, acompanhados de transferência para a receita de dividendos de igual valor a débito da conta de resultado de variação da carteira de ações.

LEG. COMPLEMENTAR

§ 4º Os rendimentos submetidos à sistemática de tributação de que trata este artigo não se sujeitam à nova incidência do Imposto sobre a Renda quando distribuídos.

§ 5º O imposto deverá ser convertido em quantidade de UFIR diária pelo valor desta no dia da ocorrência do fato gerador, e pago no prazo previsto no artigo 52, inciso II, alínea *d*.

• Art. 33 com a redação dada pela Lei nº 8.849, de 28-1-1994.

Art. 34. As disposições dos artigos 31 a 33 desta Lei abrangem as operações compreendidas no período entre 15 de junho de 1989, inclusive, e 1º de janeiro de 1992, exceto em relação ao imposto de que trata o artigo 3º do Decreto-Lei nº 1.986, de 28 de dezembro de 1982, vedada a restituição ou compensação de imposto pago no mesmo período.

Art. 35. Na cessão, liquidação ou resgate, será apresentada a nota de aquisição do título ou o documento relativo à aplicação, que identifique as partes envolvidas na operação.

§ 1º Quando não apresentado o documento de que trata este artigo, considerar-se-á como preço de aquisição o valor da emissão ou da primeira colocação do título, prevalecendo o menor.

§ 2º Não comprovado o valor a que se refere o § 1º, a base de cálculo do Imposto de Renda na fonte será arbitrada em cinquenta por cento do valor bruto da alienação.

§ 3º Fica dispensada a exigência prevista neste artigo relativamente a título ou aplicação revestidos, exclusivamente, da forma escritural.

Art. 36. O Imposto de Renda retido na fonte sobre aplicações financeiras ou pago sobre ganhos líquidos mensais de que trata o artigo 26 será considerado:

I – se o beneficiário for pessoa jurídica tributada com base no lucro real: antecipação do devido na declaração;

II – se o beneficiário for pessoa física ou pessoa jurídica não tributada com base no lucro real, inclusive isenta: tributação definitiva, vedada a compensação na declaração de ajuste anual.

Art. 37. A alíquota do Imposto de Renda na fonte sobre rendimentos produzidos por títulos ou aplicações integrantes do patrimônio do fundo de renda fixa de que trata o artigo 21 desta Lei será de vinte e cinco por cento e na base de cálculo será considerado como valor de alienação aquele pelo qual o título ou aplicação constar da carteira no dia 31 de dezembro de 1991.

Parágrafo único. O recolhimento do imposto será efetuado pelo administrador do fundo, sem correção monetária, até o dia seguinte ao da alienação do título ou resgate da aplicação.

CAPÍTULO IV

DO IMPOSTO DE RENDA DAS PESSOAS JURÍDICAS

Art. 38. A partir do mês de janeiro de 1992, o Imposto de Renda das pessoas jurídicas será devido mensalmente, à medida em que os lucros forem auferidos.

§ 1º Para efeito do disposto neste artigo, as pessoas jurídicas deverão apurar, mensalmente, a base de cálculo do imposto e o imposto devido.

§ 2º A base de cálculo do imposto será convertida em quantidade de UFIR diária pelo valor desta no último dia do mês a que corresponder.

§ 3º O imposto devido será calculado mediante a aplicação da alíquota sobre a base de cálculo expressa em UFIR.

§ 4º Do imposto apurado na forma do parágrafo anterior a pessoa jurídica poderá diminuir:

a) os incentivos fiscais de dedução do imposto devido, podendo o valor excedente ser compensado nos meses subsequentes, observados os limites e prazos fixados na legislação específica;

b) os incentivos fiscais de redução e isenção do imposto, calculados com base no lucro da exploração apurado mensalmente;

c) o Imposto sobre a Renda retido na fonte sobre receitas computadas na base de cálculo do imposto.

§ 5º Os valores de que tratam as alíneas do parágrafo anterior serão convertidos em quantidade de UFIR diária pelo valor desta no último dia do mês a que corresponderem.

§ 6º O saldo do imposto devido em cada mês será pago até o último dia útil do mês subsequente.

§ 7º O prejuízo apurado na demonstração do lucro real em um mês poderá ser compensado com o lucro real dos meses subsequentes.

§ 8º Para efeito de compensação, o prejuízo será corrigido monetariamente com base na variação acumulada da UFIR diária.

§ 9º Os resultados apurados em cada mês serão corrigidos monetariamente (Lei nº 8.200, de 1991).

Art. 39. As pessoas jurídicas tributadas com base no lucro real poderão optar pelo pagamento, até o último dia útil do mês subsequente, do imposto devido mensalmente, calculado por estimativa, observado o seguinte:

I – nos meses de janeiro a abril, o imposto estimado corresponderá, em cada mês, a um duodécimo do imposto e adicional apurados em balanço ou balancete anual levantado em 31 de dezembro do ano anterior ou, na inexistência deste, a um sexto do imposto e adicional apurados no balanço ou balancete semestral levantado em 30 de junho do ano anterior;

II – nos meses de maio a agosto, o imposto estimado corresponderá, em cada mês, a um duodécimo do imposto e adicional apurados no balanço anual de 31 de dezembro do ano anterior;

III – nos meses de setembro a dezembro, o imposto estimado corresponderá, em cada mês, a um sexto do imposto e adicional apurados em balanço ou balancete semestral levantado em 30 de junho do ano em curso.

§ 1º A opção será efetuada na data do pagamento do imposto correspondente ao mês de janeiro e só poderá ser alterada em relação ao imposto referente aos meses do ano subsequente.

§ 2º A pessoa jurídica poderá suspender ou reduzir o pagamento do imposto mensal estimado, enquanto balanços ou balancetes mensais demonstrarem que o valor acumulado já pago excede o valor do imposto calculado com base no lucro real do período em curso.

§ 3º O imposto apurado nos balanços ou balancetes será convertido em quantidade de UFIR diária pelo valor desta no último dia do mês a que se referir.

§ 4º O Imposto de Renda retido na fonte sobre rendimentos computados na determinação do lucro real poderá ser deduzido do imposto estimado de cada mês.

○ Art. 86, § 4º, desta Lei.

§ 5º A diferença entre o imposto devido, apurado na declaração de ajuste anual (artigo 43), e a importância paga nos termos deste artigo será:

- Art. 86, § 4º, desta Lei.

a) paga em quota única, até a data fixada para a entrega da declaração de ajuste anual, se positiva;

b) compensada, corrigida monetariamente, com o imposto mensal a ser pago nos meses subsequentes ao fixado para a entrega da declaração de ajuste anual, se negativa, assegurada a alternativa de requerer a restituição do montante pago indevidamente.

Art. 40. *Revogado.* Lei nº 8.541, de 23-12-1992.

Art. 41. A tributação com base no lucro arbitrado somente será admitida em caso de lançamento de ofício, observadas a legislação vigente e as alterações introduzidas por esta Lei.

§ 1º O lucro arbitrado e a contribuição social serão apurados mensalmente.

§ 2º O lucro arbitrado, diminuído do Imposto de Renda da pessoa jurídica e da contribuição social, será considerado distribuído aos sócios ou ao titular da empresa e tributado exclusivamente na fonte à alíquota de vinte e cinco por cento.

§ 3º A contribuição social sobre o lucro das pessoas jurídicas tributadas com base no lucro arbitrado será devida mensalmente.

Art. 42. *Revogado.* Lei nº 9.317, de 5-12-1996.

Art. 43. As pessoas jurídicas deverão apresentar, em cada ano, declaração de ajuste anual consolidando os resultados mensais auferidos nos meses de janeiro a dezembro do ano anterior, nos seguintes prazos:

I – até o último dia útil do mês de março, as tributadas com base no lucro presumido;

II – até o último dia útil do mês de abril, as tributadas com base no lucro real;

III – até o último dia útil do mês de junho, as demais.

Parágrafo único. Os resultados mensais serão apurados, ainda que a pessoa jurídica tenha optado pela forma de pagamento do imposto e adicional referida no artigo 39.

Art. 44. Aplicam-se à contribuição social sobre o lucro (Lei nº 7.689, de 1988) e ao imposto incidente na fonte sobre o lucro líquido (Lei nº 7.713, de 1988, artigo 35) as mesmas normas de pagamento estabelecidas para o Imposto de Renda das pessoas jurídicas.

Parágrafo único. *Revogado.* Lei nº 8.981, de 20-1-1995.

Art. 45. O valor em cruzeiros do imposto ou contribuição será determinado mediante a multiplicação da sua quantidade em UFIR pelo valor da UFIR diária na data do pagamento.

Art. 46. As pessoas jurídicas tributadas com base no lucro real poderão depreciar, em vinte e quatro quotas mensais, o custo de aquisição ou construção de máquinas e equipamentos novos, adquiridos entre 1º de janeiro de 1992 e 31 de dezembro de 1994, utilizados em processo industrial da adquirente.

§ 1º A parcela da depreciação acelerada que exceder à depreciação normal constituirá exclusão do lucro líquido e será escriturada no livro de apuração do lucro real.

§ 2º O total da depreciação acumulada, incluída a normal e a parcela excedente, não poderá ultrapassar o custo de aquisição do bem, corrigido monetariamente.

§ 3º A partir do mês em que for atingido o limite de que trata o parágrafo anterior, a depreciação normal, corrigida monetariamente, registrada na escrituração comercial, deverá ser adicionada ao lucro líquido para determinar o lucro real.

§ 4º Para efeito do disposto nos §§ 2º e 3º deste artigo, a conta de depreciação excedente à normal, registrada no livro de apuração do lucro real, será corrigida monetariamente.

§ 5º As disposições contidas neste artigo aplicam-se às máquinas e equipamentos objeto de contratos de arrendamento mercantil.

Art. 47. *Revogado.* Lei nº 8.981, de 20-1-1995.

Art. 48. A partir de 1º de janeiro de 1992, a correção monetária das demonstrações financeiras será efetuada com base na UFIR diária.

Art. 49. A partir do mês de janeiro de 1992, o adicional de que trata o artigo 25 da Lei nº 7.450, de 23 de dezembro de 1985, incidirá à alíquota de dez por cento sobre a parcela do lucro real ou arbitrado, apurado mensalmente, que exceder a vinte e cinco mil UFIR.

Parágrafo único. A alíquota será de quinze por cento para os bancos comerciais, bancos de investimento, bancos de desenvolvimento, caixas econômicas, sociedades de crédito, financiamento e investimento, sociedades de crédito imobiliário, sociedades corretoras, distribuidora de títulos e valores mobiliários e empresa de arrendamento mercantil.

Art. 50. As despesas referidas na alínea *b* do parágrafo único do art. 52 e no item 2 da alínea *e* do parágrafo único do art. 71 da Lei nº 4.506, de 30 de novembro de 1964, decorrentes de contratos que, posteriormente a 31 de dezembro de 1991, sejam assinados e averbados no Instituto Nacional da Propriedade Industrial (INPI), passam a ser dedutíveis para fins de apuração do lucro real, observados os limites e as condições estabelecidos pela legislação.

- *Caput* com a redação dada pela Lei nº 14.286, de 29-12-2021.

Parágrafo único. A vedação contida no artigo 14 da Lei nº 4.131, de 3 de setembro de 1962, não se aplica às despesas dedutíveis na forma deste artigo.

- Este artigo estará revogado pela MP nº 1.152, de 28-12-2022, que até o encerramento desta edição não havia sido convertida em lei, a partir de 1º-1-2024.

Art. 51. Os balanços ou balancetes referidos nesta Lei deverão ser levantados com observância das leis comerciais e fiscais e transcritos no Diário ou no Livro de Apuração do Lucro Real.

CAPÍTULO V
DA ATUALIZAÇÃO E DO PAGAMENTO DE IMPOSTOS E CONTRIBUIÇÕES

Art. 52. Em relação aos fatos geradores que vierem a ocorrer a partir de 1º de novembro de 1993, os pagamentos dos impostos e contribuições relacionados a seguir deverão ser efetuados nos seguintes prazos:

I – Imposto sobre Produtos Industrializados – IPI:

- A Lei nº 11.774, de 17-9-2008, reproduziu a redação deste inciso, sem alterações.

a) no caso dos produtos classificados no código 2402.20.00, da Nomenclatura Comum do MERCOSUL – NCM, até o 10º (décimo) dia do mês subsequente ao mês de ocorrência dos fatos geradores, observado o disposto no § 4º deste artigo;

- Alínea *a* com a redação dada pela Lei nº 11.933, de 28-4-2009.

b) *Revogada.* Lei nº 11.774, de 17-9-2008;

c) no caso dos demais produtos, até o 25º (vigésimo quinto) dia do mês subsequente ao mês de ocorrência dos fatos geradores, pelas demais pessoas jurídicas, observado o disposto no § 4º deste artigo;

- Alínea *c* com a redação dada pela Lei nº 11.933, de 28-4-2009.

1 e 2. *Revogados.* Lei nº 11.933, de 28-4-2009.

II – Imposto de Renda na Fonte – IRF:

a) até o último dia útil do mês subsequente ao de ocorrência do fato gerador ou na data da remessa, quando esta for efetuada antes, no caso de lucro de filiais, sucursais, agências ou representações, no País, de pessoas jurídicas com sede no exterior;

b) na data da ocorrência do fato gerador, nos casos dos demais rendimentos atribuídos a residentes ou domiciliados no exterior;

c) até o último dia útil do mês subsequente ao da distribuição automática dos lucros, no caso de que trata o artigo 1º do Decreto-Lei nº 2.397, de 21 de dezembro de 1987;

d) até o terceiro dia útil da quinzena subsequente à de ocorrência dos fatos geradores, nos demais casos;

III – Imposto sobre Operações de Crédito, Câmbio e Seguro e sobre Operações relativas a Títulos e Valores Mobiliários – IOF:

a) até o terceiro dia útil da quinzena subsequente à de ocorrência dos fatos geradores, no caso de aquisição de ouro, ativo financeiro, bem assim nos de que tratam os incisos II a IV do artigo 1º da Lei nº 8.033, de 12 de abril de 1990;

b) até o terceiro dia útil do decêndio subsequente ao de cobrança ou registro contábil do imposto, nos demais casos;

IV – Contribuição para Financiamento da Seguridade Social – COFINS, instituída pela Lei Complementar nº 70, de 30 de dezembro de 1991, e contribuições para o Programa de Integração Social e para o Programa de Formação de Patrimônio do Servidor Público – PIS/PASEP, até o quinto dia útil do mês subsequente ao de ocorrência dos fatos geradores.

§ 1º O imposto incidente sobre ganhos de capital na alienação de bens ou direitos (Lei nº 8.134, de 27 de dezembro de 1990, artigo 18) deverá ser pago até o último dia útil do mês subsequente àquele em que os ganhos houverem sido percebidos.

§ 2º O imposto, apurado mensalmente, sobre os ganhos líquidos auferidos em operações realizadas em bolsas de valores, de mercadorias, de futuros e assemelhadas, será pago até o último dia útil do mês subsequente àquele em que os ganhos houverem sido percebidos.

- *Caput*, incisos I a IV, §§ 1º e 2º com a redação dada pela Lei nº 8.850, de 28-1-1994.

§ 3º O disposto no inciso I do *caput* deste artigo não se aplica ao IPI incidente no desembaraço aduaneiro dos produtos importados.

- § 3º com a redação dada pela Lei nº 11.774, de 17-9-2008.

§ 4º Se o dia do vencimento de que tratam as alíneas *a* e *c* do inciso I do *caput* deste artigo não for dia útil, considerar-se-á antecipado o prazo para o primeiro dia útil que o anteceder.

- § 4º com a redação dada pela Lei nº 11.933, de 28-4-2009.
- Art. 64 da Lei nº 11.941, de 27-5-2009, que altera a legislação tributária federal relativa ao parcelamento ordinário de débitos tributários; concede remissão nos casos em que especifica; institui regime tributário de transição.

Art. 53. Os tributos e contribuições relacionados a seguir serão convertidos em quantidade de UFIR diária pelo valor desta:

I – IPI, no último dia do decêndio de ocorrência dos fatos geradores;

II – IRF, no dia da ocorrência do fato gerador;

III – IOF:

a) no último dia da quinzena de ocorrência dos fatos geradores, na hipótese de aquisição de ouro, ativo financeiro;

b) no dia da ocorrência dos fatos geradores, ou da apuração da base de cálculo, nos demais casos;

IV – Contribuição para o Financiamento da Seguridade Social – COFINS, instituída pela Lei Complementar nº 70, de 1991, e contribuições para o Programa de Integração Social e para o Programa de Formação do Patrimônio do Servidor Público – PIS/PASEP, no último dia do mês de ocorrência dos fatos geradores;

V – demais tributos, contribuições e receitas da União, arrecadados pela Secretaria da Receita Federal, não referidos nesta Lei, nas datas dos respectivos vencimentos;

VI – contribuições previdenciárias, no primeiro dia do mês subsequente ao de competência.

Parágrafo único. O imposto de que tratam os parágrafos do artigo anterior será convertido em quantidade de UFIR pelo valor desta no mês do recebimento ou ganho.

- Art. 53 com a redação dada pela Lei nº 8.850, de 28-1-1994.

CAPÍTULO VI
DA ATUALIZAÇÃO DE DÉBITOS FISCAIS

Art. 54. Os débitos de qualquer natureza para com a Fazenda Nacional e os decorrentes de contribuições arrecadadas pela União, constituídos ou não, vencidos até 31 de dezembro de 1991 e não pagos até 2 de janeiro de 1992, serão atualizados monetariamente com base na legislação aplicável e convertidos, nessa data, em quantidade de UFIR diária.

§ 1º Os juros de mora calculados até 2 de janeiro de 1992 serão, também, convertidos em quantidade de UFIR, na mesma data.

§ 2º Sobre a parcela correspondente ao tributo ou contribuição, convertida em quantidade de UFIR, incidirão juros moratórios à razão de um por cento, por mês-calendário ou fração, a partir de fevereiro de 1992, inclusive, além da multa de mora ou de ofício.

§ 3º O valor a ser recolhido será obtido multiplicando-se a correspondente quantidade de UFIR pelo valor diário desta na data do pagamento.

Art. 55. Os débitos que forem objeto de parcelamento serão consolidados na data da concessão e expressos em quantidade de UFIR diária.

§ 1º O valor do débito consolidado, expresso em quantidade de UFIR, será dividido pelo número de parcelas mensais concedidas.

§ 2º O valor de cada parcela mensal, por ocasião do pagamento, será acrescido de juros na forma da legislação pertinente.

§ 3º Para efeito de pagamento, o valor em cruzeiros de cada parcela mensal será determinado mediante a multiplicação do seu valor, expresso em quantidade de UFIR, pelo valor desta no dia do pagamento.

Art. 56. No caso de parcelamento concedido administrativamente até o dia 31 de dezembro de 1991, o saldo devedor, a partir de 1º de janeiro de 1992, será expresso em quantidade de UFIR diária mediante a divisão do débito, atualizado monetariamente, pelo valor da UFIR diária no dia 1º de janeiro de 1992.

Parágrafo único. O valor em cruzeiros do débito ou da parcela será determinado mediante a multiplicação da respectiva quantidade de UFIR pelo valor diário desta na data do pagamento.

Art. 57. Os débitos de qualquer natureza para com a Fazenda Nacional, bem como os decorrentes de contribuições arrecadadas pela União, poderão, sem prejuízo da respectiva liquidez e certeza, ser inscritos como Dívida Ativa da União, pelo valor expresso em quantidade de UFIR.

§ 1º Os débitos de que trata este artigo, que forem objeto de parcelamento, serão consolidados na data de sua concessão e expressos em quantidade de UFIR.

§ 2º O encargo referido no artigo 1º do Decreto-Lei nº 1.025, de 21 de outubro de 1969, modificado pelo artigo 3º do Decreto-Lei nº 1.569, de 8 de agosto de 1977, e artigo 3º do Decreto-Lei nº 1.645, de 11 de dezembro de 1978, será calculado sobre o montante do débito, inclusive multas, atualizado monetariamente e acrescido de juros e multa de mora.

Art. 58. No caso de lançamento de ofício, a base de cálculo, o imposto, as contribuições arrecadadas pela União e os acréscimos legais serão expressos em UFIR diária ou mensal, conforme a legislação de regência do tributo ou contribuição.

Parágrafo único. Os juros e a multa de lançamento de ofício serão calculados com base no imposto ou contribuição expresso em quantidade de UFIR.

CAPÍTULO VII
DAS MULTAS E DOS JUROS DE MORA

Art. 59. Os tributos e contribuições administrados pelo Departamento da Receita Federal, que não forem pagos até a data do vencimento, ficarão sujeitos à multa de mora de vinte por cento e a juros de mora de um por cento ao mês-calendário ou fração, calculados sobre o valor do tributo ou contribuição corrigido monetariamente.

- Art. 84, § 3º, da Lei nº 8.981, de 20-1-1995, que altera a legislação tributária federal.
- Arts. 36, § 4º, e 38, § 1º, da Lei nº 9.069, de 29-6-1995, que dispõe sobre o Plano Real, o Sistema Monetário Nacional, estabelece as regras e condições de emissão do REAL e os critérios para conversão das obrigações para o REAL.

§ 1º A multa de mora será reduzida a dez por cento, quando o débito for pago até o último dia útil do mês subsequente ao do vencimento.

§ 2º A multa incidirá a partir do primeiro dia após o vencimento do débito; os juros, a partir do primeiro dia do mês subsequente.

Art. 60. *Revogado.* Lei nº 11.941, de 27-5-2009.

Art. 61. As contribuições previdenciárias arrecadadas pelo Instituto Nacional de Seguro Social – INSS ficarão sujeitas à multa variável, de caráter não relevável, nos seguintes percentuais, incidentes sobre os valores atualizados monetariamente até a data do pagamento:

I – dez por cento sobre os valores das contribuições em atraso que, até a data do pagamento, não tenham sido incluídas em notificação de débito;

II – vinte por cento sobre os valores pagos dentro de quinze dias contados da data do recebimento da correspondente notificação de débito;

III – trinta por cento sobre todos os valores pagos mediante parcelamento, desde que requerido no prazo do inciso anterior;

IV – sessenta por cento sobre os valores pagos em quaisquer outros casos, inclusive por falta de cumprimento de acordo para o parcelamento.

Parágrafo único. É facultada a realização de depósito, à disposição da Seguridade Social, sujeito aos mesmos percentuais dos incisos I e II, conforme o caso, para apresentação de defesa.

CAPÍTULO VIII
DAS DISPOSIÇÕES FINAIS E TRANSITÓRIAS

Art. 62. O § 2º do artigo 11 e os artigos 13 e 14 da Lei nº 8.218, de 1991, passam a vigorar com a seguinte redação:

"Art. 11. ....

§ 1º ....

§ 2º O Departamento da Receita Federal expedirá os atos necessários para estabelecer a forma e o prazo em que os arquivos e sistemas deverão ser apresentados.

Art. 13. A não apresentação dos arquivos ou sistemas até o trigésimo dia após o vencimento do prazo estabelecido implicará o arbitramento do lucro da pessoa jurídica, sem prejuízo da aplicação das penalidades previstas no artigo anterior.

Art. 14. A tributação com base no lucro real somente será admitida para as pessoas jurídicas que mantiverem, em boa ordem e segundo as normas contábeis recomendadas, livro ou fichas utilizados para resumir e totalizar, por conta ou subconta, os lançamentos efetuados no Diário (Livro Razão), mantidas as demais exigências e condições previstas na legislação.

Parágrafo único. A não manutenção do livro de que trata este artigo, nas condições determinadas, implicará o arbitramento do lucro da pessoa jurídica."

Art. 63. *Revogado.* Lei nº 11.033, de 21-12-2004.

Art. 64. Responderão como coautores de crime de falsidade o gerente e o administrador de instituição financeira ou assemelhadas que concorrerem para que seja aberta conta ou movimentados recursos sob nome:

- Lei nº 8.137, de 27-12-1990 (Lei dos Crimes Contra a Ordem Tributária, Econômica e Contra as Relações de Consumo).

I – falso;

II – de pessoa física ou de pessoa jurídica inexistente;

III – de pessoa jurídica liquidada de fato ou sem representação regular.

Parágrafo único. É facultado às instituições financeiras e às assemelhadas solicitar ao Departamento da Receita Federal a confirmação do número de inscrição no Cadastro de Pessoas Físicas ou no Cadastro Geral de Contribuintes.

Art. 65. Terá o tratamento de permuta a entrega, pelo licitante vencedor, de títulos da dívida pública federal ou de outros créditos contra a União, como contrapartida à aquisição das ações ou quotas leiloadas no âmbito do Programa Nacional de Desestatização.

§ 1º Na hipótese do adquirente pessoa física, deverá ser considerado como custo de aquisição das ações ou quotas da empresa privatizável o custo de aquisição dos direitos contra a União, corrigido monetariamente até a data da permuta.

§ 2º Na hipótese de pessoa jurídica não tributada com base no lucro real, o custo de aquisição será apurado na forma do parágrafo anterior.

§ 3º No caso de pessoa jurídica tributada com base no lucro real, o custo de aquisição das ações ou quotas leiloadas será igual ao valor contábil dos títulos ou créditos entregues pelo adquirente na data da operação.

§ 4º Quando se configurar, na aquisição, investimento relevante em coligada ou controlada, avaliável pelo valor do patrimônio líquido, a adquirente deverá registrar o valor da equivalência no patrimônio adquirido, em conta própria de investimentos, e o valor do ágio ou deságio na aquisição em subconta do mesmo investimento, que deverá ser computado na determinação do lucro real do mês de realização do investimento, a qualquer título.

Art. 66. Nos casos de pagamento indevido ou a maior de tributos, contribuições federais, inclusive previdenciárias, e receitas patrimoniais, mesmo quando resultante de reforma, anulação, revogação ou rescisão de decisão condenatória, o contribuinte poderá efetuar a compensação desse valor no recolhimento de importância correspondente a período subsequente.

- Art. 156, II, do CTN.
- Art. 39 da Lei nº 9.250, de 26-12-1995, que altera a legislação do imposto de rendas das pessoas físicas.
- Súmulas nºs 461 e 464 do STJ.

§ 1º A compensação só poderá ser efetuada entre tributos, contribuições e receitas da mesma espécie.

§ 2º É facultado ao contribuinte optar pelo pedido de restituição.

§ 3º A compensação ou restituição será efetuada pelo valor do tributo ou contribuição ou receita corrigido monetariamente com base na variação da UFIR.

§ 4º As Secretarias da Receita Federal e do Patrimônio da União e o Instituto Nacional do Seguro Social – INSS expedirão as instruções necessárias ao cumprimento do disposto neste artigo.

- Art. 66 com a redação dada pela Lei nº 9.069, de 29-6-1995.

Art. 67. A competência de que trata o artigo 1º da Lei nº 8.022, de 12 de abril de 1990, relativa à apuração, inscrição e cobrança da Dívida Ativa oriunda das receitas arrecadadas pelo Instituto Nacional de Colonização e Reforma Agrária - INCRA, bem como a representação judicial nas respectivas execuções fiscais, cabe à Procuradoria-Geral da Fazenda Nacional.

Art. 68. O Anexo I do Decreto-Lei nº 2.225, de 10 de janeiro de 1985, passa a vigorar na forma do Anexo I a esta Lei.

Parágrafo único. Fica igualmente aprovado o Anexo II a esta Lei, que altera a composição prevista no Decreto-Lei nº 2.192, de 26 de dezembro de 1984.

Art. 69. O produto da arrecadação de multas, inclusive as que fazem parte do valor pago por execução da Dívida Ativa e de sua respectiva correção monetária, incidentes sobre tributos e contribuições administrados pelo Departamento da Receita Federal e próprios da União, bem como daquelas aplicadas à rede arrecadadora de receitas federais, constituirá receita do Fundo instituído pelo Decreto-Lei nº 1.437, de 17 de dezembro de 1975, sem prejuízo do disposto na legislação pertinente, excluídas as transferências constitucionais para os Estados, o Distrito Federal e os Municípios.

- Art. 85 da Lei nº 8.981, de 20-1-1995, que altera a legislação tributária federal.

Art. 70. Ficam isentas dos tributos incidentes sobre a importação as mercadorias destinadas a consumo no recinto de congressos, feiras e exposições internacionais, e eventos assemelhados, a título de promoção ou degustação, de montagem ou conservação de estandes, ou de demonstração de equipamentos em exposição.

§ 1º A isenção não se aplica a mercadorias destinadas à montagem de estandes, susceptíveis de serem aproveitadas após o evento.

§ 2º É condição para gozo da isenção que nenhum pagamento, a qualquer título, seja efetuado ao exterior, em relação às mercadorias mencionadas no *caput* deste artigo.

§ 3º A importação das mercadorias objeto da isenção fica dispensada da Guia de Importação, mas sujeita-se a limites de quantidade e valor, além de outros requisitos estabelecidos pelo Ministro da Economia, Fazenda e Planejamento.

Art. 71. As pessoas jurídicas de que trata o artigo 1º do Decreto-Lei nº 2.397, de 21 de dezembro de 1987, que preencham os requisitos dos incisos I e II do artigo 40, poderão optar pela tributação com base no lucro presumido.

Parágrafo único. Em caso de opção, a pessoa jurídica pagará o imposto correspondente ao ano-calendário de 1992, obedecendo ao disposto no artigo 40, sem prejuízo do pagamento do imposto devido por seus sócios no exercício de 1992, ano-base de 1991.

Art. 72. Ficam isentas do IOF as operações de financiamento para a aquisição de automóveis de passageiros fabricados no território nacional de até 127 HP (cento e vinte e sete *horse-power*) de potência bruta, segundo a classificação normativa da *Society of Automotive Engineers* (SAE), e os veículos híbridos e elétricos, quando adquiridos por:

- *Caput* com a redação dada pela Lei nº 13.755, de 10-12-2018, promulgado nos termos do art. 66, § 5º, da CF (*DOU* de 21-6-2019).

I – motoristas profissionais que, na data da publicação desta Lei, exerçam comprovadamente em veículo de sua propriedade a atividade de condutor autônomo de passageiros, na condição de titular de autorização, permissão ou concessão do poder concedente e que destinem o automóvel à utilização na categoria de aluguel (táxi);

II – motoristas profissionais autônomos titulares de autorização, permissão ou concessão para exploração do serviço de transporte individual de passageiros (táxi), impedidos de continuar exercendo essa atividade em virtude de destruição completa, furto ou roubo do veículo, desde que destinem o veículo adquirido à utilização na categoria de aluguel (táxi);

III – cooperativas de trabalho que sejam permissionárias ou concessionárias de transporte público de passageiros, na categoria de aluguel (táxi), desde que tais veículos se destinem à utilização nessa atividade;

IV – pessoas portadoras de deficiência física, atestada pelo Departamento de Trânsito do Estado onde residirem em caráter permanente, cujo laudo de perícia médica especifique:

a) o tipo de defeito físico e a total incapacidade do requerente para dirigir automóveis convencionais;

b) a habilitação do requerente para dirigir veículo com adaptações especiais, descritas no referido laudo;

V – trabalhador desempregado ou subempregado, titular de financiamento do denominado Projeto Balcão de Ferramentas, destinado à aquisição de maquinário, equipamentos e ferramentas que possibilitem a aquisição de bens e a prestação de serviços à comunidade.

§ 1º O benefício previsto neste artigo:

a) poderá ser utilizado uma única vez;

b) será reconhecido pelo Departamento da Receita Federal mediante prévia verificação de que o adquirente possui os requisitos.

§ 2º Na hipótese do inciso V, o reconhecimento ficará adstrito aos tomadores residentes na área de atuação do Projeto, os quais serão indicados pelos Governos Estaduais, mediante convênio celebrado com a Caixa Econômica Federal.

§ 3º A alienação do veículo antes de três anos contados da data de sua aquisição, a pessoas que não satisfaçam as condições e os requisitos, acarretará o pagamento, pelo alienante, da importância correspondente à diferença da alíquota aplicável à operação e a de que trata este artigo, calculada sobre o valor do financiamento, sem prejuízo da incidência dos demais encargos previstos na legislação tributária.

Art. 73. O artigo 2º da Lei nº 8.033, de 12 de abril de 1990, passa a vigorar com os seguintes acréscimos:

- Alterações inseridas no texto da referida Lei.

Art. 74. Integrarão a remuneração dos beneficiários:

I – a contraprestação de arrendamento mercantil ou o aluguel ou, quando for o caso, os respectivos encargos de depreciação, atualizados monetariamente até a data do balanço:

a) de veículo utilizado no transporte de administradores, diretores, gerentes e seus assessores ou de terceiros em relação à pessoa jurídica;

b) de imóvel cedido para uso de qualquer pessoa dentre as referidas na alínea precedente;

II – as despesas com benefícios e vantagens concedidos pela empresa a administradores, diretores, gerentes e seus assessores, pagos diretamente ou através da contratação de terceiros, tais como:

a) a aquisição de alimentos ou quaisquer outros bens para utilização pelo beneficiário fora do estabelecimento da empresa;

b) os pagamentos relativos a clubes e assemelhados;

c) o salário e respectivos encargos sociais de empregados postos à disposição ou cedidos, pela empresa, a administradores, diretores, gerentes e seus assessores ou de terceiros;

d) a conservação, o custeio e a manutenção dos bens referidos no item I.

§ 1º A empresa identificará os beneficiários das despesas e adicionará aos respectivos salários os valores a elas correspondentes.

§ 2º A inobservância do disposto neste artigo implicará a tributação dos respectivos valores, exclusivamente na fonte, à alíquota de trinta e três por cento.

- A Lei nº 11.941, de 27-5-2009, ao converter a MP nº 449, de 3-12-2008, não manteve o acréscimo do § 3º.
- Art. 61, § 1º, da Lei nº 8.981, de 20-1-1995, que altera a legislação tributária federal.

Art. 75. Sobre os lucros apurados a partir de 1º de janeiro de 1993 não incidirá o Imposto sobre a Renda na fonte sobre o lucro líquido, de que trata o artigo 35 da Lei nº 7.713, de 1988, permanecendo em vigor a não incidência do imposto sobre o que for distribuído a pessoas físicas ou jurídicas, residentes ou domiciliadas no País.

Parágrafo único. VETADO.

Art. 76. Não mais será exigido o imposto suplementar de renda de que trata o artigo 43 da Lei nº 4.131, de 3 de setembro de 1962, com a redação dada pelo artigo 1º do Decreto-Lei nº 2.073, de 20 de junho de 1983, relativamente aos triênios encerrados posteriormente a 31 de dezembro de 1991.

Art. 77. A partir de 1º de janeiro de 1993, a alíquota do Imposto sobre a Renda incidente na fonte sobre lucros e dividendos de que trata o artigo 97 do Decreto-Lei nº 5.844, de 23 de setembro de 1943, com as modificações posteriormente introduzidas, passará a ser de quinze por cento.

Art. 78. Relativamente ao exercício financeiro de 1992, ano-base de 1991, o saldo do imposto a pagar ou o valor a ser restituído, apurado pelas pessoas físicas de acordo com a Lei nº 8.134, de 1990, será convertido em quantidade de UFIR pelo valor desta no mês de janeiro de 1992.

§ 1º O saldo do imposto devido será pago nos prazos e condições fixados na legislação vigente.

§ 2º Os valores em cruzeiros do imposto ou de quota deste, bem assim o do saldo a ser restituído serão determinados mediante a multiplicação de seu valor, expresso em quantidade de UFIR, pelo valor desta no mês de pagamento.

Art. 79. O valor do Imposto sobre a Renda incidente sobre o lucro real, presumido ou arbitrado, da contribuição social sobre o lucro (Lei nº 7.689, de 1988) e do imposto sobre o lucro líquido (Lei nº 7.713, de 1988, artigo 35), relativos ao exercício financeiro de 1992, período-base de 1991, será convertido em quantidade de UFIR diária, segundo o valor desta no dia 1º de janeiro de 1992.

Parágrafo único. Os impostos e a contribuição social, bem como cada duodécimo ou quota destes, serão reconvertidos em cruzeiros mediante a multiplicação da quantidade de UFIR diária pelo valor dela na data do pagamento.

Art. 80. Fica autorizada a compensação do valor pago ou recolhido a título de encargo à Taxa Referencial Diária – TRD acumulada entre a data da ocorrência do fato gerador e a do vencimento dos tributos e contribuições federais, inclusive previdenciárias, pagos ou recolhidos a partir de 4 de fevereiro de 1991.

Art. 81. A compensação dos valores de que trata o artigo precedente, pagos pelas pessoas jurídicas, dar-se-á na forma a seguir:

I – os valores referentes à TRD pagos em relação a parcelas do Imposto sobre a Renda das pessoas jurídicas, Imposto sobre a Renda na fonte sobre o lucro líquido (Lei nº 7.713, de 1988, artigo 35), bem como correspondentes a recolhimento do Imposto sobre a Renda retido na fonte sobre rendimentos de qualquer espécie poderão ser compensados com impostos da mesma espécie ou entre si, dentre os referidos neste inciso, inclusive com os valores a recolher a título de parcela estimada do Imposto sobre a Renda;

II – os valores referentes à TRD pagos em relação às parcelas da contribuição social sobre o lucro (Lei nº 7.689, de 1988), do FINSOCIAL e do PIS/PASEP, somente poderão ser compensados com as parcelas a pagar de contribuições da mesma espécie;

III – os valores referentes à TRD recolhidos em relação a parcelas do Imposto sobre Produtos Industrializados – IPI e os pagos em relação às parcelas dos demais tributos ou contribuições somente poderão ser compensados com parcelas de tributos e contribuições da mesma espécie.

Art. 82. Fica a pessoa física autorizada a compensar os valores referentes à TRD, pagos sobre as parcelas de Imposto sobre a Renda por ela devidas, relacionadas a seguir:

I – quotas do Imposto sobre a Renda das pessoas físicas;

II – parcelas devidas a título de "carnê-leão";

III – Imposto sobre a Renda sobre ganho de capital na alienação de bens móveis ou imóveis;

IV – Imposto sobre a Renda sobre ganhos líquidos apurados no mercado de renda variável.

Art. 83. Na impossibilidade da compensação total ou parcial dos valores referentes à TRD, o saldo não compensado terá o tratamento de crédito de Imposto sobre a Renda, que poderá ser compensado com o imposto apurado na declaração de ajuste anual da pessoa jurídica ou física, a ser apresentada a partir do exercício financeiro de 1992.

Art. 84. Alternativamente ao procedimento autorizado no artigo anterior, o contribuinte poderá pleitear a restituição do valor referente à TRD mediante processo regular apresentado na repartição do Departamento da Receita Federal do seu domicílio fiscal, observando as exigências de comprovação do valor a ser restituído.

Art. 85. Ficam convalidados os procedimentos de compensação de valores referentes à TRD pagos ou recolhidos e efetuados antes da vigência desta Lei, desde que tenham sido observadas as normas e condições da mesma.

Art. 86. As pessoas jurídicas de que trata o artigo 3º do Decreto-Lei nº 2.354, de 24 de agosto de 1987, deverão pagar o Imposto sobre a Renda relativo ao período-base encerrado em 31 de dezembro de 1991 e o relativo aos meses dos anos-calendário de 1992 e 1993, da seguinte forma:

I – o do período-base encerrado em 31 de dezembro de 1991:

a) nos meses de janeiro a março, em duodécimos mensais, na forma do referido Decreto-Lei;

b) nos meses de abril a junho, em quotas mensais, iguais e sucessivas vencendo-se cada uma no último dia útil dos mesmos meses;

II – o dos meses do ano-calendário de 1992, em nove parcelas mensais e sucessivas, vencíveis, cada uma, no último dia útil a partir do mês de julho, observado o seguinte:

a) em julho de 1992, o referente aos meses de janeiro e fevereiro;

b) em agosto de 1992, o referente aos meses de março e abril;

c) em setembro de 1992, o referente aos meses de maio e junho;

d) em outubro de 1992, o referente ao mês de julho;

e) em novembro de 1992, o referente ao mês de agosto;

f) em dezembro de 1992, o referente ao mês de setembro;

g) em janeiro de 1993, o referente ao mês de outubro;

h) em fevereiro de 1993, o referente ao mês de novembro; e

i) em março de 1993, o referente ao mês de dezembro;

III – *Revogado.* Lei nº 8.541, de 23-12-1992.

§ 1º Ressalvado o disposto no § 2º, as pessoas jurídicas de que trata este artigo poderão optar pelo pagamento do imposto correspondente aos meses do ano-calendário de 1992, calculado por estimativa, da seguinte forma:

a) nos meses de julho, agosto e setembro de 1992, no último dia útil de cada um, dois duodécimos do imposto e adicional apurados no balanço anual levantado em 31 de dezembro de 1991;

b) nos meses de outubro de 1992 a março de 1993, no último dia útil de cada um, um sexto do imposto e adicional apurados em balanço ou balancete semestral levantado em 30 de junho de 1992.

§ 2º No ano-calendário de 1992, não poderá optar pelo pagamento do imposto calculado por estimativa a pessoa jurídica que, no exercício de 1992, período-base de 1991, apresentou prejuízo fiscal.

§ 3º *Revogado.* Lei nº 8.541, de 23-12-1992.

§ 4º As pessoas jurídicas que exercerem a opção prevista nos parágrafos anteriores deverão observar o disposto nos §§ 4º e 5º do artigo 39.

§ 5º As disposições deste artigo aplicam-se também ao pagamento da contribuição social sobre o lucro (Lei nº 7.689, de 1988) e do Imposto sobre a Renda incidente na fonte sobre o lucro líquido (Lei nº 7.713, de 1988, artigo 35), correspondente ao período-base encerrado em 31 de dezembro de 1991 e ao ano-calendário de 1992.

§ 6º O Imposto sobre a Renda e a contribuição social serão convertidos em quantidade de UFIR diária pelo valor desta no último dia do mês a que corresponderem.

§ 7º É facultado à pessoa jurídica pagar antecipadamente o imposto, duodécimo ou quota.

§ 8º *Revogado.* Lei nº 8.541, de 23-12-1992.

Art. 87. As pessoas jurídicas tributadas com base no lucro real, não submetidas ao disposto no artigo anterior, deverão pagar o Imposto sobre a Renda relativo ao período-base encerrado em 31 de dezembro de 1991 e o relativo aos meses dos anos-calendário de 1992 e 1993, da seguinte forma:

I – o do período-base encerrado em 31 de dezembro de 1991, em seis quotas mensais, iguais e sucessivas, vencíveis no último dia útil dos meses de abril a setembro de 1992;

II – o dos meses do ano-calendário de 1992, em seis quotas mensais e sucessivas, vencíveis no último dia útil, a partir do mês de outubro de 1992, observado o seguinte:

a) em outubro de 1992, o imposto referente aos meses de janeiro e fevereiro;

b) em novembro de 1992, o imposto referente aos meses de março e abril;

c) em dezembro de 1992, o imposto referente aos meses de maio e junho;

d) em janeiro de 1993, o imposto referente aos meses de julho e agosto;

e) em fevereiro de 1993, o imposto referente aos meses de setembro e outubro;

f) em março de 1993, o imposto referente aos meses de novembro e dezembro;

III – *Revogado.* Lei nº 8.541, de 23-12-1992.

§ 1º As pessoas jurídicas de que trata este artigo poderão optar pelo pagamento do imposto correspondente aos meses dos anos-calendário de 1992 e 1993, calculado por estimativa, da seguinte forma:

I – o relativo ao ano-calendário de 1992, nos meses de outubro de 1992 a março de 1993, no último dia útil de cada um, dois sextos do imposto e adicional apurados em balanço ou balancete semestral levantado em 30 de junho de 1992;

II – *Revogado.* Lei nº 8.541, de 23-12-1992.

§ 2º As disposições deste artigo aplicam-se também ao pagamento da contribuição social sobre o lucro (Lei nº 7.689, de 1988), correspondente ao período-base encerrado em 31 de dezembro de 1991 e aos anos-calendário de 1992 e 1993, estendendo-se o mesmo regime ao imposto sobre o lucro líquido (Lei nº 7.713, de 1988, artigo 35), enquanto este vigorar.

§ 3º O Imposto sobre a Renda e a contribuição social serão convertidos em quantidade de UFIR diária pelo valor desta no último dia do mês a que corresponder.

§ 4º É facultado à pessoa jurídica pagar antecipadamente o imposto, duodécimo ou quota.

§ 5º A partir do mês de fevereiro de 1994, as pessoas jurídicas de que trata este artigo iniciarão o pagamento do imposto referente aos meses do ano em curso.

Art. 88. *Revogado.* Lei nº 8.541, de 23-12-1992.

Art. 89. As empresas que optarem pela tributação com base no lucro presumido deverão pagar o Imposto sobre a Renda da pessoa jurídica e a contribuição social sobre o lucro (Lei nº 7.689, de 1988):

I – relativos ao período-base de 1991, nos prazos fixados na legislação em vigor, sem as modificações introduzidas por esta Lei;

II – a partir do ano-calendário de 1992, segundo o disposto no artigo 40.

Art. 90. A pessoa jurídica que, no ano-calendário de 1991, tiver auferido receita bruta total igual ou inferior a um bilhão de cruzeiros poderá optar pela tributação com base no lucro presumido no ano-calendário de 1992.

Art. 91. As parcelas de antecipação do Imposto sobre a Renda e da contribuição social sobre o lucro, relativas ao exercício financeiro de 1992, pagas no ano de 1991, serão corrigidas monetariamente com base na variação acumulada no INPC desde o mês do pagamento até dezembro de 1991.

Parágrafo único. A contrapartida do registro da correção monetária referida neste artigo será escriturada como variação monetária ativa, na data do balanço.

Art. 92. *Revogado.* Lei nº 9.430, de 27-12-1996.

Art. 93. O artigo 1º e o artigo 2º do Decreto-Lei nº 1.804, de 3 de setembro de 1980, passam a vigorar com as seguintes modificações:

"Art. 1º ....

§ 3º O regime de que trata este artigo somente se aplica a remessas de valor até quinhentos dólares norte-americanos, ou equivalente em outras moedas.

Art. 2º ....

II – dispor sobre a isenção do Imposto sobre a Importação dos bens contidos em remessas de valor até cem dólares norte-americanos, ou o equivalente em outras moedas, quando destinados a pessoas físicas.

....".

Art. 94. O Ministro da Economia, Fazenda e Planejamento expedirá os atos necessários à execução do disposto nesta Lei, observados os princípios e as diretrizes nela estabelecidos, objetivando, especialmente, a simplificação e a desburocratização dos procedimentos.

Parágrafo único. *Revogado.* Lei nº 8.541, de 23-12-1992.

Art. 95. O Ministro da Economia, Fazenda e Planejamento poderá, em 1992 e 1993, alongar o prazo de pagamento dos impostos e da contribuição social sobre o lucro, se a conjuntura econômica assim o exigir.

Art. 96. No exercício financeiro de 1992, ano-calendário de 1991, o contribuinte apresentará declaração de bens na qual os bens e direitos serão individualmente avaliados a valor de mercado no dia 31 de dezembro de 1991, e convertidos em quantidade de UFIR pelo valor desta no mês de janeiro de 1992.

§ 1º A diferença entre o valor de mercado referido neste artigo e o constante de declarações de exercícios anteriores será considerada rendimento isento.

§ 2º A apresentação da declaração de bens como estes avaliados em valores de mercado não exime os declarantes de manter e apresentar elementos que permitam a identificação de seus custos de aquisição.

§ 3º A autoridade lançadora, mediante processo regular, arbitrará o valor informado, sempre que este não mereça fé, por notoriamente diferente do de mercado, ressalvada, em caso de contestação, avaliação contraditória administrativa ou judicial.

§ 4º Todos e quaisquer bens e direitos adquiridos, a partir de 1º de janeiro de 1992, serão informados, nas declarações de bens de exercícios posteriores, pelos respectivos valores em UFIR, convertidos com base no valor desta no mês de aquisição.

§ 5º Na apuração de ganhos de capital na alienação dos bens e direitos de que trata este artigo será considerado custo de aquisição o valor em UFIR:

a) constante da declaração relativa ao exercício financeiro de 1992, relativamente aos bens e direitos adquiridos até 31 de dezembro de 1991;

b) determinado na forma do parágrafo anterior, relativamente aos bens e direitos adquiridos a partir de 1º de janeiro de 1992.

§ 6º A conversão, em quantidade de UFIR, das aplicações financeiras em títulos e valores mobiliários de renda variável, bem como em ouro ou certificados representativos de ouro, ativo financeiro, será realizada adotando-se o maior dentre os seguintes valores:

a) de aquisição, acrescido da correção monetária e da variação da Taxa Referencial Diária – TRD até 31 de dezembro de 1991, nos termos admitidos em lei;

b) de mercado, assim entendido o preço médio ponderado das negociações do ativo, ocorridos na última quinzena do mês de dezembro de 1991, em bolsas do País, desde que reflitam condições regulares de oferta e procura, ou o valor da quota resultante da avaliação da carteira do fundo mútuo de ações ou clube de investimento, exceto Plano de Poupança e Investimento – PAIT, em 31 de dezembro de 1991, mediante aplicação dos preços médios ponderados.

§ 7º Excluem-se do disposto neste artigo os direitos ou créditos relativos a operações financeiras de renda fixa, que serão informados pelos valores de aquisição ou aplicação, em cruzeiros.

§ 8º A isenção de que trata o § 1º não alcança:

a) os direitos ou créditos de que trata o parágrafo precedente;

b) os bens adquiridos até 31 de dezembro de 1990, não relacionados na declaração de bens relativa ao exercício de 1991.

§ 9º Os bens adquiridos no ano-calendário de 1991 serão declarados em moeda corrente nacional, pelo valor de aquisição, e em UFIR, pelo valor de mercado em 31 de dezembro de 1991.

§ 10. O Poder Executivo fica autorizado a baixar as instruções necessárias à aplicação deste artigo, bem como a estabelecer critério alternativo para determinação do valor de mercado de títulos e valores mobiliários, se não ocorrerem negociações nos termos do § 6º.

Art. 97. Esta Lei entra em vigor na data de sua publicação e produzirá efeitos a partir de 1º de janeiro de 1992.

Art. 98. Revogam-se o artigo 44 da Lei nº 4.131, de 3 de setembro de 1962, os §§ 1º e 2º do artigo 11 da Lei nº 4.357, de 16 de julho de 1964, o artigo 2º da Lei nº 4.729, de 14 de julho de 1965, o artigo 5º do Decreto-Lei nº 1.060, de 21 de outubro de 1969, os artigos 13 e 14 da Lei nº 7.713, de 1988, os incisos III e IV e os §§ 1º e 2º do artigo 7º e o artigo 10 da Lei nº 8.023, de 1990, o inciso III e parágrafo único do artigo 11 da Lei nº 8.134, de 27 de dezembro de 1990, e o artigo 14 da Lei nº 8.137, de 27 de dezembro de 1990.

Brasília, 30 de dezembro de 1991;
170º da Independência e
103º da República.

Fernando Collor

ANEXO I À LEI Nº 8.383, DE 30 DE DEZEMBRO DE 1991

Artigo 68:

Carreira Auditoria do Tesouro Nacional

Denominação	Classe	Padrão	Quantidade
Auditor-Fiscal do Tesouro Nacional (Nível Superior)	Especial	I a III	1.500
	1ª	I a IV	3.000
	2ª	I a IV	4.500
	3ª	I a IV	6.000
Técnico do Tesouro Nacional (Nível Médio)	Especial	I a III	1.800
	1ª	I a IV	3.600
	2ª	I a IV	5.400
	3ª	I a IV	7.200

ANEXO II
ADVOCACIA-GERAL DA UNIÃO – AGU
PROCURADORIA-GERAL DA FAZENDA NACIONAL

• Anexo II com a redação dada pela Lei nº 9.028, de 12-4-1995.

Denominação	Classe	Quantidade
Procurador da Fazenda Nacional	Subprocurador-Geral	40
	1ª Categoria	155
	2ª Categoria	405

LEI Nº 8.397, DE 6 DE JANEIRO DE 1992

Institui medida cautelar fiscal e dá outras providências.

• Publicada no *DOU* de 7-1-1992 e retificada no *DOU* de 16-1-1992.

Art. 1º O procedimento cautelar fiscal poderá ser instaurado após a constituição do crédito, inclusive no curso da execução judicial da Dívida Ativa da União, dos Estados, do Distrito Federal, dos Municípios e respectivas autarquias.

• *Caput* com a redação dada pela Lei nº 9.532, de 10-12-1997.

Parágrafo único. O requerimento da medida cautelar, na hipótese dos incisos V, alínea *b*, e VII do artigo 2º, independe da prévia constituição do crédito tributário.

• Parágrafo único acrescido pela Lei nº 9.532, de 10-12-1997.

Art. 2º A medida cautelar fiscal poderá ser requerida contra o sujeito passivo de crédito tributário ou não tributário, quando o devedor:

• *Caput* com a redação dada pela Lei nº 9.532, de 10-12-1997.

I – sem domicílio certo, intenta ausentar-se ou alienar bens que possui ou deixa de pagar a obrigação no prazo fixado;

II – tendo domicílio certo, ausenta-se ou tenta se ausentar, visando a elidir o adimplemento da obrigação;

III – caindo em insolvência, aliena ou tenta alienar bens;

IV – contrai ou tenta contrair dívidas que comprometam a liquidez do seu patrimônio;

V – notificado pela Fazenda Pública para que proceda ao recolhimento do crédito fiscal:

a) deixa de pagá-lo no prazo legal, salvo se suspensa sua exigibilidade;

b) põe ou tenta pôr seus bens em nome de terceiros;

• Incisos III a V com a redação dada pela Lei nº 9.532, de 10-12-1997.

VI – possui débitos, inscritos ou não em Dívida Ativa, que somados ultrapassem trinta por cento do seu patrimônio conhecido;

○ Arts. 64 e 64-A da Lei nº 9.532, de 10-12-1997, que altera a legislação tributária federal.

VII – aliena bens ou direitos sem proceder à devida comunicação ao órgão da Fazenda Pública competente, quando exigível em virtude de Lei;

VIII – tem sua inscrição no cadastro de contribuintes declarada inapta, pelo órgão fazendário;

IX – pratica outros atos que dificultem ou impeçam a satisfação do crédito.

• Incisos VI a IX acrescidos pela Lei nº 9.532, de 10-12-1997.

Art. 3º Para a concessão da medida cautelar fiscal é essencial:

I – prova literal da constituição do crédito fiscal;

II – prova documental de algum dos casos mencionados no artigo antecedente.

Art. 4º A decretação da medida cautelar fiscal produzirá, de imediato, a indisponibilidade dos bens do requerido, até o limite da satisfação da obrigação.

○ Art. 185-A do CTN.

§ 1º Na hipótese de pessoa jurídica, a indisponibilidade recairá somente sobre os bens do ativo permanente, podendo, ainda, ser estendida aos bens do acionista controlador e aos dos que em razão do contrato social ou estatuto tenham poderes para fazer a empresa cumprir suas obrigações fiscais, ao tempo:

a) do fato gerador, nos casos de lançamento de ofício;

b) do inadimplemento da obrigação fiscal, nos demais casos.

§ 2º A indisponibilidade patrimonial poderá ser estendida em relação aos bens adquiridos a qualquer título do requerido ou daqueles que estejam ou tenham estado na função de administrador (§ 1º), desde que seja capaz de frustrar a pretensão da Fazenda Pública.

§ 3º Decretada a medida cautelar fiscal, será comunicada imediatamente ao registro público de imóveis, ao Banco Central do Brasil, à Comissão de Valores Mobiliários e às demais repartições que processem registros de transferência de bens, a fim de que, no âmbito de suas atribuições, façam cumprir a constrição judicial.

Art. 5º A medida cautelar fiscal será requerida ao juiz competente para a execução judicial da Dívida Ativa da Fazenda Pública.

Parágrafo único. Se a execução judicial estiver em Tribunal, será competente o relator do recurso.

Art. 6º A Fazenda Pública pleiteará a medida cautelar fiscal em petição devidamente fundamentada, que indicará:

I – o juiz a quem é dirigida;

II – a qualificação e o endereço, se conhecido, do requerido;

III – as provas que serão produzidas;

IV – o requerimento para citação.

Art. 7º O juiz concederá liminarmente a medida cautelar fiscal, dispensada a Fazenda Pública de justificação prévia e de prestação de caução.

Parágrafo único. Do despacho que conceder liminarmente a medida cautelar caberá agravo de instrumento.

Art. 8º O requerido será citado para, no prazo de quinze dias, contestar o pedido, indicando as provas que pretenda produzir.

Parágrafo único. Conta-se o prazo da juntada aos autos do mandado:

a) de citação, devidamente cumprido;

b) da execução da medida cautelar fiscal, quando concedida liminarmente.

Art. 9º Não sendo contestado o pedido, presumir-se-ão aceitos pelo requerido, como verdadeiros, os fatos alegados pela Fazenda Pública, caso em que o juiz decidirá em dez dias.

Parágrafo único. Se o requerido contestar no prazo legal, o juiz designará audiência de instrução e julgamento, havendo prova a ser nela produzida.

Art. 10. A medida cautelar fiscal decretada poderá ser substituída, a qualquer tempo, pela prestação de garantia correspondente ao valor da pretensão da Fazenda Pública, na forma do artigo 9º da Lei nº 6.830, de 22 de setembro de 1980.

○ Art. 17 desta Lei.

Parágrafo único. A Fazenda Pública será ouvida necessariamente sobre o pedido de substituição, no prazo de cinco dias, presumindo-se da omissão a sua aquiescência.

Art. 11. Quando a medida cautelar fiscal for concedida em procedimento preparatório, deverá a Fazenda Pública propor a execução judicial da Dívida Ativa no prazo de sessenta dias, contados da data em que a exigência se tornar irrecorrível na esfera administrativa.

Art. 12. A medida cautelar fiscal conserva a sua eficácia no prazo do artigo antecedente e na pendência do processo de execução judicial da Dívida Ativa, mas pode, a qualquer tempo, ser revogada ou modificada.

Parágrafo único. Salvo decisão em contrário, a medida cautelar fiscal conservará sua eficácia durante o período de suspensão do crédito tributário ou não tributário.

Art. 13. Cessa a eficácia da medida cautelar fiscal:

I – se a Fazenda Pública não propuser a execução judicial da Dívida Ativa no prazo fixado no artigo 11 desta Lei;

II – se não for executada dentro de trinta dias;

III – se for julgada extinta a execução judicial da Dívida Ativa da Fazenda Pública;

IV – se o requerido promover a quitação do débito que está sendo executado.

Parágrafo único. Se, por qualquer motivo, cessar a eficácia da medida, é defeso à Fazenda Pública repetir o pedido pelo mesmo fundamento.

Art. 14. Os autos do procedimento cautelar fiscal serão apensados aos do processo de execução judicial da Dívida Ativa da Fazenda Pública.

Art. 15. O indeferimento da medida cautelar fiscal não obsta a que a Fazenda Pública intente a execução judicial da Dívida Ativa, nem influi no julgamento desta, salvo se o juiz, no procedimento cautelar fiscal, acolher alegação de pagamento, de compensação, de transação, de remissão, de prescrição ou decadência, de conversão do depósito em renda, ou qualquer outra modalidade de extinção da pretensão deduzida.

Art. 16. Ressalvado o disposto no artigo 15, a sentença proferida na medida cautelar fiscal não faz coisa julgada, relativamente à execução judicial da Dívida Ativa da Fazenda Pública.

Art. 17. Da sentença que decretar a medida cautelar fiscal caberá apelação, sem efeito suspensivo, salvo se o requerido oferecer garantia na forma do artigo 10 desta Lei.

Art. 18. As disposições desta Lei aplicam-se, também, ao crédito proveniente das contribuições sociais previstas no artigo 195 da Constituição Federal.

Art. 19. Esta lei entra em vigor na data de sua publicação.

Art. 20. Revogam-se as disposições em contrário.

Brasília, 6 de janeiro de 1992;
171º da Independência e
104º da República.

Fernando Collor

LEI Nº 8.402, DE 8 DE JANEIRO DE 1992

Restabelece os incentivos fiscais que menciona e dá outras providências.

• Publicada no *DOU* de 9-1-1992.

Art. 1º São restabelecidos os seguintes incentivos fiscais:

I – incentivos à exportação decorrentes dos regimes aduaneiros especiais de que trata o art. 78, incisos I a III, do Decreto-Lei nº 37, de 18 de novembro de 1966;

II – manutenção e utilização do crédito do Imposto sobre Produtos Industrializados relativo aos insumos empregados na industrialização de produtos exportados, de que trata o art. 5º do Decreto-Lei nº 491, de 5 de março de 1969;

III – crédito do Imposto sobre Produtos Industrializados incidente sobre bens de fabricação nacional, adquiridos no mercado interno e exportados de que trata o art. 1º, inciso I, do Decreto-Lei nº 1.894, de 16 de dezembro de 1981;

IV – isenção e redução do Imposto de Importação e Imposto sobre Produtos Industrializados, a que se refere o art. 2º, incisos I e II, alíneas *a* a *f*, *h* e *j*, e o art. 3º da Lei nº 8.032, de 12 de abril de 1990;

V – isenção e redução do Imposto de Importação, em decorrência de acordos internacionais firmados pelo Brasil;

VI – isenção do Imposto sobre Produtos Industrializados na aquisição de produto nacional por Lojas Francas, de que trata o art. 15, § 3º, do Decreto-Lei nº 1.455, de 7 de abril de 1976, com a respectiva manutenção e utilização do crédito do imposto relativo aos insumos empregados na sua industrialização;

VII – *Revogado.* Lei nº 9.532, de 10-12-1997.

VIII – isenção do Imposto sobre Produtos Industrializados incidente sobre aeronaves de uso militar e suas partes e peças, bem como sobre material bélico de uso privativo das Forças Armadas, vendidos à União, de que trata o art. 1º da Lei nº 5.330, de 11 de outubro de 1967;

IX – *Revogado.* Lei nº 9.430, de 27-12-1996.

X – isenção do Imposto de Renda na Fonte incidente sobre as remessas ao exterior de juros devidos por financiamentos à exportação, de que tratam o art. 1º do Decreto-Lei nº 815, de 4 de setembro de 1969, com a redação dada pelo art. 87 da Lei nº 7.450, de 23 de dezembro de 1985, e o art. 11 do Decreto-Lei nº 2.303, de 21 de novembro de 1986;

XI – isenção do Imposto sobre Operações de Crédito, Câmbio e Seguro, ou Relativas a Títulos ou Valores Mobiliários incidente sobre operações de financiamento realizadas mediante emissão de conhecimento de depósito e warrant representativos de mercadorias depositadas para exportação em entrepostos aduaneiros, de que trata o art. 1º do Decreto-Lei nº 1.269, de 18 de abril de 1973;

XII – isenção do Imposto sobre Operações de Crédito, Câmbio e Seguro, ou Relativas a Títulos ou Valores Mobiliários incidente sobre operações de financiamento realizadas por meio de cédula e nota de crédito à exportação, de que trata o art. 2º da Lei nº 6.313, de 16 de dezembro de 1975;

XIII – isenção do Imposto sobre Operações de Crédito, Câmbio e Seguro, ou Relativas a Títulos ou Valores Mobiliários incidente sobre operações de câmbio realizadas para o pagamento de bens importados, de que trata o art. 6º do Decreto-Lei nº 2.434, de 19 de maio de 1988;

XIV – não incidência da Contribuição para o Fundo de Investimento Social (FINSOCIAL) sobre as exportações, de que trata o art. 1º, § 3º, do Decreto-Lei nº 1.940, de 25 de maio de 1982.

XV – isenção do Imposto sobre Produtos Industrializados para as embarcações com a respectiva manutenção e utilização do crédito do imposto relativo aos insumos empregados na sua industrialização, de que trata o § 2º do art. 17 do Decreto-Lei nº 2.433, de 19 de maio de 1988, com a redação dada pelo Decreto-Lei nº 2.451, de 29 de julho de 1988.

§ 1º É igualmente restabelecida a garantia de concessão dos incentivos fiscais à exportação de que trata o art. 3º do Decreto-Lei nº 1.248, de 29 de novembro de 1972, ao produtor-vendedor que efetue vendas de mercadorias a empresa comercial exportadora, para o fim específico de exportação, na forma prevista pelo art. 1º do mesmo diploma legal.

§ 2º São extensivos às embarcações, como se exportadas fossem, inclusive às contratadas, os benefícios fiscais de que tratam os incisos I a V deste artigo.

§ 3º Na aplicação do regime aduaneiro especial de drawback à industrialização de embarcação de que trata o § 2º, o prazo de suspensão dos tributos poderá ser de até sete anos.

- § 3º acrescido pela Lei nº 13.169, de 6-10-2015.

Art. 2º Os efeitos do disposto no artigo anterior retroagem a 5 de outubro de 1990.

Art. 3º As compras internas com fim exclusivamente de exportação serão comparadas e observarão o mesmo regime e tratamento fiscal que as importações desoneradas com fim exclusivamente de exportação feitas sob o regime de drawback.

§ 1º O Poder Executivo adotará as medidas necessárias para o melhor controle fiscal das operações previstas neste artigo, bem como indicará, no envio da mensagem do orçamento para 1992, a estimativa da renúncia da receita que estes incentivos acarretarão.

§ 2º VETADO.

Art. 4º No prazo de dois anos a partir da data da publicação desta lei, o Poder Executivo submeterá à apreciação do Congresso Nacional uma avaliação dos incentivos ora restabelecidos.

Art. 5º São revogados os incentivos fiscais previstos no art. 21 da Lei nº 7.232, de 29 de outubro de 1984; no art. 32 da Lei nº 7.646, de 18 de dezembro de 1987, e na Lei nº 7.752, de 14 de abril de 1989.

Brasília, 8 de janeiro de 1992;
171º da Independência e
104º da República.

Fernando Collor

RESOLUÇÃO DO SENADO FEDERAL Nº 9, DE 6 DE MAIO DE 1992

Estabelece alíquota máxima para o Imposto sobre Transmissão Causa Mortis *e Doação, de que trata a alínea* a*, inciso I, e § 1º, inciso IV do art. 155 da Constituição Federal.*

- Publicada no *DOU* de 6-5-1992.

Art. 1º A alíquota máxima do imposto de que trata a alínea *a*, inciso I, do art. 155 da Constituição Federal será de oito por cento, a partir de 1º de janeiro de 1992.

Art. 2º As alíquotas dos impostos, fixadas em lei estadual, poderão ser progressivas em função do quinhão que cada herdeiro efetivamente receber, nos termos da Constituição Federal.

Art. 3º Esta resolução entra em vigor na data de sua publicação.

Art. 4º Revogam-se as disposições em contrário.

Senado Federal, 5 de maio de 1991.

Senador Mauro Benevides
Presidente

LEI Nº 8.437, DE 30 DE JUNHO DE 1992

Dispõe sobre a concessão de medidas cautelares contra atos do Poder Público e dá outras providências.

- Publicada no *DOU* de 1º-7-1992.
- Art. 5º, XXXV, da CF.

Art. 1º Não será cabível medida liminar contra atos do Poder Público, no procedimento cautelar ou em quaisquer outras ações de natureza cautelar ou preventiva, toda vez que providência semelhante não puder ser concedida em ações de mandado de segurança, em virtude de vedação legal.

- Lei nº 9.494, de 10-9-1997, dispõe sobre aplicação da tutela antecipada contra a Fazenda Pública.
- Lei nº 12.016, de 7-8-2009 (Lei do Mandado de Segurança Individual e Coletivo)

§ 1º Não será cabível, no juízo de primeiro grau, medida cautelar inominada ou a sua liminar, quando impugnado ato de autoridade sujeita, na via de mandado de segurança, à competência originária de tribunal.

§ 2º O disposto no parágrafo anterior não se aplica aos processos de ação popular e de ação civil pública.

- Lei nº 7.347, de 24-7-1985 (Lei da Ação Civil Pública).
- Art. 22, § 2º, da Lei nº 12.016, de 7-8-2009 (Lei do Mandado de Segurança Individual e Coletivo).

§ 3º Não será cabível medida liminar que esgote, no todo ou em parte, o objeto da ação.

§ 4º Nos casos em que cabível medida liminar, sem prejuízo da comunicação ao dirigente do órgão ou entidade, o respectivo representante judicial dela será imediatamente intimado.

§ 5º Não será cabível medida liminar que defira compensação de créditos tributários ou previdenciários.

- §§ 4º e 5º acrescidos pela MP nº 2.180-35, de 24-8-2001, que até o encerramento desta edição não havia sido convertida em Lei.

Art. 2º No mandado de segurança coletivo e na ação civil pública, a liminar será concedida, quando cabível, após a audiência do representante judicial da pessoa jurídica de direito público, que deverá se pronunciar no prazo de setenta e duas horas.

- Lei nº 7.347, de 24-7-1985 (Lei da Ação Civil Pública).

- Art. 22, § 2º, da Lei nº 12.016, de 7-8-2009 (Lei do Mandado de Segurança Individual e Coletivo).

Art. 3º O recurso voluntário ou *ex officio*, interposto contra sentença em processo cautelar, proferida contra pessoa jurídica de direito público ou seus agentes, que importe em outorga ou adição de vencimentos ou de reclassificação funcional, terá efeito suspensivo.

- Lei nº 9.494, de 10-9-1997, dispõe sobre aplicação da tutela antecipada contra a Fazenda Pública.

Art. 4º Compete ao presidente do tribunal, ao qual couber o conhecimento do respectivo recurso, suspender, em despacho fundamentado, a execução da liminar nas ações movidas contra o Poder Público ou seus agentes, a requerimento do Ministério Público ou da pessoa jurídica de direito público interessada, em caso de manifesto interesse público ou de flagrante ilegitimidade, e para evitar grave lesão à ordem, à saúde, à segurança e à economia públicas.

- Art. 25 da Lei nº 8.038, de 28-5-1990, que institui normas procedimentais para os processos que especifica, perante o STJ e o STF.
- Lei nº 9.494, de 10-9-1997, dispõe sobre aplicação da tutela antecipada contra a Fazenda Pública.
- Art. 15 da Lei nº 12.016, de 7-8-2009 (Lei do Mandado de Segurança Individual e Coletivo).

§ 1º Aplica-se o disposto neste artigo à sentença proferida em processo de ação cautelar inominada, no processo de ação popular e na ação civil pública, enquanto não transitada em julgado.

§ 2º O Presidente do Tribunal poderá ouvir o autor e o Ministério Público, em setenta e duas horas.

§ 3º Do despacho que conceder ou negar a suspensão, caberá agravo, no prazo de cinco dias, que será levado a julgamento na sessão seguinte a sua interposição.

- §§ 2º e 3º com a redação dada pela MP nº 2.180-35, de 24-8-2001, que até o encerramento desta edição não havia sido convertida em Lei.

§ 4º Se do julgamento do agravo de que trata o § 3º resultar a manutenção ou o restabelecimento da decisão que se pretende suspender, caberá novo pedido de suspensão ao Presidente do Tribunal competente para conhecer de eventual recurso especial ou extraordinário.

§ 5º É cabível também o pedido de suspensão a que se refere o § 4º, quando negado provimento a agravo de instrumento interposto contra a liminar a que se refere este artigo.

§ 6º A interposição do agravo de instrumento contra liminar concedida nas ações movidas contra o Poder Público e seus agentes não prejudica nem condiciona o julgamento do pedido de suspensão a que se refere este artigo.

§ 7º O Presidente do Tribunal poderá conferir ao pedido efeito suspensivo liminar, se constatar, em juízo prévio, a plausibilidade do direito invocado e a urgência na concessão da medida.

§ 8º As liminares cujo objeto seja idêntico poderão ser suspensas em uma única decisão, podendo o Presidente do Tribunal estender os efeitos da suspensão a liminares supervenientes, mediante simples aditamento do pedido original.

§ 9º A suspensão deferida pelo Presidente do Tribunal vigorará até o trânsito em julgado da decisão de mérito na ação principal.

- §§ 4º a 9º acrescidos pela MP nº 2.180-35, de 24-8-2001, que até o encerramento desta edição não havia sido convertida em Lei.

Art. 5º Esta Lei entra em vigor na data de sua publicação.

Art. 6º Revogam-se as disposições em contrário.

Brasília, 30 de junho de 1992;
171º da Independência e
104º da República.

Fernando Collor

LEI Nº 8.629, DE 25 DE FEVEREIRO DE 1993

Dispõe sobre a regulamentação dos dispositivos constitucionais relativos à reforma agrária, previstos no Capítulo III, Título VII, da Constituição Federal.

- Publicada no *DOU* de 26-2-1993.

Art. 1º Esta Lei regulamenta e disciplina disposições relativas à reforma agrária, previstas no Capítulo III, Título VII, da Constituição Federal.

- Arts. 184 a 191 da CF.

Art. 2º A propriedade rural que não cumprir a função social prevista no art. 9º é passível de desapropriação, nos termos desta Lei, respeitados os dispositivos constitucionais.

§ 1º Compete à União desapropriar por interesse social, para fins de reforma agrária, o imóvel rural que não esteja cumprindo sua função social.

§ 2º Para os fins deste artigo, fica a União, através do órgão federal competente, autorizada a ingressar no imóvel de propriedade particular para levantamento de dados e informações, mediante prévia comunicação escrita ao proprietário, preposto ou seu representante.

- § 2º com a redação dada pela MP nº 2.183-56, de 24-8-2001, que até o encerramento desta edição não havia sido convertida em Lei.

§ 3º Na ausência do proprietário, do preposto ou do representante, a comunicação será feita mediante edital, a ser publicado, por três vezes consecutivas, em jornal de grande circulação na capital do Estado de localização do imóvel.

§ 4º Não será considerada, para os fins desta Lei, qualquer modificação, quanto ao domínio, à dimensão e às condições de uso do imóvel, introduzida ou ocorrida até seis meses após a data da comunicação para levantamento de dados e informações de que tratam os §§ 2º e 3º.

§ 5º No caso de fiscalização decorrente do exercício de poder de polícia, será dispensada a comunicação de que tratam os §§ 2º e 3º.

§ 6º O imóvel rural de domínio público ou particular objeto de esbulho possessório ou invasão motivada por conflito agrário ou fundiário de caráter coletivo não será vistoriado, avaliado ou desapropriado nos dois anos seguintes à sua desocupação, ou no dobro desse prazo, em caso de reincidência; e deverá ser apurada a responsabilidade civil e administrativa de quem concorra com qualquer ato omissivo ou comissivo que propicie o descumprimento dessas vedações.

- Súm. nº 354 do STJ.

§ 7º Será excluído do Programa de Reforma Agrária do Governo Federal quem, já estando beneficiado com lote em Projeto de Assentamento, ou sendo pretendente desse benefício na condição de inscrito em processo de cadastramento e seleção de candidatos ao acesso à terra, for efetivamente identificado como participante direto ou indireto em conflito fundiário que se caracterize por invasão ou esbulho de imóvel rural de domínio público ou privado em fase de processo administrativo de vistoria ou avaliação para fins de reforma agrária, ou que esteja sendo objeto de proces-

LEG. COMPLEMENTAR

so judicial de desapropriação em vias de imissão de posse ao ente expropriante; e bem assim quem for efetivamente identificado como participante de invasão de prédio público, de atos de ameaça, sequestro ou manutenção de servidores públicos e outros cidadãos em cárcere privado, ou de quaisquer outros atos de violência real ou pessoal praticados em tais situações.

§ 8º A entidade, a organização, a pessoa jurídica, o movimento ou a sociedade de fato que, de qualquer forma, direta ou indiretamente, auxiliar, colaborar, incentivar, incitar, induzir ou participar de invasão de imóveis rurais ou de bens públicos, ou em conflito agrário ou fundiário de caráter coletivo, não receberá, a qualquer título, recursos públicos.

§ 9º Se, na hipótese do § 8º, a transferência ou repasse dos recursos públicos já tiverem sido autorizados, assistirá ao Poder Público o direito de retenção, bem assim o de rescisão do contrato, convênio ou instrumento similar.

- §§ 3º a 9º acrescidos pela MP nº 2.183-56, de 24-8-2001, que até o encerramento desta edição não havia sido convertida em Lei.

Art. 2º-A. Na hipótese de fraude ou simulação de esbulho ou invasão, por parte do proprietário ou legítimo possuidor do imóvel, para os fins dos §§ 6º e 7º do art. 2º, o órgão executor do Programa Nacional de Reforma Agrária aplicará pena administrativa de R$ 55.000,00 (cinquenta e cinco mil reais) a R$ 535.000,00 (quinhentos e trinta e cinco mil reais) e o cancelamento do cadastro do imóvel no Sistema Nacional de Cadastro Rural, sem prejuízo das demais sanções penais e civis cabíveis.

Parágrafo único. Os valores a que se refere este artigo serão atualizados, a partir de maio de 2000, no dia 1º de janeiro de cada ano, com base na variação acumulada do Índice Geral de Preços – Disponibilidade Interna – IGP-DI, da Fundação Getúlio Vargas, no respectivo período.

- Art. 2º-A acrescido pela MP nº 2.183-56, de 24-8-2001, que até o encerramento desta edição não havia sido convertida em Lei.

Art. 3º VETADO.

§§ 1º e 2º VETADOS.

Art. 4º Para os efeitos desta Lei, conceituam-se:

I – Imóvel Rural – o prédio rústico de área contínua, qualquer que seja a sua localização, que se destine ou possa se destinar à exploração agrícola, pecuária, extrativa vegetal, florestal ou agroindustrial;

II – Pequena Propriedade – o imóvel rural:

a) de área até quatro módulos fiscais, respeitada a fração mínima de parcelamento;

- Alínea *a* com a redação dada pela Lei nº 13.465, de 11-7-2017.

b e *c)* VETADAS.

III – Média Propriedade – o imóvel rural:

a) de área superior a 4 (quatro) e até 15 (quinze) módulos fiscais;

b) VETADA.

§ 1º São insuscetíveis de desapropriação para fins de reforma agrária a pequena e a média propriedade rural, desde que o seu proprietário não possua outra propriedade rural.

- Parágrafo único transformado em § 1º pela Lei nº 13.465, de 11-7-2017.

§ 2º É obrigatória a manutenção no Sistema Nacional de Cadastro Rural (SNCR) de informações específicas sobre imóveis rurais com área de até um módulo fiscal.

- § 2º acrescido pela Lei nº 13.465, de 11-7-2017.

Art. 5º A desapropriação por interesse social, aplicável ao imóvel rural que não cumpra sua função social, importa prévia e justa indenização em títulos da dívida agrária.

§ 1º As benfeitorias úteis e necessárias serão indenizadas em dinheiro.

§ 2º O decreto que declarar o imóvel como de interesse social, para fins de reforma agrária, autoriza a União a propor ação de desapropriação.

§ 3º Os títulos da dívida agrária, que conterão cláusula assecuratória de preservação de seu valor real, serão resgatáveis a partir do segundo ano de sua emissão, em percentual proporcional ao prazo, observados os seguintes critérios:

I – do segundo ao décimo quinto ano, quando emitidos para indenização de imóvel com área de até setenta módulos fiscais;

II – do segundo ao décimo oitavo ano, quando emitidos para indenização de imóvel com área acima de setenta e até cento e cinquenta módulos fiscais; e

III – do segundo ao vigésimo ano, quando emitidos para indenização de imóvel com área superior a cento e cinquenta módulos fiscais.

- Incisos I a III com a redação dada pela MP nº 2.183-56, de 24-8-2001, que até o encerramento desta edição não havia sido convertida em Lei.

§ 4º Na hipótese de acordo administrativo ou acordo realizado no âmbito do procedimento previsto na Lei Complementar nº 76, de 6 de julho de 1993, o pagamento será efetuado de forma escalonada em Títulos da Dívida Agrária (TDA), resgatáveis em parcelas anuais, iguais e sucessivas, a partir do segundo ano de sua emissão, observadas as seguintes condições:

- *Caput* do § 4º com a redação dada pela Lei nº 13.465, de 11-7-2017.

I – imóveis com área de até três mil hectares, no prazo de cinco anos;

II – imóveis com área superior a três mil hectares:

- Incisos I e II acrescidos pela MP nº 2.183-56, de 24-8-2001, que até o encerramento desta edição não havia sido convertida em Lei.

a) o valor relativo aos primeiros três mil hectares, no prazo de cinco anos;

b) o valor relativo à área superior a três mil e até dez mil hectares, em dez anos;

c) o valor relativo à área superior a dez mil hectares até quinze mil hectares, em quinze anos; e

d) o valor da área que exceder quinze mil hectares, em vinte anos.

§ 5º Os prazos previstos no § 4º, quando iguais ou superiores a dez anos, poderão ser reduzidos em cinco anos, desde que o proprietário concorde em receber o pagamento do valor das benfeitorias úteis e necessárias integralmente em TDA.

§ 6º Aceito pelo proprietário o pagamento das benfeitorias úteis e necessárias em TDA, os prazos de resgates dos respectivos títulos serão fixados mantendo-se a mesma proporcionalidade estabelecida para aqueles relativos ao valor da terra e suas acessões naturais.

- §§ 5º e 6º acrescidos pela MP nº 2.183-56, de 24- 8-2001, que até o encerramento desta edição não havia sido convertida em Lei.

§ 7º Na aquisição por compra e venda ou na arrematação judicial de imóveis rurais destinados à implementação de projetos integrantes do Programa Nacional de Reforma Agrária, o pagamento poderá ser feito em dinheiro, na forma estabelecida em regulamento.

§ 8º Na hipótese de decisão judicial transitada em julgado fixar a indenização da terra nua ou das benfeitorias indenizáveis em valor superior ao ofertado pelo expropriante, corrigido monetariamente, a diferença será paga na forma do art. 100 da Constituição Federal.

§ 9º Se houver imissão prévia na posse e, posteriormente, for verificada divergência entre o preço ofertado em juízo e o valor do bem fixado na sentença definitiva, expressos em termos reais, sobre a diferença eventualmente apurada incidirão juros compensatórios a contar da imissão de posse, em percentual correspondente ao fixado para os títulos da dívida agrária depositados como oferta inicial para a terra nua, vedado o cálculo de juros compostos.

- §§ 7º a 9º acrescidos pela Lei nº 13.465, de 11-7-2017.

Art. 6º Considera-se propriedade produtiva aquela que, explorada econômica e racionalmente, atinge, simultaneamente, graus de utilização da terra e de eficiência na exploração, segundo índices fixados pelo órgão federal competente.

§ 1º O grau de utilização da terra, para efeito do *caput* deste artigo, deverá ser igual ou superior a 80% (oitenta por cento), calculado pela relação percentual entre a área efetivamente utilizada e a área aproveitável total do imóvel.

§ 2º O grau de eficiência na exploração da terra deverá ser igual ou superior a 100% (cem por cento), e será obtido de acordo com a seguinte sistemática:

I – para os produtos vegetais, divide-se a quantidade colhida de cada produto pelos respectivos índices de rendimento estabelecidos pelo órgão competente do Poder Executivo, para cada Microrregião Homogênea;

II – para a exploração pecuária, divide-se o número total de Unidades Animais (UA) do rebanho, pelo índice de lotação estabelecido pelo órgão competente do Poder Executivo, para cada Microrregião Homogênea;

III – a soma dos resultados obtidos na forma dos incisos I e II deste artigo, dividida pela área efetivamente utilizada e multiplicada por 100 (cem), determina o grau de eficiência na exploração.

§ 3º Consideram-se efetivamente utilizadas:

I – as áreas plantadas com produtos vegetais;

II – as áreas de pastagens nativas e plantadas, observado o índice de lotação por zona de pecuária, fixado pelo Poder Executivo;

III – as áreas de exploração extrativa vegetal ou florestal, observados os índices de rendimento estabelecidos pelo órgão competente do Poder Executivo, para cada Microrregião Homogênea, e a legislação ambiental;

IV – as áreas de exploração de florestas nativas, de acordo com plano de exploração e nas condições estabelecidas pelo órgão federal competente;

V – as áreas sob processos técnicos de formação ou recuperação de pastagens ou de culturas permanentes, tecnicamente conduzidas e devidamente comprovadas, mediante documentação e Anotação de Responsabilidade Técnica.

- Inciso V com a redação dada pela MP nº 2.183-56, de 24-8-2001, que até o encerramento desta edição não havia sido convertida em Lei.

§ 4º No caso de consórcio ou intercalação de culturas, considera-se efetivamente utilizada a área total do consórcio ou intercalação.

§ 5º No caso de mais de um cultivo no ano, com um ou mais produtos, no mesmo espaço, considera-se efetivamente utilizada a maior área usada no ano considerado.

§ 6º Para os produtos que não tenham índices de rendimentos fixados, adotar-se-á a área utilizada com esses produtos, com resultado do cálculo previsto no inciso I do § 2º deste artigo.

§ 7º Não perderá a qualificação de propriedade produtiva o imóvel que, por razões de força maior, caso fortuito ou de renovação de pastagens tecnicamente conduzida, devidamente comprovados pelo órgão competente, deixar de apresentar, no ano respectivo, os graus de eficiência na exploração, exigidos para a espécie.

§ 8º São garantidos os incentivos fiscais referentes ao Imposto Territorial Rural relacionados com os graus de utilização e de eficiência na exploração, conforme o disposto no art. 49 da Lei nº 4.504, de 30 de novembro de 1964.

Art. 7º Não será passível de desapropriação, para fins de reforma agrária, o imóvel que comprove estar sendo objeto de implantação de projeto técnico que atenda aos seguintes requisitos:

I – seja elaborado por profissional legalmente habilitado e identificado;

II – esteja cumprindo o cronograma físico-financeiro originalmente previsto, não admitidas prorrogações dos prazos;

III – preveja que, no mínimo, 80% (oitenta por cento) da área total aproveitável do imóvel esteja efetivamente utilizada em, no máximo, 3 (três) anos para as culturas anuais e 5 (cinco) anos para as culturas permanentes;

IV – haja sido aprovado pelo órgão federal competente, na forma estabelecida em regulamento, no mínimo seis meses antes da comunicação de que tratam os §§ 2º e 3º do art. 2º.

- Inciso IV com a redação dada pela MP nº 2.183-56, de 24-8-2001, que até o encerramento desta edição não havia sido convertida em Lei.

Parágrafo único. Os prazos previstos no inciso III deste artigo poderão ser prorrogados em até 50% (cinquenta por cento), desde que o projeto receba, anualmente, a aprovação do órgão competente para fiscalização e tenha sua implantação iniciada no prazo de 6 (seis) meses, contado de sua aprovação.

Art. 8º Ter-se-á como racional e adequado o aproveitamento de imóvel rural, quando esteja oficialmente destinado à execução de atividades de pesquisa e experimentação que objetivem o avanço tecnológico da agricultura.

Parágrafo único. Para os fins deste artigo só serão consideradas as propriedades que tenham destinados às atividades de pesquisa, no mínimo, 80% (oitenta por cento) da área total aproveitável do imóvel, sendo consubstanciadas tais atividades em projeto:

I – adotado pelo Poder Público, se pertencente a entidade de administração direta ou indireta, ou a empresa sob seu controle;

II – aprovado pelo Poder Público, se particular o imóvel.

Art. 9º A função social é cumprida quando a propriedade rural atende, simultaneamente, segundo graus e critérios estabelecidos nesta Lei, os seguintes requisitos:

I – aproveitamento racional e adequado;

II – utilização adequada dos recursos naturais disponíveis e preservação do meio ambiente;

III – observância das disposições que regulam as relações de trabalho;

IV – exploração que favoreça o bem-estar dos proprietários e dos trabalhadores.

§ 1º Considera-se racional e adequado o aproveitamento que atinja os graus de utilização da terra e de eficiência na exploração especificados nos §§ 1º a 7º do art. 6º desta Lei.

§ 2º Considera-se adequada a utilização dos recursos naturais disponíveis quando a exploração se faz respeitando a vocação natural da terra, de modo a manter o potencial produtivo da propriedade.

§ 3º Considera-se preservação do meio ambiente a manutenção das características próprias do meio natural e da qualidade dos recursos ambientais, na medida adequada à manutenção do equilíbrio ecológico da propriedade e da saúde e qualidade de vida das comunidades vizinhas.

§ 4º A observância das disposições que regulam as relações de trabalho implica tanto o respeito às leis trabalhistas e aos contratos coletivos de trabalho, como às disposições que disciplinam os contratos de arrendamento e parceria rurais.

§ 5º A exploração que favorece o bem-estar dos proprietários e trabalhadores rurais é a que objetiva o atendimento das necessidades básicas dos que trabalham a terra, observa as normas de segurança do trabalho e não provoca conflitos e tensões sociais no imóvel.

§ 6º VETADO.

Art. 10. Para efeito do que dispõe esta Lei, consideram-se não aproveitáveis:

I – as áreas ocupadas por construções e instalações, excetuadas aquelas destinadas a fins produtivos, como estufas, viveiros, sementeiros, tanques de reprodução e criação de peixes e outros semelhantes;

II – as áreas comprovadamente imprestáveis para qualquer tipo de exploração agrícola, pecuária, florestal ou extrativa vegetal;

III – as áreas sob efetiva exploração mineral;

IV – as áreas de efetiva preservação permanente e demais áreas protegidas por legislação relativa à conservação dos recursos naturais e à preservação do meio ambiente;

V – as áreas com remanescentes de vegetação nativa efetivamente conservada não protegidas pela legislação ambiental e não submetidas a exploração nos termos do inciso IV do § 3º do art. 6º desta Lei.

- Inciso V acrescido pela Lei nº 14.119, de 13-1-2021.

Art. 11. Os parâmetros, índices e indicadores que informam o conceito de produtividade serão ajustados, periodicamente, de modo a levar em conta o progresso científico e tecnológico da agricultura e o desenvolvimento regional, pelos Ministros de Estado do Desenvolvimento Agrário e da Agricultura e do Abastecimento, ouvido o Conselho Nacional de Política Agrícola.

- Artigo com a redação dada pela MP nº 2.183-56, de 24-8-2001, que até o encerramento desta edição não havia sido convertida em Lei.

Art. 12. Considera-se justa a indenização que reflita o preço atual de mercado do imóvel em sua totalidade, aí incluídas as terras e acessões naturais, matas e florestas e as benfeitorias indenizáveis, observados os seguintes aspectos:

I – localização do imóvel;

II – aptidão agrícola;

III – dimensão do imóvel;

IV – área ocupada e ancianidade das posses;

V – funcionalidade, tempo de uso e estado de conservação das benfeitorias.

§ 1º Verificado o preço atual de mercado da totalidade do imóvel, proceder-se-á à dedução do valor das benfeitorias indenizáveis a serem pagas em dinheiro, obtendo-se o preço da terra a ser indenizado em TDA.

§ 2º Integram o preço da terra as florestas naturais, matas nativas e qualquer outro tipo de vegetação natural, não podendo o preço apurado superar, em qualquer hipótese, o preço de mercado do imóvel.

§ 3º O Laudo de Avaliação será subscrito por Engenheiro Agrônomo com registro de Anotação de Responsabilidade Técnica – ART, respondendo o subscritor, civil, penal e administrativamente, pela superavaliação comprovada ou fraude na identificação das informações.

- Art. 12 com a redação dada pela MP nº 2.183-56, de 24-8-2001, que até o encerramento desta edição não havia sido convertida em Lei.

Art. 13. As terras rurais de domínio da União, dos Estados e dos Municípios ficam destinadas, preferencialmente, à execução de planos de reforma agrária.

Parágrafo único. Excetuando-se as reservas indígenas e os parques, somente se admitirá a existência de imóveis rurais de propriedade pública, com objetivos diversos dos previstos neste artigo, se o poder público os explorar direta ou indiretamente para pesquisa, experimentação, demonstração e fomento de atividades relativas ao desenvolvimento da agricultura, pecuária, preservação ecológica, áreas de segurança, treinamento militar, educação de todo tipo, readequação social e defesa nacional.

Arts. 14 e 15. VETADOS.

Art. 16. Efetuada a desapropriação, o órgão expropriante, dentro do prazo de 3 (três) anos, contados da data de registro do título translativo de domínio, destinará a respectiva área aos beneficiários da reforma agrária, admitindo-se, para tanto, formas de exploração individual, condominial, cooperativa, associativa ou mista.

Art. 17. O assentamento de trabalhadores rurais deverá ser realizado em terras economicamente úteis, de preferência na região por eles habitada, observado o seguinte:

- *Caput* com a redação dada pela MP nº 2.183-56, de 24-8-2001.

I – a obtenção de terras rurais destinadas à implantação de projetos de assentamento integrantes do programa de reforma agrária será precedida de estudo sobre a viabilidade econômica e a potencialidade de uso dos recursos naturais;

II – os beneficiários dos projetos de que trata o inciso I manifestarão sua concordância com as condições de obtenção das terras destinadas à implantação dos projetos de assentamento, inclusive quanto ao preço a ser pago pelo órgão federal executor do programa de reforma agrária e com relação aos recursos naturais;

III – nos projetos criados será elaborado Plano de Desenvolvimento de Assentamento – PDA, que orientará a fixação de normas técnicas para a sua implantação e os respectivos investimentos;

- Incisos I a III com a redação dada pela MP nº 2.183-56, de 24-8-2001.

IV – integrarão a clientela de trabalhadores rurais, para fins de assentamento em projetos de reforma agrária, somente aqueles que satisfizerem os requisitos fixados para seleção e classificação previstos nesta Lei; e

- Inciso IV com a redação dada pela Lei nº 13.465, de 11-7-2017.

V – a consolidação dos projetos de assentamento integrantes dos programas de reforma agrária dar-se-á com a concessão de créditos de instalação e a conclusão dos investimentos, bem como com a outorga do instrumento definitivo de titulação.

- Inciso V com a redação dada pela MP nº 2.183-56, de 24-8-2001.

§ 1º VETADO.

- Parágrafo único transformado em § 1º pela Lei nº 13.001, de 20-6-2014.

§ 2º Para a consolidação dos projetos de que trata o inciso V do *caput*, fica o Poder Executivo autorizado a conceder créditos de instalação aos assentados, nos termos do regulamento.

§ 3º Poderá ser contratada instituição financeira federal para a operacionalização da concessão referida no inciso V do *caput*, dispensada a licitação.

§ 4º As despesas relativas à concessão de crédito de que trata o inciso V do *caput* adequar-se-ão às disponibilidades orçamentárias e financeiras do órgão responsável pela execução do referido programa.

§ 5º O regulamento a que se refere o § 2º estabelecerá prazos, carências, termos, condições, rebates para liquidação e procedimentos simplificados para o cumprimento do disposto neste artigo.

- §§ 2º a 5º com a redação dada pela Lei nº 13.001, de 20-6-2014.

§ 6º Independentemente da implementação dos requisitos exigidos no inciso V do *caput* deste artigo, considera-se consolidado o projeto de assentamento que atingir o prazo de quinze anos de sua implantação, salvo por decisão fundamentada do INCRA.

§ 7º Os assentamentos que, em 1º de junho de 2017, contarem com quinze anos ou mais de criação, deverão ser consolidados em até três anos.

§ 8º A quitação dos créditos de que trata o § 2º deste artigo não é requisito para a liberação das condições resolutivas do título de domínio ou da Concessão de Direito Real de Uso (CDRU), autorizada a cobrança da dívida na forma legal.

- §§ 6º a 8º acrescidos pela Lei nº 13.465, de 11-7-2017.

Art. 18. A distribuição de imóveis rurais pela reforma agrária far-se-á por meio de títulos de domínio, concessão de uso ou concessão de direito real de uso – CDRU instituído pelo art. 7º do Decreto-Lei nº 271, de 28 de fevereiro de 1967.

- *Caput* com a redação dada pela Lei nº 13.001, de 20-6-2014.

§ 1º Os títulos de domínio e a CDRU são inegociáveis pelo prazo de dez anos, contado da data de celebração do contrato de concessão de uso ou de outro instrumento equivalente, observado o disposto nesta Lei.

- § 1º com a redação dada pela Lei nº 13.465, de 11-7-2017.

§ 2º Na implantação do projeto de assentamento, será celebrado com o beneficiário do programa de reforma agrária contrato de concessão de uso, gratuito, inegociável, de forma individual ou coletiva, que conterá cláusulas resolutivas, estipulando-se os direitos e as obrigações da entidade concedente e dos concessionários, assegurando-se a estes o direito de adquirir título de domínio ou a CDRU nos termos desta Lei.

§ 3º O título de domínio e a CDRU conterão cláusulas resolutivas e será outorgado ao beneficiário do programa de reforma agrária, de forma individual ou coletiva, após a realização dos serviços de medição e demarcação topográfica do imóvel a ser alienado.

- §§ 2º e 3º com a redação dada pela Lei nº 13.001, de 20-6-2014.

§ 4º Regulamento disporá sobre as condições e a forma de outorga dos títulos de domínio e da CDRU aos beneficiários dos projetos de assentamento do Programa Nacional de Reforma Agrária.

§ 5º O valor da alienação, na hipótese de outorga de título de domínio, considerará o tamanho da área e será estabelecido entre 10% (dez por cento) e 50% (cinquenta por cento) do valor mínimo da pauta de valores da terra nua para fins de titulação e regularização fundiária elaborada pelo INCRA, com base nos valores de imóveis avaliados para a reforma agrária, conforme regulamento.

- §§ 4º e 5º com a redação dada pela Lei nº 13.465, de 11-7-2017.

§ 6º As condições de pagamento, carência e encargos financeiros serão definidas em regulamento, não podendo ser superiores às condições estabelecidas para os financiamentos concedidos ao amparo da Lei Complementar nº 93, de 4 de fevereiro de 1998, e alcançarão os títulos de domínio cujos prazos de carência ainda não expiraram.

§ 7º A alienação de lotes de até 1 (um) módulo fiscal, em projetos de assentamento criados em terras devolutas discriminadas e registradas em nome do INCRA ou da União, ocorrerá de forma gratuita.

§ 8º São considerados não reembolsáveis:

I – os valores relativos às obras de infraestrutura de interesse coletivo;

II – aos custos despendidos com o plano de desenvolvimento do assentamento; e

III – aos serviços de medição e demarcação topográficos.

§ 9º O título de domínio ou a CDRU de que trata o *caput* poderão ser concedidos aos beneficiários com o cumprimento das obrigações estabelecidas com fundamento no inciso V do art. 17 desta Lei e no regulamento.

§ 10. Falecendo qualquer dos concessionários do contrato de concessão de uso ou de CDRU, seus herdeiros ou legatários receberão o imóvel, cuja transferência será processada administrativamente, não podendo fracioná-lo.

§ 11. Os herdeiros ou legatários que adquirirem, por sucessão, a posse do imóvel não poderão fracioná-lo.

§ 12. O órgão federal executor do programa de reforma agrária manterá atualizado o cadastro de áreas desapropriadas e das adquiridas por outros meios e de beneficiários da reforma agrária e disponibilizará os dados na rede mundial de computadores.

- §§ 6º a 12 com a redação dada pela Lei nº 13.001, de 20-6-2014.

§ 13. Os títulos de domínio, a concessão de uso ou a CDRU a que se refere o *caput* deste artigo serão conferidos ao homem, na ausência de cônjuge ou companheira, à mulher, na ausência de cônjuge ou companheiro, ou ao homem e à mulher, obrigatoriamente, nos casos de casamento ou união estável.

§ 14. Para fins de interpretação, a outorga coletiva a que se refere o § 3º deste artigo não permite a titulação, provisória ou definitiva, a pessoa jurídica.

§ 15. Os títulos emitidos sob a vigência de norma anterior poderão ter seus valores reenquadrados, de acordo com o previsto no § 5º deste artigo, mediante requerimento do interessado, observados os termos estabelecidos em regulamento e vedada a restituição de valores já pagos que eventualmente excedam o valor devido após o reenquadramento.

- §§ 13 a 15 acrescidos pela Lei nº 13.465, de 11-7-2017.

Art. 18-A. Os lotes a serem distribuídos pelo Programa Nacional de Reforma Agrária não poderão ter área superior a 2 (dois) módulos fiscais ou inferior à fração mínima de parcelamento.

- *Caput* acrescido pela Lei nº 13.001, de 20-6-2014.

§ 1º Fica o INCRA autorizado, nos assentamentos com data de criação anterior ao período de dois anos, contado retroativamente a partir de 22 de dezembro de 2016, a conferir o título de domínio ou a CDRU relativos às áreas em que ocorreram desmembramentos ou remembramentos após

LEG. COMPLEMENTAR

a concessão de uso, desde que observados os seguintes requisitos:

- *Caput* do § 1º com a redação dada pela Lei nº 13.465, de 11-7-2017.

I – observância da fração mínima de parcelamento e do limite de área de até quatro módulos fiscais por beneficiário, observado o disposto no art. 8º da Lei nº 5.868, de 12 de dezembro de 1972;

- Inciso I com a redação dada pela Lei nº 13.465, de 11-7-2017.

II – o beneficiário não possua outro imóvel a qualquer título;

III – o beneficiário preencha os requisitos exigidos no art. 3º da Lei nº 11.326, de 24 de julho de 2006; e

- Incisos II e III acrescidos pela Lei nº 13.001, de 20-6-2014.

IV – o desmembramento ou o remembramento seja anterior ao período de dois anos, contado retroativamente a partir de 22 de dezembro de 2016.

- Inciso IV com a redação dada pela Lei nº 13.465, de 11-7-2017.

§ 2º O beneficiário titulado nos termos do § 1º não fará jus aos créditos de instalação de que trata o art. 17 desta Lei.

- § 2º acrescido pela Lei nº 13.001, de 20-6-2014.

§ 3º Os títulos concedidos nos termos do § 1º deste artigo são inegociáveis pelo prazo de dez anos, contado da data de sua expedição.

- § 3º acrescido pela Lei nº 13.465, de 11-7-2017.

Art. 18-B. Identificada a ocupação ou a exploração de área objeto de projeto de assentamento por indivíduo que não se enquadre como beneficiário do Programa Nacional de Reforma Agrária, o ocupante será notificado para desocupação da área, nos termos estabelecidos em regulamento, sem prejuízo de eventual responsabilização nas esferas cível e penal.

- Art. 18-B acrescido pela Lei nº 13.465, de 11-7-2017.

Art. 19. O processo de seleção de indivíduos e famílias candidatos a beneficiários do Programa Nacional de Reforma Agrária será realizado por projeto de assentamento, observada a seguinte ordem de preferência na distribuição de lotes:

I – ao desapropriado, ficando-lhe assegurada a preferência para a parcela na qual se situe a sede do imóvel, hipótese em que esta será excluída da indenização devida pela desapropriação;

II – aos que trabalham no imóvel desapropriado como posseiros, assalariados, parceiros ou arrendatários, identificados na vistoria;

III – aos trabalhadores rurais desintrusados de outras áreas, em virtude de demarcação de terra indígena, criação de unidades de conservação, titulação de comunidade quilombola ou de outras ações de interesse público;

IV – ao trabalhador rural em situação de vulnerabilidade social que não se enquadre nas hipóteses previstas nos incisos I, II e III deste artigo;

V – ao trabalhador rural vítima de trabalho em condição análoga à de escravo;

VI – aos que trabalham como posseiros, assalariados, parceiros ou arrendatários em outros imóveis rurais;

VII – aos ocupantes de áreas inferiores à fração mínima de parcelamento.

§ 1º O processo de seleção de que trata o *caput* deste artigo será realizado pelo INCRA com ampla divulgação do edital de convocação na internet e no Município em que será instalado o projeto de assentamento, bem como nos Municípios limítrofes, na forma do regulamento.

§ 2º Nos projetos de assentamentos ambientalmente diferenciado, definidos em regulamento, o processo de seleção será restrito às famílias que já residam na área, observadas as vedações constantes do art. 20 desta Lei.

§ 3º Caso a capacidade do projeto de assentamento não atenda todos os candidatos selecionados, será elaborada lista dos candidatos excedentes, com prazo de validade de dois anos, a qual será observada de forma prioritária quando houver substituição dos beneficiários originários dos lotes, nas hipóteses de desistência, abandono ou reintegração de posse.

§ 4º Esgotada a lista dos candidatos excedentes de que trata o § 3º deste artigo ou expirada sua validade, será instaurado novo processo de seleção específico para os lotes vagos no projeto de assentamento em decorrência de desistência, abandono ou reintegração de posse.

§ 5º A situação de vulnerabilidade social do candidato a que se refere o inciso IV do *caput* deste artigo será comprovada por meio da respectiva inscrição no Cadastro Único para Programas Sociais do Governo Federal (CadÚnico), ou em outro cadastro equivalente definido em regulamento.

- Art. 19 com a redação dada pela Lei nº 13.465, de 11-7-2017.

Art. 19-A. Caberá ao INCRA, observada a ordem de preferência a que se refere o art. 19, classificar os candidatos a beneficiários do Programa Nacional de Reforma Agrária, segundo os seguintes critérios:

I – família mais numerosa cujos membros se proponham a exercer a atividade agrícola na área objeto do projeto de assentamento;

II – família ou indivíduo que resida há mais tempo no Município em que se localize a área objeto do projeto de assentamento para o qual se destine a seleção, ou nos Municípios limítrofes;

III – família chefiada por mulher;

IV – família ou indivíduo integrante de acampamento situado no Município em que se localize a área objeto do projeto de assentamento ou nos Municípios limítrofes;

V – filhos que tenham entre dezoito e vinte e nove anos idade de pais assentados que residam na área objeto do mesmo projeto de assentamento;

VI – famílias de trabalhadores rurais que residam em área objeto de projeto de assentamento na condição de agregados; e

VII – outros critérios sociais, econômicos e ambientais estabelecidos por regulamento, de acordo com as áreas de reforma agrária para as quais a seleção é realizada.

§ 1º Regulamento estabelecerá a pontuação a ser conferida aos candidatos de acordo com os critérios definidos por este artigo.

§ 2º Considera-se família chefiada por mulher aquela em que a mulher, independentemente do estado civil, seja responsável pela maior parte do sustento material de seus dependentes.

§ 3º Em caso de empate, terá preferência o candidato de maior idade.

- Art. 19-A acrescido pela Lei nº 13.465, de 11-7-2017.

Art. 20. Não poderá ser selecionado como beneficiário dos projetos de assentamento a que se refere esta Lei quem:

I – for ocupante de cargo, emprego ou função pública remunerada;

II – tiver sido excluído ou se afastado do programa de reforma agrária, de regularização fundiária ou de crédito fundiário sem consentimento de seu órgão executor;

III – for proprietário rural, exceto o desapropriado do imóvel e o agricultor cuja propriedade seja insuficiente para o sustento próprio e o de sua família;

IV – for proprietário, cotista ou acionista de sociedade empresária em atividade;

V – for menor de dezoito anos não emancipado na forma da lei civil; ou

VI – auferir renda familiar proveniente de atividade não agrária superior a três salários mínimos mensais ou superior a um salário mínimo *per capita*.

§ 1º As disposições constantes dos incisos I, II, III, IV e VI do *caput* deste artigo aplicam-se aos cônjuges e conviventes, inclusive em regime de união estável, exceto em relação ao cônjuge que, em caso de separação judicial ou de fato, não tenha sido beneficiado pelos programas de que trata o inciso II do *caput* deste artigo.

§ 2º A vedação de que trata o inciso I do *caput* deste artigo não se aplica ao candidato que preste serviços de interesse comunitário à comunidade rural ou à vizinhança da área objeto do projeto de assentamento, desde que o exercício do cargo, do emprego ou da função pública seja compatível com a exploração da parcela pelo indivíduo ou pelo núcleo familiar beneficiado.

§ 3º São considerados serviços de interesse comunitário, para os fins desta Lei, as atividades prestadas nas áreas de saúde, educação, transporte, assistência social e agrária.

§ 4º Não perderá a condição de beneficiário aquele que passe a se enquadrar nos incisos I, III, IV e VI do *caput* deste artigo, desde que a atividade assumida seja compatível com a exploração da parcela pelo indivíduo ou pelo núcleo familiar beneficiado.

- Art. 20 com a redação dada pela Lei nº 13.465, de 11-7-2017.

Art. 21. Nos instrumentos que conferem o título de domínio, concessão de uso ou CDRU, os beneficiários da reforma agrária assumirão, obrigatoriamente, o compromisso de cultivar o imóvel direta e pessoalmente, ou por meio de seu núcleo familiar, mesmo que por intermédio de cooperativas, e o de não ceder o seu uso a terceiros, a qualquer título, pelo prazo de 10 (dez) anos.

- *Caput* com a redação dada pela Lei nº 13.001, de 20-6-2014.

Parágrafo único. A família beneficiária poderá celebrar o contrato de integração de que trata a Lei nº 13.288, de 16 de maio de 2016.

- Parágrafo único acrescido pela Lei nº 13.465, de 11-7-2017.

Art. 22. Constará, obrigatoriamente, dos instrumentos translativos de domínio, de concessão de uso ou de CDRU, cláusula resolutória que preveja a rescisão do contrato e o retorno do imóvel ao órgão alienante ou concedente, no caso de descumprimento de quaisquer das obrigações assumidas pelo adquirente ou concessionário.

- *Caput* com a redação dada pela Lei nº 13.001, de 20-6-2014.

§ 1º Após transcorrido o prazo de inegociabilidade de dez anos, o imóvel objeto de título translativo de domínio somente poderá ser alienado se a nova área titulada não vier a integrar imóvel rural com área superior a quatro módulos fiscais.

§ 2º Na hipótese de a parcela titulada passar a integrar zona urbana ou de expansão urbana, o INCRA deverá priorizar a análise do requerimento de liberação das condições resolutivas.

- §§ 1º e 2º com a redação dada pela Lei nº 13.465, de 11-7-2017.

Art. 22-A. As benfeitorias, reprodutivas ou não, existentes no imóvel destinado para reforma agrária poderão ser cedidas aos beneficiários para exploração individual ou coletiva ou doadas em benefício da comunidade de assentados, na forma estabelecida em regulamento.

- Art. 22-A acrescido pela Lei nº 13.465, de 11-7-2017.

Art. 23. O estrangeiro residente no País e a pessoa jurídica autorizada a funcionar no Brasil só poderão arrendar imóvel rural na forma da Lei nº 5.709, de 7 de outubro de 1971.

§ 1º Aplicam-se ao arrendamento todos os limites, restrições e condições aplicáveis à aquisição de imóveis rurais por estrangeiro, constantes da lei referida no *caput* deste artigo.

§ 2º Compete ao Congresso Nacional autorizar tanto a aquisição ou o arrendamento além dos limites de área e percentual fixados na Lei nº 5.709, de 7 de outubro de 1971, como a aquisição ou arrendamento, por pessoa jurídica estrangeira, de área superior a 100 (cem) módulos de exploração indefinida.

Art. 24. As ações de reforma agrária devem ser compatíveis com as ações da política agrícola, das políticas sociais e das constantes no Plano Plurianual da União.

- Artigo com a redação dada pela Lei nº 13.001, de 20-6-2014.

Art. 25. O orçamento da União fixará, anualmente, o volume de títulos da dívida agrária e dos recursos destinados, no exercício, ao atendimento do Programa de Reforma Agrária.

§ 1º Os recursos destinados à exceção do Plano Nacional de Reforma Agrária deverão constar do orçamento do ministério responsável por sua implementação e do órgão executor da política de colonização e reforma agrária, salvo aqueles que, por sua natureza, exijam instituições especializadas para a sua aplicação.

§ 2º Objetivando a compatibilização dos programas de trabalho e propostas orçamentárias, o órgão executor da reforma agrária encaminhará, anualmente e em tempo hábil, aos órgãos da administração pública responsáveis por ações complementares, o programa a ser implantado no ano subsequente.

Art. 26. São isentas de impostos federais, estaduais e municipais, inclusive do Distrito Federal, as operações de transferência de imóveis desapropriados para fins de reforma agrária, bem como a transferência ao beneficiário do programa.

Art. 26-A. Não serão cobradas custas ou emolumentos para registro de títulos translativos de domínio de imóveis rurais desapropriados para fins de reforma agrária.

- Art. 26-A acrescido pela MP nº 2.183-56, de 24-8-2001, que até o encerramento desta edição não havia sido convertida em Lei.

Art. 26-B. A ocupação de lote sem autorização do INCRA em área objeto de projeto de assentamento criado há, no mínimo, dois anos, contados a partir de 22 de dezembro de 2016, poderá ser regularizada pelo INCRA, observadas as vedações constantes do art. 20 desta Lei.

§ 1º A regularização poderá ser processada a pedido do interessado ou mediante atuação, de ofício, do INCRA, desde que atendidas, cumulativamente, as seguintes condições:

I – ocupação e exploração da parcela pelo interessado há, no mínimo, um ano, contado a partir de 22 de dezembro de 2016;

LEG. COMPLEMENTAR

II – inexistência de candidatos excedentes interessados na parcela elencados na lista de selecionados de que trata o § 3º do art. 19 desta Lei para o projeto de assentamento;

III – observância pelo interessado dos requisitos de elegibilidade para ser beneficiário da reforma agrária; e

IV – quitação ou assunção pelo interessado, até a data de assinatura de novo contrato de concessão de uso, dos débitos relativos ao crédito de instalação reembolsável concedido ao beneficiário original.

§ 2º Atendidos os requisitos de que trata o § 1º deste artigo, o INCRA celebrará contrato de concessão de uso nos termos do § 2º do art. 18 desta Lei.

• Art. 26-B acrescido pela Lei nº 13.465, de 11-7-2017.

Art. 27. Esta Lei entra em vigor na data de sua publicação.

Art. 28. Revogam-se as disposições em contrário.

Brasília, 25 de fevereiro de 1993;
172º da Independência e
105º da República.

Itamar Franco

LEI Nº 8.748, DE 9 DE DEZEMBRO DE 1993

Altera a legislação reguladora do processo administrativo de determinação e exigência de créditos tributários da união, e dá outras providências.

• Publicada no *DOU* de 10-12-1993.

Art. 1º Os dispositivos a seguir, do Decreto nº 70.235, de 6 de março de 1972, que, por delegação do Decreto-Lei nº 822, de 5 de setembro de 1969, regula o processo administrativo de determinação e exigência de créditos tributários da União, passam a vigorar com a seguinte redação:

• Alterações inseridas no texto do referido Decreto.

Art. 2º São criadas dezoito Delegacias da Receita Federal especializadas nas atividades concernentes ao julgamento de processos relativos a tributos e contribuições federais administrados pela Secretaria da Receita Federal, sendo de competência dos respectivos Delegados o julgamento, em primeira instância, daqueles processos.

§ 1º As delegacias a que se refere este artigo serão instaladas, no prazo de cento e vinte dias, por ato do Ministro da Fazenda, que fixará a lotação de cada unidade, mediante aproveitamento de cargos e funções existentes, ou que venham a ser criados, na Secretaria da Receita Federal.

§ 2º Até que sejam instaladas as delegacias de que trata o *caput* deste artigo, o julgamento nele referido continuará sendo de competência dos Delegados da Receita Federal.

Art. 3º Compete aos Conselhos de Contribuintes, observada sua competência por matéria e dentro de limites de alçada fixados pelo Ministro da Fazenda:

I – julgar os recursos de ofício e voluntário de decisão de primeira instância, nos processos a que se refere o art. 1º desta lei;

II – julgar recurso voluntário de decisão de primeira instância nos processos relativos a restituição de impostos e contribuições e a ressarcimento de créditos do Imposto sobre Produtos Industrializados.

• Inciso II com a redação dada pela Lei nº 10.522, de 19-7-2002.

Art. 4º O Ministro da Fazenda expedirá as instruções necessárias à aplicação do disposto nesta lei, inclusive à adequação dos regimentos internos dos Conselhos de Contribuintes e da Câmara Superior de Recursos Fiscais.

Art. 5º As despesas decorrentes desta lei correrão à conta das dotações orçamentárias próprias do Ministério da Fazenda.

Art. 6º Esta lei entra em vigor na data de sua publicação.

Art. 7º Revogam-se os arts. 6º e 19 do Decreto nº 70.235, de 1972.

Brasília, 9 de dezembro de 1993;
172º da Independência e
105º da República.

Itamar Franco

LEI Nº 8.846, DE 21 DE JANEIRO DE 1994

Dispõe sobre a emissão de documentos fiscais e o arbitramento da receita mínima para efeitos tributários, e dá outras providências.

• Publicada no *DOU* de 24-1-1994.

Art. 1º A emissão de nota fiscal, recibo ou documento equivalente, relativo à venda de mercadorias, prestação de serviços ou operações de alienação de bens móveis, deverá ser efetuada, para efeito da legislação do Imposto sobre a Renda e proventos de qualquer natureza, no momento da efetivação da operação.

§ 1º O disposto neste artigo também alcança:

a) a locação de bens móveis e imóveis;

b) quaisquer outras transações realizadas com bens e serviços, praticadas por pessoas físicas e jurídicas.

§ 2º O Ministro da Fazenda estabelecerá, para efeito da legislação do Imposto sobre a Renda e proventos de qualquer natureza, os documentos equivalentes a nota fiscal ou recibo podendo dispensá-los quando os considerar desnecessários.

Art. 2º Caracteriza omissão de receita ou rendimentos, inclusive ganhos de capital para efeito de Imposto sobre a Renda e proventos de qualquer natureza e das contribuições sociais, incidentes sobre o lucro e o faturamento, a falta de emissão da nota fiscal, recibo ou documento equivalente, no momento da efetivação das operações a que se refere o artigo anterior, bem como a sua emissão com valor inferior ao da operação.

Arts. 3º e 4º *Revogados.* Lei nº 9.532, de 10-12-1997.

Art. 5º Em todo local onde se proceda à venda de bens ou à prestação de serviços, deverão ser afixados, em lugar visível e de fácil leitura, o teor dos artigos 1º a 4º desta Lei, além de cartazes informativos elaborados pela Secretaria da Receita Federal.

§ 1º A pessoa física ou jurídica que descumprir o disposto neste artigo ficará sujeita à multa correspondente a duzentos mil cruzeiros reais, atualizados monetariamente pela variação da Unidade Fiscal de Referência – UFIR mensal, a ser aplicada pelos órgãos de proteção ao direito do consumidor, vinculados ao Ministério da Justiça.

§ 2º A multa será reaplicada a cada dez dias se não atendida a exigência a que se refere o *caput* deste artigo.

Art. 6º Verificada por indícios a omissão de receita, a autoridade tributária poderá, para efeito de determinação da base de cálculo sujeita à incidência dos impostos federais e contribuições sociais, arbitrar a receita do contribuinte, tomando por base as receitas, apuradas em procedimento fiscal, correspondentes ao movimento diário das vendas, da prestação de serviços e de quaisquer outras operações.

§ 1º Para efeito de arbitramento da receita mínima do mês, serão identificados pela autoridade tributária os valores efetivos das receitas auferidas pelo contribuinte em três dias alternados desse mesmo mês, necessariamente representativos das variações de funcionamento do estabelecimento ou da atividade.

§ 2º A renda mensal arbitrada corresponderá à multiplicação do valor correspondente à média das receitas apuradas na forma do § 1º pelo número de dias de funcionamento do estabelecimento naquele mês.

§ 3º O critério estabelecido no § 1º poderá ser aplicado a pelo menos três meses do mesmo ano-calendário.

§ 4º No caso do parágrafo anterior, a receita média mensal das vendas, da prestação de serviços e de outras operações correspondentes aos meses arbitrados será considerada suficientemente representativa das receitas auferidas pelo contribuinte naquele estabelecimento, podendo ser utilizada, para efeitos fiscais, por até doze meses contados a partir do último mês submetido às disposições previstas no § 1º.

§ 5º A receita arbitrada a ser considerada nos meses subsequentes deverá ser atualizada monetariamente com base na variação da UFIR.

§ 6º A diferença positiva entre a receita arbitrada e a escriturada no mês será considerada na determinação da base de cálculo dos impostos federais e contribuições sociais.

§ 7º O disposto neste artigo não dispensa o contribuinte da emissão de documentário fiscal, bem como da escrituração a que estiver obrigado pela legislação comercial e fiscal.

§ 8º A diferença positiva a que se refere o § 6º não integrará a base de cálculo de quaisquer incentivos fiscais previstos na legislação tributária.

Art. 7º Presumem-se rendimentos pagos ao sócios, acionistas ou titular de firma individual as importâncias tributadas na forma do artigo anterior, deduzidas dos tributos e das contribuições sociais sobre elas incidentes.

§ 1º Os rendimentos referidos neste artigo, determinados mês a mês, submetem-se à incidência do Imposto sobre a Renda e proventos de qualquer natureza, exclusivamente na fonte, à alíquota de vinte e cinco por cento.

§ 2º O imposto incidente na fonte deverá ser pago até o terceiro dia útil do mês subsequente àquele em que os rendimentos forem considerados pagos.

§ 3º Para os efeitos do parágrafo anterior, o imposto será convertido em quantidade de UFIR diária pelo valor desta no último dia do mês a que corresponder o rendimento e reconvertido para cruzeiros reais na data do pagamento.

Art. 8º É facultado à autoridade tributária utilizar, para efeito de arbitramento a que se refere o artigo 6º, outros métodos de determinação da receita quando constatado qualquer artifício utilizado pelo contribuinte visando a frustrar a apuração da receita efetiva do seu estabelecimento.

Art. 9º O contribuinte que detiver a posse ou propriedade de bens que, por sua natureza, revelem sinais exteriores de riqueza, deverá comprovar, mediante documentação hábil e idônea, os gastos realizados a título de despesas com tributos, guarda, manutenção, conservação e demais gastos indispensáveis à utilização desses bens.

§ 1º Consideram-se bens representativos de sinais exteriores de riqueza, para os efeitos deste artigo, automóveis, iates, imóveis, cavalos de raça, aeronaves e outros bens que demandem gastos para sua utilização.

§ 2º A falta de comprovação dos gastos a que se refere este artigo ou a verificação de indícios de realização de gastos não comprovados, autorizará o arbitramento dos dispêndios em valor equivalente a até dez por cento do valor de mercado do respectivo bem, observada necessariamente a sua natureza, para cobertura de despesas realizadas durante cada ano-calendário em que o contribuinte tenha detido a sua posse ou propriedade.

§ 3º O valor arbitrado na forma do parágrafo anterior, deduzido dos gastos efetivamente comprovados, será considerado renda presumida nos anos-calendário relativos ao arbitramento.

§ 4º A diferença positiva, apurada entre a renda arbitrada e a renda disponível declarada pelo contribuinte, será considerada omissão de rendimentos e comporá a base de cálculo mensal do Imposto de Renda da pessoa física.

§ 5º No caso de pessoa jurídica, a diferença positiva entre a renda arbitrada e os gastos efetivamente comprovados será tributada na forma dos artigos 43 e 44 da Lei nº 8.541, de 23 de dezembro de 1992.

§ 6º No arbitramento, tomar-se-ão como base os preços de mercado vigentes em qualquer mês do ano-calendário a que se referir o arbitramento, convertidos em UFIR pelo valor do mês da avaliação.

§ 7º Fica autorizado o Poder Executivo a baixar tabela dos limites percentuais máximos relativos a cada um dos bens ou atividades evidenciadoras de sinais exteriores de riqueza, observados os critérios estabelecidos neste artigo.

Art. 10. Ficam convalidados os atos praticados com base nas Medidas Provisórias nº 374, de 22 de novembro de 1993, e nº 391, de 23 de dezembro de 1993.

Art. 11. Esta Lei entra em vigor na data de sua publicação.

Brasília, 21 de Janeiro de 1994;
173º da Independência e
106º da República.

Itamar Franco

LEI Nº 8.866, DE 11 DE ABRIL DE 1994

Dispõe sobre o depositário infiel de valor pertencente à Fazenda Pública e dá outras providências.

- Publicada no *DOU* de 13-4-1994.
- Art. 5º, LXVII, da CF.
- Arts. 647 a 652 do CC.

Art. 1º É depositário da Fazenda Pública, observado o disposto nos arts. 1.282, I, e 1.283 do Código Civil, a pessoa a que a legislação tributária ou previdenciária imponha a obrigação de reter ou receber de terceiro, e recolher aos cofres públicos, impostos, taxas e contribuições, inclusive à Seguridade Social.

- Refere-se ao CC/1916.
- Arts. 647, I, e 648 do CC.

§ 1º Aperfeiçoa-se o depósito na data da retenção ou recebimento do valor a que esteja obrigada a pessoa física ou jurídica.

§ 2º É depositária infiel aquele que não entrega à Fazenda Pública o valor referido neste artigo, no termo e forma fixados na legislação tributária ou previdenciária.

LEG. COMPLEMENTAR

Art. 2º Constituem prova literal para se caracterizar a situação de depositário infiel, dentre outras:

I – a declaração feita pela pessoa física ou jurídica, do valor descontado ou recebido de terceiro, constante em folha de pagamento ou em qualquer outro documento fixado na legislação tributária ou previdenciária, e não recolhido aos cofres públicos;

II – o processo administrativo findo mediante o qual se tenha constituído crédito tributário ou previdenciário, decorrente de valor descontado ou recebido de terceiro e não recolhido aos cofres públicos;

III – a certidão do crédito tributário ou previdenciário decorrente dos valores descontados ou recebidos, inscritos na dívida ativa.

Art. 3º Caracterizada a situação de depositário infiel, o Secretário da Receita Federal comunicará ao representante judicial da Fazenda Nacional para que ajuíze ação civil a fim de exigir o recolhimento do valor do imposto, taxa ou contribuição descontado, com os correspondentes acréscimos legais.

Parágrafo único. A comunicação de que trata este artigo, no âmbito dos Estados e do Distrito Federal, caberá às autoridades definidas na legislação específica dessas unidades federadas, feita aos respectivos representantes judiciais competentes; no caso do Instituto Nacional de Seguridade Social (INSS), a iniciativa caberá ao seu presidente, competindo ao representante judicial da autarquia processual de que trata este artigo.

Art. 4º Na petição inicial, instruída com a cópia autenticada, pela repartição, da prova literal do depósito de que trata o art. 2º., o representante judicial da Fazenda Nacional ou, conforme o caso, o representante judicial dos Estados, Distrito Federal ou do INSS requererá ao juízo a citação do depositário para, em dez dias:

I – recolher ou depositar a importância correspondente ao valor do imposto, taxa ou contribuição descontado ou recebido de terceiro, com os respectivos acréscimos legais;

II – contestar a ação.

§ 1º Do pedido constará, ainda, a cominação da pena de prisão.

- Súm. Vinc. nº 25 do STF.
- Súm. nº 419 do STJ.

§ 2º Não recolhida nem depositada a importância, nos termos deste artigo, o juiz, nos quinze dias seguintes à citação, decretará a prisão do depositário infiel, por não superior a noventa dias.

- Súm. Vinc. nº 25 do STF.
- Súm. nº 419 do STJ.

§ 3º A contestação deverá ser acompanhada do comprovante de depósito judicial do valor integral devido à Fazenda Pública, sob pena de o réu sofrer os efeitos da revelia.

§ 4º Contestada a ação, observar-se-á o procedimento ordinário.

Art. 5º O juiz poderá julgar antecipadamente a ação, se verificados os efeitos da revelia.

Art. 6º Julgada procedente a ação, ordenará o juiz a conversão do depósito judicial em renda ou, na sua falta, a expedição de mandado para entrega, em 24 horas, do valor exigido.

Art. 7º Quando o depositário infiel for pessoa jurídica, a prisão referida no § 2º. do art. 4º. será decretada contra seus diretores, administradores, gerentes ou empregados que movimentem recursos financeiros isolada ou conjuntamente.

parágrafo único. Tratando-se de empresa estrangeira, a prisão recairá sobre seus representantes, dirigentes e empregados no Brasil que revistam a condição mencionada neste artigo.

Art. 8º Cessará a prisão com o recolhimento do valor exigido.

Art. 9º Não se aplica ao depósito referido nesta lei o art. 1.280 do Código Civil.

- Art. 645 do CC.

Art. 10. Ficam convalidados os atos praticados com base na Medida Provisória nº. 427, de 11 de fevereiro de 1994.

Art. 11. Esta lei entra em vigor na data de sua publicação.

Art. 12. Revogam-se as disposições em contrário.

Senado Federal, 11 de abril de 1994;
173º da Independência e
106º da República.

Senador Humberto Lucena
Presidente do senado Federal

LEI Nº 8.894, DE 21 DE JUNHO DE 1994

Dispõe sobre o Imposto sobre Operações de Crédito, Câmbio e Seguro, ou relativas a Títulos e Valores Mobiliários, e dá outras providências.

- Publicada no *DOU* de 22-6-1994.

Art. 1º O Imposto sobre Operações de Crédito, Câmbio e Seguro, ou relativas a Títulos e Valores Mobiliários será cobrado à alíquota máxima de um e meio por cento ao dia, sobre o valor das operações de crédito e relativas a títulos e valores mobiliários.

§ 1º No caso de operações envolvendo contratos derivativos, a alíquota máxima é de 25% (vinte e cinco por cento) sobre o valor da operação.

§ 2º O Poder Executivo, obedecidos os limites máximos fixados neste artigo, poderá alterar as alíquotas tendo em vista os objetivos das políticas monetária e fiscal.

- §§ 1º e 2º com a redação dada pela Lei nº 12.543, de 8-12-2011.

Art. 2º Considera-se valor da operação:

I – nas operações de crédito, o valor do principal que constitua o objeto da obrigação, ou sua colocação à disposição do interessado;

- Inciso I com a redação dada pela Lei nº 11.941, de 27-5-2009.
- A Lei nº 11.941, de 27-5-2009, ao converter a MP nº 449, de 3-12-2008, não manteve as alíneas *a* e *b*.

II – nas operações relativas a títulos e valores mobiliários:

a) o valor de aquisição, resgate, cessão ou repactuação;

b) o valor do pagamento para a liquidação das operações referidas na alínea anterior, quando inferior a noventa e cinco por cento do valor inicial da operação, expressos, respectivamente, em quantidade de Unidade Fiscal de Referência – UFIR diária;

c) o valor nocional ajustado dos contratos, no caso de contratos derivativos.

- Alínea *c* com a redação dada pela Lei nº 12.543, de 8-12-2011.

§ 1º Serão acrescidos ao valor do resgate ou cessão de títulos e valores mobiliários os rendimentos periódicos recebidos pelo aplicador ou cedente durante o período da operação, atualizados pela variação acumulada da UFIR diária no período.

§ 2º O disposto no inciso II, alínea *a*, aplica-se, inclusive, às operações de financiamento realizadas em bolsas de valores, de mercadorias, de futuros e assemelhadas.

§ 3º Para fins do disposto na alínea *c* do inciso II do *caput*, considera-se como valor nocional ajustado o produto do valor de referência do contrato (valor nocional) pela variação do preço do derivativo em relação à variação do preço do seu ativo subjacente (ativo objeto).

- § 3º com a redação dada pela Lei nº 12.543, de 8-12-2011.

§ 4º A pessoa jurídica exportadora, relativamente às operações de *hedge*, poderá descontar do IOF a recolher na condição de contribuinte, devido em cada período, o IOF apurado e recolhido na forma da alínea *c* do inciso II do *caput*.

§ 5º Na impossibilidade de efetuar o desconto de que trata o § 4º, a pessoa jurídica poderá solicitar restituição ou compensar o valor correspondente com imposto e contribuições administrados pela Secretaria da Receita Federal do Brasil, exceto as contribuições sociais previstas nas alíneas *a*, *b* e *c* do parágrafo único do art. 11 da Lei nº 8.212, de 24 de julho de 1991.

§ 6º A parcela do IOF descontado ou compensado na forma deste artigo não será dedutível para fins de determinação do lucro real e da base de cálculo da Contribuição Social sobre o Lucro Líquido (CSLL).

§ 7º A Secretaria da Receita Federal do Brasil disciplinará o disposto nos §§ 4º e 5º deste artigo.

- §§ 4º e 7º acrescidos pela Lei nº 12.543, de 8-12-2011.

Art. 3º São contribuintes do imposto:

I – os tomadores de crédito, na hipótese prevista no artigo 2º, inciso I;

II – os adquirentes de títulos e valores mobiliários e os titulares de aplicações financeiras, na hipótese prevista no artigo 2º, inciso II, alínea *a*;

III – as instituições financeiras e demais instituições autorizadas a funcionar pelo Banco Central do Brasil, na hipótese prevista no artigo 2º, inciso II, alínea *b*;

IV – os titulares dos contratos, na hipótese prevista na alínea *c* do inciso II do art. 2º.

- Inciso IV com a redação dada pela Lei nº 12.543, de 8-12-2011.

Art. 4º O imposto de que trata o artigo 2º, inciso II, alínea *a*, será excluído da base de cálculo do Imposto de Renda incidente sobre o rendimento de operações com títulos e valores mobiliários, excetuadas as aplicações a que se refere o § 4º do artigo 21 da Lei nº 8.383, de 30 de dezembro de 1991.

Art. 5º O Imposto sobre Operações de Crédito, Câmbio e Seguro, ou relativas a Títulos e Valores Mobiliários – IOF, incidente sobre operações de câmbio será cobrado à alíquota de vinte e cinco por cento sobre o valor de liquidação da operação cambial.

Parágrafo único. O Poder Executivo poderá reduzir e restabelecer a alíquota fixada neste artigo, tendo em vista os objetivos das políticas monetária, cambial e fiscal.

Art. 6º São contribuintes do IOF incidente sobre operações de câmbio os compradores ou vendedores da moeda estrangeira na operação referente a transferência financeira para ou do exterior, respectivamente.

Parágrafo único. As instituições autorizadas a operar em câmbio são responsáveis pela retenção e recolhimento do imposto.

Art. 6º-A. São isentos do imposto de que trata esta Lei a Academia Brasileira de Letras, a Associação Brasileira de Imprensa e o Instituto Histórico e Geográfico Brasileiro.

- Artigo acrescido pela Lei nº 13.353, de 3-11-2016, para vigorar a partir do primeiro dia do exercício financeiro imediatamente posterior àquele em que for implementado o disposto no art. 6º da referida Lei.

Art. 7º O Poder Executivo regulamentará o disposto nesta Lei.

Art. 8º Ficam convalidados os atos praticados com base na Medida Provisória nº 487, de 29 de abril de 1994.

Art. 9º Esta Lei entra em vigor na data de sua publicação.

Art. 10. Ficam revogados o artigo 18 da Lei nº 8.088, de 31 de outubro de 1990, e, em relação ao imposto de que trata esta Lei, as isenções previstas no artigo 14 da Lei nº 8.313, de 23 de dezembro de 1991, no § 2º do artigo 21 da Lei nº 8.383, de 1991, e no artigo 16 da Lei nº 8.668, de 25 de junho de 1993.

Senado Federal, 21 de junho de 1994;
173º da Independência e
106º da República.

Humberto Lucena

LEI Nº 8.906, DE 4 DE JULHO DE 1994

Dispõe sobre o Estatuto da Advocacia e a Ordem dos Advogados do Brasil – OAB.

- Publicada no *DOU* de 5-7-1994.

TÍTULO I – DA ADVOCACIA

CAPÍTULO I
DA ATIVIDADE DE ADVOCACIA

Art. 1º São atividades privativas de advocacia:

- Art. 133 da CF.
- Art. 4º desta Lei.

I – a postulação a qualquer órgão do Poder Judiciário e aos Juizados Especiais;

- O STF, por maioria de votos, julgou parcialmente procedente a ADIN nº 1.127-8, para declarar a inconstitucionalidade da expressão "qualquer" contida neste inciso (*DOU* de 26-5-2006).
- Art. 133 da CF.
- Arts. 9º e 72 da Lei nº 9.099, de 26-9-1995 (Lei dos Juizados Especiais).

II – as atividades de consultoria, assessoria e direção jurídicas.

§ 1º Não se inclui na atividade privativa de advocacia a impetração de *habeas corpus* em qualquer instância ou Tribunal.

§ 2º Os atos e contratos constitutivos de pessoas jurídicas, sob pena de nulidade, só podem ser admitidos a registro, nos órgãos competentes, quando visados por advogados.

§ 3º É vedada a divulgação de advocacia em conjunto com outra atividade.

- Art. 16, § 2º, desta Lei.

Art. 2º O advogado é indispensável à administração da Justiça.

- Art. 133 da CF.
- Arts. 9º e 72 da Lei nº 9.099, de 26-9-1995 (Lei dos Juizados Especiais).

§ 1º No seu ministério privado, o advogado presta serviço público e exerce função social.

LEG. COMPLEMENTAR

§ 2º No processo judicial, o advogado contribui, na postulação de decisão favorável ao seu constituinte, ao convencimento do julgador, e seus atos constituem múnus público.

- Art. 9º. § 2º, da LC nº 123, de 14-12-2006 (Estatuto Nacional da Microempresa e da Empresa de Pequeno Porte).

§ 2º-A. No processo administrativo, o advogado contribui com a postulação de decisão favorável ao seu constituinte, e os seus atos constituem múnus público.

- § 2º-A acrescido pela Lei nº 14.365, de 2-6-2022.

§ 3º No exercício da profissão, o advogado é inviolável por seus atos e manifestações, nos limites desta Lei.

- Art. 7º, II, IV e XIX, e §§ 2º e 3º, desta Lei.

Art. 2º-A. O advogado pode contribuir com o processo legislativo e com a elaboração de normas jurídicas, no âmbito dos Poderes da República.

- Art. 2º-A acrescido pela Lei nº 14.365, de 2-6-2022.

Art. 3º O exercício da atividade de advocacia no território brasileiro e a denominação de advogado são privativos dos inscritos na Ordem dos Advogados do Brasil – OAB.

- Arts. 8º a 14 desta Lei.

§ 1º Exercem atividade de advocacia, sujeitando-se ao regime desta Lei, além do regime próprio a que se subordinem, os integrantes da Advocacia-Geral da União, da Procuradoria da Fazenda Nacional, da Defensoria Pública e das Procuradorias e Consultorias Jurídicas dos Estados, do Distrito Federal, dos Municípios e das respectivas entidades de administração indireta e fundacional.

- O STF, por maioria dos votos, julgou improcedente a ADIN nº 4.636, conferindo interpretação conforme à CF a este parágrafo, declarando-se inconstitucional qualquer interpretação que resulte no condicionamento da capacidade postulatória dos membros da Defensoria Pública à inscrição dos Defensores Públicos na OAB (*DOU* de 12-11-2021).

§ 2º O estagiário de advocacia, regularmente inscrito, pode praticar os atos previstos no artigo 1º, na forma do Regulamento Geral, em conjunto com o advogado e sob responsabilidade deste.

- Arts. 9º e 34, XXIX, desta Lei.

Art. 3º-A. Os serviços profissionais de advogado são, por sua natureza, técnicos e singulares, quando comprovada sua notória especialização, nos termos da lei.

Parágrafo único. Considera-se notória especialização o profissional ou a sociedade de advogados cujo conceito no campo de sua especialidade, decorrente de desempenho anterior, estudos, experiências, publicações, organização, aparelhamento, equipe técnica ou de outros requisitos relacionados com suas atividades, permita inferir que o seu trabalho é essencial e indiscutivelmente o mais adequado à plena satisfação do objeto do contrato.

- Art. 3º-A acrescido pela Lei nº 14.039, de 17-8-2020.

Art. 4º São nulos os atos privativos de advogado praticados por pessoa não inscrita na OAB, sem prejuízo das sanções civis, penais e administrativas.

- Art. 2º desta Lei.
- Arts. 9º e 72 da Lei nº 9.099, de 26-9-1995 (Lei dos Juizados Especiais).

Parágrafo único. São também nulos os atos praticados por advogado impedido, no âmbito do impedimento, suspenso, licenciado ou que passar a exercer atividade incompatível com a advocacia.

Art. 5º O advogado postula, em Juízo ou fora dele, fazendo prova do mandato.

§ 1º O advogado, afirmando urgência, pode atuar sem procuração, obrigando-se a apresentá-la no prazo de quinze dias, prorrogável por igual período.

§ 2º A procuração para o foro em geral habilita o advogado a praticar todos os atos judiciais, em qualquer Juízo ou Instância, salvo os que exijam poderes especiais.

- Art. 7º, VI, *d*, desta Lei.

§ 3º O advogado que renunciar ao mandato continuará, durante os dez dias seguintes à notificação da renúncia, a representar o mandante, salvo se for substituído antes do término desse prazo.

- Art. 34, XI, desta Lei.

§ 4º As atividades de consultoria e assessoria jurídicas podem ser exercidas de modo verbal ou por escrito, a critério do advogado e do cliente, e independem de outorga de mandato ou de formalização por contrato de honorários.

- § 4º acrescido pela Lei nº 14.365, de 2-6-2022.

CAPÍTULO II
DOS DIREITOS DO ADVOGADO

Art. 6º Não há hierarquia nem subordinação entre advogados, magistrados e membros do Ministério Público, devendo todos tratar-se com consideração e respeito recíprocos.

- Súm. Vinc. nº 14 do STF.

§ 1º As autoridades e os servidores públicos dos Poderes da República, os serventuários da Justiça e os membros do Ministério Público devem dispensar ao advogado, no exercício da profissão, tratamento compatível com a dignidade da advocacia e condições adequadas a seu desempenho, preservando e resguardando, de ofício, a imagem, a reputação e a integridade do advogado nos termos desta Lei.

- Parágrafo único renumerado para § 1º pela Lei nº 14.508, de 27-12-2022.

§ 2º Durante as audiências de instrução e julgamento realizadas no Poder Judiciário, nos procedimentos de jurisdição contenciosa ou voluntária, os advogados do autor e do requerido devem permanecer no mesmo plano topográfico e em posição equidistante em relação ao magistrado que as presidir.

- § 2º acrescido pela Lei nº 14.508, de 27-12-2022.

Art. 7º São direitos do advogado:

I – exercer, com liberdade, a profissão em todo o Território Nacional;

II – a inviolabilidade de seu escritório ou local de trabalho, bem como de seus instrumentos de trabalho, de sua correspondência escrita, eletrônica, telefônica e telemática, desde que relativas ao exercício da advocacia;

- Inciso II com a redação dada pela Lei nº 11.767, de 7-8-2008.

III – comunicar-se com seus clientes, pessoal e reservadamente, mesmo sem procuração, quando estes se acharem presos, detidos ou recolhidos em estabelecimentos civis ou militares, ainda que considerados incomunicáveis;

IV – ter a presença de representante da OAB, quando preso em flagrante, por motivo ligado ao exercício da advocacia, para lavratura do auto respectivo, sob pena de nulidade e, nos demais casos, a comunicação expressa à seccional da OAB;

V – não ser recolhido preso, antes de sentença transitada em julgado, senão em sala de Estado-Maior, com instalações e comodidades condignas, assim reconhecidas pela OAB, e, na sua falta, em prisão domiciliar;

- O STF, por maioria de votos, julgou parcialmente procedente a ADIN nº 1.127-8, para declarar a inconstitucionalidade da expressão "assim reconhecidas pela OAB" contida neste inciso (*DOU* de 26-5-2006).

VI – ingressar livremente:

a) nas salas de sessões dos Tribunais, mesmo além dos cancelos que separam a parte reservada aos magistrados;

b) nas salas e dependências de audiências, secretarias, cartórios, ofícios de justiça, serviços notariais e de registro, e, no caso de delegacias e prisões, mesmo fora da hora de expediente e independentemente da presença de seus titulares;

c) em qualquer edifício ou recinto em que funcione repartição judicial ou outro serviço público onde o advogado deva praticar ato ou colher prova ou informação útil ao exercício da atividade profissional, dentro do expediente ou fora dele, e ser atendido, desde que se ache presente qualquer servidor ou empregado;

d) em qualquer assembleia ou reunião de que participe ou possa participar o seu cliente, ou perante a qual este deva comparecer, desde que munido de poderes especiais;

VII – permanecer sentado ou em pé e retirar-se de quaisquer locais indicados no inciso anterior, independentemente de licença;

VIII – dirigir-se diretamente aos magistrados nas salas e gabinetes de trabalho, independentemente de horário previamente marcado ou outra condição, observando-se a ordem de chegada;

IX – sustentar oralmente as razões de qualquer recurso ou processo, nas sessões de julgamento, após o voto do relator, em instância judicial ou administrativa, pelo prazo de quinze minutos, salvo se prazo maior for concedido;

- O STF, por maioria de votos, julgou procedente as Ações Diretas de Inconstitucionalidade nºs 1.105-7 e 1.127-8, para declarar a inconstitucionalidade deste inciso (*DOU* de 26-5-2006).

IX-A – VETADO. Lei nº 14.365, de 2-6-2022;

X – usar da palavra, pela ordem, em qualquer tribunal judicial ou administrativo, órgão de deliberação coletiva da administração pública ou comissão parlamentar de inquérito, mediante intervenção pontual e sumária, para esclarecer equívoco ou dúvida surgida em relação a fatos, a documentos ou a afirmações que influam na decisão;

- Inciso X com a redação dada pela Lei nº 14.365, de 2-6-2022.

XI – reclamar, verbalmente ou por escrito, perante qualquer Juízo, Tribunal ou autoridade, contra a inobservância de preceito de lei, regulamento ou regimento;

XII – falar, sentado ou em pé, em Juízo, Tribunal ou órgão de deliberação coletiva da Administração Pública ou do Poder Legislativo;

XIII – examinar, em qualquer órgão dos Poderes Judiciário e Legislativo, ou da Administração Pública em geral, autos de processos findos ou em andamento, mesmo sem procuração, quando não estiverem sujeitos a sigilo ou segredo de justiça, assegurada a obtenção de cópias, com possibilidade de tomar apontamentos;

- Inciso XIII com a redação dada pela Lei nº 13.793, de 3-1-2019.
- Súm. Vinc. nº 14 do STF.

XIV – examinar, em qualquer instituição responsável por conduzir investigação, mesmo sem procuração, autos de flagrante e de investigações de qualquer natureza, findos ou em andamento, ainda que conclusos à autoridade, podendo copiar peças e tomar apontamentos, em meio físico ou digital;

- Inciso XIV com a redação dada pela Lei nº 13.245, de 12-1-2016.
- Súm. Vinc. nº 14 do STF.

XV – ter vista dos processos judiciais ou administrativos de qualquer natureza, em cartório ou na repartição competente, ou retirá-los pelos prazos legais;

XVI – retirar autos de processos findos, mesmo sem procuração, pelo prazo de dez dias;

XVII – ser publicamente desagravado, quando ofendido no exercício da profissão ou em razão dela;

XVIII – usar os símbolos privativos da profissão de advogado;

XIX – recusar-se a depor como testemunha em processo no qual funcionou ou deva funcionar, ou sobre fato relacionado com pessoa de quem seja ou foi advogado, mesmo quando autorizado ou solicitado pelo constituinte, bem como sobre fato que constitua sigilo profissional;

XX – retirar-se do recinto onde se encontre aguardando pregão para ato judicial, após trinta minutos do horário designado e ao qual ainda não tenha comparecido a autoridade que deva presidir a ele, mediante comunicação protocolizada em Juízo;

XXI – assistir a seus clientes investigados durante a apuração de infrações, sob pena de nulidade absoluta do respectivo interrogatório ou depoimento e, subsequentemente, de todos os elementos investigatórios e probatórios dele decorrentes ou derivados, direta ou indiretamente, podendo, inclusive, no curso da respectiva apuração:

- *Caput* do inciso XXI acrescido pela Lei nº 13.245, de 12-1-2016.

a) apresentar razões e quesitos;

- Alínea *a* acrescida pela Lei nº 13.245, de 12-1-2016.

b) VETADO. Lei nº 13.245, de 12-1-2016.

§§ 1º e 2º *Revogados*. Lei nº 14.365, de 2-6-2022.

§ 2º-A. VETADO. Lei nº 14.365, de 2-6-2022.

§ 2º-B. Poderá o advogado realizar a sustentação oral no recurso interposto contra a decisão monocrática de relator que julgar o mérito ou não conhecer dos seguintes recursos ou ações:

I – recurso de apelação;

II – recurso ordinário;

III – recurso especial;

IV – recurso extraordinário;

V – embargos de divergência;

VI – ação rescisória, mandado de segurança, reclamação, *habeas corpus* e outras ações de competência originária.

- § 2º-B acrescido pela Lei nº 14.365, de 2-6-2022.

§ 3º O advogado somente poderá ser preso em flagrante, por motivo de exercício da profissão, em caso de crime inafiançável, observado o disposto no inciso IV deste artigo.

§ 4º O Poder Judiciário e o Poder Executivo devem instalar, em todos os Juizados, fóruns, Tribunais, delegacias de polícia e presídios, salas especiais permanentes para os advogados, com uso e controle assegurados à OAB.

- O STF, por maioria de votos, julgou parcialmente procedente a ADIN nº 1.127-8, para declarar a inconstitucionalidade da expressão "e controle" contida neste parágrafo (*DOU* de 26-5-2006).

§ 5º No caso de ofensa a inscrito na OAB, no exercício da profissão ou de cargo ou função de órgão da OAB, o conselho competente deve promover o desagravo público do

LEG. COMPLEMENTAR

ofendido, sem prejuízo da responsabilidade criminal em que incorrer o infrator.

- A alteração que seria introduzida neste dispositivo pela Lei nº 11.767, de 7-8-2008, foi vetada, razão pela qual mantivemos a sua redação.

§ 6º Presentes indícios de autoria e materialidade da prática de crime por parte de advogado, a autoridade judiciária competente poderá decretar a quebra da inviolabilidade de que trata o inciso II do *caput* deste artigo, em decisão motivada, expedindo mandado de busca e apreensão, específico e pormenorizado, a ser cumprido na presença de representante da OAB, sendo, em qualquer hipótese, vedada a utilização dos documentos, das mídias e dos objetos pertencentes a clientes do advogado averiguado, bem como dos demais instrumentos de trabalho que contenham informações sobre clientes.

- § 6º acrescido pela Lei nº 11.767, de 7-8-2008.

§ 6º-A. A medida judicial cautelar que importe na violação do escritório ou do local de trabalho do advogado será determinada em hipótese excepcional, desde que exista fundamento em indício, pelo órgão acusatório.

§ 6º-B. É vedada a determinação da medida cautelar prevista no § 6º-A deste artigo se fundada exclusivamente em elementos produzidos em declarações do colaborador sem confirmação por outros meios de prova.

§ 6º-C. O representante da OAB referido no § 6º deste artigo tem o direito a ser respeitado pelos agentes responsáveis pelo cumprimento do mandado de busca e apreensão, sob pena de abuso de autoridade, e o dever de zelar pelo fiel cumprimento do objeto da investigação, bem como de impedir que documentos, mídias e objetos não relacionados à investigação, especialmente de outros processos do mesmo cliente ou de outros clientes que não sejam pertinentes à persecução penal, sejam analisados, fotografados, filmados, retirados ou apreendidos do escritório de advocacia.

- §§ 6º-A a 6º-C acrescidos pela Lei nº 14.365, de 2-6-2022, promulgados nos termos do art. 66, § 5º, da CF (*DOU* de 8-7-2022 – ed. extra B).

§ 6º-D. No caso de inviabilidade técnica quanto à segregação da documentação, da mídia ou dos objetos não relacionados à investigação, em razão da sua natureza ou volume, no momento da execução da decisão judicial de apreensão ou de retirada do material, a cadeia de custódia preservará o sigilo do seu conteúdo, assegurada a presença do representante da OAB, nos termos dos §§ 6º-F e 6º-G deste artigo.

§ 6º-E. Na hipótese de inobservância do § 6º-D deste artigo pelo agente público responsável pelo cumprimento do mandado de busca e apreensão, o representante da OAB fará o relatório do fato ocorrido, com a inclusão dos nomes dos servidores, dará conhecimento à autoridade judiciária e o encaminhará à OAB para a elaboração de notícia-crime.

- §§ 6º-D e 6º-E acrescidos pela Lei nº 14.365, de 2-6-2022.

§ 6º-F. É garantido o direito de acompanhamento por representante da OAB e pelo profissional investigado durante a análise dos documentos e dos dispositivos de armazenamento de informação pertencentes a advogado, apreendidos ou interceptados, em todos os atos, para assegurar o cumprimento do disposto no inciso II do *caput* deste artigo.

§ 6º-G. A autoridade responsável informará, com antecedência mínima de 24 (vinte e quatro) horas, à seccional da OAB a data, o horário e o local em que serão analisados os documentos e os equipamentos apreendidos, garantido o direito de acompanhamento, em todos os atos, pelo representante da OAB e pelo profissional investigado para assegurar o disposto no § 6º-C deste artigo.

§ 6º-H. Em casos de urgência devidamente fundamentada pelo juiz, a análise dos documentos e dos equipamentos apreendidos poderá acontecer em prazo inferior a 24 (vinte e quatro) horas, garantido o direito de acompanhamento, em todos os atos, pelo representante da OAB e pelo profissional investigado para assegurar o disposto no § 6º-C deste artigo.

- §§ 6º-F a 6º-H acrescidos pela Lei nº 14.365, de 2-6-2022, promulgados nos termos do art. 66, § 5º, da CF (*DOU* de 8-7-2022 – ed. extra B).

§ 6º-I. É vedado ao advogado efetuar colaboração premiada contra quem seja ou tenha sido seu cliente, e a inobservância disso importará em processo disciplinar, que poderá culminar com a aplicação do disposto no inciso III do *caput* do art. 35 desta Lei, sem prejuízo das penas previstas no art. 154 do Decreto-Lei nº 2.848, de 7 de dezembro de 1940 (Código Penal).

- § 6º-I acrescido pela Lei nº 14.365, de 2-6-2022.

§ 7º A ressalva constante do § 6º deste artigo não se estende a clientes do advogado averiguado que estejam sendo formalmente investigados como seus partícipes ou coautores pela prática do mesmo crime que deu causa à quebra da inviolabilidade.

- § 7º acrescido pela Lei nº 11.767, de 7-8-2008.

§§ 8º e 9º VETADOS. Lei nº 11.767, de 7-8-2008.

§ 10. Nos autos sujeitos a sigilo, deve o advogado apresentar procuração para o exercício dos direitos de que trata o inciso XIV.

§ 11. No caso previsto no inciso XIV, a autoridade competente poderá delimitar o acesso do advogado aos elementos de prova relacionados a diligências em andamento e ainda não documentados nos autos, quando houver risco de comprometimento da eficiência, da eficácia ou da finalidade das diligências.

§ 12. A inobservância aos direitos estabelecidos no inciso XIV, o fornecimento incompleto de autos ou o fornecimento de autos em que houve a retirada de peças já incluídas no caderno investigativo implicará responsabilização criminal e funcional por abuso de autoridade do responsável que impedir o acesso do advogado com o intuito de prejudicar o exercício da defesa, sem prejuízo do direito subjetivo do advogado de requerer acesso aos autos ao juiz competente.

- §§ 10 a 12 acrescidos pela Lei nº 13.245, de 12-1-2016.

§ 13. O disposto nos incisos XIII e XIV do *caput* deste artigo aplica-se integralmente a processos e a procedimentos eletrônicos, ressalvado o disposto nos §§ 10 e 11 deste artigo.

- § 13 acrescido pela Lei nº 13.793, de 3-1-2019.

§ 14. Cabe, privativamente, ao Conselho Federal da OAB, em processo disciplinar próprio, dispor, analisar e decidir sobre a prestação efetiva do serviço jurídico realizado pelo advogado.

§ 15. Cabe ao Conselho Federal da OAB dispor, analisar e decidir sobre os honorários advocatícios dos serviços jurídicos realizados pelo advogado, resguardado o sigilo, nos termos do Capítulo VI desta Lei, e observado o disposto no inciso XXXV do *caput* do art. 5º da Constituição Federal.

§ 16. É nulo, em qualquer esfera de responsabilização, o ato praticado com violação da competência privativa do Conselho Federal da OAB prevista no § 14 deste artigo.

- §§ 14 a 16 acrescidos pela Lei nº 14.365, de 2-6-2022.

Art. 7º-A. São direitos da advogada:

I – gestante:

a) entrada em tribunais sem ser submetida a detectores de metais e aparelhos de raios X;

b) reserva de vaga em garagens dos fóruns dos tribunais;

II – lactante, adotante ou que der à luz, acesso a creche, onde houver, ou a local adequado ao atendimento das necessidades do bebê;

III – gestante, lactante, adotante ou que der à luz, preferência na ordem das sustentações orais e das audiências a serem realizadas a cada dia, mediante comprovação de sua condição;

IV – adotante ou que der à luz, suspensão de prazos processuais quando for a única patrona da causa, desde que haja notificação por escrito ao cliente.

§ 1º Os direitos previstos à advogada gestante ou lactante aplicam-se enquanto perdurar, respectivamente, o estado gravídico ou o período de amamentação.

§ 2º Os direitos assegurados nos incisos II e III deste artigo à advogada adotante ou que der à luz serão concedidos pelo prazo previsto no art. 392 do Decreto-Lei nº 5.452, de 1º de maio de 1943 (Consolidação das Leis do Trabalho).

§ 3º O direito assegurado no inciso IV deste artigo à advogada adotante ou que der à luz será concedido pelo prazo previsto no § 6º do art. 313 da Lei nº 13.105, de 16 de março de 2015 (Código de Processo Civil).

• Art. 7º-A acrescido pela Lei nº 13.363, de 25-11-2016.

Art. 7º-B. Constitui crime violar direito ou prerrogativa de advogado previstos nos incisos II, III, IV e V do *caput* do art. 7º desta Lei:

• *Caput* acrescido pela Lei nº 13.869, de 5-9-2019, promulgado nos termos do art. 66, § 5º, da CF (*DOU* de 5-9-2019 – edição extra – A).

Pena – detenção, de 2 (dois) a 4 (quatro) anos, e multa.

• Pena com a redação dada pela Lei nº 14.365, de 2-6-2022.

CAPÍTULO III

DA INSCRIÇÃO

Art. 8º Para inscrição como advogado é necessário:

○ Arts. 34, XXVI, e 61, par. ún., *d*, desta Lei.

I – capacidade civil;

II – diploma ou certidão de graduação em direito, obtido em instituição de ensino oficialmente autorizada e credenciada;

III – título de eleitor e quitação do serviço militar, se brasileiro;

IV – aprovação em Exame de Ordem;

○ Art. 84 desta Lei.

V – não exercer atividade incompatível com a advocacia;

○ Arts. 27 e 28 desta Lei.

VI – idoneidade moral;

○ Art. 34, XXVII, desta Lei.

VII – prestar compromisso perante o Conselho.

§ 1º O Exame de Ordem é regulamentado em provimento do Conselho Federal da OAB.

○ Art. 58, VI, desta Lei.

§ 2º O estrangeiro ou brasileiro, quando não graduado em direito no Brasil, deve fazer prova do título de graduação, obtido em instituição estrangeira, devidamente revalidado, além de atender aos demais requisitos previstos neste artigo.

§ 3º A inidoneidade moral, suscitada por qualquer pessoa, deve ser declarada mediante decisão que obtenha no mínimo dois terços dos votos de todos os membros do conselho competente, em procedimento que observe os termos do processo disciplinar.

§ 4º Não atende ao requisito de idoneidade moral aquele que tiver sido condenado por crime infamante, salvo reabilitação judicial.

Art. 9º Para inscrição como estagiário é necessário:

○ Art. 61, par. ún., *d*, desta Lei.

I – preencher os requisitos mencionados nos incisos I, III, V, VI e VII do artigo 8º;

II – ter sido admitido em estágio profissional de advocacia.

§ 1º O estágio profissional de advocacia, com duração de dois anos, realizado nos últimos anos do curso jurídico, pode ser mantido pelas respectivas instituições de ensino superior, pelos Conselhos da OAB, ou por setores, órgãos jurídicos e de advocacia credenciados pela OAB, sendo obrigatório o estudo deste Estatuto e do Código de Ética e Disciplina.

○ Art. 72 do CC.

§ 2º A inscrição do estagiário é feita no Conselho Seccional em cujo território se localize seu curso jurídico.

§ 3º O aluno de curso jurídico que exerça atividade incompatível com a advocacia pode frequentar o estágio ministrado pela respectiva instituição de ensino superior, para fins de aprendizagem, vedada a inscrição na OAB.

○ Arts. 27 e 28 desta Lei.

§ 4º O estágio profissional poderá ser cumprido por bacharel em Direito que queira se inscrever na Ordem.

§ 5º Em caso de pandemia ou em outras situações excepcionais que impossibilitem as atividades presenciais, declaradas pelo poder público, o estágio profissional poderá ser realizado no regime de teletrabalho ou de trabalho a distância em sistema remoto ou não, por qualquer meio telemático, sem configurar vínculo de emprego a adoção de qualquer uma dessas modalidades.

§ 6º Se houver concessão, pela parte contratante ou conveniada, de equipamentos, sistemas e materiais ou reembolso de despesas de infraestrutura ou instalação, todos destinados a viabilizar a realização da atividade de estágio prevista no § 5º deste artigo, essa informação deverá constar, expressamente, do convênio de estágio e do termo de estágio.

• §§ 5º e 6º acrescidos pela Lei nº 14.365, de 2-6-2022.

Art. 10. A inscrição principal do advogado deve ser feita no Conselho Seccional em cujo território pretende estabelecer o seu domicílio profissional, na forma do Regulamento Geral.

§ 1º Considera-se domicílio profissional a sede principal da atividade de advocacia, prevalecendo, na dúvida, o domicílio da pessoa física do advogado.

§ 2º Além da principal, o advogado deve promover a inscrição suplementar nos Conselhos Seccionais em cujos territórios passar a exercer habitualmente a profissão, considerando-se habitualidade a intervenção judicial que exceder de cinco causas por ano.

§ 3º No caso de mudança efetiva de domicílio profissional para outra unidade federativa, deve o advogado requerer a transferência de sua inscrição para o Conselho Seccional correspondente.

§ 4º O Conselho Seccional deve suspender o pedido de transferência ou de inscrição suplementar, ao verificar a existência de vício ou ilegalidade na inscrição principal, contra ela representando ao Conselho Federal.

Art. 11. Cancela-se a inscrição do profissional que:

I – assim o requerer;

II – sofrer penalidade de exclusão;

○ Art. 38 desta Lei.

III – falecer;

LEG. COMPLEMENTAR

IV – passar a exercer, em caráter definitivo, atividade incompatível com a advocacia;

- Arts. 27 e 28 desta Lei.

V – perder qualquer um dos requisitos necessários para inscrição.

- Art. 8º desta Lei.

§ 1º Ocorrendo uma das hipóteses dos incisos II, III e IV, o cancelamento deve ser promovido, de ofício, pelo Conselho competente ou em virtude de comunicação por qualquer pessoa.

§ 2º Na hipótese de novo pedido de inscrição – que não restaura o número de inscrição anterior – deve o interessado fazer prova dos requisitos dos incisos I, V, VI e VII do artigo 8º.

§ 3º Na hipótese do inciso II deste artigo, o novo pedido de inscrição também deve ser acompanhado de provas de reabilitação.

Art. 12. Licencia-se o profissional que:

I – assim o requerer, por motivo justificado;

II – passar a exercer, em caráter temporário, atividade incompatível com o exercício da advocacia;

- Arts. 27 e 28 desta Lei.

III – sofrer doença mental considerada curável.

Art. 13. O documento de identidade profissional, na forma prevista no Regulamento Geral, é de uso obrigatório no exercício da atividade de advogado ou de estagiário e constitui prova de identidade civil para todos os fins legais.

Art. 14. É obrigatória a indicação do nome e do número de inscrição em todos os documentos assinados pelo advogado, no exercício de sua atividade.

Parágrafo único. É vedado anunciar ou divulgar qualquer atividade relacionada com o exercício da advocacia ou o uso da expressão "escritório de advocacia", sem indicação expressa do nome e do número de inscrição dos advogados que o integrem ou o número de registro da sociedade de advogados na OAB.

- Arts. 27 e 28 desta Lei.

CAPÍTULO IV
DA SOCIEDADE DE ADVOGADOS

Art. 15. Os advogados podem reunir-se em sociedade simples de prestação de serviços de advocacia ou constituir sociedade unipessoal de advocacia, na forma disciplinada nesta Lei e no regulamento geral.

- *Caput* com a redação dada pela Lei nº 13.247, de 12-1-2016.
- Art. 34, II, desta Lei.

§ 1º A sociedade de advogados e a sociedade unipessoal de advocacia adquirem personalidade jurídica com o registro aprovado dos seus atos constitutivos no Conselho Seccional da OAB em cuja base territorial tiver sede.

§ 2º Aplica-se à sociedade de advogados e à sociedade unipessoal de advocacia o Código de Ética e Disciplina, no que couber.

- §§ 1º e 2º com a redação dada pela Lei nº 13.247, de 12-1-2016.

§ 3º As procurações devem ser outorgadas individualmente aos advogados e indicar a sociedade de que façam parte.

§ 4º Nenhum advogado pode integrar mais de uma sociedade de advogados, constituir mais de uma sociedade unipessoal de advocacia, ou integrar, simultaneamente, uma sociedade de advogados e uma sociedade unipessoal de advocacia, com sede ou filial na mesma área territorial do respectivo Conselho Seccional.

§ 5º O ato de constituição de filial deve ser averbado no registro da sociedade e arquivado no Conselho Seccional onde se instalar, ficando os sócios, inclusive o titular da sociedade unipessoal de advocacia, obrigados à inscrição suplementar.

- §§ 4º e 5º com a redação dada pela Lei nº 13.247, de 12-1-2016.

§ 6º Os advogados sócios de uma mesma sociedade profissional não podem representar em Juízo clientes de interesses opostos.

§ 7º A sociedade unipessoal de advocacia pode resultar da concentração por um advogado das quotas de uma sociedade de advogados, independentemente das razões que motivaram tal concentração.

- § 7º acrescido pela Lei nº 13.247, de 12-1-2016.

§ 8º Nas sociedades de advogados, a escolha do sócio-administrador poderá recair sobre advogado que atue como servidor da administração direta, indireta e fundacional, desde que não esteja sujeito ao regime de dedicação exclusiva, não lhe sendo aplicável o disposto no inciso X do *caput* do art. 117 da Lei nº 8.112, de 11 de dezembro de 1990, no que se refere à sociedade de advogados.

§ 9º A sociedade de advogados e a sociedade unipessoal de advocacia deverão recolher seus tributos sobre a parcela da receita que efetivamente lhes couber, com a exclusão da receita que for transferida a outros advogados ou a sociedades que atuem em forma de parceria para o atendimento do cliente.

- §§ 8º e 9º acrescidos pela Lei nº 14.365, de 2-6-2022, promulgados nos termos do art. 66, § 5º, da CF (*DOU* de 8-7-2022 – ed. extra B).

§ 10. Cabem ao Conselho Federal da OAB a fiscalização, o acompanhamento e a definição de parâmetros e de diretrizes da relação jurídica mantida entre advogados e sociedades de advogados ou entre escritório de advogados sócios e advogado associado, inclusive no que se refere ao cumprimento dos requisitos norteadores da associação sem vínculo empregatício autorizada expressamente neste artigo.

§ 11. Não será admitida a averbação do contrato de associação que contenha, em conjunto, os elementos caracterizadores de relação de emprego previstos na Consolidação das Leis do Trabalho (CLT), aprovada pelo Decreto-Lei nº 5.452, de 1º de maio de 1943.

§ 12. A sociedade de advogados e a sociedade unipessoal de advocacia podem ter como sede, filial ou local de trabalho espaço de uso individual ou compartilhado com outros escritórios de advocacia ou empresas, desde que respeitadas as hipóteses de sigilo previstas nesta Lei e no Código de Ética e Disciplina.

- §§ 10 a 12 acrescidos pela Lei nº 14.365, de 2-6-2022.

Art. 16. Não são admitidas a registro nem podem funcionar todas as espécies de sociedades de advogados que apresentem forma ou características de sociedade empresária, que adotem denominação de fantasia, que realizem atividades estranhas à advocacia, que incluam como sócio ou titular de sociedade unipessoal de advocacia pessoa não inscrita como advogado ou totalmente proibida de advogar.

- *Caput* com a redação dada pela Lei nº 13.247, de 12-1-2016.

§ 1º A razão social deve ter, obrigatoriamente, o nome de, pelo menos, um advogado responsável pela sociedade, podendo permanecer o de sócio falecido, desde que prevista tal possibilidade no ato constitutivo.

§ 2º O impedimento ou a incompatibilidade em caráter temporário do advogado não o exclui da sociedade de advogados à qual pertença e deve ser averbado no registro da sociedade, observado o disposto nos arts. 27, 28, 29 e 30 desta Lei e proibida, em qualquer hipótese, a exploração de seu nome e de sua imagem em favor da sociedade.

- § 2º com a redação dada pela Lei nº 14.365, de 2-6-2022.
- Arts. 27 e 28 desta Lei.

§ 3º É proibido o registro, nos cartórios de registro civil de pessoas jurídicas e nas juntas comerciais, de sociedade que inclua, entre outras finalidades, a atividade de advocacia.

§ 4º A denominação da sociedade unipessoal de advocacia deve ser obrigatoriamente formada pelo nome do seu titular, completo ou parcial, com a expressão "Sociedade Individual de Advocacia".

- § 4º acrescido pela Lei nº 13.247, de 12-1-2016.

Art. 17. Além da sociedade, o sócio e o titular da sociedade individual de advocacia respondem subsidiária e ilimitadamente pelos danos causados aos clientes por ação ou omissão no exercício da advocacia, sem prejuízo da responsabilidade disciplinar em que possam incorrer.

- Artigo com a redação dada pela Lei nº 13.247, de 12-1-2016.
- Art. 389 do CC.

Art. 17-A. O advogado poderá associar-se a uma ou mais sociedades de advogados ou sociedades unipessoais de advocacia, sem que estejam presentes os requisitos legais de vínculo empregatício, para prestação de serviços e participação nos resultados, na forma do Regulamento Geral e de Provimentos do Conselho Federal da OAB.

Art. 17-B. A associação de que trata o art. 17-A desta Lei dar-se-á por meio de pactuação de contrato próprio, que poderá ser de caráter geral ou restringir-se a determinada causa ou trabalho e que deverá ser registrado no Conselho Seccional da OAB em cuja base territorial tiver sede a sociedade de advogados que dele tomar parte.

Parágrafo único. No contrato de associação, o advogado sócio ou associado e a sociedade pactuarão as condições para o desempenho da atividade advocatícia e estipularão livremente os critérios para a partilha dos resultados dela decorrentes, devendo o contrato conter, no mínimo:

I – qualificação das partes, com referência expressa à inscrição no Conselho Seccional da OAB competente;

II – especificação e delimitação do serviço a ser prestado;

III – forma de repartição dos riscos e das receitas entre as partes, vedada a atribuição da totalidade dos riscos ou das receitas exclusivamente a uma delas;

IV – responsabilidade pelo fornecimento de condições materiais e pelo custeio das despesas necessárias à execução dos serviços;

V – prazo de duração do contrato.

- Arts. 17-A e 17-B acrescidos pela Lei nº 14.365, de 2-6-2022.

CAPÍTULO V
DO ADVOGADO EMPREGADO

Art. 18. A relação de emprego, na qualidade de advogado, não retira a isenção técnica nem reduz a independência profissional inerentes à advocacia.

§ 1º O advogado empregado não está obrigado à prestação de serviços profissionais de interesse pessoal dos empregadores, fora da relação de emprego.

- Parágrafo único renumerado para § 1º pela Lei nº 14.365, de 2-6-2022.

§ 2º As atividades do advogado empregado poderão ser realizadas, a critério do empregador, em qualquer um dos seguintes regimes:

I – exclusivamente presencial: modalidade na qual o advogado empregado, desde o início da contratação, realizará o trabalho nas dependências ou locais indicados pelo empregador;

II – não presencial, teletrabalho ou trabalho a distância: modalidade na qual, desde o início da contratação, o trabalho será preponderantemente realizado fora das dependências do empregador, observado que o comparecimento nas dependências de forma não permanente, variável ou para participação em reuniões ou em eventos presenciais não descaracterizará o regime não presencial;

III – misto: modalidade na qual as atividades do advogado poderão ser presenciais, no estabelecimento do contratante ou onde este indicar, ou não presenciais, conforme as condições definidas pelo empregador em seu regulamento empresarial, independentemente de preponderância ou não.

§ 3º Na vigência da relação de emprego, as partes poderão pactuar, por acordo individual simples, a alteração de um regime para outro.

- §§ 2º e 3º acrescidos pela Lei nº 14.365, de 2-6-2022.

Art. 19. O salário mínimo profissional do advogado será fixado em sentença normativa, salvo se ajustado em acordo ou convenção coletiva de trabalho.

Art. 20. A jornada de trabalho do advogado empregado, quando prestar serviço para empresas, não poderá exceder a duração diária de 8 (oito) horas contínuas e a de 40 (quarenta) horas semanais.

- *Caput* com a redação dada pela Lei nº 14.365, de 2-6-2022.

§ 1º Para efeitos deste artigo, considera-se como período de trabalho o tempo em que o advogado estiver à disposição do empregador, aguardando ou executando ordens, no seu escritório ou em atividades externas, sendo-lhe reembolsadas as despesas feitas com transporte, hospedagem e alimentação.

§ 2º As horas trabalhadas que excederem a jornada normal são remuneradas por um adicional não inferior a cem por cento sobre o valor da hora normal, mesmo havendo contrato escrito.

§ 3º As horas trabalhadas no período das vinte horas de um dia até às cinco horas do dia seguinte são remuneradas como noturnas, acrescidas do adicional de vinte e cinco por cento.

Art. 21. Nas causas em que for parte o empregador, ou pessoa por este representada, os honorários de sucumbência são devidos aos advogados empregados.

Parágrafo único. Os honorários de sucumbência, percebidos por advogado empregado de sociedade de advogados são partilhados entre ele e a empregadora, na forma estabelecida em acordo.

- O STF, por maioria de votos, julgou parcialmente procedente a ADIN nº 1.194-4, para dar interpretação conforme a CF a este artigo e seu parágrafo único, no sentido da preservação da liberdade contratual quanto à destinação dos honorários de sucumbência fixados judicialmente (*DOU* de 28-5-2009).

CAPÍTULO VI
DOS HONORÁRIOS ADVOCATÍCIOS

Art. 22. A prestação de serviço profissional assegura aos inscritos na OAB o direito aos honorários convencionados, aos fixados por arbitramento judicial e aos de sucumbência.

- Arts. 23 e 24, §§ 2º a 4º, desta Lei.

§ 1º O advogado, quando indicado para patrocinar causa de juridicamente necessitado, no caso de impossibilidade da Defensoria Pública no local da prestação de serviço, tem di-

LEG. COMPLEMENTAR

reito aos honorários fixados pelo juiz, segundo tabela organizada pelo Conselho Seccional da OAB, e pagos pelo Estado.

§ 2º Na falta de estipulação ou de acordo, os honorários são fixados por arbitramento judicial, em remuneração compatível com o trabalho e o valor econômico da questão, observado obrigatoriamente o disposto nos §§ 2º, 3º, 4º, 5º, 6º, 6º-A, 8º, 8º-A, 9º e 10 do art. 85 da Lei nº 13.105, de 16 de março de 2015 (Código de Processo Civil).

- § 2º com a redação dada pela Lei nº 14.365, de 2-6-2022.

§ 3º Salvo estipulação em contrário, um terço dos honorários é devido no início do serviço, outro terço até a decisão de primeira instância e o restante no final.

§ 4º Se o advogado fizer juntar aos autos o seu contrato de honorários antes de expedir-se o mandado de levantamento ou precatório, o juiz deve determinar que lhe sejam pagos diretamente, por dedução da quantia a ser recebida pelo constituinte, salvo se este provar que já os pagou.

§ 5º O disposto neste artigo não se aplica quando se tratar de mandato outorgado por advogado para defesa em processo oriundo de ato ou omissão praticada no exercício da profissão.

§ 6º O disposto neste artigo aplica-se aos honorários assistenciais, compreendidos como os fixados em ações coletivas propostas por entidades de classe em substituição processual, sem prejuízo aos honorários convencionais.

§ 7º Os honorários convencionados com entidades de classe para atuação em substituição processual poderão prever a faculdade de indicar os beneficiários que, ao optarem por adquirir os direitos, assumirão as obrigações decorrentes do contrato originário a partir do momento em que este foi celebrado, sem a necessidade de mais formalidades.

- §§ 6º e 7º acrescidos pela Lei nº 13.725, de 4-10-2018.

§ 8º Consideram-se também honorários convencionados aqueles decorrentes da indicação de cliente entre advogados ou sociedade de advogados, aplicada a regra prevista no § 9º do art. 15 desta Lei.

- § 8º acrescido pela Lei nº 14.365, de 2-6-2022.

Art. 22-A. Fica permitida a dedução de honorários advocatícios contratuais dos valores acrescidos, a título de juros de mora, ao montante repassado aos Estados e aos Municípios na forma de precatórios, como complementação de fundos constitucionais.

- *Caput* do art. 22-A acrescido pela Lei nº 14.365, de 2-6-2022.

Parágrafo único. A dedução a que se refere o *caput* deste artigo não será permitida aos advogados nas causas que decorram da execução de título judicial constituído em ação civil pública ajuizada pelo Ministério Público Federal.

- Parágrafo único acrescido pela Lei nº 14.365, de 2-6-2022, promulgado nos termos do art. 66, § 5º, da CF (*DOU* de 8-7-2022 – ed. extra B).

Art. 23. Os honorários incluídos na condenação, por arbitramento ou sucumbência, pertencem ao advogado, tendo este direito autônomo para executar a sentença nesta parte, podendo requerer que o precatório, quando necessário, seja expedido em seu favor.

- O STF, por maioria dos votos, julgou parcialmente procedente a ADIN nº 6.053, para conferindo interpretação conforme a CF a este artigo, "estabelecer que a somatória dos subsídios e honorários de sucumbência percebidos mensalmente pelos advogados públicos não poderá exceder ao teto dos Ministros do Supremo Tribunal Federal, conforme o que dispõe o art. 37, XI, da CF" (*DOU* de 1º-7-2020).

- o Art. 26 desta Lei.
- o Súm. nº 306 do STJ.

Art. 24. A decisão judicial que fixar ou arbitrar honorários e o contrato escrito que os estipular são títulos executivos e constituem crédito privilegiado na falência, concordata, concurso de credores, insolvência civil e liquidação extrajudicial.

- o Art. 83, V, *c*, da Lei nº 11.101, de 9-2-2005 (Lei de Recuperação de Empresas e Falências).

§ 1º A execução dos honorários pode ser promovida nos mesmos autos da ação em que tenha atuado o advogado, se assim lhe convier.

§ 2º Na hipótese de falecimento ou incapacidade civil do advogado, os honorários de sucumbência, proporcionais ao trabalho realizado, são recebidos por seus sucessores ou representantes legais.

§ 3º É nula qualquer disposição, cláusula, regulamento ou convenção individual ou coletiva que retire do advogado o direito ao recebimento dos honorários de sucumbência.

- O STF, por unanimidade de votos, julgou parcialmente procedente a ADIN nº 1.194-4, para declarar a inconstitucionalidade deste parágrafo (*DOU* de 28-5-2009).

§ 3º-A. Nos casos judiciais e administrativos, as disposições, as cláusulas, os regulamentos ou as convenções individuais ou coletivas que retirem do sócio o direito ao recebimento dos honorários de sucumbência serão válidos somente após o protocolo de petição que revogue os poderes que lhe foram outorgados ou que noticie a renúncia a eles, e os honorários serão devidos proporcionalmente ao trabalho realizado nos processos.

- § 3º-A acrescido pela Lei nº 14.365, de 2-6-2022.

§ 4º O acordo feito pelo cliente do advogado e a parte contrária, salvo aquiescência do profissional, não lhe prejudica os honorários, quer os convencionados, quer os concedidos por sentença.

§ 5º Salvo renúncia expressa do advogado aos honorários pactuados na hipótese de encerramento da relação contratual com o cliente, o advogado mantém o direito aos honorários proporcionais ao trabalho realizado nos processos judiciais e administrativos em que tenha atuado, nos exatos termos do contrato celebrado, inclusive em relação aos eventos de sucesso que porventura venham a ocorrer após o encerramento da relação contratual.

§ 6º O distrato e a rescisão do contrato de prestação de serviços advocatícios, mesmo que formalmente celebrados, não configuram renúncia expressa aos honorários pactuados.

§ 7º Na ausência do contrato referido no § 6º deste artigo, os honorários advocatícios serão arbitrados conforme o disposto no art. 22 desta Lei.

- §§ 5º a 7º acrescidos pela Lei nº 14.365, de 2-6-2022.

Art. 24-A. No caso de bloqueio universal do patrimônio do cliente por decisão judicial, garantir-se-á ao advogado a liberação de até 20% (vinte por cento) dos bens bloqueados para fins de recebimento de honorários e reembolso de gastos com a defesa, ressalvadas as causas relacionadas aos crimes previstos na Lei nº 11.343, de 23 de agosto de 2006 (Lei de Drogas), e observado o disposto no parágrafo único do art. 243 da Constituição Federal.

§ 1º O pedido de desbloqueio de bens será feito em autos apartados, que permanecerão em sigilo, mediante a apresentação do respectivo contrato.

§ 2º O desbloqueio de bens observará, preferencialmente, a ordem estabelecida no art. 835 da Lei nº 13.105, de 16 de março de 2015 (Código de Processo Civil).

§ 3º Quando se tratar de dinheiro em espécie, de depósito ou de aplicação em instituição financeira, os valores serão transferidos diretamente para a conta do advogado ou do escritório de advocacia responsável pela defesa.

§ 4º Nos demais casos, o advogado poderá optar pela adjudicação do próprio bem ou por sua venda em hasta pública para satisfação dos honorários devidos, nos termos do art. 879 e seguintes da Lei nº 13.105, de 16 de março de 2015 (Código de Processo Civil).

§ 5º O valor excedente deverá ser depositado em conta vinculada ao processo judicial.

- Art. 24-A acrescido pela Lei nº 14.365, de 2-6-2022.

Art. 25. Prescreve em cinco anos a ação de cobrança de honorários de advogado, contado o prazo:

I – do vencimento do contrato, se houver;

II – do trânsito em julgado da decisão que os fixar;

III – da ultimação do serviço extrajudicial;

IV – da desistência ou transação;

V – da renúncia ou revogação do mandato.

Art. 25-A. Prescreve em cinco anos a ação de prestação de contas pelas quantias recebidas pelo advogado de seu cliente, ou de terceiros por conta dele (art. 34, XXI).

- Artigo acrescido pela Lei nº 11.902, de 12-1-2009.

Art. 26. O advogado substabelecido, com reserva de poderes, não pode cobrar honorários sem a intervenção daquele que lhe conferiu o substabelecimento.

Parágrafo único. O disposto no *caput* deste artigo não se aplica na hipótese de o advogado substabelecido, com reservas de poderes, possuir contrato celebrado com o cliente.

- Parágrafo único acrescido pela Lei nº 14.365, de 2-6-2022.

CAPÍTULO VII
DAS INCOMPATIBILIDADES E IMPEDIMENTOS

Art. 27. A incompatibilidade determina a proibição total, e o impedimento, a proibição parcial do exercício da advocacia.

o Arts. 4º, par. ún., e 16, § 2º, desta Lei.

Art. 28. A advocacia é incompatível, mesmo em causa própria, com as seguintes atividades:

I – chefe do Poder Executivo e membros da Mesa do Poder Legislativo e seus substitutos legais;

II – membros de órgãos do Poder Judiciário, do Ministério Público, dos Tribunais e Conselhos de Contas, dos Juizados Especiais, da Justiça de Paz, Juízes Classistas, bem como de todos os que exerçam função de julgamento em órgãos de deliberação coletiva da Administração Pública direta ou indireta;

- O STF, por maioria de votos, julgou parcialmente procedente a ADIN nº 1.127-8, para excluir apenas os juízes eleitorais e seus suplentes (*DOU* de 26-5-2006).
- EC nº 24, de 9-12-1999, extinguiu a representação pelos Juízes Classistas na Justiça do Trabalho e substituiu as Juntas de Conciliação e Julgamento por Varas de Trabalho.

o Art. 83 desta Lei.

III – ocupantes de cargos ou funções de direção em órgãos da Administração Pública direta ou indireta, em suas fundações e em suas empresas controladas ou concessionárias de serviço público;

IV – ocupantes de cargos ou funções vinculados direta ou indiretamente a qualquer órgão do Poder Judiciário e os que exercem serviços notariais e de registro;

V – ocupantes de cargos ou funções vinculados direta ou indiretamente a atividade policial de qualquer natureza;

VI – militares de qualquer natureza, na ativa;

VII – ocupantes de cargos ou funções que tenham competência de lançamento, arrecadação ou fiscalização de tributos e contribuições parafiscais;

VIII – ocupantes de funções de direção e gerência em instituições financeiras, inclusive privadas.

§ 1º A incompatibilidade permanece mesmo que o ocupante do cargo ou função deixe de exercê-lo temporariamente.

o Art. 16, § 2º, desta Lei.

§ 2º Não se incluem nas hipóteses do inciso III os que não detenham poder de decisão relevante sobre interesses de terceiro, a Juízo do Conselho competente da OAB, bem como a administração acadêmica diretamente relacionada ao magistério jurídico.

§ 3º As causas de incompatibilidade previstas nas hipóteses dos incisos V e VI do *caput* deste artigo não se aplicam ao exercício da advocacia em causa própria, estritamente para fins de defesa e tutela de direitos pessoais, desde que mediante inscrição especial na OAB, vedada a participação em sociedade de advogados.

- O STF, por unanimidade, julgou procedente a ADIN nº 7.227, para declarar a inconstitucionalidade deste parágrafo (*DOU* de 11-4-2023).

§ 4º A inscrição especial a que se refere o § 3º deste artigo deverá constar do documento profissional de registro na OAB e não isenta o profissional do pagamento da contribuição anual, de multas e de preços de serviços devidos à OAB, na forma por ela estabelecida, vedada cobrança em valor superior ao exigido para os demais membros inscritos.

- §§ 3º e 4º acrescidos pela Lei nº 14.365, de 2-6-2022.
- O STF, por unanimidade, julgou procedente a ADIN nº 7.227, para declarar a inconstitucionalidade deste parágrafo (*DOU* de 11-4-2023).

Art. 29. Os Procuradores-Gerais, Advogados-Gerais, Defensores-Gerais e dirigentes de órgãos jurídicos da Administração Pública direta, indireta e fundacional são exclusivamente legitimados para o exercício da advocacia vinculada à função que exerçam, durante o período da investidura.

Art. 30. São impedidos de exercer a advocacia:

I – os servidores da Administração direta, indireta e fundacional, contra a Fazenda Pública que os remunere ou à qual seja vinculada a entidade empregadora;

II – os membros do Poder Legislativo, em seus diferentes níveis, contra ou a favor das pessoas jurídicas de direito público, empresas públicas, sociedades de economia mista, fundações públicas, entidades paraestatais ou empresas concessionárias ou permissionárias de serviço público.

Parágrafo único. Não se incluem nas hipóteses do inciso I os docentes dos cursos jurídicos.

CAPÍTULO VIII
DA ÉTICA DO ADVOGADO

Art. 31. O advogado deve proceder de forma que o torne merecedor de respeito e que contribua para o prestígio da classe e da advocacia.

§ 1º O advogado, no exercício da profissão, deve manter independência em qualquer circunstância.

§ 2º Nenhum receio de desagradar a magistrado ou a qualquer autoridade, nem de incorrer em impopularidade, deve deter o advogado no exercício da profissão.

Art. 32. O advogado é responsável pelos atos que, no exercício profissional, praticar com dolo ou culpa.

o Art. 17 desta Lei.

o Art. 389 do CC.

Parágrafo único. Em caso de lide temerária, o advogado será solidariamente responsável com seu cliente, desde que coligado com este para lesar a parte contrária, o que será apurado em ação própria.

Art. 33. O advogado obriga-se a cumprir rigorosamente os deveres consignados no Código de Ética e Disciplina.

Parágrafo único. O Código de Ética e Disciplina regula os deveres do advogado para com a comunidade, o cliente, o outro profissional e, ainda, a publicidade, a recusa do patrocínio, o dever de assistência jurídica, o dever geral de urbanidade e os respectivos procedimentos disciplinares.

CAPÍTULO IX
DAS INFRAÇÕES E SANÇÕES DISCIPLINARES

Art. 34. Constitui infração disciplinar:

I – exercer a profissão, quando impedido de fazê-lo, ou facilitar, por qualquer meio, o seu exercício aos não inscritos, proibidos ou impedidos;

- Arts. 28 a 30 e 36, I, desta Lei.

II – manter sociedade profissional fora das normas e preceitos estabelecidos nesta Lei;

- Arts. 15 a 17 e 36, I, desta Lei.

III – valer-se de agenciador de causas, mediante participação nos honorários a receber;

- Art. 36, I, desta Lei.

IV – angariar ou captar causas, com ou sem a intervenção de terceiros;

- Art. 36, I, desta Lei.

V – assinar qualquer escrito destinado a processo judicial ou para fim extrajudicial que não tenha feito, ou em que não tenha colaborado;

- Art. 36, I, desta Lei.

VI – advogar contra literal disposição de lei, presumindo-se a boa-fé quando fundamentado na inconstitucionalidade, na injustiça da lei ou em pronunciamento judicial anterior;

- Arts. 32, par. ún., e 36, I, desta Lei.

VII – violar, sem justa causa, sigilo profissional;

- Arts. 7º, XIX, e 36, I, desta Lei.

VIII – estabelecer entendimento com a parte adversa sem autorização do cliente ou ciência do advogado contrário;

- Art. 36, I, desta Lei.

IX – prejudicar, por culpa grave, interesse confiado ao seu patrocínio;

- Art. 36, I, desta Lei.

X – acarretar, conscientemente, por ato próprio, a anulação ou a nulidade do processo em que funcione;

- Art. 36, I, desta Lei.

XI – abandonar a causa sem justo motivo ou antes de decorridos dez dias da comunicação da renúncia;

- Arts. 5º, § 3º, e 36, I, desta Lei.

XII – recusar-se a prestar, sem justo motivo, assistência jurídica, quando nomeado em virtude de impossibilidade da Defensoria Pública;

- Arts. 22, § 1º, e 36, I, desta Lei.

XIII – fazer publicar na imprensa, desnecessária e habitualmente, alegações forenses ou relativas a causas pendentes;

- Art. 36, I, desta Lei.

XIV – deturpar o teor de dispositivo de lei, de citação doutrinária ou de julgado, bem como de depoimentos, documentos e alegações da parte contrária, para confundir o adversário ou iludir o juiz da causa;

- Art. 36, I, desta Lei.

XV – fazer, em nome do constituinte, sem autorização escrita deste, imputação a terceiro de fato definido como crime;

- Art. 36, I, desta Lei.

XVI – deixar de cumprir, no prazo estabelecido, determinação emanada do órgão ou autoridade da Ordem, em matéria da competência desta, depois de regularmente notificado;

- Art. 36, I, desta Lei.

XVII – prestar concurso a clientes ou a terceiros para realização de ato contrário à lei ou destinado a fraudá-la;

- Art. 37, I, desta Lei.

XVIII – solicitar ou receber de constituinte qualquer importância para aplicação ilícita ou desonesta;

- Art. 37, I, desta Lei.

XIX – receber valores, da parte contrária ou de terceiro, relacionados com o objeto do mandato, sem expressa autorização do constituinte;

- Art. 37, I, desta Lei.

XX – locupletar-se, por qualquer forma, à custa do cliente ou da parte adversa, por si ou interposta pessoa;

- Art. 37, I, desta Lei.

XXI – recusar-se, injustificadamente, a prestar contas ao cliente de quantias recebidas dele ou de terceiros por conta dele;

- Arts. 25-A e 37, I e § 2º, desta Lei.

XXII – reter, abusivamente, ou extraviar autos recebidos com vista ou em confiança;

- Arts. 7º, § 1º, item 3, e 37, I, desta Lei.

XXIII – deixar de pagar as contribuições, multas e preços de serviços devidos à OAB, depois de regularmente notificado a fazê-lo;

- Art. 37, I, e § 2º, desta Lei.

XXIV – incidir em erros reiterados que evidenciem inépcia profissional;

- Art. 37, I e § 3º, desta Lei.

XXV – manter conduta incompatível com a advocacia;

- Arts. 28, 31 e 37, I, desta Lei.

XXVI – fazer falsa prova de qualquer dos requisitos para inscrição na OAB;

- Arts. 8º e 38, II, desta Lei.

XXVII – tornar-se moralmente inidôneo para o exercício da advocacia;

- Arts. 8º, § 3º, e 38, II, desta Lei.

XXVIII – praticar crime infamante;

- Arts. 8º, § 4º, e 38, II, desta Lei.

XXIX – praticar, o estagiário, ato excedente de sua habilitação.

- Arts. 3º, § 2º, e 36, I, desta Lei.

Parágrafo único. Inclui-se na conduta incompatível:

a) prática reiterada de jogo de azar, não autorizado por lei;
b) incontinência pública e escandalosa;
c) embriaguez ou toxicomania habituais.

Art. 35. As sanções disciplinares consistem em:

I – censura;
II – suspensão;
III – exclusão;
IV – multa.

Parágrafo único. As sanções devem constar dos assentamentos do inscrito, após o trânsito em julgado da decisão, não podendo ser objeto de publicidade a de censura.

Art. 36. A censura é aplicável nos casos de:

I – infrações definidas nos incisos I a XVI e XXIX do artigo 34;

II – violação a preceito do Código de Ética e Disciplina;

III – violação a preceito desta Lei, quando para a infração não se tenha estabelecido sanção mais grave.

Parágrafo único. A censura pode ser convertida em advertência, em ofício reservado, sem registro nos assentamentos do inscrito, quando presente circunstância atenuante.

Art. 37. A suspensão é aplicável nos casos de:

I – infrações definidas nos incisos XVII a XXV do artigo 34;

II – reincidência em infração disciplinar.

§ 1º A suspensão acarreta ao infrator a interdição do exercício profissional, em todo o território nacional, pelo prazo de trinta dias a doze meses, de acordo com os critérios de individualização previstos neste Capítulo.

§ 2º Nas hipóteses dos incisos XXI e XXIII do artigo 34, a suspensão perdura até que satisfaça integralmente a dívida, inclusive com correção monetária.

§ 3º Na hipótese do inciso XXIV do artigo 34, a suspensão perdura até que preste novas provas de habilitação.

Art. 38. A exclusão é aplicável nos casos de:

I – aplicação, por três vezes, de suspensão;

II – infrações definidas nos incisos XXVI a XXVIII do artigo 34.

Parágrafo único. Para a aplicação da sanção disciplinar de exclusão é necessária a manifestação favorável de dois terços dos membros do Conselho Seccional competente.

Art. 39. A multa, variável entre o mínimo correspondente ao valor de uma anuidade e o máximo de seu décuplo, é aplicável cumulativamente com a censura ou suspensão, em havendo circunstâncias agravantes.

Art. 40. Na aplicação das sanções disciplinares são consideradas, para fins de atenuação, as seguintes circunstâncias, entre outras:

I – falta cometida na defesa de prerrogativa profissional;

II – ausência de punição disciplinar anterior;

III – exercício assíduo e proficiente de mandato ou cargo em qualquer órgão da OAB;

IV – prestação de relevantes serviços à advocacia ou à causa pública.

Parágrafo único. Os antecedentes profissionais do inscrito, as atenuantes, o grau de culpa por ele revelado, as circunstâncias e as consequências da infração são considerados para o fim de decidir:

a) sobre a conveniência da aplicação cumulativa da multa e de outra sanção disciplinar;

b) sobre o tempo de suspensão e o valor da multa aplicáveis.

Art. 41. É permitido ao que tenha sofrido qualquer sanção disciplinar requerer, um ano após seu cumprimento, a reabilitação, em face de provas efetivas de bom comportamento.

Parágrafo único. Quando a sanção disciplinar resultar da prática de crime, o pedido de reabilitação depende também da correspondente reabilitação criminal.

Art. 42. Fica impedido de exercer o mandato o profissional a quem forem aplicadas as sanções disciplinares de suspensão ou exclusão.

- Art. 4º, par. ún., desta Lei.

Art. 43. A pretensão à punibilidade das infrações disciplinares prescreve em cinco anos, contados da data da constatação oficial do fato.

§ 1º Aplica-se a prescrição a todo processo disciplinar paralisado por mais de três anos, pendente de despacho ou julgamento, devendo ser arquivado de ofício, ou a requerimento da parte interessada, sem prejuízo de serem apuradas as responsabilidades pela paralisação.

§ 2º A prescrição interrompe-se:

I – pela instauração de processo disciplinar ou pela notificação válida feita diretamente ao representado;

II – pela decisão condenatória recorrível de qualquer órgão julgador da OAB.

TÍTULO II – DA ORDEM DOS ADVOGADOS DO BRASIL

CAPÍTULO I

DOS FINS E DA ORGANIZAÇÃO

Art. 44. A Ordem dos Advogados do Brasil – OAB, serviço público, dotada de personalidade jurídica e forma federativa, tem por finalidade:

I – defender a Constituição, a ordem jurídica do Estado democrático de direito, os direitos humanos, a justiça social, e pugnar pela boa aplicação das leis, pela rápida administração da Justiça e pelo aperfeiçoamento da cultura e das instituições jurídicas;

II – promover, com exclusividade, a representação, a defesa, a seleção e a disciplina dos advogados em toda a República Federativa do Brasil.

§ 1º A OAB não mantém com órgãos da Administração Pública qualquer vínculo funcional ou hierárquico.

§ 2º O uso da sigla "OAB" é privativo da Ordem dos Advogados do Brasil.

Art. 45. São órgãos da OAB:

I – o Conselho Federal;

- Arts. 51 a 55 desta Lei.

II – os Conselhos Seccionais;

- Arts. 56 a 59 desta Lei.

III – as Subseções;

- Arts. 60 e 61 desta Lei.

IV – as Caixas de Assistência dos Advogados.

- Art. 62 desta Lei.

§ 1º O Conselho Federal, dotado de personalidade jurídica própria, com sede na capital da República, é o órgão supremo da OAB.

§ 2º Os Conselhos Seccionais, dotados de personalidade jurídica própria, têm jurisdição sobre os respectivos territórios dos Estados-Membros, do Distrito Federal e dos Territórios.

§ 3º As Subseções são partes autônomas do Conselho Seccional, na forma desta Lei e de seu ato constitutivo.

§ 4º As Caixas de Assistência dos Advogados, dotadas de personalidade jurídica própria, são criadas pelos Conselhos Seccionais, quando estes contarem com mais de mil e quinhentos inscritos.

§ 5º A OAB, por constituir serviço público, goza de imunidade tributária total em relação a seus bens, rendas e serviços.

§ 6º Os atos, as notificações e as decisões dos órgãos da OAB, salvo quando reservados ou de administração interna, serão publicados no *Diário Eletrônico da Ordem dos Advoga-*

dos do Brasil, a ser disponibilizado na internet, podendo ser afixados no fórum local, na íntegra ou em resumo.

- § 6º com redação dada pela Lei nº 13.688, de 3-7-2018.

Art. 46. Compete à OAB fixar e cobrar, de seus inscritos, contribuições, preços de serviços e multas.

Parágrafo único. Constitui título executivo extrajudicial a certidão passada pela diretoria do Conselho competente, relativa a crédito previsto neste artigo.

Art. 47. O pagamento da contribuição anual à OAB isenta os inscritos nos seus quadros do pagamento obrigatório da contribuição sindical.

Art. 48. O cargo de conselheiro ou de membro de diretoria de órgão da OAB é de exercício gratuito e obrigatório, considerado serviço público relevante, inclusive para fins de disponibilidade e aposentadoria.

Art. 49. Os Presidentes dos Conselhos e das Subseções da OAB têm legitimidade para agir, judicial e extrajudicialmente, contra qualquer pessoa que infringir as disposições ou os fins desta Lei.

Parágrafo único. As autoridades mencionadas no *caput* deste artigo têm, ainda, legitimidade para intervir, inclusive como assistentes, nos inquéritos e processos em que sejam indiciados, acusados ou ofendidos os inscritos na OAB.

Art. 50. Para os fins desta Lei, os Presidentes dos Conselhos da OAB e das Subseções podem requisitar cópias de peças de autos e documentos a qualquer Tribunal, magistrado, cartório e órgão da Administração Pública direta, indireta e fundacional.

- O STF, por maioria de votos, julgou parcialmente procedente a ADIN nº 1.127-8, para, sem redução de texto, dar interpretação conforme ao dispositivo, de modo a fazer compreender a palavra "requisitar" como dependente de motivação, compatibilização com as finalidades da lei e atendimento de custos desta requisição, ressalvados os documentos cobertos por sigilo (*DOU* de 26-5-2006).

CAPÍTULO II
DO CONSELHO FEDERAL

Art. 51. O Conselho Federal compõe-se:

I – dos conselheiros federais, integrantes das delegações de cada unidade federativa;

II – dos seus ex-Presidentes, na qualidade de membros honorários vitalícios.

§ 1º Cada delegação é formada por três conselheiros federais.

§ 2º Os ex-Presidentes têm direito apenas a voz nas sessões.

- Art. 81 desta Lei.

§ 3º O Instituto dos Advogados Brasileiros e a Federação Nacional dos Institutos dos Advogados do Brasil são membros honorários, somente com direito a voz nas sessões do Conselho Federal.

- § 3º acrescido pela Lei nº 14.365, de 2-6-2022, promulgado nos termos do art. 66, § 5º, da CF (*DOU* de 8-7-2022 – ed. extra B).

Art. 52. Os Presidentes dos Conselhos Seccionais, nas sessões do Conselho Federal, têm lugar reservado junto à delegação respectiva e direito somente a voz.

Art. 53. O Conselho Federal tem sua estrutura e funcionamento definidos no Regulamento Geral da OAB.

§ 1º O Presidente, nas deliberações do Conselho, tem apenas o voto de qualidade.

- Art. 55, § 3º, desta Lei.

§ 2º O voto é tomado por delegação, e não pode ser exercido nas matérias de interesse da unidade que represente.

§ 3º Na eleição para a escolha da Diretoria do Conselho Federal, cada membro da delegação terá direito a 1 (um) voto, vedado aos membros honorários vitalícios.

- § 3º acrescido pela Lei nº 11.179, de 22-9-2005.

Art. 54. Compete ao Conselho Federal:

I – dar cumprimento efetivo às finalidades da OAB;

II – representar, em Juízo ou fora dele, os interesses coletivos ou individuais dos advogados;

III – velar pela dignidade, independência, prerrogativas e valorização da advocacia;

IV – representar, com exclusividade, os advogados brasileiros nos órgãos e eventos internacionais da advocacia;

V – editar e alterar o Regulamento Geral, o Código de Ética e Disciplina, e os Provimentos que julgar necessários;

VI – adotar medidas para assegurar o regular funcionamento dos Conselhos Seccionais;

VII – intervir nos Conselhos Seccionais, onde e quando constatar grave violação desta Lei ou do Regulamento Geral;

VIII – cassar ou modificar, de ofício ou mediante representação, qualquer ato, de órgão ou autoridade da OAB, contrário a esta Lei, ao Regulamento Geral, ao Código de Ética e Disciplina, e aos provimentos, ouvida a autoridade ou o órgão em causa;

IX – julgar, em grau de recurso, as questões decididas pelos Conselhos Seccionais, nos casos previstos neste Estatuto e no Regulamento Geral;

X – dispor sobre a identificação dos inscritos na OAB e sobre os respectivos símbolos privativos;

XI – apreciar o relatório anual e deliberar sobre o balanço e as contas de sua diretoria;

XII – homologar ou mandar suprir relatório anual, o balanço e as contas dos Conselhos Seccionais;

XIII – elaborar as listas constitucionalmente previstas, para o preenchimento dos cargos nos Tribunais Judiciários de âmbito nacional ou interestadual, com advogados que estejam em pleno exercício da profissão, vedada a inclusão de nome de membro do próprio Conselho ou de outro órgão da OAB;

- Art. 94, *caput*, da CF.

XIV – ajuizar Ação Direta de Inconstitucionalidade de normas legais e atos normativos, Ação Civil Pública, Mandado de Segurança Coletivo, Mandado de Injunção e demais ações cuja legitimação lhe seja outorgada por lei;

- Art. 103, VII, da CF.

XV – colaborar com o aperfeiçoamento dos cursos jurídicos, e opinar, previamente, nos pedidos apresentados aos órgãos competentes para criação, reconhecimento ou credenciamento desses cursos;

XVI – autorizar, pela maioria absoluta das delegações, a oneração ou alienação de seus bens imóveis;

XVII – participar de concursos públicos, nos casos previstos na Constituição e na lei, em todas as suas fases, quando tiverem abrangência nacional ou interestadual;

- Art. 93, I, da CF.

XVIII – resolver os casos omissos neste Estatuto;

XIX – fiscalizar, acompanhar e definir parâmetros e diretrizes da relação jurídica mantida entre advogados e sociedades de advogados ou entre escritório de advogados sócios e advogado associado, inclusive no que se refere ao cumprimento dos requisitos norteadores da associação sem vínculo empregatício;

XX – promover, por intermédio da Câmara de Mediação e Arbitragem, a solução sobre questões atinentes à relação entre advogados sócios ou associados e homologar, caso necessário, quitações de honorários entre advogados e sociedades de advogados, observado o disposto no inciso XXXV do *caput* do art. 5º da Constituição Federal.

• Incisos XIX e XX acrescidos pela Lei nº 14.365, de 2-6-2022.

Parágrafo único. A intervenção referida no inciso VII deste artigo depende de prévia aprovação por dois terços das delegações, garantido o amplo direito de defesa do Conselho Seccional respectivo, nomeando-se diretoria provisória para o prazo que se fixar.

Art. 55. A diretoria do Conselho Federal é composta de um Presidente, de um Vice-Presidente, de um Secretário Geral, de um Secretário-Geral Adjunto e de um Tesoureiro.

§ 1º O Presidente exerce a representação nacional e internacional da OAB, competindo-lhe convocar o Conselho Federal, presidi-lo, representá-lo ativa e passivamente, em Juízo ou fora dele, promover-lhe a administração patrimonial e dar execução às suas decisões.

§ 2º O Regulamento Geral define as atribuições dos membros da diretoria e a ordem de substituição em caso de vacância, licença, falta ou impedimento.

§ 3º Nas deliberações do Conselho Federal, os membros da diretoria votam como membros de suas delegações, cabendo ao Presidente, apenas, o voto de qualidade e o direito de embargar a decisão, se esta não for unânime.

○ Art. 53, § 1º, desta Lei.

CAPÍTULO III
DO CONSELHO SECCIONAL

Art. 56. O Conselho Seccional compõe-se de conselheiros em número proporcional ao de seus inscritos, segundo critérios estabelecidos no Regulamento Geral.

§ 1º São membros honorários vitalícios os seus ex-Presidentes, somente com direito a voz em suas sessões.

○ Art. 81 desta Lei.

§ 2º O Presidente do Instituto dos Advogados local é membro honorário, somente com direito a voz nas sessões do Conselho.

§ 3º Quando presentes às sessões do Conselho Seccional, o Presidente do Conselho Federal, os Conselheiros Federais integrantes da respectiva delegação, o Presidente da Caixa de Assistência dos Advogados e os Presidentes das Subseções têm direito a voz.

Art. 57. O Conselho Seccional exerce e observa, no respectivo território, as competências, vedações e funções atribuídas ao Conselho Federal, no que couber e no âmbito de sua competência material e territorial, e as normas gerais estabelecidas nesta Lei, no Regulamento Geral, no Código de Ética e Disciplina, e nos Provimentos.

Art. 58. Compete privativamente ao Conselho Seccional:

I – editar seu Regimento Interno e Resoluções;

II – criar as Subseções e a Caixa de Assistência dos Advogados;

III – julgar, em grau de recurso, as questões decididas por seu Presidente, por sua diretoria, pelo Tribunal de Ética e Disciplina, pelas diretorias das Subseções e da Caixa de Assistência dos Advogados;

IV – fiscalizar a aplicação da receita, apreciar o relatório anual e deliberar sobre o balanço e as contas de sua diretoria, das diretorias das Subseções e da Caixa de Assistência dos Advogados;

V – fixar a tabela de honorários, válida para todo o território estadual;

VI – realizar o Exame de Ordem;

○ Art. 6º, § 1º, desta Lei.

VII – decidir os pedidos de inscrição nos quadros de advogados e estagiários;

VIII – manter cadastro de seus inscritos;

IX – fixar, alterar e receber contribuições obrigatórias, preços de serviços e multas;

X – participar da elaboração dos concursos públicos, em todas as suas fases, nos casos previstos na Constituição e nas leis, no âmbito do seu território;

○ Art. 93, I, da CF.

○ Art. 54, XVII, desta Lei.

XI – determinar, com exclusividade, critérios para o traje dos advogados, no exercício profissional;

XII – aprovar e modificar seu orçamento anual;

XIII – definir a composição e o funcionamento do Tribunal de Ética e Disciplina, e escolher seus membros;

XIV – eleger as listas, constitucionalmente previstas, para preenchimento dos cargos nos Tribunais Judiciários, no âmbito de sua competência e na forma do Provimento do Conselho Federal, vedada a inclusão de membros do próprio Conselho e de qualquer órgão da OAB;

○ Art. 94, *caput*, da CF.

○ Art. 54, XIII, desta Lei.

XV – intervir nas Subseções e na Caixa de Assistência dos Advogados;

○ Arts. 60, § 6º, e 62, § 7º, desta Lei.

XVI – desempenhar outras atribuições previstas no Regulamento Geral;

XVII – fiscalizar, por designação expressa do Conselho Federal da OAB, a relação jurídica mantida entre advogados e sociedades de advogados e o advogado associado em atividade na circunscrição territorial de cada seccional, inclusive no que se refere ao cumprimento dos requisitos norteadores da associação sem vínculo empregatício;

XVIII – promover, por intermédio da Câmara de Mediação e Arbitragem, por designação do Conselho Federal da OAB, a solução sobre questões atinentes à relação entre advogados sócios ou associados e os escritórios de advocacia sediados na base da seccional e homologar, caso necessário, quitações de honorários entre advogados e sociedades de advogados, observado o disposto no inciso XXXV do *caput* do art. 5º da Constituição Federal.

• Incisos XVII e XVIII acrescidos pela Lei nº 14.365, de 2-6-2022.

Art. 59. A diretoria do Conselho Seccional tem composição idêntica e atribuições equivalentes às do Conselho Federal, na forma do Regimento Interno daquele.

○ Art. 55, *caput* e § 2º, desta Lei.

CAPÍTULO IV
DA SUBSEÇÃO

Art. 60. A Subseção pode ser criada pelo Conselho Seccional, que fixa sua área territorial e seus limites de competência e autonomia.

§ 1º A área territorial da Subseção pode abranger um ou mais municípios, ou parte de município, inclusive da capital do Estado, contando com um mínimo de quinze advogados, nela profissionalmente domiciliados.

LEG. COMPLEMENTAR

§ 2º A Subseção é administrada por uma diretoria, com atribuições e composição equivalentes às da diretoria do Conselho Seccional.

- Arts. 55, § 2º, e 59 desta Lei.

§ 3º Havendo mais de cem advogados, a Subseção pode ser integrada, também, por um Conselho em número de membros fixado pelo Conselho Seccional.

§ 4º Os quantitativos referidos nos §§ 1º e 3º deste artigo podem ser ampliados, na forma do Regimento Interno do Conselho Seccional.

§ 5º Cabe ao Conselho Seccional fixar, em seu orçamento, dotações específicas destinadas à manutenção das Subseções.

§ 6º O Conselho Seccional, mediante o voto de dois terços de seus membros, pode intervir nas Subseções, onde constatar grave violação desta Lei ou do Regimento Interno daquele.

- Art. 58, XIV, desta Lei.

Art. 61. Compete à Subseção, no âmbito de seu território:

I – dar cumprimento efetivo às finalidades da OAB;

II – velar pela dignidade, independência e valorização da advocacia, e fazer valer as prerrogativas do advogado;

III – representar a OAB perante os poderes constituídos;

IV – desempenhar as atribuições previstas no Regulamento Geral ou por delegação de competência do Conselho Seccional.

Parágrafo único. Ao Conselho da Subseção, quando houver, compete exercer as funções e atribuições do Conselho Seccional, na forma do Regimento Interno deste, e ainda:

- Art. 58 desta Lei.

a) editar seu Regimento Interno, a ser referendado pelo Conselho Seccional;

b) editar resoluções, no âmbito de sua competência;

c) instaurar e instruir processos disciplinares, para julgamento pelo Tribunal de Ética e Disciplina;

d) receber pedido de inscrição nos quadros de advogado e estagiário, instruindo e emitindo parecer prévio, para decisão do Conselho Seccional.

- Arts. 8º e 9º desta Lei.

CAPÍTULO V
DA CAIXA DE ASSISTÊNCIA DOS ADVOGADOS

Art. 62. A Caixa de Assistência dos Advogados, com personalidade jurídica própria, destina-se a prestar assistência aos inscritos no Conselho Seccional a que se vincule.

§ 1º A Caixa é criada e adquire personalidade jurídica com a aprovação e registro de seu Estatuto pelo respectivo Conselho Seccional da OAB, na forma do Regulamento Geral.

§ 2º A Caixa pode, em benefício dos advogados, promover a seguridade complementar.

§ 3º Compete ao Conselho Seccional fixar contribuição obrigatória devida por seus inscritos, destinada à manutenção do disposto no parágrafo anterior, incidente sobre atos decorrentes do efetivo exercício da advocacia.

§ 4º A diretoria da Caixa é composta de cinco membros, com atribuições definidas no seu Regimento Interno.

§ 5º Cabe à Caixa a metade da receita das anuidades recebidas pelo Conselho Seccional, considerado o valor resultante após as deduções regulamentares obrigatórias.

§ 6º Em caso de extinção ou desativação da Caixa, seu patrimônio se incorpora ao do Conselho Seccional respectivo.

§ 7º O Conselho Seccional, mediante voto de dois terços de seus membros, pode intervir na Caixa de Assistência dos Advogados, no caso de descumprimento de suas finalidades, designando diretoria provisória, enquanto durar a intervenção.

- Art. 58, XV, desta Lei.

CAPÍTULO VI
DAS ELEIÇÕES E DOS MANDATOS

Art. 63. A eleição dos membros de todos os órgãos da OAB será realizada na segunda quinzena do mês de novembro, do último ano do mandato, mediante cédula única e votação direta dos advogados regularmente inscritos.

§ 1º A eleição, na forma e segundo os critérios e procedimentos estabelecidos no Regulamento Geral, é de comparecimento obrigatório para todos os advogados inscritos na OAB.

§ 2º O candidato deve comprovar situação regular perante a OAB, não ocupar cargo exonerável *ad nutum*, não ter sido condenado por infração disciplinar, salvo reabilitação, e exercer efetivamente a profissão há mais de 3 (três) anos, nas eleições para os cargos de Conselheiro Seccional e das Subseções, quando houver, e há mais de 5 (cinco) anos, nas eleições para os demais cargos.

- § 2º com a redação dada pela Lei nº 13.875, de 20-9-2019.

Art. 64. Consideram-se eleitos os candidatos integrantes da chapa que obtiver a maioria dos votos válidos.

§ 1º A chapa para o Conselho Seccional deve ser composta dos candidatos ao Conselho e à sua diretoria e, ainda, à delegação ao Conselho Federal e à diretoria da Caixa de Assistência dos Advogados para eleição conjunta.

§ 2º A chapa para a Subseção deve ser composta com os candidatos à diretoria, e de seu Conselho quando houver.

Art. 65. O mandato em qualquer órgão da OAB é de três anos, iniciando-se em primeiro de janeiro do ano seguinte ao da eleição, salvo o Conselho Federal.

Parágrafo único. Os Conselheiros Federais eleitos iniciam seus mandatos em primeiro de fevereiro do ano seguinte ao da eleição.

Art. 66. Extingue-se o mandato automaticamente, antes do seu término, quando:

I – ocorrer qualquer hipótese de cancelamento de inscrição ou de licenciamento do profissional;

II – o titular sofrer condenação disciplinar;

III – o titular faltar, sem motivo justificado, a três reuniões ordinárias consecutivas de cada órgão deliberativo do Conselho ou da diretoria da Subseção ou da Caixa de Assistência dos Advogados, não podendo ser reconduzido no mesmo período de mandato.

Parágrafo único. Extinto qualquer mandato, nas hipóteses deste artigo, cabe ao Conselho Seccional escolher o substituto, caso não haja suplente.

Art. 67. A eleição da diretoria do Conselho Federal, que tomará posse no dia primeiro de fevereiro, obedecerá às seguintes regras:

I – será admitido registro, junto ao Conselho Federal, de candidatura à presidência, desde seis meses até um mês antes da eleição;

II – o requerimento de registro deverá vir acompanhado do apoiamento de, no mínimo, seis Conselhos Seccionais;

III – até um mês antes das eleições, deverá ser requerido o registro da chapa completa, sob pena de cancelamento da candidatura respectiva;

IV – no dia 31 de janeiro do ano seguinte ao da eleição, o Conselho Federal elegerá, em reunião presidida pelo conselheiro mais antigo, por voto secreto e para mandato de 3 (três) anos, sua diretoria, que tomará posse no dia seguinte;

V – será considerada eleita a chapa que obtiver maioria simples dos votos dos Conselheiros Federais, presente a metade mais 1 (um) de seus membros.

- Incisos IV e V com a redação dada pela Lei nº 11.179, de 22-9-2005.

Parágrafo único. Com exceção do candidato a Presidente, os demais integrantes da chapa deverão ser Conselheiros Federais eleitos.

TÍTULO III – DO PROCESSO NA OAB

CAPÍTULO I

DISPOSIÇÕES GERAIS

Art. 68. Salvo disposição em contrário, aplicam-se subsidiariamente ao processo disciplinar as regras da legislação processual penal comum e, aos demais processos, as regras gerais do procedimento administrativo comum e da legislação processual civil, nessa ordem.

Art. 69. Todos os prazos necessários à manifestação de advogados, estagiários e terceiros, nos processos em geral da OAB, são de quinze dias, inclusive para interposição de recursos.

§ 1º Nos casos de comunicação por ofício reservado ou de notificação pessoal, considera-se dia do começo do prazo o primeiro dia útil imediato ao da juntada aos autos do respectivo aviso de recebimento.

- § 1º com a redação dada pela Lei nº 14.365, de 2-6-2022.

§ 2º No caso de atos, notificações e decisões divulgados por meio do *Diário Eletrônico da Ordem dos Advogados do Brasil*, o prazo terá início no primeiro dia útil seguinte à publicação, assim considerada o primeiro dia útil seguinte ao da disponibilização da informação no Diário.

- § 2º com redação dada pela Lei nº 13.688, de 3-7-2018.

CAPÍTULO II

DO PROCESSO DISCIPLINAR

Art. 70. O poder de punir disciplinarmente os inscritos na OAB compete exclusivamente ao Conselho Seccional em cuja base territorial tenha ocorrido a infração, salvo se a falta for cometida perante o Conselho Federal.

- Arts. 51 e 52 do Código de Ética da OAB.

§ 1º Cabe ao Tribunal de Ética e Disciplina, do Conselho Seccional competente, julgar os processos disciplinares, instruídos pelas Subseções ou por relatores do próprio Conselho.

§ 2º A decisão condenatória irrecorrível deve ser imediatamente comunicada ao Conselho Seccional onde o representado tenha inscrição principal, para constar dos respectivos assentamentos.

§ 3º O Tribunal de Ética e Disciplina do Conselho onde o acusado tenha inscrição principal pode suspendê-lo preventivamente, em caso de repercussão prejudicial à dignidade da advocacia, depois de ouvi-lo em sessão especial para a qual deve ser notificado a comparecer, salvo se não atender à notificação. Neste caso, o processo disciplinar deve ser concluído no prazo máximo de noventa dias.

Art. 71. A jurisdição disciplinar não exclui a comum e, quando o fato constituir crime ou contravenção, deve ser comunicado às autoridades competentes.

Art. 72. O processo disciplinar instaura-se de ofício ou mediante representação de qualquer autoridade ou pessoa interessada.

§ 1º O Código de Ética e Disciplina estabelece os critérios de admissibilidade da representação e os procedimentos disciplinares.

§ 2º O processo disciplinar tramita em sigilo, até o seu término, só tendo acesso às suas informações as partes, seus defensores e a autoridade judiciária competente.

Art. 73. Recebida a representação, o Presidente deve designar relator, a quem compete a instrução do processo e o oferecimento de parecer preliminar a ser submetido ao Tribunal de Ética e Disciplina.

§ 1º Ao representado deve ser assegurado amplo direito de defesa, podendo acompanhar o processo em todos os termos, pessoalmente ou por intermédio de procurador, oferecendo defesa prévia após ser notificado, razões finais após a instrução e defesa oral perante o Tribunal de Ética e Disciplina, por ocasião do julgamento.

§ 2º Se, após a defesa prévia, o relator se manifestar pelo indeferimento liminar da representação, este deve ser decidido pelo Presidente do Conselho Seccional, para determinar seu arquivamento.

- Art. 52, § 2º, do Código de Ética da OAB.

§ 3º O prazo para defesa prévia pode ser prorrogado por motivo relevante, a juízo do relator.

§ 4º Se o representado não for encontrado, ou for revel, o Presidente do Conselho ou da Subseção deve designar-lhe defensor dativo.

§ 5º É também permitida a revisão do processo disciplinar, por erro de julgamento ou por condenação baseada em falsa prova.

- Art. 61 do Código de Ética da OAB.

Art. 74. O Conselho Seccional pode adotar as medidas administrativas e judiciais pertinentes, objetivando a que o profissional suspenso ou excluído devolva os documentos de identificação.

CAPÍTULO III

DOS RECURSOS

Art. 75. Cabe recurso ao Conselho Federal de todas as decisões definitivas proferidas pelo Conselho Seccional, quando não tenham sido unânimes ou, sendo unânimes, contrariem esta Lei, decisão do Conselho Federal ou de outro Conselho Seccional e, ainda, o Regulamento Geral, o Código de Ética e Disciplina e os Provimentos.

Parágrafo único. Além dos interessados, o Presidente do Conselho Seccional é legitimado a interpor o recurso referido neste artigo.

- Art. 55, § 3º, desta Lei.

Art. 76. Cabe recurso ao Conselho Seccional de todas as decisões proferidas por seu Presidente, pelo Tribunal de Ética e Disciplina, ou pela diretoria da Subseção ou da Caixa de Assistência dos Advogados.

Art. 77. Todos os recursos têm efeito suspensivo, exceto quando tratarem de eleições (artigos 63 e seguintes), de suspensão preventiva decidida pelo Tribunal de Ética e Disciplina, e de cancelamento da inscrição obtida com falsa prova.

LEG. COMPLEMENTAR

Parágrafo único. O Regulamento Geral disciplina o cabimento de recursos específicos, no âmbito de cada órgão julgador.

TÍTULO IV – DAS DISPOSIÇÕES GERAIS E TRANSITÓRIAS

Art. 78. Cabe ao Conselho Federal da OAB, por deliberação de dois terços, pelo menos, das delegações, editar o Regulamento Geral deste Estatuto, no prazo de seis meses, contados da publicação desta Lei.

Art. 79. Aos servidores da OAB, aplica-se o regime trabalhista.

§ 1º Aos servidores da OAB, sujeitos ao regime da Lei nº 8.112, de 11 de dezembro de 1990, e concedido o direito de opção pelo regime trabalhista, no prazo de noventa dias a partir da vigência desta Lei, sendo assegurado aos optantes o pagamento de indenização, quando da aposentadoria, correspondente a cinco vezes o valor da última remuneração.

§ 2º Os servidores que não optarem pelo regime trabalhista serão posicionados no quadro em extinção, assegurado o direito adquirido ao regime legal anterior.

Art. 80. Os Conselhos Federal e Seccionais devem promover trienalmente as respectivas Conferências, em data não coincidente com o ano eleitoral, e, periodicamente, reunião do colégio de Presidentes a eles vinculados, com finalidade consultiva.

Art. 81. Não se aplicam aos que tenham assumido originariamente o cargo de Presidente do Conselho Federal ou dos Conselhos Seccionais, até a data da publicação desta Lei, as normas contidas no Título II, acerca da composição desses Conselhos, ficando assegurado o pleno direito de voz e voto em suas sessões.

- Arts. 51, § 2º, e 56, § 1º, desta Lei.

Art. 82. Aplicam-se as alterações previstas nesta Lei, quanto a mandatos, eleições, composição e atribuições dos órgãos da OAB, a partir do término do mandato dos atuais membros, devendo os Conselhos Federal e Seccionais disciplinarem os respectivos procedimentos de adaptação.

Parágrafo único. Os mandatos dos membros dos órgãos da OAB, eleitos na primeira eleição sob a vigência desta Lei, e na forma do Capítulo VI do Título II, terão início no dia seguinte ao término dos atuais mandatos, encerrando-se em 31 de dezembro do terceiro ano do mandato e em 31 de janeiro do terceiro ano do mandato, neste caso com relação ao Conselho Federal.

Art. 83. Não se aplica o disposto no artigo 28, inciso II, desta Lei, aos membros do Ministério Público que, na data de promulgação da Constituição, se incluam na previsão do artigo 29, § 3º, do seu Ato das Disposições Constitucionais Transitórias.

Art. 84. O estagiário, inscrito no respectivo quadro, fica dispensado do Exame de Ordem, desde que comprove, em até dois anos da promulgação desta Lei, o exercício e resultado do estágio profissional ou a conclusão, com aproveitamento, do estágio de "Prática Forense e Organização Judiciária", realizado junto à respectiva faculdade, na forma da legislação em vigor.

- Art. 8º, IV, desta Lei.

Art. 85. O Instituto dos Advogados Brasileiros, a Federação Nacional dos Institutos dos Advogados do Brasil e as instituições a eles filiadas têm qualidade para promover perante a OAB o que julgarem do interesse dos advogados em geral ou de qualquer de seus membros.

- Artigo com a redação dada pela Lei nº 14.365, de 2-6-2022.

Art. 86. Esta Lei entra em vigor na data de sua publicação.

Art. 87. Revogam se as disposições em contrário, especialmente a Lei nº 4.215, de 27 de abril de 1963, a Lei nº 5.390, de 23 fevereiro de 1968, o Decreto-Lei nº 505, de 18 de março de 1969, a Lei nº 5.681, de 20 de julho de 1971, a Lei nº 5.842, de 6 de dezembro de 1972, a Lei nº 5.960, de 10 de dezembro de 1973, a Lei nº 6.743, de 5 de dezembro de 1979, a Lei nº 6.884, de 9 de dezembro de 1980, a Lei nº 6.994, de 26 de maio de 1982, mantidos os efeitos da Lei nº 7.346, de 22 de julho de 1985.

Brasília, 4 de julho de 1994;
173º da Independência e
106º da República.

Itamar Franco

REGULAMENTO GERAL DO ESTATUTO DA ADVOCACIA E DA OAB

Dispõe sobre o Regulamento Geral previsto na Lei nº 8.906, de 4 de julho de 1994.

- Publicado no *DJU* de 16-11-1994.

TÍTULO I – DA ADVOCACIA

CAPÍTULO I
DA ATIVIDADE DE ADVOCACIA

Seção I
DA ATIVIDADE DE ADVOCACIA EM GERAL

Art. 1º A atividade de advocacia é exercida com observância da Lei nº 8.906/94 (Estatuto), deste Regulamento Geral, do Código de Ética e Disciplina e dos Provimentos.

Art. 2º O visto do advogado em atos constitutivos de pessoas jurídicas, indispensável ao registro e arquivamento nos órgãos competentes, deve resultar da efetiva constatação, pelo profissional que os examinar, de que os respectivos instrumentos preenchem as exigências legais pertinentes.

- *Caput* com a redação dada pelo Conselho Pleno do CFOAB, de 16-10-2000.

Parágrafo único. Estão impedidos de exercer o ato de advocacia referido neste artigo os advogados que prestem serviços a órgãos ou entidades da Administração Pública direta ou indireta, da unidade federativa a que se vincule a Junta Comercial, ou a quaisquer repartições administrativas competentes para o mencionado registro.

Art. 3º É defeso ao advogado funcionar no mesmo processo, simultaneamente, como patrono e preposto do empregador ou cliente.

Art. 4º A prática de atos privativos de advocacia, por profissionais e sociedades não inscritos na OAB, constitui exercício ilegal da profissão.

Parágrafo único. É defeso ao advogado prestar serviços de assessoria e consultoria jurídicas para terceiros, em sociedades que não possam ser registradas na OAB.

Art. 5º Considera-se efetivo exercício da atividade de advocacia a participação anual mínima em cinco atos privativos previstos no artigo 1º do Estatuto, em causas ou questões distintas.

Parágrafo único. A comprovação do efetivo exercício faz-se mediante:

a) certidão expedida por cartórios ou secretarias judiciais;
b) cópia autenticada de atos privativos;
c) certidão expedida pelo órgão público no qual o advogado exerça função privativa do seu ofício, indicando os atos praticados.

Art. 6º O advogado deve notificar o cliente da renúncia ao mandato (art. 5º, § 3º, do Estatuto), preferencialmente mediante carta com aviso de recepção, comunicando, após, o Juízo.

Art. 7º A função de diretoria e gerência jurídicas em qualquer empresa pública, privada ou paraestatal, inclusive em instituições financeiras, é privativa de advogado, não podendo ser exercida por quem não se encontre inscrito regularmente na OAB.

Art. 8º A incompatibilidade prevista no art. 28, II do Estatuto, não se aplica aos advogados que participam dos órgãos nele referidos, na qualidade de titulares ou suplentes, como representantes dos advogados.

- *Caput* com a redação dada pelo Conselho Pleno do CFOAB, de 16-10-2000.

§ 1º Ficam, entretanto, impedidos de exercer a advocacia perante os órgãos em que atuam, enquanto durar a investidura.

- Parágrafo único transformado em § 1º pelo Conselho Pleno do CFOAB, de 16-10-2000.

§ 2º A indicação dos representantes dos advogados nos juizados especiais deverá ser promovida pela Subseção ou, na sua ausência, pelo Conselho Seccional.

- § 2º acrescido pelo Conselho Pleno do CFOAB, de 16-10-2000.

Seção II

DA ADVOCACIA PÚBLICA

Art. 9º Exercem a advocacia pública os integrantes da Advocacia-Geral da União, da Defensoria Pública e das Procuradorias e Consultorias Jurídicas dos Estados, do Distrito Federal, dos Municípios, das autarquias e das fundações públicas, estando obrigados à inscrição na OAB, para o exercício de suas atividades.

Parágrafo único. Os integrantes da advocacia pública são elegíveis e podem integrar qualquer órgão da OAB.

Art. 10. Os integrantes da advocacia pública, no exercício de atividade privativa prevista no art. 1º do Estatuto, sujeitam-se ao regime do Estatuto, deste Regulamento Geral e do Código de Ética e Disciplina, inclusive quanto às infrações e sanções disciplinares.

Seção III

DO ADVOGADO EMPREGADO

Art. 11. Compete a sindicato de advogados e, na sua falta, a federação ou confederação de advogados, a representação destes nas convenções coletivas celebradas com as entidades sindicais representativas dos empregadores, nos acordos coletivos celebrados com a empresa empregadora e nos dissídios coletivos perante a Justiça do Trabalho, aplicáveis às relações de trabalho.

Art. 12. Para os fins do art. 20 da Lei nº 8.906/94, considera-se de dedicação exclusiva o regime de trabalho que for expressamente previsto em contrato individual de trabalho.

- *Caput* com a redação dada pelo Conselho Pleno do CFOAB, de 16-10-2000.

Parágrafo único. Em caso de dedicação exclusiva, serão remuneradas como extraordinárias as horas trabalhadas que excederem a jornada normal de oito horas diárias.

- Parágrafo único com a redação dada pelo Conselho Pleno do CFOAB, de 16-10-2000.

Art. 13. *Revogado.* Conselho Pleno do CFOAB, de 16-10-2000.

Art. 14. Os honorários de sucumbência, por decorrerem precipuamente do exercício da advocacia e só acidentalmente da relação de emprego, não integram o salário ou a remuneração, não podendo, assim, ser considerados para efeitos trabalhistas ou previdenciários.

Parágrafo único. Os honorários de sucumbência dos advogados empregados constituem fundo comum, cuja destinação é decidida pelos profissionais integrantes do serviço jurídico da empresa ou por seus representantes.

CAPÍTULO II

DOS DIREITOS E DAS PRERROGATIVAS

Seção I

DA DEFESA JUDICIAL DOS DIREITOS E DAS PRERROGATIVAS

Art. 15. Compete ao Presidente do Conselho Federal, do Conselho Seccional ou da Subseção, ao tomar conhecimento de fato que possa causar, ou que já causou, violação de direitos ou prerrogativas da profissão, adotar as providências judiciais e extrajudiciais cabíveis para prevenir ou restaurar o império do Estatuto, em sua plenitude, inclusive mediante representação administrativa.

Parágrafo único. O Presidente pode designar advogado, investido de poderes bastantes, para as finalidades deste artigo.

Art. 16. Sem prejuízo da atuação de seu defensor, contará o advogado com a assistência de representante da OAB nos inquéritos policiais ou nas ações penais em que figurar como indiciado, acusado ou ofendido, sempre que o fato a ele imputado decorrer do exercício da profissão ou a este vincular-se.

- Artigo com a redação dada pelo Conselho Pleno do CFOAB, de 17-6-1997.

Art. 17. Compete ao Presidente do Conselho ou da Subseção representar contra o responsável por abuso de autoridade, quando configurada hipótese de atentado à garantia legal de exercício profissional, prevista na Lei nº 4.898, de 09 de dezembro de 1965.

- A referida Lei nº 4.898, de 9-12-1965, foi revogada pela Lei nº 13.869, de 5-9-2019 (Lei do Abuso de Autoridade).

Seção II

DO DESAGRAVO PÚBLICO

Art. 18. O inscrito na OAB, quando ofendido comprovadamente em razão do exercício profissional ou de cargo ou função da OAB, tem direito ao desagravo público promovido pelo Conselho competente, de ofício, a seu pedido ou de qualquer pessoa.

- *Caput* com a redação dada pelo Conselho Pleno do CFOAB, de 17-6-1997.

§ 1º O pedido será submetido à Diretoria do Conselho competente, que poderá, nos casos de urgência e notoriedade, conceder imediatamente o desagravo, *ad referendum* do órgão competente do Conselho, conforme definido em regimento interno.

§ 2º Nos demais casos, a Diretoria remeterá o pedido de desagravo ao órgão competente para instrução e decisão, podendo o relator, convencendo-se da existência de prova ou indício de ofensa relacionada ao exercício da profissão ou de cargo da OAB, solicitar informações da pessoa ou autoridade ofensora, no prazo de 15 (quinze) dias, sem que isso configure condição para a concessão do desagravo.

§ 3º O relator pode propor o arquivamento do pedido se a ofensa for pessoal, se não estiver relacionada com o exercício profissional ou com as prerrogativas gerais do advogado ou se configurar crítica de caráter doutrinário, político ou religioso.

§ 4º Recebidas ou não as informações e convencendo-se da procedência da ofensa, o relator emite parecer que é submetido ao órgão competente do Conselho, conforme definido em regimento interno.

§ 5º Os desagravos deverão ser decididos no prazo máximo de 60 (sessenta) dias.

§ 6º Em caso de acolhimento do parecer, é designada a sessão de desagravo, amplamente divulgada, devendo ocorrer, no prazo máximo de 30 (trinta) dias, preferencialmente, no local onde a ofensa foi sofrida ou onde se encontre a autoridade ofensora.

§ 7º Na sessão de desagravo o Presidente lê a nota a ser publicada na imprensa, encaminhada ao ofensor e às autoridades, e registrada nos assentamentos do inscrito e no Registro Nacional de Violações de Prerrogativas.

- §§ 1º a 7º com a redação dada pela Res. nº 1 do Conselho Pleno do CFOAB, de 22-5-2018.

§ 8º Ocorrendo a ofensa no território da Subseção a que se vincule o inscrito, a sessão de desagravo pode ser promovida pela diretoria ou conselho da Subseção, com representação do Conselho Seccional.

§ 9º O desagravo público, como instrumento de defesa dos direitos e prerrogativas da advocacia, não depende de concordância do ofendido, que não pode dispensá-lo, devendo ser promovido a critério do Conselho.

- §§ 8º e 9º acrescidos pela Res. nº 1 do Conselho Pleno do CFOAB, de 22-5-2018.

Art. 19. Compete ao Conselho Federal promover o desagravo público de Conselheiro Federal ou de Presidente de Conselho Seccional, quando ofendidos no exercício das atribuições de seus cargos e ainda quando a ofensa a advogado se revestir de relevância e grave violação às prerrogativas profissionais, com repercussão nacional.

Parágrafo único. O Conselho Federal, observado o procedimento previsto no art. 18 deste Regulamento, indica seus representantes para a sessão pública de desagravo, na sede do Conselho Seccional, salvo no caso de ofensa a Conselheiro Federal.

CAPÍTULO III
DA INSCRIÇÃO NA OAB

Art. 20. O requerente à inscrição principal no quadro de advogados presta o seguinte compromisso perante o Conselho Seccional, a Diretoria ou o Conselho da Subseção:

"Prometo exercer a advocacia com dignidade e independência, observar a ética, os deveres e prerrogativas profissionais e defender a Constituição, a ordem jurídica do Estado Democrático, os direitos humanos, a justiça social, a boa aplicação das leis, a rápida administração da justiça e o aperfeiçoamento da cultura e das instituições jurídicas."

§ 1º É indelegável, por sua natureza solene e personalíssima, o compromisso referido neste artigo.

§ 2º A conduta incompatível com a advocacia, comprovadamente imputável ao requerente, impede a inscrição no quadro de advogados.

- § 2º renumerado pelo Conselho Pleno do CFOAB, de 17-6-1997.

Art. 21. O advogado pode requerer o registro, nos seus assentamentos, de fatos comprovados de sua atividade profissional ou cultural, ou a ela relacionados, e de serviços prestados à classe, à OAB e ao País.

Art. 22. O advogado, regularmente notificado, deve quitar seu débito relativo às anuidades, no prazo de 15 dias da notificação, sob pena de suspensão, aplicada em processo disciplinar.

- *Caput* com a redação dada pelo Conselho Pleno do CFOAB, de 20-10-1998.

Parágrafo único. Cancela-se a inscrição quando ocorrer a terceira suspensão, relativa ao não pagamento de anuidades distintas.

- Parágrafo único com a redação dada pelo Conselho Pleno do CFOAB, de 20-10-1998.

Art. 23. O requerente à inscrição no quadro de advogados, na falta de diploma regularmente registrado, apresenta certidão de graduação em direito, acompanhada de cópia autenticada do respectivo histórico escolar.

Parágrafo único. *Revogado.* Conselho Pleno do CFOAB, de 16-10-2000.

Art. 24. Aos Conselhos Seccionais da OAB incumbe alimentar, automaticamente, por via eletrônica, o Cadastro Nacional dos Advogados – CNA, mantendo as informações correspondentes constantemente atualizadas.

- *Caput* com a redação dada pela Res. nº 5 do Conselho Pleno do CFOAB, de 7-6-2016.

§ 1º O CNA deve conter o nome completo de cada advogado, o nome social, o número da inscrição, o Conselho Seccional e a Subseção a que está vinculado, o número de inscrição no CPF, a filiação, o sexo, a autodeclaração de cor ou raça, a data de inscrição na OAB e sua modalidade, a existência de penalidades eventualmente aplicadas, estas em campo reservado, a fotografia, o endereço completo e o número de telefone profissional, o endereço do correio eletrônico e o nome da sociedade de advogados de que eventualmente faça parte, ou esteja associado, e, opcionalmente, o nome profissional, a existência de deficiência de que seja portador, opção para doação de órgãos, Registro Geral, data e órgão emissor, número do título de eleitor, zona, seção, UF eleitoral, certificado militar e passaporte.

- § 1º com a redação dada pela Res. do CFOAB nº 3, de 17-8-2020 (*DOABe* de 8-10-2021).

§ 2º No cadastro são incluídas, igualmente, informações sobre o cancelamento das inscrições.

- §§ 1º e 2º com a redação dada pela Res. nº 1 do Conselho Pleno do CFOAB, de 18-4-2012.

§ 3º O Conselho Seccional em que o advogado mantenha inscrição suplementar deverá registrar a punição disciplinar imposta por outra Seccional, no CNA, em até 24 (vinte e quatro) horas, a contar da comunicação de que trata o art. 70, § 2º, do EAOAB.

- § 3º acrescido pela Res. nº 3 do Conselho Pleno do CFOAB, de 7-8-2018.

Art. 24-A. Aos Conselhos Seccionais da OAB incumbe alimentar, automaticamente e em tempo real, por via eletrônica, o Cadastro Nacional das Sociedades de Advogados – CNSA, mantendo as informações correspondentes constantemente atualizadas.

§ 1º O CNSA deve conter a razão social, o número de registro perante a seccional, a data do pedido de registro e a do efetivo registro, o prazo de duração, o endereço completo, inclusive telefone e correio eletrônico, nome, nome social e qualificação de todos os sócios e as modificações ocorridas em seu quadro social.

- § 1º com a redação dada pela Res. nº 5 do Conselho Pleno do CFOAB, de 7-6-2016.

§ 2º Mantendo a sociedade filiais, os dados destas, bem como os números de inscrição suplementar de seus sócios (Provimento nº 112/2006, art. 7º, § 1º), após averbados no Conselho Seccional no qual se localiza o escritório sede, serão averbados no CNSA.

§ 3º São igualmente averbados no CNSA os ajustes de associação ou de colaboração.

§ 4º São proibidas razões sociais iguais ou semelhantes, prevalecendo a razão social da sociedade com inscrição mais antiga.

§ 5º Constatando-se semelhança ou identidade de razões sociais, o Conselho Federal da OAB solicitará, de ofício, a alteração da razão social mais recente, caso a sociedade com registro mais recente não requeira a alteração da sua razão social, acrescentando ou excluindo dados que a distinga da sociedade precedentemente registrada.

§ 6º Verificado conflito de interesses envolvendo sociedades em razão de identidade ou semelhança de razões sociais, em Estados diversos, a questão será apreciada pelo Conselho Federal da OAB, garantindo-se o devido processo legal.

Art. 24-B. Aplicam-se ao Cadastro Nacional das Sociedades de Advogados – CNSA as normas estabelecidas no Provimento nº 95/2000 para os advogados, assim como as restrições quanto à divulgação das informações nele inseridas.

- Arts. 24-A e 24-B acrescidos pela Res. nº 1 do Conselho Pleno do CFOAB, de 18-4-2012.

Art. 25. Os pedidos de transferência de inscrição de advogados são regulados em Provimento do Conselho Federal.

- Artigo com a redação dada pelo Conselho Pleno do CFOAB, de 17-6-1997.

Art. 26. O advogado fica dispensado de comunicar o exercício eventual da profissão, até o total de cinco causas por ano, acima do qual obriga-se à inscrição suplementar.

CAPÍTULO IV
DO ESTÁGIO PROFISSIONAL

Art. 27. O estágio profissional de advocacia, inclusive para graduados, é requisito necessário à inscrição no quadro de estagiários da OAB e meio adequado de aprendizagem prática.

§ 1º O estágio profissional de advocacia pode ser oferecido pela instituição de ensino superior autorizada e credenciada, em convênio com a OAB, complementando-se a carga horária do estágio curricular supervisionado com atividades práticas típicas de advogado e de estudo do Estatuto e do Código de Ética e Disciplina, observado o tempo conjunto mínimo de 300 (trezentas) horas, distribuído em dois ou mais anos.

§ 2º A complementação da carga horária, no total estabelecido no convênio, pode ser efetivada na forma de atividades jurídicas no núcleo de prática jurídica da instituição de ensino, na Defensoria Pública, em escritórios de advocacia ou em setores jurídicos públicos ou privados, credenciados e fiscalizados pela OAB.

§ 3º As atividades de estágio ministrado por instituição de ensino, para fins de convênio com a OAB, são exclusivamente práticas, incluindo a redação de atos processuais e profissionais, as rotinas processuais, a assistência e a atuação em audiências e sessões, as visitas a órgãos judiciários, a prestação de serviços jurídicos e as técnicas de negociação coletiva, de arbitragem e de conciliação.

Art. 28. O estágio realizado na Defensoria Pública da União, do Distrito Federal ou dos Estados, na forma do artigo 145 da Lei Complementar n. 80, de 12 de janeiro de 1994, é considerado válido para fins de inscrição no quadro de estagiários da OAB.

Art. 29. Os atos de advocacia, previstos no art. 1º do Estatuto, podem ser subscritos por estagiário inscrito na OAB, em conjunto com o advogado ou o defensor público.

§ 1º O estagiário inscrito na OAB pode praticar isoladamente os seguintes atos, sob a responsabilidade do advogado:

I – retirar e devolver autos em cartório, assinando a respectiva carga;

II – obter junto aos escrivães e chefes de secretarias certidões de peças ou autos de processos em curso ou findos;

III – assinar petições de juntada de documentos a processos judiciais ou administrativos.

§ 2º Para o exercício de atos extrajudiciais, o estagiário pode comparecer isoladamente, quando receber autorização ou substabelecimento do advogado.

Art. 30. O estágio profissional de advocacia, realizado integralmente fora da instituição de ensino, compreende as atividades fixadas em convênio entre o escritório de advocacia ou entidade que receba o estagiário e a OAB.

Art. 31. Cada Conselho Seccional mantém uma Comissão de Estágio e Exame de Ordem, a quem incumbe coordenar, fiscalizar e executar as atividades decorrentes do estágio profissional da advocacia.

- *Caput* com a redação dada pela Res. nº 1 do Conselho Pleno do CFOAB, de 13-6-2011.

§ 1º Os convênios de estágio profissional e suas alterações, firmados pelo Presidente do Conselho ou da Subseção, quando esta receber delegação de competência, são previamente elaborados pela Comissão, que tem poderes para negociá-los com as instituições interessadas.

- § 1º com a redação dada pela Res. nº 1 do Conselho Pleno do CFOAB, de 13-6-2011.

§ 2º A Comissão pode instituir subcomissões nas Subseções.

§ 3º *Revogado.* Res. nº 1 do Conselho Pleno do CFOAB, de 13-6-2011.

§ 4º Compete ao Presidente do Conselho Seccional designar a Comissão, que pode ser composta por advogados não integrantes do Conselho.

CAPÍTULO V
DA IDENTIDADE PROFISSIONAL

Art. 32. São documentos de identidade profissional a carteira e o cartão emitidos pela OAB, de uso obrigatório pelos advogados e estagiários inscritos, para o exercício de suas atividades, os quais podem ser emitidos de forma digital.

- *Caput* com a redação dada pela Res. do CFOAB nº 1, de 10-2-2020.

Parágrafo único. O uso do cartão dispensa o da carteira.

Art. 33. A carteira de identidade do advogado, relativa à inscrição originária, tem as dimensões de 7,00 (sete) x 11,00 (onze) centímetros e observa os seguintes critérios:

I – a capa, em fundo vermelho, contém as armas da República e as expressões "Ordem dos Advogados do Brasil" e "Carteira de Identidade de Advogado";

II – a primeira página repete o conteúdo da capa, acrescentado da expressão "Conselho Seccional de (...)" e do inteiro teor do art. 13 do Estatuto;

III – a segunda página destina-se aos dados de identificação do advogado, na seguinte ordem: número da inscrição, nome, nome social, filiação, naturalidade, data do nascimento, nacionalidade, data da colação de grau, data do compro-

LEG. COMPLEMENTAR

misso e data da expedição, e à assinatura do Presidente do Conselho Seccional;

• Inciso III com a redação dada pela Res. nº 5 do Conselho Pleno do CFOAB, de 7-6-2016.

IV – a terceira página é dividida para os espaços de uma foto 3 (três) x 4 (quatro) centímetros, da impressão digital e da assinatura do portador;

V – as demais páginas, em branco e numeradas, destinam-se ao reconhecimento de firma dos signatários e às anotações da OAB, firmadas pelo Secretário-Geral ou Adjunto, incluindo as incompatibilidades e os impedimentos, o exercício de mandatos, as designações para comissões, as funções na OAB, os serviços relevantes à profissão e os dados da inscrição suplementar, pelo Conselho que a deferir;

VI – a última página destina-se à transcrição do art. 7º do Estatuto.

Parágrafo único. O nome social é a designação pela qual a pessoa travesti ou transexual se identifica e é socialmente reconhecida e será inserido na identificação do advogado mediante requerimento.

• Parágrafo único com a redação dada pela Res. nº 5 do Conselho Pleno do CFOAB, de 7-6-2016.

Art. 34. O cartão de identidade tem o mesmo modelo e conteúdo do cartão de identificação pessoal (registro geral), com as seguintes adaptações, segundo o modelo aprovado pela Diretoria do Conselho Federal:

I – o fundo é de cor branca e a impressão dos caracteres e armas da República, de cor vermelha;

II – O anverso contém os seguintes dados, nesta sequência: Ordem dos Advogados do Brasil, Conselho Seccional de (...), Identidade de Advogado (em destaque), nº da inscrição, nome, nome social, filiação, naturalidade, data do nascimento e data da expedição, e a assinatura do Presidente, podendo ser acrescentados os dados de identificação de registro geral, de CPF, eleitoral e outros;

• Inciso II com a redação dada pela Res. nº 5 do Conselho Pleno do CFOAB, de 7-6-2016.

III – o verso destina-se à fotografia, observações e assinatura do portador.

• Inciso III com a redação dada pela Res. nº 4 do Conselho Pleno do CFOAB, de 31-10-2006.

§ 1º No caso de inscrição suplementar o cartão é específico, indicando-se: "Nº da Inscrição Suplementar:" (em negrito ou sublinhado).

§ 2º Os Conselhos Federal e Seccionais podem emitir cartão de identidade para os seus membros e para os membros das Subseções, acrescentando, abaixo do termo "Identidade de Advogado", sua qualificação de conselheiro ou dirigente da OAB e, no verso, o prazo de validade, coincidente com o mandato.

§ 3º O cartão de identidade profissional digital dos advogados e estagiários, constituindo versão eletrônica de identidade para todos os fins legais (art. 13 da Lei nº 8.906/1994 – EAOAB), submete-se à disciplina prevista no presente artigo.

• § 3º acrescido pela Res. do CFOAB nº 1, de 10-2-2020.

Art. 35. O cartão de identidade do estagiário tem o mesmo modelo e conteúdo do cartão de identidade do advogado, com a indicação de "Identidade de Estagiário", em destaque, e do prazo de validade, que não pode ultrapassar três anos nem ser prorrogado.

Parágrafo único. O cartão de identidade do estagiário perde sua validade imediatamente após a prestação do compromisso como advogado.

• Parágrafo único com a redação dada pelo Conselho Pleno do CFOAB, de 17-6-1997.

Art. 36. O suporte material do cartão de identidade é resistente, devendo conter dispositivo para armazenamento de certificado digital.

• Artigo com a redação dada pela Res. nº 2 do Conselho Pleno do CFOAB, de 12-9-2006.

CAPÍTULO VI
DAS SOCIEDADES DE ADVOGADOS

Art. 37 Os advogados podem constituir sociedade simples, unipessoal ou pluripessoal, de prestação de serviços de advocacia, a qual deve ser regularmente registrada no Conselho Seccional da OAB em cuja base territorial tiver sede.

§ 1º As atividades profissionais privativas dos advogados são exercidas individualmente, ainda que revertam à sociedade os honorários respectivos.

§ 2º As sociedades unipessoais e as pluripessoais de advocacia são reguladas em Provimento do Conselho Federal."

• Art. 37 com a redação dada pela Res. do CFOAB nº 2, de 12-4-2016.

Art. 38. O nome completo ou abreviado, ou o nome social de, no mínimo, um advogado responsável pela sociedade consta obrigatoriamente da razão social, podendo permanecer o nome ou o nome social de sócio falecido se, no ato constitutivo ou na alteração contratual em vigor, essa possibilidade tiver sido prevista.

• Artigo com a redação dada pela Res. nº 5 do Conselho Pleno do CFOAB, de 7-6-2016.

Art. 39. A sociedade de advogados pode associar-se com advogados, sem vínculo de emprego, para participação nos resultados.

Parágrafo único. Os contratos referidos neste artigo são averbados no registro da sociedade de advogados.

Art. 40. Os advogados sócios e os associados respondem subsidiária e ilimitadamente pelos danos causados diretamente ao cliente, nas hipóteses de dolo ou culpa e por ação ou omissão, no exercício dos atos privativos da advocacia, sem prejuízo da responsabilidade disciplinar em que possam incorrer.

Art. 41. As sociedades de advogados podem adotar qualquer forma de administração social, permitida a existência de sócios gerentes, com indicação dos poderes atribuídos.

Art. 42. Podem ser praticados pela sociedade de advogados, com uso da razão social, os atos indispensáveis às suas finalidades, que não sejam privativos de advogado.

Art. 43. O registro da sociedade de advogados observa os requisitos e procedimentos previstos em Provimento do Conselho Federal.

• Artigo com a redação dada pelo Conselho Pleno do CFOAB, de 17-6-1997.

TÍTULO II – DA ORDEM DOS ADVOGADOS DO BRASIL (OAB)

CAPÍTULO I
DOS FINS E DA ORGANIZAÇÃO

Art. 44. As finalidades da OAB, previstas no art. 44 do Estatuto, são cumpridas pelos Conselhos Federal e Seccionais e pelas Subseções, de modo integrado, observadas suas competências específicas.

Art. 45. A exclusividade da representação dos advogados pela OAB, prevista no art. 44, II, do Estatuto, não afasta a competência própria dos sindicatos e associações sindicais de advogados, quanto à defesa dos direitos peculiares da relação de trabalho do profissional empregado.

Art. 46. Os novos Conselhos Seccionais serão criados mediante Resolução do Conselho Federal.

Art. 47. O patrimônio do Conselho Federal, do Conselho Seccional, da Caixa de Assistência dos Advogados e da Subseção é constituído de bens móveis e imóveis e outros bens e valores que tenham adquirido ou venham a adquirir.

Art. 48. A alienação ou oneração de bens imóveis depende de aprovação do Conselho Federal ou do Conselho Seccional, competindo à Diretoria do órgão decidir pela aquisição de qualquer bem e dispor sobre os bens móveis.

Parágrafo único. A alienação ou oneração de bens imóveis depende de autorização da maioria das delegações, no Conselho Federal, e da maioria dos membros efetivos, no Conselho Seccional.

Art. 49. Os cargos da Diretoria do Conselho Seccional têm as mesmas denominações atribuídas aos da Diretoria do Conselho Federal.

Parágrafo único. Os cargos da Diretoria da Subseção e da Caixa de Assistência dos Advogados têm as seguintes denominações: Presidente, Vice-Presidente, Secretário, Secretário Adjunto e Tesoureiro.

Art. 50. Ocorrendo vaga de cargo de diretoria do Conselho Federal ou do Conselho Seccional, inclusive do Presidente, em virtude de perda do mandato (art. 66 do Estatuto), morte ou renúncia, o substituto é eleito pelo Conselho a que se vincule, dentre os seus membros.

Art. 51. A elaboração das listas constitucionalmente previstas, para preenchimento dos cargos nos tribunais judiciários, é disciplinada em Provimento do Conselho Federal.

Art. 52. A OAB participa dos concursos públicos, previstos na Constituição e nas leis, em todas as suas fases, por meio de representante do Conselho competente, designado pelo Presidente, incumbindo-lhe apresentar relatório sucinto de suas atividades.

Parágrafo único. Incumbe ao representante da OAB velar pela garantia da isonomia e da integridade do certame, retirando-se quando constatar irregularidades ou favorecimentos e comunicando os motivos ao Conselho.

Art. 53. Os conselheiros e dirigentes dos órgãos da OAB tomam posse firmando, juntamente com o Presidente, o termo específico, após prestar o seguinte compromisso: "Prometo manter, defender e cumprir os princípios e finalidades da OAB, exercer com dedicação e ética as atribuições que me são delegadas e pugnar pela dignidade, independência, prerrogativas e valorização da advocacia."

Art. 54. Compete à Diretoria dos Conselhos Federal e Seccionais, da Subseção ou da Caixa de Assistência declarar extinto o mandato, ocorrendo uma das hipóteses previstas no art. 66 do Estatuto, encaminhando ofício ao Presidente do Conselho Seccional.

§ 1º A Diretoria, antes de declarar extinto o mandato, salvo no caso de morte ou renúncia, ouve o interessado no prazo de quinze dias, notificando-o mediante ofício com aviso de recebimento.

§ 2º Havendo suplentes de Conselheiros, a ordem de substituição é definida no Regimento Interno do Conselho Seccional.

§ 3º Inexistindo suplentes, o Conselho Seccional elege, na sessão seguinte à data do recebimento do ofício, o Conselheiro Federal, o diretor do Conselho Seccional, o Conselheiro Seccional, o diretor da Subseção ou o diretor da Caixa de Assistência dos Advogados, onde se deu a vaga.

§ 4º Na Subseção onde houver conselho, este escolhe o substituto.

CAPÍTULO II
DA RECEITA

Art. 55. Aos inscritos na OAB incumbe o pagamento das anuidades, contribuições, multas e preços de serviços fixados pelo Conselho Seccional.

- *Caput* com a redação dada pelo Conselho Pleno do CFOAB, de 17-6-1997.

§ 1º As anuidades, contribuições, multas e preços de serviços previstos no *caput* deste artigo serão fixados pelo Conselho Seccional, devendo seus valores ser comunicados ao Conselho Federal até o dia 30 de novembro do ano anterior, salvo em ano eleitoral, quando serão determinadas e comunicadas ao Conselho Federal até o dia 31 de janeiro do ano da posse, podendo ser estabelecidos pagamentos em cotas periódicas.

- § 1º com a redação dada pela Res. nº 2 do Conselho Pleno do CFOAB, de 9-10-2007.

§ 2º *Revogado*. Conselho Pleno do CFOAB, de 14-3-2006.

§ 3º O edital a que se refere o *caput* do art. 128 deste Regulamento divulgará a possibilidade de parcelamento e o número máximo de parcelas.

Art. 56. As receitas brutas mensais das anuidades, incluídas as eventuais atualizações monetárias e juros, serão deduzidas em 60% (sessenta por cento) para seguinte destinação:

- *Caput* com a redação dada pela Res. nº 2 do Conselho Pleno do CFOAB, de 10-6-2013.

I – 10% (dez por cento) para o Conselho Federal;

II – 3% (três por cento) para o Fundo Cultural;

III – 2% (dois por cento) para o Fundo de Integração e Desenvolvimento Assistencial dos Advogados – FIDA, regulamentado em Provimento do Conselho Federal.

IV – 45% (quarenta e cinco por cento) para as despesas administrativas e manutenção do Conselho Seccional.

- Incisos I a IV com a redação dada pela Res. nº 2 do Conselho Pleno do CFOAB, de 9-10-2007.

§ 1º Os repasses das receitas previstas neste artigo efetuam-se em instituição financeira, indicada pelo Conselho Federal em comum acordo com o Conselho Seccional, através de compartilhamento obrigatório, automático e imediato, com destinação em conta corrente específica deste, do Fundo Cultural, do Fundo de Integração e Desenvolvimento Assistencial dos Advogados – FIDA e da Caixa de Assistência dos Advogados, vedado o recebimento na Tesouraria do Conselho Seccional, exceto quanto às receitas de preços e serviços, e observados os termos do modelo aprovado pelo Diretor-Tesoureiro do Conselho Federal, sob pena de aplicação do art. 54, VII, do Estatuto da Advocacia e da OAB.

§ 2º O Fundo Cultural será administrado pela Escola Superior de Advocacia, mediante deliberação da Diretoria do Conselho Seccional.

§ 3º O Fundo de Integração e Desenvolvimento Assistencial dos Advogados – FIDA será administrado por um Conselho Gestor designado pela Diretoria do Conselho Federal.

§ 4º Os Conselhos Seccionais elaborarão seus orçamentos anuais considerando o limite disposto no inciso IV para manutenção da sua estrutura administrativa e das subseções, utilizando a margem resultante para suplementação orçamentária do exercício, caso se faça necessária.

§ 5º Qualquer transferência de bens ou recursos de um Conselho Seccional a outro depende de autorização do Conselho Federal.

- §§ 1º a 5º com a redação dada pela Res. nº 2 do Conselho Pleno do CFOAB, de 9-10-2007.

Art. 57. Cabe à Caixa de Assistência dos Advogados a metade da receita das anuidades, incluídas as eventuais atualizações monetárias e juros, recebidas pelo Conselho Seccional, considerado o valor resultante após as deduções obrigatórias, nos percentuais previstos no art. 56 do Regulamento Geral.

- *Caput* com a redação dada Res. nº 2 do Conselho Pleno do CFOAB, de 10-6-2013.

§ 1º Poderão ser deduzidas despesas nas receitas destinadas à Caixa Assistência, desde que previamente pactuadas.

§ 2º A aplicação dos recursos da Caixa de Assistência deverá estar devidamente demonstrada nas prestações de contas periódicas do Conselho Seccional, obedecido o disposto no § 5º do art. 60 do Regulamento Geral.

- §§ 1º e 2º acrescidos pela Res. nº 2 do Conselho Pleno do CFOAB, de 9-10-2007.

Art. 58. Compete privativamente ao Conselho Seccional, na primeira sessão ordinária do ano, apreciar o relatório anual e deliberar sobre o balanço e as contas da Diretoria do Conselho Seccional, da Caixa de Assistência dos Advogados e das Subseções, referentes ao exercício anterior, na forma de seu Regimento Interno.

§ 1º O Conselho Seccional elege, dentre seus membros, uma comissão de orçamento e contas para fiscalizar a aplicação da receita e opinar previamente sobre a proposta de orçamento anual e as contas.

§ 2º O Conselho Seccional pode utilizar os serviços de auditoria independente para auxiliar a comissão de orçamento e contas.

§ 3º O exercício financeiro dos Conselhos Federal e Seccionais encerra-se no dia 31 de dezembro de cada ano.

Art. 59. Deixando o cargo, por qualquer motivo, no curso do mandato, os Presidentes do Conselho Federal, do Conselho Seccional, da Caixa de Assistência e da Subseção apresentam, de forma sucinta, relatório e contas ao seu sucessor.

Art. 60. Os Conselhos Seccionais aprovarão seus orçamentos anuais, para o exercício seguinte, até o mês de outubro e o Conselho Federal até a última sessão do ano, permitida a alteração dos mesmos no curso do exercício, mediante justificada necessidade, devidamente aprovada pelos respectivos colegiados.

- *Caput* com a redação dada pelo Conselho Pleno do CFOAB, de 17-6-1997.

§ 1º O orçamento do Conselho Seccional, incluindo as Subseções, estima a receita, fixa a despesa e prevê as deduções destinadas ao Conselho Federal, ao Fundo Cultural, ao Fundo de Integração e Desenvolvimento Assistencial dos Advogados – FIDA e à Caixa de Assistência, e deverá ser encaminhado, mediante cópia, até o dia 10 do mês subsequente, ao Conselho Federal, podendo o seu Diretor-Tesoureiro, após análise prévia, devolvê-lo à Seccional, para os devidos ajustes.

- § 1º com a redação dada pela Res. nº 2 do Conselho Pleno do CFOAB, de 9-10-2007.

§ 2º Aprovado o orçamento e, igualmente, as eventuais suplementações orçamentárias, encaminhar-se-á cópia ao Conselho Federal, até o dia 10 do mês subsequente, para os fins regulamentares.

- § 2º com a redação dada pelo Conselho Pleno do CFOAB, de 17-6-1997.

§ 3º O Conselho Seccional recém-empossado deverá promover, se necessário, preferencialmente nos dois primeiros meses de gestão, a reformulação do orçamento anual, encaminhando cópia do instrumento respectivo ao Conselho Federal, até o dia 10 do mês de março do ano em curso.

§ 4º A Caixa de Assistência dos Advogados aprovará seu orçamento para o exercício seguinte, até a última sessão do ano.

- §§ 3º e 4º com a redação dada pela Res. nº 2 do Conselho Pleno do CFOAB, de 9-10-2007.

§ 5º O Conselho Seccional fixa o modelo e os requisitos formais e materiais para o orçamento, o relatório e as contas da Caixa de Assistência e das Subseções.

- § 5º acrescido pela Res. nº 2 do Conselho Pleno do CFOAB, de 9-10-2007.

Art. 61. O relatório, o balanço e as contas dos Conselhos Seccionais e da Diretoria do Conselho Federal, na forma prevista em Provimento, são julgados pela Terceira Câmara do Conselho Federal, com recurso para o Órgão Especial.

§ 1º Cabe à Terceira Câmara fixar os modelos dos orçamentos, balanços e contas da Diretoria do Conselho Federal e dos Conselhos Seccionais.

§ 2º A Terceira Câmara pode determinar a realização de auditoria independente nas contas do Conselho Seccional, com ônus para este, sempre que constatar a existência de graves irregularidades.

§ 3º O relatório, o balanço e as contas dos Conselhos Seccionais do ano anterior serão remetidos à Terceira Câmara até o final do quarto mês do ano seguinte.

- § 3º com a redação dada pelo Conselho Pleno do CFOAB, de 9-11-2003.

§ 4º O relatório, o balanço e as contas da Diretoria do Conselho Federal são apreciados pela Terceira Câmara a partir da primeira sessão ordinária do ano seguinte ao do exercício.

§ 5º Os Conselhos Seccionais só podem pleitear recursos materiais e financeiros ao Conselho Federal se comprovadas as seguintes condições:

- *Caput* do § 5º com a redação dada pelo Conselho Pleno do CFOAB, de 17-6-1997.

a) remessa de cópia do orçamento e das eventuais suplementações orçamentárias, no prazo estabelecido pelo § 2º do art. 60;

b) prestação de contas aprovada na forma regulamentar; e

c) repasse atualizado da receita devida ao Conselho Federal, suspendendo-se o pedido, em caso de controvérsia, até decisão definitiva sobre a liquidez dos valores correspondentes.

- Alíneas *a* a *c* acrescidas pelo Conselho Pleno do CFOAB, de 17-6-1997.

CAPÍTULO III

DO CONSELHO FEDERAL

Seção I

DA ESTRUTURA E DO FUNCIONAMENTO

Art. 62. O Conselho Federal, órgão supremo da OAB, com sede na Capital da República, compõe-se de um Presidente, dos Conselheiros Federais integrantes das delegações de cada unidade federativa e de seus ex-presidentes.

§ 1º Os ex-presidentes têm direito a voz nas sessões do Conselho, sendo assegurado o direito de voto aos que exerceram mandato antes de 05 de julho de 1994 ou em seu exercício se encontravam naquela data.

- § 1º com a redação dada pelo Conselho Pleno do CFOAB, de 17-6-1997.

§ 2º O Presidente, nas suas relações externas, apresenta-se como Presidente Nacional da OAB.

§ 3º O Presidente do Conselho Seccional tem lugar reservado junto à delegação respectiva e direito a voz em todas as sessões do Conselho e de suas Câmaras.

Art. 63. O Presidente do Instituto dos Advogados Brasileiros, o Presidente da Federação Nacional dos Institutos dos Advogados do Brasil e os agraciados com a "Medalha Rui Barbosa" podem participar das sessões do Conselho Pleno, com direito a voz.

- Artigo com a redação dada pela Res. do CFOAB nº 4, de 17-10-2022 (*DOABe* de 16-11-2022).

Art. 64. O Conselho Federal atua mediante os seguintes órgãos:

I – Conselho Pleno;

II – Órgão Especial do Conselho Pleno;

III – Primeira, Segunda e Terceira Câmaras;

IV – Diretoria;

V – Presidente.

Parágrafo único. Para o desempenho de suas atividades, o Conselho conta também com comissões permanentes, definidas em Provimento, e com comissões temporárias, todas designadas pelo Presidente, integradas ou não por Conselheiros Federais, submetidas a um regimento interno único, aprovado pela Diretoria do Conselho Federal, que o levará ao conhecimento do Conselho Pleno.

- Parágrafo único com a redação dada pelo Conselho Pleno do CFOAB, de 16-10-2000.

Art. 65. No exercício do mandato, o Conselheiro Federal atua no interesse da advocacia nacional e não apenas no de seus representados diretos.

§ 1º O cargo de Conselheiro Federal é incompatível com o de membro de outros órgãos da OAB, exceto quando se tratar de ex-presidente do Conselho Federal e do Conselho Seccional, ficando impedido de debater e votar as matérias quando houver participado da deliberação local.

§ 2º Na apuração da antiguidade do Conselheiro Federal somam-se todos os períodos de mandato, mesmo que interrompidos.

Art. 66. Considera-se ausente das sessões ordinárias mensais dos órgãos deliberativos do Conselho Federal o Conselheiro que, sem motivo justificado, faltar a qualquer uma.

Parágrafo único. Compete ao Conselho Federal fornecer ajuda de transporte e hospedagem aos Conselheiros Federais integrantes das bancadas dos Conselhos Seccionais que não tenham capacidade financeira para suportar a despesa correspondente.

- Parágrafo único com a redação dada pelo Conselho Pleno do CFOAB, de 17-6-1997.

Art. 67. Os Conselheiros Federais, integrantes de cada delegação, após a posse, são distribuídos pelas três Câmaras especializadas, mediante deliberação da própria delegação, comunicada ao Secretário-Geral, ou, na falta desta, por decisão do Presidente, dando-se preferência ao mais antigo no Conselho e, havendo coincidência, ao de inscrição mais antiga.

§ 1º O Conselheiro, na sua delegação, é substituto dos demais, em qualquer órgão do Conselho, nas faltas ou impedimentos ocasionais ou no caso de licença.

§ 2º Quando estiverem presentes dois substitutos, concomitantemente, a preferência é do mais antigo no Conselho e, em caso de coincidência, do que tiver inscrição mais antiga.

§ 3º A delegação indica seu representante ao Órgão Especial do Conselho Pleno.

Art. 68. O voto em qualquer órgão colegiado do Conselho Federal é tomado por delegação, em ordem alfabética, seguido dos ex-presidentes presentes, com direito a voto.

§ 1º Os membros da Diretoria votam como integrantes de suas delegações.

§ 2º O Conselheiro Federal opina mas não participa da votação de matéria de interesse específico da unidade que representa.

§ 3º Na eleição dos membros da Diretoria do Conselho Federal, somente votam os Conselheiros Federais, individualmente.

- § 3º acrescido pela Res. nº 1 do Conselho Pleno do CFOAB, de 6-8-2006.

Art. 69. A seleção das decisões dos órgãos deliberativos do Conselho Federal é periodicamente divulgada em forma de ementário.

Art. 70. Os órgãos deliberativos do Conselho Federal podem cassar ou modificar atos ou deliberações de órgãos ou autoridades da OAB, ouvidos estes e os interessados previamente, no prazo de quinze dias, sempre que contrariem o Estatuto, este Regulamento Geral, o Código de Ética e Disciplina e os Provimentos.

- Artigo com a redação dada pela Res. do CFOAB nº 4, de 17-10-2022 (*DOABe* de 16-11-2022).

Art. 71. Toda matéria pertinente às finalidades e às competências do Conselho Federal da OAB será distribuída automaticamente no órgão colegiado competente a um relator, mediante sorteio eletrônico, com inclusão na pauta da sessão seguinte, organizada segundo critério de antiguidade.

- *Caput* com a redação dada pela Res. nº 1 do Conselho Pleno do CFOAB, de 10-6-2013.

§ 1º Se o relator determinar alguma diligência, o processo é retirado da ordem do dia, figurando em anexo da pauta com indicação da data do despacho.

§ 2º Incumbe ao relator apresentar na sessão seguinte, por escrito, o relatório, o voto e a proposta de ementa.

§ 3º O relator pode determinar diligências, requisitar informações, instaurar representação incidental, propor ao Presidente a redistribuição da matéria e o arquivamento, quando for irrelevante ou impertinente às finalidades da OAB, ou o encaminhamento do processo ao Conselho Seccional competente, quando for de interesse local.

§ 4º Em caso de inevitável perigo de demora da decisão, pode o relator conceder provimento cautelar, com recurso de ofício ao órgão colegiado, para apreciação preferencial na sessão posterior.

§ 5º O relator notifica o Conselho Seccional e os interessados, quando forem necessárias suas manifestações.

§ 6º Compete ao relator manifestar-se sobre as desistências, prescrições, decadências e intempestividades dos recursos, para decisão do Presidente do órgão colegiado.

Art. 72. O processo será redistribuído automaticamente caso o relator, após a inclusão em pauta, não o apresente para julgamento na sessão seguinte ou quando, fundamen-

LEG. COMPLEMENTAR

tadamente e no prazo de 5 (cinco) dias, a contar do recebimento dos autos, declinar da relatoria.

• *Caput* com a redação dada pela Res. nº 1 do Conselho Pleno do CFOAB, de 10-6-2013.

§ 1º O presidente do colegiado competente poderá deferir a prorrogação do prazo de apresentação do processo para julgamento estipulado no *caput*, por 1 (uma) sessão, mediante requerimento por escrito e fundamentado do relator.

§ 2º Redistribuído o processo, caso os autos encontrem-se com o relator, o presidente do órgão colegiado determinará sua devolução à secretaria, em até 5 (cinco) dias.

• §§ 1º e 2º acrescidos pela Res. nº 1 do Conselho Pleno do CFOAB, de 10-6-2013.

Art. 73. Em caso de matéria complexa, o Presidente designa uma comissão em vez de relator individual.

Parágrafo único. A comissão escolhe um relator e delibera coletivamente, não sendo considerados os votos minoritários para fins de relatório e voto.

Seção II

DO CONSELHO PLENO

Art. 74. O Conselho Pleno é integrado pelos Conselheiros Federais de cada delegação e pelos ex-presidentes, sendo presidido pelo Presidente do Conselho Federal e secretariado pelo Secretário-Geral.

Art. 75. Compete ao Conselho Pleno deliberar, em caráter nacional, sobre propostas e indicações relacionadas às finalidades institucionais da OAB (art. 44, I, do Estatuto) e sobre as demais atribuições previstas no art. 54 do Estatuto, respeitadas as competências privativas dos demais órgãos deliberativos do Conselho Federal, fixadas neste Regulamento Geral, e ainda:

I – eleger o sucessor dos membros da Diretoria do Conselho Federal, em caso de vacância;

II – regular, mediante resolução, matérias de sua competência que não exijam edição de Provimento;

III – instituir, mediante Provimento, comissões permanentes para assessorar o Conselho Federal e a Diretoria.

• Inciso III com a redação dada pelo Conselho Pleno do CFOAB, de 16-10-2000.

Parágrafo único. O Conselho Pleno pode decidir sobre todas as matérias privativas de seu órgão Especial, quando o Presidente atribuir-lhes caráter de urgência e grande relevância.

Art. 76. As proposições e os requerimentos deverão ser oferecidos por escrito, cabendo ao relator apresentar relatório e voto na sessão seguinte, acompanhados de ementa do acórdão.

• *Caput* com a redação dada pela Res. nº 1 do Conselho Pleno do CFOAB, de 10-6-2013.

§ 1º No Conselho Pleno, o Presidente, em caso de urgência e relevância, pode designar relator para apresentar relatório e voto orais na mesma sessão.

§ 2º Quando a proposta importar despesas não previstas no orçamento, pode ser apreciada apenas depois de ouvido o Diretor Tesoureiro quanto às disponibilidades financeiras para sua execução.

Art. 77. O voto da delegação é o de sua maioria, havendo divergência entre seus membros, considerando-se invalidado em caso de empate.

§ 1º O Presidente não integra a delegação de sua unidade federativa de origem e não vota, salvo em caso de empate.

§ 2º Os ex-Presidentes empossados antes de 5 de julho de 1994 têm direito de voto equivalente ao de uma delegação, em todas as matérias, exceto na eleição dos membros da Diretoria do Conselho Federal.

• § 2º com a redação dada pela Res. nº 1 do Conselho Pleno do CFOAB, de 6-8-2006.

Art. 78. Para editar e alterar o Regulamento Geral, o Código de Ética e Disciplina e os Provimentos e para intervir nos Conselhos Seccionais é indispensável o *quorum* de dois terços das delegações.

Parágrafo único. Para as demais matérias prevalece o *quorum* de instalação e de votação estabelecido neste Regulamento Geral.

Art. 79. A proposta que implique baixar normas gerais de competência do Conselho Pleno ou encaminhar projeto legislativo ou emendas aos Poderes competentes somente pode ser deliberada se o relator ou a comissão designada elaborar o texto normativo, a ser remetido aos Conselheiros juntamente com a convocação da sessão.

§ 1º Antes de apreciar proposta de texto normativo, o Conselho Pleno delibera sobre a admissibilidade da relevância da matéria.

§ 2º Admitida a relevância, o Conselho passa a decidir sobre o conteúdo da proposta do texto normativo, observados os seguintes critérios:

a) procede-se à leitura de cada dispositivo, considerando-o aprovado se não houver destaque levantado por qualquer membro ou encaminhado por Conselho Seccional;

b) havendo destaque, sobre ele manifesta-se apenas aquele que o levantou e a comissão relatora ou o relator, seguindo-se a votação.

§ 3º Se vários membros levantarem destaque sobre o mesmo ponto controvertido, um, dentre eles, é eleito como porta-voz.

§ 4º Se o texto for totalmente rejeitado ou prejudicado pela rejeição, o Presidente designa novo relator ou comissão revisora para redigir outro.

Art. 80. A OAB pode participar e colaborar em eventos internacionais, de interesse da advocacia, mas somente se associa a organismos internacionais que congreguem entidades congêneres.

Parágrafo único. Os Conselhos Seccionais podem representar a OAB em geral ou os advogados brasileiros em eventos internacionais ou no exterior, quando autorizados pelo Presidente Nacional.

Art. 81. Constatando grave violação do Estatuto ou deste Regulamento Geral, a Diretoria do Conselho Federal notifica o Conselho Seccional para apresentar defesa e, havendo necessidade, designa representantes para promover verificação ou sindicância, submetendo o relatório ao Conselho Pleno.

§ 1º Se o relatório concluir pela intervenção, notifica-se o Conselho Seccional para apresentar defesa por escrito e oral perante o Conselho Pleno, no prazo e tempo fixados pelo Presidente.

§ 2º Se o Conselho Pleno decidir pela intervenção, fixa prazo determinado, que pode ser prorrogado, cabendo à Diretoria designar diretoria provisória.

§ 3º Ocorrendo obstáculo imputável à Diretoria do Conselho Seccional para a sindicância, ou no caso de irreparabilidade do perigo pela demora, o Conselho Pleno pode aprovar liminarmente a intervenção provisória.

Art. 82. As indicações de ajuizamento de ação direta de inconstitucionalidade submetem-se ao juízo prévio de admissibilidade da Diretoria para aferição da relevância da defesa dos princípios e normas constitucionais e, sendo admitidas, observam o seguinte procedimento:

I – o relator, designado pelo Presidente, independentemente da decisão da Diretoria, pode levantar preliminar de inadmissibilidade perante o Conselho Pleno, quando não encontrar norma ou princípio constitucional violados pelo ato normativo;

II – aprovado o ajuizamento da ação, esta será proposta pelo Presidente do Conselho Federal;

• Inciso II com a redação dada pelo Conselho Pleno do CFOAB, de 16-10-2000.

III – cabe à assessoria do Conselho acompanhar o andamento da ação.

§ 1º Em caso de urgência que não possa aguardar a sessão ordinária do Conselho Pleno, ou durante o recesso do Conselho Federal, a Diretoria decide quanto ao mérito, *ad referendum* daquele.

§ 2º Quando a indicação for subscrita por Conselho Seccional da OAB, por entidade de caráter nacional ou por delegação do Conselho Federal, a matéria não se sujeita ao juízo de admissibilidade da Diretoria.

Art. 83. Compete à Comissão Nacional de Educação Jurídica do Conselho Federal opinar previamente nos pedidos para criação, reconhecimento e credenciamento dos cursos jurídicos referidos no art. 54, XV, do Estatuto.

• *Caput* com a redação dada pela Res. nº 1 do Conselho Pleno do CFOAB, de 13-6-2011.

§ 1º O Conselho Seccional em cuja área de atuação situar-se a instituição de ensino superior interessada será ouvido, preliminarmente, nos processos que tratem das matérias referidas neste artigo, devendo a seu respeito manifestar-se no prazo de 30 (trinta) dias.

• Parágrafo único transformado em § 1º pela Res. nº 3 do Conselho Federal do CFOAB, de 12-9-2006.

§ 2º A manifestação do Conselho Seccional terá em vista, especialmente, os seguintes aspectos:

a) a verossimilhança do projeto pedagógico do curso, em face da realidade local;

b) a necessidade social da criação do curso, aferida em função dos critérios estabelecidos pela Comissão de Ensino Jurídico do Conselho Federal;

c) a situação geográfica do município sede do curso, com indicação de sua população e das condições de desenvolvimento cultural e econômico que apresente, bem como da distância em relação ao município mais próximo onde haja curso jurídico;

d) as condições atuais das instalações físicas destinadas ao funcionamento do curso;

e) a existência de biblioteca com acervo adequado, a que tenham acesso direto os estudantes.

§ 3º A manifestação do Conselho Seccional deverá informar sobre cada um dos itens mencionados no parágrafo anterior, abstendo-se, porém, de opinar, conclusivamente, sobre a conveniência ou não da criação do curso.

§ 4º O Conselho Seccional encaminhará sua manifestação diretamente à Comissão de Ensino Jurídico do Conselho Federal, dela não devendo fornecer cópia à instituição interessada ou a terceiro antes do pronunciamento final do Conselho Federal.

• §§ 2º a 4º acrescidos pela Res. nº 3 do Conselho Federal do CFOAB, de 12-9-2006.

Seção III

DO ÓRGÃO ESPECIAL DO CONSELHO PLENO

Art. 84. O Órgão Especial é composto por um Conselheiro Federal integrante de cada delegação, sem prejuízo de sua participação no Conselho Pleno, e pelos ex-Presidentes, sendo presidido pelo Vice-Presidente e secretariado pelo Secretário-Geral Adjunto.

Parágrafo único. O Presidente do Órgão Especial, além de votar por sua delegação, tem o voto de qualidade, no caso de empate, salvo quando se tratar de procedimento disciplinar passível de aplicação de sanção prevista no art. 35 do Estatuto da Advocacia e da OAB, caso em que, quando houver empate de votos, o Presidente votará apenas por sua delegação, prevalecendo a decisão mais favorável ao advogado representado.

• Parágrafo único com a redação dada pela Res. CFOAB nº 01/2019.

Art. 85. Compete ao Órgão Especial deliberar, privativamente e em caráter irrecorrível, sobre:

I – recurso contra decisões das Primeira e Terceira Câmaras, quando não tenham sido unânimes ou, sendo unânimes, contrariem a Constituição, as leis, o Estatuto, decisões do Conselho Federal, este Regulamento Geral, o Código de Ética e Disciplina ou os Provimentos;

II – recurso contra decisão da Segunda Câmara, nos casos de pedido de revisão e dos incisos III e IV, do art. 89, deste Regulamento Geral, quando não tenham sido unânimes ou, sendo unânimes, contrariem a Constituição, as leis, o Estatuto, decisões do Conselho Federal, este Regulamento Geral, o Código de Ética e Disciplina ou os Provimentos;

• Incisos I e II com a redação dada pela Res. do CFOAB nº 3, de 17-10-2022 (*DOABe* de 16-11-2022).

III – recurso contra decisões do Presidente ou da Diretoria do Conselho Federal e do Presidente do Órgão Especial;

IV – consultas escritas, formuladas em tese, relativas às matérias de competência das Câmaras especializadas ou à interpretação do Estatuto, deste Regulamento Geral, do Código de Ética e Disciplina e dos Provimentos, devendo todos os Conselhos Seccionais ser cientificados do conteúdo das respostas;

V – conflitos ou divergências entre órgãos da OAB;

VI – determinação ao Conselho Seccional competente para instaurar processo, quando, em autos ou peças submetidos ao conhecimento do Conselho Federal, encontrar fato que constitua infração disciplinar.

• Incisos III a VI renumerados pela Res. nº 1 do Conselho Pleno do CFOAB, de 17-4-2007.

§ 1º Os recursos ao Órgão Especial podem ser manifestados pelo Presidente do Conselho Federal, pelas partes ou pelos recorrentes originários.

§ 2º O relator pode propor ao Presidente do Órgão Especial o arquivamento da consulta, quando não se revestir de caráter geral ou não tiver pertinência com as finalidades da OAB, ou o seu encaminhamento ao Conselho Seccional, quando a matéria for de interesse local.

Art. 86. A decisão do Órgão Especial constitui orientação dominante da OAB sobre a matéria, quando consolidada em súmula publicada no *Diário Eletrônico da OAB*.

• Artigo com a redação dada pela Res. do CFOAB nº 5, de 2-10-2018.

Seção IV

DAS CÂMARAS

Art. 87. As Câmaras são presididas:

I – a Primeira, pelo Secretário-Geral;

LEG. COMPLEMENTAR

II – a Segunda, pelo Secretário-Geral Adjunto;
III – a Terceira, pelo Tesoureiro.

§ 1º Os Secretários das Câmaras são designados, dentre seus integrantes, por seus Presidentes.

§ 2º Nas suas faltas e impedimentos, os Presidentes e Secretários das Câmaras são substituídos pelos Conselheiros mais antigos e, havendo coincidência, pelos de inscrição mais antiga.

§ 3º O Presidente da Câmara, além de votar por sua delegação, tem o voto de qualidade, no caso de empate, salvo quando se tratar de procedimento disciplinar passível de aplicação de sanção prevista no art. 35 do Estatuto da Advocacia e da OAB, caso em que, quando houver empate de votos, o Presidente votará apenas por sua delegação, prevalecendo a decisão mais favorável ao advogado representado.

- § 3º com a redação dada pela Res. CFOAB nº 01/2019.

Art. 88. Compete à Primeira Câmara:

I – decidir os recursos sobre:

a) atividade de advocacia e direitos e prerrogativas dos advogados e estagiários;

b) inscrição nos quadros da OAB;

c) incompatibilidades e impedimentos.

II – expedir resoluções regulamentando o Exame de Ordem, para garantir sua eficiência e padronização nacional, ouvida a Comissão Nacional de Exame de Ordem;

- Inciso II com a redação dada pelo Conselho Pleno do CFOAB de 16-10-2000.

III – julgar as representações sobre as matérias de sua competência;

IV – propor, instruir e julgar os incidentes de uniformização de decisões de sua competência.

- Incisos III e IV com a redação dada pelo Conselho Pleno do CFOAB, de 17-6-1997.

V – determinar ao Conselho Seccional competente a instauração de processo quando, em autos ou peças submetidas ao seu julgamento, tomar conhecimento de fato que constitua infração disciplinar;

VI – julgar os recursos interpostos contra decisões de seu Presidente.

- Incisos V e VI acrescidos pelo Conselho Pleno do CFOAB de 16-10-2000.

Art. 89. Compete à Segunda Câmara:

I – decidir os recursos sobre ética e deveres do advogado, infrações e sanções disciplinares;

II – promover em âmbito nacional a ética do advogado, juntamente com os Tribunais de Ética e Disciplina, editando resoluções regulamentares ao Código de Ética e Disciplina.

III – julgar as representações sobre as matérias de sua competência;

IV – propor, instruir e julgar os incidentes de uniformização de decisões de sua competência;

- Incisos III e IV com a redação dada pelo Conselho Pleno do CFOAB, de 17-6-1997.

V – determinar ao Conselho Seccional competente a instauração de processo quando, em autos ou peças submetidas ao seu julgamento, tomar conhecimento de fato que constitua infração disciplinar;

VI – julgar os recursos interpostos contra decisões de seu Presidente;

VII – eleger, dentre seus integrantes, os membros da Corregedoria do Processo Disciplinar, em número máximo de três, com atribuição, em caráter nacional, de orientar e fiscalizar a tramitação dos processos disciplinares de competência da OAB, podendo, para tanto, requerer informações e realizar diligências, elaborando relatório anual dos processos em trâmite no Conselho Federal e nos Conselhos Seccionais e Subseções.

- Incisos V e VII acrescidos pelo Conselho Pleno do CFOAB de 16-10-2000.

Art. 89-A. A Segunda Câmara será dividida em três Turmas, entre elas repartindo-se, com igualdade, os processos recebidos pela Secretaria.

- *Caput* acrescido pela Res. nº 1 do Conselho Pleno do CFOAB, de 17-4-2007.

§ 1º Na composição das Turmas, que se dará por ato do Presidente da Segunda Câmara, será observado o critério de representatividade regional, de sorte a nelas estarem presentes todas as Regiões do País.

§ 2º As Turmas serão presididas pelo Conselheiro presente de maior antiguidade no Conselho Federal, admitindo-se o revezamento, a critério dos seus membros, salvo a Turma integrada pelo Presidente da Segunda Câmara, que será por ele presidida.

- §§ 1º e 2º acrescidos pela Res. do Conselho Pleno do CFOAB nº 1, de 4-5-2009.

§ 3º Das decisões das Turmas caberá recurso para o Pleno da Segunda Câmara quando não tenham sido unânimes ou, sendo unânimes, contrariem a Constituição, as leis, o Estatuto, decisões do Conselho Federal, este Regulamento Geral, o Código de Ética e Disciplina ou os Provimentos.

- § 3º com a redação dada pela Res. do CFOAB nº 3, de 17-10-2022 (*DOABe* de 16-11-2022).

§ 4º No julgamento do recurso, o relator ou qualquer membro da Turma poderá propor que esta o afete ao Pleno da Câmara, em vista da relevância ou especial complexidade da matéria versada, podendo proceder do mesmo modo quando suscitar questões de ordem que impliquem a adoção de procedimentos comuns pelas Turmas.

- § 4º acrescido pela Res. nº 1 do Conselho Pleno do CFOAB, de 4-5-2009.

§ 5º Não cabe recurso contra a decisão do Pleno da Segunda Câmara referida no § 3º deste artigo, ressalvados embargos de declaração.

- § 5º com a redação dada pela Res. do CFOAB nº 3, de 17-10-2022 (*DOABe* de 16-11-2022).

Art. 90. Compete à Terceira Câmara:

I – decidir os recursos relativos à estrutura, aos órgãos e ao processo eleitoral da OAB;

II – decidir os recursos sobre sociedades de advogados, advogados associados e advogados empregados;

III – apreciar os relatórios anuais e deliberar sobre o balanço e as contas da Diretoria do Conselho Federal e dos Conselhos Seccionais;

IV – suprir as omissões ou regulamentar as normas aplicáveis às Caixas de Assistência dos Advogados, inclusive mediante resoluções;

V – modificar ou cancelar, de ofício ou a pedido de qualquer pessoa, dispositivo do Regimento Interno do Conselho Seccional que contrarie o Estatuto ou este Regulamento Geral;

VI – julgar as representações sobre as matérias de sua competência;

VII – propor, instruir e julgar os incidentes de uniformização de decisões de sua competência;

- Incisos VI e VII com a redação dada pelo Conselho Pleno do CFOAB de 17-6-1997.

VIII – determinar ao Conselho Seccional competente a instauração de processo quando, em autos ou peças submetidas ao seu julgamento, tomar conhecimento de fato que constitua infração disciplinar;

IX – julgar os recursos interpostos contra decisões de seu Presidente.

- Incisos VIII e IX acrescidos pelo Conselho Pleno do CFOAB de 16-10-2000.

Seção V

DAS SESSÕES

Art. 91. Os órgãos colegiados do Conselho Federal reúnem-se ordinariamente nos meses de fevereiro a dezembro de cada ano, em sua sede no Distrito Federal, nas datas fixadas pela Diretoria.

- *Caput* com a redação dada pela Res. nº 1 do Conselho Pleno do CFOAB, de 22-6-2010.

§ 1º Em caso de urgência ou no período de recesso (janeiro), o Presidente ou um terço das delegações do Conselho Federal pode convocar sessão extraordinária.

- § 1º com a redação dada pela Res. nº 1 do Conselho Pleno do CFOAB, de 22-6-2010.

§ 2º A sessão extraordinária, em caráter excepcional e de grande relevância, pode ser convocada para local diferente da sede do Conselho Federal.

§ 3º As convocações para as sessões ordinárias são acompanhadas de minuta da ata da sessão anterior e dos demais documentos necessários.

§ 4º Mediante prévia deliberação do Conselho Pleno, poderá ser dispensada a realização da sessão ordinária do mês de julho, sem prejuízo da regular fruição dos prazos processuais e regulamentares.

- § 4º acrescido pela Res. nº 1 do Conselho Pleno do CFOAB, de 22-6-2010.

Art. 92. Para instalação e deliberação dos órgãos colegiados do Conselho Federal da OAB exige-se a presença de metade das delegações, salvo nos casos de *quorum* qualificado, previsto neste Regulamento Geral.

§ 1º A deliberação é tomada pela maioria de votos dos presentes.

§ 2º Comprova-se a presença pela assinatura no documento próprio, sob controle do Secretário da sessão.

§ 3º Qualquer membro presente pode requerer a verificação do *quorum*, por chamada.

§ 4º A ausência à sessão, depois da assinatura de presença, não justificada ao Presidente, é contada para efeito de perda do mandato.

Art. 93. Nas sessões observa-se a seguinte ordem:

I – verificação do *quorum* e abertura;

II – leitura, discussão e aprovação da ata da sessão anterior;

III – comunicações do Presidente;

IV – ordem do dia;

V – expediente e comunicações dos presentes.

Parágrafo único. A ordem dos trabalhos ou da pauta pode ser alterada pelo Presidente, em caso de urgência ou de pedido de preferência.

Art. 94. O julgamento de qualquer processo ocorre do seguinte modo:

I – leitura do relatório, do voto e da proposta de ementa do acórdão, todos escritos, pelo relator;

II – sustentação oral pelo interessado ou seu advogado, com o prazo de 15 (quinze) minutos, a qual, em se tratando de embargos de declaração, somente será admitida se estes tiverem efeitos infringentes, caso em que a sustentação se dará no limite de 5 (cinco) minutos, tendo o respectivo processo preferência no julgamento;

- Inciso II com a redação dada pela Res. do CFOAB nº 4, de 18-11-2019.

III – discussão da matéria, dentro do prazo máximo fixado pelo Presidente, não podendo cada Conselheiro fazer uso da palavra mais de uma vez nem por mais de três minutos, salvo se lhe for concedida prorrogação;

IV – votação da matéria, não sendo permitidas questões de ordem ou justificativa oral de voto, precedendo as questões prejudiciais e preliminares às de mérito;

V – a votação da matéria será realizada mediante chamada em ordem alfabética das bancadas, iniciando-se com a delegação integrada pelo relator do processo em julgamento;

- Inciso V com a redação dada pela Res. nº 3 do Conselho Pleno do CFOAB, de 9-9-2013.

VI – proclamação do resultado pelo Presidente, com leitura da súmula da decisão.

- Inciso VI renumerado pela Res. nº 3 do Conselho Pleno do CFOAB, de 9-9-2013.

§ 1º Os apartes só serão admitidos quando concedidos pelo orador. Não será admitido aparte:

a) à palavra do Presidente;

b) ao Conselheiro que estiver suscitando questão de ordem.

- § 1º acrescido pelo Conselho Pleno do CFOAB, de 16-10-2000.

§ 2º Se durante a discussão o Presidente julgar que a matéria é complexa e não se encontra suficientemente esclarecida, suspende o julgamento, designando revisor para sessão seguinte.

§ 3º A justificação escrita do voto pode ser encaminhada à Secretaria até quinze dias após a votação da matéria.

§ 4º O Conselheiro pode pedir preferência para antecipar seu voto se necessitar ausentar-se justificadamente da sessão.

§ 5º O Conselheiro pode eximir-se de votar se não tiver assistido à leitura do relatório.

§ 6º O relatório e o voto do relator, na ausência deste, são lidos pelo Secretário.

§ 7º Vencido o relator, o autor do voto vencedor lavra o acórdão.

- §§ 2º a 7º renumerados pelo Conselho Pleno do CFOAB, de 16-10-2000.

Art. 95. O pedido justificado de vista por qualquer Conselheiro, quando não for em mesa, não adia a discussão, sendo deliberado como preliminar antes da votação da matéria.

Parágrafo único. A vista concedida é coletiva, permanecendo os autos do processo na Secretaria, com envio de cópias aos que as solicitarem, devendo a matéria ser julgada na sessão ordinária seguinte, com preferência sobre as demais, ainda que ausentes o relator ou o Conselheiro requerente.

Art. 96. As decisões coletivas são formalizadas em acórdãos, assinados pelo Presidente e pelo relator, e publicadas.

§ 1º As manifestações gerais do Conselho Pleno podem dispensar a forma de acórdão.

§ 2º As ementas têm numeração sucessiva e anual, relacionada ao órgão deliberativo.

Art. 97. As pautas e decisões são publicadas no *Diário Eletrônico da OAB*, ou comunicadas pessoalmente aos interessados, e afixadas em local de fácil acesso na sede do Conselho Federal.

- Artigo com a redação dada pela Res. do CFOAB nº 5, de 2-10-2018.

Art. 97-A. Será admitido o julgamento de processos dos órgãos colegiados em ambiente telepresencial, denominado

Sessão Virtual, observando-se, quando cabíveis, as disposições dos arts. 91 a 97 deste Regulamento Geral.

§ 1º Poderão ser incluídos nas sessões virtuais processos que tenham sido pautados em sessões ordinárias ou extraordinárias presenciais anteriores, para início ou continuidade de julgamento.

§ 2º As sessões virtuais serão convocadas pelos presidentes dos órgãos colegiados, com, pelo menos, 15 (quinze) dias úteis de antecedência.

§ 3º As partes, os interessados e seus procuradores serão notificados pelo *Diário Eletrônico da OAB* de que o julgamento se dará em ambiente telepresencial.

§ 4º Nas hipóteses regulamentares em que couber sustentação oral, facultada à parte, ao interessado ou a seus procuradores, esta, com duração de, no máximo, 15 (quinze) minutos, será realizada na sessão virtual, após a leitura do relatório e do voto pelo Relator.

§ 5º A sustentação oral de que trata o parágrafo anterior, bem como a participação telepresencial, deverá ser previamente requerida pela parte, pelo interessado ou por seus procuradores, em até 24 (vinte e quatro) horas antes do início da sessão virtual.

§ 6º O requerimento previsto no parágrafo anterior deverá ser realizado por correio eletrônico ou petição nos autos, com a identificação do processo, do órgão julgador, da data da sessão virtual de julgamento e do endereço eletrônico do requerente, que será utilizado para incluí-lo na respectiva sessão.

§ 7º A sustentação oral ou a participação telepresencial será realizada por videoconferência, com a utilização de plataforma disponibilizada pelo Conselho Federal, sendo de inteira responsabilidade da parte, do interessado ou de seus advogados toda a infraestrutura tecnológica necessária para sua participação na sessão virtual.

§ 8º Não serão incluídos na sessão virtual, ou dela serão excluídos, os seguintes processos:

I – os indicados pelo Relator, mediante despacho fundamentado, para julgamento em sessão presencial;

II – os destacados por um ou mais conselheiros para julgamento em sessão presencial, após o encerramento da fase de debates, mediante acolhimento ou não do presidente do órgão colegiado correspondente;

III – os que tiverem pedido de sustentação oral presencial e os destacados por quaisquer das partes, dos interessados ou de seus procuradores, desde que requerido em até 24 (vinte e quatro) horas antes do início da sessão virtual, e deferido pelo relator.

§ 9º Os julgamentos em sessão virtual serão públicos e poderão ser acompanhados pela rede mundial de computadores (internet), exceto no tocante aos processos que tramitam em sigilo, aos quais terão acesso somente as partes, os interessados e seus procuradores.

- Art. 97-A acrescido pela Res. do CFOAB nº 19, de 22-4-2020.

Seção VI

DA DIRETORIA DO CONSELHO FEDERAL

Art. 98. O Presidente é substituído em suas faltas, licenças e impedimentos pelo Vice- Presidente, pelo Secretário-Geral, pelo Secretário-Geral Adjunto e pelo Tesoureiro, sucessivamente.

§ 1º O Vice-Presidente, o Secretário-Geral, o Secretário-Geral Adjunto e o Tesoureiro substituem-se nessa ordem, em suas faltas e impedimentos ocasionais, sendo o último substituído pelo Conselheiro Federal mais antigo e, havendo coincidência de mandatos, pelo de inscrição mais antiga.

§ 2º No caso de licença temporária, o Diretor é substituído pelo Conselheiro designado pelo Presidente.

§ 3º No caso de vacância de cargo da Diretoria, em virtude de perda do mandato, morte ou renúncia, o sucessor é eleito pelo Conselho Pleno.

§ 4º Para o desempenho de suas atividades, a Diretoria contará, também, com dois representantes institucionais permanentes, cujas funções serão exercidas por Conselheiros Federais por ela designados, *ad referendum* do Conselho Pleno, destinadas ao acompanhamento dos interesses da Advocacia no Conselho Nacional de Justiça e no Conselho Nacional do Ministério Público.

- § 4º acrescido pela Res. nº 1 do Conselho Pleno do CFOAB, de 18-5-2015.

Art. 99. Compete à Diretoria, coletivamente:

I – dar execução às deliberações dos órgãos deliberativos do Conselho;

II – elaborar e submeter à Terceira Câmara, na forma e prazo estabelecidos neste Regulamento Geral, o orçamento anual da receita e da despesa, o relatório anual, o balanço e as contas;

III – elaborar estatística anual dos trabalhos e julgados do Conselho;

IV – distribuir e redistribuir as atribuições e competências entre os seus membros;

V – elaborar e aprovar o plano de cargos e salários e a política de administração de pessoal do Conselho, propostos pelo Secretário-Geral;

VI – promover assistência financeira aos órgãos da OAB, em caso de necessidade comprovada e de acordo com previsão orçamentária;

VII – definir critérios para despesas com transporte e hospedagem dos Conselheiros, membros das comissões e convidados;

VIII – alienar ou onerar bens móveis;

IX – resolver os casos omissos no Estatuto e no Regulamento Geral, *ad referendum* do Conselho Pleno.

Art. 100. Compete ao Presidente:

I – representar a OAB em geral e os advogados brasileiros, no país e no exterior, em juízo ou fora dele;

II – representar o Conselho Federal, em juízo ou fora dele;

III – convocar e presidir o Conselho Federal e executar suas decisões;

IV – adquirir, onerar e alienar bens imóveis, quando autorizado, e administrar o patrimônio do Conselho Federal, juntamente com o Tesoureiro;

V – aplicar penas disciplinares, no caso de infração cometida no âmbito do Conselho Federal;

VI – assinar, com o Tesoureiro, cheques e ordens de pagamento;

VII – executar e fazer executar o Estatuto e a legislação complementar.

Art. 101. Compete ao Vice-Presidente:

I – presidir o órgão Especial e executar suas decisões;

II – executar as atribuições que lhe forem cometidas pela Diretoria ou delegadas, por portaria, pelo Presidente.

Art. 102. Compete ao Secretário-Geral:

I – presidir a Primeira Câmara e executar suas decisões;

II – dirigir todos os trabalhos de Secretaria do Conselho Federal;

III – secretariar as sessões do Conselho Pleno;

IV – manter sob sua guarda e inspeção todos os documentos do Conselho Federal;

V – controlar a presença e declarar a perda de mandato dos Conselheiros Federais;

VI – executar a administração do pessoal do Conselho Federal;

VII – emitir certidões e declarações do Conselho Federal.

Art. 103. Compete ao Secretário-Geral Adjunto:

I – presidir a Segunda Câmara e executar suas decisões;

II – organizar e manter o cadastro nacional dos advogados e estagiários, requisitando os dados e informações necessários aos Conselhos Seccionais e promovendo as medidas necessárias;

III – executar as atribuições que lhe forem cometidas pela Diretoria ou delegadas pelo Secretário-Geral;

IV – secretariar o Órgão Especial.

Art. 104. Compete ao Tesoureiro:

I – presidir a Terceira Câmara e executar suas decisões;

II – manter sob sua guarda os bens e valores e o almoxarifado do Conselho;

III – administrar a Tesouraria, controlar e pagar todas as despesas autorizadas e assinar cheques e ordens de pagamento com o Presidente;

IV – elaborar a proposta de orçamento anual, o relatório, os balanços e as contas mensais e anuais da Diretoria;

V – propor à Diretoria a tabela de custas do Conselho Federal;

VI – fiscalizar e cobrar as transferências devidas pelos Conselhos Seccionais ao Conselho Federal, propondo à Diretoria a intervenção nas Tesourarias dos inadimplentes;

VII – manter inventário dos bens móveis e imóveis do Conselho Federal, atualizado anualmente;

VIII – receber e dar quitação dos valores recebidos pelo Conselho Federal.

§ 1º Em casos imprevistos, o Tesoureiro pode realizar despesas não constantes do orçamento anual, quando autorizadas pela Diretoria.

§ 2º Cabe ao Tesoureiro propor à Diretoria o regulamento para aquisições de material de consumo e permanente.

CAPÍTULO IV
DO CONSELHO SECCIONAL

Art. 105. Compete ao Conselho Seccional, além do previsto nos arts. 57 e 58 do Estatuto:

I – cumprir o disposto nos incisos I, II e III do art. 54 do Estatuto;

II – adotar medidas para assegurar o regular funcionamento das Subseções;

III – intervir, parcial ou totalmente, nas Subseções e na Caixa de Assistência dos Advogados, onde e quando constatar grave violação do Estatuto, deste Regulamento Geral e do Regimento Interno do Conselho Seccional;

IV – cassar ou modificar, de ofício ou mediante representação, qualquer ato de sua diretoria e dos demais órgãos executivos e deliberativos, da diretoria ou do conselho da Subseção e da diretoria da Caixa de Assistência dos Advogados, contrários ao Estatuto, ao Regulamento Geral, aos Provimentos, ao Código de Ética e Disciplina, ao seu Regimento Interno e às suas Resoluções;

V – ajuizar, após deliberação:

a) ação direta de inconstitucionalidade de leis ou atos normativos estaduais e municipais, em face da Constituição Estadual ou da Lei Orgânica do Distrito Federal;

b) ação civil pública, para defesa de interesses difusos de caráter geral e coletivos e individuais homogêneos;

• Alínea *b* com a redação dada pelo Conselho Pleno do CFOAB, de 16-10-2000.

c) mandado de segurança coletivo, em defesa de seus inscritos, independentemente de autorização pessoal dos interessados;

d) mandado de injunção, em face da Constituição Estadual ou da Lei Orgânica do Distrito Federal.

Parágrafo único. O ajuizamento é decidido pela Diretoria, no caso de urgência ou recesso do Conselho Seccional.

Art. 106. Os Conselhos Seccionais são compostos de conselheiros eleitos, incluindo os membros da Diretoria, proporcionalmente ao número de advogados com inscrição concedida, observados os seguintes critérios:

I – abaixo de 3.000 (três mil) inscritos, até 30 (trinta) membros;

II – a partir de 3.000 (três mil) inscritos, mais um membro por grupo completo de 3.000 (três mil) inscritos, até o total de 80 (oitenta) membros.

• Incisos I e II com a redação dada pela Res. nº 2 do Conselho Pleno do CFOAB, de 8-6-2009.

§ 1º Cabe ao Conselho Seccional, observado o número da última inscrição concedida, fixar o número de seus membros, mediante resolução, sujeita a referendo do Conselho Federal, que aprecia a base de cálculo e reduz o excesso, se houver.

§ 2º O Conselho Seccional, a delegação do Conselho Federal, a diretoria da Caixa de Assistência dos Advogados, a diretoria e o conselho da Subseção podem ter suplentes, eleitos na chapa vencedora, em número fixado entre a metade e o total de conselheiros titulares.

• § 2º com a redação dada pela Res. nº 3 do Conselho Pleno do CFOAB, de 18-4-2012

§ 3º Não se incluem no cálculo da composição dos elegíveis ao Conselho seus ex-Presidentes, o Presidente do Instituto dos Advogados e o Presidente da Federação Nacional dos Institutos dos Advogados do Brasil.

• § 3º com a redação dada pela Res. do CFOAB nº 4, de 17-10-2022 (*DOABe* de 16-11-2022).

Art. 107. Todos os órgãos vinculados ao Conselho Seccional reúnem-se, ordinariamente, nos meses de fevereiro a dezembro, em suas sedes, e para a sessão de posse no mês de janeiro do primeiro ano do mandato.

§ 1º Em caso de urgência ou nos períodos de recesso (janeiro), os Presidentes dos órgãos ou um terço de seus membros podem convocar sessão extraordinária.

• § 1º com a redação dada pela Res. nº 1 do Conselho Pleno do CFOAB, de 22-6-2000.

§ 2º As convocações para as sessões ordinárias são acompanhadas de minuta da ata da sessão anterior e dos demais documentos necessários.

Art. 108. Para aprovação ou alteração do Regimento Interno do Conselho, de criação e intervenção em Caixa de Assistência dos Advogados e Subseções e para aplicação da pena de exclusão de inscrito é necessário *quorum* de presença de dois terços dos conselheiros.

§ 1º Para as demais matérias exige-se *quorum* de instalação e deliberação de metade dos membros de cada órgão deli-

LEG. COMPLEMENTAR

berativo, não se computando no cálculo os ex-Presidentes presentes, com direito a voto.

§ 2º A deliberação é tomada pela maioria dos votos dos presentes, incluindo os ex-Presidentes com direito a voto.

§ 3º Comprova-se a presença pela assinatura no documento próprio, sob controle do Secretário da sessão.

§ 4º Qualquer membro presente pode requerer a verificação do *quorum*, por chamada.

§ 5º A ausência à sessão depois da assinatura de presença, não justificada ao Presidente, é contada para efeito de perda do mandato.

Art. 109. O Conselho Seccional pode dividir-se em órgãos deliberativos e instituir comissões especializadas, para melhor desempenho de suas atividades.

§ 1º Os órgãos do Conselho podem receber a colaboração gratuita de advogados não conselheiros, inclusive para instrução processual, considerando-se função relevante em benefício da advocacia.

§ 2º No Conselho Seccional e na Subseção que disponha de conselho é obrigatória a instalação e o funcionamento da Comissão de Direitos Humanos, da Comissão de Orçamento e Contas e da Comissão de Estágio e Exame de Ordem.

§ 3º Os suplentes podem desempenhar atividades permanentes e temporárias, na forma do Regimento Interno.

§ 4º As Câmaras e os órgãos julgadores em que se dividirem os Conselhos Seccionais para o exercício das respectivas competências serão integradas exclusivamente por Conselheiros eleitos, titulares ou suplentes.

- § 4º acrescido pela Res. nº 4 do Conselho Pleno do CFOAB, de 7-12-2010.

Art. 110. Os relatores dos processos em tramitação no Conselho Seccional têm competência para instrução, podendo ouvir depoimentos, requisitar documentos, determinar diligências e propor o arquivamento ou outra providência porventura cabível ao Presidente do órgão colegiado competente.

Art. 111. O Conselho Seccional fixa tabela de honorários advocatícios, definindo as referências mínimas e as proporções, quando for o caso.

Parágrafo único. A tabela é amplamente divulgada entre os inscritos e encaminhada ao Poder Judiciário para os fins do art. 22 do Estatuto.

Art. 112. O Exame de Ordem será regulamentado por Provimento editado pelo Conselho Federal.

§ 1º O Exame de Ordem é organizado pela Coordenação Nacional de Exame de Ordem, na forma de Provimento do Conselho Federal.

§ 2º Às Comissões de Estágio e Exame de Ordem dos Conselhos Seccionais compete fiscalizar a aplicação da prova e verificar o preenchimento dos requisitos exigidos dos examinandos quando dos pedidos de inscrição, assim como difundir as diretrizes e defender a necessidade do Exame de Ordem.

- Art. 112 com a redação dada pela Res. nº 1 do Conselho Pleno do CFOAB, de 13-6-2011.

Art. 113. O Regimento Interno do Conselho Seccional define o procedimento de intervenção total ou parcial nas Subseções e na Caixa de Assistência dos Advogados, observados os critérios estabelecidos neste Regulamento Geral para a intervenção no Conselho Seccional.

Art. 114. Os Conselhos Seccionais definem nos seus Regimentos Internos a composição, o modo de eleição e o funcionamento dos Tribunais de Ética e Disciplina, observados os procedimentos do Código de Ética e Disciplina.

§ 1º Os membros dos Tribunais de Ética e Disciplina, inclusive seus Presidentes, são eleitos na primeira sessão ordinária após a posse dos Conselhos Seccionais, dentre os seus integrantes ou advogados de notável reputação ético-profissional, observados os mesmos requisitos para a eleição do Conselho Seccional.

§ 2º O mandato dos membros dos Tribunais de Ética e Disciplina tem a duração de três anos.

§ 3º Ocorrendo qualquer das hipóteses do art. 66 do Estatuto, o membro do Tribunal de Ética e Disciplina perde o mandato antes do seu término, cabendo ao Conselho Seccional eleger o substituto.

CAPÍTULO V

DAS SUBSEÇÕES

Art. 115. Compete às subseções dar cumprimento às finalidades previstas no art. 61 do Estatuto e neste Regulamento Geral.

Art. 116. O Conselho Seccional fixa, em seu orçamento anual, dotações específicas para as subseções, e as repassa segundo programação financeira aprovada ou em duodécimos.

Art. 117. A criação de Subseção depende, além da observância dos requisitos estabelecidos no Regimento Interno do Conselho Seccional, de estudo preliminar de viabilidade realizado por comissão especial designada pelo Presidente do Conselho Seccional, incluindo o número de advogados efetivamente residentes na base territorial, a existência de comarca judiciária, o levantamento e a perspectiva do mercado de trabalho, o custo de instalação e de manutenção.

Art. 118. A resolução do Conselho Seccional que criar a Subseção deve:

I – fixar sua base territorial;

II – definir os limites de suas competências e autonomia;

III – fixar a data da eleição da diretoria e do conselho, quando for o caso, e o início do mandato com encerramento coincidente com o do Conselho Seccional;

IV – definir a composição do conselho da Subseção e suas atribuições, quando for o caso.

§ 1º Cabe à Diretoria do Conselho Seccional encaminhar cópia da resolução ao Conselho Federal, comunicando a composição da diretoria e do conselho.

§ 2º Os membros da diretoria da Subseção integram seu conselho, que tem o mesmo Presidente.

Art. 119. Os conflitos de competência entre subseções e entre estas e o Conselho Seccional são por este decididos, com recurso voluntário ao Conselho Federal.

Art. 120. Quando a Subseção dispuser de conselho, o Presidente deste designa um de seus membros, como relator, para instruir processo de inscrição no quadro da OAB, para os residentes em sua base territorial, ou processo disciplinar, quando o fato tiver ocorrido na sua base territorial.

§ 1º Os relatores dos processos em tramitação na Subseção têm competência para instrução, podendo ouvir depoimentos, requisitar documentos, determinar diligências e propor o arquivamento ou outra providência ao Presidente.

§ 2º Concluída a instrução do pedido de inscrição, o relator submete parecer prévio ao conselho da Subseção, que pode ser acompanhado pelo relator do Conselho Seccional.

§ 3º Concluída a instrução do processo disciplinar, nos termos previstos no Estatuto e no Código de Ética e Disciplina, o relator emite parecer prévio, o qual, se homologado pelo Conselho da Subseção, é submetido ao julgamento do Tribunal de Ética e Disciplina.

§ 4º Os demais processos, até mesmo os relativos à atividade de advocacia, incompatibilidades e impedimentos, obedecem a procedimento equivalente.

CAPÍTULO VI

DAS CAIXAS DE ASSISTÊNCIA DOS ADVOGADOS

Art. 121. As Caixas de Assistência dos Advogados são criadas mediante aprovação e registro de seus estatutos pelo Conselho Seccional.

Art. 122. O estatuto da Caixa define as atividades da Diretoria e a sua estrutura organizacional.

§ 1º A Caixa pode contar com departamentos específicos, integrados por profissionais designados por sua Diretoria.

§ 2º O plano de empregos e salários do pessoal da Caixa é aprovado por sua Diretoria e homologado pelo Conselho Seccional.

Art. 123. A assistência aos inscritos na OAB é definida no estatuto da Caixa e está condicionada à:

I – regularidade do pagamento, pelo inscrito, da anuidade à OAB;

II – carência de um ano, após o deferimento da inscrição;

III – disponibilidade de recursos da Caixa.

Parágrafo único. O estatuto da Caixa pode prever a dispensa dos requisitos de que cuidam os incisos I e II, em casos especiais.

Art. 124. A seguridade complementar pode ser implementada pela Caixa, segundo dispuser seu estatuto.

Art. 125. As Caixas promovem entre si convênios de colaboração e execução de suas finalidades.

Art. 126. A Coordenação Nacional das Caixas, por elas mantida, composta de seus presidentes, é órgão de assessoramento do Conselho Federal da OAB para a política nacional de assistência e seguridade dos advogados, tendo seu Coordenador direito a voz nas sessões, em matéria a elas pertinente.

Art. 127. O Conselho Federal pode constituir fundos nacionais de seguridade e assistência dos advogados, coordenados pelas Caixas, ouvidos os Conselhos Seccionais.

CAPÍTULO VII

DAS ELEIÇÕES

Art. 128. O Conselho Seccional, até 45 (quarenta e cinco) dias antes da data da votação, no último ano do mandato, convocará os advogados inscritos para a votação obrigatória, mediante edital resumido, publicado no *Diário Eletrônico da OAB*, do qual constarão, dentre outros, os seguintes itens:

• *Caput* com a redação dada pela Res. do CFOAB nº 5, de 2-10-2018.

I – dia da eleição, na segunda quinzena de novembro, com início e prazo contínuo de votação fixados pelo Conselho Seccional;

• Inciso I com a redação dada pela Res. do CFOAB nº 6, de 24-8-2021.

II – prazo para o registro das chapas, na Secretaria do Conselho, até trinta dias antes da votação;

III – modo de composição da chapa, incluindo o número de membros do Conselho Seccional;

IV – prazo de três dias úteis, tanto para a impugnação das chapas quanto para a defesa, após o encerramento do prazo do pedido de registro (item II), e de cinco dias úteis para a decisão da Comissão Eleitoral;

V – nominata dos membros da Comissão Eleitoral escolhida pela Diretoria;

VI – locais de votação ou, em caso de votação *on-line*, os trâmites necessários para o(a) advogado(a) efetuar a votação;

• Inciso VI com a redação dada pela Res. do CFOAB nº 6, de 24-8-2021.

VII – referência a este capítulo do Regulamento Geral, cujo conteúdo estará à disposição dos interessados.

§ 1º O edital define se as chapas concorrentes às Subseções são registradas nestas ou na Secretaria do próprio Conselho.

§ 2º Cabe aos Conselhos Seccionais promover ampla divulgação das eleições, em seus meios de comunicação, não podendo recusar a publicação, em condições de absoluta igualdade, do programa de todas as chapas.

• § 2º com a redação dada pelo Conselho Pleno do CFOAB, de 16-10-2000.

§ 3º Mediante requerimento escrito formulado pela chapa e assinado por seu representante legal, dirigido ao Presidente da Comissão Eleitoral, esta fornecerá, em 72 (setenta e duas) horas, listagem atualizada com nome, nome social e endereço postal dos advogados.

• § 3º com a redação dada pela Res. nº 5 do Conselho Pleno do CFOAB, de 7-6-2016.

§ 4º A listagem a que se refere o parágrafo 3º será fornecida mediante o pagamento das taxas fixadas pelo Conselho Seccional, não se admitindo mais de um requerimento por chapa concorrente.

• § 4º acrescido pelo Conselho Pleno do CFOAB, de 16-10-2000.

Art. 128-A. A Diretoria do Conselho Federal, no mês de fevereiro do ano das eleições, designará Comissão Eleitoral Nacional, composta por 3 (três) advogados e 3 (três) advogadas e presidida, preferencialmente, por Conselheiro(a) Federal que não seja candidato(a), como órgão deliberativo encarregado de supervisionar, com função correcional e consultiva, as eleições Seccionais e a eleição para a Diretoria do Conselho Federal.

• Artigo com a redação dada pela Res. do CFOAB nº 5, de 14-12-2020 (*DOU* de 14-4-2021).

Art. 129. A Comissão Eleitoral é composta 3 (três) advogados e 3 (três) advogadas, sendo um Presidente, que não integrem qualquer das chapas concorrentes.

• *Caput* com a redação dada pela Res. do CFOAB nº 5, de 14-12-2020 (*DOU* de 14-4-2021).

§ 1º A Comissão Eleitoral utiliza os serviços das Secretarias do Conselho Seccional e das subseções, com o apoio necessário de suas Diretorias, convocando ou atribuindo tarefas aos respectivos servidores.

§ 2º No prazo de cinco dias úteis, após a publicação do edital de convocação das eleições, qualquer advogado pode arguir a suspeição de membro da Comissão Eleitoral, a ser julgada pelo Conselho Seccional.

§ 3º A Comissão Eleitoral pode designar Subcomissões para auxiliar suas atividades nas subseções.

§ 4º As mesas eleitorais são designadas pela Comissão Eleitoral.

§ 5º A Diretoria do Conselho Seccional pode substituir os membros da Comissão Eleitoral quando, comprovadamente, não estejam cumprindo suas atividades, em prejuízo da organização e da execução das eleições.

Art. 130. Contra decisão da Comissão Eleitoral cabe recurso ao Conselho Seccional, no prazo de quinze dias, e deste para o Conselho Federal, no mesmo prazo, ambos

LEG. COMPLEMENTAR

sem efeito suspensivo. Parágrafo único. Quando a maioria dos membros do Conselho Seccional estiver concorrendo às eleições, o recurso contra decisão da Comissão Eleitoral será encaminhado diretamente ao Conselho Federal.

- Parágrafo único acrescido pela Res. nº 2 do Conselho Pleno do CFOAB, de 12-12-2011.

Art. 131. São admitidas a registro apenas chapas completas, que deverão atender ao percentual de 50% para candidaturas de cada gênero e, ao mínimo, de 30% (trinta por cento) de advogados negros e de advogadas negras, assim considerados os(as) inscritos(as) na Ordem dos Advogados do Brasil que se classificam (autodeclaração) como negros(as), ou seja, pretos(as) ou pardos(as), ou definição análoga (critérios subsidiários de heteroidentificação).

- *Caput* com a redação dada pela Res. do CFOAB nº 8, de 24-8-2021.

§ 1º No registro das chapas deverá haver a indicação dos(as) candidatos(as) aos cargos de diretoria do Conselho Federal, do Conselho Seccional, da Caixa de Assistência dos(as) Advogados(as) e das Subseções, dos(as) conselheiros(as) federais, dos(as) conselheiros(as) seccionais e dos(as) conselheiros(as) subseccionais, sendo vedadas candidaturas isoladas ou que integrem mais de uma chapa.

§ 2º O percentual relacionado a candidaturas de cada gênero, previsto no *caput* deste artigo, aplicar-se-á quanto às Diretorias do Conselho Federal, dos Conselhos Seccionais, das Subseções e das Caixas de Assistência e deverá incidir sobre os cargos de titulares e suplentes, se houver, salvo se o número for ímpar, quando se aplicará o percentual mais próximo a 50% na composição de cada gênero.

§ 3º Em relação ao registro das vagas ao Conselho Federal, o percentual referido no *caput* deste artigo, relacionado a candidaturas de cada gênero, levará em consideração a soma entre os titulares e suplentes, devendo a chapa garantir pelo menos uma vaga de titularidade para cada gênero.

§ 4º O percentual das cotas raciais previsto no *caput* deste artigo será aplicado levando-se em conta o total dos cargos da chapa, e não por órgãos como previsto para as candidaturas de cada gênero.

- §§ 1º a 4º com a redação dada pela Res. do CFOAB nº 8, de 24-8-2021.

§ 5º As regras deste artigo aplicam-se também às chapas das Subseções.

- Antigo § 3º renumerado para § 5º pela Res. do CFOAB nº 8, de 24-8-2021.

§ 6º Fica delegada à Comissão Eleitoral, de cada Seccional, analisar e deliberar os casos onde as chapas das Subseções informarem a inexistência ou insuficiência de advogados negros (pretos e pardos) e advogadas negras (pretas e pardas), com condições de elegibilidade a concorrer nas chapas, no percentual aprovado em 30% (trinta por cento) referido no *caput* deste artigo.

- § 6º com a redação dada pela Res. do CFOAB nº 8, de 24-8-2021.

§ 7º O requerimento de inscrição, dirigido ao Presidente da Comissão Eleitoral, é subscrito pelo candidato a Presidente e por 2 (dois) outros candidatos à Diretoria, contendo nome completo, nome social, nº de inscrição na OAB e endereço profissional de cada candidato, com indicação do cargo a que concorre, acompanhado das autorizações escritas dos integrantes da chapa.

- Antigo § 4º renumerado para § 7º pela Res. do CFOAB nº 8, de 24-8-2021.

§ 8º Somente integra chapa o candidato que, cumulativamente:

a) seja advogado regularmente inscrito na respectiva Seccional da OAB, com inscrição principal ou suplementar;

b) esteja em dia com as anuidades;

c) não ocupe cargos ou funções incompatíveis com a advocacia, referidos no art. 28 do Estatuto, em caráter permanente ou temporário, ressalvado o disposto no art. 83 da mesma Lei;

d) não ocupe cargos ou funções dos quais possa ser exonerável *ad nutum*, mesmo que compatíveis com a advocacia;

e) não tenha sido condenado em definitivo por qualquer infração disciplinar, salvo se reabilitado pela OAB, ou não tenha representação disciplinar em curso, já julgada procedente por órgão do Conselho Federal;

f) exerça efetivamente a profissão, há mais de 3 (três) anos, nas eleições para os cargos de Conselheiro Seccional e das Subseções, quando houver, e há mais de 5 (cinco) anos, nas eleições para os demais cargos, excluído o período de estagiário, sendo facultado à Comissão Eleitoral exigir a devida comprovação;

- Alínea *f* com a redação dada pela Res. do CFOAB nº 7, de 24-8-2021.

g) não esteja em débito com a prestação de contas ao Conselho Federal, na condição de dirigente do Conselho Seccional ou da Caixa de Assistência dos Advogados, responsável pelas referidas contas, ou não tenha tido prestação de contas rejeitada, após apreciação do Conselho Federal, com trânsito em julgado, nos 8 (oito) anos seguintes;

h) com contas rejeitadas segundo o disposto na alínea *a* do inciso II do art. 7º do Provimento nº 101/2003, ressarcir o dano apurado pelo Conselho Federal, sem prejuízo do cumprimento do prazo de 8 (oito) anos previsto na alínea *g*;

i) não integre listas, com processo em tramitação, para provimento de cargos nos tribunais judiciais ou administrativos.

- Antigo § 5º renumerado para § 8º pela Res. do CFOAB nº 8, de 24-8-2021.

§ 9º A Comissão Eleitoral publica no quadro de avisos das Secretarias do Conselho Seccional e das subseções a composição das chapas com registro requerido, para fins de impugnação por qualquer advogado inscrito.

§ 10. A Comissão Eleitoral suspende o registro da chapa incompleta ou que inclua candidato inelegível na forma do § 8º, concedendo ao candidato a Presidente do Conselho Seccional prazo improrrogável de cinco dias úteis para sanar a irregularidade, devendo a Secretaria e a Tesouraria do Conselho ou da Subseção prestar as informações necessárias.

§ 11. A chapa é registrada com denominação própria, observada a preferência pela ordem de apresentação dos requerimentos, não podendo as seguintes utilizar termos, símbolos ou expressões iguais ou assemelhados.

§ 12. Em caso de desistência, morte ou inelegibilidade de qualquer integrante da chapa, a substituição pode ser requerida, sem alteração da cédula única já composta, considerando-se votado o substituído.

§ 13. Os membros dos órgãos da OAB, no desempenho de seus mandatos, podem neles permanecer se concorrerem às eleições.

- §§ 6º a 10 renumerados, respectivamente, para §§ 9º a 13 pela Res. do CFOAB nº 8, de 24-8-2021.

Art. 131-A. São condições de elegibilidade: ser o candidato advogado inscrito na Seccional, com inscrição principal ou suplementar, em efetivo exercício há mais de 3 (três) anos, nas eleições para os cargos de Conselheiro Seccional e das Subseções, quando houver, e há mais de 5 (cinco) anos, nas eleições para os demais cargos, e estar em dia com as anuidades na data de protocolo do pedido de registro de candidatura, considerando-se regulares aqueles que parcelaram seus débitos e estão adimplentes com a quitação das parcelas.

- *Caput* do art. 131-A com a redação dada pela Res. do CFOAB nº 7, de 24-8-2021.

§ 1º O candidato deverá comprovar sua adimplência junto à OAB por meio da apresentação de certidão da Seccional onde é candidato.

§ 2º Sendo o candidato inscrito em várias Seccionais, deverá, ainda, quando da inscrição da chapa na qual concorrer, declarar, sob a sua responsabilidade e sob as penas legais, que se encontra adimplente com todas elas.

- §§ 1º e 2º acrescidos pela Res. do CFOAB nº 2, de 12-12-2011.

§ 3º O período de 3 (três) e de 5 (cinco) anos estabelecido no *caput* deste artigo é o que antecede imediatamente a data da posse, computado continuamente.

- § 3º com a redação dada pela Res. do CFOAB nº 7, de 24-8-2021.

Art. 131-B. Desde o pedido de registro da chapa, poderá ser efetuada doação para a campanha por advogados, inclusive candidatos, sendo vedada a doação por pessoas físicas que não sejam advogados e por qualquer empresa ou pessoa jurídica, sob pena de indeferimento de registro ou cassação do mandato.

§ 1º Será obrigatória a prestação de contas de campanha por parte das chapas concorrentes, devendo ser fixado pelo Conselho Federal o limite máximo de gastos.

§ 2º Também será fixado pelo Conselho Federal o limite máximo de doações para as campanhas eleitorais por parte de quem não é candidato.

- Art. 131-B acrescido pela Res. nº 1 do CFOAB, de 4-11-2014.

Art. 132. A votação será realizada, a critério do Conselho Seccional, na modalidade presencial ou *on-line*.

- *Caput* com a redação dada pela Res. do CFOAB nº 6, de 24-8-2021.

§ 1º Caso não seja adotada a votação eletrônica, a cédula eleitoral será única, contendo as chapas concorrentes na ordem em que foram registradas, com uma só quadrícula ao lado de cada denominação, e agrupadas em colunas, observada a seguinte ordem:

I – denominação da chapa e nome ou nome social do candidato a Presidente, em destaque;

- Inciso I com a redação dada pela Res. nº 5 do Conselho Pleno do CFOAB, de 7-6-2016.

II – Diretoria do Conselho Seccional;

III – Conselheiros Seccionais;

IV – Conselheiros Federais;

V – Diretoria da Caixa de Assistência dos Advogados;

VI – Suplentes.

§ 2º Nas Subseções, não sendo adotado o voto eletrônico, além da cédula referida neste Capítulo, haverá outra cédula para as chapas concorrentes à Diretoria da Subseção e do respectivo Conselho, se houver, observando-se idêntica forma.

§ 3º O Conselho Seccional, ao criar o Conselho da Subseção, fixará, na resolução, a data da eleição suplementar, regulamentando-a segundo as regras deste Capítulo.

§ 4º Os eleitos ao primeiro Conselho da Subseção complementam o prazo do mandato da Diretoria.

- §§ 1º a 4º acrescidos pelo Conselho Pleno do CFOAB, de 5-12-2005.

§ 5º A votação no modo presencial se dará através de urna eletrônica, sendo essa considerada a cabine indevassável fornecida pela Justiça Eleitoral, salvo comprovada impossibilidade; na modalidade *on-line*, a votação ocorrerá por meio de sistema eletrônico idôneo, devidamente auditável, salvo comprovada impossibilidade. Em quaisquer das duas hipóteses, a votação deve ser feita no número atribuído a cada chapa, por ordem de inscrição.

- § 5º acrescido pela Res. do CFOAB nº 6, de 24-8-2021.

Art. 133. Perderá o registro a chapa que praticar ato de abuso de poder econômico, político e dos meios de comunicação, ou for diretamente beneficiada, ato esse que se configura por:

- *Caput* com a redação dada pelo Conselho Pleno do CFOAB, de 5-12-2005.

I – propaganda transmitida por meio de emissora de televisão ou rádio, permitindo-se entrevistas e debates com os candidatos;

II – propaganda por meio de *outdoors* ou com emprego de carros de som ou assemelhados;

- Incisos I e II acrescidos pelo Conselho Pleno do CFOAB, de 5-12-2005.

III – propaganda na imprensa, a qualquer título, ainda que gratuita, que exceda, por edição, a um oitavo de página de jornal padrão e a um quarto de página de revista ou tabloide, não podendo exceder, ainda, a 10 (dez) edições;

- Inciso II com a redação dada pela Res. nº 2 do Conselho Pleno do CFOAB, de 12-12-2011.

IV – uso de bens imóveis e móveis pertencentes à OAB, à Administração direta ou indireta da União, dos Estados, do Distrito Federal e dos Municípios, ou de serviços por estes custeados, em benefício de chapa ou de candidato, ressalvados os espaços da Ordem que devam ser utilizados, indistintamente, pelas chapas concorrentes;

V – pagamento, por candidato ou chapa, de anuidades de advogados ou fornecimento de quaisquer outros tipos de recursos financeiros ou materiais que possam desvirtuar a liberdade do voto;

VI – utilização de servidores da OAB em atividades de campanha eleitoral.

- Incisos IV a VI acrescidos pelo Conselho Pleno do CFOAB, de 5-12-2005.

§ 1º A propaganda eleitoral, que só poderá ter início após o pedido de registro da chapa, tem como finalidade apresentar e debater propostas e ideias relacionadas às finalidades da OAB e aos interesses da Advocacia, sendo vedada a prática de atos que visem a exclusiva promoção pessoal de candidatos e, ainda, a abordagem de temas de modo a comprometer a dignidade da profissão e da Ordem dos Advogados do Brasil ou ofender a honra e imagem de candidatos.

§ 2º A propaganda antecipada ou proibida importará em notificação de advertência a ser expedida pela Comissão Eleitoral competente para que, em 24 (vinte e quatro horas), seja suspensa, sob pena de aplicação de multa correspondente ao valor de 1 (uma) até 10 (dez) anuidades.

§ 3º Havendo recalcitrância ou reincidência, a Comissão Eleitoral procederá à abertura de procedimento de indeferimento ou cassação de registro da chapa ou do mandato, se já tiver sido eleita.

§ 4º Se a Comissão Eleitoral entender que qualquer ato configure infração disciplinar, deverá notificar os órgãos correcionais competentes da OAB.

§ 5º É vedada:

I – no período de 15 (quinze) dias antes da data das eleições, a divulgação de pesquisa eleitoral;

LEG. COMPLEMENTAR

II – no período de 30 (trinta) dias antes da data das eleições, a regularização da situação financeira de advogado perante a OAB para torná-lo apto a votar;

III – no período de 60 (sessenta) dias antes das eleições, a promoção pessoal de candidatos na inauguração de obras e serviços da OAB;

IV – no período de 90 (noventa) dias antes da data das eleições, a concessão ou distribuição, às Seccionais e Subseções, por dirigente, candidato ou chapa, de recursos financeiros, salvo os destinados ao pagamento de despesas de pessoal e de custeio ou decorrentes de obrigações e de projetos preexistentes, bem como de máquinas, equipamentos, móveis e utensílios, ressalvados os casos de reposição, e a convolação de débitos em auxílios financeiros, salvo quanto a obrigações e a projetos preexistentes.

§ 6º Qualquer chapa pode representar, à Comissão Eleitoral, relatando fatos e indicando provas, indícios e circunstâncias, para que se promova a apuração de abuso.

§ 7º Cabe ao Presidente da Comissão Eleitoral, de ofício ou mediante representação, até a proclamação do resultado do pleito, instaurar processo e determinar a notificação da chapa representada, por intermédio de qualquer dos candidatos à Diretoria do Conselho ou, se for o caso, da Subseção, para que apresente defesa no prazo de 5 (cinco) dias, acompanhada de documentos e rol de testemunhas.

§ 8º Pode o Presidente da Comissão Eleitoral determinar à representada que suspenda o ato impugnado, se entender relevante o fundamento e necessária a medida para preservar a normalidade e legitimidade do pleito, cabendo recurso, à Comissão Eleitoral, no prazo de 3 (três) dias.

§ 9º Apresentada ou não a defesa, a Comissão Eleitoral procede, se for o caso, a instrução do processo, pela requisição de documentos e a oitiva de testemunhas, no prazo de 3 (três) dias.

§ 10. Encerrada a dilação probatória, as partes terão prazo comum de 2 (dois) dias para apresentação das alegações finais.

§ 11. Findo o prazo de alegações finais, a Comissão Eleitoral decidirá, em no máximo 2 (dois) dias, notificando as partes da decisão, podendo, para isso, valer-se do uso de fax.

§ 12. A decisão que julgar procedente a representação implica no cancelamento de registro da chapa representada e, se for o caso, na anulação dos votos, com a perda do mandato de seus componentes.

• §§ 1º a 12 com a redação dada pela Res. nº 1 do CFOAB, de 4-11-2014.

§ 13. Se a nulidade atingir mais da metade dos votos a eleição estará prejudicada, convocando-se outra no prazo de 30 (trinta) dias.

§ 14. Os candidatos da chapa que tiverem dado causa à anulação da eleição não podem concorrer no pleito que se realizar em complemento.

§ 15. Ressalvado o disposto no § 7º deste artigo, os prazos correm em Secretaria, publicando-se, no quadro de avisos do Conselho Seccional ou da Subseção, se for o caso, os editais relativos aos atos do processo eleitoral.

• §§ 13 a 15 acrescidos pela Res. nº 1 do CFOAB, de 4-11-2014.

Art. 134. O voto é obrigatório para todos os advogados inscritos da OAB, sob pena de multa equivalente a 20% (vinte por cento) do valor da anuidade, salvo ausência justificada por escrito, a ser apreciada pela Diretoria do Conselho Seccional.

§ 1º O eleitor faz prova de sua legitimação, na modalidade *on-line*, pela liberação de acesso por meio de senha pessoal e intransferível ou por meio de acesso via certificação digital ao sistema eletrônico de votação, e, na modalidade presencial, apresentando seu Cartão ou a Carteira de Identidade de Advogado, a Cédula de Identidade – RG, a Carteira Nacional de Habilitação – CNH, a Carteira de Trabalho e Previdência Social – CTPS ou o Passaporte, e o comprovante de quitação com a OAB, suprível por listagem atualizada da Tesouraria do Conselho ou da Subseção.

§ 2º O eleitor, na cabine indevassável, na urna eletrônica ou na cédula fornecida e rubricada pelo Presidente da mesa eleitoral, na modalidade presencial, ou no equipamento eletrônico de seu uso pessoal destinado a depositar seu voto remotamente, na modalidade *on-line*, deverá optar pela chapa de sua escolha.

• §§ 1º e 2º com a redação dada pela Res. do CFOAB nº 6, de 24-8-2021.

§ 3º Não pode o eleitor suprir ou acrescentar nomes ou rasurar a cédula, sob pena de nulidade do voto.

§ 4º O advogado com inscrição suplementar pode exercer opção de voto, comunicando ao Conselho onde tenha inscrição principal.

§ 5º O eleitor somente pode votar no local que lhe for designado, sendo vedada a votação em trânsito, caso a modalidade adotada seja a presencial.

• § 5º com a redação dada pela Res. do CFOAB nº 6, de 24-8-2021.

§ 6º Na hipótese de voto eletrônico, adotar-se-ão, no que couber, as regras estabelecidas na legislação eleitoral.

• § 6º acrescido pelo Conselho Pleno do CFOAB, de 17-6-1997.

§ 7º A transferência do domicílio eleitoral para exercício do voto somente poderá ser requerida até as 18 (dezoito) horas do dia anterior à publicação do edital de abertura do período eleitoral da respectiva Seccional, observado o art. 10 do Estatuto e ressalvados os casos do § 4º do art. 134 do Regulamento Geral e dos novos inscritos.

• § 7º acrescido pela Res. nº 4 do Conselho Pleno do CFOAB, de 21-8-2012.

Art. 135. Encerrada a votação, as mesas receptoras apuram os votos das respectivas urnas, nos mesmos locais ou em outros designados pela Comissão Eleitoral, preenchendo e assinando os documentos dos resultados e entregando todo o material à Comissão Eleitoral ou à Subcomissão.

§ 1º As chapas concorrentes podem credenciar até dois fiscais para atuar alternadamente junto a cada mesa eleitoral e assinar os documentos dos resultados.

§ 2º As impugnações promovidas pelos fiscais são registradas nos documentos dos resultados, pela mesa, para decisão da Comissão Eleitoral ou de sua Subcomissão, mas não prejudicam a contagem de cada urna.

§ 3º As impugnações devem ser formuladas às mesas eleitorais, sob pena de preclusão.

Art. 136. Concluída a totalização da apuração pela Comissão Eleitoral, esta proclamará o resultado, lavrando ata encaminhada ao Conselho Seccional.

§ 1º São considerados eleitos os integrantes da chapa que obtiver a maioria dos votos válidos, proclamada vencedora pela Comissão Eleitoral, sendo empossados no primeiro dia do início de seus mandatos.

§ 2º A totalização dos votos relativos às eleições para diretoria da Subseção e do conselho, quando houver, é promovida pela Subcomissão Eleitoral, que proclama o resultado, lavrando ata encaminhada à Subseção e ao Conselho Seccional.

Art. 137. A eleição para a Diretoria do Conselho Federal observa o disposto no art. 67 do Estatuto.

§ 1º O requerimento de registro das candidaturas, a ser apreciado pela Diretoria do Conselho Federal, deve ser protocolado ou postado com endereçamento ao Presidente da entidade:

- *Caput* do § 1º com a redação dada pela Res. nº 1 do Conselho Pleno do CFOAB, de 6-8-2006.

I – de 31 de julho a 31 de dezembro do ano anterior à eleição, para registro de candidatura à Presidência, acompanhado das declarações de apoio de, no mínimo, seis Conselhos Seccionais;

- Inciso I acrescido pela Res. nº 1 do Conselho Pleno do CFOAB, de 6-8-2006.

II – até 31 de dezembro do ano anterior à eleição, para registro de chapa completa, com assinaturas, nomes, nomes sociais, números de inscrição na OAB e comprovantes de eleição para o Conselho Federal, dos candidatos aos demais cargos da Diretoria.

- Inciso II com a redação dada pela Res. nº 5 do Conselho Pleno do CFOAB, de 7-6-2016.

§ 2º Os recursos interpostos nos processos de registro de chapas serão decididos pelo Conselho Pleno do Conselho Federal.

§ 3º A Diretoria do Conselho Federal concederá o prazo de cinco dias úteis para a correção de eventuais irregularidades sanáveis.

§ 4º O Conselho Federal confecciona as cédulas únicas, com indicação dos nomes das chapas, dos respectivos integrantes e dos cargos a que concorrem, na ordem em que forem registradas.

§ 5º O eleitor indica seu voto assinalando a quadrícula ao lado da chapa escolhida.

§ 6º Não pode o eleitor suprimir ou acrescentar nomes ou rasurar a cédula, sob pena de nulidade do voto.

- §§ 2º a 6º com a redação dada pela Res. nº 1 do Conselho Pleno do CFOAB, de 6-8-2006.

§ 7º *Suprimido.* Res. nº 1 do Conselho Pleno do CFOAB, de 6-8-2006.

Art. 137-A. A eleição dos membros da Diretoria do Conselho Federal será realizada às 19 horas do dia 31 de janeiro do ano seguinte ao da eleição nas Seccionais.

- *Caput* com a redação dada pela Res. nº 1 do Conselho Pleno do CFOAB, de 6-8-2006.

§ 1º Comporão o colégio eleitoral os Conselheiros Federais eleitos no ano anterior, nas respectivas Seccionais.

§ 2º O colégio eleitoral será presidido pelo mais antigo dos Conselheiros Federais eleitos, e, em caso de empate, o de inscrição mais antiga, o qual designará um dos membros como Secretário.

§ 3º O colégio eleitoral reunir-se-á no Plenário do Conselho Federal, devendo os seus membros ocupar as bancadas das respectivas Unidades federadas.

§ 4º Instalada a sessão, com a presença da maioria absoluta dos Conselheiros Federais eleitos, será feita a distribuição da cédula de votação a todos os eleitores, incluído o Presidente.

- §§ 1º a 4º com a redação dada pela Res. nº 1 do Conselho Pleno do CFOAB, de 6-8-2006.

§ 5º As cédulas serão rubricadas pelo Presidente e pelo Secretário-Geral e distribuídas entre todos os membros presentes.

§ 6º O colégio eleitoral contará com serviços de apoio de servidores do Conselho Federal, especificamente designados pela Diretoria.

§ 7º As cédulas deverão ser recolhidas mediante o chamamento dos representantes de cada uma das Unidades federadas, observada a ordem alfabética, devendo ser depositadas em urna colocada na parte central e à frente da mesa, após o que o eleitor deverá assinar lista de frequência, sob guarda do Secretário-Geral.

§ 8º Imediatamente após a votação, será feita a apuração dos votos por comissão de três membros, designada pelo Presidente, dela não podendo fazer parte eleitor da mesma Unidade federada dos integrantes das chapas.

§ 9º Será proclamada eleita a chapa que obtiver a maioria simples do colegiado, presente metade mais um dos eleitores.

§ 10. No caso de nenhuma das chapas atingir a maioria indicada no § 9º, haverá outra votação, na qual concorrerão as duas chapas mais votadas, repetindo-se a votação até que a maioria seja atingida.

§ 11. Proclamada a chapa eleita, será suspensa a reunião para a elaboração da ata, que deverá ser lida, discutida e votada, considerada aprovada se obtiver a maioria de votos dos presentes. As impugnações serão apreciadas imediatamente pelo colégio eleitoral.

- §§ 6º a 11 acrescidos pela Res. nº 1 do Conselho Pleno do CFOAB, de 6-8-2006.

Art. 137-B. Os membros do colegiado tomarão posse para o exercício do mandato trienal de Conselheiro Federal, em reunião realizada no Plenário, presidida pelo Presidente do Conselho Federal, após prestarem o respectivo compromisso.

Art.137-C. Na ausência de normas expressas no Estatuto e neste Regulamento, ou em Provimento, aplica-se, supletivamente, no que couber, a legislação eleitoral.

- Artigo acrescido pela Res. nº 1 do Conselho Pleno do CFOAB, de 6-8-2006.

CAPÍTULO VIII
DAS NOTIFICAÇÕES E DOS RECURSOS

- Capítulo com a denominação dada pelo Conselho Pleno do CFOAB, de 16-10-2000.

Art. 137-D A notificação inicial para a apresentação de defesa prévia ou manifestação em processo administrativo perante a OAB deverá ser feita através de correspondência, com aviso de recebimento, enviada para o endereço profissional ou residencial constante do cadastro do Conselho Seccional.

- *Caput* acrescido pela Res. nº 1 do Conselho Pleno do CFOAB, de 6-8-2006.

§ 1º Incumbe ao advogado manter sempre atualizado o seu endereço residencial e profissional no cadastro do Conselho Seccional, presumindo-se recebida a correspondência enviada para o endereço nele constante.

- § 1º acrescido pela Res. nº 1 do Conselho Pleno do CFOAB, de 6-8-2006.

§ 2º Frustrada a entrega da notificação de que trata o *caput* deste artigo, será a mesma realizada através de edital, a ser publicado no *Diário Eletrônico da OAB*.

- § 2º com a redação dada pela Res. do CFOAB nº 5, de 2-10-2018.

§ 3º Quando se tratar de processo disciplinar, a notificação inicial feita através de edital deverá respeitar o sigilo de que trata o artigo 72, § 2º, da Lei nº 8.906/1994, dele não podendo constar qualquer referência de que se trate de matéria

LEG. COMPLEMENTAR

disciplinar, constando apenas o nome completo do advogado, nome social, o seu número de inscrição e a observação de que ele deverá comparecer à sede do Conselho Seccional ou da Subseção para tratar de assunto de seu interesse.

• § 3º com a redação dada pela Res. nº 5 do Conselho Pleno do CFOAB, de 7-6-2016.

§ 4º As demais notificações no curso do processo disciplinar serão feitas através de correspondência, na forma prevista no *caput* deste artigo, ou através de publicação no *Diário Eletrônico da OAB*, devendo, as publicações, observar que o nome e o nome social do representado deverão ser substituídos pelas suas respectivas iniciais, indicando-se o nome completo do seu procurador ou os seus, na condição de advogado, quando postular em causa própria.

§ 5º A notificação de que trata o inciso XXIII, do artigo 34, da Lei nº 8.906/1994 será feita na forma prevista no *caput* deste artigo ou através de edital coletivo publicado no *Diário Eletrônico da OAB*.

• §§ 4º e 5º com a redação dada pela Res. do CFOAB nº 5, de 2-10-2018.

Art. 138. À exceção dos embargos de declaração, os recursos são dirigidos ao órgão julgador superior competente, embora interpostos perante a autoridade ou órgão que proferiu a decisão recorrida.

§ 1º O juízo de admissibilidade é do relator do órgão julgador a que se dirige o recurso, não podendo a autoridade ou órgão recorrido rejeitar o encaminhamento.

§ 2º O recurso tem efeito suspensivo, exceto nas hipóteses previstas no Estatuto.

§ 3º Os embargos de declaração são dirigidos ao relator da decisão recorrida, que lhes pode negar seguimento, fundamentadamente, se os tiver por manifestamente protelatórios, intempestivos ou carentes dos pressupostos legais para interposição.

§ 4º Admitindo os embargos de declaração, o relator os colocará em mesa para julgamento, independentemente de inclusão em pauta ou publicação, na primeira sessão seguinte, salvo justificado impedimento.

§ 5º Não cabe recurso contra as decisões referidas nos §§ 3º e 4º.

§ 6º Excetuando-se os processos ético-disciplinares, nos casos de nulidade ou extinção processual para retorno dos autos à origem, com regular prosseguimento do feito, o órgão recursal deve logo julgar o mérito da causa, desde que presentes as condições de imediato julgamento.

• § 6º acrescido pela Res. do CFOAB nº 3, de 16-9-2019.

Art. 139. Todos os prazos processuais necessários à manifestação de advogados, estagiários e terceiros, nos processos em geral da OAB, são de quinze dias, computados somente os dias úteis e contados do primeiro dia útil seguinte, seja da publicação da decisão no *Diário Eletrônico da OAB*, seja da data da juntada aos autos do respectivo aviso de recebimento, anotada pela secretaria do órgão da OAB.

• *Caput* com a redação dada pela Res. do CFOAB nº 4, de 17-10-2022 (*DOABe* de 16-11-2022).

§ 1º O recurso poderá ser interposto via *fac-simile* ou similar, devendo o original ser entregue até 10 (dez) dias da data da interposição.

• § 1º acrescido pelo Conselho Pleno do CFAOB, de 16-10-2000.

§ 2º Os recursos poderão ser protocolados nos Conselhos Seccionais ou nas Subseções nos quais se originaram os processos correspondentes, devendo o interessado indicar a quem recorre e remeter cópia integral da peça, no prazo de 10 (dez) dias, ao órgão julgador superior competente, via sistema postal rápido, fac-símile ou correio eletrônico.

• § 2º com a redação dada pela Res. nº 2 do Conselho Pleno do CFOAB, de 18-4-2012.

§ 3º Entre os dias 20 e 31 de dezembro e durante o período de recesso (janeiro) do Conselho da OAB que proferiu a decisão recorrida, os prazos são suspensos, reiniciando-se no primeiro dia útil após o seu término.

• § 3º com a redação dada pela Res. do CFOAB nº 10, de 8-11-2016.

§ 4º A contagem dos prazos processuais em dias úteis prevista neste artigo passará a vigorar a partir de 1º de janeiro de 2017, devendo ser adotada nos processos administrativos em curso.

• § 4º acrescido pela Res. do CFOAB nº 9, de 18-10-2016.

Art. 140. O relator, ao constatar intempestividade ou ausência dos pressupostos legais para interposição do recurso, profere despacho indicando ao Presidente do órgão julgador o indeferimento liminar, devolvendo-se o processo ao órgão recorrido para executar a decisão.

Parágrafo único. Contra a decisão do Presidente, referida neste artigo, cabe recurso voluntário ao órgão julgador.

Art. 141. Se o relator da decisão recorrida também integrar o órgão julgador superior, fica neste impedido de relatar o recurso.

Art. 142. Quando a decisão, inclusive dos Conselhos Seccionais, conflitar com orientação de órgão colegiado superior, fica sujeita ao duplo grau de jurisdição.

Art. 143. Contra decisão do Presidente ou da Diretoria da Subseção cabe recurso ao Conselho Seccional, mesmo quando houver conselho na Subseção.

Art. 144. Contra a decisão do Tribunal de Ética e Disciplina cabe recurso ao plenário ou órgão especial equivalente do Conselho Seccional.

Parágrafo único. O Regimento Interno do Conselho Seccional disciplina o cabimento dos recursos no âmbito de cada órgão julgador.

Art. 144-A. Para a formação do recurso interposto contra decisão de suspensão preventiva de advogado (art. 77, Lei nº 8.906/1994), dever-se-á juntar cópia integral dos autos da representação disciplinar, permanecendo o processo na origem para cumprimento da pena preventiva e tramitação final, nos termos do artigo 70, § 3º, do Estatuto.

• Artigo acrescido pelo Conselho Pleno do CFOAB, de 16-10-2000.

Art. 144-B. Não se pode decidir, em grau algum de julgamento, com base em fundamento a respeito do qual não se tenha dado às partes oportunidade de se manifestar anteriormente, ainda que se trate de matéria sobre a qual se deva decidir de ofício, salvo quanto às medidas de urgência previstas no Estatuto.

• Art. 144-B acrescido pela Res. do CFOAB nº 2, de 19-8-2019.

Art. 144-C. Fundamentado em razões de segurança jurídica ou de excepcional interesse social da OAB, poderá o órgão julgador recursal competente, por maioria de seus membros, restringir os efeitos da decisão ou decidir que esta só tenha eficácia a partir de seu trânsito em julgado ou de outro momento que venha a ser fixado.

• Art. 144-C acrescido pela Res. do CFOAB nº 1, de 5-4-2022.

CAPÍTULO IX
DAS CONFERÊNCIAS E DOS COLÉGIOS DE PRESIDENTES

Art. 145. A Conferência Nacional da Advocacia Brasileira é órgão consultivo máximo do Conselho Federal, reunindo-se trienalmente, no segundo ano do mandato, tendo por objetivo o estudo e o debate das questões e problemas que digam respeito às finalidades da OAB e ao congraçamento da advocacia.

- *Caput* com a redação dada pela Res. do CFOAB nº 8, de 30-8-2016.

§ 1º As Conferências da Advocacia dos Estados e do Distrito Federal são órgãos consultivos dos Conselhos Seccionais, reunindo-se trienalmente, no segundo ano do mandato.

- § 1º com a redação dada pela Res. do CFOAB nº 8, de 30-8-2016.

§ 2º No primeiro ano do mandato do Conselho Federal ou do Conselho Seccional, decidem-se a data, o local e o tema central da Conferência.

§ 3º As conclusões das Conferências têm caráter de recomendação aos Conselhos correspondentes.

Art. 146. São membros das Conferências:

I – efetivos: os Conselheiros e Presidentes dos órgãos da OAB presentes, os advogados e estagiários inscritos na Conferência, todos com direito a voto;

II – convidados: as pessoas a quem a Comissão Organizadora conceder tal qualidade, sem direito a voto, salvo se for advogado.

§ 1º Os convidados, expositores e membros dos órgãos da OAB têm identificação especial durante a Conferência.

§ 2º Os estudantes de direito, mesmo inscritos como estagiários na OAB, são membros ouvintes, escolhendo um porta-voz entre os presentes em cada sessão da Conferência.

Art. 147. A Conferência é dirigida por uma Comissão Organizadora, designada pelo Presidente do Conselho, por ele presidida e integrada pelos membros da Diretoria e outros convidados.

§ 1º O Presidente pode desdobrar a Comissão Organizadora em comissões específicas, definindo suas composições e atribuições.

§ 2º Cabe à Comissão Organizadora definir a distribuição do temário, os nomes dos expositores, a programação dos trabalhos, os serviços de apoio e infraestrutura e o regimento interno da Conferência.

Art. 148. Durante o funcionamento da Conferência, a Comissão Organizadora é representada pelo Presidente, com poderes para cumprir a programação estabelecida e decidir as questões ocorrentes e os casos omissos.

Art. 149. Os trabalhos da Conferência desenvolvem-se em sessões plenárias, painéis ou outros modos de exposição ou atuação dos participantes.

§ 1º As sessões são dirigidas por um Presidente e um Relator, escolhidos pela Comissão Organizadora.

§ 2º Quando as sessões se desenvolvem em forma de painéis, os expositores ocupam a metade do tempo total e a outra metade é destinada aos debates e votação de propostas ou conclusões pelos participantes.

§ 3º É facultado aos expositores submeter as suas conclusões à aprovação dos participantes.

Art. 150. O Colégio de Presidentes dos Conselhos Seccionais é regulamentado em Provimento.

Parágrafo único. O Colégio de Presidentes das subseções é regulamentado no Regimento Interno do Conselho Seccional.

TÍTULO III – DAS DISPOSIÇÕES GERAIS E TRANSITÓRIAS

Art. 151. Os órgãos da OAB não podem se manifestar sobre questões de natureza pessoal, exceto em caso de homenagem a quem tenha prestado relevantes serviços à sociedade e à advocacia.

Parágrafo único. As salas e dependências dos órgãos da OAB não podem receber nomes de pessoas vivas ou inscrições estranhas às suas finalidades, respeitadas as situações já existentes na data da publicação deste Regulamento Geral.

Art. 152. A "Medalha Rui Barbosa" é a comenda máxima conferida pelo Conselho Federal às grandes personalidades da advocacia brasileira.

Parágrafo único. A Medalha só pode ser concedida uma vez, no prazo do mandato do Conselho, e será entregue ao homenageado em sessão solene.

Art. 153. Os estatutos das Caixas criadas anteriormente ao advento do Estatuto serão a ele adaptados e submetidos ao Conselho Seccional, no prazo de cento e vinte dias, contado da publicação deste Regulamento Geral.

Art. 154. Os Provimentos editados pelo Conselho Federal complementam este Regulamento Geral, no que não sejam com ele incompatíveis.

Parágrafo único. Todas as matérias relacionadas à Ética do advogado, às infrações e sanções disciplinares e ao processo disciplinar são regulamentadas pelo Código de Ética e Disciplina.

Art. 155. Os Conselhos Seccionais, até o dia 31 de dezembro de 2007, adotarão os documentos de identidade profissional na forma prevista nos artigos 32 a 36 deste Regulamento.

- *Caput* com a redação dada pela Res. nº 2 do Conselho Pleno do CFOAB, de 12-9-2006.

§ 1º Os advogados inscritos até a data da implementação a que se refere o *caput* deste artigo deverão substituir os cartões de identidade até 31 de janeiro de 2009.

- § 1º com a redação dada pela res. nº 1 do Conselho Pleno do CFOAB, de 16-6-2008

§ 2º Facultar-se-á ao advogado inscrito até 31 de dezembro de 1997 o direito de usar e permanecer exclusivamente com a carteira de identidade, desde que, até 31 de dezembro de 1999, assim solicite formalmente.

§ 3º O pedido de uso e permanência da carteira de identidade, que impede a concessão de uma nova, deve ser anotado no documento profissional, como condição de sua validade.

§ 4º Salvo nos casos previstos neste artigo, findos os prazos nele fixados, os atuais documentos perderão a validade, mesmo que permaneçam em poder de seus portadores.

- §§ 2º a 4º acrescidos pelo Conselho Pleno do CFOAB, de 17-6-1997.

Art. 156. Os processos em pauta para julgamento das Câmaras Reunidas serão apreciados pelo Órgão Especial, a ser instalado na primeira sessão após a publicação deste Regulamento Geral, mantidos os relatores anteriormente designados, que participarão da respectiva votação.

Art.156-A. Excetuados os prazos regulados pelo Provimento nº 102/2004, previstos em editais próprios, ficam suspensos até 1º de agosto de 2010 os prazos processuais iniciados antes ou durante o mês de julho de 2010.

- Artigo acrescido pela Res. nº 1 do Conselho Pleno do CFOAB, de 22-6-2010.

Art. 156-B. As alterações das regras estabelecidas no art. 131, *caput* e §§ 1º, 2º, 3º, 4º e 6º, deste Regulamento Geral, promovidas em 2020 e 2021, passarão a vigorar a partir das eleições de 2021, inclusive, e, no caso do percentual mínimo de 30% (trinta por cento) estipulado de cotas

LEG. COMPLEMENTAR

raciais para advogados negros e advogadas negras, valerão pelo prazo de 10 (dez) mandatos.

- Art. 156-B com a redação dada pela Res. do CFOAB nº 8, de 24-8-2021.

Art. 156-C. As eleições nos Conselhos Seccionais e nas Subseções em 2021 e no Conselho Federal em 2022 serão regidas pelas regras do Provimento nº 146/2011 e deste Regulamento Geral, vigentes em 2021.

- Art. 156-C com a redação dada pela Res. do CFOAB nº 5, de 14-12-2020 (*DOU* de 14-4-2021).

Art. 156-D. O uso de meio eletrônico na tramitação de processos administrativos, comunicação de atos e transmissão de peças processuais será admitido mediante instituição de Sistema de Processo Eletrônico, nos termos de ato normativo a ser editado pelo Conselho Pleno do Conselho Federal da OAB.

- Art. 156-D acrescido pela Res. do CFOAB nº 5, de 9-12-2019.

Art. 157. Revogam-se as disposições em contrário, especialmente os Provimentos de nºs 1, 2, 3, 5, 6, 7, 9, 10, 11, 12, 13, 14, 15, 16, 17, 18, 19, 20, 21, 22, 24, 25, 27, 28, 29, 30, 31, 32, 33, 34, 35, 36, 38, 39, 40, 41, 46, 50, 51, 52, 54, 57, 59, 60, 63, 64, 65, 67 e 71, e o Regimento Interno do Conselho Federal, mantidos os efeitos das Resoluções nºs 01/1994 e 02/1994.

Art. 158. Este Regulamento Geral entra em vigor na data de sua publicação.

Sala das Sessões, em Brasília,
16 de outubro e 6 de novembro de 1994.

José Roberto Batochio

LEI Nº 8.981, DE 20 DE JANEIRO DE 1995

Altera a legislação tributária federal e dá outras providências.

- Publicada no *DOU* de 23-1-1995.

CAPÍTULO I
DISPOSIÇÕES GERAIS

Art. 1º A partir do ano-calendário de 1995 a expressão monetária da Unidade Fiscal de Referência – UFIR será fixa por períodos trimestrais.

- Art. 29, § 3º, da Lei nº 10.522, de 19-7-2005, que dispõe sobre o Cadastro Informativo dos créditos não quitados de órgãos e entidades federais.

§ 1º O Ministério da Fazenda divulgará a expressão monetária da UFIR trimestral com base no IPCA – Série Especial de que trata o artigo 2º da Lei nº 8.383, de 30 de dezembro de 1991.

§ 2º O IPCA – Série Especial será apurado a partir do período de apuração iniciado em 16-12-1994 e divulgado trimestralmente pela Fundação Instituto Brasileiro de Geografia e Estatística – FIBGE.

§ 3º A expressão monetária da UFIR referente ao primeiro trimestre de 1995 é de R$ 0,6767.

Art. 2º Para efeito de aplicação dos limites, bem como dos demais valores expressos em UFIR na legislação federal, a conversão dos valores em Reais para UFIR será efetuada utilizando-se o valor da UFIR vigente no trimestre de referência.

Art. 3º A base de cálculo e o Imposto de Renda das pessoas jurídicas tributadas com base no lucro real, presumido ou arbitrado, correspondente aos períodos-base encerrados no ano-calendário de 1994, serão expressos em quantidade de UFIR, observada a legislação então vigente.

Art. 4º O Imposto de Renda devido pelas pessoas físicas, correspondente ao ano-calendário de 1994, será expresso em quantidade de UFIR, observada a legislação então vigente.

Art. 5º Os débitos de qualquer natureza para com a Fazenda Nacional e os decorrentes de contribuições arrecadadas pela União, constituídos ou não, cujos fatos geradores ocorrerem até 31 de dezembro de 1994, inclusive os que foram objeto de parcelamento, expressos em quantidade de UFIR, serão reconvertidos para Real com base no valor desta fixado para o trimestre do pagamento.

Parágrafo único. O disposto neste artigo se aplica também às contribuições sociais arrecadadas pelo Instituto Nacional de Seguro Social – INSS, relativas a períodos de competência anteriores a 1º de janeiro de 1995.

Art. 6º Os tributos e contribuições sociais, cujos fatos geradores vierem a ocorrer a partir de 1º de janeiro de 1995, serão apurados em Reais.

CAPÍTULO II
DO IMPOSTO DE RENDA DAS PESSOAS FÍSICAS

Seção I
DISPOSIÇÕES GERAIS

Art. 7º A partir de 1º de janeiro de 1995, a renda e os proventos de qualquer natureza, inclusive os rendimentos e ganhos de capital, percebidos por pessoas físicas residentes ou domiciliadas no Brasil, serão tributados pelo Imposto de Renda na forma da legislação vigente, com as modificações introduzidas por esta Lei.

Seção II
DA INCIDÊNCIA MENSAL DO IMPOSTO

Arts. 8º a 10. *Revogados.* Lei nº 9.250, de 26-12-1995.

Seção III
DA DECLARAÇÃO DE RENDIMENTOS

Arts. 11 a 20. *Revogados.* Lei nº 9.250, de 26-12-1995.

Seção IV
TRIBUTAÇÃO DOS GANHOS DE CAPITAL DAS PESSOAS FÍSICAS

Art. 21. O ganho de capital percebido por pessoa física em decorrência da alienação de bens e direitos de qualquer natureza sujeita-se à incidência do imposto sobre a renda, com as seguintes alíquotas:

- *Caput* com redação dada pela Lei nº 13.259, de 16-3-2016 (*DOU* de 17-3-2016 – edição extra), produzindo efeitos a partir de 1º-1-2016.

I – 15% (quinze por cento) sobre a parcela dos ganhos que não ultrapassar R$ 5.000.000,00 (cinco milhões de reais);

II – 17,5% (dezessete inteiros e cinco décimos por cento) sobre a parcela dos ganhos que exceder R$ 5.000.000,00 (cinco milhões de reais) e não ultrapassar R$ 10.000.000,00 (dez milhões de reais);

III – 20% (vinte por cento) sobre a parcela dos ganhos que exceder R$ 10.000.000,00 (dez milhões de reais) e não ultrapassar R$ 30.000.000,00 (trinta milhões de reais); e

IV – 22,5% (vinte e dois inteiros e cinco décimos por cento) sobre a parcela dos ganhos que ultrapassar R$ 30.000.000,00 (trinta milhões de reais).

- Incisos I a IV com redação dada pela Lei nº 13.259, de 16-3-2016 (*DOU* de 17-3-2016 – edição extra), produzindo efeitos a partir de 1º-1-2016.

§ 1º O imposto de que trata este artigo deverá ser pago até o último dia útil do mês subsequente ao da percepção dos ganhos.

§ 2º Os ganhos a que se refere este artigo serão apurados e tributados em separado e não integrarão a base de cálculo do Imposto de Renda na declaração de ajuste anual, e o imposto pago não poderá ser deduzido do devido na declaração.

§ 3º Na hipótese de alienação em partes do mesmo bem ou direito, a partir da segunda operação, desde que realizada até o final do ano-calendário seguinte ao da primeira operação, o ganho de capital deve ser somado aos ganhos auferidos nas operações anteriores, para fins da apuração do imposto na forma do *caput*, deduzindo-se o montante do imposto pago nas operações anteriores.

§ 4º Para fins do disposto neste artigo, considera-se integrante do mesmo bem ou direito o conjunto de ações ou quotas de uma mesma pessoa jurídica.

- §§ 3º e 4º com redação dada pela Lei nº 13.259, de 16-3-2016 (*DOU* de 17-3-2016 – edição extra), produzindo efeitos a partir de 1º-1-2016.

§ 5º VETADO. Lei nº 13.259, de 16-3-2016 (*DOU* de 17-3-2016 – edição extra).

Art. 22. Na apuração dos ganhos de capital na alienação de bens e direitos será considerado como custo de aquisição:

I – no caso de bens e direitos adquiridos até 31 de dezembro de 1994, o valor em UFIR, apurado na forma da legislação então vigente;

II – no caso de bens e direitos adquiridos a partir de 1º de janeiro de 1995, o valor pago convertido em UFIR com base no valor desta fixado para o trimestre de aquisição ou de cada pagamento, quando se tratar de pagamento parcelado.

Parágrafo único. O custo de aquisição em UFIR será reconvertido para reais com base no valor da UFIR vigente no trimestre em que ocorrer a alienação.

Art. 23. *Revogado.* Lei nº 9.250, de 26-12-1995.

Seção V

DECLARAÇÃO DE BENS E DIREITOS

Art. 24. A partir do exercício financeiro de 1996, a pessoa física deverá apresentar relação pormenorizada de todos os bens e direitos, em reais, que, no país ou no exterior, constituam, em 31 de dezembro do ano-calendário anterior, seu patrimônio e o de seus dependentes.

Parágrafo único. Os valores dos bens e direitos adquiridos até 31 de dezembro de 1994, declarados em UFIR, serão reconvertidos para reais, para efeito de preenchimento da declaração de bens e direitos a partir do ano-calendário de 1995, exercício de 1996, com base no valor da UFIR vigente no primeiro trimestre do ano-calendário de 1995.

CAPÍTULO III

DO IMPOSTO DE RENDA DAS PESSOAS JURÍDICAS

Seção I

NORMAS GERAIS

Art. 25. A partir de 1º de janeiro de 1995, o Imposto de Renda das pessoas jurídicas, inclusive das equiparadas, será devido à medida em que os rendimentos ganhos e lucros forem sendo auferidos.

Art. 26. As pessoas jurídicas determinarão o Imposto de Renda segundo as regras aplicáveis ao regime de tributação com base no lucro real, presumido ou arbitrado.

§ 1º É facultado às sociedades civis de prestação de serviços relativos às profissões regulamentadas (artigo 1º do Decreto-Lei nº 2.397, de 21 de dezembro de 1987) optarem pelo regime de tributação com base no lucro real ou presumido.

§ 2º Na hipótese do parágrafo anterior, a opção, de caráter irretratável, se fará mediante o pagamento do imposto correspondente ao mês de janeiro do ano-calendário da opção ou do mês de início da atividade.

Seção II

DO PAGAMENTO MENSAL DO IMPOSTO

- Arts. 39, § 2º, *d*, e 44, § 2º, desta Lei.

Art. 27. Para efeito de apuração do Imposto de Renda, relativo aos fatos geradores ocorridos em cada mês, a pessoa jurídica determinará a base de cálculo mensalmente, de acordo com as regras previstas nesta Seção, sem prejuízo do ajuste previsto no artigo 37.

- Art. 93 desta Lei.
- Art. 20 da Lei nº 9.249, de 26-12-1995, que altera a legislação do imposto de renda das pessoas jurídicas, bem como da contribuição social sobre o lucro líquido.

Art. 28. *Revogado.* Lei nº 9.249, de 26-12-1995.

Art. 29. No caso das pessoas jurídicas a que se refere o artigo 36, inciso III, desta Lei, a base de cálculo do imposto será determinada mediante a aplicação do percentual de nove por cento sobre a receita bruta.

- Arts. 34, 35, §§ 2º e 3º, 57, § 2º, e 77, §§ 3º e 4º, desta Lei.

§ 1º Poderão ser deduzidas da receita bruta:

a) no caso das instituições financeiras, sociedades corretoras de títulos, valores mobiliários e câmbio, e sociedades distribuidoras de títulos e valores mobiliários:

a.1) as despesas incorridas na captação de recursos de terceiros;

a.2) as despesas com obrigações por refinanciamentos, empréstimos e repasses de recursos de órgãos e instituições oficiais e do exterior;

a.3) as despesas de cessão de créditos;

a.4) as despesas de câmbio;

a.5) as perdas com títulos e aplicações financeiras de renda fixa;

a.6) as perdas nas operações de renda variável previstas no inciso III do artigo 77;

b) no caso de empresas de seguros privados: o cosseguro e resseguro cedidos, os valores referentes a cancelamentos e restituições de prêmios e a parcela dos prêmios destinada à constituição de provisões ou reservas técnicas;

c) no caso de entidades de previdência privada abertas e de empresas de capitalização: a parcela das contribuições e prêmios, respectivamente, destinada à constituição de provisões ou reservas técnicas;

d) no caso de operadoras de planos de assistência à saúde: as corresponsabilidades cedidas e a parcela das contraprestações pecuniárias destinada à constituição de provisões técnicas.

- Alínea *d* acrescida pela MP nº 2.158-35, de 24-8-2001, que até o encerramento desta edição não havia sido convertida em Lei.

§ 2º É vedada a dedução de qualquer despesa administrativa.

Art. 30. As pessoas jurídicas que explorem atividades imobiliárias relativas a loteamento de terrenos, incorporação imobiliária, construção de prédios destinados à venda, bem como a venda de imóveis construídos ou adquiridos para revenda, deverão considerar como receita bruta o montante efetivamente recebido, relativo às unidades mobiliárias vendidas.

Parágrafo único. O disposto neste artigo aplica-se, inclusive, aos casos de empreitada ou fornecimento contratado nas condições do artigo 10 do Decreto-Lei nº 1.598, de 26 de dezembro de 1977, com pessoa jurídica de direito público, ou empresa sob seu controle, empresa pública, sociedade de economia mista ou sua subsidiária.

- Parágrafo único acrescido pela Lei nº 9.065, de 20-6-1995.

Art. 31. *Revogado.* Lei nº 12.973, de 13-5-2014.

Art. 32. Os ganhos de capital, demais receitas e os resultados positivos decorrentes de receitas não abrangidas pelo artigo anterior, serão acrescidos à base de cálculo determinada na forma do artigo 28 ou 29, para efeito de incidência do Imposto de Renda de que trata esta Seção.

§ 1º O disposto neste artigo não se aplica aos rendimentos tributados na forma dos artigos 65, 66, 67, 70, 72, 73 e 74, decorrentes das operações ali mencionadas, bem como aos lucros, dividendos ou resultado positivo decorrente da avaliação de investimentos pela equivalência patrimonial.

§ 2º O ganho de capital nas alienações de bens ou direitos classificados como investimento, imobilizado ou intangível e de aplicações em ouro, não tributadas na forma do art. 72, corresponderá à diferença positiva verificada entre o valor da alienação e o respectivo valor contábil.

§ 3º Na apuração dos valores de que trata o *caput*, deverão ser considerados os respectivos valores decorrentes do ajuste a valor presente de que trata o inciso VIII do *caput* do art. 183 da Lei nº 6.404, de 15 de dezembro de 1976.

§ 4º Para fins do disposto no § 2º, poderão ser considerados no valor contábil, e na proporção deste, os respectivos valores decorrentes dos efeitos do ajuste a valor presente de que trata o inciso III do *caput* do art. 184 da Lei nº 6.404, de 15 de dezembro de 1976.

§ 5º Os ganhos decorrentes de avaliação de ativo ou passivo com base no valor justo não integrarão a base de cálculo do imposto, no momento em que forem apurados.

§ 6º Para fins do disposto no *caput*, os ganhos e perdas decorrentes de avaliação do ativo com base em valor justo não serão considerados como parte integrante do valor contábil.

§ 7º O disposto no § 6º não se aplica aos ganhos que tenham sido anteriormente computados na base de cálculo do imposto.

- §§ 2º a 7º com a redação dada pela Lei nº 12.973, de 13-5-2014.

Art. 33. *Revogado.* Lei nº 9.430, de 27-12-1996.

Art. 34. Para efeito de pagamento, a pessoa jurídica poderá deduzir, do imposto apurado no mês, o Imposto de Renda pago ou retido na fonte sobre as receitas que integraram a base de cálculo correspondente (artigos 28 ou 29), bem como os incentivos de dedução do imposto, relativos ao Programa de Alimentação ao Trabalhador, Vale-Transporte, Doações aos Fundos da Criança e do Adolescente, Atividades Culturais ou Artísticas e Atividade Audiovisual, observados os limites e prazos previstos na legislação vigente.

- Artigo com a redação dada pela Lei nº 9.065, de 20-6-1995.

Art. 35. A pessoa jurídica poderá suspender ou reduzir o pagamento do imposto devido em cada mês, desde que demonstre, através de balanços ou balancetes mensais, que o valor acumulado já pago excede o valor do imposto, inclusive adicional, calculado com base no lucro real do período em curso.

o Arts. 36, § 5º, *b*, e 57, § 3º, desta Lei.

§ 1º Os balanços ou balancetes de que trata este artigo:

a) deverão ser levantados com observância das leis comerciais e fiscais e transcritos no Livro Diário;

b) somente produzirão efeitos para determinação da parcela do Imposto de Renda e da contribuição social sobre o lucro devidos no decorrer do ano-calendário.

§ 2º Estão dispensadas do pagamento de que tratam os artigos 28 e 29 as pessoas jurídicas que, através de balanço ou balancetes mensais, demonstrem a existência de prejuízos fiscais apurados a partir do mês de janeiro do ano-calendário.

- § 2º com a redação dada pela Lei nº 9.065, de 20-6-1995.

§ 3º O pagamento mensal, relativo ao mês de janeiro do ano-calendário, poderá ser efetuado com base em balanço ou balancete mensal, desde que neste fique demonstrado que o imposto devido no período é inferior ao calculado com base no disposto nos artigos 28 e 29.

§ 4º O Poder Executivo poderá baixar instruções para a aplicação do disposto neste artigo.

- §§ 3º e 4º acrescidos pela Lei nº 9.065, de 20-6-1995.

Seção III

DO REGIME DE TRIBUTAÇÃO OM BASE NO LUCRO REAL

Art. 36. *Revogado.* Lei nº 9.718, de 27-11-1998.

Art. 37. Sem prejuízo dos pagamentos mensais do imposto, as pessoas jurídicas obrigadas ao regime de tributação com base no lucro real (artigo 36) e as pessoas jurídicas que não optarem pelo regime de tributação com base no lucro presumido (artigo 44) deverão, para efeito de determinação do saldo de imposto a pagar ou a ser compensado, apurar o lucro real em 31 de dezembro de cada ano-calendário ou na data da extinção.

o Arts. 27 e 39, § 2º, *a*, desta Lei.

§ 1º A determinação do lucro real será precedida da apuração do lucro líquido com observância das disposições das leis comerciais.

§ 2º Sobre o lucro real será aplicada a alíquota de vinte e cinco por cento, sem prejuízo do disposto no artigo 39.

§ 3º Para efeito de determinação do saldo do imposto a pagar ou a ser compensado, a pessoa jurídica poderá deduzir do imposto devido o valor:

a) dos incentivos fiscais de dedução do imposto, observados os limites e prazos fixados na legislação vigente, bem como o disposto no § 2º do artigo 39;

b) dos incentivos fiscais de redução e isenção do imposto, calculados com base no lucro da exploração;

c) do Imposto de Renda pago ou retido na fonte, incidentes sobre receitas computadas na determinação do lucro real;

d) do Imposto de Renda calculado na forma dos artigos 27 a 35 desta Lei, pago mensalmente.

§ 4º *Revogado.* Lei nº 9.430, de 27-12-1996.

§ 5º O disposto no *caput* somente alcança as pessoas jurídicas que:

o Art. 47, § 2º, *a*, desta Lei.

a) efetuaram o pagamento do Imposto de Renda e da contribuição social sobre o lucro, devidos no curso do ano-calendário, com base nas regras previstas nos artigos 27 a 34;

b) demonstrarem, através de balanços ou balancetes mensais (artigo 35);

b.1) que o valor pago a menor decorreu da apuração do lucro real e da base de cálculo da contribuição social sobre o lucro, na forma da legislação comercial e fiscal; ou

b.2) a existência de prejuízos fiscais, a partir do mês de janeiro do referido ano-calendário.

§ 6º As pessoas jurídicas não enquadradas nas disposições contidas no § 5º deverão determinar, mensalmente, o lucro real e a base de cálculo da contribuição social sobre o lucro, de acordo com a legislação comercial e fiscal.

- Art. 3º, par. ún., da Lei nº 9.065, de 20-6-1995, que altera a legislação tributária federal.

§ 7º Na hipótese do parágrafo anterior o imposto e a contribuição social sobre o lucro devidos terão por vencimento o último dia útil do mês subsequente ao de encerramento do período mensal.

Art. 38. *Revogado.* Lei nº 9.430, de 27-12-1996.

Art. 39. O lucro real ou arbitrado da pessoa jurídica estará sujeito a um adicional do Imposto de Renda à alíquota de:

- Arts. 67, § 5º, e 73, § 7º, desta Lei.

I – doze por cento sobre a parcela do lucro real que ultrapassar R$ 180.000,00 até R$ 780.000,00;

II – dezoito por cento sobre a parcela do lucro real que ultrapassar R$ 780.000,00;

III – doze por cento sobre a parcela do lucro arbitrado que ultrapassar R$ 15.000,00 até R$ 65.000,00;

IV – dezoito por cento sobre a parcela do lucro arbitrado que ultrapassar R$ 65.000,00.

§ 1º Os limites previstos nos incisos I e II serão proporcionais ao número de meses transcorridos do ano-calendário, quando o período de apuração for inferior a doze meses.

§ 2º O valor do adicional será recolhido integralmente, não sendo permitidas quaisquer deduções.

- Art. 53, § 1º, desta Lei.

Art. 40. *Revogado.* Lei nº 9.430, de 27-12-1996.

Subseção I

DAS ALTERAÇÕES NA APURAÇÃO DO LUCRO REAL

Art. 41. Os tributos e contribuições são dedutíveis, na determinação do lucro real, segundo o regime de competência.

§ 1º O disposto neste artigo não se aplica aos tributos e contribuições cuja exigibilidade esteja suspensa, nos termos dos incisos II a IV do artigo 151 da Lei nº 5.172, de 25 de outubro de 1966, haja ou não depósito judicial.

§ 2º Na determinação do lucro real, a pessoa jurídica não poderá deduzir como custo ou despesa o Imposto de Renda de que for sujeito passivo como contribuinte ou responsável em substituição ao contribuinte.

§ 3º A dedutibilidade, como custo ou despesa, de rendimentos pagos ou creditados a terceiros abrange o imposto sobre os rendimentos que o contribuinte, como fonte pagadora, tiver o dever legal de reter e recolher, ainda que assuma o ônus do imposto.

§ 4º Os impostos pagos pela pessoa jurídica na aquisição de bens do ativo permanente poderão, a seu critério, ser registrados como custo de aquisição ou deduzidos como despesas operacionais, salvo os pagos na importação de bens que se acrescerão ao custo de aquisição.

§ 5º Não são dedutíveis como custo ou despesas operacionais as multas por infrações fiscais, salvo as de natureza compensatória e as impostas por infrações de que não resultem falta ou insuficiência de pagamento de tributo.

§ 6º As contribuições sociais incidentes sobre o faturamento ou receita bruta e sobre o valor das importações, pagas pela pessoa jurídica na aquisição de bens destinados ao ativo permanente, serão acrescidas ao custo de aquisição.

- § 6º acrescido pela Lei nº 10.865, de 30-4-2004.

Art. 42. A partir de 1º de janeiro de 1995, para efeito de determinar o lucro real, o lucro líquido ajustado pelas adições e exclusões previstas ou autorizadas pela legislação do Imposto de Renda poderá ser reduzido em no máximo trinta por cento.

- Arts. 12 e 58 da Lei nº 9.065, de 20-6-1995, que altera a legislação tributária federal.

Parágrafo único. A parcela dos prejuízos fiscais apurados até 31 de dezembro de 1994, não compensada em razão do disposto no *caput* deste artigo poderá ser utilizada nos anos-calendário subsequentes.

Art. 43. *Revogado.* Lei nº 9.430, de 27-12-1996.

Seção IV

DO REGIME DE TRIBUTAÇÃO COM BASE NO LUCRO PRESUMIDO

Art. 44. As pessoas jurídicas, cuja receita total, no ano-calendário anterior, tenha sido igual ou inferior a R$ 12.000.000,00, poderão optar, por ocasião da entrega da declaração de rendimentos, pelo regime de tributação com base no lucro presumido.

- *Caput* com a redação dada pela Lei nº 9.065, de 20-6-1995.
- Art. 37 desta Lei.

§ 1º O limite previsto neste artigo será proporcional ao número de meses do ano-calendário, no caso de início de atividade.

§ 2º Na hipótese deste artigo, o Imposto de Renda devido, relativo aos fatos geradores ocorridos em cada mês (artigos 27 a 32) será considerado definitivo.

§ 3º *Revogado.* Lei nº 9.065, de 20-6-1995.

Art. 45. A pessoa jurídica habilitada à opção pelo regime de tributação com base no lucro presumido deverá manter:

I – escrituração contábil nos termos da legislação comercial;

II – Livro Registro de Inventário, no qual deverão constar registrados os estoques existentes no término do ano-calendário abrangido pelo regime de tributação simplificada;

III – em boa guarda e ordem, enquanto não decorrido o prazo decadencial e não prescritas eventuais ações que lhes sejam pertinentes, todos os livros de escrituração obrigatórios por legislação fiscal específica, bem como os documentos e demais papéis que serviram de base para escrituração comercial e fiscal.

Parágrafo único. O disposto no inciso I deste artigo não se aplica à pessoa jurídica que, no decorrer do ano-calendário, mantiver Livro Caixa, no qual deverá estar escriturada toda a movimentação financeira, inclusive bancária.

- Art. 47, III, desta Lei.

Art. 46. *Revogado.* Lei nº 9.249, de 26-12-1995.

Seção V

DO REGIME DE TRIBUTAÇÃO COM BASE NO LUCRO ARBITRADO

Art. 47. O lucro da pessoa jurídica será arbitrado quando:

- Art. 89, par. ún., desta Lei.

I – o contribuinte, obrigado à tributação com base no lucro real ou submetido ao regime de tributação de que trata o Decreto-Lei nº 2.397, de 1987, não mantiver escrituração na forma das leis comerciais e fiscais, ou deixar de elaborar as demonstrações financeiras exigidas pela legislação fiscal;

II – a escrituração a que estiver obrigado o contribuinte revelar evidentes indícios de fraude ou contiver vícios, erros ou deficiências que a tornem imprestável para:

a) identificar a efetiva movimentação financeira, inclusive bancária; ou

b) determinar o lucro real;

III – o contribuinte deixar de apresentar à autoridade tributária os livros e documentos da escrituração comercial e fiscal, ou o Livro Caixa, na hipótese de que trata o artigo 45, parágrafo único;

IV – o contribuinte optar indevidamente pela tributação com base no lucro presumido;

V – o comissário ou representante da pessoa jurídica estrangeira deixar de cumprir o disposto no § 1º do artigo 76 da Lei nº 3.470, de 28 de novembro de 1958;

VI – *Revogado.* Lei nº 9.718, de 27-11-1998;

VII – o contribuinte não mantiver, em boa ordem e segundo as normas contábeis recomendadas, Livro Razão ou fichas utilizados para resumir e totalizar, por conta ou subconta, os lançamentos efetuados no Diário;

VIII – o contribuinte não escriturar ou deixar de apresentar à autoridade tributária os livros ou registros auxiliares de que trata o § 2º do art. 177 da Lei nº 6.404, de 15 de dezembro de 1976, e § 2º do art. 8º do Decreto-Lei nº 1.598, de 26 de dezembro de 1977.

• Inciso VIII com a redação dada pela Lei nº 11.941, de 27-5-2009.

§ 1º Quando conhecida a receita bruta, o contribuinte poderá efetuar o pagamento do Imposto de Renda correspondente com base nas regras previstas nesta Seção.

§ 2º Na hipótese do parágrafo anterior:

a) a apuração do Imposto de Renda com base no lucro arbitrado abrangerá todo o ano-calendário, assegurada a tributação com base no lucro real relativa aos meses não submetidos ao arbitramento, se a pessoa jurídica dispuser de escrituração exigida pela legislação comercial e fiscal que demonstre o lucro real dos períodos não abrangidos por aquela modalidade de tributação, observado o disposto no § 5º do artigo 37;

b) o imposto apurado com base no lucro real, na forma da alínea anterior, terá por vencimento o último dia útil do mês subsequente ao de encerramento do referido período.

Art. 48. *Revogado.* Lei nº 9.249, de 26-12-1995.

Art. 49. As pessoas jurídicas que se dedicarem à venda de imóveis construídos ou adquiridos para revenda, ao loteamento de terrenos e à incorporação de prédios em condomínio terão seus lucros arbitrados deduzindo-se da receita bruta o custo do imóvel devidamente comprovado.

Parágrafo único. O lucro arbitrado será tributado na proporção da receita recebida ou cujo recebimento esteja previsto para o próprio mês.

Art. 50. *Revogado.* Lei nº 9.430, de 27-12-1996.

Art. 51. O lucro arbitrado das pessoas jurídicas, quando não conhecida a receita bruta, será determinado através de procedimento de ofício, mediante a utilização de uma das seguintes alternativas de cálculo:

I – um inteiro e cinco décimos do lucro real referente ao último período em que pessoa jurídica manteve escrituração de acordo com as leis comerciais e fiscais, atualizado monetariamente;

II – quatro centésimos da soma dos valores do ativo circulante, realizável a longo prazo e permanente, existentes no último balanço patrimonial conhecido, atualizado monetariamente;

III – sete centésimos do valor do capital, inclusive a sua correção monetária contabilizada como reserva de capital, constante do último balanço patrimonial conhecido ou registrado nos atos de constituição ou alteração da sociedade, atualizado monetariamente;

IV – cinco centésimos do valor do patrimônio líquido constante do último balanço patrimonial conhecido, atualizado monetariamente;

V – quatro décimos do valor das compras de mercadorias efetuadas no mês;

VI – quatro décimos da soma, em cada mês, dos valores da folha de pagamento dos empregados e das compras de matérias-primas, produtos intermediários e materiais de embalagem;

VII – oito décimos da soma dos valores devidos no mês a empregados;

VIII – nove décimos do valor mensal do aluguel devido.

§ 1º As alternativas previstas nos incisos V, VI e VII, a critério da autoridade lançadora, poderão ter sua aplicação limitada, respectivamente, às atividades comerciais, industriais e de prestação de serviços e, no caso de empresas com atividade mista, ser adotados isoladamente em cada atividade.

§ 2º Para os efeitos da aplicação do disposto no inciso I, quando o lucro real for decorrente de período-base anual, o valor que servirá de base ao arbitramento será proporcional ao número de meses do período-base considerado.

§ 3º Para cálculo da atualização monetária a que se referem os incisos deste artigo, serão adotados os índices utilizados para fins de correção monetária das demonstrações financeiras, tomando-se como termo inicial a data do encerramento do período-base utilizado, e, como termo final, o mês a que se referir o arbitramento.

§ 4º Nas alternativas previstas nos incisos V e VI do *caput*, as compras serão consideradas pelos valores totais das operações, devendo ser incluídos os valores decorrentes do ajuste a valor presente de que trata o inciso III do art. 184 da Lei nº 6.404, de 15 de dezembro de 1976.

• § 4º com a redação dada pela Lei nº 12.973, de 13-5-2014.

Arts. 52 e 53. *Revogados.* Lei nº 9.430, de 27-12-1996.

Art. 54. *Revogado.* Lei nº 9.249, de 26-12-1995.

Art. 55. O lucro arbitrado na forma do artigo 51 constituirá também base de cálculo da contribuição social sobre o lucro, de que trata a Lei nº 7.689, de 15 de dezembro de 1988.

○ Art. 70, § 5º, desta Lei.

Seção VI

DA DECLARAÇÃO DE RENDIMENTOS DAS PESSOAS JURÍDICAS

Art. 56. As pessoas jurídicas deverão apresentar, até o último dia útil do mês de abril, declaração de rendimentos demonstrando os resultados auferidos no ano-calendário anterior.

§ 1º A declaração de rendimentos será entregue na unidade local da Secretaria da Receita Federal que jurisdicionar o declarante ou nos estabelecimentos bancários autorizados, localizados na mesma jurisdição.

§ 2º No caso de encerramento de atividades, a declaração de rendimentos deverá ser entregue até o último dia útil do mês subsequente ao da extinção.

§ 3º A declaração de rendimentos das pessoas jurídicas deverá ser apresentada em meio magnético, ressalvado o disposto no parágrafo subsequente.

§ 4º O Ministro de Estado da Fazenda poderá permitir que as empresas de que trata a Lei nº 9.317, de 5 de dezembro de

1996, optando pelo SIMPLES, apresentem suas declarações por meio de formulários.

- §§ 3º e 4º com a redação dada pela Lei nº 9.532, de 10-12-1997.
- A Lei nº 9.317, de 5-12-1996, foi revogada pela Lei nº 123, de 14-12-2006.

CAPÍTULO IV
DA CONTRIBUIÇÃO SOCIAL SOBRE O LUCRO

Art. 57. Aplicam-se à Contribuição Social sobre o Lucro (Lei nº 7.689, de 1988) as mesmas normas de apuração e de pagamento estabelecidas para o Imposto de Renda das pessoas jurídicas, inclusive no que se refere ao disposto no artigo 38, mantidas a base de cálculo e as alíquotas previstas na legislação em vigor, com as alterações introduzidas por esta Lei.

§ 1º Para efeito de pagamento mensal, a base de cálculo da contribuição social será o valor correspondente a dez por cento do somatório:

a) da receita bruta mensal;

b) das demais receitas e ganhos de capital;

c) dos ganhos líquidos obtidos em operações realizadas nos mercados de renda variável;

d) dos rendimentos produzidos por aplicações financeiras de renda fixa.

§ 2º No caso das pessoas jurídicas de que trata o inciso III do artigo 36, a base de cálculo da contribuição social corresponderá ao valor decorrente da aplicação do percentual de nove por cento sobre a receita bruta ajustada, quando for o caso, pelo valor das deduções previstas no artigo 29.

§ 3º A pessoa jurídica que determinar o Imposto de Renda a ser pago em cada mês com base no lucro real (artigo 35), deverá efetuar o pagamento da contribuição social sobre o lucro, calculando-a com base no lucro líquido ajustado apurado em cada mês.

§ 4º No caso de pessoa jurídica submetida ao regime de tributação com base no lucro real, a contribuição determinada na forma dos §§ 1º a 3º será deduzida da contribuição apurada no encerramento do período de apuração.

Art. 58. Para efeito de determinação da base de cálculo da contribuição social sobre o lucro, o lucro líquido ajustado poderá ser reduzido por compensação da base de cálculo negativa, apurada em períodos-base anteriores em, no máximo, trinta por cento.

- Art. 12 da Lei nº 9.065, de 20-6-1995, que altera a legislação tributária federal.

Art. 59. A contribuição social sobre o lucro das sociedades civis, submetidas ao regime de tributação de que trata o artigo 1º do Decreto-Lei nº 2.397, de 1987, deverá ser paga até o último dia útil do mês de janeiro de cada ano-calendário.

CAPÍTULO V
DA TRIBUTAÇÃO DO IMPOSTO DE RENDA NA FONTE

Art. 60. Estão sujeitas ao desconto do Imposto de Renda na fonte, à alíquota de cinco por cento, as importâncias pagas às pessoas jurídicas:

I – a título de juros e de indenizações por lucros cessantes, decorrentes de sentença judicial;

II – *Revogado*. Lei nº 9.249, de 26-12-1995.

Parágrafo único. O imposto descontado na forma deste artigo será deduzido do imposto devido apurado no encerramento do período-base.

Art. 61. Fica sujeito à incidência do Imposto de Renda exclusivamente na fonte, à alíquota de trinta e cinco por cento, todo pagamento efetuado pelas pessoas jurídicas a beneficiário não identificado, ressalvado o disposto em normas especiais.

§ 1º A incidência prevista no *caput* aplica-se, também, aos pagamentos efetuados ou aos recursos entregues a terceiros ou sócios, acionistas ou titular, contabilizados ou não, quando não for comprovada a operação ou a sua causa, bem como à hipótese de que trata o § 2º, do artigo 74 da Lei nº 8.383, de 1991.

§ 2º Considera-se vencido o Imposto de Renda na fonte no dia do pagamento da referida importância.

§ 3º O rendimento de que trata este artigo será considerado líquido, cabendo o reajustamento do respectivo rendimento bruto sobre o qual recairá o imposto.

Art. 62. A partir de 1º de janeiro de 1995, a alíquota do Imposto de Renda na fonte de que trata o artigo 44 da Lei nº 8.541, de 1992, será de trinta e cinco por cento.

Art. 63. Os prêmios distribuídos sob a forma de bens e serviços, através de concursos e sorteios de qualquer espécie, estão sujeitos à incidência do imposto, à alíquota de vinte por cento, exclusivamente na fonte.

- *Caput* com a redação dada pela Lei nº 9.065, de 20-6-1995, e retificada em 3-7-1995.

§ 1º O imposto de que trata este artigo incidirá sobre o valor de mercado do prêmio, na data da distribuição.

- § 1º com a redação dada pela Lei nº 11.196, de 21-11-2005.

§ 2º Compete à pessoa jurídica que proceder à distribuição de prêmios, efetuar o pagamento do imposto correspondente, não se aplicando o reajustamento da base de cálculo.

§ 3º O disposto neste artigo não se aplica aos prêmios em dinheiro, que continuam sujeitos à tributação na forma do artigo 14 da Lei nº 4.506, de 30 de novembro de 1964.

Art. 64. O artigo 45 da Lei nº 8.541, de 1992, passa a ter a seguinte redação:

> "Art. 45. Estão sujeitas à incidência do Imposto de Renda na fonte, à alíquota de um e meio por cento, as importâncias pagas ou creditadas por pessoas jurídicas a cooperativas de trabalho, associações de profissionais ou assemelhadas, relativas a serviços pessoais que lhes forem prestados por associados destas ou colocados à disposição.
>
> § 1º O imposto retido será compensado pelas cooperativas de trabalho, associações ou assemelhadas com o imposto retido por ocasião do pagamento dos rendimentos aos associados.
>
> § 2º O imposto retido na forma deste artigo poderá ser objeto de pedido de restituição, desde que a cooperativa, associação ou assemelhada comprove, relativamente a cada ano-calendário, a impossibilidade de sua compensação, na forma e condições definidas em ato normativo do Ministro da Fazenda."

CAPÍTULO VI
DA TRIBUTAÇÃO DAS OPERAÇÕES FINANCEIRAS

Seção I
DO MERCADO DE RENDA FIXA

Art. 65. O rendimento produzido por aplicação financeira de renda fixa, auferido por qualquer beneficiário, inclusive pessoa jurídica isenta, a partir de 1º de janeiro de 1995, sujeita-se à incidência do Imposto de Renda na fonte à alíquota de dez por cento.

- Art. 32, § 1º, desta Lei.

§ 1º A base de cálculo do imposto é constituída pela diferença positiva entre o valor da alienação, líquido do Imposto sobre Operações de Crédito, Câmbio e Seguros, e sobre Operações Relativas a Títulos ou Valores Mobiliários – IOF, de que trata a Lei nº 8.894, de 21 de junho de 1994, e o valor da aplicação financeira.

LEG. COMPLEMENTAR

§ 2º Para fins de incidência do Imposto de Renda na fonte, a alienação compreende qualquer forma de transmissão da propriedade, bem como a liquidação, resgate, cessão ou repactuação do título ou aplicação.

§ 3º Os rendimentos periódicos produzidos por títulos ou aplicação, bem como qualquer remuneração adicional aos rendimentos prefixados, serão submetidos à incidência do Imposto de Renda na fonte por ocasião de sua percepção.

- Art. 81, § 3º, *b*, desta Lei.

§ 4º O disposto neste artigo aplica-se também:

a) às operações conjugadas que permitam a obtenção de rendimentos predeterminados, realizadas nas Bolsas de Valores, de mercadorias, de futuros e assemelhadas, bem como no mercado de balcão;

- Art. 81, § 2º, *b.1*, desta Lei.

b) às operações de transferência de dívidas realizadas com instituição financeira, demais instituições autorizadas a funcionar pelo Banco Central do Brasil ou com pessoa jurídica não financeira;

c) aos rendimentos auferidos pela entrega de recursos a pessoa jurídica, sob qualquer forma e a qualquer título, independentemente de ser ou não a fonte pagadora instituição autorizada a funcionar pelo Banco Central do Brasil.

§ 5º Em relação às operações de que tratam as alíneas *a* e *b* do § 4º, a base de cálculo do imposto será:

a) o resultado positivo auferido no encerramento ou liquidação das operações conjugadas;

b) a diferença positiva entre o valor da dívida e o valor entregue à pessoa jurídica responsável pelo pagamento da obrigação, acrescida do respectivo Imposto de Renda retido.

§ 6º Fica o Poder Executivo autorizado a baixar normas com vistas a definir as características das operações de que tratam as alíneas *a* e *b* do § 4º.

§ 7º O imposto de que trata este artigo será retido:

a) por ocasião do recebimento dos recursos destinados ao pagamento de dívidas, no caso de que trata a alínea *b* do § 4º;

b) por ocasião do pagamento dos rendimentos, ou da alienação do título ou da aplicação, nos demais casos.

§ 8º É responsável pela retenção do imposto a pessoa jurídica que receber os recursos, no caso de operações de transferência de dívidas, e a pessoa jurídica que efetuar o pagamento do rendimento, nos demais casos.

Art. 66. Nas aplicações em fundos de renda fixa, inclusive em Fundo de Aplicação Financeira – FAF, resgatadas a partir de 1º de janeiro de 1995, a base de cálculo do Imposto de Renda na fonte será constituída pela diferença positiva entre o valor do resgate, líquido de IOF, e o valor de aquisição da quota.

- Art. 32, § 1º, desta Lei.

Parágrafo único. O imposto, calculado à alíquota de dez por cento, será retido pelo administrador do fundo na data do resgate.

Art. 67. As aplicações financeiras de que tratam os artigos 65, 66 e 70, existentes em 31 de dezembro de 1994, terão os respectivos rendimentos apropriados *pro rata tempore* até aquela data e tributados nos termos da legislação à época vigente.

- Art. 32, § 1º, desta Lei.

§ 1º O imposto apurado nos termos deste artigo será adicionado àquele devido por ocasião da alienação ou resgate do título ou aplicação.

§ 2º Para efeitos de apuração da base de cálculo do imposto quando da alienação ou resgate, o valor dos rendimentos, apropriado nos termos deste artigo, será acrescido ao valor de aquisição da aplicação financeira.

- Art. 73, § 5º, *a*, desta Lei.

§ 3º O valor de aquisição existente em 31 de dezembro de 1994, expresso em quantidade de UFIR, será convertido em real, pelo valor de R$ 0,6767.

§ 4º Excluem-se do disposto neste artigo as aplicações em Fundo de Aplicação Financeira – FAF existentes em 31 de dezembro de 1994, cujo valor de aquisição será apurado com base no valor da quota na referida data.

§ 5º Os rendimentos das aplicações financeiras de que trata este artigo, produzidos a partir de 1º de janeiro de 1995, poderão ser excluídos do lucro real, para efeito de incidência do adicional do Imposto de Renda de que trata o artigo 39.

§ 6º A faculdade prevista no parágrafo anterior não se aplica aos rendimentos das aplicações financeiras auferidos por instituição financeira, sociedade corretora de títulos e valores mobiliários, sociedade distribuidora de títulos e valores mobiliários, sociedades de seguro, previdência e capitalização.

Art. 68. São isentos do Imposto de Renda:

I – os rendimentos auferidos pelas carteiras dos fundos de renda fixa;

II – os rendimentos auferidos nos resgates de quotas de fundos de investimentos, de titularidade de fundos cujos recursos sejam aplicados na aquisição de quotas de fundos de investimentos;

III – os rendimentos auferidos por pessoa física em contas de depósitos de poupança, de Depósitos Especiais Remunerados – DER e sobre os juros produzidos por letras hipotecárias.

Art. 69. Ficam revogadas as isenções previstas na legislação do Imposto de Renda sobre os rendimentos auferidos por pessoas jurídicas em contas de depósitos de poupança, de Depósitos Especiais Remunerados – DER e sobre os juros produzidos por letras hipotecárias.

Parágrafo único. O imposto devido sobre os rendimentos de que trata este artigo será retido por ocasião do crédito ou pagamento do rendimento.

Art. 70. As operações de mútuo e de compra vinculada à revenda, no mercado secundário, tendo por objeto ouro, ativo financeiro, continuam equiparadas às operações de renda fixa para fins de incidência do Imposto de Renda na fonte.

- Art. 32, § 1º, desta Lei.

§ 1º Constitui fato gerador do imposto:

a) na operação de mútuo, o pagamento ou crédito do rendimento ao mutuante;

b) na operação de compra vinculada à revenda, a operação de revenda do ouro.

§ 2º A base de cálculo do imposto será constituída:

a) na operação de mútuo, pelo valor do rendimento pago ou creditado ao mutuante;

b) na operação de compra vinculada à revenda, pela diferença positiva entre o valor de revenda e o de compra do ouro.

§ 3º A base de cálculo do imposto, em Reais, na operação de mútuo, quando o rendimento for fixado em quantidade de ouro, será apurada com base no preço médio verificado no mercado à vista da bolsa em que ocorrer o maior volume de operações com ouro, na data da liquidação do contrato, acrescida do Imposto de Renda retido na fonte.

§ 4º No caso de pessoa jurídica tributada com base no lucro real deverão ser ainda observados que:

a) a diferença positiva entre o valor de mercado, na data do mútuo, e o custo de aquisição do ouro será incluída pelo mutuante na apuração do ganho líquido de que trata o artigo 72;

b) as alterações no preço do ouro durante o decurso do prazo do contrato de mútuo, em relação ao preço verificado na data de realização do contrato, serão reconhecidas pelo mutuante e pelo mutuário como receita ou despesa, segundo o regime de competência;

c) para efeito do disposto na alínea *b* será considerado o preço médio do ouro verificado no mercado à vista da bolsa em que ocorrer o maior volume de operações, na data do registro da variação.

§ 5º O Imposto de Renda na fonte será calculado aplicando-se a alíquota prevista no artigo 65.

§ 6º Fica o Poder Executivo autorizado a baixar normas com vistas a definir as características da operação de compra vinculada à revenda de que trata este artigo.

Art. 71. Fica dispensada a retenção do Imposto de Renda na fonte sobre rendimentos de aplicações financeiras de renda fixa quando o beneficiário do rendimento declarar à fonte pagadora, por escrito, sua condição de entidade imune.

Seção II

DO MERCADO DE RENDA VARIÁVEL

Art. 72. Os ganhos líquidos auferidos, a partir de 1º de janeiro de 1995, por qualquer beneficiário, inclusive pessoa jurídica isenta, em operações realizadas nas Bolsas de Valores, de mercadorias, de futuros e assemelhadas, serão tributados pelo Imposto de Renda na forma da legislação vigente, com as alterações introduzidas por esta Medida Provisória.

- Art. 32 desta Lei.

§ 1º A alíquota do imposto será de dez por cento, aplicável sobre os ganhos líquidos apurados mensalmente.

- Art. 6º da Lei nº 9.959, de 27-1-2000, que altera a legislação tributária federal.

§ 2º Os custos de aquisição dos ativos objeto das operações de que trata este artigo serão:

a) considerados pela média ponderada dos custos unitários;

b) convertidos em Real pelo valor de R$ 0,6767 no caso de ativos existentes em 31 de dezembro de 1994, expressos em quantidades de UFIR.

§ 3º O disposto neste artigo aplica-se também:

a) aos ganhos líquidos auferidos por qualquer beneficiário, na alienação de ouro, ativo financeiro, fora de bolsa;

b) aos ganhos líquidos auferidos pelas pessoas jurídicas na alienação de participações societárias, fora de bolsa.

§ 4º As perdas apuradas nas operações de que trata este artigo poderão ser compensadas com os ganhos líquidos auferidos nos meses subsequentes, em operações da mesma natureza.

§§ 5º e 6º *Revogados*. Lei nº 9.959, de 27-1-2000.

§ 7º O disposto nos §§ 4º e 5º aplica-se, inclusive, às perdas existentes em 31 de dezembro de 1994.

§ 8º Ficam isentos do Imposto de Renda os ganhos líquidos auferidos por pessoa física em operações no mercado à vista de ações nas Bolsas de Valores e em operações com ouro, ativo financeiro, cujo valor das alienações realizadas em cada mês seja igual ou inferior a cinco mil UFIR, para o conjunto de ações e para o ouro, ativo financeiro, respectivamente.

Art. 73. O rendimento auferido no resgate de quota de fundo de ações, de *commodities*, de investimento no exterior, clube de investimento e outros fundos da espécie, por qualquer beneficiário, inclusive pessoa jurídica isenta, sujeita-se à incidência do Imposto de Renda na fonte à alíquota de dez por cento.

- Art. 32, § 1º, desta Lei.

§ 1º A base de cálculo do imposto é constituída pela diferença positiva entre o valor de resgate, líquido de IOF, e o valor de aquisição da quota.

§ 2º Os ganhos líquidos previstos nos artigos 72 a 74 e os rendimentos produzidos por aplicações financeiras de renda fixa auferidos pelas carteiras dos fundos e clubes de que trata este artigo são isentos de Imposto de Renda.

§ 3º O imposto de que trata este artigo será retido pelo administrador do fundo ou clube na data do resgate.

§ 4º As aplicações nos fundos e clubes de que trata este artigo, existentes em 31 de dezembro de 1994, terão os respectivos rendimentos apropriados *pro rata tempore* até aquela data.

§ 5º No resgate de quotas, existentes em 31 de dezembro de 1994, deverão ser observados os seguintes procedimentos:

a) se o valor de aquisição da aplicação, calculado segundo o disposto no § 2º do artigo 67, for inferior ao valor de resgate, o imposto devido será acrescido do imposto apurado nos termos daquele artigo;

b) em qualquer outro caso, a base de cálculo do imposto no resgate das quotas será a diferença positiva entre o valor de resgate, líquido do IOF, e o valor original de aquisição, aplicando-se a alíquota vigente em 31 de dezembro de 1994.

§ 6º Para efeito da apuração prevista na alínea *b* do § 5º, o valor original de aquisição em 31 de dezembro de 1994, expresso em quantidade de UFIR, será convertido em Real pelo valor de R$ 0,6767.

§ 7º Os rendimentos produzidos a partir de 1º de janeiro de 1995, referentes a aplicações existentes em 31 de dezembro de 1994 nos fundos e clubes de que trata este artigo, poderão ser excluídos do lucro real para efeito de incidência do adicional do Imposto de Renda de que trata o artigo 39.

Art. 74. Ficam sujeitos à incidência do Imposto de Renda na fonte, à alíquota de dez por cento, os rendimentos auferidos em operações de *swap*.

- Art. 32, § 1º, desta Lei.
- Art. 36 da Lei nº 9.532, de 10-12-1997, que altera a legislação tributária federal.

§ 1º A base de cálculo do imposto das operações de que trata este artigo será o resultado positivo auferido na liquidação do contrato de *swap*.

§ 2º O imposto será retido pela pessoa jurídica que efetuar o pagamento do rendimento, na data da liquidação do respectivo contrato.

§ 3º Somente será admitido o reconhecimento de perdas em operações de *swap* registradas nos termos da legislação vigente.

LEG. COMPLEMENTAR

Art. 75. Ressalvado o disposto no § 3º do artigo 74, fica o Poder Executivo autorizado a permitir a compensação dos resultados apurados nas operações de que tratam os artigos 73 e 74, definindo as condições para a sua realização.

Seção III

DAS DISPOSIÇÕES COMUNS À TRIBUTAÇÃO DAS OPERAÇÕES FINANCEIRAS

Art. 76. O Imposto de Renda retido na fonte sobre os rendimentos de aplicações financeiras de renda fixa e de renda variável, ou pago sobre os ganhos líquidos mensais, será:

- *Caput* com a redação dada pela Lei nº 9.065, de 20-6-1995.

o Art. 14 da Lei nº 9.065, de 20-6-1995, que altera a legislação tributária federal.

o Art. 11, § 3º, da Lei nº 9.249, de 26-12-1995, que altera a legislação do imposto de renda das pessoas jurídicas, bem como da contribuição social sobre o lucro líquido.

I – deduzido do apurado no encerramento do período ou na data da extinção, no caso de pessoa jurídica submetida ao regime de tributação com base no lucro real;

II – definitivo, no caso de pessoa jurídica não submetida ao regime de tributação com base no lucro real, inclusive isenta, e de pessoa física.

§ 1º No caso de sociedade civil de prestação de serviços, submetida ao regime de tributação de que trata o artigo 1º do Decreto-Lei nº 2.397, de 1987, o imposto poderá ser compensado com o imposto retido por ocasião do pagamento dos rendimentos aos sócios beneficiários.

§ 2º Os rendimentos de aplicações financeiras de renda fixa e de renda variável e os ganhos líquidos produzidos a partir de 1º de janeiro de 1995 integrarão o lucro real.

§ 3º As perdas incorridas em operações iniciadas e encerradas no mesmo dia (*day-trade*), realizadas em mercado de renda fixa ou de renda variável, não serão dedutíveis na apuração do lucro real.

§ 4º Ressalvado o disposto no parágrafo anterior, as perdas apuradas nas operações de que tratam os artigos 72 a 74 somente serão dedutíveis na determinação do lucro real até o limite dos ganhos auferidos em operações previstas naqueles artigos.

§ 5º Na hipótese do § 4º, a parcela das perdas adicionadas poderá, no ano-calendário subsequentes, ser excluída na determinação do lucro real, até o limite correspondente à diferença positiva apurada em cada ano, entre os ganhos e perdas decorrentes das operações realizadas.

- § 5º com a redação dada pela Lei nº 9.065, de 20-6-1995.

§ 6º Fica reduzida a zero a alíquota do IOF incidente sobre operações com títulos e valores mobiliários de renda fixa e de renda variável.

§ 7º O disposto no § 6º não elide a faculdade do Poder Executivo alterar a alíquota daquele imposto, conforme previsto no § 1º do artigo 153 da Constituição Federal e no parágrafo único do artigo 1º da Lei nº 8.894, de 21 de junho de 1994.

Art. 77. O regime de tributação previsto neste Capítulo não se aplica aos rendimentos ou ganhos líquidos:

o Art. 11, § 3º, da Lei nº 9.249, de 26-12-1995, que altera a legislação do imposto de renda das pessoas jurídicas, bem como da contribuição social sobre o lucro líquido.

I – em aplicações financeiras de renda fixa de titularidade de instituição financeira, inclusive sociedade de seguro, previdência e capitalização, sociedade corretora de títulos, valores mobiliários e câmbio, sociedade distribuidora de títulos e valores mobiliários ou sociedade de arrendamento mercantil;

o Art. 28, § 11, *b*, da Lei nº 9.532, de 10-12-1997, que altera a legislação tributária federal.

o Art. 5º, par. ún., da Lei nº 9.779, de 19-1999, que altera a legislação tributária federal.

o Lei nº 9.959, de 27-1-2000, altera a legislação tributária federal.

II – *Revogado*. Lei nº 10.833, de 29-12-2003;

III – nas operações de renda variável realizadas em bolsa, no mercado de balcão organizado, autorizado pelo órgão competente, ou através de fundos de investimento, para a carteira própria das entidades citadas no inciso I;

- Inciso III com a redação dada pela Lei nº 9.249, de 26-12-1995.

o Art. 29, § 1º, *a.6*, desta Lei.

IV – na alienação de participações societárias permanentes em sociedades coligadas e controladas, e de participações societárias que permaneceram no ativo da pessoa jurídica até o término do ano-calendário seguinte ao de suas aquisições;

V – em operações de cobertura (*hedge*) realizadas em bolsas de valores, de mercadorias e de futuros ou no mercado de balcão.

§ 1º Para efeito do disposto no inciso V, consideram-se de cobertura (*hedge*) as operações destinadas, exclusivamente, à proteção contra riscos inerentes às oscilações de preços ou de taxas, quando o objeto do contrato negociado:

a) estiver relacionado com as atividades operacionais da pessoa jurídica;

b) destinar-se à proteção de direitos ou obrigações da pessoa jurídica.

§ 2º O Poder Executivo poderá definir requisitos adicionais para a caracterização das operações de que trata o parágrafo anterior, bem como estabelecer procedimentos para registro e apuração dos ajustes diários incorridos nessas operações.

§ 3º Os rendimentos e ganhos líquidos de que trata este artigo deverão compor a base de cálculo prevista nos artigos 28 ou 29 e o lucro real.

§ 4º Para as associações de poupança e empréstimo, os rendimentos e ganhos líquidos auferidos nas aplicações financeiras serão tributados de forma definitiva, à alíquota de vinte e cinco por cento sobre a base de cálculo prevista no artigo 29.

- § 4º com a redação dada pela Lei nº 9.065, de 20-6-1995.

Seção IV

DA TRIBUTAÇÃO DAS OPERAÇÕES FINANCEIRAS REALIZADAS POR RESIDENTES OU DOMICILIADOS NO EXTERIOR

Art. 78. Os residentes ou domiciliados no exterior sujeitam-se às mesmas normas de tributação pelo Imposto de Renda, previstas para os residentes ou domiciliados no país, em relação aos:

I – rendimentos decorrentes de aplicações financeiras de renda fixa;

II – ganhos líquidos auferidos em operações realizadas em bolsas de valores, de mercadorias, de futuros e assemelhadas;

III – rendimentos obtidos em aplicações em fundos de renda fixa e de renda variável e em clubes de investimentos.

Parágrafo único. Sujeitam-se à tributação pelo Imposto de Renda, nos termos dos artigos 80 a 82, os rendimentos e ganhos de capital decorrentes de aplicações financeiras, auferidos por fundos, sociedades de investimentos e carteiras de valores mobiliários de que participem, exclusivamente, pessoas físicas ou jurídicas, fundos ou outras entidades de investimento coletivo residentes, domiciliados ou com sede no exterior.

Art. 79. O investimento estrangeiro nos mercados financeiros e de valores mobiliários somente poderá ser realizado no país por intermédio de representante legal, previamente designado dentre as instituições autorizadas pelo Poder Executivo a prestar tal serviço e que será responsável, nos termos do artigo 128 do Código Tributário Nacional (Lei nº 5.172, de 25 de outubro de 1966), pelo cumprimento das obrigações tributárias decorrentes das operações que realizar por conta e ordem do representado.

§ 1º O representante legal não será responsável pela retenção e recolhimento do Imposto de Renda na fonte sobre aplicações financeiras quando, nos termos da legislação pertinente, tal responsabilidade for atribuída a terceiro.

§ 2º O Poder Executivo poderá excluir determinadas categorias de investidores da obrigatoriedade prevista neste artigo.

Art. 80. Sujeitam-se à tributação pelo Imposto de Renda, à alíquota de dez por cento, os rendimentos e ganhos de capital auferidos no resgate pelo quotista, quando distribuídos, sob qualquer forma e a qualquer título, por fundos em condomínio, a que se refere o artigo 50 da Lei nº 4.728, de 14 de julho de 1965, constituídos na forma prescrita pelo Conselho Monetário Nacional e mantidos com recursos provenientes de conversão de débitos externos brasileiros, e de que participem, exclusivamente, pessoas físicas ou jurídicas, fundos ou outras entidades de investimentos coletivos, residentes, domiciliados, ou com sede no exterior.

§ 1º A base de cálculo do imposto é constituída pela diferença positiva entre o valor de resgate e o custo de aquisição da quota.

§ 2º Os rendimentos e ganhos de capital auferidos pelas carteiras dos fundos de que trata este artigo, são isentos de Imposto de Renda.

Art. 81. Ficam sujeitos ao Imposto de Renda na fonte, à alíquota de dez por cento, os rendimentos auferidos:

- Arts. 28 a 31 e 34 da Lei nº 9.532, de 10-12-1997, que altera a legislação tributária federal.

I – pelas entidades mencionadas nos artigos 1º e 2º do Decreto-Lei nº 2.285, de 23 de julho de 1986;

II – pelas sociedades de investimento a que se refere o artigo 49 da Lei nº 4.728, de 1965, de que participem exclusivamente, investidores estrangeiros;

III – pelas carteiras de valores mobiliários, inclusive vinculadas à emissão, no exterior, de certificados representativos de ações, mantidas, exclusivamente, por investidores estrangeiros.

§ 1º Os ganhos de capital ficam excluídos da incidência do Imposto de Renda quando auferidos e distribuídos, sob qualquer forma e a qualquer título, inclusive em decorrência de liquidação parcial ou total do investimento pelos fundos, sociedades ou carteiras referidas no *caput* deste artigo.

§ 2º Para os efeitos deste artigo, consideram-se:

a) rendimentos: quaisquer valores que constituam remuneração de capital aplicado, inclusive aquela produzida por títulos de renda variável, tais como juros, prêmios, comissões, ágio, deságio e participações nos lucros, bem como os resultados positivos auferidos em aplicações nos fundos e clubes de investimento de que trata o artigo 73;

- Art. 1º da Lei nº 11.312, de 27-6-2006, que reduz a zero as alíquotas do imposto de renda e da Contribuição Provisória sobre Movimentação ou Transmissão de Valores e de Créditos e Direitos de Natureza Financeira - CPMF nos casos que especifica.
- Art. 1º da Lei nº 12.431, de 24-6-2011, que dispõe sobre a incidência do imposto sobre a renda nas operações que especifica.

b) ganhos de capital, os resultados positivos auferidos:

b.1) nas operações realizadas em bolsas de valores, de mercadorias, de futuros e assemelhadas, com exceção das operações conjugadas de que trata a alínea *a* do § 4º do artigo 65;

b.2) nas operações com ouro, ativo financeiro, fora de bolsa.

§ 3º A base de cálculo do Imposto de Renda sobre os rendimentos auferidos pelas entidades de que trata este artigo será apurada:

a) de acordo com os critérios previstos nos artigos 65 a 67 no caso de aplicações de renda fixa;

b) de acordo com o tratamento previsto no § 3º do artigo 65 no caso de rendimentos periódicos;

c) pelo valor do respectivo rendimento ou resultado positivo, nos demais casos.

§ 4º Na apuração do imposto de que trata este artigo serão indedutíveis os prejuízos apurados em operações de renda fixa e de renda variável.

§ 5º O disposto neste artigo alcança, exclusivamente, as entidades que atenderem às normas e condições estabelecidas pelo Conselho Monetário Nacional, não se aplicando, entretanto, aos fundos em condomínio referidos no artigo 80.

§ 6º Os dividendos e as bonificações em dinheiro estão sujeitas ao Imposto de Renda à alíquota de quinze por cento.

Art. 82. O Imposto de Renda na fonte sobre os rendimentos auferidos pelas entidades de que trata o artigo 81, será devido por ocasião da cessão, resgate, repactuação ou liquidação de cada operação de renda fixa, ou do recebimento ou crédito, o que primeiro ocorrer, de outros rendimentos, inclusive dividendos e bonificações em dinheiro.

§ 1º *Revogado.* Lei nº 9.430, de 27-12-1996.

§ 2º Os dividendos que forem atribuídos às ações integrantes do patrimônio do fundo, sociedade ou carteira, serão registrados, na data em que as ações forem cotadas sem os respectivos direitos (ex-dividendos), em conta representativa de rendimentos a receber, em contrapartida à diminuição de idêntico valor da parcela do ativo correspondente às ações às quais se vinculam, acompanhados de transferência para a receita de dividendos de igual valor a débito da conta de resultado de variação da carteira de ações.

§ 3º Os rendimentos submetidos à sistemática de tributação de que trata este artigo não se sujeitam a nova incidência do Imposto de Renda quando distribuídos.

§ 4º *Revogado.* Lei nº 11.196, de 21-11-2005.

CAPÍTULO VII

DOS PRAZOS DE RECOLHIMENTO

Art. 83. Em relação aos fatos geradores cuja ocorrência se verifique a partir de 1º de janeiro de 1995, os pagamentos do Imposto de Renda retido na fonte, do Imposto sobre Operações de Crédito, Câmbio e Seguro ou Operações Relativas a Títulos e Valores Mobiliários – IOF e da contribuição para o Programa de Integração Social – PIS-PASEP deverão ser efetuados nos seguintes prazos:

I e II – *Revogados*. Lei nº 11.196, de 21-11-2005;

III – Contribuição para o Programa de Integração Social e para o Programa de Formação do Patrimônio do Servidor Público – PIS-PASEP: até o último dia útil da quinzena subsequente ao mês de ocorrência dos fatos geradores.

CAPÍTULO VIII
DAS PENALIDADES E DOS ACRÉSCIMOS MORATÓRIOS

Art. 84. Os tributos e contribuições sociais arrecadados pela Secretaria da Receita Federal, cujos fatos geradores vierem a ocorrer a partir de 1º de janeiro de 1995, não pagos nos prazos previstos na legislação tributária serão acrescidos de:

I – juros de mora, equivalentes à taxa média mensal de captação do Tesouro Nacional relativa à Dívida Mobiliária Federal Interna;

- Art. 13 da Lei nº 9.065, de 20-6-1995, que altera a legislação tributária federal.

II – multa de mora aplicada da seguinte forma:

a) dez por cento, se o pagamento se verificar no próprio mês do vencimento;

b) vinte por cento, quando o pagamento ocorrer no mês seguinte ao do vencimento;

c) trinta por cento, quando o pagamento for efetuado a partir do segundo mês subsequente ao do vencimento.

§ 1º Os juros de mora incidirão a partir do primeiro dia do mês subsequente ao do vencimento, e a multa de mora, a partir do primeiro dia após o vencimento do débito.

§ 2º O percentual dos juros de mora relativo ao mês em que o pagamento estiver sendo efetuado será de um por cento.

§ 3º Em nenhuma hipótese os juros de mora previstos no inciso I, deste artigo, poderão ser inferiores à taxa de juros estabelecida no artigo 161, § 1º, da Lei nº 5.172, de 25 de outubro de 1966, no artigo 59 da Lei nº 8.383, de 1991, e no artigo 3º da Lei nº 8.620, de 5 de janeiro de 1993.

§ 4º Os juros de mora de que trata o inciso I, deste artigo, serão aplicados também às contribuições sociais arrecadadas pelo INSS e aos débitos para com o patrimônio imobiliário, quando não recolhidos nos prazos previstos na legislação específica.

§ 5º Em relação aos débitos referidos no artigo 5º desta Lei incidirão, a partir de 1º de janeiro de 1995, juros de mora de um por cento ao mês-calendário ou fração.

§ 6º O disposto no § 2º aplica-se, inclusive, às hipóteses de pagamento parcelado de tributos e contribuições sociais, previstos nesta Lei.

§ 7º A Secretaria do Tesouro Nacional divulgará mensalmente a taxa a que se refere o inciso I deste artigo.

§ 8º O disposto neste artigo aplica-se aos demais créditos da Fazenda Nacional, cuja inscrição e cobrança como Dívida Ativa da União seja de competência da Procuradoria-Geral da Fazenda Nacional.

- § 8º com a redação dada pela Lei nº 10.522, de 19-7-2002.

Art. 85. O produto da arrecadação dos juros de mora, no que diz respeito aos tributos e contribuições, exceto as contribuições arrecadadas pelo INSS, integra os recursos referidos nos artigos 3º, parágrafo único, 4º e 5º, § 1º, da Lei nº 7.711, de 22 de dezembro de 1988, e no artigo 69 da Lei nº 8.383, de 1991, até o limite de juros previstos no artigo 161, § 1º, da Lei nº 5.172, de 25 de outubro de 1966.

- Art. 40 da Lei nº 9.069, de 29-6-1995, que dispõe sobre o Plano Real, o Sistema Monetário Nacional, estabelece as regras e condições de emissão do REAL e os critérios para conversão das obrigações para o REAL.

Art. 86. Às pessoas físicas ou jurídicas que efetuarem pagamentos com retenção do Imposto de Renda na fonte, deverão fornecer à pessoa física ou jurídica beneficiária, até o dia 31 de janeiro, documento comprobatório em duas vias, com indicação da natureza e do montante do pagamento, das deduções e do Imposto de Renda retido no ano-calendário anterior, quando for o caso.

§ 1º No documento de que trata este artigo, o imposto retido na fonte, as deduções e os rendimentos deverão ser informados por seus valores em Reais.

§ 2º Às pessoas físicas ou jurídicas que deixarem de fornecer aos beneficiários dentro do prazo, ou fornecerem com inexatidão, o documento a que se refere este artigo, ficarão sujeitas ao pagamento de multa de cinquenta UFIR por documento.

§ 3º À fonte pagadora que prestar informação falsa sobre rendimentos pagos, deduções ou imposto retido na fonte, será aplicada multa de trezentos por cento sobre o valor que for indevidamente utilizável, como redução do Imposto de Renda a pagar ou aumento do imposto a restituir ou compensar, independentemente de outras penalidades administrativas ou criminais.

§ 4º Na mesma penalidade incorrerá aquele que se beneficiar da informação, sabendo ou devendo saber da sua falsidade.

Art. 87. Aplicar-se-ão às microempresas, as mesmas penalidades previstas na legislação do Imposto de Renda para as demais pessoas jurídicas.

Art. 88. A falta de apresentação da declaração de rendimentos ou a sua apresentação fora do prazo fixado, sujeitará a pessoa física ou jurídica:

- Art. 27 da Lei nº 9.532, de 10-12-1997, que altera a legislação tributária federal.
- Art. 16, par. ún., da Lei nº 9.718, de 27-11-1998, que altera a legislação tributária federal.

I – à multa de mora de um por cento ao mês ou fração sobre o Imposto de Renda devido, ainda que integralmente pago;

- Art. 27 da Lei nº 9.532, de 10-12-1997, que altera a legislação tributária federal.

II – à multa de duzentas UFIR a oito mil UFIR, no caso de declaração de que não resulte imposto devido.

- Art. 27, *caput*, da Lei nº 9.532, de 10-12-1997, que altera a legislação tributária federal.

§ 1º O valor mínimo a ser aplicado será:

a) de duzentas UFIR, para as pessoas físicas;

b) de quinhentas UFIR, para as pessoas jurídicas.

§ 2º A não regularização no prazo previsto na intimação, ou em caso de reincidência, acarretará o agravamento da multa em cem por cento sobre o valor anteriormente aplicado.

§ 3º As reduções previstas no artigo 6º da Lei nº 8.218, de 29 de agosto de 1991, e artigo 60 da Lei nº 8.383, de 1991, não se aplicam às multas previstas neste artigo.

§ 4º *Revogado*. Lei nº 9.065, de 20-6-1995.

Art. 89. *Revogado*. Lei nº 9.430, de 27-12-1996.

Art. 90. O artigo 14 da Lei nº 8.847, de 28 de janeiro de 1994, com a redação dada pelo artigo 6º da Lei nº 8.850, de 28 de janeiro de 1994, passa a vigorar com a seguinte redação:

- O referido art. 14 foi revogado pela Lei nº 9.393, de 19-12-1996, razão pela qual fica prejudicada a alteração feita por este artigo.

CAPÍTULO IX
DO PARCELAMENTO DE DÉBITOS

Art. 91. *Revogado.* Lei nº 10.522, de 19-7-2002, que dispõe sobre o Cadastro Informativo dos créditos não quitados de órgãos e entidades federais.

Art. 92. Os débitos vencidos até 31 de outubro de 1994 poderão ser parcelados em até sessenta prestações, desde que os pedidos sejam apresentados na unidade da Secretaria da Receita Federal da jurisdição do contribuinte até 31 de março de 1995.

Parágrafo único. Sobre os débitos parcelados nos termos deste artigo, não incidirá o encargo adicional de que trata a alínea *b.1* do parágrafo único do artigo 91.

Arts. 93 e 94. *Revogados.* Lei nº 10.522, de 19-7-2002.

CAPÍTULO X
DAS DISPOSIÇÕES FINAIS

Art. 95. As empresas industriais titulares de Programas Especiais de Exportação aprovados até 3 de junho de 1993, pela Comissão para Concessão de Benefícios Fiscais a Programas Especiais de Exportação – BEFIEX, poderão, observado o disposto no artigo 42, compensar o prejuízo fiscal verificado em um período-base com o lucro real determinado nos seis anos-calendário subsequentes, independentemente da distribuição de lucros ou dividendos a seus sócios ou acionistas.

- Artigo com a redação dada pela Lei nº 9.065, de 20-6-1995.

Art. 96. A opção de que trata o § 4º do artigo 31 da Lei nº 8.541, de 1992, relativo ao imposto incidente sobre o lucro inflacionário acumulado realizado no mês de dezembro de 1994, será manifestada pelo pagamento até o vencimento da 1ª quota ou quota única do respectivo tributo.

Art. 97. A falta ou insuficiência de pagamento do Imposto de Renda e da contribuição social sobre o lucro está sujeita aos acréscimos legais previstos na legislação tributária federal.

Parágrafo único. No caso de lançamento de ofício, no decorrer do ano-calendário, será observada a forma de apuração da base de cálculo do imposto adotada pela pessoa jurídica.

Art. 98. *Revogado.* Lei nº 9.430, de 27-12-1996.

Art. 99. No caso de lançamento de ofício, as penalidades previstas na legislação tributária federal, expressas em UFIR, serão reconvertidas para Reais, quando aplicadas a infrações cometidas a partir de 1º de janeiro de 1995.

Art. 100. Poderão ser excluídos do lucro líquido, para determinação do lucro real e da base de cálculo da contribuição social sobre o lucro, os juros reais produzidos por Notas do Tesouro Nacional – NTN, emitidas para troca compulsória no âmbito do Programa Nacional de Privatização – PND.

Parágrafo único. O valor excluído será controlado na parte *B* do Livro de Apuração do Lucro Real – LALUR, e computado na determinação do lucro real e da contribuição social sobre o lucro no período do seu recebimento.

Art. 101. Fica acrescentado o § 4º ao artigo 24 do Decreto-Lei nº 1.598, de 26 de dezembro de 1977:

"Art. 24. ....

§ 4º A reserva de reavaliação relativa a participações societárias vinculadas ao Fundo Nacional de Desestatização (artigo 9º da Lei nº 8.031, de 12 de abril de 1990), poderá, quando da conclusão da operação de venda, ser estornada em contrapartida da conta de investimentos."

Art. 102. O disposto nos artigos 100 e 101 aplica-se, inclusive, em relação ao ano-calendário de 1994.

Art. 103. As pessoas jurídicas que explorarem atividade comercial de vendas de produtos e serviços poderão promover depreciação acelerada dos equipamentos Emissores de Cupom Fiscal – ECF novos, que vierem a ser adquiridos no período compreendido entre 1º de janeiro de 1995 a 31 de dezembro de 1995.

§ 1º A depreciação acelerada de que trata este artigo será calculada pela aplicação da taxa de depreciação usualmente admitida, sem prejuízo da depreciação normal.

§ 2º O total acumulado da depreciação, inclusive a normal, não poderá ultrapassar o custo de aquisição do bem.

§ 3º O disposto neste artigo somente alcança os equipamentos:

a) que identifiquem no cupom fiscal emitido os produtos ou serviços vendidos; e

b) cuja utilização tenha sido autorizada pelo órgão competente dos Estados, do Distrito Federal ou dos Municípios.

Arts. 104 e 105. *Revogados.* Lei nº 9.065, de 20-6-1995.

Art. 106. Fica o Poder Executivo autorizado a alterar a forma de fixação da taxa de câmbio, para cálculo dos impostos incidentes na importação, de que trata o parágrafo único do artigo 24 do Decreto-Lei nº 37, de 18 de novembro de 1966, com a redação dada pelo artigo 1º da Lei nº 7.683, de 2 de dezembro de 1988.

Art. 107. *Revogado.* Lei nº 9.065, de 20-6-1995.

Art. 108. O artigo 4º da Lei nº 7.965, de 22 de dezembro de 1989, passa a vigorar com a seguinte redação:

"Art. 4º Os produtos nacionais ou nacionalizados, que entrarem na Área de Livre Comércio de Tabatinga, estarão isentos do Imposto sobre Produtos Industrializados, quando destinados às finalidades mencionadas no *caput* do artigo 3º.

§ 1º Ficam asseguradas a manutenção e a utilização dos créditos do Imposto sobre Produtos Industrializados relativos às matérias-primas, produtos intermediários e material de embalagem empregados na industrialização dos produtos entrados na Área de Livre Comércio de Tabatinga.

§ 2º Estão excluídos dos benefícios fiscais de que trata este artigo os produtos abaixo mencionados, compreendidos nos capítulos e/ou nas posições indicadas na Nomenclatura Brasileira de Mercadorias, aprovada pela Resolução nº 75, de 22 de abril de 1988, do Comitê Brasileiro de Nomenclatura, com alterações posteriores:

a) armas e munições: capítulo 93;

b) veículos de passageiros: posição 8703 do capítulo 87, exceto ambulâncias, carros funerários, carros celulares e jipes;

c) bebidas alcoólicas: posições 2203 a 2206 e 2208 (exceto 2208.10 e 2208.90.0100) do capítulo 22;

d) produtos de perfumaria e de toucador, preparados e preparações cosméticas: posições 3303 a 3307 do capítulo 33;

e) fumo e seus derivados: capítulo 24."

Art. 109. O artigo 6º da Lei nº 8.210, de 19 de julho de 1991, passa a vigorar com a seguinte redação:

"Art. 6º Os produtos nacionais ou nacionalizados, que entrarem na Área de Livre Comércio, estarão isentos do Imposto sobre Produtos Industrializados, quando destinados às finalidades mencionadas no *caput* do artigo 4º.

§ 1º Ficam asseguradas a manutenção e a utilização dos créditos do Imposto sobre Produtos Industrializados relativo às matérias-primas, produtos intermediários e material de embalagem empregados na industrialização dos produtos entrados na Área de Livre Comércio.

§ 2º Estão excluídos dos benefícios fiscais de que trata este artigo os produtos abaixo, compreendidos nos capítulos e/ou nas posições indicadas da Nomenclatura Brasileira de Mercadorias, aprovada pela Resolução nº 75, de 22 de abril de 1988, do Comitê Brasileiro de Nomenclatura, com alterações posteriores:

I - armas e munições: capítulo 93;

II - veículos de passageiros: posição 8703 do capítulo 87, exceto ambulâncias, carros funerários, carros celulares e jipes;

III - bebidas alcoólicas: posições 2203 a 2206 e 2208 (exceto 2208.10 e 2208.90.0100) do capítulo 22;

IV - produtos de perfumaria e de toucador, preparados e preparações cosméticas: posições 3303 a 3307 do capítulo 33;

V - fumo e seus derivados: capítulo 24."

Art. 110. O artigo 7º das Leis nºs 8.256, de 25 de novembro de 1991, e 8.857, de 8 de março de 1994, passam a vigorar com a seguinte redação:

"Art. 7º Os produtos nacionais ou nacionalizados, que entrarem na Área de Livre Comércio, estarão isentos do Imposto sobre Produtos Industrializados, quando destinados às finalidades mencionadas no *caput* do artigo 4º.

§ 1º Ficam asseguradas a manutenção e a utilização dos créditos do Imposto sobre Produtos Industrializados relativo às matérias-primas, produtos intermediários e material de embalagem empregados na industrialização dos produtos entrados na Área de Livre Comércio.

§ 2º Estão excluídos dos benefícios fiscais de que trata este artigo os produtos abaixo, compreendidos nos capítulos e/ou nas posições indicadas da Nomenclatura Brasileira de Mercadorias, aprovada pela Resolução nº 75, de 22 de abril de 1988, do Comitê Brasileiro de Nomenclatura, com alterações posteriores:

I - armas e munições: capítulo 93;

II - veículos de passageiros: posição 8703 do capítulo 87, exceto ambulâncias, carros funerários, carros celulares e jipes;

III - bebidas alcoólicas: posições 2203 a 2206 e 2208 (exceto 2208.10 e 2208.90.0100) do capítulo 22;

IV - produtos de perfumaria e de toucador, preparados e preparações cosméticas: posições 3303 a 3307 do capítulo 33;

V - fumo e seus derivados: capítulo 24."

Art. 111. O artigo 14 do Decreto-Lei nº 1.593, de 21 de dezembro de 1977, passa a vigorar com a seguinte redação:

"Art. 14. Os cigarros apreendidos por infração de que decorra pena de perdimento, ou que sejam declarados abandonados, serão incinerados após o encerramento do processo administrativo fiscal.

Parágrafo único. Fica vedada qualquer outra destinação aos cigarros de que trata este artigo."

Art. 112. *Revogado* a partir de 1º-4-2010. Lei nº 12.249, de 11-6-2010.

Art. 113. *Revogado.* Lei nº 9.065, de 20-6-1995.

Art. 114. O lucro inflacionário acumulado existente em 31 de dezembro de 1994, continua submetido aos critérios de realização previstos na Lei nº 7.799, de 10 de julho de 1989, observado o disposto no artigo 32, da Lei nº 8.541, de 1992.

Art. 115. O disposto nos artigos 48 a 51, 53, 55 e 56, Medida Provisória nº 785, de 23 de dezembro de 1994, aplica-se somente aos fatos geradores ocorridos até 31 de dezembro de 1994.

Art. 116. Esta Lei entra em vigor na data de sua publicação, produzindo efeitos a partir de 1º de janeiro de 1995.

Art. 117. Revogam-se as disposições em contrário, e, especificamente:

I – os artigos 12 e 21, e o parágrafo único do artigo 42 da Lei nº 8.541, de 23 de dezembro de 1992;

II – o parágrafo único do artigo 44 e o artigo 47 da Lei nº 8.383, de 30 de dezembro de 1991;

III – o artigo 8º do Decreto-Lei nº 2.287, de 23 de julho de 1986;

IV – o § 3º do artigo 3º da Lei nº 8.847, de 28 de janeiro de 1994;

V – o artigo 5º da Lei nº 8.850, de 28 de janeiro de 1994;

VI – o artigo 6º da Lei nº 7.965, de 22 de dezembro de 1989.

Senado Federal, 20 de janeiro de 1995.

Senador Humberto Lucena

LEI Nº 8.987, DE 13 DE FEVEREIRO DE 1995

Dispõe sobre o regime de concessão e permissão da prestação de serviços públicos previsto no art. 175 da Constituição Federal, e dá outras providências.

- Publicada no *DOU* de 14-2-1995 e republicada no *DOU* de 28-9-1998.

CAPÍTULO I

DAS DISPOSIÇÕES PRELIMINARES

Art. 1º As concessões de serviços públicos e de obras públicas e as permissões de serviços públicos reger-se-ão pelos termos do art. 175 da Constituição Federal, por esta Lei, pelas normas legais pertinentes e pelas cláusulas dos indispensáveis contratos.

- Arts. 37 e 175 da CF.

Parágrafo único. A União, os Estados, o Distrito Federal e os Municípios promoverão a revisão e as adaptações necessárias de sua legislação às prescrições desta Lei, buscando atender as peculiaridades das diversas modalidades dos seus serviços.

Art. 2º Para os fins do disposto nesta Lei, considera-se:

I – poder concedente: a União, o Estado, o Distrito Federal ou o Município, em cuja competência se encontre o serviço público, precedido ou não da execução de obra pública, objeto de concessão ou permissão;

II – concessão de serviço público: a delegação de sua prestação, feita pelo poder concedente, mediante licitação, na modalidade concorrência ou diálogo competitivo, a pessoa jurídica ou consórcio de empresas que demonstre capacidade para seu desempenho, por sua conta e risco e por prazo determinado;

III – concessão de serviço público precedida da execução de obra pública: a construção, total ou parcial, conservação, reforma, ampliação ou melhoramento de quaisquer obras de interesse público, delegados pelo poder concedente, mediante licitação, na modalidade concorrência ou diálogo competitivo, a pessoa jurídica ou consórcio de empresas que demonstre capacidade para a sua realização, por sua conta e risco, de forma que o investimento da concessionária seja remunerado e amortizado mediante a exploração do serviço ou da obra por prazo determinado;

- Incisos II e III com a redação dada pela Lei nº 14.133, de 1º-4-2021 (Nova Lei de Licitações e Contratos Administrativos).

IV – permissão de serviço público: a delegação, a título precário, mediante licitação, da prestação de serviços públicos, feita pelo poder concedente à pessoa física ou jurídica que demonstre capacidade para seu desempenho, por sua conta e risco.

Art. 3º As concessões e permissões sujeitar-se-ão à fiscalização pelo poder concedente responsável pela delegação, com a cooperação dos usuários.

- Art. 71 da CF.
- Art. 2º, II, *a* e IV, desta Lei.

Art. 4º A concessão de serviço público, precedida ou não da execução de obra pública, será formalizada mediante contrato, que deverá observar os termos desta Lei, das normas pertinentes e do edital de licitação.

- Art. 2º, III, desta Lei.

Art. 5º O poder concedente publicará, previamente ao edital de licitação, ato justificando a conveniência da outorga de concessão ou permissão, caracterizando seu objeto, área e prazo.

- Art. 2º, I, desta Lei.

CAPÍTULO II
DO SERVIÇO ADEQUADO

Art. 6º Toda concessão ou permissão pressupõe a prestação de serviço adequado ao pleno atendimento dos usuários, conforme estabelecido nesta Lei, nas normas pertinentes e no respectivo contrato.

- Art. 2º desta Lei.

§ 1º Serviço adequado é o que satisfaz as condições de regularidade, continuidade, eficiência, segurança, atualidade, generalidade, cortesia na sua prestação e modicidade das tarifas.

§ 2º A atualidade compreende a modernidade das técnicas, do equipamento e das instalações e a sua conservação, bem como a melhoria e expansão do serviço.

§ 3º Não se caracteriza como descontinuidade do serviço a sua interrupção em situação de emergência ou após prévio-aviso, quando:

I – motivada por razões de ordem técnica ou de segurança das instalações; e

II – por inadimplemento do usuário, considerado o interesse da coletividade.

§ 4º A interrupção do serviço na hipótese prevista no inciso II do § 3º deste artigo não poderá iniciar-se na sexta-feira, no sábado ou no domingo, nem em feriado ou no dia anterior a feriado.

- § 4º acrescido pela Lei nº 14.015, de 15-6-2020.

CAPÍTULO III
DOS DIREITOS E OBRIGAÇÕES DOS USUÁRIOS

Art. 7º Sem prejuízo do disposto na Lei nº 8.078, de 11 de setembro de 1990, são direitos e obrigações dos usuários:

- Arts. 2º e 6º, § 1º, desta Lei.

I – receber serviço adequado;

II – receber do poder concedente e da concessionária informações para a defesa de interesses individuais ou coletivos;

III – obter e utilizar o serviço, com liberdade de escolha entre vários prestadores de serviços, quando for o caso, observadas as normas do poder concedente;

- Inciso III com a redação dada pela Lei nº 9.648, de 27-5-1998.

IV – levar ao conhecimento do poder público e da concessionária as irregularidades de que tenham conhecimento, referentes ao serviço prestado;

V – comunicar às autoridades competentes os atos ilícitos praticados pela concessionária na prestação do serviço;

VI – contribuir para a permanência das boas condições dos bens públicos através dos quais lhes são prestados os serviços.

Art. 7º-A. As concessionárias de serviços públicos, de direito público e privado, nos Estados e no Distrito Federal, são obrigadas a oferecer ao consumidor e ao usuário, dentro do mês de vencimento, o mínimo de seis datas opcionais para escolherem os dias de vencimento de seus débitos.

- Art. 7º-A acrescido pela Lei nº 9.791, de 24-3-1999.

Parágrafo único. VETADO. Lei nº 9.791, de 24-3-1999.

CAPÍTULO IV
DA POLÍTICA TARIFÁRIA

Art. 8º VETADO.

Art. 9º A tarifa do serviço público concedido será fixada pelo preço da proposta vencedora da licitação e preservada pelas regras de revisão previstas nesta Lei, no edital e no contrato.

§ 1º A tarifa não será subordinada à legislação específica anterior e somente nos casos expressamente previstos em lei, sua cobrança poderá ser condicionada à existência de serviço público alternativo e gratuito para o usuário.

- § 1º com a redação dada pela Lei nº 9.648, de 27-5-1998.

§ 2º Os contratos poderão prever mecanismos de revisão das tarifas, a fim de manter-se o equilíbrio econômico-financeiro.

§ 3º Ressalvados os impostos sobre a renda, a criação, alteração ou extinção de quaisquer tributos ou encargos legais, após a apresentação da proposta, quando comprovado seu impacto, implicará a revisão da tarifa, para mais ou para menos, conforme o caso.

§ 4º Em havendo alteração unilateral do contrato que afete o seu inicial equilíbrio econômico-financeiro, o poder concedente deverá restabelecê-lo, concomitantemente à alteração.

§ 5º A concessionária deverá divulgar em seu sítio eletrônico, de forma clara e de fácil compreensão pelos usuários, tabela com o valor das tarifas praticadas e a evolução das revisões ou reajustes realizados nos últimos cinco anos.

- § 5º acrescido pela Lei nº 13.673, de 5-6-2018.

Art. 10. Sempre que forem atendidas as condições do contrato, considera-se mantido seu equilíbrio econômico-financeiro.

Art. 11. No atendimento às peculiaridades de cada serviço público, poderá o poder concedente prever, em favor da concessionária, no edital de licitação, a possibilidade de outras fontes provenientes de receitas alternativas, complementares, acessórias ou de projetos associados, com ou sem exclusividade, com vistas a favorecer a modicidade das tarifas, observado o disposto no art. 17 desta Lei.

Parágrafo único. As fontes de receita previstas neste artigo serão obrigatoriamente consideradas para a aferição do inicial equilíbrio econômico-financeiro do contrato.

Art. 12. VETADO.

Art. 13. As tarifas poderão ser diferenciadas em função das características técnicas e dos custos específicos provenientes do atendimento aos distintos segmentos de usuários.

- Súm. nº 407 do STJ.

CAPÍTULO V
DA LICITAÇÃO

Art. 14. Toda concessão de serviço público, precedida ou não da execução de obra pública, será objeto de prévia licitação, nos termos da legislação própria e com observância dos princípios da legalidade, moralidade, publicidade, igualdade, do julgamento por critérios objetivos e da vinculação ao instrumento convocatório.

- Art. 37, *caput* e XXI, da CF.

Art. 15. No julgamento da licitação será considerado um dos seguintes critérios:

I – o menor valor da tarifa do serviço público a ser prestado;

LEG. COMPLEMENTAR

II – a maior oferta, nos casos de pagamento ao poder concedente pela outorga da concessão;

III – a combinação, dois a dois, dos critérios referidos nos incisos I, II e VII;

IV – melhor proposta técnica, com preço fixado no edital;

V – melhor proposta em razão da combinação dos critérios de menor valor da tarifa do serviço público a ser prestado com o de melhor técnica;

VI – melhor proposta em razão da combinação dos critérios de maior oferta pela outorga da concessão com o de melhor técnica; ou

VII – melhor oferta de pagamento pela outorga após qualificação de propostas técnicas.

§ 1º A aplicação do critério previsto no inciso III só será admitida quando previamente estabelecida no edital de licitação, inclusive com regras e fórmulas precisas para avaliação econômico-financeira.

§ 2º Para fins de aplicação do disposto nos incisos IV, V, VI e VII, o edital de licitação conterá parâmetros e exigências para formulação de propostas técnicas.

§ 3º O poder concedente recusará propostas manifestamente inexequíveis ou financeiramente incompatíveis com os objetivos da licitação.

§ 4º Em igualdade de condições, será dada preferência à proposta apresentada por empresa brasileira.

• Art. 15 com a redação dada pela Lei nº 9.648, de 27-5-1998.

Art. 16. A outorga de concessão ou permissão não terá caráter de exclusividade, salvo no caso de inviabilidade técnica ou econômica justificada no ato a que se refere o art. 5º desta Lei.

Art. 17. Considerar-se-á desclassificada a proposta que, para sua viabilização, necessite de vantagens ou subsídios que não estejam previamente autorizados em lei e à disposição de todos os concorrentes.

§ 1º Considerar-se-á, também, desclassificada a proposta de entidade estatal alheia à esfera político-administrativa do poder concedente que, para sua viabilização, necessite de vantagens ou subsídios do poder público controlador da referida entidade.

• Parágrafo único transformado em § 1º pela Lei nº 9.648, de 27-5-1998.

§ 2º Inclui-se nas vantagens ou subsídios de que trata este artigo, qualquer tipo de tratamento tributário diferenciado, ainda que em consequência da natureza jurídica do licitante, que comprometa a isonomia fiscal que deve prevalecer entre todos os concorrentes.

• § 2º acrescido pela Lei nº 9.648, de 27-5-1998.

Art. 18. O edital de licitação será elaborado pelo poder concedente, observados, no que couber, os critérios e as normas gerais da legislação própria sobre licitações e contratos e conterá, especialmente:

○ Art. 37, *caput* e XXI, da CF.

I – o objeto, metas e prazo da concessão;

II – a descrição das condições necessárias à prestação adequada do serviço;

III – os prazos para recebimento das propostas, julgamento da licitação e assinatura do contrato;

IV – prazo, local e horário em que serão fornecidos, aos interessados, os dados, estudos e projetos necessários à elaboração dos orçamentos e apresentação das propostas;

V – os critérios e a relação dos documentos exigidos para a aferição da capacidade técnica, da idoneidade financeira e da regularidade jurídica e fiscal;

VI – as possíveis fontes de receitas alternativas, complementares ou acessórias, bem como as provenientes de projetos associados;

VII – os direitos e obrigações do poder concedente e da concessionária em relação a alterações e expansões a serem realizadas no futuro, para garantir a continuidade da prestação do serviço;

VIII – os critérios de reajuste e revisão da tarifa;

IX – os critérios, indicadores, fórmulas e parâmetros a serem utilizados no julgamento técnico e econômico-financeiro da proposta;

X – a indicação dos bens reversíveis;

XI – as características dos bens reversíveis e as condições em que estes serão postos à disposição, nos casos em que houver sido extinta a concessão anterior;

XII – a expressa indicação do responsável pelo ônus das desapropriações necessárias à execução do serviço ou da obra pública, ou para a instituição de servidão administrativa;

XIII – as condições de liderança da empresa responsável, na hipótese em que for permitida a participação de empresas em consórcio;

XIV – nos casos de concessão, a minuta do respectivo contrato, que conterá as cláusulas essenciais referidas no art. 23 desta Lei, quando aplicáveis;

XV – nos casos de concessão de serviços públicos precedida da execução de obra pública, os dados relativos à obra, dentre os quais os elementos do projeto básico que permitam sua plena caracterização, bem assim as garantias exigidas para essa parte específica do contrato, adequadas a cada caso e limitadas ao valor da obra;

• Inciso XV com a redação dada pela Lei nº 9.648, de 27-5-1998.

XVI – nos casos de permissão, os termos do contrato de adesão a ser firmado.

Art. 18-A. O edital poderá prever a inversão da ordem das fases de habilitação e julgamento, hipótese em que:

I – encerrada a fase de classificação das propostas ou o oferecimento de lances, será aberto o invólucro com os documentos de habilitação do licitante mais bem classificado, para verificação do atendimento das condições fixadas no edital;

II – verificado o atendimento das exigências do edital, o licitante será declarado vencedor;

III – inabilitado o licitante melhor classificado, serão analisados os documentos habilitatórios do licitante com a proposta classificada em segundo lugar, e assim sucessivamente, até que um licitante classificado atenda às condições fixadas no edital;

IV – proclamado o resultado final do certame, o objeto será adjudicado ao vencedor nas condições técnicas e econômicas por ele ofertadas.

• Art. 18-A acrescido pela Lei nº 11.196, de 21-11-2005.

Art. 19. Quando permitida, na licitação, a participação de empresas em consórcio, observar-se-ão as seguintes normas:

I – comprovação de compromisso, público ou particular, de constituição de consórcio, subscrito pelas consorciadas;

II – indicação da empresa responsável pelo consórcio;

III – apresentação dos documentos exigidos nos incisos V e XIII do artigo anterior, por parte de cada consorciada;

IV – impedimento de participação de empresas consorciadas na mesma licitação, por intermédio de mais de um consórcio ou isoladamente.

§ 1º O licitante vencedor fica obrigado a promover, antes da celebração do contrato, a constituição e registro do consórcio, nos termos do compromisso referido no inciso I deste artigo.

§ 2º A empresa líder do consórcio é a responsável perante o poder concedente pelo cumprimento do contrato de concessão, sem prejuízo da responsabilidade solidária das demais consorciadas.

Art. 20. É facultado ao poder concedente, desde que previsto no edital, no interesse do serviço a ser concedido, determinar que o licitante vencedor, no caso de consórcio, se constitua em empresa antes da celebração do contrato.

Art. 21. Os estudos, investigações, levantamentos, projetos, obras e despesas ou investimentos já efetuados, vinculados à concessão, de utilidade para a licitação, realizados pelo poder concedente ou com a sua autorização, estarão à disposição dos interessados, devendo o vencedor da licitação ressarcir os dispêndios correspondentes, especificados no edital.

Art. 22. É assegurada a qualquer pessoa a obtenção de certidão sobre atos, contratos, decisões ou pareceres relativos à licitação ou às próprias concessões.

- Art. 37, *caput*, da CF.

CAPÍTULO VI

DO CONTRATO DE CONCESSÃO

Art. 23. São cláusulas essenciais do contrato de concessão as relativas:

I – ao objeto, à área e ao prazo da concessão;

II – ao modo, forma e condições de prestação do serviço;

III – aos critérios, indicadores, fórmulas e parâmetros definidores da qualidade do serviço;

IV – ao preço do serviço e aos critérios e procedimentos para o reajuste e a revisão das tarifas;

V – aos direitos, garantias e obrigações do poder concedente e da concessionária, inclusive os relacionados às previsíveis necessidades de futura alteração e expansão do serviço e consequente modernização, aperfeiçoamento e ampliação dos equipamentos e das instalações;

VI – aos direitos e deveres dos usuários para obtenção e utilização do serviço;

VII – à forma de fiscalização das instalações, dos equipamentos, dos métodos e práticas de execução do serviço, bem como a indicação dos órgãos competentes para exercê-la;

VIII – às penalidades contratuais e administrativas a que se sujeita a concessionária e sua forma de aplicação;

IX – aos casos de extinção da concessão;

X – aos bens reversíveis;

XI – aos critérios para o cálculo e a forma de pagamento das indenizações devidas à concessionária, quando for o caso;

XII – às condições para prorrogação do contrato;

XIII – à obrigatoriedade, forma e periodicidade da prestação de contas da concessionária ao poder concedente;

XIV – à exigência da publicação de demonstrações financeiras periódicas da concessionária; e

XV – ao foro e ao modo amigável de solução das divergências contratuais.

Parágrafo único. Os contratos relativos à concessão de serviço público precedido da execução de obra pública deverão, adicionalmente:

I – estipular os cronogramas físico-financeiros de execução das obras vinculadas à concessão; e

II – exigir garantia do fiel cumprimento, pela concessionária, das obrigações relativas às obras vinculadas à concessão.

Art. 23-A. O contrato de concessão poderá prever o emprego de mecanismos privados para resolução de disputas decorrentes ou relacionadas ao contrato, inclusive a arbitragem, a ser realizada no Brasil e em língua portuguesa, nos termos da Lei nº 9.307, de 23 de setembro de 1996.

- Art. 23-A acrescido pela Lei nº 11.196, de 21-11-2005.

Art. 24. VETADO.

Art. 25. Incumbe à concessionária a execução do serviço concedido, cabendo-lhe responder por todos os prejuízos causados ao poder concedente, aos usuários ou a terceiros, sem que a fiscalização exercida pelo órgão competente exclua ou atenue essa responsabilidade.

§ 1º Sem prejuízo da responsabilidade a que se refere este artigo, a concessionária poderá contratar com terceiros o desenvolvimento de atividades inerentes, acessórias ou complementares ao serviço concedido, bem como a implementação de projetos associados.

§ 2º Os contratos celebrados entre a concessionária e os terceiros a que se refere o parágrafo anterior reger-se-ão pelo direito privado, não se estabelecendo qualquer relação jurídica entre os terceiros e o poder concedente.

§ 3º A execução das atividades contratadas com terceiros pressupõe o cumprimento das normas regulamentares da modalidade do serviço concedido.

Art. 26. É admitida a subconcessão, nos termos previstos no contrato de concessão, desde que expressamente autorizada pelo poder concedente.

§ 1º A outorga de subconcessão será sempre precedida de concorrência.

§ 2º O subconcessionário se sub-rogará todos os direitos e obrigações da subconcedente dentro dos limites da subconcessão.

Art. 27. A transferência de concessão ou do controle societário da concessionária sem prévia anuência do poder concedente implicará a caducidade da concessão.

§ 1º Para fins de obtenção da anuência de que trata o *caput* deste artigo, o pretendente deverá:

I – atender às exigências de capacidade técnica, idoneidade financeira e regularidade jurídica e fiscal necessárias à assunção do serviço; e

II – comprometer-se a cumprir todas as cláusulas do contrato em vigor.

- Parágrafo único transformado em § 1º pela Lei nº 11.196, de 21-11-2005.

§§ 2º a 4º *Revogados*. Lei nº 13.097, de 19-1-2015.

Art. 27-A. Nas condições estabelecidas no contrato de concessão, o poder concedente autorizará a assunção do controle ou da administração temporária da concessionária por seus financiadores e garantidores com quem não mantenha vínculo societário direto, para promover sua reestruturação financeira e assegurar a continuidade da prestação dos serviços.

§ 1º Na hipótese prevista no *caput*, o poder concedente exigirá dos financiadores e dos garantidores que atendam às exigências de regularidade jurídica e fiscal, podendo alterar ou dispensar os demais requisitos previstos no inciso I do parágrafo único do art. 27.

§ 2º A assunção do controle ou da administração temporária autorizadas na forma do *caput* deste artigo não alterará as obrigações da concessionária e de seus controladores para com terceiros, poder concedente e usuários dos serviços públicos.

§ 3º Configura-se o controle da concessionária, para os fins dispostos no *caput* deste artigo, a propriedade resolúvel de ações ou quotas por seus financiadores e garantidores que atendam os requisitos do art. 116 da Lei nº 6.404, de 15 de dezembro de 1976.

§ 4º Configura-se a administração temporária da concessionária por seus financiadores e garantidores quando, sem a transferência da propriedade de ações ou quotas, forem outorgados os seguintes poderes:

I – indicar os membros do Conselho de Administração, a serem eleitos em Assembleia-Geral pelos acionistas, nas sociedades regidas pela Lei nº 6.404, de 15 de dezembro de 1976; ou administradores, a serem eleitos pelos quotistas, nas demais sociedades;

II – indicar os membros do Conselho Fiscal, a serem eleitos pelos acionistas ou quotistas controladores em Assembleia-Geral;

III – exercer poder de veto sobre qualquer proposta submetida à votação dos acionistas ou quotistas da concessionária, que representem, ou possam representar, prejuízos aos fins previstos no *caput* deste artigo;

IV – outros poderes necessários ao alcance dos fins previstos no *caput* deste artigo.

§ 5º A administração temporária autorizada na forma deste artigo não acarretará responsabilidade aos financiadores e garantidores em relação à tributação, encargos, ônus, sanções, obrigações ou compromissos com terceiros, inclusive com o poder concedente ou empregados.

§ 6º O Poder Concedente disciplinará sobre o prazo da administração temporária.

• Art. 27-A acrescido pela Lei nº 13.097, de 19-1-2015.

Art. 28. Nos contratos de financiamento, as concessionárias poderão oferecer em garantia os direitos emergentes da concessão, até o limite que não comprometa a operacionalização e a continuidade da prestação do serviço.

Parágrafo único. *Revogado.* Lei nº 9.074, de 7-7-1995.

Art. 28-A. Para garantir contratos de mútuo de longo prazo, destinados a investimentos relacionados a contratos de concessão, em qualquer de suas modalidades, as concessionárias poderão ceder ao mutuante, em caráter fiduciário, parcela de seus créditos operacionais futuros, observadas as seguintes condições:

I – o contrato de cessão dos créditos deverá ser registrado em Cartório de Títulos e Documentos para ter eficácia perante terceiros;

II – sem prejuízo do disposto no inciso I do *caput* deste artigo, a cessão do crédito não terá eficácia em relação ao Poder Público concedente senão quando for este formalmente notificado;

III – os créditos futuros cedidos nos termos deste artigo serão constituídos sob a titularidade do mutuante, independentemente de qualquer formalidade adicional;

IV – o mutuante poderá indicar instituição financeira para efetuar a cobrança e receber os pagamentos dos créditos cedidos ou permitir que a concessionária o faça, na qualidade de representante e depositária;

V – na hipótese de ter sido indicada instituição financeira, conforme previsto no inciso IV do *caput* deste artigo, fica a concessionária obrigada a apresentar a essa os créditos para cobrança;

VI – os pagamentos dos créditos cedidos deverão ser depositados pela concessionária ou pela instituição encarregada da cobrança em conta-corrente bancária vinculada ao contrato de mútuo;

VII – a instituição financeira depositária deverá transferir os valores recebidos ao mutuante à medida que as obrigações do contrato de mútuo tornarem-se exigíveis; e

VIII – o contrato de cessão disporá sobre a devolução à concessionária dos recursos excedentes, sendo vedada a retenção do saldo após o adimplemento integral do contrato.

Parágrafo único. Para os fins deste artigo, serão considerados contratos de longo prazo aqueles cujas obrigações tenham prazo médio de vencimento superior a cinco anos.

• Art. 28-A acrescido pela Lei nº 11.196, de 21-11-2005.

CAPÍTULO VII
DOS ENCARGOS DO PODER CONCEDENTE

Art. 29. Incumbe ao poder concedente:

I – regulamentar o serviço concedido e fiscalizar permanentemente a sua prestação;

II – aplicar as penalidades regulamentares e contratuais;

III – intervir na prestação do serviço, nos casos e condições previstos em lei;

IV – extinguir a concessão, nos casos previstos nesta Lei e na forma prevista no contrato;

V – homologar reajustes e proceder à revisão das tarifas na forma desta Lei, das normas pertinentes e do contrato;

VI – cumprir e fazer cumprir as disposições regulamentares do serviço e as cláusulas contratuais da concessão;

VII – zelar pela boa qualidade do serviço, receber, apurar e solucionar queixas e reclamações dos usuários, que serão cientificados, em até trinta dias, das providências tomadas;

VIII – declarar de utilidade pública os bens necessários à execução do serviço ou obra pública, promovendo as desapropriações, diretamente ou mediante outorga de poderes à concessionária, caso em que será desta a responsabilidade pelas indenizações cabíveis;

IX – declarar de necessidade ou utilidade pública, para fins de instituição de servidão administrativa, os bens necessários à execução de serviço ou obra pública, promovendo-a diretamente ou mediante outorga de poderes à concessionária, caso em que será desta a responsabilidade pelas indenizações cabíveis;

X – estimular o aumento da qualidade, produtividade, preservação do meio ambiente e conservação;

XI – incentivar a competitividade; e

XII – estimular a formação de associações de usuários para defesa de interesses relativos ao serviço.

Art. 30. No exercício da fiscalização, o poder concedente terá acesso aos dados relativos à administração, contabilidade, recursos técnicos, econômicos e financeiros da concessionária.

○ Art. 71 da CF.

Parágrafo único. A fiscalização do serviço será feita por intermédio de órgão técnico do poder concedente ou por entidade com ele conveniada, e, periodicamente, conforme previsto em norma regulamentar, por comissão composta de representantes do poder concedente, da concessionária e dos usuários.

CAPÍTULO VIII
DOS ENCARGOS DA CONCESSIONÁRIA

Art. 31. Incumbe à concessionária:

I – prestar serviço adequado, na forma prevista nesta Lei, nas normas técnicas aplicáveis e no contrato;

II – manter em dia o inventário e o registro dos bens vinculados à concessão;

III – prestar contas da gestão do serviço ao poder concedente e aos usuários, nos termos definidos no contrato;

IV – cumprir e fazer cumprir as normas do serviço e as cláusulas contratuais da concessão;

V – permitir aos encarregados da fiscalização livre acesso, em qualquer época, às obras, aos equipamentos e às instalações integrantes do serviço, bem como a seus registros contábeis;

VI – promover as desapropriações e constituir servidões autorizadas pelo poder concedente, conforme previsto no edital e no contrato;

VII – zelar pela integridade dos bens vinculados à prestação do serviço, bem como segurá-los adequadamente; e

VIII – captar, aplicar e gerir os recursos financeiros necessários à prestação do serviço.

Parágrafo único. As contratações, inclusive de mão de obra, feitas pela concessionária serão regidas pelas disposições de direito privado e pela legislação trabalhista, não se estabelecendo qualquer relação entre os terceiros contratados pela concessionária e o poder concedente.

CAPÍTULO IX – DA INTERVENÇÃO

Art. 32. O poder concedente poderá intervir na concessão, com o fim de assegurar a adequação na prestação do serviço, bem como o fiel cumprimento das normas contratuais, regulamentares e legais pertinentes.

Parágrafo único. A intervenção far-se-á por decreto do poder concedente, que conterá a designação do interventor, o prazo da intervenção e os objetivos e limites da medida.

Art. 33. Declarada a intervenção, o poder concedente deverá, no prazo de trinta dias, instaurar procedimento administrativo para comprovar as causas determinantes da medida e apurar responsabilidades, assegurado o direito de ampla defesa.

§ 1º Se ficar comprovado que a intervenção não observou os pressupostos legais e regulamentares será declarada sua nulidade, devendo o serviço ser imediatamente devolvido à concessionária, sem prejuízo de seu direito à indenização.

§ 2º O procedimento administrativo a que se refere o *caput* deste artigo deverá ser concluído no prazo de até cento e oitenta dias, sob pena de considerar-se inválida a intervenção.

Art. 34. Cessada a intervenção, se não for extinta a concessão, a administração do serviço será devolvida à concessionária, precedida de prestação de contas pelo interventor, que responderá pelos atos praticados durante a sua gestão.

CAPÍTULO X – DA EXTINÇÃO DA CONCESSÃO

Art. 35. Extingue-se a concessão por:

I – advento do termo contratual;

II – encampação;

III – caducidade;

IV – rescisão;

V – anulação; e

VI – falência ou extinção da empresa concessionária e falecimento ou incapacidade do titular, no caso de empresa individual.

§ 1º Extinta a concessão, retornam ao poder concedente todos os bens reversíveis, direitos e privilégios transferidos ao concessionário conforme previsto no edital e estabelecido no contrato.

§ 2º Extinta a concessão, haverá a imediata assunção do serviço pelo poder concedente, procedendo-se aos levantamentos, avaliações e liquidações necessários.

§ 3º A assunção do serviço autoriza a ocupação das instalações e a utilização, pelo poder concedente, de todos os bens reversíveis.

§ 4º Nos casos previstos nos incisos I e II deste artigo, o poder concedente, antecipando-se à extinção da concessão, procederá aos levantamentos e avaliações necessários à determinação dos montantes da indenização que será devida à concessionária, na forma dos arts. 36 e 37 desta Lei.

Art. 36. A reversão no advento do termo contratual far-se-á com a indenização das parcelas dos investimentos vinculados a bens reversíveis, ainda não amortizados ou depreciados, que tenham sido realizados com o objetivo de garantir a continuidade e atualidade do serviço concedido.

Art. 37. Considera-se encampação a retomada do serviço pelo poder concedente durante o prazo da concessão, por motivo de interesse público, mediante lei autorizativa específica e após prévio pagamento da indenização, na forma do artigo anterior.

Art. 38. A inexecução total ou parcial do contrato acarretará, a critério do poder concedente, a declaração de caducidade da concessão ou a aplicação das sanções contratuais, respeitadas as disposições deste artigo, do art. 27, e as normas convencionadas entre as partes.

§ 1º A caducidade da concessão poderá ser declarada pelo poder concedente quando:

I – o serviço estiver sendo prestado de forma inadequada ou deficiente, tendo por base as normas, critérios, indicadores e parâmetros definidores da qualidade do serviço;

II – a concessionária descumprir cláusulas contratuais ou disposições legais ou regulamentares concernentes à concessão;

III – a concessionária paralisar o serviço ou concorrer para tanto, ressalvadas as hipóteses decorrentes de caso fortuito ou força maior;

IV – a concessionária perder as condições econômicas, técnicas ou operacionais para manter a adequada prestação do serviço concedido;

V – a concessionária não cumprir as penalidades impostas por infrações, nos devidos prazos;

VI – a concessionária não atender a intimação do poder concedente no sentido de regularizar a prestação do serviço; e

VII – a concessionária não atender a intimação do poder concedente para, em 180 (cento e oitenta) dias, apresentar a documentação relativa a regularidade fiscal, no curso da concessão, na forma do art. 29 da Lei nº 8.666, de 21 de junho de 1993.

- Inciso VII com a redação dada pela Lei nº 12.767, de 27-12-2012.

§ 2º A declaração da caducidade da concessão deverá ser precedida da verificação da inadimplência da concessionária em processo administrativo, assegurado o direito de ampla defesa.

§ 3º Não será instaurado processo administrativo de inadimplência antes de comunicados à concessionária, detalhadamente, os descumprimentos contratuais referidos no § 1º deste artigo, dando-lhe um prazo para corrigir as falhas e transgressões apontadas e para o enquadramento, nos termos contratuais.

§ 4º Instaurado o processo administrativo e comprovada a inadimplência, a caducidade será declarada por decreto do poder concedente, independentemente de indenização prévia, calculada no decurso do processo.

§ 5º A indenização de que trata o parágrafo anterior, será devida na forma do art. 36 desta Lei e do contrato, descontado o valor das multas contratuais e dos danos causados pela concessionária.

§ 6º Declarada a caducidade, não resultará para o poder concedente qualquer espécie de responsabilidade em relação aos encargos, ônus, obrigações ou compromissos com terceiros ou com empregados da concessionária.

Art. 39. O contrato de concessão poderá ser rescindido por iniciativa da concessionária, no caso de descumprimento das normas contratuais pelo poder concedente, mediante ação judicial especialmente intentada para esse fim.

Parágrafo único. Na hipótese prevista no *caput* deste artigo, os serviços prestados pela concessionária não poderão ser interrompidos ou paralisados, até a decisão judicial transitada em julgado.

CAPÍTULO XI
DAS PERMISSÕES

Art. 40. A permissão de serviço público será formalizada mediante contrato de adesão, que observará os termos desta Lei, das demais normas pertinentes e do edital de licitação, inclusive quanto à precariedade e à revogabilidade unilateral do contrato pelo poder concedente.

- Art. 2º, IV, desta Lei.

Parágrafo único. Aplica-se às permissões o disposto nesta Lei.

CAPÍTULO XII
DISPOSIÇÕES FINAIS E TRANSITÓRIAS

Art. 41. O disposto nesta Lei não se aplica à concessão, permissão e autorização para o serviço de radiodifusão sonora e de sons e imagens.

- Arts. 21, XII, *a*, e 223 da CF.

Art. 42. As concessões de serviço público outorgadas anteriormente à entrada em vigor desta Lei consideram-se válidas pelo prazo fixado no contrato ou no ato de outorga, observado o disposto no art. 43 desta Lei.

§ 1º Vencido o prazo mencionado no contrato ou ato de outorga, o serviço poderá ser prestado por órgão ou entidade do poder concedente, ou delegado a terceiros, mediante novo contrato.

- § 1º com a redação dada pela Lei nº 11.445, de 5-1-2007.
- O STF, por unanimidade, julgou parcialmente procedente a ADIN nº 4.058, conferindo a este parágrafo interpretação conforme à Constituição, sem redução de texto, "no sentido de ser imprescindível a realização de licitação prévia à nova delegação a terceiros" (*DOU* de 11-2-2019).

§ 2º As concessões em caráter precário, as que estiverem com prazo vencido e as que estiverem em vigor por prazo indeterminado, inclusive por força de legislação anterior, permanecerão válidas pelo prazo necessário à realização dos levantamentos e avaliações indispensáveis à organização das licitações que precederão a outorga das concessões que as substituirão, prazo esse que não será inferior a 24 (vinte e quatro) meses.

§ 3º As concessões a que se refere o § 2º deste artigo, inclusive as que não possuam instrumento que as formalize ou que possuam cláusula que preveja prorrogação, terão validade máxima até o dia 31 de dezembro de 2010, desde que, até o dia 30 de junho de 2009, tenham sido cumpridas, cumulativamente, as seguintes condições:

I – levantamento mais amplo e retroativo possível dos elementos físicos constituintes da infraestrutura de bens reversíveis e dos dados financeiros, contábeis e comerciais relativos à prestação dos serviços, em dimensão necessária e suficiente para a realização do cálculo de eventual indenização relativa aos investimentos ainda não amortizados pelas receitas emergentes da concessão, observadas as disposições legais e contratuais que regulavam a prestação do serviço ou a ela aplicáveis nos 20 (vinte) anos anteriores ao da publicação desta Lei;

II – celebração de acordo entre o poder concedente e o concessionário sobre os critérios e a forma de indenização de eventuais créditos remanescentes de investimentos ainda não amortizados ou depreciados, apurados a partir dos levantamentos referidos no inciso I deste parágrafo e auditados por instituição especializada escolhida de comum acordo pelas partes; e

III – publicação na imprensa oficial de ato formal de autoridade do poder concedente, autorizando a prestação precária dos serviços por prazo de até 6 (seis) meses, renovável até 31 de dezembro de 2008, mediante comprovação do cumprimento do disposto nos incisos I e II deste parágrafo.

§ 4º Não ocorrendo o acordo previsto no inciso II do § 3º deste artigo, o cálculo da indenização de investimentos será feito com base nos critérios previstos no instrumento de concessão antes celebrado ou, na omissão deste, por avaliação de seu valor econômico ou reavaliação patrimonial, depreciação e amortização de ativos imobilizados definidos pelas legislações fiscal e das sociedades por ações, efetuada por empresa de auditoria independente escolhida de comum acordo pelas partes.

§ 5º No caso do § 4º deste artigo, o pagamento de eventual indenização será realizado, mediante garantia real, por meio de 4 (quatro) parcelas anuais, iguais e sucessivas, da parte ainda não amortizada de investimentos e de outras indenizações relacionadas à prestação dos serviços, realizados com capital próprio do concessionário ou de seu controlador, ou originários de operações de financiamento, ou obtidos mediante emissão de ações, debêntures e outros títulos mobiliários, com a primeira parcela paga até o último dia útil do exercício financeiro em que ocorrer a reversão.

§ 6º Ocorrendo acordo, poderá a indenização de que trata o § 5º deste artigo ser paga mediante receitas de novo contrato que venha a disciplinar a prestação do serviço.

- §§ 3º a 6º acrescidos pela Lei nº 11.445, de 5-1-2007.

Art. 43. Ficam extintas todas as concessões de serviços públicos outorgadas sem licitação na vigência da Constituição de 1988.

Parágrafo único. Ficam também extintas todas as concessões outorgadas sem licitação anteriormente à Constituição de 1988, cujas obras ou serviços não tenham sido iniciados ou que se encontrem paralisados quando da entrada em vigor desta Lei.

Art. 44. As concessionárias que tiverem obras que se encontrem atrasadas, na data da publicação desta Lei, apresentarão ao poder concedente, dentro de cento e oitenta dias, plano efetivo de conclusão das obras.

Parágrafo único. Caso a concessionária não apresente o plano a que se refere este artigo ou se este plano não oferecer condições efetivas para o término da obra, o poder concedente poderá declarar extinta a concessão, relativa a essa obra.

Art. 45. Nas hipóteses de que tratam os arts. 43 e 44 desta Lei, o poder concedente indenizará as obras e serviços realizados somente no caso e com os recursos da nova licitação.

Parágrafo único. A licitação de que trata o *caput* deste artigo deverá, obrigatoriamente, levar em conta, para fins de avaliação, o estágio das obras paralisadas ou atrasadas, de modo a permitir a utilização do critério de julgamento estabelecido no inciso III do art. 15 desta Lei.

Art. 46. Esta Lei entra em vigor na data de sua publicação.

Art. 47. Revogam-se as disposições em contrário.

Brasília, 13 de fevereiro de 1995;
174º da Independência e
107º da República.
Fernando Henrique Cardoso

LEI Nº 9.051, DE 18 DE MAIO DE 1995

Dispõe sobre a expedição de certidões para a defesa de direitos e esclarecimentos de situações.

- Publicada no *DOU* de 19-5-1995.
- Art. 5º, XXXIII e XXXIV, da CF.

Art. 1º As certidões para a defesa de direitos e esclarecimentos de situações, requeridas aos órgãos da administração centralizada ou autárquica, às empresas públicas, às sociedades de economia mista e às fundações públicas da União, dos Estados, do Distrito Federal e dos Municípios, deverão ser expedidas no prazo improrrogável de quinze dias, contado do registro do pedido no órgão expedidor.

Art. 2º Nos requerimentos que objetivam a obtenção das certidões a que se refere esta Lei, deverão os interessados fazer constar esclarecimentos relativos aos fins e razões do pedido.

Art. 3º VETADO.

Art. 4º Esta Lei entra em vigor na data de sua publicação.

Art. 5º Revogam-se as disposições em contrário.

Brasília, 18 de maio de 1995;
174º da Independência e
107º da República.
Fernando Henrique Cardoso

LEI Nº 9.065, DE 20 DE JUNHO DE 1995

Dá nova redação a dispositivos da Lei nº 8.981, de 20 de janeiro de 1995, que altera a legislação tributária federal, e dá outras providências.

- Publicada no *DOU* de 21-6-1995 e retificada no *DOU* de 3-7-1995.

Art. 1º Os dispositivos da Lei nº 8.981, de 20 de janeiro de 1995, adiante indicados, passam a vigorar com a seguinte redação:

- Alterações inseridas no texto da referida Lei.

Art. 2º O disposto na alínea *b* do § 3º do artigo 43 da Lei nº 8.981, de 1995, somente se aplica aos créditos relativos a:

I – operações de empréstimos, ou qualquer forma de adiantamento de recursos;

II – aquisição de títulos e valores mobiliários de renda fixa, cujo devedor ou emitente seja pessoa jurídica de direito público ou empresa sob o seu controle, empresa pública, sociedade de economia mista, ou sua subsidiária;

III – fundos administrados por qualquer das pessoas jurídicas referidas no inciso II.

Parágrafo único. Está também abrangida pelo disposto na alínea *b* do § 3º do artigo 43 da Lei nº 8.981, de 1995, a parcela de crédito correspondente ao lucro diferido nos termos do artigo 10 do Decreto-Lei nº 1.598, de 26 de dezembro de 1977.

Art. 3º O saldo credor da conta de correção monetária de que trata o inciso II do artigo 4º da Lei nº 7.799, de 10 de julho de 1989, apurado a partir do encerramento do ano-calendário de 1995, será computado na determinação do lucro real, podendo o contribuinte diferir, com observância do disposto nos artigos 4º e 8º desta Lei, a tributação do lucro inflacionário não realizado.

Parágrafo único. O disposto neste artigo aplica-se, também, às pessoas jurídicas a que se refere o § 6º do artigo 37 da Lei nº 8.981, de 1995.

Art. 4º Considera-se lucro inflacionário, em cada ano-calendário, o saldo credor da conta de correção monetária, ajustado pela diminuição das variações monetárias e das receitas e despesas financeiras computadas na determinação do lucro líquido do ano-calendário.

§ 1º Proceder-se-á ao ajuste mediante a dedução, do saldo credor da conta de correção monetária, de valor correspondente à diferença positiva entre a soma das despesas financeiras com as variações monetárias passivas e a soma das receitas financeiras com as variações monetárias ativas.

§ 2º O lucro inflacionário a tributar será registrado em conta especial do Livro de Apuração do Lucro Real, e o saldo transferido do ano-calendário anterior será corrigido, monetariamente, com base na variação do valor da UFIR verificada entre o primeiro dia seguinte ao do balanço de encerramento do ano-calendário anterior e o dia seguinte ao do balanço do exercício da correção.

- Art. 29, § 3º, da Lei nº 10.522, de 19-7-2005, que dispõe sobre o Cadastro Informativo dos créditos não quitados de órgãos e entidades federais.

Art. 5º Em cada ano-calendário considerar-se-á realizada parte do lucro inflacionário proporcional ao valor, realizado no mesmo período, dos bens e direitos do ativo sujeitos à correção monetária.

§ 1º O lucro inflacionário realizado em cada ano-calendário será calculado de acordo com as seguintes regras:

a) será determinada a relação percentual entre o valor dos bens e direitos do ativo sujeitos à correção monetária, realizado no ano-calendário, e a soma dos seguintes valores:

a.1) a média do valor contábil do ativo permanente no início e no final do ano-calendário;

a.2) a média dos saldos, no início e no fim do ano-calendário, das contas representativas do custo dos imóveis não classificados no ativo permanente, das contas representativas das aplicações em ouro, das contas representativas de adiantamentos a fornecedores de bens sujeitos à correção monetária, salvo se o contrato previr a indexação do crédito, e de outras contas que venham a ser determinadas pelo Poder Executivo, considerada a natureza dos bens ou valores que representem;

LEG. COMPLEMENTAR

b) o valor dos bens e direitos do ativo sujeitos à correção monetária, realizado no ano-calendário, será a soma dos seguintes valores:

b.1) custo contábil dos imóveis existentes no estoque no início do ano-calendário e baixados no curso deste;

b.2) valor contábil, corrigido monetariamente até a data da baixa, dos demais bens e direitos do ativo sujeitos à correção monetária, baixados no curso do ano-calendário;

b.3) quotas de depreciação, amortização e exaustão, computadas como custo ou despesa operacional do ano-calendário;

b.4) lucros ou dividendos, recebidos no ano-calendário, de quaisquer participações societárias registradas como investimento;

c) o montante do lucro inflacionário realizado do ano-calendário será determinado mediante a aplicação da percentagem de que trata a alínea *a* sobre o lucro inflacionário do mesmo ano-calendário;

d) a percentagem de que trata a alínea *a* será também aplicada, em cada ano, sobre o lucro inflacionário, apurado nos anos-calendário anteriores, excetuado o lucro inflacionário acumulado, existente em 31 de dezembro de 1994.

§ 2º O contribuinte que optar pelo diferimento da tributação do lucro inflacionário não realizado deverá computar na determinação do lucro real o montante do lucro inflacionário realizado (§ 1º) ou o valor determinado de acordo com o disposto no artigo 6º, e excluir do lucro líquido do ano-calendário o montante do lucro inflacionário do próprio ano-calendário.

Art. 6º A pessoa jurídica deverá considerar realizado em cada ano-calendário, no mínimo, dez por cento do lucro inflacionário, quando o valor, assim determinado, resultar superior ao apurado na forma do § 1º do artigo 5º.

Parágrafo único. A realização de que trata este artigo aplica-se, inclusive, ao valor do lucro inflacionário apurado no próprio ano-calendário.

Art. 7º Nos casos de incorporação, fusão, cisão total ou encerramento de atividades, a pessoa jurídica incorporada, fusionada, cindida ou que encerrar atividades deverá considerar integralmente realizado o lucro inflacionário acumulado.

§ 1º Na cisão parcial, a realização será proporcional à parcela do ativo, sujeito à correção monetária, que tiver sido vertida.

§ 2º Para os efeitos deste artigo, considera-se lucro inflacionário acumulado a soma do lucro inflacionário de anos-calendário anteriores, corrigido monetariamente, deduzida das parcelas realizadas.

Art. 8º A partir de 1º de janeiro de 1996, a pessoa jurídica deverá considerar realizado mensalmente, no mínimo, um cento e vinte avos do lucro inflacionário, corrigido monetariamente, apurado em cada ano-calendário anterior.

Parágrafo único. A parcela realizada na forma deste artigo integrará a base de cálculos do imposto de renda devido mensalmente.

Art. 9º A pessoa jurídica que tiver saldo de lucro inflacionário a tributar e que vier a ser tributada pelo lucro arbitrado deverá adicionar esse saldo, corrigido monetariamente, à base de cálculo do imposto de renda.

Art. 10. *Revogado.* Lei nº 9.249, de 26-12-1995.

Art. 11. O lucro real ou arbitrado da pessoa jurídica estará sujeito a um adicional do imposto de renda à alíquota de:

I – dez por cento sobre a parcela do lucro real que ultrapassar R$ 180.000,00 até R$ 780.000,00;

II – quinze por cento sobre a parcela do lucro real que ultrapassar R$ 780.000,00;

III – dez por cento sobre a parcela do lucro arbitrado que ultrapassar R$ 15.000,00 até R$ 65.000,00;

IV – quinze por cento sobre a parcela do lucro arbitrado que ultrapassar R$ 65.000,00.

§ 1º Os limites previstos nos incisos I e II serão proporcionais ao número de meses transcorridos do ano-calendário, quando o período de apuração for inferior a doze meses.

§ 2º O valor do adicional será recolhido integralmente, não sendo permitidas quaisquer deduções.

Art. 12. O disposto nos artigos 42 e 58 da Lei nº 8.981, de 1995, vigorará até 31 de dezembro de 1995.

Art. 13. A partir de 1º de abril de 1995, os juros de que tratam a alínea *c* do parágrafo único do artigo 14 da Lei nº 8.847, de 28 de janeiro de 1994, com a redação dada pelo artigo 6º da Lei nº 8.850, de 28 de janeiro de 1994, e pelo artigo 90 da Lei nº 8.981, de 1995, o artigo 84, inciso I, e o artigo 91, parágrafo único, alínea *a.2*, da Lei nº 8.981, de 1995, serão equivalentes à taxa referencial do Sistema Especial de Liquidação e de Custódia – SELIC para títulos federais, acumulada mensalmente.

Art. 14. Os rendimentos e ganhos de capital distribuídos, a partir de 1º de julho de 1995, pelos Fundos de Investimento Imobiliário e Fundos de Investimento Cultural e Artístico – FICART, sob qualquer forma e qualquer que seja o beneficiário, sujeitam-se à incidência do imposto de renda na fonte à alíquota de dez por cento.

Parágrafo único. Ao imposto retido nos termos deste artigo aplica-se o disposto no artigo 76 da Lei nº 8.981, de 1995.

Art. 15. O prejuízo fiscal apurado a partir do encerramento do ano-calendário de 1995 poderá ser compensado, cumulativamente com os prejuízos fiscais apurados até 31 de dezembro de 1994, com o lucro líquido ajustado pelas adições e exclusões previstas na legislação do imposto de renda, observado o limite máximo, para a compensação, de trinta por cento do referido lucro líquido ajustado.

Parágrafo único. O disposto neste artigo somente se aplica às pessoas jurídicas que mantiverem os livros e documentos, exigidos pela legislação fiscal, comprobatórios do montante do prejuízo fiscal utilizado para a compensação.

Art. 16. A base de cálculo da contribuição social sobre o lucro, quando negativa, apurada a partir do encerramento do ano-calendário de 1995, poderá ser compensada, cumulativamente com a base de cálculo negativa apurada até 31 de dezembro de 1994, com o resultado do período de apuração ajustado pelas adições e exclusões previstas na legislação da referida contribuição social, determinado em anos-calendário subsequentes, observado o limite máximo de redução de trinta por cento, previsto no artigo 58 da Lei nº 8.981, de 1995.

Parágrafo único. O disposto neste artigo somente se aplica às pessoas jurídicas que mantiverem os livros e documentos, exigidos pela legislação fiscal, comprobatórios da base de cálculo negativa utilizada para a compensação.

Art. 17. O pagamento da Contribuição para o Programa de Integração Social e para o Programa de Formação do Patrimônio do Servidor Público (PIS/PASEP) deverá ser efetuado até o último dia útil da quinzena subsequente ao mês de ocorrência dos fatos geradores.

Art. 18. Esta Lei entra em vigor na data de sua publicação, produzindo efeitos a partir de 1º de janeiro de 1995, exceto os artigos 10, 11, 15 e 16, que produzirão efeitos a partir de 1º de janeiro de 1996, e os artigos 13 e 14, com efeitos, respectivamente, a partir de 1º de abril e 1º de julho de 1995.

Art. 19. Revogam-se as disposições em contrário e, especificamente, o § 3º do artigo 44, o § 4º do artigo 88, e os artigos 104, 105, 107 e 113 da Lei nº 8.981, de 1995, bem como o inciso IV do § 2º do artigo 7º das Leis nºs 8.256, de 25 de novembro de 1991, e 8.857, de 8 de março de 1994, o inciso IV do § 2º do artigo 6º da Lei nº 8.210, de 19 de julho de 1991, e a alínea *d* do § 2º do artigo 4º da Lei nº 7.965, de 22 de dezembro de 1989.

Brasília, 20 de junho de 1995;
174º da Independência e
107º da República.

Fernando Henrique Cardoso

LEI Nº 9.069, DE 29 DE JUNHO DE 1995

Dispõe sobre o Plano Real, o Sistema Monetário Nacional, estabelece as regras e condições de emissão do Real e os critérios para conversão das obrigações para o Real, e dá outras providências.

- Publicada no *DOU* de 30-6-1995.

CAPÍTULO I
DO SISTEMA MONETÁRIO NACIONAL

Art. 1º A partir de 1º de julho de 1994, a unidade do Sistema Monetário Nacional passa a ser o Real (Artigo 2º da Lei nº 8.880, de 27 de maio de 1994), que terá curso legal em todo o território nacional.

§ 1º As importâncias em dinheiro serão grafadas precedidas do símbolo R$.

§ 2º A centésima parte do Real, denominada "centavo", será escrita sob a forma decimal, precedida da vírgula que segue a unidade.

§ 3º A paridade entre o Real e o Cruzeiro Real, a partir de 1º de julho de 1994, será igual à paridade entre a Unidade Real de Valor – URV e o Cruzeiro Real fixada pelo Banco Central do Brasil para o dia 30 de junho de 1994.

§ 4º A paridade de que trata o parágrafo anterior permanecerá fixa para os fins previstos no artigo 3º, § 3º, da Lei nº 8.880, de 27 de maio de 1994, e no artigo 2º desta Lei.

§ 5º Admitir-se-á fracionamento especial da unidade monetária nos mercados de valores mobiliários e de títulos da dívida pública, na cotação de moedas estrangeiras, na Unidade Fiscal de Referência – UFIR e na determinação da expressão monetária de outros valores que necessitem da avaliação de grandezas inferiores ao centavo, sendo as frações resultantes desprezadas ao final dos cálculos.

Art. 2º O Cruzeiro Real, a partir de 1º de julho de 1994, deixa de integrar o Sistema Monetário Nacional, permanecendo em circulação como meio de pagamento as cédulas e moedas dele representativas, pelo prazo de trinta dias, na forma prevista nos §§ 3º e 4º do artigo 3º da Lei nº 8.880, de 1994.

§ 1º Até o último dia útil de julho de 1994, os cheques ainda emitidos com indicação de valor em Cruzeiros Reais serão acolhidos pelas instituições financeiras e pelos serviços de compensação, sem prejuízo do direito ao crédito, nos termos da legislação pertinente.

§ 2º Os prazos previstos neste artigo poderão ser prorrogados pelo Banco Central do Brasil.

§ 3º Os documentos de que trata o § 1º serão acolhidos e contabilizados com a paridade fixada, na forma do § 3º do artigo 1º, para o dia 1º de julho de 1994.

Arts. 3º e 4º *Revogados.* Lei nº 13.820, de 2-5-2019.

Art. 5º Serão grafadas em Real, a partir de 1º de julho de 1994, as demonstrações contábeis e financeiras, os balanços, os cheques, os títulos, os preços, os precatórios, os valores de contratos e todas as demais expressões pecuniárias que se possam traduzir em moeda nacional.

CAPÍTULO II
DA AUTORIDADE MONETÁRIA

Arts. 6º e 7º *Revogados.* Lei nº 13.820, de 2-5-2019.

Art. 8º O Conselho Monetário Nacional, criado pela Lei nº 4.595, de 31 de dezembro de 1964, passa a ser integrado pelos seguintes membros:

I – Ministro de Estado da Fazenda, que o presidirá;

II – Ministro de Estado do Planejamento e Orçamento; e

III – Presidente do Banco Central do Brasil.

- Incisos I a III com a redação dada pela MP nº 1.158, de 12-1-2023, que até o encerramento desta edição não havia sido convertida em lei.

§ 1º O Conselho deliberará mediante resoluções, por maioria de votos, cabendo ao Presidente a prerrogativa de deliberar, nos casos de urgência e relevante interesse, *ad referendum* dos demais membros.

§ 2º Quando deliberar *ad referendum* do Conselho, o Presidente submeterá a decisão ao colegiado na primeira reunião que se seguir àquela deliberação.

§ 3º O Presidente do Conselho poderá convidar Ministros de Estado, bem como representantes de entidades públicas ou privadas, para participar das reuniões, não lhes sendo permitido o direito de voto.

§ 4º O Conselho reunir-se-á, ordinariamente, uma vez por mês, e, extraordinariamente, sempre que for convocado por seu Presidente.

§ 5º O Banco Central do Brasil funcionará como secretaria-executiva do Conselho.

§ 6º O regimento interno do Conselho Monetário Nacional será aprovado por decreto do Presidente da República, no prazo máximo de trinta dias, contados da publicação desta Lei.

§ 7º A partir de 30 de junho de 1994, ficam extintos os mandatos de membros do Conselho Monetário Nacional nomeados até aquela data.

Art. 9º É criada junto ao Conselho Monetário Nacional a Comissão Técnica da Moeda e do Crédito, composta dos seguintes membros:

I – Presidente e quatro Diretores do Banco Central do Brasil;

II – Presidente da Comissão de Valores Mobiliários;

III – Secretário-Executivo do Ministério do Planejamento e Orçamento; e

- Inciso III com a redação dada pela MP nº 1.158, de 12-1-2023, que até o encerramento desta edição não havia sido convertida em lei.

IV – *Revogado.* Lei nº 13.844, de 18-6-2019;

V – Secretário-Executivo e Secretários do Tesouro Nacional, de Reformas Econômicas e de Política Econômica do Ministério da Fazenda.

- Inciso V acrescido pela MP nº 1.158, de 12-1-2023, que até o encerramento desta edição não havia sido convertida em lei.

§ 1º A Comissão será coordenada pelo Presidente do Banco Central do Brasil.

§ 2º O regimento interno da Comissão Técnica da Moeda e do Crédito será aprovado por decreto do Presidente da República.

Art. 10. Compete à Comissão Técnica da Moeda e do Crédito:

I – propor a regulamentação das matérias tratadas na presente Lei, de competência do Conselho Monetário Nacional;

II – manifestar-se, na forma prevista em seu regimento interno, previamente, sobre as matérias de competência do Conselho Monetário Nacional, especialmente aquelas constantes da Lei nº 4.595, de 31 de dezembro de 1964;

III – outras atribuições que lhe forem cometidas pelo Conselho Monetário Nacional.

Art. 11. *Revogado.* LC nº 179, de 24-2-2021.

CAPÍTULO III
DAS CONVERSÕES PARA REAL

Art. 12. Na operação de conversão de Cruzeiros Reais para Real, serão adotadas quatro casas decimais no quociente da divisão.

§ 1º Em todos os pagamentos ou liquidações de soma a receber ou a pagar e registros contábeis, serão desprezados, para todos os efeitos legais, os valores inferiores ao correspondente a um centavo de Real.

§ 2º Nas instituições financeiras e nas demais entidades autorizadas a funcionar pelo Banco Central do Brasil a soma das parcelas desprezadas, na forma do parágrafo anterior, será recolhida e creditada ao Tesouro Nacional, no prazo a ser fixado pelo Poder Executivo, para ser utilizada em programas emergenciais contra a fome e a miséria, conforme regulamentação a ser baixada pelo Poder Executivo.

Art. 13. A partir de 1º de julho de 1994, todos os valores expressos em URV passam a ser expressos, de pleno direito, em igual número de Reais.

Art. 14. As obrigações pecuniárias expressas em Cruzeiros Reais que não tenham sido convertidas em URV até 30 de junho de 1994, inclusive, serão, em 1º de julho de 1994, obrigatoriamente convertidas em Real, de acordo com as normas desta Lei.

Parágrafo único. O disposto no *caput* deste artigo aplica-se às obrigações que tenham sido mantidas em Cruzeiros Reais por força do contido na Lei nº 8.880, de 27 de maio de 1994, inclusive em seu artigo 16.

Art. 15. Serão convertidos em Real, em 1º de julho de 1994, segundo a paridade fixada para aquela data:

I – as contas correntes;

II – os depósitos à vista nas instituições financeiras;

III – os depósitos compulsórios em espécie sobre depósitos à vista, mantidos pelo sistema bancário junto ao Banco Central do Brasil.

Art. 16. Observado o disposto nos parágrafos deste artigo, serão igualmente convertidos em Real, em 1º de julho de 1994, de acordo com a paridade fixada para aquela data:

I – os saldos das cadernetas de poupança;

II – os depósitos compulsórios e voluntários mantidos junto ao Banco Central do Brasil, com recursos originários da captação de cadernetas de poupança;

III – os saldos das contas do Fundo de Garantia do Tempo do Serviço – FGTS, do Fundo de Participação PIS/PASEP e do Fundo de Amparo ao Trabalhador – FAT;

IV – as operações de crédito rural;

V – as operações ativas e passivas dos Sistemas Financeiro da Habitação e do Saneamento (SFH e SFS), observado o disposto nos artigos 20 e 21 desta Lei;

VI – as operações de seguro, de previdência privada e de capitalização;

VII – as demais operações contratadas com base na Taxa Referencial – TR ou no índice de remuneração básica dos depósitos de poupança; e

VIII – as demais operações da mesma natureza, não compreendidas nos incisos anteriores.

§ 1º A conversão de que trata este artigo será precedida de atualização *pro rata tempore*, desde a data do último aniversário até 30 de junho de 1994, inclusive, mediante a aplicação da Taxa Referencial – TR ou do referencial legal ou contratual pertinente, na forma da legislação vigente.

§ 2º Na data de aniversário no mês de julho, incidirá, *pro rata tempore*, desde a data de conversão, sobre o valor convertido, a Taxa Referencial – TR ou o referencial legal ou contratual pertinente e juros, na forma da legislação vigente.

§ 3º O crédito da remuneração básica e dos juros, no que diz respeito às cadernetas de poupança, ocorrerá somente nas datas de aniversário, que são mantidas para todos os efeitos.

§ 4º Observadas as diretrizes estabelecidas pelo Presidente da República, o Ministro de Estado da Fazenda, o Conselho Monetário Nacional, o Conselho de Gestão da Previdência Complementar e o Conselho Nacional de Seguros Privados, dentro de suas respectivas competências, regulamentarão o disposto neste artigo.

Art. 17. Os valores das prestações de financiamentos habitacionais firmados com entidades integrantes do Sistema Financeiro da Habitação – SFH, e entidades de previdência privada, quando em condições análogas às utilizadas no Sistema Financeiro da Habitação, expressos em Cruzeiros Reais, no mês de junho de 1994, serão convertidos em Real, no dia 1º de julho de 1994, observada a paridade entre o Cruzeiro Real e o Real fixada para aquela data.

Parágrafo único. São mantidos o índice de reajuste e a periodicidade contratualmente estabelecidos para atualização das prestações de que trata este artigo.

Art. 18. Os depósitos da União no Banco Central do Brasil e nas instituições financeiras terão seu saldo atualizado, pela taxa média referencial do Sistema Especial de Liquidação e de Custódia – SELIC, até 30 de junho de 1994, e convertidos para Real, em 1º de julho de 1994, observada a paridade fixada para aquela data.

Art. 19. As obrigações pecuniárias em Cruzeiros Reais, sem cláusula de correção monetária ou com cláusula de correção monetária prefixada, serão convertidas em Real, no dia 1º de julho de 1994, observada a paridade entre o Cruzeiro Real e o Real fixada para aquela data.

Art. 20. As obrigações pecuniárias em Cruzeiros Reais, com cláusula de correção monetária baseada em índices de preços, em que a periodicidade de reajuste pleno é igual ou menor que a periodicidade de pagamento, serão convertidas em Real, no dia 1º de julho de 1994, observada a paridade fixada para aquela data, reajustando-se *pro rata tempore* os valores contratuais expressos em Cruzeiros Reais desde o último aniversário até o dia 30 de junho de 1994, inclusive, de acordo com o índice constante do contrato.

Art. 21. As obrigações pecuniárias em Cruzeiros Reais, com cláusula de correção monetária baseada em índices de preços, em que a periodicidade de reajuste pleno é maior que a periodicidade de pagamento, serão convertidas em Real, no dia 1º de julho de 1994, de acordo com as disposições abaixo:

I – dividindo-se o valor em Cruzeiros Reais da obrigação vigente no dia do aniversário em cada um dos meses imediatamente anteriores, em número igual aos do último período de reajuste pleno, pelo valor em Cruzeiros Reais do equivalente em URV nesses mesmos dias;

II – extraindo-se a média aritmética dos valores resultantes do inciso anterior;

III – reconvertendo-se, em Cruzeiros Reais, o valor encontrado pela URV do dia do aniversário em junho de 1994;

IV – aplicando-se, *pro rata tempore*, sobre o valor em Cruzeiros Reais de que trata o inciso anterior, o índice contratual ou legal até 30 de junho de 1994; e

V – convertendo-se em Real o valor corrigido na forma do inciso anterior pela paridade fixada para aquela data.

§ 1º O cálculo da média a que se refere este artigo será feito com base nos preços unitários, nos casos dos contratos para aquisição ou produção de bens para entrega futura, execução de obras, prestação de serviços, locação, uso e arrendamento, quando as quantidades de bens e serviços, a cada mês, forem variáveis.

§ 2º No caso de obrigações em que tenha transcorrido um número de meses menor que o da periodicidade de reajuste pleno, a conversão será feita, na forma do *caput* deste artigo, levando-se em conta apenas os valores referentes aos meses a partir da contratação.

§ 3º No caso dos contratos de locação residencial com cláusula de reajuste superior a seis meses, as disposições do *caput* deste artigo serão aplicadas tomando em conta apenas os aluguéis dos primeiros seis meses do último período de reajuste pleno.

§ 4º Em caso de desequilíbrio econômico-financeiro, os contratos de locação residencial, inclusive os convertidos anteriormente, poderão ser revistos, a partir de 1º de janeiro de 1995, através de livre negociação entre as partes, ou judicialmente, a fim de adequá-los aos preços de mercado, sem prejuízo do direito à ação revisional prevista na Lei nº 8.245, de 1991.

§ 5º Efetivada a revisão, o novo valor do aluguel residencial vigorará pelo prazo mínimo de um ano.

Art. 22. Para os efeitos desta Lei, "dia de aniversário", "data de aniversário" e "aniversário" correspondem:

I – no caso de obrigações pecuniárias em Cruzeiros Reais com cláusula de correção monetária por índice de preço, ao dia do vencimento; na falta deste, ao dia do último reajuste; e, na falta deste, ao dia do surgimento, em qualquer mês, da obrigação, do título, do contrato ou da parcela contratual;

II – no caso de contratos que tenham por objeto a aquisição ou produção de bens para entrega futura, a execução de obras ou a prestação de serviços, e que tenham cláusulas de reajuste de preços por índices de preços setoriais, regionais ou específicos, ou, ainda, que reflitam a variação ponderada dos custos dos insumos utilizados, ao último dia de validade dos preços contratuais em cada período de reajuste.

Art. 23. As disposições desta Lei, sobre conversões, aplicam-se aos contratos de que trata o artigo 15 da Lei nº 8.880, de 27 de maio de 1994, e sua regulamentação.

§ 1º Na conversão para Real dos contratos que não contiverem cláusula de atualização monetária entre a data final do período de adimplemento da obrigação e a data da exigibilidade do pagamento, será deduzida a expectativa de inflação considerada no contrato relativamente a este prazo, devendo, quando o contrato não mencionar explicitamente a expectativa inflacionária, ser adotada, para a dedução a variação do Índice Geral de Preços – Disponibilidade Interna – IGP/DI, da Fundação Getúlio Vargas – FGV, no mês de apresentação da proposta ou do orçamento a que esta se referir, aplicado *pro rata tempore* relativamente ao prazo previsto para o pagamento.

§ 2º Nos casos em que houver cláusula de atualização monetária decorrente de atraso de pagamento, corrigido também o período decorrido entre a data do adimplemento da obrigação e da exigibilidade do pagamento, aplica-se a este período a dedução referida no parágrafo anterior, segundo os critérios nele estabelecidos.

§ 3º O Poder Executivo regulamentará o disposto neste artigo.

Art. 24. Nas obrigações convertidas em Real na forma dos artigos 20 e 21, o cálculo da correção monetária, a partir de 1º de julho de 1994, somente é válido quando baseado em índice de preços calculado na forma do artigo 38 da Lei nº 8.880, de 27 de maio 1994.

§ 1º O cálculo dos índices de correção monetária de obrigações a que se refere o *caput* deste artigo tomará por base preços em Real, o equivalente em URV dos preços em Cruzeiros Reais, e os preços nominados ou convertidos em URV dos meses anteriores.

§ 2º Observado o disposto no artigo 28, sobre os valores convertidos em Real, na forma dos artigos 20 e 21, serão aplicados *pro rata tempore*, da data da conversão até a data do aniversário, os índices de correção monetária a que estiverem sujeitos, calculados de conformidade com o artigo 38 da Lei nº 8.880, 27 de maio de 1994, de acordo com as respectivas disposições legais, regulamentares, contratuais, ou decisões judiciais com base nas quais tiverem sido constituídos.

§ 3º No cálculo dos índices de que trata este artigo, os preços em Cruzeiros Reais deverão ser convertidos em URV do dia de sua coleta.

§ 4º Caso o índice de preços constante do contrato não esteja disponível na forma do *caput* deste artigo, será utilizado, para os fins do disposto no artigo 38 da Lei nº 8.880, de 27 de maio de 1994, e nesta Lei, índice equivalente substituto, na forma da regulamentação a ser baixada pelo Poder Executivo.

§ 5º É nula de pleno direito e não surtirá nenhum efeito a aplicação de índice, para fins de correção monetária, calculado de forma diferente da estabelecida neste artigo.

Art. 25. As dotações constantes da proposta de Orçamento Geral da União enviada ao Congresso Nacional, com as modificações propostas nos termos do artigo 166, § 5º, da Constituição Federal, serão corrigidas para preços médios de 1994, mediante a aplicação, sobre os valores expressos a preços de abril de 1993, do multiplicador de 66,8402, sendo então convertidos em 1º de julho de 1994 em Reais pela paridade fixada para aquela data.

§ 1º Serão também convertidos em Real em 1º de julho de 1994, pela paridade fixada para aquela data, todos os valores expressos em Cruzeiros Reais em 30 de junho de 1994, constantes de balanços e de todos os atos e fatos relacionados com a gestão orçamentária, financeira, patrimonial e contábil.

§ 2º No caso do parágrafo anterior, se resultarem valores inferiores a um centavo de Real, os mesmos serão representados por este valor (R$ 0,01).

Art. 26. Como forma de garantir o equilíbrio econômico-financeiro na conversão dos contratos relativos à atividade agrícola, ficam asseguradas as condições de equivalência constantes nos contratos de financiamento de custeio e de comercialização para produtos contemplados na safra 1993/94 e na safra 1994 com "preços mínimos de garantia" dentro da Política de Garantia de Preços Mínimos – PGPM.

CAPÍTULO IV
DA CORREÇÃO MONETÁRIA

Art. 27. A correção, em virtude de disposição legal ou estipulação de negócio jurídico, da expressão monetária de obrigação pecuniária contraída a partir de 1º de julho de 1994, inclusive, somente poderá dar-se pela variação acumulada do Índice de Preços ao Consumidor, Série r – IPC-r.

§ 1º O disposto neste artigo não se aplica:

I – às operações e contratos de que tratam o Decreto-Lei nº 857, de 11 de setembro de 1969, e o artigo 6º da Lei nº 8.880, de 27 de maio de 1994;

II – aos contratos pelos quais a empresa se obrigue a vender bens para entrega futura, prestar ou fornecer serviços a serem produzidos, cujo preço poderá ser reajustado em função do custo de produção ou da variação de índice que reflita a variação ponderada dos custos dos insumos utilizados;

III – às hipóteses tratadas em lei especial.

§ 2º Considerar-se-á de nenhum efeito a estipulação, a partir de 1º de julho de 1994, de correção monetária em desacordo com o estabelecido neste artigo.

§ 3º Nos contratos celebrados ou convertidos em URV, em que haja cláusula de correção monetária por índice de preços ou por índice que reflita a variação ponderada dos custos dos insumos utilizados, o cálculo desses índices, para efeitos de reajuste, deverá ser nesta moeda até a emissão do Real e, daí em diante, em Real, observado o artigo 38 da Lei nº 8.880, de 27 de maio de 1994.

§ 4º A correção monetária dos contratos convertidos na forma do artigo 21 desta Lei será apurada somente a partir do primeiro aniversário da obrigação, posterior à sua conversão em Reais.

§ 5º A Taxa Referencial – TR somente poderá ser utilizada nas operações realizadas nos mercados financeiros, de valores mobiliários, de seguros, de previdência privada, de capitalização e de futuros.

§ 6º Continua aplicável aos débitos trabalhistas o disposto no artigo 39 da Lei nº 8.177, de 1º de março de 1991.

Art. 28. Nos contratos celebrados ou convertidos em Real com cláusula de correção monetária por índices de preço ou por índice que reflita a variação ponderada dos custos dos insumos utilizados, a periodicidade de aplicação dessas cláusulas será anual.

§ 1º É nula de pleno direito e não surtirá nenhum efeito cláusula de correção monetária cuja periodicidade seja inferior a um ano.

§ 2º O disposto neste artigo aplica-se às obrigações convertidas ou contratadas em URV até 27 de maio de 1994 e às convertidas em Real.

§ 3º A periodicidade de que trata o *caput* deste artigo será contada a partir:

I – da conversão em Real, no caso das obrigações ainda expressas em Cruzeiros Reais;

II – da conversão ou contratação em URV, no caso das obrigações expressas em URV contratadas até 27 de maio de 1994;

III – da contratação, no caso de obrigações contraídas após 1º de julho de 1994; e

IV – do último reajuste no caso de contratos de locação residencial.

§ 4º O disposto neste artigo não se aplica:

I – às operações realizadas no mercado financeiro e no Sistema Financeiro de Habitação – SFH, por instituições financeiras e demais entidades autorizadas a funcionar pelo Banco Central do Brasil, bem assim no Sistema Brasileiro de Poupança e Empréstimo – SBPE e aos financiamentos habitacionais de entidades de previdência privada;

II – às operações e contratos de que tratam o Decreto-Lei nº 857, de 1969, e o artigo 6º da Lei nº 8.880, de 27 de maio de 1994.

§ 5º O Poder Executivo poderá reduzir a periodicidade de que trata esse artigo.

§ 6º O devedor, nos contratos com prazo superior a um ano, poderá amortizar, total ou parcialmente, antecipadamente, o saldo devedor, desde que o faça com o seu valor atualizado pela variação acumulada do índice contratual ou do IPC-r até a data do pagamento.

§ 7º Nas obrigações em Cruzeiros Reais, contraídas antes de 15 de março de 1994 e não convertidas em URV, o credor poderá exigir, decorrido um ano da conversão para o Real, ou no seu vencimento final, se anterior, sua atualização na forma contratada, observadas as disposições desta Lei, abatidos os pagamentos, também atualizados, eventualmente efetuados no período.

CAPÍTULO V
DA AMORTIZAÇÃO DA DÍVIDA MOBILIÁRIA FEDERAL

Art. 29. É criado o Fundo de Amortização da Dívida Pública Mobiliária Federal, com a finalidade de amortizar a dívida mobiliária interna do Tesouro Nacional, que será regulamentado pelo Poder Executivo.

Art. 30. O Fundo, de natureza contábil, será constituído através de vinculação, mediante prévia e expressa autorização do Presidente da República, a título de depósito:

I – de ações preferenciais sem direito de voto pertencentes à União;

II – de ações ordinárias ou preferenciais com direito de voto, excedentes ao número necessário à manutenção, pela União, do controle acionário das empresas por ela controladas por disposição legal;

III – de ações ordinárias ou preferenciais com direito de voto das empresas controladas pela União em que não haja disposição legal determinando a manutenção desse controle;

IV – de ações ordinárias ou preferenciais com direito ou sem direito a voto pertencentes à União, em que esta é minoritária.

Parágrafo único. O percentual das ações a ser depositado no Fundo será fixado em decreto do Poder Executivo.

Art. 31. O Fundo será gerido pelo Banco Nacional de Desenvolvimento Econômico e Social – BNDES, que promoverá as alienações, mediante delegação da União, observado o disposto no artigo 32 desta Lei.

Parágrafo único. O BNDES, na qualidade de gestor do Fundo, poderá praticar, em nome e por conta da União, todos os atos necessários à consecução da venda em bolsa, inclusive firmar os termos de transferência das ações alienadas, garantindo ampla divulgação, com a publicação da justificativa e das condições de cada alienação.

Art. 32. As ordens de alienação de ações serão expedidas mediante Portaria conjunta dos Ministros de Estado da Fazenda e do Planejamento e Orçamento, que deverá conter o número, espécie e classe de ações a serem alienadas.

§ 1º As despesas, encargos e emolumentos relacionados com a alienação das ações serão abatidas do produto da alienação, devendo os valores líquidos ser repassados pelo gestor do Fundo ao Tesouro Nacional, juntamente com o demonstrativo da prestação de contas.

§ 2º O produto líquido das alienações deverá ser utilizado, especificamente, na amortização de principal atualizado de dívida pública mobiliária interna do Tesouro Nacional e dos respectivos juros, devendo o Ministério da Fazenda publicar quadro resumo, no qual constará a origem dos recursos e a dívida quitada.

§ 3º Os demonstrativos de prestação de contas relativas a cada alienação de ações, na forma da presente Lei, serão enviados pelo gestor do Fundo ao Tribunal de Contas da União, para apreciação.

Art. 33. A amortização da dívida mobiliária interna do Tesouro Nacional, a que se refere o artigo 29, poderá, por acordo entre as partes, se dar mediante dação em pagamento de ações depositadas no Fundo.

Art. 34. A ordem de dação em pagamento prevista no artigo 33 será expedida mediante portaria conjunta dos Ministros de Estado da Fazenda e do Planejamento e Orçamento, a qual estabelecerá o número, espécie e classe das ações, bem assim os critérios de fixação do respectivo preço, levando em conta o valor em bolsa.

Art. 35. Ficam excluídas das disposições deste capítulo as empresas incluídas no Programa Nacional de Desestatização, de que trata a Lei nº 8.031, de 12 de abril de 1990.

CAPÍTULO VI
DAS DISPOSIÇÕES TRIBUTÁRIAS

Art. 36. A partir de 1º de julho de 1994, ficará interrompida, até 31 de dezembro de 1994, a aplicação da Unidade Fiscal de Referência – UFIR, exclusivamente para efeito de atualização dos tributos, contribuições federais e receitas patrimoniais, desde que os respectivos créditos sejam pagos nos prazos originais previstos na legislação.

§ 1º No caso de tributos e contribuições apurados em declaração de rendimentos, a interrupção da UFIR abrangerá o período compreendido entre a data de encerramento do período de apuração e a data de vencimento.

§ 2º Para os efeitos da interrupção de que trata o *caput* deste artigo, a reconversão para Real será efetuada com base no valor da UFIR utilizada para a respectiva conversão.

§ 3º Aos créditos tributários não pagos nos prazos previstos na legislação tributária aplica-se a atualização monetária pela variação da UFIR, a partir do mês de ocorrência do fato gerador, ou, quando for o caso, a partir do mês correspondente ao término do período de apuração, nos termos da legislação pertinente, sem prejuízo da multa e de acréscimos legais pertinentes.

§ 4º Aos débitos para com o patrimônio imobiliário da União não pagos nos prazos previstos na legislação patrimonial, ou à diferença de valor recolhido a menor, aplica-se a atualização monetária pela variação da UFIR entre o mês do vencimento, ou da ocorrência do fato gerador, e o mês do efetivo pagamento, além da multa de que trata o artigo 59 da Lei nº 8.383, de 30 de dezembro de 1991, e de acréscimos legais pertinentes.

§ 5º Às contribuições sociais arrecadadas pelo Instituto Nacional do Seguro Social – INSS, quando não recolhidas nos prazos previstos na legislação específica, aplica-se a atualização monetária pela variação da UFIR entre o mês subsequente ao de competência e o mês do efetivo recolhimento, sem prejuízo da multa e de acréscimos legais pertinentes.

§ 6º O disposto no *caput* deste artigo não se aplica aos débitos incluídos em parcelamento.

Art. 37. No caso de tributos, contribuições e outros débitos para com a Fazenda Nacional pagos indevidamente, dentro do prazo previsto no artigo 36 desta Lei, a compensação ou restituição será efetuada com base na variação da UFIR calculada a partir do mês seguinte ao pagamento.

Art. 38. Nas situações de que tratam os §§ 3º, 4º e 5º do artigo 36 desta Lei, os juros de mora serão equivalentes, a partir de 1º de julho de 1994, ao excedente da variação acumulada da Taxa Referencial – TR em relação à variação da UFIR no mesmo período.

§ 1º Em nenhuma hipótese os juros de mora previstos no *caput* deste artigo poderão ser inferiores à taxa de juros estabelecida no artigo 161, § 1º, da Lei nº 5.172, de 25 de outubro de 1966, no artigo 59 da Lei nº 8.383, de 1991, e no artigo 3º da Lei nº 8.620, de 5 de janeiro de 1993.

§ 2º O disposto no *caput* deste artigo não se aplica aos débitos incluídos em parcelamento concedido anteriormente à data de entrada em vigor desta Lei.

Art. 39. O imposto sobre rendimentos de que trata o artigo 8º da Lei nº 7.713, de 22 de dezembro de 1988, pago na forma do artigo 36 desta Lei, será, para efeito de redução do imposto devido na declaração de ajuste anual, convertido em quantidade de UFIR pelo valor desta no mês em que os rendimentos forem recebidos.

Art. 40. O produto da arrecadação dos juros de mora de que trata o artigo 38 desta Lei, no que diz respeito aos tributos e contribuições, exceto as contribuições sociais arrecadadas pelo INSS, integra os recursos referidos nos artigos 3º, parágrafo único, 4º e 5º, § 1º, da Lei nº 7.711, de 22 de dezembro de 1988, e no artigo 69 da Lei nº 8.383, de 1991, até o limite de juros previsto no artigo 161, § 1º, da Lei nº 5.172, de 25 de outubro de 1966.

Art. 41. A restituição do imposto de renda da pessoa física, apurada na declaração de rendimentos relativa ao exercício financeiro de 1995, será reconvertida em Real com base no valor da UFIR no mês do recebimento.

Art. 42. As pessoas jurídicas farão levantamento de demonstrações contábeis e financeiras extraordinárias, com vistas à adaptação dos respectivos lançamentos aos preceitos desta Lei.

Parágrafo único. O Poder Executivo regulamentará o disposto neste artigo.

Art. 43. Fica extinta, a partir de 1º de setembro de 1994, a UFIR diária de que trata a Lei nº 8.383, de 30 de dezembro de 1991.

Art. 44. A correção monetária das unidades fiscais estaduais e municipais será feita pelos mesmos índices e com a mesma periodicidade com que será corrigida a Unidade Fiscal de Referência – UFIR, de que trata a Lei nº 8.383, de 30 de dezembro de 1991.

Art. 45. As alíquotas previstas no artigo 5º da Lei nº 8.033, de 12 de abril de 1990, ficam reduzidas para:

I – zero, nas hipóteses de que tratam os incisos I, III e IV; e

II – quinze por cento, nas hipóteses de que trata o inciso II.

Parágrafo único. Tendo em vista os objetivos das políticas monetária e fiscal, o Poder Executivo poderá reduzir a alíquota de que trata o inciso II deste artigo.

Art. 46. Os valores constantes da legislação tributária, expressos ou com referencial em UFIR diária serão, a partir de 1º de setembro de 1994, expressos ou referenciados em UFIR.

Parágrafo único. Para efeito de aplicação dos limites previstos na legislação tributária federal, a conversão dos valores em Real para UFIR será efetuada com base na UFIR vigente no mês de referência.

Art. 47. A partir de 1º de setembro de 1994, a correção monetária das demonstrações financeiras será efetuada com base na UFIR.

Parágrafo único. O período da correção será o compreendido entre o último balanço corrigido e o primeiro dia do mês seguinte àquele em que o balanço deverá ser corrigido.

Art. 48. A partir de 1º de setembro de 1994, a base de cálculo do imposto de renda das pessoas jurídicas será convertida em quantidade de UFIR, mediante a divisão do valor do lucro real, presumido ou arbitrado, pelo valor da UFIR vigente no mês subsequente ao de encerramento do período-base de sua apuração.

§ 1º O disposto neste artigo aplica-se também à base de cálculo do imposto de renda mensal determinada com base nas regras de estimativa e à tributação dos demais resultados e ganhos de capital (artigo 17 da Lei nº 8.541, de 23 de dezembro de 1992).

§ 2º Na hipótese de incorporação, fusão, cisão ou extinção da pessoa jurídica, no curso do período-base, a base de cálculo do imposto será convertida em quantidade de UFIR, com base no valor desta vigente no mês de encerramento do período-base.

Art. 49. O imposto de renda da pessoa jurídica será calculado mediante a aplicação da alíquota sobre a base de cálculo expressa em UFIR.

Art. 50. Aplicam-se à Contribuição Social sobre o Lucro (Lei nº 7.689, de 15 de dezembro de 1988) as mesmas normas de conversão em UFIR da base de cálculo e de pagamento estabelecidas por esta Lei para o imposto de renda das pessoas jurídicas.

Art. 51. O imposto de renda retido na fonte ou pago pelo contribuinte relativo a fatos geradores ocorridos a partir de 1º de setembro de 1994, incidente sobre receitas computadas na base de cálculo do imposto de renda da pessoa jurídica será, para efeito de compensação, convertido em quantidade de UFIR, tomando por base o valor desta no mês subsequente ao da retenção.

Parágrafo único. A conversão em quantidade de UFIR prevista neste artigo aplica-se, também, aos incentivos fiscais de dedução do imposto e de redução e isenção calculados com base no lucro da exploração.

Art. 52. São dedutíveis, na determinação do lucro real e da base de cálculo da Contribuição Social sobre o Lucro, segundo o regime de competência, as contrapartidas de variação monetária de obrigações, inclusive de tributos e contribuições, ainda que não pagos, e perdas cambiais e monetárias na realização de créditos.

Art. 53. Os rendimentos das aplicações financeiras de renda fixa e os ganhos líquidos nos mercados de renda variável continuam apurados e tributados na forma da legislação vigente, com as seguintes alterações:

I – a partir de 1º de setembro de 1994, o valor aplicado e o custo de aquisição serão convertidos em UFIR pelo valor desta no mês da aplicação ou aquisição, e reconvertidos em Real pelo valor da UFIR do mês do resgate ou da liquidação da operação;

II – o valor das aplicações financeiras e do custo dos ativos existentes em 31 de agosto de 1994, expresso em quantidade de UFIR, será reconvertido em Real na forma prevista na alínea anterior.

§ 1º O disposto neste artigo aplica-se também aos rendimentos auferidos no resgate de quotas de fundos e clubes de investimento, excetuados os rendimentos do fundo de que trata o § 4º do artigo 21 da Lei nº 8.383, de 30 de dezembro de 1991.

§ 2º São isentos do imposto de renda os rendimentos auferidos nos resgates de quotas de fundos de investimento, de titularidade de fundos cujos recursos sejam aplicados na aquisição de quotas de fundos de investimento.

§ 3º Fica mantido, em relação ao Fundo de Investimento em Quotas de Fundos de Aplicação Financeira, o disposto no artigo 22, inciso I, da Lei nº 8.383, de 30 de dezembro de 1991.

Art. 54. Constituem aplicações financeiras de renda fixa, para os efeitos da legislação tributária, as operações de transferência de dívidas realizadas com instituições financeiras e demais instituições autorizadas a funcionar pelo Banco Central do Brasil.

Parágrafo único. Para os efeitos do artigo 18 da Lei Complementar nº 77, de 13 de julho de 1993, o cedente da dívida é titular da aplicação e beneficiário da liquidação da operação.

Art. 55. Em relação aos fatos geradores que vierem a ocorrer a partir de 1º de setembro de 1994, os tributos e contribuições arrecadados pela Secretaria da Receita Federal serão convertidos em quantidade de UFIR com base no valor desta no mês em que ocorrer o fato gerador ou no mês em que se encerrar o período de apuração.

§ 1º Para efeito de pagamento, a reconversão para Real far-se-á mediante a multiplicação da respectiva quantidade de UFIR pelo valor desta vigente no mês do pagamento, observado o disposto no artigo 36 desta Lei.

§ 2º A reconversão para Real, nos termos do parágrafo anterior, aplica-se, inclusive, aos tributos e contribuições relativos a fatos geradores anteriores a 1º de setembro de 1994, expressos em UFIR, diária ou mensal, conforme a legislação de regência.

Art. 56. A partir da competência setembro de 1994, as contribuições sociais arrecadadas pelo INSS serão convertidas em UFIR com base no valor desta no mês subsequente ao de competência.

Parágrafo único. Aplica-se às contribuições de que trata este artigo o disposto nos §§ 1º e 2º do artigo anterior.

Art. 57. Em relação aos fatos geradores cuja ocorrência se verifique a partir de 1º de agosto de 1994, o pagamento da Contribuição para o Financiamento da Seguridade Social – COFINS, instituída pela Lei Complementar nº 70, de 30 de dezembro de 1991, e das contribuições para o Programa de Integração Social e para o Programa de Formação do Patrimônio do Servidor Público – PIS/PASEP deverá ser efetuado até o último dia útil do primeiro decêndio subsequente ao mês de ocorrência dos fatos geradores.

Art. 58. O inciso III do artigo 10 e o artigo 66 da Lei nº 8.383, de 30 de dezembro de 1991, passam a vigorar com a seguinte redação:

- Alterações inseridas no texto da referida Lei.

Art. 59. A prática de atos que configurem crimes contra a ordem tributária (Lei nº 8.137, de 27 de dezembro de 1990), bem assim a falta de emissão de notas fiscais, nos termos da Lei nº 8.846, de 21 de janeiro de 1994, acarretarão à pessoa jurídica infratora a perda, no ano-calendário correspondente, dos incentivos e benefícios de redução ou isenção previstos na legislação tributária.

Art. 60. A concessão ou reconhecimento de qualquer incentivo ou benefício fiscal, relativos a tributos e contribuições administrados pela Secretaria da Receita Federal fica condicionada à comprovação pelo contribuinte, pessoa física ou jurídica, da quitação de tributos e contribuições federais.

Art. 61. A partir de 1º de setembro de 1994, os débitos de qualquer natureza para com a Fazenda Nacional e os decorrentes de contribuições arrecadadas pela União, constituídos ou não, cujos fatos geradores ocorrerem até 31 de agosto de 1994, expressos em UFIR, serão convertidos para Real com base no valor desta no mês do pagamento.

Art. 62. Os débitos de qualquer natureza para com a Fazenda Nacional e os decorrentes de contribuições arrecadadas pela União, constituídos ou não, cujos fatos geradores ocorram a partir de 1º de setembro de 1994, serão convertidos em quantidade de UFIR, com base no valor desta no mês da ocorrência do fato gerador, e reconvertidos para Real mediante a multiplicação da quantidade de UFIR pelo valor desta vigente no mês do pagamento.

Parágrafo único. No caso das contribuições sociais arrecadadas pelo INSS, a conversão dos débitos para UFIR terá por base o valor desta no mês subsequente ao de competência da contribuição.

Art. 63. No caso de parcelamento concedido administrativamente até o dia 31 de agosto de 1994, o valor do débito ou da parcela a pagar será determinado mediante a multiplicação da respectiva quantidade de UFIR pelo valor desta no mês do pagamento.

Art. 64. No caso de parcelamento concedido administrativamente a partir de 1º de setembro de 1994, o valor do débito será consolidado em UFIR, conforme a legislação aplicável, e reconvertido para Real mediante a multiplicação da quantidade de UFIR pelo valor desta vigente no mês do pagamento.

CAPÍTULO VII
DISPOSIÇÕES ESPECIAIS

Art. 65. *Revogado.* Lei nº 14.286, de 29-12-2021.

Art. 66. As instituições financeiras e as demais instituições autorizadas a funcionar pelo Banco Central do Brasil que apresentem insuficiência nos recolhimentos compulsórios ou efetuem saques a descoberto na conta Reservas Bancárias estão sujeitas aos custos financeiros estabelecidos pelo Banco Central do Brasil.

- *Caput* com a redação dada pela Lei nº 13.506, de 13-11-2017.

Parágrafo único. Os custos financeiros corresponderão, no mínimo, aos da linha de empréstimo de liquidez.

Art. 67. *Revogado.* Lei nº 13.506, de 13-11-2017.

Art. 68. Os depósitos das instituições financeiras bancárias mantidos no Banco Central do Brasil e contabilizados na conta "*Reservas Bancárias*" são impenhoráveis e não responderão por qualquer tipo de dívida civil, comercial, fiscal, previdenciária, trabalhista ou de outra natureza, contraída por essas instituições ou quaisquer outras a elas ligadas.

Parágrafo único. A impenhorabilidade de que trata o *caput* deste artigo não se aplica aos débitos contratuais efetuados pelo Banco Central do Brasil e aos decorrentes das relações das instituições financeiras com o Banco Central do Brasil.

Art. 69. A partir de 1º de julho de 1994, fica vedada a emissão, pagamento e compensação de cheque de valor superior a cem reais, sem identificação do beneficiário.

Parágrafo único. O Conselho Monetário Nacional regulamentará o disposto neste artigo.

Art. 70. A partir de 1º de julho de 1994, o reajuste e a revisão dos preços públicos e das tarifas de serviços públicos far-se-ão:

I – conforme atos, normas e critérios a serem fixados pelo Ministro da Fazenda; e

II – anualmente.

§ 1º O Poder Executivo poderá reduzir o prazo previsto no inciso II deste artigo.

§ 2º O disposto neste artigo aplica-se, inclusive, à fixação dos níveis das tarifas para o serviço público de energia elétrica, reajustes e revisões de que trata a Lei nº 8.631, de 4 de março de 1993.

Art. 71. Ficam suspensas, até 30 de junho de 1995:

I – a concessão de avais e quaisquer outras garantias, para qualquer fim, pelo Tesouro Nacional ou em seu nome;

II – a abertura de créditos especiais no Orçamento Geral da União;

III – a colocação, por parte dos Órgãos Autônomos, Autarquias, Empresas Públicas, Sociedades de Economia Mista e Fundações da União, e demais entidades, controladas direta ou indiretamente pela União, de qualquer título ou obrigação no exterior, exceto quando vinculado à amortização de principal corrigido de dívida interna ou externa;

IV – a contratação, por parte dos órgãos e entidades mencionados no inciso anterior, de novas operações de crédito interno ou externo, exceto quando vinculada à amortização de principal corrigido de dívida interna ou externa, quando referente a operações mercantis ou quando relativa a créditos externos de entidades oficiais de financiamentos de projetos públicos;

V – a conversão, em títulos públicos federais, de créditos oriundos da Conta de Resultados a Compensar – CRC, objeto da Lei nº 8.631, de 1993, com as alterações da Lei nº 8.724, de 28 de outubro de 1993.

§ 1º O Poder Executivo poderá prorrogar o prazo de que trata o *caput* deste artigo.

§ 2º Durante o prazo de que trata o *caput* deste artigo, qualquer pedido de crédito adicional suplementar ao Orçamento Geral da União deverá ser previamente apreciado pela Junta de Conciliação Orçamentária e Financeira de que trata o Decreto de 19 de março de 1993, para fins de compatibilização com os recursos orçamentários.

§ 3º O disposto nos incisos I, IV e V deste artigo não se aplica ao Banco Central do Brasil e às instituições financeiras públicas federais.

§ 4º Em casos excepcionais, e desde que de acordo com as metas de emissão de moeda constantes desta Lei, o Presidente da República, por proposta do Ministro de Estado da Fazenda, poderá afastar a suspensão de que trata este artigo.

Art. 72. *Revogado.* Lei nº 14.286, de 29-12-2021.

Art. 73. O artigo 1º da Lei nº 8.392, de 30 de dezembro de 1991, passa a vigorar com a seguinte redação:

"Art. 1º É prorrogado até a data da promulgação da lei complementar de que trata o artigo 192 da Constituição Federal o prazo a que se refere o artigo 1º das Leis nº 8.056, de 28 de junho de 1990, nº 8.127, de 20 de dezembro de 1990 e nº 8.201, de 29 de junho de 1991, exceto no que se refere ao disposto nos artigos 4º, inciso I, 6º e 7º, todos da Lei nº 4.595, de 31 de dezembro de 1964."

Art. 74. Os artigos 4º e 19 da Lei nº 5.991, de 17 de dezembro de 1973, passam a vigorar com as seguintes alterações:

"Art. 4º..

XVIII – Supermercado – estabelecimento que comercializa, mediante autosserviço, grande variedade de mercadorias, em especial produtos alimentícios em geral e produtos de higiene e limpeza;

XIX – Armazém e empório – estabelecimento que comercializa, no atacado ou no varejo, grande variedade de mercadorias e, de modo especial, gêneros alimentícios e produtos de higiene e limpeza;

XX – Loja de conveniência e "drugstore" – estabelecimento que, mediante autosserviço ou não, comercializa diversas mercadorias, com ênfase para aquelas de primeira necessidade, dentre as quais alimentos em geral, produtos de higiene e limpeza e apetrechos domésticos, podendo funcionar em qualquer período do dia e da noite, inclusive nos domingos e feriados;

....

Art. 19. Não dependerão de assistência técnica e responsabilidade profissional o posto de medicamentos, a unidade volante e o supermercado, o armazém e o empório, a loja de conveniência e a "drugstore"."

Art. 75. O artigo 4º da Lei nº 7.862, de 30 de outubro de 1989, passa a vigorar com a seguinte redação:

"Art. 4º Os resultados positivos do Banco Central do Brasil, apurados em seus balanços semestrais, serão recolhidos ao Tesouro Nacional, até o dia dez do mês subsequente ao da apuração.

§ 1º Os recursos a que se refere o *caput* deste artigo serão destinados à amortização da dívida pública do Tesouro Nacional, devendo ser amortizado, prioritariamente, o principal atualizado e os respectivos juros da Dívida Pública Mobiliária Federal interna de responsabilidade do Tesouro Nacional em poder do Banco Central do Brasil.

§ 2º Excepcionalmente, os resultados positivos do segundo semestre de 1994 serão transferidos mensalmente ao Tesouro Nacional, até o dia dez do mês subsequente ao da apuração.

§ 3º Os recursos transferidos ao Tesouro Nacional nos termos do parágrafo anterior serão utilizados, exclusivamente, para amortização do principal atualizado e dos respectivos encargos da Dívida Pública Mobiliária Federal interna de responsabilidade do Tesouro Nacional em poder do Banco Central do Brasil.

§ 4º O disposto no parágrafo anterior não se aplica ao resultado referente ao primeiro semestre de 1994."

Art. 76. O artigo 17 da Lei nº 8.880, de 1994, passa a vigorar acrescido dos seguintes parágrafos renumerados os atuais §§ 2º e 3º para §§ 4º e 5º:

"Art. 17..

§ 1º..

§ 2º Interrompida a apuração ou divulgação do IPC-r, caberá ao Ministro de Estado da Fazenda fixá-lo com base nos indicadores disponíveis, observada precedência em relação àqueles apurados por instituições oficiais de pesquisa.

§ 3º No caso do parágrafo anterior, o Ministro da Fazenda divulgará a metodologia adotada para a determinação do IPC-r.

...."

Art. 77. O § 2º do artigo 36 da Lei nº 8.880, de 1994, passa a vigorar com a seguinte redação:

"Art. 36..

§ 2º A justificação a que se refere o *caput* deste artigo far-se-á perante a Secretaria de Acompanhamento Econômico do Ministério da Fazenda, que dará conhecimento total dos fatos e medidas adotadas à Secretaria de Direito Econômico do Ministério da Justiça."

Art. 78. Os artigos 7º, 11, 20, 23, 42, 47 e 54 da Lei nº 8.884, de 11 de junho de 1994, passam a vigorar com as seguintes alterações:

- A Lei nº 8.884, de 11-6-1994, foi revogada pela Lei nº 12.529, de 30-11-2011 (Lei do Sistema Brasileiro de Defesa da Concorrência).

Art. 79. Na aplicação do disposto no § 2º do artigo 29 da Lei nº 8.880, de 1994, serão deduzidas as antecipações concedidas a qualquer título no período compreendido entre a conversão dos salários para URV e a data-base.

Parágrafo único. As disposições deste artigo aplicam-se imediatamente, independentemente de regulamentação.

Art. 80. Será aplicado ao salário dos trabalhadores em geral, quando a conversão de seus salários em URV tiver sido efetuada mediante a utilização de URV diversa daquela do efetivo pagamento, o maior dos valores resultantes da aplicação do disposto no artigo 27, *caput*, e em seu § 3º, da Lei nº 8.880, de 1994.

Art. 81. Fica transferida para o Conselho de Recursos do Sistema Financeiro Nacional, criado pelo Decreto nº 91.152, de 15 de março de 1985, a competência do Conselho Monetário Nacional para julgar recursos contra decisões do Banco Central do Brasil, relativas à aplicação de penalidades por infrações à legislação cambial, de capitais estrangeiros e de crédito rural e industrial.

Parágrafo único. Para atendimento ao disposto no *caput* deste artigo, o Poder Executivo disporá sobre a organização, reorganização e funcionamento do Conselho de Recursos do Sistema Financeiro Nacional, podendo, inclusive, modificar sua composição.

Art. 82. Nas sociedades de economia mista em que a União é obrigada a deter o controle do capital votante, a União manterá um mínimo de cinquenta por cento, mais uma ação, do referido capital, ficando revogados os dispositivos de leis especiais que estabeleçam participação superior a esse limite, aplicando-se, para fins de controle acionário, o disposto no artigo 116 da Lei nº 6.404, de 15 de dezembro de 1976.

CAPÍTULO VIII
DAS DISPOSIÇÕES FINAIS

Art. 83. Observado o disposto no § 3º do artigo 23 desta Lei, ficam revogadas as Leis nº 5.601, de 26 de agosto de 1970 e nº 8.646, de 7 de abril de 1993, o inciso III do artigo 2º da Lei nº 8.021, de 12 de abril de 1990, o parágrafo único do artigo 10 da Lei nº 8.177, de 1º de março de 1991, acrescentado pelo artigo 27 da Lei nº 8.178, de 1º de março de 1991, o artigo 16 da Lei nº 8.178, de 1º de março de 1991, o § 5º do artigo 2º da Lei nº 8.383, de 30 de dezembro de 1991, a alínea *a* do artigo 24 da Lei nº 8.541, de 23 de dezembro de 1992, o artigo 11 da Lei nº 8.631, de 4 de março de 1993, o § 1º do artigo 65 da Lei nº 8.694, de 12 de agosto de 1993, o artigo 11 da Lei nº 8.880, de 27 de maio de 1994, o artigo 59 da Lei nº 8.884, de 11 de junho de 1994, e demais disposições em contrário.

- A Lei nº 8.884, de 11-6-1994, foi revogada pela Lei nº 12.529, de 30-11-2011 (Lei do Sistema Brasileiro de Defesa da Concorrência).

Parágrafo único. Aplicam-se somente aos fatos geradores ocorridos até 31 de dezembro de 1994 os seguintes dispositivos:

I – artigo 10, inciso III, da Lei nº 8.383, de 1991, com a redação dada pelo artigo 58 desta Lei;

II – artigos 38, 48 a 51, 53, 55 a 57 desta Lei, este último no que diz respeito apenas às Contribuições para o Programa de Integração Social e para o Programa de Formação do Patrimônio do Servidor Público – PIS/PASEP.

Art. 84. Ficam convalidados os atos praticados com base nas Medidas Provisórias nº 542, de 30 de junho de 1994; nº 566, de 29 de julho de 1994; nº 596, de 26 de agosto de 1994; nº 635, de 27 de setembro de 1994; nº 681, de 27 de outubro de 1994; nº 731, de 25 de novembro de 1994; nº 785, de 23 de dezembro de 1994; nº 851, de 20 de janeiro de 1995; nº 911, de 21 de fevereiro de 1995; nº 953, de 23 de março de 1995; nº 978, de 20 de abril de 1995; nº 1.004, de 19 de maio de 1995; e nº 1.027, de 20 de junho de 1995.

Art. 85. Esta Lei entra em vigor na data de sua publicação.

Brasília, 29 de junho de 1995;
174º da Independência e
107º da República.

Fernando Henrique Cardoso

LEI Nº 9.099, DE 26 DE SETEMBRO DE 1995

Dispõe sobre os Juizados Especiais Cíveis e Criminais e dá outras providências.

- Publicada no *DOU* de 27-9-1995.
- Lei nº 10.259, de 12-7-2001 (Lei dos Juizados Especiais Federais).
- Lei nº 12.153, de 22-12-2009 (Lei dos Juizados Especiais da Fazenda Pública).

CAPÍTULO I
DISPOSIÇÕES GERAIS

Art. 1º Os Juizados Especiais Cíveis e Criminais, órgãos da Justiça Ordinária, serão criados pela União, no Distrito Federal e nos Territórios, e pelos Estados, para conciliação, processo, julgamento e execução, nas causas de sua competência.

- Arts. 24, X e XI, e 98, I, da CF.

Art. 2º O processo orientar-se-á pelos critérios da oralidade, simplicidade, informalidade, economia processual e celeridade, buscando, sempre que possível, a conciliação ou a transação.

- Art. 13 desta Lei.

CAPÍTULO II
DOS JUIZADOS ESPECIAIS CÍVEIS

Seção I
DA COMPETÊNCIA

Art. 3º O Juizado Especial Cível tem competência para conciliação, processo e julgamento das causas cíveis de menor complexidade, assim consideradas:

- Art. 15 desta Lei.

I – as causas cujo valor não exceda a quarenta vezes o salário mínimo;

- Art. 7º, IV, da CF.

II – as enumeradas no artigo 275, inciso II, do Código de Processo Civil;

- Refere-se ao CPC/1973.

III – a ação de despejo para uso próprio;

IV – as ações possessórias sobre bens imóveis de valor não excedente ao fixado no inciso I deste artigo.

- Art. 31 desta Lei.
- Arts. 79 a 81 do CC.

§ 1º Compete ao Juizado Especial promover a execução:

- Art. 52 desta Lei.

I – dos seus julgados;

II – dos títulos executivos extrajudiciais, no valor de até quarenta vezes o salário mínimo, observado o disposto no § 1º do artigo 8º desta Lei.

- Art. 53 desta Lei.

§ 2º Ficam excluídas da competência do Juizado Especial as causas de natureza alimentar, falimentar, fiscal e de interesse da Fazenda Pública, e também as relativas a acidentes de trabalho, a resíduos e ao estado e capacidade das pessoas, ainda que de cunho patrimonial.

- Art. 5º da Lei nº 6.830, de 22-9-1980 (Lei das Execuções Fiscais).
- Art. 5º da Lei nº 8.397, de 6-1-1992 (Lei da Medida Cautelar Fiscal).
- Lei nº 11.101, de 9-2-2005 (Lei de Recuperação de Empresas e Falências).

§ 3º A opção pelo procedimento previsto nesta Lei importará em renúncia ao crédito excedente ao limite estabelecido neste artigo, excetuada a hipótese de conciliação.

- Arts. 21 e 39 desta Lei.

Art. 4º É competente, para as causas previstas nesta Lei, o Juizado do foro:

I – do domicílio do réu ou, a critério do autor, do local onde aquele exerça atividades profissionais ou econômicas ou mantenha estabelecimento, filial, agência, sucursal ou escritório;

- Arts. 70 a 73 do CC.

II – do lugar onde a obrigação deva ser satisfeita;

III – do domicílio do autor ou do local do ato ou fato, nas ações para reparação de dano de qualquer natureza.

- Arts. 186 e 192 do CC.

Parágrafo único. Em qualquer hipótese, poderá a ação ser proposta no foro previsto no inciso I deste artigo.

- Súm. nº 335 do STF.

Seção II
DO JUIZ, DOS CONCILIADORES E DOS JUÍZES LEIGOS

Art. 5º O juiz dirigirá o processo com liberdade para determinar as provas a serem produzidas, para apreciá-las e para dar especial valor às regras de experiência comum ou técnica.

- Art. 93, IX, da CF.
- Arts. 25 e 33 desta Lei.

Art. 6º O juiz adotará em cada caso a decisão que reputar mais justa e equânime, atendendo aos fins sociais da lei e às exigências do bem comum.

- Art. 25 desta Lei.
- Art. 5º do Dec.-lei nº 4.657, de 4-9-1942 (Lei de Introdução às Normas do Direito Brasileiro).

Art. 7º Os conciliadores e juízes leigos são auxiliares da Justiça, recrutados, os primeiros, preferentemente, entre os bacharéis em Direito, e os segundos, entre advogados com mais de cinco anos de experiência.

- Art. 8º, IV, da Lei nº 8.906, de 4-7-1994 (Estatuto da Advocacia e da OAB).

Parágrafo único. Os juízes leigos ficarão impedidos de exercer a advocacia perante os Juizados Especiais, enquanto no desempenho de suas funções.

- Art. 28, II, da Lei nº 8.906, de 4-7-1994 (Estatuto da Advocacia e da OAB).

Seção III
DAS PARTES

Art. 8º Não poderão ser partes, no processo instituído por esta Lei, o incapaz, o preso, as pessoas jurídicas de direito público, as empresas públicas da União, a massa falida e o insolvente civil.

§ 1º Somente serão admitidas a propor ação perante o Juizado Especial:

- *Caput* do § 1º com a redação dada pela Lei nº 12.126, de 16-12-2009.
- Arts. 3º, § 1º, II, e 51, IV, desta Lei.
- Arts. 3º, 4º e 41 do CC.
- Art. 74 da LC nº 123, de 14-12-2006 (Estatuto Nacional da Microempresa e da Empresa de Pequeno Porte).

I – as pessoas físicas capazes, excluídos os cessionários de direito de pessoas jurídicas;

- Inciso I acrescido pela Lei nº 12.126, de 16-12-2009.

II – as pessoas enquadradas como microempreendedores individuais, microempresas e empresas de pequeno porte na forma da Lei Complementar nº 123, de 14 de dezembro de 2006;

- Inciso II com a redação dada pela LC nº 147, de 7-8-2014.
- Art. 74 da LC nº 123, de 14-12-2006 (Estatuto Nacional da Microempresa e da Empresa de Pequeno Porte).

III – as pessoas jurídicas qualificadas como Organização da Sociedade Civil de Interesse Público, nos termos da Lei nº 9.790, de 23 de março de 1999;

IV – as sociedades de crédito ao microempreendedor, nos termos do art. 1º da Lei nº 10.194, de 14 de fevereiro de 2001.

- Incisos III e IV acrescidos pela Lei nº 12.126, de 16-12-2009.

§ 2º O maior de dezoito anos poderá ser autor, independentemente de assistência, inclusive para fins de conciliação.

- Arts. 1.634, V, 1.690, *caput*, e 1.747, I, do CC.

Art. 9º Nas causas de valor até vinte salários mínimos, as partes comparecerão pessoalmente, podendo ser assistidas por advogados; nas de valor superior, a assistência é obrigatória.

- Art. 1º, I, da Lei nº 8.906, de 4-7-1994 (Estatuto da Advocacia e da OAB).

§ 1º Sendo facultativa a assistência, se uma das partes comparecer assistida por advogado, ou se o réu for pessoa jurídica ou firma individual, terá a outra parte, se quiser, assistência judiciária prestada por órgão instituído junto ao Juizado Especial, na forma da lei local.

- Art. 134 da CF.
- Art. 41, § 2º, desta Lei.

§ 2º O juiz alertará as partes da conveniência do patrocínio por advogado, quando a causa o recomendar.

§ 3º O mandato ao advogado poderá ser verbal, salvo quanto aos poderes especiais.

- Art. 5º da Lei nº 8.906, de 4-7-1994 (Estatuto da Advocacia e da OAB).

§ 4º O réu, sendo pessoa jurídica ou titular de firma individual, poderá ser representado por preposto credenciado, munido de carta de preposição com poderes para transigir, sem haver necessidade de vínculo empregatício.

- § 4º com a redação dada pela Lei nº 12.137, de 18-12-2009.
- Art. 47 do CC.

Art. 10. Não se admitirá, no processo, qualquer forma de intervenção de terceiro nem de assistência. Admitir-se-á o litisconsórcio.

Art. 11. O Ministério Público intervirá nos casos previstos em lei.

- Art. 129, II e § 1º, da CF.
- Súm. nº 99 do STJ.

Seção IV
DOS ATOS PROCESSUAIS

Art. 12. Os atos processuais serão públicos e poderão realizar-se em horário noturno, conforme dispuserem as normas de organização judiciária.

- Arts. 5º, LX, e 93, IX, da CF.

Art. 12-A. Na contagem de prazo em dias, estabelecido por lei ou pelo juiz, para a prática de qualquer ato processual, inclusive para a interposição de recursos, computar-se-ão somente os dias úteis.

- Art. 12-A acrescido pela Lei nº 13.728, de 31-10-2018.

Art. 13. Os atos processuais serão válidos sempre que preencherem as finalidades para as quais forem realizados, atendidos os critérios indicados no artigo 2º desta Lei.

§ 1º Não se pronunciará qualquer nulidade sem que tenha havido prejuízo.

§ 2º A prática de atos processuais em outras comarcas poderá ser solicitada por qualquer meio idôneo de comunicação.

- Art. 19 desta Lei.

§ 3º Apenas os atos considerados essenciais serão registrados resumidamente, em notas manuscritas, datilografadas, taquigrafadas ou estenotipadas. Os demais atos poderão ser gravados em fita magnética ou equivalente, que será inutilizada após o trânsito em julgado da decisão.

- Art. 44 desta Lei.

§ 4º As normas locais disporão sobre a conservação das peças do processo e demais documentos que o instruem.

Seção V
DO PEDIDO

Art. 14. O processo instaurar-se-á com a apresentação do pedido, escrito ou oral, à Secretaria do Juizado.

§ 1º Do pedido constarão, de forma simples e em linguagem acessível:

I – o nome, a qualificação e o endereço das partes;

II – os fatos e os fundamentos, de forma sucinta;

III – o objeto e seu valor.

§ 2º É lícito formular pedido genérico quando não for possível determinar, desde logo, a extensão da obrigação.

§ 3º O pedido oral será reduzido a escrito pela Secretaria do Juizado, podendo ser utilizado o sistema de fichas ou formulários impressos.

Art. 15. Os pedidos mencionados no artigo 3º desta Lei poderão ser alternativos ou cumulados; nesta última hipótese, desde que conexos e a soma não ultrapasse o limite fixado naquele dispositivo.

Art. 16. Registrado o pedido, independentemente de distribuição e autuação, a Secretaria do Juizado designará a sessão de conciliação, a realizar-se no prazo de quinze dias.

Art. 17. Comparecendo inicialmente ambas as partes, instaurar-se-á, desde logo, a sessão de conciliação, dispensados o registro prévio de pedido e a citação.

Parágrafo único. Havendo pedidos contrapostos, poderá ser dispensada a contestação formal e ambos serão apreciados na mesma sentença.

- Arts. 30 e 31 desta Lei.

Seção VI
DAS CITAÇÕES E INTIMAÇÕES

Art. 18. A citação far-se-á:

I – por correspondência, com aviso de recebimento em mão própria;

II – tratando-se de pessoa jurídica ou firma individual, mediante entrega ao encarregado da recepção, que será obrigatoriamente identificado;

III – sendo necessário, por oficial de justiça, independentemente de mandado ou carta precatória.

§ 1º A citação conterá cópia do pedido inicial, dia e hora para comparecimento do citando e advertência de que, não comparecendo este, considerar-se-ão verdadeiras as alegações iniciais, e será proferido julgamento, de plano.

§ 2º Não se fará citação por edital.

§ 3º O comparecimento espontâneo suprirá a falta ou nulidade da citação.

Art. 19. As intimações serão feitas na forma prevista para citação, ou por qualquer outro meio idôneo de comunicação.

§ 1º Dos atos praticados na audiência, considerar-se-ão desde logo cientes as partes.

§ 2º As partes comunicarão ao juízo as mudanças de endereço ocorridas no curso do processo, reputando-se eficazes as intimações enviadas ao local anteriormente indicado, na ausência da comunicação.

- Art. 39 desta Lei.

Seção VII

DA REVELIA

Art. 20. Não comparecendo o demandado à sessão de conciliação ou à audiência de instrução e julgamento, reputar-se-ão verdadeiros os fatos alegados no pedido inicial, salvo se o contrário resultar da convicção do juiz.

Seção VIII

DA CONCILIAÇÃO E DO JUÍZO ARBITRAL

Art. 21. Aberta a sessão, o juiz togado ou leigo esclarecerá as partes presentes sobre as vantagens da conciliação, mostrando-lhes os riscos e as consequências do litígio, especialmente quanto ao disposto no § 3º do artigo 3º desta Lei.

Art. 22. A conciliação será conduzida pelo juiz togado ou leigo ou por conciliador sob sua orientação.

- Art. 58 desta Lei.
- Art. 15 da Lei nº 12.153, de 22-12-2009 (Lei dos Juizados Especiais da Fazenda Pública).

§ 1º Obtida a conciliação, esta será reduzida a escrito e homologada pelo Juiz togado mediante sentença com eficácia de título executivo.

- Parágrafo único transformado em § 1º pela Lei nº 13.994, de 24-4-2020.

§ 2º É cabível a conciliação não presencial conduzida pelo Juizado mediante o emprego dos recursos tecnológicos disponíveis de transmissão de sons e imagens em tempo real, devendo o resultado da tentativa de conciliação ser reduzido a escrito com os anexos pertinentes.

- § 2º acrescido pela Lei nº 13.994, de 24-4-2020.

Art. 23. Se o demandado não comparecer ou recusar-se a participar da tentativa de conciliação não presencial, o Juiz togado proferirá sentença.

- Artigo com a redação dada pela Lei nº 13.994, de 24-4-2020.
- Art. 58 desta Lei.

Art. 24. Não obtida a conciliação, as partes poderão optar, de comum acordo, pelo juízo arbitral, na forma prevista nesta Lei.

§ 1º O juízo arbitral considerar-se-á instaurado, independentemente de termo de compromisso, com a escolha do árbitro pelas partes. Se este não estiver presente, o juiz convocá-lo-á e designará, de imediato, a data para a audiência de instrução.

§ 2º O árbitro será escolhido dentre os juízes leigos.

Art. 25. O árbitro conduzirá o processo com os mesmos critérios do juiz, na forma dos artigos 5º e 6º desta Lei, podendo decidir por equidade.

Art. 26. Ao término da instrução, ou nos cinco dias subsequentes, o árbitro apresentará o laudo ao juiz togado para homologação por sentença irrecorrível.

Seção IX

DA INSTRUÇÃO E JULGAMENTO

Art. 27. Não instituído o juízo arbitral, proceder-se-á imediatamente à audiência de instrução e julgamento, desde que não resulte prejuízo para a defesa.

Parágrafo único. Não sendo possível a sua realização imediata, será a audiência designada para um dos quinze dias subsequentes, cientes, desde logo, as partes e testemunhas eventualmente presentes.

- Art. 34, § 1º, desta Lei.

Art. 28. Na audiência de instrução e julgamento serão ouvidas as partes, colhida a prova e, em seguida, proferida a sentença.

- Art. 5º, LV, da CF.
- Art. 41 desta Lei.

Art. 29. Serão decididos de plano todos os incidentes que possam interferir no regular prosseguimento da audiência. As demais questões serão decididas na sentença.

Parágrafo único. Sobre os documentos apresentados por uma das partes, manifestar-se-á imediatamente a parte contrária, sem interrupção da audiência.

Seção X

DA RESPOSTA DO RÉU

Art. 30. A contestação, que será oral ou escrita, conterá toda matéria de defesa, exceto arguição de suspeição ou impedimento do juiz, que se processará na forma da legislação em vigor.

- Art. 13, § 3º, desta Lei.

Art. 31. Não se admitirá a reconvenção. É lícito ao réu, na contestação, formular pedido em seu favor, nos limites do artigo 3º desta Lei, desde que fundado nos mesmos fatos que constituem objeto da controvérsia.

Parágrafo único. O autor poderá responder ao pedido do réu na própria audiência ou requerer a designação da nova data, que será desde logo fixada, cientes todos os presentes.

Seção XI

DAS PROVAS

Art. 32. Todos os meios de prova moralmente legítimos, ainda que não especificados em lei, são hábeis para provar a veracidade dos fatos alegados pelas partes.

- Art. 5º, LVI, da CF.

Art. 33. Todas as provas serão produzidas na audiência de instrução e julgamento, ainda que não requeridas previamente, podendo o juiz limitar ou excluir as que considerar excessivas, impertinentes ou protelatórias.

- Art. 5º, desta Lei.

Art. 34. As testemunhas, até o máximo de três para cada parte, comparecerão à audiência de instrução e julgamento levadas pela parte que as tenha arrolado, independentemente de intimação, ou mediante esta, se assim for requerido.

§ 1º O requerimento para intimação das testemunhas será apresentado à Secretaria no mínimo cinco dias antes da audiência de instrução e julgamento.

§ 2º Não comparecendo a testemunha intimada, o juiz poderá determinar sua imediata condução, valendo-se, se necessário, do concurso da força pública.

Art. 35. Quando a prova do fato exigir, o juiz poderá inquirir técnicos de sua confiança, permitida às partes a apresentação de parecer técnico.

Parágrafo único. No curso da audiência, poderá o juiz, de ofício ou a requerimento das partes, realizar inspeção em pessoas ou coisas, ou determinar que o faça pessoa de sua confiança, que lhe relatará informalmente o verificado.

Art. 36. A prova oral não será reduzida a escrito, devendo a sentença referir, no essencial, os informes trazidos nos depoimentos.

- Art. 13, § 3º, desta Lei.

Art. 37. A instrução poderá ser dirigida por juiz leigo, sob a supervisão de juiz togado.

- Art. 7º, *caput*, desta Lei.
- Art. 15 da Lei nº 12.153, de 22-12-2009 (Lei dos Juizados Especiais da Fazenda Pública).

Seção XII

DA SENTENÇA

Art. 38. A sentença mencionará os elementos de convicção do Juiz, com breve resumo dos fatos relevantes ocorridos em audiência, dispensado o relatório.

Parágrafo único. Não se admitirá sentença condenatória por quantia ilíquida, ainda que genérico o pedido.

Art. 39. É ineficaz a sentença condenatória na parte que exceder a alçada estabelecida nesta Lei.

- Art. 3º, I, desta Lei.

Art. 40. O Juiz leigo que tiver dirigido a instrução proferirá sua decisão e imediatamente a submeterá ao juiz togado, que poderá homologá-la, proferir outra em substituição ou, antes de se manifestar, determinar a realização de atos probatórios indispensáveis.

- Art. 15 da Lei nº 12.153, de 22-12-2009 (Lei dos Juizados Especiais da Fazenda Pública).

Art. 41. Da sentença, excetuada a homologatória de conciliação ou laudo arbitral, caberá recurso para o próprio Juizado.

§ 1º O recurso será julgado por uma turma composta por três juízes togados, em exercício no primeiro grau de jurisdição, reunidos na sede do Juizado.

- Súm. nº 376 do STJ.

§ 2º No recurso, as partes serão obrigatoriamente representadas por advogado.

- Art. 1º, I, da Lei nº 8.906, de 4-7-1994 (Estatuto da Advocacia e da OAB).

Art. 42. O recurso será interposto no prazo de dez dias, contados da ciência da sentença, por petição escrita, da qual constarão as razões e o pedido do recorrente.

§ 1º O preparo será feito, independentemente de intimação, nas quarenta e oito horas seguintes à interposição, sob pena de deserção.

- Art. 54, par. ún., desta Lei.

§ 2º Após o preparo, a Secretaria intimará o recorrido para oferecer resposta escrita no prazo de dez dias.

Art. 43. O recurso terá somente efeito devolutivo, podendo o juiz dar-lhe efeito suspensivo, para evitar dano irreparável para a parte.

Art. 44. As partes poderão requerer a transcrição da gravação da fita magnética a que alude o § 3º do artigo 13 desta Lei, correndo por conta do requerente as despesas respectivas.

Art. 45. As partes serão intimadas da data da sessão de julgamento.

- Art. 19 desta Lei.

Art. 46. O julgamento em segunda instância constará apenas da ata, com a indicação suficiente do processo, fundamentação sucinta e parte dispositiva. Se a sentença for confirmada pelos próprios fundamentos, a súmula do julgamento servirá de acórdão.

- Súmulas nºs 640 e 727 do STF.
- Súm. nº 203 do STJ.

Art. 47. VETADO.

Seção XIII

DOS EMBARGOS DE DECLARAÇÃO

Art. 48. Caberão embargos de declaração contra sentença ou acórdão nos casos previstos no Código de Processo Civil.

- *Caput* com a redação dada pela Lei nº 13.105, de 16-3-2015.

Parágrafo único. Os erros materiais podem ser corrigidos de ofício.

Art. 49. Os embargos de declaração serão interpostos por escrito ou oralmente, no prazo de cinco dias, contados da ciência da decisão.

Art. 50. Os embargos de declaração interrompem o prazo para a interposição de recurso.

- Artigo com a redação dada pela Lei nº 13.105, de 16-3-2015.

Seção XIV

DA EXTINÇÃO DO PROCESSO SEM JULGAMENTO DO MÉRITO

Art. 51. Extingue-se o processo, além dos casos previstos em lei:

I – quando o autor deixar de comparecer a qualquer das audiências do processo;

II – quando inadmissível o procedimento instituído por esta Lei ou seu prosseguimento, após a conciliação;

III – quando for reconhecida a incompetência territorial;

IV – quando sobrevier qualquer dos impedimentos previstos no artigo 8º desta Lei;

V – quando, falecido o autor, a habilitação depender de sentença ou não se der no prazo de trinta dias;

VI – quando, falecido o réu, o autor não promover a citação dos sucessores no prazo de trinta dias da ciência do fato.

- Arts. 836, 1.792, 1.821 e 1.997 do CC.

§ 1º A extinção do processo independerá, em qualquer hipótese, de prévia intimação pessoal das partes.

§ 2º No caso do inciso I deste artigo, quando comprovar que a ausência decorre de força maior, a parte poderá ser isentada, pelo Juiz, do pagamento das custas.

- Art. 393, par. ún., do CC.

Seção XV

DA EXECUÇÃO

Art. 52. A execução da sentença processar-se-á no próprio Juizado, aplicando-se, no que couber, o disposto no Código de Processo Civil, com as seguintes alterações:

I – as sentenças serão necessariamente líquidas, contendo a conversão em Bônus do Tesouro Nacional – BTN ou índice equivalente;

- Lei nº 8.177, de 1º-3-1991, extingue o BTN.

II – os cálculos de conversão de índices, de honorários, de juros e de outras parcelas serão efetuados por servidor judicial;

III – a intimação da sentença será feita, sempre que possível, na própria audiência em que for proferida. Nessa intimação, o vencido será instado a cumprir a sentença tão logo ocorra seu trânsito em julgado, e advertido dos efeitos do seu descumprimento (inciso V);

IV – não cumprida voluntariamente a sentença transitada em julgado, e tendo havido solicitação do interessado, que poderá ser verbal, proceder-se-á desde logo à execução, dispensada nova citação;

V – nos casos de obrigação de entregar, de fazer, ou de não fazer, o juiz, na sentença ou na fase de execução, cominará multa diária, arbitrada de acordo com as condições econômicas do devedor, para a hipótese de inadimplemento. Não cumprida a obrigação, o credor poderá requerer a elevação da multa ou a transformação da condenação em perdas e danos, que o juiz de imediato arbitrará, seguindo-se a execução por quantia certa, incluída a multa vencida de obrigação de dar, quando evidenciada a malícia do devedor na execução do julgado;

VI – na obrigação de fazer, o juiz pode determinar o cumprimento por outrem, fixado o valor que o devedor deve depositar para as despesas, sob pena de multa diária;

- Art. 249 do CC.

VII – na alienação forçada dos bens, o juiz poderá autorizar o devedor, o credor ou terceira pessoa idônea a tratar da alienação do bem penhorado, a qual se aperfeiçoará em juízo até a data fixada para a praça ou leilão. Sendo o preço inferior ao da avaliação, as partes serão ouvidas. Se o pagamento não for à vista, será oferecida caução idônea, nos casos de alienação de bem móvel, ou hipotecado o imóvel;

VIII – é dispensada a publicação de editais em jornais, quando se tratar de alienação de bens de pequeno valor;

IX – o devedor poderá oferecer embargos, nos autos da execução, versando sobre:

a) falta ou nulidade da citação no processo, se ele correu à revelia;

b) manifesto excesso de execução;

c) erro de cálculo;

d) causa impeditiva, modificativa ou extintiva da obrigação, superveniente à sentença.

- Art. 53, § 1º, desta Lei.

Art. 53. A execução de título executivo extrajudicial, no valor de até quarenta salários mínimos, obedecerá ao disposto no Código de Processo Civil, com as modificações introduzidas por esta Lei.

§ 1º Efetuada a penhora, o devedor será intimado a comparecer à audiência de conciliação, quando poderá oferecer embargos (artigo 52, IX), por escrito ou verbalmente.

§ 2º Na audiência, será buscado o meio mais rápido e eficaz para a solução do litígio, se possível com dispensa da alienação judicial, devendo o conciliador propor, entre outras medidas cabíveis, o pagamento do débito a prazo ou a prestação, a dação em pagamento ou a imediata adjudicação do bem penhorado.

- Arts. 356 a 359 do CC.

§ 3º Não apresentados os embargos em audiência, ou julgados improcedentes, qualquer das partes poderá requerer ao juiz a adoção de uma das alternativas do parágrafo anterior.

§ 4º Não encontrado o devedor ou inexistindo bens penhoráveis, o processo será imediatamente extinto, devolvendo-se os documentos ao autor.

Seção XVI
DAS DESPESAS

Art. 54. O acesso ao Juizado Especial independerá, em primeiro grau de jurisdição, do pagamento de custas, taxas ou despesas.

- Art. 24, IV, da CF.

Parágrafo único. O preparo do recurso, na forma do § 1º do artigo 42 desta Lei, compreenderá todas as despesas processuais, inclusive aquelas dispensadas em primeiro grau de jurisdição, ressalvada a hipótese de assistência judiciária gratuita.

Art. 55. A sentença de primeiro grau não condenará o vencido em custas e honorários de advogado, ressalvados os casos de litigância de má-fé. Em segundo grau, o recorrente, vencido, pagará as custas e honorários de advogado, que serão fixados entre dez por cento e vinte por cento do valor de condenação ou, não havendo condenação, do valor corrigido da causa.

Parágrafo único. Na execução não serão contadas custas, salvo quando:

I – reconhecida a litigância de má-fé;

II – improcedentes os embargos do devedor;

III – tratar-se de execução de sentença que tenha sido objeto de recurso improvido do devedor.

Seção XVII
DISPOSIÇÕES FINAIS

Art. 56. Instituído o Juizado Especial, serão implantadas as curadorias necessárias e o serviço de assistência judiciária.

Art. 57. O acordo extrajudicial, de qualquer natureza ou valor, poderá ser homologado, no juízo competente, independentemente de termo, valendo a sentença como título executivo judicial.

Parágrafo único. Valerá como título extrajudicial o acordo celebrado pelas partes, por instrumento escrito, referendado pelo órgão competente do Ministério Público.

Art. 58. As normas de organização judiciária local poderão estender a conciliação prevista nos artigos 22 e 23 a causas não abrangidas por esta Lei.

Art. 59. Não se admitirá ação rescisória nas causas sujeitas ao procedimento instituído por esta Lei.

CAPÍTULO III
DOS JUIZADOS ESPECIAIS CRIMINAIS
DISPOSIÇÕES GERAIS

Art. 60. O Juizado Especial Criminal, provido por juízes togados ou togados e leigos, tem competência para a conciliação, o julgamento e a execução das infrações penais de menor potencial ofensivo, respeitadas as regras de conexão e continência.

- *Caput* com a redação dada pela Lei nº 11.313, de 28-6-2006.
- Arts. 21 a 26 desta Lei.

Parágrafo único. Na reunião de processos, perante o juízo comum ou o tribunal do júri, decorrentes da aplicação das regras de conexão e continência, observar-se-ão os institutos da transação penal e da composição dos danos civis.

- Parágrafo único acrescido pela Lei nº 11.313, de 28-6-2006.

Art. 61. Consideram-se infrações penais de menor potencial ofensivo, para os efeitos desta Lei, as contravenções penais e os crimes a que a lei comine pena máxima não superior a 2 (dois) anos, cumulada ou não com multa.

- Artigo com a redação dada pela Lei nº 11.313, de 28-6-2006.
- Art. 98, I, da CF.
- Art. 2º da Lei nº 10.259, de 12-7-2001 (Lei dos Juizados Especiais Federais).

Art. 62. O processo perante o Juizado Especial orientar-se-á pelos critérios da oralidade, simplicidade, informalidade, economia processual e celeridade, objetivando, sempre que possível, a reparação dos danos sofridos pela vítima e a aplicação de pena não privativa de liberdade.

- Artigo com a redação dada pela Lei nº 13.603, de 9-1-2018.
- Art. 5º, LXXVIII, da CF.
- Art. 65 desta Lei.
- Arts. 186 e 927 do CC.
- Art. 9º, I, do CP.

Seção I

DA COMPETÊNCIA E DOS ATOS PROCESSUAIS

Art. 63. A competência do Juizado será determinada pelo lugar em que foi praticada a infração penal.

- Art. 6º do CP.

Art. 64. Os atos processuais serão públicos e poderão realizar-se em horário noturno e em qualquer dia da semana, conforme dispuserem as normas de organização judiciária.

- Art. 5º, XI, da CF.
- Art. 112 desta Lei.

Art. 65. Os atos processuais serão válidos sempre que preencherem as finalidades para as quais foram realizados, atendidos os critérios indicados no artigo 62 desta Lei.

- Art. 113 desta Lei.
- Art. 5º do Dec.-lei nº 4.657, de 4-9-1942 (Lei de Introdução às Normas do Direito Brasileiro).

§ 1º Não se pronunciará qualquer nulidade sem que tenha havido prejuízo.

- Súm. nº 523 do STF.

§ 2º A prática de atos processuais em outras comarcas poderá ser solicitada por qualquer meio hábil de comunicação.

§ 3º Serão objeto de registro escrito exclusivamente os atos havidos por essenciais. Os atos realizados em audiência de instrução e julgamento poderão ser gravados em fita magnética ou equivalente.

- Art. 82, § 3º, desta Lei.

Art. 66. A citação será pessoal e far-se-á no próprio Juizado, sempre que possível, ou por mandado.

- Art. 78, § 1º, desta Lei.

Parágrafo único. Não encontrado o acusado para ser citado, o Juiz encaminhará as peças existentes ao juízo comum para adoção do procedimento previsto em lei.

- Art. 77, § 2º, desta Lei.

Art. 67. A intimação far-se-á por correspondência, com aviso de recebimento pessoal ou, tratando-se de pessoa jurídica ou firma individual, mediante entrega ao encarregado da recepção, que será obrigatoriamente identificado, ou, sendo necessário, por oficial de justiça, independentemente de mandado ou carta precatória, ou ainda por qualquer meio idôneo de comunicação.

- Art. 5º, LV, da CF.
- Arts. 71 e 78, § 2º, desta Lei.

Parágrafo único. Dos atos praticados em audiência considerar-se-ão desde logo cientes as partes, os interessados e defensores.

Art. 68. Do ato de intimação do autor do fato e do mandado de citação do acusado, constará a necessidade de seu comparecimento acompanhado de advogado, com a advertência de que, na sua falta, ser-lhe-á designado defensor público.

- Arts. 71 e 78, § 2º, desta Lei.
- Súm. nº 523 do STF.

Seção II

DA FASE PRELIMINAR

Art. 69. A autoridade policial que tomar conhecimento da ocorrência lavrará termo circunstanciado e o encaminhará imediatamente ao Juizado, com o autor do fato e a vítima, providenciando-se as requisições dos exames periciais necessários.

- Art. 77, § 1º, desta Lei.

Parágrafo único. Ao autor do fato que, após a lavratura do termo, for imediatamente encaminhado ao juizado ou assumir o compromisso de a ele comparecer, não se imporá prisão em flagrante, nem se exigirá fiança. Em caso de violência doméstica, o juiz poderá determinar, como medida de cautela, seu afastamento do lar, domicílio ou local de convivência com a vítima.

- Parágrafo único com a redação dada pela Lei nº 10.455, de 13-5-2002.
- Art. 5º, LXV e LXVI, da CF.
- Lei nº 13.869, de 5-9-2019 (Lei do Abuso de Autoridade).
- Art. 2º do Dec.-lei nº 4.657, de 4-9-1942 (Lei de Introdução às Normas do Direito Brasileiro).

Art. 70. Comparecendo o autor do fato e a vítima, e não sendo possível a realização imediata da audiência preliminar, será designada data próxima, da qual ambos sairão cientes.

Art. 71. Na falta do comparecimento de qualquer dos envolvidos, a Secretaria providenciará sua intimação e, se for o caso, a do responsável civil, na forma dos artigos 67 e 68 desta Lei.

- Art. 932 do CC.

Art. 72. Na audiência preliminar, presente o representante do Ministério Público, o autor do fato e a vítima e, se possível, o responsável civil, acompanhados por seus advogados, o Juiz esclarecerá sobre a possibilidade da composição dos danos e da aceitação da proposta de aplicação imediata de pena não privativa de liberdade.

- Art. 79 desta Lei.
- Arts. 186, 927, 932 e 935 do CC.

Art. 73. A conciliação será conduzida pelo Juiz ou por conciliador sob sua orientação.

- Arts. 21 a 23 desta Lei.

Parágrafo único. Os conciliadores são auxiliares da Justiça, recrutados, na forma da lei local, preferentemente entre bacharéis em Direito, excluídos os que exerçam funções na administração da Justiça Criminal.

Art. 74. A composição dos danos civis será reduzida a escrito e, homologada pelo Juiz mediante sentença irrecorrível, terá eficácia de título a ser executado no juízo civil competente.

- Art. 87 desta Lei.
- Arts. 402 a 405 do CC.

Parágrafo único. Tratando-se de ação penal de iniciativa privada ou de ação penal pública condicionada à representação, o acordo homologado acarreta a renúncia ao direito de queixa ou representação.

Art. 75. Não obtida a composição dos danos civis, será dada imediatamente ao ofendido a oportunidade de exercer o direito de representação verbal, que será reduzida a termo.

Parágrafo único. O não oferecimento da representação na audiência preliminar não implica decadência do direito, que poderá ser exercido no prazo previsto em lei.

Art. 76. Havendo representação ou tratando-se de crime de ação penal pública incondicionada, não sendo caso de arquivamento, o Ministério Público poderá propor a aplicação imediata de pena restritiva de direitos ou multas, a ser especificada na proposta.

- Art. 5º, LIV, LV e LVII, da CF.
- Art. 77 desta Lei.

§ 1º Nas hipóteses de ser a pena de multa a única aplicável, o Juiz poderá reduzi-la até a metade.

§ 2º Não se admitirá a proposta se ficar comprovado:

I – ter sido o autor da infração condenado, pela prática de crime, à pena privativa de liberdade, por sentença definitiva;

II – ter sido o agente beneficiado anteriormente, no prazo de cinco anos, pela aplicação de pena restritiva ou multa, nos termos deste artigo;

III – não indicarem os antecedentes, a conduta social e a personalidade do agente, bem como os motivos e as circunstâncias, ser necessária e suficiente a adoção da medida.

- Art. 5º, XLVI, da CF.

§ 3º Aceita a proposta pelo autor da infração e seu defensor, será submetida à apreciação do Juiz.

- Art. 5º, LIII, da CF.

§ 4º Acolhendo a proposta do Ministério Público aceita pelo autor da infração, o Juiz aplicará a pena restritiva de direitos ou multa, que não importará em reincidência, sendo registrada apenas para impedir novamente o mesmo benefício no prazo de cinco anos.

- Art. 87 desta Lei.

§ 5º Da sentença prevista no parágrafo anterior caberá a apelação referida no artigo 82 desta Lei.

§ 6º A imposição da sanção de que trata o § 4º deste artigo não constará de certidão de antecedentes criminais, salvo para os fins previstos no mesmo dispositivo, e não terá efeitos civis, cabendo aos interessados propor ação cabível no juízo cível.

- Arts. 186, 927 e 942 do CC.

Seção III

DO PROCEDIMENTO SUMARÍSSIMO

Art. 77. Na ação penal de iniciativa pública, quando não houver aplicação de pena, pela ausência do autor do fato, ou pela não ocorrência da hipótese prevista no artigo 76 desta Lei, o Ministério Público oferecerá ao Juiz, de imediato, denúncia oral, se não houver necessidade de diligências imprescindíveis.

- Art. 129, I e VIII, da CF.

§ 1º Para o oferecimento da denúncia, que será elaborada com base no termo de ocorrência referido no artigo 69 desta Lei, com dispensa do inquérito policial, prescindir-se-á do exame do corpo de delito quando a materialidade do crime estiver aferida por boletim médico ou prova equivalente.

§ 2º Se a complexidade ou circunstâncias do caso não permitirem a formulação da denúncia, o Ministério Público poderá requerer ao Juiz o encaminhamento das peças existentes, na forma do parágrafo único do artigo 66 desta Lei.

§ 3º Na ação penal de iniciativa do ofendido poderá ser oferecida queixa oral, cabendo ao Juiz verificar se a complexidade e as circunstâncias do caso determinam a adoção das providências previstas no parágrafo único do artigo 66 desta Lei.

Art. 78. Oferecida a denúncia ou queixa, será reduzida a termo, entregando-se cópia ao acusado, que com ela ficará citado e imediatamente cientificado da designação de dia e hora para a audiência de instrução e julgamento, da qual também tomarão ciência o Ministério Público, o ofendido, o responsável civil e seus advogados.

- Art. 932 do CC.

§ 1º Se o acusado não estiver presente, será citado na forma dos artigos 66 e 68 desta Lei e cientificado da data da audiência de instrução e julgamento, devendo a ela trazer suas testemunhas ou apresentar requerimento para intimação, no mínimo cinco dias antes de sua realização.

- Art. 5º, LV, da CF.

§ 2º Não estando presentes o ofendido e o responsável civil, serão intimados nos termos do artigo 67 desta Lei para comparecerem à audiência de instrução e julgamento.

§ 3º As testemunhas arroladas serão intimadas na forma prevista no artigo 67 desta Lei.

Art. 79. No dia e hora designados para a audiência de instrução e julgamento, se na fase preliminar não tiver havido possibilidade de tentativa de conciliação e de oferecimento de proposta pelo Ministério Público, proceder-se-á nos termos dos artigos 72, 73, 74 e 75 desta Lei.

Art. 80. Nenhum ato será adiado, determinando o Juiz, quando imprescindível, a condução coercitiva de quem deva comparecer.

- Art. 5º, II, da CF.

Art. 81. Aberta a audiência, será dada a palavra ao defensor para responder à acusação, após o que o Juiz receberá, ou não, a denúncia ou queixa; havendo recebimento, serão ouvidas as vítimas e as testemunhas de acusação e defesa, interrogando-se a seguir o acusado, se presente, passando-se imediatamente aos debates orais e à prolação da sentença.

§ 1º Todas as provas serão produzidas na audiência de instrução e julgamento, podendo o Juiz limitar ou excluir as que considerar excessivas, impertinentes ou protelatórias.

§ 1º-A. Durante a audiência, todas as partes e demais sujeitos processuais presentes no ato deverão respeitar a dignidade da vítima, sob pena de responsabilização civil, penal e administrativa, cabendo ao juiz garantir o cumprimento do disposto neste artigo, vedadas:

I – a manifestação sobre circunstâncias ou elementos alheios aos fatos objeto de apuração nos autos;

II – a utilização de linguagem, de informações ou de material que ofendam a dignidade da vítima ou de testemunhas.

- § 1º-A acrescido pela Lei nº 14.245, de 22-11-2021.

§ 2º De todo o ocorrido na audiência será lavrado termo, assinado pelo Juiz e pelas partes, contendo breve resumo dos fatos relevantes ocorridos em audiência e a sentença.

§ 3º A sentença, dispensado o relatório, mencionará os elementos de convicção do Juiz.

- Art. 93, IX, da CF.

Art. 82. Da decisão de rejeição da denúncia ou queixa e da sentença caberá apelação, que poderá ser julgada por turma

LEG. COMPLEMENTAR

composta de três Juízes em exercício no primeiro grau de jurisdição, reunidos na sede do Juizado.

- Art. 76, § 5º, desta Lei.

§ 1º A apelação será interposta no prazo de dez dias, contados da ciência da sentença pelo Ministério Público, pelo réu e seu defensor, por petição escrita, da qual constarão as razões e o pedido do recorrente.

§ 2º O recorrido será intimado para oferecer resposta escrita no prazo de dez dias.

§ 3º As partes poderão requerer a transcrição da gravação da fita magnética a que alude o § 3º do artigo 65 desta Lei.

§ 4º As partes serão intimadas da data da sessão de julgamento pela imprensa.

- Art. 5º, LV, da CF.

§ 5º Se a sentença for confirmada pelos próprios fundamentos, a súmula do julgamento servirá de acórdão.

Art. 83. Cabem embargos de declaração quando, em sentença ou acórdão, houver obscuridade, contradição ou omissão.

- *Caput* com a redação dada pela Lei nº 13.105, de 16-3-2015.

§ 1º Os embargos de declaração serão opostos por escrito ou oralmente, no prazo de cinco dias, contados da ciência da decisão.

§ 2º Os embargos de declaração interrompem o prazo para a interposição de recurso.

- § 2º com a redação dada pela Lei nº 13.105, de 16-3-2015.

§ 3º Os erros materiais podem ser corrigidos de ofício.

Seção IV
DA EXECUÇÃO

Art. 84. Aplicada exclusivamente pena de multa, seu cumprimento far-se-á mediante pagamento na Secretaria do Juizado.

Parágrafo único. Efetuado o pagamento, o Juiz declarará extinta a punibilidade, determinando que a condenação não fique constando dos registros criminais, exceto para fins de requisição judicial.

Art. 85. Não efetuado o pagamento de multa, será feita a conversão em pena privativa da liberdade, ou restritiva de direitos, nos termos previstos em lei.

Art. 86. A execução das penas privativas de liberdade e restritivas de direitos, ou de multa cumulada com estas, será processada perante o órgão competente, nos termos da lei.

Seção V
DAS DESPESAS PROCESSUAIS

Art. 87. Nos casos de homologação de acordo civil e aplicação de pena restritiva de direitos ou multa (arts. 74 e 76, § 4º), as despesas processuais serão reduzidas, conforme dispuser lei estadual.

Seção VI
DISPOSIÇÕES FINAIS

Art. 88. Além das hipóteses do Código Penal e da legislação especial, dependerá de representação a ação penal relativa aos crimes de lesões corporais leves e lesões culposas.

Art. 89. Nos crimes em que a pena mínima cominada for igual ou inferior a um ano, abrangidas ou não por esta Lei, o Ministério Público, ao oferecer a denúncia, poderá propor a suspensão do processo, por dois a quatro anos, desde que o acusado não esteja sendo processado ou não tenha sido condenado por outro crime, presentes os demais requisitos que autorizariam a suspensão condicional da pena (artigo 77 do Código Penal).

- Súmulas nºs 696 e 723 do STF.
- Súmulas nºs 243 e 337 do STJ.

§ 1º Aceita a proposta pelo acusado e seu defensor, na presença do Juiz, este, recebendo a denúncia, poderá suspender o processo, submetendo o acusado a período de prova, sob as seguintes condições:

I – reparação do dano, salvo impossibilidade de fazê-lo;

II – proibição de frequentar determinados lugares;

III – proibição de ausentar-se da comarca onde reside, sem autorização do Juiz;

IV – comparecimento pessoal e obrigatório a juízo, mensalmente, para informar e justificar suas atividades.

§ 2º O Juiz poderá especificar outras condições a que fica subordinada a suspensão, desde que adequadas ao fato e à situação pessoal do acusado.

§ 3º A suspensão será revogada se, no curso do prazo, o beneficiário vier a ser processado por outro crime ou não efetuar, sem motivo justificado, a reparação do dano.

§ 4º A suspensão poderá ser revogada se o acusado vier a ser processado, no curso do prazo, por contravenção, ou descumprir qualquer outra condição imposta.

§ 5º Expirado o prazo sem revogação, o Juiz declarará extinta a punibilidade.

§ 6º Não correrá a prescrição durante o prazo de suspensão do processo.

- Súm. nº 415 do STJ.

§ 7º Se o acusado não aceitar a proposta prevista neste artigo, o processo prosseguirá em seus ulteriores termos.

- Arts. 77 a 83 desta Lei.

Art. 90. As disposições desta Lei não se aplicam aos processos penais cuja instrução já estiver iniciada.

- O STF, por unanimidade de votos, julgou parcialmente procedente a ADIN nº 1.719-9, dando a este artigo interpretação conforme a CF, para excluir de sua abrangência as normas de direito penal mais favoráveis aos réus contidas nesta Lei (*DJU* de 3-8-2007).

Art. 90-A. As disposições desta Lei não se aplicam no âmbito da Justiça Militar.

- Artigo acrescido pela Lei nº 9.839, de 27-9-1999.
- Arts. 42, 124, 125, §§ 4º e 5º, e 142 da CF.

Art. 91. Nos casos em que esta Lei passa a exigir representação para a propositura da ação penal pública, o ofendido ou seu representante legal será intimado para oferecê-la no prazo de trinta dias, sob pena de decadência.

Art. 92. Aplicam-se subsidiariamente as disposições dos Códigos Penal e de Processo Penal, no que não forem incompatíveis com esta Lei.

CAPÍTULO IV
DISPOSIÇÕES FINAIS COMUNS

Art. 93. Lei Estadual disporá sobre o Sistema de Juizados Especiais Cíveis e Criminais, sua organização, composição e competência.

- Art. 24, X e XI, da CF.

Art. 94. Os serviços de cartório poderão ser prestados, e as audiências realizadas fora da sede da Comarca, em bairros ou cidades a ela pertencentes, ocupando instalações de prédios públicos, de acordo com audiências previamente anunciadas.

Art. 95. Os Estados, Distrito Federal e Territórios criarão e instalarão os Juizados Especiais no prazo de seis meses, a contar da vigência desta Lei.

Parágrafo único. No prazo de 6 (seis) meses, contado da publicação desta Lei, serão criados e instalados os Juizados Especiais Itinerantes, que deverão dirimir, prioritariamente, os conflitos existentes nas áreas rurais ou nos locais de menor concentração populacional.

- Parágrafo único acrescido pela Lei nº 12.726, de 16-10-2012.

Art. 96. Esta Lei entra em vigor no prazo de sessenta dias após a sua publicação.

Art. 97. Ficam revogadas a Lei nº 4.611, de 2 de abril de 1965 e a Lei nº 7.244, de 7 de novembro de 1984.

Brasília, 26 de setembro de 1995;
174º da Independência e
107º da República.

Fernando Henrique Cardoso

LEI Nº 9.249, DE 26 DE DEZEMBRO DE 1995

Altera a legislação do imposto de renda das pessoas jurídicas, bem como da contribuição social sobre o lucro líquido, e dá outras providências.

- Publicada no *DOU* de 27-12-1995.

Art. 1º As bases de cálculo e o valor dos tributos e contribuições federais serão expressos em Reais.

Art. 2º O imposto de renda das pessoas jurídicas e a contribuição social sobre o lucro líquido serão determinados segundo as normas da legislação vigente, com as alterações desta Lei.

Art. 3º A alíquota do imposto de renda das pessoas jurídicas é de quinze por cento.

§ 1º A parcela do lucro real, presumido ou arbitrado, que exceder o valor resultante da multiplicação de R$ 20.000,00 (vinte mil reais) pelo número de meses do respectivo período de apuração, sujeita-se à incidência de adicional de imposto de renda à alíquota de dez por cento.

§ 2º O disposto no parágrafo anterior aplica-se, inclusive, nos casos de incorporação, fusão ou cisão e de extinção da pessoa jurídica pelo encerramento da liquidação.

- §§ 1º e 2º com a redação dada pela Lei nº 9.430, de 27-12-1996.

§ 3º O disposto neste artigo aplica-se, inclusive, à pessoa jurídica que explore atividade rural de que trata a Lei nº 8.023, de 12 de abril de 1990.

§ 4º O valor do adicional será recolhido integralmente, não sendo permitidas quaisquer deduções.

- Arts. 5º e 6º da Lei nº 9.532, de 10-12-1997, que altera a legislação tributária federal.

Art. 4º Fica revogada a correção monetária das demonstrações financeiras de que tratam a Lei nº 7.799, de 10 de julho de 1989, e o art. 1º da Lei nº 8.200, de 28 de junho de 1991.

Parágrafo único. Fica vedada a utilização de qualquer sistema de correção monetária de demonstrações financeiras, inclusive para fins societários.

Art. 5º O inciso IV do art. 187 da Lei nº 6.404, de 15 de dezembro de 1976, passa a vigorar com a seguinte redação:

- Alteração inserida no texto da referida Lei.

Art. 6º Os valores controlados na parte "B" do Livro de Apuração do Lucro Real, existentes em 31 de dezembro de 1995, somente serão corrigidos monetariamente até essa data, observada a legislação então vigente, ainda que venham a ser adicionados, excluídos ou compensados em períodos-base posteriores.

Parágrafo único. A correção dos valores referidos neste artigo será efetuada tomando-se por base o valor da UFIR vigente em 1º de janeiro de 1996.

Art. 7º O saldo do lucro inflacionário acumulado, remanescente em 31 de dezembro de 1995, corrigido monetariamente até essa data, será realizado de acordo com as regras da legislação então vigente.

§ 1º Para fins do cálculo do lucro inflacionário realizado nos períodos-base posteriores, os valores dos ativos que estavam sujeitos a correção monetária, existentes em 31 de dezembro de 1995, deverão ser registrados destacadamente na contabilidade da pessoa jurídica.

§ 2º O disposto no parágrafo único do art. 6º aplica-se à correção dos valores de que trata este artigo.

§ 3º À opção da pessoa jurídica, o lucro inflacionário acumulado existente em 31 de dezembro de 1995, corrigido monetariamente até essa data, com base no parágrafo único do art. 6º, poderá ser considerado realizado integralmente e tributado à alíquota de dez por cento.

§ 4º A opção de que trata o parágrafo anterior, que deverá ser feita até 31 de dezembro de 1996, será irretratável e manifestada através do pagamento do imposto em cota única, podendo alcançar também o saldo do lucro inflacionário a realizar relativo à opção prevista no art. 31 da Lei nº 8.541, de 23 de dezembro de 1992.

§ 5º O imposto de que trata o § 3º será considerado como de tributação exclusiva.

Art. 8º Permanecem em vigor as normas aplicáveis às contrapartidas de variações monetárias dos direitos de crédito e das obrigações do contribuinte em função da taxa de câmbio ou de índices ou coeficientes aplicáveis por disposição legal ou contratual.

Art. 9º A pessoa jurídica poderá deduzir, para efeitos da apuração do lucro real, os juros pagos ou creditados individualizadamente a titular, sócios ou acionistas, a título de remuneração do capital próprio, calculados sobre as contas do patrimônio líquido e limitados à variação, *pro rata* dia, da Taxa de Juros de Longo Prazo – TJLP.

- Art. 28, § 10, da Lei nº 9.532, de 10-12-1997, que altera a legislação tributária federal.
- Art. 59 da Lei nº 11.941, de 27-5-2009, que altera a legislação tributária federal relativa ao parcelamento ordinário de débitos tributários; concede remissão nos casos em que especifica; institui regime tributário de transição.

§ 1º O efetivo pagamento ou crédito dos juros fica condicionado à existência de lucros, computados antes da dedução dos juros, ou de lucros acumulados e reservas de lucros, em montante igual ou superior ao valor de duas vezes os juros a serem pagos ou creditados.

- § 1º com a redação dada pela Lei nº 9.430, de 27-12-1996.

§ 2º Os juros ficarão sujeitos à incidência do imposto de renda na fonte à alíquota de quinze por cento, na data do pagamento ou crédito ao beneficiário.

§ 3º O imposto retido na fonte será considerado:

I – antecipação do devido na declaração de rendimentos, no caso de beneficiário pessoa jurídica tributada com base no lucro real;

LEG. COMPLEMENTAR

II – tributação definitiva, no caso de beneficiário pessoa física ou pessoa jurídica não tributada com base no lucro real, inclusive isenta, ressalvado o disposto no § 4º;

§ 4º *Revogado*. Lei nº 9.430, de 27-12-1996.

§ 5º No caso de beneficiário sociedade civil de prestação de serviços, submetida ao regime de tributação de que trata o art. 1º do Decreto-Lei nº 2.397, de 21 de dezembro de 1987, o imposto poderá ser compensado com o retido por ocasião do pagamento dos rendimentos aos sócios beneficiários.

§ 6º No caso de beneficiário pessoa jurídica tributada com base no lucro real, o imposto de que trata o § 2º poderá ainda ser compensado com o retido por ocasião do pagamento ou crédito de juros, a título de remuneração de capital próprio, a seu titular, sócios ou acionistas.

§ 7º O valor dos juros pagos ou creditados pela pessoa jurídica, a título de remuneração do capital próprio, poderá ser imputado ao valor dos dividendos de que trata o art. 202 da Lei nº 6.404, de 15 de dezembro de 1976, sem prejuízo do disposto no § 2º.

§ 8º Para fins de cálculo da remuneração prevista neste artigo, serão consideradas exclusivamente as seguintes contas do patrimônio líquido:

I – capital social;

II – reservas de capital;

III – reservas de lucros;

IV – ações em tesouraria; e

V – prejuízos acumulados.

- § 8º com a redação dada pela Lei nº 12.973, de 13-5-2014.

§§ 9º e 10 *Revogados*. Lei nº 9.430, de 27-12-1996.

§ 11. O disposto neste artigo aplica-se à Contribuição Social sobre o Lucro Líquido.

- § 11 com a redação dada pela Lei nº 12.973, de 13-5-2014.

§ 12. Para fins de cálculo da remuneração prevista neste artigo, a conta capital social, prevista no inciso I do § 8º deste artigo, inclui todas as espécies de ações previstas no art. 15 da Lei nº 6.404, de 15 de dezembro de 1976, ainda que classificadas em contas de passivo na escrituração comercial.

- § 12 acrescido pela Lei nº 12.973, de 13-5-2014.

Art. 10. Os lucros ou dividendos calculados com base nos resultados apurados a partir do mês de janeiro de 1996, pagos ou creditados pelas pessoas jurídicas tributadas com base no lucro real, presumido ou arbitrado, não ficarão sujeitos à incidência do imposto de renda na fonte, nem integrarão a base de cálculo do imposto de renda do beneficiário, pessoa física ou jurídica, domiciliado no País ou no exterior.

§ 1º No caso de quotas ou ações distribuídas em decorrência de aumento de capital por incorporação de lucros apurados, a partir do mês de janeiro de 1996, ou de reservas constituídas com esses lucros, o custo de aquisição será igual à parcela do lucro ou reserva capitalizado, que corresponder ao sócio ou acionista.

- Parágrafo único transformado em § 1º pela Lei nº 12.973, de 13-5-2014.

§ 2º A não incidência prevista no *caput* inclui os lucros ou dividendos pagos ou creditados a beneficiários de todas as espécies de ações previstas no art. 15 da Lei nº 6.404, de 15 de dezembro de 1976, ainda que a ação seja classificada em conta de passivo ou que a remuneração seja classificada como despesa financeira na escrituração comercial.

§ 3º Não são dedutíveis na apuração do lucro real e da base de cálculo da CSLL os lucros ou dividendos pagos ou creditados a beneficiários de qualquer espécie de ação prevista no art. 15 da Lei nº 6.404, de 15 de dezembro de 1976, ainda que classificados como despesa financeira na escrituração comercial.

- §§ 2º e 3º acrescidos pela Lei nº 12.973, de 13-5-2014.

Art. 11. Os rendimentos produzidos por aplicação financeira de renda fixa, auferidos por qualquer beneficiário, inclusive pessoa jurídica isenta, sujeitam-se à incidência do imposto de renda à alíquota de quinze por cento.

§ 1º Os rendimentos de que trata este artigo serão apropriados *pro rata tempore* até 31 de dezembro de 1995 e tributados, no que se refere à parcela relativa a 1995, nos termos da legislação então vigente.

§ 2º *Revogado*. Lei nº 9.430, de 27-12-1996.

§ 3º O disposto neste artigo não elide as regras previstas nos arts. 76 e 77 da Lei nº 8.981, de 20 de janeiro de 1995.

Art. 12. O inciso III do art. 77 da Lei nº 8.981, de 20 de janeiro de 1995, passa a vigorar com a seguinte redação:

- Alteração inserida no texto da referida Lei.

Art. 13. Para efeito de apuração do lucro real e da base de cálculo da contribuição social sobre o lucro líquido, são vedadas as seguintes deduções, independentemente do disposto no art. 47 da Lei nº 4.506, de 30 de novembro de 1964:

I – de qualquer provisão, exceto as constituídas para o pagamento de férias de empregados e de décimo-terceiro salário, a de que trata o art. 43 da Lei nº 8.981, de 20 de janeiro de 1995, com as alterações da Lei nº 9.065, de 20 de junho de 1995, e as provisões técnicas das companhias de seguro e de capitalização, bem como das entidades de previdência privada, cuja constituição é exigida pela legislação especial a elas aplicável;

II – das contraprestações de arrendamento mercantil e do aluguel de bens móveis ou imóveis, exceto quando relacionados intrinsecamente com a produção ou comercialização dos bens e serviços;

III – de despesas de depreciação, amortização, manutenção, reparo, conservação, impostos, taxas, seguros e quaisquer outros gastos com bens móveis ou imóveis, exceto se intrinsecamente relacionados com a produção ou comercialização dos bens e serviços;

IV – das despesas com alimentação de sócios, acionistas e administradores;

V – das contribuições não compulsórias, exceto as destinadas a custear seguros e planos de saúde, e benefícios complementares assemelhados aos da previdência social, instituídos em favor dos empregados e dirigentes da pessoa jurídica;

- Art. 11, § 2º, da Lei nº 9.532, de 10-12-1997, que altera a legislação tributária federal.

VI – das doações, exceto as referidas no § 2º;

VII – das despesas com brindes;

VIII – de despesas de depreciação, amortização e exaustão geradas por bem objeto de arrendamento mercantil pela arrendatária, na hipótese em que esta reconheça contabilmente o encargo.

- Inciso VIII com a redação dada pela Lei nº 12.973, de 13-5-2014.

§ 1º Admitir-se-ão como dedutíveis as despesas com alimentação fornecida pela pessoa jurídica, indistintamente, a todos os seus empregados.

§ 2º Poderão ser deduzidas as seguintes doações:

I – as de que trata a Lei nº 8.313, de 23 de dezembro de 1991;

II – as efetuadas às instituições de ensino e pesquisa cuja criação tenha sido autorizada por lei federal e que preencham os requisitos dos incisos I e II do art. 213 da Constituição Federal, até o limite de um e meio por cento do lucro operacional, antes de computada a sua dedução e a de que trata o inciso seguinte;

III – as doações, até o limite de dois por cento do lucro operacional da pessoa jurídica, antes de computada a sua dedução, efetuadas a entidades civis, legalmente constituídas no Brasil, sem fins lucrativos, que prestem serviços gratuitos em benefício de empregados da pessoa jurídica doadora, e respectivos dependentes, ou em benefício da comunidade onde atuem, observadas as seguintes regras:

a) as doações, quando em dinheiro, serão feitas mediante crédito em conta corrente bancária diretamente em nome da entidade beneficiária;

b) a pessoa jurídica doadora manterá em arquivo, à disposição da fiscalização, declaração, segundo modelo aprovado pela Secretaria da Receita Federal, fornecida pela entidade beneficiária, em que esta se compromete a aplicar integralmente os recursos recebidos na realização de seus objetivos sociais, com identificação da pessoa física responsável pelo seu cumprimento, e a não distribuir lucros, bonificações ou vantagens a dirigentes, mantenedores ou associados, sob nenhuma forma ou pretexto;

c) a entidade beneficiária deverá ser organização da sociedade civil, conforme a Lei nº 13.019, de 31 de julho de 2014, desde que cumpridos os requisitos previstos nos arts. 3º e 16 da Lei nº 9.790, de 23 de março de 1999, independentemente de certificação.

- Alínea *c* com a redação dada pela Lei nº 13.204, de 14-12-2015.

Art. 14. Para efeito de apuração do lucro real, fica vedada a exclusão, do lucro líquido do exercício, do valor do lucro da exploração de atividades monopolizadas de que tratam o § 2º do art. 2º da Lei nº 6.264, de 18 de novembro de 1975, e o § 2º do art. 19 do Decreto-Lei nº 1.598, de 26 de dezembro de 1977, com a redação dada pelo Decreto-Lei nº 1.730, de 17 de outubro de 1979.

Art. 15. A base de cálculo do imposto, em cada mês, será determinada mediante a aplicação do percentual de 8% (oito por cento) sobre a receita bruta auferida mensalmente, observado o disposto no art. 12 do Decreto-Lei nº 1.598, de 26 de dezembro de 1977, deduzida das devoluções, vendas canceladas e dos descontos incondicionais concedidos, sem prejuízo do disposto nos arts. 30, 32, 34 e 35 da Lei nº 8.981, de 20 de janeiro de 1995.

- *Caput* com a redação dada pela Lei nº 12.973, de 13-5-2014.

§ 1º Nas seguintes atividades, o percentual de que trata este artigo será de:

I – um inteiro e seis décimos por cento, para a atividade de revenda, para consumo, de combustível derivado de petróleo, álcool etílico carburante e gás natural;

II – dezesseis por cento:

a) para a atividade de prestação de serviços de transporte, exceto o de carga, para o qual se aplicará o percentual previsto no *caput* deste artigo;

b) para as pessoas jurídicas a que se refere o inciso III do art. 36 da Lei nº 8.981, de 20 de janeiro de 1995, observado o disposto nos §§ 1º e 2º do art. 29 da referida Lei;

III – trinta e dois por cento, para as atividades de:

a) prestação de serviços em geral, exceto a de serviços hospitalares e de auxílio diagnóstico e terapia, patologia clínica, imagenologia, anatomia patológica e citopatologia, medicina nuclear e análises e patologias clínicas, desde que a prestadora destes serviços seja organizada sob a forma de sociedade empresária e atenda às normas da Agência Nacional de Vigilância Sanitária – ANVISA;

- Alínea *a* com a redação dada pela Lei nº 11.727, de 23-6-2008.

b) intermediação de negócios;

c) administração, locação ou cessão de bens imóveis, móveis e direitos de qualquer natureza;

d) prestação cumulativa e contínua de serviços de assessoria creditícia, mercadológica, gestão de crédito, seleção de riscos, administração de contas a pagar e a receber, compra de direitos creditórios resultantes de vendas mercantis a prazo ou de prestação de serviços (*factoring*);

- Art. 58 da Lei nº 9.532, de 10-12-1997, que altera a legislação tributária federal.

e) prestação de serviços de construção, recuperação, reforma, ampliação ou melhoramento de infraestrutura vinculados a contrato de concessão de serviço público.

- Alínea *e* com a redação dada pela Lei nº 12.973, de 13-5-2014.

IV – 38,4% (trinta e oito inteiros e quatro décimos por cento), para as atividades de operação de empréstimo, de financiamento e de desconto de títulos de crédito realizadas por Empresa Simples de Crédito (ESC).

- Inciso IV acrescido pela LC nº 167, de 24-4-2019.

§ 2º No caso de atividades diversificadas será aplicado o percentual correspondente a cada atividade.

§ 3º As receitas provenientes de atividade incentivada não comporão a base de cálculo do imposto, na proporção do benefício a que a pessoa jurídica, submetida ao regime de tributação com base no lucro real, fizer jus.

§ 4º O percentual de que trata este artigo também será aplicado sobre a receita financeira da pessoa jurídica que explore atividades imobiliárias relativas a loteamento de terrenos, incorporação imobiliária, construção de prédios destinados à venda, bem como a venda de imóveis construídos ou adquiridos para a revenda, quando decorrente da comercialização de imóveis e for apurada por meio de índices ou coeficientes previstos em contrato.

- § 4º acrescido pela Lei nº 11.196, de 21-11-2005.

Art. 16. O lucro arbitrado das pessoas jurídicas será determinado mediante a aplicação, sobre a receita bruta, quando conhecida, dos percentuais fixados no art. 15, acrescidos de vinte por cento.

Parágrafo único. No caso das instituições a que se refere o inciso III do art. 36 da Lei nº 8.981, de 20 de janeiro de 1995, o percentual para determinação do lucro arbitrado será de quarenta e cinco por cento.

Art. 17. Para os fins de apuração do ganho de capital, as pessoas físicas e as pessoas jurídicas não tributadas com base no lucro real observarão os seguintes procedimentos:

- Art. 24 da Lei nº 9.532, de 10-12-1997, que altera a legislação tributária federal.

I – tratando-se de bens e direitos cuja aquisição tenha ocorrido até o final de 1995, o custo de aquisição poderá ser corrigido monetariamente até 31 de dezembro desse ano, tomando-se por base o valor da UFIR vigente em 1º de janeiro de 1996, não se lhe aplicando qualquer correção monetária a partir dessa data;

- Art. 17, § 1º, da Lei nº 9.532, de 10-12-1997, que altera a legislação tributária federal.

II – tratando-se de bens e direitos adquiridos após 31 de dezembro de 1995, ao custo de aquisição dos bens e direitos não será atribuída qualquer correção monetária.

Art. 18. O ganho de capital auferido por residente ou domiciliado no exterior será apurado e tributado de acordo com as regras aplicáveis aos residentes no País.

Art. 19. A partir de 1º de janeiro de 1996, a alíquota da contribuição social sobre o lucro líquido, de que trata a Lei nº 7.689, de 15 de dezembro de 1988, passa a ser de oito por cento.

Parágrafo único. O disposto neste artigo não se aplica às instituições a que se refere o § 1º do art. 22 da Lei nº 8.212, de 24 de julho de 1991, para as quais a alíquota da contribuição social será de dezoito por cento.

Base de cálculo da CSLL – Estimativa e Presumido

Art. 20. A base de cálculo da Contribuição Social sobre o Lucro Líquido (CSLL) devida pelas pessoas jurídicas que efetuarem o pagamento mensal ou trimestral a que se referem os arts. 2º, 25 e 27 da Lei nº 9.430, de 27 de dezembro de 1996, corresponderá aos seguintes percentuais aplicados sobre a receita bruta definida pelo art. 12 do Decreto-Lei nº 1.598, de 26 de dezembro de 1977, auferida no período, deduzida das devoluções, das vendas canceladas e dos descontos incondicionais concedidos:

- *Caput* com a redação dada pela LC nº 167, de 24-4-2019.

I – 32% (trinta e dois por cento) para a receita bruta decorrente das atividades previstas no inciso III do § 1º do art. 15 desta Lei;

II – 38,4% (trinta e oito inteiros e quatro décimos por cento) para a receita bruta decorrente das atividades previstas no inciso IV do § 1º do art. 15 desta Lei; e

III – 12% (doze por cento) para as demais receitas brutas.

- Incisos I a III acrescidos pela LC nº 167, de 24-4-2019.

§ 1º A pessoa jurídica submetida ao lucro presumido poderá, excepcionalmente, em relação ao 4º (quarto) trimestre-calendário de 2003, optar pelo lucro real, sendo definitiva a tributação pelo lucro presumido relativa aos 3 (três) primeiros trimestres.

- Parágrafo único transformado em § 1º pela Lei nº 11.196, de 21-11-2005.

§ 2º O percentual de que trata o *caput* deste artigo também será aplicado sobre a receita financeira de que trata o § 4º do art. 15 desta Lei.

- § 2º acrescido pela Lei nº 11.196, de 21-11-2005.

Incorporação, Fusão e Cisão

Art. 21. A pessoa jurídica que tiver parte ou todo o seu patrimônio absorvido em virtude de incorporação, fusão ou cisão deverá levantar balanço específico para esse fim, observada a legislação comercial.

- *Caput* com a redação dada pela Lei nº 12.973, de 13-5-2014.

§ 1º O balanço a que se refere este artigo deverá ser levantado até trinta dias antes do evento.

§§ 2º e 3º *Revogados.* Lei nº 12.973, de 13-5-2014.

§ 4º A pessoa jurídica incorporada, fusionada ou cindida deverá apresentar declaração de rendimentos correspondente ao período transcorrido durante o ano-calendário, em seu próprio nome, até o último dia útil do mês subsequente ao do evento.

Art. 22. Os bens e direitos do ativo da pessoa jurídica, que forem entregues ao titular ou a sócio ou acionista. a título de devolução de sua participação no capital social, poderão ser avaliados pelo valor contábil ou de mercado.

§ 1º No caso de a devolução realizar-se pelo valor de mercado, a diferença entre este e o valor contábil dos bens ou direitos entregues será considerada ganho de capital, que será computado nos resultados da pessoa jurídica tributada com base no lucro real ou na base de cálculo do imposto de renda e da contribuição social sobre o lucro líquido devidos pela pessoa jurídica tributada com base no lucro presumido ou arbitrado.

§ 2º Para o titular, sócio ou acionista, pessoa jurídica, os bens ou direitos recebidos em devolução de sua participação no capital serão registrados pelo valor contábil da participação ou pelo valor de mercado, conforme avaliado pela pessoa jurídica que esteja devolvendo capital.

§ 3º Para o titular, sócio ou acionista, pessoa física, os bens ou direitos recebidos em devolução de sua participação no capital serão informados, na declaração de bens correspondente à declaração de rendimentos do respectivo ano-base, pelo valor contábil ou de mercado, conforme avaliado pela pessoa jurídica.

§ 4º A diferença entre o valor de mercado e o valor constante da declaração de bens, no caso de pessoa física, ou o valor contábil, no caso de pessoa jurídica, não será computada, pelo titular, sócio ou acionista, na base de cálculo do imposto de renda ou da contribuição social sobre o lucro líquido.

Art. 23. As pessoas físicas poderão transferir a pessoas jurídicas, a título de integralização de capital, bens e direitos pelo valor constante da respectiva declaração de bens ou pelo valor de mercado.

- Art. 16 da Lei nº 9.532, de 10-12-1997, que altera a legislação tributária federal.

§ 1º Se a entrega for feita pelo valor constante da declaração de bens, as pessoas físicas deverão lançar nesta declaração as ações ou quotas subscritas pelo mesmo valor dos bens ou direitos transferidos, não se aplicando o disposto no art. 60 do Decreto-Lei nº 1.598, de 26 de dezembro de 1977, e no art. 20, II, do Decreto-Lei nº 2.065, de 26 de outubro de 1983.

§ 2º Se a transferência não se fizer pelo valor constante da declaração de bens, a diferença a maior será tributável como ganho de capital.

Art. 24. Verificada a omissão de receita, a autoridade tributária determinará o valor do imposto e do adicional a serem lançados de acordo com o regime de tributação a que estiver submetida a pessoa jurídica no período-base a que corresponder a omissão.

§ 1º No caso de pessoa jurídica com atividades diversificadas tributadas com base no lucro presumido ou arbitrado, não sendo possível a identificação da atividade a que se refere a receita omitida, esta será adicionada àquela a que corresponder o percentual mais elevado.

§ 2º O valor da receita omitida será considerado na determinação da base de cálculo para o lançamento da Contribuição Social sobre o Lucro Líquido – CSLL, da Contribuição para o Financiamento da Seguridade Social – COFINS, da Contribuição para o PIS/PASEP e das contribuições previdenciárias incidentes sobre a receita.

- § 2º com a redação dada pela Lei nº 11.941, de 27-5-2009.

§ 3º *Revogado.* Lei nº 9.430, de 27-12-1996.

§ 4º Para a determinação do valor da Contribuição para o Financiamento da Seguridade Social – COFINS e da Contribuição para o PIS/PASEP, na hipótese de a pessoa jurídica auferir receitas sujeitas a alíquotas diversas, não sendo possível identificar a alíquota aplicável à receita omitida, aplicar-se-á a esta a alíquota mais elevada entre aquelas previstas para as receitas auferidas pela pessoa jurídica.

§ 5º Na hipótese de a pessoa jurídica sujeitar-se ao recolhimento da COFINS e da Contribuição para o PIS/PASEP, calculadas por unidade de medida de produto, não sendo possível identificar qual o produto vendido ou a quantidade que se refere à receita omitida, a contribuição será determinada com base na alíquota *ad valorem* mais elevada entre aquelas previstas para as receitas auferidas pela pessoa jurídica.

§ 6º Na determinação da alíquota mais elevada, considerar-se-ão:

I – para efeito do disposto nos §§ 4º e 5º deste artigo, as alíquotas aplicáveis às receitas auferidas pela pessoa jurídica no ano-calendário em que ocorreu a omissão;

II – para efeito do disposto no § 5º deste artigo, as alíquotas *ad valorem* correspondentes àquelas fixadas por unidade de medida do produto, bem como as alíquotas aplicáveis às demais receitas auferidas pela pessoa jurídica.

• §§ 4º a 6º com a redação dada pela Lei nº 11.941, de 27-5-2009.

Art. 25. Os lucros, rendimentos e ganhos de capital auferidos no exterior serão computados na determinação do lucro real das pessoas jurídicas correspondente ao balanço levantado em 31 de dezembro de cada ano.

§ 1º Os rendimentos e ganhos de capital auferidos no exterior serão computados na apuração do lucro líquido das pessoas jurídicas com observância do seguinte:

I – os rendimentos e ganhos de capital serão convertidos em Reais de acordo com a taxa de câmbio, para venda, na data em que forem contabilizados no Brasil;

II – caso a moeda em que for auferido o rendimento ou ganho de capital não tiver cotação no Brasil, será ela convertida em dólares norte-americanos e, em seguida, em Reais;

§ 2º Os lucros auferidos por filiais, sucursais ou controladas, no exterior, de pessoas jurídicas domiciliadas no Brasil serão computados na apuração do lucro real com observância do seguinte:

I – as filiais, sucursais e controladas deverão demonstrar a apuração dos lucros que auferirem em cada um de seus exercícios fiscais, segundo as normas da legislação brasileira;

II – os lucros a que se refere o inciso I serão adicionados ao lucro líquido da matriz ou controladora, na proporção de sua participação acionária, para apuração do lucro real;

III – se a pessoa jurídica se extinguir no curso do exercício, deverá adicionar ao seu lucro líquido os lucros auferidos por filiais, sucursais ou controladas, até a data do balanço de encerramento;

IV – as demonstrações financeiras das filiais, sucursais e controladas que embasarem as demonstrações em Reais deverão ser mantidas no Brasil pelo prazo previsto no art. 173 da Lei nº 5.172, de 25 de outubro de 1966.

§ 3º Os lucros auferidos no exterior por coligadas de pessoas jurídicas domiciliadas no Brasil serão computados na apuração do lucro real com observância do seguinte:

I – os lucros realizados pela coligada serão adicionados ao lucro líquido, na proporção da participação da pessoa jurídica no capital da coligada;

II – os lucros a serem computados na apuração do lucro real são os apurados no balanço ou balanços levantados pela coligada no curso do período-base da pessoa jurídica;

III – se a pessoa jurídica se extinguir no curso do exercício, deverá adicionar ao seu lucro líquido, para apuração do lucro real, sua participação nos lucros da coligada apurados por esta em balanços levantados até a data do balanço de encerramento da pessoa jurídica;

IV – a pessoa jurídica deverá conservar em seu poder cópia das demonstrações financeiras da coligada.

§ 4º Os lucros a que se referem os §§ 2º e 3º serão convertidos em Reais pela taxa de câmbio, para venda, do dia das demonstrações financeiras em que tenham sido apurados os lucros da filial, sucursal, controlada ou coligada.

§ 5º Os prejuízos e perdas decorrentes das operações referidas neste artigo não serão compensados com lucros auferidos no Brasil.

§ 6º Os resultados da avaliação dos investimentos no exterior, pelo método da equivalência patrimonial, continuarão a ter o tratamento previsto na legislação vigente, sem prejuízo do disposto nos §§ 1º, 2º e 3º.

§ 7º Os lucros serão apurados segundo as normas da legislação comercial do país de domicílio.

• § 7º com a redação dada pela Lei nº 12.973, de 13-5-2014.

Art. 26. A pessoa jurídica poderá compensar o imposto de renda incidente, no exterior, sobre os lucros, rendimentos e ganhos de capital computados no lucro real, até o limite do imposto de renda incidente, no Brasil, sobre os referidos lucros, rendimentos ou ganhos de capital.

○ Art. 1º, § 4º, da Lei nº 9.532, de 10-12-1997, que altera a legislação tributária federal.

§ 1º Para efeito de determinação do limite fixado no *caput*, o imposto incidente, no Brasil, correspondente aos lucros, rendimentos ou ganhos de capital auferidos no exterior, será proporcional ao total do imposto e adicional devidos pela pessoa jurídica no Brasil.

§ 2º Para fins de compensação, o documento relativo ao imposto de renda incidente no exterior deverá ser reconhecido pelo respectivo órgão arrecadador e pelo Consulado da Embaixada Brasileira no país em que for devido o imposto.

§ 3º O imposto de renda a ser compensado será convertido em quantidade de Reais, de acordo com a taxa de câmbio, para venda, na data em que o imposto foi pago; caso a moeda em que o imposto foi pago não tiver cotação no Brasil, será ela convertida em dólares norte-americanos e, em seguida, em Reais.

Art. 27. As pessoas jurídicas que tiverem lucros, rendimentos ou ganhos de capital oriundos do exterior estão obrigadas ao regime de tributação com base no lucro real.

Art. 28. A alíquota do imposto de renda de que tratam o art. 77 da Lei nº 3.470, de 28 de novembro de 1958 e o art. 100 do Decreto-Lei nº 5.844, de 23 de setembro de 1943, com as modificações posteriormente introduzidas, passa, a partir de 1º de janeiro de 1996, a ser de quinze por cento.

Art. 29. Os limites a que se referem os arts. 36, I, e 44, da Lei nº 8.981, de 20 de janeiro de 1995, com a redação dada pela Lei nº 9.065, de 20 de junho de 1995, passam a ser de R$ 12.000.000,00 (doze milhões de reais).

Art. 30. Os valores constantes da legislação tributária, expressos em quantidade de UFIR, serão convertidos em Reais pelo valor da UFIR vigente em 1º de janeiro de 1996.

○ Art. 27 da Lei nº 9.532, de 10-12-1997, que altera a legislação tributária federal.

Art. 31. *Revogado.* Lei nº 12.973, de 13-5-2014.

Arts. 32 e 33. VETADOS.

Art. 34. Extingue-se a punibilidade dos crimes definidos na Lei nº 8.137, de 27 de dezembro de 1990, e na Lei

LEG. COMPLEMENTAR

nº 4.729, de 14 de julho de 1965, quando o agente promover o pagamento do tributo ou contribuição social, inclusive acessórios, antes do recebimento da denúncia.

- Art. 9º da Lei nº 10.684, de 30-5-2003, que altera a legislação tributária, dispõe sobre parcelamento de débitos junto à Secretaria da Receita Federal, à Procuradoria-Geral da Fazenda Nacional e ao Instituto Nacional do Seguro Social.

§§ 1º e 2º VETADOS.

Art. 35. Esta Lei entra em vigor na data de sua publicação, produzindo efeitos a partir de 1º de janeiro de 1996.

Art. 36. Ficam revogadas as disposições em contrário, especialmente:

I – o Decreto-Lei nº 1.215, de 4 de maio de 1972, observado o disposto no art. 178 da Lei nº 5.172, de 25 de outubro de 1966;

II – os arts. 2º a 19 da Lei nº 7.799, de 10 de julho de 1989;

III – os arts. 9º e 12 da Lei nº 8.023, de 12 de abril de 1990;

IV – os arts. 43 e 44 da Lei nº 8.541, de 23 de dezembro de 1992;

V – o art. 28 e os incisos VI, XI e XII e o parágrafo único do art. 36, os arts. 46, 48 e 54, e o inciso II do art. 60, todos da Lei nº 8.981, de 20 de janeiro de 1995, alterada pela Lei nº 9.065, de 20 de junho de 1995, e o art. 10 da Lei nº 9.065, de 20 de junho de 1995.

Brasília, 26 de dezembro de 1995;
174º da Independência e
107º da República.

Fernando Henrique Cardoso

LEI Nº 9.250, DE 26 DE DEZEMBRO DE 1995

Altera a legislação do imposto de renda das pessoas físicas e dá outras providências.

- Publicada no *DOU* de 27-12-1995.

CAPÍTULO I
DISPOSIÇÕES PRELIMINARES

Art. 1º A partir de 1º de janeiro de 1996 o imposto de renda das pessoas físicas será determinado segundo as normas da legislação vigente, com as alterações desta Lei.

Art. 2º Os valores expressos em UFIR na legislação do imposto de renda das pessoas físicas ficam convertidos em Reais, tomando-se por base o valor da UFIR vigente em 1º de janeiro de 1996.

CAPÍTULO II
DA INCIDÊNCIA MENSAL DO IMPOSTO

Art. 3º O imposto de renda incidente sobre os rendimentos de que tratam os arts. 7º, 8º e 12 da Lei nº 7.713, de 22 de dezembro de 1988, será calculado de acordo com a seguinte tabela progressiva em Reais:

Base de cálculo em R$	Alíquota %	Parcela a deduzir do imposto em R$
até 900,00	–	–
acima de 900,00 até 1.800,00	15	135,00
acima de 1.800,00	25	315,00

Parágrafo único. O imposto de que trata este artigo será calculado sobre os rendimentos efetivamente recebidos em cada mês.

- Lei nº 11.482, de 31-5-2007, efetua alterações na tabela do imposto de renda da pessoa física; dispõe sobre a redução a 0 (zero) da alíquota da CPMF nas hipóteses que menciona.

Art. 4º Na determinação da base de cálculo sujeita à incidência mensal do imposto de renda poderão ser deduzidas:

I – a soma dos valores referidos no art. 6º da Lei nº 8.134, de 27 de dezembro de 1990;

II – as importâncias pagas a título de pensão alimentícia em face das normas do Direito de Família, quando em cumprimento de decisão judicial, inclusive a prestação de alimentos provisionais, de acordo homologado judicialmente, ou de escritura pública a que se refere o art. 1.124-A da Lei nº 5.869, de 11 de janeiro de 1973 – Código de Processo Civil;

- Inciso II com a redação dada pela Lei nº 11.727, de 23-6-2008.

III – a quantia, por dependente, de:

- Inciso III com a redação dada pela Lei nº 11.482, de 31-5-2007.

a) R$ 132,05 (cento e trinta e dois reais e cinco centavos), para o ano-calendário de 2007;

b) R$ 137,99 (cento e trinta e sete reais e noventa e nove centavos), para o ano-calendário de 2008;

c) R$ 144,20 (cento e quarenta e quatro reais e vinte centavos), para o ano-calendário de 2009;

- Alíneas *a* a *c* acrescidas pela Lei nº 11.482, de 31-5-2007.

d) R$ 150,69 (cento e cinquenta reais e sessenta e nove centavos), para o ano-calendário de 2010;

e) R$ 157,47 (cento e cinquenta e sete reais e quarenta e sete centavos), para o ano-calendário de 2011;

f) R$ 164,56 (cento e sessenta e quatro reais e cinquenta e seis centavos), para o ano-calendário de 2012;

g) R$ 171,97 (cento e setenta e um reais e noventa e sete centavos), para o ano-calendário de 2013;

- Alíneas *d* a *g* com a redação dada pela Lei nº 12.469, de 26-8-2011.

h) R$ 179,71 (cento e setenta e nove reais e setenta e um centavos), para o ano-calendário de 2014 e nos meses de janeiro a março do ano-calendário de 2015; e

i) R$ 189,59 (cento e oitenta e nove reais e cinquenta e nove centavos), a partir do mês de abril do ano-calendário de 2015;

- Alíneas *h* e *i* com a redação dada pela Lei nº 13.149, de 21-7-2015.

IV – as contribuições para a Previdência Social da União, dos Estados, do Distrito Federal e dos Municípios;

V – as contribuições para as entidades de previdência privada domiciliadas no País, cujo ônus tenha sido do contribuinte, destinadas a custear benefícios complementares assemelhados aos da Previdência Social;

VI – a quantia, correspondente à parcela isenta dos rendimentos provenientes de aposentadoria e pensão, transferência para a reserva remunerada ou reforma, pagos pela Previdência Social da União, dos Estados, do Distrito Federal e dos Municípios, por qualquer pessoa jurídica de direito público interno ou por entidade de previdência privada, a partir do mês em que o contribuinte completar 65 (sessenta e cinco) anos de idade, de:

- Inciso VI com a redação dada pela Lei nº 11.482, de 31-5-2007.

a) R$ 1.313,69 (mil, trezentos e treze reais e sessenta e nove centavos), por mês, para o ano-calendário de 2007;

b) R$ 1.372,81 (mil, trezentos e setenta e dois reais e oitenta e um centavos), por mês, para o ano-calendário de 2008;

c) R$ 1.434,59 (mil, quatrocentos e trinta e quatro reais e cinquenta e nove centavos), por mês, para o ano-calendário de 2009;

- Alíneas *a* a *c* acrescidas pela Lei nº 11.482, de 31-5-2007.

d) R$ 1.499,15 (mil, quatrocentos e noventa e nove reais e quinze centavos), por mês, para o ano-calendário de 2010;

e) R$ 1.566,61 (mil, quinhentos e sessenta e seis reais e sessenta e um centavos), por mês, para o ano-calendário de 2011;

f) R$ 1.637,11 (mil, seiscentos e trinta e sete reais e onze centavos), por mês, para o ano-calendário de 2012;

g) R$ 1.710,78 (mil, setecentos e dez reais e setenta e oito centavos), por mês, para o ano-calendário de 2013;

- Alíneas *d* a *g* com a redação dada pela Lei nº 12.469, de 26-8-2011.

h) R$ 1.787,77 (mil, setecentos e oitenta e sete reais e setenta e sete centavos), por mês, para o ano-calendário de 2014 e nos meses de janeiro a março do ano-calendário de 2015; e

i) R$ 1.903,98 (mil, novecentos e três reais e noventa e oito centavos), por mês, a partir do mês de abril do ano-calendário de 2015;

- Alíneas *h* e *i* com a redação dada pela Lei nº 13.149, de 21-7-2015.

VII – as contribuições para as entidades fechadas de previdência complementar de que trata o § 15 do art. 40 da Constituição Federal, cujo ônus tenha sido do contribuinte, destinadas a custear benefícios complementares assemelhados aos da Previdência Social.

- Inciso VII com a redação dada pela Lei nº 14.463, de 26-10-2022.

Parágrafo único. A dedução permitida pelo inciso V aplica-se exclusivamente à base de cálculo relativa aos seguintes rendimentos, assegurada, nos demais casos, a dedução dos valores pagos a esse título, por ocasião da apuração da base de cálculo do imposto devido no ano-calendário, conforme disposto na alínea *e* do inciso II do art. 8º desta Lei:

I – do trabalho com vínculo empregatício ou de administradores; e

II – proventos de aposentados e pensionistas, quando a fonte pagadora for responsável pelo desconto e respectivo pagamento das contribuições previdenciárias.

- Parágrafo único com a redação dada pela Lei nº 13.202, de 8-12-2015.

Art. 5º As pessoas físicas residentes ou domiciliadas no Brasil que recebam rendimentos de trabalho assalariado, em moeda estrangeira, de autarquias ou repartições do Governo brasileiro, situadas no exterior, estão sujeitas ao imposto de renda na fonte incidente sobre a base de cálculo de que trata o art. 4º, mediante utilização da tabela progressiva de que trata o art. 3º.

§ 1º Os rendimentos em moeda estrangeira serão convertidos em Reais, mediante utilização do valor do dólar dos Estados Unidos da América fixado para compra pelo Banco Central do Brasil para o último dia útil da primeira quinzena do mês anterior ao do pagamento do rendimento.

§ 2º As deduções de que tratam os incisos II, IV e V do art. 4º serão convertidas em Reais, mediante utilização do valor do dólar dos Estados Unidos da América fixado para venda pelo Banco Central do Brasil para o último dia útil da primeira quinzena do mês anterior ao do pagamento do rendimento.

§ 3º As pessoas físicas computarão, na determinação da base de cálculo de que trata o art. 4º e na declaração de rendimentos, 25% do total dos rendimentos do trabalho assalariado recebidos nas condições referidas neste artigo.

Art. 6º Os rendimentos recebidos de fontes situadas no exterior, sujeitos a tributação no Brasil, bem como o imposto pago no exterior, serão convertidos em Reais mediante utilização do valor do dólar dos Estados Unidos da América fixado para compra pelo Banco Central do Brasil para o último dia útil da primeira quinzena do mês anterior ao do recebimento do rendimento.

CAPÍTULO III
DA DECLARAÇÃO DE RENDIMENTOS

Art. 7º A pessoa física deverá apurar o saldo em Reais do imposto a pagar ou o valor a ser restituído, relativamente aos rendimentos percebidos no ano-calendário, e apresentar anualmente, até o último dia útil do mês de abril do ano-calendário subsequente, declaração de rendimentos em modelo aprovado pela Secretaria da Receita Federal.

§ 1º O prazo de que trata este artigo aplica-se inclusive à declaração de rendimentos relativa ao exercício de 1996, ano-calendário de 1995.

§ 2º O Ministro da Fazenda poderá estabelecer limites e condições para dispensar pessoas físicas da obrigação de apresentar declaração de rendimentos.

- § 2º com a redação dada pela Lei nº 9.532, de 10-12-1997.

§ 3º Fica o Ministro da Fazenda autorizado a prorrogar o prazo para a apresentação da declaração, dentro do exercício financeiro.

§ 4º Homologada a partilha ou feita a adjudicação dos bens, deverá ser apresentada pelo inventariante, dentro de trinta dias contados da data em que transitar em julgado a sentença respectiva, declaração dos rendimentos correspondentes ao período de 1º de janeiro até a data da homologação ou adjudicação.

§ 5º Se a homologação ou adjudicação ocorrer antes do prazo anualmente fixado para a entrega das declarações de rendimentos, juntamente com a declaração referida no parágrafo anterior deverá ser entregue a declaração dos rendimentos correspondente ao ano-calendário anterior.

Art. 8º A base de cálculo do imposto devido no ano-calendário será a diferença entre as somas:

I – de todos os rendimentos percebidos durante o ano-calendário, exceto os isentos, os não tributáveis, os tributáveis exclusivamente na fonte e os sujeitos à tributação definitiva;

II – das deduções relativas:

a) aos pagamentos efetuados, no ano-calendário, a médicos, dentistas, psicólogos, fisioterapeutas, fonoaudiólogos, terapeutas ocupacionais e hospitais, bem como as despesas com exames laboratoriais, serviços radiológicos, aparelhos ortopédicos e próteses ortopédicas e dentárias;

b) a pagamentos de despesas com instrução do contribuinte e de seus dependentes, efetuados a estabelecimentos de ensino, relativamente à educação infantil, compreendendo as creches e as pré-escolas; ao ensino fundamental; ao ensino médio; à educação superior, compreendendo os cursos de graduação e de pós-graduação (mestrado, doutorado e especialização); e à educação profissional, compreendendo o ensino técnico e o tecnológico, até o limite anual individual de:

- Alínea *b* com a redação dada pela Lei nº 11.482, de 31-5-2007.

LEG. COMPLEMENTAR

1. R$ 2.480,66 (dois mil, quatrocentos e oitenta reais e sessenta e seis centavos) para o ano-calendário de 2007;
2. R$ 2.592,29 (dois mil, quinhentos e noventa e dois reais e vinte e nove centavos) para o ano-calendário de 2008;
3. R$ 2.708,94 (dois mil, setecentos e oito reais e noventa e quatro centavos) para o ano-calendário de 2009;

- Itens 1 a 3 com a redação dada pela Lei nº 11.482, de 31-5-2007.

4. R$ 2.830,84 (dois mil, oitocentos e trinta reais e oitenta e quatro centavos) para o ano-calendário de 2010;

- Item 4 com a redação dada pela Lei nº 12.469, de 26-8-2011.

5. *Revogado.* Lei nº 11.482, de 31-5-2007;
6. R$ 2.958,23 (dois mil, novecentos e cinquenta e oito reais e vinte e três centavos) para o ano-calendário de 2011;
7. R$ 3.091,35 (três mil, noventa e um reais e trinta e cinco centavos) para o ano-calendário de 2012;
8. R$ 3.230,46 (três mil, duzentos e trinta reais e quarenta e seis centavos) para o ano-calendário de 2013;

- Itens 6 a 8 com a redação dada pela Lei nº 12.469, de 26-8-2011.

9. R$ 3.375,83 (três mil, trezentos e setenta e cinco reais e oitenta e três centavos) para o ano-calendário de 2014; e
10. R$ 3.561,50 (três mil, quinhentos e sessenta e um reais e cinquenta centavos), a partir do ano-calendário de 2015;

- Itens 9 e 10 com a redação dada pela Lei nº 13.149, de 21-7-2015.

c) à quantia, por dependente, de:

- Alínea *c* com a redação dada pela Lei nº 11.482, de 31-5-2007.

1. R$ 1.584,60 (mil, quinhentos e oitenta e quatro reais e sessenta centavos) para o ano-calendário de 2007;
2. R$ 1.655,88 (mil, seiscentos e cinquenta e cinco reais e oitenta e oito centavos) para o ano-calendário de 2008;
3. R$ 1.730,40 (mil, setecentos e trinta reais e quarenta centavos) para o ano-calendário de 2009;

- Itens 1 a 3 acrescidos pela Lei nº 11.482, de 31-5-2007.

4. R$ 1.808,28 (mil, oitocentos e oito reais e vinte e oito centavos) para o ano-calendário de 2010;
5. R$ 1.889,64 (mil, oitocentos e oitenta e nove reais e sessenta e quatro centavos) para o ano-calendário de 2011;
6. R$ 1.974,72 (mil, novecentos e setenta e quatro reais e setenta e dois centavos) para o ano-calendário de 2012;
7. R$ 2.063,64 (dois mil, sessenta e três reais e sessenta e quatro centavos) para o ano-calendário de 2013;

- Itens 4 a 7 com a redação dada pela Lei nº 12.469, de 26-8-2011.

8. R$ 2.156,52 (dois mil, cento e cinquenta e seis reais e cinquenta e dois centavos) para o ano-calendário de 2014; e
9. R$ 2.275,08 (dois mil, duzentos e setenta e cinco reais e oito centavos) a partir do ano-calendário de 2015;

- Itens 8 e 9 com a redação dada pela Lei nº 13.149, de 21-7-2015.

d) às contribuições para a Previdência Social da União, dos Estados, do Distrito Federal e dos Municípios;

e) às contribuições para as entidades de previdência privada domiciliadas no País, cujo ônus tenha sido do contribuinte, destinadas a custear benefícios complementares assemelhados aos da Previdência Social;

- Art. 11 da Lei nº 9.532, de 10-12-1997, que altera a legislação tributária federal.

f) às importâncias pagas a título de pensão alimentícia em face das normas do Direito de Família, quando em cumprimento de decisão judicial, inclusive a prestação de alimentos provisionais, de acordo homologado judicialmente, ou de escritura pública a que se refere o art. 1.124-A da Lei nº 5.869, de 11 de janeiro de 1973 – Código de Processo Civil;

- Alínea *f* com a redação dada pela Lei nº 11.727, de 23-6-2008.

g) às despesas escrituradas no Livro Caixa, previstas nos incisos I a III do art. 6º da Lei nº 8.134, de 27 de dezembro de 1990, no caso de trabalho não assalariado, inclusive dos leiloeiros e dos titulares de serviços notariais e de registro;

h) VETADA; Lei nº 12.469, de 26-8-2011.

i) às contribuições para as entidades fechadas de previdência complementar de que trata o § 15 do art. 40 da Constituição Federal, cujo ônus tenha sido do contribuinte, destinadas a custear benefícios complementares assemelhados aos da Previdência Social.

- Alínea *i* com a redação dada pela Lei nº 14.463, de 26-10-2022.

j) VETADO. Lei nº 13.149, de 21-7-2015.

§ 1º A quantia correspondente à parcela isenta dos rendimentos provenientes de aposentadoria e pensão, transferência para a reserva remunerada ou reforma, pagos pela Previdência Social da União, dos Estados, do Distrito Federal e dos Municípios, por qualquer pessoa jurídica de direito público interno, ou por entidade de previdência privada, representada pela soma dos valores mensais computados a partir do mês em que o contribuinte completar sessenta e cinco anos de idade, não integrará a soma de que trata o inciso I.

§ 2º O disposto na alínea *a* do inciso II:

I – aplica-se, também, aos pagamentos efetuados a empresas domiciliadas no País, destinados à cobertura de despesas com hospitalização, médicas e odontológicas, bem como a entidades que assegurem direito de atendimento ou ressarcimento de despesas da mesma natureza;

II – restringe-se aos pagamentos efetuados pelo contribuinte, relativos ao próprio tratamento e ao de seus dependentes;

III – limita-se a pagamentos especificados e comprovados, com indicação do nome, endereço e número de inscrição no Cadastro de Pessoas Físicas – CPF ou no Cadastro Geral de Contribuintes – CGC de quem os recebeu, podendo, na falta de documentação, ser feita indicação do cheque nominativo pelo qual foi efetuado o pagamento;

IV – não se aplica às despesas ressarcidas por entidade de qualquer espécie ou cobertas por contrato de seguro;

V – no caso de despesas com aparelhos ortopédicos e próteses ortopédicas e dentárias, exige-se a comprovação com receituário médico e nota fiscal em nome do beneficiário.

§ 3º As despesas médicas e de educação dos alimentandos, quando realizadas pelo alimentante em virtude de cumprimento de decisão judicial, de acordo homologado judicialmente ou de escritura pública a que se refere o art. 1.124-A da Lei nº 5.869, de 11 de janeiro de 1973 – Código de Processo Civil, poderão ser deduzidas pelo alimentante na determinação da base de cálculo do imposto de renda na declaração, observado, no caso de despesas de educação, o limite previsto na alínea *b* do inciso II do *caput* deste artigo.

- § 3º com a redação dada pela Lei nº 11.727, de 23-6-2008.

§ 4º VETADO. Lei nº 12.469, de 26-8-2011.

Art. 9º O resultado da atividade rural, apurado na forma da Lei nº 8.023, de 12 de abril de 1990, com as alterações posteriores, quando positivo, integrará a base de cálculo do imposto definida no artigo anterior.

Art. 10. O contribuinte poderá optar por desconto simplificado, que substituirá todas as deduções admitidas na legislação, correspondente à dedução de 20% (vinte por cento) do valor dos rendimentos tributáveis na Declaração de Ajuste Anual, independentemente do montante desses rendimentos, dispensadas a comprovação da despesa e a indicação de sua espécie, limitada a:

- *Caput* com a redação dada pela Lei nº 11.482, de 31-5-2007.

I – R$ 11.669,72 (onze mil, seiscentos e sessenta e nove reais e setenta e dois centavos) para o ano-calendário de 2007;

II – R$ 12.194,86 (doze mil, cento e noventa e quatro reais e oitenta e seis centavos) para o ano-calendário de 2008;

III – R$ 12.743,63 (doze mil, setecentos e quarenta e três reais e sessenta e três centavos) para o ano-calendário de 2009;

- Incisos I a III acrescidos pela Lei nº 11.482, de 31-5-2007.

IV – R$ 13.317,09 (treze mil, trezentos e dezessete reais e nove centavos) para o ano-calendário de 2010;

V – R$ 13.916,36 (treze mil, novecentos e dezesseis reais e trinta e seis centavos) para o ano-calendário de 2011;

VI – R$ 14.542,60 (quatorze mil, quinhentos e quarenta e dois reais e sessenta centavos) para o ano-calendário de 2012;

VII – R$ 15.197,02 (quinze mil, cento e noventa e sete reais e dois centavos) para o ano-calendário de 2013;

- Incisos IV a VII com a redação dada pela Lei nº 12.469, de 26-8-2011.

VIII – R$ 15.880,89 (quinze mil, oitocentos e oitenta reais e oitenta e nove centavos) para o ano-calendário de 2014; e

IX – R$ 16.754,34 (dezesseis mil, setecentos e cinquenta e quatro reais e trinta e quatro centavos) a partir do ano-calendário de 2015.

- Incisos VIII e IX com a redação dada pela Lei nº 13.149, de 21-7-2015.

Parágrafo único. O valor deduzido não poderá ser utilizado para comprovação de acréscimo patrimonial, sendo considerado rendimento consumido.

Art. 11. O imposto de renda devido na declaração será calculado mediante utilização da seguinte tabela:

Base de cálculo em R$	Alíquota %	Parcela a deduzir do imposto em R$
até 10.800,00	–	–
acima de 10.800,00 até 21.600,00	15	1.620,00
acima de 21.600,00	25	3.780,00

- Lei nº 11.482, de 31-5-2007, efetua alterações na tabela do imposto de renda da pessoa física; dispõe sobre a redução a 0 (zero) da alíquota da CPMF nas hipóteses que menciona.

Art. 12. Do imposto apurado na forma do artigo anterior, poderão ser deduzidos:

- Art. 22 da Lei nº 9.532, de 10-12-1997, que altera a legislação tributária federal.

I – as contribuições feitas aos Fundos controlados pelos Conselhos Municipais, Estaduais e Nacional dos Direitos da Criança e do Adolescente e pelos Conselhos Municipais, Estaduais e Nacional do Idoso;

- Inciso I com a redação dada pela Lei nº 12.213, de 20-1-2010.

II – as contribuições efetivamente realizadas em favor de projetos culturais, aprovados na forma da regulamentação do Programa Nacional de Apoio à Cultura – PRONAC, instituído pelo art. 1º da Lei nº 8.313, de 23 de dezembro de 1991;

III – os investimentos feitos a título de incentivo às atividades audiovisuais, na forma e condições previstas nos arts. 1º e 4º da Lei nº 8.685, de 20 de julho de 1993;

IV – VETADO;

V – o imposto retido na fonte ou o pago, inclusive a título de recolhimento complementar, correspondente aos rendimentos incluídos na base de cálculo;

VI – o imposto pago no exterior de acordo com o previsto no art. 5º da Lei nº 4.862, de 29 de novembro de 1965;

VII – até o exercício de 2019, ano-calendário de 2018, a contribuição patronal paga à Previdência Social pelo empregador doméstico incidente sobre o valor da remuneração do empregado; e

- Inciso VII com a redação dada pela Lei nº 13.097, de 19-1-2015.

VIII – doações e patrocínios diretamente efetuados por pessoas físicas no âmbito do Programa Nacional de Apoio à Atenção Oncológica – PRONON e do Programa Nacional de Apoio à Atenção da Saúde da Pessoa com Deficiência – PRONAS/PCD, previamente aprovados pelo Ministério da Saúde.

- Inciso VIII com a redação dada pela Lei nº 12.715, de 17-9-2012.

§ 1º A soma das deduções a que se referem os incisos I a IV não poderá reduzir o imposto devido em mais de doze por cento.

§ 2º VETADO.

§ 3º A dedução de que trata o inciso VII do *caput* deste artigo:

I – está limitada:

a) a 1 (um) empregado doméstico por declaração, inclusive no caso da declaração em conjunto;

b) ao valor recolhido no ano-calendário a que se referir a declaração;

II – aplica-se somente ao modelo completo de Declaração de Ajuste Anual;

III – não poderá exceder:

a) ao valor da contribuição patronal calculada sobre 1 (um) salário mínimo mensal, sobre o 13º (décimo terceiro) salário e sobre a remuneração adicional de férias, referidos também a 1 (um) salário mínimo;

b) ao valor do imposto apurado na forma do art. 11 desta Lei, deduzidos os valores de que tratam os incisos I a III do *caput* deste artigo;

IV – fica condicionada à comprovação da regularidade do empregador doméstico perante o regime geral de previdência social quando se tratar de contribuinte individual.

- § 3º acrescido pela Lei nº 11.324, de 19-7-2006.

Art. 13. O montante determinado na forma do artigo anterior constituirá, se positivo, saldo do imposto a pagar e, se negativo, valor a ser restituído.

Parágrafo único. Quando positivo, o saldo do imposto deverá ser pago até o último dia útil do mês fixado para a entrega da declaração de rendimentos.

Art. 14. À opção do contribuinte, o saldo do imposto a pagar poderá ser parcelado em até 8 (oito) quotas iguais, mensais e sucessivas, observado o seguinte:

- *Caput* com a redação dada pela Lei nº 11.311, de 13-6-2006.

I – nenhuma quota será inferior a R$ 50,00 (cinquenta reais), e o imposto de valor inferior a R$ 100,00 (cem reais) será pago de uma só vez;

II – a primeira quota deverá ser paga no mês fixado para a entrega da declaração de rendimentos;

III – as demais quotas, acrescidas de juros equivalentes à taxa referencial do Sistema Especial de Liquidação e de Custódia – SELIC para títulos federais, acumulada mensalmente, calculados a partir da data prevista para a entrega da

LEG. COMPLEMENTAR

declaração de rendimentos até o mês anterior ao do pagamento e de 1 % no mês do pagamento, vencerão no último dia útil de cada mês;

IV – é facultado ao contribuinte antecipar, total ou parcialmente, o pagamento do imposto ou das quotas.

Art. 15. Nos casos de encerramento de espólio e de saída definitiva do território nacional, o imposto de renda devido será calculado mediante a utilização dos valores correspondentes à soma das tabelas progressivas mensais relativas aos meses do período abrangido pela tributação no ano-calendário.

• *Caput* com a redação dada pela Lei nº 11.311, de 13-6-2006.

Art. 16. O valor da restituição do imposto de renda da pessoa física, apurado em declaração de rendimentos, será acrescido de juros equivalentes à taxa referencial do Sistema Especial de Liquidação e de Custódia – SELIC para títulos federais, acumulada mensalmente, calculados a partir da data prevista para a entrega da declaração de rendimentos até o mês anterior ao da liberação da restituição e de 1 % no mês em que o recurso for colocado no banco à disposição do contribuinte.

Parágrafo único. Será obedecida a seguinte ordem de prioridade para recebimento da restituição do imposto de renda:

I – idosos, nos termos definidos pelo inciso IX do § 1º do art. 3º da Lei nº 10.741, de 1º de outubro de 2003;

II – contribuintes cuja maior fonte de renda seja o magistério;

III – demais contribuintes.

• Parágrafo único acrescido pela Lei nº 13.498, de 26-10-2017.

CAPÍTULO IV
TRIBUTAÇÃO DA ATIVIDADE RURAL

Art. 17. O art. 2º da Lei nº 8.023, de 12 de abril de 1990, passa a vigorar com a seguinte redação:

"Art. 2º ....

V – a transformação de produtos decorrentes da atividade rural, sem que sejam alteradas a composição e as características do produto *in natura*, feita pelo próprio agricultor ou criador, com equipamentos e utensílios usualmente empregados nas atividades rurais, utilizando exclusivamente matéria-prima produzida na área rural explorada, tais como a pasteurização e o acondicionamento do leite, assim como o mel e o suco de laranja, acondicionados em embalagem de apresentação.

Parágrafo único. O disposto neste artigo não se aplica à mera intermediação de animais e de produtos agrícolas."

Art. 18. O resultado da exploração da atividade rural apurado pelas pessoas físicas, a partir do ano-calendário de 1996, será apurado mediante escrituração do Livro Caixa, que deverá abranger as receitas, as despesas de custeio, os investimentos e demais valores que integram a atividade.

§ 1º O contribuinte deverá comprovar a veracidade das receitas e das despesas escrituradas no Livro Caixa, mediante documentação idônea que identifique o adquirente ou beneficiário, o valor e a data da operação, a qual será mantida em seu poder à disposição da fiscalização, enquanto não ocorrer a decadência ou prescrição.

§ 2º A falta da escrituração prevista neste artigo implicará arbitramento da base de cálculo à razão de vinte por cento da receita bruta do ano-calendário.

§ 3º Aos contribuintes que tenham auferido receitas anuais até o valor de R$ 56.000,00 (cinquenta e seis mil reais) faculta-se apurar o resultado da exploração da atividade rural, mediante prova documental, dispensado o registro do Livro Caixa.

Art. 19. O resultado positivo obtido na exploração da atividade rural pela pessoa física poderá ser compensado com prejuízos apurados em anos-calendário anteriores.

Parágrafo único. A pessoa física fica obrigada à conservação e guarda do Livro Caixa e dos documentos fiscais que demonstram a apuração do prejuízo a compensar.

Art. 20. O resultado decorrente da atividade rural, exercida no Brasil por residente ou domiciliado no exterior, apurado por ocasião do encerramento do ano-calendário, constituirá a base de cálculo do imposto e será tributado à alíquota de quinze por cento.

§ 1º Na hipótese de que trata este artigo, a apuração do resultado deverá ser feita por procurador, a quem compete reter e recolher o imposto devido, não sendo permitidas a opção pelo arbitramento de vinte por cento da receita bruta e a compensação de prejuízos apurados.

§ 2º O imposto apurado deverá ser pago na data da ocorrência do fato gerador.

§ 3º Ocorrendo remessa de lucros antes do encerramento do ano-calendário, o imposto deverá ser recolhido no ato sobre o valor remetido por ocasião do evento, exceto no caso de devolução de capital.

Art. 21. O resultado da atividade rural exercida no exterior, por residentes e domiciliados no Brasil, convertido em reais mediante utilização do valor do dólar dos Estados Unidos da América fixado para compra pelo Banco Central do Brasil, para o último dia do ano-calendário a que se refere o resultado, sujeita-se ao mesmo tratamento tributário previsto no art. 9º, vedada a compensação de resultado positivo obtido no exterior, com resultado negativo obtido no País.

CAPÍTULO V
TRIBUTAÇÃO DOS GANHOS DE CAPITAL DAS PESSOAS FÍSICAS

Art. 22. Fica isento do imposto de renda o ganho de capital auferido na alienação de bens e direitos de pequeno valor, cujo preço unitário de alienação, no mês em que esta se realizar, seja igual ou inferior a:

• *Caput* com a redação dada pela Lei nº 11.196, de 21-11-2005.

I – R$ 20.000,00 (vinte mil reais), no caso de alienação de ações negociadas no mercado de balcão;

II – R$ 35.000,00 (trinta e cinco mil reais), nos demais casos.

• Incisos I e II acrescidos pela Lei nº 11.196, de 21-11-2005.

Parágrafo único. No caso de alienação de diversos bens ou direitos da mesma natureza, será considerado, para os efeitos deste artigo, o valor do conjunto dos bens alienados no mês.

Art. 23. Fica isento do imposto de renda o ganho de capital auferido na alienação do único imóvel que o titular possua, cujo valor de alienação seja de até R$ 440.000,00 (quatrocentos e quarenta mil reais), desde que não tenha sido realizada qualquer outra alienação nos últimos cinco anos.

Art. 24. Na apuração do ganho de capital de bens adquiridos por meio de arrendamento mercantil, será considerado custo de aquisição o valor residual do bem acrescido dos valores pagos a título de arrendamento.

CAPÍTULO VI
DA DECLARAÇÃO DE BENS E DIREITOS

Art. 25. Como parte integrante da declaração de rendimentos, a pessoa física apresentará relação pormenorizada dos bens imóveis e móveis e direitos que, no País ou no exterior, constituam o seu patrimônio e o de seus dependentes, em 31 de dezembro do ano-calendário, bem como os bens e direitos adquiridos e alienados no mesmo ano.

§ 1º Devem ser declarados:

I – os bens imóveis, os veículos automotores, as embarcações e as aeronaves, independentemente do valor de aquisição;

II – os demais bens móveis, tais como antiguidades, obras de arte, objetos de uso pessoal e utensílios, adquiridos a partir do ano-calendário de 1996, cujo valor de aquisição unitário seja igual ou superior a R$ 5.000,00 (cinco mil reais);

III – os saldos de aplicações financeiras e de conta corrente bancária cujo valor individual, em 31 de dezembro do ano-calendário, exceda a R$ 140,00 (cento e quarenta reais);

IV – os investimentos em participações societárias, em ações negociadas ou não em bolsa de valores e em ouro, ativo-financeiro, adquiridos a partir do ano-calendário de 1996, cujo valor de aquisição unitário seja igual ou superior a R$ 1.000,00 (um mil reais).

§ 2º Os bens serão declarados discriminadamente pelos valores de aquisição em Reais, constantes dos respectivos instrumentos de transferência de propriedade ou da nota fiscal.

§ 3º Os bens existentes no exterior devem ser declarados pelos valores de aquisição constantes dos respectivos instrumentos de transferência de propriedade, segundo a moeda do país em que estiverem situados, convertidos em Reais pela cotação cambial de venda do dia da transmissão da propriedade.

§ 4º Os depósitos mantidos em instituições financeiras no exterior devem ser relacionados na declaração de bens, a partir do ano-calendário de 1999, pelo valor do saldo desses depósitos em moeda estrangeira convertido em reais pela cotação cambial de compra em 31 de dezembro, sendo isento o acréscimo patrimonial decorrente da variação cambial.

- § 4º com a redação dada pela MP nº 2.189-49, de 23-8-2001, que até o encerramento desta edição não havia sido convertida em Lei.

§ 5º Na declaração de bens e direitos, também deverão ser consignados os ônus reais e obrigações da pessoa física e de seus dependentes, em 31 de dezembro do ano-calendário, cujo valor seja superior a R$ 5.000,00 (cinco mil reais).

§ 6º O disposto nos incisos II e IV do § 1º poderá ser observado na declaração de bens referente ao ano-calendário de 1995, com relação aos bens móveis e aos investimentos adquiridos anteriormente a 1996.

CAPÍTULO VII
DISPOSIÇÕES GERAIS

Art. 26. Ficam isentas do imposto de renda as bolsas de estudo e de pesquisa caracterizadas como doação, quando recebidas exclusivamente para proceder a estudos ou pesquisas e desde que os resultados dessas atividades não representem vantagem para o doador, nem importem contraprestação de serviços.

Parágrafo único. Não caracterizam contraprestação de serviços nem vantagem para o doador, para efeito da isenção referida no *caput*, as bolsas de estudo recebidas pelos médicos residentes, nem as bolsas recebidas pelos servidores das redes públicas de educação profissional, científica e tecnológica que participem das atividades do PRONATEC, nos termos do § 1º do art. 9º da Lei nº 12.513, de 26 de outubro de 2011.

- Parágrafo único com a redação dada pela Lei nº 12.816, de 5-6-2013.

Art. 27. O art. 48 da Lei nº 8.541, de 23 de dezembro de 1992, passa a vigorar com a seguinte redação:

"Art. 48. Ficam isentos do imposto de renda os rendimentos percebidos pelas pessoas físicas decorrentes de seguro-desemprego, auxílio-natalidade, auxílio-doença, auxílio-funeral e auxílio-acidente, pagos pela previdência oficial da União, dos Estados, do Distrito Federal e dos Municípios e pelas entidades de previdência privada."

Art. 28. O inciso XV do art. 6º da Lei nº 7.713, de 22 de dezembro de 1988, passa a vigorar com a seguinte redação:

- Alteração inserida no texto da referida Lei.

Art. 29. Estão isentos do imposto de renda na fonte os rendimentos pagos a pessoa física, residente ou domiciliada no exterior, por autarquias ou repartições do Governo brasileiro situadas fora do território nacional e que correspondam a serviços prestados a esses órgãos.

Art. 30. A partir de 1º de janeiro de 1996, para efeito do reconhecimento de novas isenções de que tratam os incisos XIV e XXI do art. 6º da Lei nº 7.713, de 22 de dezembro de 1988, com a redação dada pelo art. 47 da Lei nº 8.541, de 23 de dezembro de 1992, a moléstia deverá ser comprovada mediante laudo pericial emitido por serviço médico oficial, da União, dos Estados, do Distrito Federal e dos Municípios.

§ 1º O serviço médico oficial fixará o prazo de validade do laudo pericial, no caso de moléstias passíveis de controle.

§ 2º Na relação das moléstias a que se refere o inciso XIV do inciso XIV do art. 6º da Lei nº 7.713, de 22 de dezembro de 1988, com a redação dada pelo art. 47 da Lei nº 8.541, de 23 de dezembro de 1992, fica incluída a fibrose cística (mucoviscidose).

Art. 31. VETADO.

Art. 32. O inciso VII do art. 6º da Lei nº 7.713, de 22 de dezembro de 1988, passa a vigorar com a seguinte redação:

- Alteração inserida no texto da referida Lei.

Art. 33. Sujeitam-se à incidência do imposto de renda na fonte e na declaração de ajuste anual os benefícios recebidos de entidade de previdência privada, bem como as importâncias correspondentes ao resgate de contribuições.

- Art. 11, § 1º, da Lei nº 9.532, de 10-12-1997, que altera a legislação tributária federal.

Parágrafo único. VETADO.

Art. 34. As alíneas *a* e *b* do § 1º do art. 6º da Lei nº 8.134, de 27 de dezembro de 1990, passam a vigorar com a seguinte redação:

"Art. 6º ....

....

§ 1º O disposto neste artigo não se aplica:

a) a quotas de depreciação de instalações, máquinas e equipamentos, bem como a despesas de arrendamento;

b) a despesas de locomoção e transporte, salvo no caso de representante comercial autônomo."

Art. 35. Para efeito do disposto nos arts. 4º, inciso III, e 8º, inciso II, alínea c, poderão ser considerados como dependentes:

I – o cônjuge;

II – o companheiro ou a companheira, desde que haja vida em comum por mais de cinco anos, ou por período menor se da união resultou filho;

III – a filha, o filho, a enteada ou o enteado, até 21 anos, ou de qualquer idade quando incapacitado física ou mentalmente para o trabalho;

IV – o menor pobre, até 21 anos, que o contribuinte crie e eduque e do qual detenha a guarda judicial;

V – o irmão, o neto ou o bisneto, sem arrimo dos pais, até 21 anos, desde que o contribuinte detenha a guarda judicial, ou de qualquer idade quando incapacitado física ou mentalmente para o trabalho;

VI – os pais, os avós ou os bisavós, desde que não aufiram rendimentos, tributáveis ou não, superiores ao limite de isenção mensal;

VII – o absolutamente incapaz, do qual o contribuinte seja tutor ou curador.

§ 1º Os dependentes a que se referem os incisos III e V deste artigo poderão ser assim considerados quando maiores até 24 anos de idade, se ainda estiverem cursando estabelecimento de ensino superior ou escola técnica de segundo grau.

§ 2º Os dependentes comuns poderão, opcionalmente, ser considerados por qualquer um dos cônjuges.

§ 3º No caso de filhos de pais separados, poderão ser considerados dependentes os que ficarem sob a guarda do contribuinte, em cumprimento de decisão judicial ou acordo homologado judicialmente.

§ 4º É vedada a dedução concomitante do montante referente a um mesmo dependente, na determinação da base de cálculo do imposto, por mais de um contribuinte.

§ 5º Sem prejuízo do disposto no inciso IX do parágrafo único do art. 3º da Lei nº 10.741, de 1º de outubro de 2003, a pessoa com deficiência, ou o contribuinte que tenha dependente nessa condição, tem preferência na restituição referida no inciso III do art. 4º e na alínea *c* do inciso II do art. 8º.

- § 5º acrescido pela Lei nº 13.146, de 6-7-2015.

CAPÍTULO VIII

DISPOSIÇÕES FINAIS E TRANSITÓRIAS

Art. 36. O contribuinte que no ano-calendário de 1995 tiver auferido rendimentos tributáveis até o limite de R$ 21.458,00 (vinte e um mil, quatrocentos e cinquenta e oito reais) poderá optar pelo regime de tributação simplificada de que trata o art. 10.

Art. 37. Fica a Secretaria da Receita Federal autorizada a:

I – instituir modelo de documento fiscal a ser emitido por profissionais liberais;

II – celebrar, em nome da União, convênio com os Estados, Distrito Federal e Municípios, objetivando instituir cadastro único de contribuintes, em substituição aos cadastros federal, estaduais e municipais.

Art. 38. Os processos fiscais relativos a tributos e contribuições federais e a penalidades isoladas e as declarações não poderão sair dos órgãos da Secretaria da Receita Federal, salvo quando se tratar de:

I – encaminhamento de recursos à instância superior;

II – restituições de autos aos órgãos de origem;

III – encaminhamento de documentos para fins de processamento de dados.

§ 1º Nos casos a que se referem os incisos I e II deverá ficar cópia autenticada dos documentos essenciais na repartição.

§ 2º É facultado o fornecimento de cópia do processo ao sujeito passivo ou a seu mandatário.

Art. 39. A compensação de que trata o art. 66 da Lei nº 8.383, de 30 de dezembro de 1991, com a redação dada pelo art. 58 da Lei nº 9.069, de 29 de junho de 1995, somente poderá ser efetuada com o recolhimento de importância correspondente a imposto, taxa, contribuição federal ou receitas patrimoniais de mesma espécie e destinação constitucional, apurado em períodos subsequentes.

§§ 1º a 3º VETADOS.

§ 4º A partir de 1º de janeiro de 1996, a compensação ou restituição será acrescida de juros equivalentes à taxa referencial do Sistema Especial de Liquidação e de Custódia – SELIC para títulos federais, acumulada mensalmente, calculados a partir da data do pagamento indevido ou a maior até o mês anterior ao da compensação ou restituição e de 1% relativamente ao mês em que estiver sendo efetuada.

Art. 40. A base de cálculo mensal do imposto de renda das pessoas jurídicas prestadoras de serviços em geral, cuja receita bruta anual seja de até R$ 120.000,00 (cento e vinte mil reais), será determinada mediante a aplicação do percentual de 16% sobre a receita bruta auferida mensalmente, observado o disposto nos arts. 30 a 35 da Lei nº 8.981, de 20 de janeiro de 1995.

Parágrafo único. O disposto neste artigo não se aplica às pessoas jurídicas que prestam serviços hospitalares e de transporte, bem como às sociedades prestadoras de serviços de profissões legalmente regulamentadas.

Art. 41. Esta Lei entra em vigor na data de sua publicação.

Art. 42. Revogam-se as disposições em contrário e, especialmente, o Decreto-Lei nº 1.380, de 23 de dezembro de 1974, o art. 27 da Lei nº 7.713, de 22 de dezembro de 1988, o art. 26 da Lei nº 8.218, de 29 de agosto de 1991, e os arts. 8º a 20 e 23 da Lei nº 8.981, de 20 de janeiro de 1995.

Brasília, 26 de dezembro de 1995;
174º da Independência e
107º da República.

Fernando Henrique Cardoso

LEI Nº 9.265, DE 12 DE FEVEREIRO DE 1996

Regulamenta o inciso LXXVII do art. 5º da Constituição, dispondo sobre a gratuidade dos atos necessários ao exercício da cidadania.

- Publicada no *DOU* de 13-2-1996.

Art. 1º São gratuitos os atos necessários ao exercício da cidadania, assim considerados:

I – os que capacitam o cidadão ao exercício da soberania popular, a que se reporta o art. 14 da Constituição;

II – aqueles referentes ao alistamento militar;

III – os pedidos de informações ao poder público, em todos os seus âmbitos, objetivando a instrução de defesa ou a denúncia de irregularidades administrativas na órbita pública;

IV – as ações de impugnação de mandato eletivo por abuso do poder econômico, corrupção ou fraude;

V – quaisquer requerimentos ou petições que visem as garantias individuais e a defesa do interesse público;

VI – o registro civil de nascimento e o assento de óbito, bem como a primeira certidão respectiva;

- Inciso VI acrescido pela Lei nº 9.534, de 10-12-1997.

VII – o requerimento e a emissão de documento de identificação específico, ou segunda via, para pessoa com transtorno do espectro autista.

- Inciso VII acrescido pela Lei nº 13.977, de 8-1-2020.

Art. 2º Esta Lei entra em vigor na data de sua publicação.

Art. 3º Revogam-se as disposições em contrário.

Art. 4º VETADO. Lei nº 9.534, de 10-12-1997.

Brasília, 12 de fevereiro de 1996;
175º da Independência e
108º da República.
Fernando Henrique Cardoso

LEI COMPLEMENTAR Nº 87, DE 13 DE SETEMBRO DE 1996

Dispõe sobre o imposto dos Estados e do Distrito Federal sobre operações relativas à circulação de mercadorias e sobre prestações de serviços de transporte interestadual e intermunicipal e de comunicação, e dá outras providências.

- Publicada no *DOU* de 16-9-1996.
- Art. 146, III, *a*, da CF.
- Art. 14 da LC nº 101, de 4-5-2000 (Lei da Responsabilidade Fiscal).

Art. 1º Compete aos Estados e ao Distrito Federal instituir o imposto sobre operações relativas à circulação de mercadorias e sobre prestações de serviços de transporte interestadual e intermunicipal e de comunicação, ainda que as operações e as prestações se iniciem no exterior.

- Art. 155, § 2º, II, da CF.
- Súmulas nºs 536, 569, 571 a 578 do STF.

Art. 2º O imposto incide sobre:

I – operações relativas à circulação de mercadorias, inclusive o fornecimento de alimentação e bebidas em bares, restaurantes e estabelecimentos similares;

- Súm. nº 391 do STJ.

II – prestações de serviços de transporte interestadual e intermunicipal, por qualquer via, de pessoas, bens, mercadorias ou valores;

III – prestações onerosas de serviços de comunicação, por qualquer meio, inclusive a geração, a emissão, a recepção, a transmissão, a retransmissão, a repetição e a ampliação de comunicação de qualquer natureza;

- Art. 155, § 2º, X, *d*, da CF.
- Súmulas nºs 334 e 350 do STF.

IV – fornecimento de mercadorias com prestação de serviços não compreendidos na competência tributária dos Municípios;

V – fornecimento de mercadorias com prestação de serviços sujeitos ao imposto sobre serviços, de competência dos Municípios, quando a lei complementar aplicável expressamente o sujeitar à incidência do imposto estadual.

§ 1º O imposto incide também:

I – sobre a entrada de mercadoria ou bem importados do exterior, por pessoa física ou jurídica, ainda que não seja contribuinte habitual do imposto, qualquer que seja a sua finalidade;

- Inciso I com a redação dada pela LC nº 114, de 16-12-2002.

II – sobre o serviço prestado no exterior ou cuja prestação se tenha iniciado no exterior;

III – sobre a entrada, no território do Estado destinatário, de petróleo, inclusive lubrificantes e combustíveis líquidos e gasosos dele derivados, e de energia elétrica, quando não destinados à comercialização ou à industrialização, decorrentes de operações interestaduais, cabendo o imposto ao Estado onde estiver localizado o adquirente.

§ 2º A caracterização do fato gerador independe da natureza jurídica da operação que o constitua.

- Súmulas nºs 572, 573, 575 a 577, 579, 660 a 662 do STF.
- Súmulas nºs 20, 71, 80, 87, 94, 95, 129, 155, 163, 198 e 273 do STJ.

Art. 3º O imposto não incide sobre:

- Súm. nº 432 do STJ.

I – operações com livros, jornais, periódicos e o papel destinado a sua impressão;

- Art. 150, VI, *d*, da CF.

II – operações e prestações que destinem ao exterior mercadorias, inclusive produtos primários e produtos industrializados semielaborados, ou serviços;

- Art. 155, § 2º, X, *a* e *d*, da CF.
- Súm. nº 536 do STF.

III – operações interestaduais relativas a energia elétrica e petróleo, inclusive lubrificantes e combustíveis líquidos e gasosos dele derivados, quando destinados à industrialização ou à comercialização;

- Art. 155, § 2º, X, *b*, da CF.

IV – operações com ouro, quando definido em lei como ativo financeiro ou instrumento cambial;

- Art. 155, § 2º, X, *c*, da CF.

V – operações relativas a mercadorias que tenham sido ou que se destinem a ser utilizadas na prestação, pelo próprio autor da saída, de serviço de qualquer natureza definido em lei complementar como sujeito ao imposto sobre serviços, de competência dos Municípios, ressalvadas as hipóteses previstas na mesma lei complementar;

VI – operações de qualquer natureza de que decorra a transferência de propriedade de estabelecimento industrial, comercial ou de outra espécie;

VII – operações decorrentes de alienação fiduciária em garantia, inclusive a operação efetuada pelo credor em decorrência do inadimplemento do devedor;

VIII – operações de arrendamento mercantil, não compreendida a venda do bem arrendado ao arrendatário;

- Art. 155, § 2º, IX, *a*, da CF.

IX – operações de qualquer natureza de que decorra a transferência de bens móveis salvados de sinistro para companhias seguradoras; e

- Inciso IX com a redação dada pela LC nº 194, de 23-6-2022.
- Súm. Vinc. nº 32 do STF.

X – serviços de transmissão e distribuição e encargos setoriais vinculados às operações com energia elétrica.

- Inciso X acrescido pela LC nº 194, de 23-6-2022.

Parágrafo único. Equipara-se às operações de que trata o inciso II a saída de mercadoria realizada com o fim específico de exportação para o exterior, destinada a:

I – empresa comercial exportadora, inclusive *tradings* ou outro estabelecimento da mesma empresa;

II – armazém alfandegado ou entreposto aduaneiro.

- Súmulas nºs 135 e 166 do STJ.

Art. 4º Contribuinte é qualquer pessoa, física ou jurídica, que realize, com habitualidade ou em volume que caracterize intuito comercial, operações de circulação de mercadoria ou prestações de serviços de transporte interestadual e intermunicipal e de comunicação, ainda que as operações e as prestações se iniciem no exterior.

§ 1º É também contribuinte a pessoa física ou jurídica que, mesmo sem habitualidade ou intuito comercial:

I – importe mercadorias ou bens do exterior, qualquer que seja a sua finalidade;

II – seja destinatária de serviço prestado no exterior ou cuja prestação se tenha iniciado no exterior;

III – adquira em licitação mercadorias ou bens apreendidos ou abandonados;

IV – adquira lubrificantes e combustíveis líquidos e gasosos derivados de petróleo e energia elétrica oriundos de outro Estado, quando não destinados à comercialização ou à industrialização.

- Parágrafo único transformado em § 1º pela LC nº 190, de 4-1-2022.

§ 2º É ainda contribuinte do imposto nas operações ou prestações que destinem mercadorias, bens e serviços a consumidor final domiciliado ou estabelecido em outro Estado, em relação à diferença entre a alíquota interna do Estado de destino e a alíquota interestadual:

I – o destinatário da mercadoria, bem ou serviço, na hipótese de contribuinte do imposto;

II – o remetente da mercadoria ou bem ou o prestador de serviço, na hipótese de o destinatário não ser contribuinte do imposto.

- § 2º acrescido pela LC nº 190, de 4-1-2022.
- Art. 99 do ADCT: "Art. 99. Para efeito do disposto no inciso VII do § 2º do art. 155, no caso de operações e prestações que destinem bens e serviços a consumidor final não contribuinte localizado em outro Estado, o imposto correspondente à diferença entre a alíquota interna e a interestadual será partilhado entre os Estados de origem e de destino, na seguinte proporção: I – para o ano de 2015: 20% (vinte por cento) para o Estado de destino e 80% (oitenta por cento) para o Estado de origem; II – para o ano de 2016: 40% (quarenta por cento) para o Estado de destino e 60% (sessenta por cento) para o Estado de origem; III – para o ano de 2017: 60% (sessenta por cento) para o Estado de destino e 40% (quarenta por cento) para o Estado de origem; IV – para o ano de 2018: 80% (oitenta por cento) para o Estado de destino e 20% (vinte por cento) para o Estado de origem; V – a partir do ano de 2019: 100% (cem por cento) para o Estado de destino."

Art. 5º Lei poderá atribuir a terceiros a responsabilidade pelo pagamento do imposto e acréscimos devidos pelo contribuinte ou responsável, quando os atos ou omissões daqueles concorrerem para o não recolhimento do tributo.

Art. 6º Lei estadual poderá atribuir a contribuinte do imposto ou a depositário a qualquer título a responsabilidade pelo seu pagamento, hipótese em que assumirá a condição de substituto tributário.

- *Caput* com a redação dada pela LC nº 114, de 16-12-2002.
- Art. 150, § 7º, da CF.
- Art. 128 do CTN.

§ 1º A responsabilidade poderá ser atribuída em relação ao imposto incidente sobre uma ou mais operações ou prestações, sejam antecedentes, concomitantes ou subsequentes, inclusive ao valor decorrente da diferença entre alíquotas interna e interestadual nas operações e prestações que destinem bens e serviços a consumidor final localizado em outro Estado, que seja contribuinte do imposto.

§ 2º A atribuição de responsabilidade dar-se-á em relação a mercadorias, bens ou serviços previstos em lei de cada Estado.

- § 2º com a redação dada pela LC nº 114, de 16-12-2002.

Art. 7º Para efeito de exigência do imposto por substituição tributária, inclui-se, também, como fato gerador do imposto, a entrada de mercadoria ou bem no estabelecimento do adquirente ou em outro por ele indicado.

Art. 8º A base de cálculo, para fins de substituição tributária, será:

- Súm. nº 431 do STJ.

I – em relação às operações ou prestações antecedentes ou concomitantes, o valor da operação ou prestação praticado pelo contribuinte substituído;

II – em relação às operações ou prestações subsequentes, obtida pelo somatório das parcelas seguintes:

a) o valor da operação ou prestação própria realizada pelo substituto tributário ou pelo substituído intermediário;

b) o montante dos valores de seguro, de frete e de outros encargos cobrados ou transferíveis aos adquirentes ou tomadores de serviço;

c) a margem de valor agregado, inclusive lucro, relativa às operações ou prestações subsequentes.

§ 1º Na hipótese de responsabilidade tributária em relação às operações ou prestações antecedentes, o imposto devido pelas referidas operações ou prestações será pago pelo responsável, quando:

I – da entrada ou recebimento da mercadoria, do bem ou do serviço;

- Inciso I com a redação dada pela LC nº 114, de 16-12-2002.

II – da saída subsequente por ele promovida, ainda que isenta ou não tributada;

III – ocorrer qualquer saída ou evento que impossibilite a ocorrência do fato determinante do pagamento do imposto.

§ 2º Tratando-se de mercadoria ou serviço cujo preço final a consumidor, único ou máximo, seja fixado por órgão público competente, a base de cálculo do imposto, para fins de substituição tributária, é o referido preço por ele estabelecido.

§ 3º Existindo preço final a consumidor sugerido pelo fabricante ou importador, poderá a lei estabelecer como base de cálculo este preço.

§ 4º A margem a que se refere a alínea *c* do inciso II do *caput* será estabelecida com base em preços usualmente praticados no mercado considerado, obtidos por levantamento, ainda que por amostragem ou através de informações e outros elementos fornecidos por entidades representativas dos respectivos setores, adotando-se a média ponderada dos preços coletados, devendo os critérios para sua fixação ser previstos em lei.

§ 5º O imposto a ser pago por substituição tributária, na hipótese do inciso II do *caput*, corresponderá à diferença entre o valor resultante da aplicação da alíquota prevista para as operações ou prestações internas do Estado de destino sobre a respectiva base de cálculo e o valor do imposto devido pela operação ou prestação própria do substituto.

§ 6º Em substituição ao disposto no inciso II do *caput*, a base de cálculo em relação às operações ou prestações subsequentes poderá ser o preço a consumidor final usualmente praticado no mercado considerado, relativamente ao serviço, à mercadoria ou sua similar, em condições de livre concorrência, adotando-se para sua apuração as regras estabelecidas no § 4º deste artigo.

- § 6º acrescido pela LC nº 114, de 16-12-2002.

Art. 9º A adoção do regime de substituição tributária em operações interestaduais dependerá de acordo específico celebrado pelos Estados interessados.

§ 1º A responsabilidade a que se refere o artigo 6º poderá ser atribuída:

I – ao contribuinte que realizar operação interestadual com petróleo, inclusive lubrificantes, combustíveis líquidos e gasosos dele derivados, em relação às operações subsequentes;

II – às empresas geradoras ou distribuidoras de energia elétrica, nas operações internas e interestaduais, na condição de contribuinte ou de substituto tributário, pelo pagamento do imposto, desde a produção ou importação até a última operação, sendo seu cálculo efetuado sobre o preço praticado na operação final, assegurado seu recolhimento ao Estado onde deva ocorrer essa operação.

- Súm. nº 391 do STJ.

§ 2º Nas operações interestaduais com as mercadorias de que tratam os incisos I e II do parágrafo anterior, que tenham como destinatário consumidor final, o imposto incidente na operação será devido ao Estado onde estiver localizado o adquirente e será pago pelo remetente.

Art. 10. É assegurado ao contribuinte substituído o direito à restituição do valor do imposto pago por força da substituição tributária, correspondente ao fato gerador presumido que não se realizar.

- Art. 150, § 7º, da CF.

§ 1º Formulado o pedido de restituição e não havendo deliberação no prazo de noventa dias, o contribuinte substituído poderá se creditar, em sua escrita fiscal, do valor objeto do pedido, devidamente atualizado segundo os mesmos critérios aplicáveis ao tributo.

§ 2º Na hipótese do parágrafo anterior, sobrevindo decisão contrária irrecorrível, o contribuinte substituído, no prazo de quinze dias da respectiva notificação, procederá ao estorno dos créditos lançados, também devidamente atualizados, com o pagamento dos acréscimos legais cabíveis.

Art. 11. O local da operação ou da prestação, para os efeitos da cobrança do imposto e definição do estabelecimento responsável, é:

I – tratando-se de mercadoria ou bem:

a) o do estabelecimento onde se encontre, no momento da ocorrência do fato gerador;

b) onde se encontre, quando em situação irregular pela falta de documentação fiscal ou quando acompanhado de documentação inidônea, como dispuser a legislação tributária;

c) o do estabelecimento que transfira a propriedade, ou o título que a represente, de mercadoria por ele adquirida no País e que por ele não tenha transitado;

d) importado do exterior, o do estabelecimento onde ocorrer a entrada física;

e) importado do exterior, o do domicílio do adquirente, quando não estabelecido;

f) aquele onde seja realizada a licitação, no caso de arrematação de mercadoria ou bem importados do exterior e apreendidos ou abandonados;

- Alínea *f* com a redação dada pela LC nº 114, de 16-12-2002.

g) o do Estado onde estiver localizado o adquirente, inclusive consumidor final, nas operações interestaduais com energia elétrica e petróleo, lubrificantes e combustíveis dele derivados, quando não destinados à industrialização ou à comercialização;

h) o do Estado de onde o ouro tenha sido extraído, quando não considerado como ativo financeiro ou instrumento cambial;

i) o de desembarque do produto, na hipótese de captura de peixes, crustáceos e moluscos;

II – tratando-se de prestação de serviço de transporte:

a) onde tenha início a prestação;

b) onde se encontre o transportador, quando em situação irregular pela falta de documentação fiscal ou quando acompanhada de documentação inidônea, como dispuser a legislação tributária;

c) *Revogada.* LC nº 190, de 4-1-2022;

III – tratando-se de prestação onerosa de serviço de comunicação:

a) o da prestação do serviço de radiodifusão sonora e de som e imagem, assim entendido o da geração, emissão, transmissão e retransmissão, repetição, ampliação e recepção;

b) o do estabelecimento da concessionária ou da permissionária que forneça ficha, cartão, ou assemelhados com que o serviço é pago;

c) o do estabelecimento destinatário do serviço, na hipótese e para os efeitos do inciso XIII do artigo 12:

c-1) o do estabelecimento ou domicílio do tomador do serviço, quando prestado por meio de satélite;

- Alínea *c-1* acrescida pela LC nº 102, de 11-7-2000.

d) onde seja cobrado o serviço, nos demais casos;

IV – tratando-se de serviços prestados ou iniciados no exterior, o do estabelecimento ou do domicílio do destinatário;

V – tratando-se de operações ou prestações interestaduais destinadas a consumidor final, em relação à diferença entre a alíquota interna do Estado de destino e a alíquota interestadual:

a) o do estabelecimento do destinatário, quando o destinatário ou o tomador for contribuinte do imposto;

b) o do estabelecimento do remetente ou onde tiver início a prestação, quando o destinatário ou tomador não for contribuinte do imposto.

- Inciso V acrescido pela LC nº 190, de 4-1-2022.

§ 1º O disposto na alínea *c* do inciso I não se aplica às mercadorias recebidas em regime de depósito de contribuinte de Estado que não o do depositário.

§ 2º Para os efeitos da alínea *h* do inciso I, o ouro, quando definido como ativo financeiro ou instrumento cambial, deve ter sua origem identificada.

§ 3º Para efeito desta Lei Complementar, estabelecimento é o local, privado ou público, edificado ou não, próprio ou de terceiro, onde pessoas físicas ou jurídicas exerçam suas atividades em caráter temporário ou permanente, bem como onde se encontrem armazenadas mercadorias, observado, ainda, o seguinte:

I – na impossibilidade de determinação do estabelecimento, considera-se como tal o local em que tenha sido efetuada a operação ou prestação, encontrada a mercadoria ou constatada a prestação;

II – é autônomo cada estabelecimento do mesmo titular;

- O STF, por unanimidade, julgou improcedente o pedido formulado na ADC nº 49, declarando a inconstitucionalidade deste inciso (*DOU* de 13-5-2021).

III – considera-se também estabelecimento autônomo o veículo usado no comércio ambulante e na captura de pescado;

IV – respondem pelo crédito tributário todos os estabelecimentos do mesmo titular.

§ 4º VETADO.

§ 5º Quando a mercadoria for remetida para armazém geral ou para depósito fechado do próprio contribuinte, no mesmo Estado, a posterior saída considerar-se-á ocorrida no estabelecimento do depositante, salvo se para retornar ao estabelecimento remetente.

LEG. COMPLEMENTAR

§ 6º Na hipótese do inciso III do *caput* deste artigo, tratando-se de serviços não medidos, que envolvam localidades situadas em diferentes unidades da Federação e cujo preço seja cobrado por períodos definidos, o imposto devido será recolhido em partes iguais para as unidades da Federação onde estiverem localizados o prestador e o tomador.

- § 6º acrescido pela LC nº 102, de 11-7-2000.

§ 7º Na hipótese da alínea *b* do inciso V do *caput* deste artigo, quando o destino final da mercadoria, bem ou serviço ocorrer em Estado diferente daquele em que estiver domiciliado ou estabelecido o adquirente ou o tomador, o imposto correspondente à diferença entre a alíquota interna e a interestadual será devido ao Estado no qual efetivamente ocorrer a entrada física da mercadoria ou bem ou o fim da prestação do serviço.

- O STF, por unanimidade, julgou improcedente a ADIN nº 7.158, reconhecendo a constitucionalidade deste parágrafo (*DOU* de 9-2-2023).

§ 8º Na hipótese de serviço de transporte interestadual de passageiros cujo tomador não seja contribuinte do imposto:

I – o passageiro será considerado o consumidor final do serviço, e o fato gerador considerar-se-á ocorrido no Estado referido nas alíneas *a* ou *b* do inciso II do *caput* deste artigo, conforme o caso, não se aplicando o disposto no inciso V do *caput* e no § 7º deste artigo; e

II – o destinatário do serviço considerar-se-á localizado no Estado da ocorrência do fato gerador, e a prestação ficará sujeita à tributação pela sua alíquota interna.

- §§ 7º e 8º acrescidos pela LC nº 190, de 4-1-2022.

Art. 12. Considera-se ocorrido o fato gerador do imposto no momento:

I – da saída de mercadoria de estabelecimento de contribuinte, ainda que para outro estabelecimento do mesmo titular;

- O STF, por unanimidade, julgou improcedente o pedido formulado na ADC nº 49, declarando a inconstitucionalidade deste inciso no trecho "ainda que para outro estabelecimento do mesmo titular" (*DOU* de 13-5-2021).

II – do fornecimento de alimentação, bebidas e outras mercadorias por qualquer estabelecimento;

III – da transmissão a terceiro de mercadoria depositada em armazém geral ou em depósito fechado, no Estado do transmitente;

IV – da transmissão de propriedade de mercadoria, ou de título que a represente, quando a mercadoria não tiver transitado pelo estabelecimento transmitente;

V – do início da prestação de serviços de transporte interestadual e intermunicipal, de qualquer natureza;

VI – do ato final do transporte iniciado no exterior;

VII – das prestações onerosas de serviços de comunicação, feita por qualquer meio, inclusive a geração, a emissão, a recepção, a transmissão, a retransmissão, a repetição e a ampliação de comunicação de qualquer natureza;

VIII – do fornecimento de mercadoria com prestação de serviços:

a) não compreendidos na competência tributária dos Municípios;

b) compreendidos na competência tributária dos Municípios e com indicação expressa de incidência do imposto de competência estadual, como definido na lei complementar aplicável;

IX – do desembaraço aduaneiro de mercadorias ou bens importados do exterior;

- Inciso IX com a redação dada pela LC nº 114, de 16-12-2002.

o Súm. nº 577 do STF.

X – do recebimento, pelo destinatário, de serviço prestado no exterior;

XI – da aquisição em licitação pública de mercadorias ou bens importados do exterior e apreendidos ou abandonados;

- Inciso XI com a redação dada pela LC nº 114, de 16-12-2002.

XII – da entrada no território do Estado de lubrificantes e combustíveis líquidos e gasosos derivados de petróleo e energia elétrica oriundos de outro Estado, quando não destinados à comercialização ou à industrialização;

- Inciso XII com a redação dada pela LC nº 102, de 11-7-2000.

o Súm. nº 391 do STJ.

XIII – da utilização, por contribuinte, de serviço cuja prestação se tenha iniciado em outro Estado e não esteja vinculada a operação ou prestação subsequente;

XIV – do início da prestação de serviço de transporte interestadual, nas prestações não vinculadas a operação ou prestação subsequente, cujo tomador não seja contribuinte do imposto domiciliado ou estabelecido no Estado de destino;

XV – da entrada no território do Estado de bem ou mercadoria oriundos de outro Estado adquiridos por contribuinte do imposto e destinados ao seu uso ou consumo ou à integração ao seu ativo imobilizado;

XVI – da saída, de estabelecimento de contribuinte, de bem ou mercadoria destinados a consumidor final não contribuinte do imposto domiciliado ou estabelecido em outro Estado.

- Incisos XIV a XVI acrescidos pela LC nº 190, de 4-1-2022.

§ 1º Na hipótese do inciso VII, quando o serviço for prestado mediante pagamento em ficha, cartão ou assemelhados, considera-se ocorrido o fato gerador do imposto quando do fornecimento desses instrumentos ao usuário.

§ 2º Na hipótese do inciso IX, após o desembaraço aduaneiro, a entrega, pelo depositário, de mercadoria ou bem importados do exterior deverá ser autorizada pelo órgão responsável pelo seu desembaraço, que somente se fará mediante a exibição do comprovante de pagamento do imposto incidente no ato do despacho aduaneiro, salvo disposição em contrário.

§ 3º Na hipótese de entrega de mercadoria ou bem importados do exterior antes do desembaraço aduaneiro, considera-se ocorrido o fato gerador neste momento, devendo a autoridade responsável, salvo disposição em contrário, exigir a comprovação do pagamento do imposto.

- § 3º acrescido pela LC nº 114, de 16-12-2002.

Art. 13. A base de cálculo do imposto é:

o Súmulas nºs 395 e 457 do STJ.

I – na saída de mercadoria prevista nos incisos I, III e IV do artigo 12, o valor da operação;

II – na hipótese do inciso II do artigo 12, o valor da operação, compreendendo mercadoria e serviço;

III – na prestação de serviço de transporte interestadual e intermunicipal e de comunicação, o preço do serviço;

IV – no fornecimento de que trata o inciso VIII do artigo 12:

a) o valor da operação, na hipótese da alínea *a*;

b) o preço corrente da mercadoria fornecida ou empregada, na hipótese da alínea *b*;

V – na hipótese do inciso IX do artigo 12, a soma das seguintes parcelas:

a) o valor da mercadoria ou bem constante dos documentos de importação, observado o disposto no artigo 14;

b) imposto de importação;

c) imposto sobre produtos industrializados;

d) imposto sobre operações de câmbio;

e) quaisquer outros impostos, taxas, contribuições e despesas aduaneiras;

• Alínea *e* com a redação dada pela LC nº 114, de 16-12-2002.

VI – na hipótese do inciso X do artigo 12, o valor da prestação do serviço, acrescido, se for o caso, de todos os encargos relacionados com a sua utilização;

VII – no caso do inciso XI do artigo 12, o valor da operação acrescido do valor dos impostos de importação e sobre produtos industrializados e de todas as despesas cobradas ou debitadas ao adquirente;

VIII – na hipótese do inciso XII do artigo 12, o valor da operação de que decorrer a entrada;

IX – nas hipóteses dos incisos XIII e XV do *caput* do art. 12 desta Lei Complementar:

a) o valor da operação ou prestação no Estado de origem, para o cálculo do imposto devido a esse Estado;

b) o valor da operação ou prestação no Estado de destino, para o cálculo do imposto devido a esse Estado;

• Inciso IX com a redação dada pela LC nº 190, de 4-1-2022.

X – nas hipóteses dos incisos XIV e XVI do *caput* do art. 12 desta Lei Complementar, o valor da operação ou o preço do serviço, para o cálculo do imposto devido ao Estado de origem e ao de destino.

• Inciso X acrescido pela LC nº 190, de 4-1-2022.

§ 1º Integra a base de cálculo do imposto, inclusive nas hipóteses dos incisos V, IX e X do *caput* deste artigo:

• *Caput* do § 1º com a redação dada pela LC nº 190, de 4-1-2022.

I – o montante do próprio imposto, constituindo o respectivo destaque mera indicação para fins de controle;

II – o valor correspondente a:

a) seguros, juros e demais importâncias pagas, recebidas ou debitadas, bem como descontos concedidos sob condição;

○ Súm. nº 457 do STJ.

b) frete, caso o transporte seja efetuado pelo próprio remetente ou por sua conta e ordem e seja cobrado em separado.

§ 2º Não integra a base de cálculo do imposto o montante do Imposto sobre Produtos Industrializados, quando a operação, realizada entre contribuintes e relativa a produto destinado à industrialização ou à comercialização, configurar fato gerador de ambos os impostos.

○ Art. 155, § 2º, XI, da CF.

§ 3º No caso da alínea *b* do inciso IX e do inciso X do *caput* deste artigo, o imposto a pagar ao Estado de destino será o valor correspondente à diferença entre a alíquota interna do Estado de destino e a interestadual.

• § 3º com a redação dada pela LC nº 190, de 4-1-2022.

§ 4º Na saída de mercadoria para estabelecimento localizado em outro Estado, pertencente ao mesmo titular, a base de cálculo do imposto é:

• O STF, por unanimidade, julgou improcedente o pedido formulado na ADC nº 49, declarando a inconstitucionalidade deste parágrafo (*DOU* de 13-5-2021).

I – o valor correspondente à entrada mais recente da mercadoria;

II – o custo da mercadoria produzida, assim entendida a soma do custo da matéria-prima, material secundário, mão de obra e acondicionamento;

III – tratando-se de mercadorias não industrializadas, o seu preço corrente no mercado atacadista do estabelecimento remetente.

§ 5º Nas operações e prestações interestaduais entre estabelecimentos de contribuintes diferentes, caso haja reajuste do valor depois da remessa ou da prestação, a diferença fica sujeita ao imposto no estabelecimento do remetente ou do prestador.

§ 6º Utilizar-se-á, para os efeitos do inciso IX do *caput* deste artigo:

I – a alíquota prevista para a operação ou prestação interestadual, para estabelecer a base de cálculo da operação ou prestação no Estado de origem;

II – a alíquota prevista para a operação ou prestação interna, para estabelecer a base de cálculo da operação ou prestação no Estado de destino.

§ 7º Utilizar-se-á, para os efeitos do inciso X do *caput* deste artigo, a alíquota prevista para a operação ou prestação interna no Estado de destino para estabelecer a base de cálculo da operação ou prestação.

• §§ 6º e 7º acrescidos pela LC nº 190, de 4-1-2022.

Art. 14. O preço de importação expresso em moeda estrangeira será convertido em moeda nacional pela mesma taxa de câmbio utilizada no cálculo do imposto de importação, sem qualquer acréscimo ou devolução posterior se houver variação da taxa de câmbio até o pagamento efetivo do preço.

Parágrafo único. O valor fixado pela autoridade aduaneira para base de cálculo do imposto de importação, nos termos da lei aplicável, substituirá o preço declarado.

Art. 15. Na falta do valor a que se referem os incisos I e VIII do artigo 13, a base de cálculo do imposto é:

I – o preço corrente da mercadoria, ou de seu similar, no mercado atacadista do local da operação ou, na sua falta, no mercado atacadista regional, caso o remetente seja produtor, extrator ou gerador, inclusive de energia;

II – o preço FOB estabelecimento industrial à vista, caso o remetente seja industrial;

III – o preço FOB estabelecimento comercial à vista, na venda a outros comerciantes ou industriais, caso o remetente seja comerciante.

§ 1º Para aplicação dos incisos II e III do *caput*, adotar-se-á sucessivamente:

I – o preço efetivamente cobrado pelo estabelecimento remetente na operação mais recente;

II – caso o remetente não tenha efetuado venda de mercadoria, o preço corrente da mercadoria ou de seu similar no mercado atacadista do local da operação ou, na falta deste, no mercado atacadista regional.

§ 2º Na hipótese do inciso III do *caput*, se o estabelecimento remetente não efetue vendas a outros comerciantes ou industriais ou, em qualquer caso, se não houver mercadoria similar, a base de cálculo será equivalente a setenta e cinco por cento do preço de venda corrente no varejo.

Art. 16. Nas prestações sem preço determinado, a base de cálculo do imposto é o valor corrente do serviço, no local da prestação.

Art. 17. Quando o valor do frete, cobrado por estabelecimento pertencente ao mesmo titular da mercadoria ou por outro estabelecimento de empresa que com aquele mantenha relação de interdependência, exceder os níveis normais de preços em vigor, no mercado local, para serviço semelhante, constantes de tabelas elaboradas pelos órgãos competentes, o valor excedente será havido como parte do preço da mercadoria.

Parágrafo único. Considerar-se-ão interdependentes duas empresas quando:

I – uma delas, por si, seus sócios ou acionistas, e respectivos cônjuges ou filhos menores, for titular de mais de cinquenta por cento do capital da outra;

II – uma mesma pessoa fizer parte de ambas, na qualidade de diretor, ou sócio com funções de gerência, ainda que exercidas sob outra denominação;

III – uma delas locar ou transferir a outra, a qualquer título, veículo destinado ao transporte de mercadorias.

Art. 18. Quando o cálculo do tributo tenha por base, ou tome em consideração, o valor ou o preço de mercadorias, bens, serviços ou direitos, a autoridade lançadora, mediante processo regular, arbitrará aquele valor ou preço, sempre que sejam omissos ou não mereçam fé as declarações ou os esclarecimentos prestados, ou os documentos expedidos pelo sujeito passivo ou pelo terceiro legalmente obrigado, ressalvada, em caso de contestação, avaliação contraditória, administrativa ou judicial.

Art. 19. O imposto é não cumulativo, compensando-se o que for devido em cada operação relativa à circulação de mercadorias ou prestação de serviços de transporte interestadual e intermunicipal e de comunicação com o montante cobrado nas anteriores pelo mesmo ou por outro Estado.

- Art. 155, § 2º, II, da CF.

Art. 20. Para a compensação a que se refere o artigo anterior, é assegurado ao sujeito passivo o direito de creditar-se do imposto anteriormente cobrado em operações de que tenha resultado a entrada de mercadoria, real ou simbólica, no estabelecimento, inclusive a destinada ao seu uso ou consumo ou ao ativo permanente, ou o recebimento de serviços de transporte interestadual e intermunicipal ou de comunicação.

§ 1º Não dão direito a crédito as entradas de mercadorias ou utilização de serviços resultantes de operações ou prestações isentas ou não tributadas, ou que se refiram a mercadorias ou serviços alheios à atividade do estabelecimento.

§ 2º Salvo prova em contrário, presumem-se alheios à atividade do estabelecimento os veículos de transporte pessoal.

§ 3º É vedado o crédito relativo a mercadoria entrada no estabelecimento ou a prestação de serviços a ele feita:

I – para integração ou consumo em processo de industrialização ou produção rural, quando a saída do produto resultante não for tributada ou estiver isenta do imposto, exceto se tratar-se de saída para o exterior;

II – para comercialização ou prestação de serviço, quando a saída ou prestação subsequente não forem tributadas ou estiverem isentas do imposto, exceto as destinadas ao exterior.

§ 4º Deliberação dos Estados, na forma do artigo 28, poderá dispor que não se aplique, no todo ou em parte, a vedação prevista no parágrafo anterior.

§ 5º Para efeito do disposto no *caput* deste artigo, relativamente aos créditos decorrentes de entrada de mercadorias no estabelecimento destinadas ao ativo permanente, deverá ser observado:

- § 5º com a redação dada pela LC nº 102, de 11-7-2000.

I – a apropriação será feita à razão de um quarenta e oito avos por mês, devendo a primeira fração ser apropriada no mês em que ocorrer a entrada no estabelecimento;

II – em cada período de apuração do imposto, não será permitido o creditamento de que trata o inciso I, em relação à proporção das operações de saídas ou prestações isentas ou não tributadas sobre o total das operações de saídas ou prestações efetuadas no mesmo período;

- Incisos I e II com a redação dada pela LC nº 102, de 11-7-2000.

III – para aplicação do disposto nos incisos I e II deste parágrafo, o montante do crédito a ser apropriado será obtido multiplicando-se o valor total do respectivo crédito pelo fator igual a 1/48 (um quarenta e oito avos) da relação entre o valor das operações de saídas e prestações tributadas e o total das operações de saídas e prestações do período, equiparando-se às tributadas, para fins deste inciso, as saídas e prestações com destino ao exterior ou as saídas de papel destinado à impressão de livros, jornais e periódicos;

- Inciso III com a redação dada pela LC nº 120, de 29-12-2005.

IV – o quociente de um quarenta e oito avos será proporcionalmente aumentado ou diminuído, *pro rata die*, caso o período de apuração seja superior ou inferior a um mês;

V – na hipótese de alienação dos bens do ativo permanente, antes de decorrido o prazo de quatro anos contado da data de sua aquisição, não será admitido, a partir da data da alienação, o creditamento de que trata este parágrafo em relação à fração que corresponderia ao restante do quadriênio;

VI – serão objeto de outro lançamento, além do lançamento em conjunto com os demais créditos, para efeito da compensação prevista neste artigo e no artigo 19, em livro próprio ou de outra forma que a legislação determinar, para aplicação do disposto nos incisos I a V deste parágrafo; e

VII – ao final do quadragésimo oitavo mês contado da data da entrada do bem no estabelecimento, o saldo remanescente do crédito será cancelado.

- Incisos IV a VII acrescidos pela LC nº 102, de 11-7-2000.

§ 6º Operações tributadas, posteriores a saídas de que trata o § 3º, dão ao estabelecimento que as praticar direito a creditar-se do imposto cobrado nas operações anteriores às isentas ou não tributadas sempre que a saída isenta ou não tributada seja relativa a:

I – produtos agropecuários;

II – quando autorizado em lei estadual, outras mercadorias.

Art. 20-A. Nas hipóteses dos incisos XIV e XVI do *caput* do art. 12 desta Lei Complementar, o crédito relativo às operações e prestações anteriores deve ser deduzido apenas do débito correspondente ao imposto devido à unidade federada de origem.

- Art. 20-A acrescido pela LC nº 190, de 4-1-2022.

Art. 21. O sujeito passivo deverá efetuar o estorno do imposto de que se tiver creditado sempre que o serviço tomado ou a mercadoria entrada no estabelecimento:

I – for objeto de saída ou prestação de serviço não tributada ou isenta, sendo esta circunstância imprevisível na data da entrada da mercadoria ou da utilização do serviço;

II – for integrada ou consumida em processo de industrialização, quando a saída do produto resultante não for tributada ou estiver isenta do imposto;

III – vier a ser utilizada em fim alheio à atividade do estabelecimento;

IV – vier a perecer, deteriorar-se ou extraviar-se.

§ 1º *Revogado.* LC nº 102, de 11-7-2000.

§ 2º Não se estornam créditos referentes a mercadorias e serviços que venham a ser objeto de operações ou prestações destinadas ao exterior ou de operações com o papel destinado à impressão de livros, jornais e periódicos.

• § 2º com a redação dada pela LC nº 120, de 29-12-2005.

§ 3º O não creditamento ou estorno a que se referem o § 3º do artigo 20 e o *caput* deste artigo não impedem a utilização dos mesmos créditos em operações posteriores, sujeitas ao imposto, com a mesma mercadoria.

§§ 4º a 8º *Revogados.* LC nº 102, de 11-7-2000.

Art. 22. VETADO.

Art. 23. O direito de crédito, para efeito de compensação com débito do imposto, reconhecido ao estabelecimento que tenha recebido as mercadorias ou para o qual tenham sido prestados os serviços, está condicionado à idoneidade da documentação e, se for o caso, à escrituração nos prazos e condições estabelecidos na legislação.

Parágrafo único. O direito de utilizar o crédito extingue-se depois de decorridos cinco anos contados da data de emissão do documento.

Art. 24. A legislação tributária estadual disporá sobre o período de apuração do imposto. As obrigações consideram-se vencidas na data em que termina o período de apuração e são liquidadas por compensação ou mediante pagamento em dinheiro como disposto neste artigo:

I – as obrigações consideram-se liquidadas por compensação até o montante dos créditos escriturados no mesmo período mais o saldo credor de período ou períodos anteriores, se for o caso;

II – se o montante dos débitos do período superar o dos créditos, a diferença será liquidada dentro do prazo fixado pelo Estado;

III – se o montante dos créditos superar os dos débitos, a diferença será transportada para o período seguinte.

Art. 24-A. Os Estados e o Distrito Federal divulgarão, em portal próprio, as informações necessárias ao cumprimento das obrigações tributárias, principais e acessórias, nas operações e prestações interestaduais, conforme o tipo.

§ 1º O portal de que trata o *caput* deste artigo deverá conter, inclusive:

I – a legislação aplicável à operação ou prestação específica, incluídas soluções de consulta e decisões em processo administrativo fiscal de caráter vinculante;

II – as alíquotas interestadual e interna aplicáveis à operação ou prestação;

III – as informações sobre benefícios fiscais ou financeiros e regimes especiais que possam alterar o valor a ser recolhido do imposto; e

IV – as obrigações acessórias a serem cumpridas em razão da operação ou prestação realizada.

§ 2º O portal referido no *caput* deste artigo conterá ferramenta que permita a apuração centralizada do imposto pelo contribuinte definido no inciso II do § 2º do art. 4º desta Lei Complementar, e a emissão das guias de recolhimento, para cada ente da Federação, da diferença entre a alíquota interna do Estado de destino e a alíquota interestadual da operação.

§ 3º Para o cumprimento da obrigação principal e da acessória disposta no § 2º deste artigo, os Estados e o Distrito Federal definirão em conjunto os critérios técnicos necessários para a integração e a unificação dos portais das respectivas secretarias de fazenda dos Estados e do Distrito Federal.

§ 4º Para a adaptação tecnológica do contribuinte, o inciso II do § 2º do art. 4º, a alínea *b* do inciso V do *caput* do art. 11 e o inciso XVI do *caput* do art. 12 desta Lei Complementar somente produzirão efeito no primeiro dia útil do terceiro mês subsequente ao da disponibilização do portal de que trata o *caput* deste artigo.

§ 5º A apuração e o recolhimento do imposto devido nas operações e prestações interestaduais de que trata a alínea *b* do inciso V do *caput* do art. 11 desta Lei Complementar observarão o definido em convênio celebrado nos termos da Lei Complementar nº 24, de 7 de janeiro de 1975, e, naquilo que não lhe for contrário, nas respectivas legislações tributárias estaduais.

• Art. 24-A acrescido pela LC nº 190, de 4-1-2022.

Art. 25. Para efeito de aplicação do disposto no artigo 24, os débitos e créditos devem ser apurados em cada estabelecimento, compensando-se os saldos credores e devedores entre os estabelecimentos do mesmo sujeito passivo localizados no Estado.

• *Caput* com a redação dada pela LC nº 102, de 11-7-2000.

§ 1º Saldos credores acumulados a partir da data de publicação desta Lei Complementar por estabelecimentos que realizem operações e prestações de que tratam o inciso II do artigo 3º e seu parágrafo único podem ser, na proporção que estas saídas representem do total das saídas realizadas pelo estabelecimento:

I – imputados pelo sujeito passivo a qualquer estabelecimento seu no Estado;

II – havendo saldo remanescente, transferidos pelo sujeito passivo a outros contribuintes do mesmo Estado, mediante a emissão pela autoridade competente de documento que reconheça o crédito.

§ 2º Lei estadual poderá, nos demais casos de saldos credores acumulados a partir da vigência desta Lei Complementar, permitir que:

I – sejam imputados pelo sujeito passivo a qualquer estabelecimento seu no Estado;

II – sejam transferidos, nas condições que definir, a outros contribuintes do mesmo Estado.

Art. 26. Em substituição ao regime de apuração mencionado nos artigos 24 e 25, a lei estadual poderá estabelecer:

I – que o cotejo entre créditos e débitos se faça por mercadoria ou serviço dentro de determinado período;

II – que o cotejo entre créditos e débitos se faça por mercadoria ou serviço em cada operação;

III – que, em função do porte ou da atividade do estabelecimento, o imposto seja pago em parcelas periódicas e calculado por estimativa, para um determinado período, assegurado ao sujeito passivo o direito de impugná-la e instaurar processo contraditório.

§ 1º Na hipótese do inciso III, ao fim do período, será feito o ajuste com base na escrituração regular do contribuinte, que pagará a diferença apurada, se positiva; caso contrário, a diferença será compensada com o pagamento referente ao período ou períodos imediatamente seguintes.

§ 2º A inclusão de estabelecimento no regime de que trata o inciso III não dispensa o sujeito passivo do cumprimento de obrigações acessórias.

Arts. 27 a 30. VETADOS.

Art. 31. Nos exercícios financeiros de 2003 a 2006, a União entregará mensalmente recursos aos Estados e seus Municípios, obedecidos os montantes, os critérios, os

LEG. COMPLEMENTAR

prazos e as demais condições fixadas no Anexo desta Lei Complementar.

- *Caput* com a redação dada pela LC nº 115, de 26-12-2002.

o Art. 91 do ADCT.

§ 1º Do montante de recursos que couber a cada Estado, a União entregará, diretamente:

I – setenta e cinco por cento ao próprio Estado; e

II – vinte e cinco por cento aos respectivos Municípios, de acordo com os critérios previstos no parágrafo único do artigo 158 da Constituição Federal.

§ 2º Para atender ao disposto no *caput*, os recursos do Tesouro Nacional serão provenientes:

I – da emissão de títulos de sua responsabilidade, ficando autorizada, desde já, a inclusão nas leis orçamentárias anuais de estimativa de receita decorrente dessas emissões, bem como de dotação até os montantes anuais previstos no Anexo, não se aplicando neste caso, desde que atendidas as condições e os limites globais fixados pelo Senado Federal, quaisquer restrições ao acréscimo que acarretará no endividamento da União;

II – de outras fontes de recursos.

§ 3º A entrega dos recursos a cada unidade federada, na forma e condições detalhadas no Anexo, especialmente no seu item 3, será satisfeita, primeiro, para efeito de pagamento ou compensação da dívida da respectiva unidade, inclusive de sua administração indireta, vencida e não paga junto à União, bem como para o ressarcimento à União de despesas decorrentes de eventuais garantias honradas de operações de crédito externas. O saldo remanescente, se houver, será creditado em moeda corrente.

§ 4º A entrega dos recursos a cada unidade federada, na forma e condições detalhadas no Anexo, subordina-se à existência de disponibilidades orçamentárias consignadas a essa finalidade na respectiva Lei Orçamentária Anual da União, inclusive eventuais créditos adicionais.

- §§ 1º a 4º com a redação dada pela LC nº 115, de 26-12-2002.

§ 4º-A. *Revogado*. LC nº 115, de 26-12-2002.

§ 5º Para efeito da apuração de que trata o artigo 4º da Lei Complementar nº 65, de 15 de abril de 1991, será considerado o valor das respectivas exportações de produtos industrializados, inclusive semielaborados, não submetidas à incidência do imposto sobre operações relativas à circulação de mercadorias e sobre prestações de serviços de transporte interestadual e intermunicipal e de comunicação, em 31 de julho de 1996.

- § 5º com a redação dada pela LC nº 102, de 11-7-2000.

Art. 32. A partir da data de publicação desta Lei Complementar:

I – o imposto não incidirá sobre operações que destinem ao exterior mercadorias, inclusive produtos primários e produtos industrializados semielaborados, bem como sobre prestações de serviços para o exterior;

o Art. 150, § 2º, X, *a*, da CF.

II – darão direito de crédito, que não será objeto de estorno, as mercadorias entradas no estabelecimento para integração ou consumo em processo de produção de mercadorias industrializadas, inclusive semielaboradas, destinadas ao exterior;

III – entra em vigor o disposto no Anexo integrante desta Lei Complementar.

Art. 32-A. As operações relativas aos combustíveis, ao gás natural, à energia elétrica, às comunicações e ao transporte coletivo, para fins de incidência de imposto de que trata esta Lei Complementar, são consideradas operações de bens e serviços essenciais e indispensáveis, que não podem ser tratados como supérfluos.

§ 1º Para efeito do disposto neste artigo:

I – é vedada a fixação de alíquotas sobre as operações referidas no *caput* deste artigo em patamar superior ao das operações em geral, considerada a essencialidade dos bens e serviços;

II – é facultada ao ente federativo competente a aplicação de alíquotas reduzidas em relação aos bens referidos no *caput* deste artigo, como forma de beneficiar os consumidores em geral; e

III – é vedada a fixação de alíquotas reduzidas de que trata o inciso II deste parágrafo, para os combustíveis, a energia elétrica e o gás natural, em percentual superior ao da alíquota vigente por ocasião da publicação deste artigo.

§ 2º No que se refere aos combustíveis, a alíquota definida conforme o disposto no § 1º deste artigo servirá como limite máximo para a definição das alíquotas específicas (*ad rem*) a que se refere a alínea *b* do inciso V do *caput* do art. 3º da Lei Complementar nº 192, de 11 de março de 2022.

- Art. 32-A acrescido pela LC nº 194, de 23-6-2022.

Art. 33. Na aplicação do artigo 20 observar-se-á o seguinte:

I – somente darão direito de crédito as mercadorias destinadas ao uso ou consumo do estabelecimento nele entradas a partir de 1º de janeiro de 2033;

- Inciso I com a redação dada pela LC nº 171, de 27-12-2019.

II – somente dará direito a crédito a entrada de energia elétrica no estabelecimento:

- *Caput* do inciso II com a redação dada pela LC nº 102, de 11-7-2000.

a) quando for objeto de operação de saída de energia elétrica;

b) quando consumida no processo de industrialização;

c) quando seu consumo resultar em operação de saída ou prestação para o exterior, na proporção destas sobre as saídas ou prestações totais; e

- Alíneas *a* a *c* com a redação dada pela LC nº 102, de 11-7-2000.

d) a partir de 1º de janeiro de 2033, nas demais hipóteses;

- Alínea *d* com a redação dada pela LC nº 171, de 27-12-2019.

III – somente darão direito de crédito as mercadorias destinadas ao ativo permanente do estabelecimento, nele entradas a partir da data da entrada desta Lei Complementar em vigor;

IV – somente dará direito a crédito o recebimento de serviços de comunicação utilizados pelo estabelecimento:

- *Caput* do inciso IV com a redação dada pela LC nº 102, de 11-7-2000.

a) ao qual tenham sido prestados na execução de serviços da mesma natureza;

b) quando sua utilização resultar em operação de saída ou prestação para o exterior, na proporção desta sobre as saídas ou prestações totais; e

- Alíneas *a* e *b* acrescidas pela LC nº 102, de 11-7-2000.

c) a partir de 1º de janeiro de 2033, nas demais hipóteses.

- Alínea *c* com a redação dada pela LC nº 171, de 27-12-2019.

Art. 34. VETADO.

Art. 35. As referências feitas aos Estados nesta Lei Complementar entendem-se feitas também ao Distrito Federal.

Art. 36. Esta Lei Complementar entra em vigor no primeiro dia do segundo mês seguinte ao da sua publicação, observado o disposto nos artigos 32 e 33 e no Anexo integrante desta Lei Complementar.

Brasília, 13 de setembro de 1996;
175º da Independência e
108º da República.
Fernando Henrique Cardoso

• Optamos por não publicar os anexos nesta edição.

LEI Nº 9.311, DE 24 DE OUTUBRO DE 1996

Institui a Contribuição Provisória sobre Movimentação ou Transmissão de Valores e de Créditos e Direitos de Natureza Financeira – CPMF, e dá outras providências.

• Publicada no *DOU* de 25-10-1996.

Art. 1º É instituída a Contribuição Provisória sobre Movimentação ou Transmissão de Valores e de Créditos e Direitos de Natureza Financeira – CPMF.

Parágrafo único. Considera-se movimentação ou transmissão de valores e de créditos e direitos de natureza financeira qualquer operação liquidada ou lançamento realizado pelas entidades referidas no artigo 2º, que representem circulação escritural ou física de moeda, e de que resulte ou não transferência da titularidade dos mesmos valores, créditos e direitos.

Art. 2º O fato gerador da contribuição é:

I – o lançamento a débito, por instituição financeira, em contas correntes de depósito, em contas correntes de empréstimo, em contas de depósito de poupança, de depósito judicial e de depósitos em consignação de pagamento de que tratam os parágrafos do artigo 890 da Lei nº 5.869, de 11 de janeiro de 1973, introduzidos pelo artigo 1º da Lei nº 8.951, de 13 de dezembro de 1994, junto a ela mantidas;

II – o lançamento a crédito, por instituição financeira, em contas correntes que apresentem saldo negativo, até o limite de valor da redução do saldo devedor;

III – a liquidação ou pagamento, por instituição financeira, de quaisquer créditos, direitos ou valores, por conta e ordem de terceiros, que não tenham sido creditados, em nome do beneficiário, nas contas referidas nos incisos anteriores;

IV – o lançamento, e qualquer outra forma de movimentação ou transmissão de valores e de créditos e direitos de natureza financeira, não relacionados nos incisos anteriores, efetuados pelos bancos comerciais, bancos múltiplos com carteira comercial e caixas econômicas;

V – a liquidação de operação contratadas nos mercados organizados de liquidação futura;

VI – qualquer outra movimentação ou transmissão de valores e de créditos e direitos de natureza financeira que, por sua finalidade, reunindo características que permitam presumir a existência de sistema organizado para efetivá-la, produza os mesmos efeitos previstos nos incisos anteriores, independentemente da pessoa que a efetue, da denominação que possa ter e da forma jurídica ou dos instrumentos utilizados para realizá-la.

Art. 3º A contribuição não incide:

I – no lançamento nas contas da União, dos Estados, do Distrito Federal, dos Municípios, de suas autarquias e fundações;

II – no lançamento errado e seu respectivo estorno, desde que não caracterizem a anulação de operação efetivamente contratada, bem como no lançamento de cheque e documento compensável, e seu respectivo estorno, devolvidos em conformidade com as normas do Banco Central do Brasil;

III – no lançamento para pagamento da própria contribuição;

IV – nos saques efetuados diretamente nas contas vinculadas do Fundo de Garantia do Tempo de Serviço – FGTS e do Fundo de Participação PIS/PASEP e no saque do valor do benefício do seguro-desemprego, pago de acordo com os critérios previstos no artigo 5º da Lei nº 7.998, de 11 de janeiro de 1990;

V – sobre a movimentação financeira ou transmissão de valores e de créditos e direitos de natureza financeira das entidades beneficentes de assistência social, nos termos do § 7º do artigo 195 da Constituição Federal;

VI – nos lançamentos a débito nas contas correntes de depósito cujos titulares sejam:

a) missões diplomáticas;

b) repartições consulares de carreira;

c) representações de organismos internacionais e regionais de caráter permanente, de que o Brasil seja membro;

d) funcionário estrangeiro de missão diplomática ou representação consular;

e) funcionário estrangeiro de organismo internacional que goze de privilégios ou isenções tributárias em virtude de acordo firmado com o Brasil.

• Inciso VI acrescido pela Lei nº 10.306, de 8-11-2001.

§ 1º O Banco Central do Brasil, no exercício de sua competência, poderá expedir normas para assegurar o cumprimento do disposto neste artigo, objetivando, inclusive por meio de documentação específica, a identificação dos lançamentos objeto da não incidência.

• Parágrafo único transformado em § 1º pela Lei nº 10.306, de 8-11-2001.

§ 2º O disposto nas alíneas *d* e *e* do inciso VI não se aplica aos funcionários estrangeiros que tenham residência permanente no Brasil.

§ 3º Os membros das famílias dos funcionários mencionados nas alíneas *d* e *e* do inciso VI, desde que com eles mantenham relação de dependência econômica e não tenham residência permanente no Brasil, gozarão do tratamento estabelecido neste artigo.

§ 4º O disposto no inciso VI não se aplica aos Consulados e Cônsules honorários.

§ 5º Os ministros de Estado da Fazenda e das Relações Exteriores poderão expedir, em conjunto, instruções para o cumprimento do disposto no inciso VI e nos §§ 2º e 3º.

• §§ 2º a 5º acrescidos pela Lei nº 10.306, de 8-11-2001.

Art. 4º São contribuintes:

I – os titulares das contas referidas nos incisos I e II do artigo 2º, ainda que movimentadas por terceiros;

II – o beneficiário referido no inciso III do artigo 2º;

III – as instituições referidas no inciso IV do artigo 2º;

IV – os comitentes das operações referidas no inciso V do artigo 2º;

V – aqueles que realizarem a movimentação ou a transmissão referida no inciso VI do artigo 2º.

Art. 5º É atribuída a responsabilidade pela retenção e recolhimento da contribuição:

I – às instituições que efetuarem os lançamentos, as liquidações ou os pagamentos de que tratam os incisos I, II e III do artigo 2º;

II – às instituições que intermediarem as operações a que se refere o inciso V do artigo 2º;

III – àqueles que intermediarem operações a que se refere o inciso VI do artigo 2º.

§ 1º A instituição financeira reservará, no saldo das contas referidas no inciso I do artigo 2º, valor correspondente à aplicação da alíquota de que trata o artigo 7º sobre o saldo daquelas contas, exclusivamente para os efeitos de retiradas ou saques, em operações sujeitas à contribuição, durante o período de sua incidência.

§ 2º Alternativamente ao disposto no parágrafo anterior, a instituição financeira poderá assumir a responsabilidade pelo pagamento da contribuição na hipótese de eventual insuficiência de recursos nas contas.

§ 3º Na falta de retenção da contribuição, fica mantida, em caráter supletivo, a responsabilidade do contribuinte pelo seu pagamento.

Art. 6º Constitui a base de cálculo:

I – na hipótese dos incisos I, II e IV do artigo 2º, o valor do lançamento e de qualquer outra forma de movimentação ou transmissão;

II – na hipótese do inciso III do artigo 2º, o valor da liquidação ou do pagamento;

III – na hipótese do inciso V do artigo 2º, o resultado, se negativo, da soma algébrica dos ajustes diários ocorridos no período compreendido entre a contratação inicial e a liquidação do contrato;

IV – na hipótese do inciso VI do artigo 2º, o valor da movimentação ou da transmissão.

Parágrafo único. O lançamento, movimentação ou transmissão de que trata o inciso IV do artigo 2º serão apurados com base nos registros contábeis das instituições ali referidas.

Art. 7º A alíquota da contribuição é de vinte centésimos por cento.

Art. 8º A alíquota fica reduzida a zero:

I – nos lançamentos a débito em contas de depósito de poupança, de depósito judicial e de depósito em consignação de pagamento de que tratam os parágrafos do artigo 890 da Lei nº 5.869, de 11 de janeiro de 1973, introduzidos pelo artigo 1º da Lei nº 8.951, de 13 de dezembro de 1994, para crédito em conta corrente de depósito ou conta de poupança, dos mesmos titulares;

II – nos lançamentos relativos a movimentação de valores de conta corrente de depósito, para conta de idêntica natureza, dos mesmos titulares, exceto nos casos de lançamentos a crédito na hipótese de que trata o inciso II do artigo 2º;

III – nos lançamentos em contas correntes de depósito das sociedades corretoras de títulos, valores mobiliários e câmbio, das sociedades distribuidoras de títulos e valores mobiliários, das sociedades de investimento e fundos de investimento constituídos nos termos dos artigos 49 e 50 da Lei nº 4.728, de 14 de julho de 1965, das sociedades corretoras de mercadorias e dos serviços de liquidação, compensação e custódia vinculados às bolsas de valores, de mercadorias e de futuros, e das instituições financeiras não referidas no inciso IV do artigo 2º, bem como das cooperativas de crédito, desde que os respectivos valores sejam movimentados em contas correntes de depósito especialmente abertas e exclusivamente utilizadas para as operações a que se refere o § 3º deste artigo;

IV – nos lançamentos efetuados pelos bancos comerciais, bancos múltiplos com carteira comercial e caixas econômicas, relativos às operações a que se refere o § 3º deste artigo;

V – nos pagamentos de cheques, efetuados por instituição financeira, cujos valores não tenham sido creditados em nome do beneficiário nas contas referidas no inciso I do artigo 2º;

VI – nos lançamentos relativos aos ajustes diários exigidos em mercados organizados de liquidação futura e específico das operações a que se refere o inciso V do artigo 2º;

VII – nos lançamentos a débito em conta corrente de depósito para investimento, aberta e utilizada exclusivamente para realização de aplicações financeiras de renda fixa e de renda variável, de qualquer natureza, inclusive em contas de depósito de poupança;

- Inciso VII acrescido pela Lei nº 10.892, de 13-7-2004.

VIII – nos lançamentos a débito nas contas especiais de depósito a vista tituladas pela população de baixa renda, com limites máximos de movimentação e outras condições definidas pelo Conselho Monetário Nacional – CMN e pelo Banco Central do Brasil;

- Inciso VIII com a redação dada pela Lei nº 11.110, de 25-4-2005.

IX – nos lançamentos relativos à transferência de reservas técnicas, fundos e provisões de plano de benefício de caráter previdenciário entre entidades de previdência complementar ou sociedades seguradoras, inclusive em decorrência de reorganização societária, desde que:

a) não haja qualquer disponibilidade de recursos para o participante, nem mudança na titularidade do plano; e

b) a transferência seja efetuada diretamente entre planos ou entre gestores de planos;

- Inciso IX acrescido pela Lei nº 11.196, de 21-11-2005.

X – nos lançamentos a débito em conta corrente de depósito de titularidade de residente ou domiciliado no Brasil ou no exterior para liquidação de operações de aquisição de ações em oferta pública, registrada na Comissão de Valores Mobiliários, realizada fora dos recintos ou sistemas de negociação de bolsa de valores, desde que a companhia emissora tenha registro para negociação das ações em bolsas de valores;

- Inciso X acrescido pela Lei nº 11.312, de 27-6-2006.

XI – na liquidação antecipada por instituição financeira, por conta e ordem do mutuário, de contrato de concessão de crédito que o mesmo mutuário tenha contratado em outra instituição financeira, desde que a referida liquidação esteja vinculada à abertura de nova linha de crédito, em valor idêntico ao do saldo devedor liquidado antecipadamente pela instituição que proceder à liquidação da operação, na forma regulamentada pelo Conselho Monetário Nacional;

XII – nos lançamentos a débito em conta corrente de depósito de titularidade de entidade fechada de previdência complementar para pagamento de benefícios do Regime Geral de Previdência Social, relativos a aposentadoria e pensão, no âmbito de convênio firmado entre a entidade e o Instituto Nacional de Seguro Social – INSS;

XIII – nos lançamentos a débito em conta especial destinada ao registro e controle do fluxo de recursos, aberta exclusivamente para pagamento de salários, proventos, soldos, vencimentos, aposentadorias, pensões e similares, decorrente de transferência para conta corrente de depósito de titularidade do mesmo beneficiário, conjunta ou não, na forma regulamentada pelo Conselho Monetário Nacional.

- Incisos XI a XIII acrescidos pela Lei nº 11.482, de 31-5-2007.

§ 1º O Banco Central do Brasil, no exercício de sua competência, expedirá normas para assegurar o cumprimento do disposto nos incisos I, II, VI, VII, X, XI, XII e XIII do *caput* deste artigo, objetivando, inclusive por meio de documentação específica, a identificação dos lançamentos previstos nos referidos incisos.

• § 1º com a redação dada pela Lei nº 11.482, de 31-5-2007.

§ 2º A aplicação da alíquota zero prevista nos incisos I, II e VI deste artigo fica condicionada ao cumprimento das normas que vierem a ser estabelecidas pelo Ministro de Estado da Fazenda.

§ 3º O disposto nos incisos III e IV deste artigo restringe-se a operações relacionadas em ato do Ministro de Estado da Fazenda, dentre as que constituam o objeto social das referidas entidades.

§ 4º O disposto nos incisos I e II deste artigo não se aplica a contas conjuntas de pessoas físicas, com mais de dois titulares, e a quaisquer contas conjuntas de pessoas jurídicas.

§ 5º O Ministro de Estado da Fazenda poderá estabelecer limite de valor do lançamento, para efeito de aplicação da alíquota zero, independentemente do fato gerador a que se refira.

§ 6º O disposto no inciso V deste artigo não se aplica a cheques que, emitidos por instituição financeira, tenham sido adquiridos em dinheiro.

§ 7º Para a realização de aplicações financeiras, é obrigatória a abertura de contas correntes de depósito para investimento, de que trata o inciso VII do *caput* deste artigo, pelas instituições financeiras e demais instituições autorizadas a funcionar pelo Banco Central do Brasil.

§ 8º As aplicações financeiras serão efetivadas somente por meio de lançamentos a débito em contas correntes de depósito para investimento, de que trata o inciso VII do *caput* deste artigo.

§ 9º Ficam autorizadas a efetivação e a manutenção de aplicações financeiras em contas de depósito de poupança não integradas a contas correntes de depósito para investimento, de que trata o inciso VII do *caput* deste artigo, observadas as disposições estabelecidas na legislação e na regulamentação em vigor.

§ 10. Não integram as contas correntes de depósito para investimento, de que trata o inciso VII do *caput* deste artigo:

I – as operações e os contratos de que tratam os incisos II e III do *caput* do art. 85 do Ato das Disposições Constitucionais Transitórias;

II – as contas de depósitos judiciais e de depósitos em consignação em pagamento de que tratam os parágrafos do art. 890 da Lei nº 5.869, de 11 de janeiro de 1973;

III – as operações a que se refere o inciso V do *caput* do art. 2º desta Lei, quando sujeitas a ajustes diários.

§ 11. O ingresso de recursos novos nas contas correntes de depósito para investimento será feito exclusivamente por meio de lançamento a débito em conta corrente de depósito do titular, por cheque de sua emissão, cruzado e intransferível, ou por outro instrumento de pagamento, observadas as normas expedidas pelo Banco Central do Brasil.

§ 12. Os valores das retiradas de recursos das contas correntes de depósito para investimento, quando não destinados à realização de aplicações financeiras, serão pagos exclusivamente ao beneficiário por meio de crédito em sua conta corrente de depósito, de cheque, cruzado e intransferível, ou de outro instrumento de pagamento, observadas as normas expedidas pelo Banco Central do Brasil.

§ 13. Aplica-se o disposto no inciso II do *caput* deste artigo nos lançamentos relativos a movimentação de valores entre contas correntes de depósito para investimento, de que trata o inciso VII do *caput* deste artigo.

§ 14. As operações a que se refere o inciso V do *caput* do art. 2º desta Lei, quando não sujeitas a ajustes diários, integram as contas correntes de depósitos para investimentos.

§ 15. A partir de 1º de outubro de 2006, os valores de resgate, liquidação, cessão ou repactuação das aplicações financeiras existentes em 30 de setembro de 2004, exceto em contas de depósito de poupança, poderão ser creditados diretamente ao beneficiário, em conta corrente de depósito para investimento, de que trata o inciso VII do *caput* deste artigo.

§ 16. No caso de pessoas jurídicas, as contas correntes de depósito não poderão ser conjuntas.

§ 17. Em relação às operações referentes às contas correntes de depósito para investimento ou em relação à manutenção destas, as instituições financeiras, caso venham a estabelecer cobrança de tarifas, não poderão exigi-las em valor superior às fixadas para as demais operações de mesma natureza, observadas as normas expedidas pelo Conselho Monetário Nacional.

• §§ 7º a 17 acrescidos pela Lei nº 10.892, de 13-7-2004.

Art. 9º É facultado ao Poder Executivo alterar a alíquota da contribuição, observado o limite máximo previsto no artigo 7º.

Art. 10. O Ministro de Estado da Fazenda disciplinará as formas e os prazos de apuração e de pagamento ou retenção e recolhimento da contribuição instituída por esta Lei, respeitado o disposto no parágrafo único deste artigo.

Parágrafo único. O pagamento ou a retenção e o recolhimento da Contribuição serão efetuados no mínimo uma vez por decêndio.

• Parágrafo único com a redação dada pela Lei nº 11.196, de 21-11-2005.

Art. 11. Compete à Secretaria da Receita Federal a administração da contribuição, incluídas as atividades de tributação, fiscalização e arrecadação.

§ 1º No exercício das atribuições de que trata este artigo, a Secretaria da Receita Federal poderá requisitar ou proceder ao exame de documentos, livros e registros, bem como estabelecer obrigações acessórias.

§ 2º As instituições responsáveis pela retenção e pelo recolhimento da contribuição prestarão à Secretaria da Receita Federal as informações necessárias à identificação dos contribuintes e os valores globais das respectivas operações, nos termos, nas condições e nos prazos que vierem a ser estabelecidos pelo Ministro de Estado da Fazenda.

§ 3º A Secretaria da Receita Federal resguardará, na forma da legislação aplicável à matéria, o sigilo das informações prestadas, facultada sua utilização para instaurar procedimento administrativo tendente a verificar a existência de crédito tributário relativo a impostos e contribuições e para lançamento, no âmbito do procedimento fiscal, do crédito tributário porventura existente, observado o disposto no artigo 42 da Lei nº 9.430, de 27 de dezembro de 1996, e alterações posteriores.

• § 3º com a redação dada pela Lei nº 10.174, de 9-1-2001.

§ 3º-A. VETADO. Lei nº 10.174, de 9-1-2001.

§ 4º Na falta de informações ou insuficiência de dados necessários à apuração da contribuição, esta será determinada com base em elementos de que dispuser a fiscalização.

Art. 12. Serão regidos pelas normas relativas aos tributos administrados pela Secretaria da Receita Federal:

I – o processo administrativo de determinação e exigência da contribuição;

II – o processo de consulta sobre a aplicação da respectiva legislação;

III – a inscrição do débito não pago em dívida ativa e a sua subsequente cobrança administrativa e judicial.

Art. 13. A contribuição não paga nos prazos previstos nesta Lei será acrescida de:

I – juros equivalentes à taxa referencial do Sistema Especial de Liquidação e Custódia – SELIC, para títulos federais, acumulada mensalmente, calculados a partir do primeiro dia do mês subsequente ao do vencimento da obrigação até o último dia do mês anterior ao do pagamento e de um por cento no mês do pagamento;

II – multa de mora aplicada na forma do disposto no inciso II do artigo 84 da Lei nº 8.981, de 20 de janeiro de 1995.

Art. 14. Nos casos de lançamento de ofício, aplicar-se-á o disposto nos artigos 44, 47 e 61 da Lei nº 9.430, de 27 de dezembro de 1996.

- Artigo com a redação dada pela MP nº 2.158-35, de 24-8-2001.

Art. 15. É vedado o parcelamento do crédito constituído em favor da Fazenda Pública em decorrência da aplicação desta Lei.

Art. 16. Serão efetivadas somente por meio de lançamento a débito em conta corrente de depósito do titular ou do mutuário, por cheque de sua emissão, cruzado e intransferível, ou por outro instrumento de pagamento, observadas as normas expedidas pelo Banco Central do Brasil:

- *Caput* com a redação dada pela Lei nº 10.892, de 13-7-2004.

I – as operações e os contratos de que tratam os incisos II e III do *caput* do art. 85 do Ato das Disposições Constitucionais Transitórias;

II – a liquidação das operações de crédito;

III – as contribuições para planos de benefícios de previdência complementar ou de seguros de vida com características semelhantes;

IV – o valor das contraprestações, bem como de qualquer outro pagamento vinculado às operações de arrendamento mercantil.

- Incisos I a IV acrescidos pela Lei nº 10.892, de 13-7-2004.

§ 1º Os valores de resgate, liquidação, cessão ou repactuação de aplicações financeiras não integradas a conta corrente de depósito para investimento, bem como os valores referentes à concessão de créditos e aos benefícios ou resgates recebidos dos planos e seguros de que trata o inciso III do *caput* deste artigo, deverão ser pagos exclusivamente aos beneficiários ou proponentes mediante crédito em sua conta corrente de depósitos, cheque cruzado, intransferível, ou por outro instrumento de pagamento, observadas as normas expedidas pelo Banco Central do Brasil.

§ 2º O disposto no § 1º deste artigo não se aplica às contas de depósito de poupança não integradas a contas correntes de depósito para investimento, cujos titulares sejam pessoas físicas, bem como às contas de depósitos judiciais e de depósitos em consignação em pagamento de que tratam os parágrafos do art. 890 da Lei nº 5.869, de 11 de janeiro de 1973.

§ 3º No caso de planos ou seguros constituídos com recursos de pessoa jurídica e de pessoa física, o valor da contribuição dessa última poderá ser dispensado da obrigatoriedade de que trata este artigo, desde que transite pela conta corrente da pessoa jurídica.

- §§ 1º a 3º com a redação dada pela Lei nº 10.892, de 13-7-2004.

§ 4º No caso de planos de benefícios de previdência complementar, as contribuições poderão ser efetivadas a débito da conta corrente de depósito, por cheque de emissão do proponente ou responsável financeiro, ou por outro instrumento de pagamento, observadas as normas expedidas pelo Banco Central do Brasil.

§ 5º O Ministro de Estado da Fazenda poderá dispensar da obrigatoriedade prevista neste artigo a concessão, a liquidação ou o pagamento de operações previstas nos incisos II, III e IV do *caput* deste artigo, tendo em vista as características das operações e as finalidades a que se destinem.

- §§ 4º e 5º acrescidos pela Lei nº 10.892, de 13-7-2004.

§ 6º O disposto no inciso II do *caput* deste artigo não se aplica na hipótese de liquidação antecipada de contrato de concessão de crédito, por instituição financeira, prevista no inciso XI do art. 8º desta Lei.

- § 6º acrescido pela Lei nº 11.482, de 31-5-2007.

Art. 17. Durante o período de tempo previsto no artigo 20:

I – somente é permitido um único endosso nos cheques pagáveis no País;

II – as alíquotas constantes da tabela descrita no artigo 20 da Lei nº 8.212, de 24 de julho de 1991, e a alíquota da contribuição mensal, para o Plano de Seguridade Social dos Servidores Públicos Federais regidos pela Lei nº 8.112, de 11 de dezembro de 1990, incidente sobre salários e remunerações até três salários mínimos, ficam reduzidas em pontos percentuais proporcionais ao valor da contribuição devida até o limite de sua compensação;

III – os valores dos benefícios de prestação continuada e os de prestação única, constantes dos Planos de Benefício da Previdência Social, de que trata a Lei nº 8.213, de 24 de julho de 1991, e os valores dos proventos dos inativos, dos pensionistas e demais benefícios, constantes da Lei nº 8.112, de 11 de dezembro de 1990, não excedentes de dez salários mínimos, serão acrescidos de percentual proporcional ao valor da contribuição devida até o limite de sua compensação;

IV – o Banco Central do Brasil, no exercício de sua competência, adotará as medidas necessárias visando instituir modalidade de depósito de poupança para pessoas físicas, que permita conferir remuneração adicional de vinte centésimos por cento, a ser creditada sobre o valor de saque, desde que tenha permanecido em depósito por prazo igual ou superior a noventa dias.

§ 1º Os Ministros de Estado da Fazenda e da Previdência e Assistência Social baixarão, em conjunto, as normas necessárias ao cumprimento do disposto nos incisos II e III deste artigo.

§ 2º Ocorrendo alteração da alíquota da contribuição, as compensações previstas neste artigo serão ajustadas, mediante ato do Ministro de Estado da Fazenda, na mesma proporção.

§ 3º O acréscimo de remuneração resultante do disposto nos incisos II e III deste artigo não integrará a base de cálculo do Imposto sobre a Renda da Pessoa Física.

Art. 18. O produto da arrecadação da contribuição de que trata esta Lei será destinado integralmente ao Fundo Nacional de Saúde, para financiamento das ações e serviços de saúde, sendo que sua entrega obedecerá aos prazos e condições estabelecidos para as transferências de que trata o artigo 159 da Constituição Federal.

Parágrafo único. É vedada a utilização dos recursos arrecadados com a aplicação desta Lei em pagamento de serviços prestados pelas instituições hospitalares com finalidade lucrativa.

Art. 19. A Secretaria da Receita Federal e o Banco Central do Brasil, no âmbito das respectivas competências, baixarão as normas necessárias à execução desta Lei.

Art. 20. A contribuição incidirá sobre os fatos geradores verificados no período de tempo correspondente a treze meses, contados após decorridos noventa dias da data da publicação desta Lei, quando passará a ser exigida.

Art. 21. Esta Lei entra em vigor na data de sua publicação.

Brasília, 24 de outubro de 1996;
175º da Independência e
108º da República.
Fernando Henrique Cardoso

LEI Nº 9.316, DE 22 DE NOVEMBRO DE 1996

Altera a legislação do imposto de renda e da contribuição social sobre o lucro líquido.

• Publicada no *DOU* de 23-11-1996, edição extra.

Art. 1º O valor da contribuição social sobre o lucro líquido não poderá ser deduzido para efeito de determinação do lucro real, nem de sua própria base de cálculo.

Parágrafo único. Os valores da contribuição social a que se refere este artigo, registrados como custo ou despesa, deverão ser adicionados ao lucro líquido do respectivo período de apuração para efeito de determinação do lucro real e de sua própria base de cálculo.

Art. 2º A contribuição social sobre o lucro líquido, devida pelas instituições a que se refere o § 1º do art. 22 da Lei nº 8.212, de 24 de julho de 1991, será calculada à alíquota de dezoito por cento.

Art. 3º Ficam convalidados os atos praticados com base na Medida Provisória nº 1.516-1, de 26 de setembro de 1996.

Art. 4º Esta Lei entra em vigor na data de sua publicação, produzindo efeitos em relação aos períodos de apuração iniciados a partir de 1º de janeiro de 1997.

Senado Federal, em 22 de novembro de 1996;
175º da Independência e
108º da República.
Ronaldo Perim

LEI Nº 9.363, DE 13 DE DEZEMBRO DE 1996

Dispõe sobre a instituição de crédito presumido do Imposto sobre Produtos Industrializados, para ressarcimento do valor do PIS/PASEP e COFINS nos casos que especifica, e dá outras providências.

• Publicada no *DOU* de 17-12-1996.

Art. 1º A empresa produtora e exportadora de mercadorias nacionais fará jus a crédito presumido do Imposto sobre Produtos Industrializados, como ressarcimento das contribuições de que tratam as Leis Complementares nºs 7, de 7 de setembro de 1970, 8, de 3 de dezembro de 1970, e 70, de 30 de dezembro de 1991, incidentes sobre as respectivas aquisições, no mercado interno, de matérias-primas, produtos intermediários e material de embalagem, para utilização no processo produtivo.

- Art. 5º desta Lei.
- Arts. 2º a 8º da Lei nº 9.718, de 27-11-1998, que altera a legislação tributária federal.

Parágrafo único. O disposto neste artigo aplica-se, inclusive, nos casos de venda a empresa comercial exportadora com o fim específico de exportação para o exterior.

Art. 2º A base de cálculo do crédito presumido será determinada mediante a aplicação, sobre o valor total das aquisições de matérias-primas, produtos intermediários e material de embalagem referidos no artigo anterior, do percentual correspondente à relação entre a receita de exportação e a receita operacional bruta do produtor exportador.

§ 1º O crédito fiscal será o resultado da aplicação do percentual de 5,37% sobre a base de cálculo definida neste artigo.

§ 2º No caso de empresa com mais de um estabelecimento produtor exportador, a apuração do crédito presumido poderá ser centralizada na matriz.

- Art. 4º, par. ún., desta Lei.

§ 3º O crédito presumido, apurado na forma do parágrafo anterior, poderá ser transferido para qualquer estabelecimento da empresa para efeito de compensação com o Imposto sobre Produtos Industrializados, observadas as normas expedidas pela Secretaria da Receita Federal.

§ 4º A empresa comercial exportadora que, no prazo de 180 dias, contado da data da emissão da nota fiscal de venda pela empresa produtora, não houver efetuado a exportação dos produtos para o exterior, fica obrigada ao pagamento das contribuições para o PIS/PASEP e COFINS relativamente aos produtos adquiridos e não exportados, bem assim de valor correspondente ao do crédito presumido atribuído à empresa produtora vendedora.

§ 5º Na hipótese do parágrafo anterior, o valor a ser pago, correspondente ao crédito presumido, será determinado mediante a aplicação do percentual de 5,37% sobre sessenta por cento do preço de aquisição dos produtos adquiridos e não exportados.

§ 6º Se a empresa comercial exportadora revender, no mercado interno, os produtos adquiridos para exportação, sobre o valor de revenda serão devidas as contribuições para o PIS/PASEP e COFINS, sem prejuízo do disposto no § 4º.

§ 7º O pagamento dos valores referidos nos §§ 4º e 5º deverá ser efetuado até o décimo dia subsequente ao do vencimento do prazo estabelecido para a efetivação da exportação, acrescido de multa de mora e de juros equivalentes à taxa referencial do Sistema Especial de Liquidação e Custódia – SELIC, para títulos federais, acumulada mensalmente, calculados a partir do primeiro dia do mês subsequente ao da emissão da nota fiscal de venda dos produtos para a empresa comercial exportadora até o último dia do mês anterior ao do pagamento e de um por cento no mês do pagamento.

Art. 3º Para os efeitos desta Lei, a apuração do montante da receita operacional bruta, da receita de exportação e do valor das matérias-primas, produtos intermediários e material de embalagem será efetuada nos termos das normas que regem a incidência das contribuições referidas no art. 1º, tendo em vista o valor constante da respectiva nota fiscal de venda emitida pelo fornecedor ao produtor exportador.

Parágrafo único. Utilizar-se-á, subsidiariamente, a legislação do Imposto de Renda e do Imposto sobre Produtos Industrializados para o estabelecimento, respectivamente, dos conceitos de receita operacional bruta e de produção, matéria-prima, produtos intermediários e material de embalagem.

Art. 4º Em caso de comprovada impossibilidade de utilização do crédito presumido em compensação do Imposto sobre Produtos Industrializados devido, pelo produtor exportador, nas operações de venda no mercado interno, far-se-á o ressarcimento em moeda corrente.

Parágrafo único. Na hipótese de crédito presumido apurado na forma do § 2º do art. 2º, o ressarcimento em moeda corrente será efetuado ao estabelecimento matriz da pessoa jurídica.

Art. 5º A eventual restituição, ao fornecedor, das importâncias recolhidas em pagamento das contribuições referidas no art. 1º, bem assim a compensação mediante crédito, implica imediato estorno, pelo produtor exportador, do valor correspondente.

Art. 6º O Ministro de Estado da Fazenda expedirá as instruções necessárias ao cumprimento do disposto nesta Lei, inclusive quanto aos requisitos e periodicidade para apuração e para fruição do crédito presumido e respectivo ressarcimento, à definição de receita de exportação e aos documentos fiscais comprobatórios dos lançamentos, a esse título, efetuados pelo produtor exportador.

Art. 7º O Poder Executivo, no prazo de noventa dias, encaminhará ao Congresso Nacional projeto de lei cancelando dotação orçamentária para compensar o acréscimo de renúncia tributária decorrente desta Lei.

Art. 8º São declarados insubsistentes os atos praticados com base na Medida Provisória nº 905, de 21 de fevereiro de 1995.

Art. 9º Ficam convalidados os atos praticados com base na Medida Provisória nº 1.484-27, de 22 de novembro de 1996.

Art. 10. Esta Lei entra em vigor na data de sua publicação.

Senado Federal, em 13 de dezembro de 1996;
175º da Independência e
108º da República.

José Sarney

LEI Nº 9.393, DE 19 DE DEZEMBRO DE 1996

Dispõe sobre o Imposto sobre a Propriedade Territorial Rural – ITR, sobre pagamento da dívida representada por Títulos da Dívida Agrária e dá outras providências.

- Publicada no *DOU* de 20-12-1996.

CAPÍTULO I
DO IMPOSTO SOBRE A PROPRIEDADE TERRITORIAL RURAL – ITR

Seção I
DO FATO GERADOR DO ITR

Definição

- Art. 153, VI e § 4º, da CF.
- Arts. 29 a 34 do CTN.
- Lei nº 4.504, de 30-11-1964 (Estatuto da Terra).
- Lei nº 8.022, de 12-4-1990, altera o sistema de administração das receitas federais.
- Dec.-lei nº 57, de 18-11-1966, altera dispositivos sobre lançamento e cobrança do Imposto sobre a Propriedade Territorial Rural, institui normas sobre arrecadação da Dívida Ativa correspondente.
- Súmulas nºs 74 e 583 do STF.

Art. 1º O Imposto sobre a Propriedade Territorial Rural – ITR, de apuração anual, tem como fato gerador a propriedade, o domínio útil ou a posse de imóvel por natureza, localizado fora da zona urbana do município, em 1º de janeiro de cada ano.

- Art. 146, III, *a*, da CF.

§ 1º O ITR incide inclusive sobre o imóvel declarado de interesse social para fins de reforma agrária, enquanto não transferida a propriedade, exceto se houver imissão prévia na posse.

- Art. 5º, XXII a XXIV, da CF.

§ 2º Para os efeitos desta Lei, considera-se imóvel rural a área contínua, formada de uma ou mais parcelas de terras, localizada na zona rural do município.

§ 3º O imóvel que pertencer a mais de um município deverá ser enquadrado no município onde fique a sede do imóvel e, se esta não existir, será enquadrado no município onde se localize a maior parte do imóvel.

Imunidade

Art. 2º Nos termos do artigo 153, § 4º, *in fine*, da Constituição, o imposto não incide sobre pequenas glebas rurais, quando as explore, só ou com sua família, o proprietário que não possua outro imóvel.

- Art. 8º, § 3º, desta Lei.

Parágrafo único. Para os efeitos deste artigo, pequenas glebas rurais são os imóveis com área igual ou inferior a:

I – cem hectares, se localizado em município compreendido na Amazônia Ocidental ou no Pantanal mato-grossense e sul-mato-grossense;

II – cinquenta hectares, se localizado em município compreendido no Polígono das Secas ou na Amazônia Oriental;

III – trinta hectares, se localizado em qualquer outro município.

Seção II
DA ISENÇÃO

Art. 3º São isentos do imposto:

- Art. 8º, § 3º, desta Lei.

I – o imóvel rural compreendido em programa oficial de reforma agrária, caracterizado pelas autoridades competentes como assentamento, que, cumulativamente, atenda aos seguintes requisitos:

a) seja explorado por associação ou cooperativa de produção;

b) a fração ideal por família assentada não ultrapasse os limites estabelecidos no artigo anterior;

c) o assentado não possua outro imóvel;

II – o conjunto de imóveis rurais de um mesmo proprietário, cuja área total observe os limites fixados no parágrafo único do artigo anterior, desde que, cumulativamente, o proprietário:

a) o explore só ou com sua família, admitida ajuda eventual de terceiros;

b) não possua imóvel urbano.

Art. 3º-A. Os imóveis rurais oficialmente reconhecidos como áreas ocupadas por remanescentes de comunidades de quilombos que estejam sob a ocupação direta e sejam explorados, individual ou coletivamente, pelos membros destas comunidades são isentos do Imposto sobre a Propriedade Territorial Rural – ITR.

§ 1º Ficam dispensados a constituição de créditos da Fazenda Nacional, a inscrição na Dívida Ativa da União e o ajuizamento da respectiva execução fiscal, e cancelados o lançamento e a inscrição relativos ao ITR referentes aos imóveis rurais de que trata o *caput* a partir da data do registro do título de domínio previsto no art. 68 do Ato das Disposições Constitucionais Transitórias.

§ 2º Observada a data prevista no § 1º, não serão aplicadas as penalidades estabelecidas nos arts. 7º e 9º para fatos geradores ocorridos até a data de publicação da lei decorrente da conversão da Medida Provisória nº 651, de 9 de julho de 2014, e ficam anistiados os valores decorrentes de multas lançadas pela apresentação da declaração do ITR fora do prazo.

- Art. 3º-A acrescido pela Lei nº 13.043, de 13-11-2014.

Seção III

DO CONTRIBUINTE E DO RESPONSÁVEL

Contribuinte

Art. 4º Contribuinte do ITR é o proprietário de imóvel rural, o titular de seu domínio útil ou o seu possuidor a qualquer título.

- Art. 31 do CTN.

Parágrafo único. O domicílio tributário do contribuinte é o município de localização do imóvel, vedada a eleição de qualquer outro.

Responsável

Art. 5º É responsável pelo crédito tributário o sucessor, a qualquer título, nos termos dos artigos 128 a 133 da Lei nº 5.172, de 25 de outubro de 1996 (Sistema Tributário Nacional).

Seção IV

DAS INFORMAÇÕES CADASTRAIS

Entrega do DIAC

Art. 6º O contribuinte ou o seu sucessor comunicará ao órgão local da Secretaria da Receita Federal, por meio de Documento de Informação e Atualização Cadastral do ITR – DIAC, as informações cadastrais correspondentes a cada imóvel, bem como qualquer alteração ocorrida, na forma estabelecida pela Secretaria da Receita Federal.

- Lei nº 8.022, de 12-4-1990, altera o sistema de administração das receitas federais.

§ 1º É obrigatória, no prazo de sessenta dias, contado de sua ocorrência, a comunicação das seguintes alterações:

I – desmembramento;

II – anexação;

III – transmissão, por alienação da propriedade ou dos direitos a ela inerentes, a qualquer título;

IV – sucessão *causa mortis*;

V – cessão de direitos;

VI – constituição de reservas ou usufruto.

§ 2º As informações cadastrais integrarão o Cadastro de Imóveis Rurais – CAFIR, administrado pela Secretaria da Receita Federal, que poderá, a qualquer tempo, solicitar informações visando à sua atualização.

§ 3º Sem prejuízo do disposto no parágrafo único do artigo 4º, o contribuinte poderá indicar no DIAC, somente para fins de intimação, endereço diferente daquele constante do domicílio tributário, que valerá para esse efeito até ulterior alteração.

Entrega do DIAC Fora do Prazo

Art. 7º No caso de apresentação espontânea do DIAC fora do prazo estabelecido pela Secretaria da Receita Federal, será cobrada multa de um por cento ao mês ou fração sobre o imposto devido não inferior a R$ 50,00, sem prejuízo da multa e dos juros de mora pela falta ou insuficiência de recolhimento do imposto ou quota.

Seção V

DA DECLARAÇÃO ANUAL

Art. 8º O contribuinte do ITR entregará, obrigatoriamente, em cada ano, o Documento de Informação e Apuração do ITR – DIAT, correspondente a cada imóvel, observadas data e condições fixadas pela Secretaria da Receita Federal.

§ 1º O contribuinte declarará, no DIAT, o Valor da Terra Nua – VTN correspondente ao imóvel.

§ 2º O VTN refletirá o preço de mercado de terras, apurado em 1º de janeiro do ano a que se referir o DIAT, e será considerado autoavaliação da terra nua a preço de mercado.

§ 3º O contribuinte cujo imóvel se enquadre nas hipóteses estabelecidas nos arts. 2º, 3º e 3º-A fica dispensado da apresentação do DIAT.

- § 3º com a redação dada pela Lei nº 13.043, de 13-11-2014.

Entrega do DIAT Fora do Prazo

Art. 9º A entrega do DIAT fora do prazo estabelecido sujeitará o contribuinte à multa de que trata o artigo 7º, sem prejuízo da multa e dos juros de mora pela falta ou insuficiência de recolhimento do imposto ou quota.

Seção VI

DA APURAÇÃO E DO PAGAMENTO

Subseção I

DA APURAÇÃO

Apuração pelo Contribuinte

Art. 10. A apuração e o pagamento do ITR serão efetuados pelo contribuinte, independentemente de prévio procedimento da administração tributária, nos prazos e condições estabelecidos pela Secretaria da Receita Federal, sujeitando-se a homologação posterior.

§ 1º Para os efeitos de apuração do ITR, considerar-se-á:

I – VTN, o valor do imóvel, excluídos os valores relativos a:

a) construções, instalações e benfeitorias;

b) culturas permanentes e temporárias;

c) pastagens cultivadas e melhoradas;

d) florestas plantadas;

II – área tributável, a área total do imóvel, menos as áreas:

a) de preservação permanente e de reserva legal, previstas na Lei nº 12.651, de 25 de maio de 2012;

- Alínea *a* com a redação dada pela Lei nº 12.844, de 19-7-2013.

b) de interesse ecológico para a proteção dos ecossistemas, assim declaradas mediante ato do órgão competente, federal ou estadual, e que ampliem as restrições de uso previstas na alínea anterior;

c) comprovadamente imprestáveis para qualquer exploração agrícola, pecuária, granjeira, aquícola, ou florestal, declaradas de interesse ecológico mediante ato do órgão competente, federal ou estadual;

d) sob regime de servidão ambiental;

- Alínea *d* com a redação dada pela Lei nº 12.651, de 25-5-2012.

e) cobertas por florestas nativas, primárias ou secundárias em estágio médio ou avançado de regeneração;

- Alínea *e* acrescida pela Lei nº 11.428, de 22-12-2006.

f) alagadas para fins de constituição de reservatório de usinas hidrelétricas autorizada pelo poder público;

- Alínea *f* acrescida pela Lei nº 11.727, de 23-6-2008.

LEG. COMPLEMENTAR

III – VTNt, o valor da terra nua tributável, obtido pela multiplicação do VTN pelo quociente entre a área tributável e a área total;

IV – área aproveitável, a que for passível de exploração agrícola, pecuária, granjeira, aquícola ou florestal, excluídas as áreas:

a) ocupadas por benfeitorias úteis e necessárias;

b) de que tratam as alíneas do inciso II deste parágrafo;

• Alínea *b* com a redação dada pela Lei nº 11.428, de 22-12-2006.

V – área efetivamente utilizada, a porção do imóvel que no ano anterior tenha:

a) sido plantada com produtos vegetais;

b) servido de pastagem, nativa ou plantada, observados índices de lotação por zona de pecuária;

c) sido objeto de exploração extrativa, observados os índices de rendimento por produto e a legislação ambiental;

d) servido para exploração de atividades granjeira e aquícola;

e) sido o objeto de implantação de projeto técnico, nos termos do artigo 7º da Lei nº 8.629, de 25 de fevereiro de 1993;

VI – Grau de Utilização – GU, a relação percentual entre a área efetivamente utilizada e a área aproveitável.

§ 2º As informações que permitam determinar o GU deverão constar do DIAT.

§ 3º Os índices a que se referem as alíneas *b* e *c* do inciso V do § 1º serão fixados, ouvido o Conselho Nacional de Política Agrícola, pela Secretaria da Receita Federal, que dispensará da sua aplicação os imóveis com área inferior a:

a) mil hectares, se localizados em municípios compreendidos na Amazônia Ocidental ou no Pantanal mato-grossense e sul-mato-grossense;

b) quinhentos hectares, se localizados em municípios compreendidos no Polígono das Secas ou na Amazônia Oriental;

c) duzentos hectares, se localizados em qualquer outro município.

§ 4º Para os fins do inciso V do § 1º, o contribuinte poderá valer-se dos dados sobre a área utilizada e respectiva produção, fornecidos pelo arrendatário ou parceiro, quando o imóvel, ou parte dele, estiver sendo explorado em regime de arrendamento ou parceria.

§ 5º Na hipótese de que trata a alínea *c* do inciso V do § 1º, será considerada a área total objeto de plano de manejo sustentado, desde que aprovado pelo órgão competente, e cujo cronograma esteja sendo cumprido pelo contribuinte.

§ 6º Será considerada como efetivamente utilizada a área dos imóveis rurais que, no ano anterior, estejam:

I – comprovadamente situados em área de ocorrência de calamidade pública decretada pelo Poder Público, de que resulte frustração de safras ou destruição de pastagens;

II – oficialmente destinados à execução de atividades de pesquisa e experimentação que objetivem o avanço tecnológico da agricultura.

§ 7º A declaração para fim de isenção do ITR relativa às áreas de que tratam as alíneas *a* e *d* do inciso II, § 1º, deste artigo, não está sujeita à prévia comprovação por parte do declarante, ficando o mesmo responsável pelo pagamento do imposto correspondente, com juros e multa previstos nesta Lei, caso fique comprovado que a sua declaração não é verdadeira, sem prejuízo de outras sanções aplicáveis.

• § 7º acrescido pela MP nº 2.166-67, de 24-8-2001, que até o encerramento desta edição não havia sido convertida em Lei.

Valor do Imposto

Art. 11. O valor do imposto será apurado aplicando-se sobre o Valor da Terra Nua Tributável – VTNt a alíquota correspondente, prevista no Anexo desta Lei, considerados a área total do imóvel e o Grau de Utilização – GU.

§ 1º Na hipótese de inexistir área aproveitável após efetuadas as exclusões previstas no artigo 10, § 1º, inciso IV, serão aplicadas as alíquotas, correspondentes aos imóveis com grau de utilização superior a oitenta por cento, observada a área total do imóvel.

§ 2º Em nenhuma hipótese o valor do imposto devido será inferior a R$ 10,00.

Subseção II

DO PAGAMENTO

Prazo

Art. 12. O imposto deverá ser pago até o último dia útil do mês fixado para a entrega do DIAT.

Parágrafo único. À opção do contribuinte, o imposto a pagar poderá ser parcelado em até três quotas iguais, mensais e consecutivas, observando-se que:

I – nenhuma quota será inferior a cinquenta reais;

II – a primeira quota ou quota única deverá ser paga até a data fixada no *caput*;

III – as demais quotas, acrescidas de juros equivalentes à taxa referencial do Sistema de Liquidação e de Custódia (SELIC) para títulos federais, acumulada mensalmente, calculados a partir do primeiro dia do mês subsequente à data fixada no *caput* até o último dia do mês anterior ao do pagamento, e de um por cento no mês do pagamento, vencerão no último dia útil de cada mês;

IV – é facultado ao contribuinte antecipar, total ou parcialmente, o pagamento do imposto ou das quotas.

Pagamento Fora do Prazo

Art. 13. O pagamento do ITR fora dos prazos previstos nesta Lei será acrescido de:

I – multa de mora calculada à taxa de trinta e três centésimos por cento, por dia de atraso, não podendo ultrapassar vinte por cento, calculada a partir do primeiro dia subsequente ao do vencimento do prazo previsto para o pagamento do imposto até o dia em que ocorrer o seu pagamento;

II – juros de mora calculados à taxa a que se refere o artigo 12, parágrafo único, inciso III, a partir do primeiro dia do mês subsequente ao vencimento do prazo até o mês anterior ao do pagamento, e de um por cento no mês do pagamento.

Seção VII

DOS PROCEDIMENTOS DE OFÍCIO

Art. 14. No caso de falta de entrega do DIAC ou do DIAT, bem assim de subavaliação ou prestação de informações inexatas, incorretas ou fraudulentas, a Secretaria da Receita Federal procederá à determinação e ao lançamento de ofício do imposto, considerando informações sobre preços de terras, constantes de sistema a ser por ela instituído, e os dados de área total, área tributável e grau de utilização do imóvel, apurados em procedimentos de fiscalização.

§ 1º As informações sobre preços de terra observarão os critérios estabelecidos no artigo 12, § 1º, inciso II da Lei nº 8.629, de 25 de fevereiro de 1993, e considerarão levantamentos realizados pelas Secretarias de Agricultura das Unidades Federadas ou dos Municípios.

§ 2º As multas cobradas em virtude do disposto neste artigo serão aquelas aplicáveis aos demais tributos federais.

Seção VIII — *DA ADMINISTRAÇÃO DO IMPOSTO*

Competência da Secretaria da Receita Federal

Art. 15. Compete à Secretaria da Receita Federal a administração do ITR, incluídas as atividades de arrecadação, tributação e fiscalização.

○ Lei nº 8.022, de 12-4-1990, altera o sistema de administração das receitas federais.

Parágrafo único. No processo administrativo fiscal, compreendendo os procedimentos destinados à determinação e exigência do imposto, imposição de penalidades, repetição de indébito e solução de consultas, bem como a compensação do imposto, observar-se-á a legislação prevista para os demais tributos federais.

Convênios de Cooperação

Art. 16. A Secretaria da Receita Federal poderá celebrar convênio com o Instituto Nacional de Colonização e Reforma Agrária – INCRA, com a finalidade de delegar as atividades de fiscalização das informações sobre os imóveis rurais, contidas no DIAC e no DIAT.

§ 1º No exercício da delegação a que se refere este artigo, o INCRA poderá celebrar convênios de cooperação com o Instituto Brasileiro do Meio Ambiente e dos Recursos Naturais Renováveis – IBAMA, Fundação Nacional do Índio – FUNAI e Secretarias Estaduais de Agricultura.

§ 2º No uso de suas atribuições, os agentes do INCRA terão acesso ao imóvel de propriedade particular, para levantamento de dados e informações.

§ 3º A Secretaria da Receita Federal, com o apoio do INCRA, administrará o CAFIR e colocará as informações nele contidas à disposição daquela Autarquia, para fins de levantamento e pesquisa de dados e de proposição de ações administrativas e judiciais.

§ 4º Às informações a que se refere o § 3º aplica-se o disposto no artigo 198 da Lei nº 5.172, de 25 de outubro de 1966.

• §§ 3º e 4º com a redação dada pela Lei nº 10.267, de 28-8-2001.

Art. 17. A Secretaria da Receita Federal poderá, também, celebrar convênios com:

I – órgãos da administração tributária das unidades federadas, visando delegar competência para a cobrança e o lançamento do ITR;

II – a Confederação Nacional da Agricultura – CNA e a Confederação Nacional dos Trabalhadores na Agricultura – CONTAG, com a finalidade de fornecer dados cadastrais de imóveis rurais que possibilitem a cobrança das contribuições sindicais devidas àquelas entidades.

Seção IX — *DAS DISPOSIÇÃO GERAIS*

Dívida Ativa – Penhora ou Arresto

Art. 18. Na execução de dívida ativa, decorrente de crédito tributário do ITR, na hipótese de penhora ou arresto de bens, previstos no artigo 11 da Lei nº 6.830, de 22 de setembro de 1980, será penhorado ou arrestado, preferencialmente, imóvel rural, não tendo recaído a penhora ou o arresto sobre dinheiro.

§ 1º No caso do imóvel rural penhorado ou arrestado, na lavratura do termo ou auto de penhora, deverá ser observado, para efeito de avaliação, o VTN declarado e o disposto no artigo 14.

§ 2º A Fazenda Pública poderá, ouvido o INCRA, adjudicar, para fins fundiários, o imóvel rural penhorado, se a execução não for embargada ou se rejeitados os embargos.

§ 3º O depósito da diferença de que trata o parágrafo único do artigo 24 da Lei nº 6.830, de 22 de setembro de 1980, poderá ser feito em Títulos da Dívida Agrária, até o montante equivalente ao VTN declarado.

§ 4º Na hipótese do § 2º, o imóvel passará a integrar o patrimônio do INCRA, e a carta de adjudicação e o registro imobiliário serão expedidos em seu nome.

Valores para Apuração de Ganho de Capital

Art. 19. A partir do dia 1º de janeiro de 1997, para fins de apuração de ganho de capital, nos termos da legislação do imposto de renda, considera-se custo de aquisição e valor da venda do imóvel rural o VTN declarado, na forma do artigo 8º, observado o disposto no artigo 14, respectivamente, nos anos da ocorrência de sua aquisição e de sua alienação.

Parágrafo único. Na apuração de ganho de capital correspondente a imóvel rural adquirido anteriormente à data a que se refere este artigo, será considerado custo de aquisição o valor constante da escritura pública, observado o disposto no artigo 17 da Lei nº 9.249, de 26 de dezembro de 1995.

Incentivos Fiscais e Crédito Rural

Art. 20. A concessão de incentivos fiscais e de crédito rural, em todas as suas modalidades, bem como a constituição das respectivas contrapartidas ou garantias, ficam condicionadas à comprovação do recolhimento do ITR, relativo ao imóvel rural, correspondente aos últimos cinco exercícios, ressalvados os casos em que a exigibilidade do imposto esteja suspensa, ou em curso de cobrança executiva em que tenha sido efetivada a penhora.

Parágrafo único. É dispensada a comprovação de regularidade do recolhimento do imposto relativo ao imóvel rural, para efeito de concessão de financiamento ao amparo do Programa Nacional de Fortalecimento da Agricultura Familiar – PRONAF.

Registro Público

Art. 21. É obrigatória a comprovação do pagamento do ITR, referente aos cinco últimos exercícios, para serem praticados quaisquer dos atos previstos nos artigos 167 e 168 da Lei nº 6.015, de 31 de dezembro de 1973 (Lei dos Registros Públicos), observada a ressalva prevista no *caput* do artigo anterior, *in fine*.

Parágrafo único. São solidariamente responsáveis pelo imposto e pelos acréscimos legais, nos termos do artigo 134 da Lei nº 5.172, de 25 de outubro de 1966 – Código Tributário Nacional, os serventuários do registro de imóveis que descumprirem o disposto neste artigo, sem prejuízo de outras sanções legais.

Depósito Judicial na Desapropriação

Art. 22. O valor da terra nua para fins do depósito judicial, a que se refere o inciso I do artigo 6º da Lei Complementar nº 76, de 6 de julho de 1993, na hipótese de desapropriação do imóvel rural de que trata o artigo 184 da Constituição, não poderá ser superior ao VTN declarado, observado o disposto no artigo 14.

Parágrafo único. A desapropriação por valor inferior ao declarado não autorizará a redução do imposto a ser pago, nem a restituição de quaisquer importâncias já recolhidas.

LEG. COMPLEMENTAR

CAPÍTULO II

DAS DISPOSIÇÕES FINAIS

Art. 23. Esta Lei entra em vigor na data de sua publicação, produzindo efeitos, quanto aos artigos 1º a 22, a partir de 1º de janeiro de 1997.

Art. 24. Revogam-se os artigos 1º a 22 e 25 da Lei nº 8.847, de 28 de janeiro de 1994.

Brasília, 19 de dezembro de 1996;
175º da Independência e
108º da República.

Fernando Henrique Cardoso

ANEXO

TABELA DE ALÍQUOTAS

(Art. 11)

Área total do imóvel (em hectares)	GRAU DE UTILIZAÇÃO – GU (EM %)				
	Maior que 80	Maior que 65 até 80	Maior que 50 até 65	Maior que 30 até 50	Até 30
Até 50	0,03	0,20	0,40	0,70	1,00
Maior que 50 até 200	0,07	0,40	0,80	1,40	2,00
Maior que 200 até 500	0,10	0,60	1,30	2,30	3,30
Maior que 500 até 1.000	0,15	0,85	1,90	3,30	4,70
Maior que 1.000 até 5.000	0,30	1,60	3,40	6,00	8,60
Acima de 5.000	0,45	3,00	6,40	12,00	20,00

LEI Nº 9.424, DE 24 DE DEZEMBRO DE 1996

Dispõe sobre o Fundo de Manutenção e Desenvolvimento do Ensino Fundamental e de Valorização do Magistério, na forma prevista no art. 60, § 7º, do Ato das Disposições Constitucionais Transitórias, e dá outras providências.

- Publicada no *DOU* de 26-12-1996.

Arts. 1º a 8º *Revogados*. Lei nº 11.494, de 20-6-2007.

Art. 9º Os Estados, o Distrito Federal e os Municípios deverão, no prazo de seis meses da vigência desta Lei, dispor de novo Plano de Carreira e Remuneração do Magistério, de modo a assegurar:

- O STF, na ADIN nº 1.627, por votação unânime, deferiu, com eficácia *ex nunc*, até final julgamento da ação direta, o pedido de suspensão cautelar da aplicabilidade e execução, da expressão "no prazo de seis meses da vigência desta Lei" prevista neste *caput* (*DJU* de 24-10-1997).

I – a remuneração condigna dos professores do ensino fundamental público, em efetivo exercício no magistério;

II – o estímulo ao trabalho em sala de aula;

III – a melhoria da qualidade do ensino.

§ 1º Os novos planos de carreira e remuneração do magistério deverão contemplar investimentos na capacitação dos professores leigos, os quais passarão a integrar quadro em extinção, de duração de cinco anos.

§ 2º Aos professores leigos é assegurado prazo de cinco anos para obtenção da habilitação necessária ao exercício das atividades docentes.

§ 3º A habilitação a que se refere o parágrafo anterior é condição para ingresso no quadro permanente da carreira conforme os novos planos de carreira e remuneração.

Art. 10. Os Estados, o Distrito Federal e os Municípios deverão comprovar:

I – efetivo cumprimento do disposto no art. 212 da Constituição Federal;

II – apresentação de Plano de Carreira e Remuneração do Magistério, de acordo com as diretrizes emanadas do Conselho Nacional de Educação, no prazo referido no artigo anterior;

- O STF, na ADIN nº 1.627, por votação unânime, deferiu, com eficácia *ex nunc*, até final julgamento da ação direta, o pedido de suspensão cautelar da aplicabilidade e execução, da expressão "no prazo referido no artigo anterior" prevista neste inciso (*DJU* de 24-10-1997).

III – fornecimento das informações solicitadas por ocasião do censo escolar, ou para fins de elaboração de indicadores educacionais.

Parágrafo único. O não cumprimento das condições estabelecidas neste artigo, ou o fornecimento de informações falsas, acarretará sanções administrativas, sem prejuízo das civis ou penais ao agente executivo que lhe der causa.

Art. 11. Os órgãos responsáveis pelos sistemas de ensino, assim como os Tribunais de Contas da União, dos Estados e Municípios, criarão mecanismos adequados à fiscalização do cumprimento pleno do disposto no art. 212 da Constituição Federal e desta Lei, sujeitando-se os Estados e o Distrito Federal à intervenção da União, e os Municípios à intervenção dos respectivos Estados, nos termos do art. 34, inciso VII, alínea e, e do art. 35, inciso III, da Constituição Federal.

Art. 12. O Ministério da Educação e do Desporto realizará avaliações periódicas dos resultados da aplicação desta Lei, com vistas à adoção de medidas operacionais e de natureza político-educacional corretivas, devendo a primeira realizar-se dois anos após sua promulgação.

Art. 13. *Revogado*. Lei nº 11.494, de 20-6-2007.

Art. 14. A União desenvolverá política de estímulo às iniciativas de melhoria de qualidade do ensino, acesso e permanência na escola promovidos pelas unidades federadas, em especial aquelas voltadas às crianças e adolescentes em situação de risco social.

Art. 15. O Salário-Educação, previsto no art. 212, § 5º, da Constituição Federal e devido pelas empresas, na forma em que vier a ser disposto em regulamento, é calculado com base na alíquota de 2,5% (dois e meio por cento) sobre o total de remunerações pagas ou creditadas, a qualquer título, aos segurados empregados, assim definidos no art. 12, inciso I, da Lei nº 8.212, de 24 de julho de 1991.

§ 1º O montante da arrecadação do Salário-Educação, após a dedução de 1% (um por cento) em favor do Instituto Nacional do Seguro Social – INSS, calculado sobre o valor por ele arrecadado, será distribuído pelo Fundo Nacional de Desenvolvimento da Educação – FNDE, observada, em 90% (noventa por cento) de seu valor, a arrecadação realizada em cada Estado e no Distrito Federal, em quotas, da seguinte forma:

- *Caput* do § 1º com a redação dada pela Lei nº 10.832, de 29-12-2003.
- O STF, por maioria dos votos, julgou procedente a ADPF nº 188, para dar a este § 1º interpretação conforme a Constituição Federal (*DOU* de 3-10-2022).

I – Quota Federal, correspondente a um terço do montante de recursos, que será destinada ao FNDE e aplicada no financiamento de programas e projetos voltados para a universalização do ensino fundamental, de forma a propiciar a redução dos desníveis socioeducacionais existentes entre Municípios, Estados, Distrito Federal e regiões brasileiras;

II – Quota Estadual e Municipal, correspondente a 2/3 (dois terços) do montante de recursos, que será creditada mensal e automaticamente em favor das Secretarias de Educação dos Estados, do Distrito Federal e dos Municípios para financiamento de programas, projetos e ações do ensino fundamental.

• Incisos II com a redação dada pela Lei nº 10.832, de 29-12-2003.

§ 2º VETADO.

§ 3º Os alunos regularmente atendidos, na data da edição desta Lei, como beneficiários da aplicação realizada pelas empresas contribuintes, no ensino fundamental dos seus empregados e dependentes, à conta de deduções da contribuição social do Salário-Educação, na forma da legislação em vigor, terão, a partir de 1º de janeiro de 1997, o benefício assegurado, respeitadas as condições em que foi concedido, e vedados novos ingressos nos termos do art. 212, § 5º, da Constituição Federal.

Art. 16. Esta Lei entra em vigor em 1º de janeiro de 1997.

Art. 17. Revogam-se as disposições em contrário.

Brasília, 24 de dezembro de 1996;
175º da Independência e
108º da República.

Fernando Henrique Cardoso

LEI Nº 9.430, DE 27 DE DEZEMBRO DE 1996

Dispõe sobre a legislação tributária federal, as contribuições para a seguridade social, o processo administrativo de consulta e dá outras providências.

• Publicada no *DOU* de 30-12-1996.

CAPÍTULO I
IMPOSTO DE RENDA – PESSOA JURÍDICA

Seção I
APURAÇÃO DA BASE DE CÁLCULO

Período de Apuração Trimestral

Art. 1º A partir do ano-calendário de 1997, o imposto de renda das pessoas jurídicas será determinado com base no lucro real, presumido, ou arbitrado, por períodos de apuração trimestrais, encerrados nos dias 31 de março, 30 de junho, 30 de setembro e 31 de dezembro de cada ano-calendário, observada a legislação vigente, com as alterações desta Lei.

○ Arts. 8º, par. ún., 25, 27, I, e 28 desta Lei.

§ 1º Nos casos de incorporação, fusão ou cisão, a apuração da base de cálculo e do imposto de renda devido será efetuada na data do evento, observado o disposto no art. 21 da Lei nº 9.249, de 26 de dezembro de 1995.

§ 2º Na extinção da pessoa jurídica, pelo encerramento da liquidação, a apuração da base de cálculo e do imposto devido será efetuada na data desse evento.

Pagamento por Estimativa

Art. 2º A pessoa jurídica sujeita a tributação com base no lucro real poderá optar pelo pagamento do imposto, em cada mês, determinado sobre base de cálculo estimada, mediante a aplicação dos percentuais de que trata o art. 15 da Lei nº 9.249, de 26 de dezembro de 1995, sobre a receita bruta definida pelo art. 12 do Decreto-Lei nº 1.598, de 26 de dezembro de 1977, auferida mensalmente, deduzida das devoluções, vendas canceladas e dos descontos incondicionais concedidos, observado o disposto nos §§ 1º e 2º do art. 29 e nos arts. 30, 32, 34 e 35 da Lei nº 8.981, de 20 de janeiro de 1995.

• *Caput* com a redação dada pela Lei nº 12.973, de 13-5-2014.

○ Arts. 6º, 8º, 14, § 2º, 28, 30 e 44, IV, desta Lei.

○ Arts. 8º, § 2º, II, e 14, V, da Lei nº 9.718, de 27-11-1998, que altera a legislação tributária federal.

§ 1º O imposto a ser pago mensalmente na forma deste artigo será determinado mediante a aplicação, sobre a base de cálculo, da alíquota de quinze por cento.

§ 2º A parcela da base de cálculo, apurada mensalmente, que exceder a R$ 20.000,00 (vinte mil reais) ficará sujeita à incidência de adicional de imposto de renda à alíquota de dez por cento.

§ 3º A pessoa jurídica que optar pelo pagamento do imposto na forma deste artigo deverá apurar o lucro real em 31 de dezembro de cada ano, exceto nas hipóteses de que tratam os §§ 1º e 2º do artigo anterior.

§ 4º Para efeito de determinação do saldo de imposto a pagar ou a ser compensado, a pessoa jurídica poderá deduzir do imposto devido o valor:

I – dos incentivos fiscais de dedução do imposto, observados os limites e prazos fixados na legislação vigente, bem como o disposto no § 4º do art. 3º da Lei nº 9.249, de 26 de dezembro de 1995;

II – dos incentivos fiscais de redução e isenção do imposto, calculado com base no lucro da exploração;

III – do imposto de renda pago ou retido na fonte, incidente sobre receitas computadas na determinação do lucro real;

IV – do imposto de renda pago na forma deste artigo.

Seção II
PAGAMENTO DO IMPOSTO

Escolha da Forma de Pagamento

Art. 3º A adoção da forma de pagamento do imposto prevista no art. 1º, pelas pessoas jurídicas sujeitas ao regime do lucro real, ou a opção pela forma do art. 2º será irretratável para todo o ano-calendário.

○ Art. 28 desta Lei.

Parágrafo único. A opção pela forma estabelecida no art. 2º será manifestada com o pagamento do imposto correspondente ao mês de janeiro ou de início de atividade.

Adicional do Imposto de Renda

Art. 4º Os §§ 1º e 2º do art. 3º da Lei nº 9.249, de 26 de dezembro de 1995, passam a vigorar com a seguinte redação:

• Alterações inseridas no texto da referida Lei.

Imposto Correspondente a Período Trimestral

Art. 5º O imposto de renda devido, apurado na forma do art. 1º, será pago em quota única, até o último dia útil do mês subsequente ao do encerramento do período de apuração.

○ Art. 28 desta Lei.

§ 1º À opção da pessoa jurídica, o imposto devido poderá ser pago em até três quotas mensais, iguais e sucessivas, vencíveis no último dia útil dos três meses subsequentes ao de encerramento do período de apuração a que corresponder.

§ 2º Nenhuma quota poderá ter valor inferior a R$ 1.000,00 (mil reais) e o imposto de valor inferior a R$ 2.000,00 (dois mil reais) será pago em quota única, até o último dia útil do mês subsequente ao do encerramento do período de apuração.

LEG. COMPLEMENTAR

§ 3º As quotas do imposto serão acrescidas de juros equivalentes à taxa referencial do Sistema Especial de Liquidação e Custódia – SELIC, para títulos federais, acumulada mensalmente, calculados a partir do primeiro dia do segundo mês subsequente ao do encerramento do período de apuração até o último dia do mês anterior ao do pagamento e de um por cento no mês do pagamento.

- Arts. 43, par. ún., 61, § 3º, e 62, par. ún., desta Lei.

§ 4º Nos casos de incorporação, fusão ou cisão e de extinção da pessoa jurídica pelo encerramento da liquidação, o imposto devido deverá ser pago até o último dia útil do mês subsequente ao do evento, não se lhes aplicando a opção prevista no § 1º.

Pagamento por Estimativa

Art. 6º O imposto devido, apurado na forma do art. 2º, deverá ser pago até o último dia útil do mês subsequente àquele a que se referir.

- Art. 28 desta Lei.

§ 1º O saldo do imposto apurado em 31 de dezembro receberá o seguinte tratamento:

I – se positivo, será pago em quota única, até o último dia útil do mês de março do ano subsequente, observado o disposto no § 2º; ou

II – se negativo, poderá ser objeto de restituição ou de compensação nos termos do art. 74.

- § 1º com a redação dada pela Lei nº 12.844, de 19-7-2013.

§ 2º O saldo do imposto a pagar de que trata o inciso I do parágrafo anterior será acrescido de juros calculados à taxa a que se refere o § 3º do art. 5º, a partir de 1º de fevereiro até o último dia do mês anterior ao do pagamento e de um por cento no mês do pagamento.

§ 3º O prazo a que se refere o inciso I do § 1º não se aplica ao imposto relativo ao mês de dezembro, que deverá ser pago até o último dia útil do mês de janeiro do ano subsequente.

Disposições Transitórias

Art. 7º Alternativamente ao disposto no art. 40 da Lei nº 8.981, de 20 de janeiro de 1995, com as alterações da Lei nº 9.065, de 20 de junho de 1995, a pessoa jurídica tributada com base no lucro real ou presumido poderá efetuar o pagamento do saldo do imposto devido, apurado em 31 de dezembro de 1996, em até quatro quotas mensais, iguais e sucessivas, devendo a primeira ser paga até o último dia útil do mês de março de 1997 e as demais no último dia útil dos meses subsequentes.

- O art. 40 da Lei nº 8.981, de 20-1-1995, de que trata este artigo, foi revogado pela Lei nº 9.430, de 27-12-1996, que dispõe sobre a legislação tributária federal.
- Art. 28 desta Lei.

§ 1º Nenhuma quota poderá ter valor inferior a R$ 1.000,00 (mil reais) e o imposto de valor inferior a R$ 2.000,00 (dois mil reais) será pago em quota única, até o último dia útil do mês de março de 1997.

§ 2º As quotas do imposto serão acrescidas de juros calculados à taxa a que se refere o § 3º do art. 5º, a partir de 1º de abril de 1997 até o último dia do mês anterior ao do pagamento e de um por cento no mês do pagamento.

§ 3º Havendo saldo de imposto pago a maior, a pessoa jurídica poderá compensá-lo com o imposto devido, correspondente aos períodos de apuração subsequentes, facultado o pedido de restituição.

Art. 8º As pessoas jurídicas, mesmo as que não tenham optado pela forma de pagamento do art. 2º, deverão calcular e pagar o imposto de renda relativo aos meses de janeiro e fevereiro de 1997 de conformidade com o referido dispositivo.

- Art. 28 desta Lei.

Parágrafo único. Para as empresas submetidas às normas do art. 1º o imposto pago com base na receita bruta auferida nos meses de janeiro e fevereiro de 1997 será deduzido do que for devido em relação ao período de apuração encerrado no dia 31 de março de 1997.

Seção III

PERDAS NO RECEBIMENTO DE CRÉDITOS

Dedução

Art. 9º As perdas no recebimento de créditos decorrentes das atividades da pessoa jurídica poderão ser deduzidas como despesas, para determinação do lucro real, observado o disposto neste artigo.

- Art. 28 desta Lei.

§ 1º Poderão ser registrados como perda os créditos:

I – em relação aos quais tenha havido a declaração de insolvência do devedor, em sentença emanada do Poder Judiciário;

II – sem garantia, de valor:

a) até R$ 5.000,00 (cinco mil reais), por operação, vencidos há mais de seis meses, independentemente de iniciados os procedimentos judiciais para o seu recebimento;

b) acima de R$ 5.000,00 (cinco mil reais) até R$ 30.000,00 (trinta mil reais), por operação, vencidos há mais de um ano, independentemente de iniciados os procedimentos judiciais para o seu recebimento, porém, mantida a cobrança administrativa;

c) superior a R$ 30.000,00 (trinta mil reais), vencidos há mais de um ano, desde que iniciados e mantidos os procedimentos judiciais para o seu recebimento;

III – com garantia, vencidos há mais de dois anos, desde que iniciados e mantidos os procedimentos judiciais para o seu recebimento ou o arresto das garantias;

IV – contra devedor declarado falido ou pessoa jurídica em concordata ou recuperação judicial, relativamente à parcela que exceder o valor que esta tenha se comprometido a pagar, observado o disposto no § 5º.

- Inciso IV com a redação dada pela Lei nº 13.097, de 19-1-2015.

§ 2º No caso de contrato de crédito em que o não pagamento de uma ou mais parcelas implique o vencimento automático de todas as demais parcelas vincendas, os limites a que se referem as alíneas *a* e *b* do inciso II do § 1º e as alíneas *a* e *b* do inciso II do § 7º serão considerados em relação ao total dos créditos, por operação, com o mesmo devedor.

- § 2º com a redação dada pela Lei nº 13.097, de 19-1-2015.

§ 3º Para os fins desta Lei, considera-se crédito garantido o proveniente de vendas com reserva de domínio, de alienação fiduciária em garantia ou de operações com outras garantias reais.

§ 4º No caso de crédito com pessoa jurídica em processo falimentar, em concordata ou em recuperação judicial, a dedução da perda será admitida a partir da data da decretação da falência ou do deferimento do processamento da concordata ou recuperação judicial, desde que a credora tenha adotado os procedimentos judiciais necessários para o recebimento do crédito.

§ 5º A parcela do crédito cujo compromisso de pagar não houver sido honrado pela pessoa jurídica em concordata ou recuperação judicial poderá, também, ser deduzida como perda, observadas as condições previstas neste artigo.

• §§ 4º e 5º com a redação dada pela Lei nº 13.097, de 19-1-2015.

§ 6º Não será admitida a dedução de perda no recebimento de créditos com pessoa jurídica que seja controladora, controlada, coligada ou interligada, bem como com pessoa física que seja acionista controlador, sócio, titular ou administrador da pessoa jurídica credora, ou parente até o terceiro grau dessas pessoas físicas.

§ 7º Para os contratos inadimplidos a partir da data de publicação da Medida Provisória nº 656, de 7 de outubro de 2014, poderão ser registrados como perda os créditos:

I – em relação aos quais tenha havido a declaração de insolvência do devedor, em sentença emanada do Poder Judiciário;

II – sem garantia, de valor:

a) até R$ 15.000,00 (quinze mil reais), por operação, vencidos há mais de seis meses, independentemente de iniciados os procedimentos judiciais para o seu recebimento;

b) acima de R$ 15.000,00 (quinze mil reais) até R$ 100.000,00 (cem mil reais), por operação, vencidos há mais de um ano, independentemente de iniciados os procedimentos judiciais para o seu recebimento, mantida a cobrança administrativa; e

c) superior a R$ 100.000,00 (cem mil reais), vencidos há mais de um ano, desde que iniciados e mantidos os procedimentos judiciais para o seu recebimento;

III – com garantia, vencidos há mais de dois anos, de valor:

a) até R$ 50.000,00 (cinquenta mil reais), independentemente de iniciados os procedimentos judiciais para o seu recebimento ou o arresto das garantias; e

b) superior a R$ 50.000,00 (cinquenta mil reais), desde que iniciados e mantidos os procedimentos judiciais para o seu recebimento ou o arresto das garantias; e

IV – contra devedor declarado falido ou pessoa jurídica em concordata ou recuperação judicial, relativamente à parcela que exceder o valor que esta tenha se comprometido a pagar, observado o disposto no § 5º.

• § 7º com a redação dada pela Lei nº 13.097, de 19-1-2015.

Art. 9º-A. Na hipótese de inadimplência do débito, as exigências de judicialização de que tratam a alínea *c* do inciso II e a alínea *b* do inciso III do § 7º do art. 9º e o art. 11 desta Lei poderão ser substituídas pelo instrumento de que trata a Lei nº 9.492, de 10 de setembro de 1997, e os credores deverão arcar, nesse caso, com o pagamento antecipado de taxas, de emolumentos, de acréscimos legais e de demais despesas por ocasião da protocolização e dos demais atos.

• Art. 9º-A acrescido pela Lei nº 14.043, de 19-8-2020.

Registro Contábil das Perdas

Art. 10. Os registros contábeis das perdas admitidas nesta Lei serão efetuados a débito de conta de resultado e a crédito:

○ Art. 28 desta Lei.

I – da conta que registra o crédito de que trata a alínea *a* do inciso II do § 1º do art. 9º e a alínea *a* do inciso II do § 7º do art. 9º;

• Inciso I com a redação dada pela Lei nº 13.097, de 19-1-2015.

II – de conta redutora do crédito, nas demais hipóteses.

§ 1º Ocorrendo a desistência da cobrança pela via judicial, antes de decorridos cinco anos do vencimento do crédito, a perda eventualmente registrada deverá ser estornada ou adicionada ao lucro líquido, para determinação do lucro real correspondente ao período de apuração em que se der a desistência.

§ 2º Na hipótese do parágrafo anterior, o imposto será considerado como postergado desde o período de apuração em que tenha sido reconhecida a perda.

§ 3º Se a solução da cobrança se der em virtude de acordo homologado por sentença judicial, o valor da perda a ser estornado ou adicionado ao lucro líquido para determinação do lucro real será igual à soma da quantia recebida com o saldo a receber renegociado, não sendo aplicável o disposto no parágrafo anterior.

§ 4º Os valores registrados na conta redutora do crédito referida no inciso II do *caput* poderão ser baixados definitivamente em contrapartida à conta que registre o crédito, a partir do período de apuração em que se completar cinco anos do vencimento do crédito sem que o mesmo tenha sido liquidado pelo devedor.

Encargos Financeiros de Créditos Vencidos

Art. 11. Após dois meses do vencimento do crédito, sem que tenha havido o seu recebimento, a pessoa jurídica credora poderá excluir do lucro líquido, para determinação do lucro real, o valor dos encargos financeiros incidentes sobre o crédito, contabilizado como receita, auferido a partir do prazo definido neste artigo.

○ Art. 28 desta Lei.

§ 1º Ressalvadas as hipóteses das alíneas *a* e *b* do inciso II do § 1º do art. 9º, das alíneas *a* e *b* do inciso II do § 7º do art. 9º e da alínea *a* do inciso III do § 7º do art. 9º, o disposto neste artigo somente se aplica quando a pessoa jurídica houver tomado as providências de caráter judicial necessárias ao recebimento do crédito.

• § 1º com a redação dada pela Lei nº 13.097, de 19-1-2015.

§ 2º Os valores excluídos deverão ser adicionados no período de apuração em que, para os fins legais, se tornarem disponíveis para a pessoa jurídica credora ou em que reconhecida a respectiva perda.

§ 3º A partir da citação inicial para o pagamento do débito, a pessoa jurídica devedora deverá adicionar ao lucro líquido, para determinação do lucro real, os encargos incidentes sobre o débito vencido e não pago que tenham sido deduzidos como despesa ou custo, incorridos a partir daquela data.

§ 4º Os valores adicionados a que se refere o parágrafo anterior poderão ser excluídos do lucro líquido, para determinação do lucro real, no período de apuração em que ocorra a quitação do débito por qualquer forma.

Créditos Recuperados

Art. 12. Deverá ser computado na determinação do lucro real o montante dos créditos deduzidos que tenham sido recuperados, em qualquer época ou a qualquer título, inclusive nos casos de novação da dívida ou do arresto dos bens recebidos em garantia real.

○ Art. 28 desta Lei.

§ 1º Os bens recebidos a título de quitação do débito serão escriturados pelo valor do crédito ou avaliados pelo valor definido na decisão judicial que tenha determinado sua incorporação ao patrimônio do credor.

• § 1º com a redação dada pela Lei nº 12.431, de 24-6-2011.

§ 2º Nas operações de crédito realizadas por instituições financeiras autorizadas a funcionar pelo Banco Central do Brasil, nos casos de renegociação de dívida, o reconhecimento da receita para fins de incidência de imposto sobre a renda e da Contribuição Social sobre o Lucro Líquido ocorrerá no momento do efetivo recebimento do crédito.

• § 2º com a redação dada pela Lei nº 12.715, de 17-9-2012.

Disposição Transitória

Art. 13. No balanço levantado para determinação do lucro real em 31 de dezembro de 1996, a pessoa jurídica poderá optar pela constituição de provisão para créditos de liquidação duvidosa na forma do art. 43 da Lei nº 8.981, de 20 de janeiro de 1995, com as alterações da Lei nº 9.065, de 20 de junho de 1995, ou pelos critérios de perdas a que se referem os arts. 9º a 12.

o Art. 28 desta Lei.

Saldo de Provisões Existente em 31.12.96

Art. 14. A partir do ano-calendário de 1997, ficam revogadas as normas previstas no art. 43 da Lei nº 8.981, de 20 de janeiro de 1995, com as alterações da Lei nº 9.065, de 20 de junho de 1995, bem como a autorização para a constituição de provisão nos termos dos artigos citados, contida no inciso I do art. 13 da Lei nº 9.249, de 26 de dezembro de 1995.

o Art. 28 desta Lei.

§ 1º A pessoa jurídica que, no balanço de 31 de dezembro de 1996, optar pelos critérios de dedução de perdas de que tratam os arts. 9º a 12 deverá, nesse mesmo balanço, reverter os saldos das provisões para créditos de liquidação duvidosa, constituídas na forma do art. 43 da Lei nº 8.981, de 20 de janeiro de 1995, com as alterações da Lei nº 9.065, de 20 de junho de 1995.

§ 2º Para a pessoa jurídica que, no balanço de 31 de dezembro de 1996, optar pela constituição de provisão na forma do art. 43 da Lei nº 8.981, de 20 de janeiro de 1995, com as alterações da Lei nº 9.065, de 20 de junho de 1995, a reversão a que se refere o parágrafo anterior será efetuada no balanço correspondente ao primeiro período de apuração encerrado em 1997, se houver adotado o regime de apuração trimestral, ou no balanço de 31 de dezembro de 1997 ou da data da extinção, se houver optado pelo pagamento mensal de que trata o art. 2º.

§ 3º Nos casos de incorporação, fusão ou cisão, a reversão de que trata o parágrafo anterior será efetuada no balanço que servir de base à apuração do lucro real correspondente.

Seção IV

RENDIMENTOS DO EXTERIOR

Compensação de Imposto Pago

Art. 15. A pessoa jurídica domiciliada no Brasil que auferir, de fonte no exterior, receita decorrente da prestação de serviços efetuada diretamente poderá compensar o imposto pago no país de domicílio da pessoa física ou jurídica contratante, observado o disposto no art. 26 da Lei nº 9.249, de 26 de dezembro de 1995.

Lucros e Rendimentos

Art. 16. Sem prejuízo do disposto nos arts. 25, 26 e 27 da Lei nº 9.249, de 26 de dezembro de 1995, os lucros auferidos por filiais, sucursais, controladas e coligadas, no exterior, serão:

I – considerados de forma individualizada, por filial, sucursal, controlada ou coligada;

II – arbitrados, os lucros das filiais, sucursais e controladas, quando não for possível a determinação de seus resultados, com observância das mesmas normas aplicáveis às pessoas jurídicas domiciliadas no Brasil e computados na determinação do lucro real.

§ 1º Os resultados decorrentes de aplicações financeiras de renda variável no exterior, em um mesmo país, poderão ser consolidados para efeito de cômputo do ganho, na determinação do lucro real.

§ 2º Para efeito da compensação de imposto pago no exterior, a pessoa jurídica:

I – com relação aos lucros, deverá apresentar as demonstrações financeiras correspondentes, exceto na hipótese do inciso II do *caput* deste artigo;

II – fica dispensada da obrigação a que se refere o § 2º do art. 26 da Lei nº 9.249, de 26 de dezembro de 1995, quando comprovar que a legislação do país de origem do lucro, rendimento ou ganho de capital prevê a incidência do imposto de renda que houver sido pago, por meio do documento de arrecadação apresentado.

§ 3º Na hipótese de arbitramento do lucro da pessoa jurídica domiciliada no Brasil, os lucros, rendimentos e ganhos de capital oriundos do exterior serão adicionados ao lucro arbitrado para determinação da base de cálculo do imposto.

§ 4º Do imposto devido correspondente a lucros, rendimentos ou ganhos de capital oriundos do exterior não será admitida qualquer destinação ou dedução a título de incentivo fiscal.

Operações de Cobertura em Bolsa do Exterior

Art. 17. Serão computados na determinação do lucro real os resultados líquidos, positivos ou negativos, obtidos em operações de cobertura (*hedge*) realizadas em mercados de liquidação futura, diretamente pela empresa brasileira, em bolsas no exterior.

o Art. 28 desta Lei.

Parágrafo único. A Secretaria da Receita Federal e o Banco Central do Brasil expedirão instruções para a apuração do resultado líquido, sobre a movimentação de divisas relacionadas com essas operações, e outras que se fizerem necessárias à execução do disposto neste artigo.

• Parágrafo único acrescido pela Lei nº 11.033, de 21-12-2004.

Seção V

PREÇOS DE TRANSFERÊNCIA

Bens, Serviços e Direitos Adquiridos no Exterior

Art. 18. Os custos, despesas e encargos relativos a bens, serviços e direitos, constantes dos documentos de importação ou de aquisição, nas operações efetuadas com pessoa vinculada, somente serão dedutíveis na determinação do lucro real até o valor que não exceda ao preço determinado por um dos seguintes métodos:

• Este artigo estará revogado pela MP nº 1.152, de 28-12-2022, que até o encerramento desta edição não havia sido convertida em lei, a partir de 1º-1-2024.

o Art. 28 desta Lei.

I – Método dos Preços Independentes Comparados – PIC: definido como a média aritmética ponderada dos preços de bens, serviços ou direitos, idênticos ou similares, apurados no mercado brasileiro ou de outros países, em operações de compra e venda empreendidas pela própria interessada ou por terceiros, em condições de pagamento semelhantes;

II – Método do Preço de Revenda menos Lucro – PRL: definido como a média aritmética ponderada dos preços de venda, no País, dos bens, direitos ou serviços importados, em condições de pagamento semelhantes e calculados conforme a metodologia a seguir:

a) preço líquido de venda: a média aritmética ponderada dos preços de venda do bem, direito ou serviço produzido, diminuídos dos descontos incondicionais concedidos, dos impostos e contribuições sobre as vendas e das comissões e corretagens pagas;

b) percentual de participação dos bens, direitos ou serviços importados no custo total do bem, direito ou serviço vendido: a relação percentual entre o custo médio ponderado do bem, direito ou serviço importado e o custo total médio ponderado do bem, direito ou serviço vendido, calculado em conformidade com a planilha de custos da empresa;

c) participação dos bens, direitos ou serviços importados no preço de venda do bem, direito ou serviço vendido: aplicação do percentual de participação do bem, direito ou serviço importado no custo total, apurada conforme a alínea *b*, sobre o preço líquido de venda calculado de acordo com a alínea *a*;

d) margem de lucro: a aplicação dos percentuais previstos no § 12, conforme setor econômico da pessoa jurídica sujeita ao controle de preços de transferência, sobre a participação do bem, direito ou serviço importado no preço de venda do bem, direito ou serviço vendido, calculado de acordo com a alínea *c*; e

1 e 2. *Revogados*; Lei nº 12.715, de 17-9-2012.

e) preço parâmetro: a diferença entre o valor da participação do bem, direito ou serviço importado no preço de venda do bem, direito ou serviço vendido, calculado conforme a alínea *c*; e a "margem de lucro", calculada de acordo com a alínea *d*; e

III – Método do Custo de Produção mais Lucro – CPL: definido como o custo médio ponderado de produção de bens, serviços ou direitos, idênticos ou similares, acrescido dos impostos e taxas cobrados na exportação no país onde tiverem sido originariamente produzidos, e de margem de lucro de 20% (vinte por cento), calculada sobre o custo apurado.

• Incisos I a III com a redação dada pela Lei nº 12.715, de 17-9-2012.

§ 1º As médias aritméticas ponderadas dos preços de que tratam os incisos I e II do *caput* e o custo médio ponderado de produção de que trata o inciso III do *caput* serão calculados considerando-se os preços praticados e os custos incorridos durante todo o período de apuração da base de cálculo do imposto sobre a renda a que se referirem os custos, despesas ou encargos.

• § 1º com a redação dada pela Lei nº 12.715, de 17-9-2012.

§ 2º Para efeito do disposto no inciso I, somente serão consideradas as operações de compra e venda praticadas entre compradores e vendedores não vinculados.

§ 3º Para efeito do disposto no inciso II, somente serão considerados os preços praticados pela empresa com compradores não vinculados.

§ 4º Na hipótese de utilização de mais de um método, será considerado dedutível o maior valor apurado, observado o disposto no parágrafo subsequente.

§ 5º Se os valores apurados segundo os métodos mencionados neste artigo forem superiores ao de aquisição, constante dos respectivos documentos, a dedutibilidade fica limitada ao montante deste último.

§ 6º Não integram o custo, para efeito do cálculo disposto na alínea *b* do inciso II do *caput*, o valor do frete e do seguro, cujo ônus tenha sido do importador, desde que tenham sido contratados com pessoas:

I – não vinculadas; e

II – que não sejam residentes ou domiciliadas em países ou dependências de tributação favorecida, ou que não estejam amparados por regimes fiscais privilegiados.

• § 6º com a redação dada pela Lei nº 12.715, de 17-9-2012.

§ 6º-A. Não integram o custo, para efeito do cálculo disposto na alínea *b* do inciso II do *caput*, os tributos incidentes na importação e os gastos no desembaraço aduaneiro.

• § 6º-A com a redação dada pela Lei nº 12.715, de 17-9-2012.

§ 7º A parcela dos custos que exceder ao valor determinado de conformidade com este artigo deverá ser adicionada ao lucro líquido, para determinação do lucro real.

§ 8º A dedutibilidade dos encargos de depreciação ou amortização dos bens e direitos fica limitada, em cada período de apuração, ao montante calculado com base no preço determinado na forma deste artigo.

§ 9º O disposto neste artigo não se aplica aos casos de *royalties* e assistência técnica, científica, administrativa ou assemelhada, os quais permanecem subordinados às condições de dedutibilidade constantes da legislação vigente.

§ 10. Relativamente ao método previsto no inciso I do *caput*, as operações utilizadas para fins de cálculo devem:

I – representar, ao menos, 5% (cinco por cento) do valor das operações de importação sujeitas ao controle de preços de transferência, empreendidas pela pessoa jurídica, no período de apuração, quanto ao tipo de bem, direito ou serviço importado, na hipótese em que os dados utilizados para fins de cálculo digam respeito às suas próprias operações; e

II – corresponder a preços independentes realizados no mesmo ano-calendário das respectivas operações de importações sujeitas ao controle de preços de transferência.

§ 11. Na hipótese do inciso II do § 10, não havendo preço independente no ano-calendário da importação, poderá ser utilizado preço independente relativo à operação efetuada no ano-calendário imediatamente anterior ao da importação, ajustado pela variação cambial do período.

§ 12. As margens a que se refere a alínea *d* do inciso II do *caput* serão aplicadas de acordo com o setor da atividade econômica da pessoa jurídica brasileira sujeita aos controles de preços de transferência e incidirão, independentemente de submissão a processo produtivo ou não no Brasil, nos seguintes percentuais:

I – 40% (quarenta por cento), para os setores de:

a) produtos farmoquímicos e farmacêuticos;

b) produtos do fumo;

c) equipamentos e instrumentos ópticos, fotográficos e cinematográficos;

d) máquinas, aparelhos e equipamentos para uso odontomédico-hospitalar;

e) extração de petróleo e gás natural; e

f) produtos derivados do petróleo;

II – 30% (trinta por cento) para os setores de:

a) produtos químicos;

b) vidros e de produtos do vidro;

c) celulose, papel e produtos de papel; e

d) metalurgia; e

III – 20% (vinte por cento) para os demais setores.

§ 13. Na hipótese em que a pessoa jurídica desenvolva atividades enquadradas em mais de um inciso do § 12, deverá ser adotada para fins de cálculo do PRL a margem correspondente ao setor da atividade para o qual o bem importado tenha sido destinado, observado o disposto no § 14.

§ 14. Na hipótese de um mesmo bem importado ser revendido e aplicado na produção de um ou mais produtos, ou na hipótese de o bem importado ser submetido a diferentes processos produtivos no Brasil, o preço parâmetro final será a média ponderada dos valores encontrados mediante a aplicação do método PRL, de acordo com suas respectivas destinações.

§ 15. No caso de ser utilizado o método PRL, o preço parâmetro deverá ser apurado considerando-se os preços de venda no período em que os produtos forem baixados dos estoques para resultado.

§ 16. Na hipótese de importação de *commodities* sujeitas à cotação em bolsas de mercadorias e futuros internacionalmente reconhecidas, deverá ser utilizado o Método do Preço sob Cotação na Importação – PCI definido no art. 18-A.

- §§ 10 a 16 com a redação dada pela Lei nº 12.715, de 17-9-2012.

§ 17. Na hipótese do inciso I do § 10, não havendo operações que representem 5% (cinco por cento) do valor das importações sujeitas ao controle de preços de transferência no período de apuração, o percentual poderá ser complementado com as importações efetuadas no ano-calendário imediatamente anterior, ajustado pela variação cambial do período.

- § 17 acrescido pela Lei nº 12.715, de 17-9-2012.

Art. 18-A. O Método do Preço sob Cotação na Importação – PCI é definido como os valores médios diários da cotação de bens ou direitos sujeitos a preços públicos em bolsas de mercadorias e futuros internacionalmente reconhecidas.

- *Caput* com a redação dada pela Lei nº 12.715, de 17-9-2012.
- Este artigo estará revogado pela MP nº 1.152, de 28-12-2022, que até o encerramento desta edição não havia sido convertida em lei, a partir de 1º-1-2024.

§ 1º Os preços dos bens importados e declarados por pessoas físicas ou jurídicas residentes ou domiciliadas no País serão comparados com os preços de cotação desses bens, constantes em bolsas de mercadorias e futuros internacionalmente reconhecidas, ajustados para mais ou para menos do prêmio médio de mercado, na data da transação, nos casos de importação de:

I – pessoas físicas ou jurídicas vinculadas;

II – residentes ou domiciliadas em países ou dependências com tributação favorecida; ou

III – pessoas físicas ou jurídicas beneficiadas por regimes fiscais privilegiados.

§ 2º Não havendo cotação disponível para o dia da transação, deverá ser utilizada a última cotação conhecida.

§ 3º Na hipótese de ausência de identificação da data da transação, a conversão será efetuada considerando-se a data do registro da declaração de importação de mercadoria.

§ 4º Na hipótese de não haver cotação dos bens em bolsas de mercadorias e futuros internacionalmente reconhecidas, os preços dos bens importados a que se refere o § 1º poderão ser comparados com os obtidos a partir de fontes de dados independentes fornecidas por instituições de pesquisa setoriais internacionalmente reconhecidas.

- §§ 1º a 4º com a redação dada pela Lei nº 12.715, de 17-9-2012.

§ 5º A Secretaria da Receita Federal do Brasil do Ministério da Fazenda disciplinará a aplicação do disposto neste artigo, inclusive a divulgação das bolsas de mercadorias e futuros e das instituições de pesquisas setoriais internacionalmente reconhecidas para cotação de preços.

- § 5º acrescido pela Lei nº 12.715, de 17-9-2012.

Receitas Oriundas de Exportações para o Exterior

Art. 19. As receitas auferidas nas operações efetuadas com pessoa vinculada ficam sujeitas a arbitramento quando o preço médio de venda dos bens, serviços ou direitos, nas exportações efetuadas durante o respectivo período de apuração da base de cálculo do imposto de renda, for inferior a noventa por cento do preço médio praticado na venda dos mesmos bens, serviços ou direitos, no mercado brasileiro, durante o mesmo período, em condições de pagamento semelhantes.

- Este artigo estará revogado pela MP nº 1.152, de 28-12-2022, que até o encerramento desta edição não havia sido convertida em lei, a partir de 1º-1-2024.
- Art. 28 desta Lei.

§ 1º Caso a pessoa jurídica não efetue operações de venda no mercado interno, a determinação dos preços médios a que se refere o *caput* será efetuada com dados de outras empresas que pratiquem a venda de bens, serviços ou direitos, idênticos ou similares, no mercado brasileiro.

§ 2º Para efeito de comparação, o preço de venda:

I – no mercado brasileiro, deverá ser considerado líquido dos descontos incondicionais concedidos, do imposto sobre a circulação de mercadorias e serviços, do imposto sobre serviços e das contribuições para a seguridade social – COFINS e para o PIS/PASEP;

II – nas exportações, será tomado pelo valor depois de diminuído dos encargos de frete e seguro, cujo ônus tenha sido da empresa exportadora.

§ 3º Verificado que o preço de venda nas exportações é inferior ao limite de que trata este artigo, as receitas das vendas nas exportações serão determinadas tomando-se por base o valor apurado segundo um dos seguintes métodos:

I – Método do Preço de Venda nas Exportações – PVEx: definido como a média aritmética dos preços de venda nas exportações efetuadas pela própria empresa, para outros clientes, ou por outra exportadora nacional de bens, serviços ou direitos, idênticos ou similares, durante o mesmo período de apuração da base de cálculo do imposto de renda e em condições de pagamento semelhantes;

II – Método do Preço de Venda por Atacado no País de Destino, Diminuído do Lucro – PVA: definido como a média aritmética dos preços de venda de bens, idênticos ou similares, praticados no mercado atacadista do país de destino, em condições de pagamento semelhantes, diminuídos dos tributos incluídos no preço, cobrados no referido país, e de margem de lucro de quinze por cento sobre o preço de venda no atacado;

III – Método do Preço de Venda a Varejo no País de Destino, Diminuído do Lucro – PVV: definido como a média aritmética dos preços de venda de bens, idênticos ou similares, praticados no mercado varejista do país de destino, em condições de pagamento semelhantes, diminuídos dos tributos incluídos no preço, cobrados no referido país, e de margem de lucro de trinta por cento sobre o preço de venda no varejo;

IV – Método do Custo de Aquisição ou de Produção mais Tributos e Lucro – CAP: definido como a média aritmética dos custos de aquisição ou de produção dos bens, serviços ou direitos, exportados, acrescidos dos impostos e contribuições cobrados no Brasil e de margem de lucro de quinze por cento sobre a soma dos custos mais impostos e contribuições.

§ 4º As médias aritméticas de que trata o parágrafo anterior serão calculadas em relação ao período de apuração da respectiva base de cálculo do imposto de renda da empresa brasileira.

§ 5º Na hipótese de utilização de mais de um método, será considerado o menor dos valores apurados, observado o disposto no parágrafo subsequente.

§ 6º Se o valor apurado segundo os métodos mencionados no § 3º for inferior aos preços de venda constantes dos documentos de exportação, prevalecerá o montante da receita reconhecida conforme os referidos documentos.

§ 7º A parcela das receitas, apurada segundo o disposto neste artigo, que exceder ao valor já apropriado na escrituração da empresa deverá ser adicionada ao lucro líquido, para determinação do lucro real, bem como ser computada na determinação do lucro presumido e do lucro arbitrado.

§ 8º Para efeito do disposto no § 3º, somente serão consideradas as operações de compra e venda praticadas entre compradores e vendedores não vinculados.

§ 9º Na hipótese de exportação de *commodities* sujeitas à cotação em bolsas de mercadorias e futuros internacionalmente reconhecidas, deverá ser utilizado o Método do Preço sob Cotação na Exportação – PECEX, definido no art. 19-A.

- § 9º com a redação dada pela Lei nº 12.715, de 17-9-2012.

Art. 19-A. O Método do Preço sob Cotação na Exportação – PECEX é definido como os valores médios diários da cotação de bens ou direitos sujeitos a preços públicos em bolsas de mercadorias e futuros internacionalmente reconhecidas.

- *Caput* com a redação dada pela Lei nº 12.715, de 17-9-2012.
- Este artigo estará revogado pela MP nº 1.152, de 28-12-2022, que até o encerramento desta edição não havia sido convertida em lei, a partir de 1º-1-2024.

§ 1º Os preços dos bens exportados e declarados por pessoas físicas ou jurídicas residentes ou domiciliadas no País serão comparados com os preços de cotação dos bens, constantes em bolsas de mercadorias e futuros internacionalmente reconhecidas, ajustados para mais ou para menos do prêmio médio de mercado, na data da transação, nos casos de exportação para:

I – pessoas físicas ou jurídicas vinculadas;

II – residentes ou domiciliadas em países ou dependências com tributação favorecida; ou

III – pessoas físicas ou jurídicas beneficiadas por regimes fiscais privilegiados.

§ 2º Não havendo cotação disponível para o dia da transação, deverá ser utilizada a última cotação conhecida.

§ 3º Na hipótese de ausência de identificação da data da transação, a conversão será efetuada considerando-se a data de embarque dos bens exportados.

§ 4º As receitas auferidas nas operações de que trata o *caput* ficam sujeitas ao arbitramento de preços de transferência, não se aplicando o percentual de 90% (noventa por cento) previsto no *caput* do art. 19.

- §§ 1º a 4º com a redação dada pela Lei nº 12.715, de 17-9-2012.

§ 5º Na hipótese de não haver cotação dos bens em bolsas de mercadorias e futuros internacionalmente reconhecidas, os preços dos bens exportados a que se refere o § 1º poderão ser comparados:

- *Caput* do § 5º com a redação dada pela Lei nº 12.715, de 17-9-2012.

I – com os obtidos a partir de fontes de dados independentes fornecidas por instituições de pesquisa setoriais internacionalmente reconhecidas; ou

II – com os preços definidos por agências ou órgãos reguladores e publicados no *Diário Oficial da União*.

- Incisos I e II acrescidos pela Lei nº 12.715, de 17-9-2012.

§ 6º A Secretaria da Receita Federal do Brasil do Ministério da Fazenda disciplinará o disposto neste artigo, inclusive a divulgação das bolsas de mercadorias e futuros e das instituições de pesquisas setoriais internacionalmente reconhecidas para cotação de preços.

- § 6º acrescido pela Lei nº 12.715, de 17-9-2012.

§ 7º VETADO. Lei nº 12.715, de 17-9-2012.

Art. 20. O Ministro de Estado da Fazenda poderá, em circunstâncias justificadas, alterar os percentuais de que tratam os arts. 18 e 19, de ofício ou mediante requerimento conforme o § 2º do art. 21.

- Artigo com a redação dada pela Lei nº 12.715, de 17-9-2012.
- Este artigo estará revogado pela MP nº 1.152, de 28-12-2022, que até o encerramento desta edição não havia sido convertida em lei, a partir de 1º-1-2024.
- Art. 28 desta Lei.

Art. 20-A. A partir do ano-calendário de 2012, a opção por um dos métodos previstos nos arts. 18 e 19 será efetuada para o ano-calendário e não poderá ser alterada pelo contribuinte uma vez iniciado o procedimento fiscal, salvo quando, em seu curso, o método ou algum de seus critérios de cálculo venha a ser desqualificado pela fiscalização, situação esta em que deverá ser intimado o sujeito passivo para, no prazo de 30 (trinta) dias, apresentar novo cálculo de acordo com qualquer outro método previsto na legislação.

- Este artigo estará revogado pela MP nº 1.152, de 28-12-2022, que até o encerramento desta edição não havia sido convertida em lei, a partir de 1º-1-2024.

§ 1º A fiscalização deverá motivar o ato caso desqualifique o método eleito pela pessoa jurídica.

§ 2º A autoridade fiscal responsável pela verificação poderá determinar o preço parâmetro, com base nos documentos de que dispuser, e aplicar um dos métodos previstos nos arts. 18 e 19, quando o sujeito passivo, após decorrido o prazo de que trata o *caput*:

I – não apresentar os documentos que deem suporte à determinação do preço praticado nem às respectivas memórias de cálculo para apuração do preço parâmetro, segundo o método escolhido;

II – apresentar documentos imprestáveis ou insuficientes para demonstrar a correção do cálculo do preço parâmetro pelo método escolhido; ou

III – deixar de oferecer quaisquer elementos úteis à verificação dos cálculos para apuração do preço parâmetro, pelo método escolhido, quando solicitados pela autoridade fiscal.

§ 3º A Secretaria da Receita Federal do Brasil do Ministério da Fazenda definirá o prazo e a forma de opção de que trata o *caput*.

Art. 20-B. A utilização do método de cálculo de preço parâmetro, de que tratam os arts. 18 e 19, deve ser consistente por bem, serviço ou direito, para todo o ano-calendário.

- Arts. 20-A e 20-B com a redação dada pela Lei nº 12.715, de 17-9-2012.
- Este artigo estará revogado pela MP nº 1.152, de 28-12-2022, que até o encerramento desta edição não havia sido convertida em lei, a partir de 1º-1-2024.

Apuração dos Preços Médios

Art. 21. Os custos e preços médios a que se referem os arts. 18 e 19 deverão ser apurados com base em:

- Este artigo estará revogado pela MP nº 1.152, de 28-12-2022, que até o encerramento desta edição não havia sido convertida em lei, a partir de 1º-1-2024.
- Art. 28 desta Lei.

I – publicações ou relatórios oficiais do governo do país do comprador ou vendedor ou declaração da autoridade fiscal desse mesmo país, quando com ele o Brasil mantiver acordo para evitar a bitributação ou para intercâmbio de informações;

II – pesquisas efetuadas por empresa ou instituição de notório conhecimento técnico ou publicações técnicas, em que se especifiquem o setor, o período, as empresas pesquisadas e a margem encontrada, bem como identifiquem, por empresa, os dados coletados e trabalhados.

§ 1º As publicações, as pesquisas e os relatórios oficiais a que se refere este artigo somente serão admitidos como prova se houverem sido realizados com observância de métodos de avaliação internacionalmente adotados e se referirem a período contemporâneo com o de apuração da base de cálculo do imposto de renda da empresa brasileira.

§ 2º Admitir-se-ão margens de lucro diversas das estabelecidas nos arts. 18 e 19, desde que o contribuinte as comprove, com base em publicações, pesquisas ou relatórios elaborados de conformidade com o disposto neste artigo.

§ 3º As publicações técnicas, as pesquisas e os relatórios a que se refere este artigo poderão ser desqualificados mediante ato do Secretário da Receita Federal, quando considerados inidôneos ou inconsistentes.

Juros

Art. 22. Os juros pagos ou creditados a pessoa vinculada somente serão dedutíveis para fins de determinação do lucro real até o montante que não exceda ao valor calculado com base em taxa determinada conforme este artigo acrescida de margem percentual a título de *spread*, a ser definida por ato do Ministro de Estado da Fazenda com base na média de mercado, proporcionalizados em função do período a que se referirem os juros.

- *Caput* com a redação dada pela Lei nº 12.766, de 27-12-2012.
- Este artigo estará revogado pela MP nº 1.152, de 28-12-2022, que até o encerramento desta edição não havia sido convertida em lei, a partir de 1º-1-2024.
- Art. 28 desta Lei.

§ 1º No caso de mútuo com pessoa vinculada, a pessoa jurídica mutuante, domiciliada no Brasil, deverá reconhecer, como receita financeira correspondente à operação, no mínimo o valor apurado segundo o disposto neste artigo.

§ 2º Para efeito do limite a que se refere este artigo, os juros serão calculados com base no valor da obrigação ou do direito, expresso na moeda objeto do contrato e convertida em reais pela taxa de câmbio, divulgada pelo Banco Central do Brasil, para a data do termo final do cálculo dos juros.

§ 3º O valor dos encargos que exceder o limite referido no *caput* e a diferença de receita apurada na forma do parágrafo anterior serão adicionados à base de cálculo do imposto de renda devido pela empresa no Brasil, inclusive ao lucro presumido ou arbitrado.

§ 4º *Revogado*. Lei nº 12.715, de 17-9-2012.

§ 5º *Revogado*. Lei nº 12.766, de 27-12-2012.

§ 6º A taxa de que trata o *caput* será a taxa:

I – de mercado dos títulos soberanos da República Federativa do Brasil emitidos no mercado externo em dólares dos Estados Unidos da América, na hipótese de operações em dólares dos Estados Unidos da América com taxa prefixada;

II – de mercado dos títulos soberanos da República Federativa do Brasil emitidos no mercado externo em reais, na hipótese de operações em reais no exterior com taxa prefixada; e

III – *London Interbank Offered Rate – LIBOR* pelo prazo de 6 (seis) meses, nos demais casos.

§ 7º O Ministro de Estado da Fazenda poderá fixar a taxa de que trata o *caput* na hipótese de operações em reais no exterior com taxa flutuante.

§ 8º Na hipótese do inciso III do § 6º, para as operações efetuadas em outras moedas nas quais não seja divulgada taxa Libor própria, deverá ser utilizado o valor da taxa Libor para depósitos em dólares dos Estados Unidos da América.

§ 9º A verificação de que trata este artigo deve ser efetuada na data da contratação da operação e será aplicada aos contratos celebrados a partir de 1º de janeiro de 2013.

§ 10. Para fins do disposto no § 9º, a novação e a repactuação são consideradas novos contratos.

§ 11. O disposto neste artigo será disciplinado pela Secretaria da Receita Federal do Brasil, inclusive quanto às especificações e condições de utilização das taxas previstas no *caput* e no § 6º.

- §§ 6º a 11 acrescidos pela Lei nº 12.766, de 27-12-2012.

Pessoa Vinculada – Conceito

Art. 23. Para efeito dos arts. 18 a 22, será considerada vinculada à pessoa jurídica domiciliada no Brasil:

- Art. 28 desta Lei.

I – a matriz desta, quando domiciliada no exterior;

II – a sua filial ou sucursal, domiciliada no exterior;

III – a pessoa física ou jurídica, residente ou domiciliada no exterior, cuja participação societária no seu capital social a caracterize como sua controladora ou coligada, na forma definida nos §§ 1º e 2º do art. 243 da Lei nº 6.404, de 15 de dezembro de 1976;

IV – a pessoa jurídica domiciliada no exterior que seja caracterizada como sua controlada ou coligada, na forma definida nos §§ 1º e 2º do art. 243 da Lei nº 6.404, de 15 de dezembro de 1976;

V – a pessoa jurídica domiciliada no exterior, quando esta e a empresa domiciliada no Brasil estiverem sob controle societário ou administrativo comum ou quando pelo menos dez por cento do capital social de cada uma pertencer a uma mesma pessoa física ou jurídica;

VI – a pessoa física ou jurídica, residente ou domiciliada no exterior, que, em conjunto com a pessoa jurídica domiciliada no Brasil, tiver participação societária no capital social de uma terceira pessoa jurídica, cuja soma as caracterizem como controladoras ou coligadas desta, na forma definida nos §§ 1º e 2º do art. 243 da Lei nº 6.404, de 15 de dezembro de 1976;

VII – a pessoa física ou jurídica, residente ou domiciliada no exterior, que seja sua associada, na forma de consórcio ou condomínio, conforme definido na legislação brasileira, em qualquer empreendimento;

VIII – a pessoa física residente no exterior que for parente ou afim até o terceiro grau, cônjuge ou companheiro de qualquer de seus diretores ou de seu sócio ou acionista controlador em participação direta ou indireta;

IX – a pessoa física ou jurídica, residente ou domiciliada no exterior, que goze de exclusividade, como seu agente, distribuidor ou concessionário, para a compra e venda de bens, serviços ou direitos;
X – a pessoa física ou jurídica, residente ou domiciliada no exterior, em relação à qual a pessoa jurídica domiciliada no Brasil goze de exclusividade, como agente, distribuidora ou concessionária, para a compra e venda de bens, serviços ou direitos.

Países com Tributação Favorecida

Art. 24. As disposições relativas a preços, custos e taxas de juros, constantes dos arts. 18 a 22, aplicam-se, também, às operações efetuadas por pessoa física ou jurídica residente ou domiciliada no Brasil, com qualquer pessoa física ou jurídica, ainda que não vinculada, residente ou domiciliada em país que não tribute a renda ou que a tribute a alíquota máxima inferior a vinte por cento.

* **Nova redação do dispositivo alterado:** "Art. 24. As disposições previstas nos art. 1º a art. 38 da Medida Provisória nº 1.152, de 28 de dezembro de 2022, aplicam-se também às transações efetuadas por pessoa física ou jurídica residente ou domiciliada no Brasil com qualquer entidade, ainda que parte não relacionada, residente ou domiciliada em país que não tribute a renda ou que a tribute à alíquota máxima inferior a 17% (dezessete por cento)."

• *Caput* com a redação dada pela MP nº 1.152, de 28-12-2022, que até o encerramento desta edição não havia sido convertida em lei, para vigorar a partir de 1º-1-2024.

o Art. 28 desta Lei.

o Art. 47 da Lei nº 10.833, de 29-12-2003, que altera a legislação tributária federal.

§ 1º Para efeito do disposto na parte final deste artigo, será considerada a legislação tributária do referido país, aplicável às pessoas físicas ou às pessoas jurídicas, conforme a natureza do ente com o qual houver sido praticada a operação.

§ 2º No caso de pessoa física residente no Brasil:

• Este parágrafo estará revogado pela MP nº 1.152, de 28-12-2022, que até o encerramento desta edição não havia sido convertida em lei, a partir de 1º-1-2024.

I – o valor apurado segundo os métodos de que trata o art. 18 será considerado como custo de aquisição para efeito de apuração de ganho de capital na alienação do bem ou direito;
II – o preço relativo ao bem ou direito alienado, para efeito de apuração de ganho de capital, será o apurado de conformidade com o disposto no art. 19;
III – será considerado como rendimento tributável o preço dos serviços prestados apurado de conformidade com o disposto no art. 19;
IV – serão considerados como rendimento tributável os juros determinados de conformidade com o art. 22.

§ 3º Para os fins do disposto neste artigo, considerar-se-á separadamente a tributação do trabalho e do capital, bem como as dependências do país de residência ou domicílio.

• § 3º com a redação dada pela Lei nº 10.451, de 10-5-2002.

§ 4º Considera-se também país ou dependência com tributação favorecida aquele cuja legislação não permita o acesso a informações relativas à composição societária de pessoas jurídicas, à sua titularidade ou à identificação do beneficiário efetivo de rendimentos atribuídos a não residentes.

• § 4º acrescido pela Lei nº 11.727, de 23-6-2008.

o Art. 41, VI, da Lei nº 11.727, de 23-6-2008, que dispõe sobre medidas tributárias destinadas a estimular os investimentos e a modernização do setor de turismo, a reforçar o sistema de proteção tarifária brasileiro, a estabelecer a incidência de forma concentrada da Contribuição para o PIS/PASEP e da Contribuição para o Financiamento da Seguridade Social – COFINS na produção e comercialização de álcool.

Art. 24-A. Aplicam-se às operações realizadas em regime fiscal privilegiado as disposições relativas a preços, custos e taxas de juros constantes dos arts. 18 a 22 desta Lei, nas transações entre pessoas físicas ou jurídicas residentes e domiciliadas no País com qualquer pessoa física ou jurídica, ainda que não vinculada, residente ou domiciliada no exterior.

* **Nova redação do dispositivo alterado:** "Art. 24-A. As disposições previstas nos art. 1º a art. 38 da Medida Provisória nº 1.152, de 2022, aplicam-se também às transações efetuadas por pessoa física ou jurídica residente ou domiciliada no Brasil com qualquer entidade residente ou domiciliada no exterior que seja beneficiária de regime fiscal privilegiado, inclusive na hipótese de parte não relacionada."

• *Caput* do art. 24-A com a redação dada pela MP nº 1.152, de 28-12-2022, que até o encerramento desta edição não havia sido convertida em lei, para vigorar a partir de 1º-1-2024.

o Art. 41, VI, da Lei nº 11.727, de 23-6-2008, que dispõe sobre medidas tributárias destinadas a estimular os investimentos e a modernização do setor de turismo, a reforçar o sistema de proteção tarifária brasileiro, a estabelecer a incidência de forma concentrada da Contribuição para o PIS/PASEP e da Contribuição para o Financiamento da Seguridade Social – COFINS na produção e comercialização de álcool.

Parágrafo único. Para os efeitos deste artigo, considera-se regime fiscal privilegiado aquele que apresentar uma ou mais das seguintes características:

• *Caput* do parágrafo único com a redação dada pela Lei nº 11.941, de 27-5-2009.

* **Nova redação do dispositivo alterado:** "Parágrafo único. Para fins do disposto neste artigo, considera-se regime fiscal privilegiado aquele que apresentar, no mínimo, uma das seguintes características:"

• *Caput* do parágrafo único com a redação dada pela MP nº 1.152, de 28-12-2022, que até o encerramento desta edição não havia sido convertida em lei, para vigorar a partir de 1º-1-2024.

I – não tribute a renda ou a tribute à alíquota máxima inferior a 20% (vinte por cento);

* **Nova redação do dispositivo alterado:** "I – não tribute a renda ou que o faça à alíquota máxima inferior a 17% (dezessete por cento);"

• Inciso I com a redação dada pela MP nº 1.152, de 28-12-2022, que até o encerramento desta edição não havia sido convertida em lei, para vigorar a partir de 1º-1-2024.

II – conceda vantagem de natureza fiscal a pessoa física ou jurídica não residente:
a) sem exigência de realização de atividade econômica substantiva no país ou dependência;
b) condicionada ao não exercício de atividade econômica substantiva no país ou dependência;
III – não tribute, ou o faça em alíquota máxima inferior a 20% (vinte por cento), os rendimentos auferidos fora de seu território;

* **Nova redação do dispositivo alterado:** "III – não tribute os rendimentos auferidos fora de seu território ou o faça em alíquota máxima inferior a 17% (dezessete por cento);"

• Inciso III com a redação dada pela MP nº 1.152, de 28-12-2022, que até o encerramento desta edição não havia sido convertida em lei, para vigorar a partir de 1º-1-2024.

LEG. COMPLEMENTAR

IV – não permita o acesso a informações relativas à composição societária, titularidade de bens ou direitos ou às operações econômicas realizadas.

- Art. 24-A acrescido pela Lei nº 11.727, de 23-6-2008.

Art. 24-B. O Poder Executivo poderá reduzir ou restabelecer os percentuais de que tratam o *caput* do art. 24 e os incisos I e III do parágrafo único do art. 24-A, ambos desta Lei.

- Art. 41, VI, da Lei nº 11.727, de 23-6-2008, que dispõe sobre medidas tributárias destinadas a estimular os investimentos e a modernização do setor de turismo, a reforçar o sistema de proteção tarifária brasileiro, a estabelecer a incidência de forma concentrada da Contribuição para o PIS/PASEP e da Contribuição para o Financiamento da Seguridade Social – COFINS na produção e comercialização de álcool.

Parágrafo único. O uso da faculdade prevista no *caput* deste artigo poderá também ser aplicado, de forma excepcional e restrita, a países que componham blocos econômicos dos quais o País participe.

- Art. 24-B acrescido pela Lei nº 11.727, de 23-6-2008.

Seção VI
LUCRO PRESUMIDO

Determinação

Art. 25. O lucro presumido será o montante determinado pela soma das seguintes parcelas:

I – o valor resultante da aplicação dos percentuais de que trata o art. 15 da Lei nº 9.249, de 26 de dezembro de 1995, sobre a receita bruta definida pelo art. 12 do Decreto-Lei nº 1.598, de 26 de dezembro de 1977, auferida no período de apuração de que trata o art. 1º, deduzida das devoluções e vendas canceladas e dos descontos incondicionais concedidos; e

II – os ganhos de capital, os rendimentos e ganhos líquidos auferidos em aplicações financeiras, as demais receitas, os resultados positivos decorrentes de receitas não abrangidas pelo inciso I, com os respectivos valores decorrentes do ajuste a valor presente de que trata o inciso VIII do *caput* do art. 183 da Lei nº 6.404, de 15 de dezembro de 1976, e demais valores determinados nesta Lei, auferidos naquele mesmo período.

- Incisos I e II com a redação dada pela Lei nº 12.973, de 13-5-2014.

§ 1º O ganho de capital nas alienações de investimentos, imobilizados e intangíveis corresponderá à diferença positiva entre o valor da alienação e o respectivo valor contábil.

§ 2º Para fins do disposto no § 1º, poderão ser considerados no valor contábil, e na proporção deste, os respectivos valores decorrentes dos efeitos do ajuste a valor presente de que trata o inciso III do *caput* do art. 184 da Lei nº 6.404, de 15 de dezembro de 1976.

§ 3º Os ganhos decorrentes de avaliação de ativo ou passivo com base no valor justo não integrarão a base de cálculo do imposto, no momento em que forem apurados.

§ 4º Para fins do disposto no inciso II do *caput*, os ganhos e perdas decorrentes de avaliação do ativo com base em valor justo não serão considerados como parte integrante do valor contábil.

§ 5º O disposto no § 4º não se aplica aos ganhos que tenham sido anteriormente computados na base de cálculo do imposto.

- §§ 1º a 5º com a redação dada pela Lei nº 12.973, de 13-5-2014.

Opção

Art. 26. A opção pela tributação com base no lucro presumido será aplicada em relação a todo o período de atividade da empresa em cada ano-calendário.

§ 1º A opção de que trata este artigo será manifestada com o pagamento da primeira ou única quota do imposto devido correspondente ao primeiro período de apuração de cada ano-calendário.

§ 2º A pessoa jurídica que houver iniciado atividade a partir do segundo trimestre manifestará a opção de que trata este artigo com o pagamento da primeira ou única quota do imposto devido relativa ao período de apuração do início de atividade.

§ 3º A pessoa jurídica que houver pago o imposto com base no lucro presumido e que, em relação ao mesmo ano-calendário, alterar a opção, passando a ser tributada com base no lucro real, ficará sujeita ao pagamento de multa e juros moratórios sobre a diferença de imposto paga a menor.

§ 4º A mudança de opção a que se refere o parágrafo anterior somente será admitida quando formalizada até a entrega da correspondente declaração de rendimentos e antes de iniciado procedimento de ofício relativo a qualquer dos períodos de apuração do respectivo ano-calendário.

Seção VII
LUCRO ARBITRADO

Determinação

Art. 27. O lucro arbitrado será o montante determinado pela soma das seguintes parcelas:

I – o valor resultante da aplicação dos percentuais de que trata o art. 16 da Lei nº 9.249, de 26 de dezembro de 1995, sobre a receita bruta definida pelo art. 12 do Decreto-Lei nº 1.598, de 26 de dezembro de 1977, auferida no período de apuração de que trata o art. 1º, deduzida das devoluções e vendas canceladas e dos descontos incondicionais concedidos; e

II – os ganhos de capital, os rendimentos e ganhos líquidos auferidos em aplicações financeiras, as demais receitas, os resultados positivos decorrentes de receitas não abrangidas pelo inciso I do *caput*, com os respectivos valores decorrentes do ajuste a valor presente de que trata o inciso VIII do caput do art. 183 da Lei nº 6.404, de 15 de dezembro de 1976, e demais valores determinados nesta Lei, auferidos naquele mesmo período.

- Incisos I e II com a redação dada pela Lei nº 12.973, de 13-5-2014.

§ 1º Na apuração do lucro arbitrado, quando não conhecida a receita bruta, os coeficientes de que tratam os incisos II, III e IV do art. 51 da Lei nº 8.981, de 20 de janeiro de 1995, deverão ser multiplicados pelo número de meses do período de apuração.

§ 2º Na hipótese de utilização das alternativas de cálculo previstas nos incisos V a VIII do art. 51 da Lei nº 8.981, de 20 de janeiro de 1995, o lucro arbitrado será o valor resultante da soma dos valores apurados para cada mês do período de apuração.

§ 3º O ganho de capital nas alienações de investimentos, imobilizados e intangíveis corresponderá à diferença positiva entre o valor da alienação e o respectivo valor contábil.

§ 4º Para fins do disposto no § 3º, poderão ser considerados no valor contábil, e na proporção deste, os respectivos valores decorrentes dos efeitos do ajuste a valor presente de que trata o inciso III do *caput* do art. 184 da Lei nº 6.404, de 15 de dezembro de 1976.

§ 5º Os ganhos decorrentes de avaliação de ativo ou passivo com base no valor justo não integrarão a base de cálculo do imposto, no momento em que forem apurados.

§ 6º Para fins do disposto no inciso II do *caput*, os ganhos e perdas decorrentes de avaliação do ativo com base em valor justo não serão considerados como parte integrante do valor contábil.

§ 7º O disposto no § 6º não se aplica aos ganhos que tenham sido anteriormente computados na base de cálculo do imposto.

• §§ 3º a 7º com a redação dada pela Lei nº 12.973, de 13-5-2014.

CAPÍTULO II
CONTRIBUIÇÃO SOCIAL SOBRE O LUCRO LÍQUIDO

Seção I
APURAÇÃO DA BASE DE CÁLCULO E PAGAMENTO

○ Art. 8º, § 2º, II, da Lei nº 9.718, de 27-11-1998, que altera a legislação tributária federal.

Normas Aplicáveis

Art. 28. Aplicam-se à apuração da base de cálculo e ao pagamento da contribuição social sobre o lucro líquido as normas da legislação vigente e as correspondentes aos arts. 1º a 3º, 5º a 14, 17 a 24-B, 26, 55 e 71.

• Artigo com a redação dada pela Lei nº 12.715, de 17-9-2012.

Empresas sem Escrituração Contábil

Art. 29. A base de cálculo da contribuição social sobre o lucro líquido, devida pelas pessoas jurídicas tributadas com base no lucro presumido ou arbitrado e pelas demais empresas dispensadas de escrituração contábil, corresponderá à soma dos valores:

I – de que trata o art. 20 da Lei nº 9.249, de 26 de dezembro de 1995;

II – os ganhos de capital, os rendimentos e ganhos líquidos auferidos em aplicações financeiras, as demais receitas, os resultados positivos decorrentes de receitas não abrangidas pelo inciso I do *caput*, com os respectivos valores decorrentes do ajuste a valor presente de que trata o inciso VIII do *caput* do art. 183 da Lei nº 6.404, de 15 de dezembro de 1976, e demais valores determinados nesta Lei, auferidos naquele mesmo período.

• Inciso II com a redação dada pela Lei nº 12.973, de 13-5-2014.

Pagamento Mensal Estimado

Art. 30. A pessoa jurídica que houver optado pelo pagamento do imposto de renda na forma do art. 2º fica, também, sujeita ao pagamento mensal da contribuição social sobre o lucro líquido, determinada mediante a aplicação da alíquota a que estiver sujeita sobre a base de cálculo apurada na forma dos incisos I e II do artigo anterior.

CAPÍTULO III
IMPOSTO SOBRE PRODUTOS INDUSTRIALIZADOS

Contribuinte Substituto

Art. 31. O art. 35 da Lei nº 4.502, de 30 de novembro de 1964, passa a vigorar com a seguinte redação:

• Alterações inseridas no texto da referida Lei.

CAPÍTULO IV
PROCEDIMENTOS DE FISCALIZAÇÃO

Seção I
SUSPENSÃO DA IMUNIDADE E DA ISENÇÃO

Art. 32. A suspensão da imunidade tributária, em virtude de falta de observância de requisitos legais, deve ser procedida de conformidade com o disposto neste artigo.

○ Art. 14 da Lei nº 9.532, de 10-12-1997, que altera a legislação tributária federal.

§ 1º Constatado que entidade beneficiária de imunidade de tributos federais de que trata a alínea *c* do inciso VI do art. 150 da Constituição Federal não está observando requisito ou condição previsto nos arts. 9º, § 1º, e 14, da Lei nº 5.172, de 25 de outubro de 1966 – Código Tributário Nacional, a fiscalização tributária expedirá notificação fiscal, na qual relatará os fatos que determinam a suspensão do benefício, indicando inclusive a data da ocorrência da infração.

§ 2º A entidade poderá, no prazo de trinta dias da ciência da notificação, apresentar as alegações e provas que entender necessárias.

§ 3º O Delegado ou Inspetor da Receita Federal decidirá sobre a procedência das alegações, expedindo o ato declaratório suspensivo do benefício, no caso de improcedência, dando, de sua decisão, ciência à entidade.

§ 4º Será igualmente expedido o ato suspensivo se decorrido o prazo previsto no § 2º sem qualquer manifestação da parte interessada.

§ 5º A suspensão da imunidade terá como termo inicial a data da prática da infração.

§ 6º Efetivada a suspensão da imunidade:

I – a entidade interessada poderá, no prazo de trinta dias da ciência, apresentar impugnação ao ato declaratório, a qual será objeto de decisão pela Delegacia da Receita Federal de Julgamento competente;

II – a fiscalização de tributos federais lavrará auto de infração, se for o caso.

§ 7º A impugnação relativa à suspensão da imunidade obedecerá às demais normas reguladoras do processo administrativo fiscal.

§ 8º A impugnação e o recurso apresentados pela entidade não terão efeito suspensivo em relação ao ato declaratório contestado.

§ 9º Caso seja lavrado auto de infração, as impugnações contra o ato declaratório e contra a exigência de crédito tributário serão reunidas em um único processo, para serem decididas simultaneamente.

§ 10. Os procedimentos estabelecidos neste artigo aplicam-se, também, às hipóteses de suspensão de isenções condicionadas, quando a entidade beneficiária estiver descumprindo as condições ou requisitos impostos pela legislação de regência.

§ 11. *Revogado.* Lei nº 13.165, de 29-9-2015.

§ 12. A entidade interessada disporá de todos os meios legais para impugnar os fatos que determinam a suspensão do benefício.

• § 12 acrescido pela Lei nº 11.941, de 27-5-2009.

Seção II
REGIMES ESPECIAIS DE FISCALIZAÇÃO

Art. 33. A Secretaria da Receita Federal pode determinar regime especial para cumprimento de obrigações, pelo sujeito passivo, nas seguintes hipóteses:

I – embaraço à fiscalização, caracterizado pela negativa não justificada de exibição de livros e documentos em que se assente a escrituração das atividades do sujeito passivo, bem como pelo não fornecimento de informações sobre bens, movimentação financeira, negócio ou atividade, próprios ou de terceiros, quando intimado, e demais hipóteses que autorizam a requisição do auxílio da força pública, nos termos do art. 200 da Lei nº 5.172, de 25 de outubro de 1966;

II – resistência à fiscalização, caracterizada pela negativa de acesso ao estabelecimento, ao domicílio fiscal ou a

LEG. COMPLEMENTAR

qualquer outro local onde se desenvolvam as atividades do sujeito passivo, ou se encontrem bens de sua posse ou propriedade;

III – evidências de que a pessoa jurídica esteja constituída por interpostas pessoas que não sejam os verdadeiros sócios ou acionistas, ou o titular, no caso de firma individual;

IV – realização de operações sujeitas à incidência tributária, sem a devida inscrição no cadastro de contribuintes apropriado;

V – prática reiterada de infração da legislação tributária;

VI – comercialização de mercadorias com evidências de contrabando ou descaminho;

VII – incidência em conduta que enseje representação criminal, nos termos da legislação que rege os crimes contra a ordem tributária.

§ 1º O regime especial de fiscalização será aplicado em virtude de ato do Secretário da Receita Federal.

§ 2º O regime especial pode consistir, inclusive, em:

I – manutenção de fiscalização ininterrupta no estabelecimento do sujeito passivo;

II – redução, à metade, dos períodos de apuração e dos prazos de recolhimento dos tributos;

III – utilização compulsória de controle eletrônico das operações realizadas e recolhimento diário dos respectivos tributos;

IV – exigência de comprovação sistemática do cumprimento das obrigações tributárias;

V – controle especial da impressão e emissão de documentos comerciais e fiscais e da movimentação financeira.

§ 3º As medidas previstas neste artigo poderão ser aplicadas isolada ou cumulativamente, por tempo suficiente à normalização do cumprimento das obrigações tributárias.

§ 4º A imposição do regime especial não elide a aplicação de penalidades previstas na legislação tributária.

§ 5º Às infrações cometidas pelo contribuinte durante o período em que estiver submetido a regime especial de fiscalização será aplicada a multa de que trata o inciso I do *caput* do art. 44 desta Lei, duplicando-se o seu percentual.

• § 5º com a redação dada pela Lei nº 11.488, de 15-6-2007.

Seção III

DOCUMENTAÇÃO FISCAL

Acesso à Documentação

Art. 34. São também passíveis de exame os documentos do sujeito passivo, mantidos em arquivos magnéticos ou assemelhados, encontrados no local da verificação, que tenham relação direta ou indireta com a atividade por ele exercida.

Retenção de Livros e Documentos

Art. 35. Os livros e documentos poderão ser examinados fora do estabelecimento do sujeito passivo, desde que lavrado termo escrito de retenção pela autoridade fiscal, em que se especifiquem a quantidade, espécie, natureza e condições dos livros e documentos retidos.

§ 1º Constituindo os livros ou documentos prova da prática de ilícito penal ou tributário, os originais retidos não serão devolvidos, extraindo-se cópia para entrega ao interessado.

§ 2º Excetuado o disposto no parágrafo anterior, devem ser devolvidos os originais dos documentos retidos para exame, mediante recibo.

Lacração de Arquivos

Art. 36. A autoridade fiscal encarregada de diligência ou fiscalização poderá promover a lacração de móveis, caixas, cofres ou depósitos onde se encontram arquivos e documentos, toda vez que ficar caracterizada a resistência ou o embaraço à fiscalização, ou ainda quando as circunstâncias ou a quantidade de documentos não permitirem sua identificação e conferência no local ou no momento em que foram encontrados.

Parágrafo único. O sujeito passivo e demais responsáveis serão previamente notificados para acompanharem o procedimento de rompimento do lacre e identificação dos elementos de interesse da fiscalização.

Guarda de Documentos

Art. 37. Os comprovantes da escrituração da pessoa jurídica, relativos a fatos que repercutam em lançamentos contábeis de exercícios futuros, serão conservados até que se opere a decadência do direito de a Fazenda Pública constituir os créditos tributários relativos a esses exercícios.

Arquivos Magnéticos

Art. 38. O sujeito passivo usuário de sistema de processamento de dados deverá manter documentação técnica completa e atualizada do sistema, suficiente para possibilitar a sua auditoria, facultada a manutenção em meio magnético, sem prejuízo da sua emissão gráfica, quando solicitada.

Extravio de Livros e Documentos

Art. 39. *Revogado.* Lei nº 9.532, de 10-12-1997.

Seção IV

OMISSÃO DE RECEITA

Falta de Escrituração de Pagamentos

Art. 40. A falta de escrituração de pagamentos efetuados pela pessoa jurídica, assim como a manutenção, no passivo, de obrigações cuja exigibilidade não seja comprovada, caracterizam, também, omissão de receita.

Levantamento Quantitativo por Espécie

Art. 41. A omissão de receita poderá, também, ser determinada a partir de levantamento por espécie das quantidades de matérias-primas e produtos intermediários utilizados no processo produtivo da pessoa jurídica.

§ 1º Para os fins deste artigo, apurar-se-á a diferença, positiva ou negativa, entre a soma das quantidades de produtos em estoque no início do período com a quantidade de produtos fabricados com as matérias-primas e produtos intermediários utilizados e a soma das quantidades de produtos cuja venda houver sido registrada na escrituração contábil da empresa com as quantidades em estoque, no final do período de apuração, constantes do livro de Inventário.

§ 2º Considera-se receita omitida, nesse caso, o valor resultante da multiplicação das diferenças de quantidades de produtos ou de matérias-primas e produtos intermediários pelos respectivos preços médios de venda ou de compra, conforme o caso, em cada período de apuração abrangido pelo levantamento.

§ 3º Os critérios de apuração de receita omitida de que trata este artigo aplicam-se, também, às empresas comerciais, relativamente às mercadorias adquiridas para revenda.

Depósitos Bancários

Art. 42. Caracterizam-se também omissão de receita ou de rendimento os valores creditados em conta de depósito ou de investimento mantida junto a instituição financeira, em relação aos quais o titular, pessoa física ou jurídica, regularmente intimado, não comprove, mediante documentação hábil e idônea, a origem dos recursos utilizados nessas operações.

§ 1º O valor das receitas ou dos rendimentos omitido será considerado auferido ou recebido no mês do crédito efetuado pela instituição financeira.

§ 2º Os valores cuja origem houver sido comprovada, que não houverem sido computados na base de cálculo dos impostos e contribuições a que estiverem sujeitos, submeter-se-ão às normas de tributação específicas, previstas na legislação vigente à época em que auferidos ou recebidos.

§ 3º Para efeito de determinação da receita omitida, os créditos serão analisados individualizadamente, observado que não serão considerados:

I – os decorrentes de transferências de outras contas da própria pessoa física ou jurídica;

II – no caso de pessoa física, sem prejuízo do disposto no inciso anterior, os de valor individual igual ou inferior a R$ 12.000,00 (doze mil reais), desde que o seu somatório, dentro do ano-calendário, não ultrapasse o valor de R$ 80.000,00 (oitenta mil reais).

- Inciso II com a redação dada pela Lei nº 9.481, de 13-8-1997.

§ 4º Tratando-se de pessoa física, os rendimentos omitidos serão tributados no mês em que considerados recebidos, com base na tabela progressiva vigente à época em que tenha sido efetuado o crédito pela instituição financeira.

§ 5º Quando provado que os valores creditados na conta de depósito ou de investimento pertencem a terceiro, evidenciando interposição de pessoa, a determinação dos rendimentos ou receitas será efetuada em relação ao terceiro, na condição de efetivo titular da conta de depósito ou de investimento.

§ 6º Na hipótese de contas de depósito ou de investimento mantidas em conjunto, cuja declaração de rendimentos ou de informações dos titulares tenham sido apresentadas em separado, e não havendo comprovação da origem dos recursos nos termos deste artigo, o valor dos rendimentos ou receitas será imputado a cada titular mediante divisão entre o total dos rendimentos ou receitas pela quantidade de titulares.

- §§ 5º e 6º acrescidos pela Lei nº 10.637, de 30-12-2002.

Seção V

NORMAS SOBRE O LANÇAMENTO DE TRIBUTOS E CONTRIBUIÇÕES

Auto de Infração sem Tributo

Art. 43. Poderá ser formalizada exigência de crédito tributário correspondente exclusivamente a multa ou a juros de mora, isolada ou conjuntamente.

- Art. 19 da Lei nº 10.865, de 30-4-2004, que dispõe sobre o PIS/PASEP-Importação e a COFINS-Importação.

Parágrafo único. Sobre o crédito constituído na forma deste artigo, não pago no respectivo vencimento, incidirão juros de mora, calculados à taxa a que se refere o § 3º do art. 5º, a partir do primeiro dia do mês subsequente ao vencimento do prazo até o mês anterior ao do pagamento e de um por cento no mês de pagamento.

Multas de Lançamento de Ofício

Art. 44. Nos casos de lançamento de ofício, serão aplicadas as seguintes multas:

- *Caput* com a redação dada pela Lei nº 11.488, de 15-6-2007.
- Art. 19 da Lei nº 10.865, de 30-4-2004, que dispõe sobre o PIS/PASEP-Importação e a COFINS-Importação.

I – de 75% (setenta e cinco por cento) sobre a totalidade ou diferença de imposto ou contribuição nos casos de falta de pagamento ou recolhimento, de falta de declaração e nos de declaração inexata;

- Art. 2º da Lei nº 10.892, de 13-7-2004, que altera os arts. 8º e 16 da Lei nº 9.311, de 24 de outubro de 1996, que institui a Contribuição Provisória sobre Movimentação ou Transmissão de Valores e de Créditos e Direitos de Natureza Financeira – CPMF.

II – de 50% (cinquenta por cento), exigida isoladamente, sobre o valor do pagamento mensal:

a) na forma do art. 8º da Lei nº 7.713, de 22 de dezembro de 1988, que deixar de ser efetuado, ainda que não tenha sido apurado imposto a pagar na declaração de ajuste, no caso de pessoa física;

b) na forma do art. 2º desta Lei, que deixar de ser efetuado, ainda que tenha sido apurado prejuízo fiscal ou base de cálculo negativa para a contribuição social sobre o lucro líquido, no ano-calendário correspondente, no caso de pessoa jurídica.

- Incisos I e II com a redação dada pela Lei nº 11.488, de 15-6-2007.

§ 1º O percentual de multa de que trata o inciso I do *caput* deste artigo será duplicado nos casos previstos nos arts. 71, 72 e 73 da Lei nº 4.502, de 30 de novembro de 1964, independentemente de outras penalidades administrativas ou criminais cabíveis.

- § 1º com a redação dada pela Lei nº 11.488, de 15-6-2007.

I a IV – *Revogados*. Lei nº 11.488, de 15-6-2007;

V – *Revogado*. Lei nº 9.716, de 26-11-1998.

§ 2º Os percentuais de multa a que se referem o inciso I do *caput* e o § 1º deste artigo serão aumentados de metade, nos casos de não atendimento pelo sujeito passivo, no prazo marcado, de intimação para:

I – prestar esclarecimentos;

II – apresentar os arquivos ou sistemas de que tratam os arts. 11 a 13 da Lei nº 8.218, de 29 de agosto de 1991;

III – apresentar a documentação técnica de que trata o art. 38 desta Lei.

- § 2º com a redação dada pela Lei nº 11.488, de 15-6-2007.

§ 3º Aplicam-se às multas de que trata este artigo as reduções previstas no art. 6º da Lei nº 8.218, de 29 de agosto de 1991, e no art. 60 da Lei nº 8.383, de 30 de dezembro de 1991.

§ 4º As disposições deste artigo aplicam-se, inclusive, aos contribuintes que derem causa a ressarcimento indevido de tributo ou contribuição decorrente de qualquer incentivo ou benefício fiscal.

§ 5º Aplica-se também, no caso de que seja comprovadamente constatado dolo ou má-fé do contribuinte, a multa de que trata o inciso I do *caput* sobre:

- *Caput* do § 5º com a redação dada pela Lei nº 12.249, de 11-6-2010.

I – a parcela do imposto a restituir informado pelo contribuinte pessoa física, na Declaração de Ajuste Anual, que deixar de ser restituída por infração à legislação tributária; e

- Inciso I com a redação dada pela Lei nº 12.249, de 11-6-2010.

II – VETADO. Lei nº 12.249, de 11-6-2010.

Arts. 45 e 46. *Revogados*. Lei nº 11.488, de 15-6-2007.

Seção VI

APLICAÇÃO DE ACRÉSCIMOS DE PROCEDIMENTO ESPONTÂNEO

Art. 47. A pessoa física ou jurídica submetida a ação fiscal por parte da Secretaria da Receita Federal poderá pagar, até o vigésimo dia subsequente à data de recebimento do termo de início de fiscalização, os tributos e contribuições já declarados, de que for sujeito passivo como contribuinte ou responsável, com os acréscimos legais aplicáveis nos casos de procedimento espontâneo.

• Artigo com a redação dada pela Lei nº 9.532, de 10-12-1997.

CAPÍTULO V
DISPOSIÇÕES GERAIS

Seção I
PROCESSO ADMINISTRATIVO DE CONSULTA

Art. 48. No âmbito da Secretaria da Receita Federal, os processos administrativos de consulta serão solucionados em instância única.

§ 1º A competência para solucionar a consulta ou declarar sua ineficácia, na forma disciplinada pela Secretaria da Receita Federal do Brasil, poderá ser atribuída:

I – a unidade central; ou

II – a unidade descentralizada.

• § 1º com a redação dada pela Lei nº 12.788, de 14-1-2013.

§ 2º Os atos normativos expedidos pelas autoridades competentes serão observados quando da solução da consulta.

§ 3º Não cabe recurso nem pedido de reconsideração da solução da consulta ou do despacho que declarar sua ineficácia.

§ 4º As soluções das consultas serão publicadas pela imprensa oficial, na forma disposta em ato normativo emitido pela Secretaria da Receita Federal.

§ 5º Havendo diferença de conclusões entre soluções de consultas relativas a uma mesma matéria, fundada em idêntica norma jurídica, cabe recurso especial, sem efeito suspensivo, para o órgão de que trata o inciso I do § 1º.

§ 6º O recurso de que trata o parágrafo anterior pode ser interposto pelo destinatário da solução divergente, no prazo de trinta dias, contados da ciência da solução.

§ 7º Cabe a quem interpuser o recurso comprovar a existência das soluções divergentes sobre idênticas situações.

§ 8º O juízo de admissibilidade do recurso será realizado na forma disciplinada pela Secretaria da Receita Federal do Brasil.

• § 8º com a redação dada pela Lei nº 12.788, de 14-1-2013.

§ 9º Qualquer servidor da administração tributária deverá, a qualquer tempo, formular representação ao órgão que houver proferido a decisão, encaminhando as soluções divergentes sobre a mesma matéria, de que tenha conhecimento.

§ 10. O sujeito passivo que tiver conhecimento de solução divergente daquela que esteja observando em decorrência de resposta a consulta anteriormente formulada, sobre idêntica matéria, poderá adotar o procedimento previsto no § 5º, no prazo de trinta dias contados da respectiva publicação.

§ 11. A solução da divergência acarretará, em qualquer hipótese, a edição de ato específico, uniformizando o entendimento, com imediata ciência ao destinatário da solução reformada, aplicando-se seus efeitos a partir da data da ciência.

§ 12. Se, após a resposta à consulta, a administração alterar o entendimento nela expresso, a nova orientação atingirá, apenas, os fatos geradores que ocorram após dado ciência ao consulente ou após a sua publicação pela imprensa oficial.

§ 13. A partir de 1º de janeiro de 1997, cessarão todos os efeitos decorrentes de consultas não solucionadas definitivamente, ficando assegurado aos consulentes, até 31 de janeiro de 1997:

I – a não instauração de procedimento de fiscalização em relação à matéria consultada;

II – a renovação da consulta anteriormente formulada, à qual serão aplicadas as normas previstas nesta Lei.

§ 14. A consulta poderá ser formulada por meio eletrônico, na forma disciplinada pela Secretaria da Receita Federal do Brasil.

§ 15. O Poder Executivo regulamentará prazo para solução das consultas de que trata este artigo.

• §§ 14 e 15 acrescidos pela Lei nº 12.788, de 14-1-2013.

Art. 49. Não se aplicam aos processos de consulta no âmbito da Secretaria da Receita Federal as disposições dos arts. 54 a 58 do Decreto nº 70.235, de 6 de março de 1972.

Art. 50. Aplicam-se aos processos de consulta relativos à classificação de mercadorias as disposições dos arts. 46 a 53 do Decreto nº 70.235, de 6 de março de 1972 e do art. 48 desta Lei.

§ 1º O órgão de que trata o inciso I do § 1º do art. 48 poderá alterar ou reformar, de ofício, as decisões proferidas nos processos relativos à classificação de mercadorias.

§ 2º Da alteração ou reforma mencionada no parágrafo anterior, deverá ser dada ciência ao consulente.

§ 3º Em relação aos atos praticados até a data da ciência ao consulente, nos casos de que trata o § 1º deste artigo, aplicam-se as conclusões da decisão proferida pelo órgão regional da Secretaria da Receita Federal.

§ 4º O envio de conclusões decorrentes de decisões proferidas em processos de consulta sobre classificação de mercadorias, para órgãos do Mercado Comum do Sul – MERCOSUL, será efetuado exclusivamente pelo órgão de que trata o inciso I do § 1º do art. 48.

Seção II
NORMAS SOBRE O LUCRO PRESUMIDO E ARBITRADO

Art. 51. Os juros de que trata o art. 9º da Lei nº 9.249, de 26 de dezembro de 1995, bem como os rendimentos e ganhos líquidos decorrentes de quaisquer operações financeiras, serão adicionados ao lucro presumido ou arbitrado, para efeito de determinação do imposto de renda devido.

Parágrafo único. O imposto de renda incidente na fonte sobre os rendimentos de que trata este artigo será considerado como antecipação do devido na declaração de rendimentos.

Art. 52. Na apuração de ganho de capital de pessoa jurídica tributada pelo lucro presumido ou arbitrado, os valores acrescidos em virtude de reavaliação somente poderão ser computados como parte integrante dos custos de aquisição dos bens e direitos se a empresa comprovar que os valores acrescidos foram computados na determinação da base de cálculo do imposto de renda.

Art. 53. Os valores recuperados, correspondentes a custos e despesas, inclusive com perdas no recebimento de créditos, deverão ser adicionados ao lucro presumido ou arbitrado para determinação do imposto de renda, salvo se o contribuinte comprovar não os ter deduzido em período anterior no qual tenha se submetido ao regime de tributação com base no lucro real ou que se refiram a período no qual tenha se submetido ao regime de tributação com base no lucro presumido ou arbitrado.

Art. 54. A pessoa jurídica que, até o ano-calendário anterior, houver sido tributada com base no lucro real deverá adicionar à base de cálculo do imposto de renda, correspondente ao primeiro período de apuração no qual houver optado pela tributação com base no lucro presumido ou for tributada com base no lucro arbitrado, os saldos dos valores cuja tributação havia diferido, independentemente da necessidade de controle no livro de que trata o inciso I do *caput* do art. 8º do Decreto-Lei nº 1.598, de 26 de dezembro de 1977.

• Artigo com a redação dada pela Lei nº 12.973, de 13-5-2014.

Seção III

NORMAS APLICÁVEIS A ATIVIDADES ESPECIAIS

Sociedades Civis

Art. 55. As sociedades civis de prestação de serviços profissionais relativos ao exercício de profissão legalmente regulamentada de que trata o art. 1º do Decreto-lei nº 2.397, de 21 de dezembro de 1987, passam, em relação aos resultados auferidos a partir de 1º de janeiro de 1997, a ser tributadas pelo imposto de renda de conformidade com as normas aplicáveis às demais pessoas jurídicas.

○ Art. 28 desta Lei.

Art. 56. As sociedades civis de prestação de serviços de profissão legalmente regulamentada passam a contribuir para a seguridade social com base na receita bruta da prestação de serviços, observadas as normas da Lei Complementar nº 70, de 30 de dezembro de 1991.

Parágrafo único. Para efeito da incidência da contribuição de que trata este artigo, serão consideradas as receitas auferidas a partir do mês de abril de 1997.

Art. 56-A. A entidade privada de abrangência nacional e sem fins lucrativos, constituída pelo conjunto das cooperativas de crédito e dos bancos cooperativos, na forma da legislação e regulamentação próprias, destinada a administrar mecanismo de proteção a titulares de créditos contra essas instituições e a contribuir para a manutenção da estabilidade e a prevenção de insolvência e de outros riscos dessas instituições, é isenta do imposto de renda, inclusive do incidente sobre ganhos líquidos mensais e do retido na fonte sobre os rendimentos de aplicação financeira de renda fixa e de renda variável, bem como da contribuição social sobre o lucro líquido.

§ 1º Para efeito de gozo da isenção, a referida entidade deverá ter seu estatuto e seu regulamento aprovados pelo Conselho Monetário Nacional.

§ 2º Ficam autorizadas as transferências, para a entidade mencionada no *caput*, de recursos oriundos de recolhimentos realizados pelas cooperativas de crédito e bancos cooperativos, de forma direta ou indireta, ao Fundo Garantidor de Crédito de que trata o art. 4º da Lei nº 9.710, de 19 de novembro de 1998.

§ 3º As transferências dos recursos de que trata o § 2º não serão tributadas, nos termos deste artigo.

§ 4º Em caso de dissolução, por qualquer motivo, da entidade de que trata o *caput*, os recursos eventualmente devolvidos às associadas estarão sujeitos à tributação na instituição recebedora, na forma da legislação vigente.

§ 5º O disposto neste artigo entra em vigor no dia seguinte ao da aprovação pelo Conselho Monetário Nacional do estatuto e do regulamento da entidade de que trata o *caput*.

• Art. 56-A acrescido pela Lei nº 12.873, de 24-10-2013.

Associações de Poupança e Empréstimo

Art. 57. As Associações de Poupança e Empréstimo pagarão o imposto de renda correspondente aos rendimentos e ganhos líquidos, auferidos em aplicações financeiras, à alíquota de quinze por cento, calculado sobre vinte e oito por cento do valor dos referidos rendimentos e ganhos líquidos.

Parágrafo único. O imposto incidente na forma deste artigo será considerado tributação definitiva.

Empresas de Factoring

Art. 58. Fica incluído no art. 36 da Lei nº 8.981, de 20 de janeiro de 1995, com as alterações da Lei nº 9.065, de 20 de junho de 1995, o seguinte inciso XV:

• O referido art. 36 foi revogado pela Lei nº 9.718, de 27-11-1998, razão pela qual fica prejudicada a alteração feita por este artigo.

Atividade Florestal

Art. 59. Considera-se, também, como atividade rural o cultivo de florestas que se destinem ao corte para comercialização, consumo ou industrialização.

Liquidação Extrajudicial e Falência

Art. 60. As entidades submetidas aos regimes de liquidação extrajudicial e de falência sujeitam-se às normas de incidência dos impostos e contribuições de competência da União aplicáveis às pessoas jurídicas, em relação às operações praticadas durante o período em que perdurarem os procedimentos para a realização de seu ativo e o pagamento do passivo.

○ Lei nº 11.101, de 9-2-2005 (Lei de Recuperação de Empresas e Falências).

Seção IV

ACRÉSCIMOS MORATÓRIOS

Multas e Juros

Art. 61. Os débitos para com a União, decorrentes de tributos e contribuições administrados pela Secretaria da Receita Federal, cujos fatos geradores ocorrerem a partir de 1º de janeiro de 1997, não pagos nos prazos previstos na legislação específica, serão acrescidos de multa de mora, calculada à taxa de trinta e três centésimos por cento, por dia de atraso.

○ Art. 49, § 5º, *b*, da Lei nº 9.532, de 10-12-1997, que altera a legislação tributária federal.

§ 1º A multa de que trata este artigo será calculada a partir do primeiro dia subsequente ao do vencimento do prazo previsto para o pagamento do tributo ou da contribuição até o dia em que ocorrer o seu pagamento.

§ 2º O percentual de multa a ser aplicado fica limitado a vinte por cento.

§ 3º Sobre os débitos a que se refere este artigo incidirão juros de mora calculados à taxa a que se refere o § 3º do art. 5º, a partir do primeiro dia do mês subsequente ao vencimento do prazo até o mês anterior ao do pagamento e de um por cento no mês de pagamento.

Pagamento em Quotas-Juros

Art. 62. Os juros a que se referem o inciso III do art. 14 e o art. 16, ambos da Lei nº 9.250, de 26 de dezembro de 1995, serão calculados à taxa a que se refere o § 3º do art. 5º, a partir do primeiro dia do mês subsequente ao previsto para a entrega tempestiva da declaração de rendimentos.

Parágrafo único. As quotas do imposto sobre a propriedade territorial rural a que se refere a alínea *c* do parágrafo único do art. 14 da Lei nº 8.847, de 28 de janeiro de 1994, serão acrescidas de juros calculados à taxa a que se refere o § 3º do art. 5º, a partir do primeiro dia do mês subsequente àquele em que o contribuinte for notificado até o último dia do mês anterior ao do pagamento e de um por cento no mês do pagamento.

- O art. 14 da Lei nº 8.847, de 28-1-1994, de que trata o parágrafo único deste artigo, foi revogado pela Lei nº 9.393, de 19-12-1996.

Débitos com Exigibilidade Suspensa

Art. 63. Na constituição de crédito tributário destinada a prevenir a decadência, relativo a tributo de competência da União, cuja exigibilidade houver sido suspensa na forma dos incisos IV e V do art. 151 da Lei nº 5.172, de 25 de outubro de 1966, não caberá lançamento de multa de ofício.

- *Caput* com a redação dada pela MP nº 2.158-35, de 24-8-2001, que até o encerramento desta edição não havia sido convertida em Lei.

§ 1º O disposto neste artigo aplica-se, exclusivamente, aos casos em que a suspensão da exigibilidade do débito tenha ocorrido antes do início de qualquer procedimento de ofício a ele relativo.

§ 2º A interposição da ação judicial favorecida com a medida liminar interrompe a incidência da multa de mora, desde a concessão da medida judicial, até 30 dias após a data da publicação da decisão judicial que considerar devido o tributo ou contribuição.

Seção V

ARRECADAÇÃO DE TRIBUTOS E CONTRIBUIÇÕES

Retenção de Tributos e Contribuições

Art. 64. Os pagamentos efetuados por órgãos, autarquias e fundações da administração pública federal a pessoas jurídicas, pelo fornecimento de bens ou prestação de serviços, estão sujeitos à incidência, na fonte, do imposto sobre a renda, da contribuição social sobre o lucro líquido, da contribuição para seguridade social – COFINS e da contribuição para o PIS/PASEP.

§ 1º A obrigação pela retenção é do órgão ou entidade que efetuar o pagamento.

§ 2º O valor retido, correspondente a cada tributo ou contribuição, será levado a crédito da respectiva conta de receita da União.

§ 3º O valor do imposto e das contribuições sociais retido será considerado como antecipação do que for devido pelo contribuinte em relação ao mesmo imposto e às mesmas contribuições.

§ 4º O valor retido correspondente ao imposto de renda e a cada contribuição social somente poderá ser compensado com o que for devido em relação à mesma espécie de imposto ou contribuição.

§ 5º O imposto de renda a ser retido será determinado mediante a aplicação da alíquota de quinze por cento sobre o resultado da multiplicação do valor a ser pago pelo percentual de que trata o art. 15 da Lei nº 9.249, de 26 de dezembro de 1995, aplicável à espécie de receita correspondente ao tipo de bem fornecido ou de serviço prestado.

§ 6º O valor da contribuição social sobre o lucro líquido, a ser retido, será determinado mediante a aplicação da alíquota de um por cento, sobre o montante a ser pago.

§ 7º O valor da contribuição para a seguridade social – COFINS, a ser retido, será determinado mediante a aplicação da alíquota respectiva sobre o montante a ser pago.

§ 8º O valor da contribuição para o PIS/PASEP, a ser retido, será determinado mediante a aplicação da alíquota respectiva sobre o montante a ser pago.

§ 9º Até 31 de dezembro de 2017, fica dispensada a retenção dos tributos na fonte de que trata o *caput* sobre os pagamentos efetuados por órgãos ou entidades da administração pública federal, mediante a utilização do Cartão de Pagamento do Governo Federal – CPGF, no caso de compra de passagens aéreas diretamente das companhias aéreas prestadoras de serviços de transporte aéreo.

- § 9º com a redação dada pela Lei nº 13.043, de 13-11-2014.

Art. 65. O Banco do Brasil S.A. deverá reter, no ato do pagamento ou crédito, a contribuição para o PIS/PASEP incidente nas transferências voluntárias da União para suas autarquias e fundações e para os Estados, Distrito Federal e Municípios, suas autarquias e fundações.

Art. 66. As cooperativas que se dedicam a vendas em comum, referidas no art. 82 da Lei nº 5.764, de 16 de dezembro de 1971, que recebam para comercialização a produção de suas associadas, são responsáveis pelo recolhimento da Contribuição para Financiamento da Seguridade Social – COFINS, instituída pela Lei Complementar nº 70, de 30 de dezembro de 1991 e da Contribuição para o Programa de Integração Social – PIS, criada pela Lei Complementar nº 7, de 7 de setembro de 1970, com suas posteriores modificações.

§ 1º O valor das contribuições recolhidas pelas cooperativas mencionadas no *caput* deste artigo, deverá ser por elas informado, individualizadamente, às suas filiadas, juntamente com o montante do faturamento relativo às vendas dos produtos de cada uma delas, com vistas a atender aos procedimentos contábeis exigidos pela legislação.

§ 2º O disposto neste artigo aplica-se a procedimento idêntico que, eventualmente, tenha sido anteriormente adotado pelas cooperativas centralizadoras de vendas, inclusive quanto ao recolhimento da Contribuição para o Fundo de Investimento Social – FINSOCIAL, criada pelo Decreto-lei nº 1.940, de 25 de maio de 1982, com suas posteriores modificações.

§ 3º A Secretaria da Receita Federal poderá baixar as normas necessárias ao cumprimento e controle das disposições contidas neste artigo.

Dispensa de Retenção de Imposto de Renda

Art. 67. Fica dispensada a retenção de imposto de renda, de valor igual ou inferior a R$ 10,00 (dez reais), incidente na fonte sobre rendimentos que devam integrar a base de cálculo do imposto devido na declaração de ajuste anual.

Utilização de DARF

Art. 68. É vedada a utilização de Documento de Arrecadação de Receitas Federais para o pagamento de tributos e contribuições de valor inferior a R$ 10,00 (dez reais).

§ 1º O imposto ou contribuição administrado pela Secretaria da Receita Federal, arrecadado sob um determinado código de receita, que, no período de apuração, resultar inferior a R$ 10,00 (dez reais), deverá ser adicionado ao imposto ou contribuição de mesmo código, correspondente aos períodos subsequentes, até que o total seja igual ou superior a R$ 10,00 (dez reais), quando, então, será pago ou recolhido no prazo estabelecido na legislação para este último período de apuração.

§ 2º O critério a que se refere o parágrafo anterior aplica-se, também, ao imposto sobre operações de crédito, câmbio e seguro e sobre operações relativas a títulos e valores mobiliários – IOF.

Art. 68-A. O Poder Executivo poderá elevar para até R$ 100,00 (cem reais) os limites e valores de que tratam os arts. 67 e 68 desta Lei, inclusive de forma diferenciada por tributo, regime de tributação ou de incidência, relativos à utilização do Documento de Arrecadação de Receitas Federais, podendo reduzir ou restabelecer os limites e valores que vier a fixar.

• Art. 68-A com a redação dada pela Lei nº 11.941, de 27-5-2009.

Imposto Retido na Fonte – Responsabilidade

Art. 69. É responsável pela retenção e recolhimento do imposto de renda na fonte, incidente sobre os rendimentos auferidos pelos fundos, sociedades de investimentos e carteiras de que trata o art. 81 da Lei nº 8.981, de 20 de janeiro de 1995, a pessoa jurídica que efetuar o pagamento dos rendimentos.

Seção VI

CASOS ESPECIAIS DE TRIBUTAÇÃO

Multas por Rescisão de Contrato

Art. 70. A multa ou qualquer outra vantagem paga ou creditada por pessoa jurídica, ainda que a título de indenização, a beneficiária pessoa física ou jurídica, inclusive isenta, em virtude de rescisão de contrato, sujeitam-se à incidência do imposto de renda na fonte à alíquota de quinze por cento.

o Art. 132, IV, *b*, da Lei nº 11.196, de 21-11-2005, que institui o Regime Especial de Tributação para a Plataforma de Exportação de Serviços de Tecnologia da Informação – REPES, o Regime Especial de Aquisição de Bens de Capital para Empresas Exportadoras – RECAP e o Programa de Inclusão Digital; dispõe sobre incentivos fiscais para a inovação tecnológica.

§ 1º A responsabilidade pela retenção e recolhimento do imposto de renda é da pessoa jurídica que efetuar o pagamento ou crédito da multa ou vantagem.

§ 2º O imposto será retido na data do pagamento ou crédito da multa ou vantagem.

• § 2º com a redação dada pela Lei nº 11.196, de 21-11-2005.

§ 3º O valor da multa ou vantagem será:

I – computado na apuração da base de cálculo do imposto devido na declaração de ajuste anual da pessoa física;

II – computado como receita, na determinação do lucro real;

III – acrescido ao lucro presumido ou arbitrado, para determinação da base de cálculo do imposto devido pela pessoa jurídica.

§ 4º O imposto retido na fonte, na forma deste artigo, será considerado como antecipação do devido em cada período de apuração, nas hipóteses referidas no parágrafo anterior, ou como tributação definitiva, no caso de pessoa jurídica isenta.

§ 5º O disposto neste artigo não se aplica às indenizações pagas ou creditadas em conformidade com a legislação trabalhista e àquelas destinadas a reparar danos patrimoniais.

Ganhos em Mercado de Balcão

Art. 71. Sem prejuízo do disposto no art. 74 da Lei nº 8.981, de 20 de janeiro de 1995, os ganhos auferidos por qualquer beneficiário, inclusive pessoa jurídica isenta, nas demais operações realizadas em mercados de liquidação futura, fora de bolsa, serão tributados de acordo com as normas aplicáveis aos ganhos líquidos auferidos em operações de natureza semelhante realizadas em bolsa.

o Art. 28 desta Lei.

§ 1º Não se aplica aos ganhos auferidos nas operações de que trata este artigo o disposto no § 1º do art. 81 da Lei nº 8.981, de 20 de janeiro de 1995.

§ 2º Somente será admitido o reconhecimento de perdas nas operações registradas nos termos da legislação vigente.

• § 2º com a redação dada pela Lei nº 10.833, de 29-12-2003.

Remuneração de Direitos

Art. 72. Estão sujeitas à incidência do imposto na fonte, à alíquota de quinze por cento, as importâncias pagas, creditadas, entregues, empregadas ou remetidas para o exterior pela aquisição ou pela remuneração, a qualquer título, de qualquer forma de direito, inclusive à transmissão, por meio de rádio ou televisão ou por qualquer outro meio, de quaisquer filmes ou eventos, mesmo os de competições desportivas das quais faça parte representação brasileira.

Seção VII

RESTITUIÇÃO E COMPENSAÇÃO DE TRIBUTOS E CONTRIBUIÇÕES

Art. 73. A restituição e o ressarcimento de tributos administrados pela Secretaria da Receita Federal do Brasil ou a restituição de pagamentos efetuados mediante DARF e GPS cuja receita não seja administrada pela Secretaria da Receita Federal do Brasil será efetuada depois de verificada a ausência de débitos em nome do sujeito passivo credor perante a Fazenda Nacional.

• *Caput* com a redação dada pela Lei nº 12.844, de 19-7-2013.

I e II – *Revogados*. Lei nº 12.844, de 19-7-2013.

Parágrafo único. Existindo débitos, não parcelados ou parcelados sem garantia, inclusive inscritos em Dívida Ativa da União, os créditos serão utilizados para quitação desses débitos, observado o seguinte:

I – o valor bruto da restituição ou do ressarcimento será debitado à conta do tributo a que se referir;

II – a parcela utilizada para a quitação de débitos do contribuinte ou responsável será creditada à conta do respectivo tributo.

• Parágrafo único com a redação dada pela Lei nº 12.844, de 19-7-2013.

Art. 74. O sujeito passivo que apurar crédito, inclusive os judiciais com trânsito em julgado, relativo a tributo ou contribuição administrado pela Secretaria da Receita Federal, passível de restituição ou de ressarcimento, poderá utilizá-lo na compensação de débitos próprios relativos a quaisquer tributos e contribuições administrados por aquele Órgão.

• *Caput* com a redação dada pela Lei nº 10.637, de 30-12-2002.

o Súm. nº 464 do STJ.

§ 1º A compensação de que trata o *caput* será efetuada mediante a entrega, pelo sujeito passivo, de declaração na qual constarão informações relativas aos créditos utilizados e aos respectivos débitos compensados.

§ 2º A compensação declarada à Secretaria da Receita Federal extingue o crédito tributário, sob condição resolutória de sua ulterior homologação.

• §§ 1º e 2º acrescidos pela Lei nº 10.637, de 30-12-2002.

§ 3º Além das hipóteses previstas nas leis específicas de cada tributo ou contribuição, não poderão ser objeto de compensação mediante entrega, pelo sujeito passivo, da declaração referida no § 1º:

• § 3º com a redação dada pela Lei nº 10.833, de 29-12-2003.

I – o saldo a restituir apurado na Declaração de Ajuste Anual do Imposto de Renda da Pessoa Física;

II – os débitos relativos a tributos e contribuições devidos no registro da Declaração de Importação;

• Incisos I e II com a redação dada pela Lei nº 10.637, de 30-12-2002.

III – os débitos relativos a tributos e contribuições administrados pela Secretaria da Receita Federal que já tenham sido encaminhados à Procuradoria-Geral da Fazenda Nacional para inscrição em Dívida Ativa da União;

• Inciso III acrescido dada pela Lei nº 10.833, de 29-12-2003.

IV – o débito consolidado em qualquer modalidade de parcelamento concedido pela Secretaria da Receita Federal – SRF;

• Inciso IV com a redação dada pela Lei nº 11.051, de 29-12-2004.

V – o débito que já tenha sido objeto de compensação não homologada, ainda que a compensação se encontre pendente de decisão definitiva na esfera administrativa;

VI – o valor objeto de pedido de restituição ou de ressarcimento já indeferido pela autoridade competente da Secretaria da Receita Federal do Brasil, ainda que o pedido se encontre pendente de decisão definitiva na esfera administrativa;

• Incisos V e VI com a redação dada pela Lei nº 13.670, de 30-5-2018.

VII – o crédito objeto de pedido de restituição ou ressarcimento e o crédito informado em declaração de compensação cuja confirmação de liquidez e certeza esteja sob procedimento fiscal;

VIII – os valores de quotas de salário-família e salário-maternidade; e

IX – os débitos relativos ao recolhimento mensal por estimativa do Imposto sobre a Renda das Pessoas Jurídicas (IRPJ) e da Contribuição Social sobre o Lucro Líquido (CSLL) apurados na forma do art. 2º desta Lei.

• Incisos VII a IX acrescidos pela Lei nº 13.670, de 30-5-2018.

§ 4º Os pedidos de compensação pendentes de apreciação pela autoridade administrativa serão considerados declaração de compensação, desde o seu protocolo, para os efeitos previstos neste artigo.

• § 4º acrescido pela Lei nº 10.637, de 30-12-2002.

§ 5º O prazo para homologação da compensação declarada pelo sujeito passivo será de 5 (cinco) anos, contado da data da entrega da declaração de compensação.

• § 5º com a redação dada pela Lei nº 10.833, de 29-12-2003.

§ 6º A declaração de compensação constitui confissão de dívida e instrumento hábil e suficiente para a exigência dos débitos indevidamente compensados.

§ 7º Não homologada a compensação, a autoridade administrativa deverá cientificar o sujeito passivo e intimá-lo a efetuar, no prazo de 30 (trinta) dias, contado da ciência do ato que não a homologou, o pagamento dos débitos indevidamente compensados.

§ 8º Não efetuado o pagamento no prazo previsto no § 7º, o débito será encaminhado à Procuradoria-Geral da Fazenda Nacional para inscrição em Dívida Ativa da União, ressalvado o disposto no § 9º.

§ 9º É facultado ao sujeito passivo, no prazo referido no § 7º, apresentar manifestação de inconformidade contra a não homologação da compensação.

§ 10. Da decisão que julgar improcedente a manifestação de inconformidade caberá recurso ao Conselho de Contribuintes.

§ 11. A manifestação de inconformidade e o recurso de que tratam os §§ 9º e 10 obedecerão ao rito processual do Decreto nº 70.235, de 6 de março de 1972, e enquadram-se no disposto no inciso III do art. 151 da Lei nº 5.172, de 25 de outubro de 1966 – Código Tributário Nacional, relativamente ao débito objeto da compensação.

• §§ 6º a 11 acrescidos pela Lei nº 10.833, de 29-12-2003.

§ 12. Será considerada não declarada a compensação nas hipóteses:

I – previstas no § 3º deste artigo;

II – em que o crédito:

a) seja de terceiros;

b) refira-se a "crédito-prêmio" instituído pelo art. 1º do Decreto-Lei nº 491, de 5 de março de 1969;

c) refira-se a título público;

d) seja decorrente de decisão judicial não transitada em julgado; ou

e) não se refira a tributos e contribuições administrados pela Secretaria da Receita Federal – SRF;

f) tiver como fundamento a alegação de inconstitucionalidade de lei, exceto nos casos em que a lei:

• *Caput* da alínea *f* com a redação dada pela Lei nº 11.941, de 27-5-2009.

1. tenha sido declarada inconstitucional pelo Supremo Tribunal Federal em ação direta de inconstitucionalidade ou em ação declaratória de constitucionalidade;
2. tenha tido sua execução suspensa pelo Senado Federal;
3. tenha sido julgada inconstitucional em sentença judicial transitada em julgado a favor do contribuinte; ou
4. seja objeto de súmula vinculante aprovada pelo Supremo Tribunal Federal nos termos do art. 103-A da Constituição Federal.

• Itens 1 a 4 acrescidos pela Lei nº 11.941, de 27-5-2009.

§ 13. O disposto nos §§ 2º e 5º a 11 deste artigo não se aplica às hipóteses previstas no § 12 deste artigo.

§ 14. A Secretaria da Receita Federal – SRF disciplinará o disposto neste artigo, inclusive quanto à fixação de critérios de prioridade para apreciação de processos de restituição, de ressarcimento e de compensação.

• §§ 12 a 14 acrescidos pela Lei nº 11.051, de 29-12-2004.

§§ 15 e 16. *Revogados*. Lei nº 13.137, de 19-6-2015).

§ 17. Será aplicada multa isolada de 50% (cinquenta por cento) sobre o valor do débito objeto de declaração de compensação não homologada, salvo no caso de falsidade da declaração apresentada pelo sujeito passivo.

• § 17 com a redação dada pela Lei nº 13.097, de 19-1-2015.

• O STF, por maioria dos votos, julgou procedente a ADIN nº 4.905, para declarar a inconstitucionalidade deste parágrafo (*DOU* de 27-3-2023).

§ 18. No caso de apresentação de manifestação de inconformidade contra a não homologação da compensação, fica suspensa a exigibilidade da multa de ofício de que trata o § 17, ainda que não impugnada essa exigência, enquadrando-se no disposto no inciso III do art. 151 da Lei nº 5.172, de 25 de outubro de 1966 – Código Tributário Nacional.

• § 18 acrescido pela Lei nº 12.844, de 19-7-2013.

Seção VIII
UFIR

Art. 75. A partir de 1º de janeiro de 1997, a atualização do valor da Unidade Fiscal de Referência – UFIR, de que trata o art. 1º da Lei nº 8.383, de 30 de dezembro de 1991, com as alterações posteriores, será efetuada por períodos anuais, em 1º de janeiro.

○ Art. 29, § 3º, da Lei nº 10.522, de 19-7-2005, que dispõe sobre o Cadastro Informativo dos créditos não quitados de órgãos e entidades federais.

Parágrafo único. No âmbito da legislação tributária federal, a UFIR será utilizada exclusivamente para a atualização dos créditos tributários da União, objeto de parcelamento concedido até 31 de dezembro de 1994.

Seção IX

COMPETÊNCIAS DOS CONSELHOS DE CONTRIBUINTES

Art. 76. Fica o Poder Executivo autorizado a alterar as competências relativas às matérias objeto de julgamento pelos Conselhos de Contribuintes do Ministério da Fazenda.

Seção X

DISPOSITIVO DECLARADO INCONSTITUCIONAL

Art. 77. Fica o Poder Executivo autorizado a disciplinar as hipóteses em que a administração tributária federal, relativamente aos créditos tributários baseados em dispositivo declarado inconstitucional por decisão definitiva do Supremo Tribunal Federal, possa:

I – abster-se de constituí-los;

II – retificar o seu valor ou declará-los extintos, de ofício, quando houverem sido constituídos anteriormente, ainda que inscritos em dívida ativa;

III – formular desistência de ações de execução fiscal já ajuizadas, bem como deixar de interpor recursos de decisões judiciais.

Seção XI

JUROS SOBRE O CAPITAL PRÓPRIO

Art. 78. O § 1º do art. 9º da Lei nº 9.249, de 26 de dezembro de 1995, passa a vigorar com a seguinte redação:

- Alteração inserida no texto da referida Lei.

Seção XII

ADMISSÃO TEMPORÁRIA

Art. 79. Os bens admitidos temporariamente no País, para utilização econômica, ficam sujeitos ao pagamento dos impostos incidentes na importação proporcionalmente ao tempo de sua permanência em território nacional, nos termos e condições estabelecidos em regulamento.

Parágrafo único. O Poder Executivo poderá excepcionar, em caráter temporário, a aplicação do disposto neste artigo em relação a determinados bens.

- Parágrafo único acrescido pela MP nº 2.189-49, de 23-8-2001, que até o encerramento desta edição não havia sido convertida em Lei.

CAPÍTULO VI

DISPOSIÇÕES FINAIS

Empresa Inidônea

Art. 80. As inscrições no Cadastro Nacional da Pessoa Jurídica (CNPJ) serão suspensas quando se enquadrarem nas hipóteses de suspensão definidas pela Secretaria Especial da Receita Federal do Brasil.

- *Caput* com a redação dada pela Lei nº 14.195, de 26-8-2021.

§§ 1º a 4º *Revogados*. Lei nº 14.195, de 26-8-2021.

Arts. 80-A a 80-C. *Revogados*. Lei nº 14.195, de 26-8-2021.

Art. 81. As inscrições no CNPJ serão declaradas inaptas, nos termos e nas condições definidos pela Secretaria Especial da Receita Federal do Brasil, quando a pessoa jurídica:

- *Caput* com a redação dada pela Lei nº 14.195, de 26-8-2021.

I – deixar de apresentar obrigações acessórias, por, no mínimo, 90 (noventa) dias a contar da omissão;

II – não comprovar a origem, a disponibilidade e a efetiva transferência, se for o caso, dos recursos empregados em operações de comércio exterior;

III – for inexistente de fato, assim considerada a entidade que:

a) não dispuser de patrimônio ou de capacidade operacional necessários à realização de seu objeto, inclusive a que não comprovar o capital social integralizado;

b) não for localizada no endereço informado no CNPJ;

c) quando intimado, o seu representante legal:

1. não for localizado ou alegar falsidade ou simulação de sua participação na referida entidade ou não comprovar legitimidade para representá-la; ou
2. não indicar, depois de intimado, seu novo domicílio tributário;

d) for domiciliada no exterior e não tiver indicado seu procurador ou seu representante legalmente constituído no CNPJ ou, se indicado, não tiver sido localizado; ou

e) encontrar-se com as atividades paralisadas, salvo quando a paralisação for comunicada;

IV – realizar operações de terceiros, com intuito de acobertar seus reais beneficiários;

V – tiver participado, segundo evidências, de organização constituída com o propósito de não recolher tributos ou de burlar os mecanismos de cobrança de débitos fiscais, inclusive por meio de emissão de documentos fiscais que relatem operações fictícias ou cessão de créditos inexistentes ou de terceiros;

VI – tiver sido constituída, segundo evidências, para a prática de fraude fiscal estruturada, inclusive em proveito de terceiras empresas; ou

VII – encontrar-se suspensa por no, mínimo, 1 (um) ano.

- Incisos I a VII acrescidos pela Lei nº 14.195, de 26-8-2021.

§ 1º *Revogado*. Lei nº 14.195, de 26-8-2021.

§ 2º Para fins do disposto no inciso II do *caput* deste artigo, a comprovação da origem de recursos provenientes do exterior dar-se-á mediante, cumulativamente:

- *Caput* com a redação dada pela Lei nº 14.195, de 26-8-2021.

I – prova do regular fechamento da operação de câmbio, inclusive com a identificação da instituição financeira no exterior encarregada da remessa dos recursos para o País;

II – identificação do remetente dos recursos, assim entendido como a pessoa física ou jurídica titular dos recursos remetidos.

- Incisos I e II acrescidos pela Lei nº 10.637, de 30-12-2002.

§ 3º No caso de o remetente referido no inciso II do § 2º ser pessoa jurídica deverão ser também identificados os integrantes de seus quadros societário e gerencial.

§ 4º O disposto nos §§ 2º e 3º aplica-se, também, na hipótese de que trata o § 2º do art. 23 do Decreto-Lei nº 1.455, de 7 de abril de 1976.

- §§ 3º e 4º acrescidos pela Lei nº 10.637, de 30-12-2002.

§ 5º *Revogado*. Lei nº 14.195, de 26-8-2021.

Art. 81-A. As inscrições no CNPJ serão declaradas baixadas após 180 (cento e oitenta) dias contados da declaração de inaptidão.

§ 1º Poderão ainda ter a inscrição no CNPJ baixada as pessoas jurídicas que estejam extintas, canceladas ou baixadas nos respectivos órgãos de registro.

§ 2º O ato de baixa da inscrição no CNPJ não impede que, posteriormente, sejam lançados ou cobrados os débitos de natureza tributária da pessoa jurídica.

§ 3º Mediante solicitação da pessoa jurídica, poderá ser restabelecida a inscrição no CNPJ, observados os termos e as condições definidos pela Secretaria Especial da Receita Federal do Brasil.

• Art. 81-A acrescido pela Lei nº 14.195, de 26-8-2021.

Art. 82. Além das demais hipóteses de inidoneidade de documentos previstas na legislação, não produzirá efeitos tributários em favor de terceiros interessados o documento emitido por pessoa jurídica cuja inscrição no CNPJ tenha sido considerada ou declarada inapta.

• *Caput* com a redação dada pela Lei nº 14.195, de 26-8-2021.

Parágrafo único. O disposto neste artigo não se aplica aos casos em que o adquirente de bens, direitos e mercadorias ou o tomador de serviços comprovarem a efetivação do pagamento do preço respectivo e o recebimento dos bens, direitos e mercadorias ou utilização dos serviços.

Crime contra a Ordem Tributária

Art. 83. A representação fiscal para fins penais relativa aos crimes contra a ordem tributária previstos nos arts. 1º e 2º da Lei nº 8.137, de 27 de dezembro de 1990, e aos crimes contra a Previdência Social, previstos nos arts. 168-A e 337-A do Decreto-Lei nº 2.848, de 7 de dezembro de 1940 (Código Penal), será encaminhada ao Ministério Público depois de proferida a decisão final, na esfera administrativa, sobre a exigência fiscal do crédito tributário correspondente.

• *Caput* com a redação dada pela Lei nº 12.350, de 20-12-2010.

§ 1º Na hipótese de concessão de parcelamento do crédito tributário, a representação fiscal para fins penais somente será encaminhada ao Ministério Público após a exclusão da pessoa física ou jurídica do parcelamento.

§ 2º É suspensa a pretensão punitiva do Estado referente aos crimes previstos no *caput*, durante o período em que a pessoa física ou a pessoa jurídica relacionada com o agente dos aludidos crimes estiver incluída no parcelamento, desde que o pedido de parcelamento tenha sido formalizado antes do recebimento da denúncia criminal.

§ 3º A prescrição criminal não corre durante o período de suspensão da pretensão punitiva.

§ 4º Extingue-se a punibilidade dos crimes referidos no *caput* quando a pessoa física ou a pessoa jurídica relacionada com o agente efetuar o pagamento integral dos débitos oriundos de tributos, inclusive acessórios, que tiverem sido objeto de concessão de parcelamento.

§ 5º O disposto nos §§ 1º a 4º não se aplica nas hipóteses de vedação legal de parcelamento.

• §§ 1º a 5º acrescidos pela Lei nº 12.382, de 25-2-2011.

§ 6º As disposições contidas no *caput* do art. 34 da Lei nº 9.249, de 26 de dezembro de 1995, aplicam-se aos processos administrativos e aos inquéritos e processos em curso, desde que não recebida a denúncia pelo juiz.

• Antigo parágrafo único renumerado para § 6º pela Lei nº 12.382, de 25-2-2011.

Art. 84. Nos casos de incorporação, fusão ou cisão de empresa incluída no Programa Nacional de Desestatização, bem como nos programas de desestatização das Unidades Federadas e dos Municípios, não ocorrerá a realização do lucro inflacionário acumulado relativamente à parcela do ativo sujeito a correção monetária até 31 de dezembro de 1995, que houver sido vertida.

§ 1º O lucro inflacionário acumulado da empresa sucedida, correspondente aos ativos vertidos sujeitos a correção monetária até 31 de dezembro de 1995, será integralmente transferido para a sucessora, nos casos de incorporação e fusão.

§ 2º No caso de cisão, o lucro inflacionário acumulado será transferido, para a pessoa jurídica que absorver o patrimônio da empresa cindida, na proporção das contas do ativo, sujeitas a correção monetária até 31 de dezembro de 1995, que houverem sido vertidas.

§ 3º O lucro inflacionário transferido na forma deste artigo será realizado e submetido a tributação, na pessoa jurídica sucessora, com observância do disposto na legislação vigente.

Fretes Internacionais

Art. 85. Ficam sujeitos ao imposto de renda na fonte, à alíquota de quinze por cento, os rendimentos recebidos por companhias de navegação aérea e marítima, domiciliadas no exterior, de pessoas físicas ou jurídicas residentes ou domiciliadas no Brasil.

Parágrafo único. O imposto de que trata este artigo não será exigido das companhias aéreas e marítimas domiciliadas em países que não tributam, em decorrência da legislação interna ou de acordos internacionais, os rendimentos auferidos por empresas brasileiras que exercem o mesmo tipo de atividade.

Art. 86. Nos casos de pagamento de contraprestação de arrendamento mercantil, do tipo financeiro, a beneficiária pessoa jurídica domiciliada no exterior, a Secretaria da Receita Federal expedirá normas para excluir da base de cálculo do imposto de renda incidente na fonte a parcela remetida que corresponder ao valor do bem arrendado.

Vigência

Art. 87. Esta Lei entra em vigor na data da sua publicação, produzindo efeitos financeiros a partir de 1º de janeiro de 1997.

Revogação

Art. 88. Revogam-se:

I – o § 2º do art. 97 do Decreto-lei nº 5.844, de 23 de setembro de 1943, o Decreto-lei nº 7.885, de 21 de agosto de 1945, o art. 46 da Lei nº 4.862, de 29 de novembro de 1965 e o art. 56 da Lei nº 7.713, de 22 de dezembro de 1988;

II – o Decreto-lei nº 165, de 13 de fevereiro de 1967;

III – o § 3º do art. 21 do Decreto-lei nº 401, de 30 de dezembro de 1968;

IV – o Decreto-lei nº 716, de 30 de julho de 1969;

V – o Decreto-lei nº 815, de 4 de setembro de 1969, o Decreto-lei nº 1.139, de 21 de dezembro de 1970, o art. 87 da Lei nº 7.450, de 23 de dezembro de 1985 e os arts. 11 e 12 do Decreto-lei nº 2.303, de 21 de novembro de 1986;

VI – o art. 3º do Decreto-lei nº 1.118, de 10 de agosto de 1970, o art. 6º do Decreto-lei nº 1.189, de 24 de setembro de 1971 e o inciso IX do art. 1º da Lei nº 8.402, de 8 de janeiro de 1992;

VII – o art. 9º do Decreto-lei nº 1.351, de 24 de outubro de 1974, o Decreto-lei nº 1.411, de 31 de julho de 1975 e o Decreto-lei nº 1.725, de 7 de dezembro de 1979;

VIII – o art. 9º do Decreto-lei nº 1.633, de 9 de agosto de 1978;

IX – o número 4 da alínea *b* do § 1º do art. 35 do Decreto-lei nº 1.598, de 26 de dezembro de 1977, com a redação dada pelo inciso VI do art. 1º do Decreto-lei nº 1.730, de 17 de dezembro de 1979;

X – o Decreto-lei nº 1.811, de 27 de outubro de 1980, e o art. 3º da Lei nº 7.132, de 26 de outubro de 1983;

XI – o art. 7º do Decreto-lei nº 1.814, de 28 de novembro de 1980;

XII – o Decreto-lei nº 2.227, de 16 de janeiro de 1985;

XIII – os arts. 29 e 30 do Decreto-lei nº 2.341, de 29 de junho de 1987;

XIV – os arts. 1º e 2º do Decreto-lei nº 2.397, de 21 de dezembro de 1987;

XV – o art. 8º do Decreto-lei nº 2.429, de 14 de abril de 1988;

XVI – *Revogado.* Lei nº 11.508, de 20-7-2007;

XVII – o art. 40 da Lei nº 7.799, de 10 de julho de 1989;

XVIII – o § 5º do art. 6º da Lei nº 8.021, de 1990;

XIX – o art. 22 da Lei nº 8.218, de 29 de agosto de 1991;

XX – o art. 92 da Lei nº 8.383, de 30 de dezembro de 1991;

XXI – o art. 6º da Lei nº 8.661, de 2 de junho de 1993;

XXII – o art. 1º da Lei nº 8.696, de 26 de agosto de 1993;

XXIII – o parágrafo único do art. 3º da Lei nº 8.846, de 21 de janeiro de 1994;

XXIV – o art. 33, o § 4º do art. 37 e os arts. 38, 50, 52 e 53, o § 1º do art. 82 e art. 98, todos da Lei nº 8.981, de 20 de janeiro de 1995;

XXV – o art. 89 da Lei nº 8.981, de 20 de janeiro de 1995, com a redação dada pela Lei nº 9.065, de 20 de junho de 1995;

XXVI – os §§ 4º, 9º e 10 do art. 9º, o § 2º do art. 11, e o § 3º do art. 24, todos da Lei nº 9.249, de 26 de dezembro de 1995;

XXVII – a partir de 1º de abril de 1997, o art. 40 da Lei nº 8.981, de 1995, com as alterações introduzidas pela Lei nº 9.065, de 20 de junho de 1995.

Brasília, 27 de dezembro de 1996;
175º da Independência e
108º da República.

Fernando Henrique Cardoso

DECRETO Nº 2.138, DE 29 DE JANEIRO DE 1997

Dispõe sobre a compensação de créditos tributários com créditos do sujeito passivo decorrentes de restituição ou ressarcimento de tributos ou contribuições, a ser efetuada pela Secretaria da Receita Federal.

- Publicado no *DOU* de 30-1-1997.

Art. 1º É admitida a compensação de créditos do sujeito passivo perante a Secretaria da Receita Federal, decorrentes de restituição ou ressarcimento, com seus débitos tributários relativos a quaisquer tributos ou contribuições sob administração da mesma Secretaria, ainda que não sejam da mesma espécie nem tenham a mesma destinação constitucional.

Parágrafo único. A compensação será efetuada pela Secretaria da Receita Federal, a requerimento do contribuinte ou de ofício, mediante procedimento interno, observado o disposto neste Decreto.

Art. 2º O sujeito passivo, que pleitear a restituição ou ressarcimento de tributos ou contribuições, pode requerer que a Secretaria da Receita Federal efetue a compensação do valor do seu crédito com débito de sua responsabilidade.

Art. 3º A Secretaria da Receita Federal, ao reconhecer o direito de crédito do sujeito passivo para restituição ou ressarcimento de tributo ou contribuição, mediante exames fiscais para cada caso, se verificar a existência de débito do requerente, compensará os dois valores.

Parágrafo único. Na compensação será observado o seguinte:

a) o valor bruto da restituição ou do ressarcimento será debitado à conta do tributo ou da contribuição respectiva;

b) o montante utilizado para a quitação de débitos será creditado à conta do tributo ou da contribuição devida.

Art. 4º Quando o montante da restituição ou do ressarcimento for superior ao do débito, a Secretaria da Receita Federal efetuará o pagamento da diferença ao sujeito passivo.

Parágrafo único. Caso a quantia a ser restituída ou ressarcida seja inferior aos valores dos débitos, o correspondente crédito tributário é extinto no montante equivalente à compensação, cabendo à Secretaria da Receita Federal adotar as providências cabíveis para a cobrança do saldo remanescente.

Art. 5º A unidade da SRF que efetuar a compensação observará o seguinte:

I – certificará:

a) no processo de restituição ou ressarcimento, qual o valor utilizado na quitação de débitos e, se for o caso, o valor do saldo a ser restituído ou ressarcido;

b) no processo de cobrança, qual o montante do crédito tributário extinto pela compensação e, sendo o caso, o valor do saldo remanescente do débito;

II – emitirá documento comprobatório de compensação, que indicará todos os dados relativos ao sujeito passivo e aos tributos e contribuições objeto da compensação necessários para o registro do crédito e do débito de que trata o parágrafo único do artigo 3º;

III – expedirá ordem bancária, na hipótese de saldo a restituir ou ressarcir, ou aviso de cobrança, no caso de saldo do débito;

IV – efetuará os ajustes necessários nos dados e informações dos controles internos do contribuinte.

Art. 6º A compensação poderá ser efetuada de ofício, nos termos do artigo 7º do Decreto-Lei nº 2.287, de 23 de julho de 1986, sempre que a Secretaria da Receita Federal verificar que o titular do direito à restituição ou ao ressarcimento tem débito vencido relativo a qualquer tributo ou contribuição sob sua administração.

§ 1º A compensação de ofício será precedida de notificação ao sujeito passivo para que se manifeste sobre o procedimento, no prazo de quinze dias, sendo o seu silêncio considerado como aquiescência.

§ 2º Havendo concordância do sujeito passivo, expressa ou tácita, a Unidade da Secretaria da Receita Federal efetuará a compensação, com observância do procedimento estabelecido no artigo 5º.

§ 3º No caso de discordância do sujeito passivo, a Unidade da Secretaria da Receita Federal reterá o valor da restituição ou do ressarcimento até que o débito seja liquidado.

Art. 7º O Secretário da Receita Federal baixará as normas necessárias à execução deste Decreto.

Art. 8º Este Decreto entra em vigor na data de sua publicação.

Brasília, 29 de janeiro de 1997;
176º da Independência e
109º da República.

Fernando Henrique Cardoso

LEI Nº 9.440, DE 14 DE MARÇO DE 1997

Estabelece incentivos fiscais para o desenvolvimento regional e dá outras providências.

- Publicada no *DOU* de 15-3-1997 – edição extra.

Art. 1º Poderá ser concedida, nas condições fixadas em regulamento, com vigência até 31 de dezembro de 1999:

I – redução de cem por cento do imposto de importação incidente na importação de máquinas, equipamentos, inclusive de testes, ferramental, moldes e modelos para moldes, instrumentos e aparelhos industriais e de controle de qualidade, novos, bem como os respectivos acessórios, sobressalentes e peças de reposição;

II – redução de noventa por cento do imposto de importação incidente na importação de matérias-primas, partes, peças, componentes, conjuntos e subconjuntos – acabados e semiacabados – e pneumáticos;

III – redução de até cinquenta por cento do imposto de importação incidente na importação dos produtos relacionados nas alíneas *a* a *c* do § 1º deste artigo;

IV – redução de cinquenta por cento do imposto sobre produtos industrializados incidente na aquisição de máquinas, equipamentos, inclusive de testes, ferramental, moldes e modelos para moldes, instrumentos e aparelhos industriais e de controle de qualidade, novos, importados ou de fabricação nacional, bem como os respectivos acessórios, sobressalentes e peças de reposição;

- Inciso IV com a redação dada pela Lei nº 9.532, de 10-12-1997.

V – redução de 45% do imposto sobre produtos industrializados incidente na aquisição de matérias-primas, partes, peças, componentes, conjuntos e subconjuntos – acabados e semiacabados – e pneumáticos;

VI – isenção do adicional ao frete para renovação da Marinha Mercante – AFRMM;

VII – isenção do IOF nas operações de câmbio realizadas para pagamento dos bens importados;

VIII – isenção do imposto sobre a renda e adicionais, calculados com base no lucro da exploração do empreendimento;

IX – crédito presumido do imposto sobre produtos industrializados, como ressarcimento das contribuições de que tratam as Leis Complementares nºs 7, 8 e 70, de 7 de setembro de 1970, 3 de dezembro de 1970 e 30 de dezembro de 1991, respectivamente, no valor correspondente ao dobro das referidas contribuições que incidiram sobre o faturamento das empresas referidas no § 1º deste artigo.

§ 1º O disposto no *caput* aplica-se exclusivamente às empresas instaladas ou que venham a se instalar nas regiões Norte, Nordeste e Centro-Oeste, e que sejam montadoras e fabricantes de:

a) veículos automotores terrestres de passageiros e de uso misto de duas rodas ou mais e jipes;

b) caminhonetas, furgões, *pick-ups* e veículos automotores, de quatro rodas ou mais, para transporte de mercadorias de capacidade máxima de carga não superior a quatro toneladas;

c) veículos automotores terrestres de transporte de mercadorias de capacidade de carga igual ou superior a quatro toneladas, veículos terrestres para transporte de dez pessoas ou mais e caminhões-tratores;

d) tratores agrícolas e colheitadeiras;

e) tratores, máquinas rodoviárias e de escavação e empilhadeiras;

f) carroçarias para veículos automotores em geral;

g) reboques e semirreboques utilizados para o transporte de mercadorias;

h) partes, peças, componentes, conjuntos e subconjuntos – acabados e semiacabados – e pneumáticos, destinados aos produtos relacionados nesta e nas alíneas anteriores.

§ 2º Não se aplica aos produtos importados nos termos deste artigo o disposto nos arts. 17 e 18 do Decreto-Lei nº 37, de 18 de novembro de 1966.

§ 3º O disposto no inciso III aplica-se exclusivamente às importações realizadas diretamente pelas empresas montadoras e fabricantes nacionais dos produtos nele referidos, ou indiretamente, por intermédio de empresa comercial exportadora, em nome de quem será reconhecida a redução do imposto, nas condições fixadas em regulamento.

§ 4º A aplicação da redução a que se refere o inciso II não poderá resultar em pagamento de imposto de importação inferior a dois por cento.

§ 5º A aplicação da redução a que se refere o inciso III não poderá resultar em pagamento de imposto de importação inferior à Tarifa Externa Comum.

§ 6º Os produtos de que tratam os incisos I e II deverão ser usados no processo produtivo da empresa e, adicionalmente, quanto ao inciso I, compor o seu ativo permanente, vedada, em ambos os casos, a revenda, exceto nas condições fixadas em regulamento, ou a remessa, a qualquer título, a estabelecimentos da empresa não situados nas regiões Norte, Nordeste e Centro-Oeste.

§ 7º Não se aplica aos produtos importados nos termos do inciso III o disposto no art. 11 do Decreto-Lei nº 37, de 18 de novembro de 1966, ressalvadas as importações realizadas por empresas comerciais exportadoras nas condições do § 3º deste artigo, quando a transferência de propriedade não for feita à respectiva empresa montadora ou a fabricante nacional.

§ 8º Não se aplica aos produtos importados nos termos deste artigo o disposto no Decreto-Lei nº 666, de 2 de julho de 1969.

§ 9º São asseguradas, na isenção a que se refere o inciso IV, a manutenção e a utilização dos créditos relativos a matérias-primas, produtos intermediários e materiais de embalagem, efetivamente empregados na industrialização dos bens referidos.

§ 10. O valor do imposto que deixar de ser pago em virtude da isenção de que trata o inciso VIII não poderá ser distribuído aos sócios e constituirá reserva de capital da pessoa jurídica, que somente poderá ser utilizada para absorção de prejuízos ou aumento do capital social.

§ 11. Para os fins do parágrafo anterior, serão consideradas também como distribuição do valor do imposto:

a) a restituição de capital aos sócios, em casos de redução do capital social, até o montante do aumento com incorporação da reserva;

b) a partilha do acervo líquido da sociedade dissolvida, até o valor do saldo da reserva de capital.

§ 12. A inobservância do disposto nos §§ 10 e 11 importa perda da isenção e obrigação de recolher, com relação à importância distribuída, o imposto que a pessoa jurídica tiver deixado de pagar, acrescido de multa e juros moratórios.

§ 13. O valor da isenção de que trata o inciso VIII, lançado em contrapartida à conta de reserva de capital nos termos deste artigo, não será dedutível na determinação do lucro real.

§ 14. A utilização dos créditos de que trata o inciso IX será efetivada na forma que dispuser o regulamento.

Art. 2º Para os efeitos do art. 1º, o Poder Executivo poderá estabelecer proporção entre:

I – o valor total FOB das importações de matérias-primas e dos produtos relacionados nas alíneas *a* a *h* do § 1º do artigo anterior, procedentes e originárias de países membros do MERCOSUL, adicionadas às realizadas nas condições previstas nos incisos II e III do mesmo artigo, e o valor total das exportações líquidas realizadas, em período a ser determinado, por empresa;

II – o valor das aquisições dos produtos relacionados no inciso I do artigo anterior fabricados no País e o valor total FOB das importações dos mesmos produtos realizadas nas condições previstas no mesmo inciso, em período a ser determinado, por empresa;

III – o valor total das aquisições de cada matéria-prima produzida no País e o valor total FOB das importações das mesmas matérias-primas, realizadas nas condições previstas no inciso II do artigo anterior, em período a ser determinado, por empresa;

IV – o valor total FOB das importações dos produtos relacionados no inciso II do artigo anterior, realizadas nas condições previstas no mesmo inciso, e o valor das exportações líquidas realizadas, em período a ser determinado, por empresa.

§ 1º Com o objetivo de evitar concentração de importações que prejudique a produção nacional, o Ministério da Indústria, do Comércio e do Turismo poderá estabelecer limites adicionais à importação dos produtos relacionados nos incisos I e II do artigo anterior, nas condições estabelecidas.

§ 2º Entende-se, como exportações líquidas, o valor FOB das exportações dos produtos relacionados no § 1º do artigo anterior, realizadas em moeda conversível, deduzidos:

a) o valor FOB das importações realizadas sob o regime de *drawback*;

b) o valor da comissão paga ou creditada a agente ou representante no exterior.

§ 3º No cálculo das exportações líquidas a que se refere este artigo, não serão consideradas as exportações realizadas sem cobertura cambial.

§ 4º Para as empresas que venham a se instalar nas regiões indicadas no § 1º do artigo anterior, para as linhas de produção novas e completas onde se verifique acréscimo da capacidade instalada, e para as fábricas novas de empresas já instaladas no País, definidas em regulamento, o prazo para o atendimento das proporções a que se refere este artigo é de até cinco anos, contado a partir da data do primeiro desembaraço aduaneiro dos produtos relacionados nos incisos II e III do artigo anterior.

Art. 3º Para os efeitos dos arts. 2º e 4º, serão computadas nas exportações, deduzido o valor da comissão paga ou creditada a agente ou a representante no exterior, as:

I – vendas a empresas comerciais exportadoras, inclusive as constituídas nos termos do Decreto-Lei nº 1.248, de 29 de novembro de 1972, pelo valor da fatura do fabricante à empresa exportadora;

II – exportações realizadas por intermédio de subsidiárias integrais.

Art. 4º Serão computadas adicionalmente como exportações líquidas os valores correspondentes a:

I – quarenta por cento sobre o valor FOB da exportação dos produtos de fabricação própria, relacionados nas alíneas *a* a *h* do § 1º do art. 1º;

II – duzentos por cento do valor das máquinas, equipamentos, inclusive de testes, ferramental, moldes e modelos para moldes, instrumentos e aparelhos industriais e de controle de qualidade, novos, bem como seus acessórios, sobressalentes e peças de reposição, fabricados no País e incorporados ao ativo permanente das empresas;

III – 150% do valor FOB da importação de ferramentais para prensagem a frio de chapas metálicas, novos, bem como seus acessórios e sobressalentes, incorporados ao ativo permanente das empresas;

IV – cem por cento dos gastos em especialização e treinamento de mão de obra vinculada à produção dos bens relacionados nas alíneas *a* a *h* do § 1º do art. 1º;

V – cem por cento dos gastos realizados em construção civil, terrenos e edificações destinadas à produção dos bens relacionados nas alíneas *a* a *h* do § 1º do art. 1º;

VI – investimentos efetivamente realizados em desenvolvimento tecnológico no País, nos limites fixados em regulamento.

Art. 5º Para os fins do disposto nesta Lei, serão considerados os valores em dólares dos Estados Unidos da América, adotando-se para conversão as regras definidas em regulamento.

Art. 6º As empresas fabricantes dos produtos referidos na alínea *h* do § 1º do art. 1º, que exportarem os produtos nela relacionados para as controladoras ou coligadas de empresas montadoras ou fabricantes, instaladas no País, dos produtos relacionados nas alíneas *a* a *g* do § 1º do mesmo artigo, poderão transferir para estas o valor das exportações líquidas relativo àqueles produtos, desde que a exportação tenha sido intermediada pela montadora.

Art. 7º O Poder Executivo poderá estabelecer, para as empresas referidas no § 1º do art. 1º, em cuja produção forem utilizados insumos importados, relacionados no inciso II do mesmo artigo, índice médio de nacionalização anual, decorrente de compromissos internacionais assumidos pelo Brasil.

§ 1º O índice médio de nacionalização anual será uma proporção entre o valor das partes, peças, componentes, conjuntos, subconjuntos e matérias-primas produzidos no País e a soma do valor destes produtos produzidos no País com o valor FOB das importações destes produtos, deduzidos os impostos e o valor das importações realizadas sob o regime de *drawback* utilizados na produção global das empresas, em cada ano-calendário.

§ 2º Para as empresas que venham a se instalar no País, para as linhas de produção novas e completas, onde se verifique acréscimo de capacidade instalada e para as fábricas novas de empresas já instaladas, definidas em regulamento, o índice de que trata este artigo deverá ser atendido no prazo de até quatro anos, conforme dispuser o regulamento, sendo que o primeiro ano será considerado a partir da data de início da produção dos referidos produtos, até 31 de dezembro do ano subsequente, findo o qual se utilizará o critério do ano-calendário.

Art. 8º O comércio, realizado no âmbito do MERCOSUL, dos produtos relacionados no art. 1º, obedecerá às regras específicas aplicáveis.

Art. 9º O disposto nos artigos anteriores somente se aplica às empresas signatárias de compromissos especiais

LEG. COMPLEMENTAR

de exportação, celebrados nos termos dos Decretos-Leis nºs 1.219, de 15 de maio de 1972, e 2.433, de 19 de maio de 1988, após declarado pelo Ministério da Indústria, do Comércio e do Turismo, nos termos da legislação pertinente, o encerramento dos respectivos compromissos.

Art. 10. A autorização de importação e o desembaraço aduaneiro dos produtos referidos nas alíneas *a* a *c* e *g* do § 1º do art. 1º são condicionados à apresentação dos seguintes documentos, sem prejuízo das demais exigências legais e regulamentares:

I – certificado de adequação à legislação nacional de trânsito;

II – certificado de adequação às normas ambientais contidas na Lei nº 8.723, de 28 de outubro de 1993.

§ 1º Os certificados de adequação de que tratam os incisos I e II serão expedidos, segundo as normas emanadas do Conselho Nacional de Trânsito (CONTRAN) e do Conselho Nacional do Meio Ambiente (CONAMA).

§ 2º As adequações necessárias à emissão dos certificados serão realizadas na origem.

§ 3º Sem prejuízo da apresentação do certificado de que trata o inciso I, a adequação de cada veículo à legislação nacional de trânsito será comprovada por ocasião do registro, emplacamento e licenciamento.

Art. 11. O Poder Executivo poderá conceder, para as empresas referidas no § 1º do art. 1º, com vigência de 1º de janeiro de 2000 a 31 de dezembro de 2010, os seguintes benefícios:

I a III – *Revogados*. Lei nº 12.218, de 30-3-2010;

IV – extensão dos benefícios de que tratam os incisos IV, VI, VII, VIII e IX do art. 1º.

Art. 11-A. As empresas referidas no § 1º do art. 1º, entre 1º de janeiro de 2011 e 31 de dezembro de 2015, poderão apurar crédito presumido do Imposto sobre Produtos Industrializados – IPI, como ressarcimento das contribuições de que tratam as Leis Complementares nºs 7, de 7 de setembro de 1970, 8, de 3 de dezembro de 1970, e 70, de 30 de dezembro de 1991, no montante do valor das contribuições devidas, em cada mês, decorrente das vendas no mercado interno, multiplicado por:

I – 2 (dois), no período de 1º de janeiro de 2011 a 31 de dezembro de 2011;

II – 1,9 (um inteiro e nove décimos), no período de 1º de janeiro de 2012 a 31 de dezembro de 2012;

III – 1,8 (um inteiro e oito décimos), no período de 1º de janeiro de 2013 a 31 de dezembro de 2013;

IV – 1,7 (um inteiro e sete décimos), no período de 1º de janeiro de 2014 a 31 de dezembro de 2014; e

V – 1,5 (um inteiro e cinco décimos), no período de 1º de janeiro de 2015 a 31 de dezembro de 2015.

§ 1º No caso de empresa sujeita ao regime de apuração não cumulativa da Contribuição para o PIS/PASEP e da COFINS, o montante do crédito presumido de que trata o *caput* será calculado com base no valor das contribuições efetivamente devidas, em cada mês, decorrentes das vendas no mercado interno, considerando-se os débitos e os créditos referentes a essas operações de venda.

§ 2º Para os efeitos do § 1º, o contribuinte deverá apurar separadamente os créditos decorrentes dos custos, despesas e encargos vinculados às receitas auferidas com a venda no mercado interno e os créditos decorrentes dos custos, despesas e encargos vinculados às receitas de exportações, observados os métodos de apropriação de créditos previstos nos §§ 8º e 9º do art. 3º da Lei nº 10.637, de 30 de dezembro de 2002, e nos §§ 8º e 9º do art. 3º da Lei nº 10.833, de 29 de dezembro de 2003.

§ 3º Para apuração do valor da Contribuição para o PIS/PASEP e da COFINS devidas na forma do § 1º, devem ser utilizados os créditos decorrentes da importação e da aquisição de insumos no mercado interno.

§ 4º O benefício de que trata este artigo fica condicionado à realização de investimentos em pesquisa, desenvolvimento e inovação tecnológica na região, inclusive na área de engenharia automotiva, correspondentes a, no mínimo, 10% (dez por cento) do valor do crédito presumido apurado.

§ 5º A empresa perderá o benefício de que trata este artigo caso não comprove no Ministério da Ciência e Tecnologia a realização dos investimentos previstos no § 4º, na forma estabelecida em regulamento.

- Art. 11-A acrescido pela Lei nº 12.218, de 30-3-2010.

Art. 11-B. As empresas referidas no § 1º do art. 1º, habilitadas nos termos do art. 12, farão jus a crédito presumido do Imposto sobre Produtos Industrializados – IPI, como ressarcimento das contribuições de que tratam as Leis Complementares nºs 7, de 7 de setembro de 1970, e 70, de 30 de dezembro de 1991, desde que apresentem projetos que contemplem novos investimentos e a pesquisa para o desenvolvimento de novos produtos ou novos modelos de produtos já existentes.

- *Caput* do art. 11-B acrescido pela Lei nº 12.407, de 19-5-2011.

§ 1º Os novos projetos de que trata o *caput* deverão ser apresentados até o dia 29 de dezembro de 2010, na forma estabelecida pelo Poder Executivo.

- § 1º acrescido pela Lei nº 12.407, de 19-5-2011.

§ 2º O crédito presumido será equivalente ao resultado da aplicação das alíquotas do art. 1º da Lei nº 10.485, de 3 de julho de 2002, sobre o valor das vendas no mercado interno, em cada mês, dos produtos constantes dos projetos de que trata o *caput*, multiplicado por:

I – 2 (dois), até o 12º mês de fruição do benefício;

II – 1,9 (um inteiro e nove décimos), do 13º ao 24º mês de fruição do benefício;

III – 1,8 (um inteiro e oito décimos), do 25º ao 36º mês de fruição do benefício;

IV – 1,7 (um inteiro e sete décimos), do 37º ao 48º mês de fruição do benefício; e

V – 1,5 (um inteiro e cinco décimos), do 49º ao 60º mês de fruição do benefício.

- Incisos I a V acrescidos pela Lei nº 12.407, de 19-5-2011.

§ 3º Fica vedado o aproveitamento do crédito presumido previsto no art. 11-A nas vendas dos produtos constantes dos projetos de que trata o *caput*.

§ 4º O benefício de que trata este artigo fica condicionado à realização de investimentos em pesquisa, desenvolvimento e inovação tecnológica na região, inclusive na área de engenharia automotiva, correspondentes a, no mínimo, dez por cento do valor do crédito presumido apurado.

§ 5º Sem prejuízo do disposto no § 4º do art. 8º da Lei nº 11.434, de 28 de dezembro de 2006, fica permitida, no prazo estabelecido no § 1º, a habilitação para alteração de benefício inicialmente concedido para a produção de produtos referidos nas alíneas *a* a *e* do § 1º do art. 1º da citada Lei, para os referidos nas alíneas *f* a *h*, e vice-versa.

§ 6º O crédito presumido de que trata o *caput* extingue-se em 31 de dezembro de 2020, mesmo que o prazo de que trata o § 2º ainda não tenha se encerrado.

• §§ 3º a 6º acrescidos pela Lei nº 12.407, de 19-5-2011.

§§ 7º a 13. VETADOS. Lei nº 12.407, de 19-5-2011.

Art. 11-C. As empresas referidas no § 1º do art. 1º desta Lei, habilitadas nos termos do art. 12 desta Lei, farão jus a crédito presumido do Imposto sobre Produtos Industrializados (IPI), como ressarcimento das contribuições de que tratam as Leis Complementares nºs 7, de 7 de setembro de 1970, e 70, de 30 de dezembro de 1991, em relação às vendas ocorridas entre 1º de janeiro de 2021 e 31 de dezembro de 2025, desde que apresentem projetos que contemplem novos investimentos e pesquisa para o desenvolvimento de novos produtos ou de novos modelos de produtos já existentes, podendo contemplar os produtos constantes dos projetos de que trata o § 1º do art. 11-B que estejam em produção e que atendam aos prazos dispostos no § 2º do art. 11-B desta Lei.

• *Caput* acrescido pela Lei nº 13.755, de 10-12-2018.

§ 1º Os novos projetos de que trata o *caput* deste artigo deverão ser apresentados até 31 de outubro de 2020 e deverão atender aos valores mínimos de investimentos realizados pela empresa habilitada na região incentivada no período de 1º de janeiro de 2021 a 31 de dezembro de 2025, na forma estabelecida pelo Poder Executivo federal.

• § 1º com a redação dada pela Lei nº 14.076, de 28-10-2020.

§ 2º O crédito presumido será equivalente ao resultado da aplicação das alíquotas previstas no art. 1º da Lei nº 10.485, de 3 de julho de 2002, sobre o valor das vendas no mercado interno, em cada mês, dos produtos constantes dos projetos de que trata o *caput* deste artigo, multiplicado por:

I – 1,25 (um inteiro e vinte e cinco centésimos), até o 12º (décimo segundo) mês de fruição do benefício;

II – 1,0 (um inteiro), do 13º (décimo terceiro) ao 48º (quadragésimo oitavo) mês de fruição do benefício;

III – 0,75 (setenta e cinco centésimos), do 49º (quadragésimo nono) ao 60º (sexagésimo) mês de fruição do benefício.

• § 2º acrescido pela Lei nº 13.755, de 10-12-2018.

§ 3º VETADO. Lei nº 13.755, de 10-12-2018.

§ 4º O benefício de que trata este artigo fica condicionado à realização de investimentos em pesquisa, desenvolvimento e inovação tecnológica na região, inclusive na área de engenharia automotiva, correspondentes a, no mínimo, 10% (dez por cento) do valor do crédito presumido apurado.

§ 5º O cumprimento dos requisitos apresentados nos §§ 1º e 4º deste artigo será comprovado perante o Ministério da Indústria, Comércio Exterior e Serviços, que definirá os termos e os prazos de comprovação.

§ 6º O Ministério da Indústria, Comércio Exterior e Serviços encaminhará à Secretaria da Receita Federal do Brasil do Ministério da Fazenda, em até 3 (três) anos, contados da utilização dos créditos de que trata este artigo, os resultados das auditorias relativas ao cumprimento dos requisitos referidos no § 5º deste artigo.

• §§ 3º a 6º acrescidos pela Lei nº 13.755, de 10-12-2018.

§ 7º VETADO. Lei nº 13.755, de 10-12-2018.

Art. 12. Farão jus aos benefícios desta Lei os empreendimentos habilitados pelo Poder Executivo até 31 de maio de 1997.

Parágrafo único. Para os empreendimentos que tenham como objetivo a fabricação dos produtos relacionados na alínea *h* do § 1º do art. 1º, a data-limite para a habilitação será 31 de março de 1998.

Art. 13. O Poder Executivo estabelecerá os requisitos para habilitação das empresas ao tratamento a que se referem os artigos anteriores, bem como os mecanismos de controle necessários à verificação do cumprimento do disposto nesta Lei.

Parágrafo único. O reconhecimento dos benefícios de que trata esta Lei estará condicionado à apresentação da habilitação mencionada no *caput* deste artigo.

Art. 14. A inobservância das proporções, dos limites e do índice a que se referem os arts. 2º e 7º estará sujeita a multa de:

I – setenta por cento incidente sobre o valor FOB das importações realizadas nas condições previstas no inciso I do art. 1º que contribuir para o descumprimento da proporção a que se refere o inciso II do art. 2º;

II – setenta por cento incidente sobre o valor FOB das importações realizadas nas condições previstas no inciso I do art. 1º, que exceder os limites adicionais a que se refere o § 1º do art. 2º;

III – sessenta por cento incidente sobre o valor FOB das importações de matérias-primas realizadas nas condições previstas no inciso II do art. 1º que exceder a proporção a que se refere o inciso III do art. 2º;

IV – sessenta por cento incidente sobre o valor FOB das importações de matérias-primas realizadas nas condições previstas no inciso II do art. 1º que exceder os limites adicionais a que se refere o § 1º do art. 2º;

V – setenta por cento incidente sobre o valor FOB das importações realizadas nas condições previstas no inciso II do art. 1º, que concorrer para o descumprimento do índice a que se refere o *caput* do art. 7º;

VI – cento e vinte por cento incidente sobre o valor FOB das importações realizadas nas condições previstas nos incisos II e III do art. 1º que exceder a proporção a que se refere o inciso I do art. 2º;

VII – setenta por cento incidente sobre o valor FOB das importações dos produtos relacionados no inciso II do art. 1º, realizadas nas condições previstas no mesmo inciso, que exceder a proporção a que se refere o inciso IV do art. 2º.

Parágrafo único. O produto da arrecadação das multas a que se refere este artigo será recolhido ao Tesouro Nacional.

Art. 15. As empresas já instaladas ou que venham a se instalar nas regiões Norte, Nordeste e Centro-Oeste, habilitadas ao regime instituído pela Medida Provisória nº 1.536-22, de 13 de fevereiro de 1997, na forma estabelecida no regulamento respectivo, poderão se habilitar aos benefícios criados por esta Lei, observando-se o seguinte:

I – será cancelada a habilitação anterior e as importações efetuadas sob aquele regime serão consideradas como realizadas sob as condições desta Lei, ficando a empresa dispensada de atender aos prazos, proporções, limites e índices estabelecidos na Medida Provisória nº 1.536-22, de 1997;

II – para efeito dos prazos, proporções, limites e índices a que se refere esta Lei, serão consideradas as datas e os montantes das importações realizadas sob a égide do regime anterior.

Art. 16. O tratamento fiscal previsto nesta Lei:

I – fica condicionado à comprovação, pelo contribuinte, da regularidade com o pagamento de todos os tributos e contribuições federais;

II – não poderá ser usufruído cumulativamente com outros da mesma natureza e com aqueles previstos na legislação da Zona Franca de Manaus, das Áreas de Livre Comércio, da Amazônia Ocidental, do Fundo de Investimentos do Nordeste (FINOR) e do Fundo de Investimentos da Amazônia (FINAM).

Parágrafo único. Para efeito de interpretação, o regime de tributação de que trata o art. 56 da Medida Provisória nº 2.158-35, de 24 de agosto de 2001, não impede nem prejudica a fruição dos benefícios e incentivos fiscais de que tratam os arts. 1º, 11, 11-A, 11-B e 11-C desta Lei.

• Parágrafo único com a redação dada pela Lei nº 13.755, de 10-12-2018.

Art. 17. Ficam convalidados os atos praticados com base nas Medidas Provisórias nºs 1.532-1, de 16 de janeiro de 1997, e 1.532-2, de 13 de fevereiro de 1997.

Art. 18. Esta Lei entra em vigor na data de sua publicação.

Art. 19. Revogam-se as disposições em contrário.

Brasília, 14 de março de 1997;
176º da Independência e
109º da República.

Fernando Henrique Cardoso

LEI Nº 9.449, DE 14 DE MARÇO DE 1997

Reduz o imposto de importação para os produtos que especifica e dá outras providências.

• Publicada no *DOU* de 15-3-1997 – edição extra.

Art. 1º Poderá ser concedida, nas condições fixadas em regulamento, com vigência até 31 de dezembro de 1999:

I – redução de noventa por cento do imposto de importação incidente sobre máquinas, equipamentos, inclusive de testes, ferramental, moldes e modelos para moldes, instrumentos e aparelhos industriais e de controle de qualidade, novos, bem como os respectivos acessórios, sobressalentes e peças de reposição;

II – redução de até noventa por cento do imposto de importação incidente sobre matérias-primas, partes, peças, componentes, conjuntos e subconjuntos, acabados e semiacabados, e pneumáticos; e

III – redução de até cinquenta por cento do imposto de importação incidente sobre os produtos relacionados nas alíneas *a* a *c* do § 1º deste artigo.

§ 1º O disposto nos incisos I e II aplica-se exclusivamente às empresas montadoras e aos fabricantes de:

a) veículos automotores terrestres de passageiros e de uso misto de três rodas ou mais e jipes;

b) caminhonetes, furgões, *pick-ups* e veículos automotores, de quatro rodas ou mais, para transporte de mercadorias de capacidade máxima de carga não superior a quatro toneladas;

c) veículos automotores terrestres de transporte de mercadorias de capacidade de carga igual ou superior a quatro toneladas, veículos terrestres para transporte de dez pessoas ou mais e caminhões-tratores;

d) tratores agrícolas e colheitadeiras;

e) tratores, máquinas rodoviárias e de escavação e empilhadeiras;

f) carroçarias para veículos automotores em geral;

g) reboques e semirreboques utilizados para o transporte de mercadorias; e

h) partes, peças, componentes, conjuntos e subconjuntos – acabados e semiacabados – e pneumáticos, destinados aos produtos relacionados nesta e nas alíneas anteriores.

§ 2º O disposto no inciso III aplica-se exclusivamente às importações realizadas diretamente pelas empresas montadoras e fabricantes nacionais dos produtos nele referidos, ou indiretamente, por intermédio de empresa comercial exportadora, em nome de quem será reconhecida a redução do imposto, nas condições fixadas em regulamento.

§ 3º A aplicação da redução a que se referem os incisos I e II não poderá resultar em pagamento de imposto de importação inferior a dois por cento.

§ 4º A aplicação da redução a que se refere o inciso III deste artigo não poderá resultar em pagamento de imposto de importação inferior à Tarifa Externa Comum.

§ 5º Os produtos de que tratam os incisos I e II do *caput* deste artigo deverão ser usados no processo produtivo da empresa e, adicionalmente, quanto ao inciso I, compor o seu ativo permanente, vedada, em ambos os casos, a revenda, exceto nas condições fixadas em regulamento.

§ 6º Não se aplica aos produtos importados, nos termos deste artigo, o disposto nos arts. 17 e 18 do Decreto-lei nº 37, de 18 de novembro de 1966.

§ 7º Não se aplica aos produtos importados nos termos do inciso III o disposto no art. 11 do Decreto-lei nº 37, de 1966, ressalvadas as importações realizadas por empresas comerciais exportadoras nas condições do § 2º deste artigo, quando a transferência de propriedade não for feita à respectiva empresa montadora ou fabricante nacional.

§ 8º Não se aplica aos produtos importados nos termos dos incisos I, II e III o disposto no Decreto-lei nº 666, de 2 de julho de 1969.

Art. 2º O Poder Executivo poderá estabelecer a proporção entre:

I – o valor total FOB das importações de matérias-primas e dos produtos relacionados nas alíneas *a* a *h* do § 1º do artigo anterior, procedentes e originárias de países membros do MERCOSUL, adicionadas às realizadas nas condições previstas nos incisos II e III do artigo anterior, e o valor total das exportações líquidas realizadas, em período a ser determinado, por empresa;

II – o valor das aquisições dos produtos relacionados no inciso I do artigo anterior, fabricados no País, e o valor total FOB das importações dos mesmos produtos realizadas nas condições previstas no mesmo inciso, em período a ser determinado, por empresa;

III – o valor total das aquisições de cada matéria-prima, produzida no País, e o valor total FOB das importações das mesmas matérias-primas realizadas nas condições previstas no inciso II do artigo anterior, em período a ser determinado, por empresa; e

IV – o valor total FOB das importações dos produtos relacionados no inciso II do artigo anterior, realizadas nas condições previstas no mesmo inciso e o valor das exportações líquidas realizadas, em período a ser determinado, por empresa.

§ 1º Com o objetivo de evitar a concentração de importações que prejudique a produção nacional, o Ministério da Indústria, do Comércio e do Turismo poderá estabelecer limites adicionas à importação dos produtos relacionados nos incisos I e II do artigo anterior, nas condições estabelecidas nestes mesmos incisos.

§ 2º Entende-se, como exportações líquidas, o valor FOB das exportações dos produtos relacionados no § 1º do artigo anterior, realizadas em moeda conversível, deduzidos:

a) o valor FOB das importações realizadas sob o regime de *drawback*; e

b) o valor da comissão paga ou creditada a agente ou a representante no exterior.

§ 3º No cálculo das exportações líquidas a que se refere este artigo, não serão consideradas as exportações realizadas sem cobertura cambial.

§ 4º Para as empresas que venham a ser instalar no País, para as linhas de produção novas e completas, onde se verifique acréscimo de capacidade instalada e para as fábricas novas de empresas já instaladas no País, definidas em regulamento, poderá ser estabelecido prazo para o atendimento às proporções a que se refere este artigo, contado a partir da data do primeiro desembaraço aduaneiro dos produtos relacionados nos incisos II e III do art. 1º.

Art. 3º Para os efeitos dos arts. 2º e 4º, serão computadas nas exportações, deduzido o valor da comissão paga ou creditada a agente ou a representante no exterior, as:

I – vendas a empresas comerciais exportadoras, inclusive as constituídas nos termos do Decreto-Lei nº 1.248, de 29 de novembro de 1972, pelo valor da fatura do fabricante à empresa exportadora; e

II – exportações realizadas por intermédio de subsidiárias integrais.

Art. 4º Poderão ser computadas adicionalmente, como exportações líquidas, nas condições estabelecidas em regulamento, valores correspondentes:

I – ao valor FOB exportado dos produtos de fabricação própria relacionados nas alíneas *a* a *h* do § 1º do art. 1º;

II – às máquinas, equipamentos, inclusive de testes, ferramental, moldes e modelos para moldes, instrumentos e aparelhos industriais e de controle de qualidade, novos, bem como seus acessórios, sobressalentes, peças de reposição, fabricados no País e incorporados ao ativo permanente das empresas;

III – ao valor FOB importado de ferramentais para prensagem a frio de chapas metálicas, novos, bem como seus acessórios, sobressalentes e peças de reposição, incorporados ao ativo permanente das empresas; e

IV – a investimentos efetivamente realizados em desenvolvimento tecnológico no País, nos limites fixados em regulamento.

Art. 5º Para os fins do disposto nesta Lei, serão considerados os valores em dólares dos Estados Unidos da América, adotando-se para conversão as regras definidas em regulamento.

Art. 6º A empresa que exportar produto de sua fabricação, a que se refere o art. 1º, § 1º, alínea *h*, por intermédio de empresa, instalada no País, de fabricação ou montagem de produtos relacionados nas alíneas *a* a *g* do mesmo parágrafo, poderá transferir a essa empresa o valor da exportação líquida, se a exportação for feita para sociedade do mesmo grupo econômico a que pertencer a segunda ou para sociedade a esta coligada.

• *Caput* com a redação dada pela Lei nº 10.184, de 12-2-2001.

Parágrafo único. Consideram-se como sociedade do mesmo grupo econômico a controladora e suas controladas.

• Parágrafo único acrescido pela Lei nº 10.184, de 12-2-2001.

Art. 7º O Poder Executivo poderá estabelecer, para as empresas montadoras e fabricantes dos produtos relacionados nas alíneas *a* a *h* do § 1º do art. 1º, em cuja produção forem utilizados insumos importados, relacionados no inciso II do mesmo artigo, índice médio de nacionalização atual, decorrente de compromissos internacionais assumidos pelo Brasil.

§ 1º O índice médio de nacionalização anual será uma proporção, entre o valor das partes, peças, componentes, conjuntos, subconjuntos e matérias-primas produzidos no País e a soma do valor destes produtos produzidos no País com o valor FOB das importações destes produtos, deduzidos os impostos e o valor das importações realizadas sob o regime de *drawback* utilizados na produção global das empresas, em cada ano-calendário.

§ 2º Para as empresas que venham a se instalar no País, para as linhas de produção, novas e completas, onde se verifique acréscimo de capacidade instalada e para as fábricas novas de empresas já instaladas, definidas em regulamento, o índice de que trata este artigo deverá ser atendido no prazo de até três anos, conforme dispuser o regulamento, sendo que o primeiro ano será considerado a partir da data de início da produção dos referidos produtos, até 31 de dezembro do ano subsequente, findo o qual se utilizará o critério do ano calendário.

Art. 8º O comércio realizado no âmbito do MERCOSUL, dos produtos relacionados no art. 1º, obedecerá às regras específicas aplicáveis.

Art. 9º O disposto nos artigos anteriores somente se aplica às empresas signatárias de compromissos especiais de exportação, celebrados nos termos dos Decretos-leis nºs 1.219, de 15 de maio de 1972, e 2.433, de 19 de maio de 1988, após declarado pelo Ministério da Indústria, do Comércio e do Turismo, nos termos da legislação pertinente, o encerramento dos respectivos compromissos.

Art. 10. A autorização de importação e o desembaraço aduaneiro dos produtos referidos nas alíneas *a* a *c* e *g* do § 1º do art. 1º são condicionados à apresentação dos seguintes documentos, sem prejuízo das demais exigências legais e regulamentares:

I – Certificado de Adequação à legislação nacional de trânsito; e

II – Certificado de Adequação às normas ambientas contidas na Lei nº 8.723, de 28 de outubro de 1993.

§ 1º Os certificados de adequação de que tratam os incisos I e II serão expedidos, segundo, as normas emanadas do Conselho Nacional de Trânsito (CONTRAN) e do Conselho Nacional do Meio Ambiente (CONAMA).

§ 2º As adequações necessárias a emissão dos certificados serão realizadas na origem.

§ 3º Sem prejuízo da apresentação do certificado de que trata o inciso I, a adequação de cada veículo à legislação nacional de trânsito será comprovada por ocasião do registro, emplacamento e licenciamento.

Art. 11. O Poder Executivo estabelecerá os requisitos para habilitação das empresas ao tratamento a que se referem os artigos anteriores, bem como os mecanismos de controle necessários à verificação do fiel cumprimento do disposto nesta Lei.

Parágrafo único. O reconhecimento da redução do imposto de importação de que trata o art. 1º estará condicionado

LEG. COMPLEMENTAR

à apresentação da habilitação mencionada no *caput* deste artigo.

Art. 12. As pessoas jurídicas, tributadas com base no lucro real, poderão promover depreciação acelerada, em valor correspondente à depreciação normal e sem prejuízo desta, do custo de aquisição ou construção de máquinas, equipamentos, aparelhos e instrumentos, novos, relacionados no Anexo à Medida Provisória nº 1.508-14, de 5 de fevereiro de 1997, adquiridos entre a data da publicação desta Lei e 31 de dezembro de 1997, utilizados em processo industrial do adquirente.

§ 1º A parcela de depreciação acelerada constituirá exclusão do lucro líquido e será escriturada no livro de apuração do lucro real.

§ 2º A depreciação acumulada não poderá ultrapassar o custo de aquisição do bem, convertido em quantidade de UFIR, na forma da legislação pertinente.

§ 3º A partir do mês em que for atingido o limite de que trata o parágrafo anterior, a depreciação normal, registrada na escrituração comercial, deverá ser adicionada ao lucro líquido para determinar o lucro real.

§ 4º As disposições deste artigo aplicam-se aos bens nele referidos, objeto de contratos de arrendamento mercantil.

Art. 13. A inobservância ao disposto nas proporções, limites e índice a que se referem os arts. 2º e 7º estará sujeita a multa de:

I – setenta por cento aplicada sobre o valor FOB das importações realizadas nas condições previstas no inciso I do art. 1º, que contribuir para o descumprimento da proporção a que se refere o inciso II do art. 2º;

II – setenta por cento aplicada sobre o valor FOB das importações realizadas nas condições previstas no inciso I do art. 1º, que exceder os limites adicionais a que se refere o § 1º do art. 2º;

III – sessenta por cento aplicada sobre o valor FOB das importações de matérias-primas realizadas nas condições previstas no inciso II do art. 1º, que exceder a proporção a que se refere o inciso III do art. 2º;

IV – sessenta por cento aplicada sobre o valor FOB das importações de matérias-primas realizadas nas condições previstas no inciso II do art. 1º, que exceder os limites adicionais a que se refere o § 1º do art. 2º;

V – setenta por cento aplicada sobre o valor FOB das importações realizadas nas condições previstas no inciso II do art. 1º, que concorrer para o descumprimento do índice a que se refere o *caput* do art. 7º;

VI – 120% incidente sobre o valor FOB das importações realizadas nas condições previstas nos incisos II e III do art. 1º, que exceder a proporção a que se refere o inciso I do art. 2º; e

VII – setenta por cento incidente sobre o valor FOB das importações dos produtos relacionados no inciso II do art. 1º, realizadas nas condições previstas no mesmo inciso, que exceder a proporção a que se refere o inciso IV do art. 2º.

Parágrafo único. O produto da arrecadação das multas a que refere este artigo será recolhido ao Tesouro Nacional.

Art. 14. O tratamento fiscal previsto nesta Lei:

I – fica condicionado à comprovação, pelo contribuinte, da regularidade com o pagamento de todos os tributos e contribuições federais; e

II – não poderá ser usufruído cumulativamente com outros de mesma natureza.

Art. 15. O Poder Executivo, no prazo de noventa dias, encaminhará ao Congresso Nacional projeto de lei para os fins do disposto nos arts. 56 e 57 da Lei nº 8.931, de 22 de setembro de 1994.

Art. 16. Ficam convalidados os atos praticados com base na Medida Provisória nº 1.536-21, de 16 de janeiro de 1997.

Art. 17. Esta Lei entra em vigor na data de sua publicação.

Congresso Nacional, em 14 de março de 1997;
176º da Independência e
109º da República.

Senador Geraldo Melo

LEI Nº 9.492, DE 10 DE SETEMBRO DE 1997

Define competência, regulamenta os serviços concernentes ao protesto de títulos e outros documentos de dívida e dá outras providências.

- Publicada no *DOU* de 11-9-1997.
- Art. 73 da LC nº 123, de 14-12-2006 (Estatuto Nacional da Microempresa e da Empresa de Pequeno Porte).

CAPÍTULO I
DA COMPETÊNCIA E DAS ATRIBUIÇÕES

Art. 1º Protesto é o ato formal e solene pelo qual se prova a inadimplência e o descumprimento de obrigação originada em títulos e outros documentos de dívida.

Parágrafo único. Incluem-se entre os títulos sujeitos a protesto as certidões de dívida ativa da União, dos Estados, do Distrito Federal, dos Municípios e das respectivas autarquias e fundações públicas.

- Parágrafo único acrescido pela Lei nº 12.767, de 27-12-2012.

Art. 2º Os serviços concernentes ao protesto, garantidores da autenticidade, publicidade, segurança e eficácia dos atos jurídicos, ficam sujeitos ao regime estabelecido nesta Lei.

Art. 3º Compete privativamente ao Tabelião de Protesto de Títulos, na tutela dos interesses públicos e privados, a protocolização, a intimação, o acolhimento da devolução ou do aceite, o recebimento do pagamento, do título e de outros documentos de dívida, bem como lavrar e registrar o protesto ou acatar a desistência do credor em relação ao mesmo, proceder às averbações, prestar informações e fornecer certidões relativas a todos os atos praticados, na forma desta Lei.

CAPÍTULO II
DA ORDEM DOS SERVIÇOS

Art. 4º O atendimento ao público será, no mínimo, de seis horas diárias.

Art. 5º Todos os documentos apresentados ou distribuídos no horário regulamentar serão protocolizados dentro de vinte e quatro horas, obedecendo à ordem cronológica de entrega.

Parágrafo único. Ao apresentante será entregue recibo com as características essenciais do título ou documento da dívida, sendo de sua responsabilidade os dados fornecidos.

Art. 6º Tratando-se de cheque, poderá o protesto ser lavrado no lugar do pagamento ou do domicílio do emitente, devendo do referido cheque constar a prova de apresentação ao Banco sacado, salvo se o protesto tenha por fim instruir medidas pleiteadas contra o estabelecimento de crédito.

CAPÍTULO III
DA DISTRIBUIÇÃO

Art. 7º Os títulos e documentos de dívida destinados a protesto somente estarão sujeitos a prévia distribuição obrigatória nas localidades onde houver mais de um Tabelionato de Protesto de Títulos.

Parágrafo único. Onde houver mais de um Tabelionato de Protesto de Títulos, a distribuição será feita por um serviço instalado e mantido pelos próprios tabelionatos, salvo se já existir ofício distribuidor organizado antes da promulgação desta Lei.

Art. 8º Os títulos e documentos de dívida serão recepcionados, distribuídos e entregues na mesma data aos Tabelionatos de Protesto, obedecidos os critérios de quantidade e qualidade.

§ 1º Poderão ser recepcionadas as indicações a protestos das Duplicatas Mercantis e de Prestação de Serviços, por meio magnético ou de gravação eletrônica de dados, sendo de inteira responsabilidade do apresentante os dados fornecidos, ficando a cargo dos Tabelionatos a mera instrumentalização das mesmas.

- Parágrafo único transformado em § 1º pela Lei nº 13.775, de 20-12-2018.

§ 2º Os títulos e documentos de dívida mantidos sob a forma escritural nos sistemas eletrônicos de escrituração ou nos depósitos centralizados de que trata a Lei nº 12.810, de 15 de maio de 2013, poderão ser recepcionados para protesto por extrato, desde que atestado por seu emitente, sob as penas da lei, que as informações conferem com o que consta na origem.

- § 2º acrescido pela Lei nº 13.775, de 20-12-2018.

CAPÍTULO IV
DA APRESENTAÇÃO E PROTOCOLIZAÇÃO

Art. 9º Todos os títulos e documentos de dívida protocolizados serão examinados em seus caracteres formais e terão curso se não apresentarem vícios, não cabendo ao tabelião de protesto investigar a ocorrência de prescrição ou caducidade.

Parágrafo único. Qualquer irregularidade formal observada pelo tabelião obstará o registro do protesto.

Art. 10. Poderão ser protestados títulos e outros documentos de dívida em moeda estrangeira, emitidos fora do Brasil, desde que acompanhados de tradução efetuada por tradutor público juramentado.

§ 1º Constarão obrigatoriamente do registro do protesto a descrição do documento e sua tradução.

§ 2º Em caso de pagamento, este será efetuado em moeda corrente nacional, cumprindo ao apresentante a conversão na data de apresentação do documento para protesto.

§ 3º Tratando-se de títulos ou documentos de dívidas emitidos no Brasil, em moeda estrangeira, cuidará o Tabelião de observar as disposições do Decreto-Lei nº 857, de 11 de setembro de 1969, e legislação complementar ou superveniente.

Art. 11. Tratando-se de títulos ou documentos de dívida sujeitos a qualquer tipo de correção, o pagamento será feito pela conversão vigorante no dia da apresentação, no valor indicado pelo apresentante.

CAPÍTULO V
DO PRAZO

Art. 12. O protesto será registrado dentro de três dias úteis contados da protocolização do título ou documento de dívida.

§ 1º Na contagem do prazo a que se refere o *caput* exclui-se o dia da protocolização e inclui-se o do vencimento.

§ 2º Considera-se não útil o dia em que não houver expediente bancário para o público ou aquele em que este não obedecer ao horário normal.

Art. 13. Quando a intimação for efetivada excepcionalmente no último dia do prazo ou além dele, por motivo de força maior, o protesto será tirado no primeiro dia útil subsequente.

CAPÍTULO VI
DA INTIMAÇÃO

Art. 14. Protocolizado o título ou documento de dívida, o Tabelião de Protesto expedirá a intimação ao devedor, no endereço fornecido pelo apresentante do título ou documento, considerando-se cumprida quando comprovada a sua entrega no mesmo endereço.

§ 1º A remessa da intimação poderá ser feita por portador do próprio tabelião, ou por qualquer outro meio, desde que o recebimento fique assegurado e comprovado através de protocolo, aviso de recepção (AR) ou documento equivalente.

§ 2º A intimação deverá conter nome e endereço do devedor, elementos de identificação do título ou documento de dívida, e prazo limite para cumprimento da obrigação no Tabelionato, bem como número do protocolo e valor a ser pago.

Art. 15. A intimação será feita por edital se a pessoa indicada para aceitar ou pagar for desconhecida, sua localização incerta ou ignorada, for residente ou domiciliada fora da competência territorial do Tabelionato, ou, ainda, ninguém se dispuser a receber a intimação no endereço fornecido pelo apresentante.

§ 1º O edital será afixado no Tabelionato de Protesto e publicado pela imprensa local onde houver jornal de circulação diária.

§ 2º Aquele que fornecer endereço incorreto, agindo de má-fé, responderá por perdas e danos, sem prejuízo de outras sanções civis, administrativas ou penais.

CAPÍTULO VII
DA DESISTÊNCIA E SUSTAÇÃO DO PROTESTO

Art. 16. Antes da lavratura do protesto, poderá o apresentante retirar o título ou documento de dívida, pagos os emolumentos e demais despesas.

Art. 17. Permanecerão no Tabelionato, à disposição do Juízo respectivo, os títulos ou documentos de dívida cujo protesto for judicialmente sustado.

§ 1º O título do documento de dívida cujo protesto tiver sido sustado judicialmente só poderá ser pago, protestado ou retirado com autorização judicial.

§ 2º Revogada a ordem de sustação, não há necessidade de se proceder a nova intimação do devedor, sendo a lavratura e o registro do protesto efetivados até o primeiro dia útil subsequente ao do recebimento da revogação, salvo se a materialização do ato depender de consulta a ser formulada ao apresentante, caso em que o mesmo prazo será contado da data da resposta dada.

§ 3º Tornada definitiva a ordem de sustação, o título ou o documento de dívida será encaminhado ao Juízo respectivo, quando não constar determinação expressa a qual das partes o mesmo deverá ser entregue, ou se decorridos trinta dias sem que a parte autorizada tenha comparecido no Tabelionato para retirá-lo.

Art. 18. As dúvidas do Tabelião de Protesto serão resolvidas pelo Juízo competente.

CAPÍTULO VIII
DO PAGAMENTO

Art. 19. O pagamento do título ou do documento de dívida apresentado para protesto será feito diretamente no Tabelionato competente, no valor igual ao declarado pelo apresentante, acrescido dos emolumentos e demais despesas.

§ 1º Não poderá ser recusado pagamento oferecido dentro do prazo legal, desde que feito no Tabelionato de Protesto competente e no horário de funcionamento dos serviços.

§ 2º No ato do pagamento, o Tabelionato de Protesto dará a respectiva quitação, e o valor devido será colocado à disposição do apresentante no primeiro dia útil subsequente ao do recebimento.

§ 3º Quando for adotado sistema de recebimento do pagamento por meio de cheque, ainda que de emissão de estabelecimento bancário, a quitação dada pelo Tabelionato fica condicionada à efetiva liquidação.

§ 4º Quando do pagamento no Tabelionato ainda subsistirem parcelas vincendas, será dada quitação da parcela paga em apartado, devolvendo-se o original ao apresentante.

CAPÍTULO IX
DO REGISTRO DO PROTESTO

Art. 20. Esgotado o prazo previsto no artigo 12, sem que tenham ocorrido as hipóteses dos Capítulos VII e VIII, o Tabelião lavrará e registrará o protesto, sendo o respectivo instrumento entregue ao apresentante.

Art. 21. O protesto será tirado por falta de pagamento, de aceite ou de devolução.

§ 1º O protesto por falta de aceite somente poderá ser efetuado antes do vencimento da obrigação e após o decurso do prazo legal para o aceite ou a devolução.

§ 2º Após o vencimento, o protesto sempre será efetuado por falta de pagamento, vedada a recusa da lavratura e registro do protesto por motivo não previsto em lei cambial.

§ 3º Quando o sacado retiver a letra de câmbio ou a duplicata enviada para aceite e não proceder à devolução dentro do prazo legal, o protesto poderá ser baseado na segunda via da letra de câmbio ou nas indicações da duplicata, que se limitarão a conter os mesmos requisitos lançados pelo sacador ao tempo da emissão da duplicata, vedada a exigência de qualquer formalidade não prevista na lei que regula a emissão e circulação das duplicatas.

§ 4º Os devedores, assim compreendidos os emitentes de notas promissórias e cheques, os sacados nas letras de câmbio e duplicatas, bem como os indicados pelo apresentante ou credor como responsáveis pelo cumprimento da obrigação, não poderão deixar de figurar no termo de lavratura e registro do protesto.

§ 5º Não se poderá tirar protesto por falta de pagamento de letra de câmbio contra o sacado não aceitante.

- § 5º acrescido pela Lei nº 12.767, de 27-12-2012.

Art. 22. O registro do protesto e seu instrumento deverão conter:

I – data e número de protocolização;

II – nome do apresentante e endereço;

III – reprodução ou transcrição do documento ou das indicações feitas pelo apresentante e declarações nele inseridas;

IV – certidão das intimações feitas e das respostas eventualmente oferecidas;

V – indicação dos intervenientes voluntários e das firmas por eles honradas;

VI – a aquiescência do portador ao aceite por honra;

VII – nome, número do documento de identificação do devedor e endereço; e

VIII – data e assinatura do Tabelião de Protesto, de seus substitutos ou de Escrevente autorizado.

Parágrafo único. Quando o Tabelião de Protesto conservar em seus arquivos gravação eletrônica da imagem, cópia reprográfica ou micrográfica do título ou documento de dívida, dispensa-se, no registro e no instrumento, a sua transcrição literal, bem como das demais declarações nele inseridas.

Art. 23. Os termos dos protestos lavrados, inclusive para fins especiais, por falta de pagamento, de aceite ou de devolução serão registrados em um único livro e conterão as anotações do tipo e do motivo do protesto, além dos requisitos previstos no artigo anterior.

Parágrafo único. Somente poderão ser protestados, para fins falimentares, os títulos ou documentos de dívida de responsabilidade das pessoas sujeitas às consequências da legislação falimentar.

- Art. 94, § 3º, da Lei nº 11.101, de 9-2-2005 (Lei de Recuperação de Empresas e Falências).

Art. 24. O deferimento do processamento de concordata não impede o protesto.

CAPÍTULO X
DAS AVERBAÇÕES E DO CANCELAMENTO

Art. 25. A averbação de retificação de erros materiais pelo serviço poderá ser efetuada de ofício ou a requerimento do interessado, sob responsabilidade do Tabelião de Protesto de Títulos.

§ 1º Para a averbação da retificação será indispensável a apresentação do instrumento eventualmente expedido e de documentos que comprovem o erro.

§ 2º Não são devidos emolumentos pela averbação prevista neste artigo.

Art. 26. O cancelamento do registro do protesto será solicitado diretamente no Tabelionato de Protesto de Títulos, por qualquer interessado, mediante apresentação do documento protestado, cuja cópia ficará arquivada.

§ 1º Na impossibilidade de apresentação do original do título ou documento de dívida protestado, será exigida a declaração de anuência, com identificação e firma reconhecida, daquele que figurou no registro de protesto como credor, originário ou por endosso translativo.

§ 2º Na hipótese de protesto em que tenha figurado apresentante por endosso-mandato, será suficiente a declaração de anuência passada pelo credor endossante.

§ 3º O cancelamento do registro do protesto, se fundado em outro motivo que não no pagamento do título ou documento de dívida, será efetivado por determinação judicial, pagos os emolumentos devidos ao Tabelião.

§ 4º Quando a extinção da obrigação decorrer de processo judicial, o cancelamento do registro do protesto poderá ser solicitado com a apresentação da certidão expedida pelo Juízo processante, com menção do trânsito em julgado, que substituirá o título ou o documento de dívida protestado.

§ 5º O cancelamento do registro do protesto será feito pelo Tabelião titular, por seus Substitutos ou por Escrevente autorizado.

§ 6º Quando o protesto lavrado for registrado sob forma de microfilme ou gravação eletrônica, o termo do cancelamento será lançado em documento apartado, que será arquivado juntamente com os documentos que instruíram o pedido, e anotado no índice respectivo.

CAPÍTULO XI

DAS CERTIDÕES E INFORMAÇÕES DO PROTESTO

Art. 27. O Tabelião de Protesto expedirá as certidões solicitadas dentro de cinco dias úteis, no máximo, que abrangerão o período mínimo de cinco anos anteriores, contados da data do pedido, salvo quando se referir a protesto específico.

§ 1º As certidões expedidas pelos serviços de protesto de títulos, inclusive as relativas à prévia distribuição, deverão obrigatoriamente indicar, além do nome do devedor, seu número no Registro Geral (RG), constante da Cédula de Identidade, ou seu número no Cadastro de Pessoas Físicas (CPF), se pessoa física, e o número de inscrição no Cadastro Geral de Contribuintes (CGC), se pessoa jurídica cabendo ao apresentante do título para protesto fornecer esses dados, sob pena de recusa.

§ 2º Das certidões não constarão os registros cujos cancelamentos tiverem sido averbados, salvo por requerimento escrito do próprio devedor ou por ordem judicial.

Art. 28. Sempre que a homonímia puder ser verificada simplesmente pelo confronto do número de documento de identificação, o Tabelião de Protesto dará certidão negativa.

Art. 29. Os cartórios fornecerão às entidades representativas da indústria e do comércio ou àquelas vinculadas à proteção do crédito, quando solicitada, certidão diária, em forma de relação, dos protestos tirados e dos cancelamentos efetuados, com a nota de se cuidar de informação reservada, da qual não se poderá dar publicidade pela imprensa, nem mesmo parcialmente.

- *Caput* com a redação dada pela Lei nº 9.841, de 5-10-1999.

§ 1º O fornecimento da certidão será suspenso caso se desatenda ao disposto no *caput* ou se forneçam informações de protestos cancelados.

§ 2º Dos cadastros ou bancos de dados das entidades referidas no *caput* somente serão prestadas informações restritivas de crédito oriundas de títulos ou documentos de dívidas regularmente protestados cujos registros não foram cancelados.

- §§ 1º e 2º com a redação dada pela Lei nº 9.841, de 5-10-1999.

§ 3º *Revogado.* Lei nº 9.481, de 5-10-1999.

Art. 30. As certidões, informações e relações serão elaboradas pelo nome dos devedores, conforme previsto no § 4º do artigo 21 desta Lei, devidamente identificados, e abrangerão os protestos lavrados e registrados por falta de pagamento, de aceite ou de devolução, vedada a exclusão ou omissão de nomes e de protestos, ainda que provisória ou parcial.

Art. 31. Poderão ser fornecidas certidões de protestos, não cancelados, a quaisquer interessados, desde que requeridas por escrito.

- Artigo com a redação dada pela Lei nº 9.841, de 5-10-1999.

CAPÍTULO XII

DOS LIVROS E ARQUIVOS

Art. 32. O livro de Protocolo poderá ser escriturado mediante processo manual, mecânico, eletrônico ou informatizado, em folhas soltas e com colunas destinadas às seguintes anotações: número de ordem, natureza do título ou documento de dívida, valor, apresentante, devedor e ocorrências.

Parágrafo único. A escrituração será diária, constando do termo de encerramento o número de documentos apresentados no dia, sendo a data da protocolização a mesma do termo diário do encerramento.

Art. 33. Os livros de Registros de Protesto serão abertos e encerrados pelo Tabelião de Protestos ou seus Substitutos, ou ainda por Escrevente autorizado, com suas folhas numeradas e rubricadas.

Art. 34. Os índices serão de localização dos protestos registrados e conterão os nomes dos devedores, na forma do § 4º do artigo 21, vedada a exclusão ou omissão de nomes e de protestos, ainda que em caráter provisório ou parcial, não decorrente do cancelamento definitivo do protesto.

§ 1º Os índices conterão referência ao livro e à folha, ao microfilme ou ao arquivo eletrônico onde estiver registrado o protesto, ou ao número do registro, e aos cancelamentos de protestos efetuados.

§ 2º Os índices poderão ser elaborados pelo sistema de fichas, microfichas ou banco eletrônico de dados.

Art. 35. O Tabelião de Protestos arquivará ainda:

I – intimações;

II – editais;

III – documentos apresentados para a averbação no registro de protestos e ordens de cancelamentos;

IV – mandados e ofícios judiciais;

V – solicitações de retirada de documentos pelo apresentante;

VI – comprovantes de entrega de pagamentos aos credores;

VII – comprovantes de devolução de documentos de dívida irregulares.

§ 1º Os arquivos deverão ser conservados, pelo menos, durante os seguintes prazos:

I – um ano, para as intimações e editais correspondentes a documentos protestados e ordens de cancelamento;

II – seis meses, para as intimações e editais correspondentes a documentos pagos ou retirados além do tríduo legal; e

III – trinta dias, para os comprovantes de entrega de pagamento aos credores, para as solicitações de retirada dos apresentantes e para os comprovantes de devolução, por irregularidade, aos mesmos, dos títulos e documentos de dívidas.

§ 2º Para os livros e documentos microfilmados ou gravados por processo eletrônico de imagens não subsiste a obrigatoriedade de sua conservação.

§ 3º Os mandados judiciais de sustação de protesto deverão ser conservados, juntamente com os respectivos documentos, até solução definitiva por parte do Juízo.

Art. 36. O prazo de arquivamento é de três anos para livros de protocolo e de dez anos para os livros de registros de protesto e respectivos títulos.

CAPÍTULO XIII

DOS EMOLUMENTOS

Art. 37. Pelos atos que praticarem em decorrência desta Lei, os Tabeliães de Protesto perceberão, diretamente das partes, a título de remuneração, os emolumentos fixados na forma da lei estadual e de seus decretos regulamentadores, salvo quando o serviço for estatizado.

§ 1º Poderá ser exigido depósito prévio dos emolumentos e demais despesas devidas, caso em que, igual importância deverá ser reembolsada ao apresentante por ocasião da prestação de contas, quando ressarcidas pelo devedor no Tabelionato.

§ 2º Todo e qualquer ato praticado pelo Tabelião de Protesto será cotado, identificando-se as parcelas componentes do seu total.

§ 3º Pelo ato de digitalização e gravação eletrônica dos títulos e outros documentos, serão cobrados os mesmos valores previstos na tabela de emolumentos para o ato de microfilmagem.

CAPÍTULO XIV

DISPOSIÇÕES FINAIS

Art. 38. Os Tabeliães de Protesto de Títulos são civilmente responsáveis por todos os prejuízos que causarem, por culpa ou dolo, pessoalmente, pelos substitutos que designarem ou Escreventes que autorizarem, assegurado o direito de regresso.

Art. 39. A reprodução de microfilme ou do processamento eletrônico da imagem, do título ou de qualquer documento arquivado no Tabelionato, quando autenticado pelo Tabelião de Protesto, por seu Substituto ou Escrevente autorizado, guarda o mesmo valor do original, independentemente de restauração judicial.

Art. 40. Não havendo prazo assinado, a data do registro do protesto é o termo inicial da incidência de juros, taxas e atualizações monetárias sobre o valor da obrigação contida no título ou documento de dívida.

Art. 41. Para os serviços previstos nesta Lei os Tabeliães poderão adotar, independentemente de autorização, sistemas de computação, microfilmagem, gravação eletrônica de imagem e quaisquer outros meios de reprodução.

Art. 41-A. Os tabeliães de protesto manterão, em âmbito nacional, uma central nacional de serviços eletrônicos compartilhados que prestará, ao menos, os seguintes serviços:

I – escrituração e emissão de duplicata sob a forma escritural, observado o disposto na legislação específica, inclusive quanto ao requisito de autorização prévia para o exercício da atividade de escrituração pelo órgão supervisor e aos demais requisitos previstos na regulamentação por ele editada;

II – recepção e distribuição de títulos e documentos de dívida para protesto, desde que escriturais;

III – consulta gratuita quanto a devedores inadimplentes e aos protestos realizados, aos dados desses protestos e dos tabelionatos aos quais foram distribuídos, ainda que os respectivos títulos e documentos de dívida não sejam escriturais;

IV – confirmação da autenticidade dos instrumentos de protesto em meio eletrônico; e

V – anuência eletrônica para o cancelamento de protestos.

§ 1º A partir da implementação da central de que trata o *caput* deste artigo, os tabelionatos de protesto disponibilizarão ao poder público, por meio eletrônico e sem ônus, o acesso às informações constantes dos seus bancos de dados.

§ 2º É obrigatória a adesão imediata de todos os tabeliães de protesto do País ou responsáveis pelo expediente à central nacional de serviços eletrônicos compartilhados de que trata o *caput* deste artigo, sob pena de responsabilização disciplinar nos termos do inciso I do *caput* do art. 31 da Lei nº 8.935, de 18 de novembro de 1994.

- Artigo acrescido pela Lei nº 13.775, de 20-12-2018.

Art. 42. Esta Lei entra em vigor na data de sua publicação.

Art. 43. Revogam-se as disposições em contrário.

Brasília, 10 de setembro de 1997;
176º da Independência e
109º da República.

Fernando Henrique Cardoso

LEI Nº 9.493, DE 10 DE SETEMBRO DE 1997

Concede isenção do Imposto sobre Produtos Industrializados – IPI na aquisição de equipamentos, máquinas, aparelhos e instrumentos, dispõe sobre período de apuração e prazo de recolhimento do referido imposto para as microempresas e empresas de pequeno porte, e estabelece suspensão do IPI na saída de bebidas alcoólicas, acondicionadas para venda a granel, dos estabelecimentos produtores e dos estabelecimentos equiparados a industrial.

- Publicada no *DOU* de 11-9-1997.

Art. 1º Ficam isentos do Imposto sobre Produtos Industrializados – IPI os equipamentos, máquinas, aparelhos e instrumentos novos, relacionados em anexo, importados ou de fabricação nacional, bem como os respectivos acessórios, sobressalentes e ferramentas.

§ 1º São asseguradas a manutenção e a utilização dos créditos do referido imposto, relativos a matérias-primas, produtos intermediários e material de embalagem, efetivamente empregados na industrialização dos bens referidos neste artigo.

§ 2º O disposto neste artigo aplica-se aos fatos geradores que ocorrerem até 31 de dezembro de 1998.

Art. 2º *Revogado.* Lei nº 11.774, de 17-9-2008.

Art. 3º Ficam equiparados a estabelecimento industrial, independentemente de opção, os estabelecimentos atacadistas e cooperativa de produtores que derem saída a bebidas alcóolicas e demais produtos, de produção nacional, classificadas nas posições 2204, 2205, 2206 e 2208 da Tabela de Incidência do Imposto sobre Produtos Industrializados (TIPI), e acondicionados em recipientes de capacidade superior ao limite máximo permitido para venda a varejo, com destino aos seguintes estabelecimentos:

I – industriais que utilizem os produtos mencionados como insumo na fabricação de bebidas;

II – atacadistas e cooperativas de produtores;

III – engarrafadores dos mesmos produtos.

Art. 4º Os produtos referidos no artigo sairão com suspensão do IPI dos respectivos estabelecimentos produtores para os estabelecimentos citados nos incisos I, II e III do mesmo artigo.

Parágrafo único. A suspensão de que trata este artigo aplica-se também às remessas, dos produtos mencionados, dos estabelecimentos atacadistas e cooperativas de produtores para os estabelecimentos indicados nos incisos I, II e III do artigo anterior.

Art. 5º Será anulado, mediante estorno na escrita fiscal, o crédito do IPI concernente às matérias-primas, produtos intermediários e material de embalagem, que tenham sido empregados na industrialização, ainda que para acondicionamento, de produtos saídos do estabelecimento produtor com a suspensão do imposto determinada no artigo anterior.

Art. 6º Nas notas fiscais relativas às remessas previstas no art. 4º, deverá constar a expressão "Saído com suspensão do IPI", com a especificação do dispositivo legal correspondente, vedado o registro do IPI nas referidas notas, sob pena de se considerar o imposto como indevidamente destacado, sujeitando o infrator às disposições legais estabelecidas para a hipótese.

Art. 7º O estabelecimento destinatário da nota fiscal emitida em desacordo com o disposto no artigo anterior, que receber, registrar ou utilizar, em proveito próprio ou alheio, ficará sujeito à multa igual ao valor da mercadoria constante do mencionado documento, sem prejuízo da obrigatoriedade de recolher o valor do imposto indevidamente aproveitado.

Art. 8º Ficam asseguradas a manutenção e a utilização dos créditos do Imposto sobre Produtos Industrializados incidente na aquisição de matérias-primas, produtos intermediários e material de embalagem efetivamente empregados na industrialização dos bens isentos do mesmo Imposto e destinados exclusivamente ao Executor do Projeto, na forma do Acordo celebrado entre o Governo da República Federativa do Brasil e o Governo da República da Bolívia, promulgado pelo Decreto nº 2.142, de 5 de fevereiro de 1997.

Parágrafo único. A autorização a que se refere *caput* é válida a partir da efetiva vigência do referido Acordo.

Art. 9º *Revogado.* MP nº 2.158-35, de 24-8-2001, que até o encerramento desta edição não havia sido convertida em lei.

Art. 10. Fica suspensa a incidência de IPI na aquisição, realizada por estaleiros navais brasileiros, de materiais e equipamentos, incluindo partes, peças e componentes, destinados ao emprego na construção, conservação, modernização, conversão ou reparo de embarcações pré-registradas ou registradas no REB.

- *Caput* com a redação dada pela Lei nº 11.774, de 17-9-2008.

§ 1º São asseguradas a manutenção e a utilização dos créditos do referido imposto, relativos às matérias-primas, produtos intermediários e material de embalagem, efetivamente empregados na industrialização dos bens referidos neste artigo.

- Parágrafo único renumerado para § 1º pela Lei nº 11.774, de 17-9-2008.

§ 2º A suspensão prevista neste artigo converte-se em alíquota 0 (zero) após a incorporação ou utilização dos bens adquiridos na construção, conservação, modernização, conversão ou reparo das embarcações para as quais se destinarem, conforme regulamento a ser expedido pelo Poder Executivo.

- § 2º acrescido pela Lei nº 11.774, de 17-9-2008.

Art. 11. Ficam isentos do Imposto sobre Importação – II e do IPI as partes, peças e componentes destinados ao emprego na conservação, modernização e conversão de embarcações registradas no REB, desde que realizadas em estaleiros navais brasileiros.

Art. 12. Ficam isentos do IPI, quando adquiridos pelos órgãos de segurança pública da União, dos Estados e do Distrito Federal:

I – os aparelhos transmissores e receptores de radiotelefonia e radiotelegrafia;

II – os veículos para patrulhamento policial;

III – as armas e munições.

Art. 13. *Revogado.* Lei nº 10.451, de 10-5-2002.

Art. 14. Ficam incluídos no campo de incidência do IPI, tributados à alíquota zero, os produtos relacionados na TIPI nas posições 0201 a 0208 e 0302 a 0304 e nos códigos 0209.00.11, 0209.00.21 e 0209.00.90.

Art. 15. *Revogado.* Lei nº 10.451, de 10-5-2002.

Art. 16. Fica o Poder Executivo autorizado a converter, para códigos da Nomenclatura Comum do MERCOSUL – NCM, os códigos de outras nomenclaturas, relacionados em atos legais expedidos até 31 de dezembro de 1996.

Art. 17. Ficam convalidadas as operações praticadas com isenção do IPI, relativas aos produtos classificados nos códigos 8504.21.00, 8504.22.00 e 8504.23.00 da Tabela de Incidência aprovada pelo Decreto nº 2.092, de 1996, no período de 7 a 19 de março de 1997.

Art. 18. Fica incluído novo inciso no parágrafo único do art. 3º da Lei nº 4.502, de 30 de novembro de 1964, com a seguinte redação:

- Alteração inserida no texto da referida Lei.

Art. 19. *Revogado.* Lei nº 10.206, de 6-4-2001.

Art. 20. As condições de financiamento previstas no § 1º do art. 11 da Lei nº 9.432, de 1997, serão aplicadas também às parcelas dos financiamentos anteriormente concedidas, com vencimentos a partir de 9 de janeiro de 1997.

Art. 21. Ficam convalidados os atos praticados com base na Medida Provisória nº 1.508-19, de 11 de julho de 1997.

Art. 22. Esta Lei entra em vigor na data de sua publicação.

Congresso Nacional, em 10 de setembro de 1997;
176º da independência e
109º da República.

Senador Antonio Carlos Magalhães

- Optamos por não publicar os anexos desta Lei.

LEI Nº 9.494, DE 10 DE SETEMBRO DE 1997

Disciplina a aplicação da tutela antecipada contra a Fazenda Pública, altera a Lei nº 7.347, de 24 de julho de 1985, e dá outras providências.

- Publicada no *DOU* de 11-9-1997.
- Art. 151, V, do CTN.

Art. 1º Aplica-se à tutela antecipada prevista nos artigos 273 e 461 do Código de Processo Civil o disposto nos artigos 5º e seu parágrafo único e 7º da Lei nº 4.348, de 26 de junho de 1964, no artigo 1º e seu § 4º da Lei nº 5.021, de 9 de junho de 1966, e nos artigos 1º, 3º e 4º da Lei nº 8.437, de 30 de junho de 1992.

- Refere-se ao CPC/1973.
- As Leis nºs 4.348, de 26-6-1964, e 5.021, de 9-6-1966, foram revogadas pela Lei nº 12.016, de 7-8-2009 (Lei do Mandado de Segurança Individual e Coletivo).
- O STF, na ADECON nº 4, declara a inteira validade jurídico-constitucional do art. 1º da Lei nº 9.494, de 10-9-1997 (*DOU* de 11-11-2014).
- Lei nº 8.437, de 30-6-1992 (Lei da Medida Cautelar Fiscal).
- Súm. nº 729 do STF.

Art. 1º-A. Estão dispensadas de depósito prévio, para interposição de recurso, as pessoas jurídicas de direito público federais, estaduais, distritais e municipais.

Art. 1º-B. O prazo a que se refere o *caput* dos artigos 730 do Código de Processo Civil, e 884 da Consolidação das Leis do Trabalho, aprovada pelo Decreto-Lei nº 5.452, de 1º de maio de 1943, passa a ser de trinta dias.

- Refere-se ao CPC/1973.

Art. 1º-C. Prescreverá em cinco anos o direito de obter indenização dos danos causados por agentes de pessoas jurídicas de direito público e de pessoas jurídicas de direito privado prestadoras de serviços públicos.

Art. 1º-D. Não serão devidos honorários advocatícios pela Fazenda Pública nas execuções não embargadas.

- Súm. nº 345 do STJ.

Art. 1º-E. São passíveis de revisão, pelo Presidente do Tribunal, de ofício ou a requerimento das partes, as contas elaboradas para aferir o valor dos precatórios antes de seu pagamento ao credor.

- Arts. 1º-A a 1º-E acrescidos pela MP nº 2.180-35, de 24-8-2001, que até o encerramento deste edição não havia sido convertida em Lei.

Art. 1º-F. Nas condenações impostas à Fazenda Pública, independentemente de sua natureza e para fins de atualização monetária, remuneração do capital e compensação da mora, haverá a incidência uma única vez, até o efetivo pagamento, dos índices oficiais de remuneração básica e juros aplicados à caderneta de poupança.

- Art. 1º-F com a redação dada pela Lei nº 11.960, de 29-6-2009.
- O STF, por maioria de votos, julgou procedente a ADIN nº 5.348, para declarar a inconstitucionalidade deste artigo na parte em que se estabelece a aplicação dos índices da caderneta de poupança como critério de atualização monetária nas condenações da Fazenda Pública (*DOU* de 21-11-2019).
- O STF, por maioria dos votos, julgou parcialmente procedente a ADIN nº 4.425, para declarar a inconstitucionalidade por arrastamento deste artigo quanto à atualização monetária e à fixação de juros moratórios de créditos inscritos em precatórios (*DOU* de 8-3-2021).

Art 2º O artigo 16 da Lei nº 7.347, de 24 de julho de 1985, passa a vigorar com a seguinte redação:

- Alterações inseridas no texto da referida Lei.

Art. 2º-A. A sentença civil prolatada em ação de caráter coletivo proposta por entidade associativa, na defesa dos interesses e direitos dos seus associados, abrangerá apenas os substituídos que tenham, na data da propositura da ação, domicílio no âmbito da competência territorial do órgão prolator.

Parágrafo único. Nas ações coletivas propostas contra a União, os Estados, o Distrito Federal, os Municípios e suas autarquias e fundações, a petição inicial deverá obrigatoriamente estar instruída com a ata da assembleia da entidade associativa que a autorizou, acompanhada da relação nominal dos seus associados e indicação dos respectivos endereços.

Art. 2º-B. A sentença que tenha por objeto a liberação de recurso, inclusão em folha de pagamento, reclassificação, equiparação, concessão de aumento ou extensão de vantagens a servidores da União, dos Estados, do Distrito Federal e dos Municípios, inclusive de suas autarquias e fundações, somente poderá ser executada após seu trânsito em julgado.

- Arts. 2º-A e 2º-B acrescidos pela MP nº 2.180-35, de 24-8-2001, que até o encerramento desta edição não havia sido convertida em Lei.

Art 3º Ficam convalidados os atos praticados com base na Medida Provisória nº 1.570-4, de 22 de julho de 1997.

Art 4º Esta Lei entra em vigor na data de sua publicação.

Congresso Nacional, 10 de setembro de 1997; 176º da Independência e 109º da República.

Senador Antonio Carlos Magalhães

LEI Nº 9.507, DE 12 DE NOVEMBRO DE 1997

Regula o direito de acesso a informações e disciplina o rito processual do habeas data.

- Publicada no *DOU* de 13-11-1997.
- Arts. 5º, XXXIII, LXXII e LXXVII, 102, I, *d*, e II, *a*, 105, I, *b*, 108, I, *c*, 109, VIII, e 121, § 4º, V, da CF.
- Súm. nº 368 do STJ.

Art. 1º VETADO.

Parágrafo único. Considera-se de caráter público todo registro ou banco de dados contendo informações que sejam ou que possam ser transmitidas a terceiros ou que não sejam de uso privativo do órgão ou entidade produtora ou depositária das informações.

Art. 2º O requerimento será apresentado ao órgão ou entidade depositária do registro ou banco de dados e será deferido ou indeferido no prazo de quarenta e oito horas.

Parágrafo único. A decisão será comunicada ao requerente em vinte e quatro horas.

Art. 3º Ao deferir o pedido, o depositário do registro ou do banco de dados marcará dia e hora para que o requerente tome conhecimento das informações.

Parágrafo único. VETADO.

Art. 4º Constatada a inexatidão de qualquer dado a seu respeito, o interessado, em petição acompanhada de documentos comprobatórios, poderá requerer sua retificação.

§ 1º Feita a retificação em, no máximo, dez dias após a entrada do requerimento, a entidade ou órgão depositário do registro ou da informação dará ciência ao interessado.

§ 2º Ainda que não se constate a inexatidão do dado, se o interessado apresentar explicação ou contestação sobre o mesmo, justificando possível pendência sobre o fato objeto do dado, tal explicação será anotada no cadastro do interessado.

Arts. 5º e 6º VETADOS.

Art. 7º Conceder-se-á *habeas data*:

- Súm. nº 2 do STJ.

I – para assegurar o conhecimento de informações relativas à pessoa do impetrante, constantes de registro ou banco de dados de entidades governamentais ou de caráter público;

II – para a retificação de dados, quando não se prefira fazê-lo por processo sigiloso, judicial ou administrativo;

III – para a anotação nos assentamentos do interessado, de contestação ou explicação sobre dado verdadeiro mas justificável e que esteja sob pendência judicial ou amigável.

Art. 8º A petição inicial, que deverá preencher os requisitos dos artigos 282 a 285 do Código de Processo Civil, será apresentada em duas vias, e os documentos que instruírem a primeira serão reproduzidos por cópia na segunda.

- Refere-se ao CPC/1973.

Parágrafo único. A petição inicial deverá ser instruída com prova:

I – da recusa ao acesso às informações ou do decurso de mais de dez dias sem decisão;

○ Súm. nº 2 do STJ.

II – da recusa em fazer-se a retificação ou do decurso de mais de quinze dias, sem decisão; ou

III – da recusa em fazer-se a anotação a que se refere o § 2º do artigo 4º ou do decurso de mais de quinze dias sem decisão.

Art. 9º Ao despachar a inicial, o juiz ordenará que se notifique o coator do conteúdo da petição, entregando-lhe a segunda via apresentada pelo impetrante, com as cópias dos documentos, a fim de que, no prazo de dez dias, preste as informações que julgar necessárias.

Art. 10. A inicial será desde logo indeferida, quando não for o caso de *habeas data*, ou se lhe faltar algum dos requisitos previstos nesta Lei.

Parágrafo único. Do despacho de indeferimento caberá recurso previsto no artigo 15.

Art. 11. Feita a notificação, o serventuário em cujo cartório corra o feito, juntará aos autos cópia autêntica do ofício endereçado ao coator, bem como a prova da sua entrega a este ou da recusa, seja de recebê-lo, seja de dar recibo.

Art. 12. Findo o prazo a que se refere o artigo 9º, e ouvido o representante do Ministério Público dentro de cinco dias, os autos serão conclusos ao juiz para decisão a ser proferida em cinco dias.

Art. 13. Na decisão, se julgar procedente o pedido, o juiz marcará data e horário para que o coator:

I – apresente ao impetrante as informações a seu respeito, constantes de registros ou bancos de dados; ou

II – apresente em juízo a prova de retificação ou da anotação feita nos assentamentos do impetrante.

Art. 14. A decisão será comunicada ao coator, por correio, com aviso de recebimento, ou por telegrama, radiograma ou telefonema, conforme o requerer o impetrante.

Parágrafo único. Os originais, no caso de transmissão telegráfica, radiofônica ou telefônica, deverão ser apresentados à agência expedidora, com a firma do juiz devidamente reconhecida.

Art. 15. Da sentença que conceder ou negar o *habeas data* cabe apelação.

Parágrafo único. Quando a sentença conceder o *habeas data*, o recurso terá efeito meramente devolutivo.

Art. 16. Quando o *habeas data* for concedido e o Presidente do Tribunal ao qual competir o conhecimento do recurso ordenar ao juiz a suspensão da execução da sentença, desse seu ato caberá agravo para o Tribunal a que presida.

Art. 17. Nos casos de competência do Supremo Tribunal Federal e dos demais Tribunais caberá ao relator a instrução do processo.

Art. 18. O pedido de *habeas data* poderá ser renovado se a decisão denegatória não lhe houver apreciado o mérito.

Art. 19. Os processos de *habeas data* terão prioridade sobre todos os atos judiciais, exceto *habeas corpus* e mandado de segurança. Na instância superior, deverão ser levados a julgamento na primeira sessão que se seguir à data em que, feita a distribuição, forem conclusos ao relator.

Parágrafo único. O prazo para a conclusão não poderá exceder de vinte e quatro horas, a contar da distribuição.

Art. 20. O julgamento do *habeas data* compete:

I – originariamente:

a) ao Supremo Tribunal Federal, contra atos do Presidente da República, das Mesas da Câmara dos Deputados e do Senado Federal, do Tribunal de Contas da União, do Procurador-Geral da República e do próprio Supremo Tribunal Federal;

b) ao Superior Tribunal de Justiça, contra atos de Ministro de Estado ou do próprio Tribunal;

c) aos Tribunais Regionais Federais contra atos do próprio Tribunal ou de juiz federal;

d) a juiz federal, contra ato de autoridade federal, excetuados os casos de competência dos tribunais federais;

e) a tribunais estaduais, segundo o disposto na Constituição do Estado;

f) a juiz estadual, nos demais casos;

II – em grau de recurso:

a) ao Supremo Tribunal Federal, quando a decisão denegatória for proferida em única instância pelos Tribunais Superiores;

b) ao Superior Tribunal de Justiça, quando a decisão for proferida em única instância pelos Tribunais Regionais Federais;

c) aos Tribunais Regionais Federais, quando a decisão for proferida por juiz federal;

d) aos Tribunais Estaduais e ao do Distrito Federal e Territórios, conforme dispuserem a respectiva Constituição e a lei que organizar a Justiça do Distrito Federal;

III – mediante recurso extraordinário ao Supremo Tribunal Federal, nos casos previstos na Constituição.

Art. 21. São gratuitos o procedimento administrativo para acesso a informações e retificação de dados e para anotação de justificação, bem como a ação de *habeas data*.

Art. 22. Esta Lei entra em vigor na data de sua publicação.

Art. 23. Revogam-se as disposições em contrário.

Brasília, 12 de novembro de 1997;
176º da Independência e
109º da República.

Fernando Henrique Cardoso

LEI Nº 9.532, DE 10 DE DEZEMBRO DE 1997

Altera a legislação tributária federal e dá outras providências.

• Publicada no *DOU* de 11-12-1997.

Art. 1º Os lucros auferidos no exterior, por intermédio de filiais, sucursais, controladas ou coligadas serão adicionados ao lucro líquido, para determinação do lucro real correspondente ao balanço levantado no dia 31 de dezembro do ano-calendário em que tiverem sido disponibilizados para a pessoa jurídica domiciliada no Brasil.

§ 1º Para efeito do disposto neste artigo, os lucros serão considerados disponibilizados para a empresa no Brasil:

a) no caso de filial ou sucursal, na data do balanço no qual tiverem sido apurados;

b) *Revogada;* Lei nº 12.973, de 13-5-2014.

c) na hipótese de contratação de operações de mútuo, se a mutuante, coligada ou controlada, possuir lucros ou reserva de lucros;

d) na hipótese de adiantamento de recursos, efetuado pela coligada ou controlada, por conta de venda futura, cuja liquidação, pela remessa do bem ou serviço vendido, ocorra em prazo superior ao ciclo de produção do bem ou serviço.

- Alíneas *c* e *d* acrescidas pela Lei nº 9.959, de 27-1-2000, que altera a legislação tributária federal.

§ 2º *Revogado.* Lei nº 12.973, de 13-5-2014.

§ 3º Não serão dedutíveis na determinação do lucro real e da base de cálculo da Contribuição Social sobre o Lucro Líquido os juros, relativos a empréstimos, pagos ou creditados a empresa controlada ou coligada, independente do local de seu domicílio, incidentes sobre valor equivalente aos lucros não disponibilizados por empresas controladas, domiciliadas no exterior.

- § 3º com a redação dada pela MP nº 2.158-35, de 24-8-2001, que até o encerramento desta edição não havia sido convertida em Lei.

§ 4º *Revogado.* Lei nº 12.973, de 13-5-2014.

§ 5º Relativamente aos lucros apurados nos anos de 1996 e 1997, considerar-se-á vencido o prazo a que se refere o parágrafo anterior no dia 31 de dezembro de 1999.

§ 6º Nas hipóteses das alíneas *c* e *d* do § 1º o valor considerado disponibilizado será o mutuado ou adiantado, limitado ao montante dos lucros e reservas de lucros passíveis de distribuição, proporcional à participação societária da empresa no País na data da disponibilização.

§ 7º Considerar-se-á disponibilizado o lucro:

a) na hipótese da alínea *c* do § 1º:

1. na data da contratação da operação, relativamente a lucros já apurados pela controlada ou coligada;
2. na data da apuração do lucro, na coligada ou controlada, relativamente a operações de mútuo anteriormente contratadas;

b) na hipótese da alínea *d* do § 1º, em 31 de dezembro do ano-calendário em que tenha sido encerrado o ciclo de produção sem que haja ocorrido a liquidação.

- §§ 6º e 7º acrescidos pela Lei nº 9.959, de 27-1-2000.

Art. 2º Os percentuais dos benefícios fiscais referidos no inciso I e no § 3º do artigo 11 do Decreto-Lei nº 1.376, de 12 de dezembro de 1974, com as posteriores alterações, nos artigos 1º, inciso II, 19 e 23, da Lei nº 8.167, de 16 de janeiro de 1991, e no artigo 4º, inciso V, da Lei nº 8.661, de 2 de junho de 1993, ficam reduzidos para:

I – trinta por cento, relativamente aos períodos de apuração encerrados a partir de 1º de janeiro de 1998 até 31 de dezembro de 2003;

II – vinte por cento, relativamente aos períodos de apuração encerrados a partir de 1º de janeiro de 2004 até 31 de dezembro de 2008;

III – dez por cento, relativamente aos períodos de apuração encerrados a partir de 1º de janeiro de 2009 até 31 de dezembro de 2013.

§ 1º *Revogado.* MP nº 2.156-5, de 24-8-2001, que até o encerramento desta edição não havia sido convertida em Lei.

§ 2º Ficam extintos, relativamente aos períodos de apuração encerrados a partir de 1º de janeiro de 2014, os benefícios fiscais de que trata este artigo.

Art. 3º Os benefícios fiscais de isenção, de que tratam o artigo 13 da Lei nº 4.239, de 27 de junho de 1963, o artigo 23 do Decreto-Lei nº 756, de 11 de agosto de 1969, com a redação do artigo 1º do Decreto-Lei nº 1.564, de 29 de julho de 1977, e o inciso VIII do artigo 1º da Lei nº 9.440, de 14 de março de 1997, para os projetos de instalação, modernização, ampliação ou diversificação, aprovados pelo órgão competente, a partir de 1º de janeiro de 1998, observadas as demais normas em vigor, aplicáveis à matéria, passam a ser de redução do imposto de renda e adicionais não restituíveis, observados os seguintes percentuais:

I – setenta e cinco por cento, a partir de 1º de janeiro de 1998 até 31 de dezembro de 2003;

II – cinquenta por cento, a partir de 1º de janeiro de 2004 até 31 de dezembro de 2008;

III – vinte e cinco por cento, a partir de 1º de janeiro de 2009 até 31 de dezembro de 2013.

§ 1º O disposto no *caput* não se aplica a projetos aprovados ou protocolizados até 14 de novembro de 1997, no órgão competente, para os quais prevalece o benefício de isenção até o término do prazo de concessão do benefício.

§ 2º Os benefícios fiscais de redução do imposto de renda e adicionais não restituíveis, de que tratam o artigo 14 da Lei nº 4.239, de 1963, e o artigo 22 do Decreto-Lei nº 756, de 11 de agosto de 1969, observadas as demais normas em vigor, aplicáveis à matéria, passam a ser calculados segundo os seguintes percentuais:

I – trinta e sete inteiros e cinco décimos por cento, a partir de 1º de janeiro de 1998 até 31 de dezembro de 2003;

II – vinte e cinco por cento, a partir de 1º de janeiro de 2004 até 31 de dezembro de 2008;

III – doze inteiros e cinco décimos por cento, a partir de 1º de janeiro de 2009 até 31 de dezembro de 2013.

§ 3º Ficam extintos, relativamente aos períodos de apuração encerrados a partir de 1º de janeiro de 2014, os benefícios fiscais de que trata este artigo.

Art. 4º *Revogado.* MP nº 2.199-14, de 24-8-2001, que até o encerramento desta edição não havia sido convertida em Lei.

Art. 5º A dedução do imposto de renda relativa aos incentivos fiscais previstos no artigo 1º da Lei nº 6.321, de 14 de abril de 1976, no artigo 26 da Lei nº 8.313, de 23 de dezembro de 1991, e no inciso I do artigo 4º da Lei nº 8.661, de 1993, não poderá exceder, quando considerados isoladamente, a quatro por cento do imposto de renda devido, observado o disposto no § 4º do artigo 3º da Lei nº 9.249, de 1995.

Art. 6º Observados os limites específicos de cada incentivo e o disposto no § 4º do artigo 3º da Lei nº 9.249, de 1995, o total das deduções de que tratam:

I – o artigo 1º da Lei nº 6.321, de 1976, e o inciso I do artigo 4º da Lei nº 8.661, de 1993, não poderá exceder a quatro por cento do imposto de renda devido;

II – o art. 26 da Lei nº 8.313, de 23 de dezembro de 1991, o art. 1º da Lei nº 8.685, de 20 de julho de 1993, e o § 6º do art. 1º da Lei nº 11.438, de 29 de dezembro de 2006, não poderá exceder a 4% (quatro por cento) do imposto de renda devido.

- Inciso II com a redação dada pela Lei nº 14.439, de 24-8-2022.

Art. 7º A pessoa jurídica que absorver patrimônio de outra, em virtude de incorporação, fusão ou cisão, na qual detenha participação societária adquirida com ágio ou deságio, apurado segundo o disposto no artigo 20 do Decreto-Lei nº 1.598, de 26 de dezembro de 1977:

I – deverá registrar o valor do ágio ou deságio cujo fundamento seja o de que trata a alínea *a* do § 2º do artigo 20 do Decreto-Lei nº 1.598, de 1977, em contrapartida à conta que registre o bem ou direito que lhe deu causa;

II – deverá registrar o valor do ágio cujo fundamento seja o de que trata a alínea *c* do § 2º do artigo 20 do Decreto-Lei nº 1.598, de 1977, em contrapartida a conta de ativo permanente, não sujeita a amortização;

III – poderá amortizar o valor do ágio cujo fundamento seja o de que trata a alínea *b* do § 2º do artigo 20 do Decreto-Lei nº 1.598, de 1977, nos balanços correspondentes à apuração de lucro real, levantados posteriormente à incorporação, fusão ou cisão, à razão de um sessenta avos, no máximo, para cada mês do período de apuração;

- Inciso III com a redação dada pela Lei nº 9.718, de 27-11-1998.

IV – deverá amortizar o valor do deságio cujo fundamento seja o de que trata a alínea *b* do § 2º do artigo 20 do Decreto-Lei nº 1.598, de 1977, nos balanços correspondentes à apuração de lucro real, levantados durante os cinco anos-calendários subsequentes à incorporação, fusão ou cisão, à razão de um sessenta avos, no mínimo, para cada mês do período de apuração.

§ 1º O valor registrado na forma do inciso I integrará o custo do bem ou direito para efeito de apuração de ganho ou perda de capital e de depreciação, amortização ou exaustão.

§ 2º Se o bem que deu causa ao ágio ou deságio não houver sido transferido, na hipótese de cisão, para o patrimônio da sucessora, esta deverá registrar:

- Art. 11, *caput*, da Lei nº 9.718, de 27-11-1998, que altera a legislação tributária federal.

a) o ágio, em conta de ativo diferido, para amortização na forma prevista no inciso III;

b) o deságio, em conta de receita diferida, para amortização na forma prevista no inciso IV.

§ 3º O valor registrado na forma do inciso II do *caput*:

a) será considerado custo de aquisição, para efeito de apuração de ganho ou perda de capital na alienação do direito que lhe deu causa ou na sua transferência para sócio ou acionista, na hipótese de devolução de capital;

b) poderá ser deduzido como perda, no encerramento das atividades da empresa, se comprovada, nessa data, a inexistência do fundo de comércio ou do intangível que lhe deu causa.

§ 4º Na hipótese da alínea *b* do parágrafo anterior, a posterior utilização econômica do fundo de comércio ou intangível sujeitará a pessoa física ou jurídica usuária ao pagamento dos tributos e contribuições que deixaram de ser pagos, acrescidos de juros de mora e multa, calculados de conformidade com a legislação vigente.

§ 5º O valor que servir de base de cálculo dos tributos e contribuições a que se refere o parágrafo anterior poderá ser registrado em conta do ativo, como custo do direito.

Art. 8º O disposto no artigo anterior aplica-se, inclusive, quando:

a) o investimento não for, obrigatoriamente, avaliado pelo valor de patrimônio líquido;

b) a empresa incorporada, fusionada ou cindida for aquela que detinha a propriedade da participação societária.

Art. 9º À opção da pessoa jurídica, o saldo do lucro inflacionário acumulado, existente no último dia útil dos meses de novembro e dezembro de 1997, poderá ser considerado realizado integralmente e tributado à alíquota de dez por cento.

§ 1º Se a opção se referir a saldo de lucro inflacionário tributado na forma do artigo 28 da Lei nº 7.730, de 31 de janeiro de 1989, a alíquota a ser aplicada será de três por cento.

§ 2º A opção a que se refere este artigo será irretratável e manifestada mediante o pagamento do imposto, em quota única, na data da opção.

Art. 10. Do imposto apurado com base no lucro arbitrado ou no lucro presumido não será permitida qualquer dedução a título de incentivo fiscal.

Art. 11. As deduções relativas às contribuições para entidades de previdência privada, a que se refere a alínea *e* do inciso II do art. 8º da Lei nº 9.250, de 26 de dezembro de 1995, e às contribuições para o Fundo de Aposentadoria Programada Individual – FAPI, a que se refere a Lei nº 9.477, de 24 de julho de 1997, cujo ônus seja da própria pessoa física, ficam condicionadas ao recolhimento, também, de contribuições para o regime geral de previdência social ou, quando for o caso, para regime próprio de previdência social dos servidores titulares de cargo efetivo da União, dos Estados, do Distrito Federal ou dos Municípios, observada a contribuição mínima, e limitadas a 12% (doze por cento) do total dos rendimentos computados na determinação da base de cálculo do imposto devido na declaração de rendimentos.

- *Caput* com a redação dada pela Lei nº 10.887, de 18-6-2004.

§ 1º Aos resgates efetuados pelos quotistas de Fundo de Aposentadoria Programada Individual – FAPI aplicam-se, também, as normas de incidência do imposto de renda de que trata o art. 33 da Lei nº 9.250, de 26 de dezembro de 1995.

§ 2º Na determinação do lucro real e da base de cálculo da contribuição social sobre o lucro líquido, o valor das despesas com contribuições para a previdência privada, a que se refere o inciso V do art. 13 da Lei nº 9.249, de 26 de dezembro de 1995, e para os Fundos de Aposentadoria Programada Individual – FAPI, a que se refere a Lei nº 9.477, de 24 de julho de 1997, cujo ônus seja da pessoa jurídica, não poderá exceder, em cada período de apuração, a 20% (vinte por cento) do total dos salários dos empregados e da remuneração dos dirigentes da empresa, vinculados ao referido plano.

§ 3º O somatório das contribuições que exceder o valor a que se refere o § 2º deste artigo deverá ser adicionado ao lucro líquido para efeito de determinação do lucro real e da base de cálculo da contribuição social sobre o lucro líquido.

§ 4º O disposto neste artigo não elide a observância das normas do art. 7º da Lei nº 9.477, de 24 de julho de 1997.

- §§ 1º a 4º com a redação dada pela Lei nº 10.887, de 18-6-2004.

§ 5º Excetuam-se da condição de que trata o *caput* deste artigo os beneficiários de aposentadoria ou pensão concedidas por regime próprio de previdência ou pelo regime geral de previdência social.

- § 5º acrescido pela Lei nº 10.887, de 18-6-2004.

§ 6º As deduções relativas às contribuições para entidades de previdência complementar a que se referem o inciso VII do art. 4º e a alínea *i* do inciso II do art. 8º da Lei nº 9.250, de 26 de dezembro de 1995, desde que limitadas à alíquota de contribuição do ente público patrocinador, não se sujeitam ao limite previsto no *caput*.

§ 7º Os valores de contribuição excedentes ao disposto no § 6º poderão ser deduzidos desde que seja observado o limite conjunto de dedução previsto no *caput*.

- §§ 6º e 7º acrescidos pela Lei nº 13.043, de 13-11-2014.

Art. 12. Para efeito do disposto no artigo 150, inciso VI, alínea *c*, da Constituição, considera-se imune a instituição de educação ou de assistência social que preste os serviços para os quais houver sido instituída e os coloque à disposição da população em geral, em caráter complementar às atividades do Estado, sem fins lucrativos.

§ 1º Não estão abrangidos pela imunidade os rendimentos e ganhos de capital auferidos em aplicações financeiras de renda fixa ou de renda variável.

- O STF, ao julgar a ADIN nº 1.802, em controle concentrado, declarou a inconstitucionalidade do § 1º (*DOU* de 20-4-2018).

§ 2º Para o gozo da imunidade, as instituições a que se refere este artigo estão obrigadas a atender aos seguintes requisitos:

a) não remunerar, por qualquer forma, seus dirigentes pelos serviços prestados, exceto no caso de associações, fundações ou organizações da sociedade civil, sem fins lucrativos, cujos dirigentes poderão ser remunerados, desde que atuem efetivamente na gestão executiva e desde que cumpridos os requisitos previstos nos arts. 3º e 16 da Lei nº 9.790, de 23 de março de 1999, respeitados como limites máximos os valores praticados pelo mercado na região correspondente à sua área de atuação, devendo seu valor ser fixado pelo órgão de deliberação superior da entidade, registrado em ata, com comunicação ao Ministério Público, no caso das fundações;

- Alínea *a* com a redação dada pela Lei nº 13.204, de 14-12-2015.

b) aplicar integralmente seus recursos na manutenção e desenvolvimento dos seus objetivos sociais;

c) manter escrituração completa de suas receitas e despesas em livros revestidos das formalidades que assegurem a respectiva exatidão;

d) conservar em boa ordem, pelo prazo de cinco anos, contado da data da emissão, os documentos que comprovem a origem de suas receitas e a efetivação de suas despesas, bem assim a realização de quaisquer outros atos ou operações que venham a modificar sua situação patrimonial;

e) apresentar, anualmente, Declaração de Rendimentos, em conformidade com o disposto em ato da Secretaria da Receita Federal;

f) recolher os tributos retidos sobre os rendimentos por elas pagos ou creditados e a contribuição para a seguridade social relativa aos empregados, bem assim cumprir as obrigações acessórias daí decorrentes;

- O STF, ao julgar a ADIN nº 1.802, em controle concentrado, declarou a inconstitucionalidade desta alínea (*DOU* de 20-4-2018).

g) assegurar a destinação de seu patrimônio a outra instituição que atenda às condições para gozo da imunidade, no caso de incorporação, fusão, cisão ou de encerramento de suas atividades, ou a órgão público;

h) outros requisitos, estabelecidos em lei específica, relacionados com o funcionamento das entidades a que se refere este artigo.

§ 3º Considera-se entidade sem fins lucrativos a que não apresente superávit em suas contas ou, caso o apresente em determinado exercício, destine referido resultado, integralmente, à manutenção e ao desenvolvimento dos seus objetivos sociais.

- § 3º com a redação dada pela Lei nº 9.718, de 27-11-1998.

§ 4º A exigência a que se refere a alínea *a* do § 2º não impede:

I – a remuneração aos diretores não estatutários que tenham vínculo empregatício; e

II – a remuneração aos dirigentes estatutários, desde que recebam remuneração inferior, em seu valor bruto, a 70% (setenta por cento) do limite estabelecido para a remuneração de servidores do Poder Executivo federal.

§ 5º A remuneração dos dirigentes estatutários referidos no inciso II do § 4º deverá obedecer às seguintes condições:

I – nenhum dirigente remunerado poderá ser cônjuge ou parente até 3º (terceiro) grau, inclusive afim, de instituidores, sócios, diretores, conselheiros, benfeitores ou equivalentes da instituição de que trata o *caput* deste artigo; e

II – o total pago a título de remuneração para dirigentes, pelo exercício das atribuições estatutárias, deve ser inferior a 5 (cinco) vezes o valor correspondente ao limite individual estabelecido neste parágrafo.

§ 6º O disposto nos §§ 4º e 5º não impede a remuneração da pessoa do dirigente estatutário ou diretor que, cumulativamente, tenha vínculo estatutário e empregatício, exceto se houver incompatibilidade de jornadas de trabalho.

- §§ 4º a 6º acrescidos pela Lei nº 12.868, de 15-10-2013.

Art. 13. Sem prejuízo das demais penalidades previstas na lei, a Secretaria da Receita Federal suspenderá o gozo da imunidade a que se refere o artigo anterior, relativamente aos anos-calendários em que a pessoa jurídica houver praticado ou, por qualquer forma, houver contribuído para a prática de ato que constitua infração a dispositivo da legislação tributária, especialmente no caso de informar ou declarar falsamente, omitir ou simular o recebimento de doações em bens ou em dinheiro, ou de qualquer forma cooperar para que terceiro sonegue tributos ou pratique ilícitos fiscais.

- O STF, ao julgar a ADIN nº 1.802, em controle concentrado, declarou a inconstitucionalidade deste *caput* (*DOU* de 20-4-2018).

Parágrafo único. Considera-se, também, infração a dispositivo da legislação tributária o pagamento, pela instituição imune, em favor de seus associados ou dirigentes, ou, ainda, em favor de sócios, acionistas ou dirigentes de pessoa jurídica a ela associada por qualquer forma, de despesas consideradas indedutíveis na determinação da base de cálculo do imposto sobre a renda ou da contribuição social sobre o lucro líquido.

Art. 14. À suspensão do gozo da imunidade aplica-se o disposto no artigo 32 da Lei nº 9.430, de 1996.

- O STF, ao julgar a ADIN nº 1.802, em controle concentrado, declarou a inconstitucionalidade deste artigo (*DOU* de 20-4-2018).

Art. 15. Consideram-se isentas as instituições de caráter filantrópico, recreativo, cultural e científico e as associações civis que prestem os serviços para os quais houverem sido instituídas e os coloquem à disposição do grupo de pessoas a que se destinam, sem fins lucrativos.

§ 1º A isenção a que se refere este artigo aplica-se, exclusivamente, em relação ao imposto de renda da pessoa jurídica e à contribuição social sobre o lucro líquido, observado o disposto no parágrafo subsequente.

§ 2º Não estão abrangidos pela isenção do imposto de renda os rendimentos e ganhos de capital auferidos em aplicações financeiras de renda fixa ou de renda variável.

§ 3º Às instituições isentas aplicam-se as disposições do artigo 12, § 2º, alíneas *a* a *e*, e § 3º e dos artigos 13 e 14.

§ 4º *Revogado*. Lei nº 9.718, de 27-11-1998.

- Os arts. 12 a 15 passaram a produzir efeitos a partir de 1º-2-1999.

§ 5º O disposto no § 2º não se aplica aos rendimentos e ganhos de capital auferidos pela Academia Brasileira de Letras, pela Associação Brasileira de Imprensa e pelo Instituto Histórico e Geográfico Brasileiro.

- § 5º acrescido pela Lei nº 13.353, de 3-11-2016, para vigorar a partir do primeiro dia do exercício financeiro imediatamente posterior àquele em que for implementado o disposto no art. 6º da referida Lei.

Art. 16. Aplicam-se à entrega de bens e direitos para a formação do patrimônio das instituições isentas as disposições do artigo 23 da Lei nº 9.249, de 1995.

Parágrafo único. A transferência de bens e direitos do patrimônio das entidades isentas para o patrimônio de outra pessoa jurídica, em virtude de incorporação, fusão ou cisão, deverá ser efetuada pelo valor de sua aquisição ou pelo valor atribuído, no caso de doação.

Art. 17. Sujeita-se à incidência do imposto de renda à alíquota de quinze por cento a diferença entre o valor em dinheiro ou o valor dos bens e direitos recebidos de instituição isenta, por pessoa física, a título de devolução de patrimônio, e o valor em dinheiro ou o valor dos bens e direitos que houver entregue para a formação do referido patrimônio.

§ 1º Aos valores entregues até o final do ano de 1995 aplicam-se as normas do inciso I do artigo 17 da Lei nº 9.249, de 1995.

§ 2º O imposto de que trata este artigo será:

a) considerado tributação exclusiva;

b) pago pelo beneficiário até o último dia útil do mês subsequente ao recebimento dos valores.

§ 3º Quando a destinatária dos valores em dinheiro ou dos bens e direitos devolvidos for pessoa jurídica, a diferença a que se refere o *caput* será computada na determinação do lucro real ou adicionada ao lucro presumido ou arbitrado, conforme seja a forma de tributação a que estiver sujeita.

§ 4º Na hipótese do parágrafo anterior, para a determinação da base de cálculo da contribuição social sobre o lucro líquido a pessoa jurídica deverá computar:

a) a diferença a que se refere o *caput*, se sujeita ao pagamento do imposto de renda com base no lucro real;

b) o valor em dinheiro ou o valor dos bens e direitos recebidos, se tributada com base no lucro presumido ou arbitrado.

Art. 18. Fica revogada a isenção concedida em virtude do artigo 30 da Lei nº 4.506, de 1964, e alterações posteriores, às entidades que se dediquem às seguintes atividades:

I – educacionais;

II – de assistência à saúde;

III – de administração de planos de saúde;

IV – de prática desportiva, de caráter profissional;

V – de administração do desporto.

Parágrafo único. O disposto neste artigo não elide a fruição, conforme o caso, de imunidade ou isenção por entidade que se enquadrar nas condições do artigo 12 ou do artigo 15.

Art. 19. *Revogado.* Lei nº 9.779, de 19-1-1999.

Art. 20. O *caput* do artigo 1º da Lei nº 9.481, de 13 de agosto de 1997, passa a vigorar com a seguinte redação:

"Art. 1º A alíquota do imposto de renda na fonte incidente sobre os rendimentos auferidos no País, por residentes ou domiciliados no exterior, fica reduzida para zero, nas seguintes hipóteses:"

Art. 21. Relativamente aos fatos geradores ocorridos durante os anos-calendário de 1998 a 2003, a alíquota de 25% (vinte e cinco por cento), constante das tabelas de que tratam os arts. 3º e 11 da Lei nº 9.250, de 26 de dezembro de 1995, e as correspondentes parcelas a deduzir, passam a ser, respectivamente, a alíquota, de 27,5% (vinte e sete inteiros e cinco décimos por cento), e as parcelas a deduzir, até 31 de dezembro de 2001, de R$ 360,00 (trezentos e sessenta reais) e R$ 4.320,00 (quatro mil, trezentos e vinte reais), e a partir de 1º de janeiro de 2002, aquelas determinadas pelo art. 1º da Lei nº 10.451, de 10 de maio de 2002, a saber, de R$ 423,08 (quatrocentos e vinte e três reais e oito centavos) e R$ 5.076,90 (cinco mil e setenta e seis reais e noventa centavos).

• *Caput* com a redação dada pela Lei nº 10.637, de 30-12-2002.

Parágrafo único. *Revogado.* Lei nº 10.828, de 23-12-2003.

Art. 22. A soma das deduções a que se referem os incisos I a III do artigo 12 da Lei nº 9.250, de 1995, fica limitada a seis por cento do valor do imposto devido, não sendo aplicáveis limites específicos a quaisquer dessas deduções.

Art. 23. Na transferência de direito de propriedade por sucessão, nos casos de herança, legado ou por doação em adiantamento da legítima, os bens e direitos poderão ser avaliados a valor de mercado ou pelo valor constante da declaração de bens do *de cujus* ou do doador.

§ 1º Se a transferência for efetuada a valor de mercado, a diferença a maior entre esse e o valor pelo qual constavam da declaração de bens do *de cujus* ou do doador sujeitar-se-á à incidência de imposto de renda à alíquota de quinze por cento.

§ 2º O imposto a que se refere os §§ 1º e 5º deverá ser pago:

I – pelo inventariante, até a data prevista para entrega da declaração final de espólio, nas transmissões *mortis causa*, observado o disposto no artigo 7º, § 4º, da Lei nº 9.250, de 26 de dezembro de 1995;

II – pelo doador, até o último dia útil do mês-calendário subsequente ao da doação, no caso de doação em adiantamento da legítima;

III – pelo ex-cônjuge a quem for atribuído o bem ou o direito, até o último dia útil do mês subsequente à data da sentença homologatória do formal de partilha, no caso de dissolução da sociedade conjugal ou da unidade familiar.

• § 2º com a redação dada pela Lei nº 9.779, de 19-1-1999.

§ 3º O herdeiro, o legatário ou o donatário deverá incluir os bens ou direitos, na sua declaração de bens correspondente à declaração de rendimentos do ano-calendário da homologação da partilha ou do recebimento da doação, pelo valor pelo qual houver sido efetuada a transferência.

§ 4º Para efeito de apuração de ganho de capital relativo aos bens e direitos de que trata este artigo, será considerado como custo de aquisição o valor pelo qual houverem sido transferidos.

§ 5º As disposições deste artigo aplicam-se, também, aos bens ou direitos atribuídos a cada cônjuge, na hipótese de dissolução da sociedade conjugal ou da unidade familiar.

Art. 24. Na declaração de bens correspondente à declaração de rendimentos das pessoas físicas, relativa ao ano-calendário de 1997, a ser apresentada em 1998, os bens adquiridos até 31 de dezembro de 1995 deverão ser informados pelos valores apurados com observância do disposto no artigo 17 da Lei nº 9.249, de 1995.

Parágrafo único. A Secretaria da Receita Federal expedirá as normas necessárias à aplicação do disposto neste artigo.

Art. 25. O § 2º do artigo 7º da Lei nº 9.250, de 1995, passa a vigorar com a seguinte redação:

• Alterações inseridas no texto da referida Lei.

Art. 26. Os §§ 3º e 4º do artigo 56 da Lei nº 8.981, de 1995, com as alterações da Lei nº 9.065, de 1995, passam a vigorar com a seguinte redação:

• Alterações inseridas no texto da referida Lei.

Art. 27. A multa a que se refere o inciso I do artigo 88 da Lei nº 8.981, de 1995, é limitada a vinte por cento do imposto de renda devido, respeitado o valor mínimo de que trata o § 1º do referido artigo 88, convertido em reais de

LEG. COMPLEMENTAR

acordo com o disposto no artigo 30 da Lei nº 9.249, de 26 de dezembro de 1995.

Parágrafo único. A multa a que se refere o artigo 88 da Lei nº 8.981, de 1995, será:

a) deduzida do imposto a ser restituído ao contribuinte, se este tiver direito à restituição;

b) exigida por meio de lançamento efetuado pela Secretaria da Receita Federal, notificado ao contribuinte.

Art. 28. A partir de 1º de janeiro de 1998, a incidência do imposto de renda sobre os rendimentos auferidos por qualquer beneficiário, inclusive pessoa jurídica imune ou isenta, nas aplicações em fundos de investimento, constituídos sob qualquer forma, ocorrerá:

I – diariamente, sobre os rendimentos produzidos pelos títulos, aplicações financeiras e valores mobiliários de renda fixa integrantes das carteiras dos fundos;

II – por ocasião do resgate das quotas, em relação à parcela dos valores mobiliários de renda variável integrante das carteiras dos fundos.

§ 1º Na hipótese de que trata o inciso II, a base de cálculo do imposto será constituída pelo ganho apurado pela soma algébrica dos resultados apropriados diariamente ao quotista.

§ 2º Para efeitos do disposto neste artigo o administrador do fundo de investimento deverá apropriar, diariamente, para cada quotista:

a) os rendimentos de que trata o inciso I, deduzido o imposto de renda;

b) os resultados positivos ou negativos decorrentes da avaliação dos ativos previstos no inciso II.

§ 3º As aplicações, os resgates e a apropriação dos valores de que trata o parágrafo anterior serão feitos conforme a proporção dos ativos de renda fixa e de renda variável no total da carteira do fundo de investimento.

§ 4º As perdas apuradas no resgate de quotas poderão ser compensadas com ganhos auferidos em resgates posteriores, no mesmo fundo de investimento, de acordo com sistemática a ser definida pela Secretaria da Receita Federal.

§ 5º Os fundos de investimento cujas carteiras sejam constituídas, no mínimo, por noventa e cinco por cento de ativos de renda fixa, ao calcular o imposto pela apropriação diária de que trata o inciso I, poderão computar, na base de cálculo, os rendimentos e ganhos totais do patrimônio do fundo.

§ 6º Os fundos de investimento cujas carteiras sejam constituídas, no mínimo, por oitenta por cento de ações negociadas no mercado à vista de bolsa de valores ou entidade assemelhada, poderão calcular o imposto no resgate de quotas, abrangendo os rendimentos e ganhos totais do patrimônio do fundo.

- O imposto de renda incidente sobre os rendimentos auferidos no resgate de quotas de que trata este parágrafo foi reduzida para dez por cento e o percentual estabelecido neste parágrafo foi reduzido de 80% para 67% pelos arts. 1º e 2º, respectivamente, da MP nº 2.189-49, de 23-8-2001, que até o encerramento desta edição não havia sido convertida em Lei, altera a legislação do IR incidente sobre os rendimentos de aplicações.

§ 7º A base de cálculo do imposto de que trata o parágrafo anterior será constituída pela diferença positiva entre o valor de resgate e o valor de aquisição da quota.

§ 8º A Secretaria da Receita Federal definirá os requisitos e condições para que os fundos de que trata o § 6º atendam ao limite ali estabelecido.

§ 9º O imposto de que trata este artigo incidirá à alíquota de vinte por cento, vedada a dedução de quaisquer custos ou despesas incorridos na administração do fundo.

§ 10. Ficam isentos do imposto de renda:

a) os rendimentos e ganhos líquidos auferidos na alienação, liquidação, resgate, cessão ou repactuação dos títulos, aplicações financeiras e valores mobiliários integrantes das carteiras dos fundos de investimento;

b) os juros de que trata o artigo 9º da Lei nº 9.249, de 1995, recebidos pelos fundos de investimento.

§ 11. Fica dispensada a retenção do imposto de renda sobre os rendimentos auferidos pelos quotistas dos fundos de investimento:

a) cujos recursos sejam aplicados na aquisição de quotas de outros fundos de investimento;

b) constituídos, exclusivamente, pelas pessoas jurídicas de que trata o artigo 77, inciso I, da Lei nº 8.981, de 20 de janeiro de 1995.

§ 12. Os fundos de investimento de que trata a alínea *a* do parágrafo anterior serão tributados:

a) como qualquer quotista, quanto a aplicações em quotas de outros fundos de investimento;

b) como os demais fundos, quanto a aplicações em outros ativos.

§ 13. O disposto neste artigo aplica-se, também, à parcela dos ativos de renda fixa dos fundos de investimento imobiliário tributados nos termos da Lei nº 8.668, de 1993, e dos demais fundos de investimentos que não tenham resgate de quotas.

Art. 29. Para fins de incidência do imposto de renda na fonte, consideram-se pagos ou creditados aos quotistas dos fundos de investimento, na data em que se completar o primeiro período de carência em 1998, os rendimentos correspondentes à diferença positiva entre o valor da quota em 31 de dezembro de 1997 e o respectivo custo de aquisição.

§ 1º Na hipótese de resgate anterior ao vencimento do período de carência, a apuração dos rendimentos terá por base o valor da quota na data do último vencimento da carência, ocorrido em 1997.

§ 2º No caso de fundos sem prazo de carência para resgate de quotas, com rendimento integral, consideram-se pagos ou creditados os rendimentos no dia 2 de janeiro de 1998.

§ 3º Os rendimentos de que trata este artigo serão tributados pelo imposto de renda na fonte, à alíquota de dez por cento, na data da ocorrência do fato gerador.

Art. 30. O imposto de que trata o § 3º do artigo anterior, retido pela instituição administradora do fundo, na data da ocorrência do fato gerador, será recolhido em quota única, até o terceiro dia útil da semana subsequente.

Art. 31. Excluem-se do disposto no artigo 29, os rendimentos auferidos até 31 de dezembro de 1997 pelos quotistas dos fundos de investimento de renda variável, que serão tributados no resgate de quotas.

§ 1º Para efeito do disposto neste artigo, consideram-se de renda variável os fundos de investimento que, nos meses de novembro e dezembro de 1997, tenham mantido, no mínimo, cinquenta e um por cento de patrimônio aplicado em ações negociadas no mercado à vista de bolsa de valores ou entidade assemelhada.

§ 2º O disposto neste artigo aplica-se, também, aos rendimentos auferidos pelos quotistas de fundo de investimento que, nos meses de novembro e dezembro de 1997, tenham mantido, no mínimo, noventa e cinco por cento de seus recursos aplicados em quotas dos fundos de que trata o parágrafo anterior.

Art. 32. O imposto de que tratam os artigos 28 a 31 será retido pelo administrador do fundo de investimento na data da ocorrência do fato gerador e recolhido até o terceiro dia útil da semana subsequente.

Art. 33. Os clubes de investimento, as carteiras administradas e qualquer outra forma de investimento associativo ou coletivo sujeitam-se às mesmas normas do imposto de renda aplicáveis aos fundos de investimento.

Art. 34. O disposto nos artigos 28 a 31 não se aplica às hipóteses de que trata o artigo 81 da Lei nº 8.981, de 1995, que continuam sujeitas às normas de tributação previstas na legislação vigente.

- Artigo com a redação dada pela MP nº 2.189-49, de 23-8-2001, que até o encerramento desta edição não havia sido convertida em Lei.

Art. 35. Relativamente aos rendimentos produzidos, a partir de 1º de janeiro de 1998, por aplicação financeira de renda fixa, auferidos por qualquer beneficiário, inclusive pessoa jurídica imune ou isenta, a alíquota do imposto de renda será de vinte por cento.

Art. 36. Os rendimentos decorrentes das operações de *swap*, de que trata o artigo 74 da Lei nº 8.981, de 1995, passam a ser tributados à mesma alíquota incidente sobre os rendimentos de aplicações financeiras de renda fixa.

Parágrafo único. Quando a operação de *swap* tiver por objeto taxa baseada na remuneração dos depósitos de poupança, esta remuneração será adicionada à base de cálculo do imposto de que trata este artigo.

Art. 37. Os dispositivos abaixo enumerados, da Lei nº 4.502, de 30 de novembro de 1964, passam a vigorar com a seguinte redação:

I – o inciso II do artigo 4º:

- Alteração inserida no texto da referida Lei.

II – o § 1º do artigo 9º:

- Alteração inserida no texto da referida Lei.

III – o inciso II do artigo 15:

- Alteração inserida no texto da referida Lei.

IV – o § 2º do artigo 46:

- Alteração inserida no texto da referida Lei.

V – o § 2º do artigo 62:

- Alteração inserida no texto da referida Lei.

Art. 38. Fica acrescentada ao inciso I do artigo 5º da Lei nº 4.502, de 1964, com a redação dada pelo artigo 1º do Decreto-Lei nº 1.133, de 16 de novembro de 1970, a alínea *e*, com a seguinte redação:

- Alteração inserida no texto da referida Lei.

Art. 39. Poderão sair do estabelecimento industrial, com suspensão do IPI, os produtos destinados à exportação, quando:

I – adquiridos por empresa comercial exportadora, com o fim específico de exportação;

II – remetidos a recintos alfandegados ou a outros locais onde se processe o despacho aduaneiro de exportação.

§ 1º Fica assegurada a manutenção e utilização do crédito do IPI relativo às matérias-primas, produtos intermediários e material de embalagem utilizados na industrialização dos produtos a que se refere este artigo.

§ 2º Consideram-se adquiridos com o fim específico de exportação os produtos remetidos diretamente do estabelecimento industrial para embarque de exportação ou para recintos alfandegados, por conta e ordem da empresa comercial exportadora.

§ 3º A empresa comercial exportadora fica obrigada ao pagamento do IPI que deixou de ser pago na saída dos produtos do estabelecimento industrial, nas seguintes hipóteses:

a) transcorridos cento e oitenta dias da data da emissão da nota fiscal de venda pelo estabelecimento industrial, não houver sido efetivada a exportação;

b) os produtos forem revendidos no mercado interno;

c) ocorrer a destruição, o furto ou roubo dos produtos.

§ 4º Para efeito do parágrafo anterior, considera-se ocorrido o fato gerador e devido o IPI na data da emissão da nota fiscal pelo estabelecimento industrial.

§ 5º O valor a ser pago nas hipóteses do § 3º ficará sujeito à incidência:

a) de juros equivalentes à taxa referencial do Sistema Especial de Liquidação e Custódia – SELIC, para títulos federais, acumulada mensalmente, calculados a partir do primeiro dia do mês subsequente ao da emissão da nota fiscal, referida no § 4º, até o mês anterior ao do pagamento e de um por cento no mês do pagamento;

b) da multa a que se refere o artigo 61 da Lei nº 9.430, de 1996, calculada a partir do dia subsequente ao da emissão da referida nota fiscal.

§ 6º O imposto de que trata este artigo, não recolhido espontaneamente, será exigido em procedimento de ofício, pela Secretaria da Receita Federal, com os acréscimos aplicáveis na espécie.

Art. 40. Considera-se ocorrido o fato gerador e devido o IPI, no início do consumo ou da utilização do papel destinado a impressão de livros, jornais e periódicos a que se refere a alínea *d* do inciso VI do artigo 150 da Constituição, em finalidade diferente destas ou na sua saída do fabricante, do importador ou de seus estabelecimentos distribuidores, para pessoas que não sejam empresas jornalísticas ou editoras.

Parágrafo único. Responde solidariamente pelo imposto e acréscimos legais a pessoa física ou jurídica que não seja empresa jornalística ou editora, em cuja posse for encontrado o papel a que se refere este artigo.

Art. 41. Aplica-se aos produtos do Capítulo 22 da TIPI o disposto no artigo 18 do Decreto-Lei nº 1.593, de 21 de dezembro de 1977.

Art. 42. *Revogado.* Lei nº 9.779, de 19-1-1999.

Art. 43. O inciso II do artigo 4º da Lei nº 8.661, de 1993, passa a vigorar com a seguinte redação:

"II – redução de cinquenta por cento da alíquota do Imposto sobre Produtos Industrializados, prevista na Tabela de Incidência do IPI – TIPI, incidente sobre equipamentos, máquinas, aparelhos e instrumentos, bem assim sobre os acessórios sobressalentes e ferramentas que acompanhem esses bens, destinados à pesquisa e ao desenvolvimento tecnológico;"

Art. 44. A comercialização de cigarros no País observará o disposto em regulamento, especialmente quanto a embalagem, apresentação e outras formas de controle.

Art. 45. A importação de cigarros do código 2402.20.00 da TIPI será efetuada com observância do disposto nos artigos 46 a 54 desta Lei, sem prejuízo de outras exigências, inclusive quanto à comercialização do produto, previstas em legislação específica.

Art. 46. É vedada a importação de cigarros de marca que não seja comercializada no país de origem.

Art. 47. O importador de cigarros deve constituir-se sob a forma de sociedade, sujeitando-se, também, à inscrição no Registro Especial instituído pelo artigo 1º do Decreto-Lei nº 1.593, de 1977.

Art. 48. O importador deverá requerer à Secretaria da Receita Federal do Brasil o fornecimento dos selos de controle de que trata o art. 46 da Lei nº 4.502, de 30 de novembro de 1964, devendo, no requerimento, prestar as seguintes informações:

- *Caput* com a redação dada pela Lei nº 12.402, de 2-5-2011.

I – nome e endereço do fabricante no exterior;

II – quantidade de vintenas, marca comercial e características físicas do produto a ser importado;

III – preço de venda a varejo pelo qual será feita a comercialização do produto no Brasil.

- Inciso III com a redação dada pela Lei nº 12.402, de 2-5-2011.

§§ 1º e 2º *Revogados.* Lei nº 12.402, de 2-5-2011.

Art. 49. A Secretaria da Receita Federal, com base nos dados do Registro Especial, nas informações prestadas pelo importador e nas normas de enquadramento em classes de valor aplicáveis aos produtos de fabricação nacional, deverá:

I – se aceito o requerimento, divulgar, por meio do *Diário Oficial da União*, a identificação do importador, a marca comercial e características do produto, o preço de venda a varejo, a quantidade autorizada de vintenas e o valor unitário e cor dos respectivos selos de controle;

II – se não aceito o requerimento, comunicar o fato ao requerente, fundamentando as razões da não aceitação.

§ 1º O preço de venda no varejo de cigarro importado de marca que também seja produzida no País não poderá ser inferior àquele praticado pelo fabricante nacional.

§ 2º Divulgada a aceitação do requerimento, o importador terá o prazo de quinze dias para efetuar o pagamento dos selos e retirá-los na Receita Federal.

§ 3º *Revogado.* Lei nº 12.402, de 2-5-2011;

§ 4º Os selos de controle serão remetidos pelo importador ao fabricante no exterior, devendo ser aplicado em cada maço, carteira, ou outro recipiente, que contenha vinte unidades do produto, na mesma forma estabelecida pela Secretaria da Receita Federal para os produtos de fabricação nacional.

§ 5º Ocorrendo o descumprimento do prazo a que se refere o § 2º, fica sem efeito a autorização para a importação.

§ 6º O importador terá o prazo de noventa dias a partir da data de fornecimento do selo de controle para efetuar o registro da declaração da importação.

Art. 50. No desembaraço aduaneiro de cigarros importados do exterior deverão ser observados:

I – se as vintenas importadas correspondem à marca comercial divulgada e se estão devidamente seladas;

- Inciso I com a redação dada pela Lei nº 12.402, de 2-5-2011.

II – se a quantidade de vintenas importadas corresponde à quantidade autorizada;

III – se na embalagem dos produtos constam, em língua portuguesa, todas as informações exigidas para os produtos de fabricação nacional.

Parágrafo único. A inobservância de qualquer das condições previstas no inciso I sujeitará o infrator à pena de perdimento.

Art. 51. Sujeita-se às penalidades previstas na legislação, aplicáveis às hipóteses de uso indevido de selos de controle, o importador que descumprir o prazo estabelecido no § 6º do artigo 49.

Parágrafo único. As penalidades de que trata este artigo serão calculadas sobre a quantidade de selos adquiridos que não houver sido utilizada na importação, se ocorrer importação parcial.

Art. 52. O valor do IPI devido no desembaraço aduaneiro dos cigarros do código 2402.20.00 da TIPI será apurado da mesma forma que para o produto nacional, tomando-se por base a classe de enquadramento divulgada pela Secretaria da Receita Federal.

- *Caput* com a redação dada pela Lei nº 10.637, de 30-12-2002.

Parágrafo único. Os produtos de que trata este artigo estão sujeitos ao imposto apenas por ocasião do desembaraço aduaneiro.

Art. 53. O importador de cigarros sujeita-se, na condição de contribuinte e de contribuinte substituto dos comerciantes varejistas, ao pagamento das contribuições para o PIS/PASEP e para o financiamento da Seguridade Social – COFINS, calculadas segundo as mesmas normas aplicáveis aos fabricantes de cigarros nacionais.

Art. 54. O pagamento das contribuições a que se refere o artigo anterior deverá ser efetuado na data do registro da Declaração de Importação no Sistema Integrado de Comércio Exterior – SISCOMEX.

Art. 55. Ficam reduzidos à metade os percentuais relacionados nos incisos I, II, III e V do artigo 1º da Lei nº 9.440, de 14 de março de 1997, e nos incisos I, II e III do artigo 1º da Lei nº 9.449, de 14 de março de 1997.

Art. 56. O inciso IV do artigo 1º da Lei nº 9.440, de 1997, passa a vigorar com a seguinte redação:

- Alteração inserida no texto da referida Lei.

Art. 57. A apresentação de declaração de bagagem falsa ou inexata sujeita o viajante a multa correspondente a cinquenta por cento do valor excedente ao limite de isenção, sem prejuízo do imposto devido.

Art. 58. A pessoa física ou jurídica que alienar, à empresa que exercer as atividades relacionadas na alínea *d* do inciso III do § 1º do artigo 15 da Lei nº 9.249, de 1995 (*factoring*), direitos creditórios resultantes de vendas a prazo, sujeita-se à incidência do imposto sobre operações de crédito, câmbio e seguro ou relativas a títulos e valores mobiliários – IOF às mesmas alíquotas aplicáveis às operações de financiamento e empréstimo praticadas pelas instituições financeiras.

§ 1º O responsável pela cobrança e recolhimento do IOF de que trata este artigo é a empresa de *factoring* adquirente do direito creditório.

§ 2º O imposto cobrado na hipótese deste artigo deverá ser recolhido até o terceiro dia útil da semana subsequente à da ocorrência do fato gerador.

Art. 59. A redução do IOF de que trata o inciso V do artigo 4º da Lei nº 8.661, de 1993, passará a ser de vinte e cinco por cento.

Art. 60. O valor dos lucros distribuídos disfarçadamente, de que tratam os artigos 60 a 62 do Decreto-Lei nº 1.598, de 1977, com as alterações do artigo 20 do Decreto-Lei nº 2.065, de 26 de outubro de 1983, serão, também, adicionados ao lucro líquido para efeito de determinação da base de cálculo da contribuição social sobre o lucro líquido.

Art. 61. As empresas que exercem a atividade de venda ou revenda de bens a varejo e as empresas prestadoras de serviços estão obrigadas ao uso de equipamento Emissor de Cupom Fiscal – ECF.

§ 1º Para efeito de comprovação de custos e despesas operacionais, no âmbito da legislação do imposto de renda e da contribuição social sobre o lucro líquido, os documentos emitidos pelo ECF devem conter, em relação à pessoa física ou jurídica compradora, no mínimo:

a) a sua identificação, mediante a indicação do número de inscrição no Cadastro de Pessoas Físicas – CPF, se pessoa física, ou no Cadastro Geral de Contribuintes – CGC, se pessoa jurídica, ambos do Ministério da Fazenda;

b) a descrição dos bens ou serviços objeto da operação, ainda que resumida ou por códigos;

c) a data e o valor da operação.

§ 2º Qualquer outro meio de emissão de nota fiscal, inclusive o manual, somente poderá ser utilizado com autorização específica da unidade da Secretaria de Estado da Fazenda com jurisdição sobre o domicílio fiscal da empresa interessada.

Art. 62. A utilização, no recinto de atendimento ao público, de equipamento que possibilite o registro ou o processamento de dados relativos a operações com mercadorias ou com a prestação de serviços somente será admitida quando estiver autorizada, pela unidade da Secretaria de Estado da Fazenda, com jurisdição sobre o domicílio fiscal da empresa, a integrar o ECF.

Parágrafo único. O equipamento em uso, sem a autorização a que se refere o *caput* deste artigo ou que não satisfaça os requisitos deste artigo, poderá ser apreendido pela Secretaria da Receita Federal do Brasil ou pela Secretaria de Fazenda da Unidade Federada e utilizado como prova de qualquer infração à legislação tributária, decorrente de seu uso.

- Parágrafo único com a redação dada pela Lei nº 11.941, de 27-5-2009.
- A Lei nº 11.941, de 27-5-2009, ao converter a MP nº 449, de 3-12-2008, não manteve o acréscimo dos §§ 2º e 3º.

Art. 63. O disposto nos artigos 61 e 62 observará convênio a ser celebrado entre a União, representada pela Secretaria da Receita Federal, e as Unidades Federadas, representadas no Conselho de Política Fazendária – CONFAZ pelas respectivas Secretarias de Fazenda.

Art. 64. A autoridade fiscal competente procederá ao arrolamento de bens e direitos do sujeito passivo sempre que o valor dos créditos tributários de sua responsabilidade for superior a trinta por cento do seu patrimônio conhecido.

§ 1º Se o crédito tributário for formalizado contra pessoa física, no arrolamento devem ser identificados, inclusive, os bens e direitos em nome do cônjuge, não gravados com a cláusula de incomunicabilidade.

- § 1º com a redação dada pela Lei nº 11.941, de 27-5-2009.
- A Lei nº 11.941, de 27-5-2009, ao converter a MP nº 449, de 3-12-2008, não manteve o acréscimo dos incisos I e II.

§ 2º Na falta de outros elementos indicativos, considera-se patrimônio conhecido, o valor constante da última declaração de rendimentos apresentada.

§ 3º A partir da data da notificação do ato de arrolamento, mediante entrega de cópia do respectivo termo, o proprietário dos bens e direitos arrolados, ao transferi-los, aliená-los ou onerá-los, deve comunicar o fato à unidade do órgão fazendário que jurisdiciona o domicílio tributário do sujeito passivo.

§ 4º A alienação, oneração ou transferência, a qualquer título, dos bens e direitos arrolados, sem o cumprimento da formalidade prevista no parágrafo anterior, autoriza o requerimento de medida cautelar fiscal contra o sujeito passivo.

§ 5º O termo de arrolamento de que trata este artigo será registrado independentemente de pagamento de custas ou emolumentos:

I – no competente registro imobiliário, relativamente aos bens imóveis;

II – nos órgãos ou entidades, onde, por força de lei, os bens móveis ou direitos sejam registrados ou controlados;

III – no Cartório de Títulos e Documentos e Registros Especiais do domicílio tributário do sujeito passivo, relativamente aos demais bens e direitos.

§ 6º As certidões de regularidade fiscal expedidas deverão conter informações quanto à existência de arrolamento.

§ 7º O disposto neste artigo só se aplica a soma de créditos de valor superior a R$ 500.000,00 (quinhentos mil reais).

§ 8º Liquidado, antes do seu encaminhamento para inscrição em Dívida Ativa, o crédito tributário que tenha motivado o arrolamento, a autoridade competente da Secretaria da Receita Federal comunicará o fato ao registro imobiliário, cartório, órgão ou entidade competente de registro e controle, em que o termo de arrolamento tenha sido registrado, nos termos do § 5º, para que sejam anulados os efeitos do arrolamento.

§ 9º Liquidado ou garantido, nos termos da Lei nº 6.830, de 22 de setembro de 1980, o crédito tributário que tenha motivado o arrolamento, após seu encaminhamento para inscrição em Dívida Ativa, a comunicação de que trata o parágrafo anterior será feita pela autoridade competente da Procuradoria da Fazenda Nacional.

§ 10. Fica o Poder Executivo autorizado a aumentar ou restabelecer o limite de que trata o § 7º deste artigo.

- § 10 com a redação dada pela Lei nº 11.941, de 27-5-2009.

§ 11. Os órgãos de registro público onde os bens e direitos foram arrolados possuem o prazo de 30 (trinta) dias para liberá-los, contados a partir do protocolo de cópia do documento comprobatório da comunicação aos órgãos fazendários, referido no § 3º deste artigo.

- § 11 acrescido pela Lei nº 12.973, de 13-5-2014.

§ 12. A autoridade fiscal competente poderá, a requerimento do sujeito passivo, substituir bem ou direito arrolado por outro que seja de valor igual ou superior, desde que respeitada a ordem de prioridade de bens a serem arrolados definida pela Secretaria da Receita Federal do Brasil, e seja realizada a avaliação do bem arrolado e do bem a ser substituído nos termos do § 2º do art. 64-A.

- § 12 acrescido pela Lei nº 13.043, de 13-11-2014.

§ 13. No caso de fundações que prevejam em seu estatuto social que a alienação de imóveis depende de autorização do Ministério Público, serão contabilizados no limite de que trata o *caput* deste artigo apenas os créditos tributários inscritos em dívida ativa.

- § 13 acrescido pela LC nº 187, de 16-12-2021.

Art. 64-A. O arrolamento de que trata o artigo 64 recairá sobre bens e direitos suscetíveis de registro público, com prioridade aos imóveis, e em valor suficiente para cobrir o montante do crédito tributário de responsabilidade do sujeito passivo.

- *Caput* do art. 64-A acrescido pela MP nº 2.158-35, 24-8-2001.

§ 1º O arrolamento somente poderá alcançar outros bens e direitos para fins de complementar o valor referido no *caput*.

- Parágrafo único transformado em § 1º pela Lei nº 12.973, de 13-5-2014.

LEG. COMPLEMENTAR

§ 2º Fica a critério do sujeito passivo, a expensas dele, requerer, anualmente, aos órgãos de registro público onde os bens e direitos estiverem arrolados, por petição fundamentada, avaliação dos referidos ativos, por perito indicado pelo próprio órgão de registro, a identificar o valor justo dos bens e direitos arrolados e evitar, deste modo, excesso de garantia.

- § 2º acrescido pela Lei nº 12.973, de 13-5-2014.

Art. 65. Os artigos 1º e 2º da Lei nº 8.397, de 6 de janeiro de 1992, passam a vigorar com as seguintes alterações:

- Alterações inseridas no texto da referida Lei.

Art. 66. O órgão competente do Ministério da Fazenda poderá intervir em instrumento ou negócio jurídico que depender de prova de inexistência de débito, para autorizar sua lavratura ou realização, desde que o débito seja pago por ocasião da lavratura do instrumento ou realização do negócio, ou seja oferecida garantia real suficiente, na forma estabelecida em ato do Ministro de Estado da Fazenda.

Art. 67. O Decreto nº 70.235, de 6 de março de 1972, que, por delegação do Decreto-Lei nº 822, de 5 de setembro de 1969, regula o processo administrativo de determinação e exigência de créditos tributários da União, passa a vigorar com as seguintes alterações:

- Alterações inseridas no texto do referido Decreto.

Art. 68. Os processos em que estiverem presentes as circunstâncias de que trata o artigo 27 do Decreto nº 70.235, de 1972, terão prioridade de tratamento, na forma estabelecida em ato do Ministro de Estado da Fazenda, na cobrança administrativa, no encaminhamento para inscrição em Dívida Ativa, na efetivação da inscrição e no ajuizamento das respectivas execuções fiscais.

Art. 69. As sociedades cooperativas de consumo, que tenham por objeto a compra e fornecimento de bens aos consumidores, sujeitam-se às mesmas normas de incidência dos impostos e contribuições de competência da União, aplicáveis às demais pessoas jurídicas.

Art. 70. Os dispositivos abaixo enumerados, da Lei nº 9.430, de 1996, passam a vigorar com a seguinte redação:

I – o § 2º do artigo 44:

- Alterações inseridas no texto da referida Lei.

II – o artigo 47:

- Alterações inseridas no texto da referida Lei.

Art. 71. O disposto no artigo 15 do Decreto-Lei nº 1.510, de 27 de dezembro de 1976, aplica-se, também, nas hipóteses de aquisições de imóveis por pessoas jurídicas.

Art. 72. O § 1º do artigo 15 do Decreto-Lei nº 1.510, de 1976, passa a vigorar com a seguinte redação:

"§ 1º A comunicação deve ser efetuada em meio magnético aprovado pela Secretaria da Receita Federal."

Art. 73. O termo inicial para cálculo dos juros de que trata o § 4º do artigo 39 da Lei nº 9.250, de 1995, é o mês subsequente ao do pagamento indevido ou a maior que o devido.

Art. 74. O artigo 6º do Decreto-Lei nº 1.437, de 17 de dezembro de 1975, passa a vigorar com a seguinte alteração:

"Art. 6º ....

Parágrafo único. O FUNDAF destinar-se-á, também, a fornecer recursos para custear:

a) o funcionamento dos Conselhos de Contribuintes e da Câmara Superior de Recursos Fiscais do Ministério da Fazenda, inclusive o pagamento de despesas com diárias e passagens referentes aos deslocamentos de Conselheiros e da gratificação de presença de que trata o parágrafo único do artigo 1º da Lei nº 5.708, de 4 de outubro de 1971;

b) projetos e atividades de interesse ou a cargo da Secretaria da Receita Federal, inclusive quando desenvolvidos por pessoa jurídica de direito público interno, organismo internacional ou administração fiscal estrangeira."

Art. 75. *Revogado*. Lei nº 10.833, de 29-12-2003.

Art. 76. O disposto nos artigos 43, 55 e 56 não se aplica a projetos aprovados ou protocolizados no órgão competente para a sua apreciação, até 14 de novembro de 1997.

§ 1º O disposto no artigo 55 não se aplica a projetos de empresas a que se refere o artigo 1º, § 1º, alínea *h*, da Lei nº 9.449, de 14 de março de 1997, cuja produção seja destinada totalmente à exportação até 31 de dezembro de 2002.

§ 2º A empresa que usar do benefício previsto no parágrafo anterior e deixar de exportar a totalidade de sua produção no prazo ali estabelecido estará sujeita à multa de setenta por cento aplicada sobre o valor FOB do total das importações realizadas nos termos dos incisos I e II do artigo 1º da Lei nº 9.449, de 1997.

- §§ 1º e 2º acrescidos pela Lei nº 10.184, de 12-2-2001.

Art. 77. A aprovação de novos projetos, inclusive de expansão, beneficiados com qualquer dos incentivos fiscais a que se referem o Decreto-Lei nº 288, de 28 de fevereiro de 1967, com as posteriores alterações, o Decreto-Lei nº 356, de 15 de agosto de 1968, o Decreto-Lei nº 1.435, de 16 de dezembro de 1975, e a Lei nº 8.387, de 30 de dezembro de 1991, fica condicionada à vigência de:

I – lei complementar que institua contribuição social de intervenção no domínio econômico, incidente sobre produtos importados do exterior pelos respectivos estabelecimentos beneficiados; e

II – lei específica, que disponha sobre critérios de aprovação de novos projetos, visando aos seguintes objetivos:

a) estímulo à produção de bens que utilizem, predominantemente, matérias-primas produzidas na Amazônia Ocidental;

b) prioridade à produção de partes, peças, componentes e matérias-primas, necessários para aumentar a integração da cadeia produtiva dos bens finais fabricados na Zona Franca de Manaus;

c) maior integração com o parque produtivo instalado em outros pontos do território nacional;

d) capacidade de inserção internacional do parque produtivo;

e) maior geração de emprego por unidade de renúncia fiscal estimada;

f) elevação dos níveis mínimos de agregação dos produtos oriundos de estabelecimentos localizados na Zona Franca de Manaus ou da Amazônia Ocidental.

§ 1º O disposto no *caput* deste artigo deixará de produzir efeitos se o Poder Executivo não encaminhar ao Congresso Nacional, até 15 de março de 1998, os projetos de lei de que trata este artigo.

§ 2º Ficam extintos, a partir de 1º de janeiro de 2024, os benefícios fiscais a que se referem os dispositivos legais mencionados no *caput* deste artigo.

- § 2º com a redação dada pela Lei nº 12.859, de 10-9-2013.

Art. 78. As obras fonográficas sujeitar-se-ão a selos e sinais de controle, sem ônus para o consumidor, com o fim de identificar a legítima origem e reprimir a produção e importação ilegais e a comercialização de contrafações, sob qualquer pretexto, observado para esse efeito o disposto em regulamento.

Art. 79. Os ganhos de capital na alienação de participações acionárias de propriedade de sociedades criadas pelos Estados, Municípios ou Distrito Federal, com o propósito específico de contribuir para o saneamento das finanças dos respectivos controladores, no âmbito de Programas de Privatização, ficam isentos do imposto sobre renda e proventos de qualquer natureza.

Parágrafo único. A isenção de que trata este artigo fica condicionada à aplicação exclusiva do produto da alienação das participações acionárias no pagamento de dívidas dos Estados, Municípios ou Distrito Federal.

Art. 80. Aos atos praticados com base na Medida Provisória nº 1.602, de 14 de novembro de 1997, e aos fatos jurídicos dela decorrentes, aplicam-se as disposições nela contidas.

Art. 81. Esta Lei entra em vigor na data de sua publicação, produzindo efeitos:

I – nessa data, em relação aos artigos 9º, 37 a 42, 44 a 54, 64 a 68, 74 e 75;

II – a partir de 1º de janeiro de 1998, em relação aos demais dispositivos dela constantes.

Art. 82. Ficam revogados:

I – a partir da data de publicação desta Lei:

a) os seguintes dispositivos da Lei nº 4.502, de 1964:

1. o inciso IV acrescentado ao artigo 4º pelo Decreto-Lei nº 1.199, de 27 de dezembro de 1971, artigo 5º, alteração 1ª;
2. os incisos X, XIV e XX do artigo 7º;
3. os incisos XI, XIII, XXI, XXII, XXV, XXVII, XXIX, XXX, XXXI, XXXII, XXXIII, XXXIV e XXXV do artigo 7º, com as alterações do Decreto-Lei nº 34, de 1966, artigo 2º, alteração 3ª;
4. o parágrafo único do artigo 15, acrescentado pelo artigo 2º, alteração 6ª, do Decreto-Lei nº 34, de 1966;
5. o § 3º do artigo 83, acrescentado pelo artigo 1º, alteração 3ª, do Decreto-Lei nº 400, de 1968;
6. o § 2º do artigo 84, renumerado pelo artigo 2º, alteração 24ª, do Decreto-Lei nº 34, de 1966;

b) o artigo 58 da Lei nº 5.227, de 18 de janeiro de 1967;

c) o artigo 1º do Decreto-Lei nº 1.276, de 1º de junho de 1973;

d) o § 1º do artigo 18 da Lei nº 6.099, de 12 de setembro de 1974;

e) o artigo 7º do Decreto-Lei nº 1.455, de 7 de abril de 1976;

f) o Decreto-Lei nº 1.568, de 2 de agosto de 1977;

g) os incisos IV e V do artigo 4º, o artigo 5º, o artigo 10 e os incisos II, III, VI e VIII do artigo 19, todos do Decreto-Lei nº 1.593, de 21 de dezembro de 1977;

h) o Decreto-Lei nº 1.622, de 18 de abril de 1978;

i) o artigo 2º da Lei nº 8.393, de 30 de dezembro de 1991;

j) o inciso VII do artigo 1º da Lei nº 8.402, de 1992;

l) o artigo 4º da Lei nº 8.541, de 23 de dezembro de 1992;

m) os artigos 3º e 4º da Lei nº 8.846, de 21 de janeiro de 1994;

n) o artigo 39 da Lei nº 9.430, de 1996;

II – a partir de 1º de janeiro de 1998:

a) o artigo 28 do Decreto-Lei nº 5.844, de 23 de setembro de 1943;

b) o artigo 30 da Lei nº 4.506, de 30 de novembro de 1964;

c) o § 1º do artigo 260, da Lei nº 8.069, de 13 de julho de 1990;

d) os §§ 1º a 4º do artigo 40 da Lei nº 8.672, de 6 de julho de 1993;

e) o artigo 10 da Lei nº 9.477, de 1997;

f) o artigo 3º da Lei nº 7.418, de 16 de dezembro de 1985, renumerado pelo artigo 1º da Lei nº 7.619, de 30 de setembro de 1987.

• Alínea *f* com a redação dada pela MP nº 2.189-49, de 23-8-2001, que até o encerramento desta edição não havia sido convertida em Lei.

Brasília, 10 de dezembro de 1997;
176º da Independência e
109º da República.

Fernando Henrique Cardoso

LEI Nº 9.539, DE 12 DE DEZEMBRO DE 1997

Dispõe sobre a Contribuição Provisória sobre Movimentação ou Transmissão de Valores e de Créditos e Direitos de Natureza Financeira – CPMF.

• Publicada no *DOU* de 15-12-1997.

Art. 1º Observadas as disposições da Lei nº 9.311, de 24 de outubro de 1996, a Contribuição Provisória sobre Movimentação ou Transmissão de Valores e de Créditos e Direitos de Natureza Financeira – CPMF incidirá sobre os fatos geradores ocorridos no prazo de vinte e quatro meses, contado a partir de 23 de janeiro de 1997.

Art. 2º Ficam incluídos entre as entidades relacionados no inciso III do art. 8º da Lei nº 9.311, de 24 de outubro de 1996, os fundos de investimentos instituídos pela Lei nº 9.477, de 24 de julho de 1997.

Art. 3º Esta Lei entra em vigor na data de sua publicação.

Brasília, 12 de dezembro de 1997;
176º da Independência e
109º da República.

Fernando Henrique Cardoso

LEI COMPLEMENTAR Nº 91, DE 22 DE DEZEMBRO DE 1997

Dispõe sobre a fixação dos coeficientes do Fundo de Participação dos Municípios.

• Publicada no *DOU* de 23-12-1997 e retificada no *DOU* de 24-12-1997.

Art. 1º Fica atribuído aos Municípios, exceto os de Capital, coeficiente individual no Fundo de Participação dos Municípios – FPM, segundo seu número de habitantes, conforme estabelecido no § 2º do art. 91 da Lei nº 5.172, de 25 de outubro de 1966, com a redação dada pelo Decreto-lei nº 1.881, de 27 de agosto de 1981.

§ 1º Para os efeitos deste artigo, consideram-se os Municípios regularmente instalados, fazendo-se a revisão de suas quotas anualmente, com base nos dados oficiais de população produzidos pela Fundação Instituto Brasileiro de Geografia e Estatística – IBGE, nos termos do § 2º do art. 102 da Lei nº 8.443, de 16 de julho de 1992.

§ 2º Ficam mantidos, a partir do exercício de 1998, os coeficientes do Fundo de Participação dos Municípios – FPM atribuídos em 1997 aos Municípios que apresentarem redução de seus coeficientes pela aplicação do disposto no *caput* deste artigo.

Art. 2º A partir de 1º de janeiro de 1999, os ganhos adicionais em cada exercício, decorrentes do disposto no § 2º do art. 1º desta Lei Complementar, terão aplicação de redutor financeiro para redistribuição automática aos demais participantes do Fundo de Participação dos Municípios – FPM, na forma do que dispõe o § 2º do art. 91 da Lei nº 5.172, de 25 de outubro de 1966, com a redação dada pelo Decreto-lei nº 1.881, de 27 de agosto de 1981.

§ 1º O redutor financeiro a que se refere o *caput* deste artigo será de:

I – vinte por cento no exercício de 1999;

II – quarenta por cento no exercício de 2000;

III – trinta pontos percentuais no exercício financeiro de 2001;

IV – quarenta pontos percentuais no exercício financeiro de 2002;

• Incisos III e IV com a redação dada pela LC nº 106, de 23-3-2001.

V – cinquenta pontos percentuais no exercício financeiro de 2003;

VI – sessenta pontos percentuais no exercício financeiro de 2004;

VII – setenta pontos percentuais no exercício financeiro de 2005;

VIII – oitenta pontos percentuais no exercício financeiro de 2006;

IX – noventa pontos percentuais no exercício financeiro de 2007.

• Incisos V a IX acrescidos pela LC nº 106, de 23-3-2001.

§ 2º A partir de 1º de janeiro de 2008, os Municípios a que se refere o § 2º do art. 1º desta Lei Complementar terão seus coeficientes individuais no Fundo de Participação dos Municípios – FPM fixados em conformidade com o que dispõe o *caput* do art. 1º.

• § 2º com a redação dada pela LC nº 106, de 23-3-2001.

§ 3º A partir de 1º de janeiro de 2019, até que sejam atualizados com base em novo censo demográfico, ficam mantidos, em relação aos Municípios que apresentem redução de seus coeficientes decorrente de estimativa anual do IBGE, os coeficientes de distribuição do FPM utilizados no exercício de 2018.

• § 3º acrescido pela LC nº 165, de 3-1-2019.

Art. 3º Os Municípios que se enquadrarem no coeficiente três inteiros e oito décimos passam, a partir de 1º de janeiro de 1999, a participar da Reserva do Fundo de Participação dos Municípios – FPM, prevista no art. 2º do Decreto-lei nº 1.881, de 27 de agosto de 1981.

§ 1º Aos Municípios que se enquadrarem nos coeficientes três inteiros e oito décimo e quatro no Fundo de Participação dos Municípios – FPM será atribuído coeficiente de participação conforme estabelecido no parágrafo único do art. 3º do Decreto-lei nº 1.881, de 27 de agosto de 1981.

§ 2º aplica-se aos Municípios participantes da Reserva de que trata o *caput* deste artigo o disposto no § 2º do art. 1º e no art. 2º desta Lei Complementar.

Art. 4º Aos Municípios das Capitais dos Estados, inclusive a Capital Federal, será atribuído coeficiente individual de participação conforme estabelecido no § 1º do art. 91 da Lei nº 5.172, de 25 de outubro de 1966.

Parágrafo único. Aplica-se aos Municípios de que trata o *caput* o disposto no § 2º do art. 1º e no art. 2º desta Lei Complementar.

Art. 5º Compete à Fundação Instituto Brasileiro de Geografia e Estatística – IBGE apurar a renda *per capita* para os efeitos desta Lei Complementar.

Art. 6º Esta Lei Complementar entra em vigor na data de sua publicação, produzindo efeitos a partir de 1º de janeiro de 1998.

Art. 7º Revogam-se disposições em contrário, em especial a Lei Complementar nº 71, de 3 de setembro de 1992; a Lei Complementar nº 74, de 30 de abril de 1993; os §§ 4º e 5º do art. 91 da Lei nº 5.172, de 25 de outubro de 1966.

Brasília, 22 de dezembro de 1997;
176º da Independência e
109º da República.

Fernando Henrique Cardoso

LEI COMPLEMENTAR Nº 95, DE 26 DE FEVEREIRO DE 1998

Dispõe sobre a elaboração, a redação, a alteração e a consolidação das leis, conforme determina o parágrafo único do art. 59 da Constituição Federal, e estabelece normas para a consolidação dos atos normativos que menciona.

• Publicada no *DOU* de 27-2-1998.

CAPÍTULO I
DISPOSIÇÕES PRELIMINARES

○ Art. 59 da CF.

Art. 1º A elaboração, a redação, a alteração e a consolidação das leis obedecerão ao disposto nesta Lei Complementar.

Parágrafo único. As disposições desta Lei Complementar aplicam-se, ainda, às medidas provisórias e demais atos normativos referidos no art. 59 da Constituição Federal, bem como, no que couber, aos decretos e aos demais atos de regulamentação expedidos por órgãos do Poder Executivo.

Art. 2º VETADO.

§ 1º VETADO.

§ 2º Na numeração das leis serão observados, ainda, os seguintes critérios:

I – as emendas à Constituição Federal terão sua numeração iniciada a partir da promulgação da Constituição;

II – as leis complementares, as leis ordinárias e as leis delegadas terão numeração sequencial em continuidade às séries iniciadas em 1946.

CAPÍTULO II
DAS TÉCNICAS DE ELABORAÇÃO, REDAÇÃO E ALTERAÇÃO DAS LEIS

Seção I
DA ESTRUTURAÇÃO DAS LEIS

Art. 3º A lei será estruturada em três partes básicas:

I – parte preliminar, compreendendo a epígrafe, a ementa, o preâmbulo, o enunciado do objeto e a indicação do âmbito de aplicação das disposições normativas;

II – parte normativa, compreendendo o texto das normas de conteúdo substantivo relacionadas com a matéria regulada;

III – parte final, compreendendo as disposições pertinentes às medidas necessárias à implementação das normas de conteúdo substantivo, às disposições transitórias, se for o caso, a cláusula de vigência e a cláusula de revogação, quando couber.

Art. 4º A epígrafe, grafada em caracteres maiúsculos, propiciará identificação numérica singular à lei e será formada pelo título designativo da espécie normativa, pelo número respectivo e pelo ano de promulgação.

Art. 5º A ementa será grafada por meio de caracteres que a realcem e explicitará, de modo conciso e sob a forma de título, o objeto da lei.

Art. 6º O preâmbulo indicará o órgão ou instituição competente para a prática do ato e sua base legal.

Art. 7º O primeiro artigo do texto indicará o objeto da lei e o respectivo âmbito de aplicação, observados os seguintes princípios:

I – excetuadas as codificações, cada lei tratará de um único objeto;

II – a lei não conterá matéria estranha a seu objeto ou a este não vinculada por afinidade, pertinência ou conexão;

III – o âmbito de aplicação da lei será estabelecido de forma tão específica quanto o possibilite o conhecimento técnico ou científico da área respectiva;

IV – o mesmo assunto não poderá ser disciplinado por mais de uma lei, exceto quando a subsequente se destine a complementar lei considerada básica, vinculando-se a esta por remissão expressa.

Art. 8º A vigência da lei será indicada de forma expressa e de modo a contemplar prazo razoável para que dela se tenha amplo conhecimento, reservada a cláusula "entra em vigor na data de sua publicação" para as leis de pequena repercussão.

§ 1º A contagem do prazo para entrada em vigor das leis que estabeleçam período de vacância far-se-á com a inclusão da data da publicação e do último dia do prazo, entrando em vigor no dia subsequente à sua consumação integral.

§ 2º As leis que estabeleçam período de vacância deverão utilizar a cláusula "esta lei entra em vigor após decorridos (o número de) dias de sua publicação oficial".

- §§ 1º e 2º acrescidos pela LC nº 107, de 26-4-2001.

Art. 9º A cláusula de revogação deverá enumerar, expressamente, as leis ou disposições legais revogadas.

- *Caput* com a redação dada pela LC nº 107, de 26-4-2001.

Parágrafo único. VETADO. LC nº 107, de 26-4-2001.

Seção II
DA ARTICULAÇÃO E DA REDAÇÃO DAS LEIS

Art. 10. Os textos legais serão articulados com observância dos seguintes princípios:

I – a unidade básica de articulação será o artigo, indicado pela abreviatura "Art.", seguida de numeração ordinal até o nono e cardinal a partir deste;

II – os artigos desdobrar-se-ão em parágrafos ou em incisos; os parágrafos em incisos, os incisos em alíneas e as alíneas em itens;

III – os parágrafos serão representados pelo sinal gráfico "§", seguido de numeração ordinal até o nono e cardinal a partir deste, utilizando-se, quando existente apenas um, a expressão "parágrafo único" por extenso;

IV – os incisos serão representados por algarismos romanos, as alíneas por letras minúsculas e os itens por algarismos arábicos;

V – o agrupamento de artigos poderá constituir Subseções; o de Subseções, a Seção; o de Seções, o Capítulo; o de Capítulos, o Título; o de Títulos, o Livro e o de Livros, a Parte;

VI – os Capítulos, Títulos, Livros e Partes serão grafados em letras maiúsculas e identificados por algarismos romanos, podendo estas últimas desdobrar-se em Parte Geral e Parte Especial ou ser subdivididas em partes expressas em numeral ordinal, por extenso;

VII – as Subseções e Seções serão identificadas em algarismos romanos, grafadas em letras minúsculas e postas em negrito ou caracteres que as coloquem em realce;

VIII – a composição prevista no inciso V poderá também compreender agrupamentos em Disposições Preliminares, Gerais, Finais ou Transitórias, conforme necessário.

Art. 11. As disposições normativas serão redigidas com clareza, precisão e ordem lógica, observadas, para esse propósito, as seguintes normas:

I – para a obtenção de clareza:

a) usar as palavras e as expressões em seu sentido comum, salvo quando a norma versar sobre assunto técnico, hipótese em que se empregará a nomenclatura própria da área em que se esteja legislando;

b) usar frases curtas e concisas;

c) construir as orações na ordem direta, evitando preciosismo, neologismo e adjetivações dispensáveis;

d) buscar a uniformidade do tempo verbal em todo o texto das normas legais, dando preferência ao tempo presente ou ao futuro simples do presente;

e) usar os recursos de pontuação de forma judiciosa, evitando os abusos de caráter estilístico;

II – para a obtenção de precisão:

a) articular a linguagem, técnica ou comum, de modo a ensejar perfeita compreensão do objetivo da lei e a permitir que seu texto evidencie com clareza o conteúdo e o alcance que o legislador pretende dar à norma;

b) expressar a ideia, quando repetida no texto, por meio das mesmas palavras, evitando o emprego de sinonímia com propósito meramente estilístico;

c) evitar o emprego de expressão ou palavra que confira duplo sentido ao texto;

d) escolher termos que tenham o mesmo sentido e significado na maior parte do território nacional, evitando o uso de expressões locais ou regionais;

e) usar apenas siglas consagradas pelo uso, observado o princípio de que a primeira referência no texto seja acompanhada de explicitação de seu significado;

f) grafar por extenso quaisquer referências a números e percentuais, exceto data, número de lei e nos casos em que houver prejuízo para a compreensão do texto;

- Alínea *f* com a redação dada pela LC nº 107, de 26-4-2001.

g) indicar, expressamente o dispositivo objeto de remissão, em vez de usar as expressões "anterior", "seguinte" ou equivalentes;

- Alínea *g* acrescida pela LC nº 107, de 26-4-2001.

III – para a obtenção de ordem lógica:

a) reunir sob as categorias de agregação – subseção, seção, capítulo, título e livro – apenas as disposições relacionadas com o objeto da lei;

b) restringir o conteúdo de cada artigo da lei a um único assunto ou princípio;

c) expressar por meio dos parágrafos os aspectos complementares à norma enunciada no *caput* do artigo e as exceções à regra por este estabelecida;

d) promover as discriminações e enumerações por meio dos incisos, alíneas e itens.

Seção III

DA ALTERAÇÃO DAS LEIS

Art. 12. A alteração da lei será feita:

I – mediante reprodução integral em novo texto, quando se tratar de alteração considerável;

II – mediante revogação parcial;

• Inciso II com a redação dada pela LC nº 107, de 26-4-2001.

III – nos demais casos, por meio de substituição, no próprio texto, do dispositivo alterado, ou acréscimo de dispositivo novo, observadas as seguintes regras:

a) *Revogado.* LC nº 107, de 26-4-2001;

b) é vedada, mesmo quando recomendável, qualquer renumeração de artigos e de unidades superiores ao artigo, referidas no inciso V do art. 10, devendo ser utilizado o mesmo número do artigo ou unidade imediatamente anterior, seguido de letras maiúsculas, em ordem alfabética, tantas quantas forem suficientes para identificar os acréscimos;

c) é vedado o aproveitamento do número de dispositivo revogado, vetado, declarado inconstitucional pelo Supremo Tribunal Federal ou de execução suspensa pelo Senado Federal em face de decisão do Supremo Tribunal Federal, devendo a lei alterada manter essa indicação, seguida da expressão "revogado", "vetado", "declarado inconstitucional, em controle concentrado, pelo Supremo Tribunal Federal", ou "execução suspensa pelo Senado Federal, na forma do art. 52, X, da Constituição Federal";

d) é admissível a reordenação interna das unidades em que se desdobra o artigo, identificando-se o artigo assim modificado por alteração de redação, supressão ou acréscimo com as letras "NR" maiúsculas, entre parênteses, uma única vez ao seu final, obedecidas, quando for o caso, as prescrições da alínea *c*.

• Alíneas *b* a *d* com a redação dada pela LC nº 107, de 26-4-2001.

Parágrafo único. O termo "dispositivo" mencionado nesta Lei refere-se a artigos, parágrafos, incisos, alíneas ou itens.

• Parágrafo acrescido pela LC nº 107, de 26-4-2001.

CAPÍTULO III

DA CONSOLIDAÇÃO DAS LEIS E OUTROS ATOS NORMATIVOS

Seção I

DA CONSOLIDAÇÃO DAS LEIS

Art. 13. As leis federais serão reunidas em codificações e consolidações, integradas por volumes contendo matérias conexas ou afins, constituindo em seu todo a Consolidação da Legislação Federal.

§ 1º A consolidação consistirá na integração de todas as leis pertinentes a determinada matéria num único diploma legal, revogando-se formalmente as leis incorporadas à consolidação, sem modificação do alcance nem interrupção da força normativa dos dispositivos consolidados.

§ 2º Preservando-se o conteúdo normativo original dos dispositivos consolidados, poderão ser feitas as seguintes alterações nos projetos de lei de consolidação:

I – introdução de novas divisões do texto legal base;

II – diferente colocação e numeração dos artigos consolidados;

III – fusão de disposições repetitivas ou de valor normativo idêntico;

IV – atualização da denominação de órgãos e entidades da administração pública;

V – atualização de termos antiquados e modos de escrita ultrapassados;

VI – atualização do valor de penas pecuniárias, com base em indexação padrão;

VII – eliminação de ambiguidades decorrentes do mau uso do vernáculo;

VIII – homogeneização terminológica do texto;

IX – supressão de dispositivos declarados inconstitucionais pelo Supremo Tribunal Federal, observada, no que couber, a suspensão pelo Senado Federal de execução de dispositivos, na forma do art. 52, X, da Constituição Federal;

X – indicação de dispositivos não recepcionados pela Constituição Federal;

XI – declaração expressa de revogação de dispositivos implicitamente revogados por leis posteriores.

§ 3º As providências a que se referem os incisos IX, X e XI do § 2º deverão ser expressa e fundadamente justificadas, com indicação precisa das fontes de informação que lhes serviram de base.

• Art. 13 com a redação dada pela LC nº 107, de 26-4-2001.

Art. 14. Para a consolidação de que trata o art. 13 serão observados os seguintes procedimentos:

• *Caput* com a redação dada pela LC nº 107, de 26-4-2001.

I – O Poder Executivo ou o Poder Legislativo procederá ao levantamento da legislação federal em vigor e formulará projeto de lei de consolidação de normas que tratem da mesma matéria ou de assuntos a ela vinculados, com a indicação precisa dos diplomas legais expressa ou implicitamente revogados;

II – a apreciação dos projetos de lei de consolidação pelo Poder Legislativo será feita na forma do Regimento Interno de cada uma de suas Casas, em procedimento simplificado, visando a dar celeridade aos trabalhos;

• Incisos I e II com a redação dada pela LC nº 107, de 26-4-2001.

III – *Revogado.* LC nº 107, de 26-4-2001.

§ 1º Não serão objeto de consolidação as medidas provisórias ainda não convertidas em lei.

§ 2º A Mesa Diretora do Congresso Nacional, de qualquer de suas Casas e qualquer membro ou Comissão da Câmara dos Deputados, do Senado Federal ou do Congresso Nacional poderá formular projeto de lei de consolidação.

§ 3º Observado o disposto no inciso II do caput, será também admitido projeto de lei de consolidação destinado exclusivamente à:

I – declaração de revogação de leis e dispositivos implicitamente revogados ou cuja eficácia ou validade encontre-se completamente prejudicada;

II – inclusão de dispositivos ou diplomas esparsos em leis preexistentes, revogando-se as disposições assim consolidadas nos mesmos termos do § 1º do art. 13.

• §§ 1º a 3º com a redação dada pela LC nº 107, de 26-4-2001.

§ 4º VETADO. LC nº 107, de 26-4-2001.

Art. 15. Na primeira sessão legislativa de cada legislatura, a Mesa do Congresso Nacional promoverá a atualização da Consolidação das Leis Federais Brasileiras, incorporando às coletâneas que a integram as emendas constitucionais, leis, decretos legislativos e resoluções promulgadas durante a legislatura imediatamente anterior, ordenados e indexados sistematicamente.

Seção II

DA CONSOLIDAÇÃO DE OUTROS ATOS NORMATIVOS

Art. 16. Os órgãos diretamente subordinados à Presidência da República e os Ministérios, assim como as entidades da administração indireta, adotarão, em prazo estabelecido em decreto, as providências necessárias para, observado, no que couber, o procedimento a que se refere o art. 14, ser efetuada a triagem, o exame e a consolidação dos decretos de conteúdo normativo e geral e demais atos normativos inferiores em vigor, vinculados às respectivas áreas de competência, remetendo os textos consolidados à Presidência da República, que os examinará e reunirá em coletâneas, para posterior publicação.

Art. 17. O Poder Executivo, até cento e oitenta dias do início do primeiro ano do mandato presidencial, promoverá a atualização das coletâneas a que se refere o artigo anterior, incorporando aos textos que as integram os decretos e atos de conteúdo normativo e geral editados no último quadriênio.

CAPÍTULO IV

DISPOSIÇÕES FINAIS

Art. 18. Eventual inexatidão formal de norma elaborada mediante processo legislativo regular não constitui escusa válida para o seu descumprimento.

Art. 18-A. VETADO. LC nº 107, de 26-4-2001.

Art. 19. Esta Lei Complementar entra em vigor no prazo de noventa dias, a partir da data de sua publicação.

Brasília, 26 de fevereiro de 1998;
177º da Independência e
110º da República.

Fernando Henrique Cardoso

LEI Nº 9.613, DE 3 DE MARÇO DE 1998

Dispõe sobre os crimes de "lavagem" ou ocultação de bens, direitos e valores; a prevenção da utilização do sistema financeiro para os ilícitos previstos nesta Lei; cria o Conselho de Controle de Atividades Financeiras – COAF, e dá outras providências.

- Publicada no *DOU* de 4-3-1998.

CAPÍTULO I

DOS CRIMES DE "LAVAGEM" OU OCULTAÇÃO DE BENS, DIREITOS E VALORES

Art. 1º Ocultar ou dissimular a natureza, origem, localização, disposição, movimentação ou propriedade de bens, direitos ou valores provenientes, direta ou indiretamente, de infração penal.

- *Caput* com a redação dada pela Lei nº 12.683, de 9-7-2012.

I a VIII – *Revogados*. Lei nº 12.683, de 9-7-2012.

Pena – reclusão, de 3 (três) a 10 (dez) anos, e multa.

- Pena com a redação dada pela Lei nº 12.683, de 9-7-2012.

§ 1º Incorre na mesma pena quem, para ocultar ou dissimular a utilização de bens, direitos ou valores provenientes de infração penal:

- *Caput* do § 1º com a redação dada pela Lei nº 12.683, de 9-7-2012.

I – os converte em ativos lícitos;

II – os adquire, recebe, troca, negocia, dá ou recebe em garantia, guarda, tem em depósito, movimenta ou transfere;

III – importa ou exporta bens com valores não correspondentes aos verdadeiros.

§ 2º Incorre, ainda, na mesma pena quem:

- *Caput* do § 2º com a redação dada pela Lei nº 12.683, de 9-7-2012.

I – utiliza, na atividade econômica ou financeira, bens, direitos ou valores provenientes de infração penal;

- Inciso I com a redação dada pela Lei nº 12.683, de 9-7-2012.

II – participa de grupo, associação ou escritório tendo conhecimento de que sua atividade principal ou secundária é dirigida à prática de crimes previstos nesta Lei.

§ 3º A tentativa é punida nos termos do parágrafo único do artigo 14 do Código Penal.

§ 4º A pena será aumentada de um a dois terços, se os crimes definidos nesta Lei forem cometidos de forma reiterada ou por intermédio de organização criminosa.

* **Nova redação do dispositivo alterado:** "§ 4º A pena será aumentada de 1/3 (um terço) a 2/3 (dois terços) se os crimes definidos nesta Lei forem cometidos de forma reiterada, por intermédio de organização criminosa ou por meio da utilização de ativo virtual."

- § 4º com a redação dada pela Lei nº 14.478, de 21-12-2022, para vigorar após 180 dias de sua publicação.

§ 5º A pena poderá ser reduzida de um a dois terços e ser cumprida em regime aberto ou semiaberto, facultando-se ao juiz deixar de aplicá-la ou substituí-la, a qualquer tempo, por pena restritiva de direitos, se o autor, coautor ou partícipe colaborar espontaneamente com as autoridades, prestando esclarecimentos que conduzam à apuração das infrações penais, à identificação dos autores, coautores e partícipes, ou à localização dos bens, direitos ou valores objeto do crime.

- §§ 4º e 5º com a redação dada pela Lei nº 12.683, de 9-7-2012.

§ 6º Para a apuração do crime de que trata este artigo, admite-se a utilização da ação controlada e da infiltração de agentes.

- § 6º acrescido pela Lei nº 13.964, de 24-12-2019.

CAPÍTULO II

DISPOSIÇÕES PROCESSUAIS ESPECIAIS

Art. 2º O processo e julgamento dos crimes previstos nesta Lei:

I – obedecem às disposições relativas ao procedimento comum dos crimes punidos com reclusão, da competência do juiz singular;

II – independem do processo e julgamento das infrações penais antecedentes, ainda que praticados em outro país, cabendo ao juiz competente para os crimes previstos nesta Lei a decisão sobre a unidade de processo e julgamento;

- Inciso II com a redação dada pela Lei nº 12.683, de 9-7-2012.

III – são da competência da Justiça Federal:

a) quando praticados contra o sistema financeiro e a ordem econômico-financeira, ou em detrimento de bens, serviços ou interesses da União, ou de suas entidades autárquicas ou empresas públicas;

b) quando a infração penal antecedente for de competência da Justiça Federal.

- Alínea *b* com a redação dada pela Lei nº 12.683, de 9-7-2012.

§ 1º A denúncia será instruída com indícios suficientes da existência da infração penal antecedente, sendo puníveis os fatos previstos nesta Lei, ainda que desconhecido ou isento de pena o autor, ou extinta a punibilidade da infração penal antecedente.

§ 2º No processo por crime previsto nesta Lei, não se aplica o disposto no art. 366 do Decreto-Lei nº 3.689, de 3 de outubro de 1941 (Código de Processo Penal), devendo o acusado que não comparecer nem constituir advogado ser citado por edital, prosseguindo o feito até o julgamento, com a nomeação de defensor dativo.

- §§ 1º e 2º com a redação dada pela Lei nº 12.683, de 9-7-2012.

Art. 3º *Revogado.* Lei nº 12.683, de 9-7-2012.

Art. 4º O juiz, de ofício, a requerimento do Ministério Público ou mediante representação do delegado de polícia, ouvido o Ministério Público em 24 (vinte e quatro) horas, havendo indícios suficientes de infração penal, poderá decretar medidas assecuratórias de bens, direitos ou valores do investigado ou acusado, ou existentes em nome de interpostas pessoas, que sejam instrumento, produto ou proveito dos crimes previstos nesta Lei ou das infrações penais antecedentes.

§ 1º Proceder-se-á à alienação antecipada para preservação do valor dos bens sempre que estiverem sujeitos a qualquer grau de deterioração ou depreciação, ou quando houver dificuldade para sua manutenção.

§ 2º O juiz determinará a liberação total ou parcial dos bens, direitos e valores quando comprovada a licitude de sua origem, mantendo-se a constrição dos bens, direitos e valores necessários e suficientes à reparação dos danos e ao pagamento de prestações pecuniárias, multas e custas decorrentes da infração penal.

§ 3º Nenhum pedido de liberação será conhecido sem o comparecimento pessoal do acusado ou de interposta pessoa a que se refere o *caput* deste artigo, podendo o juiz determinar a prática de atos necessários à conservação de bens, direitos ou valores, sem prejuízo do disposto no § 1º.

§ 4º Poderão ser decretadas medidas assecuratórias sobre bens, direitos ou valores para reparação do dano decorrente da infração penal antecedente ou da prevista nesta Lei ou para pagamento de prestação pecuniária, multa e custas.

- Art. 4º com a redação dada pela Lei nº 12.683, de 9-7-2012.

Art. 4º-A. A alienação antecipada para preservação de valor de bens sob constrição será decretada pelo juiz, de ofício, a requerimento do Ministério Público ou por solicitação da parte interessada, mediante petição autônoma, que será autuada em apartado e cujos autos terão tramitação em separado em relação ao processo principal.

§ 1º O requerimento de alienação deverá conter a relação de todos os demais bens, com a descrição e a especificação de cada um deles, e informações sobre quem os detém e local onde se encontram.

§ 2º O juiz determinará a avaliação dos bens, nos autos apartados, e intimará o Ministério Público.

§ 3º Feita a avaliação e dirimidas eventuais divergências sobre o respectivo laudo, o juiz, por sentença, homologará o valor atribuído aos bens e determinará sejam alienados em leilão ou pregão, preferencialmente eletrônico, por valor não inferior a 75% (setenta e cinco por cento) da avaliação.

§ 4º Realizado o leilão, a quantia apurada será depositada em conta judicial remunerada, adotando-se a seguinte disciplina:

I – nos processos de competência da Justiça Federal e da Justiça do Distrito Federal:

a) os depósitos serão efetuados na Caixa Econômica Federal ou em instituição financeira pública, mediante documento adequado para essa finalidade;

b) os depósitos serão repassados pela Caixa Econômica Federal ou por outra instituição financeira pública para a Conta Única do Tesouro Nacional, independentemente de qualquer formalidade, no prazo de 24 (vinte e quatro) horas; e

c) os valores devolvidos pela Caixa Econômica Federal ou por instituição financeira pública serão debitados à Conta Única do Tesouro Nacional, em subconta de restituição;

II – nos processos de competência da Justiça dos Estados:

a) os depósitos serão efetuados em instituição financeira designada em lei, preferencialmente pública, de cada Estado ou, na sua ausência, em instituição financeira pública da União;

b) os depósitos serão repassados para a conta única de cada Estado, na forma da respectiva legislação.

§ 5º Mediante ordem da autoridade judicial, o valor do depósito, após o trânsito em julgado da sentença proferida na ação penal, será:

I – em caso de sentença condenatória, nos processos de competência da Justiça Federal e da Justiça do Distrito Federal, incorporado definitivamente ao patrimônio da União, e, nos processos de competência da Justiça Estadual, incorporado ao patrimônio do Estado respectivo;

II – em caso de sentença absolutória extintiva de punibilidade, colocado à disposição do réu pela instituição financeira, acrescido da remuneração da conta judicial.

§ 6º A instituição financeira depositária manterá controle dos valores depositados ou devolvidos.

§ 7º Serão deduzidos da quantia apurada no leilão todos os tributos e multas incidentes sobre o bem alienado, sem prejuízo de iniciativas que, no âmbito da competência de cada ente da Federação, venham a desonerar bens sob constrição judicial daqueles ônus.

§ 8º Feito o depósito a que se refere o § 4º deste artigo, os autos da alienação serão apensados aos do processo principal.

§ 9º Terão apenas efeito devolutivo os recursos interpostos contra as decisões proferidas no curso do procedimento previsto neste artigo.

§ 10. Sobrevindo o trânsito em julgado de sentença penal condenatória, o juiz decretará, em favor, conforme o caso, da União ou do Estado:

I – a perda dos valores depositados na conta remunerada e da fiança;

II – a perda dos bens não alienados antecipadamente e daqueles aos quais não foi dada destinação prévia; e

III – a perda dos bens não reclamados no prazo de 90 (noventa) dias após o trânsito em julgado da sentença condenatória, ressalvado o direito de lesado ou terceiro de boa-fé.

§ 11. Os bens a que se referem os incisos II e III do § 10 deste artigo serão adjudicados ou levados a leilão, depositando-se o saldo na conta única do respectivo ente.

§ 12. O juiz determinará ao registro público competente que emita documento de habilitação à circulação e utilização dos bens colocados sob o uso e custódia das entidades a que se refere o *caput* deste artigo.

§ 13. Os recursos decorrentes da alienação antecipada de bens, direitos e valores oriundos do crime de tráfico ilícito de drogas e que tenham sido objeto de dissimulação e ocultação nos termos desta Lei permanecem submetidos à disciplina definida em lei específica.

Art. 4º-B. A ordem de prisão de pessoas ou as medidas assecuratórias de bens, direitos ou valores poderão ser suspensas pelo juiz, ouvido o Ministério Público, quando a sua execução imediata puder comprometer as investigações.

- Arts. 4º-A e 4º-B acrescidos pela Lei nº 12.683, de 9-7-2012.

Art. 5º Quando as circunstâncias o aconselharem, o juiz, ouvido o Ministério Público, nomeará pessoa física ou jurídica qualificada para a administração dos bens, direitos ou valores sujeitos a medidas assecuratórias, mediante termo de compromisso.

- Artigo com a redação dada pela Lei nº 12.683, de 9-7-2012.

Art. 6º A pessoa responsável pela administração dos bens:

- *Caput* com a redação dada pela Lei nº 12.683, de 9-7-2012.

I – fará jus a uma remuneração, fixada pelo juiz, que será satisfeita com o produto dos bens objeto da administração;

II – prestará, por determinação judicial, informações periódicas da situação dos bens sob sua administração, bem como explicações e detalhamentos sobre investimentos e reinvestimentos realizados.

Parágrafo único. Os atos relativos à administração dos bens sujeitos a medidas assecuratórias serão levados ao conhecimento do Ministério Público, que requererá o que entender cabível.

- Parágrafo único com a redação dada pela Lei nº 12.683, de 9-7-2012.

CAPÍTULO III
DOS EFEITOS DA CONDENAÇÃO

Art. 7º São efeitos da condenação, além dos previstos no Código Penal:

- Art. 5º, XLV, da CF.

I – a perda, em favor da União – e dos Estados, nos casos de competência da Justiça Estadual –, de todos os bens, direitos e valores relacionados, direta ou indiretamente, à prática dos crimes previstos nesta Lei, inclusive aqueles utilizados para prestar a fiança, ressalvado o direito do lesado ou de terceiro de boa-fé;

- Inciso I com a redação dada pela Lei nº 12.683, de 9-7-2012.

II – a interdição do exercício de cargo ou função pública de qualquer natureza e de diretor, de membro de conselho de administração ou de gerência das pessoas jurídicas referidas no artigo 9º, pelo dobro do tempo da pena privativa de liberdade aplicada.

§ 1º A União e os Estados, no âmbito de suas competências, regulamentarão a forma de destinação dos bens, direitos e valores cuja perda houver sido declarada, assegurada, quanto aos processos de competência da Justiça Federal, a sua utilização pelos órgãos federais encarregados da prevenção, do combate, da ação penal e do julgamento dos crimes previstos nesta Lei, e, quanto aos processos de competência da Justiça Estadual, a preferência dos órgãos locais com idêntica função.

§ 2º Os instrumentos do crime sem valor econômico cuja perda em favor da União ou do Estado for decretada serão inutilizados ou doados a museu criminal ou a entidade pública, se houver interesse na sua conservação.

- §§ 1º e 2º acrescidos pela Lei nº 12.683, de 9-7-2012.

CAPÍTULO IV
DOS BENS, DIREITOS OU VALORES ORIUNDOS DE CRIMES PRATICADOS NO ESTRANGEIRO

Art. 8º O juiz determinará, na hipótese de existência de tratado ou convenção internacional e por solicitação de autoridade estrangeira competente, medidas assecuratórias sobre bens, direitos ou valores oriundos de crimes descritos no art. 1º praticados no estrangeiro.

- *Caput* com a redação dada pela Lei nº 12.683, de 9-7-2012.
- Art. 109, V, da CF.
- Art. 5º, 7º e 8º do CP.

§ 1º Aplica-se o disposto neste artigo, independentemente de tratado ou convenção internacional, quando o governo do país da autoridade solicitante prometer reciprocidade ao Brasil.

§ 2º Na falta de tratado ou convenção, os bens, direitos ou valores privados sujeitos a medidas assecuratórias por solicitação de autoridade estrangeira competente ou os recursos provenientes da sua alienação serão repartidos entre o Estado requerente e o Brasil, na proporção de metade, ressalvado o direito do lesado ou de terceiro de boa-fé.

- § 2º com a redação dada pela Lei nº 12.683, de 9-7-2012.

CAPÍTULO V
DAS PESSOAS SUJEITAS AO MECANISMO DE CONTROLE

- Denominação do Capítulo V dada pela Lei nº 12.683, de 9-7-2012.

Art. 9º Sujeitam-se às obrigações referidas nos arts. 10 e 11 as pessoas físicas e jurídicas que tenham, em caráter permanente ou eventual, como atividade principal ou acessória, cumulativamente ou não:

- *Caput* com a redação dada pela Lei nº 12.683, de 9-7-2012.

I – a captação, intermediação e aplicação de recursos financeiros de terceiros, em moeda nacional ou estrangeira;

II – a compra e venda de moeda estrangeira ou ouro como ativo financeiro ou instrumento cambial;

III – a custódia, emissão, distribuição, liquidação, negociação, intermediação ou administração de títulos ou valores mobiliários.

Parágrafo único. Sujeitam-se às mesmas obrigações:

I – as bolsas de valores, as bolsas de mercadorias ou futuros e os sistemas de negociação do mercado de balcão organizado;

- Inciso I com a redação dada pela Lei nº 12.683, de 9-7-2012.

II – as seguradoras, as corretoras de seguros e as entidades de previdência complementar ou de capitalização;

III – as administradoras de cartões de credenciamento ou cartões de crédito, bem como as administradoras de consórcios para aquisição de bens ou serviços;

IV – as administradoras ou empresas que se utilizem de cartão ou qualquer outro meio eletrônico, magnético ou equivalente, que permita a transferência de fundos;

V – as empresas de arrendamento mercantil (*leasing*), as empresas de fomento comercial (*factoring*) e as Empresas Simples de Crédito (ESC);

- Inciso V com a redação dada pela LC nº 167, de 24-4-2019.

VI – as sociedades que, mediante sorteio, método assemelhado, exploração de loterias, inclusive de apostas de quota fixa, ou outras sistemáticas de captação de apostas com pagamento de prêmios, realizem distribuição de dinheiro, de bens móveis, de bens imóveis e de outras mercadorias ou serviços, bem como concedam descontos na sua aquisição ou contratação;

- Inciso VI com a redação dada pela Lei nº 14.183, de 14-7-2021.

VII – as filiais ou representações de entes estrangeiros que exerçam no Brasil qualquer das atividades listadas neste artigo, ainda que de forma eventual;

VIII – as demais entidades cujo funcionamento dependa de autorização de órgão regulador dos mercados financeiro, de câmbio, de capitais e de seguros;

IX – as pessoas físicas ou jurídicas, nacionais ou estrangeiras, que operem no Brasil como agentes, dirigentes, procuradoras, comissionarias ou por qualquer forma representem interesses de ente estrangeiro que exerça qualquer das atividades referidas neste artigo;

X – as pessoas físicas ou jurídicas que exerçam atividades de promoção imobiliária ou compra e venda de imóveis;

- Inciso X com a redação dada pela Lei nº 12.683, de 9-7-2012.

XI – as pessoas físicas ou jurídicas que comercializem joias, pedras e metais preciosos, objetos de arte e antiguidades;

XII – as pessoas físicas ou jurídicas que comercializem bens de luxo ou de alto valor, intermedeiem a sua comercialização ou exerçam atividades que envolvam grande volume de recursos em espécie;

- Inciso XII com a redação dada pela Lei nº 12.683, de 9-7-2012.

XIII – as juntas comerciais e os registros públicos;

XIV – as pessoas físicas ou jurídicas que prestem, mesmo que eventualmente, serviços de assessoria, consultoria, contadoria, auditoria, aconselhamento ou assistência, de qualquer natureza, em operações:

a) de compra e venda de imóveis, estabelecimentos comerciais ou industriais ou participações societárias de qualquer natureza;

b) de gestão de fundos, valores mobiliários ou outros ativos;

c) de abertura ou gestão de contas bancárias, de poupança, investimento ou de valores mobiliários;

d) de criação, exploração ou gestão de sociedades de qualquer natureza, fundações, fundos fiduciários ou estruturas análogas;

e) financeiras, societárias ou imobiliárias; e

f) de alienação ou aquisição de direitos sobre contratos relacionados a atividades desportivas ou artísticas profissionais;

XV – pessoas físicas ou jurídicas que atuem na promoção, intermediação, comercialização, agenciamento ou negociação de direitos de transferência de atletas, artistas ou feiras, exposições ou eventos similares;

XVI – as empresas de transporte e guarda de valores;

XVII – as pessoas físicas ou jurídicas que comercializem bens de alto valor de origem rural ou animal ou intermedeiem a sua comercialização; e

XVIII – as dependências no exterior das entidades mencionadas neste artigo, por meio de sua matriz no Brasil, relativamente a residentes no País;

- Incisos XIII a XVIII acrescidos pela Lei nº 12.683, de 9-7-2012.

XIX – as prestadoras de serviços de ativos virtuais.

- Inciso XIX acrescido pela Lei nº 14.478, de 21-12-2022, para vigorar após 180 dias de sua publicação.

CAPÍTULO VI
DA IDENTIFICAÇÃO DOS CLIENTES E MANUTENÇÃO DE REGISTROS

Art. 10. As pessoas referidas no artigo 9º:

I – identificarão seus clientes e manterão cadastro atualizado, nos termos de instruções emanadas das autoridades competentes;

II – manterão registro de toda transação em moeda nacional ou estrangeira, títulos e valores mobiliários, títulos de crédito, metais, ou qualquer ativo passível de ser convertido em dinheiro, que ultrapassar limite fixado pela autoridade competente e nos termos de instruções por esta expedidas;

* **Nova redação do dispositivo alterado:** "II – manterão registro de toda transação em moeda nacional ou estrangeira, títulos e valores mobiliários, títulos de crédito, metais, ativos virtuais, ou qualquer ativo passível de ser convertido em dinheiro, que ultrapassar limite fixado pela autoridade competente e nos termos de instruções por esta expedidas;"

- Inciso II com a redação dada pela Lei nº 14.478, de 21-12-2022, para vigorar após 180 dias de sua publicação.

III – deverão adotar políticas, procedimentos e controles internos, compatíveis com seu porte e volume de operações, que lhes permitam atender ao disposto neste artigo e no art. 11, na forma disciplinada pelos órgãos competentes;

- Inciso III com a redação dada pela Lei nº 12.683, de 9-7-2012.

IV – deverão cadastrar-se e manter seu cadastro atualizado no órgão regulador ou fiscalizador e, na falta deste, no Conselho de Controle de Atividades Financeiras (COAF), na forma e condições por eles estabelecidas;

V – deverão atender às requisições formuladas pelo COAF na periodicidade, forma e condições por ele estabelecidas, cabendo-lhe preservar, nos termos da lei, o sigilo das informações prestadas.

- Incisos IV e V acrescidos pela Lei nº 12.683, de 9-7-2012.

§ 1º Na hipótese de o cliente constituir-se em pessoa jurídica, a identificação referida no inciso I deste artigo deverá abranger as pessoas físicas autorizadas a representá-la, bem como seus proprietários.

§ 2º Os cadastros e registros referidos nos incisos I e II deste artigo deverão ser conservados durante o período mínimo de cinco anos a partir do encerramento da conta ou da conclusão da transação, prazo este que poderá ser ampliado pela autoridade competente.

§ 3º O registro referido no inciso II deste artigo será efetuado também quando a pessoa física ou jurídica, seus entes ligados, houver realizado, em um mesmo mês-calendário, operações com uma mesma pessoa, conglomerado ou grupo que, em seu conjunto, ultrapassem o limite fixado pela autoridade competente.

Art. 10-A. O Banco Central manterá registro centralizado formando o cadastro geral de correntistas e clientes de instituições financeiras, bem como de seus procuradores.

- Artigo acrescido pela Lei nº 10.701, de 9-7-2003.

CAPÍTULO VII
DA COMUNICAÇÃO DE OPERAÇÕES FINANCEIRAS

Art. 11. As pessoas referidas no artigo 9º:

I – dispensarão especial atenção às operações que, nos termos de instruções emanadas das autoridades competentes, possam constituir-se em sérios indícios dos crimes previstos nesta Lei, ou com eles relacionar-se;

II – deverão comunicar ao COAF, abstendo-se de dar ciência de tal ato a qualquer pessoa, inclusive àquela à qual se refira a informação, no prazo de 24 (vinte e quatro) horas, a proposta ou realização:

- *Caput* do inciso II com a redação dada pela Lei nº 12.683, de 9-7-2012.

a) de todas as transações referidas no inciso II do art. 10, acompanhadas da identificação de que trata o inciso I do mencionado artigo; e

b) das operações referidas no inciso I;

- Alíneas *a* e *b* com a redação dada pela Lei nº 12.683, de 9-7-2012.

III – deverão comunicar ao órgão regulador ou fiscalizador da sua atividade ou, na sua falta, ao COAF, na periodicidade, forma e condições por eles estabelecidas, a não ocorrência de propostas, transações ou operações passíveis de serem comunicadas nos termos do inciso II.

- Inciso III acrescido pela Lei nº 12.683, de 9-7-2012.

§ 1º As autoridades competentes, nas instruções referidas no inciso I deste artigo, elaborarão relação de operações que, por suas características no que se refere às partes envolvidas, valores, forma de realização, instrumentos utilizados, ou pela falta de fundamento econômico ou legal, possam configurar a hipótese nele prevista.

§ 2º As comunicações de boa-fé, feitas na forma prevista neste artigo, não acarretarão responsabilidade civil ou administrativa.

§ 3º O COAF disponibilizará as comunicações recebidas com base no inciso II do *caput* aos respectivos órgãos responsáveis pela regulação ou fiscalização das pessoas a que se refere o art. 9º.

- § 3º com a redação dada pela Lei nº 12.683, de 9-7-2012.

Art. 11-A. As transferências internacionais e os saques em espécie deverão ser previamente comunicados à instituição financeira, nos termos, limites, prazos e condições fixados pelo Banco Central do Brasil.

- Artigo acrescido pela Lei nº 12.683, de 9-7-2012.

CAPÍTULO VIII
DA RESPONSABILIDADE ADMINISTRATIVA

Art. 12. Às pessoas referidas no artigo 9º, bem como aos administradores das pessoas jurídicas, que deixem de cumprir as obrigações previstas nos artigos 10 e 11 serão aplicadas, cumulativamente ou não, pelas autoridades competentes, as seguintes sanções:

I – advertência;

II – multa pecuniária variável não superior:

- *Caput* do inciso II com a redação dada pela Lei nº 12.683, de 9-7-2012.

a) ao dobro do valor da operação;

b) ao dobro do lucro real obtido ou que presumivelmente seria obtido pela realização da operação; ou

c) ao valor de R$ 20.000.000,00 (vinte milhões de reais);

- Alíneas *a* a *c* acrescidas pela Lei nº 12.683, de 9-7-2012.

III – inabilitação temporária, pelo prazo de até dez anos, para o exercício do cargo de administrador das pessoas jurídicas referidas no artigo 9º;

IV – cassação ou suspensão da autorização para o exercício de atividade, operação ou funcionamento.

- Inciso IV com a redação dada pela Lei nº 12.683, de 9-7-2012.

§ 1º A pena de advertência será aplicada por irregularidade no cumprimento das instruções referidas nos incisos I e II do artigo 10.

§ 2º A multa será aplicada sempre que as pessoas referidas no art. 9º, por culpa ou dolo:

- *Caput* do § 2º com a redação dada pela Lei nº 12.683, de 9-7-2012.

I – deixarem de sanar as irregularidades objeto de advertência, no prazo assinalado pela autoridade competente;

II – não cumprirem o disposto nos incisos I a IV do art. 10;

III – deixarem de atender, no prazo estabelecido, a requisição formulada nos termos do inciso V do art. 10;

- Incisos II e III com a redação dada pela Lei nº 12.683, de 9-7-2012.

IV – descumprirem a vedação ou deixarem de fazer a comunicação a que se refere o artigo 11.

§ 3º A inabilitação temporária será aplicada quando forem verificadas infrações graves quanto ao cumprimento das obrigações constantes desta Lei ou quando ocorrer reincidência especifica, devidamente caracterizada em transgressões anteriormente punidas com multa.

§ 4º A cassação da autorização será aplicada nos casos de reincidência específica de infrações anteriormente punidas com a pena prevista no inciso III do *caput* deste artigo.

Art. 12-A. Ato do Poder Executivo federal regulamentará a disciplina e o funcionamento do Cadastro Nacional de Pessoas Expostas Politicamente (CNPEP), disponibilizado pelo Portal da Transparência.

§ 1º Os órgãos e as entidades de quaisquer Poderes da União, dos Estados, do Distrito Federal e dos Municípios deverão encaminhar ao gestor CNPEP, na forma e na periodicidade definidas no regulamento de que trata o *caput* deste artigo, informações atualizadas sobre seus integrantes ou ex-integrantes classificados como pessoas expostas politicamente (PEPs) na legislação e regulação vigentes.

§ 2º As pessoas referidas no art. 9º desta Lei incluirão consulta ao CNPEP entre seus procedimentos para cumprimento das obrigações previstas nos arts. 10 e 11 desta Lei, sem prejuízo de outras diligências exigidas na forma da legislação.

§ 3º O órgão gestor do CNPEP indicará em transparência ativa, pela internet, órgãos e entidades que deixem de cumprir a obrigação prevista no § 1º deste artigo.

- Art. 12-A acrescido pela Lei nº 14.478, de 21-12-2022, para vigorar após 180 dias de sua publicação.

Art. 13. *Revogado*. Lei nº 13.974, de 7-1-2020.

CAPÍTULO IX
DO CONSELHO DE CONTROLE DE ATIVIDADES FINANCEIRAS

Art. 14. É criado, no âmbito do Ministério da Fazenda, o Conselho de Controle de Atividades Financeiras – COAF, com a finalidade de disciplinar, aplicar penas administrativas, receber, examinar e identificar as ocorrências suspeitas de atividades ilícitas previstas nesta Lei, sem prejuízo da competência de outros órgãos e entidades.

§ 1º As instruções referidas no artigo 10 destinadas às pessoas mencionadas no artigo 9º, para as quais não exista órgão próprio fiscalizador ou regulador, serão expedidas pelo COAF, competindo-lhe, para esses casos, a definição das pessoas abrangidas e a aplicação das sanções enumeradas no artigo 12.

§ 2º O COAF deverá, ainda, coordenar e propor mecanismos de cooperação e de troca de informações que viabilizem ações rápidas e eficientes no combate à ocultação ou dissimulação de bens, direitos e valores.

§ 3º O COAF poderá requerer aos órgãos da Administração Pública as informações cadastrais bancárias e financeiras de pessoas envolvidas em atividades suspeitas.

- § 3º acrescido pela Lei nº 10.701, de 9-7-2003.

Art. 15. O COAF comunicará as autoridades competentes para a instauração dos procedimentos cabíveis, quando concluir pela existência de crimes previstos nesta Lei, de fundados indícios de sua prática, ou de qualquer outro ilícito.

Arts. 16 e 17. *Revogados*. Lei nº 13.974, de 7-1-2020.

CAPÍTULO X
DISPOSIÇÕES GERAIS

Art. 17-A. Aplicam-se, subsidiariamente, as disposições do Decreto-Lei nº 3.689, de 3 de outubro de 1941 (Código de Processo Penal), no que não forem incompatíveis com esta Lei.

Art. 17-B. A autoridade policial e o Ministério Público terão acesso, exclusivamente, aos dados cadastrais do investigado que informam qualificação pessoal, filiação e endereço, independentemente de autorização judicial, mantidos pela Justiça Eleitoral, pelas empresas telefônicas, pelas instituições financeiras, pelos provedores de internet e pelas administradoras de cartão de crédito.

Art. 17-C. Os encaminhamentos das instituições financeiras e tributárias em resposta às ordens judiciais de quebra ou transferência de sigilo deverão ser, sempre que determinado, em meio informático, e apresentados em arquivos que possibilitem a migração de informações para os autos do processo sem redigitação.

Art. 17-D. Em caso de indiciamento de servidor público, este será afastado, sem prejuízo de remuneração e demais direitos previstos em lei, até que o juiz competente autorize, em decisão fundamentada, o seu retorno.

- O STF, por maioria de votos, julgou procedente o pedido formulado na ADIN nº 4.911, para declarar a inconstitucionalidade deste artigo (*DOU* de 2-12-2020).

Art. 17-E. A Secretaria da Receita Federal do Brasil conservará os dados fiscais dos contribuintes pelo prazo mínimo de 5 (cinco) anos, contado a partir do início do exercício seguinte ao da declaração de renda respectiva ou ao do pagamento do tributo.

- Arts. 17-A a 17-E acrescidos pela Lei nº 12.683, de 9-7-2012.

Art. 17-F. ***O tratamento de dados pessoais pelo COAF:***

I – será realizado de forma estritamente necessária para o atendimento às suas finalidades legais;

II – garantirá a exatidão e a atualização dos dados, respeitadas as medidas adequadas para a eliminação ou a retificação de dados inexatos;

III – não superará o período necessário para o atendimento às suas finalidades legais;

IV – considerará, na hipótese de compartilhamento, a sua realização por intermédio de comunicação formal, com garantia de sigilo, certificação do destinatário e estabelecimento de instrumentos efetivos de apuração e correção de eventuais desvios cometidos em seus procedimentos internos;

V – garantirá níveis adequados de segurança, respeitadas as medidas técnicas e administrativas para impedir acessos, destruição, perda, alteração, comunicação, compartilhamento, transferência ou difusão não autorizadas ou ilícitas;

VI – será dotado de medidas especiais de segurança quando se tratar de dados:

a) sensíveis, nos termos do disposto no inciso II do caput do art. 5º da Lei nº 13.709, de 14 de agosto de 2018; e

b) protegidos por sigilo; e

VII – não será utilizado para fins discriminatórios, ilícitos ou abusivos.

- Art. 17-F acrescido pela MP nº 1.158, de 12-1-2023, que até o encerramento desta edição não havia sido convertida em lei.

Art. 18. Esta Lei entra em vigor na data de sua publicação.

Brasília, 3 de março de 1998;
177º da Independência e
110º da República.

Fernando Henrique Cardoso

LEI Nº 9.703, DE 17 DE NOVEMBRO DE 1998

Dispõe sobre os depósitos judiciais e extrajudiciais de tributos e contribuições federais.

- Publicada no *DOU* de 18-11-1998.
- Lei nº 12.099, de 27-11-2009, dispõe sobre a transferência de depósitos judiciais e extrajudiciais de tributos e contribuições federais para a Caixa Econômica Federal; e altera a Lei nº 9.703, de 17 de novembro de 1998.

Art. 1º Os depósitos judiciais e extrajudiciais, em dinheiro, de valores referentes a tributos e contribuições federais, inclusive seus acessórios, administrados pela Secretaria da Receita Federal do Ministério da Fazenda, serão efetuados na Caixa Econômica Federal, mediante Documento de Arrecadação de Receitas Federais – DARF, específico para essa finalidade.

§ 1º O disposto neste artigo aplica-se, inclusive, aos débitos provenientes de tributos e contribuições inscritos em Dívida Ativa da União.

§ 2º Os depósitos serão repassados pela Caixa Econômica Federal para a Conta Única do Tesouro Nacional, independentemente de qualquer formalidade, no mesmo prazo fixado para recolhimento dos tributos e das contribuições federais.

§ 3º Mediante ordem da autoridade judicial ou, no caso de depósito extrajudicial, da autoridade administrativa competente, o valor do depósito, após o encerramento da lide ou do processo litigioso, será:

I – devolvido ao depositante pela Caixa Econômica Federal, no prazo máximo de vinte e quatro horas, quando a sentença lhe for favorável ou na proporção em que o for, acrescido de juros, na forma estabelecida pelo § 4º do artigo 39 da Lei nº 9.250, de 26 de dezembro 1995, e alterações posteriores; ou

II – transformado em pagamento definitivo, proporcionalmente à exigência do correspondente tributo ou contribuição, inclusive seus acessórios, quando se tratar de sentença ou decisão favorável à Fazenda Nacional.

§ 4º Os valores devolvidos pela Caixa Econômica Federal serão debitados à Conta Única do Tesouro Nacional, em subconta de restituição.

§ 5º A Caixa Econômica Federal manterá controle dos valores depositados ou devolvidos.

Art. 2º Observada a legislação própria, o disposto nesta Lei aplica-se aos depósitos judiciais e extrajudiciais referentes às contribuições administradas pelo Instituto Nacional do Seguro Social.

Art. 2º-A. Aos depósitos efetuados antes de 1º de dezembro de 1998 será aplicada a sistemática prevista nesta Lei de acordo com um cronograma fixado por ato do Ministério da Fazenda, sendo obrigatória a sua transferência à conta única do Tesouro Nacional.

- Artigo acrescido pela Lei nº 12.058, de 13-10-2009.
- Art. 4º da Lei nº 12.099, de 27-11-2009, que dispõe sobre a transferência de depósitos judiciais e extrajudiciais de tributos e contribuições federais para a Caixa Econômica Federal; e altera a Lei nº 9.703, de 17 de novembro de 1998.

§ 1º Os juros dos depósitos referidos no *caput* serão calculados à taxa originalmente devida até a data da transferência à conta única do Tesouro Nacional.

§ 2º Após a transferência à conta única do Tesouro Nacional, os juros dos depósitos referidos no *caput* serão calculados na forma estabelecida pelo § 4º do art. 39 da Lei nº 9.250, de 26 de dezembro de 1995.

- §§ 1º e 2º acrescidos pela Lei nº 12.099, de 27-11-2009.

§ 3º A inobservância da transferência obrigatória de que trata o *caput* sujeita os recursos depositados à remuneração na forma estabelecida pelo § 4º do art. 39 da Lei nº 9.250, de 26 de dezembro de 1995, desde a inobservância, e os administradores das instituições financeiras às penalidades previstas na Lei nº 4.595, de 31 de dezembro de 1964.

- Antigo parágrafo único transformado em § 3º e com a redação dada pela Lei nº 12.099, de 27-11-2009.

§ 4º VETADO. Lei nº 12.099, de 27-11-2009.

Art. 3º Os procedimentos para execução desta Lei serão disciplinados em regulamento.

Art. 4º Esta Lei entra em vigor na data de sua publicação, aplicando-se aos depósitos efetuados a partir de 1º de dezembro de 1998.

Congresso Nacional, 17 de novembro de 1998;
177º da Independência e
110º da República.

Senador Antonio Carlos Magalhães

LEI Nº 9.710, DE 19 DE NOVEMBRO DE 1998

Dispõe sobre medidas de fortalecimento do Sistema Financeiro Nacional e dá outras providências.

- Publicada no *DOU* de 21-11-1998 – edição extra.

Art. 1º O Programa de Estímulo à Reestruturação e ao Fortalecimento do Sistema Financeiro Nacional, instituído pelo Conselho Monetário Nacional com vistas a assegurar liquidez e solvência ao referido Sistema e a resguardar os interesses de depositantes e investidores, será implementado por meio de reorganizações administrativas, operacionais e societárias, previamente autorizadas pelo Banco Central do Brasil.

§ 1º O Programa de que trata o *caput* aplica-se inclusive às instituições submetidas aos regimes especiais previstos na Lei nº 6.024, de 13 de março de 1974, e no Decreto-Lei nº 2.321, de 25 de fevereiro de 1987.

§ 2º O mecanismo de proteção a titulares de créditos contra instituições financeiras, instituído pelo Conselho Monetário Nacional, é parte integrante do Programa de que trata o *caput*.

Art. 2º Na hipótese de incorporação, aplica-se às instituições participantes do Programa a que se refere o artigo anterior o seguinte tratamento tributário:

I – a instituição a ser incorporada deverá contabilizar como perdas os valores dos créditos de difícil recuperação, observadas, para esse fim, normas fixadas pelo Conselho Monetário Nacional;

II – as instituições incorporadoras poderão registrar como ágio, na aquisição do investimento, a diferença entre o valor de aquisição e o valor patrimonial da participação societária adquirida;

III – as perdas de que trata o inciso I deverão ser adicionadas ao lucro líquido da instituição a ser incorporada, para fins de determinação do lucro real e da base de cálculo da Contribuição Social sobre o Lucro Líquido;

IV – após a incorporação, o ágio a que se refere o inciso II, registrado contabilmente, poderá ser amortizado, observado o disposto no inciso seguinte;

V – para efeitos de determinação do lucro real, a soma do ágio amortizado com o valor compensado dos prejuízos fiscais de períodos-base anteriores não poderá exceder, em cada período-base, a trinta por cento do lucro líquido, ajustado pelas adições e exclusões previstas na legislação aplicável;

VI – o valor do ágio amortizado deverá ser adicionado ao lucro líquido, para efeito de determinar a base de cálculo da Contribuição Social sobre o Lucro Líquido.

§ 1º O disposto neste artigo somente se aplica às incorporações realizadas até 31 de dezembro de 1996, observada a exigência de a instituição incorporadora ser associada à entidade administradora do mecanismo de proteção a titulares de crédito, de que trata o § 2º do art. 1º.

§ 2º O Poder Executivo regulamentará o disposto neste artigo.

Art. 3º Nas reorganizações societárias ocorridas no âmbito do Programa de que trata o art. 1º não se aplica o disposto nos arts. 230, 254, 255, 256, § 2º, 264, § 3º, e 270, parágrafo único, da Lei nº 6.404, de 15 de dezembro de 1976.

Art. 4º O Fundo Garantidor de Crédito, de que tratam as Resoluções nºs 2.197, de 31 de agosto de 1995, e 2.211, de 16 de novembro de 1995, do Conselho Monetário Nacional, é isento do imposto de renda, inclusive no tocante aos ganhos líquidos mensais e à retenção na fonte sobre os rendimentos de aplicação financeira de renda fixa e de renda variável, bem como da contribuição social sobre o lucro líquido.

Art. 5º Ficam convalidados os atos praticados com base na Medida Provisória nº 1.604-37, de 24 de setembro de 1998.

Art. 6º Esta Lei entra em vigor na data de sua publicação.

Congresso Nacional, em 19 de novembro de 1998;
177º da Independência e
110º da República.

Senador Antônio Carlos Magalhães

LEI Nº 9.718, DE 27 DE NOVEMBRO DE 1998

Altera a Legislação Tributária Federal.

- Publicada no *DOU* de 28-11-1998.

Art. 1º Esta Lei aplica-se no âmbito da legislação tributária federal, relativamente às contribuições para os Programas de Integração Social e de Formação do Patrimônio do Servidor Público (PIS/PASEP) e à Contribuição para o Financiamento da Seguridade Social (COFINS), de que tratam o artigo 239 da Constituição e a Lei Complementar nº 70, de 30 de dezembro 1991, ao Imposto sobre a Renda e ao Imposto sobre Operações de Crédito, Câmbio e Seguro, ou relativos a Títulos ou Valores Mobiliários (IOF).

CAPÍTULO I
DA CONTRIBUIÇÃO PARA O PIS/PASEP E COFINS

Art. 2º As contribuições para o PIS/PASEP e a COFINS, devidas pelas pessoas jurídicas de direito privado, serão calculadas com base no seu faturamento, observadas a legislação vigente e as alterações introduzidas por esta Lei.

Art. 3º O faturamento a que se refere o art. 2º compreende a receita bruta de que trata o art. 12 do Decreto-Lei nº 1.598, de 26 de dezembro de 1977.

- *Caput* com a redação dada pela Lei nº 12.973, de 13-5-2014.

§ 1º *Revogado.* Lei nº 11.941, de 27-5-2009.

§ 2º Para fins de determinação da base de cálculo das contribuições a que se refere o artigo 2º, excluem-se da receita bruta:

I – as vendas canceladas e os descontos incondicionais concedidos;

II – as reversões de provisões e recuperações de créditos baixados como perda, que não representem ingresso de novas receitas, o resultado positivo da avaliação de investimento pelo valor do patrimônio líquido e os lucros e dividendos derivados de participações societárias, que tenham sido computados como receita bruta;

• Incisos I e II com a redação dada pela Lei nº 12.973, de 13-5-2014.

III – *Revogado*. MP nº 2.158-35, de 24-8-2001, que até o encerramento desta edição não havia sido convertida em Lei;

IV – as receitas de que trata o inciso IV do *caput* do art. 187 da Lei nº 6.404, de 15 de dezembro de 1976, decorrentes da venda de bens do ativo não circulante, classificado como investimento, imobilizado ou intangível; e

• Inciso IV com a redação dada pela Lei nº 13.043, de 13-11-2014.

V – *Revogado*; Lei nº 12.973, de 13-5-2014.

VI – a receita reconhecida pela construção, recuperação, ampliação ou melhoramento da infraestrutura, cuja contrapartida seja ativo intangível representativo de direito de exploração, no caso de contratos de concessão de serviços públicos.

• Inciso VI acrescido pela Lei nº 12.973, de 13-5-2014.

§ 3º *Revogado*. Lei nº 11.051, de 29-12-2004.

§ 4º Nas operações de câmbio, realizadas por instituição autorizada pelo Banco Central do Brasil, considera-se receita bruta a diferença positiva entre o preço de venda e o preço de compra da moeda estrangeira.

§ 5º Na hipótese das pessoas jurídicas referidas no § 1º do artigo 22 da Lei nº 8.212, de 24 de julho 1991, serão admitidas, para os efeitos da COFINS, as mesmas exclusões e deduções facultadas para fins de determinação da base de cálculo da contribuição para o PIS/PASEP.

○ Art. 10, I, da Lei nº 10.833, de 29-12-2003, que altera a legislação tributária federal.

§ 6º Na determinação da base de cálculo das contribuições para o PIS/PASEP e COFINS, as pessoas jurídicas referidas no § 1º do artigo 22 da Lei nº 8.212, de 1991, além das exclusões e deduções mencionadas no § 5º, poderão excluir ou deduzir:

• O art. 18 da Lei nº 10.684, de 30-5-2003, elevou para 4% a alíquota da COFINS devida pelas pessoas jurídicas referidas neste § 6º.

I – no caso de bancos comerciais, bancos de investimentos, bancos de desenvolvimento, caixas econômicas, sociedades de crédito, financiamento e investimento, sociedades de crédito imobiliário, sociedades corretoras, distribuidoras de títulos e valores mobiliários, empresas de arrendamento mercantil e cooperativas de crédito:

a) despesas incorridas nas operações de intermediação financeira;

b) despesas de obrigações por empréstimos, para repasse, de recursos de instituições de direito privado;

c) deságio na colocação de títulos;

d) perdas com títulos de renda fixa e variável, exceto com ações;

e) perdas com ativos financeiros e mercadorias, em operações de *hedge*;

II – no caso de empresas de seguros privados, o valor referente às indenizações correspondentes aos sinistros ocorridos, efetivamente pago, deduzido das importâncias recebidas a título de cosseguro e resseguro, salvados e outros ressarcimentos;

III – no caso de entidades de previdência privada, abertas e fechadas, os rendimentos auferidos nas aplicações financeiras destinadas ao pagamento de benefícios de aposentadoria, pensão, pecúlio e de resgates;

IV – no caso de empresas de capitalização, os rendimentos auferidos nas aplicações financeiras destinadas ao pagamento de resgate de títulos.

§ 7º As exclusões previstas nos incisos III e IV do § 6º restringem-se aos rendimentos de aplicações financeiras proporcionados pelos ativos garantidores das provisões técnicas, limitados esses ativos ao montante das referidas provisões.

• §§ 6º e 7º acrescidos pela MP nº 2.158-35, de 24-8-2001, que até o encerramento desta edição não havia sido convertida em Lei.

§ 8º Na determinação da base de cálculo da Contribuição para o PIS/PASEP e a COFINS, poderão ser deduzidas as despesas de captação de recursos incorridas pelas pessoas jurídicas que tenham por objeto a securitização de créditos.

• *Caput* do § 8º com a redação dada pela Lei nº 14.430, de 3-8-2022.

○ Art. 10, I, da Lei nº 10.833, de 29-12-2003, que altera a legislação tributária federal.

I a III – *Revogados*. Lei nº 14.430, de 3-8-2022.

§ 9º Na determinação da base de cálculo da contribuição para o PIS/PASEP e COFINS, as operadoras de planos de assistência à saúde poderão deduzir:

○ Art. 10, I, da Lei nº 10.833, de 29-12-2003, que altera a legislação tributária federal.

I – corresponsabilidades cedidas;

II – a parcela das contraprestações pecuniárias destinada à constituição de provisões técnicas;

III – o valor referente às indenizações correspondentes aos eventos ocorridos, efetivamente pago, deduzido das importâncias recebidas a título de transferência de responsabilidades.

• § 9º acrescido pela MP nº 2.158-35, de 24-8-2001, que até o encerramento desta edição não havia sido convertida em Lei.

§ 9º-A. Para efeito de interpretação, o valor referente às indenizações correspondentes aos eventos ocorridos de que trata o inciso III do § 9º entende-se o total dos custos assistenciais decorrentes da utilização pelos beneficiários da cobertura oferecida pelos planos de saúde, incluindo-se neste total os custos de beneficiários da própria operadora e os beneficiários de outra operadora atendidos a título de transferência de responsabilidade assumida.

• § 9º-A acrescido pela Lei nº 12.873, de 24-10-2013.

§ 9º-B. Para efeitos de interpretação do *caput*, não são considerados receita bruta das administradoras de benefícios os valores devidos a outras operadoras de planos de assistência à saúde.

• § 9º-B acrescido pela Lei nº 12.995, de 18-6-2014.

§ 10. Em substituição à remuneração por meio do pagamento de tarifas, as pessoas jurídicas que prestem serviços de arrecadação de receitas federais poderão excluir da base de cálculo da COFINS o valor a elas devido em cada período de apuração como remuneração por esses serviços, dividido pela alíquota referida no art. 18 da Lei nº 10.684, de 30 de maio de 2003.

§ 11. Caso não seja possível fazer a exclusão de que trata o § 10 na base de cálculo da COFINS referente ao período em que auferida remuneração, o montante excedente poderá ser excluído da base de cálculo da COFINS dos períodos subsequentes.

§ 12. A Secretaria da Receita Federal do Brasil do Ministério da Fazenda disciplinará o disposto nos §§ 10 e 11, inclusive quanto à definição do valor devido como remuneração dos serviços de arrecadação de receitas federais.

- §§ 10 a 12 acrescidos pela Lei nº 12.844, de 19-7-2013.

§ 13. A contribuição incidente na hipótese de contratos, com prazo de execução superior a 1 (um) ano, de construção por empreitada ou de fornecimento, a preço predeterminado, de bens ou serviços a serem produzidos será calculada sobre a receita apurada de acordo com os critérios de reconhecimento adotados pela legislação do imposto sobre a renda, previstos para a espécie de operação.

- § 13 com a redação dada pela Lei nº 12.973, de 13-5-2014.

§ 14. A pessoa jurídica poderá excluir da base de cálculo da Contribuição para o PIS/PASEP e da COFINS incidentes sobre a receita decorrente da alienação de participação societária o valor despendido para aquisição dessa participação, desde que a receita de alienação não tenha sido excluída da base de cálculo das mencionadas contribuições na forma do inciso IV do § 2º do art. 3º.

- § 14 com a redação dada pela Lei nº 13.043, de 13-11-2014.

Art. 4º As contribuições para os Programas de Integração Social e de Formação do Patrimônio do Servidor Público – PIS/PASEP e para o Financiamento da Seguridade Social – COFINS devidas pelos produtores e importadores de derivados de petróleo serão calculadas, respectivamente, com base nas seguintes alíquotas:

- *Caput* com a redação dada pela Lei nº 10.865, de 30-4-2004.
- o Arts. 23 e 45, par. ún., da Lei nº 10.865, de 30-4-2004, que dispõe sobre o PIS/PASEP-Importação e a COFINS-Importação.
- o Art. 10 da Lei nº 11.051, de 29-12-2004, que dispõe sobre o desconto de crédito na apuração da Contribuição Social sobre o Lucro Líquido – CSLL e da Contribuição para o PIS/PASEP e COFINS não cumulativas.

I – 5,08% (cinco inteiros e oito centésimos por cento) e 23,44% (vinte inteiros e quarenta e quatro centésimos por cento), incidentes sobre a receita bruta decorrente da venda de gasolinas e suas correntes, exceto gasolina de aviação;

- o Arts. 23 e 45, IV e par. ún., da Lei nº 10.865, de 30-4-2004, que dispõe sobre o PIS/PASEP-Importação e a COFINS-Importação.

II – 4,21% (quatro inteiros e vinte e um centésimos por cento) e 19,42% (dezenove inteiros e quarenta e dois centésimos por cento), incidentes sobre a receita bruta decorrente da venda de óleo diesel e suas correntes;

- Incisos I e II com a redação dada pela Lei nº 10.865, de 30-4-2004.
- o Arts. 23 e 45, IV e par. ún., da Lei nº 10.865, de 30-4-2004, que dispõe sobre o PIS/PASEP-Importação e a COFINS-Importação.

III – 10,2% (dez inteiros e dois décimos por cento) e 47,4% (quarenta e sete inteiros e quatro décimos por cento) incidentes sobre a receita bruta decorrente da venda de gás liquefeito de petróleo – GLP derivado de petróleo e de gás natural;

- Inciso III com a redação dada pela Lei nº 11.051, de 29-12-2004.
- o Arts. 23 e 45, IV e par. ún., da Lei nº 10.865, de 30-4-2004, que dispõe sobre o PIS/PASEP-Importação e a COFINS-Importação.

IV – sessenta e cinco centésimos por cento e três por cento, incidentes sobre a receita bruta decorrente das demais atividades.

- Inciso IV com a redação dada pela Lei nº 9.990, de 21-7-2000.

Parágrafo único. *Revogado.* Lei nº 9.990, de 21-7-2000.

Art. 5º A Contribuição para o PIS/PASEP e a COFINS incidentes sobre a receita bruta auferida na venda de álcool, inclusive para fins carburantes, serão calculadas com base nas alíquotas, respectivamente, de:

- *Caput* com a redação dada pela Lei nº 11.727, de 23-6-2008.
- o Art. 41, IV, da Lei nº 11.727, de 23-6-2008, que dispõe sobre medidas tributárias destinadas a estimular os investimentos e a modernização do setor de turismo, a reforçar o sistema de proteção tarifária brasileiro, a estabelecer a incidência de forma concentrada da Contribuição para o PIS/PASEP e da Contribuição para o Financiamento da Seguridade Social – COFINS na produção e comercialização de álcool.

I – 1,5% (um inteiro e cinco décimos por cento) e 6,9% (seis inteiros e nove décimos por cento), no caso de produtor ou importador; e

II – 3,75% (três inteiros e setenta e cinco centésimos por cento) e 17,25% (dezessete inteiros e vinte e cinco centésimos por cento), no caso de distribuidor.

- Incisos I e II com a redação dada pela Lei nº 11.727, de 23-6-2008.

§ 1º Ficam reduzidas a 0% (zero por cento) as alíquotas da Contribuição para o PIS/PASEP e da COFINS incidentes sobre a receita bruta de venda de álcool, inclusive para fins carburantes, quando auferida:

- *Caput* com a redação dada pela Lei nº 11.727, de 23-6-2008.
- o Art. 41, IV, da Lei nº 11.727, de 23-6-2008, que dispõe sobre medidas tributárias destinadas a estimular os investimentos e a modernização do setor de turismo, a reforçar o sistema de proteção tarifária brasileiro, a estabelecer a incidência de forma concentrada da Contribuição para o PIS/PASEP e da Contribuição para o Financiamento da Seguridade Social – COFINS na produção e comercialização de álcool.

I – *Revogado.* Lei nº 14.292, de 3-1-2022;

II – por comerciante varejista, exceto na hipótese prevista no inciso II do § 4º-B deste artigo; e

- Inciso II com a redação dada pela Lei nº 14.292, de 3-1-2022.

III – nas operações realizadas em bolsa de mercadorias e futuros.

- Inciso III com a redação dada pela Lei nº 11.727, de 23-6-2008.

§ 2º A redução a 0 (zero) das alíquotas previstas no inciso III do § 1º deste artigo não se aplica às operações em que ocorra liquidação física do contrato.

- § 2º com a redação dada pela Lei nº 11.727, de 23-6-2008.
- o Art. 41, IV, da Lei nº 11.727, de 23-6-2008, que dispõe sobre medidas tributárias destinadas a estimular os investimentos e a modernização do setor de turismo, a reforçar o sistema de proteção tarifária brasileiro, a estabelecer a incidência de forma concentrada da Contribuição para o PIS/PASEP e da Contribuição para o Financiamento da Seguridade Social – COFINS na produção e comercialização de álcool.

§ 3º *Revogado.* Lei nº 14.292, de 3-1-2022.

§ 4º O produtor, o importador e o distribuidor de que trata o *caput* deste artigo poderão optar por regime especial de apuração e pagamento da Contribuição para o PIS/PASEP e da COFINS, no qual as alíquotas específicas das contribuições são fixadas, respectivamente, em:

- o Arts. 8º e 41, IV, da Lei nº 11.727, de 23-6-2008, que dispõe sobre medidas tributárias destinadas a estimular os investimentos e a modernização do setor de turismo, a reforçar o sistema de proteção tarifária brasileiro, a estabelecer a incidência de forma concentrada da Contribuição para o PIS/PASEP e da Contribuição para o Financiamento da Seguridade Social – COFINS na produção e comercialização de álcool.

I – R$ 23,38 (vinte e três reais e trinta e oito centavos) e R$ 107,52 (cento e sete reais e cinquenta e dois centavos) por metro cúbico de álcool, no caso de venda realizada por produtor ou importador;

II – R$ 58,45 (cinquenta e oito reais e quarenta e cinco centavos) e R$ 268,80 (duzentos e sessenta e oito reais e oitenta centavos) por metro cúbico de álcool, no caso de venda realizada por distribuidor.

- § 4º com a redação dada pela Lei nº 11.727, de 23-6-2008.

§ 4º-A. Na hipótese de venda efetuada diretamente do produtor ou do importador para as pessoas jurídicas comerciantes varejistas, a alíquota aplicável, conforme o caso, será aquela resultante do somatório das alíquotas previstas:

- *Caput* do § 4º-A com a redação dada Lei nº 14.367, de 14-6-2022.

I – nos incisos I e II do *caput* deste artigo; ou

II – nos incisos I e II do § 4º, observado o disposto no § 8º deste artigo.

- Incisos I e II acrescidos pela Lei nº 14.292, de 3-1-2022.

§ 4º-B. As alíquotas de que trata o § 4º-A deste artigo aplicam-se, também, nas seguintes hipóteses:

- *Caput* do § 4º-B acrescido pela Lei nº 14.292, de 3-1-2022.

I – de o importador exercer também a função de distribuidor;

- Inciso I acrescido pela Lei nº 14.292, de 3-1-2022.

II – de as vendas serem efetuadas pelas pessoas jurídicas comerciantes varejistas, quando elas efetuarem a importação; e

- Inciso II com a redação dada Lei nº 14.367, de 14-6-2022.

III – de as vendas serem efetuadas pelas demais pessoas jurídicas não enquadradas como produtor, importador, distribuidor ou varejista.

- Inciso III acrescido pela Lei nº 14.292, de 3-1-2022.

§ 4º-C. Na hipótese de venda de gasolina pelo distribuidor, em relação ao percentual de álcool anidro a ela adicionado, a incidência da Contribuição para o PIS/PASEP e da COFINS ocorrerá, conforme o caso, pela aplicação das alíquotas previstas:

I – no inciso I do *caput* deste artigo; ou

II – no inciso I do § 4º, observado o disposto no § 8º deste artigo.

- § 4º-C acrescido pela Lei nº 14.292, de 3-1-2022.

§ 4º-D. Na hipótese de venda de etanol hidratado combustível efetuada diretamente de cooperativa para as pessoas jurídicas comerciantes varejistas:

I – no caso de cooperativa não optante pelo regime especial de que trata o § 4º deste artigo, os valores da Contribuição para o PIS/PASEP e da COFINS devidos serão obtidos pelo somatório de 2 (duas) parcelas, calculadas mediante a aplicação das alíquotas:

a) de que trata o inciso I do *caput* deste artigo sobre a receita auferida na venda de etanol hidratado combustível, respectivamente; e

b) de R$ 19,81 (dezenove reais e oitenta e um centavos) e de R$ 91,10 (noventa e um reais e dez centavos) por metro cúbico de etanol hidratado combustível, respectivamente; e

II – no caso de cooperativa optante pelo regime especial de que trata o § 4º deste artigo, será aplicado o disposto no inciso II do § 4º-A deste artigo.

- § 4º-D acrescido pela Lei nº 14.367, de 14-6-2022.

§ 5º A opção prevista no § 4º deste artigo será exercida, segundo normas e condições estabelecidas pela Secretaria da Receita Federal do Brasil, até o último dia útil do mês de novembro de cada ano-calendário, produzindo efeitos, de forma irretratável, durante todo o ano-calendário subsequente ao da opção.

- Art. 41, IV, da Lei nº 11.727, de 23-6-2008, que dispõe sobre medidas tributárias destinadas a estimular os investimentos e a modernização do setor de turismo, a reforçar o sistema de proteção tarifária brasileiro, a estabelecer a incidência de forma concentrada da Contribuição para o PIS/PASEP e da Contribuição para o Financiamento da Seguridade Social – COFINS na produção e comercialização de álcool.

§ 6º No caso da opção efetuada nos termos dos §§ 4º e 5º deste artigo, a Secretaria da Receita Federal do Brasil divulgará o nome da pessoa jurídica optante e a data de início da opção.

- Art. 41, IV, da Lei nº 11.727, de 23-6-2008, que dispõe sobre medidas tributárias destinadas a estimular os investimentos e a modernização do setor de turismo, a reforçar o sistema de proteção tarifária brasileiro, a estabelecer a incidência de forma concentrada da Contribuição para o PIS/PASEP e da Contribuição para o Financiamento da Seguridade Social – COFINS na produção e comercialização de álcool.

§ 7º A opção a que se refere este artigo será automaticamente prorrogada para o ano-calendário seguinte, salvo se a pessoa jurídica dela desistir, nos termos e condições estabelecidos pela Secretaria da Receita Federal do Brasil, até o último dia útil do mês de novembro do ano-calendário, hipótese em que a produção de efeitos se dará a partir do dia 1º de janeiro do ano-calendário subsequente.

- Art. 41, IV, da Lei nº 11.727, de 23-6-2008, que dispõe sobre medidas tributárias destinadas a estimular os investimentos e a modernização do setor de turismo, a reforçar o sistema de proteção tarifária brasileiro, a estabelecer a incidência de forma concentrada da Contribuição para o PIS/PASEP e da Contribuição para o Financiamento da Seguridade Social – COFINS na produção e comercialização de álcool.

§ 8º Fica o Poder Executivo autorizado a fixar coeficientes para redução das alíquotas previstas no *caput* e no § 4º deste artigo, as quais poderão ser alteradas, para mais ou para menos, em relação a classe de produtores, produtos ou sua utilização.

- Art. 41, IV, da Lei nº 11.727, de 23-6-2008, que dispõe sobre medidas tributárias destinadas a estimular os investimentos e a modernização do setor de turismo, a reforçar o sistema de proteção tarifária brasileiro, a estabelecer a incidência de forma concentrada da Contribuição para o PIS/PASEP e da Contribuição para o Financiamento da Seguridade Social – COFINS na produção e comercialização de álcool.

§ 9º Na hipótese do § 8º deste artigo, os coeficientes estabelecidos para o produtor e o importador poderão ser diferentes daqueles estabelecidos para o distribuidor.

- Art. 41, IV, da Lei nº 11.727, de 23-6-2008, que dispõe sobre medidas tributárias destinadas a estimular os investimentos e a modernização do setor de turismo, a reforçar o sistema de proteção tarifária brasileiro, a estabelecer a incidência de forma concentrada da Contribuição para o PIS/PASEP e da Contribuição para o Financiamento da Seguridade Social – COFINS na produção e comercialização de álcool.

§ 10. A aplicação dos coeficientes de que tratam os §§ 8º e 9º deste artigo não poderá resultar em alíquotas da Contribuição para o PIS/PASEP e da COFINS superiores a, respectivamente, 1,65% (um inteiro e sessenta e cinco centésimos por cento) e 7,6% (sete inteiros e seis décimos por cento) do preço médio de venda no varejo.

- Art. 41, IV, da Lei nº 11.727, de 23-6-2008, que dispõe sobre medidas tributárias destinadas a estimular os investimentos e a modernização do setor de turismo, a reforçar o sistema de proteção tarifária brasileiro, a estabelecer a incidência de forma concentrada da Contribuição para o PIS/PASEP e da Contribuição para o Financiamento da Seguridade Social – COFINS na produção e comercialização de álcool.

§ 11. O preço médio a que se refere o § 10 deste artigo será determinado a partir de dados colhidos por instituição idônea, de forma ponderada com base nos volumes de álcool comercializados nos Estados e no Distrito Federal nos 12 (doze) meses anteriores ao da fixação dos coeficientes de que tratam os §§ 8º e 9º deste artigo.

- Art. 41, IV, da Lei nº 11.727, de 23-6-2008, que dispõe sobre medidas tributárias destinadas a estimular os investimentos e a modernização do setor de turismo, a reforçar o sistema de proteção tarifária brasileiro, a estabelecer a incidência de forma concentrada da Contribuição para o PIS/PASEP e da Contribuição para o Financiamento da Seguridade Social – COFINS na produção e comercialização de álcool.

§ 12. No ano-calendário em que a pessoa jurídica iniciar atividades de produção, importação ou distribuição de álcool, a opção pelo regime especial poderá ser exercida em qualquer data, produzindo efeitos a partir do primeiro dia do mês em que for exercida.

- §§ 5º a 12 com a redação dada pela Lei nº 11.727, de 23-6-2008.
- Art. 41, IV, da Lei nº 11.727, de 23-6-2008, que dispõe sobre medidas tributárias destinadas a estimular os investimentos e a modernização do setor de turismo, a reforçar o sistema de proteção tarifária brasileiro, a estabelecer a incidência de forma concentrada da Contribuição para o PIS/PASEP e da Contribuição para o Financiamento da Seguridade Social – COFINS na produção e comercialização de álcool.

§ 13-A. O distribuidor sujeito ao regime de apuração não cumulativa da Contribuição para o PIS/PASEP e da COFINS poderá descontar créditos relativos à aquisição, no mercado interno, de álcool anidro para adição à gasolina.

- § 13-A acrescido pela Lei nº 14.292, de 3-1-2022.

§ 14. Os créditos de que trata o § 13 deste artigo correspondem aos valores da Contribuição para o PIS/PASEP e da COFINS devidos pelo vendedor em decorrência da operação.

- § 14 com a redação dada pela Lei nº 11.727, de 23-6-2008.
- Art. 41, IV, da Lei nº 11.727, de 23-6-2008, que dispõe sobre medidas tributárias destinadas a estimular os investimentos e a modernização do setor de turismo, a reforçar o sistema de proteção tarifária brasileiro, a estabelecer a incidência de forma concentrada da Contribuição para o PIS/PASEP e da Contribuição para o Financiamento da Seguridade Social – COFINS na produção e comercialização de álcool.

§ 14-A. Os créditos de que trata o § 13-A deste artigo correspondem aos valores da Contribuição para o PIS/PASEP e da COFINS que incidiram sobre a operação de aquisição.

- § 14-A acrescido pela Lei nº 14.292, de 3-1-2022.

§ 15. *Revogado*. Lei nº 14.292, de 3-1-2022.

§ 16. Observado o disposto nos §§ 14 e 14-A deste artigo, não se aplica às aquisições de que tratam os §§ 13 e 13-A deste artigo o disposto na alínea *b* do inciso I do *caput* do art. 3º da Lei nº 10.637, de 30 de dezembro de 2002, e na alínea *b* do inciso I do *caput* do art. 3º da Lei nº 10.833, de 29 de dezembro de 2003.

- § 16 com a redação dada pela Lei nº 14.292, de 3-1-2022.
- Art. 41, IV, da Lei nº 11.727, de 23-6-2008, que dispõe sobre medidas tributárias destinadas a estimular os investimentos e a modernização do setor de turismo, a reforçar o sistema de proteção tarifária brasileiro, a estabelecer a incidência de forma concentrada da Contribuição para o PIS/PASEP e da Contribuição para o Financiamento da Seguridade Social – COFINS na produção e comercialização de álcool.

§ 17. Na hipótese de o produtor ou importador efetuar a venda de álcool, inclusive para fins carburantes, para pessoa jurídica com a qual mantenha relação de interdependência, o valor tributável não poderá ser inferior a 32,43% (trinta e dois inteiros e quarenta e três centésimos por cento) do preço corrente de venda desse produto aos consumidores na praça desse produtor ou importador.

§ 18. Para os efeitos do § 17 deste artigo, na verificação da existência de interdependência entre 2 (duas) pessoas jurídicas, aplicar-se-ão as disposições do art. 42 da Lei nº 4.502, de 30 de novembro de 1964.

- §§ 17 e 18 com a redação dada pela Lei nº 11.727, de 23-6-2008.

§ 19. *Revogado*. Lei nº 14.292, de 3-1-2022.

§ 20. A cooperativa de produção ou comercialização de etanol e a pessoa jurídica comercializadora de etanol controlada por produtores de etanol ou interligada a produtores de etanol, diretamente ou por intermédio de cooperativas de produtores, ficam sujeitas às disposições da legislação da Contribuição para o PIS/PASEP e da COFINS aplicáveis à pessoa jurídica produtora, observadas as disposições dos arts. 15 e 16 da Medida Provisória nº 2.158-35, de 24 de agosto de 2001.

- § 20 acrescido pela Lei nº 14.292, de 3-1-2022.

§ 21. O transportador-revendedor-retalhista fica sujeito às disposições da legislação da Contribuição para o PIS/PASEP e da COFINS aplicáveis à pessoa jurídica comerciante varejista.

- § 21 acrescido pela Lei nº 14.367, de 14-6-2022.

Art. 6º O disposto no artigo 4º desta Lei aplica-se, também, aos demais produtores e importadores dos produtos ali referidos.

- *Caput* com a redação dada pela Lei nº 9.990, de 21-7-2000.

Parágrafo único. *Revogado* Lei nº 11.727, de 23-6-2008.

Art. 7º No caso da construção por empreitada ou de fornecimento a preço predeterminado de bens ou serviços, contratados por pessoa jurídica de direito público, empresa pública, sociedade de economia mista ou suas subsidiárias, o pagamento das contribuições de que trata o artigo 2º desta Lei poderá ser diferido, pelo contratado, até a data do recebimento do preço.

Parágrafo único. A utilização do tratamento tributário previsto no *caput* deste artigo é facultada ao subempreiteiro ou subcontratado, na hipótese de subcontratação parcial ou total da empreitada ou do fornecimento.

Art. 8º Fica elevada para três por cento a alíquota da COFINS.

§§ 1º a 4º *Revogados*. MP nº 2.158-35, de 24-8-2001, que altera a legislação das contribuições para a seguridade social – COFINS e para o PIS/PASEP e do IR, e até o encerramento desta edição não havia sido convertida em Lei.

Art. 8º-A. Fica elevada para 4% (quatro por cento) a alíquota da Contribuição para o Financiamento da Seguridade Social – COFINS devida pelas pessoas jurídicas referidas no § 9º do art. 3º desta Lei, observada a norma de interpretação do § 9º-A, produzindo efeitos a partir do 1º (primeiro) dia do 4º (quarto) mês subsequente ao da publicação da lei decorrente da conversão da Medida Provisória nº 619, de 6 de junho de 2013, exclusivamente quanto à alíquota.

- Artigo acrescido pela Lei nº 12.873, de 24-10-2013.

Art. 8º-B. A COFINS incidente sobre as receitas decorrentes da alienação de participações societárias deve ser apurada mediante a aplicação da alíquota de 4% (quatro por cento).

- Artigo com a redação dada pela Lei nº 13.043, de 13-11-2014.

LEG. COMPLEMENTAR

CAPÍTULO II
DO IMPOSTO SOBRE A RENDA

Art. 9º As variações monetárias dos direitos de crédito e das obrigações do contribuinte, em função da taxa de câmbio ou de índices ou coeficientes aplicáveis por disposição legal ou contratual, serão consideradas, para efeitos da legislação do imposto de renda, da contribuição social sobre o lucro líquido, da contribuição PIS/PASEP e da COFINS, como receitas ou despesas financeiras, conforme o caso.

Art. 10. Os dispositivos abaixo enumerados da Lei nº 9.532, de 10-12-1997, passam a vigorar com a seguinte redação:

- Alterações inseridas no texto da referida Lei.

Art. 11. Sem prejuízo do disposto nos incisos III e IV do artigo 7º da Lei nº 9.532, de 1997, a pessoa jurídica sucessora poderá classificar, no patrimônio líquido, alternativamente ao disposto no § 2º do mencionado artigo, a conta que registrar o ágio ou deságio nele mencionado.

Parágrafo único. O disposto neste artigo aplica-se aos fatos geradores ocorridos a partir de 1º-1-1998.

Art. 12. Sem prejuízo das normas de tributação aplicáveis aos não residentes no País sujeitar-se-á à tributação pelo imposto de renda, como residente, a pessoa física que ingressar no Brasil:

I – com visto temporário:

a) para trabalhar com vínculo empregatício em relação aos fatos geradores ocorridos a partir da data de sua chegada;

b) por qualquer outro motivo e permanecer por período superior a cento e oitenta e três dias, consecutivos ou não, contado, dentro de um intervalo de doze meses, da data de qualquer chegada, em relação aos fatos geradores ocorridos a partir do dia subsequente àquele em que se completar referido período de permanência;

II – com visto permanente em relação aos fatos geradores ocorridos a partir de sua chegada.

Parágrafo único. A Secretaria da Receita Federal expedirá normas quanto à obrigações acessórias decorrentes da aplicação do disposto neste artigo.

Art. 13. A pessoa jurídica cuja receita bruta total no ano-calendário anterior tenha sido igual ou inferior a R$ 78.000.000,00 (setenta e oito milhões de reais) ou a R$ 6.500.000,00 (seis milhões e quinhentos mil reais) multiplicado pelo número de meses de atividade do ano-calendário anterior, quando inferior a 12 (doze) meses, poderá optar pelo regime de tributação com base no lucro presumido.

- *Caput* com a redação dada pela Lei nº 12.814, de 16-5-2013.

§ 1º A opção pela tributação com base no lucro presumido será definitiva em relação a todo o ano-calendário.

§ 2º Relativamente aos limites estabelecidos neste artigo, a receita bruta auferida no ano anterior será considerada segundo o regime de competência ou de caixa, observado o critério adotado pela pessoa jurídica, caso tenha, naquele ano, optado pela tributação com base no lucro presumido.

Art. 14. Estão obrigadas à apuração do lucro real as pessoas jurídicas:

I – cuja receita total no ano-calendário anterior seja superior ao limite de R$ 78.000.000,00 (setenta e oito milhões de reais) ou proporcional ao número de meses do período, quando inferior a 12 (doze) meses;

- Inciso I com a redação dada pela Lei nº 12.814, de 16-5-2013.

II – cujas atividades sejam de bancos comerciais, bancos de investimentos, bancos de desenvolvimento, caixas econômicas, sociedades de crédito, financiamento e investimento, sociedades de crédito imobiliário, sociedades corretoras de títulos, valores mobiliários e câmbio, distribuidoras de títulos e valores mobiliários, empresas de arrendamento mercantil, cooperativas de crédito, empresas de seguros privados e de capitalização e entidades de previdência privada aberta;

III – que tiverem lucros, rendimentos ou ganhos de capital oriundos do exterior;

IV – que, autorizadas pela legislação tributária, usufruam de benefícios fiscais relativos à isenção ou redução do imposto;

V – que, no decorrer do ano-calendário, tenham efetuado pagamento mensal pelo regime de estimativa, na forma do artigo 2º da Lei nº 9.430, de 1996;

VI – que explorem as atividades de prestação cumulativa e contínua de serviços de assessoria creditícia, mercadológica, gestão de crédito, seleção e riscos, administração de contas a pagar e a receber, compras de direitos creditórios resultantes de vendas mercantis a prazo ou de prestação de serviços (*factoring*);

VII – que explorem as atividades de securitização de crédito.

- Inciso VII com a redação dada pela Lei nº 14.430, de 3-8-2022.

CAPÍTULO III
DO IMPOSTO SOBRE OPERAÇÕES DE CRÉDITO, CÂMBIO E SEGURO, OU A TÍTULOS OU VALORES MOBILIÁRIOS

Art. 15. A alíquota do Imposto sobre Operações de Crédito, Câmbio e Seguro, ou relativas a Títulos ou Valores Mobiliários (IOF) nas operações de seguro será de vinte e cinco por cento.

CAPÍTULO IV
DAS DISPOSIÇÕES GERAIS E FINAIS

Art. 16. A pessoa jurídica que, obrigada a apresentar, à Secretaria da Receita Federal, declaração de informações, deixar de fazê-lo ou fizer após o prazo fixado para sua apresentação, sujeitar-se-á à multa de um por cento ao mês ou fração, incidente sobre o imposto de renda devido, ainda que integralmente pago, relativo ao ano-calendário a que corresponderem as respectivas informações.

Parágrafo único. Ao disposto neste artigo aplicam-se as normas constantes dos §§ 1º a 3º do artigo 88 da Lei nº 8.981, de 20 de janeiro de 1995, e do artigo 27 da Lei nº 9.532, de 1997.

Art. 17. Esta Lei entra em vigor na data de sua publicação, produzindo efeitos:

I – em relação aos artigos 2º a 8º, para os fatos geradores ocorridos a partir de 1º de fevereiro de 1999;

II – em relação aos artigos 9º e 12 a 15, a partir de 1º de janeiro de 1999.

Art. 18. Ficam revogados, a partir de 1º de janeiro de 1999:

I – o § 2º do artigo 1º do Decreto-Lei nº 1.330, de 13 de maio de 1974;

II – o § 2º do artigo 4º do Decreto-Lei nº 1.506, de 23 de dezembro de 1976;

III – o artigo 36 e o inciso VI do artigo 47 da Lei nº 8.981, de 1995;

IV – o § 4º do artigo 15 da Lei nº 9.532, de 1997.

Brasília, 27 de novembro de 1998;
177º da Independência e
110º da República.

Fernando Henrique Cardoso

DECRETO Nº 2.850, DE 27 DE NOVEMBRO DE 1998

Disciplina os procedimentos pertinentes aos depósitos judiciais e extrajudiciais, de valores de tributos e contribuições federais administrados pela Secretaria da Receita Federal, de que trata a Lei nº 9.703, de 17 de novembro de 1998.

• Publicado no *DOU* de 30-11-1998.

Art. 1º Os depósitos judiciais e extrajudiciais, em dinheiro, de valores referentes a tributos e contribuições federais, inclusive seus acessórios, administrados pela Secretaria da Receita Federal do Ministério da Fazenda, serão efetuados na Caixa Econômica Federal, mediante Documento de Arrecadação de Receitas Federais – DARF, específico para essa finalidade, conforme modelo a ser estabelecido por aquela Secretaria e confeccionado e distribuído pela Caixa Econômica Federal.

§ 1º O disposto neste artigo aplica-se, inclusive, aos débitos provenientes de tributos e contribuições inscritos em Dívida Ativa da União.

§ 2º Quando houver mais de um interessado na ação, o depósito à ordem e disposição do Juízo deverá ser efetuado, de forma individualizada, em nome de cada contribuinte.

§ 3º O DARF deverá conter, além de outros elementos fixados em ato do Secretário da Receita Federal, os dados necessários à identificação do órgão da Justiça onde estiver tramitando a ação, e ao controle da Caixa Econômica Federal.

§ 4º No caso de recebimento de depósito judicial, a Caixa Econômica Federal deverá remeter uma via do DARF ao órgão judicial em que tramita a ação.

§ 5º A Caixa Econômica Federal deverá encaminhar à unidade da Secretaria da Receita Federal que jurisdicione o domicílio tributário do contribuinte uma via do DARF referente aos depósitos extrajudiciais recebidos, de que tratam os artigos 83 do Decreto nº 93.872, de 23 de dezembro de 1986, e 33, § 2º, do Decreto nº 70.235, de 6 março de 1972, com a relação dada pelo artigo 32 da Medida Provisória nº 1.699-41, de 27 de outubro de 1998, e o Regulamento Aduaneiro, aprovado pelo Decreto nº 91.030, de 5 de março de 1985.

Art. 2º Mediante ordem da autoridade judicial ou, no caso de depósito extrajudicial, da autoridade administrativa competente, o valor do depósito, após o encerramento da lide ou do processo litigioso, será:

I – devolvido ao depositante pela Caixa Econômica Federal, no prazo máximo de vinte e quatro horas, quando a sentença ou decisão lhe for favorável ou na proporção em que for, acrescido de juros equivalentes à taxa referencial do Sistema Especial de Liquidação e de Custódia – SELIC, para títulos federais, acumulada mensalmente, calculados a partir do mês subsequente ao da efetivação do depósito até o mês anterior ao seu levantamento, e de juros de um por cento relativamente ao mês em que estiver sendo efetivada a devolução; ou

II – transformado em pagamento definitivo, proporcionalmente à exigência do correspondente tributo ou contribuição, inclusive seus acessórios, quando se tratar de sentença ou decisão favorável à Fazenda Nacional.

Parágrafo único. A Secretaria da Receita Federal aprovará modelo de documento, a ser confeccionado e preenchido pela Caixa Econômica Federal, contendo os dados relativos aos depósitos devolvidos ao depositante ou transformados em pagamento definitivo.

Art. 3º Os depósitos e os valores devolvidos terão o seguinte tratamento:

I – o valor dos depósitos recebidos será repassado para a Conta Única do Tesouro Nacional, junto ao Banco Central do Brasil, no mesmo prazo fixado pelo Ministro de Estado da Fazenda para repasse dos tributos e contribuições arrecadados mediante DARF;

II – o valor dos depósitos devolvidos ao depositante será debitado à Conta Única do Tesouro Nacional, junto ao Banco Central do Brasil, a título de restituição, no mesmo dia em que ocorrer a devolução.

§ 1º O Banco Central do Brasil providenciará, no mesmo dia, o crédito dos valores devolvidos na conta de reserva bancária da Caixa Econômica Federal.

§ 2º Os valores das devoluções, inclusive dos juros acrescidos, serão contabilizados como anulação do respectivo imposto ou contribuição em que tiver sido contabilizado o depósito.

§ 3º No caso de transformação do depósito em pagamento definitivo, a Caixa Econômica Federal efetuará a baixa em seus controles e comunicará a ocorrência à Secretaria da Receita Federal.

Art. 4º A Caixa Econômica Federal manterá controle dos valores depositados, devolvidos e transformados em pagamento definitivo, por contribuinte e por processo, devendo, relativamente aos valores depositados e respectivos acréscimos de juros, tornar disponível aos órgãos interessados e aos depositantes o acesso aos respectivos registros, emitir extratos mensais e remetê-los à autoridade judicial ou administrativa que for competente para liberar os depósitos, à Secretaria da Receita Federal ou à Procuradoria-Geral da Fazenda Nacional.

Parágrafo único. Os registros e extratos referidos neste artigo devem conter os dados que permitam identificar o depositante, o processo administrativo ou judicial, a movimentação dos depósitos durante o mês, além de outros elementos que forem considerados indispensáveis pela Secretaria da Receita Federal ou pela Procuradoria-Geral da Fazenda Nacional.

Art. 5º Os dados sobre os depósitos recebidos, devolvidos e transformados em pagamento definitivo deverão ser transmitidos à Secretaria da Receita Federal por meio magnético ou eletrônico, independente da remessa de via dos documentos aos setores indicados em ato daquela Secretaria.

Art. 6º *Revogado.* Dec. nº 6.179, de 2-8-2007.

Art. 7º Este Decreto entra em vigor na data de sua publicação, aplicando-se aos depósitos efetuados a partir de 1º de dezembro de 1998.

Brasília, 27 de novembro de 1998;
177º da Independência e
110º da República.

Fernando Henrique Cardoso

LEG. COMPLEMENTAR

LEI Nº 9.766, DE 18 DE DEZEMBRO DE 1998

Altera a legislação que rege o Salário-Educação, e dá outras providências.

• Publicada no *DOU* de 19-12-1998, Edição Extra.

Art. 1º A contribuição social do Salário-Educação, a que se refere o artigo 15 da Lei nº 9.424, de 24 de dezembro de 1996, obedecerá aos mesmos prazos e condições, e sujeitar-se-á às mesmas sanções administrativas ou penais e outras normas relativas às contribuições sociais e demais importâncias devidas à Seguridade Social, ressalvada a competência do Fundo Nacional de Desenvolvimento da Educação – FNDE, sobre a matéria.

§ 1º Estão isentas do recolhimento da contribuição social do Salário-Educação:

I – a União, os Estados, o Distrito Federal e os Municípios, bem como suas respectivas autarquias e fundações;

II – as instituições públicas de ensino de qualquer grau;

III – as escolas comunitárias, confessionais ou filantrópicas, devidamente registradas e reconhecidas pelo competente órgão de educação, e que atendam ao disposto no inciso II do artigo 55 da Lei nº 8.212, de 24 de julho de 1991;

IV – as organizações de fins culturais que, para este fim, vierem a ser definidas em regulamento;

V – as organizações hospitalares e de assistência social, desde que atendam, cumulativamente, aos requisitos estabelecidos nos incisos I a V do artigo 55 da Lei nº 8.212, de 1991.

§ 2º Integram a receita do Salário-Educação os acréscimos legais a que estão sujeitos os contribuintes em atraso.

§ 3º Entende-se por empresa, para fins de incidência da contribuição social do Salário-Educação, qualquer firma individual ou sociedade que assume o risco de atividade econômica, urbana ou rural, com fins lucrativos ou não, bem como as empresas e demais entidades públicas ou privadas, vinculadas à Seguridade Social.

Art. 2º A Quota Estadual e Municipal do Salário-Educação, de que trata o § 1º e seu inciso II do art. 15 da Lei nº 9.424, de 24 de dezembro de 1996, será integralmente redistribuída entre o Estado e seus Municípios de forma proporcional ao número de alunos matriculados no ensino fundamental nas respectivas redes de ensino, conforme apurado pelo censo educacional realizado pelo Ministério da Educação.

• *Caput* com a redação dada pela Lei nº 10.832, de 29-12-2003.

• O STF, por maioria dos votos, julgou procedente a ADPF nº 188, para dar a este artigo interpretação conforme a Constituição Federal (*DOU* de 3-10-2022).

Parágrafo único. As contas específicas dos Estados, do Distrito Federal e dos Municípios destinadas à movimentação das Quotas do Salário-Educação serão abertas pelo FNDE e mantidas, a critério do respectivo ente federado, em instituição financeira oficial.

• Parágrafo único acrescido pela Lei nº 13.530, de 7-12-2017.

Art. 3º O Salário-Educação não tem caráter remuneratório na relação de emprego e não se vincula, para nenhum efeito, ao salário ou à remuneração percebida pelos empregados das empresas contribuintes.

Art. 4º A contribuição do Salário-Educação será recolhida ao Instituto Nacional do Seguro Social – INSS ou ao FNDE.

Parágrafo único. O INSS reterá, do montante por ele arrecadado, a importância equivalente a 1% (um por cento), a título de taxa de administração, creditando o restante no Banco do Brasil S.A., em favor do FNDE, para os fins previstos no artigo 15, § 1º, da Lei nº 9.424, de 1996.

Art. 5º A fiscalização da arrecadação do Salário-Educação será realizada pelo INSS, ressalvada a competência do FNDE sobre a matéria.

Parágrafo único. Para efeito da fiscalização prevista neste artigo, seja por parte do INSS, seja por parte do FNDE, não se aplicam as disposições legais excludentes ou limitativas do direito de examinar livros, arquivos, documentos, papéis e efeitos comerciais ou fiscais, dos comerciantes, empresários, industriais ou produtores, ou da obrigação destes de exibi-los.

Art. 6º As disponibilidades financeiras dos recursos gerenciados pelo FNDE, inclusive os arrecadados à conta do Salário-Educação, poderão ser aplicadas por intermédio de instituição financeira pública federal, na forma que vier a ser estabelecida pelo seu Conselho Deliberativo.

Art. 7º O Ministério da Educação e do Desporto fiscalizará, por intermédio do FNDE, a aplicação dos recursos provenientes do Salário-Educação, na forma do regulamento e das instruções que para este fim forem baixadas por aquela Autarquia, vedada sua destinação ao pagamento de pessoal.

Art. 8º Os recursos do Salário-Educação podem ser aplicados na educação especial, desde que vinculada ao ensino fundamental público.

Art. 9º O Poder Executivo regulamentará esta Lei, no prazo de sessenta dias da data de sua publicação.

Art. 10. Ficam convalidados os atos praticados com base na Medida Provisória nº 1.607-24, de 19 de novembro de 1998.

Art. 11. Esta Lei entra em vigor na data de sua publicação.

Art. 12. Revoga-se a Lei nº 8.150, de 28 de dezembro de 1990.

Brasília, de 18 de dezembro 1998;
177º da Independência e
110º da República.

Fernando Henrique Cardoso

LEI Nº 9.779, DE 19 DE JANEIRO DE 1999

Altera a legislação do Imposto sobre a Renda, relativamente à tributação dos Fundos de Investimento Imobiliário e dos rendimentos auferidos em aplicação ou operação financeira de renda fixa ou variável, ao Sistema Integrado de Pagamento de Impostos e Contribuições das Microempresas e das Empresas de Pequeno Porte – SIMPLES, à incidência sobre rendimentos de beneficiários no exterior, bem assim a legislação do Imposto sobre Produtos Industrializados – IPI, relativamente ao aproveitamento de créditos e à equiparação de atacadista a estabelecimento industrial, do Imposto sobre Operações de Crédito, Câmbio e Seguros ou Relativas a Títulos e Valores Mobiliários – IOF, relativamente às operações de mútuo, e da Contribuição Social sobre o Lucro Líquido, relativamente às despesas financeiras, e dá outras providências.

• Publicada no *DOU* de 20-1-1999.

Art. 1º Os arts. 10 e 16 a 19 da Lei nº 8.668, de 25 de junho de 1993, a seguir enumerados, passam a vigorar com a seguinte redação:

"Art. 10. ....

....

XI - critérios relativos à distribuição de rendimentos e ganhos de capital.

Parágrafo único. O fundo deverá distribuir a seus quotistas, no mínimo, noventa e cinco por cento dos lucros auferidos, apurados segundo o regime de caixa, com base em balanço ou balancete semestral encerrado em 30 de junho e 31 de dezembro de cada ano."

"Art. 16-A. Os rendimentos e ganhos líquidos auferidos pelos Fundos de Investimento Imobiliário, em aplicações financeiras de renda fixa ou de renda variável, sujeitam-se à incidência do imposto de renda na fonte, observadas as mesmas normas aplicáveis às pessoas jurídicas submetidas a esta forma de tributação.

Parágrafo único. O imposto de que trata este artigo poderá ser compensado com o retido na fonte, pelo Fundo de Investimento Imobiliário, quando da distribuição de rendimentos e ganhos de capital."

"Art. 17. Os rendimentos e ganhos de capital auferidos, apurados segundo o regime de caixa, quando distribuídos pelos Fundos de Investimento Imobiliário a qualquer beneficiário, inclusive pessoa jurídica isenta, sujeitam-se à incidência do imposto de renda na fonte, à alíquota de vinte por cento.

Parágrafo único. O imposto de que trata este artigo deverá ser recolhido até o último dia útil do mês subsequente ao do encerramento do período de apuração."

"Art. 18. Os ganhos de capital e rendimentos auferidos na alienação ou no resgate de quotas dos fundos de investimento imobiliário, por qualquer beneficiário, inclusive por pessoa jurídica isenta, sujeitam-se à incidência do imposto de renda à alíquota de vinte por cento:

I - na fonte, no caso de resgate;

II - às mesmas normas aplicáveis aos ganhos de capital ou ganhos líquidos auferidos em operações de renda variável, nos demais casos."

"Art. 19. O imposto de que tratam os arts. 17 e 18 será considerado:

I - antecipação do devido na declaração, no caso de beneficiário pessoa jurídica tributada com base no lucro real, presumido ou arbitrado;

II - tributação exclusiva, nos demais casos."

Art. 2º Sujeita-se à tributação aplicável às pessoas jurídicas, o fundo de investimento imobiliário de que trata a Lei nº 8.668, de 1993, que aplicar recursos em empreendimento imobiliário que tenha como incorporador, construtor ou sócio, quotista que possua, isoladamente ou em conjunto com pessoa a ele ligada, mais de vinte e cinco por cento das quotas do fundo.

Parágrafo único. Para efeito do disposto neste artigo, considera-se pessoa ligada ao quotista:

I – pessoa física:

a) os seus parentes até o segundo grau;

b) a empresa sob seu controle ou de qualquer de seus parentes até o segundo grau;

II - pessoa jurídica, a pessoa que seja sua controladora, controlada ou coligada, conforme definido nos §§ 1º e 2º do art. 243 da Lei nº 6.404, de 15 de dezembro de 1976.

Art. 3º Os lucros acumulados até 31 de dezembro de 1998 pelos Fundos de Investimento Imobiliário constituídos antes da publicação desta Lei, que forem distribuídos até 31 de janeiro de 1999, sujeitar-se-ão à incidência do imposto de renda na fonte à alíquota de 20% (vinte por cento).

Parágrafo único. Os lucros a que se refere este artigo, distribuídos após 31 de janeiro de 1999, sujeitar-se-ão à incidência do imposto de renda na fonte à alíquota de 25% (vinte e cinco por cento).

Art. 4º Ressalvada a responsabilidade da fonte pagadora pela retenção do imposto sobre os rendimentos de que trata o art. 16 da Lei nº 8.668, de 1993, com a redação dada por esta Lei, fica a instituição administradora do Fundo de Investimento Imobiliário responsável pelo cumprimento das demais obrigações tributárias, inclusive acessórias, do fundo.

Art. 5º Os rendimentos auferidos em qualquer aplicação ou operação financeira de renda fixa ou de renda variável sujeitam-se à incidência do imposto de renda na fonte, mesmo no caso das operações de cobertura (*hedge*), realizadas por meio de operações de *swap* e outras, nos mercados de derivativos.

- Art. 1º da Lei nº 11.033, de 21-12-2004, que altera a tributação do mercado financeiro e de capitais; institui o Regime Tributário para Incentivo à Modernização e à Ampliação da Estrutura Portuária – REPORTO.

Parágrafo único. A retenção na fonte de que trata este artigo não se aplica no caso de beneficiário referido no inciso I do art. 77 da Lei nº 8.981, de 1995, com redação dada pela Lei nº 9.065, de 20 de junho de 1995.

Art. 6º O art. 9º da Lei nº 9.317, de 5 de dezembro de 1996, passa a vigorar com a seguinte redação:

- A Lei nº 9.317, de 5-12-1996 foi revogada pela LC nº 123, de 14-12-2006.
- A LC nº 123, de 14-12-2006, revogou a Lei nº 9.317, de 5-12-1996.

Art. 7º Os rendimentos do trabalho, com ou sem vínculo empregatício, de aposentadoria, de pensão e os da prestação de serviços, pagos, creditados, entregues, empregados ou remetidos a residentes ou domiciliados no exterior, sujeitam-se à incidência do imposto de renda na fonte à alíquota de 25% (vinte e cinco por cento).

- *Caput* com a redação dada pela Lei nº 13.315, de 20-7-2016.

§§ 1º e 2º VETADOS. Lei nº 13.315, de 20-7-2016.

Art. 8º Ressalvadas as hipóteses a que se referem os incisos V, VIII, IX, X e XI do art. 1º da Lei nº 9.481, de 1997, os rendimentos decorrentes de qualquer operação, em que o beneficiário seja residente ou domiciliado em país que não tribute a renda ou que a tribute à alíquota máxima inferior a vinte por cento, a que se refere o art. 24 da Lei nº 9.430, de 27 de dezembro de 1996, sujeitam-se à incidência do imposto de renda na fonte à alíquota de vinte e cinco por cento.

Art. 9º Os juros e comissões correspondentes à parcela dos créditos de que trata o inciso XI do art. 1º da Lei nº 9.481, de 1997, não aplicada no financiamento de exportações, sujeita-se à incidência do imposto de renda na fonte à alíquota de vinte e cinco por cento.

Parágrafo único. O imposto a que se refere este artigo será recolhido até o último dia útil do 1º (primeiro) decêndio do mês subsequente ao de apuração dos referidos juros e comissões.

- Parágrafo único com a redação dada pela Lei nº 11.488, de 15-6-2007.

Art. 10. O § 2º do art. 23 da Lei nº 9.532, de 10 de dezembro de 1997, passa a vigorar com a seguinte redação:

- Alteração inserida no texto da referida Lei.

Art. 11. O saldo credor do Imposto sobre Produtos Industrializados – IPI, acumulado em cada trimestre-calendário, decorrente de aquisição de matéria-prima, produto intermediário e material de embalagem, aplicados na industrialização, inclusive de produto isento ou tributado à alíquota zero, que o contribuinte não puder compensar com o IPI devido na saída de outros produtos, poderá ser utilizado de conformidade com o disposto nos arts. 73 e 74 da Lei nº 9.430, de 1996, observadas normas expedidas pela Secretaria da Receita Federal – SRF, do Ministério da Fazenda.

Art. 12. Equiparam-se a estabelecimento industrial os estabelecimentos atacadistas dos produtos da Posição 8703 da Tabela de Incidência do IPI – TIPI.

Parágrafo único. A equiparação a que se refere o *caput* aplica-se, inclusive, ao estabelecimento fabricante dos produtos da Posição 8703 da TIPI, em relação aos produtos da mesma posição, produzidos por outro fabricante, ainda que domiciliado no exterior, que revender.

- A Lei nº 10.184, de 12-2-2001, suspendeu, no período de 15-4-1999 a 30-6-2000, a aplicação do disposto neste artigo.

Art. 13. As operações de crédito correspondentes a mútuo de recursos financeiros entre pessoas jurídicas ou entre pessoa jurídica e pessoa física sujeitam-se à incidência do IOF segundo as mesmas normas aplicáveis às operações de financiamento e empréstimos praticadas pelas instituições financeiras.

§ 1º Considera-se ocorrido o fato gerador do IOF, na hipótese deste artigo, na data da concessão do crédito.

§ 2º Responsável pela cobrança e recolhimento do IOF de que trata este artigo é a pessoa jurídica que conceder o crédito.

§ 3º O imposto cobrado na hipótese deste artigo deverá ser recolhido até o terceiro dia útil da semana subsequente à da ocorrência do fato gerador.

Art. 14. *Revogado*. MP nº 2.158-35, de 24-8-2001.

Art. 15. Serão efetuados, de forma centralizada, pelo estabelecimento matriz da pessoa jurídica:

I – o recolhimento do imposto de renda retido na fonte sobre quaisquer rendimentos;

II – a apuração do crédito presumido do Imposto sobre Produtos Industrializados – IPI de que trata a Lei nº 9.363, de 13 de dezembro de 1996;

III – a apuração e o pagamento das contribuições para o Programa de Integração Social e para o Programa de Formação do Patrimônio do Servido Público – PIS/PASEP e para o Financiamento da Seguridade Social – COFINS;

IV – a apresentação das declarações de débitos e créditos de tributos e contribuições federais e as declarações de informações, observadas normas estabelecidas pela Secretaria da Receita Federal.

Art. 16. Compete à Secretaria da Receita Federal dispor sobre as obrigações acessórias relativas aos impostos e contribuições por ela administrados, estabelecendo, inclusive, forma, prazo e condições para o seu cumprimento e o respectivo responsável.

Art. 17. Fica concedido ao contribuinte ou responsável exonerado do pagamento de tributo ou contribuição por decisão judicial proferida, em qualquer grau de jurisdição, com fundamento em inconstitucionalidade de lei, que houver sido declarada constitucional pelo Supremo Tribunal Federal, em ação direta de constitucionalidade ou inconstitucionalidade, o prazo até o último dia útil do mês de janeiro de 1999 para o pagamento, isento de multa e juros de mora, da exação alcançada pela decisão declaratória, cujo fato gerador tenha ocorrido posteriormente à data de publicação do pertinente acórdão do Supremo Tribunal Federal.

§ 1º O disposto neste artigo estende-se:

I – aos casos em que a declaração de constitucionalidade tenha sido proferida pelo Supremo Tribunal Federal, em recurso extraordinário;

II – a contribuinte ou responsável favorecido por decisão judicial definitiva em matéria tributária, proferida sob qualquer fundamento, em qualquer grau de jurisdição;

III – aos processos judiciais ajuizados até 31 de dezembro de 1998, exceto os relativos à execução da Dívida Ativa da União.

§ 2º O pagamento na forma do *caput* deste artigo aplica-se à exação relativa a fato gerador:

I – ocorrido a partir da data da publicação do primeiro Acórdão do Tribunal Pleno do Supremo Tribunal Federal, na hipótese do inciso I do § 1º;

II – ocorrido a partir da data da publicação da decisão judicial, na hipótese do inciso II do § 1º;

III – alcançado pelo pedido, na hipótese do inciso III do § 1º.

§ 3º O pagamento referido neste artigo:

I – importa em confissão irretratável da dívida;

II – constitui confissão extrajudicial, nos termos dos arts. 348, 353 e 354 do Código de Processo Civil;

III – poderá ser parcelado em até seis parcelas iguais, mensais e sucessivas, vencendo-se a primeira no mesmo prazo estabelecido no *caput* para o pagamento integral e as demais no último dia útil dos meses subsequentes;

IV – relativamente aos tributos e contribuições administrados pela Secretaria da Receita Federal, poderá ser efetuado em quota única, até o último dia útil do mês de julho de 1999.

§ 4º As prestações do parcelamento referido no inciso III do § 3º serão acrescidas de juros equivalentes à taxa referencial do Sistema Especial de Liquidação e de Custódia – SELIC, para títulos federais, acumulada mensalmente, calculados a partir do mês de vencimento da primeira parcela até o mês anterior ao pagamento e de um por cento no mês do pagamento.

§ 5º Na hipótese do inciso IV do § 3º, os juros a que se refere o § 4º serão calculados a partir do mês de fevereiro de 1999.

§ 6º O pagamento nas condições deste artigo poderá ser parcial, referente apenas a determinado objeto da ação judicial, quando esta envolver mais de um objeto.

§ 7º No caso de pagamento parcial, o disposto nos incisos I e II do § 3º alcança exclusivamente os valores pagos.

§ 8º Aplica-se o disposto neste artigo às contribuições arrecadadas pelo Instituto Nacional do Seguro Social – INSS.

- §§ 1º a 8º acrescidos pela MP nº 2.158-35, de 24-8-2001, que até o encerramento desta edição não havia sido convertida em Lei.

Art. 18. O importador, antes de aplicada a pena de perdimento da mercadoria na hipótese a que se refere o inciso II do art. 23 do Decreto-Lei nº 1.455, de 7 de abril de 1976, poderá iniciar o respectivo despacho aduaneiro, mediante o cumprimento das formalidades exigidas e o pagamento dos tributos incidentes na importação, acrescidos dos juros e da multa de que trata o art. 61 da Lei nº 9.430, de 27 de dezembro de 1996, e das despesas decorrentes da permanência da mercadoria em recinto alfandegado.

- Art. 4º, III, da Lei nº 10.865, de 30-4-2004, que dispõe sobre o PIS/PASEP-Importação e a COFINS-Importação.

Parágrafo único. Para efeito do disposto neste artigo, considera-se ocorrido o fato gerador, e devidos os tributos incidentes na importação, na data do vencimento do prazo de permanência da mercadoria no recinto alfandegado.

Art. 19. A pena de perdimento, aplicada na hipótese a que se refere o *caput* do artigo anterior, poderá ser convertida, a requerimento do importador, antes de ocorrida a destinação, em multa equivalente ao valor aduaneiro da mercadoria.

Parágrafo único. A entrega da mercadoria ao importador, em conformidade com o disposto neste artigo, fica condicionada à comprovação do pagamento da multa e ao atendimento das normas de controle administrativo.

Art. 20. A SRF expedirá os atos necessários à aplicação do disposto nos arts. 18 e 19.

Art. 21. Esta Lei entra em vigor na data de sua publicação.

Art. 22. Ficam revogados:

I – a partir da publicação desta Lei, o art. 19 da Lei nº 9.532, de 1997;

II – a partir de 1º de janeiro de 1999:

a) o art. 13 da Lei nº 8.218, de 29 de agosto de 1991, com redação dada pela Lei nº 8.383, de 30 de dezembro de 1991;

b) o art. 42 da Lei nº 9.532, de 1997.

Congresso Nacional, 19 de janeiro de 1999;
178º da Independência e
111º da República.

Senador Antonio Carlos Magalhães

LEI Nº 9.784, DE 29 DE JANEIRO DE 1999

Regula o processo administrativo no âmbito da Administração Pública Federal.

- Publicada no *DOU* de 1º-2-1999 e retificada no *DOU* de 11-3-1999.

CAPÍTULO I
DAS DISPOSIÇÕES GERAIS

Art. 1º Esta Lei estabelece normas básicas sobre o processo administrativo no âmbito da Administração Federal direta e indireta, visando, em especial, à proteção dos direitos dos administrados e ao melhor cumprimento dos fins da Administração.

§ 1º Os preceitos desta Lei também se aplicam aos órgãos dos Poderes Legislativo e Judiciário da União, quando no desempenho de função administrativa.

§ 2º Para os fins desta Lei, consideram-se:

I – órgão – a unidade de atuação integrante da estrutura da Administração direta e da estrutura da Administração indireta;

II – entidade – a unidade de atuação dotada de personalidade jurídica;

III – autoridade – o servidor ou agente público dotado de poder de decisão.

Art. 2º A Administração Pública obedecerá, dentre outros, aos princípios da legalidade, finalidade, motivação, razoabilidade, proporcionalidade, moralidade, ampla defesa, contraditório, segurança jurídica, interesse público e eficiência.

- Art. 37 da CF.
- Súm. nº 3 do STF.

Parágrafo único. Nos processos administrativos serão observados, entre outros, os critérios de:

I – atuação conforme a lei e o Direito;

II – atendimento a fins de interesse geral, vedada a renúncia total ou parcial de poderes ou competências, salvo autorização em lei;

III – objetividade no atendimento do interesse público, vedada a promoção pessoal de agentes ou autoridades;

IV – atuação segundo padrões éticos de probidade, decoro e boa-fé;

V – divulgação oficial dos atos administrativos, ressalvadas as hipóteses de sigilo previstas na Constituição;

VI – adequação entre meios e fins, vedada a imposição de obrigações, restrições e sanções em medida superior àquelas estritamente necessárias ao atendimento do interesse público;

VII – indicação dos pressupostos de fato e de direito que determinarem a decisão;

VIII – observância das formalidades essenciais à garantia dos direitos dos administrados;

IX – adoção de formas simples, suficientes para propiciar adequado grau de certeza, segurança e respeito aos direitos dos administrados;

X – garantia dos direitos à comunicação, à apresentação de alegações finais, à produção de provas e à interposição de recursos, nos processos de que possam resultar sanções e nas situações de litígio;

XI – proibição de cobrança de despesas processuais, ressalvadas as previstas em lei;

XII – impulsão, de ofício, do processo administrativo, sem prejuízo da atuação dos interessados;

XIII – interpretação da norma administrativa da forma que melhor garanta o atendimento do fim público a que se dirige, vedada aplicação retroativa de nova interpretação.

CAPÍTULO II
DOS DIREITOS DOS ADMINISTRADOS

Art. 3º O administrado tem os seguintes direitos perante a Administração, sem prejuízo de outros que lhe sejam assegurados:

I – ser tratado com respeito pelas autoridades e servidores, que deverão facilitar o exercício de seus direitos e o cumprimento de suas obrigações;

II – ter ciência da tramitação dos processos administrativos em que tenha a condição de interessado, ter vista dos autos, obter cópias de documentos neles contidos e conhecer as decisões proferidas;

III – formular alegações e apresentar documentos antes da decisão, os quais serão objeto de consideração pelo órgão competente;

IV – fazer-se assistir, facultativamente, por advogado, salvo quando obrigatória a representação, por força de lei.

CAPÍTULO III
DOS DEVERES DO ADMINISTRADO

Art. 4º São deveres do administrado perante a Administração, sem prejuízo de outros previstos em ato normativo:

I – expor os fatos conforme a verdade;

II – proceder com lealdade, urbanidade e boa-fé;

III – não agir de modo temerário;

IV – prestar as informações que lhe forem solicitadas e colaborar para o esclarecimento dos fatos.

CAPÍTULO IV
DO INÍCIO DO PROCESSO

Art. 5º O processo administrativo pode iniciar-se de ofício ou a pedido de interessado.

Art. 6º O requerimento inicial do interessado, salvo casos em que for admitida solicitação oral, deve ser formulado por escrito e conter os seguintes dados:

I – órgão ou autoridade administrativa a que se dirige;

II – identificação do interessado ou de quem o represente;

III – domicílio do requerente ou local para recebimento de comunicações;

IV – formulação do pedido, com exposição dos fatos e de seus fundamentos;

V – data e assinatura do requerente ou de seu representante.

Parágrafo único. É vedada à Administração a recusa imotivada de recebimento de documentos, devendo o servidor orientar o interessado quanto ao suprimento de eventuais falhas.

Art. 7º Os órgãos e entidades administrativas deverão elaborar modelos ou formulários padronizados para assuntos que importem pretensões equivalentes.

Art. 8º Quando os pedidos de uma pluralidade de interessados tiverem conteúdo e fundamentos idênticos, poderão ser formulados em um único requerimento, salvo preceito legal em contrário.

CAPÍTULO V

DOS INTERESSADOS

Art. 9º São legitimados como interessados no processo administrativo:

I – pessoas físicas ou jurídicas que o iniciem como titulares de direitos ou interesses individuais ou no exercício do direito de representação;

II – aqueles que, sem terem iniciado o processo, têm direitos ou interesses que possam ser afetados pela decisão a ser adotada;

III – as organizações e associações representativas, no tocante a direitos e interesses coletivos;

IV – as pessoas ou as associações legalmente constituídas quanto a direitos ou interesses difusos.

Art. 10. São capazes, para fins de processo administrativo, os maiores de dezoito anos, ressalvada previsão especial em ato normativo próprio.

CAPÍTULO VI

DA COMPETÊNCIA

Art. 11. A competência é irrenunciável e se exerce pelos órgãos administrativos a que foi atribuída como própria, salvo os casos de delegação e avocação legalmente admitidos.

Art. 12. Um órgão administrativo e seu titular poderão, se não houver impedimento legal, delegar parte da sua competência a outros órgãos ou titulares, ainda que estes não lhe sejam hierarquicamente subordinados, quando for conveniente, em razão de circunstâncias de índole técnica, social, econômica, jurídica ou territorial.

Parágrafo único. O disposto no *caput* deste artigo aplica-se à delegação de competência dos órgãos colegiados aos respectivos presidentes.

Art. 13. Não podem ser objeto de delegação:

I – a edição de atos de caráter normativo;

II – a decisão de recursos administrativos;

III – as matérias de competência exclusiva do órgão ou autoridade.

Art. 14. O ato de delegação e sua revogação deverão ser publicados no meio oficial.

§ 1º O ato de delegação especificará as matérias e poderes transferidos, os limites da atuação do delegado, a duração e os objetivos da delegação e o recurso cabível, podendo conter ressalva de exercício da atribuição delegada.

§ 2º O ato de delegação é revogável a qualquer tempo pela autoridade delegante.

§ 3º As decisões adotadas por delegação devem mencionar explicitamente esta qualidade e considerar-se-ão editadas pelo delegado.

Art. 15. Será permitida, em caráter excepcional e por motivos relevantes devidamente justificados, a avocação temporária de competência atribuída a órgão hierarquicamente inferior.

Art. 16. Os órgãos e entidades administrativas divulgarão publicamente os locais das respectivas sedes e, quando conveniente, a unidade fundacional competente em matéria de interesse especial.

Art. 17. Inexistindo competência legal específica, o processo administrativo deverá ser iniciado perante a autoridade de menor grau hierárquico para decidir.

CAPÍTULO VII

DOS IMPEDIMENTOS E DA SUSPEIÇÃO

Art. 18. É impedido de atuar em processo administrativo o servidor ou autoridade que:

I – tenha interesse direto ou indireto na matéria;

II – tenha participado ou venha a participar como perito, testemunha ou representante, ou se tais situações ocorrem quanto ao cônjuge, companheiro ou parente e afins até o terceiro grau;

III – esteja litigando judicial ou administrativamente com o interessado ou respectivo cônjuge ou companheiro.

Art. 19. A autoridade ou servidor que incorrer em impedimento deve comunicar o fato à autoridade competente, abstendo-se de atuar.

Parágrafo único. A omissão do dever de comunicar o impedimento constitui falta grave, para efeitos disciplinares.

Art. 20. Pode ser arguida a suspeição de autoridade ou servidor que tenha amizade íntima ou inimizade notória com algum dos interessados ou com os respectivos cônjuges, companheiros, parentes e afins até o terceiro grau.

Art. 21. O indeferimento de alegação de suspeição poderá ser objeto de recurso, sem efeito suspensivo.

CAPÍTULO VIII

DA FORMA, TEMPO E LUGAR DOS ATOS DO PROCESSO

Art. 22. Os atos do processo administrativo não dependem de forma determinada senão quando a lei expressamente a exigir.

§ 1º Os atos do processo devem ser produzidos por escrito, em vernáculo, com a data e o local de sua realização e a assinatura da autoridade responsável.

§ 2º Salvo imposição legal, o reconhecimento de firma somente será exigido quando houver dúvida de autenticidade.

§ 3º A autenticação de documentos exigidos em cópia poderá ser feita pelo órgão administrativo.

§ 4º O processo deverá ter suas páginas numeradas sequencialmente e rubricadas.

Art. 23. Os atos do processo devem realizar-se em dias úteis, no horário normal de funcionamento da repartição na qual tramitar o processo.

Parágrafo único. Serão concluídos depois do horário normal os atos já iniciados, cujo adiamento prejudique o curso regular do procedimento ou cause dano ao interessado ou à Administração.

Art. 24. Inexistindo disposição específica, os atos do órgão ou autoridade responsável pelo processo e dos administrados que dele participem devem ser praticados no prazo de cinco dias, salvo motivo de força maior.

Parágrafo único. O prazo previsto neste artigo pode ser dilatado até o dobro, mediante comprovada justificação.

Art. 25. Os atos do processo devem realizar-se preferencialmente na sede do órgão, cientificando-se o interessado se outro for o local de realização.

CAPÍTULO IX
DA COMUNICAÇÃO DOS ATOS

Art. 26. O órgão competente perante o qual tramita o processo administrativo determinará a intimação do interessado para ciência de decisão ou a efetivação de diligências.

§ 1º A intimação deverá conter:

I – identificação do intimado e nome do órgão ou entidade administrativa;

II – finalidade da intimação;

III – data, hora e local em que deve comparecer;

IV – se o intimado deve comparecer pessoalmente, ou fazer-se representar;

V – informação da continuidade do processo independentemente do seu comparecimento;

VI – indicação dos fatos e fundamentos legais pertinentes.

§ 2º A intimação observará a antecedência mínima de três dias úteis quanto à data de comparecimento.

§ 3º A intimação pode ser efetuada por ciência no processo, por via postal com aviso de recebimento, por telegrama ou outro meio que assegure a certeza da ciência do interessado.

§ 4º No caso de interessados indeterminados, desconhecidos ou com domicílio indefinido, a intimação deve ser efetuada por meio de publicação oficial.

§ 5º As intimações serão nulas quando feitas sem observância das prescrições legais, mas o comparecimento do administrado supre sua falta ou irregularidade.

Art. 27. O desatendimento da intimação não importa o reconhecimento da verdade dos fatos, nem a renúncia a direito pelo administrado.

Parágrafo único. No prosseguimento do processo, será garantido direito de ampla defesa ao interessado.

Art. 28. Devem ser objeto de intimação os atos do processo que resultem para o interessado em imposição de deveres, ônus, sanções ou restrição ao exercício de direitos e atividades e os atos de outra natureza, de seu interesse.

CAPÍTULO X
DA INSTRUÇÃO

Art. 29. As atividades de instrução destinadas a averiguar e comprovar os dados necessários à tomada de decisão realizam-se de ofício ou mediante impulsão do órgão responsável pelo processo, sem prejuízo do direito dos interessados de propor atuações probatórias.

§ 1º O órgão competente para a instrução fará constar dos autos os dados necessários à decisão do processo.

§ 2º Os atos de instrução que exijam a atuação dos interessados devem realizar-se do modo menos oneroso para estes.

Art. 30. São inadmissíveis no processo administrativo as provas obtidas por meios ilícitos.

Art. 31. Quando a matéria do processo envolver assunto de interesse geral, o órgão competente poderá, mediante despacho motivado, abrir período de consulta pública para manifestação de terceiros, antes da decisão do pedido, se não houver prejuízo para a parte interessada.

§ 1º A abertura da consulta pública será objeto de divulgação pelos meios oficiais, a fim de que pessoas físicas ou jurídicas possam examinar os autos, fixando-se prazo para oferecimento de alegações escritas.

§ 2º O comparecimento à consulta pública não confere, por si, a condição de interessado do processo, mas confere o direito de obter da Administração resposta fundamentada, que poderá ser comum a todas as alegações substancialmente iguais.

Art. 32. Antes da tomada de decisão, a juízo da autoridade, diante da relevância da questão, poderá ser realizada audiência pública para debates sobre a matéria do processo.

Art. 33. Os órgãos e entidades administrativas, em matéria relevante, poderão estabelecer outros meios de participação de administrados, diretamente ou por meio de organizações e associações legalmente reconhecidas.

Art. 34. Os resultados da consulta e audiência pública e de outros meios de participação de administrados deverão ser apresentados com a indicação do procedimento adotado.

Art. 35. Quando necessária à instrução do processo, a audiência de outros órgãos ou entidades administrativas poderá ser realizada em reunião conjunta, com a participação de titulares ou representantes dos órgãos competentes, lavrando-se a respectiva ata, a ser juntada aos autos.

Art. 36. Cabe ao interessado a prova dos fatos que tenha alegado, sem prejuízo do dever atribuído ao órgão competente para a instrução e do disposto no art. 37 desta Lei.

Art. 37. Quando o interessado declarar que fatos e dados estão registrados em documentos existentes na própria Administração responsável pelo processo ou em outro órgão administrativo, o órgão competente para a instrução proverá, de ofício, à obtenção dos documentos ou das respectivas cópias.

Art. 38. O interessado poderá, na fase instrutória e antes da tomada da decisão, juntar documentos e pareceres, requerer diligências e perícias, bem como aduzir alegações referentes à matéria objeto do processo.

§ 1º Os elementos probatórios deverão ser considerados na motivação do relatório e da decisão.

§ 2º Somente poderão ser recusadas, mediante decisão fundamentada, as provas propostas pelos interessados quando sejam ilícitas, impertinentes, desnecessárias ou protelatórias.

Art. 39. Quando for necessária a prestação de informações ou a apresentação de provas pelos interessados ou terceiros, serão expedidas intimações para esse fim, mencionando-se data, prazo, forma e condições de atendimento.

Parágrafo único. Não sendo atendida a intimação, poderá o órgão competente, se entender relevante a matéria, suprir de ofício a omissão, não se eximindo de proferir a decisão.

Art. 40. Quando dados, atuações ou documentos solicitados ao interessado forem necessários à apreciação de pedido formulado, o não atendimento no prazo fixado pela Administração para a respectiva apresentação implicará arquivamento do processo.

Art. 41. Os interessados serão intimados de prova ou diligência ordenada, com antecedência mínima de três dias úteis, mencionando-se data, hora e local de realização.

Art. 42. Quando deva ser obrigatoriamente ouvido um órgão consultivo, o parecer deverá ser emitido no prazo máximo de quinze dias, salvo norma especial ou comprovada necessidade de maior prazo.

§ 1º Se um parecer obrigatório e vinculante deixar de ser emitido no prazo fixado, o processo não terá seguimento até a respectiva apresentação, responsabilizando-se quem der causa ao atraso.

§ 2º Se um parecer obrigatório e não vinculante deixar de ser emitido no prazo fixado, o processo poderá ter prosseguimento e ser decidido com sua dispensa, sem prejuízo da responsabilidade de quem se omitiu no atendimento.

Art. 43. Quando por disposição de ato normativo devam ser previamente obtidos laudos técnicos de órgãos administrativos e estes não cumprirem o encargo no prazo assinalado, o órgão responsável pela instrução deverá solicitar laudo técnico de outro órgão dotado de qualificação e capacidade técnica equivalentes.

Art. 44. Encerrada a instrução, o interessado terá o direito de manifestar-se no prazo máximo de dez dias, salvo se outro prazo for legalmente fixado.

Art. 45. Em caso de risco iminente, a Administração Pública poderá motivadamente adotar providências acauteladoras sem a prévia manifestação do interessado.

Art. 46. Os interessados têm direito à vista do processo e a obter certidões ou cópias reprográficas dos dados e documentos que o integram, ressalvados os dados e documentos de terceiros protegidos por sigilo ou pelo direito à privacidade, à honra e à imagem.

Art. 47. O órgão de instrução que não for competente para emitir a decisão final elaborará relatório indicando o pedido inicial, o conteúdo das fases do procedimento e formulará proposta de decisão, objetivamente justificada, encaminhando o processo à autoridade competente.

CAPÍTULO XI
DO DEVER DE DECIDIR

Art. 48. A Administração tem o dever de explicitamente emitir decisão nos processos administrativos e sobre solicitações ou reclamações, em matéria de sua competência.

Art. 49. Concluída a instrução de processo administrativo, a Administração tem o prazo de até trinta dias para decidir, salvo prorrogação por igual período expressamente motivada.

CAPÍTULO XI-A
DA DECISÃO COORDENADA

- Capítulo XI-A acrescido pela Lei nº 14.210, de 30-9-2021.

Art. 49-A. No âmbito da Administração Pública federal, as decisões administrativas que exijam a participação de 3 (três) ou mais setores, órgãos ou entidades poderão ser tomadas mediante decisão coordenada, sempre que:

I – for justificável pela relevância da matéria; e

II – houver discordância que prejudique a celeridade do processo administrativo decisório.

§ 1º Para os fins desta Lei, considera-se decisão coordenada a instância de natureza interinstitucional ou intersetorial que atua de forma compartilhada com a finalidade de simplificar o processo administrativo mediante participação concomitante de todas as autoridades e agentes decisórios e dos responsáveis pela instrução técnico-jurídica, observada a natureza do objeto e a compatibilidade do procedimento e de sua formalização com a legislação pertinente.

§§ 2º e 3º VETADOS. Lei nº 14.210, de 30-9-2021.

§ 4º A decisão coordenada não exclui a responsabilidade originária de cada órgão ou autoridade envolvida.

§ 5º A decisão coordenada obedecerá aos princípios da legalidade, da eficiência e da transparência, com utilização, sempre que necessário, da simplificação do procedimento e da concentração das instâncias decisórias.

§ 6º Não se aplica a decisão coordenada aos processos administrativos:

I – de licitação;

II – relacionados ao poder sancionador; ou

III – em que estejam envolvidas autoridades de Poderes distintos.

Art. 49-B. Poderão habilitar-se a participar da decisão coordenada, na qualidade de ouvintes, os interessados de que trata o art. 9º desta Lei.

Parágrafo único. A participação na reunião, que poderá incluir direito a voz, será deferida por decisão irrecorrível da autoridade responsável pela convocação da decisão coordenada.

Art. 49-C. VETADO. Lei nº 14.210, de 30-9-2021.

Art. 49-D. Os participantes da decisão coordenada deverão ser intimados na forma do art. 26 desta Lei.

Art. 49-E. Cada órgão ou entidade participante é responsável pela elaboração de documento específico sobre o tema atinente à respectiva competência, a fim de subsidiar os trabalhos e integrar o processo da decisão coordenada.

Parágrafo único. O documento previsto no *caput* deste artigo abordará a questão objeto da decisão coordenada e eventuais precedentes.

Art. 49-F. Eventual dissenso na solução do objeto da decisão coordenada deverá ser manifestado durante as reuniões, de forma fundamentada, acompanhado das propostas de solução e de alteração necessárias para a resolução da questão.

Parágrafo único. Não poderá ser arguida matéria estranha ao objeto da convocação.

Art. 49-G. A conclusão dos trabalhos da decisão coordenada será consolidada em ata, que conterá as seguintes informações:

I – relato sobre os itens da pauta;

II – síntese dos fundamentos aduzidos;

III – síntese das teses pertinentes ao objeto da convocação;

IV – registro das orientações, das diretrizes, das soluções ou das propostas de atos governamentais relativos ao objeto da convocação;

V – posicionamento dos participantes para subsidiar futura atuação governamental em matéria idêntica ou similar; e

VI – decisão de cada órgão ou entidade relativa à matéria sujeita à sua competência.

§ 1º Até a assinatura da ata, poderá ser complementada a fundamentação da decisão da autoridade ou do agente a respeito de matéria de competência do órgão ou da entidade representada.

§ 2º VETADO. Lei nº 14.210, de 30-9-2021.

§ 3º A ata será publicada por extrato no *Diário Oficial da União*, do qual deverão constar, além do registro referido no inciso IV do *caput* deste artigo, os dados identificadores da decisão coordenada e o órgão e o local em que se encontra a ata em seu inteiro teor, para conhecimento dos interessados.

- Arts. 49-A a 49-G acrescidos pela Lei nº 14.210, de 30-9-2021.

CAPÍTULO XII
DA MOTIVAÇÃO

Art. 50. Os atos administrativos deverão ser motivados, com indicação dos fatos e dos fundamentos jurídicos, quando:

I – neguem, limitem ou afetem direitos ou interesses;

II – imponham ou agravem deveres, encargos ou sanções;

III – decidam processos administrativos de concurso ou seleção pública;

IV – dispensem ou declarem a inexigibilidade de processo licitatório;

V – decidam recursos administrativos;

VI – decorram de reexame de ofício;

VII – deixem de aplicar jurisprudência firmada sobre a questão ou discrepem de pareceres, laudos, propostas e relatórios oficiais;

VIII – importem anulação, revogação, suspensão ou convalidação de ato administrativo.

§ 1º A motivação deve ser explícita, clara e congruente, podendo consistir em declaração de concordância com fundamentos de anteriores pareceres, informações, decisões ou propostas, que, neste caso, serão parte integrante do ato.

§ 2º Na solução de vários assuntos da mesma natureza, pode ser utilizado meio mecânico que reproduza os fundamentos das decisões, desde que não prejudique direito ou garantia dos interessados.

§ 3º A motivação das decisões de órgãos colegiados e comissões ou de decisões orais constará da respectiva ata ou de termo escrito.

CAPÍTULO XIII

DA DESISTÊNCIA E OUTROS CASOS DE EXTINÇÃO DO PROCESSO

Art. 51. O interessado poderá, mediante manifestação escrita, desistir total ou parcialmente do pedido formulado ou, ainda, renunciar a direitos disponíveis.

§ 1º Havendo vários interessados, a desistência ou renúncia atinge somente quem a tenha formulado.

§ 2º A desistência ou renúncia do interessado, conforme o caso, não prejudica o prosseguimento do processo, se a Administração considerar que o interesse público assim o exige.

Art. 52. O órgão competente poderá declarar extinto o processo quando exaurida sua finalidade ou o objeto da decisão se tornar impossível, inútil ou prejudicado por fato superveniente.

CAPÍTULO XIV

DA ANULAÇÃO, REVOGAÇÃO E CONVALIDAÇÃO

Art. 53. A Administração deve anular seus próprios atos, quando eivados de vício de legalidade, e pode revogá-los por motivo de conveniência ou oportunidade, respeitados os direitos adquiridos.

Art. 54. O direito da Administração de anular os atos administrativos de que decorram efeitos favoráveis para os destinatários decai em cinco anos, contados da data em que foram praticados, salvo comprovada má-fé.

§ 1º No caso de efeitos patrimoniais contínuos, o prazo de decadência contar-se-á da percepção do primeiro pagamento.

§ 2º Considera-se exercício do direito de anular qualquer medida de autoridade administrativa que importe impugnação à validade do ato.

Art. 55. Em decisão na qual se evidencie não acarretarem lesão ao interesse público nem prejuízo a terceiros, os atos que apresentarem defeitos sanáveis poderão ser convalidados pela própria Administração.

CAPÍTULO XV

DO RECURSO ADMINISTRATIVO E DA REVISÃO

Art. 56. Das decisões administrativas cabe recurso, em face de razões de legalidade e de mérito.

§ 1º O recurso será dirigido à autoridade que proferiu a decisão, a qual, se não a reconsiderar no prazo de cinco dias, o encaminhará à autoridade superior.

§ 2º Salvo exigência legal, a interposição de recurso administrativo independe de caução.

- Súm. nº 373 do STJ.

§ 3º Se o recorrente alegar que a decisão administrativa contraria enunciado da súmula vinculante, caberá à autoridade prolatora da decisão impugnada, se não a reconsiderar, explicitar, antes de encaminhar o recurso à autoridade superior, as razões da aplicabilidade ou inaplicabilidade da súmula, conforme o caso.

- § 3º acrescido pela Lei nº 11.417, de 19-12-2006.

Art. 57. O recurso administrativo tramitará no máximo por três instâncias administrativas, salvo disposição legal diversa.

Art. 58. Têm legitimidade para interpor recurso administrativo:

I – os titulares de direitos e interesses que forem parte no processo;

II – aqueles cujos direitos ou interesses forem indiretamente afetados pela decisão recorrida;

III – as organizações e associações representativas, no tocante a direitos e interesses coletivos;

IV – os cidadãos ou associações, quanto a direitos ou interesses difusos.

Art. 59. Salvo disposição legal específica, é de dez dias o prazo para interposição de recurso administrativo, contado a partir da ciência ou divulgação oficial da decisão recorrida.

§ 1º Quando a lei não fixar prazo diferente, o recurso administrativo deverá ser decidido no prazo máximo de trinta dias, a partir do recebimento dos autos pelo órgão competente.

§ 2º O prazo mencionado no parágrafo anterior poderá ser prorrogado por igual período, ante justificativa explícita.

Art. 60. O recurso interpõe-se por meio de requerimento no qual o recorrente deverá expor os fundamentos do pedido de reexame, podendo juntar os documentos que julgar convenientes.

Art. 61. Salvo disposição legal em contrário, o recurso não tem efeito suspensivo.

Parágrafo único. Havendo justo receio de prejuízo de difícil ou incerta reparação decorrente da execução, a autoridade recorrida ou a imediatamente superior poderá, de ofício ou a pedido, dar efeito suspensivo ao recurso.

Art. 62. Interposto o recurso, o órgão competente para dele conhecer deverá intimar os demais interessados para que, no prazo de cinco dias úteis, apresentem alegações.

Art. 63. O recurso não será conhecido quando interposto:

I – fora do prazo;

II – perante órgão incompetente;

III – por quem não seja legitimado;

IV – após exaurida a esfera administrativa.

§ 1º Na hipótese do inciso II, será indicada ao recorrente a autoridade competente, sendo-lhe devolvido o prazo para recurso.

LEG. COMPLEMENTAR

§ 2º O não conhecimento do recurso não impede a Administração de rever de ofício o ato ilegal, desde que não ocorrida preclusão administrativa.

Art. 64. O órgão competente para decidir o recurso poderá confirmar, modificar, anular ou revogar, total ou parcialmente, a decisão recorrida, se a matéria for de sua competência.

Parágrafo único. Se da aplicação do disposto neste artigo puder decorrer gravame à situação do recorrente, este deverá ser cientificado para que formule suas alegações antes da decisão.

Art. 64-A. Se o recorrente alegar violação de enunciado da súmula vinculante, o órgão competente para decidir o recurso explicitará as razões da aplicabilidade ou inaplicabilidade da súmula, conforme o caso.

Art. 64-B. Acolhida pelo Supremo Tribunal Federal a reclamação fundada em violação de enunciado da súmula vinculante, dar-se-á ciência à autoridade prolatora e ao órgão competente para o julgamento do recurso, que deverão adequar as futuras decisões administrativas em casos semelhantes, sob pena de responsabilização pessoal nas esferas cível, administrativa e penal.

- Arts. 64-A e 64-B acrescidos pela Lei nº 11.417, de 19-12-2006.

Art. 65. Os processos administrativos de que resultem sanções poderão ser revistos, a qualquer tempo, a pedido ou de ofício, quando surgirem fatos novos ou circunstâncias relevantes suscetíveis de justificar a inadequação da sanção aplicada.

Parágrafo único. Da revisão do processo não poderá resultar agravamento da sanção.

CAPÍTULO XVI
DOS PRAZOS

Art. 66. Os prazos começam a correr a partir da data da cientificação oficial, excluindo-se da contagem o dia do começo e incluindo-se o do vencimento.

§ 1º Considera-se prorrogado o prazo até o primeiro dia útil seguinte se o vencimento cair em dia em que não houver expediente ou este for encerrado antes da hora normal.

§ 2º Os prazos expressos em dias contam-se de modo contínuo.

§ 3º Os prazos fixados em meses ou anos contam-se de data a data. Se no mês do vencimento não houver o dia equivalente àquele do início do prazo, tem-se como termo o último dia do mês.

Art. 67. Salvo motivo de força maior devidamente comprovado, os prazos processuais não se suspendem.

CAPÍTULO XVII
DAS SANÇÕES

Art. 68. As sanções, a serem aplicadas por autoridade competente, terão natureza pecuniária ou consistirão em obrigação de fazer ou de não fazer, assegurado sempre o direito de defesa.

CAPÍTULO XVIII
DAS DISPOSIÇÕES FINAIS

Art. 69. Os processos administrativos específicos continuarão a reger-se por lei própria, aplicando-se-lhes apenas subsidiariamente os preceitos desta Lei.

Art. 69-A. Terão prioridade na tramitação, em qualquer órgão ou instância, os procedimentos administrativos em que figure como parte ou interessado:

I – pessoa com idade igual ou superior a 60 (sessenta) anos;

II – pessoa portadora de deficiência, física ou mental;

III – VETADO. Lei nº 12.008, de 29-7-2009;

IV – pessoa portadora de tuberculose ativa, esclerose múltipla, neoplasia maligna, hanseníase, paralisia irreversível e incapacitante, cardiopatia grave, doença de Parkinson, espondiloartrose anquilosante, nefropatia grave, hepatopatia grave, estados avançados da doença de Paget (osteíte deformante), contaminação por radiação, síndrome de imunodeficiência adquirida, ou outra doença grave, com base em conclusão da medicina especializada, mesmo que a doença tenha sido contraída após o início do processo.

§ 1º A pessoa interessada na obtenção do benefício, juntando prova de sua condição, deverá requerê-lo à autoridade administrativa competente, que determinará as providências a serem cumpridas.

§ 2º Deferida a prioridade, os autos receberão identificação própria que evidencie o regime de tramitação prioritária.

§§ 3º e 4º VETADOS. Lei nº 12.008, de 29-7-2009.

- Art. 69-A acrescido pela Lei nº 12.008, de 29-7-2009.

Art. 70. Esta Lei entra em vigor na data de sua publicação.

Brasília, 29 de janeiro de 1999;
178º da Independência e
111º da República.

Fernando Henrique Cardoso

LEI Nº 9.868, DE 10 DE NOVEMBRO DE 1999

Dispõe sobre o processo e julgamento da ação direta de inconstitucionalidade e da ação declaratória de constitucionalidade perante o Supremo Tribunal Federal.

- Publicada no *DOU* de 11-11-1999.

CAPÍTULO I
DA AÇÃO DIRETA DE INCONSTITUCIONALIDADE E DA AÇÃO DECLARATÓRIA DE CONSTITUCIONALIDADE

Art. 1º Esta Lei dispõe sobre o processo e julgamento da ação direta de inconstitucionalidade e da ação declaratória de constitucionalidade perante o Supremo Tribunal Federal.

- Art. 5º, VIII e IX, do RISTF.

CAPÍTULO II
DA AÇÃO DIRETA DE INCONSTITUCIONALIDADE

Seção I
DA ADMISSIBILIDADE E DO PROCEDIMENTO DA AÇÃO DIRETA DE INCONSTITUCIONALIDADE

Art. 2º Podem propor a ação direta de inconstitucionalidade:

- Art. 103 da CF.
- Art. 12-A desta Lei.

I – o Presidente da República;

II – a Mesa do Senado Federal;

III – a Mesa da Câmara dos Deputados;

IV – a Mesa de Assembleia Legislativa ou a Mesa da Câmara Legislativa do Distrito Federal;

V – o Governador de Estado ou o Governador do Distrito Federal;

VI – o Procurador-Geral da República;

- Art. 169, *caput* e § 1º, do RISTF.

VII – o Conselho Federal da Ordem dos Advogados do Brasil;

VIII – partido político com representação no Congresso Nacional;

IX – confederação sindical ou entidade de classe de âmbito nacional.

Parágrafo único. VETADO.

Art. 3º A petição indicará:

I – o dispositivo da lei ou do ato normativo impugnado e os fundamentos jurídicos do pedido em relação a cada uma das impugnações;

- Súm. nº 642 do STF.

II – o pedido, com suas especificações.

Parágrafo único. A petição inicial, acompanhada de instrumento de procuração, quando subscrita por advogado, será apresentada em duas vias, devendo conter cópias da lei ou do ato normativo impugnado e dos documentos necessários para comprovar a impugnação.

Art. 4º A petição inicial inepta, não fundamentada e a manifestamente improcedente serão liminarmente indeferidas pelo relator.

Parágrafo único. Cabe agravo da decisão que indeferir a petição inicial.

Art. 5º Proposta a ação direta, não se admitirá desistência.

- Art. 169, § 1º, do RISTF.

Parágrafo único. VETADO.

Art. 6º O relator pedirá informações aos órgãos ou às autoridades das quais emanou a lei ou o ato normativo impugnado.

- Art. 170 do RISTF.

Parágrafo único. As informações serão prestadas no prazo de trinta dias contado do recebimento do pedido.

- Art. 170, § 2º, do RISTF.

Art. 7º Não se admitirá intervenção de terceiros no processo de ação direta de inconstitucionalidade.

§ 1º VETADO.

§ 2º O relator, considerando a relevância da matéria e a representatividade dos postulantes, poderá, por despacho irrecorrível, admitir, observado o prazo fixado no parágrafo anterior, a manifestação de outros órgãos ou entidades.

Art. 8º Decorrido o prazo das informações, serão ouvidos, sucessivamente, o Advogado-Geral da União e o Procurador-Geral da República, que deverão manifestar-se, cada qual, no prazo de quinze dias.

- Art. 171 do RISTF.

Art. 9º Vencidos os prazos do artigo anterior, o relator lançará o relatório, com cópia a todos os Ministros, e pedirá dia para julgamento.

§ 1º Em caso de necessidade de esclarecimento de matéria ou circunstância de fato ou de notória insuficiência das informações existentes nos autos, poderá o relator requisitar informações adicionais, designar perito ou comissão de peritos para que emita parecer sobre a questão, ou fixar data para, em audiência pública, ouvir depoimentos de pessoas com experiência e autoridade na matéria.

§ 2º O relator poderá, ainda, solicitar informações aos Tribunais Superiores, aos Tribunais federais e aos Tribunais estaduais acerca da aplicação da norma impugnada no âmbito de sua jurisdição.

§ 3º As informações, perícias e audiências a que se referem os parágrafos anteriores serão realizadas no prazo de trinta dias, contado da solicitação do relator.

Seção II
DA MEDIDA CAUTELAR EM AÇÃO DIRETA DE INCONSTITUCIONALIDADE

- Art. 102, I, *p*, da CF.

Art. 10. Salvo no período de recesso, a medida cautelar na ação direta será concedida por decisão da maioria absoluta dos membros do Tribunal, observado o disposto no artigo 22, após a audiência dos órgãos ou autoridades dos quais emanou a lei ou ato normativo impugnado, que deverão pronunciar-se no prazo de cinco dias.

- Art. 170, § 1º, do RISTF.

§ 1º O relator, julgando indispensável, ouvirá o Advogado-Geral da União e o Procurador-Geral da República, no prazo de três dias.

§ 2º No julgamento do pedido de medida cautelar, será facultada sustentação oral aos representantes judiciais do requerente e das autoridades ou órgãos responsáveis pela expedição do ato, na forma estabelecida no Regimento do Tribunal.

§ 3º Em caso de excepcional urgência, o Tribunal poderá deferir a medida cautelar sem a audiência dos órgãos ou das autoridades das quais emanou a lei ou o ato normativo impugnado.

- Art. 170, *caput* e § 2º, do RISTF.

Art. 11. Concedida a medida cautelar, o Supremo Tribunal Federal fará publicar em seção especial do Diário Oficial da União e do Diário da Justiça da União a parte dispositiva da decisão, no prazo de dez dias, devendo solicitar as informações à autoridade da qual tiver emanado o ato, observando-se, no que couber, o procedimento estabelecido na Seção I deste Capítulo.

§ 1º A medida cautelar, dotada de eficácia contra todos, será concedida com efeito *ex nunc*, salvo se o Tribunal entender que deva conceder-lhe eficácia retroativa.

§ 2º A concessão da medida cautelar torna aplicável a legislação anterior acaso existente, salvo expressa manifestação em sentido contrário.

Art. 12. Havendo pedido de medida cautelar, o relator, em face da relevância da matéria e de seu especial significado para a ordem social e a segurança jurídica, poderá, após a prestação das informações, no prazo de dez dias, e a manifestação do Advogado-Geral da União e do Procurador-Geral da República, sucessivamente, no prazo de cinco dias, submeter o processo diretamente ao Tribunal, que terá a faculdade de julgar definitivamente a ação.

CAPÍTULO II-A
DA AÇÃO DIRETA DE INCONSTITUCIONALIDADE POR OMISSÃO

- Capítulo II-A acrescido pela Lei nº 12.063, de 27-10-2009.

Seção I
DA ADMISSIBILIDADE E DO PROCEDIMENTO DA AÇÃO DIRETA DE INCONSTITUCIONALIDADE POR OMISSÃO

Art. 12-A. Podem propor a ação direta de inconstitucionalidade por omissão os legitimados à propositura da ação direta de inconstitucionalidade e da ação declaratória de constitucionalidade.

- Art. 103 da CF.
- Arts. 2º e 13 desta Lei.

Art. 12-B. A petição indicará:

I – a omissão inconstitucional total ou parcial quanto ao cumprimento de dever constitucional de legislar ou quanto à adoção de providência de índole administrativa;

II – o pedido, com suas especificações.

Parágrafo único. A petição inicial, acompanhada de instrumento de procuração, se for o caso, será apresentada em 2 (duas) vias, devendo conter cópias dos documentos necessários para comprovar a alegação de omissão.

Art. 12-C. A petição inicial inepta, não fundamentada, e a manifestamente improcedente serão liminarmente indeferidas pelo relator.

Parágrafo único. Cabe agravo da decisão que indeferir a petição inicial.

Art. 12-D. Proposta a ação direta de inconstitucionalidade por omissão, não se admitirá desistência.

Art. 12-E. Aplicam-se ao procedimento da ação direta de inconstitucionalidade por omissão, no que couber, as disposições constantes da Seção I do Capítulo II desta Lei.

§ 1º Os demais titulares referidos no art. 2º desta Lei poderão manifestar-se, por escrito, sobre o objeto da ação e pedir a juntada de documentos reputados úteis para o exame da matéria, no prazo das informações, bem como apresentar memoriais.

§ 2º O relator poderá solicitar a manifestação do Advogado-Geral da União, que deverá ser encaminhada no prazo de 15 (quinze) dias.

§ 3º O Procurador-Geral da República, nas ações em que não for autor, terá vista do processo, por 15 (quinze) dias, após o decurso do prazo para informações.

- Arts. 12-A a 12-E acrescidos pela Lei nº 12.063, de 27-10-2009.

Seção II

DA MEDIDA CAUTELAR EM AÇÃO DIRETA DE INCONSTITUCIONALIDADE POR OMISSÃO

Art. 12-F. Em caso de excepcional urgência e relevância da matéria, o Tribunal, por decisão da maioria absoluta de seus membros, observado o disposto no art. 22, poderá conceder medida cautelar, após a audiência dos órgãos ou autoridades responsáveis pela omissão inconstitucional, que deverão pronunciar-se no prazo de 5 (cinco) dias.

§ 1º A medida cautelar poderá consistir na suspensão da aplicação da lei ou do ato normativo questionado, no caso de omissão parcial, bem como na suspensão de processos judiciais ou de procedimentos administrativos, ou ainda em outra providência a ser fixada pelo Tribunal.

§ 2º O relator, julgando indispensável, ouvirá o Procurador-Geral da República, no prazo de 3 (três) dias.

§ 3º No julgamento do pedido de medida cautelar, será facultada sustentação oral aos representantes judiciais do requerente e das autoridades ou órgãos responsáveis pela omissão inconstitucional, na forma estabelecida no Regimento do Tribunal.

Art. 12-G. Concedida a medida cautelar, o Supremo Tribunal Federal fará publicar, em seção especial do *Diário Oficial da União* e do *Diário da Justiça da União*, a parte dispositiva da decisão no prazo de 10 (dez) dias, devendo solicitar as informações à autoridade ou ao órgão responsável pela omissão inconstitucional, observando-se, no que couber, o procedimento estabelecido na Seção I do Capítulo II desta Lei.

- Arts. 12-F e 12-G acrescidos pela Lei nº 12.063, de 27-10-2009.

Seção III

DA DECISÃO NA AÇÃO DIRETA DE INCONSTITUCIONALIDADE POR OMISSÃO

Art. 12-H. Declarada a inconstitucionalidade por omissão, com observância do disposto no art. 22, será dada ciência ao Poder competente para a adoção das providências necessárias.

- Art. 103, § 2º, da CF.

§ 1º Em caso de omissão imputável a órgão administrativo, as providências deverão ser adotadas no prazo de 30 (trinta) dias, ou em prazo razoável a ser estipulado excepcionalmente pelo Tribunal, tendo em vista as circunstâncias específicas do caso e o interesse público envolvido.

§ 2º Aplica-se à decisão da ação direta de inconstitucionalidade por omissão, no que couber, o disposto no Capítulo IV desta Lei.

- Art. 12-H acrescido pela Lei nº 12.063, de 27-10-2009.

CAPÍTULO III

DA AÇÃO DECLARATÓRIA DE CONSTITUCIONALIDADE

Seção I

DA ADMISSIBILIDADE E DO PROCEDIMENTO DA AÇÃO DECLARATÓRIA DE CONSTITUCIONALIDADE

Art. 13. Podem propor a ação declaratória de constitucionalidade de lei ou ato normativo federal:

- Art. 103 da CF.
- Art. 12-A desta Lei.

I – o Presidente da República;

II – a Mesa da Câmara dos Deputados;

III – a Mesa do Senado Federal;

IV – o Procurador-Geral da República.

Art. 14. A petição inicial indicará:

I – o dispositivo da lei ou do ato normativo questionado e os fundamentos jurídicos do pedido;

II – o pedido, com suas especificações;

III – a existência de controvérsia judicial relevante sobre a aplicação da disposição objeto da ação declaratória.

Parágrafo único. A petição inicial, acompanhada de instrumento de procuração, quando subscrita por advogado, será apresentada em duas vias, devendo conter cópias do ato normativo questionado e dos documentos necessários para comprovar a procedência do pedido de declaração de constitucionalidade.

Art. 15. A petição inicial inepta, não fundamentada e a manifestamente improcedente serão liminarmente indeferidas pelo relator.

Parágrafo único. Cabe agravo da decisão que indeferir a petição inicial.

Art. 16. Proposta a ação declaratória, não se admitirá desistência.

- Art. 169, § 1º, do RISTF.

Art. 17. VETADO.

Art. 18. Não se admitirá intervenção de terceiros no processo de ação declaratória de constitucionalidade.

§§ 1º e 2º VETADOS.

Art. 19. Decorrido o prazo do artigo anterior, será aberta vista ao Procurador-Geral da República, que deverá pronunciar-se no prazo de quinze dias.

- Art. 171 do RISTF.

Art. 20. Vencido o prazo do artigo anterior, o relator lançará o relatório, com cópia a todos os Ministros, e pedirá dia para julgamento.

- Art. 172 do RISTF.

§ 1º Em caso de necessidade de esclarecimento de matéria ou circunstância de fato ou de notória insuficiência das informações existentes nos autos, poderá o relator requisitar informações adicionais, designar perito ou comissão de peritos para que emita parecer sobre a questão ou fixar data para, em audiência pública, ouvir depoimentos de pessoas com experiência e autoridade na matéria.

§ 2º O relator poderá solicitar, ainda, informações aos Tribunais Superiores, aos Tribunais federais e aos Tribunais estaduais acerca da aplicação da norma questionada no âmbito da sua jurisdição.

§ 3º As informações, perícias e audiências a que se referem os parágrafos anteriores serão realizadas no prazo de trinta dias, contado da solicitação do relator.

Seção II

DA MEDIDA CAUTELAR EM AÇÃO DECLARATÓRIA DE CONSTITUCIONALIDADE

Art. 21. O Supremo Tribunal Federal, por decisão da maioria absoluta de seus membros, poderá deferir pedido de medida cautelar na ação declaratória de constitucionalidade, consistente na determinação de que os juízes e os Tribunais suspendam o julgamento dos processos que envolvam a aplicação da lei ou do ato normativo objeto da ação até seu julgamento definitivo.

Parágrafo único. Concedida a medida cautelar, o Supremo Tribunal Federal fará publicar em seção especial do Diário Oficial da União a parte dispositiva da decisão, no prazo de dez dias, devendo o Tribunal proceder ao julgamento da ação no prazo de cento e oitenta dias, sob pena de perda de sua eficácia.

CAPÍTULO IV

DA DECISÃO NA AÇÃO DIRETA DE INCONSTITUCIONALIDADE E NA AÇÃO DECLARATÓRIA DE CONSTITUCIONALIDADE

Art. 22. A decisão sobre a constitucionalidade ou a inconstitucionalidade da lei ou do ato normativo somente será tomada se presentes na sessão pelo menos oito Ministros.

- Art. 97 da CF.
- Arts. 12-F e 12-H desta Lei.
- Art. 173, *caput*, do RISTF.

Art. 23. Efetuado o julgamento, proclamar-se-á a constitucionalidade ou a inconstitucionalidade da disposição ou da norma impugnada se num ou noutro sentido se tiverem manifestado pelo menos seis Ministros, quer se trate de ação direta de inconstitucionalidade ou de ação declaratória de constitucionalidade.

- Art. 173, par. ún., do RISTF.

Parágrafo único. Se não for alcançada a maioria necessária à declaração de constitucionalidade ou de inconstitucionalidade, estando ausentes Ministros em número que possa influir no julgamento, este será suspenso a fim de aguardar-se o comparecimento dos Ministros ausentes, até que se atinja o número necessário para prolação da decisão num ou noutro sentido.

Art. 24. Proclamada a constitucionalidade, julgar-se-á improcedente a ação direta ou procedente eventual ação declaratória; e, proclamada a inconstitucionalidade, julgar-se-á procedente a ação direta ou improcedente eventual ação declaratória.

- Art. 174 do RISTF.

Art. 25. Julgada a ação, far-se-á a comunicação à autoridade ou ao órgão responsável pela expedição do ato.

Art. 26. A decisão que declara a constitucionalidade ou a inconstitucionalidade da lei ou do ato normativo em ação direta ou em ação declaratória é irrecorrível, ressalvada a interposição de embargos declaratórios, não podendo, igualmente, ser objeto de ação rescisória.

Art. 27. Ao declarar a inconstitucionalidade de lei ou ato normativo, e tendo em vista razões de segurança jurídica ou de excepcional interesse social, poderá o Supremo Tribunal Federal, por maioria de dois terços de seus membros, restringir os efeitos daquela declaração ou decidir que ela só tenha eficácia a partir de seu trânsito em julgado ou de outro momento que venha a ser fixado.

Art. 28. Dentro do prazo de dez dias após o trânsito em julgado da decisão, o Supremo Tribunal Federal fará publicar em seção especial do *Diário da Justiça* e do *Diário Oficial da União* a parte dispositiva do acórdão.

- Art. 102, § 2º, do RISTF.

Parágrafo único. A declaração de constitucionalidade ou de inconstitucionalidade, inclusive a interpretação conforme a Constituição e a declaração parcial de inconstitucionalidade sem redução de texto, têm eficácia contra todos e efeito vinculante em relação aos órgãos do Poder Judiciário e à Administração Pública federal, estadual e municipal.

CAPÍTULO V

DAS DISPOSIÇÕES GERAIS E FINAIS

Art. 29. O artigo 482 do Código de Processo Civil fica acrescido dos seguintes parágrafos:

- Alteração inserida no texto do referido Código.
- Artigo sem efeito diante do novo CPC.

Art. 30. O artigo 8º da Lei nº 8.185, de 14 de maio de 1991, passa a vigorar acrescido dos seguintes dispositivos:

- A referida Lei foi revogada pela Lei nº 11.697, de 13-6-2008.

Art. 31. Esta Lei entra em vigor na data de sua publicação.

Brasília, 10 de novembro de 1999;
178º da Independência e
111º da República.

Fernando Henrique Cardoso

LEI Nº 9.873, DE 23 DE NOVEMBRO DE 1999

Estabelece prazo de prescrição para o exercício de ação punitiva pela Administração Pública Federal, direta e indireta, e dá outras providências.

- Publicada no *DOU* de 24-11-1999, Edição Extra.

Art. 1º Prescreve em cinco anos a ação punitiva da Administração Pública Federal, direta e indireta, no exercício do poder de polícia, objetivando apurar infração à legislação em vigor, contados da data da prática do ato ou, no caso de infração permanente ou continuada, do dia em que tiver cessado.

§ 1º Incide a prescrição no procedimento administrativo paralisado por mais de três anos, pendente de julgamento ou despacho, cujos autos serão arquivados de ofício ou mediante requerimento da parte interessada, sem prejuízo da apuração da responsabilidade funcional decorrente da paralisação, se for o caso.

§ 2º Quando o fato objeto da ação punitiva da Administração também constituir crime, a prescrição reger-se-á pelo prazo previsto na lei penal.

Art. 1º-A. Constituído definitivamente o crédito não tributário, após o término regular do processo administrativo, prescreve em 5 (cinco) anos a ação de execução da adminis-

LEG. COMPLEMENTAR

tração pública federal relativa a crédito decorrente da aplicação de multa por infração à legislação em vigor.

- Artigo acrescido pela Lei nº 11.941, de 27-5-de 2009.
- Arts. 142, 145 e 174 do CTN.
- Súm. nº 467 do STJ.

Art. 2º Interrompe-se a prescrição da ação punitiva:

- *Caput* com a redação dada pela Lei nº 11.941, de 2009.

I – pela notificação ou citação do indiciado ou acusado, inclusive por meio de edital;

- Inciso I com a redação dada pela Lei nº 11.941, de 2009.

II – por qualquer ato inequívoco, que importe apuração do fato;

III – pela decisão condenatória recorrível;

IV – por qualquer ato inequívoco que importe em manifestação expressa de tentativa de solução conciliatória no âmbito interno da administração pública federal.

- Inciso IV acrescido pela Lei nº 11.941, de 2009.
- Art. 174, par. ún., do CTN.

Art. 2º-A. Interrompe-se o prazo prescricional da ação executória:

I – pelo despacho do juiz que ordenar a citação em execução fiscal;

II – pelo protesto judicial;

III – por qualquer ato judicial que constitua em mora o devedor;

IV – por qualquer ato inequívoco, ainda que extrajudicial, que importe em reconhecimento do débito pelo devedor;

V – por qualquer ato inequívoco que importe em manifestação expressa de tentativa de solução conciliatória no âmbito interno da administração pública federal.

- Art. 2º-A acrescido pela Lei nº 11.941, de 27-5-de 2009.
- Art. 174, par. ún., do CTN.

Art. 3º Suspende-se a prescrição durante a vigência:

I – dos compromissos de cessação ou de desempenho, respectivamente, previstos nos arts. 53 e 58 da Lei nº 8.884, de 11 de junho de 1994;

- A referida Lei foi revogada pela Lei nº 12.529, de 30-11-2011.

II – *Revogado.* Lei nº 13.506, de 13-11-2017.

Art. 4º Ressalvadas as hipóteses de interrupção previstas no art. 2º, para as infrações ocorridas há mais de três anos, contados do dia 1º de julho de 1998, a prescrição operará em dois anos, a partir dessa data.

Art. 5º O disposto nesta Lei não se aplica às infrações de natureza funcional e aos processos e procedimentos de natureza tributária.

Art. 6º Ficam convalidados os atos praticados com base na Medida Provisória nº 1.859-16, de 24 de setembro de 1999.

Art. 7º Esta Lei entra em vigor na data de sua publicação.

Art. 8º Ficam revogados o art. 33 da Lei nº 6.385, de 1976, com a redação dada pela Lei nº 9.457, de 1997, o art. 28 da Lei nº 8.884, de 1994, e demais disposições em contrário, ainda que constantes de lei especial.

- A referida Lei foi revogada pela Lei nº 12.529, de 30-11-2011.

Congresso Nacional, 23 de novembro de 1999;
178º da Independência e
111º da República.

Senador Antonio Carlos Magalhães

LEI Nº 9.882, DE 3 DE DEZEMBRO DE 1999

Dispõe sobre o processo e julgamento da arguição de descumprimento de preceito fundamental, nos termos do § 1º do art. 102 da Constituição Federal.

- Publicada no *DOU* de 6-12-1999.

Art. 1º A arguição prevista no § 1º do artigo 102 da Constituição Federal será proposta perante o Supremo Tribunal Federal, e terá por objeto evitar ou reparar lesão a preceito fundamental, resultante de ato do Poder Público.

Parágrafo único. Caberá também arguição de descumprimento de preceito fundamental:

I – quando for relevante o fundamento da controvérsia constitucional sobre lei ou ato normativo federal, estadual ou municipal, incluídos os anteriores à Constituição;

II – VETADO.

Art. 2º Podem propor arguição de descumprimento de preceito fundamental:

- Art. 103 da CF.

I – os legitimados para a ação direta de inconstitucionalidade;

II – VETADO.

§ 1º Na hipótese do inciso II, faculta-se ao interessado, mediante representação, solicitar a propositura de arguição de descumprimento de preceito fundamental ao Procurador-Geral da República, que, examinando os fundamentos jurídicos do pedido, decidirá do cabimento do seu ingresso em juízo.

§ 2º VETADO.

Art. 3º A petição inicial deverá conter:

I – a indicação do preceito fundamental que se considera violado;

II – a indicação do ato questionado;

III – a prova da violação do preceito fundamental;

IV – o pedido, com suas especificações;

V – se for o caso, a comprovação da existência de controvérsia judicial relevante sobre a aplicação do preceito fundamental que se considera violado.

Parágrafo único. A petição inicial, acompanhada de instrumento de mandato, se for o caso, será apresentada em duas vias, devendo conter cópias do ato questionado e dos documentos necessários para comprovar a impugnação.

Art. 4º A petição inicial será indeferida liminarmente, pelo relator, quando não for o caso de arguição de descumprimento de preceito fundamental, faltar algum dos requisitos prescritos nesta Lei ou for inepta.

§ 1º Não será admitida arguição de descumprimento de preceito fundamental quando houver qualquer outro meio eficaz de sanar a lesividade.

§ 2º Da decisão de indeferimento da petição inicial caberá agravo, no prazo de 5 (cinco) dias.

Art. 5º O Supremo Tribunal Federal, por decisão da maioria absoluta de seus membros, poderá deferir pedido de medida liminar na arguição de descumprimento de preceito fundamental.

§ 1º Em caso de extrema urgência ou perigo de lesão grave, ou ainda, em período de recesso, poderá o relator conceder a liminar, *ad referendum* do Tribunal Pleno.

§ 2º O relator poderá ouvir os órgãos ou autoridades responsáveis pelo ato questionado, bem como o Advogado-Geral da União ou o Procurador-Geral da República, no prazo comum de 5 (cinco) dias.

§ 3º A liminar poderá consistir na determinação de que juízes e tribunais suspendam o andamento de processo ou os efeitos de decisões judiciais, ou de qualquer outra medida que apresente relação com a matéria objeto da arguição de descumprimento de preceito fundamental, salvo se decorrentes da coisa julgada.

§ 4º VETADO.

Art. 6º Apreciado o pedido de liminar, o relator solicitará as informações às autoridades responsáveis pela prática do ato questionado, no prazo de 10 (dez) dias.

§ 1º Se entender necessário, poderá o relator ouvir as partes nos processos que ensejaram a arguição, requisitar informações adicionais, designar perito ou comissão de peritos para que emita parecer sobre a questão, ou ainda, fixar data para declarações, em audiência pública, de pessoas com experiência e autoridade na matéria.

§ 2º Poderão ser autorizadas, a critério do relator, sustentação oral e juntada de memoriais, por requerimento dos interessados no processo.

Art. 7º Decorrido o prazo das informações, o relator lançará o relatório, com cópia a todos os ministros, e pedirá dia para julgamento.

Parágrafo único. O Ministério Público, nas arguições que não houver formulado, terá vista do processo, por 5 (cinco) dias, após o decurso do prazo para informações.

Art. 8º A decisão sobre a arguição de descumprimento de preceito fundamental somente será tomada se presentes na sessão pelo menos 2/3 (dois terços) dos Ministros.

§§ 1º e 2º VETADOS.

Art. 9º VETADO.

Art. 10. Julgada a ação, far-se-á comunicação às autoridades ou órgãos responsáveis pela prática dos atos questionados, fixando-se as condições e o modo de interpretação e aplicação do preceito fundamental.

§ 1º O presidente do Tribunal determinará o imediato cumprimento da decisão, lavrando-se o acórdão posteriormente.

§ 2º Dentro do prazo de dez dias contado a partir do trânsito em julgado da decisão, sua parte dispositiva será publicada em seção especial do *Diário da Justiça* e do *Diário Oficial da União*.

§ 3º A decisão terá eficácia contra todos e efeito vinculante relativamente aos demais órgãos do Poder Público.

- Art. 102, § 1º, da CF.

Art. 11. Ao declarar a inconstitucionalidade de lei ou ato normativo, no processo de arguição de descumprimento de preceito fundamental, e tendo em vista razões de segurança jurídica ou de excepcional interesse social, poderá o Supremo Tribunal Federal, por maioria de 2/3 (dois terços) de seus membros, restringir os efeitos daquela declaração ou decidir que ela só tenha eficácia a partir de seu trânsito em julgado ou de outro momento que venha a ser fixado.

Art. 12. A decisão que julgar procedente ou improcedente o pedido em arguição de descumprimento de preceito fundamental é irrecorrível, não podendo ser objeto de ação rescisória.

Art. 13. Caberá reclamação contra o descumprimento da decisão proferida pelo Supremo Tribunal Federal, na forma do seu Regimento Interno.

Art. 14. Esta Lei entra em vigor na data de sua publicação.

Brasília, 3 de dezembro de 1999;
178º da Independência e
111º da República.

Fernando Henrique Cardoso

LEI Nº 9.959, DE 27 DE JANEIRO DE 2000

Altera a legislação tributária federal e dá outras providências.

- Publicada no *DOU* de 28-1-2000.

Art. 1º Relativamente aos fatos geradores ocorridos a partir de 1º de janeiro de 2000, a alíquota do imposto de renda na fonte incidente sobre os rendimentos auferidos no País, por residentes e domiciliados no exterior, nas hipóteses previstas nos incisos III e V a IX do art. 1º da Lei nº 9.481, de 13 de agosto de 1997, com a redação dada pelo art. 20 da Lei nº 9.532, de 10 de dezembro de 1997, será de quinze por cento, observado, em relação aos incisos VI e VII, o disposto no art. 8º da Lei nº 9.779, de 19 de janeiro de 1999.

§ 1º Aos contratos em vigor em 31 de dezembro de 1999, relativos às operações mencionadas neste artigo, fica garantido o tratamento tributário a eles aplicável nessa data.

§ 2º Relativamente a qualquer das hipóteses referidas no *caput*, a alíquota de quinze por cento poderá ser reduzida, por prazo certo, pelo Poder Executivo, alcançando, exclusivamente, os contratos celebrados durante o período em que vigorar a redução.

Art. 2º A alínea *d* do inciso II do art. 18 da Lei nº 9.430, de 27 de dezembro de 1996, passa a vigorar com a seguinte redação:

- Alterações inseridas no texto da referida Lei.

Art. 3º O art. 1º da Lei nº 9.532, de 1997, passa a vigorar com a seguinte redação:

- Alterações inseridas no texto da referida Lei.

Art. 4º A contrapartida da reavaliação de quaisquer bens da pessoa jurídica somente poderá ser computada em conta de resultado ou na determinação do lucro real e da base de cálculo da contribuição social sobre o lucro líquido quando ocorrer a efetiva realização do bem reavaliado.

Art. 5º Aplica-se à pessoa jurídica incorporadora o disposto no art. 21 da Lei nº 9.249, de 26 de dezembro de 1995, e no § 1º do art. 1º da Lei nº 9.430, de 1996, salvo nos casos em que as pessoas jurídicas, incorporadora e incorporada, estivessem sob o mesmo controle societário desde o ano-calendário anterior ao do evento.

Art. 6º A alíquota de que trata o art. 72 da Lei nº 8.981, de 20 de janeiro de 1995, é fixada em percentual igual ao estabelecido para os rendimentos produzidos por aplicações financeiras de renda fixa:

I – a partir do ano-calendário de 2001, no caso de ganhos líquidos auferidos em operações realizadas em bolsas de valores, de mercadorias, de futuros, assemelhadas e no mercado de balcão, ressalvado o disposto no inciso II;

II – a partir do ano-calendário de 2002, no caso de ganhos líquidos auferidos nos mercados à vista de ações negociadas em bolsas de valores e de rendimentos produzidos pelos fundos de investimento previstos no § 6º do art. 28 da Lei nº 9.532, de 1997, com as alterações introduzidas pelos arts. 1º e 2º da Medida Provisória nº 1.990-26, de 14 de dezembro de 1999.

Parágrafo único. Aos ganhos líquidos a que se refere o inciso I aplicar-se-á, no ano-calendário de 2000, a alíquota de quinze por cento.

Art. 7º O regime de tributação previsto no art. 81 da Lei nº 8.981, de 1995, com a alteração introduzida pelo art. 11 da Lei nº 9.249, de 1995, não se aplica a investimento estrangeiro oriundo de país que tribute a renda à alíquota inferior a vinte por cento, o qual sujeitar-se-á às mesmas regras estabelecidas para os residentes ou domiciliados no País.

Art. 8º Os rendimentos auferidos em operações de *day trade* realizadas em bolsas de valores, de mercadorias, de futuros e assemelhadas, por qualquer beneficiário, inclusive pessoa jurídica isenta, sujeitam-se à incidência do imposto de renda na fonte à alíquota de um por cento.

§ 1º Para efeito do disposto neste artigo:

I – considera-se:

a) *day trade*: a operação ou a conjugação de operações iniciadas e encerradas em um mesmo dia, com o mesmo ativo, em uma mesma instituição intermediadora, em que a quantidade negociada tenha sido liquidada, total ou parcialmente;

• Alínea *a* com a redação dada Lei nº 12.350, de 20-12-2010.

b) rendimento: o resultado positivo apurado no encerramento das operações de *day trade*;

II – não será considerado valor ou quantidade de estoque do ativo existente em data anterior.

§ 2º Será admitida a compensação de perdas incorridas em operações de *day trade* realizadas no mesmo dia.

• § 2º com a redação dada pela Lei nº 12.350, de 20-12-2010.

§ 3º O responsável pela retenção e recolhimento do imposto de que trata este artigo é a instituição intermediadora da operação de *day trade* que receber, diretamente, a ordem do cliente.

• *Caput* do § 3º com a redação dada pela Lei nº 12.350, de 20-12-2010.

I e II – *Revogados*. Lei nº 12.350, de 20-12-2010.

§ 4º O valor do imposto retido na fonte sobre operações de *day trade* poderá ser:

I – deduzido do imposto incidente sobre ganhos líquidos apurados no mês;

II – compensado com o imposto incidente sobre ganhos líquidos apurado nos meses subsequentes, se, após a dedução de que trata o inciso anterior, houver saldo de imposto retido.

§ 5º Se, ao término de cada ano-calendário, houver saldo de imposto retido na fonte a compensar, fica facultado à pessoa física ou às pessoas jurídicas de que trata o inciso II do § 8º, pedido de restituição, na forma e condições estabelecidas pela Secretaria da Receita Federal.

§ 6º As perdas incorridas em operações *day trade* somente poderão ser compensadas com os rendimentos auferidos em operações de mesma espécie (*day trade*), realizadas no mês, observado o disposto no parágrafo seguinte.

§ 7º O resultado mensal da compensação referida no parágrafo anterior:

I – se positivo, integrará a base de cálculo do imposto referente aos ganhos líquidos;

II – se negativo, poderá ser compensado com os resultados positivos de operações de *day trade* apurados no meses subsequentes.

§ 8º Sem prejuízo do disposto no § 4º, o imposto de renda retido na fonte em operações de *day trade* será:

I – deduzido do devido no encerramento de cada período de apuração ou na data de extinção, no caso de pessoa jurídica tributada com base no lucro real, presumido ou arbitrado;

II – definitivo, no caso de pessoa física e de pessoa jurídica isenta, bem assim a sujeita ao tratamento previsto na Lei nº 9.317, de 5 de dezembro de 1996.

Art. 9º O disposto nos arts. 6º e 8º não se aplica aos rendimentos e ganhos líquidos auferidos pelas pessoas jurídicas de que trata o inciso I, do art. 77 da Lei nº 8.981, de 1995, que continuam sujeitos às normas previstas na legislação vigente.

Art. 10. Fica prorrogado, até 1º de março de 2000, o prazo de que trata o art. 4º da Lei nº 8.248, de 23 de outubro de 1991.

Art. 11. Ficam convalidados os atos praticados com base na Medida Provisória nº 2.005-3, de 14 de dezembro de 1999.

Art. 12. Esta Lei entra em vigor na data de sua publicação, produzindo efeitos a partir de 1º de janeiro de 2000.

Art. 13. Ficam revogados:

I – a partir de 1º de janeiro de 2000, os §§ 5º e 6º do art. 72 da Lei nº 8.981, de 1995, e o § 2º do art. 1º da Lei nº 9.481, de 13 de agosto de 1997, introduzido pelo art. 11 da Medida Provisória nº 1.990-26, de 14 de dezembro de 1999;

II – a Medida Provisória nº 2.005-3, de 14 de dezembro de 1999.

Congresso Nacional, em 27 de janeiro de 2000;
179º da Independência e
112º da República.

Heráclito Fortes

LEI Nº 9.964, DE 10 DE ABRIL DE 2000

Institui o Programa de Recuperação Fiscal – REFIS e dá outras providências, e altera as Leis nºs 8.036, de 11 de maio de 1990, e 8.844, de 20 de janeiro de 1994.

• Publicada no *DOU* de 11-4-2000.

○ Lei nº 10.189, de 14-2-2001, dispõe sobre o Programa de Recuperação Fiscal – REFIS.

○ Lei nº 10.684, de 30-5-2003, altera a legislação tributária, dispõe sobre parcelamento de débitos junto à Secretaria da Receita Federal, à Procuradoria-Geral da Fazenda Nacional e ao Instituto Nacional do Seguro Social.

Art. 1º É instituído o Programa de Recuperação Fiscal – REFIS, destinado a promover a regularização de créditos da União, decorrentes de débitos de pessoas jurídicas, relativos a tributos e contribuições, administrados pela Secretaria da Receita Federal e pelo Instituto Nacional do Seguro Social – INSS, com vencimento até 29 de fevereiro de 2000, constituídos ou não, inscritos ou não em dívida ativa, ajuizados ou a ajuizar, com exigibilidade suspensa ou não, inclusive os decorrentes de falta de recolhimento de valores retidos.

§ 1º O REFIS será administrado por um Comitê Gestor, com competência para implementar os procedimentos necessários à execução do Programa, observado o disposto no regulamento.

§ 2º O Comitê Gestor será integrado por um representante de cada órgão a seguir indicado, designados por seus respectivos titulares:

I – Ministério da Fazenda:

a) Secretaria da Receita Federal, que o presidirá;

b) Procuradoria-Geral da Fazenda Nacional;

II – Instituto Nacional do Seguro Social – INSS.

§ 3º O REFIS não alcança débitos:

I – de órgãos da administração pública direta, das fundações instituídas e mantidas pelo poder público e das autarquias;

II – relativos ao Imposto sobre a Propriedade Territorial Rural – ITR;

III – relativos a pessoa jurídica cindida a partir de 1º de outubro de 1999.

Art. 2º O ingresso no REFIS dar-se-á por opção da pessoa jurídica, que fará jus a regime especial de consolidação e parcelamento dos débitos fiscais a que se refere o art. 1º.

§ 1º A opção poderá ser formalizada até o último dia útil do mês de abril de 2000.

§ 2º Os débitos existentes em nome da optante serão consolidados tendo por base a data da formalização do pedido de ingresso no REFIS.

§ 3º A consolidação abrangerá todos os débitos existentes em nome da pessoa jurídica, na condição de contribuinte ou responsável, constituídos ou não, inclusive os acréscimos legais relativos a multa, de mora ou de ofício, a juros moratórios e demais encargos, determinados nos termos da legislação vigente à época da ocorrência dos respectivos fatos geradores.

§ 4º O débito consolidado na forma deste artigo:

I – independentemente da data de formalização da opção, sujeitar-se-á, a partir de 1º de março de 2000, a juros correspondentes à variação mensal da Taxa de Juros de Longo Prazo – TJLP, vedada a imposição de qualquer outro acréscimo;

- Inciso I com a redação dada pela Lei nº 10.189, de 14-2-2001.

II – será pago em parcelas mensais e sucessivas, vencíveis no último dia útil de cada mês, sendo o valor de cada parcela determinado em função de percentual da receita bruta do mês imediatamente anterior, apurada na forma do art. 31 e parágrafo único da Lei nº 8.981, de 20 de janeiro de 1995, não inferior a:

a) 0,3% (três décimos por cento), no caso de pessoa jurídica optante pelo Sistema Integrado de Pagamento de Impostos e Contribuições das Microempresas e Empresas de Pequeno Porte – Simples e de entidade imune ou isenta por finalidade ou objeto;

b) 0,6% (seis décimos por cento), no caso de pessoa jurídica submetida ao regime de tributação com base no lucro presumido;

c) 1,2% (um inteiro e dois décimos por cento), no caso de pessoa jurídica submetida ao regime de tributação com base no lucro real, relativamente às receitas decorrentes das atividades comerciais, industriais, médico-hospitalares, de transporte, de ensino e de construção civil;

d) 1,5% (um inteiro e cinco décimos por cento), nos demais casos.

§ 5º No caso de sociedade em conta de participação, os débitos e as receitas brutas serão considerados individualizadamente, por sociedade.

§ 6º Na hipótese de crédito com exigibilidade suspensa por força do disposto no inciso IV do art. 151 da Lei nº 5.172, de 25 de outubro de 1966, a inclusão, no REFIS, dos respectivos débitos, implicará dispensa dos juros de mora incidentes até a data de opção, condicionada ao encerramento do feito por desistência expressa e irrevogável da respectiva ação judicial e de qualquer outra, bem assim à renúncia do direito, sobre os mesmos débitos, sobre o qual se funda a ação.

§ 7º Os valores correspondentes a multa, de mora ou de ofício, e a juros moratórios, inclusive as relativas a débitos inscritos em dívida ativa, poderão ser liquidados, observadas as normas constitucionais referentes à vinculação e à partilha de receitas, mediante:

I – compensação de créditos, próprios ou de terceiros, relativos a tributo ou contribuição incluído no âmbito do REFIS;

II – a utilização de prejuízo fiscal e de base de cálculo negativa da contribuição social sobre o lucro líquido, próprios ou de terceiros, estes declarados à Secretaria da Receita Federal até 31 de outubro de 1999.

§ 8º Na hipótese do inciso II do § 7º, o valor a ser utilizado será determinado mediante a aplicação, sobre o montante do prejuízo fiscal e da base de cálculo negativa, das alíquotas de 15% (quinze por cento) e de 8% (oito por cento), respectivamente.

§ 9º Ao disposto neste artigo aplica-se a redução de multa a que se refere o art. 60 da Lei nº 8.383, de 30 de dezembro de 1991.

§ 10. A multa de mora incidente sobre os débitos relativos às contribuições administradas pelo INSS, incluídas no REFIS em virtude de confissão espontânea, sujeita-se ao limite estabelecido no art. 61 da Lei nº 9.430, de 27 de dezembro de 1996.

Art. 3º A opção pelo REFIS sujeita a pessoa jurídica a:

I – confissão irrevogável e irretratável dos débitos referidos no art. 2º;

II – autorização de acesso irrestrito, pela Secretaria da Receita Federal, às informações relativas à sua movimentação financeira, ocorrida a partir da data de opção pelo REFIS;

III – acompanhamento fiscal específico, com fornecimento periódico, em meio magnético, de dados, inclusive os indiciários de receitas;

IV – aceitação plena e irretratável de todas as condições estabelecidas;

V – cumprimento regular das obrigações para com o Fundo de Garantia do Tempo de Serviço – FGTS e para com o ITR;

VI – pagamento regular das parcelas do débito consolidado, bem assim dos tributos e das contribuições com vencimento posterior a 29 de fevereiro de 2000.

§ 1º A opção pelo REFIS exclui qualquer outra forma de parcelamento de débitos relativos aos tributos e às contribuições referidos no art. 1º.

- Lei nº 13.496, de 24-10-2017, institui o Programa Especial de Regularização Tributária (PERT) na Secretaria da Receita Federal do Brasil e na Procuradoria-Geral da Fazenda Nacional; e altera a Lei nº 12.249, de 2010, e o Decreto nº 70.235, de 1972.

§ 2º O disposto nos incisos II e III do *caput* aplica-se, exclusivamente, ao período em que a pessoa jurídica permanecer no REFIS.

§ 3º A opção implica manutenção automática dos gravames decorrentes de medida cautelar fiscal e das garantias prestadas nas ações de execução fiscal.

§ 4º Ressalvado o disposto no § 3º, a homologação da opção pelo REFIS é condicionada à prestação de garantia ou, a critério da pessoa jurídica, ao arrolamento dos bens integrantes do seu patrimônio, na forma do art. 64 da Lei nº 9.532, de 10 de dezembro de 1997.

- Súm. nº 437 do STJ.

LEG. COMPLEMENTAR

§ 5º São dispensadas das exigências referidas no § 4º as pessoas jurídicas optantes pelo Simples e aquelas cujo débito consolidado seja inferior a R$ 500.000,00 (quinhentos mil reais).

§ 6º Não poderão optar pelo REFIS as pessoas jurídicas de que tratam os incisos II e VI do art. 14 da Lei nº 9.718, de 27 de novembro de 1998.

Art. 4º As pessoas jurídicas de que tratam os incisos I e III a V do art. 14 da Lei nº 9.718, de 1998, poderão optar, durante o período em que submetidas ao REFIS, pelo regime de tributação com base no lucro presumido.

Parágrafo único. Na hipótese deste artigo, as pessoas jurídicas referidas no inciso III do art. 14 da Lei nº 9.718, de 1998, deverão adicionar os lucros, rendimentos e ganhos de capital oriundos do exterior ao lucro presumido e à base de cálculo da contribuição social sobre o lucro líquido.

Art. 5º A pessoa jurídica optante pelo REFIS será dele excluída nas seguintes hipóteses, mediante ato do Comitê Gestor:

I – inobservância de qualquer das exigências estabelecidas nos incisos I a V do *caput* do art. 3º;

II – inadimplência, por três meses consecutivos ou seis meses alternados, o que primeiro ocorrer, relativamente a qualquer dos tributos e das contribuições abrangidos pelo REFIS, inclusive os com vencimento após 29 de fevereiro de 2000;

III – constatação, caracterizada por lançamento de ofício, de débito correspondente a tributo ou contribuição abrangidos pelo REFIS e não incluídos na confissão a que se refere o inciso I do *caput* do art. 3º, salvo se integralmente pago no prazo de trinta dias, contado da ciência do lançamento ou da decisão definitiva na esfera administrativa ou judicial;

IV – compensação ou utilização indevida de créditos, prejuízo fiscal ou base de cálculo negativa referidos nos §§ 7º e 8º do art. 2º;

V – decretação de falência, extinção, pela liquidação, ou cisão da pessoa jurídica;

- Lei nº 11.101, de 9-2-2005 (Lei de Recuperação de Empresas e Falências).

VI – concessão de medida cautelar fiscal, nos termos da Lei nº 8.397, de 6 de janeiro de 1992;

VII – prática de qualquer procedimento tendente a subtrair receita da optante, mediante simulação de ato;

VIII – declaração de inaptidão da inscrição no Cadastro Nacional da Pessoa Jurídica, nos termos dos arts. 80 e 81 da Lei nº 9.430, de 1996;

IX – decisão definitiva, na esfera judicial, total ou parcialmente desfavorável à pessoa jurídica, relativa ao débito referido no § 6º do art. 2º e não incluído no REFIS, salvo se integralmente pago no prazo de trinta dias, contado da ciência da referida decisão;

X – arbitramento do lucro da pessoa jurídica, nos casos de determinação da base de cálculo do imposto de renda por critério diferente do da receita bruta;

XI – suspensão de suas atividades relativas a seu objeto social ou não auferimento de receita bruta por nove meses consecutivos.

§ 1º A exclusão da pessoa jurídica do REFIS implicará exigibilidade imediata da totalidade do crédito confessado e ainda não pago e automática execução da garantia prestada, restabelecendo-se, em relação ao montante não pago, os acréscimos legais na forma da legislação aplicável à época da ocorrência dos respectivos fatos geradores.

§ 2º A exclusão, nas hipóteses dos incisos I, II e III deste artigo, produzirá efeitos a partir do mês subsequente àquele em que for cientificado o contribuinte.

§ 3º Na hipótese do inciso III, e observado o disposto no § 2º, a exclusão dar-se-á, na data da decisão definitiva, na esfera administrativa ou judicial, quando houver sido contestado o lançamento.

Art. 6º O art. 22 da Lei nº 8.036, de 11 de maio de 1990, passa a vigorar com a seguinte redação:

"Art. 22. O empregador que não realizar os depósitos previstos nesta Lei, no prazo fixado no art. 15, responderá pela incidência da Taxa Referencial – TR sobre a importância correspondente."

"§1º Sobre o valor dos depósitos, acrescido da TR, incidirão, ainda, juros de mora de 0,5% a.m. (cinco décimos por cento ao mês) ou fração e multa, sujeitando-se, também, às obrigações e sanções previstas no Decreto-Lei nº 368, de 19 de dezembro de 1968."

"§ 2º A incidência da TR de que trata o *caput* deste artigo será cobrada por dia de atraso, tomando-se por base o índice de atualização das contas vinculadas do FGTS."

"§ 2º-A. A multa referida no § 1º deste artigo será cobrada nas condições que se seguem:"

"I – 5% (cinco por cento) no mês de vencimento da obrigação;"

"II – 10% (dez por cento) a partir do mês seguinte ao do vencimento da obrigação."

"§ 3º Para efeito de levantamento de débito para com o FGTS, o percentual de 8% (oito por cento) incidirá sobre o valor acrescido da TR até a data da respectiva operação."

Art. 7º Na hipótese de quitação integral dos débitos para com o FGTS, referente a competências anteriores a janeiro de 2000, incidirá, sobre o valor acrescido da TR, o percentual de multa de 5% (cinco por cento) e de juros de mora de 0,25% (vinte e cinco centésimos por cento), por mês de atraso, desde que o pagamento seja efetuado até 30 de junho de 2000.

Parágrafo único. O disposto neste artigo aplica-se aos débitos em cobrança administrativa ou judicial, notificados ou não, ainda que amparados por acordo de parcelamento.

Art. 8º O § 4º do art. 2º da Lei nº 8.844, de 20 de janeiro de 1994, alterada pela Lei nº 9.467, de 10 de julho de 1997, passa a vigorar com a seguinte redação:

"§ 4º Na cobrança judicial dos créditos do FGTS, incidirá encargo de 10% (dez por cento), que reverterá para o Fundo, para ressarcimento dos custos por ele incorridos, o qual será reduzido para 5% (cinco por cento), se o pagamento se der antes do ajuizamento da cobrança."

Art. 9º O Poder Executivo editará as normas regulamentares necessárias à execução do REFIS, especialmente em relação:

I – às modalidades de garantia passíveis de aceitação;

II – à fixação do percentual da receita bruta a ser utilizado para determinação das parcelas mensais, que poderá ser diferenciado em função da atividade econômica desenvolvida pela pessoa jurídica;

III – às formas de homologação da opção e de exclusão da pessoa jurídica do REFIS, bem assim às suas consequências;

- Súm. nº 355 do STJ.

IV – à forma de realização do acompanhamento fiscal específico;

V – às exigências para fins de liquidação na forma prevista nos §§ 7º e 8º do art. 2º.

Art. 10. O tratamento tributário simplificado e favorecido das microempresas e das empresas de pequeno porte é o estabelecido pela Lei nº 9.317, de 5 de dezembro de 1996, e alterações posteriores, não se aplicando, para esse efeito, as normas constantes da Lei nº 9.841, de 5 de outubro de 1999.

Art. 11. Os pagamentos efetuados no âmbito do REFIS serão alocados proporcionalmente, para fins de amortização do débito consolidado, tendo por base a relação existente, na data-base da consolidação, entre o valor consolidado de cada tributo e contribuição, incluído no Programa, e o valor total parcelado.

Art. 12. Alternativamente ao ingresso no REFIS, a pessoa jurídica poderá optar pelo parcelamento, em até sessenta parcelas mensais, iguais e sucessivas, dos débitos referidos no art. 1º, observadas todas as demais regras aplicáveis àquele Programa.

§ 1º O valor de cada parcela não poderá ser inferior a:

I – R$ 300,00 (trezentos reais), no caso de pessoa jurídica optante pelo Simples;

II – R$ 1.000,00 (um mil reais), no caso de pessoa jurídica submetida ao regime de tributação com base no lucro presumido;

III – R$ 3.000,00 (três mil reais), nos demais casos.

§ 2º Ao disposto neste artigo não se aplica a restrição de que trata o inciso II do § 3º do art. 1º.

Art. 13. Os débitos não tributários inscritos em dívida ativa, com vencimento até 29 de fevereiro de 2000, poderão ser parcelados em até sessenta parcelas mensais, iguais e sucessivas, perante a Procuradoria-Geral da Fazenda Nacional, observadas as demais regras aplicáveis ao parcelamento de que trata o art. 12.

§ 1º Para débitos não tributários inscritos, sujeitos ao parcelamento simplificado ou para os quais não se exige garantia no parcelamento ordinário, não se aplica a vedação de novos parcelamentos.

§ 2º Para os débitos não tributários inscritos, não alcançados pelo disposto no § 1º, admitir-se-á o reparcelamento, desde que requerido até o último dia útil do mês de abril de 2000.

§ 3º O disposto neste artigo aplica-se à verba de sucumbência devida por desistência de ação judicial para fins de inclusão dos respectivos débitos, inclusive no âmbito do INSS, no REFIS ou no parcelamento alternativo a que se refere o art. 2º.

§ 4º Na hipótese do § 3º, o parcelamento deverá ser solicitado pela pessoa jurídica no prazo de trinta dias, contado da data em que efetivada a desistência, na forma e condições a serem estabelecidas pelos órgãos competentes.

Art. 14. As obrigações decorrentes dos débitos incluídos no REFIS ou nos parcelamentos referidos nos arts. 12 e 13 não serão consideradas para fins de determinação de índices econômicos vinculados a licitações promovidas pela administração pública direta ou indireta, bem assim a operações de financiamentos realizadas por instituições financeiras oficiais federais.

Art. 15. É suspensa a pretensão punitiva do Estado, referente aos crimes previstos nos arts. 1º e 2º da Lei nº 8.137, de 27 de dezembro de 1990, e no art. 95 da Lei nº 8.212, de 24 de julho de 1991, durante o período em que a pessoa jurídica relacionada com o agente dos aludidos crimes estiver incluída no REFIS, desde que a inclusão no referido Programa tenha ocorrido antes do recebimento da denúncia criminal.

§ 1º A prescrição criminal não corre durante o período de suspensão da pretensão punitiva.

§ 2º O disposto neste artigo aplica-se, também:

I – a programas de recuperação fiscal instituídos pelos Estados, pelo Distrito Federal e pelos Municípios, que adotem, no que couber, normas estabelecidas nesta Lei;

II – aos parcelamentos referidos nos arts. 12 e 13.

§ 3º Extingue-se a punibilidade dos crimes referidos neste artigo quando a pessoa jurídica relacionada com o agente efetuar o pagamento integral dos débitos oriundos de tributos e contribuições sociais, inclusive acessórios, que tiverem sido objeto de concessão de parcelamento antes do recebimento da denúncia criminal.

Art. 16. Na hipótese de novação ou repactuação de débitos de responsabilidade de pessoas jurídicas optantes pelo REFIS ou pelo parcelamento alternativo a que se refere o art. 12, a recuperação de créditos anteriormente deduzidos como perda, até 31 de dezembro de 1999, será, para fins do disposto no art. 12 da Lei nº 9.430, de 1996, computada na determinação do lucro real e da base de cálculo da contribuição social sobre o lucro líquido, pelas pessoas jurídicas de que trata o inciso II do art. 14 da Lei nº 9.718, de 1998, à medida do efetivo recebimento, na forma a ser estabelecida pela Secretaria da Receita Federal.

Parágrafo único. O disposto neste artigo aplica-se aos débitos vinculados ao Programa de Revitalização de Cooperativas de Produção Agropecuária – RECOOP, instituído pela Medida Provisória nº 1.961-20, de 2 de março de 2000, ainda que a pessoa jurídica devedora não seja optante por qualquer das formas de parcelamento referida no *caput*.

Art. 17. São convalidados os atos praticados com base na Medida Provisória nº 2.004-5, de 11 de fevereiro de 2000.

Art. 18. Esta Lei entra em vigor na data de sua publicação.

Brasília, 10 de abril de 2000;
179º da Independência e
112º da República.

Fernando Henrique Cardoso

LEI COMPLEMENTAR Nº 101, DE 4 DE MAIO DE 2000

Estabelece normas de finanças públicas voltadas para a responsabilidade na gestão fiscal e dá outras providências.

- Publicada no *DOU* de 5-5-2000.
- Lei nº 11.457, de16-3-2207 (Lei da Super-Receita).

CAPÍTULO I
DISPOSIÇÕES PRELIMINARES

Art. 1º Esta Lei Complementar estabelece normas de finanças públicas voltadas para a responsabilidade na gestão fiscal, com amparo no Capítulo II do Título VI da Constituição.

§ 1º A responsabilidade na gestão fiscal pressupõe a ação planejada e transparente, em que se previnem riscos e corrigem desvios capazes de afetar o equilíbrio das contas públicas, mediante o cumprimento de metas de resultados entre receitas e despesas e a obediência a limites e condições no que tange a renúncia de receita, geração de despesas com pessoal, da seguridade social e outras, dívidas consolidada e mobiliária, operações de crédito, inclusive por antecipação de receita, concessão de garantia e inscrição em Restos a Pagar.

§ 2º As disposições desta Lei Complementar obrigam a União, os Estados, o Distrito Federal e os Municípios.

§ 3º Nas referências:

I – à União, aos Estados, ao Distrito Federal e aos Municípios, estão compreendidos:

a) o Poder Executivo, o Poder Legislativo, neste abrangidos os Tribunais de Contas, o Poder Judiciário e o Ministério Público;

b) as respectivas administrações diretas, fundos, autarquias, fundações e empresas estatais dependentes;

II – a Estados entende-se considerado o Distrito Federal;

III – a Tribunais de Contas estão incluídos: Tribunal de Contas da União, Tribunal de Contas do Estado e, quando houver, Tribunal de Contas dos Municípios e Tribunal de Contas do Município.

Art. 2º Para os efeitos desta Lei Complementar, entende-se como:

I – ente da Federação: a União, cada Estado, o Distrito Federal e cada Município;

II – empresa controlada: sociedade cuja maioria do capital social com direito a voto pertença, direta ou indiretamente, a ente da Federação;

III – empresa estatal dependente: empresa controlada que receba do ente controlador recursos financeiros para pagamento de despesas com pessoal ou de custeio em geral ou de capital, excluídos, no último caso, aqueles provenientes de aumento de participação acionária;

IV – receita corrente líquida: somatório das receitas tributárias, de contribuições, patrimoniais, industriais, agropecuárias, de serviços, transferências correntes e outras receitas também correntes, deduzidos:

a) na União, os valores transferidos aos Estados e Municípios por determinação constitucional ou legal, e as contribuições mencionadas na alínea *a* do inciso I e no inciso II do art. 195, e no art. 239 da Constituição;

b) nos Estados, as parcelas entregues aos Municípios por determinação constitucional;

c) na União, nos Estados e nos Municípios, a contribuição dos servidores para o custeio do seu sistema de previdência e assistência social e as receitas provenientes da compensação financeira citada no § 9º do art. 201 da Constituição.

§ 1º Serão computados no cálculo da receita corrente líquida os valores pagos e recebidos em decorrência da Lei Complementar nº 87, de 13 de setembro de 1996, e do fundo previsto pelo art. 60 do Ato das Disposições Constitucionais Transitórias.

§ 2º Não serão considerados na receita corrente líquida do Distrito Federal e dos Estados do Amapá e de Roraima os recursos recebidos da União para atendimento das despesas de que trata o inciso V do § 1º do art. 19.

§ 3º A receita corrente líquida será apurada somando-se as receitas arrecadadas no mês em referência e nos onze anteriores, excluídas as duplicidades.

CAPÍTULO II
DO PLANEJAMENTO

Seção I
DO PLANO PLURIANUAL

Art. 3º VETADO.

Seção II
DA LEI DE DIRETRIZES ORÇAMENTÁRIAS

Art. 4º A lei de diretrizes orçamentárias atenderá o disposto no § 2º do art. 165 da Constituição e:

I – disporá também sobre:

a) equilíbrio entre receitas e despesas;

b) critérios e forma de limitação de empenho, a ser efetivada nas hipóteses previstas na alínea *b* do inciso II deste artigo, no art. 9º e no inciso II do § 1º do art. 31;

c e *d)* VETADAS;

e) normas relativas ao controle de custos e à avaliação dos resultados dos programas financiados com recursos dos orçamentos;

f) demais condições e exigências para transferências de recursos a entidades públicas e privadas;

II e III – VETADOS.

§ 1º Integrará o projeto de lei de diretrizes orçamentárias Anexo de Metas Fiscais, em que serão estabelecidas metas anuais, em valores correntes e constantes, relativas a receitas, despesas, resultados nominal e primário e montante da dívida pública, para o exercício a que se referirem e para os dois seguintes.

§ 2º O Anexo conterá, ainda:

I – avaliação do cumprimento das metas relativas ao ano anterior;

II – demonstrativo das metas anuais, instruído com memória e metodologia de cálculo que justifiquem os resultados pretendidos, comparando-as com as fixadas nos três exercícios anteriores, e evidenciando a consistência delas com as premissas e os objetivos da política econômica nacional;

III – evolução do patrimônio líquido, também nos últimos três exercícios, destacando a origem e a aplicação dos recursos obtidos com a alienação de ativos;

IV – avaliação da situação financeira e atuarial:

a) dos regimes geral de previdência social e próprio dos servidores públicos e do Fundo de Amparo ao Trabalhador;

b) dos demais fundos públicos e programas estatais de natureza atuarial;

V – demonstrativo da estimativa e compensação da renúncia de receita e da margem de expansão das despesas obrigatórias de caráter continuado.

§ 3º A lei de diretrizes orçamentárias conterá Anexo de Riscos Fiscais, onde serão avaliados os passivos contingentes e outros riscos capazes de afetar as contas públicas, informando as providências a serem tomadas, caso se concretizem.

§ 4º A mensagem que encaminhar o projeto da União apresentará, em anexo específico, os objetivos das políticas monetária, creditícia e cambial, bem como os parâmetros e as projeções para seus principais agregados e variáveis, e ainda as metas de inflação, para o exercício subsequente.

Seção III
DA LEI ORÇAMENTÁRIA ANUAL

Art. 5º O projeto de lei orçamentária anual, elaborado de forma compatível com o plano plurianual, com a lei de diretrizes orçamentárias e com as normas desta Lei Complementar:

I – conterá, em anexo, demonstrativo da compatibilidade da programação dos orçamentos com os objetivos e metas constantes do documento de que trata o § 1º do art. 4º;

II – será acompanhado do documento a que se refere o § 6º do art. 165 da Constituição, bem como das medidas de compensação a renúncias de receita e ao aumento de despesas obrigatórias de caráter continuado;

III – conterá reserva de contingência, cuja forma de utilização e montante, definido com base na receita corrente líquida, serão estabelecidos na lei de diretrizes orçamentárias, destinada ao:

a) VETADA;

b) atendimento de passivos contingentes e outros riscos e eventos fiscais imprevistos.

§ 1º Todas as despesas relativas à dívida pública, mobiliária ou contratual, e as receitas que as atenderão, constarão da lei orçamentária anual.

§ 2º O refinanciamento da dívida pública constará separadamente na lei orçamentária e nas de crédito adicional.

§ 3º A atualização monetária do principal da dívida mobiliária refinanciada não poderá superar a variação do índice de preços previsto na lei de diretrizes orçamentárias, ou em legislação específica.

§ 4º É vedado consignar na lei orçamentária crédito com finalidade imprecisa ou com dotação ilimitada.

§ 5º A lei orçamentária não consignará dotação para investimento com duração superior a um exercício financeiro que não esteja previsto no plano plurianual ou em lei que autorize a sua inclusão, conforme disposto no § 1º do art. 167 da Constituição.

§ 6º Integrarão as despesas da União, e serão incluídas na lei orçamentária, as do Banco Central do Brasil relativas a pessoal e encargos sociais, custeio administrativo, inclusive os destinados a benefícios e assistência aos servidores, e a investimentos.

§ 7º VETADO.

Art. 6º VETADO.

Art. 7º O resultado do Banco Central do Brasil, apurado após a constituição ou reversão de reservas, constitui receita do Tesouro Nacional, e será transferido até o décimo dia útil subsequente à aprovação dos balanços semestrais.

§ 1º O resultado negativo constituirá obrigação do Tesouro para com o Banco Central do Brasil e será consignado em dotação específica no orçamento.

§ 2º O impacto e o custo fiscal das operações realizadas pelo Banco Central do Brasil serão demonstrados trimestralmente, nos termos em que dispuser a lei de diretrizes orçamentárias da União.

§ 3º Os balanços trimestrais do Banco Central do Brasil conterão notas explicativas sobre os custos da remuneração das disponibilidades do Tesouro Nacional e da manutenção das reservas cambiais e a rentabilidade de sua carteira de títulos, destacando os de emissão da União.

Seção IV

DA EXECUÇÃO ORÇAMENTÁRIA E DO CUMPRIMENTO DAS METAS

Art. 8º Até trinta dias após a publicação dos orçamentos, nos termos em que dispuser a lei de diretrizes orçamentárias e observado o disposto na alínea *c* do inciso I do art. 4º, o Poder Executivo estabelecerá a programação financeira e o cronograma de execução mensal de desembolso.

- Arts. 99, § 3º, e 127, § 4º, da CF.

Parágrafo único. Os recursos legalmente vinculados a finalidade específica serão utilizados exclusivamente para atender ao objeto de sua vinculação, ainda que em exercício diverso daquele em que ocorrer o ingresso.

Art. 9º Se verificado, ao final de um bimestre, que a realização da receita poderá não comportar o cumprimento das metas de resultado primário ou nominal estabelecidas no Anexo de Metas Fiscais, os Poderes e o Ministério Público promoverão, por ato próprio e nos montantes necessários, nos trinta dias subsequentes, limitação de empenho e movimentação financeira, segundo os critérios fixados pela lei de diretrizes orçamentárias.

§ 1º No caso de restabelecimento da receita prevista, ainda que parcial, a recomposição das dotações cujos empenhos foram limitados dar-se-á de forma proporcional às reduções efetivadas.

§ 2º Não serão objeto de limitação as despesas que constituam obrigações constitucionais e legais do ente, inclusive aquelas destinadas ao pagamento do serviço da dívida, as relativas à inovação e ao desenvolvimento científico e tecnológico custeadas por fundo criado para tal finalidade e as ressalvadas pela lei de diretrizes orçamentárias.

- § 2º com a redação dada pela LC nº 177, de 12-1-2021.

§ 3º No caso de os Poderes Legislativo e Judiciário e o Ministério Público não promoverem a limitação no prazo estabelecido no *caput*, é o Poder Executivo autorizado a limitar os valores financeiros segundo os critérios fixados pela lei de diretrizes orçamentárias.

- O STF, por maioria dos votos, julgou procedente o pedido formulado na ADIN nº 2.238 para declarar a inconstitucionalidade deste parágrafo (*DOU* de 13-8-2020).
- Art. 168 da CF.

§ 4º Até o final dos meses de maio, setembro e fevereiro, o Poder Executivo demonstrará e avaliará o cumprimento das metas fiscais de cada quadrimestre, em audiência pública na comissão referida no § 1º do art. 166 da Constituição ou equivalente nas Casas Legislativas estaduais e municipais.

§ 5º No prazo de noventa dias após o encerramento de cada semestre, o Banco Central do Brasil apresentará, em reunião conjunta das comissões temáticas pertinentes do Congresso Nacional, avaliação do cumprimento dos objetivos e metas das políticas monetária, creditícia e cambial, evidenciando o impacto e o custo fiscal de suas operações e os resultados demonstrados nos balanços.

Art. 10. A execução orçamentária e financeira identificará os beneficiários de pagamento de sentenças judiciais, por meio de sistema de contabilidade e administração financeira, para fins de observância da ordem cronológica determinada no art. 100 da Constituição.

CAPÍTULO III

DA RECEITA PÚBLICA

Seção I

DA PREVISÃO E DA ARRECADAÇÃO

Art. 11. Constituem requisitos essenciais da responsabilidade na gestão fiscal a instituição, previsão e efetiva arrecadação de todos os tributos da competência constitucional do ente da Federação.

Parágrafo único. É vedada a realização de transferências voluntárias para o ente que não observe o disposto no *caput*, no que se refere aos impostos.

Art. 12. As previsões de receita observarão as normas técnicas e legais, considerarão os efeitos das alterações na legislação, da variação do índice de preços, do crescimento econômico ou de qualquer outro fator relevante e serão acompanhadas de demonstrativo de sua evolução nos últimos três anos, da projeção para os dois seguintes àquele a que se referirem, e da metodologia de cálculo e premissas utilizadas.

- Arts. 29 e 30 da Lei nº 4.320, de 17-3-1964, que estatui normas gerais de direito financeiro para elaboração e controle dos orçamentos e balanços da União, dos Estados, dos Municípios e do Distrito Federal.

LEG. COMPLEMENTAR

§ 1º Reestimativa de receita por parte do Poder Legislativo só será admitida se comprovado erro ou omissão de ordem técnica ou legal.

§ 2º O montante previsto para as receitas de operações de crédito não poderá ser superior ao das despesas de capital constantes do projeto de lei orçamentária.

- O STF, por unanimidade de votos, julgou parcialmente procedente a ADIN nº 2.238, conferindo a este parágrafo interpretação conforme ao inciso III do art. 167 da CF, em ordem a explicitar que a proibição não abrange operações de crédito autorizadas mediante créditos suplementares ou especiais com finalidade precisa, aprovados pelo Poder Legislativo (*DOU* de 13-8-2020).

§ 3º O Poder Executivo de cada ente colocará à disposição dos demais Poderes e do Ministério Público, no mínimo trinta dias antes do prazo final para encaminhamento de suas propostas orçamentárias, os estudos e as estimativas das receitas para o exercício subsequente, inclusive da corrente líquida, e as respectivas memórias de cálculo.

Art. 13. No prazo previsto no art. 8º, as receitas previstas serão desdobradas, pelo Poder Executivo, em metas bimestrais de arrecadação, com a especificação, em separado, quando cabível, das medidas de combate à evasão e à sonegação, da quantidade e valores de ações ajuizadas para cobrança da dívida ativa, bem como da evolução do montante dos créditos tributários passíveis de cobrança administrativa.

Seção II

DA RENÚNCIA DE RECEITA

Art. 14. A concessão ou ampliação de incentivo ou benefício de natureza tributária da qual decorra renúncia de receita deverá estar acompanhada de estimativa do impacto orçamentário-financeiro no exercício em que deva iniciar sua vigência e nos dois seguintes, atender ao disposto na lei de diretrizes orçamentárias e a pelo menos uma das seguintes condições:

- Arts. 70 e 71 da CF.

I – demonstração pelo proponente de que a renúncia foi considerada na estimativa de receita da lei orçamentária, na forma do art. 12, e de que não afetará as metas de resultados fiscais previstas no anexo próprio da lei de diretrizes orçamentárias;

- Arts. 70 e 151 da CF.

II – estar acompanhada de medidas de compensação, no período mencionado no *caput*, por meio do aumento de receita, proveniente da elevação de alíquotas, ampliação da base de cálculo, majoração ou criação de tributo ou contribuição.

§ 1º A renúncia compreende anistia, remissão, subsídio, crédito presumido, concessão de isenção em caráter não geral, alteração de alíquota ou modificação de base de cálculo que implique redução discriminada de tributos ou contribuições, e outros benefícios que correspondam a tratamento diferenciado.

- Art. 150, § 6º, da CF.

§ 2º Se o ato de concessão ou ampliação do incentivo ou benefício de que trata o *caput* deste artigo decorrer da condição contida no inciso II, o benefício só entrará em vigor quando implementadas as medidas referidas no mencionado inciso.

§ 3º O disposto neste artigo não se aplica:

I – às alterações das alíquotas dos impostos previstos nos incisos I, II, IV e V do art. 153 da Constituição, na forma do seu § 1º;

II – ao cancelamento de débito cujo montante seja inferior ao dos respectivos custos de cobrança.

CAPÍTULO IV

DA DESPESA PÚBLICA

Seção I

DA GERAÇÃO DA DESPESA

Art. 15. Serão consideradas não autorizadas, irregulares e lesivas ao patrimônio público a geração de despesa ou assunção de obrigação que não atendam o disposto nos arts. 16 e 17.

- Art. 167, I e II e § 1º, da CF.

Art. 16. A criação, expansão ou aperfeiçoamento de ação governamental que acarrete aumento da despesa será acompanhado de:

I – estimativa do impacto orçamentário-financeiro no exercício em que deva entrar em vigor e nos dois subsequentes;

II – declaração do ordenador da despesa de que o aumento tem adequação orçamentária e financeira com a lei orçamentária anual e compatibilidade com o plano plurianual e com a lei de diretrizes orçamentárias.

§ 1º Para os fins desta Lei Complementar, considera-se:

I – adequada com a lei orçamentária anual, a despesa objeto de dotação específica e suficiente, ou que esteja abrangida por crédito genérico, de forma que somadas todas as despesas da mesma espécie, realizadas e a realizar, previstas no programa de trabalho, não sejam ultrapassados os limites estabelecidos para o exercício;

II – compatível com o plano plurianual e a lei de diretrizes orçamentárias, a despesa que se conforme com as diretrizes, objetivos, prioridades e metas previstos nesses instrumentos e não infrinja qualquer de suas disposições.

§ 2º A estimativa de que trata o inciso I do *caput* será acompanhada das premissas e metodologia de cálculo utilizadas.

§ 3º Ressalva-se do disposto neste artigo a despesa considerada irrelevante, nos termos em que dispuser a lei de diretrizes orçamentárias.

§ 4º As normas do *caput* constituem condição prévia para:

I – empenho e licitação de serviços, fornecimento de bens ou execução de obras;

II – desapropriação de imóveis urbanos a que se refere o § 3º do art. 182 da Constituição.

Subseção I

DA DESPESA OBRIGATÓRIA DE CARÁTER CONTINUADO

Art. 17. Considera-se obrigatória de caráter continuado a despesa corrente derivada de lei, medida provisória ou ato administrativo normativo que fixem para o ente a obrigação legal de sua execução por um período superior a dois exercícios.

§ 1º Os atos que criarem ou aumentarem despesa de que trata o *caput* deverão ser instruídos com a estimativa prevista no inciso I do art. 16 e demonstrar a origem dos recursos para seu custeio.

§ 2º Para efeito do atendimento do § 1º, o ato será acompanhado de comprovação de que a despesa criada ou aumentada não afetará as metas de resultados fiscais previstas no anexo referido no § 1º do art. 4º, devendo seus efeitos financeiros, nos períodos seguintes, ser compensados pelo aumento permanente de receita ou pela redução permanente de despesa.

- Art. 37, X, da CF.

§ 3º Para efeito do § 2º, considera-se aumento permanente de receita o proveniente da elevação de alíquotas, ampliação da base de cálculo, majoração ou criação de tributo ou contribuição.

§ 4º A comprovação referida no § 2º, apresentada pelo proponente, conterá as premissas e metodologia de cálculo utilizadas, sem prejuízo do exame de compatibilidade da despesa com as demais normas do plano plurianual e da lei de diretrizes orçamentárias.

§ 5º A despesa de que trata este artigo não será executada antes da implementação das medidas referidas no § 2º, as quais integrarão o instrumento que a criar ou aumentar.

§ 6º O disposto no § 1º não se aplica às despesas destinadas ao serviço da dívida nem ao reajustamento de remuneração de pessoal de que trata o inciso X do art. 37 da Constituição.

§ 7º Considera-se aumento de despesa a prorrogação daquela criada por prazo determinado.

Seção II — DAS DESPESAS COM PESSOAL

Subseção I — DEFINIÇÕES E LIMITES

Art. 18. Para os efeitos desta Lei Complementar, entende-se como despesa total com pessoal: o somatório dos gastos do ente da Federação com os ativos, os inativos e os pensionistas, relativos a mandatos eletivos, cargos, funções ou empregos, civis, militares e de membros de Poder, com quaisquer espécies remuneratórias, tais como vencimentos e vantagens, fixas e variáveis, subsídios, proventos da aposentadoria, reformas e pensões, inclusive adicionais, gratificações, horas extras e vantagens pessoais de qualquer natureza, bem como encargos sociais e contribuições recolhidas pelo ente às entidades de previdência.

§ 1º Os valores dos contratos de terceirização de mão de obra que se referem à substituição de servidores e empregados públicos serão contabilizados como "Outras Despesas de Pessoal".

§ 2º A despesa total com pessoal será apurada somando-se a realizada no mês em referência com as dos 11 (onze) imediatamente anteriores, adotando-se o regime de competência, independentemente de empenho.

- § 2º com a redação dada pela LC nº 178, de 13-1-2021.

§ 3º Para a apuração da despesa total com pessoal, será observada a remuneração bruta do servidor, sem qualquer dedução ou retenção, ressalvada a redução para atendimento ao disposto no art. 37, inciso XI, da Constituição Federal.

- § 3º acrescido pela LC nº 178, de 13-1-2021.

Art. 19. Para os fins do disposto no *caput* do art. 169 da Constituição, a despesa total com pessoal, em cada período de apuração e em cada ente da Federação, não poderá exceder os percentuais da receita corrente líquida, a seguir discriminados:

I – União: 50% (cinquenta por cento);

II – Estados: 60% (sessenta por cento);

III – Municípios: 60% (sessenta por cento).

§ 1º Na verificação do atendimento dos limites definidos neste artigo, não serão computadas as despesas:

I – de indenização por demissão de servidores ou empregados;

II – relativas a incentivos à demissão voluntária;

III – derivadas da aplicação do disposto no inciso II do § 6º do art. 57 da Constituição;

IV – decorrentes de decisão judicial e da competência de período anterior ao da apuração a que se refere o § 2º do art. 18;

V – com pessoal, do Distrito Federal e dos Estados do Amapá e Roraima, custeadas com recursos transferidos pela União na forma dos incisos XIII e XIV do art. 21 da Constituição e do art. 31 da Emenda Constitucional nº 19;

VI – com inativos e pensionistas, ainda que pagas por intermédio de unidade gestora única ou fundo previsto no art. 249 da Constituição Federal, quanto à parcela custeada por recursos provenientes:

- *Caput* do inciso VI com a redação dada pela LC nº 178, de 13-1-2021.

a) da arrecadação de contribuições dos segurados;

- Arts. 29, VII, e 29-A da CF.

b) da compensação financeira de que trata o § 9º do art. 201 da Constituição;

c) de transferências destinadas a promover o equilíbrio atuarial do regime de previdência, na forma definida pelo órgão do Poder Executivo federal responsável pela orientação, pela supervisão e pelo acompanhamento dos regimes próprios de previdência social dos servidores públicos.

- Alínea *c* com a redação dada pela LC nº 178, de 13-1-2021.

§ 2º Observado o disposto no inciso IV do § 1º, as despesas com pessoal decorrentes de sentenças judiciais serão incluídas no limite do respectivo Poder ou órgão referido no art. 20.

§ 3º Na verificação do atendimento dos limites definidos neste artigo, é vedada a dedução da parcela custeada com recursos aportados para a cobertura do déficit financeiro dos regimes de previdência.

- § 3º acrescido pela LC nº 178, de 13-1-2021.

Art. 20. A repartição dos limites globais do art. 19 não poderá exceder os seguintes percentuais:

I – na esfera federal:

a) 2,5% (dois inteiros e cinco décimos por cento) para o Legislativo, incluído o Tribunal de Contas da União;

b) 6% (seis por cento) para o Judiciário;

c) 40,9% (quarenta inteiros e nove décimos por cento) para o Executivo, destacando-se 3% (três por cento) para as despesas com pessoal decorrentes do que dispõem os incisos XIII e XIV do art. 21 da Constituição e o art. 31 da Emenda Constitucional nº 19, repartidos de forma proporcional à média das despesas relativas a cada um destes dispositivos, em percentual da receita corrente líquida, verificadas nos três exercícios financeiros imediatamente anteriores ao da publicação desta Lei Complementar;

d) 0,6% (seis décimos por cento) para o Ministério Público da União;

II – na esfera estadual:

a) 3% (três por cento) para o Legislativo, incluído o Tribunal de Contas do Estado;

b) 6% (seis por cento) para o Judiciário;

c) 49% (quarenta e nove por cento) para o Executivo;

d) 2% (dois por cento) para o Ministério Público dos Estados;

III – na esfera municipal:

a) 6% (seis por cento) para o Legislativo, incluído o Tribunal de Contas do Município, quando houver;

- Arts. 29, VII, e 29-A da CF.

b) 54% (cinquenta e quatro por cento) para o Executivo.

§ 1º Nos Poderes Legislativo e Judiciário de cada esfera, os limites serão repartidos entre seus órgãos de forma proporcional à média das despesas com pessoal, em percentual da receita corrente líquida, verificadas nos três exercícios financeiros imediatamente anteriores ao da publicação desta Lei Complementar.

§ 2º Para efeito deste artigo entende-se como órgão:

I – o Ministério Público;

II – no Poder Legislativo:

a) Federal, as respectivas Casas e o Tribunal de Contas da União;

b) Estadual, a Assembleia Legislativa e os Tribunais de Contas;

c) do Distrito Federal, a Câmara Legislativa e o Tribunal de Contas do Distrito Federal;

d) Municipal, a Câmara de Vereadores e o Tribunal de Contas do Município, quando houver;

III – no Poder Judiciário:

a) Federal, os tribunais referidos no art. 92 da Constituição;

b) Estadual, o Tribunal de Justiça e outros, quando houver.

§ 3º Os limites para as despesas com pessoal do Poder Judiciário, a cargo da União por força do inciso XIII do art. 21 da Constituição, serão estabelecidos mediante aplicação da regra do § 1º.

§ 4º Nos Estados em que houver Tribunal de Contas dos Municípios, os percentuais definidos nas alíneas *a* e *c* do inciso II do *caput* serão, respectivamente, acrescidos e reduzidos em 0,4% (quatro décimos por cento).

- Art. 31, § 4º, da CF.

§ 5º Para os fins previstos no art. 168 da Constituição, a entrega dos recursos financeiros correspondentes à despesa total com pessoal por Poder e órgão será a resultante da aplicação dos percentuais definidos neste artigo, ou aqueles fixados na lei de diretrizes orçamentárias.

§ 6º VETADO.

§ 7º Os Poderes e órgãos referidos neste artigo deverão apurar, de forma segregada para aplicação dos limites de que trata este artigo, a integralidade das despesas com pessoal dos respectivos servidores inativos e pensionistas, mesmo que o custeio dessas despesas esteja a cargo de outro Poder ou órgão.

- § 7º acrescido pela LC nº 178, de 13-1-2021.

Subseção II

DO CONTROLE DA DESPESA TOTAL COM PESSOAL

Art. 21. É nulo de pleno direito:

I – o ato que provoque aumento da despesa com pessoal e não atenda:

a) às exigências dos arts. 16 e 17 desta Lei Complementar e o disposto no inciso XIII do *caput* do art. 37 e no § 1º do art. 169 da Constituição Federal; e

b) ao limite legal de comprometimento aplicado às despesas com pessoal inativo;

II – o ato de que resulte aumento da despesa com pessoal nos 180 (cento e oitenta) dias anteriores ao final do mandato do titular de Poder ou órgão referido no art. 20;

III – o ato de que resulte aumento da despesa com pessoal que preveja parcelas a serem implementadas em períodos posteriores ao final do mandato do titular de Poder ou órgão referido no art. 20;

IV – a aprovação, a edição ou a sanção, por Chefe do Poder Executivo, por Presidente e demais membros da Mesa ou órgão decisório equivalente do Poder Legislativo, por Presidente de Tribunal do Poder Judiciário e pelo Chefe do Ministério Público, da União e dos Estados, de norma legal contendo plano de alteração, reajuste e reestruturação de carreiras do setor público, ou a edição de ato, por esses agentes, para nomeação de aprovados em concurso público, quando:

a) resultar em aumento da despesa com pessoal nos 180 (cento e oitenta) dias anteriores ao final do mandato do titular do Poder Executivo; ou

b) resultar em aumento da despesa com pessoal que preveja parcelas a serem implementadas em períodos posteriores ao final do mandato do titular do Poder Executivo.

§ 1º As restrições de que tratam os incisos II, III e IV:

I – devem ser aplicadas inclusive durante o período de recondução ou reeleição para o cargo de titular do Poder ou órgão autônomo; e

II – aplicam-se somente aos titulares ocupantes de cargo eletivo dos Poderes referidos no art. 20.

§ 2º Para fins do disposto neste artigo, serão considerados atos de nomeação ou de provimento de cargo público aqueles referidos no § 1º do art. 169 da Constituição Federal ou aqueles que, de qualquer modo, acarretem a criação ou o aumento de despesa obrigatória.

- Art. 21 com a redação dada pela LC nº 173, de 27-5-2020.

Art. 22. A verificação do cumprimento dos limites estabelecidos nos arts. 19 e 20 será realizada ao final de cada quadrimestre.

Parágrafo único. Se a despesa total com pessoal exceder a 95% (noventa e cinco por cento) do limite, são vedados ao Poder ou órgão referido no art. 20 que houver incorrido no excesso:

I – concessão de vantagem, aumento, reajuste ou adequação de remuneração a qualquer título, salvo os derivados de sentença judicial ou de determinação legal ou contratual, ressalvada a revisão prevista no inciso X do art. 37 da Constituição;

II – criação de cargo, emprego ou função;

III – alteração de estrutura de carreira que implique aumento de despesa;

IV – provimento de cargo público, admissão ou contratação de pessoal a qualquer título, ressalvada a reposição decorrente de aposentadoria ou falecimento de servidores das áreas de educação, saúde e segurança;

V – contratação de hora extra, salvo no caso do disposto no inciso II do § 6º do art. 57 da Constituição e as situações previstas na lei de diretrizes orçamentárias.

Art. 23. Se a despesa total com pessoal, do Poder ou órgão referido no art. 20, ultrapassar os limites definidos no mesmo artigo, sem prejuízo das medidas previstas no art. 22, o percentual excedente terá de ser eliminado nos dois quadrimestres seguintes, sendo pelo menos um terço no primeiro, adotando-se, entre outras, as providências previstas nos §§ 3º e 4º do art. 169 da Constituição.

- Art. 33, § 3º, desta Lei Complementar.

§ 1º No caso do inciso I do § 3º do art. 169 da Constituição, o objetivo poderá ser alcançado tanto pela extinção de cargos e funções quanto pela redução dos valores a eles atribuídos.

- O STF, por unanimidade de votos, julgou procedente a ADIN nº 2.238, tão somente para declarar, parcialmente, a inconstitucionalidade, sem redução do texto, deste parágrafo, de modo a obstar interpretação segundo a qual é possível reduzir valores de função ou cargo que estiver provido (*DOU* de 13-8-2020).

§ 2º É facultada a redução temporária da jornada de trabalho com adequação dos vencimentos à nova carga horária.

- O STF, por unanimidade de votos, julgou procedente a ADIN nº 2.238, para declarar a inconstitucionalidade deste parágrafo, ratificando a cautelar (*DOU* de 13-8-2020).

§ 3º Não alcançada a redução no prazo estabelecido e enquanto perdurar o excesso, o Poder ou órgão referido no art. 20 não poderá:

- *Caput* do § 3º com a redação dada pela LC nº 178, de 13-1-2021.
- Art. 33, § 3º, desta Lei Complementar.

I – receber transferências voluntárias;

II – obter garantia, direta ou indireta, de outro ente;

III – contratar operações de crédito, ressalvadas as destinadas ao pagamento da dívida mobiliária e as que visem à redução das despesas com pessoal.

- Inciso III com a redação dada pela LC nº 178, de 13-1-2021.

§ 4º As restrições do § 3º aplicam-se imediatamente se a despesa total com pessoal exceder o limite no primeiro quadrimestre do último ano do mandato dos titulares de Poder ou órgão referidos no art. 20.

§ 5º As restrições previstas no § 3º deste artigo não se aplicam ao Município em caso de queda de receita real superior a 10% (dez por cento), em comparação ao correspondente quadrimestre do exercício financeiro anterior, devido a:

I – diminuição das transferências recebidas do Fundo de Participação dos Municípios decorrente de concessão de isenções tributárias pela União; e

II – diminuição das receitas recebidas de *royalties* e participações especiais.

§ 6º O disposto no § 5º deste artigo só se aplica caso a despesa total com pessoal do quadrimestre vigente não ultrapasse o limite percentual previsto no art. 19 desta Lei Complementar, considerada, para este cálculo, a receita corrente líquida do quadrimestre correspondente do ano anterior atualizada monetariamente.

- §§ 5º e 6º acrescidos pela LC nº 164, de 18-12-2018.

Seção III

DAS DESPESAS COM A SEGURIDADE SOCIAL

Art. 24. Nenhum benefício ou serviço relativo à seguridade social poderá ser criado, majorado ou estendido sem a indicação da fonte de custeio total, nos termos do § 5º do art. 195 da Constituição, atendidas ainda as exigências do art. 17.

§ 1º É dispensada da compensação referida no art. 17 o aumento de despesa decorrente de:

I – concessão de benefício a quem satisfaça as condições de habilitação prevista na legislação pertinente;

II – expansão quantitativa do atendimento e dos serviços prestados;

III – reajustamento de valor do benefício ou serviço, a fim de preservar o seu valor real.

§ 2º O disposto neste artigo aplica-se a benefício ou serviço de saúde, previdência e assistência social, inclusive os destinados aos servidores públicos e militares, ativos e inativos, e aos pensionistas.

CAPÍTULO V

DAS TRANSFERÊNCIAS VOLUNTÁRIAS

Art. 25. Para efeito desta Lei Complementar, entende-se por transferência voluntária a entrega de recursos correntes ou de capital a outro ente da Federação, a título de cooperação, auxílio ou assistência financeira, que não decorra de determinação constitucional, legal ou os destinados ao Sistema Único de Saúde.

- Arts. 157 a 159 da CF.

§ 1º São exigências para a realização de transferência voluntária, além das estabelecidas na lei de diretrizes orçamentárias:

I – existência de dotação específica;

II – VETADO;

III – observância do disposto no inciso X do art. 167 da Constituição;

IV – comprovação, por parte do beneficiário, de:

a) que se acha em dia quanto ao pagamento de tributos, empréstimos e financiamentos devidos ao ente transferidor, bem como quanto à prestação de contas de recursos anteriormente dele recebidos;

b) cumprimento dos limites constitucionais relativos à educação e à saúde;

- Art. 212 da CF.

c) observância dos limites das dívidas consolidada e mobiliária, de operações de crédito, inclusive por antecipação de receita, de inscrição em Restos a Pagar e de despesa total com pessoal;

d) previsão orçamentária de contrapartida.

§ 2º É vedada a utilização de recursos transferidos em finalidade diversa da pactuada.

§ 3º Para fins da aplicação das sanções de suspensão de transferências voluntárias constantes desta Lei Complementar, excetuam-se aquelas relativas a ações de educação, saúde e assistência social.

CAPÍTULO VI

DA DESTINAÇÃO DE RECURSOS PÚBLICOS PARA O SETOR PRIVADO

Art. 26. A destinação de recursos para, direta ou indiretamente, cobrir necessidades de pessoas físicas ou déficits de pessoas jurídicas deverá ser autorizada por lei específica, atender às condições estabelecidas na lei de diretrizes orçamentárias e estar prevista no orçamento ou em seus créditos adicionais.

§ 1º O disposto no *caput* aplica-se a toda a administração indireta, inclusive fundações públicas e empresas estatais, exceto, no exercício de suas atribuições precípuas, as instituições financeiras e o Banco Central do Brasil.

§ 2º Compreende-se incluída a concessão de empréstimos, financiamentos e refinanciamentos, inclusive as respectivas prorrogações e a composição de dívidas, a concessão de subvenções e a participação em constituição ou aumento de capital.

Art. 27. Na concessão de crédito por ente da Federação a pessoa física, ou jurídica que não esteja sob seu controle direto ou indireto, os encargos financeiros, comissões e despesas congêneres não serão inferiores aos definidos em lei ou ao custo de captação.

Parágrafo único. Dependem de autorização em lei específica as prorrogações e composições de dívidas decorrentes de operações de crédito, bem como a concessão de empréstimos ou financiamentos em desacordo com o *caput*, sendo o subsídio correspondente consignado na lei orçamentária.

Art. 28. Salvo mediante lei específica, não poderão ser utilizados recursos públicos, inclusive de operações de crédito, para socorrer instituições do Sistema Financeiro Nacional, ainda que mediante a concessão de empréstimos de recuperação ou financiamentos para mudança de controle acionário.

§ 1º A prevenção de insolvência e outros riscos ficará a cargo de fundos, e outros mecanismos, constituídos pelas instituições do Sistema Financeiro Nacional, na forma da lei.

§ 2º O disposto no *caput* não proíbe o Banco Central do Brasil de conceder às instituições financeiras operações de redesconto e de empréstimos de prazo inferior a trezentos e sessenta dias.

CAPÍTULO VII

DA DÍVIDA E DO ENDIVIDAMENTO

Seção I

DEFINIÇÕES BÁSICAS

Art. 29. Para os efeitos desta Lei Complementar, são adotadas as seguintes definições:

I – dívida pública consolidada ou fundada: montante total, apurado sem duplicidade, das obrigações financeiras do ente da Federação, assumidas em virtude de leis, contratos, convênios ou tratados e da realização de operações de crédito, para amortização em prazo superior a doze meses;

- Art. 92 da Lei nº 4.320, de 17-3-1964, que estatui normas gerais de direito financeiro para elaboração e controle dos orçamentos e balanços da União, dos Estados, dos Municípios e do Distrito Federal.

II – dívida pública mobiliária: dívida pública representada por títulos emitidos pela União, inclusive os do Banco Central do Brasil, Estados e Municípios;

III – operação de crédito: compromisso financeiro assumido em razão de mútuo, abertura de crédito, emissão e aceite de título, aquisição financiada de bens, recebimento antecipado de valores provenientes da venda a termo de bens e serviços, arrendamento mercantil e outras operações assemelhadas, inclusive com o uso de derivativos financeiros;

IV – concessão de garantia: compromisso de adimplência de obrigação financeira ou contratual assumida por ente da Federação ou entidade a ele vinculada;

V – refinanciamento da dívida mobiliária: emissão de títulos para pagamento do principal acrescido da atualização monetária.

§ 1º Equipara-se a operação de crédito a assunção, o reconhecimento ou a confissão de dívidas pelo ente da Federação, sem prejuízo do cumprimento das exigências dos arts. 15 e 16.

§ 2º Será incluída na dívida pública consolidada da União a relativa à emissão de títulos de responsabilidade do Banco Central do Brasil.

§ 3º Também integram a dívida pública consolidada as operações de crédito de prazo inferior a doze meses cujas receitas tenham constado do orçamento.

§ 4º O refinanciamento do principal da dívida mobiliária não excederá, ao término de cada exercício financeiro, o montante do final do exercício anterior, somado ao das operações de crédito autorizadas no orçamento para este efeito e efetivamente realizadas, acrescido de atualização monetária.

Seção II

DOS LIMITES DA DÍVIDA PÚBLICA E DAS OPERAÇÕES DE CRÉDITO

Art. 30. No prazo de noventa dias após a publicação desta Lei Complementar, o Presidente da República submeterá ao:

I – Senado Federal: proposta de limites globais para o montante da dívida consolidada da União, Estados e Municípios, cumprindo o que estabelece o inciso VI do art. 52 da Constituição, bem como de limites e condições relativos aos incisos VII, VIII e IX do mesmo artigo;

II – Congresso Nacional: projeto de lei que estabeleça limites para o montante da dívida mobiliária federal a que se refere o inciso XIV do art. 48 da Constituição, acompanhado da demonstração de sua adequação aos limites fixados para a dívida consolidada da União, atendido o disposto no inciso I do § 1º deste artigo.

§ 1º As propostas referidas nos incisos I e II do *caput* e suas alterações conterão:

I – demonstração de que os limites e condições guardam coerência com as normas estabelecidas nesta Lei Complementar e com os objetivos da política fiscal;

II – estimativas do impacto da aplicação dos limites a cada uma das três esferas de governo;

III – razões de eventual proposição de limites diferenciados por esfera de governo;

IV – metodologia de apuração dos resultados primário e nominal.

§ 2º As propostas mencionadas nos incisos I e II do *caput* também poderão ser apresentadas em termos de dívida líquida, evidenciando a forma e a metodologia de sua apuração.

§ 3º Os limites de que tratam os incisos I e II do *caput* serão fixados em percentual da receita corrente líquida para cada esfera de governo e aplicados igualmente a todos os entes da Federação que a integrem, constituindo, para cada um deles, limites máximos.

§ 4º Para fins de verificação do atendimento do limite, a apuração do montante da dívida consolidada será efetuada ao final de cada quadrimestre.

§ 5º No prazo previsto no art. 5º, o Presidente da República enviará ao Senado Federal ou ao Congresso Nacional, conforme o caso, proposta de manutenção ou alteração dos limites e condições previstos nos incisos I e II do *caput*.

§ 6º Sempre que alterados os fundamentos das propostas de que trata este artigo, em razão de instabilidade econômica ou alterações nas políticas monetária ou cambial, o Presidente da República poderá encaminhar ao Senado Federal ou ao Congresso Nacional solicitação de revisão dos limites.

§ 7º Os precatórios judiciais não pagos durante a execução do orçamento em que houverem sido incluídos integram a dívida consolidada, para fins de aplicação dos limites.

Seção III

DA RECONDUÇÃO DA DÍVIDA AOS LIMITES

Art. 31. Se a dívida consolidada de um ente da Federação ultrapassar o respectivo limite ao final de um quadrimestre, deverá ser a ele reconduzida até o término dos três subsequentes, reduzindo o excedente em pelo menos 25% (vinte e cinco por cento) no primeiro.

- Arts. 65, I e 66 desta Lei Complementar.

§ 1º Enquanto perdurar o excesso, o ente que nele houver incorrido:

I – estará proibido de realizar operação de crédito interna ou externa, inclusive por antecipação de receita, ressalvadas as para pagamento de dívidas mobiliárias;

- Inciso I com a redação dada pela LC nº 178, de 13-1-2021.

II – obterá resultado primário necessário à recondução da dívida ao limite, promovendo, entre outras medidas, limitação de empenho, na forma do art. 9º.

§ 2º Vencido o prazo para retorno da dívida ao limite, e enquanto perdurar o excesso, o ente ficará também impedido de receber transferências voluntárias da União ou do Estado.

§ 3º As restrições do § 1º aplicam-se imediatamente se o montante da dívida exceder o limite no primeiro quadrimestre do último ano do mandato do Chefe do Poder Executivo.

§ 4º O Ministério da Fazenda divulgará, mensalmente, a relação dos entes que tenham ultrapassado os limites das dívidas consolidada e mobiliária.

§ 5º As normas deste artigo serão observadas nos casos de descumprimento dos limites da dívida mobiliária e das operações de crédito internas e externas.

Seção IV

DAS OPERAÇÕES DE CRÉDITO

Subseção I

DA CONTRATAÇÃO

Art. 32. O Ministério da Fazenda verificará o cumprimento dos limites e condições relativos à realização de operações de crédito de cada ente da Federação, inclusive das empresas por eles controladas, direta ou indiretamente.

§ 1º O ente interessado formalizará seu pleito fundamentando-o em parecer de seus órgãos técnicos e jurídicos, demonstrando a relação custo-benefício, o interesse econômico e social da operação e o atendimento das seguintes condições:

I – existência de prévia e expressa autorização para a contratação, no texto da lei orçamentária, em créditos adicionais ou lei específica;

II – inclusão no orçamento ou em créditos adicionais dos recursos provenientes da operação, exceto no caso de operações por antecipação de receita;

III – observância dos limites e condições fixados pelo Senado Federal;

IV – autorização específica do Senado Federal, quando se tratar de operação de crédito externo;

V – atendimento do disposto no inciso III do art. 167 da Constituição;

VI – observância das demais restrições estabelecidas nesta Lei Complementar.

§ 2º As operações relativas à dívida mobiliária federal autorizadas, no texto da lei orçamentária ou de créditos adicionais, serão objeto de processo simplificado que atenda às suas especificidades.

§ 3º Para fins do disposto no inciso V do § 1º, considerar-se-á, em cada exercício financeiro, o total dos recursos de operações de crédito nele ingressados e o das despesas de capital executadas, observado o seguinte:

I – não serão computadas nas despesas de capital as realizadas sob a forma de empréstimo ou financiamento a contribuinte, com o intuito de promover incentivo fiscal, tendo por base tributo de competência do ente da Federação, se resultar a diminuição, direta ou indireta, do ônus deste;

II – se o empréstimo ou financiamento a que se refere o inciso I for concedido por instituição financeira controlada pelo ente da Federação, o valor da operação será deduzido das despesas de capital;

III – VETADO.

§ 4º Sem prejuízo das atribuições próprias do Senado Federal e do Banco Central do Brasil, o Ministério da Fazenda efetuará o registro eletrônico centralizado e atualizado das dívidas públicas interna e externa, garantido o acesso público às informações, que incluirão:

I – encargos e condições de contratação;

II – saldos atualizados e limites relativos às dívidas consolidada e mobiliária, operações de crédito e concessão de garantias.

§ 5º Os contratos de operação de crédito externo não conterão cláusula que importe na compensação automática de débitos e créditos.

§ 6º O prazo de validade da verificação dos limites e das condições de que trata este artigo e da análise realizada para a concessão de garantia pela União será de, no mínimo, 90 (noventa) dias e, no máximo, 270 (duzentos e setenta) dias, a critério do Ministério da Fazenda.

- § 6º acrescido pela LC nº 159, de 19-5-2017.

§ 7º Poderá haver alteração da finalidade de operação de crédito de Estados, do Distrito Federal e de Municípios sem a necessidade de nova verificação pelo Ministério da Economia, desde que haja prévia e expressa autorização para tanto, no texto da lei orçamentária, em créditos adicionais ou em lei específica, que se demonstre a relação custo-benefício e o interesse econômico e social da operação e que não configure infração a dispositivo desta Lei Complementar.

- § 7º acrescido pela LC nº 178, de 13-1-2021.

Art. 33. A instituição financeira que contratar operação de crédito com ente da Federação, exceto quando relativa à dívida mobiliária ou à externa, deverá exigir comprovação de que a operação atende às condições e limites estabelecidos.

§ 1º A operação realizada com infração do disposto nesta Lei Complementar será considerada nula, procedendo-se ao seu cancelamento, mediante a devolução do principal, vedados o pagamento de juros e demais encargos financeiros.

§ 2º Se a devolução não for efetuada no exercício de ingresso dos recursos, será consignada reserva específica na lei orçamentária para o exercício seguinte.

§ 3º Enquanto não for efetuado o cancelamento ou a amortização ou constituída a reserva de que trata o § 2º, aplicam-se ao ente as restrições previstas no § 3º do art. 23.

- § 3º com a redação dada pela LC nº 178, de 13-1-2021.

§ 4º Também se constituirá reserva, no montante equivalente ao excesso, se não atendido o disposto no inciso III do art. 167 da Constituição, consideradas as disposições do § 3º do art. 32.

Subseção II

DAS VEDAÇÕES

Art. 34. O Banco Central do Brasil não emitirá títulos da dívida pública a partir de dois anos após a publicação desta Lei Complementar.

- Art. 164, § 2º, da CF.

Art. 35. É vedada a realização de operação de crédito entre um ente da Federação, diretamente ou por intermédio de fundo, autarquia, fundação ou empresa estatal dependente, e outro, inclusive suas entidades da administração indireta, ainda que sob a forma de novação, refinanciamento ou postergação de dívida contraída anteriormente.

- Art. 52, IV a IX, da CF.

§ 1º Excetuam-se da vedação a que se refere o *caput* as operações entre instituição financeira estatal e outro ente da Federação, inclusive suas entidades da administração indireta, que não se destinem a:

I – financiar, direta ou indiretamente, despesas correntes;

II – refinanciar dívidas não contraídas junto à própria instituição concedente.

§ 2º O disposto no *caput* não impede Estados e Municípios de comprar títulos da dívida da União como aplicação de suas disponibilidades.

Art. 36. É proibida a operação de crédito entre uma instituição financeira estatal e o ente da Federação que a controle, na qualidade de beneficiário do empréstimo.

- Art. 37 da CF.

Parágrafo único. O disposto no *caput* não proíbe instituição financeira controlada de adquirir, no mercado, títulos da dívida pública para atender investimento de seus clientes, ou títulos da dívida de emissão da União para aplicação de recursos próprios.

Art. 37. Equiparam-se a operações de crédito e estão vedados:

I – captação de recursos a título de antecipação de receita de tributo ou contribuição cujo fato gerador ainda não tenha ocorrido, sem prejuízo do disposto no § 7º do art. 150 da Constituição;

II – recebimento antecipado de valores de empresa em que o Poder Público detenha, direta ou indiretamente, a maioria do capital social com direito a voto, salvo lucros e dividendos, na forma da legislação;

III – assunção direta de compromisso, confissão de dívida ou operação assemelhada, com fornecedor de bens, mercadorias ou serviços, mediante emissão, aceite ou aval de título de crédito, não se aplicando esta vedação a empresas estatais dependentes;

IV – assunção de obrigação, sem autorização orçamentária, com fornecedores para pagamento *a posteriori* de bens e serviços.

Subseção III
DAS OPERAÇÕES DE CRÉDITO POR ANTECIPAÇÃO DE RECEITA ORÇAMENTÁRIA

Art. 38. A operação de crédito por antecipação de receita destina-se a atender insuficiência de caixa durante o exercício financeiro e cumprirá as exigências mencionadas no art. 32 e mais as seguintes:

I – realizar-se-á somente a partir do décimo dia do início do exercício;

II – deverá ser liquidada, com juros e outros encargos incidentes, até o dia dez de dezembro de cada ano;

III – não será autorizada se forem cobrados outros encargos que não a taxa de juros da operação, obrigatoriamente prefixada ou indexada à taxa básica financeira, ou à que vier a esta substituir;

IV – estará proibida:

a) enquanto existir operação anterior da mesma natureza não integralmente resgatada;

b) no último ano de mandato do Presidente, Governador ou Prefeito Municipal.

§ 1º As operações de que trata este artigo não serão computadas para efeito do que dispõe o inciso III do art. 167 da Constituição, desde que liquidadas no prazo definido no inciso II do *caput*.

§ 2º As operações de crédito por antecipação de receita realizadas por Estados ou Municípios serão efetuadas mediante abertura de crédito junto à instituição financeira vencedora em processo competitivo eletrônico promovido pelo Banco Central do Brasil.

§ 3º O Banco Central do Brasil manterá sistema de acompanhamento e controle do saldo do crédito aberto e, no caso de inobservância dos limites, aplicará as sanções cabíveis à instituição credora.

Subseção IV
DAS OPERAÇÕES COM O BANCO CENTRAL DO BRASIL

Art. 39. Nas suas relações com ente da Federação, o Banco Central do Brasil está sujeito às vedações constantes do art. 35 e mais às seguintes:

I – compra de título da dívida, na data de sua colocação no mercado, ressalvado o disposto no § 2º deste artigo;

II – permuta, ainda que temporária, por intermédio de instituição financeira ou não, de título da dívida de ente da Federação por título da dívida pública federal, bem como a operação de compra e venda, a termo, daquele título, cujo efeito final seja semelhante à permuta;

III – concessão de garantia.

§ 1º O disposto no inciso II, *in fine*, não se aplica ao estoque de Letras do Banco Central do Brasil, Série Especial, existente na carteira das instituições financeiras, que pode ser refinanciado mediante novas operações de venda a termo.

§ 2º O Banco Central do Brasil só poderá comprar diretamente títulos emitidos pela União para refinanciar a dívida mobiliária federal que estiver vencendo na sua carteira.

§ 3º A operação mencionada no § 2º deverá ser realizada à taxa média e condições alcançadas no dia, em leilão público.

§ 4º É vedado ao Tesouro Nacional adquirir títulos da dívida pública federal existentes na carteira do Banco Central do Brasil, ainda que com cláusula de reversão, salvo para reduzir a dívida mobiliária.

Seção V
DA GARANTIA E DA CONTRAGARANTIA

Art. 40. Os entes poderão conceder garantia em operações de crédito internas ou externas, observados o disposto neste artigo, as normas do art. 32 e, no caso da União, também os limites e as condições estabelecidos pelo Senado Federal e as normas emitidas pelo Ministério da Economia acerca da classificação de capacidade de pagamento dos mutuários.

- *Caput* com a redação dada pela LC nº 178, de 13-1-2021.

§ 1º A garantia estará condicionada ao oferecimento de contragarantia, em valor igual ou superior ao da garantia a ser concedida, e à adimplência da entidade que a pleitear relativamente a suas obrigações junto ao garantidor e às entidades por este controladas, observado o seguinte:

I – não será exigida contragarantia de órgãos e entidades do próprio ente;

II – a contragarantia exigida pela União a Estado ou Município, ou pelos Estados aos Municípios, poderá consistir na vinculação de receitas tributárias diretamente arrecadadas e provenientes de transferências constitucionais, com outorga de poderes ao garantidor para retê-las e empregar o respectivo valor na liquidação da dívida vencida.

- Art. 359-E do CP.

§ 2º No caso de operação de crédito junto a organismo financeiro internacional, ou a instituição federal de crédito e fomento para o repasse de recursos externos, a União só prestará garantia a ente que atenda, além do disposto no § 1º, as exigências legais para o recebimento de transferências voluntárias.

§§ 3º e 4º VETADOS.

§ 5º É nula a garantia concedida acima dos limites fixados pelo Senado Federal.

§ 6º É vedado às entidades da administração indireta, inclusive suas empresas controladas e subsidiárias, conceder garantia, ainda que com recursos de fundos.

§ 7º O disposto no § 6º não se aplica à concessão de garantia por:

I – empresa controlada a subsidiária ou controlada sua, nem à prestação de contragarantia nas mesmas condições;

II – instituição financeira a empresa nacional, nos termos da lei.

§ 8º Excetua-se do disposto neste artigo a garantia prestada:

I – por instituições financeiras estatais, que se submeterão às normas aplicáveis às instituições financeiras privadas, de acordo com a legislação pertinente;

II – pela União, na forma de lei federal, a empresas de natureza financeira por ela controladas, direta e indiretamente, quanto às operações de seguro de crédito à exportação.

§ 9º Quando honrarem dívida de outro ente, em razão de garantia prestada, a União e os Estados poderão condicionar as transferências constitucionais ao ressarcimento daquele pagamento.

- Art. 160 da CF.

§ 10. O ente da Federação cuja dívida tiver sido honrada pela União ou por Estado, em decorrência de garantia prestada em operação de crédito, terá suspenso o acesso a novos créditos ou financiamentos até a total liquidação da mencionada dívida.

§ 11. A alteração da metodologia utilizada para fins de classificação da capacidade de pagamento de Estados e Municípios deverá ser precedida de consulta pública, assegurada a manifestação dos entes.

- § 11 acrescido pela LC nº 178, de 13-1-2021.

Seção VI

DOS RESTOS A PAGAR

Art. 41. VETADO.

Art. 42. É vedado ao titular de Poder ou órgão referido no art. 20, nos últimos dois quadrimestres do seu mandato, contrair obrigação de despesa que não possa ser cumprida integralmente dentro dele, ou que tenha parcelas a serem pagas no exercício seguinte sem que haja suficiente disponibilidade de caixa para este efeito.

- A alteração que seria inserida neste artigo pela LC nº 178, de 13-1-2021, foi vetada, razão pela qual mantivemos a sua redação.
- Art. 359-C do CP.

Parágrafo único. Na determinação da disponibilidade de caixa serão considerados os encargos e despesas compromissadas a pagar até o final do exercício.

CAPÍTULO VIII

DA GESTÃO PATRIMONIAL

Seção I

DAS DISPONIBILIDADES DE CAIXA

Art. 43. As disponibilidades de caixa dos entes da Federação serão depositadas conforme estabelece o § 3º do art. 164 da Constituição.

§ 1º As disponibilidades de caixa dos regimes de previdência social, geral e próprio dos servidores públicos, ainda que vinculadas a fundos específicos a que se referem os arts. 249 e 250 da Constituição, ficarão depositadas em conta separada das demais disponibilidades de cada ente e aplicadas nas condições de mercado, com observância dos limites e condições de proteção e prudência financeira.

§ 2º É vedada a aplicação das disponibilidades de que trata o § 1º em:

I – títulos da dívida pública estadual e municipal, bem como em ações e outros papéis relativos às empresas controladas pelo respectivo ente da Federação;

II – empréstimos, de qualquer natureza, aos segurados e ao Poder Público, inclusive a suas empresas controladas.

Seção II

DA PRESERVAÇÃO DO PATRIMÔNIO PÚBLICO

Art. 44. É vedada a aplicação da receita de capital derivada da alienação de bens e direitos que integram o patrimônio público para o financiamento de despesa corrente, salvo se destinada por lei aos regimes de previdência social, geral e próprio dos servidores públicos.

Art. 45. Observado o disposto no § 5º do art. 5º, a lei orçamentária e as de créditos adicionais só incluirão novos projetos após adequadamente atendidos os em andamento e contempladas as despesas de conservação do patrimônio público, nos termos em que dispuser a lei de diretrizes orçamentárias.

Parágrafo único. O Poder Executivo de cada ente encaminhará ao Legislativo, até a data do envio do projeto de lei de diretrizes orçamentárias, relatório com as informações necessárias ao cumprimento do disposto neste artigo, ao qual será dada ampla divulgação.

Art. 46. É nulo de pleno direito ato de desapropriação de imóvel urbano expedido sem o atendimento do disposto no § 3º do art. 182 da Constituição, ou prévio depósito judicial do valor da indenização.

Seção III

DAS EMPRESAS CONTROLADAS PELO SETOR PÚBLICO

Art. 47. A empresa controlada que firmar contrato de gestão em que se estabeleçam objetivos e metas de desempenho, na forma da lei, disporá de autonomia gerencial, orçamentária e financeira, sem prejuízo do disposto no inciso II do § 5º do art. 165 da Constituição.

Parágrafo único. A empresa controlada incluirá em seus balanços trimestrais nota explicativa em que informará:

I – fornecimento de bens e serviços ao controlador, com respectivos preços e condições, comparando-os com os praticados no mercado;

II – recursos recebidos do controlador, a qualquer título, especificando valor, fonte e destinação;

III – venda de bens, prestação de serviços ou concessão de empréstimos e financiamentos com preços, taxas, prazos ou condições diferentes dos vigentes no mercado.

CAPÍTULO IX

DA TRANSPARÊNCIA, CONTROLE E FISCALIZAÇÃO

Seção I

DA TRANSPARÊNCIA DA GESTÃO FISCAL

Art. 48. São instrumentos de transparência da gestão fiscal, aos quais será dada ampla divulgação, inclusive em meios eletrônicos de acesso público: os planos, orçamentos e leis de diretrizes orçamentárias; as prestações de contas e o respectivo parecer prévio; o Relatório Resumido da Execução Orçamentária e o Relatório de Gestão Fiscal; e as versões simplificadas desses documentos.

§ 1º A transparência será assegurada também mediante:

- Parágrafo único renumerado para § 1º pela LC nº 156, de 28-12-2016.

I – incentivo à participação popular e realização de audiências públicas, durante os processos de elaboração e discussão dos planos, lei de diretrizes orçamentárias e orçamentos;

II – liberação ao pleno conhecimento e acompanhamento da sociedade, em tempo real, de informações pormenorizadas sobre a execução orçamentária e financeira, em meios eletrônicos de acesso público; e

- Inciso II com a redação dada pela LC nº 156, de 28-12-2016.

III – adoção de sistema integrado de administração financeira e controle, que atenda a padrão mínimo de qualidade estabelecido pelo Poder Executivo da União e ao disposto no art. 48-A.

- Inciso III acrescido pela LC nº 131, de 27-5-2009.

§ 2º A União, os Estados, o Distrito Federal e os Municípios disponibilizarão suas informações e dados contábeis, orçamentários e fiscais conforme periodicidade, formato e sistema estabelecidos pelo órgão central de contabilidade da União, os quais deverão ser divulgados em meio eletrônico de amplo acesso público.

§ 3º Os Estados, o Distrito Federal e os Municípios encaminharão ao Ministério da Fazenda, nos termos e na periodicidade a serem definidos em instrução específica deste órgão, as informações necessárias para a constituição do registro eletrônico centralizado e atualizado das dívidas públicas interna e externa, de que trata o § 4º do art. 32.

§ 4º A inobservância do disposto nos §§ 2º e 3º ensejará as penalidades previstas no § 2º do art. 51.

§ 5º Nos casos de envio conforme disposto no § 2º, para todos os efeitos, a União, os Estados, o Distrito Federal e os Municípios cumprem o dever de ampla divulgação a que se refere o *caput*.

§ 6º Todos os Poderes e órgãos referidos no art. 20, incluídos autarquias, fundações públicas, empresas estatais dependentes e fundos, do ente da Federação devem utilizar sistemas únicos de execução orçamentária e financeira, mantidos e gerenciados pelo Poder Executivo, resguardada a autonomia.

- §§ 2º a 6º acrescidos pela LC nº 156, de 28-12-2016.

Art. 48-A. Para os fins a que se refere o inciso II do parágrafo único do art. 48, os entes da Federação disponibilizarão a qualquer pessoa física ou jurídica o acesso a informações referentes a:

I – quanto à despesa: todos os atos praticados pelas unidades gestoras no decorrer da execução da despesa, no momento de sua realização, com a disponibilização mínima dos dados referentes ao número do correspondente processo, ao bem fornecido ou ao serviço prestado, à pessoa física ou jurídica beneficiária do pagamento e, quando for o caso, ao procedimento licitatório realizado;

II – quanto à receita: o lançamento e o recebimento de toda a receita das unidades gestoras, inclusive referente a recursos extraordinários.

- Art. 48-A acrescido pela LC nº 131, de 27-5-2009.

Art. 49. As contas apresentadas pelo Chefe do Poder Executivo ficarão disponíveis, durante todo o exercício, no respectivo Poder Legislativo e no órgão técnico responsável pela sua elaboração, para consulta e apreciação pelos cidadãos e instituições da sociedade.

- Art. 74, § 2º, da CF.

Parágrafo único. A prestação de contas da União conterá demonstrativos do Tesouro Nacional e das agências financeiras oficiais de fomento, incluído o Banco Nacional de Desenvolvimento Econômico e Social, especificando os empréstimos e financiamentos concedidos com recursos oriundos dos orçamentos fiscal e da seguridade social e, no caso das agências financeiras, avaliação circunstanciada do impacto fiscal de suas atividades no exercício.

Seção II

DA ESCRITURAÇÃO E CONSOLIDAÇÃO DAS CONTAS

Art. 50. Além de obedecer às demais normas de contabilidade pública, a escrituração das contas públicas observará as seguintes:

- Arts. 83 a 100 da Lei nº 4.320, de 17-3-1964, que estatui normas gerais de direito financeiro para elaboração e controle dos orçamentos e balanços da União, dos Estados, dos Municípios e do Distrito Federal.

I – a disponibilidade de caixa constará de registro próprio, de modo que os recursos vinculados a órgão, fundo ou despesa obrigatória fiquem identificados e escriturados de forma individualizada;

II – a despesa e a assunção de compromisso serão registradas segundo o regime de competência, apurando-se, em caráter complementar, o resultado dos fluxos financeiros pelo regime de caixa;

III – as demonstrações contábeis compreenderão, isolada e conjuntamente, as transações e operações de cada órgão, fundo ou entidade da administração direta, autárquica e fundacional, inclusive empresa estatal dependente;

IV – as receitas e despesas previdenciárias serão apresentadas em demonstrativos financeiros e orçamentários específicos;

V – as operações de crédito, as inscrições em Restos a Pagar e as demais formas de financiamento ou assunção de compromissos junto a terceiros, deverão ser escrituradas de modo a evidenciar o montante e a variação da dívida pública no período, detalhando, pelo menos, a natureza e o tipo de credor;

VI – a demonstração das variações patrimoniais dará destaque à origem e ao destino dos recursos provenientes da alienação de ativos.

§ 1º No caso das demonstrações conjuntas, excluir-se-ão as operações intragovernamentais.

§ 2º A edição de normas gerais para consolidação das contas públicas caberá ao órgão central de contabilidade da União, enquanto não implantado o conselho de que trata o art. 67.

§ 3º A Administração Pública manterá sistema de custos que permita a avaliação e o acompanhamento da gestão orçamentária, financeira e patrimonial.

Art. 51. O Poder Executivo da União promoverá, até o dia trinta de junho, a consolidação, nacional e por esfera de governo, das contas dos entes da Federação relativas ao exercício anterior, e a sua divulgação, inclusive por meio eletrônico de acesso público.

§ 1º Os Estados e os Municípios encaminharão suas contas ao Poder Executivo da União até 30 de abril.

§ 2º O descumprimento dos prazos previstos neste artigo impedirá, até que a situação seja regularizada, que o Poder ou órgão referido no art. 20 receba transferências voluntárias e contrate operações de crédito, exceto as destinadas ao pagamento da dívida mobiliária.

- §§ 1º e 2º com a redação dada pela LC nº 178, de 13-1-2021.

Seção III

DO RELATÓRIO RESUMIDO DA EXECUÇÃO ORÇAMENTÁRIA

Art. 52. O relatório a que se refere o § 3º do art. 165 da Constituição abrangerá todos os Poderes e o Ministério Público, será publicado até trinta dias após o encerramento de cada bimestre e composto de:

- Art. 182, § 3º, da CF.

I – balanço orçamentário, que especificará, por categoria econômica, as:

a) receitas por fonte, informando as realizadas e a realizar, bem como a previsão atualizada;

b) despesas por grupo de natureza, discriminando a dotação para o exercício, a despesa liquidada e o saldo;

II – demonstrativos da execução das:

a) receitas, por categoria econômica e fonte, especificando a previsão inicial, a previsão atualizada para o exercício, a receita realizada no bimestre, a realizada no exercício e a previsão a realizar;

b) despesas, por categoria econômica e grupo de natureza da despesa, discriminando dotação inicial, dotação para o exercício, despesas empenhada e liquidada, no bimestre e no exercício;

c) despesas, por função e subfunção.

§ 1º Os valores referentes ao refinanciamento da dívida mobiliária constarão destacadamente nas receitas de operações de crédito e nas despesas com amortização da dívida.

§ 2º O descumprimento do prazo previsto neste artigo sujeita o ente às sanções previstas no § 2º do art. 51.

Art. 53. Acompanharão o Relatório Resumido demonstrativos relativos a:

- Art. 36, § 2º, da Lei nº 11.457, de16-3-2207 (Lei da Super-Receita).

I – apuração da receita corrente líquida, na forma definida no inciso IV do art. 2º, sua evolução, assim como a previsão de seu desempenho até o final do exercício;

II – receitas e despesas previdenciárias a que se refere o inciso IV do art. 50;

III – resultados nominal e primário;

IV – despesas com juros, na forma do inciso II do art. 4º;

V – Restos a Pagar, detalhando, por Poder e órgão referido no art. 20, os valores inscritos, os pagamentos realizados e o montante a pagar.

§ 1º O relatório referente ao último bimestre do exercício será acompanhado também de demonstrativos:

I – do atendimento do disposto no inciso III do art. 167 da Constituição, conforme o § 3º do art. 32;

II – das projeções atuariais dos regimes de previdência social, geral e próprio dos servidores públicos;

III – da variação patrimonial, evidenciando a alienação de ativos e a aplicação dos recursos dela decorrentes.

§ 2º Quando for o caso, serão apresentadas justificativas:

I – da limitação de empenho;

II – da frustração de receitas, especificando as medidas de combate à sonegação e à evasão fiscal, adotadas e a adotar, e as ações de fiscalização e cobrança.

Seção IV

DO RELATÓRIO DE GESTÃO FISCAL

Art. 54. Ao final de cada quadrimestre será emitido pelos titulares dos Poderes e órgãos referidos no art. 20 Relatório de Gestão Fiscal, assinado pelo:

I – Chefe do Poder Executivo;

II – Presidente e demais membros da Mesa Diretora ou órgão decisório equivalente, conforme regimentos internos dos órgãos do Poder Legislativo;

III – Presidente de Tribunal e demais membros de Conselho de Administração ou órgão decisório equivalente, conforme regimentos internos dos órgãos do Poder Judiciário;

IV – Chefe do Ministério Público, da União e dos Estados.

Parágrafo único. O relatório também será assinado pelas autoridades responsáveis pela administração financeira e pelo controle interno, bem como por outras definidas por ato próprio de cada Poder ou órgão referido no art. 20.

Art. 55. O relatório conterá:

I – comparativo com os limites de que trata esta Lei Complementar, dos seguintes montantes:

a) despesa total com pessoal, distinguindo a com inativos e pensionistas;

b) dívidas consolidada e mobiliária;

c) concessão de garantias;

d) operações de crédito, inclusive por antecipação de receita;

e) despesas de que trata o inciso II do art. 4º;

II – indicação das medidas corretivas adotadas ou a adotar, se ultrapassado qualquer dos limites;

III – demonstrativos, no último quadrimestre:

a) do montante das disponibilidades de caixa em trinta e um de dezembro;

b) da inscrição em Restos a Pagar, das despesas:

1) liquidadas;

2) empenhadas e não liquidadas, inscritas por atenderem a uma das condições do inciso II do art. 41;

3) empenhadas e não liquidadas, inscritas até o limite do saldo da disponibilidade de caixa;

4) não inscritas por falta de disponibilidade de caixa e cujos empenhos foram cancelados;

c) do cumprimento do disposto no inciso II e na alínea b do inciso IV do art. 38.

§ 1º O relatório dos titulares dos órgãos mencionados nos incisos II, III e IV do art. 54 conterá apenas as informações relativas à alínea *a* do inciso I, e os documentos referidos nos incisos II e III.

§ 2º O relatório será publicado até trinta dias após o encerramento do período a que corresponder, com amplo acesso ao público, inclusive por meio eletrônico.

§ 3º O descumprimento do prazo a que se refere o § 2º sujeita o ente à sanção prevista no § 2º do art. 51.

§ 4º Os relatórios referidos nos arts. 52 e 54 deverão ser elaborados de forma padronizada, segundo modelos que poderão ser atualizados pelo conselho de que trata o art. 67.

Seção V

DAS PRESTAÇÕES DE CONTAS

Art. 56. As contas prestadas pelos Chefes do Poder Executivo incluirão, além das suas próprias, as dos Presidentes dos órgãos dos Poderes Legislativo e Judiciário e do Chefe do Ministério Público, referidos no art. 20, as quais receberão parecer prévio, separadamente, do respectivo Tribunal de Contas.

- O STF, por maioria de votos, julgou procedente a ADIN nº 2.324, para declarar a inconstitucionalidade do *caput* deste artigo (*DOU* de 17-9-2019).
- Arts. 2º e 71, I e II, da CF.

LEG. COMPLEMENTAR

§ 1º As contas do Poder Judiciário serão apresentadas no âmbito:

I – da União, pelos Presidentes do Supremo Tribunal Federal e dos Tribunais Superiores, consolidando as dos respectivos tribunais;

II – dos Estados, pelos Presidentes dos Tribunais de Justiça, consolidando as dos demais tribunais.

§ 2º O parecer sobre as contas dos Tribunais de Contas será proferido no prazo previsto no art. 57 pela comissão mista permanente referida no § 1º do art. 166 da Constituição ou equivalente das Casas Legislativas estaduais e municipais.

§ 3º Será dada ampla divulgação dos resultados da apreciação das contas, julgadas ou tomadas.

Art. 57. Os Tribunais de Contas emitirão parecer prévio conclusivo sobre as contas no prazo de sessenta dias do recebimento, se outro não estiver estabelecido nas constituições estaduais ou nas leis orgânicas municipais.

- O STF, por maioria de votos, deferiu medida cautelar na ADIN nº 2.238-5 (*DJE* de 12-9-2008).

§ 1º No caso de Municípios que não sejam capitais e que tenham menos de duzentos mil habitantes o prazo será de cento e oitenta dias.

§ 2º Os Tribunais de Contas não entrarão em recesso enquanto existirem contas de Poder, ou órgão referido no art. 20, pendentes de parecer prévio.

Art. 58. A prestação de contas evidenciará o desempenho da arrecadação em relação à previsão, destacando as providências adotadas no âmbito da fiscalização das receitas e combate à sonegação, as ações de recuperação de créditos nas instâncias administrativa e judicial, bem como as demais medidas para incremento das receitas tributárias e de contribuições.

- Art. 2º, § 2º, da Lei nº 11.457, de16-3-2207 (Lei da Super-Receita).

Seção VI

DA FISCALIZAÇÃO DA GESTÃO FISCAL

Art. 59. O Poder Legislativo, diretamente ou com o auxílio dos Tribunais de Contas, e o sistema de controle interno de cada Poder e do Ministério Público fiscalizarão o cumprimento desta Lei Complementar, consideradas as normas de padronização metodológica editadas pelo conselho de que trata o art. 67, com ênfase no que se refere a:

- *Caput* com a redação dada pela LC nº 178, de 13-1-2021.
- Art. 74 da CF.

I – atingimento das metas estabelecidas na lei de diretrizes orçamentárias;

II – limites e condições para realização de operações de crédito e inscrição em Restos a Pagar;

III – medidas adotadas para o retorno da despesa total com pessoal ao respectivo limite, nos termos dos arts. 22 e 23;

IV – providências tomadas, conforme o disposto no art. 31, para recondução dos montantes das dívidas consolidada e mobiliária aos respectivos limites;

V – destinação de recursos obtidos com a alienação de ativos, tendo em vista as restrições constitucionais e as desta Lei Complementar;

VI – cumprimento do limite de gastos totais dos legislativos municipais, quando houver.

§ 1º Os Tribunais de Contas alertarão os Poderes ou órgãos referidos no art. 20 quando constatarem:

I – a possibilidade de ocorrência das situações previstas no inciso II do art. 4º e no art. 9º;

II – que o montante da despesa total com pessoal ultrapassou 90% (noventa por cento) do limite;

III – que os montantes das dívidas consolidada e mobiliária, das operações de crédito e da concessão de garantia se encontram acima de 90% (noventa por cento) dos respectivos limites;

IV – que os gastos com inativos e pensionistas se encontram acima do limite definido em lei;

V – fatos que comprometam os custos ou os resultados dos programas ou indícios de irregularidades na gestão orçamentária.

§ 2º Compete ainda aos Tribunais de Contas verificar os cálculos dos limites da despesa total com pessoal de cada Poder e órgão referido no art. 20.

§ 3º O Tribunal de Contas da União acompanhará o cumprimento do disposto nos §§ 2º, 3º e 4º do art. 39.

CAPÍTULO X

DISPOSIÇÕES FINAIS E TRANSITÓRIAS

Art. 60. Lei estadual ou municipal poderá fixar limites inferiores àqueles previstos nesta Lei Complementar para as dívidas consolidada e mobiliária, operações de crédito e concessão de garantias.

Art. 61. Os títulos da dívida pública, desde que devidamente escriturados em sistema centralizado de liquidação e custódia, poderão ser oferecidos em caução para garantia de empréstimos, ou em outras transações previstas em lei, pelo seu valor econômico, conforme definido pelo Ministério da Fazenda.

Art. 62. Os Municípios só contribuirão para o custeio de despesas de competência de outros entes da Federação se houver:

I – autorização na lei de diretrizes orçamentárias e na lei orçamentária anual;

II – convênio, acordo, ajuste ou congênere, conforme sua legislação.

Art. 63. É facultado aos Municípios com população inferior a cinquenta mil habitantes optar por:

I – aplicar o disposto no art. 22 e no § 4º do art. 30 ao final do semestre;

II – divulgar semestralmente:

a) VETADA;

b) o Relatório de Gestão Fiscal;

c) os demonstrativos de que trata o art. 53;

III – elaborar o Anexo de Política Fiscal do plano plurianual, o Anexo de Metas Fiscais e o Anexo de Riscos Fiscais da lei de diretrizes orçamentárias e o anexo de que trata o inciso I do art. 5º a partir do quinto exercício seguinte ao da publicação desta Lei Complementar.

§ 1º A divulgação dos relatórios e demonstrativos deverá ser realizada em até trinta dias após o encerramento do semestre.

§ 2º Se ultrapassados os limites relativos à despesa total com pessoal ou à dívida consolidada, enquanto perdurar esta situação, o Município ficará sujeito aos mesmos prazos de verificação e de retorno ao limite definidos para os demais entes.

Art. 64. A União prestará assistência técnica e cooperação financeira aos Municípios para a modernização das respectivas administrações tributária, financeira, patrimonial e previdenciária, com vistas ao cumprimento das normas desta Lei Complementar.

§ 1º A assistência técnica consistirá no treinamento e desenvolvimento de recursos humanos e na transferência de tecnologia, bem como no apoio à divulgação dos instrumentos de que trata o art. 48 em meio eletrônico de amplo acesso público.

§ 2º A cooperação financeira compreenderá a doação de bens e valores, o financiamento por intermédio das instituições financeiras federais e o repasse de recursos oriundos de operações externas.

Art. 65. Na ocorrência de calamidade pública reconhecida pelo Congresso Nacional, no caso da União, ou pelas Assembleias Legislativas, na hipótese dos Estados e Municípios, enquanto perdurar a situação:

○ Arts. 136 e 137 da CF.

I – serão suspensas a contagem dos prazos e as disposições estabelecidas nos arts. 23, 31 e 70;

II – serão dispensados o atingimento dos resultados fiscais e a limitação de empenho prevista no art. 9º.

§ 1º Na ocorrência de calamidade pública reconhecida pelo Congresso Nacional, nos termos de decreto legislativo, em parte ou na integralidade do território nacional e enquanto perdurar a situação, além do previsto nos inciso I e II do *caput*:

I – serão dispensados os limites, condições e demais restrições aplicáveis à União, aos Estados, ao Distrito Federal e aos Municípios, bem como sua verificação, para:

a) contratação e aditamento de operações de crédito;

b) concessão de garantias;

c) contratação entre entes da Federação; e

d) recebimento de transferências voluntárias.

II – serão dispensados os limites e afastadas as vedações e sanções previstas e decorrentes dos arts. 35, 37 e 42, bem como será dispensado o cumprimento do disposto no parágrafo único do art. 8º desta Lei Complementar, desde que os recursos arrecadados sejam destinados ao combate à calamidade pública;

III – serão afastadas as condições e as vedações previstas nos arts. 14, 16 e 17 desta Lei Complementar, desde que o incentivo ou benefício e a criação ou o aumento da despesa sejam destinados ao combate à calamidade pública.

• Parágrafo único transformado em § 1º e com a redação dada pela LC nº 173, de 27-5-2020.

§ 2º O disposto no § 1º deste artigo, observados os termos estabelecidos no decreto legislativo que reconhecer o estado de calamidade pública:

I – aplicar-se-á exclusivamente:

a) às unidades da Federação atingidas e localizadas no território em que for reconhecido o estado de calamidade pública pelo Congresso Nacional e enquanto perdurar o referido estado de calamidade;

b) aos atos de gestão orçamentária e financeira necessários ao atendimento de despesas relacionadas ao cumprimento do decreto legislativo;

II – não afasta as disposições relativas a transparência, controle e fiscalização.

§ 3º No caso de aditamento de operações de crédito garantidas pela União com amparo no disposto no § 1º deste artigo, a garantia será mantida, não sendo necessária a alteração dos contratos de garantia e de contragarantia vigentes.

• §§ 2º e 3º acrescidos pela LC nº 173, de 27-5-2020.

Art. 65-A. Não serão contabilizadas na meta de resultado primário, para efeito do disposto no art. 9º desta Lei Complementar, as transferências federais aos demais entes da Federação, devidamente identificadas, para enfrentamento das consequências sociais e econômicas no setor cultural decorrentes de calamidades públicas ou pandemias, desde que sejam autorizadas em acréscimo aos valores inicialmente previstos pelo Congresso Nacional na lei orçamentária anual.

• Art. 65-A acrescido pela LC nº 195, de 8-7-2022, promulgado nos termos do art. 66, § 5º, da CF (*DOU* de 8-7-2022 – ed. extra B).

Art. 66. Os prazos estabelecidos nos arts. 23, 31 e 70 serão duplicados no caso de crescimento real baixo ou negativo do Produto Interno Bruto (PIB) nacional, regional ou estadual por período igual ou superior a quatro trimestres.

§ 1º Entende-se por baixo crescimento a taxa de variação real acumulada do Produto Interno Bruto inferior a 1% (um por cento), no período correspondente aos quatro últimos trimestres.

§ 2º A taxa de variação será aquela apurada pela Fundação Instituto Brasileiro de Geografia e Estatística ou outro órgão que vier a substituí-la, adotada a mesma metodologia para apuração dos PIB nacional, estadual e regional.

§ 3º Na hipótese do *caput*, continuarão a ser adotadas as medidas previstas no art. 22.

§ 4º Na hipótese de se verificarem mudanças drásticas na condução das políticas monetária e cambial, reconhecidas pelo Senado Federal, o prazo referido no *caput* do art. 31 poderá ser ampliado em até quatro quadrimestres.

Art. 67. O acompanhamento e a avaliação, de forma permanente, da política e da operacionalidade da gestão fiscal serão realizados por conselho de gestão fiscal, constituído por representantes de todos os Poderes e esferas de Governo, do Ministério Público e de entidades técnicas representativas da sociedade, visando a:

I – harmonização e coordenação entre os entes da Federação;

II – disseminação de práticas que resultem em maior eficiência na alocação e execução do gasto público, na arrecadação de receitas, no controle do endividamento e na transparência da gestão fiscal;

III – adoção de normas de consolidação das contas públicas, padronização das prestações de contas e dos relatórios e demonstrativos de gestão fiscal de que trata esta Lei Complementar, normas e padrões mais simples para os pequenos Municípios, bem como outros, necessários ao controle social;

IV – divulgação de análises, estudos e diagnósticos.

§ 1º O conselho a que se refere o *caput* instituirá formas de premiação e reconhecimento público aos titulares de Poder que alcançarem resultados meritórios em suas políticas de desenvolvimento social, conjugados com a prática de uma gestão fiscal pautada pelas normas desta Lei Complementar.

§ 2º Lei disporá sobre a composição e a forma de funcionamento do conselho.

Art. 68. Na forma do art. 250 da Constituição, é criado o Fundo do Regime Geral de Previdência Social, vinculado ao Ministério da Previdência e Assistência Social, com a finalidade de prover recursos para o pagamento dos benefícios do regime geral da previdência social.

○ Art. 165, § 9º, II, *in fine*, da CF.

○ Art. 36 do ADCT.

○ Art. 43 desta Lei Complementar.

LEG. COMPLEMENTAR

- Art. 71 da Lei nº 4.320, de 17-3-1964, que estatui normas gerais de direito financeiro para elaboração e controle dos orçamentos e balanços da União, dos Estados, dos Municípios e do Distrito Federal.
- Art. 2º, § 1º, da Lei nº 11.457, de16-3-2207 (Lei da Super-Receita).

§ 1º O Fundo será constituído de:

I – bens móveis e imóveis, valores e rendas do Instituto Nacional do Seguro Social não utilizados na operacionalização deste;

II – bens e direitos que, a qualquer título, lhe sejam adjudicados ou que lhe vierem a ser vinculados por força de lei;

III – receita das contribuições sociais para a seguridade social, previstas na alínea *a* do inciso I e no inciso II do art. 195 da Constituição;

IV – produto da liquidação de bens e ativos de pessoa física ou jurídica em débito com a Previdência Social;

V – resultado da aplicação financeira de seus ativos;

VI – recursos provenientes do orçamento da União.

§ 2º O Fundo será gerido pelo Instituto Nacional do Seguro Social, na forma da lei.

Art. 69. O ente da Federação que mantiver ou vier a instituir regime próprio de previdência social para seus servidores conferir-lhe-á caráter contributivo e o organizará com base em normas de contabilidade e atuária que preservem seu equilíbrio financeiro e atuarial.

- Art. 40 da CF.

Art. 70. O Poder ou órgão referido no art. 20 cuja despesa total com pessoal no exercício anterior ao da publicação desta Lei Complementar estiver acima dos limites estabelecidos nos arts. 19 e 20 deverá enquadrar-se no respectivo limite em até dois exercícios, eliminando o excesso, gradualmente, à razão de, pelo menos, 50% a.a. (cinquenta por cento ao ano), mediante a adoção, entre outras, das medidas previstas nos arts. 22 e 23.

Parágrafo único. A inobservância do disposto no *caput*, no prazo fixado, sujeita o ente às sanções previstas no § 3º do art. 23.

Art. 71. Ressalvada a hipótese do inciso X do art. 37 da Constituição, até o término do terceiro exercício financeiro seguinte à entrada em vigor desta Lei Complementar, a despesa total com pessoal dos Poderes e órgãos referidos no art. 20 não ultrapassará, em percentual da receita corrente líquida, a despesa verificada no exercício imediatamente anterior, acrescida de até 10% (dez por cento), se esta for inferior ao limite definido na forma do art. 20.

Art. 72. A despesa com serviços de terceiros dos Poderes e órgãos referidos no art. 20 não poderá exceder, em percentual da receita corrente líquida, a do exercício anterior à entrada em vigor desta Lei Complementar, até o término do terceiro exercício seguinte.

- O STF, por unanimidade de votos, na medida cautelar da ADIN nº 2.238-5, conferiu interpretação conforme a CF a este artigo, para considerar a proibição restrita aos contratos de prestação de serviços permanentes (*DJE* de 12-9-2008).

Art. 73. As infrações dos dispositivos desta Lei Complementar serão punidas segundo o Decreto-Lei nº 2.848, de 7 de dezembro de 1940 (Código Penal); a Lei nº 1.079, de 10 de abril de 1950; o Decreto-Lei nº 201, de 27 de fevereiro de 1967; a Lei nº 8.429, de 2 de junho de 1992; e demais normas da legislação pertinente.

- Arts. 359-A a 359-H do CP.

Art. 73-A. Qualquer cidadão, partido político, associação ou sindicato é parte legítima para denunciar ao respectivo Tribunal de Contas e ao órgão competente do Ministério Público o descumprimento das prescrições estabelecidas nesta Lei Complementar.

Art. 73-B. Ficam estabelecidos os seguintes prazos para o cumprimento das determinações dispostas nos incisos II e III do parágrafo único do art. 48 e do art. 48-A:

I – 1 (um) ano para a União, os Estados, o Distrito Federal e os Municípios com mais de 100.000 (cem mil) habitantes;

II – 2 (dois) anos para os Municípios que tenham entre 50.000 (cinquenta mil) e 100.000 (cem mil) habitantes;

III – 4 (quatro) anos para os Municípios que tenham até 50.000 (cinquenta mil) habitantes.

Parágrafo único. Os prazos estabelecidos neste artigo serão contados a partir da data de publicação da lei complementar que introduziu os dispositivos referidos no *caput* deste artigo.

Art. 73-C. O não atendimento, até o encerramento dos prazos previstos no art. 73-B, das determinações contidas nos incisos II e III do parágrafo único do art. 48 e no art. 48-A sujeita o ente à sanção prevista no inciso I do § 3º do art. 23.

- Arts. 73-A a 73-C acrescidos pela LC nº 131, de 27-5-2009.

Art. 74. Esta Lei Complementar entra em vigor na data da sua publicação.

Art. 75. Revoga-se a Lei Complementar nº 96, de 31 de maio de 1999.

Brasília, 4 de maio de 2000;
179º da Independência e
112º da República.

Fernando Henrique Cardoso

LEI Nº 10.168, DE 29 DE DEZEMBRO DE 2000

Institui contribuição de intervenção de domínio econômico destinada a financiar o Programa de Estímulo à Interação Universidade-Empresa para o Apoio à Inovação e dá outras providências.

- Publicada no *DOU* de 30-12-2000 – edição extra.

Art. 1º Fica instituído o Programa de Estímulo à Interação Universidade-Empresa para o Apoio à Inovação, cujo objetivo principal é estimular o desenvolvimento tecnológico brasileiro, mediante programas de pesquisa científica e tecnológica cooperativa entre universidades, centros de pesquisa e o setor produtivo.

Art. 2º Para fins de atendimento ao Programa de que trata o artigo anterior, fica instituída contribuição de intervenção no domínio econômico, devida pela pessoa jurídica detentora de licença de uso ou adquirente de conhecimentos tecnológicos, bem como aquela signatária de contratos que impliquem transferência de tecnologia, firmados com residentes ou domiciliados no exterior.

§ 1º Consideram-se, para fins desta Lei, contratos de transferência de tecnologia os relativos à exploração de patentes ou de uso de marcas e os de fornecimento de tecnologia e prestação de assistência técnica.

§ 1º-A. A contribuição de que trata este artigo não incide sobre a remuneração pela licença de uso ou de direitos de comercialização ou distribuição de programa de computador, salvo quando envolverem a transferência da correspondente tecnologia.

- § 1º-A acrescido pela Lei nº 11.452, de 27-2-2007.

§ 2º A partir de 1º de janeiro de 2002, a contribuição de que trata o *caput* deste artigo passa a ser devida também pelas pessoas jurídicas signatárias de contratos que tenham por objeto serviços técnicos e de assistência administrativa e semelhantes a serem prestados por residentes ou domiciliados no exterior, bem assim pelas pessoas jurídicas que pagarem, creditarem, entregarem, empregarem ou remeterem *royalties*, a qualquer título, a beneficiários residentes ou domiciliados no exterior.

§ 3º A contribuição incidirá sobre os valores pagos, creditados, entregues, empregados ou remetidos, a cada mês, a residentes ou domiciliados no exterior, a título de remuneração decorrente das obrigações indicadas no *caput* e no § 2º deste artigo.

§ 4º A alíquota da contribuição será de 10% (dez por cento).

§ 5º O pagamento da contribuição será efetuado até o último dia útil da quinzena subsequente ao mês de ocorrência do fato gerador.

- §§ 2º a 5º acrescidos pela Lei nº 10.332, de 19-12-2001.

§ 6º Não se aplica a Contribuição de que trata o *caput* quando o contratante for órgão ou entidade da administração direta, autárquica e fundacional da União, dos Estados, do Distrito Federal e dos Municípios, e o contratado for instituição de ensino ou pesquisa situada no exterior, para o oferecimento de curso ou atividade de treinamento ou qualificação profissional a servidores civis ou militares do respectivo ente estatal, órgão ou entidade.

- § 6º acrescido pela Lei nº 12.402, de 2-5-2011.

Art. 2º-A. Fica reduzida para 15% (quinze por cento), a partir de 1º de janeiro de 2002, a alíquota do imposto de renda na fonte incidente sobre as importâncias pagas, creditadas, entregues, empregadas ou remetidas ao exterior a título de remuneração de serviços de assistência administrativa e semelhantes.

- Art. 2º-A acrescido pela Lei nº 10.332, de 19-12-2001.

Art. 2º-B. O imposto sobre a renda na fonte não incidirá sobre as importâncias pagas, creditadas, entregues, empregadas ou remetidas ao exterior por órgãos ou entidades da administração direta, autárquica e fundacional da União, dos Estados, do Distrito Federal e dos Municípios, em razão de despesas contratuais com instituições de ensino e pesquisa relacionadas à participação em cursos ou atividades de treinamento ou qualificação profissional de servidores civis ou militares do respectivo ente estatal, órgão ou entidade.

- Art. 2º-B acrescido pela Lei nº 12.402, de 2-5-2011.

Art. 3º Compete à Secretaria da Receita Federal a administração e a fiscalização da contribuição de que trata esta Lei.

Parágrafo único. A contribuição de que trata esta Lei sujeita-se às normas relativas ao processo administrativo fiscal de determinação e exigência de créditos tributários federais, previstas no Decreto nº 70.235, de 6 de março de 1972, e alterações posteriores, bem como, subsidiariamente e no que couber, às disposições da legislação do imposto de renda, especialmente quanto a penalidades e demais acréscimos aplicáveis.

Art. 4º A contribuição de que trata o art. 2º será recolhida ao Tesouro Nacional e destinada ao Fundo Nacional de Desenvolvimento Científico e Tecnológico – FNDCT, criado pelo Decreto-Lei nº 719, de 31 de julho de 1969, e restabelecido pela Lei nº 8.172, de 18 de janeiro de 1991.

§ 1º Os recursos destinados ao FNDCT serão alocados em categoria de programação específica e administrados conforme o disposto no regulamento.

§ 2º Para fins do disposto no § 5º do art. 165 da Constituição Federal, o Poder Executivo incluirá na proposta de lei orçamentária anual os recursos de que trata o *caput* deste artigo.

Art. 5º Será constituído, no âmbito do Ministério da Ciência e Tecnologia, um Comitê Gestor com a finalidade de coordenar as atividades do Programa de Estímulo à Interação Universidade-Empresa para o Apoio à Inovação, cabendo-lhe definir as diretrizes gerais e o plano anual de investimentos, acompanhar a implementação das ações e avaliar anualmente os resultados alcançados.

§ 1º VETADO.

§ 2º A participação no Comitê Gestor não será remunerada.

§ 3º O Ministério da Ciência e Tecnologia prestará ao Comitê Gestor apoio técnico, administrativo e financeiro necessários ao seu funcionamento.

Art. 6º Do total dos recursos a que se refere o art. 2º, trinta por cento, no mínimo, serão aplicados em programas de fomento à capacitação tecnológica e ao amparo à pesquisa científica e ao desenvolvimento tecnológico nas regiões Norte, Nordeste e Centro-Oeste.

Art. 7º Não se aplica a este Fundo o disposto na Lei nº 9.530, de 10 de dezembro de 1997.

Art. 8º Esta Lei entra em vigor na data de sua publicação, aplicando-se aos fatos geradores ocorridos a partir de 1º de janeiro de 2001.

Brasília, 29 de dezembro de 2000;
179º da Independência e
112º da República.

Fernando Henrique Cardoso

LEI Nº 10.169, DE 29 DE DEZEMBRO DE 2000

Regula o § 2º do artigo 236 da Constituição Federal, mediante o estabelecimento de normas gerais para a fixação de emolumentos relativos aos atos praticados pelos serviços notariais e de registro.

- Publicada no *DOU* de 30-12-2000, Edição Extra.

Art. 1º Os Estados e o Distrito Federal fixarão o valor dos emolumentos relativos aos atos praticados pelos respectivos serviços notariais e de registro, observadas as normas desta Lei.

Parágrafo único. O valor fixado para os emolumentos deverá corresponder ao efetivo custo e à adequada e suficiente remuneração dos serviços prestados.

Art. 2º Para a fixação do valor dos emolumentos, a Lei dos Estados e do Distrito Federal levará em conta a natureza pública e o caráter social dos serviços notariais e de registro, atendidas ainda as seguintes regras:

I – os valores dos emolumentos constarão de tabelas e serão expressos em moeda corrente do País;

II – os atos comuns aos vários tipos de serviços notariais e de registro serão remunerados por emolumentos específicos, fixados para cada espécie de ato;

III – os atos específicos de cada serviço serão classificados em:

a) atos relativos a situações jurídicas, sem conteúdo financeiro, cujos emolumentos atenderão às peculiaridades socioeconômicas de cada região;

b) atos relativos a situações jurídicas, com conteúdo financeiro, cujos emolumentos serão fixados mediante a observância de faixas que estabeleçam valores mínimos e máximos, nas quais enquadrar-se-á o valor constante do documento apresentado aos serviços notariais e de registro.

§ 1º Nos casos em que, por força de lei, devam ser utilizados valores decorrentes de avaliação judicial ou fiscal, esses serão os valores considerados para os fins do disposto na alínea *b* do inciso III do *caput* deste artigo.

- Parágrafo único transformado em § 1º pela Lei nº 13.986, de 7-4-2020, promulgado nos termos do art. 66, § 5º, da CF (*DOU* de 20-8-2020).

§ 2º Os emolumentos devidos pela constituição de direitos reais de garantia mobiliária ou imobiliária destinados ao crédito rural não poderão exceder o menor dos seguintes valores:

I – 0,3% (zero vírgula três por cento) do valor do crédito concedido, incluída a taxa de fiscalização judicial, limitada a 5% (cinco por cento) do valor pago pelo usuário, vedados quaisquer outros acréscimos a título de taxas, custas e contribuições para o Estado ou Distrito Federal, carteira de previdência ou para associação de classe, criados ou que venham a ser criados sob qualquer título ou denominação; e

II – o valor respectivo previsto na tabela estadual definida em lei, observado que:

a) nos registros, quando 2 (dois) ou mais imóveis forem dados em garantia, situados ou não na mesma circunscrição imobiliária, tenham ou não igual valor, a base de cálculo dos atos será o resultado da divisão do valor do mútuo pelo número de imóveis, limitada ao potencial econômico de cada bem;

b) a averbação de aditivo de garantia real com liberação de crédito suplementar será cobrada conforme o disposto neste artigo e terá como base de cálculo o valor do referido crédito;

c) a averbação de aditivo que contenha outras alterações que não importem mudança no valor do crédito concedido é considerada ato sem conteúdo econômico;

d) os valores de cancelamento dos atos de que trata o *caput* deste parágrafo obedecerão ao previsto nas tabelas estaduais, até o limite máximo de 0,1% (zero vírgula um por cento) do valor do crédito concedido;

e) a prenotação, as indicações e os arquivamentos estão incluídos nos emolumentos devidos pelos registros de garantias reais previstas nesta Lei;

f) os emolumentos devidos pelo registro auxiliar de cédula ou nota de crédito e de produto rural, não garantida por hipoteca ou alienação fiduciária de bens imóveis, obedecerão ao previsto nas tabelas estaduais e não poderão exceder 0,3% (zero vírgula três por cento) do valor do crédito concedido, incluída a taxa de fiscalização judicial, limitada a 5% (cinco por cento) do valor pago pelo usuário, observadas as vedações estipuladas no inciso I deste parágrafo.

- § 2º acrescido pela Lei nº 13.986, de 7-4-2020, promulgado nos termos do art. 66, § 5º, da CF (*DOU* de 20-8-2020).

Art. 3º É vedado:

I – VETADO;

II – fixar emolumentos em percentual incidente sobre o valor do negócio jurídico objeto dos serviços notariais e de registro;

III – cobrar das partes interessadas quaisquer outras quantias não expressamente previstas nas tabelas de emolumentos;

IV – cobrar emolumentos em decorrência da prática de ato de retificação ou que teve de ser refeito ou renovado em razão de erro imputável aos respectivos serviços notariais e de registro;

V – VETADO;

VI – impor ao registro e averbação de situações jurídicas em que haja a interveniência de produtor rural quaisquer acréscimos a título de taxas, custas e contribuições para o Estado ou Distrito Federal, carteira de previdência, fundo de custeio de atos gratuitos e fundos especiais do Tribunal de Justiça, bem como de associação de classe, ou outros que venham a ser criados.

- Inciso VI acrescido pela Lei nº 13.986, de 7-4-2020, promulgado nos termos do art. 66, § 5º, da CF (*DOU* de 20-8-2020).

Art. 4º As tabelas de emolumentos serão publicadas nos órgãos oficiais das respectivas unidades da Federação, cabendo às autoridades competentes determinar a fiscalização do seu cumprimento e sua afixação obrigatória em local visível em cada serviço notarial e de registro.

Art. 5º Quando for o caso, o valor dos emolumentos poderá sofrer reajuste, publicando-se as respectivas tabelas, até o último dia do ano, observado o princípio da anterioridade.

Art. 6º Os notários e os registradores darão recibo dos emolumentos percebidos, sem prejuízo da indicação definitiva e obrigatória dos respectivos valores à margem do documento entregue ao interessado, em conformidade com a tabela vigente ao tempo da prática do ato.

Art. 7º O descumprimento, pelos notários e registradores, do disposto nesta Lei sujeitá-los-á às penalidades previstas na Lei nº 8.935, de 18 de novembro de 1994, sem prejuízo da aplicação de outras sanções legais.

Art. 8º Os Estados e o Distrito Federal, no âmbito de sua competência, respeitado o prazo estabelecido no artigo 9º desta Lei, estabelecerão forma de compensação aos registradores civis das pessoas naturais pelos atos gratuitos, por eles praticados, conforme estabelecido em lei federal.

Parágrafo único. O disposto no *caput* não poderá gerar ônus para o Poder Público.

Art. 9º Os Estados e o Distrito Federal deverão proceder à revisão das tabelas de emolumentos atualmente em vigor, a fim de adaptá-las ao disposto nesta Lei, no prazo de noventa dias contado da data de sua vigência.

Parágrafo único. Até a publicação das novas tabelas de emolumentos, revistas e adaptadas conforme estabelece este artigo, os atos praticados pelos serviços notariais e de registro continuarão a ser remunerados na forma da legislação em vigor nos Estados e no Distrito Federal, observadas, desde logo, as vedações estabelecidas no artigo 3º desta Lei.

Art. 10. Esta Lei entra em vigor na data de sua publicação.

Brasília, 29 de dezembro de 2000;
179º da Independência e
112º da República.

Fernando Henrique Cardoso

LEI COMPLEMENTAR Nº 105, DE 10 DE JANEIRO DE 2001

Dispõe sobre o sigilo das operações de instituições financeiras e dá outras providências.

- Publicada no *DOU* de 11-1-2001.

Art. 1º As instituições financeiras conservarão sigilo em suas operações ativas e passivas e serviços prestados.

- Art. 5º, X e XII, da CF.
- Art. 98 do CTN.

- Lei nº 4.595, de 31-12-1964 (Lei do Sistema Financeiro Nacional).
- Lei nº 6.099, de 12-9-1974 (Lei do Arrendamento Mercantil).

§ 1º São consideradas instituições financeiras, para os efeitos desta Lei Complementar:

I – os bancos de qualquer espécie;

II – distribuidoras de valores mobiliários;

III – corretoras de câmbio e de valores mobiliários;

IV – sociedades de crédito, financiamento e investimentos;

V – sociedades de crédito imobiliário;

VI – administradoras de cartões de crédito;

VII – sociedades de arrendamento mercantil;

VIII – administradoras de mercado de balcão organizado;

IX – cooperativas de crédito;

X – associações de poupança e empréstimo;

XI – bolsas de valores e de mercadorias e futuros;

XII – entidades de liquidação e compensação;

XIII – outras sociedades que, em razão da natureza de suas operações, assim venham a ser consideradas pelo Conselho Monetário Nacional.

§ 2º As empresas de fomento comercial ou *factoring*, para os efeitos desta Lei Complementar, obedecerão às normas aplicáveis às instituições financeiras previstas no § 1º.

§ 3º Não constitui violação do dever de sigilo:

I – a troca de informações entre instituições financeiras, para fins cadastrais, inclusive por intermédio de centrais de risco, observadas as normas baixadas pelo Conselho Monetário Nacional e pelo Banco Central do Brasil;

II – o fornecimento de informações constantes de cadastro de emitentes de cheques sem provisão de fundos e de devedores inadimplentes, a entidades de proteção ao crédito, observadas as normas baixadas pelo Conselho Monetário Nacional e pelo Banco Central do Brasil;

III – o fornecimento das informações de que trata o § 2º do artigo 11 da Lei nº 9.311, de 24 de outubro de 1996;

IV – a comunicação, às autoridades competentes, da prática de ilícitos penais ou administrativos, abrangendo o fornecimento de informações sobre operações que envolvam recursos provenientes de qualquer prática criminosa;

V – a revelação de informações sigilosas com o consentimento expresso dos interessados;

VI – a prestação de informações nos termos e condições estabelecidos nos artigos 2º, 3º, 4º, 5º, 6º, 7º e 9º desta Lei Complementar;

VII – o fornecimento de dados financeiros e de pagamentos, relativos a operações de crédito e obrigações de pagamento adimplidas ou em andamento de pessoas naturais ou jurídicas, a gestores de bancos de dados, para formação de histórico de crédito, nos termos de lei específica.

- Inciso VII acrescido pela LC nº 166, de 8-4-2019.

§ 4º A quebra de sigilo poderá ser decretada, quando necessária para apuração de ocorrência de qualquer ilícito, em qualquer fase do inquérito ou do processo judicial, e especialmente nos seguintes crimes:

I – de terrorismo;

II – de tráfico ilícito de substâncias entorpecentes ou drogas afins;

III – de contrabando ou tráfico de armas, munições ou material destinado a sua produção;

IV – de extorsão mediante sequestro;

V – contra o sistema financeiro nacional;

VI – contra a Administração Pública;

VII – contra a ordem tributária e a previdência social;

- Lei nº 8.137, de 27-12-1990 (Lei dos Crimes Contra a Ordem Tributária, Econômica e Contra as Relações de Consumo).

VIII – lavagem de dinheiro ou ocultação de bens, direitos e valores;

IX – praticado por organização criminosa.

Art. 2º O dever de sigilo é extensivo ao Banco Central do Brasil, em relação às operações que realizar e às informações que obtiver no exercício de suas atribuições.

§ 1º O sigilo, inclusive quanto a contas de depósitos, aplicações e investimentos mantidos em instituições financeiras, não pode ser oposto ao Banco Central do Brasil:

I – no desempenho de suas funções de fiscalização, compreendendo a apuração, a qualquer tempo, de ilícitos praticados por controladores, administradores, membros de conselhos estatutários, gerentes, mandatários e prepostos de instituições financeiras;

II – ao proceder a inquérito em instituição financeira submetida a regime especial.

§ 2º As comissões encarregadas dos inquéritos a que se refere o inciso II do § 1º poderão examinar quaisquer documentos relativos a bens, direitos e obrigações das instituições financeiras, de seus controladores, administradores, membros de conselhos estatutários, gerentes, mandatários e prepostos, inclusive contas-correntes e operações com outras instituições financeiras.

§ 3º O disposto neste artigo aplica-se à Comissão de Valores Mobiliários, quando se tratar de fiscalização de operações e serviços no mercado de valores mobiliários, inclusive nas instituições financeiras que sejam companhias abertas.

§ 4º O Banco Central do Brasil e a Comissão de Valores Mobiliários, em suas áreas de competência, poderão firmar convênios:

I – com outros órgãos públicos fiscalizadores de instituições financeiras, objetivando a realização de fiscalizações conjuntas, observadas as respectivas competências;

II – com bancos centrais ou entidades fiscalizadoras de outros países, objetivando:

a) a fiscalização de filiais e subsidiárias de instituições financeiras estrangeiras, em funcionamento no Brasil e de filiais e subsidiárias, no exterior, de instituições financeiras brasileiras;

b) a cooperação mútua e o intercâmbio de informações para a investigação de atividades ou operações que impliquem aplicação, negociação, ocultação ou transferência de ativos financeiros e de valores mobiliários relacionados com a prática de condutas ilícitas.

§ 5º O dever de sigilo de que trata esta Lei Complementar estende-se aos órgãos fiscalizadores mencionados no § 4º e a seus agentes.

§ 6º O Banco Central do Brasil, a Comissão de Valores Mobiliários e os demais órgãos de fiscalização, nas áreas de suas atribuições, fornecerão ao Conselho de Controle de Atividades Financeiras – COAF, de que trata o artigo 14 da Lei nº 9.613, de 3 de março de 1998, as informações cadastrais e de movimento de valores relativos às operações previstas no inciso I do artigo 11 da referida Lei.

Art. 3º Serão prestadas pelo Banco Central do Brasil, pela Comissão de Valores Mobiliários e pelas instituições financeiras as informações ordenadas pelo Poder Judiciário, preservado o seu caráter sigiloso mediante acesso restrito às

LEG. COMPLEMENTAR

partes, que delas não poderão servir-se para fins estranhos à lide.

§ 1º Dependem de prévia autorização do Poder Judiciário a prestação de informações e o fornecimento de documentos sigilosos solicitados por comissão de inquérito administrativo destinada a apurar responsabilidade de servidor público por infração praticada no exercício de suas atribuições, ou que tenha relação com as atribuições do cargo em que se encontre investido.

§ 2º Nas hipóteses do § 1º, o requerimento de quebra de sigilo independe da existência de processo judicial em curso.

§ 3º Além dos casos previstos neste artigo o Banco Central do Brasil e a Comissão de Valores Mobiliários fornecerão à Advocacia-Geral da União as informações e os documentos necessários à defesa da União nas ações em que seja parte.

Art. 4º O Banco Central do Brasil e a Comissão de Valores Mobiliários, nas áreas de suas atribuições, e as instituições financeiras fornecerão ao Poder Legislativo Federal as informações e os documentos sigilosos que, fundamentadamente, se fizerem necessários ao exercício de suas respectivas competências constitucionais e legais.

§ 1º As comissões parlamentares de inquérito, no exercício de sua competência constitucional e legal de ampla investigação, obterão as informações e documentos sigilosos de que necessitarem, diretamente das instituições financeiras, ou por intermédio do Banco Central do Brasil ou da Comissão de Valores Mobiliários.

§ 2º As solicitações de que trata este artigo deverão ser previamente aprovadas pelo Plenário da Câmara dos Deputados, do Senado Federal, ou do plenário de suas respectivas comissões parlamentares de inquérito.

Art. 5º O Poder Executivo disciplinará, inclusive quanto à periodicidade e aos limites de valor, os critérios segundo os quais as instituições financeiras informarão à administração tributária da União, as operações financeiras efetuadas pelos usuários de seus serviços.

- Art. 30 da Lei nº 10.637, de 30-12-2002, que dispõe sobre a não cumulatividade na cobrança da contribuição para o PIS/PASEP, nos casos que especifica; sobre o pagamento e o parcelamento de débitos tributários federais, a compensação de créditos fiscais, a declaração de inaptidão de inscrição de pessoas jurídicas, a legislação aduaneira.

§ 1º Consideram-se operações financeiras, para os efeitos deste artigo:

I – depósitos à vista e a prazo, inclusive em conta de poupança;

II – pagamentos efetuados em moeda corrente ou em cheques;

III – emissão de ordens de crédito ou documentos assemelhados;

IV – resgates em contas de depósitos à vista ou a prazo, inclusive de poupança;

V – contratos de mútuo;

VI – descontos de duplicatas, notas promissórias e outros títulos de crédito;

VII – aquisições e vendas de títulos de renda fixa ou variável;

VIII – aplicações em fundos de investimentos;

IX – aquisições de moeda estrangeira;

X – conversões de moeda estrangeira em moeda nacional;

XI – transferências de moeda e outros valores para o exterior;

XII – operações com ouro, ativo financeiro;

XIII – operações com cartão de crédito;

XIV – operações de arrendamento mercantil; e

XV – quaisquer outras operações de natureza semelhante que venham a ser autorizadas pelo Banco Central do Brasil, Comissão de Valores Mobiliários ou outro órgão competente.

§ 2º As informações transferidas na forma do *caput* deste artigo restringir-se-ão a informes relacionados com a identificação dos titulares das operações e os montantes globais mensalmente movimentados, vedada a inserção de qualquer elemento que permita identificar a sua origem ou a natureza dos gastos a partir deles efetuados.

§ 3º Não se incluem entre as informações de que trata este artigo as operações financeiras efetuadas pelas administrações direta e indireta da União, dos Estados, do Distrito Federal e dos Municípios.

§ 4º Recebidas as informações de que trata este artigo, se detectados indícios de falhas, incorreções ou omissões, ou de cometimento de ilícito fiscal, a autoridade interessada poderá requisitar as informações e os documentos de que necessitar, bem como realizar fiscalização ou auditoria para a adequada apuração dos fatos.

§ 5º As informações a que refere este artigo serão conservadas sob sigilo fiscal, na forma da legislação em vigor.

Art. 6º As autoridades e os agentes fiscais tributários da União, dos Estados, do Distrito Federal e dos Municípios somente poderão examinar documentos, livros e registros de instituições financeiras, inclusive os referentes a contas de depósitos e aplicações financeiras, quando houver processo administrativo instaurado ou procedimento fiscal em curso e tais exames sejam considerados indispensáveis pela autoridade administrativa competente.

- Art. 30 da Lei nº 10.637, de 30-12-2002, que dispõe sobre a não cumulatividade na cobrança da contribuição para o PIS/PASEP, nos casos que especifica; sobre o pagamento e o parcelamento de débitos tributários federais, a compensação de créditos fiscais, a declaração de inaptidão de inscrição de pessoas jurídicas, a legislação aduaneira.

Parágrafo único. O resultado dos exames, as informações e os documentos a que se refere este artigo serão conservados em sigilo, observada a legislação tributária.

- Dec. nº 3.724, de 10-1-2001, regulamenta este artigo.

Art. 7º Sem prejuízo do disposto no § 3º do artigo 2º, a Comissão de Valores Mobiliários, instaurado inquérito administrativo, poderá solicitar à autoridade judiciária competente o levantamento do sigilo junto às instituições financeiras de informações e documentos relativos a bens, direitos e obrigações de pessoa física ou jurídica submetida ao seu poder disciplinar.

Parágrafo único. O Banco Central do Brasil e a Comissão de Valores Mobiliários, manterão permanente intercâmbio de informações acerca dos resultados das inspeções que realizarem, dos inquéritos que instaurarem e das penalidades que aplicarem, sempre que as informações forem necessárias ao desempenho de suas atividades.

Art. 8º O cumprimento das exigências e formalidades previstas nos artigos 4º, 6º e 7º, será expressamente declarado pelas autoridades competentes nas solicitações dirigidas ao Banco Central do Brasil, à Comissão de Valores Mobiliários ou às instituições financeiras.

Art. 9º Quando, no exercício de suas atribuições, o Banco Central do Brasil e a Comissão de Valores Mobiliários verificarem a ocorrência de crime definido em lei como de ação pública, ou indícios da prática de tais crimes, informarão ao Ministério Público, juntando à comunicação os documentos necessários à apuração ou comprovação dos fatos.

§ 1º A comunicação de que trata este artigo será efetuada pelos Presidentes do Banco Central do Brasil e da Comissão de Valores Mobiliários, admitida delegação de competência, no prazo máximo de quinze dias, a contar do recebimento do processo, com manifestação dos respectivos serviços jurídicos.

§ 2º Independentemente do disposto no *caput* deste artigo, o Banco Central do Brasil e a Comissão de Valores Mobiliários comunicarão aos órgãos públicos competentes as irregularidades e os ilícitos administrativos de que tenham conhecimento, ou indícios de sua prática, anexando os documentos pertinentes.

Art. 10. A quebra de sigilo, fora das hipóteses autorizadas nesta Lei Complementar, constitui crime e sujeita os responsáveis à pena de reclusão, de um a quatro anos, e multa, aplicando-se, no que couber, o Código Penal, sem prejuízo de outras sanções cabíveis.

Parágrafo único. Incorre nas mesmas penas quem omitir, retardar injustificadamente ou prestar falsamente as informações requeridas nos termos desta Lei Complementar.

Art. 11. O servidor público que utilizar ou viabilizar a utilização de qualquer informação obtida em decorrência da quebra de sigilo de que trata esta Lei Complementar responde pessoal e diretamente pelos danos decorrentes, sem prejuízo da responsabilidade objetiva da entidade pública, quando comprovado que o servidor agiu de acordo com orientação oficial.

Art. 12. Esta Lei Complementar entra em vigor na data de sua publicação.

Art. 13. Revoga-se o artigo 38 da Lei nº 4.595, de 31 de dezembro de 1964.

Brasília, 10 de janeiro de 2001;
180º da Independência e
113º da República.

Fernando Henrique Cardoso

DECRETO Nº 3.724, DE 10 DE JANEIRO DE 2001

Regulamenta o artigo 6º da Lei Complementar nº 105, de 10 de janeiro de 2001, relativamente à requisição, acesso e uso, pela Secretaria da Receita Federal, de informações referentes a operações e serviços das instituições financeiras e das entidades a elas equiparadas.

- Publicado no *DOU* de 11-1-2001.
- Art. 2º do Dec. nº 6.104, de 30-4-2007, que dispõe sobre a execução dos procedimentos fiscais no âmbito da Secretaria da Receita Federal do Brasil.

Art. 1º Este Decreto dispõe, nos termos do artigo 6º da Lei Complementar nº 105, de 10 de janeiro de 2001, sobre requisição, acesso e uso, pela Secretaria da Receita Federal e seus agentes, de informações referentes a operações e serviços das instituições financeiras e das entidades a elas equiparadas, em conformidade com o artigo 1º, §§ 1º e 2º, da mencionada Lei, bem assim estabelece procedimentos para preservar o sigilo das informações obtidas.

Art. 2º Os procedimentos fiscais relativos a tributos e contribuições administrados pela Secretaria da Receita Federal do Brasil – RFB serão executados por ocupante do cargo efetivo de Auditor-Fiscal da Receita Federal do Brasil e terão início mediante expedição prévia de Termo de Distribuição do Procedimento Fiscal – TDPF, conforme procedimento a ser estabelecido em ato do Secretário da Receita Federal do Brasil.

- *Caput* com a redação dada pelo Dec. nº 8.303, de 4-9-2014.

§ 1º Nos casos de flagrante constatação de contrabando, descaminho ou de qualquer outra prática de infração à legislação tributária, em que o retardamento do início do procedimento fiscal coloque em risco os interesses da Fazenda Nacional, pela possibilidade de subtração de prova, o Auditor-Fiscal da Receita Federal do Brasil deverá iniciar imediatamente o procedimento fiscal e, no prazo de cinco dias, contado da data de seu início, será expedido TDPF especial, do qual será dada ciência ao sujeito passivo.

- § 1º com a redação dada pelo Dec. nº 8.303, de 4-9-2014.

§ 2º Entende-se por procedimento de fiscalização a modalidade de procedimento fiscal a que se referem o art. 7º e seguintes do Decreto nº 70.235, de 6 de março de 1972.

- § 2º com a redação dada pelo Dec. nº 6.104, de 30-4-2007.

§ 3º O TDPF não será exigido nas hipóteses de procedimento de fiscalização:

- *Caput* do § 3º com a redação dada pelo Dec. nº 8.303, de 4-9-2014.

I – realizado no curso do despacho aduaneiro;

II – interno, de revisão aduaneira;

III – de vigilância e repressão ao contrabando e descaminho, realizado em operação ostensiva;

IV – relativo ao tratamento automático das declarações (malhas fiscais).

- Incisos I a IV com a redação dada pelo Dec. nº 6.104, de 30-4-2007.

§ 4º O Secretário da Receita Federal do Brasil estabelecerá os modelos e as informações constantes do TDPF, os prazos para sua execução, as autoridades fiscais competentes para sua expedição, bem como demais hipóteses de dispensa ou situações em que seja necessário o início do procedimento antes da expedição do TDPF, nos casos em que haja risco aos interesses da Fazenda Nacional.

- § 4º com a redação dada pelo Dec. nº 8.303, de 4-9-2014.

§ 5º A Secretaria da Receita Federal do Brasil, por intermédio de servidor ocupante do cargo de Auditor-Fiscal da Receita Federal do Brasil, somente poderá examinar informações relativas a terceiros, constantes de documentos, livros e registros de instituições financeiras e de entidades a elas equiparadas, inclusive os referentes a contas de depósitos e de aplicações financeiras, quando houver procedimento de fiscalização em curso e tais exames forem considerados indispensáveis.

§ 6º A Secretaria da Receita Federal do Brasil, por intermédio de seus administradores, garantirá o pleno e inviolável exercício das atribuições do Auditor-Fiscal da Receita Federal do Brasil responsável pela execução do procedimento fiscal.

- §§ 5º e 6º com a redação dada pelo Dec. nº 6.104, de 30-4-2007.

Art. 3º Os exames referidos no § 5º do art. 2º somente serão considerados indispensáveis nas seguintes hipóteses:

- *Caput* com a redação dada pelo Dec. nº 6.104, de 30-4-2007.

I – subavaliação de valores de operação, inclusive de comércio exterior, de aquisição ou alienação de bens ou direitos, tendo por base os correspondentes valores de mercado;

II – obtenção de empréstimos de pessoas jurídicas não financeiras ou de pessoas físicas, quando o sujeito passivo deixar de comprovar o efetivo recebimento dos recursos;

III – prática de qualquer operação com pessoa física ou jurídica residente ou domiciliada em país com tributação favoreci-

LEG. COMPLEMENTAR

da ou beneficiária de regime fiscal de que tratam os art. 24 e art. 24-A da Lei nº 9.430, de 27 de dezembro de 1996;

- Inciso III com a redação dada pelo Dec. nº 8.303, de 4-9-2014.

IV – omissão de rendimentos ou ganhos líquidos, decorrentes de aplicações financeiras de renda fixa ou variável;

V – realização de gastos ou investimentos em valor superior à renda disponível;

VI – remessa, a qualquer título, para o exterior, por intermédio de conta de não residente, de valores incompatíveis com as disponibilidades declaradas;

VII – previstas no artigo 33 da Lei nº 9.430, de 1996;

VIII – pessoa jurídica enquadrada, no Cadastro Nacional da Pessoa Jurídica (CNPJ), nas seguintes situações cadastrais:

a) cancelada;

b) inapta, nos casos previstos no artigo 81 da Lei nº 9.430, de 1996;

IX – pessoa física sem inscrição no Cadastro de Pessoas Físicas (CPF) ou com inscrição cancelada;

X – negativa, pelo titular de direito da conta, da titularidade de fato ou da responsabilidade pela movimentação financeira;

XI – presença de indício de que o titular de direito é interposta pessoa do titular de fato; e

- Inciso XI com a redação dada pelo Dec. nº 8.303, de 4-9-2014.

XII – intercâmbio de informações, com fundamento em tratados, acordos ou convênios internacionais, para fins de arrecadação e fiscalização de tributos.

- Inciso XII acrescido pelo Dec. nº 8.303, de 4-9-2014.

§ 1º Não se aplica o disposto nos incisos I a VI, quando as diferenças apuradas não excedam a dez por cento dos valores de mercado ou declarados, conforme o caso.

§ 2º Considera-se indício de interposição de pessoa, para os fins do inciso XI deste artigo, quando:

I – as informações disponíveis, relativas ao sujeito passivo, indicarem movimentação financeira superior a dez vezes a renda disponível declarada ou, na ausência de Declaração de Ajuste Anual do Imposto de Renda, o montante anual da movimentação for superior ao estabelecido no inciso II do § 3º do artigo 42 da Lei nº 9.430, de 1996;

II – a ficha cadastral do sujeito passivo, na instituição financeira, ou equiparada, contenha:

a) informações falsas quanto a endereço, rendimentos ou patrimônio; ou

b) rendimento inferior a dez por cento do montante anual da movimentação.

Art. 4º Poderão requisitar as informações referidas no § 5º do art. 2º as autoridades competentes para expedir o TDPF.

- *Caput* com a redação dada pelo Dec. nº 8.303, de 4-9-2014.

§ 1º A requisição referida neste artigo será formalizada mediante documento denominado Requisição de Informações sobre Movimentação Financeira (RMF) e será dirigida, conforme o caso, ao:

I – Presidente do Banco Central do Brasil, ou a seu preposto;

II – Presidente da Comissão de Valores Mobiliários, ou a seu preposto;

III – presidente de instituição financeira, ou entidade a ela equiparada, ou a seu preposto;

IV – gerente de agência.

§ 2º A RMF será precedida de intimação ao sujeito passivo para apresentação de informações sobre movimentação financeira, necessárias à execução do procedimento fiscal.

§ 3º O sujeito passivo poderá atender a intimação a que se refere o § 2º por meio de:

I – autorização expressa do acesso direto às informações sobre movimentação financeira por parte da autoridade fiscal; ou

II – apresentação das informações sobre movimentação financeira, hipótese em que responde por sua veracidade e integridade, observada a legislação penal aplicável.

- §§ 2º e 3º com a redação dada pelo Dec. nº 8.303, de 4-9-2014.

§ 4º As informações prestadas pelo sujeito passivo poderão ser objeto de verificação nas instituições de que trata o artigo 1º, inclusive por intermédio do Banco Central do Brasil ou da Comissão de Valores Mobiliários, bem assim de cotejo com outras informações disponíveis na Secretaria da Receita Federal.

§ 5º A RMF será expedida com base em relatório circunstanciado, elaborado pelo Auditor-Fiscal da Receita Federal do Brasil encarregado da execução do procedimento fiscal ou pela chefia imediata.

- § 5º com a redação dada pelo Dec. nº 8.303, de 4-9-2014.

§ 6º No relatório referido no parágrafo anterior, deverá constar a motivação da proposta de expedição da RMF, que demonstre, com precisão e clareza, tratar-se de situação enquadrada em hipótese de indispensabilidade prevista no artigo anterior, observado o princípio da razoabilidade.

§ 7º Na RMF deverão constar, no mínimo, o seguinte:

I – nome ou razão social do sujeito passivo, endereço e número de inscrição no CPF ou no CNPJ;

II – número de identificação do TDPF a que se vincular;

- Inciso II com a redação dada pelo Dec. nº 8.303, de 4-9-2014.

III – as informações requisitadas e o período a que se refere a requisição;

IV – nome, matrícula e assinatura da autoridade que a expediu;

V – nome, matrícula e endereço funcional dos Auditores-Fiscais da Receita Federal do Brasil responsáveis pela execução do procedimento fiscal;

- Inciso V com a redação dada pelo Dec. nº 8.303, de 4-9-2014.

VI – forma de apresentação das informações (em papel ou em meio magnético);

VII – prazo para entrega das informações, na forma da legislação aplicável;

VIII – endereço para entrega das informações;

IX – código de acesso à Internet que permitirá à instituição requisitada identificar a RMF.

§ 8º A expedição da RMF presume indispensabilidade das informações requisitadas, nos termos deste Decreto.

Art. 5º As informações requisitadas na forma do artigo anterior:

I – compreendem:

a) dados constantes da ficha cadastral do sujeito passivo;

b) valores, individualizados, dos débitos e créditos efetuados no período;

II – deverão:

a) ser apresentadas, no prazo estabelecido na RMF, à autoridade que a expediu ou aos Auditores-Fiscais da Receita Federal do Brasil responsáveis pela execução do procedimento fiscal correspondente;

- Alínea *a* com a redação dada pelo Dec. nº 8.303, de 4-9-2014.

b) subsidiar o procedimento de fiscalização em curso, observado o disposto no artigo 42 da Lei nº 9.430, de 1996;

c) integrar o processo administrativo fiscal instaurado, quando interessarem à prova do lançamento de ofício.

§ 1º Somente poderão ser solicitados, por cópia autêntica, os documentos relativos aos débitos e aos créditos, nos casos previstos nos incisos VII a XI do artigo 3º.

§ 2º As informações não utilizadas no processo administrativo fiscal deverão, nos termos de ato da Secretaria da Receita Federal, ser entregues ao sujeito passivo, destruídas ou inutilizadas.

§ 3º Quem omitir, retardar injustificadamente ou prestar falsamente à Secretaria da Receita Federal as informações a que se refere este artigo ficará sujeito às sanções de que trata o artigo 10, *caput*, da Lei Complementar nº 105, de 2001, sem prejuízo das penalidades cabíveis nos termos da legislação tributária ou disciplinar, conforme o caso.

Art. 6º De conformidade com o disposto no artigo 9º da Lei Complementar nº 105, de 2001, o Banco Central do Brasil e a Comissão de Valores Mobiliários, por seus respectivos Presidentes ou servidores que receberem delegação de competência para a finalidade específica, deverão comunicar, de ofício, à Secretaria da Receita Federal, no prazo máximo de quinze dias, as irregularidades e os ilícitos administrativos de que tenham conhecimento, ou indícios de sua prática, anexando os documentos pertinentes, sempre que tais fatos puderem configurar qualquer infração à legislação tributária federal.

Parágrafo único. A violação do disposto neste artigo constitui infração administrativo-disciplinar do dirigente ou servidor que a ela der causa, sem prejuízo da aplicação do disposto no artigo 10, *caput*, da Lei Complementar nº 105, de 2001, e demais sanções civis e penais cabíveis.

Art. 7º As informações, os resultados dos exames fiscais e os documentos obtidos em função do disposto neste Decreto serão mantidos sob sigilo fiscal, na forma da legislação pertinente.

§ 1º A Secretaria da Receita Federal deverá manter controle de acesso ao processo administrativo fiscal, ficando sempre registrado o responsável pelo recebimento, nos casos de movimentação.

§ 2º Na expedição e tramitação das informações deverá ser observado o seguinte:

I – as informações serão enviadas em dois envelopes lacrados:

a) um externo, que conterá apenas o nome ou a função do destinatário e seu endereço, sem qualquer anotação que indique o grau de sigilo do conteúdo;

b) um interno, no qual serão inscritos o nome e a função do destinatário, seu endereço, o número do TDPF ou do processo administrativo fiscal e, claramente indicada, observação de que se trata de matéria sigilosa;

• Alínea *b* com a redação dada pelo Dec. nº 8.303, de 4-9-2014.

II – o envelope interno será lacrado e sua expedição será acompanhada de recibo;

III – o recibo destinado ao controle da custódia das informações conterá, necessariamente, indicações sobre o remetente, o destinatário e o número do TDPF ou do processo administrativo fiscal.

• Inciso III com a redação dada pelo Dec. nº 8.303, de 4-9-2014.

§ 3º Aos responsáveis pelo recebimento de documentos sigilosos incumbe:

I – verificar e registrar, se for o caso, indícios de qualquer violação ou irregularidade na correspondência recebida, dando ciência do fato ao destinatário, o qual informará ao remetente;

II – assinar e datar o respectivo recibo, se for o caso;

III – proceder ao registro do documento e ao controle de sua tramitação.

§ 4º O envelope interno somente será aberto pelo destinatário ou por seu representante autorizado.

§ 5º O destinatário do documento sigiloso comunicará ao remetente qualquer indício de violação, tais como rasuras, irregularidades de impressão ou de paginação.

§ 6º Os documentos sigilosos serão guardados em condições especiais de segurança.

§ 7º As informações enviadas por meio eletrônico serão obrigatoriamente criptografadas.

Art. 8º O servidor que utilizar ou viabilizar a utilização de qualquer informação obtida nos termos deste Decreto, em finalidade ou hipótese diversa da prevista em lei, regulamento ou ato administrativo, será responsabilizado administrativamente por descumprimento do dever funcional de observar normas legais ou regulamentares, de que trata o artigo 116, inciso III, da Lei nº 8.112, de 11 de dezembro de 1990, se o fato não configurar infração mais grave, sem prejuízo de sua responsabilização em ação regressiva própria e da responsabilidade penal cabível.

Art. 9º O servidor que divulgar, revelar ou facilitar a divulgação ou revelação de qualquer informação de que trata este Decreto, constante de sistemas informatizados, arquivos de documentos ou autos de processos protegidos por sigilo fiscal, com infração ao disposto no artigo 198 da Lei nº 5.172, de 25 de outubro de 1966 (Código Tributário Nacional), ou no artigo 116, inciso VIII, da Lei nº 8.112, de 1990, ficará sujeito à penalidade de demissão, prevista no artigo 132, inciso IX, da citada Lei nº 8.112, sem prejuízo das sanções civis e penais cabíveis.

Art. 10. O servidor que permitir ou facilitar, mediante atribuição, fornecimento ou empréstimo de senha ou qualquer outra forma, o acesso de pessoas não autorizadas a sistemas de informações, banco de dados, arquivos ou a autos de processos que contenham informações mencionadas neste Decreto, será responsabilizado administrativamente, nos termos da legislação específica, sem prejuízo das sanções civis e penais cabíveis.

Parágrafo único. O disposto neste artigo também se aplica no caso de o servidor utilizar-se, indevidamente, do acesso restrito.

Art. 11. Configura infração do servidor aos deveres funcionais de exercer com zelo e dedicação as atribuições do cargo e de observar normas legais e regulamentares, nos termos do artigo 116, incisos I e III, da Lei nº 8.112, de 1990, sem prejuízo da responsabilidade penal e civil cabível, na forma dos artigos 121 a 125 da daquela Lei, se o fato não configurar infração mais grave:

I – não proceder com o devido cuidado na guarda e utilização de sua senha ou emprestá-la a outro servidor, ainda que habilitado;

II – acessar imotivadamente sistemas informatizados da Secretaria da Receita Federal, arquivos de documentos ou autos de processos, que contenham informações protegidas por sigilo fiscal.

Art. 12. O sujeito passivo que se considerar prejudicado por uso indevido das informações requisitadas, nos termos deste Decreto, ou por abuso da autoridade requisitante, poderá dirigir representação ao Corregedor-Geral da Secretaria da Receita Federal, com vistas à apuração do fato e, se for o caso, à aplicação de penalidades cabíveis ao servidor responsável pela infração.

Art. 13. A Secretaria da Receita Federal editará instruções necessárias à execução do disposto neste Decreto.

Art. 14. Este Decreto entra em vigor na data de sua publicação.

Brasília, 10 de janeiro de 2001;
180º da Independência e
113º da República.
Fernando Henrique Cardoso

LEI Nº 10.189, DE 14 DE FEVEREIRO DE 2001

Dispõe sobre o Programa de Recuperação Fiscal – REFIS.

- Publicada no *DOU* de 16-2-2001.

Art. 1º O inciso I do § 4º do art. 2º da Lei nº 9.964, de 10 de abril de 2000, passa a vigorar com a seguinte redação:

- Alteração inserida no texto da referida Lei.

Art. 2º As pessoas jurídicas optantes pelo REFIS ou pelo parcelamento a ele alternativo poderão, excepcionalmente, parcelar os débitos relativos aos tributos e às contribuições referidos no art. 1º da Lei nº 9.964, de 2000, com vencimento entre 1º de março e 15 de setembro de 2000, em até seis parcelas mensais, iguais e sucessivas.

§ 1º O parcelamento de que trata este artigo será requerido junto ao órgão a que estiver vinculado o débito, até o último dia útil do mês de novembro de 2000.

§ 2º O débito objeto do parcelamento será consolidado na data da concessão.

§ 3º O valor de cada prestação não poderá ser inferior a R$ 50,00 (cinquenta reais).

§ 4º O valor de cada prestação mensal, por ocasião do pagamento, será acrescido de juros equivalentes à Taxa Referencial do Sistema Especial de Liquidação e Custódia (SELIC), para títulos federais, acumulada mensalmente, calculados a partir da data do deferimento até o mês anterior ao do pagamento, e de um por cento relativamente ao mês em que o pagamento estiver sendo efetuado.

§ 5º O pagamento da primeira parcela deverá ser efetuado no mês em que for protocolizado o pedido de parcelamento, vencendo-se as demais parcelas até o último dia útil de cada mês subsequente.

§ 6º A falta de pagamento de duas prestações implicará a rescisão do parcelamento e a exclusão da pessoa jurídica do REFIS.

§ 7º Relativamente aos débitos parcelados na forma deste artigo não será exigida garantia ou arrolamento de bens, observado o disposto no § 3º do art. 3º da Lei nº 9.964, de 2000.

Art. 3º Na hipótese de opções formalizadas com base na Lei nº 10.002, de 14 de setembro de 2000, a pessoa jurídica optante deverá adotar, para fins de determinação da parcela mensal, nos seis primeiros meses do parcelamento, o dobro do percentual a que estiver sujeito, nos termos estabelecidos no inciso II do § 4º do art. 2º da Lei nº 9.964, de 10 de abril de 2000.

§ 1º Na hipótese de opção pelo parcelamento alternativo ao REFIS, a pessoa jurídica deverá pagar, nos primeiros seis meses, duas parcelas a cada mês.

§ 2º A formalização da opção referida no caput dar-se-á pela postagem do respectivo termo nas agências da Empresa Brasileira de Correios e Telégrafos – ECT ou, nas hipóteses estabelecidas pelo Poder Executivo, inclusive por intermédio do Comitê Gestor do REFIS, nas unidades da Secretaria da Receita Federal, da Procuradoria-Geral da Fazenda Nacional e do Instituto Nacional do Seguro Social – INSS.

Art. 4º Não se aplica o disposto no inciso V do art. 5º da Lei nº 9.964, de 2000, na hipótese de cisão da pessoa jurídica optante pelo REFIS, desde que, cumulativamente:

I – o débito consolidado seja atribuído integralmente a uma única pessoa jurídica;

II – as pessoas jurídicas que absorverem o patrimônio vertido assumam, de forma expressa, irrevogável e irretratável, entre si e, no caso de cisão parcial, com a própria cindida, a condição de responsáveis solidários pela totalidade do débito consolidado, independentemente da proporção do patrimônio vertido.

§ 1º O disposto no inciso V do art. 5º da Lei nº 9.964, de 2000, também não se aplica na hipótese de cisão de pessoa jurídica optante pelo parcelamento alternativo ao REFIS.

§ 2º Na hipótese do *caput* deste artigo:

I – a pessoa jurídica a quem for atribuído o débito consolidado, independentemente da data da cisão, será considerada optante pelo REFIS, observadas as demais normas e condições estabelecidas para o Programa;

II – a assunção da responsabilidade solidária estabelecida no inciso II do *caput* será comunicada ao Comitê Gestor;

III – as parcelas mensais serão determinadas com base no somatório das receitas brutas das pessoas jurídicas que absorveram patrimônio vertido e, no caso de cisão parcial, da própria cindida;

IV – as garantias apresentadas ou o arrolamento de bens serão mantidos integralmente.

Art. 5º Aplica-se às formas de parcelamento referidas nos arts. 12 e 13 da Lei nº 9.964, de 2000, o prazo de opção estabelecido pelo parágrafo único do art. 1º da Lei nº 10.002, de 2000.

§ 1º Poderão, também, ser parcelados, em até sessenta parcelas mensais e sucessivas, observadas as demais normas estabelecidas para o parcelamento a que se refere o art. 13 da Lei nº 9.964, de 2000, os débitos de natureza não tributária não inscritos em dívida ativa.

§ 2º O parcelamento de que trata o parágrafo anterior deverá ser requerido no prazo referido no caput, perante órgão encarregado da administração do respectivo débito.

§ 3º Na hipótese do § 3º do art. 13 da Lei nº 9.964, de 2000, o valor da verba de sucumbência será de até um por cento do valor do débito consolidado, incluído no REFIS ou no parcelamento alternativo a que se refere o art. 12 da referida Lei, decorrente da desistência da respectiva ação judicial.

Art. 6º Ficam convalidados os atos praticados com base na Medida Provisória nº 2.061-3, de 27 de dezembro de 2000.

Art. 7º Esta Lei entra em vigor na data de sua publicação, aplicando-se, no que couber, às opções efetuadas até o último dia útil do mês de abril de 2000.

Congresso Nacional, em 14 de fevereiro de 2001;
180º da Independência e
113º da República
Antonio Carlos Magalhães
Senador

LEI COMPLEMENTAR Nº 108, DE 29 DE MAIO DE 2001

Dispõe sobre a relação entre a União, os Estados, o Distrito Federal e os Municípios, suas autarquias, fundações, sociedades de economia mista e outras entidades públicas e suas respectivas entidades fechadas de previdência complementar, e dá outras providências.

- Publicada no *DOU* de 30-5-2001.

CAPÍTULO I

INTRODUÇÃO

Art. 1º A relação entre a União, os Estados, o Distrito Federal e os Municípios, inclusive suas autarquias, fundações, sociedades de economia mista e empresas controladas direta ou indiretamente, enquanto patrocinadores de entidades fechadas de previdência complementar, e suas respectivas entidades fechadas, a que se referem os §§ 3º, 4º, 5º e 6º do artigo 202 da Constituição Federal, será disciplinada pelo disposto nesta Lei Complementar.

Art. 2º As regras e os princípios gerais estabelecidos na Lei Complementar que regula o *caput* do artigo 202 da Constituição Federal aplicam-se às entidades reguladas por esta Lei Complementar, ressalvadas as disposições específicas.

CAPÍTULO II

DOS PLANOS DE BENEFÍCIOS

Seção I

DISPOSIÇÕES ESPECIAIS

Art. 3º Observado o disposto no artigo anterior, os planos de benefícios das entidades de que trata esta Lei Complementar atenderão às seguintes regras:

I – carência mínima de sessenta contribuições mensais a plano de benefícios e cessação do vínculo com o patrocinador, para se tornar elegível a um benefício de prestação que seja programada e continuada; e

II – concessão de benefício pelo regime de previdência ao qual o participante esteja filiado por intermédio de seu patrocinador, quando se tratar de plano na modalidade benefício definido, instituído depois da publicação desta Lei Complementar.

Parágrafo único. Os reajustes dos benefícios em manutenção serão efetuados de acordo com critérios estabelecidos nos regulamentos dos planos de benefícios, vedado o repasse de ganhos de produtividade, abono e vantagens de qualquer natureza para tais benefícios.

Art. 4º Nas sociedades de economia mista e empresas controladas direta ou indiretamente pela União, pelos Estados, pelo Distrito Federal e pelos Municípios, a proposta de instituição de plano de benefícios ou adesão a plano de benefícios em execução será submetida ao órgão fiscalizador, acompanhada de manifestação favorável do órgão responsável pela supervisão, pela coordenação e pelo controle do patrocinador.

Parágrafo único. As alterações no plano de benefícios que implique elevação da contribuição de patrocinadores serão objeto de prévia manifestação do órgão responsável pela supervisão, pela coordenação e pelo controle referido no *caput*.

Art. 5º É vedado à União, aos Estados, ao Distrito Federal e aos Municípios, suas autarquias, fundações, empresas públicas, sociedades de economia mista e outras entidades públicas o aporte de recursos a entidades de previdência privada de caráter complementar, salvo na condição de patrocinador.

Seção II

DO CUSTEIO

Art. 6º O custeio dos planos de benefícios será responsabilidade do patrocinador e dos participantes, inclusive assistidos.

§ 1º A contribuição normal do patrocinador para plano de benefícios, em hipótese alguma, excederá a do participante, observado o disposto no artigo 5º da Emenda Constitucional nº 20, de 15 de dezembro de 1998, e as regras específicas emanadas do órgão regulador e fiscalizador.

§ 2º Além das contribuições normais, os planos poderão prever o aporte de recursos pelos participantes, a título de contribuição facultativa, sem contrapartida do patrocinador.

§ 3º É vedado ao patrocinador assumir encargos adicionais para o financiamento dos planos de benefícios, além daqueles previstos nos respectivos planos de custeio.

Art. 7º A despesa administrativa da entidade de previdência complementar será custeada pelo patrocinador e pelos participantes e assistidos, atendendo a limites e critérios estabelecidos pelo órgão regulador e fiscalizador.

Parágrafo único. É facultada aos patrocinadores a cessão de pessoal às entidades de previdência complementar que patrocinam, desde que ressarcidos os custos correspondentes.

CAPÍTULO III

DAS ENTIDADES DE PREVIDÊNCIA COMPLEMENTAR PATROCINADAS PELO PODER PÚBLICO E SUAS EMPRESAS

Seção I

DA ESTRUTURA ORGANIZACIONAL

Art. 8º A administração e execução dos planos de benefícios compete às entidades fechadas de previdência complementar mencionadas no artigo 1º desta Lei Complementar.

Parágrafo único. As entidades de que trata o *caput* organizar-se-ão sob a forma de fundação ou sociedade civil, sem fins lucrativos.

Art. 9º A estrutura organizacional das entidades de previdência complementar a que se refere esta Lei Complementar é constituída de conselho deliberativo, conselho fiscal e diretoria-executiva.

Seção II

DO CONSELHO DELIBERATIVO E DO CONSELHO FISCAL

Art. 10. O conselho deliberativo, órgão máximo da estrutura organizacional, é responsável pela definição da política geral de administração da entidade e de seus planos de benefícios.

Art. 11. A composição do conselho deliberativo, integrado por no máximo seis membros, será paritária entre representantes dos participantes e assistidos e dos patrocinadores, cabendo a estes a indicação do conselheiro presidente, que terá, além do seu, o voto de qualidade.

§ 1º A escolha dos representantes dos participantes e assistidos dar-se-á por meio de eleição direta entre seus pares.

§ 2º Caso o estatuto da entidade fechada, respeitado o número máximo de conselheiros de que trata o *caput* e a participação paritária entre representantes dos participantes e assistidos e dos patrocinadores, preveja outra composição, que tenha sido aprovada na forma prevista no seu estatuto,

LEG. COMPLEMENTAR

esta poderá ser aplicada, mediante autorização do órgão regulador e fiscalizador.

Art. 12. O mandato dos membros do conselho deliberativo será de quatro anos, com garantia de estabilidade, permitida uma recondução.

§ 1º O membro do conselho deliberativo somente perderá o mandato em virtude de renúncia, de condenação judicial transitada em julgado ou processo administrativo disciplinar.

§ 2º A instauração de processo administrativo disciplinar, para apuração de irregularidades no âmbito de atuação do conselho deliberativo da entidade fechada, poderá determinar o afastamento do conselheiro até sua conclusão.

§ 3º O afastamento de que trata o parágrafo anterior não implica prorrogação ou permanência no cargo além da data inicialmente prevista para o término do mandato.

§ 4º O estatuto da entidade deverá regulamentar os procedimentos de que tratam os parágrafos anteriores deste artigo.

Art. 13. Ao conselho deliberativo compete a definição das seguintes matérias:

I – política geral de administração da entidade e de seus planos de benefícios;

II – alteração de estatuto e regulamentos dos planos de benefícios, bem como a implantação e a extinção deles e a retirada de patrocinador;

III – gestão de investimentos e plano de aplicação de recursos;

IV – autorizar investimentos que envolvam valores iguais ou superiores a 5% (cinco por cento) dos recursos garantidores;

V – contratação de auditor independente atuário e avaliador de gestão, observadas as disposições regulamentares aplicáveis;

VI – nomeação e exoneração dos membros da diretoria-executiva; e

VII – exame, em grau de recurso, das decisões da diretoria-executiva.

Parágrafo único. A definição das matérias previstas no inciso II deverá ser aprovada pelo patrocinador.

Art. 14. O conselho fiscal é órgão de controle interno da entidade.

Art. 15. A composição do conselho fiscal, integrado por no máximo quatro membros, será paritária entre representantes de patrocinadores e de participantes e assistidos, cabendo a estes a indicação do conselheiro presidente, que terá, além do seu, o voto de qualidade.

Parágrafo único. Caso o estatuto da entidade fechada, respeitado o número máximo de conselheiros de que trata o *caput* e a participação paritária entre representantes dos participantes e assistidos e dos patrocinadores, preveja outra composição, que tenha sido aprovada na forma prevista no seu estatuto, esta poderá ser aplicada, mediante autorização do órgão regulador e fiscalizador.

Art. 16. O mandato dos membros do conselho fiscal será de quatro anos, vedada a recondução.

Art. 17. A renovação dos mandatos dos conselheiros deverá obedecer ao critério de proporcionalidade, de forma que se processe parcialmente a cada dois anos.

§ 1º Na primeira investidura dos conselhos, após a publicação desta Lei Complementar, os seus membros terão mandato com prazo diferenciado.

§ 2º O conselho deliberativo deverá renovar três de seus membros a cada dois anos e o conselho fiscal dois membros com a mesma periodicidade, observada a regra de transição estabelecida no parágrafo anterior.

Art. 18. Aplicam-se aos membros dos conselhos deliberativo e fiscal os mesmos requisitos previstos nos incisos I a III do artigo 20 desta Lei Complementar.

Seção III
DA DIRETORIA-EXECUTIVA

Art. 19. A diretoria-executiva é o órgão responsável pela administração da entidade, em conformidade com a política de administração traçada pelo conselho deliberativo.

§ 1º A diretoria-executiva será composta, no máximo, por seis membros, definidos em função do patrimônio da entidade e do seu número de participantes, inclusive assistidos.

§ 2º O estatuto da entidade fechada, respeitado o número máximo de diretores de que trata o parágrafo anterior, deverá prever a forma de composição e o mandato da diretoria-executiva, aprovado na forma prevista no seu estatuto, observadas as demais disposições desta Lei Complementar.

Art. 20. Os membros da diretoria-executiva deverão atender aos seguintes requisitos mínimos:

I – comprovada experiência no exercício de atividade na área financeira, administrativa, contábil, jurídica, de fiscalização, atuarial ou de auditoria;

II – não ter sofrido condenação criminal transitada em julgado;

III – não ter sofrido penalidade administrativa por infração da legislação da seguridade social, inclusive da previdência complementar ou como servidor público; e

IV – ter formação de nível superior.

Art. 21. Aos membros da diretoria-executiva é vedado:

I – exercer simultaneamente atividade no patrocinador;

II – integrar concomitantemente o conselho deliberativo ou fiscal da entidade e, mesmo depois do término do seu mandato na diretoria-executiva, enquanto não tiver suas contas aprovadas; e

III – ao longo do exercício do mandato prestar serviços a instituições integrantes do sistema financeiro.

Art. 22. A entidade de previdência complementar informará ao órgão regulador e fiscalizador o responsável pelas aplicações dos recursos da entidade, escolhido entre os membros da diretoria-executiva.

Parágrafo único. Os demais membros da diretoria-executiva responderão solidariamente com o dirigente indicado na forma do *caput* pelos danos e prejuízos causados à entidade para os quais tenham concorrido.

Art. 23. Nos doze meses seguintes ao término do exercício do cargo, o ex-diretor estará impedido de prestar, direta ou indiretamente, independentemente da forma ou natureza do contrato, qualquer tipo de serviço às empresas do sistema financeiro que impliquem a utilização das informações a que teve acesso em decorrência do cargo exercido, sob pena de responsabilidade civil e penal.

§ 1º Durante o impedimento, ao ex-diretor que não tiver sido destituído ou que pedir afastamento será assegurada a possibilidade de prestar serviço à entidade, mediante remuneração equivalente à do cargo de direção que exerceu ou em qualquer outro órgão da Administração Pública.

§ 2º Incorre na prática de advocacia administrativa, sujeitando-se às penas da lei, o ex-diretor que violar o impedimento previsto neste artigo, exceto se retornar ao exercício de cargo ou emprego que ocupava junto ao patrocinador, anteriormente à indicação para a respectiva diretoria-executiva, ou se for nomeado para exercício em qualquer órgão da Administração Pública.

CAPÍTULO IV

DA FISCALIZAÇÃO

Art. 24. A fiscalização e controle dos planos de benefícios e das entidades fechadas de previdência complementar de que trata esta Lei Complementar competem ao órgão regulador e fiscalizador das entidades fechadas de previdência complementar.

Art. 25. As ações exercidas pelo órgão referido no artigo anterior não eximem os patrocinadores da responsabilidade pela supervisão e fiscalização sistemática das atividades das suas respectivas entidades de previdência complementar.

Parágrafo único. Os resultados da fiscalização e do controle exercidos pelos patrocinadores serão encaminhados ao órgão mencionado no artigo anterior.

CAPÍTULO V

DISPOSIÇÕES GERAIS

Art. 26. As entidades fechadas de previdência complementar patrocinadas por empresas privadas permissionárias ou concessionárias de prestação de serviços públicos subordinam-se, no que couber, às disposições desta Lei Complementar, na forma estabelecida pelo órgão regulador e fiscalizador.

Art. 27. As entidades de previdência complementar patrocinadas por entidades públicas, inclusive empresas públicas e sociedades de economia mista, deverão rever, no prazo de dois anos, a contar de 16 de dezembro de 1998, seus planos de benefícios e serviços, de modo a ajustá-los atuarialmente a seus ativos, sob pena de intervenção, sendo seus dirigentes e seus respectivos patrocinadores responsáveis civil e criminalmente pelo descumprimento do disposto neste artigo.

Art. 28. A infração de qualquer disposição desta Lei Complementar ou de seu regulamento, para a qual não haja penalidade expressamente cominada, sujeita a pessoa física ou jurídica responsável, conforme o caso e a gravidade da infração, às penalidades administrativas previstas na Lei Complementar que disciplina o *caput* do artigo 202 da Constituição Federal.

Art. 29. As entidades de previdência privada patrocinadas por empresas controladas, direta ou indiretamente, pela União, Estados, Distrito Federal e Municípios, que possuam planos de benefícios definidos com responsabilidade da patrocinadora, não poderão exercer o controle ou participar de acordo de acionistas que tenha por objeto formação de grupo de controle de sociedade anônima, sem prévia e expressa autorização da patrocinadora e do seu respectivo ente controlador.

Parágrafo único. O disposto no *caput* não se aplica às participações acionárias detidas na data de publicação desta Lei Complementar.

Art. 30. As entidades de previdência complementar terão o prazo de um ano para adaptar sua organização estatutária ao disposto nesta Lei Complementar, contados a partir da data de sua publicação.

Art. 31. Esta Lei Complementar entra em vigor na data de sua publicação.

Art. 32. Revoga-se a Lei nº 8.020, de 12 de abril de 1990.

Brasília, 29 de maio de 2001;
180º da Independência e
113º da República.

Fernando Henrique Cardoso

LEI COMPLEMENTAR Nº 110, DE 29 DE JUNHO DE 2001

Institui contribuições sociais, autoriza créditos de complementos de atualização monetária em contas vinculadas do Fundo de Garantia do Tempo de Serviço – FGTS e dá outras providências.

- Publicada no *DOU* de 30-6-2001, Edição Extra.

Art. 1º Fica instituída contribuição social devida pelos empregadores em caso de despedida de empregado sem justa causa, à alíquota de dez por cento sobre o montante de todos os depósitos devidos, referentes ao Fundo de Garantia do Tempo de Serviço – FGTS, durante a vigência do contrato de trabalho, acrescido das remunerações aplicáveis às contas vinculadas.

Parágrafo único. Ficam isentos da contribuição social instituída neste artigo os empregadores domésticos.

Art. 2º Fica instituída contribuição social devida pelos empregadores, à alíquota de cinco décimos por cento sobre a remuneração devida, no mês anterior, a cada trabalhador, incluídas as parcelas de que trata o artigo 15 da Lei nº 8.036, de 11 de maio de 1990.

§ 1º Ficam isentas da contribuição social instituída neste artigo:

I – as empresas inscritas no Sistema Integrado de Pagamento de Impostos e Contribuições das Microempresas e Empresas de Pequeno Porte – SIMPLES, desde que o faturamento anual não ultrapasse o limite de R$ 1.200.000,00 (um milhão e duzentos mil reais);

II – as pessoas físicas, em relação à remuneração de empregados domésticos; e

III – as pessoas físicas, em relação à remuneração de empregados rurais, desde que sua receita bruta anual não ultrapasse o limite de R$ 1.200.000,00 (um milhão e duzentos mil reais).

§ 2º A contribuição será devida pelo prazo de sessenta meses, a contar de sua exigibilidade.

Art. 3º Às contribuições sociais de que tratam os artigos 1º e 2º aplicam-se as disposições da Lei nº 8.036, de 11 de maio de 1990, e da Lei nº 8.844, de 20 de janeiro de 1994, inclusive quanto a sujeição passiva e equiparações, prazo de recolhimento, administração, fiscalização, lançamento, consulta, cobrança, garantias, processo administrativo de determinação e exigência de créditos tributários federais.

§ 1º As contribuições sociais serão recolhidas na rede arrecadadora e transferidas à Caixa Econômica Federal, na forma do artigo 11 da Lei nº 8.036, de 11 de maio de 1990, e as respectivas receitas serão incorporadas ao FGTS.

§ 2º A falta de recolhimento ou o recolhimento após o vencimento do prazo sem os acréscimos previstos no artigo 22 da Lei nº 8.036, de 11 de maio de 1990, sujeitarão o infrator à multa de setenta e cinco por cento, calculada sobre a totalidade ou a diferença da contribuição devida.

§ 3º A multa será duplicada na ocorrência das hipóteses previstas no artigo 23, § 3º, da Lei nº 8.036, de 11 de maio de 1990, sem prejuízo das demais cominações legais.

Art. 4º Fica a Caixa Econômica Federal autorizada a creditar nas contas vinculadas do FGTS, a expensas do próprio Fundo, o complemento de atualização monetária resultante da aplicação, cumulativa, dos percentuais de dezesseis inteiros e sessenta e quatro centésimos por cento e de quarenta e quatro inteiros e oito décimos por cento, sobre os saldos das contas mantidas, respectivamente, no período de 1º de dezembro de 1988 a 28 de fevereiro de 1989 e durante o mês de abril de 1990, desde que:

I – o titular da conta vinculada firme o Termo de Adesão de que trata esta Lei Complementar;

II – até o sexagésimo terceiro mês a partir da data de publicação desta Lei Complementar, estejam em vigor as contribuições sociais de que tratam os artigos 1º e 2º; e

III – a partir do sexagésimo quarto mês da publicação desta Lei Complementar, permaneça em vigor a contribuição social de que trata o artigo 1º.

Parágrafo único. O disposto nos artigos 9º, II, e 22, § 2º, da Lei nº 8.036, de 11 de maio de 1990, não se aplica, em qualquer hipótese, como decorrência da efetivação do crédito de complemento de atualização monetária de que trata o *caput* deste artigo.

Art. 5º O complemento de que trata o art. 4º será remunerado até o dia 10 do mês subsequente ao da publicação desta Lei Complementar, com base nos mesmos critérios de remuneração utilizados para as contas vinculadas.

Parágrafo único. O montante apurado na data a que se refere o *caput* será remunerado, a partir do dia 11 do mês subsequente ao da publicação desta Lei Complementar, com base na Taxa Referencial – TR, até que seja creditado na conta vinculada do trabalhador.

Art. 6º O Termo de Adesão a que se refere o inciso I do artigo 4º, a ser firmado no prazo e na forma definidos em Regulamento, conterá:

I – a expressa concordância do titular da conta vinculada com a redução do complemento de que trata o artigo 4º, acrescido da remuneração prevista no *caput* do artigo 5º, nas seguintes proporções:

a) zero por cento sobre o total do complemento de atualização monetária de valor até R$ 2.000,00 (dois mil reais);

b) oito por cento sobre o total do complemento de atualização monetária de valor de R$ 2.000,01 (dois mil reais e um centavo) a R$ 5.000,00 (cinco mil reais);

c) doze por cento sobre o total do complemento de atualização monetária de valor de R$ 5.000,01 (cinco mil reais e um centavo) a R$ 8.000,00 (oito mil reais);

d) quinze por cento sobre o total do complemento de atualização monetária de valor acima de R$ 8.000,00 (oito mil reais);

II – a expressa concordância do titular da conta vinculada com a forma e os prazos do crédito na conta vinculada, especificados a seguir:

a) complemento de atualização monetária no valor total de R$ 1.000,00 (um mil reais), até junho de 2002, em uma única parcela, para os titulares de contas vinculadas que tenham firmado o Termo de Adesão até o último dia útil do mês imediatamente anterior;

b) complemento de atualização monetária no valor total de R$ 1.000,01 (um mil reais e um centavo) a R$ 2.000,00 (dois mil reais), em duas parcelas semestrais, com o primeiro crédito em julho de 2002, sendo a primeira parcela de R$ 1.000,00 (um mil reais), para os titulares de contas vinculadas que tenham firmado o Termo de Adesão até o último dia útil do mês imediatamente anterior;

c) complemento de atualização monetária no valor total de R$ 2.000,01 (dois mil reais e um centavo) a R$ 5.000,00 (cinco mil reais), em cinco parcelas semestrais, com o primeiro crédito em janeiro de 2003, para os titulares de contas vinculadas que tenham firmado o Termo de Adesão até o último dia útil do mês imediatamente anterior;

d) complemento de atualização monetária no valor total de R$ 5.000,01 (cinco mil reais e um centavo) a R$ 8.000,00 (oito mil reais), em sete parcelas semestrais, com o primeiro crédito em julho de 2003, para os titulares de contas vinculadas que tenham firmado o Termo de Adesão até o último dia útil do mês imediatamente anterior;

e) complemento de atualização monetária no valor total acima de R$ 8.000,00 (oito mil reais), em sete parcelas semestrais, com o primeiro crédito em janeiro de 2004, para os titulares de contas vinculadas que tenham firmado o Termo de Adesão até o último dia útil do mês imediatamente anterior; e

III – declaração do titular da conta vinculada, sob as penas da lei, de que não está nem ingressará em juízo discutindo os complementos de atualização monetária relativos a junho de 1987, ao período de 1º de dezembro de 1988 a 28 de fevereiro de 1989, a abril e maio de 1990 e a fevereiro de 1991.

§ 1º No caso da alínea *b* do inciso I, será creditado valor de R$ 2.000,00 (dois mil reais), quando a aplicação do percentual de redução resultar em quantia inferior a este.

§ 2º No caso da alínea *c* do inciso I, será creditado valor de R$ 4.600,00 (quatro mil e seiscentos reais), quando a aplicação do percentual de redução resultar em quantia inferior a este.

§ 3º No caso da alínea *d* do inciso I será creditado valor de R$ 7.040,00 (sete mil e quarenta reais), quando a aplicação do percentual de redução resultar em quantia inferior a este.

§ 4º Para os trabalhadores que vierem a firmar seus termos de adesão após as datas previstas nas alíneas *a* a *d* do inciso II, os créditos em suas contas vinculadas iniciar-se-ão no mês subsequente ao da assinatura do Termo de Adesão, observadas as demais regras constantes nesses dispositivos, quanto a valores, número e periodicidade de pagamento de parcelas.

§ 5º As faixas de valores mencionadas no inciso II do *caput* serão definidas pelos complementos a que se refere o artigo 4º, acrescidos da remuneração prevista no *caput* do artigo 5º, antes das deduções de que tratam o inciso I do *caput* e os §§ 1º e 2º.

§ 6º O titular da conta vinculada fará jus ao crédito de que trata o inciso II do *caput* deste artigo, em uma única parcela, até junho de 2002, disponível para imediata movimentação a partir desse mês, nas seguintes situações:

I – na hipótese de o titular ou qualquer de seus dependentes for acometido de neoplasia maligna, nos termos do inciso XI do artigo 20 da Lei nº 8.036, de 11 de maio de 1990;

II – quando o titular ou qualquer de seus dependentes for portador do vírus HIV;

III – se o trabalhador, com crédito de até R$ 2.000,00 (dois mil reais), for aposentado por invalidez, em função de acidente do trabalho ou doença profissional, ou aposentado maior de sessenta e cinco anos de idade;

IV – quando o titular ou qualquer de seus dependentes for acometido de doença terminal.

§ 7º O complemento de atualização monetária de valor total acima de R$ 2.000,00 (dois mil reais) poderá, a critério do titular da conta vinculada, ser resgatado mediante entrega, em julho de 2002, ou nos seis meses seguintes, no caso de adesões que se efetuarem até dezembro de 2002, de documento de quitação com o FGTS autorizando a compra de título, lastreado nas receitas decorrentes das contribuições instituídas pelos artigos 1º e 2º desta Lei Complementar, de valor de face equivalente ao valor do referido complemento nos termos e condições estabelecidas pelo Conselho Monetário Nacional – CMN.

Art. 7º Ao titular da conta vinculada que se encontre em litígio judicial visando ao pagamento dos complementos de atualização monetária relativos a junho de 1987, dezembro de 1988 a fevereiro de 1989, abril e maio de 1990 e fevereiro de 1991, é facultado receber, na forma do artigo 4º, os créditos de que trata o artigo 6º, firmando transação a ser homologada no juízo competente.

Art. 8º A movimentação da conta vinculada, no que se refere ao crédito do complemento de atualização monetária, observará as condições previstas no artigo 20 da Lei nº 8.036, de 11 de maio de 1990, inclusive nos casos em que o direito do titular à movimentação da conta tenha sido implementado em data anterior à da publicação desta Lei Complementar.

Art. 9º As despesas com as obrigações decorrentes dos montantes creditados na forma do art. 6º poderão ser diferidas contabilmente, para apropriação no resultado do balanço do FGTS, no prazo de até quinze anos, a contar da publicação desta Lei Complementar.

Art. 10. Os bancos que, no período de dezembro de 1988 a março de 1989 e nos meses de abril e maio de 1990, eram depositários das contas vinculadas do FGTS, ou seus sucessores, repassarão à Caixa Econômica Federal, até 31 de janeiro de 2002, as informações cadastrais e financeiras necessárias ao cálculo do complemento de atualização monetária de que trata o artigo 4º.

§ 1º A Caixa Econômica Federal estabelecerá a forma e o cronograma dos repasses das informações de que trata o *caput* deste artigo.

§ 2º Pelo descumprimento dos prazos e das demais obrigações estipuladas com base neste artigo, os bancos de que trata o *caput* sujeitam-se ao pagamento de multa equivalente a dez por cento do somatório dos saldos das contas das quais eram depositários, remunerados segundo os mesmos critérios previstos no artigo 5º.

§ 3º Os órgãos responsáveis pela auditoria integrada do FGTS examinarão e homologarão, no prazo de sessenta dias, a contar da publicação desta Lei Complementar, o aplicativo a ser utilizado na validação das informações de que trata este artigo.

Art. 11. A Caixa Econômica Federal, até 30 de abril de 2002, divulgará aos titulares de contas vinculadas os respectivos valores dos complementos de atualização monetária a que têm direito, com base nas informações cadastrais e financeiras de que trata o artigo 10.

Art. 12. O Tesouro Nacional fica subsidiariamente obrigado à liquidação dos valores a que se refere o artigo 4º, nos prazos e nas condições estabelecidos nos artigos 5º e 6º, até o montante da diferença porventura ocorrida entre o valor arrecadado pelas contribuições sociais de que tratam os artigos 1º e 2º e aquele necessário ao resgate dos compromissos assumidos.

Art. 13. As leis orçamentárias anuais referentes aos exercícios de 2001, 2002 e 2003 assegurarão destinação integral ao FGTS de valor equivalente à arrecadação das contribuições de que tratam os artigos 1º e 2º desta Lei Complementar.

Art. 14. Esta Lei Complementar entra em vigor na data de sua publicação, produzindo efeitos:

- O STF, por maioria de votos, julgou parcialmente procedentes as Ações Diretas de Inconstitucionalidade nºs 2.556 e 2.568, para declarar a inconstitucionalidade deste artigo, no que se refere à expressão "produzindo efeitos", bem como de seus incisos I e II (*DOU* de 22-6-2012).

I – noventa dias a partir da data inicial de sua vigência, relativamente à contribuição social de que trata o artigo 1º; e

II – a partir do primeiro dia do mês seguinte ao nonagésimo dia da data de início de sua vigência, no tocante à contribuição social de que trata o artigo 2º.

Brasília, 29 de junho de 2001;
180º da Independência e
113º da República.

Fernando Henrique Cardoso

LEI Nº 10.257, DE 10 DE JULHO DE 2001

Regulamenta os arts. 182 e 183 da Constituição Federal, estabelece diretrizes gerais da política urbana e dá outras providências.

- Publicada no *DOU* de 11-7-2001 e retificada no *DOU* de 17-7-2001.

CAPÍTULO I

DIRETRIZES GERAIS

Art. 1º Na execução da política urbana, de que tratam os artigos 182 e 183 da Constituição Federal, será aplicado o previsto nesta Lei.

Parágrafo único. Para todos os efeitos, esta Lei, denominada Estatuto da Cidade, estabelece normas de ordem pública e interesse social que regulam o uso da propriedade urbana em prol do bem coletivo, da segurança e do bem-estar dos cidadãos, bem como do equilíbrio ambiental.

Art. 2º A política urbana tem por objetivo ordenar o pleno desenvolvimento das funções sociais da cidade e da propriedade urbana, mediante as seguintes diretrizes gerais:

I – garantia do direito a cidades sustentáveis, entendido como o direito à terra urbana, à moradia, ao saneamento ambiental, à infraestrutura urbana, ao transporte e aos serviços públicos, ao trabalho e ao lazer, para as presentes e futuras gerações;

II – gestão democrática por meio da participação da população e de associações representativas dos vários segmentos da comunidade na formulação, execução e acompanhamento de planos, programas e projetos de desenvolvimento urbano;

III – cooperação entre os governos, a iniciativa privada e os demais setores da sociedade no processo de urbanização, em atendimento ao interesse social;

IV – planejamento do desenvolvimento das cidades, da distribuição espacial da população e das atividades econômicas do Município e do território sob sua área de influência, de modo a evitar e corrigir as distorções do crescimento urbano e seus efeitos negativos sobre o meio ambiente;

V – oferta de equipamentos urbanos e comunitários, transporte e serviços públicos adequados aos interesses e necessidades da população e às características locais;

VI – ordenação e controle do uso do solo, de forma a evitar:

a) a utilização inadequada dos imóveis urbanos;

b) a proximidade de usos incompatíveis ou inconvenientes;

c) o parcelamento do solo, a edificação ou o uso excessivos ou inadequados em relação à infraestrutura urbana;

d) a instalação de empreendimentos ou atividades que possam funcionar como polos geradores de tráfego, sem a previsão da infraestrutura correspondente;

e) a retenção especulativa de imóvel urbano, que resulte na sua subutilização ou não utilização;

f) a deterioração das áreas urbanizadas;

g) a poluição e a degradação ambiental;

h) a exposição da população a riscos de desastres.

• Alínea *h* com a redação dada pela Lei nº 12.608, de 10-4-2012.

VII – integração e complementaridade entre as atividades urbanas e rurais, tendo em vista o desenvolvimento socioeconômico do Município e do território sob sua área de influência;

VIII – adoção de padrões de produção e consumo de bens e serviços e de expansão urbana compatíveis com os limites da sustentabilidade ambiental, social e econômica do Município e do território sob sua área de influência;

IX – justa distribuição dos benefícios e ônus decorrentes do processo de urbanização;

X – adequação dos instrumentos de política econômica, tributária e financeira e dos gastos públicos aos objetivos do desenvolvimento urbano, de modo a privilegiar os investimentos geradores de bem-estar geral e a fruição dos bens pelos diferentes segmentos sociais;

XI – recuperação dos investimentos do Poder Público de que tenha resultado a valorização de imóveis urbanos;

XII – proteção, preservação e recuperação do meio ambiente natural e construído, do patrimônio cultural, histórico, artístico, paisagístico e arqueológico;

XIII – audiência do Poder Público municipal e da população interessada nos processos de implantação de empreendimentos ou atividades com efeitos potencialmente negativos sobre o meio ambiente natural ou construído, o conforto ou a segurança da população;

XIV – regularização fundiária e urbanização de áreas ocupadas por população de baixa renda mediante o estabelecimento de normas especiais de urbanização, uso e ocupação do solo e edificação, consideradas a situação socioeconômica da população e as normas ambientais;

XV – simplificação da legislação de parcelamento, uso e ocupação do solo e das normas edilícias, com vistas a permitir a redução dos custos e o aumento da oferta dos lotes e unidades habitacionais;

XVI – isonomia de condições para os agentes públicos e privados na promoção de empreendimentos e atividades relativos ao processo de urbanização, atendido o interesse social;

XVII – estímulo à utilização, nos parcelamentos do solo e nas edificações urbanas, de sistemas operacionais, padrões construtivos e aportes tecnológicos que objetivem a redução de impactos ambientais e a economia de recursos naturais;

• Inciso XVII acrescido pela Lei nº 12.836, de 2-7-2013.

XVIII – tratamento prioritário às obras e edificações de infraestrutura de energia, telecomunicações, abastecimento de água e saneamento;

• Inciso XVIII acrescido pela Lei nº 13.116, de 20-4-2015.

XIX – garantia de condições condignas de acessibilidade, utilização e conforto nas dependências internas das edificações urbanas, inclusive nas destinadas à moradia e ao serviço dos trabalhadores domésticos, observados requisitos mínimos de dimensionamento, ventilação, iluminação, ergonomia, privacidade e qualidade dos materiais empregados;

• Inciso XIX acrescido pela Lei nº 13.699, de 2-8-2018.

XX – promoção de conforto, abrigo, descanso, bem-estar e acessibilidade na fruição dos espaços livres de uso público, de seu mobiliário e de suas interfaces com os espaços de uso privado, vedado o emprego de materiais, estruturas, equipamentos e técnicas construtivas hostis que tenham como objetivo ou resultado o afastamento de pessoas em situação de rua, idosos, jovens e outros segmentos da população.

• Inciso XX acrescido pela Lei nº 14.489, de 21-12-2022.

Art. 3º Compete à União, entre outras atribuições de interesse da política urbana:

I – legislar sobre normas gerais de direito urbanístico;

II – legislar sobre normas para a cooperação entre a União, os Estados, o Distrito Federal e os Municípios em relação à política urbana, tendo em vista o equilíbrio do desenvolvimento e do bem-estar em âmbito nacional;

III – promover, por iniciativa própria e em conjunto com os Estados, o Distrito Federal e os Municípios, programas de construção de moradias e melhoria das condições habitacionais, de saneamento básico, das calçadas, dos passeios públicos, do mobiliário urbano e dos demais espaços de uso público;

IV – instituir diretrizes para desenvolvimento urbano, inclusive habitação, saneamento básico, transporte e mobilidade urbana, que incluam regras de acessibilidade aos locais de uso público;

• Incisos III e IV com a redação dada pela Lei nº 13.146, de 6-7-2015.

V – elaborar e executar planos nacionais e regionais de ordenação do território e de desenvolvimento econômico e social.

CAPÍTULO II
DOS INSTRUMENTOS DA POLÍTICA URBANA

Seção I
DOS INSTRUMENTOS EM GERAL

Art. 4º Para os fins desta Lei, serão utilizados, entre outros instrumentos:

I – planos nacionais, regionais e estaduais de ordenação do território e de desenvolvimento econômico e social;

II – planejamento das regiões metropolitanas, aglomerações urbanas e microrregiões;

III – planejamento municipal, em especial:

a) plano diretor;

b) disciplina do parcelamento, do uso e da ocupação do solo;

c) zoneamento ambiental;

d) plano plurianual;

e) diretrizes orçamentárias e orçamento anual;

f) gestão orçamentária participativa;

g) planos, programas e projetos setoriais;

h) planos de desenvolvimento econômico e social;

IV – institutos tributários e financeiros:

a) imposto sobre a propriedade predial e territorial urbana – IPTU;

b) contribuição de melhoria;

c) incentivos e benefícios fiscais e financeiros;

V – institutos jurídicos e políticos:

a) desapropriação;

b) servidão administrativa;

c) limitações administrativas;

d) tombamento de imóveis ou de mobiliário urbano;

e) instituição de unidades de conservação;

f) instituição de zonas especiais de interesse social;

g) concessão de direito real de uso;

h) concessão de uso especial para fins de moradia;

i) parcelamento, edificação ou utilização compulsórios;

j) usucapião especial de imóvel urbano;

l) direito de superfície;

m) direito de preempção;

n) outorga onerosa do direito de construir e de alteração de uso;

o) transferência do direito de construir;

p) operações urbanas consorciadas;

q) regularização fundiária;

r) assistência técnica e jurídica gratuita para as comunidades e grupos sociais menos favorecidos;

s) referendo popular e plebiscito;

t) demarcação urbanística para fins de regularização fundiária;

u) legitimação de posse.

• Alíneas *t* e *u* com a redação dada pela Lei nº 11.977, de 7-7-2009.

VI – estudo prévio de impacto ambiental (EIA) e estudo prévio de impacto de vizinhança (EIV).

§ 1º Os instrumentos mencionados neste artigo regem-se pela legislação que lhes é própria, observado o disposto nesta Lei.

§ 2º Nos casos de programas e projetos habitacionais de interesse social, desenvolvidos por órgãos ou entidades da Administração Pública com atuação específica nessa área, a concessão de direito real de uso de imóveis públicos poderá ser contratada coletivamente.

§ 3º Os instrumentos previstos neste artigo que demandam dispêndio de recursos por parte do Poder Público municipal devem ser objeto de controle social, garantida a participação de comunidades, movimentos e entidades da sociedade civil.

Seção II

DO PARCELAMENTO, EDIFICAÇÃO OU UTILIZAÇÃO COMPULSÓRIOS

Art. 5º Lei municipal específica para área incluída no plano diretor poderá determinar o parcelamento, a edificação ou a utilização compulsórios do solo urbano não edificado, subutilizado ou não utilizado, devendo fixar as condições e os prazos para implementação da referida obrigação.

§ 1º Considera-se subutilizado o imóvel:

I – cujo aproveitamento seja inferior ao mínimo definido no plano diretor ou em legislação dele decorrente;

II – VETADO.

§ 2º O proprietário será notificado pelo Poder Executivo municipal para o cumprimento da obrigação, devendo a notificação ser averbada no cartório de registro de imóveis.

§ 3º A notificação far-se-á:

I – por funcionário do órgão competente do Poder Público municipal, ao proprietário do imóvel ou, no caso de este ser pessoa jurídica, a quem tenha poderes de gerência geral ou administração;

II – por edital quando frustrada, por três vezes, a tentativa de notificação na forma prevista pelo inciso I.

§ 4º Os prazos a que se refere o *caput* não poderão ser inferiores a:

I – um ano, a partir da notificação, para que seja protocolado o projeto no órgão municipal competente;

II – dois anos, a partir da aprovação do projeto, para iniciar as obras do empreendimento.

§ 5º Em empreendimentos de grande porte, em caráter excepcional, a lei municipal específica a que se refere o *caput* poderá prever a conclusão em etapas, assegurando-se que o projeto aprovado compreenda o empreendimento como um todo.

Art. 6º A transmissão do imóvel, por ato *inter vivos* ou *causa mortis*, posterior à data da notificação, transfere as obrigações de parcelamento, edificação ou utilização previstas no artigo 5º desta Lei, sem interrupção de quaisquer prazos.

Seção III

DO IPTU PROGRESSIVO NO TEMPO

Art. 7º Em caso de descumprimento das condições e dos prazos previstos na forma do *caput* do artigo 5º desta Lei, ou não sendo cumpridas as etapas previstas no § 5º do artigo 5º desta Lei, o Município procederá à aplicação do imposto sobre a propriedade predial e territorial urbana (IPTU) progressivo no tempo, mediante a majoração da alíquota pelo prazo de cinco anos consecutivos.

§ 1º O valor da alíquota a ser aplicado a cada ano será fixado na lei específica a que se refere o *caput* do artigo 5º desta Lei e não excederá a duas vezes o valor referente ao ano anterior, respeitada a alíquota máxima de quinze por cento.

§ 2º Caso a obrigação de parcelar, edificar ou utilizar não esteja atendida em cinco anos, o Município manterá a cobrança pela alíquota máxima, até que se cumpra a referida obrigação, garantida a prerrogativa prevista no artigo 8º.

§ 3º É vedada a concessão de isenções ou de anistia relativas à tributação progressiva de que trata este artigo.

Seção IV

DA DESAPROPRIAÇÃO COM PAGAMENTO EM TÍTULOS

Art. 8º Decorridos cinco anos de cobrança do IPTU progressivo sem que o proprietário tenha cumprido a obrigação de parcelamento, edificação ou utilização, o Município poderá proceder à desapropriação do imóvel, com pagamento em títulos da dívida pública.

§ 1º Os títulos da dívida pública terão prévia aprovação pelo Senado Federal e serão resgatados no prazo de até dez anos, em prestações anuais, iguais e sucessivas, assegurados o valor real da indenização e os juros legais de seis por cento ao ano.

§ 2º O valor real da indenização:

I – refletirá o valor da base de cálculo do IPTU, descontado o montante incorporado em função de obras realizadas pelo Poder Público na área onde o mesmo se localiza após a notificação de que trata o § 2º do artigo 5º desta Lei;

II – não computará expectativas de ganhos, lucros cessantes e juros compensatórios.

§ 3º Os títulos de que trata este artigo não terão poder liberatório para pagamento de tributos.

§ 4º O Município procederá ao adequado aproveitamento do imóvel no prazo máximo de cinco anos, contado a partir da sua incorporação ao patrimônio público.

§ 5º O aproveitamento do imóvel poderá ser efetivado diretamente pelo Poder Público ou por meio de alienação ou concessão a terceiros, observando-se, nesses casos, o devido procedimento licitatório.

§ 6º Ficam mantidas para o adquirente de imóvel nos termos do § 5º as mesmas obrigações de parcelamento, edificação ou utilização previstas no artigo 5º desta Lei.

Seção V

DA USUCAPIÃO ESPECIAL DE IMÓVEL URBANO

Art. 9º Aquele que possuir como sua área ou edificação urbana de até duzentos e cinquenta metros quadrados, por cinco anos, ininterruptamente e sem oposição, utilizando-a para sua moradia ou de sua família, adquirir-lhe-á o domínio, desde que não seja proprietário de outro imóvel urbano ou rural.

§ 1º O título de domínio será conferido ao homem ou à mulher, ou a ambos, independentemente do estado civil.

§ 2º O direito de que trata este artigo não será reconhecido ao mesmo possuidor mais de uma vez.

§ 3º Para os efeitos deste artigo, o herdeiro legítimo continua, de pleno direito, a posse de seu antecessor, desde que já resida no imóvel por ocasião da abertura da sucessão.

Art. 10. Os núcleos urbanos informais existentes sem oposição há mais de cinco anos e cuja área total dividida pelo número de possuidores seja inferior a duzentos e cinquenta metros quadrados por possuidor são suscetíveis de serem usucapidos coletivamente, desde que os possuidores não sejam proprietários de outro imóvel urbano ou rural.

• *Caput* com a redação dada pela Lei nº 13.465, de 11-7-2017.

§ 1º O possuidor pode, para o fim de contar o prazo exigido por este artigo, acrescentar sua posse à de seu antecessor, contanto que ambas sejam contínuas.

§ 2º A usucapião especial coletiva de imóvel urbano será declarada pelo juiz, mediante sentença, a qual servirá de título para registro no cartório de registro de imóveis.

§ 3º Na sentença, o juiz atribuirá igual fração ideal de terreno a cada possuidor, independentemente da dimensão do terreno que cada um ocupe, salvo hipótese de acordo escrito entre os condôminos, estabelecendo frações ideais diferenciadas.

§ 4º O condomínio especial constituído é indivisível, não sendo passível de extinção, salvo deliberação favorável tomada por, no mínimo, dois terços dos condôminos, no caso de execução de urbanização posterior à constituição do condomínio.

§ 5º As deliberações relativas à administração do condomínio especial serão tomadas por maioria de votos dos condôminos presentes, obrigando também os demais, discordantes ou ausentes.

Art. 11. Na pendência da ação de usucapião especial urbana, ficarão sobrestadas quaisquer outras ações, petitórias ou possessórias, que venham a ser propostas relativamente ao imóvel usucapiendo.

Art. 12. São partes legítimas para a propositura da ação de usucapião especial urbana:

I – o possuidor, isoladamente ou em litisconsórcio originário ou superveniente;

II – os possuidores, em estado de composse;

III – como substituto processual, a associação de moradores da comunidade, regularmente constituída, com personalidade jurídica, desde que explicitamente autorizada pelos representados.

§ 1º Na ação de usucapião especial urbana é obrigatória a intervenção do Ministério Público.

§ 2º O autor terá os benefícios da justiça e da assistência judiciária gratuita, inclusive perante o cartório de registro de imóveis.

Art. 13. A usucapião especial de imóvel urbano poderá ser invocada como matéria de defesa, valendo a sentença que a reconhecer como título para registro no cartório de registro de imóveis.

Art. 14. Na ação judicial de usucapião especial de imóvel urbano, o rito processual a ser observado é o sumário.

Seção VI

DA CONCESSÃO DE USO ESPECIAL PARA FINS DE MORADIA

Arts. 15 a 20. VETADOS.

Seção VII

DO DIREITO DE SUPERFÍCIE

Art. 21. O proprietário urbano poderá conceder a outrem o direito de superfície do seu terreno, por tempo determinado ou indeterminado, mediante escritura pública registrada no cartório de registro de imóveis.

§ 1º O direito de superfície abrange o direito de utilizar o solo, o subsolo ou o espaço aéreo relativo ao terreno, na forma estabelecida no contrato respectivo, atendida a legislação urbanística.

§ 2º A concessão do direito de superfície poderá ser gratuita ou onerosa.

§ 3º O superficiário responderá integralmente pelos encargos e tributos que incidirem sobre a propriedade superficiária, arcando, ainda, proporcionalmente à sua parcela de ocupação efetiva, com os encargos e tributos sobre a área objeto da concessão do direito de superfície, salvo disposição em contrário do contrato respectivo.

§ 4º O direito de superfície pode ser transferido a terceiros, obedecidos os termos do contrato respectivo.

§ 5º Por morte do superficiário, os seus direitos transmitem-se a seus herdeiros.

Art. 22. Em caso de alienação do terreno, ou do direito de superfície, o superficiário e o proprietário, respectivamente, terão direito de preferência, em igualdade de condições à oferta de terceiros.

Art. 23. Extingue-se o direito de superfície:

I – pelo advento do termo;

II – pelo descumprimento das obrigações contratuais assumidas pelo superficiário.

Art. 24. Extinto o direito de superfície, o proprietário recuperará o pleno domínio do terreno, bem como das acessões e benfeitorias introduzidas no imóvel, independentemente de indenização, se as partes não houverem estipulado o contrário no respectivo contrato.

§ 1º Antes do termo final do contrato, extinguir-se-á o direito de superfície se o superficiário der ao terreno destinação diversa daquela para a qual for concedida.

§ 2º A extinção do direito de superfície será averbada no cartório de registro de imóveis.

Seção VIII

DO DIREITO DE PREEMPÇÃO

Art. 25. O direito de preempção confere ao Poder Público municipal preferência para aquisição de imóvel urbano objeto de alienação onerosa entre particulares.

§ 1º Lei municipal, baseada no plano diretor, delimitará as áreas em que incidirá o direito de preempção e fixará prazo de vigência, não superior a cinco anos, renovável a partir de um ano após o decurso do prazo inicial de vigência.

§ 2º O direito de preempção fica assegurado durante o prazo de vigência fixado na forma do § 1º, independentemente do número de alienações referentes ao mesmo imóvel.

Art. 26. O direito de preempção será exercido sempre que o Poder Público necessitar de áreas para:

I – regularização fundiária;

II – execução de programas e projetos habitacionais de interesse social;

III – constituição de reserva fundiária;

IV – ordenamento e direcionamento da expansão urbana;

V – implantação de equipamentos urbanos e comunitários;

VI – criação de espaços públicos de lazer e áreas verdes;

VII – criação de unidades de conservação ou proteção de outras áreas de interesse ambiental;

VIII – proteção de áreas de interesse histórico, cultural ou paisagístico;

IX – VETADO.

Parágrafo único. A lei municipal prevista no § 1º do artigo 25 desta Lei deverá enquadrar cada área em que incidirá o direito de preempção em uma ou mais das finalidades enumeradas por este artigo.

Art. 27. O proprietário deverá notificar sua intenção de alienar o imóvel, para que o Município, no prazo máximo de trinta dias, manifeste por escrito seu interesse em comprá-lo.

§ 1º À notificação mencionada no *caput* será anexada proposta de compra assinada por terceiro interessado na aquisição do imóvel, da qual constarão preço, condições de pagamento e prazo de validade.

§ 2º O Município fará publicar, em órgão oficial e em pelo menos um jornal local ou regional de grande circulação, edital de aviso da notificação recebida nos termos do *caput* e da intenção de aquisição do imóvel nas condições da proposta apresentada.

§ 3º Transcorrido o prazo mencionado no *caput* sem manifestação, fica o proprietário autorizado a realizar a alienação para terceiros, nas condições da proposta apresentada.

§ 4º Concretizada a venda a terceiro, o proprietário fica obrigado a apresentar ao Município, no prazo de trinta dias, cópia do instrumento público de alienação do imóvel.

§ 5º A alienação processada em condições diversas da proposta apresentada é nula de pleno direito.

§ 6º Ocorrida a hipótese prevista no § 5º o Município poderá adquirir o imóvel pelo valor da base de cálculo do IPTU ou pelo valor indicado na proposta apresentada, se este for inferior àquele.

Seção IX

DA OUTORGA ONEROSA DO DIREITO DE CONSTRUIR

Art. 28. O plano diretor poderá fixar áreas nas quais o direito de construir poderá ser exercido acima do coeficiente de aproveitamento básico adotado, mediante contrapartida a ser prestada pelo beneficiário.

§ 1º Para os efeitos desta Lei, coeficiente de aproveitamento é a relação entre a área edificável e a área do terreno.

§ 2º O plano diretor poderá fixar coeficiente de aproveitamento básico único para toda a zona urbana ou diferenciado para áreas específicas dentro da zona urbana.

§ 3º O plano diretor definirá os limites máximos a serem atingidos pelos coeficientes de aproveitamento, considerando a proporcionalidade entre a infraestrutura existente e o aumento de densidade esperado em cada área.

Art. 29. O plano diretor poderá fixar áreas nas quais poderá ser permitida alteração de uso do solo, mediante contrapartida a ser prestada pelo beneficiário.

Art. 30. Lei municipal específica estabelecerá as condições a serem observadas para a outorga onerosa do direito de construir e de alteração de uso, determinando:

I – a fórmula de cálculo para a cobrança;

II – os casos passíveis de isenção do pagamento da outorga;

III – a contrapartida do beneficiário.

Art. 31. Os recursos auferidos com a adoção da outorga onerosa do direito de construir e de alteração de uso serão aplicados com as finalidades previstas nos incisos I a IX do artigo 26 desta Lei.

Seção X

DAS OPERAÇÕES URBANAS CONSORCIADAS

Art. 32. Lei municipal específica, baseada no plano diretor, poderá delimitar área para aplicação de operações consorciadas.

§ 1º Considera-se operação urbana consorciada o conjunto de intervenções e medidas coordenadas pelo Poder Público municipal, com a participação dos proprietários, moradores, usuários permanentes e investidores privados, com o objetivo de alcançar em uma área transformações urbanísticas estruturais, melhorias sociais e a valorização ambiental.

§ 2º Poderão ser previstas nas operações urbanas consorciadas, entre outras medidas:

I – a modificação de índices e características de parcelamento, uso e ocupação do solo e subsolo, bem como alterações das normas edilícias, considerado o impacto ambiental delas decorrente;

II – a regularização de construções, reformas ou ampliações executadas em desacordo com a legislação vigente;

III – a concessão de incentivos a operações urbanas que utilizam tecnologias visando a redução de impactos ambientais, e que comprovem a utilização, nas construções e uso de edificações urbanas, de tecnologias que reduzam os impactos ambientais e economizem recursos naturais, especificadas as modalidades de *design* e de obras a serem contempladas.

• Inciso III acrescido pela Lei nº 12.836, de 2-7-2013.

Art. 33. Da lei específica que aprovar a operação urbana consorciada constará o plano de operação urbana consorciada, contendo, no mínimo:

I – definição da área a ser atingida;

II – programa básico de ocupação da área;

III – programa de atendimento econômico e social para a população diretamente afetada pela operação;

IV – finalidades da operação;

V – estudo prévio de impacto de vizinhança;

VI – contrapartida a ser exigida dos proprietários, usuários permanentes e investidores privados em função da utilização dos benefícios previstos nos incisos I, II e III do § 2º do art. 32 desta Lei;

- Inciso VI com a redação dada pela Lei nº 12.836, de 2-7-2013.

VII – forma de controle da operação, obrigatoriamente compartilhado com representação da sociedade civil;

VIII – natureza dos incentivos a serem concedidos aos proprietários, usuários permanentes e investidores privados, uma vez atendido o disposto no inciso III do § 2º do art. 32 desta Lei.

- Inciso VIII acrescido pela Lei nº 12.836, de 2-7-2013.

§ 1º Os recursos obtidos pelo Poder Público municipal na forma do inciso VI deste artigo serão aplicados exclusivamente na própria operação urbana consorciada.

§ 2º A partir da aprovação da lei específica de que trata o *caput*, são nulas as licenças e autorizações a cargo do Poder Público municipal expedidas em desacordo com o plano de operação urbana consorciada.

Art. 34. A lei específica que aprovar a operação urbana consorciada poderá prever a emissão pelo Município de quantidade determinada de certificados de potencial adicional de construção, que serão alienados em leilão ou utilizados diretamente no pagamento das obras necessárias à própria operação.

§ 1º Os certificados de potencial adicional de construção serão livremente negociados, mas conversíveis em direito de construir unicamente na área objeto da operação.

§ 2º Apresentado pedido de licença para construir, o certificado de potencial adicional será utilizado no pagamento da área de construção que supere os padrões estabelecidos pela legislação de uso e ocupação do solo, até o limite fixado pela lei específica que aprovar a operação urbana consorciada.

Art. 34-A. Nas regiões metropolitanas ou nas aglomerações urbanas instituídas por lei complementar estadual, poderão ser realizadas operações urbanas consorciadas interfederativas, aprovadas por leis estaduais específicas.

Parágrafo único. As disposições dos arts. 32 a 34 desta Lei aplicam-se às operações urbanas consorciadas interfederativas previstas no *caput* deste artigo, no que couber.

- Art. 34-A acrescido pela Lei nº 13.089, de 12-1-2015.

Seção XI

DA TRANSFERÊNCIA DO DIREITO DE CONSTRUIR

Art. 35. Lei municipal, baseada no plano diretor, poderá autorizar o proprietário de imóvel urbano, privado ou público, a exercer em outro local, ou alienar, mediante escritura pública, o direito de construir previsto no plano diretor ou em legislação urbanística dele decorrente, quando o referido imóvel for considerado necessário para fins de:

I – implantação de equipamentos urbanos e comunitários;

II – preservação, quando o imóvel for considerado de interesse histórico, ambiental, paisagístico, social ou cultural;

III – servir a programas de regularização fundiária, urbanização de áreas ocupadas por população de baixa renda e habitação de interesse social.

§ 1º A mesma faculdade poderá ser concedida ao proprietário que doar ao Poder Público seu imóvel, ou parte dele, para os fins previstos nos incisos I a III do *caput*.

§ 2º A lei municipal referida no *caput* estabelecerá as condições relativas à aplicação da transferência do direito de construir.

Seção XII

DO ESTUDO DE IMPACTO DE VIZINHANÇA

Art. 36. Lei municipal definirá os empreendimentos e atividades privados ou públicos em área urbana que dependerão de elaboração de estudo prévio de impacto de vizinhança (EIV) para obter as licenças ou autorizações de construção, ampliação ou funcionamento a cargo do Poder Público municipal.

Art. 37. O EIV será executado de forma a contemplar os efeitos positivos e negativos do empreendimento ou atividade quanto à qualidade de vida da população residente na área e suas proximidades, incluindo a análise, no mínimo, das seguintes questões:

I – adensamento populacional;

II – equipamentos urbanos e comunitários;

III – uso e ocupação do solo;

IV – valorização imobiliária;

V – geração de tráfego e demanda por transporte público;

VI – ventilação e iluminação;

VII – paisagem urbana e patrimônio natural e cultural.

Parágrafo único. Dar-se-á publicidade aos documentos integrantes do EIV, que ficarão disponíveis para consulta, no órgão competente do Poder Público municipal, por qualquer interessado.

Art. 38. A elaboração do EIV não substitui a elaboração e a aprovação de estudo prévio de impacto ambiental (EIA), requeridas nos termos da legislação ambiental.

CAPÍTULO III

DO PLANO DIRETOR

Art. 39. A propriedade urbana cumpre sua função social quando atende às exigências fundamentais de ordenação da cidade expressas no plano diretor, assegurando o atendimento das necessidades dos cidadãos quanto à qualidade de vida, à justiça social e ao desenvolvimento das atividades econômicas, respeitadas as diretrizes previstas no artigo 2º desta Lei.

Art. 40. O plano diretor, aprovado por lei municipal, é o instrumento básico da política de desenvolvimento e expansão urbana.

§ 1º O plano diretor é parte integrante do processo de planejamento municipal, devendo o plano plurianual, as diretrizes orçamentárias e o orçamento anual incorporar as diretrizes e as prioridades nele contidas.

§ 2º O plano diretor deverá englobar o território do Município como um todo.

§ 3º A lei que instituir o plano diretor deverá ser revista, pelo menos, a cada dez anos.

§ 4º No processo de elaboração do plano diretor e na fiscalização de sua implementação, os Poderes Legislativo e Executivo municipais garantirão:

I – a promoção de audiências públicas e debates com a participação da população e de associações representativas dos vários segmentos da comunidade;

II – a publicidade quanto aos documentos e informações produzidos;

III – o acesso de qualquer interessado aos documentos e informações produzidos.

§ 5º VETADO.

Art. 41. O plano diretor é obrigatório para cidades:

I – com mais de vinte mil habitantes;

II – integrantes de regiões metropolitanas e aglomerações urbanas;

III – onde o Poder Público municipal pretenda utilizar os instrumentos previstos no § 4º do artigo 182 da Constituição Federal;

IV – integrantes de áreas de especial interesse turístico;

V – inseridas na área de influência de empreendimentos ou atividades com significativo impacto ambiental de âmbito regional ou nacional;

VI – incluídas no cadastro nacional de Municípios com áreas suscetíveis à ocorrência de deslizamentos de grande impacto, inundações bruscas ou processos geológicos ou hidrológicos correlatos.

• Inciso VI acrescido pela Lei nº 12.608, de 10-4-2012.

§ 1º No caso da realização de empreendimentos ou atividades enquadrados no inciso V do *caput*, os recursos técnicos e financeiros para a elaboração do plano diretor estarão inseridos entre as medidas de compensação adotadas.

§ 2º No caso de cidades com mais de quinhentos mil habitantes, deverá ser elaborado um plano de transporte urbano integrado, compatível com o plano diretor ou nele inserido.

§ 3º As cidades de que trata o *caput* deste artigo devem elaborar plano de rotas acessíveis, compatível com o plano diretor no qual está inserido, que disponha sobre os passeios públicos a serem implantados ou reformados pelo poder público, com vistas a garantir acessibilidade da pessoa com deficiência ou com mobilidade reduzida a todas as rotas e vias existentes, inclusive as que concentrem os focos geradores de maior circulação de pedestres, como os órgãos públicos e os locais de prestação de serviços públicos e privados de saúde, educação, assistência social, esporte, cultura, correios e telégrafos, bancos, entre outros, sempre que possível de maneira integrada com os sistemas de transporte coletivo de passageiros.

• § 3º acrescido pela Lei nº 13.146, de 6-7-2015.

Art. 42. O plano diretor deverá conter no mínimo:

I – a delimitação das áreas urbanas onde poderá ser aplicado o parcelamento, edificação ou utilização compulsórios, considerando a existência de infraestrutura e de demanda para utilização, na forma do art. 5º desta Lei;

II – disposições requeridas pelos artigos 25, 28, 29, 32 e 35 desta Lei;

III – sistema de acompanhamento e controle.

Art. 42-A. Além do conteúdo previsto no art. 42, o plano diretor dos Municípios incluídos no cadastro nacional de municípios com áreas suscetíveis à ocorrência de deslizamentos de grande impacto, inundações bruscas ou processos geológicos ou hidrológicos correlatos deverá conter:

• *Caput* com a redação dada pela Lei nº 12.608, de 10-4-2012.

I – parâmetros de parcelamento, uso e ocupação do solo, de modo a promover a diversidade de usos e a contribuir para a geração de emprego e renda;

II – mapeamento contendo as áreas suscetíveis à ocorrência de deslizamentos de grande impacto, inundações bruscas ou processos geológicos ou hidrológicos correlatos;

III – planejamento de ações de intervenção preventiva e realocação de população de áreas de risco de desastre;

IV – medidas de drenagem urbana necessárias à prevenção e à mitigação de impactos de desastres; e

V – diretrizes para a regularização fundiária de assentamentos urbanos irregulares, se houver, observadas a Lei nº 11.977, de 7 de julho de 2009, e demais normas federais e estaduais pertinentes, e previsão de áreas para habitação de interesse social por meio da demarcação de zonas especiais de interesse social e de outros instrumentos de política urbana, onde o uso habitacional for permitido;

• Incisos I a V com redação dada pela Lei nº 12.608, de 10-4-2012.

VI – identificação e diretrizes para a preservação e ocupação das áreas verdes municipais, quando for o caso, com vistas à redução da impermeabilização das cidades.

• Inciso VI acrescido pela Lei nº 12.983, de 2-6-2014.

§ 1º A identificação e o mapeamento de áreas de risco levarão em conta as cartas geotécnicas.

§ 2º O conteúdo do plano diretor deverá ser compatível com as disposições insertas nos planos de recursos hídricos, formulados consoante a Lei nº 9.433, de 8 de janeiro de 1997.

§ 3º Os Municípios adequarão o plano diretor às disposições deste artigo, por ocasião de sua revisão, observados os prazos legais.

§ 4º Os Municípios enquadrados no inciso VI do art. 41 desta Lei e que não tenham plano diretor aprovado terão o prazo de 5 (cinco) anos para o seu encaminhamento para aprovação pela Câmara Municipal.

• §§ 1º a 4º com a redação dada pela Lei nº 12.608, de 10-4-2012.

Art. 42-B. Os Municípios que pretendam ampliar o seu perímetro urbano após a data de publicação desta Lei deverão elaborar projeto específico que contenha, no mínimo:

I – demarcação do novo perímetro urbano;

II – delimitação dos trechos com restrições à urbanização e dos trechos sujeitos a controle especial em função de ameaça de desastres naturais;

III – definição de diretrizes específicas e de áreas que serão utilizadas para infraestrutura, sistema viário, equipamentos e instalações públicas, urbanas e sociais;

IV – definição de parâmetros de parcelamento, uso e ocupação do solo, de modo a promover a diversidade de usos e contribuir para a geração de emprego e renda;

V – a previsão de áreas para habitação de interesse social por meio da demarcação de zonas especiais de interesse social e de outros instrumentos de política urbana, quando o uso habitacional for permitido;

VI – definição de diretrizes e instrumentos específicos para proteção ambiental e do patrimônio histórico e cultural; e

VII – definição de mecanismos para garantir a justa distribuição dos ônus e benefícios decorrentes do processo de urbanização do território de expansão urbana e a recuperação para a coletividade da valorização imobiliária resultante da ação do poder público.

§ 1º O projeto específico de que trata o *caput* deste artigo deverá ser instituído por lei municipal e atender às diretrizes do plano diretor, quando houver.

§ 2º Quando o plano diretor contemplar as exigências estabelecidas no *caput*, o Município ficará dispensado da elaboração do projeto específico de que trata o *caput* deste artigo.

§ 3º A aprovação de projetos de parcelamento do solo no novo perímetro urbano ficará condicionada à existência do projeto específico e deverá obedecer às suas disposições.

• Art. 42-B acrescido pela Lei nº 12.608, de 10-4-2012.

CAPÍTULO IV
DA GESTÃO DEMOCRÁTICA DA CIDADE

Art. 43. Para garantir a gestão democrática da cidade, deverão ser utilizados, entre outros, os seguintes instrumentos:

I – órgãos colegiados de política urbana, nos níveis nacional, estadual e municipal;

II – debates, audiências e consultas públicas;

III – conferências sobre assuntos de interesse urbano, nos níveis nacional, estadual e municipal;

IV – iniciativa popular de projeto de lei e de planos, programas e projetos de desenvolvimento urbano;

V – VETADO.

Art. 44. No âmbito municipal, a gestão orçamentária participativa de que trata a alínea *f* do inciso III do artigo 4º desta Lei incluirá a realização de debates, audiências e consultas públicas sobre as propostas do plano plurianual, da lei de diretrizes orçamentárias e do orçamento anual, como condição obrigatória para sua aprovação pela Câmara Municipal.

Art. 45. Os organismos gestores das regiões metropolitanas e aglomerações urbanas incluirão obrigatória e significativa participação da população e de associações representativas dos vários segmentos da comunidade, de modo a garantir o controle direto de suas atividades e o pleno exercício da cidadania.

CAPÍTULO V
DISPOSIÇÕES GERAIS

Art. 46. O poder público municipal poderá facultar ao proprietário da área atingida pela obrigação de que trata o *caput* do art. 5º desta Lei, ou objeto de regularização fundiária urbana para fins de regularização fundiária, o estabelecimento de consórcio imobiliário como forma de viabilização financeira do aproveitamento do imóvel.

§ 1º Considera-se consórcio imobiliário a forma de viabilização de planos de urbanização, de regularização fundiária ou de reforma, conservação ou construção de edificação por meio da qual o proprietário transfere ao poder público municipal seu imóvel e, após a realização das obras, recebe, como pagamento, unidades imobiliárias devidamente urbanizadas ou edificadas, ficando as demais unidades incorporadas ao patrimônio público.

§ 2º O valor das unidades imobiliárias a serem entregues ao proprietário será correspondente ao valor do imóvel antes da execução das obras.

§ 3º A instauração do consórcio imobiliário por proprietários que tenham dado causa à formação de núcleos urbanos informais, ou por seus sucessores, não os eximirá das responsabilidades administrativa, civil ou criminal.

- Art. 46 com a redação dada pela Lei nº 13.465, de 11-7-2017.

Art. 47. Os tributos sobre imóveis urbanos, assim como as tarifas relativas a serviços públicos urbanos, serão diferenciados em função do interesse social.

Art. 48. Nos casos de programas e projetos habitacionais de interesse social, desenvolvidos por órgãos ou entidades da Administração Pública com atuação específica nessa área, os contratos de concessão de direito real de uso de imóveis públicos:

I – terão, para todos os fins de direito, caráter de escritura pública, não se aplicando o disposto no inciso II do artigo 134 do Código Civil;

- Refere-se ao CC/1916.
- Art. 108 do CC.

II – constituirão título de aceitação obrigatória em garantia de contratos de financiamentos habitacionais.

Art. 49. Os Estados e Municípios terão o prazo de noventa dias, a partir da entrada em vigor desta Lei, para fixar prazos, por lei, para a expedição de diretrizes de empreendimentos urbanísticos, aprovação de projetos de parcelamento e de edificação, realização de vistorias e expedição de termo de verificação e conclusão de obras.

Parágrafo único. Não sendo cumprida a determinação do *caput*, fica estabelecido o prazo de sessenta dias para a realização de cada um dos referidos atos administrativos, que valerá até que os Estados e Municípios disponham em lei de forma diversa.

Art. 50. Os Municípios que estejam enquadrados na obrigação prevista nos incisos I e II do *caput* do art. 41 desta Lei e que não tenham plano diretor aprovado na data de entrada em vigor desta Lei deverão aprová-lo até 30 de junho de 2008.

- Artigo com a redação dada pela Lei nº 11.673, de 8-5-2008.

Art. 51. Para os efeitos desta Lei, aplicam-se ao Distrito Federal e ao Governador do Distrito Federal as disposições relativas, respectivamente, a Município e a Prefeito.

Art. 52. Sem prejuízo da punição de outros agentes públicos envolvidos e da aplicação de outras sanções cabíveis, o Prefeito incorre em improbidade administrativa, nos termos da Lei nº 8.429, de 2 de junho de 1992, quando:

I – VETADO;

II – deixar de proceder, no prazo de cinco anos, o adequado aproveitamento do imóvel incorporado ao patrimônio público, conforme o disposto no § 4º do artigo 8º desta Lei;

III – utilizar áreas obtidas por meio do direito de preempção em desacordo com o disposto no artigo 26 desta Lei;

IV – aplicar os recursos auferidos com a outorga onerosa do direito de construir e de alteração de uso em desacordo com o previsto no artigo 31 desta Lei;

V – aplicar os recursos auferidos com operações consorciadas em desacordo com o previsto no § 1º do artigo 33 desta Lei;

VI – impedir ou deixar de garantir os requisitos contidos nos incisos I a III do § 4º do artigo 40 desta Lei;

VII – deixar de tomar as providências necessárias para garantir a observância do disposto no § 3º do artigo 40 e no artigo 50 desta Lei;

VIII – adquirir imóvel objeto de direito de preempção, nos termos dos artigos 25 a 27 desta Lei, pelo valor da proposta apresentada, se este for, comprovadamente, superior ao de mercado.

Art. 53. *Revogado.* MP nº 2.180-35, de 24-8-2001.

Art. 54. O artigo 4º da Lei nº 7.347, de 1985, passa a vigorar com a seguinte redação:

- Alteração inserida no texto da referida Lei.

Art. 55. O artigo 167, inciso I, item 28, da Lei nº 6.015, de 31 de dezembro de 1973, alterado pela Lei nº 6.216, de 30 de junho de 1975, passa a vigorar com a seguinte redação:

"Art. 167. ....

I – ....

....

28) das sentenças declaratórias de usucapião, independente da regularidade do parcelamento do solo ou da edificação;

.........."

Art. 56. O artigo 167, inciso I, da Lei nº 6.015, de 1973, passa a vigorar acrescido dos seguintes itens 37, 38 e 39:

"Art. 167. ....

I – ....

....

37) dos termos administrativos ou das sentenças declaratórias da concessão de uso especial para fins de moradia, independente da regularidade do parcelamento do solo ou da edificação;

38) VETADO;

39) da constituição do direito de superfície de imóvel urbano;"

Art. 57. O artigo 167, inciso II, da Lei nº 6.015, de 1973, passa a vigorar acrescido dos seguintes itens 18, 19 e 20:

"Art. 167. ....

II – ....

....

18) da notificação para parcelamento, edificação ou utilização compulsórios de imóvel urbano;

19) da extinção da concessão de uso especial para fins de moradia;

20) da extinção do direito de superfície do imóvel urbano."

Art. 57-A. A operadora ferroviária, inclusive metroferroviária, poderá constituir o direito real de laje de que trata a Lei nº 10.406, de 10 de janeiro de 2002 (Código Civil), e o de superfície de que trata esta Lei, sobre ou sob a faixa de domínio de sua via férrea, observado o plano diretor e o respectivo contrato de outorga com o poder concedente.

Parágrafo único. A constituição do direito real de laje ou de superfície a que se refere o *caput* deste artigo é condicionada à existência prévia de licenciamento urbanístico municipal, que estabelecerá os ônus urbanísticos a serem observados e o direito de construir incorporado a cada unidade imobiliária.

• Art. 57-A com a redação dada pela Lei nº 14.273, de 23-12-2021.

Art. 58. Esta Lei entra em vigor após decorridos noventa dias de sua publicação.

Brasília, 10 de julho de 2001;
180º da Independência e
113º da República.

Fernando Henrique Cardoso

LEI Nº 10.259, DE 12 DE JULHO DE 2001

Dispõe sobre a instituição dos Juizados Especiais Cíveis e Criminais no âmbito da Justiça Federal.

• Publicada no *DOU* de 13-7-2001.

o Lei nº 9.099, de 26-9-1995 (Lei dos Juizados Especiais).

o Lei nº 12.153, de 22-12-2009 (Lei dos Juizados Especiais da Fazenda Pública).

o Súm. nº 428 do STJ.

Art. 1º São instituídos os Juizados Especiais Cíveis e Criminais da Justiça Federal, aos quais se aplica, no que não conflitar com esta Lei, o disposto na Lei nº 9.099, de 26 de setembro de 1995.

o Súm. nº 376 do STJ.

Art. 2º Compete ao Juizado Especial Federal Criminal processar e julgar os feitos de competência da Justiça Federal relativos às infrações de menor potencial ofensivo, respeitadas as regras de conexão e continência.

o Art. 61 da Lei nº 9.099, de 26-9-1995 (Lei dos Juizados Especiais).

Parágrafo único. Na reunião de processos, perante o juízo comum ou tribunal do júri, decorrente da aplicação das regras de conexão e continência, observar-se-ão os institutos da transação penal e da composição dos danos civis.

• Art. 2º com a redação dada pela Lei nº 11.313, de 28-6-2006.

Art. 3º Compete ao Juizado Especial Federal Cível processar, conciliar e julgar causas de competência da Justiça Federal até o valor de sessenta salários mínimos, bem como executar as suas sentenças.

§ 1º Não se incluem na competência do Juizado Especial Cível as causas:

o Súm. nº 376 do STJ.

I – referidas no artigo 109, incisos II, III e XI, da Constituição Federal, as ações de mandado de segurança, de desapropriação, de divisão e demarcação, populares, execuções fiscais e por improbidade administrativa e as demandas sobre direitos ou interesses difusos, coletivos ou individuais homogêneos;

II – sobre bens imóveis da União, autarquias e fundações públicas federais;

III – para a anulação ou cancelamento de ato administrativo federal, salvo o de natureza previdenciária e o de lançamento fiscal;

IV – que tenham como objeto a impugnação da pena de demissão imposta a servidores públicos civis ou de sanções disciplinares aplicadas a militares.

§ 2º Quando a pretensão versar sobre obrigações vincendas, para fins de competência do Juizado Especial, a soma de doze parcelas não poderá exceder o valor referido no artigo 3º, *caput*.

§ 3º No foro onde estiver instalada Vara do Juizado Especial, a sua competência é absoluta.

o Súm. nº 376 do STJ.

Art. 4º O Juiz poderá, de ofício ou a requerimento das partes, deferir medidas cautelares no curso do processo, para evitar dano de difícil reparação.

Art. 5º Exceto nos casos do artigo 4º, somente será admitido recurso de sentença definitiva.

Art. 6º Podem ser partes no Juizado Especial Federal Cível:

I – como autores, as pessoas físicas e as microempresas e empresas de pequeno porte, assim definidas na Lei nº 9.317, de 5 de dezembro de 1996;

o Art. 74 da LC nº 123, de 14-12-2006 (Estatuto Nacional da Microempresa e da Empresa de Pequeno Porte).

II – como rés, a União, autarquias, fundações e empresas públicas federais.

Art. 7º As citações e intimações da União serão feitas na forma prevista nos artigos 35 a 38 da Lei Complementar nº 73, de 10 de fevereiro de 1993.

Parágrafo único. A citação das autarquias, fundações e empresas públicas será feita na pessoa do representante máximo da entidade, no local onde proposta a causa, quando ali instalado seu escritório ou representação; se não, na sede da entidade.

Art. 8º As partes serão intimadas da sentença, quando não proferida esta na audiência em que estiver presente seu representante, por ARMP (aviso de recebimento em mão própria).

§ 1º As demais intimações das partes serão feitas na pessoa dos advogados ou dos Procuradores que oficiem nos respectivos autos, pessoalmente ou por via postal.

§ 2º Os tribunais poderão organizar serviço de intimação das partes e de recepção de petições por meio eletrônico.

Art. 9º Não haverá prazo diferenciado para a prática de qualquer ato processual pelas pessoas jurídicas de direito público, inclusive a interposição de recursos, devendo a citação para audiência de conciliação ser efetuada com antecedência mínima de trinta dias.

LEG. COMPLEMENTAR

Art. 10. As partes poderão designar, por escrito, representantes para a causa, advogado ou não.

- O STF, por maioria de votos, julgou parcialmente procedente a ADIN nº 3.168-6, para dar interpretação conforme a CF a este artigo, no sentido de excluir os feitos criminais, respeitado o teto estabelecido no art. 3º desta Lei, e sem prejuízo da aplicação subsidiária integral dos parágrafos do art. 9º da Lei nº 9.099, de 26-9-1995 – Lei dos Juizados Especiais (*DOU* de 17-8-2007).

Parágrafo único. Os representantes judiciais da União, autarquias, fundações e empresas públicas federais, bem como os indicados na forma do *caput*, ficam autorizados a conciliar, transigir ou desistir, nos processos da competência dos Juizados Especiais Federais.

Art. 11. A entidade pública ré deverá fornecer ao Juizado a documentação de que disponha para o esclarecimento da causa, apresentando-a até a instalação da audiência de conciliação.

Parágrafo único. Para a audiência de composição dos danos resultantes de ilícito criminal (artigos 71, 72 e 74 da Lei nº 9.099, de 26 de setembro de 1995), o representante da entidade que comparecer terá poderes para acordar, desistir ou transigir, na forma do artigo 10.

Art. 12. Para efetuar o exame técnico necessário à conciliação ou ao julgamento da causa, o Juiz nomeará pessoa habilitada, que apresentará o laudo até cinco dias antes da audiência, independentemente de intimação das partes.

§ 1º Os honorários do técnico serão antecipados à conta de verba orçamentária do respectivo Tribunal e, quando vencida na causa a entidade pública, seu valor será incluído na ordem de pagamento a ser feita em favor do Tribunal.

§ 2º Nas ações previdenciárias e relativas à assistência social, havendo designação de exame, serão as partes intimadas para, em dez dias, apresentar quesitos e indicar assistentes.

Art. 13. Nas causas de que trata esta Lei, não haverá reexame necessário.

Art. 14. Caberá pedido de uniformização de interpretação de lei federal quando houver divergência entre decisões sobre questões de direito material proferidas por Turmas Recursais na interpretação da lei.

§ 1º O pedido fundado em divergência entre Turmas da mesma Região será julgado em reunião conjunta das Turmas em conflito, sob a presidência do Juiz Coordenador.

§ 2º O pedido fundado em divergência entre decisões de turmas de diferentes regiões ou da proferida em contrariedade a súmula ou jurisprudência dominante do STJ será julgado por Turma de Uniformização, integrada por juízes de Turmas Recursais, sob a presidência do Coordenador da Justiça Federal.

§ 3º A reunião de juízes domiciliados em cidades diversas será feita pela via eletrônica.

§ 4º Quando a orientação acolhida pela Turma de Uniformização, em questões de direito material, contrariar súmula ou jurisprudência dominante no Superior Tribunal de Justiça – STJ, a parte interessada poderá provocar a manifestação deste, que dirimirá a divergência.

§ 5º No caso do § 4º, presente a plausibilidade do direito invocado e havendo fundado receio de dano de difícil reparação, poderá o relator conceder, de ofício ou a requerimento do interessado, medida liminar determinando a suspensão dos processos nos quais a controvérsia esteja estabelecida.

§ 6º Eventuais pedidos de uniformização idênticos, recebidos subsequentemente em quaisquer Turmas Recursais, ficarão retidos nos autos, aguardando-se pronunciamento do Superior Tribunal de Justiça.

§ 7º Se necessário, o relator pedirá informações ao Presidente da Turma Recursal ou Coordenador da Turma de Uniformização e ouvirá o Ministério Público, no prazo de cinco dias. Eventuais interessados, ainda que não sejam partes no processo, poderão se manifestar, no prazo de trinta dias.

§ 8º Decorridos os prazos referidos no § 7º, o relator incluirá o pedido em pauta na Seção, com preferência sobre todos os demais feitos, ressalvados os processos com réus presos, os *habeas corpus* e os mandados de segurança.

§ 9º Publicado o acórdão respectivo, os pedidos retidos referidos no § 6º serão apreciados pelas Turmas Recursais, que poderão exercer juízo de retratação ou declará-los prejudicados, se veicularem tese não acolhida pelo Superior Tribunal de Justiça.

§ 10. Os Tribunais Regionais, o Superior Tribunal de Justiça e o Supremo Tribunal Federal, no âmbito de suas competências, expedirão normas regulamentando a composição dos órgãos e os procedimentos a serem adotados para o processamento e o julgamento do pedido de uniformização e do recurso extraordinário.

Art. 15. O recurso extraordinário, para os efeitos desta Lei, será processado e julgado segundo o estabelecido nos §§ 4º a 9º do artigo 14, além da observância das normas do Regimento.

Art. 16. O cumprimento do acordo ou da sentença, com trânsito em julgado, que imponham obrigação de fazer, não fazer ou entrega de coisa certa, será efetuado mediante ofício do Juiz à autoridade citada para a causa, com cópia da sentença ou do acordo.

Art. 17. Tratando-se de obrigação de pagar quantia certa, após o trânsito em julgado da decisão, o pagamento será efetuado no prazo de sessenta dias, contados da entrega da requisição, por ordem do Juiz, à autoridade citada para a causa, na agência mais próxima da Caixa Econômica Federal ou do Banco do Brasil, independentemente de precatório.

§ 1º Para os efeitos do § 3º do artigo 100 da Constituição Federal, as obrigações ali definidas como de pequeno valor, a serem pagas independentemente de precatório, terão como limite o mesmo valor estabelecido nesta Lei para a competência do Juizado Especial Federal Cível (artigo 3º, *caput*).

§ 2º Desatendida a requisição judicial, o Juiz determinará o sequestro do numerário suficiente ao cumprimento da decisão.

§ 3º São vedados o fracionamento, repartição ou quebra do valor da execução, de modo que o pagamento se faça, em parte, na forma estabelecida no § 1º deste artigo, e, em parte, mediante expedição do precatório, e a expedição de precatório complementar ou suplementar do valor pago.

§ 4º Se o valor da execução ultrapassar o estabelecido no § 1º, o pagamento far-se-á, sempre, por meio do precatório, sendo facultado à parte exequente a renúncia ao crédito do valor excedente, para que possa optar pelo pagamento do saldo sem o precatório, da forma lá prevista.

Art. 18. Os Juizados Especiais serão instalados por decisão do Tribunal Regional Federal. O Juiz presidente do Juizado designará os conciliadores pelo período de dois anos, admitida a recondução. O exercício dessas funções será gratuito, assegurados os direitos e prerrogativas do jurado (artigo 437 do Código de Processo Penal).

Parágrafo único. Serão instalados Juizados Especiais Adjuntos nas localidades cujo movimento forense não justifique a existência de Juizado Especial, cabendo ao Tribunal designar a Vara onde funcionará.

Art. 19. No prazo de seis meses, a contar da publicação desta Lei, deverão ser instalados os Juizados Especiais nas capitais dos Estados e no Distrito Federal.

Parágrafo único. Na capital dos Estados, no Distrito Federal e em outras cidades onde for necessário, neste último caso, por decisão do Tribunal Regional Federal, serão instalados Juizados com competência exclusiva para ações previdenciárias.

Art. 20. Onde não houver Vara Federal, a causa poderá ser proposta no Juizado Especial Federal mais próximo do foro definido no artigo 4º da Lei nº 9.099, de 26 de setembro de 1995, vedada a aplicação desta Lei no juízo estadual.

Art. 21. As Turmas Recursais serão instituídas por decisão do Tribunal Regional Federal, que definirá sua composição e área de competência, podendo abranger mais de uma seção.

§§ 1º e 2º *Revogados.* Lei nº 12.665, de 13-6-2012.

Art. 22. Os Juizados Especiais serão coordenados por Juiz do respectivo Tribunal Regional, escolhido por seus pares, com mandato de dois anos.

Parágrafo único. O Juiz Federal, quando o exigirem as circunstâncias, poderá determinar o funcionamento do Juizado Especial em caráter itinerante, mediante autorização prévia do Tribunal Regional Federal, com antecedência de dez dias.

Art. 23. O Conselho da Justiça Federal poderá limitar, por até três anos, contados a partir da publicação desta Lei, a competência dos Juizados Especiais Cíveis, atendendo à necessidade da organização dos serviços judiciários ou administrativos.

Art. 24. O Centro de Estudos Judiciários do Conselho da Justiça Federal e as Escolas de Magistratura dos Tribunais Regionais Federais criarão programas de informática necessários para subsidiar a instrução das causas submetidas aos Juizados e promoverão cursos de aperfeiçoamento destinados aos seus magistrados e servidores.

Art. 25. Não serão remetidas aos Juizados Especiais as demandas ajuizadas até a data de sua instalação.

Art. 26. Competirá aos Tribunais Regionais Federais prestar o suporte administrativo necessário ao funcionamento dos Juizados Especiais.

Art. 27. Esta Lei entra em vigor seis meses após a data de sua publicação.

Brasília, 12 de julho de 2001;
180º da Independência e
113º da República.
Fernando Henrique Cardoso

DECRETO Nº 3.914, DE 11 DE SETEMBRO DE 2001

Dispõe sobre a regulamentação das contribuições sociais instituídas pela Lei Complementar nº 110, de 29 de junho de 2001.

- Publicado no *DOU* de 12-9-2001.

Art. 1º Este Decreto dispõe sobre a regulamentação da contribuição social devida por despedida de empregado sem justa causa e da contribuição social incidente sobre a remuneração mensal do trabalhador, instituídas pelos artigos 1º e 2º da Lei Complementar nº 110, de 29 de junho de 2001.

Art. 2º A contribuição social que tem por fato gerador a despedida de empregado sem justa causa é devida em relação às despedidas que ocorrerem a partir de 28 de setembro de 2001, inclusive.

§ 1º A base de cálculo da contribuição é o montante dos depósitos do Fundo de Garantia do Tempo de Serviço – FGTS, acrescidos das remunerações previstas no artigo 13 da Lei nº 8.036, de 11 de maio de 1990, bem como nos artigos 11 da Lei nº 7.839, de 12 de outubro de 1989, e 3º e 4º da Lei nº 5.107, de 13 de setembro de 1966, enquanto vigentes, devidos durante a vigência do contrato de trabalho.

§ 2º O valor do complemento de atualização monetária de que trata o artigo 4º, com a remuneração prevista no artigo 5º e com a redução cabível especificada no inciso I do artigo 6º, todos da Lei Complementar nº 110, de 2001, que esteja registrado, na data da rescisão do contrato de trabalho, na conta vinculada do trabalhador que tenha firmado o Termo de Adesão a que se refere o artigo 4º, inciso I, da mesma Lei Complementar, integra a base de cálculo da contribuição de que trata este artigo.

§ 3º O valor da contribuição será determinado pela aplicação da alíquota de dez por cento sobre o valor da base de cálculo especificada nos §§ 1º e 2º.

§ 4º A contribuição deve ser paga nos seguintes prazos:

I – até o primeiro dia útil imediato ao término do contrato, no caso em que o empregador concede o aviso prévio nos termos do artigo 487 da Consolidação das Leis do Trabalho – CLT; ou

II – até o décimo dia, contado da data da notificação da demissão, quando da ausência do aviso prévio, indenização do mesmo ou dispensa de seu cumprimento.

§ 5º Os empregadores domésticos ficam isentos da contribuição social de que trata este artigo.

Art. 3º A contribuição social incidente sobre a remuneração do trabalhador é devida a partir da remuneração relativa ao mês de outubro de 2001 até a remuneração relativa ao mês de setembro de 2006.

§ 1º A contribuição incide sobre a remuneração paga ou devida, no mês anterior, a cada trabalhador.

§ 2º A base de cálculo da contribuição é o valor da remuneração paga ou devida a cada trabalhador, computadas as parcelas de que trata o artigo 15 da Lei nº 8.036, de 1990.

§ 3º O valor do pagamento antecipado de remuneração ou de gratificação de Natal integra a base de cálculo da contribuição social relativa ao mês em que ocorrer o pagamento antecipado.

§ 4º O valor da contribuição será determinado pela aplicação da alíquota de cinco décimos por cento sobre a base de cálculo especificada nos §§ 2º e 3º.

§ 5º A contribuição incidente sobre a remuneração paga ou devida em cada mês deve ser paga até o dia 7 do mês subsequente ou, não havendo expediente bancário no dia 7, até o último dia útil que o anteceder.

§ 6º Ficam isentas da contribuição social de que trata este artigo:

I – as empresas inscritas no Sistema Integrado de Pagamento de Impostos e Contribuições das Microempresas e Empresas de Pequeno Porte – SIMPLES, desde que o faturamento anual não ultrapasse o limite de R$ 1.200.000,00 (um milhão e duzentos mil reais);

II – as pessoas físicas, em relação à remuneração de empregados domésticos; e

III – as pessoas físicas, em relação à remuneração de empregados rurais, desde que sua receita bruta anual não ultrapasse o limite de R$ 1.200.000,00 (um milhão e duzentos mil reais).

§ 7º Para os fins do disposto no § 6º, poderão ser utilizadas informações constantes dos cadastros administrados pela Secretaria da Receita Federal, na forma estabelecida em convênio.

Art. 4º O sujeito passivo das contribuições sociais de que trata este Decreto é o empregador, considerado como tal a pessoa física ou a pessoa jurídica de direito privado ou de direito público, da administração pública direta, indireta ou fundacional de qualquer dos Poderes, da União, dos Estados, do Distrito Federal e dos Municípios, que admitir trabalhadores a seu serviço, bem assim aquele que, regido por legislação especial, encontrar-se nessa condição ou figurar como fornecedor ou tomador de mão de obra, independente da responsabilidade solidária ou subsidiária a que eventualmente venha obrigar-se.

Parágrafo único. Para os efeitos deste Decreto, considera-se empregado ou trabalhador toda pessoa física que prestar serviços a empregador, a locador ou tomador de mão de obra, excluídos os eventuais, os autônomos e os servidores públicos civis e militares sujeitos a regime jurídico próprio.

Art. 5º O pagamento das contribuições sociais de que trata este Decreto fora dos prazos estabelecidos sujeita o infrator aos acréscimos previstos no artigo 22 da Lei nº 8.036, de 1990, e nos §§ 2º e 3º do artigo 3º da Lei Complementar nº 110, de 2001.

Art. 6º A exigência fiscal da contribuição social, que não tenha sido paga por iniciativa do contribuinte, será formalizada em notificação de débito, lavrada por Auditor-Fiscal do Trabalho ou pela Repartição competente do Ministério do Trabalho e Emprego, nos termos de ato normativo do Ministro do Trabalho e Emprego.

Art. 7º As contribuições sociais de que trata este Decreto, inclusive os acréscimos legais correspondentes, serão pagos na rede bancária arrecadadora do FGTS, na forma a ser estabelecida pelo Agente Operador do FGTS.

§ 1º Os valores recolhidos pela rede bancária serão transferidos à Caixa Econômica Federal no segundo dia útil subsequente à data em que tenham sido recolhidos.

§ 2º A Caixa Econômica Federal procederá ao registro das receitas, relativas às contribuições sociais que lhe forem transferidas pela rede bancária, no Sistema Integrado de Administração Financeira do Governo Federal – SIAFI, na forma regulada pelo Ministério da Fazenda.

Art. 8º A falta de pagamento das contribuições de que trata este Decreto resultará no impedimento da emissão, pela Caixa Econômica Federal, do Certificado de Regularidade do FGTS, sem prejuízo das demais cominações legais cabíveis.

Art. 9º O Ministério do Trabalho e Emprego expedirá as normas para disciplinar os procedimentos de administração das contribuições sociais de que trata este Decreto.

Art. 10. Este Decreto entra em vigor na data de sua publicação.

Brasília, 11 de setembro de 2001;
180º da Independência e
113º da República.

Fernando Henrique Cardoso

LEI Nº 10.336, DE 19 DE DEZEMBRO DE 2001

Institui Contribuição de Intervenção no Domínio Econômico incidente sobre a importação e a comercialização de petróleo e seus derivados, gás natural e seus derivados, e álcool etílico combustível (CIDE), e dá outras providências.

- Publicada no *DOU* de 20-12-2001.

Art. 1º Fica instituída a Contribuição de Intervenção no Domínio Econômico incidente sobre a importação e a comercialização de petróleo e seus derivados, gás natural e seus derivados, e álcool etílico combustível (CIDE), a que se refere os arts. 149 e 177 da Constituição Federal, com a redação dada pela Emenda Constitucional nº 33, de 11 de dezembro de 2001.

- Art. 149, § 2º, II, da CF.

§ 1º O produto da arrecadação da CIDE será destinada, na forma da lei orçamentária, ao:

I – pagamento de subsídios a preços ou transporte de álcool combustível, de gás natural e seus derivados e de derivados de petróleo;

II – financiamento de projetos ambientais relacionados com a indústria do petróleo e do gás;

III – financiamento de programas de infraestrutura de transportes; e

- Incisos II e III com a redação dada pela Lei nº 14.237, de 19-11-2021, que vigorará por 5 (cinco) anos, produzindo efeitos desde a abertura dos créditos orçamentários necessários à sua execução.

IV – financiamento do auxílio destinado a mitigar o efeito do preço do gás liquefeito de petróleo sobre o orçamento das famílias de baixa renda.

- Inciso IV acrescido pela Lei nº 14.237, de 19-11-2021, que vigorará por 5 (cinco) anos, produzindo efeitos desde a abertura dos créditos orçamentários necessários à sua execução.

§ 2º Durante o ano de 2002, será avaliada a efetiva utilização dos recursos obtidos da CIDE, e, a partir de 2003, os critérios e diretrizes serão previstos em lei específica.

Art. 1º-A. A União entregará aos Estados e ao Distrito Federal, para ser aplicado, obrigatoriamente, no financiamento de programas de infraestrutura de transportes, o percentual a que se refere o art. 159, III, da Constituição Federal, calculado sobre a arrecadação da contribuição prevista no art. 1º desta Lei, inclusive os respectivos adicionais, juros e multas moratórias cobrados, administrativa ou judicialmente, deduzidos os valores previstos no art. 8º desta Lei e a parcela desvinculada nos termos do art. 76 do Ato das Disposições Constitucionais Transitórias.

- *Caput* do art. 1º-A acrescido pela Lei nº 10.866, de 4-5-2004.

§ 1º Os recursos serão distribuídos pela União aos Estados e ao Distrito Federal, trimestralmente, até o 8º (oitavo) dia útil do mês subsequente ao do encerramento de cada trimestre, mediante crédito em conta vinculada aberta para essa finalidade no Banco do Brasil S.A. ou em outra instituição financeira que venha a ser indicada pelo Poder Executivo federal.

§ 2º A distribuição a que se refere o § 1º deste artigo observará os seguintes critérios:

I – 40% (quarenta por cento) proporcionalmente à extensão da malha viária federal e estadual pavimentada existente em cada Estado e no Distrito Federal, conforme estatísticas elaboradas pelo Departamento Nacional de Infraestrutura de Transportes – DNIT;

II – 30% (trinta por cento) proporcionalmente ao consumo, em cada Estado e no Distrito Federal, dos combustíveis a que a CIDE se aplica, conforme estatísticas elaboradas pela Agência Nacional do Petróleo – ANP;

III – 20% (vinte por cento) proporcionalmente à população, conforme apurada pela Fundação Instituto Brasileiro de Geografia e Estatística – IBGE;

IV – 10% (dez por cento) distribuídos em parcelas iguais entre os Estados e o Distrito Federal.

§ 3º Para o exercício de 2004, os percentuais de entrega aos Estados e ao Distrito Federal serão os constantes do Anexo desta Lei.

§ 4º A partir do exercício de 2005, os percentuais individuais de participação dos Estados e do Distrito Federal serão calculados pelo Tribunal de Contas da União na forma do § 2º deste artigo, com base nas estatísticas referentes ao ano imediatamente anterior, observado o seguinte cronograma:

I – até o último dia útil de janeiro, os órgãos indicados nos incisos I a III do § 2º deste artigo enviarão as informações necessárias ao Tribunal de Contas da União;

II – até 15 de fevereiro, o Tribunal de Contas da União publicará os percentuais individuais de que trata o *caput* deste parágrafo;

III – até o último dia útil de março, o Tribunal de Contas da União republicará os percentuais com as eventuais alterações decorrentes da aceitação do recurso a que se refere o § 5º deste artigo.

§ 5º Os Estados e o Distrito Federal poderão apresentar recurso para retificação dos percentuais publicados, observados a regulamentação e os prazos estabelecidos pelo Tribunal de Contas da União.

§ 6º Os repasses aos Estados e ao Distrito Federal serão realizados com base nos percentuais republicados pelo Tribunal de Contas da União, efetuando-se eventuais ajustes quando do julgamento definitivo dos recursos a que se refere o § 5º deste artigo.

§ 7º Os Estados e o Distrito Federal deverão encaminhar ao Ministério dos Transportes, até o último dia útil de outubro, proposta de programa de trabalho para utilização dos recursos mencionados no *caput* deste artigo, a serem recebidos no exercício subsequente, contendo a descrição dos projetos de infraestrutura de transportes, os respectivos custos unitários e totais e os cronogramas financeiros correlatos.

§ 8º Caberá ao Ministério dos Transportes:

I – publicar no *Diário Oficial da União*, até o último dia útil do ano, os programas de trabalho referidos no § 7º deste artigo, inclusive os custos unitários e totais e os cronogramas financeiros correlatos;

II – receber as eventuais alterações dos programas de trabalho enviados pelos Estados ou pelo Distrito Federal e publicá-las no *Diário Oficial da União*, em até 15 (quinze) dias após o recebimento.

§ 9º É vedada a alteração que implique convalidação de ato já praticado em desacordo com o programa de trabalho vigente.

§ 10. Os saques das contas vinculadas referidas no § 1º deste artigo ficam condicionados à inclusão das receitas e à previsão das despesas na lei orçamentária estadual ou do Distrito Federal e limitados ao pagamento das despesas constantes dos programas de trabalho referidos no § 7º deste artigo.

§ 11. Sem prejuízo do controle exercido pelos órgãos competentes, os Estados e o Distrito Federal deverão encaminhar ao Ministério dos Transportes, até o último dia útil de fevereiro, relatório contendo demonstrativos da execução orçamentária e financeira dos respectivos programas de trabalho e o saldo das contas vinculadas mencionadas no § 1º deste artigo em 31 de dezembro do ano imediatamente anterior.

§ 12. No exercício de 2004, os Estados e o Distrito Federal devem enviar suas propostas de programa de trabalho para o exercício até o último dia útil de fevereiro, cabendo ao Ministério dos Transportes publicá-las até o último dia útil de março.

§ 13. No caso de descumprimento do programa de trabalho a que se refere o § 7º deste artigo, o Poder Executivo Federal poderá determinar à instituição financeira referida no § 1º deste artigo a suspensão do saque dos valores da conta vinculada da respectiva unidade da federação até a regularização da pendência.

§ 14. Os registros contábeis e os demonstrativos gerenciais, mensais e atualizados, relativos aos recursos recebidos nos termos deste artigo ficarão à disposição dos órgãos federais e estaduais de controle interno e externo.

§ 15. Na definição dos programas de trabalho a serem realizados com os recursos recebidos nos termos deste artigo, a União, por intermédio dos Ministérios dos Transportes, das Cidades, e do Planejamento, Orçamento e Gestão, os Estados e o Distrito Federal atuarão de forma conjunta, visando a garantir a eficiente integração dos respectivos sistemas de transportes, a compatibilização das ações dos respectivos planos plurianuais e o alcance dos objetivos previstos no art. 6º da Lei nº 10.636, de 30 de dezembro de 2002.

- §§ 1º a 15 acrescidos pela Lei nº 10.866, de 4-5-2004.

§ 16. Os programas de infraestrutura de que tratam o *caput* deste artigo e o inciso III do § 1º do art. 1º desta Lei compreenderão projetos de infraestrutura fixa ou rodante, incluídos os de renovação de frota circulante.

- § 16 acrescido pela Lei nº 14.440, de 2-9-2022.

Art. 1º-B. Do montante dos recursos que cabe a cada Estado, com base no *caput* do art. 1º-A desta Lei, 25% (vinte e cinco por cento) serão destinados aos seus Municípios para serem aplicados no financiamento de programas de infraestrutura de transportes.

§ 1º Enquanto não for sancionada a lei federal a que se refere o art. 159, § 4º, da Constituição Federal, a distribuição entre os Municípios observará os seguintes critérios:

I – 50% (cinquenta por cento) proporcionalmente aos mesmos critérios previstos na regulamentação da distribuição dos recursos do Fundo de que tratam os arts. 159, I, *b*, e 161, II, da Constituição Federal; e

II – 50% (cinquenta por cento) proporcionalmente à população, conforme apurada pela Fundação Instituto Brasileiro de Geografia e Estatística – IBGE.

§ 2º Os percentuais individuais de participação dos Municípios serão calculados pelo Tribunal de Contas da União na forma do § 1º deste artigo, observado, no que couber, o disposto nos §§ 4º, 5º e 6º do art. 1º-A desta Lei.

§ 3º VETADO.

§ 4º Os saques das contas vinculadas referidas no § 3º deste artigo ficam condicionados à inclusão das receitas e à previsão das despesas na lei orçamentária municipal.

§ 5º Aplicam-se aos Municípios as determinações contidas nos §§ 14 e 15 do art. 1º-A desta Lei.

- Art. 1º-B acrescido pela Lei nº 10.866, de 4-5-2004.

LEG. COMPLEMENTAR

Art. 2º São contribuintes da CIDE o produtor, o formulador e o importador, pessoa física ou jurídica, dos combustíveis líquidos relacionados no art. 3º.

Parágrafo único. Para efeitos deste artigo, considera-se formulador de combustível líquido, derivados de petróleo e derivados de gás natural, a pessoa jurídica, conforme definido pela Agência Nacional do Petróleo (ANP) autorizada a exercer, em Plantas de Formulação de Combustíveis, as seguintes atividades:

I – aquisição de correntes de hidrocarbonetos líquidos;

II – mistura mecânica de correntes de hidrocarbonetos líquidos, com o objetivo de obter gasolinas e diesel;

III – armazenamento de matérias-primas, de correntes intermediárias e de combustíveis formulados;

IV – comercialização de gasolinas e de diesel; e

V – comercialização de sobras de correntes.

Art. 3º A CIDE tem como fatos geradores as operações, realizadas pelos contribuintes referidos no art. 2º, de importação e de comercialização no mercado interno de:

I – gasolinas e suas correntes;

II – diesel e suas correntes;

III – querosene de aviação e outros querosenes;

IV – óleos combustíveis (*fuel-oil*);

V – gás liquefeito de petróleo, inclusive o derivado de gás natural e de nafta; e

VI – álcool etílico combustível.

§ 1º Para efeitos dos incisos I e II deste artigo, consideram-se correntes os hidrocarbonetos líquidos derivados de petróleo e os hidrocarbonetos líquidos derivados de gás natural utilizados em mistura mecânica para a produção de gasolinas ou de diesel, de conformidade com as normas estabelecidas pela ANP.

§ 2º A CIDE não incidirá sobre as receitas de exportação, para o exterior, dos produtos relacionados no *caput* deste artigo.

§ 3º A receita de comercialização dos gases propano, classificado no código 2711.12, butano, classificado no código 2711.13, todos da NCM, e a mistura desses gases, quando destinados à utilização como propelentes em embalagem tipo aerossol, não estão sujeitos à incidência da CIDE-Combustíveis até o limite quantitativo autorizado pela Agência Nacional do Petróleo e nas condições estabelecidas pela Secretaria da Receita Federal.

- § 3º com a redação dada pela Lei nº 10.865, de 30-4-2004.
- Art. 53 da Lei nº 10.865, de 30-4-2004, que dispõe sobre o PIS/PASEP-Importação e a COFINS-Importação.

Art. 4º A base de cálculo da CIDE é a unidade de medida adotada nesta Lei para os produtos de que trata o art. 3º, na importação e na comercialização no mercado interno.

Art. 5º A CIDE terá, na importação e na comercialização no mercado interno, as seguintes alíquotas específicas:

- *Caput* com a redação dada pela Lei nº 10.636, de 30-12-2002.

I – gasolina, R$ 860,00 por m³;

II – diesel, R$ 390,00 por m³;

III – querosene de aviação, R$ 92,10 por m³;

IV – outros querosenes, R$ 92,10 por m³;

V – óleos combustíveis com alto teor de enxofre, R$ 40,90 por t;

VI – óleos combustíveis com baixo teor de enxofre, R$ 40,90 por t;

VII – gás liquefeito de petróleo, inclusive o derivado de gás natural e da nafta, R$ 250,00 por t;

- Incisos I a VII com a redação dada pela Lei nº 10.636, de 30-12-2002.

VIII – álcool etílico combustível, R$ 37,20 por m³.

- Inciso VIII acrescido pela Lei nº 10.636, de 30-12-2002.

§ 1º Aplicam-se às correntes de hidrocarbonetos líquidos que, pelas suas características físico-químicas, possam ser utilizadas exclusivamente para a formulação de diesel, as mesmas alíquotas específicas fixadas para o produto.

§ 2º Aplicam-se às correntes de hidrocarbonetos líquidos as mesmas alíquotas específicas fixadas para gasolinas.

§ 3º O Poder Executivo poderá dispensar o pagamento da CIDE incidente sobre as correntes de hidrocarbonetos líquidos não destinados à formulação de gasolina ou diesel, nos termos e condições que estabelecer, inclusive de registro especial do produtor, formulador, importador e adquirente.

§ 4º Os hidrocarbonetos líquidos de que trata o § 3º serão identificados mediante marcação, nos termos e condições estabelecidos pela ANP.

- §§ 2º a 4º com a redação dada pela Lei nº 10.833, de 29-12-2003.

§§ 5º e 6º *Revogados*. Lei nº 10.833, de 29-12-2003.

§ 7º A CIDE devida na comercialização dos produtos referidos no *caput* integra a receita bruta do vendedor.

Art. 6º Na hipótese de importação, o pagamento da CIDE deve ser efetuado na data do registro da Declaração de Importação.

Parágrafo único. No caso de comercialização, no mercado interno, a CIDE devida será apurada mensalmente e será paga até o último dia útil da primeira quinzena do mês subsequente ao de ocorrência do fato gerador.

Art. 7º Do valor da CIDE incidente na comercialização, no mercado interno, dos produtos referidos no art. 5º poderá ser deduzido o valor da CIDE:

I – pago na importação daqueles produtos;

II – incidente quando da aquisição daqueles produtos de outro contribuinte.

Parágrafo único. A dedução de que trata este artigo será efetuada pelo valor global da CIDE pago nas importações realizadas no mês, considerado o conjunto de produtos importados e comercializados, sendo desnecessária a segregação por espécie de produto.

Art. 8º O contribuinte poderá, ainda, deduzir o valor da CIDE, pago na importação ou na comercialização, no mercado interno, dos valores da contribuição para o PIS/PASEP e da COFINS devidos na comercialização, no mercado interno, dos produtos referidos no art. 5º, até o limite de, respectivamente:

- *Caput* com a redação dada pela Lei nº 10.636, de 30-12-2002.

I – R$ 49,90 e R$ 230,10 por m³, no caso de gasolinas;

II – R$ 30,30 e R$ 139,70 por m³, no caso de diesel;

III – R$ 16,30 e R$ 75,80 por m³, no caso de querosene de aviação;

IV – R$ 16,30 e R$ 75,80 por m³, no caso dos demais querosenes;

V – R$ 14,50 e R$ 26,40 por t, no caso de óleos combustíveis com alto teor de enxofre;

VI – R$ 14,50 e R$ 26,40 por t, no caso de óleos combustíveis com baixo teor de enxofre;

VII – R$ 44,40 e R$ 205,60 por t, no caso de gás liquefeito de petróleo, inclusive derivado de gás natural e de nafta;

- Incisos I a VII com a redação dada pela Lei nº 10.636, de 30-12-2002.

VIII – R$ 13,20 e R$ 24,00 por m³, no caso de álcool etílico combustível.

• Inciso VIII acrescido pela Lei nº 10.636, de 30-12-2002.

§ 1º A dedução a que se refere este artigo aplica-se às contribuições relativas a um mesmo período de apuração ou posteriores.

§ 2º As parcelas da CIDE deduzidas na forma deste artigo serão contabilizadas, no âmbito do Tesouro Nacional, a crédito da contribuição para o PIS/PASEP e da COFINS e a débito da própria CIDE, conforme normas estabelecidas pela Secretaria da Receita Federal.

Art. 8º-A. O valor da CIDE-Combustíveis pago pelo vendedor de hidrocarbonetos líquidos não destinados à formulação de gasolina ou diesel poderá ser deduzido dos valores devidos pela pessoa jurídica adquirente desses produtos, relativamente a tributos ou contribuições administrados pela Receita Federal do Brasil, nos termos, limites e condições estabelecidos em regulamento.

§ 1º A pessoa jurídica importadora dos produtos de que trata o *caput* deste artigo não destinados à formulação de gasolina ou diesel poderá deduzir dos valores dos tributos ou contribuições administrados pela Receita Federal do Brasil, nos termos, limites e condições estabelecidos em regulamento, o valor da CIDE-Combustíveis pago na importação.

o Art. 132, II, *d*, da Lei nº 11.196, de 21-11-2005, que institui o Regime Especial de Tributação para a Plataforma de Exportação de Serviços de Tecnologia da Informação – REPES, o Regime Especial de Aquisição de Bens de Capital para Empresas Exportadoras – RECAP e o Programa de Inclusão Digital; dispõe sobre incentivos fiscais para a inovação tecnológica.

§ 2º Aplica-se o disposto neste artigo somente aos hidrocarbonetos líquidos utilizados como insumo pela pessoa jurídica adquirente.

• Art. 8º-A com a redação dada pela Lei nº 11.196, de 21-11-2005.

o Art. 132, II, *d*, da Lei nº 11.196, de 21-11-2005, que institui o Regime Especial de Tributação para a Plataforma de Exportação de Serviços de Tecnologia da Informação – REPES, o Regime Especial de Aquisição de Bens de Capital para Empresas Exportadoras – RECAP e o Programa de Inclusão Digital; dispõe sobre incentivos fiscais para a inovação tecnológica.

Art. 9º O Poder Executivo poderá reduzir as alíquotas específicas de cada produto, bem assim restabelecê-las até o valor fixado no art. 5º.

§ 1º O Poder Executivo poderá, também, reduzir e restabelecer os limites de dedução referidos no art. 8º.

§ 2º Observado o valor limite fixado no art. 5º, o Poder Executivo poderá estabelecer alíquotas específicas diversas para o diesel, conforme o teor de enxofre do produto, de acordo com classificação estabelecida pela ANP.

• A MP nº 556, de 23-12-2011, havia acrescido o § 3º a este artigo, porém teve seu prazo de vigência encerrado em 31-5-2012.

Art. 10. São isentos da CIDE os produtos, referidos no art. 3º, vendidos a empresa comercial exportadora, conforme definida pela ANP, com o fim específico de exportação para o exterior.

§ 1º A empresa comercial exportadora que no prazo de 180 (cento e oitenta) dias, contado da data de aquisição, não houver efetuado a exportação dos produtos para o exterior, fica obrigada ao pagamento da CIDE de que trata esta Lei, relativamente aos produtos adquiridos e não exportados.

§ 2º Na hipótese do § 1º, o valor a ser pago será determinado mediante a aplicação das alíquotas específicas aos produtos adquiridos e não exportados.

§ 3º O pagamento do valor referido no § 2º deverá ser efetuado até o décimo dia subsequente ao do vencimento do prazo estabelecido para a empresa comercial exportadora efetivar a exportação, acrescido de:

I – multa de mora, apurada na forma do *caput* e do § 2º do art. 61 da Lei nº 9.430, de 27 de dezembro de 1996, calculada a partir do primeiro dia do mês subsequente ao de aquisição dos produtos; e

II – juros equivalentes à taxa referencial do Sistema Especial de Liquidação e Custódia – SELIC, para títulos federais, acumulada mensalmente, calculados a partir do primeiro dia do mês subsequente ao de aquisição dos produtos, até o último dia do mês anterior ao do pagamento, e de 1% (um por cento) no mês do pagamento.

§ 4º A empresa comercial exportadora que alterar a destinação do produto adquirido com o fim específico de exportação, ficará sujeita ao pagamento da CIDE objeto da isenção na aquisição.

§ 5º O pagamento do valor referido no § 4º deverá ser efetuado até o último dia útil da primeira quinzena do mês subsequente ao de ocorrência da revenda no mercado interno, acrescido de:

I – multa de mora, apurada na forma do *caput* e do § 2º do art. 61 da Lei nº 9.430, de 1996, calculada a partir do primeiro dia do mês subsequente ao de aquisição do produto pela empresa comercial exportadora; e

II – juros equivalentes à taxa referencial do Sistema Especial de Liquidação e Custódia – SELIC, para títulos federais, acumulada mensalmente, calculados a partir do primeiro dia do mês subsequente ao de aquisição dos produtos pela empresa comercial exportadora, até o último dia do mês anterior ao do pagamento, e de 1% (um por cento) no mês do pagamento.

Art. 11. É responsável solidário pela CIDE o adquirente de mercadoria de procedência estrangeira, no caso de importação realizada por sua conta e ordem, por intermédio de pessoa jurídica importadora.

Art. 12. Respondem pela infração, conjunta ou isoladamente, relativamente à CIDE, o adquirente de mercadoria de procedência estrangeira, no caso de importação realizada por sua conta e ordem, por intermédio de pessoa jurídica importadora.

Art. 13. A administração e a fiscalização da CIDE compete à Secretaria da Receita Federal.

Parágrafo único. A CIDE sujeita-se às normas relativas ao processo administrativo fiscal de determinação e exigência de créditos tributários federais e de consulta, previstas no Decreto nº 70.235, de 6 de março de 1972, bem assim, subsidiariamente e no que couber, às disposições da legislação do imposto de renda, especialmente quanto às penalidades e aos demais acréscimos aplicáveis.

Art. 14. Aplicam-se à nafta petroquímica destinada à produção ou formulação de gasolina ou diesel as disposições do art. 4º da Lei nº 9.718, de 27 de novembro de 1998, e dos arts. 22 e 23 da Lei nº 10.865, de 30 de abril de 2004, incidindo as alíquotas específicas:

• *Caput* com a redação dada pela Lei nº 11.196, de 21-11-2005.

o Art. 132, V, *c*, da Lei nº 11.196, de 21-11-2005, que institui o Regime Especial de Tributação para a Plataforma de Exportação de Serviços de Tecnologia da Informação – REPES, o Regime Especial de Aquisição de Bens de Capital para Empresas Exportadoras – RECAP e o Programa de Inclusão Digital; dispõe sobre incentivos fiscais para a inovação tecnológica.

LEG. COMPLEMENTAR

I – fixadas para o óleo diesel, quando a nafta petroquímica for destinada à produção ou formulação exclusivamente de óleo diesel; ou

- Art. 132, V, *c*, da Lei nº 11.196, de 21-11-2005, que institui o Regime Especial de Tributação para a Plataforma de Exportação de Serviços de Tecnologia da Informação – REPES, o Regime Especial de Aquisição de Bens de Capital para Empresas Exportadoras – RECAP e o Programa de Inclusão Digital; dispõe sobre incentivos fiscais para a inovação tecnológica.

II – fixadas para a gasolina, quando a nafta petroquímica for destinada à produção ou formulação de óleo diesel ou gasolina.

- Incisos I e II com a redação dada pela Lei nº 11.196, de 21-11-2005.
- Art. 132, V, *c*, da Lei nº 11.196, de 21-11-2005, que institui o Regime Especial de Tributação para a Plataforma de Exportação de Serviços de Tecnologia da Informação – REPES, o Regime Especial de Aquisição de Bens de Capital para Empresas Exportadoras – RECAP e o Programa de Inclusão Digital; dispõe sobre incentivos fiscais para a inovação tecnológica.

§§ 1º a 3º *Revogados.* Lei nº 11.196, de 21-11-2005.

Art. 15. Os Ministérios da Fazenda e de Minas e Energia e a ANP poderão editar os atos necessários ao cumprimento das disposições contidas nesta Lei.

Art. 16. Esta Lei entrará em vigor na data de sua publicação, produzindo efeitos a partir de 1º de janeiro de 2002, ressalvado o disposto no art. 14.

Brasília, 19 de dezembro de 2001;
180º da Independência e
113º da República.

Fernando Henrique Cardoso

ANEXO

- Acrescido pela Lei nº 10.866, de 4-5-2004.

PERCENTUAIS DE PARTICIPAÇÃO DOS ESTADOS E DO DISTRITO FEDERAL NA CIDE

ESTADO	PERCENTUAL
ACRE	0,74%
ALAGOAS	1,60%
AMAPÁ	0,57%
AMAZONAS	1,39%
BAHIA	6,39%
CEARÁ	3,55%
DISTRITO FEDERAL	1,43%
ESPÍRITO SANTO	2,13%
GOIÁS	4,69%
MARANHÃO	3,00%
MATO GROSSO	2,76%
MATO GROSSO DO SUL	2,72%
MINAS GERAIS	10,72%
PARÁ	2,85%
PARAÍBA	1,95%
PARANÁ	7,23%
PERNAMBUCO	3,67%
PIAUÍ	1,98%
RIO DE JANEIRO	5,53%
RIO GRANDE DO NORTE	2,22%
RIO GRANDE DO SUL	6,50%
RONDÔNIA	1,23%
RORAIMA	0,74%
SANTA CATARINA	3,92%
SÃO PAULO	17,47%
SERGIPE	1,34%
TOCANTINS	1,68%
T O T A L	100,00%

LEI Nº 10.406, DE 10 DE JANEIRO DE 2002

Institui o Código Civil.

(EXCERTOS)

- Publicada no *DOU* de 11-1-2002.

O Presidente da República:

Faço saber que o Congresso Nacional decreta e eu sanciono a seguinte Lei:

PARTE GERAL

LIVRO I – DAS PESSOAS

TÍTULO I – DAS PESSOAS NATURAIS

CAPÍTULO I
DA PERSONALIDADE E DA CAPACIDADE

Art. 1º Toda pessoa é capaz de direitos e deveres na ordem civil.

- Arts. 3º a 5º deste Código.
- Art. 7º do Dec.-lei nº 4.657, de 4-9-1942 (Lei de Introdução às Normas do Direito Brasileiro).

Art. 2º A personalidade civil da pessoa começa do nascimento com vida; mas a lei põe a salvo, desde a concepção, os direitos do nascituro.

- Art. 5º deste Código.
- Art. 7º do Dec.-lei nº 4.657, de 4-9-1942 (Lei de Introdução às Normas do Direito Brasileiro).

Art. 3º São absolutamente incapazes de exercer pessoalmente os atos da vida civil os menores de 16 (dezesseis) anos.

- *Caput* com a redação dada pela Lei nº 13.146, de 6-7-2015.

I a III – *Revogados.* Lei nº 13.146, de 6-7-2015.

Art. 4º São incapazes, relativamente a certos atos ou à maneira de os exercer:

- *Caput* com a redação dada pela Lei nº 13.146, de 6-7-2015.

I – os maiores de dezesseis e menores de dezoito anos;

II – os ébrios habituais e os viciados em tóxico;

III – aqueles que, por causa transitória ou permanente, não puderem exprimir sua vontade;

- Incisos II e III com a redação dada pela Lei nº 13.146, de 6-7-2015.

IV – os pródigos.

Parágrafo único. A capacidade dos indígenas será regulada por legislação especial.

- Parágrafo único com a redação dada pela Lei nº 13.146, de 6-7-2015.

Art. 5º A menoridade cessa aos dezoito anos completos, quando a pessoa fica habilitada à prática de todos os atos da vida civil.

Parágrafo único. Cessará, para os menores, a incapacidade:

I – pela concessão dos pais, ou de um deles na falta do outro, mediante instrumento público, independentemente de homologação judicial, ou por sentença do juiz, ouvido o tutor, se o menor tiver dezesseis anos completos;

- Art. 266, § 5º, da CF.
- Art. 9º, II, deste Código.

II – pelo casamento;

- Art. 226 da CF.

III – pelo exercício de emprego público efetivo;

IV – pela colação de grau em curso de ensino superior;

V – pelo estabelecimento civil ou comercial, ou pela existência de relação de emprego, desde que, em função deles, o menor com dezesseis anos completos tenha economia própria.

- Art. 7º, XXXIII, da CF.

Art. 6º A existência da pessoa natural termina com a morte; presume-se esta, quanto aos ausentes, nos casos em que a lei autoriza a abertura de sucessão definitiva.

- Arts. 22 a 39 deste Código.
- Súm. nº 331 do STF.

Art. 7º Pode ser declarada a morte presumida, sem decretação de ausência:

- Arts. 22 a 39 deste Código.

I – se for extremamente provável a morte de quem estava em perigo de vida;

II – se alguém, desaparecido em campanha ou feito prisioneiro, não for encontrado até dois anos após o término da guerra.

Parágrafo único. A declaração da morte presumida, nesses casos, somente poderá ser requerida depois de esgotadas as buscas e averiguações, devendo a sentença fixar a data provável do falecimento.

Art. 8º Se dois ou mais indivíduos falecerem na mesma ocasião, não se podendo averiguar se algum dos comorientes precedeu aos outros, presumir-se-ão simultaneamente mortos.

Art. 9º Serão registrados em registro público:

I – os nascimentos, casamentos e óbitos;

- Art. 18 do Dec.-lei nº 4.657, de 4-9-1942 (Lei de Introdução às Normas do Direito Brasileiro).

II – a emancipação por outorga dos pais ou por sentença do juiz;

- Art. 226, § 5º, da CF.
- Art. 5º, par. ún., I, deste Código.

III – a interdição por incapacidade absoluta ou relativa;

IV – a sentença declaratória de ausência e de morte presumida.

Art. 10. Far-se-á averbação em registro público:

I – das sentenças que decretarem a nulidade ou anulação do casamento, o divórcio, a separação judicial e o restabelecimento da sociedade conjugal;

- Art. 226, § 6º, da CF.
- EC nº 66, de 13-7-2010, institui o divórcio direto.

II – dos atos judiciais ou extrajudiciais que declararem ou reconhecerem a filiação;

III – *Revogado*. Lei nº 12.010, de 3-8-2009.

CAPÍTULO II
DOS DIREITOS DA PERSONALIDADE

Art. 11. Com exceção dos casos previstos em lei, os direitos da personalidade são intransmissíveis e irrenunciáveis, não podendo o seu exercício sofrer limitação voluntária.

- Art. 5º, X, da CF.
- Art. 52 deste Código.

Art. 12. Pode-se exigir que cesse a ameaça, ou a lesão, a direito da personalidade, e reclamar perdas e danos, sem prejuízo de outras sanções previstas em lei.

- Art. 5º, X e XXXV, da CF.
- Arts. 20 e 402 a 405 deste Código.

Parágrafo único. Em se tratando de morto, terá legitimação para requerer a medida prevista neste artigo o cônjuge sobrevivente, ou qualquer parente em linha reta, ou colateral até o quarto grau.

- Art. 20, par. ún., deste Código.

Art. 13. Salvo por exigência médica, é defeso o ato de disposição do próprio corpo, quando importar diminuição permanente da integridade física, ou contrariar os bons costumes.

Parágrafo único. O ato previsto neste artigo será admitido para fins de transplante, na forma estabelecida em lei especial.

Art. 14. É válida, com objetivo científico, ou altruístico, a disposição gratuita do próprio corpo, no todo ou em parte, para depois da morte.

- Art. 199, § 4º, da CF.

Parágrafo único. O ato de disposição pode ser livremente revogado a qualquer tempo.

Art. 15. Ninguém pode ser constrangido a submeter-se, com risco de vida, a tratamento médico ou a intervenção cirúrgica.

Art. 16. Toda pessoa tem direito ao nome, nele compreendidos o prenome e o sobrenome.

- Art. 227, § 6º, da CF.

Art. 17. O nome da pessoa não pode ser empregado por outrem em publicações ou representações que a exponham ao desprezo público, ainda quando não haja intenção difamatória.

Art. 18. Sem autorização, não se pode usar o nome alheio em propaganda comercial.

Art. 19. O pseudônimo adotado para atividades lícitas goza da proteção que se dá ao nome.

Art. 20. Salvo se autorizadas, ou se necessárias à administração da justiça ou à manutenção da ordem pública, a divulgação de escritos, a transmissão da palavra, ou a publicação, a exposição ou a utilização da imagem de uma pessoa poderão ser proibidas, a seu requerimento e sem prejuízo da indenização que couber, se lhe atingirem a honra, a boa fama ou a respeitabilidade, ou se se destinarem a fins comerciais.

- O STF, por unanimidade, julgou procedente a ADIN nº 4.815 (*DOU* de 26-6-2015), "para dar interpretação conforme a Constituição aos artigos 20 e 21 do Código Civil, sem redução de texto, para, em consonância com os direitos fundamentais a liberdade de pensamento e de sua expressão, de criação artística, produção científica, declarar inexigível o consentimento de pessoa biografada relativamente a obras biográficas literárias ou audiovisuais, sendo por igual desnecessária autorização de pessoas retratadas como coadjuvantes (ou de seus familiares, em caso de pessoas falecidas)".
- Art. 5º, V, IX, X e XXXVIII, *a*, da CF.

Parágrafo único. Em se tratando de morto ou de ausente, são partes legítimas para requerer essa proteção o cônjuge, os ascendentes ou os descendentes.

- Arts. 12, par. ún., e 22 a 39 deste Código.

Art. 21. A vida privada da pessoa natural é inviolável, e o juiz, a requerimento do interessado, adotará as providências necessárias para impedir ou fazer cessar ato contrário a esta norma.

- O STF, por unanimidade, julgou procedente a ADIN nº 4.815 (*DOU* de 26-6-2015), "para dar interpretação conforme a Constituição aos artigos 20 e 21 do Código Civil, sem redução de texto, para, em consonância com os direitos fundamentais à liberdade de pensamento e de sua expressão, de criação artística, produção científica, declarar inexigível o consentimento de pessoa biografada relativamente a obras biográficas literárias ou audiovisuais, sendo por igual desnecessária autorização de pessoas retratadas como coadjuvantes (ou de seus familiares, em caso de pessoas falecidas)".
- Art. 5º, X, da CF.

CAPÍTULO III
DA AUSÊNCIA

- Arts. 6º, 7º, 9º, IV, e 20 deste Código.

Seção I
DA CURADORIA DOS BENS DO AUSENTE

Art. 22. Desaparecendo uma pessoa do seu domicílio sem dela haver notícia, se não houver deixado representante ou procurador a quem caiba administrar-lhe os bens, o juiz, a requerimento de qualquer interessado ou do Ministério Público, declarará a ausência, e nomear-lhe-á curador.

- Art. 94, III, f, da Lei nº 11.101, de 9-2-2005 (Lei de Recuperação de Empresas e Falências).

Art. 23. Também se declarará a ausência, e se nomeará curador, quando o ausente deixar mandatário que não queira ou não possa exercer ou continuar o mandato, ou se os seus poderes forem insuficientes.

Art. 24. O juiz, que nomear o curador, fixar-lhe-á os poderes e obrigações, conforme as circunstâncias, observando, no que for aplicável, o disposto a respeito dos tutores e curadores.

Art. 25. O cônjuge do ausente, sempre que não esteja separado judicialmente, ou de fato por mais de dois anos antes da declaração da ausência, será o seu legítimo curador.

- EC nº 66, de 13-7-2010, institui o divórcio direto.
- Arts. 1.570 e 1.775 e segs. deste Código.

§ 1º Em falta do cônjuge, a curadoria dos bens do ausente incumbe aos pais ou aos descendentes, nesta ordem, não havendo impedimento que os iniba de exercer o cargo.

§ 2º Entre os descendentes, os mais próximos precedem os mais remotos.

§ 3º Na falta das pessoas mencionadas, compete ao juiz a escolha do curador.

Seção II
DA SUCESSÃO PROVISÓRIA

Art. 26. Decorrido um ano da arrecadação dos bens do ausente, ou, se ele deixou representante ou procurador, em se passando três anos, poderão os interessados requerer que se declare a ausência e se abra provisoriamente a sucessão.

- Art. 5º, XXXI, da CF.
- Art. 28, § 1º, deste Código.

Art. 27. Para o efeito previsto no artigo anterior, somente se consideram interessados:

I – o cônjuge não separado judicialmente;

II – os herdeiros presumidos, legítimos ou testamentários;

III – os que tiverem sobre os bens do ausente direito dependente de sua morte;

IV – os credores de obrigações vencidas e não pagas.

- Art. 28, § 1º, deste Código.

Art. 28. A sentença que determinar a abertura da sucessão provisória só produzirá efeito cento e oitenta dias depois de publicada pela imprensa; mas, logo que passe em julgado, proceder-se-á à abertura do testamento, se houver, e ao inventário e partilha dos bens, como se o ausente fosse falecido.

§ 1º Findo o prazo a que se refere o art. 26, e não havendo interessados na sucessão provisória, cumpre ao Ministério Público requerê-la ao juízo competente.

§ 2º Não comparecendo herdeiro ou interessado para requerer o inventário até trinta dias depois de passar em julgado a sentença que mandar abrir a sucessão provisória, proceder-se-á à arrecadação dos bens do ausente pela forma estabelecida nos arts. 1.819 a 1.823.

Art. 29. Antes da partilha, o juiz, quando julgar conveniente, ordenará a conversão dos bens móveis, sujeitos a deterioração ou a extravio, em imóveis ou em títulos garantidos pela União.

- Art. 33 deste Código.

Art. 30. Os herdeiros, para se imitirem na posse dos bens do ausente, darão garantias da restituição deles, mediante penhores ou hipotecas equivalentes aos quinhões respectivos.

§ 1º Aquele que tiver direito à posse provisória, mas não puder prestar a garantia exigida neste artigo, será excluído, mantendo-se os bens que lhe deviam caber sob a administração do curador, ou de outro herdeiro designado pelo juiz, e que preste essa garantia.

- Art. 34 deste Código.

§ 2º Os ascendentes, os descendentes e o cônjuge, uma vez provada a sua qualidade de herdeiros, poderão, independentemente de garantia, entrar na posse dos bens do ausente.

Art. 31. Os imóveis do ausente só se poderão alienar, não sendo por desapropriação, ou hipotecar, quando o ordene o juiz, para lhes evitar a ruína.

Art. 32. Empossados nos bens, os sucessores provisórios ficarão representando ativa e passivamente o ausente, de modo que contra eles correrão as ações pendentes e as que de futuro àquele forem movidas.

Art. 33. O descendente, ascendente ou cônjuge que for sucessor provisório do ausente, fará seus todos os frutos e rendimentos dos bens que a este couberem; os outros sucessores, porém, deverão capitalizar metade desses frutos e rendimentos, segundo o disposto no art. 29, de acordo com o representante do Ministério Público, e prestar anualmente contas ao juiz competente.

Parágrafo único. Se o ausente aparecer, e ficar provado que a ausência foi voluntária e injustificada, perderá ele, em favor do sucessor, sua parte nos frutos e rendimentos.

Art. 34. O excluído, segundo o art. 30, da posse provisória poderá, justificando falta de meios, requerer lhe seja entregue metade dos rendimentos do quinhão que lhe tocaria.

Art. 35. Se durante a posse provisória se provar a época exata do falecimento do ausente, considerar-se-á, nessa data, aberta a sucessão em favor dos herdeiros, que o eram àquele tempo.

Art. 36. Se o ausente aparecer, ou se lhe provar a existência, depois de estabelecida a posse provisória, cessarão para logo as vantagens dos sucessores nela imitidos, ficando, todavia, obrigados a tomar as medidas assecuratórias precisas, até a entrega dos bens a seu dono.

Seção III

DA SUCESSÃO DEFINITIVA

Art. 37. Dez anos depois de passada em julgado a sentença que concede a abertura da sucessão provisória, poderão os interessados requerer a sucessão definitiva e o levantamento das cauções prestadas.

- Art. 6º deste Código.
- Súm. nº 331 do STF.

Art. 38. Pode-se requerer a sucessão definitiva, também, provando-se que o ausente conta oitenta anos de idade, e que de cinco datam as últimas notícias dele.

- Art. 6º deste Código.

Art. 39. Regressando o ausente nos dez anos seguintes à abertura da sucessão definitiva, ou algum de seus descendentes ou ascendentes, aquele ou estes haverão só os bens existentes no estado em que se acharem, os sub-rogados em seu lugar, ou o preço que os herdeiros e demais interessados houverem recebido pelos bens alienados depois daquele tempo.

Parágrafo único. Se, nos dez anos a que se refere este artigo, o ausente não regressar, e nenhum interessado promover a sucessão definitiva, os bens arrecadados passarão ao domínio do Município ou do Distrito Federal, se localizados nas respectivas circunscrições, incorporando-se ao domínio da União, quando situados em território federal.

- Art. 28, § 2º, deste Código.

TÍTULO II – DAS PESSOAS JURÍDICAS

CAPÍTULO I

DISPOSIÇÕES GERAIS

Art. 40. As pessoas jurídicas são de direito público, interno ou externo, e de direito privado.

Art. 41. São pessoas jurídicas de direito público interno:

I – a União;

II – os Estados, o Distrito Federal e os Territórios;

III – os Municípios;

IV – as autarquias, inclusive as associações públicas;

- Inciso IV com a redação dada pela Lei nº 11.107, de 6-4-2005.
- Art. 37, XIX, da CF.

V – as demais entidades de caráter público criadas por lei.

Parágrafo único. Salvo disposição em contrário, as pessoas jurídicas de direito público, a que se tenha dado estrutura de direito privado, regem-se, no que couber, quanto ao seu funcionamento, pelas normas deste Código.

Art. 42. São pessoas jurídicas de direito público externo os Estados estrangeiros e todas as pessoas que forem regidas pelo direito internacional público.

Art. 43. As pessoas jurídicas de direito público interno são civilmente responsáveis por atos dos seus agentes que nessa qualidade causem danos a terceiros, ressalvado direito regressivo contra os causadores do dano, se houver, por parte destes, culpa ou dolo.

- Arts. 4º, 21, XXIII, *c*, 37, § 6º, 102, I, 105, II, *c*, 109 e 173, § 5º, da CF.

Art. 44. São pessoas jurídicas de direito privado:

I – as associações;

- Art. 5º, XVII a XXI, da CF.
- Arts. 53 a 61 deste Código.

II – as sociedades;

III – as fundações;

- Arts. 62 a 69 deste Código.
- Art. 11 do Dec.-lei nº 4.657, de 4-9-1942 (Lei de Introdução às Normas do Direito Brasileiro).

IV – as organizações religiosas;

V – os partidos políticos;

- Incisos IV e V acrescidos pela Lei nº 10.825, de 22-12-2003.

VI – *Revogado*. Lei nº 14.382, de 27-6-2022.

§ 1º São livres a criação, a organização, a estruturação interna e o funcionamento das organizações religiosas, sendo vedado ao poder público negar-lhes reconhecimento ou registro dos atos constitutivos e necessários ao seu funcionamento.

§ 2º As disposições concernentes às associações aplicam-se subsidiariamente às sociedades que são objeto do Livro II da Parte Especial deste Código.

§ 3º Os partidos políticos serão organizados e funcionarão conforme o disposto em lei específica.

- Parágrafo único transformado em § 2º e §§ 1º e 3º acrescidos pela Lei nº 10.825, de 22-12-2003.

Art. 45. Começa a existência legal das pessoas jurídicas de direito privado com a inscrição do ato constitutivo no respectivo registro, precedida, quando necessário, de autorização ou aprovação do Poder Executivo, averbando-se no registro todas as alterações por que passar o ato constitutivo.

- Art. 1º, § 2º, da Lei nº 8.906, de 4-7-1994 (Estatuto da Advocacia e da OAB).

Parágrafo único. Decai em três anos o direito de anular a constituição das pessoas jurídicas de direito privado, por defeito do ato respectivo, contado o prazo da publicação de sua inscrição no registro.

Art. 46. O registro declarará:

I – a denominação, os fins, a sede, o tempo de duração e o fundo social, quando houver;

II – o nome e a individualização dos fundadores ou instituidores, e dos diretores;

III – o modo por que se administra e representa, ativa e passivamente, judicial e extrajudicialmente;

IV – se o ato constitutivo é reformável no tocante à administração, e de que modo;

V – se os membros respondem, ou não, subsidiariamente, pelas obrigações sociais;

VI – as condições de extinção da pessoa jurídica e o destino do seu patrimônio, nesse caso.

Art. 47. Obrigam a pessoa jurídica os atos dos administradores, exercidos nos limites de seus poderes definidos no ato constitutivo.

- Art. 43 deste Código.

Art. 48. Se a pessoa jurídica tiver administração coletiva, as decisões se tomarão pela maioria de votos dos presentes, salvo se o ato constitutivo dispuser de modo diverso.

Parágrafo único. Decai em três anos o direito de anular as decisões a que se refere este artigo, quando violarem a lei ou estatuto, ou forem eivadas de erro, dolo, simulação ou fraude.

Art. 48-A. As pessoas jurídicas de direito privado, sem prejuízo do previsto em legislação especial e em seus atos constitutivos, poderão realizar suas assembleias-gerais por meio eletrônico, inclusive para os fins do disposto no art. 59 deste Código, respeitados os direitos previstos de participação e de manifestação.

- Art. 48-A com a redação dada pela Lei nº 14.382, de 27-6-2022.

LEG. COMPLEMENTAR

Art. 49. Se a administração da pessoa jurídica vier a faltar, o juiz, a requerimento de qualquer interessado, nomear-lhe-á administrador provisório.

Art. 49-A. A pessoa jurídica não se confunde com os seus sócios, associados, instituidores ou administradores.

Parágrafo único. A autonomia patrimonial das pessoas jurídicas é um instrumento lícito de alocação e segregação de riscos, estabelecido pela lei com a finalidade de estimular empreendimentos, para a geração de empregos, tributo, renda e inovação em benefício de todos.

• Art. 49-A acrescido pela Lei nº 13.874, de 20-9-2019.

Art. 50. Em caso de abuso da personalidade jurídica, caracterizado pelo desvio de finalidade ou pela confusão patrimonial, pode o juiz, a requerimento da parte, ou do Ministério Público quando lhe couber intervir no processo, desconsiderá-la para que os efeitos de certas e determinadas relações de obrigações sejam estendidos aos bens particulares de administradores ou de sócios da pessoa jurídica beneficiados direta ou indiretamente pelo abuso.

§ 1º Para os fins do disposto neste artigo, desvio de finalidade é a utilização da pessoa jurídica com o propósito de lesar credores e para a prática de atos ilícitos de qualquer natureza.

§ 2º Entende-se por confusão patrimonial a ausência de separação de fato entre os patrimônios, caracterizada por:

I – cumprimento repetitivo pela sociedade de obrigações do sócio ou do administrador ou vice-versa;

II – transferência de ativos ou de passivos sem efetivas contraprestações, exceto os de valor proporcionalmente insignificante; e

III – outros atos de descumprimento da autonomia patrimonial.

§ 3º O disposto no *caput* e nos §§ 1º e 2º deste artigo também se aplica à extensão das obrigações de sócios ou de administradores à pessoa jurídica.

§ 4º A mera existência de grupo econômico sem a presença dos requisitos de que trata o *caput* deste artigo não autoriza a desconsideração da personalidade da pessoa jurídica.

§ 5º Não constitui desvio de finalidade a mera expansão ou a alteração da finalidade original da atividade econômica específica da pessoa jurídica.

• Art. 50 com a redação dada pela Lei nº 13.874, de 20-9-2019.

Art. 51. Nos casos de dissolução da pessoa jurídica ou cassada a autorização para seu funcionamento, ela subsistirá para os fins de liquidação, até que esta se conclua.

○ Súm. nº 435 do STJ.

§ 1º Far-se-á, no registro onde a pessoa jurídica estiver inscrita, a averbação de sua dissolução.

§ 2º As disposições para a liquidação das sociedades aplicam-se, no que couber, às demais pessoas jurídicas de direito privado.

§ 3º Encerrada a liquidação, promover-se-á o cancelamento da inscrição da pessoa jurídica.

Art. 52. Aplica-se às pessoas jurídicas, no que couber, a proteção dos direitos da personalidade.

○ Art. 5º, V e X, da CF.

○ Arts. 11 a 22 deste Código.

CAPÍTULO II
DAS ASSOCIAÇÕES

○ Art. 5º, XVII a XXI, da CF.

○ Art. 44, § 2º, deste Código.

Art. 53. Constituem-se as associações pela união de pessoas que se organizem para fins não econômicos.

Parágrafo único. Não há, entre os associados, direitos e obrigações recíprocos.

Art. 54. Sob pena de nulidade, o estatuto das associações conterá:

I – a denominação, os fins e a sede da associação;

II – os requisitos para a admissão, demissão e exclusão dos associados;

III – os direitos e deveres dos associados;

IV – as fontes de recursos para sua manutenção;

V – o modo de constituição e de funcionamento dos órgãos deliberativos;

• Inciso V com a redação dada pela Lei nº 11.127, de 28-6-2005.

VI – as condições para a alteração das disposições estatutárias e para a dissolução;

VII – a forma de gestão administrativa e de aprovação das respectivas contas.

• Inciso VII acrescido pela Lei nº 11.127, de 28-6-2005.

Art. 55. Os associados devem ter iguais direitos, mas o estatuto poderá instituir categorias com vantagens especiais.

Art. 56. A qualidade de associado é intransmissível, se o estatuto não dispuser o contrário.

○ Art. 61 deste Código.

Parágrafo único. Se o associado for titular de quota ou fração ideal do patrimônio da associação, a transferência daquela não importará, de per si, na atribuição da qualidade de associado ao adquirente ou ao herdeiro, salvo disposição diversa do estatuto.

Art. 57. A exclusão do associado só é admissível havendo justa causa, assim reconhecida em procedimento que assegure direito de defesa e de recurso, nos termos previstos no estatuto.

• *Caput* com a redação dada pela Lei nº 11.127, de 28-6-2005.

Parágrafo único. *Revogado.* Lei nº 11.127, de 28-6-2005.

Art. 58. Nenhum associado poderá ser impedido de exercer direito ou função que lhe tenha sido legitimamente conferido, a não ser nos casos e pela forma previstos na lei ou no estatuto.

Art. 59. Compete privativamente à assembleia-geral:

• *Caput* com a redação dada pela Lei nº 11.127, de 28-6-2005.

I – destituir os administradores;

II – alterar o estatuto.

• Incisos I e II com a redação dada pela Lei nº 11.127, de 28-6-2005.

III e IV – *Suprimidos.* Lei nº 11.127, de 28-6-2005.

Parágrafo único. Para as deliberações a que se referem os incisos I e II deste artigo é exigido deliberação da assembleia especialmente convocada para esse fim, cujo *quorum* será o estabelecido no estatuto, bem como os critérios de eleição dos administradores.

• Parágrafo único com a redação dada pela Lei nº 11.127, de 28-6-2005.

Art. 60. A convocação dos órgãos deliberativos far-se-á na forma do estatuto, garantindo a um quinto dos associados o direito de promovê-la.

• Artigo com a redação dada pela Lei nº 11.127, de 28-6-2005.

Art. 61. Dissolvida a associação, o remanescente do seu patrimônio líquido, depois de deduzidas, se for o caso, as quotas ou frações ideais referidas no parágrafo único do art. 56, será destinado à entidade de fins não econômicos designada no estatuto, ou, omisso este, por deliberação dos associados, à instituição municipal, estadual ou federal, de fins idênticos ou semelhantes.

- Art. 5º, XIX, da CF.

§ 1º Por cláusula do estatuto ou, no seu silêncio, por deliberação dos associados, podem estes, antes da destinação do remanescente referida neste artigo, receber em restituição, atualizado o respectivo valor, as contribuições que tiverem prestado ao patrimônio da associação.

§ 2º Não existindo no Município, no Estado, no Distrito Federal ou no Território, em que a associação tiver sede, instituição nas condições indicadas neste artigo, o que remanescer do seu patrimônio se devolverá à Fazenda do Estado, do Distrito Federal ou da União.

CAPÍTULO III

DAS FUNDAÇÕES

- Art. 37, XIX, da CF.
- Art. 11 do Dec.-lei nº 4.657, de 4-9-1942 (Lei de Introdução às Normas do Direito Brasileiro).

Art. 62. Para criar uma fundação, o seu instituidor fará, por escritura pública ou testamento, dotação especial de bens livres, especificando o fim a que se destina, e declarando, se quiser, a maneira de administrá-la.

- Art. 65 deste Código.

Parágrafo único. A fundação somente poderá constituir-se para fins de:

- Art. 11 do Dec.-lei nº 4.657, de 4-9-1942 (Lei de Introdução às Normas do Direito Brasileiro).

I – assistência social;

II – cultura, defesa e conservação do patrimônio histórico e artístico;

III – educação;

IV – saúde;

V – segurança alimentar e nutricional;

VI – defesa, preservação e conservação do meio ambiente e promoção do desenvolvimento sustentável;

VII – pesquisa científica, desenvolvimento de tecnologias alternativas, modernização de sistemas de gestão, produção e divulgação de informações e conhecimentos técnicos e científicos;

VIII – promoção da ética, da cidadania, da democracia e dos direitos humanos;

IX – atividades religiosas; e

X – VETADO. Lei nº 13.151, de 28-7-2015.

- Parágrafo único com a redação dada pela Lei nº 13.151, de 28-7-2015.

Art. 63. Quando insuficientes para constituir a fundação, os bens a ela destinados serão, se de outro modo não dispuser o instituidor, incorporados em outra fundação que se proponha a fim igual ou semelhante.

Art. 64. Constituída a fundação por negócio jurídico entre vivos, o instituidor é obrigado a transferir-lhe a propriedade, ou outro direito real, sobre os bens dotados, e, se não o fizer, serão registrados, em nome dela, por mandado judicial.

Art. 65. Aqueles a quem o instituidor cometer a aplicação do patrimônio, em tendo ciência do encargo, formularão logo, de acordo com as suas bases (art. 62), o estatuto da fundação projetada, submetendo-o, em seguida, à aprovação da autoridade competente, com recurso ao juiz.

Parágrafo único. Se o estatuto não for elaborado no prazo assinado pelo instituidor, ou, não havendo prazo, em cento e oitenta dias, a incumbência caberá ao Ministério Público.

Art. 66. Velará pelas fundações o Ministério Público do Estado onde situadas.

§ 1º Se funcionarem no Distrito Federal ou em Território, caberá o encargo ao Ministério Público do Distrito Federal e Territórios.

- § 1º com a redação dada pela Lei nº 13.151, de 28-7-2015.

§ 2º Se estenderem a atividade por mais de um Estado, caberá o encargo, em cada um deles, ao respectivo Ministério Público.

Art. 67. Para que se possa alterar o estatuto da fundação é mister que a reforma:

I – seja deliberada por dois terços dos competentes para gerir e representar a fundação;

II – não contrarie ou desvirtue o fim desta;

III – seja aprovada pelo órgão do Ministério Público no prazo máximo de 45 (quarenta e cinco) dias, findo o qual ou no caso de o Ministério Público a denegar, poderá o juiz supri-la, a requerimento do interessado.

- Inciso III com a redação dada pela Lei nº 13.151, de 28-7-2015.

Art. 68. Quando a alteração não houver sido aprovada por votação unânime, os administradores da fundação, ao submeterem o estatuto ao órgão do Ministério Público, requererão que se dê ciência à minoria vencida para impugná-la, se quiser, em dez dias.

Art. 69. Tornando-se ilícita, impossível ou inútil a finalidade a que visa a fundação, ou vencido o prazo de sua existência, o órgão do Ministério Público, ou qualquer interessado, lhe promoverá a extinção, incorporando-se o seu patrimônio, salvo disposição em contrário no ato constitutivo, ou no estatuto, em outra fundação, designada pelo juiz, que se proponha a fim igual ou semelhante.

- Art. 66, *caput*, deste Código.

TÍTULO III – DO DOMICÍLIO

Art. 70. O domicílio da pessoa natural é o lugar onde ela estabelece a sua residência com ânimo definitivo.

- Art. 5º, XI, da CF.
- Arts. 127 e 159 do CTN.
- Arts. 7º, 10 e 12 do Dec.-lei nº 4.657, de 4-9-1942 (Lei de Introdução às Normas do Direito Brasileiro).

Art. 71. Se, porém, a pessoa natural tiver diversas residências, onde, alternadamente, viva, considerar-se-á domicílio seu qualquer delas.

Art. 72. É também domicílio da pessoa natural, quanto às relações concernentes à profissão, o lugar onde esta é exercida.

- Art. 10, § 1º, da Lei nº 8.906, de 4-7-1994 (Estatuto da Advocacia e da OAB).

Parágrafo único. Se a pessoa exercitar profissão em lugares diversos, cada um deles constituirá domicílio para as relações que lhe corresponderem.

Art. 73. Ter-se-á por domicílio da pessoa natural, que não tenha residência habitual, o lugar onde for encontrada.

- Art. 7º, § 8º, do Dec.-lei nº 4.657, de 4-9-1942 (Lei de Introdução às Normas do Direito Brasileiro).

Art. 74. Muda-se o domicílio, transferindo a residência, com a intenção manifesta de o mudar.

Parágrafo único. A prova da intenção resultará do que declarar a pessoa às municipalidades dos lugares, que deixa, e para onde vai, ou, se tais declarações não fizer, da própria mudança, com as circunstâncias que a acompanharem.

- Súm. nº 58 do STJ.

Art. 75. Quanto às pessoas jurídicas, o domicílio é:

I – da União, o Distrito Federal;

II – dos Estados e Territórios, as respectivas capitais;

III – do Município, o lugar onde funcione a administração municipal;

IV – das demais pessoas jurídicas, o lugar onde funcionarem as respectivas diretorias e administrações, ou onde elegerem domicílio especial no seu estatuto ou atos constitutivos.

- Art. 109, §§ 1º a 4º, da CF.

§ 1º Tendo a pessoa jurídica diversos estabelecimentos em lugares diferentes, cada um deles será considerado domicílio para os atos nele praticados.

§ 2º Se a administração, ou diretoria, tiver a sede no estrangeiro, haver-se-á por domicílio da pessoa jurídica, no tocante às obrigações contraídas por cada uma das suas agências, o lugar do estabelecimento, sito no Brasil, a que ela corresponder.

Art. 76. Têm domicílio necessário o incapaz, o servidor público, o militar, o marítimo e o preso.

Parágrafo único. O domicílio do incapaz é o do seu representante ou assistente; o do servidor público, o lugar em que exercer permanentemente suas funções; o do militar, onde servir, e, sendo da Marinha ou da Aeronáutica, a sede do comando a que se encontrar imediatamente subordinado; o do marítimo, onde o navio estiver matriculado; e o do preso, o lugar em que cumprir a sentença.

- Art. 7º, § 7º, do Dec.-lei nº 4.657, de 4-9-1942 (Lei de Introdução às Normas do Direito Brasileiro).

Art. 77. O agente diplomático do Brasil, que, citado no estrangeiro, alegar extraterritorialidade sem designar onde tem, no país, o seu domicílio, poderá ser demandado no Distrito Federal ou no último ponto do território brasileiro onde o teve.

Art. 78. Nos contratos escritos, poderão os contratantes especificar domicílio onde se exercitem e cumpram os direitos e obrigações deles resultantes.

LIVRO II – DOS BENS

TÍTULO ÚNICO – DAS DIFERENTES CLASSES DE BENS

CAPÍTULO I

DOS BENS CONSIDERADOS EM SI MESMOS

Seção I

DOS BENS IMÓVEIS

Art. 79. São bens imóveis o solo e tudo quanto se lhe incorporar natural ou artificialmente.

- Arts. 174, §§ 3º e 4º, e 176, §§ 1º a 4º, da CF.
- Súm. nº 329 do STF.

Art. 80. Consideram-se imóveis para os efeitos legais:

I – os direitos reais sobre imóveis e as ações que os asseguram;

- Súm. nº 329 do STF.

II – o direito à sucessão aberta.

Art. 81. Não perdem o caráter de imóveis:

I – as edificações que, separadas do solo, mas conservando a sua unidade, forem removidas para outro local;

II – os materiais provisoriamente separados de um prédio, para nele se reempregarem.

....

LIVRO III – DOS FATOS JURÍDICOS

TÍTULO I – DO NEGÓCIO JURÍDICO

....

CAPÍTULO III

DA CONDIÇÃO, DO TERMO E DO ENCARGO

Art. 121. Considera-se condição a cláusula que, derivando exclusivamente da vontade das partes, subordina o efeito do negócio jurídico a evento futuro e incerto.

....

CAPÍTULO IV

DOS DEFEITOS DO NEGÓCIO JURÍDICO

....

Seção II

DO DOLO

Art. 145. São os negócios jurídicos anuláveis por dolo, quando este for a sua causa.

....

CAPÍTULO V

DA INVALIDADE DO NEGÓCIO JURÍDICO

Art. 166. É nulo o negócio jurídico quando:

I – celebrado por pessoa absolutamente incapaz;

- Arts. 3º e 166 deste Código.

II – for ilícito, impossível ou indeterminável o seu objeto;

- Art. 17 do Dec.-lei nº 4.657, de 4-9-1942 (Lei de Introdução às Normas do Direito Brasileiro).

III – o motivo determinante, comum a ambas as partes, for ilícito;

IV – não revestir a forma prescrita em lei;

V – for preterida alguma solenidade que a lei considere essencial para a sua validade;

VI – tiver por objetivo fraudar lei imperativa;

VII – a lei taxativamente o declarar nulo, ou proibir-lhe a prática, sem cominar sanção.

Art. 167. É nulo o negócio jurídico simulado, mas subsistirá o que se dissimulou, se válido for na substância e na forma.

§ 1º Haverá simulação nos negócios jurídicos quando:

I – aparentarem conferir ou transmitir direitos a pessoas diversas daquelas às quais realmente se conferem, ou transmitem;

II – contiverem declaração, confissão, condição ou cláusula não verdadeira;

III – os instrumentos particulares forem antedatados, ou pós-datados.

§ 2º Ressalvam-se os direitos de terceiros de boa-fé em face dos contraentes do negócio jurídico simulado.

Art. 168. As nulidades dos artigos antecedentes podem ser alegadas por qualquer interessado, ou pelo Ministério Público, quando lhe couber intervir.

Parágrafo único. As nulidades devem ser pronunciadas pelo juiz, quando conhecer do negócio jurídico ou dos seus efeitos e as encontrar provadas, não lhe sendo permitido supri-las, ainda que a requerimento das partes.

Art. 169. O negócio jurídico nulo não é suscetível de confirmação, nem convalesce pelo decurso do tempo.

Art. 170. Se, porém, o negócio jurídico nulo contiver os requisitos de outro, subsistirá este quando o fim a que visavam as partes permitir supor que o teriam querido, se houvessem previsto a nulidade.

Art. 171. Além dos casos expressamente declarados na lei, é anulável o negócio jurídico:

I – por incapacidade relativa do agente;

- Art. 4º deste Código.

II – por vício resultante de erro, dolo, coação, estado de perigo, lesão ou fraude contra credores.

Art. 172. O negócio anulável pode ser confirmado pelas partes, salvo direito de terceiro.

Art. 173. O ato de confirmação deve conter a substância do negócio celebrado e a vontade expressa de mantê-lo.

Art. 174. É escusada a confirmação expressa, quando o negócio já foi cumprido em parte pelo devedor, ciente do vício que o inquinava.

Art. 175. A confirmação expressa, ou a execução voluntária de negócio anulável, nos termos dos arts. 172 a 174, importa a extinção de todas as ações, ou exceções, de que contra ele dispusesse o devedor.

Art. 176. Quando a anulabilidade do ato resultar da falta de autorização de terceiro, será validado se este a der posteriormente.

Art. 177. A anulabilidade não tem efeito antes de julgada por sentença, nem se pronuncia de ofício; só os interessados a podem alegar, e aproveita exclusivamente aos que a alegarem, salvo o caso de solidariedade ou indivisibilidade.

Art. 178. É de quatro anos o prazo de decadência para pleitear-se a anulação do negócio jurídico, contado:

I – no caso de coação, do dia em que ela cessar;

II – no de erro, dolo, fraude contra credores, estado de perigo ou lesão, do dia em que se realizou o negócio jurídico;

III – no de atos de incapazes, do dia em que cessar a incapacidade.

- Arts. 4º e 5º deste Código.

Art. 179. Quando a lei dispuser que determinado ato é anulável, sem estabelecer prazo para pleitear-se a anulação, será este de dois anos, a contar da data da conclusão do ato.

Art. 180. O menor, entre dezesseis e dezoito anos, não pode, para eximir-se de uma obrigação, invocar a sua idade se dolosamente a ocultou quando inquirido pela outra parte, ou se, no ato de obrigar-se, declarou-se maior.

Art. 181. Ninguém pode reclamar o que, por uma obrigação anulada, pagou a um incapaz, se não provar que reverteu em proveito dele a importância paga.

Art. 182. Anulado o negócio jurídico, restituir-se-ão as partes ao estado em que antes dele se achavam, e, não sendo possível restituí-las, serão indenizadas com o equivalente.

Art. 183. A invalidade do instrumento não induz a do negócio jurídico sempre que este puder provar-se por outro meio.

- Art. 107 deste Código.

Art. 184. Respeitada a intenção das partes, a invalidade parcial de um negócio jurídico não o prejudicará na parte válida, se esta for separável; a invalidade da obrigação principal implica a das obrigações acessórias, mas a destas não induz a da obrigação principal.

TÍTULO III – DOS ATOS ILÍCITOS

Art. 186. Aquele que, por ação ou omissão voluntária, negligência ou imprudência, violar direito e causar dano a outrem, ainda que exclusivamente moral, comete ato ilícito.

- Súm. nº 28 do STF.
- Súm. nº 43 do STJ.

Art. 187. Também comete ato ilícito o titular de um direito que, ao exercê-lo, excede manifestamente os limites impostos pelo seu fim econômico ou social, pela boa-fé ou pelos bons costumes.

Art. 188. Não constituem atos ilícitos:

I – os praticados em legítima defesa ou no exercício regular de um direito reconhecido;

II – a deterioração ou destruição da coisa alheia, ou a lesão a pessoa, a fim de remover perigo iminente.

Parágrafo único. No caso do inciso II, o ato será legítimo somente quando as circunstâncias o tornarem absolutamente necessário, não excedendo os limites do indispensável para a remoção do perigo.

PARTE ESPECIAL

LIVRO I – DO DIREITO DAS OBRIGAÇÕES

TÍTULO I – DAS MODALIDADES DAS OBRIGAÇÕES

CAPÍTULO VI – DAS OBRIGAÇÕES SOLIDÁRIAS

Seção I – *DISPOSIÇÕES GERAIS*

Art. 264. Há solidariedade, quando na mesma obrigação concorre mais de um credor, ou mais de um devedor, cada um com direito, ou obrigado, à dívida toda.

- Arts. 257 e 942 deste Código.

LIVRO III – DO DIREITO DAS COISAS

TÍTULO I – DA POSSE

CAPÍTULO I – DA POSSE E SUA CLASSIFICAÇÃO

Art. 1.196. Considera-se possuidor todo aquele que tem de fato o exercício, pleno ou não, de algum dos poderes inerentes à propriedade.

- Art. 1.228 deste Código.

TÍTULO II – DOS DIREITOS REAIS

CAPÍTULO ÚNICO – DISPOSIÇÕES GERAIS

Art. 1.225. São direitos reais:

I – a propriedade;

- Art. 1.228 deste Código.

II – a superfície;

III – as servidões;

IV – o usufruto;

V – o uso;

VI – a habitação;

VII – o direito do promitente comprador do imóvel;

VIII – o penhor;

IX – a hipoteca;

- Arts. 1.473 a 1.505 deste Código.

X – a anticrese;

- Arts. 80, I, e 83, II, deste Código.

XI – a concessão de uso especial para fins de moradia;

- Inciso XI acrescido pela Lei nº 11.481, de 31-5-2007.

XII – a concessão de direito real de uso; e

- Inciso XII com redação dada pela Lei nº 13.465, de 11-7-2017.

XIII – a laje.

- Inciso XIII acrescido pela Lei nº 13.465, de 11-7-2017.

TÍTULO III – DA PROPRIEDADE

- Art. 1.225, I, deste Código.

CAPÍTULO I
DA PROPRIEDADE EM GERAL

Seção I
DISPOSIÇÕES PRELIMINARES

Art. 1.228. O proprietário tem a faculdade de usar, gozar e dispor da coisa, e o direito de reavê-la do poder de quem quer que injustamente a possua ou detenha.

- Art. 1.196 deste Código.

§ 1º O direito de propriedade deve ser exercido em consonância com as suas finalidades econômicas e sociais e de modo que sejam preservados, de conformidade com o estabelecido em lei especial, a flora, a fauna, as belezas naturais, o equilíbrio ecológico e o patrimônio histórico e artístico, bem como evitada a poluição do ar e das águas.

- Arts. 5º, XXIII, 182, § 2º, e 186 da CF.

§ 2º São defesos os atos que não trazem ao proprietário qualquer comodidade, ou utilidade, e sejam animados pela intenção de prejudicar outrem.

§ 3º O proprietário pode ser privado da coisa, nos casos de desapropriação, por necessidade ou utilidade pública ou interesse social, bem como no de requisição, em caso de perigo público iminente.

- Arts. 5º, XXIV e XXV, 182, §§ 3º e 4º, 184 e 185 da CF.

§ 4º O proprietário também pode ser privado da coisa se o imóvel reivindicado consistir em extensa área, na posse ininterrupta e de boa-fé, por mais de cinco anos, de considerável número de pessoas, e estas nela houverem realizado, em conjunto ou separadamente, obras e serviços considerados pelo juiz de interesse social e econômico relevante.

§ 5º No caso do parágrafo antecedente, o juiz fixará a justa indenização devida ao proprietário; pago o preço, valerá a sentença como título para o registro do imóvel em nome dos possuidores.

CAPÍTULO II
DA AQUISIÇÃO DA PROPRIEDADE IMÓVEL

Seção II
DA AQUISIÇÃO PELO REGISTRO DO TÍTULO

Art. 1.245. Transfere-se entre vivos a propriedade mediante o registro do título translativo no Registro de Imóveis.

§ 1º Enquanto não se registrar o título translativo, o alienante continua a ser havido como dono do imóvel.

§ 2º Enquanto não se promover, por meio de ação própria, a decretação de invalidade do registro, e o respectivo cancelamento, o adquirente continua a ser havido como dono do imóvel.

- Art. 1.227 deste Código.

TÍTULO IV – DA SUPERFÍCIE

Art. 1.369. O proprietário pode conceder a outrem o direito de construir ou de plantar em seu terreno, por tempo determinado, mediante escritura pública devidamente registrada no Cartório de Registro de Imóveis.

Parágrafo único. O direito de superfície não autoriza obra no subsolo, salvo se for inerente ao objeto da concessão.

Art. 1.370. A concessão da superfície será gratuita ou onerosa; se onerosa, estipularão as partes se o pagamento será feito de uma só vez, ou parceladamente.

Art. 1.371. O superficiário responderá pelos encargos e tributos que incidirem sobre o imóvel.

Art. 1.372. O direito de superfície pode transferir-se a terceiros e, por morte do superficiário, aos seus herdeiros.

Parágrafo único. Não poderá ser estipulado pelo concedente, a nenhum título, qualquer pagamento pela transferência.

Art. 1.373. Em caso de alienação do imóvel ou do direito de superfície, o superficiário ou o proprietário tem direito de preferência, em igualdade de condições.

Art. 1.374. Antes do termo final, resolver-se-á a concessão se o superficiário der ao terreno destinação diversa daquela para que foi concedida.

Art. 1.375. Extinta a concessão, o proprietário passará a ter a propriedade plena sobre o terreno, construção ou plantação, independentemente de indenização, se as partes não houverem estipulado o contrário.

Art. 1.376. No caso de extinção do direito de superfície em consequência de desapropriação, a indenização cabe ao proprietário e ao superficiário, no valor correspondente ao direito real de cada um.

Art. 1.377. O direito de superfície, constituído por pessoa jurídica de direito público interno, rege-se por este Código, no que não for diversamente disciplinado em lei especial.

TÍTULO X – DO PENHOR, DA HIPOTECA E DA ANTICRESE

CAPÍTULO III
DA HIPOTECA

- Art. 1.225, IX, deste Código.

Seção I
DISPOSIÇÕES GERAIS

Art. 1.473. Podem ser objeto de hipoteca:

I – os imóveis e os acessórios dos imóveis conjuntamente com eles;

- Arts. 79 a 81 deste Código.

II – o domínio direto;

III – o domínio útil;

IV – as estradas de ferro;

- Arts. 1.502 a 1.505 deste Código.

V – os recursos naturais a que se refere o art. 1.230, independentemente do solo onde se acham;

VI – os navios;

VII – as aeronaves;

VIII – o direito de uso especial para fins de moradia;

IX – o direito real de uso;

X – a propriedade superficiária.

- Incisos VIII a X acrescidos pela Lei nº 11.481, de 31-5-2007.

Parágrafo único. A hipoteca dos navios e das aeronaves reger-se-á pelo disposto em lei especial.

- A Lei nº 11.481, de 31-5-2007, acrescentou o § 2º abaixo, mas não dispôs sobre a renumeração deste parágrafo único para § 1º.

§ 2º Os direitos de garantia instituídos nas hipóteses dos incisos IX e X do *caput* deste artigo ficam limitados à duração da concessão ou direito de superfície, caso tenham sido transferidos por período determinado.

- § 2º acrescido pela Lei nº 11.481, de 31-5-2007.

Art. 1.474. A hipoteca abrange todas as acessões, melhoramentos ou construções do imóvel. Subsistem os ônus reais constituídos e registrados, anteriormente à hipoteca, sobre o mesmo imóvel.

- Arts. 96 e 97 deste Código.

Art. 1.475. É nula a cláusula que proíbe ao proprietário alienar imóvel hipotecado.

Parágrafo único. Pode convencionar-se que vencerá o crédito hipotecário, se o imóvel for alienado.

Art. 1.476. O dono do imóvel hipotecado pode constituir outra hipoteca sobre ele, mediante novo título, em favor do mesmo ou de outro credor.

Art. 1.477. Salvo o caso de insolvência do devedor, o credor da segunda hipoteca, embora vencida, não poderá executar o imóvel antes de vencida a primeira.

Parágrafo único. Não se considera insolvente o devedor por faltar ao pagamento das obrigações garantidas por hipotecas posteriores à primeira.

Art. 1.478. Se o devedor da obrigação garantida pela primeira hipoteca não se oferecer, no vencimento, para pagá-la, o credor da segunda pode promover-lhe a extinção, consignando a importância e citando o primeiro credor para recebê-la e o devedor para pagá-la; se este não pagar, o segundo credor, efetuando o pagamento, se sub-rogará nos direitos da hipoteca anterior, sem prejuízo dos que lhe competirem contra o devedor comum.

Parágrafo único. Se o primeiro credor estiver promovendo a execução da hipoteca, o credor da segunda depositará a importância do débito e as despesas judiciais.

Art. 1.479. O adquirente do imóvel hipotecado, desde que não se tenha obrigado pessoalmente a pagar as dívidas aos credores hipotecários, poderá exonerar-se da hipoteca, abandonando-lhes o imóvel.

Art. 1.480. O adquirente notificará o vendedor e os credores hipotecários, deferindo-lhes, conjuntamente, a posse do imóvel, ou o depositará em juízo.

Parágrafo único. Poderá o adquirente exercer a faculdade de abandonar o imóvel hipotecado, até as vinte e quatro horas subsequentes à citação, com que se inicia o procedimento executivo.

Art. 1.481. Dentro em trinta dias, contados do registro do título aquisitivo, tem o adquirente do imóvel hipotecado o direito de remi-lo, citando os credores hipotecários e propondo importância não inferior ao preço por que o adquiriu.

- Art. 1.499, V, deste Código.

§ 1º Se o credor impugnar o preço da aquisição ou a importância oferecida, realizar-se-á licitação, efetuando-se a venda judicial a quem oferecer maior preço, assegurada preferência ao adquirente do imóvel.

§ 2º Não impugnado pelo credor, o preço da aquisição ou o preço proposto pelo adquirente, haver-se-á por definitivamente fixado para a remissão do imóvel, que ficará livre de hipoteca, uma vez pago ou depositado o preço.

- Consta do texto publicado no *DJU* a palavra "remissão", quando o correto seria "remição".

§ 3º Se o adquirente deixar de remir o imóvel, sujeitando-o a execução, ficará obrigado a ressarcir os credores hipotecários da desvalorização que, por sua culpa, o mesmo vier a sofrer, além das despesas judiciais da execução.

§ 4º Disporá de ação regressiva contra o vendedor o adquirente que ficar privado do imóvel em consequência de licitação ou penhora, o que pagar a hipoteca, o que, por causa de adjudicação ou licitação, desembolsar com o pagamento da hipoteca importância excedente à da compra e o que suportar custas e despesas judiciais.

Arts. 1.482 e 1.483. *Revogados.* Lei nº 13.105, de 16-3-2015.

Art. 1.484. É lícito aos interessados fazer constar das escrituras o valor entre si ajustado dos imóveis hipotecados, o qual, devidamente atualizado, será a base para as arrematações, adjudicações e remições, dispensada a avaliação.

Art. 1.485. Mediante simples averbação, requerida por ambas as partes, poderá prorrogar-se a hipoteca, até trinta anos da data do contrato. Desde que perfaça esse prazo, só poderá subsistir o contrato de hipoteca reconstituindo-se por novo título e novo registro; e, nesse caso, lhe será mantida a precedência, que então lhe competir.

- Artigo com a redação dada pela Lei nº 10.931, de 2-8-2004.

Art. 1.486. Podem o credor e o devedor, no ato constitutivo da hipoteca, autorizar a emissão da correspondente cédula hipotecária, na forma e para os fins previstos em lei especial.

Art. 1.487. A hipoteca pode ser constituída para garantia de dívida futura ou condicionada, desde que determinado o valor máximo do crédito a ser garantido.

§ 1º Nos casos deste artigo, a execução da hipoteca dependerá de prévia e expressa concordância do devedor quanto à verificação da condição, ou ao montante da dívida.

§ 2º Havendo divergência entre o credor e o devedor, caberá àquele fazer prova de seu crédito. Reconhecido este, o devedor responderá, inclusive, por perdas e danos, em razão da superveniente desvalorização do imóvel.

Art. 1.488. Se o imóvel, dado em garantia hipotecária, vier a ser loteado, ou se nele se constituir condomínio edilício, poderá o ônus ser dividido, gravando cada lote ou unidade autônoma, se o requererem ao juiz o credor, o devedor ou os donos, obedecida a proporção entre o valor de cada um deles e o crédito.

§ 1º O credor só poderá se opor ao pedido de desmembramento do ônus, provando que o mesmo importa em diminuição de sua garantia.

§ 2º Salvo convenção em contrário, todas as despesas judiciais ou extrajudiciais necessárias ao desmembramento do ônus correm por conta de quem o requerer.

§ 3º O desmembramento do ônus não exonera o devedor originário da responsabilidade a que se refere o art. 1.430, salvo anuência do credor.

Seção II

DA HIPOTECA LEGAL

Art. 1.489. A lei confere hipoteca:

I – às pessoas de direito público interno (art. 41) sobre os imóveis pertencentes aos encarregados da cobrança, guarda ou administração dos respectivos fundos e rendas;

II – aos filhos, sobre os imóveis do pai ou da mãe que passar a outras núpcias, antes de fazer o inventário do casal anterior;

III – ao ofendido, ou aos seus herdeiros, sobre os imóveis do delinquente, para satisfação do dano causado pelo delito e pagamento das despesas judiciais;

IV – ao coerdeiro, para garantia do seu quinhão ou torna da partilha, sobre o imóvel adjudicado ao herdeiro reponente;

- Art. 2.019 deste Código.

V – ao credor sobre o imóvel arrematado, para garantia do pagamento do restante do preço da arrematação.

Art. 1.490. O credor da hipoteca legal, ou quem o represente, poderá, provando a insuficiência dos imóveis especializados, exigir do devedor que seja reforçado com outros.

Art. 1.491. A hipoteca legal pode ser substituída por caução de títulos da dívida pública federal ou estadual, recebidos pelo valor de sua cotação mínima no ano corrente; ou por outra garantia, a critério do juiz, a requerimento do devedor.

Seção III
DO REGISTRO DA HIPOTECA

Art. 1.492. As hipotecas serão registradas no cartório do lugar do imóvel, ou no de cada um deles, se o título se referir a mais de um.

Parágrafo único. Compete aos interessados, exibido o título, requerer o registro da hipoteca.

Art. 1.493. Os registros e averbações seguirão a ordem em que forem requeridas, verificando-se ela pela da sua numeração sucessiva no protocolo.

Parágrafo único. O número de ordem determina a prioridade, e esta a preferência entre as hipotecas.

Art. 1.494. *Revogado.* Lei nº 14.382, de 27-6-2022.

Art. 1.495. Quando se apresentar ao oficial do registro título de hipoteca que mencione a constituição de anterior, não registrada, sobrestará ele na inscrição da nova, depois de a prenotar, até trinta dias, aguardando que o interessado inscreva a precedente; esgotado o prazo, sem que se requeira a inscrição desta, a hipoteca ulterior será registrada e obterá preferência.

Art. 1.496. Se tiver dúvida sobre a legalidade do registro requerido, o oficial fará, ainda assim, a prenotação do pedido. Se a dúvida, dentro em noventa dias, for julgada improcedente, o registro efetuar-se-á com o mesmo número que teria na data da prenotação; no caso contrário, cancelada esta, receberá o registro o número correspondente à data em que se tornar a requerer.

Art. 1.497. As hipotecas legais, de qualquer natureza, deverão ser registradas e especializadas.

§ 1º O registro e a especialização das hipotecas legais incumbem a quem está obrigado a prestar a garantia, mas os interessados podem promover a inscrição delas, ou solicitar ao Ministério Público que o faça.

§ 2º As pessoas, às quais incumbir o registro e a especialização das hipotecas legais, estão sujeitas a perdas e danos pela omissão.

Art. 1.498. Vale o registro da hipoteca, enquanto a obrigação perdurar; mas a especialização, em completando vinte anos, deve ser renovada.

Seção IV
DA EXTINÇÃO DA HIPOTECA

Art. 1.499. A hipoteca extingue-se:

I – pela extinção da obrigação principal;

II – pelo perecimento da coisa;

III – pela resolução da propriedade;

IV – pela renúncia do credor;

V – pela remição;

- Art. 1.481 deste Código.

VI – pela arrematação ou adjudicação.

- Art. 1.501 deste Código.

Art. 1.500. Extingue-se ainda a hipoteca com a averbação, no Registro de Imóveis, do cancelamento do registro, à vista da respectiva prova.

Art. 1.501. Não extinguirá a hipoteca, devidamente registrada, a arrematação ou adjudicação, sem que tenham sido notificados judicialmente os respectivos credores hipotecários, que não forem de qualquer modo partes na execução.

Seção V
DA HIPOTECA DE VIAS FÉRREAS

- Art. 1.473, IV, deste Código.

Art. 1.502. As hipotecas sobre as estradas de ferro serão registradas no Município da estação inicial da respectiva linha.

Art. 1.503. Os credores hipotecários não podem embaraçar a exploração da linha, nem contrariar as modificações, que a administração deliberar, no leito da estrada, em suas dependências, ou no seu material.

Art. 1.504. A hipoteca será circunscrita à linha ou às linhas especificadas na escritura e ao respectivo material de exploração, no estado em que ao tempo da execução estiverem; mas os credores hipotecários poderão opor-se à venda da estrada, à de suas linhas, de seus ramais ou de parte considerável do material de exploração; bem como à fusão com outra empresa, sempre que com isso a garantia do débito enfraquecer.

Art. 1.505. Na execução das hipotecas será intimado o representante da União ou do Estado, para, dentro em quinze dias, remir a estrada de ferro hipotecada, pagando o preço da arrematação ou da adjudicação.

....

LIVRO V – DO DIREITO DAS SUCESSÕES

TÍTULO I – DA SUCESSÃO EM GERAL

- Art. 5º, XXVII, XXX e XXXI, da CF.
- Art. 10 do Dec.-lei nº 4.657, de 4-9-1942 (Lei de Introdução às Normas do Direito Brasileiro).

CAPÍTULO I
DISPOSIÇÕES GERAIS

Art. 1.784. Aberta a sucessão, a herança transmite-se, desde logo, aos herdeiros legítimos e testamentários.

- Arts. 35, 80, II, deste Código.

Art. 1.785. A sucessão abre-se no lugar do último domicílio do falecido.

- Arts. 70 a 78 deste Código.

Art. 1.786. A sucessão dá-se por lei ou por disposição de última vontade.

Art. 1.787. Regula a sucessão e a legitimação para suceder a lei vigente ao tempo da abertura daquela.

Art. 1.788. Morrendo a pessoa sem testamento, transmite a herança aos herdeiros legítimos; o mesmo ocorrerá quanto aos bens que não forem compreendidos no testamento; e subsiste a sucessão legítima se o testamento caducar, ou for julgado nulo.

Art. 1.789. Havendo herdeiros necessários, o testador só poderá dispor da metade da herança.

- Arts. 1.846 e 1.847 deste Código.

Art. 1.790. A companheira ou o companheiro participará da sucessão do outro, quanto aos bens adquiridos onerosamente na vigência da união estável, nas condições seguintes:

- O STF, por maioria dos votos, deu provimento ao RE nº 878.694/MG (*DJe* de 6-2-2018), para reconhecer de forma incidental a inconstitucionalidade deste artigo.

I – se concorrer com filhos comuns, terá direito a uma quota equivalente à que por lei for atribuída ao filho;

II – se concorrer com descendentes só do autor da herança, tocar-lhe-á a metade do que couber a cada um daqueles;

III – se concorrer com outros parentes sucessíveis, terá direito a um terço da herança;

IV – não havendo parentes sucessíveis, terá direito à totalidade da herança.

CAPÍTULO II
DA HERANÇA E DE SUA ADMINISTRAÇÃO

Art. 1.791. A herança defere-se como um todo unitário, ainda que vários sejam os herdeiros.

Parágrafo único. Até a partilha, o direito dos coerdeiros, quanto à propriedade e posse da herança, será indivisível, e regular-se-á pelas normas relativas ao condomínio.

Art. 1.792. O herdeiro não responde por encargos superiores às forças da herança; incumbe-lhe, porém, a prova do excesso, salvo se houver inventário que a escuse, demonstrando o valor dos bens herdados.

Art. 1.793. O direito à sucessão aberta, bem como o quinhão de que disponha o coerdeiro, pode ser objeto de cessão por escritura pública.

§ 1º Os direitos, conferidos ao herdeiro em consequência de substituição ou de direito de acrescer, presumem-se não abrangidos pela cessão feita anteriormente.

§ 2º É ineficaz a cessão, pelo coerdeiro, de seu direito hereditário sobre qualquer bem da herança considerado singularmente.

§ 3º Ineficaz é a disposição, sem prévia autorização do juiz da sucessão, por qualquer herdeiro, de bem componente do acervo hereditário, pendente a indivisibilidade.

- Art. 1.791 deste Código.

Art. 1.794. O coerdeiro não poderá ceder a sua quota hereditária a pessoa estranha à sucessão, se outro coerdeiro a quiser, tanto por tanto.

Art. 1.795. O coerdeiro, a quem não se der conhecimento da cessão, poderá, depositado o preço, haver para si a quota cedida a estranho, se o requerer até cento e oitenta dias após a transmissão.

Parágrafo único. Sendo vários os coerdeiros a exercer a preferência, entre eles se distribuirá o quinhão cedido, na proporção das respectivas quotas hereditárias.

Art. 1.796. No prazo de trinta dias, a contar da abertura da sucessão, instaurar-se-á inventário do patrimônio hereditário, perante o juízo competente no lugar da sucessão, para fins de liquidação e, quando for o caso, de partilha da herança.

- Arts. 2.013 a 2.022 deste Código.

Art. 1.797. Até o compromisso do inventariante, a administração da herança caberá, sucessivamente:

I – ao cônjuge ou companheiro, se com o outro convivia ao tempo da abertura da sucessão;

II – ao herdeiro que estiver na posse e administração dos bens, e, se houver mais de um nessas condições, ao mais velho;

III – ao testamenteiro;

IV – a pessoa de confiança do juiz, na falta ou escusa das indicadas nos incisos antecedentes, ou quando tiverem de ser afastadas por motivo grave levado ao conhecimento do juiz.

CAPÍTULO III
DA VOCAÇÃO HEREDITÁRIA

Art. 1.798. Legitimam-se a suceder as pessoas nascidas ou já concebidas no momento da abertura da sucessão.

- Art. 2º deste Código.

Art. 1.799. Na sucessão testamentária podem ainda ser chamados a suceder:

I – os filhos, ainda não concebidos, de pessoas indicadas pelo testador, desde que vivas estas ao abrir-se a sucessão;

- Art. 1.800 deste Código.

II – as pessoas jurídicas;

III – as pessoas jurídicas, cuja organização for determinada pelo testador sob a forma de fundação.

- Arts. 62 a 69 deste Código.

Art. 1.800. No caso do inciso I do artigo antecedente, os bens da herança serão confiados, após a liquidação ou partilha, a curador nomeado pelo juiz.

§ 1º Salvo disposição testamentária em contrário, a curatela caberá à pessoa cujo filho o testador esperava ter por herdeiro, e, sucessivamente, às pessoas indicadas no art. 1.775.

§ 2º Os poderes, deveres e responsabilidades do curador, assim nomeado, regem-se pelas disposições concernentes à curatela dos incapazes, no que couber.

§ 3º Nascendo com vida o herdeiro esperado, ser-lhe-á deferida a sucessão, com os frutos e rendimentos relativos à deixa, a partir da morte do testador.

§ 4º Se, decorridos dois anos após a abertura da sucessão, não for concebido o herdeiro esperado, os bens reservados, salvo disposição em contrário do testador, caberão aos herdeiros legítimos.

Art. 1.801. Não podem ser nomeados herdeiros nem legatários:

I – a pessoa que, a rogo, escreveu o testamento, nem o seu cônjuge ou companheiro, ou os seus ascendentes e irmãos;

II – as testemunhas do testamento;

III – o concubino do testador casado, salvo se este, sem culpa sua, estiver separado de fato do cônjuge há mais de cinco anos;

IV – o tabelião, civil ou militar, ou o comandante ou escrivão, perante quem se fizer, assim como o que fizer ou aprovar o testamento.

Art. 1.802. São nulas as disposições testamentárias em favor de pessoas não legitimadas a suceder, ainda quando simuladas sob a forma de contrato oneroso, ou feitas mediante interposta pessoa.

Parágrafo único. Presumem-se pessoas interpostas os ascendentes, os descendentes, os irmãos e o cônjuge ou companheiro do não legitimado a suceder.

Art. 1.803. É lícita a deixa ao filho do concubino, quando também o for do testador.

CAPÍTULO IV
DA ACEITAÇÃO E RENÚNCIA DA HERANÇA

Art. 1.804. Aceita a herança, torna-se definitiva a sua transmissão ao herdeiro, desde a abertura da sucessão.

- Art. 80, II, deste Código.

Parágrafo único. A transmissão tem-se por não verificada quando o herdeiro renuncia à herança.

Art. 1.805. A aceitação da herança, quando expressa, faz-se por declaração escrita; quando tácita, há de resultar tão somente de atos próprios da qualidade de herdeiro.

§ 1º Não exprimem aceitação de herança os atos oficiosos, como o funeral do finado, os meramente conservatórios, ou os de administração e guarda provisória.

§ 2º Não importa igualmente aceitação a cessão gratuita, pura e simples, da herança, aos demais coerdeiros.

Art. 1.806. A renúncia da herança deve constar expressamente de instrumento público ou termo judicial.

o Arts. 114 e 1.823 deste Código.

Art. 1.807. O interessado em que o herdeiro declare se aceita, ou não, a herança, poderá, vinte dias após aberta a sucessão, requerer ao juiz prazo razoável, não maior de trinta dias, para, nele, se pronunciar o herdeiro, sob pena de se haver a herança por aceita.

o Art. 1.804 deste Código.

Art. 1.808. Não se pode aceitar ou renunciar a herança em parte, sob condição ou a termo.

o Arts. 114 e 121 deste Código.

§ 1º O herdeiro, a quem se testarem legados, pode aceitá-los, renunciando a herança; ou, aceitando-a, repudiá-los.

§ 2º O herdeiro, chamado, na mesma sucessão, a mais de um quinhão hereditário, sob títulos sucessórios diversos, pode livremente deliberar quanto aos quinhões que aceita e aos que renuncia.

Art. 1.809. Falecendo o herdeiro antes de declarar se aceita a herança, o poder de aceitar passa-lhe aos herdeiros, a menos que se trate de vocação adstrita a uma condição suspensiva, ainda não verificada.

Parágrafo único. Os chamados à sucessão do herdeiro falecido antes da aceitação, desde que concordem em receber a segunda herança, poderão aceitar ou renunciar a primeira.

Art. 1.810. Na sucessão legítima, a parte do renunciante acresce à dos outros herdeiros da mesma classe e, sendo ele o único desta, devolve-se aos da subsequente.

Art. 1.811. Ninguém pode suceder, representando herdeiro renunciante. Se, porém, ele for o único legítimo da sua classe, ou se todos os outros da mesma classe renunciarem a herança, poderão os filhos vir à sucessão, por direito próprio, e por cabeça.

Art. 1.812. São irrevogáveis os atos de aceitação ou de renúncia da herança.

Art. 1.813. Quando o herdeiro prejudicar os seus credores, renunciando à herança, poderão eles, com autorização do juiz, aceitá-la em nome do renunciante.

§ 1º A habilitação dos credores se fará no prazo de trinta dias seguintes ao conhecimento do fato.

§ 2º Pagas as dívidas do renunciante, prevalece a renúncia quanto ao remanescente, que será devolvido aos demais herdeiros.

CAPÍTULO V
DOS EXCLUÍDOS DA SUCESSÃO

Art. 1.814. São excluídos da sucessão os herdeiros ou legatários:

I – que houverem sido autores, coautores ou partícipes de homicídio doloso, ou tentativa deste, contra a pessoa de cuja sucessão se tratar, seu cônjuge, companheiro, ascendente ou descendente;

II – que houverem acusado caluniosamente em juízo o autor da herança ou incorrerem em crime contra a sua honra, ou de seu cônjuge ou companheiro;

III – que, por violência ou meios fraudulentos, inibirem ou obstarem o autor da herança de dispor livremente de seus bens por ato de última vontade.

Art. 1.815. A exclusão do herdeiro ou legatário, em qualquer desses casos de indignidade, será declarada por sentença.

§ 1º O direito de demandar a exclusão do herdeiro ou legatário extingue-se em quatro anos, contados da abertura da sucessão.

• Parágrafo único transformado em § 1º pela Lei nº 13.532, de 7-12-2017.

§ 2º Na hipótese do inciso I do art. 1.814, o Ministério Público tem legitimidade para demandar a exclusão do herdeiro ou legatário.

• § 2º acrescido pela Lei nº 13.532, de 7-12-2017.

Art. 1.816. São pessoais os efeitos da exclusão; os descendentes do herdeiro excluído sucedem, como se ele morto fosse antes da abertura da sucessão.

Parágrafo único. O excluído da sucessão não terá direito ao usufruto ou à administração dos bens que a seus sucessores couberem na herança, nem à sucessão eventual desses bens.

Art. 1.817. São válidas as alienações onerosas de bens hereditários a terceiros de boa-fé, e os atos de administração legalmente praticados pelo herdeiro, antes da sentença de exclusão; mas aos herdeiros subsiste, quando prejudicados, o direito de demandar-lhe perdas e danos.

Parágrafo único. O excluído da sucessão é obrigado a restituir os frutos e rendimentos que dos bens da herança houver percebido, mas tem direito a ser indenizado das despesas com a conservação deles.

Art. 1.818. Aquele que incorreu em atos que determinem a exclusão da herança será admitido a suceder, se o ofendido o tiver expressamente reabilitado em testamento, ou em outro ato autêntico.

Parágrafo único. Não havendo reabilitação expressa, o indigno, contemplado em testamento do ofendido, quando o testador, ao testar, já conhecia a causa da indignidade, pode suceder no limite da disposição testamentária.

CAPÍTULO VI
DA HERANÇA JACENTE

o Art. 28, § 2º, deste Código.

Art. 1.819. Falecendo alguém sem deixar testamento nem herdeiro legítimo notoriamente conhecido, os bens da herança, depois de arrecadados, ficarão sob a guarda e administração de um curador, até a sua entrega ao sucessor devidamente habilitado ou à declaração de sua vacância.

Art. 1.820. Praticadas as diligências de arrecadação e ultimado o inventário, serão expedidos editais na forma da lei processual, e, decorrido um ano de sua primeira publicação, sem que haja herdeiro habilitado, ou penda habilitação, será a herança declarada vacante.

Art. 1.821. É assegurado aos credores o direito de pedir o pagamento das dívidas reconhecidas, nos limites das forças da herança.

o Art. 1.792 deste Código.

Art. 1.822. A declaração de vacância da herança não prejudicará os herdeiros que legalmente se habilitarem; mas, decorridos cinco anos da abertura da sucessão, os bens arrecadados passarão ao domínio do Município ou do Distrito Federal, se localizados nas respectivas circunscrições, incorporando-se ao domínio da União quando situados em território federal.

o Art. 39, par. ún., deste Código.

Parágrafo único. Não se habilitando até a declaração de vacância, os colaterais ficarão excluídos da sucessão.

Art. 1.823. Quando todos os chamados a suceder renunciarem à herança, será esta desde logo declarada vacante.

o Art. 1.806 deste Código.

CAPÍTULO VII

DA PETIÇÃO DE HERANÇA

Art. 1.824. O herdeiro pode, em ação de petição de herança, demandar o reconhecimento de seu direito sucessório, para obter a restituição da herança, ou de parte dela, contra quem, na qualidade de herdeiro, ou mesmo sem título, a possua.

Art. 1.825. A ação de petição de herança, ainda que exercida por um só dos herdeiros, poderá compreender todos os bens hereditários.

Art. 1.826. O possuidor da herança está obrigado à restituição dos bens do acervo, fixando-se-lhe a responsabilidade segundo a sua posse, observado o disposto nos arts. 1.214 a 1.222.

Parágrafo único. A partir da citação, a responsabilidade do possuidor se há de aferir pelas regras concernentes à posse de má-fé e à mora.

Art. 1.827. O herdeiro pode demandar os bens da herança, mesmo em poder de terceiros, sem prejuízo da responsabilidade do possuidor originário pelo valor dos bens alienados.

Parágrafo único. São eficazes as alienações feitas, a título oneroso, pelo herdeiro aparente a terceiro de boa-fé.

o Art. 1.817 deste Código.

Art. 1.828. O herdeiro aparente, que de boa-fé houver pago um legado, não está obrigado a prestar o equivalente ao verdadeiro sucessor, ressalvado a este o direito de proceder contra quem o recebeu.

TÍTULO II – DA SUCESSÃO LEGÍTIMA

CAPÍTULO II

DOS HERDEIROS NECESSÁRIOS

Art. 1.845. São herdeiros necessários os descendentes, os ascendentes e o cônjuge.

Art. 1.846. Pertence aos herdeiros necessários, de pleno direito, a metade dos bens da herança, constituindo a legítima.

Art. 1.847. Calcula-se a legítima sobre o valor dos bens existentes na abertura da sucessão, abatidas as dívidas e as despesas do funeral, adicionando-se, em seguida, o valor dos bens sujeitos a colação.

Art. 1.848. Salvo se houver justa causa, declarada no testamento, não pode o testador estabelecer cláusula de inalienabilidade, impenhorabilidade, e de incomunicabilidade, sobre os bens da legítima.

§ 1º Não é permitido ao testador estabelecer a conversão dos bens da legítima em outros de espécie diversa.

§ 2º Mediante autorização judicial e havendo justa causa, podem ser alienados os bens gravados, convertendo-se o produto em outros bens, que ficarão sub-rogados nos ônus dos primeiros.

Art. 1.849. O herdeiro necessário, a quem o testador deixar a sua parte disponível, ou algum legado, não perderá o direito à legítima.

Art. 1.850. Para excluir da sucessão os herdeiros colaterais, basta que o testador disponha de seu patrimônio sem os contemplar.

CAPÍTULO III

DO DIREITO DE REPRESENTAÇÃO

o Arts. 1.810, 1.811 e 1.816 deste Código.

Art. 1.851. Dá-se o direito de representação, quando a lei chama certos parentes do falecido a suceder em todos os direitos, em que ele sucederia, se vivo fosse.

Art. 1.852. O direito de representação dá-se na linha reta descendente, mas nunca na ascendente.

Art. 1.853. Na linha transversal, somente se dá o direito de representação em favor dos filhos de irmãos do falecido, quando com irmãos deste concorrerem.

Art. 1.854. Os representantes só podem herdar, como tais, o que herdaria o representado, se vivo fosse.

Art. 1.855. O quinhão do representado partir-se-á por igual entre os representantes.

Art. 1.856. O renunciante à herança de uma pessoa poderá representá-la na sucessão de outra.

o Art. 1.811 deste Código.

TÍTULO IV – DO INVENTÁRIO E DA PARTILHA

CAPÍTULO V

DA PARTILHA

Art. 2.013. O herdeiro pode sempre requerer a partilha, ainda que o testador o proíba, cabendo igual faculdade aos seus cessionários e credores.

Art. 2.014. Pode o testador indicar os bens e valores que devem compor os quinhões hereditários, deliberando ele próprio a partilha, que prevalecerá, salvo se o valor dos bens não corresponder às quotas estabelecidas.

Art. 2.015. Se os herdeiros forem capazes, poderão fazer partilha amigável, por escritura pública, termo nos autos do inventário, ou escrito particular, homologado pelo juiz.

Art. 2.016. Será sempre judicial a partilha, se os herdeiros divergirem, assim como se algum deles for incapaz.

o Súm. nº 265 do STF.

Art. 2.017. No partilhar os bens, observar-se-á, quanto ao seu valor, natureza e qualidade, a maior igualdade possível.

Art. 2.018. É válida a partilha feita por ascendente, por ato entre vivos ou de última vontade, contanto que não prejudique a legítima dos herdeiros necessários.

o Arts. 1.788 e 1.845 deste Código.

Art. 2.019. Os bens insuscetíveis de divisão cômoda, que não couberem na meação do cônjuge sobrevivente ou no quinhão de um só herdeiro, serão vendidos judicialmente, partilhando-se o valor apurado, a não ser que haja acordo para serem adjudicados a todos.

§ 1º Não se fará a venda judicial se o cônjuge sobrevivente ou um ou mais herdeiros requererem lhes seja adjudicado o bem, repondo aos outros, em dinheiro, a diferença, após avaliação atualizada.

§ 2º Se a adjudicação for requerida por mais de um herdeiro, observar-se-á o processo da licitação.

o Art. 1.489, IV, deste Código.

Art. 2.020. Os herdeiros em posse dos bens da herança, o cônjuge sobrevivente e o inventariante são obrigados a trazer ao acervo os frutos que perceberam, desde a abertura da sucessão; têm direito ao reembolso das despesas necessárias e úteis que fizeram, e respondem pelo dano a que, por dolo ou culpa, deram causa.

Art. 2.021. Quando parte da herança consistir em bens remotos do lugar do inventário, litigiosos, ou de liquidação morosa ou difícil, poderá proceder-se, no prazo legal, à partilha dos outros, reservando-se aqueles para uma ou mais sobrepartilhas, sob a guarda e a administração do mesmo ou diverso inventariante, e consentimento da maioria dos herdeiros.

Art. 2.022. Ficam sujeitos a sobrepartilha os bens sonegados e quaisquer outros bens da herança de que se tiver ciência após a partilha.

....

Brasília, 10 de janeiro de 2002;
181º da Independência e
114º da República.
Fernando Henrique Cardoso

LEI Nº 10.426, DE 24 DE ABRIL DE 2002

Altera a legislação tributária federal e dá outras providências.

- Publicada no *DOU* de 25-4-2002.

Art. 1º Em relação ao estoque de ações existente em 31 de dezembro de 2001, fica facultado à pessoa física e à pessoa jurídica isenta ou sujeita ao regime de tributação de que trata a Lei nº 9.317, de 5 de dezembro de 1996, efetuar o pagamento do imposto de renda incidente sobre ganhos líquidos em operações realizadas no mercado à vista de bolsa de valores, sem alienar a ação, à alíquota de dez por cento.

- LC nº 123, de 14-12-2006 (Estatuto Nacional da Microempresa e da Empresa de Pequeno Porte).

§ 1º O imposto de que trata este artigo:

I – terá como base de cálculo a diferença positiva entre o preço médio ponderado da ação verificado na Bolsa de Valores de São Paulo, no mês de dezembro de 2001, ou no mês anterior mais próximo, caso não tenha havido negócios com a ação naquele mês, e o seu custo médio de aquisição;

II – será pago pelo contribuinte de forma definitiva, sem direito a qualquer restituição ou compensação, até 31 de janeiro de 2002;

III – abrangerá a totalidade de ações de uma mesma companhia, pertencentes à optante, por espécie e classe.

§ 2º O preço médio ponderado de que trata o § 1º:

I – constituirá o novo custo de aquisição, para efeito de apuração do imposto quando da efetiva alienação da ação;

II – será divulgado por meio de relação editada pela Secretaria da Receita Federal.

Art. 2º O disposto no art. 1º aplica-se também no caso de ações negociadas à vista em mercado de balcão organizado, mantido por entidade cujo objeto social seja análogo ao das bolsas de valores e que funcione sob a supervisão e fiscalização da Comissão de Valores Mobiliários.

Parágrafo único. A Secretaria da Receita Federal divulgará também relação contendo os preços das ações negociadas na entidade de que trata este artigo, que serão avaliadas pelo mesmo critério previsto no inciso I do § 1º do art. 1º.

Art. 3º As aplicações existentes em 31 de dezembro de 2001 nos fundos de investimento de que trata o § 6º do art. 28 da Lei nº 9.532, de 10 de dezembro de 1997, com as alterações introduzidas pelos arts. 1º e 2º da Medida Provisória nº 2.189-49, de 23 de agosto de 2001, terão os respectivos rendimentos apropriados *pro rata tempore* até aquela data.

§ 1º No resgate de quotas referentes às aplicações de que trata este artigo serão observados os seguintes procedimentos:

I – se o valor de aquisição, acrescido dos rendimentos apropriados até 31 de dezembro de 2001, for inferior ao valor de resgate, o imposto de renda devido será o resultado da soma das parcelas correspondentes a dez por cento dos rendimentos apropriados até aquela data e a vinte por cento dos rendimentos apropriados entre 1º de janeiro de 2002 e a data do resgate;

II – se o valor de aquisição, acrescido dos rendimentos apropriados até 31 de dezembro de 2001, for superior ao valor de resgate, a base de cálculo do imposto será a diferença positiva entre o valor de resgate e o valor de aquisição, sendo aplicada alíquota de dez por cento.

§ 2º O disposto neste artigo aplica-se também aos clubes de investimento que mantenham em suas carteiras percentual mínimo de sessenta e sete por cento de ações negociadas no mercado à vista de bolsa de valores ou de entidade referida no art. 2º.

Art. 4º *Revogado.* Lei nº 11.053, de 30-12-2004.

Art. 5º As entidades fechadas de previdência complementar ficam isentas da Contribuição Social sobre o Lucro Líquido (CSLL), relativamente aos fatos geradores ocorridos a partir de 1º de janeiro de 2002.

Art. 6º As perdas apuradas no resgate de quotas de fundo de investimento poderão ser compensadas com rendimentos auferidos em resgates ou incidências posteriores, no mesmo ou em outro fundo de investimento administrado pela mesma pessoa jurídica, desde que sujeitos à mesma alíquota do imposto de renda, observados os procedimentos definidos pela Secretaria da Receita Federal.

Art. 7º O sujeito passivo que deixar de apresentar Declaração de Informações Econômico-Fiscais da Pessoa Jurídica – DIPJ, Declaração de Débitos e Créditos Tributários Federais – DCTF, Declaração Simplificada da Pessoa Jurídica, Declaração de Imposto de Renda Retido na Fonte – DIRF e Demonstrativo de Apuração de Contribuições Sociais – DACON, nos prazos fixados, ou que as apresentar com incorreções ou omissões, será intimado a apresentar declaração original, no caso de não apresentação, ou a prestar esclarecimentos, nos demais casos, no prazo estipulado pela Secretaria da Receita Federal – SRF, e sujeitar-se-á às seguintes multas:

- *Caput* com a redação dada pela Lei nº 11.051, de 29-12-2004.

I – de dois por cento ao mês-calendário ou fração, incidente sobre o montante do imposto de renda da pessoa jurídica informado na DIPJ, ainda que integralmente pago, no caso de falta de entrega desta Declaração ou entrega após o prazo, limitada a vinte por cento, observado o disposto no § 3º;

II – de dois por cento ao mês-calendário ou fração, incidente sobre o montante dos tributos e contribuições informados na DCTF, na Declaração Simplificada da Pessoa Jurídica ou na DIRF, ainda que integralmente pago, no caso de falta de entrega destas Declarações ou entrega após o prazo, limitada a vinte por cento, observado o disposto no § 3º;

III – de 2% (dois por cento) ao mês-calendário ou fração, incidente sobre o montante da COFINS, ou, na sua falta, da contribuição para o PIS/PASEP, informado no DACON, ainda que integralmente pago, no caso de falta de entrega desta

Declaração ou entrega após o prazo, limitada a 20% (vinte por cento), observado o disposto no § 3º deste artigo; e

• Inciso III com a redação dada pela Lei nº 11.051, de 29-12-2004.

IV – de R$ 20,00 (vinte reais) para cada grupo de 10 (dez) informações incorretas ou omitidas.

• Inciso IV acrescido pela Lei nº 11.051, de 29-12-2004.

§ 1º Para efeito de aplicação das multas previstas nos incisos I, II e III do *caput* deste artigo, será considerado como termo inicial o dia seguinte ao término do prazo originalmente fixado para a entrega da declaração e como termo final a data da efetiva entrega ou, no caso de não apresentação, da lavratura do auto de infração.

• §1º com a redação dada pela Lei nº 11.051, de 29-12-2004.

§ 2º Observado o disposto no § 3º, as multas serão reduzidas:

I – à metade, quando a declaração for apresentada após o prazo, mas antes de qualquer procedimento de ofício;

II – a setenta e cinco por cento, se houver a apresentação da declaração no prazo fixado em intimação.

§ 3º A multa mínima a ser aplicada será de:

o Art. 30 da Lei nº 11.727, de 23-6-2008, que dispõe sobre medidas tributárias destinadas a estimular os investimentos e a modernização do setor de turismo, a reforçar o sistema de proteção tarifária brasileiro, a estabelecer a incidência de forma concentrada da Contribuição para o PIS/PASEP e da Contribuição para o Financiamento da Seguridade Social – COFINS na produção e comercialização de álcool.

I – R$ 200,00 (duzentos reais), tratando-se de pessoa física, pessoa jurídica inativa e pessoa jurídica optante pelo regime de tributação previsto na Lei nº 9.317, de 5 de dezembro de1996;

o LC nº 123, de 14-12-2006 (Estatuto Nacional da Microempresa e da Empresa de Pequeno Porte).

II – R$ 500,00 (quinhentos reais), nos demais casos.

§ 4º Considerar-se-á não entregue a declaração que não atender às especificações técnicas estabelecidas pela Secretaria Receita Federal.

§ 5º Na hipótese do § 4º, o sujeito passivo será intimado a apresentar nova declaração, no prazo de dez dias, contados da ciência à intimação, e sujeitar-se-á à multa prevista no inciso I do *caput*, observado o disposto nos §§ 1º a 3º.

§ 6º No caso de a obrigação acessória referente ao Demonstrativo de Apuração de Contribuições Sociais – DACON ter periodicidade semestral, a multa de que trata o inciso III do *caput* deste artigo será calculada com base nos valores da Contribuição para o Financiamento da Seguridade Social – COFINS ou da Contribuição para o PIS/PASEP, informados nos demonstrativos mensais entregues após o prazo.

• § 6º com a redação dada pela Lei nº 11.941, de 27-5-2009.

Art. 8º Os serventuários da Justiça deverão informar as operações imobiliárias anotadas, averbadas, lavradas, matriculadas ou registradas nos Cartórios de Notas ou de Registro de Imóveis, Títulos e Documentos sob sua responsabilidade, mediante a apresentação de Declaração sobre Operações Imobiliárias (DOI), em meio magnético, nos termos estabelecidos pela Secretaria da Receita Federal.

§ 1º A cada operação imobiliária corresponderá uma DOI, que deverá ser apresentada até o último dia útil do mês subsequente ao da anotação, averbação, lavratura, matrícula ou registro da respectiva operação, sujeitando-se o responsável, no caso de falta de apresentação, ou apresentação da declaração após o prazo fixado, à multa de 0,1% ao mês-calendário ou fração, sobre o valor da operação, limitada a um por cento, observado o disposto no inciso III do § 2º.

§ 2º A multa de que trata o § 1º:

I – terá como termo inicial o dia seguinte ao término do prazo originalmente fixado para a entrega da declaração e como termo final a data da efetiva entrega ou, no caso de não apresentação, da lavratura do auto de infração;

II – será reduzida:

a) à metade, caso a declaração seja apresentada antes de qualquer procedimento de ofício;

b) a setenta e cinco por cento, caso a declaração seja apresentada no prazo fixado em intimação;

III – será de, no mínimo, R$ 20,00 (vinte reais).

• Inciso III com a redação dada pela Lei nº 10.865, de 30-4-2004.

o Art. 53 da Lei nº 10.865, de 30-4-2004, que dispõe sobre o PIS/PASEP-Importação e a COFINS-Importação.

§ 3º O responsável que apresentar DOI com incorreções ou omissões será intimado a apresentar declaração retificadora, no prazo estabelecido pela Secretaria da Receita Federal, e sujeitar-se-á à multa de R$ 50,00 (cinquenta reais) por informação inexata, incompleta ou omitida, que será reduzida em cinquenta por cento, caso a retificadora seja apresentada no prazo fixado.

Art. 9º Sujeita-se à multa de que trata o inciso I do *caput* do art. 44 da Lei nº 9.430, de 27 de dezembro de 1996, duplicada na forma de seu § 1º, quando for o caso, a fonte pagadora obrigada a reter imposto ou contribuição no caso de falta de retenção ou recolhimento, independentemente de outras penalidades administrativas ou criminais cabíveis.

• *Caput* com a redação dada pela Lei nº 11.488, de 15-6-2007.

Parágrafo único. As multas de que trata este artigo serão calculadas sobre a totalidade ou diferença de tributo ou contribuição que deixar de ser retida ou recolhida, ou que for recolhida após o prazo fixado.

Art. 10. Esta Lei entra em vigor na data de sua publicação.

Congresso Nacional, em 24 de abril de 2002;
181º da Independência e
114º da República.

Ramez Tebet

LEI Nº 10.451, DE 10 DE MAIO DE 2002

Altera a legislação tributária federal e dá outras providências.

• Publicada no *DOU* de 13-5-2002.

Art. 1º O Imposto de Renda incidente sobre os rendimentos de pessoas físicas será calculado de acordo com as seguintes tabelas progressivas mensal e anual, em reais:

Tabela Progressiva Mensal

Base de cálculo em R$	Alíquota %	Parcela a deduzir do Imposto R$
Até 1.058,00	–	–
De 1.058,01 até 2.115,00	15	158,70
Acima de 2.115,00	27,5	423,08

Tabela Progressiva Anual

Base de cálculo em R$	Alíquota %	Parcela a deduzir do Imposto R$
Até 12.696,00	–	–
De 12.696,01 até 25.380,00	15	1.904,40
Acima de 25.380,00	27,5	5.076,90

Art. 2º Os arts. 4º, 8º e 10 da Lei nº 9.250, de 26 de dezembro de 1995, passam a vigorar com a seguinte redação:

- Alterações inseridas no texto da referida Lei.

Art. 3º O art. 24 da Lei nº 9.430, de 27 de dezembro de 1996, passa a vigorar acrescido do seguinte § 3º:

- Alterações inseridas no texto da referida Lei.

Art. 4º As disposições relativas a preços, custos e taxas de juros, constantes dos arts. 18 a 22 da Lei nº 9.430, de 27 de dezembro de 1996, aplicam-se, também, às operações efetuadas por pessoa física ou jurídica residente ou domiciliada no Brasil, com qualquer pessoa física ou jurídica, ainda que não vinculada, residente ou domiciliada em país ou dependência cuja legislação interna oponha sigilo relativo à composição societária de pessoas jurídicas ou à sua titularidade.

Art. 5º Na hipótese de doação de livros, objetos fonográficos ou iconográficos, obras audiovisuais e obras de arte, para os quais seja atribuído valor de mercado, efetuada por pessoa física a órgãos públicos, autarquias, fundações públicas ou entidades civis sem fins lucrativos, desde que os bens doados sejam incorporados ao acervo de museus, bibliotecas ou centros de pesquisa ou ensino, no Brasil, com acesso franqueado ao público em geral:

I – o doador deverá considerar como valor de alienação o constante em sua declaração de bens;

II – o donatário registrará os bens recebidos pelo valor atribuído no documento de doação.

Parágrafo único. No caso de alienação dos bens recebidos em doação, será considerado, para efeito de apuração de ganho de capital, custo de aquisição igual a zero.

Art. 6º O campo de incidência do Imposto sobre Produtos Industrializados (IPI) abrange todos os produtos com alíquota, ainda que zero, relacionados na Tabela de Incidência do Imposto sobre Produtos Industrializados (TIPI), aprovada pelo Decreto nº 4.070, de 28 de dezembro de 2001, observadas as disposições contidas nas respectivas notas complementares, excluídos aqueles a que corresponde a notação "NT" (não tributado).

Art. 7º Para efeito do disposto no art. 4º, incisos I e II, do Decreto-Lei nº 1.199, de 27 de dezembro de 1971, o percentual de incidência é o constante da TIPI, aprovada pelo Decreto nº 4.070, de 28 de dezembro de 2001.

Art. 8º Até 31 de dezembro de 2015, é concedida isenção do Imposto de Importação e do Imposto sobre Produtos Industrializados incidentes na importação de equipamentos ou materiais esportivos destinados às competições, ao treinamento e à preparação de atletas e equipes brasileiras.

- *Caput* com a redação dada pela Lei nº 12.649, de 17-5-2012.

§ 1º A isenção de que trata o *caput* aplica-se exclusivamente às competições desportivas em jogos olímpicos, paraolímpicos, pan-americanos, parapan-americanos, nacionais e mundiais.

§ 2º A isenção aplica-se a equipamento ou material esportivo, sem similar nacional, homologado pela entidade desportiva internacional da respectiva modalidade esportiva, para as competições a que se refere o § 1º.

- §§ 1º e 2º com a redação dada pela Lei nº 12.649, de 17-5-2012.

§ 3º Quando fabricados no Brasil, os materiais e equipamentos de que trata o *caput* deste artigo são isentos do Imposto sobre Produtos Industrializados.

- § 3º acrescido pela Lei nº 12.649, de 17-5-2012.

Art. 9º São beneficiários da isenção de que trata o art. 8º desta Lei os órgãos da União, dos Estados, do Distrito Federal e dos Municípios e suas respectivas autarquias e fundações, os atletas das modalidades olímpicas e paraolímpicas e os das competições mundiais, o Comitê Olímpico Brasileiro – COB e o Comitê Paraolímpico Brasileiro – CPB, bem como as entidades nacionais de administração do desporto que lhes sejam filiadas ou vinculadas.

- Arts. 8º e 9º com a redação dada pela Lei nº 11.827, de 20-11-2008.

Art. 10. O direito à fruição do benefício fiscal de que trata o art. 8º fica condicionado:

- Arts. 12 e 13 desta Lei.

I – à comprovação da regularidade fiscal do beneficiário, relativamente aos tributos e contribuições federais;

II – à manifestação do Ministério do Esporte sobre:

- Inciso II com a redação dada pela Lei nº 11.116, de 18-5-2005.

a) o atendimento do requisito estabelecido no § 1º do art. 8º;

b) a condição de beneficiário da isenção ou da alíquota zero, do importador ou adquirente, nos termos do art. 9º desta Lei; e

- Alínea *b* com a redação dada pela Lei nº 11.827, de 20-11-2008.

c) a adequação dos equipamentos e materiais importados ou adquiridos no mercado interno, quanto à sua natureza, quantidade e qualidade, ao desenvolvimento do programa de trabalho do atleta ou da entidade do desporto a que se destinem.

Parágrafo único. Tratando-se de produtos destinados à modalidade de tiro esportivo, a manifestação quanto ao disposto nas alíneas *a* e *c* do inciso II será do órgão competente do Ministério da Defesa.

Art. 11. Os produtos importados ou adquiridos no mercado interno na forma do art. 8º desta Lei poderão ser transferidos pelo valor de aquisição, sem o pagamento dos respectivos impostos:

- *Caput* com a redação dada pela Lei nº 11.827, de 20-11-2008.

I – para qualquer pessoa e a qualquer título, após o decurso do prazo de 4 (quatro) anos, contado da data do registro da Declaração de Importação ou da emissão da Nota Fiscal de aquisição do fabricante nacional; ou

II – a qualquer tempo e qualquer título, para pessoa física ou jurídica que atenda às condições estabelecidas nos arts. 8º a 10 desta Lei, desde que a transferência seja previamente aprovada pela Secretaria da Receita Federal do Brasil.

- Inciso II com a redação dada pela Lei nº 11.827, de 20-11-2008.

§ 1º As transferências, a qualquer título, que não atendam às condições estabelecidas nos incisos I e II do *caput* sujeitarão o beneficiário importador ou adquirente ao pagamento dos impostos que deixaram de ser pagos por ocasião da importação ou da aquisição no mercado interno, com acréscimo de juros e de multa de mora ou de ofício.

§ 2º Na hipótese do § 1º deste artigo, o adquirente, a qualquer título, de produto beneficiado com a isenção ou alíquota zero é responsável solidário pelo pagamento dos impostos e respectivos acréscimos.

• § 2º com a redação dada pela Lei nº 11.827, de 20-11-2008.

Art. 12. *Revogado.* Lei nº 11.827, de 20-11-2008.

Art. 13. O Poder Executivo regulamentará o disposto nos arts. 8º a 11 desta Lei.

• Artigo com a redação dada pela Lei nº 11.827, de 20-11-2008.

Art. 14. Ficam revogados os arts. 13 e 15 da Lei nº 9.493, de 10 de setembro de 1997.

Art. 15. Esta Lei entra em vigor na data de sua publicação, produzindo efeitos, no caso dos arts. 1º e 2º, em relação aos fatos geradores ocorridos a partir de 1º de janeiro de 2002, observado o disposto no art. 1º da Lei nº 9.887, de 7 de dezembro de 1999.

• Artigo com a redação dada pela Lei nº 10.637, de 30-12-2002.

Brasília, 10 de maio de 2002;
181º da Independência e
114º da República.

Fernando Henrique Cardoso

LEI Nº 10.522, DE 19 DE JULHO DE 2002

Dispõe sobre o Cadastro Informativo dos créditos não quitados de órgãos e entidades federais e dá outras providências.

• Publicada no *DOU* de 22-7-2002.

○ Art. 5º da Lei nº 12.453, de 21-7-2011, que suspende, até 30-6-2012, as exigências de regularidade fiscal previstas nesta Lei.

Art. 1º O Cadastro Informativo de créditos não quitados do setor público federal (CADIN) passa a ser regulado por esta Lei.

Art. 2º O CADIN conterá relação das pessoas físicas e jurídicas que:

I – sejam responsáveis por obrigações pecuniárias vencidas e não pagas, para com órgãos e entidades da Administração Pública Federal, direta e indireta;

II – estejam com a inscrição nos cadastros indicados, do Ministério da Fazenda, em uma das seguintes situações:

a) cancelada no Cadastro de Pessoas Físicas – CPF;

• Alínea *a* com a redação dada pela Lei nº 11.941, de 27-5-2009.

b) declarada inapta perante o Cadastro Geral de Contribuintes – CGC.

§ 1º Os órgãos e as entidades a que se refere o inciso I procederão, segundo normas próprias e sob sua exclusiva responsabilidade, às inclusões no CADIN, de pessoas físicas ou jurídicas que se enquadrem nas hipóteses previstas neste artigo.

§ 2º A inclusão no CADIN far-se-á 75 (setenta e cinco) dias após a comunicação ao devedor da existência do débito passível de inscrição naquele Cadastro, fornecendo-se todas as informações pertinentes ao débito.

§ 3º Tratando-se de comunicação expedida por via postal ou telegráfica, para o endereço indicado no instrumento que deu origem ao débito, considerar-se-á entregue após 15 (quinze) dias da respectiva expedição.

§ 4º A notificação expedida pela Secretaria da Receita Federal do Brasil, pela Procuradoria-Geral da Fazenda Nacional ou pela Procuradoria-Geral Federal, dando conhecimento ao devedor da existência do débito ou da sua inscrição em Dívida Ativa atenderá ao disposto no § 2º deste artigo.

• § 4º com a redação dada pela Lei nº 11.941, de 27-5-2009.

§ 5º Comprovado ter sido regularizada a situação que deu causa à inclusão no CADIN, o órgão ou a entidade responsável pelo registro procederá, no prazo de 5 (cinco) dias úteis, à respectiva baixa.

§ 6º Na impossibilidade de a baixa ser efetuada no prazo indicado no § 5º, o órgão ou a entidade credora fornecerá a certidão de regularidade do débito, caso não haja outros pendentes de regularização.

§ 7º A inclusão no CADIN sem a expedição da comunicação ou da notificação de que tratam os §§ 2º e 4º, ou a não exclusão, nas condições e no prazo previstos no § 5º, sujeitará o responsável às penalidades cominadas pela Lei nº 8.112, de 11 de dezembro de 1990, e pelo Decreto-Lei nº 5.452, de 1º de maio de 1943 (Consolidação das Leis do Trabalho).

§ 8º O disposto neste artigo não se aplica aos débitos referentes a preços de serviços públicos ou a operações financeiras que não envolvam recursos orçamentários.

Art. 3º As informações fornecidas pelos órgãos e pelas entidades integrantes do CADIN serão centralizadas em um sistema de informações gerido pela Procuradoria-Geral da Fazenda Nacional, e será de sua atribuição a expedição de orientações de natureza normativa, inclusive quanto ao disciplinamento das respectivas inclusões e exclusões no sistema.

• *Caput* com a redação dada pela Lei nº 14.195, de 26-8-2021.

Parágrafo único. As pessoas físicas e jurídicas incluídas no CADIN terão acesso às informações a elas referentes, diretamente junto ao órgão ou entidade responsável pelo registro, ou, mediante autorização, por intermédio de qualquer outro órgão ou entidade integrante do CADIN.

Art. 4º A inexistência de registro no CADIN não implica reconhecimento de regularidade de situação, nem elide a apresentação dos documentos exigidos em lei, decreto ou demais atos normativos.

§ 1º No caso de operações de crédito contratadas por instituições financeiras, no âmbito de programas oficiais de apoio à microempresa e empresa de pequeno porte, ficam as mutuárias, no caso de não estarem inscritas no CADIN, dispensadas da apresentação, inclusive aos cartórios, quando do registro dos instrumentos de crédito e respectivas garantias, de quaisquer certidões exigidas em lei, decreto ou demais atos normativos, comprobatórias da quitação de quaisquer tributos e contribuições federais.

§ 2º O disposto no § 1º aplica-se também aos mini e pequenos produtores rurais e aos agricultores familiares.

Art. 5º O CADIN conterá as seguintes informações:

I – nome e número de inscrição no Cadastro Geral de Contribuintes – CGC ou no Cadastro de Pessoas Físicas – CPF, do responsável pelas obrigações de que trata o art. 2º, inciso I;

II – nome e outros dados identificadores das pessoas jurídicas ou físicas que estejam na situação prevista no art. 2º, inciso II, inclusive a indicação do número da inscrição suspensa ou cancelada;

III – nome e número de inscrição no Cadastro Geral de Contribuintes – CGC, endereço e telefone do respectivo credor ou do órgão responsável pela inclusão;

IV – data do registro.

Parágrafo único. Cada órgão ou entidade a que se refere o inciso I do art. 2º manterá, sob sua responsabilidade, cadastro contendo informações detalhadas sobre as operações ou situações que tenham registrado no CADIN, inclusive para atender ao que dispõe o parágrafo único do art. 3º.

Art. 6º É obrigatória a consulta prévia ao CADIN, pelos órgãos e entidades da Administração Pública Federal, direta e indireta, para:

I – realização de operações de crédito que envolvam a utilização de recursos públicos;

II – concessão de incentivos fiscais e financeiros;

III – celebração de convênios, acordos, ajustes ou contratos que envolvam desembolso, a qualquer título, de recursos públicos, e respectivos aditamentos.

Parágrafo único. O disposto neste artigo não se aplica:

I – à concessão de auxílios a Municípios atingidos por calamidade pública reconhecida pelo Governo Federal;

II – às operações destinadas à composição e regularização dos créditos e obrigações objeto de registro no CADIN, sem desembolso de recursos por parte do órgão ou entidade credora;

III – às operações relativas ao crédito educativo e ao penhor civil de bens de uso pessoal ou doméstico.

Art. 7º Será suspenso o registro no CADIN quando o devedor comprove que:

I – tenha ajuizado ação, com o objetivo de discutir a natureza da obrigação ou o seu valor, com o oferecimento de garantia idônea e suficiente ao Juízo, na forma da lei;

II – esteja suspensa a exigibilidade do crédito objeto do registro, nos termos da lei.

Art. 8º A não observância do disposto no § 1º do art. 2º e nos arts. 6º e 7º desta Lei sujeita os responsáveis às sanções da Lei nº 8.112, de 1990, e do Decreto-Lei nº 5.452, de 1943.

Art. 9º Fica suspensa, até 31 de dezembro de 1999, a aplicação do disposto no *caput* do art. 22, e no seu § 2º, do Decreto-Lei nº 147, de 3 de fevereiro de 1967, na redação que lhes deram o art. 4º do Decreto-Lei nº 1.687, de 18 de julho de 1979, e o art. 10 do Decreto-Lei nº 2.163, de 19 de setembro de 1984.

Parágrafo único. O Ministro de Estado da Fazenda estabelecerá cronograma, prioridades e condições para a remessa, às unidades da Procuradoria-Geral da Fazenda Nacional, dos débitos passíveis de inscrição em Dívida Ativa da União e cobrança judicial.

Art. 10. Os débitos de qualquer natureza para com a Fazenda Nacional poderão ser parcelados em até sessenta parcelas mensais, a exclusivo critério da autoridade fazendária, na forma e condições previstas nesta Lei.

- *Caput* com a redação dada pela Lei nº 10.637, de 30-12-2002.

Parágrafo único. *Revogado.* Lei nº 11.941, de 27-5-2009.

Art. 10-A. O empresário ou a sociedade empresária que pleitear ou tiver deferido o processamento da recuperação judicial, nos termos dos arts. 51, 52 e 70 da Lei nº 11.101, de 9 de fevereiro de 2005, poderá liquidar os seus débitos para com a Fazenda Nacional existentes, ainda que não vencidos até a data do protocolo da petição inicial da recuperação judicial, de natureza tributária ou não tributária, constituídos ou não, inscritos ou não em dívida ativa, mediante a opção por uma das seguintes modalidades:

- *Caput* do art. 10-A com a redação dada pela Lei nº 14.112, de 24-12-2020.

I a IV – *Revogados.* Lei nº 14.112, de 24-12-2020;

V – parcelamento da dívida consolidada em até 120 (cento e vinte) prestações mensais e sucessivas, calculadas de modo a observar os seguintes percentuais mínimos, aplicados sobre o valor da dívida consolidada no parcelamento:

a) da primeira à décima segunda prestação: 0,5% (cinco décimos por cento);

b) da décima terceira à vigésima quarta prestação: 0,6% (seis décimos por cento);

c) da vigésima quinta prestação em diante: percentual correspondente ao saldo remanescente, em até 96 (noventa e seis) prestações mensais e sucessivas; ou

VI – em relação aos débitos administrados pela Secretaria Especial da Receita Federal do Brasil, liquidação de até 30% (trinta por cento) da dívida consolidada no parcelamento com a utilização de créditos decorrentes de prejuízo fiscal e de base de cálculo negativa da Contribuição Social sobre o Lucro Líquido (CSLL) ou com outros créditos próprios relativos aos tributos administrados pela Secretaria Especial da Receita Federal do Brasil, hipótese em que o restante poderá ser parcelado em até 84 (oitenta e quatro) parcelas, calculadas de modo a observar os seguintes percentuais mínimos, aplicados sobre o saldo da dívida consolidada:

a) da primeira à décima segunda prestação: 0,5% (cinco décimos por cento);

b) da décima terceira à vigésima quarta prestação: 0,6% (seis décimos por cento);

c) da vigésima quinta prestação em diante: percentual correspondente ao saldo remanescente, em até 60 (sessenta) prestações mensais e sucessivas.

- Incisos V e VI acrescidos pela Lei nº 14.112, de 24-12-2020.

§ 1º *Revogado.* Lei nº 14.112, de 24-12-2020.

§ 1º-A. As opções previstas nos incisos V e VI do *caput* deste artigo não impedem que o empresário ou a sociedade empresária que pleitear ou tiver deferido o processamento da recuperação judicial, nos termos estabelecidos nos arts. 51, 52 e 70 da Lei nº 11.101, de 9 de fevereiro de 2005, opte por liquidar os referidos débitos para com a Fazenda Nacional por meio de outra modalidade de parcelamento instituído por lei federal, desde que atendidas as condições previstas na lei, hipótese em que será firmado ou mantido o termo de compromisso a que se refere o § 2º-A deste artigo, sob pena de indeferimento ou de exclusão do parcelamento, conforme o caso.

§ 1º-B. O valor do crédito de que trata o inciso VI do *caput* deste artigo, decorrente de prejuízo fiscal e de base de cálculo negativa da CSLL, será determinado por meio da aplicação das seguintes alíquotas:

I – 25% (vinte e cinco por cento) sobre o montante do prejuízo fiscal;

II – 20% (vinte por cento) sobre a base de cálculo negativa da CSLL, no caso das pessoas jurídicas de seguros privados, das pessoas jurídicas de capitalização e das pessoas jurídicas referidas nos incisos I, II, III, IV, V, VI, VII e X do § 1º do art. 1º da Lei Complementar nº 105, de 10 de janeiro de 2001;

III – 17% (dezessete por cento) sobre a base de cálculo negativa da CSLL, no caso das pessoas jurídicas referidas no inciso IX do § 1º do art. 1º da Lei Complementar nº 105, de 10 de janeiro de 2001;

IV – 9% (nove por cento) sobre a base de cálculo negativa da CSLL, no caso das demais pessoas jurídicas.

§ 1º-C. A adesão ao parcelamento abrangerá a totalidade dos débitos exigíveis em nome do sujeito passivo, observadas as seguintes condições e ressalvas:

I – os débitos sujeitos a outros parcelamentos ou que comprovadamente sejam objeto de discussão judicial poderão ser excluídos, estes últimos mediante:

a) o oferecimento de garantia idônea e suficiente, aceita pela Fazenda Nacional em juízo; ou

b) a apresentação de decisão judicial em vigor e eficaz que determine a suspensão de sua exigibilidade;

II – a garantia prevista na alínea *a* do inciso I deste parágrafo não poderá ser incluída no plano de recuperação judicial, permitida a sua execução regular, inclusive por meio da expropriação, se não houver a suspensão da exigibilidade ou a extinção do crédito em discussão judicial;

III – o disposto no inciso II deste § 1º-C também se aplica aos depósitos judiciais regidos pela Lei nº 9.703, de 17 de novembro de 1998, e pela Lei nº 12.099, de 27 de novembro de 2009.

• §§ 1º-A a 1º-C acrescidos pela Lei nº 14.112, de 24-12-2020.

§ 2º Na hipótese de o sujeito passivo optar pela inclusão, no parcelamento de que trata este artigo, de débitos que se encontrem sob discussão administrativa ou judicial, submetidos ou não a causa legal de suspensão de exigibilidade, deverá ele comprovar que desistiu expressamente e de forma irrevogável da impugnação ou do recurso interposto, ou da ação judicial e, cumulativamente, que renunciou às alegações de direito sobre as quais se fundam a ação judicial e o recurso administrativo.

• § 2º com a redação dada pela Lei nº 14.112, de 24-12-2020.

§ 2º-A. Para aderir ao parcelamento de que trata este artigo, o sujeito passivo firmará termo de compromisso, no qual estará previsto:

I – o fornecimento à Secretaria Especial da Receita Federal do Brasil e à Procuradoria-Geral da Fazenda Nacional de informações bancárias, incluídas aquelas sobre extratos de fundos ou aplicações financeiras e sobre eventual comprometimento de recebíveis e demais ativos futuros;

II – o dever de amortizar o saldo devedor do parcelamento de que trata este artigo com percentual do produto de cada alienação de bens e direitos integrantes do ativo não circulante realizada durante o período de vigência do plano de recuperação judicial, sem prejuízo do disposto no inciso III do § 4º deste artigo;

III – o dever de manter a regularidade fiscal;

IV – o cumprimento regular das obrigações para com o Fundo de Garantia do Tempo de Serviço (FGTS).

§ 2º-B. Para fins do disposto no inciso II do § 2º-A deste artigo:

I – a amortização do saldo devedor implicará redução proporcional da quantidade de parcelas vincendas;

II – observado o limite máximo de 30% (trinta por cento) do produto da alienação, o percentual a ser destinado para a amortização do parcelamento corresponderá à razão entre o valor total do passivo fiscal e o valor total de dívidas do devedor, na data do pedido de recuperação judicial.

• §§ 2º-A e 2º-B acrescidos pela Lei nº 14.112, de 24-12-2020.

§ 3º O empresário ou a sociedade empresária poderá, a seu critério, desistir dos parcelamentos em curso, independentemente da modalidade, e solicitar o parcelamento nos termos estabelecidos neste artigo.

• § 3º com a redação dada pela Lei nº 14.112, de 24-12-2020.

§ 4º Implicará a exclusão do sujeito passivo do parcelamento:

• *Caput* do § 4º com a redação dada pela Lei nº 14.112, de 24-12-2020.

I – a falta de pagamento de 6 (seis) parcelas consecutivas ou de 9 (nove) parcelas alternadas;

II – a falta de pagamento de 1 (uma) até 5 (cinco) parcelas, conforme o caso, se todas as demais estiverem pagas;

III – a constatação, pela Secretaria Especial da Receita Federal do Brasil ou pela Procuradoria-Geral da Fazenda Nacional, de qualquer ato tendente ao esvaziamento patrimonial do sujeito passivo como forma de fraudar o cumprimento do parcelamento, observado, no que couber, o disposto no inciso II do § 2º-A deste artigo;

IV – a decretação de falência ou extinção, pela liquidação, da pessoa jurídica optante;

V – a concessão de medida cautelar fiscal, nos termos da Lei nº 8.397, de 6 de janeiro de 1992;

VI – a declaração de inaptidão da inscrição no Cadastro Nacional da Pessoa Jurídica (CNPJ), nos termos dos arts. 80 e 81 da Lei nº 9.430, de 27 de dezembro de 1996;

VII – a extinção sem resolução do mérito ou a não concessão da recuperação judicial, bem como a convolação desta em falência; ou

VIII – o descumprimento de quaisquer das condições previstas neste artigo, inclusive quanto ao disposto no § 2º-A deste artigo.

• Incisos I a VIII acrescidos pela Lei nº 14.112, de 24-12-2020.

§ 4º-A. São consequências da exclusão prevista no § 4º deste artigo:

I – a exigibilidade imediata da totalidade do débito confessado e ainda não pago, com o prosseguimento das execuções fiscais relacionadas aos créditos cuja exigibilidade estava suspensa, inclusive com a possibilidade de prática de atos de constrição e de alienação pelos juízos que as processam, ressalvada a hipótese prevista no inciso IV deste parágrafo;

II – a execução automática das garantias;

III – o restabelecimento em cobrança dos valores liquidados com os créditos, na hipótese de parcelamento na modalidade prevista no inciso VI do *caput* deste artigo;

IV – a faculdade de a Fazenda Nacional requerer a convolação da recuperação judicial em falência.

• § 4º-A acrescido pela Lei nº 14.112, de 24-12-2020.

§ 5º O empresário ou a sociedade empresária poderá ter apenas 1 (um) parcelamento perante a Fazenda Nacional, cujos débitos constituídos, inscritos ou não em dívida ativa da União, poderão ser incluídos até a data do pedido de parcelamento.

§ 6º A concessão do parcelamento não implica a liberação dos bens e dos direitos do devedor ou de seus responsáveis que tenham sido constituídos em garantia dos créditos.

• §§ 5º e 6º com a redação dada pela Lei nº 14.112, de 24-12-2020.

§ 7º O parcelamento referido nos incisos V e VI do *caput* deste artigo observará as demais condições previstas nesta Lei, ressalvado o disposto nos seguintes dispositivos:

• *Caput* do § 7º com a redação dada pela Lei nº 14.112, de 24-12-2020.

I – § 1º do art. 11;

II – inciso II do § 1º do art. 12;

III – inciso VIII do *caput* do art. 14;

IV – § 2º do art. 14-A.

• Incisos I a IV acrescidos pela Lei nº 14.112, de 24-12-2020.

§ 7º-A. As microempresas e as empresas de pequeno porte farão jus a prazos 20% (vinte por cento) superiores àqueles regularmente concedidos às demais empresas.

• § 7º-A acrescido pela Lei nº 14.112, de 24-12-2020.

LEG. COMPLEMENTAR

§ 8º O disposto neste artigo aplica-se, no que couber, aos créditos de qualquer natureza das autarquias e das fundações públicas federais, ressalvada a modalidade de parcelamento de que trata o inciso VI do *caput* deste artigo.

- § 8º acrescido pela Lei nº 14.112, de 24-12-2020.

Art. 10-B. O empresário ou a sociedade empresária que pleitear ou tiver deferido o processamento da recuperação judicial, nos termos dos arts. 51, 52 e 70 da Lei nº 11.101, de 9 de fevereiro de 2005, poderá parcelar os seus débitos para com a Fazenda Nacional existentes, ainda que não vencidos até a data do protocolo da petição inicial da recuperação judicial, relativos aos tributos previstos nos incisos I e II do *caput* do art. 14 desta Lei, constituídos ou não, inscritos ou não em dívida ativa, em até 24 (vinte e quatro) parcelas mensais e consecutivas, calculadas de modo a observar os seguintes percentuais mínimos, aplicados sobre o valor da dívida consolidada:

I – da primeira à sexta prestação: 3% (três por cento);

II – da sétima à décima segunda prestação: 6% (seis por cento);

III – da décima terceira prestação em diante: percentual correspondente ao saldo remanescente, em até 12 (doze) prestações mensais e sucessivas.

§ 1º O disposto no art. 10-A desta Lei, exceto quanto aos incisos V e VI do *caput*, ao § 1º-B e ao inciso III do § 4º-A, aplica-se ao parcelamento de que trata este artigo.

§ 2º As microempresas e as empresas de pequeno porte farão jus a prazos 20% (vinte por cento) superiores àqueles regularmente concedidos às demais empresas.

Art. 10-C. Alternativamente ao parcelamento de que trata o art. 10-A desta Lei e às demais modalidades de parcelamento instituídas por lei federal porventura aplicáveis, o empresário ou a sociedade empresária que tiver o processamento da recuperação judicial deferido poderá, até o momento referido no art. 57 da Lei nº 11.101, de 9 de fevereiro de 2005, submeter à Procuradoria-Geral da Fazenda Nacional proposta de transação relativa a créditos inscritos em dívida ativa da União, nos termos da Lei nº 13.988, de 14 de abril de 2020, observado que:

I – o prazo máximo para quitação será de até 120 (cento e vinte) meses, observado, no que couber, o disposto no § 3º do art. 11 da Lei nº 13.988, de 14 de abril de 2020;

II – o limite máximo para reduções será de até 70% (setenta por cento);

III – a apresentação de proposta ou a análise de proposta de transação formulada pelo devedor caberá à Procuradoria-Geral da Fazenda Nacional, em juízo de conveniência e oportunidade, obedecidos os requisitos previstos nesta Lei e em atos regulamentares, de forma motivada, observados o interesse público e os princípios da isonomia, da capacidade contributiva, da transparência, da moralidade, da livre concorrência, da preservação da atividade empresarial, da razoável duração dos processos e da eficiência, e utilizados como parâmetros, entre outros:

a) a recuperabilidade do crédito, inclusive considerando eventual prognóstico em caso de falência;

b) a proporção entre o passivo fiscal e o restante das dívidas do sujeito passivo; e

c) o porte e a quantidade de vínculos empregatícios mantidos pela pessoa jurídica;

IV – a cópia integral do processo administrativo de análise da proposta de transação, ainda que esta tenha sido rejeitada, será encaminhada ao juízo da recuperação judicial;

V – os seguintes compromissos adicionais serão exigidos do proponente, sem prejuízo do disposto no art. 3º da Lei nº 13.988, de 14 de abril de 2020:

a) fornecer à Procuradoria-Geral da Fazenda Nacional informações bancárias e empresariais, incluídas aquelas sobre extratos de fundos ou aplicações financeiras e sobre eventual comprometimento de recebíveis e demais ativos futuros;

b) manter regularidade fiscal perante a União;

c) manter o Certificado de Regularidade do FGTS;

d) demonstrar a ausência de prejuízo decorrente do cumprimento das obrigações contraídas com a celebração da transação em caso de alienação ou de oneração de bens ou direitos integrantes do respectivo ativo não circulante;

VI – a apresentação da proposta de transação suspenderá o andamento das execuções fiscais, salvo oposição justificada por parte da Procuradoria-Geral da Fazenda Nacional, a ser apreciada pelo respectivo juízo; e

VII – a rescisão da transação por inadimplemento de parcelas somente ocorrerá nas seguintes hipóteses:

a) falta de pagamento de 6 (seis) parcelas consecutivas ou de 9 (nove) parcelas alternadas; e

b) falta de pagamento de 1 (uma) até 5 (cinco) parcelas, conforme o caso, se todas as demais estiverem pagas.

§ 1º O limite de que trata o inciso I do *caput* deste artigo poderá ser ampliado em até 12 (doze) meses adicionais quando constatado que o devedor em recuperação judicial desenvolve projetos sociais, nos termos da regulamentação a que se refere a Lei nº 13.988, de 14 de abril de 2020.

§ 2º O disposto neste artigo aplica-se, no que couber, aos créditos de qualquer natureza das autarquias e das fundações públicas federais.

§ 3º Na hipótese de os créditos referidos no § 2º deste artigo consistirem em multa decorrente do exercício de poder de polícia, não será aplicável o disposto no inciso I do § 2º do art. 11 da Lei nº 13.988, de 14 de abril de 2020.

§ 4º Os Estados, o Distrito Federal e os Municípios poderão, por lei de iniciativa própria, autorizar que o disposto neste artigo seja aplicado a seus créditos.

- Arts. 10-B e 10-C acrescidos pela Lei nº 14.112, de 24-12-2020.

Art. 11. O parcelamento terá sua formalização condicionada ao prévio pagamento da primeira prestação, conforme o montante do débito e o prazo solicitado, observado o disposto no § 1º do art. 13 desta Lei.

- *Caput* com a redação dada pela Lei nº 11.941, de 27-5-2009.
- A Lei nº 11.941, de 27-5-2009, ao converter a MP nº 449, de 3-12-2008, não manteve os acréscimos dos incisos I e II.

§ 1º Observados os limites e as condições estabelecidos em portaria do Ministro de Estado da Fazenda, em se tratando de débitos inscritos em Dívida Ativa, a concessão do parcelamento fica condicionada à apresentação, pelo devedor, de garantia real ou fidejussória, inclusive fiança bancária, idônea e suficiente para o pagamento do débito, exceto quando se tratar de microempresas e empresas de pequeno porte optantes pela inscrição no Sistema Integrado de Pagamento de Impostos e Contribuições das Microempresas e das Empresas de Pequeno Porte – SIMPLES, de que trata a Lei nº 9.317, de 5 de dezembro de 1996.

§ 2º Enquanto não deferido o pedido, o devedor fica obrigado a recolher, a cada mês, como antecipação, valor correspondente a uma parcela.

§ 3º O não cumprimento do disposto neste artigo implicará o indeferimento do pedido.

- A Lei nº 11.941, de 27-5-2009, ao converter a MP nº 449, de 3-12-2008, não manteve as alterações dos §§ 1º a 3º.

§§ 4º a 9º *Revogados*. Lei nº 11.941, de 27-5-2009.

Art. 12. O pedido de parcelamento deferido constitui confissão de dívida e instrumento hábil e suficiente para a exigência do crédito tributário, podendo a exatidão dos valores parcelados ser objeto de verificação.

- *Caput* com a redação dada pela Lei nº 11.941, de 27-5-2009.

§ 1º Cumpridas as condições estabelecidas no art. 11 desta Lei, o parcelamento será:

I – consolidado na data do pedido; e

II – considerado automaticamente deferido quando decorrido o prazo de 90 (noventa) dias, contado da data do pedido de parcelamento sem que a Fazenda Nacional tenha se pronunciado.

- Antigo parágrafo único transformado em § 1º pela Lei nº 11.941, de 27-5-2009.

§ 2º Enquanto não deferido o pedido, o devedor fica obrigado a recolher, a cada mês, como antecipação, valor correspondente a uma parcela.

- § 2º acrescido pela Lei nº 11.941, de 27-5-2009.

Art. 13. O valor de cada prestação mensal, por ocasião do pagamento, será acrescido de juros equivalentes à taxa referencial do Sistema Especial de Liquidação e de Custódia – SELIC para títulos federais, acumulada mensalmente, calculados a partir do mês subsequente ao da consolidação até o mês anterior ao do pagamento, e de 1% (um por cento) relativamente ao mês em que o pagamento estiver sendo efetuado.

§ 1º O valor mínimo de cada prestação será fixado em ato conjunto do Secretário da Receita Federal do Brasil e do Procurador-Geral da Fazenda Nacional.

§ 2º No caso de parcelamento de débito inscrito em Dívida Ativa da União, o devedor pagará custas, emolumentos e demais encargos legais.

- Art. 13 com a redação dada pela Lei nº 11.941, de 27-5-2009.

Art. 13-A. O parcelamento dos débitos decorrentes das contribuições sociais instituídas pelos arts. 1º e 2º da Lei Complementar nº 110, de 29 de junho de 2001, será requerido perante a Caixa Econômica Federal, aplicando-se-lhe o disposto no *caput* do art. 10, nos arts. 11 e 12, no § 2º do art. 13 e nos arts. 14 e 14-B desta Lei.

- *Caput* com a redação dada pela Lei nº 11.941, de 27-5-2009.

§ 1º O valor da parcela será determinado pela divisão do montante do débito consolidado pelo número de parcelas.

§ 2º Para fins do disposto no § 1º deste artigo, o montante do débito será atualizado e acrescido dos encargos previstos na Lei nº 8.036, de 11 de maio de 1990, e, se for o caso, no Decreto-Lei nº 1.025, de 21 de outubro de 1969.

§ 3º O Ministro de Estado da Fazenda poderá, nos limites do disposto neste artigo, delegar competência para regulamentar e autorizar o parcelamento dos débitos não inscritos em dívida ativa da União.

§ 4º A concessão do parcelamento dos débitos a que se refere este artigo inscritos em dívida ativa da União compete privativamente à Procuradoria-Geral da Fazenda Nacional.

- §§ 1º a 4º acrescidos pela Lei nº 11.345, de 14-9-2006.

§ 5º É vedado o reparcelamento de débitos a que se refere o *caput*, exceto quando inscritos em Dívida Ativa da União.

- § 5º com a redação dada pela Lei nº 11.941, de 27-5-2009.

Art. 14. É vedada a concessão de parcelamento de débitos relativos a:

I – tributos passíveis de retenção na fonte, de desconto de terceiros ou de sub-rogação;

- Inciso I com a redação dada pela Lei nº 11.941, de 27-5-2009.

II – Imposto sobre Operações de Crédito, Câmbio e Seguro e sobre Operações relativas a Títulos e Valores Mobiliários – IOF, retido e não recolhido ao Tesouro Nacional;

III – valores recebidos pelos agentes arrecadadores não recolhidos aos cofres públicos;

IV – tributos devidos no registro da Declaração de Importação;

V – incentivos fiscais devidos ao Fundo de Investimento do Nordeste – FINOR, Fundo de Investimento da Amazônia – FINAM e Fundo de Recuperação do Estado do Espírito Santo – FUNRES;

VI – pagamento mensal por estimativa do Imposto sobre a Renda da Pessoa Jurídica – IRPJ e da Contribuição Social sobre o Lucro Líquido – CSLL, na forma do art. 2º da Lei nº 9.430, de 27 de dezembro de 1996;

VII – recolhimento mensal obrigatório da pessoa física relativo a rendimentos de que trata o art. 8º da Lei nº 7.713, de 22 de dezembro de 1988;

VIII – tributo ou outra exação qualquer, enquanto não integralmente pago parcelamento anterior relativo ao mesmo tributo ou exação, salvo nas hipóteses previstas no art. 14-A desta Lei;

IX – tributos devidos por pessoa jurídica com falência decretada ou por pessoa física com insolvência civil decretada; e

X – créditos tributários devidos na forma do art. 4º da Lei nº 10.931, de 2 de agosto de 2004, pela incorporadora optante do Regime Especial Tributário do Patrimônio de Afetação.

- Incisos IV a X com a redação dada pela Lei nº 11.941, de 27-5-2009.
- A Lei nº 11.941, de 27-5-2009, ao converter a MP nº 449, de 3-12-2008, não manteve o acréscimo do inciso XI.

Parágrafo único. *Revogado*. Lei nº 11.941, de 27-5-2009.

Art. 14-A. Observadas as condições previstas neste artigo, será admitido reparcelamento de débitos constantes de parcelamento em andamento ou que tenha sido rescindido.

§ 1º No reparcelamento de que trata o *caput* deste artigo poderão ser incluídos novos débitos.

§ 2º A formalização do pedido de reparcelamento previsto neste artigo fica condicionada ao recolhimento da primeira parcela em valor correspondente a:

I – 10% (dez por cento) do total dos débitos consolidados; ou

II – 20% (vinte por cento) do total dos débitos consolidados, caso haja débito com histórico de reparcelamento anterior.

§ 3º Aplicam-se subsidiariamente aos pedidos de que trata este artigo as demais disposições relativas ao parcelamento previstas nesta Lei.

Art. 14-B. Implicará imediata rescisão do parcelamento e remessa do débito para inscrição em Dívida Ativa da União ou prosseguimento da execução, conforme o caso, a falta de pagamento:

I – de 3 (três) parcelas, consecutivas ou não; ou

II – de 1 (uma) parcela, estando pagas todas as demais.

Art. 14-C. Poderá ser concedido, de ofício ou a pedido, parcelamento simplificado, importando o pagamento da primeira prestação em confissão de dívida e instrumento hábil e suficiente para a exigência do crédito tributário.

Parágrafo único. Ao parcelamento de que trata o *caput* deste artigo não se aplicam as vedações estabelecidas no art. 14 desta Lei.

Art. 14-D. Os parcelamentos concedidos a Estados, Distrito Federal ou Municípios conterão cláusulas em que estes autorizem a retenção do Fundo de Participação dos Estados - FPE ou do Fundo de Participação dos Municípios - FPM.

Parágrafo único. O valor mensal das obrigações previdenciárias correntes, para efeito deste artigo, será apurado com base na respectiva Guia de Recolhimento do Fundo de Garantia do Tempo de Serviço e de Informações à Previdência Social - GFIP ou, no caso de sua não apresentação no prazo legal, estimado, utilizando-se a média das últimas 12 (doze) competências recolhidas anteriores ao mês da retenção prevista no *caput* deste artigo, sem prejuízo da cobrança ou restituição ou compensação de eventuais diferenças.

- A Lei nº 11.941, de 27-5-2009, ao converter a MP nº 449, de 3-12-2008, não manteve os incisos I a III do *caput* e, também, o § 1º.

Art. 14-E. Mensalmente, a Secretaria da Receita Federal do Brasil e a Procuradoria-Geral da Fazenda Nacional divulgarão, em seus sítios na internet, demonstrativos dos parcelamentos concedidos no âmbito de suas competências.

Art. 14-F. A Secretaria da Receita Federal do Brasil e a Procuradoria-Geral da Fazenda Nacional, no âmbito de suas competências, editarão atos necessários à execução do parcelamento de que trata esta Lei.

- Arts. 14-A a 14-F com a redação dada pela Lei nº 11.941, de 27-5-2009.

Art. 15. Observados os requisitos e as condições estabelecidos nesta Lei, os parcelamentos de débitos vencidos até 31 de julho de 1998 poderão ser efetuados em até:

I - 96 (noventa e seis) prestações, se solicitados até 31 de outubro de 1998;

II - 72 (setenta e duas) prestações, se solicitados até 30 de novembro de 1998;

III - 60 (sessenta) prestações, se solicitados até 31 de dezembro de 1998.

§ 1º O disposto neste artigo aplica-se aos débitos de qualquer natureza para com a Fazenda Nacional, inscritos ou não como Dívida Ativa, mesmo em fase de execução fiscal já ajuizada, ou que tenham sido objeto de parcelamento anterior, não integralmente quitado, ainda que cancelado por falta de pagamento.

§ 2º A vedação de que trata o art. 14, na hipótese a que se refere este artigo, não se aplica a entidades esportivas e entidades assistenciais, sem fins lucrativos.

§ 3º Ao parcelamento previsto neste artigo, inclusive os requeridos e já concedidos, a partir de 29 de junho de 1998, aplicam-se os juros de que trata o art. 13.

§ 4º Constitui condição para o deferimento do pedido de parcelamento e sua manutenção a inexistência de débitos em situação irregular, de tributos e contribuições federais de responsabilidade do sujeito passivo, vencidos posteriormente a 31 de dezembro de 1997.

§ 5º O Ministro de Estado da Fazenda fixará requisitos e condições especiais para o parcelamento previsto no *caput* deste artigo.

Art. 16. Os débitos para com a Fazenda Nacional, decorrentes de avais e outras garantias honradas em operações externas e internas e os de natureza financeira transferidos à União por força da extinção de entidades públicas federais, existentes em 30 de setembro de 1996, incluindo eventuais repactuações, poderão ser parcelados com prazo de até 72 (setenta e dois) meses, desde que os pedidos de parcelamento sejam protocolizados até 15 de abril de 1997, obedecidos aos requisitos e demais condições estabelecidos nesta Lei.

§ 1º O saldo devedor da dívida será atualizado no primeiro dia útil de cada mês, de acordo com a variação da Taxa Referencial - TR, ocorrida no mês anterior, acrescida de 12% a.a. (doze por cento ao ano), mais 0,5% a.a. (cinco décimos por cento ao ano) sobre o saldo devedor destinado à administração do crédito pelo agente financeiro.

§ 2º O parcelamento será formalizado, mediante a celebração de contrato de confissão, consolidação e parcelamento de dívida, sem implicar novação, junto ao Banco do Brasil S.A., na qualidade de agente financeiro do Tesouro Nacional.

§ 3º Os contratos de parcelamento das dívidas decorrentes de honra de aval em operações externas incluirão, obrigatoriamente, cláusula que autorize o bloqueio de recursos na rede bancária, à falta de pagamento de qualquer parcela, decorridos 30 (trinta) dias do vencimento.

Art. 17. Fica acrescentado o seguinte parágrafo ao art. 84 da Lei nº 8.981, de 20 de janeiro de 1995:

- Alterações inseridas no texto da referida Lei.

Art. 18. Ficam dispensados a constituição de créditos da Fazenda Nacional, a inscrição como Dívida Ativa da União, o ajuizamento da respectiva execução fiscal, bem assim cancelados o lançamento e a inscrição, relativamente:

I - à contribuição de que trata a Lei nº 7.689, de 15 de dezembro de 1988, incidente sobre o resultado apurado no período base encerrado em 31 de dezembro de 1988;

II - ao empréstimo compulsório instituído pelo Decreto-Lei nº 2.288, de 23 de julho de 1986, sobre a aquisição de veículos automotores e de combustível;

III - à contribuição ao Fundo de Investimento Social - Finsocial, exigida das empresas exclusivamente vendedoras de mercadorias e mistas, com fundamento no art. 9º da Lei nº 7.689, de 1988, na alíquota superior a 0,5% (cinco décimos por cento), conforme Leis nºs 7.787, de 30 de junho de 1989, 7.894, de 24 de novembro de 1989, e 8.147, de 28 de dezembro de 1990, acrescida do adicional de 0,1% (um décimo por cento) sobre os fatos geradores relativos ao exercício de 1988, nos termos do art. 22 do Decreto-Lei nº 2.397, de 21 de dezembro de 1987;

IV - ao imposto provisório sobre a movimentação ou a transmissão de valores e de créditos e direitos de natureza financeira - IPMF, instituído pela Lei Complementar nº 77, de 13 de julho de 1993, relativo ao ano base 1993, e às imunidades previstas no art. 150, inciso VI, alíneas *a*, *b*, *c* e *d*, da Constituição;

V - à taxa de licenciamento de importação, exigida nos termos do art. 10 da Lei nº 2.145, de 29 de dezembro de 1953, com a redação da Lei nº 7.690, de 15 de dezembro de 1988;

VI - à sobretarifa ao Fundo Nacional de Telecomunicações;

VII - ao adicional de tarifa portuária, salvo em se tratando de operações de importação e exportação de mercadorias quando objeto de comércio de navegação de longo curso;

VIII - à parcela da contribuição ao Programa de Integração Social exigida na forma do Decreto-Lei nº 2.445, de 29 de junho de 1988, e do Decreto-Lei nº 2.449, de 21 de julho de 1988, na parte que exceda o valor devido com fulcro na Lei Complementar nº 7, de 7 de setembro de 1970, e alterações posteriores;

IX - à contribuição para o financiamento da seguridade social - COFINS, nos termos do art. 7º da Lei Complementar nº 70, de 30 de dezembro de 1991, com a redação dada pelo art. 1º da Lei Complementar nº 85, de 15 de fevereiro de 1996;

X – à Cota de Contribuição revigorada pelo art. 2º do Decreto-Lei nº 2.295, de 21 de novembro de 1986.

• Inciso X acrescido pela Lei nº 11.051, de 29-12-2004.

§ 1º Ficam cancelados os débitos inscritos em Dívida Ativa da União, de valor consolidado igual ou inferior a R$ 100,00 (cem reais).

§ 2º Os autos das execuções fiscais dos débitos de que trata este artigo serão arquivados mediante despacho do juiz, ciente o Procurador da Fazenda Nacional, salvo a existência de valor remanescente relativo a débitos legalmente exigíveis.

§ 3º O disposto neste artigo não implicará restituição *ex officio* de quantia paga.

Art. 18-A. Comitê formado de integrantes do Conselho Administrativo de Recursos Fiscais, da Secretaria Especial da Receita Federal do Brasil do Ministério da Economia e da Procuradoria-Geral da Fazenda Nacional editará enunciados de súmula da administração tributária federal, conforme o disposto em ato do Ministro de Estado da Economia, que deverão ser observados nos atos administrativos, normativos e decisórios praticados pelos referidos órgãos.

• Art. 18-A acrescido pela Lei nº 13.874, de 20-9-2019.

Art. 19. Fica a Procuradoria-Geral da Fazenda Nacional dispensada de contestar, de oferecer contrarrazões e de interpor recursos, e fica autorizada a desistir de recursos já interpostos, desde que inexista outro fundamento relevante, na hipótese em que a ação ou a decisão judicial ou administrativa versar sobre:

• *Caput* com a redação dada pela Lei nº 13.874, de 20-9-2019.

I – matérias de que trata o art. 18;

II – tema que seja objeto de parecer, vigente e aprovado, pelo Procurador-Geral da Fazenda Nacional, que conclua no mesmo sentido do pleito do particular;

• Inciso II com a redação dada pela Lei nº 13.874, de 20-9-2019.

III – VETADO; Lei nº 12.788, de 14-1-2013.

IV – tema sobre o qual exista súmula ou parecer do Advogado-Geral da União que conclua no mesmo sentido do pleito do particular;

V – tema fundado em dispositivo legal que tenha sido declarado inconstitucional pelo Supremo Tribunal Federal em sede de controle difuso e tenha tido sua execução suspensa por resolução do Senado Federal, ou tema sobre o qual exista enunciado de súmula vinculante ou que tenha sido definido pelo Supremo Tribunal Federal em sentido desfavorável à Fazenda Nacional em sede de controle concentrado de constitucionalidade;

• Incisos IV e V com a redação dada pela Lei nº 13.874, de 20-9-2019.

VI – tema decidido pelo Supremo Tribunal Federal, em matéria constitucional, ou pelo Superior Tribunal de Justiça, pelo Tribunal Superior do Trabalho, pelo Tribunal Superior Eleitoral ou pela Turma Nacional de Uniformização de Jurisprudência, no âmbito de suas competências, quando:

a) for definido em sede de repercussão geral ou recurso repetitivo; ou

b) não houver viabilidade de reversão da tese firmada em sentido desfavorável à Fazenda Nacional, conforme critérios definidos em ato do Procurador-Geral da Fazenda Nacional; e

VII – tema que seja objeto de súmula da administração tributária federal de que trata o art. 18-A desta Lei.

• Incisos VI e VII acrescidos pela Lei nº 13.874, de 20-9-2019.

§ 1º Nas matérias de que trata este artigo, o Procurador da Fazenda Nacional que atuar no feito deverá, expressamente:

I – reconhecer a procedência do pedido, quando citado para apresentar resposta, inclusive em embargos à execução fiscal e exceções de pré-executividade, hipóteses em que não haverá condenação em honorários; ou

II – manifestar o seu desinteresse em recorrer, quando intimado da decisão judicial.

• § 1º com a redação dada pela Lei nº 12.844, de 19-7-2013.

§ 2º A sentença, ocorrendo a hipótese do § 1º, não se subordinará ao duplo grau de jurisdição obrigatório.

§§ 3º a 5º *Revogados*. Lei nº 13.874, de 20-9-2019..

§ 6º VETADO. Lei nº 12.788, de 14-1-2013.

§ 7º *Revogado*. Lei nº 13.874, de 20-9-2019.

§ 8º O parecer da Procuradoria-Geral da Fazenda Nacional que examina a juridicidade de proposições normativas não se enquadra no disposto no inciso II do *caput* deste artigo.

§ 9º A dispensa de que tratam os incisos V e VI do *caput* deste artigo poderá ser estendida a tema não abrangido pelo julgado, quando a ele forem aplicáveis os fundamentos determinantes extraídos do julgamento paradigma ou da jurisprudência consolidada, desde que inexista outro fundamento relevante que justifique a impugnação em juízo.

§ 10. O disposto neste artigo estende-se, no que couber, aos demais meios de impugnação às decisões judiciais.

§ 11. O disposto neste artigo aplica-se a todas as causas em que as unidades da Procuradoria-Geral da Fazenda Nacional devam atuar na qualidade de representante judicial ou de autoridade coatora.

§ 12. Os órgãos do Poder Judiciário e as unidades da Procuradoria-Geral da Fazenda Nacional poderão, de comum acordo, realizar mutirões para análise do enquadramento de processos ou de recursos nas hipóteses previstas neste artigo e celebrar negócios processuais com fundamento no disposto no art. 190 da Lei nº 13.105, de 16 de março de 2015 (Código de Processo Civil).

§ 13. Sem prejuízo do disposto no § 12 deste artigo, a Procuradoria-Geral da Fazenda Nacional regulamentará a celebração de negócios jurídicos processuais em seu âmbito de atuação, inclusive na cobrança administrativa ou judicial da dívida ativa da União.

• §§ 8º a 13 acrescidos pela Lei nº 13.874, de 20-9-2019.

Art. 19-A. Os Auditores-Fiscais da Secretaria Especial da Receita Federal do Brasil não constituirão os créditos tributários relativos aos temas de que trata o art. 19 desta Lei, observado:

I – o disposto no parecer a que se refere o inciso II do *caput* do art. 19 desta Lei, que será aprovado na forma do art. 42 da Lei Complementar nº 73, de 10 de fevereiro de 1993, ou que terá concordância com a sua aplicação pela Secretaria Especial da Receita Federal do Brasil do Ministério da Economia;

II – o parecer a que se refere o inciso IV do *caput* do art. 19 desta Lei, que será aprovado na forma do disposto no art. 40 da Lei Complementar nº 73, de 10 de fevereiro de 1993, ou que, quando não aprovado por despacho do Presidente da República, terá concordância com a sua aplicação pelo Ministro de Estado da Economia; ou

III – nas hipóteses de que tratam o inciso VI do *caput* e o § 9º do art. 19 desta Lei, a Procuradoria-Geral da Fazenda

Nacional deverá manifestar-se sobre as matérias abrangidas por esses dispositivos.

§ 1º Os Auditores-Fiscais da Secretaria Especial da Receita Federal do Brasil do Ministério da Economia adotarão, em suas decisões, o entendimento a que estiverem vinculados, inclusive para fins de revisão de ofício do lançamento e de repetição de indébito administrativa.

§ 2º O disposto neste artigo aplica-se, no que couber, aos responsáveis pela retenção de tributos e, ao emitirem laudos periciais para atestar a existência de condições que gerem isenção de tributos, aos serviços médicos oficiais.

Art. 19-B. Os demais órgãos da administração pública que administrem créditos tributários e não tributários passíveis de inscrição e de cobrança pela Procuradoria-Geral da Fazenda Nacional encontram-se dispensados de constituir e de promover a cobrança com fundamento nas hipóteses de dispensa de que trata o art. 19 desta Lei.

Parágrafo único. A aplicação do disposto no *caput* deste artigo observará, no que couber, as disposições do art. 19-A desta Lei.

- Arts. 19-A e 19-B acrescidos pela Lei nº 13.874, de 20-9-2019.

Art. 19-C. A Procuradoria-Geral da Fazenda Nacional poderá dispensar a prática de atos processuais, inclusive poderá desistir de recursos interpostos, e autorizar a realização de acordos em fase de cumprimento de sentença, a fim de atender a critérios de racionalidade, de economicidade e de eficiência.

- *Caput* com a redação dada pela Lei nº 14.195, de 26-8-2021.

§ 1º O disposto no *caput* deste artigo inclui o estabelecimento de parâmetros de valor para a dispensa da prática de atos processuais.

§ 2º A aplicação do disposto neste artigo não implicará o reconhecimento da procedência do pedido formulado pelo autor.

§ 3º O disposto neste artigo aplica-se, inclusive, à atuação da Procuradoria-Geral da Fazenda Nacional no âmbito do contencioso administrativo fiscal.

- §§ 1º a 3º acrescidos pela Lei nº 13.874, de 20-9-2019.

Art. 19-D. O disposto nos arts. 19, 19-B, 19-C, 19-F, 20-A, 20-B, 20-C e 20-D desta Lei e nos arts. 17 e 18 da Lei nº 14.195, de 26 de agosto de 2021, aplica-se, no que couber, à Procuradoria-Geral da União, à Procuradoria-Geral Federal e à Procuradoria-Geral do Banco Central do Brasil, sem prejuízo do disposto na Lei nº 9.469, de 10 de julho de 1997.

- *Caput* com a redação dada pela Lei nº 14.375, de 21-6-2022.

§ 1º Aos órgãos da administração pública federal direta, representados pela Procuradoria-Geral da União, e às autarquias e fundações públicas, representadas pela Procuradoria-Geral Federal ou pela Procuradoria-Geral do Banco Central do Brasil, aplica-se, no que couber, o disposto no art. 19-B desta Lei.

§ 2º Ato do Advogado-Geral da União disciplinará o disposto neste artigo.

- §§ 1º e 2º acrescidos pela Lei nº 13.874, de 20-9-2019.

Art. 19-E. **Revogado.** ***MP nº 1.160, de 12-1-2023, que até o encerramento desta edição não havia sido convertida em lei.***

Art. 19-F. A Procuradoria-Geral da Fazenda Nacional poderá contratar, por meio de processo licitatório ou credenciamento, serviços de terceiros para auxiliar sua atividade de cobrança.

§ 1º Os serviços referidos no *caput* deste artigo restringem-se à execução de atos relacionados à cobrança administrativa da dívida ativa que prescindam da utilização de informações protegidas por sigilo fiscal, tais como o contato com os devedores por via telefônica ou por meios digitais, e à administração de bens oferecidos em garantia administrativa ou judicial ou penhorados em execuções fiscais, incluídas atividades de depósito, de guarda, de transporte, de conservação e de alienação desses bens.

§ 2º O órgão responsável, no âmbito de suas competências, deverá regulamentar o disposto neste artigo e definir os requisitos para contratação ou credenciamento, os critérios para seleção das dívidas, o valor máximo admissível e a forma de remuneração do contratado, que poderá ser por taxa de êxito, desde que demonstrada a sua maior adequação ao interesse público e às práticas usuais de mercado.

- Art. 19-F acrescido pela Lei nº 14.195, de 26-8-2021.

Art. 20. Serão arquivados, sem baixa na distribuição, por meio de requerimento do Procurador da Fazenda Nacional, os autos das execuções fiscais de débitos inscritos em dívida ativa da União pela Procuradoria-Geral da Fazenda Nacional ou por ela cobrados, de valor consolidado igual ou inferior àquele estabelecido em ato do Procurador-Geral da Fazenda Nacional.

- *Caput* com a redação dada pela Lei nº 13.874, de 20-9-2019.

§ 1º Os autos de execução a que se refere este artigo serão reativados quando os valores dos débitos ultrapassarem os limites indicados.

§ 2º Serão extintas, mediante requerimento do Procurador da Fazenda Nacional, as execuções que versem exclusivamente sobre honorários devidos à Fazenda Nacional de valor igual ou inferior a R$ 1.000,00 (mil reais).

- § 2º com a redação dada pela Lei nº 11.033, de 21-12-2004.

§ 3º *Revogado.* Lei nº 13.043, de 13-11-2014.

§ 4º No caso de reunião de processos contra o mesmo devedor, na forma do art. 28 da Lei nº 6.830, de 22 de setembro de 1980, para os fins de que trata o limite indicado no *caput* deste artigo, será considerada a soma dos débitos consolidados das inscrições reunidas.

- § 4º acrescido pela Lei nº 11.033, de 21-12-2004.

Art. 20-A. Nos casos de execução contra a Fazenda Nacional, é a Procuradoria-Geral da Fazenda Nacional autorizada a não opor embargos, quando o valor pleiteado pelo exequente for inferior àquele fixado em ato do Ministro da Fazenda.

- Artigo acrescido pela Lei nº 12.649, de 17-5-2012.

Art. 20-B. Inscrito o crédito em dívida ativa da União, o devedor será notificado para, em até cinco dias, efetuar o pagamento do valor atualizado monetariamente, acrescido de juros, multa e demais encargos nela indicados.

§ 1º A notificação será expedida por via eletrônica ou postal para o endereço do devedor e será considerada entregue depois de decorridos quinze dias da respectiva expedição.

§ 2º Presume-se válida a notificação expedida para o endereço informado pelo contribuinte ou responsável à Fazenda Pública.

§ 3º Não pago o débito no prazo fixado no *caput* deste artigo, a Fazenda Pública poderá:

I – comunicar a inscrição em dívida ativa aos órgãos que operam bancos de dados e cadastros relativos a consumidores e aos serviços de proteção ao crédito e congêneres; e

II – averbar, inclusive por meio eletrônico, a certidão de dívida ativa nos órgãos de registro de bens e direitos sujeitos a arresto ou penhora, tornando-os indisponíveis.

- O STF, nos termos do voto do Min. Luís Roberto Barroso (redator para o acórdão), julgou parcialmente procedentes os pedidos formulados nas ADINs nºs 5.881, 5.886, 5.890, 5.925, 5.931, 5.932 para considerar inconstitucional a parte final deste inciso, onde se lê "tornando-os indisponíveis" (*DOU* de 17-12-2020).

Art. 20-C. A Procuradoria-Geral da Fazenda Nacional poderá condicionar o ajuizamento de execuções fiscais à verificação de indícios de bens, direitos ou atividade econômica dos devedores ou corresponsáveis, desde que úteis à satisfação integral ou parcial dos débitos a serem executados.

Parágrafo único. Compete ao Procurador-Geral da Fazenda Nacional definir os limites, critérios e parâmetros para o ajuizamento da ação de que trata o *caput* deste artigo, observados os critérios de racionalidade, economicidade e eficiência.

- Arts. 20-B a 20-C acrescidos pela Lei nº 13.606, de 9-1-2018.

Art. 20-D. Sem prejuízo da utilização das medidas judicias para recuperação e acautelamento dos créditos inscritos, se houver indícios da prática de ato ilícito previsto na legislação tributária, civil e empresarial como causa de responsabilidade de terceiros por parte do contribuinte, sócios, administradores, pessoas relacionadas e demais responsáveis, a Procuradoria-Geral da Fazenda Nacional poderá, a critério exclusivo da autoridade fazendária:

I – notificar as pessoas de que trata o *caput* deste artigo ou terceiros para prestar depoimentos ou esclarecimentos;

II – requisitar informações, exames periciais e documentos de autoridades federais, estaduais e municipais, bem como dos órgãos e entidades da Administração Pública direta, indireta ou fundacional, de qualquer dos Poderes da União, dos Estados, do Distrito Federal e dos Municípios;

III – instaurar procedimento administrativo para apuração de responsabilidade por débito inscrito em dívida ativa da União, ajuizado ou não, observadas, no que couber, as disposições da Lei nº 9.784, de 29 de janeiro de 1999.

- Art. 20-D acrescido pela Lei nº 13.606, de 9-1-2018, promulgado nos termos do art. 66, § 5º, da CF (*DOU* de 18-4-2018).

Art. 20-E. A Procuradoria-Geral da Fazenda Nacional editará atos complementares para o fiel cumprimento do disposto nos arts. 20-B, 20-C e 20-D desta Lei.

- Art. 20-E acrescido pela Lei nº 13.606, de 9-1-2018.

Art. 21. Fica isento do pagamento dos honorários de sucumbência o autor da demanda de natureza tributária, proposta contra a União (Fazenda Nacional), que desistir da ação e renunciar ao direito sobre que ela se funda, desde que:

I – a decisão proferida no processo de conhecimento não tenha transitado em julgado;

II – a renúncia e o pedido de conversão dos depósitos judiciais em renda da União sejam protocolizados até 15 de setembro de 1997.

Art. 22. O pedido poderá ser homologado pelo juiz, pelo relator do recurso, ou pelo presidente do tribunal, ficando extinto o crédito tributário, até o limite dos depósitos convertidos.

§ 1º Na hipótese de a homologação ser da competência do relator ou do presidente do tribunal, incumbirá ao autor peticionar ao juiz de primeiro grau que houver apreciado o feito, informando a homologação da renúncia para que este determine, de imediato, a conversão dos depósitos em renda da União, independentemente do retorno dos autos do processo ou da respectiva ação cautelar à vara de origem.

§ 2º A petição de que trata o § 1º deverá conter o número da conta a que os depósitos estejam vinculados e virá acompanhada de cópia da página do órgão oficial onde tiver sido publicado o ato homologatório.

§ 3º Com a renúncia da ação principal deverão ser extintas todas as ações cautelares a ela vinculadas, nas quais não será devida verba de sucumbência.

Art. 23. O ofício para que o depositário proceda à conversão de depósito em renda deverá ser expedido no prazo máximo de quinze dias, contado da data do despacho judicial que acolher a petição.

Art. 24. As pessoas jurídicas de direito público são dispensadas de autenticar as cópias reprográficas de quaisquer documentos que apresentem em juízo.

Art. 25. O termo de inscrição em Dívida Ativa da União, bem como o das autarquias e fundações públicas federais, a Certidão de Dívida Ativa dele extraída e a petição inicial em processo de execução fiscal poderão ser subscritos manualmente, ou por chancela mecânica ou eletrônica, observadas as disposições legais.

- *Caput* com a redação dada pela Lei nº 11.941, de 27-5-2009.

Parágrafo único. O disposto no *caput* deste artigo aplica-se, também, à inscrição em Dívida Ativa e à cobrança judicial da contribuição, multas e demais encargos previstos na legislação respectiva, relativos ao Fundo de Garantia do Tempo de Serviço.

Art. 26. Fica suspensa a restrição para transferência de recursos federais a Estados, Distrito Federal e Municípios destinados à execução de ações sociais ou ações em faixa de fronteira, em decorrência de inadimplementos objetos de registro no Cadin e no Sistema Integrado de Administração Financeira do Governo Federal – SIAFI.

- *Caput* com a redação dada pela Lei nº 12.810, de 15-5-2013.

§ 1º Na transferência de recursos federais prevista no *caput*, ficam os Estados, o Distrito Federal e os Municípios dispensados da apresentação de certidões exigidas em leis, decretos e outros atos normativos.

§ 2º Não se aplica o disposto neste artigo aos débitos com o Instituto Nacional do Seguro Social – INSS, exceto quando se tratar de transferências relativas à assistência social.

- § 2º com a redação dada pela Lei nº 10.954, de 29-9-2004.

§ 3º Os débitos para com a Fazenda Nacional, vencidos até 31 de maio de 1996, não inscritos na Dívida Ativa da União, de responsabilidade dos Estados, do Distrito Federal, dos Municípios e de suas entidades da administração indireta, decorrentes, exclusivamente, de convênios celebrados com a União, poderão ser parcelados nas seguintes condições:

I – o pedido de parcelamento deverá ser encaminhado, até 31 de agosto de 1998, ao órgão gestor do convênio inadimplido, que o submeterá à Secretaria do Tesouro Nacional com manifestação sobre a conveniência do atendimento do pleito;

II – o pedido deverá ser instruído com autorização legislativa específica, inclusive quanto à vinculação das receitas próprias do beneficiário ou controlador e das quotas de repartição dos tributos a que se referem os arts. 155, 156, 157, 158 e 159, incisos I, alíneas *a* e *c*, e II, da Constituição;

III – o débito objeto do parcelamento será consolidado na data da concessão;

LEG. COMPLEMENTAR

IV – o parcelamento será formalizado pela Procuradoria-Geral da Fazenda Nacional mediante a celebração de contrato de confissão, consolidação e parcelamento de dívida, com a interveniência do Banco do Brasil S.A., na qualidade de Agente Financeiro do Tesouro Nacional, nos termos de convênio a ser celebrado com a União;

V – o vencimento da primeira prestação será trinta dias após a assinatura do contrato de parcelamento;

VI – o pedido de parcelamento constitui confissão irretratável de dívida, mas a exatidão do valor dele constante poderá ser objeto de verificação.

§ 4º Aos contratos celebrados nas condições estabelecidas no § 3º aplica-se o disposto no art. 13 desta Lei.

Art. 26-A. O órgão ou entidade que receber recursos para execução de convênios, contratos de repasse e termos de parcerias na forma estabelecida pela legislação federal estará sujeito a prestar contas da sua boa e regular aplicação, observando-se o disposto nos §§ 1º a 10 deste artigo.

§ 1º Norma específica disporá sobre o prazo para prestação de contas e instauração de tomada de contas especial, se for o caso.

§ 2º Quando a prestação de contas não for encaminhada no prazo estabelecido, será concedido o prazo máximo de 30 (trinta) dias para sua apresentação, ou recolhimento dos recursos, incluídos os rendimentos da aplicação no mercado financeiro, atualizados monetariamente e acrescidos de juros de mora, na forma da lei.

§ 3º Para os convênios em que não tenha havido qualquer execução física nem utilização dos recursos, o recolhimento à conta única do Tesouro deverá ocorrer sem a incidência de juros de mora, mas com os rendimentos da aplicação financeira.

§ 4º Apresentada a prestação de contas, o concedente deverá apreciá-la aprovando ou rejeitando, total ou parcialmente, as contas, de forma motivada.

§ 5º Na ocorrência de uma das hipóteses de inadimplência previstas nos §§ 1º a 4º, ou no caso de as contas prestadas serem rejeitadas total ou parcialmente, o concedente registrará a inadimplência no sistema de gestão do instrumento e comunicará o fato ao órgão de contabilidade analítica a que estiver vinculado, para fins de instauração de tomada de contas especial, ou outro procedimento de apuração no qual sejam garantidos oportunizados o contraditório e a ampla defesa das partes envolvidas.

§ 6º Confirmada a existência de prejuízo ao erário ou desvio dos recursos na forma do § 5º, serão implementadas medidas administrativas ou judiciais para recuperação dos valores, sob pena de responsabilização solidária.

§ 7º Cabe ao prefeito e ao governador sucessores prestarem contas dos recursos provenientes de convênios, contratos de repasse e termos de parcerias firmados pelos seus antecessores.

§ 8º Na impossibilidade de atender ao disposto no § 7º, deverão ser apresentadas ao concedente justificativas que demonstrem o impedimento de prestar contas e solicitação de instauração de tomada de contas especial.

§ 9º Adotada a providência prevista no § 8º, o registro de inadimplência do órgão ou entidade será suspenso, no prazo de até 48 (quarenta e oito) horas, pelo concedente.

§ 10. Norma específica disporá sobre o prazo para registro de inadimplência no sistema de gestão do instrumento e a forma de notificação prévia com os referidos prazos.

- Art. 26-A acrescido pela Lei nº 12.810, de 15-5-2013.

Art. 27. Não cabe recurso de ofício das decisões prolatadas pela Secretaria da Receita Federal do Brasil, em processos relativos a tributos administrados por esse órgão:

- *Caput* com a redação dada pela Lei nº 12.788, de 14-1-2013.

I – quando se tratar de pedido de restituição de tributos;

II – quando se tratar de ressarcimento de créditos do Imposto sobre Produtos Industrializados – IPI, da Contribuição para o PIS/PASEP e da Contribuição para o Financiamento da Seguridade Social – COFINS;

III – quando se tratar de reembolso do salário-família e do salário-maternidade;

IV – quando se tratar de homologação de compensação;

V – nos casos de redução de penalidade por retroatividade benigna; e

VI – nas hipóteses em que a decisão estiver fundamentada em decisão proferida em ação direta de inconstitucionalidade, em súmula vinculante proferida pelo Supremo Tribunal Federal e no disposto no § 6º do art. 19.

- Incisos I a VI acrescidos pela Lei nº 12.788, de 14-1-2013.

Art. 28. O inciso II do art. 3º da Lei nº 8.748, de 9 de dezembro de 1993, passa a ter a seguinte redação:

- Alteração inserida no texto da referida Lei.

Art. 29. Os débitos de qualquer natureza para com a Fazenda Nacional e os decorrentes de contribuições arrecadadas pela União, constituídos ou não, cujos fatos geradores tenham ocorrido até 31 de dezembro de 1994, que não hajam sido objeto de parcelamento requerido até 31 de agosto de 1995, expressos em quantidade de UFIR, serão reconvertidos para real, com base no valor daquela fixado para 1º de janeiro de 1997.

§ 1º A partir de 1º de janeiro de 1997, os créditos apurados serão lançados em reais.

§ 2º Para fins de inscrição dos débitos referidos neste artigo em Dívida Ativa da União, deverá ser informado à Procuradoria-Geral da Fazenda Nacional o valor originário dos mesmos, na moeda vigente à época da ocorrência do fato gerador da obrigação.

§ 3º Observado o disposto neste artigo, bem assim a atualização efetuada para o ano de 2000, nos termos do art. 75 da Lei nº 9.430, de 27 de dezembro de 1996, fica extinta a Unidade de Referência Fiscal – UFIR, instituída pelo art. 1º da Lei nº 8.383, de 30 de dezembro de 1991.

Art. 30. Em relação aos débitos referidos no art. 29, bem como aos inscritos em Dívida Ativa da União, passam a incidir, a partir de 1º de janeiro de 1997, juros de mora equivalentes à taxa referencial do Sistema Especial de Liquidação e de Custódia – SELIC para títulos federais, acumulada mensalmente, até o último dia do mês anterior ao do pagamento, e de 1% (um por cento) no mês de pagamento.

Art. 31. Ficam dispensados a constituição de créditos da Comissão de Valores Mobiliários – CVM, a inscrição na sua Dívida Ativa e o ajuizamento da respectiva execução fiscal, bem assim cancelados o lançamento e a inscrição relativamente:

I – à taxa de fiscalização e seus acréscimos, de que trata a Lei nº 7.940, de 20 de dezembro de 1989, devida a partir de 1º de janeiro de 1990 àquela autarquia, pelas companhias fechadas beneficiárias de incentivos fiscais;

II – às multas cominatórias que tiverem sido aplicadas a essas companhias nos termos da Instrução CVM nº 92, de 8 de dezembro de 1988.

§ 1º O disposto neste artigo somente se aplica àquelas companhias que tenham patrimônio líquido igual ou inferior a R$ 10.000.000,00 (dez milhões de reais), conforme demonstrações financeiras do último exercício social, devidamente auditadas por auditor independente registrado na CVM e procedam ao cancelamento do seu registro na CVM, mediante oferta pública de aquisição da totalidade desses títulos, nos termos do art. 20 e seguintes da Instrução CVM nº 265, de 18 de julho de 1997, caso tenham ações disseminadas no mercado, em 31 de outubro de 1997.

§ 2º Os autos das execuções fiscais dos débitos de que trata este artigo serão arquivados mediante despacho do juiz, ciente o Procurador da CVM, salvo a existência de valor remanescente relativo a débitos legalmente exigíveis.

§ 3º O disposto neste artigo não implicará restituição de quantias pagas.

Art. 32. O art. 33 do Decreto nº 70.235, de 6 de março de 1972, que, por delegação do Decreto-Lei nº 822, de 5 de setembro de 1969, regula o processo administrativo de determinação e exigência de créditos tributários da União, passa a vigorar com a seguinte alteração:

- Alterações inseridas no texto do referido Decreto.
- O STF, por unanimidade de votos, julgou procedente a ADIN nº 1.976-7, para declarar a inconstitucionalidade do art. 32 da MP nº 1.699-41, de 27-10-1998, convertida nesta Lei, que deu nova redação ao § 2º do art. 33 do Dec. nº 70.235, de 6-3-1972 (*DJU* de 18-5-2007).

Art. 33. VETADO.

Art. 34. Fica acrescentado o seguinte parágrafo ao art. 98 da Lei nº 8.212, de 24 de julho de 1991:

- Alteração inserida no texto da referida Lei.

Art. 35. As certidões expedidas pelos órgãos da administração fiscal e tributária poderão ser emitidas pela *internet* (rede mundial de computadores) com as seguintes características:

I – serão válidas independentemente de assinatura ou chancela de servidor dos órgãos emissores;

II – serão instituídas pelo órgão emissor mediante ato específico publicado no *Diário Oficial da União* onde conste o modelo do documento.

Art. 36. O inciso II do art. 11 da Lei nº 9.641, de 25 de maio de 1998, passa a vigorar com a seguinte redação:

"II – o pagamento da gratificação será devido até que seja definida e implementada a estrutura de apoio administrativo da Procuradoria-Geral da Fazenda Nacional.

...."

Art. 37. Os créditos do Banco Central do Brasil passíveis de inscrição e cobrança como Dívida Ativa e não pagos nos prazos previstos serão acrescidos de:

I – juros de mora, contados do primeiro dia do mês subsequente ao do vencimento, equivalentes à taxa referencial do Sistema Especial de Liquidação e de Custódia – SELIC para os títulos federais, acumulada mensalmente, até o último dia do mês anterior ao do pagamento, e de 1% (um por cento) no mês do pagamento;

II – multa de mora de 2% (dois por cento), a partir do primeiro dia após o vencimento do débito, acrescida, a cada 30 (trinta) dias, de igual percentual, até o limite de 20% (vinte por cento), incidente sobre o valor atualizado na forma do inciso I do *caput* deste artigo.

§ 1º Os juros de mora incidentes sobre os créditos provenientes de multas impostas em processo administrativo punitivo que, em razão de recurso, tenham sido confirmadas pela instância superior contam-se do primeiro dia do mês subsequente ao do vencimento, previsto na intimação da decisão de primeira instância.

§ 2º Os créditos referidos no *caput* deste artigo poderão ser parcelados em até 30 (trinta) parcelas mensais, a exclusivo critério do Banco Central do Brasil, na forma e condições por ele estabelecidas, incidindo sobre cada parcela a pagar os juros de mora previstos neste artigo.

- Art. 37 com a redação dada pela Lei nº 12.548, de 15-12-2011.

Art. 37-A. Os créditos das autarquias e fundações públicas federais, de qualquer natureza, não pagos nos prazos previstos na legislação, serão acrescidos de juros e multa de mora, calculados nos termos e na forma da legislação aplicável aos tributos federais.

§ 1º Os créditos inscritos em Dívida Ativa serão acrescidos de encargo legal, substitutivo da condenação do devedor em honorários advocatícios, calculado nos termos e na forma da legislação aplicável à Dívida Ativa da União.

§ 2º O disposto neste artigo não se aplica aos créditos do Banco Central do Brasil.

Art. 37-B. Os créditos das autarquias e fundações públicas federais, de qualquer natureza, poderão ser parcelados em até 60 (sessenta) prestações mensais.

§ 1º O disposto neste artigo somente se aplica aos créditos inscritos em Dívida Ativa e centralizados nas Procuradorias Regionais Federais, Procuradorias Federais nos Estados e Procuradorias Seccionais Federais, nos termos dos §§ 11 e 12 do art. 10 da Lei nº 10.480, de 2 de julho de 2002, e do art. 22 da Lei nº 11.457, de 16 de março de 2007.

§ 2º O parcelamento terá sua formalização condicionada ao prévio pagamento da primeira prestação, conforme o montante do débito e o prazo solicitado, observado o disposto no § 9º deste artigo.

§ 3º Enquanto não deferido o pedido, o devedor fica obrigado a recolher, a cada mês, o valor correspondente a uma prestação.

§ 4º O não cumprimento do disposto neste artigo implicará o indeferimento do pedido.

§ 5º Considerar-se-á automaticamente deferido o parcelamento, em caso de não manifestação da autoridade competente no prazo de 90 (noventa) dias, contado da data da protocolização do pedido.

§ 6º O pedido de parcelamento deferido constitui confissão de dívida e instrumento hábil e suficiente para exigência do crédito, podendo a exatidão dos valores parcelados ser objeto de verificação.

§ 7º O débito objeto de parcelamento será consolidado na data do pedido.

§ 8º O devedor pagará as custas, emolumentos e demais encargos legais.

§ 9º O valor mínimo de cada prestação mensal será definido por ato do Procurador-Geral Federal.

§ 10. O valor de cada prestação mensal, por ocasião do pagamento, será acrescido de juros equivalentes à taxa referencial do Sistema Especial de Liquidação e de Custódia – SELIC para títulos federais, acumulada mensalmente, calculados a partir do mês subsequente ao da consolidação até o mês anterior ao do pagamento, e de 1% (um por cento) relativamente ao mês em que o pagamento estiver sendo efetuado.

§ 11. A falta de pagamento de 3 (três) parcelas, consecutivas ou não, ou de uma parcela, estando pagas todas as demais, implicará a imediata rescisão do parcelamento e, conforme o caso, o prosseguimento da cobrança.

§ 12. Atendendo ao princípio da economicidade, observados os termos, os limites e as condições estabelecidos em ato do Procurador-Geral Federal, poderá ser concedido, de ofício ou a pedido, parcelamento simplificado, importando o pagamento da primeira prestação em confissão de dívida e instrumento hábil e suficiente para a exigência do crédito.

§ 13. Observadas as condições previstas neste artigo, será admitido reparcelamento dos débitos, inscritos em Dívida Ativa das autarquias e fundações públicas federais, constantes de parcelamento em andamento ou que tenha sido rescindido.

§ 14. A formalização do pedido de reparcelamento fica condicionada ao recolhimento da primeira parcela em valor correspondente a:

I – 10% (dez por cento) do total dos débitos consolidados; ou

II – 20% (vinte por cento) do total dos débitos consolidados, caso haja débito com histórico de reparcelamento anterior.

§ 15. Aplicam-se subsidiariamente aos pedidos de reparcelamento, naquilo que não os contrariar, as demais disposições relativas ao parcelamento previstas neste artigo.

§ 16. O parcelamento de que trata este artigo será requerido exclusivamente perante as Procuradorias Regionais Federais, as Procuradorias Federais nos Estados e as Procuradorias Seccionais Federais.

§ 17. A concessão do parcelamento dos débitos a que se refere este artigo compete privativamente às Procuradorias Regionais Federais, às Procuradorias Federais nos Estados e às Procuradorias Seccionais Federais.

§ 18. A Procuradoria-Geral Federal editará atos necessários à execução do parcelamento de que trata este artigo.

§ 19. Mensalmente, a Procuradoria-Geral Federal divulgará, no sítio da Advocacia-Geral da União, demonstrativos dos parcelamentos concedidos no âmbito de sua competência.

§ 20. Ao disposto neste artigo aplicam-se subsidiariamente as regras previstas nesta Lei para o parcelamento dos créditos da Fazenda Nacional.

- Arts. 37-A e 37-B com a redação dada pela Lei nº 11.941, de 27-5-2009.

Art. 37-C. A Advocacia-Geral da União poderá celebrar os convênios de que trata o art. 46 da Lei nº 11.457, de 16 de março de 2007, em relação às informações de pessoas físicas ou jurídicas que tenham débito inscrito em Dívida Ativa das autarquias e fundações públicas federais.

- Art. 37-C acrescido pela Lei nº 11.941, de 27-5-2009.

Art. 38. Ficam convalidados os atos praticados com base na Medida Provisória nº 2.176-79, de 23 de agosto de 2001.

Art. 39. Ficam revogados o art. 11 do Decreto-Lei nº 352, de 17 de junho de 1968, e alterações posteriores; o art. 10 do Decreto-Lei nº 2.049, de 1º de agosto de 1983; o art. 11 do Decreto-Lei nº 2.052, de 3 de agosto de 1983; o art. 11 do Decreto-Lei nº 2.163, de 19 de setembro de 1984; os arts. 91, 93 e 94 da Lei nº 8.981, de 20 de janeiro de 1995.

Art. 40. Esta Lei entra em vigor na data de sua publicação.

Brasília, 19 de julho de 2002;
181º da Independência e
114º da República.

Fernando Henrique Cardoso

DECRETO Nº 4.382, DE 19 DE SETEMBRO DE 2002

Regulamenta a tributação, fiscalização, arrecadação e administração do Imposto sobre a Propriedade Territorial Rural – ITR.

- Publicado no *DOU* de 20-9-2002.

Art. 1º O Imposto sobre a Propriedade Territorial Rural – ITR será cobrado e fiscalizado em conformidade com o disposto neste Decreto.

LIVRO I – DA TRIBUTAÇÃO

TÍTULO I – DA INCIDÊNCIA

Art. 2º O Imposto sobre a Propriedade Territorial Rural, de apuração anual, tem como fato gerador a propriedade, o domínio útil ou a posse de imóvel por natureza, localizado fora da zona urbana do município, em 1º de janeiro de cada ano (Lei nº 9.393, de 19 de dezembro de 1996, art. 1º).

§ 1º O ITR incide sobre a propriedade rural declarada de utilidade ou necessidade pública, ou interesse social, inclusive para fins de reforma agrária:

I – até a data da perda da posse pela imissão prévia do Poder Público na posse;

II – até a data da perda do direito de propriedade pela transferência ou pela incorporação do imóvel ao patrimônio do Poder Público.

§ 2º A desapropriação promovida por pessoa jurídica de direito privado delegatária ou concessionária de serviço público não exclui a incidência do ITR sobre o imóvel rural expropriado.

TÍTULO II – DA IMUNIDADE

Art. 3º São imunes do ITR:

I – a pequena gleba rural, desde que o seu proprietário a explore só ou com sua família, e não possua outro imóvel (Constituição Federal – CF, art. 153, § 4º; Lei nº 9.393, de 1996, arts. 2º e 4º);

II – os imóveis rurais da União, dos Estados, do Distrito Federal e dos Municípios (CF, art. 150, inciso VI, alínea *a*);

III – os imóveis rurais de autarquias e fundações instituídas e mantidas pelo Poder Público, desde que vinculados às suas finalidades essenciais ou às delas decorrentes (CF, art. 150, inciso VI, alínea *a* e § 2º);

IV – os imóveis rurais de instituições de educação e de assistência social, sem fins lucrativos, relacionados às suas finalidades essenciais (CF, art. 150, inciso VI, alínea *c* e § 4º).

§ 1º Pequena gleba rural é o imóvel com área igual ou inferior a (Lei nº 9.393, de 1996, art. 2º, parágrafo único):

I – cem hectares, se localizado em município compreendido na Amazônia Ocidental ou no Pantanal mato-grossense e sul-mato-grossense;

II – cinquenta hectares, se localizado em município compreendido no Polígono das Secas ou na Amazônia Oriental;

III – trinta hectares, se localizado em qualquer outro município.

§ 2º Para o gozo da imunidade, as instituições de educação ou de assistência social devem prestar os serviços para os quais houverem sido instituídas e os colocar à disposição da população em geral, em caráter complementar às atividades do Estado, sem fins lucrativos, e atender aos seguintes requisitos (Lei nº 5.172, de 25 de outubro de 1966 – Código Tributário Nacional, art. 14, com a redação dada pela Lei Complementar nº 104, de 10 de janeiro de 2001, art. 1º; Lei nº 9.532, de 10 de dezembro de 1997, art. 12):

I – não distribuir qualquer parcela de seu patrimônio ou de suas rendas, a qualquer título;

II – aplicar integralmente, no País, seus recursos na manutenção e desenvolvimento dos seus objetivos institucionais;

III – não remunerar, por qualquer forma, seus dirigentes pelos serviços prestados;

IV – manter escrituração completa de suas receitas e despesas em livros revestidos das formalidades que assegurem a respectiva exatidão;

V – conservar em boa ordem, pelo prazo de cinco anos, contado da data da emissão, os documentos que comprovem a origem de suas receitas e a efetivação de suas despesas, bem assim a realização de quaisquer outros atos ou operações que venham a modificar sua situação patrimonial;

VI – apresentar, anualmente, declaração de rendimentos, em conformidade com o disposto em ato da Secretaria da Receita Federal;

VII – assegurar a destinação de seu patrimônio a outra instituição que atenda às condições para o gozo da imunidade, no caso de incorporação, fusão, cisão ou de encerramento de suas atividades, ou a órgão público;

VIII – outros requisitos, estabelecidos em lei específica, relacionados com o funcionamento das entidades a que se refere este parágrafo.

TÍTULO III – DA ISENÇÃO

Art. 4º São isentos do imposto (Lei nº 9.393, de 1996, art. 3º):

I – o imóvel rural compreendido em programa oficial de reforma agrária, caracterizado pelas autoridades competentes como assentamento, que, cumulativamente, atenda aos seguintes requisitos (Lei nº 9.393, de 1996, art. 3º, inciso I):

a) seja explorado por associação ou cooperativa de produção;

b) a fração ideal por família assentada não ultrapasse os limites da pequena gleba rural, fixados no § 1º do art. 3º;

c) o assentado não possua outro imóvel;

II – o conjunto de imóveis rurais de um mesmo proprietário, cuja área total em cada região observe o respectivo limite da pequena gleba rural, fixado no § 1º do art. 3º, desde que, cumulativamente, o proprietário (Lei nº 9.393, de 1996, art. 3º, inciso II):

a) o explore só ou com sua família, admitida ajuda eventual de terceiros;

b) não possua imóvel urbano.

§ 1º Entende-se por ajuda eventual de terceiros o trabalho, remunerado ou não, de natureza eventual ou temporária, realizado nas épocas de maiores serviços.

§ 2º Para fins do disposto no inciso II do *caput* deste artigo, deve ser considerado o somatório das áreas dos imóveis rurais por região em que se localizem, o qual não poderá suplantar o limite da pequena gleba rural da respectiva região.

TÍTULO IV – DO SUJEITO PASSIVO DA OBRIGAÇÃO TRIBUTÁRIA

CAPÍTULO I

DO CONTRIBUINTE

Art. 5º Contribuinte do ITR é o proprietário de imóvel rural, o titular de seu domínio útil ou o seu possuidor a qualquer título (Lei nº 5.172, de 1966, art. 31; Lei nº 9.393, de 1996, art. 4º).

CAPÍTULO II

DO RESPONSÁVEL

Art. 6º É responsável pelo crédito tributário o sucessor, a qualquer título, nos termos dos arts. 128 a 133 da Lei nº 5.172, de 1966 – Código Tributário Nacional (Lei nº 9.393, de 1996, art. 5º).

TÍTULO V – DO DOMICÍLIO TRIBUTÁRIO

Art. 7º Para efeito da legislação do ITR, o domicílio tributário do contribuinte ou responsável é o município de localização do imóvel rural, vedada a eleição de qualquer outro (Lei nº 9.393, de 1996, art. 4º, parágrafo único).

§ 1º O imóvel rural cuja área estenda-se a mais de um município deve ser enquadrado no município em que se localize sua sede ou, se esta não existir, no município onde se encontre a maior parte da área do imóvel (Lei nº 9.393, de 1996, art. 1º, § 3º).

§ 2º Sem prejuízo do disposto no *caput* deste artigo e no inciso II do art. 53, o sujeito passivo pode informar à Secretaria da Receita Federal endereço, localizado ou não em seu domicílio tributário, que constará no Cadastro de Imóveis Rurais – CAFIR e valerá, até ulterior alteração, somente para fins de intimação (Lei nº 9.393, de 1996, art. 6º, § 3º).

TÍTULO VI – DA APURAÇÃO DO IMPOSTO

CAPÍTULO I

DISPOSIÇÃO PRELIMINAR

Art. 8º A apuração e o pagamento do ITR devem ser efetuados pelo contribuinte ou responsável, independentemente de prévio procedimento da administração tributária, nos prazos e condições estabelecidos pela Secretaria da Receita Federal, sujeitando-se a homologação posterior (Lei nº 9.393, de 1996, art. 10).

CAPÍTULO II

DA DETERMINAÇÃO DA BASE DE CÁLCULO

Seção I

DO IMÓVEL RURAL

Art. 9º Para efeito de determinação da base de cálculo do ITR, considera-se imóvel rural a área contínua, formada de uma ou mais parcelas de terras, localizada na zona rural do município, ainda que, em relação a alguma parte do imóvel, o sujeito passivo detenha apenas a posse (Lei nº 9.393, de 1996, art. 1º, § 2º).

Parágrafo único. Considera-se área contínua a área total do prédio rústico, mesmo que fisicamente dividida por ruas, estradas, rodovias, ferrovias, ou por canais ou cursos de água.

Seção II

DA ÁREA TRIBUTÁVEL

Art. 10. Área tributável é a área total do imóvel, excluídas as áreas (Lei nº 9.393, de 1996, art. 10, § 1º, inciso II):

I – de preservação permanente (Lei nº 4.771, de 15 de setembro de 1965 – Código Florestal, arts. 2º e 3º, com a redação dada pela Lei nº 7.803, de 18 de julho de 1989, art. 1º);

- A Lei nº 4.771, de 15-9-1965, foi revogada pela Lei nº 12.651, de 25-5-2012 (Novo Código Florestal).

LEG. COMPLEMENTAR

II – de reserva legal (Lei nº 4.771, de 1965, art. 16, com a redação dada pela Medida Provisória nº 2.166-67, de 24 de agosto de 2001, art. 1º);

- A Lei nº 4.771, de 15-9-1965, foi revogada pela Lei nº 12.651, de 25-5-2012 (Novo Código Florestal).

III – de reserva particular do patrimônio natural (Lei nº 9.985, de 18 de julho de 2000, art. 21; Decreto nº 1.922, de 5 de junho de 1996);

IV – de servidão florestal (Lei nº 4.771, de 1965, art. 44-A, acrescentado pela Medida Provisória nº 2.166-67, de 2001);

- A Lei nº 4.771, de 15-9-1965, foi revogada pela Lei nº 12.651, de 25-5-2012 (Novo Código Florestal).

V – de interesse ecológico para a proteção dos ecossistemas, assim declaradas mediante ato do órgão competente, federal ou estadual, e que ampliem as restrições de uso previstas nos incisos I e II do *caput* deste artigo (Lei nº 9.393, de 1996, art. 10, § 1º, inciso II, alínea *b*);

VI – comprovadamente imprestáveis para a atividade rural, declaradas de interesse ecológico mediante ato do órgão competente, federal ou estadual (Lei nº 9.393, de 1996, art. 10, § 1º, inciso II, alínea *c*).

§ 1º A área do imóvel rural que se enquadrar, ainda que parcialmente, em mais de uma das hipóteses previstas no *caput* deverá ser excluída uma única vez da área total do imóvel, para fins de apuração da área tributável.

§ 2º A área total do imóvel deve se referir à situação existente na data da efetiva entrega da Declaração do Imposto sobre a Propriedade Territorial Rural – DITR.

§ 3º Para fins de exclusão da área tributável, as áreas do imóvel rural a que se refere o *caput* deverão:

I – ser obrigatoriamente informadas em Ato Declaratório Ambiental – ADA, protocolado pelo sujeito passivo no Instituto Brasileiro do Meio Ambiente e dos Recursos Naturais Renováveis – IBAMA, nos prazos e condições fixados em ato normativo (Lei nº 6.938, de 31 de agosto de 1981, art. 17-O, § 5º, com a redação dada pelo art. 1º da Lei nº 10.165, de 27 de dezembro de 2000); e

II – estar enquadradas nas hipóteses previstas nos incisos I a VI em 1º de janeiro do ano de ocorrência do fato gerador do ITR.

§ 4º O IBAMA realizará vistoria por amostragem nos imóveis rurais que tenham utilizado o ADA para os efeitos previstos no § 3º e, caso os dados constantes no Ato não coincidam com os efetivamente levantados por seus técnicos, estes lavrarão, de ofício, novo ADA, contendo os dados reais, o qual será encaminhado à Secretaria da Receita Federal, que apurará o ITR efetivamente devido e efetuará, de ofício, o lançamento da diferença de imposto com os acréscimos legais cabíveis (Lei nº 6.938, de 1981, art. 17-O, § 5º, com a redação dada pelo art. 1º da Lei nº 10.165, de 2000).

Seção III
DA ÁREA NÃO TRIBUTÁVEL

Subseção I
DAS ÁREAS DE PRESERVAÇÃO PERMANENTE

Art. 11. Consideram-se de preservação permanente (Lei nº 4.771, de 1965, arts. 2º e 3º, com a redação dada pelas Leis nº 7.511, de 7 de setembro de 1986, art. 1º e nº 7.803, de 18 de setembro de 1989, art. 1º):

- A Lei nº 4.771, de 15-9-1965, foi revogada pela Lei nº 12.651, de 25-5-2012 (Novo Código Florestal).

I – as florestas e demais formas de vegetação natural situadas:

a) ao longo dos rios ou de qualquer curso d'água desde o seu nível mais alto em faixa marginal cuja largura mínima será:

1. de trinta metros para os cursos d'água de menos de dez metros de largura;
2. de cinquenta metros para os cursos d'água que tenham de dez a cinquenta metros de largura;
3. de cem metros para os cursos d'água que tenham de cinquenta a duzentos metros de largura;
4. de duzentos metros para os cursos d'água que tenham de duzentos a seiscentos metros de largura;
5. de quinhentos metros para os cursos d'água que tenham largura superior a seiscentos metros;

b) ao redor das lagoas, lagos ou reservatórios d'água naturais ou artificiais;

c) nas nascentes, ainda que intermitentes e nos chamados "olhos d'água", qualquer que seja a sua situação topográfica, num raio mínimo de cinquenta metros de largura;

d) no topo de morros, montes, montanhas e serras;

e) nas encostas ou partes destas, com declividade superior a quarenta e cinco graus, equivalente a cem por cento na linha de maior declive;

f) nas restingas, como fixadoras de dunas ou estabilizadoras de mangues;

g) nas bordas dos tabuleiros ou chapadas, a partir da linha de ruptura do relevo, em faixa nunca inferior a cem metros em projeções horizontais;

h) em altitude superior a mil e oitocentos metros, qualquer que seja a vegetação;

II – as florestas e demais formas de vegetação natural, declaradas de preservação permanente por ato do Poder Público, quando destinadas:

a) a atenuar a erosão das terras;

b) a fixar as dunas;

c) a formar faixas de proteção ao longo de rodovias e ferrovias;

d) a auxiliar a defesa do território nacional a critério das autoridades militares;

e) a proteger sítios de excepcional beleza ou de valor científico ou histórico;

f) a asilar exemplares da fauna ou flora ameaçados de extinção;

g) a manter o ambiente necessário à vida das populações silvícolas;

h) a assegurar condições de bem-estar público.

§ 1º A supressão total ou parcial de florestas de preservação permanente só será admitida com prévia autorização do Poder Executivo Federal, quando for necessária à execução de obras, planos, atividades ou projetos de utilidade pública ou interesse social.

§ 2º As florestas que integram o Patrimônio Indígena ficam sujeitas ao regime de preservação permanente, nos termos da alínea *g* do inciso II do *caput* deste artigo.

Subseção II
DAS ÁREAS DE RESERVA LEGAL

Art. 12. São áreas de reserva legal aquelas averbadas à margem da inscrição de matrícula do imóvel, no registro de imóveis competente, nas quais é vedada a supressão da cobertura vegetal, admitindo-se apenas sua utilização sob regime de manejo florestal sustentável (Lei nº 4.771, de 1965, art. 16, com a redação dada pela Medida Provisória nº 2.166-67, de 2001).

- A Lei nº 4.771, de 15-9-1965, foi revogada pela Lei nº 12.651, de 25-5-2012 (Novo Código Florestal).

§ 1º Para efeito da legislação do ITR, as áreas a que se refere o *caput* deste artigo devem estar averbadas na data de ocorrência do respectivo fato gerador.

§ 2º Na posse, a reserva legal é assegurada por Termo de Ajustamento de Conduta, firmado pelo possuidor com o órgão ambiental estadual ou federal competente, com força de título executivo e contendo, no mínimo, a localização da reserva legal, as suas características ecológicas básicas e a proibição de supressão de sua vegetação (Lei nº 4.771, de 1965, art. 16, § 10, acrescentado pela Medida Provisória nº 2.166-67, de 2001, art. 1º).

- A Lei nº 4.771, de 15-9-1965, foi revogada pela Lei nº 12.651, de 25-5-2012 (Novo Código Florestal).

Subseção III

DAS ÁREAS DE RESERVA PARTICULAR DO PATRIMÔNIO NATURAL

Art. 13. Consideram-se de reserva particular do patrimônio natural as áreas privadas gravadas com perpetuidade, averbadas à margem da inscrição de matrícula do imóvel, no registro de imóveis competente, destinadas à conservação da diversidade biológica, nas quais somente poderão ser permitidas a pesquisa científica e a visitação com objetivos turísticos, recreativos e educacionais, reconhecidas pelo IBAMA (Lei nº 9.985, de 18 de julho de 2000, art. 21).

Parágrafo único. Para efeito da legislação do ITR, as áreas a que se refere o *caput* deste artigo devem estar averbadas na data de ocorrência do respectivo fato gerador.

Subseção IV

DAS ÁREAS DE SERVIDÃO FLORESTAL

Art. 14. São áreas de servidão florestal aquelas averbadas à margem da inscrição de matrícula do imóvel, no registro de imóveis competente, nas quais o proprietário voluntariamente renuncia, em caráter permanente ou temporário, a direitos de supressão ou exploração da vegetação nativa, localizadas fora das áreas de reserva legal e de preservação permanente (Lei nº 4.771, de 1965, art. 44-A, acrescentado pela Medida Provisória nº 2.166-67, de 2001, art. 2º).

- A Lei nº 4.771, de 15-9-1965, foi revogada pela Lei nº 12.651, de 25-5-2012 (Novo Código Florestal).

Parágrafo único. Para efeito da legislação do ITR, as áreas a que se refere o *caput* deste artigo devem estar averbadas na data de ocorrência do respectivo fato gerador.

Subseção V

DAS ÁREAS DE INTERESSE ECOLÓGICO

Art. 15. São áreas de interesse ecológico aquelas assim declaradas mediante ato do órgão competente, federal ou estadual, que (Lei nº 9.393, de 1996, art. 10, § 1º, inciso II, alíneas *b* e *c*):

I – se destinem à proteção dos ecossistemas e ampliem as restrições de uso previstas nos incisos I e II do *caput* do art. 10; ou

II – sejam comprovadamente imprestáveis para a atividade rural.

Seção IV

DA ÁREA APROVEITÁVEL

Art. 16. Área aproveitável, passível de exploração agrícola, pecuária, granjeira, aquícola ou florestal, é a área total do imóvel, excluídas (Lei nº 9.393, de 1996, art. 10, § 1º, inciso IV):

I – as áreas não tributáveis a que se referem os incisos I a VI do art. 10;

II – as áreas ocupadas com benfeitorias úteis e necessárias.

Benfeitorias Úteis e Necessárias

Art. 17. Para fins do disposto no inciso II do art. 16, consideram-se ocupadas por benfeitorias úteis e necessárias (Lei nº 3.071, de 1º de janeiro de 1916 – Código Civil, art. 63):

I – as áreas com casas de moradia, galpões para armazenamento da produção, banheiros para gado, valas, silos, currais, açudes e estradas internas e de acesso;

II – as áreas com edificações e instalações destinadas a atividades educacionais, recreativas e de assistência à saúde dos trabalhadores rurais;

III – as áreas com instalações de beneficiamento ou transformação da produção agropecuária e de seu armazenamento;

IV – outras instalações que se destinem a aumentar ou facilitar o uso do imóvel rural, bem assim a conservá-lo ou evitar que ele se deteriore.

Seção V

DA ÁREA UTILIZADA

Subseção I

DAS DISPOSIÇÕES GERAIS

Art. 18. Área efetivamente utilizada pela atividade rural é a porção da área aproveitável do imóvel rural que, no ano anterior ao de ocorrência do fato gerador do ITR, tenha (Lei nº 9.393, de 1996, art. 10, § 1º, inciso V, e § 6º):

I – sido plantada com produtos vegetais;

II – servido de pastagem, nativa ou plantada, observados, quando aplicáveis, os índices de lotação por zona de pecuária a que se refere o art. 24;

III – sido objeto de exploração extrativa, observados, quando aplicáveis, os índices de rendimento por produto a que se refere o art. 27 e a legislação ambiental;

IV – servido para a exploração de atividade granjeira ou aquícola;

V – sido objeto de implantação de projeto técnico, nos termos do art. 7º da Lei nº 8.629, de 25 de fevereiro de 1993.

§ 1º Consideram-se utilizadas para a exploração de atividade granjeira ou aquícola as áreas ocupadas com benfeitorias, construções e instalações para a criação, dentre outros, de suínos, coelhos, bichos-da-seda, abelhas, aves, peixes, crustáceos, répteis e anfíbios.

§ 2º Considera-se como efetivamente utilizada a área do imóvel rural que, no ano anterior, esteja:

I – comprovadamente situado em área de ocorrência de calamidade pública decretada pelo Poder Público, de que resulte frustração de safras ou destruição de pastagens;

II – oficialmente destinado à execução de atividades de pesquisa e experimentação que objetivem o avanço tecnológico da agricultura.

Art. 19. Para fins de enquadramento nas hipóteses previstas no art. 18, o contribuinte poderá valer-se dos dados sobre a área utilizada e respectiva produção, fornecidos pelo arrendatário ou parceiro, quando o imóvel, ou parte dele, estiver sendo explorado em regime de arrendamento ou parceria (Lei nº 9.393, de 1996, art. 10, § 4º).

Art. 20. Caso haja anexação de área entre 1º de janeiro e a data da efetiva entrega da DITR, o adquirente deve informar na sua declaração os dados relativos à utilização da área incorporada no ano anterior ao de ocorrência do fato gerador.

Art. 21. No caso de consórcio ou intercalação de culturas, considera-se efetivamente utilizada a área total do consórcio ou intercalação (Lei nº 8.629, de 25 de fevereiro de 1993, art. 6º, § 4º).

Art. 22. No caso de mais de um cultivo no ano, com um ou mais produtos, na mesma área, considera-se efetivamente utilizada a maior área cultivada no ano considerado (Lei nº 8.629, de 1993, art. 6º, § 5º).

Subseção II

DA ÁREA PLANTADA COM PRODUTOS VEGETAIS

Art. 23. Área plantada com produtos vegetais é a porção do imóvel explorada com culturas temporárias ou permanentes, inclusive com reflorestamentos de essências exóticas ou nativas, destinadas a consumo próprio ou comércio, considerando-se:

I – essências exóticas as espécies florestais originárias de região fitogeográfica diversa daquela em que se localiza o imóvel rural;

II – essências nativas as espécies florestais originárias da região fitogeográfica em que se localiza o imóvel rural.

Parágrafo único. Considera-se área plantada com produtos vegetais a área efetivamente utilizada com a produção de forrageira de corte destinada a alimentação de animais de outro imóvel rural.

Subseção III

DA ÁREA SERVIDA DE PASTAGEM

Art. 24. Para fins do disposto no inciso II do art. 18, área servida de pastagem é aquela ocupada por pastos naturais, melhorados ou plantados e por forrageiras de corte que tenha, efetivamente, sido utilizada para alimentação de animais de grande e médio porte, observados os índices de lotação por zona de pecuária, estabelecidos em ato da Secretaria da Receita Federal, ouvido o Conselho Nacional de Política Agrícola (Lei nº 9.393, de 1996, art. 10, § 1º, inciso V, alínea *b*, e § 3º).

Parágrafo único. Estão dispensados da aplicação dos índices de lotação por zona de pecuária os imóveis rurais com área inferior a (Lei nº 9.393, de 1996, art. 10, § 3º):

I – mil hectares, se localizados em municípios compreendidos na Amazônia Ocidental ou no Pantanal mato-grossense e sul-mato-grossense;

II – quinhentos hectares, se localizados em municípios compreendidos no Polígono das Secas ou na Amazônia Oriental;

III – duzentos hectares, se localizados em qualquer outro município.

Art. 25. Para fins de cálculo do grau de utilização do imóvel rural, considera-se área servida de pastagem a menor entre a declarada pelo contribuinte e a obtida pelo quociente entre a quantidade de cabeças do rebanho ajustada e o índice de lotação por zona de pecuária.

Parágrafo único. Consideram-se, dentre outros, animais de médio porte os ovinos e caprinos e animais de grande porte os bovinos, bufalinos, equinos, asininos e muares, independentemente de idade ou sexo.

Art. 26. Caso o imóvel rural esteja dispensado da aplicação de índices de lotação por zona de pecuária a que se refere o *caput* do art. 24, considera-se área servida de pastagem a área efetivamente utilizada pelo contribuinte para tais fins.

Subseção IV

DA ÁREA OBJETO DE EXPLORAÇÃO EXTRATIVA

Art. 27. Área objeto de exploração extrativa é aquela servida para a atividade de extração e coleta de produtos vegetais nativos, não plantados, inclusive a exploração madeireira de florestas nativas, observados a legislação ambiental e os índices de rendimento por produto estabelecidos em ato da Secretaria da Receita Federal, ouvido o Conselho Nacional de Política Agrícola (Lei nº 9.393, de 1996, art. 10, § 1º, inciso V, alínea *c*, e § 3º).

Parágrafo único. Estão dispensados da aplicação dos índices de rendimento por produto os imóveis rurais com área inferior a (Lei nº 9.393, de 1996, art. 10, § 3º):

I – mil hectares, se localizados em municípios compreendidos na Amazônia Ocidental ou no Pantanal mato-grossense e sul-mato-grossense;

II – quinhentos hectares, se localizados em municípios compreendidos no Polígono das Secas ou na Amazônia Oriental;

III – duzentos hectares, se localizados em qualquer outro município.

Art. 28. Para fins de cálculo do grau de utilização do imóvel rural, considera-se área objeto de exploração extrativa a menor entre o somatório das áreas declaradas com cada produto da atividade extrativa e o somatório dos quocientes entre a quantidade extraída de cada produto declarado e o respectivo índice de rendimento mínimo por hectare.

§ 1º Na ausência de índice de rendimento para determinado produto vegetal ou florestal extrativo, considera-se área objeto de exploração extrativa, para fins de cálculo do grau de utilização, a área efetivamente utilizada pelo contribuinte nesta atividade (Lei nº 8.629, de 1993, art. 6º, § 6º). § 2º Estão dispensadas da aplicação dos índices de rendimento mínimo para produtos vegetais e florestais as áreas do imóvel exploradas com produtos vegetais extrativos, mediante plano de manejo sustentado, desde que aprovado pelo IBAMA até 31 de dezembro do ano anterior ao de ocorrência do fato gerador do ITR, e cujo cronograma esteja sendo cumprido pelo contribuinte (Lei nº 9.393, de 1996, art. 10, § 5º).

Seção VI

DA ÁREA NÃO UTILIZADA

Art. 29. A área não utilizada pela atividade rural é composta pelas parcelas da área aproveitável do imóvel que, no ano anterior ao de ocorrência do fato gerador do ITR, não tenham sido objeto de qualquer exploração ou tenham sido utilizadas para fins diversos da atividade rural, tais como:

I – áreas ocupadas por benfeitorias não abrangidas pelo disposto no art. 17;

II – a área correspondente à diferença entre as áreas declaradas como servidas de pastagem e as áreas servidas de pastagem utilizadas para o cálculo do grau de utilização do imóvel rural, observado o disposto nos arts. 24 a 26;

III – a área correspondente à diferença entre as áreas declaradas de exploração extrativa e as áreas de exploração extrativa utilizadas para o cálculo do grau de utilização do imóvel rural, observado o disposto nos arts. 27 e 28.

Parágrafo único. As áreas não utilizadas pela atividade rural, anexadas após 1º de janeiro até a data da efetiva entrega da DITR, devem ser declaradas conforme sua situação no ano anterior ao de ocorrência do fato gerador.

Cálculo da Área Não Utilizada pela Atividade Rural

Art. 30. A área não utilizada pela atividade rural é obtida pela soma das áreas mencionadas no art. 29.

Seção VII

DO CÁLCULO DO IMPOSTO

Subseção I

DO GRAU DE UTILIZAÇÃO

Art. 31. Grau de utilização é a relação percentual entre a área efetivamente utilizada pela atividade rural e a área aproveitável do imóvel, constituindo critério, juntamente com a área total do imóvel rural, para a determinação das alíquotas do ITR, conforme descrito no art. 34 (Lei nº 9.393, de 1996, art. 10, § 1º, inciso VI).

Subseção II

DA BASE DE CÁLCULO

Valor da Terra Nua

Art. 32. O Valor da Terra Nua – VTN é o valor de mercado do imóvel, excluídos os valores de mercado relativos a (Lei nº 9.393, de 1996, art. 8º, § 2º, art. 10, § 1º, inciso I):

I – construções, instalações e benfeitorias;

II – culturas permanentes e temporárias;

III – pastagens cultivadas e melhoradas;

IV – florestas plantadas.

§ 1º O VTN refletirá o preço de mercado de terras, apurado em 1º de janeiro do ano de ocorrência do fato gerador, e será considerado autoavaliação da terra nua a preço de mercado (Lei nº 9.393, de 1996, art. 8º, § 2º).

§ 2º Incluem-se no conceito de construções, instalações e benfeitorias, os prédios, depósitos, galpões, casas de trabalhadores, estábulos, currais, mangueiras, aviários, pocilgas e outras instalações para abrigo ou tratamento de animais, terreiros e similares para secagem de produtos agrícolas, eletricidade rural, colocação de água subterrânea, abastecimento ou distribuição de águas, barragens, represas, tanques, cercas e, ainda, as benfeitorias não relacionadas com a atividade rural.

Valor da Terra Nua Tributável

Art. 33. O Valor da Terra Nua Tributável – VTNT é obtido mediante a multiplicação do VTN pelo quociente entre a área tributável, definida no art. 10, e a área total do imóvel (Lei nº 9.393, de 1996, art. 10, § 1º, inciso III).

Subseção III

DAS ALÍQUOTAS

Art. 34. A alíquota utilizada para cálculo do ITR é estabelecida para cada imóvel rural, com base em sua área total e no respectivo grau de utilização, conforme a tabela seguinte (Lei nº 9.393, de 1996, art. 11 e Anexo):

ÁREA TOTAL DO IMÓVEL (em hectares)	GRAU DE UTILIZAÇÃO (em %)				
	Maior que 80	Maior que 65 até 80	Maior que 50 até 65	Maior que 30 até 50	Até 30
Até 50	0,03	0,20	0,40	0,70	1,00
Maior que 50 até 200	0,07	0,40	0,80	1,40	2,00
Maior que 200 até 500	0,10	0,60	1,30	2,30	3,30
Maior que 500 até 1.000	0,15	0,85	1,90	3,30	4,70
Maior que 1.000 até 5.000	0,30	1,60	3,40	6,00	8,60
Acima de 5.000	0,45	3,00	6,40	12,00	20,00

Subseção IV

DO CÁLCULO DO VALOR DO IMPOSTO

Art. 35. O valor do imposto a ser pago é obtido mediante a multiplicação do VTNT pela alíquota correspondente, obtida nos termos do art. 34, considerados a área total e o grau de utilização do imóvel rural (Lei nº 9.393, de 1996, art. 11).

§ 1º Na hipótese de inexistir área aproveitável após as exclusões previstas nos incisos I e II do art. 16, serão aplicadas as alíquotas correspondentes aos imóveis rurais com grau de utilização superior a oitenta por cento, observada a área total do imóvel (Lei nº 9.393, de 1996, art. 11, § 1º).

§ 2º Em nenhuma hipótese o valor do imposto devido será inferior a R$ 10,00 (dez reais) (Lei nº 9.393, de 1996, art. 11, § 2º).

LIVRO II – DA ADMINISTRAÇÃO DO IMPOSTO

TÍTULO I – DO LANÇAMENTO

CAPÍTULO I

DA DECLARAÇÃO

Seção I

DA COMPOSIÇÃO

Art. 36. A DITR correspondente a cada imóvel rural, é composta pelos seguintes documentos:

I – Documento de Informação e Atualização Cadastral do ITR – DIAC, destinado à coleta de informações cadastrais do imóvel rural e de seu titular (Lei nº 9.393, de 1996, art. 6º);

II – Documento de Informação e Apuração do ITR – DIAT, destinado à apuração do imposto (Lei nº 9.393, de 1996, art. 8º).

Seção II – Dos Meios de Apresentação

Art. 37. A DITR obedecerá ao modelo aprovado pela Secretaria da Receita Federal e, nos termos do art. 44, poderá ser apresentada

I – em meio eletrônico, observado o disposto no art. 11 da Medida Provisória nº 2.200-2, de 24 de agosto de 2001;

II – em formulário.

Parágrafo único. A declaração em formulário deverá ser apresentada em duas vias e será assinada pelo sujeito passivo ou seu representante legal, declarando este que o faz em nome daquele.

Seção III

DA OBRIGATORIEDADE DE ENTREGA

Espólio

Art. 38. O imóvel rural que, na data da efetiva entrega da DITR, pertencer a espólio deve ser declarado em nome deste pelo inventariante ou, se este ainda não houver sido nomeado, pelo cônjuge meeiro, companheiro ou sucessor a qualquer título.

Parágrafo único. As declarações não entregues pelo *de cujus* são apresentadas em nome do espólio.

LEG. COMPLEMENTAR

Condomínio

Art. 39. Deve ser declarado em sua totalidade o imóvel rural que for titulado a várias pessoas, enquanto este for mantido indiviso (Lei nº 5.172, de 1966, art. 124, inciso I).

Documentos Comprobatórios

Art. 40. Os documentos que comprovem as informações prestadas na DITR não devem ser anexados à declaração, devendo ser mantidos em boa guarda à disposição da Secretaria da Receita Federal, até que ocorra a prescrição dos créditos tributários relativos às situações e aos fatos a que se refiram (Lei nº 5.172, de 1966, art. 195, parágrafo único).

Subseção II

DO DOCUMENTO DE INFORMAÇÃO E ATUALIZAÇÃO CADASTRAL DO ITR - DIAC

Art. 41. O contribuinte ou o seu sucessor deve comunicar anualmente à Secretaria da Receita Federal, por meio do preenchimento do DIAC, integrante da DITR, as informações cadastrais correspondentes a cada imóvel rural e a seu titular (Lei nº 9.393, de 1996, art. 6º).

Parágrafo único. As informações de que trata o *caput* deste artigo integrarão o CAFIR, cuja administração caberá à Secretaria da Receita Federal, que poderá, a qualquer tempo, solicitar informações visando à sua atualização (Lei nº 9.393, de 1996, art. 6º, § 2º).

Alterações Cadastrais

Art. 42. Devem ser obrigatoriamente comunicadas à Secretaria da Receita Federal as seguintes alterações relativas ao imóvel rural (Lei nº 9.393, de 1996, art. 6º, § 1º):

I – desmembramento;

II – anexação;

III – transmissão, por alienação da propriedade ou dos direitos a ela inerentes, a qualquer título;

IV – sucessão *causa mortis*;

V – cessão de direitos;

VI – constituição de reservas ou usufruto.

Parágrafo único. A comunicação de que trata o *caput* deste artigo deve ser feita no prazo de sessenta dias, contado da data da ocorrência da alteração (Lei nº 9.393, de 1996, art. 6º, § 1º).

Subseção III

DO DOCUMENTO DE INFORMAÇÃO E ALTERAÇÃO CADASTRAL DO ITR - DIAT

Art. 43. O contribuinte deve prestar anualmente à Secretaria da Receita Federal as informações necessárias ao cálculo do ITR e apurar o valor do imposto correspondente a cada imóvel rural, por meio do preenchimento do DIAT, integrante da DITR (Lei nº 9.393, de 1996, art. 8º).

Parágrafo único. As pessoas isentas do pagamento ou imunes do ITR estão dispensadas de preencher o DIAT (Lei nº 9.393, de 1996, art. 8º, § 3º).

Seção IV

DOS TERMOS, LOCAIS, FORMAS, PRAZOS E CONDIÇÕES PARA A APRESENTAÇÃO DA DITR

Art. 44. A Secretaria da Receita Federal disporá sobre os termos, locais, formas, prazos e condições para a apresentação da DITR (Lei nº 9.393, de 1996, arts. 6º e 8º).

CAPÍTULO II

DA RETIFICAÇÃO DA DECLARAÇÃO

Seção I

DA RETIFICAÇÃO ANTES DE INICIADA A FISCALIZAÇÃO

Art. 45. A retificação da DITR, antes de iniciado o procedimento de lançamento de ofício, terá a mesma natureza da declaração originariamente apresentada e não depende de autorização da autoridade administrativa (Medida Provisória nº 2.189-49, de 23 de agosto de 2001, art. 18).

Parágrafo único. A Secretaria da Receita Federal estabelecerá as hipóteses de admissibilidade e os procedimentos aplicáveis à retificação da declaração (Medida Provisória nº 2.189-49, de 2001, art. 18, parágrafo único).

Seção II

DA RETIFICAÇÃO APÓS INICIADA A FISCALIZAÇÃO

Art. 46. O sujeito passivo que, depois de iniciado o procedimento de lançamento de ofício, requerer a retificação da DITR não se eximirá, por isso, das penalidades previstas na legislação tributária (Lei nº 5.172, de 1966, art. 138; Decreto nº 70.235, de 6 de março de 1972, art. 7º, § 1º).

CAPÍTULO III

DA REVISÃO DA DECLARAÇÃO

Art. 47. A DITR está sujeita a revisão pela Secretaria da Receita Federal, que, se for o caso, pode exigir do sujeito passivo a apresentação dos comprovantes necessários à verificação da autenticidade das informações prestadas.

§ 1º A revisão é feita com elementos de que dispuser a Secretaria da Receita Federal, esclarecimentos verbais ou escritos solicitados ao contribuinte ou por outros meios previstos na legislação.

§ 2º O contribuinte que deixar de atender ao pedido de esclarecimentos ficará sujeito ao lançamento de ofício de que tratam os arts. 50 e 51 (Lei nº 5.172, de 1966, art. 149, inciso III).

CAPÍTULO IV

DO LANÇAMENTO DO IMPOSTO

Seção I

DA DISPOSIÇÃO PRELIMINAR

Art. 48. O lançamento do ITR é procedimento de competência privativa da autoridade administrativa, que se opera de ofício ou por homologação, destinado à constituição do crédito tributário (Lei nº 5.172, de 1966, art. 142; Lei nº 9.393, de 1996, arts. 10 e 14).

Parágrafo único. A atividade administrativa de lançamento é vinculada e obrigatória, sob pena de responsabilidade funcional (Lei nº 5.172, de 1966, art. 142, parágrafo único).

Seção II

DO LANÇAMENTO POR HOMOLOGAÇÃO

Art. 49. O lançamento por homologação pressupõe a atribuição ao sujeito passivo do dever de antecipar o pagamento do imposto sem prévio exame da autoridade administrativa, e opera-se pelo ato em que a referida autoridade, tomando conhecimento da atividade assim exercida pelo obrigado, expressamente a homologa (Lei nº 5.172, de 1966, art. 150, *caput*).

§ 1º O pagamento antecipado pelo obrigado nos termos deste artigo extingue o crédito, sob condição resolutória da ulterior homologação ao lançamento (Lei nº 5.172, de 1966, art. 150, § 1º).

§ 2º Não influem sobre a obrigação tributária quaisquer atos anteriores à homologação, praticados pelo sujeito passivo ou por terceiro, visando à extinção total ou parcial do crédito (Lei nº 5.172, de 1966, art. 150, § 2º).

§ 3º Os atos a que se refere o § 2º serão, porém, considerados na apuração do saldo porventura devido e, sendo o caso, na imposição de penalidade, ou sua graduação (Lei nº 5.172, de 1966, art. 150, § 3º).

§ 4º Se a lei não fixar prazo para a homologação, será ele de cinco anos, a contar da ocorrência do fato gerador; expirado esse prazo sem que a Fazenda Pública se tenha pronunciado, considera-se homologado o lançamento e definitivamente extinto o crédito, salvo se comprovada a ocorrência de dolo, fraude ou simulação (Lei nº 5.172, de 1966, art. 150, § 4º).

Seção III

DO LANÇAMENTO DE OFÍCIO

Subseção I

DAS DISPOSIÇÕES GERAIS

Art. 50. Caso o sujeito passivo deixe de tomar as iniciativas necessárias ao lançamento por homologação pela Fazenda Pública, esta deve proceder à determinação e ao lançamento de ofício do crédito tributário (Lei nº 5.172, de 1966, art. 149, inciso V; Lei nº 9.393, de 1996, art. 14).

Art. 51. O lançamento será efetuado de ofício quando o sujeito passivo (Lei nº 5.172, de 1966, art. 149; Lei nº 9.393, de 1996, art. 14):

I – não apresentar a DITR;

II – deixar de atender aos pedidos de esclarecimentos que lhe forem dirigidos, recusar-se a prestá-los ou não os prestar satisfatoriamente no tempo aprazado;

III – apresentar declaração inexata, considerando-se como tal a que contiver ou omitir qualquer elemento que implique redução do imposto a pagar;

IV – não efetuar ou efetuar com inexatidão o pagamento do imposto devido;

V – estiver sujeito, por ação ou omissão, à aplicação de penalidade pecuniária.

Parágrafo único. O crédito tributário também deve ser lançado de ofício nos casos em que o sujeito passivo tenha informado o enquadramento em hipóteses de imunidade, isenção ou redução do imposto, mas não tenha cumprido ou tenha deixado de cumprir, na data de ocorrência do fato gerador, os requisitos necessários.

Subseção II

DO SISTEMA DE PREÇOS DE TERRAS

Art. 52. No caso de falta de entrega do DIAC ou do DIAT, bem assim de subavaliação ou prestação de informações inexatas, incorretas ou fraudulentas, a Secretaria da Receita Federal procederá à determinação e ao lançamento de ofício do imposto, considerando as informações sobre preços de terras constantes em sistema a ser por ela instituído, e os dados de área total, área tributável e grau de utilização do imóvel rural apurados em procedimentos de fiscalização (Lei nº 9.393, de 1996, art. 14).

§ 1º As informações sobre preços de terras observarão os critérios legalmente estabelecidos e considerarão levantamentos realizados pelas Secretarias de Agricultura das Unidades Federadas ou dos Municípios (Lei nº 9.393, de 1996, art. 14, § 1º).

§ 2º As multas cobradas em virtude do disposto neste artigo serão aquelas aplicáveis aos demais tributos federais (Lei nº 9.393, de 1996, art. 14, § 2º).

Subseção III

DA INTIMAÇÃO

Art. 53. O sujeito passivo deve ser intimado do início do procedimento, do pedido de esclarecimentos ou da lavratura do auto de infração (Decreto nº 70.235, de 1972, art. 23, com a redação dada pelo art. 67 da Lei nº 9.532, de 1997):

I – pessoalmente, pelo autor do procedimento ou por agente do órgão preparador, na repartição ou fora dela, provada a intimação com a assinatura do sujeito passivo, seu mandatário ou preposto, ou, no caso de recusa, com declaração escrita de quem o intimar;

II – por via postal, telegráfica ou por qualquer outro meio ou via, com prova de recebimento, no endereço informado para tal fim, conforme previsto no § 2º do art. 7º, ou no domicílio tributário do sujeito passivo;

III – por edital, quando resultarem improfícuos os meios referidos nos incisos I e II.

§ 1º O edital deve ser publicado, uma única vez, em órgão de imprensa oficial local, ou afixado em dependência, franqueada ao público, do órgão encarregado da intimação (Decreto nº 70.235, de 1972, art. 23, § 1º).

§ 2º Considera-se feita a intimação (Decreto nº 70.235, de 1972, art. 23, § 2º):

I – na data da ciência do intimado ou da declaração de quem fizer a intimação, se pessoal;

II – no caso do inciso II do *caput* deste artigo, na data do recebimento ou, se omitida, quinze dias após a data da expedição da intimação;

III – quinze dias após a publicação ou afixação do edital, se este for o meio utilizado.

§ 3º Os meios de intimação previstos nos incisos I e II do *caput* deste artigo não estão sujeitos a ordem de preferência (Decreto nº 70.235, de 1972, art. 23, § 3º).

Seção IV

DA DECADÊNCIA

Art. 54. O direito de a Secretaria da Receita Federal constituir o crédito tributário extingue-se após cinco anos, contados (Lei nº 5.172, de 1966, art. 173):

I – do primeiro dia do exercício seguinte àquele em que o lançamento poderia ter sido efetuado;

II – da data em que se tornar definitiva a decisão que houver anulado, por vício formal, o lançamento anteriormente efetuado.

Parágrafo único. O direito a que se refere este artigo extingue-se definitivamente com o decurso do prazo nele previsto, contado da data em que tenha sido iniciada a constituição do crédito tributário pela notificação, ao sujeito passivo, de qualquer medida preparatória indispensável ao lançamento (Lei nº 5.172, de 1966, art. 173, parágrafo único).

TÍTULO II – DO PAGAMENTO, DA COMPENSAÇÃO E DA RESTITUIÇÃO DO IMPOSTO

CAPÍTULO I

DO PAGAMENTO

Seção I

DAS DISPOSIÇÕES PRELIMINARES

Art. 55. O pagamento deve ser feito por meio de Documento de Arrecadação de Receitas Federais – DARF, devendo o seu produto ser obrigatoriamente recolhido à conta do Tesouro Nacional.

Art. 56. O DARF obedecerá ao modelo aprovado pela Secretaria da Receita Federal e sua utilização pelo sujeito passivo far-se-á de acordo com instruções específicas.

§ 1º Nos documentos de arrecadação, o sujeito passivo deve indicar o código do tributo, o número de inscrição no Cadastro de Pessoas Físicas – CPF ou no Cadastro Nacional da Pessoa Jurídica – CNPJ, conforme o caso, o número do imóvel rural, além de outros elementos qualificativos ou informativos.

§ 2º É vedada a utilização de DARF para o pagamento de imposto de valor inferior a R$ 10,00 (dez reais) (Lei nº 9.430, de 27 de dezembro de 1996, art. 68).

Utilização da TDA

Art. 57. É facultado ao sujeito passivo o pagamento de até cinquenta por cento do valor original do ITR com Títulos da Dívida Agrária – TDA (Lei nº 4.504, de 30 de novembro de 1964, art. 105, § 1º, alínea *a*).

Seção II

DO PRAZO PARA PAGAMENTO

Art. 58. O imposto deve ser pago até o último dia útil do mês fixado para a entrega da DITR (Lei nº 9.393, de 1996, art. 12).

Seção III

DO PAGAMENTO EM QUOTAS

Art. 59. À opção do contribuinte, o imposto a pagar pode ser parcelado em até três quotas iguais, mensais e consecutivas, observando-se que (Lei nº 9.393, de 1996, art. 12, parágrafo único):

I – nenhuma quota será inferior a R$ 50,00 (cinquenta reais);

II – a primeira quota deve ser paga no prazo estabelecido pelo art. 58;

III – as demais quotas, acrescidas de juros equivalentes à taxa referencial do Sistema de Liquidação e de Custódia – SELIC para títulos federais, acumulada mensalmente, calculados a partir do primeiro dia do mês subsequente ao prazo estabelecido pelo art. 58 até o último dia do mês anterior ao do pagamento, e de um por cento no mês do pagamento, vencerão no último dia útil de cada mês;

IV – é facultado ao contribuinte antecipar, total ou parcialmente, o pagamento do imposto ou das quotas.

Seção IV

DO PAGAMENTO FORA DO PRAZO

Art. 60. A falta ou insuficiência de pagamento do imposto, no prazo previsto, sujeita o contribuinte ao pagamento do valor que deixou de ser pago, acrescido de (Lei nº 9.393, de 1996, art. 13):

I – multa de mora calculada à taxa de trinta e três centésimos por cento, por dia de atraso, não podendo ultrapassar a vinte por cento, calculada a partir do primeiro dia útil subsequente ao do vencimento do prazo previsto para pagamento do imposto até o dia em que ocorrer o seu pagamento;

II – juros de mora equivalentes à taxa referencial SELIC para títulos federais, acumulada mensalmente, calculados a partir do primeiro dia do mês subsequente ao vencimento do prazo para pagamento até o mês anterior ao do pagamento, e de um por cento no mês do efetivo pagamento.

Seção V

DA PROVA DE QUITAÇÃO

Art. 61. A prova de quitação do crédito tributário será feita por meio de certidão emitida, no âmbito de suas atribuições, pela Secretaria da Receita Federal ou pela Procuradoria-Geral da Fazenda Nacional (Lei nº 7.711, de 22 de dezembro de 1988, art. 1º, § 3º).

§ 1º A certidão será eficaz, dentro do seu prazo de validade e para o fim a que se destina, perante qualquer órgão ou entidade da Administração Federal, Estadual e Municipal, direta ou indireta (Decreto-Lei nº 1.715, de 22 de novembro de 1979, art. 1º, § 2º).

§ 2º Tem os mesmos efeitos previstos neste artigo a certidão de que conste a existência de créditos não vencidos, em curso de cobrança executiva em que tenha sido efetivada a penhora, ou cuja exigibilidade esteja suspensa (Lei nº 5.172, de 1966, art. 206).

Incentivos Fiscais e Crédito Rural

Art. 62. A concessão de incentivos fiscais e de crédito rural, em todas as suas modalidades, bem assim a constituição das respectivas contrapartidas ou garantias, ficam condicionadas à comprovação do pagamento do ITR relativo ao imóvel rural, correspondente aos últimos cinco exercícios, ressalvados os casos em que a exigibilidade do imposto esteja suspensa, ou em curso de cobrança executiva em que tenha sido efetivada a penhora (Lei nº 9.393, de 1996, art. 20).

Parágrafo único. É dispensada a comprovação de regularidade de pagamento do imposto relativo ao imóvel rural para efeito de concessão de financiamento ao amparo do Programa Nacional de Fortalecimento da Agricultura Familiar – PRONAF (Lei nº 9.393, de 1996, art. 20, parágrafo único).

Registro Público

Art. 63. É obrigatória a comprovação do pagamento do ITR, referente aos cinco últimos exercícios, para serem praticados quaisquer dos atos previstos nos arts. 167 e 168 da Lei nº 6.015, de 31 de dezembro de 1973 – Lei dos Registros Públicos, observada a ressalva prevista no *caput* do art. 62 (Lei nº 9.393, de 1996, art. 21).

Parágrafo único. São solidariamente responsáveis pelo imposto e pelos acréscimos legais, nos termos do art. 134 da Lei nº 5.172, de 1966, os serventuários do registro de imóveis que descumprirem o disposto neste artigo, sem prejuízo de outras sanções legais (Lei nº 9.393, de 1996, art. 21, parágrafo único).

CAPÍTULO II

DA COMPENSAÇÃO

Seção I

DA COMPENSAÇÃO ESPONTÂNEA DO CONTRIBUINTE

Art. 64. Nos casos de pagamento indevido ou a maior de ITR, mesmo quando resultante de reforma, anulação, revogação ou rescisão de decisão condenatória, o contribuinte poderá efetuar a compensação desse valor no recolhimento de importância correspondente a ITR apurado em período subsequente (Lei nº 8.383, de 30 de dezembro de 1991, art. 66, com a redação dada pela Lei nº 9.069, de 29 de junho de 1995, art. 58).

§ 1º Entende-se por recolhimento ou pagamento indevido ou a maior aquele proveniente de (Lei nº 5.172, de 1966, art. 165):

I – cobrança ou pagamento espontâneo de imposto, quando efetuado por erro, ou em duplicidade, ou sem que haja débito a liquidar, em face da legislação tributária aplicável, ou da natureza ou circunstâncias materiais do fato gerador efetivamente ocorrido;

II – erro na identificação do sujeito passivo, na determinação da alíquota aplicável, no cálculo do montante do débito ou na elaboração ou conferência de qualquer documento relativo ao recolhimento ou pagamento;

III – reforma, anulação, revogação ou rescisão de decisão condenatória.

§ 2º É facultado ao contribuinte optar pelo pedido de restituição (Lei nº 8.383, de 1991, art. 66, § 2º, com a redação dada pela Lei nº 9.069, de 1995, art. 58).

§ 3º A compensação somente poderá ser efetuada pelo contribuinte titular do crédito oriundo do recolhimento ou pagamento indevido ou a maior.

§ 4º A Secretaria da Receita Federal expedirá as instruções necessárias ao cumprimento do disposto neste artigo (Lei nº 8.383, de 1991, art. 66, § 4º, com a redação dada pela Lei nº 9.069, de 1995, art. 58).

Seção II

COMPENSAÇÃO REQUERIDA PELO CONTRIBUINTE

Art. 65. A Secretaria da Receita Federal, atendendo a requerimento do contribuinte, poderá autorizar a utilização de créditos a serem a ele restituídos ou ressarcidos para a quitação de quaisquer tributos ou contribuições sob sua administração, ainda que não sejam da mesma espécie nem tenham a mesma destinação constitucional (Lei nº 9.430, de 1996, art. 74).

Seção III

COMPENSAÇÃO PELA AUTORIDADE ADMINISTRATIVA

Art. 66. Os créditos do sujeito passivo constantes em pedidos de restituição ou ressarcimento de imposto serão utilizados para quitação de seus débitos em procedimentos internos da Secretaria da Receita Federal, observado o seguinte (Lei nº 9.430, de 1996, art. 73):

I – o valor bruto da restituição ou ressarcimento será debitado à conta do tributo ou da contribuição a que se referir;

II – a parcela utilizada para a quitação de débitos do contribuinte ou responsável será creditada à conta do ITR.

§ 1º A compensação de ofício será precedida de notificação ao sujeito passivo para que se manifeste sobre o procedimento, no prazo de quinze dias, sendo o seu silêncio considerado como aquiescência.

§ 2º No caso de discordância do sujeito passivo, a Secretaria da Receita Federal reterá o valor da restituição até que o débito seja liquidado.

§ 3º A Secretaria da Receita Federal, reconhecendo o direito de crédito do sujeito passivo para restituição, compensará este crédito com eventuais débitos do requerente.

§ 4º Quando o montante da restituição for superior ao do débito, a Secretaria da Receita Federal efetuará o pagamento da diferença ao sujeito passivo.

§ 5º Caso a quantia a ser restituída seja inferior ao valor dos débitos, o correspondente crédito tributário é extinto no montante equivalente à compensação, cabendo à Secretaria da Receita Federal adotar as providências para cobrança do saldo remanescente.

Seção IV

ACRÉSCIMO DE JUROS

Art. 67. O valor a ser utilizado na compensação será acrescido de juros obtidos pela aplicação da taxa referencial SELIC para títulos federais, acumulada mensalmente a partir do mês subsequente ao do pagamento indevido ou a maior até o mês anterior ao da compensação, e de um por cento relativamente ao mês em que estiver sendo efetuada (Lei nº 9.250, de 1995, art. 39, § 4º; Lei nº 9.532, de 1997, art. 73).

CAPÍTULO III

DA RESTITUIÇÃO

Art. 68. Nos casos de pagamento indevido ou a maior de ITR, mesmo quando resultante de reforma, anulação, revogação ou rescisão de decisão condenatória, o contribuinte poderá optar pelo pedido de restituição do valor pago indevidamente ou a maior, observado o disposto nos arts. 66 e 69 (Lei nº 8.383, de 1991, art. 66, § 2º, com a redação dada pela Lei nº 9.069, de 1995, art. 58).

§ 1º Entende-se por recolhimento ou pagamento indevido ou a maior aquele proveniente de (Lei nº 5.172, de 1966, art. 165):

I – cobrança ou pagamento espontâneo de imposto, quando efetuado por erro, ou em duplicidade, ou sem que haja débito a liquidar, em face da legislação tributária aplicável, ou da natureza ou circunstâncias materiais do fato gerador efetivamente ocorrido;

II – erro na identificação do sujeito passivo, na determinação da alíquota aplicável, no cálculo do montante do débito ou na elaboração ou conferência de qualquer documento relativo ao recolhimento ou pagamento;

III – reforma, anulação, revogação ou rescisão de decisão condenatória.

§ 2º O valor da restituição será acrescido de juros obtidos pela aplicação da taxa referencial SELIC para títulos federais, acumulada mensalmente a partir do mês subsequente ao do pagamento indevido ou a maior até o mês anterior ao da compensação ou restituição, e de um por cento relativamente ao mês em que estiver sendo efetuada (Lei nº 9.250, de 1995, art. 39, § 4º; Lei nº 9.532, de 1997, art. 73).

§ 3º A Secretaria da Receita Federal expedirá as instruções necessárias ao cumprimento do disposto neste artigo (Lei nº 8.383, de 1991, art. 66, § 4º, com a redação dada pela Lei nº 9.069, de 1995, art. 58).

Direito de Pleitear a Restituição

Art. 69. O direito de pleitear a restituição do imposto extingue-se com o decurso do prazo de cinco anos, contados (Lei nº 5.172, de 1966, art. 168):

I – da data do pagamento indevido;

II – da data em que se tornar definitiva a decisão administrativa ou passar em julgado a decisão judicial que tenha reformado, anulado, revogado ou rescindido a decisão condenatória.

Parágrafo único. O pedido de restituição, dirigido à autoridade competente, suspende o prazo previsto no *caput* deste artigo até que seja proferida decisão final na órbita administrativa (Decreto-Lei nº 5.844, de 23 de setembro de 1943, art. 170, § 4º, acrescentado pela Lei nº 154, de 25 de novembro de 1947, art. 1º).

TÍTULO III – DA PRESCRIÇÃO

Art. 70. A ação para cobrança do crédito tributário prescreve em cinco anos, contados da data da sua constituição definitiva (Lei nº 5.172, de 1966, art. 174).

§ 1º A prescrição se interrompe (Lei nº 5.172, de 1966, art. 174, parágrafo único):

I – pela citação pessoal feita ao devedor;

II – pelo protesto judicial;

III – por qualquer ato judicial que constitua em mora o devedor;

LEG. COMPLEMENTAR

IV – por qualquer ato inequívoco, ainda que extrajudicial, que importe reconhecimento do débito pelo devedor.

§ 2º A inscrição do débito como Dívida Ativa, pelo órgão competente, suspenderá a fluência do prazo prescricional, para todos os efeitos de direito, por cento e oitenta dias ou até a distribuição da execução fiscal, se esta ocorrer antes de findo aquele prazo (Lei nº 6.830, de 22 de setembro de 1980, art. 2º, § 3º).

§ 3º O despacho do juiz, que ordenar a citação do executado, interrompe a fluência do prazo prescricional (Lei nº 6.830, de 1980, art. 8º, § 2º).

TÍTULO IV – DA FISCALIZAÇÃO

Art. 71. A legislação tributária que trata da competência e dos poderes das autoridades administrativas em matéria de fiscalização aplica-se às pessoas naturais ou jurídicas, contribuintes ou não, inclusive às que gozam de imunidade tributária ou de isenção (Lei nº 5.172, de 1966, art. 194).

Art. 72. Para os efeitos da legislação tributária, não têm aplicação quaisquer disposições legais excludentes ou limitativas do direito de examinar mercadorias, livros, arquivos, documentos, papéis e efeitos comerciais ou fiscais, dos comerciantes, industriais ou produtores, ou da obrigação destes de exibi-los (Lei nº 5.172, de 1966, art. 195).

Parágrafo único. Os livros obrigatórios de escrituração comercial e fiscal e os comprovantes dos lançamentos neles efetuados serão conservados até que ocorra a prescrição dos créditos tributários decorrentes das operações a que se refiram (Lei nº 5.172, de 1966, art. 195, parágrafo único).

Convênios

Art. 73. A Secretaria da Receita Federal poderá celebrar convênio com o Instituto Nacional de Colonização e Reforma Agrária – INCRA, com a finalidade de delegar as atividades de fiscalização das informações sobre os imóveis rurais, contidas no DIAC e no DIAT (Lei nº 9.393, de 1996, art. 16).

§ 1º No exercício da delegação a que se refere este artigo, o INCRA poderá celebrar convênios de cooperação com o IBAMA, a Fundação Nacional do Índio – FUNAI e as Secretarias Estaduais de Agricultura (Lei nº 9.393, de 1996, art. 16, § 1º).

§ 2º No uso de suas atribuições, os agentes do INCRA terão acesso ao imóvel de propriedade particular, para levantamento de dados e informações (Lei nº 9.393, de 1996, art. 16, § 2º).

§ 3º A Secretaria da Receita Federal, com o apoio do INCRA, administrará o CAFIR e colocará as informações nele contidas à disposição daquela Autarquia, para fins de levantamento e pesquisa de dados e de proposição de ações administrativas e judiciais (Lei nº 9.393, de 1996, art. 16, § 3º, com a redação dada pela Lei nº 10.267, de 28 de agosto de 2001, art. 5º).

§ 4º Às informações a que se refere o § 3º aplica-se o disposto no art. 198 da Lei nº 5.172, de 1966 (Lei nº 9.393, de 1996, art. 16, § 4º, com a redação dada pela Lei nº 10.267, de 28 de agosto de 2001, art. 5º).

Art. 74. A Secretaria da Receita Federal poderá, também, celebrar convênios com (Lei nº 9.393, de 1996, art. 17):

I – órgãos da administração tributária das unidades federadas, visando delegar competência para a cobrança e o lançamento do ITR;

II – a Confederação Nacional da Agricultura – CNA e a Confederação Nacional dos Trabalhadores na Agricultura – CONTAG, com a finalidade de fornecer dados cadastrais de imóveis rurais que possibilitem a cobrança das contribuições sindicais devidas àquelas entidades.

TÍTULO V – DAS PENALIDADES

CAPÍTULO I
DA MULTA POR ATRASO NA ENTREGA DAS DECLARAÇÕES

Art. 75. No caso de apresentação espontânea da DITR fora do prazo estabelecido pela Secretaria da Receita Federal, será cobrada multa de um por cento ao mês-calendário ou fração sobre o imposto devido, sem prejuízo da multa e dos juros de mora pela falta ou insuficiência de recolhimento do imposto ou quota (Lei nº 9.393, de 1996, arts. 7º e 9º).

Parágrafo único. Em nenhuma hipótese o valor da multa de que trata o *caput* deste artigo será inferior a R$ 50,00 (cinquenta reais) (Lei nº 9.393, de 1996, art. 11, § 2º).

CAPÍTULO II
DAS MULTAS DE LANÇAMENTO DE OFÍCIOS

Art. 76. Nos casos de lançamento de ofício, serão aplicadas as seguintes multas, calculadas sobre a totalidade ou diferença do ITR (Lei nº 9.393, de 1996, art. 14, § 2º; Lei nº 9.430, de 1996, art. 44):

I – de setenta e cinco por cento, nos casos de falta de pagamento, de pagamento após o vencimento do prazo, sem o acréscimo de multa moratória, de falta de declaração e nos de declaração inexata, excetuada a hipótese do inciso seguinte;

II – cento e cinquenta por cento, nos casos de evidente intuito de sonegação, fraude ou conluio, independentemente de outras penalidades administrativas ou criminais cabíveis.

§ 1º As multas de que trata este artigo serão exigidas (Lei nº 9.430, de 1996, art. 44, § 1º):

I – juntamente com o ITR, quando não houver sido anteriormente pago;

II – isoladamente, quando o ITR houver sido pago após o vencimento do prazo previsto, mas sem o acréscimo de multa de mora.

§ 2º As multas a que se referem os incisos I e II do *caput* deste artigo passarão a ser de 112,5% (cento e doze inteiros e cinco décimos por cento) e 225% (duzentos e vinte e cinco por cento), respectivamente, nos casos de não atendimento pelo sujeito passivo, no prazo marcado, de intimação para (Lei nº 9.430, de 1996, art. 44, § 2º, com a redação dada pela Lei nº 9.532, de 1997, art. 70):

I – prestar esclarecimentos;

II – apresentar os arquivos digitais ou sistemas de processamento eletrônico de dados utilizados para registrar negócios e atividades econômicas ou financeiras, escriturar livros ou elaborar documentos de natureza contábil ou fiscal;

III – apresentar a documentação técnica e atualizada sobre o sistema de processamento de dados por ele utilizado, suficiente para possibilitar a sua auditoria (Lei nº 9.430, de 1996, art. 38).

§ 3º Será concedida redução de cinquenta por cento da multa de lançamento de ofício ao contribuinte que, notificado, efetuar o pagamento do débito no prazo legal de impugnação (Lei nº 8.218, de 29 de agosto de 1991, art. 6º; Lei nº 9.430, de 1996, art. 44, § 3º).

§ 4º Se houver impugnação tempestiva, a redução será de trinta por cento se o pagamento do débito for efetuado dentro de trinta dias da ciência da decisão de primeira instância (Lei nº 8.218, de 1991, art. 6º, parágrafo único; Lei nº 9.430, de 1996, art. 44, § 3º).

§ 5º Será concedida redução de quarenta por cento da multa de lançamento de ofício ao contribuinte que, notificado, requerer o parcelamento do débito no prazo legal de impugnação (Lei nº 8.383, de 1991, art. 60; Lei nº 9.430, de 1996, art. 44, § 3º).

§ 6º Havendo impugnação tempestiva, a redução será de vinte por cento, se o parcelamento for requerido dentro de trinta dias da ciência da decisão de primeira instância (Lei nº 8.383, de 1991, art. 60, § 1º; Lei nº 9.430, de 1996, art. 44, § 3º).

§ 7º A rescisão do parcelamento, motivada pelo descumprimento das normas que o regulam, implicará restabelecimento do montante da multa proporcionalmente ao valor da receita não satisfeito (Lei nº 8.383, de 1991, art. 60, § 2º; Lei nº 9.430, de 1996, art. 44, § 3º).

Sonegação

Art. 77. Sonegação é toda ação ou omissão dolosa tendente a impedir ou retardar, total ou parcialmente, o conhecimento por parte da autoridade administrativa (Lei nº 4.502, de 30 de novembro de 1964, art. 71):

I – da ocorrência do fato gerador da obrigação tributária principal, sua natureza ou circunstâncias materiais;

II – das condições pessoais do contribuinte, suscetíveis de afetar a obrigação tributária principal ou o crédito tributário correspondente.

Art. 78. Fraude é toda ação ou omissão dolosa tendente a impedir ou retardar, total ou parcialmente, a ocorrência do fato gerador da obrigação tributária principal, ou a excluir ou modificar as suas características essenciais, de modo a reduzir o montante do imposto devido ou a evitar ou diferir o seu pagamento (Lei nº 4.502, de 1964, art. 72).

Conluio

Art. 79. Conluio é o ajuste doloso entre duas ou mais pessoas naturais ou jurídicas, visando a qualquer dos efeitos referidos nos arts. 77 e 78 (Lei nº 4.502, de 1964, art. 73).

TÍTULO VI – DAS DISPOSIÇÕES GERAIS

Art. 80. Compete à Secretaria da Receita Federal a administração do ITR, incluídas as atividades de arrecadação, tributação e fiscalização (Lei nº 9.393, de 1996, art. 15).

Parágrafo único. No processo administrativo fiscal, compreendendo os procedimentos destinados à determinação e exigência do imposto, imposição de penalidades, repetição de indébito e solução de consultas, bem assim a compensação do imposto, observar-se-á a legislação prevista para os demais tributos federais (Lei nº 9.393, de 1996, art. 15, parágrafo único).

Art. 81. Os prazos fixados neste Decreto serão contínuos, excluindo-se, em sua contagem, o dia de início e incluindo-se o de vencimento (Lei nº 5.172, de 1966, art. 210).

Parágrafo único. Os prazos só se iniciam ou vencem em dia de expediente normal na repartição em que corra o processo ou deva ser praticado o ato (Lei nº 5.172, de 1966, art. 210, parágrafo único).

Art. 82. Este Decreto entra em vigor na data de sua publicação.

Brasília, 19 de setembro de 2002;
181º da Independência e
114º da República.
Fernando Henrique Cardoso

DECRETO Nº 4.523, DE 17 DE DEZEMBRO DE 2002

Regulamenta o arrolamento de bens para interposição de recurso voluntário no processo administrativo de determinação e exigência de créditos tributários da União.

• Publicado no *DOU* de 18-12-2002.

Art. 1º O arrolamento de bens e direitos para fins de seguimento do recurso voluntário interposto contra decisão proferida nos processos de determinação e exigência de créditos tributários da União será efetuado em conformidade com as disposições deste Decreto.

Art. 2º O recorrente deverá arrolar, por sua iniciativa, bens e direitos de valor equivalente a trinta por cento da exigência fiscal definida na decisão, aplicando-se o disposto nos §§ 2º, 3º, 5º e 8º do art. 64 da Lei nº 9.532, de 10 de dezembro de 1997.

§ 1º Deverão ser arrolados, preferencialmente, bens imóveis da pessoa física ou jurídica recorrente, integrantes de seu patrimônio, classificados, no caso de pessoa jurídica, em conta integrante do ativo permanente, segundo as normas fiscais e comerciais.

§ 2º Caso a pessoa física não possua imóveis passíveis de arrolamento, deverão ser arrolados bens móveis ou direitos constantes de seu patrimônio.

§ 3º Caso a pessoa jurídica não possua imóveis passíveis de arrolamento, segundo o disposto no § 1º, deverão ser arrolados outros bens integrantes de seu ativo permanente.

Art. 3º Sem prejuízo do seguimento do recurso voluntário, o arrolamento de bens e direitos será limitado ao total do ativo permanente da pessoa jurídica ou ao patrimônio da pessoa física, avaliados pelo valor constante da contabilidade ou da última declaração de rendimentos apresentada pelo sujeito passivo.

Art. 4º Na hipótese em que a autoridade fiscal competente tenha procedido o arrolamento de bens e direitos nos termos preconizados pelo art. 64 da Lei nº 9.532, de 1997, fica o recorrente dispensado da adoção dessa providência.

Art. 5º A Secretaria da Receita Federal do Ministério da Fazenda expedirá normas complementares para a aplicação do disposto neste Decreto.

Art. 6º Este Decreto entra em vigor na data de sua publicação.

Art. 7º Fica revogado o Decreto nº 3.717, de 3 de janeiro de 2001.

Brasília, 17 de dezembro de 2002;
181º da Independência e
114º da República.
Fernando Henrique Cardoso

LEI COMPLEMENTAR Nº 115, DE 26 DE DEZEMBRO DE 2002

Altera as Leis Complementares nºs 87, de 13 de setembro de 1996, e 102, de 11 de julho de 2000.

• Publicada no *DOU* de 27-12-2002.

Art. 1º O art. 31 da Lei Complementar nº 87, de 13 de setembro de 1996, passa a vigorar com as seguintes alterações:

• Alterações inseridas no texto da referida Lei Complementar.

Art. 2º O Anexo da Lei Complementar nº 87, de 13 de setembro de 1996, passa a vigorar com a redação do Anexo desta Lei Complementar.

Art. 3º Os valores de entrega correspondentes aos períodos de competência dos meses de novembro e dezembro de 1999, mencionados no art. 3º da Lei Complementar nº 102, de 11 de julho de 2000, que não tenham sido utilizados nas condições previstas nos §§ 3º e 4º do referido artigo, serão repassados pela União aos Estados e aos seus Municípios em janeiro e fevereiro de 2003, respectivamente.

Parágrafo único. Os valores de entrega mencionados no caput estarão contidos no montante limite previsto no Anexo para o exercício de 2003.

Art. 4º Esta Lei Complementar entra em vigor na data de sua publicação, produzindo efeitos a partir de 1º de janeiro de 2003.

Art. 5º Revoga-se o § 4º-A do art. 31 da Lei Complementar nº 87, de 13 de setembro de 1996.

Brasília, 26 de dezembro de 2002;
181º da Independência e
114º da República.

Fernando Henrique Cardoso

ANEXO

1. A entrega de recursos a que se refere o art. 31 da Lei Complementar nº 87, de 13 de setembro de 1996, será realizada da seguinte forma:

1.1. a União entregará aos Estados e aos seus Municípios, no exercício financeiro de 2003, o valor de até R$ 3.900.000.000,00 (três bilhões e novecentos milhões de reais), desde que respeitada a dotação consignada da Lei Orçamentária Anual da União de 2003 e eventuais créditos adicionais;

1.2. nos exercícios financeiros de 2004 a 2006, a União entregará aos Estados e aos seus Municípios os montantes consignados a essa finalidade nas correspondentes Leis Orçamentárias Anuais da União;

1.3. a cada mês, o valor a ser entregue aos Estados e aos seus Municípios corresponderá ao montante do saldo orçamentário existente no dia 1º, dividido pelo número de meses remanescentes no ano;

1.3.1. nos meses de janeiro e fevereiro de 2003, o saldo orçamentário, para efeito do cálculo da parcela pertencente a cada Estado e a seus Municípios, segundo os coeficientes individuais de participação definidos no item 1.5 deste Anexo, corresponderá ao montante remanescente após a dedução dos valores de entrega mencionados no art. 3º desta Lei Complementar;

1.3.1.1. nesses meses, a parcela pertencente aos Estados que fizerem jus ao disposto no art. 3º desta Lei Complementar corresponderá ao somatório dos montantes derivados da aplicação do referido artigo e dos coeficientes individuais de participação definidos no item 1.5 deste Anexo;

1.3.2. no mês de dezembro, o valor de entrega corresponderá ao saldo orçamentário existente no dia 15.

1.4. Os recursos serão entregues aos Estados e aos seus respectivos Municípios no último dia útil de cada mês.

1.5. A parcela pertencente a cada Estado, incluídas as parcelas de seus Municípios, será proporcional aos seguintes coeficientes individuais de participação:

AC	0,09104%	PB	0,28750%
AL	0,84022%	PR	10,08256%
AP	0,40648%	PE	1,48565%
AM	1,00788%	PI	0,30165%
BA	3,71666%	RJ	5,86503%
CE	1,62881%	RN	0,36214%
DF	0,80975%	RS	10,04446%
ES	4,26332%	RO	0,24939%
GO	1,33472%	RR	0,03824%
MA	1,67880%	SC	3,59131%
MT	1,94087%	SP	31,14180%
MS	1,23465%	SE	0,25049%
MG	12,90414%	TO	0,07873%
PA	4,36371%	TOTAL	100,00000%

2. Caberá ao Ministério da Fazenda apurar o montante mensal a ser entregue aos Estados e aos seus Municípios.

2.1. O Ministério da Fazenda publicará no Diário Oficial da União, até cinco dias úteis antes da data prevista para a efetiva entrega dos recursos, o resultado do cálculo do montante a ser entregue aos Estados e aos seus Municípios, o qual, juntamente com o detalhamento da memória de cálculo, será remetido, no mesmo prazo, ao Tribunal de Contas da União.

2.2. Do montante dos recursos que cabe a cada Estado, a União entregará, diretamente ao próprio Estado, setenta e cinco por cento, e aos seus Municípios, vinte e cinco por cento, distribuídos segundo os mesmos critérios de rateio aplicados às parcelas de receita que lhes cabem do ICMS.

2.3. Antes do início de cada exercício financeiro, o Estado comunicará ao Ministério da Fazenda os coeficientes de participação dos respectivos Municípios no rateio da parcela do ICMS a serem aplicados no correspondente exercício, observado o seguinte:

2.3.1. o atraso na comunicação dos coeficientes acarretará a suspensão da transferência dos recursos ao Estado e aos respectivos Municípios até que seja regularizada a entrega das informações;

2.3.1.1. os recursos em atraso e os do mês em que ocorrer o fornecimento das informações serão entregues no último dia útil do mês seguinte à regularização, se esta ocorrer após o décimo quinto dia; caso contrário, a entrega dos recursos ocorrerá no último dia útil do próprio mês da regularização.

3. A forma de entrega dos recursos a cada Estado e a cada Município observará o disposto neste item.

3.1. Para efeito de entrega dos recursos à unidade federada e por uma das duas formas previstas no subitem 3.3 serão obrigatoriamente considerados, pela ordem e até o montante total da entrega apurado no respectivo período, os valores das seguintes dívidas:

3.1.1. contraídas junto ao Tesouro Nacional pela unidade federada vencidas e não pagas, computadas primeiro as da administração direta e depois as da administração indireta;

3.1.2. contraídas pela unidade federada com garantia da União, inclusive dívida externa, vencidas e não pagas, sempre computadas inicialmente as da administração direta e posteriormente as da administração indireta;

3.1.3. contraídas pela unidade federada junto aos demais entes da administração federal, direta e indireta, vencidas e não pagas, sempre computadas inicialmente as da administração direta e posteriormente as da administração indireta.

3.2. Para efeito do disposto no subitem 3.1.3, ato do Poder Executivo Federal poderá autorizar:

3.2.1. a inclusão, como mais uma opção para efeito da entrega dos recursos, e na ordem que determinar, do valor correspondente a título da respectiva unidade federada na carteira da União, inclusive entes de sua administração indireta, primeiro relativamente aos valores vencidos e não pagos e, depois, aos vincendos no mês seguinte àquele em que serão entregues os recursos;

3.2.2. a suspensão temporária da dedução de dívida compreendida pelo subitem 3.1.3, quando não estiverem disponíveis, no prazo devido, as necessárias informações.

3.3. Os recursos a serem entregues mensalmente à unidade federada, equivalentes ao montante das dívidas apurado na forma do subitem 3.1, e do anterior, serão satisfeitos pela União por uma das seguintes formas:

3.3.1. entrega de obrigações do Tesouro Nacional, de série especial, inalienáveis, com vencimento não inferior a dez anos, remunerados por taxa igual ao custo médio das dívidas da respectiva unidade federada junto ao Tesouro Nacional, com poder liberatório para pagamento das referidas dívidas; ou

3.3.2. correspondente compensação.

3.4. Os recursos a serem entregues mensalmente à unidade federada equivalentes à diferença positiva entre o valor total que lhe cabe e o valor da dívida apurada nos termos dos subitens 3.1 e 3.2, e liquidada na forma do subitem anterior, serão satisfeitos por meio de crédito, em moeda corrente, à conta bancária do beneficiário.

4. As referências deste Anexo feitas aos Estados entendem-se também feitas ao Distrito Federal.

LEI Nº 10.637, DE 30 DE DEZEMBRO DE 2002

Dispõe sobre a não cumulatividade na cobrança da contribuição para os Programas de Integração Social (PIS) e de Formação do Patrimônio do Servidor Público (PASEP), nos casos que especifica; sobre o pagamento e o parcelamento de débitos tributários federais, a compensação de créditos fiscais, a declaração de inaptidão de inscrição de pessoas jurídicas, a legislação aduaneira, e dá outras providências.

- Publicada no *DOU* de 31-12-2002, Edição Extra, e retificada no *DOU* de 6-6-2003.

CAPÍTULO I
DA COBRANÇA NÃO CUMULATIVA DO PIS E DO PASEP

Art. 1º A Contribuição para o PIS/PASEP, com a incidência não cumulativa, incide sobre o total das receitas auferidas no mês pela pessoa jurídica, independentemente de sua denominação ou classificação contábil.

- *Caput* com a redação dada pela Lei nº 12.973, de 13-5-2014.

§ 1º Para efeito do disposto neste artigo, o total das receitas compreende a receita bruta de que trata o art. 12 do Decreto-Lei nº 1.598, de 26 de dezembro de 1977, e todas as demais receitas auferidas pela pessoa jurídica com os respectivos valores decorrentes do ajuste a valor presente de que trata o inciso VIII do *caput* do art. 183 da Lei nº 6.404, de 15 de dezembro de 1976.

§ 2º A base de cálculo da Contribuição para o PIS/PASEP é o total das receitas auferidas pela pessoa jurídica, conforme definido no *caput* e no § 1º.

- §§ 1º e 2º com a redação dada pela Lei nº 12.973, de 13-5-2014.

§ 3º Não integram a base de cálculo a que se refere este artigo, as receitas:

I – decorrentes de saídas isentas da contribuição ou sujeitas à alíquota zero;

II – VETADO;

III – auferidas pela pessoa jurídica revendedora, na revenda de mercadorias em relação às quais a contribuição seja exigida da empresa vendedora, na condição de substituta tributária;

- Art. 16 da Lei nº 10.865, de 30-4-2004, que dispõe sobre o PIS/PASEP-Importação e a COFINS-Importação.

IV – *Revogado*. Lei nº 11.727, de 23-6-2008;

V – referentes a:

a) vendas canceladas e aos descontos incondicionais concedidos;

b) reversões de provisões e recuperações de créditos baixados como perda, que não representem ingresso de novas receitas, o resultado positivo da avaliação de investimentos pelo valor do patrimônio líquido e os lucros e dividendos derivados de participações societárias, que tenham sido computados como receita;

- Alínea *b* com a redação dada pela Lei nº 12.973, de 13-5-2014.

VI – de que trata o inciso IV do *caput* do art. 187 da Lei nº 6.404, de 15 de dezembro de 1976, decorrentes da venda de bens do ativo não circulante, classificado como investimento, imobilizado ou intangível;

- Inciso VI com a redação dada pela Lei nº 12.973, de 13-5-2014.

VII – decorrentes de transferência onerosa a outros contribuintes do Imposto sobre Operações relativas à Circulação de Mercadorias e sobre Prestações de Serviços de Transporte Interestadual e Intermunicipal e de Comunicação – ICMS de créditos de ICMS originados de operações de exportação, conforme o disposto no inciso II do § 1º do art. 25 da Lei Complementar nº 87, de 13 de setembro de 1996;

- Inciso VII com a redação dada pela Lei nº 11.945, de 4-6-2009.

VIII – financeiras decorrentes do ajuste a valor presente de que trata o inciso VIII do *caput* do art. 183 da Lei nº 6.404, de 15 de dezembro de 1976, referentes a receitas excluídas da base de cálculo da Contribuição para o PIS/PASEP;

IX – relativas aos ganhos decorrentes de avaliação de ativo e passivo com base no valor justo;

X – de subvenções para investimento, inclusive mediante isenção ou redução de impostos, concedidas como estímulo à implantação ou expansão de empreendimentos econômicos e de doações feitas pelo poder público;

XI – reconhecidas pela construção, recuperação, reforma, ampliação ou melhoramento da infraestrutura, cuja contrapartida seja ativo intangível representativo de direito de exploração, no caso de contratos de concessão de serviços públicos;

- Incisos VIII a XI com a redação dada pela Lei nº 12.973, de 13-5-2014.

XII – relativas ao valor do imposto que deixar de ser pago em virtude das isenções e reduções de que tratam as alíneas a, b, c e e do § 1º do art. 19 do Decreto-Lei nº 1.598, de 1977;

XIII – relativas ao prêmio na emissão de debêntures; e

- Incisos XII e XIII com a redação dada pela MP nº 1.159, de 12-1-2023, que até o encerramento desta edição não havia sido convertida em lei.

XIV – referentes ao valor do ICMS que tenha incidido sobre a operação.

- Inciso XIV acrescido pela MP nº 1.159, de 12-1-2023, que até o encerramento desta edição não havia sido convertida em lei.

Art. 2º Para determinação do valor da contribuição para o PIS/PASEP aplicar-se-á, sobre a base de cálculo apurada conforme o disposto no art. 1º, a alíquota de 1,65% (um inteiro e sessenta e cinco centésimos por cento).

- Art. 2º da Lei nº 11.051, de 29-12-2004, que dispõe sobre o desconto de crédito na apuração da Contribuição Social sobre o Lucro Líquido – CSLL e da Contribuição para o PIS/PASEP e COFINS não cumulativas.

§ 1º Excetua-se do disposto no *caput* a receita bruta auferida pelos produtores ou importadores, que devem aplicar as alíquotas previstas:

I – nos incisos I a III do art. 4º da Lei nº 9.718, de 27 de novembro de 1998, e alterações posteriores, no caso de venda de gasolinas e suas correntes, exceto gasolina de aviação, óleo diesel e suas correntes e gás liquefeito de petróleo – GLP derivado de petróleo e de gás natural;

- Inciso I com a redação dada pela Lei nº 10.925, de 23-7-2004.

II – no inciso I do art. 1º da Lei nº 10.147, de 21 de dezembro de 2000, e alterações posteriores, no caso de venda de produtos farmacêuticos, de perfumaria, de toucador ou de higiene pessoal nele relacionados;

III – no art. 1º da Lei nº 10.485, de 3 de julho de 2002, e alterações posteriores, no caso de venda de máquinas e veículos classificados nos códigos 84.29, 8432.40.00, 84.32.80.00, 8433.20, 8433.30.00, 8433.40.00, 8433.5, 87.01, 87.02, 87.03, 87.04, 87.05 e 87.06, da TIPI;

IV – no inciso II do art. 3º da Lei nº 10.485, de 3 de julho de 2002, no caso de vendas para comerciante atacadista ou varejista ou para consumidores, de autopeças relacionadas nos Anexos I e II da mesma Lei;

V – no *caput* do art. 5º da Lei nº 10.485, de 3 de julho de 2002, e alterações posteriores, no caso de venda dos produtos classificados nas posições 40.11 (pneus novos de borracha) e 40.13 (câmaras de ar de borracha), da TIPI;

VI – no art. 2º da Lei nº 10.560, de 13 de novembro de 2002, e alterações posteriores, no caso de venda de querosene de aviação;

VII a IX – *Revogados*; Lei nº 13.097, de 19-1-2015.

X – no art. 23 da Lei nº 10.865, de 30 de abril de 2004, no caso de venda de gasolinas e suas correntes, exceto gasolina de aviação, óleo diesel e suas correntes, querosene de aviação, gás liquefeito de petróleo – GLP derivado de petróleo e de gás natural.

- Inciso X acrescido pela Lei nº 10.925, de 23-7-2004.

§ 1º-A. Excetua-se do disposto no *caput* deste artigo a receita bruta auferida pelos produtores, importadores ou distribuidores com a venda de álcool, inclusive para fins carburantes, à qual se aplicam as alíquotas previstas no *caput* e no § 4º do art. 5º da Lei nº 9.718, de 27 de novembro de 1998.

- § 1º-A acrescido pela Lei nº 11.727, de 23-6-2008.

§ 2º Excetua-se do disposto no *caput* deste artigo a receita bruta decorrente da venda de papel imune a impostos de que trata o art. 150, inciso VI, alínea *d*, da Constituição Federal, quando destinado à impressão de periódicos, que fica sujeita à alíquota de 0,8% (oito décimos por cento).

- §§ 1º e 2º acrescidos pela Lei nº 10.865, de 30-4-2004.

- Art. 1º, *caput* e §§ 1º e 2º, da Lei nº 11.945, de 4-6-2009, que dispõe sobre o Registro Especial na Secretaria da Receita Federal do Brasil.

§ 3º Fica o Poder Executivo autorizado a reduzir a 0 (zero) e a restabelecer a alíquota incidente sobre receita bruta decorrente da venda de produtos químicos e farmacêuticos, classificados nos Capítulos 29 e 30 da TIPI, sobre produtos destinados ao uso em hospitais, clínicas e consultórios médicos e odontológicos, campanhas de saúde realizadas pelo poder público, laboratório de anatomia patológica, citológica ou de análises clínicas, classificados nas posições 30.02, 30.06, 39.26, 40.15 e 90.18, e sobre semens e embriões da posição 05.11, todos da TIPI.

- § 3º com a redação dada pela Lei nº 11.488, de 15-6-2007.

§ 4º Excetua-se do disposto no *caput* deste artigo a receita bruta auferida por pessoa jurídica industrial estabelecida na Zona Franca de Manaus, decorrente da venda de produção própria, consoante projeto aprovado pelo Conselho de Administração da Superintendência da Zona Franca de Manaus – SUFRAMA, que fica sujeita, ressalvado o disposto nos §§ 1º a 3º deste artigo, às alíquotas de:

I – 0,65% (sessenta e cinco centésimos por cento), no caso de venda efetuada a pessoa jurídica estabelecida:

a) na Zona Franca de Manaus; e

b) fora da Zona Franca de Manaus, que apure a Contribuição para o PIS/PASEP no regime de não cumulatividade;

II – 1,3% (um inteiro e três décimos por cento), no caso de venda efetuada a:

a) pessoa jurídica estabelecida fora da Zona Franca de Manaus, que apure o imposto de renda com base no lucro presumido;

b) pessoa jurídica estabelecida fora da Zona Franca de Manaus, que apure o imposto de renda com base no lucro real e que tenha sua receita, total ou parcialmente, excluída do regime de incidência não cumulativa da Contribuição para o PIS/PASEP;

c) pessoa jurídica estabelecida fora da Zona Franca de Manaus e que seja optante pelo Sistema Integrado de Pagamento de Impostos e Contribuições – SIMPLES; e

d) órgãos da administração federal, estadual, distrital e municipal.

- § 4º acrescido pela Lei nº 10.996, de 15-12-2004.

§ 5º O disposto no § 4º também se aplica à receita bruta auferida por pessoa jurídica industrial ou comercial estabelecida nas Áreas de Livre Comércio de que tratam as Leis nºs 7.965, de 22 de dezembro de 1989, 8.210, de 19 de julho de 1991, e 8.256, de 25 de novembro de 1991, o art. 11 da Lei nº 8.387, de 30 de dezembro de 1991, e a Lei nº 8.857, de 8 de março de 1994.

- § 5º com a redação dada pela Lei nº 11.945, de 4-6-2009.

§ 6º A exigência prevista no § 4º deste artigo relativa ao projeto aprovado não se aplica às pessoas jurídicas comerciais referidas no § 5º deste artigo.

- § 6º acrescido pela Lei nº 11.945, de 4-6-2009.

Art. 3º Do valor apurado na forma do art. 2º a pessoa jurídica poderá descontar créditos calculados em relação a:

- Art. 30 da Lei nº 10.865, de 30-4-2004, que dispõe sobre o PIS/PASEP-Importação e a COFINS-Importação.

I – bens adquiridos para revenda, exceto em relação às mercadorias e aos produtos referidos:

a) no inciso III do § 3º do art. 1º desta Lei; e

- Alínea *a* com a redação dada pela Lei nº 11.727, de 23-6-2008.

b) nos §§ 1º e 1º-A do art. 2º desta Lei;

- Alínea b com a redação dada pela Lei nº 11.787, de 25-9-2008.

II – bens e serviços, utilizados como insumo na prestação de serviços e na produção ou fabricação de bens ou produtos destinados à venda, inclusive combustíveis e lubrificantes, exceto em relação ao pagamento de que trata o art. 2º da Lei nº 10.485, de 3 de julho de 2002, devido pelo fabricante ou importador, ao concessionário, pela intermediação ou entrega dos veículos classificados nas posições 87.03 e 87.04 da TIPI;

- Inciso II com a redação dada pela Lei nº 10.865, de 30-4-2004.

o Art. 9º da Lei nº 11.051, de 29-12-2004, que dispõe sobre o desconto de crédito na apuração da Contribuição Social sobre o Lucro Líquido – CSLL e da Contribuição para o PIS/PASEP e COFINS não cumulativas.

III – VETADO;

IV – aluguéis de prédios, máquinas e equipamentos, pagos a pessoa jurídica, utilizados nas atividades da empresa;

V – valor das contraprestações de operações de arrendamento mercantil de pessoa jurídica, exceto de optante pelo Sistema Integrado de Pagamento de Impostos e Contribuições das Microempresas e das Empresas de Pequeno Porte – SIMPLES;

- Inciso V com a redação dada pela Lei nº 10.865, de 30-4-2004.

VI – máquinas, equipamentos e outros bens incorporados ao ativo imobilizado, adquiridos ou fabricados para locação a terceiros ou para utilização na produção de bens destinados à venda ou na prestação de serviços;

- Inciso VI com a redação dada pela Lei nº 11.196, de 21-11-2005.

VII – edificações e benfeitorias em imóveis de terceiros, quando o custo, inclusive de mão de obra, tenha sido suportado pela locatária;

VIII – bens recebidos em devolução, cuja receita de venda tenha integrado faturamento do mês ou de mês anterior, e tributada conforme o disposto nesta Lei;

IX – energia elétrica e energia térmica, inclusive sob a forma de vapor, consumidas nos estabelecimentos da pessoa jurídica;

- Inciso IX com a redação dada pela Lei nº 11.488, de 15-6-2007.

X – vale-transporte, vale-refeição ou vale alimentação, fardamento ou uniforme fornecidos aos empregados por pessoa jurídica que explore as atividades de prestação de serviços de limpeza, conservação e manutenção;

- Inciso X acrescido pela Lei nº 11.898, de 8-1-2009.

XI – bens incorporados ao ativo intangível, adquiridos para utilização na produção de bens destinados à venda ou na prestação de serviços.

- Inciso XI acrescido pela Lei nº 12.973, de 13-5-2014.

§ 1º O crédito será determinado mediante a aplicação da alíquota prevista no *caput* do art. 2º desta Lei sobre o valor:

- § 1º com a redação dada pela Lei nº 10.865, de 30-4-2004.

I – dos itens mencionados nos incisos I e II do *caput*, adquiridos no mês;

II – dos itens mencionados nos incisos IV, V e IX do *caput*, incorridos no mês;

- Inciso II com a redação dada pela Lei nº 10.684, de 30-5-2003.

III – dos encargos de depreciação e amortização dos bens mencionados nos incisos VI, VII e XI do *caput*, incorridos no mês;

- Inciso III com a redação dada pela Lei nº 12.973, de 13-5-2014.

o Art. 31 da Lei nº 10.865, de 30-4-2004, que dispõe sobre o PIS/PASEP-Importação e a COFINS-Importação.

o Art. 2º da Lei nº 11.051, de 29-12-2004, que dispõe sobre o desconto de crédito na apuração da Contribuição Social sobre o Lucro Líquido – CSLL e da Contribuição para o PIS/PASEP e COFINS não cumulativas.

o Art. 1º da Lei nº 11.774, de 17-9-2008, que altera a legislação tributária.

IV – dos bens mencionados no inciso VIII do *caput*, devolvidos no mês.

o Art. 31 da Lei nº 10.865, de 30-4-2004, que dispõe sobre o PIS/PASEP-Importação e a COFINS-Importação.

§ 2º Não dará direito a crédito o valor:

- *Caput* do § 2º com a redação dada pela Lei nº 10.865, de 30-4-2004.

I – de mão de obra paga a pessoa física;

II – da aquisição de bens ou serviços não sujeitos ao pagamento da contribuição, inclusive no caso de isenção, esse último quando revendidos ou utilizados como insumo em produtos ou serviços sujeitos à alíquota 0 (zero), isentos ou não alcançados pela contribuição; e

- Incisos I e II com a redação dada pela MP nº 1.159, de 12-1-2023, que até o encerramento desta edição não havia sido convertida em lei.

III – do ICMS que tenha incidido sobre a operação de aquisição.

- Inciso III acrescido pela MP nº 1.159, de 12-1-2023, que até o encerramento desta edição não havia sido convertida em lei.

§ 3º O direito ao crédito aplica-se, exclusivamente, em relação:

I – aos bens e serviços adquiridos de pessoa jurídica domiciliada no País;

II – aos custos e despesas incorridos, pagos ou creditados a pessoa jurídica domiciliada no País;

III – aos bens e serviços adquiridos e aos custos e despesas incorridos a partir do mês em que se iniciar a aplicação do disposto nesta Lei.

§ 4º O crédito não aproveitado em determinado mês poderá sê-lo nos meses subsequentes.

§§ 5º e 6º VETADOS.

§ 7º Na hipótese de a pessoa jurídica sujeitar-se à incidência não cumulativa da contribuição para o PIS/PASEP, em relação apenas a parte de suas receitas, o crédito será apurado, exclusivamente, em relação aos custos, despesas e encargos vinculados a essas receitas.

o Art. 15, § 5º, da Lei nº 10.865, de 30-4-2004, que dispõe sobre o PIS/PASEP-Importação e a COFINS-Importação.

§ 8º Observadas as normas a serem editadas pela Secretaria da Receita Federal, no caso de custos, despesas e encargos vinculados às receitas referidas no § 7º e àquelas submetidas ao regime de incidência cumulativa dessa contribuição, o crédito será determinado, a critério da pessoa jurídica, pelo método de:

I – apropriação direta, inclusive em relação aos custos, por meio de sistema de contabilidade de custos integrada e coordenada com a escrituração; ou

II – rateio proporcional, aplicando-se aos custos, despesas e encargos comuns a relação percentual existente entre a receita bruta sujeita à incidência não cumulativa e a receita bruta total, auferidas em cada mês.

§ 9º O método eleito pela pessoa jurídica será aplicado consistentemente por todo o ano-calendário, observadas as normas a serem editadas pela Secretaria da Receita Federal.

o Art. 15, § 5º, da Lei nº 10.865, de 30-4-2004, que dispõe sobre o PIS/PASEP-Importação e a COFINS-Importação.

§§ 10 e 11. *Revogados*. Lei nº 10.925, de 23-7-2004.

§ 12. Ressalvado o disposto no § 2º deste artigo e nos §§ 1º a 3º do art. 2º desta Lei, na aquisição de mercadoria produzida por pessoa jurídica estabelecida na Zona Franca de Manaus, consoante projeto aprovado pelo Conselho de Administração da Superintendência da Zona Franca de Manaus – SUFRAMA, o crédito será determinado mediante a aplicação da alíquota de um por cento e, na situação de que trata a alínea *b* do inciso II do § 4º do art. 2º desta Lei, mediante a aplicação da alíquota de um inteiro e sessenta e cinco centésimos por cento.

- § 12 com a redação dada pela Lei nº 11.307, de 19-5-2006.

§ 13. Não integram o valor das máquinas, equipamentos e outros bens fabricados para incorporação ao ativo imobilizado na forma do inciso VI do *caput* deste artigo os custos de que tratam os incisos do § 2º deste artigo.

- § 13 acrescido pela Lei nº 11.196, de 21-11-2005.
- O § 14 que havia sido acrescido pela MP nº 413, de 3-1-2008, não foi mantido na sua conversão pela Lei nº 11.727, de 23-6-2008.

§ 15. O disposto no § 12 deste artigo também se aplica na hipótese de aquisição de mercadoria produzida por pessoa jurídica estabelecida nas Áreas de Livre Comércio de que tratam as Leis nºs 7.965, de 22 de dezembro de 1989, 8.210, de 19 de julho de 1991, e 8.256, de 25 de novembro de 1991, o art. 11 da Lei nº 8.387, de 30 de dezembro de 1991, e a Lei nº 8.857, de 8 de março de 1994.

- § 15 com a redação dada pela Lei nº 11.945, de 4-6-2009.

§ 16. Ressalvado o disposto no § 2º deste artigo e nos §§ 1º a 3º do art. 2º desta Lei, na hipótese de aquisição de mercadoria revendida por pessoa jurídica comercial estabelecida nas Áreas de Livre Comércio referidas no § 15, o crédito será determinado mediante a aplicação da alíquota de 0,65% (sessenta e cinco centésimos por cento).

- § 16 com a redação dada pela Lei nº 11.945, de 4-6-2009.

§ 17. No cálculo do crédito de que tratam os incisos do *caput*, poderão ser considerados os valores decorrentes do ajuste a valor presente de que trata o inciso III do *caput* do art. 184 da Lei nº 6.404, de 15 de dezembro de 1976.

§ 18. O disposto nos incisos VI e VII do *caput* não se aplica no caso de bem objeto de arrendamento mercantil, na pessoa jurídica arrendatária.

§ 19. Para fins do disposto nos incisos VI e VII do *caput*, fica vedado o desconto de quaisquer créditos calculados em relação a:

I – encargos associados a empréstimos registrados como custo na forma da alínea *b* do § 1º do art. 17 do Decreto-Lei nº 1.598, de 26 de dezembro de 1977; e

II – custos estimados de desmontagem e remoção do imobilizado e de restauração do local em que estiver situado.

§ 20. No cálculo dos créditos a que se referem os incisos VI e VII do *caput*, não serão computados os ganhos e perdas decorrentes de avaliação de ativo com base no valor justo.

§ 21. Na execução de contratos de concessão de serviços públicos, os créditos gerados pelos serviços de construção, recuperação, reforma, ampliação ou melhoramento de infraestrutura, quando a receita correspondente tiver contrapartida em ativo intangível, representativo de direito de exploração, ou em ativo financeiro, somente poderão ser aproveitados, no caso do ativo intangível, à medida que este for amortizado e, no caso do ativo financeiro, na proporção de seu recebimento, excetuado, para ambos os casos, o crédito previsto no inciso VI do *caput*.

- §§ 17 a 21 com a redação dada pela Lei nº 12.973, de 13-5-2014.

§ 22. O disposto no inciso XI do *caput* não se aplica ao ativo intangível referido no § 21.

- § 22 acrescido pela Lei nº 12.973, de 13-5-2014.

Art. 4º O contribuinte da contribuição para o PIS/PASEP é a pessoa jurídica que auferir as receitas a que se refere o art. 1º.

Art. 5º A contribuição para o PIS/PASEP não incidirá sobre as receitas decorrentes das operações de:

I – exportação de mercadorias para o exterior;

II – prestação de serviços para pessoa física ou jurídica residente ou domiciliada no exterior, cujo pagamento represente ingresso de divisas;

- Inciso II com a redação dada pela Lei nº 10.865, de 30-4-2004.
- Art. 10 da Lei nº 11.371, de 28-11-2006, que dispõe sobre operações de câmbio e registro de capitais estrangeiros.

III – vendas a empresa comercial exportadora com o fim específico de exportação.

§ 1º Na hipótese deste artigo, a pessoa jurídica vendedora poderá utilizar o crédito apurado na forma do art. 3º para fins de:

I – dedução do valor da contribuição a recolher, decorrente das demais operações no mercado interno;

II – compensação com débitos próprios, vencidos ou vincendos, relativos a tributos e contribuições administrados pela Secretaria da Receita Federal, observada a legislação específica aplicável à matéria.

§ 2º A pessoa jurídica que, até o final de cada trimestre do ano civil, não conseguir utilizar o crédito por qualquer das formas previstas no § 1º, poderá solicitar o seu ressarcimento em dinheiro, observada a legislação específica aplicável à matéria.

Art. 5º-A. VETADO. Lei nº 10.925, de 23-7-2004.

Art. 6º *Revogado*. Lei nº 10.833, de 29-12-2003.

Art. 7º A empresa comercial exportadora que houver adquirido mercadorias de outra pessoa jurídica, com o fim específico de exportação para o exterior, que, no prazo de cento e oitenta dias, contado da data da emissão da nota fiscal pela vendedora, não comprovar o seu embarque para o exterior, ficará sujeita ao pagamento de todos os impostos e contribuições que deixaram de ser pagos pela empresa vendedora, acrescidos de juros de mora e multa, de mora ou de ofício, calculados na forma da legislação que rege a cobrança do tributo não pago.

§ 1º Para efeito do disposto neste artigo, considera-se vencido o prazo para o pagamento na data em que a empresa vendedora deveria fazê-lo, caso a venda houvesse sido efetuada para o mercado interno.

§ 2º No pagamento dos referidos tributos, a empresa comercial exportadora não poderá deduzir, do montante devido, qualquer valor a título de crédito de Imposto sobre Produtos Industrializados (IPI) ou de contribuição para o PIS/PASEP, decorrente da aquisição das mercadorias e serviços objeto da incidência.

§ 3º A empresa deverá pagar, também, os impostos e contribuições devidos nas vendas para o mercado interno, caso, por qualquer forma, tenha alienado ou utilizado as mercadorias.

Art. 8º Permanecem sujeitas às normas da legislação da contribuição para o PIS/PASEP, vigentes anteriormente a esta Lei, não se lhes aplicando as disposições dos arts. 1º a 6º:

- Art. 16 da Lei nº 10.865, de 30-4-2004, que dispõe sobre o PIS/PASEP-Importação e a COFINS-Importação.

I – as pessoas jurídicas referidas nos §§ 6º, 8º e 9º do art. 3º da Lei nº 9.718, de 27 de novembro de 1998 (parágrafos introduzidos pela Medida Provisória nº 2.158-35, de 24 de agosto de 2001), e Lei nº 7.102, de 20 de junho de 1983;

II – as pessoas jurídicas tributadas pelo imposto de renda com base no lucro presumido ou arbitrado;

III – as pessoas jurídicas optantes pelo SIMPLES;

IV – as pessoas jurídicas imunes a impostos;

V – os órgãos públicos, as autarquias e fundações públicas federais, estaduais e municipais, e as fundações cuja criação tenha sido autorizada por lei, referidas no art. 61 do Ato das Disposições Constitucionais Transitórias da Constituição de 1988;

VI – VETADO;

VII – as receitas decorrentes das operações:

a) *Revogada.* Lei nº 11.727, de 23-6-2008;

b) sujeitas à substituição tributária da contribuição para o PIS/PASEP;

c) referidas no art. 5º da Lei nº 9.716, de 26 de novembro de 1998;

VIII – as receitas decorrentes de prestação de serviços de telecomunicações;

IX – VETADO;

X – as sociedades cooperativas;

XI – as receitas decorrentes de prestação de serviços das empresas jornalísticas e de radiodifusão sonora e de sons e imagens;

- Incisos X e XI acrescidos pela Lei nº 10.684, de 30-5-2003.

XII – as receitas decorrentes de operações de comercialização de pedra britada, de areia para construção civil e de areia de brita;

- Inciso XII acrescido pela Lei nº 12.693, de 24-7-2012.

XIII – as receitas decorrentes da alienação de participações societárias.

- Inciso XIII com a redação dada pela Lei nº 13.043, de 13-11-2014.

Art. 9º VETADO.

Art. 10. A contribuição de que trata o art. 1º desta Lei deverá ser paga até o 25º (vigésimo quinto) dia do mês subsequente ao de ocorrência do fato gerador.

- Art. 64 da Lei nº 11.941, de 27-5-2009, que altera a legislação tributária federal relativa ao parcelamento ordinário de débitos tributários; concede remissão nos casos em que especifica; institui regime tributário de transição.

Parágrafo único. Se o dia do vencimento de que trata o *caput* deste artigo não for dia útil, considerar-se-á antecipado o prazo para o primeiro dia útil que o anteceder.

- Art. 10 com a redação dada pela Lei nº 11.933, de 28-4-2009.

Art. 11. A pessoa jurídica contribuinte do PIS/PASEP, submetida à apuração do valor devido na forma do art. 3º, terá direito a desconto correspondente ao estoque de abertura dos bens de que tratam os incisos I e II desse artigo, adquiridos de pessoa jurídica domiciliada no País, existentes em 1º de dezembro de 2002.

§ 1º O montante de crédito presumido será igual ao resultado da aplicação do percentual de sessenta e cinco centésimos por cento sobre o valor do estoque.

§ 2º O crédito presumido calculado segundo os §§ 1º e 7º será utilizado em doze parcelas mensais, iguais e sucessivas, a partir da data a que se refere o *caput* deste artigo.

- § 2º com a redação dada pela Lei nº 10.865, de 30-4-2004.

§ 3º A pessoa jurídica que, tributada com base no lucro presumido, passar a adotar o regime de tributação com base no lucro real, terá, na hipótese de, em decorrência dessa opção, sujeitar-se à incidência não cumulativa da contribuição para o PIS/PASEP, direito a desconto correspondente ao estoque de abertura dos bens e ao aproveitamento do crédito presumido na forma prevista neste artigo.

§ 4º O disposto no *caput* aplica-se também aos estoques de produtos acabados e em elaboração.

- § 4º acrescido pela Lei nº 10.684, de 30-5-2003.

§ 5º O disposto neste artigo aplica-se, também, aos estoques de produtos que não geraram crédito na aquisição, em decorrência do disposto nos § 7º a 9º do art. 3º desta Lei, destinados à fabricação dos produtos de que tratam as Leis nºs 9.990, de 21 de julho de 2000, 10.147, de 21 de dezembro de 2000, 10.485, de 3 de julho de 2002, e 10.560, de 13 de novembro de 2002, ou quaisquer outros submetidos à incidência monofásica da contribuição.

§ 6º As disposições do § 5º não se aplicam aos estoques de produtos adquiridos a alíquota zero, isentos ou não alcançados pela incidência da contribuição.

- §§ 5º e 6º acrescidos pela Lei nº 10.865, de 30-4-2004.

§ 7º O montante do crédito presumido de que trata o § 5º deste artigo será igual ao resultado da aplicação da alíquota de um inteiro e sessenta e cinco centésimos por cento sobre o valor do estoque, inclusive para as pessoas jurídicas fabricantes dos produtos referidos no art. 51 da Lei nº 10.833, de 29 de dezembro de 2003.

- § 7º com a redação dada pela Lei nº 10.925, de 23-7-2004.

Art. 12. Até 31 de dezembro de 2003, o Poder Executivo submeterá ao Congresso Nacional projeto de lei tornando não cumulativa a cobrança da Contribuição para o Financiamento da Seguridade Social (COFINS).

Parágrafo único. O projeto conterá também a modificação, se necessária, da alíquota da contribuição para o PIS/PASEP, com a finalidade de manter constante, em relação a períodos anteriores, a parcela da arrecadação afetada pelas alterações introduzidas por esta Lei.

CAPÍTULO II

DAS OUTRAS DISPOSIÇÕES RELATIVAS À LEGISLAÇÃO TRIBUTÁRIA E ADUANEIRA

Art. 13. Poderão ser pagos até o último dia útil de janeiro de 2003, em parcela única, os débitos a que se refere o art. 11 da Medida Provisória nº 2.158-35, de 24 de agosto de 2001, vinculados ou não a qualquer ação judicial, relativos a fatos geradores ocorridos até 30 de abril de 2002.

§ 1º Para os efeitos deste artigo, a pessoa jurídica deverá comprovar a desistência expressa e irrevogável de todas as ações judiciais que tenham por objeto os tributos a serem pagos e renunciar a qualquer alegação de direito sobre a qual se fundam as referidas ações.

§ 2º Na hipótese de que trata este artigo, serão dispensados os juros de mora devidos até janeiro de 1999, sendo exigido esse encargo, na forma do § 4º do art. 17 da Lei nº 9.779, de 19 de janeiro de 1999, acrescido pela Medida Provisória nº 2.158-35, de 24 de agosto de 2001, a partir do mês:

I – de fevereiro do referido ano, no caso de fatos geradores ocorridos até janeiro de 1999;

II – seguinte ao da ocorrência do fato gerador, nos demais casos.

§ 3º Na hipótese deste artigo, a multa, de mora ou de ofício, incidente sobre o débito constituído ou não, será reduzida no percentual fixado no *caput* do art. 6º da Lei nº 8.218, de 29 de agosto de 1991.

§ 4º Para efeito do disposto no *caput*, se os débitos forem decorrentes de lançamento de ofício e se encontrarem com exigibilidade suspensa por força do inciso III do art. 151 da Lei nº 5.172, de 25 de outubro de 1966, o sujeito passivo deverá desistir expressamente e de forma irrevogável da impugnação ou do recurso interposto.

Art. 14. Os débitos de que trata o art. 13, relativos a fatos geradores vinculados a ações judiciais propostas pelo sujeito passivo contra exigência de imposto ou contribuição instituído após 1º de janeiro de 1999 ou contra majoração, após aquela data, de tributo ou contribuição anteriormente instituído, poderão ser pagos em parcela única até o último dia útil de janeiro de 2003 com a dispensa de multas moratória e punitivas.

§ 1º Para efeito deste artigo, o contribuinte ou o responsável deverá comprovar a desistência expressa e irrevogável de todas as ações judiciais que tenham por objeto os tributos a serem pagos na forma do *caput*, e renunciar a qualquer alegação de direito sobre as quais se fundam as referidas ações.

§ 2º O benefício de que trata este artigo somente poderá ser usufruído caso o contribuinte ou o responsável pague integralmente, no mesmo prazo estabelecido no *caput*, os débitos nele referidos, relativos a fatos geradores ocorridos de maio de 2002 até o mês anterior ao do pagamento.

§ 3º Na hipótese deste artigo, os juros de mora devidos serão determinados pela variação mensal da Taxa de Juros de Longo Prazo (TJLP).

Art. 15. Relativamente aos tributos e contribuições administrados pela Secretaria da Receita Federal, o contribuinte ou o responsável que, a partir de 15 de maio de 2002, tenha efetuado pagamento de débitos, em conformidade com norma de caráter exonerativo, e divergir em relação ao valor de débito constituído de ofício, poderá impugnar, com base nas normas estabelecidas no Decreto nº 70.235, de 6 de março de 1972, a parcela não reconhecida como devida, desde que a impugnação:

I – seja apresentada juntamente com o pagamento do valor reconhecido como devido;

II – verse, exclusivamente, sobre a divergência de valor, vedada a inclusão de quaisquer outras matérias, em especial as de direito em que se fundaram as respectivas ações judiciais ou impugnações e recursos anteriormente apresentados contra o mesmo lançamento;

III – seja precedida do depósito da parcela não reconhecida como devida, determinada de conformidade com o disposto na Lei nº 9.703, de 17 de novembro de 1998.

§ 1º Da decisão proferida em relação à impugnação de que trata este artigo caberá recurso nos termos do Decreto nº 70.235, de 6 de março de 1972.

§ 2º A conclusão do processo administrativo-fiscal, por decisão definitiva em sua esfera ou desistência do sujeito passivo, implicará a imediata conversão em renda do depósito efetuado, na parte favorável à Fazenda Nacional, transformando-se em pagamento definitivo.

§ 3º A parcela depositada nos termos do inciso III do *caput* que venha a ser considerada indevida por força da decisão referida no § 2º sujeitar-se-á ao disposto na Lei nº 9.703, de 17 de novembro de 1998.

§ 4º O disposto neste artigo também se aplica a majoração ou a agravamento de multa de ofício, na hipótese do art. 13.

Art. 16. Aplica-se o disposto nos arts. 13 e 14 às contribuições arrecadadas pelo Instituto Nacional do Seguro Social (INSS), observada regulamentação editada por esse órgão, em especial quanto aos procedimentos no âmbito de seu contencioso administrativo.

Art. 17. A opção pela modalidade de pagamento de débitos prevista no *caput* do art. 5º da Medida Provisória nº 2.222, de 4 de setembro de 2001, poderá ser exercida até o último dia útil do mês de janeiro de 2003, desde que o pagamento seja efetuado em parcela única até essa data.

Parágrafo único. Os débitos a serem pagos em decorrência do disposto no *caput* serão acrescidos de juros equivalentes à taxa do Sistema Especial de Liquidação e Custódia (SELIC) para títulos federais, acumulada mensalmente, calculados a partir do mês de janeiro de 2002 até o mês anterior ao do pagamento, e adicionados de 1% (um por cento) relativamente ao mês em que o pagamento estiver sendo feito.

Art. 18. Os débitos relativos à contribuição para o Programa de Formação do Patrimônio do Servidor Público (PASEP) dos Estados, do Distrito Federal e dos Municípios, bem como de suas autarquias e fundações públicas, sem exigibilidade suspensa, correspondentes a fato gerador ocorrido até 30 de abril de 2002, poderão ser pagos mediante regime especial de parcelamento, por opção da pessoa jurídica de direito público interno devedora.

Parágrafo único. A opção referida no *caput* deverá ser formalizada até o último dia útil do mês de setembro de 2002, nos termos e condições estabelecidos pela Secretaria da Receita Federal.

Art. 19. O regime especial de parcelamento referido no art. 18 implica a consolidação dos débitos na data da opção e abrangerá a totalidade dos débitos existentes em nome da optante, constituídos ou não, inclusive os juros de mora incidentes até a data de opção.

Parágrafo único. O débito consolidado na forma deste artigo:

I – sujeitar-se-á, a partir da data da consolidação, a juros equivalentes à taxa do SELIC para títulos federais, acumulada mensalmente, calculados a partir da data de deferimento do pedido até o mês anterior ao do pagamento, e adicionados de 1% (um por cento) relativamente ao mês em que o pagamento estiver sendo feito;

II – será pago mensalmente, até o último dia útil da primeira quinzena de cada mês, no valor equivalente a 5% (cinco por cento) do valor devido no mesmo mês pela optante, relativo ao PASEP correspondente ao fato gerador ocorrido no mês imediatamente anterior, até a liquidação total do débito;

III – a última parcela será paga pelo valor residual do débito, quando inferior ao referido no inciso II.

Art. 20. A opção pelo regime especial de parcelamento referido no art. 18 sujeita a pessoa jurídica:

I – à confissão irrevogável e irretratável dos débitos referidos no art. 19;

II – ao pagamento regular das parcelas do débito consolidado, bem como dos valores devidos relativos ao PASEP decorrentes de fatos geradores ocorridos posteriormente a 30 de abril de 2002.

Parágrafo único. A opção pelo regime especial exclui qualquer outra forma de parcelamento de débitos relativos ao PASEP.

Art. 21. A pessoa jurídica optante pelo regime especial de parcelamento referido no art. 18 será dele excluída nas seguintes hipóteses:

I – inobservância da exigência estabelecida no inciso I do art. 20;

II – inadimplência, por 2 (dois) meses consecutivos ou 6 (seis) alternados, relativamente ao PASEP, inclusive decorrente de fatos geradores ocorridos posteriormente a 30 de abril de 2002.

§ 1º A exclusão da pessoa jurídica do regime especial implicará exigibilidade imediata da totalidade do crédito confessado e ainda não pago.

§ 2º A exclusão será formalizada por meio de ato da Secretaria da Receita Federal e produzirá efeitos a partir do mês subsequente àquele em que a pessoa jurídica optante for cientificada.

Art. 22. VETADO.

Art. 23. A opção pelo parcelamento alternativo ao Refis de que trata o art. 12 da Lei nº 9.964, de 10 de abril de 2000, regularmente efetuada, poderá ser convertida em opção pelo Refis, e vice-versa, na hipótese de erro de fato cometido por ocasião do primeiro pagamento efetuado, observadas as normas estabelecidas pelo Comitê Gestor do referido Programa.

- Súm. nº 437 do STJ.

§ 1º A mudança de opção referida neste artigo deverá ser solicitada até o último dia útil do mês de janeiro de 2003.

§ 2º A pessoa jurídica excluída do parcelamento alternativo ao Refis em razão de pagamento de parcela em valor inferior ao fixado no art. 12, § 1º, da Lei nº 9.964, de 10 de abril de 2000, acrescido de juros correspondentes à variação mensal da Taxa de Juros de Longo Prazo (TJLP), poderá ter sua opção restabelecida, observado o disposto no *caput*.

§ 3º A conversão da opção nos termos deste artigo não implica restituição ou compensação de valores já pagos.

Art. 24. O *caput* do art. 10 da Lei nº 10.522, de 19 de julho de 2002, passa a vigorar com a seguinte redação:

- Alterações inseridas no texto da referida Lei.

Art. 25. Relativamente aos tributos e contribuições administrados pela Secretaria da Receita Federal, na hipótese de, na data do pagamento realizado de conformidade com norma de caráter exonerativo, o contribuinte ou o responsável estiver sob ação de fiscalização relativamente à matéria a ser objeto desse pagamento, a parcela não reconhecida como devida poderá ser impugnada no prazo fixado na intimação constante do auto de infração ou da notificação de lançamento, nas condições estabelecidas pela referida norma, inclusive em relação ao depósito da respectiva parcela dentro do prazo previsto para o pagamento do valor reconhecido como devido.

Art. 26. Poderão optar pelo Sistema Integrado de Pagamento de Impostos e Contribuições das Microempresas e das Empresas de Pequeno Porte (Simples), nas condições estabelecidas pela Lei nº 9.317, de 5 de dezembro de 1996, as pessoas jurídicas que se dediquem exclusivamente às atividades de:

- A Lei nº 9.317, de 5-12-1996 (Estatuto Nacional da Microempresa e da Empresa de Pequeno Porte), foi revogada pela LC nº 123, de 14-12-2006.

I – agência de viagem e turismo;

II a IX – VETADOS.

Art. 27. A operação de comércio exterior realizada mediante utilização de recursos de terceiro presume-se por conta e ordem deste, para fins de aplicação do disposto nos arts. 77 a 81 da Medida Provisória nº 2.158-35, de 24 de agosto de 2001.

Art. 28. As empresas de transporte internacional que operem em linha regular, por via aérea ou marítima, deverão prestar informações sobre tripulantes e passageiros, na forma e no prazo estabelecidos pela Secretaria da Receita Federal.

Parágrafo único. O descumprimento do disposto neste artigo ensejará a aplicação de multa no valor de:

I – R$ 5.000,00 (cinco mil reais) por veículo cujas informações não sejam prestadas; ou

II – R$ 200,00 (duzentos reais) por informação omitida, limitado ao valor de R$ 5.000,00 (cinco mil reais) por veículo.

Art. 29. As matérias-primas, os produtos intermediários e os materiais de embalagem, destinados a estabelecimento que se dedique, preponderantemente, à elaboração de produtos classificados nos Capítulos 2, 3, 4, 7, 8, 9, 10, 11, 12, 15, 16, 17, 18, 19, 20, 23 (exceto códigos 2309.10.00 e 2309.90.30 e Ex 01 no código 2309.90.90), 28, 29, 30, 31 e 64, no código 2209.00.00 e 2501.00.00, e nas posições 21.01 a 21.05.00, da Tabela de Incidência do Imposto sobre Produtos Industrializados – TIPI, inclusive aqueles a que corresponde a notação NT (não tributados), sairão do estabelecimento industrial com suspensão do referido imposto.

- *Caput* com a redação dada pela Lei nº 10.684, de 30-5-2003.

§ 1º O disposto neste artigo aplica-se, também, às saídas de matérias-primas, produtos intermediários e materiais de embalagem, quando adquiridos por:

I – estabelecimentos industriais fabricantes, preponderantemente, de:

a) componentes, chassis, carroçarias, partes e peças dos produtos a que se refere o art. 1º da Lei nº 10.485, de 3 de julho de 2002;

b) partes e peças destinadas a estabelecimento industrial fabricante de produto classificado no Capítulo 88 da TIPI;

c) *Revogada*. Lei nº 13.969, de 26-12-2019, para vigorar na data de sua publicação (*DOU* de 27-12-2019, edição extra – A), produzindo efeitos a partir do primeiro dia do quarto mês subsequente à sua publicação;

II – pessoas jurídicas preponderantemente exportadoras;

III – estabelecimentos industriais fabricantes de bens de que trata o art. 16-A da Lei nº 8.248, de 23 de outubro de 1991, desde que façam jus ao crédito previsto no art. 4º da mesma Lei.

- Inciso III acrescido pela Lei nº 13.969, de 26-12-2019, para vigorar na data de sua publicação (*DOU* de 27-12-2019, edição extra – A), produzindo efeitos a partir do primeiro dia do quarto mês subsequente à sua publicação.

§ 2º O disposto no *caput* e no inciso I do § 1º aplica-se ao estabelecimento industrial cuja receita bruta decorrente dos produtos ali referidos, no ano-calendário imediatamente anterior ao da aquisição, houver sido superior a 60% (sessenta por cento) de sua receita bruta total no mesmo período.

§ 3º Para fins do disposto no inciso II do § 1º, considera-se pessoa jurídica preponderantemente exportadora aquela cuja receita bruta decorrente de exportação para o exterior, no ano-calendário imediatamente anterior ao da aquisição, tenha sido superior a 50% (cinquenta por cento) de sua receita bruta total de venda de bens e serviços no mesmo período, após excluídos os impostos e contribuições incidentes sobre a venda.

- § 3º com a redação dada pela Lei nº 12.715, de 17-9-2012.

§ 4º As matérias-primas, os produtos intermediários e os materiais de embalagem, importados diretamente, por encomenda ou por conta e ordem do estabelecimento de que tratam o *caput* e o § 1º deste artigo serão desembaraçados com suspensão do IPI.

- § 4º com a redação dada pela Lei nº 13.755, de 10-12-2018, promulgado nos termos do art. 66, § 5º, da CF (*DOU* de 21-6-2019).

§ 5º A suspensão do imposto não impede a manutenção e a utilização dos créditos do IPI pelo respectivo estabelecimento industrial, fabricante das referidas matérias-primas, produtos intermediários e materiais de embalagem.

§ 6º Nas notas fiscais relativas às saídas referidas no § 5º, deverá constar a expressão "Saída com suspensão do IPI", com a especificação do dispositivo legal correspondente, vedado o registro do imposto nas referidas notas.

§ 7º Para os fins do disposto neste artigo, as empresas adquirentes deverão:

I – atender aos termos e às condições estabelecidos pela Secretaria da Receita Federal;

II – declarar ao vendedor, de forma expressa e sob as penas da lei, que atende a todos os requisitos estabelecidos.

§ 8º *Revogado.* Lei nº 12.712, de 30-8-2012.

Art. 30. A falta de prestação das informações a que se refere o art. 5º da Lei Complementar nº 105, de 10 de janeiro de 2001, ou sua apresentação de forma inexata ou incompleta, sujeita a pessoa jurídica às seguintes penalidades:

I – R$ 50,00 (cinquenta reais) por grupo de cinco informações inexatas, incompletas ou omitidas;

II – R$ 5.000,00 (cinco mil reais) por mês-calendário ou fração, independentemente da sanção prevista no inciso I, na hipótese de atraso na entrega da declaração que venha a ser instituída para o fim de apresentação das informações.

§ 1º O disposto no inciso II do *caput* aplica-se também à declaração que não atenda às especificações que forem estabelecidas pela Secretaria da Receita Federal, inclusive quando exigida em meio digital.

§ 2º As multas de que trata este artigo serão:

I – apuradas considerando o período compreendido entre o dia seguinte ao término do prazo fixado para a entrega da declaração até a data da efetiva entrega;

II – majoradas em 100% (cem por cento), na hipótese de lavratura de auto de infração.

§ 3º Na hipótese de lavratura de auto de infração, caso a pessoa jurídica não apresente a declaração, serão lavrados autos de infração complementares até a sua efetiva entrega.

Art. 31. A falta de apresentação dos elementos a que se refere o art. 6º da Lei Complementar nº 105, de 10 de janeiro de 2001, ou sua apresentação de forma inexata ou incompleta, sujeita a pessoa jurídica à multa equivalente a 2% (dois por cento) do valor das operações objeto da requisição, apurado por meio de procedimento fiscal junto à própria pessoa jurídica ou ao titular da conta de depósito ou da aplicação financeira, bem como a terceiros, por mês-calendário ou fração de atraso, limitada a 10% (dez por cento), observado o valor mínimo de R$ 50.000,00 (cinquenta mil reais).

Parágrafo único. À multa de que trata este artigo aplica-se o disposto nos §§ 2º e 3º do art. 30.

Art. 32. As entidades fechadas de previdência complementar poderão excluir da base de cálculo da contribuição para o PIS/PASEP e da COFINS, além dos valores já previstos na legislação vigente, os referentes a:

I – rendimentos relativos a receitas de aluguel, destinados ao pagamento de benefícios de aposentadoria, pensão, pecúlio e resgates;

II – receita decorrente da venda de bens imóveis, destinada ao pagamento de benefícios de aposentadoria, pensão, pecúlio e resgates;

III – resultado positivo auferido na reavaliação da carteira de investimentos imobiliários referida nos incisos I e II.

Parágrafo único. As entidades de que trata o *caput* poderão pagar em parcela única, até o último dia útil do mês de novembro de 2002, com dispensa de juros e multa, os débitos relativos à contribuição para o PIS/PASEP e à COFINS, constituídos ou não, inscritos ou não em Dívida Ativa, ajuizados ou a ajuizar, referentes a fatos geradores ocorridos até 31 de julho de 2002 e decorrentes de:

I – rendimentos relativos a receitas de aluguel, destinados ao pagamento de benefícios de aposentadoria, pensão, pecúlio e resgates;

II – receita decorrente da venda de bens imóveis, destinada ao pagamento de benefícios de aposentadoria, pensão, pecúlio e resgates;

III – resultado positivo auferido na reavaliação da carteira de investimentos imobiliários referida nos incisos I e II.

Art. 33. VETADO.

Art. 34. A condição e a vedação estabelecidas, respectivamente, no art. 13, § 2º, III, *b*, da Lei nº 9.249, de 26 de dezembro de 1995, e no art. 12, § 2º, *a*, da Lei nº 9.532, de 10 de dezembro de 1997, não alcançam a hipótese de remuneração de dirigente, em decorrência de vínculo empregatício, pelas Organizações da Sociedade Civil de Interesse Público (OSCIP), qualificadas segundo as normas estabelecidas na Lei nº 9.790, de 23 de março de 1999, e pelas Organizações Sociais (OS), qualificadas consoante os dispositivos da Lei nº 9.637, de 15 de maio de 1998.

Parágrafo único. O disposto neste artigo aplica-se somente à remuneração não superior, em seu valor bruto, ao limite estabelecido para a remuneração de servidores do Poder Executivo Federal.

Art. 35. A receita decorrente da avaliação de títulos e valores mobiliários, instrumentos financeiros, derivativos e itens objeto de *hedge*, registrada pelas instituições financeiras e demais entidades autorizadas a funcionar pelo Banco Central do Brasil, instituições autorizadas a operar pela Superintendência de Seguros Privados – SUSEP e sociedades autorizadas a operar em seguros ou resseguros em decorrência da valoração a preço de mercado no que exceder ao rendimento produzido até a referida data somente será computada na base de cálculo do Imposto de Renda das Pessoas Jurídicas, da Contribuição Social sobre o Lucro Líquido, da Contribuição para o Financiamento da Seguridade Social (COFINS) e da contribuição para o PIS/PASEP quando da alienação dos respectivos ativos.

§ 1º Na hipótese de desvalorização decorrente da avaliação mencionada no *caput*, o reconhecimento da perda para efeito do Imposto de Renda das Pessoas Jurídicas e da Contribuição Social sobre o Lucro Líquido será computada também quando da alienação.

§ 2º Para fins do disposto neste artigo, considera-se alienação qualquer forma de transmissão da propriedade, bem como a liquidação, o resgate e a cessão dos referidos títulos e valores mobiliários, instrumentos financeiros derivativos e itens objeto de *hedge*.

§ 3º Os registros contábeis de que trata este artigo serão efetuados em contrapartida à conta de ajustes específica para esse fim, na forma a ser estabelecida pela Secretaria da Receita Federal.

§ 4º Ficam convalidados os procedimentos efetuados anteriormente à vigência desta Lei, no curso do ano-calendário de 2002, desde que observado o disposto neste artigo.

Art. 36. *Revogado.* Lei nº 11.196, de 21-11-2005.

Art. 37. *Revogado.* Lei nº 11.727, de 23-6-2008.

Art. 38. Fica instituído, em relação aos tributos e contribuições administrados pela Secretaria da Receita Federal, bônus de adimplência fiscal, aplicável às pessoas jurídicas submetidas ao regime de tributação com base no lucro real ou presumido.

§ 1º O bônus referido no *caput*:

I – corresponde a 1% (um por cento) da base de cálculo da CSLL determinada segundo as normas estabelecidas para as pessoas jurídicas submetidas ao regime de apuração com base no lucro presumido;

II – será calculado em relação à base de cálculo referida no inciso I, relativamente ao ano-calendário em que permitido seu aproveitamento.

§ 2º Na hipótese de período de apuração trimestral, o bônus será calculado em relação aos 4 (quatro) trimestres do ano-calendário e poderá ser deduzido da CSLL devida correspondente ao último trimestre.

§ 3º Não fará jus ao bônus a pessoa jurídica que, nos últimos 5 (cinco) anos-calendário, se enquadre em qualquer das seguintes hipóteses, em relação a tributos e contribuições administrados pela Secretaria da Receita Federal:

I – lançamento de ofício;

II – débitos com exigibilidade suspensa;

III – inscrição em dívida ativa;

IV – recolhimentos ou pagamentos em atraso;

V – falta ou atraso no cumprimento de obrigação acessória.

§ 4º Na hipótese de decisão definitiva, na esfera administrativa ou judicial, que implique desoneração integral da pessoa jurídica, as restrições referidas nos incisos I e II do § 3º serão desconsideradas desde a origem.

§ 5º O período de 5 (cinco) anos-calendário será computado por ano completo, inclusive aquele em relação ao qual dar-se-á o aproveitamento do bônus.

§ 6º A dedução do bônus dar-se-á em relação à CSLL devida no ano-calendário.

§ 7º A parcela do bônus que não puder ser aproveitada em determinado período poderá sê-lo em períodos posteriores, vedado o ressarcimento ou a compensação distinta da referida neste artigo.

§ 8º A utilização indevida do bônus instituído por este artigo implica a imposição da multa de que trata o inciso I do *caput* do art. 44 da Lei nº 9.430, de 27 de dezembro de 1996, duplicando-se o seu percentual, sem prejuízo do disposto no § 2º.

• § 8º com a redação dada pela Lei nº 11.488, de 15-6-2007.

§ 9º O bônus será registrado na contabilidade da pessoa jurídica beneficiária:

I – na aquisição do direito, a débito de conta de Ativo Circulante e a crédito de Lucro ou Prejuízos Acumulados;

II – na utilização, a débito da provisão para pagamento da CSLL e a crédito da conta de Ativo Circulante referida no inciso I.

§ 10. A Secretaria da Receita Federal estabelecerá as normas necessárias à aplicação deste artigo.

Arts. 39 e 40. *Revogados.* Lei nº 11.196, de 21-11-2005.

Art. 41. VETADO.

Arts. 42 e 43. *Revogados.* Lei nº 11.196, de 21-11-2005.

Art. 44. VETADO.

Art. 45. Nos casos de apuração de excesso de custo de aquisição de bens, direitos e serviços, importados de empresas vinculadas e que sejam considerados indedutíveis na determinação do lucro real e da base de cálculo da contribuição social sobre o lucro líquido, apurados na forma do art. 18 da Lei nº 9.430, de 27 de dezembro de 1996, a pessoa jurídica deverá ajustar o excesso de custo, determinado por um dos métodos previstos na legislação, no encerramento do período de apuração, contabilmente, por meio de lançamento a débito de conta de resultados acumulados e a crédito de:

I – conta do ativo onde foi contabilizada a aquisição dos bens, direitos ou serviços e que permanecerem ali registrados ao final do período de apuração; ou

II – conta própria de custo ou de despesa do período de apuração, que registre o valor dos bens, direitos ou serviços, no caso de esses ativos já terem sido baixados da conta de ativo que tenha registrado a sua aquisição.

§ 1º No caso de bens classificáveis no ativo permanente e que tenham gerado quotas de depreciação, amortização ou exaustão, no ano-calendário da importação, o valor do excesso de preço de aquisição na importação deverá ser creditado na conta de ativo em cujas quotas tenham sido debitadas, em contrapartida à conta de resultados acumulados a que se refere o *caput*.

§ 2º Caso a pessoa jurídica opte por adicionar, na determinação do lucro real e da base de cálculo da contribuição social sobre o lucro líquido, o valor do excesso apurado em cada período de apuração somente por ocasião da realização por alienação ou baixa a qualquer título do bem, direito ou serviço adquirido, o valor total do excesso apurado no período de aquisição deverá ser excluído do patrimônio líquido, para fins de determinação da base de cálculo dos juros sobre o capital próprio, de que trata o art. 9º da Lei nº 9.249, de 26 de dezembro de 1995, alterada pela Lei nº 9.430, de 27 de dezembro de 1996.

§ 3º Na hipótese do § 2º, a pessoa jurídica deverá registrar o valor total do excesso de preço de aquisição em subconta própria que registre o valor do bem, serviço ou direito adquirido no exterior.

Art. 46. O art. 13, *caput*, e o art. 14, I, da Lei nº 9.718, de 27 de novembro de 1998, passam a vigorar com a seguinte redação:

• Alterações inseridas no texto da referida Lei.

Art. 47. A pessoa jurídica integrante do Mercado Atacadista de Energia Elétrica (MAE), instituído pela Lei nº 10.433, de 24 de abril de 2002, poderá optar por regime especial de tributação, relativamente à contribuição para o Programa de Integração Social e de Formação do Patrimônio do Servidor

Público (PIS/PASEP) e à Contribuição para o Financiamento da Seguridade Social (COFINS).

- Art. 10, X, da Lei nº 10.833, de 29-12-2003, que altera a legislação tributária federal.

§ 1º A opção pelo regime especial referido no *caput*:

I – será exercida mediante simples comunicado, nos termos e condições estabelecidos pela Secretaria da Receita Federal;

II – produzirá efeitos em relação aos fatos geradores ocorridos a partir do mês subsequente ao do exercício da opção.

§ 2º Para os fins do regime especial referido no *caput*, considera-se receita bruta auferida nas operações de compra e venda de energia elétrica realizadas na forma da regulamentação de que trata o art. 14 da Lei nº 9.648, de 27 de maio de 1998, com a redação dada pela Lei nº 10.433, de 24 de abril de 2002, para efeitos de incidência da contribuição para o PIS/PASEP e da COFINS, os resultados positivos apurados mensalmente pela pessoa jurídica optante.

§ 3º Na determinação da base de cálculo da contribuição para o PIS/PASEP e da COFINS, a pessoa jurídica optante poderá deduzir os valores devidos, correspondentes a ajustes de contabilizações encerradas de operações de compra e venda de energia elétrica, realizadas no âmbito do MAE, quando decorrentes de:

I – decisão proferida em processo de solução de conflitos, no âmbito do MAE, da Agência Nacional de Energia Elétrica (ANEEL) ou em processo de arbitragem, na forma prevista no § 3º do art. 2º da Lei nº 10.433, de 24 de abril de 2002;

II – resolução da Aneel;

III – decisão proferida no âmbito do Poder Judiciário, transitada em julgado; e

IV – VETADO.

§ 4º A dedução de que trata o § 3º é permitida somente na hipótese em que o ajuste de contabilização caracterize anulação de receita sujeita à incidência do PIS/PASEP e da COFINS, na forma estabelecida pela Secretaria da Receita Federal.

§ 5º Sem prejuízo do disposto nos §§ 3º e 4º, geradoras de energia elétrica optantes poderão excluir da base de cálculo da contribuição para o PIS/PASEP e da COFINS o valor da receita auferida com a venda compulsória de energia elétrica por meio do Mecanismo de Realocação de Energia, de que trata a alínea *b* do parágrafo único do art. 14 da Lei nº 9.648, de 27 de maio de 1998, introduzida pela Lei nº 10.433, de 24 de abril de 2002.

§ 6º Aplicam-se ao regime especial de que trata este artigo as demais normas aplicáveis às contribuições referidas no *caput*, observado o que se segue:

I – em relação ao PIS/PASEP, não se aplica o disposto nos arts. 1º a 6º;

II – em relação aos fatos geradores ocorridos até 31 de agosto de 2002, o pagamento dos valores devidos correspondentes à COFINS e ao PIS/PASEP poderá ser feito com dispensa de multa e de juros moratórios, desde que efetuado em parcela única, até o último dia útil do mês de setembro de 2002.

§ 7º VETADO.

Art. 48. VETADO.

Art. 49. O art. 74 da Lei nº 9.430, de 27 de dezembro de 1996, passa a vigorar com a seguinte redação:

- Alteração inserida no texto da referida Lei.

Art. 50. O *caput* do art. 6º da Lei nº 9.826, de 23 de agosto de 1999, passa a vigorar com a seguinte redação:

"Art. 6º A exportação de produtos nacionais sem que tenha ocorrido sua saída do território brasileiro somente será admitida, produzindo todos os efeitos fiscais e cambiais, quando o pagamento for efetivado em moeda estrangeira de livre conversibilidade e a venda for realizada para:

...."

Art. 51. O *caput* do art. 52 da Lei nº 9.532, de 10 de dezembro de 1997, passa a vigorar com a seguinte alteração:

- Alteração inserida no texto da referida Lei.

Art. 52. O art. 33 do Decreto-Lei nº 1.593, de 21 de dezembro de 1977, passa a vigorar com a seguinte alteração:

"Art. 33. Aplicam-se as seguintes penalidades, em relação ao selo de controle de que trata o art. 46 da Lei nº 4.502, de 30 de novembro de 1964, na ocorrência das seguintes infrações:

I – venda ou exposição à venda de produto sem o selo ou com emprego de selo já utilizado: multa igual ao valor comercial do produto, não inferior a R$ 1.000,00 (mil reais);

II – emprego ou posse de selo legítimo não adquirido pelo próprio estabelecimento diretamente da repartição fornecedora: multa de R$ 1,00 (um real) por unidade, não inferior a R$ 1.000,00 (mil reais);

III – emprego de selo destinado a produto nacional, quando se tratar de produto estrangeiro, e vice-versa; emprego de selo destinado a produto diverso; emprego de selo não utilizado ou marcado como previsto em ato da Secretaria da Receita Federal; emprego de selo que não estiver em circulação: consideram-se os produtos como não selados, equiparando-se a infração à falta de pagamento do Imposto sobre Produtos Industrializados, que será exigível, além da multa igual a 75% (setenta e cinco por cento) do valor do imposto exigido;

IV – fabricação, venda, compra, cessão, utilização ou posse, soltos ou aplicados, de selos de controle falsos: independentemente de sanção penal cabível, multa de R$ 5,00 (cinco reais) por unidade, não inferior a R$ 5.000,00 (cinco mil reais), além da apreensão dos selos não utilizados e da aplicação da pena de perdimento dos produtos em que tenham sido utilizados os selos;

V – transporte de produto sem o selo ou com emprego de selo já utilizado: multa igual a 50% (cinquenta por cento) do valor comercial do produto, não inferior a R$ 1.000,00 (mil reais).

§ 1º Aplicar-se-á a mesma pena cominada no inciso II àqueles que fornecerem a outro estabelecimento, da mesma pessoa jurídica ou de terceiros, selos de controle legítimos adquiridos diretamente da repartição fornecedora.

§ 2º Aplicar-se-á ainda a pena de perdimento aos produtos do código 24.02.20.00 da Tabela de Incidência do Imposto sobre Produtos Industrializados (TIPI):

I – na hipótese de que tratam os incisos I e V do *caput*;

II – encontrados no estabelecimento industrial, acondicionados em embalagem destinada a comercialização, sem o selo de controle.

§ 3º Para fins de aplicação das penalidades previstas neste artigo, havendo a constatação de produtos com selos de controle em desacordo com as normas estabelecidas pela Secretaria da Receita Federal, considerar-se-á irregular a totalidade do lote identificado onde os mesmos foram encontrados."

Art. 53. É proibida a fabricação, em estabelecimento de terceiros, dos produtos do código 24.02.20.00 da TIPI.

Parágrafo único. Aos estabelecimentos que receberem ou tiverem em seu poder matérias-primas, produtos intermediários ou material de embalagem para a fabricação de cigarros para terceiros, aplica-se a penalidade prevista no inciso II do art. 15 do Decreto-Lei nº 1.593, de 21 de dezembro de 1977.

Art. 54. O papel para cigarros, em bobinas, somente poderá ser vendido, no mercado interno, a estabelecimento industrial fabricante de cigarros, classificados no código 2402.20.00 da Tabela de Incidência do IPI – TIPI, ou mortalhas.

§ 1º Os fabricantes e os importadores do papel de que trata o *caput* deverão:

I – exigir do estabelecimento industrial fabricante de cigarros a comprovação, no ato da venda, de que possui o registro especial de que trata o art. 1º do Decreto-Lei nº 1.593, de 21 de dezembro de 1977, e alterações posteriores;

II – prestar informações acerca da comercialização de papel para industrialização de cigarros, nos termos definidos pela Secretaria da Receita Federal.

§ 2º O disposto no inciso I do § 1º não se aplica aos fabricantes de cigarros classificados no Ex 01 do código 2402.20.00 da TIPI.

- Art. 54 com a redação dada pela Lei nº 10.833, de 29-12-2003.

Art. 55. *Revogado.* Lei nº 12.973, de 13-5-2014.

Art. 56. VETADO.

Art. 57. O encargo de que trata o art 1º do Decreto-Lei nº 1.025, de 21 de outubro de 1969, inclusive na condição de que trata o art. 3º do Decreto-Lei nº 1.569, de 8 de agosto de 1977, nos pagamentos de débitos relativos a tributos e contribuições administrados pela Secretaria da Receita Federal, inscritos na Dívida Ativa da União, e efetuados a partir de 15 de maio de 2002, em virtude de norma de caráter exonerativo, inclusive nas hipóteses de que tratam os arts. 13 e 14 desta Lei, será calculado sobre os valores originalmente devidos, limitado ao valor correspondente à multa calculada nos termos do § 3º do art. 13.

Art. 58. O art. 42 da Lei nº 9.430, de 27 de dezembro de 1996, passa a vigorar acrescido dos seguintes §§ 5º e 6º:

- Alteração inserida no texto da referida Lei.

Art. 59. O art. 23 do Decreto-Lei nº 1.455, de 7 de abril de 1976, passa a vigorar com as seguintes alterações:

"Art. 23. ...

...

V – estrangeiras ou nacionais, na importação ou na exportação, na hipótese de ocultação do sujeito passivo, do real vendedor, comprador ou de responsável pela operação, mediante fraude ou simulação, inclusive a interposição fraudulenta de terceiros.

§ 1º O dano ao erário decorrente das infrações previstas no *caput* deste artigo será punido com a pena de perdimento das mercadorias.

§ 2º Presume-se interposição fraudulenta na operação de comércio exterior a não comprovação da origem, disponibilidade e transferência dos recursos empregados.

§ 3º A pena prevista no § 1º converte-se em multa equivalente ao valor aduaneiro da mercadoria que não seja localizada ou que tenha sido consumida.

§ 4º O disposto no § 3º não impede a apreensão da mercadoria nos casos previstos no inciso I ou quando for proibida sua importação, consumo ou circulação no território nacional."

Art. 60. O art. 81 da Lei nº 9.430, de 27 de dezembro de 1996, passa a vigorar com as seguintes alterações:

- Alteração inserida no texto da referida Lei.

Art. 61. VETADO.

Art. 62. O art. 15 da Lei nº 10.451, de 10 de maio de 2002, passa a vigorar com a seguinte redação:

- Alteração inserida no texto da referida Lei.

Art. 63. O art. 21 da Lei nº 9.532, de 10 de dezembro de 1997, alterada pela Lei nº 9.887, de 7 de dezembro de 1999, passa a vigorar com a seguinte redação:

- Alteração inserida no texto da referida Lei.

Art. 64. O art. 43 da Medida Provisória nº 2.158-35, de 2001, passa a vigorar acrescido do seguinte § 2º, renumerando-se o parágrafo único para § 1º:

"Art. 43. ...

...

§ 2º O disposto neste artigo, no que diz respeito aos produtos classificados nas posições 84.32 e 84.33, alcança apenas os veículos autopropulsados descritos nos Códigos 8432.30, 8432.40.00, 8432.80.00 (exceto rolos para gramados ou campo de esporte), 8433.20, 8433.30.00, 8433.40.00 e 8433.5."

Art. 65. VETADO.

CAPÍTULO III
DAS DISPOSIÇÕES FINAIS

Art. 66. A Secretaria da Receita Federal e a Procuradoria-Geral da Fazenda Nacional editarão, no âmbito de suas respectivas competências, as normas necessárias à aplicação do disposto nesta Lei.

Art. 67. VETADO.

Art. 68. Esta Lei entra em vigor na data de sua publicação, produzindo efeitos:

I – a partir de 1º de outubro de 2002, em relação aos arts. 29 e 49;

II – a partir de 1º de dezembro de 2002, em relação aos arts. 1º a 6º e 8º a 11;

III – a partir de 1º de janeiro de 2003, em relação aos arts. 34, 37 a 44, 46 e 48;

IV – a partir da data da publicação desta Lei, em relação aos demais artigos.

Brasília, 30 de dezembro de 2002;
181º da Independência e
114º da República.

Fernando Henrique Cardoso

LEI Nº 10.684, DE 30 DE MAIO DE 2003

Altera a legislação tributária, dispõe sobre parcelamento de débitos junto à Secretaria da Receita Federal, à Procuradoria-Geral da Fazenda Nacional e ao Instituto Nacional do Seguro Social e dá outras providências.

- Publicada no *DOU* de 31-5-2003, Edição Extra, e retificada no *DOU* de 6-6-2003 e no *DOU* de 9-6-2003.
- Arts. 6º, § 7º, e 68 da Lei nº 11.101, de 9-2-2005 (Lei de Recuperação de Empresas e Falências).

Art. 1º Os débitos junto à Secretaria da Receita Federal ou à Procuradoria-Geral da Fazenda Nacional, com vencimento até 28 de fevereiro de 2003, poderão ser parcelados em até cento e oitenta prestações mensais e sucessivas.

- Art. 12 da Lei nº 11.033, de 21-12-2004, que altera a tributação do mercado financeiro e de capitais; institui o Regime Tributário para Incentivo à Modernização e à Ampliação da Estrutura Portuária – REPORTO.
- Art. 16 da Lei nº 11.051, de 29-12-2004, que dispõe sobre o desconto de crédito na apuração da Contribuição Social sobre o Lucro Líquido – CSLL e da Contribuição para o PIS/PASEP e COFINS não cumulativas.

§ 1º O disposto neste artigo aplica-se aos débitos constituídos ou não, inscritos ou não como Dívida Ativa, mesmo em fase de execução fiscal já ajuizada, ou que tenham sido objeto de parcelamento anterior, não integralmente quitado, ainda que cancelado por falta de pagamento.

§ 2º Os débitos ainda não constituídos deverão ser confessados, de forma irretratável e irrevogável.

§ 3º O débito objeto do parcelamento será consolidado no mês do pedido e será dividido pelo número de prestações, sendo que o montante de cada parcela mensal não poderá ser inferior a:

I – um inteiro e cinco décimos por cento da receita bruta auferida, pela pessoa jurídica, no mês imediatamente anterior ao do vencimento da parcela, exceto em relação às optantes pelo Sistema Simplificado de Pagamento de Impostos e Contribuições das Microempresas e das Empresas de Pequeno Porte – SIMPLES, instituído pela Lei nº 9.317, de 5 de dezembro de 1996, e às microempresas e empresas de pequeno porte enquadradas no disposto no art. 2º da Lei nº 9.841, de 5 de outubro de 1999, observado o disposto no art. 8º desta Lei, salvo na hipótese do inciso II deste parágrafo, o prazo mínimo de cento e vinte meses;

- As Leis nºs 9.317, de 5-12-1996, e 9.841, de 5-10-1999, foram revogadas pela LC nº 123, de 14-12-2006 (Estatuto Nacional da Microempresa e da Empresa de Pequeno Porte).

II – dois mil reais, considerado cumulativamente com o limite estabelecido no inciso I, no caso das pessoas jurídicas ali referidas;

III – cinquenta reais, no caso de pessoas físicas.

§ 4º Relativamente às pessoas jurídicas optantes pelo SIMPLES e às microempresas e empresas de pequeno porte, enquadradas no disposto no art. 2º da Lei nº 9.841, de 5 de outubro de 1999, o valor da parcela mínima mensal corresponderá a um cento e oitenta avos do total do débito ou a três décimos por cento da receita bruta auferida no mês imediatamente anterior ao do vencimento da parcela, o que for menor, não podendo ser inferior a:

- A Lei nº 9.841, de 5-10-1999, foi revogada pela LC nº 123, de 14-12-2006.

I – cem reais, se enquadrada na condição de microempresa;

II – duzentos reais, se enquadrada na condição de empresa de pequeno porte.

§ 5º Aplica-se o disposto no § 4º às pessoas jurídicas que foram excluídas ou impedidas de ingressar no SIMPLES exclusivamente em decorrência do disposto no inciso XV do art. 9º da Lei nº 9.317, de 5 de dezembro de 1996, desde que a pessoa jurídica exerça a opção pelo SIMPLES até o último dia útil de 2003, com efeitos a partir de 1º de janeiro de 2004, nos termos e condições definidos pela Secretaria da Receita Federal.

- A Lei nº 9.317, de 5-12-1996, foi revogada pela LC nº 123, de 14-12-2006.

§ 6º O valor de cada uma das parcelas, determinado na forma dos §§ 3º e 4º, será acrescido de juros correspondentes à variação mensal da Taxa de Juros de Longo Prazo – TJLP, a partir do mês subsequente ao da consolidação, até o mês do pagamento.

§ 7º Para os fins da consolidação referida no § 3º, os valores correspondentes à multa, de mora ou de ofício, serão reduzidos em cinquenta por cento.

§ 8º A redução prevista no § 7º não será cumulativa com qualquer outra redução admitida em lei, ressalvado o disposto no § 11.

§ 9º Na hipótese de anterior concessão de redução de multa em percentual diverso de cinquenta por cento, prevalecerá o percentual referido no § 7º, determinado sobre o valor original da multa.

§ 10. A opção pelo parcelamento de que trata este artigo exclui a concessão de qualquer outro, extinguindo os parcelamentos anteriormente concedidos, admitida a transferência de seus saldos para a modalidade desta Lei.

§ 11. O sujeito passivo fará jus a redução adicional da multa, após a redução referida no § 7º, à razão de vinte e cinco centésimos por cento sobre o valor remanescente para cada ponto percentual do saldo do débito que for liquidado até a data prevista para o requerimento do parcelamento referido neste artigo, após deduzida a primeira parcela determinada nos termos do § 3º ou 4º.

Art. 2º Os débitos incluídos no Programa de Recuperação Fiscal – REFIS, de que trata a Lei nº 9.964, de 10 de abril de 2000, ou no parcelamento a ele alternativo, poderão, a critério da pessoa jurídica, ser parcelados nas condições previstas no art. 1º, nos termos a serem estabelecidos pelo Comitê Gestor do mencionado Programa.

Parágrafo único. Na hipótese deste artigo:

I – a opção pelo parcelamento na forma deste artigo implica desistência compulsória e definitiva do REFIS ou do parcelamento a ele alternativo;

II – as contribuições arrecadadas pelo Instituto Nacional do Seguro Social – INSS retornarão à administração daquele órgão, sujeitando-se à legislação específica a elas aplicável;

III – será objeto do parcelamento nos termos do art. 1º o saldo devedor dos débitos relativos aos tributos administrados pela Secretaria da Receita Federal.

Art. 3º Ressalvado o disposto no art. 2º, não será concedido o parcelamento de que trata o art. 1º na hipótese de existência de parcelamentos concedidos sob outras modalidades, admitida a transferência dos saldos remanescentes para a modalidade prevista nesta Lei, mediante requerimento do sujeito passivo.

Art. 4º O parcelamento a que se refere o art. 1º:

I – deverá ser requerido, inclusive na hipótese de transferência de que tratam os arts. 2º e 3º, até o último dia útil do segundo mês subsequente ao da publicação desta Lei, perante a unidade da Secretaria da Receita Federal ou da Procuradoria-Geral da Fazenda Nacional, responsável pela cobrança do respectivo débito;

- O prazo a que se refere este inciso foi prorrogado até 31-8-2003, pelo art. 13 da Lei nº 10.743, de 9-10-2003.

II – somente alcançará débitos que se encontrarem com exigibilidade suspensa por força dos incisos III a V do art. 151 da Lei nº 5.172, de 25 de outubro de 1966, no caso de o sujeito passivo desistir expressamente e de forma irrevogável da impugnação ou do recurso interposto, ou da ação judicial proposta, e renunciar a quaisquer alegações de direito sobre as quais se fundam os referidos processos administrativos e ações judiciais, relativamente à matéria cujo respectivo débito queira parcelar;

III – reger-se-á pelas disposições da Lei nº 10.522, de 19 de julho de 2002, ressalvado o disposto no seu art. 14;

IV – aplica-se, inclusive, à totalidade dos débitos apurados segundo o SIMPLES;

V – independerá de apresentação de garantia ou de arrolamento de bens, mantidas aquelas decorrentes de débitos transferidos de outras modalidades de parcelamento ou de execução fiscal.

Parágrafo único. Na hipótese do inciso II, o valor da verba de sucumbência será de um por cento do valor do débito consolidado decorrente da desistência da respectiva ação judicial.

Art. 5º Os débitos junto ao Instituto Nacional do Seguro Social – INSS, oriundos de contribuições patronais, com vencimento até 28 de fevereiro de 2003, serão objeto de acordo para pagamento parcelado em até cento e oitenta prestações mensais, observadas as condições fixadas neste artigo, desde que requerido até o último dia útil do segundo mês subsequente ao da publicação desta Lei.

- O prazo a que se refere este artigo foi prorrogado até 31-8-2003, pelo art. 13 da Lei nº 10.743, de 9-10-2003.

- Art. 12 da Lei nº 11.033, de 21-12-2004, que altera a tributação do mercado financeiro e de capitais; institui o Regime Tributário para Incentivo à Modernização e à Ampliação da Estrutura Portuária – REPORTO.

§ 1º Aplica-se ao parcelamento de que trata este artigo o disposto nos §§ 1º a 11 do art. 1º, observado o disposto no art. 8º.

§ 2º VETADO.

§ 3º A concessão do parcelamento independerá de apresentação de garantias ou de arrolamento de bens, mantidas aquelas decorrentes de débitos transferidos de outras modalidades de parcelamento ou de execução fiscal.

Art. 6º Os depósitos existentes, vinculados aos débitos a serem parcelados nos termos dos arts. 1º e 5º, serão automaticamente convertidos em renda da União ou da Seguridade Social ou do Instituto Nacional do Seguro Social – INSS, conforme o caso, concedendo-se o parcelamento sobre o saldo remanescente.

Art. 7º O sujeito passivo será excluído dos parcelamentos a que se refere esta Lei na hipótese de inadimplência, por três meses consecutivos ou seis meses alternados, o que primeiro ocorrer, relativamente a qualquer dos tributos e das contribuições referidos nos arts. 1º e 5º, inclusive os com vencimento após 28 de fevereiro de 2003.

Art. 8º Na hipótese de a pessoa jurídica manter parcelamentos de débitos com base no art. 1º e no art. 5º, simultaneamente, o percentual a que se refere o inciso I do § 3º do art. 1º será reduzido para setenta e cinco centésimos por cento.

§ 1º Caberá à pessoa jurídica requerer a redução referida no *caput* até o prazo fixado no inciso I do art. 4º e no *caput* do art. 5º.

§ 2º Ocorrendo liquidação, rescisão ou extinção de um dos parcelamentos, inclusive por exclusão do sujeito passivo, nos termos do art. 7º, aplica-se o percentual fixado no inciso I do § 3º do art. 1º ao parcelamento remanescente, a partir do mês subsequente ao da ocorrência da liquidação, extinção ou rescisão do parcelamento obtido junto ao outro órgão.

§ 3º A pessoa jurídica deverá informar a liquidação, rescisão ou extinção do parcelamento ao órgão responsável pelo parcelamento remanescente, até o último dia útil do mês subsequente ao da ocorrência do evento, bem como efetuar o recolhimento da parcela referente àquele mês observando o percentual fixado no inciso I do § 3º do art. 1º.

§ 4º O desatendimento do disposto nos parágrafos anteriores implicará a exclusão do sujeito passivo do parcelamento remanescente e a aplicação do disposto no art. 11.

Art. 9º É suspensa a pretensão punitiva do Estado, referente aos crimes previstos nos arts. 1º e 2º da Lei nº 8.137, de 27 de dezembro de 1990, e nos arts. 168A e 337A do Decreto-Lei nº 2.848, de 7 de dezembro de 1940 – Código Penal, durante o período em que a pessoa jurídica relacionada com o agente dos aludidos crimes estiver incluída no regime de parcelamento.

§ 1º A prescrição criminal não corre durante o período de suspensão da pretensão punitiva.

§ 2º Extingue-se a punibilidade dos crimes referidos neste artigo quando a pessoa jurídica relacionada com o agente efetuar o pagamento integral dos débitos oriundos de tributos e contribuições sociais, inclusive acessórios.

- Súm. Vinc. nº 24 do STF.

Art. 10. A Secretaria da Receita Federal, a Procuradoria-Geral da Fazenda Nacional e o Instituto Nacional do Seguro Social – INSS expedirão, no âmbito de suas respectivas competências, os atos necessários à execução desta Lei.

Parágrafo único. Serão consolidados, por sujeito passivo, os débitos perante a Secretaria da Receita Federal e a Procuradoria-Geral da Fazenda Nacional.

Art. 11. Ao sujeito passivo que, optando por parcelamento a que se referem os arts. 1º e 5º, dele for excluído, será vedada a concessão de qualquer outra modalidade de parcelamento até 31 de dezembro de 2006.

Art. 12. A exclusão do sujeito passivo do parcelamento a que se refere esta Lei, inclusive a prevista no § 4º do art. 8º, independerá de notificação prévia e implicará exigibilidade imediata da totalidade do crédito confessado e ainda não pago e automática execução da garantia prestada, quando existente, restabelecendo-se, em relação ao montante não pago, os acréscimos legais na forma da legislação aplicável à época da ocorrência dos respectivos fatos geradores.

Art. 13. Os débitos relativos à contribuição para o Programa de Formação do Patrimônio do Servidor Público (PASEP) dos Estados, do Distrito Federal e dos Municípios, bem como de suas autarquias e fundações públicas, com vencimento até 31 de dezembro de 2002, poderão ser pagos mediante regime especial de parcelamento, por opção da pessoa jurídica de direito público interno devedora.

Parágrafo único. A opção referida no *caput* deverá ser formalizada até o último dia útil do segundo mês subsequente ao da publicação desta Lei, nos termos e condições estabelecidos pela Secretaria da Receita Federal.

Art. 14. O regime especial de parcelamento referido no art. 13 implica a consolidação dos débitos na data da opção e abrangerá a totalidade dos débitos existentes em nome do optante, constituídos ou não, inclusive os juros de mora incidentes até a data de opção.

Parágrafo único. O débito consolidado na forma deste artigo:

I – sujeitar-se-á, a partir da data da consolidação, a juros equivalentes à taxa referencial do Sistema Especial de Liquidação e de Custódia – SELIC para títulos federais, acumulada mensalmente, calculados a partir da data de deferimento do pedido até o mês anterior ao do pagamento, e adicionados de um por cento relativamente ao mês em que o pagamento estiver sendo feito;

II – será pago mensalmente, até o último dia útil da primeira quinzena de cada mês, no valor equivalente a, no mínimo, um cento e vinte avos do total do débito consolidado;

III – o valor de cada parcela não poderá ser inferior a dois mil reais.

Art. 15. A opção pelo regime especial de parcelamento referido no art. 13 sujeita a pessoa jurídica optante:

I – à confissão irrevogável e irretratável dos débitos referidos no art. 14;

II – ao pagamento regular das parcelas do débito consolidado, bem como dos valores devidos relativos ao PASEP com vencimento após dezembro de 2002.

Parágrafo único. A opção pelo regime especial exclui qualquer outra forma de parcelamento de débitos relativos ao PASEP.

Art. 16. A pessoa jurídica optante pelo regime especial de parcelamento referido no art. 13 será dele excluída nas seguintes hipóteses:

I – inobservância da exigência estabelecida no art. 15;

LEG. COMPLEMENTAR

II – inadimplência, por dois meses consecutivos ou seis alternados, relativamente ao PASEP, inclusive aqueles com vencimento após dezembro de 2002.

§ 1º A exclusão da pessoa jurídica do regime especial implicará exigibilidade imediata da totalidade do crédito confessado e ainda não pago.

§ 2º A exclusão será formalizada por meio de ato da Secretaria da Receita Federal e produzirá efeitos a partir do mês subsequente àquele em que a pessoa jurídica optante for cientificada.

Art. 17. Sem prejuízo do disposto no art. 15 da Medida Provisória nº 2.158-35, de 24 de agosto de 2001, e no art. 1º da Medida Provisória nº 101, de 30 de dezembro de 2002, as sociedades cooperativas de produção agropecuária e de eletrificação rural poderão excluir da base de cálculo da contribuição para o Programa de Integração Social e de Formação do Patrimônio do Servidor Público – PIS/PASEP e da Contribuição Social para o Financiamento da Seguridade Social – COFINS os custos agregados ao produto agropecuário dos associados, quando da sua comercialização e os valores dos serviços prestados pelas cooperativas de eletrificação rural a seus associados.

Parágrafo único. O disposto neste artigo alcança os fatos geradores ocorridos a partir da vigência da Medida Provisória nº 1.858-10, de 26 de outubro de 1999.

Art. 18. Fica elevada para quatro por cento a alíquota da Contribuição para o Financiamento da Seguridade Social – COFINS devida pelas pessoas jurídicas referidas nos §§ 6º e 8º do art. 3º da Lei nº 9.718, de 27 de novembro de 1998.

Art. 19. O art. 22-A da Lei nº 8.212, de 24 de julho de 1991, introduzido pela Lei nº 10.256, de 9 de julho de 2001, passa a vigorar com a seguinte redação:

- Alterações inseridas no texto da referida Lei.

Art. 20. O § 1º do art. 126 da Lei nº 8.213, de 24 de julho de 1991, passa a vigorar com a seguinte redação:

"Art. 126. ....

§ 1º Em se tratando de processo que tenha por objeto a discussão de crédito previdenciário, o recurso de que trata este artigo somente terá seguimento se o recorrente, pessoa jurídica ou sócio desta, instruí-lo com prova de depósito, em favor do Instituto Nacional do Seguro Social - INSS, de valor correspondente a trinta por cento da exigência fiscal definida na decisão.

.........."

Art. 21. *Revogado.* Lei nº 12.101, de 27-11-2009.

Art. 22. O art. 20 da Lei nº 9.249, de 26 de dezembro de 1995, passa a vigorar com a seguinte redação:

- Alterações inseridas no texto da referida Lei.

Art. 23. O art. 9º da Lei nº 9.317, de 5 de dezembro de 1996, passa a vigorar acrescido do seguinte parágrafo:

- A LC nº 123, de 14-12-2006, revogou a Lei nº 9.317, de 5-12-1996.

Art. 24. Os arts. 1º e 2º da Lei nº 10.034, de 24 de outubro de 2000, passam a vigorar com a seguinte redação:

"Art. 1º Ficam excetuadas da restrição de que trata o inciso XIII do art. 9º da Lei nº 9.317, de 5 de dezembro de 1996, as pessoas jurídicas que se dediquem exclusivamente às seguintes atividades:

I - creches e pré-escolas;

II - estabelecimentos de ensino fundamental;

III - centros de formação de condutores de veículos automotores de transporte terrestre de passageiros e de carga;

IV - agências lotéricas;

V - agências terceirizadas de correios;

VI - VETADO;

VII - VETADO".

"Art. 2º Ficam acrescidos de cinquenta por cento os percentuais referidos no art. 5º da Lei nº 9.317, de 5 de dezembro de 1996, alterado pela Lei nº 9.732, de 11 de dezembro de 1998, em relação às atividades relacionadas nos incisos II a V do art. 1º desta Lei e às pessoas jurídicas que aufiram receita bruta decorrente da prestação de serviços em montante igual ou superior a trinta por cento da receita bruta total."

- A Lei nº 9.317, de 5-12-1996 foi revogada pela LC nº 123, de 14-12-2006 (Estatuto Nacional da Microempresa e da Empresa de Pequeno Porte).

Art. 25. A Lei nº 10.637, de 30 de dezembro de 2002, passa a vigorar acrescida do art. 5º-A e com as seguintes alterações dos arts. 1º, 3º, 8º, 11 e 29:

- Alterações inseridas no texto da referida Lei.

Art. 26. O art. 1º da Lei nº 9.074, de 7 de julho de 1995, passa a vigorar acrescido dos seguintes parágrafos, renumerando-se o parágrafo único para § 1º:

"Art. 1º ....

....

§ 2º O prazo das concessões e permissões de que trata o inciso VI deste artigo será de vinte e cinco anos, podendo ser prorrogado por dez anos.

§ 3º Ao término do prazo, as atuais concessões e permissões, mencionadas no § 2º, incluídas as anteriores à Lei nº 8.987, de 13 de fevereiro de 1995, serão prorrogadas pelo prazo previsto no § 2º."

Art. 27. VETADO.

Art. 28. Fica o Poder Executivo autorizado a emitir títulos da dívida pública atualizados de acordo com as disposições do inciso I do § 4º do art. 2º da Lei nº 9.964, de 10 de abril de 2000, com prazo de vencimento determinado em função do prazo médio estimado da carteira de recebíveis do Programa de Recuperação Fiscal – REFIS, instituído pela referida Lei, os quais terão poder liberatório perante a Secretaria da Receita Federal e o Instituto Nacional do Seguro Social quanto as dívidas inscritas no referido programa, diferindo-se os efeitos tributários de sua utilização, em função do prazo médio da dívida do contribuinte.

Art. 29. Esta Lei entra em vigor na data de sua publicação, produzindo efeitos:

I – em relação ao art. 17, a partir de 1º de janeiro de 2003;

II – em relação ao art. 25, a partir de 1º de fevereiro de 2003;

III – em relação aos arts. 18, 19, 20 e 22, a partir do mês subsequente ao do termo final do prazo nonagesimal, a que refere o § 6º do art. 195 da Constituição Federal.

Brasília, 30 de maio de 2003;
182º da Independência e
115º da República.

Luiz Inácio Lula da Silva

LEI COMPLEMENTAR Nº 116, DE 31 DE JULHO DE 2003

Dispõe sobre o Imposto Sobre Serviços de Qualquer Natureza, de competência dos Municípios e do Distrito Federal, e dá outras providências.

- Publicada no *DOU* de 1º-8-2003.
- Art. 156, III e § 3º, da CF.

Art. 1º O Imposto Sobre Serviços de Qualquer Natureza, de competência dos Municípios e do Distrito Federal, tem como fato gerador a prestação de serviços constantes da lista anexa, ainda que esses não se constituam como atividade preponderante do prestador.

- O STF, por unanimidade de votos, deferiu a medida cautelar na ADIN nº 4.389, para dar interpretação conforme a CF a este artigo, ao seu § 2º e ao subitem 13.05 da lista de serviços anexa, para reconhecer que o ISS não incide sobre operações de industrialização por encomenda de embalagens, destinadas à integração ou utilização direta em processo subsequente de industrialização ou de circulação de mercadoria. Presentes os requisitos constitucionais e legais, incidirá o ICMS (*DJE* de 25-5-2011).

- Súm. Vinc. nº 31 do STF.

§ 1º O imposto incide também sobre o serviço proveniente do exterior do País ou cuja prestação se tenha iniciado no exterior do País.

§ 2º Ressalvadas as exceções expressas na lista anexa, os serviços nela mencionados não ficam sujeitos ao Imposto Sobre Operações Relativas à Circulação de Mercadorias e Prestações de Serviços de Transporte Interestadual e Intermunicipal e de Comunicação – ICMS, ainda que sua prestação envolva fornecimento de mercadorias.

- O STF, por unanimidade de votos, concedeu a medida cautelar na ADIN nº 4.389, para dar interpretação conforme a CF ao *caput* deste artigo, a este parágrafo e ao subitem 13.05 da lista de serviços anexa, para reconhecer que o ISS não incide sobre operações de industrialização por encomenda de embalagens, destinadas à integração ou utilização direta em processo subsequente de industrialização ou de circulação de mercadoria. Presentes os requisitos constitucionais e legais, incidirá o ICMS (*DJE* de 25-5-2011).

§ 3º O imposto de que trata esta Lei Complementar incide ainda sobre os serviços prestados mediante a utilização de bens e serviços públicos explorados economicamente mediante autorização, permissão ou concessão, com o pagamento de tarifa, preço ou pedágio pelo usuário final do serviço.

§ 4º A incidência do imposto não depende da denominação dada ao serviço prestado.

- Súm. nº 588 do STF.
- Súmulas nºs 138, 156, 167 e 274 do STJ.

Art. 2º O imposto não incide sobre:

- Súm. Vinc. nº 31 do STF.

I – as exportações de serviços para o exterior do País;

II – a prestação de serviços em relação de emprego, dos trabalhadores avulsos, dos diretores e membros de conselho consultivo ou de conselho fiscal de sociedades e fundações, bem como dos sócios-gerentes e dos gerentes delegados;

III – o valor intermediado no mercado de títulos e valores mobiliários, o valor dos depósitos bancários, o principal, juros e acréscimos moratórios relativos a operações de crédito realizadas por instituições financeiras.

- Súm. nº 424 do STJ.

Parágrafo único. Não se enquadram no disposto no inciso I os serviços desenvolvidos no Brasil, cujo resultado aqui se verifique, ainda que o pagamento seja feito por residente no exterior.

Art. 3º O serviço considera-se prestado, e o imposto, devido, no local do estabelecimento prestador ou, na falta do estabelecimento, no local do domicílio do prestador, exceto nas hipóteses previstas nos incisos I a XXV, quando o imposto será devido no local:

- *Caput* com a redação dada pela LC nº 157, de 29-12-2016.
- LC nº 123, de 14-12-2006 (Estatuto Nacional da Microempresa e da Empresa de Pequeno Porte).

I – do estabelecimento do tomador ou intermediário do serviço ou, na falta de estabelecimento, onde ele estiver domiciliado, na hipótese do § 1º do art. 1º desta Lei Complementar;

II – da instalação dos andaimes, palcos, coberturas e outras estruturas, no caso dos serviços descritos no subitem 3.05 da lista anexa;

III – da execução da obra, no caso dos serviços descritos no subitem 7.02 e 7.19 da lista anexa;

IV – da demolição, no caso dos serviços descritos no subitem 7.04 da lista anexa;

V – das edificações em geral, estradas, pontes, portos e congêneres, no caso dos serviços descritos no subitem 7.05 da lista anexa;

VI – da execução da varrição, coleta, remoção, incineração, tratamento, reciclagem, separação e destinação final de lixo, rejeitos e outros resíduos quaisquer, no caso dos serviços descritos no subitem 7.09 da lista anexa;

VII – da execução da limpeza, manutenção e conservação de vias e logradouros públicos, imóveis, chaminés, piscinas, parques, jardins e congêneres, no caso dos serviços descritos no subitem 7.10 da lista anexa;

VIII – da execução da decoração e jardinagem, do corte e poda de árvores, no caso dos serviços descritos no subitem 7.11 da lista anexa;

IX – do controle e tratamento do efluente de qualquer natureza e de agentes físicos, químicos e biológicos, no caso dos serviços descritos no subitem 7.12 da lista anexa;

X e XI – VETADOS;

XII – do florestamento, reflorestamento, semeadura, adubação, reparação de solo, plantio, silagem, colheita, corte, descascamento de árvores, silvicultura, exploração florestal e serviços congêneres indissociáveis da formação, manutenção e colheita de florestas para quaisquer fins e por quaisquer meios;

- Inciso XII com a redação dada pela LC nº 157, de 29-12-2016.

XIII – da execução dos serviços de escoramento, contenção de encostas e congêneres, no caso dos serviços descritos no subitem 7.17 da lista anexa;

XIV – da limpeza e dragagem, no caso dos serviços descritos no subitem 7.18 da lista anexa;

XV – onde o bem estiver guardado ou estacionado, no caso dos serviços descritos no subitem 11.01 da lista anexa;

XVI – dos bens, dos semoventes ou do domicílio das pessoas vigiados, segurados ou monitorados, no caso dos serviços descritos no subitem 11.02 da lista anexa;

- Inciso XVI com a redação dada pela LC nº 157, de 29-12-2016.

XVII – do armazenamento, depósito, carga, descarga, arrumação e guarda do bem, no caso dos serviços descritos no subitem 11.04 da lista anexa;

XVIII – da execução dos serviços de diversão, lazer, entretenimento e congêneres, no caso dos serviços descritos nos subitens do item 12, exceto o 12.13, da lista anexa;

XIX – do Município onde está sendo executado o transporte, no caso dos serviços descritos pelo item 16 da lista anexa;

- Inciso XIX com a redação dada pela LC nº 157, de 29-12-2016.

XX – do estabelecimento do tomador da mão de obra ou, na falta de estabelecimento, onde ele estiver domiciliado, no caso dos serviços descritos pelo subitem 17.05 da lista anexa;

XXI – da feira, exposição, congresso ou congênere a que se referir o planejamento, organização e administração, no caso dos serviços descritos pelo subitem 17.10 da lista anexa;

XXII – do porto, aeroporto, ferroporto, terminal rodoviário, ferroviário ou metroviário, no caso dos serviços descritos pelo item 20 da lista anexa;

LEG. COMPLEMENTAR

XXIII – do domicílio do tomador dos serviços dos subitens 4.22, 4.23 e 5.09;

XXIV – do domicílio do tomador do serviço no caso dos serviços prestados pelas administradoras de cartão de crédito ou débito e demais descritos no subitem 15.01;

- Incisos XXIII e XXIV acrescidos pela LC nº 157, de 29-12-2016, promulgados nos termos do art. 66, § 5º, da CF (*DOU* de 1º-6-2017).
- O STF, por decisão monocrática, concedeu a medida cautelar pleiteada na ADIN nº 5.835/DF, *ad referendum*, para suspender a eficácia do artigo 1º da LC nº 157/2016, na parte que modificou o art. 3º, XXIII, XXIV e XXV, e os §§ 3º e 4º do art. 6º da LC nº 116/2003; bem como, por arrastamento, para suspender a eficácia de toda legislação local editada para sua direta complementação (*DOU* de 23-3-2018).

XXV – do domicílio do tomador do serviço do subitem 15.09.

- Inciso XXV com a redação dada pela LC nº 175, de 23-9-2020.

§ 1º No caso dos serviços a que se refere o subitem 3.04 da lista anexa, considera-se ocorrido o fato gerador e devido o imposto em cada Município em cujo território haja extensão de ferrovia, rodovia, postes, cabos, dutos e condutos de qualquer natureza, objetos de locação, sublocação, arrendamento, direito de passagem ou permissão de uso, compartilhado ou não.

§ 2º No caso dos serviços a que se refere o subitem 22.01 da lista anexa, considera-se ocorrido o fato gerador e devido o imposto em cada Município em cujo território haja extensão de rodovia explorada.

§ 3º Considera-se ocorrido o fato gerador do imposto no local do estabelecimento prestador nos serviços executados em águas marítimas, excetuados os serviços descritos no subitem 20.01.

§ 4º Na hipótese de descumprimento do disposto no caput ou no § 1º, ambos do art. 8º-A desta Lei Complementar, o imposto será devido no local do estabelecimento do tomador ou intermediário do serviço ou, na falta de estabelecimento, onde ele estiver domiciliado.

- § 4º acrescido pela LC nº 157, de 29-12-2016, promulgado nos termos do art. 66, § 5º da CF (*DOU* de 1º-6-2017).

§ 5º Ressalvadas as exceções e especificações estabelecidas nos §§ 6º a 12 deste artigo, considera-se tomador dos serviços referidos nos incisos XXIII, XXIV e XXV do *caput* deste artigo o contratante do serviço e, no caso de negócio jurídico que envolva estipulação em favor de unidade da pessoa jurídica contratante, a unidade em favor da qual o serviço foi estipulado, sendo irrelevantes para caracterizá-la as denominações de sede, filial, agência, posto de atendimento, sucursal, escritório de representação ou contato ou quaisquer outras que venham a ser utilizadas.

§ 6º No caso dos serviços de planos de saúde ou de medicina e congêneres, referidos nos subitens 4.22 e 4.23 da lista de serviços anexa a esta Lei Complementar, o tomador do serviço é a pessoa física beneficiária vinculada à operadora por meio de convênio ou contrato de plano de saúde individual, familiar, coletivo empresarial ou coletivo por adesão.

§ 7º Nos casos em que houver dependentes vinculados ao titular do plano, será considerado apenas o domicílio do titular para fins do disposto no § 6º deste artigo.

§ 8º No caso dos serviços de administração de cartão de crédito ou débito e congêneres, referidos no subitem 15.01 da lista de serviços anexa a esta Lei Complementar, prestados diretamente aos portadores de cartões de crédito ou débito e congêneres, o tomador é o primeiro titular do cartão.

§ 9º O local do estabelecimento credenciado é considerado o domicílio do tomador dos demais serviços referidos no subitem 15.01 da lista de serviços anexa a esta Lei Complementar relativos às transferências realizadas por meio de cartão de crédito ou débito, ou a eles conexos, que sejam prestados ao tomador, direta ou indiretamente, por:

I – bandeiras;

II – credenciadoras; ou

III – emissoras de cartões de crédito e débito.

§ 10. No caso dos serviços de administração de carteira de valores mobiliários e dos serviços de administração e gestão de fundos e clubes de investimento, referidos no subitem 15.01 da lista de serviços anexa a esta Lei Complementar, o tomador é o cotista.

§ 11. No caso dos serviços de administração de consórcios, o tomador de serviço é o consorciado.

§ 12. No caso dos serviços de arrendamento mercantil, o tomador do serviço é o arrendatário, pessoa física ou a unidade beneficiária da pessoa jurídica, domiciliado no País, e, no caso de arrendatário não domiciliado no País, o tomador é o beneficiário do serviço no País.

- §§ 5º a 12 acrescidos pela LC nº 175, de 23-9-2020.

Art. 4º Considera-se estabelecimento prestador o local onde o contribuinte desenvolva a atividade de prestar serviços, de modo permanente ou temporário, e que configure unidade econômica ou profissional, sendo irrelevantes para caracterizá-lo as denominações de sede, filial, agência, posto de atendimento, sucursal, escritório de representação ou contato ou quaisquer outras que venham a ser utilizadas.

Art. 5º Contribuinte é o prestador do serviço.

Art. 6º Os Municípios e o Distrito Federal, mediante lei, poderão atribuir de modo expresso a responsabilidade pelo crédito tributário a terceira pessoa, vinculada ao fato gerador da respectiva obrigação, excluindo a responsabilidade do contribuinte ou atribuindo-a a este em caráter supletivo do cumprimento total ou parcial da referida obrigação, inclusive no que se refere à multa e aos acréscimos legais.

§ 1º Os responsáveis a que se refere este artigo estão obrigados ao recolhimento integral do imposto devido, multa e acréscimos legais, independentemente de ter sido efetuada sua retenção na fonte.

§ 2º Sem prejuízo do disposto no *caput* e no § 1º deste artigo, são responsáveis:

- Art. 18, § 6º, da LC nº 123, de 14-12-2006 (Estatuto Nacional da Microempresa e da Empresa de Pequeno Porte).

I – o tomador ou intermediário de serviço proveniente do exterior do País ou cuja prestação se tenha iniciado no exterior do País;

II – a pessoa jurídica, ainda que imune ou isenta, tomadora ou intermediária dos serviços descritos nos subitens 3.05, 7.02, 7.04, 7.05, 7.09, 7.10, 7.12, 7.16, 7.17, 7.19, 11.02, 17.05 e 17.10 da lista anexa a esta Lei Complementar, exceto na hipótese dos serviços do subitem 11.05, relacionados ao monitoramento e rastreamento a distância, em qualquer via ou local, de veículos, cargas, pessoas e semoventes em circulação ou movimento, realizados por meio de telefonia móvel, transmissão de satélites, rádio ou qualquer outro meio, inclusive pelas empresas de Tecnologia da Informação Veicular, independentemente de o prestador de serviços ser proprietário ou não da infraestrutura de telecomunicações que utiliza;

- Inciso II com a redação dada pela LC nº 183, de 22-9-2021.

III – a pessoa jurídica tomadora ou intermediária de serviços, ainda que imune ou isenta, na hipótese prevista no § 4º do art. 3º desta Lei Complementar;

- Inciso III acrescido pela LC nº 157, de 29-12-2016, promulgado nos termos do art. 66, § 5º da CF (*DOU* de 1º-6-2017).

IV – as pessoas referidas nos incisos II ou III do § 9º do art. 3º desta Lei Complementar, pelo imposto devido pelas pessoas a que se refere o inciso I do mesmo parágrafo, em decorrência dos serviços prestados na forma do subitem 15.01 da lista de serviços anexa a esta Lei Complementar.

- Inciso IV acrescido pela LC nº 175, de 23-9-2020.

§ 3º *Revogado.* LC nº 175, de 23-9-2020.

§ 4º No caso dos serviços prestados pelas administradoras de cartão de crédito e débito, descritos no subitem 15.01, os terminais eletrônicos ou as máquinas das operações efetivadas deverão ser registrados no local do domicílio do tomador do serviço.

- § 4º acrescido pela LC nº 157, de 29-12-2016, promulgados nos termos do art. 66, § 5º, da CF (*DOU* de 1º-6-2017).
- O STF, por decisão monocrática, concedeu a medida cautelar pleiteada na ADIN nº 5.835/DF, *ad referendum*, para suspender a eficácia do art. 1º da LC nº 157/2016, na parte que modificou o art. 3º, XXIII, XXIV e XXV, e os §§ 3º e 4º do art. 6º da LC nº 116/2003; bem como, por arrastamento, para suspender a eficácia de toda legislação local editada para sua direta complementação (*DOU* de 23-3-2018).

Art. 7º A base de cálculo do imposto é o preço do serviço.

- Súm. nº 524 do STJ.

§ 1º Quando os serviços descritos pelo subitem 3.04 da lista anexa forem prestados no território de mais de um Município, a base de cálculo será proporcional, conforme o caso, à extensão da ferrovia, rodovia, dutos e condutos de qualquer natureza, cabos de qualquer natureza, ou ao número de postes, existentes em cada Município.

- Art. 9º, §§ 1º e 3º, do Dec.-lei nº 406, de 31-12-1968, que estabelece normas gerais de direito financeiro, aplicáveis aos Impostos sobre Operações relativas à Circulação de Mercadorias e sobre Serviços de Qualquer Natureza.

§ 2º Não se incluem na base de cálculo do Imposto Sobre Serviços de Qualquer Natureza:

I – o valor dos materiais fornecidos pelo prestador dos serviços previstos nos itens 7.02 e 7.05 da lista de serviços anexa a esta Lei Complementar;

- Art. 9º, § 2º, *b*, do Dec.-lei nº 406, de 31-12-1968, que estabelece normas gerais de direito financeiro, aplicáveis aos Impostos sobre Operações relativas à Circulação de Mercadorias e sobre Serviços de Qualquer Natureza.

II – VETADO.

§ 3º VETADO.

Art. 8º As alíquotas máximas do Imposto Sobre Serviços de Qualquer Natureza são as seguintes:

I – VETADO;

II – demais serviços, cinco por cento.

- Art. 156, § 3º, I, da CF.

Art. 8º-A. A alíquota mínima do Imposto sobre Serviços de Qualquer Natureza é de 2% (dois por cento).

- O disposto neste *caput* somente produzirá efeitos após o decurso do prazo referido no art. 6º da LC nº 157, de 29-12-2016.

§ 1º O imposto não será objeto de concessão de isenções, incentivos ou benefícios tributários ou financeiros, inclusive de redução de base de cálculo ou de crédito presumido ou outorgado, ou sob qualquer outra norma que resulte, direta ou indiretamente, em carga tributária menor que a decorrente da aplicação da alíquota mínima estabelecida no *caput*, exceto para os serviços a que se referem os subitens 7.02, 7.05 e 16.01 da lista anexa a esta Lei Complementar.

- O disposto neste § 1º somente produzirá efeitos após o decurso do prazo referido no art. 6º da LC nº 157, de 29-12-2016.

§ 2º É nula a lei ou o ato do Município ou do Distrito Federal que não respeite as disposições relativas à alíquota mínima previstas neste artigo no caso de serviço prestado a tomador ou intermediário localizado em Município diverso daquele onde está localizado o prestador do serviço.

- O disposto neste § 2º somente produzirá efeitos após o decurso do prazo referido no art. 6º da LC nº 157, de 29-12-2016.

§ 3º A nulidade a que se refere o § 2º deste artigo gera, para o prestador do serviço, perante o Município ou o Distrito Federal que não respeitar as disposições deste artigo, o direito à restituição do valor efetivamente pago do Imposto sobre Serviços de Qualquer Natureza calculado sob a égide da lei nula.

- Art. 8º-A acrescido pela LC nº 157, de 29-12-2016.

Art. 9º Esta Lei Complementar entra em vigor na data de sua publicação.

Art. 10. Ficam revogados os arts. 8º, 10, 11 e 12 do Decreto-Lei nº 406, de 31 de dezembro de 1968; os incisos III, IV, V e VII do art. 3º do Decreto-Lei nº 834, de 8 de setembro de 1969; a Lei Complementar nº 22, de 9 de dezembro de 1974; a Lei nº 7.192, de 5 de junho de 1984; a Lei Complementar nº 56, de 15 de dezembro de 1987; e a Lei Complementar nº 100, de 22 de dezembro de 1999.

Brasília, 31 de julho de 2003;
182º da Independência e
115º da República.

Luiz Inácio Lula da Silva

LISTA DE SERVIÇOS ANEXA À LEI COMPLEMENTAR NO 116, DE 31 DE JULHO DE 2003

1 – Serviços de informática e congêneres.

1.01 – Análise e desenvolvimento de sistemas.

1.02 – Programação.

1.03 – Processamento, armazenamento ou hospedagem de dados, textos, imagens, vídeos, páginas eletrônicas, aplicativos e sistemas de informação, entre outros formatos, e congêneres.

1.04 – Elaboração de programas de computadores, inclusive de jogos eletrônicos, independentemente da arquitetura construtiva da máquina em que o programa será executado, incluindo *tablets*, *smartphones* e congêneres.

- Subitens 1.03 e 1.04 com a redação dada pela LC nº 157, de 29-12-2016.

1.05 – Licenciamento ou cessão de direito de uso de programas de computação.

1.06 – Assessoria e consultoria em informática.

1.07 – Suporte técnico em informática, inclusive instalação, configuração e manutenção de programas de computação e bancos de dados.

1.08 – Planejamento, confecção, manutenção e atualização de páginas eletrônicas.

1.09 – Disponibilização, sem cessão definitiva, de conteúdos de áudio, vídeo, imagem e texto por meio da internet, respeitada a imunidade de livros, jornais e periódicos (exceto a distribuição de conteúdos pelas prestadoras de Serviço de Acesso Condicionado, de que trata a Lei nº 12.485, de 12 de setembro de 2011, sujeita ao ICMS).

- Subitem 1.09 acrescido pela LC nº 157, de 29-12-2016.

2 – Serviços de pesquisas e desenvolvimento de qualquer natureza.

2.01 – Serviços de pesquisas e desenvolvimento de qualquer natureza.

3 – Serviços prestados mediante locação, cessão de direito de uso e congêneres.

- Súm. Vinc. nº 31 do STF.

3.01 – VETADO.

3.02 – Cessão de direito de uso de marcas e de sinais de propaganda.

3.03 – Exploração de salões de festas, centro de convenções, escritórios virtuais, *stands*, quadras esportivas, estádios, ginásios, auditórios, casas de espetáculos, parques de diversões, canchas e congêneres, para realização de eventos ou negócios de qualquer natureza.

3.04 – Locação, sublocação, arrendamento, direito de passagem ou permissão de uso, compartilhado ou não, de ferrovia, rodovia, postes, cabos, dutos e condutos de qualquer natureza.

- O STF, por maioria dos votos, julgou parcialmente procedente o pedido da ADI nº 3.142, para dar interpretação conforme à Constituição Federal a este subitem, "a fim de admitir a cobrança do ISS nos casos em que as situações nele descritas integrem relação mista ou complexa em que não seja possível claramente segmentá-las de uma obrigação de fazer, seja no que diz com o seu objeto, seja no que concerne ao valor específico da contrapartida financeira" (*DOU* de 19-8-2020).

3.05 – Cessão de andaimes, palcos, coberturas e outras estruturas de uso temporário.

4 – Serviços de saúde, assistência médica e congêneres.

4.01 – Medicina e biomedicina.

4.02 – Análises clínicas, patologia, eletricidade médica, radioterapia, quimioterapia, ultrassonografia, ressonância magnética, radiologia, tomografia e congêneres.

4.03 – Hospitais, clínicas, laboratórios, sanatórios, manicômios, casas de saúde, prontos-socorros, ambulatórios e congêneres.

4.04 – Instrumentação cirúrgica.

4.05 – Acupuntura.

4.06 – Enfermagem, inclusive serviços auxiliares.

4.07 – Serviços farmacêuticos.

4.08 – Terapia ocupacional, fisioterapia e fonoaudiologia.

4.09 – Terapias de qualquer espécie destinadas ao tratamento físico, orgânico e mental.

4.10 – Nutrição.

4.11 – Obstetrícia.

4.12 – Odontologia.

4.13 – Ortóptica.

4.14 – Próteses sob encomenda.

4.15 – Psicanálise.

4.16 – Psicologia.

4.17 – Casas de repouso e de recuperação, creches, asilos e congêneres.

4.18 – Inseminação artificial, fertilização *in vitro* e congêneres.

4.19 – Bancos de sangue, leite, pele, olhos, óvulos, sêmen e congêneres.

4.20 – Coleta de sangue, leite, tecidos, sêmen, órgãos e materiais biológicos de qualquer espécie.

4.21 – Unidade de atendimento, assistência ou tratamento móvel e congêneres.

4.22 – Planos de medicina de grupo ou individual e convênios para prestação de assistência médica, hospitalar, odontológica e congêneres.

4.23 – Outros planos de saúde que se cumpram através de serviços de terceiros contratados, credenciados, cooperados ou apenas pagos pelo operador do plano mediante indicação do beneficiário.

5 – Serviços de medicina e assistência veterinária e congêneres.

5.01 – Medicina veterinária e zootecnia.

5.02 – Hospitais, clínicas, ambulatórios, prontos-socorros e congêneres, na área veterinária.

5.03 – Laboratórios de análise na área veterinária.

5.04 – Inseminação artificial, fertilização *in vitro* e congêneres.

5.05 – Bancos de sangue e de órgãos e congêneres.

5.06 – Coleta de sangue, leite, tecidos, sêmen, órgãos e materiais biológicos de qualquer espécie.

5.07 – Unidade de atendimento, assistência ou tratamento móvel e congêneres.

5.08 – Guarda, tratamento, amestramento, embelezamento, alojamento e congêneres.

5.09 – Planos de atendimento e assistência médico-veterinária.

6 – Serviços de cuidados pessoais, estética, atividades físicas e congêneres.

6.01 – Barbearia, cabeleireiros, manicuros, pedicuros e congêneres.

6.02 – Esteticistas, tratamento de pele, depilação e congêneres.

6.03 – Banhos, duchas, sauna, massagens e congêneres.

6.04 – Ginástica, dança, esportes, natação, artes marciais e demais atividades físicas.

6.05 – Centros de emagrecimento, *spa* e congêneres.

6.06 – Aplicação de tatuagens, *piercings* e congêneres.

- Subitem 6.06 acrescido pela LC nº 157, de 29-12-2016.

7 – Serviços relativos a engenharia, arquitetura, geologia, urbanismo, construção civil, manutenção, limpeza, meio ambiente, saneamento e congêneres.

7.01 – Engenharia, agronomia, agrimensura, arquitetura, geologia, urbanismo, paisagismo e congêneres.

7.02 – Execução, por administração, empreitada ou subempreitada, de obras de construção civil, hidráulica ou elétrica e de outras obras semelhantes, inclusive sondagem, perfuração de poços, escavação, drenagem e irrigação, terraplanagem, pavimentação, concretagem e a instalação e montagem de produtos, peças e equipamentos (exceto o fornecimento de mercadorias produzidas pelo prestador de serviços fora do local da prestação dos serviços, que fica sujeito ao ICMS).

- Art. 18, § 23, da LC nº 123, de 14-12-2006 (Estatuto Nacional da Microempresa e da Empresa de Pequeno Porte).
- Súm. nº 432 do STJ.

7.03 – Elaboração de planos diretores, estudos de viabilidade, estudos organizacionais e outros, relacionados com obras e serviços de engenharia; elaboração de anteprojetos, projetos básicos e projetos executivos para trabalhos de engenharia.

7.04 – Demolição.

7.05 – Reparação, conservação e reforma de edifícios, estradas, pontes, portos e congêneres (exceto o fornecimento de mercadorias produzidas pelo prestador dos serviços, fora do local da prestação dos serviços, que fica sujeito ao ICMS).

- Art. 18, § 23, da LC nº 123, de 14-12-2006 (Estatuto Nacional da Microempresa e da Empresa de Pequeno Porte).
- Súm. nº 167 do STJ.

7.06 – Colocação e instalação de tapetes, carpetes, assoalhos, cortinas, revestimentos de parede, vidros, divisórias, placas de gesso e congêneres, com material fornecido pelo tomador do serviço.

7.07 – Recuperação, raspagem, polimento e lustração de pisos e congêneres.

7.08 – Calafetação.

7.09 – Varrição, coleta, remoção, incineração, tratamento, reciclagem, separação e destinação final de lixo, rejeitos e outros resíduos quaisquer.

7.10 – Limpeza, manutenção e conservação de vias e logradouros públicos, imóveis, chaminés, piscinas, parques, jardins e congêneres.

7.11 – Decoração e jardinagem, inclusive corte e poda de árvores.

7.12 – Controle e tratamento de efluentes de qualquer natureza e de agentes físicos, químicos e biológicos.

7.13 – Dedetização, desinfecção, desinsetização, imunização, higienização, desratização, pulverização e congêneres.

7.14 – VETADO.

7.15 – VETADO.

7.16 – Florestamento, reflorestamento, semeadura, adubação, reparação de solo, plantio, silagem, colheita, corte e descascamento de árvores, silvicultura, exploração florestal e dos serviços congêneres indissociáveis da formação, manutenção e colheita de florestas, para quaisquer fins e por quaisquer meios.

- Subitem 7.16 com a redação dada pela LC nº 157, de 29-12-2016.

7.17 – Escoramento, contenção de encostas e serviços congêneres.

7.18 – Limpeza e dragagem de rios, portos, canais, baías, lagos, lagoas, represas, açudes e congêneres.

7.19 – Acompanhamento e fiscalização da execução de obras de engenharia, arquitetura e urbanismo.

7.20 – Aerofotogrametria (inclusive interpretação), cartografia, mapeamento, levantamentos topográficos, batimétricos, geográficos, geodésicos, geológicos, geofísicos e congêneres.

7.21 – Pesquisa, perfuração, cimentação, mergulho, perfilagem, concretação, testemunhagem, pescaria, estimulação e outros serviços relacionados com a exploração e explotação de petróleo, gás natural e de outros recursos minerais.

7.22 – Nucleação e bombardeamento de nuvens e congêneres.

8 – Serviços de educação, ensino, orientação pedagógica e educacional, instrução, treinamento e avaliação pessoal de qualquer grau ou natureza.

8.01 – Ensino regular pré-escolar, fundamental, médio e superior.

8.02 – Instrução, treinamento, orientação pedagógica e educacional, avaliação de conhecimentos de qualquer natureza.

9 – Serviços relativos a hospedagem, turismo, viagens e congêneres.

9.01 – Hospedagem de qualquer natureza em hotéis, *apart-service* condominiais, *flat*, apart-hotéis, hotéis residência, *residenceservice*, *suite service*, hotelaria marítima, motéis, pensões e congêneres; ocupação por temporada com fornecimento de serviço (o valor da alimentação e gorjeta, quando incluído no preço da diária, fica sujeito ao Imposto Sobre Serviços).

9.02 – Agenciamento, organização, promoção, intermediação e execução de programas de turismo, passeios, viagens, excursões, hospedagens e congêneres.

9.03 – Guias de turismo.

10 – Serviços de intermediação e congêneres.

10.01 – Agenciamento, corretagem ou intermediação de câmbio, de seguros, de cartões de crédito, de planos de saúde e de planos de previdência privada.

10.02 – Agenciamento, corretagem ou intermediação de títulos em geral, valores mobiliários e contratos quaisquer.

10.03 – Agenciamento, corretagem ou intermediação de direitos de propriedade industrial, artística ou literária.

- Art. 5º, XXIX, da CF.

10.04 – Agenciamento, corretagem ou intermediação de contratos de arrendamento mercantil (*leasing*), de franquia (*franchising*) e de faturização (*factoring*).

- Lei nº 6.099, de 12-9-1974 (Lei do Arrendamento Mercantil).

10.05 – Agenciamento, corretagem ou intermediação de bens móveis ou imóveis, não abrangidos em outros itens ou subitens, inclusive aqueles realizados no âmbito de Bolsas de Mercadorias e Futuros, por quaisquer meios.

- Súm. Vinc. nº 31 do STF.

10.06 – Agenciamento marítimo.

10.07 – Agenciamento de notícias.

10.08 – Agenciamento de publicidade e propaganda, inclusive o agenciamento de veiculação por quaisquer meios.

10.09 – Representação de qualquer natureza, inclusive comercial.

10.10 – Distribuição de bens de terceiros.

11 – Serviços de guarda, estacionamento, armazenamento, vigilância e congêneres.

11.01 – Guarda e estacionamento de veículos terrestres automotores, de aeronaves e de embarcações.

11.02 – Vigilância, segurança ou monitoramento de bens, pessoas e semoventes.

- Subitem 11.02 com a redação dada pela LC nº 157, de 29-12-2016.

11.03 – Escolta, inclusive de veículos e cargas.

11.04 – Armazenamento, depósito, carga, descarga, arrumação e guarda de bens de qualquer espécie.

11.05 – Serviços relacionados ao monitoramento e rastreamento a distância, em qualquer via ou local, de veículos, cargas, pessoas e semoventes em circulação ou movimento, realizados por meio de telefonia móvel, transmissão de satélites, rádio ou qualquer outro meio, inclusive pelas empresas de Tecnologia da Informação Veicular, independentemente de o prestador de serviços ser proprietário ou não da infraestrutura de telecomunicações que utiliza.

- Subitem 11.05 acrescido pela LC nº 183, de 22-9-2021.

12 – Serviços de diversões, lazer, entretenimento e congêneres.

12.01 – Espetáculos teatrais.

12.02 – Exibições cinematográficas.

12.03 – Espetáculos circenses.

12.04 – Programas de auditório.

12.05 – Parques de diversões, centros de lazer e congêneres.

12.06 – Boates, *taxi-dancing* e congêneres.

12.07 – *Shows, ballet*, danças, desfiles, bailes, óperas, concertos, recitais, festivais e congêneres.

12.08 – Feiras, exposições, congressos e congêneres.

12.09 – Bilhares, boliches e diversões eletrônicas ou não.

12.10 – Corridas e competições de animais.

12.11 – Competições esportivas ou de destreza física ou intelectual, com ou sem a participação do espectador.

12.12 – Execução de música.

12.13 – Produção, mediante ou sem encomenda prévia, de eventos, espetáculos, entrevistas, *shows, ballet*, danças, desfiles, bailes, teatros, óperas, concertos, recitais, festivais e congêneres.

12.14 – Fornecimento de música para ambientes fechados ou não, mediante transmissão por qualquer processo.

12.15 – Desfiles de blocos carnavalescos ou folclóricos, trios elétricos e congêneres.

12.16 – Exibição de filmes, entrevistas, musicais, espetáculos, *shows*, concertos, desfiles, óperas, competições esportivas, de destreza intelectual ou congêneres.

12.17 – Recreação e animação, inclusive em festas e eventos de qualquer natureza.

13 – Serviços relativos a fonografia, fotografia, cinematografia e reprografia.

13.01 – VETADO.

13.02 – Fonografia ou gravação de sons, inclusive trucagem, dublagem, mixagem e congêneres.

13.03 – Fotografia e cinematografia, inclusive revelação, ampliação, cópia, reprodução, trucagem e congêneres.

13.04 – Reprografia, microfilmagem e digitalização.

13.05 – Composição gráfica, inclusive confecção de impressos gráficos, fotocomposição, clicheria, zincografia, litografia e fotolitografia, exceto se destinados a posterior operação de comercialização ou industrialização, ainda que incorporados, de qualquer forma, a outra mercadoria que deva ser objeto de posterior circulação, tais como bulas, rótulos, etiquetas, caixas, cartuchos, embalagens e manuais técnicos e de instrução, quando ficarão sujeitos ao ICMS.

- Subitem 13.05 com a redação dada pela LC nº 157, de 29-12-2016.
- O STF, por unanimidade de votos, concedeu a medida cautelar na ADIN nº 4.389, para dar interpretação conforme a CF ao art. 1º, *caput*, ao seu § 2º, e a este subitem da lista de serviços anexa, para reconhecer que o ISS não incide sobre operações de industrialização por encomenda de embalagens, destinadas à integração ou utilização direta em processo subsequente de industrialização ou de circulação de mercadoria. Presentes os requisitos constitucionais e legais, incidirá o ICMS (*DJE* de 25-5-2011).

14 – Serviços relativos a bens de terceiros.

14.01 – Lubrificação, limpeza, lustração, revisão, carga e recarga, conserto, restauração, blindagem, manutenção e conservação de máquinas, veículos, aparelhos, equipamentos, motores, elevadores ou de qualquer objeto (exceto peças e partes empregadas, que ficam sujeitas ao ICMS).

14.02 – Assistência técnica.

14.03 – Recondicionamento de motores (exceto peças e partes empregadas, que ficam sujeitas ao ICMS).

14.04 – Recauchutagem ou regeneração de pneus.

14.05 – Restauração, recondicionamento, acondicionamento, pintura, beneficiamento, lavagem, secagem, tingimento, galvanoplastia, anodização, corte, recorte, plastificação, costura, acabamento, polimento e congêneres de objetos quaisquer.

- Subitem 14.05 com a redação dada pela LC nº 157, de 29-12-2016.

14.06 – Instalação e montagem de aparelhos, máquinas e equipamentos, inclusive montagem industrial, prestados ao usuário final, exclusivamente com material por ele fornecido.

14.07 – Colocação de molduras e congêneres.

14.08 – Encadernação, gravação e douração de livros, revistas e congêneres.

14.09 – Alfaiataria e costura, quando o material for fornecido pelo usuário final, exceto aviamento.

14.10 – Tinturaria e lavanderia.

14.11 – Tapeçaria e reforma de estofamentos em geral.

14.12 – Funilaria e lanternagem.

14.13 – Carpintaria e serralheria.

14.14 – Guincho intramunicipal, guindaste e içamento.

- Subitem 14.14 com a redação dada pela LC nº 157, de 29-12-2016.

15 – Serviços relacionados ao setor bancário ou financeiro, inclusive aqueles prestados por instituições financeiras autorizadas a funcionar pela União ou por quem de direito.

- Lei nº 4.595, de 31-12-1964 (Lei do Sistema Financeiro Nacional).
- Súm. nº 588 do STF.
- Súm. nº 424 do STJ.

15.01 – Administração de fundos quaisquer, de consórcio, de cartão de crédito ou débito e congêneres, de carteira de clientes, de cheques pré-datados e congêneres.

15.02 – Abertura de contas em geral, inclusive conta-corrente, conta de investimentos e aplicação e caderneta de poupança, no País e no exterior, bem como a manutenção das referidas contas ativas e inativas.

15.03 – Locação e manutenção de cofres particulares, de terminais eletrônicos, de terminais de atendimento e de bens e equipamentos em geral.

- Súm. Vinc. nº 31 do STF.

15.04 – Fornecimento ou emissão de atestados em geral, inclusive atestado de idoneidade, atestado de capacidade financeira e congêneres.

15.05 – Cadastro, elaboração de ficha cadastral, renovação cadastral e congêneres, inclusão ou exclusão no Cadastro de Emitentes de Cheques sem Fundos – CCF ou em quaisquer outros bancos cadastrais.

15.06 – Emissão, reemissão e fornecimento de avisos, comprovantes e documentos em geral; abono de firmas; coleta e entrega de documentos, bens e valores; comunicação com outra agência ou com a administração central; licenciamento eletrônico de veículos; transferência de veículos; agenciamento fiduciário ou depositário; devolução de bens em custódia.

15.07 – Acesso, movimentação, atendimento e consulta a contas em geral, por qualquer meio ou processo, inclusive por telefone, fac-símile, internet e telex, acesso a terminais de atendimento, inclusive vinte e quatro horas; acesso a outro banco e a rede compartilhada; fornecimento de saldo, extrato e demais informações relativas a contas em geral, por qualquer meio ou processo.

15.08 – Emissão, reemissão, alteração, cessão, substituição, cancelamento e registro de contrato de crédito; estudo, análise e avaliação de operações de crédito; emissão, concessão, alteração ou contratação de aval, fiança, anuência e congêneres; serviços relativos a abertura de crédito, para quaisquer fins.

15.09 – Arrendamento mercantil (*leasing*) de quaisquer bens, inclusive cessão de direitos e obrigações, substituição de garantia, alteração, cancelamento e registro de contrato, e demais serviços relacionados ao arrendamento mercantil (*leasing*).

- Art. 3º, VIII, da LC nº 87, de 13-9-1996 (Lei Kandir – ICMS).
- Súm. nº 138 do STJ.

15.10 – Serviços relacionados a cobranças, recebimentos ou pagamentos em geral, de títulos quaisquer, de contas ou carnês, de câmbio, de tributos e por conta de terceiros, inclusive os efetuados por meio eletrônico, automático ou por máquinas de atendimento; fornecimento de posição de cobrança, recebimento ou pagamento; emissão de carnês, fichas de compensação, impressos e documentos em geral.

15.11 – Devolução de títulos, protesto de títulos, sustação de protesto, manutenção de títulos, reapresentação de títulos, e demais serviços a eles relacionados.

15.12 – Custódia em geral, inclusive de títulos e valores mobiliários.

15.13 – Serviços relacionados a operações de câmbio em geral, edição, alteração, prorrogação, cancelamento e baixa de contrato de câmbio; emissão de registro de exportação ou de crédito; cobrança ou depósito no exterior; emissão, fornecimento e cancelamento de cheques de viagem; fornecimento, transferência, cancelamento e demais serviços relativos a carta de crédito de importação, exportação e garantias recebidas; envio e recebimento de mensagens em geral relacionadas a operações de câmbio.

15.14 – Fornecimento, emissão, reemissão, renovação e manutenção de cartão magnético, cartão de crédito, cartão de débito, cartão salário e congêneres.

15.15 – Compensação de cheques e títulos quaisquer; serviços relacionados a depósito, inclusive depósito identificado, a saque de contas quaisquer, por qualquer meio ou processo, inclusive em terminais eletrônicos e de atendimento.

15.16 – Emissão, reemissão, liquidação, alteração, cancelamento e baixa de ordens de pagamento, ordens de crédito e similares, por qualquer meio ou processo; serviços relacionados à transferência de valores, dados, fundos, pagamentos e similares, inclusive entre contas em geral.

15.17 – Emissão, fornecimento, devolução, sustação, cancelamento e oposição de cheques quaisquer, avulso ou por talão.

15.18 – Serviços relacionados a crédito imobiliário, avaliação e vistoria de imóvel ou obra, análise técnica e jurídica, emissão, reemissão, alteração, transferência e renegociação de contrato, emissão e reemissão do termo de quitação e demais serviços relacionados a crédito imobiliário.

16 – Serviços de transporte de natureza municipal.

16.01 – Serviços de transporte coletivo municipal rodoviário, metroviário, ferroviário e aquaviário de passageiros.

- Subitem 16.01 com a redação dada pela LC nº 157, de 29-12-2016.

16.02 – Outros serviços de transporte de natureza municipal.

- Subitem 16.02 acrescido pela LC nº 157, de 29-12-2016.

17 – Serviços de apoio técnico, administrativo, jurídico, contábil, comercial e congêneres.

17.01 – Assessoria ou consultoria de qualquer natureza, não contida em outros itens desta lista; análise, exame, pesquisa, coleta, compilação e fornecimento de dados e informações de qualquer natureza, inclusive cadastro e similares.

17.02 – Datilografia, digitação, estenografia, expediente, secretaria em geral, resposta audível, redação, edição, interpretação, revisão, tradução, apoio e infraestrutura administrativa e congêneres.

17.03 – Planejamento, coordenação, programação ou organização técnica, financeira ou administrativa.

17.04 – Recrutamento, agenciamento, seleção e colocação de mão de obra.

17.05 – Fornecimento de mão de obra, mesmo em caráter temporário, inclusive de empregados ou trabalhadores, avulsos ou temporários, contratados pelo prestador de serviço.

- Súm. nº 256 do TST.

17.06 – Propaganda e publicidade, inclusive promoção de vendas, planejamento de campanhas ou sistemas de publicidade, elaboração de desenhos, textos e demais materiais publicitários.

17.07 – VETADO.

17.08 – Franquia (*franchising*).

17.09 – Perícias, laudos, exames técnicos e análises técnicas.

17.10 – Planejamento, organização e administração de feiras, exposições, congressos e congêneres.

17.11 – Organização de festas e recepções; bufê (exceto o fornecimento de alimentação e bebidas, que fica sujeito ao ICMS).

17.12 – Administração em geral, inclusive de bens e negócios de terceiros.

17.13 – Leilão e congêneres.

17.14 – Advocacia.

17.15 – Arbitragem de qualquer espécie, inclusive jurídica.

17.16 – Auditoria.

17.17 – Análise de Organização e Métodos.

17.18 – Atuária e cálculos técnicos de qualquer natureza.

17.19 – Contabilidade, inclusive serviços técnicos e auxiliares.

17.20 – Consultoria e assessoria econômica ou financeira.

17.21 – Estatística.

17.22 – Cobrança em geral.

17.23 – Assessoria, análise, avaliação, atendimento, consulta, cadastro, seleção, gerenciamento de informações, administração de contas a receber ou a pagar e em geral, relacionados a operações de faturização (*factoring*).

17.24 – Apresentação de palestras, conferências, seminários e congêneres.

17.25 – Inserção de textos, desenhos e outros materiais de propaganda e publicidade, em qualquer meio (exceto em livros, jornais, periódicos e nas modalidades de serviços de radiodifusão sonora e de sons e imagens de recepção livre e gratuita).

- Subitem 17.25 acrescido pela LC nº 157, de 29-12-2016.

18 – Serviços de regulação de sinistros vinculados a contratos de seguros; inspeção e avaliação de riscos para cobertura de contratos de seguros; prevenção e gerência de riscos seguráveis e congêneres.

18.01 – Serviços de regulação de sinistros vinculados a contratos de seguros; inspeção e avaliação de riscos para cobertura de contratos de seguros; prevenção e gerência de riscos seguráveis e congêneres.

19 – Serviços de distribuição e venda de bilhetes e demais produtos de loteria, bingos, cartões, pules ou cupons de apostas, sorteios, prêmios, inclusive os decorrentes de títulos de capitalização e congêneres.

19.01 – Serviços de distribuição e venda de bilhetes e demais produtos de loteria, bingos, cartões, pules ou cupons de apostas, sorteios, prêmios, inclusive os decorrentes de títulos de capitalização e congêneres.

20 – Serviços portuários, aeroportuários, ferroportuários, de terminais rodoviários, ferroviários e metroviários.

20.01 – Serviços portuários, ferroportuários, utilização de porto, movimentação de passageiros, reboque de embarcações, rebocador escoteiro, atracação, desatracação, serviços de praticagem, capatazia, armazenagem de qualquer natureza, serviços acessórios, movimentação de mercadorias, serviços de apoio marítimo, de movimentação ao largo, serviços de armadores, estiva, conferência, logística e congêneres.

20.02 – Serviços aeroportuários, utilização de aeroporto, movimentação de passageiros, armazenagem de qualquer natureza, capatazia, movimentação de aeronaves, serviços de apoio aeroportuários, serviços acessórios, movimentação de mercadorias, logística e congêneres.

20.03 – Serviços de terminais rodoviários, ferroviários, metroviários, movimentação de passageiros, mercadorias, inclusive suas operações, logística e congêneres.

21 – Serviços de registros públicos, cartorários e notariais.

21.01 – Serviços de registros públicos, cartorários e notariais.

- Art. 236 da CF.

22 – Serviços de exploração de rodovia.

22.01 – Serviços de exploração de rodovia mediante cobrança de preço ou pedágio dos usuários, envolvendo execução de serviços de conservação, manutenção, melhoramentos para adequação de capacidade e segurança de trânsito, operação, monitoração, assistência aos usuários e outros serviços definidos em contratos, atos de concessão ou de permissão ou em normas oficiais.

- Art. 9º, *caput* e §§ 4º e 5º, do Dec.-lei nº 406, de 31-12-1968, que estabelece normas gerais de direito financeiro, aplicáveis aos Impostos sobre Operações relativas à Circulação de Mercadorias e sobre Serviços de Qualquer Natureza.

23 – Serviços de programação e comunicação visual, desenho industrial e congêneres.

23.01 – Serviços de programação e comunicação visual, desenho industrial e congêneres.

24 – Serviços de chaveiros, confecção de carimbos, placas, sinalização visual, *banners*, adesivos e congêneres.

24.01 – Serviços de chaveiros, confecção de carimbos, placas, sinalização visual, *banners*, adesivos e congêneres.

25 – Serviços funerários.

25.01 – Funerais, inclusive fornecimento de caixão, urna ou esquifes; aluguel de capela; transporte do corpo cadavérico; fornecimento de flores, coroas e outros paramentos; desembaraço de certidão de óbito; fornecimento de véu, essa e outros adornos; embalsamento, embelezamento, conservação ou restauração de cadáveres.

25.02 – Translado intramunicipal e cremação de corpos e partes de corpos cadavéricos.

- Subitem 25.02 com a redação dada pela LC nº 157, de 29-12-2016.

25.03 – Planos ou convênio funerários.

25.04 – Manutenção e conservação de jazigos e cemitérios.

25.05 – Cessão de uso de espaços em cemitérios para sepultamento.

- Subitem 25.05 acrescido pela LC nº 157, de 29-12-2016.

26 – Serviços de coleta, remessa ou entrega de correspondências, documentos, objetos, bens ou valores, inclusive pelos correios e suas agências franqueadas; *courrier* e congêneres.

26.01 – Serviços de coleta, remessa ou entrega de correspondências, documentos, objetos, bens ou valores, inclusive pelos correios e suas agências franqueadas; *courrier* e congêneres.

- Arts. 20, X, e 150, VI, *a*, e § 2º, da CF.

27 – Serviços de assistência social.

27.01 – Serviços de assistência social.

28 – Serviços de avaliação de bens e serviços de qualquer natureza.

28.01 – Serviços de avaliação de bens e serviços de qualquer natureza.

29 – Serviços de biblioteconomia.

29.01 – Serviços de biblioteconomia.

30 – Serviços de biologia, biotecnologia e química.

30.01 – Serviços de biologia, biotecnologia e química.

31 – Serviços técnicos em edificações, eletrônica, eletrotécnica, mecânica, telecomunicações e congêneres.

31.01 – Serviços técnicos em edificações, eletrônica, eletrotécnica, mecânica, telecomunicações e congêneres.

32 – Serviços de desenhos técnicos.

32.01 – Serviços de desenhos técnicos.

33 – Serviços de desembaraço aduaneiro, comissários, despachantes e congêneres.

33.01 – Serviços de desembaraço aduaneiro, comissários, despachantes e congêneres.

34 – Serviços de investigações particulares, detetives e congêneres.

34.01 – Serviços de investigações particulares, detetives e congêneres.

35 – Serviços de reportagem, assessoria de imprensa, jornalismo e relações públicas.

35.01 – Serviços de reportagem, assessoria de imprensa, jornalismo e relações públicas.

36 – Serviços de meteorologia.

36.01 – Serviços de meteorologia.

37 – Serviços de artistas, atletas, modelos e manequins.

37.01 – Serviços de artistas, atletas, modelos e manequins.

38 – Serviços de museologia.

38.01 – Serviços de museologia.

39 – Serviços de ourivesaria e lapidação.

39.01 – Serviços de ourivesaria e lapidação (quando o material for fornecido pelo tomador do serviço).

40 – Serviços relativos a obras de arte sob encomenda.

40.01 – Obras de arte sob encomenda.

LEI Nº 10.753, DE 30 DE OUTUBRO DE 2003

Institui a Política Nacional do Livro.

• Publicada no *DOU* de 31-10-2003 – edição extra.

CAPÍTULO I
DA POLÍTICA NACIONAL DO LIVRO DIRETRIZES GERAIS

Art. 1º Esta Lei institui a Política Nacional do Livro, mediante as seguintes diretrizes:

I – assegurar ao cidadão o pleno exercício do direito de acesso e uso do livro;

II – o livro é o meio principal e insubstituível da difusão da cultura e transmissão do conhecimento, do fomento à pesquisa social e científica, da conservação do patrimônio nacional, da transformação e aperfeiçoamento social e da melhoria da qualidade de vida;

III – fomentar e apoiar a produção, a edição, a difusão, a distribuição e a comercialização do livro;

IV – estimular a produção intelectual dos escritores e autores brasileiros, tanto de obras científicas como culturais;

V – promover e incentivar o hábito da leitura;

VI – propiciar os meios para fazer do Brasil um grande centro editorial;

VII – competir no mercado internacional de livros, ampliando a exportação de livros nacionais;

VIII – apoiar a livre circulação do livro no País;

IX – capacitar a população para o uso do livro como fator fundamental para seu progresso econômico, político, social e promover a justa distribuição do saber e da renda;

X – instalar e ampliar no País livrarias, bibliotecas e pontos de venda de livro;

XI – propiciar aos autores, editores, distribuidores e livreiros as condições necessárias ao cumprimento do disposto nesta Lei;

XII – assegurar às pessoas com deficiência visual o acesso à leitura.

CAPÍTULO II
DO LIVRO

Art. 2º Considera-se livro, para efeitos desta Lei, a publicação de textos escritos em fichas ou folhas, não periódica, grampeada, colada ou costurada, em volume cartonado, encadernado ou em brochura, em capas avulsas, em qualquer formato e acabamento.

Parágrafo único. São equiparados a livro:

I – fascículos, publicações de qualquer natureza que representem parte de livro;

II – materiais avulsos relacionados com o livro, impressos em papel ou em material similar;

III – roteiros de leitura para controle e estudo de literatura ou de obras didáticas;

IV – álbuns para colorir, pintar, recortar ou armar;

V – atlas geográficos, históricos, anatômicos, mapas e cartogramas;

VI – textos derivados de livro ou originais, produzidos por editores, mediante contrato de edição celebrado com o autor, com a utilização de qualquer suporte;

VII – livros em meio digital, magnético e ótico, para uso exclusivo de pessoas com deficiência visual;

VIII – livros impressos no Sistema Braille.

Art. 3º É livro brasileiro o publicado por editora sediada no Brasil, em qualquer idioma, bem como o impresso ou fixado em qualquer suporte no exterior por editor sediado no Brasil.

Art. 4º É permitida a entrada no País de livros em língua estrangeira ou portuguesa, imunes de impostos nos termos do art. 150, inciso VI, alínea *d*, da Constituição, e, nos termos do regulamento, de tarifas alfandegárias prévias, sem prejuízo dos controles aduaneiros e de suas taxas.

• Artigo com a redação dada pela Lei nº 10.833, de 29-12-2003.

CAPÍTULO III
DA EDITORAÇÃO, DISTRIBUIÇÃO E COMERCIALIZAÇÃO DO LIVRO

Art. 5º Para efeitos desta Lei, é considerado:

I – autor: a pessoa física criadora de livros;

II – editor: a pessoa física ou jurídica que adquire o direito de reprodução de livros, dando a eles tratamento adequado à leitura;

III – distribuidor: a pessoa jurídica que opera no ramo de compra e venda de livros por atacado;

IV – livreiro: a pessoa jurídica ou representante comercial autônomo que se dedica à venda de livros.

Art. 6º Na editoração do livro, é obrigatória a adoção do Número Internacional Padronizado, bem como a ficha de catalogação para publicação.

Parágrafo único. O número referido no *caput* deste artigo constará da quarta capa do livro impresso.

Art. 7º O Poder Executivo estabelecerá formas de financiamento para as editoras e para o sistema de distribuição de livro, por meio de criação de linhas de crédito específicas.

Parágrafo único. Cabe, ainda, ao Poder Executivo implementar programas anuais para manutenção e atualização do acervo de bibliotecas públicas, universitárias e escolares, incluídas obras em Sistema Braille.

Art. 8º As pessoas jurídicas que exerçam as atividades descritas nos incisos II a IV do art. 5º poderão constituir provisão para perda de estoques, calculada no último dia de cada período de apuração do imposto de renda e da contribuição social sobre o lucro líquido, correspondente a 1/3 (um terço) do valor do estoque existente naquela data, na forma que dispuser o regulamento, inclusive em relação ao tratamento contábil e fiscal a ser dispensado às reversões dessa provisão.

Art. 9º A provisão referida no art. 8º será dedutível para fins de determinação do lucro real e da base de cálculo da contribuição social sobre o lucro líquido.

• Arts. 8º e 9º com a redação dada pela Lei nº 10.833, de 29-12-2003.

Art. 10. VETADO.

Art. 11. Os contratos firmados entre autores e editores de livros para cessão de direitos autorais para publicação deverão ser cadastrados na Fundação Biblioteca Nacional, no Escritório de Direitos Autorais.

Art. 12. É facultado ao Poder Executivo a fixação de normas para o atendimento ao disposto nos incisos VII e VIII do art. 2º desta Lei.

CAPÍTULO IV
DA DIFUSÃO DO LIVRO

Art. 13. Cabe ao Poder Executivo criar e executar projetos de acesso ao livro e incentivo à leitura, ampliar os já existentes e implementar, isoladamente ou em parcerias públicas ou privadas, as seguintes ações em âmbito nacional:

LEG. COMPLEMENTAR

I – criar parcerias, públicas ou privadas, para o desenvolvimento de programas de incentivo à leitura, com a participação de entidades públicas e privadas;

II – estimular a criação e execução de projetos voltados para o estímulo e a consolidação do hábito de leitura, mediante:

a) revisão e ampliação do processo de alfabetização e leitura de textos de literatura nas escolas;

b) introdução da hora de leitura diária nas escolas;

c) exigência pelos sistemas de ensino, para efeito de autorização de escolas, de acervo mínimo de livros para as bibliotecas escolares;

III – instituir programas, em bases regulares, para a exportação e venda de livros brasileiros em feiras e eventos internacionais;

IV – estabelecer tarifa postal preferencial, reduzida, para o livro brasileiro;

V – criar cursos de capacitação do trabalho editorial, gráfico e livreiro em todo o território nacional;

VI – instituir concursos regionais em todo o território nacional, visando a descobrir e a incentivar novos autores.

• Inciso VI acrescido pela Lei nº 13.905, de 21-11-2019.

Art. 14. É o Poder Executivo autorizado a promover o desenvolvimento de programas de ampliação do número de livrarias e pontos de venda no País, podendo ser ouvidas as Administrações Estaduais e Municipais competentes.

Art. 15. VETADO.

CAPÍTULO V

DISPOSIÇÕES GERAIS

Art. 16. A União, os Estados, o Distrito Federal e os Municípios consignarão, em seus respectivos orçamentos, verbas às bibliotecas para sua manutenção e aquisição de livros.

Art. 17. A inserção de rubrica orçamentária pelo Poder Executivo para financiamento da modernização e expansão do sistema bibliotecário e de programas de incentivo à leitura será feita por meio do Fundo Nacional de Cultura.

Art. 18. Com a finalidade de controlar os bens patrimoniais das bibliotecas públicas, o livro não é considerado material permanente.

Art. 19. Esta Lei entra em vigor na data de sua publicação.

Brasília, 30 de outubro de 2003;
182º da Independência e
115º da República.

Luiz Inácio Lula da Silva

LEI Nº 10.755, DE 3 DE NOVEMBRO DE 2003

Estabelece multa em operações de importação, e dá outras providências.

• Publicada no *DOU* de 4-11-2003.

Art. 1º Fica o importador sujeito ao pagamento de multa a ser recolhida ao Banco Central do Brasil nas importações com Declaração de Importação – DI, registrada no Sistema Integrado de Comércio Exterior – Siscomex, quando:

I – contratar operação de câmbio ou efetuar pagamento em reais sem observância dos prazos e das demais condições estabelecidas pelo Banco Central do Brasil;

II – não efetuar o pagamento de importação até cento e oitenta dias a partir do primeiro dia do mês subsequente ao previsto para pagamento da importação, conforme consignado na DI ou no Registro de Operações Financeiras – ROF, quando financiadas.

§ 1º O disposto neste artigo aplica-se também às irregularidades previstas na legislação anterior, desde que pendentes de julgamento definitivo nas instâncias administrativas.

• § 1º com a redação dada pela Lei nº 11.196, de 21-11-2005.

§ 2º A multa de que trata o *caput* será aplicada pelo Banco Central do Brasil na forma, no prazo, no percentual e nas demais condições que vier a fixar, limitada a cem por cento do valor equivalente em reais da respectiva importação, e será apurada e devida:

I – na data da contratação do câmbio ou do pagamento em reais, nas situações objeto do inciso I do *caput* deste artigo;

II – no centésimo octogésimo primeiro dia a partir do primeiro dia do mês subsequente ao previsto para pagamento da importação, nas situações objeto do inciso II do *caput* deste artigo.

§ 3º No caso de importação realizada por conta e ordem de terceiro, o adquirente da mercadoria indicado na Declaração de Importação é responsável solidário pelo pagamento da multa de que trata o *caput*.

Art. 2º A multa de que trata esta Lei não se aplica:

I – aos pagamentos de mercadorias embarcadas no exterior até o dia 31 de março de 1997, inclusive;

II – aos pagamentos de importações de petróleo e derivados especificados pelo Banco Central do Brasil;

III – aos pagamentos de importações efetuadas sob o regime de *drawback* e outros estabelecidos em ato do Ministro de Estado da Fazenda;

IV – às importações cujo saldo para pagamento seja inferior a US$ 10,000.00 (dez mil dólares norte-americanos) ou o seu equivalente em outras moedas;

V – aos pagamentos de importações de produtos de consumo alimentar básico, visando ao atendimento de aspectos conjunturais do abastecimento, conforme dispuser ato do Ministro de Estado da Fazenda;

VI – às importações, financiadas ou não, cujo pagamento seja de responsabilidade da União, dos Estados, dos Municípios e do Distrito Federal, suas fundações e autarquias, inclusive aquelas importações efetuadas em data anterior à publicação desta Lei;

VII – aos valores apurados na forma desta Lei inferiores a R$ 1.000,00 (um mil reais).

Art. 3º São responsáveis pelo recolhimento da multa de que trata esta Lei:

I – o banco vendedor da moeda estrangeira, nas importações pagas em moeda estrangeira;

II – o banco onde os reais tenham sido creditados para o pagamento da importação, nas importações pagas em reais;

III – o importador, nas demais situações.

Art. 4º *Revogado.* Lei nº 11.196, de 21-11-2005.

Art. 5º O Banco Central do Brasil baixará as normas necessárias à execução do disposto nesta Lei.

Art. 6º Esta Lei entra em vigor na data de sua publicação.

Art. 7º Fica revogada a Lei nº 9.817, de 23 de agosto de 1999.

Brasília, 3 de novembro de 2003;
182º da Independência e
115º da República.

José Alencar Gomes da Silva

LEI Nº 10.833, DE 29 DE DEZEMBRO DE 2003

Altera a Legislação Tributária Federal e dá outras providências.

- Publicada no *DOU* de 30-12-2003, Edição Extra.
- Lei nº 10.637, de 30-12-2002, dispõe sobre a não cumulatividade na cobrança da contribuição para o PIS/PASEP, nos casos que especifica; sobre o pagamento e o parcelamento de débitos tributários federais, a compensação de créditos fiscais, a declaração de inaptidão de inscrição de pessoas jurídicas, a legislação aduaneira.
- Lei nº 10.865, de 30-4-2004, dispõe sobre a Contribuição para os Programas de Integração Social e de Formação do Patrimônio do Servidor Público e a Contribuição para o Financiamento da Seguridade Social incidentes sobre a importação de bens e serviços.
- Lei nº 10.925, de 23-7-2004, reduz as alíquotas do PIS/PASEP e da COFINS incidentes na importação e na comercialização do mercado interno de fertilizantes e defensivos agropecuários.

CAPÍTULO I

DA COBRANÇA NÃO CUMULATIVA DA COFINS

Art. 1º A Contribuição para o Financiamento da Seguridade Social – COFINS, com a incidência não cumulativa, incide sobre o total das receitas auferidas no mês pela pessoa jurídica, independentemente de sua denominação ou classificação contábil.

- *Caput* com a redação dada pela Lei nº 12.973, de 13-5-2014.

§ 1º Para efeito do disposto neste artigo, o total das receitas compreende a receita bruta de que trata o art. 12 do Decreto-Lei nº 1.598, de 26 de dezembro de 1977, e todas as demais receitas auferidas pela pessoa jurídica com os seus respectivos valores decorrentes do ajuste a valor presente de que trata o inciso VIII do *caput* do art. 183 da Lei nº 6.404, de 15 de dezembro de 1976.

§ 2º A base de cálculo da COFINS é o total das receitas auferidas pela pessoa jurídica, conforme definido no *caput* e no § 1º.

- §§ 1º e 2º com a redação dada pela Lei nº 12.973, de 13-5-2014.

§ 3º Não integram a base de cálculo a que se refere este artigo as receitas:

I – isentas ou não alcançadas pela incidência da contribuição ou sujeitas à alíquota zero;

II – de que trata o inciso IV do *caput* do art. 187 da Lei nº 6.404, de 15 de dezembro de 1976, decorrentes da venda de bens do ativo não circulante, classificado como investimento, imobilizado ou intangível;

- Inciso II com a redação dada pela Lei nº 12.973, de 13-5-2014.

III – auferidas pela pessoa jurídica revendedora, na revenda de mercadorias em relação às quais a contribuição seja exigida da empresa vendedora, na condição de substituta tributária;

- Art. 16 da Lei nº 10.865, de 30-4-2004, que dispõe sobre o PIS/PASEP-Importação e a COFINS-Importação.

IV – *Revogado*. Lei nº 11.727, de 23-6-2008;

V – referentes a:

a) vendas canceladas e aos descontos incondicionais concedidos;

b) reversões de provisões e recuperações de créditos baixados como perda que não representem ingresso de novas receitas, o resultado positivo da avaliação de investimentos pelo valor do patrimônio líquido e os lucros e dividendos derivados de participações societárias, que tenham sido computados como receita;

- Alínea *b* com a redação dada pela Lei nº 12.973, de 13-5-2014.

VI – decorrentes de transferência onerosa a outros contribuintes do Imposto sobre Operações relativas à Circulação de Mercadorias e sobre Prestações de Serviços de Transporte Interestadual e Intermunicipal e de Comunicação – ICMS de créditos de ICMS originados de operações de exportação, conforme o disposto no inciso II do § 1º do art. 25 da Lei Complementar nº 87, de 13 de setembro de 1996;

- Inciso VI com a redação dada pela Lei nº 11.945, de 4-6-2009.

VII – financeiras decorrentes do ajuste a valor presente de que trata o inciso VIII do *caput* do art. 183 da Lei nº 6.404, de 15 de dezembro de 1976, referentes a receitas excluídas da base de cálculo da COFINS;

VIII – relativas aos ganhos decorrentes de avaliação do ativo e passivo com base no valor justo;

IX – de subvenções para investimento, inclusive mediante isenção ou redução de impostos, concedidas como estímulo à implantação ou expansão de empreendimentos econômicos e de doações feitas pelo poder público;

X – reconhecidas pela construção, recuperação, reforma, ampliação ou melhoramento da infraestrutura, cuja contrapartida seja ativo intangível representativo de direito de exploração, no caso de contratos de concessão de serviços públicos;

- Inciso X com a redação dada pela Lei nº 12.973, de 13-5-2014.

XI – relativas ao valor do imposto que deixar de ser pago em virtude das isenções e reduções de que tratam as alíneas a, b, c e e do § 1º do art. 19 do Decreto-Lei nº 1.598, de 1977;

XII – relativas ao prêmio na emissão de debêntures; e

- Incisos XI e XII com a redação dada pela MP nº 1.159, de 12-1-2023, que até o encerramento desta edição não havia sido convertida em lei.

XIII – referentes ao valor do ICMS que tenha incidido sobre a operação.

- Inciso XIII acrescido pela MP nº 1.159, de 12-1-2023, que até o encerramento desta edição não havia sido convertida em lei.

Art. 2º Para determinação do valor da COFINS aplicar-se-á, sobre a base de cálculo apurada conforme o disposto no art. 1º, a alíquota de sete inteiros e seis décimos por cento.

- Art. 93, I, desta Lei.
- Art. 65 da Lei nº 11.196, de 21-11-2005, que institui o Regime Especial de Tributação para a Plataforma de Exportação de Serviços de Tecnologia da Informação – REPES, o Regime Especial de Aquisição de Bens de Capital para Empresas Exportadoras – RECAP e o Programa de Inclusão Digital; dispõe sobre incentivos fiscais para a inovação tecnológica.
- Art. 24 da Lei nº 11.727, de 23-6-2008, que dispõe sobre medidas tributárias destinadas a estimular os investimentos e a modernização do setor de turismo, a reforçar o sistema de proteção tarifária brasileiro, a estabelecer a incidência de forma concentrada da Contribuição para o PIS/PASEP e da Contribuição para o Financiamento da Seguridade Social – COFINS na produção e comercialização de álcool.

§ 1º Excetua-se do disposto no *caput* deste artigo a receita bruta auferida pelos produtores ou importadores, que devem aplicar as alíquotas previstas:

- § 1º acrescido pela Lei nº 10.865, de 30-4-2004.

I – nos incisos I a III do art. 4º da Lei nº 9.718, de 27 de novembro de 1998, e alterações posteriores, no caso de venda de gasolinas e suas correntes, exceto gasolina de aviação, óleo diesel e suas correntes e gás liquefeito de petróleo – GLP derivado de petróleo e de gás natural;

- Inciso I com a redação dada pela Lei nº 10.925, de 23-7-2004.
- Lei nº 11.196, de 21-11-2005, institui o Regime Especial de Tributação para a Plataforma de Exportação de Serviços de Tecnologia da Informação – REPES, o Regime Especial de Aquisição de Bens de Capital

LEG. COMPLEMENTAR

para Empresas Exportadoras – RECAP e o Programa de Inclusão Digital; dispõe sobre incentivos fiscais para a inovação tecnológica.

II – no inciso I do art. 1º da Lei nº 10.147, de 21 de dezembro de 2000, e alterações posteriores, no caso de venda de produtos farmacêuticos, de perfumaria, de toucador ou de higiene pessoal, nele relacionados;

- Lei nº 11.196, de 21-11-2005, institui o Regime Especial de Tributação para a Plataforma de Exportação de Serviços de Tecnologia da Informação – REPES, o Regime Especial de Aquisição de Bens de Capital para Empresas Exportadoras – RECAP e o Programa de Inclusão Digital; dispõe sobre incentivos fiscais para a inovação tecnológica.

III – no art. 1º da Lei nº 10.485, de 3 de julho de 2002, e alterações posteriores, no caso de venda de máquinas e veículos classificados nos códigos 84.29, 8432.40.00, 84.32.80.00, 8433.20, 8433.30.00, 8433.40.00, 8433.5, 87.01, 87.02, 87.03, 87.04, 87.05 e 87.06, da TIPI;

- Lei nº 11.196, de 21-11-2005, institui o Regime Especial de Tributação para a Plataforma de Exportação de Serviços de Tecnologia da Informação – REPES, o Regime Especial de Aquisição de Bens de Capital para Empresas Exportadoras – RECAP e o Programa de Inclusão Digital; dispõe sobre incentivos fiscais para a inovação tecnológica.

IV – no inciso II do art. 3º da Lei nº 10.485, de 3 de julho de 2002, no caso de vendas, para comerciante atacadista ou varejista ou para consumidores, das autopeças relacionadas nos Anexos I e II da mesma Lei;

- Lei nº 11.196, de 21-11-2005, institui o Regime Especial de Tributação para a Plataforma de Exportação de Serviços de Tecnologia da Informação – REPES, o Regime Especial de Aquisição de Bens de Capital para Empresas Exportadoras – RECAP e o Programa de Inclusão Digital; dispõe sobre incentivos fiscais para a inovação tecnológica.

V – no *caput* do art. 5º da Lei nº 10.485, de 3 de julho de 2002, e alterações posteriores, no caso de venda dos produtos classificados nas posições 40.11 (pneus novos de borracha) e 40.13 (câmaras de ar de borracha), da TIPI;

- Lei nº 11.196, de 21-11-2005, institui o Regime Especial de Tributação para a Plataforma de Exportação de Serviços de Tecnologia da Informação – REPES, o Regime Especial de Aquisição de Bens de Capital para Empresas Exportadoras – RECAP e o Programa de Inclusão Digital; dispõe sobre incentivos fiscais para a inovação tecnológica.

VI – no art. 2º da Lei nº 10.560, de 13 de novembro de 2002, e alterações posteriores, no caso de venda de querosene de aviação;

VII a IX – *Revogados*; Lei nº 13.097, de 19-1-2015.

X – no art. 23 da Lei nº 10.865, de 30 de abril de 2004, no caso de venda de gasolinas e suas correntes, exceto gasolina de aviação, óleo diesel e suas correntes, querosene de aviação, gás liquefeito de petróleo – GLP derivado de petróleo e de gás natural.

- Inciso X acrescido pela Lei nº 10.925, de 23-7-2004.

§ 1º-A. Excetua-se do disposto no *caput* deste artigo a receita bruta auferida pelos produtores, importadores ou distribuidores com a venda de álcool, inclusive para fins carburantes, à qual se aplicam as alíquotas previstas no *caput* e no § 4º do art. 5º da Lei nº 9.718, de 27 de novembro de 1998.

- § 1º-A acrescido pela Lei nº 11.727, de 23-6-2008.

§ 2º Excetua-se do disposto no *caput* deste artigo a receita bruta decorrente da venda de papel imune a impostos de que trata o art. 150, inciso VI, alínea *d*, da Constituição Federal, quando destinado à impressão de periódicos, que fica sujeita à alíquota de 3,2% (três inteiros e dois décimos por cento).

- § 2º acrescido pela Lei nº 10.865, de 30-4-2004.
- Art. 1º, *caput* e §§ 1º e 2º, da Lei nº 11.945, de 4-6-2009, que dispõe sobre o Registro Especial na Secretaria da Receita Federal do Brasil.

§ 3º Fica o Poder Executivo autorizado a reduzir a zero e a restabelecer a alíquota incidente sobre receita bruta decorrente da venda de produtos químicos e farmacêuticos, classificados nos Capítulos 29 e 30, sobre produtos destinados ao uso em hospitais, clínicas e consultórios médicos e odontológicos, campanhas de saúde realizadas pelo Poder Público, laboratório de anatomia patológica, citológica ou de análises clínicas, classificados nas posições 30.02, 30.06, 39.26, 40.15 e 90.18, e sobre semens e embriões da posição 05.11, todos da TIPI.

- § 3º com a redação dada pela Lei nº 11.196, de 21-11-2005.

§ 4º Fica reduzida a zero a alíquota da COFINS incidente sobre a receita de venda de livros técnicos e científicos, na forma estabelecida em ato conjunto do Ministério da Educação e da Secretaria da Receita Federal.

- § 4º acrescido pela Lei nº 10.925, de 23-7-2004.

§ 5º Excetua-se do disposto no *caput* deste artigo a receita bruta auferida por pessoa jurídica industrial estabelecida na Zona Franca de Manaus, decorrente da venda de produção própria, consoante projeto aprovado pelo Conselho de Administração da Superintendência da Zona Franca de Manaus – SUFRAMA, que fica sujeita, ressalvado o disposto nos §§ 1º a 4º deste artigo, às alíquotas de:

I – 3% (três por cento), no caso de venda efetuada a pessoa jurídica estabelecida:

a) na Zona Franca de Manaus; e

b) fora da Zona Franca de Manaus, que apure a COFINS no regime de não cumulatividade;

II – 6% (seis por cento), no caso de venda efetuada a:

a) pessoa jurídica estabelecida fora da Zona Franca de Manaus, que apure o imposto de renda com base no lucro presumido;

b) pessoa jurídica estabelecida fora da Zona Franca de Manaus, que apure o imposto de renda com base no lucro real e que tenha sua receita, total ou parcialmente, excluída do regime de incidência não cumulativa da COFINS;

c) pessoa jurídica estabelecida fora da Zona Franca de Manaus e que seja optante pelo Sistema Integrado de Pagamento de Impostos e Contribuições – SIMPLES; e

d) órgãos da administração federal, estadual, distrital e municipal.

- § 5º acrescido pela Lei nº 10.996, de 15-12-2004.

§ 6º O disposto no § 5º também se aplica à receita bruta auferida por pessoa jurídica industrial ou comercial estabelecida nas Áreas de Livre Comércio de que tratam as Leis nºs 7.965, de 22 de dezembro de 1989, 8.210, de 19 de julho de 1991, e 8.256, de 25 de novembro de 1991, o art. 11 da Lei nº 8.387, de 30 de dezembro de 1991, e a Lei nº 8.857, de 8 de março de 1994.

- § 6º com a redação dada pela Lei nº 11.945, de 4-6-2009.

§ 7º A exigência prevista no § 5º deste artigo relativa ao projeto aprovado não se aplica às pessoas jurídicas comerciais referidas no § 6º deste artigo.

- § 7º acrescido pela Lei nº 11.945, de 4-6-2009.

Art. 3º Do valor apurado na forma do art. 2º a pessoa jurídica poderá descontar créditos calculados em relação a:

- Art. 93, I, desta Lei.
- Arts. 30 e 31 da Lei nº 10.865, de 30-4-2004, que dispõe sobre o PIS/PASEP-Importação e a COFINS-Importação.

I – bens adquiridos para revenda, exceto em relação às mercadorias e aos produtos referidos:

a) no inciso III do § 3º do art. 1º desta Lei; e

- Alínea *a* com a redação dada pela Lei nº 11.727, de 23-6-2008.

b) nos §§ 1ºs e 1º-A do art. 2º desta Lei.

- Alínea *b* com a redação dada pela Lei nº 11.787, de 25-9-2008.

II – bens e serviços, utilizados como insumo na prestação de serviços e na produção ou fabricação de bens ou produtos destinados à venda, inclusive combustíveis e lubrificantes, exceto em relação ao pagamento de que trata o art. 2º da Lei nº 10.485, de 3 de julho de 2002, devido pelo fabricante ou importador, ao concessionário, pela intermediação ou entrega dos veículos classificados nas posições 87.03 e 87.04 da TIPI;

- Incisos I e II com a redação dada pela Lei nº 10.865, de 30-4-2004.
- Art. 9º da Lei nº 11.051, de 29-12-2004, que dispõe sobre o desconto de crédito na apuração da Contribuição Social sobre o Lucro Líquido – CSLL e da Contribuição para o PIS/PASEP e COFINS não cumulativas.

III – energia elétrica e energia térmica, inclusive sob a forma de vapor, consumidas nos estabelecimentos da pessoa jurídica;

- Inciso III com a redação dada pela Lei nº 11.488, de 15-6-2007.

IV – aluguéis de prédios, máquinas e equipamentos, pagos a pessoa jurídica, utilizados nas atividades da empresa;

V – valor das contraprestações de operações de arrendamento mercantil de pessoa jurídica, exceto de optante pelo Sistema Integrado de Pagamento de Impostos e Contribuições das Microempresas e das Empresas de Pequeno Porte – SIMPLES;

- Inciso V com a redação dada pela Lei nº 10.865, de 30-4-2004.

VI – máquinas, equipamentos e outros bens incorporados ao ativo imobilizado, adquiridos ou fabricados para locação a terceiros, ou para utilização na produção de bens destinados à venda ou na prestação de serviços;

- Inciso VI com a redação dada pela Lei nº 11.196, de 21-11-2005.

VII – edificações e benfeitorias em imóveis próprios ou de terceiros, utilizados nas atividades da empresa;

VIII – bens recebidos em devolução cuja receita de venda tenha integrado faturamento do mês ou de mês anterior, e tributada conforme o disposto nesta Lei;

IX – armazenagem de mercadoria e frete na operação de venda, nos casos dos incisos I e II, quando o ônus for suportado pelo vendedor;

X – vale-transporte, vale-refeição ou vale alimentação, fardamento ou uniforme fornecidos aos empregados por pessoa jurídica que explore as atividades de prestação de serviços de limpeza, conservação e manutenção;

- Inciso X acrescido pela Lei nº 11.898, de 8-1-2009.

XI – bens incorporados ao ativo intangível, adquiridos para utilização na produção de bens destinados a venda ou na prestação de serviços.

- Inciso XI acrescido pela Lei nº 12.973, de 13-5-2014.

§ 1º Observado o disposto no § 15 deste artigo, o crédito será determinado mediante a aplicação da alíquota prevista no *caput* do art. 2º desta Lei sobre o valor:

- *Caput* do § 1º com a redação dada pela Lei nº 11.727, de 23-6-2008.
- Art. 1º da Lei nº 11.774, de 17-9-2008, que altera a legislação tributária.

I – dos itens mencionados nos incisos I e II do *caput*, adquiridos no mês;

II – dos itens mencionados nos incisos III a V e IX do *caput*, incorridos no mês;

- Art. 2º da Lei nº 11.051, de 29-12-2004, que dispõe sobre o desconto de crédito na apuração da Contribuição Social sobre o Lucro Líquido – CSLL e da Contribuição para o PIS/PASEP e COFINS não cumulativas.
- Art. 1º da Lei nº 11.774, de 17-9-2008, que altera a legislação tributária.

III – dos encargos de depreciação e amortização dos bens mencionados nos incisos VI, VII e XI do *caput*, incorridos no mês;

- Inciso III com a redação dada pela Lei nº 12.973, de 13-5-2014.

IV – dos bens mencionados no inciso VIII do *caput*, devolvidos no mês.

§ 2º Não dará direito a crédito o valor:

- § 2º com a redação dada pela Lei nº 10.865, de 30-4-2004.

I – de mão de obra paga a pessoa física;

II – da aquisição de bens ou serviços não sujeitos ao pagamento da contribuição, inclusive no caso de isenção, esse último quando revendidos ou utilizados como insumo em produtos ou serviços sujeitos à alíquota 0 (zero), isentos ou não alcançados pela contribuição; e

- Incisos I e II com a redação dada pela MP nº 1.159, de 12-1-2023, que até o encerramento desta edição não havia sido convertida em lei.
- Art. 2º, § 2º, da Lei nº 10.996, de 15-12-2004, que altera a legislação tributária federal.

III – do ICMS que tenha incidido sobre a operação de aquisição.

- Inciso III acrescido pela MP nº 1.159, de 12-1-2023, que até o encerramento desta edição não havia sido convertida em lei.

§ 3º O direito ao crédito aplica-se, exclusivamente, em relação:

I – aos bens e serviços adquiridos de pessoa jurídica domiciliada no País;

II – aos custos e despesas incorridos, pagos ou creditados a pessoa jurídica domiciliada no País;

III – aos bens e serviços adquiridos e aos custos e despesas incorridos a partir do mês em que se iniciar a aplicação do disposto nesta Lei.

§ 4º O crédito não aproveitado em determinado mês poderá sê-lo nos meses subsequentes.

§§ 5º e 6º *Revogados*. Lei nº 10.925, de 23-7-2004.

§ 7º Na hipótese de a pessoa jurídica sujeitar-se à incidência não cumulativa da COFINS, em relação apenas à parte de suas receitas, o crédito será apurado, exclusivamente, em relação aos custos, despesas e encargos vinculados a essas receitas.

§ 8º Observadas as normas a serem editadas pela Secretaria da Receita Federal, no caso de custos, despesas e encargos vinculados às receitas referidas no § 7º e àquelas submetidas ao regime de incidência cumulativa dessa contribuição, o crédito será determinado, a critério da pessoa jurídica, pelo método de:

I – apropriação direta, inclusive em relação aos custos, por meio de sistema de contabilidade de custos integrada e coordenada com a escrituração; ou

II – rateio proporcional, aplicando-se aos custos, despesas e encargos comuns a relação percentual existente entre a receita bruta sujeita à incidência não cumulativa e a receita bruta total, auferidas em cada mês.

§ 9º O método eleito pela pessoa jurídica para determinação do crédito, na forma do § 8º, será aplicado consistentemente por todo o ano-calendário e, igualmente, adotado na apuração do crédito relativo à contribuição para o PIS/PASEP não cumulativa, observadas as normas a serem editadas pela Secretaria da Receita Federal.

§ 10. O valor dos créditos apurados de acordo com este artigo não constitui receita bruta da pessoa jurídica, servindo somente para dedução do valor devido da contribuição.

§§ 11 e 12. *Revogados*. Lei nº 10.925, de 23-7-2004.

§ 13. Deverá ser estornado o crédito da COFINS relativo a bens adquiridos para revenda ou utilizados como insumos na prestação de serviços e na produção ou fabricação de bens ou produtos destinados à venda, que tenham sido furtados ou roubados, inutilizados ou deteriorados, destruídos em sinistro ou, ainda, empregados em outros produtos que tenham tido a mesma destinação.

§ 14. Opcionalmente, o contribuinte poderá calcular o crédito de que trata o inciso III do § 1º deste artigo, relativo à aquisição de máquinas e equipamentos destinados ao ativo imobilizado, no prazo de 4 (quatro) anos, mediante a aplicação, a cada mês, das alíquotas referidas no *caput* do art. 2º desta Lei sobre o valor correspondente a 1/48 (um quarenta e oito avos) do valor de aquisição do bem, de acordo com regulamentação da Secretaria da Receita Federal.

§ 15. O crédito, na hipótese de aquisição, para revenda, de papel imune a impostos de que trata o art. 150, inciso VI, alínea *d* da Constituição Federal, quando destinado à impressão de periódicos, será determinado mediante a aplicação da alíquota prevista no § 2º do art. 2º desta Lei.

- §§ 13 a 15 acrescidos pela Lei nº 10.865, de 30-4-2004.
- o Art. 1º, *caput* e §§ 1º e 2º, da Lei nº 11.945, de 4-6-2009, que dispõe sobre o Registro Especial na Secretaria da Receita Federal do Brasil.

§ 16. Opcionalmente, o sujeito passivo poderá calcular o crédito de que trata o inciso III do § 1º deste artigo, relativo à aquisição de embalagens de vidro retornáveis classificadas no código 7010.90.21 da TIPI, destinadas ao ativo imobilizado, de acordo com regulamentação da Secretaria da Receita Federal do Brasil, no prazo de 12 (doze) meses, à razão de 1/12 (um doze avos).

- *Caput* com a redação dada pela Lei nº 13.097, de 19-1-2015.

I e II – *Revogados*. Lei nº 13.097, de 19-1-2015.

§ 17. Ressalvado o disposto no § 2º deste artigo e nos §§ 1º a 3º do art. 2º desta Lei, na aquisição de mercadoria produzida por pessoa jurídica estabelecida na Zona Franca de Manaus, consoante projeto aprovado pelo Conselho de Administração da Superintendência da Zona Franca de Manaus (SUFRAMA), o crédito será determinado mediante a aplicação da alíquota:

- *Caput* do § 17 com a redação dada pela Lei nº 12.507, de 11-10-2011.

I – de 5,60% (cinco inteiros e sessenta centésimos por cento), nas operações com os bens referidos no inciso VI do art. 28 da Lei nº 11.196, de 21 de novembro de 2005;

II – de 7,60% (sete inteiros e sessenta centésimos por cento), na situação de que trata a alínea *b* do inciso II do § 5º do art. 2º desta Lei; e

III – de 4,60% (quatro inteiros e sessenta centésimos por cento), nos demais casos.

- Incisos I a III acrescidos pela Lei nº 12.507, de 11-10-2011.

§ 18. No caso de devolução de vendas efetuadas em períodos anteriores, o crédito calculado mediante a aplicação da alíquota incidente na venda será apropriado no mês do recebimento da devolução.

- § 18 com a redação dada pela Lei nº 11.727, de 23-6-2008.

§ 19. As pessoas jurídicas que contratem serviço de transporte de carga prestado por:

- *Caput* do § 19 com a redação dada pela Lei nº 14.440, de 2-9-2022, promulgado nos termos do art. 66, § 5º, da CF (*DOU* de 22-12-2022).

I – pessoa física, transportador autônomo, poderá descontar, da COFINS devida em cada período de apuração, crédito presumido calculado sobre o valor dos pagamentos efetuados por esses serviços;

II – pessoa jurídica transportadora, optante pelo SIMPLES, poderá descontar, da COFINS devida em cada período de apuração, crédito calculado sobre o valor dos pagamentos efetuados por esses serviços.

- Incisos I e II acrescidos pela Lei nº 11.051, de 29-12-2004.
- o Art. 24 da Lei nº 11.051, de 29-12-2004, que dispõe sobre o desconto de crédito na apuração da Contribuição Social sobre o Lucro Líquido – CSLL e da Contribuição para o PIS/PASEP e COFINS não cumulativas.

§ 20. Relativamente aos créditos referidos no § 19 deste artigo, seu montante será determinado mediante aplicação, sobre o valor dos mencionados pagamentos, de alíquota correspondente a setenta e cinco por cento daquela constante do art. 2º desta Lei.

- § 20 acrescido pela Lei nº 11.051, de 29-12-2004.
- o Art. 24 da Lei nº 11.051, de 29-12-2004, que dispõe sobre o desconto de crédito na apuração da Contribuição Social sobre o Lucro Líquido – CSLL e da Contribuição para o PIS/PASEP e COFINS não cumulativas.

§ 21. Não integram o valor das máquinas, equipamentos e outros bens fabricados para incorporação ao ativo imobilizado na forma do inciso VI do *caput* deste artigo os custos de que tratam os incisos do § 2º deste artigo.

- § 21 acrescido pela Lei nº 11.196, de 21-11-2005.
- O § 22 que havia sido acrescido pela MP nº 413, de 3-1-2008, não foi mantido na sua conversão pela Lei nº 11.727, de 23-6-2008.

§ 23. O disposto no § 17 deste artigo também se aplica na hipótese de aquisição de mercadoria produzida por pessoa jurídica estabelecida nas Áreas de Livre Comércio de que tratam as Leis nºs 7.965, de 22 de dezembro de 1989, 8.210, de 19 de julho de 1991, e 8.256, de 25 de novembro de 1991, o art. 11 da Lei nº 8.387, de 30 de dezembro de 1991, e a Lei nº 8.857, de 8 de março de 1994.

§ 24. Ressalvado o disposto no § 2º deste artigo e nos §§ 1º a 3º do art. 2º desta Lei, na hipótese de aquisição de mercadoria revendida por pessoa jurídica comercial estabelecida nas Áreas de Livre Comércio referidas no § 23 deste artigo, o crédito será determinado mediante a aplicação da alíquota de 3% (três por cento).

- §§ 23 e 24 com a redação dada pela Lei nº 11.945, de 4-6-2009.
- Mantivemos a numeração dos §§ 23 e 24, conforme publicação oficial.

§ 25. No cálculo do crédito de que tratam os incisos do *caput*, poderão ser considerados os valores decorrentes do ajuste a valor presente de que trata o inciso III do *caput* do art. 184 da Lei nº 6.404, de 15 de dezembro de 1976.

§ 26. O disposto nos incisos VI e VII do *caput* não se aplica no caso de bem objeto de arrendamento mercantil, na pessoa jurídica arrendatária.

§ 27. Para fins do disposto nos incisos VI e VII do *caput*, fica vedado o desconto de quaisquer créditos calculados em relação a:

I – encargos associados a empréstimos registrados como custo na forma da alínea *b* do § 1º do art. 17 do Decreto-Lei nº 1.598, de 26 de dezembro de 1977; e

II – custos estimados de desmontagem e remoção do imobilizado e de restauração do local em que estiver situado.

§ 28. No cálculo dos créditos a que se referem os incisos VI e VII do *caput*, não serão computados os ganhos e perdas decorrentes de avaliação de ativo com base no valor justo.

§ 29. Na execução de contratos de concessão de serviços públicos, os créditos gerados pelos serviços de construção, recuperação, reforma, ampliação ou melhoramento de infraestrutura, quando a receita correspondente tiver contrapartida em ativo intangível, representativo de direito de exploração, ou em ativo financeiro, somente poderão ser aproveitados, no caso do ativo intangível, à medida que este for amortizado e, no caso do ativo financeiro, na proporção de seu recebimento, excetuado, para ambos os casos, o crédito previsto no inciso VI do *caput*.

- §§ 25 a 29 com a redação dada pela Lei nº 12.973, de 13-5-2014.

§ 30. O disposto no inciso XI do *caput* não se aplica ao ativo intangível referido no § 29.

- § 30 acrescido pela Lei nº 12.973, de 13-5-2014.

Art. 4º A pessoa jurídica que adquirir imóvel para venda ou promover empreendimento de desmembramento ou loteamento de terrenos, incorporação imobiliária ou construção de prédio destinado a venda, utilizará o crédito referente aos custos vinculados à unidade construída ou em construção, a ser descontado na forma do art. 3º, somente a partir da efetivação da venda.

- Art. 93, I, desta Lei.
- Art. 7º da Lei nº 11.051, de 29-12-2004, que dispõe sobre o desconto de crédito na apuração da Contribuição Social sobre o Lucro Líquido – CSLL e da Contribuição para o PIS/PASEP e COFINS não cumulativas.

§ 1º Na hipótese de venda de unidade imobiliária não concluída, a pessoa jurídica poderá utilizar crédito presumido, em relação ao custo orçado de que trata a legislação do imposto de renda.

§ 2º O crédito presumido será calculado mediante a aplicação da alíquota de que trata o art. 2º sobre o valor do custo orçado para conclusão da obra ou melhoramento, ajustado pela exclusão dos valores a serem pagos a pessoa física, encargos trabalhistas, sociais e previdenciários, e dos bens e serviços, acrescidos dos tributos incidentes na importação, adquiridos de pessoa física ou jurídica residente ou domiciliada no exterior.

§ 3º O crédito a ser descontado na forma do *caput* e o crédito presumido apurado na forma do § 2º deverão ser utilizados na proporção da receita relativa à venda da unidade imobiliária, à medida do recebimento.

§ 4º Ocorrendo modificação do valor do custo orçado, antes do término da obra ou melhoramento, nas hipóteses previstas na legislação do imposto de renda, o novo valor orçado deverá ser considerado para efeito do disposto nos §§ 2º e 3º.

§ 5º A pessoa jurídica que utilizar o crédito presumido de que trata este artigo determinará, na data da conclusão da obra ou melhoramento, a diferença entre o custo orçado e o efetivamente realizado, apurados na forma da legislação do imposto de renda, com os ajustes previstos no § 2º:

I – se o custo realizado for inferior ao custo orçado, em mais de 15% (quinze por cento) deste, considerar-se-á como postergada a contribuição incidente sobre a diferença;

II – se o custo realizado for inferior ao custo orçado, em até 15% (quinze por cento) deste, a contribuição incidente sobre a diferença será devida a partir da data da conclusão, sem acréscimos legais;

III – se o custo realizado for superior ao custo orçado, a pessoa jurídica terá direito ao crédito correspondente à diferença, no período de apuração em que ocorrer a conclusão, sem acréscimos.

§ 6º A diferença de custo a que se refere o § 5º será, no período de apuração em que ocorrer a conclusão da obra ou melhoramento, adicionada ou subtraída, conforme o caso, no cálculo do crédito a ser descontado na forma do art. 3º, devendo ainda, em relação à contribuição considerada postergada, de acordo com o inciso I, ser recolhidos os acréscimos referentes a juros de mora e multa, de mora ou de ofício, calculados na forma da legislação que rege a cobrança da contribuição não paga.

§ 7º Se a venda de unidade imobiliária não concluída ocorrer antes de iniciada a apuração da COFINS na forma do art. 2º, o custo orçado poderá ser calculado na data de início dessa apuração, para efeito do disposto nos §§ 2º e 3º, observado, quanto aos custos incorridos até essa data, o disposto no § 4º do art. 12.

§ 8º O disposto neste artigo não se aplica às vendas anteriores à vigência da Medida Provisória nº 2.221, de 4 de setembro de 2001.

§ 9º Os créditos referentes a unidades imobiliárias recebidas em devolução, calculados com observância do disposto neste artigo, serão estornados na data do desfazimento do negócio.

Art. 5º O contribuinte da COFINS é a pessoa jurídica que auferir as receitas a que se refere o art. 1º.

- Art. 93, I, desta Lei.

Art. 6º A COFINS não incidirá sobre as receitas decorrentes das operações de:

I – exportação de mercadorias para o exterior;

II – prestação de serviços para pessoa física ou jurídica residente ou domiciliada no exterior, cujo pagamento represente ingresso de divisas;

- Inciso II com a redação dada pela Lei nº 10.865, de 30-4-2004.
- Art. 93, I, desta Lei.
- Art. 10 da Lei nº 11.371, de 28-11-2006, que dispõe sobre operações de câmbio e registro de capitais estrangeiros.

III – vendas a empresa comercial exportadora com o fim específico de exportação.

§ 1º Na hipótese deste artigo, a pessoa jurídica vendedora poderá utilizar o crédito apurado na forma do art. 3º, para fins de:

I – dedução do valor da contribuição a recolher, decorrente das demais operações no mercado interno;

II – compensação com débitos próprios, vencidos ou vincendos, relativos a tributos e contribuições administrados pela Secretaria da Receita Federal, observada a legislação específica aplicável à matéria.

§ 2º A pessoa jurídica que, até o final de cada trimestre do ano civil, não conseguir utilizar o crédito por qualquer das formas previstas no § 1º poderá solicitar o seu ressarcimento em dinheiro, observada a legislação específica aplicável à matéria.

§ 3º O disposto nos §§ 1º e 2º aplica-se somente aos créditos apurados em relação a custos, despesas e encargos vinculados à receita de exportação, observado o disposto nos §§ 8º e 9º do art. 3º.

§ 4º O direito de utilizar o crédito de acordo com o § 1º não beneficia a empresa comercial exportadora que tenha adquirido mercadorias com o fim previsto no inciso III do *caput*, ficando vedada, nesta hipótese, a apuração de créditos vinculados à receita de exportação.

Art. 7º No caso de construção por empreitada ou de fornecimento a preço predeterminado de bens ou serviços, contratados por pessoa jurídica de direito público, empresa pública, sociedade de economia mista ou suas subsidiárias, a pessoa jurídica optante pelo regime previsto no art. 7º da Lei nº 9.718, de 27 de novembro de 1998, somente poderá

LEG. COMPLEMENTAR

utilizar o crédito a ser descontado na forma do art. 3º, na proporção das receitas efetivamente recebidas.

- Art. 93, I, desta Lei.

Art. 8º A contribuição incidente na hipótese de contratos, com prazo de execução superior a um ano, de construção por empreitada ou de fornecimento, a preço predeterminado, de bens ou serviços a serem produzidos, será calculada sobre a receita apurada de acordo com os critérios de reconhecimento adotados pela legislação do imposto de renda, previstos para a espécie de operação.

- Art. 93, I, desta Lei.

Parágrafo único. O crédito a ser descontado na forma do art. 3º somente poderá ser utilizado na proporção das receitas reconhecidas nos termos do *caput*.

Art. 9º A empresa comercial exportadora que houver adquirido mercadorias de outra pessoa jurídica, com o fim específico de exportação para o exterior, que, no prazo de cento e oitenta dias, contados da data da emissão da nota fiscal pela vendedora, não comprovar o seu embarque para o exterior, ficará sujeita ao pagamento de todos os impostos e contribuições que deixaram de ser pagos pela empresa vendedora, acrescidos de juros de mora e multa, de mora ou de ofício, calculados na forma da legislação que rege a cobrança do tributo não pago.

- Art. 93, I, desta Lei.

§ 1º Para efeito do disposto neste artigo, considera-se vencido o prazo para o pagamento na data em que a empresa vendedora deveria fazê-lo, caso a venda houvesse sido efetuada para o mercado interno.

§ 2º No pagamento dos referidos tributos, a empresa comercial exportadora não poderá deduzir, do montante devido, qualquer valor a título de crédito de Imposto sobre Produtos Industrializados – IPI, ou da COFINS, decorrente da aquisição das mercadorias e serviços objeto da incidência.

§ 3º A empresa deverá pagar, também, os impostos e contribuições devidos nas vendas para o mercado interno, caso, por qualquer forma, tenha alienado ou utilizado as mercadorias.

Art. 10. Permanecem sujeitas às normas da legislação da COFINS, vigentes anteriormente a esta Lei, não se lhes aplicando as disposições dos arts. 1º a 8º:

- Art. 93, I, desta Lei.
- Art. 16 da Lei nº 10.865, de 30-4-2004, que dispõe sobre o PIS/PASEP-Importação e a COFINS-Importação.

I – as pessoas jurídicas referidas nos §§ 6º, 8º e 9º do art. 3º da Lei nº 9.718, de 1998, e na Lei nº 7.102, de 20 de junho de 1983;

II – as pessoas jurídicas tributadas pelo imposto de renda com base no lucro presumido ou arbitrado;

III – as pessoas jurídicas optantes pelo SIMPLES;

IV – as pessoas jurídicas imunes a impostos;

V – os órgãos públicos, as autarquias e fundações públicas federais, estaduais e municipais, e as fundações cuja criação tenha sido autorizada por lei, referidas no art. 61 do Ato das Disposições Constitucionais Transitórias da Constituição;

VI – sociedades cooperativas, exceto as de produção agropecuária, sem prejuízo das deduções de que trata o art. 15 da Medida Provisória nº 2.158-35, de 24 de agosto de 2001, e o art. 17 da Lei nº 10.684, de 30 de maio de 2003, não lhes aplicando as disposições do § 7º do art. 3º das Leis nºs 10.637, de 30 de dezembro de 2002, e 10.833, de 29 de dezembro de 2003, e as de consumo;

- Inciso VI com a redação dada pela Lei nº 10.865, de 30-4-2004.

VII – as receitas decorrentes das operações:

a) *Revogada.* Lei nº 11.727, de 23-6-2008;

- Lei nº 11.727, de 23-6-2008, dispõe sobre medidas tributárias destinadas a estimular os investimentos e a modernização do setor de turismo, a reforçar o sistema de proteção tarifária brasileiro, a estabelecer a incidência de forma concentrada da Contribuição para o PIS/PASEP e da Contribuição para o Financiamento da Seguridade Social – COFINS na produção e comercialização de álcool.

b) sujeitas à substituição tributária da COFINS;

c) referidas no art. 5º da Lei nº 9.716, de 26 de novembro de 1998;

VIII – as receitas decorrentes de prestação de serviços de telecomunicações;

IX – as receitas decorrentes de venda de jornais e periódicos e de prestação de serviços das empresas jornalísticas e de radiodifusão sonora e de sons e imagens;

- Inciso IX com a redação dada pela Lei nº 10.865, de 30-4-2004.

X – as receitas submetidas ao regime especial de tributação previsto no art. 47 da Lei nº 10.637, de 30 de dezembro de 2002;

XI – as receitas relativas a contratos firmados anteriormente a 31 de outubro de 2003:

a) com prazo superior a um ano, de administradoras de planos de consórcios de bens móveis e imóveis, regularmente autorizadas a funcionar pelo Banco Central;

b) com prazo superior a um ano, de construção por empreitada ou de fornecimento, a preço predeterminado, de bens ou serviços;

- Art. 109 da Lei nº 11.196, de 21-11-2005, institui o Regime Especial de Tributação para a Plataforma de Exportação de Serviços de Tecnologia da Informação – REPES, o Regime Especial de Aquisição de Bens de Capital para Empresas Exportadoras – RECAP e o Programa de Inclusão Digital; dispõe sobre incentivos fiscais para a inovação tecnológica.

c) de construção por empreitada ou de fornecimento, a preço predeterminado, de bens ou serviços contratados com pessoa jurídica de direito público, empresa pública, sociedade de economia mista ou suas subsidiárias, bem como os contratos posteriormente firmados decorrentes de propostas apresentadas, em processo licitatório, até aquela data;

- Art. 109 da Lei nº 11.196, de 21-11-2005, institui o Regime Especial de Tributação para a Plataforma de Exportação de Serviços de Tecnologia da Informação – REPES, o Regime Especial de Aquisição de Bens de Capital para Empresas Exportadoras – RECAP e o Programa de Inclusão Digital; dispõe sobre incentivos fiscais para a inovação tecnológica.

XII – as receitas decorrentes de prestação de serviços de transporte coletivo rodoviário, metroviário, ferroviário e aquaviário de passageiros;

XIII – as receitas decorrentes de serviços:

a) prestados por hospital, pronto-socorro, clínica médica, odontológica, de fisioterapia e de fonoaudiologia, e laboratório de anatomia patológica, citológica ou de análises clínicas; e

b) de diálise, raios X, radiodiagnóstico e radioterapia, quimioterapia e de banco de sangue;

- Inciso XIII com a redação dada pela Lei nº 10.865, de 30-4-2004.

XIV – as receitas decorrentes de prestação de serviços de educação infantil, ensinos fundamental e médio e educação superior;

XV – as receitas decorrentes de vendas de mercadorias realizadas pelas pessoas jurídicas referidas no art. 15 do Decreto-Lei nº 1.455, de 7 de abril de 1976;

XVI – as receitas decorrentes de prestação de serviço de transporte coletivo de passageiros, efetuado por empresas regulares de linhas aéreas domésticas, e as decorrentes da prestação de serviço de transporte de pessoas por empresas de táxi aéreo;

XVII – as receitas auferidas por pessoas jurídicas, decorrentes da edição de periódicos e de informações neles contidas, que sejam relativas aos assinantes dos serviços públicos de telefonia;

XVIII – as receitas decorrentes de prestação de serviços com aeronaves de uso agrícola inscritas no Registro Aeronáutico Brasileiro (RAB);

XIX – as receitas decorrentes de prestação de serviços das empresas de *call center*, *telemarketing*, telecobrança e de teleatendimento em geral;

- Incisos XV a XIX acrescidos pela Lei nº 10.865, de 30-4-2004.

XX – as receitas decorrentes da execução por administração, empreitada ou subempreitada, de obras de construção civil;

- Inciso XX com a redação dada pela Lei nº 13.043, de 13-11-2014.

XXI – as receitas auferidas por parques temáticos, e as decorrentes de serviços de hotelaria e de organização de feiras e eventos, conforme definido em ato conjunto dos Ministérios da Fazenda e do Turismo;

- Inciso XXI acrescido pela Lei nº 10.865, de 30-4-2004.

XXII – as receitas decorrentes da prestação de serviços postais e telegráficos prestados pela Empresa Brasileira de Correios e Telégrafos;

XXIII – as receitas decorrentes de prestação de serviços públicos de concessionárias operadoras de rodovias;

- Art. 7º da Lei nº 11.033, de 21-12-2004, que altera a tributação do mercado financeiro e de capitais; institui o Regime Tributário para Incentivo à Modernização e à Ampliação da Estrutura Portuária – REPORTO.

XXIV – as receitas decorrentes da prestação de serviços das agências de viagem e de viagens e turismo;

- Incisos XXII a XXIV acrescidos pela Lei nº 10.925, de 23-7-2004.

XXV – as receitas auferidas por empresas de serviços de informática, decorrentes das atividades de desenvolvimento de *software* e seu licenciamento ou cessão de direito de uso, bem como de análise, programação, instalação, configuração, assessoria, consultoria, suporte técnico e manutenção ou atualização de *software*, compreendidas ainda como *softwares* as páginas eletrônicas;

- Inciso XXV acrescido pela Lei nº 11.051, de 29-12-2004.

XXVI – as receitas relativas às atividades de revenda de imóveis, desmembramento ou loteamento de terrenos, incorporação imobiliária e construção de prédio destinado à venda, quando decorrentes de contratos de longo prazo firmados antes de 31 de outubro de 2003;

- Inciso XXVI acrescido pela Lei nº 11.196, de 21-11-2005.

XXVII – VETADO. Lei nº 11.196, de 21-11-2005;

XXVIII – VETADO; Lei nº 12.766, de 27-12-2012.

XXIX – as receitas decorrentes de operações de comercialização de pedra britada, de areia para construção civil e de areia de brita;

- Inciso XXIX acrescido pela Lei nº 12.766, de 27-12-2012.

XXX – as receitas decorrentes da alienação de participações societárias.

- Inciso XXX com a redação dada pela Lei nº 13.043, de 13-11-2014.

§ 1º Ficam convalidados os recolhimentos efetuados de acordo com a atual redação do inciso IX deste artigo.

- Parágrafo único transformado em § 1º pela Lei nº 11.051, de 29-12-2004.

§ 2º O disposto no inciso XXV do *caput* deste artigo não alcança a comercialização, licenciamento ou cessão de direito de uso de *software* importado.

- § 2º acrescido pela Lei nº 11.051, de 29-12-2004.

Art. 11. A contribuição de que trata o art. 1º desta Lei deverá ser paga até o 25º (vigésimo quinto) dia do mês subsequente ao de ocorrência do fato gerador.

- Art. 64 da Lei nº 11.941, de 27-5-2009, que altera a legislação tributária federal relativa ao parcelamento ordinário de débitos tributários; concede remissão nos casos em que especifica; institui regime tributário de transição.

Parágrafo único. Se o dia do vencimento de que trata o *caput* deste artigo não for dia útil, considerar-se-á antecipado o prazo para o primeiro dia útil que o anteceder.

- Art. 11 com a redação dada pela Lei nº 11.933, de 28-4-2009.

Art. 12. A pessoa jurídica contribuinte da COFINS, submetida à apuração do valor devido na forma do art. 3º, terá direito a desconto correspondente ao estoque de abertura dos bens de que tratam os incisos I e II daquele mesmo artigo, adquiridos de pessoa jurídica domiciliada no País, existentes na data de início da incidência desta contribuição de acordo com esta Lei.

- Art. 93, I, desta Lei.

§ 1º O montante de crédito presumido será igual ao resultado da aplicação do percentual de três por cento sobre o valor do estoque.

§ 2º O crédito presumido calculado segundo os §§ 1º, 9º e 10 deste artigo será utilizado em doze parcelas mensais, iguais e sucessivas, a partir da data a que se refere o *caput* deste artigo.

- § 2º com a redação dada pela Lei nº 10.925, de 23-7-2004.

§ 3º O disposto no *caput* aplica-se também aos estoques de produtos acabados e em elaboração.

§ 4º A pessoa jurídica referida no art. 4º que, antes da data de início da vigência da incidência não cumulativa da COFINS, tenha incorrido em custos com unidade imobiliária construída ou em construção poderá calcular crédito presumido, naquela data, observado:

I – no cálculo do crédito será aplicado o percentual previsto no § 1º sobre o valor dos bens e dos serviços, inclusive combustíveis e lubrificantes, adquiridos de pessoas jurídicas domiciliadas no País, utilizados como insumo na construção;

II – o valor do crédito presumido apurado na forma deste parágrafo deverá ser utilizado na proporção da receita relativa à venda da unidade imobiliária, à medida do recebimento.

§ 5º A pessoa jurídica que, tributada com base no lucro presumido ou optante pelo SIMPLES, passar a ser tributada com base no lucro real, na hipótese de sujeitar-se à incidência não cumulativa da COFINS, terá direito ao aproveitamento do crédito presumido na forma prevista neste artigo, calculado sobre o estoque de abertura, devidamente comprovado, na data da mudança do regime de tributação adotado para fins do imposto de renda.

§ 6º Os bens recebidos em devolução, tributados antes do início da aplicação desta Lei, ou da mudança do regime de tributação de que trata o § 5º, serão considerados como

LEG. COMPLEMENTAR

integrantes do estoque de abertura referido no *caput*, devendo o crédito ser utilizado na forma do § 2º a partir da data da devolução.

§ 7º O disposto neste artigo aplica-se, também, aos estoques de produtos que não geraram crédito na aquisição, em decorrência do disposto nos § 7º a 9º do art. 3º desta Lei, destinados à fabricação dos produtos de que tratam as Leis nºs 9.990, de 21 de julho de 2000, 10.147, de 21 de dezembro de 2000, 10.485, de 3 de julho de 2002, e 10.560, de 13 de novembro de 2002, ou quaisquer outros submetidos à incidência monofásica da contribuição.

§ 8º As disposições do § 7º deste artigo não se aplicam aos estoques de produtos adquiridos a alíquota zero, isentos ou não alcançados pela incidência da contribuição.

§ 9º O montante do crédito presumido de que trata o § 7º deste artigo será igual ao resultado da aplicação do percentual de sete inteiros e seis décimos por cento sobre o valor do estoque.

- §§ 7º a 9º acrescidos pela Lei nº 10.865, de 30-4-2004.

§ 10. O montante do crédito presumido de que trata o § 7º deste artigo, relativo às pessoas jurídicas referidas no art. 51 desta Lei, será igual ao resultado da aplicação da alíquota de três por cento sobre o valor dos bens em estoque adquiridos até 31 de janeiro de 2004, e de sete inteiros e seis décimos por cento sobre o valor dos bens em estoque adquiridos a partir de 1º de fevereiro de 2004.

- § 10 com a redação dada pela Lei nº 10.925, de 23-7-2004.

Art. 13. O aproveitamento de crédito na forma do § 4º do art. 3º, do art. 4º e dos §§ 1º e 2º do art. 6º, bem como do § 2º e inciso II do § 4º e § 5º do art. 12, não ensejará atualização monetária ou incidência de juros sobre os respectivos valores.

○ Art. 93, I, desta Lei.

Art. 14. O disposto nas Leis nºs 9.363, de 13 de dezembro de 1996, e 10.276, de 10 de setembro de 2001, não se aplica à pessoa jurídica submetida à apuração do valor devido na forma dos arts. 2º e 3º desta Lei e dos arts. 2º e 3º da Lei nº 10.637, de 30 de dezembro de 2002.

○ Art. 93, I, desta Lei.

Art. 15. Aplica-se à contribuição para o PIS/PASEP não cumulativa de que trata a Lei nº 10.637, de 30 de dezembro de 2002, o disposto:

- *Caput* com a redação dada pela Lei nº 10.865, de 30-4-2004.

I – nos incisos I e II do § 3º do art. 1º desta Lei;

- Inciso I acrescido pela Lei nº 10.865, de 30-4-2004.

II – nos inciso VI, VII, e IX do *caput* e nos §§ 1º e 10 a 20 do art. 3º desta Lei;

- Inciso II com a redação dada pela Lei nº 11.051, de 29-12-2004.

III – nos §§ 3º e 4º do art. 6º desta Lei;

IV – nos arts. 7º e 8º desta Lei;

- Incisos III e IV acrescidos pela Lei nº 10.865, de 30-4-2004.

V – nos incisos VI, IX a XXVII do *caput* e nos §§ 1º e 2º do art. 10 desta Lei;

- Inciso V com a redação dada pela Lei nº 11.196, de 21-11-2005.

VI – no art. 13 desta Lei.

- Inciso VI acrescido pela Lei nº 10.865, de 30-4-2004.

Art. 16. O disposto no art. 4º e no § 4º do art. 12 aplica-se, a partir de 1º de janeiro de 2003, à contribuição para o PIS/PASEP não cumulativa, de que trata a Lei nº 10.637, de 30 de dezembro de 2002, com observância das alíquotas de um inteiro e sessenta e cinco centésimos por cento e de sessenta e cinco centésimos por cento em relação à apuração na forma dos referidos artigos, respectivamente.

Parágrafo único. O tratamento previsto no inciso II do *caput* do art. 3º e nos §§ 5º e 6º do art. 12 aplica-se também à contribuição para o PIS/PASEP não cumulativa na forma e a partir da data prevista no *caput*.

CAPÍTULO II
DAS OUTRAS DISPOSIÇÕES RELATIVAS À LEGISLAÇÃO TRIBUTÁRIA

Art. 17. O art. 74 da Lei nº 9.430, de 27 de dezembro de 1996, alterado pelo art. 49 da Lei nº 10.637, de 30 de dezembro de 2002, passa a vigorar com a seguinte redação:

- Alteração inserida no texto da referida Lei.

Art. 18. O lançamento de ofício de que trata o art. 90 da Medida Provisória nº 2.158-35, de 24 de agosto de 2001, limitar-se-á à imposição de multa isolada em razão de não homologação da compensação quando se comprove falsidade da declaração apresentada pelo sujeito passivo.

- *Caput* com a redação dada pela Lei nº 11.488, de 15-6-2007.

§ 1º Nas hipóteses de que trata o *caput*, aplica-se ao débito indevidamente compensado o disposto nos §§ 6º a 11 do art. 74 da Lei nº 9.430, de 27 de dezembro de 1996.

§ 2º A multa isolada a que se refere o *caput* deste artigo será aplicada no percentual previsto no inciso I do *caput* do art. 44 da Lei nº 9.430, de 27 de dezembro de 1996, aplicado em dobro, e terá como base de cálculo o valor total do débito indevidamente compensado.

- § 2º com a redação dada pela Lei nº 11.488, de 15-6-2007.
- A Lei nº 12.249, de 11-6-2010, ao converter a MP nº 472, de 15-12-2009, não manteve o acréscimo dos incisos I e II.

§ 3º Ocorrendo manifestação de inconformidade contra a não homologação da compensação e impugnação quanto ao lançamento das multas a que se refere este artigo, as peças serão reunidas em um único processo para serem decididas simultaneamente.

§ 4º Será também exigida multa isolada sobre o valor total do débito indevidamente compensado quando a compensação for considerada não declarada nas hipóteses do inciso II do § 12 do art. 74 da Lei nº 9.430, de 27 de dezembro de 1996, aplicando-se o percentual previsto no inciso I do *caput* do art. 44 da Lei nº 9.430, de 27 de dezembro de 1996, duplicado na forma de seu § 1º, quando for o caso.

§ 5º Aplica-se o disposto no § 2º do art. 44 da Lei nº 9.430, de 27 de dezembro de 1996, às hipóteses previstas nos §§ 2º e 4º deste artigo.

- §§ 4º e 5º com a redação dada pela Lei nº 11.488, de 15-6-2007.

§ 6º O disposto neste artigo aplica-se, inclusive, à compensação de que trata o inciso I do *caput* do art. 26-A da Lei nº 11.457, de 16 de março de 2007.

- § 6º acrescido pela Lei nº 13.670, de 30-5-2018.

Art. 19. O art. 8º da Lei nº 9.317, de 5 de dezembro de 1996, passa a vigorar acrescido do seguinte § 6º:

○ A mencionada Lei foi revogada pela LC nº 123, de 14-12-2006.

Art. 20. O art. 11 da Lei nº 8.248, de 23 de outubro de 1991, passa a vigorar com a seguinte redação:

> "Art. 11. Para fazer jus aos benefícios previstos no art. 4º desta Lei, as empresas de desenvolvimento ou produção de bens e serviços de informática e automação deverão investir, anualmente, em atividades de pesquisa e desenvolvimento em tecnologia da informação a serem realizadas no País, no mínimo 5% (cinco por cento) do seu faturamento bruto no mercado interno, decorrente da comercialização de bens e serviços de informática, deduzidos os tributos correspondentes a

tais comercializações, bem como o valor das aquisições de produtos incentivados na forma desta Lei e da nº 8.387, de 30 de dezembro de 1991, conforme projeto elaborado pelas próprias empresas, a partir da apresentação da proposta de projeto de que trata o § 1ºC do art. 4º desta Lei."

Art. 21. O art. 2º da Lei nº 8.387, de 30 de dezembro de 1991, passa a vigorar com a seguinte redação:

"Art. 2º ....

....

§ 3º Para fazer jus aos benefícios previstos neste artigo, as empresas que tenham como finalidade a produção de bens e serviços de informática deverão aplicar, anualmente, no mínimo 5% (cinco por cento) do seu faturamento bruto no mercado interno, decorrente da comercialização de bens e serviços de informática, deduzidos os tributos correspondentes a tais comercializações, bem como o valor das aquisições de produtos incentivados na forma desta Lei e da Lei nº 8.248, de 23 de outubro de 1991, em atividades de pesquisa e desenvolvimento a serem realizadas na Amazônia, conforme projeto elaborado pelas próprias empresas, com base em proposta de projeto a ser apresentada à Superintendência da Zona Franca de Manaus – Suframa, e ao Ministério da Ciência e Tecnologia."

Art. 22. As sociedades cooperativas que se dedicam a vendas em comum, referidas no art. 82 da Lei nº 5.764, de 16 de dezembro de 1971, e que recebam para comercialização a produção de seus associados, são responsáveis pelo recolhimento da Contribuição de Intervenção no Domínio Econômico – CIDE, incidente sobre a comercialização de álcool etílico combustível, observadas as normas estabelecidas na Lei nº 10.336, de 19 de dezembro de 2001.

Art. 23. A incidência da CIDE, nos termos do art. 3º, inciso V, da Lei nº 10.336, de 19 de dezembro de 2001, da contribuição para o PIS/PASEP e da COFINS, nos termos do art. 4º, inciso III, e art. 6º, *caput*, da Lei nº 9.718, de 27 de novembro de 1998, com a redação dada pela Lei nº 9.990, de 21 de julho de 2000, sobre os gases liquefeitos de petróleo, classificados na subposição 2711.1 da NCM, não alcança os produtos classificados no código 2711.11.00.

Art. 24. O disposto no § 2º, incisos I e II, do art. 14 da Medida Provisória nº 2.158-35, de 24 de agosto de 2001, não se aplica às vendas enquadradas nas hipóteses previstas nos incisos IV, VI, VIII e IX de seu *caput*.

Art. 25. A pessoa jurídica encomendante, no caso de industrialização por encomenda, sujeita-se, conforme o caso, às alíquotas previstas alíneas *a* ou *b* do inciso I do art. 1º da Lei nº 10.147, de 21 de dezembro de 2000, e alterações posteriores, incidentes sobre a receita bruta decorrente da venda dos produtos nelas referidas.

• *Caput* com a redação dada pela Lei nº 10.865, de 30-4-2004.

Parágrafo único. Na hipótese a que se refere o *caput*:

I – as alíquotas da contribuição para o PIS/PASEP e da COFINS aplicáveis à pessoa jurídica executora da encomenda ficam reduzidas a zero; e

II – o crédito presumido de que trata o art. 3º da Lei nº 10.147, de 21 de dezembro de 2000, quando for o caso, será atribuído à pessoa jurídica encomendante.

Art. 26. O adquirente, pessoa física ou jurídica residente ou domiciliada no Brasil, ou o procurador, quando o adquirente for residente ou domiciliado no exterior, fica responsável pela retenção e recolhimento do imposto de renda incidente sobre o ganho de capital a que se refere o art. 18 da Lei nº 9.249, de 26 de dezembro de 1995, auferido por pessoa física ou jurídica residente ou domiciliada no exterior que alienar bens localizados no Brasil.

o Art. 93, II, desta Lei.

Art. 27. O imposto de renda sobre os rendimentos pagos, em cumprimento de decisão da Justiça Federal, mediante precatório ou requisição de pequeno valor, será retido na fonte pela instituição financeira responsável pelo pagamento e incidirá à alíquota de três por cento sobre o montante pago, sem quaisquer deduções, no momento do pagamento ao beneficiário ou seu representante legal.

o Art. 93, II, desta Lei.

§ 1º Fica dispensada a retenção do imposto quando o beneficiário declarar à instituição financeira responsável pelo pagamento que os rendimentos recebidos são isentos ou não tributáveis, ou que, em se tratando de pessoa jurídica, esteja inscrita no SIMPLES.

§ 2º O imposto retido na fonte de acordo com o *caput* será:

I – considerado antecipação do imposto apurado na declaração de ajuste anual das pessoas físicas; ou

II – deduzido do apurado no encerramento do período de apuração ou na data da extinção, no caso de beneficiário pessoa jurídica.

§ 3º A instituição financeira deverá, na forma, prazo e condições estabelecidas pela Secretaria da Receita Federal, fornecer à pessoa física ou jurídica beneficiária o Comprovante de Rendimentos Pagos e de Retenção do Imposto de Renda na Fonte, bem como apresentar à Secretaria da Receita Federal declaração contendo informações sobre:

I – os pagamentos efetuados à pessoa física ou jurídica beneficiária e o respectivo imposto de renda retido na fonte;

II – os honorários pagos a perito e o respectivo imposto de renda retido na fonte;

III – a indicação do advogado da pessoa física ou jurídica beneficiária.

§ 4º O disposto neste artigo não se aplica aos depósitos efetuados pelos Tribunais Regionais Federais antes de 1º de fevereiro de 2004.

• §§ 3º e 4º com a redação dada pela Lei nº 10.865, de 30-4-2004.

Art. 28. Cabe à fonte pagadora, no prazo de quinze dias da data da retenção de que trata o *caput* do art. 46 da Lei nº 8.541, de 23 de dezembro de 1992, comprovar, nos respectivos autos, o recolhimento do imposto de renda na fonte incidente sobre os rendimentos pagos em cumprimento de decisões da Justiça do Trabalho.

§ 1º Na hipótese de omissão da fonte pagadora relativamente à comprovação de que trata o *caput*, e nos pagamentos de honorários periciais, competirá ao Juízo do Trabalho calcular o imposto de renda na fonte e determinar o seu recolhimento à instituição financeira depositária do crédito.

§ 2º A não indicação pela fonte pagadora da natureza jurídica das parcelas objeto de acordo homologado perante a Justiça do Trabalho acarretará a incidência do imposto de renda na fonte sobre o valor total da avença.

§ 3º A instituição financeira deverá, na forma, prazo e condições estabelecidas pela Secretaria da Receita Federal, fornecer à pessoa física beneficiária o Comprovante de Rendimentos Pagos e de Retenção do Imposto de Renda na Fonte, bem como apresentar à Secretaria da Receita Federal declaração contendo informações sobre:

I – os pagamentos efetuados à reclamante e o respectivo imposto de renda retido na fonte, na hipótese do § 1º;

II – os honorários pagos a perito e o respectivo imposto de renda retido na fonte;

III – as importâncias pagas a título de honorários assistenciais de que trata o art. 16 da Lei nº 5.584, de 26 de junho de 1970;

IV – a indicação do advogado da reclamante.

Art. 29. Sujeitam-se ao desconto do imposto de renda, à alíquota de 1,5% (um inteiro e cinco décimos por cento), que será deduzido do apurado no encerramento do período de apuração, as importâncias pagas ou creditadas por pessoas jurídicas a título de prestação de serviços a outras pessoas jurídicas que explorem as atividades de prestação de serviços de assessoria creditícia, mercadológica, gestão de crédito, seleção e riscos, administração de contas a pagar e a receber.

- Art. 93, II, desta Lei.

Art. 30. Os pagamentos efetuados pelas pessoas jurídicas a outras pessoas jurídicas de direito privado, pela prestação de serviços de limpeza, conservação, manutenção, segurança, vigilância, transporte de valores e locação de mão de obra, pela prestação de serviços de assessoria creditícia, mercadológica, gestão de crédito, seleção e riscos, administração de contas a pagar e a receber, bem como pela remuneração de serviços profissionais, estão sujeitos a retenção na fonte da Contribuição Social sobre o Lucro Líquido – CSLL, da COFINS e da contribuição para o PIS/PASEP.

- Art. 93, II, desta Lei.

§ 1º O disposto neste artigo aplica-se inclusive aos pagamentos efetuados por:

I – associações, inclusive entidades sindicais, federações, confederações, centrais sindicais e serviços sociais autônomos;

II – sociedades simples, inclusive sociedades cooperativas;

III – fundações de direito privado; ou

IV – condomínios edilícios.

§ 2º Não estão obrigadas a efetuar a retenção a que se refere o *caput* as pessoas jurídicas optantes pelo SIMPLES.

§ 3º As retenções de que trata o *caput* serão efetuadas sem prejuízo da retenção do imposto de renda na fonte das pessoas jurídicas sujeitas a alíquotas específicas previstas na legislação do imposto de renda.

Art. 31. O valor da CSLL, da COFINS e da contribuição para o PIS/PASEP, de que trata o art. 30, será determinado mediante a aplicação, sobre o montante a ser pago, do percentual de 4,65% (quatro inteiros e sessenta e cinco centésimos por cento), correspondente à soma das alíquotas de um por cento, três por cento e sessenta e cinco centésimos por cento, respectivamente.

§ 1º As alíquotas de sessenta e cinco centésimos por cento e três por cento aplicam-se inclusive na hipótese de a prestadora do serviço enquadrar-se no regime de não cumulatividade na cobrança da contribuição para o PIS/PASEP e da COFINS.

§ 2º No caso de pessoa jurídica beneficiária de isenção, na forma da legislação específica, de uma ou mais das contribuições de que trata este artigo, a retenção dar-se-á mediante a aplicação da alíquota específica correspondente às contribuições não alcançadas pela isenção.

§ 3º Fica dispensada a retenção de valor igual ou inferior a R$ 10,00 (dez reais), exceto na hipótese de Documento de Arrecadação de Receitas Federais – DARF eletrônico efetuado por meio do Siafi.

- § 3º com a redação dada pela Lei nº 13.137, de 19-6-2015.

§ 4º *Revogado.* Lei nº 13.137, de 19-6-2015.

Art. 32. A retenção de que trata o art. 30 não será exigida na hipótese de pagamentos efetuados a:

I – cooperativas, relativamente à CSLL;

- Inciso I com a redação dada pela Lei nº 10.865, de 30-4-2004.

II – empresas estrangeiras de transporte de valores;

- Inciso II com a redação dada pela Lei nº 10.865, de 30-4-2004.

III – pessoas jurídicas optantes pelo SIMPLES.

Parágrafo único. A retenção da COFINS e da contribuição para o PIS/PASEP não será exigida, cabendo, somente, a retenção da CSLL nos pagamentos:

I – a título de transporte internacional de valores efetuados por empresa nacional;

- Inciso I com a redação dada pela Lei nº 10.865, de 30-4-2004.

II – aos estaleiros navais brasileiros nas atividades de conservação, modernização, conversão e reparo de embarcações pré-registradas ou registradas no Registro Especial Brasileiro – REB, instituído pela Lei nº 9.432, de 8 de janeiro de 1997.

Art. 33. A União, por intermédio da Secretaria da Receita Federal, poderá celebrar convênios com os Estados, Distrito Federal e Municípios, para estabelecer a responsabilidade pela retenção na fonte da CSLL, da COFINS e da contribuição para o PIS/PASEP, mediante a aplicação das alíquotas previstas no art. 31, nos pagamentos efetuados por órgãos, autarquias e fundações dessas administrações públicas às pessoas jurídicas de direito privado, pelo fornecimento de bens ou pela prestação de serviços em geral.

Art. 34. Ficam obrigadas a efetuar as retenções na fonte do imposto de renda, da CSLL, da COFINS e da contribuição para o PIS/PASEP, a que se refere o art. 64 da Lei nº 9.430, de 27 de dezembro de 1996, as seguintes entidades da administração pública federal:

- Art. 93, II, desta Lei.
- Art. 3º do Dec. nº 5.602, de 6-12-2005, que regulamenta o programa de inclusão digital instituído pela Lei nº 11.196, de 21-11-2005.

I – empresas públicas;

II – sociedades de economia mista; e

III – demais entidades em que a União, direta ou indiretamente, detenha a maioria do capital social com direito a voto, e que dela recebam recursos do Tesouro Nacional e estejam obrigadas a registrar sua execução orçamentária e financeira na modalidade total no Sistema Integrado de Administração Financeira do Governo Federal – SIAFI.

Parágrafo único. A retenção a que se refere o *caput* deste artigo não se aplica na hipótese de pagamentos relativos à aquisição de:

- *Caput* do parágrafo único com a redação dada pela Lei nº 11.727, de 23-6-2008.

I – petróleo, gasolina, gás natural, óleo diesel, gás liquefeito de petróleo, querosene de aviação e demais derivados de petróleo e gás natural;

II – álcool, biodiesel e demais biocombustíveis.

- Incisos I e II acrescidos pela Lei nº 11.727, de 23-6-2008.

Art. 35. Os valores retidos no mês, na forma dos arts. 30, 33 e 34 desta Lei, deverão ser recolhidos ao Tesouro Nacional pelo órgão público que efetuar a retenção ou, de forma centralizada, pelo estabelecimento matriz da pessoa jurídica, até o último dia útil do segundo decêndio do mês subsequente àquele mês em que tiver ocorrido o pagamento à pessoa jurídica fornecedora dos bens ou prestadora do serviço.

- Artigo com a redação dada pela Lei nº 13.137, de 19-6-2015.

Art. 36. Os valores retidos na forma dos arts. 30, 33 e 34 serão considerados como antecipação do que for devido pelo contribuinte que sofreu a retenção, em relação ao imposto de renda e às respectivas contribuições.

Art. 37. Relativamente aos investimentos existentes em 31 de outubro de 2003, fica facultado ao investidor estrangeiro antecipar o pagamento da Contribuição Provisória sobre Movimentação ou Transmissão de Valores e de Créditos e Direitos de Natureza Financeira – CPMF, que seria devida por ocasião da remessa, para o exterior, de recursos financeiros apurados na liquidação de operações com ações ou opções de ações adquiridas em bolsa de valores ou em mercado de balcão organizado.

§ 1º A antecipação do pagamento da CPMF aplica-se a recursos financeiros não empregados exclusivamente, e por todo tempo de permanência no País, em ações ou contratos referenciados em ações ou índices de ações, negociados nos mercados referidos no *caput* ou em bolsa de mercadorias e de futuros, desde que na data do pagamento da contribuição estejam investidos nesses valores mobiliários.

§ 2º A CPMF de que trata este artigo:

I – será apurada mediante lançamento a débito, precedido de lançamento a crédito no mesmo valor, em conta-corrente de depósito do investidor estrangeiro;

II – terá como base de cálculo o valor correspondente à multiplicação da quantidade de ações ou de opções:

a) pelo preço médio ponderado da ação verificado na Bolsa de Valores de São Paulo ou em mercado de balcão organizado, no mês anterior ao do pagamento;

b) pelo preço médio da opção verificado na Bolsa referida na alínea *a*, no mês anterior ao do pagamento da CPMF;

III – será retida pela instituição financeira onde é mantida a conta-corrente de que trata o inciso I até o dia 1º de dezembro de 2003, e recolhida até o terceiro dia útil da semana subsequente à da retenção.

§ 3º O pagamento da CPMF, nos termos previstos neste artigo, dispensa nova incidência da contribuição quando da remessa para o exterior dos recursos apurados na efetiva liquidação das operações.

Art. 38. O pagamento indevido ou maior que o devido efetuado no âmbito do Programa de Recuperação Fiscal – REFIS, ou do parcelamento a ele alternativo será restituído a pedido do sujeito passivo.

§ 1º Na hipótese de existência de débitos do sujeito passivo relativos a tributos e contribuições perante a Secretaria da Receita Federal, a Procuradoria-Geral da Fazenda Nacional ou o Instituto Nacional do Seguro Social – INSS, inclusive inscritos em dívida ativa, o valor da restituição deverá ser utilizado para quitá-los, mediante compensação em procedimento de ofício.

§ 2º A restituição e a compensação de que trata este artigo serão efetuadas pela Secretaria da Receita Federal, aplicando-se o disposto no art. 39 da Lei nº 9.250, de 26 de dezembro de 1995, alterado pelo art. 73 da Lei nº 9.532, de 10 de dezembro de 1997, observadas as normas estabelecidas pelo Comitê Gestor do REFIS.

Art. 39. *Revogado.* Lei nº 12.350, de 20-12-2010.

Art. 40. O *caput* do art. 1º do Decreto-Lei nº 1.593, de 21 de dezembro de 1977, com a redação dada pela Medida Provisória nº 2.158-35, de 24 de agosto de 2001, e o art. 18 do mesmo Decreto-Lei passam a vigorar com a seguinte redação:

"Art. 1º A fabricação de cigarros classificados no código 2402.20.00 da Tabela de Incidência do Imposto sobre Produtos Industrializados – TIPI, excetuados os classificados no Ex 01, será exercida exclusivamente pelas empresas que, dispondo de instalações industriais adequadas, mantiverem registro especial na Secretaria da Receita Federal do Ministério da Fazenda."

"Art. 18. Consideram-se como produtos estrangeiros introduzidos clandestinamente no território nacional, para todos os efeitos legais, os cigarros nacionais destinados à exportação que forem encontrados no País, salvo se em trânsito, diretamente entre o estabelecimento industrial e os destinos referidos no art. 8º, desde que observadas as formalidades previstas para a operação.

§ 1º Será exigido do proprietário do produto em infração deste artigo o imposto que deixou de ser pago, aplicando-se-lhe, independentemente de outras sanções cabíveis, a multa de 150% (cento e cinquenta por cento) do seu valor.

§ 2º Se o proprietário não for identificado, considera-se como tal, para os efeitos do § 1º, o possuidor, transportador ou qualquer outro detentor do produto."

Art. 41. O art. 54 da Lei nº 10.637, de 30 de dezembro de 2002, passa a vigorar com a seguinte redação:

- Alteração inserida no texto da referida Lei.

Art. 42. O art. 1º da Lei nº 8.850, de 28 de janeiro de 1994, passa a vigorar com a seguinte redação:

"Art. 1º O período de apuração do Imposto sobre Produtos Industrializados – IPI, incidente nas saídas dos produtos dos estabelecimentos industriais ou equiparados a industrial, passa a ser:

I – de 1º de janeiro de 2004 a 31 de dezembro de 2004: quinzenal; e

II – a partir de 1º de janeiro de 2005: mensal.

Parágrafo único. O disposto nos incisos I e II do *caput* não se aplica aos produtos classificados no capítulo 22, nas posições 84.29, 84.32, 84.33, 87.01 a 87.06 e 87.11 e no código 2402.20.00, da Tabela de Incidência do IPI – TIPI aprovada pelo Decreto nº 4.542, de 26 de dezembro de 2002, em relação aos quais o período de apuração é decendial."

Art. 43. O inciso I do art. 52 da Lei nº 8.383, de 30 de dezembro de 1991, passa a vigorar com a seguinte redação:

- Alteração inserida no texto da referida Lei.

Art. 44. O art. 2º da Lei nº 9.493, de 10 de setembro de 1997, passa a vigorar com a seguinte redação:

- Alterações inseridas no texto da referida Lei.

Art. 45. A Secretaria da Receita Federal poderá estabelecer normas, tendo em vista condições especiais de rentabilidade e representatividade de operações da pessoa jurídica, disciplinando a forma de simplificação da apuração dos métodos de preço de transferência de que trata o art. 19 da Lei nº 9.430, de 27 de dezembro de 1996.

- Este artigo estará revogado pela MP nº 1.152, de 28-12-2022, que até o encerramento desta edição não havia sido convertida em lei, a partir de 1º-1-2024.

§ 1º O disposto no *caput* não se aplica em relação às vendas efetuadas para empresa, vinculada ou não, domiciliada em país ou dependência com tributação favorecida, ou cuja legislação interna oponha sigilo, conforme definido no art. 24 da Lei nº 9.430, de 27 de dezembro de 1996, e art. 4º da Lei nº 10.451, de 10 de maio de 2002.

§ 2º A autorização de que trata o *caput* se aplica também na fixação de percentual de margem de divergência máxima entre o preço ajustado, a ser utilizado como parâmetro, de acordo com os métodos previstos nos arts. 18 e 19 da Lei nº 9.430, de 27 de dezembro de 1996, e o daquele constante na documentação de importação e exportação.

Art. 46. VETADO.

Art. 47. Sem prejuízo do disposto no art. 10 da Lei nº 9.249, de 26 de dezembro de 1995, e no art. 7º da Lei nº 9.959, de

27 de janeiro de 2000, o ganho de capital decorrente de operação, em que o beneficiário seja residente ou domiciliado em país ou dependência com tributação favorecida, a que se refere o art. 24 da Lei nº 9.430, de 27 de dezembro de 1996, sujeita-se à incidência do imposto de renda na fonte à alíquota de 25% (vinte e cinco por cento).

Art. 48. O art. 71 da Lei nº 9.430, de 27 de dezembro de 1996, passa a vigorar com a seguinte redação:

- Alteração inserida no texto da referida Lei.

Arts. 49 e 50. *Revogados.* Lei nº 11.727, de 23-6-2008.

Art. 51. *Revogado.* Lei nº 13.097, de 19-1-2015.

Art. 52. *Revogado.* Lei nº 11.727, de 23-6-2008.

Arts. 53 e 54. *Revogados.* Lei nº 13.097, de 19-1-2015.

Art. 55. *Revogado.* Lei nº 11.727, de 23-6-2008.

Art. 56. *Revogado.* Lei nº 10.925, de 23-7-2004.

Arts. 57 e 58. *Revogados.* Lei nº 11.727, de 23-6-2008.

Arts. 58-A a 58-V. *Revogados.* Lei nº 13.097, de 19-1-2015.

CAPÍTULO III
DAS DISPOSIÇÕES RELATIVAS À LEGISLAÇÃO ADUANEIRA

Art. 59. O beneficiário de regime aduaneiro suspensivo, destinado à industrialização para exportação, responde solidariamente pelas obrigações tributárias decorrentes da admissão de mercadoria no regime por outro beneficiário, mediante sua anuência, com vistas na execução de etapa da cadeia industrial do produto a ser exportado.

§ 1º Na hipótese do *caput*, a aquisição de mercadoria nacional por qualquer dos beneficiários do regime, para ser incorporada ao produto a ser exportado, será realizada com suspensão dos tributos incidentes.

§ 2º Compete à Secretaria da Receita Federal disciplinar a aplicação dos regimes aduaneiros suspensivos de que trata o *caput* e estabelecer os requisitos, as condições e a forma de registro da anuência prevista para a admissão de mercadoria, nacional ou importada, no regime.

Art. 60. Extinguem os regimes de admissão temporária, de admissão temporária para aperfeiçoamento ativo, de exportação temporária e de exportação temporária para aperfeiçoamento passivo, aplicados a produto, parte, peça ou componente recebido do exterior ou a ele enviado para substituição em decorrência de garantia ou, ainda, para reparo, revisão, manutenção, renovação ou recondicionamento, respectivamente, a exportação ou a importação de produto equivalente àquele submetido ao regime.

§ 1º O disposto neste artigo aplica-se, exclusivamente, aos seguintes bens:

I – partes, peças e componentes de aeronave, objeto das isenções previstas na alínea *j* do inciso II do art. 2º e no inciso I do art. 3º da Lei nº 8.032, de 12 de abril de 1990;

II – produtos nacionais exportados definitivamente, ou suas partes e peças, que retornem ao País, mediante admissão temporária, ou admissão temporária para aperfeiçoamento ativo, para reparo ou substituição em virtude de defeito técnico que exija sua devolução; e

III – produtos nacionais, ou suas partes e peças, remetidos ao exterior mediante exportação temporária, para substituição de outro anteriormente exportado definitivamente, que deva retornar ao País para reparo ou substituição, em virtude de defeito técnico que exija sua devolução.

§ 2º A Secretaria da Receita Federal disciplinará os procedimentos para a aplicação do disposto neste artigo e os requisitos para reconhecimento da equivalência entre os produtos importados e exportados.

Art. 61. Nas operações de exportação sem saída do produto do território nacional, com pagamento a prazo, os efeitos fiscais e cambiais, quando reconhecidos pela legislação vigente, serão produzidos no momento da contratação, sob condição resolutória, aperfeiçoando-se pelo recebimento integral em moeda nacional ou estrangeira de livre conversibilidade.

- *Caput* com a redação dada pela Lei nº 12.024, de 27-8-2009.

§ 1º O disposto neste artigo aplica-se também ao produto exportado sem saída do território nacional, na forma disciplinada pela Secretaria Especial da Receita Federal do Brasil do Ministério da Economia, para ser:

- Parágrafo único transformado em § 1º e com a redação dada pela Lei nº 14.368, de 14-6-2022.

I – totalmente incorporado a bem que se encontre no País, de propriedade do comprador estrangeiro, inclusive em regime de admissão temporária sob a responsabilidade de terceiro;

II – entregue a órgão da administração direta, autárquica ou fundacional da União, dos Estados, do Distrito Federal ou dos Municípios, em cumprimento de contrato decorrente de licitação internacional;

III – entregue, em consignação, a empresa nacional autorizada a operar o regime de loja franca;

IV – entregue, no País, a subsidiária ou coligada, para distribuição sob a forma de brinde a fornecedores e clientes;

V – entregue a terceiro, no País, em substituição de produto anteriormente exportado e que tenha se mostrado, após o despacho aduaneiro de importação, defeituoso ou imprestável para o fim a que se destinava;

VI – entregue, no País, a missão diplomática, repartição consular de caráter permanente ou organismo internacional de que o Brasil seja membro, ou a seu integrante, estrangeiro; ou

VII – entregue, no País, para ser incorporado a plataforma destinada à pesquisa e lavra de jazidas de petróleo e gás natural em construção ou conversão contratada por empresa sediada no exterior, ou a seus módulos;

VIII – entregue no País:

a) para ser incorporado a produto do setor aeronáutico industrializado no território nacional, na hipótese de industrialização por encomenda de empresa estrangeira do bem a ser incorporado; ou

b) em regime de admissão temporária, por conta do comprador estrangeiro, sob a responsabilidade de terceiro, no caso de aeronaves;

IX – entregue no País a órgão do Ministério da Defesa, para ser incorporado a produto de interesse da defesa nacional em construção ou fabricação no território nacional, em decorrência de acordo internacional.

- Incisos VIII e IX acrescidos pela Lei nº 12.767, de 27-12-2012.

§ 2º O disposto no *caput* deste artigo também se aplica às aeronaves industrializadas no País e entregues a prestador de serviços de transporte aéreo regular sediado no território nacional, de propriedade do comprador estrangeiro, na forma disciplinada pela Secretaria Especial da Receita Federal do Brasil.

- § 2º acrescido pela Lei nº 14.368, de 14-6-2022.

Art. 62. O regime de entreposto aduaneiro de que tratam os arts. 9º e 10 do Decreto-Lei nº 1.455, de 7 de abril de

1976, com a redação dada pelo art. 69 da Medida Provisória nº 2.158-35, de 24 de agosto de 2001, poderá, mediante autorização da Secretaria da Receita Federal, observados os requisitos e condições estabelecidos na legislação específica, ser também operado em:

I – instalações portuárias previstas no inciso III do art. 2º da Lei nº 12.815, de 5 de junho de 2013;

II – bens destinados à pesquisa e lavra de jazidas de petróleo e gás natural em construção ou conversão no País, contratados por empresas sediadas no exterior e relacionados em ato do Poder Executivo.

- Incisos I e II com a redação dada pela Lei nº 12.844, de 19-7-2013.

Parágrafo único. No caso do inciso II, o beneficiário do regime será o contratado pela empresa sediada no exterior e o regime poderá ser operado também em estaleiros navais ou em outras instalações industriais, destinadas à construção dos bens de que trata aquele inciso.

- Parágrafo único com a redação dada pela Lei nº 12.844, de 19-7-2013.

Art. 63. A Secretaria da Receita Federal fica autorizada a estabelecer:

I – hipóteses em que, na substituição de beneficiário de regime aduaneiro suspensivo, o termo inicial para o cálculo de juros e multa de mora relativos aos tributos suspensos passe a ser a data da transferência da mercadoria; e

II – os serviços permitidos no regime de entreposto aduaneiro na importação e na exportação.

Art. 64. Os documentos instrutivos de declaração aduaneira ou necessários ao controle aduaneiro podem ser emitidos, transmitidos e recepcionados eletronicamente, na forma e nos prazos estabelecidos pela Secretaria da Receita Federal.

§ 1º A outorga de poderes a representante legal, inclusive quando residente no Brasil, para emitir e firmar os documentos referidos no *caput* deste artigo, também pode ser realizada por documento emitido e assinado eletronicamente.

- § 1º acrescido pela Lei nº 11.452, de 27-2-2007.

§ 2º Os documentos eletrônicos referidos no *caput* deste artigo e no § 1º deste artigo são válidos para os efeitos fiscais e de controle aduaneiro, observado o disposto na legislação sobre certificação digital e atendidos os requisitos estabelecidos pela Secretaria da Receita Federal.

- Parágrafo único transformado em § 2º e com a redação dada pela Lei nº 11.452, de 27-2-2007.

Art. 65. A Secretaria da Receita Federal poderá adotar nomenclatura simplificada para a classificação de mercadorias apreendidas, na lavratura do correspondente auto de infração para a aplicação da pena de perdimento, bem como aplicar alíquotas de 50% (cinquenta por cento) sobre o valor arbitrado dessas mercadorias, para o cálculo do valor estimado do Imposto de Importação e do Imposto sobre Produtos Industrializados que seriam devidos na importação, para efeitos de controle patrimonial, elaboração de estatísticas, formalização de processo administrativo fiscal e representação fiscal para fins penais.

Art. 66. As diferenças percentuais de mercadoria a granel, apuradas em conferência física nos despachos aduaneiros, não serão consideradas para efeitos de exigência dos impostos incidentes, até o limite de 1% (um por cento), conforme dispuser o Poder Executivo.

Art. 67. Na impossibilidade de identificação da mercadoria importada, em razão de seu extravio ou consumo, e de descrição genérica nos documentos comerciais e de transporte disponíveis, será aplicada, para fins de determinação dos impostos e dos direitos incidentes na importação, alíquota única de 80% (oitenta por cento) em regime de tributação simplificada relativa ao Imposto de Importação – II, ao Imposto sobre Produtos Industrializados – IPI, à Contribuição para os Programas de Integração Social e de Formação do Patrimônio do Servidor Público – PIS/PASEP, à Contribuição Social para o Financiamento da Seguridade Social – COFINS e ao Adicional ao Frete para a Renovação da Marinha Mercante – AFRMM.

- *Caput* com a redação dada pela Lei nº 13.043, de 13-11-2014.

§ 1º A base de cálculo da tributação simplificada prevista neste artigo será arbitrada em valor equivalente à mediana dos valores por quilograma de todas as mercadorias importadas a título definitivo, pela mesma via de transporte internacional, constantes de declarações registradas no semestre anterior, incluídas as despesas de frete e seguro internacionais.

- § 1º com a redação dada pela Lei nº 13.043, de 13-11-2014.

§ 2º Na falta de informação sobre o peso da mercadoria, adotar-se-á o peso líquido admitido na unidade de carga utilizada no seu transporte.

Art. 68. As mercadorias descritas de forma semelhante em diferentes declarações aduaneiras do mesmo contribuinte, salvo prova em contrário, são presumidas idênticas para fins de determinação do tratamento tributário ou aduaneiro.

Parágrafo único. Para efeito do disposto no *caput*, a identificação das mercadorias poderá ser realizada no curso do despacho aduaneiro ou em outro momento, com base em informações coligidas em documentos, obtidos inclusive junto a clientes ou a fornecedores, ou no processo produtivo em que tenham sido ou venham a ser utilizadas.

Art. 69. A multa prevista no art. 84 da Medida Provisória nº 2.158-35, de 24 de agosto de 2001, não poderá ser superior a 10% (dez por cento) do valor total das mercadorias constantes da declaração de importação.

§ 1º A multa a que se refere o *caput* aplica-se também ao importador, exportador ou beneficiário de regime aduaneiro que omitir ou prestar de forma inexata ou incompleta informação de natureza administrativo-tributária, cambial ou comercial necessária à determinação do procedimento de controle aduaneiro apropriado.

§ 2º As informações referidas no § 1º, sem prejuízo de outras que venham a ser estabelecidas em ato normativo da Secretaria da Receita Federal, compreendem a descrição detalhada da operação, incluindo:

I – identificação completa e endereço das pessoas envolvidas na transação: importador/exportador; adquirente (comprador)/fornecedor (vendedor), fabricante, agente de compra ou de venda e representante comercial;

II – destinação da mercadoria importada: industrialização ou consumo, incorporação ao ativo, revenda ou outra finalidade;

III – descrição completa da mercadoria: todas as características necessárias à classificação fiscal, espécie, marca comercial, modelo, nome comercial ou científico e outros atributos estabelecidos pela Secretaria da Receita Federal que confiram sua identidade comercial;

IV – países de origem, de procedência e de aquisição; e

V – portos de embarque e de desembarque.

LEG. COMPLEMENTAR

§ 3º Quando aplicada sobre a exportação, a multa prevista neste artigo incidirá sobre o preço normal definido no art. 2º do Decreto-Lei nº 1.578, de 11 de outubro de 1977.

• § 3º acrescido pela Lei nº 13.043, de 13-11-2014.

Art. 70. O descumprimento pelo importador, exportador ou adquirente de mercadoria importada por sua conta e ordem, da obrigação de manter, em boa guarda e ordem, os documentos relativos às transações que realizarem, pelo prazo decadencial estabelecido na legislação tributária a que estão submetidos, ou da obrigação de os apresentar à fiscalização aduaneira quando exigidos, implicará:

I – se relativo aos documentos comprobatórios da transação comercial ou os respectivos registros contábeis:

a) a apuração do valor aduaneiro com base em método substitutivo ao valor de transação, caso exista dúvida quanto ao valor aduaneiro declarado; e

b) o não reconhecimento de tratamento mais benéfico de natureza tarifária, tributária ou aduaneira eventualmente concedido, com efeitos retroativos à data do fato gerador, caso não sejam apresentadas provas do regular cumprimento das condições previstas na legislação específica para obtê-lo;

II – se relativo aos documentos obrigatórios de instrução das declarações aduaneiras:

a) o arbitramento do preço da mercadoria para fins de determinação da base de cálculo, conforme os critérios definidos no art. 88 da Medida Provisória nº 2.158-35, de 24 de agosto de 2001, se existir dúvida quanto ao preço efetivamente praticado; e

b) a aplicação cumulativa das multas de:

1. 5% (cinco por cento) do valor aduaneiro das mercadorias importadas; e

2. 100% (cem por cento) sobre a diferença entre o preço declarado e o preço efetivamente praticado na importação ou entre o preço declarado e o preço arbitrado.

§ 1º Os documentos de que trata o *caput* compreendem os documentos de instrução das declarações aduaneiras, a correspondência comercial, incluídos os documentos de negociação e cotação de preços, os instrumentos de contrato comercial, financeiro e cambial, de transporte e seguro das mercadorias, os registros contábeis e os correspondentes documentos fiscais, bem como outros que a Secretaria da Receita Federal venha a exigir em ato normativo.

§ 2º Nas hipóteses de incêndio, furto, roubo, extravio ou qualquer outro sinistro que provoque a perda ou deterioração dos documentos a que se refere o § 1º, deverá ser feita comunicação, por escrito, no prazo de 48 (quarenta e oito) horas do sinistro, à unidade de fiscalização aduaneira da Secretaria da Receita Federal que jurisdicione o domicílio matriz do sujeito passivo.

§ 3º As multas previstas no inciso II do *caput* não se aplicam no caso de regular comunicação da ocorrência de um dos eventos previstos no § 2º.

§ 4º Somente produzirá efeitos a comunicação realizada dentro do prazo referido no § 2º e instruída com os documentos que comprovem o registro da ocorrência junto à autoridade competente para apurar o fato.

§ 5º No caso de encerramento das atividades da pessoa jurídica, a guarda dos documentos referidos no *caput* será atribuída à pessoa responsável pela guarda dos demais documentos fiscais, nos termos da legislação específica.

§ 6º A aplicação do disposto neste artigo não prejudica a aplicação das multas previstas no art. 107 do Decreto-Lei nº 37, de 18 de novembro de 1966, com a redação dada pelo art. 77 desta Lei, nem a aplicação de outras penalidades cabíveis.

Art. 71. O despachante aduaneiro, o transportador, o agente de carga, o depositário e os demais intervenientes em operação de comércio exterior ficam obrigados a manter em boa guarda e ordem, e a apresentar à fiscalização aduaneira, quando exigidos, os documentos e registros relativos às transações em que intervierem, ou outros definidos em ato normativo da Secretaria da Receita Federal, na forma e nos prazos por ela estabelecidos.

Art. 72. Aplica-se a multa de:

I – 10% (dez por cento) do valor aduaneiro da mercadoria submetida ao regime aduaneiro especial de admissão temporária, ou de admissão temporária para aperfeiçoamento ativo, pelo descumprimento de condições, requisitos ou prazos estabelecidos para aplicação do regime; e

II – 5% (cinco por cento) do preço normal da mercadoria submetida ao regime aduaneiro especial de exportação temporária, ou de exportação temporária para aperfeiçoamento passivo, pelo descumprimento de condições, requisitos ou prazos estabelecidos para aplicação do regime.

§ 1º O valor da multa prevista neste artigo será de R$ 500,00 (quinhentos reais), quando do seu cálculo resultar valor inferior.

§ 2º A multa aplicada na forma deste artigo não prejudica a exigência dos impostos incidentes, a aplicação de outras penalidades cabíveis e a representação fiscal para fins penais, quando for o caso.

Art. 73. Verificada a impossibilidade de apreensão da mercadoria sujeita a pena de perdimento, em razão de sua não localização ou consumo, extinguir-se-á o processo administrativo instaurado para apuração da infração capitulada como dano ao Erário.

§ 1º Na hipótese prevista no *caput*, será instaurado processo administrativo para aplicação da multa prevista no § 3º do art. 23 do Decreto-Lei nº 1.455, de 7 de abril de 1976, com a redação dada pelo art. 59 da Lei nº 10.637, de 30 de dezembro de 2002.

§ 2º A multa a que se refere o § 1º será exigida mediante lançamento de ofício, que será processado e julgado nos termos da legislação que rege a determinação e exigência dos demais créditos tributários da União.

Art. 74. O transportador de passageiros, em viagem internacional, ou que transite por zona de vigilância aduaneira, fica obrigado a identificar os volumes transportados como bagagem em compartimento isolado dos viajantes, e seus respectivos proprietários.

§ 1º No caso de transporte terrestre de passageiros, a identificação referida no *caput* também se aplica aos volumes portados pelos passageiros no interior do veículo.

§ 2º As mercadorias transportadas no compartimento comum de bagagens ou de carga do veículo, que não constituam bagagem identificada dos passageiros, devem estar acompanhadas do respectivo conhecimento de transporte.

§ 3º Presume-se de propriedade do transportador, para efeitos fiscais, a mercadoria transportada sem a identificação do respectivo proprietário, na forma estabelecida no *caput* ou nos §§ 1º e 2º deste artigo.

§ 4º Compete à Secretaria da Receita Federal disciplinar os procedimentos necessários para fins de cumprimento do previsto neste artigo.

Art. 75. Aplica-se a multa de R$ 15.000,00 (quinze mil reais) ao transportador, de passageiros ou de carga, em viagem doméstica ou internacional que transportar mercadoria sujeita a pena de perdimento:

I – sem identificação do proprietário ou possuidor; ou

II – ainda que identificado o proprietário ou possuidor, as características ou a quantidade dos volumes transportados evidenciarem tratar-se de mercadoria sujeita à referida pena.

§ 1º Na hipótese de transporte rodoviário, o veículo será retido, na forma estabelecida pela Secretaria da Receita Federal, até o recolhimento da multa ou o deferimento do recurso a que se refere o § 3º.

§ 2º A retenção prevista no § 1º será efetuada ainda que o infrator não seja o proprietário do veículo, cabendo a este adotar as ações necessárias contra o primeiro para se ressarcir dos prejuízos eventualmente incorridos.

§ 3º Caberá recurso, com efeito exclusivamente devolutivo, a ser apresentado no prazo de 20 (vinte) dias da ciência da retenção a que se refere o § 1º, ao titular da unidade da Secretaria da Receita Federal responsável pela retenção, que o apreciará em instância única.

§ 4º Decorrido o prazo de 45 (quarenta e cinco) dias da aplicação da multa, ou da ciência do indeferimento do recurso, e não recolhida a multa prevista, o veículo será considerado abandonado, caracterizando dano ao Erário e ensejando a aplicação da pena de perdimento, observado o rito estabelecido no Decreto-Lei nº 1.455, de 7 de abril de 1976.

§ 5º A multa a ser aplicada será de R$ 30.000,00 (trinta mil reais) na hipótese de:

I – reincidência da infração prevista no *caput*, envolvendo o mesmo veículo transportador; ou

II – modificações da estrutura ou das características do veículo, com a finalidade de efetuar o transporte de mercadorias ou permitir a sua ocultação.

§ 6º O disposto neste artigo não se aplica nas hipóteses em que o veículo estiver sujeito à pena de perdimento prevista no inciso V do art. 104 do Decreto-Lei nº 37, de 18 de novembro de 1966, nem prejudica a aplicação de outras penalidades estabelecidas.

§ 7º Enquanto não consumada a destinação do veículo, a pena de perdimento prevista no § 4º poderá ser relevada à vista de requerimento do interessado, desde que haja o recolhimento de 2 (duas) vezes o valor da multa aplicada.

§ 8º A Secretaria da Receita Federal deverá representar o transportador que incorrer na infração prevista no *caput* ou que seja submetido à aplicação da pena de perdimento de veículo à autoridade competente para fiscalizar o transporte terrestre.

§ 9º Na hipótese do § 8º, as correspondentes autorizações de viagens internacionais ou por zonas de vigilância aduaneira do transportador representado serão canceladas, ficando vedada a expedição de novas autorizações pelo prazo de 2 (dois) anos.

Art. 76. Os intervenientes nas operações de comércio exterior ficam sujeitos às seguintes sanções:

I – advertência, na hipótese de:

a) e *b)* *Revogadas*; Lei nº 13.043, de 13-11-2014.

c) atraso, de forma contumaz, na chegada ao destino de veículo conduzindo mercadoria submetida ao regime de trânsito aduaneiro;

d) emissão de documento de identificação ou quantificação de mercadoria sob controle aduaneiro em desacordo com o previsto em ato normativo, relativamente a sua efetiva qualidade ou quantidade;

e) prática de ato que prejudique a identificação ou quantificação de mercadoria sob controle aduaneiro;

- Alíneas *d* e *e* com a redação dada pela Lei nº 13.043, de 13-11-2014.

f) *Revogada*; Lei nº 13.043, de 13-11-2014.

g) consolidação ou desconsolidação de carga efetuada em desacordo com disposição estabelecida em ato normativo e que altere o tratamento tributário ou aduaneiro da mercadoria;

- Alínea *g* com a redação dada pela Lei nº 13.043, de 13-11-2014.

h) atraso, por mais de 3 (três) vezes, em um mesmo mês, na prestação de informações sobre carga e descarga de veículos, ou movimentação e armazenagem de mercadorias sob controle aduaneiro;

i) descumprimento de requisito, condição ou norma operacional para habilitar-se ou utilizar regime aduaneiro especial ou aplicado em áreas especiais, ou para habilitar-se ou manter recintos nos quais tais regimes sejam aplicados; ou

j) descumprimento de obrigação de apresentar à fiscalização, em boa ordem, os documentos relativos à operação em que realizar ou em que intervier, bem como outros documentos exigidos pela Secretaria da Receita Federal do Brasil; ou

- Alínea *j* com a redação dada pela Lei nº 13.043, de 13-11-2014.

k) descumprimento de determinação legal ou de outras obrigações relativas ao controle aduaneiro previstas em ato normativo não referidas às alíneas *c* a *j*;

- Alínea *k* acrescida pela Lei nº 13.043, de 13-11-2014.

II – suspensão, pelo prazo de até 12 (doze) meses, do registro, licença, autorização, credenciamento ou habilitação para utilização de regime aduaneiro ou de procedimento simplificado, exercício de atividades relacionadas com o despacho aduaneiro, ou com a movimentação e armazenagem de mercadorias sob controle aduaneiro, e serviços conexos, na hipótese de:

a) reincidência em conduta já sancionada com advertência;

b) atuação em nome de pessoa que esteja cumprindo suspensão, ou no interesse desta;

c) *Revogada*; Lei nº 13.043, de 13-11-2014.

d) delegação de atribuição privativa a pessoa não credenciada ou habilitada;

e) prática de qualquer outra conduta sancionada com suspensão de registro, licença, autorização, credenciamento ou habilitação, nos termos de legislação específica; ou

- Alíneas *d* e *e* com a redação dada pela Lei nº 13.043, de 13-11-2014.

f) agressão ou desacato à autoridade aduaneira no exercício da função;

- Alínea *f* acrescida pela Lei nº 13.043, de 13-11-2014.

III – cancelamento ou cassação do registro, licença, autorização, credenciamento ou habilitação para utilização de regime aduaneiro ou de procedimento simplificado, exercício de atividades relacionadas com o despacho aduaneiro, ou com a movimentação e armazenagem de mercadorias sob controle aduaneiro, e serviços conexos, na hipótese de:

a) acúmulo, em período de 3 (três) anos, de suspensão cujo prazo total supere 12 (doze) meses;

b) atuação em nome de pessoa cujo registro, licença, autorização, credenciamento ou habilitação tenha sido objeto de cancelamento ou cassação, ou no interesse desta;

c) exercício, por pessoa credenciada ou habilitada, de atividade ou cargo vedados na legislação específica;

d) prática de ato que embarace, dificulte ou impeça a ação da fiscalização aduaneira, para benefício próprio ou de terceiros;

• Alínea *d* com a redação dada Lei nº 13.043, de 13-11-2014.

e) *Revogada.* Lei nº 13.043, de 13-11-2014.

f) sentença condenatória, transitada em julgado, por participação, direta ou indireta, na prática de crime contra a administração pública ou contra a ordem tributária;

g) ação ou omissão dolosa tendente a subtrair ao controle aduaneiro, ou dele ocultar, a importação ou a exportação de bens ou de mercadorias; ou

h) prática de qualquer outra conduta sancionada com cancelamento ou cassação de registro, licença, autorização, credenciamento ou habilitação, nos termos de legislação específica.

§ 1º A aplicação das sanções previstas neste artigo será anotada no registro do infrator pela administração aduaneira, após a decisão definitiva na esfera administrativa, devendo a anotação ser cancelada após o decurso de 5 (cinco) anos de sua efetivação.

§ 2º Para os efeitos do disposto neste artigo, consideram-se intervenientes o importador, o exportador, o beneficiário de regime aduaneiro ou de procedimento simplificado, o despachante aduaneiro e seus ajudantes, o transportador, o agente de carga, o operador de transporte multimodal, o operador portuário, o depositário, o administrador de recinto alfandegado, o perito ou qualquer outra pessoa que tenha relação, direta ou indireta, com a operação de comércio exterior.

• §§ 1º e 2º com a redação dada pela Lei nº 13.043, de 13-11-2014.

§ 3º Para efeitos do disposto na alínea *c* do inciso I do *caput*, considera-se contumaz o atraso sem motivo justificado ocorrido em mais de 20% (vinte por cento) das operações de trânsito aduaneiro realizadas no mês, se superior a 5 (cinco) o número total de operações.

§ 4º Na aplicação da sanção prevista no inciso I do *caput* e na determinação do prazo para a aplicação das sanções previstas no inciso II do *caput* serão considerados:

I – a natureza e a gravidade da infração cometida;

II – os danos que dela provierem; e

III – os antecedentes do infrator, inclusive quanto à proporção das irregularidades no conjunto das operações por ele realizadas e seus esforços para melhorar a conformidade à legislação, segundo os critérios estabelecidos pela Secretaria da Receita Federal do Brasil.

§ 5º Para os fins do disposto na alínea *a* do inciso II do *caput* deste artigo, será considerado reincidente o infrator que:

I – cometer nova infração pela mesma conduta já sancionada com advertência, no período de 365 (trezentos e sessenta e cinco) dias, contado da data da aplicação da sanção; ou

II – não sanar a irregularidade que ensejou a aplicação da advertência, depois de um mês de sua aplicação, quando se tratar de conduta passível de regularização.

• §§ 4º e 5º com a redação dada pela Lei nº 13.043, de 13-11-2014.

§ 5º-A. Para os efeitos do § 5º, no caso de operadores que realizam grande quantidade de operações, poderá ser observada a proporção de erros e omissões em razão da quantidade de documentos, declarações e informações a serem prestadas, nos termos, limites e condições disciplinados pelo Poder Executivo.

• § 5º-A acrescido pela Lei nº 13.043, de 13-11-2014.

§ 6º Na hipótese de cassação ou cancelamento, a reinscrição para a atividade que exercia ou a inscrição para exercer outra atividade sujeita a controle aduaneiro só poderá ser solicitada depois de transcorridos 2 (dois) anos da data de aplicação da sanção, devendo ser cumpridas todas as exigências e formalidades previstas para a inscrição.

§ 7º Ao sancionado com suspensão, cassação ou cancelamento, enquanto perdurarem os efeitos da sanção, é vedado o ingresso em local sob controle aduaneiro, sem autorização do titular da unidade jurisdicionante.

§ 8º Compete a aplicação das sanções:

I – ao titular da unidade da Secretaria da Receita Federal responsável pela apuração da infração, nos casos de advertência ou suspensão; ou

II – à autoridade competente para habilitar ou autorizar a utilização de procedimento simplificado, de regime aduaneiro, ou o exercício de atividades relacionadas com o despacho aduaneiro, ou com a movimentação e armazenagem de mercadorias sob controle aduaneiro, e serviços conexos, nos casos de cancelamento ou cassação.

§ 9º As sanções previstas neste artigo serão aplicadas mediante processo administrativo próprio, instaurado com a lavratura de auto de infração, acompanhado de termo de constatação de hipótese referida nos incisos I a III do *caput*.

§ 10. Feita a intimação, a não apresentação de impugnação no prazo de 20 (vinte) dias implicará revelia, cabendo a imediata aplicação da penalidade.

• § 10 com a redação dada pela Lei nº 13.043, de 13-11-2014.

§ 10-A. A intimação a que se refere o § 10 deste artigo será:

I – pessoal, pelo autor do procedimento ou por agente preparador, na repartição ou fora dela, produzindo efeitos com a assinatura do sujeito passivo, seu mandatário ou preposto, ou, no caso de recusa, com declaração escrita de quem o intimar;

II – por via postal, telegráfica ou por qualquer outro meio ou via, produzindo efeitos com o recebimento no domicílio indicado à Secretaria da Receita Federal do Brasil pelo interveniente na operação de comércio exterior ou, se omitida a data do recebimento, com o decurso de 15 (quinze) dias da expedição da intimação ao referido endereço;

III – por meio eletrônico, com prova de recebimento, mediante envio ao domicílio tributário do sujeito passivo ou registro em meio magnético ou equivalente utilizado pelo sujeito passivo, produzindo efeitos:

a) 15 (quinze) dias contados da data registrada no comprovante de entrega no domicílio tributário do sujeito passivo;

b) na data em que o sujeito passivo efetuar consulta ao endereço eletrônico a ele atribuído pela administração tributária, se ocorrida antes do prazo previsto na alínea *a* deste inciso; ou

c) na data registrada no meio magnético ou equivalente utilizado pelo sujeito passivo; ou

IV – por edital, quando resultarem improfícuos os meios previstos nos incisos I a III deste parágrafo, ou no caso de pessoa jurídica declarada inapta perante o Cadastro Nacional de Pessoas Jurídicas – CNPJ, produzindo efeitos com o decurso de 15 (quinze) dias da publicação ou com qualquer manifestação do interessado no mesmo período.

• § 10-A acrescido pela Lei nº 13.043, de 13-11-2014.

§ 11. Apresentada a impugnação, a autoridade preparadora terá prazo de 15 (quinze) dias para remessa do processo a julgamento.

§ 12. O prazo a que se refere o § 11 poderá ser prorrogado quando for necessária a realização de diligências ou perícias.

§ 13. Da decisão que aplicar a sanção cabe recurso, a ser apresentado em 30 (trinta) dias, à autoridade imediatamente superior, que o julgará em instância final administrativa.

§ 14. O rito processual a que se referem os §§ 9º a 13 aplica-se também aos processos ainda não conclusos para julgamento em primeira instância julgados na esfera administrativa, relativos a sanções administrativas de advertência, suspensão, cassação ou cancelamento.

§ 15. As sanções previstas neste artigo não prejudicam a exigência dos impostos incidentes, a aplicação de outras penalidades cabíveis e a representação fiscal para fins penais, quando for o caso.

Art. 77. Os arts. 1º, 17, 36, 37, 50, 104, 107 e 169 do Decreto-Lei nº 37, de 18 de novembro de 1966, passam a vigorar com as seguintes alterações:

• Alterações inseridas no texto do referido Dec.-Lei.

Art. 78. O art. 3º do Decreto-Lei nº 399, de 30 de dezembro de 1968, passa a vigorar com a seguinte redação:

"Art. 3º ....

Parágrafo único. Sem prejuízo da sanção penal referida neste artigo, será aplicada, além da pena de perdimento da respectiva mercadoria, a multa de R$ 2,00 (dois reais) por maço de cigarro ou por unidade dos demais produtos apreendidos."

Art. 79. Os arts. 7º e 8º da Lei nº 9.019, de 30 de março de 1995, passam a vigorar com a seguinte redação:

"Art. 7º ....

....

§ 2º Os direitos *antidumping* e os direitos compensatórios são devidos na data do registro da declaração de importação.

§ 3º A falta de recolhimento de direitos *antidumping* ou de direitos compensatórios na data prevista no § 2º acarretará, sobre o valor não recolhido:

I – no caso de pagamento espontâneo, após o desembaraço aduaneiro:

a) a incidência de multa de mora, calculada à taxa de 0,33% (trinta e três centésimos por cento), por dia de atraso, a partir do 1º (primeiro) dia subsequente ao do registro da declaração de importação até o dia em que ocorrer o seu pagamento, limitada a 20% (vinte por cento); e

b) a incidência de juros de mora calculados à taxa referencial do Sistema Especial de Liquidação e Custódia – SELIC, para títulos federais, acumulada mensalmente, a partir do 1º (primeiro) dia do mês subsequente ao do registro da declaração de importação até o último dia do mês anterior ao do pagamento e de 1% (um por cento) no mês do pagamento; e

II – no caso de exigência de ofício, de multa de 75% (setenta e cinco por cento) e dos juros de mora previstos na alínea *b* do inciso I deste parágrafo.

§ 4º A multa de que trata o inciso II do § 3º será exigida isoladamente quando os direitos *antidumping* ou os direitos compensatórios houverem sido pagos após o registro da declaração de importação, mas sem os acréscimos moratórios.

§ 5º A exigência de ofício de direitos *antidumping* ou de direitos compensatórios e decorrentes acréscimos moratórios e penalidades será formalizada em auto de infração lavrado por Auditor Fiscal da Receita Federal, observado o disposto no Decreto nº 70.235, de 6 de março de 1972, e o prazo de 5 (cinco) anos contados da data de registro da declaração de importação.

§ 6º Verificado o inadimplemento da obrigação, a Secretaria da Receita Federal encaminhará o débito à Procuradoria-Geral da Fazenda Nacional, para inscrição em Dívida Ativa da União e respectiva cobrança, observado o prazo de prescrição de 5 (cinco) anos.

§ 7º A restituição de valores pagos a título de direitos *antidumping* e de direitos compensatórios, provisórios ou definitivos, enseja a restituição dos acréscimos legais correspondentes e das penalidades pecuniárias, de caráter material, prejudicados pela causa da restituição."

"Art. 8º ....

§ 1º Nos casos de retroatividade, a Secretaria da Receita Federal intimará o contribuinte ou responsável para pagar os direitos *antidumping* ou compensatórios, provisórios ou definitivos, no prazo de 30 (trinta) dias, sem a incidência de quaisquer acréscimos moratórios.

§ 2º Vencido o prazo previsto no § 1º, sem que tenha havido o pagamento dos direitos, a Secretaria da Receita Federal deverá exigi-los de ofício, mediante a lavratura de auto de infração, aplicando-se a multa e os juros de mora previstos no inciso II do § 3º do art. 7º, a partir do término do prazo de 30 (trinta) dias previsto no § 1º deste artigo."

Art. 80. O art. 2º da Lei nº 4.502, de 30 de novembro de 1964, passa a vigorar acrescido do § 3º, com a seguinte redação:

• Alteração inserida no texto da referida Lei.

Art. 81. A redução da multa de lançamento de ofício prevista no art. 6º da Lei nº 8.218, de 29 de agosto de 1991, não se aplica:

I – às multas previstas nos arts. 70, 72 e 75 desta Lei;

II – às multas previstas no art. 107 do Decreto-Lei nº 37, de 18 de novembro de 1966, com a redação dada pelo art. 77 desta Lei;

III – à multa prevista no § 3º do art. 23 do Decreto-Lei nº 1.455, de 7 de abril de 1976, com a redação dada pelo art. 59 da Lei nº 10.637, de 30 de dezembro de 2002;

IV – às multas previstas nos arts. 67 e 84 da Medida Provisória nº 2.158-35, de 24 de agosto de 2001;

V – à multa prevista no inciso I do art. 83 da Lei nº 4.502, de 30 de novembro de 1964, com a redação dada pelo art. 1º do Decreto-Lei nº 400, de 3 de dezembro de 1968; e

VI – à multa prevista no art. 19 da Lei nº 9.779, de 19 de janeiro de 1999.

CAPÍTULO IV
DISPOSIÇÕES FINAIS

Art. 82. O art. 2º da Lei nº 10.034, de 24 de outubro de 2000, passa vigorar com a seguinte redação:

"Art. 2º Ficam acrescidos de 50% (cinquenta por cento) os percentuais referidos no art. 5º da Lei nº 9.317, de 5 de dezembro de 1996, alterado pela Lei nº 9.732, de 11 de dezembro de 1998, em relação às atividades relacionadas nos incisos II a IV do art. 1º desta Lei e às pessoas jurídicas que aufiram receita bruta decorrente da prestação de serviços em montante igual ou superior a 30% (trinta por cento) da receita bruta total.

Parágrafo único. O produto da arrecadação proporcionado pelo disposto no *caput* será destinado integralmente às contribuições de que trata a alínea *f* do § 1º do art. 3º da Lei nº 9.317, de 5 de dezembro de 1996."

Art. 83. O não cumprimento das obrigações previstas nos arts. 11 e 19 da Lei nº 9.311, de 24 de outubro de 1996, sujeita as cooperativas de crédito às multas de:

I – R$ 5,00 (cinco reais) por grupo de 5 (cinco) informações inexatas, incompletas ou omitidas;

II – R$ 200,00 (duzentos reais) ao mês-calendário ou fração, independentemente da sanção prevista no inciso I, se

LEG. COMPLEMENTAR

o formulário ou outro meio de informação padronizado for apresentado fora do período determinado.

Parágrafo único. Apresentada a informação, fora de prazo, mas antes de qualquer procedimento de ofício, ou se, após a intimação, houver a apresentação dentro do prazo nesta fixado, as multas serão reduzidas à metade.

Art. 84. *Revogado.* Lei nº 11.051, de 29-12-2004.

Art. 85. A Lei nº 10.753, de 31 de outubro de 2003, passa a vigorar com as seguintes alterações:

- Alterações inseridas no texto da referida Lei.

Art. 86. *Revogado.* Lei nº 12.111, de 9-12-2009.

Art. 87. Os §§ 2º, 3º e 4º do art. 5º da Lei nº 10.336, de 19 de dezembro de 2001, passam a vigorar com a seguinte redação:

- Alterações inseridas no texto da referida Lei.

Art. 88. A Lei nº 10.336, de 19 de dezembro de 2001, fica acrescida do art. 8ºA:

- Alteração inserida no texto da referida Lei.

Art. 89. No prazo de 120 (cento e vinte) dias contados a partir da publicação desta Lei, o Poder Executivo encaminhará Projeto de Lei ao Congresso Nacional prevendo a substituição parcial da contribuição a cargo da empresa, destinada à Seguridade Social, incidente sobre a folha de salários e demais rendimentos do trabalho, prevista no art. 22 da Lei nº 8.212, de 24 de julho de 1991, em Contribuição Social incidente sobre a receita bruta, observado o princípio da não cumulatividade.

Art. 90. *Revogado.* Lei nº 11.051, de 29-12-2004.

Art. 91. Serão reduzidas a 0 (zero) as alíquotas da contribuição para o PIS/PASEP e da COFINS incidentes sobre a receita bruta decorrente da venda de álcool etílico hidratado carburante, realizada por distribuidor e revendedor varejista, desde que atendidas as condições estabelecidas pelo Poder Executivo.

- Lei nº 11.727, de 23-6-2008, dispõe sobre medidas tributárias destinadas a estimular os investimentos e a modernização do setor de turismo, a reforçar o sistema de proteção tarifária brasileiro, a estabelecer a incidência de forma concentrada da Contribuição para o PIS/PASEP e da Contribuição para o Financiamento da Seguridade Social – COFINS na produção e comercialização de álcool.

Parágrafo único. A redução de alíquotas referidas no *caput* somente será aplicável a partir do mês subsequente ao da edição do decreto que estabeleça as condições requeridas.

Art. 92. A Secretaria da Receita Federal editará, no âmbito de sua competência, as normas necessárias à aplicação do disposto nesta Lei.

Art. 93. Esta Lei entra em vigor na data de sua publicação, produzindo efeitos, em relação:

I – aos arts. 1º a 15 e 25, a partir de 1º de fevereiro de 2004;

II – aos arts. 26, 27, 29, 30 e 34 desta Lei, a partir de 1º de fevereiro de 2004;

III – ao art. 1º da Lei nº 8.850, de 28 de janeiro de 1994, e ao inciso I do art. 52 da Lei nº 8.383, de 30 de dezembro de 1991, com a redação dada pelos arts. 42 e 43, a partir de 1º de janeiro de 2004;

IV – aos arts. 49 a 51 e 53 a 58 desta Lei, a partir do 1º dia do quarto mês subsequente ao de sua publicação;

V – ao art. 52 desta Lei, a partir do 1º dia do segundo mês subsequente ao de publicação desta Lei;

VI – aos demais artigos, a partir da data da publicação desta Lei.

Art. 94. Ficam revogados:

I – as alíneas *a* dos incisos III e IV e o inciso V do art. 106, o art. 109 e o art. 137 do Decreto-Lei nº 37, de 1966, este com a redação dada pelo art. 4º do Decreto-Lei nº 2.472, de 1988;

II – o art. 7º do Decreto-Lei nº 1.578, de 11 de outubro de 1977;

III – o inciso II do art. 77 da Lei nº 8.981, de 20 de janeiro de 1995;

IV – o art. 75 da Lei nº 9.532, de 10 de dezembro de 1997;

V – os §§ 5º e 6º do art. 5º da Lei nº 10.336, 28 de dezembro de 2001; e

VI – o art. 6º da Lei nº 10.637, de 30 de dezembro de 2002, a partir da data de início dos efeitos desta Lei.

Brasília, 29 de dezembro de 2003;
182º da Independência e
115º da República.

Luiz Inácio Lula da Silva

ANEXO ÚNICO

Revogado. Lei nº 10.925, de 23-7-2004.

LEI Nº 10.865, DE 30 DE ABRIL DE 2004

Dispõe sobre a Contribuição para os Programas de Integração Social e de Formação do Patrimônio do Servidor Público e a Contribuição para o Financiamento da Seguridade Social incidentes sobre a importação de bens e serviços e dá outras providências.

- Publicada no *DOU* de 30-4-2004, Edição Extra.
- Art. 149, § 2º, I, da CF.
- LC nº 7, de 7-9-1970, institui o Programa de Integração Social.

CAPÍTULO I
DA INCIDÊNCIA

Art. 1º Ficam instituídas a Contribuição para os Programas de Integração Social e de Formação do Patrimônio do Servidor Público incidente na Importação de Produtos Estrangeiros ou Serviços – PIS/PASEP-Importação e a Contribuição Social para o Financiamento da Seguridade Social devida pelo Importador de Bens Estrangeiros ou Serviços do Exterior – COFINS-Importação, com base nos arts. 149, § 2º, inciso II, e 195, inciso IV, da Constituição Federal, observado o disposto no seu art. 195, § 6º.

§ 1º Os serviços a que se refere o *caput* deste artigo são os provenientes do exterior prestados por pessoa física ou pessoa jurídica residente ou domiciliada no exterior, nas seguintes hipóteses:

I – executados no País; ou

II – executados no exterior, cujo resultado se verifique no País.

§ 2º Consideram-se também estrangeiros:

I – bens nacionais ou nacionalizados exportados, que retornem ao País, salvo se:

a) enviados em consignação e não vendidos no prazo autorizado;

b) devolvidos por motivo de defeito técnico para reparo ou para substituição;

c) por motivo de modificações na sistemática de importação por parte do país importador;

d) por motivo de guerra ou de calamidade pública; ou

e) por outros fatores alheios à vontade do exportador;

II – os equipamentos, as máquinas, os veículos, os aparelhos e os instrumentos, bem como as partes, as peças, os acessórios e os componentes, de fabricação nacional, adquiridos no mercado interno pelas empresas nacionais de engenharia e exportados para a execução de obras contratadas no exterior, na hipótese de retornarem ao País.

Art. 2º As contribuições instituídas no art. 1º desta Lei não incidem sobre:

I – bens estrangeiros que, corretamente descritos nos documentos de transporte, chegarem ao País por erro inequívoco ou comprovado de expedição e que forem redestinados ou devolvidos para o exterior;

II – bens estrangeiros idênticos, em igual quantidade e valor, e que se destinem à reposição de outros anteriormente importados que se tenham revelado, após o desembaraço aduaneiro, defeituosos ou imprestáveis para o fim a que se destinavam, observada a regulamentação do Ministério da Fazenda;

III – bens estrangeiros que tenham sido objeto de pena de perdimento, exceto nas hipóteses em que não sejam localizados, tenham sido consumidos ou revendidos;

IV – bens estrangeiros devolvidos para o exterior antes do registro da declaração de importação, observada a regulamentação do Ministério da Fazenda;

V – pescado capturado fora das águas territoriais do País por empresa localizada no seu território, desde que satisfeitas as exigências que regulam a atividade pesqueira;

VI – bens aos quais tenha sido aplicado o regime de exportação temporária;

VII – bens ou serviços importados pelas entidades beneficentes de assistência social, nos termos do § 7º do art. 195 da Constituição Federal, observado o disposto no art. 10 desta Lei;

VIII – bens em trânsito aduaneiro de passagem, acidentalmente destruídos;

IX – bens avariados ou que se revelem imprestáveis para os fins a que se destinavam, desde que destruídos, sob controle aduaneiro, antes de despachados para consumo, sem ônus para a Fazenda Nacional; e

X – o custo do transporte internacional e de outros serviços, que tiverem sido computados no valor aduaneiro que serviu de base de cálculo da contribuição;

XI – valor pago, creditado, entregue, empregado ou remetido à pessoa física ou jurídica a título de remuneração de serviços vinculados aos processos de avaliação da conformidade, metrologia, normalização, inspeção sanitária e fitossanitária, homologação, registros e outros procedimentos exigidos pelo país importador sob o resguardo dos acordos sobre medidas sanitárias e fitossanitárias (SPS) e sobre barreiras técnicas ao comércio (TBT), ambos do âmbito da Organização Mundial do Comércio – OMC.

- Inciso XI com a redação dada pela Lei nº 12.249, de 11-6-2010.

Parágrafo único. O disposto no inciso XI não se aplica à remuneração de serviços prestados por pessoa física ou jurídica residente ou domiciliada em país ou dependência com tributação favorecida ou beneficiada por regime fiscal privilegiado, de que tratam os arts. 24 e 24-A da Lei nº 9.430, de 27 de dezembro de 1996.

- Parágrafo único com a redação dada pela Lei nº 12.249, de 11-6-2010.

CAPÍTULO II
DO FATO GERADOR

Art. 3º O fato gerador será:

I – a entrada de bens estrangeiros no território nacional; ou

II – o pagamento, o crédito, a entrega, o emprego ou a remessa de valores a residentes ou domiciliados no exterior como contraprestação por serviço prestado.

§ 1º Para efeito do inciso I do *caput* deste artigo, consideram-se entrados no território nacional os bens que constem como tendo sido importados e cujo extravio venha a ser apurado pela administração aduaneira.

§ 2º O disposto no § 1º deste artigo não se aplica:

I – às malas e às remessas postais internacionais; e

II – à mercadoria importada a granel que, por sua natureza ou condições de manuseio na descarga, esteja sujeita a quebra ou a decréscimo, desde que o extravio não seja superior a 1% (um por cento).

§ 3º Na hipótese de ocorrer quebra ou decréscimo em percentual superior ao fixado no inciso II do § 2º deste artigo, serão exigidas as contribuições somente em relação ao que exceder a 1% (um por cento).

Art. 4º Para efeito de cálculo das contribuições, considera-se ocorrido o fato gerador:

I – na data do registro da declaração de importação de bens submetidos a despacho para consumo;

II – no dia do lançamento do correspondente crédito tributário, quando se tratar de bens constantes de manifesto ou de outras declarações de efeito equivalente, cujo extravio ou avaria for apurado pela autoridade aduaneira;

III – na data do vencimento do prazo de permanência dos bens em recinto alfandegado, se iniciado o respectivo despacho aduaneiro antes de aplicada a pena de perdimento, na situação prevista pelo art. 18 da Lei nº 9.779, de 19 de janeiro de 1999;

IV – na data do pagamento, do crédito, da entrega, do emprego ou da remessa de valores na hipótese de que trata o inciso II do *caput* do art. 3º desta Lei.

Parágrafo único. O disposto no inciso I do *caput* deste artigo aplica-se, inclusive, no caso de despacho para consumo de bens importados sob regime suspensivo de tributação do imposto de importação.

CAPÍTULO III
DO SUJEITO PASSIVO

Art. 5º São contribuintes:

I – o importador, assim considerada a pessoa física ou jurídica que promova a entrada de bens estrangeiros no território nacional;

II – a pessoa física ou jurídica contratante de serviços de residente ou domiciliado no exterior; e

III – o beneficiário do serviço, na hipótese em que o contratante também seja residente ou domiciliado no exterior.

Parágrafo único. Equiparam-se ao importador o destinatário de remessa postal internacional indicado pelo respectivo remetente e o adquirente de mercadoria entrepostada.

Art. 6º São responsáveis solidários:

I – o adquirente de bens estrangeiros, no caso de importação realizada por sua conta e ordem, por intermédio de pessoa jurídica importadora;

II – o transportador, quando transportar bens procedentes do exterior ou sob controle aduaneiro, inclusive em percurso interno;

III – o representante, no País, do transportador estrangeiro;

IV – o depositário, assim considerado qualquer pessoa incumbida da custódia de bem sob controle aduaneiro; e

V – o expedidor, o operador de transporte multimodal ou qualquer subcontratado para a realização do transporte multimodal.

CAPÍTULO IV
DA BASE DE CÁLCULO

Art. 7º A base de cálculo será:

I – o valor aduaneiro, na hipótese do inciso I do *caput* do art. 3º desta Lei; ou

• Inciso I com a redação dada pela Lei nº 12.865, de 9-10-2013.

II – o valor pago, creditado, entregue, empregado ou remetido para o exterior, antes da retenção do imposto de renda, acrescido do Imposto sobre Serviços de qualquer Natureza – ISS e do valor das próprias contribuições, na hipótese do inciso II do *caput* do art. 3º desta Lei.

§ 1º A base de cálculo das contribuições incidentes sobre prêmios de resseguro cedidos ao exterior é de 15% (quinze por cento) do valor pago, creditado, entregue, empregado ou remetido.

• § 1º com a redação dada pela Lei nº 12.249, de 11-6-2010.

§ 2º O disposto no § 1º deste artigo aplica-se aos prêmios de seguros não enquadrados no disposto no inciso X do art. 2º desta Lei.

§ 3º A base de cálculo fica reduzida:

I – em 30,2% (trinta inteiros e dois décimos por cento), no caso de importação, para revenda, de caminhões chassi com carga útil igual ou superior a 1.800 kg (mil e oitocentos quilogramas) e caminhão monobloco com carga útil igual ou superior a 1.500 kg (mil e quinhentos quilogramas), classificados na posição 87.04 da Tabela de Incidência do Imposto sobre Produtos Industrializados – TIPI, observadas as especificações estabelecidas pela Secretaria da Receita Federal; e

II – em 48,1% (quarenta e oito inteiros e um décimo por cento), no caso de importação, para revenda, de máquinas e veículos classificados nos seguintes códigos e posições da TIPI: 84.29, 8432.40.00, 8432.80.00, 8433.20, 8433.30.00, 8433.40.00, 8433.5, 87.01, 8702.10.00 Ex 02, 8702.90.90 Ex 02, 8704.10.00, 87.05 e 8706.00.10 Ex 01 (somente os destinados aos produtos classificados nos Ex 02 dos códigos 8702.10.00 e 8702.90.90).

§§ 4º e 5º *Revogados*. Lei nº 12.865, de 9-10-2013.

CAPÍTULO V
DAS ALÍQUOTAS

Art. 8º As contribuições serão calculadas mediante aplicação, sobre a base de cálculo de que trata o art. 7º desta Lei, das alíquotas:

• *Caput* com a redação dada pela Lei nº 13.137, de 19-6-2015.

I – na hipótese do inciso I do *caput* do art. 3º, de:

a) 2,1% (dois inteiros e um décimo por cento), para a Contribuição para o PIS/PASEP-Importação; e

b) 9,65% (nove inteiros e sessenta e cinco centésimos por cento), para a COFINS-Importação; e

II – na hipótese do inciso II do *caput* do art. 3º, de:

a) 1,65% (um inteiro e sessenta e cinco centésimos por cento), para a Contribuição para o PIS/PASEP-Importação; e

b) 7,6% (sete inteiros e seis décimos por cento), para a COFINS-Importação.

• Incisos I e II com a redação dada pela Lei nº 13.137, de 19-6-2015.

§ 1º As alíquotas, no caso de importação de produtos farmacêuticos, classificados nas posições 30.01, 30.03, exceto no código 3003.90.56, 30.04, exceto no código 3004.90.46, nos itens 3002.10.1, 3002.10.2, 3002.10.3, 3002.20.1, 3002.20.2, 3006.30.1 e 3006.30.2 e nos códigos 3002.90.20, 3002.90.92, 3002.90.99, 3005.10.10, 3006.60.00, são de:

o Art. 45 desta Lei.

I – 2,76% (dois inteiros e setenta e seis centésimos por cento), para a Contribuição para o PIS/PASEP-Importação; e

II – 13,03% (treze inteiros e três centésimos por cento), para a COFINS-Importação.

• Incisos I e II com a redação dada pela Lei nº 13.137, de 19-6-2015.

§ 2º As alíquotas, no caso de importação de produtos de perfumaria, de toucador ou de higiene pessoal, classificados nas posições 3303.00 a 33.07, exceto na posição 33.06; e nos códigos 3401.11.90, exceto 3401.11.90 Ex 01; 3401.20.10; e 9603.21.00; são de:

• *Caput* do § 2º com a redação dada pela Lei nº 12.839, de 9-7-2013.

o Art. 45 desta Lei.

I – 3,52% (três inteiros e cinquenta e dois centésimos por cento), para a Contribuição para o PIS/PASEP-Importação; e

II – 16,48% (dezesseis inteiros e quarenta e oito centésimos por cento), para a COFINS-Importação.

• Incisos I e II com a redação dada pela Lei nº 13.137, de 19-6-2015.

§ 3º Na importação de máquinas e veículos, classificados nos códigos 84.29, 8432.40.00, 8432.80.00, 8433.20, 8433.30.00, 8433.40.00, 8433.5, 87.01, 87.02, 87.03, 87.04, 87.05 e 87.06, da Nomenclatura Comum do Mercosul – NCM, as alíquotas são de:

o Art. 45 desta Lei.

I – 2,62% (dois inteiros e sessenta e dois centésimos por cento), para a Contribuição para o PIS/PASEP-Importação; e

II – 12,57% (doze inteiros e cinquenta e sete centésimos por cento), para a COFINS-Importação.

• Incisos I e II com a redação dada pela Lei nº 13.137, de 19-6-2015.

§ 4º O disposto no § 3º deste artigo, relativamente aos produtos classificados no Capítulo 84 da NCM, aplica-se, exclusivamente, aos produtos autopropulsados.

§ 5º Na importação dos produtos classificados nas posições 40.11 (pneus novos de borracha) e 40.13 (câmaras de ar de borracha), da NCM, as alíquotas são de:

o Art. 45 desta Lei.

I – 2,68% (dois inteiros e sessenta e oito centésimos por cento), para a Contribuição para o PIS/PASEP-Importação; e

II – 12,35% (doze inteiros e trinta e cinco centésimos por cento), para a COFINS-Importação.

• Incisos I e II com a redação dada pela Lei nº 13.137, de 19-6-2015.

§§ 6º e 6º-A *Revogados*. Lei nº 13.097, de 19-1-2015.

§ 7º *Revogado*. Lei nº 11.727, de 23-6-2008.

§ 8º A importação de gasolinas e suas correntes, exceto de aviação e óleo diesel e suas correntes, gás liquefeito de petróleo (GLP) derivado de petróleo e gás natural e querosene de aviação fica sujeita à incidência da contribuição para o PIS/PASEP e da COFINS, fixadas por unidade de volume do produto, às alíquotas previstas no art. 23 desta Lei, independentemente de o importador haver optado pelo regime especial de apuração e pagamento ali referido.

o Art. 45 desta Lei.

§ 9º Na importação de autopeças, relacionadas nos Anexos I e II da Lei nº 10.485, de 3 de julho de 2002, exceto quando efetuada pela pessoa jurídica fabricante de máquinas e veículos relacionados no art. 1º da referida Lei, as alíquotas são de:

o Art. 45 desta Lei.

I – 2,62% (dois inteiros e sessenta e dois centésimos por cento), para a Contribuição para o PIS/PASEP-Importação; e

II – 12,57% (doze inteiros e cinquenta e sete centésimos por cento), para a COFINS-Importação.

• Incisos I e II com a redação dada pela Lei nº 13.137, de 19-6-2015.

§ 9º-A. A partir de 1º de setembro de 2015, as alíquotas da Contribuição do PIS/PASEP-Importação e da COFINS-Importação de que trata o § 9º serão de:

I – 3,12% (três inteiros e doze centésimos por cento), para a Contribuição para o PIS/PASEP-Importação; e

II – 14,37% (quatorze inteiros e trinta e sete centésimos por cento), para a COFINS-Importação.

• § 9-A acrescido pela Lei nº 13.137, de 19-6-2015.

§ 10. Na importação de papel imune a impostos de que trata o art. 150, inciso VI, alínea *d*, da Constituição Federal, ressalvados os referidos no inciso IV do § 12 deste artigo, quando destinado à impressão de periódicos, as alíquotas são de:

o Art. 1º, *caput* e §§ 1º e 2º, da Lei nº 11.945, de 4-6-2009, que dispõe sobre o Registro Especial na Secretaria da Receita Federal do Brasil.

o Dec. nº 5.171, de 6-8-2004, regulamenta este parágrafo.

I – 0,8% (oito décimos por cento), para a contribuição para o PIS/PASEP-Importação; e

II – 3,2% (três inteiros e dois décimos por cento), para a COFINS-Importação.

• Incisos I e II com a redação dada pela Lei nº 13.137, de 19-6-2015.

§ 11. Fica o Poder Executivo autorizado a reduzir a 0 (zero) e a restabelecer as alíquotas do PIS/PASEP – Importação e da COFINS – Importação, incidentes sobre:

I – produtos químicos e farmacêuticos classificados nos Capítulos 29 e 30 da NCM;

II – produtos destinados ao uso em hospitais, clínicas e consultórios médicos e odontológicos, campanhas de saúde realizadas pelo Poder Público e laboratórios de anatomia patológica, citológica ou de análises clínicas, classificados nas posições 30.02, 30.06, 39.26, 40.15 e 90.18 da NCM.

• Inciso II com a redação dada pela Lei nº 11.196, de 21-11-2005.

§ 12. Ficam reduzidas a 0 (zero) as alíquotas das contribuições, nas hipóteses de importação de:

o Dec. nº 5.171, de 6-8-2004, regulamenta este parágrafo.

I – materiais e equipamentos, inclusive partes, peças e componentes, destinados ao emprego na construção, conservação, modernização, conversão ou reparo de embarcações registradas ou pré-registradas no Registro Especial Brasileiro;

• Inciso I com a redação dada pela Lei nº 11.774, de 17-9-2008.

II – embarcações construídas no Brasil e transferidas por matriz de empresa brasileira de navegação para subsidiária integral no exterior, que retornem ao registro brasileiro como propriedade da mesma empresa nacional de origem;

III – papel destinado à impressão de jornais, pelo prazo de 4 (quatro) anos a contar da data de vigência desta Lei, ou até que a produção nacional atenda 80% (oitenta por cento) do consumo interno;

o Art. 18 da Lei nº 11.727, de 23-6-2008, que prorrogou o prazo tratado neste inciso até 30-4-2012.

IV – papéis classificados nos códigos 4801.00.10, 4801.00.90, 4802.61.91, 4802.61.99, 4810.19.89 e 4810.22.90, todos da TIPI, destinados à impressão de periódicos pelo prazo de 4 (quatro) anos a contar da data de vigência desta Lei ou até que a produção nacional atenda 80% (oitenta por cento) do consumo interno;

o Art. 18 da Lei nº 11.727, de 23-6-2008, que prorrogou o prazo tratado neste inciso até 30-4-2012.

V – máquinas, equipamentos, aparelhos, instrumentos, suas partes e peças de reposição, e películas cinematográficas virgens, sem similar nacional, destinados à indústria cinematográfica e audiovisual, e de radiodifusão;

VI – aeronaves, classificadas na posição 88.02 da NCM;

• Inciso VI com a redação dada pela Lei nº 10.925, de 23-7-2004.

VII – partes, peças, ferramentais, componentes, insumos, fluidos hidráulicos, lubrificantes, tintas, anticorrosivos, equipamentos, serviços e matérias-primas a serem empregados na manutenção, reparo, revisão, conservação, modernização, conversão e industrialização das aeronaves de que trata o inciso VI deste parágrafo, de seus motores, suas partes, peças, componentes, ferramentais e equipamentos;

• Inciso VII com a redação dada pela Lei nº 11.727, de 23-6-2008.

VIII – *Revogado*. Lei nº 11.196, de 21-11-2005;

IX – gás natural destinado ao consumo em unidades termelétricas integrantes do Programa Prioritário de Termelétricas – PPT;

X – produtos hortícolas e frutas, classificados nos Capítulos 7 e 8, e ovos, classificados na posição 04.07, todos da TIPI; e

XI – semens e embriões da posição 05.11, da NCM;

XII – livros, conforme definido no art. 2º da Lei nº 10.753, de 30 de outubro de 2003;

• Inciso XII com a redação dada pela Lei nº 11.033, de 21-12-2004.

XIII – preparações compostas não alcoólicas, classificadas no código 2106.90.10 Ex 01 da TIPI, destinadas à elaboração de bebidas pelas pessoas jurídicas industriais dos produtos referidos no art. 58-A da Lei nº 10.833, de 29 de dezembro de 2003;

• Inciso XIII com a redação dada pela Lei nº 11.727, de 23-6-2008.

• O referido art. 58-A da Lei nº 10.833, de 29-12-2003, foi revogado pela Lei nº 13.097, de 19-1-2015, que reduz a zero as alíquotas da contribuição para o PIS/PASEP, da COFINS, da contribuição para o PIS/PASEP-importação e da COFINS-importação incidentes sobre a receita de vendas e na importação de partes utilizadas em aerogeradores.

XIV – material de emprego militar classificado nas posições 87.10.00.00 e 89.06.10.00 da Tabela de Incidência do Imposto sobre Produtos Industrializados – TIPI;

XV – partes, peças, componentes, ferramentais, insumos, equipamentos e matérias-primas a serem empregados na industrialização, manutenção, modernização e conversão do material de emprego militar de que trata o inciso XIV deste parágrafo;

XVI – gás natural liquefeito – GNL;

• Incisos XIV a XVI acrescidos pela Lei nº 11.727, de 23-6-2008.

XVII – produtos classificados no código 8402.19.00 da Nomenclatura Comum do MERCOSUL – NCM, para utilização em Usinas Termonucleares – UTN geradoras de energia elétrica para o Sistema Interligado Nacional;

• Inciso XVII acrescido pela Lei nº 11.774, de 17-9-2008.

XVIII – produtos classificados na posição 87.13 da Nomenclatura Comum do MERCOSUL – NCM;

XIX – artigos e aparelhos ortopédicos ou para fraturas classificados no código 90.21.10 da NCM;

XX – artigos e aparelhos de próteses classificados no código 90.21.3 da NCM;

LEG. COMPLEMENTAR

XXI – almofadas antiescaras classificadas nos Capítulos 39, 40, 63 e 94 da NCM;

- Incisos XVIII a XXI acrescidos pela Lei nº 12.058, de 13-10-2009.
- A MP nº 491, de 23-6-2010, havia incluído o inciso XXII a este artigo, contudo teve seu prazo de vigência encerrado.

XXIII – projetores para exibição cinematográfica, classificados no código 9007.2 da NCM, e suas partes e acessórios, classificados no código 9007.9 da NCM.

- Inciso XXIII com a redação dada pela Lei nº 12.599, de 23-3-2012.

XXIV – produtos classificados nos códigos 8443.32.22, 8469.00.39 Ex 01, 8714.20.00, 9021.40.00, 9021.90.82 e 9021.90.92, todos da TIPI, aprovada pelo Decreto nº 7.660, de 23 de dezembro de 2011;

XXV – calculadoras equipadas com sintetizador de voz classificadas no código 8470.10.00 Ex 01 da TIPI;

XXVI – teclados com adaptações específicas para uso por pessoas com deficiência, classificados no código 8471.60.52 da TIPI;

XXVII – indicador ou apontador – *mouse* – com adaptações específicas para uso por pessoas com deficiência, classificado no código 8471.60.53 da TIPI;

XXVIII – linhas braile classificadas no código 8471.60.90 Ex 01 da TIPI;

XXIX – digitalizadores de imagens – *scanners* – equipados com sintetizador de voz classificados no código 8471.90.14 Ex 01 da TIPI;

XXX – duplicadores braile classificados no código 8472.10.00 Ex 01 da TIPI;

XXXI – acionadores de pressão classificados no código 8471.60.53 Ex 02 da TIPI;

XXXII – lupas eletrônicas do tipo utilizado por pessoas com deficiência visual classificadas no código 8525.80.19 Ex 01 da TIPI;

XXXIII – implantes cocleares classificados no código 9021.40.00 da TIPI;

XXXIV – próteses oculares classificadas no código 9021.39.80 da TIPI;

- Incisos XXIV a XXXIV com a redação dada pela Lei nº 12.649, de 17-5-2012.

XXXV – programas – *softwares* – de leitores de tela que convertem texto em voz sintetizada para auxílio de pessoas com deficiência visual;

XXXVI – aparelhos contendo programas – *softwares* – de leitores de tela que convertem texto em caracteres braile, para utilização de surdos-cegos;

- Incisos XXXV e XXXVI acrescidos pela Lei nº 12.649, de 17-5-2012.

XXXVII – VETADO; Lei nº 12.649, de 17-5-2012.

XXXVIII – neuroestimuladores para tremor essencial/Parkinson, classificados no código 9021.90.19, e seus acessórios, classificados nos códigos 9018.90.99, 9021.90.91 e 9021.90.99, todos da TIPI; e

- Inciso XXXVIII com a redação dada pela Lei nº 12.995, de 18-6-2014.

XXXIX – *Revogado*; Lei nº 13.137, de 19-6-2015.

XL – produtos classificados no Ex 01 do código 8503.00.90 da TIPI, exceto pás eólicas."

- Inciso XL com a redação dada pela Lei nº 13.169, de 6-10-2015.

§ 13. O Poder Executivo poderá regulamentar:

- *Caput* do § 13 com a redação dada pela Lei nº 12.058, de 13-10-2009.

I – o disposto no § 10 deste artigo; e

II – a utilização do benefício da alíquota zero de que tratam os incisos I a VII, XVIII a XXI e XXIV a XXXVIII do § 12.

- Inciso II com a redação dada pela Lei nº 12.649, de 17-5-2012.

§ 14. Ficam reduzidas a 0 (zero) as alíquotas das contribuições incidentes sobre o valor pago, creditado, entregue, empregado ou remetido à pessoa física ou jurídica residente ou domiciliada no exterior, referente a aluguéis e contraprestações de arrendamento mercantil de máquinas e equipamentos, embarcações e aeronaves utilizados na atividade da empresa.

- § 14 acrescido pela Lei nº 10.925, de 23-7-2004.

§ 15. Na importação de etano, propano e butano, destinados à produção de eteno e propeno; de nafta petroquímica e de condensado destinado a centrais petroquímicas; bem como na importação de eteno, propeno, buteno, butadieno, ortoxileno, benzeno, tolueno, isopreno e paraxileno, quando efetuada por indústrias químicas, as alíquotas da Contribuição para o PIS/PASEP-Importação e da COFINS-Importação são de, respectivamente:

- *Caput* com a redação dada pela Lei nº 12.859, de 10-9-2013.
- Este parágrafo estará revogado pela Lei nº 14.183, de 14-7-2021, a partir de 1º-1-2028 (*DOU* de 22-12-2022).

I – 0,18% (dezoito centésimos por cento) e 0,82% (oitenta e dois centésimos por cento), para os fatos geradores ocorridos nos anos de 2013, 2014 e 2015;

II – 0,54% (cinquenta e quatro centésimos por cento) e 2,46% (dois inteiros e quarenta e seis centésimos por cento), para os fatos geradores ocorridos no ano de 2016;

III – 0,90% (noventa centésimos por cento) e 4,10% (quatro inteiros e dez centésimos por cento), para os fatos geradores ocorridos no ano de 2017; e

- Incisos I a III com a redação dada pela Lei nº 12.589, de 10-9-2013.

IV – 1% (um por cento) e 4,6% (quatro inteiros e seis décimos por cento), para os fatos geradores ocorridos nos anos de 2018 a 2020 e nos meses de janeiro a junho de 2021;

- Inciso IV com a redação dada pela Lei nº 14.183, de 14-7-2021.

V – 1,13% (um inteiro e treze centésimos por cento) e 5,2% (cinco inteiros e dois décimos por cento), para os fatos geradores ocorridos nos meses de julho a dezembro de 2021;

- Inciso V acrescido pela Lei nº 14.183, de 14-7-2021.

VI – 1,26% (um inteiro e vinte e seis centésimos por cento) e 5,8% (cinco inteiros e oito décimos por cento), para os fatos geradores ocorridos nos meses de janeiro a março de 2022, e 1,65% (um inteiro e sessenta e cinco centésimos por cento) e 7,6% (sete inteiros e seis décimos por cento), para os fatos geradores ocorridos nos meses de abril a dezembro de 2022;

- Inciso VI com a redação dada pela Lei nº 14.374, de 21-6-2022.

VII – 1,39% (um inteiro e trinta e nove centésimos por cento) e 6,4% (seis inteiros e quatro décimos por cento), para os fatos geradores ocorridos no ano de 2023; e

VIII – 1,52% (um inteiro e cinquenta e dois centésimos por cento) e 7% (sete por cento), para os fatos geradores ocorridos no ano de 2024.

- Incisos VII e VIII acrescidos pela Lei nº 14.183, de 14-7-2021.

IX – 1,52% (um inteiro e cinquenta e dois centésimos por cento) e 7% (sete por cento), para os fatos geradores ocorridos nos anos de 2025 a 2027.

- Inciso IX acrescido pela Lei nº 14.374, de 21-6-2022, promulgado nos termos do art. 66, § 5º, da CF.

§ 16. Na hipótese da importação de etano, propano e butano de que trata o § 15 deste artigo, não se aplica o disposto no § 8º deste artigo.

- § 16 acrescido pela Lei nº 11.488, de 15-6-2007.

• Este parágrafo estará revogado pela Lei nº 14.183, de 14-7-2021, a partir de 1º-1-2028 (*DOU* de 22-12-2022).

○ Súm. nº 423 do STJ.

§ 17. O disposto no § 14 deste artigo não se aplica aos valores pagos, creditados, entregues, empregados ou remetidos, por fonte situada no País, à pessoa física ou jurídica residente ou domiciliada no exterior, em decorrência da prestação de serviços de frete, afretamento, arrendamento ou aluguel de embarcações marítimas ou fluviais destinadas ao transporte de pessoas para fins turísticos.

§ 18. O disposto no § 17 deste artigo aplicar-se-á também à hipótese de contratação ou utilização da embarcação em atividade mista de transporte de cargas e de pessoas para fins turísticos, independentemente da preponderância da atividade.

• §§ 17 e 18 com a redação dada pela Lei nº 11.727, de 23-6-2008.

§ 19. A importação de álcool, inclusive para fins carburantes, é sujeita à incidência da Contribuição para o PIS/PASEP-Importação e da COFINS-Importação com alíquotas de, respectivamente, 2,1% (dois inteiros e um décimo por cento) e 9,65% (nove inteiros e sessenta e cinco centésimos por cento), independentemente de o importador haver optado pelo regime especial de apuração e pagamento referido no art. 5º da Lei nº 9.718, de 27 de novembro de 1998.

• § 19 com a redação dada pela Lei nº 13.137, de 19-6-2015.

• A MP nº 491, de 23-6-2010, havia acrescido o § 20 a este artigo, porém teve seu prazo de vigência encerrado.

§ 21. Até 31 de dezembro de 2023, as alíquotas da COFINS-Importação de que trata este artigo ficam acrescidas de um ponto percentual na hipótese de importação dos bens classificados na TIPI, aprovada pelo Decreto nº 8.950, de 29 de dezembro de 2016, nos códigos:

• *Caput* do § 21 com a redação dada pela Lei nº 14.288, de 31-12-2021.

I a VI – *Revogados*. Lei nº 12.715, de 17-9-2012;

VII – 3926.20.00, 40.15, 42.03, 43.03, 4818.50.00, 6505.00, 6812.91.00, 8804.00.00, capítulos 61 a 63;

VIII – 64.01 a 64.06;

IX – 41.04, 41.05, 41.06, 41.07 e 41.14;

X – 8308.10.00, 8308.20.00, 96.06 e 96.07;

• Incisos VII a X acrescidos pela Lei nº 13.670, de 30-5-2018.

XI – VETADO. Lei nº 13.670, de 30-5-2018;

XII – 87.02, exceto 8702.90.10, e 87.07;

• Inciso XII acrescido pela Lei nº 13.670, de 30-5-2018.

XIII – VETADO. Lei nº 13.670, de 30-5-2018;

XIV – 7308.20.00; 7309.00.10; 7309.00.90; 7310.29.90; 7311.00.00; 7315.12.10; 7316.00.00; 84.02; 84.03; 84.04; 84.05; 84.06; 84.07, 84.08; 84.09 (exceto o código 8409.10.00); 84.10. 84.11; 84.12; 84.13; 8414.10.00; 8414.30.19; 8414.30.91; 8414.30.99; 8414.40.10; 8414.40.20; 8414.40.90; 8414.59.90; 8414.80.11; 8414.80.12; 8414.80.13; 8414.80.19; 8414.80.22; 8414.80.29; 8414.80.31; 8414.80.32; 8414.80.33; 8414.80.38; 8414.80.39; 8414.90.31; 8414.90.33; 8414.90.34; 8414.90.39; 84.16; 84.17; 84.19; 84.20; 8421.11.10; 8421.11.90; 8421.19.10; 8421.19.90; 8421.21.00; 8421.22.00; 8421.23.00; 8421.29.20; 8421.29.30; 8421.29.90; 8421.91.91; 8421.91.99; 8421.99.10; 8421.99.91; 8421.99.99; 84.22 (exceto o código 8422.11.00); 84.23 (exceto o código 8423.10.00); 84.24 (exceto os códigos 8424.10.00, 8424.20.00, 8424.89.10 e 8424.90.00); 84.25; 84.26; 84.27; 84.28; 84.29; 84.30; 84.31; 84.32; 84.33; 84.34; 84.35; 84.36; 84.37; 84.38; 84.39; 84.40; 84.41; 84.42; 8443.11.10; 8443.11.90; 8443.12.00; 8443.13.10; 8443.13.21; 8443.13.29; 8443.13.90; 8443.14.00; 8443.15.00; 8443.16.00; 8443.17.10; 8443.17.90; 8443.19.10; 8443.19.90; 8443.39.10; 8443.39.21; 8443.39.28; 8443.39.29; 8443.39.30; 8443.39.90; 84.44; 84.45; 84.46; 84.47; 84.48; 84.49; 8450.11.00; 8450.19.00; 8450.20.90; 8450.20; 8450.90.90; 84.51 (exceto código 8451.21.00); 84.52 (exceto os códigos 8452.10.00, 8452.90.20 e 8452.90.8); 84.53; 84.54; 84.55; 84.56; 84.57; 84.58; 84.59; 84.60; 84.61; 84.62; 84.63; 84.64; 84.65; 84.66; 8467.11.10; 8467.11.90; 8467.19.00; 8467.29.91; 8468.20.00; 8468.80.10; 8468.80.90; 84.74; 84.75; 84.77; 8478.10.10; 8478.10.90; 84.79; 8480.20.00; 8480.30.00; 8480.4; 8480.50.00; 8480.60.00; 8480.7; 8481.10.00; 8481.30.00; 8481.40.00; 8481.80.11; 8481.80.19; 8481.80.21; 8481.80.29; 8481.80.39; 8481.80.92; 8481.80.93; 8481.80.94; 8481.80.95; 8481.80.96; 8481.80.97; 8481.80.99; 84.83; 84.84; 84.86; 84.87; 8501.33.10; 8501.33.20; 8501.34.11; 8501.34.19; 8501.34.20; 8501.51.10; 8501.51.20. 8501.51.90; 8501.52.10; 8501.52.20; 8501.52.90; 8501.53.10; 8501.53.20; 8501.53.30; 8501.53.90; 8501.61.00; 8501.62.00; 8501.63.00; 8501.64.00; 85.02; 8503.00.10; 8503.00.90; 8504.21.00; 8504.22.00; 8504.23.00; 8504.33.00; 8504.34.00; 8504.40.30; 8504.40.40; 8504.40.50; 8504.40.90; 8504.90.30; 8504.90.40; 8505.90.90; 8508.60.00; 8514.10.10; 8514.10.90; 8514.20.11; 8514.20.19; 8514.20.20; 8514.30.11; 8514.30.19; 8514.30.21; 8514.30.29; 8514.30.90; 8514.40.00; 8515.11.00; 8515.19.00; 8515.21.00; 8515.29.00; 8515.31.10; 8515.31.90; 8515.39.00; 8515.80.10; 8515.80.90; 8543.30.00; 8601.10.00; 8602.10.00; 8604.00.90; 8701.10.00; 8701.30.00; 8701.90.10; 8701.90.90; 8705.10.10; 8705.10.90; 8705.20.00; 8705.30.00; 8705.40.00; 8705.90.10; 8705.90.90; 8716.20.00; 9017.30.10; 9017.30.20; 9017.30.90; 9024.10.10; 9024.10.20; 9024.10.90; 9024.80.11; 9024.80.19; 9024.80.21; 9024.80.29; 9024.80.90; 9024.90.00; 9025.19.10; 9025.19.90; 9025.80.00; 9025.90.10; 9025.90.90; 9026.10.19; 9026.10.21; 9026.10.29; 9026.20.10; 9026.20.90; 9026.80.00; 9026.90.10; 9026.90.20; 9026.90.90; 9027.10.00; 9027.20.11; 9027.20.12; 9027.20.19; 9027.20.21; 9027.20.29; 9027.30.11; 9027.30.19; 9027.30.20; 9027.50.10; 9027.50.20; 9027.50.30; 9027.50.40; 9027.50.50; 9027.50.90; 9027.80.11; 9027.80.12; 9027.80.13; 9027.80.14; 9027.80.20; 9027.80.30; 9027.80.91; 9027.80.99; 9027.90.10; 9027.90.91; 9027.90.93; 9027.90.99; 9031.10.00; 9031.20.10; 9031.20.90; 9031.41.00; 9031.49.10; 9031.49.20; 9031.49.90; 9031.80.11; 9031.80.12; 9031.80.20; 9031.80.30; 9031.80.40; 9031.80.50; 9031.80.60; 9031.80.91; 9031.80.99; 9031.90.10; 9031.90.90; 9032.10.10; 9032.10.90; 9032.20.00; 9032.81.00; 9032.89.11; 9032.89.29; 9032.89.8; 9032.89.90; 9032.90.10; 9032.90.99; 9033.00.00; 9506.91.00;

• Inciso XIV acrescido pela Lei nº 13.670, de 30-5-2018.

XV e XVI – VETADOS. Lei nº 13.670, de 30-5-2018;

XVII – 02.03, 0206.30.00, 0206.4, 02.07, 02.09, 0210.1, 0210.99.00, 1601.00.00, 1602.3, 1602.4, 03.03, 03.04, 03.02, exceto 03.02.90.00;

XVIII – 5004.00.00, 5005.00.00, 5006.00.00, 50.07, 5104.00.00, 51.05, 51.06, 51.07, 51.08, 51.09, 5110.00.00, 51.11, 51.12, 5113.00, 5203.00.00, 52.04, 52.05, 52.06, 52.07, 52.08, 52.09, 52.10, 52.11, 52.12, 53.06, 53.07, 53.08, 53.09, 53.10, 5311.00.00, no capítulo 54, exceto os códigos 5402.46.00, 5402.47.00 e 5402.33.10, e nos capítulos 55 a 60;

• Incisos XVII e XVIII acrescidos pela Lei nº 13.670, de 30-5-2018.

XIX e XX – VETADOS. Lei nº 13.670, de 30-5-2018.

§ 22. A utilização do benefício de alíquota zero de que tratam os incisos XIX a XXXVIII do § 12 deste artigo cessará quando houver oferta de mercadorias produzidas no Brasil em condições similares às das importadas quanto ao padrão de qualidade, conteúdo técnico, preço ou capacidade produtiva, conforme regulamentação editada pelo Poder Executivo.

- § 22 acrescido pela Lei nº 12.649, de 17-5-2012.

§ 23. Aplica-se ao condensado destinado a centrais petroquímicas o disposto nos arts. 56 e 57 da Lei nº 11.196, de 21 de novembro de 2005.

- § 23 acrescido pela Lei nº 12.715, de 17-9-2012.
- Este parágrafo estará revogado pela Lei nº 14.183, de 14-7-2021, a partir de 1º-1-2028 (*DOU* de 22-12-2022).

§ 24. VETADO. Lei nº 12.715, de 17-9-2012.

CAPÍTULO VI
DA ISENÇÃO

Art. 9º São isentas das contribuições de que trata o art. 1º desta Lei:

I – as importações realizadas:

a) pela União, Estados, Distrito Federal e Municípios, suas autarquias e fundações instituídas e mantidas pelo poder público;

b) pelas Missões Diplomáticas e Repartições Consulares de caráter permanente e pelos respectivos integrantes;

c) pelas representações de organismos internacionais de caráter permanente, inclusive os de âmbito regional, dos quais o Brasil seja membro, e pelos respectivos integrantes;

II – as hipóteses de:

a) amostras e remessas postais internacionais, sem valor comercial;

b) remessas postais e encomendas aéreas internacionais, destinadas a pessoa física;

c) bagagem de viajantes procedentes do exterior e bens importados a que se apliquem os regimes de tributação simplificada ou especial;

d) bens adquiridos em loja franca no País;

e) bens trazidos do exterior, no comércio característico das cidades situadas nas fronteiras terrestres, destinados à subsistência da unidade familiar de residentes nas cidades fronteiriças brasileiras;

f) bens importados sob o regime aduaneiro especial de *drawback*, na modalidade de isenção;

g) objetos de arte, classificados nas posições 97.01, 97.02, 97.03 e 97.06 da NCM, recebidos em doação, por museus instituídos e mantidos pelo poder público ou por outras entidades culturais reconhecidas como de utilidade pública; e

h) máquinas, equipamentos, aparelhos e instrumentos, e suas partes e peças de reposição, acessórios, matérias-primas e produtos intermediários, importados por instituições científicas e tecnológicas e por cientistas e pesquisadores, conforme o disposto na Lei nº 8.010, de 29 de março de 1990.

III – VETADO.

§ 1º As isenções de que tratam os incisos I e II deste artigo somente serão concedidas se satisfeitos os requisitos e condições exigidos para o reconhecimento de isenção do Imposto sobre Produtos Industrializados – IPI.

- § 1º com a redação dada pela Lei nº 10.925, de 23-7-2004.

§ 2º VETADO.

Art. 10. Quando a isenção for vinculada à qualidade do importador, a transferência de propriedade ou a cessão de uso dos bens, a qualquer título, obriga ao prévio pagamento das contribuições de que trata esta Lei.

Parágrafo único. O disposto no *caput* deste artigo não se aplica aos bens transferidos ou cedidos:

I – a pessoa ou a entidade que goze de igual tratamento tributário, mediante prévia decisão da autoridade administrativa da Secretaria da Receita Federal;

II – após o decurso do prazo de 3 (três) anos, contado da data do registro da declaração de importação; e

III – a entidades beneficentes, reconhecidas como de utilidade pública, para serem vendidos em feiras, bazares e eventos semelhantes, desde que recebidos em doação de representações diplomáticas estrangeiras sediadas no País.

Art. 11. A isenção das contribuições, quando vinculada à destinação dos bens, ficará condicionada à comprovação posterior do seu efetivo emprego nas finalidades que motivaram a concessão.

Art. 12. Desde que mantidas as finalidades que motivaram a concessão e mediante prévia decisão da autoridade administrativa da Secretaria da Receita Federal, poderá ser transferida a propriedade ou cedido o uso dos bens antes de decorrido o prazo de 3 (três) anos a que se refere o inciso II do parágrafo único do art. 10 desta Lei, contado da data do registro da correspondente declaração de importação.

CAPÍTULO VII
DO PRAZO DE RECOLHIMENTO

Art. 13. As contribuições de que trata o art. 1º desta Lei serão pagas:

I – na data do registro da declaração de importação, na hipótese do inciso I do *caput* do art. 3º desta Lei;

II – na data do pagamento, crédito, entrega, emprego ou remessa, na hipótese do inciso II do *caput* do art. 3º desta Lei;

III – na data do vencimento do prazo de permanência do bem no recinto alfandegado, na hipótese do inciso III do *caput* do art. 4º desta Lei.

CAPÍTULO VIII
DOS REGIMES ADUANEIROS ESPECIAIS

Art. 14. As normas relativas à suspensão do pagamento do imposto de importação ou do IPI vinculado à importação, relativas aos regimes aduaneiros especiais, aplicam-se também às contribuições de que trata o art. 1º desta Lei.

- Art. 8º da Lei nº 11.051, de 29-12-2004, que dispõe sobre o desconto de crédito na apuração da Contribuição Social sobre o Lucro Líquido – CSLL e da Contribuição para o PIS/PASEP e COFINS não cumulativas.

§ 1º O disposto no *caput* deste artigo aplica-se também às importações, efetuadas por empresas localizadas na Zona Franca de Manaus, de bens a serem empregados na elaboração de matérias-primas, produtos intermediários e materiais de embalagem destinados a emprego em processo de industrialização por estabelecimentos ali instalados, consoante projeto aprovado pelo Conselho de Administração da Superintendência da Zona Franca de Manaus – SUFRAMA, de que trata o art. 5-A da Lei nº 10.637, de 30 de dezembro de 2002.

- Art. 5º da Lei nº 10.996, de 15-12-2004, que altera a legislação tributária federal
- Art. 50 da Lei nº 11.196, de 21-11-2005, que institui o Regime Especial de Tributação para a Plataforma de Exportação de Serviços de Tecnologia da Informação – REPES, o Regime Especial de Aquisição de

Bens de Capital para Empresas Exportadoras - RECAP e o Programa de Inclusão Digital; e dispõe sobre incentivos fiscais para a inovação tecnológica.

§ 2º A Secretaria da Receita Federal estabelecerá os requisitos necessários para a suspensão de que trata o § 1º deste artigo.

Art. 14-A. Fica suspensa a exigência das contribuições de que trata o art. 1º desta Lei nas importações efetuadas por empresas localizadas na Zona Franca de Manaus de matérias-primas, produtos intermediários e materiais de embalagem para emprego em processo de industrialização por estabelecimentos industriais instalados na Zona Franca de Manaus e consoante projetos aprovados pelo Conselho de Administração da Superintendência da Zona Franca de Manaus – SUFRAMA.

- Artigo acrescido pela Lei nº 10.925, de 23-7-2004.
- Art. 5º da Lei nº 10.996, de 15-12-2004, que altera a legislação tributária federal.
- Art. 8º da Lei nº 11.051, de 29-12-2004, que dispõe sobre o desconto de crédito na apuração da Contribuição Social sobre o Lucro Líquido – CSLL e da Contribuição para o PIS/PASEP e COFINS não cumulativas.

CAPÍTULO IX

DO CRÉDITO

Art. 15. As pessoas jurídicas sujeitas à apuração da contribuição para o PIS/PASEP e da COFINS, nos termos dos arts. 2º e 3º das Leis nºs 10.637, de 30 de dezembro de 2002, e 10.833, de 29 de dezembro de 2003, poderão descontar crédito, para fins de determinação dessas contribuições, em relação às importações sujeitas ao pagamento das contribuições de que trata o art. 1º desta Lei, nas seguintes hipóteses:

I – bens adquiridos para revenda;

II – bens e serviços utilizados como insumo na prestação de serviços e na produção ou fabricação de bens ou produtos destinados à venda, inclusive combustível e lubrificantes;

III – energia elétrica consumida nos estabelecimentos da pessoa jurídica;

IV – aluguéis e contraprestações de arrendamento mercantil de prédios, máquinas e equipamentos, embarcações e aeronaves, utilizados na atividade da empresa;

V – máquinas, equipamentos e outros bens incorporados ao ativo imobilizado, adquiridos para locação a terceiros ou para utilização na produção de bens destinados à venda ou na prestação de serviços.

- Inciso V com a redação dada pela Lei nº 11.196, de 21-11-2005.

§ 1º O direito ao crédito de que trata este artigo e o art. 17 desta Lei aplica-se em relação às contribuições efetivamente pagas na importação de bens e serviços a partir da produção dos efeitos desta Lei.

§ 1º-A. O valor da COFINS-Importação pago em decorrência do adicional de alíquota de que trata o § 21 do art. 8º não gera direito ao desconto do crédito de que trata o *caput*.

- § 1º-A com a redação dada pela Lei nº 13.137, de 19-6-2015.

§ 2º O crédito não aproveitado em determinado mês poderá sê-lo nos meses subsequentes.

§ 2º-A. A partir de 1º de janeiro de 2023, na hipótese de ocorrência de acúmulo de crédito remanescente, resultante da diferença da alíquota aplicada na importação do bem e da alíquota aplicada na sua revenda no mercado interno, conforme apuração prevista neste artigo e no art. 17 desta Lei, a pessoa jurídica importadora poderá utilizar o referido crédito remanescente para fins de restituição, ressarcimento ou compensação com débitos próprios, vencidos ou vincendos, relativos a tributos e a contribuições administrados pela Secretaria Especial da Receita Federal do Brasil, observada a legislação específica aplicável à matéria.

- § 2º-A acrescido pela Lei nº 14.440, de 2-9-2022, promulgado nos termos do art. 66, § 5º, da CF (*DOU* de 22-12-2022).

§ 3º O crédito de que trata o *caput* será apurado mediante a aplicação das alíquotas previstas no art. 8º sobre o valor que serviu de base de cálculo das contribuições, na forma do art. 7º, acrescido do valor do IPI vinculado à importação, quando integrante do custo de aquisição.

- § 3º com a redação dada pela Lei nº 13.137, de 19-6-2015.

§ 4º Na hipótese do inciso V do *caput* deste artigo, o crédito será determinado mediante a aplicação das alíquotas referidas no § 3º deste artigo sobre o valor da depreciação ou amortização contabilizada a cada mês.

- Art. 2º da Lei nº 11.051, de 29-12-2004, que dispõe sobre o desconto de crédito na apuração da Contribuição Social sobre o Lucro Líquido – CSLL e da Contribuição para o PIS/PASEP e COFINS não cumulativas.
- Art. 1º da Lei nº 11.774, de 17-9-2008, que altera a legislação tributária federal.

§ 5º Para os efeitos deste artigo, aplicam-se, no que couber, as disposições dos §§ 7º e 9º do art. 3º das Leis nºs 10.637, de 30 de dezembro de 2002, e 10.833, de 29 de dezembro de 2003.

§ 6º O disposto no inciso II do *caput* deste artigo alcança os direitos autorais pagos pela indústria fonográfica desde que esses direitos tenham se sujeitado ao pagamento das contribuições de que trata esta Lei.

§ 7º Opcionalmente, o contribuinte poderá descontar o crédito de que trata o § 4º deste artigo, relativo à importação de máquinas e equipamentos destinados ao ativo imobilizado, no prazo de 4 (quatro) anos, mediante a aplicação, a cada mês, das alíquotas referidas no § 3º deste artigo sobre o valor correspondente a 1/48 (um quarenta e oito avos) do valor de aquisição do bem, de acordo com regulamentação da Secretaria da Receita Federal.

§ 8º As pessoas jurídicas importadoras, nas hipóteses de importação de que tratam os incisos a seguir, devem observar as disposições do art. 17 desta Lei:

I – produtos dos §§ 1º a 3º e 5º a 7º do art. 8º desta Lei, quando destinados à revenda;

II – produtos do § 8º do art. 8º desta Lei, quando destinados à revenda, ainda que ocorra fase intermediária de mistura;

III – produtos do § 9º do art. 8º desta Lei, quando destinados à revenda ou à utilização como insumo na produção de autopeças relacionadas nos Anexos I e II da Lei nº 10.485, de 3 de julho de 2002;

IV – produto do § 10 do art. 8º desta Lei;

V – produtos referidos no § 19 do art. 8º desta Lei, quando destinados à revenda;

- Inciso V com a redação dada pela Lei nº 11.727, de 23-6-2008.

VI – *Revogado*. Lei nº 13.097, de 19-1-2015.

§§ 9º e 10. *Revogados*. Lei nº 11.727, de 23-6-2008.

§§ 11 e 12. *Revogados*. Lei nº 13.097, de 19-1-2015.

§ 13. No cálculo do crédito de que trata o inciso V do *caput*:

I – os valores decorrentes do ajuste a valor presente de que trata o inciso III do *caput* do art. 184 da Lei nº 6.404, de 15 de dezembro de 1976, poderão ser considerados como parte integrante do custo ou valor de aquisição; e

II – não serão computados os ganhos e perdas decorrentes de avaliação de ativo com base no valor justo.

- § 13 com a redação dada pela Lei nº 12.973, de 13-5-2014.

LEG. COMPLEMENTAR

§ 14. O disposto no inciso V do *caput* não se aplica no caso de bem objeto de arrendamento mercantil, na pessoa jurídica arrendatária.

• § 14 com a redação dada pela Lei nº 12.973, de 13-5-2014.

Art. 16. É vedada a utilização do crédito de que trata o art. 15 desta Lei nas hipóteses referidas nos incisos III e IV do § 3º do art. 1º e no art. 8º da Lei nº 10.637, de 30 de dezembro de 2002, e nos incisos III e IV do § 3º do art. 1º e no art. 10 da Lei nº 10.833, de 29 de dezembro de 2003.

o Art. 45 desta Lei.

§ 1º Gera direito aos créditos de que tratam os arts. 15 e 17 desta Lei a importação efetuada com isenção, exceto na hipótese de os produtos serem revendidos ou utilizados como insumo em produtos sujeitos à alíquota zero, isentos ou não alcançados pela contribuição.

§ 2º A importação efetuada na forma da alínea *f* do inciso II do art. 9º desta Lei não dará direito a crédito, em qualquer caso.

• §§ 1º e 2º com a redação dada pela Lei nº 11.945, de 4-6-2009.

Art. 17. As pessoas jurídicas importadoras dos produtos referidos nos §§ 1º a 3º, 5º a 10, 17 e 19 do art. 8º desta Lei poderão descontar crédito, para fins de determinação da Contribuição para o PIS/PASEP e da COFINS, em relação à importação desses produtos, nas hipóteses:

• *Caput* com a redação dada pela Lei nº 13.097, de 19-1-2015.

I – dos §§ 1º a 3º, 5º a 7º e 10 do art. 8º desta Lei, quando destinados à revenda;

• Inciso I com a redação dada pela Lei nº 11.051, de 29-12-2004.

II – do § 8º do art. 8º desta Lei, quando destinados à revenda, ainda que ocorra fase intermediária de mistura;

III – do § 9º do art. 8º desta Lei, quando destinados à revenda ou à utilização como insumo na produção de autopeças relacionadas nos Anexos I e II da Lei nº 10.485, de 3 de julho de 2002;

IV – *Revogado.* Lei nº 11.051, de 29-12-2004;

V – do § 19 do art. 8º desta Lei, quando destinados à revenda;

• Inciso V com a redação dada pela Lei nº 11.727, de 23-6-2008.

VI – *Revogado.* Lei nº 13.097, de 19-1-2015.

§ 1º *Revogado.* Lei nº 10.925, de 23-7-2004.

§ 2º O crédito de que trata este artigo será apurado mediante a aplicação das alíquotas previstas para os respectivos produtos no art. 8º, conforme o caso, sobre o valor de que trata o § 3º do art. 15.

§ 2º-A. O valor da COFINS-Importação pago em decorrência do adicional de alíquota de que trata o § 21 do art. 8º não gera direito ao desconto do crédito de que trata o *caput*.

• §§ 2º e 2º-A com a redação dada pela Lei nº 13.137, de 19-6-2015.

§ 3º *Revogado.* Lei nº 13.097, de 19-1-2015.

§ 3º-A. Os créditos de que trata o inciso VI deste artigo serão determinados conforme os incisos do art. 58-C da Lei nº 10.833, de 29 de dezembro de 2003.

• § 3º-A acrescido pela Lei nº 11.727, de 23-6-2008.

• O referido art. 58-C da Lei nº 10.833, de 29-12-2003, foi revogado pela Lei nº 13.097, de 19-1-2015, que reduz a zero as alíquotas da contribuição para o PIS/PASEP, da COFINS, da contribuição para o PIS/PASEP-importação e da COFINS-importação incidentes sobre a receita de vendas e na importação de partes utilizadas em aerogeradores.

§ 4º *Revogado.* Lei nº 10.925, de 23-7-2004.

§ 5º Na hipótese do § 8º do art. 8º desta Lei, os créditos serão determinados com base nas alíquotas específicas referidas no art. 23 desta Lei.

§ 6º Opcionalmente, o sujeito passivo poderá calcular o crédito de que trata o § 4º do art. 15 desta Lei relativo à aquisição de vasilhames classificados no código 7010.90.21 da TIPI, destinados ao ativo imobilizado, no prazo de 12 (doze) meses, poderá creditar-se, a cada mês, de 1/12 (um doze avos) do valor da contribuição incidente, mediante alíquota específica, na aquisição dos vasilhames, de acordo com regulamentação da Secretaria da Receita Federal.

• *Caput* do § 6º com a redação dada pela Lei nº 13.097, de 19-1-2015.

§ 7º O disposto no inciso III deste artigo não se aplica no caso de importação efetuada por montadora de máquinas ou veículos relacionados no art. 1º da Lei nº 10.485, de 3 julho de 2002.

§ 8º O disposto neste artigo alcança somente as pessoas jurídicas de que trata o art. 15 desta Lei.

• §§ 7º e 8º acrescidos pela Lei nº 11.051, de 29-12-2004.

Art. 18. No caso da importação por conta e ordem de terceiros, os créditos de que tratam os arts. 15 e 17 desta Lei serão aproveitados pelo encomendante.

CAPÍTULO X

DO LANÇAMENTO DE OFÍCIO

Art. 19. Nos casos de lançamentos de ofício, serão aplicadas, no que couber, as disposições dos arts. 43 e 44 da Lei nº 9.430, de 27 de dezembro de 1996.

CAPÍTULO XI

DA ADMINISTRAÇÃO DO TRIBUTO

Art. 20. Compete à Secretaria da Receita Federal a administração e a fiscalização das contribuições de que trata esta Lei.

§ 1º As contribuições sujeitam-se às normas relativas ao processo administrativo fiscal de determinação e exigência do crédito tributário e de consulta de que trata o Decreto nº 70.235, de 6 de março de 1972, bem como, no que couber, às disposições da legislação do imposto de renda, do imposto de importação, especialmente quanto à valoração aduaneira, e da contribuição para o PIS/PASEP e da COFINS.

§ 2º A Secretaria da Receita Federal editará, no âmbito de sua competência, as normas necessárias à aplicação do disposto nesta Lei.

CAPÍTULO XII

DISPOSIÇÕES GERAIS

Art. 21. Os arts. 1º, 2º, 3º, 6º, 10, 12, 15, 25, 27, 32, 34, 49, 50, 51, 52, 53, 56 e 90 da Lei nº 10.833, de 29 de dezembro de 2003, passam a vigorar com a seguinte redação:

• Alterações inseridas no texto da referida Lei.

• Os referidos arts. 51 e 53 revogados pela Lei nº 13.097, de 19-1-2015, que reduz a zero as alíquotas da contribuição para o PIS/PASEP, da COFINS, da contribuição para o PIS/PASEP-importação e da COFINS-importação incidentes sobre a receita de vendas e na importação de partes utilizadas em aerogeradores.

Art. 22. Os dispositivos legais a seguir passam a vigorar com a seguinte redação:

I – art. 4º da Lei nº 9.718, de 27 de novembro de 1998:

• Alterações inseridas no texto da referida Lei.

II – art. 2º da Lei nº 10.560, de 13 de novembro de 2002:

"Art. 2º A contribuição para o PIS/PASEP e a COFINS, relativamente à receita bruta decorrente da venda de querosene de aviação, incidirá uma única vez, nas vendas realizadas pelo produtor ou importador, às alíquotas de 5% (cinco por cento) e 23,2% (vinte e três inteiros e dois décimos por cento), respectivamente."

Art. 23. O importador ou fabricante dos produtos referidos nos incisos I a III do art. 4º da Lei nº 9.718, de 27 de novembro de 1998, e no art. 2º da Lei nº 10.560, de 13 de novembro de 2002, poderá optar por regime especial de apuração e pagamento da contribuição para o PIS/PASEP e da COFINS, no qual os valores das contribuições são fixados, respectivamente, em:

- Art. 10, § 1º, da Lei nº 11.051, de 29-12-2004, que dispõe sobre o desconto de crédito na apuração da Contribuição Social sobre o Lucro Líquido - CSLL e da Contribuição para o PIS/PASEP e COFINS não cumulativas.

I – R$ 141,10 (cento e quarenta e um reais e dez centavos) e R$ 651,40 (seiscentos e cinquenta e um reais e quarenta centavos), por metro cúbico de gasolinas e suas correntes, exceto gasolina de aviação;

II – R$ 82,20 (oitenta e dois reais e vinte centavos) e R$ 379,30 (trezentos e setenta e nove reais e trinta centavos), por metro cúbico de óleo diesel e suas correntes;

III – R$ 119,40 (cento e dezenove reais e quarenta centavos) e R$ 551,40 (quinhentos e cinquenta e um reais e quarenta centavos), por tonelada de gás liquefeito de petróleo – GLP, derivado de petróleo e de gás natural;

- Inciso III com a redação dada pela Lei nº 11.051, de 29-12-2004.

IV – R$ 48,90 (quarenta e oito reais e noventa centavos) e R$ 225,50 (duzentos e vinte e cinco reais e cinquenta centavos), por metro cúbico de querosene de aviação.

§ 1º A opção prevista neste artigo será exercida, segundo normas e condições estabelecidas pela Secretaria da Receita Federal, até o último dia útil do mês de novembro de cada ano-calendário, produzindo efeitos, de forma irretratável, durante todo o ano-calendário subsequente ao da opção.

§ 2º Excepcionalmente para o ano-calendário de 2004, a opção poderá ser exercida até o último dia útil do mês de maio, produzindo efeitos, de forma irretratável, a partir do dia 1º de maio.

§ 3º No caso da opção efetuada nos termos dos §§ 1º e 2º deste artigo, a Secretaria da Receita Federal divulgará o nome da pessoa jurídica optante e a data de início da opção.

§ 4º A opção a que se refere este artigo será automaticamente prorrogada para o ano-calendário seguinte, salvo se a pessoa jurídica dela desistir, nos termos e condições estabelecidos pela Secretaria da Receita Federal, até o último dia útil do mês de outubro do ano-calendário, hipótese em que a produção de efeitos se dará a partir do dia 1º de janeiro do ano-calendário subsequente.

§ 5º Fica o Poder Executivo autorizado a fixar coeficientes para redução das alíquotas previstas neste artigo, os quais poderão ser alterados, para mais ou para menos, ou extintos, em relação aos produtos ou sua utilização, a qualquer tempo.

Art. 24. O inciso III do § 2º do art. 8º da Lei nº 10.426, de 24 de abril de 2002, passa a vigorar com a seguinte redação:

- Alteração inserida no texto da referida Lei.

Art. 25. O disposto no art. 9º da Medida Provisória nº 2.159-70, de 24 de agosto de 2001, aplica-se, também, relativamente aos fatos geradores ocorridos a partir de 1º de abril de 2004, às remessas para o exterior vinculadas ao pagamento de despesas relacionadas com a promoção de destinos turísticos brasileiros.

- Dec. nº 6.761, de 5-2-2009, dispõe sobre a aplicação da redução a zero da alíquota do imposto sobre a renda incidente sobre os rendimentos de beneficiários residentes ou domiciliados no exterior.

Parágrafo único. Para os fins do disposto no *caput* deste artigo, entende-se por despesas vinculadas à promoção de destinos turísticos brasileiros aquelas decorrentes de pesquisa de mercado, participação em exposições, feiras e eventos semelhantes, inclusive aluguéis e arrendamentos de estandes e locais de exposição.

- Súm. nº 423 do STJ.

Art. 26. *Revogado.* Lei nº 10.925, de 23-7-2004.

Art. 27. O Poder Executivo poderá autorizar o desconto de crédito nos percentuais que estabelecer e para os fins referidos no art. 3º das Leis nºs 10.637, de 30 de dezembro de 2002, e 10.833, de 29 de dezembro de 2003, relativamente às despesas financeiras decorrentes de empréstimos e financiamentos, inclusive pagos ou creditados a residentes ou domiciliados no exterior.

§ 1º Poderão ser estabelecidos percentuais diferenciados no caso de pagamentos ou créditos a residentes ou domiciliados em país com tributação favorecida ou com sigilo societário.

§ 2º O Poder Executivo poderá, também, reduzir e restabelecer, até os percentuais de que tratam os incisos I e II do *caput* do art. 8º desta Lei, as alíquotas da contribuição para o PIS/PASEP e da COFINS incidentes sobre as receitas financeiras auferidas pelas pessoas jurídicas sujeitas ao regime de não cumulatividade das referidas contribuições, nas hipóteses que fixar.

§ 3º O disposto no § 2º não se aplica aos valores decorrentes do ajuste a valor presente de que trata o inciso VIII do *caput* do art. 183 da Lei nº 6.404, de 15 de dezembro de 1976.

- § 3º com a redação dada pela Lei nº 12.973, de 13-5-2014.

Art. 28. Ficam reduzidas a 0 (zero) as alíquotas da contribuição para o PIS/PASEP e da COFINS incidentes sobre a receita bruta decorrente da venda, no mercado interno, de:

I – papel destinado à impressão de jornais, pelo prazo de 4 (quatro) anos a contar da data de vigência desta Lei ou até que a produção nacional atenda 80% (oitenta por cento) do consumo interno, na forma a ser estabelecida em regulamento do Poder Executivo;

- Art. 18 da Lei nº 11.727, de 23-6-2008, que prorrogou o prazo tratado neste inciso até 30-4-2012.

II – papéis classificados nos códigos 4801.00.10, 4801.00.90, 4802.61.91, 4802.61.99, 4810.19.89 e 4810.22.90, todos da TIPI, destinados à impressão de periódicos pelo prazo de 4 (quatro) anos a contar da data de vigência desta Lei ou até que a produção nacional atenda 80% (oitenta por cento) do consumo interno;

- Art. 18 da Lei nº 11.727, de 23-6-2008, que prorrogou o prazo tratado neste inciso até 30-4-2012.

III – produtos hortícolas e frutas, classificados nos Capítulos 7 e 8, e ovos, classificados na posição 04.07, todos da TIPI; e

IV – aeronaves classificadas na posição 88.02 da TIPI, suas partes, peças, ferramentais, componentes, insumos, fluidos hidráulicos, tintas, anticorrosivos, lubrificantes, equipamentos, serviços e matérias-primas a serem empregados na manutenção, conservação, modernização, reparo, revisão, conversão e industrialização das aeronaves, seus motores, partes, componentes, ferramentais e equipamentos;

- Inciso IV com a redação dada pela Lei nº 11.727, de 23-6-2008.
- Dec. nº 5.171, de 6-8-2004, regulamenta este inciso.

V – semens e embriões da posição 05.11 da NCM;

- Inciso V acrescido pela Lei nº 10.925, de 23-7-2004.

VI – livros, conforme definido no art. 2º da Lei nº 10.753, de 30 de outubro de 2003;

- Inciso VI acrescido pela Lei nº 11.033, de 21-12-2004.

VII – preparações compostas não alcoólicas, classificadas no código 2106.90.10 Ex 01 da TIPI, destinadas à elaboração de bebidas pelas pessoas jurídicas industriais dos produtos referidos no art. 58-A da Lei nº 10.833, de 29 de dezembro de 2003;

- Inciso VII com a redação dada pela Lei nº 11.727, de 23-6-2008.
- O referido art. 58-A da Lei nº 10.833, de 29-12-2003, foi revogado pela Lei nº 13.097, de 19-1-2015, que reduz a zero as alíquotas da contribuição para o PIS/PASEP, da COFINS, da contribuição para o PIS/PASEP-importação e da COFINS-importação incidentes sobre a receita de vendas e na importação de partes utilizadas em aerogeradores.

VIII – veículos novos montados sobre chassis, com capacidade para 23 (vinte e três) a 44 (quarenta e quatro) pessoas, classificados nos códigos 8702.10.00 Ex 02 e 8702.90.90 Ex 02 da TIPI, destinados ao transporte escolar para a educação básica das redes estadual e municipal, que atendam aos dispositivos da Lei nº 9.503, de 23 de setembro de 1997 – Código de Trânsito Brasileiro, quando adquiridos pela União, Estados, Municípios e pelo Distrito Federal, na forma a ser estabelecida em regulamento do Poder Executivo;

IX – embarcações novas, com capacidade para 20 (vinte) a 35 (trinta e cinco) pessoas, classificadas no código 8901.90.00 da TIPI, destinadas ao transporte escolar para a educação básica das redes estadual e municipal, quando adquiridas pela União, Estados, Municípios e pelo Distrito Federal, na forma a ser estabelecida em regulamento do Poder Executivo;

- Incisos VIII e IX com a redação dada pela Lei nº 11.727, de 23-6-2008.

X – materiais e equipamentos, inclusive partes, peças e componentes, destinados ao emprego na construção, conservação, modernização, conversão ou reparo de embarcações registradas ou pré-registradas no Registro Especial Brasileiro;

- Inciso X com a redação dada pela Lei nº 11.774, de 17-9-2008.

XI – veículos e carros blindados de combate, novos, armados ou não, e suas partes, produzidos no Brasil, com peso bruto total até 30 (trinta) toneladas, classificados na posição 8710.00.00 da TIPI, destinados ao uso das Forças Armadas ou órgãos de segurança pública brasileiros, quando adquiridos por órgãos e entidades da administração pública direta, na forma a ser estabelecida em regulamento;

XII – material de defesa, classificado nas posições 87.10.00.00 e 89.06.10.00 da TIPI, além de partes, peças, componentes, ferramentais, insumos, equipamentos e matérias-primas a serem empregados na sua industrialização, montagem, manutenção, modernização e conversão;

- Incisos XI e XII acrescidos pela Lei nº 11.727, de 23-6-2008.

XIII – serviços ou equipamentos de controle de produção, inclusive medidores de vazão, condutivímetros, aparelhos para controle, registro, gravação e transmissão dos quantitativos medidos, quando adquiridos por pessoas jurídicas legalmente responsáveis pela sua instalação e manutenção ou obrigadas à sua utilização, nos termos e condições fixados pela Secretaria da Receita Federal do Brasil;

- Inciso XIII com a redação dada pela Lei nº 12.995, de 18-6-2014.

XIV – produtos classificados na posição 87.13 da Nomenclatura Comum do MERCOSUL – NCM;

- Inciso XIV acrescido pela Lei nº 11.774, de 17-9-2008.

XV – artigos e aparelhos ortopédicos ou para fraturas classificados no código 90.21.10 da NCM;

XVI – artigos e aparelhos de próteses classificados no código 90.21.3 da NCM;

XVII – almofadas antiescaras classificadas nos Capítulos 39, 40, 63 e 94 da NCM;

- Incisos XV a XVII acrescidos pela Lei nº 12.058, de 13-10-2009.

XVIII – bens relacionados em ato do Poder Executivo para aplicação nas Unidades Modulares de Saúde de que trata o Convênio ICMS nº 114, de 11 de dezembro de 2009, quando adquiridos por órgãos da administração pública direta federal, estadual, distrital e municipal;

- Inciso XVIII acrescido pela Lei nº 12.249, de 11-6-2010.
- A MP nº 491, de 23-6-2010º, havia incluído o inciso XIX a este artigo, contudo teve seu prazo de vigência encerrado.

XX – serviços de transporte ferroviário em sistema de trens de alta velocidade (TAV), assim entendido como a composição utilizada para efetuar a prestação do serviço público de transporte ferroviário que consiga atingir velocidade igual ou superior a 250 km/h (duzentos e cinquenta quilômetros por hora).

- Inciso XX com a redação dada pela Lei nº 12.350, de 20-12-2010.

XXI – projetores para exibição cinematográfica, classificados no código 9007.2 da NCM, e suas partes e acessórios, classificados no código 9007.9 da NCM.

- Inciso XXI com a redação dada pela Lei nº 12.599, de 23-3-2012.

XXII – produtos classificados nos códigos 8443.32.22, 8469.00.39 Ex 01, 8714.20.00, 9021.40.00, 9021.90.82 e 9021.90.92, todos da TIPI;

XXIII – calculadoras equipadas com sintetizador de voz classificadas no código 8470.10.00 Ex 01 da TIPI;

XXIV – teclados com adaptações específicas para uso por pessoas com deficiência, classificados no código 8471.60.52 da TIPI;

XXV – indicador ou apontador – *mouse* – com adaptações específicas para uso por pessoas com deficiência, classificado no código 8471.60.53 da TIPI;

XXVI – linhas braile classificadas no código 8471.60.90 Ex 01 da TIPI;

XXVII – digitalizadores de imagens – *scanners* – equipados com sintetizador de voz classificados no código 8471.90.14 Ex 01 da TIPI;

XXVIII – duplicadores braile classificados no código 8472.10.00 Ex 01 da TIPI;

XXIX – acionadores de pressão classificados no código 8471.60.53 Ex 02 da TIPI;

XXX – lupas eletrônicas do tipo utilizado por pessoas com deficiência visual classificadas no código 8525.80.19 Ex 01 da TIPI;

XXXI – implantes cocleares classificados no código 9021.40.00 da TIPI;

XXXII – próteses oculares classificadas no código 9021.39.80 da TIPI;

- Incisos XXII a XXXII com a redação dada pela Lei nº 12.649, de 17-5-2012.

XXXIII – programas – *softwares* – de leitores de tela que convertem texto em voz sintetizada para auxílio de pessoas com deficiência visual;

XXXIV – aparelhos contendo programas – *softwares* – de leitores de tela que convertem texto em caracteres braile, para utilização de surdos-cegos; e

XXXV – neuroestimuladores para tremor essencial/Parkinson, classificados no código 9021.90.19, e seus acessórios, classificados nos códigos 9018.90.99, 9021.90.91 e 9021.90.99, todos da TIPI;

- Incisos XXXIII a XXXV acrescidos pela Lei nº 12.649, de 17-5-2012.

XXXVI – VETADO; Lei nº 12.715, de 17-9-2012.

XXXVII – produtos classificados no Ex 01 do código 8503.00.90 da TIPI, exceto pás eólicas."

- Inciso XXXVII com a redação dada pela Lei nº 13.169, de 6-10-2015.

Parágrafo único. O Poder Executivo poderá regulamentar o disposto nos incisos IV, X e XIII a XXXV do *caput*.

- Parágrafo único com a redação dada pela Lei nº 12.649, de 17-5-2012.

Art. 29. As disposições do art. 3º da Lei Complementar nº 70, de 30 de dezembro de 1991, do art. 5º da Lei nº 9.715, de 25 de novembro de 1998, e do art. 53 da Lei nº 9.532, de 10 de dezembro de 1997, alcançam também o comerciante atacadista.

Art. 30. Considera-se aquisição, para fins do desconto do crédito previsto nos arts. 3º das Leis nºs 10.637, de 30 de dezembro de 2002, e 10.833, de 29 de dezembro de 2003, a versão de bens e direitos neles referidos, em decorrência de fusão, incorporação e cisão de pessoa jurídica domiciliada no País.

§ 1º O disposto neste artigo aplica-se somente nas hipóteses em que fosse admitido o desconto do crédito pela pessoa jurídica fusionada, incorporada ou cindida.

§ 2º Aplica-se o disposto neste artigo a partir da data de produção de efeitos do art. 3º das Leis nºs 10.637, de 30 de dezembro de 2002, e 10.833, de 29 de dezembro de 2003, conforme o caso.

Art. 31. É vedado, a partir do último dia do terceiro mês subsequente ao da publicação desta Lei, o desconto de créditos apurados na forma do inciso III do § 1º do art. 3º das Leis nºs 10.637, de 30 de dezembro de 2002, e 10.833, de 29 de dezembro de 2003, relativos à depreciação ou amortização de bens e direitos de ativos imobilizados adquiridos até 30 de abril de 2004.

§ 1º Poderão ser aproveitados os créditos referidos no inciso III do § 1º do art. 3º das Leis nºs 10.637, de 30 de dezembro de 2002, e 10.833, de 29 de dezembro de 2003, apurados sobre a depreciação ou amortização de bens e direitos de ativo imobilizado adquiridos a partir de 1º de maio.

§ 2º O direito ao desconto de créditos de que trata o § 1º deste artigo não se aplica ao valor decorrente da reavaliação de bens e direitos do ativo permanente.

§ 3º É também vedado, a partir da data a que se refere o *caput*, o crédito relativo a aluguel e contraprestação de arrendamento mercantil de bens que já tenham integrado o patrimônio da pessoa jurídica.

Art. 32. O art. 41 da Lei nº 8.981, de 20 de janeiro de 1995, passa a vigorar com a seguinte redação:

- Alterações inseridas no texto da referida Lei.

Art. 33. O art. 5º da Lei nº 9.826, de 23 de agosto de 1999, com a redação dada pela Lei nº 10.485, de 3 de julho de 2002, passa a vigorar com a seguinte redação:

"Art. 5º ....

....

§ 6º O disposto neste artigo aplica-se, também, ao estabelecimento equiparado a industrial, de que trata o § 5º do Art. 17 da Medida Provisória nº 2.189-49, de 23 de agosto de 2001."

Art. 34. Os arts. 1º e 3º da Lei nº 10.147, de 21 de dezembro de 2000 com a redação dada pela Lei nº 10.548, de 13 de novembro de 2002, passam a vigorar com a seguinte redação:

"Art. 1º ....

I – incidentes sobre a receita bruta decorrente da venda de:

a) produtos farmacêuticos classificados nas posições 30.01, 30.03, exceto nº código 3003.90.56, 30.04, exceto nº código 3004.90.46, nos itens 3002.10.1, 3002.10.2, 3002.10.3, 3002.20.1, 3002.20.2, 3006.30.1 e 3006.30.2 e nos códigos 3002.90.20, 3002.90.92, 3002.90.99, 3005.10.10, 3006.60.00: 2,1% (dois inteiros e um décimo por cento) e 9,9% (nove inteiros e nove décimos por cento);

b) produtos de perfumaria, de toucador ou de higiene pessoal, classificados nas posições 33.03 a 33.07 e nos códigos 3401.11.90, 3401.20.10 e 96.03.21.00: 2,2% (dois inteiros e dois décimos por cento) e 10,3% (dez inteiros e três décimos por cento);"

....

"Art. 3º ....

....

1º ....

I – determinado mediante a aplicação das alíquotas estabelecidas na alínea *a* do inciso I do art. 1º desta Lei sobre a receita bruta decorrente da venda de medicamentos, sujeitas a prescrição médica e identificados por tarja vermelha ou preta, relacionados pelo Poder Executivo;"

....

Art. 35. O art. 3º da Lei nº 10.336, de 19 de dezembro de 2001, passa a vigorar com a seguinte redação:

- Alteração inserida no texto da referida Lei.

Art. 36. Os arts. 1º, 3º e 5º da Lei nº 10.485, de 3 de julho de 2002, passam a vigorar com a seguinte redação:

"Art. 1º As pessoas jurídicas fabricantes e as importadoras de máquinas e veículos classificados nos códigos 84.29, 8432.40.00, 84.32.80.00, 8433.20, 8433.30.00, 8433.40.00, 8433.5, 87.01, 87.02, 87.03, 87.04, 87.05 e 87.06, da Tabela de Incidência do Imposto sobre Produtos Industrializados – TIPI, aprovada pelo Decreto nº 4.070, de 28 de dezembro de 2001, relativamente à receita bruta decorrente da venda desses produtos, ficam sujeitas ao pagamento da contribuição para os Programas de Integração Social e de Formação do Patrimônio do Servidor Público – PIS/PASEP e da Contribuição para o Financiamento da Seguridade Social – COFINS, às alíquotas de 2% (dois por cento) e 9,6% (nove inteiros e seis décimos por cento), respectivamente.

....

Art. 3º As pessoas jurídicas fabricantes e os importadores, relativamente às vendas dos produtos relacionados nos Anexos I e II desta Lei, ficam sujeitos à incidência da contribuição para o PIS/PASEP e da COFINS às alíquotas de:

I – 1,65% (um inteiro e sessenta e cinco centésimos por cento) e 7,6% (sete inteiros e seis décimos por cento), respectivamente, nas vendas para fabricante:

a) de veículos e máquinas relacionados no art. 1º desta Lei; ou

b) de autopeças constantes dos Anexos I e II desta Lei, quando destinadas à fabricação de produtos neles relacionados;

II – 2,3% (dois inteiros e três décimos por cento) e 10,8% (dez inteiros e oito décimos por cento), respectivamente, nas vendas para comerciante atacadista ou varejista ou para consumidores.

§ 1º Fica o Poder Executivo autorizado, mediante decreto, a alterar a relação de produtos discriminados nesta Lei, inclusive em decorrência de modificações na codificação da TIPI.

§ 2º Ficam reduzidas a 0% (zero por cento) as alíquotas da contribuição para o PIS/PASEP e da COFINS, relativamente à receita bruta auferida por comerciante atacadista ou varejista, com a venda dos produtos de que trata:

I – o *caput* deste artigo; e

II – o *caput* do art. 1º deste Artigo, exceto quando auferida pelas pessoas jurídicas a que se refere o Art. 17, § 5º, da Medida Provisória nº 2.189-49, de 23 de agosto de 2001.

§ 3º Os pagamentos efetuados pela pessoa jurídica fabricante dos produtos relacionados no art. 1º desta Lei a pessoa jurídica fornecedora de autopeças, exceto pneumáticos e câmaras de ar, estão sujeitos à retenção na fonte da contribuição para o PIS/PASEP e da COFINS.

§ 4º O valor a ser retido na forma do § 3º deste Artigo constitui antecipação das contribuições devidas pelas pessoas jurídicas fornecedoras e será determinado mediante a aplicação, sobre a importância a pagar, do percentual de 0,5% (cinco décimos por cento) para a contribuição para o PIS/PASEP e 2,5% (dois inteiros e cinco décimos por cento) para a COFINS.

§ 5º Os valores retidos deverão ser recolhidos ao Tesouro Nacional até o 3º (terceiro) dia útil da semana subsequente àquela em que tiver ocorrido o pagamento à pessoa jurídica fornecedora de autopeças.

§ 6º Na hipótese de a pessoa jurídica fabricante dos produtos relacionados no art. 1º desta Lei revender produtos constantes dos Anexos I e II desta Lei, serão aplicadas, sobre a receita auferida, as alíquotas previstas no inciso II do *caput* deste Artigo.

Art. 5º As pessoas jurídicas fabricantes e as importadoras dos produtos classificados nas posições 40.11 (pneus novos de borracha) e 40.13 (câmaras de ar de borracha), da TIPI, relativamente às vendas que fizerem, ficam sujeitas ao pagamento da contribuição para o PIS/PASEP e da COFINS às alíquotas de 2% (dois por cento) e 9,5% (nove inteiros e cinco décimos por cento), respectivamente.

...."

Art. 37. Os arts. 1º, 2º, 3º, 5º, 5ºA e 11 da Lei nº 10.637, de 30 de dezembro de 2002, passam a vigorar com a seguinte redação:

- Alterações inseridas no texto da referida Lei.

Art. 38. A incidência da contribuição para o PIS/PASEP e da COFINS fica suspensa no caso de venda a pessoa jurídica sediada no exterior, com contrato de entrega no território nacional, de insumos destinados à industrialização, por conta e ordem da encomendante sediada no exterior, de máquinas e veículos classificados nas posições 87.01 a 87.05 da TIPI.

§ 1º Consideram-se insumos, para os fins deste artigo, os chassis, as carroçarias, as peças, as partes, os componentes e os acessórios.

§ 2º Na hipótese de os produtos resultantes da industrialização por encomenda serem destinados:

I – ao exterior, resolve-se a suspensão das referidas contribuições; ou

II – ao mercado interno, serão remetidos obrigatoriamente à pessoa jurídica a que se refere o § 5º do art. 17 da Medida Provisória nº 2.189-49, de 23 de agosto de 2001, por conta e ordem da pessoa jurídica domiciliada no exterior, com suspensão da contribuição para o PIS/PASEP e da COFINS.

§ 3º A utilização do benefício da suspensão de que trata este artigo obedecerá ao disposto no § 6º do art. 17 da Medida Provisória nº 2.189-49, de 23 de agosto de 2001.

Art. 39. As sociedades cooperativas que obedecerem ao disposto na legislação específica, relativamente aos atos cooperativos, ficam isentas da Contribuição Social sobre o Lucro Líquido – CSLL.

- Art. 48 desta Lei.

Parágrafo único. O disposto no *caput* deste artigo não se aplica às sociedades cooperativas de consumo de que trata o art. 69 da Lei nº 9.532, de 10 de dezembro de 1997.

Art. 40. A incidência da contribuição para o PIS/PASEP e da COFINS ficará suspensa no caso de venda de matérias-primas, produtos intermediários e materiais de embalagem destinados a pessoa jurídica preponderantemente exportadora.

- *Caput* com a redação dada pela Lei nº 10.925, de 23-7-2004.

§ 1º Para fins do disposto no *caput*, considera-se pessoa jurídica preponderantemente exportadora aquela cuja receita bruta decorrente de exportação para o exterior, no ano-calendário imediatamente anterior ao da aquisição, houver sido igual ou superior a 50% (cinquenta por cento) de sua receita bruta total de venda de bens e serviços no mesmo período, após excluídos os impostos e contribuições incidentes sobre a venda.

- § 1º com a redação dada pela Lei nº 12.715, de 17-9-2012.

§ 2º Nas notas fiscais relativas à venda de que trata o *caput* deste artigo, deverá constar a expressão "Saída com suspensão da contribuição para o PIS/PASEP e da COFINS", com a especificação do dispositivo legal correspondente.

§ 3º A suspensão das contribuições não impede a manutenção e a utilização dos créditos pelo respectivo estabelecimento industrial, fabricante das referidas matérias-primas, produtos intermediários e materiais de embalagem.

§ 4º Para os fins do disposto neste artigo, as empresas adquirentes deverão:

I – atender aos termos e às condições estabelecidos pela Secretaria da Receita Federal; e

II – declarar ao vendedor, de forma expressa e sob as penas da lei, que atende a todos os requisitos estabelecidos.

§ 5º A pessoa jurídica que, após adquirir matérias-primas, produtos intermediários e materiais de embalagem com o benefício da suspensão de que trata este artigo, der-lhes destinação diversa de exportação, fica obrigada a recolher as contribuições não pagas pelo fornecedor, acrescidas de juros e multa de mora, ou de ofício, conforme o caso, contados a partir da data da aquisição.

- § 5º acrescido pela Lei nº 11.051, de 29-12-2004.

§ 6º As disposições deste artigo aplicam-se à Contribuição para o PIS/PASEP-Importação e à COFINS-Importação incidentes sobre os produtos de que trata o *caput* deste artigo.

- § 6º acrescido pela Lei nº 11.482, de 31-5-2007.

§ 6º-A. A suspensão de que trata este artigo alcança as receitas de frete, bem como as receitas auferidas pelo operador de transporte multimodal, relativas a frete contratado pela pessoa jurídica preponderantemente exportadora no mercado interno para o transporte dentro do território nacional de:

- § 6º-A com a redação dada pela Lei nº 11.774, de 17-9-2008.

I – matérias-primas, produtos intermediários e materiais de embalagem adquiridos na forma deste artigo; e

II – produtos destinados à exportação pela pessoa jurídica preponderantemente exportadora.

- Incisos I e II acrescidos pela Lei nº 11.488, de 15-6-2007.

§ 7º Para fins do disposto no inciso II do § 6º-A deste artigo, o frete deverá referir-se ao transporte dos produtos até o ponto de saída do território nacional.

§ 8º O disposto no inciso II do § 6º-A deste artigo aplica-se também na hipótese de vendas a empresa comercial exportadora, com fim específico de exportação.

§ 9º Deverá constar da nota fiscal a indicação de que o produto transportado destina-se à exportação ou à formação de lote com a finalidade de exportação, condição a ser comprovada mediante o Registro de Exportação – RE.

- §§ 7º a 9º acrescidos pela Lei nº 11.488, de 15-6-2007.

§ 10. *Revogado.* Lei nº 12.712, de 30-8-2012.

Art. 40-A. A suspensão de incidência da Contribuição para o PIS/PASEP e da COFINS de que trata o art. 40 desta Lei aplica-se também à venda de matérias-primas, produtos intermediários e materiais de embalagem destinados a pessoa jurídica fabricante dos produtos referidos no inciso XI do *caput* do art. 28 desta Lei, quando destinados a órgãos e entidades da administração pública direta.

§ 1º A pessoa jurídica que, após adquirir matérias-primas, produtos intermediários e materiais de embalagem com o benefício da suspensão de que trata este artigo, lhes der destinação diversa de venda a órgãos e entidades da administração pública direta fica obrigada a recolher as contribuições não pagas, acrescidas de juros e multa de mora ou de ofício, conforme o caso, contados a partir da data da aquisição.

§ 2º Da nota fiscal constará a indicação de que o produto transportado destina-se à venda a órgãos e entidades da administração pública direta, no caso de produtos referidos no inciso XI do *caput* do art. 28 desta Lei.

§ 3º Aplicam-se ainda ao disposto neste artigo os §§ 3º, 4º e 6º do art. 40 desta Lei.

• Art. 40-A acrescido pela Lei nº 11.727, de 23-6-2008.

Art. 41. Ficam incluídos no campo de incidência do Imposto sobre Produtos Industrializados – IPI, tributados à alíquota de 30% (trinta por cento), os produtos relacionados na subposição 2401.20 da TIPI.

• *Caput* com a redação dada pela Lei nº 11.452, de 27-2-2007.

§ 1º A incidência do imposto independe da forma de apresentação, acondicionamento, estado ou peso do produto.

• § 1º com a redação dada pela Lei nº 11.452, de 27-2-2007.

§§ 2º e 3º *Revogados*. Lei nº 11.452, de 27-2-2007.

Art. 42. Opcionalmente, as pessoas jurídicas tributadas pelo lucro real que aufiram receitas de venda dos produtos de que tratam os §§ 1º a 3º e 5º a 9º do art. 8º desta Lei poderão adotar, antecipadamente, o regime de incidência não cumulativa da contribuição para o PIS/PASEP e da COFINS.

○ Art. 22, par. ún., da Lei nº 11.051, de 29-12-2004, que dispõe sobre o desconto de crédito na apuração da Contribuição Social sobre o Lucro Líquido – CSLL e da Contribuição para o PIS/PASEP e COFINS não cumulativas.

§ 1º A opção será exercida até o dia 31 de maio de 2004, de acordo com as normas e condições estabelecidas pela Secretaria da Receita Federal, produzindo efeitos em relação aos fatos geradores ocorridos a partir do dia 1º de maio de 2004.

§ 2º Não se aplicam as disposições dos arts. 45 e 46 desta Lei às pessoas jurídicas que efetuarem a opção na forma do *caput* deste artigo.

• § 2º com a redação dada pela Lei nº 10.925, de 23-7-2004.

Art. 43. *Revogado*. Lei nº 10.999, de 15-12-2004.

Art. 44. Fica revogado o § 4º do art. 1º da Lei nº 10.147, de 21 de dezembro de 2000, alterado pela Lei nº 10.548, de 13 de novembro de 2002.

§ 1º Os efeitos da revogação de que trata o *caput* dar-se-ão a partir do 4º (quarto) mês subsequente ao de publicação desta Lei.

§ 2º VETADO.

Art. 45. Produzem efeitos a partir do 1º (primeiro) dia do 4º (quarto) mês subsequente ao de publicação desta Lei, quanto às alterações efetuadas em relação à Medida Provisória nº 164, de 29 de janeiro de 2004, as disposições constantes desta Lei:

I – nos §§ 1º a 3º, 5º, 8º e 9º do art. 8º;

II – no art. 16;

III – no art. 17; e

IV – no art. 22.

Parágrafo único. As disposições de que tratam os incisos I a IV do *caput* deste artigo, na redação original da Medida Provisória nº 164, de 29 de janeiro de 2004, produzem efeitos a partir de 1º de maio de 2004.

Art. 46. Produz efeitos a partir do 1º (primeiro) dia do 4º (quarto) mês subsequente ao de publicação desta Lei o disposto:

I – nos arts. 1º, 12, 50 e art. 51, incisos II e IV, da Lei nº 10.833, de 29 de dezembro de 2003, com a redação dada pelo art. 21 desta Lei;

II – nos arts. 1º e 3º da Lei nº 10.147, de 21 de dezembro de 2000, com a redação dada pelo art. 34 desta Lei;

III – nos arts. 1º, 3º e 5º da Lei nº 10.485, de 3 de julho de 2002, com a redação dada pelo art. 36 desta Lei, observado o disposto no art. 47; e

IV – nos arts. 1º, 2º, 3º e 11 da Lei nº 10.637, de 30 de dezembro de 2002, com a redação dada pelo art. 37 desta Lei.

Art. 47. O disposto nos §§ 3º a 5º do art. 3º da Lei nº 10.485, de 3 de julho de 2002, com a redação dada por esta Lei, produz efeitos a partir do 1º (primeiro) dia do 3º (terceiro) mês subsequente ao de publicação desta Lei.

Art. 48. Produz efeitos a partir de 1º de janeiro de 2005 o disposto no art. 39 desta Lei.

Art. 49. Os arts. 55 a 58 da Lei nº 10.833, de 29 de dezembro de 2003, produzem efeitos a partir de 1º de fevereiro de 2004, relativamente à hipótese de que trata o seu art. 52.

Art. 50. Os arts. 49 e 51 da Lei nº 10.833, de 29 de dezembro de 2003, em relação às alterações introduzidas pelo art. 21 desta Lei, produzem efeitos a partir de 1º de maio de 2004.

Art. 51. O disposto no art. 53 da Lei nº 10.833, de 29 de dezembro de 2003, com a alteração introduzida pelo art. 21 desta Lei, produz efeito a partir de 29 de janeiro de 2004.

Art. 52. Excepcionalmente para o ano-calendário de 2004, a opção pelo regime especial de que trata o art. 52 da Lei nº 10.833, de 29 de dezembro de 2003, poderá ser exercida até o último dia útil do mês subsequente ao da publicação desta Lei, produzindo efeitos, de forma irretratável, a partir do mês subsequente ao da opção, até 31 de dezembro de 2004.

Art. 53. Esta Lei entra em vigor na data de sua publicação, produzindo efeitos a partir do dia 1º de maio de 2004, ressalvadas as disposições contidas nos artigos anteriores.

Brasília, 30 de abril de 2004;
183º da Independência e
116º da República.

Luiz Inácio Lula da Silva

DECRETO Nº 5.059, DE 30 DE ABRIL DE 2004

Reduz as alíquotas da Contribuição para o PIS/PASEP e da COFINS incidentes sobre a importação e a comercialização de gasolina, óleo diesel, gás liquefeito de petróleo (GLP) e querosene de aviação.

• Publicado no *DOU* de 30-4-2004.

Art. 1º Os coeficientes de redução da contribuição para o PIS/PASEP e da COFINS previstos no § 5º do art. 23 da Lei nº 10.865, de 30 de abril de 2004, ficam fixados em:

I – zero para as gasolinas e suas correntes, exceto gasolina de aviação;

• Inciso I com a redação dada pelo Dec. nº 9.101, de 20-7-2017.

II – 0,23835 para o óleo diesel e suas correntes;

• Inciso II com a redação dada pelo Dec. nº 9.391, de 30-5-2018.

III – 0,75 para o gás liquefeito de petróleo (GLP);
IV – 0,7405 para o querosene de aviação; e

- Incisos III e IV com a redação dada pelo Dec. nº 10.638, de 1º-3-2021.

V – um inteiro para o GLP, quando destinado ao uso doméstico e envasado em recipientes de até treze quilogramas.

- Inciso V acrescido pelo Dec. nº 10.638, de 1º-3-2021.

Parágrafo único. Até 30 de abril de 2021, o coeficiente de redução de que trata o inciso II do *caput* fica fixado em um inteiro para o óleo diesel e suas correntes.

- *Caput* do parágrafo único com a redação dada pelo Dec. nº 10.638, de 1º-3-2021.

I e II – *Revogados.* Dec. nº 10.638, de 1º-3-2021.

Art. 2º As alíquotas da contribuição para o PIS/PASEP e da COFINS, com a utilização dos coeficientes determinados no art. 1º, ficam reduzidas, respectivamente, para:

I – R$ 141,10 (cento e quarenta e um reais e dez centavos) e R$ 651,40 (seiscentos e cinquenta e um reais e quarenta centavos) por metro cúbico de gasolinas e suas correntes;

- Inciso I com a redação dada pelo Dec. nº 9.101, de 20-7-2017.

II – R$ 62,61 (sessenta e dois reais e sessenta e um centavos) e R$ 288,89 (duzentos e oitenta e oito reais e oitenta e nove centavos) por metro cúbico de óleo diesel e suas correntes;

- Inciso II com a redação dada pelo Dec. nº 9.391, de 30-5-2018.

III – R$ 29,85 (vinte e nove reais e oitenta e cinco centavos) e R$ 137,85 (cento e trinta e sete reais e oitenta e cinco centavos) por tonelada de GLP;

IV – R$ 12,69 (doze reais e sessenta e nove centavos) e R$ 58,51 (cinquenta e oito reais e cinquenta e um centavos) por metro cúbico de querosene de aviação; e

- Incisos III e IV com a redação dada pelo Dec. nº 10.638, de 1º-3-2021.

V – R$ 0,00 (zero real) e R$ 0,00 (zero real) por tonelada de GLP, quando destinado ao uso doméstico e envasado em recipientes de até treze quilogramas.

- Inciso V acrescido pelo Dec. nº 10.638, de 1º-3-2021.

Parágrafo único. As alíquotas da Contribuição para o PIS/PASEP e da COFINS, com a utilização do coeficiente estabelecido no parágrafo único do art. 1º, ficam reduzidas para R$ 0,00 (zero real) por metro cúbico de óleo diesel e suas correntes.

- *Caput* do parágrafo único com a redação dada pelo Dec. nº 10.638, de 1º-3-2021.

I e II – *Revogados.* Dec. nº 10.638, de 1º-3-2021.

Art. 3º Este Decreto entra em vigor na data de sua publicação, produzindo efeitos em relação aos fatos geradores ocorridos a partir de 1º de maio de 2004.

Brasília, 30 de abril de 2004;
183º da Independência e
116º da República.

Luiz Inácio Lula da Silva

DECRETO Nº 5.062, DE 30 DE ABRIL DE 2004

Fixa coeficiente para redução das alíquotas específicas do PIS/PASEP e da COFINS de que tratam os arts. 51 e 52 da Lei nº 10.833, de 29 de dezembro de 2003.

- Publicado no *DOU* de 30-4-2004.
- O art. 52 da Lei nº 10.833, de 29-12-2003, foi revogado pela Lei nº 11.727, de 23-6-2008.

Art. 1º Fica afixado em 0,45 (quarenta e cinco centésimos) o coeficiente de redução das alíquotas da Contribuição para o PIS/PASEP e da Contribuição para o Financiamento da Seguridade Social – COFINS, previstas no art. 51 da Lei nº 10.833, de 29 de dezembro de 2003, incidentes na comercialização no mercado interno e na importação de embalagens para bebidas.

- *Caput* com a redação dada pelo Dec. nº 7.455, de 25-3-2011.

Parágrafo único. Excetua-se do disposto no *caput* deste artigo o coeficiente de redução das alíquotas:

- *Caput* do parágrafo único com a redação dada pelo Dec. nº 7.455, de 25-3-2011.

I – da lata de alumínio, classificada no código 7612.90.19 da TIPI e lata de aço, classificada no código 7310.21.10 da TIPI, para os refrigerantes classificados no código 22.02 da TIPI, que fica fixado em 0,326 (trezentos e vinte e seis milésimos); e

II – das pré-formas classificadas no código 3923.30.00 Ex 01 da TIPI, com faixa de gramatura acima de 42g, referidas no item 3 da alínea *b* do inciso II do *caput* do art. 51, que fica fixado em 0,56 (cinquenta e seis centésimos).

- Incisos I e II acrescidos pelo Dec. nº 7.455, de 25-3-2011.

Art. 2º As alíquotas da contribuição para o PIS/PASEP e da COFINS de que trata o art. 51 da Lei nº 10.833, de 2003, com a utilização do coeficiente determinados no art. 1º, no caso:

I – de lata de alumínio, classificada no código 7612.90.19 da TIPI e lata de aço, classificada no código 7310.21.10 da TIPI, ficam reduzidas, respectivamente, para:

a) R$ 0,0114 (cento e quatorze décimos de milésimo de real) e R$ 0,0529 (quinhentos e vinte e nove décimos de milésimo de real), por litro de capacidade nominal de envasamento de refrigerantes classificados nos códigos 22.02 da TIPI; e

- Alínea *a* com a redação dada pelo Dec. nº 7.455, de 25-3-2011.

b) R$ 0,0162 (cento e sessenta e dois décimos de milésimo de real) e R$ 0,0748 (setecentos e quarenta e oito décimos de milésimo de real), por litro de capacidade nominal de envasamento de cervejas classificadas no código 2203 da TIPI;

II – de embalagens destinadas ao envasamento de água, refrigerantes e cerveja, quando se tratar:

a) de garrafas e garrafões classificados no código 3923.30.00 da TIPI, ficam reduzidas, respectivamente, para R$ 0,0094 (noventa e quatro décimos de milésimo de real) e R$ 0,0431 (quatrocentos e trinta e um décimos de milésimo de real) por litro de capacidade nominal de envasamento;

b) de pré-formas classificadas no código 3923.30.00 Ex 01 da TIPI, ficam reduzidas, respectivamente, para:

1. R$ 0,0056 (cinquenta e seis décimos de milésimo de real) e R$ 0,0259 (duzentos e cinquenta e nove décimos de milésimo de real), para faixa de gramatura de até 30g;
2. R$ 0,014 (quatorze milésimos de real) e R$ 0,0647 (seiscentos e quarenta e sete décimos de milésimo de real), para faixa de gramatura acima de 30 até 42g;
3. R$ 0,0187 (cento e oitenta e sete décimos de milésimo de real) e R$ 0,0862 (oitocentos e sessenta e dois décimos de milésimo de real), para faixa de gramatura acima de 42g;

- Item 3 com a redação dada pelo Dec. nº 6.073, de 3-4-2007.

III – de embalagens de vidro não retornáveis classificadas no código 7010.90.21 da TIPI ficam reduzidas, respectivamente, para R$ 0,0162 (cento e sessenta e dois décimos de milésimo de real) e R$ 0,0748 (setecentos e quarenta e oito décimos de milésimo de real), por litro de capacidade nominal de envasamento de refrigerantes ou cervejas; e

IV – de embalagens de vidro retornáveis classificadas no código 7010.90.21 da TIPI ficam reduzidas, respectivamente, para R$ 0,1617 (um mil e seiscentos e dezessete décimos de milésimo de real) e R$ 0,748 (setecentos e quarenta e oito milésimos de real), por litro de capacidade nominal de envasamento de refrigerantes ou cervejas.

Art. 2º-A. Fica fixado em 0,87 (oitenta e sete centésimos) o coeficiente de redução das alíquotas da Contribuição para o PIS/PASEP e da COFINS, previstas no art. 51 da Lei nº 10.833, de 2003, incidentes na comercialização no mercado interno e na importação de embalagens para bebidas, quando as embalagens forem vendidas ou importadas por pessoa jurídica enquadrada no regime especial instituído pelo art. 58-J da Lei nº 10.833, de 2003, e cujos equipamentos contadores de produção de que trata o art. 58-T da mesma Lei estejam operando em normal funcionamento.

§ 1º Não se aplica o coeficiente de redução do *caput* nos casos a seguir especificados aos quais devem ser aplicados, observadas as mesmas condições do *caput*, os coeficientes de redução de:

I – 0,326 (trezentos e vinte e seis milésimos), no caso de lata de alumínio, classificada no código 7612.90.19 da TIPI e de lata de aço, classificada no código 7310.21.10 da TIPI, para os refrigerantes classificados no código 22.02 da TIPI;

II – 0,611 (seiscentos e onze milésimos) no caso de lata de alumínio, classificada no código 7612.90.19 da TIPI e de lata de aço, classificada no código 7310.21.10 da TIPI, para as cervejas classificadas no código 22.03 da TIPI; e

III – 0,958 (novecentos e cinquenta e oito milésimos), no caso de embalagens de vidro retornáveis classificadas no código 7010.90.21 da TIPI.

§ 2º Os coeficientes previstos no *caput* e no § 1º somente se aplicam quando todos os estabelecimentos do adquirente estiverem com sua produção controlada pelos equipamentos contadores de produção.

Art. 2º-B. As alíquotas da Contribuição para o PIS/PASEP e da COFINS de que trata o art. 51 da Lei nº 10.833, de 2003, com a utilização do coeficiente determinado no art. 2º-A, no caso:

I – de lata de alumínio, classificada no código 7612.90.19 da TIPI e lata de aço, classificada no código 7310.21.10 da TIPI, ficam reduzidas, respectivamente, para:

a) R$ 0,0114 (cento e quatorze décimos de milésimo de real) e R$ 0,0529 (quinhentos e vinte e nove décimos de milésimo de real), por litro de capacidade nominal de envasamento de refrigerantes classificados nos códigos 22.02 da TIPI; e

b) R$ 0,0114 (cento e quatorze décimos de milésimo de real) e R$ 0,0529 (quinhentos e vinte e nove décimos de milésimo de real), por litro de capacidade nominal de envasamento de cervejas classificadas no código 22.03 da TIPI;

II – de embalagens destinadas ao envasamento de água, refrigerantes e cerveja, quando se tratar:

a) de garrafas e garrafões classificados no código 3923.30.00 da TIPI, ficam reduzidas, respectivamente, para R$ 0,0022 (vinte e dois décimos de milésimo de real) e R$ 0,0102 (cento e dois décimos de milésimo de real) por litro de capacidade nominal de envasamento;

b) de pré-formas classificadas no código 3923.30.00 Ex 01 da TIPI, ficam reduzidas, respectivamente, para:

1. R$ 0,0013 (treze décimos de milésimo de real) e R$ 0,0061 (sessenta e um décimos de milésimo de real), para faixa de gramatura de até 30g;
2. R$ 0,0033 (trinta e três décimos de milésimo de real) e R$ 0,0153 (cento e cinquenta e três décimos de milésimo de real), para faixa de gramatura acima de 30 até 42g;
3. R$ 0,0055 (cinquenta e cinco décimos de milésimo de real) e R$ 0,0255 (duzentos e cinquenta e cinco décimos de milésimo de real), para faixa de gramatura acima de 42g;

III – de embalagens de vidro não retornáveis classificadas no código 7010.90.21 da TIPI ficam reduzidas, respectivamente, para R$ 0,0038 (trinta e oito décimos de milésimo de real) e R$ 0,0177 (cento e setenta e sete décimos de milésimo de real), por litro de capacidade nominal de envasamento de refrigerantes ou cervejas; e

IV – de embalagens de vidro retornáveis classificadas no código 7010.90.21 da TIPI ficam reduzidas, respectivamente, para R$ 0,0124 (cento e vinte e quatro décimos de milésimo de real) e R$ 0,0576 (quinhentos e setenta e seis décimos de milésimo de real), por litro de capacidade nominal de envasamento de refrigerantes ou cervejas.

Art. 2º-C. A pessoa jurídica vendedora das embalagens de que trata o art. 51 da Lei nº 10.833, de 2003, deverá confirmar no sítio da Secretaria da Receita Federal do Brasil na Internet, no endereço <http://www.receita.fazenda.gov.br>, se o adquirente consta na relação de empresas optantes pelo Regime Especial de Tributação de Bebidas Frias – REFRI, conforme o § 2º do art. 28 do Decreto nº 6.707, de 23 de dezembro de 2008, e na relação das empresas com os estabelecimentos obrigados à utilização do Sistema de Controle de Produção de Bebidas – SICOBE.

Art. 2º-D. Nas notas fiscais das embalagens de que trata o art. 51 da Lei nº 10.833, de 2003, relativas às vendas para as pessoas jurídicas de que trata o art. 2º-A, deverá constar a expressão "Saída com alíquotas reduzidas da Contribuição para o PIS/PASEP e da COFINS" e o número do Ato Declaratório Executivo da Coordenação-Geral de Fiscalização da Secretaria da Receita Federal do Brasil que obriga o adquirente à utilização do SICOBE, com menção expressa deste Decreto.

Art. 2º-E. A pessoa jurídica vendedora das embalagens de que trata o art. 51 da Lei nº 10.833, de 2003, deverá manter registro de estoque das saídas de embalagens, segregando as embalagens:

I – vendidas para o mercado interno, das embalagens vendidas para exportação ou para pessoa jurídica comercial exportadora;

II – vendidas para pessoas jurídicas industriais dos produtos classificados nas posições 22.01, 22.02 e 22.03 da TIPI, das embalagens vendidas para pessoas jurídicas industriais de outros produtos;

III – vendidas para pessoas jurídicas enquadradas no regime especial instituído pelo art. 58-J da Lei nº 10.833, de 2003, das vendidas para pessoas jurídicas enquadradas no regime geral instituído pelos arts. 58-F a 58-I da mesma Lei; e

IV – vendidas para pessoas jurídicas cujos equipamentos contadores de produção previstos no art. 58-T da Lei nº 10.833, de 2003, já estejam em funcionamento, segregando por pessoa jurídica, das vendidas para pessoas jurídicas sem os equipamentos contadores de produção ou cujos equipamentos não estejam operando em normal funcionamento.

LEG. COMPLEMENTAR

Art. 2º-F. O disposto nos arts. 1º e 2º não se aplica a pessoa jurídica vendedora das embalagens de que trata o art. 51 da Lei nº 10.833, de 2003, em relação às vendas realizadas na forma do art. 2º-A.

- Arts. 2º-A a 2º-F acrescidos pelo Dec. nº 7.455, de 25-3-2011.

Art. 3º *Revogado.* Dec. nº 6.707, de 23-12-2008.

Art. 4º Este Decreto entra em vigor na data de sua publicação, produzindo efeitos na mesma data dos dispositivos que regulamenta.

Brasília, 30 de abril de 2004;
183º da Independência e
116º da República.

Luiz Inácio Lula da Silva

LEI Nº 10.887, DE 18 DE JUNHO DE 2004

Dispõe sobre a aplicação de disposições da Emenda Constitucional nº 41, de 19 de dezembro de 2003, altera dispositivos das Leis nºs 9.717, de 27 de novembro de 1998, 8.213, de 24 de julho de 1991, 9.532, de 10 de dezembro de 1997, e dá outras providências.

- Publicada no *DOU* de 21-6-2004.

Art. 1º No cálculo dos proventos de aposentadoria dos servidores titulares de cargo efetivo de qualquer dos Poderes da União, dos Estados, do Distrito Federal e dos Municípios, incluídas suas autarquias e fundações, previsto no § 3º do art. 40 da Constituição Federal e no art. 2º da Emenda Constitucional nº 41, de 19 de dezembro de 2003, será considerada a média aritmética simples das maiores remunerações, utilizadas como base para as contribuições do servidor aos regimes de previdência a que esteve vinculado, correspondentes a 80% (oitenta por cento) de todo o período contributivo desde a competência julho de 1994 ou desde a do início da contribuição, se posterior àquela competência.

§ 1º As remunerações consideradas no cálculo do valor inicial dos proventos terão os seus valores atualizados mês a mês de acordo com a variação integral do índice fixado para a atualização dos salários de contribuição considerados no cálculo dos benefícios do regime geral de previdência social.

§ 2º A base de cálculo dos proventos será a remuneração do servidor no cargo efetivo nas competências a partir de julho de 1994 em que não tenha havido contribuição para regime próprio.

§ 3º Os valores das remunerações a serem utilizadas no cálculo de que trata este artigo serão comprovados mediante documento fornecido pelos órgãos e entidades gestoras dos regimes de previdência aos quais o servidor esteve vinculado ou por outro documento público, na forma do regulamento.

§ 4º Para os fins deste artigo, as remunerações consideradas no cálculo da aposentadoria, atualizadas na forma do § 1º deste artigo, não poderão ser:

I – inferiores ao valor do salário mínimo;

II – superiores ao limite máximo do salário de contribuição, quanto aos meses em que o servidor esteve vinculado ao regime geral de previdência social.

§ 5º Os proventos, calculados de acordo com o *caput* deste artigo, por ocasião de sua concessão, não poderão ser inferiores ao valor do salário mínimo nem exceder a remuneração do respectivo servidor no cargo efetivo em que se deu a aposentadoria.

Art. 2º Aos dependentes dos servidores titulares de cargo efetivo e dos aposentados de qualquer dos Poderes da União, dos Estados, do Distrito Federal e dos Municípios, incluídas suas autarquias e fundações, falecidos a partir da data de publicação desta Lei, será concedido o benefício de pensão por morte, que será igual:

I – à totalidade dos proventos percebidos pelo aposentado na data anterior à do óbito, até o limite máximo estabelecido para os benefícios do regime geral de previdência social, acrescida de 70% (setenta por cento) da parcela excedente a este limite; ou

II – à totalidade da remuneração do servidor no cargo efetivo na data anterior à do óbito, até o limite máximo estabelecido para os benefícios do regime geral de previdência social, acrescida de 70% (setenta por cento) da parcela excedente a este limite, se o falecimento ocorrer quando o servidor ainda estiver em atividade.

Parágrafo único. Aplica-se ao valor das pensões o limite previsto no art. 40, § 2º, da Constituição Federal.

Art. 3º Para os fins do disposto no inciso XI do art. 37 da Constituição Federal, a União, os Estados, o Distrito Federal e os Municípios instituirão sistema integrado de dados relativos às remunerações, proventos e pensões pagos aos respectivos servidores e militares, ativos e inativos, e pensionistas, na forma do regulamento.

Art. 4º A contribuição social do servidor público ativo de qualquer dos Poderes da União, incluídas suas autarquias e fundações, para a manutenção do respectivo regime próprio de previdência social, será de 11% (onze por cento), incidentes sobre:

- *Caput* com a redação dada pela Lei nº 12.618, de 30-4-2012.

I – a totalidade da base de contribuição, em se tratando de servidor que tiver ingressado no serviço público até a data da publicação do ato de instituição do regime de previdência complementar para os servidores públicos federais titulares de cargo efetivo e não tiver optado por aderir a ele;

II – a parcela da base de contribuição que não exceder ao limite máximo estabelecido para os benefícios do regime geral de previdência social, em se tratando de servidor:

a) que tiver ingressado no serviço público até a data a que se refere o inciso I e tenha optado por aderir ao regime de previdência complementar ali referido; ou

b) que tiver ingressado no serviço público a partir da data a que se refere o inciso I, independentemente de adesão ao regime de previdência complementar ali referido.

- Incisos I e II acrescidos pela Lei nº 12.618, de 30-4-2012.

§ 1º Entende-se como base de contribuição o vencimento do cargo efetivo, acrescido das vantagens pecuniárias permanentes estabelecidas em lei, os adicionais de caráter individual ou quaisquer outras vantagens, excluídas:

I – as diárias para viagens;

II – a ajuda de custo em razão de mudança de sede;

III – a indenização de transporte;

IV – o salário-família;

V – o auxílio-alimentação;

VI – o auxílio-creche;

VII – as parcelas remuneratórias pagas em decorrência de local de trabalho;

VIII – a parcela percebida em decorrência do exercício de cargo em comissão ou de função comissionada ou gratificada;

IX – o abono de permanência de que tratam o § 19 do art. 40 da Constituição Federal, o § 5º do art. 2º e o § 1º do art. 3º da Emenda Constitucional nº 41, de 19 de dezembro de 2003;

- Incisos VIII e IX com a redação dada pela Lei nº 12.688, de 18-7-2012.

X – o adicional de férias;

XI – o adicional noturno;

XII – o adicional por serviço extraordinário;

XIII – a parcela paga a título de assistência à saúde suplementar;

XIV – a parcela paga a título de assistência pré-escolar;

XV – a parcela paga a servidor público indicado para integrar conselho ou órgão deliberativo, na condição de representante do governo, de órgão ou de entidade da administração pública do qual é servidor;

XVI – o auxílio-moradia;

XVII – a Gratificação por Encargo de Curso ou Concurso, de que trata o art. 76-A da Lei nº 8.112, de 11 de dezembro de 1990;

XVIII – a Gratificação Temporária das Unidades dos Sistemas Estruturadores da Administração Pública Federal (GSISTE), instituída pela Lei nº 11.356, de 19 de outubro de 2006;

- Incisos X a XVIII acrescidos pela Lei nº 12.688, de 18-7-2012.

XIX – a Gratificação Temporária do Sistema de Administração dos Recursos de Informação e Informática (GSISP), instituída pela Lei nº 11.907, de 2 de fevereiro de 2009;

- Inciso XIX com a redação dada pela Lei nº 13.328, de 29-7-2016.

XX – a Gratificação Temporária de Atividade em Escola de Governo (GAEG), instituída pela Lei nº 11.907, de 2 de fevereiro de 2009;

XXI – a Gratificação Específica de Produção de Radioisótopos e Radiofármacos (GEPR), instituída pela Lei nº 11.907, de 2 de fevereiro de 2009;

- Incisos XX e XXI acrescidos pela Lei nº 13.328, de 29-7-2016.

XXII – a Gratificação de Raio X;

- Inciso XXII com a redação dada pela Lei nº 13.464, de 10-7-2017.

XXIII – a parcela relativa ao Bônus de Eficiência e Produtividade na Atividade Tributária e Aduaneira, recebida pelos servidores da carreira Tributária e Aduaneira da Receita Federal do Brasil;

XXIV – a parcela relativa ao Bônus de Eficiência e Produtividade na Atividade de Auditoria-Fiscal do Trabalho, recebida pelos servidores da carreira de Auditoria-Fiscal do Trabalho;

- Incisos XXIII e XXIV acrescidos pela Lei nº 13.464, de 10-7-2017.

XXVI – o Bônus de Desempenho Institucional por Perícia Médica em Benefícios por Incapacidade (BPMBI); e

XXVII – o Bônus de Desempenho Institucional por Análise de Benefícios com Indícios de Irregularidade do Monitoramento Operacional de Benefícios (BMOB).

- Incisos XXVI e XXVII acrescidos pela Lei nº 13.846, de 18-6-2019.
- Mantivemos incisos XXVI e XXVII conforme consta na publicação oficial. Todavia, entendemos que o correto seria XXV e XXVI.

§ 2º O servidor ocupante de cargo efetivo poderá optar pela inclusão, na base de cálculo da contribuição, de parcelas remuneratórias percebidas em decorrência de local de trabalho e do exercício de cargo em comissão ou de função comissionada ou gratificada, da Gratificação Temporária das Unidades dos Sistemas Estruturadores da Administração Pública Federal (GSISTE), da Gratificação Temporária do Sistema de Administração dos Recursos de Informação e Informática (GSISP), da Gratificação Temporária de Atividade em Escola de Governo (GAEG), da Gratificação Específica de Produção de Radioisótopos e Radiofármacos (GEPR), da Gratificação de Raio X e daquelas recebidas a título de adicional noturno ou de adicional por serviço extraordinário, para efeito de cálculo do benefício a ser concedido com fundamento no art. 40 da Constituição Federal e no art. 2º da Emenda Constitucional nº 41, de 19 de dezembro de 2003, respeitada, em qualquer hipótese, a limitação estabelecida no § 2º do art. 40 da Constituição Federal.

- § 2º com a redação dada pela Lei nº 13.328, de 29-7-2016.

Art. 5º Os aposentados e os pensionistas de qualquer dos Poderes da União, incluídas suas autarquias e fundações, contribuirão com 11% (onze por cento), incidentes sobre o valor da parcela dos proventos de aposentadorias e pensões concedidas de acordo com os critérios estabelecidos no art. 40 da Constituição Federal e nos arts. 2º e 6º da Emenda Constitucional nº 41, de 19 de dezembro de 2003, que supere o limite máximo estabelecido para os benefícios do regime geral de previdência social.

Art. 6º Os aposentados e os pensionistas de qualquer dos Poderes da União, incluídas suas autarquias e fundações, em gozo desses benefícios na data de publicação da Emenda Constitucional nº 41, de 19 de dezembro de 2003, contribuirão com 11% (onze por cento), incidentes sobre a parcela dos proventos de aposentadorias e pensões que supere 60% (sessenta por cento) do limite máximo estabelecido para os benefícios do regime geral de previdência social.

Parágrafo único. A contribuição de que trata o *caput* deste artigo incidirá sobre os proventos de aposentadorias e pensões concedidas aos servidores e seus dependentes que tenham cumprido todos os requisitos para obtenção desses benefícios com base nos critérios da legislação vigente até 31 de dezembro de 2003.

Art. 7º O servidor ocupante de cargo efetivo que tenha completado as exigências para aposentadoria voluntária estabelecidas na alínea *a* do inciso III do § 1º do art. 40 da Constituição Federal, no § 5º do art. 2º ou no § 1º do art. 3º da Emenda Constitucional nº 41, de 19 de dezembro de 2003, e que opte por permanecer em atividade fará jus a abono de permanência equivalente ao valor da sua contribuição previdenciária até completar as exigências para aposentadoria compulsória contidas no inciso II do § 1º do art. 40 da Constituição Federal.

Art. 8º A contribuição da União, de suas autarquias e fundações para o custeio do regime de previdência, de que trata o art. 40 da Constituição Federal, será o dobro da contribuição do servidor ativo, devendo o produto de sua arrecadação ser contabilizado em conta específica.

Parágrafo único. A União é responsável pela cobertura de eventuais insuficiências financeiras do regime decorrentes do pagamento de benefícios previdenciários.

Art. 8º-A. A responsabilidade pela retenção e recolhimento das contribuições de que tratam os arts. 4º a 6º e 8º será do dirigente e do ordenador de despesa do órgão ou entidade que efetuar o pagamento da remuneração ou do benefício.

- *Caput* com a redação dada pela Lei nº 12.350, de 20-12-2010.

§ 1º O recolhimento das contribuições de que trata este artigo deve ser efetuado:

I – até o dia 15, no caso de pagamentos de remunerações ou benefícios efetuados no primeiro decêndio do mês;

II – até o dia 25, no caso de pagamentos de remunerações ou benefícios efetuados no segundo decêndio do mês; ou

III – até o dia 5 do mês posterior, no caso de pagamentos de remunerações ou benefícios efetuados no último decêndio do mês.

§ 2º O não recolhimento das contribuições nos prazos previstos no § 1º:

I – enseja a aplicação dos acréscimos de mora previstos para os tributos federais; e

II – sujeita o responsável às sanções penais e administrativas cabíveis.

- §§ 1º e 2º com a redação dada pela Lei nº 12.350, de 20-12-2010.

§ 3º A não retenção das contribuições pelo órgão pagador sujeita o responsável às sanções penais e administrativas, cabendo a esse órgão apurar os valores não retidos e proceder ao desconto na folha de pagamento do servidor ativo, do aposentado e do pensionista, em rubrica e classificação contábil específicas, podendo essas contribuições ser parceladas na forma do art. 46 da Lei nº 8.112, de 11 de dezembro de 1990, observado o disposto no art. 56 da Lei nº 9.784, de 29 de janeiro de 1999.

§ 4º Caso o órgão público não observe o disposto no § 3º, a Secretaria da Receita Federal do Brasil formalizará representações aos órgãos de controle e constituirá o crédito tributário relativo à parcela devida pelo servidor ativo, aposentado ou pensionista.

- §§ 3º e 4º acrescidos pela Lei nº 12.688, de 18-7-2012.

Art. 9º A unidade gestora do regime próprio de previdência dos servidores, prevista no art. 40, § 20, da Constituição Federal:

I – contará com colegiado, com participação paritária de representantes e de servidores dos Poderes da União, cabendo-lhes acompanhar e fiscalizar sua administração, na forma do regulamento;

II – procederá, no mínimo a cada cinco anos, a recenseamento previdenciário, abrangendo todos os aposentados e pensionistas do respectivo regime;

III – disponibilizará ao público, inclusive por meio de rede pública de transmissão de dados, informações atualizadas sobre as receitas e despesas do respectivo regime, bem como os critérios e parâmetros adotados para garantir o seu equilíbrio financeiro e atuarial.

Art. 10. A Lei nº 9.717, de 27 de novembro de 1998, com a redação dada pela Medida Provisória nº 2.187-13, de 24 de agosto de 2001, passa a vigorar com as seguintes alterações:

"Art. 1º ...

...

X – vedação de inclusão nos benefícios, para efeito de percepção destes, de parcelas remuneratórias pagas em decorrência de local de trabalho, de função de confiança ou de cargo em comissão, exceto quando tais parcelas integrarem a remuneração de contribuição do servidor que se aposentar com fundamento no art. 40 da Constituição Federal, respeitado, em qualquer hipótese, o limite previsto no § 2º do citado artigo;

XI – vedação de inclusão nos benefícios, para efeito de percepção destes, do abono de permanência de que tratam o § 19 do art. 40 da Constituição Federal, o § 5º do art. 2º e o § 1º do art. 3º da Emenda Constitucional nº 41, de 19 de dezembro de 2003.

..."

"Art. 2º A contribuição da União, dos Estados, do Distrito Federal e dos Municípios, incluídas suas autarquias e fundações, aos regimes próprios de previdência social a que estejam vinculados seus servidores não poderá ser inferior ao valor da contribuição do servidor ativo, nem superior ao dobro desta contribuição.

§ 1º A União, os Estados, o Distrito Federal e os Municípios são responsáveis pela cobertura de eventuais insuficiências financeiras do respectivo regime próprio, decorrentes do pagamento de benefícios previdenciários.

§ 2º A União, os Estados, o Distrito Federal e os Municípios publicarão, até 30 (trinta) dias após o encerramento de cada bimestre, demonstrativo financeiro e orçamentário da receita e despesa previdenciárias acumuladas no exercício financeiro em curso.

§ 3º *Revogado.*

§ 4º *Revogado.*

§ 5º *Revogado.*

§ 6º *Revogado.*

§ 7º *Revogado.*"

"Art. 3º As alíquotas de contribuição dos servidores ativos dos Estados, do Distrito Federal e dos Municípios para os respectivos regimes próprios de previdência social não serão inferiores às dos servidores titulares de cargos efetivos da União, devendo ainda ser observadas, no caso das contribuições sobre os proventos dos inativos e sobre as pensões, as mesmas alíquotas aplicadas às remunerações dos servidores em atividade do respectivo ente estatal."

Art. 11. A Lei nº 8.212, de 24 de julho de 1991, passa a vigorar com as seguintes alterações:

- Alterações inseridas no texto da referida Lei.

Art. 12. A Lei nº 8.213, de 24 de julho de 1991, passa a vigorar com as seguintes alterações:

"Art. 11. ...

I – ...

...

j) o exercente de mandato eletivo federal, estadual ou municipal, desde que não vinculado a regime próprio de previdência social;

..."

"Art. 29-B. Os salários-de-contribuição considerados no cálculo do valor do benefício serão corrigidos mês a mês de acordo com a variação integral do Índice Nacional de Preços ao Consumidor – INPC, calculado pela Fundação Instituto Brasileiro de Geografia e Estatística – IBGE."

Art. 13. O art. 11 da Lei nº 9.532, de 10 de dezembro de 1997, passa a vigorar com a seguinte redação:

- Alterações inseridas no texto da referida Lei.

Art. 14. O art. 12 da Lei nº 10.666, de 8 de maio de 2003, passa a vigorar com a seguinte redação:

"Art. 12. Para fins de compensação financeira entre o regime geral de previdência social e os regimes próprios de previdência social dos servidores da União, dos Estados, do Distrito Federal e dos Municípios, os regimes instituidores apresentarão aos regimes de origem até o mês de maio de 2007 os dados relativos aos benefícios em manutenção em 5 de maio de 1999 concedidos a partir da promulgação da Constituição Federal."

Art. 15. Os proventos de aposentadoria e as pensões de que tratam os arts. 1º e 2º desta Lei serão reajustados, a partir de janeiro de 2008, na mesma data e índice em que se der o reajuste dos benefícios do regime geral de previdência social, ressalvados os beneficiados pela garantia de paridade de revisão de proventos de aposentadoria e pensões de acordo com a legislação vigente.

- Artigo com a redação dada pela Lei nº 11.784, de 23-9-2008.
- O STF, por unanimidade, julgou procedente a ADIN nº 4.582 para fins de conferir interpretação conforme à Constituição a este artigo, de modo a restringir-lhe a aplicabilidade apenas aos servidores ativos e inativos e aos pensionistas da União (*DOU* de 2-12-2022).

Art. 16. As contribuições a que se referem os arts. 4º, 5º e 6º desta Lei serão exigíveis a partir de 20 de maio de 2004.

§ 1º Decorrido o prazo estabelecido no *caput* deste artigo, os servidores abrangidos pela isenção de contribuição referida no § 1º do art. 3º e no § 5º do art. 8º da Emenda Constitucional nº 20, de 15 de dezembro de 1998, passarão a recolher contribuição previdenciária correspondente, fazendo jus ao abono a que se refere o art. 7º desta Lei.

§ 2º A contribuição de que trata o art. 1º da Lei nº 9.783, de 28 de janeiro de 1999, fica mantida até o início do recolhimento da contribuição a que se refere o *caput* deste artigo, para os servidores ativos.

Art. 16-A. A contribuição do Plano de Seguridade do Servidor Público (PSS), decorrente de valores pagos em cumprimento de decisão judicial, ainda que derivada de homologação de acordo, será retida na fonte, no momento do pagamento ao beneficiário ou seu representante legal, pela instituição financeira responsável pelo pagamento, por intermédio da quitação da guia de recolhimento remetida pelo setor de precatórios do Tribunal respectivo, no caso de pagamento de precatório ou requisição de pequeno valor, ou pela fonte pagadora, no caso de implantação de rubrica específica em folha, mediante a aplicação da alíquota de 11% (onze por cento) sobre o valor pago.

- *Caput* com a redação dada pela Lei nº 12.350, de 20-12-2010.

Parágrafo único. O recolhimento da contribuição deverá ser efetuado nos mesmos prazos previstos no § 1º do art. 8º-A, de acordo com a data do pagamento.

- Parágrafo único com a redação dada pela Lei nº 12.688, de 18-7-2012.

Art. 17. Esta Lei entra em vigor na data de sua publicação.

Art. 18. Ficam revogados os §§ 3º, 4º, 5º, 6º e 7º do art. 2º, o art. 2º-A e o art. 4º da Lei nº 9.717, de 27 de novembro de 1998, o art. 8º da Medida Provisória nº 2.187-13, de 24 de agosto de 2001, na parte em que dá nova redação ao inciso X do art. 1º, ao art. 2º e ao art. 2º-A da Lei nº 9.717, de 27 de novembro de 1998, e a Lei nº 9.783, de 28 de janeiro de 1999.

Brasília, 18 de junho de 2004;
183º da Independência e
116º da República.

Luiz Inácio Lula da Silva

LEI Nº 10.892, DE 13 DE JULHO DE 2004

Altera os arts. 8º e 16 da Lei nº 9.311, de 24 de outubro de 1996, que institui a Contribuição Provisória sobre Movimentação ou Transmissão de Valores e de Créditos e Direitos de Natureza Financeira – CPMF, e dá outras providências.

- Publicada no *DOU* de 14-7-2004.

Art. 1º Os arts. 8º e 16 da Lei nº 9.311, de 24 de outubro de 1996, passam a vigorar com as seguintes alterações:

- Alterações inseridas no texto da referida Lei.

Art. 2º A multa a que se refere o inciso I do *caput* do art. 44 da Lei nº 9.430, de 27 de dezembro de 1996, duplicada na forma de seu § 1º, quando for o caso, será de 150% (cento e cinquenta por cento) e de 300% (trezentos por cento), respectivamente, nos casos de utilização diversa da prevista na legislação das contas correntes de depósito sujeitas ao benefício da alíquota 0 (zero) de que trata o art. 8º da Lei nº 9.311, de 24 de outubro de 1996, bem como da inobservância de normas baixadas pelo Banco Central do Brasil de que resultar falta de cobrança da Contribuição Provisória sobre Movimentação ou Transmissão de Valores e de Créditos e Direitos de Natureza Financeira – CPMF devida.

- *Caput* com a redação dada pela Lei nº 11.488, de 15-6-2007.

§ 1º Na hipótese de que trata o *caput* deste artigo, se o contribuinte não atender, no prazo marcado, à intimação para prestar esclarecimentos, a multa a que se refere o inciso I do *caput* do art. 44 da Lei nº 9.430, de 27 de dezembro de 1996, duplicada na forma de seu § 1º, quando for o caso, passará a ser de 225% (duzentos e vinte e cinco por cento) e 450% (quatrocentos e cinquenta por cento), respectivamente.

- § 1º com a redação dada pela Lei nº 11.488, de 15-6-2007.

§ 2º O disposto no *caput* e no § 1º deste artigo aplica-se, inclusive, na hipótese de descumprimento da obrigatoriedade de crédito em conta corrente de depósito a vista do beneficiário dos valores correspondentes às seguintes operações:

I – cobrança de créditos de qualquer natureza, direitos ou valores, representados ou não por títulos, inclusive cheques;

II – recebimento de carnês, contas ou faturas de qualquer natureza, bem como de quaisquer outros valores não abrangidos no inciso I deste parágrafo.

§ 3º O disposto no *caput* e no § 1º deste artigo aplica-se às instituições responsáveis pela cobrança e recolhimento da CPMF, inclusive àquelas relacionadas no inciso III do art. 8º da Lei nº 9.311, de 24 de outubro de 1996, e no inciso I do *caput* do art. 85 do Ato das Disposições Constitucionais Transitórias.

Art. 3º A partir de 1º de outubro de 2004, a incidência do imposto de renda na fonte sobre os rendimentos a que se refere o art. 6º da Medida Provisória nº 2.189-49, de 23 de agosto de 2001, ocorrerá no último dia útil dos meses de maio e de novembro de cada ano, ou no resgate, se ocorrido em data anterior.

Art. 4º As sociedades cooperativas de produção agropecuária e as de consumo poderão adotar antecipadamente o regime de incidência não cumulativo da contribuição para o PIS/PASEP e da COFINS.

Parágrafo único. A opção será exercida até o 10º (décimo) dia do mês subsequente ao da data de publicação desta Lei, de acordo com as normas e condições estabelecidas pela Secretaria da Receita Federal, produzindo efeitos em relação aos fatos geradores ocorridos a partir de 1º de maio de 2004.

Art. 5º Esta Lei entra em vigor em 1º de outubro de 2004, exceto em relação ao seu art. 4º, que entra em vigor na data da sua publicação.

Brasília, 13 de julho de 2004;
183º da Independência e
116º da República.

Luiz Inácio Lula da Silva

LEI Nº 10.893, DE 13 DE JULHO DE 2004

Dispõe sobre o Adicional ao Frete para a Renovação da Marinha Mercante – AFRMM e o Fundo da Marinha Mercante – FMM, e dá outras providências.

- Publicada no *DOU* de 14-7-2004.

Art. 1º Esta Lei estabelece normas sobre o Adicional ao Frete para a Renovação da Marinha Mercante – AFRMM e o Fundo da Marinha Mercante – FMM.

Art. 2º Para os efeitos desta Lei:

I – porto é o atracadouro, o terminal, o fundeadouro ou qualquer outro local que possibilite o carregamento e o descarregamento de carga;

II – navegação de longo curso é aquela realizada entre portos brasileiros e portos estrangeiros, sejam marítimos, fluviais ou lacustres;

III – navegação de cabotagem é aquela realizada entre portos brasileiros, utilizando exclusivamente a via marítima ou a via marítima e as interiores;

IV – navegação fluvial e lacustre é aquela realizada entre portos brasileiros, utilizando exclusivamente as vias interiores;

V – granel é a mercadoria embarcada, sem embalagem ou acondicionamento de qualquer espécie, diretamente nos compartimentos da embarcação ou em caminhões-tanque sobre a embarcação;

VI – empresa brasileira de navegação é a pessoa jurídica constituída segundo as leis brasileiras, com sede no País, que tenha por objeto o transporte aquaviário, autorizada a operar pelo órgão competente;

VII – estaleiro brasileiro é a pessoa jurídica constituída segundo as leis brasileiras, com sede no País, que tenha por objeto a indústria de construção e reparo navais; e

VIII – jumborização é o aumento de uma embarcação.

Parágrafo único. Considera-se também como empresa brasileira de navegação o órgão ou entidade que integre a administração pública estatal direta ou indireta ou esteja sob controle acionário de qualquer entidade estatal, autorizada a executar as atividades de transporte aquaviário.

Art. 3º O AFRMM, instituído pelo art. 1º do Decreto-Lei nº 2.404, de 23 de dezembro de 1987, destina-se a atender aos encargos da intervenção da União no apoio ao desenvolvimento da marinha mercante e da indústria de construção e reparação naval brasileiras, e constitui fonte básica do FMM.

§ 1º Compete à Secretaria da Receita Federal do Brasil a administração das atividades relativas a cobrança, fiscalização, arrecadação, restituição e concessão de incentivos do AFRMM previstos em lei.

- Art. 3º com a redação dada pela Lei nº 12.788, de 14-1-2013.

§ 2º O AFRMM sujeita-se às normas relativas ao processo administrativo fiscal de determinação e exigência do crédito tributário e de consulta, de que tratam o Decreto nº 70.235, de 6 de março de 1972, e os arts. 48 a 50 da Lei nº 9.430, de 27 de dezembro de 1996.

§ 3º A Secretaria da Receita Federal do Brasil expedirá os atos necessários ao exercício da competência a que se refere o § 1º.

- §§ 2º e 3º acrescidos pela Lei nº 12.599, de 23-3-2012.

§ 4º Os créditos orçamentários necessários para o desempenho das atividades citadas no § 1º serão transferidos para a Unidade Orçamentária da Secretaria da Receita Federal do Brasil, para sua efetiva execução de acordo com os valores aprovados na respectiva lei orçamentária anual – LOA.

- § 4º acrescido pela Lei nº 12.788, de 14-1-2013.

§ 5º O Ministério dos Transportes, Portos e Aviação Civil deverá divulgar trimestralmente, por meio da imprensa oficial e da internet, os valores arrecadados do AFRMM.

- § 5º acrescido pela Lei nº 13.482, de 20-9-2017.

Art. 4º O fato gerador do AFRMM é o início efetivo da operação de descarregamento da embarcação em porto brasileiro.

§ 1º O AFRMM não incide sobre o frete relativo ao transporte de mercadoria submetida à pena de perdimento.

- Parágrafo único transformado em § 1º e com a redação dada pela Lei nº 14.301, de 7-1-2022.

§ 2º No caso da navegação fluvial e lacustre, o AFRMM incidirá somente sobre as cargas transportadas no âmbito das Regiões Norte e Nordeste, observado o disposto no art. 11 da Lei nº 11.482, de 31 de maio de 2007, para os seguintes tipos de carga:

- *Caput* do § 2º acrescido pela Lei nº 14.301, de 7-1-2022.

I – granéis líquidos; e

- Inciso I acrescido pela Lei nº 14.301, de 7-1-2022.

II – granéis sólidos e outras cargas.

- Inciso II acrescido pela Lei nº 14.301, de 7-1-2022, promulgado nos termos do art. 66, § 5º, da CF (*DOU* de 25-3-2022).

Art. 5º O AFRMM incide sobre o frete, que é a remuneração do transporte aquaviário da carga de qualquer natureza descarregada em porto brasileiro.

§ 1º Para os fins desta Lei, entende-se por remuneração do transporte aquaviário a remuneração para o transporte da carga porto a porto, incluídas todas as despesas portuárias com a manipulação de carga, constantes do conhecimento de embarque ou da declaração de que trata o § 2º do art. 6º desta Lei, anteriores e posteriores a esse transporte, e outras despesas de qualquer natureza a ele pertinentes.

§ 2º O somatório dos fretes dos conhecimentos de embarque desmembrados não pode ser menor que o frete do conhecimento de embarque que os originou.

Art. 6º O AFRMM será calculado sobre a remuneração do transporte aquaviário, aplicando-se as alíquotas de:

- *Caput* com a redação dada pela Lei nº 14.301, de 7-1-2022, promulgado nos termos do art. 66, § 5º, da CF (*DOU* de 25-3-2022).

I – 8% (oito por cento) na navegação de longo curso;

II – 8% (oito por cento) na navegação de cabotagem;

III – 40% (quarenta por cento) na navegação fluvial e lacustre, por ocasião do transporte de granéis líquidos nas Regiões Norte e Nordeste;

IV – 8% (oito por cento) na navegação fluvial e lacustre, por ocasião do transporte de granéis sólidos e outras cargas nas Regiões Norte e Nordeste.

- Incisos I a IV com a redação dada pela Lei nº 14.301, de 7-1-2022, promulgado nos termos do art. 66, § 5º, da CF (*DOU* de 25-3-2022).

§ 1º O conhecimento de embarque é o documento hábil para comprovação do valor da remuneração do transporte aquaviário.

§ 2º Nos casos em que não houver a obrigação de emissão do conhecimento de embarque, o valor da remuneração do transporte aquaviário, para fins de cálculo do AFRMM, será apurado por declaração do contribuinte.

§ 3º Sobre as mercadorias destinadas a porto brasileiro que efetuarem transbordo ou baldeação em um ou mais portos nacionais não incidirá novo AFRMM referente ao transporte entre os citados portos, se este já tiver sido calculado desde a sua origem até seu destino final.

§ 4º O Poder Executivo poderá estabelecer descontos nas alíquotas de que trata o *caput* deste artigo, desde que não diferenciados de acordo com o tipo de carga e com os tipos de navegação, levando em consideração apenas o fluxo de caixa do FMM.

- § 4º acrescido pela Lei nº 14.301, de 7-1-2022.

Art. 7º O responsável pelo transporte aquaviário deverá, na forma e nos prazos estabelecidos pela Secretaria da Receita Federal do Brasil, disponibilizar os dados necessários ao controle da arrecadação do AFRMM, oriundos do conhecimento de embarque ou da declaração de que trata o § 2º do art. 6º, referentes às mercadorias a serem desembarcadas no porto de descarregamento, independentemente do local previsto para a sua nacionalização, inclusive aquelas em trânsito para o exterior.

- *Caput* com a redação dada pela Lei nº 12.599, de 23-3-2012.

§ 1º Deverão também ser disponibilizados à Secretaria da Receita Federal do Brasil os dados referentes às mercadorias objeto:

I – de exportação, inclusive por meio de navegação fluvial e lacustre de percurso internacional; e

II – de transporte em navegação interior, quando não ocorrer a incidência do AFRMM.

- § 1º com a redação dada pela Lei nº 12.599, de 23-3-2012.

§ 2º *Revogado*. Lei nº 12.599, de 23-3-2012.

Art. 8º A constatação de incompatibilidade do valor da remuneração do transporte aquaviário, constante do conhecimento de embarque ou da declaração de que trata o § 2º do art. 6º, com o praticado nas condições de mercado ensejará a sua retificação, de acordo com as normas estabelecidas pela Secretaria da Receita Federal do Brasil, sem prejuízo das cominações previstas nesta Lei.

- Art. 8º com a redação dada pela Lei nº 12.599, de 23-3-2012.

Art. 9º Na navegação de longo curso, quando o frete estiver expresso em moeda estrangeira, a conversão para o padrão monetário nacional será feita com base na tabela "taxa de conversão de câmbio" do Sistema de Informações do Banco Central – SISBACEN, utilizada pelo Sistema Integrado do Comércio Exterior – SISCOMEX, vigente na data do efetivo pagamento do AFRMM.

Art. 10. O contribuinte do AFRMM é o consignatário constante do conhecimento de embarque.

§ 1º O proprietário da carga transportada é solidariamente responsável pelo pagamento do AFRMM, nos termos do art. 124, inciso II, da Lei nº 5.172, de 25 de outubro de 1966 – Código Tributário Nacional.

§ 2º Nos casos em que não houver obrigação de emissão do conhecimento de embarque, o contribuinte será o proprietário da carga transportada.

§ 3º *Revogado*. Lei nº 11.434, de 28-12-2006.

Art. 11. O pagamento do AFRMM, acrescido da Taxa de Utilização do Sistema de Controle de Arrecadação do Adicional ao Frete para Renovação da Marinha Mercante – MERCANTE, será efetuado pelo contribuinte antes da autorização de entrega da mercadoria correspondente pela Secretaria da Receita Federal do Brasil.

- Art. 11 com a redação dada pela Lei nº 12.599, de 23-3-2012.

Art. 12. *Revogado*. Lei nº 12.599, de 23-3-2012.

Art. 13. O contribuinte deverá manter em arquivo, pelo prazo de 5 (cinco) anos, contado da data do efetivo descarregamento da embarcação, os conhecimentos de embarque e demais documentos pertinentes ao transporte, para apresentação à fiscalização, quando solicitados.

- Art. 13 com a redação dada pela Lei nº 12.599, de 23-3-2012.

Art. 14. Ficam isentas do pagamento do AFRMM as cargas:

I – definidas como bagagem, mala postal, amostra sem valor comercial e unidades de carga, inclusive quando do reposicionamento para reutilização, nos termos e condições da legislação específica;

II – de livros, jornais e periódicos, bem como o papel destinado a sua impressão;

III – transportadas:

a) por embarcações, nacionais ou estrangeiras, quando não empregadas em viagem de caráter comercial; ou

b) nas atividades de explotação e de apoio à explotação de hidrocarbonetos e outros minerais sob a água, desde que na zona econômica exclusiva brasileira;

IV – que consistam em:

a) bens sem interesse comercial, doados a entidades filantrópicas, desde que o donatário os destine, total e exclusivamente, a obras sociais e assistenciais gratuitamente prestadas;

b) bens que ingressem no País especificamente para participar de eventos culturais ou artísticos, promovidos por entidades que se dediquem com exclusividade ao desenvolvimento da cultura e da arte, sem objetivo comercial;

c) bens exportados temporariamente para outro país e condicionados à reimportação em prazo determinado;

d) armamentos, produtos, materiais e equipamentos importados pelo Ministério da Defesa e pelas Forças Armadas, ficando condicionada a isenção, em cada caso, à declaração do titular da Pasta ou do respectivo Comando de que a importação destina-se a fins exclusivamente militares e é de interesse para a segurança nacional; ou

e) bens destinados à pesquisa científica e tecnológica, conforme disposto em lei;

- Alínea *e* com a redação dada pela Lei nº 12.599, de 23-3-2012.

V – que consistam em mercadorias:

a) importadas para uso próprio das missões diplomáticas e das repartições consulares de caráter permanente e de seus membros, bem como pelas representações de organismos internacionais, de caráter permanente, de que o Brasil seja membro, e de seus integrantes;

b) importadas em decorrência de atos firmados entre pessoas jurídicas de direito público externo celebrados e aprovados pelo Presidente da República e ratificados pelo Congresso Nacional, que contenham cláusula expressa de isenção de pagamento do AFRMM;

- Alínea *b* com a redação dada pela Lei nº 12.599, de 23-3-2012.

c) submetidas a regime aduaneiro especial que retornem ao exterior no mesmo estado ou após processo de industrialização, excetuando-se do atendimento da condição de efetiva exportação as operações realizadas a partir de 5 de outubro de 1990, nos termos do § 2º do art. 1º da Lei nº 8.402, de 8 de janeiro de 1992;

d) importadas pela União, Distrito Federal, Estados e Municípios, ou por intermédio de órgãos da administração direta, autárquica e fundacional;

e) que retornem ao País nas seguintes condições:

1. enviadas em consignação e não vendidas nos prazos autorizados;
2. por defeito técnico que exija sua devolução, para reparo ou substituição;
3. por motivo de modificações na sistemática do país importador;
4. por motivo de guerra ou calamidade pública; ou
5. por quaisquer outros fatores comprovadamente alheios à vontade do exportador brasileiro;

f) importadas em substituição a outras idênticas, em igual quantidade e valor, que tenham sido devolvidas ao exterior após a importação por terem se revelado defeituosas ou imprestáveis para os fins a que se destinavam;

g) que sejam destinadas ao consumo ou industrialização na Amazônia Ocidental, excluídas armas, munições, fumo, bebidas alcoólicas, perfumes, veículos de carga, automóveis de passageiros e granéis líquidos;

h) importadas por permissionários autorizados pelo Ministério da Fazenda para venda, exclusivamente em lojas francas, a passageiros de viagens internacionais;

i) submetidas a transbordo ou baldeação em portos brasileiros, quando destinadas à exportação e provenientes de outros portos nacionais, ou, quando originárias do exterior, tenham como destino outros países;

j) submetidas ao regime aduaneiro especial de depósito franco; ou

l) que estejam expressamente definidas em lei como isentas do AFRMM.

VI – de trigo classificado na posição 10.01 da TIPI; e

VII – de farinha de trigo classificada no código 1101.00.10 da TIPI.

• Incisos VI e VII com a redação dada pela Lei nº 11.787, de 25-9-2008.

§ 1º No caso dos incisos VI e VII, o disposto no *caput* deste artigo aplica-se até 31 de dezembro de 2008.

• Parágrafo único transformado em § 1º e com a redação dada pela Lei nº 14.366, de 8-6-2022.

§ 2º A partir de 1º de janeiro de 2023, a alínea *c* do inciso V do *caput* deste artigo passa a compreender também as mercadorias submetidas ao regime aduaneiro de *drawback* integrado isenção, de que trata o art. 31 da Lei nº 12.350, de 20 de dezembro de 2010.

• § 2º acrescido pela Lei nº 14.366, de 8-6-2022.

Art. 15. O pagamento do AFRMM incidente sobre o frete relativo ao transporte de mercadoria submetida a regime aduaneiro especial fica suspenso até a data do registro da declaração de importação que inicie o despacho para consumo correspondente.

• *Caput* com a redação dada pela Lei nº 12.599, de 23-3-2012.

§ 1º *Revogado*. Lei nº 12.599, de 23-3-2012.

§ 2º Na hipótese de descumprimento do regime, o AFRMM será exigido com os acréscimos mencionados no art. 16, calculados a partir da data do registro da declaração de importação para admissão da mercadoria no respectivo regime.

• § 2º com a redação dada pela Lei nº 12.599, de 23-3-2012.

Art. 16. Sobre o valor do AFRMM pago em atraso ou não pago, bem como sobre a diferença decorrente do pagamento do AFRMM a menor que o devido, incidirão multa de mora ou de ofício e juros de mora, na forma prevista no § 3º do art. 5º e nos arts. 43, 44 e 61 da Lei nº 9.430, de 27 de dezembro de 1996.

• Art. 16 com a redação dada pela Lei nº 12.599, de 23-3-2012.

I e II – *Revogados*;

§§ 1º e 2º *Revogados*.

Art. 17. O produto da arrecadação do AFRMM será destinado:

I – ao Fundo da Marinha Mercante – FMM:

a) 100% (cem por cento) do AFRMM gerado por empresa estrangeira de navegação;

b) 100% (cem por cento) do AFRMM gerado por empresa brasileira de navegação, operando embarcação afretada de registro estrangeiro, na navegação de longo curso;

• Alínea *b* com a redação dada pela Lei nº 14.301, de 7-1-2022.

c) 41% (quarenta e um por cento) do AFRMM gerado por empresa brasileira de navegação, operando embarcação própria ou afretada, de registro brasileiro, na navegação de longo curso, não inscrita no Registro Especial Brasileiro – REB, de que trata a Lei nº 9.432, de 8 de janeiro de 1997; e

d) 8% (oito por cento) do AFRMM gerado por empresa brasileira de navegação, operando embarcação, própria ou afretada, de registro brasileiro, na navegação de longo curso, inscrita no REB, de que trata a Lei nº 9.432, de 8 de janeiro de 1997;

II – a empresa brasileira de navegação, operando embarcação própria, afretada com registro brasileiro, ou afretada por tempo, de subsidiária integral da empresa brasileira de navegação:

• *Caput* do inciso II com a redação dada pela Lei nº 14.301, de 7-1-2022.

a) 50% (cinquenta por cento) do AFRMM que tenha gerado na navegação de longo curso, quando a embarcação não estiver inscrita no REB;

b) 83% (oitenta e três por cento) do AFRMM que tenha gerado na navegação de longo curso, quando a embarcação estiver inscrita no REB; e

c) 100% (cem por cento) do AFRMM que tenha gerado nas navegações de cabotagem, fluvial e lacustre;

III – a uma conta especial, 9% (nove por cento) do AFRMM gerado na navegação de longo curso, por empresa brasileira de navegação, operando embarcação, própria ou afretada, de registro brasileiro, inscrita ou não no REB.

§ 1º Da parcela do produto da arrecadação do AFRMM que cabe ao FMM, será destinado, anualmente, o percentual de 3% (três por cento) ao Fundo Nacional de Desenvolvimento Científico e Tecnológico – FNDCT, criado pelo Decreto-Lei nº 719, de 31 de julho de 1969, e restabelecido pela Lei nº 8.172, de 18 de janeiro de 1991, para o financiamento de programas e projetos de pesquisa científica e desenvolvimento tecnológico dos setores de transporte aquaviário e de construção naval, os quais serão alocados em categoria de programação específica e administrados conforme o disposto em regulamento.

§ 2º Da parcela do produto da arrecadação do AFRMM que cabe ao FMM, será destinado, anualmente, o percentual de 1,5% (um e meio por cento) ao Fundo do Desenvolvimento do Ensino Profissional Marítimo, para compensação das perdas decorrentes da isenção de que trata o § 8º do art. 11 da Lei nº 9.432, de 8 de janeiro de 1997.

§ 3º Da parcela do produto da arrecadação do AFRMM que cabe ao FMM, serão destinados ao Fundo Naval, anualmente, os seguintes percentuais:

• *Caput* do § 3º com a redação dada pela Lei nº 14.301, de 7-1-2022.

I – 0,40% (quarenta centésimos por cento) para contribuir com o pagamento das despesas de representação e de estudos técnicos em apoio às posições brasileiras nos diversos elementos componentes da Organização Marítima Internacional (IMO), cujos recursos serão alocados em categoria de programação específica; e

• Inciso I acrescido pela Lei nº 14.301, de 7-1-2022.

II – 10% (dez por cento) para projetos integrantes de programas do Comando da Marinha destinados à construção e a reparos, em estaleiros brasileiros, de embarcações auxiliares, hidrográficas e oceanográficas, bem como de embarcações a serem empregadas na proteção do tráfego marítimo nacional.

• Inciso II acrescido pela Lei nº 14.301, de 7-1-2022, promulgado nos termos do art. 66, § 5º, da CF (*DOU* de 25-3-2022).

§ 4º O AFRMM gerado por embarcação de registro estrangeiro, afretada por empresa brasileira de navegação, poderá ter a destinação prevista no inciso I, alíneas c e d, e nos incisos II e III do *caput* deste artigo, desde que tal embarcação esteja substituindo outra em construção em estaleiro brasileiro, com contrato em eficácia, de tipo semelhante, até o limite de toneladas de porte bruto contratadas.

§ 5º A destinação de que trata o § 4º deste artigo far-se-á enquanto durar a construção, porém nunca por prazo superior a 36 (trinta e seis) meses, contado, de forma ininterrupta, da entrada em eficácia do contrato de construção da embarcação, que ocorre com o início do cumprimento de cronograma físico e financeiro apresentado pela empresa brasileira de navegação e aprovado pelo órgão competente do Ministério dos Transportes.

§ 6º A ocupação de espaços por empresas brasileiras de navegação em embarcações de registro estrangeiro fica enquadrada nas regras deste artigo, desde que essas embarcações estejam integradas a acordos de associação homologados pelo órgão competente do Ministério dos Transportes e regidos pelos princípios da equivalência recíproca da oferta de espaços e da limitação da fruição dos benefícios pela capacidade efetiva de transporte da embarcação de registro brasileiro.

§ 7º Por solicitação da interessada, o FMM poderá utilizar o produto da arrecadação de AFRMM, já classificado pela Secretaria da Receita Federal do Brasil e ainda não depositado na conta vinculada da empresa brasileira de navegação, para compensação do débito relativo às prestações a que se referem as alíneas c e d do inciso I do *caput* do art. 19, garantido ao agente financeiro o pagamento pelo FMM das comissões incidentes sobre os valores compensados.

- § 7º com a redação dada pela Lei nº 12.599, de 23-3-2012.

§ 8º Os Fundos de que tratam os §§ 2º e 3º deste artigo divulgarão, trimestralmente, na internet, os valores recebidos do FMM e destinados aos seus programas e projetos de pesquisa científica e desenvolvimento tecnológico e ao ensino profissional marítimo, na forma prevista em lei.

- § 8º acrescido pela Lei nº 14.301, de 7-1-2022.

Art. 18. As parcelas recolhidas à conta a que se refere o inciso III do *caput* do art. 17 desta Lei, acrescidas das correções resultantes de suas aplicações previstas no art. 20 desta Lei, serão rateadas entre as empresas brasileiras de navegação autorizadas a operar na cabotagem e na navegação fluvial e lacustre, proporcionalmente ao total de fretes por elas gerado no transporte, entre portos brasileiros, de cargas de importação e de exportação do comércio exterior do País.

§ 1º O total de fretes referidos no *caput* deste artigo será obtido quando as empresas mencionadas no *caput* deste artigo estiverem operando embarcações próprias ou afretadas de registro brasileiro, bem como embarcações afretadas de registro estrangeiro no regime de que tratam os §§ 4º e 5º do art. 17 desta Lei, conforme se dispuser em regulamento.

§ 2º O produto do rateio a que se refere este artigo será depositado, conforme se dispuser em regulamento, na conta vinculada das empresas.

Art. 19. O produto da arrecadação do AFRMM destinado a empresa brasileira de navegação será depositado diretamente, no Banco do Brasil S.A., em conta vinculada em nome da empresa, a qual será movimentada por intermédio do agente financeiro do FMM, nos seguintes casos:

I – por solicitação da interessada:

a) para construção ou aquisição de embarcações novas, produzidas em estaleiros brasileiros;

b) para jumborização, conversão, modernização, docagem, manutenção, revisão e reparação de embarcação própria ou afretada, inclusive para aquisição e/ou instalação de equipamentos, nacionais ou importados, quando realizada por estaleiro ou empresa especializada brasileira, sendo responsabilidade da empresa proprietária ou afretadora adquirir e contratar os serviços;

- Alíneas *a* e *b* com a redação dada pela Lei nº 14.301, de 7-1-2022.

c) para pagamento de prestação de principal e encargos de financiamento concedido com recursos do FMM;

d) para pagamento de prestação de principal e encargos de financiamento concedido pelo agente financeiro, com recursos de outras fontes, que tenha por objeto as modalidades de apoio previstas nos itens 1 e 2 da alínea a do inciso I do art. 26 desta Lei;

e) para pagamento de prestação de principal e encargos de financiamento obtido na Agência Especial de Financiamento Industrial – FINAME e no Programa Amazônia Integrada – PAI, desde que a interessada esteja adimplente com as obrigações previstas nas alíneas c e d deste inciso e o pagamento ocorra por intermédio de qualquer estabelecimento bancário autorizado a operar com esses recursos e que tenha por objeto as modalidades de apoio previstas nos itens 1 e 2 da alínea a do inciso I do art. 26 desta Lei;

f) para utilização por empresa coligada, controlada ou controladora nos casos previstos nas alíneas deste inciso;

g) para manutenção, em todas as suas categorias, realizada por estaleiro brasileiro, por empresa especializada ou pela empresa proprietária ou afretadora, em embarcação própria ou afretada;

h) para garantia à construção de embarcação em estaleiro brasileiro;

i) para reembolso anual dos valores pagos a título de prêmio e encargos de seguro e resseguro contratados para cobertura de cascos e máquinas de embarcações próprias ou afretadas; e

j) para pagamento do valor total do afretamento de embarcações utilizadas no mesmo tipo de navegação de cabotagem, de longo curso e interior e geradoras dos recursos do AFRMM para a conta vinculada correspondente, desde que tal embarcação seja de propriedade de uma empresa brasileira de investimento na navegação e tenha sido construída no País;

- Alíneas *g* a *j* acrescidas pela Lei nº 14.301, de 7-1-2022.

II – prioritária e compulsoriamente, independentemente de autorização judicial, por iniciativa do agente financeiro, na amortização de dívidas vencidas decorrentes de financiamento referido nas alíneas c, d e e do inciso I do *caput* deste artigo.

§ 1º O agente financeiro deverá deduzir do valor dos recursos liberados da conta vinculada em nome da empresa comissão a título de administração das contas vinculadas, que será fixada pelo Conselho Monetário Nacional por proposta do Ministro de Estado dos Transportes.

§ 2º As parcelas do AFRMM previstas nos incisos II e III do *caput* do art. 17 desta Lei, geradas por embarcação financiada com recursos do FMM, poderão, a critério do agente financeiro, consultado o órgão competente do Ministério dos Transportes, ser creditadas na conta vinculada da empresa brasileira contratante inadimplente, até a liquidação do contrato de financiamento, mesmo que a embarcação financiada venha a ser explorada por empresa brasileira de navega-

LEG. COMPLEMENTAR

ção mediante contrato de afretamento, sub-afretamento ou qualquer outra modalidade de cessão de sua utilização nas atividades de navegação mercante.

§ 3º A regra constante do § 2º deste artigo poderá ser aplicada às empresas adimplentes, mediante solicitação justificada das partes, devidamente aprovada pelo Ministério dos Transportes.

§ 4º *Revogado.* Lei nº 14.301, de 7-1-2022.

§ 5º A liberação dos recursos financeiros da conta vinculada de empresa brasileira de navegação nas hipóteses previstas nos incisos I e II do *caput* deste artigo somente poderá ocorrer para aplicação, pela empresa beneficiária dos recursos, exclusivamente, em embarcação a ser utilizada no mesmo tipo de navegação de cabotagem, de longo curso e interior geradoras dos recursos do AFRMM para a conta vinculada correspondente.

§ 6º Além da instituição financeira referida no *caput* deste artigo, o Conselho Diretor do Fundo da Marinha Mercante (CDFMM), de que trata o art. 23 desta Lei, poderá habilitar outras instituições financeiras para receber os depósitos em contas vinculadas, na forma prevista em ato do CDFMM.

§ 7º Ato do CDFMM disporá sobre:

I – as diretrizes e os critérios a serem observados pelo agente financeiro do FMM para análise e movimentação dos recursos financeiros das contas vinculadas; e

II – os procedimentos para acompanhamento da destinação dos recursos a que se refere o inciso I deste parágrafo.

§ 8º Os recursos depositados na conta vinculada são impenhoráveis, na forma do art. 832 da Lei nº 13.105, de 16 de março de 2015 (Código de Processo Civil), ressalvada a penhora para pagamento de dívida relativa ao próprio bem, se contraída durante a sua construção, jumborização, conversão, modernização, docagem ou reparação em estaleiro brasileiro.

• §§ 5º a 8º acrescidos pela Lei nº 14.301, de 7-1-2022.

Art. 20. Os valores depositados nas contas de que tratam o art. 19 e o inciso III do *caput* do art. 17 desta Lei serão aplicados pelas instituições financeiras de que tratam o *caput* e o § 6º do art. 19 desta Lei em operações de mercado aberto, em títulos públicos federais de curto, médio ou longo prazo, em nome do titular e a critério deste, na forma que dispuser o Conselho Monetário Nacional.

• Artigo com a redação dada pela Lei nº 14.301, de 7-1-2022.

Art. 21. A empresa brasileira de navegação decai do direito ao produto do AFRMM no caso de não utilização dos valores no prazo de 3 (três) anos, contados do seu depósito, transferindo-se esses valores para o FMM.

Art. 22. O FMM é um fundo de natureza contábil, destinado a prover recursos para o desenvolvimento da Marinha Mercante e da indústria de construção e reparação naval brasileiras.

Art. 23. Fica criado o Conselho Diretor do Fundo da Marinha Mercante – CDFMM, órgão colegiado integrante da estrutura do Ministério dos Transportes, cuja competência e composição serão estabelecidas em ato do Poder Executivo, assegurada a participação da Marinha do Brasil, da Secretaria Especial de Portos da Presidência da República e de empresários e trabalhadores dos setores da Marinha Mercante e da indústria de construção e reparação naval.

• Art. 23 com a redação dada pela Lei nº 11.518, de 5-9-2007.

Art. 24. O FMM é administrado pelo Ministério dos Transportes, Portos e Aviação Civil, por intermédio do CDFMM.

Parágrafo único. O Ministério dos Transportes, Portos e Aviação Civil deverá divulgar trimestralmente, por meio da imprensa oficial e da internet, o quantitativo e a destinação dos valores arrecadados ao FMM.

• Art. 24 com a redação dada pela Lei nº 13.482, de 20-9-2017.

Art. 25. São recursos do FMM:

I – a parte que lhe cabe no produto da arrecadação do AFRMM;

II – as dotações orçamentárias que lhe forem atribuídas no Orçamento-Geral da União;

III – os valores e importâncias que lhe forem destinados em lei;

IV – o produto do retorno das operações de financiamento concedido e outras receitas resultantes de aplicações financeiras;

V – *Revogado.* Lei nº 12.788, de 14-1-2013.

VI – os provenientes de empréstimos contraídos no País ou no exterior;

VII – as receitas provenientes de multas aplicadas por infrações de leis, normas, regulamentos e resoluções referentes à arrecadação do AFRMM;

VIII – a reversão dos saldos anuais não aplicados; e

IX – os provenientes de outras fontes.

Art. 26. Os recursos do FMM serão aplicados:

I – em apoio financeiro reembolsável mediante concessão de empréstimo:

a) prioritariamente, a empresa brasileira de navegação, até 90% (noventa por cento) do valor do projeto aprovado:

1. para a construção de embarcação em estaleiro brasileiro; e
2. para jumborização, conversão, modernização, docagem, manutenção, inclusive preventiva, ou reparação de embarcação própria ou afretada, inclusive para aquisição e instalação de equipamentos necessários, quando realizadas por estaleiro brasileiro ou por empresa brasileira especializada, podendo a empresa brasileira de navegação adquirir diretamente materiais e equipamentos, bem como contratar os serviços do estaleiro ou das empresas especializadas;

• Item 2 com a redação dada pela Lei nº 14.301, de 7-1-2022.

b) a empresa brasileira de navegação, a estaleiro e outras empresas ou entidades brasileiras, inclusive as representativas de classe dos setores de Marinha Mercante e de construção naval, para projetos de pesquisa e desenvolvimento científico ou tecnológico e formação e aperfeiçoamento de recursos humanos voltados para os setores da Marinha Mercante, construção ou reparo naval, até 90% (noventa por cento) do valor do projeto aprovado;

c) a estaleiro brasileiro para financiamento à produção de embarcação:

1. destinada a empresa brasileira de navegação, até 90% (noventa por cento) do valor do projeto aprovado;
2. destinada à exportação, até 90% (noventa por cento) do valor do projeto aprovado;

d) às empresas públicas não dependentes vinculadas ao Ministério da Defesa, até 100% (cem por cento) do valor do projeto aprovado, para construção e reparos, em estaleiros brasileiros, de embarcações auxiliares, hidrográficas e oceanográficas, bem como de embarcações a serem empregadas na proteção do tráfego marítimo;

• Alínea *d* com a redação dada pela Lei nº 14.301, de 7-1-2022.

e) às entidades públicas, instituições de pesquisa e a outros órgãos, inclusive os representativos de classe dos setores de Marinha Mercante e de construção naval, até 100% (cem por cento) do valor do projeto aprovado, para a construção de embarcações auxiliares, hidrográficas e oceanográficas, em estaleiros brasileiros;

f) às empresas brasileiras, até 90% (noventa por cento) do valor do projeto aprovado, para construção, jumborização, conversão, modernização, docagem, manutenção, inclusive preventiva, ou reparação, quando realizadas por estaleiro brasileiro ou por empresa especializada, de qualquer tipo de embarcação própria ou afretada, de aplicação comercial, industrial ou extrativista, no interesse do desenvolvimento da Marinha Mercante e da indústria de construção e reparação naval brasileiras;

- Alínea *f* com a redação dada pela Lei nº 14.301, de 7-1-2022.

g) aos estaleiros brasileiros, para financiamento de reparo de embarcações, até 90% (noventa por cento) do valor do projeto aprovado;

h) aos estaleiros, arsenais e bases navais brasileiros, para expansão e modernização de suas instalações ou para construção de novas instalações, até 90% (noventa por cento) do valor do projeto aprovado;

i) a empresa de navegação ou estaleiro brasileiros, no apoio financeiro à construção ou produção de embarcações destinadas ao transporte fluvial de passageiros de elevado interesse social, até 100% (cem por cento) do valor do projeto aprovado;

j) a empresa de navegação ou estaleiro brasileiros no apoio financeiro à construção ou produção de embarcações destinadas à pesca, até 100% (cem por cento) do valor do projeto aprovado; e

k) para a realização de obras de infraestrutura portuária e aquaviária, até 90% (noventa por cento) do valor do projeto aprovado;

l) para outras aplicações em investimentos, no interesse do desenvolvimento da Marinha Mercante e da indústria de construção e reparação naval brasileiras, cujos projetos obedecerão aos critérios de enquadramento na política nacional da Marinha Mercante e na indústria de construção e reparação naval brasileiras definidos em regulamento; e

m) às empresas estrangeiras, até 80% (oitenta por cento) do valor do projeto aprovado, para construção, jumborização, conversão, modernização, docagem, manutenção, inclusive preventiva, ou reparação, quando realizadas por estaleiro brasileiro ou por empresa brasileira especializada, de qualquer tipo de embarcação própria ou afretada, de aplicação comercial, industrial ou extrativista, no interesse do desenvolvimento da Marinha Mercante e da indústria de construção e reparação naval brasileiras;

- Alíneas *k* a *m* acrescidas pela Lei nº 14.301, de 7-1-2022.

II – no pagamento ao agente financeiro:

a) de valor correspondente à diferença apurada entre o custo de captação de recursos para o agente financeiro e o custo do financiamento contratado com o beneficiário, sempre que o agente financeiro for o Banco Nacional de Desenvolvimento Econômico e Social – BNDES;

b) das comissões devidas pela concessão de financiamentos realizados com recursos do FMM e de outras fontes, a título de administração ou risco das operações contratadas até a publicação desta Lei; e

c) de juros equivalentes à taxa referencial do Sistema Especial de Liquidação e de Custódia – SELIC, para títulos federais, incidentes sobre os adiantamentos de recursos realizados pelo agente financeiro com recursos de outras fontes, destinados ao pagamento das comissões de risco devidas em operações de repasse de recursos do FMM;

III – no financiamento da diferença entre o custo interno efetivo de construção de embarcações e o valor das operações contratadas, com recursos do FMM e de outras fontes, limitada a 10% (dez por cento) do valor do contrato de construção de embarcação destinada ao mercado interno;

IV – em crédito reserva, até o limite de 20% (vinte por cento) do valor do contrato de financiamento concedido com recursos do FMM e de outras fontes à produção de embarcação destinada à exportação, visando a assegurar o término da obra, no caso de descumprimento da correspondente obrigação de fazer por parte do estaleiro;

V – em programas especiais direcionados à pesca artesanal ou ao transporte de passageiros, considerados atividades prioritárias e de relevante interesse social, com redução de encargos financeiros referentes a juros e atualização monetária, conforme dispuser o Conselho Monetário Nacional, por proposta do Ministro de Estado dos Transportes; e

VI – em despesas relativas à arrecadação, gestão e utilização dos recursos do FMM;

VII – na realização de obras de infraestrutura portuária e aquaviária exclusivamente em empreendimentos prioritários que estejam de acordo com o planejamento de longo prazo no âmbito do Poder Executivo federal, na forma definida em regulamento.

- Inciso VII acrescido pela Lei nº 14.301, de 7-1-2022.

Parágrafo único. As comissões de que trata a alínea b do inciso II deste artigo continuarão a ser reguladas pelas regras do Conselho Monetário Nacional vigentes na data da publicação desta Lei, e poderão ser pagas ao agente financeiro, mediante retenção nas prestações recebidas dos mutuários.

Art. 27. O financiamento concedido com recursos do FMM, destinado à construção, jumborização, conversão, modernização ou reparação de embarcação, poderá ter como garantias a alienação fiduciária, a hipoteca da embarcação financiada ou de outras embarcações, a fiança bancária, a cessão de direitos creditórios e aquelas emitidas pelo Fundo de Garantia para a Indústria Naval – FGIN.

§ 1º A alienação fiduciária só terá validade e eficácia após sua inscrição no Registro de Propriedade Marítima, no Tribunal Marítimo, aplicando-se-lhe, no que couber, o disposto na legislação vigente.

§ 2º O agente financeiro, a seu critério, poderá aceitar outras modalidades de garantia além das previstas no *caput* deste artigo.

Art. 28. A alienação da embarcação que, para construção, jumborização, conversão, modernização ou reparação, tenha sido objeto de financiamento com recursos do FMM dependerá de prévia autorização do Ministério dos Transportes, consultado o Conselho Diretor do Fundo da Marinha Mercante – CDFMM, quando o risco da operação for do Fundo, conforme disposto em regulamento.

Art. 29. O FMM terá como agente financeiro o Banco Nacional de Desenvolvimento Econômico e Social – BNDES e, nas condições fixadas em ato do CDFMM, os bancos oficiais federais.

LEG. COMPLEMENTAR

§ 1º O BNDES poderá habilitar seus agentes financeiros para atuar nas operações de financiamento com recursos do FMM, continuando a suportar os riscos perante o FMM.

§ 2º Nas operações a que se refere o art. 26, inciso I, alínea d, desta Lei, o FMM, com autorização expressa do Ministro de Estado dos Transportes, concederá o empréstimo diretamente à Marinha do Brasil, sem a intermediação de agente financeiro, devendo os desembolsos anuais decorrentes desta operação observar a dotação prevista no orçamento da Marinha do Brasil para o projeto financiado, e respeitar os limites de movimentação de empenho e de pagamento dos decretos de programação financeira.

§ 3º Os agentes financeiros do FMM ficam autorizados a reescalonar contratos vigentes de financiamentos com recursos do FMM, desde que não ultrapassem os prazos máximos de 72 (setenta e dois) meses de carência e de até 24 (vinte e quatro) anos de amortização, quando necessário, para viabilizar a recuperação do crédito em razão dos efeitos da pandemia da COVID-19.

- § 3º acrescido pela Lei nº 14.301, de 7-1-2022.

Art. 30. Os riscos resultantes das operações com recursos do FMM serão suportados pelos agentes financeiros, na forma que dispuser o Conselho Monetário Nacional, por proposta do Ministro de Estado dos Transportes.

Parágrafo único. Continuarão suportados pelo FMM, até final liquidação, os riscos das operações aprovadas pelo Ministro de Estado dos Transportes com base no § 5º do art. 12 do Decreto-Lei nº 1.801, de 18 de agosto de 1980, ou contratadas até 31 de dezembro de 1987.

Art. 31. Fica a União autorizada, nos limites da dotação orçamentária, a conceder subvenção econômica, em percentual, sobre o prêmio do seguro-garantia modalidade executante construtor, suportado por agente segurador, que obteve da Superintendência de Seguros Privados – SUSEP autorização para operar, ou sobre os custos de carta de fiança, emitida por instituições financeiras autorizadas a funcionar pelo Banco Central do Brasil, nos termos aprovados pelo Conselho Monetário Nacional, quando eventualmente exigidos durante a construção de embarcações financiadas.

Art. 32. A decisão de contratação de financiamento com recursos do FMM será, após aprovação do agente financeiro, imediatamente encaminhada ao CDFMM.

Parágrafo único. Os agentes financeiros manterão o CDFMM atualizado dos dados de todas as operações realizadas.

Art. 33. O Conselho Monetário Nacional, por proposta do Ministro de Estado dos Transportes, baixará normas reguladoras dos empréstimos a serem concedidos pelo FMM, no que concerne:

I – aos encargos financeiros e prazos;

II – às comissões devidas pelo mutuário pela concessão de financiamentos realizados com recursos do Fundo e de outras fontes, a título de administração ou risco das operações; e

III – à comissão devida pelo mutuário pela administração de operações aprovadas pelo Ministro de Estado dos Transportes com base no § 5º do art. 12 do Decreto-Lei nº 1.801, de 18 de agosto de 1980.

Parágrafo único. O somatório das comissões a que alude o inciso II deste artigo será menor que a taxa de juros dos respectivos financiamentos para os contratos celebrados a partir da edição desta Lei.

Art. 34. Os programas anuais de aplicação dos recursos do FMM serão aprovados pelo Ministro de Estado dos Transportes, sem prejuízo do disposto no art. 4º, § 1º, do Decreto-Lei nº 1.754, de 31 de dezembro de 1979.

Art. 35. Os recursos do FMM destinados a financiamentos liberados durante a fase de construção, bem como os respectivos saldos devedores, poderão, de comum acordo entre o tomador e o agente financeiro:

- Art. 35 com a redação dada pela Lei nº 11.434, de 28-12-2006.

I – ter como remuneração nominal:

a) a Taxa de Juros de Longo Prazo (TJLP) do respectivo período, no caso dos financiamentos contratados com recursos do FMM que tenham previsto a TJLP como remuneração nominal, nos termos da legislação em vigor; ou

b) aquela a que fazem jus os recursos do FMM aplicados pelas instituições financeiras oficiais federais em operações de financiamento, nos demais casos;

- Inciso I com a redação Lei nº 13.483, de 21-9-2017.

II – ser referenciados pelo contra valor, em moeda nacional, da cotação do dólar norte-americano, divulgada pelo Banco Central do Brasil; ou

III – ter a combinação dos critérios referidos nos incisos I e II do *caput* deste artigo, na proporção a ser definida pelo tomador.

- Incisos II e III acrescidos pela Lei nº 11.434, de 28-12-2006.

§§ 1º e 2º *Revogados.* Lei nº 11.434, de 28-12-2006.

§ 3º Após a contratação do financiamento, a alteração do critério escolhido pelo tomador dependerá do consenso das partes.

- § 3º com a redação dada pela Lei nº 11.434, de 28-12-2006.

Art. 36. VETADO.

Art. 37. Fica instituída a Taxa de Utilização do MERCANTE.

§ 1º A taxa a que se refere este artigo será devida na emissão do número "conhecimento de embarque do MERCANTE – CE-MERCANTE", à razão de R$ 50,00 (cinquenta reais) por unidade, e cobrada a partir de 1º de janeiro de 2005.

§ 2º Fica o Poder Executivo autorizado a reduzir o valor da Taxa de Utilização do MERCANTE fixado no § 1º deste artigo e a aumentá-lo, até o limite definido no referido parágrafo.

§ 3º A taxa de que trata o *caput* não incide sobre:

- *Caput* do § 3º acrescido pela Lei nº 12.599, de 23-3-2012.

I – as cargas destinadas ao exterior; e

- Inciso I acrescido pela Lei nº 12.599, de 23-3-2012.

II – as cargas isentas do pagamento do AFRMM, conforme previsto no art. 14 desta Lei, ou aquelas transportadas nas navegações de cabotagem, interior fluvial e lacustre, cuja origem ou cujo destino final seja porto localizado na Região Norte ou Nordeste, nos termos do art. 17 da Lei nº 9.432, de 8 de janeiro de 1997; e

- Inciso II com a redação dada pela Lei nº 14.301, de 7-1-2022.

III – as cargas submetidas à pena de perdimento, nos termos do inciso II do parágrafo único do art. 4º.

- Inciso III acrescido pela Lei nº 12.788, de 14-1-2013.

§ 4º O produto da arrecadação da taxa de que trata o *caput* fica vinculado ao Fundo Especial de Desenvolvimento e Aperfeiçoamento das Atividades de Fiscalização – FUNDAF, instituído pelo art. 6º do Decreto-Lei nº 1.437, de 17 de dezembro de 1975.

- § 4º acrescido pela Lei nº 12.599, de 23-3-2012.

Art. 38. O FMM destinará, até 31 de dezembro de 2011, às empresas brasileiras de navegação, mediante crédito na conta vinculada, R$ 0,75 (setenta e cinco centavos de real) para cada R$ 1,00 (um real) de AFRMM gerado na navegação de cabotagem ou no transporte de granéis na navegação de longo curso, bem como na navegação fluvial e lacustre no transporte de granéis líquidos nas regiões Norte e Nordeste, por embarcações construídas em estaleiro brasileiro com tripulação brasileira e entregues a partir de 26 de março de 2004.

§§ 1º e 2º VETADOS

§ 3º O depósito do crédito na conta vinculada será processado e efetuado pela Secretaria do Tesouro Nacional, na forma prevista no *caput*.

- § 3º acrescido pela Lei nº 12.599, de 23 de março de 2012.

Art. 39. O montante da arrecadação do AFRMM e sua aplicação deverão ser divulgados de acordo com a Lei nº 9.755, de 16 de dezembro de 1998.

Arts. 40 a 49. VETADOS.

Art. 50. Os armadores ou seus prepostos poderão exercer as atribuições de corretor de navios e de despachante aduaneiro no tocante às suas embarcações, de quaisquer bandeiras, empregadas em longo curso, em cabotagem ou navegação interior.

Parágrafo único. Só será devida remuneração aos corretores de navios e aos despachantes aduaneiros quando houver prestação efetiva de serviço.

Art. 51. (VETADOS).

Art. 52. O *caput* do art. 7º da Lei nº 10.849, de 23 de março de 2004, passa a vigorar com a seguinte redação:

"Art. 7º É a União autorizada a equalizar as taxas dos financiamentos realizados no âmbito do PROFROTA Pesqueira, tendo como parâmetro de remuneração dos Fundos a Taxa de Juros de Longo Prazo – TJLP ou índice oficial que vier a substituí-la.

...."

Art. 52-A. A Secretaria da Receita Federal do Brasil processará e viabilizará, mediante recursos decorrentes da arrecadação do AFRMM que cabem ao Fundo da Marinha Mercante – FMM, o ressarcimento às empresas brasileiras de navegação das parcelas previstas nos incisos II e III do *caput* do art. 17 que deixarem de ser recolhidas em razão da não incidência de que trata o *caput* do art. 17 da Lei nº 9.432, de 8 de janeiro de 1997.

- Art. 52-A acrescido pela Lei nº Lei nº 12.599, de 23-3-2012.

Art. 52-B. O disposto no art. 74 da Lei nº 9.430, de 27 de dezembro de 1996, não se aplica ao AFRMM e à Taxa de Utilização do Mercante.

Art. 52-C. Ficam a cargo do Departamento do Fundo da Marinha Mercante a análise do direito creditório, a decisão e o pagamento dos processos de restituição e de ressarcimento referentes ao AFRMM e à Taxa de Utilização do Mercante relacionados a pedidos ocorridos até a data da vigência do ato do Poder Executivo de que trata o inciso I do art. 25 da Lei nº 12.599, de 23 de março de 2012.

- Arts. 52-B e 52-C acrescidos pela Lei nº 12.788, 14-1-2013.

Art. 53. O Poder Executivo regulamentará o disposto nesta Lei.

Art. 54. Esta Lei entra em vigor na data de sua publicação.

Art. 55. Ficam revogados:

I – os arts. 2º a 6º e 8º a 33 do Decreto-Lei nº 2.404, de 23 de dezembro de 1987;

II – o Decreto-Lei nº 2.414, de 12 de fevereiro de 1988;

III – os arts. 7º e 9º da Lei nº 9.365, de 16 de dezembro de 1996;

IV – VETADO; e

V – a Lei nº 10.206, de 23 de março de 2001.

Brasília, 13 de julho de 2004;
183º da Independência e
116º da República.

Luiz Inácio Lula da Silva

LEI Nº 10.925, DE 23 DE JULHO DE 2004

Reduz as alíquotas do PIS/PASEP e da COFINS incidentes na importação e na comercialização do mercado interno de fertilizantes e defensivos agropecuários e dá outras providências.

- Publicada no *DOU* de 26-7-2004.

Art. 1º Ficam reduzidas a 0 (zero) as alíquotas da contribuição para o PIS/PASEP e da Contribuição para o Financiamento da Seguridade Social – COFINS incidentes na importação e sobre a receita bruta de venda no mercado interno de:

I – adubos ou fertilizantes classificados no Capítulo 31, exceto os produtos de uso veterinário, da Tabela de Incidência do Imposto sobre Produtos Industrializados – TIPI, aprovada pelo Decreto nº 4.542, de 26 de dezembro de 2002, e suas matérias-primas;

II – defensivos agropecuários classificados na posição 38.08 da TIPI e suas matérias-primas;

III – sementes e mudas destinadas à semeadura e plantio, em conformidade com o disposto na Lei nº 10.711, de 5 de agosto de 2003, e produtos de natureza biológica utilizados em sua produção;

IV – corretivo de solo de origem mineral classificado no Capítulo 25 da TIPI;

V – produtos classificados nos códigos 0713.33.19, 0713.33.29, 0713.33.99, 1006.20, 1006.30 e 1106.20 da TIPI;

VI – inoculantes agrícolas produzidos a partir de bactérias fixadoras de nitrogênio, classificados no código 3002.90.99 da TIPI;

VII – produtos classificados no Código 3002.30 da TIPI;

VIII – VETADO;

IX – farinha, grumos e sêmolas, grãos esmagados ou em flocos, de milho, classificados, respectivamente, nos códigos 1102.20, 1103.13 e 1104.19, todos da TIPI;

X – pintos de 1 (um) dia classificados no código 0105.11 da TIPI;

- Incisos IX e X acrescidos pela Lei nº 11.051, de 29-12-2004.

XI – leite fluido pasteurizado ou industrializado, na forma de ultrapasteurizado, leite em pó, integral, semidesnatado ou desnatado, leite fermentado, bebidas e compostos lácteos e fórmulas infantis, assim definidas conforme previsão legal específica, destinados ao consumo humano ou utilizados na industrialização de produtos que se destinam ao consumo humano;

- Inciso XI com a redação dada pela Lei nº 11.488, de 15-6-2007.

XII – queijos tipo mozarela, minas, prato, queijo de coalho, ricota, requeijão, queijo provolone, queijo parmesão, queijo fresco não maturado e queijo do reino;

- Inciso XII com a redação dada pela Lei nº 12.655, de 30-5-2012.

XIII – soro de leite fluido a ser empregado na industrialização de produtos destinados ao consumo humano;

- Inciso XIII acrescido pela Lei nº 11.488, de 15-6-2007.

XIV – farinha de trigo classificada no código 1101.00.10 da TIPI;

XV – trigo classificado na posição 10.01 da TIPI; e

XVI – pré-misturas próprias para fabricação de pão comum e pão comum classificados, respectivamente, nos códigos 1901.20.00 Ex 01 e 1905.90.90 Ex 01 da TIPI;

• Incisos XIV a XVI com a redação dada pela Lei nº 11.787, de 25-9-2008.

XVII – VETADO. Lei nº 12.096, de 24-11-2009;

XVIII – massas alimentícias classificadas na posição 19.02 da TIPI;

• Inciso XVIII com a redação dada pela Lei nº 12.655, de 30-5-2012.

XIX – carnes bovina, suína, ovina, caprina e de aves e produtos de origem animal classificados nos seguintes códigos da TIPI:

a) 02.01, 02.02, 0206.10.00, 0206.2, 0210.20.00, 0506.90.00, 0510.00.10 e 1502.10.1;

b) 02.03, 0206.30.00, 0206.4, 02.07, 02.09 e 0210.1 e carne de frango classificada nos códigos 0210.99.00;

c) 02.04 e miudezas comestíveis de ovinos e caprinos classificadas no código 0206.80.00;

d) VETADO;

XX – peixes e outros produtos classificados nos seguintes códigos da TIPI:

a) 03.02, exceto 0302.90.00;

b) 03.03 e 03.04;

c) VETADO;

XXI – café classificado nos códigos 09.01 e 2101.1 da TIPI;

XXII – açúcar classificado nos códigos 1701.14.00 e 1701.99.00 da TIPI;

XXIII – óleo de soja classificado na posição 15.07 da TIPI e outros óleos vegetais classificados nas posições 15.08 a 15.14 da TIPI;

XXIV – manteiga classificada no código 0405.10.00 da TIPI;

XXV – margarina classificada no código 1517.10.00 da TIPI;

XXVI – sabões de toucador classificados no código 3401.11.90 Ex 01 da TIPI;

XXVII – produtos para higiene bucal ou dentária classificados na posição 33.06 da TIPI;

XXVIII – papel higiênico classificado no código 4818.10.00 da TIPI;

• Incisos XIX a XXVIII acrescidos pela Lei nº 12.839, de 9-7-2013.

XXIX a XLII – VETADOS. Lei nº 12.839, de 9-7-2013.

§ 1º *Revogado.* Lei nº 12.839, de 9-7-2013.

§ 2º O Poder Executivo poderá regulamentar a aplicação das disposições deste artigo.

• § 2º com a redação dada pela Lei nº 11.787, de 25-9-2008.

§ 3º *Revogado.* Lei nº 12.839, de 9-7-2013.

§ 4º Aplica-se a redução de alíquotas de que trata o *caput* também à receita bruta decorrente das saídas do estabelecimento industrial, na industrialização por conta e ordem de terceiros dos bens e produtos classificados nas posições 01.03, 01.05, 02.03, 02.06.30.00, 0206.4, 02.07 e 0210.1 da TIPI.

• § 4º acrescido pela Lei nº 12.839, de 9-7-2013.

§§ 5º a 7º VETADOS. Lei nº 12.839, de 9-7-2013.

Art. 2º O art. 14 da Lei nº 10.336, de 19 de dezembro de 2001, passa a vigorar com a seguinte redação:

• Alterações inseridas no texto da referida Lei.

• Art. 17, I, *a*, desta Lei.

Art. 3º O art. 3º da Lei nº 10.485, de 3 de julho de 2002, passa a vigorar com a seguinte redação:

"Art. 3º ....

....

§ 2º ....

....

II – o *caput* do art. 1º desta Lei, exceto quando auferida pelas pessoas jurídicas a que se refere o art. 17, § 5º, da Medida Provisória nº 2.189-49, de 23 de agosto de 2001.

....

§ 5º Os valores retidos na quinzena deverão ser recolhidos ao Tesouro Nacional até o último dia útil da semana subsequente àquela quinzena em que tiver ocorrido o pagamento à pessoa jurídica fornecedora de autopeças.

...."

Art. 4º Os arts. 2º, 5º-A e 11 da Lei nº 10.637, de 30 de dezembro de 2002, passam a vigorar com a seguinte redação:

• Alterações inseridas no texto da referida Lei.

Art. 5º Os arts. 2º, 3º, 10, 12, 15, 31, 35, 51 e 52 da Lei nº 10.833, de 29 de dezembro de 2003, passam a vigorar com a seguinte redação:

• Alterações inseridas no texto da referida Lei.

Art. 6º Os arts. 8º, 9º, 14-A, 15, 17, 28, 40 e 42 da Lei nº 10.865, de 30 de abril de 2004, passam a vigorar com a seguinte redação:

• Alterações inseridas no texto da referida Lei.

Art. 7º Poderá ser efetuada até o último dia útil do mês de julho de 2004 a opção de que trata:

I – o art. 42 da Lei nº 10.865, de 30 de abril de 2004, para as pessoas jurídicas referidas no art. 3º da Lei nº 10.485, de 3 de julho de 2002; e

II – o art. 52 da Lei nº 10.865, de 30 de abril de 2004, para as pessoas jurídicas envasadoras de água classificada no código 22.01 da TIPI.

Art. 8º As pessoas jurídicas, inclusive cooperativas, que produzam mercadorias de origem animal ou vegetal, classificadas nos capítulos 2, 3, exceto os produtos vivos desse capítulo, e 4, 8 a 12, 15, 16 e 23, e nos códigos 03.02, 03.03, 03.04, 03.05, 0504.00, 0701.90.00, 0702.00.00, 0706.10.00, 07.08, 0709.90, 07.10, 07.12 a 07.14, exceto os códigos 0713.33.19, 0713.33.29 e 0713.33.99, 1701.11.00, 1701.99.00, 1702.90.00, 18.01, 18.03, 1804.00.00, 1805.00.00, 20.09, 2101.11.10 e 2209.00.00, todos da NCM, destinadas à alimentação humana ou animal, poderão deduzir da Contribuição para o PIS/PASEP e da Cofins, devidas em cada período de apuração, crédito presumido, calculado sobre o valor dos bens referidos no inciso II do *caput* do art. 3º das Leis nºs 10.637, de 30 de dezembro de 2002, e 10.833, de 29 de dezembro de 2003, adquiridos de pessoa física ou recebidos de cooperado pessoa física.

• *Caput* com a redação dada pela Lei nº 11.051, de 29-12-2004.

○ Art. 17, III, desta Lei.

○ Art. 9º da Lei nº 11.051, de 29-12-2004, que dispõe sobre o desconto de crédito na apuração da Contribuição Social sobre o Lucro Líquido – CSLL e da Contribuição para o PIS/PASEP e COFINS não cumulativas.

○ Art. 57 da Lei nº 12.350, de 20-12-2010, que dispõe sobre medidas tributárias referentes à realização, no Brasil, da Copa das Confederações Fifa 2013 e da Copa do Mundo Fifa 2014; promove desoneração tributária de subvenções governamentais destinadas ao fomento das atividades de pesquisa tecnológica e desenvolvimento de inovação tecnológica nas empresas.

§ 1º O disposto no *caput* deste artigo aplica-se também às aquisições efetuadas de:

I – cerealista que exerça cumulativamente as atividades de limpar, padronizar, armazenar e comercializar os produtos *in natura* de origem vegetal classificados nos códigos 09.01, 10.01 a 10.08, exceto os dos códigos 1006.20 e 1006.30, e 18.01, todos da Nomenclatura Comum do MERCOSUL (NCM);

- Inciso I com a redação dada pela Lei nº 12.865, de 9-10-2013.

II – pessoa jurídica que exerça cumulativamente as atividades de transporte, resfriamento e venda a granel de leite *in natura*; e

III – pessoa jurídica que exerça atividade agropecuária e cooperativa de produção agropecuária.

- Inciso III com a redação dada pela Lei nº 11.051, de 29-12-2004.

§ 2º O direito ao crédito presumido de que tratam o *caput* e o § 1º deste artigo só se aplica aos bens adquiridos ou recebidos, no mesmo período de apuração, de pessoa física ou jurídica residente ou domiciliada no País, observado o disposto no § 4º do art. 3º das Leis nºs 10.637, de 30 de dezembro de 2002, e 10.833, de 29 de dezembro de 2003.

§ 3º O montante do crédito a que se referem o *caput* e o § 1º deste artigo será determinado mediante aplicação, sobre o valor das mencionadas aquisições, de alíquota correspondente a:

I – 60% (sessenta por cento) daquela prevista no art. 2º da Lei nº 10.637, de 30 de dezembro de 2002, e no art. 2º da Lei nº 10.833, de 29 de dezembro de 2003, para os produtos de origem animal classificados nos Capítulos 2, 3, 4, exceto leite *in natura*, 16, e nos códigos 15.01 a 15.06, 1516.10, e as misturas ou preparações de gorduras ou de óleos animais dos códigos 15.17 e 15.18;

- Inciso I com a redação dada pela Lei nº 13.137, de 19-6-2015.

II – *Revogado*; Lei nº 12.865, de 9-10-2013.

III – 35% (trinta e cinco por cento) daquela prevista no art. 2º das Leis nºs 10.637, de 30 de dezembro de 2002, e 10.833, de 29 de dezembro de 2003, para os demais produtos;

- Inciso III acrescido pela Lei nº 11.488, de 15-6-2007.

IV – 50% (cinquenta por cento) daquela prevista no *caput* do art. 2º da Lei nº 10.637, de 30 de dezembro de 2002, e no *caput* do art. 2º da Lei nº 10.833, de 29 de dezembro de 2003, para o leite *in natura*, adquirido por pessoa jurídica, inclusive cooperativa, regularmente habilitada, provisória ou definitivamente, perante o Poder Executivo na forma do art. 9º-A;

V – 20% (vinte por cento) daquela prevista no *caput* do art. 2º da Lei nº 10.637, de 30 de dezembro de 2002, e no *caput* do art. 2º da Lei nº 10.833, de 29 de dezembro de 2003, para o leite *in natura*, adquirido por pessoa jurídica, inclusive cooperativa, não habilitada perante o Poder Executivo na forma do art. 9º-A.

- Incisos IV e V acrescidos pela Lei nº 13.137, de 19-6-2015.

§ 4º É vedado às pessoas jurídicas de que tratam os incisos I a III do § 1º deste artigo o aproveitamento:

I – do crédito presumido de que trata o *caput* deste artigo;

II – de crédito em relação às receitas de vendas efetuadas com suspensão às pessoas jurídicas de que trata o *caput* deste artigo.

§ 5º Relativamente ao crédito presumido de que tratam o *caput* e o § 1º deste artigo, o valor das aquisições não poderá ser superior ao que vier a ser fixado, por espécie de bem, pela Secretaria da Receita Federal.

§§ 6º e 7º *Revogados*. Lei nº 12.599, de 23-3-2012.

- A Lei nº 12.655, de 30-5-2012, ao converter a MP nº 552, de 1º-12-2011, não manteve a redação do § 8º deste artigo.

- A MP nº 556, de 23-12-2011, havia acrescido o § 9º a este artigo, porém teve seu prazo de vigência encerrado em 31-5-2012.

§ 10. Para efeito de interpretação do inciso I do § 3º, o direito ao crédito na alíquota de 60% (sessenta por cento) abrange todos os insumos utilizados nos produtos ali referidos.

- § 10 acrescido pela Lei nº 12.865, de 9-10-2013.

§ 11. A pessoa jurídica que até o final de cada trimestre-calendário não conseguir utilizar o crédito presumido apurado nos termos deste artigo, relativamente aos produtos classificados nos códigos 11.01 da Nomenclatura Comum do Mercosul (NCM), poderá:

I – efetuar a sua compensação com débitos próprios, vencidos ou vincendos, relativos a tributos administrados pela Secretaria Especial da Receita Federal do Brasil, observada a legislação específica aplicável à matéria; ou

II – solicitar seu ressarcimento em espécie, observada a legislação específica aplicável à matéria.

§ 12. O saldo acumulado dos créditos presumidos de que trata este artigo já existente na data de entrada em vigor da lei que permitir o ressarcimento e a compensação de tais créditos ao final de cada trimestre-calendário poderá ser compensado nos termos deste artigo.

- §§ 11 e 12 acrescidos pela Lei nº 14.421, de 20-7-2022, promulgados nos termos do art. 66, § 5º, da CF (*DOU* de 22-12-2022).

Art. 9º A incidência da Contribuição para o PIS/PASEP e da Cofins fica suspensa no caso de venda:

- Art. 57 da Lei nº 12.350, de 20-12-2010, que dispõe sobre medidas tributárias referentes à realização, no Brasil, da Copa das Confederações Fifa 2013 e da Copa do Mundo Fifa 2014; promove desoneração tributária de subvenções governamentais destinadas ao fomento das atividades de pesquisa tecnológica e desenvolvimento de inovação tecnológica nas empresas.

I – de produtos de que trata o inciso I do § 1º do art. 8º desta Lei, quando efetuada por pessoas jurídicas referidas no mencionado inciso;

II – de leite *in natura*, quando efetuada por pessoa jurídica mencionada no inciso II do § 1º do art. 8º desta Lei; e

III – de insumos destinados à produção das mercadorias referidas no *caput* do art. 8º desta Lei, quando efetuada por pessoa jurídica ou cooperativa referidas no inciso III do § 1º do mencionado artigo.

§ 1º O disposto neste artigo:

I – aplica-se somente na hipótese de vendas efetuadas à pessoa jurídica tributada com base no lucro real; e

II – não se aplica nas vendas efetuadas pelas pessoas jurídicas de que tratam os §§ 6º e 7º do art. 8º desta Lei.

§ 2º A suspensão de que trata este artigo aplicar-se-á nos termos e condições estabelecidos pela Secretaria da Receita Federal – SRF.

- Art. 9º com a redação dada pela Lei nº 11.051, de 29-12-2004.

Art. 9º-A. A pessoa jurídica poderá utilizar o saldo de créditos presumidos de que trata o art. 8º apurado em relação a custos, despesas e encargos vinculados à produção e à comercialização de leite, acumulado até o dia anterior à publicação do ato de que trata o § 8º deste artigo ou acumulado ao final de cada trimestre do ano-calendário a partir da referida data, para:

I – compensação com débitos próprios, vencidos ou vincendos, relativos a tributos administrados pela Secretaria da Receita Federal do Brasil, observada a legislação aplicável à matéria; ou

II – ressarcimento em dinheiro, observada a legislação aplicável à matéria.

LEG. COMPLEMENTAR

§ 1º O pedido de compensação ou de ressarcimento do saldo de créditos de que trata o *caput* acumulado até o dia anterior à publicação do ato de que trata o § 8º somente poderá ser efetuado:

I – relativamente aos créditos apurados no ano-calendário de 2010, a partir da data de publicação do ato de que trata o § 8º;

II – relativamente aos créditos apurados no ano-calendário de 2011, a partir de 1º de janeiro de 2016;

III – relativamente aos créditos apurados no ano-calendário de 2012, a partir de 1º de janeiro de 2017;

IV – relativamente aos créditos apurados no ano-calendário de 2013, a partir de 1º de janeiro de 2018;

V – relativamente aos créditos apurados no período compreendido entre 1º de janeiro de 2014 e o dia anterior à publicação do ato de que trata o § 8º, a partir de 1º de janeiro de 2019.

§ 2º O disposto no *caput* em relação ao saldo de créditos presumidos apurados na forma do inciso IV do § 3º do art. 8º e acumulado ao final de cada trimestre do ano-calendário a partir da data de publicação do ato de que trata o § 8º deste artigo somente se aplica à pessoa jurídica regularmente habilitada, provisória ou definitivamente, perante o Poder Executivo.

§ 3º A habilitação definitiva de que trata o § 2º fica condicionada:

I – à regularidade fiscal da pessoa jurídica em relação aos tributos administrados pela Secretaria da Receita Federal do Brasil do Ministério da Fazenda;

II – à realização pela pessoa jurídica interessada, no ano-calendário, de investimento no projeto de que trata o inciso III correspondente, no mínimo, a 5% (cinco por cento) do somatório dos valores dos créditos presumidos de que trata o § 3º do art. 8º efetivamente compensados com outros tributos ou ressarcidos em dinheiro no mesmo ano-calendário;

III – à aprovação de projeto pelo Ministério da Agricultura, Pecuária e Abastecimento para a realização de investimentos destinados a auxiliar produtores rurais de leite no desenvolvimento da qualidade e da produtividade de sua atividade;

IV – à regular execução do projeto de investimento de que trata o inciso III nos termos aprovados pelo Poder Executivo;

V – ao cumprimento das obrigações acessórias estabelecidas pelo Poder Executivo para viabilizar a fiscalização da regularidade da execução do projeto de investimento de que trata o inciso III.

§ 4º O investimento de que trata o inciso II do § 3º:

I – poderá ser realizado, total ou parcialmente, individual ou coletivamente, por meio de aporte de recursos em instituições que se dediquem a auxiliar os produtores de leite em sua atividade, sem prejuízo da responsabilidade da pessoa jurídica interessada pela efetiva execução do projeto de investimento de que trata o inciso III do § 3º;

II – não poderá abranger valores despendidos pela pessoa jurídica para cumprir requisito à fruição de qualquer outro benefício ou incentivo fiscal.

§ 5º A pessoa jurídica que, em determinado ano-calendário, não alcançar o valor de investimento necessário nos termos do inciso II do § 3º poderá, em complementação, investir no projeto aprovado o valor residual até o dia 30 de junho do ano-calendário subsequente.

§ 6º Os valores investidos na forma do § 5º não serão computados no valor do investimento de que trata o inciso II do § 3º apurado no ano-calendário em que foram investidos.

§ 7º A pessoa jurídica que descumprir as condições estabelecidas no § 3º:

I – terá sua habilitação cancelada;

II – perderá o direito de utilizar o saldo de créditos presumidos de que trata o § 2º nas formas estabelecidas nos incisos I e II do *caput*, inclusive em relação aos pedidos de compensação ou ressarcimento apresentados anteriormente ao cancelamento da habilitação, mas ainda não apreciados ao tempo desta;

III – não poderá habilitar-se novamente no prazo de dois anos, contados da publicação do cancelamento da habilitação;

IV – deverá apurar o crédito presumido de que trata o art. 8º na forma do inciso V do § 3º daquele artigo.

§ 8º Ato do Poder Executivo regulamentará o disposto neste artigo, estabelecendo, entre outros:

I – os critérios para aprovação dos projetos de que trata o inciso III do § 3º apresentados pelos interessados;

II – a forma de habilitação provisória e definitiva das pessoas jurídicas interessadas;

III – a forma de fiscalização da atuação das pessoas jurídicas habilitadas.

§ 9º A habilitação provisória será concedida mediante a apresentação do projeto de que trata o inciso III do § 3º e está condicionada à regularidade fiscal de que trata o inciso I do § 3º.

§ 10. No caso de deferimento do requerimento de habilitação definitiva, cessará a vigência da habilitação provisória, e serão convalidados seus efeitos.

§ 11. No caso de indeferimento do requerimento de habilitação definitiva ou de desistência do requerimento por parte da pessoa jurídica interessada, antes da decisão de deferimento ou indeferimento do requerimento, a habilitação provisória perderá seus efeitos retroativamente à data de apresentação do projeto de que trata o inciso III do § 3º, e a pessoa jurídica deverá:

I – caso tenha utilizado os créditos presumidos apurados na forma do inciso IV do § 3º do art. 8º para desconto da Contribuição para o PIS/PASEP e da COFINS devidas, para compensação com outros tributos ou para ressarcimento em dinheiro, recolher, no prazo de trinta dias do indeferimento ou da desistência, o valor utilizado indevidamente, acrescido de juros de mora;

II – caso não tenha utilizado os créditos presumidos apurados na forma do inciso IV do § 3º do art. 8º nas formas citadas no inciso I deste parágrafo, estornar o montante de créditos presumidos apurados indevidamente do saldo acumulado.

- Art. 9º-A acrescido pela Lei nº 13.137, de 19-6-2015.

Art. 10. Os débitos junto à Secretaria da Receita Federal ou à Procuradoria-Geral da Fazenda Nacional, apurados pelo Sistema Integrado de Pagamento de Impostos e Contribuições das Microempresas e das Empresas de Pequeno Porte – SIMPLES, relativos aos impostos e contribuições devidos pela pessoa jurídica optante nos termos da Lei nº 9.317, de 5 de dezembro de 1996, com vencimento até 30 de junho de 2004, poderão, excepcionalmente, ser objeto de parcelamento em até 60 (sessenta) prestações mensais e sucessivas.

- A Lei nº 9.317, de 5-12-1996, foi revogada pela LC nº 123, de 14-12-2006.

§ 1º O parcelamento de que trata o *caput* deste artigo:

I – deverá ser requerido até 30 de setembro de 2004, não se aplicando, até a referida data, o disposto no § 2º do art. 6º da Lei nº 9.317, de 5 de dezembro de 1996;

- A Lei nº 9.317, de 5-12-1996, foi revogada pela LC nº 123, de 14-12-2006.

II – reger-se-á pelo disposto nos arts. 10 a 14 da Lei nº 10.522, de 19 de julho de 2002;

III – compreenderá inclusive os tributos e contribuições administrados por outros órgãos federais ou da competência de outra entidade federada que estejam incluídos no débito apurado pela sistemática do SIMPLES.

§ 2º *Revogado.* Lei nº 11.033, de 21-12-2004.

§ 3º O saldo remanescente de débito, decorrente de parcelamento na Secretaria da Receita Federal, concedido na forma deste artigo e posteriormente rescindido, sem prejuízo do disposto no parágrafo único do art. 13 da Lei nº 10.522, de 19 de julho de 2002, não poderá ser objeto de concessão de parcelamento no âmbito da Procuradoria-Geral da Fazenda Nacional, mesmo se requerido até a data a que se refere o inciso I do § 1º deste artigo.

Art. 11. A pessoa jurídica que tenha débitos inscritos em Dívida Ativa da União com a Procuradoria-Geral da Fazenda Nacional, cuja exigibilidade não esteja suspensa, não será excluída do SIMPLES durante o transcurso do prazo para requerer o parcelamento a que se refere o art. 10 desta Lei, salvo se incorrer em pelo menos uma das outras situações excludentes constantes do art. 9º da Lei nº 9.317, de 5 de dezembro de 1996.

§ 1º O disposto no *caput* deste artigo não impede a exclusão de ofício do SIMPLES:

I – com fundamento no inciso XV do *caput* do art. 9º da Lei nº 9.317, de 5 de dezembro de 1996, de pessoa jurídica que tenha débito inscrito em Dívida Ativa do Instituto Nacional do Seguro Social – INSS, cuja exigibilidade não esteja suspensa; ou

- A Lei nº 9.317, de 5-12-1996, foi revogada pela LC nº 123, de 14-12-2006 (Estatuto Nacional da Microempresa e da Empresa de Pequeno Porte).

II – motivada por débito inscrito em Dívida Ativa decorrente da rescisão de parcelamento concedido na forma desta Lei, observado o disposto no parágrafo único do art. 13 da Lei nº 10.522, de 19 de julho de 2002.

§ 2º A exclusão de ofício, na hipótese referida no inciso II do § 1º deste artigo, surtirá efeito a partir do mês subsequente ao da inscrição do débito em Dívida Ativa, conforme o disposto no inciso II do *caput* do art. 15 da Lei nº 9.317, de 5 de dezembro de 1996, ainda que a inscrição tenha ocorrido em data anterior ao parcelamento.

Art. 12. Fica mantida a redução a 0 (zero) da alíquota do imposto de renda na fonte aplicável aos juros, comissões, despesas e descontos decorrentes de empréstimos contraídos no exterior e de colocações no exterior, a que se referem os incisos VIII e IX do art. 1º da Lei nº 9.481, de 13 de agosto de 1997, na repactuação dos prazos previstos nos contratos vigentes em 31 de dezembro de 1999, desde que não haja descumprimento das condições estabelecidas para gozo do benefício, e que a repactuação atenda às condições estabelecidas pelo Banco Central do Brasil, inclusive em relação à taxa de juros.

Art. 13. O disposto no parágrafo único do art. 53 da Lei nº 7.450, de 23 de dezembro de 1985, aplica-se na determinação da base de cálculo da contribuição para o PIS/PASEP e da COFINS das agências de publicidade e propaganda, sendo vedado o aproveitamento do crédito em relação às parcelas excluídas.

Art. 14. São isentas da contribuição para o PIS/PASEP e da COFINS a que se referem as Leis nºs 10.637, de 30 de dezembro de 2002, 10.833, de 29 de dezembro de 2003, e 10.865, de 30 de abril de 2004, as receitas decorrentes da venda de energia elétrica pela Itaipu Binacional.

- Art. 17, IV, desta Lei.

Art. 15. As pessoas jurídicas, inclusive cooperativas, que produzam mercadorias de origem vegetal, classificadas no código 22.04, da NCM, poderão deduzir da contribuição para o PIS/PASEP e da COFINS, devidas em cada período de apuração, crédito presumido, calculado sobre o valor dos bens referidos no inciso II do *caput* do art. 3º das Leis nºs 10.637, de 30 de dezembro de 2002, e 10.833, de 29 de dezembro de 2003, adquiridos de pessoa física ou recebidos de cooperado pessoa física.

- Art. 9º, par. ún., da Lei nº 11.051, de 29-12-2004, que dispõe sobre o desconto de crédito na apuração da Contribuição Social sobre o Lucro Líquido – CSLL e da Contribuição para o PIS/PASEP e COFINS não cumulativas.

§ 1º O direito ao crédito presumido de que trata o *caput* deste artigo só se aplica aos bens adquiridos ou recebidos, no mesmo período de apuração, de pessoa física ou jurídica residente ou domiciliada no País, observado o disposto no § 4º do art. 3º das Leis nºs 10.637, de 30 de dezembro de 2002, e 10.833, de 29 de dezembro de 2003.

§ 2º O montante do crédito a que se refere o *caput* deste artigo será determinado mediante aplicação, sobre o valor das aquisições, de alíquota correspondente a 35% (trinta e cinco por cento) daquela prevista no art. 2º das Leis nºs 10.637, de 30 de dezembro de 2002, e 10.833, de 29 de dezembro de 2003.

§ 3º A incidência da Contribuição para o PIS/PASEP e da Cofins fica suspensa na hipótese de venda de produtos in natura de origem vegetal, efetuada por pessoa jurídica que exerça atividade rural e cooperativa de produção agropecuária, para pessoa jurídica tributada com base no lucro real, nos termos e condições estabelecidos pela Secretaria da Receita Federal – SRF.

§ 4º É vedado o aproveitamento de crédito pela pessoa jurídica que exerça atividade rural e pela cooperativa de produção agropecuária, em relação às receitas de vendas efetuadas com suspensão às pessoas jurídicas de que trata o *caput* deste artigo.

- §§ 3º e 4º com a redação dada pela Lei nº 11.051, de 29-12-2004.

§ 5º Relativamente ao crédito presumido de que trata o *caput* deste artigo, o valor das aquisições não poderá ser superior ao que vier a ser fixado, por espécie de bem, pela Secretaria da Receita Federal.

Art. 16. Ficam revogados:

I – a partir do 1º (primeiro) dia do 4º (quarto) mês subsequente ao da publicação da Medida Provisória nº 183, de 30 de abril de 2004:

a) os §§ 10 e 11 do art. 3º da Lei nº 10.637, de 30 de dezembro de 2002; e

b) os §§ 5º, 6º, 11 e 12 do art. 3º da Lei nº 10.833, de 29 de dezembro de 2003;

II – a partir do 1º (primeiro) dia do 4º (quarto) mês subsequente ao da publicação desta Lei:

LEG. COMPLEMENTAR

a) os incisos II e III do art. 50, o § 2º do art. 52, o art. 56 e o Anexo Único da Lei nº 10.833, de 29 de dezembro de 2003; e

b) os §§ 1º e 4º do art. 17 e o art. 26 da Lei nº 10.865, de 30 de abril de 2004;

III – VETADO.

Art. 17. Produz efeitos:

I – a partir do 1º (primeiro) dia do 4º (quarto) mês subsequente ao de publicação desta Lei, o disposto:

a) no art. 2º desta Lei;

b) no art. 4º desta Lei, quanto às alterações promovidas nos arts. 2º e 11 da Lei nº 10.637, de 30 de dezembro de 2002;

c) no art. 5º desta Lei, quanto às alterações promovidas no § 1º do art. 2º e no art. 51 da Lei nº 10.833, de 29 de dezembro de 2003; e

d) no art. 6º desta Lei, quanto às alterações promovidas no art. 8º, § 7º, da Lei nº 10.865, de 30 de abril de 2004;

II – na data da publicação desta Lei, o disposto:

a) nos arts. 1º, 3º, 7º, 10, 11, 12 e 15 desta Lei;

b) no art. 4º desta Lei, quanto às alterações promovidas no art. 5º-A da Lei nº 10.637, de 30 de dezembro de 2002;

c) no art. 5º desta Lei, quanto às alterações promovidas no § 4º do art. 2º e nos arts. 3º, 10, 12, 15, 31, 35 e 52 da Lei nº 10.833, de 29 de dezembro de 2003; e

d) no art. 6º desta Lei, quanto às alterações promovidas no § 12, incisos VI, VII e XII, e § 14 do art. 8º e nos §§ 9º e 10 do art. 15 e nos arts. 14-A, 17, 28 e 40 da Lei nº 10.865, de 30 de abril de 2004;

III – a partir de 1º de agosto de 2004, o disposto nos arts. 8º e 9º desta Lei;

IV – a partir de 1º de maio de 2004, o disposto no art. 14 desta Lei;

V – a partir da data de publicação da Medida Provisória nº 183, de 30 de abril de 2004, quanto às alterações promovidas no art. 42 da Lei nº 10.865, de 30 de abril de 2004.

Art. 18. Esta Lei entra em vigor na data de sua publicação.

Brasília, 23 de julho de 2004;
183º da Independência
e 116º da República.

Luiz Inácio Lula da Silva

DECRETO Nº 5.162, DE 29 DE JULHO DE 2004

Fixa coeficiente para redução das alíquotas específicas do PIS/PASEP e da COFINS de que tratam os arts. 51 e 52 da Lei nº 10.833, de 29 de dezembro 2003, nos casos em que especifica.

- Publicado no *DOU* de 30-7-2004.

Art. 1º Fica fixado em 0,73 o coeficiente de redução das alíquotas da Contribuição para o PIS/PASEP e da Contribuição para o Financiamento da Seguridade Social - COFINS, previstas no art. 51, inciso II, alínea *a*, da Lei nº 10.833, de 29 de dezembro de 2003, incidentes na comercialização no mercado interno e na importação de embalagens para água (TIPI 22.01) classificadas no código 3923.30.00 da TIPI, com capacidade nominal igual ou superior a 10 (dez) litros.

Art. 2º As alíquotas da contribuição para o PIS/PASEP e da COFINS de que trata o art. 51, inciso II, alínea *a*, da Lei nº 10.833, de 2003, com a utilização do coeficiente determinado no art. 1º, aplicáveis às garrafas e garrafões classificados no código 3923.30.00 da TIPI, com capacidade nominal igual ou superior a 10 (dez) litros, ficam reduzidas, respectivamente, para R$ 0,0046 (quarenta e seis décimos de milésimo do real) e R$ 0,0212 (duzentos e doze décimos de milésimo do real) por litro de capacidade nominal de envasamento.

Arts. 3º e 4º *Revogados.* Dec. nº 6.707, de 23-12-2008.

Art. 5º Este Decreto entra em vigor na data de sua publicação, produzindo efeitos em relação aos fatos geradores ocorridos a partir de 1º de agosto de 2004.

Brasília, 29 de julho de 2004;
183º da Independência e
116º da República.

Luiz Inácio Lula da Silva

LEI Nº 10.931, DE 2 DE AGOSTO DE 2004

Dispõe sobre o patrimônio de afetação de incorporações imobiliárias, Letra de Crédito Imobiliário, Cédula de Crédito Imobiliário, Cédula de Crédito Bancário, altera o Decreto-Lei nº 911, de 1º de outubro de 1969, as Leis nº 4.591, de 16 de dezembro de 1964, nº 4.728, de 14 de julho de 1965, e nº 10.406, de 10 de janeiro de 2002, e dá outras providências.

(EXCERTOS)

- Publicada no *DOU* de 3-8-2004.
- Art. 119, IX, da Lei nº 11.101, de 9-2-2005 (Lei de Recuperação de Empresas e Falências).

CAPÍTULO I
DO REGIME ESPECIAL TRIBUTÁRIO DO PATRIMÔNIO DE AFETAÇÃO

Art. 1º Fica instituído o regime especial de tributação aplicável às incorporações imobiliárias, em caráter opcional e irretratável enquanto perdurarem direitos de crédito ou obrigações do incorporador junto aos adquirentes dos imóveis que compõem a incorporação.

Art. 2º A opção pelo regime especial de tributação de que trata o art. 1º será efetivada quando atendidos os seguintes requisitos:

I – entrega do termo de opção ao regime especial de tributação na unidade competente da Secretaria da Receita Federal, conforme regulamentação a ser estabelecida; e

II – afetação do terreno e das acessões objeto da incorporação imobiliária, conforme disposto nos arts. 31-A a 31-E da Lei nº 4.591, 16 de dezembro de 1964.

Art. 3º O terreno e as acessões objeto da incorporação imobiliária sujeitos ao regime especial de tributação, bem como os demais bens e direitos a ela vinculados, não responderão por dívidas tributárias da incorporadora relativas ao Imposto de Renda das Pessoas Jurídicas – IRPJ, à Contribuição Social sobre o Lucro Líquido – CSLL, à Contribuição para o Financiamento da Seguridade Social – COFINS e à Contribuição para os Programas de Integração Social e de Formação do Patrimônio do Servidor Público – PIS/PASEP, exceto aquelas calculadas na forma do art. 4º sobre as receitas auferidas no âmbito da respectiva incorporação.

Parágrafo único. O patrimônio da incorporadora responderá pelas dívidas tributárias da incorporação afetada.

Art. 4º Para cada incorporação submetida ao regime especial de tributação, a incorporadora ficará sujeita ao pagamento equivalente a 4% (quatro por cento) da receita mensal recebida, o qual corresponderá ao pagamento mensal unificado do seguinte imposto e contribuições:

- *Caput* com a redação dada pela Lei nº 12.844, de 19-7-2013.

I – Imposto de Renda das Pessoas Jurídicas – IRPJ;

II – Contribuição para os Programas de Integração Social e de Formação do Patrimônio do Servidor Público – PIS/PASEP;

III – Contribuição Social sobre o Lucro Líquido – CSLL; e

IV – Contribuição para Financiamento da Seguridade Social – COFINS.

§ 1º Para fins do disposto no *caput*, considera-se receita mensal a totalidade das receitas auferidas pela incorporadora na venda das unidades imobiliárias que compõem a incorporação, bem como as receitas financeiras e variações monetárias decorrentes desta operação.

§ 2º O pagamento dos tributos e contribuições na forma do disposto no *caput* deste artigo será considerado definitivo, não gerando, em qualquer hipótese, direito à restituição ou à compensação com o que for apurado pela incorporadora.

- § 2º com a redação dada pela Lei nº 11.196, de 21-11-2005.

§ 3º As receitas, custos e despesas próprios da incorporação sujeita a tributação na forma deste artigo não deverão ser computados na apuração das bases de cálculo dos tributos e contribuições de que trata o *caput* deste artigo devidos pela incorporadora em virtude de suas outras atividades empresariais, inclusive incorporações não afetadas.

§ 4º Para fins do disposto no § 3º deste artigo, os custos e despesas indiretos pagos pela incorporadora no mês serão apropriados a cada incorporação na mesma proporção representada pelos custos diretos próprios da incorporação, em relação ao custo direto total da incorporadora, assim entendido como a soma de todos os custos diretos de todas as incorporações e o de outras atividades exercidas pela incorporadora.

§ 5º A opção pelo regime especial de tributação obriga o contribuinte a fazer o recolhimento dos tributos, na forma do *caput* deste artigo, a partir do mês da opção.

- §§ 3º a 5º acrescidos pela Lei nº 11.196, de 21-11-2005.

§ 6º Para os projetos de incorporação de imóveis residenciais de interesse social cuja construção tenha sido iniciada ou contratada a partir de 31 de março de 2009, o percentual correspondente ao pagamento unificado dos tributos de que trata o *caput* deste artigo será equivalente a 1% (um por cento) da receita mensal recebida, desde que, até 31 de dezembro de 2018, a incorporação tenha sido registrada no cartório de imóveis competente ou tenha sido assinado o contrato de construção.

- § 6º com a redação dada pela Lei nº 13.970, de 27-12-2019.

§ 7º Para efeito do disposto no § 6º, consideram-se projetos de incorporação de imóveis de interesse social os destinados à construção de unidades residenciais de valor de até R$ 100.000,00 (cem mil reais) no âmbito do Programa Minha Casa, Minha Vida, de que trata a Lei nº 11.977, de 7 de julho de 2009.

- § 7º com a redação dada pela Lei nº 12.767, de 27-12-2012.

§ 8º As condições para utilização do benefício de que trata o § 6º serão definidas em regulamento.

- § 8º com a redação dada pela Lei nº 12.024, de 27-8-2009.

Art. 5º O pagamento unificado de impostos e contribuições efetuado na forma do art. 4º deverá ser feito até o 20º (vigésimo) dia do mês subsequente àquele em que houver sido auferida a receita.

- *Caput* com a redação dada pela Lei nº 12.024, de 27-8-2009.

Parágrafo único. Para fins do disposto no *caput*, a incorporadora deverá utilizar, no Documento de Arrecadação de Receitas Federais – DARF, o número específico de inscrição da incorporação no Cadastro Nacional das Pessoas Jurídicas – CNPJ e código de arrecadação próprio.

Art. 6º Os créditos tributários devidos pela incorporadora na forma do disposto no art. 4º não poderão ser objeto de parcelamento.

Art. 7º O incorporador fica obrigado a manter escrituração contábil segregada para cada incorporação submetida ao regime especial de tributação.

Art. 8º Para fins de repartição de receita tributária e do disposto no § 2º do art. 4º, o percentual de 4% (quatro por cento) de que trata o *caput* do art. 4º será considerado:

- *Caput* com a redação dada pela Lei nº 12.844, de 19-7-2013.

I – 1,71% (um inteiro e setenta e um centésimos por cento) como COFINS;

II – 0,37% (trinta e sete centésimos por cento) como Contribuição para o PIS/PASEP;

III – 1,26% (um inteiro e vinte e seis centésimos por cento) como IRPJ; e

IV – 0,66% (sessenta e seis centésimos por cento) como CSLL.

- Incisos I a IV com a redação dada pela Lei nº 12.844, de 19-7-2013.

Parágrafo único. O percentual de 1% (um por cento) de que trata o § 6º do art. 4º será considerado para os fins do *caput*:

I – 0,44% (quarenta e quatro centésimos por cento) como COFINS;

II – 0,09% (nove centésimos por cento) como Contribuição para o PIS/PASEP;

III – 0,31% (trinta e um centésimos por cento) como IRPJ; e

IV – 0,16% (dezesseis centésimos por cento) como CSLL.

- Parágrafo único com a redação dada pela Lei nº 12.024, de 27-8-2009.

Art. 9º Perde eficácia a deliberação pela continuação da obra a que se refere o § 1º do art. 31-F da Lei nº 4.591, de 1964, bem como os efeitos do regime de afetação instituídos por esta Lei, caso não se verifique o pagamento das obrigações tributárias, previdenciárias e trabalhistas, vinculadas ao respectivo patrimônio de afetação, cujos fatos geradores tenham ocorrido até a data da decretação da falência, ou insolvência do incorporador, as quais deverão ser pagas pelos adquirentes em até um ano daquela deliberação, ou até a data da concessão do habite-se, se esta ocorrer em prazo inferior.

- Lei nº 11.101, de 9-2-2005 (Lei de Recuperação de Empresas e Falências).

Art. 10. O disposto no art. 76 da Medida Provisória nº 2.158-35, de 24 de agosto de 2001, não se aplica ao patrimônio de afetação de incorporações imobiliárias definido pela Lei nº 4.591, de 1964.

Art. 11. *Revogado.* Lei nº 11.196, de 21-11-2005.

Art. 11-A. O regime especial de tributação previsto nesta Lei será aplicado até o recebimento integral do valor das vendas de todas as unidades que compõem o memorial de incorporação registrado no cartório de imóveis competente, independentemente da data de sua comercialização, e, no caso de contratos de construção, até o recebimento integral do valor do respectivo contrato.

- Art. 11-A acrescido pela Lei nº 13.970, de 27-12-2019.

CAPÍTULO II

DA LETRA DE CRÉDITO IMOBILIÁRIO

Art. 12. Os bancos comerciais, os bancos múltiplos com carteira de crédito imobiliário, a Caixa Econômica Federal, as sociedades de crédito imobiliário, as associações de poupança e empréstimo, as companhias hipotecárias e demais espécies de instituições que, para as operações a que se refere este artigo, venham a ser expressamente autorizadas pelo Banco Central do Brasil, poderão emitir, independentemente de tradição efetiva, Letra de Crédito Imobiliário – LCI, lastreada por créditos imobiliários garantidos por hipoteca ou por alienação fiduciária de coisa imóvel, conferindo aos seus tomadores direito de crédito pelo valor nominal, juros e, se for o caso, atualização monetária nelas estipulados.

§ 1º A LCI será emitida sob a forma nominativa, podendo ser transferível mediante endosso em preto, e conterá:

I – o nome da instituição emitente e as assinaturas de seus representantes;

II – o número de ordem, o local e a data de emissão;

III – a denominação "Letra de Crédito Imobiliário";

IV – o valor nominal e a data de vencimento;

V – a forma, a periodicidade e o local de pagamento do principal, dos juros e, se for o caso, da atualização monetária;

VI – os juros, fixos ou flutuantes, que poderão ser renegociáveis, a critério das partes;

VII – a identificação dos créditos caucionados e seu valor;

VIII – o nome do titular; e

IX – cláusula à ordem, se endossável.

§ 2º A LCI poderá ser emitida sob a forma escritural, por meio do lançamento em sistema eletrônico do emissor, e deverá ser registrada ou depositada em entidade autorizada pelo Banco Central do Brasil a exercer a atividade de registro ou de depósito centralizado de ativos financeiros.

- § 2º com a redação dada pela Lei nº 13.986, de 7-4-2020.

Art. 13. A LCI poderá ser atualizada mensalmente por índice de preços, desde que emitida com prazo mínimo de trinta e seis meses.

Parágrafo único. É vedado o pagamento dos valores relativos à atualização monetária apropriados desde a emissão, quando ocorrer o resgate antecipado, total ou parcial, em prazo inferior ao estabelecido neste artigo, da LCI emitida com previsão de atualização mensal por índice de preços.

Art. 14. A LCI poderá contar com garantia fidejussória adicional de instituição financeira.

Art. 15. A LCI poderá ser garantida por um ou mais créditos imobiliários, mas a soma do principal das LCI emitidas não poderá exceder o valor total dos créditos imobiliários em poder da instituição emitente.

§ 1º A LCI não poderá ter prazo de vencimento superior ao prazo de quaisquer dos créditos imobiliários que lhe servem de lastro.

§ 2º O crédito imobiliário caucionado poderá ser substituído por outro crédito da mesma natureza por iniciativa do emitente da LCI, nos casos de liquidação ou vencimento antecipados do crédito, ou por solicitação justificada do credor da letra.

Art. 16. O endossante da LCI responderá pela veracidade do título, mas contra ele não será admitido direito de cobrança regressiva.

Art. 17. O Conselho Monetário Nacional poderá estabelecer o prazo mínimo e outras condições para emissão e resgate de LCI, observado o disposto no art. 13 desta Lei, podendo inclusive diferenciar tais condições de acordo com o tipo de indexador adotado contratualmente.

- Artigo com a redação dada pela Lei nº 13.097, de 19-1-2015.

CAPÍTULO III

DA CÉDULA DE CRÉDITO IMOBILIÁRIO

Art. 18. É instituída a Cédula de Crédito Imobiliário – CCI para representar créditos imobiliários.

§ 1º A CCI será emitida pelo credor do crédito imobiliário e poderá ser integral, quando representar a totalidade do crédito, ou fracionária, quando representar parte dele, não podendo a soma das CCI fracionárias emitidas em relação a cada crédito exceder o valor total do crédito que elas representam.

§ 2º As CCI fracionárias poderão ser emitidas simultaneamente ou não, a qualquer momento antes do vencimento do crédito que elas representam.

§ 3º A CCI poderá ser emitida com ou sem garantia, real ou fidejussória, sob a forma escritural ou cartular.

§ 4º A emissão da CCI sob a forma escritural ocorrerá por meio de escritura pública ou instrumento particular, que permanecerá custodiado em instituição financeira.

- § 4º com a redação dada pela Lei nº 13.986, de 7-4-2020.

§ 4º-A. A negociação da CCI emitida sob forma escritural ou a substituição da instituição custodiante de que trata o § 4º deste artigo será precedida de registro ou depósito em entidade autorizada pelo Banco Central do Brasil a exercer a atividade de registro ou de depósito centralizado de ativos financeiros.

§ 4º-B. O Conselho Monetário Nacional poderá estabelecer as condições para o registro e o depósito centralizado de CCI e a obrigatoriedade de depósito da CCI em entidade autorizada pelo Banco Central do Brasil a exercer a atividade de depósito centralizado de ativos financeiros.

§ 4º-C. Na hipótese de a CCI ser liquidada antes de ser negociada, a instituição custodiante declarará a inexistência do registro ou do depósito de que trata o § 4º-A deste artigo, para fins do disposto no art. 24 desta Lei.

- §§ 4º-A a 4º-C acrescidos pela Lei nº 13.986, de 7-4-2020.

§ 5º Sendo o crédito imobiliário garantido por direito real, a emissão da CCI será averbada no Registro de Imóveis da situação do imóvel, na respectiva matrícula, devendo dela constar, exclusivamente, o número, a série e a instituição custodiante.

§ 6º A averbação da emissão da CCI e o registro da garantia do crédito respectivo, quando solicitados simultaneamente, serão considerados como ato único para efeito de cobrança de emolumentos.

§ 7º A constrição judicial que recaia sobre crédito representado por CCI será efetuada nos registros da instituição custodiante ou mediante apreensão da respectiva cártula.

§ 8º O credor da CCI deverá ser imediatamente intimado de constrição judicial que recaia sobre a garantia real do crédito imobiliário representado por aquele título.

§ 9º No caso de CCI emitida sob a forma escritural, caberá à instituição custodiante identificar o credor, para o fim da intimação prevista no § 8º.

Art. 19. A CCI deverá conter:

I – a denominação "Cédula de Crédito Imobiliário", quando emitida cartularmente;

II – o nome, a qualificação e o endereço do credor e do devedor e, no caso de emissão escritural, também o do custodiante;

III – a identificação do imóvel objeto do crédito imobiliário, com a indicação da respectiva matrícula no Registro de Imóveis competente e do registro da constituição da garantia, se for o caso;

IV – a modalidade da garantia, se for o caso;

V – o número e a série da cédula;

VI – o valor do crédito que representa;

VII – a condição de integral ou fracionária e, nessa última hipótese, também a indicação da fração que representa;

VIII – o prazo, a data de vencimento, o valor da prestação total, nela incluídas as parcelas de amortização e juros, as taxas, seguros e demais encargos contratuais de responsabilidade do devedor, a forma de reajuste e o valor das multas previstas contratualmente, com a indicação do local de pagamento;

IX – o local e a data da emissão;

X – a assinatura do credor, quando emitida cartularmente;

XI – a autenticação pelo Oficial do Registro de Imóveis competente, no caso de contar com garantia real; e

XII – cláusula à ordem, se endossável.

Art. 20. A CCI é título executivo extrajudicial, exigível pelo valor apurado de acordo com as cláusulas e condições pactuadas no contrato que lhe deu origem.

Parágrafo único. O crédito representado pela CCI será exigível mediante ação de execução, ressalvadas as hipóteses em que a lei determine procedimento especial, judicial ou extrajudicial para satisfação do crédito e realização da garantia.

Art. 21. A emissão e a negociação de CCI independe de autorização do devedor do crédito imobiliário que ela representa.

Art. 22. A cessão do crédito representado por CCI poderá ocorrer por meio de sistema de entidade autorizada pelo Banco Central do Brasil a exercer a atividade de depósito centralizado de ativos financeiros na qual a CCI tenha sido depositada.

• *Caput* com a redação dada pela Lei nº 13.986, de 7-4-2020.

§ 1º A cessão do crédito representado por CCI implica automática transmissão das respectivas garantias ao cessionário, sub-rogando-o em todos os direitos representados pela cédula, ficando o cessionário, no caso de contrato de alienação fiduciária, investido na propriedade fiduciária.

§ 2º A cessão de crédito garantido por direito real, quando representado por CCI emitida sob a forma escritural, está dispensada de averbação no Registro de Imóveis, aplicando-se, no que esta Lei não contrarie, o disposto nos arts. 286 e seguintes da Lei nº 10.406, de 10 de janeiro de 2002 – Código Civil Brasileiro.

Art. 23. *Revogado.* Lei nº 14.430, de 3-8-2022.

Art. 24. O resgate da dívida representada pela CCI prova-se com a declaração de quitação, emitida pelo credor, ou, na falta desta, por outros meios admitidos em direito.

Art. 25. É vedada a averbação da emissão de CCI com garantia real quando houver prenotação ou registro de qualquer outro ônus real sobre os direitos imobiliários respectivos, inclusive penhora ou averbação de qualquer mandado ou ação judicial.

CAPÍTULO IV
DA CÉDULA DE CRÉDITO BANCÁRIO

Art. 26. A Cédula de Crédito Bancário é título de crédito emitido, por pessoa física ou jurídica, em favor de instituição financeira ou de entidade a esta equiparada, representando promessa de pagamento em dinheiro, decorrente de operação de crédito, de qualquer modalidade.

§ 1º A instituição credora deve integrar o Sistema Financeiro Nacional, sendo admitida a emissão da Cédula de Crédito Bancário em favor de instituição domiciliada no exterior, desde que a obrigação esteja sujeita exclusivamente à lei e ao foro brasileiros.

§ 2º A Cédula de Crédito Bancário em favor de instituição domiciliada no exterior poderá ser emitida em moeda estrangeira.

Art. 27. A Cédula de Crédito Bancário poderá ser emitida, com ou sem garantia, real ou fidejussória, cedularmente constituída.

Parágrafo único. A garantia constituída será especificada na Cédula de Crédito Bancário, observadas as disposições deste Capítulo e, no que não forem com elas conflitantes, as da legislação comum ou especial aplicável.

Art. 27-A. A Cédula de Crédito Bancário poderá ser emitida sob a forma escritural, por meio do lançamento em sistema eletrônico de escrituração.

Parágrafo único. O sistema eletrônico de escrituração de que trata o *caput* deste artigo será mantido em instituição financeira ou em outra entidade autorizada pelo Banco Central do Brasil a exercer a atividade de escrituração eletrônica.

Art. 27-B. Compete ao Banco Central do Brasil:

I – estabelecer as condições para o exercício da atividade de escrituração eletrônica de que trata o parágrafo único do art. 27-A desta Lei; e

II – autorizar e supervisionar o exercício da atividade prevista no inciso I do *caput* deste artigo.

§ 1º A autorização de que trata o parágrafo único do art. 27-A desta Lei poderá, a critério do Banco Central do Brasil, ser concedida por segmento, por espécie ou por grupos de entidades que atendam a critérios específicos, dispensada a concessão de autorização individualizada.

§ 2º As infrações às normas legais e regulamentares que regem a atividade de escrituração eletrônica sujeitam a entidade responsável pelo sistema eletrônico de escrituração, os seus administradores e os membros de seus órgãos estatutários ou contratuais ao disposto na Lei nº 13.506, de 13 de novembro de 2017.

Art. 27-C. A entidade responsável pelo sistema eletrônico de escrituração de que trata o art. 27-A desta Lei expedirá, mediante solicitação de seu titular, certidão de inteiro teor do título, a qual corresponderá a título executivo extrajudicial.

Parágrafo único. A certidão de que trata o *caput* deste artigo poderá ser emitida na forma eletrônica, observados os requisitos de segurança que garantam a autenticidade e a integridade do documento.

Art. 27-D. O Banco Central do Brasil poderá regulamentar a emissão, a assinatura, a negociação e a liquidação da Cédula de Crédito Bancário emitida sob a forma escritural.

• Arts. 27-A a 27-D acrescidos pela Lei nº 13.986, de 7-4-2020.

Art. 28. A Cédula de Crédito Bancário é título executivo extrajudicial e representa dívida em dinheiro, certa, líquida e exigível, seja pela soma nela indicada, seja pelo saldo devedor demonstrado em planilha de cálculo, ou nos extratos da conta-corrente, elaborados conforme previsto no § 2º.

§ 1º Na Cédula de Crédito Bancário poderão ser pactuados:

I – os juros sobre a dívida, capitalizados ou não, os critérios de sua incidência e, se for o caso, a periodicidade de sua capitalização, bem como as despesas e os demais encargos decorrentes da obrigação;

II – os critérios de atualização monetária ou de variação cambial como permitido em lei;

III – os casos de ocorrência de mora e de incidência das multas e penalidades contratuais, bem como as hipóteses de vencimento antecipado da dívida;

IV – os critérios de apuração e de ressarcimento, pelo emitente ou por terceiro garantidor, das despesas de cobrança da dívida e dos honorários advocatícios, judiciais ou extrajudiciais, sendo que os honorários advocatícios extrajudiciais não poderão superar o limite de dez por cento do valor total devido;

V – quando for o caso, a modalidade de garantia da dívida, sua extensão e as hipóteses de substituição de tal garantia;

VI – as obrigações a serem cumpridas pelo credor;

VII – a obrigação do credor de emitir extratos da conta-corrente ou planilhas de cálculo da dívida, ou de seu saldo devedor, de acordo com os critérios estabelecidos na própria Cédula de Crédito Bancário, observado o disposto no § 2º; e

VIII – outras condições de concessão do crédito, suas garantias ou liquidação, obrigações adicionais do emitente ou do terceiro garantidor da obrigação, desde que não contrariem as disposições desta Lei.

§ 2º Sempre que necessário, a apuração do valor exato da obrigação, ou de seu saldo devedor, representado pela Cédula de Crédito Bancário, será feita pelo credor, por meio de planilha de cálculo e, quando for o caso, de extrato emitido pela instituição financeira, em favor da qual a Cédula de Crédito Bancário foi originalmente emitida, documentos esses que integrarão a Cédula, observado que:

I – os cálculos realizados deverão evidenciar de modo claro, preciso e de fácil entendimento e compreensão, o valor principal da dívida, seus encargos e despesas contratuais devidos, a parcela de juros e os critérios de sua incidência, a parcela de atualização monetária ou cambial, a parcela correspondente a multas e demais penalidades contratuais, as despesas de cobrança e de honorários advocatícios devidos até a data do cálculo e, por fim, o valor total da dívida; e

II – a Cédula de Crédito Bancário representativa de dívida oriunda de contrato de abertura de crédito bancário em conta-corrente será emitida pelo valor total do crédito posto à disposição do emitente, competindo ao credor, nos termos deste parágrafo, discriminar nos extratos da conta-corrente ou nas planilhas de cálculo, que serão anexados à Cédula, as parcelas utilizadas do crédito aberto, os aumentos do limite do crédito inicialmente concedido, as eventuais amortizações da dívida e a incidência dos encargos nos vários períodos de utilização do crédito aberto.

§ 3º O credor que, em ação judicial, cobrar o valor do crédito exequendo em desacordo com o expresso na Cédula de Crédito Bancário, fica obrigado a pagar ao devedor o dobro do cobrado a maior, que poderá ser compensado na própria ação, sem prejuízo da responsabilidade por perdas e danos.

Art. 29. A Cédula de Crédito Bancário deve conter os seguintes requisitos essenciais:

I – a denominação "Cédula de Crédito Bancário";

II – a promessa do emitente de pagar a dívida em dinheiro, certa, líquida e exigível no seu vencimento ou, no caso de dívida oriunda de contrato de abertura de crédito bancário, a promessa do emitente de pagar a dívida em dinheiro, certa, líquida e exigível, correspondente ao crédito utilizado;

III – a data e o lugar do pagamento da dívida e, no caso de pagamento parcelado, as datas e os valores de cada prestação, ou os critérios para essa determinação;

IV – o nome da instituição credora, podendo conter cláusula à ordem;

V – a data e o lugar de sua emissão; e

VI – a assinatura do emitente e, se for o caso, do terceiro garantidor da obrigação, ou de seus respectivos mandatários.

§ 1º A Cédula de Crédito Bancário será transferível mediante endosso em preto, ao qual se aplicarão, no que couberem, as normas do direito cambiário, caso em que o endossatário, mesmo não sendo instituição financeira ou entidade a ela equiparada, poderá exercer todos os direitos por ela conferidos, inclusive cobrar os juros e demais encargos na forma pactuada na Cédula.

§ 2º Na hipótese de emissão sob a forma cartular, a Cédula de Crédito Bancário será emitida em tantas vias quantas forem as partes que nela intervierem, assinadas pelo emitente e pelo terceiro garantidor, se houver, ou por seus respectivos mandatários, e cada parte receberá uma via.

• § 2º com a redação dada pela Lei nº 13.986, de 7-4-2020.

§ 3º Somente a via do credor será negociável, devendo constar nas demais vias a expressão "não negociável".

§ 4º A Cédula de Crédito Bancário pode ser aditada, retificada e ratificada mediante documento escrito, datado, com os requisitos previstos no *caput*, passando esse documento a integrar a Cédula para todos os fins.

§ 5º A assinatura de que trata o inciso VI do *caput* deste artigo poderá ocorrer sob a forma eletrônica, desde que garantida a identificação inequívoca de seu signatário.

• § 5º acrescido pela Lei nº 13.986, de 7-4-2020.

Art. 30. A constituição de garantia da obrigação representada pela Cédula de Crédito Bancário é disciplinada por esta Lei, sendo aplicáveis as disposições da legislação comum ou especial que não forem com ela conflitantes.

Art. 31. A garantia da Cédula de Crédito Bancário poderá ser fidejussória ou real, neste último caso constituída por bem patrimonial de qualquer espécie, disponível e alienável, móvel ou imóvel, material ou imaterial, presente ou futuro, fungível ou infungível, consumível ou não, cuja titularidade pertença ao próprio emitente ou a terceiro garantidor da obrigação principal.

Art. 32. A constituição da garantia poderá ser feita na própria Cédula de Crédito Bancário ou em documento separado, neste caso fazendo-se, na Cédula, menção a tal circunstância.

Art. 33. O bem constitutivo da garantia deverá ser descrito e individualizado de modo que permita sua fácil identificação.

Parágrafo único. A descrição e individualização do bem constitutivo da garantia poderá ser substituída pela remissão a documento ou certidão expedida por entidade competente, que integrará a Cédula de Crédito Bancário para todos os fins.

Art. 34. A garantia da obrigação abrangerá, além do bem principal constitutivo da garantia, todos os seus acessórios, benfeitorias de qualquer espécie, valorizações a qualquer título, frutos e qualquer bem vinculado ao bem principal por acessão física, intelectual, industrial ou natural.

§ 1º O credor poderá averbar, no órgão competente para o registro do bem constitutivo da garantia, a existência de qualquer outro bem por ela abrangido.

§ 2º Até a efetiva liquidação da obrigação garantida, os bens abrangidos pela garantia não poderão, sem prévia autorização escrita do credor, ser alterados, retirados, deslocados ou destruídos, nem poderão ter sua destinação modificada, exceto quando a garantia for constituída por semoventes ou por veículos, automotores ou não, e a remoção ou o deslocamento desses bens for inerente à atividade do emitente da Cédula de Crédito Bancário, ou do terceiro prestador da garantia.

Art. 35. Os bens constitutivos de garantia pignoratícia ou objeto de alienação fiduciária poderão, a critério do credor, permanecer sob a posse direta do emitente ou do terceiro prestador da garantia, nos termos da cláusula de constituto possessório, caso em que as partes deverão especificar o local em que o bem será guardado e conservado até a efetiva liquidação da obrigação garantida.

§ 1º O emitente e, se for o caso, o terceiro prestador da garantia responderão solidariamente pela guarda e conservação do bem constitutivo da garantia.

§ 2º Quando a garantia for prestada por pessoa jurídica, esta indicará representantes para responder nos termos do § 1º.

Art. 36. O credor poderá exigir que o bem constitutivo da garantia seja coberto por seguro até a efetiva liquidação da obrigação garantida, em que o credor será indicado como exclusivo beneficiário da apólice securitária e estará autorizado a receber a indenização para liquidar ou amortizar a obrigação garantida.

Art. 37. Se o bem constitutivo da garantia for desapropriado, ou se for danificado ou perecer por fato imputável a terceiro, o credor sub-rogar-se-á no direito à indenização devida pelo expropriante ou pelo terceiro causador do dano, até o montante necessário para liquidar ou amortizar a obrigação garantida.

Art. 38. Nos casos previstos nos arts. 36 e 37 desta Lei, facultar-se-á ao credor exigir a substituição da garantia, ou o seu reforço, renunciando ao direito à percepção do valor relativo à indenização.

Art. 39. O credor poderá exigir a substituição ou o reforço da garantia, em caso de perda, deterioração ou diminuição de seu valor.

Parágrafo único. O credor notificará por escrito o emitente e, se for o caso, o terceiro garantidor, para que substituam ou reforcem a garantia no prazo de quinze dias, sob pena de vencimento antecipado da dívida garantida.

Art. 40. Nas operações de crédito rotativo, o limite de crédito concedido será recomposto, automaticamente e durante o prazo de vigência da Cédula de Crédito Bancário, sempre que o devedor, não estando em mora ou inadimplente, amortizar ou liquidar a dívida.

Art. 41. A Cédula de Crédito Bancário poderá ser protestada por indicação, desde que o credor apresente declaração de posse da sua única via negociável, inclusive no caso de protesto parcial.

Art. 42. A validade e eficácia da Cédula de Crédito Bancário não dependem de registro, mas as garantias reais, por ela constituídas, ficam sujeitas, para valer contra terceiros, aos registros ou averbações previstos na legislação aplicável, com as alterações introduzidas por esta Lei.

Art. 42-A. Na hipótese de Cédula de Crédito Bancário emitida sob a forma escritural, o sistema eletrônico de escrituração de que trata o art. 27-A desta Lei fará constar:

I – a emissão do título, com seus requisitos essenciais;

II – a forma de pagamento ajustada no título;

III – o endosso em preto de que trata o § 1º do art. 29 desta Lei e a cadeia de endossos, se houver;

IV – os aditamentos, as retificações e as ratificações de que trata o § 4º do art. 29 desta Lei;

V – a inclusão de notificações, de cláusulas contratuais, de informações, inclusive sobre o fracionamento, quando houver, ou de outras declarações referentes à Cédula de Crédito Bancário ou ao certificado de que trata o art. 43 desta Lei; e

VI – as ocorrências de pagamento, se houver.

§ 1º Na hipótese de serem constituídos garantias e quaisquer outros gravames e ônus, tais ocorrências serão informadas no sistema eletrônico de escrituração de que trata o art. 27-A desta Lei.

§ 2º As garantias dadas na Cédula de Crédito Bancário ou, ainda, a constituição de gravames e ônus sobre o título deverão ser informadas no sistema ao qual se refere o art. 27-A desta Lei.

Art. 42-B. Para fins da cobrança de emolumentos e custas cartorárias relacionadas ao registro da garantia, fica a Cédula de Crédito Bancário, quando utilizada para a formalização de operações de crédito rural, equiparada à Cédula de Crédito Rural de que trata o Dec.-lei nº 167, de 14 de fevereiro de 1967.

• Arts. 42-A e 42-B acrescidos pela Lei nº 13.986, de 7-4-2020.

Art. 43. As instituições financeiras, nas condições estabelecidas pelo Conselho Monetário Nacional, poderão emitir título representativo das Cédulas de Crédito Bancário por elas mantidas em custódia, do qual constarão:

• *Caput* com a redação dada pela Lei nº 13.986, de 7-4-2020.

I – o local e a data da emissão;

II – o nome e a qualificação do custodiante das Cédulas de Crédito Bancário;

• Inciso II com a redação dada pela Lei nº 13.986, de 7-4-2020.

III – a denominação "Certificado de Cédulas de Crédito Bancário";

IV – a especificação das cédulas custodiadas, o nome dos seus emitentes e o valor, o lugar e a data do pagamento do crédito por elas incorporado;

• Inciso IV com a redação dada pela Lei nº 13.986, de 7-4-2020.

V – o nome da instituição emitente;

VI – a declaração de que a instituição financeira, na qualidade e com as responsabilidades de custodiante e mandatária do titular do certificado, promoverá a cobrança das Cédulas de Crédito Bancário, e a declaração de que as cédulas custodiadas, o produto da cobrança do seu principal e os seus encargos serão entregues ao titular do certificado somente com a apresentação deste;

VII – o lugar da entrega do objeto da custódia; e

VIII – a remuneração devida à instituição financeira pela custódia das cédulas objeto da emissão do certificado, se convencionada.

• Incisos VI a VIII com a redação dada pela Lei nº 13.986, de 7-4-2020.

§ 1º A instituição financeira responderá pela origem e pela autenticidade das Cédulas de Crédito Bancário nela custodiadas.

• § 1º com a redação dada pela Lei nº 13.986, de 7-4-2020.

§ 2º Emitido o certificado, as Cédulas de Crédito Bancário e as importâncias recebidas pela instituição financeira a título de pagamento do principal e de encargos não poderão ser objeto de penhora, arresto, sequestro, busca e apreensão, ou qualquer outro embaraço que impeça a sua entrega ao titular do certificado, mas este poderá ser objeto de penhora, ou de qualquer medida cautelar por obrigação do seu titular.

§ 3º O certificado poderá ser emitido sob forma escritural, por meio do lançamento no sistema eletrônico de escrituração, hipótese em que se aplica, no que couber, com as devidas adaptações, o disposto nos arts. 27-A, 27-B, 27-C, 27-D e 42-A desta Lei.

§ 4º O certificado será transferido somente por meio de endosso, ainda que por intermédio de sistema eletrônico de escrituração, hipótese em que a transferência deverá ser datada e assinada por seu titular ou mandatário com poderes especiais e, na hipótese de certificado cartular, averbada na instituição financeira emitente, no prazo de 2 (dois) dias, contado da data do endosso.

• §§ 3º e 4º com a redação dada pela Lei nº 13.986, de 7-4-2020.

§ 5º As despesas e os encargos decorrentes da transferência e averbação do certificado serão suportados pelo endossatário ou cessionário, salvo convenção em contrário.

§ 6º O endossatário do certificado, ainda que não seja instituição financeira ou entidade a ela equiparada, fará jus a todos os direitos nele previstos, incluídos a cobrança de juros e os demais encargos.

§ 7º O certificado poderá representar:

I – uma única cédula;

II – um agrupamento de cédulas; ou

III – frações de cédulas.

§ 8º Na hipótese de que trata o inciso III do § 7º deste artigo, o certificado somente poderá representar frações de Cédulas de Crédito Bancário emitidas sob forma escritural, e essa informação deverá constar do sistema de que trata o § 3º deste artigo.

• §§ 6º a 8º acrescidos pela Lei nº 13.986, de 7-4-2020.

Art. 44. Aplica-se às Cédulas de Crédito Bancário, no que não contrariar o disposto nesta Lei, a legislação cambial, dispensado o protesto para garantir o direito de cobrança contra endossantes, seus avalistas e terceiros garantidores.

Art. 45. Os títulos de crédito e direitos creditórios, representados sob a forma escritural ou física, que tenham sido objeto de desconto, poderão ser admitidos a redesconto junto ao Banco Central do Brasil, observando-se as normas e instruções baixadas pelo Conselho Monetário Nacional.

§ 1º Os títulos de crédito e os direitos creditórios de que trata o *caput* considerar-se-ão transferidos, para fins de redesconto, à propriedade do Banco Central do Brasil, desde que inscritos em termo de tradição eletrônico constante do Sistema de Informações do Banco Central – SISBACEN, ou, ainda, no termo de tradição previsto no § 1º do art. 5º do Decreto nº 21.499, de 9 de junho de 1932, com a redação dada pelo art. 1º do Decreto nº 21.928, de 10 de outubro de 1932.

§ 2º Entendem-se inscritos nos termos de tradição referidos no § 1º os títulos de crédito e direitos creditórios neles relacionados e descritos, observando-se os requisitos, os critérios e as formas estabelecidas pelo Conselho Monetário Nacional.

§ 3º A inscrição produzirá os mesmos efeitos jurídicos do endosso, somente se aperfeiçoando com o recebimento, pela instituição financeira proponente do redesconto, de mensagem de aceitação do Banco Central do Brasil, ou, não sendo eletrônico o termo de tradição, após a assinatura das partes.

§ 4º Os títulos de crédito e documentos representativos de direitos creditórios, inscritos nos termos de tradição, poderão, a critério do Banco Central do Brasil, permanecer na posse direta da instituição financeira beneficiária do redesconto, que os guardará e conservará em depósito, devendo proceder, como comissária *del credere*, à sua cobrança judicial ou extrajudicial.

Art. 45-A. Para fins do disposto no § 1º do art. 2º da Lei nº 6.385, de 7 de dezembro de 1976, a Cédula de Crédito Bancário, o Certificado de Cédulas de Crédito Bancário e a Cédula de Crédito Imobiliário são títulos cambiais de responsabilidade de instituição financeira ou de entidade autorizada a funcionar pelo Banco Central do Brasil, desde que a instituição financeira ou a entidade:

I – seja titular dos direitos de crédito por eles representados;

II – preste garantia às obrigações por eles representadas; ou

III – realize, até a liquidação final dos títulos, o serviço de monitoramento dos fluxos de recursos entre credores e devedores e de eventuais inadimplementos.

• Art. 45-A acrescido pela Lei nº 13.986, de 7-4-2020.

CAPÍTULO V
DOS CONTRATOS DE FINANCIAMENTO DE IMÓVEIS

Art. 46. Nos contratos de comercialização de imóveis, de financiamento imobiliário em geral e nos de arrendamento mercantil de imóveis, bem como nos títulos e valores mobiliários por eles originados, com prazo mínimo de trinta e seis meses, é admitida estipulação de cláusula de reajuste, com periodicidade mensal, por índices de preços setoriais ou gerais ou pelo índice de remuneração básica dos depósitos de poupança.

§ 1º É vedado o pagamento dos valores relativos à atualização monetária apropriados nos títulos e valores mobiliários, quando ocorrer o resgate antecipado, total ou parcial, em prazo inferior ao estabelecido no *caput*.

§ 2º Os títulos e valores mobiliários a que se refere o *caput* serão cancelados pelo emitente na hipótese de resgate antecipado em que o prazo a decorrer for inferior a trinta e seis meses.

§ 3º Não se aplica o disposto no § 1º, no caso de quitação ou vencimento antecipados dos créditos imobiliários que lastreiem ou tenham originado a emissão dos títulos e valores mobiliários a que se refere o *caput*.

Art. 47. São nulos de pleno direito quaisquer expedientes que, de forma direta ou indireta, resultem em efeitos equivalentes à redução do prazo mínimo de que trata o *caput* do art. 46.

Parágrafo único. O Conselho Monetário Nacional poderá disciplinar o disposto neste artigo.

Art. 48. Fica vedada a celebração de contratos com cláusula de equivalência salarial ou de comprometimento de renda, bem como a inclusão de cláusulas desta espécie em contratos já firmados, mantidas, para os contratos firmados até a data de entrada em vigor da Medida Provisória nº 2.223, de 4 de setembro de 2001, as disposições anteriormente vigentes.

Art. 49. No caso do não pagamento tempestivo, pelo devedor, dos tributos e das taxas condominiais incidentes sobre o imóvel objeto do crédito imobiliário respectivo, bem como das parcelas mensais incontroversas de encargos estabelecidos no respectivo contrato e de quaisquer outros encargos que a lei imponha ao proprietário ou ao ocupante de imóvel, poderá o juiz, a requerimento do credor, determinar a cassação de medida liminar, de medida cautelar ou de antecipação dos efeitos da tutela que tenha interferido na eficácia de cláusulas do contrato de crédito imobiliário correspondente ou suspendido encargos dele decorrentes.

Art. 50. Nas ações judiciais que tenham por objeto obrigação decorrente de empréstimo, financiamento ou alienação imobiliários, o autor deverá discriminar na petição inicial, dentre as obrigações contratuais, aquelas que pretende controverter, quantificando o valor incontroverso, sob pena de inépcia.

§ 1º O valor incontroverso deverá continuar sendo pago no tempo e modo contratados.

§ 2º A exigibilidade do valor controvertido poderá ser suspensa mediante depósito do montante correspondente, no tempo e modo contratados.

§ 3º Em havendo concordância do réu, o autor poderá efetuar o depósito de que trata o § 2º deste artigo, com remuneração e atualização nas mesmas condições aplicadas ao contrato:

I – na própria instituição financeira credora, oficial ou não; ou

II – em instituição financeira indicada pelo credor, oficial ou não, desde que estes tenham pactuado nesse sentido.

§ 4º O juiz poderá dispensar o depósito de que trata o § 2º em caso de relevante razão de direito e risco de dano irreparável ao autor, por decisão fundamentada na qual serão detalhadas as razões jurídicas e fáticas da ilegitimidade da cobrança no caso concreto.

§ 5º É vedada a suspensão liminar da exigibilidade da obrigação principal sob a alegação de compensação com valores pagos a maior, sem o depósito do valor integral desta.

Art. 51. Sem prejuízo das disposições do Código Civil, as obrigações em geral também poderão ser garantidas, inclusive por terceiros, por cessão fiduciária de direitos creditórios decorrentes de contratos de alienação de imóveis, por caução de direitos creditórios ou aquisitivos decorrentes de contratos de venda ou promessa de venda de imóveis e por alienação fiduciária de coisa imóvel.

Art. 52. Uma vez protocolizados todos os documentos necessários à averbação ou ao registro dos atos e dos títulos a que se referem esta Lei e a Lei nº 9.514, de 1997, o oficial de Registro de Imóveis procederá ao registro ou à averbação, dentro do prazo de quinze dias.

CAPÍTULO VI

DISPOSIÇÕES FINAIS

Alterações na Lei de Protesto de Títulos e Documentos de Dívida

Art. 62. VETADO.

Normas Complementares a esta Lei

Art. 63. Nas operações envolvendo recursos do Sistema Financeiro da Habitação e do Sistema Financeiro Imobiliário, relacionadas com a moradia, é vedado cobrar do mutuário a elaboração de instrumento contratual particular, ainda que com força de escritura pública.

Art. 63-A. *Revogado*. Lei nº 13.476, de 28-8-2017.

Art. 64. VETADO.

Art. 65. O Conselho Monetário Nacional e a Secretaria da Receita Federal, no âmbito das suas respectivas atribuições, expedirão as instruções que se fizerem necessárias à execução das disposições desta Lei.

Vigência

Art. 66. Esta Lei entra em vigor na data de sua publicação.

Revogações

Art. 67. Ficam revogadas as Medidas Provisórias nºs 2.160-25, de 23 de agosto de 2001, 2.221, de 4 de setembro de 2001, e 2.223, de 4 de setembro de 2001, e os arts. 66 e 66-A da Lei nº 4.728, de 14 de julho de 1965.

Brasília, 2 de agosto de 2004;
183º da Independência e
116º da República.

Luiz Inácio Lula da Silva

DECRETO Nº 5.171, DE 6 DE AGOSTO DE 2004

Regulamenta os §§ 10 e 12 do art. 8º e o inciso IV do art. 28 da Lei nº 10.865, de 30 de abril de 2004, que dispõe sobre a Contribuição para o PIS/PASEP-Importação e a COFINS-Importação e dá outras providências.

- Publicado no *DOU* de 9-8-2004.

Art. 1º Na importação de papel imune a impostos de que trata o art. 150, inciso VI, alínea *d*, da Constituição, ressalvado o disposto no art. 4º deste Decreto, quando destinado à impressão de periódicos, as alíquotas da Contribuição para o PIS/PASEP-Importação e da Contribuição para o Financiamento da Seguridade Social - COFINS-Importação são de:

- Art. 7º, I, deste Decreto.

I – 0,8%, para a Contribuição para o PIS/PASEP-Importação; e

II – 3,2%, para a COFINS-Importação.

§ 1º O disposto no *caput* aplica-se somente às importações realizadas por:

I – pessoa física ou jurídica que explore a atividade da indústria de publicações periódicas; e

II – empresa estabelecida no País como representante de fábrica estrangeira do papel, para venda exclusivamente às pessoas referidas no inciso I.

§ 2º As alíquotas fixadas no *caput* não abrangem o papel utilizado na impressão de publicação que contenha, exclusivamente, matéria de propaganda comercial.

§ 3º O papel importado a que se refere o *caput*:

I – poderá ser utilizado em folhetos ou outros impressos de propaganda que constituam suplemento ou encarte do periódico, desde que em quantidade não excedente à tiragem da publicação que acompanham, e a ela vinculados pela impressão de seu título, data e número de edição; e

II – não poderá ser utilizado em catálogos, listas de preços, publicações semelhantes, e jornais e revistas de propaganda.

Art. 2º Somente poderá importar papel imune ou adquiri-lo das empresas referidas no inciso II do § 1º do art. 1º a empresa para esse fim registrada, na forma estabelecida pela Secretaria da Receita Federal do Ministério da Fazenda.

- Art. 7º, I, deste Decreto.

LEG. COMPLEMENTAR

Art. 3º A Secretaria da Receita Federal poderá estabelecer:

- Art. 7º, I, deste Decreto.

I – normas segundo as quais poderá ser autorizada a venda de aparas ou de papel impróprio para impressão, desde que se destinem a utilização como matéria-prima;

II – normas que regulem o cumprimento das obrigações acessórias previstas nos arts. 1º e 2º;

III – limite de utilização do papel nos serviços da empresa; e

IV – percentual de tolerância na variação do peso, pela aplicação de tinta ou em razão de umidade.

Art. 4º Ficam reduzidas a zero as alíquotas da Contribuição para o PIS/PASEP-Importação e da COFINS-Importação nas operações de importação de:

I – partes, peças e componentes destinados ao emprego na conservação, modernização e conversão de embarcações registradas no Registro Especial Brasileiro, quando os serviços forem realizados em estaleiros navais brasileiros;

II – embarcações construídas no Brasil e transferidas por matriz de empresa brasileira de navegação para subsidiária integral no exterior, que retornem ao País como propriedade da mesma empresa nacional de origem, quando a embarcação for registrada no Registro Especial Brasileiro;

- Art. 7º, I, deste Decreto.

III e IV – *Revogados*. Dec. nº 6.842, de 7-5-2009;

V – máquinas, equipamentos, aparelhos, instrumentos, suas partes e peças de reposição, e películas cinematográficas virgens, destinados à indústria cinematográfica e audiovisual, e de radiodifusão;

- Art. 7º, I, deste Decreto.

VI – aeronaves, classificadas na posição 88.02 da NCM; e

- Inciso VI com a redação dada pelo Dec. nº 5.268, de 9-12-2004.
- Art. 7º, II, deste Decreto.

VII – partes, peças, ferramentais, componentes, insumos, fluidos hidráulicos, lubrificantes, tintas, anticorrosivos, equipamentos, serviços e matérias-primas a serem empregados na manutenção, reparo, revisão, conservação, modernização, conversão e montagem das aeronaves de que trata o inciso VI deste artigo, de seus motores, suas partes, peças, componentes, ferramentais e equipamentos.

- Art. 7º, II, deste Decreto.

§ 1º *Revogado*. Dec. nº 6.842, de 7-5-2009.

§ 2º A redução a zero das alíquotas de que trata:

I – o inciso V do *caput* somente se aplica às mercadorias sem similar nacional, conforme disposto nos arts. 190 a 209 do Decreto nº 4.543, de 26 de dezembro de 2002 – Regulamento Aduaneiro; e

II – *Revogado*. Dec. nº 5.268, de 9-11-2004.

§ 3º O disposto neste artigo, em relação aos incisos VI e VII do *caput*, somente será aplicável ao importador que fizer prova da posse ou propriedade da aeronave;

- § 3º com a redação dada pelo Dec. nº 5.268, de 9-12-2004.

§ 4º Na hipótese do § 3º, caso a importação seja promovida:

I – por oficina especializada em reparo, revisão ou manutenção de aeronaves, esta deverá:

a) apresentar contrato de prestação de serviços, indicando o proprietário ou possuidor da aeronave; e

b) estar homologada pelo órgão competente do Ministério da Defesa;

II – para operação de montagem, a empresa montadora deverá apresentar o certificado de homologação e o projeto de construção aprovado, ou documentos de efeito equivalente, na forma da legislação específica.

- §§ 3º e 4º acrescidos pelo Dec. nº 5.268, de 9-11-2004.

Art. 5º Ficam reduzidas a zero as alíquotas da Contribuição para o PIS/PASEP-Importação e da COFINS-Importação nas operações de importação de partes e peças da posição 88.03 destinadas aos veículos e aparelhos da posição 88.02 da NCM.

- Art. 7º, III, deste Decreto.

Art. 6º Ficam reduzidas a zero as alíquotas da Contribuição para o PIS/PASEP e da COFINS incidentes sobre a receita bruta de venda no mercado interno de aeronaves, classificadas na posição 88.02 da NCM, suas partes, peças, ferramentais, componentes, insumos, fluidos hidráulicos, tintas, anticorrosivos, lubrificantes, equipamentos, serviços e matérias-primas a serem empregados na manutenção, conservação, modernização, reparo, revisão, conversão e montagem das aeronaves, seus motores, partes, componentes, ferramentais e equipamentos.

- Art. 7º, II, deste Decreto.

Parágrafo único. *Revogado*. Dec. nº 5.268, de 9-11-2004.

Art. 7º Este Decreto entra em vigor na data de sua publicação, produzindo efeitos a partir do dia:

I – 1º de maio de 2004, para os arts. 1º a 3º, e para os incisos I a V do art. 4º;

II – 26 de julho de 2004, para os incisos VI e VII do art. 4º, e para o art. 6º; e

III – 1º de maio de 2004 até o dia 25 de julho de 2004, para o art. 5º.

Brasília, 6 de agosto de 2004;
183º da Independência e
116º da República.

Luiz Inácio Lula da Silva

LEI Nº 10.996, DE 15 DE DEZEMBRO DE 2004

Altera a legislação tributária federal e as Leis nºs 10.637, de 30 de dezembro de 2002, e 10.833, de 29 de dezembro de 2003.

- Publicada no *DOU* de 16-12-2004.

Art. 1º Fica excluída, para fins de incidência na fonte e no ajuste anual do imposto de renda da pessoa física, a quantia de R$ 100,00 (cem reais) mensais do total dos rendimentos tributáveis provenientes do trabalho assalariado pagos nos meses de agosto a dezembro do ano-calendário de 2004.

Parágrafo único. O disposto no *caput* deste artigo aplica-se, também, ao 13º (décimo terceiro) salário para fins de incidência do imposto de renda na fonte.

Art. 2º Ficam reduzidas a 0 (zero) as alíquotas da Contribuição para o PIS/PASEP e da Contribuição para o Financiamento da Seguridade Social – COFINS incidentes sobre as receitas de vendas de mercadorias destinadas ao consumo ou à industrialização na Zona Franca de Manaus – ZFM, por pessoa jurídica estabelecida fora da ZFM.

§ 1º Para os efeitos deste artigo, entendem-se como vendas de mercadorias de consumo na Zona Franca de Manaus – ZFM as que tenham como destinatárias pessoas jurídicas que as venham utilizar diretamente ou para comercialização por atacado ou a varejo.

§ 2º Aplicam-se às operações de que trata o *caput* deste artigo as disposições do inciso II do § 2º do art. 3º da Lei nº 10.637, de 30 de dezembro de 2002, e do inciso II do § 2º do art. 3º da Lei nº 10.833, de 29 de dezembro de 2003.

§ 3º As disposições deste artigo aplicam-se às vendas de mercadorias destinadas ao consumo ou à industrialização nas Áreas de Livre Comércio de que tratam as Leis nºs 7.965, de 22 de dezembro de 1989, 8.210, de 19 de julho de 1991, e 8.256, de 25 de novembro de 1991, o art. 11 da Lei nº 8.387, de 30 de dezembro de 1991, e a Lei nº 8.857, de 8 de março de 1994, por pessoa jurídica estabelecida fora dessas áreas.

- § 3º com a redação dada pela Lei nº 11.945, de 4-6-2009.

§ 4º Não se aplica o disposto neste artigo às vendas de mercadorias que tenham como destinatárias pessoas jurídicas atacadistas e varejistas, sujeitas ao regime de apuração não cumulativa da Contribuição para o PIS/PASEP e da COFINS, estabelecidas nas Áreas de Livre Comércio referidas no § 3º.

§ 5º Nas notas fiscais relativas à venda de que trata o *caput* deste artigo, deverá constar a expressão "Venda de mercadoria efetuada com alíquota zero da Contribuição para o PIS/PASEP e da COFINS", com a especificação do dispositivo legal correspondente.

- §§ 4º e 5º acrescidos pela Lei nº 12.350, de 20-12-2010.

§ 6º O disposto neste artigo não se aplica aos produtos de que trata o art. 14 da Lei nº 13.097, de 19 de janeiro de 2015.

- § 6º acrescido pela Lei nº 13.137, de 19-6-2015.

Art. 3º Os arts. 2º e 3º da Lei nº 10.637, de 30 de dezembro de 2002, passam a vigorar com a seguinte redação:

- Alterações inseridas no texto da referida Lei.

Art. 4º Os arts. 2º e 3º da Lei nº 10.833, de 29 de dezembro de 2003, passam a vigorar com a seguinte redação:

- Alterações inseridas no texto da referida Lei.

Art. 5º A suspensão da exigibilidade da Contribuição para o PIS/PASEP incidente na importação de produtos estrangeiros ou serviços e da COFINS devida pelo importador de bens estrangeiros ou serviços do exterior, prevista nos arts. 14, § 1º, e 14-A da Lei nº 10.865, de 30 de abril de 2004, será resolvida mediante a aplicação de alíquota 0 (zero), quando as mercadorias importadas forem utilizadas em processo de fabricação de matérias-primas, produtos industrializados finais, por estabelecimentos situados na Zona Franca de Manaus – ZFM, consoante projeto aprovado pelo Conselho de Administração da Superintendência da Zona Franca de Manaus – SUFRAMA.

Art. 6º Esta Lei entra em vigor na data de sua publicação.

Brasília, 15 de dezembro de 2004;
183º da Independência e
116º da República.

Luiz Inácio Lula da Silva

LEI Nº 11.033, DE 21 DE DEZEMBRO DE 2004

Altera a tributação do mercado financeiro e de capitais; institui o Regime Tributário para Incentivo à Modernização e à Ampliação da Estrutura Portuária – REPORTO; altera as Leis nºs 10.865, de 30 de abril de 2004, 8.850, de 28 de janeiro de 1994, 8.383, de 30 de dezembro de 1991, 10.522, de 19 de julho de 2002, 9.430, de 27 de dezembro de 1996, e 10.925, de 23 de julho de 2004; e dá outras providências.

- Publicada no *DOU* de 22-12-2004.

Art. 1º Os rendimentos de que trata o art. 5º da Lei nº 9.779, de 19 de janeiro de 1999, relativamente às aplicações e operações realizadas a partir de 1º de janeiro de 2005, sujeitam-se à incidência do imposto de renda na fonte, às seguintes alíquotas:

- Arts. 4º e 23, I, desta Lei.
- Art. 6º, §§ 2º, 5º e 7º, da Lei nº 11.053, de 29-12-2004, que dispõe sobre a tributação dos planos de benefícios de caráter previdenciário.

I – 22,5% (vinte e dois inteiros e cinco décimos por cento), em aplicações com prazo de até 180 (cento e oitenta) dias;

II – 20% (vinte por cento), em aplicações com prazo de 181 (cento e oitenta e um) dias até 360 (trezentos e sessenta) dias;

III – 17,5% (dezessete inteiros e cinco décimos por cento), em aplicações com prazo de 361 (trezentos e sessenta e um) dias até 720 (setecentos e vinte) dias;

IV – 15% (quinze por cento), em aplicações com prazo acima de 720 (setecentos e vinte) dias.

§ 1º No caso de aplicações existentes em 31 de dezembro de 2004:

I – os rendimentos produzidos até essa data serão tributados nos termos da legislação então vigente;

II – em relação aos rendimentos produzidos em 2005, os prazos a que se referem os incisos I a IV do *caput* deste artigo serão contados a partir:

a) de 1º de julho de 2004, no caso de aplicação efetuada até a data da publicação desta Lei; e

b) da data da aplicação, no caso de aplicação efetuada após a data da publicação desta Lei.

§ 2º No caso dos fundos de investimentos, será observado o seguinte:

I – os rendimentos serão tributados semestralmente, com base no art. 3º da Lei nº 10.892, de 13 de julho de 2004, à alíquota de 15% (quinze por cento), sem prejuízo do disposto no inciso III deste parágrafo;

II – na hipótese de fundos de investimentos com prazo de carência de até 90 (noventa) dias para resgate de quotas com rendimento, a incidência do imposto de renda na fonte a que se refere o inciso I deste parágrafo ocorrerá na data em que se completar cada período de carência para resgate de quotas com rendimento, sem prejuízo do disposto no inciso III deste parágrafo;

III – por ocasião do resgate das quotas, será aplicada alíquota complementar de acordo com o previsto nos incisos I a IV do *caput* deste artigo.

§ 3º O disposto neste artigo não se aplica:

I – aos fundos e clubes de investimento em ações cujos rendimentos serão tributados exclusivamente no resgate das quotas, à alíquota de 15% (quinze por cento);

II – aos títulos de capitalização, no caso de resgate sem ocorrência de sorteio, cujos rendimentos serão tributados à alíquota de 20% (vinte por cento).

§ 4º Ao fundo ou clube de investimento em ações cuja carteira deixar de observar a proporção referida no art. 2º da Medida Provisória nº 2.189-49, de 23 de agosto de 2001, aplicar-se-á o disposto no *caput* e nos §§ 1º e 2º deste artigo, a partir do momento do desenquadramento da carteira, salvo no caso de, cumulativamente, a referida proporção não ultrapassar o limite de 50% (cinquenta por cento) do total da carteira, a situação for regularizada no prazo máximo de 30 (trinta) dias e o fundo ou clube não incorrer em nova hipótese de desenquadramento no período de 12 (doze) meses subsequentes.

§ 5º Consideram-se incluídos entre os rendimentos referidos pelo art. 5º da Lei nº 9.779, de 19 de janeiro de 1999, os predeterminados obtidos em operações conjugadas, realizadas nos mercados de opções de compra e de venda em bolsas de valores, de mercadorias e de futuros (box), no mercado a termo nas bolsas de valores, de mercadorias e de futuros, em operações de venda coberta e sem ajustes diários, e no mercado de balcão.

§ 6º As operações descritas no § 5º deste artigo, realizadas por fundo ou clube de investimento em ações, não integrarão a parcela da carteira aplicada em ações, para efeito da proporção referida no § 4º deste artigo.

§ 7º O Ministro da Fazenda poderá elevar e restabelecer o percentual a que se refere o art. 2º da Medida Provisória nº 2.189-49, de 23 de agosto de 2001.

Art. 2º O disposto no art. 1º desta Lei não se aplica aos ganhos líquidos auferidos em operações realizadas em bolsas de valores, de mercadorias, de futuros, e assemelhadas, inclusive *day trade*, que permanecem sujeitos à legislação vigente e serão tributados às seguintes alíquotas:

- Arts. 4º e 23, I, desta Lei.
- Art. 6º, §§ 2º, 5º e 7º, da Lei nº 11.053, de 29-12-2004, que dispõe sobre a tributação dos planos de benefícios de caráter previdenciário.

I – 20% (vinte por cento), no caso de operação *day trade*;

II – 15% (quinze por cento), nas demais hipóteses.

§ 1º As operações a que se refere o *caput* deste artigo, exceto *day trade*, sujeitam-se à incidência do imposto de renda na fonte, à alíquota de 0,005% (cinco milésimos por cento) sobre os seguintes valores:

I – nos mercados futuros, a soma algébrica dos ajustes diários, se positiva, apurada por ocasião do encerramento da posição, antecipadamente ou no seu vencimento;

II – nos mercados de opções, o resultado, se positivo, da soma algébrica dos prêmios pagos e recebidos no mesmo dia;

III – nos contratos a termo:

a) quando houver a previsão de entrega do ativo objeto na data do seu vencimento, a diferença, se positiva, entre o preço a termo e o preço à vista na data da liquidação;

b) com liquidação exclusivamente financeira, o valor da liquidação financeira previsto no contrato;

IV – nos mercados à vista, o valor da alienação, nas operações com ações, ouro ativo financeiro e outros valores mobiliários neles negociados.

§ 2º O disposto no § 1º deste artigo:

I – não se aplica às operações de exercício de opção;

II – aplica-se às operações realizadas no mercado de balcão, com intermediação, tendo por objeto os valores mobiliários e ativos referidos no inciso IV do § 1º deste artigo, bem como às operações realizadas em mercados de liquidação futura fora de bolsa.

§ 3º As operações *day trade* permanecem tributadas, na fonte, nos termos da legislação vigente.

§ 4º Fica dispensada a retenção do imposto de que trata o § 1º deste artigo cujo valor seja igual ou inferior a R$ 1,00 (um real).

§ 5º Ocorrendo mais de uma operação no mesmo mês, realizada por uma mesma pessoa, física ou jurídica, deverá ser efetuada a soma dos valores de imposto incidente sobre todas as operações realizadas no mês, para efeito de cálculo do limite de retenção previsto no § 4º deste artigo.

§ 6º Fica responsável pela retenção do imposto de que tratam o § 1º e o inciso II do § 2º deste artigo a instituição intermediadora que receber diretamente a ordem do cliente, a bolsa que registrou as operações ou entidade responsável pela liquidação e compensação das operações, na forma regulamentada pela Secretaria da Receita Federal do Ministério da Fazenda.

§ 7º O valor do imposto retido na fonte a que se refere o § 1º deste artigo poderá ser:

I – deduzido do imposto sobre ganhos líquidos apurados no mês;

II – compensado com o imposto incidente sobre ganhos líquidos apurados nos meses subsequentes;

III – compensado na declaração de ajuste se, após a dedução de que tratam os incisos I e II deste parágrafo, houver saldo de imposto retido;

IV – compensado com o imposto devido sobre o ganho de capital na alienação de ações.

§ 8º O imposto de renda retido na forma do § 1º deste artigo deverá ser recolhido ao Tesouro Nacional até o 3º (terceiro) dia útil da semana subsequente à data da retenção.

Art. 3º Ficam isentos do imposto de renda:

- Art. 23, I, desta Lei.
- Art. 6º, §§ 2º, 5º e 7º, da Lei nº 11.053, de 29-12-2004, que dispõe sobre a tributação dos planos de benefícios de caráter previdenciário.

I – os ganhos líquidos auferidos por pessoa física em operações no mercado à vista de ações nas bolsas de valores e em operações com ouro ativo financeiro cujo valor das alienações, realizadas em cada mês, seja igual ou inferior a R$ 20.000,00 (vinte mil reais), para o conjunto de ações e para o ouro ativo financeiro respectivamente;

II – na fonte e na declaração de ajuste anual das pessoas físicas, a remuneração produzida por letras hipotecárias, certificados de recebíveis imobiliários e letras de crédito imobiliário;

III – na fonte e na declaração de ajuste anual das pessoas físicas, os rendimentos distribuídos pelos Fundos de Investimento Imobiliário e pelos Fundos de Investimento nas Cadeias Produtivas Agroindustriais (FIAGRO) cujas cotas sejam admitidas à negociação exclusivamente em bolsas de valores ou no mercado de balcão organizado;

- Inciso III com a redação dada pela Lei nº 14.130, de 29-3-2021, promulgado nos termos do art. 66, § 5º, da CF (*DOU* de 11-6-2021).

IV – na fonte e na declaração de ajuste anual das pessoas físicas, a remuneração produzida por Certificado de Depósito Agropecuário – CDA, Warrant Agropecuário – WA, Certificado de Direitos Creditórios do Agronegócio – CDCA, Letra de Crédito do Agronegócio – LCA e Certificado de Recebíveis do Agronegócio – CRA, instituídos pelos arts. 1º e 23 da Lei nº 11.076, de 30 de dezembro de 2004;

V – na fonte e na declaração de ajuste anual das pessoas físicas, a remuneração produzida pela Cédula de Produto Rural – CPR, com liquidação financeira, instituída pela Lei nº 8.929, de 22 de agosto de 1994, alterada pela Lei nº 10.200, de 14 de fevereiro de 2001, desde que negociada no mercado financeiro.

- Incisos IV e V acrescidos pela Lei nº 11.311, de 13-6-2006.

Parágrafo único. O benefício disposto no inciso III do *caput* deste artigo:

- *Caput* acrescido pela Lei nº 11.196, de 21-11-2005.

I – será concedido somente nos casos em que os Fundos de Investimento Imobiliário ou os FIAGRO possuam, no mínimo, 50 (cinquenta) cotistas;

II – não será concedido ao cotista pessoa física titular de cotas que representem 10% (dez por cento) ou mais da totalidade das cotas emitidas pelo Fundo de Investimento Imobiliário ou pelos FIAGRO, ou ainda cujas cotas lhe derem direito ao recebimento de rendimento superior a 10% (dez por cento) do total de rendimentos auferidos pelo fundo.

- Incisos I e II com a redação dada pela Lei nº 14.130, de 29-3-2021, promulgado nos termos do art. 66, § 5º, da CF (*DOU* de 11-6-2021).

Art. 4º Não se aplica o disposto nos arts. 1º e 2º desta Lei às pessoas jurídicas de que trata o art. 77, inciso I, da Lei nº 8.981, de 20 de janeiro de 1995, aos investidores estrangeiros referidos no art. 16 da Medida Provisória nº 2.189-49, de 23 de agosto de 2001, e às entidades ou fundos optantes pelo regime especial de que trata o art. 2º da Medida Provisória nº 2.222, de 4 de setembro de 2001, que permanecem sujeitos às normas previstas na legislação vigente.

- Art. 23, I, desta Lei.
- Art. 6º, §§ 2º, 5º e 7º, da Lei nº 11.053, de 29-12-2004, que dispõe sobre a tributação dos planos de benefícios de caráter previdenciário.

Art. 5º Na transferência de titularidade de ações negociadas fora de bolsa, sem intermediação, a entidade encarregada de seu registro deverá exigir o documento de arrecadação de receitas federais que comprove o pagamento do imposto de renda sobre o ganho de capital incidente na alienação ou declaração do alienante sobre a inexistência de imposto devido, observadas as normas estabelecidas pela Secretaria da Receita Federal.

- Art. 23, I, desta Lei.
- Art. 6º, §§ 2º, 5º e 7º, da Lei nº 11.053, de 29-12-2004, que dispõe sobre a tributação dos planos de benefícios de caráter previdenciário.

§ 1º Quando a transferência for efetuada antes do vencimento do prazo legal para pagamento do imposto devido, a comprovação de que trata o *caput* deste artigo deverá ocorrer em até 15 (quinze) dias após o vencimento do referido prazo, ao final do qual, caso não tenha sido realizada, a entidade deverá comunicar o fato à Secretaria da Receita Federal na forma e prazo por ela regulamentados.

§ 2º O descumprimento do disposto neste artigo sujeita a entidade à multa de 30% (trinta por cento) do valor do imposto devido.

Art. 6º Os arts. 8º e 28 da Lei nº 10.865, de 30 de abril de 2004, passam a vigorar com a seguinte redação:

- Alterações inseridas no texto da referida Lei.

Art. 7º As pessoas jurídicas que aufiram as receitas de que trata o inciso XXIII do art. 10 da Lei nº 10.833, de 29 de dezembro de 2003, são obrigadas a instalar equipamento emissor de cupom fiscal em seus estabelecimentos, ou outro sistema equivalente para controle de receitas, na forma disciplinada pela Secretaria da Receita Federal do Brasil.

- Artigo com a redação dada pela Lei nº 12.546, de 14-12-2011.

Art. 8º A pessoa jurídica submetida ao lucro presumido poderá, excepcionalmente, em relação ao 3º (terceiro) e 4º (quarto) trimestres-calendário de 2004, apurar o Imposto de Renda com base no lucro real trimestral, sendo definitiva a tributação pelo lucro presumido relativa aos 2 (dois) primeiros trimestres, observadas as normas estabelecidas pela Secretaria da Receita Federal.

Art. 9º Os incisos I e II do art. 1º da Lei nº 8.850, de 28 de janeiro de 1994, passam a vigorar com a seguinte redação:

"Art. 1º ....

I – de 1º de janeiro de 2004 a 30 de setembro de 2004: quinzenal; e

II – a partir de 1º de outubro de 2004: mensal.

...."

Art. 10. *Revogado.* Lei nº 11.933, de 28-4-2009.

Art. 11. Sem prejuízo do disposto no inciso I do § 10 do art. 8º e no inciso I do *caput* do art. 16 da Lei nº 9.311, de 24 de outubro de 1996, será facultado o lançamento a débito em conta corrente de depósito para investimento para a realização de operações com os valores mobiliários de que tratam os referidos incisos, desde que seja mantido controle, em separado, pela instituição interveniente, dos valores mobiliários adquiridos por intermédio das contas correntes de depósito à vista e de investimento.

- Art. 23, II, desta Lei.

§ 1º Os valores referentes à liquidação das operações com os valores mobiliários de que trata o *caput* deste artigo, adquiridos por intermédio de lançamento a débito em conta corrente de depósito para investimento, serão creditados ou debitados a essa mesma conta.

§ 2º As instituições intervenientes deverão manter controles em contas segregadas que permitam identificar a origem dos recursos que serão investidos em ações e produtos derivados provenientes da conta corrente e da conta para investimento.

Art. 12. Será dada ciência ao sujeito passivo do ato que o excluir do parcelamento de débitos com a Secretaria da Receita Federal, com a Procuradoria-Geral da Fazenda Nacional e com o Instituto Nacional do Seguro Social – INSS, de que tratam os arts. 1º e 5º da Lei nº 10.684, de 30 de maio de 2003, mediante publicação no *Diário Oficial da União*.

Parágrafo único. Fica dispensada a publicação de que trata o *caput* deste artigo nos casos em que for dada ciência ao sujeito passivo pessoalmente ou por via postal, com aviso de recebimento.

Art. 13. Fica instituído o Regime Tributário para Incentivo à Modernização e à Ampliação da Estrutura Portuária – REPORTO, nos termos desta Lei.

Art. 14. Serão efetuadas com suspensão do Imposto sobre Produtos Industrializados – IPI, da Contribuição para o PIS/PASEP, da Contribuição para o Financiamento da Seguridade Social – COFINS e, quando for o caso, do Imposto de Importação – II, as vendas e as importações de máquinas, equipamentos, peças de reposição e outros bens, no mercado interno, quando adquiridos ou importados diretamente pelos beneficiários do REPORTO e destinados ao seu ativo imobilizado para utilização exclusiva na execução de serviços de:

- *Caput* com a redação dada pela Lei nº 12.715, de 17-9-2012.

I – carga, descarga, armazenagem e movimentação de mercadorias e produtos;

II – sistemas suplementares de apoio operacional;

III – proteção ambiental;

IV – sistemas de segurança e de monitoramento de fluxo de pessoas, mercadorias, produtos, veículos e embarcações;

V – dragagens; e

VI – treinamento e formação de trabalhadores, inclusive na implantação de Centros de Treinamento Profissional.

- Incisos I a VI com a redação dada pela Lei nº 12.715, de 17-9-2012.

§ 1º A suspensão do Imposto de Importação e do IPI converte-se em isenção após o decurso do prazo de 5 (cinco) anos, contado da data da ocorrência do respectivo fato gerador.

§ 2º A suspensão da contribuição para o PIS/PASEP e da COFINS converte-se em operação, inclusive de importação, sujeita a alíquota 0 (zero) após o decurso do prazo de 5 (cinco) anos, contado da data da ocorrência do respectivo fato gerador.

§ 3º A aplicação dos benefícios fiscais, relativos ao IPI e ao Imposto de Importação, fica condicionada à comprovação, pelo beneficiário, da quitação de tributos e contribuições federais e, no caso do IPI vinculado à importação e do Imposto de Importação, à formalização de termo de responsabilidade em relação ao crédito tributário suspenso.

§ 4º A suspensão do Imposto de Importação somente será aplicada a máquinas, equipamentos e outros bens que não possuam similar nacional.

§ 5º A transferência, a qualquer título, de propriedade dos bens adquiridos no mercado interno ou importados mediante aplicação do REPORTO, dentro do prazo fixado nos §§ 1º e 2º deste artigo, deverá ser precedida de autorização da Secretaria da Receita Federal e do recolhimento dos tributos suspensos, acrescidos de juros e de multa de mora estabelecidos na legislação aplicável.

§ 6º A transferência a que se refere o § 5º deste artigo, previamente autorizada pela Secretaria da Receita Federal, a adquirente também enquadrado no REPORTO será efetivada com dispensa da cobrança dos tributos suspensos desde que, cumulativamente:

I – o adquirente formalize novo termo de responsabilidade a que se refere o § 3º deste artigo;

II – assuma perante a Secretaria da Receita Federal a responsabilidade pelos tributos e contribuições suspensos, desde o momento de ocorrência dos respectivos fatos geradores.

§ 7º O Poder Executivo relacionará as máquinas, equipamentos e bens objetos da suspensão referida no *caput* deste artigo.

§ 8º O disposto no *caput* deste artigo aplica-se também aos bens utilizados na execução de serviços de transporte de mercadorias em ferrovias, classificados nas posições 86.01, 86.02 e 86.06 da Nomenclatura Comum do MERCOSUL, e aos trilhos e demais elementos de vias férreas, classificados na posição 73.02 da Nomenclatura Comum do MERCOSUL, relacionados pelo Poder Executivo.

- § 8º com a redação dada pela Lei nº 11.774, de 17-9-2008.

§ 9º As peças de reposição citadas no *caput* deste artigo deverão ter seu valor aduaneiro igual ou superior a 20% (vinte por cento) do valor aduaneiro da máquina ou equipamento ao qual se destinam, de acordo com a Declaração de Importação – DI respectiva.

- § 9º acrescido pela Lei nº 11.726, de 23-6-2008.

§ 10. Os veículos adquiridos com o benefício do REPORTO deverão receber identificação visual externa a ser definida pelo órgão competente do Poder Executivo.

- § 10 com a redação dada pela Lei nº 12.715, de 17-9-2012.

§ 11. Na hipótese de utilização do bem em finalidade diversa da que motivou a suspensão de que trata o *caput* deste artigo, a sua não incorporação ao ativo imobilizado ou a ausência da identificação citada no § 10 deste artigo, o beneficiário fica sujeito à multa de 50% (cinquenta por cento) sobre o valor de aquisição do bem no mercado interno ou do respectivo valor aduaneiro.

§ 12. A aplicação da multa prevista no § 11 deste artigo não prejudica a exigência dos tributos suspensos, de outras penalidades cabíveis, bem como dos acréscimos legais.

- §§ 11 e 12 acrescidos pela Lei nº 11.726, de 23-6-2008.

Art. 15. São beneficiários do REPORTO o operador portuário, o concessionário de porto organizado, o arrendatário de instalação portuária de uso público e a empresa autorizada a explorar instalação portuária de uso privativo misto ou exclusivo, inclusive aquelas que operam com embarcações de *offshore*.

- *Caput* com a redação dada pela Lei nº 12.715, de 17-9-2012.

§ 1º Pode ainda ser beneficiário do REPORTO o concessionário de transporte ferroviário.

- § 1º com a redação dada pela Lei nº 11.774, de 17-9-2008.

§ 2º A Secretaria da Receita Federal do Brasil estabelecerá os requisitos e os procedimentos para habilitação dos beneficiários ao Reporto, bem como para coabilitação dos fabricantes dos bens listados no § 8º do art. 14 desta Lei.

- § 2º com a redação dada pela Lei nº 12.688, de 18-7-2012.

Art. 16. Os beneficiários do REPORTO descritos no art. 15 desta Lei ficam acrescidos das empresas de dragagem definidas na Lei nº 12.815, de 5 de junho de 2013 (Lei dos Portos), dos recintos alfandegados de zona secundária e dos centros de formação profissional e treinamento multifuncional de que trata o art. 33 da Lei nº 12.815, de 5 de junho de 2013, e poderão efetuar aquisições e importações amparadas pelo REPORTO de 1º de janeiro de 2022 a 31 de dezembro de 2023.

- Artigo com a redação dada pela Lei nº 14.301, de 7-1-2022, promulgado nos termos do art. 66, § 5º, da CF (*DOU* de 25-3-2022).

Art. 17. As vendas efetuadas com suspensão, isenção, alíquota 0 (zero) ou não incidência da Contribuição para o PIS/PASEP e da COFINS não impedem a manutenção, pelo vendedor, dos créditos vinculados a essas operações.

Art. 18. Por um prazo de 10 (dez) anos a contar da vigência da Lei nº 9.432, de 8 de janeiro de 1997, não incidirá o Adicional de Frete para a Renovação da Marinha Mercante – AFRMM sobre as mercadorias cuja origem ou cujo destino seja porto localizado na Região Norte e Nordeste do país, exceto para as embarcações de casco com fundo duplo, destinadas ao transporte de combustíveis, cujo prazo será de 25 (vinte e cinco) anos.

Art. 19. O levantamento ou a autorização para depósito em conta bancária de valores decorrentes de precatório judicial somente poderá ocorrer mediante a apresentação ao juízo de certidão negativa de tributos federais, estaduais, municipais, bem como certidão de regularidade para com a Seguridade Social, o Fundo de Garantia do Tempo de Serviço – FGTS e a Dívida Ativa da União, depois de ouvida a Fazenda Pública.

- O STF, por unanimidade de votos, julgou procedente a ADIN nº 3.453-7, para declarar a inconstitucionalidade deste artigo (*DOU* de 9-4-2007).

Parágrafo único. Não se aplica o disposto no *caput* deste artigo:

I – aos créditos de natureza alimentar, inclusive honorários advocatícios;

II – aos créditos de valor igual ou inferior ao disposto no art. 3º da Lei nº 10.259, de 12 de julho de 2001, que dispõe sobre a instituição dos Juizados Especiais Cíveis e Criminais no âmbito da Justiça Federal.

Art. 20. As intimações e notificações de que tratam os arts. 36 a 38 da Lei Complementar nº 73, de 10 de fevereiro de 1993, inclusive aquelas pertinentes a processos administrativos, quando dirigidas a Procuradores da Fazenda Nacional, dar-se-ão pessoalmente mediante a entrega dos autos com vista.

Art. 21. Os arts. 13, 19 e 20 da Lei nº 10.522, de 19 de julho de 2002, passam a vigorar com a seguinte redação:

- Alterações inseridas no texto da referida Lei.

Art. 22. O art. 17 da Lei nº 9.430, de 27 de dezembro de 1996, passa a vigorar com a seguinte redação:

- Alteração inserida no texto da referida Lei.

Art. 23. Esta Lei entra em vigor na data de sua publicação, produzindo efeitos:

I – na hipótese dos arts. 1º a 5º e 7º, a partir de 1º de janeiro de 2005;

II – na hipótese do art. 11, a partir de 1º de outubro de 2004;

III – na data de sua publicação, nas demais hipóteses.

Art. 24. Ficam revogados o art. 63 da Lei nº 8.383, de 30 de dezembro de 1991, a partir de 1º de janeiro de 2005, e o § 2º do art. 10 da Lei nº 10.925, de 23 de julho de 2004.

Brasília, 21 de dezembro de 2004;
183º da Independência e
116º da República.

Luiz Inácio Lula da Silva

LEI Nº 11.051, DE 29 DE DEZEMBRO DE 2004

Dispõe sobre o desconto de crédito na apuração da Contribuição Social sobre o Lucro Líquido – CSLL e da Contribuição para o PIS/PASEP e COFINS não cumulativas e dá outras providências.

- Publicada no *DOU* de 30-12-2004 e retificada no *DOU* de 4-1-2005 e de 11-1-2005.

Art. 1º As pessoas jurídicas tributadas com base no lucro real poderão utilizar crédito relativo à Contribuição Social sobre o Lucro Líquido – CSLL, à razão de 25% (vinte e cinco por cento) sobre a depreciação contábil de máquinas, aparelhos, instrumentos e equipamentos, novos, relacionados em regulamento, adquiridos entre 1º de outubro de 2004 e 31 de dezembro de 2010, destinados ao ativo imobilizado e empregados em processo industrial do adquirente.

- *Caput* com a redação dada pela Lei nº 11.774, de 17-9-2008.

§ 1º O crédito de que trata o *caput* deste artigo será deduzido do valor da CSLL apurada, no regime trimestral ou anual.

§ 2º A utilização do crédito está limitada ao saldo da CSLL a pagar, observado o disposto no § 1º deste artigo, não gerando a parcela excedente, em qualquer hipótese, direito à restituição, compensação, ressarcimento ou aproveitamento em períodos de apuração posteriores.

§ 3º Será admitida a utilização do crédito no pagamento mensal por estimativa.

§ 4º Na hipótese do § 3º deste artigo, o crédito a ser efetivamente utilizado está limitado à CSLL apurada no encerramento do período de apuração.

§ 5º É vedada a utilização do crédito referido nos §§ 1º e 3º deste artigo, na hipótese de a pessoa jurídica não compensar base de cálculo negativa de períodos anteriores existente ou o fizer em valor inferior ao admitido na legislação.

§ 6º As pessoas jurídicas poderão se beneficiar do crédito a partir do mês em que o bem entrar em operação até o final do 4º (quarto) ano-calendário subsequente àquele a que se referir o mencionado mês.

§ 7º A partir do ano-calendário subsequente ao término do período de gozo do benefício a que se refere o § 6º deste artigo, deverá ser adicionado à CSLL devida o valor utilizado a título de crédito em função dos anos-calendário de gozo do benefício e do regime de apuração da CSLL.

§ 8º A parcela a ser adicionada nos termos do § 7º deste artigo será devida pelo seu valor integral, ainda que a pessoa jurídica apure, no período, base de cálculo negativa da CSLL.

§ 9º A pessoa jurídica que deixar de ser tributada com base no lucro real deverá adicionar os créditos a que se refere o *caput* deste artigo, aproveitados anteriormente, à CSLL devida relativa ao 1º (primeiro) período de apuração do novo regime de tributação adotado.

§ 10. Na hipótese de a pessoa jurídica vir a optar pelo Sistema Integrado de Pagamento de Impostos e Contribuições das Microempresas e Empresas de Pequeno Porte – SIMPLES, o crédito a que se refere o *caput* deste artigo, aproveitado anteriormente, deverá ser recolhido em separado, em quota única, até o último dia útil de janeiro do ano-calendário a que corresponderem os efeitos dessa opção.

§ 11. Na hipótese de extinção, a pessoa jurídica deverá recolher, em quota única, os créditos aproveitados anteriormente até o último dia útil do mês subsequente ao evento.

§ 12. Na hipótese de alienação dos bens de que trata o *caput* deste artigo, o valor total dos créditos aproveitados anteriormente deverá ser recolhido, em quota única, até o último dia útil do mês subsequente ao da alienação ou ser adicionado ao valor da CSLL devida no período de apuração em que ocorrer a alienação.

Art. 2º As pessoas jurídicas poderão optar pelo desconto, no prazo de 2 (dois) anos, dos créditos da Contribuição para o PIS/PASEP e da COFINS de que tratam o inciso III do § 1º do art. 3º das Leis nºs 10.637, de 30 de dezembro de 2002, e 10.833, de 29 de dezembro de 2003, e o § 4º do art. 15 da Lei nº 10.865, de 30 de abril de 2004, na hipótese de aquisição dos bens de que trata o art. 1º desta Lei.

- A alteração que seria introduzida neste artigo pela Lei nº 11.196, de 21-11-2005, foi vetada, razão pela qual mantivemos a sua redação.

§ 1º Os créditos de que trata este artigo serão apurados mediante a aplicação, a cada mês, das alíquotas referidas no *caput* do art. 2º das Leis nºs 10.637, de 30 de dezembro de 2002, e 10.833, de 29 de dezembro de 2003, sobre o valor correspondente a 1/24 (um vinte e quatro avos) do custo de aquisição do bem.

- A alteração que seria introduzida neste § 1º pela Lei nº 11.196, de 21-11-2005, foi vetada, razão pela qual mantivemos a sua redação.

§ 2º O disposto neste artigo aplica-se às aquisições efetuadas após 1º de outubro de 2004.

- § 2º com a redação dada pela Lei nº 11.196, de 21-11-2005.

Art. 3º Os arts. 14 e 18 da Lei nº 10.522, de 19 de julho de 2002, passam a vigorar com a seguinte redação:

- Alterações inseridas no texto da referida Lei.

Art. 4º O art. 74 da Lei nº 9.430, de 27 de dezembro de 1996, passa a vigorar com a seguinte redação:

- Alterações inseridas no texto da referida Lei.

Art. 5º O disposto nos arts. 36, 37 e 38 da Medida Provisória nº 2.158-35, de 24 de agosto de 2001, aplica-se aos estabelecimentos envasadores ou industriais fabricantes dos produtos classificados na posição 2201 da Tabela de Incidência do Imposto sobre Produtos Industrializados – TIPI, aprovada pelo Decreto nº 4.542, de 26 de dezembro de 2002.

Art. 6º O art. 40 da Lei nº 6.830, de 22 de setembro de 1980, passa a vigorar com a seguinte redação:

- Alteração inserida no texto da referida Lei.

Art. 7º Na determinação das bases de cálculo da Contribuição para o PIS/PASEP e da COFINS, devidas pelas pessoas jurídicas, inclusive as equiparadas, relativamente às atividades de que trata o art. 4º da Lei nº 10.833, de 29 de dezembro de 2003, deverá ser adotado o regime de reconhecimento de receitas previsto na legislação do imposto de renda.

- Art. 34, I, desta Lei.

Art. 8º A suspensão da exigibilidade da Contribuição para o PIS/PASEP e da COFINS incidentes sobre a importação de bens, na forma dos arts. 14 e 14-A da Lei nº 10.865, de 30 de abril de 2004, será convertida em alíquota zero quando esses bens forem utilizados:

I – na elaboração de matérias-primas, produtos intermediários e materiais de embalagem destinados a emprego em processo de industrialização por estabelecimentos industriais instalados na Zona Franca de Manaus e consoante projetos aprovados pelo Conselho de Administração da Superintendência da Zona Franca de Manaus – SUFRAMA;

II – como matérias-primas, produtos intermediários e materiais de embalagem em processo de industrialização por estabelecimentos industriais instalados na Zona Franca de Manaus e consoante projetos aprovados pelo Conselho de Administração da Superintendência da Zona Franca de Manaus – SUFRAMA.

Art. 9º O direito ao crédito presumido de que trata o art. 8º da Lei nº 10.925, de 23 de julho de 2004, calculado sobre o valor dos bens referidos no inciso II do *caput* do art. 3º das Leis nºs 10.637, de 30 de dezembro de 2002, e 10.833, de 29 de dezembro de 2003, recebidos de cooperado, fica limitado para as operações de mercado interno, em cada período de apuração, ao valor da Contribuição para o PIS/PASEP e da COFINS devidas em relação à receita bruta decorrente da venda de bens e de produtos deles derivados, após efetuadas as exclusões previstas no art. 15 da Medida Provisória nº 2.158-35, de 24 de agosto de 2001.

- Art. 34, II, desta Lei.

§ 1º O disposto neste artigo aplica-se também ao crédito presumido de que trata o art. 15 da Lei nº 10.925, de 23 de julho de 2004.

- Parágrafo único renumerado para § 1º pela Lei nº 13.137, de 19-6-2015.

§ 2º O disposto neste artigo não se aplica no caso de recebimento, por cooperativa, de leite *in natura* de cooperado.

- § 2º acrescido pela Lei nº 13.137, de 19-6-2015.

Art. 10. Na determinação do valor da Contribuição para o PIS/PASEP e da COFINS incidentes sobre a receita bruta auferida pela pessoa jurídica encomendante, no caso de industrialização por encomenda, aplicam-se, conforme o caso, as alíquotas previstas:

- Art. 34, II, desta Lei.

I – nos incisos I a III do art. 4º da Lei nº 9.718, de 27 de novembro de 1998, e alterações posteriores, no caso de venda de gasolinas, exceto gasolina de aviação, óleo diesel e gás liquefeito de petróleo – GLP derivado de petróleo e de gás natural;

II – no art. 1º da Lei nº 10.485, de 3 de julho de 2002, e alterações posteriores, no caso de venda de máquinas e veículos classificados nos códigos 84.29, 8432.40.00, 84.32.80.00, 8433.20, 8433.30.00, 8433.40.00, 8433.5, 87.01, 87.02, 87.03, 87.04, 87.05 e 87.06, da TIPI;

III – para autopeças relacionadas nos Anexos I e II da Lei nº 10.485, de 3 de julho de 2002:

- Inciso III com a redação dada pela Lei nº 11.196, de 21-11-2005.
- Art. 132, V, *b*, da Lei nº 11.196, de 21-11-2005, que institui o Regime Especial de Tributação para a Plataforma de Exportação de Serviços de Tecnologia da Informação - REPES, o Regime Especial de Aquisição de Bens de Capital para Empresas Exportadoras - RECAP e o Programa de Inclusão Digital; e dispõe sobre incentivos fiscais para a inovação tecnológica.

a) no inciso I do art. 3º da Lei nº 10.485, de 3 de julho de 2002, no caso de venda para as pessoas jurídicas nele relacionadas; ou

b) no inciso II do art. 3º da Lei nº 10.485, de 3 de julho de 2002, no caso de venda para as pessoas jurídicas nele relacionadas;

- Alíneas *a* e *b* acrescidas pela Lei nº 11.196, de 21-11-2005.

IV – no *caput* do art. 5º da Lei nº 10.485, de 3 de julho de 2002, e alterações posteriores, no caso de venda dos produtos classificados nas posições 40.11 (pneus novos de borracha) e 40.13 (câmaras-de-ar de borracha), da TIPI;

V – no art. 2º da Lei nº 10.560, de 13 de novembro de 2002, e alterações posteriores, no caso de venda de querosene de aviação; e

VI – *Revogado*. Lei nº 13.097, de 19-1-2015.

§ 1º Na hipótese dos produtos de que tratam os incisos I e V do *caput*, aplica-se à pessoa jurídica encomendante o direito à opção pelo regime especial de que trata o art. 23 da Lei nº 10.865, de 30 de abril de 2004.

- § 1º com a redação dada pela Lei nº 13.097, de 19-1-2015.

§ 2º A Contribuição para o PIS/PASEP e a COFINS incidirão sobre a receita bruta auferida pela pessoa jurídica executora da encomenda às alíquotas de 1,65% e de 7,6%, respectivamente.

- § 2º com a redação dada pela Lei nº 11.196, de 21-11-2005.
- Art. 132, V, *b*, da Lei nº 11.196, de 21-11-2005, que institui o Regime Especial de Tributação para a Plataforma de Exportação de Serviços de Tecnologia da Informação - REPES, o Regime Especial de Aquisição de Bens de Capital para Empresas Exportadoras - RECAP e o Programa de Inclusão Digital; e dispõe sobre incentivos fiscais para a inovação tecnológica.

§ 3º Para os efeitos deste artigo, aplicam-se os conceitos de industrialização por encomenda do Imposto sobre Produtos Industrializados – IPI.

- § 3º acrescido pela Lei nº 11.196, de 21-11-2005.
- Art. 132, V, *b*, da Lei nº 11.196, de 21-11-2005, que institui o Regime Especial de Tributação para a Plataforma de Exportação de Serviços de Tecnologia da Informação - REPES, o Regime Especial de Aquisição de Bens de Capital para Empresas Exportadoras - RECAP e o Programa de Inclusão Digital; e dispõe sobre incentivos fiscais para a inovação tecnológica.

Art. 11. VETADO.

Art. 12. Não se considera industrialização a operação de que resultem os produtos relacionados na subposição 2401.20 da TIPI, quando exercida por produtor rural pessoa física.

- Artigo com a redação dada pela Lei nº 11.452, de 27-2-2007.

Art. 13. Fica a administração fazendária federal, durante o prazo de 1 (um) ano, contado da publicação desta Lei, autorizada a atribuir os mesmos efeitos previstos no art. 205 da Lei nº 5.172, de 25 de outubro de 1966 – Código Tributário Nacional, à certidão quanto a tributos e contribuições administrados pela Secretaria da Receita Federal – SRF e à dívida ativa da União de que conste a existência de débitos em relação aos quais o interessado tenha apresentado, ao órgão competente, pedido de revisão fundado em alegação de pagamento integral anterior à inscrição pendente da apreciação há mais de 30 (trinta) dias.

§ 1º Para fins de obtenção da certidão a que se refere o *caput* deste artigo, o requerimento deverá ser instruído com:

I – cópia do pedido de revisão de débitos inscritos em dívida ativa da União instruído com os documentos de arrecadação da Receita Federal – DARF que comprovem o pagamento alegado;

II – declaração firmada pelo devedor de que o pedido de revisão e os documentos relativos aos pagamentos referem-se aos créditos de que tratará a certidão.

§ 2º A concessão da certidão a que se refere o *caput* deste artigo não implica o deferimento do pedido de revisão formulado.

§ 3º Será suspenso, até o pronunciamento formal do órgão competente, o registro no Cadastro Informativo de Créditos Não Quitados do Setor Público Federal – CADIN, de que trata a Lei nº 10.522, de 19 de julho de 2002, quando o devedor comprovar, nos termos do § 1º deste artigo, a situação descrita no *caput* deste artigo.

§ 4º A certidão fornecida nos termos do *caput* deste artigo perderá sua validade com a publicação, no *Diário Oficial da União*, do respectivo cancelamento.

§ 5º VETADO.

§ 6º A falsidade na declaração de que trata o inciso II do § 1º deste artigo implicará multa correspondente a 50% (cinquenta por cento) do pagamento alegado, não passível de redução, sem prejuízo de outras penalidades administrativas ou criminais.

§ 7º A Procuradoria-Geral da Fazenda Nacional – PGFN e a Secretaria da Receita Federal – SRF expedirão os atos necessários ao fiel cumprimento das disposições deste artigo.

Art. 14. Para os fins do disposto no § 4º do art. 1º da Lei nº 10.684, de 30 de maio de 2003, o enquadramento das pessoas jurídicas observará exclusivamente os limites de receita bruta expressos no art. 2º da Lei nº 9.841, de 5 de outubro de 1999.

- A Lei nº 9.841, de 5-10-1999 foi revogada pela LC nº 123, de 14-12-2006 (Estatuto Nacional da Microempresa e da Empresa de Pequeno Porte).
- LC nº 123, de 14-12-2006 (Estatuto Nacional da Microempresa e da Empresa de Pequeno Porte).

Art. 15. O art. 4º da Lei nº 10.964, de 28 de outubro de 2004, passa a vigorar com a seguinte redação:

"Art. 4º Ficam excetuadas da restrição de que trata o inciso XIII do art. 9º da Lei nº 9.317, de 5 de dezembro de 1996, as pessoas jurídicas que se dediquem às seguintes atividades:

- A Lei nº 9.317, de 5-12-1996 foi revogada pela LC nº 123, de 14-12-2006.

I – serviços de manutenção e reparação de automóveis, caminhões, ônibus e outros veículos pesados;

II – serviços de instalação, manutenção e reparação de acessórios para veículos automotores;

III – serviços de manutenção e reparação de motocicletas, motonetas e bicicletas;

IV – serviços de instalação, manutenção e reparação de máquinas de escritório e de informática;

V – serviços de manutenção e reparação de aparelhos eletrodomésticos.

§ 1º Fica assegurada a permanência no Sistema Integrado de Pagamento de Impostos e Contribuições das Microempresas e das Empresas de Pequeno Porte – SIMPLES, com efeitos retroativos à data de opção da empresa, das pessoas jurídicas de que trata o *caput* deste artigo que tenham feito a opção pelo sistema em data anterior à publicação desta Lei, desde que não se enquadrem nas demais hipóteses de vedação previstas na legislação.

§ 2º As pessoas jurídicas de que trata o *caput* deste artigo que tenham sido excluídas do SIMPLES exclusivamente em decorrência do disposto no inciso XIII do art. 9º da Lei nº 9.317, de 5 de dezembro de 1996, poderão solicitar o retorno ao sistema, com efeitos retroativos à data de opção desta, nos termos, prazos e condições estabelecidos pela Secretaria da Receita Federal – SRF, desde que não se enquadrem nas demais hipóteses de vedação previstas na legislação.

§ 3º Na hipótese de a exclusão de que trata o § 2º deste artigo ter ocorrido durante o ano-calendário de 2004 e antes da publicação desta Lei, a Secretaria da Receita Federal – SRF promoverá a reinclusão de ofício dessas pessoas jurídicas retroativamente à data de opção da empresa.

§ 4º Aplica-se o disposto no art. 2º da Lei nº 10.034, de 24 de outubro de 2000, a partir de 1º de janeiro de 2004."

Art. 16. O crédito apurado no âmbito do Parcelamento Especial - Paes de que trata o art. 1º da Lei nº 10.684, de 30 de maio de 2003, decorrente de pagamento indevido, bem como de pagamento a maior, no caso de liquidação deste parcelamento, será restituído a pedido do sujeito passivo.

§ 1º Na hipótese de existência de débitos do sujeito passivo relativos a tributos e contribuições perante a Secretaria da Receita Federal – SRF ou a Procuradoria-Geral da Fazenda Nacional – PGFN, o valor da restituição, após o prévio reconhecimento do direito creditório a pedido do sujeito passivo, deverá ser utilizado para quitá-los, mediante compensação em procedimento de ofício.

§ 2º À compensação com os créditos a que se refere o *caput* deste artigo não se aplicam as disposições sobre a declaração de compensação de que trata o art. 74 da Lei nº 9.430, de 27 de dezembro de 1996, cujo procedimento somente será realizado na forma do § 1º deste artigo.

§ 3º A restituição e a compensação de que trata este artigo serão efetuadas pela Secretaria da Receita Federal – SRF, aplicando-se o disposto no art. 39 da Lei nº 9.250, de 26 de dezembro de 1995, alterado pelo art. 73 da Lei nº 9.532, de 10 de dezembro de 1997.

Art. 17. O art. 32 da Lei nº 4.357, de 16 de julho de 1964, passa a vigorar com a seguinte redação:

"Art. 32. ....

....

§ 1º A inobservância do disposto neste artigo importa em multa que será imposta:

I – às pessoas jurídicas que distribuírem ou pagarem bonificações ou remunerações, em montante igual a 50% (cinquenta por cento) das quantias distribuídas ou pagas indevidamente; e

II – aos diretores e demais membros da administração superior que receberem as importâncias indevidas, em montante igual a 50% (cinquenta por cento) dessas importâncias.

§ 2º A multa referida nos incisos I e II do § 1º deste artigo fica limitada, respectivamente, a 50% (cinquenta por cento) do valor total do débito não garantido da pessoa jurídica."

Art. 18. O art. 4º da Lei nº 9.718, de 27 de novembro de 1998, com a redação dada pela Lei nº 10.865, de 30 de abril de 2004, passa a vigorar com a seguinte redação:

- Alteração inserida no texto da referida Lei.

Art. 19. O art. 7º da Lei nº 10.426, de 24 de abril de 2002, passa a vigorar com a seguinte redação:

- Alterações inseridas no texto da referida Lei.

Art. 20. O art. 4º da Lei nº 10.560, de 13 de novembro de 2002, passa a vigorar com a seguinte redação:

"Art. 4º ....

....

§ 3º Para os efeitos desta Lei, considera-se acordo qualquer forma de ajuste entre os países interessados, observadas as prescrições do § 1º deste artigo.

LEG. COMPLEMENTAR

§ 4º Havendo questionamento judicial sobre os débitos referidos no *caput* e no § 1º deste artigo, a remissão fica condicionada à renúncia, por parte do contribuinte, do direito em que se funda a respectiva ação e, pelo advogado e pela parte, dos ônus de sucumbência."

Art. 21. O art. 3º da Lei nº 10.833, de 29 de dezembro de 2003, passa a vigorar acrescido do seguinte § 18:

- Alteração inserida no texto da referida Lei.

Art. 22. O disposto no art. 21 desta Lei produz efeitos a partir de 1º de agosto de 2004.

Parágrafo único. Para as pessoas jurídicas que apuram o imposto de renda com base no lucro real que, por opção, adotaram antecipadamente o regime de incidência não cumulativa da contribuição para o PIS/PASEP e da COFINS, nos termos do art. 42 da Lei nº 10.865, de 30 de abril de 2004, o disposto no art. 21 desta Lei produz efeitos em relação aos fatos geradores ocorridos a partir de 1º de maio de 2004.

Art. 23. O art. 3º da Lei nº 10.833, de 29 de dezembro de 2003, passa a vigorar acrescido dos seguintes §§ 19 e 20:

- Alterações inseridas no texto da referida Lei.

Art. 24. O disposto no art. 23 desta Lei aplica-se a partir da data da publicação desta Lei, produzindo efeitos, em relação ao § 20, no que se refere ao inciso II do § 19, ambos do art. 3º da Lei nº 10.833, de 29 de dezembro de 2003, a partir do 1º (primeiro) dia do 4º (quarto) mês subsequente ao de sua publicação.

Art. 25. Os arts. 10, 18, 51 e 58 da Lei nº 10.833, de 29 de dezembro de 2003, passam a vigorar com a seguinte redação:

- Alterações inseridas no texto da referida Lei.

Art. 26. O art. 15 da Lei nº 10.833, de 29 de dezembro de 2003, passa a vigorar com a seguinte redação:

- Alteração inserida no texto da referida Lei.

Art. 27. O art. 26 desta Lei entra em vigor na data de sua publicação, observados, com relação às alterações produzidas por esta Lei, os mesmos prazos de produção de efeitos determinados para a COFINS.

Art. 28. Os arts. 8º, 17, 23 e 40 da Lei nº 10.865, de 30 de abril de 2004, passam a vigorar com a seguinte redação:

- Alterações inseridas no texto da referida Lei.

Art. 29. Os arts. 1º, 8º, 9º e 15 da Lei nº 10.925, de 23 de julho de 2004, passam a vigorar com a seguinte redação:

- Alterações inseridas no texto da referida Lei.

Art. 30. As sociedades cooperativas de crédito e de transporte rodoviário de cargas, na apuração dos valores devidos a título de COFINS e PIS-faturamento, poderão excluir da base de cálculo os ingressos decorrentes do ato cooperativo, aplicando-se, no que couber, o disposto no art. 15 da Medida Provisória nº 2.158-35, de 24 de agosto de 2001, e demais normas relativas às cooperativas de produção agropecuária e de infraestrutura.

- Artigo com a redação dada pela Lei nº 11.196, de 21-11-2005.

Art. 30-A. As cooperativas de radiotáxi, bem como aquelas cujos cooperados se dediquem a serviços relacionados a atividades culturais, de música, de cinema, de letras, de artes cênicas (teatro, dança, circo) e de artes plásticas, poderão excluir da base de cálculo da contribuição para PIS/PASEP e COFINS:

- *Caput* com a redação dada pela Lei nº 12.973, de 13-5-2014.

I – os valores repassados aos associados pessoas físicas decorrentes de serviços por eles prestados em nome da cooperativa;

II – as receitas de vendas de bens, mercadorias e serviços a associados, quando adquiridos de pessoas físicas não associadas; e

III – as receitas financeiras decorrentes de repasses de empréstimos a associados, contraídos de instituições financeiras, até o limite dos encargos a estas devidos;

- Incisos I a III acrescidos pela Lei nº 12.649, de 17-5-2012.

Parágrafo único. Na hipótese de utilização de uma ou mais das exclusões referidas no *caput*, a cooperativa ficará também sujeita à incidência da contribuição para o PIS/PASEP, determinada em conformidade com o disposto no art. 13 da Medida Provisória nº 2.158-35, de 24 de agosto de 2001.

- Parágrafo único acrescido pela Lei nº 12.649, de 17-5-2012.

Art. 30-B. São remidos os créditos tributários, constituídos ou não, inscritos ou não em dívida ativa, bem como anistiados os respectivos encargos legais, multas e juros de mora quando relacionados à falta de pagamento da COFINS e da contribuição para o PIS/PASEP sobre os valores passíveis de exclusão das suas bases de cálculo nos termos do art. 30-A desta Lei das associações civis e das sociedades cooperativas referidas no art. 30-A desta Lei.

- Artigo com a redação dada pela Lei nº 12.973, de 13-5-2014.

Art. 31. Fica a União autorizada, a exclusivo critério do Ministro de Estado da Fazenda, a assumir, mediante novação contratual, obrigações de responsabilidade de autarquias federais, desde que registradas pelo Banco Central do Brasil na Dívida Líquida do Setor Público na data da publicação desta Lei.

Art. 32. Para efeito de determinação da base de cálculo do imposto de renda das pessoas jurídicas e da contribuição social sobre o lucro líquido, da Contribuição para o Financiamento da Seguridade Social – COFINS e da Contribuição para o PIS/PASEP, os resultados positivos ou negativos incorridos nas operações realizadas em mercados de liquidação futura, inclusive os sujeitos a ajustes de posições, serão reconhecidos por ocasião da liquidação do contrato, cessão ou encerramento da posição.

§ 1º O resultado positivo ou negativo de que trata este artigo será constituído pela soma algébrica dos ajustes, no caso das operações a futuro sujeitas a essa especificação, e pelo rendimento, ganho ou perda, apurado na operação, nos demais casos.

§ 2º O disposto neste artigo aplica-se:

I – no caso de operações realizadas no mercado de balcão, somente àquelas registradas nos termos da legislação vigente;

II – em relação à pessoa física, aos ganhos líquidos auferidos em mercados de liquidação futura sujeitos a ajustes de posições, ficando mantidas para os demais mercados as regras previstas na legislação vigente.

Art. 33. A Secretaria da Receita Federal – SRF expedirá, no âmbito da sua competência, as normas necessárias ao cumprimento do disposto nesta Lei.

Art. 34. Esta Lei entra em vigor na data da sua publicação, produzindo efeitos, em relação:

I – ao art. 7º, a partir de 1º de novembro de 2004;

II – aos arts. 9º, 10 e 11, a partir do 1º (primeiro) dia do 4º (quarto) mês subsequente ao de sua publicação;

III – aos demais artigos, a partir da data da sua publicação.

Art. 35. Ficam revogados:

I – o § 3º do art. 3º da Lei nº 9.718, de 27 de novembro de 1998;

II – o inciso IV do *caput* do art. 17 da Lei nº 10.865, de 30 de abril de 2004;
III – o art. 90 da Lei nº 10.833, de 29 de dezembro de 2003;
IV – o art. 84 da Lei nº 10.833, de 29 de dezembro de 2003, a partir do 1º (primeiro) dia do 4º (quarto) mês subsequente ao de sua publicação.

Brasília, 29 de dezembro de 2004;
183º da Independência e
116º da República.

Luiz Inácio Lula da Silva

LEI Nº 11.053, DE 29 DE DEZEMBRO DE 2004

Dispõe sobre a tributação dos planos de benefícios de caráter previdenciário e dá outras providências.

- Publicada no *DOU* de 30-12-2004.

Art. 1º É facultada aos participantes que ingressarem a partir de 1º de janeiro de 2005 em planos de benefícios de caráter previdenciário, estruturados nas modalidades de contribuição definida ou contribuição variável, das entidades de previdência complementar e das sociedades seguradoras, a opção por regime de tributação no qual os valores pagos aos próprios participantes ou aos assistidos, a título de benefícios ou resgates de valores acumulados, sujeitam-se à incidência de imposto de renda na fonte às seguintes alíquotas:

- Art. 95 da Lei nº 11.196, de 21-11-2005, que institui o Regime Especial de Tributação para a Plataforma de Exportação de Serviços de Tecnologia da Informação – REPES, o Regime Especial de Aquisição de Bens de Capital para Empresas Exportadoras – RECAP e o Programa de Inclusão Digital; e dispõe sobre incentivos fiscais para a inovação tecnológica.

I – 35% (trinta e cinco por cento), para recursos com prazo de acumulação inferior ou igual a dois anos;
II – 30% (trinta por cento), para recursos com prazo de acumulação superior a dois anos e inferior ou igual a quatro anos;
III – 25% (vinte e cinco por cento), para recursos com prazo de acumulação superior a quatro anos e inferior ou igual a seis anos;
IV – 20% (vinte por cento), para recursos com prazo de acumulação superior a seis anos e inferior ou igual a oito anos;
V – 15% (quinze por cento), para recursos com prazo de acumulação superior a oito anos e inferior ou igual a dez anos; e
VI – 10% (dez por cento), para recursos com prazo de acumulação superior a dez anos.

§ 1º O disposto neste artigo aplica-se:
I – aos quotistas que ingressarem em Fundo de Aposentadoria Programada Individual – FAPI a partir de 1º de janeiro de 2005;
II – aos segurados que ingressarem a partir de 1º de janeiro de 2005 em planos de seguro de vida com cláusula de cobertura por sobrevivência em relação aos rendimentos recebidos a qualquer título pelo beneficiário.

§ 2º O imposto de renda retido na fonte de que trata o *caput* deste artigo será definitivo.

§ 3º Para fins do disposto neste artigo, prazo de acumulação é o tempo decorrido entre o aporte de recursos no plano de benefícios mantido por entidade de previdência complementar, por sociedade seguradora ou em FAPI e o pagamento relativo ao resgate ou ao benefício, calculado na forma a ser disciplinada em ato conjunto da Secretaria da Receita Federal e do respectivo órgão fiscalizador das entidades de previdência complementar, sociedades seguradoras e FAPI, considerando-se o tempo de permanência, a forma e o prazo de recebimento e os valores aportados.

§ 4º Nos casos de portabilidade de recursos e de transferência de participantes e respectivas reservas entre planos de benefícios de que trata o *caput* deste artigo, o prazo de acumulação do participante que, no plano originário, tenha optado pelo regime de tributação previsto neste artigo será computado no plano receptor.

§ 5º As opções de que tratam o *caput* e o § 1º deste artigo serão exercidas pelos participantes e comunicadas pelas entidades de previdência complementar, sociedades seguradoras e pelos administradores de FAPI à Secretaria da Receita Federal na forma por ela disciplinada.

§ 6º As opções mencionadas no § 5º deste artigo deverão ser exercidas até o último dia útil do mês subsequente ao do ingresso nos planos de benefícios operados por entidade de previdência complementar, por sociedade seguradora ou em FAPI e serão irretratáveis, mesmo nas hipóteses de portabilidade de recursos e de transferência de participantes e respectivas reservas.

- § 6º com a redação dada pela Lei nº 11.196, de 21-11-2005.

§ 7º Para o participante, segurado ou quotista que houver ingressado no plano de benefícios até o dia 30 de novembro de 2005, a opção de que trata o § 6º deste artigo deverá ser exercida até o último dia útil do mês de dezembro de 2005, permitida neste prazo, excepcionalmente, a retratação da opção para aqueles que ingressaram no referido plano entre 1º de janeiro e 4 de julho de 2005.

- § 7º acrescido pela Lei nº 11.196, de 21-11-2005.

Art. 2º É facultada aos participantes que ingressarem até 1º de janeiro de 2005 em planos de benefícios de caráter previdenciário estruturados nas modalidades de contribuição definida ou contribuição variável, a opção pelo regime de tributação de que trata o art. 1º desta Lei.

§ 1º O disposto neste artigo aplica-se:
I – aos quotistas de Fundo de Aposentadoria Programada Individual – FAPI que ingressarem até 1º de janeiro de 2005; e
II – aos segurados que ingressarem até 1º de janeiro de 2005 em planos de seguro de vida com cláusula de cobertura por sobrevivência em relação aos rendimentos recebidos a qualquer título pelo beneficiário.

§ 2º A opção de que trata este artigo deverá ser formalizada pelo participante, segurado ou quotista, à respectiva entidade de previdência complementar, sociedade seguradora ou ao administrador de FAPI, conforme o caso, até o último dia útil do mês de dezembro de 2005.

- § 2º com a redação dada pela Lei nº 11.196, de 21-11-2005.
- Art. 132, I, *a*, da Lei nº 11.196, de 21-11-2005, que institui o Regime Especial de Tributação para a Plataforma de Exportação de Serviços de Tecnologia da Informação – REPES, o Regime Especial de Aquisição de Bens de Capital para Empresas Exportadoras – RECAP e o Programa de Inclusão Digital; e dispõe sobre incentivos fiscais para a inovação tecnológica.

§ 3º Os prazos de acumulação mencionados nos incisos I a VI do art. 1º desta Lei serão contados a partir:
I – de 1º de janeiro de 2005, no caso de aportes de recursos realizados até 31 de dezembro de 2004; e
II – da data do aporte, no caso de aportes de recursos realizados a partir de 1º de janeiro de 2005.

§ 4º Aplica-se às opções realizadas na forma deste artigo o disposto nos §§ 2º a 6º do art. 1º desta Lei.

LEG. COMPLEMENTAR

§ 5º Os valores pagos aos próprios participantes ou aos assistidos, a título de benefícios ou resgates de valores acumulados, antes da formalização da opção referida no § 2º deste artigo, sujeitam-se à incidência de imposto de renda com base na legislação vigente antes da edição desta Lei.

Art. 3º A partir de 1º de janeiro de 2005, os resgates, parciais ou totais, de recursos acumulados relativos a participantes dos planos mencionados no art. 1º desta Lei que não tenham efetuado a opção nele mencionada sujeitam-se à incidência de imposto de renda na fonte à alíquota de 15% (quinze por cento), como antecipação do devido na declaração de ajuste da pessoa física, calculado sobre:

I – os valores de resgate, no caso de planos de previdência, inclusive FAPI;

II – os rendimentos, no caso de seguro de vida com cláusula de cobertura por sobrevivência.

Parágrafo único. O disposto neste artigo não se aplica na hipótese de opção pelo regime de tributação previsto nos arts. 1º e 2º desta Lei.

Art. 4º A partir de 1º de janeiro de 2005, a dedução das contribuições da pessoa jurídica para seguro de vida com cláusula de cobertura por sobrevivência fica condicionada, cumulativamente:

I – ao limite de que trata o § 2º do art. 11 da Lei nº 9.532, de 10 de dezembro de 1997, com a redação dada pela Lei nº 10.887, de 18 de junho de 2004; e

II – a que o seguro seja oferecido indistintamente aos empregados e dirigentes.

Art. 5º A partir de 1º de janeiro de 2005, ficam dispensados a retenção na fonte e o pagamento em separado do imposto de renda sobre os rendimentos e ganhos auferidos nas aplicações de recursos das provisões, reservas técnicas e fundos de planos de benefícios de entidade de previdência complementar, sociedade seguradora e FAPI, bem como de seguro de vida com cláusula de cobertura por sobrevivência.

Parágrafo único. Aplica-se o disposto no *caput* deste artigo aos fundos administrativos constituídos pelas entidades fechadas de previdência complementar e às provisões, reservas técnicas e fundos dos planos assistenciais de que trata o art. 76 da Lei Complementar nº 109, de 29 de maio de 2001.

- Parágrafo único acrescido pela Lei nº 11.196, de 21-11-2005.

- Art. 132, I, *a*, da Lei nº 11.196, de 21-11-2005, que institui o Regime Especial de Tributação para a Plataforma de Exportação de Serviços de Tecnologia da Informação – REPES, o Regime Especial de Aquisição de Bens de Capital para Empresas Exportadoras – RECAP e o Programa de Inclusão Digital; e dispõe sobre incentivos fiscais para a inovação tecnológica.

Art. 6º Os fundos de investimento cuja carteira de títulos tenha prazo médio igual ou inferior a trezentos e sessenta e cinco dias sujeitam-se à incidência do imposto de renda na fonte, por ocasião do resgate, na forma do disposto neste artigo.

§ 1º A carteira de títulos a que se refere o *caput* deste artigo é composta por títulos privados ou públicos federais, prefixados ou indexados à taxa de juros, a índices de preço ou à variação cambial, ou por operações compromissadas lastreadas nos referidos títulos públicos federais e por outros títulos e operações com características assemelhadas, nos termos a serem regulamentados pelo Ministro de Estado da Fazenda.

§ 2º Os rendimentos referidos no art. 1º da Medida Provisória nº 206, de 6 de agosto de 2004, quando auferidos em aplicações nos fundos de investimento referidos no *caput* deste artigo, sujeitam-se ao imposto sobre a renda na fonte, por ocasião do resgate, às seguintes alíquotas:

I – 22,5% (vinte e dois inteiros e cinco décimos por cento), em aplicações com prazo de até seis meses;

II – 20% (vinte por cento), em aplicações com prazo acima de seis meses.

§ 3º Em relação aos fundos de que trata o *caput* deste artigo, sobre os rendimentos tributados semestralmente com base no art. 3º da Lei nº 10.892, de 13 de julho de 2004, incidirá a alíquota de 20% (vinte por cento) e no resgate das quotas será aplicada alíquota complementar àquela prevista no inciso I do § 2º deste artigo, se o resgate ocorrer no prazo de até seis meses.

§ 4º No caso de aplicações existentes em 31 de dezembro de 2004, em relação aos rendimentos produzidos em 2005, os prazos a que se referem os incisos I e II do § 2º deste artigo serão contados a partir:

I – de 1º de julho de 2004, no caso de aplicação efetuada até a data da publicação desta Lei; e

II – da data da aplicação, no caso de aplicação efetuada após a data da publicação desta Lei.

§ 5º É sujeito à tributação na forma deste artigo o fundo de investimento a que se refere o art. 1º da Medida Provisória nº 206, de 2004, se ele tiver sua carteira constituída por títulos com prazo médio igual ou inferior a trezentos e sessenta e cinco dias.

§ 6º Não se aplica o disposto no § 5º deste artigo se, a cada ano-calendário, a carteira do fundo de investimento for constituída por títulos com prazo médio igual ou inferior a trezentos e sessenta e cinco dias por até três períodos e o total dos dias dos períodos for igual ou inferior a quarenta e cinco dias.

§ 7º Na hipótese mencionada no § 5º deste artigo, o quotista terá seus rendimentos tributados na forma prevista no art. 1º da Medida Provisória nº 206, de 2004, até o dia imediatamente anterior ao da alteração de condição, sujeitando-se os rendimentos auferidos a partir de então à tributação prevista no § 2º deste artigo.

§ 8º O disposto neste artigo não se aplica aos fundos e clubes de investimento em ação, aos quais se aplicam as disposições específicas da Medida Provisória nº 206, de 2004.

§ 9º A Secretaria da Receita Federal regulamentará a periodicidade e a metodologia de cálculo do prazo médio a que se refere este artigo.

Art. 7º São mantidas todas as demais regras que disciplinam a incidência do imposto de renda nas hipóteses dos fatos geradores previstos nesta Lei, inclusive as relativas aos limites e às condições para as deduções da base de cálculo do imposto, das contribuições feitas por pessoa física ou jurídica, bem como a isenção a que se refere o *caput* do art. 6º do Decreto-Lei nº 2.065, de 26 de outubro de 1983.

Art. 8º Esta Lei entra em vigor na data de sua publicação, produzindo efeitos a partir de 1º de janeiro de 2005.

Art. 9º São revogados, a partir de 1º de janeiro de 2005, a Medida Provisória nº 2.222, de 4 de setembro de 2001, o art. 4º da Lei nº 10.426, de 24 de abril de 2002, e a Lei nº 10.431, de 24 de abril de 2002.

Brasília, 29 de dezembro de 2004;
183º da Independência e
116º da República.

Luiz Inácio Lula da Silva

LEI COMPLEMENTAR Nº 118, DE 9 DE FEVEREIRO DE 2005

Altera e acrescenta dispositivos à Lei nº 5.172, de 25 de outubro de 1966 – Código Tributário Nacional, e dispõe sobre a interpretação do inciso I do art. 168 da mesma Lei.

- Publicada no *DOU* de 9-2-2005.

Art. 1º A Lei nº 5.172, de 25 de outubro de 1966 – Código Tributário Nacional, passa a vigorar com as seguintes alterações:

- Alterações inseridas no texto do referido Código.

Art. 2º A Lei nº 5.172, de 25 de outubro de 1966 – Código Tributário Nacional, passa a vigorar acrescida dos seguintes arts. 185-A e 191-A:

- Alterações inseridas no texto do referido Código.

Art. 3º Para efeito de interpretação do inciso I do art. 168 da Lei nº 5.172, de 25 de outubro de 1966 – Código Tributário Nacional, a extinção do crédito tributário ocorre, no caso de tributo sujeito a lançamento por homologação, no momento do pagamento antecipado de que trata o § 1º do art. 150 da referida Lei.

- Art. 150, *caput* e § 4º, do CTN.

Art. 4º Esta Lei entra em vigor 120 (cento e vinte) dias após sua publicação, observado, quanto ao art. 3º, o disposto no art. 106, inciso I, da Lei nº 5.172, de 25 de outubro de 1966 – Código Tributário Nacional.

- A segunda parte do art. 4º foi declarada inconstitucional pela Corte Especial do STJ (ERESP nº 644.736-PE, j. 6-6-2007).

Brasília, 9 de fevereiro de 2005;
184º da Independência e
117º da República.

Luiz Inácio Lula da Silva

LEI Nº 11.101, DE 9 DE FEVEREIRO DE 2005

Regula a recuperação judicial, a extrajudicial e a falência do empresário e da sociedade empresária.

- Publicada no *DOU* de 9-2-2005, edição extra.

CAPÍTULO I
DISPOSIÇÕES PRELIMINARES

Art. 1º Esta Lei disciplina a recuperação judicial, a recuperação extrajudicial e a falência do empresário e da sociedade empresária, doravante referidos simplesmente como devedor.

- Arts. 76 e 78 desta Lei.
- Arts. 966, 981 e 982 do CC.

Art. 2º Esta Lei não se aplica a:

I – empresa pública e sociedade de economia mista;

- Art. 195 desta Lei.

II – instituição financeira pública ou privada, cooperativa de crédito, consórcio, entidade de previdência complementar, sociedade operadora de plano de assistência à saúde, sociedade seguradora, sociedade de capitalização e outras entidades legalmente equiparadas às anteriores.

- Art. 1º da Lei nº 6.024, de 13-3-1974 (Lei das Intervenções e Liquidações Extrajudiciais de Instituições Financeiras).
- Art. 278 da Lei nº 6.404, de 15-12-1976 (Lei das Sociedades por Ações).

Art. 3º É competente para homologar o plano de recuperação extrajudicial, deferir a recuperação judicial ou decretar a falência o juízo do local do principal estabelecimento do devedor ou da filial de empresa que tenha sede fora do Brasil.

- Arts. 76 e 78 desta Lei.
- Art. 75, § 2º, do CC.
- Art. 3º, § 2º, da Lei nº 9.099, de 26-9-1995 (Lei dos Juizados Especiais).

Art. 4º VETADO.

CAPÍTULO II
DISPOSIÇÕES COMUNS À RECUPERAÇÃO JUDICIAL E À FALÊNCIA

Seção I
DISPOSIÇÕES GERAIS

Art. 5º Não são exigíveis do devedor, na recuperação judicial ou na falência:

I – as obrigações a título gratuito;

II – as despesas que os credores fizerem para tomar parte na recuperação judicial ou na falência, salvo as custas judiciais decorrentes de litígio com o devedor.

- Art. 84, IV, desta Lei.

Art. 6º A decretação da falência ou o deferimento do processamento da recuperação judicial implica:"

- *Caput* com a redação dada pela Lei nº 14.112, de 24-12-2020.
- Arts. 52, III, e 99, V, desta Lei.
- Art. 202 do CC.

I – suspensão do curso da prescrição das obrigações do devedor sujeitas ao regime desta Lei;

II – suspensão das execuções ajuizadas contra o devedor, inclusive daquelas dos credores particulares do sócio solidário, relativas a créditos ou obrigações sujeitos à recuperação judicial ou à falência;

III – proibição de qualquer forma de retenção, arresto, penhora, sequestro, busca e apreensão e constrição judicial ou extrajudicial sobre os bens do devedor, oriunda de demandas judiciais ou extrajudiciais cujos créditos ou obrigações sujeitem-se à recuperação judicial ou à falência.

- Incisos I a III acrescidos pela Lei nº 14.112, de 24-12-2020.

§ 1º Terá prosseguimento no juízo no qual estiver se processando a ação que demandar quantia ilíquida.

- Arts. 19, § 1º, e 99, V, desta Lei.

§ 2º É permitido pleitear, perante o administrador judicial, habilitação, exclusão ou modificação de créditos derivados da relação de trabalho, mas as ações de natureza trabalhista, inclusive as impugnações a que se refere o art. 8º desta Lei, serão processadas perante a justiça especializada até a apuração do respectivo crédito, que será inscrito no quadro geral de credores pelo valor determinado em sentença.

- Art. 114, *caput*, da CF.
- Arts. 19, § 1º, e 99, V, desta Lei.

§ 3º O juiz competente para as ações referidas nos §§ 1º e 2º deste artigo poderá determinar a reserva da importância que estimar devida na recuperação judicial ou na falência, e, uma vez reconhecido líquido o direito, será o crédito incluído na classe própria.

- Arts. 10, § 4º, e 149, § 1º, desta Lei.

§ 4º Na recuperação judicial, as suspensões e a proibição de que tratam os incisos I, II e III do *caput* deste artigo perdurarão pelo prazo de 180 (cento e oitenta) dias, contado do deferimento do processamento da recuperação, prorrogável por igual período, uma única vez, em caráter excepcional, desde que o devedor não haja concorrido com a superação do lapso temporal.

- § 4º com a redação dada pela Lei nº 14.112, de 24-12-2020.

LEG. COMPLEMENTAR

○ Arts. 49, §§ 3º e 5º, e 52, III, desta Lei.

§ 4º-A. O decurso do prazo previsto no § 4º deste artigo sem a deliberação a respeito do plano de recuperação judicial proposto pelo devedor faculta aos credores a propositura de plano alternativo, na forma dos §§ 4º, 5º, 6º e 7º do art. 56 desta Lei, observado o seguinte:

I – as suspensões e a proibição de que tratam os incisos I, II e III do *caput* deste artigo não serão aplicáveis caso os credores não apresentem plano alternativo no prazo de 30 (trinta) dias, contado do final do prazo referido no § 4º deste artigo ou no § 4º do art. 56 desta Lei;

II – as suspensões e a proibição de que tratam os incisos I, II e III do *caput* deste artigo perdurarão por 180 (cento e oitenta) dias contados do final do prazo referido no § 4º deste artigo, ou da realização da assembleia-geral de credores referida no § 4º do art. 56 desta Lei, caso os credores apresentem plano alternativo no prazo referido no inciso I deste parágrafo ou no prazo referido no § 4º do art. 56 desta Lei.

• § 4º-A acrescido pela Lei nº 14.112, de 24-12-2020.

§ 5º O disposto no § 2º deste artigo aplica-se à recuperação judicial durante o período de suspensão de que trata o § 4º deste artigo.

• § 5º com a redação dada pela Lei nº 14.112, de 24-12-2020.

§ 6º Independentemente da verificação periódica perante os cartórios de distribuição, as ações que venham a ser propostas contra o devedor deverão ser comunicadas ao juízo da falência ou da recuperação judicial:

I – pelo juiz competente, quando do recebimento da petição inicial;

II – pelo devedor, imediatamente após a citação.

§ 7º *Revogado.* Lei nº 14.112, de 24-12-2020.

○ Arts. 151, VI, 155-A e 191-A do CTN.

○ Lei nº 10.684, de 30-5-2003, altera a legislação tributária, dispõe sobre parcelamento de débitos junto à Secretaria da Receita Federal, à Procuradoria-Geral da Fazenda Nacional e ao Instituto Nacional do Seguro Social.

§ 7º-A. O disposto nos incisos I, II e III do *caput* deste artigo não se aplica aos créditos referidos nos §§ 3º e 4º do art. 49 desta Lei, admitida, todavia, a competência do juízo da recuperação judicial para determinar a suspensão dos atos de constrição que recaiam sobre bens de capital essenciais à manutenção da atividade empresarial durante o prazo de suspensão a que se refere o § 4º deste artigo, a qual será implementada mediante a cooperação jurisdicional, na forma do art. 69 da Lei nº 13.105, de 16 de março de 2015 (Código de Processo Civil), observado o disposto no art. 805 do referido Código.

§ 7º-B. O disposto nos incisos I, II e III do *caput* deste artigo não se aplica às execuções fiscais, admitida, todavia, a competência do juízo da recuperação judicial para determinar a substituição dos atos de constrição que recaiam sobre bens de capital essenciais à manutenção da atividade empresarial até o encerramento da recuperação judicial, a qual será implementada mediante a cooperação jurisdicional, na forma do art. 69 da Lei nº 13.105, de 16 de março de 2015 (Código de Processo Civil), observado o disposto no art. 805 do referido Código.

• §§ 7º-A e 7º-B acrescidos pela Lei nº 14.112, de 24-12-2020.

§ 8º A distribuição do pedido de falência ou de recuperação judicial ou a homologação de recuperação extrajudicial previne a jurisdição para qualquer outro pedido de falência, de recuperação judicial ou de homologação de recuperação extrajudicial relativo ao mesmo devedor.

• § 8º com a redação dada pela Lei nº 14.112, de 24-12-2020.

§ 9º O processamento da recuperação judicial ou a decretação da falência não autoriza o administrador judicial a recusar a eficácia da convenção de arbitragem, não impedindo ou suspendendo a instauração de procedimento arbitral.

• § 9º acrescido pela Lei nº 14.112, de 24-12-2020.

§ 10. VETADO. Lei nº 14.112, de 24-12-2020.

§ 11. O disposto no § 7º-B deste artigo aplica-se, no que couber, às execuções fiscais e às execuções de ofício que se enquadrem respectivamente nos incisos VII e VIII do *caput* do art. 114 da Constituição Federal, vedados a expedição de certidão de crédito e o arquivamento das execuções para efeito de habilitação na recuperação judicial ou na falência.

§ 12. Observado o disposto no art. 300 da Lei nº 13.105, de 16 de março de 2015 (Código de Processo Civil), o juiz poderá antecipar total ou parcialmente os efeitos do deferimento do processamento da recuperação judicial.

• §§ 11 e 12 acrescidos pela Lei nº 14.112, de 24-12-2020.

§ 13. Não se sujeitam aos efeitos da recuperação judicial os contratos e obrigações decorrentes dos atos cooperativos praticados pelas sociedades cooperativas com seus cooperados, na forma do art. 79 da Lei nº 5.764, de 16 de dezembro de 1971, consequentemente, não se aplicando a vedação contida no inciso II do art. 2º quando a sociedade operadora de plano de assistência à saúde for cooperativa médica.

• § 13 acrescido pela Lei nº 14.112, de 24-12-2020, promulgado nos termos do art. 66, § 5º, da CF (*DOU* de 26-3-2021 – edição extra D).

Art. 6º-A. É vedado ao devedor, até a aprovação do plano de recuperação judicial, distribuir lucros ou dividendos a sócios e acionistas, sujeitando-se o infrator ao disposto no art. 168 desta Lei.

• Art. 6º-A acrescido pela Lei nº 14.112, de 24-12-2020.

Art. 6º-B. Não se aplica o limite percentual de que tratam os arts. 15 e 16 da Lei nº 9.065, de 20 de junho de 1995, à apuração do imposto sobre a renda e da Contribuição Social sobre o Lucro Líquido (CSLL) sobre a parcela do lucro líquido decorrente de ganho de capital resultante da alienação judicial de bens ou direitos, de que tratam os arts. 60, 66 e 141 desta Lei, pela pessoa jurídica em recuperação judicial ou com falência decretada.

Parágrafo único. O disposto no *caput* deste artigo não se aplica na hipótese em que o ganho de capital decorra de transação efetuada com:

I – pessoa jurídica que seja controladora, controlada, coligada ou interligada; ou

II – pessoa física que seja acionista controlador, sócio, titular ou administrador da pessoa jurídica devedora.

• Art. 6º-B acrescido pela Lei nº 14.112, de 24-12-2020, promulgado nos termos do art. 66, § 5º, da CF (*DOU* de 26-3-2021 – edição extra D).

Art. 6º-C. É vedada atribuição de responsabilidade a terceiros em decorrência do mero inadimplemento de obrigações do devedor falido ou em recuperação judicial, ressalvadas as garantias reais e fidejussórias, bem como as demais hipóteses reguladas por esta Lei.

• Art. 6º-C acrescido pela Lei nº 14.112, de 24-12-2020.

Seção II

DA VERIFICAÇÃO E DA HABILITAÇÃO DE CRÉDITOS

Art. 7º A verificação dos créditos será realizada pelo administrador judicial, com base nos livros contábeis e documentos comerciais e fiscais do devedor e nos documentos que lhe forem apresentados pelos credores, podendo contar com o auxílio de profissionais ou empresas especializadas.

§ 1º Publicado o edital previsto no art. 52, § 1º, ou no parágrafo único do art. 99 desta Lei, os credores terão o prazo de 15 (quinze) dias para apresentar ao administrador judicial suas habilitações ou suas divergências quanto aos créditos relacionados.

o Arts. 9º, 10, 52, § 1º, III, e 99, IV, desta Lei.

§ 2º O administrador judicial, com base nas informações e documentos colhidos na forma do *caput* e do § 1º deste artigo, fará publicar edital contendo a relação de credores no prazo de 45 (quarenta e cinco) dias, contado do fim do prazo do § 1º deste artigo, devendo indicar o local, o horário e o prazo comum em que as pessoas indicadas no art. 8º desta Lei terão acesso aos documentos que fundamentaram a elaboração dessa relação.

o Arts. 14, 15, § 1º, 18, 22, I, *e*, 39 e 55 desta Lei.

Art. 7º-A. Na falência, após realizadas as intimações e publicado o edital, conforme previsto, respectivamente, no inciso XIII do *caput* e no § 1º do art. 99 desta Lei, o juiz instaurará, de ofício, para cada Fazenda Pública credora, incidente de classificação de crédito público e determinará a sua intimação eletrônica para que, no prazo de 30 (trinta) dias, apresente diretamente ao administrador judicial ou em juízo, a depender do momento processual, a relação completa de seus créditos inscritos em dívida ativa, acompanhada dos cálculos, da classificação e das informações sobre a situação atual.

§ 1º Para efeito do disposto no *caput* deste artigo, considera-se Fazenda Pública credora aquela que conste da relação do edital previsto no § 1º do art. 99 desta Lei, ou que, após a intimação prevista no inciso XIII do *caput* do art. 99 desta Lei, alegue nos autos, no prazo de 15 (quinze) dias, possuir crédito contra o falido.

§ 2º Os créditos não definitivamente constituídos, não inscritos em dívida ativa ou com exigibilidade suspensa poderão ser informados em momento posterior.

§ 3º Encerrado o prazo de que trata o *caput* deste artigo:

I – o falido, os demais credores e o administrador judicial disporão do prazo de 15 (quinze) dias para manifestar objeções, limitadamente, sobre os cálculos e a classificação para os fins desta Lei;

II – a Fazenda Pública, ultrapassado o prazo de que trata o inciso I deste parágrafo, será intimada para prestar, no prazo de 10 (dez) dias, eventuais esclarecimentos a respeito das manifestações previstas no referido inciso;

III – os créditos serão objeto de reserva integral até o julgamento definitivo quando rejeitados os argumentos apresentados de acordo com o inciso II deste parágrafo;

IV – os créditos incontroversos, desde que exigíveis, serão imediatamente incluídos no quadro-geral de credores, observada a sua classificação;

V – o juiz, anteriormente à homologação do quadro-geral de credores, concederá prazo comum de 10 (dez) dias para que o administrador judicial e a Fazenda Pública titular de crédito objeto de reserva manifestem-se sobre a situação atual desses créditos e, ao final do referido prazo, decidirá acerca da necessidade de mantê-la.

§ 4º Com relação à aplicação do disposto neste artigo, serão observadas as seguintes disposições:

I – a decisão sobre os cálculos e a classificação dos créditos para os fins do disposto nesta Lei, bem como sobre a arrecadação dos bens, a realização do ativo e o pagamento aos credores, competirá ao juízo falimentar;

II – a decisão sobre a existência, a exigibilidade e o valor do crédito, observado o disposto no inciso II do *caput* do art. 9º desta Lei e as demais regras do processo de falência, bem como sobre o eventual prosseguimento da cobrança contra os corresponsáveis, competirá ao juízo da execução fiscal;

III – a ressalva prevista no art. 76 desta Lei, ainda que o crédito reconhecido não esteja em cobrança judicial mediante execução fiscal, aplicar-se-á, no que couber, ao disposto no inciso II deste parágrafo;

IV – o administrador judicial e o juízo falimentar deverão respeitar a presunção de certeza e liquidez de que trata o art. 3º da Lei nº 6.830, de 22 de setembro de 1980, sem prejuízo do disposto nos incisos II e III deste parágrafo;

V – as execuções fiscais permanecerão suspensas até o encerramento da falência, sem prejuízo da possibilidade de prosseguimento contra os corresponsáveis;

VI – a restituição em dinheiro e a compensação serão preservadas, nos termos dos arts. 86 e 122 desta Lei; e

VII – o disposto no art. 10 desta Lei será aplicado, no que couber, aos créditos retardatários.

§ 5º Na hipótese de não apresentação da relação referida no *caput* deste artigo no prazo nele estipulado, o incidente será arquivado e a Fazenda Pública credora poderá requerer o desarquivamento, observado, no que couber, o disposto no art. 10 desta Lei.

§ 6º As disposições deste artigo aplicam-se, no que couber, às execuções fiscais e às execuções de ofício que se enquadrem no disposto nos incisos VII e VIII do *caput* do art. 114 da Constituição Federal.

§ 7º O disposto neste artigo aplica-se, no que couber, aos créditos do Fundo de Garantia do Tempo de Serviço (FGTS).

§ 8º Não haverá condenação em honorários de sucumbência no incidente de que trata este artigo.

• Art. 7º-A acrescido pela Lei nº 14.112, de 24-12-2020.

Art. 8º No prazo de 10 (dez) dias, contado da publicação da relação referida no art. 7º, § 2º, desta Lei, o Comitê, qualquer credor, o devedor ou seus sócios ou o Ministério Público podem apresentar ao juiz impugnação contra a relação de credores, apontando a ausência de qualquer crédito ou manifestando-se contra a legitimidade, importância ou classificação de crédito relacionado.

Parágrafo único. Autuada em separado, a impugnação será processada nos termos dos arts. 13 a 15 desta Lei.

Art. 9º A habilitação de crédito realizada pelo credor nos termos do art. 7º, § 1º, desta Lei deverá conter:

o Art. 175 desta Lei.

I – o nome, o endereço do credor e o endereço em que receberá comunicação de qualquer ato do processo;

II – o valor do crédito, atualizado até a data da decretação da falência ou do pedido de recuperação judicial, sua origem e classificação;

III – os documentos comprobatórios do crédito e a indicação das demais provas a serem produzidas;

IV – a indicação da garantia prestada pelo devedor, se houver, e o respectivo instrumento;

V – a especificação do objeto da garantia que estiver na posse do credor.

LEG. COMPLEMENTAR

Parágrafo único. Os títulos e documentos que legitimam os créditos deverão ser exibidos no original ou por cópias autenticadas se estiverem juntados em outro processo.

- Art. 94, § 3º, desta Lei.

Art. 10. Não observado o prazo estipulado no art. 7º, § 1º, desta Lei, as habilitações de crédito serão recebidas como retardatárias.

§ 1º Na recuperação judicial, os titulares de créditos retardatários, excetuados os titulares de créditos derivados da relação de trabalho, não terão direito a voto nas deliberações da assembleia-geral de credores.

- Art. 39 desta Lei.

§ 2º Aplica-se o disposto no § 1º deste artigo ao processo de falência, salvo se, na data da realização da assembleia-geral, já houver sido homologado o quadro geral de credores contendo o crédito retardatário.

§ 3º Na falência, os créditos retardatários perderão o direito a rateios eventualmente realizados e ficarão sujeitos ao pagamento de custas, não se computando os acessórios compreendidos entre o término do prazo e a data do pedido de habilitação.

§ 4º Na hipótese prevista no § 3º deste artigo, o credor poderá requerer a reserva de valor para satisfação de seu crédito.

§ 5º As habilitações de crédito retardatárias, se apresentadas antes da homologação do quadro geral de credores, serão recebidas como impugnação e processadas na forma dos arts. 13 a 15 desta Lei.

§ 6º Após a homologação do quadro geral de credores, aqueles que não habilitaram seu crédito poderão, observado, no que couber, o procedimento ordinário previsto no Código de Processo Civil, requerer ao juízo da falência ou da recuperação judicial a retificação do quadro geral para inclusão do respectivo crédito.

§ 7º O quadro geral de credores será formado com o julgamento das impugnações tempestivas e com as habilitações e as impugnações retardatárias decididas até o momento da sua formação.

§ 8º As habilitações e as impugnações retardatárias acarretarão a reserva do valor para a satisfação do crédito discutido.

§ 9º A recuperação judicial poderá ser encerrada ainda que não tenha havido a consolidação definitiva do quadro geral de credores, hipótese em que as ações incidentais de habilitação e de impugnação retardatárias serão redistribuídas ao juízo da recuperação judicial como ações autônomas e observarão o rito comum.

§ 10. O credor deverá apresentar pedido de habilitação ou de reserva de crédito em, no máximo, 3 (três) anos, contados da data de publicação da sentença que decretar a falência, sob pena de decadência.

- §§ 7º a 10 acrescidos pela Lei nº 14.112, de 24-12-2020.

Art. 11. Os credores cujos créditos forem impugnados serão intimados para contestar a impugnação, no prazo de 5 (cinco) dias, juntando os documentos que tiverem e indicando outras provas que reputem necessárias.

- Art. 15 desta Lei.

Art. 12. Transcorrido o prazo do art. 11 desta Lei, o devedor e o Comitê, se houver, serão intimados pelo juiz para se manifestar sobre ela no prazo comum de 5 (cinco) dias.

- Art. 15 desta Lei.

Parágrafo único. Findo o prazo a que se refere o *caput* deste artigo, o administrador judicial será intimado pelo juiz para emitir parecer no prazo de 5 (cinco) dias, devendo juntar à sua manifestação o laudo elaborado pelo profissional ou empresa especializada, se for o caso, e todas as informações existentes nos livros fiscais e demais documentos do devedor acerca do crédito, constante ou não da relação de credores, objeto da impugnação.

- Art. 15 desta Lei.

Art. 13. A impugnação será dirigida ao juiz por meio de petição, instruída com os documentos que tiver o impugnante, o qual indicará as provas consideradas necessárias.

- Arts. 8º, par. ún., e 10, § 5º, desta Lei.

Parágrafo único. Cada impugnação será autuada em separado, com os documentos a ela relativos, mas terão uma só autuação as diversas impugnações versando sobre o mesmo crédito.

Art. 14. Caso não haja impugnações, o juiz homologará, como quadro geral de credores, a relação dos credores de que trata o § 2º do art. 7º, ressalvado o disposto no art. 7º-A desta Lei.

- Artigo com a redação dada pela Lei nº 14.112, de 24-12-2020.
- Arts. 8º, par. ún., e 10, § 5º, desta Lei.

Art. 15. Transcorridos os prazos previstos nos arts. 11 e 12 desta Lei, os autos de impugnação serão conclusos ao juiz, que:

- Arts. 8º, par. ún., e 10, § 5º, desta Lei.

I – determinará a inclusão no quadro geral de credores das habilitações de créditos não impugnadas, no valor constante da relação referida no § 2º do art. 7º desta Lei;

II – julgará as impugnações que entender suficientemente esclarecidas pelas alegações e provas apresentadas pelas partes, mencionando, de cada crédito, o valor e a classificação;

III – fixará, em cada uma das restantes impugnações, os aspectos controvertidos e decidirá as questões processuais pendentes;

IV – determinará as provas a serem produzidas, designando audiência de instrução e julgamento, se necessário.

Art. 16. Para fins de rateio na falência, deverá ser formado quadro geral de credores, composto pelos créditos não impugnados constantes do edital de que trata o § 2º do art. 7º desta Lei, pelo julgamento de todas as impugnações apresentadas no prazo previsto no art. 8º desta Lei e pelo julgamento realizado até então das habilitações de crédito recebidas como retardatárias.

§ 1º As habilitações retardatárias não julgadas acarretarão a reserva do valor controvertido, mas não impedirão o pagamento da parte incontroversa.

§ 2º Ainda que o quadro geral de credores não esteja formado, o rateio de pagamentos na falência poderá ser realizado desde que a classe de credores a ser satisfeita já tenha tido todas as impugnações judiciais apresentadas no prazo previsto no art. 8º desta Lei, ressalvada a reserva dos créditos controvertidos em função das habilitações retardatárias de créditos distribuídas até então e ainda não julgadas.

- Art. 16 com a redação dada pela Lei nº 14.112, de 24-12-2020.

Art. 17. Da decisão judicial sobre a impugnação caberá agravo.

- Súm. nº 25 do STJ.

Parágrafo único. Recebido o agravo, o relator poderá conceder efeito suspensivo à decisão que reconhece o crédito ou determinar a inscrição ou modificação do seu valor ou classificação no quadro geral de credores, para fins de exercício de direito de voto em assembleia-geral.

Art. 18. O administrador judicial será responsável pela consolidação do quadro geral de credores, a ser homologado pelo juiz, com base na relação dos credores a que se refere o art. 7º, § 2º, desta Lei e nas decisões proferidas nas impugnações oferecidas.

- Arts. 14 e 22, I, *f*, desta Lei.

Parágrafo único. O quadro geral, assinado pelo juiz e pelo administrador judicial, mencionará a importância e a classificação de cada crédito na data do requerimento da recuperação judicial ou da decretação da falência, será juntado aos autos e publicado no órgão oficial, no prazo de 5 (cinco) dias, contado da data da sentença que houver julgado as impugnações.

Art. 19. O administrador judicial, o Comitê, qualquer credor ou o representante do Ministério Público poderá, até o encerramento da recuperação judicial ou da falência, observado, no que couber, o procedimento ordinário previsto no Código de Processo Civil, pedir a exclusão, outra classificação ou a retificação de qualquer crédito, nos casos de descoberta de falsidade, dolo, simulação, fraude, erro essencial ou, ainda, documentos ignorados na época do julgamento do crédito ou da inclusão no quadro geral de credores.

- Arts. 138 a 155, 158 a 165, 167 e 956 do CC.

§ 1º A ação prevista neste artigo será proposta exclusivamente perante o juízo da recuperação judicial ou da falência ou, nas hipóteses previstas no art. 6º, §§ 1º e 2º, desta Lei, perante o juízo que tenha originariamente reconhecido o crédito.

§ 2º Proposta a ação de que trata este artigo, o pagamento ao titular do crédito por ela atingido somente poderá ser realizado mediante a prestação de caução no mesmo valor do crédito questionado.

Art. 20. As habilitações dos credores particulares do sócio ilimitadamente responsável processar-se-ão de acordo com as disposições desta Seção.

- Arts. 1.039 e 1.045 do CC.
- Art. 281 da Lei nº 6.404, de 15-12-1976 (Lei das Sociedades por Ações).

Seção II-A

DAS CONCILIAÇÕES E DAS MEDIAÇÕES ANTECEDENTES OU INCIDENTAIS AOS PROCESSOS DE RECUPERAÇÃO JUDICIAL

- Seção II-A acrescida pela Lei nº 14.112, de 24-12-2020.

Art. 20-A. A conciliação e a mediação deverão ser incentivadas em qualquer grau de jurisdição, inclusive no âmbito de recursos em segundo grau de jurisdição e nos Tribunais Superiores, e não implicarão a suspensão dos prazos previstos nesta Lei, salvo se houver consenso entre as partes em sentido contrário ou determinação judicial.

Art. 20-B. Serão admitidas conciliações e mediações antecedentes ou incidentais aos processos de recuperação judicial, notadamente:

I – nas fases pré-processual e processual de disputas entre os sócios e acionistas de sociedade em dificuldade ou em recuperação judicial, bem como nos litígios que envolverem credores não sujeitos à recuperação judicial, nos termos dos §§ 3º e 4º do art. 49 desta Lei, ou credores extraconcursais;

II – em conflitos que envolverem concessionárias ou permissionárias de serviços públicos em recuperação judicial e órgãos reguladores ou entes públicos municipais, distritais, estaduais ou federais;

III – na hipótese de haver créditos extraconcursais contra empresas em recuperação judicial durante período de vigência de estado de calamidade pública, a fim de permitir a continuidade da prestação de serviços essenciais;

IV – na hipótese de negociação de dívidas e respectivas formas de pagamento entre a empresa em dificuldade e seus credores, em caráter antecedente ao ajuizamento de pedido de recuperação judicial.

§ 1º Na hipótese prevista no inciso IV do *caput* deste artigo, será facultado às empresas em dificuldade que preencham os requisitos legais para requerer recuperação judicial obter tutela de urgência cautelar, nos termos do art. 305 e seguintes da Lei nº 13.105, de 16 de março de 2015 (Código de Processo Civil), a fim de que sejam suspensas as execuções contra elas propostas pelo prazo de até 60 (sessenta) dias, para tentativa de composição com seus credores, em procedimento de mediação ou conciliação já instaurado perante o Centro Judiciário de Solução de Conflitos e Cidadania (CEJUSC) do tribunal competente ou da câmara especializada, observados, no que couber, os arts. 16 e 17 da Lei nº 13.140, de 26 de junho de 2015.

§ 2º São vedadas a conciliação e a mediação sobre a natureza jurídica e a classificação de créditos, bem como sobre critérios de votação em assembleia-geral de credores.

§ 3º Se houver pedido de recuperação judicial ou extrajudicial, observados os critérios desta Lei, o período de suspensão previsto no § 1º deste artigo será deduzido do período de suspensão previsto no art. 6º desta Lei.

Art. 20-C. O acordo obtido por meio de conciliação ou de mediação com fundamento nesta Seção deverá ser homologado pelo juiz competente conforme o disposto no art. 3º desta Lei.

Parágrafo único. Requerida a recuperação judicial ou extrajudicial em até 360 (trezentos e sessenta) dias contados do acordo firmado durante o período da conciliação ou de mediação pré-processual, o credor terá reconstituídos seus direitos e garantias nas condições originalmente contratadas, deduzidos os valores eventualmente pagos e ressalvados os atos validamente praticados no âmbito dos procedimentos previstos nesta Seção.

Art. 20-D. As sessões de conciliação e de mediação de que trata esta Seção poderão ser realizadas por meio virtual, desde que o CEJUSC do tribunal competente ou a câmara especializada responsável disponham de meios para a sua realização.

- Arts. 20-A a 20-D acrescidos pela Lei nº 14.112, de 24-12-2020.

Seção III

DO ADMINISTRADOR JUDICIAL E DO COMITÊ DE CREDORES

Art. 21. O administrador judicial será profissional idôneo, preferencialmente advogado, economista, administrador de empresas ou contador, ou pessoa jurídica especializada.

- Arts. 31, 33, 52, I, e 99, IX, desta Lei.
- Art. 1.011 do CC.

Parágrafo único. Se o administrador judicial nomeado for pessoa jurídica, declarar-se-á, no termo de que trata o art. 33 desta Lei, o nome de profissional responsável pela condução do processo de falência ou de recuperação judicial, que não poderá ser substituído sem autorização do juiz.

Art. 22. Ao administrador judicial compete, sob a fiscalização do juiz e do Comitê, além de outros deveres que esta Lei lhe impõe:

- Art. 23 desta Lei.
- Art. 1.103 do CC.

LEG. COMPLEMENTAR

I – na recuperação judicial e na falência:

- Art. 22, § 2º, desta Lei.

a) enviar correspondência aos credores constantes na relação de que trata o inciso III do *caput* do art. 51, o inciso III do *caput* do art. 99 ou o inciso II do *caput* do art. 105 desta Lei, comunicando a data do pedido de recuperação judicial ou da decretação da falência, a natureza, o valor e a classificação dada ao crédito;

b) fornecer, com presteza, todas as informações pedidas pelos credores interessados;

c) dar extratos dos livros do devedor, que merecerão fé de ofício, a fim de servirem de fundamento nas habilitações e impugnações de créditos;

d) exigir dos credores, do devedor ou seus administradores quaisquer informações;

e) elaborar a relação de credores de que trata o § 2º do art. 7º desta Lei;

f) consolidar o quadro geral de credores nos termos do art. 18 desta Lei;

g) requerer ao juiz convocação da assembleia-geral de credores nos casos previstos nesta Lei ou quando entender necessária sua ouvida para a tomada de decisões;

- Arts. 35 e 36 desta Lei.

h) contratar, mediante autorização judicial, profissionais ou empresas especializadas para, quando necessário, auxiliá-lo no exercício de suas funções;

i) manifestar-se nos casos previstos nesta Lei;

j) estimular, sempre que possível, a conciliação, a mediação e outros métodos alternativos de solução de conflitos relacionados à recuperação judicial e à falência, respeitados os direitos de terceiros, na forma do § 3º do art. 3º da Lei nº 13.105, de 16 de março de 2015 (Código de Processo Civil);

k) manter endereço eletrônico na internet, com informações atualizadas sobre os processos de falência e de recuperação judicial, com a opção de consulta às peças principais do processo, salvo decisão judicial em sentido contrário;

l) manter endereço eletrônico específico para o recebimento de pedidos de habilitação ou a apresentação de divergências, ambos em âmbito administrativo, com modelos que poderão ser utilizados pelos credores, salvo decisão judicial em sentido contrário;

m) providenciar, no prazo máximo de 15 (quinze) dias, as respostas aos ofícios e às solicitações enviadas por outros juízos e órgãos públicos, sem necessidade de prévia deliberação do juízo;

- Alíneas *j* a *m* acrescidas pela Lei nº 14.112, de 24-12-2020.

II – na recuperação judicial:

a) fiscalizar as atividades do devedor e o cumprimento do plano de recuperação judicial;

b) requerer a falência no caso de descumprimento de obrigação assumida no plano de recuperação;

- Arts. 61, § 1º, e 73, IV, desta Lei.

c) apresentar ao juiz, para juntada aos autos, relatório mensal das atividades do devedor, fiscalizando a veracidade e a conformidade das informações prestadas pelo devedor;

- Alínea *c* com a redação dada pela Lei nº 14.112, de 24-12-2020.

d) apresentar o relatório sobre a execução do plano de recuperação, de que trata o inciso III do *caput* do art. 63 desta Lei;

e) fiscalizar o decurso das tratativas e a regularidade das negociações entre devedor e credores;

f) assegurar que devedor e credores não adotem expedientes dilatórios, inúteis ou, em geral, prejudiciais ao regular andamento das negociações;

g) assegurar que as negociações realizadas entre devedor e credores sejam regidas pelos termos convencionados entre os interessados ou, na falta de acordo, pelas regras propostas pelo administrador judicial e homologadas pelo juiz, observado o princípio da boa-fé para solução construtiva de consensos, que acarretem maior efetividade econômico-financeira e proveito social para os agentes econômicos envolvidos;

h) apresentar, para juntada aos autos, e publicar no endereço eletrônico específico relatório mensal das atividades do devedor e relatório sobre o plano de recuperação judicial, no prazo de até 15 (quinze) dias contado da apresentação do plano, fiscalizando a veracidade e a conformidade das informações prestadas pelo devedor, além de informar eventual ocorrência das condutas previstas no art. 64 desta Lei;

- Alíneas *e* a *h* acrescidas pela Lei nº 14.112, de 24-12-2020.

III – na falência:

- Arts. 99, IX, e 186 desta Lei.

a) avisar, pelo órgão oficial, o lugar e hora em que, diariamente, os credores terão à sua disposição os livros e documentos do falido;

b) examinar a escrituração do devedor;

c) relacionar os processos e assumir a representação judicial e extrajudicial, incluídos os processos arbitrais, da massa falida;

- Alínea *c* com a redação dada pela Lei nº 14.112, de 24-12-2020.

d) receber e abrir a correspondência dirigida ao devedor, entregando a ele o que não for assunto de interesse da massa;

e) apresentar, no prazo de 40 (quarenta) dias, contado da assinatura do termo de compromisso, prorrogável por igual período, relatório sobre as causas e circunstâncias que conduziram à situação de falência, no qual apontará a responsabilidade civil e penal dos envolvidos, observado o disposto no art. 186 desta Lei;

- Art. 22, § 4º, desta Lei.

f) arrecadar os bens e documentos do devedor e elaborar o auto de arrecadação, nos termos dos arts. 108 e 110 desta Lei;

- Art. 108 desta Lei.

g) avaliar os bens arrecadados;

- Art. 108 desta Lei.

h) contratar avaliadores, de preferência oficiais, mediante autorização judicial, para a avaliação dos bens caso entenda não ter condições técnicas para a tarefa;

i) praticar os atos necessários à realização do ativo e ao pagamento dos credores;

- Art. 139 e segs. desta Lei.

j) proceder à venda de todos os bens da massa falida no prazo máximo de 180 (cento e oitenta) dias, contado da data da juntada do auto de arrecadação, sob pena de destituição, salvo por impossibilidade fundamentada, reconhecida por decisão judicial;

- Alínea *j* com a redação dada pela Lei nº 14.112, de 24-12-2020.

l) praticar todos os atos conservatórios de direitos e ações, diligenciar a cobrança de dívidas e dar a respectiva quitação;

m) remir, em benefício da massa e mediante autorização judicial, bens apenhados, penhorados ou legalmente retidos;

n) representar a massa falida em juízo, contratando, se necessário, advogado, cujos honorários serão previamente ajustados e aprovados pelo Comitê de Credores;

o) requerer todas as medidas e diligências que forem necessárias para o cumprimento desta Lei, a proteção da massa ou a eficiência da administração;

p) apresentar ao juiz para juntada aos autos, até o 10º (décimo) dia do mês seguinte ao vencido, conta demonstrativa da administração, que especifique com clareza a receita e a despesa;

q) entregar ao seu substituto todos os bens e documentos da massa em seu poder, sob pena de responsabilidade;

- Art. 32 desta Lei.

r) prestar contas ao final do processo, quando for substituído, destituído ou renunciar ao cargo.

- Arts. 23 e 154 desta Lei.

s) arrecadar os valores dos depósitos realizados em processos administrativos ou judiciais nos quais o falido figure como parte, oriundos de penhoras, de bloqueios, de apreensões, de leilões, de alienação judicial e de outras hipóteses de constrição judicial, ressalvado o disposto nas Leis nºs 9.703, de 17 de novembro de 1998, e 12.099, de 27 de novembro de 2009, e na Lei Complementar nº 151, de 5 de agosto de 2015.

- Alínea *s* acrescida pela Lei nº 14.112, de 24-12-2020.

§ 1º As remunerações dos auxiliares do administrador judicial serão fixadas pelo juiz, que considerará a complexidade dos trabalhos a serem executados e os valores praticados no mercado para o desempenho de atividades semelhantes.

§ 2º Na hipótese da alínea *d* do inciso I do *caput* deste artigo, se houver recusa, o juiz, a requerimento do administrador judicial, intimará aquelas pessoas para que compareçam à sede do juízo, sob pena de desobediência, oportunidade em que as interrogará na presença do administrador judicial, tomando seus depoimentos por escrito.

§ 3º Na falência, o administrador judicial não poderá, sem autorização judicial, após ouvidos o Comitê e o devedor no prazo comum de 2 (dois) dias, transigir sobre obrigações e direitos da massa falida e conceder abatimento de dívidas, ainda que sejam consideradas de difícil recebimento.

§ 4º Se o relatório de que trata a alínea *e* do inciso III do *caput* deste artigo apontar responsabilidade penal de qualquer dos envolvidos, o Ministério Público será intimado para tomar conhecimento de seu teor.

Art. 23. O administrador judicial que não apresentar, no prazo estabelecido, suas contas ou qualquer dos relatórios previstos nesta Lei será intimado pessoalmente a fazê-lo no prazo de 5 (cinco) dias, sob pena de desobediência.

Parágrafo único. Decorrido o prazo do *caput* deste artigo, o juiz destituirá o administrador judicial e nomeará substituto para elaborar relatórios ou organizar as contas, explicitando as responsabilidades de seu antecessor.

Art. 24. O juiz fixará o valor e a forma de pagamento da remuneração do administrador judicial, observados a capacidade de pagamento do devedor, o grau de complexidade do trabalho e os valores praticados no mercado para o desempenho de atividades semelhantes.

§ 1º Em qualquer hipótese, o total pago ao administrador judicial não excederá 5% (cinco por cento) do valor devido aos credores submetidos à recuperação judicial ou do valor de venda dos bens na falência.

§ 2º Será reservado 40% (quarenta por cento) do montante devido ao administrador judicial para pagamento após atendimento do previsto nos arts. 154 e 155 desta Lei.

§ 3º O administrador judicial substituído será remunerado proporcionalmente ao trabalho realizado, salvo se renunciar sem relevante razão ou for destituído de suas funções por desídia, culpa, dolo ou descumprimento das obrigações fixadas nesta Lei, hipóteses em que não terá direito à remuneração.

§ 4º Também não terá direito a remuneração o administrador que tiver suas contas desaprovadas.

§ 5º A remuneração do administrador judicial fica reduzida ao limite de 2% (dois por cento), no caso de microempresas e de empresas de pequeno porte, bem como na hipótese de que trata o art. 70-A desta Lei.

- § 5º com a redação dada pela Lei nº 14.112, de 24-12-2020.

Art. 25. Caberá ao devedor ou à massa falida arcar com as despesas relativas à remuneração do administrador judicial e das pessoas eventualmente contratadas para auxiliá-lo.

- Arts. 84 e 103 desta Lei.

Art. 26. O Comitê de Credores será constituído por deliberação de qualquer das classes de credores na assembleia-geral e terá a seguinte composição:

- Art. 56, § 2º, desta Lei.

I – 1 (um) representante indicado pela classe de credores trabalhistas, com 2 (dois) suplentes;

II – 1 (um) representante indicado pela classe de credores com direitos reais de garantia ou privilégios especiais, com 2 (dois) suplentes;

III – 1 (um) representante indicado pela classe de credores quirografários e com privilégios gerais, com 2 (dois) suplentes;

IV – 1 (um) representante indicado pela classe de credores representantes de microempresas e empresas de pequeno porte, com 2 (dois) suplentes.

- Inciso IV acrescido pela LC nº 147, de 7-8-2014.

§ 1º A falta de indicação de representante por quaisquer das classes não prejudicará a constituição do Comitê, que poderá funcionar com número inferior ao previsto no *caput* deste artigo.

§ 2º O juiz determinará, mediante requerimento subscrito por credores que representem a maioria dos créditos de uma classe, independentemente da realização de assembleia:

I – a nomeação do representante e dos suplentes da respectiva classe ainda não representada no Comitê; ou

II – a substituição do representante ou dos suplentes da respectiva classe.

§ 3º Caberá aos próprios membros do Comitê indicar, entre eles, quem irá presidi-lo.

Art. 27. O Comitê de Credores terá as seguintes atribuições, além de outras previstas nesta Lei:

I – na recuperação judicial e na falência:

a) fiscalizar as atividades e examinar as contas do administrador judicial;

LEG. COMPLEMENTAR

b) zelar pelo bom andamento do processo e pelo cumprimento da lei;

c) comunicar ao juiz, caso detecte violação dos direitos ou prejuízo aos interesses dos credores;

d) apurar e emitir parecer sobre quaisquer reclamações dos interessados;

e) requerer ao juiz a convocação da assembleia-geral de credores;

f) manifestar-se nas hipóteses previstas nesta Lei;

II – na recuperação judicial:

a) fiscalizar a administração das atividades do devedor, apresentando, a cada 30 (trinta) dias, relatório de sua situação;

b) fiscalizar a execução do plano de recuperação judicial;

c) submeter à autorização do juiz, quando ocorrer o afastamento do devedor nas hipóteses previstas nesta Lei, a alienação de bens do ativo permanente, a constituição de ônus reais e outras garantias, bem como atos de endividamento necessários à continuação da atividade empresarial durante o período que antecede a aprovação do plano de recuperação judicial.

§ 1º As decisões do Comitê, tomadas por maioria, serão consignadas em livro de atas, rubricado pelo juízo, que ficará à disposição do administrador judicial, dos credores e do devedor.

§ 2º Caso não seja possível a obtenção de maioria em deliberação do Comitê, o impasse será resolvido pelo administrador judicial ou, na incompatibilidade deste, pelo juiz.

Art. 28. Não havendo Comitê de Credores, caberá ao administrador judicial ou, na incompatibilidade deste, ao juiz exercer suas atribuições.

Art. 29. Os membros do Comitê não terão sua remuneração custeada pelo devedor ou pela massa falida, mas as despesas realizadas para a realização de ato previsto nesta Lei, se devidamente comprovadas e com a autorização do juiz, serão ressarcidas atendendo às disponibilidades de caixa.

Art. 30. Não poderá integrar o Comitê ou exercer as funções de administrador judicial quem, nos últimos 5 (cinco) anos, no exercício do cargo de administrador judicial ou de membro do Comitê em falência ou recuperação judicial anterior, foi destituído, deixou de prestar contas dentro dos prazos legais ou teve a prestação de contas desaprovada.

- Art. 1.011, § 1º, do CC.

§ 1º Ficará também impedido de integrar o Comitê ou exercer a função de administrador judicial quem tiver relação de parentesco ou afinidade até o 3º (terceiro) grau com o devedor, seus administradores, controladores ou representantes legais ou deles for amigo, inimigo ou dependente.

§ 2º O devedor, qualquer credor ou o Ministério Público poderá requerer ao juiz a substituição do administrador judicial ou dos membros do Comitê nomeados em desobediência aos preceitos desta Lei.

- Art. 31, *caput*, desta Lei.

§ 3º O juiz decidirá, no prazo de 24 (vinte e quatro) horas, sobre o requerimento do § 2º deste artigo.

Art. 31. O juiz, de ofício ou a requerimento fundamentado de qualquer interessado, poderá determinar a destituição do administrador judicial ou de quaisquer dos membros do Comitê de Credores quando verificar desobediência aos preceitos desta Lei, descumprimento de deveres, omissão, negligência ou prática de ato lesivo às atividades do devedor ou a terceiros.

- Art. 30, § 2º, desta Lei.

§ 1º No ato de destituição, o juiz nomeará novo administrador judicial ou convocará os suplentes para recompor o Comitê.

§ 2º Na falência, o administrador judicial substituído prestará contas no prazo de 10 (dez) dias, nos termos dos §§ 1º a 6º do art. 154 desta Lei.

Art. 32. O administrador judicial e os membros do Comitê responderão pelos prejuízos causados à massa falida, ao devedor ou aos credores por dolo ou culpa, devendo o dissidente em deliberação do Comitê consignar sua discordância em ata para eximir-se da responsabilidade.

- Arts. 154, § 5º, e 177 desta Lei.

Art. 33. O administrador judicial e os membros do Comitê de Credores, logo que nomeados, serão intimados pessoalmente para, em 48 (quarenta e oito) horas, assinar, na sede do juízo, o termo de compromisso de bem e fielmente desempenhar o cargo e assumir todas as responsabilidades a ele inerentes.

- Art. 21, par. ún., desta Lei.
- Art. 134, V, do CTN.

Art. 34. Não assinado o termo de compromisso no prazo previsto no art. 33 desta Lei, o juiz nomeará outro administrador judicial.

Seção IV

DA ASSEMBLEIA-GERAL DE CREDORES

Art. 35. A assembleia-geral de credores terá por atribuições deliberar sobre:

I – na recuperação judicial:

- Art. 42 desta Lei.

a) aprovação, rejeição ou modificação do plano de recuperação judicial apresentado pelo devedor;

b) a constituição do Comitê de Credores, a escolha de seus membros e sua substituição;

c) VETADA;

d) o pedido de desistência do devedor, nos termos do § 4º do art. 52 desta Lei;

e) o nome do gestor judicial, quando do afastamento do devedor;

f) qualquer outra matéria que possa afetar os interesses dos credores;

g) alienação de bens ou direitos do ativo não circulante do devedor, não prevista no plano de recuperação judicial;

- Alínea *g* acrescida pela Lei nº 14.112, de 24-12-2020.

II – na falência:

- Art. 99, IX, desta Lei.

a) VETADA;

b) a constituição do Comitê de Credores, a escolha de seus membros e sua substituição;

c) a adoção de outras modalidades de realização do ativo, na forma do art. 145 desta Lei;

d) qualquer outra matéria que possa afetar os interesses dos credores.

Art. 36. A assembleia-geral de credores será convocada pelo juiz por meio de edital publicado no diário oficial eletrônico e disponibilizado no sítio eletrônico do administrador judicial, com antecedência mínima de 15 (quinze) dias, o qual conterá:

- *Caput* com a redação dada pela Lei nº 14.112, de 24-12-2020.

I – local, data e hora da assembleia em 1ª (primeira) e em 2ª (segunda) convocação, não podendo esta ser realizada menos de 5 (cinco) dias depois da 1ª (primeira);

II – a ordem do dia;

III – local onde os credores poderão, se for o caso, obter cópia do plano de recuperação judicial a ser submetido à deliberação da assembleia.

§ 1º Cópia do aviso de convocação da assembleia deverá ser afixada de forma ostensiva na sede e filiais do devedor.

§ 2º Além dos casos expressamente previstos nesta Lei, credores que representem no mínimo 25% (vinte e cinco por cento) do valor total dos créditos de uma determinada classe poderão requerer ao juiz a convocação de assembleia-geral.

- Art. 52, § 2º, desta Lei.

§ 3º As despesas com a convocação e a realização da assembleia-geral correm por conta do devedor ou da massa falida, salvo se convocada em virtude de requerimento do Comitê de Credores ou na hipótese do § 2º deste artigo.

Art. 37. A assembleia será presidida pelo administrador judicial, que designará 1 (um) secretário dentre os credores presentes.

§ 1º Nas deliberações sobre o afastamento do administrador judicial ou em outras em que haja incompatibilidade deste, a assembleia será presidida pelo credor presente que seja titular do maior crédito.

§ 2º A assembleia instalar-se-á, em 1ª (primeira) convocação, com a presença de credores titulares de mais da metade dos créditos de cada classe, computados pelo valor, e, em 2ª (segunda) convocação, com qualquer número.

§ 3º Para participar da assembleia, cada credor deverá assinar a lista de presença, que será encerrada no momento da instalação.

§ 4º O credor poderá ser representado na assembleia-geral por mandatário ou representante legal, desde que entregue ao administrador judicial, até 24 (vinte e quatro) horas antes da data prevista no aviso de convocação, documento hábil que comprove seus poderes ou a indicação das folhas dos autos do processo em que se encontre o documento.

- Art. 661, § 1º, do CC.

§ 5º Os sindicatos de trabalhadores poderão representar seus associados titulares de créditos derivados da legislação do trabalho ou decorrentes de acidente de trabalho que não comparecerem, pessoalmente ou por procurador, à assembleia.

§ 6º Para exercer a prerrogativa prevista no § 5º deste artigo, o sindicato deverá:

I – apresentar ao administrador judicial, até 10 (dez) dias antes da assembleia, a relação dos associados que pretende representar, e o trabalhador que conste da relação de mais de um sindicato deverá esclarecer, até 24 (vinte e quatro) horas antes da assembleia, qual sindicato o representa, sob pena de não ser representado em assembleia por nenhum deles; e

II – VETADO.

§ 7º Do ocorrido na assembleia, lavrar-se-á ata que conterá o nome dos presentes e as assinaturas do presidente, do devedor e de 2 (dois) membros de cada uma das classes votantes, e que será entregue ao juiz, juntamente com a lista de presença, no prazo de 48 (quarenta e oito) horas.

Art. 38. O voto do credor será proporcional ao valor de seu crédito, ressalvado, nas deliberações sobre o plano de recuperação judicial, o disposto no § 2º do art. 45 desta Lei.

- Art. 45, § 2º, desta Lei.

Parágrafo único. Na recuperação judicial, para fins exclusivos de votação em assembleia-geral, o crédito em moeda estrangeira será convertido para moeda nacional pelo câmbio da véspera da data de realização da assembleia.

- Arts. 50, § 2º, e 77 desta Lei.

Art. 39. Terão direito a voto na assembleia-geral as pessoas arroladas no quadro geral de credores ou, na sua falta, na relação de credores apresentada pelo administrador judicial na forma do art. 7º, § 2º, desta Lei, ou, ainda, na falta desta, na relação apresentada pelo próprio devedor nos termos dos arts. 51, incisos III e IV do *caput*, 99, inciso III do *caput*, ou 105, inciso II do *caput*, desta Lei, acrescidas, em qualquer caso, das que estejam habilitadas na data da realização da assembleia ou que tenham créditos admitidos ou alterados por decisão judicial, inclusive as que tenham obtido reserva de importâncias, observado o disposto nos §§ 1º e 2º do art. 10 desta Lei.

§ 1º Não terão direito a voto e não serão considerados para fins de verificação do *quorum* de instalação e de deliberação os titulares de créditos excetuados na forma dos §§ 3º e 4º do art. 49 desta Lei.

§ 2º As deliberações da assembleia-geral não serão invalidadas em razão de posterior decisão judicial acerca da existência, quantificação ou classificação de créditos.

§ 3º No caso de posterior invalidação de deliberação da assembleia, ficam resguardados os direitos de terceiros de boa-fé, respondendo os credores que aprovarem a deliberação pelos prejuízos comprovados causados por dolo ou culpa.

§ 4º Qualquer deliberação prevista nesta Lei a ser realizada por meio de assembleia-geral de credores poderá ser substituída, com idênticos efeitos, por:

I – termo de adesão firmado por tantos credores quantos satisfaçam o quórum de aprovação específico, nos termos estabelecidos no art. 45-A desta Lei;

II – votação realizada por meio de sistema eletrônico que reproduza as condições de tomada de voto da assembleia-geral de credores; ou

III – outro mecanismo reputado suficientemente seguro pelo juiz.

§ 5º As deliberações nos formatos previstos no § 4º deste artigo serão fiscalizadas pelo administrador judicial, que emitirá parecer sobre sua regularidade, previamente à sua homologação judicial, independentemente da concessão ou não da recuperação judicial.

§ 6º O voto será exercido pelo credor no seu interesse e de acordo com o seu juízo de conveniência e poderá ser declarado nulo por abusividade somente quando manifestamente exercido para obter vantagem ilícita para si ou para outrem.

§ 7º A cessão ou a promessa de cessão do crédito habilitado deverá ser imediatamente comunicada ao juízo da recuperação judicial.

- §§ 4º a 7º acrescidos pela Lei nº 14.112, de 24-12-2020.

Art. 40. Não será deferido provimento liminar, de caráter cautelar ou antecipatório dos efeitos da tutela, para a suspensão ou adiamento da assembleia-geral de credores em

LEG. COMPLEMENTAR

razão de pendência de discussão acerca da existência, da quantificação ou da classificação de créditos.

o Art. 5º, XXXV, da CF.

Art. 41. A assembleia-geral será composta pelas seguintes classes de credores:

o Art. 45 desta Lei.

I – titulares de créditos derivados da legislação do trabalho ou decorrentes de acidentes de trabalho;

o Art. 45, § 2º, desta Lei.

II – titulares de créditos com garantia real;

o Art. 45, § 1º, desta Lei.

III – titulares de créditos quirografários, com privilégio especial, com privilégio geral ou subordinados;

o Art. 45, § 1º, desta Lei.

IV – titulares de créditos enquadrados como microempresa ou empresa de pequeno porte.

• Inciso IV acrescido pela LC nº 147, de 7-8-2014.

§ 1º Os titulares de créditos derivados da legislação do trabalho votam com a classe prevista no inciso I do *caput* deste artigo com o total de seu crédito, independentemente do valor.

§ 2º Os titulares de créditos com garantia real votam com a classe prevista no inciso II do *caput* deste artigo até o limite do valor do bem gravado e com a classe prevista no inciso III do *caput* deste artigo pelo restante do valor de seu crédito.

Art. 42. Considerar-se-á aprovada a proposta que obtiver votos favoráveis de credores que representem mais da metade do valor total dos créditos presentes à assembleia-geral, exceto nas deliberações sobre o plano de recuperação judicial nos termos da alínea *a* do inciso I do *caput* do art. 35 desta Lei, a composição do Comitê de Credores ou forma alternativa de realização do ativo nos termos do art. 145 desta Lei.

o Art. 73, I, desta Lei.

Art. 43. Os sócios do devedor, bem como as sociedades coligadas, controladoras, controladas ou as que tenham sócio ou acionista com participação superior a 10% (dez por cento) do capital social do devedor ou em que o devedor ou algum de seus sócios detenham participação superior a 10% (dez por cento) do capital social, poderão participar da assembleia-geral de credores, sem ter direito a voto e não serão considerados para fins de verificação do *quorum* de instalação e de deliberação.

Parágrafo único. O disposto neste artigo também se aplica ao cônjuge ou parente, consanguíneo ou afim, colateral até o 2º (segundo) grau, ascendente ou descendente do devedor, de administrador, do sócio controlador, de membro dos conselhos consultivo, fiscal ou semelhantes da sociedade devedora e à sociedade em que quaisquer dessas pessoas exerçam essas funções.

Art. 44. Na escolha dos representantes de cada classe no Comitê de Credores, somente os respectivos membros poderão votar.

Art. 45. Nas deliberações sobre o plano de recuperação judicial, todas as classes de credores referidas no art. 41 desta Lei deverão aprovar a proposta.

o Art. 58, *caput*, § 1º e II, desta Lei.

§ 1º Em cada uma das classes referidas nos incisos II e III do art. 41 desta Lei, a proposta deverá ser aprovada por credores que representem mais da metade do valor total dos créditos presentes à assembleia e, cumulativamente, pela maioria simples dos credores presentes.

§ 2º Nas classes previstas nos incisos I e IV do art. 41 desta Lei, a proposta deverá ser aprovada pela maioria simples dos credores presentes, independentemente do valor de seu crédito.

• § 2º com a redação dada pela LC nº 147, de 7-8-2014.

o Art. 38 desta Lei.

§ 3º O credor não terá direito a voto e não será considerado para fins de verificação de *quorum* de deliberação se o plano de recuperação judicial não alterar o valor ou as condições originais de pagamento de seu crédito.

Art. 45-A. As deliberações da assembleia-geral de credores previstas nesta Lei poderão ser substituídas pela comprovação da adesão de credores que representem mais da metade do valor dos créditos sujeitos à recuperação judicial, observadas as exceções previstas nesta Lei.

§ 1º Nos termos do art. 56-A desta Lei, as deliberações sobre o plano de recuperação judicial poderão ser substituídas por documento que comprove o cumprimento do disposto no art. 45 desta Lei.

§ 2º As deliberações sobre a constituição do Comitê de Credores poderão ser substituídas por documento que comprove a adesão da maioria dos créditos de cada conjunto de credores previsto no art. 26 desta Lei.

§ 3º As deliberações sobre forma alternativa de realização do ativo na falência, nos termos do art. 145 desta Lei, poderão ser substituídas por documento que comprove a adesão de credores que representem 2/3 (dois terços) dos créditos.

§ 4º As deliberações no formato previsto neste artigo serão fiscalizadas pelo administrador judicial, que emitirá parecer sobre sua regularidade, com oitiva do Ministério Público, previamente à sua homologação judicial, independentemente da concessão ou não da recuperação judicial.

• Art. 45-A acrescido pela Lei nº 14.112, de 24-12-2020.

Art. 46. A aprovação de forma alternativa de realização do ativo na falência, prevista no art. 145 desta Lei, dependerá do voto favorável de credores que representem 2/3 (dois terços) dos créditos presentes à assembleia.

CAPÍTULO III
DA RECUPERAÇÃO JUDICIAL

Seção I
DISPOSIÇÕES GERAIS

Art. 47. A recuperação judicial tem por objetivo viabilizar a superação da situação de crise econômico-financeira do devedor, a fim de permitir a manutenção da fonte produtora, do emprego dos trabalhadores e dos interesses dos credores, promovendo, assim, a preservação da empresa, sua função social e o estímulo à atividade econômica.

o Art. 170, VIII, da CF.

Art. 48. Poderá requerer recuperação judicial o devedor que, no momento do pedido, exerça regularmente suas atividades há mais de 2 (dois) anos e que atenda aos seguintes requisitos, cumulativamente:

o Arts. 2º, 161, 198 e 199 desta Lei.

o Arts. 1.071, VIII, e 1.072, § 4º, do CC.

I – não ser falido e, se o foi, estejam declaradas extintas, por sentença transitada em julgado, as responsabilidades daí decorrentes;

o Arts. 81 e 160 desta Lei.

o Art. 1.011, § 1º, do CC.

o Art. 191 do CTN.

II – não ter, há menos de 5 (cinco) anos, obtido concessão de recuperação judicial;

○ Art. 58 desta Lei.

III – não ter, há menos de 5 (cinco) anos, obtido concessão de recuperação judicial com base no plano especial de que trata a Seção V deste Capítulo;

• Inciso III com a redação dada pela LC nº 147, de 7-8-2014.

IV – não ter sido condenado ou não ter, como administrador ou sócio controlador, pessoa condenada por qualquer dos crimes previstos nesta Lei.

§ 1º A recuperação judicial também poderá ser requerida pelo cônjuge sobrevivente, herdeiros do devedor, inventariante ou sócio remanescente.

• Antigo parágrafo único transformado em § 1º pela Lei nº 12.873, de 24-10-2013.

○ Arts. 96, § 1º, 97, II, e 125 desta Lei.

§ 2º No caso de exercício de atividade rural por pessoa jurídica, admite-se a comprovação do prazo estabelecido no *caput* deste artigo por meio da Escrituração Contábil Fiscal (ECF), ou por meio de obrigação legal de registros contábeis que venha a substituir a ECF, entregue tempestivamente.

• § 2º com a redação dada pela Lei nº 14.112, de 24-12-2020.

§ 3º Para a comprovação do prazo estabelecido no *caput* deste artigo, o cálculo do período de exercício de atividade rural por pessoa física é feito com base no Livro Caixa Digital do Produtor Rural (LCDPR), ou por meio de obrigação legal de registros contábeis que venha a substituir o LCDPR, e pela Declaração do Imposto sobre a Renda da Pessoa Física (DIRPF) e balanço patrimonial, todos entregues tempestivamente.

§ 4º Para efeito do disposto no § 3º deste artigo, no que diz respeito ao período em que não for exigível a entrega do LCDPR, admitir-se-á a entrega do livro-caixa utilizado para a elaboração da DIRPF.

§ 5º Para os fins de atendimento ao disposto nos §§ 2º e 3º deste artigo, as informações contábeis relativas a receitas, a bens, a despesas, a custos e a dívidas deverão estar organizadas de acordo com a legislação e com o padrão contábil da legislação correlata vigente, bem como guardar obediência ao regime de competência e de elaboração de balanço patrimonial por contador habilitado.

• §§ 3º a 5º acrescidos pela Lei nº 14.112, de 24-12-2020.

Art. 48-A. Na recuperação judicial de companhia aberta, serão obrigatórios a formação e o funcionamento do conselho fiscal, nos termos da Lei nº 6.404, de 15 de dezembro de 1976, enquanto durar a fase da recuperação judicial, incluído o período de cumprimento das obrigações assumidas pelo plano de recuperação.

• Art. 48-A acrescido pela Lei nº 14.112, de 24-12-2020.

Art. 49. Estão sujeitos à recuperação judicial todos os créditos existentes na data do pedido, ainda que não vencidos.

§ 1º Os credores do devedor em recuperação judicial conservam seus direitos e privilégios contra os coobrigados, fiadores e obrigados de regresso.

§ 2º As obrigações anteriores à recuperação judicial observarão as condições originalmente contratadas ou definidas em lei, inclusive no que diz respeito aos encargos, salvo se de modo diverso ficar estabelecido no plano de recuperação judicial.

§ 3º Tratando-se de credor titular da posição de proprietário fiduciário de bens móveis ou imóveis, de arrendador mercantil, de proprietário ou promitente vendedor de imóvel cujos respectivos contratos contenham cláusula de irrevogabilidade ou irretratabilidade, inclusive em incorporações imobiliárias, ou de proprietário em contrato de venda com reserva de domínio, seu crédito não se submeterá aos efeitos da recuperação judicial e prevalecerão os direitos de propriedade sobre a coisa e as condições contratuais, observada a legislação respectiva, não se permitindo, contudo, durante o prazo de suspensão a que se refere o § 4º do art. 6º desta Lei, a venda ou a retirada do estabelecimento do devedor dos bens de capital essenciais a sua atividade empresarial.

○ Arts. 39, § 1º, 52, III, 71, I, e 161, § 1º, desta Lei.

§ 4º Não se sujeitará aos efeitos da recuperação judicial a importância a que se refere o inciso II do art. 86 desta Lei.

○ Arts. 39, § 1º, 52, III, e 71, I, desta Lei.

§ 5º Tratando-se de crédito garantido por penhor sobre títulos de crédito, direitos creditórios, aplicações financeiras ou valores mobiliários, poderão ser substituídas ou renovadas as garantias liquidadas ou vencidas durante a recuperação judicial e, enquanto não renovadas ou substituídas, o valor eventualmente recebido em pagamento das garantias permanecerá em conta vinculada durante o período de suspensão de que trata o § 4º do art. 6º desta Lei.

○ Art. 50, § 1º, desta Lei.

§ 6º Nas hipóteses de que tratam os §§ 2º e 3º do art. 48 desta Lei, somente estarão sujeitos à recuperação judicial os créditos que decorram exclusivamente da atividade rural e estejam discriminados nos documentos a que se referem os citados parágrafos, ainda que não vencidos.

§ 7º Não se sujeitarão aos efeitos da recuperação judicial os recursos controlados e abrangidos nos termos dos arts. 14 e 21 da Lei nº 4.829, de 5 de novembro de 1965.

§ 8º Estarão sujeitos à recuperação judicial os recursos de que trata o § 7º deste artigo que não tenham sido objeto de renegociação entre o devedor e a instituição financeira antes do pedido de recuperação judicial, na forma de ato do Poder Executivo.

§ 9º Não se enquadrará nos créditos referidos no *caput* deste artigo aquele relativo à dívida constituída nos 3 (três) últimos anos anteriores ao pedido de recuperação judicial, que tenha sido contraída com a finalidade de aquisição de propriedades rurais, bem como as respectivas garantias.

• §§ 6º a 9º acrescidos pela Lei nº 14.112, de 24-12-2020.

Art. 50. Constituem meios de recuperação judicial, observada a legislação pertinente a cada caso, dentre outros:

○ Art. 53, I, desta Lei.

I – concessão de prazos e condições especiais para pagamento das obrigações vencidas ou vincendas;

II – cisão, incorporação, fusão ou transformação de sociedade, constituição de subsidiária integral, ou cessão de cotas ou ações, respeitados os direitos dos sócios, nos termos da legislação vigente;

○ Arts. 1.113 a 1.122 do CC.

○ Arts. 220 a 234 e 251 a 253 da Lei nº 6.404, de 15-12-1976 (Lei das Sociedades por Ações).

III – alteração do controle societário;

IV – substituição total ou parcial dos administradores do devedor ou modificação de seus órgãos administrativos;

V – concessão aos credores de direito de eleição em separado de administradores e de poder de veto em relação às matérias que o plano especificar;

VI – aumento de capital social;

- Arts. 1.081 a 1.084 do CC.
- Arts. 166 a 174 da Lei nº 6.404, de 15-12-1976 (Lei das Sociedades por Ações).

VII – trespasse ou arrendamento de estabelecimento, inclusive à sociedade constituída pelos próprios empregados;

- Arts. 1.142 a 1.149 do CC.

VIII – redução salarial, compensação de horários e redução da jornada, mediante acordo ou convenção coletiva;

IX – dação em pagamento ou novação de dívidas do passivo, com ou sem constituição de garantia própria ou de terceiro;

- Arts. 356 e 360 do CC.

X – constituição de sociedade de credores;

XI – venda parcial dos bens;

XII – equalização de encargos financeiros relativos a débitos de qualquer natureza, tendo como termo inicial a data da distribuição do pedido de recuperação judicial, aplicando-se inclusive aos contratos de crédito rural, sem prejuízo do disposto em legislação específica;

XIII – usufruto da empresa;

XIV – administração compartilhada;

XV – emissão de valores mobiliários;

XVI – constituição de sociedade de propósito específico para adjudicar, em pagamento dos créditos, os ativos do devedor;

XVII – conversão de dívida em capital social;

XVIII – venda integral da devedora, desde que garantidas aos credores não submetidos ou não aderentes condições, no mínimo, equivalentes àquelas que teriam na falência, hipótese em que será, para todos os fins, considerada unidade produtiva isolada.

- Incisos XVII e XVIII acrescidos pela Lei nº 14.112, de 24-12-2020.

§ 1º Na alienação de bem objeto de garantia real, a supressão da garantia ou sua substituição somente serão admitidas mediante aprovação expressa do credor titular da respectiva garantia.

- Art. 59 desta Lei.

§ 2º Nos créditos em moeda estrangeira, a variação cambial será conservada como parâmetro de indexação da correspondente obrigação e só poderá ser afastada se o credor titular do respectivo crédito aprovar expressamente previsão diversa no plano de recuperação judicial.

§ 3º Não haverá sucessão ou responsabilidade por dívidas de qualquer natureza a terceiro credor, investidor ou novo administrador em decorrência, respectivamente, da mera conversão de dívida em capital, de aporte de novos recursos na devedora ou de substituição dos administradores desta.

§ 4º O imposto sobre a renda e a Contribuição Social sobre o Lucro Líquido (CSLL) incidentes sobre o ganho de capital resultante da alienação de bens ou direitos pela pessoa jurídica em recuperação judicial poderão ser parcelados, com atualização monetária das parcelas, observado o seguinte:

I – o disposto na Lei nº 10.522, de 19 de julho de 2002; e

II – a utilização, como limite, da mediana de alongamento no plano de recuperação judicial em relação aos créditos a ele sujeitos.

§ 5º O limite de alongamento de prazo a que se refere o inciso II do § 4º deste artigo será readequado na hipótese de alteração superveniente do plano de recuperação judicial.

- §§ 3º a 5º acrescidos pela Lei nº 14.112, de 24-12-2020.

Art. 50-A. Nas hipóteses de renegociação de dívidas de pessoa jurídica no âmbito de processo de recuperação judicial, estejam as dívidas sujeitas ou não a esta, e do reconhecimento de seus efeitos nas demonstrações financeiras das sociedades, deverão ser observadas as seguintes disposições:

I – a receita obtida pelo devedor não será computada na apuração da base de cálculo da Contribuição para o Programa de Integração Social (PIS) e para o Programa de Formação do Patrimônio do Servidor Público (PASEP) e da Contribuição para o Financiamento da Seguridade Social (COFINS);

II – o ganho obtido pelo devedor com a redução da dívida não se sujeitará ao limite percentual de que tratam os arts. 42 e 58 da Lei nº 8.981, de 20 de janeiro de 1995, na apuração do imposto sobre a renda e da CSLL; e

III – as despesas correspondentes às obrigações assumidas no plano de recuperação judicial serão consideradas dedutíveis na determinação do lucro real e da base de cálculo da CSLL, desde que não tenham sido objeto de dedução anterior.

Parágrafo único. O disposto no caput deste artigo não se aplica à hipótese de dívida com:

I – pessoa jurídica que seja controladora, controlada, coligada ou interligada; ou

II – pessoa física que seja acionista controladora, sócia, titular ou administradora da pessoa jurídica devedora.

- Art. 50-A acrescido pela Lei nº 14.112, de 24-12-2020, promulgado nos termos do art. 66, § 5º, da CF (*DOU* de 26-3-2021 – edição extra D).

Seção II

DO PEDIDO E DO PROCESSAMENTO DA RECUPERAÇÃO JUDICIAL

Art. 51. A petição inicial de recuperação judicial será instruída com:

- Arts. 70, § 1º, e 96, VII, desta Lei.

I – a exposição das causas concretas da situação patrimonial do devedor e das razões da crise econômico-financeira;

II – as demonstrações contábeis relativas aos 3 (três) últimos exercícios sociais e as levantadas especialmente para instruir o pedido, confeccionadas com estrita observância da legislação societária aplicável e compostas obrigatoriamente de:

- Art. 163, II, desta Lei.

a) balanço patrimonial;

b) demonstração de resultados acumulados;

c) demonstração do resultado desde o último exercício social;

e) descrição das sociedades de grupo societário, de fato ou de direito;

- Alínea *e* acrescida pela Lei nº 14.112, de 24-12-2020.

III – a relação nominal completa dos credores, sujeitos ou não à recuperação judicial, inclusive aqueles por obrigação de fazer ou de dar, com a indicação do endereço físico e eletrônico de cada um, a natureza, conforme estabelecido nos arts. 83 e 84 desta Lei, e o valor atualizado do crédito, com a discriminação de sua origem, e o regime dos vencimentos;

- Inciso III com a redação dada pela Lei nº 14.112, de 24-12-2020.
- Arts. 14, 22, I, 39, 55 e 64, IV, *d*, desta Lei.

IV – a relação integral dos empregados, em que constem as respectivas funções, salários, indenizações e outras parcelas a que têm direito, com o correspondente mês de competência, e a discriminação dos valores pendentes de pagamento;

- Arts. 39 e 54 desta Lei.

V – certidão de regularidade do devedor no Registro Público de Empresas, o ato constitutivo atualizado e as atas de nomeação dos atuais administradores;

- Art. 48, *caput*, desta Lei.
- Art. 967 do CC.

VI – a relação dos bens particulares dos sócios controladores e dos administradores do devedor;

- Arts. 82, § 2º, e 171 desta Lei.

VII – os extratos atualizados das contas bancárias do devedor e de suas eventuais aplicações financeiras de qualquer modalidade, inclusive em fundos de investimento ou em bolsas de valores, emitidos pelas respectivas instituições financeiras;

VIII – certidões dos cartórios de protestos situados na comarca do domicílio ou sede do devedor e naquelas onde possui filial;

IX – a relação, subscrita pelo devedor, de todas as ações judiciais e procedimentos arbitrais em que este figure como parte, inclusive as de natureza trabalhista, com a estimativa dos respectivos valores demandados;

- Inciso IX com a redação dada pela Lei nº 14.112, de 24-12-2020.

X – o relatório detalhado do passivo fiscal; e

XI – a relação de bens e direitos integrantes do ativo não circulante, incluídos aqueles não sujeitos à recuperação judicial, acompanhada dos negócios jurídicos celebrados com os credores de que trata o § 3º do art. 49 desta Lei.

- Incisos X e XI acrescidos pela Lei nº 14.112, de 24-12-2020.

§ 1º Os documentos de escrituração contábil e demais relatórios auxiliares, na forma e no suporte previstos em lei, permanecerão à disposição do juízo, do administrador judicial e, mediante autorização judicial, de qualquer interessado.

- Arts. 1.179 a 1.195 do CC.

§ 2º Com relação à exigência prevista no inciso II do *caput* deste artigo, as microempresas e empresas de pequeno porte poderão apresentar livros e escrituração contábil simplificados nos termos da legislação específica.

- Arts. 3º e 27 da LC nº 123, de 14-12-2006 (Estatuto Nacional da Microempresa e da Empresa de Pequeno Porte).

§ 3º O juiz poderá determinar o depósito em cartório dos documentos a que se referem os §§ 1º e 2º deste artigo ou de cópia destes.

§ 4º Na hipótese de o ajuizamento da recuperação judicial ocorrer antes da data final de entrega do balanço correspondente ao exercício anterior, o devedor apresentará balanço prévio e juntará o balanço definitivo no prazo da lei societária aplicável.

§ 5º O valor da causa corresponderá ao montante total dos créditos sujeitos à recuperação judicial.

§ 6º Em relação ao período de que trata o § 3º do art. 48 desta Lei:

I – a exposição referida no inciso I do *caput* deste artigo deverá comprovar a crise de insolvência, caracterizada pela insuficiência de recursos financeiros ou patrimoniais com liquidez suficiente para saldar suas dívidas;

II – os requisitos do inciso II do *caput* deste artigo serão substituídos pelos documentos mencionados no § 3º do art. 48 desta Lei relativos aos últimos 2 (dois) anos.

- §§ 4º a 6º acrescidos pela Lei nº 14.112, de 24-12-2020.

Art. 51-A. Após a distribuição do pedido de recuperação judicial, poderá o juiz, quando reputar necessário, nomear profissional de sua confiança, com capacidade técnica e idoneidade, para promover a constatação exclusivamente das reais condições de funcionamento da requerente e da regularidade e da completude da documentação apresentada com a petição inicial.

§ 1º A remuneração do profissional de que trata o *caput* deste artigo deverá ser arbitrada posteriormente à apresentação do laudo e deverá considerar a complexidade do trabalho desenvolvido.

§ 2º O juiz deverá conceder o prazo máximo de 5 (cinco) dias para que o profissional nomeado apresente laudo de constatação das reais condições de funcionamento do devedor e da regularidade documental.

§ 3º A constatação prévia será determinada sem que seja ouvida a outra parte e sem apresentação de quesitos por qualquer das partes, com a possibilidade de o juiz determinar a realização da diligência sem a prévia ciência do devedor, quando entender que esta poderá frustrar os seus objetivos.

§ 4º O devedor será intimado do resultado da constatação prévia concomitantemente à sua intimação da decisão que deferir ou indeferir o processamento da recuperação judicial, ou que determinar a emenda da petição inicial, e poderá impugná-la mediante interposição do recurso cabível.

§ 5º A constatação prévia consistirá, objetivamente, na verificação das reais condições de funcionamento da empresa e da regularidade documental, vedado o indeferimento do processamento da recuperação judicial baseado na análise de viabilidade econômica do devedor.

§ 6º Caso a constatação prévia detecte indícios contundentes de utilização fraudulenta da ação de recuperação judicial, o juiz poderá indeferir a petição inicial, sem prejuízo de oficiar ao Ministério Público para tomada das providências criminais eventualmente cabíveis.

§ 7º Caso a constatação prévia demonstre que o principal estabelecimento do devedor não se situa na área de competência do juízo, o juiz deverá determinar a remessa dos autos, com urgência, ao juízo competente.

- Art. 51-A acrescido pela Lei nº 14.112, de 24-12-2020.

Art. 52. Estando em termos a documentação exigida no art. 51 desta Lei, o juiz deferirá o processamento da recuperação judicial e, no mesmo ato:

I – nomeará o administrador judicial, observado o disposto no art. 21 desta Lei;

II – determinará a dispensa da apresentação de certidões negativas para que o devedor exerça suas atividades, observado o disposto no § 3º do art. 195 da Constituição Federal e no art. 69 desta Lei;

- Inciso II com a redação dada pela Lei nº 14.112, de 24-12-2020.

III – ordenará a suspensão de todas as ações ou execuções contra o devedor, na forma do art. 6º desta Lei, permanecendo os respectivos autos no juízo onde se processam, ressalvadas as ações previstas nos §§ 1º, 2º e 7º do art. 6º desta Lei e as relativas a créditos excetuados na forma dos §§ 3º e 4º do art. 49 desta Lei;

IV – determinará ao devedor a apresentação de contas demonstrativas mensais enquanto perdurar a recuperação judicial, sob pena de destituição de seus administradores;

V – ordenará a intimação eletrônica do Ministério Público e das Fazendas Públicas federal e de todos os Estados, Distrito Federal e Municípios em que o devedor tiver estabelecimento, a fim de que tomem conhecimento da recuperação judicial e informem eventuais créditos perante o devedor, para divulgação aos demais interessados.

- Inciso V com a redação dada pela Lei nº 14.112, de 24-12-2020.

LEG. COMPLEMENTAR

§ 1º O juiz ordenará a expedição de edital, para publicação no órgão oficial, que conterá:

o Art. 7º, § 1º, desta Lei.

I – o resumo do pedido do devedor e da decisão que defere o processamento da recuperação judicial;

II – a relação nominal de credores, em que se discrimine o valor atualizado e a classificação de cada crédito;

III – a advertência acerca dos prazos para habilitação dos créditos, na forma do art. 7º, § 1º, desta Lei, e para que os credores apresentem objeção ao plano de recuperação judicial apresentado pelo devedor nos termos do art. 55 desta Lei.

§ 2º Deferido o processamento da recuperação judicial, os credores poderão, a qualquer tempo, requerer a convocação de assembleia-geral para a constituição do Comitê de Credores ou substituição de seus membros, observado o disposto no § 2º do art. 36 desta Lei.

§ 3º No caso do inciso III do *caput* deste artigo, caberá ao devedor comunicar a suspensão aos juízos competentes.

§ 4º O devedor não poderá desistir do pedido de recuperação judicial após o deferimento de seu processamento, salvo se obtiver aprovação da desistência na assembleia-geral de credores.

o Art. 35, I, *d*, desta Lei.

Seção III

DO PLANO DE RECUPERAÇÃO JUDICIAL

Art. 53. O plano de recuperação será apresentado pelo devedor em juízo no prazo improrrogável de 60 (sessenta) dias da publicação da decisão que deferir o processamento da recuperação judicial, sob pena de convolação em falência, e deverá conter:

o Arts. 71 e 73, II, desta Lei.

I – discriminação pormenorizada dos meios de recuperação a ser empregados, conforme o art. 50 desta Lei, e seu resumo;

II – demonstração de sua viabilidade econômica; e

III – laudo econômico-financeiro e de avaliação dos bens e ativos do devedor, subscrito por profissional legalmente habilitado ou empresa especializada.

Parágrafo único. O juiz ordenará a publicação de edital contendo aviso aos credores sobre o recebimento do plano de recuperação e fixando o prazo para a manifestação de eventuais objeções, observado o art. 55 desta Lei.

Art. 54. O plano de recuperação judicial não poderá prever prazo superior a 1 (um) ano para pagamento dos créditos derivados da legislação do trabalho ou decorrentes de acidentes de trabalho vencidos até a data do pedido de recuperação judicial.

§ 1º O plano não poderá, ainda, prever prazo superior a 30 (trinta) dias para o pagamento, até o limite de 5 (cinco) salários mínimos por trabalhador, dos créditos de natureza estritamente salarial vencidos nos 3 (três) meses anteriores ao pedido de recuperação judicial.

• Parágrafo único transformado em § 1º pela Lei nº 14.112, de 24-12-2020.

§ 2º O prazo estabelecido no *caput* deste artigo poderá ser estendido em até 2 (dois) anos, se o plano de recuperação judicial atender aos seguintes requisitos, cumulativamente:

I – apresentação de garantias julgadas suficientes pelo juiz;

II – aprovação pelos credores titulares de créditos derivados da legislação trabalhista ou decorrentes de acidentes de trabalho, na forma do § 2º do art. 45 desta Lei; e

III – garantia da integralidade do pagamento dos créditos trabalhistas.

• § 2º acrescido pela Lei nº 14.112, de 24-12-2020.

Seção IV

DO PROCEDIMENTO DE RECUPERAÇÃO JUDICIAL

Art. 55. Qualquer credor poderá manifestar ao juiz sua objeção ao plano de recuperação judicial no prazo de 30 (trinta) dias contado da publicação da relação de credores de que trata o § 2º do art. 7º desta Lei.

o Arts. 52, § 1º, III, 53, par. ún., 57, 58 e 72, par. ún., desta Lei.

Parágrafo único. Caso, na data da publicação da relação de que trata o *caput* deste artigo, não tenha sido publicado o aviso previsto no art. 53, parágrafo único, desta Lei, contar-se-á da publicação deste o prazo para as objeções.

Art. 56. Havendo objeção de qualquer credor ao plano de recuperação judicial, o juiz convocará a assembleia-geral de credores para deliberar sobre o plano de recuperação.

§ 1º A data designada para a realização da assembleia-geral não excederá 150 (cento e cinquenta) dias contados do deferimento do processamento da recuperação judicial.

§ 2º A assembleia-geral que aprovar o plano de recuperação judicial poderá indicar os membros do Comitê de Credores, na forma do art. 26 desta Lei, se já não estiver constituído.

§ 3º O plano de recuperação judicial poderá sofrer alterações na assembleia-geral, desde que haja expressa concordância do devedor e em termos que não impliquem diminuição dos direitos exclusivamente dos credores ausentes.

§ 4º Rejeitado o plano de recuperação judicial, o administrador judicial submeterá, no ato, à votação da assembleia-geral de credores a concessão de prazo de 30 (trinta) dias para que seja apresentado plano de recuperação judicial pelos credores.

• § 4º com a redação pela Lei nº 14.112, de 24-12-2020.

o Arts. 58, § 1º, e 73, III, desta Lei.

§ 5º A concessão do prazo a que se refere o § 4º deste artigo deverá ser aprovada por credores que representem mais da metade dos créditos presentes à assembleia-geral de credores.

§ 6º O plano de recuperação judicial proposto pelos credores somente será posto em votação caso satisfeitas, cumulativamente, as seguintes condições:

I – não preenchimento dos requisitos previstos no § 1º do art. 58 desta Lei;

II – preenchimento dos requisitos previstos nos incisos I, II e III do *caput* do art. 53 desta Lei;

III – apoio por escrito de credores que representem, alternativamente:

a) mais de 25% (vinte e cinco por cento) dos créditos totais sujeitos à recuperação judicial; ou

b) mais de 35% (trinta e cinco por cento) dos créditos dos credores presentes à assembleia-geral a que se refere o § 4º deste artigo;

IV – não imputação de obrigações novas, não previstas em lei ou em contratos anteriormente celebrados, aos sócios do devedor;

V – previsão de isenção das garantias pessoais prestadas por pessoas naturais em relação aos créditos a serem novados e que sejam de titularidade dos credores mencionados no inciso III deste parágrafo ou daqueles que votarem favoravelmente ao plano de recuperação judicial apresentado pelos credores, não permitidas ressalvas de voto; e

VI – não imposição ao devedor ou aos seus sócios de sacrifício maior do que aquele que decorreria da liquidação na falência.

§ 7º O plano de recuperação judicial apresentado pelos credores poderá prever a capitalização dos créditos, inclusive com a consequente alteração do controle da sociedade devedora, permitido o exercício do direito de retirada pelo sócio do devedor.

§ 8º Não aplicado o disposto nos §§ 4º, 5º e 6º deste artigo, ou rejeitado o plano de recuperação judicial proposto pelos credores, o juiz convolará a recuperação judicial em falência.

§ 9º Na hipótese de suspensão da assembleia-geral de credores convocada para fins de votação do plano de recuperação judicial, a assembleia deverá ser encerrada no prazo de até 90 (noventa) dias, contado da data de sua instalação.

• §§ 5º a 9º acrescidos pela Lei nº 14.112, de 24-12-2020.

Art. 56-A. Até 5 (cinco) dias antes da data de realização da assembleia-geral de credores convocada para deliberar sobre o plano, o devedor poderá comprovar a aprovação dos credores por meio de termo de adesão, observado o quórum previsto no art. 45 desta Lei, e requerer a sua homologação judicial.

§ 1º No caso previsto no *caput* deste artigo, a assembleia-geral será imediatamente dispensada, e o juiz intimará os credores para apresentarem eventuais oposições, no prazo de 10 (dez) dias, o qual substituirá o prazo inicialmente estipulado nos termos do *caput* do art. 55 desta Lei.

§ 2º Oferecida oposição prevista no § 1º deste artigo, terá o devedor o prazo de 10 (dez) dias para manifestar-se a respeito, ouvido a seguir o administrador judicial, no prazo de 5 (cinco) dias.

§ 3º No caso de dispensa da assembleia-geral ou de aprovação do plano de recuperação judicial em assembleia-geral, as oposições apenas poderão versar sobre:

I – não preenchimento do quórum legal de aprovação;

II – descumprimento do procedimento disciplinado nesta Lei;

III – irregularidades do termo de adesão ao plano de recuperação; ou

IV – irregularidades e ilegalidades do plano de recuperação.

• Art. 56-A acrescido pela Lei nº 14.112, de 24-12-2020.

Art. 57. Após a juntada aos autos do plano aprovado pela assembleia-geral de credores ou decorrido o prazo previsto no art. 55 desta Lei sem objeção de credores, o devedor apresentará certidões negativas de débitos tributários nos termos dos arts. 151, 205, 206 da Lei nº 5.172, de 25 de outubro de 1966 – Código Tributário Nacional.

○ Arts. 151, 191-A, 205 e 206 do CTN.

Art. 58. Cumpridas as exigências desta Lei, o juiz concederá a recuperação judicial do devedor cujo plano não tenha sofrido objeção de credor nos termos do art. 55 desta Lei ou tenha sido aprovado pela assembleia-geral de credores na forma dos arts. 45 ou 56-A desta Lei.

• *Caput* com a redação pela Lei nº 14.112, de 24-12-2020.

○ Art. 61 desta Lei.

§ 1º O juiz poderá conceder a recuperação judicial com base em plano que não obteve aprovação na forma do art. 45 desta Lei, desde que, na mesma assembleia, tenha obtido, de forma cumulativa:

I – o voto favorável de credores que representem mais da metade do valor de todos os créditos presentes à assembleia, independentemente de classes;

II – a aprovação de 3 (três) das classes de credores ou, caso haja somente 3 (três) classes com credores votantes, a aprovação de pelo menos 2 (duas) das classes ou, caso haja somente 2 (duas) classes com credores votantes, a aprovação de pelo menos 1 (uma) delas, sempre nos termos do art. 45 desta Lei;

• Inciso II com a redação pela Lei nº 14.112, de 24-12-2020.

III – na classe que o houver rejeitado, o voto favorável de mais de 1/3 (um terço) dos credores, computados na forma dos §§ 1º e 2º do art. 45 desta Lei.

§ 2º A recuperação judicial somente poderá ser concedida com base no § 1º deste artigo se o plano não implicar tratamento diferenciado entre os credores da classe que o houver rejeitado.

○ Art. 191-A do CTN.

§ 3º Da decisão que conceder a recuperação judicial serão intimados eletronicamente o Ministério Público e as Fazendas Públicas federal e de todos os Estados, Distrito Federal e Municípios em que o devedor tiver estabelecimento.

• § 3º acrescido pela Lei nº 14.112, de 24-12-2020.

Art. 58-A. Rejeitado o plano de recuperação proposto pelo devedor ou pelos credores e não preenchidos os requisitos estabelecidos no § 1º do art. 58 desta Lei, o juiz convolará a recuperação judicial em falência.

Parágrafo único. Da sentença prevista no *caput* deste artigo caberá agravo de instrumento.

• Art. 58-A acrescido pela Lei nº 14.112, de 24-12-2020.

Art. 59. O plano de recuperação judicial implica novação dos créditos anteriores ao pedido, e obriga o devedor e todos os credores a ele sujeitos, sem prejuízo das garantias, observado o disposto no § 1º do art. 50 desta Lei.

○ Arts. 360 a 367 do CC.

§ 1º A decisão judicial que conceder a recuperação judicial constituirá título executivo judicial, nos termos do art. 584, inciso III, do *caput* da Lei nº 5.869, de 11 de janeiro de 1973 – Código de Processo Civil.

• Refere-se ao CPC/1973.

○ Art. 94, I, desta Lei.

○ Súm. nº 25 do STJ.

§ 2º Contra a decisão que conceder a recuperação judicial caberá agravo, que poderá ser interposto por qualquer credor e pelo Ministério Público.

§ 3º Da decisão que conceder a recuperação judicial serão intimadas eletronicamente as Fazendas Públicas federal e de todos os Estados, Distrito Federal e Municípios em que o devedor tiver estabelecimento.

• § 3º acrescido pela Lei nº 14.112, de 24-12-2020.

Art. 60. Se o plano de recuperação judicial aprovado envolver alienação judicial de filiais ou de unidades produtivas isoladas do devedor, o juiz ordenará a sua realização, observado o disposto no art. 142 desta Lei.

○ Arts. 50, § 1º, 66 e 142 desta Lei.

Parágrafo único. O objeto da alienação estará livre de qualquer ônus e não haverá sucessão do arrematante nas obrigações do devedor de qualquer natureza, incluídas, mas não exclusivamente, as de natureza ambiental, regulatória, administrativa, penal, anticorrupção, tributária e trabalhista, observado o disposto no § 1º do art. 141 desta Lei.

• Parágrafo único com a redação dada pela Lei nº 14.112, de 24-12-2020, promulgado nos termos do art. 66, § 5º, da CF (*DOU* de 26-3-2021 – edição extra D).

○ Art. 133, § 1º, II e § 2º, do CTN.

Art. 60-A. A unidade produtiva isolada de que trata o art. 60 desta Lei poderá abranger bens, direitos ou ativos de qualquer natureza, tangíveis ou intangíveis, isolados ou em conjunto, incluídas participações dos sócios.

Parágrafo único. O disposto no *caput* deste artigo não afasta a incidência do inciso VI do *caput* e do § 2º do art. 73 desta Lei.

• Art. 60-A acrescido pela Lei nº 14.112, de 24-12-2020.

Art. 61. Proferida a decisão prevista no art. 58 desta Lei, o juiz poderá determinar a manutenção do devedor em recuperação judicial até que sejam cumpridas todas as obrigações previstas no plano que vencerem até, no máximo, 2 (dois) anos depois da concessão da recuperação judicial, independentemente do eventual período de carência.

• *Caput* com a redação pela Lei nº 14.112, de 24-12-2020.

○ Arts. 63 e 73, IV, desta Lei.

§ 1º Durante o período estabelecido no *caput* deste artigo, o descumprimento de qualquer obrigação prevista no plano acarretará a convolação da recuperação em falência, nos termos do art. 73 desta Lei.

§ 2º Decretada a falência, os credores terão reconstituídos seus direitos e garantias nas condições originalmente contratadas, deduzidos os valores eventualmente pagos e ressalvados os atos validamente praticados no âmbito da recuperação judicial.

○ Art. 100 desta Lei.

Art. 62. Após o período previsto no art. 61 desta Lei, no caso de descumprimento de qualquer obrigação prevista no plano de recuperação judicial, qualquer credor poderá requerer a execução específica ou a falência com base no art. 94 desta Lei.

○ Art. 59, § 1º, desta Lei.

Art. 63. Cumpridas as obrigações vencidas no prazo previsto no *caput* do art. 61 desta Lei, o juiz decretará por sentença o encerramento da recuperação judicial e determinará:

I – o pagamento do saldo de honorários ao administrador judicial, somente podendo efetuar a quitação dessas obrigações mediante prestação de contas, no prazo de 30 (trinta) dias, e aprovação do relatório previsto no inciso III do *caput* deste artigo;

○ Art. 24 desta Lei.

II – a apuração do saldo das custas judiciais a serem recolhidas;

III – a apresentação de relatório circunstanciado do administrador judicial, no prazo máximo de 15 (quinze) dias, versando sobre a execução do plano de recuperação pelo devedor;

○ Art. 22, II, *d*, desta Lei.

IV – a dissolução do Comitê de Credores e a exoneração do administrador judicial;

V – a comunicação ao Registro Público de Empresas e à Secretaria Especial da Receita Federal do Brasil do Ministério da Economia para as providências cabíveis.

• Inciso V com a redação dada pela Lei nº 14.112, de 24-12-2020.

○ Art. 69, par. ún., desta Lei.

Parágrafo único. O encerramento da recuperação judicial não dependerá da consolidação do quadro geral de credores.

• Parágrafo único acrescido pela Lei nº 14.112, de 24-12-2020.

Art. 64. Durante o procedimento de recuperação judicial, o devedor ou seus administradores serão mantidos na condução da atividade empresarial, sob fiscalização do Comitê, se houver, e do administrador judicial, salvo se qualquer deles:

○ Art. 65 desta Lei.

I – houver sido condenado em sentença penal transitada em julgado por crime cometido em recuperação judicial ou falência anteriores ou por crime contra o patrimônio, a economia popular ou a ordem econômica previstos na legislação vigente;

II – houver indícios veementes de ter cometido crime previsto nesta Lei;

III – houver agido com dolo, simulação ou fraude contra os interesses de seus credores;

IV – houver praticado qualquer das seguintes condutas:

a) efetuar gastos pessoais manifestamente excessivos em relação a sua situação patrimonial;

b) efetuar despesas injustificáveis por sua natureza ou vulto, em relação ao capital ou gênero do negócio, ao movimento das operações e a outras circunstâncias análogas;

c) descapitalizar injustificadamente a empresa ou realizar operações prejudiciais ao seu funcionamento regular;

d) simular ou omitir créditos ao apresentar a relação de que trata o inciso III do *caput* do art. 51 desta Lei, sem relevante razão de direito ou amparo de decisão judicial;

V – negar-se a prestar informações solicitadas pelo administrador judicial ou pelos demais membros do Comitê;

VI – tiver seu afastamento previsto no plano de recuperação judicial.

Parágrafo único. Verificada qualquer das hipóteses do *caput* deste artigo, o juiz destituirá o administrador, que será substituído na forma prevista nos atos constitutivos do devedor ou do plano de recuperação judicial.

Art. 65. Quando do afastamento do devedor, nas hipóteses previstas no art. 64 desta Lei, o juiz convocará a assembleia-geral de credores para deliberar sobre o nome do gestor judicial que assumirá a administração das atividades do devedor, aplicando-se-lhe, no que couber, todas as normas sobre deveres, impedimentos e remuneração do administrador judicial.

§ 1º O administrador judicial exercerá as funções de gestor enquanto a assembleia-geral não deliberar sobre a escolha deste.

§ 2º Na hipótese de o gestor indicado pela assembleia-geral de credores recusar ou estar impedido de aceitar o encargo para gerir os negócios do devedor, o juiz convocará, no prazo de 72 (setenta e duas) horas, contado da recusa ou da declaração do impedimento nos autos, nova assembleia-geral, aplicado o disposto no § 1º deste artigo.

Art. 66. Após a distribuição do pedido de recuperação judicial, o devedor não poderá alienar ou onerar bens ou direitos de seu ativo não circulante, inclusive para os fins previstos no art. 67 desta Lei, salvo mediante autorização do juiz, depois de ouvido o Comitê de Credores, se houver, com exceção daqueles previamente autorizados no plano de recuperação judicial.

• *Caput* com a redação pela Lei nº 14.112, de 24-12-2020.

§ 1º Autorizada a alienação de que trata o *caput* deste artigo pelo juiz, observar-se-á o seguinte:

I – nos 5 (cinco) dias subsequentes à data da publicação da decisão, credores que corresponderem a mais de 15% (quinze por cento) do valor total de créditos sujeitos à recuperação judicial, comprovada a prestação da caução equivalente ao valor total da alienação, poderão manifestar ao administrador judicial, fundamentadamente, o interesse na realização da assembleia-geral de credores para deliberar sobre a realização da venda;

II – nas 48 (quarenta e oito) horas posteriores ao final do prazo previsto no inciso I deste parágrafo, o administrador judicial apresentará ao juiz relatório das manifestações recebidas e, somente na hipótese de cumpridos os requisitos estabelecidos, requererá a convocação de assembleia-geral de credores, que será realizada da forma mais célere, eficiente e menos onerosa, preferencialmente por intermédio dos instrumentos referidos no § 4º do art. 39 desta Lei.

§ 2º As despesas com a convocação e a realização da assembleia-geral correrão por conta dos credores referidos no inciso I do § 1º deste artigo, proporcionalmente ao valor total de seus créditos.

- §§ 1º e 2º acrescidos pela Lei nº 14.112, de 24-12-2020.

§ 3º Desde que a alienação seja realizada com observância do disposto no § 1º do art. 141 e no art. 142 desta Lei, o objeto da alienação estará livre de qualquer ônus e não haverá sucessão do adquirente nas obrigações do devedor, incluídas, mas não exclusivamente, as de natureza ambiental, regulatória, administrativa, penal, anticorrupção, tributária e trabalhista.

- § 3º acrescido pela Lei nº 14.112, de 24-12-2020, promulgado nos termos do art. 66, § 5º, da CF (*DOU* de 26-3-2021 – edição extra D).

§ 4º O disposto no *caput* deste artigo não afasta a incidência do inciso VI do *caput* e do § 2º do art. 73 desta Lei.

- § 4º acrescido pela Lei nº 14.112, de 24-12-2020.

Art. 66-A. A alienação de bens ou a garantia outorgada pelo devedor a adquirente ou a financiador de boa-fé, desde que realizada mediante autorização judicial expressa ou prevista em plano de recuperação judicial ou extrajudicial aprovado, não poderá ser anulada ou tornada ineficaz após a consumação do negócio jurídico com o recebimento dos recursos correspondentes pelo devedor.

- Art. 66-A acrescido pela Lei nº 14.112, de 24-12-2020.

Art. 67. Os créditos decorrentes de obrigações contraídas pelo devedor durante a recuperação judicial, inclusive aqueles relativos a despesas com fornecedores de bens ou serviços e contratos de mútuo, serão considerados extraconcursais, em caso de decretação de falência, respeitada, no que couber, a ordem estabelecida no art. 83 desta Lei.

- Art. 54, V, desta Lei.

Parágrafo único. O plano de recuperação judicial poderá prever tratamento diferenciado aos créditos sujeitos à recuperação judicial pertencentes a fornecedores de bens ou serviços que continuarem a provê-los normalmente após o pedido de recuperação judicial, desde que tais bens ou serviços sejam necessários para a manutenção das atividades e que o tratamento diferenciado seja adequado e razoável no que concerne à relação comercial futura.

- Parágrafo único com a redação dada pela Lei nº 14.112, de 24-12-2020.
- Art. 83, V, *b*, desta Lei.

Art. 68. As Fazendas Públicas e o Instituto Nacional do Seguro Social – INSS poderão deferir, nos termos da legislação específica, parcelamento de seus créditos, em sede de recuperação judicial, de acordo com os parâmetros estabelecidos na Lei nº 5.172, de 25 de outubro de 1966 – Código Tributário Nacional.

- Art. 155-A do CTN.
- Lei nº 10.684, de 30-5-2003, altera a legislação tributária, dispõe sobre parcelamento de débitos junto à Secretaria da Receita Federal, à Procuradoria-Geral da Fazenda Nacional e ao Instituto Nacional do Seguro Social.

Parágrafo único. As microempresas e empresas de pequeno porte farão jus a prazos 20% (vinte por cento) superiores àqueles regularmente concedidos às demais empresas.

- Parágrafo único acrescido pela LC nº 147, de 7-8-2014.

Art. 69. Em todos os atos, contratos e documentos firmados pelo devedor sujeito ao procedimento de recuperação judicial deverá ser acrescida, após o nome empresarial, a expressão "em Recuperação Judicial".

- Arts. 52, II, e 191 desta Lei.

Parágrafo único. O juiz determinará ao Registro Público de Empresas e à Secretaria Especial da Receita Federal do Brasil a anotação da recuperação judicial nos registros correspondentes.

- Parágrafo único com a redação dada pela Lei nº 14.112, de 24-12-2020.

Seção IV-A

DO FINANCIAMENTO DO DEVEDOR E DO GRUPO DEVEDOR DURANTE A RECUPERAÇÃO JUDICIAL

- Seção IV-A acrescida pela Lei nº 14.112, de 24-12-2020.

Art. 69-A. Durante a recuperação judicial, nos termos dos arts. 66 e 67 desta Lei, o juiz poderá, depois de ouvido o Comitê de Credores, autorizar a celebração de contratos de financiamento com o devedor, garantidos pela oneração ou pela alienação fiduciária de bens e direitos, seus ou de terceiros, pertencentes ao ativo não circulante, para financiar as suas atividades e as despesas de reestruturação ou de preservação do valor de ativos.

Art. 69-B. A modificação em grau de recurso da decisão autorizativa da contratação do financiamento não pode alterar sua natureza extraconcursal, nos termos do art. 84 desta Lei, nem as garantias outorgadas pelo devedor em favor do financiador de boa-fé, caso o desembolso dos recursos já tenha sido efetivado.

Art. 69-C. O juiz poderá autorizar a constituição de garantia subordinada sobre um ou mais ativos do devedor em favor do financiador de devedor em recuperação judicial, dispensando a anuência do detentor da garantia original.

§ 1º A garantia subordinada, em qualquer hipótese, ficará limitada ao eventual excesso resultante da alienação do ativo objeto da garantia original.

§ 2º O disposto no *caput* deste artigo não se aplica a qualquer modalidade de alienação fiduciária ou de cessão fiduciária.

Art. 69-D. Caso a recuperação judicial seja convolada em falência antes da liberação integral dos valores de que trata esta Seção, o contrato de financiamento será considerado automaticamente rescindido.

Parágrafo único. As garantias constituídas e as preferências serão conservadas até o limite dos valores efetivamente entregues ao devedor antes da data da sentença que convolar a recuperação judicial em falência.

Art. 69-E. O financiamento de que trata esta Seção poderá ser realizado por qualquer pessoa, inclusive credores, sujeitos ou não à recuperação judicial, familiares, sócios e integrantes do grupo do devedor.

Art. 69-F. Qualquer pessoa ou entidade pode garantir o financiamento de que trata esta Seção mediante a oneração ou a alienação fiduciária de bens e direitos, inclusive o próprio devedor e os demais integrantes do seu grupo, estejam ou não em recuperação judicial.

- Arts. 69-A a 69-F acrescidos pela Lei nº 14.112, de 24-12-2020.

Seção IV-B

DA CONSOLIDAÇÃO PROCESSUAL E DA CONSOLIDAÇÃO SUBSTANCIAL

- Seção IV-B acrescida pela Lei nº 14.112, de 24-12-2020.

Art. 69-G. Os devedores que atendam aos requisitos previstos nesta Lei e que integrem grupo sob controle societário comum poderão requerer recuperação judicial sob consolidação processual.

§ 1º Cada devedor apresentará individualmente a documentação exigida no art. 51 desta Lei.

§ 2º O juízo do local do principal estabelecimento entre os dos devedores é competente para deferir a recuperação judicial sob consolidação processual, em observância ao disposto no art. 3º desta Lei.

§ 3º Exceto quando disciplinado de forma diversa, as demais disposições desta Lei aplicam-se aos casos de que trata esta Seção.

Art. 69-H. Na hipótese de a documentação de cada devedor ser considerada adequada, apenas um administrador judicial será nomeado, observado o disposto na Seção III do Capítulo II desta Lei.

Art. 69-I. A consolidação processual, prevista no art. 69-G desta Lei, acarreta a coordenação de atos processuais, garantida a independência dos devedores, dos seus ativos e dos seus passivos.

§ 1º Os devedores proporão meios de recuperação independentes e específicos para a composição de seus passivos, admitida a sua apresentação em plano único.

§ 2º Os credores de cada devedor deliberarão em assembleias-gerais de credores independentes.

§ 3º Os quóruns de instalação e de deliberação das assembleias-gerais de que trata o § 2º deste artigo serão verificados, exclusivamente, em referência aos credores de cada devedor, e serão elaboradas atas para cada um dos devedores.

§ 4º A consolidação processual não impede que alguns devedores obtenham a concessão da recuperação judicial e outros tenham a falência decretada.

§ 5º Na hipótese prevista no § 4º deste artigo, o processo será desmembrado em tantos processos quantos forem necessários.

Art. 69-J. O juiz poderá, de forma excepcional, independentemente da realização de assembleia-geral, autorizar a consolidação substancial de ativos e passivos dos devedores integrantes do mesmo grupo econômico que estejam em recuperação judicial sob consolidação processual, apenas quando constatar a interconexão e a confusão entre ativos ou passivos dos devedores, de modo que não seja possível identificar a sua titularidade sem excessivo dispêndio de tempo ou de recursos, cumulativamente com a ocorrência de, no mínimo, 2 (duas) das seguintes hipóteses:

I – existência de garantias cruzadas;

II – relação de controle ou de dependência;

III – identidade total ou parcial do quadro societário; e

IV – atuação conjunta no mercado entre os postulantes.

Art. 69-K. Em decorrência da consolidação substancial, ativos e passivos de devedores serão tratados como se pertencessem a um único devedor.

§ 1º A consolidação substancial acarretará a extinção imediata de garantias fidejussórias e de créditos detidos por um devedor em face de outro.

§ 2º A consolidação substancial não impactará a garantia real de nenhum credor, exceto mediante aprovação expressa do titular.

Art. 69-L. Admitida a consolidação substancial, os devedores apresentarão plano unitário, que discriminará os meios de recuperação a serem empregados e será submetido a uma assembleia-geral de credores para a qual serão convocados os credores dos devedores.

§ 1º As regras sobre deliberação e homologação previstas nesta Lei serão aplicadas à assembleia-geral de credores a que se refere o *caput* deste artigo.

§ 2º A rejeição do plano unitário de que trata o *caput* deste artigo implicará a convolação da recuperação judicial em falência dos devedores sob consolidação substancial.

- Arts. 69-G a 69-L acrescidos pela Lei nº 14.112, de 24-12-2020.

Seção V

DO PLANO DE RECUPERAÇÃO JUDICIAL PARA MICROEMPRESAS E EMPRESAS DE PEQUENO PORTE

Art. 70. As pessoas de que trata o art. 1º desta Lei e que se incluam nos conceitos de microempresa ou empresa de pequeno porte, nos termos da legislação vigente, sujeitam-se às normas deste Capítulo.

- Art. 72 desta Lei.
- Art. 3º da LC nº 123, de 14-12-2006 (Estatuto Nacional da Microempresa e da Empresa de Pequeno Porte).

§ 1º As microempresas e as empresas de pequeno porte, conforme definidas em lei, poderão apresentar plano especial de recuperação judicial, desde que afirmem sua intenção de fazê-lo na petição inicial de que trata o art. 51 desta Lei.

§ 2º Os credores não atingidos pelo plano especial não terão seus créditos habilitados na recuperação judicial.

Art. 70-A. O produtor rural de que trata o § 3º do art. 48 desta Lei poderá apresentar plano especial de recuperação judicial, nos termos desta Seção, desde que o valor da causa não exceda a R$ 4.800.000,00 (quatro milhões e oitocentos mil reais).

- Art. 70-A acrescido pela Lei nº 14.112, de 24-12-2020.

Art. 71. O plano especial de recuperação judicial será apresentado no prazo previsto no art. 53 desta Lei e limitar-se-á às seguintes condições:

I – abrangerá todos os créditos existentes na data do pedido, ainda que não vencidos, excetuados os decorrentes de repasse de recursos oficiais, os fiscais e os previstos nos §§ 3º e 4º do art. 49;

II – preverá parcelamento em até 36 (trinta e seis) parcelas mensais, iguais e sucessivas, acrescidas de juros equivalentes à taxa Sistema Especial de Liquidação e de Custódia – SELIC, podendo conter ainda a proposta de abatimento do valor das dívidas;

- Incisos I e II com a redação dada pela LC nº 147, de 7-8-2014.

III – preverá o pagamento da 1ª (primeira) parcela no prazo máximo de 180 (cento e oitenta) dias, contado da distribuição do pedido de recuperação judicial;

IV – estabelecerá a necessidade de autorização do juiz, após ouvido o administrador judicial e o Comitê de Credores, para o devedor aumentar despesas ou contratar empregados.

Parágrafo único. O pedido de recuperação judicial com base em plano especial não acarreta a suspensão do curso da prescrição nem das ações e execuções por créditos não abrangidos pelo plano.

Art. 72. Caso o devedor de que trata o art. 70 desta Lei opte pelo pedido de recuperação judicial com base no plano especial disciplinado nesta Seção, não será convocada assembleia-geral de credores para deliberar sobre o plano, e o juiz concederá a recuperação judicial se atendidas as demais exigências desta Lei.

Parágrafo único. O juiz também julgará improcedente o pedido de recuperação judicial e decretará a falência do devedor se houver objeções, nos termos do art. 55, de credores titulares de mais da metade de qualquer uma das classes de créditos previstos no art. 83, computados na forma do art. 45, todos desta Lei.

• Parágrafo único com a redação dada pela LC nº 147, de 7-8-2014.

CAPÍTULO IV
DA CONVOLAÇÃO DA RECUPERAÇÃO JUDICIAL EM FALÊNCIA

Art. 73. O juiz decretará a falência durante o processo de recuperação judicial:

○ Art. 61, § 1º, desta Lei.

I – por deliberação da assembleia-geral de credores, na forma do art. 42 desta Lei;

II – pela não apresentação, pelo devedor, do plano de recuperação no prazo do art. 53 desta Lei;

III – quando não aplicado o disposto nos §§ 4º, 5º e 6º do art. 56 desta Lei, ou rejeitado o plano de recuperação judicial proposto pelos credores, nos termos do § 7º do art. 56 e do art. 58-A desta Lei;

• Inciso III com a redação dada pela Lei nº 14.112, de 24-12-2020.

IV – por descumprimento de qualquer obrigação assumida no plano de recuperação, na forma do § 1º do art. 61 desta Lei;

V – por descumprimento dos parcelamentos referidos no art. 68 desta Lei ou da transação prevista no art. 10-C da Lei nº 10.522, de 19 de julho de 2002; e

VI – quando identificado o esvaziamento patrimonial da devedora que implique liquidação substancial da empresa, em prejuízo de credores não sujeitos à recuperação judicial, inclusive as Fazendas Públicas.

• Incisos V e VI acrescidos pela Lei nº 14.112, de 24-12-2020.

§ 1º O disposto neste artigo não impede a decretação da falência por inadimplemento de obrigação não sujeita à recuperação judicial, nos termos dos incisos I ou II do *caput* do art. 94 desta Lei, ou por prática de ato previsto no inciso III do *caput* do art. 94 desta Lei.

• Parágrafo único transformado em § 1º pela Lei nº 14.112, de 24-12-2020.

§ 2º A hipótese prevista no inciso VI do *caput* deste artigo não implicará a invalidade ou a ineficácia dos atos, e o juiz determinará o bloqueio do produto de eventuais alienações e a devolução ao devedor dos valores já distribuídos, os quais ficarão à disposição do juízo.

§ 3º Considera-se substancial a liquidação quando não forem reservados bens, direitos ou projeção de fluxo de caixa futuro suficientes à manutenção da atividade econômica para fins de cumprimento de suas obrigações, facultada a realização de perícia específica para essa finalidade.

• §§ 2º e 3º com a redação dada pela Lei nº 14.112, de 24-12-2020.

Art. 74. Na convolação da recuperação em falência, os atos de administração, endividamento, oneração ou alienação praticados durante a recuperação judicial presumem-se válidos, desde que realizados na forma desta Lei.

CAPÍTULO V
DA FALÊNCIA

Seção I
DISPOSIÇÕES GERAIS

Art. 75. A falência, ao promover o afastamento do devedor de suas atividades, visa a:"

• *Caput* com a redação dada pela Lei nº 14.112, de 24-12-2020.

○ Art. 126 desta Lei.

I – preservar e a otimizar a utilização produtiva dos bens, dos ativos e dos recursos produtivos, inclusive os intangíveis, da empresa;

II – permitir a liquidação célere das empresas inviáveis, com vistas à realocação eficiente de recursos na economia; e

III – fomentar o empreendedorismo, inclusive por meio da viabilização do retorno célere do empreendedor falido à atividade econômica.

• Incisos I a III acrescidos pela Lei nº 14.112, de 24-12-2020.

§ 1º O processo de falência atenderá aos princípios da celeridade e da economia processual, sem prejuízo do contraditório, da ampla defesa e dos demais princípios previstos na Lei nº 13.105, de 16 de março de 2015 (Código de Processo Civil).

• Parágrafo único transformado em § 1º e com a redação dada pela Lei nº 14.112, de 24-12-2020.

○ Art. 5º, LXXVIII, da CF.

○ Art. 79 desta Lei.

§ 2º A falência é mecanismo de preservação de benefícios econômicos e sociais decorrentes da atividade empresarial, por meio da liquidação imediata do devedor e da rápida realocação útil de ativos na economia.

• § 2º acrescido pela Lei nº 14.112, de 24-12-2020.

Art. 76. O juízo da falência é indivisível e competente para conhecer todas as ações sobre bens, interesses e negócios do falido, ressalvadas as causas trabalhistas, fiscais e aquelas não reguladas nesta Lei em que o falido figurar como autor ou litisconsorte ativo.

○ Arts. 3º e 78 desta Lei.

○ Art. 187 do CTN.

○ Art. 29, *caput*, da Lei nº 6.830, de 22-9-1980 (Lei das Execuções Fiscais).

Parágrafo único. Todas as ações, inclusive as excetuadas no *caput* deste artigo, terão prosseguimento com o administrador judicial, que deverá ser intimado para representar a massa falida, sob pena de nulidade do processo.

Art. 77. A decretação da falência determina o vencimento antecipado das dívidas do devedor e dos sócios ilimitada e solidariamente responsáveis, com o abatimento proporcional dos juros, e converte todos os créditos em moeda estrangeira para a moeda do País, pelo câmbio do dia da decisão judicial, para todos os efeitos desta Lei.

○ Arts. 333, I, 407, 1.039, 1.045 e 1.425, II, do CC.

○ Art. 281 da Lei nº 6.404, de 15-12-1976 (Lei das Sociedades por Ações).

Art. 78. Os pedidos de falência estão sujeitos a distribuição obrigatória, respeitada a ordem de apresentação.

Parágrafo único. As ações que devam ser propostas no juízo da falência estão sujeitas a distribuição por dependência.

Art. 79. Os processos de falência e os seus incidentes preferem a todos os outros na ordem dos feitos, em qualquer instância.

○ Art. 75, par. ún., desta Lei.

LEG. COMPLEMENTAR

Art. 80. Considerar-se-ão habilitados os créditos remanescentes da recuperação judicial, quando definitivamente incluídos no quadro geral de credores, tendo prosseguimento as habilitações que estejam em curso.

- Art. 74 desta Lei.

Art. 81. A decisão que decreta a falência da sociedade com sócios ilimitadamente responsáveis também acarreta a falência destes, que ficam sujeitos aos mesmos efeitos jurídicos produzidos em relação à sociedade falida e, por isso, deverão ser citados para apresentar contestação, se assim o desejarem.

§ 1º O disposto no *caput* deste artigo aplica-se ao sócio que tenha se retirado voluntariamente ou que tenha sido excluído da sociedade, há menos de 2 (dois) anos, quanto às dívidas existentes na data do arquivamento da alteração do contrato, no caso de não terem sido solvidas até a data da decretação da falência.

§ 2º As sociedades falidas serão representadas na falência por seus administradores ou liquidantes, os quais terão os mesmos direitos e, sob as mesmas penas, ficarão sujeitos às obrigações que cabem ao falido.

- Art. 104 desta Lei.

Art. 82. A responsabilidade pessoal dos sócios de responsabilidade limitada, dos controladores e dos administradores da sociedade falida, estabelecida nas respectivas leis, será apurada no próprio juízo da falência, independentemente da realização do ativo e da prova da sua insuficiência para cobrir o passivo, observado o procedimento ordinário previsto no Código de Processo Civil.

- Art. 1.052 do CC.

§ 1º Prescreverá em 2 (dois) anos, contados do trânsito em julgado da sentença de encerramento da falência, a ação de responsabilização prevista no *caput* deste artigo.

- Art. 156 desta Lei.
- Arts. 189 a 211 do CC.

§ 2º O juiz poderá, de ofício ou mediante requerimento das partes interessadas, ordenar a indisponibilidade de bens particulares dos réus, em quantidade compatível com o dano provocado, até o julgamento da ação de responsabilização.

Art. 82-A. É vedada a extensão da falência ou de seus efeitos, no todo ou em parte, aos sócios de responsabilidade limitada, aos controladores e aos administradores da sociedade falida, admitida, contudo, a desconsideração da personalidade jurídica.

Parágrafo único. A desconsideração da personalidade jurídica da sociedade falida, para fins de responsabilização de terceiros, grupo, sócio ou administrador por obrigação desta, somente pode ser decretada pelo juízo falimentar com a observância do art. 50 da Lei nº 10.406, de 10 de janeiro de 2002 (Código Civil) e dos arts. 133, 134, 135, 136 e 137 da Lei nº 13.105, de 16 de março de 2015 (Código de Processo Civil), não aplicada a suspensão de que trata o § 3º do art. 134 da Lei nº 13.105, de 16 de março de 2015 (Código de Processo Civil).

- Art. 82-A acrescido pela Lei nº 14.112, de 24-12-2020.

Seção II

DA CLASSIFICAÇÃO DOS CRÉDITOS

Art. 83. A classificação dos créditos na falência obedece à seguinte ordem:

- Arts. 67 e 149 desta Lei.
- Arts. 961 a 963 do CC.

I – os créditos derivados da legislação trabalhista, limitados a 150 (cento e cinquenta) salários mínimos por credor, e aqueles decorrentes de acidentes de trabalho;

- Art. 7º, XXVIII, da CF.
- Art. 83, VI, *c*, desta Lei.
- Art. 186, par. ún., do CTN.

II – os créditos gravados com direito real de garantia até o limite do valor do bem gravado;

- Art. 163, § 1º, desta Lei.
- Art. 1.419 do CC.
- Art. 58, *caput*, da Lei nº 6.404, de 15-12-1976 (Lei das Sociedades por Ações).

III – os créditos tributários, independentemente da sua natureza e do tempo de constituição, exceto os créditos extraconcursais e as multas tributárias;

- Incisos I a III com a redação dada pela Lei nº 14.112, de 24-12-2020.
- Art. 84, V, desta Lei.
- Arts. 186, par. ún., 187 e 188 do CTN.
- Súm. nº 192 do STF.

IV a V – *Revogados*. Lei nº 14.112, de 24-12-2020;

VI – os créditos quirografários, a saber:

- *Caput* do inciso VI com a redação dada pela Lei nº 14.112, de 24-12-2020.
- Art. 163, § 1º, desta Lei.
- Art. 994, § 2º, do CC.

a) aqueles não previstos nos demais incisos deste artigo;

b) os saldos dos créditos não cobertos pelo produto da alienação dos bens vinculados ao seu pagamento; e

c) os saldos dos créditos derivados da legislação trabalhista que excederem o limite estabelecido no inciso I do *caput* deste artigo;

- Alíneas *b* e *c* com a redação dada pela Lei nº 14.112, de 24-12-2020.

VII – as multas contratuais e as penas pecuniárias por infração das leis penais ou administrativas, incluídas as multas tributárias;

- Art. 186, par. ún., do CTN.

VIII – os créditos subordinados, a saber:

- Art. 163, § 1º, desta Lei.

a) os previstos em lei ou em contrato; e

- Art. 58, § 4º, da Lei nº 6.404, de 15-12-1976 (Lei das Sociedades por Ações).

b) os créditos dos sócios e dos administradores sem vínculo empregatício cuja contratação não tenha observado as condições estritamente comutativas e as práticas de mercado; e

- Incisos VII e VIII com a redação dada pela Lei nº 14.112, de 24-12-2020.

IX – os juros vencidos após a decretação da falência, conforme previsto no art. 124 desta Lei.

- Inciso IX acrescido pela Lei nº 14.112, de 24-12-2020.

§ 1º Para os fins do inciso II do *caput* deste artigo, será considerado como valor do bem objeto de garantia real a importância efetivamente arrecadada com sua venda, ou, no caso de alienação em bloco, o valor de avaliação do bem individualmente considerado.

- Art. 108, § 5º, desta Lei.

§ 2º Não são oponíveis à massa os valores decorrentes de direito de sócio ao recebimento de sua parcela do capital social na liquidação da sociedade.

§ 3º As cláusulas penais dos contratos unilaterais não serão atendidas se as obrigações neles estipuladas se vencerem em virtude da falência.

- Art. 408 do CC.

§ 4º *Revogado.* Lei nº 14.112, de 24-12-2020.

§ 5º Para os fins do disposto nesta Lei, os créditos cedidos a qualquer título manterão sua natureza e classificação.

§ 6º Para os fins do disposto nesta Lei, os créditos que disponham de privilégio especial ou geral em outras normas integrarão a classe dos créditos quirografários.

• §§ 5º e 6º acrescidos pela Lei nº 14.112, de 24-12-2020.

Art. 84. Serão considerados créditos extraconcursais e serão pagos com precedência sobre os mencionados no art. 83 desta Lei, na ordem a seguir, aqueles relativos:

• *Caput* com a redação dada pela Lei nº 14.112, de 24-12-2020.

o Art. 149 desta Lei.

I – *Revogado.* Lei nº 14.112, de 24-12-2020;

I-A – às quantias referidas nos arts. 150 e 151 desta Lei;

I-B – ao valor efetivamente entregue ao devedor em recuperação judicial pelo financiador, em conformidade com o disposto na Seção IV-A do Capítulo III desta Lei;

I-C – aos créditos em dinheiro objeto de restituição, conforme previsto no art. 86 desta Lei;

I-D – às remunerações devidas ao administrador judicial e aos seus auxiliares, aos reembolsos devidos a membros do Comitê de Credores, e aos créditos derivados da legislação trabalhista ou decorrentes de acidentes de trabalho relativos a serviços prestados após a decretação da falência;

I-E – às obrigações resultantes de atos jurídicos válidos praticados durante a recuperação judicial, nos termos do art. 67 desta Lei, ou após a decretação da falência;

• Incisos I-A a I-E acrescidos pela Lei nº 14.112, de 24-12-2020.

II – às quantias fornecidas à massa falida pelos credores;

III – às despesas com arrecadação, administração, realização do ativo, distribuição do seu produto e custas do processo de falência;

IV – às custas judiciais relativas às ações e às execuções em que a massa falida tenha sido vencida;

V – aos tributos relativos a fatos geradores ocorridos após a decretação da falência, respeitada a ordem estabelecida no art. 83 desta Lei.

• Incisos II a V com a redação dada pela Lei nº 14.112, de 24-12-2020.

o Art. 188 do CTN.

§ 1º As despesas referidas no inciso I-A do *caput* deste artigo serão pagas pelo administrador judicial com os recursos disponíveis em caixa.

§ 2º O disposto neste artigo não afasta a hipótese prevista no art. 122 desta Lei.

• §§ 1º e 2º acrescidos pela Lei nº 14.112, de 24-12-2020.

Seção III

DO PEDIDO DE RESTITUIÇÃO

Art. 85. O proprietário de bem arrecadado no processo de falência ou que se encontre em poder do devedor na data da decretação da falência poderá pedir sua restituição.

o Arts. 86, I, 93 e 110, § 2º, IV, desta Lei.

o Art. 1.718 do CC.

o Súm. nº 417 do STF.

Parágrafo único. Também pode ser pedida a restituição de coisa vendida a crédito e entregue ao devedor nos 15 (quinze) dias anteriores ao requerimento de sua falência, se ainda não alienada.

o Art. 93 desta Lei.

Art. 86. Proceder-se-á à restituição em dinheiro:

I – se a coisa não mais existir ao tempo do pedido de restituição, hipótese em que o requerente receberá o valor da avaliação do bem, ou, no caso de ter ocorrido sua venda, o respectivo preço, em ambos os casos no valor atualizado;

II – da importância entregue ao devedor, em moeda corrente nacional, decorrente de adiantamento a contrato de câmbio para exportação, na forma do art. 75, §§ 3º e 4º, da Lei nº 4.728, de 14 de julho de 1965, desde que o prazo total da operação, inclusive eventuais prorrogações, não exceda o previsto nas normas específicas da autoridade competente;

o Arts. 49, § 4º, e 161, § 1º, desta Lei.

o Súmulas nºs 36 e 133 do STJ.

III – dos valores entregues ao devedor pelo contratante de boa-fé na hipótese de revogação ou ineficácia do contrato, conforme disposto no art. 136 desta Lei;

IV – às Fazendas Públicas, relativamente a tributos passíveis de retenção na fonte, de descontos de terceiros ou de sub-rogação e a valores recebidos pelos agentes arrecadadores e não recolhidos aos cofres públicos.

• Inciso IV acrescido pela Lei nº 14.112, de 24-12-2020.

Parágrafo único. *Revogado.* Lei nº 14.112, de 24-12-2020.

Art. 87. O pedido de restituição deverá ser fundamentado e descreverá a coisa reclamada.

§ 1º O juiz mandará autuar em separado o requerimento com os documentos que o instruírem e determinará a intimação do falido, do Comitê, dos credores e do administrador judicial para que, no prazo sucessivo de 5 (cinco) dias, se manifestem, valendo como contestação a manifestação contrária à restituição.

§ 2º Contestado o pedido e deferidas as provas porventura requeridas, o juiz designará audiência de instrução e julgamento, se necessária.

§ 3º Não havendo provas a realizar, os autos serão conclusos para sentença.

Art. 88. A sentença que reconhecer o direito do requerente determinará a entrega da coisa no prazo de 48 (quarenta e oito) horas.

Parágrafo único. Caso não haja contestação, a massa não será condenada ao pagamento de honorários advocatícios.

Art. 89. A sentença que negar a restituição, quando for o caso, incluirá o requerente no quadro geral de credores, na classificação que lhe couber, na forma desta Lei.

o Art. 83 desta Lei.

Art. 90. Da sentença que julgar o pedido de restituição caberá apelação sem efeito suspensivo.

Parágrafo único. O autor do pedido de restituição que pretender receber o bem ou a quantia reclamada antes do trânsito em julgado da sentença prestará caução.

Art. 91. O pedido de restituição suspende a disponibilidade da coisa até o trânsito em julgado.

o Arts. 86, I, e 113 desta Lei.

Parágrafo único. Quando diversos requerentes houverem de ser satisfeitos em dinheiro e não existir saldo suficiente para o pagamento integral, far-se-á rateio proporcional entre eles.

Art. 92. O requerente que tiver obtido êxito no seu pedido ressarcirá a massa falida ou a quem tiver suportado as despesas de conservação da coisa reclamada.

Art. 93. Nos casos em que não couber pedido de restituição, fica resguardado o direito dos credores de propor embargos de terceiros, observada a legislação processual civil.

LEG. COMPLEMENTAR

Seção IV

DO PROCEDIMENTO PARA A DECRETAÇÃO DA FALÊNCIA

Art. 94. Será decretada a falência do devedor que:

- Arts. 62, 73, par. ún., 96 e 97 desta Lei.
- Arts. 2º, 7º, *c*, 15, I, *a*, e 19, *d*, da Lei nº 6.024, de 13-3-1974 (Lei das Intervenções e Liquidações Extrajudiciais de Instituições Financeiras).
- Art. 278, § 2º, da Lei nº 6.404, de 15-12-1976 (Lei das Sociedades por Ações).

I – sem relevante razão de direito, não paga, no vencimento, obrigação líquida materializada em título ou títulos executivos protestados cuja soma ultrapasse o equivalente a 40 (quarenta) salários mínimos na data do pedido de falência;

- Arts. 73, par. ún., 96 e 98, par. ún., desta Lei.
- Art. 1º da Lei nº 9.492, de 10-9-1997 (Lei do Protesto de Títulos).
- Súm. nº 361 do STJ.

II – executado por qualquer quantia líquida, não paga, não deposita e não nomeia à penhora bens suficientes dentro do prazo legal;

- Art. 98, par. ún., desta Lei.

III – pratica qualquer dos seguintes atos, exceto se fizer parte de plano de recuperação judicial:

- Arts. 73, par. ún., e 164, § 3º, II, desta Lei.

a) procede à liquidação precipitada de seus ativos ou lança mão de meio ruinoso ou fraudulento para realizar pagamentos;

b) realiza ou, por atos inequívocos, tenta realizar, com o objetivo de retardar pagamentos ou fraudar credores, negócio simulado ou alienação de parte ou da totalidade de seu ativo a terceiro, credor ou não;

c) transfere estabelecimento a terceiro, credor ou não, sem o consentimento de todos os credores e sem ficar com bens suficientes para solver seu passivo;

- Art. 1.145 do CC.

d) simula a transferência de seu principal estabelecimento com o objetivo de burlar a legislação ou a fiscalização ou para prejudicar credor;

e) dá ou reforça garantia a credor por dívida contraída anteriormente sem ficar com bens livres e desembaraçados suficientes para saldar seu passivo;

f) ausenta-se sem deixar representante habilitado e com recursos suficientes para pagar os credores, abandona estabelecimento ou tenta ocultar-se de seu domicílio, do local de sua sede ou de seu principal estabelecimento;

- Art. 22 do CC.

g) deixa de cumprir, no prazo estabelecido, obrigação assumida no plano de recuperação judicial.

§ 1º Credores podem reunir-se em litisconsórcio a fim de perfazer o limite mínimo para o pedido de falência com base no inciso I do *caput* deste artigo.

§ 2º Ainda que líquidos, não legitimam o pedido de falência os créditos que nela não se possam reclamar.

- Art. 5º desta Lei.

§ 3º Na hipótese do inciso I do *caput* deste artigo, o pedido de falência será instruído com os títulos executivos na forma do parágrafo único do art. 9º desta Lei, acompanhados, em qualquer caso, dos respectivos instrumentos de protesto para fim falimentar nos termos da legislação específica.

- Art. 23, par. ún., da Lei nº 9.492, de 10-9-1997 (Lei do Protesto de Títulos).
- Súm. nº 361 do STJ.

§ 4º Na hipótese do inciso II do *caput* deste artigo, o pedido de falência será instruído com certidão expedida pelo juízo em que se processa a execução.

§ 5º Na hipótese do inciso III do *caput* deste artigo, o pedido de falência descreverá os fatos que a caracterizam, juntando-se as provas que houver e especificando-se as que serão produzidas.

Art. 95. Dentro do prazo de contestação, o devedor poderá pleitear sua recuperação judicial.

- Arts. 47 a 72 desta Lei.

Art. 96. A falência requerida com base no art. 94, inciso I do *caput*, desta Lei, não será decretada se o requerido provar:

I – falsidade de título;

II – prescrição;

III – nulidade de obrigação ou de título;

- Arts. 166 e 167 do CC.

IV – pagamento da dívida;

V – qualquer outro fato que extinga ou suspenda obrigação ou não legitime a cobrança de título;

- Arts. 121 a 137 do CC.

VI – vício em protesto ou em seu instrumento;

- Lei nº 9.492, de 10-9-1997 (Lei do Protesto de Títulos).

VII – apresentação de pedido de recuperação judicial no prazo da contestação, observados os requisitos do art. 51 desta Lei;

VIII – cessação das atividades empresariais mais de 2 (dois) anos antes do pedido de falência, comprovada por documento hábil do Registro Público de Empresas, o qual não prevalecerá contra prova de exercício posterior ao ato registrado.

§ 1º Não será decretada a falência de sociedade anônima após liquidado e partilhado seu ativo nem do espólio após 1 (um) ano da morte do devedor.

§ 2º As defesas previstas nos incisos I a VI do *caput* deste artigo não obstam a decretação de falência se, ao final, restarem obrigações não atingidas pelas defesas em montante que supere o limite previsto naquele dispositivo.

- Art. 94, I, desta Lei.

Art. 97. Podem requerer a falência do devedor:

- Art. 1.103, VII, do CC.
- Art. 21, *b*, da Lei nº 6.024, de 13-3-1974 (Lei das Intervenções e Liquidações Extrajudiciais de Instituições Financeiras).

I – o próprio devedor, na forma do disposto nos arts. 105 a 107 desta Lei;

II – o cônjuge sobrevivente, qualquer herdeiro do devedor ou o inventariante;

- Art. 107, par. ún., desta Lei.

III – o cotista ou o acionista do devedor na forma da lei ou do ato constitutivo da sociedade;

- Art. 107, par. ún., desta Lei.

IV – qualquer credor.

- Art. 107, par. ún., desta Lei.

§ 1º O credor empresário apresentará certidão do Registro Público de Empresas que comprove a regularidade de suas atividades.

- Art. 967 do CC.

§ 2º O credor que não tiver domicílio no Brasil deverá prestar caução relativa às custas e ao pagamento da indenização de que trata o art. 101 desta Lei.

Art. 98. Citado, o devedor poderá apresentar contestação no prazo de 10 (dez) dias.

Parágrafo único. Nos pedidos baseados nos incisos I e II do *caput* do art. 94 desta Lei, o devedor poderá, no prazo da contestação, depositar o valor correspondente ao total do crédito, acrescido de correção monetária, juros e honorários advocatícios, hipótese em que a falência não será decretada e, caso julgado procedente o pedido de falência, o juiz ordenará o levantamento do valor pelo autor.

Art. 99. A sentença que decretar a falência do devedor, dentre outras determinações:

- Arts. 107 e 192, § 4º, desta Lei.
- Art. 1.044 do CC.

I – conterá a síntese do pedido, a identificação do falido e os nomes dos que forem a esse tempo seus administradores;

II – fixará o termo legal da falência, sem poder retrotraí-lo por mais de 90 (noventa) dias contados do pedido de falência, do pedido de recuperação judicial ou do 1º (primeiro) protesto por falta de pagamento, excluindo-se, para esta finalidade, os protestos que tenham sido cancelados;

- Art. 129 desta Lei.
- Art. 15, § 2º, da Lei nº 6.024, de 13-3-1974 (Lei das Intervenções e Liquidações Extrajudiciais de Instituições Financeiras).

III – ordenará ao falido que apresente, no prazo máximo de 5 (cinco) dias, relação nominal dos credores, indicando endereço, importância, natureza e classificação dos respectivos créditos, se esta já não se encontrar nos autos, sob pena de desobediência;

- Arts. 22, I, e 39 desta Lei.

IV – explicitará o prazo para as habilitações de crédito, observado o disposto no § 1º do art. 7º desta Lei;

V – ordenará a suspensão de todas as ações ou execuções contra o falido, ressalvadas as hipóteses previstas nos §§ 1º e 2º do art. 6º desta Lei;

VI – proibirá a prática de qualquer ato de disposição ou oneração de bens do falido, submetendo-os preliminarmente à autorização judicial e do Comitê, se houver, ressalvados os bens cuja venda faça parte das atividades normais do devedor se autorizada a continuação provisória nos termos do inciso XI do *caput* deste artigo;

VII – determinará as diligências necessárias para salvaguardar os interesses das partes envolvidas, podendo ordenar a prisão preventiva do falido ou de seus administradores quando requerida com fundamento em provas da prática de crime definido nesta Lei;

VIII – ordenará ao Registro Público de Empresas e à Secretaria Especial da Receita Federal do Brasil que procedam à anotação da falência no registro do devedor, para que dele constem a expressão 'falido', a data da decretação da falência e a inabilitação de que trata o art. 102 desta Lei;

- Inciso VIII com a redação dada pela Lei nº 14.112, de 24-12-2020.

IX – nomeará o administrador judicial, que desempenhará suas funções na forma do inciso III do *caput* do art. 22 desta Lei sem prejuízo do disposto na alínea *a* do inciso II do *caput* do art. 35 desta Lei;

X – determinará a expedição de ofícios aos órgãos e repartições públicas e outras entidades para que informem a existência de bens e direitos do falido;

XI – pronunciar-se-á a respeito da continuação provisória das atividades do falido com o administrador judicial ou da lacração dos estabelecimentos, observado o disposto no art. 109 desta Lei;

- Art. 150 desta Lei.

XII – determinará, quando entender conveniente, a convocação da assembleia-geral de credores para a constituição de Comitê de Credores, podendo ainda autorizar a manutenção do Comitê eventualmente em funcionamento na recuperação judicial quando da decretação da falência;

XIII – ordenará a intimação eletrônica, nos termos da legislação vigente e respeitadas as prerrogativas funcionais, respectivamente, do Ministério Público e das Fazendas Públicas federal e de todos os Estados, Distrito Federal e Municípios em que o devedor tiver estabelecimento, para que tomem conhecimento da falência.

- Inciso XIII com a redação dada pela Lei nº 14.112, de 24-12-2020.
- Art. 7º, § 1º, desta Lei.

§ 1º O juiz ordenará a publicação de edital eletrônico com a íntegra da decisão que decreta a falência e a relação de credores apresentada pelo falido.

- Parágrafo único transformado em § 1º e com a redação dada pela Lei nº 14.112, de 24-12-2020.

§ 2º A intimação eletrônica das pessoas jurídicas de direito público integrantes da administração pública indireta dos entes federativos referidos no inciso XIII do *caput* deste artigo será direcionada:

I – no âmbito federal, à Procuradoria-Geral Federal e à Procuradoria-Geral do Banco Central do Brasil;

II – no âmbito dos Estados e do Distrito Federal, à respectiva Procuradoria-Geral, à qual competirá dar ciência a eventual órgão de representação judicial específico das entidades interessadas; e

III – no âmbito dos Municípios, à respectiva Procuradoria-Geral ou, se inexistir, ao gabinete do Prefeito, à qual competirá dar ciência a eventual órgão de representação judicial específico das entidades interessadas.

§ 3º Após decretada a quebra ou convolada a recuperação judicial em falência, o administrador deverá, no prazo de até 60 (sessenta) dias, contado do termo de nomeação, apresentar, para apreciação do juiz, plano detalhado de realização dos ativos, inclusive com a estimativa de tempo não superior a 180 (cento e oitenta) dias a partir da juntada de cada auto de arrecadação, na forma do inciso III do *caput* do art. 22 desta Lei.

- §§ 2º e 3º acrescidos pela Lei nº 14.112, de 24-12-2020.

Art. 100. Da decisão que decreta a falência cabe agravo, e da sentença que julga a improcedência do pedido cabe apelação.

- Súm. nº 25 do STJ.

Art. 101. Quem por dolo requerer a falência de outrem será condenado, na sentença que julgar improcedente o pedido, a indenizar o devedor, apurando-se as perdas e danos em liquidação de sentença.

- Art. 97, § 2º, desta Lei.
- Arts. 145 a 150 e 927 do CC.

§ 1º Havendo mais de 1 (um) autor do pedido de falência, serão solidariamente responsáveis aqueles que se conduziram na forma prevista no *caput* deste artigo.

- Art. 5º, X, da CF.

§ 2º Por ação própria, o terceiro prejudicado também pode reclamar indenização dos responsáveis.

Seção V

DA INABILITAÇÃO EMPRESARIAL, DOS DIREITOS E DEVERES DO FALIDO

Art. 102. O falido fica inabilitado para exercer qualquer atividade empresarial a partir da decretação da falência e até a sentença que extingue suas obrigações, respeitado o disposto no § 1º do art. 181 desta Lei.

- Arts. 99, VIII, 176 e 181, I, desta Lei.
- Arts. 972 e 973 do CC.

Parágrafo único. Findo o período de inabilitação, o falido poderá requerer ao juiz da falência que proceda à respectiva anotação em seu registro.

Art. 103. Desde a decretação da falência ou do sequestro, o devedor perde o direito de administrar os seus bens ou deles dispor.

Parágrafo único. O falido poderá, contudo, fiscalizar a administração da falência, requerer as providências necessárias para a conservação de seus direitos ou dos bens arrecadados e intervir nos processos em que a massa falida seja parte ou interessada, requerendo o que for de direito e interpondo os recursos cabíveis.

Art. 104. A decretação da falência impõe aos representantes legais do falido os seguintes deveres:

- *Caput* com a redação dada pela Lei nº 14.112, de 24-12-2020.

I – assinar nos autos, desde que intimado da decisão, termo de comparecimento, com a indicação do nome, da nacionalidade, do estado civil e do endereço completo do domicílio, e declarar, para constar do referido termo, diretamente ao administrador judicial, em dia, local e hora por ele designados, por prazo não superior a 15 (quinze) dias após a decretação da falência, o seguinte:

- *Caput* do inciso I com a redação dada pela Lei nº 14.112, de 24-12-2020.

a) as causas determinantes da sua falência, quando requerida pelos credores;

b) tratando-se de sociedade, os nomes e endereços de todos os sócios, acionistas controladores, diretores ou administradores, apresentando o contrato ou estatuto social e a prova do respectivo registro, bem como suas alterações;

- Art. 967 do CC.

c) o nome do contador encarregado da escrituração dos livros obrigatórios;

d) os mandatos que porventura tenha outorgado, indicando seu objeto, nome e endereço do mandatário;

e) seus bens imóveis e os móveis que não se encontram no estabelecimento;

f) se faz parte de outras sociedades, exibindo respectivo contrato;

g) suas contas bancárias, aplicações, títulos em cobrança e processos em andamento em que for autor ou réu;

II – entregar ao administrador judicial os seus livros obrigatórios e os demais instrumentos de escrituração pertinentes, que os encerrará por termo;

- Inciso II com a redação dada pela Lei nº 14.112, de 24-12-2020.
- Art. 1.191 do CC.

III – não se ausentar do lugar onde se processa a falência sem motivo justo e comunicação expressa ao juiz, e sem deixar procurador bastante, sob as penas cominadas na lei;

IV – comparecer a todos os atos da falência, podendo ser representado por procurador, quando não for indispensável sua presença;

V – entregar ao administrador judicial, para arrecadação, todos os bens, papéis, documentos e senhas de acesso a sistemas contábeis, financeiros e bancários, bem como indicar aqueles que porventura estejam em poder de terceiros;

- Inciso V com a redação dada pela Lei nº 14.112, de 24-12-2020.

VI – prestar as informações reclamadas pelo juiz, administrador judicial, credor ou Ministério Público sobre circunstâncias e fatos que interessem à falência;

VII – auxiliar o administrador judicial com zelo e presteza;

VIII – examinar as habilitações de crédito apresentadas;

IX – assistir ao levantamento, à verificação do balanço e ao exame dos livros;

X – manifestar-se sempre que for determinado pelo juiz;

XI – apresentar ao administrador judicial a relação de seus credores, em arquivo eletrônico, no dia em que prestar as declarações referidas no inciso I do *caput* deste artigo;

- Inciso XI com a redação dada pela Lei nº 14.112, de 24-12-2020.

XII – examinar e dar parecer sobre as contas do administrador judicial.

- Arts. 967 e 1.191 do CC.

Parágrafo único. Faltando ao cumprimento de quaisquer dos deveres que esta Lei lhe impõe, após intimado pelo juiz a fazê-lo, responderá o falido por crime de desobediência.

Seção VI
DA FALÊNCIA REQUERIDA PELO PRÓPRIO DEVEDOR

Art. 105. O devedor em crise econômico-financeira que julgue não atender aos requisitos para pleitear sua recuperação judicial deverá requerer ao juízo sua falência, expondo as razões da impossibilidade de prosseguimento da atividade empresarial, acompanhadas dos seguintes documentos:

- Art. 97, I, desta Lei.

I – demonstrações contábeis referentes aos 3 (três) últimos exercícios sociais e as levantadas especialmente para instruir o pedido, confeccionadas com estrita observância da legislação societária aplicável e compostas obrigatoriamente de:

a) balanço patrimonial;

b) demonstração de resultados acumulados;

c) demonstração do resultado desde o último exercício social;

d) relatório do fluxo de caixa;

II – relação nominal dos credores, indicando endereço, importância, natureza e classificação dos respectivos créditos;

- Arts. 22, I, e 39 desta Lei.

III – relação dos bens e direitos que compõem o ativo, com a respectiva estimativa de valor e documentos comprobatórios de propriedade;

IV – prova da condição de empresário, contrato social ou estatuto em vigor ou, se não houver, a indicação de todos os sócios, seus endereços e a relação de seus bens pessoais;

V – os livros obrigatórios e documentos contábeis que lhe forem exigidos por lei;

- Arts. 1.179 a 1.195 do CC.

VI – relação de seus administradores nos últimos 5 (cinco) anos, com os respectivos endereços, suas funções e participação societária.

Art. 106. Não estando o pedido regularmente instruído, o juiz determinará que seja emendado.

- Art. 97, I, desta Lei.

Art. 107. A sentença que decretar a falência do devedor observará a forma do art. 99 desta Lei.

- Art. 97, I, desta Lei.

Parágrafo único. Decretada a falência, aplicam-se integralmente os dispositivos relativos à falência requerida pelas pessoas referidas nos incisos II a IV do *caput* do art. 97 desta Lei.

- Súm. nº 25 do STJ.

Seção VII

DA ARRECADAÇÃO E DA CUSTÓDIA DOS BENS

Art. 108. Ato contínuo à assinatura do termo de compromisso, o administrador judicial efetuará a arrecadação dos bens e documentos e a avaliação dos bens, separadamente ou em bloco, no local em que se encontrem, requerendo ao juiz, para esses fins, as medidas necessárias.

- Art. 22, III, *f*, desta Lei.
- Arts. 652 e 1.173 do CC.
- Súm. nº 305 do STJ.

§ 1º Os bens arrecadados ficarão sob a guarda do administrador judicial ou de pessoa por ele escolhida, sob responsabilidade daquele, podendo o falido ou qualquer de seus representantes ser nomeado depositário dos bens.

§ 2º O falido poderá acompanhar a arrecadação e a avaliação.

§ 3º O produto dos bens penhorados ou por outra forma apreendidos entrará para a massa, cumprindo ao juiz deprecar, a requerimento do administrador judicial, às autoridades competentes, determinando sua entrega.

§ 4º Não serão arrecadados os bens absolutamente impenhoráveis.

- Arts. 1.711, 1.715 e 1.911 do CC.
- Art. 185-A do CTN.
- Lei nº 4.673, de 15-6-1965, aplica aos bens penhorados em execuções fiscais as normas de impenhorabilidade do art. 942 do Código do Processo Civil.
- Art. 10 da Lei nº 6.830, de 22-9-1980 (Lei das Execuções Fiscais).
- Arts. 1º e 5º da Lei nº 8.009, de 29-3-1990 (Lei da Impenhorabilidade do Bem de Família)).

§ 5º Ainda que haja avaliação em bloco, o bem objeto de garantia real será também avaliado separadamente, para os fins do § 1º do art. 83 desta Lei.

Art. 109. O estabelecimento será lacrado sempre que houver risco para a execução da etapa de arrecadação ou para a preservação dos bens da massa falida ou dos interesses dos credores.

- Art. 99, XI, desta Lei.
- Art. 1.142 do CC.

Art. 110. O auto de arrecadação, composto pelo inventário e pelo respectivo laudo de avaliação dos bens, será assinado pelo administrador judicial, pelo falido ou seus representantes e por outras pessoas que auxiliarem ou presenciarem o ato.

- Art. 22, III, *f*, desta Lei.

§ 1º Não sendo possível a avaliação dos bens no ato da arrecadação, o administrador judicial requererá ao juiz a concessão de prazo para apresentação do laudo de avaliação, que não poderá exceder 30 (trinta) dias, contados da apresentação do auto de arrecadação.

§ 2º Serão referidos no inventário:

I – os livros obrigatórios e os auxiliares ou facultativos do devedor, designando-se o estado em que se acham, número e denominação de cada um, páginas escrituradas, data do início da escrituração e do último lançamento, e se os livros obrigatórios estão revestidos das formalidades legais;

- Arts. 1.179 a 1.195 do CC.

II – dinheiro, papéis, títulos de crédito, documentos e outros bens da massa falida;

III – os bens da massa falida em poder de terceiro, a título de guarda, depósito, penhor ou retenção;

IV – os bens indicados como propriedade de terceiros ou reclamados por estes, mencionando-se essa circunstância.

- Arts. 85 e 93 desta Lei.
- Arts. 1.179 a 1.195 do CC.

§ 3º Quando possível, os bens referidos no § 2º deste artigo serão individualizados.

§ 4º Em relação aos bens imóveis, o administrador judicial, no prazo de 15 (quinze) dias após a sua arrecadação, exibirá as certidões de registro, extraídas posteriormente à decretação da falência, com todas as indicações que nele constarem.

Art. 111. O juiz poderá autorizar os credores, de forma individual ou coletiva, em razão dos custos e no interesse da massa falida, a adquirir ou adjudicar, de imediato, os bens arrecadados, pelo valor da avaliação, atendida a regra de classificação e preferência entre eles, ouvido o Comitê.

- Art. 133, §§ 1º a 3º, do CTN.

Art. 112. Os bens arrecadados poderão ser removidos, desde que haja necessidade de sua melhor guarda e conservação, hipótese em que permanecerão em depósito sob responsabilidade do administrador judicial, mediante compromisso.

- Art. 22, III, *l*, desta Lei.

Art. 113. Os bens perecíveis, deterioráveis, sujeitos à considerável desvalorização ou que sejam de conservação arriscada ou dispendiosa, poderão ser vendidos antecipadamente, após a arrecadação e a avaliação, mediante autorização judicial, ouvidos o Comitê e o falido no prazo de 48 (quarenta e oito) horas.

- Art. 22, III, *j*, desta Lei.

Art. 114. O administrador judicial poderá alugar ou celebrar outro contrato referente aos bens da massa falida, com o objetivo de produzir renda para a massa falida, mediante autorização do Comitê.

§ 1º O contrato disposto no *caput* deste artigo não gera direito de preferência na compra e não pode importar disposição total ou parcial dos bens.

§ 2º O bem objeto da contratação poderá ser alienado a qualquer tempo, independentemente do prazo contratado, rescindindo-se, sem direito a multa, o contrato realizado, salvo se houver anuência do adquirente.

Art. 114-A. Se não forem encontrados bens para serem arrecadados, ou se os arrecadados forem insuficientes para as despesas do processo, o administrador judicial informará imediatamente esse fato ao juiz, que, ouvido o representante do Ministério Público, fixará, por meio de edital, o prazo de 10 (dez) dias para os interessados se manifestarem.

§ 1º Um ou mais credores poderão requerer o prosseguimento da falência, desde que paguem a quantia necessária às despesas e aos honorários do administrador judicial, que serão considerados despesas essenciais nos termos estabelecidos no inciso I-A do *caput* do art. 84 desta Lei.

§ 2º Decorrido o prazo previsto no *caput* sem manifestação dos interessados, o administrador judicial promoverá a venda dos bens arrecadados no prazo máximo de 30 (trinta) dias, para bens móveis, e de 60 (sessenta) dias, para bens imóveis, e apresentará o seu relatório, nos termos e para os efeitos dispostos neste artigo.

§ 3º Proferida a decisão, a falência será encerrada pelo juiz nos autos.

• Art. 114-A acrescido pela Lei nº 14.112, de 24-12-2020.

Seção VIII

DOS EFEITOS DA DECRETAÇÃO DA FALÊNCIA SOBRE AS OBRIGAÇÕES DO DEVEDOR

Art. 115. A decretação da falência sujeita todos os credores, que somente poderão exercer os seus direitos sobre os bens do falido e do sócio ilimitadamente responsável na forma que esta Lei prescrever.

○ Art. 76 desta Lei.

Art. 116. A decretação da falência suspende:

I – o exercício do direito de retenção sobre os bens sujeitos à arrecadação, os quais deverão ser entregues ao administrador judicial;

II – o exercício do direito de retirada ou de recebimento do valor de suas quotas ou ações, por parte dos sócios da sociedade falida.

○ Art. 83, § 2º, desta Lei.

Art. 117. Os contratos bilaterais não se resolvem pela falência e podem ser cumpridos pelo administrador judicial se o cumprimento reduzir ou evitar o aumento do passivo da massa falida ou for necessário à manutenção e preservação de seus ativos, mediante autorização do Comitê.

○ Art. 994, § 3º, do CC.

§ 1º O contratante pode interpelar o administrador judicial, no prazo de até 90 (noventa) dias, contado da assinatura do termo de sua nomeação, para que, dentro de 10 (dez) dias, declare se cumpre ou não o contrato.

§ 2º A declaração negativa ou o silêncio do administrador judicial confere ao contraente o direito à indenização, cujo valor, apurado em processo ordinário, constituirá crédito quirografário.

Art. 118. O administrador judicial, mediante autorização do Comitê, poderá dar cumprimento a contrato unilateral se esse fato reduzir ou evitar o aumento do passivo da massa falida ou for necessário à manutenção e preservação de seus ativos, realizando o pagamento da prestação pela qual está obrigada.

Art. 119. Nas relações contratuais a seguir mencionadas prevalecerão as seguintes regras:

I – o vendedor não pode obstar a entrega das coisas expedidas ao devedor e ainda em trânsito, se o comprador, antes do requerimento da falência, as tiver revendido, sem fraude, à vista das faturas e conhecimentos de transporte, entregues ou remetidos pelo vendedor;

II – se o devedor vendeu coisas compostas e o administrador judicial resolver não continuar a execução do contrato, poderá o comprador pôr à disposição da massa falida as coisas já recebidas, pedindo perdas e danos;

III – não tendo o devedor entregue coisa móvel ou prestado serviço que vendera ou contratara a prestações, e resolvendo o administrador judicial não executar o contrato, o crédito relativo ao valor pago será habilitado na classe própria;

IV – o administrador judicial, ouvido o Comitê, restituirá a coisa móvel comprada pelo devedor com reserva de domínio do vendedor se resolver não continuar a execução do contrato, exigindo a devolução, nos termos do contrato, dos valores pagos;

○ Arts. 521 a 528 do CC.

V – tratando-se de coisas vendidas a termo, que tenham cotação em bolsa ou mercado, e não se executando o contrato pela efetiva entrega daquelas e pagamento do preço, prestar-se-á a diferença entre a cotação do dia do contrato e a da época da liquidação em bolsa ou mercado;

VI – na promessa de compra e venda de imóveis, aplicar-se-á a legislação respectiva;

○ Arts. 1.417 e 1.418 do CC.

VII – a falência do locador não resolve o contrato de locação e, na falência do locatário, o administrador judicial pode, a qualquer tempo, denunciar o contrato;

VIII – caso haja acordo para compensação e liquidação de obrigações no âmbito do sistema financeiro nacional, nos termos da legislação vigente, a parte não falida poderá considerar o contrato vencido antecipadamente, hipótese em que será liquidado na forma estabelecida em regulamento, admitindo-se a compensação de eventual crédito que venha a ser apurado em favor do falido com créditos detidos pelo contratante;

IX – os patrimônios de afetação, constituídos para cumprimento de destinação específica, obedecerão ao disposto na legislação respectiva, permanecendo seus bens, direitos e obrigações separados dos do falido até o advento do respectivo termo ou até o cumprimento de sua finalidade, ocasião em que o administrador judicial arrecadará o saldo a favor da massa falida ou inscreverá na classe própria o crédito que contra ela remanescer.

○ Lei nº 10.931, de 2-8-2004, dispõe sobre o patrimônio de afetação de incorporações imobiliárias, Letra de Crédito Imobiliário, Cédula de Crédito Imobiliário, Cédula de Crédito Bancário.

Art. 120. O mandato conferido pelo devedor, antes da falência, para a realização de negócios, cessará seus efeitos com a decretação da falência, cabendo ao mandatário prestar contas de sua gestão.

§ 1º O mandato conferido para representação judicial do devedor continua em vigor até que seja expressamente revogado pelo administrador judicial.

§ 2º Para o falido, cessa o mandato ou comissão que houver recebido antes da falência, salvo os que versem sobre matéria estranha à atividade empresarial.

○ Art. 682, III, do CC.

Art. 121. As contas-correntes com o devedor consideram-se encerradas no momento de decretação da falência, verificando-se o respectivo saldo.

Art. 122. Compensam-se, com preferência sobre todos os demais credores, as dívidas do devedor vencidas até o dia da decretação da falência, provenha o vencimento da sentença de falência ou não, obedecidos os requisitos da legislação civil.

○ Art. 77 desta Lei.

Parágrafo único. Não se compensam:

I – os créditos transferidos após a decretação da falência, salvo em caso de sucessão por fusão, incorporação, cisão ou morte; ou

II – os créditos, ainda que vencidos anteriormente, transferidos quando já conhecido o estado de crise econômico-financeira do devedor ou cuja transferência se operou com fraude ou dolo.

Art. 123. Se o falido fizer parte de alguma sociedade como sócio comanditário ou cotista, para a massa falida entrarão somente os haveres que na sociedade ele possuir e forem apurados na forma estabelecida no contrato ou estatuto social.

§ 1º Se o contrato ou o estatuto social nada disciplinar a respeito, a apuração far-se-á judicialmente, salvo se, por lei, pelo contrato ou estatuto, a sociedade tiver de liquidar-se, caso em que os haveres do falido, somente após o pagamento de todo o passivo da sociedade, entrarão para a massa falida.

§ 2º Nos casos de condomínio indivisível de que participe o falido, o bem será vendido e deduzir-se-á do valor arrecadado o que for devido aos demais condôminos, facultada a estes a compra da quota-parte do falido nos termos da melhor proposta obtida.

- Art. 1.044 do CC.

Art. 124. Contra a massa falida não são exigíveis juros vencidos após a decretação da falência, previstos em lei ou em contrato, se o ativo apurado não bastar para o pagamento dos credores subordinados.

- Art. 83, VIII, desta Lei.

Parágrafo único. Excetuam-se desta disposição os juros das debêntures e dos créditos com garantia real, mas por eles responde, exclusivamente, o produto dos bens que constituem a garantia.

- Art. 83, VI, *b*, desta Lei.
- Art. 407 do CC.

Art. 125. Na falência do espólio, ficará suspenso o processo de inventário, cabendo ao administrador judicial a realização de atos pendentes em relação aos direitos e obrigações da massa falida.

Art. 126. Nas relações patrimoniais não reguladas expressamente nesta Lei, o juiz decidirá o caso atendendo à unidade, à universalidade do concurso e à igualdade de tratamento dos credores, observado o disposto no art. 75 desta Lei.

Art. 127. O credor de coobrigados solidários cujas falências sejam decretadas tem o direito de concorrer, em cada uma delas, pela totalidade do seu crédito, até recebê-lo por inteiro, quando então comunicará ao juízo.

§ 1º O disposto no *caput* deste artigo não se aplica ao falido cujas obrigações tenham sido extintas por sentença, na forma do art. 159 desta Lei.

§ 2º Se o credor ficar integralmente pago por uma ou por diversas massas coobrigadas, as que pagaram terão direito regressivo contra as demais, em proporção à parte que pagaram e àquela que cada uma tinha a seu cargo.

§ 3º Se a soma dos valores pagos ao credor em todas as massas coobrigadas exceder o total do crédito, o valor será devolvido às massas na proporção estabelecida no § 2º deste artigo.

§ 4º Se os coobrigados eram garantes uns dos outros, o excesso de que trata o § 3º deste artigo pertencerá, conforme a ordem das obrigações, às massas dos coobrigados que tiverem o direito de ser garantidas.

Art. 128. Os coobrigados solventes e os garantes do devedor ou dos sócios ilimitadamente responsáveis podem habilitar o crédito correspondente às quantias pagas ou devidas, se o credor não se habilitar no prazo legal.

Seção IX

DA INEFICÁCIA E DA REVOGAÇÃO DE ATOS PRATICADOS ANTES DA FALÊNCIA

Art. 129. São ineficazes em relação à massa falida, tenha ou não o contratante conhecimento do estado de crise econômico-financeira do devedor, seja ou não intenção deste fraudar credores:

- Art. 35 da Lei nº 6.024, de 13-3-1974 (Lei das Intervenções e Liquidações Extrajudiciais de Instituições Financeiras).

I – o pagamento de dívidas não vencidas realizado pelo devedor dentro do termo legal, por qualquer meio extintivo do direito de crédito, ainda que pelo desconto do próprio título;

- Arts. 99, II, e 131 desta Lei.

II – o pagamento de dívidas vencidas e exigíveis realizado dentro do termo legal, por qualquer forma que não seja a prevista pelo contrato;

- Art. 131 desta Lei.

III – a constituição de direito real de garantia, inclusive a retenção, dentro do termo legal, tratando-se de dívida contraída anteriormente; se os bens dados em hipoteca forem objeto de outras posteriores, a massa falida receberá a parte que devia caber ao credor da hipoteca revogada;

- Art. 131 desta Lei.
- Arts. 1.419 e 1.510 do CC.

IV – a prática de atos a título gratuito, desde 2 (dois) anos antes da decretação da falência;

V – a renúncia à herança ou a legado, até 2 (dois) anos antes da decretação da falência;

- Arts. 1.804, 1.806 e 1.813 do CC.

VI – a venda ou transferência de estabelecimento feita sem o consentimento expresso ou o pagamento de todos os credores, a esse tempo existentes, não tendo restado ao devedor bens suficientes para solver o seu passivo, salvo se, no prazo de 30 (trinta) dias, não houver oposição dos credores, após serem devidamente notificados, judicialmente ou pelo oficial do registro de títulos e documentos;

- Art. 131 desta Lei.
- Art. 1.145 do CC.

VII – os registros de direitos reais e de transferência de propriedade entre vivos, por título oneroso ou gratuito, ou a averbação relativa a imóveis realizados após a decretação da falência, salvo se tiver havido prenotação anterior.

- Art. 1.225 do CC.

Parágrafo único. A ineficácia poderá ser declarada de ofício pelo juiz, alegada em defesa ou pleiteada mediante ação própria ou incidentalmente no curso do processo.

Art. 130. São revogáveis os atos praticados com a intenção de prejudicar credores, provando-se o conluio fraudulento entre o devedor e o terceiro que com ele contratar e o efetivo prejuízo sofrido pela massa falida.

- Arts. 132 e 164, § 3º, I e § 5º, desta Lei.
- Arts. 158 a 165 do CC.
- Art. 35, *caput*, da Lei nº 6.024, de 13-3-1974 (Lei das Intervenções e Liquidações Extrajudiciais de Instituições Financeiras).

Art. 131. Nenhum dos atos referidos nos incisos I, II, III e VI do *caput* do art. 129 desta Lei que tenham sido previstos e realizados na forma definida no plano de recuperação judicial ou extrajudicial será declarado ineficaz ou revogado.

- Artigo com a redação dada pela Lei nº 14.112, de 24-12-2020.
- Arts. 74 e 138 desta Lei.

Art. 132. A ação revocatória, de que trata o art. 130 desta Lei, deverá ser proposta pelo administrador judicial, por qualquer credor ou pelo Ministério Público no prazo de 3 (três) anos contado da decretação da falência.

- Art. 35 da Lei nº 6.024, de 13-3-1974 (Lei das Intervenções e Liquidações Extrajudiciais de Instituições Financeiras).

Art. 133. A ação revocatória pode ser promovida:

I – contra todos os que figuraram no ato ou que por efeito dele foram pagos, garantidos ou beneficiados;

II – contra os terceiros adquirentes, se tiveram conhecimento, ao se criar o direito, da intenção do devedor de prejudicar os credores;

III – contra os herdeiros ou legatários das pessoas indicadas nos incisos I e II do *caput* deste artigo.

- Art. 35 da Lei nº 6.024, de 13-3-1974 (Lei das Intervenções e Liquidações Extrajudiciais de Instituições Financeiras).

Art. 134. A ação revocatória correrá perante o juízo da falência e obedecerá ao procedimento ordinário previsto na Lei nº 5.869, de 11 de janeiro de 1973 – Código de Processo Civil.

- Art. 35 da Lei nº 6.024, de 13-3-1974 (Lei das Intervenções e Liquidações Extrajudiciais de Instituições Financeiras).

Art. 135. A sentença que julgar procedente a ação revocatória determinará o retorno dos bens à massa falida em espécie, com todos os acessórios, ou o valor de mercado, acrescidos das perdas e danos.

Parágrafo único. Da sentença cabe apelação.

- Súm. nº 25 do STJ.

Art. 136. Reconhecida a ineficácia ou julgada procedente a ação revocatória, as partes retornarão ao estado anterior, e o contratante de boa-fé terá direito à restituição dos bens ou valores entregues ao devedor.

- Art. 86, III, desta Lei.

§ 1º Na hipótese de securitização de créditos do devedor, não será declarada a ineficácia ou revogado o ato de cessão em prejuízo dos direitos dos portadores de valores mobiliários emitidos pelo securitizador.

§ 2º É garantido ao terceiro de boa-fé, a qualquer tempo, propor ação por perdas e danos contra o devedor ou seus garantes.

- Arts. 927 e 944 do CC.
- Art. 35 da Lei nº 6.024, de 13-3-1974 (Lei das Intervenções e Liquidações Extrajudiciais de Instituições Financeiras).

Art. 137. O juiz poderá, a requerimento do autor da ação revocatória, ordenar, como medida preventiva, na forma da lei processual civil, o sequestro dos bens retirados do patrimônio do devedor que estejam em poder de terceiros.

Art. 138. O ato pode ser declarado ineficaz ou revogado, ainda que praticado com base em decisão judicial, observado o disposto no art. 131 desta Lei.

Parágrafo único. Revogado o ato ou declarada sua ineficácia, ficará rescindida a sentença que o motivou.

- Arts. 138 a 184 e 850 do CC.

Seção X

DA REALIZAÇÃO DO ATIVO

- Art. 133 do CTN.

Art. 139. Logo após a arrecadação dos bens, com a juntada do respectivo auto ao processo de falência, será iniciada a realização do ativo.

Art. 140. A alienação dos bens será realizada de uma das seguintes formas, observada a seguinte ordem de preferência:

I – alienação da empresa, com a venda de seus estabelecimentos em bloco;

II – alienação da empresa, com a venda de suas filiais ou unidades produtivas isoladamente;

III – alienação em bloco dos bens que integram cada um dos estabelecimentos do devedor;

IV – alienação dos bens individualmente considerados.

§ 1º Se convier à realização do ativo, ou em razão de oportunidade, podem ser adotadas mais de uma forma de alienação.

§ 2º A realização do ativo terá início independentemente da formação do quadro geral de credores.

§ 3º A alienação da empresa terá por objeto o conjunto de determinados bens necessários à operação rentável da unidade de produção, que poderá compreender a transferência de contratos específicos.

§ 4º Nas transmissões de bens alienados na forma deste artigo que dependam de registro público, a este servirá como título aquisitivo suficiente o mandado judicial respectivo.

Art. 141. Na alienação conjunta ou separada de ativos, inclusive da empresa ou de suas filiais, promovida sob qualquer das modalidades de que trata o art. 142:

- *Caput* com a redação dada pela Lei nº 14.112, de 24-12-2020.
- Art. 145, § 1º, desta Lei.

I – todos os credores, observada a ordem de preferência definida no art. 83 desta Lei, sub-rogam-se no produto da realização do ativo;

II – o objeto da alienação estará livre de qualquer ônus e não haverá sucessão do arrematante nas obrigações do devedor, inclusive as de natureza tributária, as derivadas da legislação do trabalho e as decorrentes de acidentes de trabalho.

- Arts. 1.483 e 1.501 do CC.

§ 1º O disposto no inciso II do *caput* deste artigo não se aplica quando o arrematante for:

- Art. 60, par. ún., desta Lei.
- Art. 131 do CTN.

I – sócio da sociedade falida, ou sociedade controlada pelo falido;

II – parente, em linha reta ou colateral até o 4º (quarto) grau, consanguíneo ou afim, do falido ou de sócio da sociedade falida; ou

III – identificado como agente do falido com o objetivo de fraudar a sucessão.

§ 2º Empregados do devedor contratados pelo arrematante serão admitidos mediante novos contratos de trabalho e o arrematante não responde por obrigações decorrentes do contrato anterior.

§ 3º A alienação nas modalidades de que trata o art. 142 desta Lei poderá ser realizada com compartilhamento de custos operacionais por 2 (duas) ou mais empresas em situação falimentar.

- § 3º acrescido pela Lei nº 14.112, de 24-12-2020.

Art. 142. A alienação de bens dar-se-á por uma das seguintes modalidades:

- *Caput* com a redação dada pela Lei nº 14.112, de 24-12-2020.
- Arts. 60, 144 e 166 desta Lei.

I – leilão eletrônico, presencial ou híbrido;

- Inciso I com a redação dada pela Lei nº 14.112, de 24-12-2020.

II e III – *Revogados*. Lei nº 14.112, de 24-12-2020;

IV – processo competitivo organizado promovido por agente especializado e de reputação ilibada, cujo procedimento deverá ser detalhado em relatório anexo ao plano de realização do ativo ou ao plano de recuperação judicial, conforme o caso;

V – qualquer outra modalidade, desde que aprovada nos termos desta Lei.

- Incisos IV e V acrescidos pela Lei nº 14.112, de 24-12-2020.

§§ 1º e 2º *Revogados.* Lei nº 14.112, de 24-12-2020.

§ 2º-A. A alienação de que trata o *caput* deste artigo:

I – dar-se-á independentemente de a conjuntura do mercado no momento da venda ser favorável ou desfavorável, dado o caráter forçado da venda;

II – independerá da consolidação do quadro-geral de credores;

III – poderá contar com serviços de terceiros como consultores, corretores e leiloeiros;

IV – deverá ocorrer no prazo máximo de 180 (cento e oitenta) dias, contado da data da lavratura do auto de arrecadação, no caso de falência;

V – não estará sujeita à aplicação do conceito de preço vil.

- § 2º-A acrescido pela Lei nº 14.112, de 24-12-2020.

§ 3º Ao leilão eletrônico, presencial ou híbrido aplicam-se, no que couber, as regras da Lei nº 13.105, de 16 de março de 2015 (Código de Processo Civil).

- § 3º com a redação dada pela Lei nº 14.112, de 24-12-2020.

§ 3º-A. A alienação por leilão eletrônico, presencial ou híbrido dar-se-á:

I – em primeira chamada, no mínimo pelo valor de avaliação do bem;

II – em segunda chamada, dentro de 15 (quinze) dias, contados da primeira chamada, por no mínimo 50% (cinquenta por cento) do valor de avaliação; e

III – em terceira chamada, dentro de 15 (quinze) dias, contados da segunda chamada, por qualquer preço.

§ 3º-B. A alienação prevista nos incisos IV e V do *caput* deste artigo, conforme disposições específicas desta Lei, observará o seguinte:

I – será aprovada pela assembleia-geral de credores;

II – decorrerá de disposição de plano de recuperação judicial aprovado; ou

III – deverá ser aprovada pelo juiz, considerada a manifestação do administrador judicial e do Comitê de Credores, se existente.

- §§ 3º-A e 3º-B acrescidos pela Lei nº 14.112, de 24-12-2020.

§§ 4º a 6º *Revogados.* Lei nº 14.112, de 24-12-2020.

§ 7º Em qualquer modalidade de alienação, o Ministério Público e as Fazendas Públicas serão intimados por meio eletrônico, nos termos da legislação vigente e respeitadas as respectivas prerrogativas funcionais, sob pena de nulidade.

- § 7º com a redação dada pela Lei nº 14.112, de 24-12-2020.

§ 8º Todas as formas de alienação de bens realizadas de acordo com esta Lei serão consideradas, para todos os fins e efeitos, alienações judiciais.

- § 8º acrescido dada pela Lei nº 14.112, de 24-12-2020.

Art. 143. Em qualquer das modalidades de alienação referidas no art. 142 desta Lei, poderão ser apresentadas impugnações por quaisquer credores, pelo devedor ou pelo Ministério Público, no prazo de 48 (quarenta e oito) horas da arrematação, hipótese em que os autos serão conclusos ao juiz, que, no prazo de 5 (cinco) dias, decidirá sobre as impugnações e, julgando-as improcedentes, ordenará a entrega dos bens ao arrematante, respeitadas as condições estabelecidas no edital.

o Súm. nº 25 do STJ.

§ 1º Impugnações baseadas no valor de venda do bem somente serão recebidas se acompanhadas de oferta firme do impugnante ou de terceiro para a aquisição do bem, respeitados os termos do edital, por valor presente superior ao valor de venda, e de depósito caucionário equivalente a 10% (dez por cento) do valor oferecido.

§ 2º A oferta de que trata o § 1º deste artigo vincula o impugnante e o terceiro ofertante como se arrematantes fossem.

§ 3º Se houver mais de uma impugnação baseada no valor de venda do bem, somente terá seguimento aquela que tiver o maior valor presente entre elas.

§ 4º A suscitação infundada de vício na alienação pelo impugnante será considerada ato atentatório à dignidade da justiça e sujeitará o suscitante à reparação dos prejuízos causados e às penas previstas na Lei nº 13.105, de 16 de março de 2015 (Código de Processo Civil), para comportamentos análogos.

- §§ 1º a 4º acrescidos pela Lei nº 14.112, de 24-12-2020.

Art. 144. Havendo motivos justificados, o juiz poderá autorizar, mediante requerimento fundamentado do administrador judicial ou do Comitê, modalidades de alienação judicial diversas das previstas no art. 142 desta Lei.

Art. 144-A. Frustrada a tentativa de venda dos bens da massa falida e não havendo proposta concreta dos credores para assumi-los, os bens poderão ser considerados sem valor de mercado e destinados à doação.

Parágrafo único. Se não houver interessados na doação referida no *caput* deste artigo, os bens serão devolvidos ao falido.

- Art. 144-A acrescido pela Lei nº 14.112, de 24-12-2020.

Art. 145. Por deliberação tomada nos termos do art. 42 desta Lei, os credores poderão adjudicar os bens alienados na falência ou adquiri-los por meio de constituição de sociedade, de fundo ou de outro veículo de investimento, com a participação, se necessária, dos atuais sócios do devedor ou de terceiros, ou mediante conversão de dívida em capital.

- *Caput* com a redação dada pela Lei nº 14.112, de 24-12-2020.

o Arts. 35, II, *c*, e 46 desta Lei.

§ 1º Aplica-se irrestritamente o disposto no art. 141 desta Lei à transferência dos bens à sociedade, ao fundo ou ao veículo de investimento mencionados no *caput* deste artigo.

- § 1º com a redação dada pela Lei nº 14.112, de 24-12-2020.

§§ 2º e 3º *Revogados.* Lei nº 14.112, de 24-12-2020.

§ 4º Será considerada não escrita qualquer restrição convencional à venda ou à circulação das participações na sociedade, no fundo de investimento ou no veículo de investimento a que se refere o *caput* deste artigo.

- § 4º acrescido pela Lei nº 14.112, de 24-12-2020.

§ 3º Não sendo aprovada pela assembleia-geral a proposta alternativa para a realização do ativo, caberá ao juiz decidir a forma que será adotada, levando em conta a manifestação do administrador judicial e do Comitê.

Art. 146. Em qualquer modalidade de realização do ativo adotada, fica a massa falida dispensada da apresentação de certidões negativas.

Art. 147. As quantias recebidas a qualquer título serão imediatamente depositadas em conta remunerada de instituição financeira, atendidos os requisitos da lei ou das normas de organização judiciária.

Art. 148. O administrador judicial fará constar do relatório de que trata a alínea *p* do inciso III do art. 22 os valores eventualmente recebidos no mês vencido, explicitando a forma de distribuição dos recursos entre os credores, observado o disposto no art. 149 desta Lei.

LEG. COMPLEMENTAR

Seção XI

DO PAGAMENTO AOS CREDORES

Art. 149. Realizadas as restituições, pagos os créditos extraconcursais, na forma do art. 84 desta Lei, e consolidado o quadro geral de credores, as importâncias recebidas com a realização do ativo serão destinadas ao pagamento dos credores, atendendo à classificação prevista no art. 83 desta Lei, respeitados os demais dispositivos desta Lei e as decisões judiciais que determinam reserva de importâncias.

§ 1º Havendo reserva de importâncias, os valores a ela relativos ficarão depositados até o julgamento definitivo do crédito e, no caso de não ser este finalmente reconhecido, no todo ou em parte, os recursos depositados serão objeto de rateio suplementar entre os credores remanescentes.

- Art. 6º, § 3º, desta Lei.

§ 2º Os credores que não procederem, no prazo fixado pelo juiz, ao levantamento dos valores que lhes couberam em rateio serão intimados a fazê-lo no prazo de 60 (sessenta) dias, após o qual os recursos serão objeto de rateio suplementar entre os credores remanescentes.

Art. 150. As despesas cujo pagamento antecipado seja indispensável à administração da falência, inclusive na hipótese de continuação provisória das atividades previstas no inciso XI do *caput* do art. 99 desta Lei, serão pagas pelo administrador judicial com os recursos disponíveis em caixa.

- Art. 188 do CTN.

Art. 151. Os créditos trabalhistas de natureza estritamente salarial vencidos nos 3 (três) meses anteriores à decretação da falência, até o limite de 5 (cinco) salários mínimos por trabalhador, serão pagos tão logo haja disponibilidade em caixa.

- Arts. 83, I, e 86, par. ún., desta Lei.

Art. 152. Os credores restituirão em dobro as quantias recebidas, acrescidas dos juros legais, se ficar evidenciado dolo ou má-fé na constituição do crédito ou da garantia.

- Arts. 927 e 944 do CC.

Art. 153. Pagos todos os credores, o saldo, se houver, será entregue ao falido.

Seção XII

DO ENCERRAMENTO DA FALÊNCIA E DA EXTINÇÃO DAS OBRIGAÇÕES DO FALIDO

Art. 154. Concluída a realização de todo o ativo, e distribuído o produto entre os credores, o administrador judicial apresentará suas contas ao juiz no prazo de 30 (trinta) dias.

- Arts. 22, III, *r*, 24, § 2º, e 31, § 2º, desta Lei.

§ 1º As contas, acompanhadas dos documentos comprobatórios, serão prestadas em autos apartados que, ao final, serão apensados aos autos da falência.

- Art. 31, § 2º, desta Lei.

§ 2º O juiz ordenará a publicação de aviso de que as contas foram entregues e se encontram à disposição dos interessados, que poderão impugná-las no prazo de 10 (dez) dias.

- Art. 31, § 2º, desta Lei.

§ 3º Decorrido o prazo do aviso e realizadas as diligências necessárias à apuração dos fatos, o juiz intimará o Ministério Público para manifestar-se no prazo de 5 (cinco) dias, findo o qual o administrador judicial será ouvido se houver impugnação ou parecer contrário do Ministério Público.

- Art. 31, § 2º, desta Lei.

§ 4º Cumpridas as providências previstas nos §§ 2º e 3º deste artigo, o juiz julgará as contas por sentença.

- Art. 31, § 2º, desta Lei.

§ 5º A sentença que rejeitar as contas do administrador judicial fixará suas responsabilidades, poderá determinar a indisponibilidade ou o sequestro de bens e servirá como título executivo para indenização da massa.

- Art. 31, § 2º, desta Lei.

§ 6º Da sentença cabe apelação.

- Art. 31, § 2º, desta Lei.
- Súm. nº 25 do STJ.

Art. 155. Julgadas as contas do administrador judicial, ele apresentará o relatório final da falência no prazo de 10 (dez) dias, indicando o valor do ativo e o do produto de sua realização, o valor do passivo e o dos pagamentos feitos aos credores, e especificará justificadamente as responsabilidades com que continuará o falido.

- Art. 24, § 2º, desta Lei.

Art. 156. Apresentado o relatório final, o juiz encerrará a falência por sentença e ordenará a intimação eletrônica às Fazendas Públicas federal e de todos os Estados, Distrito Federal e Municípios em que o devedor tiver estabelecimento e determinará a baixa da falida no Cadastro Nacional da Pessoa Jurídica (CNPJ), expedido pela Secretaria Especial da Receita Federal do Brasil.

- *Caput* com a redação dada pela Lei nº 14.112, de 24-12-2020.

Parágrafo único. A sentença de encerramento será publicada por edital e dela caberá apelação.

- Art. 191 do CTN.

Art. 157. *Revogado*. Lei nº 14.112, de 24-12-2020.

Art. 158. Extingue as obrigações do falido:

I – o pagamento de todos os créditos;

II – o pagamento, após realizado todo o ativo, de mais de 25% (vinte e cinco por cento) dos créditos quirografários, facultado ao falido o depósito da quantia necessária para atingir a referida porcentagem se para isso não tiver sido suficiente a integral liquidação do ativo;

- Inciso II com a redação dada pela Lei nº 14.112, de 24-12-2020.
- Art. 304 do CC.

III e IV – *Revogados*. Lei nº 14.112, de 24-12-2020;

V – o decurso do prazo de 3 (três) anos, contado da decretação da falência, ressalvada a utilização dos bens arrecadados anteriormente, que serão destinados à liquidação para a satisfação dos credores habilitados ou com pedido de reserva realizado;

VI – o encerramento da falência nos termos dos arts. 114-A ou 156 desta Lei.

- Incisos V e VI acrescidos pela Lei nº 14.112, de 24-12-2020.

Art. 159. Configurada qualquer das hipóteses do art. 158 desta Lei, o falido poderá requerer ao juízo da falência que suas obrigações sejam declaradas extintas por sentença.

- Art. 127, § 1º, desta Lei.
- Art. 191 do CTN.

§ 1º A secretaria do juízo fará publicar imediatamente informação sobre a apresentação do requerimento a que se refere este artigo, e, no prazo comum de 5 (cinco) dias, qualquer credor, o administrador judicial e o Ministério Público poderão manifestar-se exclusivamente para apontar inconsistências formais e objetivas.

- § 1º com a redação dada pela Lei nº 14.112, de 24-12-2020.

§ 2º *Revogado*. Lei nº 14.112, de 24-12-2020.

§ 3º Findo o prazo, o juiz, em 15 (quinze) dias, proferirá sentença que declare extintas todas as obrigações do falido, inclusive as de natureza trabalhista.

- § 3º com a redação dada pela Lei nº 14.112, de 24-12-2020.

§ 4º A sentença que declarar extintas as obrigações será comunicada a todas as pessoas e entidades informadas da decretação da falência.

§ 5º Da sentença cabe apelação.

§ 6º Após o trânsito em julgado, os autos serão apensados aos da falência.

Art. 159-A. A sentença que declarar extintas as obrigações do falido, nos termos do art. 159 desta Lei, somente poderá ser rescindida por ação rescisória, na forma prevista na Lei nº 13.105, de 16 de março de 2015 (Código de Processo Civil), a pedido de qualquer credor, caso se verifique que o falido tenha sonegado bens, direitos ou rendimentos de qualquer espécie anteriores à data do requerimento a que se refere o art. 159 desta Lei.

Parágrafo único. O direito à rescisão de que trata o *caput* deste artigo extinguir-se-á no prazo de 2 (dois) anos, contado da data do trânsito em julgado da sentença de que trata o art. 159 desta Lei.

- Art. 159-A acrescido pela Lei nº 14.112, de 24-12-2020.

Art. 160. Verificada a prescrição ou extintas as obrigações nos termos desta Lei, o sócio de responsabilidade ilimitada também poderá requerer que seja declarada por sentença a extinção de suas obrigações na falência.

- Art. 191 do CTN.

CAPÍTULO VI

DA RECUPERAÇÃO EXTRAJUDICIAL

Art. 161. O devedor que preencher os requisitos do art. 48 desta Lei poderá propor e negociar com credores plano de recuperação extrajudicial.

- Súm. nº 480 do STJ.

§ 1º Estão sujeitos à recuperação extrajudicial todos os créditos existentes na data do pedido, exceto os créditos de natureza tributária e aqueles previstos no § 3º do art. 49 e no inciso II do *caput* do art. 86 desta Lei, e a sujeição dos créditos de natureza trabalhista e por acidentes de trabalho exige negociação coletiva com o sindicato da respectiva categoria profissional.

- § 1º com a redação dada pela Lei nº 14.112, de 24-12-2020.
- Art. 187 do CTN.

§ 2º O plano não poderá contemplar o pagamento antecipado de dívidas nem tratamento desfavorável aos credores que a ele não estejam sujeitos.

§ 3º O devedor não poderá requerer a homologação de plano extrajudicial, se estiver pendente pedido de recuperação judicial ou se houver obtido recuperação judicial ou homologação de outro plano de recuperação extrajudicial há menos de 2 (dois) anos.

§ 4º O pedido de homologação do plano de recuperação extrajudicial não acarretará suspensão de direitos, ações ou execuções, nem a impossibilidade do pedido de decretação de falência pelos credores não sujeitos ao plano de recuperação extrajudicial.

§ 5º Após a distribuição do pedido de homologação, os credores não poderão desistir da adesão ao plano, salvo com a anuência expressa dos demais signatários.

§ 6º A sentença de homologação do plano de recuperação extrajudicial constituirá título executivo judicial, nos termos do art. 584, inciso III do *caput*, da Lei nº 5.869, de 11 de janeiro de 1973 – Código de Processo Civil.

Art. 162. O devedor poderá requerer a homologação em juízo do plano de recuperação extrajudicial, juntando sua justificativa e o documento que contenha seus termos e condições, com as assinaturas dos credores que a ele aderiram.

- Arts. 163, § 6º, e 164 desta Lei.
- Art. 104 do CTN.

Art. 163. O devedor poderá também requerer a homologação de plano de recuperação extrajudicial que obriga todos os credores por ele abrangidos, desde que assinado por credores que representem mais da metade dos créditos de cada espécie abrangidos pelo plano de recuperação extrajudicial.

- *Caput* com a redação dada pela Lei nº 14.112, de 24-12-2020.
- Arts. 164, § 3º, I, e 180 desta Lei.

§ 1º O plano poderá abranger a totalidade de uma ou mais espécies de créditos previstos no art. 83, incisos II, IV, V, VI e VIII do *caput*, desta Lei, ou grupo de credores de mesma natureza e sujeito a semelhantes condições de pagamento, e, uma vez homologado, obriga a todos os credores das espécies por ele abrangidas, exclusivamente em relação aos créditos constituídos até a data do pedido de homologação.

§ 2º Não serão considerados para fins de apuração do percentual previsto no *caput* deste artigo os créditos não incluídos no plano de recuperação extrajudicial, os quais não poderão ter seu valor ou condições originais de pagamento alteradas.

§ 3º Para fins exclusivos de apuração do percentual previsto no *caput* deste artigo:

I – o crédito em moeda estrangeira será convertido para moeda nacional pelo câmbio da véspera da data de assinatura do plano; e

II – não serão computados os créditos detidos pelas pessoas relacionadas no art. 43 deste artigo.

- Na publicação oficial consta: "deste artigo", mas o correto é: "desta Lei".

§ 4º Na alienação de bem objeto de garantia real, a supressão da garantia ou sua substituição somente serão admitidas mediante a aprovação expressa do credor titular da respectiva garantia.

- Art. 50, § 1º, desta Lei.

§ 5º Nos créditos em moeda estrangeira, a variação cambial só poderá ser afastada se o credor titular do respectivo crédito aprovar expressamente previsão diversa no plano de recuperação extrajudicial.

- Art. 50, § 1º, desta Lei.

§ 6º Para a homologação do plano de que trata este artigo, além dos documentos previstos no *caput* do art. 162 desta Lei, o devedor deverá juntar:

I – exposição da situação patrimonial do devedor;

II – as demonstrações contábeis relativas ao último exercício social e as levantadas especialmente para instruir o pedido, na forma do inciso II do *caput* do art. 51 desta Lei; e

III – os documentos que comprovem os poderes dos subscritores para novar ou transigir, relação nominal completa dos credores, com a indicação do endereço de cada um, a natureza, a classificação e o valor atualizado do crédito, discriminando sua origem, o regime dos respectivos vencimentos e a indicação dos registros contábeis de cada transação pendente.

LEG. COMPLEMENTAR

§ 7º O pedido previsto no *caput* deste artigo poderá ser apresentado com comprovação da anuência de credores que representem pelo menos 1/3 (um terço) de todos os créditos de cada espécie por ele abrangidos e com o compromisso de, no prazo improrrogável de 90 (noventa) dias, contado da data do pedido, atingir o quórum previsto no *caput* deste artigo, por meio de adesão expressa, facultada a conversão do procedimento em recuperação judicial a pedido do devedor.

§ 8º Aplica-se à recuperação extrajudicial, desde o respectivo pedido, a suspensão de que trata o art. 6º desta Lei, exclusivamente em relação às espécies de crédito por ele abrangidas, e somente deverá ser ratificada pelo juiz se comprovado o quórum inicial exigido pelo § 7º deste artigo.

• §§ 7º e 8º acrescidos pela Lei nº 14.112, de 24-12-2020.

Art. 164. Recebido o pedido de homologação do plano de recuperação extrajudicial previsto nos arts. 162 e 163 desta Lei, o juiz ordenará a publicação de edital eletrônico com vistas a convocar os credores do devedor para apresentação de suas impugnações ao plano de recuperação extrajudicial, observado o disposto no § 3º deste artigo.

• *Caput* com a redação dada pela Lei nº 14.112, de 24-12-2020.

§ 1º No prazo do edital, deverá o devedor comprovar o envio de carta a todos os credores sujeitos ao plano, domiciliados ou sediados no país, informando a distribuição do pedido, as condições do plano e prazo para impugnação.

§ 2º Os credores terão prazo de 30 (trinta) dias, contado da publicação do edital, para impugnarem o plano, juntando a prova de seu crédito.

§ 3º Para opor-se, em sua manifestação, à homologação do plano, os credores somente poderão alegar:

I – não preenchimento do percentual mínimo previsto no *caput* do art. 163 desta Lei;

II – prática de qualquer dos atos previstos no inciso III do art. 94 ou do art. 130 desta Lei, ou descumprimento de requisito previsto nesta Lei;

III – descumprimento de qualquer outra exigência legal.

§ 4º Sendo apresentada impugnação, será aberto prazo de 5 (cinco) dias para que o devedor sobre ela se manifeste.

§ 5º Decorrido o prazo do § 4º deste artigo, os autos serão conclusos imediatamente ao juiz para apreciação de eventuais impugnações e decidirá, no prazo de 5 (cinco) dias, acerca do plano de recuperação extrajudicial, homologando-o por sentença se entender que não implica prática de atos previstos no art. 130 desta Lei e que não há outras irregularidades que recomendem sua rejeição.

§ 6º Havendo prova de simulação de créditos ou vício de representação dos credores que subscreverem o plano, a sua homologação será indeferida.

§ 7º Da sentença cabe apelação sem efeito suspensivo.

§ 8º Na hipótese de não homologação do plano o devedor poderá, cumpridas as formalidades, apresentar novo pedido de homologação de plano de recuperação extrajudicial.

Art. 165. O plano de recuperação extrajudicial produz efeitos após sua homologação judicial.

§ 1º É lícito, contudo, que o plano estabeleça a produção de efeitos anteriores à homologação, desde que exclusivamente em relação à modificação do valor ou da forma de pagamento dos credores signatários.

§ 2º Na hipótese do § 1º deste artigo, caso o plano seja posteriormente rejeitado pelo juiz, devolve-se aos credores signatários o direito de exigir seus créditos nas condições originais, deduzidos os valores efetivamente pagos.

Art. 166. Se o plano de recuperação extrajudicial homologado envolver alienação judicial de filiais ou de unidades produtivas isoladas do devedor, o juiz ordenará a sua realização, observado, no que couber, o disposto no art. 142 desta Lei.

○ Art. 133 do CTN.

Art. 167. O disposto neste Capítulo não implica impossibilidade de realização de outras modalidades de acordo privado entre o devedor e seus credores.

CAPÍTULO VI-A

DA INSOLVÊNCIA TRANSNACIONAL

• Capítulo VI-A acrescido pela Lei nº 14.112, de 24-12-2020.

Seção I

DISPOSIÇÕES GERAIS

• Seção I acrescida pela Lei nº 14.112, de 24-12-2020.

Art. 167-A. Este Capítulo disciplina a insolvência transnacional, com o objetivo de proporcionar mecanismos efetivos para:

I – a cooperação entre juízes e outras autoridades competentes do Brasil e de outros países em casos de insolvência transnacional;

II – o aumento da segurança jurídica para a atividade econômica e para o investimento;

III – a administração justa e eficiente de processos de insolvência transnacional, de modo a proteger os interesses de todos os credores e dos demais interessados, inclusive do devedor;

IV – a proteção e a maximização do valor dos ativos do devedor;

V – a promoção da recuperação de empresas em crise econômico-financeira, com a proteção de investimentos e a preservação de empregos; e

VI – a promoção da liquidação dos ativos da empresa em crise econômico-financeira, com a preservação e a otimização da utilização produtiva dos bens, dos ativos e dos recursos produtivos da empresa, inclusive os intangíveis.

§ 1º Na interpretação das disposições deste Capítulo, deverão ser considerados o seu objetivo de cooperação internacional, a necessidade de uniformidade de sua aplicação e a observância da boa-fé.

§ 2º As medidas de assistência aos processos estrangeiros mencionadas neste Capítulo formam um rol meramente exemplificativo, de modo que outras medidas, ainda que previstas em leis distintas, solicitadas pelo representante estrangeiro, pela autoridade estrangeira ou pelo juízo brasileiro poderão ser deferidas pelo juiz competente ou promovidas diretamente pelo administrador judicial, com imediata comunicação nos autos.

§ 3º Em caso de conflito, as obrigações assumidas em tratados ou convenções internacionais em vigor no Brasil prevalecerão sobre as disposições deste Capítulo.

§ 4º O juiz somente poderá deixar de aplicar as disposições deste Capítulo se, no caso concreto, a sua aplicação configurar manifesta ofensa à ordem pública.

§ 5º O Ministério Público intervirá nos processos de que trata este Capítulo.

§ 6º Na aplicação das disposições deste Capítulo, será observada a competência do Superior Tribunal de Justiça prevista na alínea *i* do inciso I do *caput* do art. 105 da Constituição Federal, quando cabível.

Art. 167-B. Para os fins deste Capítulo, considera-se:

I – processo estrangeiro: qualquer processo judicial ou administrativo, de cunho coletivo, inclusive de natureza cautelar, aberto em outro país de acordo com disposições relativas à insolvência nele vigentes, em que os bens e as atividades de um devedor estejam sujeitos a uma autoridade estrangeira, para fins de reorganização ou liquidação;

II – processo estrangeiro principal: qualquer processo estrangeiro aberto no país em que o devedor tenha o centro de seus interesses principais;

III – processo estrangeiro não principal: qualquer processo estrangeiro que não seja um processo estrangeiro principal, aberto em um país em que o devedor tenha estabelecimento ou bens;

IV – representante estrangeiro: pessoa ou órgão, inclusive o nomeado em caráter transitório, que esteja autorizado, no processo estrangeiro, a administrar os bens ou as atividades do devedor, ou a atuar como representante do processo estrangeiro;

V – autoridade estrangeira: juiz ou autoridade administrativa que dirija ou supervisione um processo estrangeiro; e

VI – estabelecimento: qualquer local de operações em que o devedor desenvolva uma atividade econômica não transitória com o emprego de recursos humanos e de bens ou serviços.

Art. 167-C. As disposições deste Capítulo aplicam-se aos casos em que:

I – autoridade estrangeira ou representante estrangeiro solicita assistência no Brasil para um processo estrangeiro;

II – assistência relacionada a um processo disciplinado por esta Lei é pleiteada em um país estrangeiro;

III – processo estrangeiro e processo disciplinado por esta Lei relativos ao mesmo devedor estão em curso simultaneamente; ou

IV – credores ou outras partes interessadas, de outro país, têm interesse em requerer a abertura de um processo disciplinado por esta Lei, ou dele participar.

Art. 167-D. O juízo do local do principal estabelecimento do devedor no Brasil é o competente para o reconhecimento de processo estrangeiro e para a cooperação com a autoridade estrangeira nos termos deste Capítulo.

§ 1º A distribuição do pedido de reconhecimento do processo estrangeiro previne a jurisdição para qualquer pedido de recuperação judicial, de recuperação extrajudicial ou de falência relativo ao devedor.

§ 2º A distribuição do pedido de recuperação judicial, de recuperação extrajudicial ou de falência previne a jurisdição para qualquer pedido de reconhecimento de processo estrangeiro relativo ao devedor.

Art. 167-E. São autorizados a atuar em outros países, independentemente de decisão judicial, na qualidade de representante do processo brasileiro, desde que essa providência seja permitida pela lei do país em que tramitem os processos estrangeiros:

I – o devedor, na recuperação judicial e na recuperação extrajudicial;

II – o administrador judicial, na falência.

§ 1º Na hipótese de que trata o inciso II do *caput* deste artigo, poderá o juiz, em caso de omissão do administrador judicial, autorizar terceiro para a atuação prevista no *caput* deste artigo.

§ 2º A pedido de qualquer dos autorizados, o juízo mandará certificar a condição de representante do processo brasileiro.

- Arts. 167-A a 167-E acrescidos pela Lei nº 14.112, de 24-12-2020.

Seção II

DO ACESSO À JURISDIÇÃO BRASILEIRA

- Seção II acrescida pela Lei nº 14.112, de 24-12-2020.

Art. 167-F. O representante estrangeiro está legitimado a postular diretamente ao juiz brasileiro, nos termos deste Capítulo.

§ 1º O pedido feito ao juiz brasileiro não sujeita o representante estrangeiro nem o devedor, seus bens e suas atividades à jurisdição brasileira, exceto no que diz respeito aos estritos limites do pedido.

§ 2º Reconhecido o processo estrangeiro, o representante estrangeiro está autorizado a:

I – ajuizar pedido de falência do devedor, desde que presentes os requisitos para isso, de acordo com esta Lei;

II – participar do processo de recuperação judicial, de recuperação extrajudicial ou de falência do mesmo devedor, em curso no Brasil;

III – intervir em qualquer processo em que o devedor seja parte, atendidas as exigências do direito brasileiro.

Art. 167-G. Os credores estrangeiros têm os mesmos direitos conferidos aos credores nacionais nos processos de recuperação judicial, de recuperação extrajudicial ou de falência.

§ 1º Os credores estrangeiros receberão o mesmo tratamento dos credores nacionais, respeitada a ordem de classificação dos créditos prevista nesta Lei, e não serão discriminados em razão de sua nacionalidade ou da localização de sua sede, estabelecimento, residência ou domicílio, respeitado o seguinte:

I – os créditos estrangeiros de natureza tributária e previdenciária, bem como as penas pecuniárias por infração de leis penais ou administrativas, inclusive as multas tributárias devidas a Estados estrangeiros, não serão considerados nos processos de recuperação judicial e serão classificados como créditos subordinados nos processos de falência, independentemente de sua classificação nos países em que foram constituídos;

II – o crédito do representante estrangeiro será equiparado ao do administrador judicial nos casos em que fizer jus a remuneração, exceto quando for o próprio devedor ou seu representante;

III – os créditos que não tiverem correspondência com a classificação prevista nesta Lei serão classificados como quirografários, independentemente da classificação atribuída pela lei do país em que foram constituídos.

§ 2º O juiz deve determinar as medidas apropriadas, no caso concreto, para que os credores que não tiverem domicílio ou estabelecimento no Brasil tenham acesso às notificações e às informações dos processos de recuperação judicial, de recuperação extrajudicial ou de falência.

§ 3º As notificações e as informações aos credores que não tiverem domicílio ou estabelecimento no Brasil serão realizadas por qualquer meio considerado adequado pelo juiz, dispensada a expedição de carta rogatória para essa finalidade.

§ 4º A comunicação do início de um processo de recuperação judicial ou de falência para credores estrangeiros deverá conter as informações sobre providências necessárias para

LEG. COMPLEMENTAR

que o credor possa fazer valer seu direito, inclusive quanto ao prazo para apresentação de habilitação ou de divergência e à necessidade de os credores garantidos habilitarem seus créditos.

§ 5º O juiz brasileiro deverá expedir os ofícios e os mandados necessários ao Banco Central do Brasil para permitir a remessa ao exterior dos valores recebidos por credores domiciliados no estrangeiro.

• Arts. 167-F e 167-G acrescidos pela Lei nº 14.112, de 24-12-2020.

Seção III

DO RECONHECIMENTO DE PROCESSOS ESTRANGEIROS

• Seção III acrescida pela Lei nº 14.112, de 24-12-2020.

Art. 167-H. O representante estrangeiro pode ajuizar, perante o juiz, pedido de reconhecimento do processo estrangeiro em que atua.

§ 1º O pedido de reconhecimento do processo estrangeiro deve ser acompanhado dos seguintes documentos:

I – cópia apostilada da decisão que determine a abertura do processo estrangeiro e nomeie o representante estrangeiro;

II – certidão apostilada expedida pela autoridade estrangeira que ateste a existência do processo estrangeiro e a nomeação do representante estrangeiro; ou

III – qualquer outro documento emitido por autoridade estrangeira que permita ao juiz atingir plena convicção da existência do processo estrangeiro e da identificação do representante estrangeiro.

§ 2º O pedido de reconhecimento do processo estrangeiro deve ser acompanhado por uma relação de todos os processos estrangeiros relativos ao devedor que sejam de conhecimento do representante estrangeiro.

§ 3º Os documentos redigidos em língua estrangeira devem estar acompanhados de tradução oficial para a língua portuguesa, salvo quando, sem prejuízo aos credores, for expressamente dispensada pelo juiz e substituída por tradução simples para a língua portuguesa, declarada fiel e autêntica pelo próprio advogado, sob sua responsabilidade pessoal.

Art. 167-I. Independentemente de outras medidas, o juiz poderá reconhecer:

I – a existência do processo estrangeiro e a identificação do representante estrangeiro, a partir da decisão ou da certidão referidas no § 1º do art. 167-H desta Lei que os indicarem como tal;

II – a autenticidade de todos ou de alguns documentos juntados com o pedido de reconhecimento do processo estrangeiro, mesmo que não tenham sido apostilados;

III – o país onde se localiza o domicílio do devedor, no caso dos empresários individuais, ou o país da sede estatutária do devedor, no caso das sociedades, como seu centro de interesses principais, salvo prova em contrário.

Art. 167-J. Ressalvado o disposto no § 4º do art. 167-A desta Lei, o juiz reconhecerá o processo estrangeiro quando:

I – o processo enquadrar-se na definição constante do inciso I do *caput* do art. 167-B desta Lei;

II – o representante que tiver requerido o reconhecimento do processo enquadrar-se na definição de representante estrangeiro constante do inciso IV do *caput* do art. 167-B desta Lei;

III – o pedido cumprir os requisitos estabelecidos no art. 167-H desta Lei; e

IV – o pedido tiver sido endereçado ao juiz, conforme o disposto no art. 167-D desta Lei.

§ 1º Satisfeitos os requisitos previstos no *caput* deste artigo, o processo estrangeiro deve ser reconhecido como:

I – processo estrangeiro principal, caso tenha sido aberto no local em que o devedor tenha o seu centro de interesses principais; ou

II – processo estrangeiro não principal, caso tenha sido aberto em local em que o devedor tenha bens ou estabelecimento, na forma definida no inciso VI do *caput* do art. 167-B desta Lei.

§ 2º Não obstante o previsto nos incisos I e II do § 1º deste artigo, o processo estrangeiro será reconhecido como processo estrangeiro não principal se o centro de interesses principais do devedor tiver sido transferido ou de outra forma manipulado com o objetivo de transferir para outro Estado a competência jurisdicional para abertura do processo.

§ 3º A decisão de reconhecimento do processo estrangeiro poderá ser modificada ou revogada, a qualquer momento, a pedido de qualquer parte interessada, se houver elementos que comprovem que os requisitos para o reconhecimento foram descumpridos, total ou parcialmente, ou deixaram de existir.

§ 4º Da decisão que acolher o pedido de reconhecimento caberá agravo, e da sentença que o julgar improcedente caberá apelação.

Art. 167-K. Após o pedido de reconhecimento do processo estrangeiro, o representante estrangeiro deverá imediatamente informar ao juiz:

I – qualquer modificação significativa no estado do processo estrangeiro reconhecido ou no estado de sua nomeação como representante estrangeiro;

II – qualquer outro processo estrangeiro relativo ao mesmo devedor de que venha a ter conhecimento.

Art. 167-L. Após o ajuizamento do pedido de reconhecimento do processo estrangeiro, e antes de sua decisão, o juiz poderá conceder liminarmente as medidas de tutela provisória, fundadas em urgência ou evidência, necessárias para o cumprimento desta Lei, para a proteção da massa falida ou para a eficiência da administração.

§ 1º Salvo no caso do disposto no inciso IV do *caput* do art. 167-N desta Lei, as medidas de natureza provisória encerram-se com a decisão sobre o pedido de reconhecimento.

§ 2º O juiz poderá recusar-se a conceder as medidas de assistência provisória que possam interferir na administração do processo estrangeiro principal.

Art. 167-M. Com o reconhecimento de processo estrangeiro principal, decorrem automaticamente:

I – a suspensão do curso de quaisquer processos de execução ou de quaisquer outras medidas individualmente tomadas por credores relativas ao patrimônio do devedor, respeitadas as demais disposições desta Lei;

II – a suspensão do curso da prescrição de quaisquer execuções judiciais contra o devedor, respeitadas as demais disposições desta Lei;

III – a ineficácia de transferência, de oneração ou de qualquer forma de disposição de bens do ativo não circulante do devedor realizadas sem prévia autorização judicial.

§ 1º A extensão, a modificação ou a cessação dos efeitos previstos nos incisos I, II e III do *caput* deste artigo subordinam-se ao disposto nesta Lei.

§ 2º Os credores conservam o direito de ajuizar quaisquer processos judiciais e arbitrais, e de neles prosseguir, que visem à condenação do devedor ou ao reconhecimento ou à liquidação de seus créditos, e, em qualquer caso, as medidas executórias deverão permanecer suspensas.

§ 3º As medidas previstas neste artigo não afetam os credores que não estejam sujeitos aos processos de recuperação judicial, de recuperação extrajudicial ou de falência, salvo nos limites permitidos por esta Lei.

Art. 167-N. Com a decisão de reconhecimento do processo estrangeiro, tanto principal como não principal, o juiz poderá determinar, a pedido do representante estrangeiro e desde que necessárias para a proteção dos bens do devedor e no interesse dos credores, entre outras, as seguintes medidas:

I – a ineficácia de transferência, de oneração ou de qualquer forma de disposição de bens do ativo não circulante do devedor realizadas sem prévia autorização judicial, caso não tenham decorrido automaticamente do reconhecimento previsto no art. 167-M desta Lei;

II – a oitiva de testemunhas, a colheita de provas ou o fornecimento de informações relativas a bens, a direitos, a obrigações, à responsabilidade e à atividade do devedor;

III – a autorização do representante estrangeiro ou de outra pessoa para administrar e/ou realizar o ativo do devedor, no todo ou em parte, localizado no Brasil;

IV – a conversão, em definitiva, de qualquer medida de assistência provisória concedida anteriormente;

V – a concessão de qualquer outra medida que seja necessária.

§ 1º Com o reconhecimento do processo estrangeiro, tanto principal como não principal, o juiz poderá, a requerimento do representante estrangeiro, autorizá-lo, ou outra pessoa nomeada por aquele, a promover a destinação do ativo do devedor, no todo ou em parte, localizado no Brasil, desde que os interesses dos credores domiciliados ou estabelecidos no Brasil estejam adequadamente protegidos.

§ 2º Ao conceder medida de assistência prevista neste artigo requerida pelo representante estrangeiro de um processo estrangeiro não principal, o juiz deverá certificar-se de que as medidas para efetivá-la se referem a bens que, de acordo com o direito brasileiro, devam ser submetidos à disciplina aplicável ao processo estrangeiro não principal, ou certificar-se de que elas digam respeito a informações nele exigidas.

Art. 167-O. Ao conceder ou denegar uma das medidas previstas nos arts. 167-L e 167-N desta Lei, bem como ao modificá-las ou revogá-las nos termos do § 2º deste artigo, o juiz deverá certificar-se de que o interesse dos credores, do devedor e de terceiros interessados será adequadamente protegido.

§ 1º O juiz poderá condicionar a concessão das medidas previstas nos arts. 167-L e 167-N desta Lei ao atendimento de condições que considerar apropriadas.

§ 2º A pedido de qualquer interessado, do representante estrangeiro ou de ofício, o juiz poderá modificar ou revogar, a qualquer momento, medidas concedidas com fundamento nos arts. 167-L e 167-N desta Lei.

§ 3º Com o reconhecimento do processo estrangeiro, tanto principal quanto não principal, o representante estrangeiro poderá ajuizar medidas com o objetivo de tornar ineficazes quaisquer atos realizados, nos termos dos arts. 129 e 130, observado ainda o disposto no art. 131, todos desta Lei.

§ 4º No caso de processo estrangeiro não principal, a ineficácia referida no § 3º deste artigo dependerá da verificação, pelo juiz, de que, de acordo com a lei brasileira, os bens devam ser submetidos à disciplina aplicável ao processo estrangeiro não principal.

- Arts. 167-H a 167-O acrescidos pela Lei nº 14.112, de 24-12-2020.

Seção IV

DA COOPERAÇÃO COM AUTORIDADES E REPRESENTANTES ESTRANGEIROS

- Seção IV acrescida pela Lei nº 14.112, de 24-12-2020.

Art. 167-P. O juiz deverá cooperar diretamente ou por meio do administrador judicial, na máxima extensão possível, com a autoridade estrangeira ou com representantes estrangeiros, na persecução dos objetivos estabelecidos no art. 167-A desta Lei.

§ 1º O juiz poderá comunicar-se diretamente com autoridades estrangeiras ou com representantes estrangeiros, ou deles solicitar informação e assistência, sem a necessidade de expedição de cartas rogatórias, de procedimento de auxílio direto ou de outras formalidades semelhantes.

§ 2º O administrador judicial, no exercício de suas funções e sob a supervisão do juiz, deverá cooperar, na máxima extensão possível, com a autoridade estrangeira ou com representantes estrangeiros, na persecução dos objetivos estabelecidos no art. 167-A desta Lei.

§ 3º O administrador judicial, no exercício de suas funções, poderá comunicar-se com as autoridades estrangeiras ou com os representantes estrangeiros.

Art. 167-Q. A cooperação a que se refere o art. 167-P desta Lei poderá ser implementada por quaisquer meios, inclusive pela:

I – nomeação de uma pessoa, natural ou jurídica, para agir sob a supervisão do juiz;

II – comunicação de informações por quaisquer meios considerados apropriados pelo juiz;

III – coordenação da administração e da supervisão dos bens e das atividades do devedor;

IV – aprovação ou implementação, pelo juiz, de acordos ou de protocolos de cooperação para a coordenação dos processos judiciais; e

V – coordenação de processos concorrentes relativos ao mesmo devedor.

- Arts. 167-P e 167-Q acrescidos pela Lei nº 14.112, de 24-12-2020.

Seção V

DOS PROCESSOS CONCORRENTES

- Seção V acrescida pela Lei nº 14.112, de 24-12-2020.

Art. 167-R. Após o reconhecimento de um processo estrangeiro principal, somente se iniciará no Brasil um processo de recuperação judicial, de recuperação extrajudicial ou de falência se o devedor possuir bens ou estabelecimento no País.

Parágrafo único. Os efeitos do processo ajuizado no Brasil devem restringir-se aos bens e ao estabelecimento do devedor localizados no Brasil e podem estender-se a outros, desde que esta medida seja necessária para a cooperação e a coordenação com o processo estrangeiro principal.

Art. 167-S. Sempre que um processo estrangeiro e um processo de recuperação judicial, de recuperação extrajudicial ou de falência relativos ao mesmo devedor estiverem em curso simultaneamente, o juiz deverá buscar a cooperação e a coordenação entre eles, respeitadas as seguintes disposições:

I – se o processo no Brasil já estiver em curso quando o pedido de reconhecimento do processo estrangeiro tiver sido ajuizado, qualquer medida de assistência determinada pelo juiz nos termos dos arts. 167-L ou 167-N desta Lei deve ser compatível com o processo brasileiro, e o previsto no art. 167-M desta Lei não será aplicável se o processo estrangeiro for reconhecido como principal;

II – se o processo no Brasil for ajuizado após o reconhecimento do processo estrangeiro ou após o ajuizamento do pedido de seu reconhecimento, todas as medidas de assistência concedidas nos termos dos arts. 167-L ou 167-N desta Lei deverão ser revistas pelo juiz e modificadas ou revogadas se forem incompatíveis com o processo no Brasil e, quando o processo estrangeiro for reconhecido como principal, os efeitos referidos nos incisos I, II e III do *caput* do art. 167-M serão modificados ou cessados, nos termos do § 1º do art. 167-M desta Lei, se incompatíveis com os demais dispositivos desta Lei;

III – qualquer medida de assistência a um processo estrangeiro não principal deverá restringir-se a bens e a estabelecimento que, de acordo com o ordenamento jurídico brasileiro, devam ser submetidos à disciplina aplicável ao processo estrangeiro não principal, ou a informações nele exigidas.

Art. 167-T. Na hipótese de haver mais de um processo estrangeiro relativo ao mesmo devedor, o juiz deverá buscar a cooperação e a coordenação de acordo com as disposições dos arts. 167-P e 167-Q desta Lei, bem como observar o seguinte:

I – qualquer medida concedida ao representante de um processo estrangeiro não principal após o reconhecimento de um processo estrangeiro principal deve ser compatível com este último;

II – se um processo estrangeiro principal for reconhecido após o reconhecimento ou o pedido de reconhecimento de um processo estrangeiro não principal, qualquer medida concedida nos termos dos arts. 167-L ou 167-N desta Lei deverá ser revista pelo juiz, que a modificará ou a revogará se for incompatível com o processo estrangeiro principal;

III – se, após o reconhecimento de um processo estrangeiro não principal, outro processo estrangeiro não principal for reconhecido, o juiz poderá, com a finalidade de facilitar a coordenação dos processos, conceder, modificar ou revogar qualquer medida antes concedida.

Art. 167-U. Na ausência de prova em contrário, presume-se a insolvência do devedor cujo processo estrangeiro principal tenha sido reconhecido no Brasil.

Parágrafo único. O representante estrangeiro, o devedor ou os credores podem requerer a falência do devedor cujo processo estrangeiro principal tenha sido reconhecido no Brasil, atendidos os pressupostos previstos nesta Lei.

Art. 167-V. O juízo falimentar responsável por processo estrangeiro não principal deve prestar ao juízo principal as seguintes informações, entre outras:

I – valor dos bens arrecadados e do passivo;

II – valor dos créditos admitidos e sua classificação;

III – classificação, segundo a lei nacional, dos credores não domiciliados ou sediados nos países titulares de créditos sujeitos à lei estrangeira;

IV – relação de ações judiciais em curso de que seja parte o falido, como autor, réu ou interessado;

V – ocorrência do término da liquidação e o saldo, credor ou devedor, bem como eventual ativo remanescente.

Art. 167-W. No processo falimentar transnacional, principal ou não principal, nenhum ativo, bem ou recurso remanescente da liquidação será entregue ao falido se ainda houver passivo não satisfeito em qualquer outro processo falimentar transnacional.

Art. 167-X. O processo de falência transnacional principal somente poderá ser finalizado após o encerramento dos processos não principais ou após a constatação de que, nesses últimos, não haja ativo líquido remanescente.

Art. 167-Y. Sem prejuízo dos direitos sobre bens ou decorrentes de garantias reais, o credor que tiver recebido pagamento parcial de seu crédito em processo de insolvência no exterior não poderá ser pago pelo mesmo crédito em processo no Brasil referente ao mesmo devedor enquanto os pagamentos aos credores da mesma classe forem proporcionalmente inferiores ao valor já recebido no exterior.

- Arts. 167-R a 167-Y acrescidos pela Lei nº 14.112, de 24-12-2020.

CAPÍTULO VII
DISPOSIÇÕES PENAIS

Seção I
DOS CRIMES EM ESPÉCIE

- Arts. 935 e 1.011 do CC.

Fraude a Credores

Art. 168. Praticar, antes ou depois da sentença que decretar a falência, conceder a recuperação judicial ou homologar a recuperação extrajudicial, ato fraudulento de que resulte ou possa resultar prejuízo aos credores, com o fim de obter ou assegurar vantagem indevida para si ou para outrem.

Pena – reclusão, de 3 (três) a 6 (seis) anos, e multa.

- Arts. 158 a 165 do CC.
- Art. 185 do CTN.

Aumento da pena

§ 1º A pena aumenta-se de 1/6 (um sexto) a 1/3 (um terço), se o agente:

I – elabora escrituração contábil ou balanço com dados inexatos;

II – omite, na escrituração contábil ou no balanço, lançamento que deles deveria constar, ou altera escrituração ou balanço verdadeiros;

III – destrói, apaga ou corrompe dados contábeis ou negociais armazenados em computador ou sistema informatizado;

IV – simula a composição do capital social;

V – destrói, oculta ou inutiliza, total ou parcialmente, os documentos de escrituração contábil obrigatórios.

Contabilidade paralela e distribuição de lucros ou dividendos a sócios e acionistas até a aprovação do plano de recuperação judicial

- Título renomeado pela Lei nº 14.112, de 24-12-2020.

§ 2º A pena é aumentada de 1/3 (um terço) até metade se o devedor manteve ou movimentou recursos ou valores paralelamente à contabilidade exigida pela legislação, inclusive na hipótese de violação do disposto no art. 6º-A desta Lei."

- § 2º com a redação dada pela Lei nº 14.112, de 24-12-2020.

Concurso de pessoas

§ 3º Nas mesmas penas incidem os contadores, técnicos contábeis, auditores e outros profissionais que, de qualquer modo, concorrerem para as condutas criminosas descritas neste artigo, na medida de sua culpabilidade.

- Arts. 1.169 a 1.178 do CC.

Redução ou substituição da pena

§ 4º Tratando-se de falência de microempresa ou de empresa de pequeno porte, e não se constatando prática habitual de condutas fraudulentas por parte do falido, poderá o juiz reduzir a pena de reclusão de 1/3 (um terço) a 2/3 (dois terços) ou substituí-la pelas penas restritivas de direitos, pelas de perda de bens e valores ou pelas de prestação de serviços à comunidade ou a entidades públicas.

Violação de sigilo empresarial

Art. 169. Violar, explorar ou divulgar, sem justa causa, sigilo empresarial ou dados confidenciais sobre operações ou serviços, contribuindo para a condução do devedor a estado de inviabilidade econômica ou financeira:

Pena – reclusão, de 2 (dois) a 4 (quatro) anos, e multa.

Divulgação de informações falsas

Art. 170. Divulgar ou propalar, por qualquer meio, informação falsa sobre devedor em recuperação judicial, com o fim de levá-lo à falência ou de obter vantagem:

Pena – reclusão, de 2 (dois) a 4 (quatro) anos, e multa.

Indução a erro

Art. 171. Sonegar ou omitir informações ou prestar informações falsas no processo de falência, de recuperação judicial ou de recuperação extrajudicial, com o fim de induzir a erro o juiz, o Ministério Público, os credores, a assembleia-geral de credores, o Comitê ou o administrador judicial:

Pena – reclusão, de 2 (dois) a 4 (quatro) anos, e multa.

Favorecimento de credores

Art. 172. Praticar, antes ou depois da sentença que decretar a falência, conceder a recuperação judicial ou homologar plano de recuperação extrajudicial, ato de disposição ou oneração patrimonial ou gerador de obrigação, destinado a favorecer um ou mais credores em prejuízo dos demais:

Pena – reclusão, de 2 (dois) a 5 (cinco) anos, e multa.

Parágrafo único. Nas mesmas penas incorre o credor que, em conluio, possa beneficiar-se de ato previsto no *caput* deste artigo.

Desvio, ocultação ou apropriação de bens

Art. 173. Apropriar-se, desviar ou ocultar bens pertencentes ao devedor sob recuperação judicial ou à massa falida, inclusive por meio da aquisição por interposta pessoa:

Pena – reclusão, de 2 (dois) a 4 (quatro) anos, e multa.

- Art. 652 do CC.

Aquisição, recebimento ou uso ilegal de bens

Art. 174. Adquirir, receber, usar, ilicitamente, bem que sabe pertencer à massa falida ou influir para que terceiro, de boa-fé, o adquira, receba ou use:

Pena – reclusão, de 2 (dois) a 4 (quatro) anos, e multa.

Habilitação ilegal de crédito

Art. 175. Apresentar, em falência, recuperação judicial ou recuperação extrajudicial, relação de créditos, habilitação de créditos ou reclamação falsas, ou juntar a elas título falso ou simulado:

Pena – reclusão, de 2 (dois) a 4 (quatro) anos, e multa.

Exercício ilegal de atividade

Art. 176. Exercer atividade para a qual foi inabilitado ou incapacitado por decisão judicial, nos termos desta Lei:

Pena – reclusão, de 1 (um) a 4 (quatro) anos, e multa.

- Art. 973 do CC.

Violação de impedimento

Art. 177. Adquirir o juiz, o representante do Ministério Público, o administrador judicial, o gestor judicial, o perito, o avaliador, o escrivão, o oficial de justiça ou o leiloeiro, por si ou por interposta pessoa, bens de massa falida ou de devedor em recuperação judicial, ou, em relação a estes, entrar em alguma especulação de lucro, quando tenham atuado nos respectivos processos:

Pena – reclusão, de 2 (dois) a 4 (quatro) anos, e multa.

- Art. 497 do CC.

Omissão dos documentos contábeis obrigatórios

Art. 178. Deixar de elaborar, escriturar ou autenticar, antes ou depois da sentença que decretar a falência, conceder a recuperação judicial ou homologar o plano de recuperação extrajudicial, os documentos de escrituração contábil obrigatórios:

Pena – detenção, de 1 (um) a 2 (dois) anos, e multa, se o fato não constitui crime mais grave.

- Arts. 1.179 a 1.195 do CC.
- Lei nº 9.099, de 26-9-1995 (Lei dos Juizados Especiais).
- Art. 2º, par. ún., da Lei nº 10.259, de 12-7-2001 (Lei dos Juizados Especiais Federais).

Seção II

DISPOSIÇÕES COMUNS

Art. 179. Na falência, na recuperação judicial e na recuperação extrajudicial de sociedades, os seus sócios, diretores, gerentes, administradores e conselheiros, de fato ou de direito, bem como o administrador judicial, equiparam-se ao devedor ou falido para todos os efeitos penais decorrentes desta Lei, na medida de sua culpabilidade.

Art. 180. A sentença que decreta a falência, concede a recuperação judicial ou concede a recuperação extrajudicial de que trata o art. 163 desta Lei é condição objetiva de punibilidade das infrações penais descritas nesta Lei.

Art. 181. São efeitos da condenação por crime previsto nesta Lei:

I – a inabilitação para o exercício de atividade empresarial;

- Art. 102 desta Lei.
- Art. 972 do CC.

II – o impedimento para o exercício de cargo ou função em conselho de administração, diretoria ou gerência das sociedades sujeitas a esta Lei;

- Art. 1.011, § 1º, do CC.

III – a impossibilidade de gerir empresa por mandato ou por gestão de negócio.

§ 1º Os efeitos de que trata este artigo não são automáticos, devendo ser motivadamente declarados na sentença, e perdurarão até 5 (cinco) anos após a extinção da punibilidade, podendo, contudo, cessar antes pela reabilitação penal.

- Art. 102 desta Lei.

§ 2º Transitada em julgado a sentença penal condenatória, será notificado o Registro Público de Empresas para que tome as medidas necessárias para impedir novo registro em nome dos inabilitados.

Art. 182. A prescrição dos crimes previstos nesta Lei reger-se-á pelas disposições do Decreto-Lei nº 2.848, de 7 de dezembro de 1940 – Código Penal, começando a correr do dia da decretação da falência, da concessão da recuperação judicial ou da homologação do plano de recuperação extrajudicial.

- Súmulas nºs 147 e 592 do STF.

Parágrafo único. A decretação da falência do devedor interrompe a prescrição cuja contagem tenha iniciado com a concessão da recuperação judicial ou com a homologação do plano de recuperação extrajudicial.

Seção III

DO PROCEDIMENTO PENAL

Art. 183. Compete ao juiz criminal da jurisdição onde tenha sido decretada a falência, concedida a recuperação judicial ou homologado o plano de recuperação extrajudicial, conhecer da ação penal pelos crimes previstos nesta Lei.

Art. 184. Os crimes previstos nesta Lei são de ação penal pública incondicionada.

Parágrafo único. Decorrido o prazo a que se refere o art. 187, § 1º, sem que o representante do Ministério Público ofereça denúncia, qualquer credor habilitado ou o administrador judicial poderá oferecer ação penal privada subsidiária da pública, observado o prazo decadencial de 6 (seis) meses.

Art. 185. Recebida a denúncia ou a queixa, observar-se-á o rito previsto nos arts. 531 a 540 do Decreto-Lei nº 3.689, de 3 de outubro de 1941 – Código de Processo Penal.

Art. 186. No relatório previsto na alínea *e* do inciso III do *caput* do art. 22 desta Lei, o administrador judicial apresentará ao juiz da falência exposição circunstanciada, considerando as causas da falência, o procedimento do devedor, antes e depois da sentença, e outras informações detalhadas a respeito da conduta do devedor e de outros responsáveis, se houver, por atos que possam constituir crime relacionado com a recuperação judicial ou com a falência, ou outro delito conexo a estes.

- Art. 22, III, *e*, desta Lei.

Parágrafo único. A exposição circunstanciada será instruída com laudo do contador encarregado do exame da escrituração do devedor.

Art. 187. Intimado da sentença que decreta a falência ou concede a recuperação judicial, o Ministério Público, verificando a ocorrência de qualquer crime previsto nesta Lei, promoverá imediatamente a competente ação penal ou, se entender necessário, requisitará a abertura de inquérito policial.

§ 1º O prazo para oferecimento da denúncia regula-se pelo art. 46 do Decreto-Lei nº 3.689, de 3 de outubro de 1941 – Código de Processo Penal, salvo se o Ministério Público, estando o réu solto ou afiançado, decidir aguardar a apresentação da exposição circunstanciada de que trata o art. 186 desta Lei, devendo, em seguida, oferecer a denúncia em 15 (quinze) dias.

- Art. 184, par. ún., desta Lei.
- Súm. nº 564 do STF.

§ 2º Em qualquer fase processual, surgindo indícios da prática dos crimes previstos nesta Lei, o juiz da falência ou da recuperação judicial ou da recuperação extrajudicial cientificará o Ministério Público.

Art. 188. Aplicam-se subsidiariamente as disposições do Código de Processo Penal, no que não forem incompatíveis com esta Lei.

CAPÍTULO VIII

DISPOSIÇÕES FINAIS E TRANSITÓRIAS

Art. 189. Aplica-se, no que couber, aos procedimentos previstos nesta Lei, o disposto na Lei nº 13.105, de 16 de março de 2015 (Código de Processo Civil), desde que não seja incompatível com os princípios desta Lei.

- *Caput* com a redação dada pela Lei nº 14.112, de 24-12-2020.

§ 1º Para os fins do disposto nesta Lei:

I – todos os prazos nela previstos ou que dela decorram serão contados em dias corridos; e

II – as decisões proferidas nos processos a que se refere esta Lei serão passíveis de agravo de instrumento, exceto nas hipóteses em que esta Lei previr de forma diversa.

§ 2º Para os fins do disposto no art. 190 da Lei nº 13.105, de 16 de março de 2015 (Código de Processo Civil), a manifestação de vontade do devedor será expressa e a dos credores será obtida por maioria, na forma prevista no art. 42 desta Lei.

- §§ 1º e 2º acrescidos pela Lei nº 14.112, de 24-12-2020.

Art. 189-A. Os processos disciplinados nesta Lei e os respectivos recursos, bem como os processos, os procedimentos e a execução dos atos e das diligências judiciais em que figure como parte empresário individual ou sociedade empresária em regime de recuperação judicial ou extrajudicial ou de falência terão prioridade sobre todos os atos judiciais, salvo o *habeas corpus* e as prioridades estabelecidas em leis especiais.

- Art. 189-A acrescido pela Lei nº 14.112, de 24-12-2020.

Art. 190. Todas as vezes que esta Lei se referir a devedor ou falido, compreender-se-á que a disposição também se aplica aos sócios ilimitadamente responsáveis.

- Art. 81, *caput*, desta Lei.
- Arts. 1.039 e 1.045 do CC.
- Art. 281 da Lei nº 6.404, de 15-12-1976 (Lei das Sociedades por Ações).

Art. 191. Ressalvadas as disposições específicas desta Lei, as publicações ordenadas serão feitas em sítio eletrônico próprio, na internet, dedicado à recuperação judicial e à falência, e as intimações serão realizadas por notificação direta por meio de dispositivos móveis previamente cadastrados e autorizados pelo interessado.

- *Caput* com a redação dada pela Lei nº 14.112, de 24-12-2020.
- Art. 69 desta Lei.

Parágrafo único. As publicações ordenadas nesta Lei conterão a epígrafe "recuperação judicial de", "recuperação extrajudicial de" ou "falência de".

Art. 192. Esta Lei não se aplica aos processos de falência ou de concordata ajuizados anteriormente ao início de sua vigência, que serão concluídos nos termos do Decreto-Lei nº 7.661, de 21 de junho de 1945.

§ 1º Fica vedada a concessão de concordata suspensiva nos processos de falência em curso, podendo ser promovida a alienação dos bens da massa falida assim que concluída sua arrecadação, independentemente da formação do quadro geral de credores e da conclusão do inquérito judicial.

§ 2º A existência de pedido de concordata anterior à vigência desta Lei não obsta o pedido de recuperação judicial pelo devedor que não houver descumprido obrigação no âmbito da concordata, vedado, contudo, o pedido baseado no plano especial de recuperação judicial para microempresas e empresas de pequeno porte a que se refere a Seção V do Capítulo III desta Lei.

§ 3º No caso do § 2º deste artigo, se deferido o processamento da recuperação judicial, o processo de concordata será extinto e os créditos submetidos à concordata serão inscritos por seu valor original na recuperação judicial, deduzidas as parcelas pagas pelo concordatário.

- Arts. 51 e 52 desta Lei.

§ 4º Esta Lei aplica-se às falências decretadas em sua vigência resultantes de convolação de concordatas ou de pedidos de falência anteriores, às quais se aplica, até a decretação, o Decreto-Lei nº 7.661, de 21 de junho de 1945, observado, na decisão que decretar a falência, o disposto no art. 99 desta Lei.

§ 5º O juiz poderá autorizar a locação ou arrendamento de bens imóveis ou móveis a fim de evitar a sua deterioração, cujos resultados reverterão em favor da massa.

• § 5º acrescido pela Lei nº 11.127, de 28-6-2005.

Art. 193. O disposto nesta Lei não afeta as obrigações assumidas no âmbito das câmaras ou prestadoras de serviços de compensação e de liquidação financeira, que serão ultimadas e liquidadas pela câmara ou prestador de serviços, na forma de seus regulamentos.

Art. 193-A. O pedido de recuperação judicial, o deferimento de seu processamento ou a homologação do plano de recuperação judicial não afetarão ou suspenderão, nos termos da legislação aplicável, o exercício dos direitos de vencimento antecipado e de compensação no âmbito de operações compromissadas e de derivativos, de modo que essas operações poderão ser vencidas antecipadamente, desde que assim previsto nos contratos celebrados entre as partes ou em regulamento, proibidas, no entanto, medidas que impliquem a redução, sob qualquer forma, das garantias ou de sua condição de excussão, a restrição do exercício de direitos, inclusive de vencimento antecipado por inexecução, e a compensação previstas contratualmente ou em regulamento.

§ 1º Em decorrência do vencimento antecipado das operações compromissadas e de derivativos conforme previsto no *caput* deste artigo, os créditos e débitos delas decorrentes serão compensados e extinguirão as obrigações até onde se compensarem.

§ 2º Se houver saldo remanescente contra o devedor, será este considerado crédito sujeito à recuperação judicial, ressalvada a existência de garantia de alienação ou de cessão fiduciária.

• Art. 193-A acrescido pela Lei nº 14.112, de 24-12-2020.

Art. 194. O produto da realização das garantias prestadas pelo participante das câmaras ou prestadores de serviços de compensação e de liquidação financeira submetidos aos regimes de que trata esta Lei, assim como os títulos, valores mobiliários e quaisquer outros de seus ativos objetos de compensação ou liquidação serão destinados à liquidação das obrigações assumidas no âmbito das câmaras ou prestadoras de serviços.

Art. 195. A decretação da falência das concessionárias de serviços públicos implica extinção da concessão, na forma da lei.

o Art. 35, VI, da Lei nº 8.987, de 13-2-1995 (Lei da Concessão e Permissão da Prestação de Serviços Públicos).

Art. 196. Os Registros Públicos de Empresas, em cooperação com os Tribunais de Justiça, manterão banco de dados público e gratuito, disponível na internet, com a relação de todos os devedores falidos ou em recuperação judicial.

o Arts. 69, par. ún., e 99, VIII, desta Lei.

Parágrafo único. Os Registros Públicos de Empresas, em cooperação com o Conselho Nacional de Justiça, deverão promover a integração de seus bancos de dados em âmbito nacional.

• Art. 196 com a redação dada pela Lei nº 14.112, de 24-12-2020.

Art. 197. Enquanto não forem aprovadas as respectivas leis específicas, esta Lei aplica-se subsidiariamente, no que couber, aos regimes previstos no Decreto-Lei nº 73, de 21 de novembro de 1966, na Lei nº 6.024, de 13 de março de 1974, no Decreto-Lei nº 2.321, de 25 de fevereiro de 1987, e na Lei nº 9.514, de 20 de novembro de 1997.

Art. 198. Os devedores proibidos de requerer concordata nos termos da legislação específica em vigor na data da publicação desta Lei ficam proibidos de requerer recuperação judicial ou extrajudicial nos termos desta Lei.

Art. 199. Não se aplica o disposto no art. 198 desta Lei às sociedades a que se refere o art. 187 da Lei nº 7.565, de 19 de dezembro de 1986.

§ 1º Na recuperação judicial e na falência das sociedades de que trata o *caput* deste artigo, em nenhuma hipótese ficará suspenso o exercício de direitos derivados de contratos de locação, arrendamento mercantil ou de qualquer outra modalidade de arrendamento de aeronaves ou de suas partes.

§ 2º Os créditos decorrentes dos contratos mencionados no § 1º deste artigo não se submeterão aos efeitos da recuperação judicial ou extrajudicial, prevalecendo os direitos de propriedade sobre a coisa e as condições contratuais, não se lhes aplicando a ressalva contida na parte final do § 3º do art. 49 desta Lei.

§ 3º Na hipótese de falência das sociedades de que trata o *caput* deste artigo, prevalecerão os direitos de propriedade sobre a coisa relativos a contratos de locação, de arrendamento mercantil ou de qualquer outra modalidade de arrendamento de aeronaves ou de suas partes.

• §§ 1º a 3º acrescidos pela Lei nº 11.196, de 21-11-2005.

Art. 200. Ressalvado o disposto no art. 192 desta Lei, ficam revogados o Decreto-lei nº 7.661, de 21 de junho de 1945, e os arts. 503 a 512 do Decreto-Lei nº 3.689, de 3 de outubro de 1941 – Código de Processo Penal.

Art. 201. Esta Lei entra em vigor 120 (cento e vinte) dias após sua publicação.

Brasília, 9 de fevereiro de 2005;
184º da Independência e
117º da República.

Luiz Inácio Lula da Silva

LEI Nº 11.110, DE 25 DE ABRIL DE 2005

Institui o Programa Nacional de Microcrédito Produtivo Orientado – PNMPO e altera dispositivos da Lei nº 8.029, de 12 de abril de 1990, que dispõe sobre a extinção e dissolução de entidades da administração pública federal; da Lei nº 9.311, de 24 de outubro de 1996, que institui a Contribuição Provisória sobre Movimentação ou Transmissão de Valores e de Créditos e Direitos de Natureza Financeira – CPMF; da Lei nº 9.872, de 23 de novembro de 1999, que cria o Fundo de Aval para a Geração de Emprego e Renda – FUNPROGER; da Lei nº 10.194, de 14 de fevereiro de 2001, que dispõe sobre a instituição de Sociedades de Crédito ao Microempreendedor; e da Lei nº 10.735, de 11 de setembro de 2003, que dispõe sobre o direcionamento de depósitos a vista captados pelas instituições financeiras para operações de crédito destinadas à população de baixa renda e a microempreendedores; e dá outras providências.

• Publicada no *DOU* de 26-4-2005.

Arts. 1º a 6º *Revogados.* Lei nº 13.636, de 20-3-2018.

Art. 7º A alínea *a* do § 2º do art. 11 da Lei nº 8.029, de 12 de abril de 1990, passa a vigorar com a seguinte redação:

"Art. 11 ....

....

§ 2º ....

a) por intermédio da destinação de aplicações financeiras, em agentes financeiros públicos ou privados, para lastrear a prestação de aval parcial ou total ou fiança nas operações de crédito destinadas a microempresas e empresas de pequeno porte; para lastrear a prestação de aval parcial ou total ou fiança nas operações de crédito e aquisição de carteiras de crédito destinadas a sociedades de crédito ao microempreendedor, de que trata o art. 1º da Lei nº 10.194, de 14 de fevereiro de 2001, e a organizações da sociedade civil de interesse público que se dedicam a sistemas alternativos de crédito, de que trata a Lei nº 9.790, de 23 de março de 1999; e para lastrear operações no âmbito do Programa Nacional de Microcrédito Produtivo Orientado;

...."

Art. 8º O *caput* do art. 8º da Lei nº 9.311, de 24 de outubro de 1996, passa a vigorar acrescido do seguinte inciso VIII:

• Alterações inseridas no texto da referida Lei.

Art. 9º O § 3º do art. 2º da Lei nº 9.872, de 23 de novembro de 1999, passa a vigorar com a seguinte redação:

"Art. 2º ....

....

§ 3º O limite estabelecido no inciso I do *caput* deste artigo poderá ser ampliado pelo Conselho Deliberativo do Fundo de Amparo ao Trabalhador - CODEFAT, mediante proposta do Ministro de Estado do Trabalho e Emprego, até o valor de R$ 200.000.000,00 (duzentos milhões de reais)."

Art. 10. O inciso I do *caput* do art. 1º da Lei nº 10.194, de 14 de fevereiro de 2001, passa a vigorar com a seguinte redação:

"Art. 1º ....

I - terão por objeto social a concessão de financiamentos a pessoas físicas e microempresas, com vistas na viabilização de empreendimentos de natureza profissional, comercial ou industrial, de pequeno porte, equiparando-se às instituições financeiras para os efeitos da legislação em vigor, podendo exercer outras atividades definidas pelo Conselho Monetário Nacional;

...."

Art. 11. O *caput* do art. 1º e o inciso VI do art. 2º da Lei nº 10.735, de 11 de setembro de 2003, passam a vigorar com a seguinte redação:

"Art. 1º Os bancos comerciais, os bancos múltiplos com carteira comercial e a Caixa Econômica Federal manterão aplicada em operações de crédito destinadas à população de baixa renda e a microempreendedores parcela dos recursos oriundos dos depósitos a vista por eles captados, observadas as seguintes condições:

...."

"Art. 2º ....

....

VI – o valor máximo do crédito por cliente;

...."

Art. 12. Fica a União autorizada, exclusivamente para a safra 2004/2005, a conceder cobertura do Seguro da Agricultura Familiar – "Proagro Mais" a agricultores que não efetuaram, em tempo hábil, a comunicação ao agente financeiro do cultivo de produto diverso do constante no instrumento de crédito, desde que este produto substituto seja passível de amparo pelo "Proagro Mais" e o respectivo Município haja decretado estado de calamidade ou de emergência em função da estiagem, devidamente reconhecido pelo governo federal.

Parágrafo único. O CMN disciplinará a aplicação da excepcionalidade de que trata este artigo, definindo as demais condições e realizando as necessárias adequações orçamentárias.

Art. 13. Esta Lei entra em vigor na data de sua publicação.

Brasília, 25 de abril de 2005;
184º da Independência e
117º da República.

Luiz Inácio Lula da Silva

LEI Nº 11.196, DE 21 DE NOVEMBRO DE 2005

Institui o Regime Especial de Tributação para a Plataforma de Exportação de Serviços de Tecnologia da Informação – REPES, o Regime Especial de Aquisição de Bens de Capital para Empresas Exportadoras – RECAP e o Programa de Inclusão Digital; dispõe sobre incentivos fiscais para a inovação tecnológica; altera o Decreto-Lei nº 288, de 28 de fevereiro de 1967, o Decreto nº 70.235, de 6 de março de 1972, o Decreto-Lei nº 2.287, de 23 de julho de 1986, as Leis nºs 4.502, de 30 de novembro de 1964, 8.212, de 24 de julho de 1991, 8.245, de 18 de outubro de 1991, 8.387, de 30 de dezembro de 1991, 8.666, de 21 de junho de 1993, 8.981, de 20 de janeiro de 1995, 8.987, de 13 de fevereiro de 1995, 8.989, de 24 de fevereiro de 1995, 9.249, de 26 de dezembro de 1995, 9.250, de 26 de dezembro de 1995, 9.311, de 24 de outubro de 1996, 9.317, de 5 de dezembro de 1996, 9.430, de 27 de dezembro de 1996, 9.718, de 27 de novembro de 1998, 10.336, de 19 de dezembro de 2001, 10.438, de 26 de abril de 2002, 10.485, de 3 de julho de 2002, 10.637, de 30 de dezembro de 2002, 10.755, de 3 de novembro de 2003, 10.833, de 29 de dezembro de 2003, 10.865, de 30 de abril de 2004, 10.925, de 23 de julho de 2004, 10.931, de 2 de agosto de 2004, 11.033, de 21 de dezembro de 2004, 11.051, de 29 de dezembro de 2004, 11.053, de 29 de dezembro de 2004, 11.101, de 9 de fevereiro de 2005, 11.128, de 28 de junho de 2005, e a Medida Provisória nº 2.199-14, de 24 de agosto de 2001; revoga a Lei nº 8.661, de 2 de junho de 1993, e dispositivos das Leis nºs 8.668, de 25 de junho de 1993, 8.981, de 20 de janeiro de 1995, 10.637, de 30 de dezembro de 2002, 10.755, de 3 de novembro de 2003, 10.865, de 30 de abril de 2004, 10.931, de 2 de agosto de 2004, e da Medida Provisória nº 2.158-35, de 24 de agosto de 2001; e dá outras providências.

• Publicada no *DOU* de 22-11-2005.

CAPÍTULO I
DO REGIME ESPECIAL DE TRIBUTAÇÃO PARA A PLATAFORMA DE EXPORTAÇÃO DE SERVIÇOS DE TECNOLOGIA DA INFORMAÇÃO - REPES

Art. 1º Fica instituído o Regime Especial de Tributação para a Plataforma de Exportação de Serviços de Tecnologia da Informação – REPES, nos termos desta Lei.

Parágrafo único. O Poder Executivo disciplinará, em regulamento, as condições necessárias para a habilitação ao REPES.

Art. 2º É beneficiária do REPES a pessoa jurídica que exerça preponderantemente as atividades de desenvolvimento de *software* ou de prestação de serviços de tecnologia da informação e que, por ocasião da sua opção pelo REPES, assuma compromisso de exportação igual ou superior a 50% (cinquenta por cento) de sua receita bruta anual decorrente da venda dos bens e serviços de que trata este artigo.

• *Caput* com a redação dada pela Lei nº 12.715, de 17-9-2012.

§ 1º A receita bruta de que trata o *caput* deste artigo será considerada após excluídos os impostos e contribuições incidentes sobre a venda.

§ 2º *Revogado.* Lei nº 12.712, de 30-8-2012.

§ 3º *Revogado.* Lei nº 11.774, de 17-9-2008.

Art. 3º Para fins de controle da produção e da comprovação de que o contratante do serviço prestado seja residente ou domiciliado no exterior, o beneficiário do REPES utilizará programa de computador que permita o controle da produção dos serviços prestados.

§ 1º A Receita Federal do Brasil terá acesso *on-line*, pela internet, às informações e ao programa de que trata o *caput* deste artigo, para fins de auditoria, com controle de acesso mediante certificação digital.

§ 2º Para fins de reconhecimento da utilização da infraestrutura de *software* e *hardware*, o programa de que trata o *caput* deste artigo será homologado pela Receita Federal do Brasil, sendo-lhe facultado o acesso ao código-fonte.

Art. 4º No caso de venda ou de importação de bens novos destinados ao desenvolvimento, no País, de *software* e de serviços de tecnologia da informação, fica suspensa a exigência:

I – da Contribuição para o PIS/PASEP e da COFINS incidentes sobre a receita bruta da venda no mercado interno, quando os referidos bens forem adquiridos por pessoa jurídica beneficiária do REPES para incorporação ao seu ativo imobilizado;

II – da Contribuição para o PIS/PASEP-Importação e da COFINS-Importação, quando os referidos bens forem importados diretamente por pessoa jurídica beneficiária do REPES para incorporação ao seu ativo imobilizado.

§ 1º Nas notas fiscais relativas à venda de que trata o inciso I do *caput* deste artigo, deverá constar a expressão "Venda efetuada com suspensão da exigência da Contribuição para o PIS/PASEP e da COFINS", com a especificação do dispositivo legal correspondente.

§ 2º Na hipótese deste artigo, o percentual de exportações de que trata o art. 2º desta Lei será apurado considerando-se a média obtida, a partir do ano-calendário subsequente ao do início de utilização dos bens adquiridos no âmbito do REPES, durante o período de três anos-calendário.

§ 3º O prazo de início de utilização a que se refere o § 2º deste artigo não poderá ser superior a um ano, contado a partir da aquisição.

§ 4º Os bens beneficiados pela suspensão referida no *caput* deste artigo serão relacionados em regulamento.

Art. 5º No caso de venda ou de importação de serviços destinados ao desenvolvimento, no País, de *software* e de serviços de tecnologia da informação, fica suspensa a exigência:

I – da Contribuição para o PIS/PASEP e da COFINS incidentes sobre a receita bruta auferida pela prestadora de serviços, quando tomados por pessoa jurídica beneficiária do REPES;

II – da Contribuição para o PIS/PASEP-Importação e da COFINS-Importação, para serviços importados diretamente por pessoa jurídica beneficiária do REPES.

§ 1º Nas notas fiscais relativas aos serviços de que trata o inciso I do *caput* deste artigo, deverá constar a expressão "Venda de serviços efetuada com suspensão da exigência da Contribuição para o PIS/PASEP e da COFINS", com a especificação do dispositivo legal correspondente.

§ 2º Na hipótese do disposto neste artigo, o percentual de exportação a que se refere o art. 2º desta Lei será apurado considerando as vendas efetuadas no ano-calendário subsequente ao da prestação do serviço adquirido com suspensão.

§ 3º Os serviços beneficiados pela suspensão referida no *caput* deste artigo serão relacionados em regulamento.

Art. 6º As suspensões de que tratam os arts. 4º e 5º desta Lei convertem-se em alíquota zero após cumprida a condição de que trata o *caput* do art. 2º desta Lei, observados os prazos de que tratam os §§ 2º e 3º do art. 4º e o § 2º do art. 5º desta Lei.

Art. 7º A adesão ao REPES fica condicionada à regularidade fiscal da pessoa jurídica em relação aos tributos e contribuições administrados pela Receita Federal do Brasil.

Art. 8º A pessoa jurídica beneficiária do REPES terá a adesão cancelada:

I – na hipótese de descumprimento do compromisso de exportação de que trata o art. 2º desta Lei;

II – sempre que se apure que o beneficiário:

a) não satisfazia as condições ou não cumpria os requisitos para a adesão; ou

b) deixou de satisfazer as condições ou de cumprir os requisitos para a adesão;

III – a pedido.

§ 1º Na ocorrência do cancelamento da adesão ao REPES, a pessoa jurídica dele excluída fica obrigada a recolher juros e multa de mora, na forma da lei, contados a partir da data da aquisição no mercado interno ou do registro da Declaração de Importação, conforme o caso, referentes às contribuições não pagas em decorrência da suspensão de que tratam os arts. 4º e 5º desta Lei, na condição de contribuinte, em relação aos bens ou serviços importados, ou na condição de responsável, em relação aos bens ou serviços adquiridos no mercado interno.

§ 2º Na hipótese de não ser efetuado o recolhimento na forma do § 1º deste artigo, caberá lançamento de ofício, com aplicação de juros e da multa de que trata o *caput* do art. 44 da Lei nº 9.430, de 27 de dezembro de 1996.

§ 3º Relativamente à Contribuição para o PIS/PASEP e à COFINS, os juros e multa, de mora ou de ofício, de que trata este artigo serão exigidos:

I – isoladamente, na hipótese de que trata o inciso I do *caput* deste artigo;

II – juntamente com as contribuições não pagas, na hipótese de que tratam os incisos II e III do *caput* deste artigo.

§ 4º Nas hipóteses de que tratam os incisos I e II do *caput* deste artigo, a pessoa jurídica excluída do REPES somente poderá efetuar nova adesão após o decurso do prazo de dois anos, contado da data do cancelamento.

§ 5º Na hipótese do inciso I do *caput* deste artigo, a multa, de mora ou de ofício, a que se referem os §§ 1º e 2º deste artigo e o art. 9º desta Lei será aplicada sobre o valor das contribuições não recolhidas, proporcionalmente à diferença entre o percentual mínimo de exportações estabelecido no art. 2º desta Lei e o efetivamente alcançado.

Art. 9º A transferência de propriedade ou a cessão de uso, a qualquer título, dos bens importados ou adquiridos no mercado interno com suspensão da exigência das contribuições de que trata o art. 4º desta Lei, antes da conversão das alíquotas a zero, conforme o disposto no art. 6º desta Lei, será precedida de recolhimento, pelo beneficiário do

REPES, de juros e multa de mora, na forma da lei, contados a partir da data da aquisição ou do registro da Declaração de Importação, conforme o caso, na condição de contribuinte, em relação aos bens importados, ou na condição de responsável, em relação aos bens adquiridos no mercado interno.

§ 1º Na hipótese de não ser efetuado o recolhimento na forma do *caput* deste artigo, caberá lançamento de ofício, com aplicação de juros e da multa de que trata o *caput* do art. 44 da Lei nº 9.430, de 27 de dezembro de 1996.

§ 2º Os juros e multa, de mora ou de ofício, de que trata este artigo serão exigidos:

I – juntamente com as contribuições não pagas, no caso de transferência de propriedade efetuada antes de decorridos dezoito meses da ocorrência dos fatos geradores;

II – isoladamente, no caso de transferência de propriedade efetuada após decorridos dezoito meses da ocorrência dos fatos geradores.

Art. 10. É vedada a adesão ao REPES de pessoa jurídica optante do Sistema Integrado de Pagamento de Impostos e Contribuições das Microempresas e das Empresas de Pequeno Porte – SIMPLES.

Art. 11. A importação dos bens relacionados pelo Poder Executivo na forma do § 4º do art. 4º desta Lei, sem similar nacional, efetuada diretamente pelo beneficiário do REPES para a incorporação ao seu ativo imobilizado, será efetuada com suspensão da exigência do Imposto sobre Produtos Industrializados – IPI.

§ 1º A suspensão de que trata o *caput* deste artigo converte-se em isenção após cumpridas as condições de que trata o art. 2º desta Lei, observados os prazos de que tratam os §§ 2º e 3º do art. 4º desta Lei.

§ 2º Na ocorrência do cancelamento da adesão ao REPES, na forma do art. 8º desta Lei, a pessoa jurídica dele excluída fica obrigada a recolher juros e multa de mora, na forma da lei, contados a partir da ocorrência do fato gerador, referentes ao imposto não pago em decorrência da suspensão de que trata o *caput* deste artigo.

§ 3º A transferência de propriedade ou a cessão de uso, a qualquer título, dos bens importados com suspensão da exigência do IPI na forma do *caput* deste artigo, antes de ocorrer o disposto no § 1º deste artigo, será precedida de recolhimento, pelo beneficiário do REPES, de juros e multa de mora, na forma da lei, contados a partir da ocorrência do fato gerador.

§ 4º Na hipótese de não ser efetuado o recolhimento na forma dos §§ 2º ou 3º deste artigo, caberá lançamento de ofício do imposto, acrescido de juros e da multa de que trata o *caput* do art. 44 da Lei nº 9.430, de 27 de dezembro de 1996.

CAPÍTULO II

DO REGIME ESPECIAL DE AQUISIÇÃO DE BENS DE CAPITAL PARA EMPRESAS EXPORTADORAS – RECAP

Art. 12. Fica instituído o Regime Especial de Aquisição de Bens de Capital para Empresas Exportadoras – RECAP, nos termos desta Lei.

Parágrafo único. O Poder Executivo disciplinará, em regulamento, as condições para habilitação do RECAP.

Art. 13. É beneficiária do RECAP a pessoa jurídica preponderantemente exportadora, assim considerada aquela cuja receita bruta decorrente de exportação para o exterior, no ano-calendário imediatamente anterior à adesão ao RECAP, houver sido igual ou superior a 50% (cinquenta por cento) de sua receita bruta total de venda de bens e serviços no período e que assuma compromisso de manter esse percentual de exportação durante o período de 2 (dois) anos-calendário.

- *Caput* com a redação dada pela Lei nº 12.715, de 17-9-2012.

§ 1º A receita bruta de que trata o *caput* deste artigo será considerada após excluídos os impostos e contribuições incidentes sobre a venda.

§ 2º A pessoa jurídica em início de atividade ou que não tenha atingido no ano anterior o percentual de receita de exportação exigido no *caput* deste artigo poderá habilitar-se ao RECAP desde que assuma compromisso de auferir, no período de 3 (três) anos-calendário, receita bruta decorrente de exportação para o exterior de, no mínimo, 50% (cinquenta por cento) de sua receita bruta total de venda de bens e serviços.

- § 2º com a redação dada pela Lei nº 12.715, de 17-9-2012.

§ 3º O disposto neste artigo:

I – não se aplica às pessoas jurídicas optantes pelo SIMPLES e às que tenham suas receitas, no todo ou em parte, submetidas ao regime de incidência cumulativa da Contribuição para o PIS/PASEP e da COFINS;

II – aplica-se a estaleiro naval brasileiro, no caso de aquisição ou importação de bens de capital relacionados em regulamento destinados à incorporação ao seu ativo imobilizado para utilização nas atividades de construção, conservação, modernização, conversão e reparo de embarcações pré-registradas ou registradas no Registro Especial Brasileiro – REB, instituído pela Lei nº 9.432, de 8 de janeiro de 1997, independentemente de efetuar o compromisso de exportação para o exterior de que trata o *caput* e o § 2º deste artigo ou de possuir receita bruta decorrente de exportação para o exterior.

§ 4º Para as pessoas jurídicas que fabricam os produtos relacionados no art. 1º da Lei nº 11.529, de 22 de outubro de 2007, os percentuais de que tratam o *caput* e o § 2º deste artigo ficam reduzidos para 60% (sessenta por cento).

- § 4º com a redação dada pela Lei nº 11.774, de 17-9-2008.

§ 5º *Revogado.* Lei nº 12.712, de 30-8-2012.

Art. 14. No caso de venda ou de importação de máquinas, aparelhos, instrumentos e equipamentos, novos, fica suspensa a exigência:

I – da Contribuição para o PIS/PASEP e da COFINS incidentes sobre a receita bruta da venda no mercado interno, quando os referidos bens forem adquiridos por pessoa jurídica beneficiária do RECAP para incorporação ao seu ativo imobilizado;

II – da Contribuição para o PIS/PASEP-Importação e da COFINS-Importação, quando os referidos bens forem importados diretamente por pessoa jurídica beneficiária do RECAP para incorporação ao seu ativo imobilizado.

§ 1º O benefício de suspensão de que trata este artigo poderá ser usufruído nas aquisições e importações realizadas no período de três anos contados da data de adesão ao RECAP.

§ 2º O percentual de exportações de que tratam o *caput* e o § 2º do art. 13 desta Lei será apurado considerando-se a média obtida, a partir do ano-calendário subsequente ao do início de utilização dos bens adquiridos no âmbito do RECAP, durante o período de:

I – dois anos-calendário, no caso do *caput* do art. 13 desta Lei; ou

II – três anos-calendário, no caso do § 2º do art. 13 desta Lei.

§ 3º O prazo de início de utilização a que se refere o § 2º deste artigo não poderá ser superior a três anos.

§ 4º A pessoa jurídica que não incorporar o bem ao ativo imobilizado, revender o bem antes da conversão da alíquota a zero, na forma do § 8º deste artigo, ou não atender às demais condições de que trata o art. 13 desta Lei fica obrigada a recolher juros e multa de mora, na forma da lei, contados a partir da data da aquisição ou do registro da Declaração de Importação – DI, referentes às contribuições não pagas em decorrência da suspensão de que trata este artigo, na condição:

I – de contribuinte, em relação à Contribuição para o PIS/PASEP-Importação e à COFINS-Importação;

II – de responsável, em relação à Contribuição para o PIS/PASEP e à COFINS.

§ 5º Na hipótese de não ser efetuado o recolhimento na forma do § 4º deste artigo, caberá lançamento de ofício, com aplicação de juros e da multa de que trata o *caput* do art. 44 da Lei nº 9.430, de 27 de dezembro de 1996.

§ 6º Os juros e multa, de mora ou de ofício, de que trata este artigo serão exigidos:

I – isoladamente, na hipótese em que o contribuinte não alcançar o percentual de exportações de que tratam o *caput* e o § 2º do art. 13 desta Lei;

II – juntamente com as contribuições não pagas, nas hipóteses em que a pessoa jurídica não incorporar o bem ao ativo imobilizado, revender o bem antes da conversão da alíquota a zero, na forma do § 8º deste artigo, ou desatender as demais condições do art. 13 desta Lei.

§ 7º Nas notas fiscais relativas à venda de que trata o *caput* deste artigo deverá constar a expressão "Venda efetuada com suspensão da exigência da Contribuição para o PIS/PASEP e da COFINS", com a especificação do dispositivo legal correspondente.

§ 8º A suspensão de que trata este artigo converte-se em alíquota zero após:

I – cumpridas as condições de que trata o *caput* do art. 13, observado o prazo a que se refere o inciso I do § 2º deste artigo;

II – cumpridas as condições de que trata o § 2º do art. 13 desta Lei, observado o prazo a que se refere o inciso II do § 2º deste artigo;

III – transcorrido o prazo de dezoito meses, contado da data da aquisição, no caso do beneficiário de que trata o inciso II do § 3º do art. 13 desta Lei.

§ 9º A pessoa jurídica que efetuar o compromisso de que trata o § 2º do art. 13 desta Lei poderá, ainda, observadas as mesmas condições ali estabelecidas, utilizar o benefício de suspensão de que trata o art. 40 da Lei nº 10.865, de 30 de abril de 2004.

§ 10. Na hipótese de não atendimento do percentual de que tratam o *caput* e o § 2º do art. 13 desta Lei, a multa, de mora ou de ofício, a que se refere o § 4º deste artigo será aplicada sobre o valor das contribuições não recolhidas, proporcionalmente à diferença entre o percentual mínimo de exportações estabelecido e o efetivamente alcançado.

Art. 15. A adesão ao RECAP fica condicionada à regularidade fiscal da pessoa jurídica em relação aos tributos e contribuições administrados pela Receita Federal do Brasil.

Art. 16. Os bens beneficiados pela suspensão da exigência de que trata o art. 14 desta Lei serão relacionados em regulamento.

CAPÍTULO III

DOS INCENTIVOS À INOVAÇÃO TECNOLÓGICA

Art. 17. A pessoa jurídica poderá usufruir dos seguintes incentivos fiscais:

- Art. 132, IV, *b*, desta Lei.

I – dedução, para efeito de apuração do lucro líquido, de valor correspondente à soma dos dispêndios realizados no período de apuração com pesquisa tecnológica e desenvolvimento de inovação tecnológica classificáveis como despesas operacionais pela legislação do Imposto sobre a Renda da Pessoa Jurídica – IRPJ ou como pagamento na forma prevista no § 2º deste artigo;

II – redução de cinquenta por cento do Imposto sobre Produtos Industrializados – IPI incidente sobre equipamentos, máquinas, aparelhos e instrumentos, bem como os acessórios sobressalentes e ferramentas que acompanhem esses bens, destinados à pesquisa e ao desenvolvimento tecnológico;

III – depreciação integral, no próprio ano da aquisição, de máquinas, equipamentos, aparelhos e instrumentos, novos, destinados à utilização nas atividades de pesquisa tecnológica e desenvolvimento de inovação tecnológica, para efeito de apuração do IRPJ e da CSLL;

- Inciso III com a redação dada pela Lei nº 11.774, de 17-9-2008.

IV – amortização acelerada, mediante dedução como custo ou despesa operacional, no período de apuração em que forem efetuados, dos dispêndios relativos à aquisição de bens intangíveis, vinculados exclusivamente às atividades de pesquisa tecnológica e desenvolvimento de inovação tecnológica, classificáveis no ativo diferido do beneficiário, para efeito de apuração do IRPJ;

V – *Revogado*. Lei nº 12.350, de 20-12-2010;

VI – redução a zero da alíquota do imposto de renda retido na fonte nas remessas efetuadas para o exterior destinadas ao registro e manutenção de marcas, patentes e cultivares.

§ 1º Considera-se inovação tecnológica a concepção de novo produto ou processo de fabricação, bem como a agregação de novas funcionalidades ou características ao produto ou processo que implique melhorias incrementais e efetivo ganho de qualidade ou produtividade, resultando maior competitividade no mercado.

§ 2º O disposto no inciso I do *caput* deste artigo aplica-se também aos dispêndios com pesquisa tecnológica e desenvolvimento de inovação tecnológica contratados no País com universidade, instituição de pesquisa ou inventor independente de que trata o inciso IX do art. 2º da Lei nº 10.973, de 2 de dezembro de 2004, desde que a pessoa jurídica que efetuou o dispêndio fique com a responsabilidade, o risco empresarial, a gestão e o controle da utilização dos resultados dos dispêndios.

§ 3º Na hipótese de dispêndios com assistência técnica, científica ou assemelhados e de *royalties* por patentes industriais pagos a pessoa física ou jurídica no exterior, a dedutibilidade fica condicionada à observância do disposto nos arts. 52 e 71 da Lei nº 4.506, de 30 de novembro de 1964.

§ 4º Na apuração dos dispêndios realizados com pesquisa tecnológica e desenvolvimento de inovação tecnológica, não serão computados os montantes alocados como recursos não reembolsáveis por órgãos e entidades do Poder Público.

§ 5º *Revogado.* Lei nº 12.350, de 20-12-2010.

§ 6º A dedução de que trata o inciso I do *caput* deste artigo aplica-se para efeito de apuração da base de cálculo da Contribuição Social sobre o Lucro Líquido – CSLL.

§ 7º A pessoa jurídica beneficiária dos incentivos de que trata este artigo fica obrigada a prestar, em meio eletrônico, informações sobre os programas de pesquisa, desenvolvimento tecnológico e inovação, na forma estabelecida em regulamento.

§ 8º A quota de depreciação acelerada de que trata o inciso III do *caput* deste artigo constituirá exclusão do lucro líquido para fins de determinação do lucro real e será controlada em livro fiscal de apuração do lucro real.

§ 9º O total da depreciação acumulada, incluindo a contábil e a acelerada, não poderá ultrapassar o custo de aquisição do bem.

§ 10. A partir do período de apuração em que for atingido o limite de que trata o § 9º deste artigo, o valor da depreciação registrado na escrituração comercial deverá ser adicionado ao lucro líquido para efeito de determinação do lucro real.

§ 11. As disposições dos §§ 8º, 9º e 10 deste artigo aplicam-se também às quotas de amortização de que trata o inciso IV do *caput* deste artigo.

- § 11 acrescido pela Lei nº 11.487, de 15-6-2007.

Art. 18. Poderão ser deduzidas como despesas operacionais, na forma do inciso I do *caput* do art. 17 desta Lei e de seu § 6º, as importâncias transferidas a microempresas e empresas de pequeno porte de que trata a Lei nº 9.841, de 5 de outubro de 1999, destinadas à execução de pesquisa tecnológica e de desenvolvimento de inovação tecnológica de interesse e por conta e ordem da pessoa jurídica que promoveu a transferência, ainda que a pessoa jurídica recebedora dessas importâncias venha a ter participação no resultado econômico do produto resultante.

- A Lei nº 9.841, de 5-10-1999, foi revogada pela LC nº 123, de 14-12-2006 (Estatuto Nacional da Microempresa e da Empresa de Pequeno Porte).
- Art. 132, IV, *b*, desta Lei.
- LC nº 123, de 14-12-2006 (Estatuto Nacional da Microempresa e da Empresa de Pequeno Porte).

§ 1º O disposto neste artigo aplica-se às transferências de recursos efetuadas para inventor independente de que trata o inciso IX do art. 2º da Lei nº 10.973, de 2 de dezembro de 2004.

§ 2º Não constituem receita das microempresas e empresas de pequeno porte, nem rendimento do inventor independente, as importâncias recebidas na forma do *caput* deste artigo, desde que utilizadas integralmente na realização da pesquisa ou desenvolvimento de inovação tecnológica.

§ 3º Na hipótese do § 2º deste artigo, para as microempresas e empresas de pequeno porte de que trata o *caput* deste artigo que apuram o imposto de renda com base no lucro real, os dispêndios efetuados com a execução de pesquisa tecnológica e desenvolvimento de inovação tecnológica não serão dedutíveis na apuração do lucro real e da base de cálculo da CSLL.

Art. 19. Sem prejuízo do disposto no art. 17 desta Lei, a partir do ano-calendário de 2006, a pessoa jurídica poderá excluir do lucro líquido, na determinação do lucro real e da base de cálculo da CSLL, o valor correspondente a até 60% da soma dos dispêndios realizados no período de apuração com pesquisa tecnológica e desenvolvimento de inovação tecnológica, classificáveis como despesa pela legislação do IRPJ, na forma do inciso I do *caput* do art. 17 desta Lei.

- Art. 132, IV, *b*, desta Lei.

§ 1º A exclusão de que trata o *caput* deste artigo poderá chegar a até 80% dos dispêndios em função do número de empregados pesquisadores contratados pela pessoa jurídica, na forma a ser definida em regulamento.

§ 2º Na hipótese de pessoa jurídica que se dedica exclusivamente à pesquisa e desenvolvimento tecnológico, poderão também ser considerados, na forma do regulamento, os sócios que exerçam atividade de pesquisa.

§ 3º Sem prejuízo do disposto no *caput* e no § 1º deste artigo, a pessoa jurídica poderá excluir do lucro líquido, na determinação do lucro real e da base de cálculo da CSLL, o valor correspondente a até vinte por cento da soma dos dispêndios ou pagamentos vinculados à pesquisa tecnológica e desenvolvimento de inovação tecnológica objeto de patente concedida ou cultivar registrado.

§ 4º Para fins do disposto no § 3º deste artigo, os dispêndios e pagamentos serão registrados em livro fiscal de apuração do lucro real e excluídos no período de apuração da concessão da patente ou do registro do cultivar.

§ 5º A exclusão de que trata este artigo fica limitada ao valor do lucro real e da base de cálculo da CSLL antes da própria exclusão, vedado o aproveitamento de eventual excesso em período de apuração posterior.

§ 6º O disposto no § 5º deste artigo não se aplica à pessoa jurídica referida no § 2º deste artigo.

Art. 19-A. A pessoa jurídica poderá excluir do lucro líquido, para efeito de apuração do lucro real e da base de cálculo da Contribuição Social sobre o Lucro Líquido (CSLL), os dispêndios efetivados em projeto de pesquisa científica e tecnológica e de inovação tecnológica a ser executado por Instituição Científica e Tecnológica (ICT), a que se refere o inciso V do *caput* do art. 2º da Lei nº 10.973, de 2 de dezembro de 2004, ou por entidades científicas e tecnológicas privadas, sem fins lucrativos, conforme regulamento.

- *Caput* com a redação dada pela Lei nº 12.546, de 14-12-2011.

§ 1º A exclusão de que trata o *caput* deste artigo:

I – corresponderá, à opção da pessoa jurídica, a no mínimo a metade e no máximo duas vezes e meia o valor dos dispêndios efetuados, observado o disposto nos §§ 6º, 7º e 8º deste artigo;

II – deverá ser realizada no período de apuração em que os recursos forem efetivamente despendidos;

III – fica limitada ao valor do lucro real e da base de cálculo da CSLL antes da própria exclusão, vedado o aproveitamento de eventual excesso em período de apuração posterior.

§ 2º O disposto no *caput* deste artigo somente se aplica às pessoas jurídicas sujeitas ao regime de tributação com base no lucro real.

§ 3º Deverão ser adicionados na apuração do lucro real e da base de cálculo da CSLL os dispêndios de que trata o *caput* deste artigo, registrados como despesa ou custo operacional.

§ 4º As adições de que trata o § 3º deste artigo serão proporcionais ao valor das exclusões referidas no § 1º deste artigo, quando estas forem inferiores a 100% (cem por cento).

§ 5º Os valores dos dispêndios serão creditados em conta corrente bancária mantida em instituição financeira oficial federal, aberta diretamente em nome da ICT, vinculada à execução do projeto e movimentada para esse único fim.

§ 6º A participação da pessoa jurídica na titularidade dos direitos sobre a criação e a propriedade industrial e intelectual gerada por um projeto corresponderá à razão entre a diferença do valor despendido pela pessoa jurídica e do valor do efetivo benefício fiscal utilizado, de um lado, e o valor total do projeto, de outro, cabendo à ICT a parte remanescente.

§ 7º A transferência de tecnologia, o licenciamento para outorga de direitos de uso e a exploração ou a prestação de serviços podem ser objeto de contrato entre a pessoa jurídica e a ICT, na forma da legislação, observados os direitos de cada parte, nos termos dos §§ 6º e 8º, ambos deste artigo.

§ 8º Somente poderão receber recursos na forma do *caput* deste artigo projetos apresentados pela ICT previamente aprovados por comitê permanente de acompanhamento de ações de pesquisa científica e tecnológica e de inovação tecnológica, constituído por representantes do Ministério da Ciência e Tecnologia, do Ministério do Desenvolvimento, Indústria e Comércio Exterior e do Ministério da Educação, na forma do regulamento.

§ 9º O recurso recebido na forma do *caput* deste artigo constitui receita própria da ICT beneficiária, para todos os efeitos legais, conforme disposto no art. 18 da Lei nº 10.973, de 2 de dezembro de 2004.

§ 10. Aplica-se ao disposto neste artigo, no que couber, a Lei nº 10.973, de 2 de dezembro de 2004, especialmente os seus arts. 6º a 18.

§ 11. O incentivo fiscal de que trata este artigo não pode ser cumulado com o regime de incentivos fiscais à pesquisa tecnológica e à inovação tecnológica, previsto nos arts. 17 e 19 desta Lei, nem com a dedução a que se refere o inciso II do § 2º do art. 13 da Lei nº 9.249, de 26 de dezembro de 1995, relativamente a projetos desenvolvidos pela ICT com recursos despendidos na forma do *caput* deste artigo.

§ 12. O Poder Executivo regulamentará este artigo.

• §§ 1º a 12 acrescidos pela Lei nº 11.487, de 15-6-2007.

Art. 20. Para fins do disposto neste Capítulo, os valores relativos aos dispêndios incorridos em instalações fixas e na aquisição de aparelhos, máquinas e equipamentos, destinados à utilização em projetos de pesquisa e desenvolvimento tecnológico, metrologia, normalização técnica e avaliação da conformidade, aplicáveis a produtos, processos, sistemas e pessoal, procedimentos de autorização de registros, licenças, homologações e suas formas correlatas, bem como relativos a procedimentos de proteção de propriedade intelectual, poderão ser depreciados ou amortizados na forma da legislação vigente, podendo o saldo não depreciado ou não amortizado ser excluído na determinação do lucro real, no período de apuração em que for concluída sua utilização.

o Art. 132, IV, *b*, desta Lei.

§ 1º O valor do saldo excluído na forma do *caput* deste artigo deverá ser controlado em livro fiscal de apuração do lucro real e será adicionado, na determinação do lucro real, em cada período de apuração posterior, pelo valor da depreciação ou amortização normal que venha a ser contabilizada como despesa operacional.

§ 2º A pessoa jurídica beneficiária de depreciação ou amortização acelerada nos termos dos incisos III e IV do *caput* do art. 17 desta Lei não poderá utilizar-se do benefício de que trata o *caput* deste artigo relativamente aos mesmos ativos.

§ 3º A depreciação ou amortização acelerada de que tratam os incisos III e IV do *caput* do art. 17 desta Lei bem como a exclusão do saldo não depreciado ou não amortizado na forma do *caput* deste artigo não se aplicam para efeito de apuração da base de cálculo da CSLL.

Art. 21. A União, por intermédio das agências de fomento de ciências e tecnologia, poderá subvencionar o valor da remuneração de pesquisadores, titulados como mestres ou doutores, empregados em atividades de inovação tecnológica em empresas localizadas no território brasileiro, na forma do regulamento.

o Art. 132, IV, *b*, desta Lei.

o Art. 30 da Lei nº 12.350, de 20-12-2010, que dispõe sobre medidas tributárias referentes à realização, no Brasil, da Copa das Confederações FIFA 2013 e da Copa do Mundo FIFA 2014; promove desoneração tributária de subvenções governamentais destinadas ao fomento das atividades de pesquisa tecnológica e desenvolvimento de inovação tecnológica nas empresas.

Parágrafo único. O valor da subvenção de que trata o *caput* deste artigo será de:

I – até 60% para as pessoas jurídicas nas áreas de atuação das extintas SUDENE e SUDAM;

II – até 40%, nas demais regiões.

Art. 22. Os dispêndios e pagamentos de que tratam os arts. 17 a 20 desta Lei:

o Art. 132, IV, *b*, desta Lei.

I – serão controlados contabilmente em contas específicas; e

II – somente poderão ser deduzidos se pagos a pessoas físicas ou jurídicas residentes e domiciliadas no País, ressalvados os mencionados nos incisos V e VI do *caput* do art. 17 desta Lei.

Art. 23. O gozo dos benefícios fiscais e da subvenção de que tratam os arts. 17 a 21 desta Lei fica condicionado à comprovação da regularidade fiscal da pessoa jurídica.

o Art. 132, IV, *b*, desta Lei.

Art. 24. O descumprimento de qualquer obrigação assumida para obtenção dos incentivos de que tratam os arts. 17 a 22 desta Lei bem como a utilização indevida dos incentivos fiscais neles referidos implicam perda do direito aos incentivos ainda não utilizados e o recolhimento do valor correspondente aos tributos não pagos em decorrência dos incentivos já utilizados, acrescidos de juros e multa, de mora ou de ofício, previstos na legislação tributária, sem prejuízo das sanções penais cabíveis.

o Art. 132, IV, *b*, desta Lei.

Art. 25. Os Programas de Desenvolvimento Tecnológico Industrial – PDTI e Programas de Desenvolvimento Tecnológico Agropecuário – PDTA e os projetos aprovados até 31 de dezembro de 2005 ficarão regidos pela legislação em vigor na data da publicação da Medida Provisória nº 252, de 15 de junho de 2005, autorizada a migração para o regime previsto nesta Lei, conforme disciplinado em regulamento.

o Art. 132, IV, *b*, desta Lei.

Art. 26. O disposto neste Capítulo não se aplica às pessoas jurídicas que utilizarem os benefícios de que tratam as Leis nºs 8.248, de 23 de outubro de 1991, 8.387, de 30 de dezembro de 1991, e 10.176, de 11 de janeiro de 2001, observado o art. 27 desta Lei.

o Art. 132, IV, *b*, desta Lei.

§ 1º A pessoa jurídica de que trata o *caput* deste artigo, relativamente às atividades de informática e automação, poderá deduzir, para efeito de apuração do lucro real e da base de cálculo da CSLL, o valor correspondente a até 160% (cento e sessenta por cento) dos dispêndios realizados no período

LEG. COMPLEMENTAR

de apuração com pesquisa tecnológica e desenvolvimento de inovação tecnológica.

§ 2º A dedução de que trata o § 1º deste artigo poderá chegar a até 180% (cento e oitenta por cento) dos dispêndios em função do número de empregados pesquisadores contratados pela pessoa jurídica, na forma a ser definida em regulamento.

§ 3º A partir do período de apuração em que ocorrer a dedução de que trata o § 1º deste artigo, o valor da depreciação ou amortização relativo aos dispêndios, conforme o caso, registrado na escrituração comercial deverá ser adicionado ao lucro líquido para efeito de determinação do lucro real.

§ 4º A pessoa jurídica de que trata o *caput* deste artigo que exercer outras atividades além daquelas que geraram os benefícios ali referidos poderá usufruir, em relação a essas atividades, os benefícios de que trata este Capítulo.

- §§ 1º a 4º com a redação dada pela Lei nº 11.774, de 17-9-2008.

Art. 27. VETADO.

CAPÍTULO IV

DO PROGRAMA DE INCLUSÃO DIGITAL

Art. 28. Para os fatos geradores ocorridos a partir de 1º de janeiro de 2016, serão aplicadas na forma do art. 28-A desta Lei as alíquotas da Contribuição para PIS/PASEP e da COFINS incidentes sobre a receita bruta de venda a varejo dos seguintes produtos:

- *Caput* com a redação dada pela Lei nº 13.241, de 30-12-2015.

I – unidades de processamento digital classificados no código 8471.50.10 da Tabela de Incidência do Imposto sobre Produtos Industrializados – TIPI;

II – máquinas automáticas para processamento de dados, digitais, portáteis, de peso inferior a três quilos e meio, com tela (*écran*) de área superior a cento e quarenta centímetros quadrados, classificadas nos códigos 8471.30.12, 8471.30.19 ou 8471.30.90 da TIPI;

III – máquinas automáticas de processamento de dados, apresentadas sob a forma de sistemas, do código 8471.49 da TIPI, contendo exclusivamente uma unidade de processamento digital, uma unidade de saída por vídeo (monitor), um teclado (unidade de entrada), um mouse (unidade de entrada), classificados, respectivamente, nos códigos 8471.50.10, 8471.60.7, 8471.60.52 e 8471.60.53 da TIPI;

IV – teclado (unidade de entrada) e de mouse (unidade de entrada) classificados, respectivamente, nos códigos 8471.60.52 e 8471.60.53 da TIPI, quando acompanharem a unidade de processamento digital classificada no código 8471.50.10 da TIPI;

V – modems, classificados nas posições 8517.62.55, 8517.62.62 ou 8517.62.72 da TIPI;

VI – máquinas automáticas de processamento de dados, portáteis, sem teclado, que tenham uma unidade central de processamento com entrada e saída de dados por meio de uma tela sensível ao toque de área superior a cento e quarenta centímetros quadrados e inferior a seiscentos centímetros quadrados e que não possuem função de comando remoto (tablet PC) classificadas na subposição 8471.41 da TIPI;

VII – telefones portáteis de redes celulares que possibilitem o acesso à internet em alta velocidade do tipo *smartphone* classificados na posição 8517.12.31 da TIPI;

VIII – equipamentos terminais de clientes (roteadores digitais) classificados nas posições 8517.62.41 e 8517.62.77 da TIPI.

- Incisos I a VIII com a redação dada pela Lei nº 13.241, de 30-12-2015.

§ 1º Os produtos de que trata este artigo atenderão aos termos e condições estabelecidos em regulamento, inclusive quanto ao valor e especificações técnicas.

- § 1º com a redação dada pela Lei nº 13.241, de 30-12-2015.

§ 2º O disposto neste artigo aplica-se também às aquisições realizadas por pessoas jurídicas de direito privado ou por órgãos e entidades da Administração Pública Federal, Estadual ou Municipal e do Distrito Federal, direta ou indireta, às fundações instituídas e mantidas pelo Poder Público e às demais organizações sob o controle direto ou indireto da União, dos Estados, dos Municípios ou do Distrito Federal.

§ 3º O disposto no *caput* deste artigo aplica-se igualmente nas vendas efetuadas às sociedades de arrendamento mercantil *leasing*.

§ 4º Nas notas fiscais emitidas pelo produtor, pelo atacadista e pelo varejista relativas à venda dos produtos de que tratam os incisos I, II, III e VI do *caput*, deverá constar a expressão "Produto fabricado conforme processo produtivo básico", com a especificação do ato que aprova o processo produtivo básico respectivo.

- § 4º com a redação dada pela Lei nº 12.715, de 17-9-2012.

§ 5º As aquisições de máquinas automáticas de processamento de dados, nos termos do inciso III do *caput*, realizadas por órgãos e entidades da administração pública federal, estadual ou municipal e do Distrito Federal, direta ou indireta, às fundações instituídas e mantidas pelo poder público e às demais organizações sob o controle direto ou indireto da União, dos Estados e dos Municípios ou do Distrito Federal, poderão estar acompanhadas de mais de uma unidade de saída por vídeo (monitor), mais de um teclado (unidade de entrada), e mais de um *mouse* (unidade de entrada).

§ 6º O disposto no § 5º será regulamentado pelo Poder Executivo, inclusive no que se refere à quantidade de vídeos, teclados e *mouses* que poderão ser adquiridos com benefício.

- §§ 5º e 6º acrescidos pela Lei nº 12.715, de 17-9-2012.

Art. 28-A. As alíquotas da COFINS e da Contribuição para o PIS/PASEP, em relação aos produtos previstos no art. 28 desta Lei, serão aplicadas da seguinte maneira:

I – integralmente, para os fatos geradores ocorridos até 31 de dezembro de 2016;

II e III – VETADOS. Lei nº 13.241, de 30-12-2015.

- Art. 28-A acrescido pela Lei nº 13.241, de 30-12-2015.

Art. 29. Nas vendas efetuadas na forma dos arts. 28 e 28-A desta Lei não se aplica a retenção na fonte da Contribuição para o PIS/PASEP e da COFINS a que se referem o art. 64 da Lei nº 9.430, de 27 de dezembro de 1996, e o art. 34 da Lei nº 10.833, de 29 de dezembro de 2003.

- Artigo com a redação dada pela Lei nº 13.241, de 30-12-2015.

Art. 30. As disposições dos arts. 28 e 29 desta Lei:

I – não se aplicam às vendas efetuadas por empresas optantes pelo SIMPLES;

II – *Revogado*. Lei nº 13.241, de 30-12-2015.

CAPÍTULO V

DOS INCENTIVOS ÀS MICRORREGIÕES NAS ÁREAS DE ATUAÇÃO DAS EXTINTAS SUDENE E SUDAM

Art. 31. Sem prejuízo das demais normas em vigor aplicáveis à matéria, para bens adquiridos a partir do ano-calendário de 2006 e até 31 de dezembro de 2018, as pessoas jurídicas que tenham projeto aprovado para instalação, ampliação, modernização ou diversificação enquadrado em setores da economia considerados prioritários para o desenvolvimento regional, em microrregiões menos desenvolvidas localizadas nas áreas de atuação das extintas SUDENE e SUDAM, terão direito:

- *Caput* com a redação dada pela Lei nº 12.712, de 30-8-2012.

o Art. 132, IV, *b*, desta Lei.

I – à depreciação acelerada incentivada, para efeito de cálculo do imposto sobre a renda;

II – ao desconto, no prazo de doze meses contado da aquisição, dos créditos da Contribuição para o PIS/PASEP e da COFINS de que tratam o inciso III do § 1º do art. 3º da Lei nº 10.637, de 30 de dezembro de 2002, o inciso III do § 1º do art. 3º da Lei nº 10.833, de 29 de dezembro de 2003, e o § 4º do art. 15 da Lei nº 10.865, de 30 de abril de 2004, na hipótese de aquisição de máquinas, aparelhos, instrumentos e equipamentos, novos, relacionados em regulamento, destinados à incorporação ao seu ativo imobilizado.

§ 1º As microrregiões alcançadas bem como os limites e condições para fruição do benefício referido neste artigo serão definidos em regulamento.

§ 2º A fruição desse benefício fica condicionada à fruição do benefício de que trata o art. 1º da Medida Provisória nº 2.199-14, de 24 de agosto de 2001.

- A alteração que seria realizada neste parágrafo foi vetada, razão pela qual mantivemos a sua redação.

§ 3º A depreciação acelerada incentivada de que trata o *caput* deste artigo consiste na depreciação integral, no próprio ano da aquisição ou até o 4º (quarto) ano subsequente à aquisição.

- § 3º com a redação dada pela Lei nº 12.712, de 30-8-2012.

§ 4º A quota de depreciação acelerada, correspondente ao benefício, constituirá exclusão do lucro líquido para fins de determinação do lucro real e será escriturada no livro fiscal de apuração do lucro real.

§ 5º O total da depreciação acumulada, incluindo a normal e a acelerada, não poderá ultrapassar o custo de aquisição do bem.

§ 6º A partir do período de apuração em que for atingido o limite de que trata o § 5º deste artigo, o valor da depreciação normal, registrado na escrituração comercial, será adicionado ao lucro líquido para efeito de determinação do lucro real.

§ 7º Os créditos de que trata o inciso II do *caput* deste artigo serão apurados mediante a aplicação, a cada mês, das alíquotas referidas no *caput* do art. 2º da Lei nº 10.637, de 30 de dezembro de 2002, e no *caput* do art. 2º da Lei nº 10.833, de 29 de dezembro de 2003, sobre o valor correspondente a 1/12 do custo de aquisição do bem.

§ 8º Salvo autorização expressa em lei, os benefícios fiscais de que trata este artigo não poderão ser usufruídos cumulativamente com outros de mesma natureza.

Art. 32. O art. 1º da Medida Provisória nº 2.199-14, de 24 de agosto de 2001, passa a vigorar com a seguinte redação:

"Art. 1º Sem prejuízo das demais normas em vigor aplicáveis à matéria, a partir do ano-calendário de 2000, as pessoas jurídicas que tenham projeto protocolizado e aprovado até 31 de dezembro de 2013 para instalação, ampliação, modernização ou diversificação enquadrado em setores da economia considerados, em ato do Poder Executivo, prioritários para o desenvolvimento regional, nas áreas de atuação das extintas Superintendência de Desenvolvimento do Nordeste – SUDENE e Superintendência de Desenvolvimento da Amazônia – SUDAM, terão direito à redução de 75% do imposto sobre a renda e adicionais, calculados com base no lucro da exploração.

§ 1º A fruição do benefício fiscal referido no *caput* deste artigo dar-se-á a partir do ano-calendário subsequente àquele em que o projeto de instalação, ampliação, modernização ou diversificação entrar em operação, segundo laudo expedido pelo Ministério da Integração Nacional até o último dia útil do mês de março do ano-calendário subsequente ao do início da operação.

...

§ 3º O prazo de fruição do benefício fiscal será de dez anos, contado a partir do ano-calendário de início de sua fruição.

..."

CAPÍTULO VI
DO SISTEMA INTEGRADO DE PAGAMENTO DE IMPOSTOS E CONTRIBUIÇÕES DAS MICROEMPRESAS E DAS EMPRESAS DE PEQUENO PORTE – SIMPLES

Art. 33. Os arts. 2º e 15 da Lei nº 9.317, de 5 de dezembro de 1996, passam a vigorar com a seguinte redação:

- A Lei nº 9.317, de 5-12-1996, foi revogada pela LC nº 123, de 14-12-2006 (Estatuto Nacional da Microempresa e da Empresa de Pequeno Porte).

CAPÍTULO VII
DO IMPOSTO DE RENDA DA PESSOA JURÍDICA – IRPJ E DA CONTRIBUIÇÃO SOCIAL SOBRE O LUCRO LÍQUIDO – CSLL

Art. 34. Os arts. 15 e 20 da Lei nº 9.249, de 26 de dezembro de 1995, passam a vigorar com a seguinte redação:

- Alterações inseridas no texto da referida Lei.

Art. 35. O *caput* do art. 1º da Lei nº 11.051, de 29 de dezembro de 2004, passa a vigorar com a seguinte redação:

- Alteração inserida no texto da referida Lei.

Art. 36. Fica o Ministro da Fazenda autorizado a instituir, por prazo certo, mecanismo de ajuste para fins de determinação de preços de transferência, relativamente ao que dispõe o *caput* do art. 19 da Lei nº 9.430, de 27 de dezembro de 1996, bem como aos métodos de cálculo que especificar, aplicáveis à exportação, de forma a reduzir impactos relativos à apreciação da moeda nacional em relação a outras moedas.

Parágrafo único. O Secretário-Geral da Receita Federal do Brasil poderá determinar a aplicação do mecanismo de ajuste de que trata o *caput* deste artigo às hipóteses referidas no art. 45 da Lei nº 10.833, de 29 de dezembro de 2003.

Art. 37. A diferença entre o valor do encargo decorrente das taxas anuais de depreciação fixadas pela Receita Federal do Brasil e o valor do encargo contabilizado decorrente das taxas anuais de depreciação fixadas pela legislação específica aplicável aos bens do ativo imobilizado, exceto terrenos, adquiridos ou construídos por empresas concessionárias, permissionárias e autorizadas de geração de energia elétrica, poderá ser excluída do lucro líquido para a apuração do lucro real e da base de cálculo da CSLL.

o Art. 132, III, *d*, desta Lei.

§ 1º O disposto no *caput* deste artigo aplica-se somente aos bens novos adquiridos ou construídos destinados a empreendimentos cuja concessão, permissão ou autorização tenha sido outorgada a partir da data da publicação desta Lei até 31 de dezembro de 2018.

- § 1º com a redação dada pela Lei nº 12.865, de 9-10-2013.

§ 2º A diferença entre os valores dos encargos de que trata o *caput* deste artigo será controlada no livro fiscal destinado à apuração do lucro real.

§ 3º O total da depreciação acumulada, incluindo a contábil e a fiscal, não poderá ultrapassar o custo do bem depreciado.

§ 4º A partir do período de apuração em que for atingido o limite de que trata o § 3º deste artigo, o valor da depreciação registrado na escrituração comercial será adicionado ao lucro líquido, para efeito da determinação do lucro real e da base de cálculo da CSLL, com a concomitante baixa na conta de controle do livro fiscal de apuração do lucro real.

§ 5º O disposto neste artigo produz apenas efeitos fiscais, não altera as atribuições e competências fixadas na legislação para a atuação da Agência Nacional de Energia Elétrica - ANEEL e não poderá repercutir, direta ou indiretamente, no aumento de preços e tarifas de energia elétrica.

CAPÍTULO VIII

DO IMPOSTO DE RENDA DA PESSOA FÍSICA - IRPF

Art. 38. O art. 22 da Lei nº 9.250, de 26 de dezembro de 1995, passa a vigorar com a seguinte redação:

- Alterações inseridas no texto da referida Lei.

Art. 39. Fica isento do imposto de renda o ganho auferido por pessoa física residente no País na venda de imóveis residenciais, desde que o alienante, no prazo de cento e oitenta dias contado da celebração do contrato, aplique o produto da venda na aquisição de imóveis residenciais localizados no País.

- Art. 132, II, *d*, desta Lei.

§ 1º No caso de venda de mais de um imóvel, o prazo referido neste artigo será contado a partir da data de celebração do contrato relativo à primeira operação.

§ 2º A aplicação parcial do produto da venda implicará tributação do ganho proporcionalmente ao valor da parcela não aplicada.

§ 3º No caso de aquisição de mais de um imóvel, a isenção de que trata este artigo aplicar-se-á ao ganho de capital correspondente apenas à parcela empregada na aquisição de imóveis residenciais.

§ 4º A inobservância das condições estabelecidas neste artigo importará em exigência do imposto com base no ganho de capital, acrescido de:

I – juros de mora, calculados a partir do segundo mês subsequente ao do recebimento do valor ou de parcela do valor do imóvel vendido; e

II – multa, de mora ou de ofício, calculada a partir do segundo mês seguinte ao do recebimento do valor ou de parcela do valor do imóvel vendido, se o imposto não for pago até trinta dias após o prazo de que trata o *caput* deste artigo.

§ 5º O contribuinte somente poderá usufruir do benefício de que trata este artigo uma vez a cada cinco anos.

Art. 40. Para a apuração da base de cálculo do imposto sobre a renda incidente sobre o ganho de capital por ocasião da alienação, a qualquer título, de bens imóveis realizada por pessoa física residente no País, serão aplicados fatores de redução (FR1 e FR2) do ganho de capital apurado.

- Art. 132, II, *d*, desta Lei.

§ 1º A base de cálculo do imposto corresponderá à multiplicação do ganho de capital pelos fatores de redução, que serão determinados pelas seguintes fórmulas:

I – FR1 = 1/1,0060m1, onde "m1" corresponde ao número de meses-calendário ou fração decorridos entre a data de aquisição do imóvel e o mês da publicação desta Lei, inclusive na hipótese de a alienação ocorrer no referido mês;

II – FR2 = 1/1,0035m2, onde "m2" corresponde ao número de meses-calendário ou fração decorridos entre o mês seguinte ao da publicação desta Lei ou o mês da aquisição do imóvel, se posterior, e o de sua alienação.

§ 2º Na hipótese de imóveis adquiridos até 31 de dezembro de 1995, o fator de redução de que trata o inciso I do § 1º deste artigo será aplicado a partir de 1º de janeiro de 1996, sem prejuízo do disposto no art. 18 da Lei nº 7.713, de 22 de dezembro de 1988.

CAPÍTULO IX

DA CONTRIBUIÇÃO PARA O PIS/PASEP E DA COFINS

Art. 41. O § 8º do art. 3º da Lei nº 9.718, de 27 de novembro de 1998, passa a vigorar acrescido do seguinte inciso III:

- Alterações inseridas no texto da referida Lei.

Art. 42. O art. 3º da Lei nº 10.485, de 3 de julho de 2002, passa a vigorar com a seguinte redação:

"Art. 3º ...

...

§ 3º Estão sujeitos à retenção na fonte da Contribuição para o PIS/PASEP e da COFINS os pagamentos referentes à aquisição de autopeças constantes dos Anexos I e II desta Lei, exceto pneumáticos, quando efetuados por pessoa jurídica fabricante:

I - de peças, componentes ou conjuntos destinados aos produtos relacionados no art. 1º desta Lei;

II - de produtos relacionados no art. 1º desta Lei.

§ 4º O valor a ser retido na forma do § 3º deste artigo constitui antecipação das contribuições devidas pelas pessoas jurídicas fornecedoras e será determinado mediante a aplicação, sobre a importância a pagar, do percentual de 0,1% para a Contribuição para o PIS/PASEP e 0,5% para a COFINS.

§ 5º O valor retido na quinzena deverá ser recolhido até o último dia útil da quinzena subsequente àquela em que tiver ocorrido o pagamento.

...

§ 7º A retenção na fonte de que trata o § 3º deste artigo:

I - não se aplica no caso de pagamento efetuado a pessoa jurídica optante pelo Sistema Integrado de Pagamento de Impostos e Contribuições das Microempresas e das Empresas de Pequeno Porte - SIMPLES e a comerciante atacadista ou varejista;

II - alcança também os pagamentos efetuados por serviço de industrialização no caso de industrialização por encomenda."

Art. 43. Os arts. 2º, 3º, 10 e 15 da Lei nº 10.833, de 29 de dezembro de 2003, passam a vigorar com a seguinte redação:

- Alterações inseridas no texto da referida Lei.

Art. 44. Os arts. 7º, 8º, 15, 28 e 40 da Lei nº 10.865, de 30 de abril de 2004, passam a vigorar com a seguinte redação:

- Alterações inseridas no texto da referida Lei.

Art. 45. O art. 3º da Lei nº 10.637, de 30 de dezembro de 2002, passa a vigorar com a seguinte redação:

- Alterações inseridas no texto da referida Lei.

Art. 46. Os arts. 2º, 10 e 30 da Lei nº 11.051, de 29 de dezembro de 2004, passam a vigorar com a seguinte redação:

- Alterações inseridas no texto da referida Lei.

Art. 47. Fica vedada a utilização do crédito de que tratam o inciso II do *caput* do art. 3º da Lei nº 10.637, de 30 de dezembro de 2002, e o inciso II do *caput* do art. 3º da Lei nº 10.833, de 29 de dezembro de 2003, nas aquisições de desperdícios, resíduos ou aparas de plástico, de papel ou cartão, de vidro, de ferro ou aço, de cobre, de níquel, de alumínio, de chumbo, de zinco e de estanho, classificados respectivamente nas posições 39.15, 47.07, 70.01, 72.04, 74.04, 75.03, 76.02, 78.02, 79.02 e 80.02 da Tabela de Incidência do Imposto sobre Produtos Industrializados – TIPI, e demais desperdícios e resíduos metálicos do Capítulo 81 da TIPI.

- Art. 132, V, *c*, desta Lei.

Art. 48. A incidência da Contribuição para o PIS/PASEP e da COFINS fica suspensa no caso de venda de desperdícios, resíduos ou aparas de que trata o art. 47 desta Lei, para pessoa jurídica que apure o imposto de renda com base no lucro real.

- Art. 132, V, *c*, desta Lei.

Parágrafo único. A suspensão de que trata o *caput* deste artigo não se aplica às vendas efetuadas por pessoa jurídica optante pelo SIMPLES.

Art. 49. Fica suspensa a exigência da Contribuição para o PIS/PASEP e da COFINS incidentes sobre a receita auferida por fabricante na venda a empresa sediada no exterior para entrega em território nacional de material de embalagem a ser totalmente utilizado no acondicionamento de mercadoria destinada à exportação para o exterior.

§ 1º A suspensão de que trata o *caput* deste artigo converte-se em alíquota zero após a exportação da mercadoria acondicionada.

§ 2º Nas notas fiscais relativas às vendas com suspensão de que trata o *caput* deste artigo deverá constar a expressão "Saída com suspensão da exigência da Contribuição para o PIS/PASEP e da COFINS", com a especificação do dispositivo legal correspondente.

§ 3º O benefício de que trata este artigo somente poderá ser usufruído após atendidos os termos e condições estabelecidos em regulamento do Poder Executivo.

§ 4º A pessoa jurídica que, no prazo de cento e oitenta dias, contado da data em que se realizou a operação de venda, não houver efetuado a exportação para o exterior das mercadorias acondicionadas com o material de embalagem recebido com suspensão da exigência da Contribuição para o PIS/PASEP e da COFINS fica obrigada ao recolhimento dessas contribuições, acrescidas de juros e multa de mora, na forma da lei, contados a partir da referida data de venda, na condição de responsável.

§ 5º Na hipótese de não ser efetuado o recolhimento na forma do § 4º deste artigo, caberá lançamento de ofício, com aplicação de juros e da multa de que trata o *caput* do art. 44 da Lei nº 9.430, de 27 de dezembro de 1996.

§ 6º Nas hipóteses de que tratam os §§ 4º e 5º deste artigo, a pessoa jurídica fabricante do material de embalagem será responsável solidária com a pessoa jurídica destinatária desses produtos pelo pagamento das contribuições devidas e respectivos acréscimos legais.

Art. 50. A suspensão de que trata o § 1º do art. 14 da Lei nº 10.865, de 30 de abril de 2004, aplica-se também nas importações de máquinas, aparelhos, instrumentos e equipamentos, novos, para incorporação ao ativo imobilizado da pessoa jurídica importadora.

§ 1º A suspensão de que trata o *caput* deste artigo converte-se em alíquota zero após decorridos dezoito meses da incorporação do bem ao ativo imobilizado da pessoa jurídica importadora.

§ 2º A pessoa jurídica importadora que não incorporar o bem ao seu ativo imobilizado ou revender o bem antes do prazo de que trata o § 1º deste artigo recolherá a Contribuição para o PIS/PASEP-Importação e a COFINS-Importação, acrescidas de juros e multa de mora, na forma da lei, contados a partir do registro da Declaração de Importação.

§ 3º Na hipótese de não efetuado o recolhimento na forma do § 2º deste artigo, caberá lançamento de ofício das contribuições, acrescidas de juros e da multa de que trata o *caput* do art. 44 da Lei nº 9.430, de 27 de dezembro de 1996.

§ 4º As máquinas, aparelhos, instrumentos e equipamentos beneficiados pela suspensão da exigência das contribuições na forma deste artigo serão relacionados em regulamento.

Art. 51. O *caput* do art. 1º da Lei nº 10.925, de 23 de julho de 2004, passa a vigorar acrescido dos seguintes incisos:

- Alterações inseridas no texto da referida Lei.

Arts. 52 a 54. *Revogados.* Lei nº 13.161, de 31-8-2015.

Art. 55. A venda ou a importação de máquinas e equipamentos utilizados na fabricação de papéis destinados à impressão de jornais ou de papéis classificados nos códigos 4801.00.10, 4801.00.90, 4802.61.91, 4802.61.99, 4810.19.89 e 4810.22.90, todos da TIPI, destinados à impressão de periódicos, serão efetuadas com suspensão da exigência:

I – da Contribuição para o PIS/PASEP e da COFINS incidentes sobre a receita bruta da venda no mercado interno, quando os referidos bens forem adquiridos por pessoa jurídica industrial para incorporação ao seu ativo imobilizado; ou

II – da Contribuição para o PIS/PASEP-Importação e da COFINS-Importação, quando os referidos bens forem importados diretamente por pessoa jurídica industrial para incorporação ao seu ativo imobilizado.

§ 1º O benefício da suspensão de que trata este artigo:

I – aplica-se somente no caso de aquisições ou importações efetuadas por pessoa jurídica que auferir, com a venda dos papéis referidos no *caput* deste artigo, valor igual ou superior a 80% da sua receita bruta de venda total de papéis;

II – não se aplica no caso de aquisições ou importações efetuadas por pessoas jurídicas optantes pelo SIMPLES ou que tenham suas receitas, no todo ou em parte, submetidas ao regime de incidência cumulativa da Contribuição para o PIS/PASEP e da COFINS; e

III – poderá ser usufruído nas aquisições ou importações realizadas até 30 de abril de 2008 ou até que a produção nacional atenda a 80% do consumo interno.

§ 2º O percentual de que trata o inciso I do § 1º deste artigo será apurado:

I – após excluídos os impostos e contribuições incidentes sobre a venda; e

II – considerando-se a média obtida, a partir do início de utilização do bem adquirido com suspensão, durante o período de dezoito meses.

§ 3º O prazo de início de utilização a que se refere o § 2º deste artigo não poderá ser superior a três anos.

§ 4º A suspensão de que trata este artigo converte-se em alíquota zero após cumprida a condição de que trata o inciso I do § 1º deste artigo, observados os prazos determinados nos §§ 2º e 3º deste artigo.

§ 5º No caso de não ser efetuada a incorporação do bem ao ativo imobilizado ou de sua revenda antes da redução a zero das alíquotas, na forma do § 4º deste artigo, as contribuições não pagas em decorrência da suspensão de que trata este artigo serão devidas, acrescidas de juros e multa, de mora ou de ofício, na forma da lei, contados a partir da data da aquisição ou do registro da Declaração de Importação – DI, na condição de responsável, em relação à Contribuição para o PIS/PASEP e à COFINS, ou de contribuinte, em relação à Contribuição para o PIS/PASEP-Importação e à COFINS-Importação.

§ 6º Nas notas fiscais relativas à venda de que trata o inciso I do *caput* deste artigo deverá constar a expressão "Venda efetuada com suspensão da exigência da Contribuição para o PIS/PASEP e da COFINS", com a especificação do dispositivo legal correspondente.

§ 7º Na hipótese de não atendimento do percentual de venda de papéis estabelecido no inciso I do § 1º deste artigo, a multa, de mora ou de ofício, a que se refere o § 5º deste artigo, será aplicada sobre o valor das contribuições não recolhidas, proporcionalmente à diferença entre esse percentual de venda e o efetivamente alcançado.

§ 8º A utilização do benefício da suspensão de que trata este artigo:

I – fica condicionada à regularidade fiscal da pessoa jurídica adquirente ou importadora das máquinas e equipamentos, em relação aos tributos e contribuições administrados pela Receita Federal do Brasil; e

II – será disciplinada pelo Poder Executivo em regulamento.

§ 9º As máquinas e equipamentos beneficiados pela suspensão da exigência das contribuições, na forma deste artigo, serão relacionados em regulamento.

Art. 56. A Contribuição para o PIS/PASEP e a COFINS devidas pelo produtor ou importador de nafta petroquímica, incidentes sobre a receita bruta decorrente da venda desse produto às centrais petroquímicas, serão calculadas, respectivamente, com base nas alíquotas de:

- *Caput* com a redação dada pela Lei nº 12.859, de 10-9-2013.
- Este artigo estará revogado pela Lei nº 14.183, de 14-7-2021, a partir de 1º-1-2028 (*DOU* de 22-12-2022).

I – 0,18% (dezoito centésimos por cento) e 0,82% (oitenta e dois centésimos por cento), para os fatos geradores ocorridos nos anos de 2013, 2014 e 2015;

II – 0,54% (cinquenta e quatro centésimos por cento) e 2,46% (dois inteiros e quarenta e seis centésimos por cento), para os fatos geradores ocorridos no ano de 2016;

- Incisos I e II com a redação dada pela Lei nº 14.374, de 21-6-2022.

III – 0,90% (noventa centésimos por cento) e 4,10% (quatro inteiros e dez centésimos por cento), para os fatos geradores ocorridos no ano de 2017; e

- Inciso III com a redação dada pela Lei nº 12.859, de 10-9-2013.

IV – 1% (um por cento) e 4,6% (quatro inteiros e seis décimos por cento), para os fatos geradores ocorridos nos anos de 2018 a 2020 e nos meses de janeiro a junho de 2021;

- Inciso IV com a redação dada pela Lei nº 14.183, de 14-7-2021.

V – 1,13% (um inteiro e treze centésimos por cento) e 5,2% (cinco inteiros e dois décimos por cento), para os fatos geradores ocorridos nos meses de julho a dezembro de 2021;

- Inciso V acrescido pela Lei nº 14.183, de 14-7-2021.

VI – 1,26% (um inteiro e vinte e seis centésimos por cento) e 5,8% (cinco inteiros e oito décimos por cento), para os fatos geradores ocorridos nos meses de janeiro a março de 2022, e 1,65% (um inteiro e sessenta e cinco centésimos por cento) e 7,6% (sete inteiros e seis décimos por cento), para os fatos geradores ocorridos nos meses de abril a dezembro de 2022;

- Inciso VI com a redação dada pela Lei nº 14.374, de 21-6-2022.

VII – 1,39% (um inteiro e trinta e nove centésimos por cento) e 6,4% (seis inteiros e quatro décimos por cento), para os fatos geradores ocorridos no ano de 2023; e

VIII – 1,52% (um inteiro e cinquenta e dois centésimos por cento) e 7% (sete por cento), para os fatos geradores ocorridos no ano de 2024.

- Incisos VII e VIII acrescidos pela Lei nº 14.183, de 14-7-2021.

IX – 1,52% (um inteiro e cinquenta e dois centésimos por cento) e 7% (sete por cento), para os fatos geradores ocorridos nos anos de 2025 a 2027.

- Inciso IX acrescido pela Lei nº 14.374, de 21-6-2022, promulgado nos termos do art. 66, § 5º, da CF (*DOU* de 22-12-2022).

Parágrafo único. O disposto no *caput* aplica-se também:

I – às vendas de etano, propano, butano, condensado e correntes gasosas de refinaria – HLR – hidrocarbonetos leves de refino para centrais petroquímicas para serem utilizados como insumo na produção de eteno, propeno, buteno, butadieno, orto-xileno, benzeno, tolueno, isopreno e paraxileno; e

II – às vendas de eteno, propeno, buteno, butadieno, orto-xileno, benzeno, tolueno, isopreno e paraxileno para indústrias químicas para serem utilizados como insumo produtivo.

- Parágrafo único com a redação dada pela Lei nº 12.859, de 10-9-2013.

Art. 57. Na apuração da Contribuição para o PIS/PASEP e da COFINS no regime de não cumulatividade, a central petroquímica poderá descontar créditos calculados às alíquotas de 1,65% (um inteiro e sessenta e cinco centésimos por cento) e 7,6% (sete inteiros e seis décimos por cento), respectivamente, decorrentes de aquisição ou importação de nafta petroquímica.

- Este artigo estará revogado pela Lei nº 14.183, de 14-7-2021, a partir de 1º-1-2028 (*DOU* de 22-12-2022).

§ 1º Na hipótese de a central petroquímica revender a nafta petroquímica adquirida na forma do art. 56 desta Lei ou importada na forma do § 15 do art. 8º da Lei nº 10.865, de 30 de abril de 2004, o crédito de que trata o *caput* deste artigo será calculado mediante a aplicação das alíquotas previstas no art. 56 desta Lei e no § 15 do art. 8º da Lei nº 10.865, de 30 de abril de 2004, para o respectivo período de apuração.

- § 1º com a redação dada pela Lei nº 14.183, de 14-7-2021.

§ 2º *Revogado*. Lei nº 12.859, de 10-9-2013.

Art. 57-A. disposto no art. 57 aplica-se também às aquisições dos produtos cujas vendas são referidas nos incisos do parágrafo único do art. 56.

- Este artigo estará revogado pela Lei nº 14.183, de 14-7-2021, a partir de 1º-1-2028 (*DOU* de 22-12-2022).

§ 1º O saldo de créditos apurados pelas indústrias petroquímicas na forma do art. 3º da Lei nº 10.637, de 30 de dezembro de 2002, e do art. 3º da Lei nº 10.833, de 29 de dezembro de 2003, existente em 8 de maio de 2013, poderá, nos termos e prazos fixados em regulamento:

I – ser compensado com débitos próprios, vencidos ou vincendos, relativos a tributos administrados pela Secretaria da Receita Federal do Brasil, observada a legislação específica aplicável à matéria; ou

II – ser ressarcido em dinheiro, observada a legislação específica aplicável à matéria.

§ 2º O crédito previsto no art. 57 e neste artigo, decorrente da aquisição dos produtos mencionados no *caput* e no parágrafo único do art. 56 que a pessoa jurídica não conseguir utilizar até o final de cada trimestre-calendário poderá ser:

I – compensado com débitos próprios, vencidos ou vincendos, relativos a impostos e contribuições administrados pela Secretaria da Receita Federal do Brasil, observada a legislação específica aplicável à matéria; ou

II – ressarcido em espécie, observada a legislação específica aplicável à matéria.

- Art. 57-A com a redação dada pela Lei nº 12.859, de 10-9-2013.

Art. 57-B. *Revogado*. Lei nº 14.374, de 21-6-2022.

Art. 57-C. As centrais petroquímicas e as indústrias químicas que apurarem créditos na forma prevista nos arts. 57 e 57-A desta Lei deverão firmar termo no qual se comprometerão a:

- Este artigo estará revogado pela Lei nº 14.183, de 14-7-2021, a partir de 1º-1-2028 (*DOU* de 22-12-2022).

I – cumprir as normas de segurança e medicina do trabalho, de que trata o Capítulo V do Título II da Consolidação das Leis do Trabalho, aprovada pelo Decreto-Lei nº 5.452, de 1º de maio de 1943;

II – apresentar todas as licenças, autorizações, certidões e demais atos administrativos dos órgãos competentes que atestem a conformidade com a legislação ambiental, inclusive, quando for o caso, o estudo de impacto hídrico, o programa de monitoramento da qualidade da água e do ar, o plano logístico de transporte e o estudo geológico da região;

III – cumprir as medidas de compensação ambiental determinadas administrativa ou judicialmente ou constantes de termo de compromisso ou de ajuste de conduta firmado;

IV – manter a regularidade em relação a débitos tributários e previdenciários;

V – adquirir e a retirar de circulação certificados relativos a Reduções Verificadas de Emissões (RVE) de Gases de Efeito Estufa (GEE) em quantidade compatível com os indicadores de referência aplicáveis ao impacto ambiental gerado pelas emissões de carbono decorrentes de suas atividades, conforme regulamento; e

VI – manter em seus quadros funcionais quantitativo de empregados igual ou superior ao verificado em 1º de janeiro de 2022.

§ 1º Caso a central petroquímica ou a indústria química descumpra o disposto neste artigo, deverá apurar os créditos das contribuições de que tratam os arts. 57 e 57-A desta Lei pelas alíquotas constantes do art. 56 desta Lei e do § 15 do art. 8º da Lei nº 10.865, de 30 de abril de 2004.

§ 2º O disposto no § 1º deste artigo aplica-se aos créditos calculados a partir da data do termo de compromisso de que trata o *caput* deste artigo, e a central petroquímica ou a indústria química deverá recolher o valor das contribuições que deixaram de ser pagas acrescido de juros e multas de mora.

§ 3º O disposto neste artigo será regulamentado pelo Poder Executivo.

§ 4º Enquanto não for editado o regulamento a que se refere o § 3º deste artigo, os créditos das contribuições de que tratam os arts. 57 e 57-A serão apurados pelas alíquotas constantes do art. 56 desta Lei e do § 15 do art. 8º da Lei nº 10.865, de 30 de abril de 2004.

- Art. 57-C acrescido pela Lei nº 14.374, de 21-6-2022.

Art. 57-D. As centrais petroquímicas e as indústrias químicas que apurarem créditos na forma prevista nos arts. 57 e 57-A desta Lei poderão descontar, no período de janeiro de 2024 a dezembro de 2027, créditos adicionais calculados mediante a aplicação da alíquota de 0,5% (cinco décimos por cento) para a Contribuição para os Programas de Integração Social e de Formação do Patrimônio do Servidor Público (Contribuição para o PIS/PASEP) e a Contribuição para os Programas de Integração Social e de Formação do Patrimônio do Servidor Público incidente na Importação de Produtos Estrangeiros ou Serviços (Contribuição para o PIS/PASEP-Importação) e de 1% (um por cento) para a Contribuição para o Financiamento da Seguridade Social (COFINS) e a Contribuição Social para o Financiamento da Seguridade Social devida pelo Importador de Bens Estrangeiros ou Serviços do Exterior (COFINS-Importação), sobre a base de cálculo da respectiva contribuição, mediante compromisso de investimento em ampliação de capacidade instalada.

§ 1º O benefício previsto neste artigo aplica-se inclusive aos investimentos em ampliação de capacidade produtiva ou instalação de novas plantas que utilizem gás natural para a produção de fertilizantes.

§ 2º O abatimento proporcionado pelos créditos adicionais previstos neste artigo será limitado ao valor efetivamente investido nos termos do compromisso a que se refere o *caput* deste artigo.

- Art. 57-D acrescido pela Lei nº 14.374, de 21-6-2022, promulgado nos termos do art. 66, § 5º, da CF (*DOU* de 22-12-2022).

Art. 58. O art. 8º da Lei nº 10.865, de 30 de abril de 2004, passa a vigorar com a seguinte redação:

- Alterações inseridas no texto da referida Lei.

Art. 59. O art. 14 da Lei nº 10.336, de 19 de dezembro de 2001, passa a vigorar com a seguinte redação:

- Alteração inserida no texto da referida Lei.

Art. 60. *Revogado.* Lei nº 12.995, de 18-6-2014.

Art. 61. O disposto no art. 33, § 2º, inciso I, do Decreto-Lei nº 1.593, de 21 de dezembro de 1977, também se aplica aos demais produtos sujeitos ao selo de controle a que se refere o art. 46 da Lei nº 4.502, de 30 de novembro de 1964.

- Art. 132, V, *c*, desta Lei.

Art. 62. O percentual e o coeficiente multiplicadores a que se referem o art. 3º da Lei Complementar nº 70, de 30 de dezembro de 1991, e o art. 5º da Lei nº 9.715, de 25 de novembro de 1998, passam a ser de 291,69% (duzentos e noventa e um inteiros e sessenta e nove centésimos por cento) e 3,42 (três inteiros e quarenta e dois centésimos), respectivamente.

- Artigo com a redação dada pela Lei nº 12.024, de 27-8-2009.

Art. 63. O art. 8º da Lei nº 10.925, de 23 de julho de 2004, passa a vigorar com a seguinte redação:

- Alterações inseridas no texto da referida Lei.

Art. 64. Na venda de álcool, inclusive para fins carburantes, destinado ao consumo ou à industrialização na Zona Franca de Manaus – ZFM, efetuada por produtor, importador ou distribuidor estabelecido fora da ZFM, aplica-se o disposto no art. 2º da Lei nº 10.996, de 15 de dezembro de 2004.

- Art. 41, IV, da Lei nº 11.727, de 23-6-2008, que dispõe sobre medidas tributárias destinadas a estimular os investimentos e a modernização do setor de turismo, a reforçar o sistema de proteção tarifária brasileiro, a estabelecer a incidência de forma concentrada da Contribuição para o PIS/PASEP e da Contribuição para o Financiamento da Seguridade Social – COFINS na produção e comercialização de álcool.

§ 1º A Contribuição para o PIS/PASEP e a COFINS incidirão nas vendas efetuadas pela pessoa jurídica adquirente na forma do *caput* deste artigo, às alíquotas referidas no § 4º do art. 5º da Lei nº 9.718, de 27 de novembro de 1998, observado o disposto nos §§ 8º e 9º do mesmo artigo.

- Art. 41, IV, da Lei nº 11.727, de 23-6-2008, que dispõe sobre medidas tributárias destinadas a estimular os investimentos e a modernização do setor de turismo, a reforçar o sistema de proteção tarifária brasileiro, a estabelecer a incidência de forma concentrada da Contribuição para o PIS/PASEP e da Contribuição para o Financiamento da Seguridade Social – COFINS na produção e comercialização de álcool.

§ 2º O produtor, importador ou distribuidor fica obrigado a cobrar e recolher, na condição de contribuinte-substituto, a Contribuição para o PIS/PASEP e a COFINS devidas pela pessoa jurídica de que trata o § 1º deste artigo.

- Art. 41, IV, da Lei nº 11.727, de 23-6-2008, que dispõe sobre medidas tributárias destinadas a estimular os investimentos e a modernização do setor de turismo, a reforçar o sistema de proteção tarifária brasileiro, a estabelecer a incidência de forma concentrada da Contribuição para o PIS/PASEP e da Contribuição para o Financiamento da Seguridade Social – COFINS na produção e comercialização de álcool.

§ 3º Para os efeitos do § 2º deste artigo, a Contribuição para o PIS/PASEP e a COFINS serão apuradas mediante a aplicação das alíquotas de que trata o § 1º deste artigo sobre o volume vendido pelo produtor, importador ou distribuidor.

- Art. 41, IV, da Lei nº 11.727, de 23-6-2008, que dispõe sobre medidas tributárias destinadas a estimular os investimentos e a modernização do setor de turismo, a reforçar o sistema de proteção tarifária brasileiro, a estabelecer a incidência de forma concentrada da Contribuição para o PIS/PASEP e da Contribuição para o Financiamento da Seguridade Social – COFINS na produção e comercialização de álcool.

§ 4º A pessoa jurídica domiciliada na ZFM que utilizar como insumo álcool adquirido com substituição tributária, na forma dos §§ 2º e 3º deste artigo, poderá abater da Contribuição para o PIS/PASEP e da COFINS incidentes sobre seu faturamento o valor dessas contribuições recolhidas pelo substituto tributário.

§ 5º Para fins deste artigo, não se aplica o disposto na alínea *b* do inciso VII do *caput* do art. 8º da Lei nº 10.637, de 30 de dezembro de 2002, e na alínea *b* do inciso VII do *caput* do art. 10 da Lei nº 10.833, de 29 de dezembro de 2003.

- Artigo 64 com a redação dada pela Lei nº 11.727, de 23-6-2008.
- Art. 41, IV, da Lei nº 11.727, de 23-6-2008, que dispõe sobre medidas tributárias destinadas a estimular os investimentos e a modernização do setor de turismo, a reforçar o sistema de proteção tarifária brasileiro, a estabelecer a incidência de forma concentrada da Contribuição para o PIS/PASEP e da Contribuição para o Financiamento da Seguridade Social – COFINS na produção e comercialização de álcool.

§ 6º As disposições deste artigo também se aplicam às vendas destinadas ao consumo ou à industrialização nas Áreas de Livre Comércio de que tratam as Leis nºs 7.965, de 22 de dezembro de 1989, 8.210, de 19 de julho de 1991, e 8.256, de 25 de novembro de 1991, o art. 11 da Lei nº 8.387, de 30 de dezembro de 1991, e a Lei nº 8.857, de 8 de março de 1994, por pessoa jurídica estabelecida fora dessas áreas.

- § 6º com a redação dada pela Lei nº 11.945, de 4-6-2009.
- Art. 33, I, *f*, da Lei nº 11.945, de 4-6-2009, que dispõe sobre o Registro Especial na Secretaria da Receita Federal do Brasil.

Art. 65. Nas vendas efetuadas por produtor, fabricante ou importador estabelecido fora da ZFM dos produtos relacionados nos incisos I a VII do § 1º do art. 2º da Lei nº 10.833, de 29 de dezembro de 2003, destinadas ao consumo ou industrialização na ZFM, aplica-se o disposto no art. 2º da Lei nº 10.996, de 15 de dezembro de 2004.

- *Caput* com a redação dada pela Lei nº 13.137, de 19-6-2015 (*DOU* de 22-6-2015, edição extra), produzindo efeitos a partir de 1º-5-2015.
- Art. 132, V, *c*, desta Lei.

§ 1º No caso deste artigo, nas revendas efetuadas pela pessoa jurídica adquirente na forma do *caput* deste artigo a Contribuição para o PIS/PASEP e a COFINS incidirão às alíquotas previstas:

I – no art. 23 da Lei nº 10.865, de 30 de abril de 2004;

II – na alínea *b* do inciso I do art. 1º e do art. 2º da Lei nº 10.147, de 21 de dezembro de 2000, com a redação dada pela Lei nº 10.865, de 30 de abril de 2004;

III – no art. 1º da Lei nº 10.485, de 3 de julho de 2002, com a redação dada pela Lei nº 10.865, de 30 de abril de 2004;

- O STF, por unanimidade, julgou parcialmente procedente o pedido formulado na ADIN nº 4.254, para declarar a inconstitucionalidade deste inciso (*DOU* de 9-9-2020).

IV – no *caput* do art. 5º da Lei nº 10.485, de 3 de julho de 2002, com a redação dada pela Lei nº 10.865, de 30 de abril de 2004;

V – nos incisos I e II do *caput* do art. 3º da Lei nº 10.485, de 3 de julho de 2002, com a redação dada pela Lei nº 10.865, de 30 de abril de 2004;

- O STF, por unanimidade, julgou parcialmente procedente o pedido formulado na ADIN nº 4.254, para declarar a inconstitucionalidade deste inciso (*DOU* de 9-9-2020).

VI a VIII – *Revogados*. Lei nº 13.137, de 19-6-2015.

§ 2º O produtor, fabricante ou importador, no caso deste artigo, fica obrigado a cobrar e recolher, na condição de contribuinte substituto, a Contribuição para o PIS/PASEP e a COFINS devidas pela pessoa jurídica de que trata o § 1º deste artigo.

§ 3º O disposto no § 2º deste artigo não se aplica aos produtos farmacêuticos classificados nas posições 30.01, 30.03, 30.04, nos itens 3002.10.1, 3002.10.2, 3002.10.3, 3002.20.1, 3002.20.2, 3006.30.1 e 3006.30.2 e nos códigos 3002.90.20, 3002.90.92, 3002.90.99, 3005.10.10, 3006.60.00, todos da TIPI.

§ 4º Para os efeitos do § 2º deste artigo, a Contribuição para o PIS/PASEP e a COFINS serão apuradas mediante a aplicação das alíquotas de que trata o § 1º deste artigo sobre:

- *Caput* do § 4º com a redação dada pela Lei nº 11.727, de 23-6-2008.
- Art. 41, VII, da Lei nº 11.727, de 23-6-2008, que dispõe sobre medidas tributárias destinadas a estimular os investimentos e a modernização do setor de turismo, a reforçar o sistema de proteção tarifária brasileiro, a estabelecer a incidência de forma concentrada da Contribuição para o PIS/PASEP e da Contribuição para o Financiamento da Seguridade Social – COFINS na produção e comercialização de álcool.

I – o valor-base de que trata o art. 58-L da Lei nº 10.833, de 29 de dezembro de 2003, no caso do inciso VI do § 1º deste artigo;

II – a quantidade de unidades de produtos vendidos pelo produtor, fabricante ou importador, no caso dos incisos I e VII do § 1º deste artigo;

III – o preço de venda do produtor, fabricante ou importador, no caso dos demais incisos do § 1º deste artigo.

- Incisos I a III acrescidos pela Lei nº 11.727, de 23-6-2008.

§ 5º A pessoa jurídica domiciliada na ZFM que utilizar como insumo ou incorporar ao seu ativo permanente produtos adquiridos com substituição tributária, na forma dos §§ 2º e 4º deste artigo, poderá abater da Contribuição para o PIS/PASEP e da COFINS incidentes sobre seu faturamento o valor dessas contribuições recolhidas pelo substituto tributário.

§ 6º Não se aplicam as disposições dos §§ 2º, 4º e 5º deste artigo no caso de venda dos produtos referidos nos incisos IV e V do § 1º do art. 2º da Lei nº 10.833, de 29 de dezembro de 2003, para montadoras de veículos.

§ 7º Para fins deste artigo, não se aplica o disposto na alínea *b* do inciso VII do art. 8º da Lei nº 10.637, de 30 de dezembro de 2002, e na alínea *b* do inciso VII do art. 10 da Lei nº 10.833, de 29 de dezembro de 2003.

- Art. 33, III, da Lei nº 11.945, de 4-6-2009, que dispõe sobre o Registro Especial na Secretaria da Receita Federal do Brasil.

§ 8º As disposições deste artigo também se aplicam às vendas destinadas ao consumo ou à industrialização nas Áreas de Livre Comércio de que tratam as Leis nºs 7.965, de 22 de dezembro de 1989, 8.210, de 19 de julho de 1991, e 8.256, de 25 de novembro de 1991, o art. 11 da Lei nº 8.387, de 30 de dezembro de 1991, e a Lei nº 8.857, de 8 de março de 1994, por pessoa jurídica estabelecida fora dessas áreas.

- §§ 7º e 8º com a redação dada pela Lei nº 11.945, de 4-6-2009.
- Art. 33, I, *f*, da Lei nº 11.945, de 4-6-2009, que dispõe sobre o Registro Especial na Secretaria da Receita Federal do Brasil.

Art. 66. VETADO.

CAPÍTULO X
DO IMPOSTO SOBRE PRODUTOS INDUSTRIALIZADOS – IPI

Art. 67. Fica o Poder Executivo autorizado a fixar, para o IPI relativo aos produtos classificados nos códigos NCM 71.13, 71.14, 71.16 e 71.17, alíquotas correspondentes às mínimas estabelecidas para o Imposto sobre Circulação de Mercadorias e Serviços – ICMS, nos termos do inciso VI do § 2º do art. 155 da Constituição Federal.

Parágrafo único. As alíquotas do IPI fixadas na forma do *caput* deste artigo serão uniformes em todo o território nacional.

Art. 68. O § 2º do art. 43 da Lei nº 4.502, de 30 de novembro de 1964, passa a vigorar com a seguinte redação:

- Alteração inserida no texto da referida Lei.

Art. 69. Fica prorrogada até 31 de dezembro de 2009 a vigência da Lei nº 8.989, de 24 de fevereiro de 1995.

Parágrafo único. O art. 2º e o *caput* do art. 6º da Lei nº 8.989, de 24 de fevereiro de 1995, passam a vigorar com a seguinte redação:

"Art. 2º A isenção do Imposto sobre Produtos Industrializados – IPI de que trata o art. 1º desta Lei somente poderá ser utilizada uma vez, salvo se o veículo tiver sido adquirido há mais de dois anos."

"Art. 6º A alienação do veículo adquirido nos termos desta Lei e da Lei nº 8.199, de 28 de junho de 1991, e da Lei nº 8.843, de 10 de janeiro de 1994, antes de dois anos contados da data da sua aquisição, a pessoas que não satisfaçam às condições e aos requisitos estabelecidos nos referidos diplomas legais acarretará o pagamento pelo alienante do tributo dispensado, atualizado na forma da legislação tributária.

...."

CAPÍTULO XI
DOS PRAZOS DE RECOLHIMENTO DE IMPOSTOS E CONTRIBUIÇÕES

Art. 70. Em relação aos fatos geradores ocorridos a partir de 1º de janeiro de 2006, os recolhimentos do Imposto de Renda Retido na Fonte – IRRF e do Imposto sobre Operações de Crédito, Câmbio e Seguro, ou Relativas a Títulos ou Valores Mobiliários – IOF serão efetuados nos seguintes prazos:

- Art. 132, IV, *b*, desta Lei.

I – IRRF:

a) na data da ocorrência do fato gerador, no caso de:

1. rendimentos atribuídos a residentes ou domiciliados no exterior;
2. pagamentos a beneficiários não identificados;

b) até o terceiro dia útil subsequente ao decêndio de ocorrência dos fatos geradores, no caso de:

1. juros sobre o capital próprio e aplicações financeiras, inclusive os atribuídos a residentes ou domiciliados no exterior, e títulos de capitalização;
2. prêmios, inclusive os distribuídos sob a forma de bens e serviços, obtidos em concursos e sorteios de qualquer espécie e lucros decorrentes desses prêmios; e
3. multa ou qualquer vantagem, de que trata o art. 70 da Lei nº 9.430, de 27 de dezembro de 1996;

c) até o último dia útil do mês subsequente ao encerramento do período de apuração, no caso de rendimentos e ganhos de capital distribuídos pelos fundos de investimento imobiliário; e

d) até o vigésimo dia do mês subsequente ao mês de ocorrência dos fatos geradores, no caso de pagamento de rendimentos provenientes do trabalho assalariado a empregado doméstico; e

- Alínea *d* com a redação dada pela Lei nº 14.438, de 24-8-2022.
- Art. 64 da Lei nº 11.941, de 27-5-2009, que altera a legislação tributária federal relativa ao parcelamento ordinário de débitos tributários; concede remissão nos casos em que especifica; institui regime tributário de transição.

e) até o último dia útil do segundo decêndio do mês subsequente ao mês de ocorrência dos fatos geradores, nos demais casos;

- Alínea *e* acrescida pela LC nº 150, de 1-6-2015.

II – IOF:

a) até o terceiro dia útil subsequente ao decêndio de ocorrência dos fatos geradores, no caso de aquisição de ouro e ativo financeiro;

b) até o último dia útil do mês subsequente ao de ocorrência dos fatos geradores, no caso de operações relativas a contrato de derivativos financeiros; e

c) até o terceiro dia útil subsequente ao decêndio da cobrança ou do registro contábil do imposto, nos demais casos.

- Alíneas *a* a *c* com a redação dada pela Lei nº 12.599, de 23-3-2012.

Parágrafo único. Excepcionalmente, na hipótese de que trata a alínea *d* do inciso I do *caput* deste artigo, em relação aos fatos geradores ocorridos:

I – no mês de dezembro de 2006, os recolhimentos serão efetuados:

a) até o terceiro dia útil do decêndio subsequente, para os fatos geradores ocorridos no primeiro e segundo decêndios; e

b) até o último dia útil do primeiro decêndio do mês de janeiro de 2007, para os fatos geradores ocorridos no terceiro decêndio;

II – no mês de dezembro de 2007, os recolhimentos serão efetuados:

a) até o terceiro dia útil do segundo decêndio, para os fatos geradores ocorridos no primeiro decêndio; e

b) até o último dia útil do primeiro decêndio do mês de janeiro de 2008, para os fatos geradores ocorridos no segundo e no terceiro decêndio.

Art. 71. O § 1º do art. 63 da Lei nº 8.981, de 20 de janeiro de 1995, passa a vigorar com a seguinte redação:

- Alterações inseridas no texto da referida Lei.

Art. 72. O parágrafo único do art. 10 da Lei nº 9.311, de 24 de outubro de 1996, passa a vigorar com a seguinte redação:

- Alterações inseridas no texto da referida Lei.

Art. 73. O § 2º do art. 70 da Lei nº 9.430, de 27 de dezembro de 1996, passa a vigorar com a seguinte redação:

- Alterações inseridas no texto da referida Lei.

LEG. COMPLEMENTAR

Art. 74. O art. 35 da Lei nº 10.833, de 29 de dezembro de 2003, passa a vigorar com a seguinte redação:

• Alterações inseridas no texto da referida Lei.

Art. 75. O *caput* do art. 6º da Lei nº 9.317, de 5 de dezembro de 1996, passa a vigorar com a seguinte redação:

• Lei nº 9.317, de 5-12-1996, foi revogada pela LC nº 123, de 14-12-2006 (Estatuto Nacional da Microempresa e da Empresa de Pequeno Porte).

CAPÍTULO XII

DOS FUNDOS DE INVESTIMENTO CONSTITUÍDOS POR ENTIDADES ABERTAS DE PREVIDÊNCIA COMPLEMENTAR E POR SOCIEDADES SEGURADORAS E DOS FUNDOS DE INVESTIMENTO PARA GARANTIA DE LOCAÇÃO IMOBILIÁRIA

Art. 76. As entidades abertas de previdência complementar e as sociedades seguradoras poderão, a partir de 1º de janeiro de 2006, constituir fundos de investimento, com patrimônio segregado, vinculados exclusivamente a planos de previdência complementar ou a seguros de vida com cláusula de cobertura por sobrevivência, estruturados na modalidade de contribuição variável, por elas comercializados e administrados.

○ Art. 132, IV, *b*, desta Lei.

§ 1º Durante o período de acumulação, a remuneração da provisão matemática de benefícios a conceder, dos planos e dos seguros referidos no *caput* deste artigo, terá por base a rentabilidade da carteira de investimentos dos respectivos fundos.

§ 2º Os fundos de investimento de que trata o *caput* deste artigo somente poderão ser administrados por instituições autorizadas pela Comissão de Valores Mobiliários – CVM para o exercício da administração de carteira de valores mobiliários.

Art. 77. A aquisição de plano ou seguro enquadrado na estrutura prevista no art. 76 desta Lei far-se-á mediante subscrição pelo adquirente de quotas dos fundos de investimento vinculados.

○ Art. 132, IV, *b*, desta Lei.

§ 1º No caso de plano ou seguro coletivo:

I – a pessoa jurídica adquirente também será cotista do fundo; e

II – o contrato ou apólice conterá cláusula com a periodicidade em que as quotas adquiridas pela pessoa jurídica terão sua titularidade transferida para os participantes ou segurados.

§ 2º A transferência de titularidade de que trata o inciso II do § 1º deste artigo:

I – conferirá aos participantes ou segurados o direito à realização de resgates e à portabilidade dos recursos acumulados correspondentes às quotas;

II – não caracteriza resgate para fins de incidência do Imposto de Renda.

§ 3º Independentemente do disposto no inciso II do § 1º deste artigo, no caso de falência ou liquidação extrajudicial de pessoa jurídica proprietária de quotas:

I – a titularidade das quotas vinculadas a participantes ou segurados individualizados será transferida a estes;

II – a titularidade das quotas não vinculadas a qualquer participante ou segurado individualizado será transferida para todos os participantes ou segurados proporcionalmente ao número de quotas de propriedade destes, inclusive daquelas cuja titularidade lhes tenha sido transferida com base no inciso I deste parágrafo.

Art. 78. O patrimônio dos fundos de investimento de que trata o art. 76 desta Lei não se comunica com o das entidades abertas de previdência complementar ou das sociedades seguradoras que os constituírem, não respondendo, nem mesmo subsidiariamente, por dívidas destas.

○ Art. 132, IV, *b*, desta Lei.

§ 1º No caso de falência ou liquidação extrajudicial da entidade aberta de previdência complementar ou da sociedade seguradora, o patrimônio dos fundos não integrará a respectiva massa falida ou liquidanda.

§ 2º Os bens e direitos integrantes do patrimônio dos fundos não poderão ser penhorados, sequestrados, arrestados ou objeto de qualquer outra forma de constrição judicial em decorrência de dívidas da entidade aberta de previdência complementar ou da sociedade seguradora.

Art. 79. No caso de morte do participante ou segurado dos planos e seguros de que trata o art. 76 desta Lei, os seus beneficiários poderão optar pelo resgate das quotas ou pelo recebimento de benefício de caráter continuado previsto em contrato, independentemente da abertura de inventário ou procedimento semelhante.

○ Art. 132, IV, *b*, desta Lei.

Art. 80. Os planos de previdência complementar e os seguros de vida com cláusula de cobertura por sobrevivência comercializados até 31 de dezembro de 2005 poderão ser adaptados pelas entidades abertas de previdência complementar e sociedades seguradoras à estrutura prevista no art. 76 desta Lei.

○ Art. 132, IV, *b*, desta Lei.

Art. 81. O disposto no art. 80 desta Lei não afeta o direito dos participantes e segurados à portabilidade dos recursos acumulados para outros planos e seguros, estruturados ou não nos termos do art. 76 desta Lei.

○ Art. 132, IV, *b*, desta Lei.

Art. 82. A concessão de benefício de caráter continuado por plano ou seguro estruturado na forma do art. 76 desta Lei importará na transferência da propriedade das quotas dos fundos a que esteja vinculado o respectivo plano ou seguro para a entidade aberta de previdência complementar ou a sociedade seguradora responsável pela concessão.

○ Art. 132, IV, *b*, desta Lei.

Parágrafo único. A transferência de titularidade de quotas de que trata o *caput* deste artigo não caracteriza resgate para fins de incidência do Imposto de Renda.

Art. 83. Aplica-se aos planos e seguros de que trata o art. 76 desta Lei o disposto nº art. 11 da Lei nº 9.532, de 10 de dezembro de 1997, e nos arts. 1º a 5º e 7º da Lei nº 11.053, de 29 de dezembro de 2004.

○ Art. 132, IV, *b*, desta Lei.

Parágrafo único. Fica responsável pela retenção e recolhimento dos impostos e contribuições incidentes sobre as aplicações efetuadas nos fundos de investimento de que trata o art. 76 desta Lei a entidade aberta de previdência complementar ou a sociedade seguradora que comercializar ou administrar o plano ou o seguro enquadrado na estrutura prevista no mencionado artigo, bem como pelo cumprimento das obrigações acessórias decorrentes dessa responsabilidade.

Art. 84. É facultado ao participante de plano de previdência complementar enquadrado na estrutura prevista no art. 76 desta Lei o oferecimento, como garantia de financiamento imobiliário, de quotas de sua titularidade dos fundos de que trata o referido artigo.

- Art. 132, IV, *b*, desta Lei.

§ 1º O disposto neste artigo aplica-se também:

I – aos cotistas de Fundo de Aposentadoria Programada Individual – FAPI;

II – aos segurados titulares de seguro de vida com cláusula de cobertura por sobrevivência enquadrado na estrutura prevista no art. 76 desta Lei.

§ 2º A faculdade mencionada no *caput* deste artigo aplica-se apenas ao financiamento imobiliário tomado em instituição financeira, que poderá ser vinculada ou não à entidade operadora do plano ou do seguro.

Art. 85. É vedada às entidades abertas de previdência complementar e às sociedades seguradoras a imposição de restrições ao exercício da faculdade mencionada no art. 84 desta Lei, mesmo que o financiamento imobiliário seja tomado em instituição financeira não vinculada.

- Art. 132, IV, *b*, desta Lei.

Art. 86. A garantia de que trata o art. 84 desta Lei será objeto de instrumento contratual específico, firmado pelo participante ou segurado, pela entidade aberta de previdência complementar ou sociedade seguradora e pela instituição financeira.

- Art. 132, IV, *b*, desta Lei.

Parágrafo único. O instrumento contratual específico a que se refere o *caput* deste artigo será considerado, para todos os efeitos jurídicos, como parte integrante do plano de benefícios ou da apólice, conforme o caso.

Art. 87. As operações de financiamento imobiliário que contarem com a garantia mencionada no art. 84 desta Lei serão contratadas com seguro de vida com cobertura de morte e invalidez permanente.

- Art. 132, IV, *b*, desta Lei.

Art. 88. As instituições autorizadas pela Comissão de Valores Mobiliários – CVM para o exercício da administração de carteira de títulos e valores mobiliários ficam autorizadas a constituir fundos de investimento que permitam a cessão de suas quotas em garantia de locação imobiliária.

- Art. 132, IV, *b*, desta Lei.

§ 1º A cessão de que trata o *caput* deste artigo será formalizada, mediante registro perante o administrador do fundo, pelo titular das quotas, por meio de termo de cessão fiduciária acompanhado de uma via do contrato de locação, constituindo, em favor do credor fiduciário, propriedade resolúvel das quotas.

§ 2º Na hipótese de o cedente não ser o locatário do imóvel locado, deverá também assinar o contrato de locação ou aditivo, na qualidade de garantidor.

§ 3º A cessão em garantia de que trata o *caput* deste artigo constitui regime fiduciário sobre as quotas cedidas, que ficam indisponíveis, inalienáveis e impenhoráveis, tornando-se a instituição financeira administradora do fundo seu agente fiduciário.

§ 4º O contrato de locação mencionará a existência e as condições da cessão de que trata o *caput* deste artigo, inclusive quanto a sua vigência, que poderá ser por prazo determinado ou indeterminado.

§ 5º Na hipótese de prorrogação automática do contrato de locação, o cedente permanecerá responsável por todos os seus efeitos, ainda que não tenha anuído no aditivo contratual, podendo, no entanto, exonerar-se da garantia, a qualquer tempo, mediante notificação ao locador, ao locatário e à administradora do fundo, com antecedência mínima de trinta dias.

§ 6º Na hipótese de mora, o credor fiduciário notificará extrajudicialmente o locatário e o cedente, se pessoa distinta, comunicando o prazo de dez dias para pagamento integral da dívida, sob pena de excussão extrajudicial da garantia, na forma do § 7º deste artigo.

§ 7º Não ocorrendo o pagamento integral da dívida no prazo fixado no § 6º deste artigo, o credor poderá requerer ao agente fiduciário que lhe transfira, em caráter pleno, exclusivo e irrevogável, a titularidade de quotas suficientes para a sua quitação, sem prejuízo da ação de despejo e da demanda, por meios próprios, da diferença eventualmente existente, na hipótese de insuficiência da garantia.

§ 8º A excussão indevida da garantia enseja responsabilidade do credor fiduciário pelo prejuízo causado, sem prejuízo da devolução das quotas ou do valor correspondente, devidamente atualizado.

§ 9º O agente fiduciário não responde pelos efeitos do disposto nos §§ 6º e 7º deste artigo, exceto na hipótese de comprovado dolo, má-fé, simulação, fraude ou negligência, no exercício da administração do fundo.

§ 10. Fica responsável pela retenção e recolhimento dos impostos e contribuições incidentes sobre as aplicações efetuadas nos fundos de investimento de que trata o *caput* deste artigo a instituição que administrar o fundo com a estrutura prevista neste artigo, bem como pelo cumprimento das obrigações acessórias decorrentes dessa responsabilidade.

Art. 89. Os arts. 37 e 40 da Lei nº 8.245, de 18 de outubro de 1991, passam a vigorar acrescidos dos seguintes incisos:

"Art. 37. ....

....

IV – cessão fiduciária de quotas de fundo de investimento.

...."

"Art. 40. ....

....

VIII – exoneração de garantia constituída por quotas de fundo de investimento;

IX – liquidação ou encerramento do fundo de investimento de que trata o inciso IV do art. 37 desta Lei."

Art. 90. Compete ao Banco Central do Brasil, à Comissão de Valores Mobiliários e à Superintendência de Seguros Privados, no âmbito de suas respectivas atribuições, dispor sobre os critérios complementares para a regulamentação deste Capítulo.

- Art. 132, IV, *b*, desta Lei.

CAPÍTULO XIII
DA TRIBUTAÇÃO DE PLANOS DE BENEFÍCIO, SEGUROS E FUNDOS DE INVESTIMENTO DE CARÁTER PREVIDENCIÁRIO

Art. 91. A Lei nº 11.053, de 29 de dezembro de 2004, passa a vigorar com as seguintes alterações:

- Alterações inseridas no texto da referida Lei.

Art. 92. O *caput* do art. 8º da Lei nº 9.311, de 24 de outubro de 1996, passa a vigorar acrescido do seguinte inciso IX:

- Alterações inseridas no texto da referida Lei.

Art. 93. O contribuinte que efetuou pagamento de tributos e contribuições com base no art. 5º da Medida Provisória nº 2.222, de 4 de setembro de 2001, em valor inferior ao devido, poderá quitar o débito remanescente até o último dia útil do mês de dezembro de 2005, com a incidência de multa, de mora ou de ofício, conforme o caso, bem como com a incidência de juros equivalentes à taxa referencial do Sistema Especial de Liquidação e Custódia – SELIC, para títulos federais, acumulada mensalmente, calculados a partir do mês seguinte ao do vencimento do tributo e de 1% no mês do pagamento.

§ 1º O pagamento realizado na forma do *caput* deste artigo implicará a extinção dos créditos tributários relativos aos fatos geradores a ele relacionados, ainda que já constituídos, inscritos ou não em dívida ativa.

§ 2º O Poder Executivo disciplinará, em regulamento, o disposto neste artigo.

Art. 94. As entidades de previdência complementar, sociedades seguradoras e Fundos de Aposentadoria Programada Individual – FAPI que, para gozo do benefício previsto no art. 5º da Medida Provisória nº 2.222, de 4 de setembro de 2001, efetuaram o pagamento dos tributos e contribuições na forma ali estabelecida e desistiram das ações judiciais individuais deverão comprovar, perante a Delegacia da Receita Federal do Brasil de sua jurisdição, a desistência das ações judiciais coletivas, bem como a renúncia a qualquer alegação de direito a elas relativa, de modo irretratável e irrevogável, até o último dia útil do mês de dezembro de 2005.

Parágrafo único. O benefício mencionado no *caput* deste artigo surte efeitos enquanto não houver a homologação judicial do requerimento, tornando-se definitivo com a referida homologação.

Art. 95. Na hipótese de pagamento de benefício não programado oferecido em planos de benefícios de caráter previdenciário, estruturados nas modalidades de contribuição definida ou contribuição variável, após a opção do participante pelo regime de tributação de que trata o art. 1º da Lei nº 11.053, de 29 de dezembro de 2004, incidirá imposto de renda à alíquota:

I – de 25% , quando o prazo de acumulação for inferior ou igual a seis anos; e

II – prevista no inciso IV, V ou VI do art. 1º da Lei nº 11.053, de 29 de dezembro de 2004, quando o prazo de acumulação for superior a seis anos.

§ 1º O disposto no *caput* deste artigo aplica-se, também, ao benefício não programado concedido pelos planos de benefícios cujos participantes tenham efetuado a opção pelo regime de tributação referido no *caput* deste artigo, nos termos do art. 2º da Lei nº 11.053, de 29 de dezembro de 2004.

§ 2º Para fins deste artigo e da definição da alíquota de imposto de renda incidente sobre as prestações seguintes, o prazo de acumulação continua a ser contado após o pagamento da primeira prestação do benefício, importando na redução progressiva da alíquota aplicável em razão do decurso do prazo de pagamento de benefícios, na forma definida em ato da Receita Federal do Brasil, da Secretaria de Previdência Complementar e da Superintendência de Seguros Privados.

CAPÍTULO XIV
DO PARCELAMENTO DE DÉBITOS PREVIDENCIÁRIOS DOS MUNICÍPIOS

Art. 96. Os Municípios poderão parcelar seus débitos e os de responsabilidade de autarquias e fundações municipais relativos às contribuições sociais de que tratam as alíneas *a* e *c* do parágrafo único do art. 11 da Lei nº 8.212, de 24 de julho de 1991, com vencimento até 31 de janeiro de 2009, após a aplicação do art. 103-A, em:

- *Caput* com a redação dada pela Lei nº 11.960, de 29-6-2009.

I – 120 (cento e vinte) até 240 (duzentas e quarenta) prestações mensais e consecutivas, se relativos às contribuições sociais de que trata a alínea *a* do parágrafo único do art. 11 da Lei nº 8.212, de 24 de julho de 1991, com redução de 100% (cem por cento) das multas moratórias e as de ofício, e, também, com redução de 50% (cinquenta por cento) dos juros de mora; e/ou

II – 60 (sessenta) prestações mensais e consecutivas, se relativos às contribuições sociais de que trata a alínea *c* do parágrafo único do art. 11 da Lei nº 8.212, de 24 de julho de 1991, e às passíveis de retenção na fonte, de desconto de terceiros ou de sub-rogação, com redução de 100% (cem por cento) das multas moratórias e as de ofício, e, também, com redução de 50% (cinquenta por cento) dos juros de mora.

- Incisos I e II com a redação dada pela Lei nº 11.960, de 29-6-2009.

§ 1º Os débitos referidos no *caput* são aqueles originários de contribuições sociais e correspondentes obrigações acessórias, constituídos ou não, inscritos ou não em dívida ativa da União, ainda que em fase de execução fiscal já ajuizada, ou que tenham sido objeto de parcelamento anterior, não integralmente quitado, ainda que cancelado por falta de pagamento, inclusive aqueles parcelados na forma da Lei nº 9.639, de 25 de maio de 1998.

- § 1º com a redação dada pela Lei nº 11.960, de 29-6-2009.

§ 2º Os débitos ainda não constituídos deverão ser confessados, de forma irretratável e irrevogável.

- A alteração que seria introduzida neste § 2º, pela Lei nº 11.960, de 29-6-2009, foi vetada, razão pela qual mantivemos a sua redação.

§ 3º *Revogado.* Lei nº 11.960, de 29-6-2009.

§ 4º Caso a prestação não seja paga na data do vencimento, serão retidos e repassados à Receita Federal do Brasil recursos do Fundo de Participação dos Municípios suficientes para sua quitação.

- § 4º com a redação dada pela Lei nº 11.960, de 29-6-2009.

§ 5º Os valores pagos pelos Municípios relativos ao parcelamento objeto desta Lei não serão incluídos no limite a que se refere o § 4º do art. 5º da Lei nº 9.639, de 25 de maio de 1998, com a redação dada pela Medida Provisória nº 2.187-13, de 24 de agosto de 2001.

§ 6º A opção pelo parcelamento deverá ser formalizada até o último dia útil do segundo mês subsequente ao da publicação desta Lei, na unidade da Secretaria da Receita Federal do Brasil de circunscrição do Município requerente, sendo vedada, a partir da adesão, qualquer retenção referente a débitos de parcelamentos anteriores incluídos no parcelamento de que trata esta Lei.

§ 7º Não se aplica aos parcelamentos de que trata este artigo o disposto no inciso IX do art. 14 e no § 2º do art. 14-A da Lei nº 10.522, de 19 de julho de 2002.

- §§ 6º e 7º com a redação dada pela Lei nº 11.960, de 29-6-2009.

§ 8º Não constituem débitos dos Municípios aqueles considerados prescritos ou decadentes na forma da Lei nº 5.172, de 25 de outubro de 1966, mesmo que eventualmente confessados em parcelamentos anteriores.

§ 9º A emissão de certidão negativa condicionada à regularização dos débitos de que trata este artigo ocorrerá em até 2 (dois) dias úteis após a formalização da opção pelo parcelamento e terá validade por 180 (cento e oitenta) dias ou até a conclusão do encontro de contas previsto no art. 103-A desta Lei, o que ocorrer primeiro.

§ 10. Para o início do pagamento dos débitos referidos no *caput* deste artigo, os Municípios terão uma carência de:

I – 6 (seis) meses para aqueles que possuem até 50.000 (cinquenta mil) habitantes, contados da data a que se refere o § 6º;

II – 3 (três) meses para aqueles que possuem mais de 50.000 (cinquenta mil) habitantes, contados da data a que se refere o § 6º.

- §§ 8º a 10 acrescidos pela Lei nº 11.960, de 29-6-2009.

§ 11. Os Municípios que não conseguirem optar pelo parcelamento no prazo estipulado pelo § 6º terão um novo prazo para adesão que se encerrará no dia 30 de novembro de 2009.

- § 11 acrescido pela Lei nº 12.058, de 13-10-2009.

Art. 97. Os débitos serão consolidados por Município na data do pedido do parcelamento, reduzindo-se os valores referentes a juros de mora em 50%.

Art. 98. Os débitos a que se refere o art. 96 serão parcelados em prestações mensais equivalentes a:

I – 1,5% (um inteiro e cinco décimos por cento), no mínimo, da média mensal da receita corrente líquida municipal, respeitados os prazos fixados nos incisos I e II do art. 96 desta Lei;

- Inciso I com a redação dada pela Lei nº 11.960, de 29-6-2009.

II – VETADO.

Art. 99. O valor de cada prestação mensal, por ocasião do pagamento, será acrescido de juros equivalentes à taxa referencial do Sistema Especial de Liquidação e de Custódia – SELIC para títulos federais, acumulada mensalmente a partir do primeiro dia do mês subsequente ao da consolidação do débito até o último dia útil do mês anterior ao do pagamento, e de 1% no mês do pagamento da respectiva prestação.

Art. 100. Para o parcelamento objeto desta Lei, serão observadas as seguintes condições:

I – o percentual de 1,5% será aplicado sobre a média mensal da Receita Corrente Líquida referente ao ano anterior ao do vencimento da prestação, publicada de acordo com o previsto nos arts. 52, 53 e 63 da Lei Complementar nº 101, de 4 de maio de 2000;

II – para fins de cálculo das prestações mensais, os Municípios se obrigam a encaminhar à Receita Federal do Brasil o demonstrativo de apuração da receita corrente líquida de que trata o inciso I do *caput* do art. 53 da Lei Complementar nº 101, de 4 de maio de 2000, até o último dia útil do mês de fevereiro de cada ano;

III – a falta de apresentação das informações a que se refere o inciso II do *caput* deste artigo implicará, para fins de apuração e cobrança da prestação mensal, a aplicação da variação do Índice Geral de Preços, Disponibilidade Interna – IGP-DI, acrescida de juros de 0,5% ao mês, sobre a última receita corrente líquida publicada nos termos da legislação.

§ 1º Para efeito do disposto neste artigo, às prestações vencíveis em janeiro, fevereiro e março de cada ano aplicar-se-ão os limites utilizados no ano anterior, nos termos do inciso I do *caput* deste artigo.

§ 2º Para os fins previstos nesta Lei, entende-se como receita corrente líquida aquela definida nos termos do art. 2º da Lei Complementar nº 101, de 4 de maio de 2000.

Art. 101. As prestações serão exigíveis no último dia útil de cada mês, a partir do mês subsequente ao da formalização do pedido de parcelamento.

§ 1º No período compreendido entre a formalização do pedido de parcelamento e o mês da consolidação, o Município deverá recolher mensalmente as prestações mínimas correspondentes aos valores previstos no inciso I do art. 98 desta Lei, sob pena de indeferimento do pedido.

§ 2º O pedido se confirma com o pagamento da primeira prestação na forma do § 1º deste artigo.

§ 3º A partir do mês seguinte à consolidação, o valor da prestação será obtido mediante a divisão do montante do débito parcelado, deduzidos os valores das prestações mínimas recolhidas nos termos do § 1º deste artigo, pelo número de prestações restantes, observados os valores mínimo e máximo constantes do art. 98 desta Lei.

Art. 102. A concessão do parcelamento objeto desta Lei está condicionada:

I – à apresentação pelo Município, na data da formalização do pedido, do demonstrativo referente à apuração da Receita Corrente Líquida Municipal, na forma do disposto na Lei Complementar nº 101, de 4 de maio de 2000, referente ao ano-calendário de 2008;

- Inciso I com a redação dada pela Lei nº 11.960, de 29-6-2009.

II – ao adimplemento das obrigações vencidas após a data referida no *caput* do art. 96 desta Lei.

Art. 103. O parcelamento de que trata esta Lei será rescindido nas seguintes hipóteses:

I – inadimplemento por três meses consecutivos ou seis meses alternados, o que primeiro ocorrer;

II – inadimplemento das obrigações correntes referentes às contribuições de que trata o art. 96 desta Lei;

III – não complementação do valor da prestação na forma do § 4º do art. 96 desta Lei.

Art. 103-A. VETADO. Lei nº 11.960, de 29-6-2009.

Art. 103-B. Fica autorizada a repactuação do parcelamento dos débitos previdenciários, por meio dos mecanismos previstos nesta Lei e mediante suspensão temporária, na forma do regulamento, para o Município em situação de emergência ou estado de calamidade pública em decorrência de seca, estiagem prolongada ou outros eventos climáticos extremos.

§ 1º O previsto no *caput* será aplicado com exclusividade ao contrato com Município em situação de emergência ou estado de calamidade pública decorrentes de eventos ocorridos em 2012 e reconhecidos pelo Poder Executivo federal nos termos da Lei nº 12.608, de 10 de abril de 2012, que dispõe sobre o Sistema Nacional de Proteção e Defesa Civil.

§ 2º O valor das parcelas vincendas cujo pagamento foi adiado temporariamente será, obrigatoriamente, aplicado em atividades e ações em benefício direto da população afetada pela seca, estiagem prolongada ou outros eventos climáticos extremos.

- Art. 103-B acrescido pela Lei nº 12.716, de 21-9-2012.

Art. 104. O Poder Executivo disciplinará, em regulamento, os atos necessários à execução do disposto nos arts. 96 a 103 desta Lei.

Parágrafo único. Os débitos referidos no *caput* deste artigo serão consolidados no âmbito da Receita Federal do Brasil.

Art. 105. VETADO.

CAPÍTULO XV

DA DESONERAÇÃO TRIBUTÁRIA DA BOVINOCULTURA

Arts. 106 a 108. VETADOS.

CAPÍTULO XVI

DISPOSIÇÕES GERAIS

Art. 109. Para fins do disposto nas alíneas *b* e *c* do inciso XI do *caput* do art. 10 da Lei nº 10.833, de 29 de dezembro de 2003, o reajuste de preços em função do custo de produção ou da variação de índice que reflita a variação ponderada dos custos dos insumos utilizados, nos termos do inciso II do § 1º do art. 27 da Lei nº 9.069, de 29 de junho de 1995, não será considerado para fins da descaracterização do preço predeterminado.

Parágrafo único. O disposto neste artigo aplica-se desde 1º de novembro de 2003.

Art. 110. Para efeito de determinação da base de cálculo da Contribuição para o PIS/PASEP, da COFINS, do IRPJ e da CSLL, as instituições financeiras e as demais instituições autorizadas a funcionar pelo Banco Central do Brasil devem computar como receitas ou despesas incorridas nas operações realizadas em mercados de liquidação futura:

- Art. 132, VII, desta Lei.

I – a diferença, apurada no último dia útil do mês, entre as variações das taxas, dos preços ou dos índices contratados (diferença de curvas), sendo o saldo apurado por ocasião da liquidação do contrato, da cessão ou do encerramento da posição, nos casos de:

a) *swap* e termo;

b) futuro e outros derivativos com ajustes financeiros diários ou periódicos de posições cujos ativos subjacentes aos contratos sejam taxas de juros *spot* ou instrumentos de renda fixa para os quais seja possível a apuração do critério previsto neste inciso;

II – o resultado da soma algébrica dos ajustes apurados mensalmente, no caso dos mercados referidos na alínea *b* do inciso I do *caput* deste artigo cujos ativos subjacentes aos contratos sejam mercadorias, moedas, ativos de renda variável, taxas de juros a termo ou qualquer outro ativo ou variável econômica para os quais não seja possível adotar o critério previsto no referido inciso;

III – o resultado apurado na liquidação do contrato, da cessão ou do encerramento da posição, no caso de opções e demais derivativos.

§ 1º O Poder Executivo disciplinará, em regulamento, o disposto neste artigo, podendo, inclusive, determinar que o valor a ser reconhecido mensalmente, na hipótese de que trata a alínea *b* do inciso I do *caput* deste artigo, seja calculado:

I – pela bolsa em que os contratos foram negociados ou registrados;

II – enquanto não estiver disponível a informação de que trata o inciso I do *caput* deste artigo, de acordo com os critérios estabelecidos pelo Banco Central do Brasil.

§ 2º Quando a operação for realizada no mercado de balcão, somente será admitido o reconhecimento de despesas ou de perdas se a operação tiver sido registrada em sistema que disponha de critérios para aferir se os preços, na abertura ou no encerramento da posição, são consistentes com os preços de mercado.

§ 3º No caso de operações de *hedge* realizadas em mercados de liquidação futura em bolsas no exterior, as receitas ou as despesas de que trata o *caput* deste artigo serão apropriadas pelo resultado:

I – da soma algébrica dos ajustes apurados mensalmente, no caso de contratos sujeitos a ajustes de posições;

II – auferido na liquidação do contrato, no caso dos demais derivativos.

§ 4º Para efeito de determinação da base de cálculo da Contribuição para o PIS/PASEP e da COFINS, fica vedado o reconhecimento de despesas ou de perdas apuradas em operações realizadas em mercados fora de bolsa no exterior.

§ 5º Os ajustes serão efetuados no livro fiscal destinado à apuração do lucro real.

Art. 111. O art. 4º da Lei nº 10.931, de 2 de agosto de 2004, passa a vigorar com a seguinte redação:

"Art. 4º ....

....

§ 2º O pagamento dos tributos e contribuições na forma do disposto no *caput* deste artigo será considerado definitivo, não gerando, em qualquer hipótese, direito à restituição ou à compensação com o que for apurado pela incorporadora.

§ 3º As receitas, custos e despesas próprios da incorporação sujeita a tributação na forma deste artigo não deverão ser computados na apuração das bases de cálculo dos tributos e contribuições de que trata o *caput* deste artigo devidos pela incorporadora em virtude de suas outras atividades empresariais, inclusive incorporações não afetadas.

§ 4º Para fins do disposto no § 3º deste artigo, os custos e despesas indiretos pagos pela incorporadora no mês serão apropriados a cada incorporação na mesma proporção representada pelos custos diretos próprios da incorporação, em relação ao custo direto total da incorporadora, assim entendido como a soma de todos os custos diretos de todas as incorporações e o de outras atividades exercidas pela incorporadora.

§ 5º A opção pelo regime especial de tributação obriga o contribuinte a fazer o recolhimento dos tributos, na forma do *caput* deste artigo, a partir do mês da opção."

Art. 112. *Revogado.* Lei nº 11.941, de 27-5-2009.

Art. 113. O Decreto nº 70.235, de 6 de março de 1972, passa a vigorar acrescido do art. 26-A e com a seguinte redação para os arts. 2º, 9º, 16 e 23:

- Alterações inseridas no texto do referido Decreto.

Art. 114. O art. 7º do Decreto-Lei nº 2.287, de 23 de julho de 1986, passa a vigorar com a seguinte redação:

"Art. 7º A Receita Federal do Brasil, antes de proceder à restituição ou ao ressarcimento de tributos, deverá verificar se o contribuinte é devedor à Fazenda Nacional.

§ 1º Existindo débito em nome do contribuinte, o valor da restituição ou ressarcimento será compensado, total ou parcialmente, com o valor do débito.

§ 2º Existindo, nos termos da Lei nº 5.172, de 25 de outubro de 1966, débito em nome do contribuinte, em relação às contribuições sociais previstas nas alíneas *a*, *b* e *c* do parágrafo único do art. 11 da Lei nº 8.212, de 24 de julho de 1991, ou às contribuições instituídas a título de substituição e em relação à Dívida Ativa do Instituto Nacional do Seguro Social – INSS, o valor da restituição ou ressarcimento será compensado, total ou parcialmente, com o valor do débito.

§ 3º Ato conjunto dos Ministérios da Fazenda e da Previdência Social estabelecerá as normas e procedimentos necessários à aplicação do disposto neste artigo."

Art. 115. O art. 89 da Lei nº 8.212, de 24 de julho de 1991 – Lei Orgânica da Seguridade Social, passa a vigorar acrescido do seguinte parágrafo 8º:

- Alteração inserida no texto da referida Lei.

Art. 116. O art. 8º-A da Lei nº 10.336, de 19 de dezembro de 2001, passa a vigorar com a seguinte redação:

- Alteração inserida no texto da referida Lei.

Art. 117. O art. 18 da Lei nº 10.833, de 29 de dezembro de 2003, passa a vigorar com a seguinte redação:

- Alterações inseridas no texto da referida Lei.

Art. 118. O § 2º do art. 3º, o art. 17 e o art. 24 da Lei nº 8.666, de 21 de junho de 1993, passam a vigorar com a seguinte redação:

"Art. 3º..

....

§ 2º..

....

IV - produzidos ou prestados por empresas que invistam em pesquisa e no desenvolvimento de tecnologia no País.

...."

"Art. 17..

I -..

....

g) procedimentos de legitimação de posse de que trata o art. 29 da Lei nº 6.383, de 7 de dezembro de 1976, mediante iniciativa e deliberação dos órgãos da Administração Pública em cuja competência legal inclua-se tal atribuição;

....

§ 2º A Administração também poderá conceder título de propriedade ou de direito real de uso de imóveis, dispensada licitação, quando o uso destinar-se:

I - a outro órgão ou entidade da Administração Pública, qualquer que seja a localização do imóvel;

II - a pessoa física que, nos termos de lei, regulamento ou ato normativo do órgão competente, haja implementado os requisitos mínimos de cultura e moradia sobre área rural situada na região da Amazônia Legal, definida no art. 2º da Lei nº 5.173, de 27 de outubro de 1966, superior à legalmente passível de legitimação de posse referida na alínea *g* do inciso I do *caput* deste artigo, atendidos os limites de área definidos por ato normativo do Poder Executivo.

§ 2º-A. As hipóteses da alínea *g* do inciso I do *caput* e do inciso II do § 2º deste artigo ficam dispensadas de autorização legislativa, porém submetem-se aos seguintes condicionamentos:

I - aplicação exclusivamente às áreas em que a detenção por particular seja comprovadamente anterior a 1º de dezembro de 2004;

II - submissão aos demais requisitos e impedimentos do regime legal e administrativo da destinação e da regularização fundiária de terras públicas;

III - vedação de concessões para hipóteses de exploração não contempladas na lei agrária, nas leis de destinação de terras públicas, ou nas normas legais ou administrativas de zoneamento ecológico-econômico; e

IV - previsão de rescisão automática da concessão, dispensada notificação, em caso de declaração de utilidade, ou necessidade pública ou interesse social.

§ 2º-B. A hipótese do inciso II do § 2º deste artigo:

I - só se aplica a imóvel situado em zona rural, não sujeito a vedação, impedimento ou inconveniente a sua exploração mediante atividades agropecuárias;

II - fica limitada a áreas de até quinhentos hectares, vedada a dispensa de licitação para áreas superiores a esse limite; e

III - pode ser cumulada com o quantitativo de área decorrente da figura prevista na alínea *g* do inciso I do *caput* deste artigo, até o limite previsto no inciso II deste parágrafo.

...."

"Art. 24..

....

XXVII - para o fornecimento de bens e serviços, produzidos ou prestados no País, que envolvam, cumulativamente, alta complexidade tecnológica e defesa nacional, mediante parecer de comissão especialmente designada pela autoridade máxima do órgão.

...."

Art. 119. O art. 27 da Lei nº 8.987, de 13 de fevereiro de 1995, passa a vigorar com a seguinte redação:

- Alterações inseridas no texto da referida Lei.

Art. 120. A Lei nº 8.987, de 13 de fevereiro de 1995, passa a vigorar acrescida dos arts. 18-A, 23-A e 28-A:

- Alterações inseridas no texto da referida Lei.

Art. 121. O art. 25 da Lei nº 10.438, de 26 de abril de 2002, passa a vigorar com a seguinte redação:

"Art. 25. Os descontos especiais nas tarifas de energia elétrica aplicáveis às unidades consumidoras classificadas na Classe Rural, inclusive Cooperativas de Eletrificação Rural, serão concedidos ao consumo que se verifique na atividade de irrigação e aquicultura desenvolvida em um período diário contínuo de oito horas e trinta minutos de duração, facultado ao concessionário ou permissionário de serviço público de distribuição de energia elétrica o estabelecimento de escalas de horário para início, mediante acordo com os consumidores, garantido o horário compreendido entre vinte e uma horas e trinta minutos e seis horas do dia seguinte."

Art. 122. O art. 199 da Lei nº 11.101, de 9 de fevereiro de 2005, passa a vigorar com a seguinte redação:

"Art. 199..

§ 1º Na recuperação judicial e na falência das sociedades de que trata o *caput* deste artigo, em nenhuma hipótese ficará suspenso o exercício de direitos derivados de contratos de locação, arrendamento mercantil ou de qualquer outra modalidade de arrendamento de aeronaves ou de suas partes.

§ 2º Os créditos decorrentes dos contratos mencionados no § 1º deste artigo não se submeterão aos efeitos da recuperação judicial ou extrajudicial, prevalecendo os direitos de propriedade sobre a coisa e as condições contratuais, não se lhes aplicando a ressalva contida na parte final do § 3º do art. 49 desta Lei.

§ 3º Na hipótese de falência das sociedades de que trata o *caput* deste artigo, prevalecerão os direitos de propriedade sobre a coisa relativos a contratos de locação, de arrendamento mercantil ou de qualquer outra modalidade de arrendamento de aeronaves ou de suas partes."

Art. 123. O disposto no art. 122 desta Lei não se aplica aos processos de falência, recuperação judicial ou extrajudicial que estejam em curso na data de publicação desta Lei.

Art. 124. A partir de 15 de agosto de 2005, a Receita Federal do Brasil deverá, por intermédio de convênio, arrecadar e fiscalizar, mediante remuneração de 1,5% do montante arrecadado, o adicional de contribuição instituído pelo § 3º do art. 8º da Lei nº 8.029, de 12 de abril de 1990, observados, ainda, os §§ 4º e 5º do referido art. 8º e, no que couber, o disposto na Lei nº 8.212, de 24 de julho de 1991.

Art. 125. O art. 3º da Lei nº 11.033, de 21 de dezembro de 2004, passa a vigorar com a seguinte redação:

- Alterações inseridas no texto da referida Lei.

Art. 126. O § 1º do art. 1º da Lei nº 10.755, de 3 de novembro de 2003, passa a vigorar com a seguinte redação:

- Alterações inseridas no texto da referida Lei.

Art. 127. O art. 3º do Decreto-Lei nº 288, de 28 de fevereiro de 1967, passa a vigorar acrescido dos seguintes parágrafos:

- Alterações inseridas no texto do referido Dec.-Lei.

Art. 128. O art. 2º da Lei nº 8.387, de 30 de dezembro de 1991, passa a vigorar acrescido do seguinte § 19:

"Art. 2º..

....

§ 19. Para as empresas beneficiárias do regime de que trata esta Lei fabricantes de unidades de saída por vídeo (monitores) policromáticas, de subposição NCM 8471.60.72, os percentuais para investimento estabelecidos neste artigo, exclusivamente sobre o faturamento bruto decorrente da comercialização desses produtos no mercado interno, ficam reduzidos em um ponto percentual, a partir de 1º de novembro de 2005."

Art. 129. Para fins fiscais e previdenciários, a prestação de serviços intelectuais, inclusive os de natureza científica, artística ou cultural, em caráter personalíssimo ou não, com ou sem a designação de quaisquer obrigações a sócios ou empregados da sociedade prestadora de serviços, quando por esta realizada, se sujeita tão somente à legislação aplicável às pessoas jurídicas, sem prejuízo da observância do disposto no art. 50 da Lei nº 10.406, de 10 de janeiro de 2002 – Código Civil.

Parágrafo único. VETADO.

Art. 130. VETADO.

Art. 131. *Revogado.* Lei nº 11.482, de 31-5-2007.

CAPÍTULO XVII

DISPOSIÇÕES FINAIS

Art. 132. Esta Lei entra em vigor na data de sua publicação, produzindo efeitos:

I – a partir da data da publicação da Medida Provisória nº 255, de 1º de julho de 2005, em relação ao disposto:

a) no art. 91 desta Lei, relativamente ao § 6º do art. 1º, § 2º do art. 2º, parágrafo único do art. 5º, todos da Lei nº 11.053, de 29 de dezembro de 2004;

b) no art. 92 desta Lei;

II – desde 14 de outubro de 2005, em relação ao disposto:

a) no art. 33 desta Lei, relativamente ao art. 15 da Lei nº 9.317, de 5 de dezembro de 1996;

• A Lei nº 9.317, de 5-12-1996, foi revogada pela LC nº 123, de 14-12-2006.

b) no art. 43 desta Lei, relativamente ao inciso XXVI do art. 10 e ao art. 15, ambos da Lei nº 10.833, de 29 de dezembro de 2003;

c) no art. 44 desta Lei, relativamente ao art. 40 da Lei nº 10.865, de 30 de abril de 2004;

d) nos arts. 38 a 40, 41, 111, 116 e 117 desta Lei;

III – a partir do primeiro dia do mês subsequente ao da publicação desta Lei, em relação ao disposto:

a) no art. 42 desta Lei, observado o disposto na alínea *a* do inciso V deste artigo;

b) no art. 44 desta Lei, relativamente ao art. 15 da Lei nº 10.865, de 30 de abril de 2004;

c) no art. 43 desta Lei, relativamente ao art. 3º e ao inciso XXVII do art. 10 da Lei nº 10.833, de 29 de dezembro de 2003;

d) nos arts. 37, 45, 66 e 106 a 108;

IV – a partir de 1º de janeiro de 2006, em relação ao disposto:

a) no art. 33 desta Lei, relativamente ao art. 2º da Lei nº 9.317, de 5 de dezembro de 1996;

• A Lei nº 9.317, de 5-12-1996 foi revogada pela LC nº 123, de 14-12-2006.

b) nos arts. 17 a 27, 31 e 32, 34, 70 a 75 e 76 a 90 desta Lei;

V – a partir do primeiro dia do quarto mês subsequente ao da publicação desta Lei, em relação ao disposto:

a) no art. 42 desta Lei, relativamente ao inciso I do § 3º e ao inciso II do § 7º, ambos do art. 3º da Lei nº 10.485, de 3 de julho de 2002;

b) no art. 46 desta Lei, relativamente ao art. 10 da Lei nº 11.051, de 29 de dezembro de 2004;

c) nos arts. 47 e 48, 51, 56 a 59, 60 a 62, 64 e 65;

VI – a partir da data da publicação do ato conjunto a que se refere o § 3º do art. 7º do Decreto-Lei nº 2.287, de 23 de julho de 1986, na forma do art. 114 desta Lei, em relação aos arts. 114 e 115 desta Lei;

VII – em relação ao art. 110 desta Lei, a partir da edição de ato disciplinando a matéria, observado, como prazo mínimo:

a) o primeiro dia do quarto mês subsequente ao da publicação desta Lei para a Contribuição para o PIS/PASEP e para a COFINS;

b) o primeiro dia do mês de janeiro de 2006, para o IRPJ e para a CSLL;

VIII – a partir da data da publicação desta Lei, em relação aos demais dispositivos.

Art. 133. Ficam revogados:

I – a partir de 1º de janeiro de 2006:

a) a Lei nº 8.661, de 2 de junho de 1993;

b) o parágrafo único do art. 17 da Lei nº 8.668, de 25 de junho de 1993;

c) o § 4º do art. 82 e os incisos I e II do art. 83 da Lei nº 8.981, de 20 de janeiro de 1995;

d) os arts. 39, 40, 42 e 43 da Lei nº 10.637, de 30 de dezembro de 2002;

II – o art. 73 da Medida Provisória nº 2.158-35, de 24 de agosto de 2001;

III – o art. 36 da Lei nº 10.637, de 30 de dezembro de 2002;

IV – o art. 11 da Lei nº 10.931, de 2 de agosto de 2004;

V – o art. 4º da Lei nº 10.755, de 3 de novembro de 2003;

VI – a partir do primeiro dia do quarto mês subsequente ao da publicação desta Lei, o inciso VIII do § 12 do art. 8º da Lei nº 10.865, de 30 de abril de 2004.

Brasília, 21 de novembro de 2005;
184º da Independência e
117º da República.

Luiz Inácio Lula da Silva

DECRETO Nº 5.602, DE 6 DE DEZEMBRO DE 2005

Regulamenta o Programa de Inclusão Digital instituído pela Lei nº 11.196, de 21 de novembro de 2005.

• Publicado no *DOU* de 7-12-2005.

Art. 1º Ficam reduzidas a zero as alíquotas da Contribuição para o PIS/PASEP e da COFINS incidentes sobre a receita bruta decorrente da venda, a varejo, de:

I – unidades de processamento digital classificadas no código 8471.50.10 da Tabela de Incidência do IPI – TIPI;

II – máquinas automáticas de processamento de dados, digitais, portáteis, de peso inferior a três quilos e meio, com tela (écran) de área superior a cento e quarenta centímetros quadrados, classificadas nos códigos 8471.30.12, 8471.30.19 ou 8471.30.90 da TIPI;

III – máquinas automáticas de processamento de dados, apresentadas sob a forma de sistemas do código 8471.49 da TIPI, contendo, exclusivamente:

a) uma unidade de processamento digital classificada no código 8471.50.10;

b) um monitor (unidade de saída por vídeo) classificado no código 8471.60.7;

c) um teclado (unidade de entrada) classificado no código 8471.60.52; e

d) um mouse (unidade de entrada) classificado no código 8471.60.53;

IV – teclado (unidade de entrada) e mouse (unidade de entrada) classificados, respectivamente, nos códigos 8471.60.52 e 8471.60.53 da TIPI, quando vendidos juntamente com unidade de processamento digital com as características do inciso I do *caput*;

• Inciso IV com a redação dada pelo Dec. nº 7.715, de 3-4-2012.

V – *modems*, classificados nos códigos 8517.62.55, 8517.62.62 ou 8517.62.72 da TIPI; e

VI – máquinas automáticas de processamento de dados, portáteis, sem teclado, que tenham uma unidade central de processamento com entrada e saída de dados por meio de uma tela sensível ao toque de área superior a 140 cm^2 e inferior a 600 cm^2, e que não possuam função de comando remoto (*Tablet PC*) classificadas na subposição 8471.41 da TIPI;

• Incisos V e VI acrescidos pelo Dec. nº 7.715, de 3-4-2012.

VII – telefones portáteis de redes celulares que possibilitem o acesso à internet em alta velocidade do tipo *smartphone* classificados na posição 8517.12.31 da TIPI, que obedeçam aos requisitos técnicos constantes de ato do Ministro de Estado das Comunicações; e

VIII – equipamentos terminais de clientes (roteadores digitais) classificados nas posições 8517.62.41 e 8517.62.77 da TIPI.

• Incisos VII e VIII acrescidos pelo Dec. nº 7.981, de 8-4-2013.

Parágrafo único. O disposto neste artigo aplica-se também às vendas realizadas para:

I – órgãos e entidades da Administração Pública Federal, Estadual ou Municipal e do Distrito Federal, direta ou indireta;

II – fundações instituídas e mantidas pelo Poder Público e às demais organizações sob o controle direto ou indireto da União, dos Estados, dos Municípios ou do Distrito Federal;

III – pessoas jurídicas de direito privado; e

IV – sociedades de arrendamento mercantil (*leasing*).

Art. 2º Para efeitos da redução a zero das alíquotas da Contribuição para o PIS/PASEP e da COFINS de que trata o art. 1º, o valor de venda, a varejo, não poderá exceder a:

I – R$ 2.000,00 (dois mil reais), no caso do inciso I do *caput* do art. 1º;

II – R$ 4.000,00 (quatro mil reais), no caso do inciso II do *caput* do art. 1º;

• Inciso II com a redação dada pelo Dec. nº 6.023, de 22-1-2007.

III – R$ 4.000,00 (quatro mil reais), no caso dos sistemas contendo unidade de processamento digital, monitor, teclado e mouse de que trata o inciso III do *caput* do art. 1º;

IV – R$ 2.100,00 (dois mil e cem reais), no caso de venda conjunta de unidade de processamento digital, teclado e mouse, na forma do inciso IV do *caput* do art. 1º;

• Incisos III e IV com a redação dada pelo Dec. nº 7.715, de 3-4-2012.

V – R$ 200,00 (duzentos reais), no caso do inciso V do *caput* do art. 1º;

• Inciso V com a redação dada pelo Dec. nº 7.981, de 8-4-2013.

VI – R$ 2.500,00 (dois mil e quinhentos reais), no caso do inciso VI do *caput* do art. 1º;

• Inciso VI acrescido pelo Dec. nº 7.715, de 3-4-2012.

VII – R$ 1.500,00 (mil e quinhentos reais), no caso do inciso VII do *caput* do art. 1º; e

VIII – R$ 150,00 (cento e cinquenta reais), no caso do inciso VIII do *caput* do art. 1º.

• Incisos VII e VIII acrescidos pelo Dec. nº 7.981, de 8-4-2013.

Art. 2º-A. No caso dos incisos I, II, III, VI e VII do *caput* do art. 1º e observado o disposto no art. 2º, a redução a zero das alíquotas da Contribuição para o PIS/PASEP e da COFINS alcança somente os bens produzidos no País conforme processo produtivo básico estabelecido em ato conjunto dos Ministérios do Desenvolvimento, Indústria e Comércio Exterior, e da Ciência, Tecnologia e Inovação.

• *Caput* com a redação dada pelo Dec. nº 7.981, de 8-4-2013.

Parágrafo único. Nas notas fiscais emitidas pelo produtor, pelo atacadista e pelo varejista relativas às vendas dos produtos de que trata o *caput*, deverá constar a expressão "Produto fabricado conforme processo produtivo básico", com a especificação do ato que aprova o processo produtivo básico respectivo.

• Parágrafo único acrescido pelo Dec. nº 7.715, de 3-4-2012.

Art. 2º-B. No caso do inciso VIII do *caput* do art. 1º, e observado o disposto no inciso VIII do *caput* do art. 2º, a redução a zero das alíquotas da Contribuição para o PIS/PASEP e da COFINS alcança somente os roteadores digitais desenvolvidos e produzidos no País conforme processo produtivo básico estabelecido em ato conjunto dos Ministros de Estado do Desenvolvimento, Indústria e Comércio Exterior, e da Ciência, Tecnologia e Inovação.

§ 1º Para os fins do disposto no *caput*, consideram-se desenvolvidos no País os bens que obtiveram o reconhecimento desta condição conforme ato do Ministro de Estado da Ciência, Tecnologia e Inovação.

§ 2º Nas notas fiscais emitidas pelo produtor, pelo atacadista e pelo varejista relativas às vendas dos produtos de que trata o *caput*, deverá constar a expressão "Produto fabricado conforme processo produtivo básico e com tecnologia desenvolvida no País", acompanhada da especificação do ato que aprova o processo produtivo básico e do ato que reconhece o desenvolvimento tecnológico correspondente.

• Art. 2º-B acrescido pelo Dec. nº 7.981, de 8-4-2013.

Art. 3º Nas vendas efetuadas na forma do art. 1º desta Lei não se aplica a retenção na fonte da Contribuição para o PIS/PASEP e da COFINS a que se referem o art. 64 da Lei nº 9.430, de 27 de dezembro de 1996, e o art. 34 da Lei nº 10.833, de 29 de dezembro de 2003.

Art. 4º Este Decreto entra em vigor na data de sua publicação.

Art. 5º Fica revogado o Decreto nº 5.467, de 15 de junho de 2005.

Brasília, 6 de dezembro de 2005;
184º da Independência e
117º da República.

Luiz Inácio Lula da Silva

LEI Nº 11.250, DE 27 DE DEZEMBRO DE 2005

Regulamenta o inciso III do § 4º do art. 153 da Constituição Federal.

• Publicada no *DOU* de 28-12-2005.

Art. 1º A União, por intermédio da Secretaria da Receita Federal, para fins do disposto no inciso III do § 4º do art. 153 da Constituição Federal, poderá celebrar convênios com o Distrito Federal e os Municípios que assim optarem, visando a delegar as atribuições de fiscalização, inclusive a de lançamento dos créditos tributários, e de cobrança do Imposto sobre a Propriedade Territorial Rural, de que trata o inciso VI do art. 153 da Constituição Federal, sem prejuízo da competência supletiva da Secretaria da Receita Federal.

§ 1º Para fins do disposto no *caput* deste artigo, deverá ser observada a legislação federal de regência do Imposto sobre a Propriedade Territorial Rural.

§ 2º A opção de que trata o *caput* deste artigo não poderá implicar redução do imposto ou qualquer outra forma de renúncia fiscal.

Art. 2º A Secretaria da Receita Federal baixará ato estabelecendo os requisitos e as condições necessárias à celebração dos convênios de que trata o art. 1º desta Lei.

Art. 3º Esta Lei entra em vigor na data de sua publicação.

Brasília, 27 de dezembro de 2005;
184º da Independência e
117º da República.
Luiz Inácio Lula da Silva

LEI Nº 11.311, DE 13 DE JUNHO DE 2006

Altera a legislação tributária federal, modificando as Leis nºs 11.119, de 25 de maio de 2005, 7.713, de 22 de dezembro de 1988, 9.250, de 26 de dezembro de 1995, 9.964, de 10 de abril de 2000, e 11.033, de 21 de dezembro de 2004.

(EXCERTOS)

- Publicada no *DOU* de 14-6-2006.

....

Art. 4º O pagamento ou a retenção a maior do imposto de renda no mês de fevereiro de 2006, por força do disposto nesta Lei, será compensado na declaração de ajuste anual correspondente ao ano-calendário de 2006.

Arts. 5º e 6º VETADOS.

Art. 7º O art. 3º da Lei nº 11.033, de 21 de dezembro de 2004, passa a vigorar com a seguinte redação:

- Alterações inseridas no texto da referida Lei.

Art. 8º Esta Lei entra em vigor na data de sua publicação, produzindo efeitos em relação:

I – aos arts. 1º a 4º, com exceção da alteração no art. 14 da Lei nº 9.250, de 26 de dezembro de 1995, a partir de fevereiro de 2006;

II – ao art. 14 da Lei nº 9.250, de 26 de dezembro de 1995, alterada pelo art. 3º desta Lei, para as declarações de ajuste anual relativas aos anos-calendário a partir de 2006, inclusive;

III – aos arts. 5º, 6º e 7º a partir da publicação desta Lei.

Brasília, 13 de junho de 2006;
185º da Independência e
118º da República.
Luiz Inácio Lula da Silva

LEI Nº 11.312, DE 27 DE JUNHO DE 2006

Reduz a zero as alíquotas do imposto de renda e da Contribuição Provisória sobre Movimentação ou Transmissão de Valores e de Créditos e Direitos de Natureza Financeira – CPMF nos casos que especifica; altera a Lei nº 9.311, de 24 de outubro de 1996; e dá outras providências.

- Publicada no *DOU* de 28-6-2006.

Art. 1º Fica reduzida a zero a alíquota do imposto de renda incidente sobre os rendimentos definidos nos termos da alínea *a* do § 2º do art. 81 da Lei nº 8.981, de 20 de janeiro de 1995, produzidos por títulos públicos adquiridos a partir de 16 de fevereiro de 2006, quando pagos, creditados, entregues ou remetidos a beneficiário residente ou domiciliado no exterior, exceto em país que não tribute a renda ou que a tribute à alíquota máxima inferior a 20% (vinte por cento).

§ 1º O disposto neste artigo:

I – aplica-se exclusivamente às operações realizadas de acordo com as normas e condições estabelecidas pelo Conselho Monetário Nacional;

II – aplica-se às cotas de fundos de investimentos exclusivos para investidores não residentes que possuam no mínimo 98% (noventa e oito por cento) de títulos públicos;

III – não se aplica a títulos adquiridos com compromisso de revenda assumido pelo comprador.

§ 2º Os rendimentos produzidos pelos títulos e valores mobiliários, referidos no caput e no § 1º deste artigo, adquiridos anteriormente a 16 de fevereiro de 2006 continuam tributados na forma da legislação vigente, facultada a opção pelo pagamento antecipado do imposto nos termos do § 3º deste artigo.

§ 3º Até 31 de agosto de 2006, relativamente aos investimentos possuídos em 15 de fevereiro de 2006, fica facultado ao investidor estrangeiro antecipar o pagamento do imposto de renda incidente sobre os rendimentos produzidos por títulos públicos que seria devido por ocasião do pagamento, crédito, entrega ou remessa a beneficiário residente ou domiciliado no exterior, ficando os rendimentos auferidos a partir da data do pagamento do imposto sujeitos ao benefício da alíquota zero previsto neste artigo.

§ 4º A base de cálculo do imposto de renda de que trata o § 3º deste artigo será apurada com base em preço de mercado definido pela média aritmética, dos 10 (dez) dias úteis que antecedem o pagamento, das taxas indicativas para cada título público divulgadas pela Associação Nacional das Instituições do Mercado Financeiro – ANDIMA.

Art. 2º Os rendimentos auferidos no resgate de cotas dos Fundos de Investimento em Participações, Fundos de Investimento em Cotas de Fundos de Investimento em Participações e Fundos de Investimento em Empresas Emergentes, inclusive quando decorrentes da liquidação do fundo, ficam sujeitos ao imposto de renda na fonte à alíquota de 15% (quinze por cento) incidente sobre a diferença positiva entre o valor de resgate e o custo de aquisição das cotas.

§ 1º Os ganhos auferidos na alienação de cotas de fundos de investimento de que trata o caput deste artigo serão tributados à alíquota de 15% (quinze por cento):

I – como ganho líquido quando auferidos por pessoa física em operações realizadas em bolsa e por pessoa jurídica em operações realizadas dentro ou fora de bolsa;

II – de acordo com as regras aplicáveis aos ganhos de capital na alienação de bens ou direitos de qualquer natureza quando auferidos por pessoa física em operações realizadas fora de bolsa.

§ 2º No caso de amortização de cotas, o imposto incidirá sobre o valor que exceder o respectivo custo de aquisição à alíquota de que trata o *caput* deste artigo.

§ 3º O disposto neste artigo aplica-se somente aos fundos referidos no *caput* deste artigo que cumprirem os limites de diversificação e as regras de investimento constantes da regulamentação estabelecida pela Comissão de Valores Mobiliários.

§ 4º Sem prejuízo da regulamentação estabelecida pela Comissão de Valores Mobiliários, no caso de Fundo de Investimento em Empresas Emergentes e de Fundo de Investimento em Participações, além do disposto no § 3º deste artigo, os fundos deverão ter a carteira composta de, no mínimo, 67% (sessenta e sete por cento) de ações de sociedades anônimas, debêntures conversíveis em ações e bônus de subscrição.

§ 5º Ficam sujeitos à tributação do imposto de renda na fonte, às alíquotas previstas nos incisos I a IV do *caput* do art. 1º da Lei nº 11.033, de 21 de dezembro de 2004, os rendimentos auferidos pelo cotista quando da distribuição de valores pelos fundos de que trata o caput deste artigo, em decorrência de inobservância do disposto nos §§ 3º e 4º deste artigo.

Art. 3º Fica reduzida a zero a alíquota do imposto de renda incidente sobre os rendimentos auferidos nas aplicações em fundos de investimento de que trata o art. 2º desta Lei quando pagos, creditados, entregues ou remetidos a beneficiário residente ou domiciliado no exterior, individual ou coletivo, que realizar operações financeiras no País de acordo com as normas e condições estabelecidas pelo Conselho Monetário Nacional.

§ 1º O benefício disposto no *caput* deste artigo:

I – não será concedido ao cotista titular de cotas que, isoladamente ou em conjunto com pessoas a ele ligadas, represente 40% (quarenta por cento) ou mais da totalidade das cotas emitidas pelos fundos de que trata o art. 2º desta Lei ou cujas cotas, isoladamente ou em conjunto com pessoas a ele ligadas, lhe derem direito ao recebimento de rendimento superior a 40% (quarenta por cento) do total de rendimentos auferidos pelos fundos;

II – não se aplica aos fundos elencados no art. 2º desta Lei que detiverem em suas carteiras, a qualquer tempo, títulos de dívida em percentual superior a 5% (cinco por cento) de seu patrimônio líquido, ressalvados desse limite os títulos de dívida mencionados no § 4º do art. 2º desta Lei e os títulos públicos;

III – não se aplica aos residentes ou domiciliados em país que não tribute a renda ou que a tribute à alícota máxima inferior a 20% (vinte por cento).

§ 2º Para efeito do disposto no inciso I do § 1º deste artigo, considera-se pessoa ligada ao cotista:

I – pessoa física:

a) seus parentes até o 2º (segundo) grau;

b) empresa sob seu controle ou de qualquer de seus parentes até o 2º (segundo) grau;

c) sócios ou dirigentes de empresa sob seu controle referida na alínea b deste inciso ou no inciso II deste artigo;

II – pessoa jurídica, a pessoa que seja sua controladora, controlada ou coligada, conforme definido nos §§ 1º e 2º do art. 243 da Lei nº 6.404, de 15 de dezembro de 1976.

§ 3º A alíquota 0 (zero) referida no *caput* também se aplica aos ganhos de capital auferidos na alienação ou amortização de quotas de fundos de investimentos de que trata este artigo.

- § 3º acrescido pela Lei nº 12.973, de 13-5-2014.

Art. 4º O *caput* do art. 8º da Lei nº 9.311, de 24 de outubro de 1996, passa a vigorar acrescido do seguinte inciso X:

- Alteração inserida no texto da referida Lei.

Art. 5º Esta Lei entra em vigor na data de sua publicação.

Brasília, 27 de junho de 2006;
185º da Independência e
118º da República.

Luiz Inácio Lula da Silva

LEI Nº 11.371, DE 28 DE NOVEMBRO DE 2006

Dispõe sobre operações de câmbio, sobre registro de capitais estrangeiros, sobre o pagamento em lojas francas localizadas em zona primária de porto ou aeroporto, sobre a tributação do arrendamento mercantil de aeronaves, sobre a novação dos contratos celebrados nos termos do § 1º do art. 26 da Lei nº 9.491, de 9 de setembro de 1997, altera o Decreto nº 23.258, de 19 de outubro de 1933, a Lei nº 4.131, de 3 de setembro de 1962, o Decreto-Lei nº 1.455, de 7 de abril de 1976, e revoga dispositivo da Medida Provisória nº 303, de 29 de junho de 2006.

- Publicada no *DOU* de 29-11-2006.

Art. 1º Fica facultada a manutenção, no exterior, dos recursos em moeda estrangeira relativos aos recebimentos de exportações brasileiras de mercadorias e de serviços para o exterior, realizadas por pessoas físicas ou jurídicas residentes, domiciliadas ou com sede no País.

- *Caput* com a redação dada pela Lei nº 14.286, de 29-12-2021.

§§ 1º e 2º *Revogados*. Lei nº 14.286, de 29-12-2021.

Art. 2º *Revogado*. Lei nº 14.286, de 29-12-2021.

Art. 3º Relativamente aos recursos em moeda estrangeira ingressados no País referentes aos recebimentos de exportações de mercadorias e de serviços compete ao Banco Central do Brasil somente manter registro dos contratos de câmbio.

Parágrafo único. *Revogado*. Lei nº 14.286, de 29-12-2021.

Arts. 4º e 5º *Revogados*. Lei nº 14.286, de 29-12-2021.

Art. 6º A multa de que trata a Lei nº 10.755, de 3 de novembro de 2003, não se aplica às importações:

I – cujo vencimento ocorra a partir de 4 de agosto de 2006; ou

II – cujo termo final para a liquidação do contrato de câmbio de importação, na forma do inciso II do art. 1º da Lei nº 10.755, de 2003, não tenha transcorrido até 4 de agosto de 2006.

Art. 7º *Revogado*. Lei nº 14.286, de 29-12-2021.

Art. 8º A pessoa física ou jurídica residente ou domiciliada no País que mantiver no exterior recursos em moeda estrangeira relativos ao recebimento de exportação, de que trata o art. 1º desta Lei, deverá declarar à Secretaria da Receita Federal a utilização dos recursos.

§ 1º O exercício da faculdade prevista no *caput* do art. 1º desta Lei implica a autorização do fornecimento à Secretaria da Receita Federal, pela instituição financeira ou qualquer outro interveniente, residentes, domiciliados ou com sede no exterior, das informações sobre a utilização dos recursos.

§ 2º A pessoa jurídica que mantiver recursos no exterior na forma do art. 1º desta Lei fica obrigada a manter escrituração contábil nos termos da legislação comercial.

§ 3º A Secretaria da Receita Federal disciplinará o disposto neste artigo.

Art. 9º A inobservância do disposto nos arts. 1º e 8º desta Lei acarretará a aplicação das seguintes multas de natureza fiscal:

I – 10% (dez por cento) incidentes sobre o valor dos recursos mantidos ou utilizados no exterior em desacordo com o disposto no art. 1º desta Lei, sem prejuízo da cobrança dos tributos devidos;

II – 0,5% (cinco décimos por cento) ao mês-calendário ou fração incidente sobre o valor correspondente aos recursos mantidos ou utilizados no exterior e não informados à Secretaria da Receita Federal, no prazo por ela estabelecido, limitada a 15% (quinze por cento).

§ 1º As multas de que trata o *caput* deste artigo serão:

I – aplicadas autonomamente a cada uma das infrações, ainda que caracterizada a ocorrência de eventual concurso;

II – na hipótese de que trata o inciso II do *caput* deste artigo:

a) reduzidas à metade, quando a informação for prestada após o prazo, mas antes de qualquer procedimento de ofício;

b) duplicada, inclusive quanto ao seu limite, em caso de fraude.

§ 2º Compete à Secretaria da Receita Federal promover a exigência das multas de que trata este artigo, observado o rito previsto no Decreto nº 70.235, de 6 de março de 1972.

Art. 10. Na hipótese de a pessoa jurídica manter os recursos no exterior na forma prevista no art. 1º desta Lei, independe do efetivo ingresso de divisas a aplicação das normas de que tratam o § 1º e o inciso III do *caput* do art. 14 da Medida Provisória nº 2.158-35, de 24 de agosto de 2001, o inciso II do *caput* do art. 5º da Lei nº 10.637, de 30 de dezembro de 2002, e o inciso II do *caput* do art. 6º da Lei nº 10.833, de 29 de dezembro de 2003.

Art. 11. O art. 3º do Decreto nº 23.258, de 19 de outubro de 1933, passa a vigorar com a seguinte redação:

"Art. 3º É passível de penalidade o aumento de preço de mercadorias importadas para obtenção de coberturas indevidas."

Art. 12. *Revogado.* Lei nº 13.506, de 13-11-2017.

Art. 13. O *caput* do art. 15 do Decreto-Lei nº 1.455, de 7 de abril de 1976, passa a vigorar com a seguinte redação:

"Art. 15. Na zona primária de porto ou aeroporto poderá ser autorizado, nos termos e condições fixados pelo Ministro de Estado da Fazenda, o funcionamento de lojas francas para venda de mercadoria nacional ou estrangeira a passageiros de viagens internacionais, na chegada ou saída do País, ou em trânsito, contra pagamento em moeda nacional ou estrangeira.

...."

Art. 14. Fica o Banco Central do Brasil dispensado de inscrever em dívida ativa e de promover a execução fiscal dos débitos provenientes de multas administrativas de sua competência, considerados de pequeno valor ou de comprovada inexequibilidade, nos termos de norma por ele estabelecida.

Parágrafo único. Para os efeitos do disposto no *caput* deste artigo, o Banco Central do Brasil poderá, mediante ato fundamentado, efetuar o cancelamento de débitos inscritos e requerer a desistência de execuções já propostas.

Art. 15. Fica a União autorizada a pactuar, com o Banco Nacional de Desenvolvimento Econômico e Social – BNDES, a novação dos contratos celebrados ao amparo do § 1º do art. 26 da Lei nº 9.491, de 9 de setembro de 1997, visando dar-lhes forma de instrumento híbrido de capital e dívida, conforme definido pelo Conselho Monetário Nacional, mantida, no mínimo, a equivalência econômica das condições alteradas.

Art. 16. Fica reduzida a alíquota do imposto sobre a renda na fonte incidente nas operações de que trata o inciso V do *caput* do art. 1º da Lei nº 9.481, de 13 de agosto de 1997, na hipótese de pagamento, crédito, entrega, emprego ou remessa, por fonte situada no País, a pessoa jurídica domiciliada no exterior, a título de contraprestação de contrato de arrendamento mercantil de aeronave ou de motores destinados a aeronaves, celebrado por empresa de transporte aéreo regular, de passageiros ou cargas, para:

- *Caput* com a redação dada pela Lei nº 14.355, de 31-5-2022.

I – VETADO. Lei nº 14.002, de 22-5-2020;

II – 0 (zero), de 1º de janeiro de 2022 a 31 de dezembro de 2023;

- Inciso II com a redação dada pela Lei nº 14.355, de 31-5-2022.

III – 1% (um por cento), de 1º de janeiro a 31 de dezembro de 2024;

IV – 2% (dois por cento), de 1º de janeiro a 31 de dezembro de 2025; e

V – 3% (três por cento), de 1º de janeiro a 31 de dezembro de 2026.

- Incisos III a V acrescidos pela Lei nº 14.355, de 31-5-2022.

Art. 17. Esta Lei entra em vigor na data da sua publicação.

Art. 18. Fica revogado o inciso IV do art. 7º da Medida Provisória nº 303, de 29 de junho de 2006.

Congresso Nacional, em 28 de novembro de 2006;
185º da Independência e
118º da República
Renan Calheiros

LEI COMPLEMENTAR Nº 123, DE 14 DE DEZEMBRO DE 2006

Institui o Estatuto Nacional da Microempresa e da Empresa de Pequeno Porte; altera dispositivos das Leis nºs 8.212 e 8.213, ambas de 24 de julho de 1991, da Consolidação das Leis do Trabalho – CLT, aprovada pelo Decreto-Lei nº 5.452, de 1º de maio de 1943, da Lei nº 10.189, de 14 de fevereiro de 2001, da Lei Complementar nº 63, de 11 de janeiro de 1990; e revoga as Leis nºs 9.317, de 5 de dezembro de 1996, e 9.841, de 5 de outubro de 1999.

- Publicada no *DOU* de 15-12-2006 e republicada no *DOU* de 31-1-2009, Edição Extra. Houve nova republicação no *DOU* de 6-3-2012, em atendimento ao disposto no art. 5º da LC nº 139, de 10-11-2011.

CAPÍTULO I

DISPOSIÇÕES PRELIMINARES

Art. 1º Esta Lei Complementar estabelece normas gerais relativas ao tratamento diferenciado e favorecido a ser dispensado às microempresas e empresas de pequeno porte no âmbito dos Poderes da União, dos Estados, do Distrito Federal e dos Municípios, especialmente no que se refere:

- Art. 179 da CF.

I – à apuração e recolhimento dos impostos e contribuições da União, dos Estados, do Distrito Federal e dos Municípios, mediante regime único de arrecadação, inclusive obrigações acessórias;

II – ao cumprimento de obrigações trabalhistas e previdenciárias, inclusive obrigações acessórias;

III – ao acesso a crédito e ao mercado, inclusive quanto à preferência nas aquisições de bens e serviços pelos Poderes Públicos, à tecnologia, ao associativismo e às regras de inclusão;

IV – ao cadastro nacional único de contribuintes a que se refere o inciso IV do parágrafo único do art. 146, *in fine*, da Constituição Federal.

• Inciso IV acrescido pela LC nº 147, de 7-8-2014.

§ 1º Cabe ao Comitê Gestor do SIMPLES Nacional (CGSN) apreciar a necessidade de revisão, a partir de 1º de janeiro de 2015, dos valores expressos em moeda nesta Lei Complementar.

• § 1º com a redação dada pela LC nº 139, de 10-11-2011.

§ 2º VETADO.

§ 3º Ressalvado o disposto no Capítulo IV, toda nova obrigação que atinja as microempresas e empresas de pequeno porte deverá apresentar, no instrumento que a instituiu, especificação do tratamento diferenciado, simplificado e favorecido para cumprimento.

§ 4º Na especificação do tratamento diferenciado, simplificado e favorecido de que trata o § 3º, deverá constar prazo máximo, quando forem necessários procedimentos adicionais, para que os órgãos fiscalizadores cumpram as medidas necessárias à emissão de documentos, realização de vistorias e atendimento das demandas realizadas pelas microempresas e empresas de pequeno porte com o objetivo de cumprir a nova obrigação.

§ 5º Caso o órgão fiscalizador descumpra os prazos estabelecidos na especificação do tratamento diferenciado e favorecido, conforme o disposto no § 4º, a nova obrigação será inexigível até que seja realizada visita para fiscalização orientadora e seja reiniciado o prazo para regularização.

§ 6º A ausência de especificação do tratamento diferenciado, simplificado e favorecido ou da determinação de prazos máximos, de acordo com os §§ 3º e 4º, tornará a nova obrigação inexigível para as microempresas e empresas de pequeno porte.

§ 7º A inobservância do disposto nos §§ 3º a 6º resultará em atentado aos direitos e garantias legais assegurados ao exercício profissional da atividade empresarial.

• §§ 3º a 7º acrescidos pela LC nº 147, de 7-8-2014.

Art. 2º O tratamento diferenciado e favorecido a ser dispensado às microempresas e empresas de pequeno porte de que trata o art. 1º desta Lei Complementar será gerido pelas instâncias a seguir especificadas:

I – Comitê Gestor do SIMPLES Nacional, vinculado ao Ministério da Economia, composto de 4 (quatro) representantes da União, 2 (dois) dos Estados e do Distrito Federal, 2 (dois) dos Municípios, 1 (um) do Serviço Brasileiro de Apoio às Micro e Pequenas Empresas (SEBRAE) e 1 (um) das confederações nacionais de representação do segmento de microempresas e empresas de pequeno porte referidas no art. 11 da Lei Complementar nº 147, de 7 de agosto de 2014, para tratar dos aspectos tributários;

• Inciso I com a redação dada pela LC nº 188, de 31-12-2021.

II – Fórum Permanente das Microempresas e Empresas de Pequeno Porte, com a participação dos órgãos federais competentes e das entidades vinculadas ao setor, para tratar dos demais aspectos, ressalvado o disposto no inciso III do *caput* deste artigo;

• Inciso II com a redação dada pela LC nº 128, de 19-12-2008.

III – Comitê para Gestão da Rede Nacional para Simplificação do Registro e da Legalização de Empresas e Negócios – CGSIM, vinculado à Secretaria da Micro e Pequena Empresa da Presidência da República, composto por representantes da União, dos Estados e do Distrito Federal, dos Municípios e demais órgãos de apoio e de registro empresarial, na forma definida pelo Poder Executivo, para tratar do processo de registro e de legalização de empresários e de pessoas jurídicas.

• Inciso III com a redação dada pela LC nº 147, de 7-8-2014.

○ Art. 968, § 4º, do CC.

§ 1º Os Comitês de que tratam os incisos I e III do *caput* deste artigo serão presididos e coordenados por representantes da União.

§ 2º Os representantes dos Estados e do Distrito Federal nos Comitês referidos nos incisos I e III do *caput* deste artigo serão indicados pelo Conselho Nacional de Política Fazendária – CONFAZ e os dos Municípios serão indicados, um pela entidade representativa das Secretarias de Finanças das Capitais e outro pelas entidades de representação nacional dos Municípios brasileiros.

§ 3º As entidades de representação referidas no inciso III do *caput* e no § 2º deste artigo serão aquelas regularmente constituídas há pelo menos 1 (um) ano antes da publicação desta Lei Complementar.

• §§ 1º a 3º com a redação dada pela LC nº 128, de 19-12-2008.

§ 4º Os comitês de que tratam os incisos I e III do *caput* deste artigo elaborarão seus regimentos internos mediante resolução, observado, quanto ao CGSN, o disposto nos §§ 4º-A e 4º-B deste artigo.

• § 4º com a redação dada pela LC nº 188, de 31-12-2021.

§ 4º-A. O quórum mínimo para a realização das reuniões do CGSN será de 3/4 (três quartos) dos componentes, dos quais um deles será necessariamente o Presidente.

§ 4º-B. As deliberações do CGSN serão tomadas por 3/4 (três quartos) dos componentes presentes às reuniões, presenciais ou virtuais, ressalvadas as decisões que determinem a exclusão de ocupações autorizadas a atuar na qualidade de Microempreendedor Individual (MEI), quando a deliberação deverá ser unânime.

• §§ 4º-A e 4º-B acrescidos pela LC nº 188, de 31-12-2021.

§ 5º O Fórum referido no inciso II do *caput* deste artigo tem por finalidade orientar e assessorar a formulação e coordenação da política nacional de desenvolvimento das microempresas e empresas de pequeno porte, bem como acompanhar e avaliar a sua implantação, sendo presidido e coordenado pela Secretaria da Micro e Pequena Empresa da Presidência da República.

• § 5º com a redação dada pela Lei nº 12.792, de 28-3-2013.

§ 6º Ao Comitê de que trata o inciso I do *caput* deste artigo compete regulamentar a opção, exclusão, tributação, fiscalização, arrecadação, cobrança, dívida ativa, recolhimento e demais itens relativos ao regime de que trata o art. 12 desta Lei Complementar, observadas as demais disposições desta Lei Complementar.

§ 7º Ao Comitê de que trata o inciso III do *caput* deste artigo compete, na forma da lei, regulamentar a inscrição, cadastro, abertura, alvará, arquivamento, licenças, permissão, autorização, registros e demais itens relativos à abertura, legalização e funcionamento de empresários e de pessoas jurídicas de qualquer porte, atividade econômica ou composição societária.

§ 8º Os membros dos comitês de que tratam os incisos I e III do *caput* deste artigo serão designados pelo Ministro

LEG. COMPLEMENTAR

de Estado da Economia, mediante indicação dos órgãos e entidades vinculados.

- § 8º com a redação dada pela LC nº 188, de 31-12-2021.

§ 8º-A. Dos membros da União que compõem o comitê de que trata o inciso I do *caput* deste artigo, 3 (três) serão representantes da Secretaria Especial da Receita Federal do Brasil e 1 (um) da Subsecretaria de Desenvolvimento das Micro e Pequenas Empresas, Empreendedorismo e Artesanato da Secretaria Especial de Produtividade e Competitividade ou do órgão que vier a substituí-la.

§ 8º-B. A vaga das confederações nacionais de representação do segmento de microempresas e empresas de pequeno porte no comitê de que trata o inciso I do *caput* deste artigo será ocupada em regime de rodízio anual entre as confederações.

- §§ 8º-A e 8º-B acrescidos pela LC nº 188, de 31-12-2021.

§ 9º O CGSN poderá determinar, com relação à microempresa e à empresa de pequeno porte optante pelo Simples Nacional, a forma, a periodicidade e o prazo:

I – de entrega à Secretaria da Receita Federal do Brasil – RFB de uma única declaração com dados relacionados a fatos geradores, base de cálculo e valores da contribuição para a Seguridade Social devida sobre a remuneração do trabalho, inclusive a descontada dos trabalhadores a serviço da empresa, do Fundo de Garantia do Tempo de Serviço – FGTS e outras informações de interesse do Ministério do Trabalho e Emprego – MTE, do Instituto Nacional do Seguro Social – INSS e do Conselho Curador do FGTS, observado o disposto no § 7º deste artigo; e

II – do recolhimento das contribuições descritas no inciso I e do FGTS.

§ 10. O recolhimento de que trata o inciso II do § 9º deste artigo poderá se dar de forma unificada relativamente aos tributos apurados na forma do Simples Nacional.

§ 11. A entrega da declaração de que trata o inciso I do § 9º substituirá, na forma regulamentada pelo CGSN, a obrigatoriedade de entrega de todas as informações, formulários e declarações a que estão sujeitas as demais empresas ou equiparados que contratam trabalhadores, inclusive relativamente ao recolhimento do FGTS, à Relação Anual de Informações Sociais e ao Cadastro Geral de Empregados e Desempregados.

§ 12. Na hipótese de recolhimento do FGTS na forma do inciso II do § 9º deste artigo, deve-se assegurar a transferência dos recursos e dos elementos identificadores do recolhimento ao gestor desse fundo para crédito na conta vinculada do trabalhador.

§ 13. O documento de que trata o inciso I do § 9º tem caráter declaratório, constituindo instrumento hábil e suficiente para a exigência dos tributos, contribuições e dos débitos fundiários que não tenham sido recolhidos resultantes das informações nele prestadas.

- §§ 9º a 13 acrescidos pela LC nº 147, de 7-8-2014.

CAPÍTULO II
DA DEFINIÇÃO DE MICROEMPRESA E DE EMPRESA DE PEQUENO PORTE

Art. 3º Para os efeitos desta Lei Complementar, consideram-se microempresas ou empresas de pequeno porte a sociedade empresária, a sociedade simples, a empresa individual de responsabilidade limitada e o empresário a que se refere o art. 966 da Lei nº 10.406, de 10 de janeiro de 2002 (Código Civil), devidamente registrados no Registro de Empresas Mercantis ou no Registro Civil de Pessoas Jurídicas, conforme o caso, desde que:

- *Caput* com a redação dada pela LC nº 139, de 10-11-2011.
- o Art. 16, § 1º, desta Lei Complementar.
- o Arts. 967 e 998 do CC.

I – no caso da microempresa, aufira, em cada ano-calendário, receita bruta igual ou inferior a R$ 360.000,00 (trezentos e sessenta mil reais); e

- Inciso I com a redação dada pela LC nº 139, de 10-11-2011.

II – no caso de empresa de pequeno porte, aufira, em cada ano-calendário, receita bruta superior a R$ 360.000,00 (trezentos e sessenta mil reais) e igual ou inferior a R$ 4.800.000,00 (quatro milhões e oitocentos mil reais).

- Inciso II com a redação dada pela LC nº 155, de 27-10-2016.

§ 1º Considera-se receita bruta, para fins do disposto no *caput* deste artigo, o produto da venda de bens e serviços nas operações de conta própria, o preço dos serviços prestados e o resultado nas operações em conta alheia, não incluídas as vendas canceladas e os descontos incondicionais concedidos.

§ 2º No caso de início de atividade no próprio ano-calendário, o limite a que se refere o *caput* deste artigo será proporcional ao número de meses em que a microempresa ou a empresa de pequeno porte houver exercido atividade, inclusive as frações de meses.

§ 3º O enquadramento do empresário ou da sociedade simples ou empresária como microempresa ou empresa de pequeno porte bem como o seu desenquadramento não implicarão alteração, denúncia ou qualquer restrição em relação a contratos por elas anteriormente firmados.

§ 4º Não poderá se beneficiar do tratamento jurídico diferenciado previsto nesta Lei Complementar, incluído o regime de que trata o art. 12 desta Lei Complementar, para nenhum efeito legal, a pessoa jurídica:

- *Caput* do § 4º com a redação dada pela LC nº 128, de 19-12-2008.

I – de cujo capital participe outra pessoa jurídica;

II – que seja filial, sucursal, agência ou representação, no País, de pessoa jurídica com sede no exterior;

III – de cujo capital participe pessoa física que seja inscrita como empresário ou seja sócia de outra empresa que receba tratamento jurídico diferenciado nos termos desta Lei Complementar, desde que a receita bruta global ultrapasse o limite de que trata o inciso II do *caput* deste artigo;

IV – cujo titular ou sócio participe com mais de 10% (dez por cento) do capital de outra empresa não beneficiada por esta Lei Complementar, desde que a receita bruta global ultrapasse o limite de que trata o inciso II do *caput* deste artigo;

V – cujo sócio ou titular seja administrador ou equiparado de outra pessoa jurídica com fins lucrativos, desde que a receita bruta global ultrapasse o limite de que trata o inciso II do *caput* deste artigo;

VI – constituída sob a forma de cooperativas, salvo as de consumo;

VII – que participe do capital de outra pessoa jurídica;

VIII – que exerça atividade de banco comercial, de investimentos e de desenvolvimento, de caixa econômica, de sociedade de crédito, financiamento e investimento ou de crédito imobiliário, de corretora ou de distribuidora de títulos, valores mobiliários e câmbio, de empresa de arrendamento mercantil, de seguros privados e de capitalização ou de previdência complementar;

IX – resultante ou remanescente de cisão ou qualquer outra forma de desmembramento de pessoa jurídica que tenha ocorrido em um dos 5 (cinco) anos-calendário anteriores;

X – constituída sob a forma de sociedade por ações;

XI – cujos titulares ou sócios guardem, cumulativamente, com o contratante do serviço, relação de pessoalidade, subordinação e habitualidade.

• Inciso XI acrescido pela LC nº 147, de 7-8-2014.

§ 5º O disposto nos incisos IV e VII do § 4º deste artigo não se aplica à participação no capital de cooperativas de crédito, bem como em centrais de compras, bolsas de subcontratação, no consórcio referido no art. 50 desta Lei Complementar e na sociedade de propósito específico prevista no art. 56 desta Lei Complementar, e em associações assemelhadas, sociedades de interesse econômico, sociedades de garantia solidária e outros tipos de sociedade, que tenham como objetivo social a defesa exclusiva dos interesses econômicos das microempresas e empresas de pequeno porte.

• § 5º com a redação dada pela LC nº 128, de 19-12-2008.

§ 6º Na hipótese de a microempresa ou empresa de pequeno porte incorrer em alguma das situações previstas nos incisos do § 4º, será excluída do tratamento jurídico diferenciado previsto nesta Lei Complementar, bem como do regime de que trata o art. 12, com efeitos a partir do mês seguinte ao que incorrida a situação impeditiva.

• § 6º com a redação dada pela LC nº 139, de 10-11-2011.

§ 7º Observado o disposto no § 2º deste artigo, no caso de início de atividades, a microempresa que, no ano-calendário, exceder o limite de receita bruta anual previsto no inciso I do *caput* deste artigo passa, no ano-calendário seguinte, à condição de empresa de pequeno porte.

§ 8º Observado o disposto no § 2º deste artigo, no caso de início de atividades, a empresa de pequeno porte que, no ano-calendário, não ultrapassar o limite de receita bruta anual previsto no inciso I do *caput* deste artigo passa, no ano-calendário seguinte, à condição de microempresa.

§ 9º A empresa de pequeno porte que, no ano-calendário, exceder o limite de receita bruta anual previsto no inciso II do *caput* fica excluída, no mês subsequente à ocorrência do excesso, do tratamento jurídico diferenciado previsto nesta Lei Complementar, incluído o regime de que trata o art. 12, para todos os efeitos legais, ressalvado o disposto nos §§ 9º-A, 10 e 12.

• § 9º com a redação dada pela LC nº 139, de 10-11-2011.

§ 9º-A. Os efeitos da exclusão prevista no § 9º dar-se-ão no ano-calendário subsequente se o excesso verificado em relação à receita bruta não for superior a 20% (vinte por cento) do limite referido no inciso II do *caput*.

• § 9º-A acrescido pela LC nº 139, de 10-11-2011.

§ 10. A empresa de pequeno porte que no decurso do ano-calendário de início de atividade ultrapassar o limite proporcional de receita bruta de que trata o § 2º estará excluída do tratamento jurídico diferenciado previsto nesta Lei Complementar, bem como do regime de que trata o art. 12 desta Lei Complementar, com efeitos retroativos ao início de suas atividades.

o Art. 31, III, *b*, desta Lei Complementar.

§ 11. Na hipótese de o Distrito Federal, os Estados e os respectivos Municípios adotarem um dos limites previstos nos incisos I e II do *caput* do art. 19 e no art. 20, caso a receita bruta auferida pela empresa durante o ano-calendário de início de atividade ultrapasse 1/12 (um doze avos) do limite estabelecido multiplicado pelo número de meses de funcionamento nesse período, a empresa não poderá recolher o ICMS e o ISS na forma do SIMPLES Nacional, relativos ao estabelecimento localizado na unidade da federação que os houver adotado, com efeitos retroativos ao início de suas atividades.

§ 12. A exclusão de que trata o § 10 não retroagirá ao início das atividades se o excesso verificado em relação à receita bruta não for superior a 20% (vinte por cento) do respectivo limite referido naquele parágrafo, hipótese em que os efeitos da exclusão dar-se-ão no ano-calendário subsequente.

• §§ 10 a 12 com a redação dada pela LC nº 139, de 10-11-2011.

§ 13. O impedimento de que trata o § 11 não retroagirá ao início das atividades se o excesso verificado em relação à receita bruta não for superior a 20% (vinte por cento) dos respectivos limites referidos naquele parágrafo, hipótese em que os efeitos do impedimento ocorrerão no ano-calendário subsequente.

• § 13 acrescido pela LC nº 139, de 10-11-2011.

§ 14. Para fins de enquadramento como microempresa ou empresa de pequeno porte, poderão ser auferidas receitas no mercado interno até o limite previsto no inciso II do *caput* ou no § 2º, conforme o caso, e, adicionalmente, receitas decorrentes da exportação de mercadorias ou serviços, inclusive quando realizada por meio de comercial exportadora ou da sociedade de propósito específico prevista no art. 56 desta Lei Complementar, desde que as receitas de exportação também não excedam os referidos limites de receita bruta anual.

• § 14 com a redação dada pela LC nº 147, de 7-8-2014.

§ 15. Na hipótese do § 14, para fins de determinação da alíquota de que trata o § 1º do art. 18, da base de cálculo prevista em seu § 3º e das majorações de alíquotas previstas em seus §§ 16, 16-A, 17 e 17-A, serão consideradas separadamente as receitas brutas auferidas no mercado interno e aquelas decorrentes da exportação.

• § 15 com a redação dada pela LC nº 147, de 7-8-2014.

§ 16. O disposto neste artigo será regulamentado por resolução do CGSN.

• § 16 acrescido pela LC nº 147, de 7-8-2014.

§§ 17 e 18. VETADOS. LC nº 155, de 27-10-2016.

Art. 3º-A. Aplica-se ao produtor rural pessoa física e ao agricultor familiar conceituado na Lei nº 11.326, de 24 de julho de 2006, com situação regular na Previdência Social e no Município que tenham auferido receita bruta anual até o limite de que trata o inciso II do *caput* do art. 3º o disposto nos arts. 6º e 7º, nos Capítulos V a X, na Seção IV do Capítulo XI e no Capítulo XII desta Lei Complementar, ressalvadas as disposições da Lei nº 11.718, de 20 de junho de 2008.

Parágrafo único. A equiparação de que trata o *caput* não se aplica às disposições do Capítulo IV desta Lei Complementar.

Art. 3º-B. Os dispositivos desta Lei Complementar, com exceção dos dispostos no Capítulo IV, são aplicáveis a todas as microempresas e empresas de pequeno porte, assim definidas pelos incisos I e II do *caput* e § 4º do art. 3º, ainda que não enquadradas no regime tributário do Simples Nacional, por vedação ou por opção.

• Arts. 3º-A e 3º-B acrescidos pela LC nº 147, de 7-8-2014.

CAPÍTULO III

DA INSCRIÇÃO E DA BAIXA

Art. 4º Na elaboração de normas de sua competência, os órgãos e entidades envolvidos na abertura e fechamento de empresas, dos 3 (três) âmbitos de governo, deverão consi-

LEG. COMPLEMENTAR

derar a unicidade do processo de registro e de legalização de empresários e de pessoas jurídicas, para tanto devendo articular as competências próprias com aquelas dos demais membros, e buscar, em conjunto, compatibilizar e integrar procedimentos, de modo a evitar a duplicidade de exigências e garantir a linearidade do processo, da perspectiva do usuário.

§ 1º O processo de abertura, registro, alteração e baixa da microempresa e empresa de pequeno porte, bem como qualquer exigência para o início de seu funcionamento, deverão ter trâmite especial e simplificado, preferencialmente eletrônico, opcional para o empreendedor, observado o seguinte:

- *Caput* do § 1º com a redação dada pela LC nº 147, de 7-8-2014.

I – poderão ser dispensados o uso da firma, com a respectiva assinatura autógrafa, o capital, requerimentos, demais assinaturas, informações relativas ao estado civil e regime de bens, bem como remessa de documentos, na forma estabelecida pelo CGSIM; e

- Inciso I acrescido pela LC nº 139 de 10-11-2011.

II – *Revogado.* LC nº 147, de 7-8-2014.

§ 2º *Revogado.* LC nº 139, de 10-11-2011.

§ 3º Ressalvado o disposto nesta Lei Complementar, ficam reduzidos a 0 (zero) todos os custos, inclusive prévios, relativos à abertura, à inscrição, ao registro, ao funcionamento, ao alvará, à licença, ao cadastro, às alterações e procedimentos de baixa e encerramento e aos demais itens relativos ao Microempreendedor Individual, incluindo os valores referentes a taxas, a emolumentos e a demais contribuições relativas aos órgãos de registro, de licenciamento, sindicais, de regulamentação, de anotação de responsabilidade técnica, de vistoria e de fiscalização do exercício de profissões regulamentadas.

- § 3º com a redação dada pela LC nº 147, de 7-8-2014.

§ 3º-A. O agricultor familiar, definido conforme a Lei nº 11.326, de 24 de julho de 2006, e identificado pela Declaração de Aptidão ao Pronaf – DAP física ou jurídica, bem como o MEI e o empreendedor de economia solidária ficam isentos de taxas e outros valores relativos à fiscalização da vigilância sanitária.

§ 4º No caso do MEI, de que trata o art. 18-A desta Lei Complementar, a cobrança associativa ou oferta de serviços privados relativos aos atos de que trata o § 3º deste artigo somente poderá ser efetuada a partir de demanda prévia do próprio MEI, firmado por meio de contrato com assinatura autógrafa, observando-se que:

I – para a emissão de boletos de cobrança, os bancos públicos e privados deverão exigir das instituições sindicais e associativas autorização prévia específica a ser emitida pelo CGSIM;

II – o desrespeito ao disposto neste parágrafo configurará vantagem ilícita pelo induzimento ao erro em prejuízo do MEI, aplicando-se as sanções previstas em lei.

- §§ 3º-A a 4º acrescidos pela LC nº 147, de 7-8-2014.

§ 5º VETADO. LC nº 147, de 7-8-2014.

§ 6º Na ocorrência de fraude no registro do Microempreendedor Individual – MEI feito por terceiros, o pedido de baixa deve ser feito por meio exclusivamente eletrônico, com efeitos retroativos à data de registro, na forma a ser regulamentada pelo CGSIM, não sendo aplicáveis os efeitos do § 1º do art. 29 desta Lei Complementar.

- § 6º acrescido pela LC nº 155, de 27-10-2016.

Art. 5º Os órgãos e entidades envolvidos na abertura e fechamento de empresas, dos 3 (três) âmbitos de governo, no âmbito de suas atribuições, deverão manter à disposição dos usuários, de forma presencial e pela rede mundial de computadores, informações, orientações e instrumentos, de forma integrada e consolidada, que permitam pesquisas prévias às etapas de registro ou inscrição, alteração e baixa de empresários e pessoas jurídicas, de modo a prover ao usuário certeza quanto à documentação exigível e quanto à viabilidade do registro ou inscrição.

Parágrafo único. As pesquisas prévias à elaboração de ato constitutivo ou de sua alteração deverão bastar a que o usuário seja informado pelos órgãos e entidades competentes:

I – da descrição oficial do endereço de seu interesse e da possibilidade de exercício da atividade desejada no local escolhido;

II – de todos os requisitos a serem cumpridos para obtenção de licenças de autorização de funcionamento, segundo a atividade pretendida, o porte, o grau de risco e a localização; e

III – da possibilidade de uso do nome empresarial de seu interesse.

Art. 6º Os requisitos de segurança sanitária, metrologia, controle ambiental e prevenção contra incêndios, para os fins de registro e legalização de empresários e pessoas jurídicas, deverão ser simplificados, racionalizados e uniformizados pelos órgãos envolvidos na abertura e fechamento de empresas, no âmbito de suas competências.

§ 1º Os órgãos e entidades envolvidos na abertura e fechamento de empresas que sejam responsáveis pela emissão de licenças e autorizações de funcionamento somente realizarão vistorias após o início de operação do estabelecimento, quando a atividade, por sua natureza, comportar grau de risco compatível com esse procedimento.

§ 2º Os órgãos e entidades competentes definirão, em 6 (seis) meses, contados da publicação desta Lei Complementar, as atividades cujo grau de risco seja considerado alto e que exigirão vistoria prévia.

§ 3º Na falta de legislação estadual, distrital ou municipal específica relativa à definição do grau de risco da atividade aplicar-se-á resolução do CGSIM.

§ 4º A classificação de baixo grau de risco permite ao empresário ou à pessoa jurídica a obtenção do licenciamento de atividade mediante o simples fornecimento de dados e a substituição da comprovação prévia do cumprimento de exigências e restrições por declarações do titular ou responsável.

§ 5º O disposto neste artigo não é impeditivo da inscrição fiscal.

- §§ 3º a 5º acrescidos pela LC nº 147, de 7-8-2014.

Art. 7º Exceto nos casos em que o grau de risco da atividade seja considerado alto, os Municípios emitirão Alvará de Funcionamento Provisório, que permitirá o início de operação do estabelecimento imediatamente após o ato de registro.

Parágrafo único. Nos casos referidos no *caput* deste artigo, poderá o Município conceder Alvará de Funcionamento Provisório para o microempreendedor individual, para microempresas e para empresas de pequeno porte:

- *Caput* do parágrafo único acrescido pela LC nº 128, de 19-12-2008.

I – instaladas em área ou edificação desprovidas de regulação fundiária e imobiliária, inclusive habite-se; ou

- Inciso I com a redação dada pela LC nº 147, de 7-8-2014.

II – em residência do microempreendedor individual ou do titular ou sócio da microempresa ou empresa de pequeno porte, na hipótese em que a atividade não gere grande circulação de pessoas.

- Inciso II acrescido pela LC nº 128, de 19-12-2008.

Art. 8º Será assegurado aos empresários e pessoas jurídicas:

I – entrada única de dados e documentos;

II – processo de registro e legalização integrado entre os órgãos e entes envolvidos, por meio de sistema informatizado que garanta:

a) sequenciamento das seguintes etapas: consulta prévia de nome empresarial e de viabilidade de localização, registro empresarial, inscrições fiscais e licenciamento de atividade;

b) criação da base nacional cadastral única de empresas;

III – identificação nacional cadastral única que corresponderá ao número de inscrição no Cadastro Nacional de Pessoas Jurídicas – CNPJ.

§ 1º O sistema de que trata o inciso II do *caput* deve garantir aos órgãos e entidades integrados:

I – compartilhamento irrestrito dos dados da base nacional única de empresas;

II – autonomia na definição das regras para comprovação do cumprimento de exigências nas respectivas etapas do processo.

§ 2º A identificação nacional cadastral única substituirá para todos os efeitos as demais inscrições, sejam elas federais, estaduais ou municipais, após a implantação do sistema a que se refere o inciso II do *caput*, no prazo e na forma estabelecidos pelo CGSIM.

§ 3º É vedado aos órgãos e entidades integrados ao sistema informatizado de que trata o inciso II do *caput* o estabelecimento de exigências não previstas em lei.

§ 4º A coordenação do desenvolvimento e da implantação do sistema de que trata o inciso II do *caput* ficará a cargo do CGSIM.

- Art. 8º com a redação dada pela LC nº 147, de 7-8-2014.

Art. 9º O registro dos atos constitutivos, de suas alterações e extinções (baixas), referentes a empresários e pessoas jurídicas em qualquer órgão dos 3 (três) âmbitos de governo ocorrerá independentemente da regularidade de obrigações tributárias, previdenciárias ou trabalhistas, principais ou acessórias, do empresário, da sociedade, dos sócios, dos administradores ou de empresas de que participem, sem prejuízo das responsabilidades do empresário, dos titulares, dos sócios ou dos administradores por tais obrigações, apuradas antes ou após o ato de extinção.

- *Caput* com a redação dada pela LC nº 147, de 7-8-2014.

§ 1º O arquivamento, nos órgãos de registro, dos atos constitutivos de empresários, de sociedades empresárias e de demais equiparados que se enquadrarem como microempresa ou empresa de pequeno porte bem como o arquivamento de suas alterações são dispensados das seguintes exigências:

I – certidão de inexistência de condenação criminal, que será substituída por declaração do titular ou administrador, firmada sob as penas da lei, de não estar impedido de exercer atividade mercantil ou a administração de sociedade, em virtude de condenação criminal;

II – prova de quitação, regularidade ou inexistência de débito referente a tributo ou contribuição de qualquer natureza.

§ 2º Não se aplica às microempresas e às empresas de pequeno porte o disposto no § 2º do art. 1º da Lei nº 8.906, de 4 de julho de 1994.

§ 3º *Revogado*. LC nº 147, de 7-8-2014.

§ 4º A baixa do empresário ou da pessoa jurídica não impede que, posteriormente, sejam lançados ou cobrados tributos, contribuições e respectivas penalidades, decorrentes da falta do cumprimento de obrigações ou da prática comprovada e apurada em processo administrativo ou judicial de outras irregularidades praticadas pelos empresários, pelas pessoas jurídicas ou por seus titulares, sócios ou administradores.

§ 5º A solicitação de baixa do empresário ou da pessoa jurídica importa responsabilidade solidária dos empresários, dos titulares, dos sócios e dos administradores no período da ocorrência dos respectivos fatos geradores.

- §§ 4º e 5º com a redação dada pela LC nº 147, de 7-8-2014.

§ 6º Os órgãos referidos no *caput* deste artigo terão o prazo de 60 (sessenta) dias para efetivar a baixa nos respectivos cadastros.

§ 7º Ultrapassado o prazo previsto no § 6º deste artigo sem manifestação do órgão competente, presumir-se-á a baixa dos registros das microempresas e a das empresas de pequeno porte.

§§ 8º a 12. *Revogados*. LC nº 147, de 7-8-2014.

Art. 10. Não poderão ser exigidos pelos órgãos e entidades envolvidos na abertura e fechamento de empresas, dos 3 (três) âmbitos de governo:

I – excetuados os casos de autorização prévia, quaisquer documentos adicionais aos requeridos pelos órgãos executores do Registro Público de Empresas Mercantis e Atividades Afins e do Registro Civil de Pessoas Jurídicas;

II – documento de propriedade ou contrato de locação do imóvel onde será instalada a sede, filial ou outro estabelecimento, salvo para comprovação do endereço indicado;

III – comprovação de regularidade de prepostos dos empresários ou pessoas jurídicas com seus órgãos de classe, sob qualquer forma, como requisito para deferimento de ato de inscrição, alteração ou baixa de empresa, bem como para autenticação de instrumento de escrituração.

Art. 11. Fica vedada a instituição de qualquer tipo de exigência de natureza documental ou formal, restritiva ou condicionante, pelos órgãos envolvidos na abertura e fechamento de empresas, dos 3 (três) âmbitos de governo, que exceda o estrito limite dos requisitos pertinentes à essência do ato de registro, alteração ou baixa da empresa.

CAPÍTULO IV
DOS TRIBUTOS E CONTRIBUIÇÕES

Seção I
DA INSTITUIÇÃO E ABRANGÊNCIA

Art. 12. Fica instituído o Regime Especial Unificado de Arrecadação de Tributos e Contribuições devidos pelas Microempresas e Empresas de Pequeno Porte – SIMPLES Nacional.

- Art. 146, III, *d* e par. ún., da CF.
- Súm. nº 448 do STJ.

Parágrafo único. VETADO. LC nº 155, de 27-10-2016.

Art. 13. O SIMPLES Nacional implica o recolhimento mensal, mediante documento único de arrecadação, dos seguintes impostos e contribuições:

I – Imposto sobre a Renda da Pessoa Jurídica – IRPJ;

- Súm. nº 184 do STJ.

LEG. COMPLEMENTAR

II – Imposto sobre Produtos Industrializados – IPI, observado o disposto no inciso XII do § 1º deste artigo;

III – Contribuição Social sobre o Lucro Líquido – CSLL;

IV – Contribuição para o Financiamento da Seguridade Social – COFINS, observado o disposto no inciso XII do § 1º deste artigo;

V – Contribuição para o PIS/PASEP, observado o disposto no inciso XII do § 1º deste artigo;

VI – Contribuição Patronal Previdenciária – CPP para a Seguridade Social, a cargo da pessoa jurídica, de que trata o art. 22 da Lei nº 8.212, de 24 de julho de 1991, exceto no caso da microempresa e da empresa de pequeno porte que se dedique às atividades de prestação de serviços referidas no § 5º-C do art. 18 desta Lei Complementar;

- Inciso VI com a redação dada pela LC nº 128, de 19-12-2008.
- Súm. nº 425 do STJ.

VII – Imposto sobre Operações Relativas à Circulação de Mercadorias e Sobre Prestações de Serviços de Transporte Interestadual e Intermunicipal e de Comunicação – ICMS;

- Art. 18-A, § 3º, V, *b*, desta Lei Complementar.

VIII – Imposto sobre Serviços de Qualquer Natureza – ISS.

- Art. 18-A, § 3º, V, *c*, desta Lei Complementar.

§ 1º O recolhimento na forma deste artigo não exclui a incidência dos seguintes impostos ou contribuições, devidos na qualidade de contribuinte ou responsável, em relação aos quais será observada a legislação aplicável às demais pessoas jurídicas:

- Art. 18-A, § 3º, VI, desta Lei Complementar.

I – Imposto sobre Operações de Crédito, Câmbio e Seguro, ou Relativas a Títulos ou Valores Mobiliários – IOF;

II – Imposto sobre a Importação de Produtos Estrangeiros – II;

III – Imposto sobre a Exportação, para o Exterior, de Produtos Nacionais ou Nacionalizados – IE;

IV – Imposto sobre a Propriedade Territorial Rural – ITR;

- Inciso IV com a redação dada pela LC nº 128, de 19-12-2008.

V – Imposto de Renda, relativo aos rendimentos ou ganhos líquidos auferidos em aplicações de renda fixa ou variável;

VI – Imposto de Renda relativo aos ganhos de capital auferidos na alienação de bens do ativo permanente;

VII – Contribuição Provisória sobre Movimentação ou Transmissão de Valores e de Créditos e Direitos de Natureza Financeira – CPMF;

VIII – Contribuição para o Fundo de Garantia do Tempo de Serviço – FGTS;

IX – Contribuição para manutenção da Seguridade Social, relativa ao trabalhador;

X – Contribuição para a Seguridade Social, relativa à pessoa do empresário, na qualidade de contribuinte individual;

- Art. 18-A, § 3º, IV, desta Lei Complementar.

XI – Imposto de Renda relativo aos pagamentos ou créditos efetuados pela pessoa jurídica a pessoas físicas;

XII – Contribuição para o PIS/PASEP, COFINS e IPI incidentes na importação de bens e serviços;

XIII – ICMS devido:

a) nas operações sujeitas ao regime de substituição tributária, tributação concentrada em uma única etapa (monofásica) e sujeitas ao regime de antecipação do recolhimento do imposto com encerramento de tributação, envolvendo combustíveis e lubrificantes; energia elétrica; cigarros e outros produtos derivados do fumo; bebidas; óleos e azeites vegetais comestíveis; farinha de trigo e misturas de farinha de trigo; massas alimentícias; açúcares; produtos lácteos; carnes e suas preparações; preparações à base de cereais; chocolates; produtos de padaria e da indústria de bolachas e biscoitos; sorvetes e preparados para fabricação de sorvetes em máquinas; cafés e mates, seus extratos, essências e concentrados; preparações para molhos e molhos preparados; preparações de produtos vegetais; rações para animais domésticos; veículos automotivos e automotores, suas peças, componentes e acessórios; pneumáticos; câmaras de ar e protetores de borracha; medicamentos e outros produtos farmacêuticos para uso humano ou veterinário; cosméticos; produtos de perfumaria e de higiene pessoal; papéis; plásticos; canetas e malas; cimentos; cal e argamassas; produtos cerâmicos; vidros; obras de metal e plástico para construção; telhas e caixas d'água; tintas e vernizes; produtos eletrônicos, eletroeletrônicos e eletrodomésticos; fios; cabos e outros condutores; transformadores elétricos e reatores; disjuntores; interruptores e tomadas; isoladores; para-raios e lâmpadas; máquinas e aparelhos de ar-condicionado; centrifugadores de uso doméstico; aparelhos e instrumentos de pesagem de uso doméstico; extintores; aparelhos ou máquinas de barbear; máquinas de cortar o cabelo ou de tosquiar; aparelhos de depilar, com motor elétrico incorporado; aquecedores elétricos de água para uso doméstico e termômetros; ferramentas; álcool etílico; sabões em pó e líquidos para roupas; detergentes; alvejantes; esponjas; palhas de aço e amaciantes de roupas; venda de mercadorias pelo sistema porta a porta; nas operações sujeitas ao regime de substituição tributária pelas operações anteriores; e nas prestações de serviços sujeitas aos regimes de substituição tributária e de antecipação de recolhimento do imposto com encerramento de tributação;

- Alínea *a* com a redação dada LC nº 147, de 7-8-2014.

b) por terceiro, a que o contribuinte se ache obrigado, por força da legislação estadual ou distrital vigente;

c) na entrada, no território do Estado ou do Distrito Federal, de petróleo, inclusive lubrificantes e combustíveis líquidos e gasosos dele derivados, bem como energia elétrica, quando não destinados à comercialização ou industrialização;

d) por ocasião do desembaraço aduaneiro;

e) na aquisição ou manutenção em estoque de mercadoria desacobertada de documento fiscal;

f) na operação ou prestação desacobertada de documento fiscal;

g) nas operações com bens ou mercadorias sujeitas ao regime de antecipação do recolhimento do imposto, nas aquisições em outros Estados e Distrito Federal:

- *Caput* da alínea *g* com a redação dada pela LC nº 128, de 19-12-2008.

1. com encerramento da tributação, observado o disposto no inciso IV do § 4º do art. 18 desta Lei Complementar;
2. sem encerramento da tributação, hipótese em que será cobrada a diferença entre a alíquota interna e a interestadual, sendo vedada a agregação de qualquer valor;

- Itens 1 e 2 acrescidos pela LC nº 128, de 19-12-2008.

h) nas aquisições em outros Estados e no Distrito Federal de bens ou mercadorias, não sujeitas ao regime de antecipação do recolhimento do imposto, relativo à diferença entre a alíquota interna e a interestadual;

- Alínea *h* acrescida pela LC nº 128, de 19-12-2008.

XIV – ISS devido:

a) em relação aos serviços sujeitos à substituição tributária ou retenção na fonte;

b) na importação de serviços;

XV – demais tributos de competência da União, dos Estados, do Distrito Federal ou dos Municípios, não relacionados nos incisos anteriores.

§ 1º-A. Os valores repassados aos profissionais de que trata a Lei nº 12.592, de 18 de janeiro de 2012, contratados por meio de parceria, nos termos da legislação civil, não integrarão a receita bruta da empresa contratante para fins de tributação, cabendo ao contratante a retenção e o recolhimento dos tributos devidos pelo contratado.

• § 1º-A acrescido pela LC nº 155, de 27-10-2016.

§ 2º Observada a legislação aplicável, a incidência do imposto de renda na fonte, na hipótese do inciso V do § 1º deste artigo, será definitiva.

§ 3º As microempresas e empresas de pequeno porte optantes pelo SIMPLES Nacional ficam dispensadas do pagamento das demais contribuições instituídas pela União, inclusive as contribuições para as entidades privadas de serviço social e de formação profissional vinculadas ao sistema sindical, de que trata o art. 240 da Constituição Federal, e demais entidades de serviço social autônomo.

o Art. 18-A, § 3º, IV, desta Lei Complementar.

§ 4º VETADO.

§ 5º A diferença entre a alíquota interna e a interestadual de que tratam as alíneas *g* e *h* do inciso XIII do § 1º deste artigo será calculada tomando-se por base as alíquotas aplicáveis às pessoas jurídicas não optantes pelo SIMPLES Nacional.

§ 6º O Comitê Gestor do SIMPLES Nacional:

I – disciplinará a forma e as condições em que será atribuída à microempresa ou empresa de pequeno porte optante pelo Simples Nacional a qualidade de substituta tributária; e

II – poderá disciplinar a forma e as condições em que será estabelecido o regime de antecipação do ICMS previsto na alínea *g* do inciso XIII do § 1º deste artigo.

• §§ 5º e 6º acrescidos pela LC nº 128, de 19-12-2008.

§ 7º O disposto na alínea *a* do inciso XIII do § 1º será disciplinado por convênio celebrado pelos Estados e pelo Distrito Federal, ouvidos o CGSN e os representantes dos segmentos econômicos envolvidos.

§ 8º Em relação às bebidas não alcóolicas, massas alimentícias, produtos lácteos, carnes e suas preparações, preparações à base de cereais, chocolates, produtos de padaria e da indústria de bolachas e biscoitos, preparações para molhos e molhos preparados, preparações de produtos vegetais, telhas e outros produtos cerâmicos para construção e detergentes, aplica-se o disposto na alínea *a* do inciso XIII do § 1º aos fabricados em escala industrial relevante em cada segmento, observado o disposto no § 7º.

• §§ 7º e 8º acrescidos pela LC nº 147, de 7-8-2014.

Art. 13-A. Para efeito de recolhimento do ICMS e do ISS no Simples Nacional, o limite máximo de que trata o inciso II do *caput* do art. 3º será de R$ 3.600.000,00 (três milhões e seiscentos mil reais), observado o disposto nos §§ 11, 13, 14 e 15 do mesmo artigo, nos §§ 17 e 17-A do art. 18 e no § 4º do art. 19.

• Artigo acrescido pela LC nº 155, de 27-10-2016.

Art. 14. Consideram-se isentos do imposto de renda, na fonte e na declaração de ajuste do beneficiário, os valores efetivamente pagos ou distribuídos ao titular ou sócio da microempresa ou empresa de pequeno porte optante pelo SIMPLES Nacional, salvo os que corresponderem a pró-labore, aluguéis ou serviços prestados.

§ 1º A isenção de que trata o *caput* deste artigo fica limitada ao valor resultante da aplicação dos percentuais de que trata o art. 15 da Lei nº 9.249, de 26 de dezembro de 1995, sobre a receita bruta mensal, no caso de antecipação de fonte, ou da receita bruta total anual, tratando-se de declaração de ajuste, subtraído do valor devido na forma do SIMPLES Nacional no período.

o Art. 15 da Lei nº 9.249, de 26-12-1995, que altera a legislação do imposto de renda das pessoas jurídicas, bem como da contribuição social sobre o lucro líquido.

§ 2º O disposto no § 1º deste artigo não se aplica na hipótese de a pessoa jurídica manter escrituração contábil e evidenciar lucro superior àquele limite.

Art. 15. VETADO.

Art. 16. A opção pelo SIMPLES Nacional da pessoa jurídica enquadrada na condição de microempresa e empresa de pequeno porte dar-se-á na forma a ser estabelecida em ato do Comitê Gestor, sendo irretratável para todo o ano-calendário.

§ 1º Para efeito de enquadramento no SIMPLES Nacional, considerar-se-á microempresa ou empresa de pequeno porte aquela cuja receita bruta no ano-calendário anterior ao da opção esteja compreendida dentro dos limites previstos no art. 3º desta Lei Complementar.

§ 1º-A. A opção pelo SIMPLES Nacional implica aceitação de sistema de comunicação eletrônica, destinado, dentre outras finalidades, a:

I – cientificar o sujeito passivo de quaisquer tipos de atos administrativos, incluídos os relativos ao indeferimento de opção, à exclusão do regime e a ações fiscais;

II – encaminhar notificações e intimações; e

III – expedir avisos em geral.

§ 1º-B. O sistema de comunicação eletrônica de que trata o § 1º-A será regulamentado pelo CGSN, observando-se o seguinte:

I – as comunicações serão feitas, por meio eletrônico, em portal próprio, dispensando-se a sua publicação no *Diário Oficial* e o envio por via postal;

II – a comunicação feita na forma prevista no *caput* será considerada pessoal para todos os efeitos legais;

III – a ciência por meio do sistema de que trata o § 1º-A com utilização de certificação digital ou de código de acesso possuirá os requisitos de validade;

IV – considerar-se-á realizada a comunicação no dia em que o sujeito passivo efetivar a consulta eletrônica ao teor da comunicação; e

V – na hipótese do inciso IV, nos casos em que a consulta se dê em dia não útil, a comunicação será considerada como realizada no primeiro dia útil seguinte.

§ 1º-C. A consulta referida nos incisos IV e V do § 1º-B deverá ser feita em até 45 (quarenta e cinco) dias contados da data da disponibilização da comunicação no portal a que se refere o inciso I do § 1º-B, ou em prazo superior estipulado pelo CGSN, sob pena de ser considerada automaticamente realizada na data do término desse prazo.

§ 1º-D. Enquanto não editada a regulamentação de que trata o § 1º-B, os entes federativos poderão utilizar sistemas de comunicação eletrônica, com regras próprias, para as finalidades previstas no § 1º-A, podendo a referida regulamentação prever a adoção desses sistemas como meios complementares de comunicação.

- §§ 1º-A a 1º-D acrescidos pela LC nº 139, de 10-11-2011.

§ 2º A opção de que trata o *caput* deste artigo deverá ser realizada no mês de janeiro, até o seu último dia útil, produzindo efeitos a partir do primeiro dia do ano-calendário da opção, ressalvado o disposto no § 3º deste artigo.

§ 3º A opção produzirá efeitos a partir da data do início de atividade, desde que exercida nos termos, prazo e condições a serem estabelecidos no ato do Comitê Gestor a que se refere o *caput* deste artigo.

§ 4º Serão consideradas inscritas no Simples Nacional, em 1º de julho de 2007, as microempresas e empresas de pequeno porte regularmente optantes pelo regime tributário de que trata a Lei nº 9.317, de 5 de dezembro de 1996, salvo as que estiverem impedidas de optar por alguma vedação imposta por esta Lei Complementar.

- § 4º com redação dada pela LC nº 127, de 14-8-2007.
- A Lei nº 9.317, de 5-12-1996, foi revogada pelo art. 89 desta Lei Complementar.

§ 5º O Comitê Gestor regulamentará a opção automática prevista no § 4º deste artigo.

§ 6º O indeferimento da opção pelo SIMPLES Nacional será formalizado mediante ato da Administração Tributária segundo regulamentação do Comitê Gestor.

Seção II

DAS VEDAÇÕES AO INGRESSO NO SIMPLES NACIONAL

Art. 17. Não poderão recolher os impostos e contribuições na forma do SIMPLES Nacional a microempresa ou empresa de pequeno porte:

- *Caput* com a redação dada pela LC nº 167, de 24-4-2019.
- Art. 31, § 2º, desta Lei Complementar.

I – que explore atividade de prestação cumulativa e contínua de serviços de assessoria creditícia, gestão de crédito, seleção e riscos, administração de contas a pagar e a receber, gerenciamento de ativos (*asset management*) ou compra de direitos creditórios resultantes de vendas mercantis a prazo ou de prestação de serviços (*factoring*) ou que execute operações de empréstimo, de financiamento e de desconto de títulos de crédito, exclusivamente com recursos próprios, tendo como contrapartes microempreendedores individuais, microempresas e empresas de pequeno porte, inclusive sob a forma de empresa simples de crédito;

- Inciso I com a redação dada pela LC nº 167, de 24-4-2019.

II – que tenha sócio domiciliado no exterior;

III – de cujo capital participe entidade da administração pública, direta ou indireta, federal, estadual ou municipal;

IV – *Revogado*. LC nº 128, de 19-12-2008;

V – que possua débito com o Instituto Nacional do Seguro Social – INSS, ou com as Fazendas Públicas Federal, Estadual ou Municipal, cuja exigibilidade não esteja suspensa;

- Art. 31, IV, desta Lei Complementar.

VI – que preste serviço de transporte intermunicipal e interestadual de passageiros, exceto quando na modalidade fluvial ou quando possuir características de transporte urbano ou metropolitano ou realizar-se sob fretamento contínuo em área metropolitana para o transporte de estudantes ou trabalhadores;

- Inciso VI com a redação dada LC nº 147, de 7-8-2014.

VII – que seja geradora, transmissora, distribuidora ou comercializadora de energia elétrica;

VIII – que exerça atividade de importação ou fabricação de automóveis e motocicletas;

IX – que exerça atividade de importação de combustíveis;

X – que exerça atividade de produção ou venda no atacado de:

- *Caput* com a redação dada pela LC nº 128, de 19-12-2008.

a) cigarros, cigarrilhas, charutos, filtros para cigarros, armas de fogo, munições e pólvoras, explosivos e detonantes;

- Alínea *a* com a redação dada pela LC nº 128, de 19-12-2008.

b) bebidas não alcoólicas a seguir descritas:

- *Caput* da alínea *b* com a redação dada pela LC nº 155, de 27-10-2016.

1. *Revogado*; LC nº 155, de 27-10-2016.

2 e 3. *Revogados*; LC nº 147, de 7-8-2014.

4. cervejas sem álcool;

- Item 4 com a redação dada pela LC nº 128, de 19-12-2008.

c) bebidas alcoólicas, exceto aquelas produzidas ou vendidas no atacado por:

1. micro e pequenas cervejarias;
2. micro e pequenas vinícolas;
3. produtores de licores;
4. micro e pequenas destilarias;

- Alínea *c* acrescida pela LC nº 155, de 27-10-2016.

XI – *Revogado*; LC nº 147, de 7-8-2014.

XII – que realize cessão ou locação de mão de obra;

- Art. 18, § 5º-H, desta Lei Complementar.

XIII – *Revogado*; LC nº 147, de 7-8-2014.

XIV – que se dedique ao loteamento e à incorporação de imóveis;

XV – que realize atividade de locação de imóveis próprios, exceto quando se referir a prestação de serviços tributados pelo ISS;

- Inciso XV com a redação dada pela LC nº 139, de 10-11-2011.

XVI – com ausência de inscrição ou com irregularidade em cadastro fiscal federal, municipal ou estadual, quando exigível.

- Inciso XVI acrescido pela LC nº 139, de 10-11-2011.

§ 1º As vedações relativas a exercício de atividades previstas no *caput* deste artigo não se aplicam às pessoas jurídicas que se dediquem exclusivamente às atividades referidas nos §§ 5º-B a 5º-E do art. 18 desta Lei Complementar, ou as exerçam em conjunto com outras atividades que não tenham sido objeto de vedação no *caput* deste artigo.

- *Caput* do § 1º com a redação dada pela LC nº 128, de 19-12-2008.

I a XXI – *Revogados*. LC nº 128, de 19-12-2008;

XXII – VETADO;

XXIII a XXVII – *Revogados*. LC nº 128, de 19-12-2008;

XXVIII – VETADO.

§ 2º Também poderá optar pelo SIMPLES Nacional a microempresa ou empresa de pequeno porte que se dedique à prestação de outros serviços que não tenham sido objeto de vedação expressa neste artigo, desde que não incorra em nenhuma das hipóteses de vedação previstas nesta Lei Complementar.

- § 2º com a redação dada pela LC nº 127, de 14-8-2007.

§ 3º VETADO.

§ 4º Na hipótese do inciso XVI do *caput*, deverá ser observado, para o MEI, o disposto no art. 4º desta Lei Complementar.

- § 4º acrescido pela LC nº 139, de 10-11-2011.

§ 5º As empresas que exerçam as atividades previstas nos itens da alínea c do inciso X do *caput* deste artigo deverão obrigatoriamente ser registradas no Ministério da Agricultura, Pecuária e Abastecimento e obedecerão também à regulamentação da Agência Nacional de Vigilância Sanitária e da Secretaria da Receita Federal do Brasil quanto à produção e à comercialização de bebidas alcoólicas.

• § 5º acrescido pela LC nº 155, de 27-10-2016.

Seção III

DAS ALÍQUOTAS E BASE DE CÁLCULO

Art. 18. O valor devido mensalmente pela microempresa ou empresa de pequeno porte optante pelo Simples Nacional será determinado mediante aplicação das alíquotas efetivas, calculadas a partir das alíquotas nominais constantes das tabelas dos Anexos I a V desta Lei Complementar, sobre a base de cálculo de que trata o § 3º deste artigo, observado o disposto no § 15 do art. 3º.

• *Caput* com a redação dada pela LC nº 155, de 27-10-2016.

§ 1º Para efeito de determinação da alíquota nominal, o sujeito passivo utilizará a receita bruta acumulada nos doze meses anteriores ao do período de apuração.

• § 1º com a redação dada pela LC nº 155, de 27-10-2016.

§ 1º-A. A alíquota efetiva é o resultado de: $\frac{RBT12 \times Aliq - PD}{RBT12}$, em que:

I – RBT12: receita bruta acumulada nos doze meses anteriores ao período de apuração;

II – Aliq: alíquota nominal constante dos Anexos I a V desta Lei Complementar;

III – PD: parcela a deduzir constante dos Anexos I a V desta Lei Complementar.

§ 1º-B. Os percentuais efetivos de cada tributo serão calculados a partir da alíquota efetiva, multiplicada pelo percentual de repartição constante dos Anexos I a V desta Lei Complementar, observando-se que:

I – o percentual efetivo máximo destinado ao ISS será de 5% (cinco por cento), transferindo-se eventual diferença, de forma proporcional, aos tributos federais da mesma faixa de receita bruta anual;

II – eventual diferença centesimal entre o total dos percentuais e a alíquota efetiva será transferida para o tributo com maior percentual de repartição na respectiva faixa de receita bruta.

§ 1º-C. Na hipótese de transformação, extinção, fusão ou sucessão dos tributos referidos nos incisos IV e V do art. 13, serão mantidas as alíquotas nominais e efetivas previstas neste artigo e nos Anexos I a V desta Lei Complementar, e lei ordinária disporá sobre a repartição dos valores arrecadados para os tributos federais, sem alteração no total dos percentuais de repartição a eles devidos, e mantidos os percentuais de repartição destinados ao ICMS e ao ISS.

• §§ 1º-A a 1º-C acrescidos pela LC nº 155, de 27-10-2016.

§ 2º Em caso de início de atividade, os valores de receita bruta acumulada constantes dos Anexos I a V desta Lei Complementar devem ser proporcionalizados ao número de meses de atividade no período.

§ 3º Sobre a receita bruta auferida no mês incidirá a alíquota efetiva determinada na forma do *caput* e dos §§ 1º, 1º-A e 2º deste artigo, podendo tal incidência se dar, à opção do contribuinte, na forma regulamentada pelo Comitê Gestor, sobre a receita recebida no mês, sendo essa opção irretratável para todo o ano-calendário.

• §§ 2º e 3º com a redação dada pela LC nº 155, de 27-10-2016.

§ 4º O contribuinte deverá considerar, destacadamente, para fim de pagamento, as receitas decorrentes da:

I – revenda de mercadorias, que serão tributadas na forma do Anexo I desta Lei Complementar;

II – venda de mercadorias industrializadas pelo contribuinte, que serão tributadas na forma do Anexo II desta Lei Complementar;

III – prestação de serviços de que trata o § 5º-B deste artigo e dos serviços vinculados à locação de bens imóveis e corretagem de imóveis desde que observado o disposto no inciso XV do art. 17, que serão tributados na forma do Anexo III desta Lei Complementar;

○ Súm. nº 423 do STJ.

IV – prestação de serviços de que tratam os §§ 5º-C a 5º-F e 5º-I deste artigo, que serão tributadas na forma prevista naqueles parágrafos;

V – locação de bens móveis, que serão tributadas na forma do Anexo III desta Lei Complementar, deduzida a parcela correspondente ao ISS;

VI – atividade com incidência simultânea de IPI e de ISS, que serão tributadas na forma do Anexo II desta Lei Complementar, deduzida a parcela correspondente ao ICMS e acrescida a parcela correspondente ao ISS prevista no Anexo III desta Lei Complementar;

VII – comercialização de medicamentos e produtos magistrais produzidos por manipulação de fórmulas:

a) sob encomenda para entrega posterior ao adquirente, em caráter pessoal, mediante prescrições de profissionais habilitados ou indicação pelo farmacêutico, produzidos no próprio estabelecimento após o atendimento inicial, que serão tributadas na forma do Anexo III desta Lei Complementar;

b) nos demais casos, quando serão tributadas na forma do Anexo I desta Lei Complementar.

• § 4º com a redação dada pela LC nº 147, de 7-8-2014.

§ 4º-A. O contribuinte deverá segregar, também, as receitas:

I – decorrentes de operações ou prestações sujeitas à tributação concentrada em uma única etapa (monofásica), bem como, em relação ao ICMS, que o imposto já tenha sido recolhido por substituto tributário ou por antecipação tributária com encerramento de tributação;

II – sobre as quais houve retenção de ISS na forma do § 6º deste artigo e § 4º do art. 21 desta Lei Complementar, ou, na hipótese do § 22-A deste artigo, seja devido em valor fixo ao respectivo Município;

III – sujeitas à tributação em valor fixo ou que tenham sido objeto de isenção ou redução de ISS ou de ICMS na forma prevista nesta Lei Complementar;

IV – decorrentes da exportação para o exterior, inclusive as vendas realizadas por meio de comercial exportadora ou da sociedade de propósito específico prevista no art. 56 desta Lei Complementar;

V – sobre as quais o ISS seja devido a Município diverso do estabelecimento prestador, quando será recolhido no Simples Nacional.

• § 4º-A acrescido pela LC nº 147, de 7-8-2014.

§ 5º As atividades industriais serão tributadas na forma do Anexo II desta Lei Complementar.

• § 5º com a redação dada pela LC nº 128, de 19-12-2008.

I a VII – *Revogados*. LC nº 128, de 19-12-2008.

§ 5º-A. *Revogado*. LC nº 147, de 7-8-2014.

§ 5º-B. Sem prejuízo do disposto no § 1º do art. 17 desta Lei Complementar, serão tributadas na forma do Anexo III desta Lei Complementar as seguintes atividades de prestação de serviços:

- *Caput* do § 5º-B com a redação dada pela LC nº 128, de 19-12-2008.

I – creche, pré-escola e estabelecimento de ensino fundamental, escolas técnicas, profissionais e de ensino médio, de línguas estrangeiras, de artes, cursos técnicos de pilotagem, preparatórios para concursos, gerenciais e escolas livres, exceto as previstas nos incisos II e III do § 5º-D deste artigo;

- Inciso I com a redação dada pela LC nº 128, de 19-12-2008.
- Súm. nº 448 do STJ.

II – agência terceirizada de correios;

III – agência de viagem e turismo;

IV – centro de formação de condutores de veículos automotores de transporte terrestre de passageiros e de carga;

V – agência lotérica;

- Incisos II a V acrescidos pela LC nº 128, de 19-12-2008.

VI a VIII – *Revogados*; LC nº 128, de 19-12-2008.

IX – serviços de instalação, de reparos e de manutenção em geral, bem como de usinagem, solda, tratamento e revestimento em metais;

- Inciso IX com a redação dada pela LC nº 128, de 19-12-2008.

X a XII – *Revogados*; LC nº 128, de 19-12-2008.

XIII – transporte municipal de passageiros; e

- Inciso XIII com a redação dada pela LC nº 128, de 19-12-2008.

XIV – escritórios de serviços contábeis, observado o disposto nos §§ 22-B e 22-C deste artigo;

- Inciso XIV acrescido pela LC nº 128, de 19-12-2008.

XV – produções cinematográficas, audiovisuais, artísticas e culturais, sua exibição ou apresentação, inclusive no caso de música, literatura, artes cênicas, artes visuais, cinematográficas e audiovisuais;

- Inciso XV acrescido pela LC nº 133, de 28-12-2009.

XVI – fisioterapia;

XVII – corretagem de seguros;

- Incisos XVI e XVII acrescidos pela LC nº 147, de 7-8-2014.

XVIII – arquitetura e urbanismo;

XIX – medicina, inclusive laboratorial, e enfermagem;

XX – odontologia e prótese dentária;

XXI – psicologia, psicanálise, terapia ocupacional, acupuntura, podologia, fonoaudiologia, clínicas de nutrição e de vacinação e bancos de leite.

- Incisos XVIII a XXI acrescidos pela LC nº 155, de 27-10-2016.

§ 5º-C. Sem prejuízo do disposto no § 1º do art. 17 desta Lei Complementar, as atividades de prestação de serviços seguintes serão tributadas na forma do anexo IV desta Lei Complementar, hipótese em que não estará incluída no SIMPLES Nacional a contribuição prevista no inciso VI do *caput* do art. 13 desta Lei Complementar, devendo ela ser recolhida segundo a legislação prevista para os demais contribuintes ou responsáveis:

- *Caput* do § 5º-C com a redação dada pela LC nº 128, de 19-12-2008.
- Art. 33, § 2º, desta Lei Complementar.

I – construção de imóveis e obras de engenharia em geral, inclusive sob a forma de subempreitada, execução de projetos e serviços de paisagismo, bem como decoração de interiores;

- Inciso I com a redação dada pela LC nº 128, de 19-12-2008.

II a V – *Revogados*; LC nº 128, de 19-12-2008.

VI – serviço de vigilância, limpeza ou conservação;

- Inciso VI com a redação dada pela LC nº 128, de 19-12-2008.

VII – serviços advocatícios.

- Inciso VII acrescido pela LC nº 147, de 7-8-2014.

§ 5º-D. Sem prejuízo do disposto no § 1º do art. 17 desta Lei Complementar, as seguintes atividades de prestação de serviços serão tributadas na forma do Anexo III desta Lei Complementar:

- *Caput* do § 5º-D com a redação dada pela LC nº 155, de 27-10-2016.

I – administração e locação de imóveis de terceiros;

- Inciso I com a redação dada LC nº 147, de 7-8-2014.

II – academias de dança, de capoeira, de ioga e de artes marciais;

III – academias de atividades físicas, desportivas, de natação e escolas de esportes;

IV – elaboração de programas de computadores, inclusive jogos eletrônicos, desde que desenvolvidos em estabelecimento do optante;

V – licenciamento ou cessão de direito de uso de programas de computação;

VI – planejamento, confecção, manutenção e atualização de páginas eletrônicas, desde que realizados em estabelecimento do optante;

- Incisos II a VI acrescidos pela LC nº 128, de 19-12-2008.

VII e VIII – *Revogados*; LC nº 128, de 19-12-2008.

IX – empresas montadoras de estandes para feiras;

- Inciso IX acrescido pela LC nº 128, de 19-12-2008.

X e XI – *Revogados*; LC nº 133, de 28-12-2009.

XII – laboratórios de análises clínicas ou de patologia clínica;

XIII – serviços de tomografia, diagnósticos médicos por imagem, registros gráficos e métodos óticos, bem como ressonância magnética;

XIV – serviços de prótese em geral.

- Incisos XII a XIV acrescidos pela LC nº 128, de 19-12-2008.

§ 5º-E. Sem prejuízo do disposto no § 1º do art. 17 desta Lei Complementar, as atividades de prestação de serviços de comunicação e de transportes interestadual e intermunicipal de cargas, e de transportes autorizados no inciso VI do *caput* do art. 17, inclusive na modalidade fluvial, serão tributadas na forma do Anexo III, deduzida a parcela correspondente ao ISS e acrescida a parcela correspondente ao ICMS prevista no Anexo I.

- § 5º-E com a redação dada pela LC nº 147, de 7-8-2014.

§ 5º-F. As atividades de prestação de serviços referidas no § 2º do art. 17 desta Lei Complementar serão tributadas na forma do Anexo III desta Lei Complementar, salvo se, para alguma dessas atividades, houver previsão expressa de tributação na forma dos Anexos IV ou V desta Lei Complementar.

- § 5º-F com a redação dada pela LC nº 155, de 27-10-2016.

§ 5º-G. *Revogado*. LC nº 147, de 7-8-2014.

§ 5º-H. A vedação de que trata o inciso XII do *caput* do art. 17 desta Lei Complementar não se aplica às atividades referidas no § 5º-C deste artigo.

- § 5º-H acrescido pela LC nº 128, de 19-12-2008.

§ 5º-I. Sem prejuízo do disposto no § 1º do art. 17 desta Lei Complementar, as seguintes atividades de prestação de serviços serão tributadas na forma do Anexo V desta Lei Complementar:

- *Caput* do § 5º-I com a redação dada pela LC nº 155, de 27-10-2016.

I – *Revogado*; LC nº 155, de 27-10-2016.

II – medicina veterinária;

• Inciso II acrescido pela LC nº 147, de 7-8-2014.

III e IV – *Revogados*; LC nº 155, de 27-10-2016.

V – serviços de comissaria, de despachantes, de tradução e de interpretação;

• Inciso V acrescido pela LC nº 147, de 7-8-2014.

VI – engenharia, medição, cartografia, topografia, geologia, geodésia, testes, suporte e análises técnicas e tecnológicas, pesquisa, *design*, desenho e agronomia;

• Inciso VI com a redação dada pela LC nº 155, de 27-10-2016.

VII – representação comercial e demais atividades de intermediação de negócios e serviços de terceiros;

VIII – perícia, leilão e avaliação;

IX – auditoria, economia, consultoria, gestão, organização, controle e administração;

X – jornalismo e publicidade;

XI – agenciamento, exceto de mão de obra;

• Incisos VII a XI acrescidos pela LC nº 147, de 7-8-2014.

XII – outras atividades do setor de serviços que tenham por finalidade a prestação de serviços decorrentes do exercício de atividade intelectual, de natureza técnica, científica, desportiva, artística ou cultural, que constitua profissão regulamentada ou não, desde que não sujeitas à tributação na forma dos Anexos III ou IV desta Lei Complementar.

• Inciso XII com a redação dada pela LC nº 155, de 27-10-2016.

§ 5º-J. As atividades de prestação de serviços a que se refere o § 5º-I serão tributadas na forma do Anexo III desta Lei Complementar caso a razão entre a folha de salários e a receita bruta da pessoa jurídica seja igual ou superior a 28% (vinte e oito por cento).

§ 5º-K. Para o cálculo da razão a que se referem os §§ 5º-J e 5º-M, serão considerados, respectivamente, os montantes pagos e auferidos nos doze meses anteriores ao período de apuração para fins de enquadramento no regime tributário do SIMPLES Nacional.

• §§ 5º-J e 5º-K acrescidos pela LC nº 155, de 27-10-2016.

§ 5º-L. VETADO. LC nº 155, de 27-10-2016.

§ 5º-M. Quando a relação entre a folha de salários e a receita bruta da microempresa ou da empresa de pequeno porte for inferior a 28% (vinte e oito por cento), serão tributadas na forma do Anexo V desta Lei Complementar as atividades previstas:

I – nos incisos XVI, XVIII, XIX, XX e XXI do § 5º-B deste artigo;

II – no § 5º-D deste artigo.

• § 5º-M acrescido pela LC nº 155, de 27-10-2016.

§ 6º No caso dos serviços previstos no § 2º do art. 6º da Lei Complementar nº 116, de 31 de julho de 2003, prestados pelas microempresas e pelas empresas de pequeno porte, o tomador do serviço deverá reter o montante correspondente na forma da legislação do município onde estiver localizado, observado o disposto no § 4º do art. 21 desta Lei Complementar.

• § 6º com a redação dada LC nº 128, de 19-12-2008.

§ 7º A sociedade de propósito específico de que trata o art. 56 desta Lei Complementar que houver adquirido mercadorias de microempresa ou empresa de pequeno porte que seja sua sócia, bem como a empresa comercial exportadora que houver adquirido mercadorias ou serviços de empresa optante pelo SIMPLES Nacional, com o fim específico de exportação para o exterior, que, no prazo de 180 (cento e oitenta) dias, contado da data da emissão da nota fiscal pela vendedora, não comprovar o seu embarque para o exterior ficará sujeita ao pagamento de todos os impostos e contribuições que deixaram de ser pagos pela empresa vendedora, acrescidos de juros de mora e multa, de mora ou de ofício, calculados na forma da legislação relativa à cobrança do tributo não pago, aplicável à sociedade de propósito específico ou à própria comercial exportadora.

• § 7º com a redação dada pela LC nº 147, de 7-8-2014.

§ 8º Para efeito do disposto no § 7º deste artigo, considera-se vencido o prazo para o pagamento na data em que a empresa vendedora deveria fazê-lo, caso a venda houvesse sido efetuada para o mercado interno.

§ 9º Relativamente à contribuição patronal previdenciária, devida pela vendedora, a sociedade de propósito específico de que trata o art. 56 desta Lei Complementar ou a comercial exportadora deverão recolher, no prazo previsto no § 8º deste artigo, o valor correspondente a 11% (onze por cento) do valor das mercadorias não exportadas nos termos do § 7º deste artigo.

§ 10. Na hipótese do § 7º deste artigo, a sociedade de propósito específico de que trata o art. 56 desta Lei Complementar ou a empresa comercial exportadora não poderão deduzir do montante devido qualquer valor a título de crédito de Imposto sobre Produtos Industrializados – IPI da Contribuição para o PIS/PASEP ou da COFINS, decorrente da aquisição das mercadorias e serviços objeto da incidência.

§ 11. Na hipótese do § 7º deste artigo, a sociedade de propósito específico ou a empresa comercial exportadora deverão pagar, também, os impostos e contribuições devidos nas vendas para o mercado interno, caso, por qualquer forma, tenham alienado ou utilizado as mercadorias.

• §§ 9º a 11 com a redação dada pela LC nº 128, de 19-12-2008.

§ 12. Na apuração do montante devido no mês relativo a cada tributo, para o contribuinte que apure receitas mencionadas nos incisos I a III e V do § 4º-A deste artigo, serão consideradas as reduções relativas aos tributos já recolhidos, ou sobre os quais tenha havido tributação monofásica, isenção, redução ou, no caso do ISS, que o valor tenha sido objeto de retenção ou seja devido diretamente ao Município.

• § 12 com a redação dada pela LC nº 147, de 7-8-2014.

§ 13. Para efeito de determinação da redução de que trata o § 12 deste artigo, as receitas serão discriminadas em comerciais, industriais ou de prestação de serviços, na forma dos Anexos I, II, III, IV e V desta Lei Complementar.

• § 13 com a redação dada pela LC nº 155, de 27-10-2016.

§ 14. A redução no montante a ser recolhido no Simples Nacional relativo aos valores das receitas decorrentes da exportação de que trata o inciso IV do § 4º-A deste artigo corresponderá tão somente às alíquotas efetivas relativas à COFINS, à Contribuição para o PIS/PASEP, ao IPI, ao ICMS e ao ISS, apuradas com base nos Anexos I a V desta Lei Complementar.

• § 14 com a redação dada pela LC nº 155, de 27-10-2016.

I e II – *Revogados*. LC nº 147, de 7-8-2014.

§ 15. Será disponibilizado sistema eletrônico para realização do cálculo simplificado do valor mensal devido referente ao SIMPLES Nacional.

§ 15-A. As informações prestadas no sistema eletrônico de cálculo de que trata o § 15:

I – têm caráter declaratório, constituindo confissão de dívida e instrumento hábil e suficiente para a exigência dos tributos e contribuições que não tenham sido recolhidos resultantes das informações nele prestadas; e

LEG. COMPLEMENTAR

II – deverão ser fornecidas à Secretaria da Receita Federal do Brasil até o vencimento do prazo para pagamento dos tributos devidos no SIMPLES Nacional em cada mês, relativamente aos fatos geradores ocorridos no mês anterior.

• § 15-A acrescido pela LC nº 139, de 10-11-2011.

§ 16. Na hipótese do § 12 do art. 3º, a parcela de receita bruta que exceder o montante determinado no § 10 daquele artigo estará sujeita às alíquotas máximas previstas nos Anexos I a V desta Lei Complementar, proporcionalmente, conforme o caso.

• § 16 com a redação dada pela LC nº 155, de 27-10-2016.

§ 16-A. O disposto no § 16 aplica-se, ainda, às hipóteses de que trata o § 9º do art. 3º, a partir do mês em que ocorrer o excesso do limite da receita bruta anual e até o mês anterior aos efeitos da exclusão.

• § 16-A acrescido pela LC nº 139, de 10-11-2011.

§ 17. Na hipótese do § 13 do art. 3º, a parcela de receita bruta que exceder os montantes determinados no § 11 daquele artigo estará sujeita, em relação aos percentuais aplicáveis ao ICMS e ao ISS, às alíquotas máximas correspondentes a essas faixas previstas nos Anexos I a V desta Lei Complementar, proporcionalmente, conforme o caso.

• § 17 com a redação dada pela LC nº 155, de 27-10-2016.

§ 17-A. O disposto no § 17 aplica-se, ainda, à hipótese de que trata o § 1º do art. 20, a partir do mês em que ocorrer o excesso do limite da receita bruta anual e até o mês anterior aos efeitos do impedimento.

• § 17-A acrescido pela LC nº 139, de 10-11-2011.

§ 18. Os Estados, o Distrito Federal e os Municípios, no âmbito das respectivas competências, poderão estabelecer, na forma definida pelo Comitê Gestor, independentemente da receita bruta recebida no mês pelo contribuinte, valores fixos mensais para o recolhimento do ICMS e do ISS devido por microempresa que aufira receita bruta, no ano-calendário anterior, de até o limite máximo previsto na segunda faixa de receitas brutas anuais constantes dos Anexos I a VI, ficando a microempresa sujeita a esses valores durante todo o ano-calendário, ressalvado o disposto no § 18-A.

• § 18 com a redação dada pela LC nº 147, de 7-8-2014.

§ 18-A. A microempresa que, no ano-calendário, exceder o limite de receita bruta previsto no § 18 fica impedida de recolher o ICMS ou o ISS pela sistemática de valor fixo, a partir do mês subsequente à ocorrência do excesso, sujeitando-se à apuração desses tributos na forma das demais empresas optantes pelo Simples Nacional.

• § 18-A acrescido pela LC nº 147, de 7-8-2014.

§ 19. Os valores estabelecidos no § 18 deste artigo não poderão exceder a 50% (cinquenta por cento) do maior recolhimento possível do tributo para a faixa de enquadramento prevista na tabela do *caput* deste artigo, respeitados os acréscimos decorrentes do tipo de atividade da empresa estabelecidos no § 5º deste artigo.

§ 20. Na hipótese em que o Estado, o Município ou o Distrito Federal concedam isenção ou redução do ICMS ou do ISS devido por microempresa ou empresa de pequeno porte, ou ainda determine recolhimento de valor fixo para esses tributos, na forma do § 18 deste artigo, será realizada redução proporcional ou ajuste do valor a ser recolhido, na forma definida em resolução do Comitê Gestor.

§ 20-A. A concessão dos benefícios de que trata o § 20 deste artigo poderá ser realizada:

I – mediante deliberação exclusiva e unilateral do Estado, do Distrito Federal ou do Município concedente;

II – de modo diferenciado para cada ramo de atividade.

• § 20-A acrescido pela LC nº 128, de 19-12-2008.

§ 20-B. A União, os Estados e o Distrito Federal poderão, em lei específica destinada à ME ou EPP optante pelo SIMPLES Nacional, estabelecer isenção ou redução de COFINS, Contribuição para o PIS/PASEP e ICMS para produtos da cesta básica, discriminando a abrangência da sua concessão.

• § 20-B acrescido pela LC nº 147, de 7-8-2014.

§ 21. O valor a ser recolhido na forma do disposto no § 20 deste artigo, exclusivamente na hipótese de isenção, não integrará o montante a ser partilhado com o respectivo Município, Estado ou Distrito Federal.

§ 22. *Revogado.* LC nº 128, de 19-12-2008.

§ 22-A. A atividade constante do inciso XIV do § 5º-B deste artigo recolherá o ISS em valor fixo, na forma da legislação municipal.

§ 22-B. Os escritórios de serviços contábeis, individualmente ou por meio de suas entidades representativas de classe, deverão:

I – promover atendimento gratuito relativo à inscrição, à opção de que trata o art. 18-A desta Lei Complementar e à primeira declaração anual simplificada da microempresa individual, podendo, para tanto, por meio de suas entidades representativas de classe, firmar convênios e acordos com a União, os Estados, o Distrito Federal e os Municípios, por intermédio dos seus órgãos vinculados;

II – fornecer, na forma estabelecida pelo Comitê Gestor, resultados de pesquisas quantitativas e qualitativas relativas às microempresas e empresas de pequeno porte optantes pelo SIMPLES Nacional por eles atendidas;

III – promover eventos de orientação fiscal, contábil e tributária para as microempresas e empresas de pequeno porte optantes pelo SIMPLES Nacional por eles atendidas.

§ 22-C. Na hipótese de descumprimento das obrigações de que trata o § 22-B deste artigo, o escritório será excluído do SIMPLES Nacional, com efeitos a partir do mês subsequente ao do descumprimento, na forma regulamentada pelo Comitê Gestor.

• §§ 22-A a 22-C acrescidos pela LC nº 128, de 19-12-2008.

§ 23. Da base de cálculo do ISS será abatido o material fornecido pelo prestador dos serviços previstos nos itens 7.02 e 7.05 da lista de serviços anexa à Lei Complementar nº 116, de 31 de julho de 2003.

§ 24. Para efeito de aplicação do § 5º-K, considera-se folha de salários, incluídos encargos, o montante pago, nos doze meses anteriores ao período de apuração, a título de remunerações a pessoas físicas decorrentes do trabalho, acrescido do montante efetivamente recolhido a título de contribuição patronal previdenciária e FGTS, incluídas as retiradas de pró-labore.

• § 24 com a redação dada pela LC nº 155, de 27-10-2016.

§ 25. Para efeito do disposto no § 24 deste artigo, deverão ser consideradas tão somente as remunerações informadas na forma prevista no inciso IV do *caput* do art. 32 da Lei nº 8.212, de 24 de julho de 1991.

• § 25 com a redação dada pela LC nº 139, de 10-11-2011.

§ 26. Não são considerados, para efeito do disposto no § 24, valores pagos a título de aluguéis e de distribuição de lucros, observado o disposto no § 1º do art. 14.

• § 26 acrescido pela LC nº 139, de 10-11-2011.

§ 27. VETADO. LC nº 155, de 27-10-2016.

Art. 18-A. O Microempreendedor Individual – MEI poderá optar pelo recolhimento dos impostos e contribuições abrangidos pelo SIMPLES Nacional em valores fixos mensais, independentemente da receita bruta por ele auferida no mês, na forma prevista neste artigo.

- *Caput* do art. 18-A acrescido pela LC nº 128, de 19-12-2008.
- Art. 36-A desta Lei Complementar.
- Art. 968, §§ 4º e 5º, do CC.
- Arts. 21, § 2º, II, *a*, 24 e 72 da Lei nº 8.212, de 24-7-1991 (Lei Orgânica da Seguridade Social).

§ 1º Para os efeitos desta Lei Complementar, considera-se MEI quem tenha auferido receita bruta, no ano-calendário anterior, de até R$ 81.000,00 (oitenta e um mil reais), que seja optante pelo SIMPLES Nacional e que não esteja impedido de optar pela sistemática prevista neste artigo, e seja empresário individual que se enquadre na definição do art. 966 da Lei nº 10.406, de 10 de janeiro de 2002 (Código Civil), ou o empreendedor que exerça:

- *Caput* do § 1º com a redação dada pela LC nº 188, de 31-12-2021.

I – as atividades de que trata o § 4º-A deste artigo;

II – as atividades de que trata o § 4º-B deste artigo estabelecidas pelo CGSN; e

III – as atividades de industrialização, comercialização e prestação de serviços no âmbito rural.

- Incisos I a III acrescidos pela LC nº 188, de 31-12-2021.

§ 2º No caso de início de atividades, o limite de que trata o § 1º será de R$ 6.750,00 (seis mil, setecentos e cinquenta reais) multiplicados pelo número de meses compreendido entre o início da atividade e o final do respectivo ano-calendário, consideradas as frações de meses como um mês inteiro.

- § 2º com a redação dada pela LC nº 155, de 27-10-2016.

§ 3º Na vigência da opção pela sistemática de recolhimento prevista no *caput* deste artigo:

- § 3º acrescido pela LC nº 128, de 19-12-2008.

I – não se aplica o disposto no § 18 do art. 18 desta Lei Complementar;

II – não se aplica a redução prevista no § 20 do art. 18 desta Lei Complementar ou qualquer dedução na base de cálculo;

- Incisos I e II acrescidos pela LC nº 128, de 19-12-2008.

III – não se aplicam as isenções específicas para as microempresas e empresas de pequeno porte concedidas pelo Estado, Município ou Distrito Federal a partir de 1º de julho de 2007 que abranjam integralmente a faixa de receita bruta anual até o limite previsto no § 1º;

- Inciso III com a redação dada pela LC nº 139, de 10-11-2011.

IV – a opção pelo enquadramento como Microempreendedor Individual importa opção pelo recolhimento da contribuição referida no inciso X do § 1º do art. 13 desta Lei Complementar na forma prevista no § 2º do art. 21 da Lei nº 8.212, de 24 de julho de 1991;

V – o MEI, com receita bruta anual igual ou inferior a R$ 81.000,00 (oitenta e um mil reais), recolherá, na forma regulamentada pelo Comitê Gestor, valor fixo mensal correspondente à soma das seguintes parcelas:

- *Caput* do inciso V com a redação dada pela LC nº 155, de 27-10-2016.

a) R$ 45,65 (quarenta e cinco reais e sessenta e cinco centavos), a título da contribuição prevista no inciso IV deste parágrafo;

b) R$ 1,00 (um real), a título do imposto referido no inciso VII do *caput* do art. 13 desta Lei Complementar, caso seja contribuinte do ICMS; e

c) R$ 5,00 (cinco reais), a título do imposto referido no inciso VIII do *caput* do art. 13 desta Lei Complementar, caso seja contribuinte do ISS;

- Incisos IV e V acrescidos pela LC nº 128, de 19-12-2008.

VI – sem prejuízo do disposto nos §§ 1º a 3º do art. 13, o MEI terá isenção dos tributos referidos nos incisos I a VI do *caput* daquele artigo, ressalvado o disposto no art. 18-C.

- Inciso VI com a redação dada pela LC nº 139, de 10-11-2011.

§ 4º Não poderá optar pela sistemática de recolhimento prevista no *caput* deste artigo o MEI:

- *Caput* acrescido pela LC nº 128, de 19-12-2008.

I – cuja atividade seja tributada na forma dos Anexos V ou VI desta Lei Complementar, salvo autorização relativa a exercício de atividade isolada na forma regulamentada pelo CGSN;

- Inciso I com a redação dada pela LC nº 147, de 7-8-2014.

II – que possua mais de um estabelecimento;

III – que participe de outra empresa como titular, sócio ou administrador; ou

- Incisos II e III acrescidos pela LC nº 128, de 19-12-2008.

IV – *Revogado*. LC nº 155, de 27-10-2016;

V – constituído na forma de *startup*.

- Inciso V acrescido pela LC nº 167, de 24-4-2019.

§ 4º-A. Observadas as demais condições deste artigo, poderá optar pela sistemática de recolhimento prevista no *caput* o empresário individual que exerça atividade de comercialização e processamento de produtos de natureza extrativista.

§ 4º-B. O CGSN determinará as atividades autorizadas a optar pela sistemática de recolhimento de que trata este artigo, de forma a evitar a fragilização das relações de trabalho, bem como sobre a incidência do ICMS e do ISS.

- §§ 4º-A e 4º-B acrescidos pela LC nº 139, de 10-11-2011.

§ 5º A opção de que trata o *caput* deste artigo dar-se-á na forma a ser estabelecida em ato do Comitê Gestor, observando-se que:

I – será irretratável para todo o ano-calendário;

II – deverá ser realizada no início do ano-calendário, na forma disciplinada pelo Comitê Gestor, produzindo efeitos a partir do primeiro dia do ano-calendário da opção, ressalvado o disposto no inciso III;

III – produzirá efeitos a partir da data do início de atividade desde que exercida nos termos, prazo e condições a serem estabelecidos em ato do Comitê Gestor a que se refere o *caput* deste parágrafo.

§ 6º O desenquadramento da sistemática de que trata o *caput* deste artigo será realizado de ofício ou mediante comunicação do MEI.

§ 7º O desenquadramento mediante comunicação do MEI à Secretaria da Receita Federal do Brasil – RFB dar-se-á:

I – por opção, que deverá ser efetuada no início do ano-calendário, na forma disciplinada pelo Comitê Gestor, produzindo efeitos a partir de 1º de janeiro do ano-calendário da comunicação;

II – obrigatoriamente, quando o MEI incorrer em alguma das situações previstas no § 4º deste artigo, devendo a comunicação ser efetuada até o último dia útil do mês subsequente àquele em que ocorrida a situação de vedação, produzindo efeitos a partir do mês subsequente ao da ocorrência da situação impeditiva;

LEG. COMPLEMENTAR

III – obrigatoriamente, quando o MEI exceder, no ano-calendário, o limite de receita bruta previsto no § 1º deste artigo, devendo a comunicação ser efetuada até o último dia útil do mês subsequente àquele em que ocorrido o excesso, produzindo efeitos:

a) a partir de 1º de janeiro do ano-calendário subsequente ao da ocorrência do excesso, na hipótese de não ter ultrapassado o referido limite em mais de 20% (vinte por cento);

b) retroativamente a 1º de janeiro do ano-calendário da ocorrência do excesso, na hipótese de ter ultrapassado o referido limite em mais de 20% (vinte por cento);

IV – obrigatoriamente, quando o MEI exceder o limite de receita bruta previsto no § 2º deste artigo, devendo a comunicação ser efetuada até o último dia útil do mês subsequente àquele em que ocorrido o excesso, produzindo efeitos:

a) a partir de 1º de janeiro do ano-calendário subsequente ao da ocorrência do excesso, na hipótese de não ter ultrapassado o referido limite em mais de 20% (vinte por cento);

b) retroativamente ao início de atividade, na hipótese de ter ultrapassado o referido limite em mais de 20% (vinte por cento).

§ 8º O desenquadramento de ofício dar-se-á quando verificada a falta de comunicação de que trata o § 7º deste artigo.

§ 9º O Empresário Individual desenquadrado da sistemática de recolhimento prevista no *caput* deste artigo passará a recolher os tributos devidos pela regra geral do SIMPLES Nacional a partir da data de início dos efeitos do desenquadramento, ressalvado o disposto no § 10 deste artigo.

§ 10. Nas hipóteses previstas nas alíneas *a* dos incisos III e IV do § 7º deste artigo, o MEI deverá recolher a diferença, sem acréscimos, em parcela única, juntamente com a da apuração do mês de janeiro do ano-calendário subsequente ao do excesso, na forma a ser estabelecida em ato do Comitê Gestor.

§ 11. O valor referido na alínea *a* do inciso V do § 3º deste artigo será reajustado, na forma prevista em lei ordinária, na mesma data de reajustamento dos benefícios de que trata a Lei nº 8.213, de 24 de julho de 1991, de forma a manter equivalência com a contribuição de que trata o § 2º do art. 21 da Lei nº 8.212, de 24 de julho de 1991.

§ 12. Aplica-se ao MEI que tenha optado pela contribuição na forma do § 1º deste artigo o disposto no § 4º do art. 55 e no § 2º do art. 94, ambos da Lei nº 8.213, de 24 de julho de 1991, exceto se optar pela complementação da contribuição previdenciária a que se refere o § 3º do art. 21 da Lei nº 8.212, de 24 de julho de 1991.

- §§ 5º a 12 acrescidos pela LC nº 128, de 19-12-2008.

§ 13. O MEI está dispensado, ressalvado o disposto no art. 18-C desta Lei Complementar, de:

- *Caput* do § 13 com a redação dada pela LC nº 139, de 10-11-2011.

I – atender o disposto no inciso IV do *caput* do art. 32 da Lei nº 8.212, de 24 de julho de 1991;

II – apresentar a Relação Anual de Informações Sociais (RAIS); e

III – declarar ausência de fato gerador para a Caixa Econômica Federal para emissão da Certidão de Regularidade Fiscal perante o FGTS.

- Incisos I a III acrescidos pela LC nº 139, de 10-11-2011.

§ 14. O Comitê Gestor disciplinará o disposto neste artigo.

- § 14 acrescido pela LC nº 128, de 19-12-2008.

§ 15. A inadimplência do recolhimento do valor previsto na alínea *a* do inciso V do § 3º tem como consequência a não contagem da competência em atraso para fins de carência para obtenção dos benefícios previdenciários respectivos.

- § 15 acrescido pela LC nº 139, de 10-11-2011.

§ 15-A. Ficam autorizados os Estados, o Distrito Federal e os Municípios a promover a remissão dos débitos decorrentes dos valores previstos nas alíneas *b* e *c* do inciso V do § 3º, inadimplidos isolada ou simultaneamente.

§ 15-B. O MEI poderá ter sua inscrição automaticamente cancelada após período de 12 (doze) meses consecutivos sem recolhimento ou declarações, independentemente de qualquer notificação, devendo a informação ser publicada no Portal do Empreendedor, na forma regulamentada pelo CGSIM.

- §§ 15-A e 15-B acrescidos pela LC nº 147, de 7-8-2014.

§ 16. O CGSN estabelecerá, para o MEI, critérios, procedimentos, prazos e efeitos diferenciados para desenquadramento da sistemática de que trata este artigo, cobrança, inscrição em dívida ativa e exclusão do SIMPLES Nacional.

§ 16-A. A baixa do MEI via portal eletrônico dispensa a comunicação aos órgãos da administração pública.

- § 16-A acrescido pela LC nº 155, de 27-10-2016.

§ 17. A alteração de dados no CNPJ informada pelo empresário à Secretaria da Receita Federal do Brasil equivalerá à comunicação obrigatória de desenquadramento da sistemática de recolhimento de que trata este artigo, nas seguintes hipóteses:

I – alteração para natureza jurídica distinta de empresário individual a que se refere o art. 966 da Lei nº 10.406, de 10 de janeiro de 2002 (Código Civil);

II – inclusão de atividade econômica não autorizada pelo CGSN;

III – abertura de filial.

- §§ 16 e 17 acrescidos pela LC nº 139, de 10-11-2011.

§ 18. Os Municípios somente poderão realizar o cancelamento da inscrição do MEI caso tenham regulamentação própria de classificação de risco e o respectivo processo simplificado de inscrição e legalização, em conformidade com esta Lei Complementar e com as resoluções do CGSIM.

§ 19. Fica vedada aos conselhos representativos de categorias econômicas a exigência de obrigações diversas das estipuladas nesta Lei Complementar para inscrição do MEI em seus quadros, sob pena de responsabilidade.

- §§ 18 e 19 acrescidos pela LC nº 147, de 7-8-2014.

§ 19-A. O MEI inscrito no conselho profissional de sua categoria na qualidade de pessoa física é dispensado de realizar nova inscrição no mesmo conselho na qualidade de empresário individual.

§ 19-B. São vedadas aos conselhos profissionais, sob pena de responsabilidade, a exigência de inscrição e a execução de qualquer tipo de ação fiscalizadora quando a ocupação do MEI não exigir registro profissional da pessoa física.

- §§ 19-A e 19-B acrescidos pela LC nº 155, de 27-10-2016.

§ 20. Os documentos fiscais das microempresas e empresas de pequeno porte poderão ser emitidos diretamente por sistema nacional informatizado e pela internet, sem custos para o empreendedor, na forma regulamentada pelo Comitê Gestor do SIMPLES Nacional.

§ 21. Assegurar-se-á o registro nos cadastros oficiais ao guia de turismo inscrito como MEI.

§ 22. Fica vedado às concessionárias de serviço público o aumento das tarifas pagas pelo MEI por conta da modificação da sua condição de pessoa física para pessoa jurídica.

- §§ 20 a 22 acrescidos pela LC nº 147, de 7-8-2014.

§ 23. VETADO. LC nº 147, de 7-8-2014.

§ 24. Aplica-se ao MEI o disposto no inciso XI do § 4º do art. 3º.

- § 24 acrescido pela LC nº 147, de 7-8-2014.

§ 25. O MEI poderá utilizar sua residência como sede do estabelecimento, quando não for indispensável a existência de local próprio para o exercício da atividade.

- § 25 acrescido pela LC nº 154, de 18-4-2016.

Art. 18-B. A empresa contratante de serviços executados por intermédio do MEI mantém, em relação a esta contratação, a obrigatoriedade de recolhimento da contribuição a que se refere o inciso III do *caput* e o § 1º do art. 22 da Lei nº 8.212, de 24 de julho de 1991, e o cumprimento das obrigações acessórias relativas à contratação de contribuinte individual.

- *Caput* acrescido pela LC nº 128, de 19-12-2008.

§ 1º Aplica-se o disposto neste artigo exclusivamente em relação ao MEI que for contratado para prestar serviços de hidráulica, eletricidade, pintura, alvenaria, carpintaria e de manutenção ou reparo de veículos.

- § 1º com a redação dada pela LC nº 147, de 7-8-2014.

§ 2º O disposto no *caput* e no § 1º não se aplica quando presentes os elementos da relação de emprego, ficando a contratante sujeita a todas as obrigações dela decorrentes, inclusive trabalhistas, tributárias e previdenciárias.

- § 2º acrescido pela LC nº 139, de 10-11-2011.

Art. 18-C. Observado o disposto no *caput* e nos §§ 1º a 25 do art. 18-A desta Lei Complementar, poderá enquadrar-se como MEI o empresário individual ou o empreendedor que exerça as atividades de industrialização, comercialização e prestação de serviços no âmbito rural que possua um único empregado que receba exclusivamente um salário mínimo ou o piso salarial da categoria profissional.

- *Caput* com a redação dada pela LC nº 155, de 27-10-2016.

§ 1º Na hipótese referida no *caput*, o MEI:

- Antigo parágrafo único transformado em § 1º e com a redação dada pela LC nº 139, de 10-11-2011.

I – deverá reter e recolher a contribuição previdenciária relativa ao segurado a seu serviço na forma da lei, observados prazo e condições estabelecidos pelo CGSN;

II – é obrigado a prestar informações relativas ao segurado a seu serviço, na forma estabelecida pelo CGSN; e

III – está sujeito ao recolhimento da contribuição de que trata o inciso VI do *caput* do art. 13, calculada à alíquota de 3% (três por cento) sobre o salário de contribuição previsto no *caput*, na forma e prazos estabelecidos pelo CGSN.

- Incisos I a III com a redação dada pela LC nº 139, de 10-11-2011.

§ 2º Para os casos de afastamento legal do único empregado do MEI, será permitida a contratação de outro empregado, inclusive por prazo determinado, até que cessem as condições do afastamento, na forma estabelecida pelo Ministério do Trabalho e Emprego.

§ 3º O CGSN poderá determinar, com relação ao MEI, a forma, a periodicidade e o prazo:

I – de entrega à Secretaria da Receita Federal do Brasil de uma única declaração com dados relacionados a fatos geradores, base de cálculo e valores dos tributos previstos nos arts. 18-A e 18-C, da contribuição para a Seguridade Social descontada do empregado e do Fundo de Garantia do Tempo de Serviço (FGTS), e outras informações de interesse do Ministério do Trabalho e Emprego, do Instituto Nacional do Seguro Social (INSS) e do Conselho Curador do FGTS, observado o disposto no § 7º do art. 26;

II – do recolhimento dos tributos previstos nos arts. 18-A e 18-C, bem como do FGTS e da contribuição para a Seguridade Social descontada do empregado.

§ 4º A entrega da declaração única de que trata o inciso I do § 3º substituirá, na forma regulamentada pelo CGSN, a obrigatoriedade de entrega de todas as informações, formulários e declarações a que estão sujeitas as demais empresas ou equiparados que contratam empregados, inclusive as relativas ao recolhimento do FGTS, à Relação Anual de Informações Sociais (RAIS) e ao Cadastro Geral de Empregados e Desempregados (CAGED).

§ 5º Na hipótese de recolhimento do FGTS na forma do inciso II do § 3º, deve-se assegurar a transferência dos recursos e dos elementos identificadores do recolhimento ao gestor desse fundo para crédito na conta vinculada do trabalhador.

- §§ 2º a 5º acrescidos pela LC nº 139, de 10-11-2011.

§ 6º O documento de que trata o inciso I do § 3º deste artigo tem caráter declaratório, constituindo instrumento hábil e suficiente para a exigência dos tributos e dos débitos fundiários que não tenham sido recolhidos resultantes das informações nele prestadas.

- § 6º acrescido pela LC nº 147, de 7-8-2014.

Art. 18-D. A tributação municipal do imposto sobre imóveis prediais urbanos deverá assegurar tratamento mais favorecido ao MEI para realização de sua atividade no mesmo local em que residir, mediante aplicação da menor alíquota vigente para aquela localidade, seja residencial ou comercial, nos termos da lei, sem prejuízo de eventual isenção ou imunidade existente.

- Art. 18-D acrescido pela LC nº 147, de 7-8-2014.

Art. 18-E. O instituto do MEI é uma política pública que tem por objetivo a formalização de pequenos empreendimentos e a inclusão social e previdenciária.

- *Caput* do art. 18-E acrescido pela LC nº 147, de 7-8-2014.

§ 1º A formalização de MEI não tem caráter eminentemente econômico ou fiscal.

§ 2º Todo benefício previsto nesta Lei Complementar aplicável à microempresa estende-se ao MEI sempre que lhe for mais favorável.

§ 3º O MEI é modalidade de microempresa.

- §§ 1º a 3º acrescidos pela LC nº 147, de 7-8-2014.

§ 4º É vedado impor restrições ao MEI relativamente ao exercício de profissão ou participação em licitações, em função da sua natureza jurídica, inclusive por ocasião da contratação dos serviços previstos no § 1º do art. 18-B desta Lei Complementar.

- § 4º com a redação dada pela LC nº 155, de 27-10-2016.

§ 5º O empreendedor que exerça as atividades de industrialização, comercialização e prestação de serviços no âmbito rural que efetuar seu registro como MEI não perderá a condição de segurado especial da Previdência Social.

§ 6º O disposto no § 5º e o licenciamento simplificado de atividades para o empreendedor que exerça as atividades de industrialização, comercialização e prestação de serviços no âmbito rural serão regulamentados pelo CGSIM em até cento e oitenta dias.

§ 7º O empreendedor que exerça as atividades de industrialização, comercialização e prestação de serviços no âmbito rural manterá todas as suas obrigações relativas à condição de produtor rural ou de agricultor familiar.

- §§ 5º a 7º acrescidos pela LC nº 155, de 27-10-2016.

Art. 18-F. Para o transportador autônomo de cargas inscrito como MEI, nos termos do art. 18-A desta Lei Complementar:

I – o limite da receita bruta de que trata o § 1º e o inciso V do § 3º do art. 18-A desta Lei Complementar será de R$ 251.600,00 (duzentos e cinquenta e um mil e seiscentos reais);

II – o limite será de R$ 20.966,67 (vinte mil novecentos e sessenta e seis reais e sessenta e sete centavos) multiplicados pelo número de meses compreendidos entre o início da atividade e o final do respectivo ano-calendário, consideradas as frações de meses como um mês inteiro, no caso de início de atividades de que trata o § 2º do art. 18-A desta Lei Complementar;

III – o valor mensal da contribuição de que trata o inciso X do § 1º do art. 13 desta Lei Complementar corresponderá ao valor resultante da aplicação da alíquota de 12% (doze por cento) sobre o salário mínimo mensal.

- Art. 18-F acrescido pela LC nº 188, de 31-12-2021.

Art. 19. Sem prejuízo da possibilidade de adoção de todas as faixas de receita previstas nos Anexos I a V desta Lei Complementar, os Estados cuja participação no Produto Interno Bruto brasileiro seja de até 1% (um por cento) poderão optar pela aplicação de sublimite para efeito de recolhimento do ICMS na forma do Simples Nacional nos respectivos territórios, para empresas com receita bruta anual de até R$ 1.800.000,00 (um milhão e oitocentos mil reais).

- *Caput* com a redação dada pela LC nº 155, de 27-10-2016.

I a III – *Revogados.* pela LC nº 155, de 27-10-2016.

§ 1º A participação no Produto Interno Bruto brasileiro será apurada levando em conta o último resultado divulgado pelo Instituto Brasileiro de Geografia e Estatística ou outro órgão que o substitua.

§ 2º A opção prevista no *caput* produzirá efeitos somente para o ano-calendário subsequente, salvo deliberação do CGSN.

- § 2º com a redação dada pela LC nº 155, de 27-10-2016.

§ 3º O disposto neste artigo aplica-se ao Distrito Federal.

§ 4º Para os Estados que não tenham adotado sublimite na forma do *caput* e para aqueles cuja participação no Produto Interno Bruto brasileiro seja superior a 1% (um por cento), para efeito de recolhimento do ICMS e do ISS, observar-se-á obrigatoriamente o sublimite no valor de R$ 3.600.000,00 (três milhões e seiscentos mil reais).

- § 4º acrescido pela LC nº 155, de 27-10-2016.

Art. 20. A opção feita na forma do art. 19 desta Lei Complementar pelos Estados importará adoção do mesmo limite de receita bruta anual para efeito de recolhimento na forma do ISS dos Municípios nele localizados, bem como para o do ISS devido no Distrito Federal.

§ 1º A empresa de pequeno porte que ultrapassar os limites a que se referem o *caput* e o § 4º do art. 19 estará automaticamente impedida de recolher o ICMS e o ISS na forma do Simples Nacional, a partir do mês subsequente àquele em que tiver ocorrido o excesso, relativamente aos seus estabelecimentos localizados na unidade da Federação que os houver adotado, ressalvado o disposto nos §§ 11 e 13 do art. 3º.

- § 1º com a redação dada pela LC nº 155, de 27-10-2016.

§ 1º-A. Os efeitos do impedimento previsto no § 1º ocorrerão no ano-calendário subsequente se o excesso verificado não for superior a 20% (vinte por cento) dos limites referidos.

- § 1º-A acrescido pela LC nº 139, de 10-11-2011.

§ 2º O disposto no § 1º deste artigo não se aplica na hipótese de o Estado ou de o Distrito Federal adotarem, compulsoriamente ou por opção, a aplicação de faixa de receita bruta superior à que vinha sendo utilizada no ano-calendário em que ocorreu o excesso da receita bruta.

§ 3º Na hipótese em que o recolhimento do ICMS ou do ISS não esteja sendo efetuado por meio do Simples Nacional por força do disposto neste artigo e no art. 19 desta Lei Complementar, as faixas de receita do Simples Nacional superiores àquela que tenha sido objeto de opção pelos Estados ou pelo Distrito Federal sofrerão, para efeito de recolhimento do Simples Nacional, redução da alíquota efetiva desses impostos, apurada de acordo com os Anexos I a V desta Lei Complementar, conforme o caso.

- § 3º com a redação dada pela LC nº 155, de 27-10-2016.

§ 4º O Comitê Gestor regulamentará o disposto neste artigo e no art. 19 desta Lei Complementar.

Seção IV

DO RECOLHIMENTO DOS TRIBUTOS DEVIDOS

Art. 21. Os tributos devidos, apurados na forma dos arts. 18 a 20 desta Lei Complementar, deverão ser pagos:

I – por meio de documento único de arrecadação, instituído pelo Comitê Gestor;

II – *Revogado.* LC nº 127, de 14-8-2007;

III – enquanto não regulamentado pelo Comitê Gestor, até o último dia útil da primeira quinzena do mês subsequente àquele a que se referir;

IV – em banco integrante da rede arrecadadora do SIMPLES Nacional, na forma regulamentada pelo Comitê Gestor.

- Inciso IV com a redação dada pela LC nº 127, de 14-8-2007.

§ 1º Na hipótese de a microempresa ou a empresa de pequeno porte possuir filiais, o recolhimento dos tributos do SIMPLES Nacional dar-se-á por intermédio da matriz.

§ 2º Poderá ser adotado sistema simplificado de arrecadação do SIMPLES Nacional, inclusive sem utilização da rede bancária, mediante requerimento do Estado, Distrito Federal ou Município ao Comitê Gestor.

§ 3º O valor não pago até a data do vencimento sujeitar-se-á à incidência de encargos legais na forma prevista na legislação do imposto sobre a renda.

§ 4º A retenção na fonte de ISS das microempresas ou das empresas de pequeno porte optantes pelo SIMPLES Nacional somente será permitida se observado o disposto no art. 3º da Lei Complementar nº 116, de 31 de julho de 2003, e deverá observar as seguintes normas:

- *Caput* do § 4º com a redação dada pela LC nº 128, de 19-12-2008.

I – a alíquota aplicável na retenção na fonte deverá ser informada no documento fiscal e corresponderá à alíquota efetiva de ISS a que a microempresa ou a empresa de pequeno porte estiver sujeita no mês anterior ao da prestação;

II – na hipótese de o serviço sujeito à retenção ser prestado no mês de início de atividades da microempresa ou da empresa de pequeno porte, deverá ser aplicada pelo tomador a alíquota efetiva de 2% (dois por cento);

• Incisos I e II com a redação dada pela LC nº 155, de 27-10-2016.

III – na hipótese do inciso II deste parágrafo, constatando-se que houve diferença entre a alíquota utilizada e a efetivamente apurada, caberá à microempresa ou empresa de pequeno porte prestadora dos serviços efetuar o recolhimento dessa diferença no mês subsequente ao do início de atividade em guia própria do Município;

IV – na hipótese de a microempresa ou empresa de pequeno porte estar sujeita à tributação do ISS no SIMPLES Nacional por valores fixos mensais, não caberá a retenção a que se refere o *caput* deste parágrafo;

• Incisos III e IV acrescidos pela LC nº 128, de 19-12-2008.

V – na hipótese de a microempresa ou a empresa de pequeno porte não informar a alíquota de que tratam os incisos I e II deste parágrafo no documento fiscal, aplicar-se-á a alíquota efetiva de 5% (cinco por cento);

• Inciso V com a redação dada pela LC nº 155, de 27-10-2016.

VI – não será eximida a responsabilidade do prestador de serviços quando a alíquota do ISS informada no documento fiscal for inferior à devida, hipótese em que o recolhimento dessa diferença será realizado em guia própria do Município;

VII – o valor retido, devidamente recolhido, será definitivo, não sendo objeto de partilha com os municípios, e sobre a receita de prestação de serviços que sofreu a retenção não haverá incidência de ISS a ser recolhido no SIMPLES Nacional.

• Incisos VI e VII acrescidos pela LC nº 128, de 19-12-2008.

§ 4º-A. Na hipótese de que tratam os incisos I e II do § 4º, a falsidade na prestação dessas informações sujeitará o responsável, o titular, os sócios ou os administradores da microempresa e da empresa de pequeno porte, juntamente com as demais pessoas que para ela concorrerem, às penalidades previstas na legislação criminal e tributária.

• § 4º-A acrescido pela LC nº 128, de 19-12-2008.

§ 5º O CGSN regulará a compensação e a restituição dos valores do SIMPLES Nacional recolhidos indevidamente ou em montante superior ao devido.

• § 5º com a redação dada pela LC nº 139, de 10-11-2011.

§ 6º O valor a ser restituído ou compensado será acrescido de juros obtidos pela aplicação da taxa referencial do Sistema Especial de Liquidação e de Custódia (SELIC) para títulos federais, acumulada mensalmente, a partir do mês subsequente ao do pagamento indevido ou a maior que o devido até o mês anterior ao da compensação ou restituição, e de 1% (um por cento) relativamente ao mês em que estiver sendo efetuada.

§ 7º Os valores compensados indevidamente serão exigidos com os acréscimos moratórios de que trata o art. 35.

§ 8º Na hipótese de compensação indevida, quando se comprove falsidade de declaração apresentada pelo sujeito passivo, o contribuinte estará sujeito à multa isolada aplicada no percentual previsto no inciso I do *caput* do art. 44 da Lei nº 9.430, de 27 de dezembro de 1996, aplicado em dobro, e terá como base de cálculo o valor total do débito indevidamente compensado.

§ 9º É vedado o aproveitamento de créditos não apurados no SIMPLES Nacional, inclusive de natureza não tributária, para extinção de débitos do SIMPLES Nacional.

§ 10. Os créditos apurados no SIMPLES Nacional não poderão ser utilizados para extinção de outros débitos para com as Fazendas Públicas, salvo por ocasião da compensação de ofício oriunda de deferimento em processo de restituição ou após a exclusão da empresa do SIMPLES Nacional.

§ 11. No SIMPLES Nacional, é permitida a compensação tão somente de créditos para extinção de débitos para com o mesmo ente federado e relativos ao mesmo tributo.

§ 12. Na restituição e compensação no SIMPLES Nacional serão observados os prazos de decadência e prescrição previstos na Lei nº 5.172, de 25 de outubro de 1966 (Código Tributário Nacional).

§ 13. É vedada a cessão de créditos para extinção de débitos no SIMPLES Nacional.

§ 14. Aplica-se aos processos de restituição e de compensação o rito estabelecido pelo CGSN.

§ 15. Compete ao CGSN fixar critérios, condições para rescisão, prazos, valores mínimos de amortização e demais procedimentos para parcelamento dos recolhimentos em atraso dos débitos tributários apurados no SIMPLES Nacional, observado o disposto no § 3º deste artigo e no art. 35 e ressalvado o disposto no § 19 deste artigo.

§ 16. Os débitos de que trata o § 15 poderão ser parcelados em até 60 (sessenta) parcelas mensais, na forma e condições previstas pelo CGSN.

§ 17. O valor de cada prestação mensal, por ocasião do pagamento, será acrescido de juros equivalentes à taxa referencial do Sistema Especial de Liquidação e de Custódia (SELIC) para títulos federais, acumulada mensalmente, calculados a partir do mês subsequente ao da consolidação até o mês anterior ao do pagamento, e de 1% (um por cento) relativamente ao mês em que o pagamento estiver sendo efetuado, na forma regulamentada pelo CGSN.

§ 18. Será admitido reparcelamento de débitos constantes de parcelamento em curso ou que tenha sido rescindido, podendo ser incluídos novos débitos, na forma regulamentada pelo CGSN.

§ 19. Os débitos constituídos de forma isolada por parte de Estado, do Distrito Federal ou de Município, em face de ausência de aplicativo para lançamento unificado, relativo a tributo de sua competência, que não estiverem inscritos em Dívida Ativa da União, poderão ser parcelados pelo ente responsável pelo lançamento de acordo com a respectiva legislação, na forma regulamentada pelo CGSN.

§ 20. O pedido de parcelamento deferido importa confissão irretratável do débito e configura confissão extrajudicial.

§ 21. Serão aplicadas na consolidação as reduções das multas de lançamento de ofício previstas na legislação federal, conforme regulamentação do CGSN.

§ 22. O repasse para os entes federados dos valores pagos e da amortização dos débitos parcelados será efetuado proporcionalmente ao valor de cada tributo na composição da dívida consolidada.

§ 23. No caso de parcelamento de débito inscrito em dívida ativa, o devedor pagará custas, emolumentos e demais encargos legais.

§ 24. Implicará imediata rescisão do parcelamento e remessa do débito para inscrição em dívida ativa ou prosseguimento da execução, conforme o caso, até deliberação do CGSN, a falta de pagamento:

I – de 3 (três) parcelas, consecutivas ou não; ou

II – de 1 (uma) parcela, estando pagas todas as demais.

• §§ 6º a 24 acrescidos pela LC nº 139, de 10-11-2011.

LEG. COMPLEMENTAR

§ 25. O documento previsto no inciso I do *caput* deste artigo deverá conter a partilha discriminada de cada um dos tributos abrangidos pelo Simples Nacional, bem como os valores destinados a cada ente federado.

- § 25 acrescido pela LC nº 155, de 27-10-2016.

Art. 21-A. A inscrição de microempresa ou empresa de pequeno porte no Cadastro Informativo dos créditos não quitados do setor público federal - CADIN, somente ocorrerá mediante notificação prévia com prazo para contestação.

- Artigo acrescido pela LC nº 147, de 7-8-2014.

Art. 21-B. Os Estados e o Distrito Federal deverão observar, em relação ao ICMS, o prazo mínimo de 60 (sessenta) dias, contado a partir do primeiro dia do mês do fato gerador da obrigação tributária, para estabelecer a data de vencimento do imposto devido por substituição tributária, tributação concentrada em uma única etapa (monofásica) e por antecipação tributária com ou sem encerramento de tributação, nas hipóteses em que a responsabilidade recair sobre operações ou prestações subsequentes, na forma regulamentada pelo Comitê Gestor.

- Artigo acrescido pela LC nº 147, de 7-8-2014.

Seção V

DO REPASSE DO PRODUTO DA ARRECADAÇÃO

Art. 22. O Comitê Gestor definirá o sistema de repasses do total arrecadado, inclusive encargos legais, para o:

I – Município ou Distrito Federal, do valor correspondente ao ISS;

II – Estado ou Distrito Federal, do valor correspondente ao ICMS;

III – Instituto Nacional do Seguro Social, do valor correspondente à Contribuição para manutenção da Seguridade Social.

Parágrafo único. Enquanto o Comitê Gestor não regulamentar o prazo para o repasse previsto no inciso II do *caput* deste artigo, esse será efetuado nos prazos estabelecidos nos convênios celebrados no âmbito do colegiado a que se refere a alínea *g* do inciso XII do § 2º do art. 155 da Constituição Federal.

Seção VI

DOS CRÉDITOS

Art. 23. As microempresas e as empresas de pequeno porte optantes pelo SIMPLES Nacional não farão jus à apropriação nem transferirão créditos relativos a impostos ou contribuições abrangidos pelo SIMPLES Nacional.

§ 1º As pessoas jurídicas e aquelas a elas equiparadas pela legislação tributária não optantes pelo SIMPLES Nacional terão direito a crédito correspondente ao ICMS incidente sobre as suas aquisições de mercadorias de microempresa ou empresa de pequeno porte optante pelo SIMPLES Nacional, desde que destinadas à comercialização ou industrialização e observado, como limite, o ICMS efetivamente devido pelas optantes pelo SIMPLES Nacional em relação a essas aquisições.

§ 2º A alíquota aplicável ao cálculo do crédito de que trata o § 1º deste artigo deverá ser informada no documento fiscal e corresponderá ao percentual de ICMS previsto nos Anexos I ou II desta Lei Complementar para a faixa de receita bruta a que a microempresa ou a empresa de pequeno porte estiver sujeita no mês anterior ao da operação.

§ 3º Na hipótese de a operação ocorrer no mês de início de atividades da microempresa ou empresa de pequeno porte optante pelo SIMPLES Nacional, a alíquota aplicável ao cálculo do crédito de que trata o § 1º deste artigo corresponderá ao percentual de ICMS referente à menor alíquota prevista nos Anexos I ou II desta Lei Complementar.

§ 4º Não se aplica o disposto nos §§ 1º a 3º deste artigo quando:

I – a microempresa ou empresa de pequeno porte estiver sujeita à tributação do ICMS no SIMPLES Nacional por valores fixos mensais;

II – a microempresa ou a empresa de pequeno porte não informar a alíquota de que trata o § 2º deste artigo no documento fiscal;

III – houver isenção estabelecida pelo Estado ou Distrito Federal que abranja a faixa de receita bruta a que a microempresa ou a empresa de pequeno porte estiver sujeita no mês da operação;

IV – o remetente da operação ou prestação considerar, por opção, que a alíquota determinada na forma do *caput* e dos §§ 1º e 2º do art. 18 desta Lei Complementar deverá incidir sobre a receita recebida no mês.

§ 5º Mediante deliberação exclusiva e unilateral dos Estados e do Distrito Federal, poderá ser concedido às pessoas jurídicas e àquelas a elas equiparadas pela legislação tributária não optantes pelo SIMPLES Nacional crédito correspondente ao ICMS incidente sobre os insumos utilizados nas mercadorias adquiridas de indústria optante pelo SIMPLES Nacional, sendo vedado o estabelecimento de diferenciação no valor do crédito em razão da procedência dessas mercadorias.

§ 6º O Comitê Gestor do SIMPLES Nacional disciplinará o disposto neste artigo.

- §§ 1º a 6º acrescidos pela LC nº 128, de 19-12-2008.

Art. 24. As microempresas e as empresas de pequeno porte optantes pelo SIMPLES Nacional não poderão utilizar ou destinar qualquer valor a título de incentivo fiscal.

§ 1º Não serão consideradas quaisquer alterações em bases de cálculo, alíquotas e percentuais ou outros fatores que alterem o valor de imposto ou contribuição apurado na forma do SIMPLES Nacional, estabelecidas pela União, Estado, Distrito Federal ou Município, exceto as previstas ou autorizadas nesta Lei Complementar.

- Parágrafo único transformado em § 1º pela LC nº 155, de 27-10-2016.

§ 2º VETADO. LC nº 155, de 27-10-2016.

Seção VII

DAS OBRIGAÇÕES FISCAIS ACESSÓRIAS

Art. 25. A microempresa ou empresa de pequeno porte optante pelo SIMPLES Nacional deverá apresentar anualmente à Secretaria da Receita Federal do Brasil declaração única e simplificada de informações socioeconômicas e fiscais, que deverá ser disponibilizada aos órgãos de fiscalização tributária e previdenciária, observados prazo e modelo aprovados pelo CGSN e observado o disposto no § 15-A do art. 18.

- *Caput* com a redação dada pela LC nº 139, de 10-11-2011.
- Arts. 26, II e § 3º, 38, 41, § 4º, II, desta Lei Complementar.

§ 1º A declaração de que trata o *caput* deste artigo constitui confissão de dívida e instrumento hábil e suficiente para a exigência dos tributos e contribuições que não tenham sido recolhidos resultantes das informações nela prestadas.

- Antigo parágrafo único transformado em § 1º pela LC nº 128, de 19-12-2008.

§ 2º A situação de inatividade deverá ser informada na declaração de que trata o *caput* deste artigo, na forma regulamentada pelo Comitê Gestor.

§ 3º Para efeito do disposto no § 2º deste artigo, considera-se em situação de inatividade a microempresa ou a empresa de pequeno porte que não apresente mutação patrimonial e atividade operacional durante todo o ano-calendário.

- §§ 2º e 3º acrescidos pela LC nº 128, de 19-12-2008.

§ 4º A declaração de que trata o *caput* deste artigo, relativa ao MEI definido no art. 18-A desta Lei Complementar, conterá, para efeito do disposto no art. 3º da Lei Complementar nº 63, de 11 de janeiro de 1990, tão somente as informações relativas à receita bruta total sujeita ao ICMS, sendo vedada a instituição de declarações adicionais em decorrência da referida Lei Complementar.

- § 4º acrescido pela LC nº 128, de 19-12-2008.

§ 5º A declaração de que trata o *caput*, a partir das informações relativas ao ano-calendário de 2012, poderá ser prestada por meio da declaração de que trata o § 15-A do art. 18 desta Lei Complementar, na periodicidade e prazos definidos pelo CGSN.

- § 5º acrescido pela LC nº 147, de 7-8-2014.

Art. 26. As microempresas e empresas de pequeno porte optantes pelo SIMPLES Nacional ficam obrigadas a:

- Art. 29, XI, desta Lei Complementar.

I – emitir documento fiscal de venda ou prestação de serviço, de acordo com instruções expedidas pelo Comitê Gestor;

II – manter em boa ordem e guarda os documentos que fundamentaram a apuração dos impostos e contribuições devidos e o cumprimento das obrigações acessórias a que se refere o art. 25 desta Lei Complementar enquanto não decorrido o prazo decadencial e não prescritas eventuais ações que lhes sejam pertinentes.

§ 1º O MEI fará a comprovação da receita bruta mediante apresentação do registro de vendas ou de prestação de serviços na forma estabelecida pelo CGSN, ficando dispensado da emissão do documento fiscal previsto no inciso I do *caput*, ressalvadas as hipóteses de emissão obrigatória previstas pelo referido Comitê.

- *Caput* do § 1º com a redação dada pela LC nº 139, de 10-11-2011.

I a III – *Revogados*. LC nº 128, de 19-12-2008.

§ 2º As demais microempresas e as empresas de pequeno porte, além do disposto nos incisos I e II do *caput* deste artigo, deverão, ainda, manter o livro-caixa em que será escriturada sua movimentação financeira e bancária.

§ 3º A exigência de declaração única a que se refere o *caput* do art. 25 desta Lei Complementar não desobriga a prestação de informações relativas a terceiros.

§ 4º É vedada a exigência de obrigações tributárias acessórias relativas aos tributos apurados na forma do SIMPLES Nacional além daquelas estipuladas pelo CGSN e atendidas por meio do Portal do SIMPLES Nacional, bem como, o estabelecimento de exigências adicionais e unilaterais pelos entes federativos, exceto os programas de cidadania fiscal.

- § 4º com a redação dada pela LC nº 147, de 7-8-2014.

§ 4º-A. A escrituração fiscal digital ou obrigação equivalente não poderá ser exigida da microempresa ou empresa de pequeno porte optante pelo SIMPLES Nacional, salvo se, cumulativamente, houver:

I – autorização específica do CGSN, que estabelecerá as condições para a obrigatoriedade;

II – disponibilização por parte da administração tributária estipulante de aplicativo gratuito para uso da empresa optante.

§ 4º-B. A exigência de apresentação de livros fiscais em meio eletrônico aplicar-se-á somente na hipótese de substituição da entrega em meio convencional, cuja obrigatoriedade tenha sido prévia e especificamente estabelecida pelo CGSN.

§ 4º-C. Até a implantação de sistema nacional uniforme estabelecido pelo CGSN com compartilhamento de informações com os entes federados, permanece válida norma publicada por ente federado até o primeiro trimestre de 2014 que tenha veiculado exigência vigente de a microempresa ou empresa de pequeno porte apresentar escrituração fiscal digital ou obrigação equivalente.

- §§ 4º-A a 4º-C acrescidos pela LC nº 147, de 7-8-2014.

§ 5º As microempresas e empresas de pequeno porte ficam sujeitas à entrega de declaração eletrônica que deva conter os dados referentes aos serviços prestados ou tomados de terceiros, na conformidade do que dispuser o Comitê Gestor.

§ 6º Na hipótese do § 1º deste artigo:

- § 6º acrescido pela LC nº 128, de 19-12-2008.

I – deverão ser anexados ao registro de vendas ou de prestação de serviços, na forma regulamentada pelo Comitê Gestor, os documentos fiscais comprobatórios das entradas de mercadorias e serviços tomados referentes ao período, bem como os documentos fiscais relativos às operações ou prestações realizadas eventualmente emitidos;

- Inciso I acrescido pela LC nº 128, de 19-12-2008.

II – será obrigatória a emissão de documento fiscal nas vendas e nas prestações de serviços realizadas pelo MEI para destinatário cadastrado no Cadastro Nacional da Pessoa Jurídica (CNPJ), ficando dispensado desta emissão para o consumidor final.

- Inciso II com a redação dada pela LC nº 139, de 10-11-2011.

§ 7º Cabe ao CGSN dispor sobre a exigência da certificação digital para o cumprimento de obrigações principais e acessórias por parte da microempresa, inclusive o MEI, ou empresa de pequeno porte optante pelo SIMPLES Nacional, inclusive para o recolhimento do FGTS.

- § 7º acrescido pela LC nº 139, de 10-11-2011.

§ 8º O CGSN poderá disciplinar sobre a disponibilização, no portal do SIMPLES Nacional, de documento fiscal eletrônico de venda ou de prestação de serviço para o MEI, microempresa ou empresa de pequeno porte optante pelo SIMPLES Nacional.

§ 9º O desenvolvimento e a manutenção das soluções de tecnologia, capacitação e orientação aos usuários relativas ao disposto no § 8º, bem como as demais relativas ao SIMPLES Nacional, poderão ser apoiadas pelo Serviço Brasileiro de Apoio às Micro e Pequenas Empresas – SEBRAE.

§ 10. O ato de emissão ou de recepção de documento fiscal por meio eletrônico estabelecido pelas administrações tributárias, em qualquer modalidade, de entrada, de saída ou de prestação, na forma estabelecida pelo CGSN, representa sua própria escrituração fiscal e elemento suficiente para a fundamentação e a constituição do crédito tributário.

§ 11. Os dados dos documentos fiscais de qualquer espécie podem ser compartilhados entre as administrações tributárias da União, Estados, Distrito Federal e Municípios e, quando emitidos por meio eletrônico, na forma estabelecida pelo CGSN, a microempresa ou empresa de pequeno porte optante pelo SIMPLES Nacional fica desobrigada de transmitir seus dados às administrações tributárias.

- §§ 8º a 11 acrescidos pela LC nº 147, de 7-8-2014.

§ 12. As informações a serem prestadas relativas ao ICMS devido na forma prevista nas alíneas *a*, *g* e *h* do inciso XIII do § 1º do art. 13 serão fornecidas por meio de aplicativo único.

§ 13. Fica estabelecida a obrigatoriedade de utilização de documentos fiscais eletrônicos estabelecidos pelo Confaz nas operações e prestações relativas ao ICMS efetuadas por microempresas e empresas de pequeno porte nas hipóteses previstas nas alíneas *a*, *g* e *h* do inciso XIII do § 1º do art. 13.

§ 14. Os aplicativos necessários ao cumprimento do disposto nos §§ 12 e 13 deste artigo serão disponibilizados, de forma gratuita, no portal do SIMPLES Nacional.

- §§ 12 a 14 acrescidos pela LC nº 147, de 7-8-2014.

§ 15. O CGSN regulamentará o disposto neste artigo.

- § 15 acrescido pela LC nº 147, de 7-8-2014.

Art. 27. As microempresas e empresas de pequeno porte optantes pelo SIMPLES Nacional poderão, opcionalmente, adotar contabilidade simplificada para os registros e controles das operações realizadas, conforme regulamentação do Comitê Gestor.

- Dec. nº 6.451, de 12-5-2008, dispõe sobre a constituição do Consórcio Simples por Microempresas e EPP optantes pelo Simples Nacional.

Seção VIII

DA EXCLUSÃO DO SIMPLES NACIONAL

Art. 28. A exclusão do SIMPLES Nacional será feita de ofício ou mediante comunicação das empresas optantes.

Parágrafo único. As regras previstas nesta seção e o modo de sua implementação serão regulamentados pelo Comitê Gestor.

Art. 29. A exclusão de ofício das empresas optantes pelo SIMPLES Nacional dar-se-á quando:

I – verificada a falta de comunicação de exclusão obrigatória;

- Art. 33 desta Lei Complementar.

II – for oferecido embaraço à fiscalização, caracterizado pela negativa não justificada de exibição de livros e documentos a que estiverem obrigadas, bem como pelo não fornecimento de informações sobre bens, movimentação financeira, negócio ou atividade que estiverem intimadas a apresentar, e nas demais hipóteses que autorizam a requisição de auxílio da força pública;

III – for oferecida resistência à fiscalização, caracterizada pela negativa de acesso ao estabelecimento, ao domicílio fiscal ou a qualquer outro local onde desenvolvam suas atividades ou se encontrem bens de sua propriedade;

IV – a sua constituição ocorrer por interpostas pessoas;

V – tiver sido constatada prática reiterada de infração ao disposto nesta Lei Complementar;

VI – a empresa for declarada inapta, na forma dos arts. 81 e 82 da Lei nº 9.430, de 27 de dezembro de 1996, e alterações posteriores;

VII – comercializar mercadorias objeto de contrabando ou descaminho;

VIII – houver falta de escrituração do livro-caixa ou não permitir a identificação da movimentação financeira, inclusive bancária;

IX – for constatado que durante o ano-calendário o valor das despesas pagas supera em 20% (vinte por cento) o valor de ingressos de recursos no mesmo período, excluído o ano de início de atividade;

X – for constatado que durante o ano-calendário o valor das aquisições de mercadorias para comercialização ou industrialização, ressalvadas hipóteses justificadas de aumento de estoque, for superior a 80% (oitenta por cento) dos ingressos de recursos no mesmo período, excluído o ano de início de atividade;

XI – houver descumprimento reiterado da obrigação contida no inciso I do *caput* do art. 26;

XII – omitir de forma reiterada da folha de pagamento da empresa ou de documento de informações previsto pela legislação previdenciária, trabalhista ou tributária, segurado empregado, trabalhador avulso ou contribuinte individual que lhe preste serviço.

- Incisos XI e XII com a redação dada pela LC nº 139, de 10-11-2011.

§ 1º Nas hipóteses previstas nos incisos II a XII do *caput* deste artigo, a exclusão produzirá efeitos a partir do próprio mês em que incorridas, impedindo a opção pelo regime diferenciado e favorecido desta Lei Complementar pelos próximos 3 (três) anos-calendário seguintes.

- § 1º com a redação dada pela LC nº 127, de 14-8-2007.

§ 2º O prazo de que trata o § 1º deste artigo será elevado para 10 (dez) anos caso seja constatada a utilização de artifício, ardil ou qualquer outro meio fraudulento que induza ou mantenha a fiscalização em erro, com o fim de suprimir ou reduzir o pagamento de tributo apurável segundo o regime especial previsto nesta Lei Complementar.

§ 3º A exclusão de ofício será realizada na forma regulamentada pelo Comitê Gestor, cabendo o lançamento dos tributos e contribuições apurados aos respectivos entes tributantes.

§ 4º *Revogado.* LC nº 128, de 19-12-2008.

§ 5º A competência para exclusão de ofício do SIMPLES Nacional obedece ao disposto no art. 33, e o julgamento administrativo, ao disposto no art. 39, ambos desta Lei Complementar.

§ 6º Nas hipóteses de exclusão previstas no *caput*, a notificação:

- *Caput* do § 6º com a redação dada pela LC nº 139, de 10-11-2011.

I – será efetuada pelo ente federativo que promoveu a exclusão; e

II – poderá ser feita por meio eletrônico, observada a regulamentação do CGSN.

- Incisos I e II acrescidos pela LC nº 139, de 10-11-2011.

§ 7º *Revogado.* LC nº 139, de 10-10-2011.

§ 8º A notificação de que trata o § 6º aplica-se ao indeferimento da opção pelo SIMPLES Nacional.

- § 8º com a redação dada pela LC nº 139, de 10-11-2011.

§ 9º Considera-se prática reiterada, para fins do disposto nos incisos V, XI e XII do *caput*:

I – a ocorrência, em 2 (dois) ou mais períodos de apuração, consecutivos ou alternados, de idênticas infrações, inclusive de natureza acessória, verificada em relação aos últimos 5 (cinco) anos-calendário, formalizadas por intermédio de auto de infração ou notificação de lançamento; ou

II – a segunda ocorrência de idênticas infrações, caso seja constatada a utilização de artifício, ardil ou qualquer outro meio fraudulento que induza ou mantenha a fiscalização em erro, com o fim de suprimir ou reduzir o pagamento de tributo.

- § 9º acrescido pela LC nº 139, de 10-11-2011.

Art. 30. A exclusão do SIMPLES Nacional, mediante comunicação das microempresas ou das empresas de pequeno porte, dar-se-á:

I – por opção;

II – obrigatoriamente, quando elas incorrerem em qualquer das situações de vedação previstas nesta Lei Complementar; ou

III – obrigatoriamente, quando ultrapassado, no ano-calendário de início de atividade, o limite proporcional de receita bruta de que trata o § 2º do art. 3º;

- Inciso III com a redação dada pela LC nº 139, de 10-11-2011.

IV – obrigatoriamente, quando ultrapassado, no ano-calendário, o limite de receita bruta previsto no inciso II do *caput* do art. 3º, quando não estiver no ano-calendário de início de atividade.

- Inciso IV acrescido pela LC nº 139, de 10-11-2011.

§ 1º A exclusão deverá ser comunicada à Secretaria da Receita Federal:

- Art. 36 desta Lei Complementar.

I – na hipótese do inciso I do *caput* deste artigo, até o último dia útil do mês de janeiro;

II – na hipótese do inciso II do *caput* deste artigo, até o último dia útil do mês subsequente àquele em que ocorrida a situação de vedação;

III – na hipótese do inciso III do *caput*:

- *Caput* do inciso III com a redação dada pela LC nº 139, de 10-11-2011.

a) até o último dia útil do mês seguinte àquele em que tiver ultrapassado em mais de 20% (vinte por cento) o limite proporcional de que trata o § 10 do art. 3º; ou

b) até o último dia útil do mês de janeiro do ano-calendário subsequente ao de início de atividades, caso o excesso seja inferior a 20% (vinte por cento) do respectivo limite;

- Alíneas *a* e *b* acrescidas pela LC nº 139, de 10-11-2011.

IV – na hipótese do inciso IV do *caput*:

a) até o último dia útil do mês subsequente à ultrapassagem em mais de 20% (vinte por cento) do limite de receita bruta previsto no inciso II do *caput* do art. 3º; ou

b) até o último dia útil do mês de janeiro do ano-calendário subsequente, na hipótese de não ter ultrapassado em mais de 20% (vinte por cento) o limite de receita bruta previsto no inciso II do *caput* do art. 3º.

- Inciso IV acrescido pela LC nº 139, de 10-11-2011.

§ 2º A comunicação de que trata o *caput* deste artigo dar-se-á na forma a ser estabelecida pelo Comitê Gestor.

§ 3º A alteração de dados no CNPJ, informada pela ME ou EPP à Secretaria da Receita Federal do Brasil, equivalerá à comunicação obrigatória de exclusão do SIMPLES Nacional nas seguintes hipóteses:

I – alteração de natureza jurídica para Sociedade Anônima, Sociedade Empresária em Comandita por Ações, Sociedade em Conta de Participação ou Estabelecimento, no Brasil, de Sociedade Estrangeira;

II – inclusão de atividade econômica vedada à opção pelo SIMPLES Nacional;

III – inclusão de sócio pessoa jurídica;

IV – inclusão de sócio domiciliado no exterior;

V – cisão parcial; ou

VI – extinção da empresa.

- § 3º acrescido pela LC nº 139, de 10-11-2011.

Art. 31. A exclusão das microempresas ou das empresas de pequeno porte do SIMPLES Nacional produzirá efeitos:

I – na hipótese do inciso I do *caput* do art. 30 desta Lei Complementar, a partir de 1º de janeiro do ano-calendário subsequente, ressalvado o disposto no § 4º deste artigo;

II – na hipótese do inciso II do *caput* do art. 30 desta Lei Complementar, a partir do mês seguinte da ocorrência da situação impeditiva;

III – na hipótese do inciso III do *caput* do art. 30 desta Lei Complementar:

a) desde o início das atividades;

b) a partir de 1º de janeiro do ano-calendário subsequente, na hipótese de não ter ultrapassado em mais de 20% (vinte por cento) o limite proporcional de que trata o § 10 do art. 3º;

- Alínea *b* com a redação dada pela LC nº 139, de 10-11-2011.

IV – na hipótese do inciso V do *caput* do art. 17 desta Lei Complementar, a partir do ano-calendário subsequente ao da ciência da comunicação da exclusão;

V – na hipótese do inciso IV do *caput* do art. 30:

a) a partir do mês subsequente à ultrapassagem em mais de 20% (vinte por cento) do limite de receita bruta previsto no inciso II do art. 3º;

b) a partir de 1º de janeiro do ano-calendário subsequente, na hipótese de não ter ultrapassado em mais de 20% (vinte por cento) o limite de receita bruta previsto no inciso II do art. 3º.

- Inciso V acrescido pela LC nº 139, de 10-11-2011.

§ 1º Na hipótese prevista no inciso III do *caput* do art. 30 desta Lei Complementar, a microempresa ou empresa de pequeno porte não poderá optar, no ano-calendário subsequente ao do início de atividades, pelo SIMPLES Nacional.

§ 2º Na hipótese dos incisos V e XVI do *caput* do art. 17, será permitida a permanência da pessoa jurídica como optante pelo SIMPLES Nacional mediante a comprovação da regularização do débito ou do cadastro fiscal no prazo de até 30 (trinta) dias contados a partir da ciência da comunicação da exclusão.

§ 3º O CGSN regulamentará os procedimentos relativos ao impedimento de recolher o ICMS e o ISS na forma do SIMPLES Nacional, em face da ultrapassagem dos limites estabelecidos na forma dos incisos I ou II do art. 19 e do art. 20.

- §§ 2º e 3º com a redação dada pela LC nº 139, de 10-11-2011.

§ 4º No caso de a microempresa ou a empresa de pequeno porte ser excluída do SIMPLES Nacional no mês de janeiro, na hipótese do inciso I do *caput* do art. 30 desta Lei Complementar, os efeitos da exclusão dar-se-ão nesse mesmo ano.

§ 5º Na hipótese do inciso II do *caput* deste artigo, uma vez que o motivo da exclusão deixe de existir, havendo a exclusão retroativa de ofício no caso do inciso I do *caput* do art. 29 desta Lei Complementar, o efeito desta dar-se-á a partir do mês seguinte ao da ocorrência da situação impeditiva, limitado, porém, ao último dia do ano-calendário em que a referida situação deixou de existir.

- § 5º acrescido pela LC nº 128, de 19-12-2008.

Art. 32. As microempresas ou as empresas de pequeno porte excluídas do SIMPLES Nacional sujeitar-se-ão, a partir do período em que se processarem os efeitos da exclusão, às normas de tributação aplicáveis às demais pessoas jurídicas.

§ 1º Para efeitos do disposto no *caput* deste artigo, na hipótese da alínea *a* do inciso III do *caput* do art. 31 desta Lei Complementar, a microempresa ou a empresa de pequeno porte desenquadrada ficará sujeita ao pagamento da totalidade ou diferença dos respectivos impostos e contribuições, devidos de conformidade com as normas gerais

LEG. COMPLEMENTAR

de incidência, acrescidos, tão somente, de juros de mora, quando efetuado antes do início de procedimento de ofício.

§ 2º Para efeito do disposto no *caput* deste artigo, o sujeito passivo poderá optar pelo recolhimento do imposto de renda e da Contribuição Social sobre o Lucro Líquido na forma do lucro presumido, lucro real trimestral ou anual.

§ 3º Aplica-se o disposto no *caput* e no § 1º em relação ao ICMS e ao ISS à empresa impedida de recolher esses impostos na forma do SIMPLES Nacional, em face da ultrapassagem dos limites a que se referem os incisos I e II do *caput* do art. 19, relativamente ao estabelecimento localizado na unidade da Federação que os houver adotado.

- § 3º acrescido pela LC nº 139, de 10-11-2011.

Seção IX

DA FISCALIZAÇÃO

Art. 33. A competência para fiscalizar o cumprimento das obrigações principais e acessórias relativas ao SIMPLES Nacional e para verificar a ocorrência das hipóteses previstas no art. 29 desta Lei Complementar é da Secretaria da Receita Federal e das Secretarias de Fazenda ou de Finanças do Estado ou do Distrito Federal, segundo a localização do estabelecimento, e, tratando-se de prestação de serviços incluídos na competência tributária municipal, a competência será também do respectivo Município.

§ 1º As Secretarias de Fazenda ou Finanças dos Estados poderão celebrar convênio com os Municípios de sua jurisdição para atribuir a estes a fiscalização a que se refere o *caput* deste artigo.

§ 1º-A. Dispensa-se o convênio de que trata o § 1º na hipótese de ocorrência de prestação de serviços sujeita ao ISS por estabelecimento localizado no Município.

§ 1º-B. A fiscalização de que trata o *caput*, após iniciada, poderá abranger todos os demais estabelecimentos da microempresa ou da empresa de pequeno porte, independentemente da atividade por eles exercida ou de sua localização, na forma e condições estabelecidas pelo CGSN.

§ 1º-C. As autoridades fiscais de que trata o *caput* têm competência para efetuar o lançamento de todos os tributos previstos nos incisos I a VIII do art. 13, apurados na forma do SIMPLES Nacional, relativamente a todos os estabelecimentos da empresa, independentemente do ente federado instituidor.

§ 1º-D. A competência para autuação por descumprimento de obrigação acessória é privativa da administração tributária perante a qual a obrigação deveria ter sido cumprida.

- §§ 1º-A a 1º-D acrescidos pela LC nº 139, de 10-11-2011.

§ 2º Na hipótese de a microempresa ou empresa de pequeno porte exercer alguma das atividades de prestação de serviços previstas no § 5º-C do art. 18 desta Lei Complementar, caberá à Secretaria da Receita Federal do Brasil a fiscalização da Contribuição para a Seguridade Social, a cargo da empresa, de que trata o art. 22 da Lei nº 8.212, de 24 de julho de 1991.

- § 2º com a redação dada pela LC nº 128, de 19-12-2008.

§ 3º O valor não pago, apurado em procedimento de fiscalização, será exigido em lançamento de ofício pela autoridade competente que realizou a fiscalização.

§ 4º O Comitê Gestor disciplinará o disposto neste artigo.

Seção X

DA OMISSÃO DE RECEITA

Art. 34. Aplicam-se à microempresa e à empresa de pequeno porte optantes pelo SIMPLES Nacional todas as presunções de omissão de receita existentes nas legislações de regência dos impostos e contribuições incluídos no SIMPLES Nacional.

- A alteração que seria introduzida neste artigo pela LC nº 139, de 10-11-2011, foi vetada, razão pela qual mantivemos a sua redação.

§ 1º É permitida a prestação de assistência mútua e a permuta de informações entre a Fazenda Pública da União e as dos Estados, do Distrito Federal e dos Municípios, relativas às microempresas e às empresas de pequeno porte, para fins de planejamento ou de execução de procedimentos fiscais ou preparatórios.

- § 1º acrescido pela LC nº 155, de 27-10-2016.

§ 2º VETADO. LC nº 155, de 27-10-2016;

§ 3º Sem prejuízo de ação fiscal individual, as administrações tributárias poderão utilizar procedimento de notificação prévia visando à autorregularização, na forma e nos prazos a serem regulamentados pelo CGSN, que não constituirá início de procedimento fiscal.

- § 3º acrescido pela LC nº 155, de 27-10-2016.

§ 4º VETADO. LC nº 155, de 27-10-2016.

Seção XI

DOS ACRÉSCIMOS LEGAIS

Art. 35. Aplicam-se aos impostos e contribuições devidos pela microempresa e pela empresa de pequeno porte, inscritas no SIMPLES Nacional, as normas relativas aos juros e multa de mora e de ofício previstas para o imposto de renda, inclusive, quando for o caso, em relação ao ICMS e ao ISS.

Art. 36. A falta de comunicação, quando obrigatória, da exclusão da pessoa jurídica do SIMPLES Nacional, nos prazos determinados no § 1º do art. 30 desta Lei Complementar, sujeitará a pessoa jurídica a multa correspondente a 10% (dez por cento) do total dos impostos e contribuições devidos de conformidade com o SIMPLES Nacional no mês que anteceder o início dos efeitos da exclusão, não inferior a R$ 200,00 (duzentos reais), insusceptível de redução.

- Artigo com a redação dada pela LC nº 128, de 19-12-2008.

Art. 36-A. A falta de comunicação, quando obrigatória, do desenquadramento do microempreendedor individual da sistemática de recolhimento prevista no art. 18-A desta Lei Complementar nos prazos determinados em seu § 7º sujeitará o microempreendedor individual a multa no valor de R$ 50,00 (cinquenta reais), insusceptível de redução.

- Artigo acrescido pela LC nº 128, de 19-12-2008.

Art. 37. A imposição das multas de que trata esta Lei Complementar não exclui a aplicação das sanções previstas na legislação penal, inclusive em relação a declaração falsa, adulteração de documentos e emissão de nota fiscal em desacordo com a operação efetivamente praticada, a que estão sujeitos o titular ou sócio da pessoa jurídica.

Art. 38. O sujeito passivo que deixar de apresentar a Declaração Simplificada da Pessoa Jurídica a que se refere o art. 25 desta Lei Complementar, no prazo fixado, ou que a apresentar com incorreções ou omissões, será intimado a apresentar declaração original, no caso de não apresentação, ou a prestar esclarecimentos, nos demais casos, no prazo estipulado pela autoridade fiscal, na forma definida pelo Comitê Gestor, e sujeitar-se-á às seguintes multas:

I – de 2% (dois por cento) ao mês-calendário ou fração, incidentes sobre o montante dos tributos e contribuições informados na Declaração Simplificada da Pessoa Jurídica, ainda que integralmente pago, no caso de falta de entrega da declaração ou entrega após o prazo, limitada a 20% (vinte por cento), observado o disposto no § 3º deste artigo;

II – de R$ 100,00 (cem reais) para cada grupo de 10 (dez) informações incorretas ou omitidas.

§ 1º Para efeito de aplicação da multa prevista no inciso I do *caput* deste artigo, será considerado como termo inicial o dia seguinte ao término do prazo originalmente fixado para a entrega da declaração e como termo final a data da efetiva entrega ou, no caso de não apresentação, da lavratura do auto de infração.

§ 2º Observado o disposto no § 3º deste artigo, as multas serão reduzidas:

I – à metade, quando a declaração for apresentada após o prazo, mas antes de qualquer procedimento de ofício;

II – a 75% (setenta e cinco por cento), se houver a apresentação da declaração no prazo fixado em intimação.

§ 3º A multa mínima a ser aplicada será de R$ 200,00 (duzentos reais).

- § 3º com a redação dada pela LC nº 128, de 19-12-2008.

§ 4º Considerar-se-á não entregue a declaração que não atender às especificações técnicas estabelecidas pelo Comitê Gestor.

§ 5º Na hipótese do § 4º deste artigo, o sujeito passivo será intimado a apresentar nova declaração, no prazo de 10 (dez) dias, contados da ciência da intimação, e sujeitar-se-á à multa prevista no inciso I do *caput* deste artigo, observado o disposto nos §§ 1º a 3º deste artigo.

§ 6º A multa mínima de que trata o § 3º deste artigo a ser aplicada ao Microempreendedor Individual na vigência da opção de que trata o art. 18-A desta Lei Complementar será de R$ 50,00 (cinquenta reais).

- § 6º acrescido pela LC nº 128, de 19-12-2008.

Art. 38-A. O sujeito passivo que deixar de prestar as informações no sistema eletrônico de cálculo de que trata o § 15 do art. 18, no prazo previsto no § 15-A do mesmo artigo, ou que as prestar com incorreções ou omissões, será intimado a fazê-lo, no caso de não apresentação, ou a prestar esclarecimentos, nos demais casos, no prazo estipulado pela autoridade fiscal, na forma definida pelo CGSN, e sujeitar-se-á às seguintes multas, para cada mês de referência:

I – de 2% (dois por cento) ao mês-calendário ou fração, a partir do primeiro dia do quarto mês do ano subsequente à ocorrência dos fatos geradores, incidentes sobre o montante dos impostos e contribuições decorrentes das informações prestadas no sistema eletrônico de cálculo de que trata o § 15 do art. 18, ainda que integralmente pago, no caso de ausência de prestação de informações ou sua efetuação após o prazo, limitada a 20% (vinte por cento), observado o disposto no § 2º deste artigo; e

II – de R$ 20,00 (vinte reais) para cada grupo de 10 (dez) informações incorretas ou omitidas.

§ 1º Para efeito de aplicação da multa prevista no inciso I do *caput*, será considerado como termo inicial o primeiro dia do quarto mês do ano subsequente à ocorrência dos fatos geradores e como termo final a data da efetiva prestação ou, no caso de não prestação, da lavratura do auto de infração.

§ 2º A multa mínima a ser aplicada será de R$ 50,00 (cinquenta reais) para cada mês de referência.

§ 3º Aplica-se ao disposto neste artigo o disposto nos §§ 2º, 4º e 5º do art. 38.

§ 4º O CGSN poderá estabelecer data posterior à prevista no inciso I do *caput* e no § 1º.

- Art. 38-A acrescido pela LC nº 139, de 10-11-2011.

Art. 38-B. As multas relativas à falta de prestação ou à incorreção no cumprimento de obrigações acessórias para com os órgãos e entidades federais, estaduais, distritais e municipais, quando em valor fixo ou mínimo, e na ausência de previsão legal de valores específicos e mais favoráveis para MEI, microempresa ou empresa de pequeno porte, terão redução de:

I – 90% (noventa por cento) para os MEI;

II – 50% (cinquenta por cento) para as microempresas ou empresas de pequeno porte optantes pelo Simples Nacional.

Parágrafo único. As reduções de que tratam os incisos I e II do *caput* não se aplicam na:

I – hipótese de fraude, resistência ou embaraço à fiscalização;

II – ausência de pagamento da multa no prazo de 30 (trinta) dias após a notificação.

- Art. 38-B acrescido pela LC nº 147, de 7-8-2014.

Seção XII

DO PROCESSO ADMINISTRATIVO FISCAL

Art. 39. O contencioso administrativo relativo ao SIMPLES Nacional será de competência do órgão julgador integrante da estrutura administrativa do ente federativo que efetuar o lançamento, o indeferimento da opção ou a exclusão de ofício, observados os dispositivos legais atinentes aos processos administrativos fiscais desse ente.

- *Caput* com a redação dada pela LC nº 139, de 10-11-2011.
- Art. 55, § 4º, desta Lei Complementar.

§ 1º O Município poderá, mediante convênio, transferir a atribuição de julgamento exclusivamente ao respectivo Estado em que se localiza.

§ 2º No caso em que o contribuinte do SIMPLES Nacional exerça atividades incluídas no campo de incidência do ICMS e do ISS e seja apurada omissão de receita de que não se consiga identificar a origem, a autuação será feita utilizando a maior alíquota prevista nesta Lei Complementar, e a parcela autuada que não seja correspondente aos tributos e contribuições federais será rateada entre Estados e Municípios ou Distrito Federal.

§ 3º Na hipótese referida no § 2º deste artigo, o julgamento caberá ao Estado ou ao Distrito Federal.

§ 4º A intimação eletrônica dos atos do contencioso administrativo observará o disposto nos §§ 1º-A a 1º-D do art. 16.

- § 4º com a redação dada pela LC nº 139, de 10-11-2011.

§ 5º A impugnação relativa ao indeferimento da opção ou à exclusão poderá ser decidida em órgão diverso do previsto no *caput*, na forma estabelecida pela respectiva administração tributária.

§ 6º Na hipótese prevista no § 5º, o CGSN poderá disciplinar procedimentos e prazos, bem como, no processo de exclusão, prever efeito suspensivo na hipótese de apresentação de impugnação, defesa ou recurso.

- §§ 5º e 6º acrescidos pela LC nº 139, de 10-11-2011.

Art. 40. As consultas relativas ao SIMPLES Nacional serão solucionadas pela Secretaria da Receita Federal, salvo quando se referirem a tributos e contribuições de competência estadual ou municipal, que serão solucionadas conforme a respectiva competência tributária, na forma disciplinada pelo Comitê Gestor.

- Art. 55, § 4º, desta Lei Complementar.

Seção XIII

DO PROCESSO JUDICIAL

Art. 41. Os processos relativos a impostos e contribuições abrangidos pelo SIMPLES Nacional serão ajuizados em face da União, que será representada em juízo pela Procuradoria-Geral da Fazenda Nacional, observado o disposto no § 5º deste artigo.

- *Caput* com a redação dada pela LC nº 128, de 19-12-2008.

§ 1º Os Estados, Distrito Federal e Municípios prestarão auxílio à Procuradoria-Geral da Fazenda Nacional, em relação aos tributos de sua competência, na forma a ser disciplinada por ato do Comitê Gestor.

§ 2º Os créditos tributários oriundos da aplicação desta Lei Complementar serão apurados, inscritos em Dívida Ativa da União e cobrados judicialmente pela Procuradoria-Geral da Fazenda Nacional, observado o disposto no inciso V do § 5º deste artigo.

- § 2º com a redação dada pela LC nº 139, de 10-11-2011.

§ 3º Mediante convênio, a Procuradoria-Geral da Fazenda Nacional poderá delegar aos Estados e Municípios a inscrição em dívida ativa estadual e municipal e a cobrança judicial dos tributos estaduais e municipais a que se refere esta Lei Complementar.

§ 4º Aplica-se o disposto neste artigo aos impostos e contribuições que não tenham sido recolhidos resultantes das informações prestadas:

- *Caput* do § 4º com a redação dada pela LC nº 139, de 10-11-2011.

I – no sistema eletrônico de cálculo dos valores devidos no SIMPLES Nacional de que trata o § 15 do art. 18;

II – na declaração a que se refere o art. 25.

- Incisos I e II acrescidos pela LC nº 139, de 10-11-2011.

§ 5º Excetuam-se do disposto no *caput* deste artigo:

- § 5º acrescido pela LC nº 128, de 19-12-2008.

I – os mandados de segurança nos quais se impugnem atos de autoridade coatora pertencente a Estado, Distrito Federal ou Município;

II – as ações que tratem exclusivamente de tributos de competência dos Estados, do Distrito Federal ou dos Municípios, as quais serão propostas em face desses entes federativos, representados em juízo por suas respectivas procuradorias;

III – as ações promovidas na hipótese de celebração do convênio de que trata o § 3º deste artigo;

- Incisos I a III acrescidos pela LC nº 128, de 19-12-2008.

IV – o crédito tributário decorrente de auto de infração lavrado exclusivamente em face de descumprimento de obrigação acessória, observado o disposto no § 1º-D do art. 33;

- Inciso IV acrescido pela LC nº 139, de 10-11-2011.

V – o crédito tributário relativo ao ICMS e ao ISS de que tratam as alíneas *b* e *c* do inciso V do § 3º do art. 18-A desta Lei Complementar.

- Inciso V com a redação dada pela LC nº 147, de 7-8-2014.

CAPÍTULO V

DO ACESSO AOS MERCADOS

Seção I

DAS AQUISIÇÕES PÚBLICAS

- Seção Única renumerada para Seção I pela LC nº 147, de 7-8-2014.

Art. 42. Nas licitações públicas, a comprovação de regularidade fiscal e trabalhista das microempresas e das empresas de pequeno porte somente será exigida para efeito de assinatura do contrato.

- Artigo com a redação dada pela LC nº 155, de 27-10-2016.

Art. 43. As microempresas e as empresas de pequeno porte, por ocasião da participação em certames licitatórios, deverão apresentar toda a documentação exigida para efeito de comprovação de regularidade fiscal e trabalhista, mesmo que esta apresente alguma restrição.

- *Caput* com a redação dada pela LC nº 155, de 27-10-2016.

§ 1º Havendo alguma restrição na comprovação da regularidade fiscal e trabalhista, será assegurado o prazo de cinco dias úteis, cujo termo inicial corresponderá ao momento em que o proponente for declarado vencedor do certame, prorrogável por igual período, a critério da administração pública, para regularização da documentação, para pagamento ou parcelamento do débito e para emissão de eventuais certidões negativas ou positivas com efeito de certidão negativa.

- § 1º com a redação dada pela LC nº 155, de 27-10-2016.

§ 2º A não regularização da documentação, no prazo previsto no § 1º deste artigo, implicará decadência do direito à contratação, sem prejuízo das sanções previstas no art. 81 da Lei nº 8.666, de 21 de junho de 1993, sendo facultado à Administração convocar os licitantes remanescentes, na ordem de classificação, para a assinatura do contrato, ou revogar a licitação.

Art. 44. Nas licitações será assegurada, como critério de desempate, preferência de contratação para as microempresas e empresas de pequeno porte.

§ 1º Entende-se por empate aquelas situações em que as propostas apresentadas pelas microempresas e empresas de pequeno porte sejam iguais ou até 10% (dez por cento) superiores à proposta mais bem classificada.

§ 2º Na modalidade de pregão, o intervalo percentual estabelecido no § 1º deste artigo será de até 5% (cinco por cento) superior ao melhor preço.

Art. 45. Para efeito do disposto no art. 44 desta Lei Complementar, ocorrendo o empate, proceder-se-á da seguinte forma:

- Art. 44 desta Lei Complementar.

I – a microempresa ou empresa de pequeno porte mais bem classificada poderá apresentar proposta de preço inferior àquela considerada vencedora do certame, situação em que será adjudicado em seu favor o objeto licitado;

II – não ocorrendo a contratação da microempresa ou empresa de pequeno porte, na forma do inciso I do *caput* deste artigo, serão convocadas as remanescentes que porventura se enquadrem na hipótese dos §§ 1º e 2º do art. 44 desta Lei Complementar, na ordem classificatória, para o exercício do mesmo direito;

III – no caso de equivalência dos valores apresentados pelas microempresas e empresas de pequeno porte que se encontrem nos intervalos estabelecidos nos §§ 1º e 2º do art. 44 desta Lei Complementar, será realizado sorteio entre elas para que se identifique aquela que primeiro poderá apresentar melhor oferta.

§ 1º Na hipótese da não contratação nos termos previstos no *caput* deste artigo, o objeto licitado será adjudicado em favor da proposta originalmente vencedora do certame.

§ 2º O disposto neste artigo somente se aplicará quando a melhor oferta inicial não tiver sido apresentada por microempresa ou empresa de pequeno porte.

§ 3º No caso de pregão, a microempresa ou empresa de pequeno porte mais bem classificada será convocada para apresentar nova proposta no prazo máximo de 5 (cinco) minutos após o encerramento dos lances, sob pena de preclusão.

Art. 46. A microempresa e a empresa de pequeno porte titular de direitos creditórios decorrentes de empenhos liquidados por órgãos e entidades da União, Estados, Distrito Federal e Município não pagos em até 30 (trinta) dias contados da data de liquidação poderão emitir cédula de crédito microempresarial.

Parágrafo único. *Revogado.* LC nº 147, de 7-8-2014.

Art. 47. Nas contratações públicas da administração direta e indireta, autárquica e fundacional, federal, estadual e municipal, deverá ser concedido tratamento diferenciado e simplificado para as microempresas e empresas de pequeno porte objetivando a promoção do desenvolvimento econômico e social no âmbito municipal e regional, a ampliação da eficiência das políticas públicas e o incentivo à inovação tecnológica.

Parágrafo único. No que diz respeito às compras públicas, enquanto não sobrevier legislação estadual, municipal ou regulamento específico de cada órgão mais favorável à microempresa e empresa de pequeno porte, aplica-se a legislação federal.

- Art. 47 com a redação dada pela LC nº 147, de 7-8-2014.

Art. 48. Para o cumprimento do disposto no art. 47 desta Lei Complementar, a administração pública:

- *Caput* com a redação dada pela LC nº 147, de 7-8-2014.

I – deverá realizar processo licitatório destinado exclusivamente à participação de microempresas e empresas de pequeno porte nos itens de contratação cujo valor seja de até R$ 80.000,00 (oitenta mil reais);

II – poderá, em relação aos processos licitatórios destinados à aquisição de obras e serviços, exigir dos licitantes a subcontratação de microempresa ou empresa de pequeno porte;

III – deverá estabelecer, em certames para aquisição de bens de natureza divisível, cota de até 25% (vinte e cinco por cento) do objeto para a contratação de microempresas e empresas de pequeno porte.

- Incisos I a III com a redação dada pela LC nº 147, de 7-8-2014.

§ 1º *Revogado.* LC nº 147, de 7-8-2014.

§ 2º Na hipótese do inciso II do *caput* deste artigo, os empenhos e pagamentos do órgão ou entidade da administração pública poderão ser destinados diretamente às microempresas e empresas de pequeno porte subcontratadas.

§ 3º Os benefícios referidos no *caput* deste artigo poderão, justificadamente, estabelecer a prioridade de contratação para as microempresas e empresas de pequeno porte sediadas local ou regionalmente, até o limite de 10% (dez por cento) do melhor preço válido.

- § 3º acrescido pela LC nº 147, de 7-8-2014.

Art. 49. Não se aplica o disposto nos arts. 47 e 48 desta Lei Complementar quando:

I – *Revogado*; LC nº 147, de 7-8-2014.

II – não houver um mínimo de 3 (três) fornecedores competitivos enquadrados como microempresas ou empresas de pequeno porte sediados local ou regionalmente e capazes de cumprir as exigências estabelecidas no instrumento convocatório;

III – o tratamento diferenciado e simplificado para as microempresas e empresas de pequeno porte não for vantajoso para a administração pública ou representar prejuízo ao conjunto ou complexo do objeto a ser contratado;

IV – a licitação for dispensável ou inexigível, nos termos dos arts. 24 e 25 da Lei nº 8.666, de 21 de junho de 1993, excetuando-se as dispensas tratadas pelos incisos I e II do art. 24 da mesma Lei, nas quais a compra deverá ser feita preferencialmente de microempresas e empresas de pequeno porte, aplicando-se o disposto no inciso I do art. 48.

- Inciso IV com a redação dada pela LC nº 147, de 7-8-2014.

Seção II

ACESSO AO MERCADO EXTERNO

- Seção II acrescida pela LC nº 147, de 7-8-2014.

Art. 49-A. A microempresa e a empresa de pequeno porte beneficiárias do SIMPLES usufruirão de regime de exportação que contemplará procedimentos simplificados de habilitação, licenciamento, despacho aduaneiro e câmbio, na forma do regulamento.

- *Caput* acrescido pela LC nº 147, de 7-8-2014.

Parágrafo único. As pessoas jurídicas prestadoras de serviço de logística internacional, quando contratadas pelas empresas descritas nesta Lei Complementar, estão autorizadas a realizar atividades relativas a licenciamento administrativo, despacho aduaneiro, consolidação e desconsolidação de carga e a contratar seguro, câmbio, transporte e armazenagem de mercadorias, objeto da prestação do serviço, de forma simplificada e por meio eletrônico, na forma de regulamento.

- Parágrafo único com a redação dada pela LC nº 155, de 27-10-2016.

Art. 49-B. VETADO. LC nº 155, de 27-10-2016.

CAPÍTULO VI

DA SIMPLIFICAÇÃO DAS RELAÇÕES DE TRABALHO

Seção I

DA SEGURANÇA E DA MEDICINA DO TRABALHO

Art. 50. As microempresas e as empresas de pequeno porte serão estimuladas pelo poder público e pelos Serviços Sociais Autônomos a formar consórcios para acesso a serviços especializados em segurança e medicina do trabalho.

- Artigo com a redação dada pela LC nº 127, de 14-8-2007.

Seção II

DAS OBRIGAÇÕES TRABALHISTAS

Art. 51. As microempresas e as empresas de pequeno porte são dispensadas:

I – da afixação de Quadro de Trabalho em suas dependências;

II – da anotação das férias dos empregados nos respectivos livros ou fichas de registro;

III – de empregar e matricular seus aprendizes nos cursos dos Serviços Nacionais de Aprendizagem;

IV – da posse do livro intitulado "Inspeção do Trabalho"; e

V – de comunicar ao Ministério do Trabalho e Emprego a concessão de férias coletivas.

Art. 52. O disposto no art. 51 desta Lei Complementar não dispensa as microempresas e as empresas de pequeno porte dos seguintes procedimentos:

I – anotações na Carteira de Trabalho e Previdência Social – CTPS;

II – arquivamento dos documentos comprobatórios de cumprimento das obrigações trabalhistas e previdenciárias, enquanto não prescreverem essas obrigações;

III – apresentação da Guia de Recolhimento do Fundo de Garantia do Tempo de Serviço e Informações à Previdência Social – GFIP;

IV – apresentação das Relações Anuais de Empregados e da Relação Anual de Informações Sociais – RAIS e do Cadastro Geral de Empregados e Desempregados – CAGED.

Parágrafo único. (VETADO).

Art. 53. *Revogado.* LC nº 127, de 14-8-2007.

Seção III

DO ACESSO À JUSTIÇA DO TRABALHO

Art. 54. É facultado ao empregador de microempresa ou de empresa de pequeno porte fazer-se substituir ou representar perante a Justiça do Trabalho por terceiros que conheçam dos fatos, ainda que não possuam vínculo trabalhista ou societário.

CAPÍTULO VII

DA FISCALIZAÇÃO ORIENTADORA

Art. 55. A fiscalização, no que se refere aos aspectos trabalhista, metrológico, sanitário, ambiental, de segurança, de relações de consumo e de uso e ocupação do solo das microempresas e das empresas de pequeno porte, deverá ser prioritariamente orientadora quando a atividade ou situação, por sua natureza, comportar grau de risco compatível com esse procedimento.

- *Caput* com a redação dada pela LC nº 155, de 27-10-2016.

§ 1º Será observado o critério de dupla visita para lavratura de autos de infração, salvo quando for constatada infração por falta de registro de empregado ou anotação da Carteira de Trabalho e Previdência Social – CTPS, ou, ainda, na ocorrência de reincidência, fraude, resistência ou embaraço à fiscalização.

§ 2º VETADO.

§ 3º Os órgãos e entidades competentes definirão, em 12 (doze) meses, as atividades e situações cujo grau de risco seja considerado alto, as quais não se sujeitarão ao disposto neste artigo.

§ 4º O disposto neste artigo não se aplica ao processo administrativo fiscal relativo a tributos, que se dará na forma dos arts. 39 e 40 desta Lei Complementar.

§ 5º O disposto no § 1º aplica-se à lavratura de multa pelo descumprimento de obrigações acessórias relativas às matérias do *caput*, inclusive quando previsto seu cumprimento de forma unificada com matéria de outra natureza, exceto a trabalhista.

§ 6º A inobservância do critério de dupla visita implica nulidade do auto de infração lavrado sem cumprimento ao disposto neste artigo, independentemente da natureza principal ou acessória da obrigação.

§ 7º Os órgãos e entidades da administração pública federal, estadual, distrital e municipal deverão observar o princípio do tratamento diferenciado, simplificado e favorecido por ocasião da fixação de valores decorrentes de multas e demais sanções administrativas.

§ 8º A inobservância do disposto no *caput* deste artigo implica atentado aos direitos e garantias legais assegurados ao exercício profissional da atividade empresarial.

§ 9º O disposto no *caput* deste artigo não se aplica a infrações relativas à ocupação irregular da reserva de faixa não edificável, de área destinada a equipamentos urbanos, de áreas de preservação permanente e nas faixas de domínio público das rodovias, ferrovias e dutovias ou de vias e logradouros públicos.

- §§ 5º a 9º acrescidos pela LC nº 147, de 7-8-2014.

CAPÍTULO VIII

DO ASSOCIATIVISMO

Seção Única

DA SOCIEDADE DE PROPÓSITO ESPECÍFICO FORMADA POR MICROEMPRESAS E EMPRESAS DE PEQUENO PORTE OPTANTES PELO SIMPLES NACIONAL

- Denominação da Seção dada pela LC nº 128, de 19-12-2008.

Art. 56. As microempresas ou as empresas de pequeno porte poderão realizar negócios de compra e venda de bens e serviços para os mercados nacional e internacional, por meio de sociedade de propósito específico, nos termos e condições estabelecidos pelo Poder Executivo federal.

- *Caput* com a redação dada pela LC nº 147, de 7-8-2014.

§ 1º Não poderão integrar a sociedade de que trata o *caput* deste artigo pessoas jurídicas não optantes pelo SIMPLES Nacional.

- § 1º com a redação dada pela LC nº 128, de 19-12-2008.

§ 2º A sociedade de propósito específico de que trata este artigo:

- *Caput* do § 2º com a redação dada pela LC nº 128, de 19-12-2008.

I – terá seus atos arquivados no Registro Público de Empresas Mercantis;

II – terá por finalidade realizar:

a) operações de compras para revenda às microempresas ou empresas de pequeno porte que sejam suas sócias;

b) operações de venda de bens adquiridos das microempresas e empresas de pequeno porte que sejam suas sócias para pessoas jurídicas que não sejam suas sócias;

III – poderá exercer atividades de promoção dos bens referidos na alínea *b* do inciso II deste parágrafo;

IV – apurará o imposto de renda das pessoas jurídicas com base no lucro real, devendo manter a escrituração dos livros Diário e Razão;

V – apurará a COFINS e a Contribuição para o PIS/PASEP de modo não cumulativo;

VI – exportará, exclusivamente, bens a ela destinados pelas microempresas e empresas de pequeno porte que dela façam parte;

VII – será constituída como sociedade limitada;

VIII – deverá, nas revendas às microempresas ou empresas de pequeno porte que sejam suas sócias, observar preço no mínimo igual ao das aquisições realizadas para revenda; e

IX – deverá, nas revendas de bens adquiridos de microempresas ou empresas de pequeno porte que sejam suas sócias, observar preço no mínimo igual ao das aquisições desses bens.

- Incisos I a IX acrescidos pela LC nº 128, de 19-12-2008.

§ 3º A aquisição de bens destinados à exportação pela sociedade de propósito específico não gera direito a créditos relativos a impostos ou contribuições abrangidos pelo SIMPLES Nacional.

§ 4º A microempresa ou a empresa de pequeno porte não poderá participar simultaneamente de mais de uma sociedade de propósito específico de que trata este artigo.

§ 5º A sociedade de propósito específico de que trata este artigo não poderá:

I - ser filial, sucursal, agência ou representação, no País, de pessoa jurídica com sede no exterior;

II - ser constituída sob a forma de cooperativas, inclusive de consumo;

III - participar do capital de outra pessoa jurídica;

IV - exercer atividade de banco comercial, de investimentos e de desenvolvimento, de caixa econômica, de sociedade de crédito, financiamento e investimento ou de crédito imobiliário, de corretora ou de distribuidora de títulos, valores mobiliários e câmbio, de empresa de arrendamento mercantil, de seguros privados e de capitalização ou de previdência complementar;

V - ser resultante ou remanescente de cisão ou qualquer outra forma de desmembramento de pessoa jurídica que tenha ocorrido em um dos 5 (cinco) anos-calendário anteriores;

VI - exercer a atividade vedada às microempresas e empresas de pequeno porte optantes pelo SIMPLES Nacional.

§ 6º A inobservância do disposto no § 4º deste artigo acarretará a responsabilidade solidária das microempresas ou empresas de pequeno porte sócias da sociedade de propósito específico de que trata este artigo na hipótese em que seus titulares, sócios ou administradores conhecessem ou devessem conhecer tal inobservância.

§ 7º O Poder Executivo regulamentará o disposto neste artigo até 31 de dezembro de 2008.

- §§ 3º a 7º acrescidos pela LC nº 128, de 19-12-2008.

§ 8º VETADO. LC nº 155, de 27-10-2016.

CAPÍTULO IX

DO ESTÍMULO AO CRÉDITO E À CAPITALIZAÇÃO

Seção I

DISPOSIÇÕES GERAIS

Art. 57. O Poder Executivo federal proporá, sempre que necessário, medidas no sentido de melhorar o acesso das microempresas e empresas de pequeno porte aos mercados de crédito e de capitais, objetivando a redução do custo de transação, a elevação da eficiência alocativa, o incentivo ao ambiente concorrencial e a qualidade do conjunto informacional, em especial o acesso e portabilidade das informações cadastrais relativas ao crédito.

Art. 58. Os bancos comerciais públicos e os bancos múltiplos públicos com carteira comercial, a Caixa Econômica Federal e o Banco Nacional do Desenvolvimento Econômico e Social - BNDES manterão linhas de crédito específicas para as microempresas e para as empresas de pequeno porte, vinculadas à reciprocidade social, devendo o montante disponível e suas condições de acesso ser expressos nos respectivos orçamentos e amplamente divulgados.

- *Caput* com a redação dada pela LC nº 155, de 27-10-2016.

§ 1º As instituições mencionadas no *caput* deste artigo deverão publicar, juntamente com os respectivos balanços, relatório circunstanciado dos recursos alocados às linhas de crédito referidas no *caput* e daqueles efetivamente utilizados, consignando, obrigatoriamente, as justificativas do desempenho alcançado.

- Parágrafo único transformado em § 1º e com a redação dada pela LC nº 155, de 27-10-2016.

§ 2º O acesso às linhas de crédito específicas previstas no *caput* deste artigo deverá ter tratamento simplificado e ágil, com divulgação ampla das respectivas condições e exigências.

- § 2º acrescido pela LC nº 147, de 7-8-2014.

§ 3º VETADO. LC nº 155, de 27-10-2016.

§ 4º O Conselho Monetário Nacional - CMN regulamentará o percentual mínimo de direcionamento dos recursos de que trata o *caput*, inclusive no tocante aos recursos de que trata a alínea b do inciso III do art. 10 da Lei nº 4.595, de 31 de dezembro de 1964.

- § 4º acrescido pela LC nº 155, de 27-10-2016.

Art. 58-A. Os bancos públicos e privados não poderão contabilizar, para cumprimento de metas, empréstimos realizados a pessoas físicas, ainda que sócios de empresas, como disponibilização de crédito para microempresas e empresas de pequeno porte.

- Artigo acrescido pela LC nº 147, de 7-8-2014.

Art. 59. As instituições referidas no *caput* do art. 58 desta Lei Complementar devem se articular com as respectivas entidades de apoio e representação das microempresas e empresas de pequeno porte, no sentido de proporcionar e desenvolver programas de treinamento, desenvolvimento gerencial e capacitação tecnológica.

Art. 60. VETADO.

Art. 60-A. Poderá ser instituído Sistema Nacional de Garantias de Crédito pelo Poder Executivo, com o objetivo de facilitar o acesso das microempresas e empresas de pequeno porte a crédito e demais serviços das instituições financeiras, o qual, na forma de regulamento, proporcionará a elas tratamento diferenciado, favorecido e simplificado, sem prejuízo de atendimento a outros públicos-alvo.

Parágrafo único. O Sistema Nacional de Garantias de Crédito integrará o Sistema Financeiro Nacional.

- Art. 60-A acrescido pela LC nº 127, de 14-8-2007.

Art. 60-B. Os fundos garantidores de risco de crédito empresarial que possuam participação da União na composição do seu capital atenderão, sempre que possível, as operações de crédito que envolvam microempresas e empresas de pequeno porte, definidas na forma do art. 3º desta Lei.

- Artigo acrescido pela LC nº 147, de 7-8-2014.

Art. 60-C. VETADO. LC nº 147, de 7-8-2014.

Art. 61. Para fins de apoio creditício às operações de comércio exterior das microempresas e das empresas de pequeno porte, serão utilizados os parâmetros de enquadramento ou outros instrumentos de alta significância para as microempresas, empresas de pequeno porte exportadoras segundo o porte de empresas, aprovados pelo Mercado Comum do Sul - MERCOSUL.

Art. 61-A. Para incentivar as atividades de inovação e os investimentos produtivos, a sociedade enquadrada como microempresa ou empresa de pequeno porte, nos termos desta Lei Complementar, poderá admitir o aporte de capital, que não integrará o capital social da empresa.

- *Caput* acrescido pela LC nº 155, de 27-10-2016.

§ 1º As finalidades de fomento a inovação e investimentos produtivos deverão constar do contrato de participação, com vigência não superior a sete anos.

- § 1º acrescido pela LC nº 155, de 27-10-2016.

§ 2º O aporte de capital poderá ser realizado por pessoa física, por pessoa jurídica ou por fundos de investimento, conforme regulamento da Comissão de Valores Mobiliários, que serão denominados investidoresanjos.

- § 2º com a redação dada pela LC nº 182, de 1º-6-2021.

§ 3º A atividade constitutiva do objeto social é exercida unicamente por sócios regulares, em seu nome individual e sob sua exclusiva responsabilidade.

- § 3º acrescido pela LC nº 155, de 27-10-2016.

§ 4º O investidor-anjo:

• *Caput* do § 4º acrescido pela LC nº 155, de 27-10-2016.

I – não será considerado sócio nem terá qualquer direito a gerência ou a voto na administração da empresa, resguardada a possibilidade de participação nas deliberações em caráter estritamente consultivo, conforme pactuação contratual;

• Inciso I com a redação dada pela LC nº 182, de 1º-6-2021.

II – não responderá por qualquer dívida da empresa, inclusive em recuperação judicial, não se aplicando a ele o art. 50 da Lei nº 10.406, de 10 de janeiro de 2002 – Código Civil;

• Inciso II acrescido pela LC nº 155, de 27-10-2016.

III – será remunerado por seus aportes, nos termos do contrato de participação, pelo prazo máximo de 7 (sete) anos;

• Inciso III com a redação dada pela LC nº 182, de 1º-6-2021.

IV – poderá exigir dos administradores as contas justificadas de sua administração e, anualmente, o inventário, o balanço patrimonial e o balanço de resultado econômico; e

V – poderá examinar, a qualquer momento, os livros, os documentos e o estado do caixa e da carteira da sociedade, exceto se houver pactuação contratual que determine época própria para isso.

• Incisos IV e V acrescidos pela LC nº 182, de 1º-6-2021.

§ 5º Para fins de enquadramento da sociedade como microempresa ou empresa de pequeno porte, os valores de capital aportado não são considerados receitas da sociedade.

• § 5º acrescido pela LC nº 155, de 27-10-2016.

§ 6º As partes contratantes poderão:

I – estipular remuneração periódica, ao final de cada período, ao investidor-anjo, conforme contrato de participação; ou

II – prever a possibilidade de conversão do aporte de capital em participação societária.

§ 7º O investidor-anjo somente poderá exercer o direito de resgate depois de decorridos, no mínimo, 2 (dois) anos do aporte de capital, ou prazo superior estabelecido no contrato de participação, e seus haveres serão pagos na forma prevista no art. 1.031 da Lei nº 10.406, de 10 de janeiro de 2002 (Código Civil), não permitido ultrapassar o valor investido devidamente corrigido por índice previsto em contrato.

• §§ 6º e 7º com a redação dada pela LC nº 182, de 1º-6-2021.

§ 8º O disposto no § 7º deste artigo não impede a transferência da titularidade do aporte para terceiros.

§ 9º A transferência da titularidade do aporte para terceiro alheio à sociedade dependerá do consentimento dos sócios, salvo estipulação contratual expressa em contrário.

§ 10. O Ministério da Fazenda poderá regulamentar a tributação sobre retirada do capital investido.

• §§ 8º a 10 acrescidos pela LC nº 155, de 27-10-2016.

Art. 61-B. A emissão e a titularidade de aportes especiais não impedem a fruição do Simples Nacional.

Art. 61-C. Caso os sócios decidam pela venda da empresa, o investidor-anjo terá direito de preferência na aquisição, bem como direito de venda conjunta da titularidade do aporte de capital, nos mesmos termos e condições que forem ofertados aos sócios regulares.

• Arts. 61-B e 61-C acrescidos pela LC nº 155, de 27-10-2016.

Art. 61-D. Os fundos de investimento poderão aportar capital como investidores-anjos em microempresas e em empresas de pequeno porte, conforme regulamentação da Comissão de Valores Mobiliários.

• Art. 61-D com a redação dada pela LC nº 182, de 1º-6-2021.

Seção I-A
DA SOCIEDADE DE GARANTIA SOLIDÁRIA E DA SOCIEDADE DE CONTRAGARANTIA

• Seção I-A acrescida pela LC nº 169, de 2-12-2019.

Art. 61-E. É autorizada a constituição de sociedade de garantia solidária (SGS), sob a forma de sociedade por ações, para a concessão de garantia a seus sócios participantes.

§ 1º VETADO.

§ 2º VETADO.

§ 3º Os atos da sociedade de garantia solidária serão arquivados no Registro Público de Empresas Mercantis e Atividades Afins.

§ 4º É livre a negociação, entre sócios participantes, de suas ações na respectiva sociedade de garantia solidária, respeitada a participação máxima que cada sócio pode atingir.

§ 5º Podem ser admitidos como sócios participantes os pequenos empresários, microempresários e microempreendedores e as pessoas jurídicas constituídas por esses associados.

§ 6º VETADO.

§ 7º Sem prejuízo do disposto nesta Lei Complementar, aplicam-se à sociedade de garantia solidária as disposições da lei que rege as sociedades por ações.

Art. 61-F. O contrato de garantia solidária tem por finalidade regular a concessão da garantia pela sociedade ao sócio participante, mediante o recebimento de taxa de remuneração pelo serviço prestado, devendo fixar as cláusulas necessárias ao cumprimento das obrigações do sócio beneficiário perante a sociedade.

Parágrafo único. Para a concessão da garantia, a sociedade de garantia solidária poderá exigir contragarantia por parte do sócio participante beneficiário, respeitados os princípios que orientam a existência daquele tipo de sociedade.

Art. 61-G. A sociedade de garantia solidária pode conceder garantia sobre o montante de recebíveis de seus sócios participantes que sejam objeto de securitização.

Art. 61-H. É autorizada a constituição de sociedade de contragarantia, que tem como finalidade o oferecimento de contragarantias à sociedade de garantia solidária, nos termos a serem definidos por regulamento.

Art. 61-I. A sociedade de garantia solidária e a sociedade de contragarantia integrarão o Sistema Financeiro Nacional e terão sua constituição, organização e funcionamento disciplinados pelo Conselho Monetário Nacional, observado o disposto nesta Lei Complementar.

• Arts. 61-E a 61-I acrescidos pela LC nº 169, de 2-12-2019.

Seção II
DAS RESPONSABILIDADES DO BANCO CENTRAL DO BRASIL

Art. 62. O Banco Central do Brasil disponibilizará dados e informações das instituições financeiras integrantes do Sistema Financeiro Nacional, inclusive por meio do Sistema de Informações de Crédito – SCR, de modo a ampliar o acesso ao crédito para microempresas e empresas de pequeno porte e fomentar a competição bancária.

• *Caput* com a redação dada pela LC nº 147, de 7-8-2014.

§ 1º O disposto no *caput* deste artigo alcança a disponibilização de dados e informações específicas relativas ao histórico de relacionamento bancário e creditício das microempresas e das empresas de pequeno porte, apenas aos próprios titulares.

§ 2º O Banco Central do Brasil poderá garantir o acesso simplificado, favorecido e diferenciado dos dados e informações constantes no § 1º deste artigo aos seus respectivos interessados, podendo a instituição optar por realizá-lo por meio das instituições financeiras, com as quais o próprio cliente tenha relacionamento.

Seção III

DAS CONDIÇÕES DE ACESSO AOS DEPÓSITOS ESPECIAIS DO FUNDO DE AMPARO AO TRABALHADOR – FAT

Art. 63. O CODEFAT poderá disponibilizar recursos financeiros por meio da criação de programa específico para as cooperativas de crédito de cujos quadros de cooperados participem microempreendedores, empreendedores de microempresa e empresa de pequeno porte bem como suas empresas.

Parágrafo único. Os recursos referidos no *caput* deste artigo deverão ser destinados exclusivamente às microempresas e empresas de pequeno porte.

Seção IV. VETADA. LC nº 155, de 27-10-2016.

CAPÍTULO X

DO ESTÍMULO À INOVAÇÃO

Seção I

DISPOSIÇÕES GERAIS

Art. 64. Para os efeitos desta Lei Complementar considera-se:

I – inovação: a concepção de um novo produto ou processo de fabricação, bem como a agregação de novas funcionalidades ou características ao produto ou processo que implique melhorias incrementais e efetivo ganho de qualidade ou produtividade, resultando em maior competitividade no mercado;

II – agência de fomento: órgão ou instituição de natureza pública ou privada que tenha entre os seus objetivos o financiamento de ações que visem a estimular e promover o desenvolvimento da ciência, da tecnologia e da inovação;

III – Instituição Científica e Tecnológica – ICT: órgão ou entidade da administração pública que tenha por missão institucional, dentre outras, executar atividades de pesquisa básica ou aplicada de caráter científico ou tecnológico;

IV – núcleo de inovação tecnológica: núcleo ou órgão constituído por uma ou mais ICT com a finalidade de gerir sua política de inovação;

V – instituição de apoio: instituições criadas sob o amparo da Lei nº 8.958, de 20 de dezembro de 1994, com a finalidade de dar apoio a projetos de pesquisa, ensino e extensão e de desenvolvimento institucional, científico e tecnológico;

VI – instrumentos de apoio tecnológico para a inovação: qualquer serviço disponibilizado presencialmente ou na internet que possibilite acesso a informações, orientações, bancos de dados de soluções de informações, respostas técnicas, pesquisas e atividades de apoio complementar desenvolvidas pelas instituições previstas nos incisos II a V deste artigo.

• Inciso VI acrescido pela LC nº 147, de 7-8-2014.

Seção II

DO APOIO À INOVAÇÃO E DO INOVA SIMPLES DA EMPRESA SIMPLES DE INOVAÇÃO

• Seção II com a denominação dada pela LC nº 167, de 24-4-2019.

Art. 65. A União, os Estados, o Distrito Federal e os Municípios, e as respectivas agências de fomento, as ICT, os núcleos de inovação tecnológica e as instituições de apoio manterão programas específicos para as microempresas e para as empresas de pequeno porte, inclusive quando estas revestirem a forma de incubadoras, observando-se o seguinte:

I – as condições de acesso serão diferenciadas, favorecidas e simplificadas;

II – o montante disponível e suas condições de acesso deverão ser expressos nos respectivos orçamentos e amplamente divulgados.

§ 1º As instituições deverão publicar, juntamente com as respectivas prestações de contas, relatório circunstanciado das estratégias para maximização da participação do segmento, assim como dos recursos alocados às ações referidas no *caput* deste artigo e aqueles efetivamente utilizados, consignando, obrigatoriamente, as justificativas do desempenho alcançado no período.

§ 2º As pessoas jurídicas referidas no *caput* deste artigo terão por meta a aplicação de, no mínimo, 20% (vinte por cento) dos recursos destinados à inovação para o desenvolvimento de tal atividade nas microempresas ou nas empresas de pequeno porte.

§ 3º Os órgãos e entidades integrantes da administração pública federal, estadual e municipal atuantes em pesquisa, desenvolvimento ou capacitação tecnológica terão por meta efetivar suas aplicações, no percentual mínimo fixado neste artigo, em programas e projetos de apoio às microempresas ou às empresas de pequeno porte, transmitindo ao Ministério da Ciência, Tecnologia e Inovação, no primeiro trimestre de cada ano, informação relativa aos valores alocados e a respectiva relação percentual em relação ao total dos recursos destinados para esse fim.

• § 3º com a redação dada pela LC nº 147, de 7-8-2014.

§ 4º Ficam autorizados a reduzir a 0 (zero) as alíquotas dos impostos e contribuições a seguir indicados, incidentes na aquisição, ou importação, de equipamentos, máquinas, aparelhos, instrumentos, acessórios, sobressalentes e ferramentas que os acompanhem, na forma definida em regulamento, quando adquiridos, ou importados, diretamente por microempresas ou empresas de pequeno porte para incorporação ao seu ativo imobilizado:

• *Caput* do § 4º com a redação dada pela LC nº 128, de 19-12-2008.

I – a União, em relação ao IPI, à COFINS, à Contribuição para o PIS/PASEP, à COFINS-Importação e à Contribuição para o PIS/PASEP-Importação; e

II – os Estados e o Distrito Federal, em relação ao ICMS.

• Incisos I e II acrescidos pela LC nº 128, de 19-12-2008.

§ 5º A microempresa ou empresa de pequeno porte, adquirente de bens com o benefício previsto no § 4º deste artigo, fica obrigada, nas hipóteses previstas em regulamento, a recolher os impostos e contribuições que deixaram de ser pagos, acrescidos de juros e multa, de mora ou de ofício, contados a partir da data da aquisição, no mercado interno, ou do registro da declaração de importação – DI, calculados na forma da legislação que rege a cobrança do tributo não pago.

• § 5º acrescido pela LC nº 128, de 19-12-2008.

§ 6º Para efeito da execução do orçamento previsto neste artigo, os órgãos e instituições poderão alocar os recursos destinados à criação e ao custeio de ambientes de inovação, incluindo incubadoras, parques e centros vocacionais tecnológicos, laboratórios metrológicos, de ensaio, de pesquisa ou apoio ao treinamento, bem como custeio de bolsas de extensão e remuneração de professores, pesquisadores

LEG. COMPLEMENTAR

e agentes envolvidos nas atividades de apoio tecnológico complementar.

- § 6º acrescido pela LC nº 147, de 7-8-2014.

Art. 65-A. Fica criado o Inova SIMPLES, regime especial simplificado que concede às iniciativas empresariais de caráter incremental ou disruptivo que se autodeclarem como empresas de inovação tratamento diferenciado com vistas a estimular sua criação, formalização, desenvolvimento e consolidação como agentes indutores de avanços tecnológicos e da geração de emprego e renda.

- *Caput* do art. 65-A com a redação dada pela LC nº 182, de 1º-6-2021.

§§ 1º e 2º *Revogados*. LC nº 182, de 1º-6-2021.

§ 3º O tratamento diferenciado a que se refere o *caput* deste artigo consiste na fixação de rito sumário para abertura e fechamento de empresas sob o regime do Inova SIMPLES, que se dará de forma simplificada e automática, no mesmo ambiente digital do portal da Rede Nacional para a Simplificação do Registro e da Legalização de Empresas e Negócios (REDESIM), em sítio eletrônico oficial do governo federal, por meio da utilização de formulário digital próprio, disponível em janela ou ícone intitulado Inova SIMPLES.

- § 3º acrescido pela LC nº 167, de 24-4-2019.

§ 4º Os titulares de empresa submetida ao regime do Inova SIMPLES preencherão cadastro básico com as seguintes informações:

- *Caput* do § 4º acrescido pela LC nº 167, de 24-4-2019.

I – qualificação civil, domicílio e CPF;

- Inciso I acrescido pela LC nº 167, de 24-4-2019.

II – descrição do escopo da intenção empresarial inovadora, que utilize modelos de negócios inovadores para a geração de produtos ou serviços, e definição do nome empresarial, que conterá a expressão "Inova SIMPLES (IS)";

- Inciso II com a redação dada pela LC nº 182, de 1º-6-2021.

III – autodeclaração, sob as penas da lei, de que o funcionamento da empresa submetida ao regime do Inova SIMPLES não produzirá poluição, barulho e aglomeração de tráfego de veículos, para fins de caracterizar baixo grau de risco, nos termos do § 4º do art. 6º desta Lei Complementar;

IV – definição do local da sede, que poderá ser comercial, residencial ou de uso misto, sempre que não proibido pela legislação municipal ou distrital, admitindo-se a possibilidade de sua instalação em locais onde funcionam parques tecnológicos, instituições de ensino, empresas juniores, incubadoras, aceleradoras e espaços compartilhados de trabalho na forma de *coworking*; e

V – em caráter facultativo, a existência de apoio ou validação de instituto técnico, científico ou acadêmico, público ou privado, bem como de incubadoras, aceleradoras e instituições de ensino, nos parques tecnológicos e afins.

- Incisos III a V acrescidos pela LC nº 167, de 24-4-2019.

§ 5º Realizado o correto preenchimento das informações, será gerado automaticamente número de CNPJ específico, em nome da denominação da empresa Inova SIMPLES, em código próprio Inova SIMPLES.

§ 6º A empresa submetida ao regime do Inova SIMPLES constituída na forma deste artigo deverá abrir, imediatamente, conta bancária de pessoa jurídica, para fins de captação e integralização de capital, proveniente de aporte próprio de seus titulares ou de investidor domiciliado no exterior, de linha de crédito público ou privado e de outras fontes previstas em lei.

- §§ 5º e 6º acrescidos pela LC nº 167, de 24-4-2019.

§ 7º No portal da REDESIM, no espaço destinado ao preenchimento de dados do Inova SIMPLES, será disponibilizado ícone que direcionará a ambiente virtual do Instituto Nacional da Propriedade Industrial (INPI), do qual constarão orientações para o depósito de pedido de patente ou de registro de marca.

§ 8º O exame dos pedidos de patente ou de registro de marca, nos termos deste artigo, que tenham sido depositados por empresas participantes do Inova SIMPLES será realizado em caráter prioritário.

- §§ 7º e 8º com a redação dada pela LC nº 182, de 1º-6-2021.

§ 9º *Revogado*. LC nº 182, de 1º-6-2021.

§ 10. É permitida a comercialização experimental do serviço ou produto até o limite fixado para o MEI nesta Lei Complementar.

§ 11. Na eventualidade de não lograr êxito no desenvolvimento do escopo pretendido, a baixa do CNPJ será automática, mediante procedimento de autodeclaração no portal da REDESIM.

§ 12. VETADO. LC nº 167, de 24-4-2019.

§ 13. O disposto neste artigo será regulamentado pelo Comitê Gestor do SIMPLES Nacional.

- §§ 10 a 13 acrescidos pela LC nº 167, de 24-4-2019.

Art. 66. No primeiro trimestre do ano subsequente, os órgãos e entidades a que alude o art. 67 desta Lei Complementar transmitirão ao Ministério da Ciência e Tecnologia relatório circunstanciado dos projetos realizados, compreendendo a análise do desempenho alcançado.

Art. 67. Os órgãos congêneres ao Ministério da Ciência e Tecnologia estaduais e municipais deverão elaborar e divulgar relatório anual indicando o valor dos recursos recebidos, inclusive por transferência de terceiros, que foram aplicados diretamente ou por organizações vinculadas, por Fundos Setoriais e outros, no segmento das microempresas e empresas de pequeno porte, retratando e avaliando os resultados obtidos e indicando as previsões de ações e metas para ampliação de sua participação no exercício seguinte.

Seção III — *DO APOIO À CERTIFICAÇÃO*

- Seção III acrescida pela LC nº 155, de 27-10-2016.

Art. 67-A. O órgão competente do Poder Executivo disponibilizará na internet informações sobre certificação de qualidade de produtos e processos para microempresas e empresas de pequeno porte.

Parágrafo único. Os órgãos da administração direta e indireta e as entidades certificadoras privadas, responsáveis pela criação, regulação e gestão de processos de certificação de qualidade de produtos e processos, deverão, sempre que solicitados, disponibilizar ao órgão competente do Poder Executivo informações referentes a procedimentos e normas aplicáveis aos processos de certificação em seu escopo de atuação.

- Art. 67-A acrescido pela LC nº 155, de 27-10-2016.

CAPÍTULO XI — DAS REGRAS CIVIS E EMPRESARIAIS

Seção I — *DAS REGRAS CIVIS*

Subseção I — *DO PEQUENO EMPRESÁRIO*

Art. 68. Considera-se pequeno empresário, para efeito de aplicação do disposto nos arts. 970 e 1.179 da Lei nº 10.406, de 10 de janeiro de 2002 (Código Civil), o empresário individual caracterizado como microempresa na forma desta Lei Complementar que aufira receita bruta anual até o limite previsto no § 1º do art. 18-A.

• Artigo com a redação dada pela LC nº 139, de 10-11-2011.

Subseção II

VETADO.

Art. 69. VETADO.

Seção II

DAS DELIBERAÇÕES SOCIAIS E DA ESTRUTURA ORGANIZACIONAL

Art. 70. As microempresas e as empresas de pequeno porte são desobrigadas da realização de reuniões e assembleias em qualquer das situações previstas na legislação civil, as quais serão substituídas por deliberação representativa do primeiro número inteiro superior à metade do capital social.

§ 1º O disposto no *caput* deste artigo não se aplica caso haja disposição contratual em contrário, caso ocorra hipótese de justa causa que enseje a exclusão de sócio ou caso um ou mais sócios ponham em risco a continuidade da empresa em virtude de atos de inegável gravidade.

§ 2º Nos casos referidos no § 1º deste artigo, realizar-se-á reunião ou assembleia de acordo com a legislação civil.

Art. 71. Os empresários e as sociedades de que trata esta Lei Complementar, nos termos da legislação civil, ficam dispensados da publicação de qualquer ato societário.

Seção III

DO NOME EMPRESARIAL

Art. 72. *Revogado.* LC nº 155, de 27-10-2016.

Seção IV

DO PROTESTO DE TÍTULOS

Art. 73. O protesto de título, quando o devedor for microempresário ou empresa de pequeno porte, é sujeito às seguintes condições:

I – sobre os emolumentos do tabelião não incidirão quaisquer acréscimos a título de taxas, custas e contribuições para o Estado ou Distrito Federal, carteira de previdência, fundo de custeio de atos gratuitos, fundos especiais do Tribunal de Justiça, bem como de associação de classe, criados ou que venham a ser criados sob qualquer título ou denominação, ressalvada a cobrança do devedor das despesas de correio, condução e publicação de edital para realização da intimação;

II – para o pagamento do título em cartório, não poderá ser exigido cheque de emissão de estabelecimento bancário, mas, feito o pagamento por meio de cheque, de emissão de estabelecimento bancário ou não, a quitação dada pelo tabelionato de protesto será condicionada à efetiva liquidação do cheque;

III – o cancelamento do registro de protesto, fundado no pagamento do título, será feito independentemente de declaração de anuência do credor, salvo no caso de impossibilidade de apresentação do original protestado;

IV – para os fins do disposto no *caput* e nos incisos I, II e III do *caput* deste artigo, o devedor deverá provar sua qualidade de microempresa ou de empresa de pequeno porte perante o tabelionato de protestos de títulos, mediante documento expedido pela Junta Comercial ou pelo Registro Civil das Pessoas Jurídicas, conforme o caso;

V – quando o pagamento do título ocorrer com cheque sem a devida provisão de fundos, serão automaticamente suspensos pelos cartórios de protesto, pelo prazo de 1 (um) ano, todos os benefícios previstos para o devedor neste artigo, independentemente da lavratura e registro do respectivo protesto.

Art. 73-A. São vedadas cláusulas contratuais relativas à limitação da emissão ou circulação de títulos de crédito ou direitos creditórios originados de operações de compra e venda de produtos e serviços por microempresas e empresas de pequeno porte.

• Artigo acrescido pela LC nº 147, de 7-8-2014.

CAPÍTULO XII

DO ACESSO À JUSTIÇA

Seção I

DO ACESSO AOS JUIZADOS ESPECIAIS

Art. 74. Aplica-se às microempresas e às empresas de pequeno porte de que trata esta Lei Complementar o disposto no § 1º do art. 8º da Lei nº 9.099, de 26 de setembro de 1995, e no inciso I do *caput* do art. 6º da Lei nº 10.259, de 12 de julho de 2001, as quais, assim como as pessoas físicas capazes, passam a ser admitidas como proponentes de ação perante o Juizado Especial, excluídos os cessionários de direito de pessoas jurídicas.

○ Lei nº 9.099, de 26-9-1995 (Lei dos Juizados Especiais).

Art. 74-A. O Poder Judiciário, especialmente por meio do Conselho Nacional de Justiça – CNJ, e o Ministério da Justiça implementarão medidas para disseminar o tratamento diferenciado e favorecido às microempresas e empresas de pequeno porte em suas respectivas áreas de competência.

• Artigo acrescido pela LC nº 147, de 7-8-2014.

Seção II

DA CONCILIAÇÃO PRÉVIA, MEDIAÇÃO E ARBITRAGEM

Art. 75. As microempresas e empresas de pequeno porte deverão ser estimuladas a utilizar os institutos de conciliação prévia, mediação e arbitragem para solução dos seus conflitos.

§ 1º Serão reconhecidos de pleno direito os acordos celebrados no âmbito das comissões de conciliação prévia.

§ 2º O estímulo a que se refere o *caput* deste artigo compreenderá campanhas de divulgação, serviços de esclarecimento e tratamento diferenciado, simplificado e favorecido no tocante aos custos administrativos e honorários cobrados.

Seção III

DAS PARCERIAS

• Seção acrescida pela LC nº 128, de 19-12-2008.

Art. 75-A. Para fazer face às demandas originárias do estímulo previsto nos arts. 74 e 75 desta Lei Complementar, entidades privadas, públicas, inclusive o Poder Judiciário, poderão firmar parcerias entre si, objetivando a instalação ou utilização de ambientes propícios para a realização dos procedimentos inerentes a busca da solução de conflitos.

• Artigo acrescido pela LC nº 128, de 19-12-2008.

Art. 75-B. VETADO. LC nº 155, de 27-10-2016.

CAPÍTULO XIII

DO APOIO E DA REPRESENTAÇÃO

Art. 76. Para o cumprimento do disposto nesta Lei Complementar, bem como para desenvolver e acompanhar políticas públicas voltadas às microempresas e empresas de pequeno porte, o poder público, em consonância com o Fórum Permanente das Microempresas e Empresas de Pequeno Porte, sob a coordenação da Secretaria da Micro e Pequena Empresa da Presidência da República, deverá incentivar e apoiar a criação de fóruns com participação dos órgãos públicos competentes e das entidades vinculadas ao setor.

Parágrafo único. A Secretaria da Micro e Pequena Empresa da Presidência da República coordenará com as entidades representativas das microempresas e empresas de pequeno porte a implementação dos fóruns regionais nas unidades da federação.

- Art. 76 com a redação dada pela Lei nº 12.792, de 28-3-2013.

Art. 76-A. As instituições de representação e apoio empresarial deverão promover programas de sensibilização, de informação, de orientação e apoio, de educação fiscal, de regularidade dos contratos de trabalho e de adoção de sistemas informatizados e eletrônicos, como forma de estímulo à formalização de empreendimentos, de negócios e empregos, à ampliação da competitividade e à disseminação do associativismo entre as microempresas, os microempreendedores individuais, as empresas de pequeno porte e equiparados.

- Artigo acrescido pela LC nº 147, de 7-8-2014.

CAPÍTULO XIV

DISPOSIÇÕES FINAIS E TRANSITÓRIAS

Art. 77. Promulgada esta Lei Complementar, o Comitê Gestor expedirá, em 30 (trinta) meses, as instruções que se fizerem necessárias à sua execução.

- *Caput* com a redação dada pela LC nº 128, de 19-12-2008.

§ 1º O Ministério do Trabalho e Emprego, a Secretaria da Receita Federal, a Secretaria da Receita Previdenciária, os Estados, o Distrito Federal e os Municípios deverão editar, em 1 (um) ano, as leis e demais atos necessários para assegurar o pronto e imediato tratamento jurídico diferenciado, simplificado e favorecido às microempresas e às empresas de pequeno porte.

§ 2º A administração direta e indireta federal, estadual e municipal e as entidades paraestatais acordarão, no prazo previsto no § 1º deste artigo, as providências necessárias à adaptação dos respectivos atos normativos ao disposto nesta Lei Complementar.

- § 2º com a redação dada pela LC nº 128, de 19-12-2008.

§ 3º VETADO.

§ 4º O Comitê Gestor regulamentará o disposto no inciso I do § 6º do art. 13 desta Lei Complementar até 31 de dezembro de 2008.

§ 5º A partir de 1º de janeiro de 2009, perderão eficácia as substituições tributárias que não atenderem à disciplina estabelecida na forma do § 4º deste artigo.

§ 6º O Comitê de que trata o inciso III do *caput* do art. 2º desta Lei Complementar expedirá, até 31 de dezembro de 2009, as instruções que se fizerem necessárias relativas a sua competência.

- §§ 4º a 6º acrescidos pela LC nº 128, de 19-12-2008.

Art. 78. *Revogado.* LC nº 128, de 19-12-2008.

Art. 79. Será concedido, para ingresso no SIMPLES Nacional, parcelamento, em até 100 (cem) parcelas mensais e sucessivas, dos débitos com o Instituto Nacional do Seguro Social – INSS, ou com as Fazendas Públicas federal, estadual ou municipal, de responsabilidade da microempresa ou empresa de pequeno porte e de seu titular ou sócio, com vencimento até 30 de junho de 2008.

- *Caput* com a redação dada pela LC nº 128, de 19-12-2008.

§ 1º O valor mínimo da parcela mensal será de R$ 100,00 (cem reais), considerados isoladamente os débitos para com a Fazenda Nacional, para com a Seguridade Social, para com a Fazenda dos Estados, dos Municípios ou do Distrito Federal.

§ 2º Esse parcelamento alcança inclusive débitos inscritos em dívida ativa.

§ 3º O parcelamento será requerido à respectiva Fazenda para com a qual o sujeito passivo esteja em débito.

§ 3º-A. O parcelamento deverá ser requerido no prazo estabelecido em regulamentação do Comitê Gestor.

- § 3º-A acrescido pela LC nº 128, de 19-12-2008.

§ 4º Aplicam-se ao disposto neste artigo as demais regras vigentes para parcelamento de tributos e contribuições federais, na forma regulamentada pelo Comitê Gestor.

§§ 5º a 8º VETADOS. LC nº 127, de 14-8-2007.

§ 9º O parcelamento de que trata o *caput* deste artigo não se aplica na hipótese de reingresso de microempresa ou empresa de pequeno porte no SIMPLES Nacional.

- § 9º acrescido pela LC nº 128, de 19-12-2008.

Art. 79-A. VETADO. LC nº 127, de 14-8-2007.

Art. 79-B. Excepcionalmente para os fatos geradores ocorridos em julho de 2007, os tributos apurados na forma dos arts. 18 a 20 desta Lei Complementar deverão ser pagos até o último dia útil de agosto de 2007.

- Artigo acrescido pela LC nº 127, de 14-8-2007.

Art. 79-C. A microempresa e a empresa de pequeno porte que, em 30 de junho de 2007, se enquadravam no regime previsto na Lei nº 9.317, de 5 de dezembro de 1996, e que não ingressaram no regime previsto no art. 12 desta Lei Complementar sujeitar-se-ão, a partir de 1º de julho de 2007, às normas de tributação aplicáveis às demais pessoas jurídicas.

§ 1º Para efeito do disposto no *caput* deste artigo, o sujeito passivo poderá optar pelo recolhimento do Imposto sobre a Renda da Pessoa Jurídica – IRPJ e da Contribuição Social sobre o Lucro Líquido – CSLL na forma do lucro real, trimestral ou anual, ou do lucro presumido.

§ 2º A opção pela tributação com base no lucro presumido dar-se-á pelo pagamento, no vencimento, do IRPJ e da CSLL devidos, correspondente ao 3º (terceiro) trimestre de 2007 e, no caso do lucro real anual, com o pagamento do IRPJ e da CSLL relativos ao mês de julho de 2007 com base na estimativa mensal.

- Art. 79-C acrescido pela LC nº 127, de 14-8-2007.

Art. 79-D. Excepcionalmente, para os fatos geradores ocorridos entre 1º de julho de 2007 e 31 de dezembro de 2008, as pessoas jurídicas que exerçam atividade sujeita simultaneamente à incidência do IPI e do ISS deverão recolher o ISS diretamente ao Município em que este imposto é devido até o último dia útil de fevereiro de 2009, aplicando-se, até esta data, o disposto no parágrafo único do art. 100 da Lei nº 5.172, de 25 de outubro de 1966 – Código Tributário Nacional – CTN.

- Artigo acrescido pela LC nº 128, de 19-12-2008.

Art. 79-E. A empresa de pequeno porte optante pelo Simples Nacional em 31 de dezembro de 2017 que durante o ano-calendário de 2017 auferir receita bruta total anual entre R$ 3.600.000,01 (três milhões, seiscentos mil reais e um centavo) e R$ 4.800.000,00 (quatro milhões e oitocentos mil reais) continuará automaticamente incluída no Simples Nacional com efeitos a partir de 1º de janeiro de 2018, ressalvado o direito de exclusão por comunicação da optante.

- Art. 79-E com a redação dada pela LC nº 155, de 27-10-2016.

Art. 80. O art. 21 da Lei nº 8.212, de 24 de julho de 1991, fica acrescido dos seguintes §§ 2º e 3º, passando o parágrafo único a vigorar como § 1º:

- Alterações inseridas no texto da referida Lei.
- Lei nº 12.470, de 31-8-2011, deu nova redação aos §§ 2º e 3º do art. 21 da Lei nº 8.212, de 24-7-1991.

Art. 81. O art. 45 da Lei nº 8.212, de 24 de julho de 1991, passa a vigorar com as seguintes alterações:

- O art. 45 foi revogado pela LC nº 128, de 19-12-2008.

Art. 82. A Lei nº 8.213, de 24 de julho de 1991, passa a vigorar com as seguintes alterações:

"Art. 9º ....

§ 1º O Regime Geral de Previdência Social - RGPS garante a cobertura de todas as situações expressas no art. 1º desta Lei, exceto as de desemprego involuntário, objeto de lei específica, e de aposentadoria por tempo de contribuição para o trabalhador de que trata o § 2º do art. 21 da Lei nº 8.212, de 24 de julho de 1991.

...."

"Art. 18 ....

I - ....

....

c) aposentadoria por tempo de contribuição;

....

§ 3º O segurado contribuinte individual, que trabalhe por conta própria, sem relação de trabalho com empresa ou equiparado, e o segurado facultativo que contribuam na forma do § 2º do art. 21 da Lei nº 8.212, de 24 de julho de 1991, não farão jus à aposentadoria por tempo de contribuição."

"Art. 55. ....

....

§ 4º Não será computado como tempo de contribuição, para efeito de concessão do benefício de que trata esta subseção, o período em que o segurado contribuinte individual ou facultativo tiver contribuído na forma do § 2º do art. 21 da Lei nº 8.212, de 24 de julho de 1991, salvo se tiver complementado as contribuições na forma do § 3º do mesmo artigo."

Art. 83. O art. 94 da Lei nº 8.213, de 24 de julho de 1991, fica acrescido do seguinte § 2º, passando o parágrafo único a vigorar como § 1º:

"Art. 94. ....

....

§ 2º Não será computado como tempo de contribuição, para efeito dos benefícios previstos em regimes próprios de previdência social, o período em que o segurado contribuinte individual ou facultativo tiver contribuído na forma do § 2º do art. 21 da Lei nº 8.212, de 24 de julho de 1991, salvo se complementadas as contribuições na forma do § 3º do mesmo artigo."

Art. 84. O art. 58 da Consolidação das Leis do Trabalho – CLT, aprovada pelo Decreto-Lei nº 5.452, de 1º de maio de 1943, passa a vigorar acrescido do seguinte § 3º:

"Art. 58. ....

....

§ 3º Poderão ser fixados, para as microempresas e empresas de pequeno porte, por meio de acordo ou convenção coletiva, em caso de transporte fornecido pelo empregador, em local de difícil acesso ou não servido por transporte público, o tempo médio despendido pelo empregado, bem como a forma e a natureza da remuneração."

Art. 85. VETADO.

Art. 85-A. Caberá ao Poder Público Municipal designar Agente de Desenvolvimento para a efetivação do disposto nesta Lei Complementar, observadas as especificidades locais.

- *Caput* acrescido pela LC nº 128, de 19-12-2008.

§ 1º A função de Agente de Desenvolvimento caracteriza-se pelo exercício de articulação das ações públicas para a promoção do desenvolvimento local e territorial, mediante ações locais ou comunitárias, individuais ou coletivas, que visem ao cumprimento das disposições e diretrizes contidas nesta Lei Complementar, sob supervisão do órgão gestor local responsável pelas políticas de desenvolvimento.

- § 1º acrescido pela LC nº 128, de 19-12-2008.

§ 2º O Agente de Desenvolvimento deverá preencher os seguintes requisitos:

- *Caput* do § 2º acrescido pela LC nº 128, de 19-12-2008.

I – residir na área da comunidade em que atuar;

II – haver concluído, com aproveitamento, curso de qualificação básica para a formação de Agente de Desenvolvimento; e

- Incisos I e II acrescidos pela LC nº 128, de 19-12-2008.

III – possuir formação ou experiência compatível com a função a ser exercida;

- Inciso III com a redação dada pela LC nº 147, de 7-8-2014.

IV – ser preferencialmente servidor efetivo do Município.

- Inciso IV acrescido pela LC nº 147, de 7-8-2014.

§ 3º A Secretaria da Micro e Pequena Empresa da Presidência da República juntamente com as entidades municipalistas e de apoio e representação empresarial prestarão suporte aos referidos agentes na forma de capacitação, estudos e pesquisas, publicações, promoção de intercâmbio de informações e experiências.

- § 3º com a redação dada pela Lei nº 12.792, de 28-3-2013.

Art. 86. As matérias tratadas nesta Lei Complementar que não sejam reservadas constitucionalmente a lei complementar poderão ser objeto de alteração por lei ordinária.

Art. 87. O § 1º do art. 3º da Lei Complementar nº 63, de 11 de janeiro de 1990, passa a vigorar com a seguinte redação:

- Alterações inseridas no texto da referida Lei Complementar.

Art. 87-A. Os Poderes Executivos da União, Estados, Distrito Federal e Municípios expedirão, anualmente, até o dia 30 de novembro, cada um, em seus respectivos âmbitos de competência, decretos de consolidação da regulamentação aplicável relativamente às microempresas e empresas de pequeno porte.

- Artigo acrescido pela LC nº 147, de 7-8-2014.

Art. 88. Esta Lei Complementar entra em vigor na data de sua publicação, ressalvado o regime de tributação das microempresas e empresas de pequeno porte, que entra em vigor em 1º de julho de 2007.

Art. 89. Ficam revogadas, a partir de 1º de julho de 2007, a Lei nº 9.317, de 5 de dezembro de 1996, e a Lei nº 9.841, de 5 de outubro de 1999.

Brasília, 14 de dezembro de 2006;
185º da Independência e
118º da República.

Luiz Inácio Lula da Silva

ANEXO I
ALÍQUOTAS E PARTILHA DO SIMPLES NACIONAL – COMÉRCIO

• Anexo I com a redação dada pela LC nº 155, de 27-10-2016.

Receita Bruta em 12 Meses (em R$)		Alíquota	Valor a Deduzir (em R$)
1ª Faixa	Até 180.000,00	4,00%	–
2ª Faixa	De 180.000,01 a 360.000,00	7,30%	5.940,00
3ª Faixa	De 360.000,01 a 720.000,00	9,50%	13.860,00
4ª Faixa	De 720.000,01 a 1.800.000,00	10,70%	22.500,00
5ª Faixa	De 1.800.000,01 a 3.600.000,00	14,30%	87.300,00
6ª Faixa	De 3.600.000,01 a 4.800.000,00	19,00%	378.000,00

Faixas	Percentual de Repartição dos Tributos					
	IRPJ	CSLL	COFINS	PIS/PASEP	CPP	ICMS
1ª Faixa	5,50%	3,50%	12,74%	2,76%	41,50%	34,00%
2ª Faixa	5,50%	3,50%	12,74%	2,76%	41,50%	34,00%
3ª Faixa	5,50%	3,50%	12,74%	2,76%	42,00%	33,50%
4ª Faixa	5,50%	3,50%	12,74%	2,76%	42,00%	33,50%
5ª Faixa	5,50%	3,50%	12,74%	2,76%	42,00%	33,50%
6ª Faixa	13,50%	10,00%	28,27%	6,13%	42,10%	–

ANEXO II
ALÍQUOTAS E PARTILHA DO SIMPLES NACIONAL – INDÚSTRIA

• Anexo II com a redação dada pela LC nº 155, de 27-10-2016.

Receita Bruta em 12 Meses (em R$)		Alíquota	Valor a Deduzir (em R$)
1ª Faixa	Até 180.000,00	4,50%	–
2ª Faixa	De 180.000,01 a 360.000,00	7,80%	5.940,00
3ª Faixa	De 360.000,01 a 720.000,00	10,00%	13.860,00
4ª Faixa	De 720.000,01 a 1.800.000,00	11,20%	22.500,00
5ª Faixa	De 1.800.000,01 a 3.600.000,00	14,70%	85.500,00
6ª Faixa	De 3.600.000,01 a 4.800.000,00	30,00%	720.000,00

Faixas	Percentual de Repartição dos Tributos						
	IRPJ	CSLL	COFINS	PIS/PASEP	CPP	IPI	ICMS
1ª Faixa	5,50%	3,50%	11,51%	2,49%	37,50%	7,50%	32,00%
2ª Faixa	5,50%	3,50%	11,51%	2,49%	37,50%	7,50%	32,00%
3ª Faixa	5,50%	3,50%	11,51%	2,49%	37,50%	7,50%	32,00%
4ª Faixa	5,50%	3,50%	11,51%	2,49%	37,50%	7,50%	32,00%
5ª Faixa	5,50%	3,50%	11,51%	2,49%	37,50%	7,50%	32,00%
6ª Faixa	8,50%	7,50%	20,96%	4,54%	23,50%	35,00%	–

ANEXO III
ALÍQUOTAS E PARTILHA DO SIMPLES NACIONAL – RECEITAS DE LOCAÇÃO DE BENS MÓVEIS E DE PRESTAÇÃO DE SERVIÇOS NÃO RELACIONADOS NO § 5º-C DO ART. 18 DESTA LEI COMPLEMENTAR

• Anexo III com a redação dada pela LC nº 155, de 27-10-2016.

Receita Bruta em 12 Meses (em R$)		Alíquota	Valor a Deduzir (em R$)
1ª Faixa	Até 180.000,00	6,00%	–
2ª Faixa	De 180.000,01 a 360.000,00	11,20%	9.360,00
3ª Faixa	De 360.000,01 a 720.000,00	13,50%	17.640,00
4ª Faixa	De 720.000,01 a 1.800.000,00	16,00%	35.640,00
5ª Faixa	De 1.800.000,01 a 3.600.000,00	21,00%	125.640,00
6ª Faixa	De 3.600.000,01 a 4.800.000,00	33,00%	648.000,00

Faixas	Percentual de Repartição dos Tributos					
	IRPJ	CSLL	COFINS	PIS/PASEP	CPP	ISS (*)
1ª Faixa	4,00%	3,50%	12,82%	2,78%	43,40%	33,50%
2ª Faixa	4,00%	3,50%	14,05%	3,05%	43,40%	32,00%

Faixas	Percentual de Repartição dos Tributos					
	IRPJ	CSLL	COFINS	PIS/PASEP	CPP	ISS (*)
3ª Faixa	4,00%	3,50%	13,64%	2,96%	43,40%	32,50%
4ª Faixa	4,00%	3,50%	13,64%	2,96%	43,40%	32,50%
5ª Faixa	4,00%	3,50%	12,82%	2,78%	43,40%	33,50% (*)
6ª Faixa	35,00%	15,00%	16,03%	3,47%	30,50%	–

(*) O percentual efetivo máximo devido ao ISS será de 5%, transferindo-se a diferença, de forma proporcional, aos tributos federais da mesma faixa de receita bruta anual. Sendo assim, na 5ª faixa, quando a alíquota efetiva for superior a 14,92537%, a repartição será:

	IRPJ	CSLL	COFINS	PIS/PASEP	CPP	ISS
5ª Faixa, com alíquota efetiva superior a 14,92537%	(Alíquota efetiva –5%) x 6,02%	(Alíquota efetiva –5%) x 5,26%	(Alíquota efetiva – 5%) x 19,28%	(Alíquota efetiva – 5%) x 4,18%	(Alíquota efetiva – 5%) x 65,26%	Percentual de ISS fixo em 5%

ANEXO IV

ALÍQUOTAS E PARTILHA DO SIMPLES NACIONAL – RECEITAS DECORRENTES DA PRESTAÇÃO DE SERVIÇOS RELACIONADOS NO § 5º-C DO ART. 18 DESTA LEI COMPLEMENTAR

- Anexo IV com a redação dada pela LC nº 155, de 27-10-2016.

Receita Bruta em 12 Meses (em R$)		Alíquota	Valor a Deduzir (em R$)
1ª Faixa	Até 180.000,00	4,50%	–
2ª Faixa	De 180.000,01 a 360.000,00	9,00%	8.100,00
3ª Faixa	De 360.000,01 a 720.000,00	10,20%	12.420,00
4ª Faixa	De 720.000,01 a 1.800.000,00	14,00%	39.780,00
5ª Faixa	De 1.800.000,01 a 3.600.000,00	22,00%	183.780,00
6ª Faixa	De 3.600.000,01 a 4.800.000,00	33,00%	828.000,00

Faixas	Percentual de Repartição dos Tributos				
	IRPJ	CSLL	COFINS	PIS/PASEP	ISS (*)
1ª Faixa	18,80%	15,20%	17,67%	3,83%	44,50%
2ª Faixa	19,80%	15,20%	20,55%	4,45%	40,00%
3ª Faixa	20,80%	15,20%	19,73%	4,27%	40,00%
4ª Faixa	17,80%	19,20%	18,90%	4,10%	40,00%
5ª Faixa	18,80%	19,20%	18,08%	3,92%	40,00% (*)
6ª Faixa	53,50%	21,50%	20,55%	4,45%	–

(*) O percentual efetivo máximo devido ao ISS será de 5%, transferindo-se a diferença, de forma proporcional, aos tributos federais da mesma faixa de receita bruta anual. Sendo assim, na 5ª faixa, quando a alíquota efetiva for superior a 12,5%, a repartição será:

Faixa	IRPJ	CSLL	COFINS	PIS/PASEP	ISS
5ª Faixa, com alíquota efetiva superior a 12,5%	Alíquota efetiva – 5%) x 31,33%	(Alíquota efetiva – 5%) x 32,00%	(Alíquota efetiva – 5%) x 30,13%	Alíquota efetiva – 5%) x 6,54%	Percentual de ISS fixo em 5%

ANEXO V

ALÍQUOTAS E PARTILHA DO SIMPLES NACIONAL – RECEITAS DECORRENTES DA PRESTAÇÃO DE SERVIÇOS RELACIONADOS NO § 5º-I DO ART. 18 DESTA LEI COMPLEMENTAR

- Anexo V com a redação dada pela LC nº 155, de 27-10-2016.

Receita Bruta em 12 Meses (em R$)		Alíquota	Valor a Deduzir (em R$)
1ª Faixa	Até 180.000,00	15,50%	–
2ª Faixa	De 180.000,01 a 360.000,00	18,00%	4.500,00
3ª Faixa	De 360.000,01 a 720.000,00	19,50%	9.900,00
4ª Faixa	De 720.000,01 a 1.800.000,00	20,50%	17.100,00
5ª Faixa	De 1.800.000,01 a 3.600.000,00	23,00%	62.100,00
6ª Faixa	De 3.600.000,01 a 4.800.000,00	30,50%	540.000,00

Faixas	Percentual de Repartição dos Tributos					
	IRPJ	CSLL	COFINS	PIS/PASEP	CPP	ISS
1ª Faixa	25,00%	15,00%	14,10%	3,05%	28,85%	14,00%
2ª Faixa	23,00%	15,00%	14,10%	3,05%	27,85%	17,00%

Faixas	Percentual de Repartição dos Tributos					
	IRPJ	CSLL	COFINS	PIS/PASEP	CPP	ISS
3ª Faixa	24,00%	15,00%	14,92%	3,23%	23,85%	19,00%
4ª Faixa	21,00%	15,00%	15,74%	3,41%	23,85%	21,00%
5ª Faixa	23,00%	12,50%	14,10%	3,05%	23,85%	23,50%
6ª Faixa	35,00%	15,50%	16,44%	3,56%	29,50%	–

ANEXO VI

Revogado. LC nº 155, de 27-10-2016.

LEI Nº 11.417, DE 19 DE DEZEMBRO DE 2006

Regulamenta o art. 103-A da Constituição Federal e altera a Lei nº 9.784, de 29 de janeiro de 1999, disciplinando a edição, a revisão e o cancelamento de enunciado de súmula vinculante pelo Supremo Tribunal Federal, e dá outras providências.

- Publicada no *DOU* de 20-12-2006.

Art. 1º Esta Lei disciplina a edição, a revisão e o cancelamento de enunciado de súmula vinculante pelo Supremo Tribunal Federal e dá outras providências.

Art. 2º O Supremo Tribunal Federal poderá, de ofício ou por provocação, após reiteradas decisões sobre matéria constitucional, editar enunciado de súmula que, a partir de sua publicação na imprensa oficial, terá efeito vinculante em relação aos demais órgãos do Poder Judiciário e à administração pública direta e indireta, nas esferas federal, estadual e municipal, bem como proceder à sua revisão ou cancelamento, na forma prevista nesta Lei.

§ 1º O enunciado da súmula terá por objeto a validade, a interpretação e a eficácia de normas determinadas, acerca das quais haja, entre órgãos judiciários ou entre esses e a administração pública, controvérsia atual que acarrete grave insegurança jurídica e relevante multiplicação de processos sobre idêntica questão.

§ 2º O Procurador-Geral da República, nas propostas que não houver formulado, manifestar-se-á previamente à edição, revisão ou cancelamento de enunciado de súmula vinculante.

§ 3º A edição, a revisão e o cancelamento de enunciado de súmula com efeito vinculante dependerão de decisão tomada por 2/3 (dois terços) dos membros do Supremo Tribunal Federal, em sessão plenária.

§ 4º No prazo de 10 (dez) dias após a sessão em que editar, rever ou cancelar enunciado de súmula com efeito vinculante, o Supremo Tribunal Federal fará publicar, em seção especial do *Diário da Justiça* e do *Diário Oficial da União*, o enunciado respectivo.

Art. 3º São legitimados a propor a edição, a revisão ou o cancelamento de enunciado de súmula vinculante:

I – o Presidente da República;

II – a Mesa do Senado Federal;

III – a Mesa da Câmara dos Deputados;

IV – o Procurador-Geral da República;

V – o Conselho Federal da Ordem dos Advogados do Brasil;

VI – o Defensor Público Geral da União;

VII – partido político com representação no Congresso Nacional;

VIII – confederação sindical ou entidade de classe de âmbito nacional;

IX – a Mesa de Assembleia Legislativa ou da Câmara Legislativa do Distrito Federal;

X – o Governador de Estado ou do Distrito Federal;

XI – os Tribunais Superiores, os Tribunais de Justiça de Estados ou do Distrito Federal e Territórios, os Tribunais Regionais Federais, os Tribunais Regionais do Trabalho, os Tribunais Regionais Eleitorais e os Tribunais Militares.

§ 1º O Município poderá propor, incidentalmente ao curso de processo em que seja parte, a edição, a revisão ou o cancelamento de enunciado de súmula vinculante, o que não autoriza a suspensão do processo.

§ 2º No procedimento de edição, revisão ou cancelamento de enunciado da súmula vinculante, o relator poderá admitir, por decisão irrecorrível, a manifestação de terceiros na questão, nos termos do Regimento Interno do Supremo Tribunal Federal.

Art. 4º A súmula com efeito vinculante tem eficácia imediata, mas o Supremo Tribunal Federal, por decisão de 2/3 (dois terços) dos seus membros, poderá restringir os efeitos vinculantes ou decidir que só tenha eficácia a partir de outro momento, tendo em vista razões de segurança jurídica ou de excepcional interesse público.

Art. 5º Revogada ou modificada a lei em que se Fundou a edição de enunciado de súmula vinculante, o Supremo Tribunal Federal, de ofício ou por provocação, procederá à sua revisão ou cancelamento, conforme o caso.

Art. 6º A proposta de edição, revisão ou cancelamento de enunciado de súmula vinculante não autoriza a suspensão dos processos em que se discuta a mesma questão.

Art. 7º Da decisão judicial ou do ato administrativo que contrariar enunciado de súmula vinculante, negar-lhe vigência ou aplicá-lo indevidamente caberá reclamação ao Supremo Tribunal Federal, sem prejuízo dos recursos ou outros meios admissíveis de impugnação.

§ 1º Contra omissão ou ato da administração pública, o uso da reclamação só será admitido após esgotamento das vias administrativas.

§ 2º Ao julgar procedente a reclamação, o Supremo Tribunal Federal anulará o ato administrativo ou cassará a decisão judicial impugnada, determinando que outra seja proferida com ou sem aplicação da súmula, conforme o caso.

Art. 8º O art. 56 da Lei nº 9.784, de 29 de janeiro de 1999, passa a vigorar acrescido do seguinte § 3º:

- Alteração inserida no texto da referida Lei.

Art. 9º A Lei nº 9.784, de 29 de janeiro de 1999, passa a vigorar acrescida dos seguintes arts. 64-A e 64-B:

- Alterações inseridas no texto da referida Lei.

Art. 10. O procedimento de edição, revisão ou cancelamento de enunciado de súmula com efeito vinculante obedecerá, subsidiariamente, ao disposto no Regimento Interno do Supremo Tribunal Federal.

Art. 11. Esta Lei entra em vigor 3 (três) meses após a sua publicação.

Brasília, 19 de dezembro de 2006;
185º da Independência e
118º da República.
Luiz Inácio Lula da Silva

LEI Nº 11.438, DE 29 DE DEZEMBRO DE 2006

Dispõe sobre incentivos e benefícios para fomentar as atividades de caráter desportivo e dá outras providências.

- Publicada no *DOU* de 29-12-2006 – edição extra.

CAPÍTULO I
DOS INCENTIVOS AO DESPORTO

Art. 1º A partir do ano-calendário de 2007, até o ano-calendário de 2027, inclusive, poderão ser deduzidos do imposto de renda devido, apurado na Declaração de Ajuste Anual pelas pessoas físicas ou em cada período de apuração, trimestral ou anual, pela pessoa jurídica tributada com base no lucro real, os valores despendidos a título de patrocínio ou doação no apoio direto a projetos desportivos e paradesportivos previamente aprovados pelo Ministério da Cidadania.

- *Caput* com a redação dada pela Lei nº 14.439, de 24-8-2022.

§ 1º As deduções de que trata o *caput* deste artigo ficam limitadas:

I – relativamente à pessoa jurídica, a 2% (dois por cento) do imposto devido, observado o disposto no § 4º do art. 3º da Lei nº 9.249, de 26 de dezembro de 1995, em cada período de apuração;

II – relativamente à pessoa física, a 7% (sete por cento) do imposto devido na Declaração de Ajuste Anual, conjuntamente com as deduções a que se referem os incisos I, II e III do art. 12 da Lei nº 9.250, de 26 de dezembro de 1995.

- Incisos I e II com a redação dada pela Lei nº 14.439, de 24-8-2022.

§ 2º As pessoas jurídicas não poderão deduzir os valores de que trata o *caput* deste artigo para fins de determinação do lucro real e da base de cálculo da Contribuição Social sobre o Lucro Líquido – CSLL.

§ 3º Os benefícios de que trata este artigo não excluem ou reduzem outros benefícios fiscais e deduções em vigor.

§ 4º Não são dedutíveis os valores destinados a patrocínio ou doação em favor de projetos que beneficiem, direta ou indiretamente, pessoa física ou jurídica vinculada ao doador ou patrocinador.

§ 5º Consideram-se vinculados ao patrocinador ou ao doador:

I – a pessoa jurídica da qual o patrocinador ou o doador seja titular, administrador, gerente, acionista ou sócio, na data da operação ou nos 12 (doze) meses anteriores;

II – o cônjuge, os parentes até o terceiro grau, inclusive os afins, e os dependentes do patrocinador, do doador ou dos titulares, administradores, acionistas ou sócios de pessoa jurídica vinculada ao patrocinador ou ao doador, nos termos do inciso I deste parágrafo;

III – a pessoa jurídica coligada, controladora ou controlada, ou que tenha como titulares, administradores acionistas ou sócios alguma das pessoas a que se refere o inciso II deste parágrafo.

§ 6º O limite previsto no inciso I do § 1º deste artigo será de 4% (quatro por cento) quando o projeto desportivo ou paradesportivo for destinado a promover a inclusão social por meio do esporte, preferencialmente em comunidades em situação de vulnerabilidade social, nos termos do § 1º do art. 2º desta Lei, conjuntamente com as deduções a que se referem o art. 26 da Lei nº 8.313, de 23 de dezembro de 1991, e o art. 1º da Lei nº 8.685, de 20 de julho de 1993.

- § 6º acrescido pela Lei nº 14.439, de 24-8-2022.

§ 7º VETADO. Lei nº 14.439, de 24-8-2022.

Art. 2º Os projetos desportivos e paradesportivos, em cujo favor serão captados e direcionados os recursos oriundos dos incentivos previstos nesta Lei, atenderão a pelo menos uma das seguintes manifestações, nos termos e condições definidas em regulamento:

- *Caput* com a redação dada pela Lei nº 11.472, de 2-5-2007.

I – desporto educacional;

II – desporto de participação;

III – desporto de rendimento.

§ 1º Poderão receber os recursos oriundos dos incentivos previstos nesta Lei os projetos desportivos destinados a promover a inclusão social por meio do esporte, preferencialmente em comunidades de vulnerabilidade social.

§ 2º É vedada a utilização dos recursos oriundos dos incentivos previstos nesta Lei para o pagamento de remuneração de atletas profissionais, nos termos da Lei nº 9.615, de 24 de março de 1998, em qualquer modalidade desportiva.

§ 3º O proponente não poderá captar, para cada projeto, entre patrocínio e doação, valor superior ao aprovado pelo Ministério do Esporte, na forma do art. 4º desta Lei.

Art. 3º Para fins do disposto nesta Lei, considera-se:

I – patrocínio:

a) a transferência gratuita, em caráter definitivo, ao proponente de que trata o inciso V do *caput* deste artigo de numerário para a realização de projetos desportivos e paradesportivos, com finalidade promocional e institucional de publicidade;

b) a cobertura de gastos ou a utilização de bens, móveis ou imóveis, do patrocinador, sem transferência de domínio, para a realização de projetos desportivos e paradesportivos pelo proponente de que trata o inciso V do *caput* deste artigo;

- Alíneas *a* e *b* com a redação dada pela Lei nº 11.472, 2-5-2007.

II – doação:

a) a transferência gratuita, em caráter definitivo, ao proponente de que trata o inciso V do *caput* deste artigo de numerário, bens ou serviços para a realização de projetos desportivos e paradesportivos, desde que não empregados em publicidade, ainda que para divulgação das atividades objeto do respectivo projeto;

b) a distribuição gratuita de ingressos para eventos de caráter desportivo e paradesportivo por pessoa jurídica a empregados e seus dependentes legais ou a integrantes de comunidades de vulnerabilidade social;

- Alíneas *a* e *b* com a redação dada pela Lei nº 11.472, 2-5-2007.

III – patrocinador: a pessoa física ou jurídica, contribuinte do imposto de renda, que apoie projetos aprovados pelo Ministério do Esporte nos termos do inciso I do *caput* deste artigo;

IV – doador: a pessoa física ou jurídica, contribuinte do imposto de renda, que apoie projetos aprovados pelo Ministério do Esporte nos termos do inciso II do *caput* deste artigo;

V – proponente: a pessoa jurídica de direito público, de direito privado com fins não econômicos, de natureza esportiva, bem como as instituições de ensino fundamental, médio e superior, que tenham projeto aprovado nos termos desta Lei.

- Inciso V com a redação dada pela Lei nº 14.439, de 24-8-2022.

Art. 4º A avaliação e a aprovação do enquadramento dos projetos apresentados na forma prevista no art. 5º desta Lei cabem a uma Comissão Técnica vinculada ao Ministério do Esporte, garantindo-se a participação de representantes governamentais, designados pelo Ministro do Esporte, e representantes do setor desportivo, indicados pelo Conselho Nacional de Esporte.

Parágrafo único. A composição, a organização e o funcionamento da comissão serão estipulados e definidos em regulamento.

Art. 5º Os projetos desportivos e paradesportivos de que trata o art. 1º desta Lei serão submetidos ao Ministério do Esporte, acompanhados da documentação estabelecida em regulamento e de orçamento analítico.

§ 1º A aprovação dos projetos de que trata o *caput* deste artigo somente terá eficácia após a publicação de ato oficial contendo o título do projeto aprovado, a instituição responsável, o valor autorizado para captação e o prazo de validade da autorização.

§ 2º Os projetos aprovados e executados com recursos desta Lei serão acompanhados e avaliados pelo Ministério do Esporte.

CAPÍTULO II
DISPOSIÇÕES GERAIS

Art. 6º A divulgação das atividades, bens ou serviços resultantes dos projetos desportivos e paradesportivos financiados nos termos desta Lei mencionará o apoio institucional, com inserção da Bandeira Nacional, nos termos da Lei nº 5.700, de 1º de setembro de 1971.

Art. 7º A prestação de contas dos projetos beneficiados pelos incentivos previstos nesta Lei fica a cargo do proponente e será apresentada ao Ministério do Esporte, na forma estabelecida pelo regulamento.

Art. 8º O Ministério do Esporte informará à Secretaria da Receita Federal do Brasil – RFB os valores correspondentes a doação ou patrocínio destinados ao apoio direto a projetos desportivos e paradesportivos, no ano-calendário anterior.

Parágrafo único. A RFB estabelecerá, em ato normativo próprio, a forma, o prazo e as condições para o cumprimento da obrigação acessória a que se refere o *caput* deste artigo.

- Art. 8º com a redação dada pela Lei nº 13.043, de 13-11-2014.

Art. 9º Compete à Secretaria da Receita Federal, no âmbito de suas atribuições, a fiscalização dos incentivos previstos nesta Lei.

Art. 10. Constituem infração aos dispositivos desta Lei:

I – o recebimento pelo patrocinador ou doador de qualquer vantagem financeira ou material em decorrência do patrocínio ou da doação que com base nela efetuar;

II – agir o patrocinador, o doador ou o proponente com dolo, fraude ou simulação para utilizar incentivo nela previsto;

III – desviar para finalidade diversa da fixada nos respectivos projetos dos recursos, bens, valores ou benefícios com base nela obtidos;

IV – adiar, antecipar ou cancelar, sem justa causa, atividade desportiva beneficiada pelos incentivos nela previstos;

V – o descumprimento de qualquer das suas disposições ou das estabelecidas em sua regulamentação.

Art. 11. As infrações aos dispositivos desta Lei, sem prejuízo das demais sanções cabíveis, sujeitarão:

I – o patrocinador ou o doador ao pagamento do imposto não recolhido, além das penalidades e demais acréscimos previstos na legislação;

II – o infrator ao pagamento de multa correspondente a 2 (duas) vezes o valor da vantagem auferida indevidamente, sem prejuízo do disposto no inciso I do *caput* deste artigo.

Parágrafo único. O proponente é solidariamente responsável por inadimplência ou irregularidade verificada quanto ao disposto no inciso I do *caput* deste artigo.

Art. 12. Os recursos provenientes de doações ou patrocínios efetuados nos termos do art. 1º desta Lei serão depositados e movimentados em conta bancária específica, no Banco do Brasil S.A. ou na Caixa Econômica Federal, que tenha como titular o proponente do projeto aprovado pelo Ministério do Esporte.

Parágrafo único. Não são dedutíveis, nos termos desta Lei, os valores em relação aos quais não se observe o disposto neste artigo.

Art. 13. Todos os recursos utilizados no apoio direto a projetos desportivos e paradesportivos previstos nesta Lei deverão ser disponibilizados na rede mundial de computadores, de acordo com a Lei nº 9.755, de 16 de dezembro de 1998.

Parágrafo único. Os recursos a que se refere o *caput* deste artigo ainda deverão ser disponibilizados, mensalmente, no sítio do Ministério do Esporte, constando a sua origem e destinação.

Art. 13-A. O valor máximo das deduções de que trata o art. 1º desta Lei será fixado anualmente em ato do Poder Executivo, com base em um percentual da renda tributável das pessoas físicas e do imposto sobre a renda devido por pessoas jurídicas.

- *Caput* do art. 13-A com a redação dada pela Lei nº 14.439, de 24-8-2022.

Parágrafo único. Do valor máximo a que se refere o *caput* deste artigo o Poder Executivo fixará os limites a serem aplicados para cada uma das manifestações de que trata o art. 2º desta Lei.

- Parágrafo único acrescido pela Lei nº 11.472, de 2-5-2007.

Art. 13-B. A divulgação das atividades, bens ou serviços resultantes de projetos desportivos e paradesportivos, culturais e de produção audiovisual e artística financiados com recursos públicos mencionará o apoio institucional com a inserção da Bandeira Nacional, nos termos da Lei nº 5.700, de 1º de setembro de 1971.

Art. 13-C. Sem prejuízo do disposto no art. 166 da Constituição Federal, os Ministérios da Cultura e do Esporte encaminharão ao Congresso Nacional relatórios detalhados acerca da destinação e regular aplicação dos recursos provenientes das deduções e benefícios fiscais previstos nas Leis nºs 8.313, de 23 de dezembro de 1991, e 11.438, de 29 de dezembro de 2006, para fins de acompanhamento e fiscalização orçamentária das operações realizadas.

- Arts. 13-B e 13-C acrescidos pela Lei nº 11.472, de 2-5-2007.

Art. 14. Esta Lei entra em vigor na data de sua publicação.

Brasília, 29 de dezembro de 2006;
185º da Independência e
118º da República.

Luiz Inácio Lula da Silva

LEI Nº 11.445, DE 5 DE JANEIRO DE 2007

Estabelece as diretrizes nacionais para o saneamento básico; cria o Comitê Interministerial de Saneamento Básico; altera as Leis nºs 6.766, de 19 de dezembro de 1979, 8.666, de 21 de junho de 1993, e 8.987, de 13 de fevereiro de 1995; e revoga a Lei nº 6.528, de 11 de maio de 1978.

- Publicada no *DOU* de 8-1-2007 e retificada no *DOU* de 11-1-2007.
- Ementa com a redação dada pela Lei nº 14.026, de 15-7-2020.

CAPÍTULO I

DOS PRINCÍPIOS FUNDAMENTAIS

Art. 1º Esta Lei estabelece as diretrizes nacionais para o saneamento básico e para a política federal de saneamento básico.

Art. 2º Os serviços públicos de saneamento básico serão prestados com base nos seguintes princípios fundamentais:

I – universalização do acesso e efetiva prestação do serviço;

II – integralidade, compreendida como o conjunto de atividades e componentes de cada um dos diversos serviços de saneamento que propicie à população o acesso a eles em conformidade com suas necessidades e maximize a eficácia das ações e dos resultados;

III – abastecimento de água, esgotamento sanitário, limpeza urbana e manejo dos resíduos sólidos realizados de forma adequada à saúde pública, à conservação dos recursos naturais e à proteção do meio ambiente;

IV – disponibilidade, nas áreas urbanas, de serviços de drenagem e manejo das águas pluviais, tratamento, limpeza e fiscalização preventiva das redes, adequados à saúde pública, à proteção do meio ambiente e à segurança da vida e do patrimônio público e privado;

- Incisos I a IV com a redação dada pela Lei nº 14.026, de 15-7-2020.

V – adoção de métodos, técnicas e processos que considerem as peculiaridades locais e regionais;

VI – articulação com as políticas de desenvolvimento urbano e regional, de habitação, de combate à pobreza e de sua erradicação, de proteção ambiental, de promoção da saúde, de recursos hídricos e outras de interesse social relevante, destinadas à melhoria da qualidade de vida, para as quais o saneamento básico seja fator determinante;

- Inciso VI com a redação dada pela Lei nº 14.026, de 15-7-2020.

VII – eficiência e sustentabilidade econômica;

VIII – estímulo à pesquisa, ao desenvolvimento e à utilização de tecnologias apropriadas, consideradas a capacidade de pagamento dos usuários, a adoção de soluções graduais e progressivas e a melhoria da qualidade com ganhos de eficiência e redução dos custos para os usuários;

- Inciso VIII com a redação dada pela Lei nº 14.026, de 15-7-2020.

IX – transparência das ações, baseada em sistemas de informações e processos decisórios institucionalizados;

X – controle social;

XI – segurança, qualidade, regularidade e continuidade;

XII – integração das infraestruturas e dos serviços com a gestão eficiente dos recursos hídricos;

XIII – redução e controle das perdas de água, inclusive na distribuição de água tratada, estímulo à racionalização de seu consumo pelos usuários e fomento à eficiência energética, ao reúso de efluentes sanitários e ao aproveitamento de águas de chuva;

- Incisos XI a XIII com a redação dada pela Lei nº 14.026, de 15-7-2020.

XIV – prestação regionalizada dos serviços, com vistas à geração de ganhos de escala e à garantia da universalização e da viabilidade técnica e econômico-financeira dos serviços;

XV – seleção competitiva do prestador dos serviços; e

XVI – prestação concomitante dos serviços de abastecimento de água e de esgotamento sanitário.

- Incisos XIV a XVI acrescidos pela Lei nº 14.026, de 15-7-2020.

Art. 3º Para fins do disposto nesta Lei, considera-se:

- *Caput* com a redação dada pela Lei nº 14.026, de 15-7-2020.

I – saneamento básico: conjunto de serviços públicos, infraestruturas e instalações operacionais de:

a) abastecimento de água potável: constituído pelas atividades e pela disponibilização e manutenção de infraestruturas e instalações operacionais necessárias ao abastecimento público de água potável, desde a captação até as ligações prediais e seus instrumentos de medição;

b) esgotamento sanitário: constituído pelas atividades e pela disponibilização e manutenção de infraestruturas e instalações operacionais necessárias à coleta, ao transporte, ao tratamento e à disposição final adequados dos esgotos sanitários, desde as ligações prediais até sua destinação final para produção de água de reúso ou seu lançamento de forma adequada no meio ambiente;

c) limpeza urbana e manejo de resíduos sólidos: constituídos pelas atividades e pela disponibilização e manutenção de infraestruturas e instalações operacionais de coleta, varrição manual e mecanizada, asseio e conservação urbana, transporte, transbordo, tratamento e destinação final ambientalmente adequada dos resíduos sólidos domiciliares e dos resíduos de limpeza urbana; e

d) drenagem e manejo das águas pluviais urbanas: constituídos pelas atividades, pela infraestrutura e pelas instalações operacionais de drenagem de águas pluviais, transporte, detenção ou retenção para o amortecimento de vazões de cheias, tratamento e disposição final das águas pluviais drenadas, contempladas a limpeza e a fiscalização preventiva das redes;

II – gestão associada: associação voluntária entre entes federativos, por meio de consórcio público ou convênio de cooperação, conforme disposto no art. 241 da Constituição Federal;

III – universalização: ampliação progressiva do acesso de todos os domicílios ocupados ao saneamento básico, em todos os serviços previstos no inciso XIV do *caput* deste artigo, incluídos o tratamento e a disposição final adequados dos esgotos sanitários;

IV – controle social: conjunto de mecanismos e procedimentos que garantem à sociedade informações, representações técnicas e participação nos processos de formulação de políticas, de planejamento e de avaliação relacionados com os serviços públicos de saneamento básico;

- Incisos I a IV com a redação dada pela Lei nº 14.026, de 15-7-2020.

V – VETADO;

VI – prestação regionalizada: modalidade de prestação integrada de um ou mais componentes dos serviços públicos de saneamento básico em determinada região cujo território abranja mais de um Município, podendo ser estruturada em:

a) região metropolitana, aglomeração urbana ou microrregião: unidade instituída pelos Estados mediante lei complementar, de acordo com o § 3º do art. 25 da Constituição Federal, composta de agrupamento de Municípios limítrofes e instituída nos termos da Lei nº 13.089, de 12 de janeiro de 2015 (Estatuto da Metrópole);

b) unidade regional de saneamento básico: unidade instituída pelos Estados mediante lei ordinária, constituída pelo agrupamento de Municípios não necessariamente limítrofes, para atender adequadamente às exigências de higiene e saúde pública, ou para dar viabilidade econômica e técnica aos Municípios menos favorecidos;

c) bloco de referência: agrupamento de Municípios não necessariamente limítrofes, estabelecido pela União nos termos do § 3º do art. 52 desta Lei e formalmente criado por meio de gestão associada voluntária dos titulares;

VII – subsídios: instrumentos econômicos de política social que contribuem para a universalização do acesso aos serviços públicos de saneamento básico por parte de populações de baixa renda;

VIII – localidades de pequeno porte: vilas, aglomerados rurais, povoados, núcleos, lugarejos e aldeias, assim definidos pela Fundação Instituto Brasileiro de Geografia e Estatística (IBGE);

- Incisos VI a VIII com a redação dada pela Lei nº 14.026, de 15-7-2020.

IX – contratos regulares: aqueles que atendem aos dispositivos legais pertinentes à prestação de serviços públicos de saneamento básico;

X – núcleo urbano: assentamento humano, com uso e características urbanas, constituído por unidades imobiliárias com área inferior à fração mínima de parcelamento prevista no art. 8º da Lei nº 5.868, de 12 de dezembro de 1972, independentemente da propriedade do solo, ainda que situado em área qualificada ou inscrita como rural;

XI – núcleo urbano informal: aquele clandestino, irregular ou no qual não tenha sido possível realizar a titulação de seus ocupantes, ainda que atendida a legislação vigente à época de sua implantação ou regularização;

XII – núcleo urbano informal consolidado: aquele de difícil reversão, considerados o tempo da ocupação, a natureza das edificações, a localização das vias de circulação e a presença de equipamentos públicos, entre outras circunstâncias a serem avaliadas pelo Município ou pelo Distrito Federal;

XIII – operação regular: aquela que observa integralmente as disposições constitucionais, legais e contratuais relativas ao exercício da titularidade e à contratação, prestação e regulação dos serviços;

XIV – serviços públicos de saneamento básico de interesse comum: serviços de saneamento básico prestados em regiões metropolitanas, aglomerações urbanas e microrregiões instituídas por lei complementar estadual, em que se verifique o compartilhamento de instalações operacionais de infraestrutura de abastecimento de água e/ou de esgotamento sanitário entre 2 (dois) ou mais Municípios, denotando a necessidade de organizá-los, planejá-los, executá-los e operá-los de forma conjunta e integrada pelo Estado e pelos Municípios que compartilham, no todo ou em parte, as referidas instalações operacionais;

XV – serviços públicos de saneamento básico de interesse local: funções públicas e serviços cujas infraestruturas e instalações operacionais atendam a um único Município;

XVI – sistema condominial: rede coletora de esgoto sanitário, assentada em posição viável no interior dos lotes ou conjunto de habitações, interligada à rede pública convencional em um único ponto ou à unidade de tratamento, utilizada onde há dificuldades de execução de redes ou ligações prediais no sistema convencional de esgotamento;

XVII – sistema individual alternativo de saneamento: ação de saneamento básico ou de afastamento e destinação final dos esgotos, quando o local não for atendido diretamente pela rede pública;

XVIII – sistema separador absoluto: conjunto de condutos, instalações e equipamentos destinados a coletar, transportar, condicionar e encaminhar exclusivamente esgoto sanitário;

XIX – sistema unitário: conjunto de condutos, instalações e equipamentos destinados a coletar, transportar, condicionar e encaminhar conjuntamente esgoto sanitário e águas pluviais.

- Incisos IX a XIX acrescidos pela Lei nº 14.026, de 15-7-2020.

§§ 1º a 3º VETADOS.

§ 4º VETADO. Lei nº 14.026, de 15-7-2020.

§ 5º No caso de Região Integrada de Desenvolvimento (RIDE), a prestação regionalizada do serviço de saneamento básico estará condicionada à anuência dos Municípios que a integram.

- § 5º acrescido pela Lei nº 14.026, de 15-7-2020.

Art. 3º-A. Consideram-se serviços públicos de abastecimento de água a sua distribuição mediante ligação predial, incluídos eventuais instrumentos de medição, bem como, quando vinculadas a essa finalidade, as seguintes atividades:

I – reservação de água bruta;

II – captação de água bruta;

III – adução de água bruta;

IV – tratamento de água bruta;

V – adução de água tratada; e

VI – reservação de água tratada.

Art. 3º-B. Consideram-se serviços públicos de esgotamento sanitário aqueles constituídos por 1 (uma) ou mais das seguintes atividades:

I – coleta, incluída ligação predial, dos esgotos sanitários;

II – transporte dos esgotos sanitários;

III – tratamento dos esgotos sanitários; e

IV – disposição final dos esgotos sanitários e dos lodos originários da operação de unidades de tratamento coletivas ou individuais de forma ambientalmente adequada, incluídas fossas sépticas.

Parágrafo único. Nas Zonas Especiais de Interesse Social (ZEIS) ou outras áreas do perímetro urbano ocupadas predominantemente por população de baixa renda, o serviço público de esgotamento sanitário, realizado diretamente pelo titular ou por concessionário, inclui conjuntos sanitários para as residências e solução para a destinação de efluentes, quando inexistentes, assegurada compatibilidade com as diretrizes da política municipal de regularização fundiária.

Art. 3º-C. Consideram-se serviços públicos especializados de limpeza urbana e de manejo de resíduos sólidos as atividades operacionais de coleta, transbordo, transporte, triagem para fins de reutilização ou reciclagem, tratamento, inclusive por compostagem, e destinação final dos:

I – resíduos domésticos;

II – resíduos originários de atividades comerciais, industriais e de serviços, em quantidade e qualidade similares às dos resíduos domésticos, que, por decisão do titular, sejam considerados resíduos sólidos urbanos, desde que tais resíduos não sejam de responsabilidade de seu gerador nos termos da norma legal ou administrativa, de decisão judicial ou de termo de ajustamento de conduta; e

III – resíduos originários dos serviços públicos de limpeza urbana, tais como:

a) serviços de varrição, capina, roçada, poda e atividades correlatas em vias e logradouros públicos;

b) asseio de túneis, escadarias, monumentos, abrigos e sanitários públicos;

c) raspagem e remoção de terra, areia e quaisquer materiais depositados pelas águas pluviais em logradouros públicos;

d) desobstrução e limpeza de bueiros, bocas de lobo e correlatos;

e) limpeza de logradouros públicos onde se realizem feiras públicas e outros eventos de acesso aberto ao público; e

f) outros eventuais serviços de limpeza urbana.

Art. 3º-D. Consideram-se serviços públicos de manejo das águas pluviais urbanas aqueles constituídos por 1 (uma) ou mais das seguintes atividades:

I – drenagem urbana;

II – transporte de águas pluviais urbanas;

III – detenção ou retenção de águas pluviais urbanas para amortecimento de vazões de cheias; e

IV – tratamento e disposição final de águas pluviais urbanas.

• Arts. 3º-A a 3º-D acrescidos pela Lei nº 14.026, de 15-7-2020.

Art. 4º Os recursos hídricos não integram os serviços públicos de saneamento básico.

Parágrafo único. A utilização de recursos hídricos na prestação de serviços públicos de saneamento básico, inclusive para disposição ou diluição de esgotos e outros resíduos líquidos, é sujeita a outorga de direito de uso, nos termos da Lei nº 9.433, de 8 de janeiro de 1997, de seus regulamentos e das legislações estaduais.

Art. 5º Não constitui serviço público a ação de saneamento executada por meio de soluções individuais, desde que o usuário não dependa de terceiros para operar os serviços, bem como as ações e serviços de saneamento básico de responsabilidade privada, incluindo o manejo de resíduos de responsabilidade do gerador.

Art. 6º O lixo originário de atividades comerciais, industriais e de serviços cuja responsabilidade pelo manejo não seja atribuída ao gerador pode, por decisão do poder público, ser considerado resíduo sólido urbano.

Art. 7º Para os efeitos desta Lei, o serviço público de limpeza urbana e de manejo de resíduos sólidos urbanos é composto pelas seguintes atividades:

I – de coleta, de transbordo e de transporte dos resíduos relacionados na alínea *c* do inciso I do *caput* do art. 3º desta Lei;

II – de triagem, para fins de reutilização ou reciclagem, de tratamento, inclusive por compostagem, e de destinação final dos resíduos relacionados na alínea *c* do inciso I do *caput* do art. 3º desta Lei; e

III – de varrição de logradouros públicos, de limpeza de dispositivos de drenagem de águas pluviais, de limpeza de córregos e outros serviços, tais como poda, capina, raspagem e roçada, e de outros eventuais serviços de limpeza urbana, bem como de coleta, de acondicionamento e de destinação final ambientalmente adequada dos resíduos sólidos provenientes dessas atividades.

• Incisos I a III com a redação dada pela Lei nº 14.026, de 15-7-2020.

CAPÍTULO II
DO EXERCÍCIO DA TITULARIDADE

Art. 8º Exercem a titularidade dos serviços públicos de saneamento básico:

I – os Municípios e o Distrito Federal, no caso de interesse local;

II – o Estado, em conjunto com os Municípios que compartilham efetivamente instalações operacionais integrantes de regiões metropolitanas, aglomerações urbanas e microrregiões, instituídas por lei complementar estadual, no caso de interesse comum.

§ 1º O exercício da titularidade dos serviços de saneamento poderá ser realizado também por gestão associada, mediante consórcio público ou convênio de cooperação, nos termos do art. 241 da Constituição Federal, observadas as seguintes disposições:

I – fica admitida a formalização de consórcios intermunicipais de saneamento básico, exclusivamente composto de Municípios, que poderão prestar o serviço aos seus consorciados diretamente, pela instituição de autarquia intermunicipal;

II – os consórcios intermunicipais de saneamento básico terão como objetivo, exclusivamente, o financiamento das iniciativas de implantação de medidas estruturais de abastecimento de água potável, esgotamento sanitário, limpeza urbana, manejo de resíduos sólidos, drenagem e manejo de águas pluviais, vedada a formalização de contrato de programa com sociedade de economia mista ou empresa pública, ou a subdelegação do serviço prestado pela autarquia intermunicipal sem prévio procedimento licitatório.

§ 2º Para os fins desta Lei, as unidades regionais de saneamento básico devem apresentar sustentabilidade econômico-financeira e contemplar, preferencialmente, pelo menos 1 (uma) região metropolitana, facultada a sua integração por titulares dos serviços de saneamento.

§ 3º A estrutura de governança para as unidades regionais de saneamento básico seguirá o disposto na Lei nº 13.089, de 12 de janeiro de 2015 (Estatuto da Metrópole).

§ 4º Os Chefes dos Poderes Executivos da União, dos Estados, do Distrito Federal e dos Municípios poderão formalizar a gestão associada para o exercício de funções relativas aos serviços públicos de saneamento básico, ficando dispensada, em caso de convênio de cooperação, a necessidade de autorização legal.

§ 5º O titular dos serviços públicos de saneamento básico deverá definir a entidade responsável pela regulação e fiscalização desses serviços, independentemente da modalidade de sua prestação.

• Art. 8º com a redação dada pela Lei nº 14.026, de 15-7-2020.

Art. 8º-A. É facultativa a adesão dos titulares dos serviços públicos de saneamento de interesse local às estruturas das formas de prestação regionalizada.

Art. 8º-B. No caso de prestação regionalizada dos serviços de saneamento, as responsabilidades administrativa, civil e penal são exclusivamente aplicadas aos titulares dos serviços públicos de saneamento, nos termos do art. 8º desta Lei.

• Arts. 8º-A e 8º-B acrescidos pela Lei nº 14.026, de 15-7-2020.

Art. 9º O titular dos serviços formulará a respectiva política pública de saneamento básico, devendo, para tanto:

I – elaborar os planos de saneamento básico, nos termos desta Lei, bem como estabelecer metas e indicadores de desempenho e mecanismos de aferição de resultados, a serem obrigatoriamente observados na execução dos serviços prestados de forma direta ou por concessão;

II – prestar diretamente os serviços, ou conceder a prestação deles, e definir, em ambos os casos, a entidade responsável pela regulação e fiscalização da prestação dos serviços públicos de saneamento básico;

III – definir os parâmetros a serem adotados para a garantia do atendimento essencial à saúde pública, inclusive quanto ao volume mínimo per capita de água para abastecimento público, observadas as normas nacionais relativas à potabilidade da água;

IV – estabelecer os direitos e os deveres dos usuários;

V – estabelecer os mecanismos e os procedimentos de controle social, observado o disposto no inciso IV do *caput* do art. 3º desta Lei;

- Incisos I a V com a redação dada pela Lei nº 14.026, de 15-7-2020.

VI – implementar sistema de informações sobre os serviços públicos de saneamento básico, articulado com o Sistema Nacional de Informações em Saneamento Básico – SINISA, o Sistema Nacional de Informações sobre a Gestão dos Resíduos Sólidos – SINIR e o Sistema Nacional de Gerenciamento de Recursos Hídricos – SINGREH, observadas a metodologia e a periodicidade estabelecidas pelo Ministério do Meio Ambiente e Mudança do Clima; e

- Inciso VI com a redação dada pela MP nº 1.154, de 1º-1-2023, que até o encerramento desta edição não havia sido convertida em lei.

VII – intervir e retomar a operação dos serviços delegados, por indicação da entidade reguladora, nas hipóteses e nas condições previstas na legislação e nos contratos.

- Inciso VII com a redação dada pela Lei nº 14.026, de 15-7-2020.

Parágrafo único. No exercício das atividades a que se refere o *caput* deste artigo, o titular poderá receber cooperação técnica do respectivo Estado e basear-se em estudos fornecidos pelos prestadores dos serviços.

- Parágrafo único acrescido pela Lei nº 14.026, de 15-7-2020.

Art. 10. A prestação dos serviços públicos de saneamento básico por entidade que não integre a administração do titular depende da celebração de contrato de concessão, mediante prévia licitação, nos termos do art. 175 da Constituição Federal, vedada a sua disciplina mediante contrato de programa, convênio, termo de parceria ou outros instrumentos de natureza precária.

- *Caput* com a redação dada pela Lei nº 14.026, de 15-7-2020.

§§ 1º e 2º *Revogados*. Lei nº 14.026, de 15-7-2020.

§ 3º Os contratos de programa regulares vigentes permanecem em vigor até o advento do seu termo contratual.

- § 3º acrescido pela Lei nº 14.026, de 15-7-2020.

Art. 10-A. Os contratos relativos à prestação dos serviços públicos de saneamento básico deverão conter, expressamente, sob pena de nulidade, as cláusulas essenciais previstas no art. 23 da Lei nº 8.987, de 13 de fevereiro de 1995, além das seguintes disposições:

I – metas de expansão dos serviços, de redução de perdas na distribuição de água tratada, de qualidade na prestação dos serviços, de eficiência e de uso racional da água, da energia e de outros recursos naturais, do reúso de efluentes sanitários e do aproveitamento de águas de chuva, em conformidade com os serviços a serem prestados;

II – possíveis fontes de receitas alternativas, complementares ou acessórias, bem como as provenientes de projetos associados, incluindo, entre outras, a alienação e o uso de efluentes sanitários para a produção de água de reúso, com possibilidade de as receitas serem compartilhadas entre o contratante e o contratado, caso aplicável;

III – metodologia de cálculo de eventual indenização relativa aos bens reversíveis não amortizados por ocasião da extinção do contrato; e

IV – repartição de riscos entre as partes, incluindo os referentes a caso fortuito, força maior, fato do príncipe e álea econômica extraordinária.

§ 1º Os contratos que envolvem a prestação dos serviços públicos de saneamento básico poderão prever mecanismos privados para resolução de disputas decorrentes do contrato ou a ele relacionadas, inclusive a arbitragem, a ser realizada no Brasil e em língua portuguesa, nos termos da Lei nº 9.307, de 23 de setembro de 1996.

§ 2º As outorgas de recursos hídricos atualmente detidas pelas empresas estaduais poderão ser segregadas ou transferidas da operação a ser concedida, permitidas a continuidade da prestação do serviço público de produção de água pela empresa detentora da outorga de recursos hídricos e a assinatura de contrato de longo prazo entre esta empresa produtora de água e a empresa operadora da distribuição de água para o usuário final, com objeto de compra e venda de água.

Art. 10-B. Os contratos em vigor, incluídos aditivos e renovações, autorizados nos termos desta Lei, bem como aqueles provenientes de licitação para prestação ou concessão dos serviços públicos de saneamento básico, estarão condicionados à comprovação da capacidade econômico-financeira da contratada, por recursos próprios ou por contratação de dívida, com vistas a viabilizar a universalização dos serviços na área licitada até 31 de dezembro de 2033, nos termos do § 2º do art. 11-B desta Lei.

Parágrafo único. A metodologia para comprovação da capacidade econômico-financeira da contratada será regulamentada por decreto do Poder Executivo no prazo de 90 (noventa) dias.

- Arts. 10-A e 10-B acrescidos pela Lei nº 14.026, de 15-7-2020.

Art. 11. São condições de validade dos contratos que tenham por objeto a prestação de serviços públicos de saneamento básico:

I – a existência de plano de saneamento básico;

II – a existência de estudo que comprove a viabilidade técnica e econômico-financeira da prestação dos serviços, nos termos estabelecidos no respectivo plano de saneamento básico;

- Inciso II com a redação dada pela Lei nº 14.026, de 15-7-2020.

III – a existência de normas de regulação que prevejam os meios para o cumprimento das diretrizes desta Lei, incluindo a designação da entidade de regulação e de fiscalização;

IV – a realização prévia de audiência e de consulta públicas sobre o edital de licitação, no caso de concessão, e sobre a minuta do contrato;

V – a existência de metas e cronograma de universalização dos serviços de saneamento básico.

- Inciso V acrescido pela Lei nº 14.026, de 15-7-2020.

§ 1º Os planos de investimentos e os projetos relativos ao contrato deverão ser compatíveis com o respectivo plano de saneamento básico.

§ 2º Nos casos de serviços prestados mediante contratos de concessão ou de programa, as normas previstas no inciso III do *caput* deste artigo deverão prever:

I – a autorização para a contratação dos serviços, indicando os respectivos prazos e a área a ser atendida;

II – a inclusão, no contrato, das metas progressivas e graduais de expansão dos serviços, de redução progressiva e controle de perdas na distribuição de água tratada, de qualidade, de eficiência e de uso racional da água, da energia e de outros recursos naturais, em conformidade com os serviços a serem prestados e com o respectivo plano de saneamento básico;

- Inciso II com a redação dada pela Lei nº 14.026, de 15-7-2020.

III – as prioridades de ação, compatíveis com as metas estabelecidas;

IV – as condições de sustentabilidade e equilíbrio econômico-financeiro da prestação dos serviços, em regime de eficiência, incluindo:

a) o sistema de cobrança e a composição de taxas e tarifas;

b) a sistemática de reajustes e de revisões de taxas e tarifas;

c) a política de subsídios;

V – mecanismos de controle social nas atividades de planejamento, regulação e fiscalização dos serviços;

VI – as hipóteses de intervenção e de retomada dos serviços.

§ 3º Os contratos não poderão conter cláusulas que prejudiquem as atividades de regulação e de fiscalização ou o acesso às informações sobre os serviços contratados.

§ 4º Na prestação regionalizada, o disposto nos incisos I a IV do *caput* e nos §§ 1º e 2º deste artigo poderá se referir ao conjunto de municípios por ela abrangidos.

§ 5º Fica vedada a distribuição de lucros e dividendos, do contrato em execução, pelo prestador de serviços que estiver descumprindo as metas e cronogramas estabelecidos no contrato específico da prestação de serviço público de saneamento básico.

- § 5º acrescido pela Lei nº 14.026, de 15-7-2020.

Art. 11-A. Na hipótese de prestação dos serviços públicos de saneamento básico por meio de contrato, o prestador de serviços poderá, além de realizar licitação e contratação de parceria público-privada, nos termos da Lei nº 11.079, de 30 de dezembro de 2004, e desde que haja previsão contratual ou autorização expressa do titular dos serviços, subdelegar o objeto contratado, observado, para a referida subdelegação, o limite de 25% (vinte e cinco por cento) do valor do contrato.

§ 1º A subdelegação fica condicionada à comprovação técnica, por parte do prestador de serviços, do benefício em termos de eficiência e qualidade dos serviços públicos de saneamento básico.

§ 2º Os contratos de subdelegação disporão sobre os limites da sub-rogação de direitos e obrigações do prestador de serviços pelo subdelegatário e observarão, no que couber, o disposto no § 2º do art. 11 desta Lei, bem como serão precedidos de procedimento licitatório.

§ 3º Para a observância do princípio da modicidade tarifária aos usuários e aos consumidores, na forma da Lei nº 8.987, de 13 de fevereiro de 1995, ficam vedadas subconcessões ou subdelegações que impliquem sobreposição de custos administrativos ou gerenciais a serem pagos pelo usuário final.

§ 4º Os Municípios com estudos para concessões ou parcerias público-privadas em curso, pertencentes a uma região metropolitana, podem dar seguimento ao processo e efetivar a contratação respectiva, mesmo se ultrapassado o limite previsto no *caput* deste artigo, desde que tenham o contrato assinado em até 1 (um) ano.

§ 5º VETADO. Lei nº 14.026, de 15-7-2020.

§ 6º Para fins de aferição do limite previsto no *caput* deste artigo, o critério para definição do valor do contrato do subdelegatário deverá ser o mesmo utilizado para definição do valor do contrato do prestador do serviço.

§ 7º Caso o contrato do prestador do serviço não tenha valor de contrato, o faturamento anual projetado para o subdelegatário não poderá ultrapassar 25% (vinte e cinco por cento) do faturamento anual projetado para o prestador do serviço.

Art. 11-B. Os contratos de prestação dos serviços públicos de saneamento básico deverão definir metas de universalização que garantam o atendimento de 99% (noventa e nove por cento) da população com água potável e de 90% (noventa por cento) da população com coleta e tratamento de esgotos até 31 de dezembro de 2033, assim como metas quantitativas de não intermitência do abastecimento, de redução de perdas e de melhoria dos processos de tratamento.

§ 1º Os contratos em vigor que não possuírem as metas de que trata o *caput* deste artigo terão até 31 de março de 2022 para viabilizar essa inclusão.

§ 2º Contratos firmados por meio de procedimentos licitatórios que possuam metas diversas daquelas previstas no *caput* deste artigo, inclusive contratos que tratem, individualmente, de água ou de esgoto, permanecerão inalterados nos moldes licitados, e o titular do serviço deverá buscar alternativas para atingir as metas definidas no *caput* deste artigo, incluídas as seguintes:

I – prestação direta da parcela remanescente;

II – licitação complementar para atingimento da totalidade da meta; e

III – aditamento de contratos já licitados, incluindo eventual reequilíbrio econômico-financeiro, desde que em comum acordo com a contratada.

§ 3º As metas de universalização deverão ser calculadas de maneira proporcional no período compreendido entre a assinatura do contrato ou do termo aditivo e o prazo previsto no *caput* deste artigo, de forma progressiva, devendo ser antecipadas caso as receitas advindas da prestação eficiente do serviço assim o permitirem, nos termos da regulamentação.

§ 4º É facultado à entidade reguladora prever hipóteses em que o prestador poderá utilizar métodos alternativos e descentralizados para os serviços de abastecimento de água e de coleta e tratamento de esgoto em áreas rurais, remotas ou em núcleos urbanos informais consolidados, sem prejuízo da sua cobrança, com vistas a garantir a economicidade da prestação dos serviços públicos de saneamento básico.

§ 5º O cumprimento das metas de universalização e não intermitência do abastecimento, de redução de perdas e de melhoria dos processos de tratamento deverá ser verificado anualmente pela agência reguladora, observando-se um intervalo dos últimos 5 (cinco) anos, nos quais as metas deverão ter sido cumpridas em, pelo menos, 3 (três), e a primeira fiscalização deverá ser realizada apenas ao término do quinto ano de vigência do contrato.

§ 6º As metas previstas neste artigo deverão ser observadas no âmbito municipal, quando exercida a titularidade de maneira independente, ou no âmbito da prestação regionalizada, quando aplicável.

§ 7º No caso do não atingimento das metas, nos termos deste artigo, deverá ser iniciado procedimento administrativo pela agência reguladora com o objetivo de avaliar as ações a serem adotadas, incluídas medidas sancionatórias, com eventual declaração de caducidade da concessão, assegurado o direito à ampla defesa.

§ 8º Os contratos provisórios não formalizados e os vigentes prorrogados em desconformidade com os regramentos estabelecidos nesta Lei serão considerados irregulares e precários.

§ 9º Quando os estudos para a licitação da prestação regionalizada apontarem para a inviabilidade econômico-financeira da universalização na data referida no *caput* deste artigo, mesmo após o agrupamento de Municípios de diferentes portes, fica permitida a dilação do prazo, desde que não ultrapasse 1º de janeiro de 2040 e haja anuência prévia da agência reguladora, que, em sua análise, deverá observar o princípio da modicidade tarifária.

- Arts. 11-A e 11-B acrescidos pela Lei nº 14.026, de 15-7-2020.

Art. 12. Nos serviços públicos de saneamento básico em que mais de um prestador execute atividade interdependente com outra, a relação entre elas deverá ser regulada por contrato e haverá entidade única encarregada das funções de regulação e de fiscalização.

§ 1º A entidade de regulação definirá, pelo menos:

I – as normas técnicas relativas à qualidade, quantidade e regularidade dos serviços prestados aos usuários e entre os diferentes prestadores envolvidos;

II – as normas econômicas e financeiras relativas às tarifas, aos subsídios e aos pagamentos por serviços prestados aos usuários e entre os diferentes prestadores envolvidos;

III – a garantia de pagamento de serviços prestados entre os diferentes prestadores dos serviços;

IV – os mecanismos de pagamento de diferenças relativas a inadimplemento dos usuários, perdas comerciais e físicas e outros créditos devidos, quando for o caso;

V – o sistema contábil específico para os prestadores que atuem em mais de um Município.

§ 2º O contrato a ser celebrado entre os prestadores de serviços a que se refere o *caput* deste artigo deverá conter cláusulas que estabeleçam pelo menos:

I – as atividades ou insumos contratados;

II – as condições e garantias recíprocas de fornecimento e de acesso às atividades ou insumos;

III – o prazo de vigência, compatível com as necessidades de amortização de investimentos, e as hipóteses de sua prorrogação;

IV – os procedimentos para a implantação, ampliação, melhoria e gestão operacional das atividades;

V – as regras para a fixação, o reajuste e a revisão das taxas, tarifas e outros preços públicos aplicáveis ao contrato;

VI – as condições e garantias de pagamento;

VII – os direitos e deveres sub-rogados ou os que autorizam a sub-rogação;

VIII – as hipóteses de extinção, inadmitida a alteração e a rescisão administrativas unilaterais;

IX – as penalidades a que estão sujeitas as partes em caso de inadimplemento;

X – a designação do órgão ou entidade responsável pela regulação e fiscalização das atividades ou insumos contratados.

§ 3º Inclui-se entre as garantias previstas no inciso VI do § 2º deste artigo a obrigação do contratante de destacar, nos documentos de cobrança aos usuários, o valor da remuneração dos serviços prestados pelo contratado e de realizar a respectiva arrecadação e entrega dos valores arrecadados.

§ 4º No caso de execução mediante concessão de atividades interdependentes a que se refere o *caput* deste artigo, deverão constar do correspondente edital de licitação as regras e os valores das tarifas e outros preços públicos a serem pagos aos demais prestadores, bem como a obrigação e a forma de pagamento.

Art. 13. Os entes da Federação, isoladamente ou reunidos em consórcios públicos, poderão instituir fundos, aos quais poderão ser destinadas, entre outros recursos, parcelas das receitas dos serviços, com a finalidade de custear, na conformidade do disposto nos respectivos planos de saneamento básico, a universalização dos serviços públicos de saneamento básico.

Parágrafo único. Os recursos dos fundos a que se refere o *caput* deste artigo poderão ser utilizados como fontes ou garantias em operações de crédito para financiamento dos investimentos necessários à universalização dos serviços públicos de saneamento básico.

CAPÍTULO III

DA PRESTAÇÃO REGIONALIZADA DE SERVIÇOS PÚBLICOS DE SANEAMENTO BÁSICO

Arts. 14 a 16. *Revogados.* Lei nº 14.026, de 15-7-2020.

Art. 17. O serviço regionalizado de saneamento básico poderá obedecer a plano regional de saneamento básico elaborado para o conjunto de Municípios atendidos.

§ 1º O plano regional de saneamento básico poderá contemplar um ou mais componentes do saneamento básico, com vistas à otimização do planejamento e da prestação dos serviços.

§ 2º As disposições constantes do plano regional de saneamento básico prevalecerão sobre aquelas constantes dos planos municipais, quando existirem.

§ 3º O plano regional de saneamento básico dispensará a necessidade de elaboração e publicação de planos municipais de saneamento básico.

§ 4º O plano regional de saneamento básico poderá ser elaborado com suporte de órgãos e entidades das administrações públicas federal, estaduais e municipais, além de prestadores de serviço.

Art. 18. Os prestadores que atuem em mais de um Município ou região ou que prestem serviços públicos de saneamento básico diferentes em um mesmo Município ou região manterão sistema contábil que permita registrar e demonstrar, separadamente, os custos e as receitas de cada serviço em cada um dos Municípios ou regiões atendidas e, se for o caso, no Distrito Federal.

Parágrafo único. Nos casos em que os contratos previstos no *caput* deste artigo se encerrarem após o prazo fixado no contrato de programa da empresa estatal ou de capital misto contratante, por vencimento ordinário ou caducidade, o ente federativo controlador da empresa delegatária da prestação de serviços públicos de saneamento básico, por ocasião da assinatura do contrato de parceria público-privada ou de subdelegação, deverá assumir esses contratos, mantidos iguais prazos e condições perante o licitante vencedor.

- Arts. 17 e 18 com a redação dada pela Lei nº 14.026, de 15-7-2020.

Art. 18-A. O prestador dos serviços públicos de saneamento básico deve disponibilizar infraestrutura de rede até os respectivos pontos de conexão necessários à implantação dos serviços nas edificações e nas unidades imobiliárias decorrentes de incorporação imobiliária e de parcelamento de solo urbano.

Parágrafo único. A agência reguladora instituirá regras para que empreendedores imobiliários façam investimentos em redes de água e esgoto, identificando as situações nas quais os investimentos representam antecipação de atendimento obrigatório do operador local, fazendo jus ao ressarcimento futuro por parte da concessionária, por critérios de avaliação regulatórios, e aquelas nas quais os investimentos configuram-se como de interesse restrito do empreendedor imobiliário, situação na qual não fará jus ao ressarcimento.

• Art. 18-A acrescido pela Lei nº 14.026, de 15-7-2020.

CAPÍTULO IV
DO PLANEJAMENTO

Art. 19. A prestação de serviços públicos de saneamento básico observará plano, que poderá ser específico para cada serviço, o qual abrangerá, no mínimo:

I – diagnóstico da situação e de seus impactos nas condições de vida, utilizando sistema de indicadores sanitários, epidemiológicos, ambientais e socioeconômicos e apontando as causas das deficiências detectadas;

II – objetivos e metas de curto, médio e longo prazos para a universalização, admitidas soluções graduais e progressivas, observando a compatibilidade com os demais planos setoriais;

III – programas, projetos e ações necessárias para atingir os objetivos e as metas, de modo compatível com os respectivos planos plurianuais e com outros planos governamentais correlatos, identificando possíveis fontes de financiamento;

IV – ações para emergências e contingências;

V – mecanismos e procedimentos para a avaliação sistemática da eficiência e eficácia das ações programadas.

§ 1º Os planos de saneamento básico serão aprovados por atos dos titulares e poderão ser elaborados com base em estudos fornecidos pelos prestadores de cada serviço.

• § 1º com a redação dada pela Lei nº 14.026, de 15-7-2020.

§ 2º A consolidação e compatibilização dos planos específicos de cada serviço serão efetuadas pelos respectivos titulares.

§ 3º Os planos de saneamento básico deverão ser compatíveis com os planos das bacias hidrográficas e com planos diretores dos Municípios em que estiverem inseridos, ou com os planos de desenvolvimento urbano integrado das unidades regionais por eles abrangidas.

§ 4º Os planos de saneamento básico serão revistos periodicamente, em prazo não superior a 10 (dez) anos.

• §§ 3º e 4º com a redação dada pela Lei nº 14.026, de 15-7-2020.

§ 5º Será assegurada ampla divulgação das propostas dos planos de saneamento básico e dos estudos que as fundamentem, inclusive com a realização de audiências ou consultas públicas.

§ 6º A delegação de serviço de saneamento básico não dispensa o cumprimento pelo prestador do respectivo plano de saneamento básico em vigor à época da delegação.

§ 7º Quando envolverem serviços regionalizados, os planos de saneamento básico devem ser editados em conformidade com o estabelecido no art. 14 desta Lei.

§ 8º Exceto quando regional, o plano de saneamento básico deverá englobar integralmente o território do ente da Federação que o elaborou.

§ 9º Os Municípios com população inferior a 20.000 (vinte mil) habitantes poderão apresentar planos simplificados, com menor nível de detalhamento dos aspectos previstos nos incisos I a V do *caput* deste artigo.

• § 9º acrescido pela Lei nº 14.026, de 15-7-2020.

Art. 20. VETADO.

Parágrafo único. Incumbe à entidade reguladora e fiscalizadora dos serviços a verificação do cumprimento dos planos de saneamento por parte dos prestadores de serviços, na forma das disposições legais, regulamentares e contratuais.

CAPÍTULO V
DA REGULAÇÃO

Art. 21. A função de regulação, desempenhada por entidade de natureza autárquica dotada de independência decisória e autonomia administrativa, orçamentária e financeira, atenderá aos princípios de transparência, tecnicidade, celeridade e objetividade das decisões.

• *Caput* com a redação dada pela Lei nº 14.026, de 15-7-2020.

I e II – *Revogados*. Lei nº 14.026, de 15-7-2020.

Art. 22. São objetivos da regulação:

I – estabelecer padrões e normas para a adequada prestação e a expansão da qualidade dos serviços e para a satisfação dos usuários, com observação das normas de referência editadas pela ANA;

II – garantir o cumprimento das condições e metas estabelecidas nos contratos de prestação de serviços e nos planos municipais ou de prestação regionalizada de saneamento básico;

III – prevenir e reprimir o abuso do poder econômico, ressalvada a competência dos órgãos integrantes do Sistema Brasileiro de Defesa da Concorrência; e

IV – definir tarifas que assegurem tanto o equilíbrio econômico-financeiro dos contratos quanto a modicidade tarifária, por mecanismos que gerem eficiência e eficácia dos serviços e que permitam o compartilhamento dos ganhos de produtividade com os usuários.

• Incisos I a IV com a redação dada pela Lei nº 14.026, de 15-7-2020.

Art. 23. A entidade reguladora, observadas as diretrizes determinadas pela ANA, editará normas relativas às dimensões técnica, econômica e social de prestação dos serviços públicos de saneamento básico, que abrangerão, pelo menos, os seguintes aspectos:

• *Caput* com a redação dada pela Lei nº 14.026, de 15-7-2020.

I – padrões e indicadores de qualidade da prestação dos serviços;

II – requisitos operacionais e de manutenção dos sistemas;

III – as metas progressivas de expansão e de qualidade dos serviços e os respectivos prazos;

IV – regime, estrutura e níveis tarifários, bem como os procedimentos e prazos de sua fixação, reajuste e revisão;

V – medição, faturamento e cobrança de serviços;

VI – monitoramento dos custos;

VII – avaliação da eficiência e eficácia dos serviços prestados;

VIII – plano de contas e mecanismos de informação, auditoria e certificação;

IX – subsídios tarifários e não tarifários;

X – padrões de atendimento ao público e mecanismos de participação e informação;

XI – medidas de segurança, de contingência e de emergência, inclusive quanto a racionamento;

• Inciso XI com a redação dada pela Lei nº 14.026, de 15-7-2020.

XII – VETADO;

XIII – procedimentos de fiscalização e de aplicação de sanções previstas nos instrumentos contratuais e na legislação do titular; e

XIV – diretrizes para a redução progressiva e controle das perdas de água.

• Incisos XIII e XIV acrescidos dada pela Lei nº 14.026, de 15-7-2020.

§ 1º A regulação da prestação dos serviços públicos de saneamento básico poderá ser delegada pelos titulares a qualquer entidade reguladora, e o ato de delegação explicitará a forma de atuação e a abrangência das atividades a serem desempenhadas pelas partes envolvidas.

• § 1º com a redação dada pela Lei nº 14.026, de 15-7-2020.

§ 1º-A. Nos casos em que o titular optar por aderir a uma agência reguladora em outro Estado da Federação, deverá ser considerada a relação de agências reguladoras de que trata o art. 4º-B da Lei nº 9.984, de 17 de julho de 2000, e essa opção só poderá ocorrer nos casos em que:

I – não exista no Estado do titular agência reguladora constituída que tenha aderido às normas de referência da ANA;

II – seja dada prioridade, entre as agências reguladoras qualificadas, àquela mais próxima à localidade do titular; e

III – haja anuência da agência reguladora escolhida, que poderá cobrar uma taxa de regulação diferenciada, de acordo com a distância de seu Estado.

§ 1º-B. Selecionada a agência reguladora mediante contrato de prestação de serviços, ela não poderá ser alterada até o encerramento contratual, salvo se deixar de adotar as normas de referência da ANA ou se estabelecido de acordo com o prestador de serviços.

• §§ 1º-A e 1º-B acrescidos pela Lei nº 14.026, de 15-7-2020.

§ 2º As normas a que se refere o *caput* deste artigo fixarão prazo para os prestadores de serviços comunicarem aos usuários as providências adotadas em face de queixas ou de reclamações relativas aos serviços.

§ 3º As entidades fiscalizadoras deverão receber e se manifestar conclusivamente sobre as reclamações que, a juízo do interessado, não tenham sido suficientemente atendidas pelos prestadores dos serviços.

§ 4º No estabelecimento de metas, indicadores e métodos de monitoramento, poderá ser utilizada a comparação do desempenho de diferentes prestadores de serviços.

• § 4º acrescido pela Lei nº 14.026, de 15-7-2020.

Art. 24. Em caso de gestão associada ou prestação regionalizada dos serviços, os titulares poderão adotar os mesmos critérios econômicos, sociais e técnicos da regulação em toda a área de abrangência da associação ou da prestação.

Art. 25. Os prestadores de serviços públicos de saneamento básico deverão fornecer à entidade reguladora todos os dados e informações necessários para o desempenho de suas atividades, na forma das normas legais, regulamentares e contratuais.

§ 1º Incluem-se entre os dados e informações a que se refere o *caput* deste artigo aquelas produzidas por empresas ou profissionais contratados para executar serviços ou fornecer materiais e equipamentos específicos.

§ 2º Compreendem-se nas atividades de regulação dos serviços de saneamento básico a interpretação e a fixação de critérios para a fiel execução dos contratos, dos serviços e para a correta administração de subsídios.

Art. 25-A. A ANA instituirá normas de referência para a regulação da prestação dos serviços públicos de saneamento básico por seus titulares e suas entidades reguladoras e fiscalizadoras, observada a legislação federal pertinente.

• Art. 25-A acrescido pela Lei nº 14.026, de 15-7-2020.

Art. 26. Deverá ser assegurado publicidade aos relatórios, estudos, decisões e instrumentos equivalentes que se refiram à regulação ou à fiscalização dos serviços, bem como aos direitos e deveres dos usuários e prestadores, a eles podendo ter acesso qualquer do povo, independentemente da existência de interesse direto.

§ 1º Excluem-se do disposto no *caput* deste artigo os documentos considerados sigilosos em razão de interesse público relevante, mediante prévia e motivada decisão.

§ 2º A publicidade a que se refere o *caput* deste artigo deverá se efetivar, preferencialmente, por meio de sítio mantido na rede mundial de computadores – internet.

Art. 27. É assegurado aos usuários de serviços públicos de saneamento básico, na forma das normas legais, regulamentares e contratuais:

I – amplo acesso a informações sobre os serviços prestados;

II – prévio conhecimento dos seus direitos e deveres e das penalidades a que podem estar sujeitos;

III – acesso a manual de prestação do serviço e de atendimento ao usuário, elaborado pelo prestador e aprovado pela respectiva entidade de regulação;

IV – acesso a relatório periódico sobre a qualidade da prestação dos serviços.

Art. 28. VETADO.

CAPÍTULO VI
DOS ASPECTOS ECONÔMICOS E SOCIAIS

Art. 29. Os serviços públicos de saneamento básico terão a sustentabilidade econômico-financeira assegurada por meio de remuneração pela cobrança dos serviços, e, quando necessário, por outras formas adicionais, como subsídios ou subvenções, vedada a cobrança em duplicidade de custos administrativos ou gerenciais a serem pagos pelo usuário, nos seguintes serviços:

• *Caput* com a redação dada pela Lei nº 14.026, de 15-7-2020.

I – de abastecimento de água e esgotamento sanitário, na forma de taxas, tarifas e outros preços públicos, que poderão ser estabelecidos para cada um dos serviços ou para ambos, conjuntamente;

II – de limpeza urbana e manejo de resíduos sólidos, na forma de taxas, tarifas e outros preços públicos, conforme o regime de prestação do serviço ou das suas atividades; e

III – de drenagem e manejo de águas pluviais urbanas, na forma de tributos, inclusive taxas, ou tarifas e outros preços públicos, em conformidade com o regime de prestação do serviço ou das suas atividades.

• Incisos I a III com a redação dada pela Lei nº 14.026, de 15-7-2020.

§ 1º Observado o disposto nos incisos I a III do *caput* deste artigo, a instituição das tarifas, preços públicos e taxas para os serviços de saneamento básico observará as seguintes diretrizes:

I – prioridade para atendimento das funções essenciais relacionadas à saúde pública;

II – ampliação do acesso dos cidadãos e localidades de baixa renda aos serviços;

III – geração dos recursos necessários para realização dos investimentos, objetivando o cumprimento das metas e objetivos do serviço;

IV – inibição do consumo supérfluo e do desperdício de recursos;

V – recuperação dos custos incorridos na prestação do serviço, em regime de eficiência;

VI – remuneração adequada do capital investido pelos prestadores dos serviços;

VII – estímulo ao uso de tecnologias modernas e eficientes, compatíveis com os níveis exigidos de qualidade, continuidade e segurança na prestação dos serviços;

VIII – incentivo à eficiência dos prestadores dos serviços.

§ 2º Poderão ser adotados subsídios tarifários e não tarifários para os usuários que não tenham capacidade de pagamento suficiente para cobrir o custo integral dos serviços.

§ 3º As novas edificações condominiais adotarão padrões de sustentabilidade ambiental que incluam, entre outros procedimentos, a medição individualizada do consumo hídrico por unidade imobiliária, nos termos da Lei nº 13.312, de 12 de julho de 2016.

• §§ 2º e 3º com a redação dada pela Lei nº 14.026, de 15-7-2020.

§ 4º Na hipótese de prestação dos serviços sob regime de concessão, as tarifas e preços públicos serão arrecadados pelo prestador diretamente do usuário, e essa arrecadação será facultativa em caso de taxas.

§ 5º Os prédios, edifícios e condomínios que foram construídos sem a individualização da medição até a entrada em vigor da Lei nº 13.312, de 12 de julho de 2016, ou em que a individualização for inviável, pela onerosidade ou por razão técnica, poderão instrumentalizar contratos especiais com os prestadores de serviços, nos quais serão estabelecidos as responsabilidades, os critérios de rateio e a forma de cobrança.

• §§ 4º e 5º acrescidos pela Lei nº 14.026, de 15-7-2020.

Art. 30. Observado o disposto no art. 29 desta Lei, a estrutura de remuneração e de cobrança dos serviços públicos de saneamento básico considerará os seguintes fatores:

• *Caput* com a redação dada pela Lei nº 14.026, de 15-7-2020.

I – categorias de usuários, distribuídas por faixas ou quantidades crescentes de utilização ou de consumo;

II – padrões de uso ou de qualidade requeridos;

III – quantidade mínima de consumo ou de utilização do serviço, visando à garantia de objetivos sociais, como a preservação da saúde pública, o adequado atendimento dos usuários de menor renda e a proteção do meio ambiente;

IV – custo mínimo necessário para disponibilidade do serviço em quantidade e qualidade adequadas;

V – ciclos significativos de aumento da demanda dos serviços, em períodos distintos; e

VI – capacidade de pagamento dos consumidores.

Art. 31. Os subsídios destinados ao atendimento de usuários determinados de baixa renda serão, dependendo da origem dos recursos:

• *Caput* com a redação dada pela Lei nº 14.026, de 15-7-2020.

I – *Revogado.* Lei nº 14.026, de 15-7-2020;

II – tarifários, quando integrarem a estrutura tarifária, ou fiscais, quando decorrerem da alocação de recursos orçamentários, inclusive por meio de subvenções; e

III – internos a cada titular ou entre titulares, nas hipóteses de prestação regionalizada.

• Incisos II e III com a redação dada pela Lei nº 14.026, de 15-7-2020.

Arts. 32 a 34. VETADOS.

Art. 35. As taxas ou as tarifas decorrentes da prestação de serviço de limpeza urbana e de manejo de resíduos sólidos considerarão a destinação adequada dos resíduos coletados e o nível de renda da população da área atendida, de forma isolada ou combinada, e poderão, ainda, considerar:

• *Caput* com a redação dada pela Lei nº 14.026, de 15-7-2020.

I – *Revogado.* Lei nº 14.026, de 15-7-2020;

II – as características dos lotes e as áreas que podem ser neles edificadas;

• Inciso II com a redação dada pela Lei nº 14.026, de 15-7-2020.

III – o peso ou o volume médio coletado por habitante ou por domicílio;

IV – o consumo de água; e

V – a frequência de coleta.

• Incisos IV e V acrescidos pela Lei nº 14.026, de 15-7-2020.

§ 1º Na hipótese de prestação de serviço sob regime de delegação, a cobrança de taxas ou tarifas poderá ser realizada na fatura de consumo de outros serviços públicos, com a anuência da prestadora do serviço.

§ 2º A não proposição de instrumento de cobrança pelo titular do serviço nos termos deste artigo, no prazo de 12 (doze) meses de vigência desta Lei, configura renúncia de receita e exigirá a comprovação de atendimento, pelo titular do serviço, do disposto no art. 14 da Lei Complementar nº 101, de 4 de maio de 2000, observadas as penalidades constantes da referida legislação no caso de eventual descumprimento.

§ 3º Na hipótese de prestação sob regime de delegação, o titular do serviço deverá obrigatoriamente demonstrar a sustentabilidade econômico-financeira da prestação dos serviços ao longo dos estudos que subsidiaram a contratação desses serviços e deverá comprovar, no respectivo processo administrativo, a existência de recursos suficientes para o pagamento dos valores incorridos na delegação, por meio da demonstração de fluxo histórico e projeção futura de recursos.

• §§ 1º a 3º acrescidos pela Lei nº 14.026, de 15-7-2020.

Art. 36. A cobrança pela prestação do serviço público de drenagem e manejo de águas pluviais urbanas deve levar em conta, em cada lote urbano, os percentuais de impermeabilização e a existência de dispositivos de amortecimento ou de retenção de água de chuva, bem como poderá considerar:

I – o nível de renda da população da área atendida;

II – as características dos lotes urbanos e as áreas que podem ser neles edificadas.

Art. 37. Os reajustes de tarifas de serviços públicos de saneamento básico serão realizados observando-se o intervalo mínimo de 12 (doze) meses, de acordo com as normas legais, regulamentares e contratuais.

Art. 38. As revisões tarifárias compreenderão a reavaliação das condições da prestação dos serviços e das tarifas praticadas e poderão ser:

I – periódicas, objetivando a distribuição dos ganhos de produtividade com os usuários e a reavaliação das condições de mercado;

II – extraordinárias, quando se verificar a ocorrência de fatos não previstos no contrato, fora do controle do prestador dos serviços, que alterem o seu equilíbrio econômico-financeiro.

§ 1º As revisões tarifárias terão suas pautas definidas pelas respectivas entidades reguladoras, ouvidos os titulares, os usuários e os prestadores dos serviços.

§ 2º Poderão ser estabelecidos mecanismos tarifários de indução à eficiência, inclusive fatores de produtividade, assim como de antecipação de metas de expansão e qualidade dos serviços.

§ 3º Os fatores de produtividade poderão ser definidos com base em indicadores de outras empresas do setor.

§ 4º A entidade de regulação poderá autorizar o prestador de serviços a repassar aos usuários custos e encargos tributários não previstos originalmente e por ele não administrados, nos termos da Lei nº 8.987, de 13 de fevereiro de 1995.

Art. 39. As tarifas serão fixadas de forma clara e objetiva, devendo os reajustes e as revisões serem tornados públicos com antecedência mínima de 30 (trinta) dias com relação à sua aplicação.

Parágrafo único. A fatura a ser entregue ao usuário final deverá obedecer a modelo estabelecido pela entidade reguladora, que definirá os itens e custos que deverão estar explicitados.

Art. 40. Os serviços poderão ser interrompidos pelo prestador nas seguintes hipóteses:

I – situações de emergência que atinjam a segurança de pessoas e bens;

II – necessidade de efetuar reparos, modificações ou melhorias de qualquer natureza nos sistemas, respeitados os padrões de qualidade e continuidade estabelecidos pela regulação do serviço;

- Inciso II com a redação dada pela Lei nº 14.026, de 15-7-2020.

III – negativa do usuário em permitir a instalação de dispositivo de leitura de água consumida, após ter sido previamente notificado a respeito;

IV – manipulação indevida de qualquer tubulação, medidor ou outra instalação do prestador, por parte do usuário; e

V – inadimplemento, pelo usuário do serviço de abastecimento de água ou de esgotamento sanitário, do pagamento das tarifas, após ter sido formalmente notificado, de forma que, em caso de coleta, afastamento e tratamento de esgoto, a interrupção dos serviços deverá preservar as condições mínimas de manutenção da saúde dos usuários, de acordo com norma de regulação ou norma do órgão de política ambiental.

- Inciso V com a redação dada pela Lei nº 14.026, de 15-7-2020.

§ 1º As interrupções programadas serão previamente comunicadas ao regulador e aos usuários.

§ 2º A suspensão dos serviços prevista nos incisos III e V do *caput* deste artigo será precedida de prévio aviso ao usuário, não inferior a 30 (trinta) dias da data prevista para a suspensão.

§ 3º A interrupção ou a restrição do fornecimento de água por inadimplência a estabelecimentos de saúde, a instituições educacionais e de internação coletiva de pessoas e a usuário residencial de baixa renda beneficiário de tarifa social deverá obedecer a prazos e critérios que preservem condições mínimas de manutenção da saúde das pessoas atingidas.

Art. 41. Desde que previsto nas normas de regulação, grandes usuários poderão negociar suas tarifas com o prestador dos serviços, mediante contrato específico, ouvido previamente o regulador.

Art. 42. Os valores investidos em bens reversíveis pelos prestadores constituirão créditos perante o titular, a serem recuperados mediante a exploração dos serviços, nos termos das normas regulamentares e contratuais e, quando for o caso, observada a legislação pertinente às sociedades por ações.

§ 1º Não gerarão crédito perante o titular os investimentos feitos sem ônus para o prestador, tais como os decorrentes de exigência legal aplicável à implantação de empreendimentos imobiliários e os provenientes de subvenções ou transferências fiscais voluntárias.

§ 2º Os investimentos realizados, os valores amortizados, a depreciação e os respectivos saldos serão anualmente auditados e certificados pela entidade reguladora.

§ 3º Os créditos decorrentes de investimentos devidamente certificados poderão constituir garantia de empréstimos aos delegatários, destinados exclusivamente a investimentos nos sistemas de saneamento objeto do respectivo contrato.

§ 4º VETADO.

§ 5º A transferência de serviços de um prestador para outro será condicionada, em qualquer hipótese, à indenização dos investimentos vinculados a bens reversíveis ainda não amortizados ou depreciados, nos termos da Lei nº 8.987, de 13 de fevereiro de 1995, facultado ao titular atribuir ao prestador que assumirá o serviço a responsabilidade por seu pagamento.

- § 5º acrescido pela Lei nº 14.026, de 15-7-2020.

CAPÍTULO VII
DOS ASPECTOS TÉCNICOS

Art. 43. A prestação dos serviços atenderá a requisitos mínimos de qualidade, incluindo a regularidade, a continuidade e aqueles relativos aos produtos oferecidos, ao atendimento dos usuários e às condições operacionais e de manutenção dos sistemas, de acordo com as normas regulamentares e contratuais.

§ 1º A União definirá parâmetros mínimos de potabilidade da água.

- Parágrafo único transformado em § 1º e com a redação dada pela Lei nº 14.026, de 15-7-2020.

§ 2º A entidade reguladora estabelecerá limites máximos de perda na distribuição de água tratada, que poderão ser reduzidos gradualmente, conforme se verifiquem avanços tecnológicos e maiores investimentos em medidas para diminuição desse desperdício.

- § 2º acrescido pela Lei nº 14.026, de 15-7-2020.

Art. 43-A. ***É obrigação dos prestadores de serviço público de abastecimento de água, conforme regulamento:***

I – corrigir as falhas da rede hidráulica, de modo a evitar vazamentos e perdas e a aumentar a eficiência do sistema de distribuição; e

II – fiscalizar a rede de abastecimento de água para coibir as ligações irregulares.

- Art. 43-A acrescido pela Lei nº 14.546, de 4-4-2023.

Art. 44. O licenciamento ambiental de unidades de tratamento de esgotos sanitários, de efluentes gerados nos processos de tratamento de água e das instalações integrantes dos serviços públicos de manejo de resíduos sólidos considerará os requisitos de eficácia e eficiência, a fim de alcançar progressivamente os padrões estabelecidos pela legislação ambiental, ponderada a capacidade de pagamento das populações e usuários envolvidos.

- *Caput* com a redação dada pela Lei nº 14.026, de 15-7-2020.

§ 1º A autoridade ambiental competente assegurará prioridade e estabelecerá procedimentos simplificados de licenciamento para as atividades a que se refere o *caput* deste artigo, em função do porte das unidades, dos impactos ambientais esperados e da resiliência de sua área de implantação.

- § 1º com a redação dada pela Lei nº 14.026, de 15-7-2020.

§ 2º A autoridade ambiental competente estabelecerá metas progressivas para que a qualidade dos efluentes de unidades de tratamento de esgotos sanitários atenda aos padrões das classes dos corpos hídricos em que forem lançados, a partir dos níveis presentes de tratamento e considerando a capacidade de pagamento das populações e usuários envolvidos.

§ 3º A agência reguladora competente estabelecerá metas progressivas para a substituição do sistema unitário pelo sistema separador absoluto, sendo obrigatório o tratamento dos esgotos coletados em períodos de estiagem, enquanto durar a transição.

• § 3º acrescido pela Lei nº 14.026, de 15-7-2020.

Art. 45. As edificações permanentes urbanas serão conectadas às redes públicas de abastecimento de água e de esgotamento sanitário disponíveis e sujeitas ao pagamento de taxas, tarifas e outros preços públicos decorrentes da disponibilização e da manutenção da infraestrutura e do uso desses serviços.

• *Caput* com a redação dada pela Lei nº 14.026, de 15-7-2020.

§ 1º Na ausência de redes públicas de saneamento básico, serão admitidas soluções individuais de abastecimento de água e de afastamento e destinação final dos esgotos sanitários, observadas as normas editadas pela entidade reguladora e pelos órgãos responsáveis pelas políticas ambiental, sanitária e de recursos hídricos.

§ 2º A instalação hidráulica predial ligada à rede pública de abastecimento de água não poderá ser também alimentada por outras fontes.

§ 3º A instalação hidráulica predial prevista no § 2º deste artigo constitui a rede ou tubulação que se inicia na ligação de água da prestadora e finaliza no reservatório de água do usuário.

§ 4º Quando disponibilizada rede pública de esgotamento sanitário, o usuário estará sujeito aos pagamentos previstos no *caput* deste artigo, sendo-lhe assegurada a cobrança de um valor mínimo de utilização dos serviços, ainda que a sua edificação não esteja conectada à rede pública.

§ 5º O pagamento de taxa ou de tarifa, na forma prevista no *caput* deste artigo, não isenta o usuário da obrigação de conectar-se à rede pública de esgotamento sanitário, e o descumprimento dessa obrigação sujeita o usuário ao pagamento de multa e demais sanções previstas na legislação, ressalvados os casos de reúso e de captação de água de chuva, nos termos do regulamento.

§ 6º A entidade reguladora ou o titular dos serviços públicos de saneamento básico deverão estabelecer prazo não superior a 1 (um) ano para que os usuários conectem suas edificações à rede de esgotos, onde disponível, sob pena de o prestador do serviço realizar a conexão mediante cobrança do usuário.

§ 7º A entidade reguladora ou o titular dos serviços públicos de saneamento básico deverá, sob pena de responsabilidade administrativa, contratual e ambiental, até 31 de dezembro de 2025, verificar e aplicar o procedimento previsto no § 6º deste artigo a todas as edificações implantadas na área coberta com serviço de esgotamento sanitário.

§ 8º O serviço de conexão de edificação ocupada por família de baixa renda à rede de esgotamento sanitário poderá gozar de gratuidade, ainda que os serviços públicos de saneamento básico sejam prestados mediante concessão, observado, quando couber, o reequilíbrio econômico-financeiro dos contratos.

§ 9º Para fins de concessão da gratuidade prevista no § 8º deste artigo, caberá ao titular regulamentar os critérios para enquadramento das famílias de baixa renda, consideradas as peculiaridades locais e regionais.

§ 10. A conexão de edificações situadas em núcleo urbano, núcleo urbano informal e núcleo urbano informal consolidado observará o disposto na Lei nº 13.465, de 11 de julho de 2017.

§ 11. As edificações para uso não residencial ou condomínios regidos pela Lei nº 4.591, de 16 de dezembro de 1964, poderão utilizar-se de fontes e métodos alternativos de abastecimento de água, incluindo águas subterrâneas, de reúso ou pluviais, desde que autorizados pelo órgão gestor competente e que promovam o pagamento pelo uso de recursos hídricos, quando devido.

§ 12. Para a satisfação das condições descritas no § 11 deste artigo, os usuários deverão instalar medidor para contabilizar o seu consumo e deverão arcar apenas com o pagamento pelo uso da rede de coleta e tratamento de esgoto na quantidade equivalente ao volume de água captado.

• §§ 3º a 12 acrescidos pela Lei nº 14.026, de 15-7-2020.

Art. 46. Em situação crítica de escassez ou contaminação de recursos hídricos que obrigue à adoção de racionamento, declarada pela autoridade gestora de recursos hídricos, o ente regulador poderá adotar mecanismos tarifários de contingência, com objetivo de cobrir custos adicionais decorrentes, garantindo o equilíbrio financeiro da prestação do serviço e a gestão da demanda.

Parágrafo único. Sem prejuízo da adoção dos mecanismos a que se refere o *caput* deste artigo, a ANA poderá recomendar, independentemente da dominialidade dos corpos hídricos que formem determinada bacia hidrográfica, a restrição ou a interrupção do uso de recursos hídricos e a prioridade do uso para o consumo humano e para a dessedentação de animais.

• Parágrafo único acrescido pela Lei nº 14.026, de 15-7-2020.

Art. 46-A. VETADO. Lei nº 14.026, de 15-7-2020.

CAPÍTULO VIII
DA PARTICIPAÇÃO DE ÓRGÃOS COLEGIADOS NO CONTROLE SOCIAL

Art. 47. O controle social dos serviços públicos de saneamento básico poderá incluir a participação de órgãos colegiados de caráter consultivo, nacional, estaduais, distrital e municipais, em especial o Conselho Nacional de Recursos Hídricos, nos termos da Lei nº 9.433, de 8 de janeiro de 1997, assegurada a representação:

• *Caput* com a redação dada pela Lei nº 14.026, de 15-7-2020.

I – dos titulares dos serviços;

II – de órgãos governamentais relacionados ao setor de saneamento básico;

III – dos prestadores de serviços públicos de saneamento básico;

IV – dos usuários de serviços de saneamento básico;

V – de entidades técnicas, organizações da sociedade civil e de defesa do consumidor relacionadas ao setor de saneamento básico.

§ 1º As funções e competências dos órgãos colegiados a que se refere o *caput* deste artigo poderão ser exercidas por órgãos colegiados já existentes, com as devidas adaptações das leis que os criaram.

§ 2º No caso da União, a participação a que se refere o *caput* deste artigo será exercida nos termos da Medida Provisória nº 2.220, de 4 de setembro de 2001, alterada pela Lei nº 10.683, de 28 de maio de 2003.

CAPÍTULO IX

DA POLÍTICA FEDERAL DE SANEAMENTO BÁSICO

Art. 48. A União, no estabelecimento de sua política de saneamento básico, observará as seguintes diretrizes:

I – prioridade para as ações que promovam a equidade social e territorial no acesso ao saneamento básico;

II – aplicação dos recursos financeiros por ela administrados de modo a promover o desenvolvimento sustentável, a eficiência e a eficácia;

III – uniformização da regulação do setor e divulgação de melhores práticas, conforme o disposto na Lei nº 9.984, de 17 de julho de 2000;

- Inciso III com a redação dada pela Lei nº 14.026, de 15-7-2020.

IV – utilização de indicadores epidemiológicos e de desenvolvimento social no planejamento, implementação e avaliação das suas ações de saneamento básico;

V – melhoria da qualidade de vida e das condições ambientais e de saúde pública;

VI – colaboração para o desenvolvimento urbano e regional;

VII – garantia de meios adequados para o atendimento da população rural, por meio da utilização de soluções compatíveis com as suas características econômicas e sociais peculiares;

- Inciso VII com a redação dada pela Lei nº 14.026, de 15-7-2020.

VIII – fomento ao desenvolvimento científico e tecnológico, à adoção de tecnologias apropriadas e à difusão dos conhecimentos gerados;

IX – adoção de critérios objetivos de elegibilidade e prioridade, considerados fatores como nível de renda e cobertura, grau de urbanização, concentração populacional, porte populacional municipal, áreas rurais e comunidades tradicionais e indígenas, disponibilidade hídrica e riscos sanitários, epidemiológicos e ambientais;

- Inciso IX com a redação dada pela Lei nº 14.026, de 15-7-2020.

X – adoção da bacia hidrográfica como unidade de referência para o planejamento de suas ações;

XI – estímulo à implementação de infraestruturas e serviços comuns a Municípios, mediante mecanismos de cooperação entre entes federados;

XII – redução progressiva e controle das perdas de água, inclusive na distribuição da água tratada, estímulo à racionalização de seu consumo pelos usuários e fomento à eficiência energética, ao reúso de efluentes sanitários e ao aproveitamento de águas de chuva, em conformidade com as demais normas ambientais e de saúde pública;

- Inciso XII com a redação dada pela Lei nº 14.026, de 15-7-2020.

XIII – estímulo ao desenvolvimento e ao aperfeiçoamento de equipamentos e métodos economizadores de água;

XIV – promoção da segurança jurídica e da redução dos riscos regulatórios, com vistas a estimular investimentos públicos e privados;

XV – estímulo à integração das bases de dados;

XVI – acompanhamento da governança e da regulação do setor de saneamento; e

XVII – prioridade para planos, programas e projetos que visem à implantação e à ampliação dos serviços e das ações de saneamento básico integrado, nos termos desta Lei.

- Incisos XIII a XVII acrescidos pela Lei nº 14.026, de 15-7-2020.

Parágrafo único. As políticas e ações da União de desenvolvimento urbano e regional, de habitação, de combate e erradicação da pobreza, de proteção ambiental, de promoção da saúde, de recursos hídricos e outras de relevante interesse social direcionadas à melhoria da qualidade de vida devem considerar a necessária articulação, inclusive no que se refere ao financiamento e à governança, com o saneamento básico.

- Parágrafo único com a redação dada pela Lei nº 14.026, de 15-7-2020.

Art. 48-A. Em programas habitacionais públicos federais ou subsidiados com recursos públicos federais, o sistema de esgotamento sanitário deverá ser interligado à rede existente, ressalvadas as hipóteses do § 4º do art. 11-B desta Lei.

- Art. 48-A acrescido pela Lei nº 14.026, de 15-7-2020.

Art. 49. São objetivos da Política Federal de Saneamento Básico:

I – contribuir para o desenvolvimento nacional, a redução das desigualdades regionais, a geração de emprego e de renda, a inclusão social e a promoção da saúde pública;

II – priorizar planos, programas e projetos que visem à implantação e à ampliação dos serviços e das ações de saneamento básico nas áreas ocupadas por populações de baixa renda, incluídos os núcleos urbanos informais consolidados, quando não se encontrarem em situação de risco;

- Incisos I e II com a redação dada pela Lei nº 14.026, de 15-7-2020.

III – proporcionar condições adequadas de salubridade ambiental aos povos indígenas e outras populações tradicionais, com soluções compatíveis com suas características socioculturais;

IV – proporcionar condições adequadas de salubridade ambiental às populações rurais e às pequenas comunidades;

- Inciso IV com a redação dada pela Lei nº 14.026, de 15-7-2020.

V – assegurar que a aplicação dos recursos financeiros administrados pelo poder público dê-se segundo critérios de promoção da salubridade ambiental, de maximização da relação benefício-custo e de maior retorno social;

VI – incentivar a adoção de mecanismos de planejamento, regulação e fiscalização da prestação dos serviços de saneamento básico;

VII – promover alternativas de gestão que viabilizem a autossustentação econômica e financeira dos serviços de saneamento básico, com ênfase na cooperação federativa;

VIII – promover o desenvolvimento institucional do saneamento básico, estabelecendo meios para a unidade e articulação das ações dos diferentes agentes, bem como do desenvolvimento de sua organização, capacidade técnica, gerencial, financeira e de recursos humanos, contempladas as especificidades locais;

IX – fomentar o desenvolvimento científico e tecnológico, a adoção de tecnologias apropriadas e a difusão dos conhecimentos gerados de interesse para o saneamento básico;

X – minimizar os impactos ambientais relacionados à implantação e desenvolvimento das ações, obras e serviços de saneamento básico e assegurar que sejam executadas de acordo com as normas relativas à proteção do meio ambiente, ao uso e ocupação do solo e à saúde;

XI – incentivar a adoção de equipamentos sanitários que contribuam para a redução do consumo de água;

- Inciso XI acrescido pela Lei nº 12.862, de 17-9-2013.

XII – promover educação ambiental destinada à economia de água pelos usuários;

- Inciso XII com a redação dada pela Lei nº 14.026, de 15-7-2020.

XIII – promover a capacitação técnica do setor;

XIV – promover a regionalização dos serviços, com vistas à geração de ganhos de escala, por meio do apoio à formação dos blocos de referência e à obtenção da sustentabilidade econômica financeira do bloco;

XV – promover a concorrência na prestação dos serviços; e

XVI – priorizar, apoiar e incentivar planos, programas e projetos que visem à implantação e à ampliação dos serviços e das ações de saneamento integrado, nos termos desta Lei.

• Incisos XIII a XVI acrescidos pela Lei nº 14.026, de 15-7-2020.

Art. 49-A. ***No âmbito da Política Federal de Saneamento Básico, a União estimulará o uso das águas de chuva e o reúso não potável das águas cinzas em novas edificações e nas atividades paisagísticas, agrícolas, florestais e industriais, conforme regulamento.***

§ 1º A rede hidráulica e o reservatório destinado a acumular águas de chuva e águas cinzas das edificações devem ser distintos da rede de água proveniente do abastecimento público.

§ 2º VETADO.

§ 3º As águas de chuva e as águas cinzas passarão por processo de tratamento que assegure sua utilização segura, previamente à acumulação e ao uso na edificação.

• Art. 49-A acrescido pela Lei nº 14.546, de 4-4-2023.

Art. 50. A alocação de recursos públicos federais e os financiamentos com recursos da União ou com recursos geridos ou operados por órgãos ou entidades da União serão feitos em conformidade com as diretrizes e objetivos estabelecidos nos arts. 48 e 49 desta Lei e com os planos de saneamento básico e condicionados:

I – ao alcance de índices mínimos de:

a) desempenho do prestador na gestão técnica, econômica e financeira dos serviços; e

b) eficiência e eficácia na prestação dos serviços públicos de saneamento básico;

• Alíneas *a* e *b* com a redação dada pela Lei nº 14.026, de 15-7-2020.

II – à operação adequada e à manutenção dos empreendimentos anteriormente financiados com os recursos mencionados no *caput* deste artigo;

• Inciso II com a redação dada pela Lei nº 14.026, de 15-7-2020.

III – à observância das normas de referência para a regulação da prestação dos serviços públicos de saneamento básico expedidas pela ANA;

• Inciso III acrescido pela Lei nº 14.026, de 15-7-2020.

IV – ao cumprimento de índice de perda de água na distribuição, conforme estabelecido em ato do Ministro de Estado do Meio Ambiente e Mudança do Clima;

V – ao fornecimento de informações atualizadas para o SINISA, conforme critérios, métodos e periodicidade estabelecidos pelo Ministério do Meio Ambiente e Mudança do Clima;

• Incisos IV e V com a redação dada pela MP nº 1.154, de 1º-1-2023, que até o encerramento desta edição não havia sido convertida em lei.

VI – à regularidade da operação a ser financiada, nos termos do inciso XIII do *caput* do art. 3º desta Lei;

VII – à estruturação de prestação regionalizada;

VIII – à adesão pelos titulares dos serviços públicos de saneamento básico à estrutura de governança correspondente em até 180 (cento e oitenta) dias contados de sua instituição, nos casos de unidade regional de saneamento básico, blocos de referência e gestão associada; e

IX – à constituição da entidade de governança federativa no prazo estabelecido no inciso VIII do *caput* deste artigo.

• Incisos VI a IX acrescidos pela Lei nº 14.026, de 15-7-2020.

§ 1º Na aplicação de recursos não onerosos da União, serão priorizados os investimentos de capital que viabilizem a prestação de serviços regionalizada, por meio de blocos regionais, quando a sua sustentabilidade econômico-financeira não for possível apenas com recursos oriundos de tarifas ou taxas, mesmo após agrupamento com outros Municípios do Estado, e os investimentos que visem ao atendimento dos Municípios com maiores déficits de saneamento cuja população não tenha capacidade de pagamento compatível com a viabilidade econômico-financeira dos serviços.

• § 1º com a redação dada pela Lei nº 14.026, de 15-7-2020.

§ 2º A União poderá instituir e orientar a execução de programas de incentivo à execução de projetos de interesse social na área de saneamento básico com participação de investidores privados, mediante operações estruturadas de financiamentos realizados com recursos de fundos privados de investimento, de capitalização ou de previdência complementar, em condições compatíveis com a natureza essencial dos serviços públicos de saneamento básico.

§ 3º É vedada a aplicação de recursos orçamentários da União na administração, operação e manutenção de serviços públicos de saneamento básico não administrados por órgão ou entidade federal, salvo por prazo determinado em situações de eminente risco à saúde pública e ao meio ambiente.

§ 4º Os recursos não onerosos da União, para subvenção de ações de saneamento básico promovidas pelos demais entes da Federação, serão sempre transferidos para Municípios, o Distrito Federal ou Estados.

§ 5º No fomento à melhoria da prestação dos serviços públicos de saneamento básico, a União poderá conceder benefícios ou incentivos orçamentários, fiscais ou creditícios como contrapartida ao alcance de metas de desempenho operacional previamente estabelecidas.

• § 5º com a redação dada pela Lei nº 14.026, de 15-7-2020.

§ 6º A exigência prevista na alínea a do inciso I do *caput* deste artigo não se aplica à destinação de recursos para programas de desenvolvimento institucional do operador de serviços públicos de saneamento básico.

§ 7º VETADO.

§ 8º A manutenção das condições e do acesso aos recursos referidos no *caput* deste artigo dependerá da continuidade da observância dos atos normativos e da conformidade dos órgãos e das entidades reguladoras ao disposto no inciso III do *caput* deste artigo.

§ 9º A restrição de acesso a recursos públicos federais e a financiamentos decorrente do descumprimento do inciso III do *caput* deste artigo não afetará os contratos celebrados anteriormente à sua instituição e as respectivas previsões de desembolso.

§ 10. O disposto no inciso III do *caput* deste artigo não se aplica às ações de saneamento básico em:

I – áreas rurais;

II – comunidades tradicionais, incluídas áreas quilombolas; e

III – terras indígenas.

§ 11. A União poderá criar cursos de capacitação técnica dos gestores públicos municipais, em consórcio ou não com os Estados, para a elaboração e implementação dos planos de saneamento básico.

• §§ 8º a 11 acrescidos pela Lei nº 14.026, de 15-7-2020.

§ 12. VETADO. Lei nº 14.026, de 15-7-2020.

Art. 51. O processo de elaboração e revisão dos planos de saneamento básico deverá prever sua divulgação em conjunto com os estudos que os fundamentarem, o recebimento de sugestões e críticas por meio de consulta ou

LEG. COMPLEMENTAR

audiência pública e, quando previsto na legislação do titular, análise e opinião por órgão colegiado criado nos termos do art. 47 desta Lei.

Parágrafo único. A divulgação das propostas dos planos de saneamento básico e dos estudos que as fundamentarem dar-se-á por meio da disponibilização integral de seu teor a todos os interessados, inclusive por meio da internet e por audiência pública.

Art. 52. ***A União elaborará, sob a coordenação do Ministério do Meio Ambiente e Mudança do Clima:***

• *Caput* com a redação dada pela MP nº 1.154, de 1º-1-2023, que até o encerramento desta edição não havia sido convertida em lei.

I – o Plano Nacional de Saneamento Básico, que conterá:

• *Caput* do inciso I com a redação dada pela Lei nº 14.026, de 15-7-2020.

a) os objetivos e metas nacionais e regionalizadas, de curto, médio e longo prazos, para a universalização dos serviços de saneamento básico e o alcance de níveis crescentes de saneamento básico no território nacional, observando a compatibilidade com os demais planos e políticas públicas da União;

b) as diretrizes e orientações para o equacionamento dos condicionantes de natureza político-institucional, legal e jurídica, econômico-financeira, administrativa, cultural e tecnológica com impacto na consecução das metas e objetivos estabelecidos;

c) a proposição de programas, projetos e ações necessários para atingir os objetivos e as metas da política federal de saneamento básico, com identificação das fontes de financiamento, de forma a ampliar os investimentos públicos e privados no setor;

• Alínea *c* com a redação dada pela Lei nº 14.026, de 15-7-2020.

d) as diretrizes para o planejamento das ações de saneamento básico em áreas de especial interesse turístico;

e) os procedimentos para a avaliação sistemática da eficiência e eficácia das ações executadas;

II – planos regionais de saneamento básico, elaborados e executados em articulação com os Estados, Distrito Federal e Municípios envolvidos para as regiões integradas de desenvolvimento econômico ou nas que haja a participação de órgão ou entidade federal na prestação de serviço público de saneamento básico.

§ 1º O Plano Nacional de Saneamento Básico deverá:

• *Caput* do § 1º com a redação dada pela Lei nº 14.026, de 15-7-2020.

I – abranger o abastecimento de água, o esgotamento sanitário, o manejo de resíduos sólidos e o manejo de águas pluviais, com limpeza e fiscalização preventiva das respectivas redes de drenagem, além de outras ações de saneamento básico de interesse para a melhoria da salubridade ambiental, incluindo o provimento de banheiros e unidades hidrossanitárias para populações de baixa renda;

• Inciso I com a redação dada pela Lei nº 13.308, de 6-7-2016.

II – tratar especificamente das ações da União relativas ao saneamento básico nas áreas indígenas, nas reservas extrativistas da União e nas comunidades quilombolas;

III – contemplar programa específico para ações de saneamento básico em áreas rurais;

IV – contemplar ações específicas de segurança hídrica; e

V – contemplar ações de saneamento básico em núcleos urbanos informais ocupados por populações de baixa renda, quando estes forem consolidados e não se encontrarem em situação de risco.

• Incisos III a V acrescidos pela Lei nº 14.026, de 15-7-2020.

§ 2º Os planos de que tratam os incisos I e II do *caput* deste artigo devem ser elaborados com horizonte de 20 (vinte) anos, avaliados anualmente e revisados a cada 4 (quatro) anos, preferencialmente em períodos coincidentes com os de vigência dos planos plurianuais.

§ 3º A União estabelecerá, de forma subsidiária aos Estados, blocos de referência para a prestação regionalizada dos serviços públicos de saneamento básico.

• § 3º acrescido pela Lei nº 14.026, de 15-7-2020.

Art. 53. Fica instituído o Sistema Nacional de Informações em Saneamento Básico – SINISA, com os objetivos de:

I – coletar e sistematizar dados relativos às condições da prestação dos serviços públicos de saneamento básico;

II – disponibilizar estatísticas, indicadores e outras informações relevantes para a caracterização da demanda e da oferta de serviços públicos de saneamento básico;

III – permitir e facilitar o monitoramento e avaliação da eficiência e da eficácia da prestação dos serviços de saneamento básico.

§ 1º As informações do SINISA são públicas, gratuitas, acessíveis a todos e devem ser publicadas na internet, em formato de dados abertos.

• § 1º com a redação dada pela Lei nº 14.026, de 15-7-2020.

§ 2º A União apoiará os titulares dos serviços a organizar sistemas de informação em saneamento básico, em atendimento ao disposto no inciso VI do *caput* do art. 9º desta Lei.

• § 2º acrescido pela Lei nº 14.026, de 15-7-2020.

§ 3º Competem ao Ministério do Meio Ambiente e Mudança do Clima a organização, a implementação e a gestão do SINISA, além do estabelecimento dos critérios, dos métodos e da periodicidade para o preenchimento das informações pelos titulares, pelas entidades reguladoras e pelos prestadores dos serviços e para a auditoria própria do sistema.

§ 4º A ANA e o Ministério do Meio Ambiente e Mudança do Clima promoverão a interoperabilidade do Sistema Nacional de Informações sobre Recursos Hídricos – SNIRH com o SINISA.

§ 5º O Ministério do Meio Ambiente e Mudança do Clima dará ampla transparência e publicidade aos sistemas de informações por ele geridos e considerará as demandas dos órgãos e das entidades envolvidos na política federal de saneamento básico para fornecer os dados necessários ao desenvolvimento, à implementação e à avaliação das políticas públicas do setor.

§ 6º O Ministério do Meio Ambiente e Mudança do Clima estabelecerá mecanismo sistemático de auditoria das informações inseridas no SINISA.

• §§ 3º a 6º com a redação dada pela MP nº 1.154, de 1º-1-2023, que até o encerramento desta edição não havia sido convertida em lei.

§ 7º Os titulares, os prestadores de serviços públicos de saneamento básico e as entidades reguladoras fornecerão as informações a serem inseridas no SINISA.

• § 7º acrescido pela Lei nº 14.026, de 15-7-2020.

Art. 53-A. Fica criado o Comitê Interministerial de Saneamento Básico (CISB), colegiado que, sob a presidência do Ministério do Desenvolvimento Regional, tem a finalidade de assegurar a implementação da política federal de saneamento básico e de articular a atuação dos órgãos e das entidades federais na alocação de recursos financeiros em ações de saneamento básico.

Parágrafo único. A composição do CISB será definida em ato do Poder Executivo federal.

Art. 53-B. Compete ao CISB:

I – coordenar, integrar, articular e avaliar a gestão, em âmbito federal, do Plano Nacional de Saneamento Básico;

II – acompanhar o processo de articulação e as medidas que visem à destinação dos recursos para o saneamento básico, no âmbito do Poder Executivo federal;

III – garantir a racionalidade da aplicação dos recursos federais no setor de saneamento básico, com vistas à universalização dos serviços e à ampliação dos investimentos públicos e privados no setor;

IV – elaborar estudos técnicos para subsidiar a tomada de decisões sobre a alocação de recursos federais no âmbito da política federal de saneamento básico; e

V – avaliar e aprovar orientações para a aplicação dos recursos federais em saneamento básico.

Art. 53-C. Regimento interno disporá sobre a organização e o funcionamento do CISB.

Art. 53-D. Fica estabelecida como política federal de saneamento básico a execução de obras de infraestrutura básica de esgotamento sanitário e abastecimento de água potável em núcleos urbanos formais, informais e informais consolidados, passíveis de serem objeto de Regularização Fundiária Urbana (REURB), nos termos da Lei nº 13.465, de 11 de julho de 2017, salvo aqueles que se encontrarem em situação de risco.

Parágrafo único. Admite-se, prioritariamente, a implantação e a execução das obras de infraestrutura básica de abastecimento de água e esgotamento sanitário mediante sistema condominial, entendido como a participação comunitária com tecnologias apropriadas para produzir soluções que conjuguem redução de custos de operação e aumento da eficiência, a fim de criar condições para a universalização.

- Arts. 53-A a 53-D acrescidos pela Lei nº 14.026, de 15-7-2020.

CAPÍTULO X
DISPOSIÇÕES FINAIS

Art. 54. VETADO.

Art. 54-A. Fica instituído o Regime Especial de Incentivos para o Desenvolvimento do Saneamento Básico – REISB, com o objetivo de estimular a pessoa jurídica prestadora de serviços públicos de saneamento básico a aumentar seu volume de investimentos por meio da concessão de créditos tributários.

Parágrafo único. A vigência do REISB se estenderá até o ano de 2026.

Art. 54-B. É beneficiária do REISB a pessoa jurídica que realize investimentos voltados para a sustentabilidade e para a eficiência dos sistemas de saneamento básico e em acordo com o Plano Nacional de Saneamento Básico.

§ 1º Para efeitos do disposto no *caput*, ficam definidos como investimentos em sustentabilidade e em eficiência dos sistemas de saneamento básico aqueles que atendam:

I – ao alcance das metas de universalização do abastecimento de água para consumo humano e da coleta e tratamento de esgoto;

II – à preservação de áreas de mananciais e de unidades de conservação necessárias à proteção das condições naturais e de produção de água;

III – à redução de perdas de água e à ampliação da eficiência dos sistemas de abastecimento de água para consumo humano e dos sistemas de coleta e tratamento de esgoto;

IV – à inovação tecnológica.

§ 2º Somente serão beneficiados pelo REISB projetos cujo enquadramento às condições definidas no *caput* seja atestado pela Administração da pessoa jurídica beneficiária nas demonstrações financeiras dos períodos em que se apurarem ou se utilizarem os créditos.

§ 3º Não se poderão beneficiar do REISB as pessoas jurídicas optantes pelo Regime Especial Unificado de Arrecadação de Tributos e Contribuições devidos pelas Microempresas e Empresas de Pequeno Porte – SIMPLES Nacional, de que trata a Lei Complementar nº 123, de 14 de dezembro de 2006, e as pessoas jurídicas de que tratam o inciso II do art. 8º da Lei nº 10.637, de 30 de dezembro de 2002, e o inciso II do art. 10 da Lei nº 10.833, de 29 de dezembro de 2003.

§ 4º A adesão ao REISB é condicionada à regularidade fiscal da pessoa jurídica em relação aos impostos e às contribuições administrados pela Secretaria da Receita Federal do Brasil.

- Arts. 54-A e 54-B acrescidos pela Lei nº 13.329, de 1º-8-2016 (*DOU* de 2-8-2016) para entrar em vigor na data de sua publicação e produzir efeitos a partir do segundo exercício subsequente à sua vigência.

Art. 54-C. VETADO. Lei nº 13.329, de 1º-8-2016.

Art. 55. O § 5º do art. 2º da Lei nº 6.766, de 19 de dezembro de 1979, passa a vigorar com a seguinte redação:

"Art. 2º ....

....

§ 5º A infraestrutura básica dos parcelamentos é constituída pelos equipamentos urbanos de escoamento das águas pluviais, iluminação pública, esgotamento sanitário, abastecimento de água potável, energia elétrica pública e domiciliar e vias de circulação.

...."

Art. 56. VETADO.

Art. 57. O inciso XXVII do *caput* do art. 24 da Lei nº 8.666, de 21 de junho de 1993, passa a vigorar com a seguinte redação:

"Art. 24. ....

....

XXVII – na contratação da coleta, processamento e comercialização de resíduos sólidos urbanos recicláveis ou reutilizáveis, em áreas com sistema de coleta seletiva de lixo, efetuados por associações ou cooperativas formadas exclusivamente por pessoas físicas de baixa renda reconhecidas pelo poder público como catadores de materiais recicláveis, com o uso de equipamentos compatíveis com as normas técnicas, ambientais e de saúde pública.

...."

Art. 58. O art. 42 da Lei nº 8.987, de 13 de fevereiro de 1995, passa a vigorar com a seguinte redação:

- Alterações inseridas no texto da referida Lei.

Art. 59. VETADO.

Art. 60. Revoga-se a Lei nº 6.528, de 11 de maio de 1978.

Brasília, 5 de janeiro de 2007;
186º da Independência e
119º da República.

Luiz Inácio Lula da Silva

DECRETO Nº 6.022, DE 22 DE JANEIRO DE 2007

Institui o Sistema Público de Escrituração Digital – SPED.

- Publicado no *DOU* de 22-1-2007, edição extra.

Art. 1º Fica instituído o Sistema Público de Escrituração Digital – SPED.

Art. 2º O SPED é instrumento que unifica as atividades de recepção, validação, armazenamento e autenticação de livros e documentos que integram a escrituração contábil e fiscal dos empresários e das pessoas jurídicas, inclusive imunes ou isentas, mediante fluxo único, computadorizado, de informações.

- *Caput* com a redação dada pelo Dec. nº 7.979, de 8-4-2013.

§ 1º Os livros e documentos de que trata o *caput* serão emitidos em forma eletrônica, observado o disposto na Medida Provisória nº 2.200-2, de 24 de agosto de 2001.

§ 2º O disposto no *caput* não dispensa o empresário e as pessoas jurídicas, inclusive imunes ou isentas, de manter sob sua guarda e responsabilidade os livros e documentos na forma e prazos previstos na legislação aplicável.

- § 2º com a redação dada pelo Dec. nº 7.979, de 8-4-2013.

Art. 3º São usuários do SPED:

I – a Secretaria da Receita Federal do Ministério da Fazenda;

II – as administrações tributárias dos Estados, do Distrito Federal e dos Municípios, mediante convênio celebrado com a Secretaria da Receita Federal; e

III – os órgãos e as entidades da administração pública federal direta e indireta que tenham atribuição legal de regulação, normatização, controle e fiscalização dos empresários e das pessoas jurídicas, inclusive imunes ou isentas.

- Inciso III com a redação dada pelo Dec. nº 7.979, de 8-4-2013.

§ 1º Os usuários de que trata o *caput*, no âmbito de suas respectivas competências, deverão estabelecer a obrigatoriedade, periodicidade e prazos de apresentação dos livros e documentos, por eles exigidos, por intermédio do SPED.

§ 2º Os atos administrativos expedidos em observância ao disposto no § 1º deverão ser implementados no SPED concomitantemente com a entrada em vigor desses atos.

§ 3º O disposto no § 1º não exclui a competência dos usuários ali mencionados de exigir, a qualquer tempo, informações adicionais necessárias ao desempenho de suas atribuições.

Art. 4º O acesso às informações armazenadas no SPED deverá ser compartilhado com seus usuários, no limite de suas respectivas competências e sem prejuízo da observância à legislação referente aos sigilos comercial, fiscal e bancário.

Parágrafo único. O acesso previsto no *caput* também será possível aos empresários e às pessoas jurídicas, inclusive imunes ou isentas, em relação às informações por eles transmitidas ao SPED.

- Parágrafo único com a redação dada pelo Dec. nº 7.979, de 8-4-2013.

Art. 5º O SPED será administrado pela Secretaria da Receita Federal com a participação de representantes indicados pelos usuários de que tratam os incisos II e III do art. 3º.

§ 1º Os usuários do SPED, com vistas a atender o disposto no § 2º do art. 3º, e previamente à edição de seus atos administrativos, deverão articular-se com a Secretaria da Receita Federal por intermédio de seu representante.

§ 2º A Secretaria da Receita Federal do Brasil do Ministério da Fazenda poderá solicitar a participação de representantes dos empresários, das pessoas jurídicas, inclusive imunes ou isentas, e de entidades de âmbito nacional representativas dos profissionais da área contábil, nas atividades relacionadas ao SPED.

- § 2º com a redação dada pelo Dec. nº 7.979, de 8-4-2013.

Art. 6º Compete à Secretaria da Receita Federal:

I – adotar as medidas necessárias para viabilizar a implantação e o funcionamento do SPED;

II – coordenar as atividades relacionadas ao SPED;

III – compatibilizar as necessidades dos usuários do SPED; e

IV – estabelecer a política de segurança e de acesso às informações armazenadas no SPED, observado o disposto no art. 4º.

Art. 7º O SPED manterá, ainda, funcionalidades de uso exclusivo dos órgãos de registro para as atividades de autenticação de livros mercantis.

Art. 8º A Secretaria da Receita Federal e os órgãos a que se refere o inciso III do art. 3º expedirão, em suas respectivas áreas de atuação, normas complementares ao cumprimento do disposto neste Decreto.

§ 1º As normas de que trata o *caput* relacionadas a leiautes e prazos de apresentação de informações contábeis serão editadas após consulta e, quando couber, anuência dos usuários do SPED.

§ 2º Em relação às informações de natureza fiscal de interesse comum, os leiautes e prazos de apresentação serão estabelecidos mediante convênio celebrado entre a Secretaria da Receita Federal e os usuários de que trata o inciso II do art. 3º.

Art. 9º Este Decreto entra em vigor na data de sua publicação.

Brasília, 22 de janeiro de 2007;
186º da Independência e
119º da República.

Luiz Inácio Lula da Silva

DECRETO Nº 6.038, DE 7 DE FEVEREIRO DE 2007

Institui o Comitê Gestor do Simples Nacional – CGSN, e dá outras providências.

- Ementa com a redação dada pelo Dec. nº 8.217, de 28-3-2014.
- Publicado no *DOU* de 8-2-2007 e retificado no *DOU* de 14-2-2007.

Art. 1º Fica instituído o Comitê Gestor do Simples Nacional – CGSN, nos termos do art. 2º da Lei Complementar nº 123, de 14 de dezembro de 2006.

- Artigo com a redação dada pelo Dec. nº 8.217, de 28-3-2014.

Art. 2º O CGSN tem a seguinte composição:

I – quatro representantes da União, dos quais:

- *Caput* com a redação dada pelo Dec. nº 10.938, de 13-1-2022.

a) três da Secretaria Especial da Receita Federal do Brasil do Ministério da Economia; e

b) um da Subsecretaria de Desenvolvimento das Micro e Pequenas Empresas, Empreendedorismo e Artesanato da Secretaria de Desenvolvimento da Indústria, Comércio, Serviços e Inovação da Secretaria Especial de Produtividade, Emprego e Competitividade do Ministério da Economia;

- Alíneas *a* e *b* acrescidas pelo Dec. nº 10.938, de 13-1-2022.

II – *Revogado*; Dec. nº 8.217, de 28-3-2014.

III – dois representantes dos Estados e do Distrito Federal;

IV – dois representantes dos Municípios;

- Incisos III e IV com a redação dada pelo Dec. nº 10.938, de 13-1-2022.

V – um representante do Serviço Brasileiro de Apoio às Micro e Pequenas Empresas – SEBRAE; e

VI – um representante a ser designado em regime de rodízio anual entre a Confederação Nacional das Microempresas e Empresas de Pequeno Porte e a Confederação Nacional das Micro e Pequenas Empresas e dos Empreendedores Individuais.

- Incisos V e VI acrescidos pelo Dec. nº 10.938, de 13-1-2022.

§ 1º Os representantes e respectivos suplentes, de que trata:

I – a alínea *a* do inciso I do *caput*, serão indicados pelo Secretário Especial da Receita Federal do Brasil do Ministério da Economia;

- Inciso I com a redação dada pelo Dec. nº 10.938, de 13-1-2022.

I-A – a alínea *b* do inciso I do *caput*, serão indicados pelo Secretário Especial de Produtividade, Emprego e Competitividade do Ministério da Economia;

- Inciso I-A acrescido pelo Dec. nº 10.938, de 13-1-2022.

II – o inciso III do *caput*, serão indicados pelo Conselho Nacional de Política Fazendária – CONFAZ;

- Inciso II com a redação dada pelo Dec. nº 10.938, de 13-1-2022.

III – o inciso IV do *caput*, serão indicados:

- Inciso III com a redação dada pelo Dec. nº 8.217, de 28-3-2014.

a) um pela Associação Brasileira das Secretarias de Finanças das Capitais; e

b) um pela Confederação Nacional de Municípios;

- Alínea *b* com a redação dada pelo Dec. nº 10.938, de 13-1-2022.

IV – o inciso V do *caput*, serão indicados pelo Diretor-Presidente do SEBRAE; e

V – o inciso VI do *caput*, serão indicados pelo Diretor-Presidente da respectiva confederação nacional.

- Incisos IV e V acrescidos pelo Dec. nº 10.938, de 13-1-2022.

§ 2º O Ministro de Estado da Economia designará os membros titulares e suplentes do CGSN e indicará o Presidente e o seu substituto, dentre os representantes de que trata a alínea *a* do inciso I do *caput* do art. 2º.

- § 2º com a redação dada pelo Dec. nº 10.938, de 13-1-2022.

§ 3º Os membros do CGSN, bem como seus respectivos suplentes, deverão ser indicados no prazo de até quinze dias da publicação deste Decreto.

§ 4º A instalação do CGSN ocorrerá no prazo de até quinze dias após a indicação de seus membros.

§ 5º A Procuradoria-Geral da Fazenda Nacional participará do CGSN, sem direito a voto, prestando-lhe o apoio e assessoramento jurídico necessários.

§ 6º Para fins do disposto no inciso VI do *caput* do art. 2º, o primeiro mandato será exercido pelo representante da Confederação Nacional das Microempresas e Empresas de Pequeno Porte.

- § 6º acrescido pelo Dec. nº 10.938, de 13-1-2022.

Art. 3º Compete ao CGSN tratar dos aspectos tributários da Lei Complementar nº 123, de 2006, especialmente:

I – apreciar e deliberar acerca da necessidade de revisão dos valores expressos em moeda na Lei Complementar nº 123, de 2006;

II – elaborar e aprovar seu regimento interno, no prazo máximo de trinta dias após sua instalação;

III – regulamentar a opção, a exclusão, as vedações, a tributação, a fiscalização, a arrecadação, a cobrança, a dívida ativa, o recolhimento, a restituição, a compensação, as declarações e obrigações acessórias, o parcelamento e as demais matérias relativas ao Simples Nacional, incluído o Microempreendedor Individual; e

- Inciso III com a redação dada pelo Dec. nº 10.938, de 13-1-2022.

IV – expedir resoluções necessárias ao exercício de sua competência.

- Inciso IV com a redação dada pelo Dec. nº 8.217, de 28-3-2014.

V a XXIX – *Revogados*. Dec. nº 8.217, de 28-3-2014.

Art. 4º Compete ao Presidente do CGSN:

I – convocar e presidir as reuniões; e

II – coordenar e supervisionar a implementação do SIMPLES Nacional.

Art. 5º O CGSN poderá instituir comitês e grupos técnicos para execução de suas atividades.

§ 1º O ato de instituição do grupo ou comitê estabelecerá seus objetivos específicos, sua composição e prazo de duração.

§ 2º Poderão ser convidados a participar dos trabalhos dos grupos ou comitês técnicos representantes de órgãos e de entidades, públicas ou privadas, e dos Poderes Legislativo e Judiciário.

Art. 6º O CGSN deliberará mediante resoluções.

Art. 6º-A. O quórum mínimo de reunião do CGSN será de três quartos de seus componentes, dos quais um deles deverá ser o Presidente.

§ 1º O quórum de aprovação do CGSN será de três quartos dos componentes presentes às reuniões, exceto para as deliberações que determinarem a exclusão de ocupações autorizadas a atuar na qualidade de Microempreendedor Individual, hipótese em que a decisão deverá ser unânime.

§ 2º Os membros do CGSN que se encontrarem no Distrito Federal se reunirão presencialmente ou por videoconferência, nos termos do disposto no Decreto nº 10.416, de 7 de julho de 2020, e os membros que se encontrarem em outros entes federativos participarão da reunião por meio de videoconferência.

- Art. 6º-A acrescido pelo Dec. nº 10.938, de 13-1-2022.

Art. 7º As deliberações do CGSN que aprovem o seu regimento interno e suas alterações deverão ocorrer por maioria absoluta de seus membros.

Art. 8º O CGSN contará com uma Secretaria-Executiva, para o fornecimento de apoio institucional e técnico-administrativo necessário ao desempenho de suas competências.

§ 1º A Secretaria da Receita Federal proverá a Secretaria-Executiva do CGSN.

§ 2º Compete à Secretaria-Executiva:

I – promover o apoio e os meios necessários à execução dos trabalhos;

II – prestar assistência direta ao Presidente;

III – preparar as reuniões; e

IV – acompanhar a implementação das deliberações.

- Incisos III e IV com a redação dada pelo Dec. nº 10.938, de 13-1-2022.

V – *Revogado*. Dec. nº 10.938, de 13-1-2022.

Art. 9º As despesas de deslocamento e estada dos membros do CGSN, dos técnicos designados para a execução de atividades relacionadas ao CGSN e dos membros dos grupos e comitês técnicos poderão ser custeadas pela Secretaria da Receita Federal.

Art. 10. A função de membro do CGSN não será remunerada, sendo seu exercício considerado de relevante interesse público.

Art. 11. Os casos omissos serão dirimidos no âmbito das deliberações do CGSN.

Art. 12. Este Decreto entra em vigor na data de sua publicação.

Brasília, 7 de fevereiro de 2007;
186º da Independência e
119º da República.

Luiz Inácio Lula da Silva

LEI Nº 11.457, DE 16 DE MARÇO DE 2007

Dispõe sobre a Administração Tributária Federal; altera as Leis nºs 10.593, de 6 de dezembro de 2002, 10.683, de 28 de maio de 2003, 8.212, de 24 de julho de 1991, 10.910, de 15 de julho de 2004, o Decreto-Lei nº 5.452, de 1º de maio de 1943, e o Decreto nº 70.235, de 6 de março de 1972; revoga dispositivos das Leis nºs 8.212, de 24 de julho de 1991, 10.593, de 6 de dezembro de 2002, 10.910, de 15 de julho de 2004, 11.098, de 13 de janeiro de 2005, e 9.317, de 5 de dezembro de 1996; e dá outras providências.

- Publicada no *DOU* de 19-3-2007.

CAPÍTULO I
DA SECRETARIA DA RECEITA FEDERAL DO BRASIL

Art. 1º A Secretaria da Receita Federal passa a denominar-se Secretaria da Receita Federal do Brasil, órgão essencial ao funcionamento do Estado, de caráter permanente, estruturado de forma hierárquica e diretamente subordinado ao Ministro de Estado da Fazenda e que tem por finalidade a administração tributária e aduaneira da União.

Parágrafo único. São essenciais e indelegáveis as atividades da administração tributária e aduaneira da União exercidas pelos servidores dos quadros funcionais da Secretaria da Receita Federal do Brasil.

- Art. 1º com a redação dada pela Lei nº 13.464, de 10-7-2017.

Art. 2º Além das competências atribuídas pela legislação vigente à Secretaria da Receita Federal, cabe à Secretaria da Receita Federal do Brasil planejar, executar, acompanhar e avaliar as atividades relativas a tributação, fiscalização, arrecadação, cobrança e recolhimento das contribuições sociais previstas nas alíneas *a*, *b* e *c* do parágrafo único do art. 11 da Lei nº 8.212, de 24 de julho de 1991, e das contribuições instituídas a título de substituição.

- Dec. nº 6.103, de 30-4-2007, antecipa para 2-5-2007 a aplicação do Dec. nº 70.235, de 6-3-1972, relativamente aos prazos processuais e à competência para julgamento em primeira instância, os processos administrativos-fiscais relativos às contribuições de que tratam os arts. 2º e 3º desta Lei.

§ 1º O produto da arrecadação das contribuições especificadas no *caput* deste artigo e acréscimos legais incidentes serão destinados, em caráter exclusivo, ao pagamento de benefícios do Regime Geral de Previdência Social e creditados diretamente ao Fundo do Regime Geral de Previdência Social, de que trata o art. 68 da Lei Complementar nº 101, de 4 de maio de 2000.

§ 2º Nos termos do art. 58 da Lei Complementar nº 101, de 4 de maio de 2000, a Secretaria da Receita Federal do Brasil prestará contas anualmente ao Conselho Nacional de Previdência Social dos resultados da arrecadação das contribuições sociais destinadas ao financiamento do Regime Geral de Previdência Social e das compensações a elas referentes.

§ 3º As obrigações previstas na Lei nº 8.212, de 24 de julho de 1991, relativas às contribuições sociais de que trata o *caput* deste artigo serão cumpridas perante a Secretaria da Receita Federal do Brasil.

§ 4º Fica extinta a Secretaria da Receita Previdenciária do Ministério da Previdência Social.

Art. 3º As atribuições de que trata o art. 2º desta Lei se estendem às contribuições devidas a terceiros, assim entendidas outras entidades e fundos, na forma da legislação em vigor, aplicando-se em relação a essas contribuições, no que couber, as disposições desta Lei.

- Dec. nº 6.103, de 30-4-2007, antecipa para 2-5-2007 a aplicação do Dec. nº 70.235, de 6-3-1972, relativamente aos prazos processuais e à competência para julgamento em primeira instância, os processos administrativos-fiscais relativos às contribuições de que tratam os arts. 2º e 3º desta Lei.

§ 1º A retribuição pelos serviços referidos no *caput* deste artigo será de 3,5% (três inteiros e cinco décimos por cento) do montante arrecadado, salvo percentual diverso estabelecido em lei específica.

§ 2º O disposto no *caput* deste artigo abrangerá exclusivamente contribuições cuja base de cálculo seja a mesma das que incidem sobre a remuneração paga, devida ou creditada a segurados do Regime Geral de Previdência Social ou instituídas sobre outras bases a título de substituição.

§ 3º As contribuições de que trata o *caput* deste artigo sujeitam-se aos mesmos prazos, condições, sanções e privilégios daquelas referidas no art. 2º desta Lei, inclusive no que diz respeito à cobrança judicial.

§ 4º A remuneração de que trata o § 1º deste artigo será creditada ao Fundo Especial de Desenvolvimento e Aperfeiçoamento das Atividades de Fiscalização – FUNDAF, instituído pelo Decreto-Lei nº 1.437, de 17 de dezembro de 1975.

§ 5º Durante a vigência da isenção pelo atendimento cumulativo aos requisitos constantes dos incisos I a V do *caput* do art. 55 da Lei nº 8.212, de 24 de julho de 1991, deferida pelo Instituto Nacional do Seguro Social – INSS, pela Secretaria da Receita Previdenciária ou pela Secretaria da Receita Federal do Brasil, não são devidas pela entidade beneficente de assistência social as contribuições sociais previstas em lei a outras entidades ou fundos.

- O referido art. 55 foi revogado pela Lei nº 12.101, de 27-11-2009.
- O mencionado art. 55 foi revogado pela Lei nº 12.101, de 27-11-2009 (Lei da Certificação das Entidades Beneficentes de Assistência Social).

§ 6º Equiparam-se a contribuições de terceiros, para fins desta Lei, as destinadas ao Fundo Aeroviário – FA , à Diretoria de Portos e Costas do Comando da Marinha – DPC e ao Instituto Nacional de Colonização e Reforma Agrária – INCRA e a do salário-educação.

Art. 4º São transferidos para a Secretaria da Receita Federal do Brasil os processos administrativo-fiscais, inclusive os relativos aos créditos já constituídos ou em fase de constituição, e as guias e declarações apresentadas ao Ministério da Previdência Social ou ao Instituto Nacional do Seguro Social – INSS, referentes às contribuições de que tratam os arts. 2º e 3º desta Lei.

Art. 5º Além das demais competências estabelecidas na legislação que lhe é aplicável, cabe ao INSS:

I – emitir certidão relativa a tempo de contribuição;

II – gerir o Fundo do Regime Geral de Previdência Social;

III – calcular o montante das contribuições referidas no art. 2º desta Lei e emitir o correspondente documento de arrecadação, com vistas no atendimento conclusivo para concessão ou revisão de benefício requerido.

Art. 6º Ato conjunto da Secretaria da Receita Federal do Brasil e do INSS definirá a forma de transferência recíproca de informações relacionadas com as contribuições sociais a que se referem os arts. 2º e 3º desta Lei.

Parágrafo único. Com relação às informações de que trata o *caput* deste artigo, a Secretaria da Receita Federal do Brasil e o INSS são responsáveis pela preservação do sigilo fiscal previsto no art. 198 da Lei nº 5.172, de 25 de outubro de 1966.

Art. 7º Fica criado o cargo de Natureza Especial de Secretário da Receita Federal do Brasil, com a remuneração prevista no parágrafo único do art. 39 da Lei nº 10.683, de 28 de maio de 2003.

Parágrafo único. O Secretário da Receita Federal do Brasil será escolhido entre brasileiros de reputação ilibada e ampla experiência na área tributária, sendo nomeado pelo Presidente da República.

Art. 7º-A. As atribuições e competências anteriormente conferidas ao Secretário da Receita Federal ou ao Secretário da Receita Previdenciária, relativas ao exercício dos respectivos cargos, transferem-se para o Secretário da Receita Federal do Brasil.

- Art. 7º-A acrescido pela Lei nº 11.490, de 20-6-2007.

Art. 8º Ficam redistribuídos, na forma do § 1º do art. 37 da Lei nº 8.112, de 11 de dezembro de 1990, dos Quadros de Pessoal do Ministério da Previdência Social e do INSS para a Secretaria da Receita Federal do Brasil os cargos ocupados e vagos da Carreira Auditoria Fiscal da Previdência Social, de que trata o art. 7º da Lei nº 10.593, de 6 de dezembro de 2002.

- O art. 7º da Lei nº 10.593, 6-12-2002, foi revogado pela Lei nº 11.890, de 24-12-2008, dispõe sobre a reestruturação da composição remuneratória das Carreiras de Auditoria da Receita Federal do Brasil e Auditoria Fiscal do Trabalho.

Art. 9º A Lei nº 10.593, de 6 de dezembro de 2002, passa a vigorar com a seguinte redação:

"Art. 3º O ingresso nos cargos das Carreiras disciplinadas nesta Lei far-se-á no primeiro padrão da classe inicial da respectiva tabela de vencimentos, mediante concurso público de provas ou de provas e títulos, exigindo-se curso superior em nível de graduação concluído ou habilitação legal equivalente.

....

§ 3º Sem prejuízo dos requisitos estabelecidos neste artigo, o ingresso nos cargos de que trata o *caput* deste artigo depende da inexistência de:

I – registro de antecedentes criminais decorrentes de decisão condenatória transitada em julgado de crime cuja descrição envolva a prática de ato de improbidade administrativa ou incompatível com a idoneidade exigida para o exercício do cargo;

II – punição em processo disciplinar por ato de improbidade administrativa mediante decisão de que não caiba recurso hierárquico."

"Art. 4º..

....

§ 3º O servidor em estágio probatório será objeto de avaliação específica, sem prejuízo da progressão funcional durante o período, observados o interstício mínimo de 12 (doze) e máximo de 18 (dezoito) meses em cada padrão e o resultado de avaliação de desempenho efetuada para esta finalidade, na forma do regulamento."

"Carreira de Auditoria da Receita Federal do Brasil

Art. 5º Fica criada a Carreira de Auditoria da Receita Federal do Brasil, composta pelos cargos de nível superior de Auditor- Fiscal da Receita Federal do Brasil e de Analista Tributário da Receita Federal do Brasil.

Parágrafo único. *Revogado.*"

"Art. 6º São atribuições dos ocupantes do cargo de Auditor Fiscal da Receita Federal do Brasil:

I – no exercício da competência da Secretaria da Receita Federal do Brasil e em caráter privativo:

a) constituir, mediante lançamento, o crédito tributário e de contribuições;

b) elaborar e proferir decisões ou delas participar em processo administrativo-fiscal, bem como em processos de consulta, restituição ou compensação de tributos e contribuições e de reconhecimento de benefícios fiscais;

c) executar procedimentos de fiscalização, praticando os atos definidos na legislação específica, inclusive os relacionados com o controle aduaneiro, apreensão de mercadorias, livros, documentos, materiais, equipamentos e assemelhados;

d) examinar a contabilidade de sociedades empresariais, empresários, órgãos, entidades, fundos e demais contribuintes, não se lhes aplicando as restrições previstas nos arts. 1.190 a 1.192 do Código Civil e observado o disposto no art. 1.193 do mesmo diploma legal;

e) proceder à orientação do sujeito passivo no tocante à interpretação da legislação tributária;

f) supervisionar as demais atividades de orientação ao contribuinte;

II – em caráter geral, exercer as demais atividades inerentes à competência da Secretaria da Receita Federal do Brasil.

§ 1º O Poder Executivo poderá cometer o exercício de atividades abrangidas pelo inciso II do *caput* deste artigo em caráter privativo ao Auditor Fiscal da Receita Federal do Brasil.

§ 2º Incumbe ao Analista Tributário da Receita Federal do Brasil, resguardadas as atribuições privativas referidas no inciso I do *caput* e no § 1º deste artigo:

I – exercer atividades de natureza técnica, acessórias ou preparatórias ao exercício das atribuições privativas dos Auditores Fiscais da Receita Federal do Brasil;

II – atuar no exame de matérias e processos administrativos, ressalvado o disposto na alínea *b* do inciso I do *caput* deste artigo;

III – exercer, em caráter geral e concorrente, as demais atividades inerentes às competências da Secretaria da Receita Federal do Brasil.

§ 3º Observado o disposto neste artigo, o Poder Executivo regulamentará as atribuições dos cargos de Auditor Fiscal da Receita Federal do Brasil e Analista Tributário da Receita Federal do Brasil.

§ 4º VETADO."

"Art. 20-A. O Poder Executivo regulamentará a forma de transferência de informações entre a Secretaria da Receita Federal do Brasil e a Secretaria de Inspeção do Trabalho para o desenvolvimento coordenado das atribuições a que se referem os arts. 6º e 11 desta Lei."

Art. 10. Ficam transformados:

I – em cargos de Auditor Fiscal da Receita Federal do Brasil, de que trata o art. 5º da Lei nº 10.593, de 6 de dezembro de 2002, com a redação conferida pelo art. 9º desta Lei, os cargos efetivos, ocupados e vagos de Auditor Fiscal da Receita Federal da Carreira Auditoria da Receita Federal prevista na redação original do art. 5º da Lei nº 10.593, de 6 de dezembro de 2002, e de Auditor Fiscal da Previdência Social da Carreira Auditoria Fiscal da Previdência Social, de que trata o art. 7º da Lei nº 10.593, de 6 de dezembro de 2002;

- O art. 7º da Lei nº 10.593, 6-12-2002, foi revogado pela Lei nº 11.890, de 24-12-2008, que dispõe sobre a reestruturação da composição remuneratória das Carreiras de Auditoria da Receita Federal do Brasil e Auditoria Fiscal do Trabalho.

II – em cargos de Analista-Tributário da Receita Federal do Brasil, de que trata o art. 5º da Lei nº 10.593, de 6 de dezembro de 2002, com a redação conferida pelo art. 9º desta Lei, os cargos efetivos, ocupados e vagos, de Técnico da Receita Federal da Carreira Auditoria da Receita Federal prevista na redação original do art. 5º da Lei nº 10.593, de 6 de dezembro de 2002, e os cargos efetivos, ocupados e vagos, dos servidores de que trata o art. 12 desta Lei redistribuídos para a Secretaria da Receita Federal do Brasil até a data da publicação da Medida Provisória nº 440, de 29 de agosto de 2008.

• Inciso II com a redação dada pela Lei nº 11.907, de 2-2-2009, promulgado nos termos do art. 66, § 5º, da CF (*DOU* de 30-4-2021).

o ADIN nº 6.966.

§ 1º Aos servidores titulares dos cargos transformados nos termos deste artigo fica assegurado o posicionamento na classe e padrão de vencimento em que estiverem enquadrados, sem prejuízo da remuneração e das demais vantagens a que façam jus na data de início da vigência desta Lei, observando-se, para todos os fins, o tempo no cargo anterior, inclusive o prestado a partir da publicação desta Lei.

§ 2º O disposto neste artigo aplica-se aos servidores aposentados, bem como aos pensionistas.

§ 3º A nomeação dos aprovados em concursos públicos para os cargos transformados na forma do *caput* deste artigo cujo edital tenha sido publicado antes do início da vigência desta Lei far-se-á nos cargos vagos alcançados pela respectiva transformação.

§ 4º Ficam transportados para a folha de pessoal inativo do Ministério da Fazenda os proventos e as pensões decorrentes do exercício dos cargos de Auditor Fiscal da Previdência Social transformados nos termos deste artigo.

§ 5º Os atuais ocupantes dos cargos a que se refere o § 4º deste artigo e os servidores inativos que se aposentaram em seu exercício, bem como os respectivos pensionistas, poderão optar por permanecer filiados ao plano de saúde a que se vinculavam na origem, hipótese em que a contribuição será custeada pelo servidor e pelo Ministério da Fazenda.

§ 6º Ficam extintas a Carreira Auditoria da Receita Federal, mencionada na redação original do art. 5º da Lei nº 10.593, de 6 de dezembro de 2002, e a Carreira Auditoria Fiscal da Previdência Social, de que trata o art. 7º daquela Lei.

Art. 11. Os Auditores Fiscais da Receita Federal do Brasil cedidos a outros órgãos que não satisfaçam as condições previstas nos incisos I e II do § 8º do art. 4º da Lei nº 10.910, de 15 de julho de 2004, deverão entrar em exercício na Secretaria da Receita Federal do Brasil no prazo de 180 (cento e oitenta) dias da vigência desta Lei.

• O art. 4º da Lei nº 10.910, de 15-7-2004, foi revogado pela Lei nº 11.980, de 24-12-2008, dispõe sobre a reestruturação da composição remuneratória das Carreiras de Auditoria da Receita Federal do Brasil e Auditoria Fiscal do Trabalho.

§ 1º Excluem-se do disposto no *caput* deste artigo cessões para o exercício dos cargos de Secretário de Estado, do Distrito Federal, de prefeitura de capital ou de dirigente máximo de autarquia no mesmo âmbito.

§ 2º O Poder Executivo poderá fixar o exercício de até 385 (trezentos e oitenta e cinco) Auditores Fiscais da Receita Federal do Brasil no Ministério da Previdência Social ou na Superintendência Nacional de Previdência Complementar – PREVIC, garantidos os direitos e vantagens inerentes ao cargo, lotação de origem, remuneração e gratificações, ainda que na condição de ocupante de cargo em comissão ou função de confiança.

• § 2º com a redação dada pela Lei nº 12.154, de 23-12-2009.

§ 3º Os Auditores Fiscais da Receita Federal do Brasil a que se refere o § 2º executarão, em caráter privativo, os procedimentos de fiscalização das atividades e operações das entidades fechadas de previdência complementar, de competência da PREVIC, assim como das entidades e fundos dos regimes próprios de previdência social.

• § 3º com a redação dada pela Lei nº 12.154, de 23-12-2009.

§ 4º No exercício da competência prevista no § 3º deste artigo, os Auditores Fiscais da Receita Federal do Brasil poderão, relativamente ao objeto da fiscalização:

I – praticar os atos definidos na legislação específica, inclusive os relacionados com a apreensão e guarda de livros, documentos, materiais, equipamentos e assemelhados;

II – examinar registros contábeis, não se lhes aplicando as restrições previstas nos arts. 1.190 a 1.192 do Código Civil e observado o disposto no art. 1.193 do mesmo diploma legal;

III – lavrar ou propor a lavratura de auto de infração;

IV – aplicar ou propor a aplicação de penalidade administrativa ao responsável por infração objeto de processo administrativo decorrente de ação fiscal, representação, denúncia ou outras situações previstas em lei.

• Incisos III e IV acrescidos pela Lei nº 12.154, de 23-12-2009.

§ 5º Na execução dos procedimentos de fiscalização referidos no § 3º, ao Auditor Fiscal da Receita Federal do Brasil é assegurado o livre acesso às dependências e às informações dos entes objeto da ação fiscal, de acordo com as respectivas áreas de competência, caracterizando-se embaraço à fiscalização, punível nos termos da lei, qualquer dificuldade oposta à consecução desse objetivo.

§ 6º É facultado ao Auditor Fiscal da Receita Federal do Brasil a que se refere o § 2º exercer, em caráter geral e concorrente, outras atividades inerentes às competências do Ministério da Previdência Social e da PREVIC.

§ 7º Caberá aos Auditores Fiscais da Receita Federal do Brasil em exercício na PREVIC constituir em nome desta, mediante lançamento, os créditos pelo não recolhimento da Taxa de Fiscalização e Controle da Previdência Complementar – TAFIC e promover a sua cobrança administrativa.

• §§ 5º a 7º acrescidos pela Lei nº 12.154, de 23-12-2009.

Art. 12. Sem prejuízo do disposto no art. 49 desta Lei, são redistribuídos, na forma do disposto no art. 37 da Lei nº 8.112, de 11 de dezembro de 1990, para a Secretaria da Receita Federal do Brasil, os cargos dos servidores que, na data da publicação desta Lei, se encontravam em efetivo exercício na Secretaria de Receita Previdenciária ou nas unidades técnicas e administrativas a ela vinculadas e sejam titulares de cargos integrantes:

I – do Plano de Classificação de cargos , instituído pela Lei nº 5.645, de 10 de dezembro de 1970, ou do Plano Geral de cargos do Poder Executivo de que trata a Lei nº 11.357, de 19 de outubro de 2006;

II – das Carreiras:

a) Previdenciária, instituída pela Lei nº 10.355, de 26 de dezembro de 2001;

b) da Seguridade Social e do Trabalho, instituída pela Lei nº 10.483, de 3 de julho de 2002;

c) do Seguro Social, instituída pela Lei nº 10.855, de 1º de abril de 2004;

d) da Previdência, da Saúde e do Trabalho, instituída pela Lei nº 11.355, de 19 de outubro de 2006.

§§ 1º a 3º VETADOS.

§ 4º Os servidores referidos neste artigo poderão, no prazo de 180 (cento e oitenta) dias contado da data referida no inciso II do *caput* do art. 51 desta Lei, optar por sua permanência no órgão de origem.

§ 5º Os servidores a que se refere este artigo perceberão seus respectivos vencimentos e vantagens como se em exercício estivessem no órgão de origem, até a vigência da Lei que disporá sobre suas carreiras, cargos, remuneração, lotação e exercício.

- §§ 4º e 5º acrescidos pela Lei nº 11.501, de 11-7-2007.

§§ 6º a 8º VETADOS. Lei nº 11.501, de 11-7-2007.

Art. 13. Ficam transferidos os cargos em comissão e funções gratificadas da estrutura da extinta Secretaria da Receita Previdenciária do Ministério da Previdência Social para a Secretaria da Receita Federal do Brasil.

Art. 14. Fica o Poder Executivo federal autorizado a proceder à transformação, sem aumento de despesa, dos cargos em comissão e das funções de confiança existentes na Secretaria Especial da Receita Federal do Brasil do Ministério da Economia.

- *Caput* com a redação dada pela Lei nº 13.844, de 18-6-2019.

Parágrafo único. Sem prejuízo das situações em curso, os cargos em comissão e as funções de confiança a que se refere o *caput* deste artigo, com exceção daqueles destinados ao assessoramento direto e ao gabinete do Secretário Especial da Receita Federal do Brasil, são privativos de servidores:

- *Caput* do parágrafo único com a redação dada pela Lei nº 13.844, de 18-6-2019.

I – ocupantes de cargos efetivos da Secretaria Especial da Receita Federal do Brasil do Ministério da Economia ou de servidores que tenham obtido aposentadoria nessa condição, hipótese esta restrita à ocupação de cargo em comissão; e

- Inciso I com a redação dada pela Lei nº 13.844, de 18-6-2019.

II – alcançados pelo disposto no art. 12 desta Lei.

Art. 15. Os incisos XII e XVIII do *caput* do art. 29 da Lei nº 10.683, de 28 de maio de 2003, passam a vigorar com a seguinte redação:

"Art. 29. ....

....

XII – do Ministério da Fazenda o Conselho Monetário Nacional, o Conselho Nacional de Política Fazendária, o Conselho de Recursos do Sistema Financeiro Nacional, o Conselho Nacional de Seguros Privados, o Conselho de Recursos do Sistema Nacional de Seguros Privados, de Previdência Privada Aberta e de Capitalização, o Conselho de Controle de Atividades Financeiras, a Câmara Superior de Recursos Fiscais, os 1º, 2º e 3º Conselhos de Contribuintes, o Conselho Diretor do Fundo de Garantia à Exportação – CFGE, o Comitê Brasileiro de Nomenclatura, o Comitê de Avaliação de Créditos ao Exterior, a Secretaria da Receita Federal do Brasil, a Procuradoria-Geral da Fazenda Nacional, a Escola de Administração Fazendária e até 5 (cinco) Secretarias;

....

XVIII – do Ministério da Previdência Social o Conselho Nacional de Previdência Social, o Conselho de Recursos da Previdência Social, o Conselho de Gestão da Previdência Complementar e até 2 (duas) Secretarias;

...."

CAPÍTULO II
DA PROCURADORIA-GERAL DA FAZENDA NACIONAL

Art. 16. A partir do 1º (primeiro) dia do 2º (segundo) mês subsequente ao da publicação desta Lei, o débito original e seus acréscimos legais, além de outras multas previstas em lei, relativos às contribuições de que tratam os arts. 2º e 3º desta Lei, constituem dívida ativa da União.

§ 1º A partir do 1º (primeiro) dia do 13º (décimo terceiro) mês subsequente ao da publicação desta Lei, o disposto no *caput* deste artigo se estende à dívida ativa do Instituto Nacional do Seguro Social – INSS e do Fundo Nacional de Desenvolvimento da Educação – FNDE decorrente das contribuições a que se referem os arts. 2º e 3º desta Lei.

§ 2º Aplica-se à arrecadação da dívida ativa decorrente das contribuições de que trata o art. 2º desta Lei o disposto no § 1º daquele artigo.

§ 3º Compete à Procuradoria-Geral Federal representar judicial e extrajudicialmente:

I – o INSS e o FNDE, em processos que tenham por objeto a cobrança de contribuições previdenciárias, inclusive nos que pretendam a contestação do crédito tributário, até a data prevista no § 1º deste artigo;

II – a União, nos processos da Justiça do Trabalho relacionados com a cobrança de contribuições previdenciárias, de imposto de renda retido na fonte e de multas impostas aos empregadores pelos órgãos de fiscalização das relações do trabalho, mediante delegação da Procuradoria-Geral da Fazenda Nacional.

§ 4º A delegação referida no inciso II do § 3º deste artigo será comunicada aos órgãos judiciários e não alcançará a competência prevista no inciso II do art. 12 da Lei Complementar nº 73, de 10 de fevereiro de 1993.

§ 5º Recebida a comunicação aludida no § 4º deste artigo, serão destinadas à Procuradoria-Geral Federal as citações, intimações e notificações efetuadas em processos abrangidos pelo objeto da delegação.

§ 6º Antes de efetivar a transferência de atribuições decorrente do disposto no § 1º deste artigo, a Procuradoria-Geral Federal concluirá os atos que se encontrarem pendentes.

§ 7º A inscrição na dívida ativa da União das contribuições de que trata o art. 3º desta Lei, na forma do *caput* e do § 1º deste artigo, não altera a destinação final do produto da respectiva arrecadação.

Art. 17. O art. 39 da Lei nº 8.212, de 24 de julho de 1991, passa a vigorar com a seguinte redação:

- Alterações inseridas no texto da referida Lei.

Art. 18. Ficam criados na Carreira de Procurador da Fazenda Nacional 1.200 (mil e duzentos) cargos efetivos de Procurador da Fazenda Nacional.

Parágrafo único. Os cargos referidos no *caput* deste artigo serão providos na medida das necessidades do serviço e das disponibilidades de recursos orçamentários, nos termos do § 1º do art. 169 da Constituição Federal.

Art. 18-A. Compete ao Advogado-Geral da União e ao Ministro de Estado da Fazenda, mediante ato conjunto, distribuir os cargos de Procurador da Fazenda Nacional pelas 3 (três) categorias da Carreira.

- Artigo acrescido pela Lei nº 11.518, de 5-9-2007.

Art. 19. Ficam criadas, na Procuradoria-Geral da Fazenda Nacional, 120 (cento e vinte) Procuradorias Seccionais da Fazenda Nacional, a serem instaladas por ato do Ministro de Estado da Fazenda em cidades-sede de Varas da Justiça Federal ou do Trabalho.

Parágrafo único. Para estruturação das Procuradorias Seccionais a que se refere o *caput* deste artigo, ficam criados 60 (sessenta) cargos em comissão do Grupo Direção e Assessoramento Superiores DAS-2 e 60 (sessenta) DAS-1, a serem providos na medida das necessidades do serviço e das disponibilidades de recursos orçamentários, nos termos do § 1º do art. 169 da Constituição Federal.

Art. 20. VETADO.

Art. 21. Sem prejuízo do disposto no art. 49 desta Lei e da percepção da remuneração do respectivo cargo, será fixado o exercício na Procuradoria-Geral da Fazenda Nacional, a partir da data fixada no § 1º do art. 16 desta Lei, dos servidores que se encontrarem em efetivo exercício nas unidades vinculadas ao contencioso fiscal e à cobrança da dívida ativa na Coordenação-Geral de Matéria Tributária da Procuradoria-Geral Federal, na Procuradoria Federal Especializada junto ao INSS, nos respectivos órgãos descentralizados ou nas unidades locais, e forem titulares de cargos integrantes:

I – do Plano de Classificação de Cargos instituído pela Lei nº 5.645, de 10 dezembro de 1970, ou do Plano Geral de Cargos do Poder Executivo de que trata a Lei nº 11.357, de 19 de outubro de 2006;

- Inciso I com a redação dada pela Lei nº 11.501, de 11-7-2007.

II – das Carreiras:

a) Previdenciária, instituída pela Lei nº 10.355, de 26 de dezembro de 2001;

b) da Seguridade Social e do Trabalho, instituída pela Lei nº 10.483, de 3 de julho de 2002;

c) do Seguro Social, instituída pela Lei nº 10.855, de 1º de abril de 2004;

d) da Previdência, da Saúde e do Trabalho, instituída pela Lei nº 11.355, de 19 de outubro de 2006.

Parágrafo único. Fica o Poder Executivo autorizado, de acordo com as necessidades do serviço, a fixar o exercício dos servidores a que se refere o *caput* deste artigo no órgão ou entidade ao qual estiverem vinculados.

Art. 22. As autarquias e fundações públicas federais darão apoio técnico, logístico e financeiro, pelo prazo de 24 (vinte e quatro) meses a partir da publicação desta Lei, para que a Procuradoria-Geral Federal assuma, de forma centralizada, nos termos dos §§ 11 e 12 do art. 10 da Lei nº 10.480, de 2 de julho de 2002, a execução de sua dívida ativa.

Art. 23. Compete à Procuradoria-Geral da Fazenda Nacional a representação judicial na cobrança de créditos de qualquer natureza inscritos em Dívida Ativa da União.

Art. 24. É obrigatório que seja proferida decisão administrativa no prazo máximo de 360 (trezentos e sessenta) dias a contar do protocolo de petições, defesas ou recursos administrativos do contribuinte.

§§ 1º e 2º VETADOS.

CAPÍTULO III

DO PROCESSO ADMINISTRATIVO FISCAL

Art. 25. Passam a ser regidos pelo Decreto nº 70.235, de 6 de março de 1972:

- Art. 1º do Dec. nº 6.103, de 30-4-2007, que antecipa para 2-5-2007 a aplicação do Dec. nº 70.235, de 6-3-1972, relativamente aos prazos processuais e à competência para julgamento em primeira instância, os processos administrativos-fiscais relativos às contribuições de que tratam os arts. 2º e 3º desta Lei.
- Art. 2º do Dec. nº 6.104, de 30-4-2007, que dispõe sobre a execução dos procedimentos fiscais no âmbito da Secretaria da Receita Federal do Brasil.

I – a partir da data fixada no § 1º do art. 16 desta Lei, os procedimentos fiscais e os processos administrativo-fiscais de determinação e exigência de créditos tributários referentes às contribuições de que tratam os arts. 2º e 3º desta Lei;

II – a partir da data fixada no *caput* do art. 16 desta Lei, os processos administrativos de consulta relativos às contribuições sociais mencionadas no art. 2º desta Lei.

§ 1º O Poder Executivo poderá antecipar ou postergar a data a que se refere o inciso I do *caput* deste artigo, relativamente a:

I – procedimentos fiscais, instrumentos de formalização do crédito tributário e prazos processuais;

II – competência para julgamento em 1ª (primeira) instância pelos órgãos de deliberação interna e natureza colegiada.

§ 2º *Revogado.* Lei nº 13.670, de 30-5-2018.

§ 3º Aplicam-se, ainda, aos processos a que se refere o inciso II do *caput* deste artigo os arts. 48 e 49 da Lei nº 9.430, de 27 de dezembro de 1996.

Art. 26. O valor correspondente à compensação de débitos relativos às contribuições de que trata o art. 2º desta Lei será repassado ao Fundo do Regime Geral de Previdência Social no prazo máximo de 30 (trinta) dias úteis, contado da data em que ela for promovida de ofício ou em que for apresentada a declaração de compensação.

- *Caput* com a redação dada pela Lei nº 13.670, de 30-5-2018.

Parágrafo único. *Revogado.* Lei nº 13.670, de 30-5-2018.

Art. 26-A. O disposto no art. 74 da Lei nº 9.430, de 27 de dezembro de 1996:

I – aplica-se à compensação das contribuições a que se referem os arts. 2º e 3º desta Lei efetuada pelo sujeito passivo que utilizar o Sistema de Escrituração Digital das Obrigações Fiscais, Previdenciárias e Trabalhistas (eSocial), para apuração das referidas contribuições, observado o disposto no § 1º deste artigo;

II – não se aplica à compensação das contribuições a que se referem os arts. 2º e 3º desta Lei efetuada pelos demais sujeitos passivos; e

III – não se aplica ao regime unificado de pagamento de tributos, de contribuições e dos demais encargos do empregador doméstico (Simples Doméstico).

§ 1º Não poderão ser objeto da compensação de que trata o inciso I do *caput* deste artigo:

I – o débito das contribuições a que se referem os arts. 2º e 3º desta Lei:

a) relativo a período de apuração anterior à utilização do eSocial para a apuração das referidas contribuições; e

b) relativo a período de apuração posterior à utilização do eSocial com crédito dos demais tributos administrados pela Secretaria da Receita Federal do Brasil concernente a período de apuração anterior à utilização do eSocial para apuração das referidas contribuições; e

II – o débito dos demais tributos administrados pela Secretaria da Receita Federal do Brasil:

a) relativo a período de apuração anterior à utilização do eSocial para apuração de tributos com crédito concernente às contribuições a que se referem os arts. 2º e 3º desta Lei; e

b) com crédito das contribuições a que se referem os arts. 2º e 3º desta Lei relativo a período de apuração anterior à utilização do eSocial para apuração das referidas contribuições.

§ 2º A Secretaria da Receita Federal do Brasil disciplinará o disposto neste artigo.

- Art. 26-A acrescido pela Lei nº 13.670, de 30-5-2018.

Art. 27. Observado o disposto no art. 25 desta Lei, os procedimentos fiscais e os processos administrativo-fiscais referentes às contribuições sociais de que tratam os arts. 2º e 3º desta Lei permanecem regidos pela legislação precedente.

Art. 28. Ficam criadas, na Secretaria da Receita Federal do Brasil, 5 (cinco) Delegacias de Julgamento e 60 (sessenta) Turmas de Julgamento com competência para julgar, em 1ª (primeira) instância, os processos de exigência de tributos e contribuições arrecadados pela Secretaria da Receita Federal do Brasil, a serem instaladas mediante ato do Ministro de Estado da Fazenda.

Parágrafo único. Para estruturação dos órgãos de que trata o *caput* deste artigo, ficam criados 5 (cinco) cargos em comissão do Grupo Direção e Assessoramento Superiores DAS-3 e 55 (cinquenta e cinco) DAS-2, a serem providos na medida das necessidades do serviço e das disponibilidades de recursos orçamentários, nos termos do § 1º do art. 169 da Constituição Federal.

Art. 29. Fica transferida do Conselho de Recursos da Previdência Social para o 2º Conselho de Contribuintes do Ministério da Fazenda a competência para julgamento de recursos referentes às contribuições de que tratam os arts. 2º e 3º desta Lei.

§ 1º Para o exercício da competência a que se refere o *caput* deste artigo, serão instaladas no 2º Conselho de Contribuintes, na forma da regulamentação pertinente, Câmaras especializadas, observada a composição prevista na parte final do inciso VII do *caput* do art. 194 da Constituição Federal.

§ 2º Fica autorizado o funcionamento das Câmaras dos Conselhos de Contribuintes nas sedes das Regiões Fiscais da Secretaria da Receita Federal do Brasil.

Art. 30. No prazo de 30 (trinta) dias da publicação do ato de instalação das Câmaras previstas no § 1º do art. 29 desta Lei, os processos administrativo-fiscais referentes às contribuições de que tratam os arts. 2º e 3º desta Lei que se encontrarem no Conselho de Recursos da Previdência Social serão encaminhados para o 2º Conselho de Contribuintes.

Parágrafo único. Fica prorrogada a competência do Conselho de Recursos da Previdência Social durante o prazo a que se refere o *caput* deste artigo.

Art. 31. São transferidos, na data da publicação do ato a que se refere o *caput* do art. 30 desta Lei, 2 (dois) cargos em comissão do Grupo Direção e Assessoramento Superiores DAS-101.2 e 2 (dois) DAS-101.1 do Conselho de Recursos da Previdência Social para o 2º Conselho de Contribuintes.

CAPÍTULO IV
DO PARCELAMENTO DOS DÉBITOS PREVIDENCIÁRIOS DOS ESTADOS E DO DISTRITO FEDERAL

Art. 32. Os débitos de responsabilidade dos Estados e do Distrito Federal, de suas autarquias e fundações, relativos às contribuições sociais de que tratam as alíneas a e c do parágrafo único do art. 11 da Lei nº 8.212, de 24 de julho de 1991, com vencimento até o mês anterior ao da entrada em vigor desta Lei, poderão ser parcelados em até 240 (duzentas e quarenta) prestações mensais e consecutivas.

§ 1º Os débitos referidos no *caput* deste artigo são aqueles originários de contribuições sociais e obrigações acessórias, constituídos ou não, inscritos ou não em dívida ativa, incluídos os que estiverem em fase de execução fiscal ajuizada, e os que tenham sido objeto de parcelamento anterior não integralmente quitado ou cancelado por falta de pagamento.

§ 2º Os débitos ainda não constituídos deverão ser confessados de forma irretratável e irrevogável.

§ 3º Poderão ser parcelados em até 60 (sessenta) prestações mensais e consecutivas os débitos de que tratam o *caput* e os §§ 1º e 2º deste artigo com vencimento até o mês anterior ao da entrada em vigor desta Lei, relativos a contribuições não recolhidas:

I – descontadas dos segurados empregado, trabalhador avulso e contribuinte individual;

II – retidas na forma do art. 31 da Lei nº 8.212, de 24 de julho de 1991;

III – decorrentes de sub-rogação.

§ 4º Caso a prestação mensal não seja paga na data do vencimento, serão retidos e repassados à Secretaria da Receita Federal do Brasil recursos do Fundo de Participação dos Estados e do Distrito Federal suficientes para sua quitação, acrescidos de juros equivalentes à taxa referencial do Sistema Especial de Liquidação e de Custódia – Selic para títulos federais, acumulada mensalmente a partir do primeiro dia do mês subsequente ao da consolidação do débito até o mês anterior ao do pagamento, acrescido de 1% (um por cento) no mês do pagamento da prestação.

Art. 33. Até 90 (noventa) dias após a entrada em vigor desta Lei, a opção pelo parcelamento será formalizada na Secretaria da Receita Federal do Brasil, que se responsabilizará pela cobrança das prestações e controle dos créditos originários dos parcelamentos concedidos.

Art. 34. A concessão do parcelamento objeto deste Capítulo está condicionada:

I – à apresentação pelo Estado ou Distrito Federal, na data da formalização do pedido, do demonstrativo referente à apuração da Receita Corrente Líquida Estadual, na forma do disposto na Lei Complementar nº 101, de 4 de maio de 2000, referente ao ano-calendário imediatamente anterior ao da entrada em vigor desta Lei;

II – ao adimplemento das obrigações vencidas a partir do primeiro dia do mês da entrada em vigor desta Lei.

Art. 35. Os débitos serão consolidados por Estado e Distrito Federal na data do pedido do parcelamento, reduzindo-se os valores referentes a juros de mora em 50% (cinquenta por cento).

Art. 36. Os débitos de que trata este Capítulo serão parcelados em prestações mensais equivalentes a, no mínimo, 1,5% (um inteiro e cinco décimos por cento) da média da Receita Corrente Líquida do Estado e do Distrito Federal prevista na Lei Complementar nº 101, de 4 de maio de 2000.

§ 1º A média de que trata o *caput* deste artigo corresponderá a 1/12 (um doze avos) da Receita Corrente Líquida do ano anterior ao do vencimento da prestação.

§ 2º Para fins deste artigo, os Estados e o Distrito Federal se obrigam a encaminhar à Secretaria da Receita Federal do Brasil o demonstrativo de apuração da Receita Corrente Líquida de que trata o inciso I do art. 53 da Lei Complementar nº 101, de 4 de maio de 2000, até o último dia útil do mês de fevereiro de cada ano.

§ 3º A falta de apresentação das informações a que se refere o § 2º deste artigo implicará, para fins de apuração e cobrança da prestação mensal, a aplicação da variação do Índice Geral de Preços, Disponibilidade Interna – IGP-DI, acrescida de juros de 0,5% (cinco décimos por cento) ao mês, sobre a última Receita Corrente Líquida publicada nos termos da legislação.

§ 4º Às prestações vencíveis em janeiro, fevereiro e março aplicar-se-á o valor mínimo do ano anterior.

Art. 37. As prestações serão exigíveis no último dia útil de cada mês, a contar do mês subsequente ao da formalização do pedido de parcelamento.

§ 1º No período compreendido entre a formalização do pedido e o mês da consolidação, o ente beneficiário do parcelamento deverá recolher mensalmente prestações correspondentes a 1,5% (um inteiro e cinco décimos por cento) da média da Receita Corrente Líquida do Estado e do Distrito Federal prevista na Lei Complementar nº 101, de 4 de maio de 2000, sob pena de indeferimento do pleito, que só se confirma com o pagamento da prestação inicial.

§ 2º A partir do mês seguinte à consolidação, o valor da prestação será obtido mediante a divisão do montante do débito parcelado, deduzidos os valores das prestações recolhidas nos termos do § 1º deste artigo, pelo número de prestações restantes, observado o valor mínimo de 1,5% (um inteiro e cinco décimos por cento) da média da Receita Corrente Líquida do Estado e do Distrito Federal prevista na Lei Complementar nº 101, de 4 de maio de 2000.

Art. 38. O parcelamento será rescindido na hipótese do inadimplemento:

I – de 3 (três) meses consecutivos ou 6 (seis) meses alternados, prevalecendo o que primeiro ocorrer;

II – das obrigações correntes referentes às contribuições sociais de que trata este Capítulo;

III – da parcela da prestação que exceder à retenção dos recursos do Fundo de Participação dos Estados e do Distrito Federal promovida na forma deste Capítulo.

Art. 39. O Poder Executivo disciplinará, em regulamento, os atos necessários à execução do disposto neste Capítulo.

Parágrafo único. Os débitos referidos no *caput* deste artigo serão consolidados no âmbito da Secretaria da Receita Federal do Brasil.

CAPÍTULO V
DISPOSIÇÕES GERAIS

Art. 40. Sem prejuízo do disposto nas Leis nºs 4.516, de 1º de dezembro de 1964, e 5.615, de 13 de outubro de 1970, a Empresa de Tecnologia e Informações da Previdência Social – DATAPREV fica autorizada a prestar serviços de tecnologia da informação ao Ministério da Fazenda, necessários ao desempenho das atribuições abrangidas por esta Lei, observado o disposto no inciso VIII do art. 24 da Lei nº 8.666, de 21 de junho de 1993, nas condições estabelecidas em ato do Poder Executivo.

Art. 41. Fica autorizada a transferência para o patrimônio da União dos imóveis que compõem o Fundo do Regime Geral de Previdência Social identificados pelo Poder Executivo como necessários ao funcionamento da Secretaria da Receita Federal do Brasil e da Procuradoria-Geral da Fazenda Nacional.

Parágrafo único. No prazo de 3 (três) anos, de acordo com o resultado de avaliação realizada nos termos da legislação aplicável, a União compensará financeiramente o Fundo do Regime Geral de Previdência Social pelos imóveis transferidos na forma do *caput* deste artigo.

Art. 42. A Consolidação das Leis do Trabalho – CLT, aprovada pelo Decreto-Lei nº 5.452, de 1º de maio de 1943, passa a vigorar com a seguinte redação:

"Art. 832. ....

....

§ 4º A União será intimada das decisões homologatórias de acordos que contenham parcela indenizatória, na forma do art. 20 da Lei nº 11.033, de 21 de dezembro de 2004, facultada a interposição de recurso relativo aos tributos que lhe forem devidos.

§ 5º Intimada da sentença, a União poderá interpor recurso relativo à discriminação de que trata o § 3º deste artigo.

§ 6º O acordo celebrado após o trânsito em julgado da sentença ou após a elaboração dos cálculos de liquidação de sentença não prejudicará os créditos da União.

§ 7º O Ministro de Estado da Fazenda poderá, mediante ato fundamentado, dispensar a manifestação da União nas decisões homologatórias de acordos em que o montante da parcela indenizatória envolvida ocasionar perda de escala decorrente da atuação do órgão jurídico."

"Art. 876. ....

Parágrafo único. Serão executadas *ex-officio* as contribuições sociais devidas em decorrência de decisão proferida pelos Juízes e Tribunais do Trabalho, resultantes de condenação ou homologação de acordo, inclusive sobre os salários pagos durante o período contratual reconhecido."

"Art. 879. ....

....

§ 3º Elaborada a conta pela parte ou pelos órgãos auxiliares da Justiça do Trabalho, o juiz procederá à intimação da União para manifestação, no prazo de 10 (dez) dias, sob pena de preclusão.

....

§ 5º O Ministro de Estado da Fazenda poderá, mediante ato fundamentado, dispensar a manifestação da União quando o valor total das verbas que integram o salário de contribuição, na forma do art. 28 da Lei nº 8.212, de 24 de julho de 1991, ocasionar perda de escala decorrente da atuação do órgão jurídico."

"Art. 880. Requerida a execução, o juiz ou presidente do tribunal mandará expedir mandado de citação do executado, a fim de que cumpra a decisão ou o acordo no prazo, pelo modo e sob as cominações estabelecidas ou, quando se tratar de pagamento em dinheiro, inclusive de contribuições sociais devidas à União, para que o faça em 48 (quarenta e oito) horas ou garanta a execução, sob pena de penhora.

...."

"Art. 889-A. ....

§ 1º Concedido parcelamento pela Secretaria da Receita Federal do Brasil, o devedor juntará aos autos a comprovação do ajuste, ficando a execução da contribuição social correspondente suspensa até a quitação de todas as parcelas.

§ 2º As Varas do Trabalho encaminharão mensalmente à Secretaria da Receita Federal do Brasil informações sobre os recolhimentos efetivados nos autos, salvo se outro prazo for estabelecido em regulamento".

Art. 43. A Lei nº 10.910, de 15 de julho de 2004, passa a vigorar com a redação seguinte, dando-se aos seus Anexos a forma dos Anexos I e II desta Lei:

"Art. 1º As Carreiras de Auditoria da Receita Federal do Brasil e Auditoria Fiscal do Trabalho compõem-se de cargos efetivos agrupados nas classes A, B e Especial, compreendendo a 1a (primeira) 5 (cinco) padrões, e as 2 (duas) últimas, 4 (quatro) padrões, na forma do Anexo I desta Lei."

"Art. 3º A Gratificação de Desempenho de Atividade Tributária – GDAT de que trata o art. 15 da Lei nº 10.593, de 6 de dezembro de 2002, devida aos integrantes das Carreiras de Auditoria da Receita Federal do Brasil e Auditoria Fiscal do Trabalho, é transformada em Gratificação de Atividade Tributária – GAT, em valor equivalente a 75% (setenta e cinco por cento) do vencimento básico do servidor.

I – revogado pela Lei nº 11.356, de 2006;

II – revogado pela Lei nº 11.356, de 2006.

...."

"Art. 4º Fica criada a Gratificação de Incremento da Fiscalização e da Arrecadação – GIFA, devida aos ocupantes dos cargos efetivos das Carreiras de Auditoria da Receita Federal do Brasil e Auditoria Fiscal do Trabalho, de que trata a Lei nº 10.593, de 6 de dezembro de 2002, no percentual de até 95% (noventa e cinco por cento), incidente sobre o maior vencimento básico de cada cargo das Carreiras.

§ 1º A GIFA será paga aos Auditores Fiscais da Receita Federal do Brasil e aos Analistas-Tributários da Receita Federal do Brasil de acordo com os seguintes parâmetros:

....

II - 2/3 (dois terços), no mínimo, em decorrência da avaliação do resultado institucional do conjunto de unidades da Secretaria da Receita Federal do Brasil no cumprimento de metas de arrecadação, computadas em âmbito nacional e de forma individualizada para cada órgão.

....

§ 8º..

....

II - ocupantes dos cargos efetivos da Carreira de Auditoria da Receita Federal do Brasil, em exercício nos seguintes órgãos do Ministério da Fazenda:

....

III - ocupantes dos cargos de Auditor Fiscal da Receita Federal do Brasil da Carreira de Auditoria da Receita Federal do Brasil, em exercício no Ministério da Previdência Social e órgãos vinculados;

IV - ocupantes dos cargos efetivos da Carreira Auditoria Fiscal do Trabalho, em exercício no Ministério do Trabalho e Emprego, exclusivamente nas unidades não integrantes do Sistema Federal de Inspeção do Trabalho definidas em regulamento."

"Art. 6º VETADO."

Art. 44. O art. 23 do Decreto nº 70.235, de 6 de março de 1972, passa a vigorar acrescido dos §§ 7º, 8º e 9º, com a seguinte redação:

- Alterações inseridas no texto do referido Decreto.

Art. 45. As repartições da Secretaria da Receita Federal do Brasil deverão, durante seu horário regular de funcionamento, dar vista dos autos de processo administrativo, permitindo a obtenção de cópias reprográficas, assim como receber requerimentos e petições.

Parágrafo único. A Secretaria da Receita Federal do Brasil adotará medidas para disponibilizar o atendimento a que se refere o *caput* deste artigo por intermédio da rede mundial de computadores e o recebimento de petições e requerimentos digitalizados.

CAPÍTULO VI

DISPOSIÇÕES TRANSITÓRIAS E FINAIS

Art. 46. A Fazenda Nacional poderá celebrar convênios com entidades públicas e privadas para a divulgação de informações previstas nos incisos II e III do § 3º do art. 198 da Lei nº 5.172, de 25 de outubro de 1966 – Código Tributário Nacional – CTN.

Art. 47. Fica o Poder Executivo autorizado a:

I – transferir, depois de realizado inventário, do INSS, do Ministério da Previdência Social e da Procuradoria-Geral Federal para a Secretaria da Receita Federal do Brasil e para a Procuradoria-Geral da Fazenda Nacional acervos técnicos e patrimoniais, inclusive bens imóveis, obrigações, direitos, contratos, convênios, processos administrativos e demais instrumentos relacionados com as atividades transferidas em decorrência desta Lei;

II – remanejar e transferir para a Secretaria da Receita Federal do Brasil dotações em favor do Ministério da Previdência Social e do INSS aprovadas na Lei Orçamentária em vigor, mantida a classificação funcional-programática, subprojetos, subatividades e grupos de despesas.

§ 1º Até que sejam implementados os ajustes necessários, o Ministério da Previdência Social e o INSS continuarão a executar as despesas de pessoal e de manutenção relativas às atividades transferidas, inclusive as decorrentes do disposto no § 5º do art. 10 desta Lei.

§ 2º Enquanto não ocorrerem as transferências previstas no *caput* deste artigo, o Ministério da Previdência Social, o INSS e a Procuradoria-Geral Federal prestarão à Secretaria da Receita Federal do Brasil e à Procuradoria-Geral da Fazenda Nacional o necessário apoio técnico, financeiro e administrativo.

§ 3º Inclui-se no apoio de que trata o § 2º deste artigo a manutenção dos espaços físicos atualmente ocupados.

Art. 48. Fica mantida, enquanto não modificados pela Secretaria da Receita Federal do Brasil, a vigência dos convênios celebrados e dos atos normativos e administrativos editados:

I – pela Secretaria da Receita Previdenciária;

II – pelo Ministério da Previdência Social e pelo INSS relativos à administração das contribuições a que se referem os arts. 2º e 3º desta Lei;

III – pelo Ministério da Fazenda relativos à administração dos tributos e contribuições de competência da Secretaria da Receita Federal do Brasil;

IV – pela Secretaria da Receita Federal.

Art. 49. VETADO.

Art. 50. No prazo de 1 (um) ano da data de publicação desta Lei, o Poder Executivo encaminhará ao Congresso Nacional projeto de lei orgânica das Auditorias Federais, dispondo sobre direitos, deveres, garantias e prerrogativas dos servidores integrantes das Carreiras de que trata a Lei nº 10.593, de 6 de dezembro de 2002.

Art. 51. Esta Lei entra em vigor:

I – na data de sua publicação, para o disposto nos arts. 40, 41, 47, 48, 49 e 50 desta Lei;

II – no primeiro dia útil do segundo mês subsequente à data de sua publicação, em relação aos demais dispositivos desta Lei.

Art. 52. Ficam revogados:

I – VETADO;

II – a partir da data da publicação desta Lei, o parágrafo único do art. 5º da Lei nº 10.593, de 6 dezembro de 2002.

Brasília, 16 de março de 2007;
186º da Independência e
119º da República.

Luiz Inácio Lula da Silva

- Optamos por não publicar os Anexos desta Lei.

DECRETO Nº 6.103, DE 30 DE ABRIL DE 2007

Antecipa para 2 de maio de 2007 a aplicação do Decreto nº 70.235, de 6 de março de 1972, relativamente aos prazos processuais e à competência para julgamento em primeira instância, de processos administrativo-fiscais relativos às contribuições de que tratam os arts. 2º e 3º da Lei nº 11.457, de 16 de março de 2007, e dá outras providências.

- Publicado no *DOU* de 2-5-2007.

Art. 1º Fica antecipada para 2 de maio de 2007 a aplicação do Decreto nº 70.235, de 6 de março de 1972, aos processos administrativo-fiscais de determinação e exigência de créditos tributários relativos às contribuições de que tratam os arts. 2º e 3º da Lei nº 11.457, de 16 de março de 2007, no que diz respeito aos prazos processuais e à competência para julgamento em primeira instância, pelos órgãos de deliberação interna e natureza colegiada da Secretaria da Receita Federal do Brasil.

Art. 2º Os arts. 243 e 293 do Regulamento da Previdência Social, aprovado pelo Decreto nº 3.048, de 6 de maio de 1999, passam a vigorar com a seguinte redação:

"Art. 243. ....

....

§ 2º Recebida a notificação, o empregador doméstico, a empresa ou o segurado terão o prazo de trinta dias para efetuar o pagamento ou apresentar impugnação.

...."

"Art. 293. Constatada a ocorrência de infração a dispositivo deste Regulamento, será lavrado auto de infração com discriminação clara e precisa da infração e das circunstâncias em que foi praticada, contendo o dispositivo legal infringido, a penalidade aplicada e os critérios de gradação, e indicando local, dia e hora de sua lavratura, observadas as normas fixadas pelos órgãos competentes.

§ 1º Recebido o auto de infração, o autuado terá o prazo de trinta dias, a contar da ciência, para efetuar o pagamento da multa de ofício com redução de cinquenta por cento ou impugnar a autuação.

§ 2º Impugnada a autuação, o autuado, após a ciência da decisão de primeira instância, poderá efetuar o pagamento da multa de ofício com redução de vinte e cinco por cento, até a data limite para interposição de recurso.

...."

Art. 3º Este Decreto entra em vigor na data de sua publicação.

Brasília, 30 de abril de 2007;
186º da Independência e
119º da República.

Luiz Inácio Lula da Silva

DECRETO Nº 6.104, DE 30 DE ABRIL DE 2007

Dispõe sobre a execução dos procedimentos fiscais no âmbito da Secretaria da Receita Federal do Brasil e dá outras providências.

- Publicado no *DOU* de 2-5-2007.

Art. 1º Os arts. 2º a 4º do Decreto nº 3.724, de 10 de janeiro de 2001, passam a vigorar com a seguinte redação:

- Alterações inseridas no texto do referido Decreto.

Art. 2º Os procedimentos fiscais iniciados antes de 2 de maio de 2007, no âmbito da Secretaria da Receita Federal e da Secretaria da Receita Previdenciária, deverão ser concluídos até 31 de outubro de 2007.

Parágrafo único. Na impossibilidade de cumprimento do prazo estabelecido no *caput*, os procedimentos fiscais terão continuidade, observadas as normas expedidas pela Secretaria da Receita Federal do Brasil.

Art. 3º Ficam revogados os Decretos nºs 3.969, de 15 de outubro de 2001, 4.058, de 18 de dezembro de 2001, 5.527, de 1º de setembro de 2005, e 5.614, de 13 de dezembro de 2005.

Art. 4º Este Decreto entra em vigor na data de sua publicação.

Brasília, 30 de abril de 2007;
186º da Independência e
119º da República.

Luiz Inácio Lula da Silva

LEI Nº 11.482, DE 31 DE MAIO DE 2007

Efetua alterações na tabela do imposto de renda da pessoa física; dispõe sobre a redução a 0 (zero) da alíquota da CPMF nas hipóteses que menciona; altera as Leis nºs 7.713, de 22 de dezembro de 1988, 9.250, de 26 de dezembro de 1995, 11.128, de 28 de junho de 2005, 9.311, de 24 de outubro de 1996, 10.260, de 12 de julho de 2001, 6.194, de 19 de dezembro de 1974, 8.387, de 30 de dezembro de 1991, 9.432, de 8 de janeiro de 1997, 5.917, de 10 de setembro de 1973, 8.402, de 8 de janeiro de 1992, 6.094, de 30 de agosto de 1974, 8.884, de 11 de junho de 1994, 10.865, de 30 de abril de 2004, 8.706, de 14 de setembro de 1993; revoga dispositivos das Leis nºs 11.119, de 25 de maio de 2005, 11.311, de 13 de junho de 2006, 11.196, de 21 de novembro de 2005, e do Decreto-Lei nº 2.433, de 19 de maio de 1988; e dá outras providências.

(EXCERTOS)

- Publicada no *DOU* de 31-5-2007, Edição Extra.
- A Lei nº 8.884, de 11-6-1994, foi revogada pela Lei nº 12.529, de 30-11-2011 (Lei do Sistema Brasileiro de Defesa da Concorrência).

Art. 1º O imposto de renda incidente sobre os rendimentos de pessoas físicas será calculado de acordo com as seguintes tabelas progressivas mensais, em reais:

- Art. 24, I, desta Lei.

I – para o ano-calendário de 2007:

Tabela Progressiva Mensal

Base de Cálculo (R$)	Alíquota (%)	Parcela a Deduzir do IR (R$)
Até 1.313,69	–	–
De 1.313,70 até 2.625,12	15	197,05
Acima de 2.625,13	27,5	525,19

II – para o ano-calendário de 2008:

Tabela Progressiva Mensal

Base de Cálculo (R$)	Alíquota (%)	Parcela a Deduzir do IR (R$)
Até 1.372,81	–	–
De 1.372,82 até 2.743,25	15	205,92
Acima de 2.743,25	27,5	548,82

III – para o ano-calendário de 2009:

Tabela Progressiva Mensal

Base de Cálculo (R$)	Alíquota (%)	Parcela a Deduzir do IR (R$)
Até 1.434,59	–	–
De 1.434,60 até 2.150,00	7,5	107,59
De 2.150,01 até 2.866,70	15	268,84
De 2.866,71 até 3.582,00	22,5	483,84
Acima de 3.582,00	27,5	662,94

- Inciso III com a redação dada pela Lei nº 11.945, de 4-6-2009.
- Art. 33, I, *a*, da Lei nº 11.945, de 4-6-2009, que dispõe sobre o Registro Especial na Secretaria da Receita Federal do Brasil.

IV – para o ano-calendário de 2010:

- *Caput* do inciso IV com a redação dada pela Lei nº 12.469, de 26-8-2011.

Tabela Progressiva Mensal

Base de Cálculo (R$)	Alíquota (%)	Parcela a Deduzir do IR (R$)
Até 1.499,15	–	–
De 1.499,16 até 2.246,75	7,5	112,43
De 2.246,76 até 2.995,70	15	280,94
De 2.995,71 até 3.743,19	22,5	505,62
Acima de 3.743,19	27,5	692,78

- Tabela do inciso IV com a redação dada pela Lei nº 11.945, de 4-6-2009.
- Art. 33, I, *a*, da Lei nº 11.945, de 4-6-2009, que dispõe sobre o Registro Especial na Secretaria da Receita Federal do Brasil.
- Art. 10 da Lei nº 12.469, de 26-8-2011, que altera os valores constantes da tabela do Imposto sobre a Renda da Pessoa Física e altera as Leis nºs 11.482, de 31 de maio de 2007, 7.713, de 22 de dezembro de 1988, 9.250, de 26 de dezembro de 1995, 9.656, de 3 de junho de 1998, e 10.480, de 2 de julho de 2002.

V – para o ano-calendário de 2011:

Tabela Progressiva Mensal

Base de Cálculo (R$)	Alíquota (%)	Parcela a Deduzir do IR (R$)
Até 1.566,61	–	–
De 1.566,62 até 2.347,85	7,5	117,49
De 2.347,86 até 3.130,51	15	293,58
De 3.130,52 até 3.911,63	22,5	528,37
Acima de 3.911,63	27,5	723,95

- Art. 10 da Lei nº 12.469, de 26-8-2011, que altera os valores constantes da tabela do Imposto sobre a Renda da Pessoa Física e altera as Leis nºs 11.482, de 31 de maio de 2007, 7.713, de 22 de dezembro de 1988, 9.250, de 26 de dezembro de 1995, 9.656, de 3 de junho de 1998, e 10.480, de 2 de julho de 2002.

VI – para o ano-calendário de 2012:

Tabela Progressiva Mensal

Base de Cálculo (R$)	Alíquota (%)	Parcela a Deduzir do IR (R$)
Até 1.637,11	–	–
De 1.637,12 até 2.453,50	7,5	122,78
De 2.453,51 até 3.271,38	15	306,80
De 3.271,39 até 4.087,65	22,5	552,15
Acima de 4.087,65	27,5	756,53

- Art. 10 da Lei nº 12.469, de 26-8-2011, que altera os valores constantes da tabela do Imposto sobre a Renda da Pessoa Física e altera as Leis nºs 11.482, de 31 de maio de 2007, 7.713, de 22 de dezembro de 1988, 9.250, de 26 de dezembro de 1995, 9.656, de 3 de junho de 1998, e 10.480, de 2 de julho de 2002.

VII – para o ano-calendário de 2013:

Tabela Progressiva Mensal

Base de Cálculo (R$)	Alíquota (%)	Parcela a Deduzir do IR (R$)
Até 1.710,78	–	–
De 1.710,79 até 2.563,91	7,5	128,31
De 2.563,92 até 3.418,59	15	320,60
De 3.418,60 até 4.271,59	22,5	577,00
Acima de 4.271,59	27,5	790,58

- Incisos V a VII com a redação dada pela Lei nº 12.469, de 26-8-2011.
- Art. 10 da Lei nº 12.469, de 26-8-2011, que altera os valores constantes da tabela do Imposto sobre a Renda da Pessoa Física e altera as Leis nºs 11.482, de 31 de maio de 2007, 7.713, de 22 de dezembro de 1988, 9.250, de 26 de dezembro de 1995, 9.656, de 3 de junho de 1998, e 10.480, de 2 de julho de 2002.

VIII – para o ano-calendário de 2014 e nos meses de janeiro a março do ano-calendário de 2015:

- *Caput* do VIII com a redação dada pela Lei nº 13.149, de 21-7-2015.

Tabela Progressiva Mensal

Base de Cálculo (R$)	Alíquota (%)	Parcela a Deduzir do IR (R$)
Até 1.787,77	–	–
De 1.787,78 até 2.679,29	7,5	134,08
De 2.679,30 até 3.572,43	15	335,03
De 3.572,44 até 4.463,81	22,5	602,96
Acima de 4.463,81	27,5	826,15

- Art. 10 da Lei nº 12.469, de 26-8-2011, que altera os valores constantes da tabela do Imposto sobre a Renda da Pessoa Física e altera as Leis nºs 11.482, de 31 de maio de 2007, 7.713, de 22 de dezembro de 1988, 9.250, de 26 de dezembro de 1995, 9.656, de 3 de junho de 1998, e 10.480, de 2 de julho de 2002.

IX – a partir do mês de abril do ano-calendário de 2015:

Tabela Progressiva Mensal

Base de Cálculo (R$)	Alíquota (%)	Parcela a Deduzir do IR (R$)
Até 1.903,98	–	–
De 1.903,99 até 2.826,65	7,5	142,80
De 2.826,66 até 3.751,05	15	354,80
De 3.751,06 até 4.664,68	22,5	636,13
Acima de 4.664,68	27,5	869,36

- Inciso IX com a redação dada pela Lei nº 13.149, de 21-7-2015.

Parágrafo único. O imposto de renda anual devido incidente sobre os rendimentos de que trata o *caput* deste artigo será calculado de acordo com tabela progressiva anual correspondente à soma das tabelas progressivas mensais vigentes nos meses de cada ano-calendário.

....

Art. 9º As pessoas jurídicas com débitos vencidos relativos à Taxa de Fiscalização instituída pela Lei nº 7.940, de 20 de dezembro de 1989, poderão efetuar o pagamento dos seus débitos com redução de 30% (trinta por cento) nas multas e nos juros legalmente exigíveis, bem como mediante parcelamento em até 120 (cento e vinte) prestações mensais e sucessivas, desde que formulado requerimento com este sentido à Comissão de Valores Mobiliários!– CVM no prazo de 120 (cento e vinte) dias após a publicação da Medida Provisória nº 340, de 29 de dezembro de 2006.

§ 1º Apresentado requerimento de parcelamento nos termos previstos no *caput* deste artigo, a CVM promoverá a consolidação dos débitos respectivos e adotará as demais providências administrativas cabíveis.

§ 2º A parcela mínima para fins do parcelamento de que trata o *caput* deste artigo não poderá ser inferior ao valor de R$ 200,00 (duzentos reais).

§ 3º Além do disposto neste artigo, o parcelamento previsto no *caput* deste artigo deverá observar a regulamentação da CVM aplicável ao assunto.

....

Art. 24. Esta Lei entra em vigor na data de sua publicação, produzindo efeitos em relação:

I – aos arts. 1º a 3º, a partir de 1º de janeiro de 2007;

II – aos arts. 20 a 22, após decorridos 90 (noventa) dias da publicação desta Lei;

III – aos demais artigos, a partir da data de publicação desta Lei.

Art. 25. Ficam revogados:

I – a partir de 1º de janeiro de 2007:

a) a Lei nº 11.119, de 25 de maio de 2005; e

b) os arts. 1º e 2º da Lei nº 11.311, de 13 de junho de 2006;

II – a partir da data de publicação desta Lei:

a) VETADO.

b) o art. 131 da Lei nº 11.196, de 21 de novembro de 2005; e

c) o § 2º do art. 17 do Decreto-Lei nº 2.433, de 19 de maio de 1988.

Brasília, 31 de maio de 2007;
186º da Independência e
119º da República.
Luiz Inácio Lula da Silva

LEI Nº 11.508, DE 20 DE JULHO DE 2007

Dispõe sobre o regime tributário, cambial e administrativo das Zonas de Processamento de Exportação, e dá outras providências.

• Publicada no *DOU* de 23-7-2007.

Art. 1º Fica o Poder Executivo autorizado a criar, nas regiões menos desenvolvidas, Zonas de Processamento de Exportação (ZPE), sujeitas ao regime jurídico instituído por esta Lei, com a finalidade de desenvolver a cultura exportadora, de fortalecer o balanço de pagamentos e de promover a difusão tecnológica, a redução de desequilíbrios regionais e o desenvolvimento econômico e social do País.

• *Caput* com a redação dada pela Lei nº 14.184, de 14-7-2021.

Parágrafo único. As ZPE caracterizam-se como áreas de livre comércio com o exterior, destinadas à instalação de empresas direcionadas para a produção de bens a serem comercializados no exterior, a prestação de serviços vinculados à industrialização das mercadorias a serem exportadas ou a prestação de serviços a serem comercializados ou destinados exclusivamente para o exterior, consideradas zonas primárias para efeito de controle aduaneiro.

• Parágrafo único com a redação dada pela Lei nº 14.184, de 14-7-2021, promulgado nos termos do art. 66, § 5º, da CF.

Art. 2º A criação de ZPE far-se-á por decreto, que delimitará sua área, a qual poderá ser descontínua observado o disposto no § 6º deste artigo, à vista de proposta dos Estados ou dos Municípios, em conjunto ou isoladamente, ou de ente privado.

• *Caput* com a redação dada pela Lei nº 14.184, de 14-7-2021.

§ 1º A proposta a que se refere este artigo deverá satisfazer os seguintes requisitos:

I – indicação de localização adequada no que diz respeito a acesso a portos e aeroportos internacionais;

II – comprovação da disponibilidade da área destinada a sediar a ZPE;

III – comprovação de disponibilidade financeira, considerando inclusive a possibilidade de aportes de recursos da iniciativa privada;

IV – comprovação de disponibilidade mínima de infraestrutura e de serviços capazes de absorver os efeitos de sua implantação;

V – indicação da forma de administração da ZPE; e

VI – atendimento de outras condições que forem estabelecidas em regulamento.

§ 1º-A. O Poder Executivo regulamentará o processo seletivo de caráter público por meio do qual os entes privados poderão apresentar propostas para a criação de ZPE.

• § 1º-A acrescido pela Lei nº 14.184, de 14-7-2021.

§§ 2º a 4º *Revogados.* Lei nº 14.184, de 14-7-2021.

§ 4º-A. O ato de criação de ZPE será:

I – cancelado, a partir de manifestação formal do proponente pela desistência voluntária do processo de implantação da respectiva ZPE;

II – cassado, nas seguintes hipóteses:

a) se, no prazo de 24 (vinte e quatro) meses, contado da publicação do ato de criação, a administradora da ZPE não tiver iniciado as obras de implantação, sem motivo justificado, de acordo com o cronograma previamente apresentado ao Conselho Nacional das Zonas de Processamento de Exportação (CZPE) para fins de planejamento das obras de infraestrutura da ZPE; e

b) se as obras de implantação não forem concluídas, sem motivo justificado, no prazo de 12 (doze) meses, contado da data prevista para sua conclusão, constante do cronograma previamente apresentado ao CZPE para fins de planejamento das obras de infraestrutura da ZPE.

§ 4º-B. A administradora da ZPE poderá pleitear ao CZPE a prorrogação dos prazos para comprovação do início e da conclusão das obras da ZPE até o último dia dos prazos estabelecidos nas alíneas *a* e *b* do inciso II do § 4º-A deste artigo, desde que devidamente justificado.

§ 4º-C. Na hipótese de aprovação do pleito de prorrogação de prazo de que trata o § 4º-B deste artigo, o CZPE estabelecerá novo prazo para a comprovação do início ou da conclusão de obras da ZPE.

§ 4º-D. O novo prazo de que trata o § 4º-C deste artigo não poderá ser, conforme o caso, superior aos constantes do inciso II do § 4º-A deste artigo.

§ 4º-E. Na hipótese de indeferimento, pelo CZPE, do pedido de prorrogação de prazo de que trata o § 4º-B deste artigo, fica cassado o ato que autorizou a criação de ZPE, ressalvado o direito ao recurso administrativo com efeito devolutivo.

• §§ 4º-A a 4º-E acrescidos pela Lei nº 14.184, de 14-7-2021.

§ 5º A solicitação de instalação de empresa em ZPE será feita mediante apresentação de projeto, na forma estabelecida em regulamento.

• § 5º com a redação dada pela Lei nº 11.732, de 30-6-2008.

§ 6º A necessidade de área descontínua para instalação de ZPE deve ser devidamente justificada no projeto apresentado na forma do § 5º deste artigo e limitada à distância de 30 km (trinta quilômetros) do conjunto das áreas segregadas destinadas à movimentação, à armazenagem e à submissão a despacho aduaneiro de mercadorias procedentes do exterior ou a ele destinadas.

• § 6º acrescido pela Lei nº 14.184, de 14-7-2021.

Art. 2º-A. A empresa administradora da ZPE será constituída como pessoa jurídica de direito privado.

§ 1º Na hipótese de a ZPE ser administrada por empresa sob controle de capital privado, o proponente deverá promover o devido processo seletivo de caráter público.

§ 2º Compete à administradora da ZPE implantar e administrar a ZPE e, nessa condição:

I – prover as instalações e os equipamentos necessários ao controle, à vigilância e à administração aduaneira local atendendo aos requisitos de que trata o § 1º do art. 4º desta Lei;

II – disponibilizar lotes para as empresas autorizadas a instalar-se em ZPE;

III – prestar serviços às empresas instaladas em ZPE;

IV – prestar apoio à autoridade aduaneira; e

V – atender a outras condições que forem estabelecidas em regulamento.

• Art. 2º-A acrescido pela Lei nº 14.184, de 14-7-2021.

Art. 3º Fica mantido o Conselho Nacional das Zonas de Processamento de Exportação – CZPE, criado pelo art. 3º do Decreto-lei nº 2.452, de 29 de julho de 1988, com competência para:

• *Caput* com a redação dada pela Lei nº 11.732, de 30-6-2008.

I – analisar as propostas de criação de ZPE;

• A Lei nº 11.732, de 30-6-2008, reproduziu a redação deste inciso, sem alterações.

II – aprovar os projetos de empresas interessadas em se instalar nas ZPE, observado o disposto no § 5º do art. 2º desta Lei;

• Inciso II com a redação dada pela Lei nº 14.184, de 14-7-2021.

III – traçar a orientação superior da política das ZPE.

• Incisos II e III com a redação dada pela Lei nº 11.732, de 30-6-2008.

IV – *Revogado*. Lei nº 11.732, de 30-6-2008;

V – decidir sobre os pedidos de prorrogação dos prazos previstos no inciso II do § 4º-A do art. 2º e no *caput* do art. 25 desta Lei;

• Inciso V com a redação dada pela Lei nº 14.184, de 14-7-2021.

VI – *Revogado*. Lei nº 14.184, de 14-7-2021;

VII – publicar o ato de cancelamento e declarar a cassação nas hipóteses referidas nos §§ 4º-A e 4º-E do art. 2º e no *caput* do art. 25 desta Lei.

• Inciso VII acrescido pela Lei nº 14.184, de 14-7-2021.

§ 1º Para fins de análise das propostas e aprovação dos projetos, o CZPE levará em consideração, entre outras que poderão ser fixadas em regulamento, as seguintes diretrizes:

• *Caput* do § 1º com a redação dada pela Lei nº 11.732, de 30-6-2008.

I e II – *Revogados*. Lei nº 11.732, de 30-6-2008;

III – atendimento às prioridades governamentais para os diversos setores da indústria nacional e da política econômica global, especialmente para as políticas industrial, tecnológica e de comércio exterior;

IV – prioridade para as propostas de criação de ZPE localizada em área geográfica privilegiada para a exportação; e

• Incisos III e IV com a redação dada pela Lei nº 11.732, de 30-6-2008.

V – valor mínimo em investimentos totais na ZPE por empresa autorizada a operar no regime de que trata esta Lei, quando assim for fixado em regulamento.

• Inciso V acrescido pela Lei nº 11.732, de 30-6-2008.

§ 2º VETADO.

§ 3º O CZPE estabelecerá mecanismos e formas de monitoramento do impacto da aplicação do regime de que trata esta Lei nas empresas nacionais não instaladas em ZPE.

• § 3º com a redação dada pela Lei nº 14.184, de 14-7-2021.

§ 4º Na hipótese de constatação de impacto negativo em empresas nacionais não instaladas em ZPE, provocado por empresa em ZPE, o CZPE poderá, enquanto persistir esse impacto, propor a vedação ou a limitação da destinação para o mercado interno de produtos industrializados em ZPE.

• *Caput* do § 4º com a redação dada pela Lei nº 14.184, de 14-7-2021.

I e II – *Revogados*. Lei nº 14.184, de 14-7-2021.

§ 5º O Poder Executivo, ouvido o CZPE, poderá adotar as medidas de que trata o § 4º deste artigo.

• § 5º com a redação dada pela Lei nº 11.732, de 30-6-2008.

§ 6º A apreciação dos projetos de instalação de empresas em ZPE será realizada de acordo com a ordem de protocolo no CZPE.

• § 6º acrescido pela Lei nº 11.732, de 30-6-2008.

§ 7º Para efeito de cumprimento do disposto no § 3º deste artigo, as empresas autorizadas a operar em ZPE deverão fornecer ao CZPE as informações definidas em regulamento.

• § 7º acrescido pela Lei nº 14.184, de 14-7-2021.

Art. 4º O início do funcionamento de ZPE dependerá do prévio alfandegamento do conjunto das áreas segregadas na ZPE e destinadas à movimentação, à armazenagem e à submissão a despacho aduaneiro de mercadorias procedentes do exterior ou a ele destinadas.

• *Caput* com a redação dada pela Lei nº 14.184, de 14-7-2021.

§ 1º Para cumprimento do disposto no *caput* deste artigo devem ser observados os requisitos técnicos e operacionais estabelecidos pela Secretaria Especial da Receita Federal do Brasil.

• Parágrafo único transformado em § 1º e com a redação dada pela Lei nº 14.184, de 14-7-2021.

§ 2º Na hipótese de desalfandegamento do recinto de que trata o *caput* deste artigo, a partir da data de publicação do ato que formalizar o desalfandegamento:

I – as empresas autorizadas a operar naquela ZPE ficarão impedidas de realizar novas aquisições de máquinas, de aparelhos, de instrumentos ou de equipamentos com o tratamento estabelecido no art. 6º-A desta Lei; e

II – as mercadorias que se encontrem armazenadas no recinto submetido ao desalfandegamento ficarão sob a custódia da respectiva empresa administradora da ZPE, na condição de fiel depositária.

§ 3º As mercadorias referidas no inciso II do § 2º deste artigo, no prazo de 30 (trinta) dias, contado da data da publicação do ato que formalizar o desalfandegamento, deverão, conforme o caso, ser submetidas:

I – a despacho aduaneiro de importação para consumo ou de trânsito aduaneiro para outro local ou recinto alfandegado;

II – a despacho aduaneiro para extinção do regime especial aplicado em áreas especiais ou de trânsito aduaneiro destinado a outro local que opere o regime a que estejam submetidas;

III – aos procedimentos de devolução para o exterior, nas hipóteses previstas na legislação; ou

IV – aos procedimentos de embarque para o exterior ou ao regime de trânsito aduaneiro para outro local ou recinto alfandegado, no caso de mercadoria desembaraçada para exportação.

§ 4º Na hipótese de transferência para outro recinto alfandegado, serão mantidas as condições da concessão do regime aduaneiro especial ou aplicado em áreas especiais até a constituição de nova administradora, no prazo fixado pelo Poder Executivo.

• §§ 2º a 4º acrescidos pela Lei nº 14.184, de 14-7-2021.

LEG. COMPLEMENTAR

Art. 5º É vedada a instalação em ZPE de empresas cujos projetos evidenciem a simples transferência de plantas industriais já instaladas no País.

Parágrafo único. Não serão autorizadas, em ZPE, a produção, a importação ou exportação de:

I – armas ou explosivos de qualquer natureza, salvo com prévia autorização do Comando do Exército;

II – material radioativo, salvo com prévia autorização da Comissão Nacional de Energia Nuclear – CNEN; e

III – outros indicados em regulamento, produzindo efeitos a partir da data de sua publicação.

• Inciso III com a redação dada pela Lei nº 14.184, de 14-7-2021.

Art. 6º *Revogado.* Lei nº 11.732, de 30-6-2008.

Art. 6º-A. As importações ou as aquisições no mercado interno de máquinas, de aparelhos, de instrumentos e de equipamentos por empresa autorizada a operar em ZPE terão suspensão da exigência dos seguintes impostos e contribuições:

• *Caput* com a redação dada pela Lei nº 14.184, de 14-7-2021.

I – Imposto de Importação;

II – Imposto sobre Produtos Industrializados – IPI;

III – Contribuição para o Financiamento da Seguridade Social – COFINS;

IV – Contribuição Social para o Financiamento da Seguridade Social devida pelo Importador de Bens Estrangeiros ou Serviços do Exterior – COFINS-Importação;

• Incisos I a IV acrescidos pela Lei nº 11.732, de 30-6-2008.

V – Contribuição para os Programas de Integração Social e de Formação do Patrimônio do Servidor Público – Contribuição para o PIS/PASEP;

VI – Contribuição para os Programas de Integração Social e de Formação do Patrimônio do Servidor Público incidente na Importação de Produtos Estrangeiros ou Serviços – Contribuição para o PIS/PASEP-Importação; e

• Incisos V e VI com a redação dada pela Lei nº 14.184, de 14-7-2021.

VII – Adicional de Frete para Renovação da Marinha Mercante – AFRMM.

• Inciso VI acrescido pela Lei nº 11.732, de 30-6-2008.

§ 1º *Revogado.* Lei nº 14.184, de 14-7-2021.

§ 2º A suspensão de que trata o *caput* deste artigo aplica-se apenas às máquinas, aos aparelhos, aos instrumentos e aos equipamentos, novos ou usados, necessários às atividades da empresa, para incorporação ao ativo imobilizado da empresa autorizada a operar em ZPE.

• § 2º com a redação dada pela Lei nº 14.184, de 14-7-2021.

§ 3º Na hipótese de importação de bens usados, a suspensão de que trata o *caput* deste artigo será aplicada quando se tratar de conjunto industrial e que seja elemento constitutivo da integralização do capital social da empresa.

• § 3º acrescido pela Lei nº 11.732, de 30-6-2008.

§ 4º A pessoa jurídica que utilizar as máquinas, os aparelhos, os instrumentos e os equipamentos em desacordo com os §§ 2º e 3º deste artigo ou revendê-los antes da conversão em alíquota 0 (zero) ou em isenção, na forma do § 7º deste artigo, fica obrigada a recolher os impostos e as contribuições com a exigibilidade suspensa acrescidos de juros e multa de mora, na forma da lei, contados a partir da data da ocorrência dos fatos geradores dos tributos suspensos, na condição de:

• *Caput* com a redação dada pela Lei nº 14.184, de 14-7-2021.

I – contribuinte, nas operações de importação, em relação à Contribuição para o PIS/PASEP-Importação, à COFINS-Importação, ao IPI e ao Imposto de Importação;

II – responsável, nas aquisições no mercado interno, em relação à Contribuição para o PIS/PASEP, à COFINS e ao IPI.

• Incisos I e II com a redação dada pela Lei nº 14.184, de 14-7-2021.

§§ 5º e 6º *Revogados.* Lei nº 14.184, de 14-7-2021.

§ 7º Na hipótese da Contribuição para o PIS/PASEP, da COFINS, da Contribuição para o PIS/PASEP-Importação, da COFINS- Importação e do IPI, relativos aos bens referidos no § 2º deste artigo, a suspensão de que trata este artigo converte-se em alíquota 0% (zero por cento) depois de cumprido o compromisso de que trata o *caput* do art. 18 desta Lei e decorrido o prazo de 2 (dois) anos da data de ocorrência do fato gerador.

• § 7º acrescido pela Lei nº 11.732, de 30-6-2008.

§ 8º *Revogado.* Lei nº 14.184, de 14-7-2021.

§ 9º Na hipótese de não ser efetuado o recolhimento na forma do § 4º deste artigo ou do inciso II do § 3º do art. 18 desta Lei caberá lançamento de ofício, com aplicação de juros e da multa de que trata o art. 44 da Lei nº 9.430, de 27 de dezembro de 1996.

• § 9º acrescido pela Lei nº 11.732, de 30-6-2008.

Art. 6º-B. As matérias-primas, os produtos intermediários e os materiais de embalagem serão importados ou adquiridos no mercado interno por empresa autorizada a operar em ZPE, com a suspensão da exigência dos seguintes impostos e contribuições:

I – Imposto de Importação;

II – IPI;

III – COFINS;

IV – COFINS-Importação;

V – Contribuição para o PIS/PASEP;

VI – Contribuição para o PIS/PASEP-Importação; e

VII – AFRMM.

§ 1º As matérias-primas, os produtos intermediários e os materiais de embalagem de que trata o *caput* deste artigo deverão ser utilizados integralmente no processo produtivo do produto final a ser exportado, sem prejuízo do disposto no art. 6º-C desta Lei.

§ 2º Com a exportação do produto final, a suspensão de que trata o *caput* deste artigo converter-se-á em:

I – alíquota 0% (zero por cento), na hipótese da Contribuição para o PIS/PASEP, da COFINS, da Contribuição para o PIS/PASEP-Importação, da COFINS-Importação e do IPI; e

II – isenção, na hipótese do Imposto de Importação e do AFRMM.

§ 3º As matérias-primas, os produtos intermediários e os materiais de embalagem que, no todo ou em parte, deixarem de ser empregados no processo produtivo de bens ficam sujeitos aos seguintes procedimentos:

I – exportação ou reexportação;

II – manutenção em depósito;

III – destruição, sob controle aduaneiro, a expensas do interessado;

IV – destinação para o mercado interno, com o pagamento dos tributos suspensos e dos acréscimos legais devidos, contados desde a data da ocorrência do fato gerador, na forma do art. 6º-C desta Lei, desde que previamente autorizado pelo CZPE; ou

V – entrega à Fazenda Nacional, livres de quaisquer despesas e ônus, desde que a autoridade aduaneira concorde em recebê-los.

Art. 6º-C. Os produtos industrializados por empresa beneficiária do regime jurídico instituído por esta Lei poderão ser vendidos para o mercado interno, desde que a pessoa jurídica efetue o pagamento:

I – na condição de contribuinte dos impostos e das contribuições suspensos de que tratam os incisos I, II, IV, VI e VII do *caput* do art. 6º-B desta Lei, relativos às matérias-primas, aos produtos intermediários e aos materiais de embalagem de procedência estrangeira neles empregados, com acréscimo de juros e multa de mora, na forma da lei, contados a partir da data da ocorrência dos fatos geradores dos tributos suspensos;

II – na condição de responsável dos impostos e das contribuições suspensos de que tratam os incisos II, III, V e VII do *caput* do art. 6º-B desta Lei, relativos às matérias-primas, aos produtos intermediários e aos materiais de embalagem adquiridos no mercado interno e neles empregados, com acréscimo de juros e multa de mora, na forma da lei, contados a partir da data da ocorrência dos fatos geradores dos tributos suspensos; e

III – de todos os impostos e contribuições normalmente incidentes na operação de venda.

§ 1º Na hipótese de não ser efetuado o recolhimento dos impostos e das contribuições na forma dos incisos I, II e III do *caput* deste artigo, caberá lançamento de ofício, com aplicação de juros e da multa de que trata o art. 44 da Lei nº 9.430, de 27 de dezembro de 1996.

§ 2º O beneficiário do regime poderá optar pelo pagamento dos tributos incidentes nas operações de importação ou de aquisição no mercado interno de matérias-primas, de produtos intermediários e de materiais de embalagem, o que não implicará renúncia ao regime.

Art. 6º-D. Ficam reduzidas a 0 (zero) as alíquotas da Contribuição para o PIS/PASEP e da COFINS incidentes na importação ou na aquisição no mercado interno de serviços por empresa autorizada a operar em ZPE.

Art. 6º-E. A exportação de produto fabricado em ZPE poderá ser realizada com a intermediação de empresa comercial exportadora de que trata o Decreto-Lei nº 1.248, de 29 de novembro de 1972.

Art. 6º-F. Aplica-se o tratamento estabelecido nos arts. 6º-A e 6º-B desta Lei às aquisições de máquinas, de aparelhos, de instrumentos, de equipamentos, de matérias-primas, de produtos intermediários e de materiais de embalagem realizadas entre empresas autorizadas a operar em ZPE.

- Arts. 6º-B a 6º-F acrescidos pela Lei nº 14.184, de 14-7-2021.

Art. 6º-G. Aplicam-se as reduções do art. 6º-D às aquisições de serviços vinculados à industrialização de que trata o art. 21-A desta Lei por empresas autorizadas a operar em ZPE.

- Art. 6º-G acrescido pela Lei nº 14.184, de 14-7-2021, promulgado nos termos do art. 66, § 5º, da CF.

Art. 6º-H. Das notas fiscais relativas à venda de máquinas, de aparelhos, de instrumentos, de equipamentos, de matérias-primas, de produtos intermediários e de materiais de embalagem e à prestação de serviços para empresa autorizada a operar em ZPE, deverá constar, respectivamente:

I – a expressão "Venda efetuada com regime de suspensão", com a especificação do dispositivo legal correspondente; ou

II – a expressão "Prestação de serviço efetuada com alíquota zero da Contribuição para o PIS/PASEP e da COFINS", com a especificação do dispositivo legal correspondente.

- Art. 6º-H acrescido pela Lei nº 14.184, de 14-7-2021.

Art. 7º VETADO.

Art. 8º O ato que autorizar a instalação de empresa em ZPE relacionará os produtos a serem fabricados de acordo com a sua classificação na Nomenclatura Comum do MERCOSUL – NCM e assegurará o tratamento instituído por esta Lei pelo prazo de até 20 (vinte) anos.

§ 1º A empresa poderá solicitar alteração dos produtos a serem fabricados, na forma estabelecida pelo Poder Executivo.

§ 2º O prazo de que trata o *caput* deste artigo poderá, a critério do Conselho Nacional das Zonas de Processamento de Exportação – CZPE, ser prorrogado por igual período, nos casos de investimento de grande vulto que exijam longos prazos de amortização.

- §§ 1º e 2º com a redação dada pela Lei nº 11.732, de 30-6-2008.

§ 3º Entende-se como novo produto aquele que tenha, na NCM, classificação distinta dos anteriormente aprovados no projeto.

§ 4º Deverão ser previamente aprovados pelo CZPE projetos de expansão da planta inicialmente instalada.

Art. 9º A empresa instalada em ZPE não poderá constituir filial ou participar de outra pessoa jurídica localizada fora de ZPE, ainda que para usufruir incentivos previstos na legislação tributária.

- Artigo com a redação dada pela Lei nº 11.732, de 30-6-2008.

Arts. 10 e 11. VETADOS.

Art. 12. As importações e exportações de empresa autorizada a operar em ZPE estarão sujeitas ao seguinte tratamento administrativo:

I e II – *Revogados.* Lei nº 14.184, de 14-7-2021.

§ 1º A dispensa de licenças ou autorizações a que se refere o inciso I não se aplicará a exportações de produtos:

I – destinados a países com os quais o Brasil mantenha convênios de pagamento, as quais se submeterão às disposições e controles estabelecidos na forma da legislação em vigor;

II – sujeitos a regime de cotas aplicáveis às exportações do País, vigentes na data de aprovação do projeto, ou que venha a ser instituído posteriormente; e

III – sujeitos ao Imposto de Exportação.

§ 2º *Revogado.* Lei nº 14.184, de 14-7-2021.

§ 3º O disposto no art. 17 do Decreto-lei nº 37, de 18 de novembro de 1966, assim como o disposto no art. 2º do Decreto-lei nº 666, de 2 de julho de 1969, não se aplica aos produtos importados nos termos do art. 6º-A desta Lei, os quais, se usados, ficam dispensados das normas administrativas aplicáveis aos bens usados em geral.

§ 4º Não se aplica o disposto no § 3º deste artigo aos bens usados importados fora das condições estabelecidas no § 3º do art. 6º-A desta Lei.

- §§ 3º e 4º acrescidos pela Lei nº 11.732, de 30-6-2008.

Art. 13. *Revogado.* Lei nº 14.184, de 14-7-2021.

Art. 14. VETADO.

Art. 15. Aplicam-se às empresas autorizadas a operar em ZPE as mesmas disposições legais e regulamentares relativas a câmbio e capitais internacionais aplicáveis às demais empresas nacionais.

LEG. COMPLEMENTAR

Parágrafo único. Os limites de que trata o *caput* do art. 1º da Lei nº 11.371, de 28 de novembro de 2006, não se aplicam às empresas que operarem em ZPE.

- Art. 15 com a redação dada pela Lei nº 11.732, de 30-6-2008.

Art. 16. VETADO.

Art. 17. A empresa instalada em ZPE não poderá usufruir de quaisquer incentivos ou benefícios não expressamente previstos nesta Lei.

Parágrafo único. *Revogado.* Lei nº 11.732, de 30-6-2008.

Art. 18. *Revogado.* Lei nº 14.184, de 14-7-2021.

Art. 18-A. VETADO. Lei nº 11.732, de 30-6-2008.

Art. 18-B. Será permitida, sob as condições previstas na legislação específica, a aplicação dos seguintes incentivos ou benefícios fiscais:

I – regimes aduaneiros suspensivos previstos em regulamento;

II – previstos para as áreas da SUDAM, instituída pela Lei Complementar nº 124, de 3 de janeiro de 2007, da SUDENE, instituída pela Lei Complementar nº 125, de 3 de janeiro de 2007 e da Superintendência do Desenvolvimento do Centro-Oeste (SUDECO), instituída pela Lei Complementar nº 129, de 8 de janeiro de 2009;

III – previstos no art. 9º da Medida Provisória nº 2.159-70, de 24 de agosto de 2001;

IV – previstos na Lei nº 8.248, de 23 de outubro de 1991; e

V – previstos nos arts. 17 a 26 da Lei nº 11.196, de 21 de novembro de 2005.

Art. 18-C. A receita auferida por empresa autorizada a operar em ZPE decorrente da comercialização de oxigênio medicinal, classificado sob o código 2804.40.00 da NCM, não será considerada no cálculo do percentual da receita bruta decorrente de exportação de que trata o *caput* do art. 18 desta Lei, no ano-calendário de 2021.

- Arts. 18-B e 18-C acrescidos pela Lei nº 14.184, de 14-7-2021.

Art. 19. VETADO.

Art. 20. O Poder Executivo estabelecerá em regulamento as normas para a fiscalização, o despacho e o controle aduaneiro de mercadorias em ZPE e a forma como a autoridade aduaneira exercerá o controle e a verificação do embarque e, quando for o caso, da destinação de mercadoria exportada por empresa instalada em ZPE.

Art. 21. *Revogado.* Lei nº 14.184, de 14-7-2021.

Art. 21-A. A empresa prestadora de serviços vinculados à industrialização das mercadorias a serem exportadas poderá ser beneficiária do regime instituído por esta Lei, desde que possua:

I – vínculo contratual com empresa industrial autorizada a operar em ZPE; e

II – projeto aprovado pelo CZPE.

§ 1º Desfeito o vínculo contratual de que trata o inciso I do *caput* deste artigo, fica extinta a condição de beneficiária do regime para a empresa prestadora de serviços e fica a empresa industrial contratante obrigada a comunicar ao CZPE a extinção do referido contrato no prazo de até 30 (trinta) dias, contado da data da extinção.

§ 2º Os serviços beneficiados pelo disposto neste artigo são os seguintes:

I – serviços de Pesquisa e Desenvolvimento (P&D);

II – serviços de engenharia e arquitetura;

III – serviços científicos e outros serviços técnicos;

IV – serviços de *branding* e *marketing*;

V – serviços especializados de projetos (*design*);

VI – serviços de Tecnologia da Informação (TI);

VII – serviços de manutenção, reparação e instalação;

VIII – serviços de coleta e tratamento de água e efluentes, e ambientais;

IX – serviços de transporte de carga e de apoio ao transporte;

X – outros serviços fixados pelo CZPE.

§ 3º Os serviços enumerados no § 2º deste artigo serão fixados pelo CZPE de acordo com a NBS.

§ 4º O Poder Executivo disporá sobre as hipóteses de controle informatizado das operações da empresa de serviços de que trata o *caput* deste artigo.

§ 5º O ato que aprovar projeto de empresa prestadora de serviços identificará o estabelecimento beneficiado, relacionará os serviços a serem prestados, de acordo com a sua classificação na NBS, e assegurará o tratamento instituído por esta Lei pelo prazo de vigência do contrato de que trata o inciso I do *caput* deste artigo ou pelo prazo restante concedido para a empresa industrial operar em ZPE, o que for menor.

§ 6º A empresa prestadora de serviços de que trata o *caput* deste artigo não poderá prestar serviços para empresas nacionais sediadas fora da ZPE.

- Art. 21-A acrescido pela Lei nº 14.184, de 14-7-2021, promulgado nos termos do art. 66, § 5º, da CF.

Art. 21-B. A administradora da ZPE poderá autorizar a instalação em ZPE de estabelecimento de empresa prestadora de serviços não enquadrados nas hipóteses estabelecidas no art. 21-A desta Lei cuja presença contribua para:

I – otimizar a operação das pessoas jurídicas instaladas na ZPE; ou

II – proporcionar comodidade às pessoas físicas que circulam pela área da ZPE.

Parágrafo único. As empresas a que se refere o *caput* deste artigo:

I – não farão jus aos benefícios do regime tributário, cambial e administrativo estabelecido nesta Lei; e

II – não poderão movimentar ou armazenar mercadoria adquirida ou importada ao amparo do regime.

- Art. 21-B acrescido pela Lei nº 14.184, de 14-7-2021.

Art. 21-C. Poderá ser beneficiária do regime instituído por esta Lei a pessoa jurídica exclusivamente prestadora de serviços, sem prejuízo dos serviços relacionados nos arts. 21-A e 21-B desta Lei, desde que:

I – possua projeto aprovado pelo CZPE, para prestação de serviços exclusivamente ao mercado externo;

II – não evidencie a instalação em ZPE a simples transferência de pessoa jurídica já instalada fora da ZPE; e

III – não aufira receita referente à prestação de serviços no mercado interno.

§ 1º A pessoa jurídica beneficiária do regime terá a habilitação cancelada na hipótese de não observância do disposto no inciso III do *caput* deste artigo ou das demais condições e requisitos previstos nesta Lei.

§ 2º Na hipótese de cancelamento de que trata o § 1º deste artigo, a empresa excluída do regime somente poderá efetuar nova habilitação após o decurso do prazo de 2 (dois) anos, contado da data do cancelamento.

§ 3º Para cumprimento do disposto neste artigo, devem ser observados as condições necessárias para fruição do benefício fiscal e os requisitos técnicos e operacionais estabelecidos pela Secretaria Especial da Receita Federal do Brasil.

§ 4º No caso de descumprimento dos requisitos e das condições para fruição dos benefícios de que trata este artigo, o beneficiário ficará sujeito ao pagamento dos tributos que deixarem de ser recolhidos, com os acréscimos legais e penalidades cabíveis, conforme o caso, calculados da data do fato gerador.

§ 5º Nas hipóteses de que trata o § 1º deste artigo, a pessoa jurídica adquirente será responsável solidária com a pessoa jurídica de que trata o *caput* deste artigo.

§ 6º Os serviços de que trata este artigo serão fixados pelo CZPE de acordo com a NBS.

- Art. 21-C acrescido pela Lei nº 14.184, de 14-7-2021, promulgado nos termos do art. 66, § 5º, da CF.

Art. 22. As sanções previstas nesta Lei não prejudicam a aplicação de outras penalidades, inclusive do disposto no art. 76 da Lei nº 10.833, de 29 de dezembro de 2003.

- Artigo com a redação dada pela Lei nº 11.732, de 30-6-2008.

Art. 23. Considera-se dano ao erário, para efeito de aplicação da pena de perdimento, na forma da legislação específica, a introdução:

- *Caput* com a redação dada pela Lei nº 11.732, de 30-6-2008.

I – no mercado interno, de mercadoria procedente de ZPE que tenha sido importada, adquirida no mercado interno ou produzida em ZPE fora dos casos autorizados nesta Lei; e

II – em ZPE, de mercadoria estrangeira não permitida;

- Incisos I e II com a redação dada pela Lei nº 11.732, de 30-6-2008.

III – *Revogado.* Lei nº 11.732, de 30-6-2008.

Parágrafo único. Aplica-se o disposto no Decreto-Lei nº 1.455, de 7 de abril de 1976, para efeitos de aplicação e julgamento da pena de perdimento estabelecida neste artigo.

- Parágrafo único com a redação dada pela Lei nº 11.732, de 30-6-2008.

Art. 24. *Revogado.* Lei nº 11.732, de 30-6-2008.

Art. 25. O ato de criação de ZPE já autorizada até 13 de outubro de 1994 caducará se até 31 de dezembro de 2015 a administradora da ZPE não tiver iniciado, sem motivo justificado, as obras de implantação.

- Artigo com a redação dada pela Lei nº 12.767, de 27-12-2012.
- Dec. nº 9.933, de 23-7-2019, dispõe sobre o Conselho Nacional das Zonas de Processamento de Exportação.

Art. 26. VETADO.

Art. 27. Esta Lei entra em vigor na data de sua publicação.

Art. 28. Revogam-se o Decreto-Lei nº 2.452, de 29 de julho de 1988, as Leis nºs 8.396, de 2 de janeiro de 1992, e 8.924, de 29 de julho de 1994, o inciso II do § 2º do art. 14 da Medida Provisória nº 2.158-35, de 24 de agosto de 2001, e o inciso XVI do *caput* do art. 88 da Lei nº 9.430, de 27 de dezembro de 1996.

Brasília, 20 de julho de 2007;
186º da Independência e
119º da República.

Luiz Inácio Lula da Silva

DECRETO Nº 6.306, DE 14 DE DEZEMBRO DE 2007

Regulamenta o Imposto sobre Operações de Crédito, Câmbio e Seguro, ou relativas a Títulos ou Valores Mobiliários – IOF.

- Publicado no *DOU* de 17-12-2007.

Art. 1º O Imposto sobre Operações de Crédito, Câmbio e Seguro ou relativas a Títulos ou Valores Mobiliários – IOF será cobrado de conformidade com o disposto neste Decreto.

TÍTULO I – DA INCIDÊNCIA

Art. 2º O IOF incide sobre:

I – operações de crédito realizadas:

a) por instituições financeiras (Lei nº 5.143, de 20 de outubro de 1966, art. 1º);

b) por empresas que exercem as atividades de prestação cumulativa e contínua de serviços de assessoria creditícia, mercadológica, gestão de crédito, seleção de riscos, administração de contas a pagar e a receber, compra de direitos creditórios resultantes de vendas mercantis a prazo ou de prestação de serviços (*factoring*) (Lei nº 9.249, de 26 de dezembro de 1995, art. 15, § 1º, inciso III, alínea *d*, e Lei nº 9.532, de 10 de dezembro de 1997, art. 58);

c) entre pessoas jurídicas ou entre pessoa jurídica e pessoa física (Lei nº 9.779, de 19 de janeiro de 1999, art. 13);

II – operações de câmbio (Lei nº 8.894, de 21 de junho de 1994, art. 5º);

III – operações de seguro realizadas por seguradoras (Lei nº 5.143, de 1966, art. 1º);

IV – operações relativas a títulos ou valores mobiliários (Lei nº 8.894, de 1994, art. 1º);

V – operações com ouro, ativo financeiro, ou instrumento cambial (Lei nº 7.766, de 11 de maio de 1989, art. 4º).

§ 1º A incidência definida no inciso I exclui a definida no inciso IV, e reciprocamente, quanto à emissão, ao pagamento ou resgate do título representativo de uma mesma operação de crédito (Lei nº 5.172, de 25 de outubro de 1966, art. 63, parágrafo único).

§ 2º Exclui-se da incidência do IOF referido no inciso I a operação de crédito externo, sem prejuízo da incidência definida no inciso II.

§ 3º Não se submetem à incidência do imposto de que trata este Decreto as operações realizadas por órgãos da administração direta da União, dos Estados, do Distrito Federal e dos Municípios, e, desde que vinculadas às finalidades essenciais das respectivas entidades, as operações realizadas por:

I – autarquias e fundações instituídas e mantidas pelo Poder Público;

II – templos de qualquer culto;

III – partidos políticos, inclusive suas fundações, entidades sindicais de trabalhadores e instituições de educação e de assistência social, sem fins lucrativos, atendidos os requisitos da lei.

TÍTULO II – DA INCIDÊNCIA SOBRE OPERAÇÕES DE CRÉDITO

CAPÍTULO I

DO FATO GERADOR

Art. 3º O fato gerador do IOF é a entrega do montante ou do valor que constitua o objeto da obrigação, ou sua colocação à disposição do interessado (Lei nº 5.172, de 1966, art. 63, inciso I).

§ 1º Entende-se ocorrido o fato gerador e devido o IOF sobre operação de crédito:

I – na data da efetiva entrega, total ou parcial, do valor que constitua o objeto da obrigação ou sua colocação à disposição do interessado;

II – no momento da liberação de cada uma das parcelas, nas hipóteses de crédito sujeito, contratualmente, a liberação parcelada;

III – na data do adiantamento a depositante, assim considerado o saldo a descoberto em conta de depósito;

IV – na data do registro efetuado em conta devedora por crédito liquidado no exterior;

V – na data em que se verificar excesso de limite, assim entendido o saldo a descoberto ocorrido em operação de empréstimo ou financiamento, inclusive sob a forma de abertura de crédito;

VI – na data da novação, composição, consolidação, confissão de dívida e dos negócios assemelhados, observado o disposto nos §§ 7º e 10 do art. 7º;

VII – na data do lançamento contábil, em relação às operações e às transferências internas que não tenham classificação específica, mas que, pela sua natureza, se enquadrem como operações de crédito.

§ 2º O débito de encargos, exceto na hipótese do § 12 do art. 7º, não configura entrega ou colocação de recursos à disposição do interessado.

§ 3º A expressão "operações de crédito" compreende as operações de:

I – empréstimo sob qualquer modalidade, inclusive abertura de crédito e desconto de títulos (Decreto-Lei nº 1.783, de 18 de abril de 1980, art. 1º, inciso I);

II – alienação, à empresa que exercer as atividades de *factoring*, de direitos creditórios resultantes de vendas a prazo (Lei nº 9.532, de 1997, art. 58);

III – mútuo de recursos financeiros entre pessoas jurídicas ou entre pessoa jurídica e pessoa física (Lei nº 9.779, de 1999, art. 13).

CAPÍTULO II

DOS CONTRIBUINTES E DOS RESPONSÁVEIS

Dos Contribuintes

Art. 4º Contribuintes do IOF são as pessoas físicas ou jurídicas tomadoras de crédito (Lei nº 8.894, de 1994, art. 3º, inciso I, e Lei nº 9.532, de 1997, art. 58).

Parágrafo único. No caso de alienação de direitos creditórios resultantes de vendas a prazo a empresas de *factoring*, contribuinte é o alienante pessoa física ou jurídica.

Dos Responsáveis

Art. 5º São responsáveis pela cobrança do IOF e pelo seu recolhimento ao Tesouro Nacional:

I – as instituições financeiras que efetuarem operações de crédito (Decreto-Lei nº 1.783, de 1980, art. 3º, inciso I);

II – as empresas de *factoring* adquirentes do direito creditório, nas hipóteses da alínea *b* do inciso I do art. 2º (Lei nº 9.532, de 1997, art. 58, § 1º);

III – a pessoa jurídica que conceder o crédito, nas operações de crédito correspondentes a mútuo de recursos financeiros (Lei nº 9.779, de 1999, art. 13, § 2º).

CAPÍTULO III

DA BASE DE CÁLCULO E DA ALÍQUOTA

Da Alíquota

Art. 6º O IOF será cobrado à alíquota máxima de um vírgula cinco por cento ao dia sobre o valor das operações de crédito (Lei nº 8.894, de 1994, art. 1º).

Da Base de Cálculo e das Alíquotas Reduzidas

Art. 7º A base de cálculo e respectiva alíquota reduzida do IOF são (Lei nº 8.894, de 1994, art. 1º, parágrafo único, e Lei nº 5.172, de 1966, art. 64, inciso I):

I – na operação de empréstimo, sob qualquer modalidade, inclusive abertura de crédito:

a) quando não ficar definido o valor do principal a ser utilizado pelo mutuário, inclusive por estar contratualmente prevista a reutilização do crédito, até o termo final da operação, a base de cálculo é o somatório dos saldos devedores diários apurado no último dia de cada mês, inclusive na prorrogação ou renovação:

1. mutuário pessoa jurídica: 0,0041%;
2. mutuário pessoa física: 0,0082%;

• Item 2 com a redação dada pelo Dec. nº 8.392, de 20-1-2015.

b) quando ficar definido o valor do principal a ser utilizado pelo mutuário, a base de cálculo é o principal entregue ou colocado à sua disposição, ou quando previsto mais de um pagamento, o valor do principal de cada uma das parcelas:

1. mutuário pessoa jurídica: 0,0041% ao dia;
2. mutuário pessoa física: 0,0082% ao dia;

• Item 2 com a redação dada pelo Dec. nº 8.392, de 20-1-2015.

II – na operação de desconto, inclusive na de alienação a empresas de *factoring* de direitos creditórios resultantes de vendas a prazo, a base de cálculo é o valor líquido obtido:

a) mutuário pessoa jurídica: 0,0041% ao dia;

b) mutuário pessoa física: 0,0082% ao dia;

• Alínea *b* com a redação dada pelo Dec. nº 8.392, de 20-1-2015.

III – no adiantamento a depositante, a base de cálculo é o somatório dos saldos devedores diários, apurado no último dia de cada mês:

a) mutuário pessoa jurídica: 0,0041%;

b) mutuário pessoa física: 0,0082%;

• Alínea *b* com a redação dada pelo Dec. nº 8.392, de 20-1-2015.

IV – nos empréstimos, inclusive sob a forma de financiamento, sujeitos à liberação de recursos em parcelas, ainda que o pagamento seja parcelado, a base de cálculo é o valor do principal de cada liberação:

a) mutuário pessoa jurídica: 0,0041% ao dia;

b) mutuário pessoa física: 0,0082% ao dia;

• Alínea *b* com a redação dada pelo Dec. nº 8.392, de 20-1-2015.

V – nos excessos de limite, ainda que o contrato esteja vencido:

a) quando não ficar expressamente definido o valor do principal a ser utilizado, inclusive por estar contratualmente prevista a reutilização do crédito, até o termo final da operação, a base de cálculo é o valor dos excessos computados no somatório dos saldos devedores diários apurados no último dia de cada mês:

1. mutuário pessoa jurídica: 0,0041%;
2. mutuário pessoa física: 0,0082%;

• Item 2 com a redação dada pelo Dec. nº 8.392, de 20-1-2015.

b) quando ficar expressamente definido o valor do principal a ser utilizado, a base de cálculo é o valor de cada excesso, apurado diariamente, resultante de novos valores entregues ao interessado, não se considerando como tais os débitos de encargos:

1. mutuário pessoa jurídica: 0,0041% ao dia;
2. mutuário pessoa física: 0,0082% ao dia;

• Item 2 com a redação dada pelo Dec. nº 8.392, de 20-1-2015.

VI – nas operações referidas nos incisos I a V, quando se tratar de mutuário pessoa jurídica optante pelo Regime Especial Unificado de Arrecadação de Tributos e Contribuições devidos pelas Microempresas e Empresas de Pequeno Porte – Simples Nacional, de que trata a Lei Complementar nº 123, de 14 de dezembro de 2006, em que o valor seja igual ou inferior a R$ 30.000,00 (trinta mil reais), observado o disposto no art. 45, inciso II: 0,00137% ou 0,00137% ao dia, conforme o caso;

VII – nas operações de financiamento para aquisição de imóveis não residenciais, em que o mutuário seja pessoa física: 0,0082% ao dia.

• Inciso VII com a redação dada pelo Dec. nº 8.392, de 20-1-2015.

§ 1º O IOF, cuja base de cálculo não seja apurada por somatório de saldos devedores diários, não excederá o valor resultante da aplicação da alíquota diária a cada valor de principal, prevista para a operação, multiplicada por trezentos e sessenta e cinco dias, acrescida da alíquota adicional de que trata o § 15, ainda que a operação seja de pagamento parcelado.

• § 1º com a redação dada pelo Dec. nº 6.391, de 12-3-2008.

§ 2º No caso de operação de crédito não liquidada no vencimento, cuja tributação não tenha atingido a limitação prevista no § 1º, a exigência do IOF fica suspensa entre a data do vencimento original da obrigação e a da sua liquidação ou a data em que ocorrer qualquer das hipóteses previstas no § 7º.

§ 3º Na hipótese do § 2º, será cobrado o IOF complementar, relativamente ao período em que ficou suspensa a exigência, mediante a aplicação da mesma alíquota sobre o valor não liquidado da obrigação vencida, até atingir a limitação prevista no § 1º.

§ 4º O valor líquido a que se refere o inciso II deste artigo corresponde ao valor nominal do título ou do direito creditório, deduzidos os juros cobrados antecipadamente.

§ 5º No caso de adiantamento concedido sobre cheque em depósito, a tributação será feita na forma estabelecida para desconto de títulos, observado o disposto no inciso XXII do art. 8º.

§ 6º No caso de cheque admitido em depósito e devolvido por insuficiência de fundos, a base de cálculo do IOF será igual ao valor a descoberto, verificado na respectiva conta, pelo seu débito, na forma estabelecida para o adiantamento a depositante.

§ 7º Na prorrogação, renovação, novação, composição, consolidação, confissão de dívida e negócios assemelhados, de operação de crédito em que não haja substituição de devedor, a base de cálculo do IOF será o valor não liquidado da operação anteriormente tributada, sendo essa tributação considerada complementar à anteriormente feita, aplicando-se a alíquota em vigor à época da operação inicial.

§ 8º No caso do § 7º, se a base de cálculo original for o somatório mensal dos saldos devedores diários, a base de cálculo será o valor renegociado na operação, com exclusão da parte amortizada na data do negócio.

§ 9º Sem exclusão da cobrança do IOF prevista no § 7º, havendo entrega ou colocação de novos valores à disposição do interessado, esses constituirão nova base de cálculo.

§ 10. No caso de novação, composição, consolidação, confissão de dívida e negócios assemelhados de operação de crédito em que haja substituição de devedor, a base de cálculo do IOF será o valor renegociado na operação.

§ 11. Nos casos dos §§ 8º, 9º e 10, a alíquota aplicável é a que estiver em vigor na data da novação, composição, consolidação, confissão de dívida ou negócio assemelhado.

§ 12. Os encargos integram a base de cálculo quando o IOF for apurado pelo somatório dos saldos devedores diários.

§ 13. Nas operações de crédito decorrentes de registros ou lançamentos contábeis ou sem classificação específica, mas que, pela sua natureza, importem colocação ou entrega de recursos à disposição de terceiros, seja o mutuário pessoa física ou jurídica, as alíquotas serão aplicadas na forma dos incisos I a VI, conforme o caso.

§ 14. Nas operações de crédito contratadas por prazo indeterminado e definido o valor do principal a ser utilizado pelo mutuário, aplicar-se-á a alíquota diária prevista para a operação e a base de cálculo será o valor do principal multiplicado por trezentos e sessenta e cinco.

§ 15. Sem prejuízo do disposto no *caput*, o IOF incide sobre as operações de crédito à alíquota adicional de trinta e oito centésimos por cento, independentemente do prazo da operação, seja o mutuário pessoa física ou pessoa jurídica.

§ 16. Nas hipóteses de que tratam a alínea *a* do inciso I, o inciso III, e a alínea *a* do inciso V, o IOF incidirá sobre o somatório mensal dos acréscimos diários dos saldos devedores, à alíquota adicional de que trata o § 15.

• §§ 15 e 16 acrescidos pelo Dec. nº 6.339, de 3-1-2008.

§ 17. Nas negociações de que trata o § 7º não se aplica a alíquota adicional de que trata o § 15, exceto se houver entrega ou colocação de novos valores à disposição do interessado.

• § 17 acrescido pelo Dec. nº 6.391, de 12-3-2008.

§ 18. No caso de operação de crédito cuja base de cálculo seja apurada por somatório dos saldos devedores diários, constatada a inadimplência do tomador, a cobrança do IOF apurado a partir do último dia do mês subsequente ao da constatação de inadimplência dar-se-á na data da liquidação total ou parcial da operação ou da ocorrência de qualquer das hipóteses previstas no § 7º.

§ 19. Na hipótese do § 18, por ocasião da liquidação total ou parcial da operação ou da ocorrência de qualquer das hipóteses previstas no § 7º, o IOF será cobrado mediante a aplicação das alíquotas previstas nos itens 1 ou 2 da alínea *a* do inciso I do *caput*, vigentes na data de ocorrência de cada saldo devedor diário, até atingir a limitação de trezentos e sessenta e cinco dias.

• §§ 18 e 19 acrescidos pelo Dec. nº 7.487, de 23-5-2011.

§ 20. Nas operações de crédito contratadas entre 3 de abril de 2020 e 26 de novembro de 2020, as alíquotas do IOF previstas nos incisos I, II, III, IV, V, VI e VII do *caput* e no § 15 ficam reduzidas a zero.

• § 20 com a redação dada pelo Dec. nº 10.551, de 25-11-2020.

§ 20-A. Nas operações de crédito contratadas entre 15 de dezembro de 2020 e 31 de dezembro de 2020, as alíquotas do IOF previstas nos incisos I, II, III, IV, V, VI e VII do *caput* e no § 15 ficam reduzidas a zero.

• § 20-A acrescido pelo Dec. nº 10.572, de 11-12-2020.

§ 21. O disposto nos § 20 e § 20-A aplica-se também às operações de crédito:

• *Caput* do § 21 com a redação dada pelo Dec. nº 10.572, de 11-12-2020.

I – previstas no § 7º, na hipótese de haver nova incidência de IOF, sem prejuízo da parcela cobrada na data da disponibilização dos recursos ao interessado; e

II – não liquidadas no vencimento a que se refere o § 2º.

• Incisos I e II com a redação dada pelo Dec. nº 10.414, de 2-7-2020.

LEG. COMPLEMENTAR

III – cuja base de cálculo seja apurada por somatório dos saldos devedores diários na forma do disposto nos § 18 e § 19, hipótese na qual se aplica a alíquota zero aos saldos devedores diários apurados entre 3 de abril de 2020 e 26 de novembro de 2020 e entre 15 de dezembro de 2020 e 31 de dezembro de 2020.

• Inciso III com a redação dada pelo Dec. nº 10.572, de 11-12-2020.

§ 22. Nas operações de crédito cujos fatos geradores ocorram entre 20 de setembro de 2021 e 31 de dezembro de 2021, as alíquotas do IOF previstas nos incisos I, II, III, IV, V e VII do *caput* ficam reduzidas, conforme o caso, a:

I – mutuário pessoa jurídica: 0,00559%;

II – mutuário pessoa física: 0,01118%;

III – mutuário pessoa jurídica: 0,00559% ao dia; e

IV – mutuário pessoa física: 0,01118% ao dia.

• § 22 acrescido pelo Dec. nº 10.797, de 16-9-2021.

Da Alíquota Zero

Art. 8º A alíquota do imposto é reduzida a zero na operação de crédito, sem prejuízo do disposto no § 5º:

• *Caput* com a redação dada pelo Dec. nº 7.011, de 18-11-2009.

I – em que figure como tomadora cooperativa, observado o disposto no art. 45, inciso I;

II – *Revogado*. Dec. nº 9.017, de 30-3-2017 (*DOU* de 30-3-2017 – edição extra), produzindo efeitos a partir de 3-4-2017.

III – à exportação, bem como de amparo à produção ou estímulo à exportação;

IV – rural, destinada a investimento, custeio e comercialização, observado o disposto no § 1º;

V – realizada por caixa econômica, sob garantia de penhor civil de joias, de pedras preciosas e de outros objetos;

VI – realizada por instituição financeira, referente a repasse de recursos do Tesouro Nacional destinados a financiamento de abastecimento e formação de estoques reguladores;

VII – realizada entre instituição financeira e outra instituição autorizada a funcionar pelo Banco Central do Brasil, desde que a operação seja permitida pela legislação vigente;

VIII – em que o tomador seja estudante, realizada por meio do Fundo de Financiamento ao Estudante do Ensino Superior – FIES, de que trata a Lei nº 10.260, de 12 de julho de 2001;

IX – efetuada com recursos da Agência Especial de Financiamento Industrial – FINAME;

X – realizada ao amparo da Política de Garantia de Preços Mínimos – Empréstimos do Governo Federal – EGF;

XI – relativa a empréstimo de título público, quando esse permanecer custodiado no Sistema Especial de Liquidação e de Custódia – SELIC, e servir de garantia prestada a terceiro na execução de serviços e obras públicas;

XII – *Revogado*; Dec. nº 8.325, de 7-10-2014.

XIII – relativa a adiantamento de salário concedido por pessoa jurídica aos seus empregados, para desconto em folha de pagamento ou qualquer outra forma de reembolso;

XIV – relativa a transferência de bens objeto de alienação fiduciária, com sub-rogação de terceiro nos direitos e obrigações do devedor, desde que mantidas todas as condições financeiras do contrato original;

XV – realizada por instituição financeira na qualidade de gestora, mandatária, ou agente de fundo ou programa do Governo Federal, Estadual, do Distrito Federal ou Municipal, instituído por lei, cuja aplicação do recurso tenha finalidade específica;

XVI – relativa a adiantamento sobre o valor de resgate de apólice de seguro de vida individual e de título de capitalização;

XVII – relativa a adiantamento de contrato de câmbio de exportação;

XVIII – relativa a aquisição de ações ou de participação em empresa, no âmbito do Programa Nacional de Desestatização;

XIX – resultante de repasse de recursos de fundo ou programa do Governo Federal vinculado à emissão pública de valores mobiliários;

XX – relativa a devolução antecipada do IOF indevidamente cobrado e recolhido pelo responsável, enquanto aguarda a restituição pleiteada, e desde que não haja cobrança de encargos remuneratórios;

XXI – realizada por agente financeiro com recursos oriundos de programas federais, estaduais ou municipais, instituídos com a finalidade de implementar programas de geração de emprego e renda, nos termos previstos no art. 12 da Lei nº 9.649, de 27 de maio de 1998;

XXII – relativa a adiantamento concedido sobre cheque em depósito, remetido à compensação nos prazos e condições fixados pelo Banco Central do Brasil;

XXIII – *Revogado*. Dec. nº 6.391, de 12-3-2008;

XXIV – realizada por instituição financeira, com recursos do Tesouro Nacional, destinada ao financiamento de estocagem de álcool etílico combustível, na forma regulamentada pelo Conselho Monetário Nacional;

XXV – realizada por uma instituição financeira para cobertura de saldo devedor em outra instituição financeira, até o montante do valor portado e desde que não haja substituição do devedor;

XXVI – relativa a financiamento para aquisição de motocicleta, motoneta e ciclomotor, em que o mutuário seja pessoa física;

• Inciso XXVI acrescido pelo Dec. nº 6.655, de 20-11-2008.

XXVII – realizada por instituição financeira pública federal em que sejam tomadores de recursos pessoas físicas com renda mensal de até dez salários mínimos, desde que os valores das operações sejam direcionados exclusivamente para adquirir bens e serviços de tecnologia assistiva destinados a pessoas com deficiência, nos termos do parágrafo único do art. 1º da Lei nº 10.735, de 11 de setembro de 2003;

• Inciso XXVII acrescido pelo Dec. nº 7.726, de 21-5-2012.

XXVIII – realizada por instituição financeira, com recursos públicos ou privados, para financiamento de operações, contratadas a partir de 2 de abril de 2013, destinadas a aquisição, produção e arrendamento mercantil de bens de capital, incluídos componentes e serviços tecnológicos relacionados, e o capital de giro associado, a produção de bens de consumo para exportação, ao setor de energia elétrica, a estruturas para exportação de granéis líquidos, a projetos de engenharia, à inovação tecnológica, e a projetos de investimento destinados à constituição de capacidade tecnológica e produtiva em setores de alta intensidade de conhecimento e engenharia e projetos de infraestrutura logística direcionados a obras de rodovias e ferrovias objeto de concessão pelo Governo federal, a que se refere o art. 1º da Lei nº 12.096, de 24 de novembro de 2009, e de acordo com os critérios fixados pelo Conselho Monetário Nacional e pelo Banco Central do Brasil;

• Inciso XXVIII acrescido pelo Dec. nº 7.975, de 1º-4-2013.

XXIX – *Revogado*. Dec. nº 10.377, de 27-5-2020;

XXX – *Revogado*. Dec. nº 8.511, de 31-8-2015;

XXXI – efetuada por intermédio da Financiadora de Estudos e Projetos – FINEP ou por seus agentes financeiros, com recursos dessa empresa pública;

• Inciso XXXI com a redação dada pelo Dec. nº 10.377, de 27-5-2020.

XXXII – destinada, nos termos do disposto no § 3º do art. 6º da Lei nº 12.793, de 2 de abril de 2013, ao financiamento de projetos de infraestrutura de logística direcionados a obras de rodovias e ferrovias objeto de concessão pelo Governo federal;

• Inciso XXXII com a redação dada pelo Dec. nº 11.000, de 17-3-2022.

XXXIII – contratada pela Câmara de Comercialização de Energia Elétrica - CCEE, destinada à cobertura, total ou parcial, de *déficit* e de antecipação de receita, incorridas pelas concessionárias e permissionárias de serviço público de distribuição de energia elétrica nos termos do disposto no Decreto nº 10.350, de 18 de maio de 2020;

XXXIV – contratada pela CCEE, destinada à cobertura, total ou parcial, de custos incorridos pelas concessionárias e permissionárias de serviço público de distribuição de energia elétrica nos termos do disposto no Decreto nº 10.939, de 13 de janeiro de 2022; e

• Incisos XXXIII e XXXIV com a redação dada pelo Dec. nº 11.022, de 31-3-2022.

XXXV – contratada entre 1º de abril de 2022 e 31 de dezembro de 2023, ao amparo da Lei nº 13.999, de 18 de maio de 2020, da Lei nº 14.042, de 19 de agosto de 2020, e da Lei nº 14.257, de 1º de dezembro de 2021.

• Inciso XXXIV acrescido pelo Dec. nº 11.022, de 31-3-2022.

§ 1º No caso de operação de comercialização, na modalidade de desconto de nota promissória rural ou duplicata rural, a alíquota zero é aplicável somente quando o título for emitido em decorrência de venda de produção própria.

§ 2º O disposto no inciso XXV não se aplica nas hipóteses de prorrogação, renovação, novação, composição, consolidação, confissão de dívidas e negócios assemelhados, de operação de crédito em que haja ou não substituição do devedor, ou de quaisquer outras alterações contratuais, exceto taxas, hipóteses em que o imposto complementar deverá ser cobrado à alíquota vigente na data da operação inicial.

§ 3º Quando houver desclassificação ou descaracterização, total ou parcial, de operação de crédito rural ou de adiantamento de contrato de câmbio, tributada à alíquota zero, o IOF será devido a partir da ocorrência do fato gerador e calculado à alíquota correspondente à operação, conforme previsto no art. 7º, incidente sobre o valor desclassificado ou descaracterizado, sem prejuízo do disposto no art. 54.

§ 4º Quando houver falta de comprovação ou descumprimento de condição, ou desvirtuamento da finalidade dos recursos, total ou parcial, de operação tributada à alíquota zero, o IOF será devido a partir da ocorrência do fato e gerador calculado à alíquota correspondente à operação, conforme previsto no art. 7º, acrescido de juros e multa de mora, sem prejuízo do disposto no art. 54, conforme o caso.

§ 5º Fica instituída, independentemente do prazo da operação, alíquota adicional de trinta e oito centésimos por cento do IOF incidente sobre o valor das operações de crédito de que tratam os incisos I, IV, V, VI, X, XI, XIV, XVI, XVIII, XIX, XXI e XXVI do *caput*.

• § 5º com a redação dada pelo Dec. nº 9.017, de 30-3-2017 (*DOU* de 30-3-2017 – edição extra), produzindo efeitos a partir de 3-4-2017.

§ 6º Nas operações de crédito contratadas entre 3 de abril de 2020 e 26 de novembro de 2020, a alíquota adicional do IOF de que trata o § 5º fica reduzida a zero.

• § 6º com a redação dada pelo Dec. nº 10.551, de 25-11-2020.

§ 7º Nas operações de crédito contratadas entre 15 de dezembro de 2020 e 31 de dezembro de 2020, a alíquota adicional do IOF de que trata o § 5º fica reduzida a zero.

• § 7º acrescido pelo Dec. nº 10.572, de 11-12-2020.

CAPÍTULO IV

DA ISENÇÃO

Art. 9º É isenta do IOF a operação de crédito:

I – para fins habitacionais, inclusive a destinada à infraestrutura e saneamento básico relativos a programas ou projetos que tenham a mesma finalidade (Decreto-Lei nº 2.407, de 5 de janeiro de 1988);

II – realizada mediante conhecimento de depósito e *warrant*, representativos de mercadorias depositadas para exportação, em entreposto aduaneiro (Decreto-Lei nº 1.269, de 18 de abril de 1973, art. 1º, e Lei nº 8.402, de 8 de janeiro de 1992, art. 1º, inciso XI);

III – com recursos dos Fundos Constitucionais de Financiamento do Norte (FNO), do Nordeste (FNE) e do Centro-Oeste (FCO) (Lei nº 7.827, de 27 de setembro de 1989, art. 8º);

IV – efetuada por meio de cédula e nota de crédito à exportação (Lei nº 6.313, de 16 de dezembro de 1975, art. 2º, e Lei nº 8.402, de 1992, art. 1º, inciso XII);

V – em que o tomador de crédito seja a entidade binacional Itaipu (art. XII do Tratado promulgado pelo Decreto nº 72.707, de 28 de agosto de 1973);

VI – para a aquisição de automóvel de passageiros, de fabricação nacional, com até 127 HP de potência bruta (SAE), na forma do art. 72 da Lei nº 8.383, de 30 de dezembro de 1991;

VII – *Revogado*. Dec. nº 7.563, de 15-9-2011;

VIII – em que os tomadores sejam missões diplomáticas e repartições consulares de carreira (Convenção de Viena sobre Relações Consulares promulgada pelo Decreto nº 61.078, de 26 de julho de 1967, art. 32, e Decreto nº 95.711, de 10 de fevereiro de 1988, art. 1º);

IX – contratada por funcionário estrangeiro de missão diplomática ou representação consular (Convenção de Viena sobre Relações Diplomáticas promulgada pelo Decreto nº 56.435, de 8 de junho de 1965, art. 34).

§ 1º O disposto nos incisos VIII e IX não se aplica aos consulados e cônsules honorários (Convenção de Viena sobre Relações Consulares promulgada pelo Decreto nº 61.078, de 1967, art. 58).

§ 2º O disposto no inciso IX não se aplica aos funcionários estrangeiros que tenham residência permanente no Brasil (Convenção de Viena sobre Relações Diplomáticas promulgada pelo Decreto nº 56.435, de 1965, art. 37, e Convenção de Viena sobre Relações Consulares promulgada pelo Decreto nº 61.078, de 1967, art. 71).

§ 3º Os membros das famílias dos funcionários mencionados no inciso IX, desde que com eles mantenham relação de dependência econômica e não tenham residência permanente no Brasil, gozarão do tratamento estabelecido neste artigo (Convenção de Viena sobre Relações Diplomáticas promulgada pelo Decreto nº 56.435, de 1965, art. 37, e Convenção de Viena sobre Relações Consulares promulgada pelo Decreto nº 61.078, de 1967, art. 71).

§ 4º O tratamento estabelecido neste artigo aplica-se, ainda, aos organismos internacionais e regionais de caráter permanente de que o Brasil seja membro e aos funcionários estrangeiros de tais organismos, nos termos dos acordos firmados (Lei nº 5.172, de 1966, art. 98).

CAPÍTULO V
DA COBRANÇA E DO RECOLHIMENTO

Art. 10. O IOF será cobrado:

I – no primeiro dia útil do mês subsequente ao de apuração, nas hipóteses em que a apuração da base de cálculo seja feita no último dia de cada mês;

II – na data da prorrogação, renovação, consolidação, composição e negócios assemelhados;

III – na data da operação de desconto;

IV – na data do pagamento, no caso de operação de crédito não liquidada no vencimento;

V – até o décimo dia subsequente à data da caracterização do descumprimento ou da falta de comprovação do cumprimento de condições, total ou parcial, de operações isentas ou tributadas à alíquota zero ou da caracterização do desvirtuamento da finalidade dos recursos decorrentes das mesmas operações;

VI – até o décimo dia subsequente à data da desclassificação ou descaracterização, total ou parcial, de operação de crédito rural ou de adiantamento de contrato de câmbio, quando feita pela própria instituição financeira, ou do recebimento da comunicação da desclassificação ou descaracterização;

VII – na data da entrega ou colocação dos recursos à disposição do interessado, nos demais casos.

Parágrafo único. O IOF deve ser recolhido ao Tesouro Nacional até o terceiro dia útil subsequente ao decêndio da cobrança ou do registro contábil do imposto (Lei nº 11.196, de 21 de novembro de 2005, art. 70, inciso II, alínea *b*).

TÍTULO III – DA INCIDÊNCIA SOBRE OPERAÇÕES DE CÂMBIO

CAPÍTULO I
DO FATO GERADOR

Art. 11. O fato gerador do IOF é a entrega de moeda nacional ou estrangeira, ou de documento que a represente, ou sua colocação à disposição do interessado, em montante equivalente à moeda estrangeira ou nacional entregue ou posta à disposição por este (Lei nº 5.172, de 1966, art. 63, inciso II).

Parágrafo único. Ocorre o fato gerador e torna-se devido o IOF no ato da liquidação da operação de câmbio.

CAPÍTULO II
DOS CONTRIBUINTES E DOS RESPONSÁVEIS

Dos Contribuintes

Art. 12. São contribuintes do IOF os compradores ou vendedores de moeda estrangeira nas operações referentes às transferências financeiras para o ou do exterior, respectivamente (Lei nº 8.894, de 1994, art. 6º).

Parágrafo único. As transferências financeiras compreendem os pagamentos e recebimentos em moeda estrangeira, independentemente da forma de entrega e da natureza das operações.

Dos Responsáveis

Art. 13. São responsáveis pela cobrança do IOF e pelo seu recolhimento ao Tesouro Nacional as instituições autorizadas a operar em câmbio (Lei nº 8.894, de 1994, art. 6º, parágrafo único).

CAPÍTULO III
DA BASE DE CÁLCULO E DA ALÍQUOTA

Da Base de Cálculo

Art. 14. A base de cálculo do IOF é o montante em moeda nacional, recebido, entregue ou posto à disposição, correspondente ao valor, em moeda estrangeira, da operação de câmbio (Lei nº 5.172, de 1966, art. 64, inciso II).

Da Alíquota

Art. 15. A alíquota máxima do IOF é de vinte e cinco por cento (Lei nº 8.894, de 1994, art. 5º).

§§ 1º a 3º. *Revogados*. Dec. nº 7.412, de 30-12-2010.

Art. 15-A. *Revogado*. Dec. nº 8.325, de 7-10-2014.

Art. 15-B. A alíquota do IOF fica reduzida para trinta e oito centésimos por cento, observadas as seguintes exceções:

I – nas operações de câmbio relativas ao ingresso no País de receitas de exportação de bens e serviços: zero;

II – nas operações de câmbio de natureza interbancária entre instituições integrantes do Sistema Financeiro Nacional autorizadas a operar no mercado de câmbio e entre estas e instituições financeiras no exterior: zero;

III – nas operações de câmbio, de transferências do e para o exterior, relativas a aplicações de fundos de investimento no mercado internacional, nos limites e condições fixados pela Comissão de Valores Mobiliários: zero;

IV – nas operações de câmbio realizadas por empresas de transporte aéreo internacional domiciliadas no exterior, para remessa de recursos originados de suas receitas locais: zero;

V – nas operações de câmbio relativas a ingresso de moeda estrangeira para cobertura de gastos efetuados no País com utilização de cartão de crédito emitido no exterior: zero;

VI – nas operações de câmbio realizadas para ingresso no País de doações em espécie recebidas por instituições financeiras públicas controladas pela União e destinadas a ações de prevenção, monitoramento e combate ao desmatamento e de promoção da conservação e do uso sustentável das florestas brasileiras, de que trata a Lei nº 11.828, de 20 de novembro de 2008: zero;

VII – nas operações de câmbio destinadas ao cumprimento de obrigações das instituições que participem de arranjos de pagamento de abrangência transfronteiriça na qualidade de emissores destes, decorrentes de aquisição de bens e serviços do exterior efetuada por seus usuários, observado o disposto no inciso VIII: seis inteiros e trinta e oito centésimos por cento;

VIII – nas operações de câmbio destinadas ao cumprimento de obrigações das instituições que participem de arranjos de pagamento de abrangência transfronteiriça na qualidade de emissores destes, decorrentes de aquisição de bens e serviços do exterior quando forem usuários a União, os Estados, os Municípios, o Distrito Federal, suas fundações e autarquias: zero;

IX – nas operações de câmbio destinadas ao cumprimento de obrigações das instituições que participem de arranjos de pagamento de abrangência transfronteiriça na qualidade de emissores destes, decorrentes de saques no exterior efetuados por seus usuários: seis inteiros e trinta e oito centésimos por cento;

- Incisos VII a IX com a redação dada pelo Dec. nº 11.153, de 28-7-2022.

X – nas liquidações de operações de câmbio para aquisição de moeda estrangeira em cheques de viagens e para carregamento de cartão internacional pré-pago, destinadas a atender gastos pessoais em viagens internacionais: seis inteiros e trinta e oito centésimos por cento;

XI – nas liquidações de operações de câmbio de ingresso e saída de recursos no e do País, referentes a recursos captados a título de empréstimos e financiamentos externos, excetuadas as operações de que trata o inciso XII: zero;

XII – nas liquidações de operações de câmbio para ingresso de recursos no País, inclusive por meio de operações simultâneas, referente a empréstimo externo, sujeito a registro no Banco Central do Brasil, contratado de forma direta ou mediante emissão de títulos no mercado internacional com prazo médio mínimo de até cento e oitenta dias: seis por cento;

XIII – nas liquidações de operações de câmbio para remessa de juros sobre o capital próprio e dividendos recebidos por investidor estrangeiro: zero;

XIV – nas liquidações de operações de câmbio contratadas por investidor estrangeiro para ingresso de recursos no País, inclusive por meio de operações simultâneas, para constituição de margem de garantia, inicial ou adicional, exigida por bolsas de valores, de mercadorias e futuros: zero;

XV – nas liquidações de operações simultâneas de câmbio para ingresso no País de recursos através de cancelamento de *Depositary Receipts* – DR, para investimento em ações negociáveis em bolsa de valores: zero;

XVI – nas liquidações de operações de câmbio contratadas por investidor estrangeiro para ingresso de recursos no País, inclusive por meio de operações simultâneas, para aplicação nos mercados financeiro e de capitais: zero;

XVII – nas liquidações de operações de câmbio para fins de retorno de recursos aplicados por investidor estrangeiro nos mercados financeiro e de capitais: zero; e

XVIII – na operação de compra de moeda estrangeira por instituição autorizada a operar no mercado de câmbio, contratada simultaneamente com operação de venda, exclusivamente quando requerida em disposição regulamentar: zero;

XIX – nas liquidações de operações simultâneas de câmbio para ingresso de recursos no País, originárias da mudança de regime do investidor estrangeiro, de investimento direto de que trata a Lei nº 4.131, de 3 de setembro de 1962, para investimento em ações negociáveis em bolsa de valores, na forma regulamentada pelo Conselho Monetário Nacional: zero.

XX – nas liquidações de operações de câmbio, liquidadas a partir de 3 de maio de 2016, para aquisição de moeda estrangeira, em espécie: um inteiro e dez centésimos por cento;

- Incisos XIX e XX acrescidos pelo Dec. nº 8.731, de 30-4-2016.

XXI – nas liquidações de operações de câmbio realizadas a partir de 3 de março de 2018 para transferência de recursos ao exterior, com vistas à colocação de disponibilidade de residente no País: um inteiro e dez centésimos por cento;

- Inciso XXI com a redação dada pelo Dec. nº 11.153, de 28-7-2022.

XXII – nas operações de câmbio para transferência ao exterior de recursos em moeda nacional, mantidos em contas de depósito no País de titularidade de residentes, domiciliados ou com sede no exterior e recebidos originalmente em cumprimento de obrigações das instituições que participem de arranjos de pagamento de abrangência transfronteiriça, na qualidade de emissoras destes, decorrentes da aquisição de bens e serviços do exterior e de saques no exterior, realizados pelos usuários finais dos referidos arranjos, observado o disposto no inciso XXIII: seis inteiros e trinta e oito centésimos por cento; e

XXIII – nas operações de câmbio para transferência ao exterior de recursos em moeda nacional, mantidos em contas de depósito no País de titularidade de residentes, domiciliados ou com sede no exterior e recebidos originalmente em cumprimento de obrigações das instituições que participem de arranjos de pagamento de abrangência transfronteiriça, na qualidade de emissoras destes, decorrentes da aquisição de bens e serviços do exterior pelos usuários finais dos referidos arranjos de pagamento, na hipótese de que estes sejam a União, os Estados, os Municípios, o Distrito Federal e suas fundações e autarquias: zero.

- Incisos XXII e XXIII acrescidos pelo Dec. nº 11.153, de 28-7-2022.

§ 1º No caso de operações de empréstimo em moeda via lançamento de títulos, com cláusula de antecipação de vencimento, parcial ou total, pelo credor ou pelo devedor (*put/call*), a primeira data prevista de exercício definirá a incidência do imposto prevista no inciso XII do *caput*.

§ 2º Quando a operação de empréstimo for contratada pelo prazo médio mínimo superior ao exigido no inciso XII do *caput* e for liquidada antecipadamente, total ou parcialmente, descumprindo-se esse prazo mínimo, o contribuinte ficará sujeito ao pagamento do imposto calculado à alíquota estabelecida no inciso citado, acrescido de juros moratórios e multa, sem prejuízo das penalidades previstas no art. 23 da Lei nº 4.131, de 3 de setembro de 1962, e no art. 72 da Lei nº 9.069, de 29 de junho de 1995.

- Art. 15-B acrescido pelo Dec. nº 8.325, de 7-10-2014.

§ 3º Caso o prazo médio mínimo de amortização previsto no inciso XII na data da liquidação antecipada de empréstimo seja inferior ao prazo médio mínimo da operação originalmente contratada e, desde que cumprido o prazo médio mínimo previsto no inciso XII, aplica-se a alíquota em vigor na data da liquidação do contrato de câmbio para pagamento do empréstimo, não se aplicando o disposto no § 2º.

§ 4º Enquadram-se no disposto no inciso I as operações de câmbio relativas ao ingresso no País de receitas de exportação de serviços classificados nas Seções I a V da Nomenclatura Brasileira de Serviços, Intangíveis e Outras Operações que produzam variações no patrimônio – NBS, exceto se houver neste Decreto disposição especial.

- §§ 3º e 4º acrescidos pelo Dec. nº 8.731, de 30-4-2016.

Art. 15-C. A alíquota do IOF fica reduzida:

- *Caput* do art. 15-C acrescido pelo Dec. nº 10.997, de 15-3-2022.

I – a zero, nas operações a que se refere o inciso XII do *caput* do art. 15-B;

- Inciso I acrescido pelo Dec. nº 10.997, de 15-3-2022.

II – a cinco inteiros e trinta e oito centésimos por cento, a partir de 2 de janeiro de 2023, nas operações a que se referem os incisos VII, IX, X e XXII do *caput* do art. 15-B;

III – a quatro inteiros e trinta e oito centésimos por cento, a partir 2 de janeiro de 2024, nas operações a que se referem os incisos VII, IX, X e XXII do *caput* do art. 15-B;

IV – a três inteiros e trinta e oito centésimos por cento, a partir 2 de janeiro de 2025, nas operações a que se referem os incisos VII, IX, X e XXII do *caput* do art. 15-B;

V – a dois inteiros e trinta e oito centésimos por cento, a partir 2 de janeiro de 2026, nas operações a que se referem os incisos VII, IX, X e XXII do *caput* do art. 15-B;

VI – a um inteiro e trinta e oito centésimos por cento, a partir 2 de janeiro de 2027, nas operações a que se referem os incisos VII, IX, X e XXII do *caput* do art. 15-B;

VII – a zero, a partir de 2 de janeiro de 2028, nas operações a que se referem os incisos VII, IX, X, XX, XXI e XXII do *caput* do art. 15-B; e

- Incisos II a VII com a redação dada pelo Dec. nº 11.153, de 28-7-2022.

VIII – a zero, a partir de 2 de janeiro de 2029, nas operações de câmbio a que se refere o *caput* do art. 15-B.

- Inciso VIII acrescido pelo Dec. nº 10.997, de 15-3-2022.

Parágrafo único. Para fins do disposto neste artigo, considera-se a data da liquidação da operação de câmbio.

- Parágrafo único acrescido pelo Dec. nº 10.997, de 15-3-2022.

CAPÍTULO IV

DA ISENÇÃO

Da Isenção

Art. 16. É isenta do IOF a operação de câmbio:

I – realizada para pagamento de bens importados (Decreto-Lei nº 2.434, de 19 de maio de 1988, art. 6º, e Lei nº 8.402, de 1992, art. 1º, inciso XIII);

II – em que o comprador ou o vendedor da moeda estrangeira seja a entidade binacional Itaipu (art. XII do Tratado promulgado pelo Decreto nº 72.707, de 1973);

III e IV – *Revogados.* Dec. nº 7.563, de 15-9-2011;

V – em que os compradores ou vendedores da moeda estrangeira sejam missões diplomáticas e repartições consulares de carreira (Convenção de Viena sobre Relações Consulares promulgada pelo Decreto nº 61.078, de 1967, art. 32, e Decreto nº 95.711, de 1988, art. 1º);

VI – contratada por funcionário estrangeiro de missão diplomática ou representação consular (Convenção de Viena sobre Relações Diplomáticas promulgada pelo Decreto nº 56.435, de 1965, art. 34).

§ 1º O disposto nos incisos V e VI não se aplica aos consulados e cônsules honorários (Convenção de Viena sobre Relações Consulares promulgada pelo Decreto nº 61.078, de 1967, art. 58).

§ 2º O disposto no inciso VI não se aplica aos funcionários estrangeiros que tenham residência permanente no Brasil (Convenção de Viena sobre Relações Diplomáticas promulgada pelo Decreto nº 56.435, de 1965, art. 37, e Convenção de Viena sobre Relações Consulares promulgada pelo Decreto nº 61.078, de 1967, art. 71).

§ 3º Os membros das famílias dos funcionários mencionados no inciso VI, desde que com eles mantenham relação de dependência econômica e não tenham residência permanente no Brasil, gozarão do tratamento estabelecido neste artigo (Convenção de Viena sobre Relações Diplomáticas promulgada pelo Decreto nº 56.435, de 1965, art. 37, e Convenção de Viena sobre Relações Consulares promulgada pelo Decreto nº 61.078, de 1967, art. 71).

§ 4º O tratamento estabelecido neste artigo aplica-se, ainda, aos organismos internacionais e regionais de caráter permanente de que o Brasil seja membro e aos funcionários estrangeiros de tais organismos, nos termos dos acordos firmados (Lei nº 5.172, de 1966, art. 98).

CAPÍTULO V

DA COBRANÇA E DO RECOLHIMENTO

Art. 17. O IOF será cobrado na data da liquidação da operação de câmbio.

Parágrafo único. O IOF deve ser recolhido ao Tesouro Nacional até o terceiro dia útil subsequente ao decêndio da cobrança ou do registro contábil do imposto (Lei nº 11.196, de 2005, art. 70, inciso II, alínea *b*).

TÍTULO IV – DA INCIDÊNCIA SOBRE OPERAÇÕES DE SEGURO

CAPÍTULO I

DO FATO GERADOR

Art. 18. O fato gerador do IOF é o recebimento do prêmio (Lei nº 5.143, de 1966, art. 1º, inciso II).

§ 1º A expressão "operações de seguro" compreende seguros de vida e congêneres, seguro de acidentes pessoais e do trabalho, seguros de bens, valores, coisas e outros não especificados (Decreto-Lei nº 1.783, de 1980, art. 1º, incisos II e III).

§ 2º Ocorre o fato gerador e torna-se devido o IOF no ato do recebimento total ou parcial do prêmio.

CAPÍTULO II

DOS CONTRIBUINTES E DOS RESPONSÁVEIS

Dos Contribuintes

Art. 19. Contribuintes do IOF são as pessoas físicas ou jurídicas seguradas (Decreto-Lei nº 1.783, de 1980, art. 2º).

Dos Responsáveis

Art. 20. São responsáveis pela cobrança do IOF e pelo seu recolhimento ao Tesouro Nacional as seguradoras ou as instituições financeiras a quem estas encarregarem da cobrança do prêmio (Decreto-Lei nº 1.783, de 1980, art. 3º, inciso II, e Decreto-Lei nº 2.471, de 1º de setembro de 1988, art. 7º).

Parágrafo único. A seguradora é responsável pelos dados constantes da documentação remetida para cobrança.

CAPÍTULO III

DA BASE DE CÁLCULO E DA ALÍQUOTA

Da Base de Cálculo

Art. 21. A base de cálculo do IOF é o valor dos prêmios pagos (Decreto-Lei nº 1.783, de 1980, art. 1º, incisos II e III).

Da Alíquota

Art. 22. A alíquota do IOF é de vinte e cinco por cento (Lei nº 9.718, de 27 de novembro de 1998, art. 15).

§ 1º A alíquota do IOF fica reduzida:

I – a zero, nas seguintes operações:

a) de resseguro;

b) de seguro obrigatório, vinculado a financiamento de imóvel habitacional, realizado por agente do Sistema Financeiro de Habitação;

c) de seguro de crédito à exportação e de transporte internacional de mercadorias;

d) de seguro contratado no Brasil, referente à cobertura de riscos relativos ao lançamento e à operação dos satélites Brasilsat I e II;

e) em que o valor dos prêmios seja destinado ao custeio dos planos de seguro de vida com cobertura por sobrevivência;

f) de seguro aeronáutico e de seguro de responsabilidade civil pagos por transportador aéreo;

g) de seguro garantia.

- Alínea *g* com a redação dada pelo Dec. nº 7.787, de 15-8-2012.

II – nas operações de seguro de vida e congêneres, de acidentes pessoais e do trabalho, incluídos os seguros obrigatórios de danos pessoais causados por veículos automotores de vias terrestres e por embarcações, ou por sua carga, a pessoas transportadas ou não e excluídas aquelas de que trata a alínea *f* do inciso I: trinta e oito centésimos por cento;

III – nas operações de seguros privados de assistência à saúde: dois inteiros e trinta e oito centésimos por cento;

• Incisos II e III com a redação dada pelo Dec. nº 6.339, de 3-1-2008.

IV – nas demais operações de seguro: sete inteiros e trinta e oito centésimos por cento.

• Inciso IV acrescido pelo Dec. nº 6.339, de 3-1-2008.

§ 2º O disposto na alínea *f* do inciso I do § 1º aplica-se somente a seguro contratado por companhia aérea que tenha por objeto principal o transporte remunerado de passageiros ou de cargas.

CAPÍTULO IV

DA ISENÇÃO

Art. 23. É isenta do IOF a operação de seguro:

I – em que o segurado seja a entidade binacional Itaipu (art. XII do Tratado promulgado pelo Decreto nº 72.707, de 1973);

II – *Revogado.* Dec. nº 7.563, de 15-9-2011;

III – rural (Decreto-Lei nº 73, de 21 de novembro de 1966, art. 19);

IV – em que os segurados sejam missões diplomáticas e repartições consulares de carreira (Convenção de Viena sobre Relações Consulares promulgada pelo Decreto nº 61.078, de 1967, art. 32, e Decreto nº 95.711, de 1988, art. 1º);

V – contratada por funcionário estrangeiro de missão diplomática ou representação consular (Convenção de Viena sobre Relações Diplomáticas promulgada pelo Decreto nº 56.435, de 8 de junho de 1965, art. 34).

§ 1º O disposto nos incisos IV e V não se aplica aos consulados e cônsules honorários (Convenção de Viena sobre Relações Consulares promulgada pelo Decreto nº 61.078, de 1967, art. 58).

§ 2º O disposto no inciso V não se aplica aos funcionários estrangeiros que tenham residência permanente no Brasil (Convenção de Viena sobre Relações Diplomáticas promulgada pelo Decreto nº 56.435, de 1965, art. 37, e Convenção de Viena sobre Relações Consulares promulgada pelo Decreto nº 61.078, de 1967, art. 71).

§ 3º Os membros das famílias dos funcionários mencionados no inciso V, desde que com eles mantenham relação de dependência econômica e não tenham residência permanente no Brasil, gozarão do tratamento estabelecido neste artigo (Convenção de Viena sobre Relações Diplomáticas promulgada pelo Decreto nº 56.435, de 1965, art. 37, e Convenção de Viena sobre Relações Consulares promulgada pelo Decreto nº 61.078, de 1967, art. 71).

§ 4º O tratamento estabelecido neste artigo aplica-se, ainda, aos organismos internacionais e regionais de caráter permanente de que o Brasil seja membro e aos funcionários estrangeiros de tais organismos, nos termos dos acordos firmados (Lei nº 5.172, de 1966, art. 98).

CAPÍTULO V

DA COBRANÇA E DO RECOLHIMENTO

Art. 24. O IOF será cobrado na data do recebimento total ou parcial do prêmio.

Parágrafo único. O IOF deve ser recolhido ao Tesouro Nacional até o terceiro dia útil subsequente ao decêndio da cobrança ou do registro contábil do imposto (Lei nº 11.196, de 2005, art. 70, inciso II, alínea *b*).

TÍTULO V – DA INCIDÊNCIA SOBRE OPERAÇÕES RELATIVAS A TÍTULOS OU VALORES MOBILIÁRIOS

CAPÍTULO I

DO FATO GERADOR

Art. 25. O fato gerador do IOF é a aquisição, cessão, resgate, repactuação ou pagamento para liquidação de títulos e valores mobiliários (Lei nº 5.172, de 1966, art. 63, inciso IV, e Lei nº 8.894, de 1994, art. 2º, inciso II, alíneas *a* e *b*).

§ 1º Ocorre o fato gerador e torna-se devido o IOF no ato da realização das operações de que trata este artigo.

§ 2º Aplica-se o disposto neste artigo a qualquer operação, independentemente da qualidade ou da forma jurídica de constituição do beneficiário da operação ou do seu titular, estando abrangidos, entre outros, fundos de investimentos e carteiras de títulos e valores mobiliários, fundos ou programas, ainda que sem personalidade jurídica, e entidades de previdência privada.

• § 2º com a redação dada pelo Dec. nº 6.613, de 22-10-2008.

CAPÍTULO II

DOS CONTRIBUINTES E DOS RESPONSÁVEIS

Dos Contribuintes

Art. 26. Contribuintes do IOF são:

I – os adquirentes, no caso de aquisição de títulos ou valores mobiliários, e os titulares de aplicações financeiras, nos casos de resgate, cessão ou repactuação (Decreto-Lei nº 1.783, de 1980, art. 2º e Lei nº 8.894, de 1994, art. 2º, inciso II, alínea *a*, e art. 3º, inciso II);

• Inciso I com a redação dada pelo Dec. nº 7.412, de 30-12-2010.

II – as instituições financeiras e demais instituições autorizadas a funcionar pelo Banco Central do Brasil, na hipótese prevista no inciso IV do art. 28 (Lei nº 8.894, de 1994, art. 3º, inciso III).

Dos Responsáveis

Art. 27. São responsáveis pela cobrança do IOF e pelo seu recolhimento ao Tesouro Nacional (Decreto-Lei nº 1.783, de 1980, art. 3º, inciso IV, e Medida Provisória nº 2.158-35, de 24 de agosto de 2001, art. 28):

I – as instituições autorizadas a operar na compra e venda de títulos e valores mobiliários;

II – as bolsas de valores, de mercadorias, de futuros e assemelhadas, em relação às aplicações financeiras realizadas em seu nome, por conta de terceiros e tendo por objeto recursos destes;

III – a instituição que liquidar a operação perante o beneficiário final, no caso de operação realizada por meio do SELIC ou da Central de Custódia e de Liquidação Financeira de Títulos – CETIP;

IV – o administrador do fundo de investimento;

V – a instituição que intermediar recursos, junto a clientes, para aplicações em fundos de investimentos administrados por outra instituição, na forma prevista em normas baixadas pelo Conselho Monetário Nacional;

VI – a instituição que receber as importâncias referentes à subscrição das cotas do Fundo de Investimento Imobiliário e do Fundo Mútuo de Investimento em Empresas Emergentes.

§ 1º Na hipótese do inciso II do *caput*, ficam as entidades ali relacionadas obrigadas a apresentar à instituição financeira declaração de que estão operando por conta de terceiros e com recursos destes.

LEG. COMPLEMENTAR

§ 2º Para efeito do disposto no inciso V do *caput*, a instituição intermediadora dos recursos deverá (Lei nº 9.779, de 1999, art. 16, e Medida Provisória nº 2.158-35, de 2001, art. 28, § 1º):

• § 2º retificado no *DOU* de 8-1-2008.

I – manter sistema de registro e controle, em meio magnético, que permita a identificação, a qualquer tempo, de cada cliente e dos elementos necessários à apuração do imposto por ele devido;

II – fornecer à instituição administradora do fundo de investimento, individualizados por código de cliente, os valores das aplicações, resgates e imposto cobrado;

III – prestar à Secretaria da Receita Federal do Brasil todas as informações decorrentes da responsabilidade pela cobrança do imposto.

§ 3º No caso das operações a que se refere o § 1º do art. 32-A, a responsabilidade tributária será do custodiante das ações cedidas.

§ 4º No caso de ofertas públicas a que se refere o § 2º do art. 32-A, a responsabilidade tributária será do coordenador líder da oferta.

• §§ 3º e 4º acrescidos pelo Dec. nº 7.412, de 30-12-2010.

CAPÍTULO III
DA BASE DE CÁLCULO E DA ALÍQUOTA

Da Base de Cálculo

Art. 28. A base de cálculo do IOF é o valor (Lei nº 8.894, de 1994, art. 2º, II):

I – de aquisição, resgate, cessão ou repactuação de títulos e valores mobiliários;

II – da operação de financiamento realizada em bolsas de valores, de mercadorias, de futuros e assemelhadas;

III – de aquisição ou resgate de cotas de fundos de investimento e de clubes de investimento;

IV – do pagamento para a liquidação das operações referidas no inciso I, quando inferior a noventa e cinco por cento do valor inicial da operação.

§ 1º Na hipótese do inciso IV, o valor do IOF está limitado à diferença positiva entre noventa e cinco por cento do valor inicial da operação e o correspondente valor de resgate ou cessão.

§ 2º Serão acrescidos ao valor da cessão ou resgate de títulos e valores mobiliários os rendimentos periódicos recebidos, a qualquer título, pelo cedente ou aplicador, durante o período da operação.

§ 3º O disposto nos incisos I e III abrange quaisquer operações consideradas como de renda fixa.

Das Alíquotas

Art. 29. O IOF será cobrado à alíquota máxima de um vírgula cinco por cento ao dia sobre o valor das operações com títulos ou valores mobiliários (Lei nº 8.894, de 1994, art. 1º).

Art. 30. Aplica-se a alíquota de que trata o art. 29 nas operações com títulos e valores mobiliários de renda fixa e de renda variável, efetuadas com recursos provenientes de aplicações feitas por investidores estrangeiros em cotas de Fundo de Investimento Imobiliário e de Fundo Mútuo de Investimento em Empresas Emergentes, observados os seguintes limites:

I – quando referido fundo não for constituído ou não entrar em funcionamento regular: dez por cento;

II – no caso de fundo já constituído e em funcionamento regular, até um ano da data do registro das cotas na Comissão de Valores Mobiliários: cinco por cento.

Art. 31. O IOF será cobrado à alíquota de zero vírgula cinco por cento ao dia sobre o valor de resgate de quotas de fundos de investimento, constituídos sob qualquer forma, na hipótese de o investidor resgatar cotas antes de completado o prazo de carência para crédito dos rendimentos.

Parágrafo único. O IOF de que trata este artigo fica limitado à diferença entre o valor da cota, no dia do resgate, multiplicado pelo número de cotas resgatadas, deduzido o valor do imposto de renda, se houver, e o valor pago ou creditado ao cotista.

Art. 32. O IOF será cobrado à alíquota de um por cento ao dia sobre o valor do resgate, cessão ou repactuação, limitado ao rendimento da operação, em função do prazo, conforme tabela constante do Anexo.

§ 1º O disposto neste artigo aplica-se:

I – às operações realizadas no mercado de renda fixa;

• Inciso I com a redação dada pelo Dec. nº 7.487, de 23-5-2011.

II – ao resgate de cotas de fundos de investimento e de clubes de investimento, ressalvado o disposto no inciso IV do § 2º;

III – às operações compromissadas realizadas por instituições financeiras e por demais instituições autorizadas a funcionar pelo Banco Central do Brasil com debêntures de que trata o art. 52 da Lei nº 6.404, de 15 de dezembro de 1976, emitidas por instituições integrantes do mesmo grupo econômico.

• Inciso III acrescido pelo Dec. nº 8.731, de 30-4-2016.

§ 2º Ficam sujeitas à alíquota zero as operações, sem prejuízo do disposto no inciso III do § 1º:

• *Caput* do § 2º com a redação dada pelo Dec. nº 8.731, de 30-4-2016.

I – de titularidade das instituições financeiras e das demais instituições autorizadas a funcionar pelo Banco Central do Brasil, excluída a administradora de consórcio de que trata a Lei nº 11.795, de 8 de outubro de 2008;

• Inciso I com a redação dada pelo Dec. nº 7.487, de 23-5-2011.

II – das carteiras dos fundos de investimento e dos clubes de investimento;

III – do mercado de renda variável, inclusive as realizadas em bolsas de valores, de mercadorias, de futuros e entidades assemelhadas;

IV – de resgate de cotas dos fundos e clubes de investimento em ações, assim considerados pela legislação do imposto de renda;

V – com Certificado de Direitos Creditórios do Agronegócio – CDCA, com Letra de Crédito do Agronegócio – LCA, e com Certificado de Recebíveis do Agronegócio – CRA, criados pelo art. 23 da Lei nº 11.076, de 30 de dezembro de 2004; e

VI – com debêntures de que trata o art. 52 da Lei nº 6.404, de 15 de dezembro de 1976, com Certificados de Recebíveis Imobiliários de que trata o art. 6º da Lei nº 9.514, de 20 de novembro de 1997, e com Letras Financeiras de que trata o art. 37 da Lei nº 12.249, de 11 de junho de 2010;

• Incisos V e VI acrescidos pelo Dec. nº 7.487, de 23-5-2011.

VII – de negociação de cotas de Fundos de Índice de Renda Fixa em bolsas de valores ou mercado de balcão organizado.

• Inciso VII acrescido pelo Dec. nº 8.325, de 7-10-2014.

§ 3º O disposto no inciso III do § 2º não se aplica às operações conjugadas de que trata o art. 65, § 4º, alínea *a*, da Lei nº 8.981, de 1995.

§ 4º O disposto neste artigo não modifica a incidência do IOF:

I – nas operações de que trata o art. 30;

II – no resgate de quotas de fundos de investimento, na forma prevista no art. 31.

§ 5º A incidência de que trata o inciso II do § 4º exclui a cobrança do IOF prevista neste artigo.

Art. 32-A. A partir de 24 de dezembro de 2013, fica reduzida a zero a alíquota incidente na cessão de ações que sejam admitidas à negociação em bolsa de valores localizada no Brasil, com o fim específico de lastrear a emissão de *depositary receipts* – *DR* negociados no exterior.

- *Caput* com a redação dada pelo Dec. nº 8.165, de 23-12-2013.

§ 1º Para os efeitos do disposto no *caput*, exceto no caso de ofertas públicas, o valor da operação a ser considerado para fins de apuração da base de cálculo deverá ser obtido multiplicando-se o número de ações cedidas pela sua cotação de fechamento na data anterior à operação ou, no caso de não ter havido negociação nessa data, pela última cotação de fechamento disponível.

- Antigo parágrafo único transformado em § 1º e com a redação dada pelo Dec. nº 7.412, de 30-12-2010.

§ 2º No caso de ofertas públicas, a cotação a ser considerada para fins de apuração da base de cálculo do IOF de que trata este artigo será o preço fixado com base no resultado do processo de coleta de intenções de investimento ("Procedimento de *Bookbuilding*") ou, se for o caso, o preço determinado pelo ofertante e definido nos documentos da oferta pública.

- § 2º acrescido pelo Dec. nº 7.412, de 30-12-2010.

Art. 32-B. *Revogado*. Dec. nº 7.563, de 15-9-2011.

Art. 32-C. O IOF será cobrado à alíquota de um por cento, sobre o valor nocional ajustado, na aquisição, venda ou vencimento de contrato de derivativo financeiro celebrado no País que, individualmente, resulte em aumento da exposição cambial vendida ou redução da exposição cambial comprada.

- Artigo acrescido pelo Dec. nº 7.563, de 15-9-2011.

§ 1º Poderão ser deduzidos da base de cálculo apurada diariamente:

I – o somatório do valor nocional ajustado na aquisição, venda ou vencimento de contratos de derivativos financeiros celebrados no País, no dia, e que, individualmente, resultem em aumento da exposição cambial comprada ou redução da exposição cambial vendida;

II – a exposição cambial líquida comprada ajustada apurada no dia útil anterior;

III – a redução da exposição cambial líquida vendida e o aumento da exposição cambial líquida comprada em relação ao dia útil anterior, não resultantes de aquisições, vendas ou vencimentos de contratos de derivativos financeiros.

§ 2º A base de cálculo será apurada em dólares dos Estados Unidos da América e convertida em moeda nacional para fins de incidência do imposto, conforme taxa de câmbio de fechamento do dia de apuração da base de cálculo divulgada pelo Banco Central do Brasil – PTAX.

§ 3º No caso de contratos de derivativos financeiros que tenham por objeto a taxa de câmbio de outra moeda estrangeira que não o dólar dos Estados Unidos da América em relação à moeda nacional ou taxa de juros associada a outra moeda estrangeira que não o dólar dos Estados Unidos da América em relação à moeda nacional, o valor nocional ajustado e as exposições cambiais serão apurados na própria moeda estrangeira e convertidos em dólares dos Estados Unidos da América para apuração da base de cálculo.

§ 4º Para os fins do disposto neste artigo, entende-se por:

I – valor nocional ajustado – o valor de referência do contrato – valor nocional – multiplicado pela variação do preço do derivativo em relação à variação do preço da moeda estrangeira, sendo que, no caso de aquisição, venda ou vencimento parcial, o valor nocional ajustado será apurado proporcionalmente;

II – exposição cambial vendida – o somatório do valor nocional ajustado dos contratos de derivativos financeiros do titular que resultem em ganhos quando houver apreciação da moeda nacional relativamente à moeda estrangeira, ou perdas quando houver depreciação da moeda nacional relativamente à moeda estrangeira;

III – exposição cambial comprada – o somatório do valor nocional ajustado dos contratos de derivativos financeiros do titular que resultem em perdas quando houver apreciação da moeda nacional relativamente à moeda estrangeira, ou ganhos quando houver depreciação da moeda nacional relativamente à moeda estrangeira;

IV – exposição cambial líquida vendida – o valor máximo entre zero e o resultado da diferença entre a exposição cambial vendida e a exposição cambial comprada;

V – exposição cambial líquida comprada – o valor máximo entre zero e o resultado da diferença entre a exposição cambial comprada e a exposição cambial vendida;

VI – exposição cambial líquida comprada ajustada – o valor máximo entre zero e o resultado da diferença entre a exposição cambial comprada, acrescida de US$ 10.000.000,00 (dez milhões de dólares dos Estados Unidos da América), e a exposição cambial vendida;

VII – contrato de derivativo financeiro – contrato que tem como objeto taxa de câmbio de moeda estrangeira em relação à moeda nacional ou taxa de juros associada a moeda estrangeira em relação à moeda nacional; e

VIII – data de aquisição, venda ou vencimento – data em que a exposição cambial do contrato de derivativo financeiro é iniciada ou encerrada, total ou parcialmente, pela determinação de parâmetros utilizados no cálculo do valor de liquidação do respectivo contrato.

- §§ 1º a 4º acrescidos pelo Dec. nº 7.563, de 15-9-2011.

§ 5º A alíquota fica reduzida a zero:

- *Caput* do § 5º com a redação dada pelo Dec. nº 7.699, de 15-3-2012.

I – nas operações com contratos de derivativos para cobertura de riscos, inerentes à oscilação de preço da moeda estrangeira, decorrentes de contratos de exportação firmados por pessoa física ou jurídica residente ou domiciliada no País; e

II – nas demais operações com contratos de derivativos financeiros não incluídos no *caput*.

- Incisos I e II acrescidos pelo Dec. nº 7.699, de 15-3-2012.

§ 6º O contribuinte do tributo é o titular do contrato de derivativos financeiros.

§ 7º São responsáveis pela apuração e recolhimento do tributo as entidades ou instituições autorizadas a registrar os contratos de derivativos financeiros.

§ 8º Na impossibilidade de apuração do IOF pelos responsáveis tributários, tais entidades ou instituições deverão, até o décimo dia útil do mês subsequente ao de ocorrência do fato gerador, por meio dos intermediários e participantes

LEG. COMPLEMENTAR

habilitados, as informações necessárias para a apuração da base de cálculo das operações com contratos de derivativos financeiros registrados em seus sistemas, e para o recolhimento do tributo:

I – ao contribuinte residente ou domiciliado no País;

II – ao representante legal do contribuinte residente ou domiciliado no exterior; e

III – ao administrador de fundos e clubes de investimentos, para o qual as informações de que trata o § 8º poderão ser disponibilizadas diariamente.

§ 9º Caracteriza-se impossibilidade de apuração ou de cobrança, respectivamente, quando as entidades ou instituições de que trata o § 7º não possuírem todas as informações necessárias para apuração da base de cálculo, inclusive informações de outras entidades autorizadas a registrar contratos de derivativos financeiros, ou não possuírem acesso aos recursos financeiros do contribuinte necessários ao recolhimento do imposto.

- §§ 6º a 9º acrescidos pelo Dec. nº 7.563, de 15-9-2011.

§ 10. As informações a que se refere o § 8º poderão ser disponibilizadas em formato eletrônico.

- § 10 com a redação dada pelo Dec. nº 7.683, de 29-2-2012.

§ 11. Para fazer jus à alíquota reduzida de que trata o inciso I do § 5º, o valor total da exposição cambial vendida diária referente às operações com contratos de derivativos não poderá ser superior a 1,2 (um inteiro e dois décimos) vezes o valor total das operações com exportação realizadas no ano anterior pela pessoa física ou jurídica titular dos contratos de derivativos.

§ 12. Observado o limite de que trata o § 11, o disposto no inciso I do § 5º estará sujeito à comprovação de operações de exportação cujos valores justifiquem a respectiva exposição cambial vendida, realizadas no período de até doze meses subsequentes à data de ocorrência do fato gerador do IOF.

§ 13. Quando houver falta de comprovação ou descumprimento de condição de que tratam os §§ 11 e 12, o IOF será devido a partir da data de ocorrência do fato gerador e calculado à alíquota correspondente à operação, conforme previsto no *caput*, acrescido de juros e multa de mora.

- §§ 11 a 13 acrescidos pelo Dec. nº 7.699, de 15-3-2012.

§ 14. Quando, em razão de determinação prévia do Banco Central do Brasil, a taxa de câmbio válida para um determinado dia for definida como a mesma taxa de câmbio do dia útil imediatamente anterior, será considerada como data de aquisição, venda ou vencimento, definida no inciso VIII do § 4º, para as exposições com aquisição, venda ou vencimento nessa data, o dia útil imediatamente anterior, ficando o próprio contribuinte responsável pela consolidação das exposições destes dias.

- § 14 acrescido pelo Dec. nº 7.878, de 29-12-2012.

§ 15. A partir de 13 de junho de 2013, a alíquota prevista no *caput* fica reduzida a zero.

- § 15 acrescido pelo Dec. nº 8.027, de 12-6-2013.

Art. 33. A alíquota fica reduzida a zero nas demais operações com títulos ou valores mobiliários, inclusive no resgate de cotas do Fundo de Aposentadoria Programada Individual – FAPI, instituído pela Lei nº 9.477, de 24 de julho de 1997.

- Artigo com a redação dada pelo Dec. nº 7.487, de 23-5-2011.

CAPÍTULO IV
DA ISENÇÃO

Art. 34. São isentas do IOF as operações com títulos ou valores mobiliários:

I – em que o adquirente seja a entidade binacional Itaipu (art. XII do Tratado promulgado pelo Decreto nº 72.707, de 1973);

II – efetuadas com recursos e em benefício dos Fundos Constitucionais de Financiamento do Norte (FNO) do Nordeste (FNE) e do Centro-Oeste (FCO) (Lei nº 7.827, de 1989, art. 8º);

III – de negociações com Cédula de Produto Rural realizadas nos mercados de bolsas e de balcão (Lei nº 8.929, de 22 de agosto de 1994, art. 19, § 2º);

IV – em que os adquirentes sejam missões diplomáticas e repartições consulares de carreira (Convenção de Viena sobre Relações Consulares promulgada pelo Decreto nº 61.078, de 1967, art. 32, e Decreto nº 95.711, de 1988, art. 1º);

V – em que o adquirente seja funcionário estrangeiro de missão diplomática ou representação consular (Convenção de Viena sobre Relações Diplomáticas promulgada pelo Decreto nº 56.435, de 1965, art. 34);

VI – de negociações com Certificado de Depósito Agropecuário – CDA e com Warrant Agropecuário – WA (Lei nº 11.076, de 2004, arts. 1º e 18).

§ 1º O disposto nos incisos IV e V não se aplica aos consulados e cônsules honorários (Convenção de Viena sobre Relações Consulares promulgada pelo Decreto nº 61.078, de 1967, art. 58).

§ 2º O disposto no inciso V não se aplica aos funcionários estrangeiros que tenham residência permanente no Brasil (Convenção de Viena sobre Relações Diplomáticas promulgada pelo Decreto nº 56.435, de 1965, art. 37, e Convenção de Viena sobre Relações Consulares promulgada pelo Decreto nº 61.078, de 1967, art. 71).

§ 3º Os membros das famílias dos funcionários mencionados no inciso V, desde que com eles mantenham relação de dependência econômica e não tenham residência permanente no Brasil, gozarão do tratamento estabelecido neste artigo (Convenção de Viena sobre Relações Diplomáticas promulgada pelo Decreto nº 56.435, de 1965, art. 37, e Convenção de Viena sobre Relações Consulares promulgada pelo Decreto nº 61.078, de 1967, art. 71).

§ 4º O tratamento estabelecido neste artigo aplica-se, ainda, aos organismos internacionais e regionais de caráter permanente de que o Brasil seja membro e aos funcionários estrangeiros de tais organismos, nos termos dos acordos firmados (Lei nº 5.172, de 1966, art. 98).

CAPÍTULO V
DA COBRANÇA E DO RECOLHIMENTO

Art. 35. O IOF será cobrado na data da liquidação financeira da operação.

§ 1º No caso de repactuação, o IOF será cobrado na data da ocorrência do fato gerador.

§ 2º No caso da cessão de que trata o art. 32-A, o IOF será cobrado na data da ocorrência do fato gerador, exceto na hipótese do § 2º do mesmo artigo, quando a cobrança será efetuada na data da liquidação financeira da oferta pública.

- § 2º com a redação dada pelo Dec. nº 7.412, de 30-12-2010.

§ 3º O IOF deve ser recolhido ao Tesouro Nacional até o terceiro dia útil subsequente ao decêndio da cobrança ou do registro contábil do imposto.

- § 3º acrescido pelo Dec. nº 7.412, de 30-12-2010.

TÍTULO VI – DA INCIDÊNCIA SOBRE OPERAÇÕES COM OURO, ATIVO FINANCEIRO, OU INSTRUMENTO CAMBIAL

CAPÍTULO I

DO FATO GERADOR

Art. 36. O ouro, ativo financeiro, ou instrumento cambial sujeita-se, exclusivamente, à incidência do IOF (Lei nº 7.766, de 1989, art. 4º).

§ 1º Entende-se por ouro, ativo financeiro, ou instrumento cambial, desde sua extração, inclusive, o ouro que, em qualquer estado de pureza, em bruto ou refinado, for destinado ao mercado financeiro ou à execução da política cambial do País, em operação realizada com a interveniência de instituição integrante do Sistema Financeiro Nacional, na forma e condições autorizadas pelo Banco Central do Brasil.

§ 2º Enquadra-se na definição do § 1º deste artigo o ouro:

I – envolvido em operações de tratamento, refino, transporte, depósito ou custódia, desde que formalizado compromisso de destiná-lo ao Banco Central do Brasil ou à instituição por ele autorizada;

II – adquirido na região de garimpo, onde o ouro é extraído, desde que, na saída do Município, tenha o mesmo destino a que se refere o inciso I;

III – importado, com interveniência das instituições mencionadas no inciso I.

§ 3º O fato gerador do IOF é a primeira aquisição do ouro, ativo financeiro, ou instrumento cambial, efetuada por instituição autorizada integrante do Sistema Financeiro Nacional (Lei nº 7.766, de 1989, art. 8º).

§ 4º Ocorre o fato gerador e torna-se devido o IOF:

I – na data da aquisição;

II – no desembaraço aduaneiro, quando se tratar de ouro físico oriundo do exterior.

CAPÍTULO II

DOS CONTRIBUINTES

Art. 37. Contribuintes do IOF são as instituições autorizadas pelo Banco Central do Brasil que efetuarem a primeira aquisição do ouro, ativo financeiro, ou instrumento cambial (Lei nº 7.766, de 1989, art. 10).

CAPÍTULO III

DA BASE DE CÁLCULO E DA ALÍQUOTA

Da Base de Cálculo

Art. 38. A base de cálculo do IOF é o preço de aquisição do ouro, desde que dentro dos limites de variação da cotação vigente no mercado doméstico, no dia da operação (Lei nº 7.766, de 1989, art. 9º).

Parágrafo único. Tratando-se de ouro físico, oriundo do exterior, o preço de aquisição, em moeda nacional, será determinado com base no valor de mercado doméstico na data do desembaraço aduaneiro.

Da Alíquota

Art. 39. A alíquota do IOF é de um por cento sobre o preço de aquisição (Lei nº 7.766, de 1989, art. 4º, parágrafo único).

CAPÍTULO IV

DA COBRANÇA E DO RECOLHIMENTO

Art. 40. O IOF será cobrado na data da primeira aquisição do ouro, ativo financeiro, efetuada por instituição financeira, integrante do Sistema Financeiro Nacional (Lei nº 7.766, de 1989, art. 8º).

§ 1º O IOF deve ser recolhido ao Tesouro Nacional até o terceiro dia útil subsequente ao decêndio de ocorrência dos fatos geradores (Lei nº 11.196, de 2005, art. 70, inciso II, alínea *a*).

§ 2º O recolhimento do IOF deve ser efetuado no Município produtor ou no Município em que estiver localizado o estabelecimento-matriz do contribuinte, devendo ser indicado, no documento de arrecadação, o Estado ou o Distrito Federal e o Município, conforme a origem do ouro (Lei nº 7.766, de 1989, art. 12).

§ 3º Tratando-se de ouro oriundo do exterior, considera-se Município e Estado de origem o de ingresso do ouro no País (Lei nº 7.766, de 1989, art. 6º).

§ 4º A pessoa jurídica adquirente fará constar da nota de aquisição o Estado ou o Distrito Federal e o Município de origem do ouro (Lei nº 7.766, de 1989, art. 7º).

TÍTULO VII – DAS DISPOSIÇÕES GERAIS E FINAIS

CAPÍTULO I

DAS OBRIGAÇÕES ACESSÓRIAS

Manutenção de Informações

Art. 41. As pessoas jurídicas que efetuarem operações sujeitas à incidência do IOF devem manter à disposição da fiscalização, pelo prazo prescricional, as seguintes informações:

I – relação diária das operações tributadas, com elementos identificadores da operação (beneficiário, espécie, valor e prazo) e o somatório diário do tributo;

II – relação diária das operações isentas ou tributadas à alíquota zero, com elementos identificadores da operação (beneficiário, espécie, valor e prazo);

III – relação mensal dos empréstimos em conta, inclusive excessos de limite, de prazo de até trezentos e sessenta e quatro dias, tributados com base no somatório dos saldos devedores diários, apurado no último dia de cada mês, contendo nome do beneficiário, somatório e valor do IOF cobrado;

IV – relação mensal dos adiantamentos a depositantes, contendo nome do devedor, valor e data de cada parcela tributada e valor do IOF cobrado;

V – relação mensal dos excessos de limite, relativos aos contratos com prazo igual ou superior a trezentos e sessenta e cinco dias ou com prazo indeterminado, contendo nome do mutuário, limite, valor dos excessos tributados e datas das ocorrências.

Parágrafo único. Além das exigências previstas nos incisos I e II, as seguradoras deverão manter arquivadas as informações que instruírem a cobrança bancária.

Art. 42. Serão efetuados de forma centralizada pelo estabelecimento-matriz da pessoa jurídica os recolhimentos do imposto, ressalvado o disposto nos §§ 2º e 3º do art. 40.

Parágrafo único. O estabelecimento-matriz deverá manter registros que segreguem as operações de cada estabelecimento cobrador e que permitam demonstrar, com clareza, cada recolhimento efetuado.

Registro Contábil do Imposto

Art. 43. Nas pessoas jurídicas responsáveis pela cobrança e pelo recolhimento, o IOF cobrado é creditado em título contábil próprio e subtítulos adequados à natureza de cada incidência do imposto.

LEG. COMPLEMENTAR

Art. 44. A conta que registra a cobrança do IOF é debitada somente:

I – no estabelecimento cobrador, pela transferência para o estabelecimento centralizador do recolhimento do imposto;

II – no estabelecimento centralizador do imposto, pelo recolhimento ao Tesouro Nacional do valor arrecadado, observados os prazos regulamentares;

III – por estorno, até a data do recolhimento ao Tesouro Nacional, de registro de qualquer natureza feito indevidamente no período, ficando a documentação comprobatória arquivada no estabelecimento que o processar, à disposição da fiscalização.

Obrigações do Responsável

Art. 45. Para efeito de reconhecimento da aplicabilidade de isenção ou alíquota reduzida, cabe ao responsável pela cobrança e recolhimento do IOF exigir:

- *Caput* com a redação dada pelo Dec. nº 7.487, de 23-5-2011.

I – no caso de cooperativa, declaração, em duas vias, por ela firmada de que atende aos requisitos da legislação cooperativista (Lei nº 5.764, de 16 de dezembro de 1971);

II – no caso de empresas optantes pelo Simples Nacional, o mutuário da operação de crédito deverá apresentar à pessoa jurídica mutuante declaração, em duas vias, de que se enquadra como pessoa jurídica sujeita ao regime tributário de que trata a Lei Complementar nº 123, de 2006, e que o signatário é seu representante legal e está ciente de que a falsidade na prestação desta informação o sujeitará, juntamente com as demais pessoas que para ela concorrem, às penalidades previstas na legislação criminal e tributária, relativas à falsidade ideológica (art. 299 do Código Penal) e ao crime contra a ordem tributária (Lei nº 8.137, de 27 de dezembro de 1990, art. 1º);

III – nos demais casos, a documentação exigida pela legislação específica.

Parágrafo único. Nas hipóteses dos incisos I e II, o responsável pela cobrança do IOF arquivará a 1ª via da declaração, em ordem alfabética, que ficará à disposição da Secretaria da Receita Federal do Brasil, devendo a 2ª via ser devolvida como recibo.

Ouro – Documentário Fiscal

Art. 46. As operações com ouro, ativo financeiro, ou instrumento cambial, e a sua destinação, devem ser comprovadas mediante documentário fiscal instituído pela Secretaria da Receita Federal do Brasil (Lei nº 7.766, de 1989, art. 3º).

Parágrafo único. O transporte do ouro, ativo financeiro, para qualquer parte do território nacional, será acobertado exclusivamente por nota fiscal integrante da documentação mencionada (Lei nº 7.766, de 1989, art. 3º, § 1º).

CAPÍTULO II
DAS PENALIDADES E ACRÉSCIMOS MORATÓRIOS

Do Pagamento ou Recolhimento Fora dos Prazos

Art. 47. O IOF não pago ou não recolhido no prazo previsto neste Decreto será acrescido de (Lei nº 9.430, de 27 de dezembro de 1996, art. 5º, § 3º, e art. 61):

I – juros de mora equivalentes à taxa referencial SELIC, para títulos federais, acumulada mensalmente, calculados a partir do primeiro dia do mês subsequente ao do vencimento da obrigação até o último dia do mês anterior ao do pagamento e de um por cento no mês do pagamento;

II – multa de mora, calculada à taxa de 0,33%, por dia de atraso, limitada a vinte por cento.

Parágrafo único. A multa de que trata o inciso II será calculada a partir do primeiro dia subsequente ao do vencimento do prazo previsto para o pagamento ou recolhimento do IOF.

Aplicação de Acréscimos de Procedimento Espontâneo

Art. 48. A pessoa física ou jurídica submetida a ação fiscal por parte da Secretaria da Receita Federal do Brasil poderá pagar, até o vigésimo dia subsequente à data de recebimento do termo de início de fiscalização, o IOF já declarado, de que for sujeito passivo como contribuinte ou responsável, com os acréscimos legais aplicáveis nos casos de procedimento espontâneo (Lei nº 9.430, de 1996, art. 47, e Lei nº 9.532, de 1997, art. 70, inciso II).

Do Lançamento de Ofício

Art. 49. Nos casos de lançamento de ofício, será aplicada multa de setenta e cinco por cento sobre a totalidade ou diferença do imposto, nos casos de falta de pagamento ou recolhimento, de falta de declaração e nos de declaração inexata (Lei nº 9.430, de 1996, art. 44, inciso I).

Parágrafo único. O percentual de multa de que trata o *caput* será duplicado nos casos previstos nos arts. 71, 72 e 73 da Lei nº 4.502, de 30 de novembro de 1964, independentemente de outras penalidades administrativas ou criminais cabíveis (Lei nº 9.430, de 1996, art. 44, § 1º).

Agravamento de Penalidade

Art. 50. Os percentuais de multa a que se referem o *caput* e parágrafo único do art. 49 serão aumentados de metade, nos casos de não atendimento pelo sujeito passivo, no prazo marcado, de intimação para (Lei nº 9.430, de 1996, art. 44, § 2º:

I – prestar esclarecimentos;

II – apresentar os arquivos ou sistemas de que tratam os arts. 11 e 12 da Lei nº 8.218, de 29 de agosto de 1991, alterados pelo art. 72 da Medida Provisória nº 2.158-35, de 2001;

III – apresentar a documentação técnica de que trata o art. 38 da Lei nº 9.430, de 1996.

Débitos com Exigibilidade Suspensa por Medida Judicial

Art. 51. Não caberá lançamento de multa de ofício na constituição do crédito tributário destinada a prevenir a decadência, cuja exigibilidade houver sido suspensa na forma dos incisos IV e V do art. 151 da Lei nº 5.172, de 1966 (Lei nº 9.430, de 1996, art. 63, e Medida Provisória nº 2.158-35, de 2001, art. 70).

§ 1º O disposto neste artigo aplica-se, exclusivamente, aos casos em que a suspensão da exigibilidade do débito tenha ocorrido antes do início de qualquer procedimento de ofício a ele relativo (Lei nº 9.430, de 1996, art. 63, § 1º).

§ 2º A interposição da ação judicial favorecida com a medida liminar interrompe a incidência da multa de mora, desde a concessão da medida judicial, até trinta dias após a data da publicação da decisão judicial que considerar devido o imposto (Lei nº 9.430, de 1996, art. 63, § 2º).

§ 3º No caso de depósito judicial do valor integral do débito, efetuado tempestivamente, fica afastada também a incidência de juros de mora.

Redução de Penalidade

Art. 52. Será concedida redução de cinquenta por cento da multa de lançamento de ofício ao contribuinte que, notificado, efetuar o pagamento do débito no prazo legal de impugnação (Lei nº 8.218, de 1991, art. 6º, e Lei nº 9.430, de 1996, art. 44, § 3º).

§ 1º Se houver impugnação tempestiva, a redução será de trinta por cento se o pagamento do débito for efetuado dentro de trinta dias da ciência da decisão de primeira instância (Lei nº 8.218, de 1991, art. 6º, parágrafo único).

§ 2º Será concedida redução de quarenta por cento da multa de lançamento de ofício ao contribuinte que, notificado, requerer o parcelamento do débito no prazo legal de impugnação, observado que (Lei nº 8.383, de 1991, art. 60):

I – havendo impugnação tempestiva, a redução será de vinte por cento se o parcelamento for requerido dentro de trinta dias da ciência da decisão da primeira instância (Lei nº 8.383, de 1991, art. 60, § 1º);

II – a rescisão do parcelamento, motivada pelo descumprimento das normas que o regulam, implicará restabelecimento do montante da multa proporcionalmente ao valor da receita não satisfeito (Lei nº 8.383, de 1991, art. 60, § 2º).

Infrações às Normas Relativas à Prestação de Informações

Art. 53. O descumprimento das obrigações acessórias exigidas nos termos do art. 16 da Lei nº 9.779, de 1999, acarretará a aplicação das seguintes penalidades (Medida Provisória nº 2.158-35, de 2001, art. 57):

I – R$ 5.000,00 (cinco mil reais) por mês-calendário, relativamente às pessoas jurídicas que deixarem de fornecer, nos prazos estabelecidos, as informações ou esclarecimentos solicitados;

II – cinco por cento, não inferior a R$ 100,00 (cem reais), do valor das transações comerciais ou das operações financeiras, próprias da pessoa jurídica ou de terceiros em relação aos quais seja responsável tributário, no caso de informação omitida, inexata ou incompleta.

Casos Especiais de Infração

Art. 54. Sem prejuízo da pena criminal cabível, são aplicáveis ao contribuinte ou ao responsável pela cobrança e pelo recolhimento do IOF as seguintes multas (Lei nº 5.143, de 1966, art. 6º, Decreto-Lei nº 2.391, de 18 de dezembro de 1987, Lei nº 7.730, de 31 de janeiro de 1989, art. 27, Lei nº 7.799, de 10 de setembro de 1989, art. 66, Lei nº 8.178, de 1º de março de 1991, art. 21, Lei nº 8.218, de 1991, arts. 4º a 6º e 10, Lei nº 8.383, de 1991, arts. 3º e 60, Lei nº 9.249, de 1995, art. 30):

I – R$ 2.867,30 (dois mil oitocentos e sessenta e sete reais e trinta centavos) pela falsificação ou adulteração de guia, livro ou outro papel necessário ao registro ou recolhimento do IOF ou pela coautoria na prática de qualquer dessas faltas;

II – R$ 2.007,11 (dois mil e sete reais e onze centavos) pelo embaraço ou impedimento da ação fiscalizadora, ou pela recusa da exibição de livros, guias ou outro papel necessário ao registro ou recolhimento do IOF, quando solicitados pela fiscalização.

Bolsas de Valores, de Mercadorias, de Futuros e Assemelhadas

Art. 55. A inobservância do prazo a que se refere o § 3º do art. 59 sujeitará as bolsas de valores, de mercadorias, de futuros e assemelhadas à multa de R$ 828,70 (oitocentos e vinte e oito reais e setenta centavos) por dia útil de atraso (Lei nº 8.021, de 12 de abril de 1990, art. 7º, § 1º, Lei nº 8.178, de 1991, art. 21, Lei nº 8.218, de 1991, art. 10, Lei nº 8.383, de 1991, art. 3º, e Lei nº 9.249, de 1995, art. 30).

Ouro – Apreensão

Art. 56. O ouro, ativo financeiro, ou instrumento cambial acompanhado por documentação fiscal irregular será objeto de apreensão pela Secretaria da Receita Federal do Brasil (Lei nº 7.766, de 1989, art. 3º, § 2º).

§ 1º Feita a apreensão do ouro, será intimado imediatamente o seu proprietário, possuidor ou detentor a apresentar, no prazo de vinte e quatro horas, os documentos comprobatórios da regularidade da operação.

§ 2º Decorrido o prazo da intimação sem que sejam apresentados os documentos exigidos ou, se apresentados, não satisfizerem os requisitos legais, será lavrado auto de infração.

Art. 57. O ouro, ativo financeiro, ou instrumento cambial apreendido poderá ser restituído, antes do julgamento definitivo do processo, a requerimento da parte, depois de sanadas as irregularidades que motivaram a apreensão.

Parágrafo único. Na hipótese de falta de identificação do contribuinte, o ouro apreendido poderá ser restituído, a requerimento do responsável em cujo poder for encontrado, mediante depósito do valor do IOF e da multa aplicável no seu grau máximo ou de prestação de fiança idônea.

Art. 58. Depois do trânsito em julgado da decisão administrativa, o ouro, ativo financeiro, ou instrumento cambial que não for retirado dentro de trinta dias, contados da data da ciência da intimação do último despacho, ficará sob a guarda do Banco Central do Brasil em nome da União e, transcorrido o quinquênio prescricional, será incorporado ao patrimônio do Tesouro Nacional.

CAPÍTULO III
DA FISCALIZAÇÃO DO IOF

Art. 59. Compete à Secretaria da Receita Federal do Brasil a administração do IOF, incluídas as atividades de arrecadação, tributação e fiscalização (Decreto-Lei nº 2.471, de 1988, art. 3º).

§ 1º No exercício de suas atribuições, a Secretaria da Receita Federal do Brasil, por intermédio de seus agentes fiscais, poderá proceder ao exame de documentos, livros e registros dos contribuintes do IOF e dos responsáveis pela sua cobrança e recolhimento, independentemente de instauração de processo (Decreto-Lei nº 2.471, de 1988, art. 3º, § 1º).

§ 2º A autoridade fiscal do Ministério da Fazenda poderá proceder a exames de documentos, livros e registros das bolsas de valores, de mercadorias, de futuros e assemelhadas, bem como solicitar a prestação de esclarecimentos e informações a respeito de operações por elas praticadas, inclusive em relação a terceiros (Lei nº 8.021, de 1990, art. 7º).

§ 3º As informações a que se refere o § 2º deverão ser prestadas no prazo máximo de dez dias úteis contados da data da solicitação (Lei nº 8.021, de 1990, art. 7º, § 1º).

§ 4º As informações obtidas com base neste artigo somente poderão ser utilizadas para efeito de verificação do cumprimento de obrigações tributárias (Lei nº 8.021, de 1990, art. 7º, § 2º).

§ 5º As informações, fornecidas de acordo com as normas regulamentares expedidas pelo Ministério da Fazenda, deverão ser prestadas no prazo máximo de dez dias úteis contados da data da ciência da solicitação, aplicando-se, no caso de descumprimento desse prazo, a penalidade prevista no art. 55 deste Decreto.

Art. 60. No processo administrativo fiscal, compreendendo os procedimentos destinados à determinação e exigência do IOF, à imposição de penalidades, repetição de indébito, à solução de consultas, e no procedimento de compensação do imposto, observar-se-á a legislação prevista para os tributos federais e normas baixadas pela Secretaria da Receita Federal do Brasil.

CAPÍTULO IV
DA COMPENSAÇÃO E DA RESTITUIÇÃO

Art. 61. Nos casos de pagamento indevido ou a maior do imposto, mesmo quando resultante de reforma, anulação, revogação ou rescisão de decisão condenatória, o contribuinte ou o responsável tributário, quando este assumir o ônus do imposto ou estiver expressamente autorizado, poderá requerer a restituição desse valor, observadas as instruções expedidas pela Secretaria da Receita Federal do Brasil (Lei nº 5.172, de 1966, art. 165).

Art. 62. O sujeito passivo que apurar crédito de IOF, inclusive os judiciais com trânsito em julgado, passível de restituição, poderá utilizá-lo na compensação de débitos próprios relativos a quaisquer tributos e contribuições administrados pela Secretaria da Receita Federal do Brasil (Lei nº 9.430, de 1996, art. 74, Lei nº 10.637, de 30 de dezembro de 2002, art. 49, Lei nº 10.833, de 29 de dezembro de 2003, art 17, e Lei nº 11.051, de 29 de dezembro de 2004, art. 4º).

§ 1º A compensação de que trata este artigo será efetuada mediante a entrega, pelo sujeito passivo, de declaração na qual constarão informações relativas aos créditos utilizados e aos respectivos débitos compensados.

§ 2º A compensação declarada à Secretaria da Receita Federal do Brasil extingue o crédito tributário, sob condição resolutória de sua ulterior homologação.

§ 3º O prazo para homologação da compensação declarada pelo sujeito passivo será de cinco anos, contado da data da entrega da declaração de compensação.

§ 4º A declaração de compensação constitui confissão de dívida e instrumento hábil e suficiente para a exigência dos débitos indevidamente compensados.

§ 5º Não homologada a compensação, a autoridade administrativa deverá cientificar o sujeito passivo e intimá-lo a efetuar, no prazo de trinta dias, contado da ciência do ato que não a homologou, o pagamento dos débitos indevidamente compensados.

§ 6º Não efetuado o pagamento no prazo previsto no § 5º, o débito será encaminhado à Procuradoria-Geral da Fazenda Nacional para inscrição em Dívida Ativa da União, ressalvado o disposto no § 7º.

§ 7º É facultado ao sujeito passivo, no prazo referido no § 5º, apresentar manifestação de inconformidade contra a não homologação da compensação.

§ 8º Da decisão que julgar improcedente a manifestação de inconformidade caberá recurso ao Conselho de Contribuintes.

§ 9º A manifestação de inconformidade e o recurso de que tratam os §§ 7º e 8º obedecerão ao rito processual do Decreto nº 70.235, de 6 de março de 1972, e enquadram-se no disposto no inciso III do art. 151 da Lei nº 5.172, de 1966, relativamente ao débito objeto da compensação.

Art. 63. O valor a ser restituído ou compensado será acrescido de juros equivalentes à taxa referencial SELIC, para títulos federais, acumulada mensalmente, calculados a partir do mês subsequente ao do pagamento indevido ou a maior até o mês anterior ao da compensação ou restituição e de um por cento relativamente ao mês em que esta estiver sendo efetuada (Lei nº 9.250, de 1995, art. 39, § 3º, e Lei nº 9.532, de 1997, art. 73).

CAPÍTULO V
DAS DISPOSIÇÕES FINAIS

Art. 64. Não configura fato gerador o registro decorrente de erro formal ou contábil, devendo, nesta hipótese, ser mantida à disposição da fiscalização a documentação comprobatória e ser promovida a regularização pertinente.

Art. 65. É vedada a concessão de parcelamento de débitos relativos ao IOF, retido e não recolhido ao Tesouro Nacional (Lei nº 10.522, de 19 de julho de 2002, art. 14, e Lei nº 11.051, de 2004, art. 4º).

Parágrafo único. É vedada, igualmente, a concessão de parcelamento de débitos enquanto não integralmente pago parcelamento anterior, relativo ao mesmo tributo.

Art. 66. Compete à Secretaria da Receita Federal do Brasil editar os atos necessários à execução do disposto neste Decreto.

Art. 67. Este Decreto entra em vigor na data de sua publicação.

Art. 68. Ficam revogados os Decretos nº 4.494, de 3 de dezembro de 2002, e nº 5.172, de 6 de agosto de 2004.

Brasília, 14 de dezembro de 2007;
186º da Independência e
119º da República.

Luiz Inácio Lula da Silva

ANEXO

Nº de dias	% LIMITE DO RENDIMENTO
01	96
02	93
03	90
04	86
05	83
06	80
07	76
08	73
09	70
10	66
11	63
12	60
13	56
14	53
15	50
16	46
17	43
18	40
19	36
20	33
21	30
22	26
23	23
24	20
25	16
26	13
27	10
28	06
29	03
30	00

LEI Nº 11.636, DE 28 DE DEZEMBRO DE 2007

Dispõe sobre as custas judiciais devidas no âmbito do Superior Tribunal de Justiça.

• Publicada no *DOU* de 28-12-2007, Edição Extra.

Art. 1º Esta Lei dispõe sobre a incidência e a cobrança das custas devidas à União que tenham como fato gerador a prestação de serviços públicos de natureza forense, no âmbito do Superior Tribunal de Justiça, nos processos de competência originária ou recursal.

Art. 2º Os valores e as hipóteses de incidência das custas são os constantes do Anexo desta Lei.

Parágrafo único. Os valores das custas judiciais do Superior Tribunal de Justiça constantes das Tabelas do Anexo desta Lei serão corrigidos anualmente pela variação do Índice Nacional de Preços ao Consumidor Amplo – IPCA, do IBGE, observado o disposto no art. 15 desta Lei.

Art. 3º As custas previstas nesta Lei não excluem as despesas estabelecidas em legislação processual específica, inclusive o porte de remessa e retorno dos autos.

Art. 4º O pagamento das custas deverá ser feito em bancos oficiais, mediante preenchimento de guia de recolhimento de receita da União, de conformidade com as normas estabelecidas pela Secretaria da Receita Federal do Ministério da Fazenda e por resolução do presidente do Superior Tribunal de Justiça.

Art. 5º Exceto em caso de isenção legal, nenhum feito será distribuído sem o respectivo preparo, nem se praticarão nele atos processuais, salvo os que forem ordenados de ofício pelo relator.

Parágrafo único. O preparo compreende todos os atos do processo, inclusive a baixa dos autos.

Art. 6º Quando autor e réu recorrerem, cada recurso estará sujeito a preparo integral e distinto, composto de custas e porte de remessa e retorno.

§ 1º Se houver litisconsortes necessários, bastará que um dos recursos seja preparado para que todos sejam julgados, ainda que não coincidam suas pretensões.

§ 2º Para efeito do disposto no § 1º deste artigo, o assistente é equiparado ao litisconsorte.

§ 3º O terceiro prejudicado que recorrer fará o preparo do seu recurso, independentemente do preparo dos recursos que, porventura, tenham sido interpostos pelo autor ou pelo réu.

Art. 7º Não são devidas custas nos processos de *habeas data*, *habeas corpus* e recursos em *habeas corpus*, e nos demais processos criminais, salvo a ação penal privada.

Art. 8º Não haverá restituição das custas quando se declinar da competência do Superior Tribunal de Justiça para outros órgãos jurisdicionais.

Art. 9º Quando se tratar de feitos de competência originária, o comprovante do recolhimento das custas deverá ser apresentado na unidade competente do Superior Tribunal de Justiça, no ato de protocolo.

Art. 10. Quando se tratar de recurso, o recolhimento do preparo, composto de custas e porte de remessa e retorno, será feito no tribunal de origem, perante as suas secretarias e no prazo da sua interposição.

Parágrafo único. Nenhum recurso subirá ao Superior Tribunal de Justiça, salvo caso de isenção, sem a juntada aos autos do comprovante de recolhimento do preparo.

Art. 11. O abandono ou desistência do feito, ou a existência de transação que lhe ponha termo, em qualquer fase do processo, não dispensa a parte do pagamento das custas nem lhe dá o direito à restituição.

Art. 12. Extinto o processo, se a parte responsável pelo pagamento das custas ou porte de remessa e retorno, devidamente intimada, não o fizer dentro de 15 (quinze) dias, o responsável pela unidade administrativa competente do órgão julgador a que estiver afeto o processo encaminhará os elementos necessários ao relator e este à Procuradoria-Geral da Fazenda Nacional, para sua inscrição como dívida ativa da União.

Art. 13. A assistência judiciária, perante o Superior Tribunal de Justiça, será requerida ao presidente antes da distribuição, e, nos demais casos, ao relator.

Parágrafo único. Prevalecerá no Superior Tribunal de Justiça a assistência judiciária já concedida em outra instância.

Art. 14. O regimento interno do Superior Tribunal de Justiça disporá sobre os atos complementares necessários ao cumprimento desta Lei.

Art. 15. Esta Lei entra em vigor na data de sua publicação, produzindo efeitos respeitando-se o disposto nas alíneas *b* e *c* do inciso III do *caput* do art. 150 da Constituição Federal.

Brasília, 28 de dezembro de 2007;
186º da Independência e
119º da República.

Luiz Inácio Lula da Silva

ANEXO I

• Anexo I com a redação dada pela Res. do STJ nº 4, de 1º-2-2013.

TABELA DE CUSTAS JUDICIAIS DO SUPERIOR TRIBUNAL DE JUSTIÇA
TABELA "A"
FEITOS DE COMPETÊNCIA ORIGINÁRIA

FEITO	VALOR (em R$)
I – Ação Penal	131,87
II – Ação Rescisória	263,75
III – Comunicação	65,94
IV – Conflito de Competência	65,94
V – Conflito de Atribuições	65,94
VI – Exceção de Impedimento	65,94
VII – Exceção de Suspeição	65,94

LEG. COMPLEMENTAR

FEITO	VALOR (em R$)
VIII – Exceção da Verdade	65,94
IX – Inquérito	65,94
X – Interpelação Judicial	65,94
XI – Intervenção Federal	65,94
XII – Mandado de Injunção	65,94
XIII – Mandado de Segurança: *a)* um impetrante *b)* mais de um impetrante (cada excedente)	 131,87 65,94
XIV – Medida Cautelar	263,75
XV – Petição	263,75
XVI – Reclamação	65,94
XVII – Representação	65,94
XVIII – Revisão Criminal	263,75
XIX – Suspensão de Liminar e de Sentença	263,75
XX – Suspensão de Segurança	131,87
XXI – Embargos de Divergência	65,94
XXII – Ação de Improbidade Administrativa	65,94
XXIII – Homologação de Sentença Estrangeira	131,87

TABELA "B"
RECURSOS INTERPOSTOS EM INSTÂNCIA INFERIOR

RECURSO	VALOR (em R$)
I – Recurso em Mandado de Segurança	131,87
II – Recurso Especial	131,87
III – Apelação Cível (art. 105, inciso II, alínea *c*, da Constituição Federal)	263,75

TABELA "C"
PORTE DE REMESSA E RETORNO DOS AUTOS

Sede do Tribunal Número de folhas (kg)	DF	GO/MG/TO	MT/MS/ RJ/SP	BA/ES/PR/ PI/SC/SE	AL/MA/ PA/RS	AP/AM/CE/ PB/PE/RN/RO	AC/RR
	R$	R$	R$	R$	R$	R$	R$
Até 180 (1 kg)	30,80	47,00	64,00	78,00	87,00	93,80	111,40
181 a 360 (2 kg)	33,60	55,60	73,40	93,40	104,00	113,20	139,00
361 a 540 (3 kg)	36,20	64,00	84,20	109,80	121,40	133,80	168,80
541 a 720 (4 kg)	39,20	72,40	93,00	125,80	139,00	154,60	198,60
721 a 900 (5 kg)	41,40	79,40	102,60	140,80	156,20	174,40	227,40
901 a 1.080 (6 kg)	44,00	86,40	112,60	153,00	171,20	194,40	252,20
1.081 a 1.260 (7 kg)	46,80	94,80	124,00	170,20	191,60	216,80	280,00
Acima de 1.260 fls. por lote adicional de 180 folhas	2,80	8,40	11,40	17,20	20,40	22,40	27,80

ANEXO II

• Anexo II com a redação dada pela Port. do STJ nº 4, de 5-2-2013.

TRIBUNAIS QUE ADERIRAM À DEVOLUÇÃO ELETRÔNICA DE AUTOS

Tribunal
Tribunal Regional Federal da 1ª Região
Tribunal Regional Federal da 3ª Região
Tribunal de Justiça do Distrito Federal e dos Territórios
Tribunal de Justiça do Estado de Alagoas
Tribunal de Justiça do Estado da Bahia
Tribunal de Justiça do Estado de Minas Gerais
Tribunal de Justiça do Estado da Paraíba
Tribunal de Justiça do Estado do Paraná
Tribunal de Justiça do Estado do Rio Grande do Norte
Tribunal de Justiça do Estado de Rondônia

Tribunal de Justiça do Estado de Santa Catarina
Tribunal de Justiça do Estado de São Paulo
Tribunal de Justiça do Estado de Sergipe
Tribunal de Justiça do Estado do Tocantins

DECRETO Nº 6.433, DE 15 DE ABRIL DE 2008

Institui o Comitê Gestor do Imposto sobre a Propriedade Territorial Rural – CGITR e dispõe sobre a forma de opção de que trata o inciso III do § 4º do art. 153 da Constituição, pelos Municípios e pelo Distrito Federal, para fins de fiscalização e cobrança do Imposto sobre a Propriedade Territorial Rural – ITR, e dá outras providências.

- Publicado no *DOU* de 16-4-2008.

Art. 1º Fica instituído o Comitê Gestor do Imposto sobre a Propriedade Territorial Rural – CGITR com a atribuição de dispor sobre matérias relativas à opção pelos Municípios e pelo Distrito Federal para fins de fiscalização, inclusive a de lançamento de créditos tributários, e de cobrança do Imposto sobre a Propriedade Territorial Rural – ITR, de que trata o inciso III do § 4º do art. 153 da Constituição, bem assim com competência para administrar a operacionalização da opção.

Art. 2º O CGITR será composto por seis membros, sendo:

I – três representantes da administração tributária federal; e

II – três representantes de Municípios ou Distrito Federal.

- Inciso II com a redação dada pelo Dec. nº 6.621, de 29-10-2008.

§ 1º Os representantes e respectivos suplentes, de que trata o inciso II, serão indicados pelas seguintes entidades:

I – Confederação Nacional dos Municípios;

II – Associação Brasileira dos Municípios; e

III – Frente Nacional dos Prefeitos.

§ 2º Cada uma das entidades referidas no § 1º indicará um representante e seu suplente.

§ 3º O Ministro de Estado da Fazenda designará, no prazo de dez dias da publicação deste Decreto, os componentes do CGITR, indicando, dentre os representantes de que trata o inciso I do *caput*, o Presidente e o seu substituto.

§ 4º A instalação do CGITR ocorrerá no prazo de até dez dias após a designação de seus componentes.

§ 5º Caso as entidades de representação referidas no inciso II do *caput* deixem de existir, competirá ao Ministro da Fazenda redistribuir a respectiva vaga entre as entidades remanescentes ou escolher outra entidade congênere que esteja regularmente constituída há pelo menos um ano da vacância ocorrida.

§ 6º A Procuradoria-Geral da Fazenda Nacional participará do CGITR, sem direito a voto, prestando-lhe o apoio e assessoramento jurídico necessários.

Art. 3º Incumbe ao Presidente do CGITR:

I – convocar e presidir as reuniões;

II – coordenar e supervisionar os trabalhos; e

III – emitir voto de qualidade em caso de empate.

Art. 4º O CGITR poderá instituir grupos técnicos para execução de suas atividades.

§ 1º O ato de instituição do grupo estabelecerá seus objetivos específicos, sua composição e prazo de duração.

§ 2º Poderão ser convidados a participar dos trabalhos dos grupos técnicos representantes de órgãos e entidades, públicas ou privadas, e dos Poderes Legislativo e Judiciário.

Art. 5º O CGITR deliberará, por maioria simples, mediante resolução.

Art. 6º As deliberações do CGITR que aprovem o seu regimento interno e suas alterações deverão ocorrer por maioria absoluta de seus componentes.

Art. 7º O CGITR contará com uma Secretaria-Executiva, provida pela Secretaria da Receita Federal do Brasil, para o fornecimento de apoio institucional e técnico-administrativo necessários ao desempenho de suas competências.

Parágrafo único. Compete à Secretaria-Executiva:

I – promover o apoio e os meios necessários à execução dos trabalhos;

II – prestar assistência direta ao Presidente;

III – preparar as reuniões;

IV – acompanhar a implementação das deliberações; e

V – exercer outras atividades que lhe sejam atribuídas pelo CGITR.

Art. 8º As despesas de deslocamento e estada dos componentes do CGITR, dos técnicos designados para a execução de atividades a ele relacionadas e dos componentes dos grupos técnicos serão custeadas pelos respectivos órgãos ou entidades referidas no art. 2º.

Art. 9º A função de membro do CGITR não será remunerada, sendo seu exercício considerado de relevante interesse público.

Art. 10. A celebração de convênio da União, por intermédio da Secretaria da Receita Federal do Brasil, com os Municípios e o Distrito Federal para efeito de delegação das atribuições de fiscalização, lançamento de ofício e cobrança do ITR, estará condicionada:

I – à protocolização, pelo Município ou pelo Distrito Federal, do termo de opção; e

- Inciso I com a redação dada pelo Dec. nº 6.621, de 29-10-2008.

II – ao cumprimento dos requisitos e condições necessários à celebração do convênio,

§ 1º O termo de opção previsto neste artigo, na forma definida pelo CGITR, será exercido exclusivamente por meio eletrônico, com assinatura eletrônica do Distrito Federal ou do Município optante, mediante utilização de certificado digital válido, e estará disponível no portal do ITR, na página da Secretaria da Receita Federal do Brasil na internet, no endereço eletrônico <http://www.receita.fazenda.gov.br>.

- § 1º com a redação dada pelo Dec. nº 6.621, de 29-10-2008.

§ 2º Cumpridas as exigências previstas nos incisos I e II do *caput*, a opção produzirá efeitos, de forma irretratável, a partir do primeiro dia útil do segundo mês subsequente à data da sua realização.

- § 2º com a redação dada pelo Dec. nº 6.770, de 10-2-2009.

I – no mesmo ano-calendário, se realizada no mês de janeiro; ou

II – a partir do ano-calendário subsequente, se realizada nos demais meses.

- Incisos I e II acrescidos pelo Dec. nº 6.621, de 29-10-2008.

§ 3º O Município ou o Distrito Federal optante fará jus à totalidade do produto da arrecadação do ITR referente aos imóveis rurais nele situados, a partir do momento disciplinado no convênio.

§ 4º O portal do ITR conterá a relação dos optantes, as informações e os aplicativos relacionados com o ITR, inclusive os modelos de documentos utilizados nas atividades de fiscalização e cobrança do imposto.

• §§ 3º e 4º com a redação dada pelo Dec. nº 6.621, de 29-10-2008.

§ 5º O indeferimento da opção será formalizado pelo CGITR, observado o devido procedimento estabelecido na legislação federal.

§ 6º A opção de que trata o *caput* não poderá implicar redução do imposto ou qualquer outra forma de renúncia fiscal.

§ 7º Ressalvada a hipótese prevista no art. 11, a opção pelo convênio será automaticamente prorrogada para os anos-calendário seguintes.

• § 7º acrescido pelo Dec. nº 6.621, de 29-10-2008.

Art. 11. O convênio poderá ser denunciado a qualquer tempo, na forma disciplinada pelo CGITR:

I – pelo Município ou pelo Distrito Federal, por simples desistência de sua opção; ou

• Inciso I com a redação dada pelo Dec. nº 6.621, de 29-10-2008.

II – pela União, por intermédio da Secretaria da Receita Federal do Brasil, no caso de inobservância das condições estabelecidas no inciso II do art. 10.

Parágrafo único. A denúncia do convênio, em qualquer caso, produzirá efeitos a partir de 1º de janeiro do ano subsequente àquele em que ocorrer a denúncia.

Art. 12. Compete à Secretaria da Receita Federal do Brasil dispor sobre as obrigações acessórias relativas ao ITR, inclusive, estabelecendo forma, prazo e condições para o seu cumprimento, observadas as resoluções do CGITR.

Art. 13. O CGITR definirá o sistema de repasses do total arrecadado, inclusive encargos legais, para o Distrito Federal ou para os Municípios optantes.

• *Caput* com a redação dada pelo Dec. nº 6.621, de 29-10-2008

Parágrafo único. Enquanto o CGITR não regulamentar o prazo para o repasse previsto no *caput*, esse repasse será efetuado nas mesmas condições e datas em que são transferidos decendialmente os recursos do Fundo de Participação dos Municípios, vedada qualquer forma de retenção ou condição suspensiva da transferência.

Art. 14. O CGITR regulará o modo pelo qual será solicitado o pedido de restituição dos valores do ITR recolhidos indevidamente ou em montante superior ao devido.

Art. 15. O contencioso administrativo relativo ao ITR observará a legislação tributária federal.

§ 1º No caso de impugnação e recursos, deverão eles ser protocolizados na administração tributária municipal, que procederá à devida instrução do processo administrativo fiscal e os encaminhará à unidade de julgamento da Secretaria da Receita Federal do Brasil.

§ 2º As consultas relativas ao ITR serão solucionadas somente pela Receita Federal do Brasil.

Art. 16. Os processos relativos ao ITR serão ajuizados em face da União, que será representada em juízo pela Procuradoria-Geral da Fazenda Nacional.

§ 1º Os Municípios e o Distrito Federal prestarão auxílio sobre matéria de fato à Procuradoria-Geral da Fazenda Nacional, em relação aos atos de fiscalização e cobrança derivados da opção a que se refere este Decreto, na forma a ser disciplinada em ato do CGITR.

§ 2º Os créditos tributários oriundos da aplicação deste Decreto serão apurados, inscritos em Dívida Ativa da União e cobrados judicialmente pela Procuradoria-Geral da Fazenda Nacional, sendo os valores correspondentes transferidos aos Municípios ou ao Distrito Federal na exata razão da fiscalização por eles efetivada.

• §§ 1º e 2º com a redação dada pelo Dec. nº 6.621, de 29-10-2008.

Art. 17. As informações, os resultados dos exames fiscais e os documentos obtidos em função do disposto neste Decreto serão mantidos sob sigilo fiscal, na forma estabelecida pelo art. 198 do Código Tributário Nacional.

Art. 18. O servidor que divulgar, revelar ou facilitar a divulgação ou revelação de qualquer informação, bem como aquele que utilizar ou viabilizar a utilização de qualquer informação obtida nos termos deste Decreto, em finalidade ou hipótese diversa da prevista em lei, regulamento ou ato administrativo, será responsabilizado administrativamente por descumprimento do dever funcional de observar normas legais ou regulamentares, sem prejuízo de sua responsabilização em ação regressiva própria e da responsabilidade penal cabível.

Art. 19. Fica instituído o Grupo de Trabalho Permanente denominado Observatório Extrafiscal do ITR – OEITR, com atribuições estritas e específicas de avaliar o resultado da política extrafiscal do ITR, sobretudo no contexto da gestão compartilhada entre União, Municípios e Distrito Federal, e sugerir seu aperfeiçoamento.

• *Caput* com a redação dada pelo Dec. nº 6.621, de 29-10-2008.

§ 1º O OEITR será composto por um representante de cada um dos seguintes órgãos e entidades:

I – Ministério do Planejamento, Orçamento e Gestão, que o coordenará;

II – Ministério da Fazenda;

III – Ministério do Meio Ambiente;

IV – Ministério do Desenvolvimento Agrário;

V – Ministério da Agricultura, Pecuária e Abastecimento;

VI – Ministério das Cidades;

VII – Núcleo de Assuntos Estratégicos da Presidência da República;

VIII – Serviço Federal de Processamento de Dados – SERPRO;

IX – Fundação Instituto Brasileiro de Geografia e Estatística – IBGE;

X – Instituto Brasileiro do Meio Ambiente e dos Recursos Naturais Renováveis – IBAMA;

XI – Instituto Nacional de Colonização e Reforma Agrária – INCRA;

XII – Empresa Brasileira de Pesquisa Agropecuária – EMBRAPA; e

XIII – Instituto de Pesquisa Econômica Aplicada – IPEA.

§ 2º Os membros e respectivos suplentes do OEITR serão indicados pelos titulares dos órgãos e entidades representados e designados pelo Ministro de Estado do Planejamento, Orçamento e Gestão.

§ 3º O regulamento do OEITR será estabelecido em portaria do Ministro de Estado do Planejamento, Orçamento e Gestão.

Art. 20. Este Decreto entra em vigor na data de sua publicação.

Brasília, 15 de abril de 2008;
187º da Independência e
120º da República.
Luiz Inácio Lula da Silva

DECRETO Nº 6.451, DE 12 DE MAIO DE 2008

Regulamenta o art. 56 da Lei Complementar nº 123, de 14 de dezembro de 2006, que dispõe sobre a constituição do Consórcio Simples por microempresas e empresas de pequeno porte optantes pelo SIMPLES Nacional.

- Publicado no *DOU* de 13-5-2008

CAPÍTULO I
DA CONSTITUIÇÃO E COMPOSIÇÃO

Art. 1º As microempresas e as empresas de pequeno porte optantes pelo Regime Especial Unificado de Arrecadação de Tributos e Contribuições devidos pelas Microempresas e Empresas de Pequeno Porte – SIMPLES Nacional poderão constituir, nos termos do art. 56 da Lei Complementar nº 123, de 14 de dezembro de 2006, consórcio simples, por tempo indeterminado, tendo como objeto a compra e venda de bens e serviços para os mercados nacional e internacional.

§ 1º A microempresa ou empresa de pequeno porte não poderá participar simultaneamente de mais de um consórcio simples.

§ 2º O consórcio simples não poderá ser concomitantemente de venda e de compra, salvo no caso de compra de insumos para industrialização.

CAPÍTULO II
DOS REQUISITOS GERAIS DE FORMAÇÃO DO CONSÓRCIO SIMPLES

Art. 2º O consórcio simples não tem personalidade jurídica e as consorciadas somente se obrigam nas condições previstas no respectivo contrato, respondendo cada uma por suas obrigações, sem presunção de solidariedade, salvo se assim estabelecido entre as consorciadas.

Art. 3º O contrato de consórcio simples e suas alterações serão arquivados no órgão de registro público competente e deverá conter, no mínimo, cláusulas que estabeleçam:

I – a denominação, a finalidade, o endereço e o foro;

II – a identificação de cada uma das consorciadas que integrarão o consórcio simples;

III – a indicação da área de atuação do consórcio simples, inclusive se a atividade se destina a compra ou venda;

IV – a forma de deliberação sobre assuntos de interesse comum, com o número de votos que cabe a cada consorciada;

V – o direito de qualquer das consorciadas, quando adimplentes com as suas obrigações, de exigir o pleno cumprimento das suas cláusulas;

VI – a definição das obrigações e responsabilidades de cada consorciada, e das prestações específicas, observadas as disposições da legislação civil;

VII – as normas sobre recebimento de receitas e partilha de resultados;

VIII – as normas sobre administração do consórcio simples, contabilização e representação das consorciadas e taxa de administração, se houver; e

IX – a contribuição de cada consorciada para as despesas comuns, se houver.

§ 1º Os atos de formação dos consórcios simples deverão ainda especificar regras de substituição, de ingresso e de saída das microempresas e empresas de pequeno porte consorciadas, inclusive na hipótese de exclusão da consorciada do SIMPLES Nacional.

§ 2º No caso de exclusão da consorciada do SIMPLES Nacional, proceder-se-á à sua imediata retirada do consórcio simples.

§ 3º A falência ou insolvência civil de uma consorciada não se estende às demais, subsistindo o consórcio simples com as demais consorciadas; os créditos que porventura tiver a falida serão apurados e pagos na forma prevista no contrato do consórcio simples.

§ 4º À exceção da exclusão da microempresa ou da empresa de pequeno porte do SIMPLES Nacional, a exclusão de consorciada só é admissível desde que prevista no contrato do consórcio simples.

CAPÍTULO III
DA CONTABILIDADE

Art. 4º Cada consorciada deverá apropriar suas receitas, custos e despesas incorridos proporcionalmente à sua participação no consórcio simples, conforme documento arquivado no órgão de registro.

§ 1º O disposto no *caput* aplica-se para fins do recolhimento dos impostos e contribuições na forma do SIMPLES Nacional.

§ 2º O consórcio simples deverá manter registro contábil das operações em Livro Diário próprio, devidamente registrado.

§ 3º O registro contábil das operações no consórcio simples deverá corresponder ao somatório dos valores das parcelas das consorciadas, individualizado proporcionalmente à participação de cada consorciada.

§ 4º Sem prejuízo do disposto nos §§ 2º e 3º, as operações objeto do consórcio simples, relativas à participação das consorciadas, serão registradas pelas consorciadas na forma disciplinada pelo Comitê Gestor, conforme dispõe o art. 27 da Lei Complementar nº 123, de 2006.

§ 5º Os livros utilizados para registro das operações do consórcio e os documentos que permitam sua perfeita verificação deverão ser mantidos pelo consórcio simples e pelas consorciadas pelo prazo de decadência e prescrição estabelecidos pela legislação tributária.

Art. 5º O faturamento correspondente às operações do consórcio simples será efetuado pelas consorciadas, mediante a emissão de Nota Fiscal ou Fatura próprios, proporcionalmente à participação de cada uma no consórcio simples.

§ 1º Nas hipóteses autorizadas pela legislação do Imposto sobre Operações relativas à Circulação de Mercadorias e sobre Prestações de Serviços de Transporte Interestadual e Intermunicipal e de Comunicação – ICMS, a Nota Fiscal ou Fatura de que trata o *caput* poderá ser emitida pelo consórcio simples, observada a apropriação proporcional de que trata o *caput* do art. 4º.

§ 2º Na hipótese do § 1º, o consórcio simples remeterá cópia da Nota Fiscal ou Fatura às consorciadas, indicando na mesma as parcelas de receitas correspondentes a cada uma, para efeito de operacionalização do disposto no *caput* do art. 4º.

LEG. COMPLEMENTAR

§ 3º No histórico dos documentos de que trata este artigo deverá ser incluída informação esclarecendo tratar-se de operações vinculadas ao consórcio simples.

CAPÍTULO IV

DA EXPORTAÇÃO

Art. 6º O consórcio simples de exportação deverá prever em seu contrato a exploração exclusiva de exportação de bens e serviços a ela voltados, em prol exclusivo de suas consorciadas.

CAPÍTULO V

DAS DISPOSIÇÕES FINAIS

Art. 7º Aplicam-se ao consórcio simples, quanto à substituição tributária e à retenção na fonte de impostos e contribuições, as normas relativas às microempresas e empresas de pequeno porte optantes pelo SIMPLES Nacional, proporcionalmente à sua participação no consórcio simples.

Art. 8º Este Decreto entra em vigor na data de sua publicação.

Brasília, 12 de maio de 2008;
187º da Independência e
120º da República.

Luiz Inácio Lula da Silva

LEI Nº 11.727, DE 23 DE JUNHO DE 2008

Dispõe sobre medidas tributárias destinadas a estimular os investimentos e a modernização do setor de turismo, a reforçar o sistema de proteção tarifária brasileiro, a estabelecer a incidência de forma concentrada da Contribuição para o PIS/PASEP e da Contribuição para o Financiamento da Seguridade Social – COFINS na produção e comercialização de álcool; altera as Leis nºs 10.865, de 30 de abril de 2004, 11.488, de 15 de junho de 2007, 9.718, de 27 de novembro de 1998, 11.196, de 21 de novembro de 2005, 10.637, de 30 de dezembro de 2002, 10.833, de 29 de dezembro de 2003, 7.689, de 15 de dezembro de 1988, 7.070, de 20 de dezembro de 1982, 9.250, de 26 de dezembro de 1995, 9.430, de 27 de dezembro de 1996, 9.249, de 26 de dezembro de 1995, 11.051, de 29 de dezembro de 2004, 9.393, de 19 de dezembro de 1996, 8.213, de 24 de julho de 1991, 7.856, de 24 de outubro de 1989, e a Medida Provisória nº 2.158-35, de 24 de agosto de 2001; e dá outras providências.

- Publicada no *DOU* de 24-6-2008.

Art. 1º Para efeito de apuração da base de cálculo do imposto de renda, a pessoa jurídica que explore a atividade de hotelaria poderá utilizar depreciação acelerada incentivada de bens móveis integrantes do ativo imobilizado, adquiridos a partir da data da publicação da Medida Provisória nº 413, de 3 de janeiro de 2008, até 31 de dezembro de 2010, calculada pela aplicação da taxa de depreciação admitida pela legislação tributária, sem prejuízo da depreciação contábil.

§ 1º A quota de depreciação acelerada incentivada de que trata o *caput* deste artigo constituirá exclusão do lucro líquido para fins de determinação do lucro real e será controlada no livro fiscal de apuração do lucro real.

§ 2º O total da depreciação acumulada, incluindo a contábil e a acelerada incentivada, não poderá ultrapassar o custo de aquisição do bem.

§ 3º A partir do período de apuração em que for atingido o limite de que trata o § 2º deste artigo, o valor da depreciação, registrado na contabilidade, deverá ser adicionado ao lucro líquido para efeito de determinação do lucro real.

Art. 2º O Poder Executivo poderá definir alíquotas específicas (ad rem) para o Imposto de Importação, por quilograma líquido ou unidade de medida estatística da mercadoria, estabelecer e alterar a relação de mercadorias sujeitas à incidência do Imposto de Importação sob essa forma, bem como diferenciar as alíquotas específicas por tipo de mercadoria.

- Art. 41, I, desta Lei.

Parágrafo único. A alíquota de que trata este artigo fica fixada em R$ 15,00 (quinze reais) por quilograma líquido ou unidade de medida estatística da mercadoria, podendo ser reduzida por ato do Poder Executivo nos termos do *caput* deste artigo.

Art. 3º O art. 8º da Lei nº 10.865, de 30 de abril de 2004, passa a vigorar acrescido dos seguintes §§ 17 e 18:

- Alterações inseridas no texto da referida Lei.

Art. 4º O art. 4º da Lei nº 11.488, de 15 de junho de 2007, fica acrescido do seguinte § 2º, passando o parágrafo único a vigorar como § 1º:

"Art. 4º ....

....

§ 2º O disposto no inciso I do *caput* deste artigo aplica-se também na hipótese de receita de aluguel de máquinas, aparelhos, instrumentos e equipamentos para utilização em obras de infraestrutura quando contratado por pessoa jurídica beneficiária do Reidi."

Art. 5º Os valores retidos na fonte a título da Contribuição para o PIS/PASEP e da COFINS, quando não for possível sua dedução dos valores a pagar das respectivas contribuições no mês de apuração, poderão ser restituídos ou compensados com débitos relativos a outros tributos e contribuições administrados pela Secretaria da Receita Federal do Brasil, observada a legislação específica aplicável à matéria.

§ 1º Fica configurada a impossibilidade da dedução de que trata o *caput* deste artigo quando o montante retido no mês exceder o valor da respectiva contribuição a pagar no mesmo mês.

§ 2º Para efeito da determinação do excesso de que trata o § 1º deste artigo, considera-se contribuição a pagar no mês da retenção o valor da contribuição devida descontada dos créditos apurados naquele mês.

§ 3º A partir da publicação da Medida Provisória nº 413, de 3 de janeiro de 2008, o saldo dos valores retidos na fonte a título da Contribuição para o PIS/PASEP e da COFINS apurados em períodos anteriores poderá também ser restituído ou compensado com débitos relativos a outros tributos e contribuições administrados pela Secretaria da Receita Federal do Brasil, na forma a ser regulamentada pelo Poder Executivo.

Art. 6º O art. 28 da Lei nº 10.865, de 30 de abril de 2004, passa a vigorar com as seguintes alterações:

- Alterações inseridas no texto da referida Lei.

Art. 7º O art. 5º da Lei nº 9.718, de 27 de novembro de 1998, passa a vigorar com a seguinte redação:

- Alterações inseridas no texto da referida Lei.

Art. 8º Excepcionalmente, para o ano-calendário de 2008, a opção de que trata o § 4º do art. 5º da Lei nº 9.718, de 27 de novembro de 1998, será exercida até o último dia útil do quarto mês subsequente ao da publicação desta Lei, produzindo efeitos, de forma irretratável, a partir do primeiro dia desse mês.

Art. 9º O art. 64 da Lei nº 11.196, de 21 de novembro de 2005, passa a vigorar com a seguinte redação:

- Alterações inseridas no texto da referida Lei.

Art. 10. A pessoa jurídica sujeita ao regime de apuração não cumulativa da Contribuição para o PIS/PASEP e da COFINS, produtora ou importadora de álcool, inclusive para fins carburantes, poderá descontar créditos presumidos relativos ao estoque deste produto existente no último dia do terceiro mês subsequente ao da publicação desta Lei.

o Art. 41, IV, desta Lei.

§ 1º Os créditos de que trata o *caput* deste artigo corresponderão a:

I – R$ 7,14 (sete reais e quatorze centavos) por metro cúbico de álcool, no caso da Contribuição para o PIS/PASEP; e

II – R$ 32,86 (trinta e dois reais e oitenta e seis centavos) por metro cúbico de álcool, no caso da COFINS.

§ 2º Os créditos de que trata o *caput* deste artigo:

I – serão apropriados em 12 (doze) parcelas mensais, iguais e sucessivas, a partir do quarto mês subsequente ao da publicação desta Lei, observado o disposto no § 1º deste artigo; e

II – somente poderão ser utilizados para compensação com débitos relativos à Contribuição para o PIS/PASEP e à COFINS apurados no regime não cumulativo.

§ 3º A pessoa jurídica distribuidora apurará a Contribuição para o PIS/PASEP e a COFINS incidentes sobre a venda do estoque de álcool, inclusive para fins carburantes, existente no último dia do terceiro mês subsequente ao da publicação desta Lei, com base no regime legal anterior à publicação da Medida Provisória nº 413, de 3 de janeiro de 2008, independentemente da data em que a operação de venda se realizar.

Art. 11. Fica suspenso o pagamento da Contribuição para o PIS/PASEP e da COFINS na venda de cana-de-açúcar, classificada na posição 12.12 da Nomenclatura Comum do MERCOSUL – NCM.

- *Caput* com a redação dada pela Lei nº 12.844, de 19-7-2013.

o Art. 41, IV, desta Lei.

§ 1º É vedado à pessoa jurídica vendedora de cana-de-açúcar o aproveitamento de créditos vinculados à receita de venda efetuada com suspensão na forma do *caput* deste artigo.

§ 2º Não se aplicam as disposições deste artigo no caso de venda de cana-de-açúcar para pessoa jurídica que apura as contribuições no regime de cumulatividade.

Art. 12. No caso de produção por encomenda de álcool, inclusive para fins carburantes:

o Art. 41, IV, desta Lei.

I – a pessoa jurídica encomendante fica sujeita às alíquotas previstas no *caput* do art. 5º da Lei nº 9.718, de 27 de novembro de 1998, observado o disposto em seus §§ 4º, 8º e 9º;

II – a pessoa jurídica executora da encomenda deverá apurar a Contribuição para o PIS/PASEP e a COFINS mediante a aplicação das alíquotas de 1,65% (um inteiro e sessenta e cinco centésimos por cento) e de 7,6% (sete inteiros e seis décimos por cento), respectivamente; e

III – aplicam-se os conceitos de industrialização por encomenda da legislação do Imposto sobre Produtos Industrializados – IPI.

Art. 13. Os produtores de álcool, inclusive para fins carburantes, ficam obrigados à instalação de equipamentos de controle de produção nos termos, condições e prazos estabelecidos pela Secretaria da Receita Federal do Brasil.

o Art. 41, II, desta Lei.

§ 1º A Secretaria da Receita Federal do Brasil poderá dispensar a instalação dos equipamentos previstos no *caput* deste artigo, em função de limites de produção ou faturamento que fixar.

§ 2º No caso de inoperância de qualquer dos equipamentos previstos no *caput* deste artigo, o produtor deverá comunicar a ocorrência à unidade da Secretaria da Receita Federal do Brasil com jurisdição sobre seu domicílio fiscal, no prazo de 24 (vinte e quatro) horas, devendo manter controle do volume de produção enquanto perdurar a interrupção.

§ 3º O descumprimento das disposições deste artigo ensejará a aplicação de multa:

I – correspondente a 50% (cinquenta por cento) do valor comercial da mercadoria produzida no período de inoperância, não inferior a R$ 5.000,00 (cinco mil reais), se, a partir do décimo dia subsequente ao prazo fixado para a entrada em operação do sistema, os equipamentos referidos no *caput* deste artigo não tiverem sido instalados em virtude de impedimento criado pelo produtor; e

II – no valor de R$ 5.000,00 (cinco mil reais), sem prejuízo do disposto no inciso I deste parágrafo, no caso de falta da comunicação da inoperância do medidor na forma do § 2º deste artigo.

§ 4º Para fins do disposto no inciso I do § 3º deste artigo, considera-se impedimento qualquer ação ou omissão praticada pelo fabricante tendente a impedir ou retardar a instalação dos equipamentos ou, mesmo após a sua instalação, prejudicar o seu normal funcionamento.

Art. 14. Os arts. 2º e 3º da Lei nº 10.637, de 30 de dezembro de 2002, passam a vigorar com as seguintes alterações:

- Alterações inseridas no texto da referida Lei.

Art. 15. Os arts. 2º e 3º da Lei nº 10.833, de 29 de dezembro de 2003, passam a vigorar com as seguintes alterações:

- Alterações inseridas no texto da referida Lei.

Art. 16. Os arts. 8º, 15 e 17 da Lei nº 10.865, de 30 de abril de 2004, passam a vigorar com as seguintes alterações:

- Alterações inseridas no texto da referida Lei.

Art. 17. O art. 3º da Lei nº 7.689, de 15 de dezembro de 1988, passa a vigorar com a seguinte redação:

- Alterações inseridas no texto da referida Lei.

Art. 18. Ficam prorrogados até 30 de abril de 2012, os prazos previstos nos incisos III e IV do § 12 do art. 8º e nos incisos I e II do *caput* do art. 28, ambos da Lei nº 10.865, de 30 de abril de 2004.

- Art. 41, III, desta Lei.

Art. 19. O parágrafo único do art. 34 da Lei nº 10.833, de 29 de dezembro de 2003, passa a vigorar com a seguinte redação:

- Alterações inseridas no texto da referida Lei.

Art. 20. A Lei nº 7.070, de 20 de dezembro de 1982, passa a vigorar acrescida do seguinte art. 4º-A:

"Art. 4º-A. Ficam isentos do imposto de renda a pensão especial e outros valores recebidos em decorrência da deficiência física de que trata o *caput* do art. 1º desta Lei, observado o disposto no art. 2º desta Lei, quando pagos ao seu portador.

Parágrafo único. A documentação comprobatória da natureza dos valores de que trata o *caput* deste artigo, quando recebidos de fonte situada no exterior, deve ser traduzida por tradutor juramentado."

Art. 21. O inciso II do *caput* do art. 4º e a alínea *f* do inciso II do *caput* e o § 3º do art. 8º da Lei nº 9.250, de 26 de dezembro de 1995, passam a vigorar com a seguinte redação:

- Alterações inseridas no texto da referida Lei.

Art. 22. O art. 24 da Lei nº 9.430, de 27 de dezembro de 1996, passa a vigorar acrescido do seguinte § 4º:

- Alterações inseridas no texto da referida Lei.

Art. 23. A Lei nº 9.430, de 27 de dezembro de 1996, passa a vigorar acrescida dos seguintes arts. 24-A e 24-B:

- Alterações inseridas no texto da referida Lei.

Art. 24. A pessoa jurídica sujeita ao regime de apuração não cumulativa da Contribuição para o PIS/PASEP e da COFINS, produtora ou fabricante dos produtos relacionados no § 1º do art. 2º da Lei nº 10.833, de 29 de dezembro de 2003, pode descontar créditos relativos à aquisição desses produtos de outra pessoa jurídica importadora, produtora ou fabricante, para revenda no mercado interno ou para exportação.

§ 1º Os créditos de que trata o *caput* deste artigo correspondem aos valores da Contribuição para o PIS/PASEP e da COFINS devidos pelo vendedor em decorrência da operação.

§ 2º Não se aplica às aquisições de que trata o *caput* deste artigo o disposto na alínea b do inciso I do *caput* do art. 3º da Lei nº 10.637, de 30 de dezembro de 2002, e na alínea b do inciso I do *caput* do art. 3º da Lei nº 10.833, de 29 de dezembro de 2003.

Art. 25. No caso de venda ou importação de acetona classificada no código 2914.11.00 da Tabela de Incidência do Imposto sobre Produtos Industrializados – TIPI, aprovada pelo Decreto nº 6.006, de 28 de dezembro de 2006, fica suspensa a exigência da Contribuição para o PIS/PASEP, da COFINS, da Contribuição para o PIS/PASEP-Importação e da COFINS-Importação.

§ 1º O disposto no *caput* deste artigo alcança exclusivamente a acetona destinada a produção de monoisopropilamina (Mipa) utilizada na elaboração de defensivos agropecuários classificados na posição 38.08 da TIPI.

§ 2º No caso de importação, a suspensão de que trata o *caput* deste artigo aplica-se apenas quando a acetona for importada diretamente pela pessoa jurídica fabricante da Mipa.

§ 3º A pessoa jurídica que der à acetona destinação diversa daquela prevista no § 1º deste artigo fica obrigada ao recolhimento das contribuições não pagas, acrescidas de juros e multa de mora, na forma da lei, contados da data da aquisição no mercado interno ou do registro da Declaração de Importação, conforme o caso, na condição de:

I – responsável, em relação à acetona adquirida no mercado interno;

II – contribuinte, em relação à acetona importada.

§ 4º Na hipótese de não ser efetuado o recolhimento na forma do § 3º deste artigo, caberá lançamento de ofício, com aplicação de juros e da multa de que trata o *caput* do art. 44 da Lei nº 9.430, de 27 de dezembro de 1996.

§ 5º Nas hipóteses de que tratam os §§ 3º e 4º deste artigo, a pessoa jurídica produtora de defensivos agropecuários será responsável solidária com a pessoa jurídica fabricante da Mipa pelo pagamento das contribuições devidas e respectivos acréscimos legais.

Art. 26. Os arts. 8º e 28 da Lei nº 10.865, de 30 de abril de 2004, passam a vigorar com as seguintes alterações:

- Alterações inseridas no texto da referida Lei.

Art. 27. A Lei nº 10.865, de 30 de abril de 2004, passa a vigorar acrescida do seguinte art. 40-A:

- Alterações inseridas no texto da referida Lei.

Art. 28. Fica suspenso o pagamento do imposto de importação incidente sobre as partes, as peças e os componentes destinados a emprego na industrialização, revisão e manutenção dos bens de uso militar classificados nos códigos 8710.00.00, 8906.10.00, 88.02, 88.03 e 88.05 da Nomenclatura Comum do MERCOSUL.

§ 1º A suspensão de que trata o *caput* deste artigo converte-se em isenção com a utilização do bem na forma deste artigo.

§ 2º O Poder Executivo regulamentará o disposto neste artigo.

Art. 29. A alínea a do inciso III do § 1º do art. 15 da Lei nº 9.249, de 26 de dezembro de 1995, passa a vigorar com a seguinte redação:

- Alterações inseridas no texto da referida Lei.

Art. 30. Até 31 de dezembro de 2008, a multa a que se refere o § 3º do art. 7º da Lei nº 10.426, de 24 de abril de 2002, quando aplicada a associação sem fins lucrativos que tenha observado o disposto em um dos incisos do § 2º do mesmo artigo, será reduzida a 10% (dez por cento).

Art. 31. A pessoa jurídica que tenha por objeto exclusivamente a gestão de participações societárias (*holding*) poderá diferir o reconhecimento das despesas com juros e encargos financeiros pagos ou incorridos relativos a empréstimos contraídos para financiamento de investimentos em sociedades controladas.

- Art. 41, VI, desta Lei.

§ 1º A despesa de que trata o *caput* deste artigo constituirá adição ao lucro líquido para fins de determinação do lucro real e da base de cálculo da contribuição social sobre o lucro líquido e será controlada em livro fiscal de apuração do lucro real.

§ 2º As despesas financeiras de que trata este artigo devem ser contabilizadas individualizadamente por controlada, de modo a permitir a identificação e verificação em separado dos valores diferidos por investimento.

§ 3º O valor registrado na forma do § 2º deste artigo integrará o custo do investimento para efeito de apuração de ganho ou perda de capital na alienação ou liquidação do investimento.

Art. 32. A Lei nº 10.833, de 29 de dezembro de 2003, passa a vigorar acrescida dos seguintes arts. 58-A a 58-U:

- Alterações inseridas no texto da referida Lei.

Art. 33. Os produtos referidos no art. 58-A da Lei nº 10.833, de 29 de dezembro de 2003, enquadrados no regime tributário do IPI previsto na Lei nº 7.798, de 10 de julho de 1989, e a pessoa jurídica optante pelo regime especial de tributação da Contribuição para o PIS/PASEP e da COFINS de que trata o art. 52 da Lei nº 10.833, de 29 de dezembro de 2003, serão excluídos dos respectivos regimes no último dia do mês de dezembro de 2008.

- *Caput* com a redação dada pela Lei nº 11.827, de 20-11-2008.
- Art. 41, VII, desta Lei.

§ 1º Os produtos e as pessoas jurídicas enquadrados na hipótese de que trata o *caput*, a partir da data nele referida, ficarão sujeitos ao regime geral previsto nos arts. 58-D a 58-I da Lei nº 10.833, de 29 de dezembro de 2003, com a redação dada por esta Lei.

§ 2º Às pessoas jurídicas excluídas, na forma deste artigo, do regime especial de tributação das contribuições de que trata o art. 52 da Lei nº 10.833, de 29 de dezembro de 2003, não se aplica o disposto:

I – nos arts. 49, 50, 52, 55, 57 e 58 da Lei nº 10.833, de 29 de dezembro de 2003; e

II – no § 7º do art. 8º e nos §§ 9º e 10 do art. 15 da Lei nº 10.865, de 30 de abril de 2004.

Art. 34. O art. 28 da Lei nº 10.865, de 30 de abril de 2004, passa a vigorar acrescido do seguinte inciso XIII:

• Alterações inseridas no texto da referida Lei.

Art. 35. O art. 2º da Lei nº 10.637, de 30 de dezembro de 2002, passa a vigorar com as seguintes alterações:

• Alterações inseridas no texto da referida Lei.

Art. 36. Os arts. 2º, 3º, 51 e 53 da Lei nº 10.833, de 29 de dezembro de 2003, passam a vigorar com as seguintes alterações:

• Alterações inseridas no texto da referida Lei.

Art. 37. Os arts. 8º, 15, 17 e 28 da Lei nº 10.865, de 30 de abril de 2004, passam a vigorar com as seguintes alterações:

• Alterações inseridas no texto da referida Lei.

Art. 38. O art. 10 da Lei nº 11.051, de 29 de dezembro de 2004, passa a vigorar com as seguintes alterações:

• Alterações inseridas no texto da referida Lei.

Art. 39. O art. 65 da Lei nº 11.196, de 21 de novembro de 2005, passa a vigorar com as seguintes alterações:

• Alterações inseridas no texto da referida Lei.

Art. 40. O inciso II do § 1º do art. 10 da Lei nº 9.393, de 19 de dezembro de 1996, passa a vigorar acrescido da seguinte alínea:

• Alterações inseridas no texto da referida Lei.

Art. 41. Esta Lei entra em vigor na data de sua publicação, produzindo efeitos em relação:

I – ao art. 2º, a partir da regulamentação;

II – aos arts. 3º, 13 e 17, a partir do primeiro dia do quarto mês subsequente ao da publicação da Medida Provisória nº 413, de 3 de janeiro de 2008;

III – ao art. 18, a partir de 1º de maio de 2008;

IV – aos arts. 7º, 9º a 12 e 14 a 16, a partir do primeiro dia do quarto mês subsequente ao da publicação desta Lei;

• Inciso IV com a redação dada pela Lei nº 11.827, de 20-11-2008.

V – ao art. 21, a partir da data da publicação da Lei nº 11.441, de 4 de janeiro de 2007;

VI – aos arts. 22, 23, 29 e 31, a partir do primeiro dia do ano seguinte ao da publicação desta Lei.

VII – aos arts. 32 a 39, a partir de 1º de janeiro de 2009.

• Inciso VII acrescido pela Lei nº 11.827, de 20-11-2008.

Parágrafo único. Enquanto não produzirem efeitos os arts. 7º, 9º a 12 e 14 a 16 desta Lei, nos termos do inciso IV deste artigo, fica mantido o regime anterior à publicação da Medida Provisória nº 413, de 3 de janeiro de 2008, de incidência da Contribuição para o PIS/PASEP e da COFINS sobre a importação de álcool, inclusive para fins carburantes, e sobre a receita bruta auferida por produtor, importador ou distribuidor com a venda desse produto.

Art. 42. Ficam revogados:

I – a partir da data da publicação da Medida Provisória nº 413, de 3 de janeiro de 2008, os §§ 1º e 2º do art. 126 da Lei nº 8.213, de 24 de julho de 1991;

II – a partir do primeiro dia do quarto mês subsequente ao da publicação da Medida Provisória nº 413, de 3 de janeiro de 2008:

a) o art. 37 da Lei nº 10.637, de 30 de dezembro de 2002;

b) o art. 2º da Lei nº 7.856, de 24 de outubro de 1989;

III – a partir do primeiro dia do quarto mês subsequente ao da publicação desta Lei:

a) o parágrafo único do art. 6º da Lei nº 9.718, de 27 de novembro de 1998;

b) os incisos II e III do *caput* do art. 42 da Medida Provisória nº 2.158-35, de 24 de agosto de 2001;

c) o inciso IV do § 3º do art. 1º e a alínea a do inciso VII do art. 8º da Lei nº 10.637, de 30 de dezembro de 2002;

d) o inciso IV do § 3º do art. 1º e a alínea a do inciso VII do *caput* do art. 10 da Lei nº 10.833, de 29 de dezembro de 2003;

e e *f)* *Revogadas.* Lei nº 11.827, de 20-11-2008.

IV – a partir de 1º de janeiro de 2009:

a) os arts. 49, 50, 52, 55, 57 e 58 da Lei nº 10.833, de 29 de dezembro de 2003, não havendo, após essa data, outra forma de tributação além dos 2 (dois) regimes previstos nos arts. 58-A a 58-U da Lei nº 10.833, de 29 de dezembro de 2003, e demais dispositivos contidos nesta Lei a eles relacionados;

b) o § 7º do art. 8º e os §§ 9º e 10 do art. 15 da Lei nº 10.865, de 30 de abril de 2004.

• Inciso IV acrescido pela Lei nº 11.827, de 20-11-2008.

Brasília, 23 de junho de 2008;
187º da Independência e
120º da República.

Luiz Inácio Lula da Silva

LEI Nº 11.774, DE 17 DE SETEMBRO DE 2008

Altera a legislação tributária federal, modificando as Leis nºs 10.865, de 30 de abril de 2004, 11.196, de 21 de novembro de 2005, 11.033, de 21 de dezembro de 2004, 11.484, de 31 de maio de 2007, 8.850, de 28 de janeiro de 1994, 8.383, de 30 de dezembro de 1991, 9.481, de 13 de agosto de 1997, 11.051, de 29 de dezembro de 2004, 9.493, de 10 de setembro de 1997, 10.925, de 23 de julho de 2004; e dá outras providências.

• Publicada no *DOU* de 18-9-2008.

Art. 1º As pessoas jurídicas, nas hipóteses de aquisição no mercado interno ou de importação de máquinas e equipamentos destinados à produção de bens e prestação de serviços, poderão optar pelo desconto dos créditos da Contribuição para o Programa de Integração Social/Programa de Formação do Patrimônio do Servidor Público (PIS/PASEP) e da Contribuição para Financiamento da Seguridade Social (COFINS) de que tratam o inciso III do § 1º do art. 3º da Lei nº 10.637, de 30 de dezembro de 2002, o inciso III do § 1º do art. 3º da Lei nº 10.833, de 29 de dezembro de 2003, e o § 4º do art. 15 da Lei nº 10.865, de 30 de abril de 2004, da seguinte forma:

• *Caput* com a redação dada pela Lei nº 12.546, de 14-12-2011.

I – no prazo de 11 (onze) meses, no caso de aquisições ocorridas em agosto de 2011;

II – no prazo de 10 (dez) meses, no caso de aquisições ocorridas em setembro de 2011;

III – no prazo de 9 (nove) meses, no caso de aquisições ocorridas em outubro de 2011;

IV – no prazo de 8 (oito) meses, no caso de aquisições ocorridas em novembro de 2011;

V – no prazo de 7 (sete) meses, no caso de aquisições ocorridas em dezembro de 2011;

VI – no prazo de 6 (seis) meses, no caso de aquisições ocorridas em janeiro de 2012;

VII – no prazo de 5 (cinco) meses, no caso de aquisições ocorridas em fevereiro de 2012;

VIII – no prazo de 4 (quatro) meses, no caso de aquisições ocorridas em março de 2012;

IX – no prazo de 3 (três) meses, no caso de aquisições ocorridas em abril de 2012;

X – no prazo de 2 (dois) meses, no caso de aquisições ocorridas em maio de 2012;

XI – no prazo de 1 (um) mês, no caso de aquisições ocorridas em junho de 2012; e

XII – imediatamente, no caso de aquisições ocorridas a partir de julho de 2012.

- Incisos I a XII acrescidos pela Lei nº 12.546, de 14-12-2011.

§ 1º Os créditos de que trata este artigo serão determinados:

I – mediante a aplicação dos percentuais previstos no *caput* do art. 2º da Lei nº 10.637, de 2002, e no *caput* do art. 2º da Lei nº 10.833, de 2003, sobre o valor correspondente ao custo de aquisição do bem, no caso de aquisição no mercado interno; ou

II – na forma prevista no § 3º do art. 15 da Lei nº 10.865, de 2004, no caso de importação.

§ 2º O disposto neste artigo aplica-se aos bens novos adquiridos ou recebidos a partir de 3 de agosto de 2011.

§ 3º O regime de desconto de créditos no prazo de 12 (doze) meses continua aplicável aos bens novos adquiridos ou recebidos a partir do mês de maio de 2008 e anteriormente a 3 de agosto de 2011.

- §§ 1º a 3º acrescidos pela Lei nº 12.546, de 14-12-2011.

Art. 2º Fica suspensa a exigência da Contribuição para o PIS/PASEP, da Contribuição para o PIS/PASEP-Importação, da COFINS e da COFINS-Importação, no caso de venda ou de importação, quando destinados à navegação de cabotagem e de apoio portuário e marítimo, para a pessoa jurídica previamente habilitada, nos termos e condições a serem fixados pela Secretaria da Receita Federal do Brasil, de:

I – óleo combustível, tipo bunker, MF – Marine Fuel, classificado no código 2710.19.22;

II – óleo combustível, tipo bunker, MGO – Marine Gás Oil, classificado no código 2710.19.21; e

III – óleo combustível, tipo bunker, ODM – Óleo Diesel Marítimo, classificado no código 2710.19.21.

§ 1º A pessoa jurídica que não destinar os produtos referidos nos incisos do *caput* deste artigo à navegação de cabotagem ou de apoio portuário e marítimo fica obrigada a recolher as contribuições não pagas em função da suspensão de que trata este artigo, acrescidas de juros e multa de mora, na forma da lei, contados a partir da data da aquisição ou do registro da Declaração de Importação – DI, na condição de:

I – contribuinte, em relação à Contribuição para o PIS/PASEP-Importação e à COFINS-Importação;

II – responsável, em relação à Contribuição para o PIS/PASEP e à COFINS.

§ 2º Na hipótese de não ser efetuado o recolhimento na forma do § 1º deste artigo, caberá lançamento de ofício, com aplicação de juros e da multa de que trata o *caput* do art. 44 da Lei nº 9.430, de 27 de dezembro de 1996.

§ 3º Nas notas fiscais relativas à venda de que trata o *caput* deste artigo deverá constar a expressão "Venda de óleo combustível, tipo *bunker*, efetuada com Suspensão de PIS/COFINS", com a especificação do dispositivo legal correspondente e do código fiscal do produto.

Art. 3º Os arts. 8º, 28 e 40 da Lei nº 10.865, de 30 de abril de 2004, passam a vigorar com a seguinte redação:

- Alterações inseridas no texto da referida Lei.

Art. 4º Os arts. 2º, 13, o inciso III do *caput* do art. 17 e o art. 26 da Lei nº 11.196, de 21 de novembro de 2005, passam a vigorar com a seguinte redação:

- Alterações inseridas no texto da referida Lei.

Art. 5º Os arts. 14 e 15 da Lei nº 11.033, de 21 de dezembro de 2004, passam a vigorar com a seguinte redação:

- Alterações inseridas no texto da referida Lei.

Art. 6º O *caput* do art. 3º da Lei nº 11.484, de 31 de maio de 2007, passa a vigorar com a seguinte redação:

"Art. 3º No caso de venda no mercado interno ou de importação de máquinas, aparelhos, instrumentos e equipamentos, para incorporação ao ativo imobilizado da pessoa jurídica adquirente no mercado interno ou importadora, destinados às atividades de que tratam os incisos I e II do *caput* do art. 2º desta Lei, ficam reduzidas a 0 (zero) as alíquotas:

...."

Art. 7º O art. 1º da Lei nº 8.850, de 28 de janeiro de 1994, passa a vigorar com a seguinte redação:

"Art. 1º O período de apuração do Imposto sobre Produtos Industrializados – IPI, incidente na saída dos produtos dos estabelecimentos industriais ou equiparados a industrial, passa a ser mensal.

§ 1º O disposto no *caput* deste artigo não se aplica aos produtos classificados no código 2402.20.00 da Tabela de Incidência do IPI – TIPI aprovada pelo Decreto nº 6.006, de 28 de dezembro de 2006, em relação aos quais o período de apuração é decendial.

§ 2º O disposto neste artigo não se aplica ao IPI incidente no desembaraço aduaneiro dos produtos importados."

Art. 8º O art. 52 da Lei nº 8.383, de 30 de dezembro de 1991, passa a vigorar com a seguinte redação:

- Alterações inseridas no texto da referida Lei.

Art. 9º O art. 1º da Lei nº 9.481, de 13 de agosto de 1997, passa a vigorar com a seguinte redação:

"Art. 1º ....

....

III – valores pagos, creditados, entregues, empregados ou remetidos para o exterior:

a) em decorrência de despesas com pesquisas de mercado, bem como aluguéis e arrendamentos de stands e locais para exposições, feiras e conclaves semelhantes, inclusive promoção e propaganda no âmbito desses eventos, para produtos e serviços brasileiros e para promoção de destinos turísticos brasileiros;

b) por órgãos do Poder Executivo Federal, relativos à contratação de serviços destinados à promoção do Brasil no exterior;

....

XII – valores pagos, creditados, entregues, empregados ou remetidos para o exterior pelo exportador brasileiro, relativos às despesas de armazenagem, movimentação e transporte de carga e emissão de documentos realizadas no exterior.

Parágrafo único. Nos casos dos incisos II, III, IV, VIII, X, XI e XII do *caput* deste artigo, deverão ser observadas as condições, as formas e os prazos estabelecidos pelo Poder Executivo."

Art. 10. O art. 1º da Lei nº 11.051, de 29 de dezembro de 2004, passa a vigorar com a seguinte redação:

- Alteração inserida no texto da referida Lei.

Art. 11. Para efeito de apuração do imposto de renda, as empresas industriais fabricantes de veículos e de autopeças terão direito à depreciação acelerada, calculada pela aplicação da taxa de depreciação usualmente admitida, multiplicada por 4 (quatro), sem prejuízo da depreciação normal das máquinas, equipamentos, aparelhos e instrumentos, novos, relacionados em regulamento, adquiridos entre 1º de maio de 2008 e 31 de dezembro de 2010, destinados ao ativo imobilizado e empregados em processo industrial do adquirente.

§ 1º A depreciação acelerada de que trata o *caput* deste artigo constituirá exclusão do lucro líquido para fins de determinação do lucro real e será escriturada no livro fiscal de apuração do lucro real.

§ 2º O total da depreciação acumulada, incluindo a normal e a acelerada, não poderá ultrapassar o custo de aquisição do bem.

§ 3º A partir do período de apuração em que for atingido o limite de que trata o § 2º deste artigo, o valor da depreciação normal, registrado na escrituração comercial, será adicionado ao lucro líquido para efeito de determinação do lucro real.

§ 4º A depreciação acelerada de que trata o *caput* deste artigo deverá ser calculada antes da aplicação dos coeficientes de depreciação acelerada previstos no art. 69 da Lei nº 3.470, de 28 de novembro de 1958.

Art. 12. Para efeito de apuração do imposto de renda, as pessoas jurídicas fabricantes de bens de capital, sem prejuízo da depreciação normal, terão direito à depreciação acelerada, calculada pela aplicação da taxa de depreciação usualmente admitida, multiplicada por 4 (quatro), das máquinas, equipamentos, aparelhos e instrumentos, novos, adquiridos entre 1º de maio de 2008 e 31 de dezembro de 2010, destinados ao ativo imobilizado e empregados em processo industrial do adquirente.

§ 1º A depreciação acelerada de que trata o *caput* deste artigo constituirá exclusão do lucro líquido para fins de determinação do lucro real e será escriturada no livro fiscal de apuração do lucro real.

§ 2º O total da depreciação acumulada, incluindo a normal e a acelerada, não poderá ultrapassar o custo de aquisição do bem.

§ 3º A partir do período de apuração em que for atingido o limite de que trata o § 2º deste artigo, o valor da depreciação normal, registrado na escrituração comercial, será adicionado ao lucro líquido para efeito de determinação do lucro real.

§ 4º Os bens de capital e as máquinas, equipamentos, aparelhos e instrumentos de que trata este artigo serão relacionados em regulamento.

§ 5º A depreciação acelerada de que trata o *caput* deste artigo deverá ser calculada antes da aplicação dos coeficientes de depreciação acelerada previstos no art. 69 da Lei nº 3.470, de 28 de novembro de 1958.

Art. 13. VETADO.

Art. 13-A. As empresas dos setores de tecnologia da informação – TI e de tecnologia da informação e da comunicação – TIC poderão excluir do lucro líquido os custos e despesas com capacitação de pessoal que atua no desenvolvimento de programas de computador (*software*), para efeito de apuração do lucro real, sem prejuízo da dedução normal.

Parágrafo único. A exclusão de que trata o *caput* deste artigo fica limitada ao valor do lucro real antes da própria exclusão, vedado o aproveitamento de eventual excesso em período de apuração posterior.

- Art. 13-A acrescido pela Lei nº 11.908, de 3-3-2009.

Art. 14. As alíquotas de que tratam os incisos I e III do *caput* do art. 22 da Lei nº 8.212, de 24 de julho de 1991, em relação às empresas que prestam serviços de tecnologia da informação – TI e de tecnologia da informação e comunicação – TIC, ficam reduzidas pela subtração de 1/10 (um décimo) do percentual correspondente à razão entre a receita bruta de venda de serviços para o mercado externo e a receita bruta total de vendas de bens e serviços, após a exclusão dos impostos e contribuições incidentes sobre a venda, observado o disposto neste artigo.

§ 1º Para fins do disposto neste artigo, devem-se considerar as receitas auferidas nos 12 (doze) meses imediatamente anteriores a cada trimestre-calendário.

§ 2º A alíquota apurada na forma do *caput* e do § 1º deste artigo será aplicada uniformemente nos meses que compõem o trimestre-calendário.

§ 3º No caso de empresa em início de atividades ou sem receita de exportação até a data de publicação desta Lei, a apuração de que trata o § 1º deste artigo poderá ser realizada com base em período inferior a 12 (doze) meses, observado o mínimo de 3 (três) meses anteriores.

§ 4º Para efeito do *caput* deste artigo, consideram-se serviços de TI e TIC:

I – análise e desenvolvimento de sistemas;

II – programação;

III – processamento de dados e congêneres;

IV – elaboração de programas de computadores, inclusive de jogos eletrônicos;

V – licenciamento ou cessão de direito de uso de programas de computação;

VI – assessoria e consultoria em informática;

VII – suporte técnico em informática, inclusive instalação, configuração e manutenção de programas de computação e bancos de dados, bem como serviços de suporte técnico em equipamentos de informática em geral; e

- Inciso VII com a redação dada pela Lei nº 12.844, de 19-7-2013.

VIII – planejamento, confecção, manutenção e atualização de páginas eletrônicas;

IX – execução continuada de procedimentos de preparação ou processamento de dados de gestão empresarial, pública ou privada, e gerenciamento de processos de clientes, com o uso combinado de mão de obra e sistemas computacionais.

- Inciso IX acrescido pela Lei nº 13.043, de 13-11-2014.

§ 5º O disposto neste artigo aplica-se também a empresas que prestam serviços de *call center* e àquelas que exercem atividades de concepção, desenvolvimento ou projeto de circuitos integrados.

- § 5º com a redação dada pela Lei nº 12.715, de 17-9-2012.

§ 6º As operações relativas a serviços não relacionados nos §§ 4º e 5º deste artigo não deverão ser computadas na receita bruta de venda de serviços para o mercado externo.

§ 7º No caso das empresas que prestam serviços referidos nos §§ 4º e 5º deste artigo, os valores das contribuições devidas a terceiros, assim entendidos outras entidades ou fundos, ficam reduzidos no percentual referido no *caput* deste artigo, observado o disposto nos §§ 1º e 3º deste artigo.

§ 8º O disposto no § 7º deste artigo não se aplica à contribuição destinada ao Fundo Nacional de Desenvolvimento da Educação – FNDE.

§ 9º Para fazer jus às reduções de que tratam o *caput* e o § 7º deste artigo, a empresa deverá:

I – implantar programa de prevenção de riscos ambientais e de doenças ocupacionais decorrentes da atividade profissional, conforme critérios estabelecidos pelo Ministério da Previdência Social; e

II – realizar contrapartidas em termos de capacitação de pessoal, investimentos em pesquisa, desenvolvimento e inovação tecnológica e certificação da qualidade.

§ 10. A União compensará o Fundo do Regime Geral de Previdência Social, de que trata o art. 68 da Lei Complementar nº 101, de 4 de maio de 2000, no valor correspondente à estimativa de renúncia previdenciária decorrente da desoneração de que trata este artigo, de forma a não afetar a apuração do resultado financeiro do Regime Geral de Previdência Social.

§ 11. O não cumprimento das exigências de que trata o § 9º deste artigo implica a perda do direito das reduções de que tratam o *caput* e o § 7º deste artigo ensejando o recolhimento da diferença de contribuições com os acréscimos legais cabíveis.

§ 12. O disposto neste artigo aplica-se pelo prazo de 5 (cinco) anos, contado a partir do 1º (primeiro) dia do mês seguinte ao da publicação do regulamento referido no § 13 deste artigo, podendo esse prazo ser renovado pelo Poder Executivo.

§ 13. O disposto neste artigo será regulamentado pelo Poder Executivo.

Art. 15. O art. 10 da Lei nº 9.493, de 10 de setembro de 1997, passa a vigorar acrescido do seguinte § 2º, transformando-se o atual parágrafo único em § 1º:

• Alterações inseridas no texto da referida Lei.

Art. 16. VETADO.

Art. 17. Para efeitos de adimplemento do compromisso de exportação nos regimes aduaneiros suspensivos, destinados à industrialização para exportação, os produtos importados ou adquiridos no mercado interno com suspensão do pagamento dos tributos incidentes podem ser substituídos por outros produtos, nacionais ou importados, da mesma espécie, qualidade e quantidade, importados ou adquiridos no mercado interno sem suspensão do pagamento dos tributos incidentes, nos termos, limites e condições estabelecidos pelo Poder Executivo.

• *Caput* com a redação dada pela Lei nº 12.350, de 20-12-2010.

§ 1º O disposto no *caput* aplica-se também ao regime aduaneiro de isenção e alíquota zero, nos termos, limites e condições estabelecidos pelo Poder Executivo.

• Parágrafo único renumerado para § 1º pela Lei nº 12.350, de 20-12-2010.

§ 2º A Secretaria da Receita Federal do Brasil e a Secretaria de Comércio Exterior disciplinarão em ato conjunto o disposto neste artigo.

• § 2º acrescido pela Lei nº 12.350, de 20-12-2010.

Art. 18. VETADO.

Art. 19. O art. 54 da Lei nº 11.196, de 21 de novembro de 2005, passa a vigorar com a seguinte redação:

• Alterações inseridas no texto da referida Lei.

Arts. 20 e 21. VETADOS.

Art. 22. Esta Lei entra em vigor na data de sua publicação, produzindo efeitos, em relação aos:

I – arts. 7º e 8º, a partir do 1º (primeiro) dia do mês de junho de 2008;

II – demais artigos, a partir da data de sua publicação.

Art. 23. Ficam revogados:

I – o art. 2º da Lei nº 9.493, de 10 de setembro de 1997; e

II – o § 3º do art. 2º e o art. 3º da Lei nº 11.196, de 21 de novembro de 2005.

Brasília, 17 de setembro de 2008;
187º da Independência e
120º da República.

Luiz Inácio Lula da Silva

LEI Nº 11.898, DE 8 DE JANEIRO DE 2009

Institui o Regime de Tributação Unificada – RTU na importação, por via terrestre, de mercadorias procedentes do Paraguai; e altera as Leis nºs 10.637, de 30 de dezembro de 2002, e 10.833, de 29 de dezembro de 2003.

• Publicada no *DOU* de 9-1-2009.

CAPÍTULO I
DO REGIME DE TRIBUTAÇÃO UNIFICADA

Art. 1º Fica instituído o Regime de Tributação Unificada – RTU na importação de mercadorias procedentes da República do Paraguai, nos termos desta Lei.

Art. 2º O Regime de que trata o art. 1º desta Lei permite a importação, por via terrestre, de mercadorias procedentes do Paraguai, mediante o pagamento unificado de impostos e contribuições federais incidentes na importação, observado o limite máximo de valor das mercadorias importadas por habilitado, por ano-calendário, fixado pelo Poder Executivo, bem como o disposto no art. 7º desta Lei.

Parágrafo único. A adesão ao Regime é opcional e será efetuada na forma estabelecida pelo Poder Executivo.

Art. 3º Somente poderão ser importadas ao amparo do Regime de que trata o art. 1º desta Lei as mercadorias relacionadas pelo Poder Executivo.

Parágrafo único. É vedada a inclusão no Regime de quaisquer mercadorias que não sejam destinadas ao consumidor final, bem como de armas e munições, fogos de artifícios, explosivos, bebidas, inclusive alcoólicas, cigarros, veículos automotores em geral e embarcações de todo tipo, inclusive suas partes e peças, medicamentos, pneus, bens usados e bens com importação suspensa ou proibida no Brasil.

Art. 4º O Poder Executivo poderá:

I – alterar o limite máximo de valor referido no *caput* do art. 2º desta Lei, para vigorar no ano-calendário seguinte ao da alteração;

II – estabelecer limites máximos trimestrais ou semestrais para a utilização do montante fixado para o respectivo ano-calendário; e

III – fixar limites quantitativos, por tipo de mercadoria, para as importações.

Art. 5º Os efeitos decorrentes dos atos do Poder Executivo previstos nos arts. 3º e 4º desta Lei serão monitorados por Comissão de Monitoramento do RTU – CMRTU, a quem compete:

I – acompanhar a evolução do fluxo de comércio entre o Brasil e o Paraguai;

II – monitorar e acompanhar eventuais impactos das importações realizadas sob o RTU no que tange à observância da legislação brasileira aplicável aos bens importados.

§ 1º A Secretaria da Receita Federal do Brasil – SRFB tornará públicos, mensalmente, os dados estatísticos sobre o fluxo de comércio, quantidades e valores, dentro do Regime.

§ 2º Em decorrência das informações coletadas e das análises realizadas, a Comissão poderá recomendar modificações na relação de que trata o art. 3º desta Lei e a revisão dos limites previstos no art. 4º desta Lei.

Art. 6º A Comissão de que trata o art. 5º desta Lei será composta por representantes do Ministério da Fazenda, do Ministério do Desenvolvimento, Indústria e Comércio Exterior, do Ministério da Ciência e Tecnologia, do Ministério das Relações Exteriores, de entidades representativas do setor industrial, incluindo uma do Polo Industrial de Manaus, de comércio e de serviços, e das 2 (duas) Casas do Congresso Nacional, conforme dispuser o Regulamento.

§ 1º A Comissão será coordenada de acordo com o Regulamento.

§ 2º A Comissão reunir-se-á ordinariamente a cada 3 (três) meses e extraordinariamente por determinação do seu Coordenador.

§ 3º O Coordenador poderá convidar para participar das reuniões outras partes interessadas nos temas a serem examinados pela Comissão, bem como entidades representativas de segmentos da economia nacional afetados direta ou indiretamente pelos efeitos desta Lei.

CAPÍTULO II

OPÇÃO PELO REGIME DE TRIBUTAÇÃO UNIFICADA - RTU

Art. 7º Somente poderá optar pelo Regime de que trata o art. 1º desta Lei a microempresa optante pelo Regime Especial Unificado de Arrecadação de Tributos e Contribuições devidos pelas Microempresas e Empresas de Pequeno Porte – SIMPLES NACIONAL, de que trata a Lei Complementar nº 123, de 14 de dezembro de 2006.

§ 1º Ao optante pelo Regime não se aplica o disposto no art. 56 da Lei Complementar nº 123, de 14 de dezembro de 2006.

§ 2º A operação de importação e o despacho aduaneiro poderão ser realizados pelo empresário ou pelo sócio da sociedade empresária, por pessoa física nomeada pelo optante pelo Regime ou por despachante aduaneiro.

§ 3º A Secretaria da Receita Federal do Brasil disciplinará os termos e condições de credenciamento das pessoas de que trata o § 2º deste artigo.

CAPÍTULO III

DO CONTROLE ADUANEIRO DAS MERCADORIAS

Art. 8º A entrada das mercadorias referidas no *caput* do art. 3º desta Lei no território aduaneiro somente poderá ocorrer em ponto de fronteira alfandegado especificamente habilitado.

§ 1º A habilitação a que se refere o *caput* deste artigo fica condicionada à adoção de mecanismos adequados de controle e facilitação do comércio desde a aquisição das mercadorias até o seu desembaraço e posterior comercialização, a serem ajustados pelos órgãos de controle aduaneiro do Brasil e do Paraguai.

§ 2º A habilitação de que trata o *caput* deste artigo será outorgada pela Secretaria da Receita Federal do Brasil quando implementados os mecanismos de controle de que trata o § 1º deste artigo.

§ 3º Decorrido o prazo de 30 (trinta) dias da entrada no recinto alfandegado onde será realizado o despacho aduaneiro de importação ao amparo do Regime, sem que tenha sido iniciado ou retomado o respectivo despacho aduaneiro, por ação ou por omissão do optante pelo Regime, a mercadoria será declarada abandonada pela autoridade aduaneira e destinada na forma da legislação específica.

CAPÍTULO IV

DO PAGAMENTO E DA ALÍQUOTA

Art. 9º O Regime de que trata o art. 1º desta Lei implica o pagamento dos seguintes impostos e contribuições federais incidentes na importação:

I – Imposto de Importação;

II – Imposto sobre Produtos Industrializados;

III – Contribuição Social para o Financiamento da Seguridade Social devida pelo Importador de Bens Estrangeiros ou Serviços do Exterior – COFINS-Importação; e

IV – Contribuição para o PIS/PASEP-Importação.

§ 1º Os impostos e contribuições de que trata o *caput* deste artigo serão pagos na data do registro da Declaração de Importação.

§ 2º O optante pelo Regime não fará jus a qualquer benefício fiscal de isenção ou de redução dos impostos e contribuições referidos no *caput* deste artigo, bem como de redução de suas alíquotas ou bases de cálculo.

§ 3º O Regime poderá incluir o Imposto sobre Operações Relativas à Circulação de Mercadorias e sobre Prestações de Serviços de Transporte Interestadual e Intermunicipal e de Comunicação – ICMS devido pelo optante, desde que o Estado ou o Distrito Federal venha a aderir ao Regime mediante convênio.

Art. 10. Os impostos e contribuições federais devidos pelo optante pelo Regime de que trata o art. 1º desta Lei serão calculados pela aplicação da alíquota única de 42,25% (quarenta e dois inteiros e vinte e cinco centésimos por cento) sobre o preço de aquisição das mercadorias importadas, à vista da fatura comercial ou documento de efeito equivalente, observados os valores de referência mínimos estabelecidos pela Secretaria da Receita Federal do Brasil, sem prejuízo do disposto no § 3º do art. 9º desta Lei.

§ 1º A alíquota de que trata o *caput* deste artigo, relativamente a cada imposto ou contribuição federal, corresponde a:

I – 18% (dezoito por cento), a título de Imposto de Importação;

II – 15% (quinze por cento), a título de Imposto sobre Produtos Industrializados;

III – 7,60% (sete inteiros e sessenta centésimos por cento), a título de COFINS-Importação; e

IV – 1,65% (um inteiro e sessenta e cinco centésimos por cento), a título de Contribuição para o PIS-Pasep-Importação.

§ 2º O Poder Executivo poderá reduzir ou restabelecer a alíquota de que trata o *caput* deste artigo, mediante alteração dos percentuais de que tratam os incisos I e II do § 1º deste artigo.

CAPÍTULO V

DAS OBRIGAÇÕES ACESSÓRIAS

Art. 11. O documento fiscal de venda emitido pelo optante pelo Regime de que trata o art. 1º desta Lei, de conformidade com a legislação específica, deverá conter a expressão "Regime de Tributação Unificada na Importação" e a indicação do dispositivo legal correspondente.

CAPÍTULO VI

DAS INFRAÇÕES E PENALIDADES

Art. 12. O optante pelo Regime de que trata o art. 1º desta Lei será:

I – suspenso pelo prazo de 3 (três) meses:

a) na hipótese de inobservância, por 2 (duas) vezes em um período de 2 (dois) anos, dos limites de valor ou de quantidade estabelecidos para as importações;

b) quando vender mercadoria sem emissão do documento fiscal de venda; ou

c) na hipótese em que tiver contra si ou contra o seu representante decisão administrativa aplicando a pena de perdimento da mercadoria;

II – excluído do Regime:

a) quando for excluído do Simples Nacional;

b) na hipótese de acúmulo, em período de 3 (três) anos, de suspensão cujo prazo total supere 6 (seis) meses;

c) na hipótese de atuação em nome de microempresa excluída do Regime ou no interesse desta; ou

d) na hipótese de importação de mercadoria que não conste da lista positiva.

§ 1º Aplica-se, no que couber, o disposto no art. 76 da Lei nº 10.833, de 29 de dezembro de 2003, para efeitos de aplicação e julgamento das sanções administrativas estabelecidas neste artigo.

§ 2º Nas hipóteses de que trata o inciso II do *caput* deste artigo, a microempresa somente poderá requerer nova adesão após o decurso do prazo de 3 (três) anos, contados da data da exclusão do Regime.

§ 3º As sanções previstas neste artigo não prejudicam a aplicação de outras penalidades cabíveis e das sanções previstas no art. 76 da Lei nº 10.833, de 29 de dezembro de 2003, quando for o caso.

Art. 13. Aplica-se, relativamente às mercadorias submetidas a despacho ou desembaraçadas ao amparo do Regime de que trata o art. 1º desta Lei, a multa de:

I – 50% (cinquenta por cento), na hipótese de o excesso, em valor ou em quantidade, ser igual ou inferior a 20% (vinte por cento) do limite máximo, em valor ou em quantidade, permitido;

II – 75% (setenta e cinco por cento), na hipótese de o excesso, em valor ou em quantidade, ser superior a 20% (vinte por cento) e igual ou inferior a 50% (cinquenta por cento) do limite máximo, em valor ou em quantidade, permitido; e

III – 100% (cem por cento), na hipótese de o excesso, em valor ou em quantidade, ser superior a 50% (cinquenta por cento) do limite máximo, em valor ou em quantidade, permitido.

§ 1º As multas de que trata o *caput* deste artigo aplicam-se por inobservância do limite de valor ou de quantidade no trimestre-calendário, no semestre-calendário ou no ano-calendário correspondente.

§ 2º As multas de que trata o *caput* deste artigo incidem sobre:

I – a diferença entre o preço total das mercadorias importadas e o limite máximo de valor fixado; ou

II – o preço das mercadorias importadas que excederem o limite de quantidade fixado.

Art. 14. Aplica-se a multa de 100% (cem por cento) sobre a diferença de preço das mercadorias submetidas a despacho ou desembaraçadas ao amparo do Regime de que trata o art. 1º desta Lei quando:

I – a mercadoria declarada não for idêntica à mercadoria efetivamente importada; ou

II – a quantidade de mercadorias efetivamente importadas for maior que a quantidade declarada.

Parágrafo único. A multa prevista no inciso I do *caput* deste artigo não se aplica quando a mercadoria estiver sujeita à pena de perdimento prevista no inciso XII do *caput* do art. 105 do Decreto-Lei nº 37, de 18 de novembro de 1966.

Art. 15. Na ocorrência de mais de uma das condutas infracionais passíveis de enquadramento no mesmo inciso ou em diferentes incisos dos arts. 13 e 14 desta Lei, aplica-se a multa de maior valor.

CAPÍTULO VII
DISPOSIÇÕES FINAIS

Art. 16. A redução da multa de lançamento de ofício prevista no art. 6º da Lei nº 8.218, de 29 de agosto de 1991, e o disposto nos arts. 18 e 19 da Lei nº 9.779, de 19 de janeiro de 1999, não se aplicam às penalidades previstas nesta Lei.

Art. 17. A aplicação das penalidades previstas nesta Lei não elide a exigência dos impostos e contribuições incidentes, a aplicação de outras penalidades cabíveis e a representação fiscal para fins penais, quando for o caso.

Art. 18. A exclusão da microempresa do Regime poderá ser efetuada a pedido, não se aplicando o disposto no § 2º do art. 12 desta Lei.

Art. 19. O Poder Executivo regulamentará as disposições contidas nesta Lei e disporá sobre os mecanismos e formas de monitoramento do impacto do Regime na economia brasileira.

Arts. 20 a 23. (VETADOS).

Art. 24. O *caput* do art. 3º da Lei nº 10.637, de 30 de dezembro de 2002, passa a vigorar acrescido do seguinte inciso X:

- Alteração inserida no texto da referida Lei.

Art. 25. O *caput* do art. 3º da Lei nº 10.833, de 29 de dezembro de 2003, passa a vigorar acrescido do seguinte inciso X:

- Alteração inserida no texto da referida Lei.

Art. 26. Os produtos industrializados na área de livre comércio de importação e exportação de que tratam as Leis nº 7.965, de 22 de dezembro de 1989, nº 8.210, de 19 de julho de 1991, nº 8.387, de 30 de dezembro de 1991, e nº 8.857, de 8 de março de 1994, ficam isentos do Imposto sobre Produtos Industrializados, quer se destinem ao seu consumo interno, quer à comercialização em qualquer outro ponto do território nacional.

§ 1º A isenção prevista no *caput* deste artigo somente se aplica a produtos em cuja composição final haja preponderância de matérias-primas de origem regional, provenientes dos segmentos animal, vegetal, mineral, exceto os minérios do Capítulo 26 da Nomenclatura Comum do MERCOSUL – NCM, ou agrossilvopastoril, observada a legislação ambiental pertinente e conforme definido em regulamento.

§ 2º Excetuam-se da isenção prevista no *caput* deste artigo as armas e munições, o fumo, as bebidas alcoólicas, os automóveis de passageiros e os produtos de perfumaria ou de toucador, preparados e preparações cosméticas, salvos os classificados nas posições 3303 a 3307 da NCM, se destinados, exclusivamente, a consumo interno nas áreas de livre comércio referidas no *caput* deste artigo ou quando produzidos com utilização de matérias-primas da fauna e da flora regionais, em conformidade com processo produtivo básico e observada a preponderância de que trata o § 1º deste artigo.

Art. 27. A isenção prevista no art. 26 desta Lei aplica-se exclusivamente aos produtos elaborados por estabelecimentos industriais cujos projetos tenham sido aprovados pela Superintendência da Zona Franca de Manaus.

Art. 28. Esta Lei entra em vigor na data de sua publicação.

Brasília, 8 de janeiro de 2009;
188º da Independência e
121º da República.

Luiz Inácio Lula da Silva

DECRETO Nº 6.759, DE 5 DE FEVEREIRO DE 2009

Regulamenta a administração das atividades aduaneiras, e a fiscalização, o controle e a tributação das operações de comércio exterior.

• Publicado no *DOU* de 6-2-2009 e retificado no *DOU* de 17-9-2009.

Art. 1º A administração das atividades aduaneiras, e a fiscalização, o controle e a tributação das operações de comércio exterior serão exercidos em conformidade com o disposto neste Decreto.

LIVRO I – DA JURISDIÇÃO ADUANEIRA E DO CONTROLE ADUANEIRO DE VEÍCULOS

TÍTULO I – DA JURISDIÇÃO ADUANEIRA

CAPÍTULO I
DO TERRITÓRIO ADUANEIRO

Art. 2º O território aduaneiro compreende todo o território nacional.

Art. 3º A jurisdição dos serviços aduaneiros estende-se por todo o território aduaneiro e abrange (Decreto-Lei nº 37, de 18 de novembro de 1966, art. 33, *caput*):

I – a zona primária, constituída pelas seguintes áreas demarcadas pela autoridade aduaneira local:

a) a área terrestre ou aquática, contínua ou descontínua, nos portos alfandegados;

b) a área terrestre, nos aeroportos alfandegados; e

c) a área terrestre, que compreende os pontos de fronteira alfandegados; e

II – a zona secundária, que compreende a parte restante do território aduaneiro, nela incluídas as águas territoriais e o espaço aéreo.

§ 1º Para efeito de controle aduaneiro, as zonas de processamento de exportação, referidas no art. 534, constituem zona primária (Lei nº 11.508, de 20 de julho de 2007, art. 1º, parágrafo único).

§ 2º Para a demarcação da zona primária, deverá ser ouvido o órgão ou empresa a que esteja afeta a administração do local a ser alfandegado.

§ 3º A autoridade aduaneira poderá exigir que a zona primária, ou parte dela, seja protegida por obstáculos que impeçam o acesso indiscriminado de veículos, pessoas ou animais.

§ 4º A autoridade aduaneira poderá estabelecer, em locais e recintos alfandegados, restrições à entrada de pessoas que ali não exerçam atividades profissionais, e a veículos não utilizados em serviço.

§ 5º A jurisdição dos serviços aduaneiros estende-se ainda às Áreas de Controle Integrado criadas em regiões limítrofes dos países integrantes do MERCOSUL com o Brasil (Acordo de Alcance Parcial para a Facilitação do Comércio nº5 – Acordo de Recife, aprovado pelo Decreto Legislativo nº 66, de 16 de novembro de 1981, e promulgado pelo Decreto nº 1.280, de 14 de outubro de 1994; e Segundo Protocolo Adicional ao Acordo de Recife, Anexo – Acordo de Alcance Parcial de Promoção do Comércio nº 5 para a Facilitação do Comércio, art. 3º, alínea *a*, internalizado pelo Decreto nº 3.761, de 5 de março de 2001).

Art. 4º O Ministro de Estado da Fazenda poderá demarcar, na orla marítima ou na faixa de fronteira, zonas de vigilância aduaneira, nas quais a permanência de mercadorias ou a sua circulação e a de veículos, pessoas ou animais ficarão sujeitas às exigências fiscais, proibições e restrições que forem estabelecidas (Decreto-Lei nº 37, de 1966, art. 33, parágrafo único).

§ 1º O ato que demarcar a zona de vigilância aduaneira poderá:

I – ser geral em relação à orla marítima ou à faixa de fronteira, ou específico em relação a determinados segmentos delas;

II – estabelecer medidas específicas para determinado local; e

III – ter vigência temporária.

§ 2º Na orla marítima, a demarcação da zona de vigilância aduaneira levará em conta, além de outras circunstâncias de interesse fiscal, a existência de portos ou ancoradouros naturais, propícios à realização de operações clandestinas de carga e descarga de mercadorias.

§ 3º Compreende-se na zona de vigilância aduaneira a totalidade do Município atravessado pela linha de demarcação, ainda que parte dele fique fora da área demarcada.

CAPÍTULO II
DOS PORTOS, AEROPORTOS E PONTOS DE FRONTEIRA ALFANDEGADOS

Art. 5º Os portos, aeroportos e pontos de fronteira serão alfandegados por ato declaratório da autoridade aduaneira competente, para que neles possam, sob controle aduaneiro:

I – estacionar ou transitar veículos procedentes do exterior ou a ele destinados;

II – ser efetuadas operações de carga, descarga, armazenagem ou passagem de mercadorias procedentes do exterior ou a ele destinadas; e

III – embarcar, desembarcar ou transitar viajantes procedentes do exterior ou a ele destinados.

Art. 6º O alfandegamento de portos, aeroportos ou pontos de fronteira será precedido da respectiva habilitação ao tráfego internacional pelas autoridades competentes em matéria de transporte.

Parágrafo único. Ao iniciar o processo de habilitação de que trata o *caput*, a autoridade competente notificará a Secretaria da Receita Federal do Brasil.

Art. 7º O ato que declarar o alfandegamento estabelecerá as operações aduaneiras autorizadas e os termos, limites e condições para sua execução.

Art. 8º Somente nos portos, aeroportos e pontos de fronteira alfandegados poderá efetuar-se a entrada ou a saída de mercadorias procedentes do exterior ou a ele destinadas (Decreto-Lei nº 37, de 1966, art. 34, incisos II e III).

Parágrafo único. O disposto no *caput* não se aplica:

I – à importação e à exportação de mercadorias conduzidas por linhas de transmissão ou por dutos, ligados ao exterior, observadas as regras de controle estabelecidas pela Secretaria da Receita Federal do Brasil; e

II – a outros casos estabelecidos em ato normativo da Secretaria da Receita Federal do Brasil.

• Parágrafo único com a redação dada pelo Dec. nº 8.010, de 16-5-2013.

CAPÍTULO III
DOS RECINTOS ALFANDEGADOS

Seção I
DAS DISPOSIÇÕES PRELIMINARES

Art. 9º Os recintos alfandegados serão assim declarados pela autoridade aduaneira competente, na zona primária ou na zona secundária, a fim de que neles possam ocorrer, sob controle aduaneiro, movimentação, armazenagem e despacho aduaneiro de:

I – mercadorias procedentes do exterior, ou a ele destinadas, inclusive sob regime aduaneiro especial;

II – bagagem de viajantes procedentes do exterior, ou a ele destinados; e

III – remessas postais internacionais.

Parágrafo único. Poderão ainda ser alfandegados, em zona primária, recintos destinados à instalação de lojas francas.

Art. 10. A Secretaria da Receita Federal do Brasil poderá, no âmbito de sua competência, editar atos normativos para a implementação do disposto neste Capítulo.

Seção II
DOS PORTOS SECOS

Art. 11. Portos secos são recintos alfandegados de uso público nos quais são executadas operações de movimentação, armazenagem e despacho aduaneiro de mercadorias e de bagagem, sob controle aduaneiro.

§ 1º Os portos secos não poderão ser instalados na zona primária de portos e aeroportos alfandegados.

§ 2º Os portos secos poderão ser autorizados a operar com carga de importação, de exportação ou ambas, tendo em vista as necessidades e condições locais.

Art. 12. As operações de movimentação e armazenagem de mercadorias sob controle aduaneiro, bem como a prestação de serviços conexos, em porto seco, sujeitam-se ao regime de concessão ou de permissão (Lei nº 9.074, de 7 de julho de 1995, art. 1º, inciso VI).

Parágrafo único. A execução das operações e a prestação dos serviços referidos no *caput* serão efetivadas mediante o regime de permissão, salvo quando os serviços devam ser prestados em porto seco instalado em imóvel pertencente à União, caso em que será adotado o regime de concessão precedida da execução de obra pública.

CAPÍTULO IV
DO ALFANDEGAMENTO

Art. 13. O alfandegamento de portos, aeroportos e pontos de fronteira somente poderá ser efetivado:

I – depois de atendidas as condições de instalação do órgão de fiscalização aduaneira e de infraestrutura indispensável à segurança fiscal;

II – se atestada a regularidade fiscal do interessado;

III – se houver disponibilidade de recursos humanos e materiais; e

IV – se o interessado assumir a condição de fiel depositário da mercadoria sob sua guarda.

§ 1º O disposto no *caput* aplica-se, no que couber, ao alfandegamento de recintos de zona primária e de zona secundária.

§ 2º Em se tratando de permissão ou concessão de serviços públicos, o alfandegamento poderá ser efetivado somente após a conclusão do devido procedimento licitatório pelo órgão competente, e o cumprimento das condições fixadas em contrato.

§ 3º O alfandegamento poderá abranger a totalidade ou parte da área dos portos e dos aeroportos.

§ 4º Poderão, ainda, ser alfandegados silos ou tanques, para armazenamento de produtos a granel, localizados em áreas contíguas a porto organizado ou instalações portuárias, ligados a estes por tubulações, esteiras rolantes ou similares, instaladas em caráter permanente.

§ 5º O alfandegamento de que trata o § 4º é subordinado à comprovação do direito de construção e de uso das tubulações, esteiras rolantes ou similares, e ao cumprimento do disposto no *caput*.

§ 6º Compete à Secretaria da Receita Federal do Brasil declarar o alfandegamento a que se refere este artigo e editar, no âmbito de sua competência, atos normativos para a implementação do disposto neste Capítulo.

Art. 13-A. Compete à Secretaria da Receita Federal do Brasil definir os requisitos técnicos e operacionais para o alfandegamento dos locais e recintos onde ocorram, sob controle aduaneiro, movimentação, armazenagem e despacho aduaneiro de mercadorias procedentes do exterior, ou a ele destinadas, inclusive sob regime aduaneiro especial, bagagem de viajantes procedentes do exterior, ou a ele destinados, e remessas postais internacionais (Lei nº 12.350, de 20 de dezembro de 2010, art. 34, *caput*).

§ 1º Na definição dos requisitos técnicos e operacionais de que trata o *caput*, a Secretaria da Receita Federal do Brasil deverá estabelecer (Lei nº 12.350, de 2010, art. 34, § 1º):

I – segregação e proteção física da área do local ou recinto, inclusive entre as áreas de armazenagem de mercadorias ou bens para exportação, para importação ou para regime aduaneiro especial;

II – disponibilização de edifícios e instalações, aparelhos de informática, mobiliário e materiais para o exercício de suas atividades e, quando necessário, de outros órgãos ou agências da administração pública federal;

III – disponibilização e manutenção de balanças e outros instrumentos necessários à fiscalização e ao controle aduaneiros;

IV – disponibilização e manutenção de instrumentos e aparelhos de inspeção não invasiva de cargas e veículos, como os aparelhos de raios X ou gama;

V – disponibilização de edifícios e instalações, equipamentos, instrumentos e aparelhos especiais para a verificação de mercadorias frigorificadas, apresentadas em tanques ou recipientes que não devam ser abertos durante o transporte, produtos químicos, tóxicos e outras mercadorias que exijam cuidados especiais para seu transporte, manipulação ou armazenagem; e

VI – disponibilização de sistemas, com acesso remoto pela fiscalização aduaneira, para:

a) vigilância eletrônica do recinto; e

b) registro e controle:

1. de acesso de pessoas e veículos; e
2. das operações realizadas com mercadorias, inclusive seus estoques.

§ 2º A utilização dos sistemas referidos no inciso VI do § 1º deverá ser supervisionada por Auditor-Fiscal da Receita Federal do Brasil e acompanhada por ele por ocasião da realização da conferência aduaneira (Lei nº 12.350, de 2010, art. 34, § 2º).

§ 3º A Secretaria da Receita Federal do Brasil poderá dispensar a implementação de requisito previsto no § 1º, considerando as características específicas do local ou recinto (Lei nº 12.350, de 2010, art. 34, § 3º).

Art. 13-B. A pessoa jurídica responsável pela administração do local ou recinto alfandegado, referido no art. 13-A, fica obrigada a observar os requisitos técnicos e operacionais definidos pela Secretaria da Receita Federal do Brasil (Lei nº 12.350, de 2010, art. 35).

Art. 13-C. O disposto nos arts. 13-A e 13-B aplica-se também aos responsáveis que já exerciam a administração de locais e recintos alfandegados em 21 de dezembro de 2010 (Lei nº 12.350, de 2010, art. 36, *caput*).

Art. 13-D. A Secretaria da Receita Federal do Brasil, no âmbito de sua competência, disciplinará a aplicação do disposto nos arts. 13-A, 13-B, 13-C e 735-C (Lei nº 12.350, de 2010, art. 39).

- Arts. 13-A a 13-D acrescidos pelo Dec. nº 8.010, de 16-5-2013.

Art. 14. Nas cidades fronteiriças, poderão ser alfandegados pontos de fronteira para o tráfego local e exclusivo de veículos matriculados nessas cidades.

§ 1º Os pontos de fronteira de que trata o *caput* serão alfandegados pela autoridade aduaneira regional, que poderá fixar as restrições que julgar convenientes.

§ 2º As autoridades aduaneiras locais com jurisdição sobre as cidades fronteiriças poderão instituir, no interesse do controle aduaneiro, cadastros de pessoas que habitualmente cruzam a fronteira (Decreto-Lei nº 37, de 1966, art. 34, inciso I).

CAPÍTULO V
DA ADMINISTRAÇÃO ADUANEIRA

Art. 15. O exercício da administração aduaneira compreende a fiscalização e o controle sobre o comércio exterior, essenciais à defesa dos interesses fazendários nacionais, em todo o território aduaneiro (Constituição, art. 237).

Parágrafo único. As atividades de fiscalização de tributos incidentes sobre as operações de comércio exterior serão supervisionadas e executadas por Auditor-Fiscal da Receita Federal do Brasil (Lei nº 5.172, de 1966, arts. 142, 194 e 196; Lei nº 4.502, de 1964, art. 93; Lei nº 10.593, de 6 de dezembro de 2002, art. 6º, com a redação dada pela Lei nº 11.457, de 16 de março de 2007, art. 9º).

- Parágrafo único acrescido pelo Dec. nº 7.213, de 15-6-2010.

Art. 16. A fiscalização aduaneira poderá ser ininterrupta, em horários determinados, ou eventual, nos portos, aeroportos, pontos de fronteira e recintos alfandegados (Decreto-Lei nº 37, de 1966, art. 36, *caput*, com a redação dada pela Lei nº 10.833, de 29 de dezembro de 2003, art. 77).

§ 1º A administração aduaneira determinará os horários e as condições de realização dos serviços aduaneiros, nos locais referidos no *caput* (Decreto-Lei nº 37, de 1966, art. 36, § 1º, com a redação dada pela Lei nº 10.833, de 2003, art. 77).

§ 2º O atendimento em dias e horas fora do expediente normal da unidade aduaneira é considerado serviço extraordinário, devendo os interessados, na forma estabelecida em ato normativo da Secretaria da Receita Federal do Brasil, ressarcir a administração das despesas decorrentes dos serviços a eles efetivamente prestados (Decreto-Lei nº 37, de 1966, art. 36, § 2º, com a redação dada pelo Decreto-Lei nº 2.472, de 1º de setembro de 1988, art. 1º).

Art. 17. Nas áreas de portos, aeroportos, pontos de fronteira e recintos alfandegados, bem como em outras áreas nas quais se autorize carga e descarga de mercadorias, ou embarque e desembarque de viajante, procedentes do exterior ou a ele destinados, a autoridade aduaneira tem precedência sobre as demais que ali exerçam suas atribuições (Decreto-Lei nº 37, de 1966, art. 35).

- *Caput* com a redação dada pelo Dec. nº 7.213, de 15-6-2010.

§ 1º A precedência de que trata o *caput* implica:

I – a obrigação, por parte das demais autoridades, de prestar auxílio imediato, sempre que requisitado pela autoridade aduaneira, disponibilizando pessoas, equipamentos ou instalações necessários à ação fiscal; e

II – a competência da autoridade aduaneira, sem prejuízo das atribuições de outras autoridades, para disciplinar a entrada, a permanência, a movimentação e a saída de pessoas, veículos, unidades de carga e mercadorias nos locais referidos no *caput*, no que interessar à Fazenda Nacional.

- Incisos I e II com a redação dada pelo Dec. nº 7.213, de 15-6-2010.

§ 2º O disposto neste artigo aplica-se igualmente à zona de vigilância aduaneira, devendo as demais autoridades prestar à autoridade aduaneira a colaboração que for solicitada.

- § 2º com a redação dada pelo Dec. nº 7.213, de 15-6-2010.

Art. 18. O importador, o exportador ou o adquirente de mercadoria importada por sua conta e ordem têm a obrigação de manter, em boa guarda e ordem, os documentos relativos às transações que realizarem, pelo prazo decadencial estabelecido na legislação tributária a que estão submetidos, e de apresentá-los à fiscalização aduaneira quando exigidos (Lei nº 10.833, de 2003, art. 70, *caput*):

§ 1º Os documentos de que trata o *caput* compreendem os documentos de instrução das declarações aduaneiras, a correspondência comercial, incluídos os documentos de negociação e cotação de preços, os instrumentos de contrato comercial, financeiro e cambial, de transporte e seguro das mercadorias, os registros contábeis e os correspondentes documentos fiscais, bem como outros que a Secretaria da Receita Federal do Brasil venha a exigir em ato normativo (Lei nº10.833, de 2003, art. 70, § 1º).

§ 2º Nas hipóteses de incêndio, furto, roubo, extravio ou qualquer outro sinistro que provoque a perda ou deterioração dos documentos a que se refere o *caput*, deverá ser feita comunicação, por escrito, no prazo de quarenta e oito horas do sinistro, à unidade de fiscalização aduaneira da Secretaria da Receita Federal do Brasil que jurisdicione o domicílio matriz do sujeito passivo, instruída com os documentos que comprovem o registro da ocorrência junto à autoridade competente para apurar o fato (Lei nº 10.833, de 2003, art. 70, §§ 2º e 4º).

§ 3º No caso de encerramento das atividades da pessoa jurídica, a guarda dos documentos referidos no *caput* será atribuída à pessoa responsável pela guarda dos demais documentos fiscais, nos termos da legislação específica (Lei nº 10.833, de 2003, art. 70, § 5º).

§ 4º O descumprimento de obrigação referida no *caput* implicará o não reconhecimento de tratamento mais benéfico de natureza tarifária, tributária ou aduaneira eventualmente concedido, com efeitos retroativos à data da ocorrência do fato gerador, caso não sejam apresentadas provas do regular cumprimento das condições previstas na legislação específica para obtê-lo (Lei nº 10.833, de 2003, art. 70, inciso I, alínea *b*).

§ 5º O disposto no *caput* aplica-se também ao despachante aduaneiro, ao transportador, ao agente de carga, ao depositário e aos demais intervenientes em operação de comér-

LEG. COMPLEMENTAR

cio exterior quanto aos documentos e registros relativos às transações em que intervierem, na forma e nos prazos estabelecidos pela Secretaria da Receita Federal do Brasil (Lei nº 10.833, de 2003, art. 71).

Art. 19. As pessoas físicas ou jurídicas exibirão aos Auditores-Fiscais da Receita Federal do Brasil, sempre que exigidos, as mercadorias, livros das escritas fiscal e geral, documentos mantidos em arquivos magnéticos ou assemelhados, e todos os documentos, em uso ou já arquivados, que forem julgados necessários à fiscalização, e lhes franquearão os seus estabelecimentos, depósitos e dependências, bem assim veículos, cofres e outros móveis, a qualquer hora do dia, ou da noite, se à noite os estabelecimentos estiverem funcionando (Lei nº 4.502, de 30 de novembro de 1964, art. 94 e parágrafo único; e Lei nº 9.430, de 27 de dezembro de 1996, art. 34).

§ 1º As pessoas físicas ou jurídicas, usuárias de sistema de processamento de dados, deverão manter documentação técnica completa e atualizada do sistema, suficiente para possibilitar a sua auditoria, facultada a manutenção em meio magnético, sem prejuízo da sua emissão gráfica, quando solicitada (Lei nº 9.430, de 1996, art. 38).

§ 2º As pessoas jurídicas que utilizarem sistemas de processamento eletrônico de dados para registrar negócios e atividades econômicas ou financeiras, escriturar livros ou elaborar documentos de natureza contábil ou fiscal ficam obrigadas a manter, à disposição da Secretaria da Receita Federal do Brasil, os respectivos arquivos digitais e sistemas, pelo prazo decadencial previsto na legislação tributária (Lei nº 8.218, de 29 de agosto de 1991, art. 11, *caput*, com a redação dada pela Medida Provisória nº 2.158-35, de 24 de agosto de 2001, art. 72).

§ 3º Na hipótese a que se refere o § 2º, a Secretaria da Receita Federal do Brasil:

I – poderá estabelecer prazo inferior ao ali previsto, que poderá ser diferenciado segundo o porte da pessoa jurídica (Lei nº 8.218, de 1991, art. 11, § 1º, com a redação dada pela Medida Provisória nº 2.158-35, de 2001, art. 72); e

II – expedirá ou designará a autoridade competente para expedir os atos necessários ao estabelecimento da forma e do prazo em que os arquivos digitais e sistemas deverão ser apresentados (Lei nº 8.218, de 1991, art. 11, §§ 3º e 4º, com a redação dada pela Medida Provisória nº 2.158-35, de 2001, art. 72).

Art. 20. Os documentos instrutivos de declaração aduaneira ou necessários ao controle aduaneiro podem ser emitidos, transmitidos e recepcionados eletronicamente, na forma e nos prazos estabelecidos pela Secretaria da Receita Federal do Brasil (Lei nº 10.833, de 2003, art. 64, *caput*).

§ 1º A outorga de poderes a representante legal, inclusive quando residente no Brasil, para emitir e firmar os documentos referidos no *caput*, também pode ser realizada por documento emitido e assinado eletronicamente (Lei nº 10.833, de 2003, art. 64, § 1º, com a redação dada pela Lei nº 11.452, de 27 de fevereiro de 2007, art. 12).

§ 2º Os documentos eletrônicos referidos no *caput* são válidos para os efeitos fiscais e de controle aduaneiro, observado o disposto na legislação sobre certificação digital e atendidos os requisitos estabelecidos pela Secretaria da Receita Federal do Brasil (Lei nº 10.833, de 2003, art. 64, § 2º, com a redação dada pela Lei nº 11.452, de 2007, art. 12).

Art. 21. Para os efeitos da legislação tributária, não têm aplicação quaisquer disposições legais excludentes ou limitativas do direito de examinar mercadorias, livros, arquivos, documentos, papéis de efeitos comerciais ou fiscais, dos comerciantes, industriais ou produtores, ou da obrigação destes de exibi-los (Lei nº 5.172, de 25 de outubro de 1966, art. 195, *caput*).

Parágrafo único. Os livros obrigatórios de escrituração comercial e fiscal e os comprovantes dos lançamentos neles efetuados serão conservados até que ocorra a prescrição dos créditos tributários decorrentes das operações a que se refiram (Lei nº 5.172, de 1966, art. 195, parágrafo único).

Art. 22. Mediante intimação escrita, são obrigados a prestar à autoridade fiscal todas as informações de que disponham com relação aos bens, negócios ou atividades de terceiros (Lei nº 5.172, de 1966, art. 197, *caput*):

I – os tabeliães, os escrivães e demais serventuários de ofício;

II – os bancos, as casas bancárias, as caixas econômicas e demais instituições financeiras;

III – as empresas de administração de bens;

IV – os corretores, os leiloeiros e os despachantes oficiais;

V – os inventariantes;

VI – os síndicos, os comissários e os liquidatários; e

VII – quaisquer outras entidades ou pessoas que a lei designe, em razão de seu cargo, ofício, função, ministério, atividade ou profissão.

Parágrafo único. A obrigação prevista no *caput* não abrange a prestação de informações quanto a fatos sobre os quais o informante esteja legalmente obrigado a observar segredo em razão de cargo, ofício, função, ministério, atividade ou profissão, nos termos da legislação específica (Lei nº 5.172, de 1966, art. 197, parágrafo único).

Art. 23. A autoridade aduaneira que proceder ou presidir a qualquer procedimento fiscal lavrará os termos necessários para que se documente o início do procedimento, na forma da legislação aplicável, que fixará prazo máximo para a sua conclusão (Lei nº 5.172, de 1966, art. 196, *caput*).

§ 1º Os termos a que se refere o *caput* serão lavrados, sempre que possível, em um dos livros fiscais exibidos pela pessoa sujeita à fiscalização (Lei nº 5.172, de 1966, art. 196, parágrafo único).

§ 2º Quando os termos forem lavrados em separado, deles se entregará, à pessoa sujeita à fiscalização, cópia autenticada pela autoridade aduaneira (Lei nº 5.172, de 1966, art. 196, parágrafo único).

Art. 24. No exercício de suas atribuições, a autoridade aduaneira terá livre acesso (Lei nº 8.630, de 25 de fevereiro de 1993, art. 36, § 2º):

I – a quaisquer dependências do porto e às embarcações, atracadas ou não; e

II – aos locais onde se encontrem mercadorias procedentes do exterior ou a ele destinadas.

Parágrafo único. Para o desempenho das atribuições referidas no *caput*, a autoridade aduaneira poderá requisitar papéis, livros e outros documentos, bem como o apoio de força pública federal, estadual ou municipal, quando julgar necessário (Lei nº 8.630, de 1993, art. 36, § 2º).

Art. 25. A estrutura, competência, denominação, sede e jurisdição das unidades da Secretaria da Receita Federal do Brasil que desempenham as atividades aduaneiras serão reguladas em ato do Ministro de Estado da Fazenda.

TÍTULO II – DO CONTROLE ADUANEIRO DE VEÍCULOS

CAPÍTULO I
DAS NORMAS GERAIS

Seção I
DAS DISPOSIÇÕES PRELIMINARES

Art. 26. A entrada ou a saída de veículos procedentes do exterior ou a ele destinados só poderá ocorrer em porto, aeroporto ou ponto de fronteira alfandegado.

§ 1º O controle aduaneiro do veículo será exercido desde o seu ingresso no território aduaneiro até a sua efetiva saída, e será estendido a mercadorias e a outros bens existentes a bordo, inclusive a bagagens de viajantes.

§ 2º O titular da unidade aduaneira jurisdicionante poderá autorizar a entrada ou a saída de veículos por porto, aeroporto ou ponto de fronteira não alfandegado, em casos justificados, e sem prejuízo do disposto no § 1º.

Art. 27. É proibido ao condutor de veículo procedente do exterior ou a ele destinado:

I – estacionar ou efetuar operações de carga ou descarga de mercadoria, inclusive transbordo, fora de local habilitado;

II – trafegar no território aduaneiro em situação ilegal quanto às normas reguladoras do transporte internacional correspondente à sua espécie; e

III – desviá-lo da rota estabelecida pela autoridade aduaneira, sem motivo justificado.

Art. 28. É proibido ao condutor do veículo colocá-lo nas proximidades de outro, sendo um deles procedente do exterior ou a ele destinado, de modo a tornar possível o transbordo de pessoa ou mercadoria, sem observância das normas de controle aduaneiro.

Parágrafo único. Excetuam-se da proibição prevista no *caput*, os veículos:

I – de guerra, salvo se utilizados no transporte comercial;

II – das repartições públicas, em serviço;

III – autorizados para utilização em operações portuárias ou aeroportuárias, inclusive de transporte de passageiros e tripulantes; e

IV – que estejam prestando ou recebendo socorro.

Art. 29. O ingresso em veículo procedente do exterior ou a ele destinado será permitido somente aos tripulantes e passageiros, às pessoas em serviço, devidamente identificadas, e às pessoas expressamente autorizadas pela autoridade aduaneira (Decreto-Lei nº 37, de 1966, art. 38).

Art. 30. Quando conveniente aos interesses da Fazenda Nacional, poderá ser determinado, pela autoridade aduaneira, o acompanhamento fiscal de veículo pelo território aduaneiro.

Seção II
DA PRESTAÇÃO DE INFORMAÇÕES PELO TRANSPORTADOR

Art. 31. O transportador deve prestar à Secretaria da Receita Federal do Brasil, na forma e no prazo por ela estabelecidos, as informações sobre as cargas transportadas, bem como sobre a chegada de veículo procedente do exterior ou a ele destinado (Decreto-Lei nº 37, de 1966, art. 37, *caput*, com a redação dada pela Lei nº 10.833, de 2003, art. 77).

§ 1º Ao prestar as informações, o transportador, se for o caso, comunicará a existência, no veículo, de mercadorias ou de pequenos volumes de fácil extravio.

§ 2º O agente de carga, assim considerada qualquer pessoa que, em nome do importador ou do exportador, contrate o transporte de mercadoria, consolide ou desconsolide cargas e preste serviços conexos, e o operador portuário também devem prestar as informações sobre as operações que executem e as respectivas cargas (Decreto-Lei nº 37, de 1966, art. 37, § 1º, com a redação dada pela Lei nº 10.833, de 2003, art. 77).

Art. 32. Após a prestação das informações de que trata o art. 31, e a efetiva chegada do veículo ao País, será emitido o respectivo termo de entrada, na forma estabelecida pela Secretaria da Receita Federal do Brasil.

Parágrafo único. As operações de carga, descarga ou transbordo em embarcações procedentes do exterior somente poderão ser executadas depois de prestadas as informações referidas no art. 31 (Decreto-Lei nº 37, de 1966, art. 37, § 2º, com a redação dada pela Lei nº 10.833, de 2003, art. 77).

Art. 33. As empresas de transporte internacional que operem em linha regular, por via aérea ou marítima, deverão prestar informações sobre tripulantes e passageiros, na forma e no prazo estabelecidos pela Secretaria da Receita Federal do Brasil (Lei nº 10.637, de 30 de dezembro de 2002, art. 28, *caput*).

Parágrafo único. O disposto no *caput* poderá ser estendido a outras vias de transporte, na forma e no prazo estabelecidos pela Secretaria da Receita Federal do Brasil.

• Parágrafo único acrescido pelo Dec. nº 7.213, de 15-6-2010.

Seção III
DA BUSCA EM VEÍCULOS

Art. 34. A autoridade aduaneira poderá proceder a buscas em qualquer veículo para prevenir e reprimir a ocorrência de infração à legislação aduaneira, inclusive em momento anterior à prestação das informações referidas no art. 31 (Decreto-Lei nº 37, de 1966, art. 37, § 4º, com a redação dada pela Lei nº 10.833, de 2003, art. 77).

§ 1º A busca a que se refere o *caput* será precedida de comunicação, verbal ou por escrito, ao responsável pelo veículo.

§ 2º A Secretaria da Receita Federal do Brasil disporá sobre os casos excepcionais em que será realizada a visita a embarcações, prevista no art. 32 da Lei nº 5.025, de 10 de junho de 1966 (Decreto-Lei nº 37, de 1966, art. 37, § 3º, com a redação dada pela Lei nº 10.833, de 2003, art. 77).

Art. 35. A autoridade aduaneira poderá determinar a colocação de lacres nos compartimentos que contenham os volumes ou as mercadorias a que se refere o § 1º do art. 31 e na situação de que trata o § 1º do art. 37, podendo adotar outras medidas de controle fiscal.

Art. 36. Havendo indícios de falsa declaração de conteúdo, a autoridade aduaneira poderá determinar a descarga de volume ou de unidade de carga, para a devida verificação, lavrando-se termo.

Seção IV
DO CONTROLE DOS SOBRESSALENTES E DAS PROVISÕES DE BORDO

Art. 37. As mercadorias incluídas em listas de sobressalentes e provisões de bordo deverão corresponder, em quantidade e qualidade, às necessidades do serviço de manutenção do veículo e de uso ou consumo de sua tripulação e dos passageiros.

§ 1º As mercadorias mencionadas no *caput*, que durante a permanência do veículo na zona primária não forem necessárias aos fins indicados, serão depositadas em compartimento fechado, o qual poderá ser aberto somente na presença da autoridade aduaneira ou após a saída do veículo do local.

§ 2º A critério da autoridade aduaneira, poderá ser dispensada a cautela prevista no § 1º, se a permanência do veículo na zona primária for de curta duração.

Art. 38. A Secretaria da Receita Federal do Brasil disciplinará o funcionamento de lojas, bares e instalações semelhantes, em embarcações, aeronaves e outros veículos empregados no transporte internacional, de modo a impedir a venda de produtos sem o atendimento ao disposto na legislação aduaneira (Decreto-Lei nº 37, de 1966, art. 40).

Seção V

DAS UNIDADES DE CARGA

Art. 39. É livre, no País, a entrada e a saída de unidades de carga e seus acessórios e equipamentos, de qualquer nacionalidade, bem como a sua utilização no transporte doméstico (Lei nº 9.611, de 19 de fevereiro de 1998, art. 26).

§ 1º Aplica-se automaticamente o regime de admissão temporária ou de exportação temporária aos bens referidos no *caput*.

§ 2º Poderá ser exigida a prestação de informações para fins de controle aduaneiro sobre os bens referidos no *caput*, nos termos estabelecidos em ato normativo da Secretaria da Receita Federal do Brasil.

§ 3º Entende-se por unidade de carga, para os efeitos deste artigo, qualquer equipamento adequado à unitização de mercadorias a serem transportadas, sujeitas a movimentação de forma indivisível (Lei nº 9.611, 1998, art. 24, *caput*).

Seção VI

DA IDENTIFICAÇÃO DE VOLUMES NO TRANSPORTE DE PASSAGEIROS

Art. 40. O transportador de passageiros, no caso de veículo em viagem internacional ou que transite por zona de vigilância aduaneira, fica obrigado a identificar os volumes transportados como bagagem em compartimento isolado dos viajantes e seus respectivos proprietários (Lei nº 10.833, de 2003, art. 74, *caput*).

§ 1º No caso de transporte terrestre de passageiros, a identificação referida no *caput* também se aplica aos volumes portados pelos passageiros no interior do veículo (Lei nº 10.833, de 2003, art. 74, § 1º).

§ 2º As mercadorias transportadas no compartimento comum de bagagens ou de carga do veículo, que não constituam bagagem identificada dos passageiros, devem estar acompanhadas do respectivo conhecimento de transporte (Lei nº 10.833, de 2003, art. 74, § 2º).

§ 3º Presume-se de propriedade do transportador, para efeitos fiscais, a mercadoria transportada sem a identificação do respectivo proprietário, nos termos deste artigo (Lei nº 10.833, de 2003, art. 74, § 3º).

§ 4º Compete à Secretaria da Receita Federal do Brasil disciplinar os procedimentos necessários para fins de cumprimento do disposto neste artigo (Lei nº 10.833, de 2003, art. 74, § 4º).

CAPÍTULO II

DO MANIFESTO DE CARGA

Art. 41. A mercadoria procedente do exterior, transportada por qualquer via, será registrada em manifesto de carga ou em outras declarações de efeito equivalente (Decreto-Lei nº 37, de 1966, art. 39, *caput*).

Art. 42. O responsável pelo veículo apresentará à autoridade aduaneira, na forma e no momento estabelecidos em ato normativo da Secretaria da Receita Federal do Brasil, o manifesto de carga, com cópia dos conhecimentos correspondentes, e a lista de sobressalentes e provisões de bordo (Decreto-Lei nº 37, de 1966, art. 39, *caput*).

§ 1º Se for o caso, o responsável pelo veículo apresentará, em complemento aos documentos a que se refere o *caput*, relação das unidades de carga vazias existentes a bordo, declaração de acréscimo de volume ou mercadoria em relação ao manifesto e outras declarações ou documentos de seu interesse.

§ 2º O conhecimento de carga deverá identificar a unidade de carga em que a mercadoria por ele amparada esteja contida.

Art. 43. Para cada ponto de descarga no território aduaneiro, o veículo deverá trazer tantos manifestos quantos forem os locais, no exterior, em que tiver recebido carga.

Parágrafo único. A não apresentação de manifesto ou declaração de efeito equivalente, em relação a qualquer ponto de escala no exterior, será considerada declaração negativa de carga.

Art. 44. O manifesto de carga conterá:

I – a identificação do veículo e sua nacionalidade;

II – o local de embarque e o de destino das cargas;

III – o número de cada conhecimento;

IV – a quantidade, a espécie, as marcas, o número e o peso dos volumes;

V – a natureza das mercadorias;

VI – o consignatário de cada partida;

VII – a data do seu encerramento; e

VIII – o nome e a assinatura do responsável pelo veículo.

Art. 45. A carga eventualmente embarcada após o encerramento do manifesto será incluída em manifesto complementar, que deverá conter as mesmas informações previstas no art. 44.

Art. 46. Para efeitos fiscais, qualquer correção no conhecimento de carga deverá ser feita por carta de correção dirigida pelo emitente do conhecimento à autoridade aduaneira do local de descarga, a qual, se aceita, implicará correção do manifesto.

§ 1º A carta de correção deverá estar acompanhada do conhecimento objeto da correção e ser apresentada antes do início do despacho aduaneiro.

§ 2º A carta de correção apresentada após o início do despacho aduaneiro, até o desembaraço da mercadoria, poderá ainda ser apreciada, a critério da autoridade aduaneira, e não implica denúncia espontânea.

§ 3º O cumprimento do disposto nos §§ 1º e 2º não elide o exame de mérito do pleito, para fins de aceitação da carta de correção pela autoridade aduaneira.

§ 4º Os procedimentos para correção do conhecimento de carga de que trata este artigo poderão, ainda, ser efetuados de forma eletrônica, na forma estabelecida pela Secretaria Especial da Receita Federal do Brasil do Ministério da Economia.

- § 4º acrescido pelo Dec. nº 10.550, de 24-11-2020.

Art. 47. No caso de divergência entre o manifesto e o conhecimento, prevalecerá este, podendo a correção daquele ser feita de ofício.

Art. 48. Se objeto de conhecimento regularmente emitido, a omissão de volume em manifesto de carga poderá ser suprida mediante a apresentação da mercadoria sob declaração escrita do responsável pelo veículo, anteriormente ao conhecimento da irregularidade pela autoridade aduaneira.

Art. 49. Para efeitos fiscais, não serão consideradas, no manifesto, ressalvas que visem a excluir a responsabilidade do transportador por extravios ou acréscimos.

Art. 50. É obrigatória a assinatura do emitente nas averbações, nas ressalvas, nas emendas ou nas entrelinhas lançadas nos conhecimentos e manifestos.

Art. 51. A Secretaria da Receita Federal do Brasil poderá estabelecer normas sobre a tradução do manifesto de carga e de outras declarações de efeito equivalente, escritos em idioma estrangeiro.

Art. 52. A competência para autorizar descarga de mercadoria em local diverso do indicado no manifesto é da autoridade aduaneira do novo destino, que comunicará o fato à unidade com jurisdição sobre o local para onde a mercadoria estava manifestada.

Art. 53. O manifesto será submetido à conferência final para apuração da responsabilidade por eventuais diferenças quanto a extravio ou a acréscimo de mercadoria (Decreto-Lei nº 37, de 1966, art. 39, § 1º).

CAPÍTULO III
DAS NORMAS ESPECÍFICAS

Seção I
DOS VEÍCULOS MARÍTIMOS

Art. 54. Os transportadores, bem como os agentes autorizados de embarcações procedentes do exterior, deverão informar à autoridade aduaneira dos portos de atracação, na forma e com a antecedência mínima estabelecidas pela Secretaria da Receita Federal do Brasil, a hora estimada de sua chegada, a sua procedência, o seu destino e, se for o caso, a quantidade de passageiros.

Art. 55. O responsável pelo veículo deverá apresentar, além dos documentos exigidos no art. 42, as declarações de bagagens dos viajantes, se exigidas pelas normas específicas, e a lista dos pertences da tripulação, como tais entendidos os bens e objetos de uso pessoal componentes de sua bagagem.

Parágrafo único. Nos portos seguintes ao primeiro de entrada, será ainda exigido o passe de saída do porto da escala anterior.

Seção II
DOS VEÍCULOS AÉREOS

Art. 56. Os agentes ou os representantes de empresas de transporte aéreo deverão informar à autoridade aduaneira dos aeroportos, com a antecedência mínima estabelecida pela Secretaria da Receita Federal do Brasil, os horários previstos para a chegada de aeronaves procedentes do exterior.

Art. 57. Os volumes transportados por via aérea serão identificados por etiqueta própria, que conterá o nome da empresa transportadora, o número do conhecimento de carga aéreo, a quantidade e a numeração dos volumes neste compreendidos, os aeroportos de procedência e de destino e o nome do consignatário.

Art. 58. As aeronaves procedentes do exterior que forem obrigadas a realizar pouso de emergência fora de aeroporto alfandegado ficarão sujeitas ao controle da autoridade aduaneira com jurisdição sobre o local da aterrissagem, a quem o responsável pelo veículo comunicará a ocorrência.

Parágrafo único. A bagagem dos viajantes e a carga ficarão sob a responsabilidade da empresa transportadora até que sejam satisfeitas as formalidades de desembarque e descarga ou tenha prosseguimento o voo.

Art. 59. As aeronaves de aviação geral ou não engajadas em serviço aéreo regular, quando procedentes do exterior, ficam submetidas, no que couber, às normas desta Seção.

Parágrafo único. Os responsáveis por aeroportos são obrigados a comunicar à autoridade aduaneira jurisdicionante a chegada das aeronaves a que se refere o *caput*, imediatamente após a sua aterrissagem.

Seção III
DOS VEÍCULOS TERRESTRES

Art. 60. Quando a mercadoria for destinada a local interior do território aduaneiro e deva para lá ser conduzida no mesmo veículo procedente do exterior, a conferência aduaneira deverá, sempre que possível, ser feita sem descarga.

Parágrafo único. Aplica-se o disposto no *caput* à mercadoria destinada ao exterior por via terrestre.

Art. 61. No caso de partida que constitua uma só importação e que não possa ser transportada num único veículo, será permitido o seu fracionamento em lotes, devendo cada veículo apresentar seu próprio manifesto e o conhecimento de carga do total da partida.

§ 1º A entrada, no território aduaneiro, dos lotes subsequentes ao primeiro deverá ocorrer dentro de trinta dias contados do início do despacho de importação.

- § 1º com a redação dada pelo Dec. nº 7.213, de 15-6-2010.

§ 2º A autoridade aduaneira local poderá, em casos justificados, estabelecer prazo superior ao previsto no § 1º.

§ 3º Descumprido o prazo de que trata o § 1º ou o estabelecido com base no § 2º, o cálculo dos tributos correspondentes aos lotes subsequentes será refeito com base na legislação vigente à data da sua efetiva entrada.

§ 4º O conhecimento de que trata o *caput* será apresentado por cópia, a partir do segundo lote, uma para cada um dos veículos, com averbação da quantidade de volumes ou de mercadorias de cada um dos lotes.

§ 5º Cada manifesto terá sua conferência realizada separadamente, sem prejuízo da apuração final de eventuais extravios ou acréscimos em relação à quantidade submetida a despacho de importação.

Art. 62. A Secretaria da Receita Federal do Brasil poderá estabelecer procedimentos de controle aduaneiro para o tráfego de veículos nas localidades fronteiriças do Brasil com outros países.

CAPÍTULO IV
DA DESCARGA E DA CUSTÓDIA DA MERCADORIA

Art. 63. A mercadoria descarregada de veículo procedente do exterior será registrada pelo transportador, ou seu representante, e pelo depositário, na forma e no prazo estabelecidos pela Secretaria da Receita Federal do Brasil.

§ 1º O volume que, ao ser descarregado, apresentar-se quebrado, com diferença de peso, com indícios de violação ou de qualquer modo avariado, deverá ser objeto de conserto e pesagem, fazendo-se, ato contínuo, a devida anotação no registro de descarga, pelo depositário.

§ 2º A autoridade aduaneira poderá determinar a aplicação de cautelas fiscais e o isolamento dos volumes em local próprio do recinto alfandegado, inclusive nos casos de extravio ou avaria.

- §§ 1º e 2º acrescidos pelo Dec. nº 8.010, de 16-5-2013.

CAPÍTULO V

DAS DISPOSIÇÕES FINAIS

Art. 64. O veículo será tomado como garantia dos débitos fiscais, inclusive os decorrentes de multas que sejam aplicadas ao transportador ou ao seu condutor (Decreto-Lei nº 37, de 1966, art. 39, § 2º).

§ 1º Enquanto não concluídos os procedimentos fiscais destinados a verificar a existência de eventuais débitos para com a Fazenda Nacional, a autoridade aduaneira poderá permitir a saída do veículo, mediante termo de responsabilidade firmado pelo representante do transportador, no País (Decreto-Lei nº 37, de 1966, art. 39, § 3º, com a redação dada pelo Decreto-Lei nº 2.472, de 1988, art. 1º).

§ 2º A exigência do crédito tributário constituído em termo de responsabilidade, na forma do § 1º, será feita de acordo com o disposto nos arts. 761 a 766.

Art. 65. A autoridade aduaneira poderá impedir a saída, da zona primária, de qualquer veículo que não haja satisfeito às exigências legais ou regulamentares (Decreto-Lei nº 37, de 1966, art. 42).

Parágrafo único. Poderá ser vedado o acesso, a locais ou recintos alfandegados, de veículos cuja permanência possa ser considerada inconveniente aos interesses da Fazenda Nacional.

Art. 66. O responsável por embarcação de recreio, aeronave particular ou veículo de competição que entrar no País por seus próprios meios deverá apresentar-se à unidade aduaneira do local habilitado de entrada, no prazo de vinte e quatro horas, para a adoção dos procedimentos aduaneiros pertinentes.

Art. 67. O disposto neste Título aplica-se também aos veículos militares, quando utilizados no transporte de mercadoria (Decreto-Lei nº 37, de 1966, art. 43).

Art. 68. A Secretaria da Receita Federal do Brasil poderá, no âmbito de sua competência, editar atos normativos para a implementação do disposto neste Título.

LIVRO II – DOS IMPOSTOS DE IMPORTAÇÃO E DE EXPORTAÇÃO

TÍTULO I – DO IMPOSTO DE IMPORTAÇÃO

CAPÍTULO I

DA INCIDÊNCIA

Art. 69. O imposto de importação incide sobre mercadoria estrangeira (Decreto-Lei nº 37, de 1966, art. 1º, *caput*, com a redação dada pelo Decreto-Lei nº 2.472, de 1988, art. 1º).

Parágrafo único. O imposto de importação incide, inclusive, sobre bagagem de viajante e sobre bens enviados como presente ou amostra, ou a título gratuito (Decreto nº 1.789, de 12 de janeiro de 1996, art. 62).

Art. 70. Considera-se estrangeira, para fins de incidência do imposto, a mercadoria nacional ou nacionalizada exportada, que retorne ao País, salvo se (Decreto-Lei nº 37, de 1966, art. 1º, § 1º, com a redação dada pelo Decreto-Lei nº 2.472, de 1988, art. 1º):

I – enviada em consignação e não vendida no prazo autorizado;

II – devolvida por motivo de defeito técnico, para reparo ou para substituição;

III – por motivo de modificações na sistemática de importação por parte do país importador;

IV – por motivo de guerra ou de calamidade pública; ou

V – por outros fatores alheios à vontade do exportador.

Parágrafo único. Serão ainda considerados estrangeiros, para os fins previstos no *caput*, os equipamentos, as máquinas, os veículos, os aparelhos e os instrumentos, bem como as partes, as peças, os acessórios e os componentes, de fabricação nacional, adquiridos no mercado interno pelas empresas nacionais de engenharia, e exportados para a execução de obras contratadas no exterior, na hipótese de retornarem ao País (Decreto-Lei nº 1.418, de 3 de setembro de 1975, art. 2º, *caput* e § 2º).

Art. 71. O imposto não incide sobre:

I – mercadoria estrangeira que, corretamente descrita nos documentos de transporte, chegar ao País por erro inequívoco ou comprovado de expedição, e que for redestinada ou devolvida para o exterior;

II – mercadoria estrangeira idêntica, em igual quantidade e valor, e que se destine a reposição de outra anteriormente importada que se tenha revelado, após o desembaraço aduaneiro, defeituosa ou imprestável para o fim a que se destinava, desde que observada a regulamentação editada pelo Ministério da Fazenda;

III – mercadoria estrangeira que tenha sido objeto da pena de perdimento, exceto na hipótese em que não seja localizada, tenha sido consumida ou revendida (Decreto-Lei nº 37, de 1966, art. 1º, § 4º, inciso III, com a redação dada pela Lei nº 10.833, de 2003, art. 77);

IV – mercadoria estrangeira devolvida para o exterior antes do registro da declaração de importação, observada a regulamentação editada pelo Ministério da Fazenda;

V – embarcações construídas no Brasil e transferidas por matriz de empresa brasileira de navegação para subsidiária integral no exterior, que retornem ao registro brasileiro, como propriedade da mesma empresa nacional de origem (Lei nº 9.432, de 8 de janeiro de 1997, art. 11, § 10);

VI – mercadoria estrangeira destruída, sob controle aduaneiro, sem ônus para a Fazenda Nacional, antes de desembaraçada (Decreto-Lei nº 37, de 1966, art. 1º, § 4º, inciso I, com a redação dada pela Lei nº 12.350, de 2010, art. 40); e

- Inciso VI com a redação dada pelo Dec. nº 8.010, de 16-5-2013.

VII – mercadoria estrangeira em trânsito aduaneiro de passagem, acidentalmente destruída (Decreto-Lei nº 37, de 1966, art. 1º, § 4º, inciso II, com a redação dada pela Lei nº 10.833, de 2003, art. 77).

§ 1º Na hipótese do inciso I do *caput*:

I – será dispensada a verificação da correta descrição, quando se tratar de remessa postal internacional destinada indevidamente por erro do correio de procedência; e

II – considera-se erro inequívoco de expedição, aquele que, por sua evidência, demonstre destinação incorreta da mercadoria.

§ 2º A mercadoria a que se refere o inciso I do *caput* poderá ser redestinada ou devolvida ao exterior, inclusive após o respectivo desembaraço aduaneiro, observada a regulamentação editada pelo Ministério da Fazenda.

§ 2º-A. A autoridade aduaneira poderá indeferir a solicitação da destruição a que se refere o inciso VI do *caput*, com base em legislação específica.

- § 2º-A acrescido pelo Decr. nº 8.010, de 16-5-2013.

§ 3º Será cancelado o eventual lançamento de crédito tributário relativo a remessa postal internacional:

I – destruída por decisão da autoridade aduaneira;

II – liberada para devolução ao correio de procedência; ou

III – liberada para redestinação para o exterior.

CAPÍTULO II
DO FATO GERADOR

Art. 72. O fato gerador do imposto de importação é a entrada de mercadoria estrangeira no território aduaneiro (Decreto-Lei nº 37, de 1966, art. 1º, *caput*, com a redação dada pelo Decreto-Lei nº 2.472, de 1988, art. 1º).

§ 1º Para efeito de ocorrência do fato gerador, considera-se entrada no território aduaneiro a mercadoria que conste como importada e cujo extravio tenha sido verificado pela autoridade aduaneira (Decreto-Lei nº 37, de 1966, art. 1º, § 2º com a redação dada pelo Decreto-Lei nº 2.472, de 1988, art. 1º).

- § 1º com a redação dada pelo Dec. nº 8.010, de 16-5-2013.

§ 2º O disposto no § 1º não se aplica às malas e às remessas postais internacionais.

§ 3º As diferenças percentuais de mercadoria a granel, apuradas na verificação da mercadoria, no curso do despacho aduaneiro, não serão consideradas para efeitos de exigência do imposto, até o limite de um por cento (Lei nº 10.833, de 2003, art. 66).

§ 4º O disposto no § 3º não se aplica à hipótese de diferença percentual superior a um por cento.

- § 4º com a redação dada pelo Dec. nº 8.010, de 16-5-2013.

Art. 73. Para efeito de cálculo do imposto, considera-se ocorrido o fato gerador (Decreto-Lei nº 37, de 1966, art. 23, *caput* e parágrafo único, este com a redação dada pela Lei nº 12.350, de 2010, art. 40):

- *Caput* com a redação dada pelo Dec. nº 8.010, de 16-5-2013.

I – na data do registro da declaração de importação de mercadoria submetida a despacho para consumo;

II – no dia do lançamento do correspondente crédito tributário, quando se tratar de:

a) bens contidos em remessa postal internacional não sujeitos ao regime de importação comum;

b) bens compreendidos no conceito de bagagem, acompanhada ou desacompanhada;

c) mercadoria constante de manifesto ou de outras declarações de efeito equivalente, cujo extravio tenha sido verificado pela autoridade aduaneira; ou

- Alínea *c* com a redação dada pelo Dec. nº 8.010, de 16-5-2013.

d) mercadoria estrangeira que não haja sido objeto de declaração de importação, na hipótese em que tenha sido consumida ou revendida, ou não seja localizada;

- Alínea *d* com a redação dada pelo Dec. nº 7.213, de 15-6-2010.

III – na data do vencimento do prazo de permanência da mercadoria em recinto alfandegado, se iniciado o respectivo despacho aduaneiro antes de aplicada a pena de perdimento da mercadoria, na hipótese a que se refere o inciso XXI do art. 689 (Lei nº 9.779, de 19 de janeiro de 1999, art. 18, *caput* e parágrafo único); ou

- Inciso III com a redação dada pelo Dec. nº 7.213, de 15-6-2010.

IV – na data do registro da declaração de admissão temporária para utilização econômica (Lei nº 9.430, de 1996, art. 79, *caput*).

- Inciso IV acrescido pelo Dec. nº 7.213, de 15-6-2010.

Parágrafo único. O disposto no inciso I aplica-se, inclusive, no caso de despacho para consumo de mercadoria sob regime suspensivo de tributação, e de mercadoria contida em remessa postal internacional ou conduzida por viajante, sujeita ao regime de importação comum.

Art. 74. Não constitui fato gerador do imposto a entrada no território aduaneiro:

I – do pescado capturado fora das águas territoriais do País, por empresa localizada no seu território, desde que satisfeitas as exigências que regulam a atividade pesqueira; e

II – de mercadoria à qual tenha sido aplicado o regime de exportação temporária, ainda que descumprido o regime (Decreto-Lei nº 37, de 1966, art. 92, § 4º, com a redação dada pelo Decreto-Lei nº 2.472, de 1988, art. 1º).

Parágrafo único. Na hipótese de descumprimento de que trata o inciso II, aplica-se a multa referida no art. 724.

CAPÍTULO III
DA BASE DE CÁLCULO

Seção I
DAS DISPOSIÇÕES PRELIMINARES

Art. 75. A base de cálculo do imposto é (Decreto-Lei nº 37, de 1966, art. 2º, com a redação dada pelo Decreto-Lei nº 2.472, de 1988, art. 1º, e Acordo sobre a Implementação do Artigo VII do Acordo Geral sobre Tarifas e Comércio – GATT 1994 – Acordo de Valoração Aduaneira, Artigo 1, aprovado pelo Decreto Legislativo nº 30, de 15 de dezembro de 1994, e promulgado pelo Decreto nº 1.355, de 30 de dezembro de 1994):

I – quando a alíquota for *ad valorem*, o valor aduaneiro apurado segundo as normas do Artigo VII do Acordo Geral sobre Tarifas e Comércio – GATT 1994; e

II – quando a alíquota for específica, a quantidade de mercadoria expressa na unidade de medida estabelecida.

Seção II
DO VALOR ADUANEIRO

Art. 76. Toda mercadoria submetida a despacho de importação está sujeita ao controle do correspondente valor aduaneiro.

Parágrafo único. O controle a que se refere o *caput* consiste na verificação da conformidade do valor aduaneiro declarado pelo importador com as regras estabelecidas no Acordo de Valoração Aduaneira.

Art. 77. Integram o valor aduaneiro, independentemente do método de valoração utilizado (Acordo de Valoração Aduaneira, Artigo 8, parágrafos 1 e 2, aprovado pelo Decreto Legislativo nº 30, de 1994, e promulgado pelo Decreto nº 1.355, de 1994; e Norma de Aplicação sobre a Valoração Aduaneira de Mercadorias, Artigo 7º, aprovado pela Decisão CMC nº 13, de 2007, internalizada pelo Decreto nº 6.870, de 4 de junho de 2009):

- *Caput* com a redação dada pelo Dec. nº 7.213, de 15-6-2010.

I – o custo de transporte da mercadoria importada até o porto ou o aeroporto alfandegado de descarga ou o ponto de fronteira alfandegado onde devam ser cumpridas as formalidades de entrada no território aduaneiro;

II – os gastos relativos à carga, à descarga e ao manuseio, associados ao transporte da mercadoria importada, até a chegada aos locais referidos no inciso I, excluídos os gastos incorridos no território nacional e destacados do custo de transporte; e

- Inciso II com a redação dada pelo Dec. nº 11.090, de 7-6-2022.

III – o custo do seguro da mercadoria durante as operações referidas nos incisos I e II.

Art. 78. Quando a declaração de importação se referir a mercadorias classificadas em mais de um código da Nomenclatura Comum do MERCOSUL:

I – o custo do transporte de cada mercadoria será obtido mediante a divisão do valor total do transporte proporcionalmente aos pesos líquidos das mercadorias; e

II – o custo do seguro de cada mercadoria será obtido mediante a divisão do valor total do seguro proporcionalmente aos valores das mercadorias, carregadas, no local de embarque.

Art. 79. Não integram o valor aduaneiro, segundo o método do valor de transação, desde que estejam destacados do preço efetivamente pago ou a pagar pela mercadoria importada, na respectiva documentação comprobatória (Acordo de Valoração Aduaneira, Artigo 8, parágrafo 2, aprovado pelo Decreto Legislativo nº 30, de 1994, e promulgado pelo Decreto nº 1.355, de 1994):

I – os encargos relativos à construção, à instalação, à montagem, à manutenção ou à assistência técnica, relacionados com a mercadoria importada, executados após a importação; e

II – os custos de transporte e seguro, bem como os gastos associados ao transporte, incorridos no território aduaneiro, a partir dos locais referidos no inciso I do art. 77.

Art. 80. Os juros devidos em razão de contrato de financiamento firmado pelo importador e relativos à compra de mercadorias importadas não serão considerados como parte do valor aduaneiro, desde que (Acordo de Valoração Aduaneira, Artigo 18, parágrafo 1, aprovado pelo Decreto Legislativo nº 30, de 1994, e promulgado pelo Decreto nº 1.355, de 1994; e Decisão 3.1 do Comitê de Valoração Aduaneira, aprovada em 12 de maio de 1995):

I – sejam destacados do preço efetivamente pago ou a pagar pelas mercadorias;

II – o contrato de financiamento tenha sido firmado por escrito; e

III – o importador possa comprovar que:

a) as mercadorias sejam vendidas ao preço declarado como o efetivamente pago ou por pagar; e

b) a taxa de juros negociada não exceda o nível usualmente praticado nesse tipo de transação no momento e no país em que tenha sido concedido o financiamento.

Parágrafo único. O disposto no *caput* aplica-se:

I – independentemente de o financiamento ter sido concedido pelo vendedor, por uma instituição bancária ou por outra pessoa física ou jurídica; e

II – ainda que a mercadoria seja valorada segundo um método diverso daquele baseado no valor de transação.

Art. 81. O valor aduaneiro de suporte físico que contenha dados ou instruções para equipamento de processamento de dados será determinado considerando unicamente o custo ou valor do suporte propriamente dito (Acordo de Valoração Aduaneira, Artigo 18, parágrafo 1, aprovado pelo Decreto Legislativo nº 30, de 1994, e promulgado pelo Decreto nº 1.355, de 1994; e Decisão 4.1 do Comitê de Valoração Aduaneira, aprovada em 12 de maio de 1995).

§ 1º Para efeitos do disposto no *caput*, o custo ou valor do suporte físico será obrigatoriamente destacado, no documento de sua aquisição, do custo ou valor dos dados ou instruções nele contidos.

§ 2º O suporte físico referido no *caput* não compreende circuitos integrados, semicondutores e dispositivos similares, ou bens que contenham esses circuitos ou dispositivos.

§ 3º Os dados ou instruções referidos no *caput* não compreendem as gravações de som, de cinema ou de vídeo.

Art. 82. A autoridade aduaneira poderá decidir, com base em parecer fundamentado, pela impossibilidade da aplicação do método do valor de transação quando (Acordo de Valoração Aduaneira, Artigo 17, aprovado pelo Decreto Legislativo nº 30, de 1994, e promulgado pelo Decreto nº 1.355, de 1994):

I – houver motivos para duvidar da veracidade ou exatidão dos dados ou documentos apresentados como prova de uma declaração de valor; e

II – as explicações, documentos ou provas complementares apresentados pelo importador, para justificar o valor declarado, não forem suficientes para esclarecer a dúvida existente.

Parágrafo único. Nos casos previstos no *caput*, a autoridade aduaneira poderá solicitar informações à administração aduaneira do país exportador, inclusive o fornecimento do valor declarado na exportação da mercadoria.

Art. 83. Na apuração do valor aduaneiro, serão observadas as seguintes reservas, feitas aos parágrafos 4 e 5 do Protocolo Adicional ao Acordo sobre a Implementação do Artigo VII do Acordo Geral sobre Tarifas Aduaneiras e Comércio, de 12 de abril de 1979 (Acordo sobre a Implementação do Artigo VII do Acordo Geral sobre Tarifas Aduaneiras e Comércio, aprovado pelo Decreto Legislativo nº 9, de 8 de maio de 1981, e promulgado pelo Decreto nº 92.930, de 16 de julho de 1986):

I – a inversão da ordem de aplicação dos métodos previstos nos Artigos 5 e 6 do Acordo de Valoração Aduaneira somente será aplicada com a aquiescência da autoridade aduaneira; e

II – as disposições do Artigo 5, parágrafo 2, do Acordo de Valoração Aduaneira, serão aplicadas de conformidade com a respectiva nota interpretativa, independentemente de solicitação do importador.

Seção III
DAS DISPOSIÇÕES FINAIS

Art. 84. O valor aduaneiro será apurado com base em método substitutivo ao valor de transação, no caso de descumprimento de obrigação referida no *caput* do art. 18, se relativo aos documentos comprobatórios da relação comercial ou aos respectivos registros contábeis, quando houver dúvida sobre o valor aduaneiro declarado (Lei nº 10.833, de 2003, art. 70, inciso I, alínea *a*).

Art. 85. Na apuração do valor aduaneiro, presume-se a vinculação entre as partes na transação comercial quando, em razão de legislação do país do vendedor ou da prática de artifício tendente a ocultar informações, não for possível (Medida Provisória nº 2.158-35, de 2001, art. 87):

I – conhecer ou confirmar a composição societária do vendedor, de seus responsáveis ou dirigentes; ou

II – verificar a existência, de fato, do vendedor.

Art. 86. A base de cálculo dos tributos e demais direitos incidentes será determinada mediante arbitramento do preço da mercadoria nas seguintes hipóteses:

I – fraude, sonegação ou conluio, quando não for possível a apuração do preço efetivamente praticado na importação (Medida Provisória nº 2.158-35, de 2001, art. 88, *caput*); e

II – descumprimento de obrigação referida no *caput* do art. 18, se relativo aos documentos obrigatórios de instrução das declarações aduaneiras, quando existir dúvida sobre o preço efetivamente praticado (Lei nº 10.833, de 2003, art. 70, inciso II, alínea *a*).

Parágrafo único. O arbitramento de que trata o *caput* será realizado com base em um dos seguintes critérios, observada a ordem sequencial (Medida Provisória nº 2.158-35, de 2001, art. 88, *caput*; e Lei nº 10.833, de 2003, art. 70, inciso II, alínea *a*):

I – preço de exportação para o País, de mercadoria idêntica ou similar; ou

II – preço no mercado internacional, apurado:

a) em cotação de bolsa de mercadoria ou em publicação especializada;

b) mediante método substitutivo ao do valor de transação, observado ainda o princípio da razoabilidade; ou

c) mediante laudo expedido por entidade ou técnico especializado.

Art. 87. Para fins de determinação do valor dos bens que integram a bagagem, será considerado o valor de sua aquisição, à vista da fatura ou documento de efeito equivalente (Regime Aduaneiro de Bagagem no MERCOSUL, Artigo 4º, inciso 1, aprovado pela Decisão CMC nº 53, de 2008, internalizada pelo Decreto nº 6.870, de 2009).

Parágrafo único. Na falta do valor mencionado no *caput*, por inexistência ou por inexatidão da fatura ou documento de efeito equivalente, será considerado o valor que, em caráter geral, estabelecer a autoridade aduaneira (Regime Aduaneiro de Bagagem no MERCOSUL, Artigo 4º, inciso 2, aprovado pela Decisão CMC nº 53, de 2008, internalizada pelo Decreto nº 6.870, de 2009).

• Art. 87 com a redação dada pelo Dec. nº 7.213, de 15-6-2010.

Art. 88. Na apuração do valor tributável da mercadoria importada por tráfego postal, será também considerado, como subsídio, o valor indicado pelo remetente na declaração prevista na legislação postal, para entrega à unidade aduaneira.

Art. 89. No caso de avaria, o valor aduaneiro da mercadoria será reduzido proporcionalmente ao prejuízo, para efeito de cálculo do imposto, a pedido do interessado (Decreto-Lei nº 37, de 1966, art. 25, *caput*, com a redação dada pela Lei nº 12.350, de 2010, art. 40).

• Artigo com a redação dada pelo Dec. nº 8.010, de 16-5-2013.

CAPÍTULO IV
DO CÁLCULO

Seção I
DA ALÍQUOTA DO IMPOSTO

Art. 90. O imposto será calculado pela aplicação das alíquotas fixadas na Tarifa Externa Comum sobre a base de cálculo de que trata o Capítulo III deste Título (Decreto-Lei nº 37, de 1966, art. 22).

Parágrafo único. O disposto no *caput* não se aplica:

I – às remessas postais internacionais e encomendas aéreas internacionais, quando aplicado o regime de tributação simplificada de que tratam os arts. 99 e 100 (Decreto-Lei nº 1.804, de 3 de setembro de 1980, art. 1º, § 2º);

II – aos bens conceituados como bagagem de viajante procedente do exterior, ou adquiridos em lojas francas de chegada, quando aplicado o regime de tributação especial de que tratam os arts. 101 e 102 (Decreto-Lei nº 2.120, de 14 de maio de 1984, art. 2º); e

• Incisos I e II com a redação dada pelo Dec. nº 8.010, de 16-5-2013.

III – às mercadorias procedentes da República do Paraguai, importadas por via terrestre, quando aplicado o regime de tributação unificada de que trata o art. 102-A (Lei nº 11.898, de 8 de janeiro de 2009, art. 10).

• Inciso III acrescido pelo Dec. nº 8.010, de 16-5-2013.

Art. 91. O imposto poderá ser calculado pela aplicação de alíquota específica, ou pela conjugação desta com a alíquota *ad valorem*, conforme estabelecido em legislação própria (Lei nº 3.244, de 14 de agosto de 1957, art. 2º, *caput*, com a redação dada pelo Decreto-Lei nº 2.434, de 19 de maio de 1988, art. 9º).

Parágrafo único. A alíquota específica poderá ser determinada em moeda nacional ou estrangeira (Lei nº 3.244, de 1957, art. 2º, parágrafo único, com a redação dada pelo Decreto-Lei nº 2.434, de 1988, art. 9º).

Art. 92. Compete à Câmara de Comércio Exterior alterar as alíquotas do imposto de importação, observadas as condições e os limites estabelecidos em lei (Lei nº 8.085, de 23 de outubro de 1990, art. 1º, *caput* e parágrafo único, este com a redação dada pela Medida Provisória nº 2.158-35, de 2001, art. 52).

Art. 93. Os bens importados, inclusive com alíquota zero por cento do imposto de importação, estão sujeitos aos tributos internos, nos termos das respectivas legislações (Lei nº 8.032, de 12 de abril de 1990, art. 7º).

Art. 94. A alíquota aplicável para o cálculo do imposto é a correspondente ao posicionamento da mercadoria na Tarifa Externa Comum, na data da ocorrência do fato gerador, uma vez identificada sua classificação fiscal segundo a Nomenclatura Comum do MERCOSUL.

Parágrafo único. Para fins de classificação das mercadorias, a interpretação do conteúdo das posições e desdobramentos da Nomenclatura Comum do MERCOSUL será feita com observância das Regras Gerais para Interpretação, das Regras Gerais Complementares e das Notas Complementares e, subsidiariamente, das Notas Explicativas do Sistema Harmonizado de Designação e de Codificação de Mercadorias, da Organização Mundial das Aduanas (Decreto-Lei nº1.154, de 1º de março de 1971, art. 3º, *caput*).

Art. 95. Quando se tratar de mercadoria importada ao amparo de acordo internacional firmado pelo Brasil, prevalecerá o tratamento nele previsto, salvo se da aplicação das normas gerais resultar tributação mais favorável.

Art. 96. As alíquotas negociadas no Acordo Geral sobre Tarifas e Comércio são extensivas às importações de mercadorias originárias de países da Associação Latino-Americana de Integração, a menos que nesta tenham sido negociadas em nível mais favorável.

Seção II
DA TAXA DE CÂMBIO

Art. 97. Para efeito de cálculo do imposto, os valores expressos em moeda estrangeira deverão ser convertidos em moeda nacional à taxa de câmbio vigente na data em que se considerar ocorrido o fato gerador (Decreto-Lei nº 37, de 1966, art. 24, *caput*).

Parágrafo único. Compete ao Ministro de Estado da Fazenda alterar a forma de fixação da taxa de câmbio a que se refere o *caput* (Lei nº 8.981, de 20 de janeiro de 1995, art. 106).

Seção III

DA TRIBUTAÇÃO DAS MERCADORIAS NÃO IDENTIFICADAS

Art. 98. Na impossibilidade de identificação da mercadoria importada, em razão de seu extravio ou consumo, e de descrição genérica nos documentos comerciais e de transporte disponíveis, serão aplicadas, para fins de determinação dos impostos e dos direitos incidentes, as alíquotas de cinquenta por cento para o cálculo do imposto de importação e de cinquenta por cento para o cálculo do imposto sobre produtos industrializados (Lei nº 10.833, de 2003, art. 67, *caput*).

§ 1º Na hipótese de que trata o *caput*, a base de cálculo do imposto de importação será arbitrada em valor equivalente à média dos valores por quilograma de todas as mercadorias importadas a título definitivo, pela mesma via de transporte internacional, constantes de declarações registradas no semestre anterior, incluídos os custos do transporte e do seguro internacionais, acrescida de duas vezes o correspondente desvio padrão estatístico (Lei nº 10.833, de 2003, art. 67, § 1º).

§ 2º Na falta de informação sobre o peso da mercadoria, deve ser adotado o peso líquido admitido na unidade de carga utilizada no seu transporte (Lei nº 10.833, de 2003, art. 67, § 2º).

Seção IV

DO REGIME DE TRIBUTAÇÃO SIMPLIFICADA

Art. 99. O regime de tributação simplificada é o que permite a classificação genérica, para fins de despacho de importação, de bens integrantes de remessa postal internacional, mediante a aplicação de alíquotas diferenciadas do imposto de importação, e isenção do imposto sobre produtos industrializados, da contribuição para o PIS/PASEP-Importação e da COFINS-Importação (Decreto-Lei nº 1.804, de 1980, art. 1º, *caput* e § 2º; e Lei nº 10.865, de 30 de abril de 2004, art. 9º, inciso II, alínea *c*).

Parágrafo único. Compete ao Ministério da Fazenda:

I – estabelecer os requisitos e as condições a serem observados na aplicação do regime de tributação simplificada (Decreto-Lei nº 1.804, de 1980, art. 1º, § 4º); e

II – definir a classificação genérica dos bens e as alíquotas correspondentes (Decreto-Lei nº 1.804, de 1980, art. 1º, § 2º).

Art. 100. O disposto nesta Seção poderá ser estendido às encomendas aéreas internacionais transportadas ao amparo de conhecimento de carga, observada a regulamentação editada pelo Ministério da Fazenda (Decreto-Lei nº 1.804, de 1980, art. 2º, parágrafo único; e Lei nº 10.865, de 2004, art. 9º, inciso II, alínea *c*).

Parágrafo único. Na hipótese de encomendas aéreas internacionais destinadas a pessoa física, haverá isenção da contribuição para o PIS/PASEP-Importação e da COFINS-Importação (Lei nº 10.865, de 2004, art. 9º, inciso II, alínea *b*).

Seção V

DO REGIME DE TRIBUTAÇÃO ESPECIAL

Art. 101. O regime de tributação especial é o que permite o despacho de bens integrantes de bagagem mediante a exigência tão somente do imposto de importação, calculado pela aplicação da alíquota de cinquenta por cento sobre o valor do bem, apurado em conformidade com o disposto no art. 87 (Decreto-Lei nº 2.120, de 1984, art. 2º, *caput*; Lei nº 10.865, de 2004, art. 9º, inciso II, alínea *c*; e Regime Aduaneiro de Bagagem no MERCOSUL, Artigos 12, inciso 1, e 13, aprovado pela Decisão CMC nº 53, de 2008, internalizada pelo Decreto nº 6.870, de 2009).

- Art. 101 com a redação dada pelo Dec. nº 7.213, de 15-6-2010.

Art. 102. Aplica-se o regime de tributação especial aos bens:

I – compreendidos no conceito de bagagem, no montante que exceder o limite de valor global a que se refere o inciso III do art. 157 (Decreto-Lei nº 2.120, de 1984, art. 2º, *caput*; e Regime Aduaneiro de Bagagem no MERCOSUL, Artigo 13, aprovado pela Decisão CMC nº 53, de 2008, internalizada pelo Decreto nº 6.870, de 2009); e

II – adquiridos em lojas francas de chegada, no montante que exceder o limite de isenção a que se refere o art. 169 (Regime Aduaneiro de Bagagem no MERCOSUL, Artigo 14, aprovado pela Decisão CMC nº 53, de 2008, internalizada pelo Decreto nº 6.870, de 2009).

- Incisos I e II com a redação dada pelo Dec. nº 7.213, de 15-6-2010.

Seção V-A

DO REGIME DE TRIBUTAÇÃO UNIFICADA

- Seção V-A acrescida Dec. nº 7.213, de 15-6-2010.

Art. 102-A. O regime de tributação unificada é o que permite a importação, por via terrestre, de mercadorias procedentes do Paraguai, mediante o pagamento unificado do imposto de importação, do imposto sobre produtos industrializados, da contribuição para o PIS/PASEP-Importação e da COFINS-Importação, observado o limite máximo de valor por habilitado, conforme estabelecido em ato normativo específico (Lei nº 11.898, de 8 de janeiro de 2009, arts. 1º, 2º e 9º).

§ 1º Poderão ser importadas ao amparo do regime de que trata o *caput* somente as mercadorias relacionadas em ato normativo específico (Lei nº 11.898, de 2009, art. 3º, *caput*).

§ 2º É vedada a inclusão no regime de que trata o *caput* de quaisquer mercadorias que não sejam destinadas ao consumidor final, bem como de armas e munições, fogos de artifícios, explosivos, bebidas, inclusive alcoólicas, cigarros, veículos automotores em geral e embarcações de todo tipo, inclusive suas partes e peças, medicamentos, pneus, bens usados e bens com importação suspensa ou proibida no Brasil (Lei nº 11.898, de 2009, art. 3º, parágrafo único).

§ 3º O habilitado não fará jus a qualquer benefício fiscal de isenção ou de redução dos impostos e contribuições referidos no *caput*, bem como de redução de alíquotas ou bases de cálculo (Lei nº 11.898, de 2009, art. 9º, § 2º).

- Art. 102-A acrescido pelo Dec. nº 7.213, de 15-6-2010.

Seção VI

DAS DISPOSIÇÕES FINAIS

Art. 103. No caso dos bens a que se refere o parágrafo único do art. 70, o imposto será apurado com base no valor residual, calculado em conformidade com a escala de depreciação aplicada ao valor constante do registro de exportação ou de documento de efeito equivalente (Decreto-Lei nº 1.418, de 1975, art. 2º, § 1º, alínea *c*, e § 2º).

Parágrafo único. Compete ao Ministro de Estado da Fazenda fixar os prazos e os percentuais da escala de depreciação, bem como estabelecer as normas para aplicação do disposto no *caput* (Decreto-Lei nº 1.418, de 1975, art. 2º, § 2º).

CAPÍTULO V
DOS CONTRIBUINTES E DOS RESPONSÁVEIS

Art. 104. É contribuinte do imposto (Decreto-Lei nº 37, de 1966, art. 31, com a redação dada pelo Decreto-Lei nº 2.472, de 1988, art. 1º):

I – o importador, assim considerada qualquer pessoa que promova a entrada de mercadoria estrangeira no território aduaneiro;

II – o destinatário de remessa postal internacional indicado pelo respectivo remetente; e

III – o adquirente de mercadoria entrepostada.

Art. 105. É responsável pelo imposto:

I – o transportador, quando transportar mercadoria procedente do exterior ou sob controle aduaneiro, inclusive em percurso interno (Decreto-Lei nº 37, de 1966, art. 32, *caput*, inciso I, com a redação dada pelo Decreto-Lei nº 2.472, de 1988, art. 1º);

II – o depositário, assim considerada qualquer pessoa incumbida da custódia de mercadoria sob controle aduaneiro (Decreto-Lei nº 37, de 1966, art. 32, *caput*, inciso II, com a redação dada pelo Decreto-Lei nº 2.472, de 1988, art. 1º); ou

III – qualquer outra pessoa que a lei assim designar.

Art. 106. É responsável solidário:

I – o adquirente ou o cessionário de mercadoria beneficiada com isenção ou redução do imposto (Decreto-Lei nº 37, de 1966, art. 32, parágrafo único, inciso I, com a redação dada pela Medida Provisória nº 2.158-35, de 2001, art. 77);

II – o representante, no País, do transportador estrangeiro (Decreto-Lei nº 37, de 1966, art. 32, parágrafo único, inciso II, com a redação dada pela Medida Provisória nº 2.158-35, de 2001, art. 77);

III – o adquirente de mercadoria de procedência estrangeira, no caso de importação realizada por sua conta e ordem, por intermédio de pessoa jurídica importadora (Decreto-Lei nº 37, de 1966, art. 32, parágrafo único, alínea *c*, com a redação dada pela Lei nº 11.281, de 20 de fevereiro de 2006, art. 12);

IV – o encomendante predeterminado que adquire mercadoria de procedência estrangeira de pessoa jurídica importadora (Decreto-Lei nº 37, de 1966, art. 32, parágrafo único, alínea *d*, com a redação dada pela Lei nº 11.281, de 2006, art. 12);

V – o expedidor, o operador de transporte multimodal ou qualquer subcontratado para a realização do transporte multimodal (Lei nº 9.611, de 1998, art. 28, *caput*);

VI – o beneficiário de regime aduaneiro suspensivo destinado à industrialização para exportação, no caso de admissão de mercadoria no regime por outro beneficiário, mediante sua anuência, com vistas à execução de etapa da cadeia industrial do produto a ser exportado (Lei nº 10.833, de 2003, art. 59, *caput*); e

VII – qualquer outra pessoa que a lei assim designar.

§ 1º A Secretaria da Receita Federal do Brasil poderá (Medida Provisória nº 2.158-35, de 2001, art. 80; e Lei nº 11.281, de 2006, art. 11, § 1º):

I – estabelecer requisitos e condições para a atuação de pessoa jurídica importadora:

a) por conta e ordem de terceiro; ou

b) que adquira mercadorias no exterior para revenda a encomendante predeterminado; e

II – exigir prestação de garantia como condição para a entrega de mercadorias, quando o valor das importações for incompatível com o capital social ou o patrimônio líquido do importador, do adquirente ou do encomendante.

§ 2º A operação de comércio exterior realizada mediante utilização de recursos de terceiro presume-se por conta e ordem deste, para fins de aplicação do disposto no inciso III do *caput* e no § 1º (Lei nº 10.637, de 2002, art. 27).

§ 3º A importação promovida por pessoa jurídica importadora que adquire mercadorias no exterior para revenda a encomendante predeterminado não configura importação por conta e ordem de terceiros (Lei nº 11.281, de 2006, art. 11, *caput*).

§ 4º Considera-se promovida na forma do § 3º a importação realizada com recursos próprios da pessoa jurídica importadora, participando ou não o encomendante das operações comerciais relativas à aquisição dos produtos no exterior (Lei nº 11.281, de 2006, art. 11, § 3º, com a redação dada pela Lei nº 11.452, de 2007, art. 18).

§ 5º A operação de comércio exterior realizada em desacordo com os requisitos e condições estabelecidos na forma da alínea *b* do inciso I do § 1º presume-se por conta e ordem de terceiros (Lei nº 11.281, de 2006, art. 11, § 2º).

§ 6º A Secretaria da Receita Federal do Brasil disciplinará a aplicação dos regimes aduaneiros suspensivos de que trata o inciso VI do *caput* e estabelecerá os requisitos, as condições e a forma de admissão das mercadorias, nacionais ou importadas, no regime (Lei nº 10.833, de 2003, art. 59, § 2º).

CAPÍTULO VI
DO PAGAMENTO E DO DEPÓSITO

Art. 107. O imposto será pago na data do registro da declaração de importação (Decreto-Lei nº 37, de 1966, art. 27).

Parágrafo único. O Ministro de Estado da Fazenda poderá fixar, em casos especiais, outros momentos para o pagamento do imposto.

Art. 108. A importância a pagar será a resultante da apuração do total do imposto, na declaração de importação ou em documento de efeito equivalente.

Art. 109. O depósito para garantia de qualquer natureza será feito na Caixa Econômica Federal, na forma da legislação específica.

CAPÍTULO VII
DA RESTITUIÇÃO E DA COMPENSAÇÃO

Seção I
DA RESTITUIÇÃO

Art. 110. Caberá restituição total ou parcial do imposto pago indevidamente, nos seguintes casos:

I – diferença, verificada em ato de fiscalização aduaneira, decorrente de erro (Decreto-Lei nº 37, de 1966, art. 28, inciso I):

a) de cálculo;

b) na aplicação de alíquota; e

c) nas declarações quanto ao valor aduaneiro ou à quantidade de mercadoria;

II – verificação de extravio ou de avaria (Decreto-Lei nº 37, de 1966, art. 28, *caput*, inciso II);

- Inciso II com a redação dada pelo Dec. nº 8.010, de 16-5-2013.

III – verificação de que o contribuinte, à época do fato gerador, era beneficiário de isenção ou de redução concedida em caráter geral, ou já havia preenchido as condições e os requisitos exigíveis para concessão de isenção ou de redução de caráter especial (Lei nº 5.172, de 1966, art. 144, *caput*); e

LEG. COMPLEMENTAR

IV – reforma, anulação, revogação ou rescisão de decisão condenatória (Lei nº 5.172, de 1966, art. 165, inciso III).

§ 1º Na hipótese de que trata o inciso II, a restituição independerá de prévia indenização, por parte do responsável, da importância devida à Fazenda Nacional.

§ 2º Caberá, ainda, restituição do imposto pago, relativamente ao período em que o regime de admissão temporária para utilização econômica, referido no art. 373, houver sido concedido e não gozado, em razão do retorno antecipado dos bens (Lei nº 5.172, de 1966, art. 165, inciso I; e Lei nº 9.430, de 1996, art. 79, *caput*).

Art. 111. A restituição total ou parcial do imposto acarreta a restituição, na mesma proporção, dos juros de mora e das penalidades pecuniárias, desde que estas tenham sido calculadas com base no imposto anteriormente pago (Lei nº 5.172, de 1966, art. 167, *caput*).

Art. 112. A restituição do imposto pago indevidamente poderá ser feita de ofício, a requerimento, ou mediante utilização do crédito na compensação de débitos do importador, observado o disposto no art. 113, e atendidas as normas estabelecidas pela Secretaria da Receita Federal do Brasil (Decreto-Lei nº 37, de 1966, art. 28, § 1º; e Lei nº 9.430, de 1996, art. 74, com a redação dada pela Lei nº 10.637, de 2002, art. 49).

Parágrafo único. O protesto do importador, quanto a erro sobre quantidade ou qualidade de mercadoria, ou quando ocorrer avaria, deverá ser apresentado antes da saída desta do recinto alfandegado, salvo quando, a critério da autoridade aduaneira, houver inequívoca demonstração do alegado (Decreto-Lei nº 37, de 1966, art. 28, § 2º).

Seção II

DA COMPENSAÇÃO

Art. 113. O importador que apurar crédito relativo ao imposto, passível de restituição ou de ressarcimento, poderá utilizá-lo na compensação de débitos próprios relativos a quaisquer tributos e contribuições administrados pela Secretaria da Receita Federal do Brasil (Lei nº 9.430, de 1996, art. 74, *caput*, com a redação dada pela Lei nº 10.637, de 2002, art. 49).

§ 1º O crédito apurado pelo importador, nos termos do *caput*, não poderá ser utilizado para compensar crédito tributário, relativo a tributos ou contribuições, devido no momento do registro da declaração de importação (Lei nº 9.430, de 1996, art. 74, § 3º, inciso II, com a redação dada pela Lei nº 10.637, de 2002, art. 49).

§ 2º A Secretaria da Receita Federal do Brasil disciplinará o disposto neste artigo (Lei nº 9.430, de 1996, art. 74, § 14, com a redação dada pela Lei nº 11.051, de 29 de dezembro de 2004, art. 4º).

CAPÍTULO VIII

DAS ISENÇÕES E DAS REDUÇÕES DO IMPOSTO

Seção I

DAS DISPOSIÇÕES PRELIMINARES

Art. 114. Interpreta-se literalmente a legislação tributária que dispuser sobre a outorga de isenção ou de redução do imposto de importação (Lei nº 5.172, de 1966, art. 111, inciso II).

Art. 115. A isenção ou a redução do imposto somente será reconhecida quando decorrente de lei ou de ato internacional.

Art. 116. Os bens objeto de isenção ou de redução do imposto, em decorrência de acordos internacionais firmados pelo Brasil, terão o tratamento tributário neles previsto (Lei nº 8.032, de 1990, art. 6º).

Art. 117. O tratamento aduaneiro decorrente de ato internacional aplica-se exclusivamente à mercadoria originária do país beneficiário (Decreto-Lei nº 37, de 1966, art. 8º).

§ 1º Respeitados os critérios decorrentes de ato internacional de que o Brasil seja parte, tem-se por país de origem da mercadoria aquele onde houver sido produzida ou, no caso de mercadoria resultante de material ou de mão de obra de mais de um país, aquele onde houver recebido transformação substancial (Decreto-Lei nº 37, de 1966, art. 9º).

§ 2º Entende-se por processo de transformação substancial o que conferir nova individualidade à mercadoria.

Art. 118. Observadas as exceções previstas em lei ou neste Decreto, a isenção ou a redução do imposto somente beneficiará mercadoria sem similar nacional e transportada em navio de bandeira brasileira (Decreto-Lei nº 37, de 1966, art. 17; e Decreto-Lei nº 666, de 2 de julho de 1969, art. 2º, *caput*).

Art. 119. A concessão e o reconhecimento de qualquer incentivo ou benefício fiscal relativo ao imposto ficam condicionados à comprovação pelo contribuinte, pessoa física ou jurídica, da quitação de tributos e contribuições federais (Lei nº 9.069, de 29 de junho de 1995, art. 60).

Parágrafo único. O disposto no *caput* não se aplica:

- *Caput* do parágrafo único com a redação dada pelo Dec. nº 7.315, de 22-9-2010.

I – às importações efetuadas pela União, pelos Estados, pelo Distrito Federal, pelos Territórios e pelos Municípios; e

II – às autarquias e às fundações instituídas e mantidas pelo poder público, relativamente às importações vinculadas a suas finalidades essenciais ou às delas decorrentes.

- I e II acrescidos pelo Dec. nº 7.315, de 22-9-2010.

Art. 120. No caso de descumprimento dos requisitos e das condições para fruição das isenções ou das reduções de que trata este Capítulo, o beneficiário ficará sujeito ao pagamento dos tributos que deixarem de ser recolhidos na importação, com os acréscimos legais e penalidades cabíveis, conforme o caso, calculados da data do registro da declaração de importação (Decreto-Lei nº 37, de 1966, arts. 11 e 12; Lei nº 4.502, de 1964, art. 9º, § 1º, com a redação dada pela Lei nº 9.532, de 10 de dezembro de 1997, art. 37, inciso II; e Lei nº 11.945, de 4 de junho de 2009, art. 22).

- Artigo com a redação dada pelo Dec. nº 7.213, de 15-6-2010.

Seção II

DO RECONHECIMENTO DA ISENÇÃO OU DA REDUÇÃO

Art. 121. O reconhecimento da isenção ou da redução do imposto será efetivado, em cada caso, pela autoridade aduaneira, com base em requerimento no qual o interessado faça prova do preenchimento das condições e do cumprimento dos requisitos previstos em lei ou em contrato para sua concessão (Lei nº 5.172, de 1966, art. 179, *caput*).

§ 1º O reconhecimento referido no *caput* não gera direito adquirido e será revogado de ofício, sempre que se apure que o beneficiário não satisfazia ou deixou de satisfazer as condições ou não cumprira ou deixou de cumprir os requisitos para a concessão do benefício, cobrando-se o crédito acrescido de juros de mora (Lei nº 5.172, de 1966, arts. 155, *caput*, e 179, § 2º):

I – com imposição da penalidade cabível, nos casos de dolo ou simulação do beneficiado, ou de terceiro em benefício daquele; ou

II – sem imposição de penalidade nos demais casos.

§ 2º A isenção ou a redução poderá ser requerida na própria declaração de importação.

§ 3º O requerimento de benefício fiscal incabível não acarreta a perda de benefício diverso.

§ 4º O Ministro de Estado da Fazenda disciplinará os casos em que se poderá autorizar o desembaraço aduaneiro, com suspensão do pagamento de tributos, de mercadoria objeto de isenção ou de redução concedida por órgão governamental ou decorrente de acordo internacional, quando o benefício estiver pendente de aprovação ou de publicação do respectivo ato regulamentador (Decreto-Lei nº 2.472, de 1988, art. 12).

Art. 122. Na hipótese de não ser concedido o benefício fiscal pretendido, para a mercadoria declarada e apresentada a despacho aduaneiro, serão exigidos o imposto correspondente e os acréscimos legais cabíveis.

Art. 123. As disposições desta Seção aplicam-se, no que couber, a toda importação beneficiada com isenção ou com redução do imposto, salvo expressa disposição de lei em contrário.

Seção III

DA ISENÇÃO OU DA REDUÇÃO VINCULADA À QUALIDADE DO IMPORTADOR

Art. 124. Quando a isenção ou a redução for vinculada à qualidade do importador, a transferência de propriedade ou a cessão de uso dos bens, a qualquer título, obriga ao prévio pagamento do imposto (Decreto-Lei nº 37, de 1966, art. 11, *caput*).

Parágrafo único. O disposto no *caput* não se aplica aos bens transferidos ou cedidos:

I – a pessoa ou a entidade que goze de igual tratamento tributário, mediante prévia decisão da autoridade aduaneira (Decreto-Lei nº 37, de 1966, art. 11, parágrafo único, inciso I);

II – após o decurso do prazo de três anos, contados da data do registro da declaração de importação, no caso de bens objeto da isenção a que se referem as alíneas *c* e *d* do inciso I do art. 136 (Decreto-Lei nº 1.559, de 29 de junho de 1977, art. 1º); e

III – após o decurso do prazo de cinco anos, contados da data do registro da declaração de importação, nos demais casos (Decreto-Lei nº 37, de 1966, art. 11, parágrafo único, inciso II).

Art. 125. A autoridade aduaneira poderá, a qualquer tempo, promover as diligências necessárias para assegurar o controle da transferência dos bens objeto de isenção ou de redução.

Art. 126. Na transferência de propriedade ou na cessão de uso de bens objeto de isenção ou de redução, o imposto será reduzido proporcionalmente à depreciação do valor dos bens em função do tempo decorrido, contado da data do registro da declaração de importação (Decreto-Lei nº 37, de 1966, art. 26).

§ 1º A depreciação do valor dos bens objeto da isenção a que se referem as alíneas *c* e *d* do inciso I do art. 136, quando exigível o pagamento do imposto, obedecerá aos seguintes percentuais (Decreto-Lei nº 1.559, de 1977, art. 1º):

I – de mais de doze e até vinte e quatro meses, trinta por cento; e

II – de mais de vinte e quatro e até trinta e seis meses, setenta por cento.

§ 2º A depreciação para os demais bens, inclusive os automóveis de que trata o art. 187, obedecerá aos seguintes percentuais (Decreto-Lei nº 37, de 1966, art. 26; e Decreto-Lei nº 1.455, de 7 de abril de 1976, art. 2º, §§ 1º e 3º):

I – de mais de doze e até vinte e quatro meses, vinte e cinco por cento;

II – de mais de vinte e quatro e até trinta e seis meses, cinquenta por cento;

III – de mais de trinta e seis e até quarenta e oito meses, setenta e cinco por cento; e

IV – de mais de quarenta e oito e até sessenta meses, noventa por cento.

§ 3º Não serão depreciados os bens que normalmente aumentam de valor com o tempo.

Art. 127. Se os bens objeto de isenção ou de redução forem danificados por incêndio ou por qualquer outro sinistro, o imposto será reduzido proporcionalmente ao valor do prejuízo.

§ 1º Para habilitar-se à redução de que trata o *caput*, o interessado deverá apresentar laudo pericial do órgão oficial competente, do qual deverão constar as causas e os efeitos do sinistro.

§ 2º Caso não seja possível quantificar o prejuízo com base no laudo de que trata o § 1º, a autoridade aduaneira solicitará perícia, nos termos do art. 813.

Art. 128. Não será concedida a redução proporcional referida no art. 127 quando ficar comprovado que o sinistro:

I – ocorreu por culpa ou dolo do proprietário ou usuário dos bens; ou

II – resultou de os bens haverem sido utilizados com infringência ao disposto no art. 124 ou em finalidade diversa daquela que motivou a isenção ou a redução do imposto.

Art. 129. No caso de transferência de propriedade ou cessão de uso de bens que, antes de decorridos os prazos a que se referem os incisos II e III do parágrafo único do art. 124, se tenham tornado inservíveis, mas possuam ainda valor residual, o imposto será calculado com base nesse valor, observado o disposto no § 2º do art. 127.

Art. 130. Nos casos de transferência de propriedade ou cessão de uso de bens objeto da isenção a que se referem as alíneas *c* e *d* do inciso I do art. 136, nenhuma isenção ou redução do imposto poderá ser concedida em decorrência de reciprocidade de tratamento.

Art. 131. Quando se tratar de venda ou de cessão de veículo automotor objeto de isenção do imposto, o registro da transferência de propriedade, no órgão competente, só poderá ser efetuado, pelo adquirente ou pelo cessionário, à vista de declaração da autoridade aduaneira de achar-se o veículo liberado, quer pelo pagamento do imposto devido, quer por força do disposto no parágrafo único do art. 124.

Seção IV

DA ISENÇÃO OU DA REDUÇÃO VINCULADA À DESTINAÇÃO DOS BENS

Art. 132. A isenção ou a redução do imposto, quando vinculada à destinação dos bens, ficará condicionada à comprovação posterior do seu efetivo emprego nas finalidades que motivaram a concessão (Decreto-Lei nº 37, de 1966, art. 12).

Art. 133. A comprovação a que se refere o art. 132 será feita, quando necessária, com perícia, nos termos do art. 813.

LEG. COMPLEMENTAR

Art. 134. Perderá o direito à isenção ou à redução quem deixar de empregar os bens nas finalidades que motivaram a concessão, exigindo-se o imposto a partir da data do registro da correspondente declaração de importação (Decreto-Lei nº 37, de 1966, art. 12; Lei nº 4.502, de 1964, art. 9º, § 1º, com a redação dada pela Lei nº 9.532, de 1997, art. 37, inciso II; e Lei nº 10.865, de 2004, art. 11).

Parágrafo único. Se os bens deixarem de ser utilizados nas finalidades que motivaram a concessão, em virtude de terem sido danificados por incêndio ou por qualquer outro sinistro, o pagamento do imposto devido obedecerá ao disposto no art. 127.

Art. 135. Desde que mantidas as finalidades que motivaram a concessão e mediante prévia decisão da autoridade aduaneira, poderá ser transferida a propriedade ou cedido o uso dos bens antes de decorrido o prazo de cinco anos a que se refere o inciso III do parágrafo único do art. 124, contados da data do registro da correspondente declaração de importação.

Seção V

DAS ISENÇÕES E DAS REDUÇÕES DIVERSAS

Art. 136. São concedidas isenções ou reduções do imposto de importação:

I – às importações realizadas:

a) pela União, pelos Estados, pelo Distrito Federal, pelos Territórios, pelos Municípios e pelas respectivas autarquias (Lei nº 8.032, de 1990, art. 2º, inciso I, alínea *a*; e Lei nº 8.402, de 8 de janeiro de 1992, art. 1º, inciso IV);

b) pelos partidos políticos e pelas instituições de educação ou de assistência social (Lei nº 8.032, de 1990, art. 2º, inciso I, alínea *b*; e Lei nº 8.402, de 1992, art. 1º, inciso IV);

c) pelas missões diplomáticas e repartições consulares de caráter permanente e pelos respectivos integrantes (Lei nº 8.032, de 1990, art. 2º, inciso I, alínea *c*; e Lei nº 8.402, de 1992, art. 1º, inciso IV);

d) pelas representações de organismos internacionais de caráter permanente, inclusive os de âmbito regional, dos quais o Brasil seja membro, e pelos respectivos integrantes (Lei nº 8.032, de 1990, art. 2º, inciso I, alínea *d*; e Lei nº 8.402, de 1992, art. 1º, inciso IV);

e) pelas instituições científicas e tecnológicas e por cientistas e pesquisadores (Lei nº 8.010, de 29 de março de 1990, art. 1º, com a redação dada pela Lei nº 10.964, de 28 de outubro de 2004, art. 1º; Lei nº 8.032, de 1990, art. 2º, inciso I, alíneas *e* e *f*, esta com a redação dada pela Lei nº 10.964, de 2004, art. 3º; e Lei nº 8.402, de 1992, art. 1º, inciso IV);

• Alínea *e* com a redação dada pelo Dec. nº 7.213, de 15-6-2010.

II – aos casos de:

a) *Revogada.* Dec. nº 7.213, de 15-6-2010.

b) amostras e remessas postais internacionais, sem valor comercial (Lei nº 8.032, de 1990, art. 2º, inciso II, alínea *b*; e Lei nº 8.402, de 1992, art. 1º, inciso IV);

c) remessas postais e encomendas aéreas internacionais, destinadas a pessoa física (Lei nº 8.032, de 1990, art. 2º, inciso II, alínea *c*; e Lei nº 8.402, de 1992, art. 1º, inciso IV);

d) bagagem de viajantes procedentes do exterior ou da Zona Franca de Manaus (Lei nº 8.032, de 1990, art. 2º, inciso II, alínea *d*; e Lei nº 8.402, de 1992, art. 1º, inciso IV);

e) bens adquiridos em loja franca, no País (Lei nº 8.032, de 1990, art. 2º, inciso II, alínea *e*; e Lei nº 8.402, de 1992, art. 1º, inciso IV);

f) bens trazidos do exterior, no comércio característico das cidades situadas nas fronteiras terrestres (Decreto-Lei nº 2.120, de 1984, art. 1º, § 2º, alínea *b*; Lei nº 8.032, de 1990, art. 2º, inciso II, alínea *f*; e Lei nº 8.402, de 1992, art. 1º, inciso IV);

g) bens importados sob o regime aduaneiro especial de *drawback*, na modalidade de isenção (Decreto-Lei nº 37, de 1966, art. 78, inciso III; Lei nº 8.032, de 1990, art. 2º, inciso II, alínea *g*; e Lei nº 8.402, de 1992, art. 1º, inciso I);

h) gêneros alimentícios de primeira necessidade, fertilizantes e defensivos para aplicação na agricultura ou na pecuária, bem como matérias-primas para sua produção no País, importados ao amparo do art. 4º da Lei nº 3.244, de 1957, com a redação dada pelo art. 7º do Decreto-Lei nº 63, de 21 de novembro de 1966 (Lei nº 8.032, de 1990, art. 2º, inciso II, alínea *h*; e Lei nº 8.402, de 1992, art. 1º, inciso IV);

i) partes, peças e componentes, destinados ao reparo, revisão e manutenção de aeronaves e de embarcações (Lei nº 8.032, de 1990, art. 2º, inciso II, alínea *j*; e Lei nº 8.402, de 1992, art. 1º, inciso IV);

j) medicamentos destinados ao tratamento de aidéticos, e instrumental científico destinado à pesquisa da síndrome da deficiência imunológica adquirida (Lei nº 8.032, de 1990, art. 2º, inciso II, alínea *l*);

l) bens importados pelas áreas de livre comércio (Lei nº 8.032, de 1990, art. 2º, inciso II, alínea *m*);

m) importações efetuadas para a Zona Franca de Manaus e para a Amazônia Ocidental (Lei nº 8.032, de 1990, art. 4º);

n) mercadorias estrangeiras vendidas por entidades beneficentes em feiras, bazares e eventos semelhantes, desde que recebidas em doação de representações diplomáticas estrangeiras sediadas no País (Lei nº 8.218, de 1991, art. 34, *caput*);

o) mercadorias destinadas a consumo no recinto de congressos, de feiras, de exposições internacionais e de outros eventos internacionais assemelhados (Lei nº 8.383, de 30 de dezembro de 1991, art. 70, *caput*);

p) objetos de arte recebidos em doação, por museus (Lei nº 8.961, de 23 de dezembro de 1994, art. 1º);

q) partes, peças e componentes, importados, destinados ao emprego na conservação, modernização e conversão de embarcações registradas no Registro Especial Brasileiro (Lei nº 9.493, de 10 de setembro de 1997, art. 11);

r) bens destinados a coletores eletrônicos de votos (Lei nº 9.643, de 26 de maio de 1998, art. 1º);

s) bens recebidos como premiação em evento cultural, científico ou esportivo oficial, realizado no exterior, ou para serem consumidos, distribuídos ou utilizados em evento esportivo oficial realizado no País (Lei nº 11.488, de 15 de junho de 2007, art. 38, *caput*);

t) bens importados por desportistas, desde que tenham sido utilizados por estes em evento esportivo oficial e recebidos em doação de entidade de prática desportiva estrangeira ou da promotora ou patrocinadora do evento (Lei nº 11.488, de 2007, art. 38, parágrafo único); e

• Alíneas *s* e *t* com a redação dada pelo Dec. nº 7.213, de 15-6-2010.

u) equipamentos e materiais destinados, exclusivamente, a treinamento e preparação de atletas e equipes brasileiras para competições desportivas em jogos olímpicos, paraolímpicos, pan-americanos, parapan-americanos e mundiais (Lei nº 10.451, de 10 de maio de 2002, art. 8º, *caput*, com a redação dada pela Lei nº 11.827, de 20 de novembro de 2008, art. 5º).

- Alínea *u* acrescida pelo Dec. nº 7.213, de 15-6-2010.

§ 1º É concedida isenção do imposto de importação aos bens importados por empresas, na execução de projetos de pesquisa, desenvolvimento e inovação (Lei nº 8.032, de 1990, art. 2º, *caput*, inciso I, alínea *g*).

- § 1º acrescido pelo Dec. nº 9.283, de 7-2-2018.

§ 2º As isenções ou as reduções de que trata o *caput* serão concedidas com observância aos termos, aos limites e às condições estabelecidos na Seção VI.

- Parágrafo único transformado em § 2º e com a redação dada pelo Dec. nº 9.283, de 7-2-2018.

Art. 137. É concedida isenção do imposto de importação às importações de partes, peças e componentes utilizados na industrialização, revisão e manutenção dos bens de uso militar classificados nos códigos 8710.00.00, 8906.10.00, 88.02, 88.03 e 88.05 da Nomenclatura Comum do MERCOSUL (Lei nº 11.727, de 2008, art. 28, *caput* e § 1º).

§ 1º A importação dos bens para as finalidades referidas no *caput* será feita com suspensão do pagamento do imposto (Lei nº 11.727, de 2008, art. 28, *caput*).

§ 2º O disposto neste artigo será regulamentado em ato normativo específico (Lei nº 11.727, de 2008, art. 28, § 2º).

Art. 138. *Revogado*. pelo Dec. nº 8.010, de 16-5-2013.

Seção VI
DOS TERMOS, LIMITES E CONDIÇÕES

Subseção I
DA UNIÃO, DOS ESTADOS, DO DISTRITO FEDERAL, DOS TERRITÓRIOS, DOS MUNICÍPIOS E DAS RESPECTIVAS AUTARQUIAS

Art. 139. A isenção às importações realizadas pela União, pelos Estados, pelo Distrito Federal, pelos Territórios e pelos Municípios aplica-se a:

I – equipamentos, máquinas, aparelhos ou instrumentos, destinados a obras de construção, ampliação, exploração e conservação de serviços públicos operados direta ou indiretamente pelos titulares do benefício;

II – partes, peças, acessórios, ferramentas e utensílios que, em quantidade normal, acompanhem os bens de que trata o inciso I ou que se destinem a reparo ou a manutenção do equipamento, máquina, aparelho ou instrumento de procedência estrangeira instalado no País; e

III – bens de consumo, quando direta e estritamente relacionados com a atividade dos beneficiários e desde que necessários a complementar a oferta do similar nacional.

Art. 140. A isenção às importações realizadas pelas autarquias somente se aplica aos bens referidos no inciso III do art. 139, observadas as condições ali estabelecidas.

Subseção II
DOS PARTIDOS POLÍTICOS E DAS INSTITUIÇÕES EDUCACIONAIS E DE ASSISTÊNCIA SOCIAL

Art. 141. A isenção às importações realizadas pelos partidos políticos e pelas instituições educacionais e de assistência social será aplicada somente a entidades que atendam às seguintes condições (Lei nº 5.172, de 1966, art. 14, *caput*; e Lei nº 9.532, de 1997, art. 12, § 2º):

I – não distribuição de qualquer parcela do seu patrimônio ou de suas rendas, a qualquer título (Lei nº 5.172, de 1966, art. 14, inciso I, com a redação dada pela Lei Complementar nº 104, de 10 de janeiro de 2001, art. 1º);

II – não remuneração, por qualquer forma, de seus dirigentes pelos serviços prestados;

III – emprego dos seus recursos integralmente no País, na manutenção dos seus objetivos institucionais;

IV – manutenção da escrituração de suas receitas e despesas em livros revestidos de formalidades capazes de assegurar sua exatidão;

V – compatibilidade da natureza, da qualidade e da quantidade dos bens às finalidades essenciais do importador (Constituição, art. 150, inciso VI, alínea *c* e § 4º; e Lei nº 5.172, de 1966, arts. 9º, inciso IV, alínea *c*, esta com a redação dada pela Lei Complementar nº 104, de 2001, art. 1º, e 14, § 2º);

VI – conservação em boa ordem, pelo prazo de cinco anos, contados da data da emissão, dos documentos que comprovem a origem de suas receitas e a efetivação de suas despesas, bem como a realização de quaisquer outros atos ou operações que venham a modificar sua situação patrimonial;

VII – apresentação da declaração de rendimentos, em conformidade com o disposto em ato da Secretaria da Receita Federal do Brasil;

VIII – recolhimento dos tributos retidos sobre os rendimentos por elas pagos ou creditados e da contribuição para a seguridade social relativa aos empregados, bem como o cumprimento das obrigações acessórias daí decorrentes; e

IX – garantia de destinação de seu patrimônio a outra instituição que atenda às condições para gozo do benefício, no caso de incorporação, fusão, cisão ou de encerramento de suas atividades, ou a órgão público.

§ 1º Na hipótese do inciso V do *caput*, as finalidades para as quais os bens foram importados deverão estar previstas nos objetivos institucionais da entidade, constantes dos respectivos estatutos ou atos constitutivos (Lei nº 5.172, de 1966, art. 14, § 2º).

§ 2º A informação à autoridade aduaneira sobre a observância do inciso V do *caput*, relativamente aos bens importados, compete:

I – ao Ministério da Saúde, em se tratando de material médico-hospitalar;

II – ao Ministério da Educação, se a importação for efetuada por instituição educacional; e

III – ao Ministério do Desenvolvimento Social e Combate à Fome, se a importação for efetuada por instituição de assistência social.

Subseção III
DAS MISSÕES DIPLOMÁTICAS, DAS REPARTIÇÕES CONSULARES, DAS REPRESENTAÇÕES DE ORGANISMOS INTERNACIONAIS, E DOS SEUS INTEGRANTES

Art. 142. A isenção referida nas alíneas *c* e *d* do inciso I do art. 136 será aplicada aos bens importados por missões diplomáticas, repartições consulares, e representações de organismos internacionais, de caráter permanente, inclusive os de âmbito regional, de que o Brasil seja membro, e aos bens de seus integrantes, inclusive automóveis.

§ 1º Para fins de fruição da isenção de que trata este artigo, consideram-se integrantes das representações de organismos internacionais a que se refere o *caput*:

I – os funcionários, peritos, técnicos e consultores, que, no exercício de suas funções, gozem do tratamento aduaneiro outorgado ao corpo diplomático; e

LEG. COMPLEMENTAR

II – outros funcionários de organismos internacionais aos quais seja dado, por disposições expressas de atos firmados pelo Brasil, o tratamento aduaneiro outorgado ao corpo diplomático.

§ 2º A isenção será reconhecida com observância da Convenção de Viena sobre Relações Diplomáticas e da Convenção de Viena sobre Relações Consulares, promulgadas, respectivamente, pelos Decretos nº 56.435, de 8 de junho de 1965, e nº 61.078, de 26 de julho de 1967, à vista de requisição do Ministério das Relações Exteriores, que a emitirá atendendo ao princípio de reciprocidade de tratamento e ao regime de quotas, quando for o caso.

§ 3º A isenção de que trata este artigo não se aplica a repartição ou funcionário consular honorário, incluído o cônsul honorário.

Art. 143. A isenção concedida aos integrantes a que se refere o art. 142, nos termos ali definidos, estende-se a técnico e perito que aqui venha desempenhar missões de caráter transitório ou eventual, quando expressamente prevista na convenção, tratado, acordo ou convênio de que o País seja signatário.

Parágrafo único. Será aplicado o regime de admissão temporária aos bens das pessoas referidas no *caput*, quando não expressamente prevista a isenção.

Art. 144. A isenção referida nos arts. 142 e 143, relativamente a automóveis, poderá ser substituída pelo direito de aquisição, em idênticas condições, de automóvel de produção nacional, com isenção do imposto sobre produtos industrializados (Decreto-Lei nº 37, de 1966, art. 161, *caput*).

Parágrafo único. Deverá ser pago, com os acréscimos legais e as penalidades cabíveis, o imposto relativo a automóvel adquirido nas condições do *caput*, se transferida a sua propriedade ou cedido o seu uso, antes de decorrido um ano da respectiva aquisição, a pessoa que não goze do mesmo benefício (Decreto-Lei nº 37, de 1966, arts. 106, inciso II, *a*, e 161, parágrafo único).

Art. 145. Os automóveis importados com isenção não poderão ser transferidos ou alienados, a qualquer título, nem depositados para fins comerciais, expostos à venda ou vendidos, sem o prévio pagamento do imposto (Decreto-Lei nº 37, de 1966, arts. 11, *caput*, e 105, inciso XIII).

Parágrafo único. Equipara-se à alienação, a exposição para venda ou qualquer outra modalidade de oferta pública (Decreto-Lei nº 2.068, de 9 de novembro de 1983, art. 3º, § 2º).

Art. 146. Dependerá da prévia liberação da Secretaria da Receita Federal do Brasil, em qualquer caso, a transferência de propriedade ou cessão de uso de automóvel importado com isenção (Decreto-Lei nº 37, de 1966, arts. 11, *caput*, e 106, inciso II, alínea *a*).

§ 1º A liberação do automóvel pela Secretaria da Receita Federal do Brasil será dada somente à vista de requisição do Ministério das Relações Exteriores.

§ 2º O disposto neste artigo não se aplica aos automóveis importados com a isenção referida no art. 144, depois de decorrido um ano da sua aquisição.

Subseção IV

DAS INSTITUIÇÕES CIENTÍFICAS E TECNOLÓGICAS

Art. 147. A isenção do imposto aos bens importados por instituições científicas e tecnológicas aplica-se a máquinas, equipamentos, aparelhos e instrumentos, e suas partes e peças de reposição, acessórios, matérias-primas e produtos intermediários, desde que destinados às suas pesquisas (Lei nº 8.010, de 1990, art. 1º, *caput*).

§ 1º O disposto neste artigo aplica-se somente às importações realizadas pelo Conselho Nacional de Desenvolvimento Científico e Tecnológico – CNPq, por cientistas, por pesquisadores, por Instituição Científica, Tecnológica e de Inovação – ICT e por entidades sem fins lucrativos ativas no fomento, na coordenação ou na execução de programas de pesquisa científica e tecnológica ou de ensino, devidamente credenciados por esse Conselho (Lei nº 8.010, de 1990, art. 1º, § 2º).

- Parágrafo único transformado em § 1º e com a redação dada pelo Dec. nº 9.283, de 7-2-2018.

§ 2º As importações de que trata este artigo ficam dispensadas de controles prévios ao despacho aduaneiro (Lei nº 8.010, de 1990, art. 1º, § 1º).

§ 3º O CNPq apoiará as atividades de capacitação e firmará parcerias com órgãos e entidades para promover a melhoria nos processos de importações para pesquisa, desenvolvimento e inovação.

- §§ 2º e 3º acrescidos pelo Dec. nº 9.283, de 7-2-2018.

Art. 148. O Ministro de Estado da Fazenda estabelecerá o limite global anual, em valor, para as importações realizadas com isenção pelas instituições científicas e tecnológicas, ouvido o Ministro de Estado da Ciência, Tecnologia, Inovações e Comunicações (Lei nº 8.010, de 1990, art. 2º, *caput*).

- *Caput* com a redação dada pelo Dec. nº 9.283, de 7-2-2018.

§ 1º A quota global de importações será distribuída e controlada pelo CNPq (Lei nº 8.010, de 1990, art. 2º, § 2º).

§ 2º As importações de mercadorias destinadas ao desenvolvimento da ciência e tecnologia não estão sujeitas ao limite global anual, quando (Lei nº 8.010, de 1990, art. 2º, § 1º):

I – decorrentes de doações feitas por pessoas físicas ou jurídicas estrangeiras; ou

II – pagas por meio de empréstimos externos ou de acordos governamentais.

§ 3º O Ministro de Estado da Ciência, Tecnologia, Inovações e Comunicações encaminhará, até o mês de julho de cada ano-calendário, proposta de novo limite global anual para o exercício seguinte.

§ 4º Na hipótese prevista no § 3º, o Ministro de Estado da Fazenda terá prazo de sessenta dias para estabelecer a nova quota global de importações para o exercício seguinte.

- §§ 3º e 4º acrescidos pelo Dec. nº 9.283, de 7-2-2018.

Subseção V

DO PAPEL DESTINADO À IMPRESSÃO DE LIVROS, JORNAIS E PERIÓDICOS

Arts. 149 a 152. *Revogados.* Dec. nº 7.213, de 15-6-2010.

Subseção VI

DAS AMOSTRAS E DAS REMESSAS POSTAIS INTERNACIONAIS, SEM VALOR COMERCIAL

Art. 153. Consideram-se sem valor comercial, para os efeitos da alínea *b* do inciso II do art. 136:

I – as amostras representadas por quantidade, fragmentos ou partes de qualquer mercadoria, estritamente necessários para dar a conhecer sua natureza, espécie e qualidade; e

II – os bens contidos em remessas postais internacionais consideradas sem valor comercial, que não se prestem à utilização com fins lucrativos e cujo valor *Free On Board* – FOB não exceda a US$ 10,00 (dez dólares dos Estados Unidos da América).

Subseção VII

DAS REMESSAS POSTAIS E DAS ENCOMENDAS AÉREAS INTERNACIONAIS, DESTINADAS A PESSOA FÍSICA

Art. 154. A isenção para remessas postais internacionais destinadas a pessoa física aplica-se aos bens nelas contidos, cujo valor não exceda o limite estabelecido pelo Ministro de Estado da Fazenda, desde que não se prestem à utilização com fins lucrativos (Decreto-Lei nº 1.804, de 1980, art. 2º, inciso II, com a redação dada pela Lei nº 8.383, de 1991, art. 93).

§ 1º O limite a que se refere o *caput* não poderá ser superior a U$ 100,00 (cem dólares dos Estados Unidos da América), ou o equivalente em outra moeda (Decreto-Lei nº 1.804, de 1980, art. 2º, inciso II, com a redação dada pela Lei nº 8.383, de 1991, art. 93).

§ 2º A isenção para encomendas aéreas internacionais, nas condições referidas no *caput*, será aplicada em conformidade com a regulamentação editada pelo Ministério da Fazenda (Decreto-Lei nº 1.804, de 1980, art. 2º, parágrafo único).

Subseção VIII

DA BAGAGEM

Art. 155. Para fins de aplicação da isenção para bagagem de viajante procedente do exterior, entende-se por (Regime Aduaneiro de Bagagem no MERCOSUL, Artigo 1º, aprovado pela Decisão CMC nº 53, de 2008, internalizada pelo Decreto nº 6.870, de 2009):

I – bagagem: os bens novos ou usados que um viajante, em compatibilidade com as circunstâncias de sua viagem, puder destinar para seu uso ou consumo pessoal, bem como para presentear, sempre que, pela sua quantidade, natureza ou variedade, não permitirem presumir importação com fins comerciais ou industriais;

II – bagagem acompanhada: a que o viajante traga consigo, no mesmo meio de transporte em que viaje, desde que não amparada por conhecimento de carga ou documento equivalente;

III – bagagem desacompanhada: a que chegue ao País, amparada por conhecimento de carga ou documento equivalente; e

IV – bens de uso ou consumo pessoal: os artigos de vestuário, higiene e demais bens de caráter manifestamente pessoal.

§ 1º Estão excluídos do conceito de bagagem (Regime Aduaneiro de Bagagem no MERCOSUL, Artigo 7º, incisos 1 e 2, aprovado pela Decisão CMC nº 53, de 2008, internalizada pelo Decreto nº 6.870, de 2009):

I – os veículos automotores em geral, as motocicletas, as motonetas, as bicicletas com motor, os motores para embarcação, as motos aquáticas e similares, as casas rodantes, as aeronaves e as embarcações de todo tipo; e

II – as partes e peças dos bens relacionados no inciso I, exceto os bens unitários, de valor inferior aos limites de isenção, relacionados em listas específicas que poderão ser elaboradas pela Secretaria da Receita Federal do Brasil.

§ 2º Os bens a que se refere o § 1º poderão ingressar no País sob o regime de admissão temporária, sempre que o viajante comprove sua residência permanente em outro país (Regime Aduaneiro de Bagagem no MERCOSUL, Artigo 7º, inciso 3, aprovado pela Decisão CMC nº 53, de 2008, internalizada pelo Decreto nº 6.870, de 2009).

Art. 156. O viajante que ingressar no País, inclusive o proveniente de outro país integrante do MERCOSUL, deverá declarar a sua bagagem (Regime Aduaneiro de Bagagem no MERCOSUL, Artigo 3º, inciso 1, aprovado pela Decisão CMC nº53, de 2008, internalizada pelo Decreto nº 6.870, de 2009).

§ 1º A bagagem desacompanhada deverá ser declarada por escrito (Regime Aduaneiro de Bagagem no MERCOSUL, Artigo 3º, inciso 3, aprovado pela Decisão CMC nº 53, de 2008, internalizada pelo Decreto nº 6.870, de 2009).

§ 2º A Secretaria da Receita Federal do Brasil poderá exigir que a bagagem acompanhada seja declarada por escrito (Regime Aduaneiro de Bagagem no MERCOSUL, Artigo 3º, inciso 2, aprovado pela Decisão CMC nº 53, de 2008, internalizada pelo Decreto nº 6.870, de 2009).

§ 3º O viajante não poderá declarar como própria bagagem de terceiro, ou utilizar o tratamento de bagagem para o ingresso de bens que não lhe pertençam (Regime Aduaneiro de Bagagem no MERCOSUL, Artigo 3º, inciso 4, aprovado pela Decisão CMC nº 53, de 2008, internalizada pelo Decreto nº 6.870, de 2009).

§ 4º Excetuam-se do disposto no § 3º os bens de uso ou consumo pessoal de residente no País, falecido no exterior, e cujo óbito seja comprovado por documentação idônea (Regime Aduaneiro de Bagagem no MERCOSUL, Artigo 3º, inciso 5, aprovado pela Decisão CMC nº 53, de 2008, internalizada pelo Decreto nº 6.870, de 2009).

- Arts. 155 e 156 com a redação dada pelo Dec. nº 7.213, de 15-6-2010.

Art. 157. A bagagem acompanhada está isenta do pagamento do imposto, relativamente a (Regime Aduaneiro de Bagagem no MERCOSUL, Artigo 9º, incisos 1 a 3, aprovado pela Decisão CMC nº 53, de 2008, internalizada pelo Decreto nº6.870, de 2009):

- *Caput* com a redação dada pelo Dec. nº 7.213, de 15-6-2010.

I – bens de uso ou consumo pessoal;

- Inciso I com a redação dada pelo Dec. nº 7.213, de 15-6-2010.

II – livros, folhetos e periódicos; e

III – outros bens, observados os limites, quantitativos ou de valor global, os termos e as condições estabelecidos em ato do Ministério da Fazenda (Decreto-Lei nº 2.120, de 1984, art. 1º, *caput*).

- Inciso III com a redação dada pelo Dec. nº 7.213, de 15-6-2010.

§ 1º A isenção estabelecida em favor do viajante é individual e intransferível (Regime Aduaneiro de Bagagem no MERCOSUL, Artigo 5º, inciso 1, aprovado pela Decisão CMC nº 53, de 2008, internalizada pelo Decreto nº 6.870, de 2009).

§ 2º Excedido o limite de valor global a que se refere o inciso III do *caput*, aplica-se o regime de tributação especial de que tratam os arts. 101 e 102.

- §§ 1º e 2º com a redação dada pelo Dec. nº 7.213, de 15-6-2010.

§ 3º O direito à isenção a que se refere o inciso III do *caput* não poderá ser exercido mais de uma vez no intervalo de um mês (Regime Aduaneiro de Bagagem no MERCOSUL, Artigo 9º, inciso 5, aprovado pela Decisão CMC nº 53, de 2008, internalizada pelo Decreto nº 6.870, de 2009).

§ 4º O Ministério da Fazenda poderá estabelecer, ainda, limites quantitativos para a fruição de isenções relativas à bagagem de viajante (Regime Aduaneiro de Bagagem no MERCOSUL, Artigo 9º, inciso 6, aprovado pela Decisão CMC nº53, de 2008, internalizada pelo Decreto nº 6.870, de 2009).

- §§ 3º e 4º acrescidos pelo Dec. nº 7.213, de 15-6-2010.

Art. 158. A bagagem desacompanhada está isenta do pagamento do imposto relativamente a bens de uso e consumo pessoal, usados, livros e periódicos (Regime Aduaneiro de Bagagem no MERCOSUL, Artigo 10, inciso 2, aprovado

LEG. COMPLEMENTAR

pela Decisão CMC nº 53, de 2008, internalizada pelo Decreto nº 6.870, de 2009).

§ 1º A bagagem desacompanhada deverá (Regime Aduaneiro de Bagagem no MERCOSUL, Artigo 10, inciso 1, alíneas *a* e *d*, aprovado pela Decisão CMC nº 53, de 2008, internalizada pelo Decreto nº 6.870, de 2009):

I – chegar ao País dentro dos três meses anteriores ou até os seis meses posteriores à chegada do viajante; e

II – provir do país ou dos países de estada ou de procedência do viajante.

§ 2º A bagagem desacompanhada somente será desembaraçada depois da chegada do viajante (Regime Aduaneiro de Bagagem no MERCOSUL, Artigo 10, inciso 1, alínea *b*, aprovado pela Decisão CMC nº 53, de 2008, internalizada pelo Decreto nº 6.870, de 2009).

Art. 159. A bagagem dos tripulantes está isenta do pagamento do imposto apenas em relação a bens de uso ou consumo pessoal, livros e periódicos (Regime Aduaneiro de Bagagem no MERCOSUL, Artigo 12, inciso 1, aprovado pela Decisão CMC nº 53, de 2008, internalizada pelo Decreto nº 6.870, de 2009).

Parágrafo único. À bagagem dos tripulantes dos navios de longo curso que procederem do exterior e desembarcarem definitivamente no País aplica-se o tratamento previsto no art. 157 (Regime Aduaneiro de Bagagem no MERCOSUL, Artigo 12, inciso 2, aprovado pela Decisão CMC nº 53, de 2008, internalizada pelo Decreto nº 6.870, de 2009).

- Arts. 158 e 159 com a redação dada pelo Dec. nº 7.213, de 15-6-2010.

Art. 160. No caso de sucessão aberta no exterior, o herdeiro ou o legatário residente no País poderá importar com isenção os bens que lhe couberem, pertencentes ao *de cujus* na data do óbito, desde que compreendidos no conceito de bagagem (Decreto-Lei nº 2.120, de 1984, art. 5º).

Art. 161. Aplica-se o regime de importação comum aos bens que (Decreto-Lei nº 37, de 1966, art. 171):

I – não se enquadrem no conceito de bagagem constante do art. 155; ou

II – cheguem ao País, como bagagem desacompanhada, com inobservância dos prazos e condições estabelecidos.

- Inciso II com a redação dada pelo Dec. nº 7.213, de 15-6-2010.

§ 1º Na hipótese referida no inciso I, somente será permitida a importação de bens destinados ao uso próprio do viajante, que não poderão ser utilizados para fins comerciais ou industriais (Lei nº 2.145, de 29 de dezembro de 1953, art. 8º, *caput* e § 1º, inciso IV).

§ 2º O disposto no § 1º não se aplica se o viajante, antes do início de qualquer procedimento fiscal, informar que os bens destinam-se a pessoa jurídica determinada, estabelecida no País, à qual incumbe promover o despacho aduaneiro para uso ou consumo próprio.

- §§ 1º e 2º com a redação dada pelo Dec. nº 7.213, de 15-6-2010.

§ 3º O disposto no inciso II não se aplica na hipótese de a inobservância de prazo decorrer de circunstância alheia à vontade do viajante, cabendo o tratamento referido no *caput*, no inciso II do § 1º e no § 2º do art. 158.

- § 3º acrescido pelo Dec. nº 7.213, de 15-6-2010.

Art. 162. Sem prejuízo do disposto no art. 157, o brasileiro ou o estrangeiro residente no País, que tiver permanecido no exterior por período superior a um ano, ou o estrangeiro que ingressar no País para nele residir, de forma permanente, terá direito à isenção relativa aos seguintes bens, novos ou usados (Regime Aduaneiro de Bagagem no MERCOSUL, Artigo 11, inciso 1, aprovado pela Decisão CMC nº 53, de 2008, internalizada pelo Decreto nº 6.870, de 2009):

- *Caput* com a redação dada pelo Dec. nº 7.213, de 15-6-2010.

I – móveis e outros bens de uso doméstico; e

II – ferramentas, máquinas, aparelhos e instrumentos, necessários ao exercício de sua profissão, arte ou ofício, individualmente considerado.

§ 1º A fruição da isenção para os bens referidos no inciso II está sujeita à prévia comprovação da atividade desenvolvida pelo viajante no exterior (Regime Aduaneiro de Bagagem no MERCOSUL, Artigo 11, inciso 2, aprovado pela Decisão CMC nº 53, de 2008, internalizada pelo Decreto nº 6.870, de 2009).

§ 2º Enquanto não for concedido o visto permanente ao estrangeiro, seus bens poderão permanecer no País sob o regime de admissão temporária (Regime Aduaneiro de Bagagem no MERCOSUL, Artigo 11, inciso 3, aprovado pela Decisão CMC nº 53, de 2008, internalizada pelo Decreto nº 6.870, de 2009).

- §§ 1º e 2º com a redação dada pelo Dec. nº 7.213, de 15-6-2010.

Art. 163. Os cientistas, engenheiros e técnicos, brasileiros ou estrangeiros, radicados no exterior, terão direito à isenção referida no art. 162, sem a necessidade de observância do prazo de permanência ali estabelecido, desde que (Decreto-Lei nº 37, de 1966, art. 13, inciso III, alínea *h*, e § 4º, com a redação dada pelo Decreto-Lei nº 1.123, de 3 de setembro de 1970, art. 1º):

I – a especialização técnica do interessado esteja enquadrada em resolução baixada pelo CNPq, antes de sua chegada ao País;

II – o regresso ao País decorra de convite do CNPq; e

III – o interessado se comprometa, perante o CNPq, a exercer sua profissão no País durante o prazo mínimo de cinco anos, a partir da data do desembaraço dos bens.

Art. 164. Os bens integrantes de bagagem, quando sujeitos a controles específicos, somente serão desembaraçados mediante prévia anuência do órgão competente (Norma de Aplicação relativa ao Regime de Bagagem no MERCOSUL, Artigo 6, item 2, aprovada pela Decisão CMC nº 18, de 1994, e internalizada pelo Decreto nº 1.765, de 1995).

Art. 165. Os bens desembaraçados como bagagem não poderão ser depositados para fins comerciais ou expostos à venda, nem vendidos, senão com o pagamento do imposto e dos acréscimos legais exigíveis (Decreto-Lei nº 1.455, de 1976, art. 8º).

Art. 166. A isenção para bens integrantes de bagagem de viajantes procedentes da Zona Franca de Manaus será regulamentada em ato normativo do Ministro de Estado da Fazenda (Decreto-Lei nº 1.455, de 1976, art. 6º).

Art. 167. Poderá ser aplicado o tratamento previsto para bagagem desacompanhada, a requerimento do interessado, aos bens contidos em remessas vindas de país no qual tenha estado ou residido.

Art. 168. A Secretaria da Receita Federal do Brasil poderá, no âmbito de sua competência, editar atos normativos para a implementação do disposto nesta Subseção.

Subseção IX

DOS BENS ADQUIRIDOS EM LOJA FRANCA

Art. 169. A isenção do imposto na aquisição de mercadorias em loja franca instalada no País, a que se refere a alínea *e* do inciso II do art. 136, será aplicada com observância do disposto nos arts. 476 a 479 e dos termos, limites e condições estabelecidos pelo Ministro de Estado da Fazenda (Decreto-Lei nº 2.120, de 1984, art. 1º, § 2º, alínea *a*; Lei nº 8.032, de 1990, art. 2º, inciso II, alínea *e*; e Lei nº 8.402, de 1992, art. 1º, inciso IV).

Subseção X

DO COMÉRCIO DE SUBSISTÊNCIA EM FRONTEIRA

Art. 170. A isenção do imposto na importação de bens trazidos do exterior, no comércio característico das cidades situadas nas fronteiras terrestres, aplica-se apenas aos bens destinados à subsistência da unidade familiar de residentes nas cidades fronteiriças brasileiras (Decreto-Lei nº 2.120, de 1984, art. 1º, § 2º, alínea *b*; Lei nº 8.032, de 1990, art. 2º, inciso II, alínea *f*; e Lei nº 8.402, de 1992, art. 1º, inciso IV).

Parágrafo único. Entende-se por bens destinados à subsistência da unidade familiar, para os efeitos desta Subseção, os bens estritamente necessários ao uso ou consumo pessoal e doméstico.

Subseção XI

DO DRAWBACK NA MODALIDADE DE ISENÇÃO

Art. 171. A isenção do imposto, ao amparo do regime aduaneiro especial de *drawback*, será concedida na importação de mercadorias, em quantidade e qualidade equivalente à utilizada no beneficiamento, fabricação, complementação ou acondicionamento de produto exportado, observado o disposto nos arts. 393 a 396 (Decreto-Lei nº 37, de 1966, art. 78, inciso III).

Subseção XII

DOS GÊNEROS ALIMENTÍCIOS, DOS FERTILIZANTES, DOS DEFENSIVOS, E DAS MATÉRIAS-PRIMAS PARA SUA PRODUÇÃO

Art. 172. A isenção ou a redução do imposto na importação de gêneros alimentícios de primeira necessidade, fertilizantes e defensivos para aplicação na agricultura ou na pecuária, e matérias-primas para sua produção no País, será concedida quando não houver produção nacional, ou a produção nacional desses bens for insuficiente para atender ao consumo interno (Lei nº 3.244, de 1957, art. 4º, *caput*, com a redação dada pelo Decreto-Lei nº 63, de 1966, art. 7º).

§ 1º A isenção ou a redução do imposto será reconhecida pela Secretaria da Receita Federal do Brasil com observância dos critérios definidos pelo Ministério do Desenvolvimento, Indústria e Comércio Exterior (Lei nº 3.244, de 1957, art. 4º, § 1º, com a redação dada pelo Decreto-Lei nº 63, de 1966, art. 7º):

I – mediante comprovação da inexistência de produção nacional e, havendo produção, mediante prova, anterior ao desembaraço aduaneiro, de aquisição de quota determinada do produto nacional na respectiva fonte, ou comprovação de recusa, incapacidade ou impossibilidade de fornecimento em prazo e a preço normal; ou

II – por meio do estabelecimento de quotas tarifárias globais ou por período determinado, ou ainda por quotas tarifárias globais por período determinado, casos em que não deverá ser ultrapassado o prazo de um ano, ou de quotas percentuais em relação ao consumo nacional.

§ 2º A concessão será de caráter geral em relação a cada espécie de produto, garantida a aquisição integral de produção nacional (Lei nº 3.244, de 1957, art. 4º, § 2º, com a redação dada pelo Decreto-Lei nº 63, de 1966, art. 7º).

§ 3º Será no máximo de um ano, a contar da emissão, o prazo de validade dos comprovantes de aquisição da quota de produto nacional prevista neste artigo (Lei nº 3.244, de 1957, art. 4º, § 4º, com a redação dada pelo Decreto-Lei nº 63, de 1966, art. 7º).

Art. 173. Quando, por motivo de escassez no mercado interno, tornar-se imperiosa a aquisição, no exterior, dos bens referidos no *caput* do art. 172, poderá ser concedida isenção do imposto para a sua importação, por ato do Ministério do Desenvolvimento, Indústria e Comércio Exterior, ouvidos os órgãos ligados à execução da política do abastecimento e da produção (Lei nº 3.244, de 1957, art. 4º, § 3º, com a redação dada pelo Decreto-Lei nº 63, de 1966, art. 7º).

Subseção XIII

DAS PARTES, PEÇAS E COMPONENTES DESTINADOS A REPARO, REVISÃO E MANUTENÇÃO DE AERONAVES E DE EMBARCAÇÕES

Art. 174. A isenção do imposto, na importação de partes, peças e componentes, será reconhecida aos bens destinados a reparo, revisão ou manutenção de aeronaves e de embarcações.

§ 1º Para cumprimento do disposto no *caput*, o importador deverá fazer prova da posse ou propriedade da aeronave ou embarcação.

§ 2º Na hipótese de a importação ser promovida por oficina especializada em reparo, revisão ou manutenção de aeronaves, esta deverá:

I – apresentar contrato de prestação de serviços, indicando o proprietário ou possuidor da aeronave; e

II – estar homologada pelo órgão competente do Ministério da Defesa.

• Art. 174 com a redação pelo Dec. nº 7.044, de 22-12-2009.

Subseção XIV

DOS MEDICAMENTOS E DO INSTRUMENTAL CIENTÍFICO DESTINADOS AO TRATAMENTO E À PESQUISA DA SÍNDROME DA DEFICIÊNCIA IMUNOLÓGICA ADQUIRIDA

Art. 175. A isenção do imposto referida na alínea *j* do inciso II do art. 136 aplica-se à importação de medicamentos utilizados exclusivamente no tratamento de aidéticos, e de instrumental de uso exclusivo na pesquisa da doença, na forma da legislação específica.

Subseção XV

DOS BENS IMPORTADOS PELAS ÁREAS DE LIVRE COMÉRCIO

Art. 176. A isenção do imposto na importação de bens destinados às áreas de livre comércio observará o disposto nos arts. 524 a 533.

Subseção XVI

DOS BENS IMPORTADOS PELA ZONA FRANCA DE MANAUS E PELA AMAZÔNIA OCIDENTAL

Art. 177. A entrada de mercadorias estrangeiras com isenção do imposto, na Zona Franca de Manaus e na Amazônia Ocidental, será feita com observância do disposto nos arts. 504 e 516, respectivamente.

Subseção XVII

DAS MERCADORIAS DOADAS POR REPRESENTAÇÕES DIPLOMÁTICAS ESTRANGEIRAS PARA VENDA EM FEIRAS, BAZARES E EVENTOS SEMELHANTES

Art. 178. As entidades beneficentes reconhecidas como de utilidade pública poderão vender em feiras, bazares e eventos semelhantes, com isenção do imposto, mercadorias estrangeiras recebidas em doação de representações diplomáticas estrangeiras sediadas no País, observada a regulamentação editada pelo Ministério da Fazenda (Lei nº 8.218, de 1991, art. 34, *caput*).

LEG. COMPLEMENTAR

Parágrafo único. O produto líquido da venda dos bens recebidos em doação, na forma do *caput*, terá como destinação exclusiva o desenvolvimento de atividades beneficentes no País (Lei nº 8.218, de 1991, art. 34, parágrafo único).

Subseção XVIII

DAS MERCADORIAS DESTINADAS A CONSUMO EM EVENTOS INTERNACIONAIS

Art. 179. A isenção do imposto na importação de mercadorias destinadas a consumo em eventos internacionais somente será reconhecida se o consumo ocorrer no recinto de congressos, feiras e exposições internacionais e eventos assemelhados, a título de promoção ou degustação, de montagem ou conservação de estandes, ou de demonstração de equipamentos em exposição (Lei nº 8.383, de 1991, art. 70).

§ 1º A isenção não se aplica a mercadorias destinadas à montagem de estandes, suscetíveis de serem aproveitadas após o evento (Lei nº 8.383, de 1991, art. 70, § 1º).

§ 2º É condição para gozo da isenção que nenhum pagamento, a qualquer título, seja efetuado ao exterior, em relação às mercadorias mencionadas no *caput* (Lei nº 8.383, de 1991, art. 70, § 2º).

§ 3º A importação das mercadorias objeto da isenção está dispensada de licenciamento, e sujeita à regulamentação editada pelo Ministério da Fazenda (Lei nº 8.383, de 1991, art. 70, § 3º).

Subseção XIX

DOS OBJETOS DE ARTE

Art. 180. A isenção do imposto na importação de objetos de arte somente beneficia aqueles classificados nas posições 9701, 9702, 9703 e 9706 da Nomenclatura Comum do MERCOSUL, recebidos, em doação, por museus (Lei nº 8.961, de 1994, art. 1º).

Parágrafo único. Os museus a que se refere o *caput* deverão ser instituídos e mantidos pelo poder público ou por outras entidades culturais reconhecidas como de utilidade pública (Lei nº 8.961, de 1994, art. 1º).

Subseção XX

DAS PARTES, PEÇAS E COMPONENTES DESTINADOS AO EMPREGO NA CONSERVAÇÃO E MODERNIZAÇÃO DE EMBARCAÇÕES

Art. 181. A isenção do imposto na importação de partes, peças e componentes destinados ao emprego na conservação, modernização e conversão de embarcações registradas no Registro Especial Brasileiro será reconhecida somente se os serviços forem realizados em estaleiros navais brasileiros (Lei nº 9.493, de 1997, art. 11).

Subseção XXI

DOS BENS DESTINADOS A COLETORES ELETRÔNICOS DE VOTOS

Art. 182. A isenção do imposto na importação de bens destinados a coletores eletrônicos de votos aplica-se (Lei nº 9.643, de 1998, art. 1º):

I – às matérias-primas e aos produtos intermediários que se destinem à industrialização, no País, de coletores eletrônicos de votos, a serem diretamente fornecidos ao Tribunal Superior Eleitoral; e

II – aos produtos classificados nos códigos 8471.60.52, 8471.60.61, 8473.30.49, 8504.40.21 e 8534.00.00, da Nomenclatura Comum do MERCOSUL, destinados aos coletores eletrônicos de votos.

Parágrafo único. Para o reconhecimento da isenção, a empresa beneficiária deverá apresentar à Secretaria da Receita Federal do Brasil relação quantitativa dos bens a serem importados, aprovada pelo Ministério da Ciência e Tecnologia (Lei nº 9.643, de 1998, art. 2º).

Subseção XXII

DOS BENS PARA SEREM CONSUMIDOS, DISTRIBUÍDOS OU UTILIZADOS EM EVENTO ESPORTIVO, DOS BENS DOADOS A DESPORTISTAS E DAS PREMIAÇÕES E OBJETOS COMEMORATIVOS

- Título da Subseção XXIII com a redação dada pelo Dec. nº 7.213, de 15-6-2010.

Art. 183. A isenção para bens a serem consumidos, distribuídos ou utilizados em evento esportivo, e para premiações e objetos comemorativos aplica-se na importação de (Lei nº 11.488, de 2007, art. 38, *caput*):

- *Caput* com a redação dada pelo Dec. nº 7.213, de 15-6-2010.

I – troféus, medalhas, placas, estatuetas, distintivos, flâmulas, bandeiras e outros objetos comemorativos recebidos em evento cultural, científico ou esportivo oficial realizado no exterior ou para serem distribuídos gratuitamente como premiação em evento esportivo realizado no País;

II – bens dos tipos e em quantidades normalmente consumidos em evento esportivo oficial; e

III – material promocional, impressos, folhetos e outros bens com finalidade semelhante, a serem distribuídos gratuitamente ou utilizados em evento esportivo oficial.

§ 1º O disposto no *caput* aplica-se também a bens importados por desportistas, desde que tenham sido utilizados por estes em evento esportivo oficial e recebidos em doação de entidade de prática desportiva estrangeira ou da promotora ou patrocinadora do evento (Lei nº 11.488, de 2007, art. 38, parágrafo único).

§ 2º A isenção para os bens referidos no inciso I, quando o evento esportivo for realizado no País, aplica-se somente aos bens destinados exclusivamente ao evento esportivo e em quantidade compatível com a premiação efetuada, observado ainda o disposto no art. 185.

§ 3º São dispensados da apuração de similaridade os bens referidos no inciso I, quando o evento for realizado no exterior, nos incisos II e III e no § 1º.

§ 4º Para fins de fruição da isenção de que trata o § 1º, o evento esportivo oficial deve ser de notório destaque no cenário esportivo internacional ou assim reconhecido pelo Ministério do Esporte.

Art. 184. Para fins de fruição da isenção de que trata esta Subseção, entende-se por:

I – evento cultural ou científico: o evento cultural ou científico de notório destaque no cenário internacional ou assim reconhecido pelo Ministério da Cultura ou pelo Ministério da Ciência e Tecnologia, respectivamente;

II – evento esportivo oficial: o evento cuja realização tenha a participação do Comitê Olímpico Brasileiro, do Comitê Paraolímpico Brasileiro, de entidade nacional de administração do desporto que lhes sejam filiadas ou vinculadas ou de entidade de administração ou prática desportiva internacional reconhecida pelo Ministério do Esporte; e

III – bens consumidos: os bens dos tipos e em quantidades normalmente utilizados em evento esportivo oficial e:

a) que se gastem com o uso ou se tornem impróprios, defeituosos ou imprestáveis para os fins a que se destinavam e, em ambos os casos, não possam ser reutilizados no mesmo ou em qualquer outro evento esportivo oficial; ou

b) cujo uso importe destruição da própria substância.

Parágrafo único. O conceito de bens consumidos estabelecido no inciso III não abrange veículos automotores em geral (motocicletas, motonetas, bicicletas com motor, motos aquáticas e similares, aeronaves e embarcações de todo tipo) e armas.

Art. 185. Na hipótese a que se refere o inciso II do art. 183, a entidade promotora do evento deverá apresentar relação detalhada dos bens homologada pelo Ministério do Esporte no tocante à adequação dos bens importados, quanto à sua natureza, quantidade e qualidade, ao evento esportivo oficial.

§ 1º Quando se tratar de evento esportivo oficial promovido por órgão da administração pública direta ou com a participação do Comitê Olímpico Brasileiro – COB ou do Comitê Paraolímpico Brasileiro – CPB, a relação a que se refere o *caput* será homologada pela entidade promotora do evento e encaminhada à autoridade aduaneira.

• § 1º com a redação dada pelo Dec. nº 8.010, de 16-5-2013.

§ 2º Na hipótese de os bens chegarem ao País em momento anterior à homologação referida no *caput*, estes poderão permanecer no território aduaneiro sob o regime de admissão temporária.

Art. 186. A Secretaria da Receita Federal do Brasil poderá, no âmbito de sua competência, editar atos normativos para a implementação do disposto nesta Subseção.

Subseção XXII-A
DOS MATERIAIS ESPORTIVOS

• Subseção XXII-A acrescida pelo Dec. nº 7.213, de 15-6-2010.

Art. 186-A. A isenção do imposto referida na alínea *u* do inciso II do art. 136 aplica-se às importações de equipamentos ou materiais, destinados, exclusivamente, ao treinamento e preparação de atletas e equipes brasileiras para competições desportivas em jogos olímpicos, paraolímpicos, pan-americanos, parapan-americanos e mundiais, cujos fatos geradores ocorram até 31 de dezembro de 2013 (Lei nº 10.451, de 2002, art. 8º, *caput*, com a redação dada pela Lei nº 11.827, de 2008, art. 5º).

Parágrafo único. A isenção aplica-se a equipamento ou material esportivo, sem similar nacional, homologado pela entidade desportiva internacional da respectiva modalidade esportiva, para as competições a que se refere o *caput* (Lei nº 10.451, de 2002, art. 8º, § 1º, com a redação dada pela Lei nº 11.116, de 18 de maio de 2005, art. 14).

Art. 186-B. São beneficiários da isenção de que trata esta Subseção os órgãos da União, dos Estados, do Distrito Federal e dos Municípios e suas respectivas autarquias e fundações, os atletas das modalidades olímpicas e paraolímpicas e os das competições mundiais, o Comitê Olímpico Brasileiro – COB e o Comitê Paraolímpico Brasileiro – CPB, bem como as entidades nacionais de administração do desporto que lhes sejam filiadas ou vinculadas (Lei nº 10.451, de 2002, art. 9º, com a redação dada pela Lei nº 11.827, de 2008, art. 5º).

Art. 186-C. O direito à fruição da isenção de que trata esta Subseção fica condicionado (Lei nº 10.451, de 2002, art. 10, com a redação dada pela Lei nº 11.116, de 2005, art. 14; e pela Lei nº 11.827, de 2008, art. 5º):

I – à comprovação da regularidade fiscal do beneficiário, relativamente aos impostos e contribuições federais; e

II – à manifestação do Ministério do Esporte sobre:

a) o atendimento do requisito estabelecido no parágrafo único do art. 186-A;

b) a condição de beneficiário da isenção, nos termos do art. 186-B; e

c) a adequação dos equipamentos e materiais importados, quanto a sua natureza, quantidade e qualidade, ao desenvolvimento do programa de trabalho do atleta ou da entidade do desporto a que se destinem.

Parágrafo único. Tratando-se de produto destinado à modalidade de tiro esportivo, a manifestação quanto ao disposto nas alíneas *a* e *c* do inciso II do *caput* será do órgão competente do Ministério da Defesa (Lei nº 10.451, de 2002, art. 10, parágrafo único).

Art. 186-D. Os produtos importados com a isenção de que trata esta Subseção poderão ser transferidos pelo valor de aquisição, sem o pagamento do imposto (Lei nº 10.451, de 2002, art. 11, *caput*, com a redação dada pela Lei nº 11.827, de 2008, art. 5º):

I – para qualquer pessoa e a qualquer título, após o decurso do prazo de quatro anos, contados da data do registro da declaração de importação; ou

II – a qualquer tempo e a qualquer título, para pessoa física ou jurídica que atenda às condições estabelecidas nos arts. 186-A a 186-C, desde que a transferência seja previamente autorizada pela autoridade aduaneira.

§ 1º As alienações, a qualquer título, que não atendam às condições estabelecidas nos incisos I e II do *caput*, sujeitarão o beneficiário ao pagamento do imposto que deixou de ser pago por ocasião da importação, com acréscimo de juros e de multa, de mora ou de ofício (Lei nº 10.451, de 2002, art. 11, § 1º).

§ 2º Na hipótese do § 1º, o adquirente, a qualquer título, de equipamento ou material beneficiado com a isenção é responsável solidário pelo pagamento do imposto e respectivos acréscimos (Lei nº 10.451, de 2002, art. 11, § 2º, com a redação dada pela Lei nº 11.827, de 2008, art. 5º).

• Arts. 186-A a 186-D acrescidos pelo Dec. nº 7.213, de 15-6-2010.

Subseção XXII-B
DOS PROJETOS DE PESQUISA, DESENVOLVIMENTO E INOVAÇÃO

• Subseção XXII-B acrescida pelo Dec. nº 9.283, de 7-2-2018.

Art. 186-E. A isenção do imposto aos bens importados por empresas habilitadas, na execução de projetos de pesquisa, desenvolvimento e inovação aplica-se a máquinas, equipamentos, aparelhos e instrumentos, e suas partes e suas peças de reposição, acessórios, matérias-primas e produtos intermediários. (Lei nº 8.032, de 1990, art. 2º, *caput*, inciso I, alínea *g*).

§ 1º A habilitação da empresa observará as seguintes etapas:

I – credenciamento da empresa junto ao CNPq;

II – apresentação de declaração, celebrada pelo dirigente máximo, de que os bens importados serão exclusivamente utilizados em pesquisa, desenvolvimento e inovação, sob pena de responsabilidade administrativa, civil e penal; e

III – indicação do projeto de pesquisa, desenvolvimento e inovação aprovado pelo CNPq no qual será utilizado o bem que se pretende importar, conforme os critérios estabelecidos em ato normativo próprio.

§ 2º O projeto de pesquisa, desenvolvimento e inovação apresentado pela empresa ao CNPq conterá obrigatoriamente:

LEG. COMPLEMENTAR

I – título, objetivos, metas, resultados esperados, metodologia utilizada, fontes de financiamento e produção científica e tecnológica;

II – relação de bens a serem importados;

III – equipe envolvida no projeto;

IV – relevância dos bens a serem importados para a execução do projeto;

V – descrição de infraestrutura de laboratório; e

VI – outros itens exigidos em norma específica.

§ 3º A análise e a aprovação do projeto de pesquisa, desenvolvimento e inovação pelo CNPq independerão da fonte de financiamento.

§ 4º A empresa poderá solicitar sigilo das informações prestadas na forma estabelecida no § 2º, sempre que do projeto de pesquisa, desenvolvimento e inovação constar cláusula expressa nesse sentido.

Art. 186-F. O Ministro de Estado da Fazenda estabelecerá o limite global anual, em valor, para as importações realizadas com isenção pelas empresas habilitadas na forma estabelecida no art. 186-E, ouvido o Ministro de Estado da Ciência, Tecnologia, Inovações e Comunicações (Lei nº 8.032, de 1990, art. 2º, *caput*, inciso I, alínea *g*).

§ 1º A quota global de importações será distribuída e controlada pelo CNPq.

§ 2º O Ministro de Estado da Ciência, Tecnologia, Inovações e Comunicações encaminhará, até o mês de julho de cada ano-calendário, proposta de novo limite global anual para o exercício seguinte.

§ 3º Na hipótese prevista no § 2º, o Ministro de Estado da Fazenda terá o prazo de sessenta dias para estabelecer a nova quota global de importações para o exercício seguinte.

- Arts. 186-E e 186-F acrescidos pelo Dec. nº 9.283, de 7-2-2018.

Subseção XXIII

DAS DISPOSIÇÕES FINAIS

Art. 187. É concedida, ainda, isenção do imposto, relativamente aos automóveis de sua propriedade, a (Decreto-Lei nº 37, de 1966, art. 13, inciso III, alíneas *a* e *b*, com a redação dada pelo Decreto-Lei nº 1.123, de 1970, art. 1º;Decreto-Lei nº 1.455, de 1976, art. 2º, § 1º; e Decreto-Lei nº 2.120, de 1984, art. 7º):

I – funcionários da carreira diplomática, quando removidos para a Secretaria de Estado das Relações Exteriores, e os que a eles se assemelharem pelas funções permanentes de caráter diplomático, ao serem dispensados de função exercida no exterior e cujo término importe em seu regresso ao País; e

II – servidores públicos civis e militares, servidores de autarquias, empresas públicas ou sociedades de economia mista, que regressarem ao País, quando dispensados de qualquer função oficial de caráter permanente, exercida no exterior por mais de dois anos, ininterruptamente.

§ 1º A isenção referida no *caput* aplica-se somente ao funcionário que for dispensado de função oficial exercida em país que proíba a venda dos automóveis em condições de livre concorrência, atendidos, ainda, os seguintes requisitos(Decreto-Lei nº 1.455, de 1976, art. 2º, § 1º):

I – que o automóvel tenha sido licenciado e usado no país em que servia o interessado;

II – que o automóvel pertença ao interessado há mais de cento e oitenta dias da dispensa da função; e

III – que a dispensa da função tenha ocorrido de ofício.

§ 2º A pessoa que houver gozado da isenção de que trata este artigo poderá obter novo benefício somente após o transcurso de três anos do ato de remoção ou dispensa de que decorreu a concessão anterior.

Art. 188. Para os efeitos desta Subseção, considera-se função oficial permanente, no exterior, a exercida em terra, que não se extinga com a dispensa do respectivo servidor e que seja estabelecida (Decreto-Lei nº 37, de 1966, art. 13, § 3º, com a redação dada pelo Decreto-Lei nº 1.123, de 1970, art. 1º):

I – no caso de servidor da administração pública direta, na legislação específica; e

II – no caso de servidor da administração pública indireta, em ato formal do órgão deliberativo máximo da entidade a cujo quadro pertença.

Art. 189. Aplica-se à transferência dos automóveis importados com a isenção referida nesta Subseção o disposto nos arts. 145 e 146 (Decreto-Lei nº 37, de 1966, arts. 11, *caput*, e 106, inciso II, alínea *a*).

Seção VII

DA SIMILARIDADE

Subseção I

DAS DISPOSIÇÕES PRELIMINARES

Art. 190. Considera-se similar ao estrangeiro o produto nacional em condições de substituir o importado, observadas as seguintes normas básicas (Decreto-Lei nº 37, de 1966, art. 18, *caput*):

I – qualidade equivalente e especificações adequadas ao fim a que se destine;

II – preço não superior ao custo de importação, em moeda nacional, da mercadoria estrangeira, calculado o custo com base no preço *Cost, Insurance and Freight* – CIF, acrescido dos tributos que incidem sobre a importação e de outros encargos de efeito equivalente; e

III – prazo de entrega normal ou corrente para o mesmo tipo de mercadoria.

Parágrafo único. Não será aplicável o conceito de similaridade conforme o disposto no *caput*, quando importar em fracionamento da peça ou máquina, com prejuízo da garantia de seu bom funcionamento ou com retardamento substancial no prazo de entrega ou montagem (Decreto-Lei nº 37, de 1966, art. 18, § 3º).

Art. 191. Na comparação de preços a que se refere o inciso II do art. 190, serão acrescidos ao preço da mercadoria estrangeira os valores correspondentes:

I – ao imposto de importação, ao imposto sobre produtos industrializados, à contribuição para o PIS/PASEP-Importação, à contribuição social para o financiamento da seguridade social devida pelo importador de bens estrangeiros ou serviços do exterior – COFINS-Importação, ao adicional ao frete para renovação da marinha mercante e ao custo dos encargos de natureza cambial, quando existentes; e

II – ao imposto sobre operações relativas à circulação de mercadorias e sobre prestações de serviços de transporte interestadual e intermunicipal e de comunicação – ICMS.

Parágrafo único. Na hipótese de o similar nacional ser isento dos tributos internos, ou não tributado, as parcelas relativas a esses tributos não serão consideradas para os fins do *caput*; porém, será deduzida do preço do similar nacional a parcela correspondente aos tributos que incidirem sobre os insumos relativos a sua produção no País.

Art. 192. A Secretaria de Comércio Exterior poderá estabelecer critérios gerais ou específicos para apuração da similaridade, por meio de normas complementares, tendo em vista as condições de oferta do produto nacional, a política econômica geral do Governo e a orientação dos órgãos governamentais incumbidos da política relativa a produtos ou a setores de produção (Decreto-Lei nº 37, de 1966, art. 18, § 1º).

Subseção II

DA APURAÇÃO DA SIMILARIDADE

Art. 193. A apuração da similaridade para os fins do art. 118 será procedida em cada caso, antes da importação, pela Secretaria de Comércio Exterior, segundo as normas e os critérios estabelecidos nesta Seção (Decreto-Lei nº 37, de 1966, art. 19, *caput* e parágrafo único).

§ 1º Na apuração da similaridade poderá ser solicitada a colaboração de outros órgãos governamentais e de entidades de classe (Decreto-Lei nº 37, de 1966, art. 19, *caput*).

§ 2º Nos casos excepcionais em que, por motivos de ordem técnica, não for possível a apuração prévia da similaridade, esta poderá ser verificada por ocasião do despacho de importação da mercadoria, conforme as instruções gerais ou específicas que forem estabelecidas.

§ 3º Com o objetivo de facilitar a execução de contratos de financiamento de projetos, para cuja implantação for requerida a aprovação do Governo, o exame da similaridade deverá ser feito de preferência durante a negociação dos contratos.

§ 4º A Secretaria de Comércio Exterior do Ministério do Desenvolvimento, Indústria e Comércio Exterior informará ao interessado sobre a inexistência do similar nacional e editará, no âmbito de sua competência, atos normativos para a implementação do disposto neste artigo.

Art. 194. Quando a Secretaria de Comércio Exterior não tiver elementos próprios para decidir, serão exigidas dos postulantes de isenção ou de redução as informações pertinentes, a fim de demonstrar que a indústria nacional não teria condições de fabricação ou de oferta do produto a importar, cumpridas as instruções que forem baixadas.

§ 1º A falta de cumprimento da exigência prevista neste artigo impossibilitará a obtenção do benefício, no caso específico.

§ 2º As entidades máximas representativas das atividades econômicas deverão informar sobre a produção do similar no País, atendendo aos pedidos dos interessados ou da Secretaria de Comércio Exterior, na forma e no prazo estabelecidos em ato normativo específico.

§ 3º Poderão ser aceitos como elementos de prova os resultados de concorrências públicas, tomadas de preço, ofertas ou condições de fornecimento do produto ou informações firmadas pela entidade máxima da classe representativa da atividade em causa.

Art. 195. Na hipótese de a indústria nacional não ter condições de oferta para atender, em prazo normal, à demanda específica de um conjunto de bens destinados à execução de determinado projeto, a importação da parcela do conjunto, não atendida pela indústria nacional, poderá ser dispensada do cumprimento das normas de similaridade estabelecidas nesta Seção.

Art. 196. Quando a fabricação interna requerer a participação de insumos importados em proporções elevadas, relativamente ao custo final do bem, deverá ser levado em consideração se o valor acrescido internamente, em decorrência de montagem ou de qualquer outra operação industrial, pode conferir ao bem fabricado a necessária qualificação econômica para ser reconhecido como similar, nos termos desta Seção.

Art. 197. Considera-se que não há similar nacional, em condições de substituir o produto importado, quando, em obras a cargo de concessionárias de serviço público, não existirem bens e equipamentos de construção em quantidade que permita o seu fornecimento nos prazos requeridos pelo interesse nacional para a conclusão da obra.

Art. 198. Nos programas de estímulo à industrialização, aplicados por meio de índices de nacionalização progressiva, os órgãos competentes deverão observar as normas de similaridade estabelecidas nesta Seção.

Art. 199. A anotação de inexistência de similar nacional no documento ou no registro informatizado de importação, ou de enquadramento da mercadoria nas hipóteses referidas no art. 204, é condição indispensável para o despacho aduaneiro com isenção ou redução do imposto.

Parágrafo único. Excetuam-se da exigência de anotação as mercadorias compreendidas no § 3º do art. 193, no art. 201 e as que forem expressamente autorizadas pela Secretaria de Comércio Exterior.

Art. 200. Os produtos naturais brutos ou com beneficiamento primário, as matérias-primas e os bens de consumo de notória produção no País independem de apuração para serem considerados similares (Decreto-Lei nº 37, de 1966, art. 20).

Parágrafo único. A Secretaria de Comércio Exterior poderá suspender os efeitos do *caput*, quando ficar demonstrado que a produção nacional não atende às condições estabelecidas no art. 190.

Art. 201. São dispensados da apuração de similaridade:

I – bagagem de viajantes (Decreto-Lei nº 37, de 1966, art. 17, parágrafo único, inciso I);

II – importações efetuadas por missões diplomáticas e repartições consulares de caráter permanente e por seus integrantes (Decreto-Lei nº 37, de 1966, art. 17, parágrafo único, inciso I);

III – importações efetuadas por representações de organismos internacionais de caráter permanente de que o Brasil seja membro, e por seus funcionários, peritos, técnicos e consultores, estrangeiros (Decreto-Lei nº 37, de 1966, art. 17, parágrafo único, inciso I);

IV – amostras e bens contidos em remessas postais internacionais, sem valor comercial (Decreto-Lei nº 37, de 1966, art. 17, parágrafo único, inciso I);

V – partes, peças e componentes destinados a reparo, revisão e manutenção de aeronaves ou embarcações, estrangeiras (Decreto-Lei nº 37, de 1966, art. 17, parágrafo único, inciso I);

VI – gêneros alimentícios de primeira necessidade, fertilizantes e defensivos para aplicação na agricultura ou pecuária, e matérias-primas para sua produção no País, quando sujeitos a contingenciamento (Decreto-Lei nº 37, de 1966, art. 17, parágrafo único, inciso I; Lei nº 8.032, de 1990, art. 2º, inciso II, alínea *h*; e Lei nº 8.402, de 1992, art. 1º, inciso IV);

VII – partes, peças, acessórios, ferramentas e utensílios (Decreto-Lei nº 37, de 1966, art. 17, parágrafo único, inciso II):

a) que, em quantidade normal, acompanham o aparelho, instrumento, máquina ou equipamento, importado com isenção do imposto; e *b)* importados pelo usuário, na quantidade necessária e destinados, exclusivamente, ao reparo ou manutenção do aparelho, instrumento, máquina ou equipamento de procedência estrangeira, instalado ou em funcionamento no País;

VIII – bens doados a entidades sem fins lucrativos, destinados a fins culturais, científicos e assistenciais (Decreto-Lei nº 37, de 1966, art. 17, parágrafo único, inciso V, com a redação dada pela Lei nº 10.833, de 2003, art. 77);

IX – bens adquiridos em loja franca (Decreto-Lei nº 37, de 1966, art. 17, parágrafo único, inciso I; e Decreto-Lei nº 2.120, de 1984, art. 1º, § 2º, alínea *a*);

X – bens destinados a coletores eletrônicos de votos (Lei nº 9.359, de 12 de dezembro de 1996, art. 5º);

XI – bens destinados a pesquisa científica e tecnológica, até o limite global anual a que se refere o art. 148 (Lei nº 8.010, de 1990, art. 1º, § 1º); e

XII – *Revogado.* Dec. nº 8.010, de 16-5-2013.

Art. 202. Na hipótese de importações amparadas por legislação específica de desenvolvimento regional, a Secretaria de Comércio Exterior aprovará as normas e procedimentos adequados, após audiência dos órgãos interessados.

Art. 203. As importações financiadas ou a título de investimento direto de capital, provenientes dos Países Membros da Associação Latino-Americana de Integração, estarão sujeitas ao regime de reciprocidade de tratamento e constituirão caso especial de aplicação das normas previstas nesta Seção.

Art. 204. Para conciliar o interesse do fabricante do similar nacional com o da implantação de projeto de importância econômica fundamental, financiado por agência estrangeira ou supranacional de crédito, poderão ser consideradas as condições de participação da indústria brasileira no fornecimento dos bens requeridos pelo projeto (Decreto-Lei nº 37, de 1966, art. 18, § 2º).

§ 1º Na hipótese prevista no *caput*, fica assegurada a utilização de bens fabricados no País na implantação do projeto, quando houver entendimento entre o interessado na importação e os produtores nacionais, cujo acordo, apreciado pela entidade de classe representativa, será homologado pela Secretaria de Comércio Exterior.

§ 2º Satisfeitas as condições previstas neste artigo, a parcela de bens importados fica automaticamente excluída do exame da similaridade.

Subseção III

DAS DISPOSIÇÕES FINAIS

Art. 205. As entidades de direito público e as pessoas de direito privado beneficiadas com a isenção de tributos ficam obrigadas a dar preferência nas suas compras aos materiais de fabricação nacional, segundo as normas e limitações desta Seção.

Art. 206. A Secretaria de Comércio Exterior publicará periodicamente a relação das mercadorias similares às estrangeiras, conforme suas instruções específicas, sempre que a incidência do imposto ou o nível da alíquota for condicionado à existência de similar nacional (Decreto-Lei nº 37, de 1966, art. 21).

Art. 207. As normas e procedimentos previstos nesta Seção aplicam-se a todas as importações objeto de benefícios fiscais ou de outra espécie, qualquer que seja a pessoa jurídica interessada.

Art. 208. Das decisões sobre apuração da similaridade caberá recurso, no prazo de dez dias, contados a partir da ciência ou da divulgação oficial da decisão recorrida, em face de razões de legalidade e de mérito (Lei nº 9.784, de 29 de janeiro de 1999, arts. 56, *caput*, e 59, *caput*).

Parágrafo único. O recurso será dirigido à autoridade que proferiu a decisão, a qual, se não a reconsiderar no prazo de cinco dias, o encaminhará à autoridade superior (Lei nº 9.784, de 1999, art. 56, § 1º).

Art. 209. Caberá à Secretaria de Comércio Exterior, no âmbito de sua competência, decidir sobre os casos omissos.

Seção VIII

DA PROTEÇÃO À BANDEIRA BRASILEIRA

Art. 210. Respeitado o princípio de reciprocidade de tratamento, é obrigatório o transporte em navio de bandeira brasileira (Decreto-Lei nº 666, de 1969, art. 2º, *caput*):

I – das mercadorias importadas por qualquer órgão da administração pública federal, estadual e municipal, direta ou indireta; e

II – de qualquer outra mercadoria a ser beneficiada com isenção ou redução do imposto.

§ 1º Para os fins deste artigo, considera-se de bandeira brasileira o navio estrangeiro afretado por empresa nacional autorizada a funcionar regularmente (Decreto-Lei nº 666, de 1969, art. 5º).

§ 2º A obrigatoriedade prevista no *caput* é extensiva à mercadoria cujo transporte esteja regulado em acordos ou em convênios firmados ou reconhecidos pelas autoridades brasileiras, obedecidas as condições neles fixadas (Decreto-Lei nº 666, de 1969, art. 2º, § 2º).

§ 3º São dispensados da obrigatoriedade de que trata o *caput*:

I – bens doados por pessoa física ou jurídica residente ou sediada no exterior; e

II – *Revogado.* Dec. nº 8.010, de 16-5-2013.

§ 4º O cumprimento da obrigatoriedade referida no *caput* poderá ser suprido mediante a apresentação de documento de liberação da carga expedido pelo órgão competente do Ministério dos Transportes (Decreto-Lei nº 666, de 1969, art. 3º, §§ 1º, 2º e 3º, este com a redação dada pelo Decreto-Lei nº 687, de 18 de julho de 1969, art. 1º).

Art. 211. O descumprimento da obrigação referida no *caput* do art. 210, quanto:

I – ao inciso I, obrigará a unidade aduaneira a comunicar o fato, em cada caso, ao órgão competente do Ministério dos Transportes, sem prejuízo do desembaraço aduaneiro da mercadoria com isenção; e

II – ao inciso II, importará a perda do benefício de isenção ou de redução.

CAPÍTULO IX

DA IMUNIDADE DOS LIVROS, JORNAIS E PERIÓDICOS E DO PAPEL DESTINADO A SUA IMPRESSÃO

• Capítulo IX acrescido pelo Dec. nº 7.213, de 15-6-2010.

Art. 211-A. É concedida imunidade do imposto de importação às importações de livros, jornais e periódicos e do papel destinado a sua impressão (Constituição, art. 150, inciso VI, alínea *d*).

Art. 211-B. Deve manter registro especial na Secretaria da Receita Federal do Brasil a pessoa jurídica que (Lei nº 11.945, de 2009, art. 1º, *caput*):

I – exercer as atividades de comercialização e importação de papel destinado à impressão de livros, jornais e periódicos, a que se refere o art. 211-A; e

II – adquirir o papel a que se refere o art. 211-A para a utilização na impressão de livros, jornais e periódicos.

§ 1º A transferência do papel a detentores do registro especial de que trata o *caput* faz prova da regularidade da sua destinação, sem prejuízo da responsabilidade, pelos tributos devidos, da pessoa jurídica que, tendo adquirido o papel beneficiado com imunidade, desviar sua finalidade constitucional (Lei nº 11.945, de 2009, art. 1º, § 1º).

§ 2º Compete à Secretaria da Receita Federal do Brasil (Lei nº 11.945, de 2009, art. 1º, § 3º):

I – expedir normas complementares relativas ao registro especial e ao cumprimento das exigências a que estão sujeitas as pessoas jurídicas para sua concessão; e

II – estabelecer a periodicidade e a forma de comprovação da correta destinação do papel beneficiado com imunidade, inclusive mediante a instituição de obrigação acessória destinada ao controle da sua comercialização e importação.

• Arts. 211-A e 211-B acrescidos pelo Dec. nº 7.213, de 15-6-2010.

TÍTULO II – DO IMPOSTO DE EXPORTAÇÃO

CAPÍTULO I – DA INCIDÊNCIA

Art. 212. O imposto de exportação incide sobre mercadoria nacional ou nacionalizada destinada ao exterior (Decreto-Lei nº 1.578, de 11 de outubro de 1977, art. 1º, *caput*).

§ 1º Considera-se nacionalizada a mercadoria estrangeira importada a título definitivo.

§ 2º A Câmara de Comércio Exterior, observada a legislação específica, relacionará as mercadorias sujeitas ao imposto (Decreto-Lei nº 1.578, de 1977, art. 1º, § 3º, com a redação dada pela Lei nº 9.716, de 26 de novembro de 1998, art. 1º).

CAPÍTULO II – DO FATO GERADOR

Art. 213. O imposto de exportação tem como fato gerador a saída da mercadoria do território aduaneiro (Decreto-Lei nº 1.578, de 1977, art. 1º, *caput*).

Parágrafo único. Para efeito de cálculo do imposto, considera-se ocorrido o fato gerador na data de registro do registro de exportação no Sistema Integrado de Comércio Exterior (SISCOMEX) (Decreto-Lei nº 1.578, de 1977, art. 1º, § 1º).

CAPÍTULO III – DA BASE DE CÁLCULO E DO CÁLCULO

Art. 214. A base de cálculo do imposto é o preço normal que a mercadoria, ou sua similar, alcançaria, ao tempo da exportação, em uma venda em condições de livre concorrência no mercado internacional, observadas as normas expedidas pela Câmara de Comércio Exterior (Decreto-Lei nº 1.578, de 1977, art. 2º, *caput*, com a redação dada pela Medida Provisória nº 2.158-35, de 2001, art. 51).

§ 1º Quando o preço da mercadoria for de difícil apuração ou for suscetível de oscilações bruscas no mercado internacional, a Câmara de Comércio Exterior fixará critérios específicos ou estabelecerá pauta de valor mínimo, para apuração da base de cálculo (Decreto-Lei nº 1.578, de 1977, art. 2º, § 2º, com a redação dada pela Medida Provisória nº 2.158-35, de 2001, art. 51).

§ 2º Para efeito de determinação da base de cálculo do imposto, o preço de venda das mercadorias exportadas não poderá ser inferior ao seu custo de aquisição ou de produção, acrescido dos impostos e das contribuições incidentes e da margem de lucro de quinze por cento sobre a soma dos custos, mais impostos e contribuições (Decreto-Lei nº 1.578, de 1977, art. 2º, § 3º, com a redação dada pela Lei nº 9.716, de 1998, art. 1º).

Art. 215. O imposto será calculado pela aplicação da alíquota de trinta por cento sobre a base de cálculo (Decreto-Lei nº 1.578, de 1977, art. 3º, *caput*, com a redação dada pela Lei nº 9.716, de 1998, art. 1º).

§ 1º Para atender aos objetivos da política cambial e do comércio exterior, a Câmara de Comércio Exterior poderá reduzir ou aumentar a alíquota do imposto (Decreto-Lei nº 1.578, de 1977, art. 3º, *caput*, com a redação dada pela Lei nº 9.716, de 1998, art. 1º).

§ 2º Em caso de elevação, a alíquota do imposto não poderá ser superior a cento e cinquenta por cento (Decreto-Lei nº 1.578, de 1977, art. 3º, parágrafo único, com a redação dada pela Lei nº 9.716, de 1998, art. 1º).

CAPÍTULO IV – DO PAGAMENTO E DO CONTRIBUINTE

Art. 216. O pagamento do imposto será realizado na forma e no prazo fixados pelo Ministro de Estado da Fazenda, que poderá determinar sua exigibilidade antes da efetiva saída do território aduaneiro da mercadoria a ser exportada (Decreto-Lei nº 1.578, de 1977, art. 4º, *caput*).

§ 1º Não efetivada a exportação da mercadoria ou ocorrendo o seu retorno nas condições dos incisos I a V do art. 70, o imposto pago será compensado, na forma do art. 113, ou restituído, mediante requerimento do interessado, acompanhado da respectiva documentação comprobatória (Decreto-Lei nº 1.578, de 1977, art. 6º).

§ 2º Poderá ser dispensada a cobrança do imposto em função do destino da mercadoria a ser exportada, observadas as normas editadas pelo Ministro de Estado da Fazenda (Decreto-Lei nº 1.578, de 1977, art. 4º, parágrafo único, com a redação dada pela Lei nº 9.716, de 1998, art. 1º).

Art. 217. É contribuinte do imposto o exportador, assim considerada qualquer pessoa que promova a saída de mercadoria do território aduaneiro (Decreto-Lei nº 1.578, de 1977, art. 5º).

CAPÍTULO V – DAS ISENÇÕES DO IMPOSTO

Seção I – DO CAFÉ

Art. 218. São isentas do imposto as vendas de café para o exterior (Decreto-Lei nº 2.295, de 21 de novembro de 1986, art. 1º).

Seção II – DO SETOR SUCROALCOOLEIRO

Art. 219. As usinas produtoras de açúcar que não possuam destilarias anexas poderão exportar os seus excedentes, desde que comprovem sua participação no mercado interno, conforme estabelecido nos planos anuais de safra (Lei nº 9.362, de 13 de dezembro de 1996, art. 1º, § 7º).

Art. 220. Aos excedentes de que trata o art. 219 e aos de mel rico e de mel residual poderá ser concedida isenção total ou parcial do imposto, mediante despacho fundamentado conjunto dos Ministros de Estado da Fazenda e do Desenvolvimento, Indústria e Comércio Exterior, que fixará, dentre outros requisitos, o prazo de sua duração (Lei nº 9.362, de 1996, art. 3º).

Art. 221. Em operações de exportação de açúcar, álcool, mel rico e mel residual, com isenção total ou parcial do imposto, a emissão de registro de venda e de registro de exportação ou documento de efeito equivalente, pela Secretaria de Comércio Exterior, sujeita-se aos estritos termos do despacho referido no art. 220 (Lei nº 9.362, de 1996, art. 4º).

Art. 222. A exportação de açúcar, álcool, mel rico e mel residual, com a isenção de que trata o art. 220, será objeto de cotas distribuídas às unidades industriais e às refinarias autônomas exportadoras nos planos anuais de safra (Lei nº 9.362, de 1996, art. 5º).

Art. 223. A isenção total ou parcial do imposto não gera direito adquirido, e será tornada insubsistente sempre que se apure que o habilitado não satisfazia ou deixou de satisfazer os requisitos, ou não cumpria ou deixou de cumprir as condições para a concessão do benefício (Lei nº 9.362, de 1996, art. 6º).

Seção III

DA BAGAGEM

Art. 224. Os bens integrantes de bagagem, acompanhada ou desacompanhada, de viajante que se destine ao exterior estão isentos do imposto (Regime Aduaneiro de Bagagem no MERCOSUL, Artigo 15, inciso 1, aprovado pela Decisão CMC nº 53, de 2008, internalizada pelo Decreto nº 6.870, de 2009).

Art. 225. Será dado o tratamento de bagagem a outros bens adquiridos no País, levados pessoalmente pelo viajante para o exterior, até o limite de US$ 2.000,00 (dois mil dólares dos Estados Unidos da América) ou o equivalente em outra moeda, sempre que se tratarem de mercadorias de livre exportação e for apresentado documento fiscal correspondente a sua aquisição (Regime Aduaneiro de Bagagem no MERCOSUL, Artigo 15, inciso 2, aprovado pela Decisão CMC nº53, de 2008, internalizada pelo Decreto nº 6.870, de 2009).

• Arts. 224 e 225 com a redação dada pelo Dec. nº 7.213, de 15-6-2010.

Art. 226. Aplicam-se a esta Seção, no que couber, as normas previstas para a bagagem na importação.

Seção IV

DO COMÉRCIO DE SUBSISTÊNCIA EM FRONTEIRA

Art. 227. São isentos do imposto os bens levados para o exterior no comércio característico das cidades situadas nas fronteiras terrestres (Decreto-Lei nº 2.120, de 1984, art. 1º, § 2º, alínea *b*).

Parágrafo único. Aplicam-se a esta Seção as normas previstas no parágrafo único do art. 170.

CAPÍTULO VI

DOS INCENTIVOS FISCAIS NA EXPORTAÇÃO

Seção I

DAS EMPRESAS COMERCIAIS EXPORTADORAS

Art. 228. As operações decorrentes de compra de mercadorias no mercado interno, quando realizadas por empresa comercial exportadora, para o fim específico de exportação, terão o tratamento previsto nesta Seção (Decreto-Lei nº 1.248, de 29 de novembro de 1972, art. 1º, *caput*; e Lei nº 8.402, de 1992, art. 1º, § 1º).

Parágrafo único. Consideram-se destinadas ao fim específico de exportação as mercadorias que forem diretamente remetidas do estabelecimento do produtor-vendedor para (Decreto-Lei nº 1.248, de 1972, art. 1º, parágrafo único):

I – embarque de exportação, por conta e ordem da empresa comercial exportadora; ou

II – depósito sob o regime extraordinário de entreposto aduaneiro na exportação.

Art. 229. O tratamento previsto nesta Seção aplica-se às empresas comerciais exportadoras que satisfizerem os seguintes requisitos (Decreto-Lei nº 1.248, de 1972, art. 2º, *caput*):

I – estar registrada no registro especial na Secretaria de Comércio Exterior e na Secretaria da Receita Federal do Brasil, de acordo com as normas aprovadas pelos Ministros de Estado do Desenvolvimento, Indústria e Comércio Exterior e da Fazenda, respectivamente;

II – estar constituída sob a forma de sociedade por ações, devendo ser nominativas as ações com direito a voto; e

III – possuir capital mínimo fixado pelo Conselho Monetário Nacional.

Art. 230. São assegurados ao produtor-vendedor, nas operações de que trata o art. 228, os benefícios fiscais concedidos por lei para incentivo à exportação (Decreto-Lei nº 1.248, de 1972, art. 3º, com a redação dada pelo Decreto-Lei nº 1.894, de 16 de dezembro de 1981, art. 2º).

Art. 231. Os impostos que forem devidos, bem como os benefícios fiscais de qualquer natureza, auferidos pelo produtor-vendedor, com os acréscimos legais cabíveis, passarão a ser de responsabilidade da empresa comercial exportadora no caso de (Decreto-Lei nº 1.248, de 1972, art. 5º, *caput*):

I – não se efetivar a exportação dentro do prazo de cento e oitenta dias, contados da data da emissão da nota fiscal pela vendedora, na hipótese de mercadoria submetida ao regime extraordinário de entreposto aduaneiro na exportação (Lei nº 10.833, de 2003, art. 9º, *caput*);

II – revenda das mercadorias no mercado interno; ou

III – destruição das mercadorias.

§ 1º O recolhimento dos créditos tributários devidos, em razão do disposto neste artigo, deverá ser efetuado no prazo de quinze dias, a contar da ocorrência do fato que lhes houver dado causa (Decreto-Lei nº 1.248, de 1972, art. 5º, § 2º).

§ 2º Nos casos de retorno ao mercado interno, a liberação das mercadorias depositadas sob regime extraordinário de entreposto aduaneiro na exportação está condicionada ao prévio recolhimento dos créditos tributários de que trata este artigo (Decreto-Lei nº 1.248, de 1972, art. 5º, § 3º).

Art. 232. É admitida a revenda entre empresas comerciais exportadoras, desde que as mercadorias permaneçam em depósito até a efetiva exportação, passando aos compradores as responsabilidades previstas no art. 231, inclusive a de efetivar a exportação da mercadoria dentro do prazo originalmente previsto no seu inciso I (Decreto-Lei nº 1.248, de 1972, art. 6º).

Seção II

DA MERCADORIA EXPORTADA QUE PERMANECE NO PAÍS

Art. 233. A exportação de produtos nacionais sem que tenha ocorrido sua saída do território aduaneiro somente será admitida, produzindo todos os efeitos fiscais e cambiais, quando o pagamento for efetivado em moeda nacional ou estrangeira de livre conversibilidade e o produto exportado seja (Lei nº 9.826, de 23 de agosto de 1999, art. 6º, *caput*, com a redação dada pela Lei nº 12.024, de 27 de agosto de

2009, art. 8º; e Lei nº 10.833, de 2003, art. 61, parágrafo único, com a redação dada pela Lei nº 12.024, de 2009, art. 7º):

- *Caput* com a redação dada pelo Dec. nº 7.213, de 15-6-2010.

I – totalmente incorporado a bem que se encontre no País, de propriedade do comprador estrangeiro, inclusive em regime de admissão temporária sob a responsabilidade de terceiro;

II – entregue a órgão da administração direta, autárquica ou fundacional da União, dos Estados, do Distrito Federal ou dos Municípios, em cumprimento de contrato decorrente de licitação internacional;

III – entregue, em consignação, a empresa nacional autorizada a operar o regime de loja franca;

IV – entregue, no País, a subsidiária ou coligada, para distribuição sob a forma de brinde a fornecedores e clientes;

V – entregue a terceiro, no País, em substituição de produto anteriormente exportado e que tenha se mostrado, após o despacho aduaneiro de importação, defeituoso ou imprestável para o fim a que se destinava;

VI – entregue, no País, a missão diplomática, repartição consular de caráter permanente ou organismo internacional de que o Brasil seja membro, ou a seu integrante, estrangeiro;

VII – entregue, no País, para ser incorporado a plataforma destinada à pesquisa e lavra de jazidas de petróleo e gás natural em construção ou conversão contratada por empresa sediada no exterior, ou a seus módulos; ou

VIII – utilizado exclusivamente nas atividades de pesquisa ou lavra de jazidas de petróleo e gás natural, quando vendida a empresa sediada no exterior e conforme definido em legislação específica, ainda que se faça por terceiro sediado no País.

§ 1º Nas operações de exportação sem saída do produto do território nacional, com pagamento a prazo, os efeitos fiscais e cambiais, quando reconhecidos pela legislação vigente, serão produzidos no momento da contratação, sob condição resolutória, aperfeiçoando-se pelo recebimento integral em moeda nacional ou estrangeira de livre conversibilidade (Lei nº 10.833, de 2003, art. 61, *caput*, com a redação dada pela Lei nº 12.024, de 2009, art. 7º).

- § 1º com a redação dada pelo Dec. nº 7.213, de 15-6-2010.

§ 2º As operações previstas no *caput* estarão sujeitas ao cumprimento de obrigações e formalidades de natureza administrativa e fiscal, conforme estabelecido em ato normativo da Secretaria da Receita Federal do Brasil (Lei nº 9.826, de 1999, art. 6º, parágrafo único; e Lei nº 10.833, de 2003, art. 92).

Art. 234. Será considerada exportada, para todos os efeitos fiscais, creditícios e cambiais, a mercadoria nacional admitida no regime aduaneiro especial de depósito alfandegado certificado (Decreto-Lei nº 2.472, de 1988, art. 6º).

CAPÍTULO VII

DAS DISPOSIÇÕES FINAIS

Art. 235. Aplica-se, subsidiariamente, ao imposto de exportação, no que couber, a legislação relativa ao imposto de importação (Decreto-Lei nº 1.578, de 1977, art. 8º).

Art. 236. Respeitadas as atribuições do Conselho Monetário Nacional, a Câmara de Comércio Exterior expedirá as normas necessárias à administração do imposto (Decreto-Lei nº 1.578, de 1977, art. 10, com a redação dada pela Medida Provisória nº 2.158-35, de 2001, art. 51).

LIVRO III – DOS DEMAIS IMPOSTOS, E DAS TAXAS E CONTRIBUIÇÕES, DEVIDOS NA IMPORTAÇÃO

TÍTULO I – DO IMPOSTO SOBRE PRODUTOS INDUSTRIALIZADOS

CAPÍTULO I

DA INCIDÊNCIA E DO FATO GERADOR

Art. 237. O imposto de que trata este Título, na importação, incide sobre produtos industrializados de procedência estrangeira (Lei nº 4.502, de 1964, art. 1º; e Decreto-Lei nº 34, de 18 de novembro de 1966, art. 1º).

§ 1º O imposto não incide sobre:

I – os produtos chegados ao País nas hipóteses previstas nos incisos I e II do art. 71, que tenham sido desembaraçados; e

II – as embarcações referidas no inciso V do art. 71 (Lei nº 9.432, de 1997, art. 11, § 10).

§ 2º Na determinação da base de cálculo do imposto de que trata o *caput*, será excluído o valor depreciado decorrente de avaria ocorrida em produto.

Art. 238. O fato gerador do imposto, na importação, é o desembaraço aduaneiro de produto de procedência estrangeira (Lei nº 4.502, de 1964, art. 2º, inciso I).

§ 1º Para efeito do disposto no *caput*, considera-se ocorrido o desembaraço aduaneiro da mercadoria que constar como importada e cujo extravio tenha sido verificado pela autoridade aduaneira, inclusive na hipótese de mercadoria sob regime suspensivo de tributação (Lei nº 4.502, de 1964, art. 2º, § 3º com a redação dada pela Lei nº 10.833, de 2003, art. 80; e Decreto-Lei nº 37, de 1966, arts. 1º, § 4º, inciso I, e 25, *caput*, ambos com a redação dada pela Lei nº 12.350, de 2010, art. 40).

- § 1º com a redação dada pelo Dec. nº 8.010, de 16-5-2013.

§ 2º Não constitui fato gerador do imposto o desembaraço aduaneiro de produtos nacionais, ou nacionalizados nos termos do disposto no § 1º do art. 212, que retornem ao País:

- *Caput* do § 2º com a redação dada pelo Dec. nº 10.550, de 24-11-2020.

I – nas hipóteses previstas nos incisos I a V do art. 70 (Decreto-Lei nº 491, de 5 de março de 1969, art. 11, *caput*); e

II – aos quais tenha sido aplicado o regime aduaneiro especial de exportação temporária, ainda que descumprido o regime.

§ 3º As diferenças percentuais de mercadoria a granel, apuradas na verificação da mercadoria, no curso do despacho aduaneiro, não serão consideradas para efeitos de exigência do imposto, até o limite de um por cento (Lei nº 10.833, de 2003, art. 66).

§ 4º Na hipótese de diferença percentual superior à fixada no § 3º, será exigido o imposto somente em relação ao que exceder a um por cento.

CAPÍTULO II

DA BASE DE CÁLCULO

Art. 239. A base de cálculo do imposto, na importação, é o valor que servir ou que serviria de base para cálculo do imposto de importação, por ocasião do despacho aduaneiro, acrescido do montante desse imposto e dos encargos cambiais efetivamente pagos pelo importador ou dele exigíveis (Lei nº 4.502, de 1964, art. 14, inciso I, alínea *b*).

§ 1º O disposto no *caput* não se aplica para o cálculo do imposto incidente na importação de:

I – produtos sujeitos ao regime de tributação especial previsto na Lei nº 7.798, de 10 de julho de 1989, cuja base de cálculo será apurada em conformidade com as regras estabelecidas para o produto nacional; e

II – cigarros classificados no código 2402.20.00 da Nomenclatura Comum do MERCOSUL, cuja base de cálculo será apurada em conformidade com as regras estabelecidas para o produto nacional (Lei nº 9.532, de 1997, art. 52, *caput*, com a redação dada pela Lei nº 10.637, de 2002, art. 51).

§ 2º Os produtos referidos nos incisos I e II do § 1º estão sujeitos ao pagamento do imposto somente por ocasião do registro da declaração de importação (Lei nº 7.798, de 1989, art. 4º, alínea *b*; e Lei nº 9.532, de 1997, art. 52, parágrafo único).

CAPÍTULO III
DO CÁLCULO

Art. 240. O imposto será calculado mediante aplicação das alíquotas, constantes da Tabela de Incidência do Imposto sobre Produtos Industrializados, sobre a base de cálculo de que trata o art. 239 (Lei nº 4.502, de 1964, art. 13).

Parágrafo único. Na hipótese do art. 98, a alíquota para o cálculo do imposto será de cinquenta por cento (Lei nº 10.833, de 2003, art. 67, *caput*).

CAPÍTULO IV
DO CONTRIBUINTE

Art. 241. É contribuinte do imposto, na importação, o importador, em relação ao fato gerador decorrente do desembaraço aduaneiro (Lei nº 4.502, de 1964, art. 35, inciso I, alínea *b*).

CAPÍTULO V
DO PRAZO DE RECOLHIMENTO

Art. 242. O imposto será recolhido por ocasião do registro da declaração de importação (Lei nº 4.502, de 1964, art. 26, inciso I).

CAPÍTULO VI
DAS ISENÇÕES DO IMPOSTO

Art. 243. As isenções do imposto, salvo expressa disposição de lei, referem-se ao produto e não ao contribuinte ou ao adquirente (Lei nº 4.502, de 1964, art. 9º, *caput*).

Art. 244. Se a isenção estiver condicionada à destinação do produto e a este for dado destino diverso do previsto, estará o responsável pelo fato sujeito ao pagamento do imposto, dos juros de mora e da penalidade cabível, como se a isenção não existisse (Lei nº 4.502, de 1964, art. 9º, § 1º, com a redação dada pela Lei nº 9.532, de 1997, art. 37, inciso II).

Parágrafo único. Salvo comprovado intuito de fraude, o imposto será devido, sem multa de ofício, se recolhido espontaneamente, antes do fato modificador da destinação, se esta se der após um ano da ocorrência do fato gerador, não sendo exigível após o decurso de três anos (Lei nº 4.502, de 1964, art. 9º, § 2º).

Art. 245. São isentas do imposto as importações (Lei nº 8.032, de 1990, art. 3º; e Lei nº 8.402, de 1992, art. 1º, *caput*, inciso IV):

- *Caput* com a redação dada pelo Dec. nº 9.283, de 7-2-2018.

I – a que se refere o inciso I e as alíneas *b* a *o* e *q* a *u* do inciso II do art. 136, desde que satisfeitos os requisitos e condições exigidos para a concessão do benefício análogo relativo ao imposto de importação; e

- Inciso I com a redação dada pelo Dec. nº 7.213, de 15-6-2010.

II – de bens a que se apliquem os regimes de tributação:

a) simplificada, a que se refere o art. 99; e

b) especial, a que se refere o art. 101.

Parágrafo único. As importações a que se refere o § 1º do art. 136 são isentas do imposto.

- Parágrafo único acrescido pelo Dec. nº 9.283, de 7-2-2018.

CAPÍTULO VI-A
DA IMUNIDADE DOS LIVROS, JORNAIS E PERIÓDICOS E DO PAPEL DESTINADO A SUA IMPRESSÃO

- Capítulo VI-A acrescido pelo Dec. nº 7.213, de 15-6-2010.

Art. 245-A. São imunes do imposto as importações de livros, jornais e periódicos e do papel destinado a sua impressão, observado o disposto no art. 211-B (Constituição, art. 150, inciso VI, alínea *d*; e Lei nº 11.945, de 2009, art. 1º).

- Art. 245-A acrescido pelo Dec. nº 7.213, de 15-6-2010.

CAPÍTULO VII
DA SUSPENSÃO DO PAGAMENTO DO IMPOSTO

Art. 246. Serão desembaraçados com suspensão do pagamento do imposto os componentes, chassis, carroçarias, acessórios, partes e peças dos produtos autopropulsados classificados nas posições 84.29, 84.32, 84.33, 87.01 a 87.06 e 87.11, da Nomenclatura Comum do MERCOSUL, quando importados diretamente por estabelecimento industrial (Lei nº 9.826, de 1999, art. 5º, *caput* e § 1º, com a redação dada pela Lei nº 10.485, de 3 de julho de 2002, art. 4º, *caput*).

§ 1º A suspensão de que trata o *caput* é condicionada a que o produto seja destinado a emprego pelo estabelecimento industrial adquirente (Lei nº 9.826, de 1999, art. 5º, § 2º, com a redação dada pela Lei nº 10.485, de 2002, art. 4º):

I – na produção de componentes, chassis, carroçarias, acessórios, partes ou peças dos produtos autopropulsados relacionados nos Anexos I e II da Lei nº 10.485, de 2002 (Lei nº 10.485, de 2002, art. 4º, parágrafo único); ou

II – na montagem dos produtos autopropulsados classificados nas posições 84.29, 84.32, 84.33, 87.01, 87.02, 87.03, 87.05, 87.06 e 87.11, e nos códigos 8704.10.00, 8704.2 e 8704.3, da Nomenclatura Comum do MERCOSUL.

§ 2º O disposto neste artigo aplica-se, também, à empresa comercial atacadista adquirente dos produtos resultantes da industrialização por encomenda a que se refere o art. 427 (Lei nº 9.826, de 1999, art. 5º, § 6º, com a redação dada pela Lei nº 10.865, de 2004, art. 33).

- § 2º com a redação dada pelo Dec. nº 7.044, de 22-12-2009.

Art. 247. Serão desembaraçados com suspensão do pagamento do imposto, ainda, as matérias-primas, os produtos intermediários e os materiais de embalagem, importados diretamente por pessoas jurídicas preponderantemente exportadoras ou por estabelecimento industrial fabricante preponderantemente (Lei nº 10.637, de 2002, art. 29, *caput* e §§ 1º e 4º, com a redação dada pela Lei nº 10.684, de 30 de maio de 2003, art. 25, e pela Lei nº 11.908, de 3 de março de 2009, art. 9º

I – dos produtos classificados nos Capítulos 2, 3, 4, 7, 8, 9, 10, 11, 12, 15, 16, 17, 18, 19, 20, 23 (exceto códigos 2309.10.00 e 2309.90.30 e Ex-01 no código 2309.90.90), 28, 29, 30, 31 e 64, e nas posições 21.01 a 2105.00, 2209.00.00 e 2501.00 da Nomenclatura Comum do MERCOSUL, inclusive daqueles a que corresponde a notação NT (não tributados);

II – dos bens referidos no art. 246.

III – das partes e peças destinadas a estabelecimento industrial fabricante de produto classificado no Capítulo 88 da Nomenclatura Comum do MERCOSUL; e

IV – dos bens de informática e automação que gozem do benefício referido no art. 816.

• Art. 247 com a redação dada pelo Dec. nº 7.213, de 15-6-2010.

Art. 248. Aplica-se à suspensão do pagamento do imposto o disposto no art. 244 (Lei nº 4.502, de 1964, art. 9º, § 1º, com a redação dada pela Lei nº 9.532, de 1997, art. 37, inciso II).

TÍTULO II – DA CONTRIBUIÇÃO PARA O PIS/PASEP-IMPORTAÇÃO E DA COFINS-IMPORTAÇÃO

CAPÍTULO I – DA INCIDÊNCIA

Art. 249. A importação de produtos estrangeiros está sujeita ao pagamento da contribuição para o PIS/PASEP-Importação e da COFINS-Importação (Lei nº 10.865, de 2004, art. 1º, *caput*).

Parágrafo único. Consideram-se estrangeiros, para efeito de incidência da contribuição para o PIS/PASEP-Importação e da COFINS-Importação, os bens referidos no art. 70 (Lei nº 10.865, de 2004, art. 1º, § 2º).

Art. 250. A contribuição para o PIS/PASEP-Importação e a COFINS-Importação não incidem sobre os bens a que se referem os incisos I a IV, VI e VII do art. 71 e os incisos I e II do art. 74, bem como, observado o disposto no art. 257, sobre os bens importados pelas entidades beneficentes de assistência social, nos termos do § 7º do art. 195 da Constituição (Lei nº 10.865, de 2004, art. 2º).

CAPÍTULO II – DO FATO GERADOR

Art. 251. O fato gerador da contribuição para o PIS/PASEP-Importação e da COFINS-Importação é a entrada de bens estrangeiros no território aduaneiro (Lei nº 10.865, de 2004, art. 3º, *caput*, inciso I).

§ 1º Para efeito de ocorrência do fato gerador, consideram-se entrados no território aduaneiro os bens que constem como tendo sido importados e cujo extravio tenha sido verificado pela autoridade aduaneira (Lei nº 10.865, de 2004, art. 3º, § 1º).

• § 1º com a redação dada pelo Dec. nº 8.010, de 16-5-2013.

§ 2º O disposto no § 1º não se aplica (Lei nº 10.865, de 2004, art. 3º, § 2º):

I – às malas e às remessas postais internacionais; e

II – à mercadoria importada a granel que, por sua natureza ou condições de manuseio na descarga, esteja sujeita a quebra ou a decréscimo, desde que o extravio não seja superior a um por cento.

§ 3º Na hipótese de quebra ou decréscimo em percentual superior ao fixado no inciso II do § 2º, serão exigidas a contribuição para o PIS/PASEP-Importação e a COFINS-Importação somente em relação ao que exceder a um por cento (Lei nº 10.865, de 2004, art. 3º, § 3º).

Art. 252. Para efeito de cálculo da contribuição para o PIS/PASEP-Importação e da COFINS-Importação, considera-se ocorrido o fato gerador (Lei nº 10.865, de 2004, art. 4º, *caput*):

I – na data do registro da declaração de importação de bens submetidos a despacho para consumo;

II – no dia do lançamento do correspondente crédito tributário, quando se tratar de bens constantes de manifesto ou de outras declarações de efeito equivalente, cujo extravio tenha sido verificado pela autoridade aduaneira; e

• Inciso II com a redação dada pelo Dec. nº 8.010, de 16-5-2013.

III – na data do vencimento do prazo de permanência dos bens em recinto alfandegado, se iniciado o respectivo despacho aduaneiro antes de aplicada a pena de perdimento, na hipótese a que se refere o inciso XXI do art. 689.

Parágrafo único. O disposto no inciso I aplica-se, inclusive, no caso de despacho para consumo de bens importados sob regime suspensivo de tributação do imposto de importação (Lei nº 10.865, de 2004, art. 4º, parágrafo único).

CAPÍTULO III – DA BASE DE CÁLCULO

Art. 253. A base de cálculo da contribuição para o PIS/PASEP-Importação e da COFINS-Importação é o valor aduaneiro, assim entendido o valor que servir ou que serviria de base para o cálculo do imposto de importação, acrescido do valor do ICMS incidente no desembaraço aduaneiro e do valor das próprias contribuições (Lei nº 10.865, de 2004, art. 7º, *caput*, inciso I).

§ 1º O ICMS incidente comporá a base de cálculo das contribuições, mesmo que tenha seu recolhimento diferido (Lei nº 10.865, de 2004, art. 7º, § 4º).

§ 2º Para efeito do disposto no § 1º, não se inclui a parcela a que se refere a alínea *e* do inciso V do art. 13 da Lei Complementar nº 87, de 13 de setembro de 1996 (Lei nº 10.865, de 2004, art. 7º, § 5º, com a redação dada pela Lei nº 11.196, de 21 de novembro de 2005, art. 44).

§ 3º A base de cálculo fica reduzida (Lei nº 10.865, de 2004, art. 7º, § 3º):

I – em trinta inteiros e dois décimos por cento, no caso de importação, para revenda, de caminhões chassi com carga útil igual ou superior a mil e oitocentos quilogramas e caminhão monobloco com carga útil igual ou superior a mil e quinhentos quilogramas, classificados na posição 87.04 da Tabela de Incidência do Imposto sobre Produtos Industrializados, observadas as especificações estabelecidas pela Secretaria da Receita Federal do Brasil; e

II – em quarenta e oito inteiros e um décimo por cento, no caso de importação, para revenda, de máquinas e veículos classificados nos seguintes códigos e posições da Tabela de Incidência do Imposto sobre Produtos Industrializados: 84.29, 8432.40.00, 8432.80.00, 8433.20, 8433.30.00, 8433.40.00, 8433.5, 87.01, 8702.10.00 Ex 02, 8702.90.90 Ex 02, 8704.10.00, 87.05 e 8706.00.10 Ex 01 (somente os destinados aos produtos classificados nos Ex 02 dos códigos 8702.10.00 e 8702.90.90).

CAPÍTULO IV – DOS CONTRIBUINTES E DOS RESPONSÁVEIS SOLIDÁRIOS

Art. 254. É contribuinte da contribuição para o PIS/PASEP-Importação e da COFINS-Importação (Lei nº 10.865, de 2004, art. 5º, *caput* e parágrafo único):

I – o importador, assim considerada qualquer pessoa que promova a entrada de bens estrangeiros no território aduaneiro;

II – o destinatário de remessa postal internacional indicado pelo respectivo remetente; e

III – o adquirente de mercadoria entrepostada.

Art. 255. São responsáveis solidários (Lei nº 10.865, de 2004, art. 6º):

LEG. COMPLEMENTAR

I – o depositário, assim considerada qualquer pessoa incumbida da custódia de bem sob controle aduaneiro; e

II – o transportador, quando transportar bens procedentes do exterior ou sob controle aduaneiro, inclusive em percurso interno;

III – o representante, no País, do transportador estrangeiro;

IV – o expedidor, o operador de transporte multimodal ou qualquer subcontratado para a realização do transporte multimodal; e

V – o adquirente de bens estrangeiros, no caso de importação realizada por sua conta e ordem, por intermédio de pessoa jurídica importadora.

CAPÍTULO V

DAS ISENÇÕES

Art. 256. São isentas da contribuição para o PIS/PASEP-Importação e da COFINS-Importação (Lei nº 10.865, de 2004, art. 9º, *caput*):

I – as importações realizadas:

a) pela União, Estados, Distrito Federal e Municípios, suas autarquias e fundações instituídas e mantidas pelo poder público;

b) pelas missões diplomáticas e repartições consulares de caráter permanente e pelos respectivos integrantes;

c) pelas representações de organismos internacionais de caráter permanente, inclusive os de âmbito regional, dos quais o Brasil seja membro, e pelos respectivos integrantes;

II – as hipóteses de:

a) amostras sem valor comercial;

b) remessas postais e encomendas aéreas internacionais a que se aplique o regime de tributação simplificada ou destinadas a pessoa física;

c) bagagem de viajantes procedentes do exterior;

d) bens adquiridos em loja franca no País;

e) bens trazidos do exterior, no comércio característico das cidades situadas nas fronteiras terrestres, destinados à subsistência da unidade familiar de residentes nas cidades fronteiriças brasileiras;

f) bens importados sob o regime aduaneiro especial de *drawback*, na modalidade de isenção;

g) objetos de arte, classificados nas posições 97.01, 97.02, 97.03 e 97.06 da Nomenclatura Comum do MERCOSUL, recebidos em doação, por museus instituídos e mantidos pelo poder público ou por outras entidades culturais reconhecidas como de utilidade pública;

h) máquinas, equipamentos, aparelhos e instrumentos, e suas partes e peças de reposição, acessórios, matérias-primas e produtos intermediários, importados por instituições científicas e tecnológicas e por cientistas e pesquisadores, conforme o disposto nos arts. 147 e 148;

i) bens recebidos em decorrência de evento cultural, científico ou esportivo oficial, realizado no exterior, ou para serem consumidos, distribuídos ou utilizados em evento esportivo oficial realizado no País (Lei nº 11.488, de 2007, art. 38, *caput*); e

j) bens importados por desportistas, desde que tenham sido utilizados por estes em evento esportivo oficial e recebidos em doação de entidade de prática desportiva estrangeira ou da promotora ou patrocinadora do evento (Lei nº 11.488, de 2007, art. 38, parágrafo único).

§ 1º As isenções de que tratam o inciso I e as alíneas *a* a *h* do inciso II somente serão concedidas se satisfeitos os requisitos e condições exigidos para o reconhecimento de isenção do imposto sobre produtos industrializados (Lei nº 10.865, de 2004, art. 9º, § 1º, com a redação dada pela Lei nº 10.925, de 23 de julho de 2004, art. 6º).

§ 2º As isenções de que tratam as alíneas *i* e *j* do inciso II somente serão concedidas se satisfeitos os termos, limites e condições estabelecidos nos arts. 183 a 185 (Lei nº 11.488, de 2007, art. 38, *caput*).

Art. 257. Quando a isenção for vinculada à qualidade do importador, a transferência de propriedade ou a cessão de uso dos bens, a qualquer título, obriga ao prévio pagamento da contribuição para o PIS/PASEP-Importação e da COFINS-Importação (Lei nº 10.865, de 2004, art. 10, *caput*).

Parágrafo único. O disposto no *caput* não se aplica aos bens transferidos ou cedidos (Lei nº 10.865, de 2004, art. 10, parágrafo único):

I – a pessoa ou a entidade que goze de igual tratamento tributário, mediante prévia decisão da autoridade aduaneira;

II – após o decurso do prazo de três anos, contados da data do registro da declaração de importação; e

III – a entidades beneficentes, reconhecidas como de utilidade pública, para serem vendidos em feiras, bazares e eventos semelhantes, desde que recebidos em doação de representações diplomáticas estrangeiras sediadas no País.

Art. 258. A isenção da contribuição para o PIS/PASEP-Importação e da COFINS-Importação, quando vinculada à destinação dos bens, fica condicionada à comprovação posterior do seu efetivo emprego nas finalidades que motivaram a concessão (Lei nº 10.865, de 2004, art. 11).

Parágrafo único. Mantidas as finalidades que motivaram a concessão e mediante prévia decisão da autoridade aduaneira, poderá ser transferida a propriedade ou cedido o uso dos bens antes de decorrido o prazo de três anos, contados da data do registro da correspondente declaração de importação (Lei nº 10.865, de 2004, art. 12).

Art. 258-A. Salvo disposição expressa em contrário, quando a não incidência, a isenção, a suspensão ou a redução das alíquotas da contribuição para o PIS/PASEP-Importação e da COFINS-Importação for condicionada à destinação do bem ou do serviço, e a este for dado destino diverso, ficará o responsável pelo fato sujeito ao pagamento das contribuições e das penalidades cabíveis, como se a não incidência, a isenção, a suspensão ou a redução das alíquotas não existisse (Lei nº 11.945, de 2009, art. 22).

- Art. 258-A acrescido pelo Dec. nº 7.213, de 15-6-2010.

CAPÍTULO VI

DO PAGAMENTO

Art. 259. A contribuição para o PIS/PASEP-Importação e a COFINS-Importação serão pagas na data do registro da declaração de importação (Lei nº 10.865, de 2004, art.13, inciso I).

Parágrafo único. Na hipótese que trata o inciso III do art. 252, as contribuições a que se refere o *caput* serão pagas na data de registro da declaração de importação, com os acréscimos legais, contados da data de vencimento do prazo de permanência do bem no recinto alfandegado (Lei nº 10.865, de 2004, art.13, inciso III).

CAPÍTULO VII
DA SUSPENSÃO DO PAGAMENTO

Seção I
DAS DISPOSIÇÕES PRELIMINARES

Art. 260. As normas relativas à suspensão do pagamento do imposto de importação ou do imposto sobre produtos industrializados vinculado à importação, referentes aos regimes aduaneiros especiais, aplicam-se também à contribuição para o PIS/PASEP-Importação e à COFINS-Importação (Lei nº 10.865, de 2004, art. 14, *caput*).

Seção II
DA ZONA FRANCA DE MANAUS

Art. 261. As empresas localizadas na Zona Franca de Manaus poderão importar, com suspensão do pagamento da contribuição para o PIS/PASEP-Importação e da COFINS-Importação, bens a serem empregados, pelo importador, na elaboração de matérias-primas, produtos intermediários e materiais de embalagem destinados a emprego em processo de industrialização por estabelecimentos ali instalados, consoante projeto aprovado pelo Conselho de Administração da Superintendência da Zona Franca de Manaus, de que trata o art. 5º-A da Lei nº 10.637, de 2002 (Lei nº 10.865, de 2004, art.14, § 1º).

Parágrafo único. A Secretaria da Receita Federal do Brasil estabelecerá os requisitos necessários para a suspensão de que trata o *caput* (Lei nº 10.865, de 2004, art.14, § 2º).

Art. 262. Fica suspenso o pagamento da contribuição para o PIS/PASEP-Importação e da COFINS-Importação nas importações, efetuadas por empresas localizadas na Zona Franca de Manaus, de matérias-primas, produtos intermediários e materiais de embalagem para emprego em processo de industrialização por estabelecimentos industriais instalados na Zona Franca de Manaus e consoante projetos aprovados pelo Conselho de Administração da Superintendência da Zona Franca de Manaus (Lei nº 10.865, de 2004, art. 14-A, com a redação dada pela Lei nº 10.925, de 2004, art. 6º).

Art. 263. A suspensão de que trata o art. 261 aplica-se também nas importações de máquinas, aparelhos, instrumentos e equipamentos, novos, para incorporação ao ativo imobilizado da pessoa jurídica importadora (Lei nº 11.196, de 2005, art. 50, *caput*).

§ 1º A suspensão de que trata o *caput* converte-se em alíquota zero após decorridos dezoito meses da incorporação do bem ao ativo imobilizado da pessoa jurídica importadora (Lei nº 11.196, de 2005, art. 50, § 1º).

§ 2º A pessoa jurídica importadora que não incorporar o bem ao seu ativo imobilizado ou revender o bem antes do término do prazo de que trata o § 1º recolherá a contribuição para o PIS/PASEP-Importação e a COFINS-Importação, acrescidas de juros e multa de mora, na forma da lei, contados a partir do registro da declaração de importação (Lei nº 11.196, de 2005, art. 50, § 2º).

§ 3º Na hipótese de não ser efetuado o recolhimento na forma do § 2º, caberá lançamento de ofício, com aplicação de juros e da multa de que trata o art. 725 (Lei nº 11.196, de 2005, art. 50, § 3º).

§ 4º As máquinas, aparelhos, instrumentos e equipamentos beneficiados pela suspensão de que trata o *caput* serão relacionados em ato normativo específico (Lei nº 11.196, de 2005, art. 50, § 4º).

Seção III
DO REGIME ESPECIAL DE TRIBUTAÇÃO PARA A PLATAFORMA DE EXPORTAÇÃO DE SERVIÇOS DE TECNOLOGIA DA INFORMAÇÃO - REPES

Art. 264. O Regime Especial de Tributação para a Plataforma de Exportação de Serviços de Tecnologia da Informação – REPES é o que permite a importação de bens novos destinados ao desenvolvimento, no País, de software e de serviços de tecnologia da informação, quando importados diretamente pelo beneficiário do regime para incorporação ao seu ativo imobilizado, com suspensão do pagamento da contribuição para o PIS/PASEP-Importação e da COFINS-Importação (Lei nº 11.196, de 2005, arts. 1º, *caput*, e 4º, inciso II).

§ 1º Aplica-se também suspensão do pagamento do imposto sobre produtos industrializados para a importação de bem, sem similar nacional, efetuada diretamente pelo beneficiário do REPES para a incorporação ao seu ativo imobilizado (Lei nº 11.196, de 2005, art. 11, *caput*).

§ 2º Os bens beneficiados pela suspensão referida no *caput* e no § 1º serão relacionados em ato normativo específico (Lei nº 11.196, de 2005, arts. 4º, § 4º, e 11, *caput*).

Art. 265. É beneficiária do REPES a pessoa jurídica que exerça preponderantemente as atividades de desenvolvimento de software ou de prestação de serviços de tecnologia da informação, e que, por ocasião da sua opção pelo regime, assuma compromisso de exportação igual ou superior a sessenta por cento de sua receita bruta anual de venda de bens e serviços (Lei nº 11.196, de 2005, art. 2º, *caput*, com a redação dada pela Lei nº 11.774, de 17 de setembro de 2008, art. 4º).

§ 1º A receita bruta de que trata o *caput* será considerada depois de excluídos os impostos e contribuições incidentes sobre a venda (Lei nº 11.196, de 2005, art. 2º, § 1º).

§ 2º O percentual de que trata o *caput* poderá ser, por meio de ato normativo específico, reduzido para até cinquenta por cento e restabelecido (Lei nº 11.196, de 2005, art. 2º, § 2º, com a redação dada pela Lei nº 11.774, de 2008, art. 4º).

§ 3º Não pode ser beneficiária do regime, a pessoa jurídica optante pelo Simples Nacional de que trata a Lei Complementar nº 123, de 14 de dezembro de 2006 (Lei nº 11.196, de 2005, art. 10).

§ 4º A adesão ao regime fica condicionada à regularidade fiscal da pessoa jurídica em relação aos tributos e contribuições federais (Lei nº 11.196, de 2005, art. 7º).

Art. 266. O percentual de receita de exportação de que trata o art. 265 será apurado considerando-se a média obtida, a partir do ano-calendário subsequente ao do início de utilização dos bens adquiridos ao amparo do REPES durante o período de três anos-calendário (Lei nº 11.196, de 2005, art. 4º, § 2º).

Parágrafo único. O prazo para o início de utilização a que se refere o *caput* não poderá ser superior a um ano, contado da data do registro da declaração de importação (Lei nº 11.196, de 2005, art. 4º, § 3º).

Art. 267. A suspensão de que tratam o *caput* e o § 1º do art. 264, depois de cumprido o compromisso de exportação referido no art. 265, converte-se em (Lei nº 11.196, de 2005, arts. 6º e 11, § 1º):

I – alíquota zero, quando se tratar de suspensão da contribuição para o PIS/PASEP-Importação e da COFINS-Importação; e

LEG. COMPLEMENTAR

II – isenção, quando se tratar de suspensão do imposto sobre produtos industrializados.

Art. 268. A pessoa jurídica beneficiária do regime terá a adesão cancelada (Lei nº 11.196, de 2005, art. 8º, *caput*):

I – na hipótese de descumprimento do compromisso de exportação referido no art. 265;

II – sempre que se apure que o beneficiário:

a) não satisfazia as condições ou não cumpria os requisitos para a adesão; ou

b) deixou de satisfazer as condições ou de cumprir os requisitos para a adesão; ou

III – a pedido.

§ 1º Na ocorrência do cancelamento da adesão ao regime, a pessoa jurídica dele excluída fica obrigada a recolher juros e multa de mora, na forma da lei, contados a partir da data de:

I – registro da declaração de importação referente às contribuições não pagas em decorrência da suspensão de que trata o *caput* do art. 264, na condição de contribuinte, em relação aos bens importados (Lei nº 11.196, de 2005, art. 8º, § 1º); ou

II – ocorrência do fato gerador, referente ao imposto sobre produtos industrializados não pago em decorrência da suspensão (Lei nº 11.196, de 2005, art. 11, § 2º).

§ 2º Na hipótese de não ser efetuado o recolhimento na forma do § 1º, caberá lançamento de ofício, com aplicação de juros e da multa de que trata o art. 725 (Lei nº 11.196, de 2005, arts. 8º, § 2º, e 11, § 4º).

§ 3º Nas hipóteses de que tratam os incisos I e II do *caput*, a pessoa jurídica excluída do regime somente poderá efetuar nova adesão após o decurso do prazo de dois anos, contados da data do cancelamento (Lei nº 11.196, de 2005, art. 8º, § 4º).

Art. 269. A transferência de propriedade ou a cessão de uso, a qualquer título, dos bens importados com suspensão do pagamento da contribuição para o PIS/PASEP-Importação e da COFINS-Importação, antes da conversão das alíquotas a zero, deve ser precedida de recolhimento, pelo beneficiário do regime, de juros e multa de mora, contados da data do registro da declaração de importação (Lei nº 11.196, de 2005, art. 9º, *caput*).

§ 1º Na hipótese de não ser efetuado o recolhimento na forma do *caput*, caberá lançamento de ofício, com aplicação de juros e da multa de que trata o art. 725 (Lei nº 11.196, de 2005, arts. 9º, § 1º, e 11, § 4º).

§ 2º Os juros e multa, de mora ou de ofício, de que trata o *caput* e o § 1º serão exigidos (Lei nº 11.196, de 2005, art. 9º, § 2º):

I – juntamente com as contribuições não pagas, no caso de transferência de propriedade efetuada antes de decorridos dezoito meses da ocorrência dos fatos geradores; ou

II – isoladamente, no caso de transferência de propriedade efetuada após decorridos dezoito meses da ocorrência dos fatos geradores.

§ 3º A transferência de propriedade ou a cessão de uso, a qualquer título, dos bens importados com suspensão do pagamento do imposto sobre produtos industrializados, antes de ocorrer a conversão em isenção, deve ser precedida do recolhimento, pelo beneficiário do regime, de juros e multa de mora, contados da ocorrência do fato gerador (Lei nº 11.196, de 2005, art. 11, § 3º).

Art. 270. Em relação à contribuição para o PIS/PASEP-Importação e à COFINS-Importação, na hipótese de descumprimento do compromisso de exportação de que trata o art. 265, a multa, de mora ou de ofício, a que se referem os §§ 1º e 2º do art. 268 e o art. 269, será aplicada sobre o valor das contribuições não recolhidas, proporcionalmente à diferença entre o percentual mínimo de exportações estabelecido no art. 265 e o efetivamente alcançado (Lei nº 11.196, de 2005, art. 8º, § 5º).

Seção IV

DO REGIME ESPECIAL DE AQUISIÇÃO DE BENS DE CAPITAL PARA EMPRESAS EXPORTADORAS - RECAP

Art. 271. O Regime Especial de Aquisição de Bens de Capital para Empresas Exportadoras – RECAP é o que permite a importação de máquinas, aparelhos, instrumentos e equipamentos, novos, relacionados em ato normativo específico, quando importados diretamente pelo beneficiário do regime para incorporação ao seu ativo imobilizado, com suspensão do pagamento da contribuição para o PIS/PASEP-Importação e da COFINS-Importação (Lei nº 11.196, de 2005, arts. 12, *caput*, 14, *caput*, inciso II, e 16).

Parágrafo único. O RECAP subsiste pelo prazo de três anos, contados da data de adesão ao regime (Lei nº 11.196, de 2005, art. 14, § 1º).

Art. 272. É beneficiária do RECAP a pessoa jurídica preponderantemente exportadora, assim considerada, para os efeitos desta Seção, aquela cuja receita bruta decorrente de exportação para o exterior, no ano-calendário imediatamente anterior à adesão ao regime, houver sido igual ou superior a setenta por cento de sua receita bruta total de venda de bens e serviços no período e que assuma compromisso de manter esse percentual de exportação durante o período de dois anos-calendário (Lei nº 11.196, de 2005, art. 13, *caput*, com a redação dada pela Lei nº 11.774, de 2008, art. 4º).

§ 1º A receita bruta de que trata o *caput* será considerada depois de excluídos os impostos e contribuições incidentes sobre a venda (Lei nº 11.196, de 2005, art. 13, § 1º).

§ 2º A pessoa jurídica em início de atividade ou que não tenha atingido no ano anterior o percentual de receita de exportação exigido no *caput* poderá se habilitar ao regime desde que assuma compromisso de auferir, no período de três anos-calendário, receita bruta decorrente de exportação para o exterior de, no mínimo, setenta por cento de sua receita bruta total de venda de bens e serviços (Lei nº 11.196, de 2005, art. 13, § 2º, com a redação dada pela Lei nº 11.774, de 2008, art. 4º).

§ 3º Não pode ser beneficiária do regime, a pessoa jurídica optante pelo Simples Nacional de que trata a Lei Complementar nº 123, de 2006, ou que tenha suas receitas, no todo ou em parte, submetidas ao regime de incidência cumulativa da contribuição para o PIS/PASEP e da COFINS (Lei nº 11.196, de 2005, art. 13, § 3º, inciso I).

§ 4º Pode ainda ser beneficiário do regime, o estaleiro naval brasileiro, no caso de importação de bens de capital, relacionados em ato normativo específico, destinados à incorporação a seu ativo imobilizado para utilização nas atividades de construção, conservação, modernização, conversão e reparo de embarcações pré-registradas ou registradas no Registro Especial Brasileiro, instituído pela Lei nº 9.432, de 1997, independente de efetuar o compromisso de exportação para o exterior de que tratam o *caput* e o § 2º, ou de possuir receita bruta decorrente de exportação para o exterior (Lei nº 11.196, de 2005, art. 13, § 3º, inciso II).

§ 5º A adesão ao regime fica condicionada à regularidade fiscal da pessoa jurídica em relação aos tributos e contribuições federais (Lei nº 11.196, de 2005, art. 15).

Art. 273. O percentual de receita de exportação de que tratam o *caput* e o § 2º do art. 272 será apurado considerando-se a média obtida, a partir do ano-calendário subsequente ao do início de utilização dos bens adquiridos ao amparo do RECAP, durante o período de (Lei nº 11.196, de 2005, art. 14, § 2º):

I – dois anos-calendário, no caso do *caput* do art. 272; ou

II – três anos-calendário, no caso do § 2º do art. 272.

Parágrafo único. O prazo para o início de utilização a que se refere o *caput* não poderá ser superior a três anos, contados da data do registro da declaração de importação (Lei nº 11.196, de 2005, art. 14, § 3º).

Art. 274. A suspensão de que trata o art. 271 converte-se em alíquota zero depois de (Lei nº 11.196, de 2005, art. 14, § 8º):

I – cumpridas as condições de que trata o *caput* do art. 272, observado o prazo a que se refere o inciso I do art. 273;

II – cumpridas as condições de que trata o § 2º do art. 272, observado o prazo a que se refere o inciso II do art. 273; ou

III – transcorrido o prazo de dezoito meses, contados da data de registro da declaração de importação, no caso do beneficiário de que trata o § 4º do art. 272.

Art. 275. A pessoa jurídica que não incorporar o bem ao ativo imobilizado, revendê-lo antes da conversão das alíquotas a zero, ou não atender às demais condições de que trata o art. 272 fica obrigada a recolher juros e multa de mora, contados da data do registro da declaração de importação, referentes às contribuições não pagas em decorrência da suspensão (Lei nº 11.196, de 2005, art. 14, § 4º).

§ 1º Na hipótese de não ser efetuado o recolhimento na forma do *caput*, caberá lançamento de ofício, com aplicação de juros e da multa de que trata o art. 725 (Lei nº 11.196, de 2005, art. 14, § 5º).

§ 2º Os juros e multa, de mora ou de ofício, de que trata este artigo serão exigidos (Lei nº 11.196, de 2005, art. 14, § 6º):

I – isoladamente, na hipótese em que o contribuinte não alcançar o percentual de exportações de que tratam o *caput* e o § 2º do art. 272; ou

II – juntamente com as contribuições não pagas, nas hipóteses em que a pessoa jurídica não incorporar o bem ao ativo imobilizado, revendê-lo antes da conversão das alíquotas a zero, ou não atender às demais condições do art. 272.

§ 3º Na hipótese de não atendimento à exigência relativa ao percentual de que tratam o *caput* e o § 2º do art. 272, a multa, de mora ou de ofício, será aplicada sobre o valor das contribuições não recolhidas, proporcionalmente à diferença entre o percentual mínimo de exportações estabelecido e o efetivamente alcançado (Lei nº 11.196, de 2005, art. 14, § 10).

Seção V

DA PESSOA JURÍDICA PREPONDERANTEMENTE EXPORTADORA

Art. 276. A pessoa jurídica preponderantemente exportadora, assim considerada aquela cuja receita bruta decorrente de exportação para o exterior, no ano-calendário imediatamente anterior ao da aquisição, houver sido igual ou superior a setenta por cento de sua receita bruta total de venda de bens e serviços no mesmo período, após excluídos os impostos e contribuições incidentes sobre a venda, poderá importar com suspensão do pagamento da contribuição para o PIS/PASEP-Importação e da COFINS-Importação matérias-primas, produtos intermediários e materiais de embalagem (Lei nº 10.865, de 2004, art. 40, *caput*, § 1º, com a redação dada pela Lei nº 11.529, de 22 de outubro de 2007, art. 4º, e § 6º, com a redação dada pela Lei nº 11.482, de 31 de maio de 2007, art. 17).

Seção VI

DAS MÁQUINAS E EQUIPAMENTOS PARA FABRICAÇÃO DE PAPÉIS

Art. 277. A importação de máquinas e equipamentos utilizados na fabricação de papéis destinados à impressão de jornais ou de papéis classificados nos códigos 4801.00.10, 4801.00.90, 4802.61.91, 4802.61.99, 4810.19.89 e 4810.22.90 da Nomenclatura Comum do MERCOSUL, destinados à impressão de periódicos, será efetuada com suspensão do pagamento da Contribuição para o PIS/PASEP-Importação e da COFINS-Importação, quando importados diretamente por pessoa jurídica industrial para incorporação ao seu ativo imobilizado (Lei nº 11.196, de 2005, art. 55, inciso II).

§ 1º O disposto no *caput* aplica-se somente às importações realizadas até 30 de abril de 2008 ou até que a produção nacional atenda a oitenta por cento do consumo interno (Lei nº 11.196, de 2005, art. 55, § 1º, inciso III).

§ 2º Os bens beneficiados pela suspensão referida no *caput* serão relacionados em ato normativo específico (Lei nº 11.196, de 2005, art. 55, § 9º).

§ 3º A utilização do benefício da suspensão a que se refere o *caput* será disciplinada em ato normativo específico (Lei nº 11.196, de 2005, art. 55, § 8º, inciso II).

Art. 278. É beneficiária da suspensão a que se refere o art. 277, a pessoa jurídica que auferir, com a venda dos papéis referidos no *caput*, valor igual ou superior a oitenta por cento da sua receita bruta de venda total de papéis (Lei nº 11.196, de 2005, art. 55, § 1º, inciso I).

§ 1º A receita bruta de que trata o *caput* será considerada depois de excluídos os impostos e contribuições incidentes sobre a venda (Lei nº 11.196, de 2005, art. 55, § 2º, inciso I).

§ 2º Não pode ser beneficiária da suspensão, a pessoa jurídica optante pelo Simples Nacional de que trata a Lei Complementar nº 123, de 2006, ou que tenha suas receitas, no todo ou em parte, submetidas ao regime de incidência cumulativa da contribuição para o PIS/PASEP e da COFINS (Lei nº 11.196, de 2005, art. 55, § 1º, inciso II).

§ 3º A utilização do benefício da suspensão fica condicionada à regularidade fiscal da pessoa jurídica em relação aos tributos e contribuições federais (Lei nº 11.196, de 2005, art. 55, § 8º, inciso I).

Art. 279. O percentual de receita de que trata o art. 278 será apurado considerando-se a média obtida, a partir do início de utilização do bem importado com suspensão, durante o período de dezoito meses (Lei nº 11.196, de 2005, art. 55, § 2º, inciso II).

Parágrafo único. O prazo para o início de utilização a que se refere o *caput* não poderá ser superior a três anos, contados da data do registro da declaração de importação (Lei nº 11.196, de 2005, art. 55, § 3º).

Art. 280. A suspensão de que trata o art. 277 converte-se em alíquota zero depois de cumprida a condição de que trata o art. 278, observados os prazos determinados no art. 279 (Lei nº 11.196, de 2005, art. 55, § 3º).

Art. 281. A pessoa jurídica que não incorporar o bem ao ativo imobilizado ou revendê-lo antes da conversão das alíquotas a zero fica obrigada a recolher as contribuições não pagas em decorrência da suspensão, acrescidas de juros e multa, de mora ou de ofício, contados da data do registro da declaração de importação (Lei nº 11.196, de 2005, art. 55, § 5º).

Parágrafo único. Na hipótese de não atendimento à exigência relativa ao percentual de que trata o art. 278, a multa, de mora ou de ofício, a que se refere o *caput*, será aplicada sobre o valor das contribuições não recolhidas, proporcionalmente à diferença entre o percentual estabelecido e o efetivamente alcançado (Lei nº 11.196, de 2005, art. 55, § 7º).

Seção VII
DO PROGRAMA DE APOIO AO DESENVOLVIMENTO TECNOLÓGICO DA INDÚSTRIA DE SEMICONDUTORES - PADIS

Art. 282. O Programa de Apoio ao Desenvolvimento Tecnológico da Indústria de Semicondutores – PADIS é o que permite a importação de máquinas, aparelhos, instrumentos e equipamentos para incorporação ao ativo imobilizado do beneficiário, destinados às atividades de que tratam os incisos I e II do *caput* do art. 283, com redução a zero por cento das alíquotas da contribuição para o PIS/PASEP-Importação e da COFINS-Importação (Lei nº 11.484, de 31 de maio de 2007, arts. 1º e 3º, inciso II, este com a redação dada pela Lei nº 11.774, de 2008, art. 6º).

§ 1º As reduções de alíquotas previstas no *caput* alcançam também os insumos destinados às atividades de que trata o art. 283 quando importados pelo beneficiário do PADIS (Lei nº 11.484, de 2007, art. 3º, § 1º).

§ 2º Os bens alcançados pelas reduções de alíquotas referidas no *caput* e no § 1º serão os relacionados em ato normativo específico (Lei nº 11.484, de 2007, art. 3º, § 2º).

§ 3º Para fins de aplicação das alíquotas reduzidas referidas neste artigo, equipara-se ao importador a pessoa jurídica adquirente de bens estrangeiros no caso de importação realizada por sua conta e ordem por intermédio de pessoa jurídica importadora (Lei nº 11.484, de 2007, art. 3º, § 4º).

§ 4º Ficam também reduzidas a zero as alíquotas do imposto sobre produtos industrializados incidente na importação dos bens referidos no *caput* e no § 1º, desde que realizada pelo beneficiário do PADIS e cumpridas as demais condições previstas nesta Seção (Lei nº 11.484, de 2007, art. 3º, inciso III).

§ 5º Conforme condições e prazo definidos em ato do Poder Executivo, desde que destinados às atividades de que tratam os incisos I e II do *caput* do art. 283, poderá também ser reduzida a zero a alíquota do imposto de importação incidente sobre máquinas, aparelhos, instrumentos, equipamentos, ferramentas computacionais (software), para incorporação ao seu ativo imobilizado, e insumos, importados por pessoa jurídica beneficiária do PADIS (Lei nº 11.484, de 2007, art. 3º, § 5º com a redação dada pela Lei nº 12.249, de 11 de junho de 2010, art. 20).

• Art. 282 com a redação dada pelo Dec. nº 8.010, de 16-5-2013.

Art. 283. É beneficiária do PADIS a pessoa jurídica que realize investimento em pesquisa e desenvolvimento na forma do art. 6º da Lei nº 11.484, de 2007, e que exerça isoladamente ou em conjunto, em relação a dispositivos (Lei nº 11.484, de 2007, art. 2º, *caput*):

I – eletrônicos semicondutores classificados nas posições 85.41 e 85.42 da Nomenclatura Comum do MERCOSUL, as atividades de:

a) concepção, desenvolvimento e projeto (*design*);

b) difusão ou processamento físico-químico; ou

c) encapsulamento e teste;

II – mostradores de informação (*displays*) de que trata o § 2º, as atividades de:

a) concepção, desenvolvimento e projeto (*design*);

b) fabricação dos elementos fotossensíveis, foto ou eletroluminescentes e emissores de luz; ou

c) montagem final do mostrador e testes elétricos e ópticos.

§ 1º Para efeitos deste artigo, considera-se que a pessoa jurídica exerce as atividades (Lei nº 11.484, de 2007, art. 2º, § 1º):

I – isoladamente, quando executar todas as etapas previstas na alínea em que se enquadrar; ou

II – em conjunto, quando executar todas as atividades previstas no inciso em que se enquadrar.

§ 2º O disposto no inciso II do *caput* (Lei nº 11.484, de 2007, art. 2º, § 2º):

I – alcança os mostradores de informações (*displays*) relacionados em ato normativo específico, com tecnologia baseada em componentes de cristal líquido – LCD, fotoluminescentes (painel mostrador de plasma – PDP), eletroluminescentes (diodos emissores de luz – LED, diodos emissores de luz orgânicos – OLED ou *displays* eletroluminescentes a filme fino – TFEL) ou similares com microestruturas de emissão de campo elétrico, destinados à utilização como insumo em equipamentos eletrônicos; e

II – não alcança os tubos de raios catódicos – CRT.

§ 3º A pessoa jurídica de que trata o *caput* deve exercer, exclusivamente, as atividades previstas neste artigo (Lei nº 11.484, de 2007, art. 2º, § 3º).

§ 4º O investimento em pesquisa e desenvolvimento e o exercício das atividades de que trata o *caput* e seus incisos I e II devem ser efetuados de acordo com projetos aprovados na forma do art. 5º da Lei nº 11.484, de 2007 (Lei nº 11.484, de 2007, art. 2º, § 4º).

§ 5º O disposto no inciso I do *caput* alcança os dispositivos eletrônicos semicondutores, montados e encapsulados diretamente sob placa de circuito impresso – *chip on board*, classificada no código 8523.51 da Tabela de Incidência do Imposto sobre Produtos Industrializados, aprovada pelo Decreto nº 7.660, de 23 de dezembro de 2011 (Lei nº 11.484, de 2007, art. 2º, § 5º, com a redação dada pela Lei nº 12.715, de 17 de setembro de 2012).

• § 5º acrescido pelo Dec. nº 8.010, de 16-5-2013.

Seção VIII
DO PROGRAMA DE APOIO AO DESENVOLVIMENTO TECNOLÓGICO DA INDÚSTRIA DE EQUIPAMENTOS PARA TV DIGITAL - PATVD

Art. 284. O Programa de Apoio ao Desenvolvimento Tecnológico da Indústria de Equipamentos para TV Digital – PATVD é o que permite a importação de máquinas, aparelhos, instrumentos e equipamentos, novos, para incorporação ao ativo imobilizado do beneficiário, destinados à fabricação dos equipamentos de que trata o art. 285, com redução a zero das alíquotas da contribuição para o PIS/PASEP-Importação e da COFINS-Importação (Lei nº 11.484, de 2007, arts. 12 e 14, inciso II).

§ 1º As reduções de alíquotas previstas no *caput* alcançam também os insumos destinados à fabricação dos equipamentos de que trata o art. 285 quando importados pelo beneficiário do PATVD (Lei nº 11.484, de 2007, art. 14, § 1º).

§ 2º Os bens alcançados pelas reduções de alíquotas referidas no *caput* e no § 1º serão os relacionados em ato normativo específico (Lei nº 11.484, de 2007, art. 14, § 2º).

§ 3º Para fins de aplicação das alíquotas reduzidas referidas neste artigo, equipara-se ao importador a pessoa jurídica adquirente de bens estrangeiros no caso de importação realizada por sua conta e ordem por intermédio de pessoa jurídica importadora (Lei nº 11.484, de 2007, art. 14, § 4º).

§ 4º Ficam também reduzidas a zero as alíquotas do imposto sobre produtos industrializados incidente na importação dos bens referidos no *caput* e no § 1º, desde que realizada pelo beneficiário do PATVD e cumpridas as demais condições previstas nesta Seção (Lei nº 11.484, de 2007, art. 14, inciso III).

§ 5º Poderão ainda ser reduzidas a zero as alíquotas do imposto de importação incidente sobre máquinas, aparelhos, instrumentos e equipamentos, novos, relacionados em ato normativo específico e nas condições e pelo prazo nele fixados, importados pelo beneficiário do PATVD para incorporação ao seu ativo imobilizado e destinados às atividades de que trata o *caput* do art. 285 (Lei nº 11.484, de 2007, art. 14, § 5º).

Art. 285. É beneficiária do PATVD a pessoa jurídica que realize investimento em pesquisa e desenvolvimento na forma do art. 17 da Lei nº 11.484, de 2007, e que exerça as atividades de desenvolvimento e fabricação de equipamentos transmissores de sinais por radiofrequência para televisão digital, classificados no código 8525.50.2 da Nomenclatura Comum do MERCOSUL (Lei nº 11.484, de 2007, art. 13, *caput*).

§ 1º Para os efeitos deste artigo, o beneficiário do PATVD deve cumprir processo produtivo básico estabelecido por portaria interministerial dos Ministérios do Desenvolvimento, Indústria e Comércio Exterior e da Ciência e Tecnologia ou, alternativamente, atender aos critérios de bens desenvolvidos no País definidos por portaria do Ministério da Ciência e Tecnologia (Lei nº 11.484, de 2007, art. 13, § 1º).

§ 2º O investimento em pesquisa e desenvolvimento e o exercício das atividades de que trata o *caput* devem ser efetuados de acordo com projetos aprovados na forma do art. 16 da Lei nº 11.484, de 2007 (Lei nº 11.484, de 2007, art. 13, § 2º).

Seção IX

DO REGIME ESPECIAL DE INCENTIVOS PARA O DESENVOLVIMENTO DA INFRAESTRUTURA – REIDI

Art. 286. O Regime Especial de Incentivos para o Desenvolvimento da Infraestrutura – REIDI é o que permite a importação de máquinas, aparelhos, instrumentos e equipamentos, novos, e de materiais de construção, quando importados diretamente pelo beneficiário do regime para utilização ou incorporação em obras de infraestrutura destinadas ao ativo imobilizado, com suspensão da contribuição para o PIS/PASEP-Importação e da COFINS-Importação (Lei nº 11.488, de 2007, arts. 1º, *caput*, e 3º, *caput*, inciso II).

Art. 287. É beneficiária do REIDI a pessoa jurídica que tenha projeto aprovado para implantação de obras de infraestrutura nos setores de transportes, portos, energia, saneamento básico e irrigação (Lei nº 11.488, de 2007, art. 2º, *caput*).

§ 1º As pessoas jurídicas optantes pelo Simples Nacional de que trata a Lei Complementar nº 123, de 2006, não poderão aderir ao REIDI (Lei nº 11.488, de 2007, art. 2º, § 1º).

§ 2º A adesão ao REIDI fica condicionada à regularidade fiscal da pessoa jurídica em relação aos impostos e contribuições administrados pela Secretaria da Receita Federal do Brasil (Lei nº 11.488, de 2007, art. 2º, § 2º).

Art. 288. A suspensão de que trata esta Seção converte-se em alíquota zero por cento após a utilização ou incorporação do bem ou material de construção na obra de infraestrutura (Lei nº 11.488, de 2007, art. 3º, § 2º).

Art. 289. A pessoa jurídica que não utilizar ou incorporar o bem ou material de construção na obra de infraestrutura fica obrigada a recolher as contribuições não pagas em decorrência da suspensão de que trata o art. 286, acrescidas de juros e multa, de mora ou de ofício, na forma da lei, contados a partir da data do registro da declaração de importação (Lei nº 11.488, de 2007, art. 3º, § 3º).

Art. 290. O benefício de que trata o art. 286 poderá ser usufruído nas importações realizadas no período de cinco anos, contados da data da habilitação da pessoa jurídica titular do projeto de infraestrutura (Lei nº 11.488, de 2007, art. 5º, *caput*, com a redação dada pela Lei nº 12.249, de 2010, art. 21).

- Artigo com a redação dada pelo Dec. nº 8.010, de 16-5-2013.

Seção X

DA ACETONA DESTINADA À ELABORAÇÃO DE DEFENSIVOS AGROPECUÁRIOS

Art. 291. A importação de acetona classificada no código 2914.11.00 da Nomenclatura Comum do MERCOSUL será efetuada com suspensão do pagamento da Contribuição para o PIS/PASEP-Importação e da COFINS-Importação (Lei nº11.727, de 2008, art. 25, *caput*).

§ 1º O disposto no *caput* alcança exclusivamente a acetona destinada a fabricação de monoisopropilamina utilizada na elaboração de defensivos agropecuários classificados na posição 38.08 da Nomenclatura Comum do MERCOSUL e importada diretamente pela pessoa jurídica fabricante (Lei nº 11.727, de 2008, art. 25, §§ 1º e 2º).

§ 2º A pessoa jurídica que der à acetona destinação diversa daquela prevista no § 1º fica obrigada ao recolhimento das contribuições não pagas, acrescidas de juros e multa de mora, na forma da lei, contados da data do registro da declaração de importação (Lei nº 11.727, de 2008, art. 25, § 3º).

§ 3º Na hipótese de não ser efetuado o recolhimento na forma do § 2º, caberá lançamento de ofício, com aplicação de juros e da multa de que trata art. 725 (Lei nº 11.727, de 2008, art. 25, § 4º).

§ 4º Nas hipóteses de que tratam os §§ 2º e 3º, a pessoa jurídica produtora de defensivos agropecuários será responsável solidária com a pessoa jurídica fabricante da monoisopropilamina pelo pagamento das contribuições devidas e respectivos acréscimos legais (Lei nº 11.727, de 2008, art. 25, § 5º).

Seção XI

DA NAVEGAÇÃO DE CABOTAGEM E DE APOIO PORTUÁRIO E MARÍTIMO

Art. 292. Será efetuada com suspensão do pagamento da Contribuição para o PIS/PASEP-Importação e da COFINS-Importação, nos termos e condições fixados pela Secretaria da Receita Federal do Brasil, a importação de (Lei nº 11.774, de 2008, art. 2º, *caput*):

I – óleo combustível, tipo bunker, MF – *Marine Fuel*, classificado no código 2710.19.22 da Nomenclatura Comum do MERCOSUL;

II – óleo combustível, tipo bunker, MGO – *Marine Gás Oil*, classificado no código 2710.19.21 da Nomenclatura Comum do MERCOSUL; e

III – óleo combustível, tipo bunker, ODM – Óleo Diesel Marítimo, classificado no código 2710.19.21 da Nomenclatura Comum do MERCOSUL.

§ 1º A suspensão referida no *caput* somente se aplica quando os produtos forem importados por pessoa jurídica previamente habilitada e destinados à navegação de cabotagem e de apoio portuário e marítimo (Lei nº 11.774, de 2008, art. 2º, *caput*).

§ 2º A pessoa jurídica que não destinar os produtos referidos no *caput* à navegação de cabotagem ou de apoio portuário e marítimo fica obrigada a recolher as contribuições não pagas, acrescidas de juros e multa de mora, na forma da lei, contados da data do registro da declaração de importação (Lei nº 11.774, de 2008, art. 2º, § 1º).

§ 3º Na hipótese de não ser efetuado o recolhimento na forma do § 2º, caberá lançamento de ofício, com aplicação de juros e da multa de que trata o art. 725 (Lei nº 11.774, de 2008, art. 2º, § 2º).

TÍTULO III – DA CONTRIBUIÇÃO PARA O PIS/PASEP E DA COFINS, NA IMPORTAÇÃO DE CIGARRO

CAPÍTULO I

DO CONTRIBUINTE

Art. 293. O importador de cigarros classificados no código 2402.20.00 da Nomenclatura Comum do MERCOSUL sujeita-se, na condição de contribuinte, e de contribuinte substituto dos comerciantes varejistas, ao pagamento da contribuição para o PIS/PASEP e da COFINS (Lei nº 9. 532, de 1997, art. 53).

CAPÍTULO II

DO CÁLCULO E DO PAGAMENTO

Art. 294. O cálculo das contribuições será efetuado com observância das mesmas normas aplicáveis aos fabricantes de cigarros nacionais (Lei nº 9.532, de 1997, art. 53).

Art. 295. O pagamento das contribuições deverá ser efetuado na data do registro da declaração de importação no SISCOMEX (Lei nº 9.532, de 1997, art. 54).

CAPÍTULO III

DAS DISPOSIÇÕES FINAIS

Art. 296. Aplicam-se à pessoa jurídica adquirente de mercadoria de procedência estrangeira, no caso da importação realizada por sua conta e ordem, por intermédio de pessoa jurídica importadora, as normas de incidência da contribuição para o PIS/PASEP e da COFINS, sobre a receita bruta do importador (Medida Provisória nº 2.158-35, de 2001, art. 81).

Parágrafo único. Para fins de aplicação do disposto no *caput*, presume-se por conta e ordem de terceiro a operação de comércio exterior realizada mediante utilização de recursos deste, ou em desacordo com os requisitos e condições estabelecidos na forma da alínea *b* do inciso I do § 1º do art. 106 (Lei nº 10.637, de 2002, art. 27; e Lei nº 11.281, de 2006, art. 11, § 2º).

Art. 296-A. Aplica-se às contribuições de que trata este Título o disposto no art. 258-A (Lei nº 11.945, de 2009, art. 22).

- Art. 296-A acrescido pelo Dec. nº 7.213, de 15-6-2010.

Art. 297. O disposto neste Título não prejudica a exigência das contribuições de que trata o Título II.

TÍTULO IV – DA CONTRIBUIÇÃO DE INTERVENÇÃO NO DOMÍNIO ECONÔMICO – COMBUSTÍVEIS

CAPÍTULO I

DA INCIDÊNCIA E DO FATO GERADOR

Art. 298. A Contribuição de Intervenção no Domínio Econômico incidente sobre a importação e a comercialização de petróleo e seus derivados, gás natural e seus derivados, e álcool etílico combustível – CIDE-Combustíveis incide sobre a importação de petróleo e seus derivados, gás natural e seus derivados, e álcool etílico combustível (Lei nº 10.336, de 19 de dezembro de 2001, art. 1º, *caput*).

Art. 299. A CIDE-Combustíveis tem como fato gerador as operações de importação de (Lei nº 10.336, de 2001, art. 3º, *caput*):

I – gasolinas e suas correntes;

II – diesel e suas correntes;

III – querosene de aviação e outros querosenes;

IV – óleos combustíveis (*fuel-oil*);

V – gás liquefeito de petróleo, inclusive o derivado de gás natural e de nafta; e

VI – álcool etílico combustível.

Parágrafo único. Para os efeitos dos incisos I e II, consideram-se correntes os hidrocarbonetos líquidos derivados de petróleo e os hidrocarbonetos líquidos derivados de gás natural utilizados em mistura mecânica para a produção de gasolinas ou de diesel, de conformidade com as normas estabelecidas pela Agência Nacional do Petróleo, Gás Natural e Biocombustíveis (Lei nº 10.336, de 2001, art. 3º, § 1º).

CAPÍTULO II

DO CONTRIBUINTE E DO RESPONSÁVEL SOLIDÁRIO

Art. 300. É contribuinte da CIDE-Combustíveis o importador, pessoa física ou jurídica, dos combustíveis líquidos relacionados no art. 299 (Lei nº 10.336, de 2001, art. 2º, *caput*).

Art. 301. É responsável solidário pela CIDE-Combustíveis o adquirente de mercadoria de procedência estrangeira, no caso de importação realizada por sua conta e ordem, por intermédio de pessoa jurídica importadora (Lei nº 10.336, de 2001, art. 11).

CAPÍTULO III

DA BASE DE CÁLCULO, DA ALÍQUOTA E DO PAGAMENTO

Art. 302. A base de cálculo da CIDE-Combustíveis é a unidade de medida estabelecida para os produtos de que trata o art. 299 (Lei nº 10.336, de 2001, art. 4º).

Art. 303. A CIDE-Combustíveis será calculada pela aplicação de alíquotas específicas, conforme estabelecido em ato normativo específico (Lei nº 10.336, de 2001, art. 5º, *caput*, com a redação dada pela Lei nº 10.636, de 30 de dezembro de 2002, art. 14).

Art. 304. O pagamento da CIDE-Combustíveis será efetuado na data do registro da declaração de importação (Lei nº 10.336, de 2001, art. 6º, *caput*).

CAPÍTULO IV

DAS ISENÇÕES

Art. 305. São isentos da CIDE-Combustíveis os bens dos tipos e em quantidades normalmente consumidos em evento esportivo oficial (Lei nº 11.488, de 2007, art. 38, inciso II).

Parágrafo único. A isenção de que trata o *caput* somente será concedida se satisfeitos os termos, limites e condições estabelecidos nos arts. 183 a 185, no que couberem (Lei nº 11.488, de 2007, art. 38, *caput*).

• Art. 305 com a redação dada pelo Dec. nº 7.044, de 22-12-2009.

TÍTULO V – DA TAXA DE UTILIZAÇÃO DO SISCOMEX

Art. 306. A taxa de utilização do SISCOMEX, administrada pela Secretaria da Receita Federal do Brasil, será devida no registro da declaração de importação, à razão de (Lei nº 9.716, de 1998, art. 3º, *caput* e § 1º):

I – R$ 30,00 (trinta reais) por declaração de importação; e

II – R$ 10,00 (dez reais) por adição da declaração de importação, observado o limite fixado pela Secretaria da Receita Federal do Brasil.

§ 1º Os valores referidos no *caput* poderão ser reajustados, anualmente, mediante ato do Ministro de Estado da Fazenda, conforme a variação dos custos de operação e dos investimentos no SISCOMEX (Lei nº 9.716, de 1998, art. 3º, § 2º).

§ 2º Aplicam-se à cobrança da taxa de que trata este artigo as normas referentes ao imposto de importação (Lei nº 9.716, de 1998, art. 3º, § 3º).

LIVRO IV – DOS REGIMES ADUANEIROS ESPECIAIS E DOS APLICADOS EM ÁREAS ESPECIAIS

TÍTULO I – DOS REGIMES ADUANEIROS ESPECIAIS

CAPÍTULO I

DAS DISPOSIÇÕES PRELIMINARES

Art. 307. O prazo de suspensão do pagamento das obrigações fiscais pela aplicação dos regimes aduaneiros especiais, na importação, será de até um ano, prorrogável, a juízo da autoridade aduaneira, por período não superior, no total, a cinco anos (Decreto-Lei nº 37, de 1966, art. 71, *caput* e § 1º, com a redação dada pelo Decreto-Lei nº 2.472, de 1988, art. 1º).

§ 1º A título excepcional, em casos devidamente justificados, o prazo de que trata este artigo poderá ser prorrogado por período superior a cinco anos, observada a regulamentação editada pelo Ministério da Fazenda (Decreto-Lei nº 37, de 1966, art. 71, § 2º, com a redação dada pelo Decreto-Lei nº 2.472, de 1988, art. 1º).

§ 2º Quando o regime aduaneiro especial for aplicado a mercadoria vinculada a contrato de prestação de serviço por prazo certo, de relevante interesse nacional, o prazo de que trata este artigo será o previsto no contrato, prorrogável na mesma medida deste (Decreto-Lei nº 37, de 1966, art. 71, § 3º, com a redação dada pelo Decreto-Lei nº 2.472, de 1988, art. 1º).

§ 3º Nas hipóteses de que trata o § 2º, o prazo contratual prevalece sobre aqueles referidos no *caput*, no § 1º, e em dispositivos específicos deste Título.

Art. 308. Ressalvado o disposto no Capítulo VII, as obrigações fiscais suspensas pela aplicação dos regimes aduaneiros especiais serão constituídas em termo de responsabilidade firmado pelo beneficiário do regime, conforme disposto nos arts. 758 e 760 (Decreto-Lei nº 37, de 1966, art. 72, *caput*, com a redação dada pelo Decreto-Lei nº 2.472, de 1988, art. 1º).

Art. 309. A aplicação dos regimes aduaneiros especiais fica condicionada à informação da suspensão ou isenção do pagamento do adicional ao frete para renovação da marinha mercante, pelo Ministério dos Transportes (Lei nº 10.893, de 13 de julho de 2004, art. 12, *caput*, com a redação dada pela Lei nº 11.434, de 28 de dezembro de 2006, art. 3º).

• *Caput* com a redação dada pelo Dec. nº 7.213, de 15-6-2010.

§ 1º A informação a que se refere o *caput* poderá ser prestada eletronicamente.

§ 2º O disposto neste artigo não se aplica aos casos de não incidência previstos no art. 18 da Lei nº 11.033, de 21 de dezembro de 2004, e no art. 11 da Lei nº 11.482, de 2007 (Lei nº 11.033, de 2004, art. 18; e Lei nº 11.482, de 2007, art. 11).

Art. 310. Poderá ser autorizada a transferência de mercadoria admitida em um regime aduaneiro especial ou aplicado em área especial para outro, observadas as condições e os requisitos próprios do novo regime e as restrições estabelecidas em ato normativo da Secretaria da Receita Federal do Brasil.

Art. 311. No caso de descumprimento dos regimes aduaneiros especiais de que trata este Título, o beneficiário ficará sujeito ao pagamento dos tributos incidentes, com acréscimo de juros de mora e de multa, de mora ou de ofício, calculados da data do registro da declaração de admissão no regime ou do registro de exportação, sem prejuízo da aplicação de penalidades específicas.

Art. 312. Nos regimes aduaneiros especiais em que a destruição do bem configurar extinção da aplicação do regime, o resíduo da destruição, se economicamente utilizável, deverá ser despachado para consumo, como se tivesse sido importado no estado em que se encontra, sujeitando-se ao pagamento dos tributos correspondentes, ou reexportado.

§ 1º A autoridade aduaneira poderá solicitar laudo pericial que ateste o valor do resíduo.

§ 2º Não integram o valor do resíduo os custos e gastos especificados no art. 77.

Art. 313. Aplica-se o tratamento previsto no art. 312 em relação a aparas, resíduos, fragmentos e semelhantes que resultem do processo produtivo, nos regimes de admissão temporária para aperfeiçoamento ativo, entreposto aduaneiro, entreposto industrial sob controle informatizado e depósito afiançado.

Parágrafo único. A Secretaria da Receita Federal do Brasil poderá estender a aplicação das disposições do *caput* a outros regimes aduaneiros especiais e aplicados em áreas especiais.

• Parágrafo único com a redação dada pelo Dec. nº 8.010, de 16-5-2013.

Art. 314. A Secretaria da Receita Federal do Brasil fica autorizada a estabelecer hipóteses em que, na substituição de beneficiário de regime aduaneiro suspensivo, o termo inicial para o cálculo de juros e multa de mora relativos aos tributos suspensos passe a ser a data da transferência da mercadoria (Lei nº 10.833, de 2003, art. 63, inciso I).

CAPÍTULO II
DO TRÂNSITO ADUANEIRO

Seção I
DO CONCEITO E DAS MODALIDADES

Art. 315. O regime especial de trânsito aduaneiro é o que permite o transporte de mercadoria, sob controle aduaneiro, de um ponto a outro do território aduaneiro, com suspensão do pagamento de tributos (Decreto-Lei nº 37, de 1966, art. 73, *caput*).

Art. 316. O regime subsiste do local de origem ao local de destino e desde o momento do desembaraço para trânsito aduaneiro pela unidade de origem até o momento em que a unidade de destino conclui o trânsito aduaneiro.

Art. 317. Para os efeitos deste Capítulo, considera-se:

I – local de origem, aquele que, sob controle aduaneiro, constitua o ponto inicial do itinerário de trânsito;

II – local de destino, aquele que, sob controle aduaneiro, constitua o ponto final do itinerário de trânsito;

III – unidade de origem, aquela que tenha jurisdição sobre o local de origem e na qual se processe o despacho para trânsito aduaneiro; e

IV – unidade de destino, aquela que tenha jurisdição sobre o local de destino e na qual se processe a conclusão do trânsito aduaneiro.

Art. 318. São modalidades do regime de trânsito aduaneiro:

I – o transporte de mercadoria procedente do exterior, do ponto de descarga no território aduaneiro até o ponto onde deva ocorrer outro despacho;

II – o transporte de mercadoria nacional ou nacionalizada, verificada ou despachada para exportação, do local de origem ao local de destino, para embarque ou para armazenamento em área alfandegada para posterior embarque;

III – o transporte de mercadoria estrangeira despachada para reexportação, do local de origem ao local de destino, para embarque ou armazenamento em área alfandegada para posterior embarque;

IV – o transporte de mercadoria estrangeira de um recinto alfandegado situado na zona secundária a outro;

V – a passagem, pelo território aduaneiro, de mercadoria procedente do exterior e a ele destinada;

VI – o transporte, pelo território aduaneiro, de mercadoria procedente do exterior, conduzida em veículo em viagem internacional até o ponto em que se verificar a descarga; e

VII – o transporte, pelo território aduaneiro, de mercadoria estrangeira, nacional ou nacionalizada, verificada ou despachada para reexportação ou para exportação e conduzida em veículo com destino ao exterior.

Art. 319. Inclui-se na modalidade de trânsito de passagem, referida no inciso V do art. 318, devendo ser objeto de procedimento simplificado:

I – o transporte de materiais de uso, reposição, conserto, manutenção e reparo destinados a embarcações, aeronaves e outros veículos, estrangeiros, estacionados ou de passagem pelo território aduaneiro;

II – o transporte de bagagem acompanhada de viajante em trânsito; e

III – o transporte de partes, peças e componentes necessários aos serviços de manutenção e reparo de embarcações em viagem internacional.

Art. 320. Independe de qualquer procedimento administrativo o trânsito aduaneiro relativo às seguintes mercadorias, desde que regularmente declaradas e mantidas a bordo:

I – provisões, sobressalentes, equipamentos e demais materiais de uso e consumo de veículos em viagem internacional, nos limites quantitativos e qualitativos da necessidade do serviço e da manutenção do veículo e de sua tripulação e passageiros;

II – pertences pessoais da tripulação e bagagem de passageiros em trânsito, nos veículos referidos no inciso I;

III – mercadorias conduzidas por embarcação ou aeronave em viagem internacional, com escala intermediária no território aduaneiro; e

IV – provisões, sobressalentes, materiais, equipamentos, pertences pessoais, bagagens e mercadorias conduzidas por embarcações e aeronaves arribadas, condenadas ou arrestadas, até que lhes seja dada destinação legal.

Seção II
DOS BENEFICIÁRIOS DO REGIME

Art. 321. Poderá ser beneficiário do regime:

I – o importador, nas modalidades referidas nos incisos I e VI do art. 318;

II – o exportador, nas modalidades referidas nos incisos II, III e VII do art. 318;

III – o depositante, na modalidade referida no inciso IV do art. 318;

IV – o representante, no País, de importador ou exportador domiciliado no exterior, na modalidade referida no inciso V do art. 318;

V – o depositário de recinto alfandegado, exceto na modalidade referida no inciso V do *caput* do art. 318; e

• Inciso V com a redação dada pelo Dec. nº 10.550, de 24-11-2020.

VI – em qualquer caso:

a) o operador de transporte multimodal;

b) o transportador, habilitado nos termos da Seção III; e

c) o agente credenciado a efetuar operações de unitização ou desunitização da carga em recinto alfandegado.

Seção III
DA HABILITAÇÃO AO TRANSPORTE

Art. 322. A habilitação das empresas transportadoras será feita previamente ao transporte de mercadorias em regime de trânsito aduaneiro e será outorgada, em caráter precário, pela Secretaria da Receita Federal do Brasil (Decreto-Lei nº 37, de 1966, art. 71, *caput*, com a redação dada pelo Decreto-Lei nº 2.472, de 1988, art. 1º).

§ 1º Para concessão ou renovação da habilitação, serão levados em conta fatores direta ou indiretamente relacionados com os aspectos fiscais, a conveniência administrativa, a situação econômico-financeira e a tradição da empresa transportadora, respeitadas as atribuições dos órgãos competentes em matéria de transporte.

§ 2º A Secretaria da Receita Federal do Brasil poderá promover convênios com os órgãos mencionados no § 1º, com a finalidade de efetuar a habilitação, o cadastramento e o controle das empresas transportadoras autorizadas a efetuar transporte de mercadoria em regime de trânsito aduaneiro.

Art. 323. Estão dispensadas da habilitação prévia a que se refere o art. 322 as empresas públicas e as sociedades de economia mista que explorem serviços de transporte, e os demais beneficiários do regime, quando, não sendo empresas transportadoras, utilizarem veículo próprio.

Parágrafo único. A Secretaria da Receita Federal do Brasil poderá estabelecer outros casos de dispensa da habilitação prévia.

Art. 324. O transporte das mercadorias nas modalidades de trânsito referidas nos incisos V a VII do art. 318 só poderá ser efetuado por empresa autorizada ao transporte internacional pelos órgãos competentes em matéria de transporte.

Seção IV

DO DESPACHO PARA TRÂNSITO

Subseção I

DA CONCESSÃO E DA APLICAÇÃO DO REGIME

Art. 325. A concessão e a aplicação do regime de trânsito aduaneiro serão requeridas à autoridade aduaneira competente da unidade de origem.

§ 1º O despacho aduaneiro para trânsito será processado de acordo com as normas estabelecidas pela Secretaria da Receita Federal do Brasil.

§ 2º Sem prejuízo de controles especiais determinados pela Secretaria da Receita Federal do Brasil, independe de despacho para trânsito a remoção de mercadorias de uma área ou recinto para outro, situado na mesma zona primária.

§ 3º No caso de transporte multimodal de carga, na importação ou na exportação, quando o desembaraço não for realizado nos pontos de entrada ou de saída do País, a concessão do regime de trânsito aduaneiro será considerada válida para todos os percursos no território aduaneiro, independentemente de novas concessões (Lei nº 9.611, de 1998, art. 27, *caput*).

§ 4º A Secretaria da Receita Federal do Brasil poderá dispor sobre as hipóteses em que o despacho para trânsito deva ser efetuado com os requisitos previstos para o despacho para consumo (Decreto-Lei nº 37, de 1966, art. 74, § 3º).

Art. 326. O trânsito na modalidade de passagem só poderá ser aplicado à mercadoria declarada para trânsito no conhecimento de carga correspondente, ou no manifesto ou declaração de efeito equivalente do veículo que a transportou até o local de origem.

Art. 327. A Secretaria da Receita Federal do Brasil poderá, em ato normativo, vedar a concessão do regime de trânsito aduaneiro para determinadas mercadorias, ou em determinadas situações, por motivos de ordem econômica, fiscal, ou outros julgados relevantes.

Art. 328. A aplicação do regime ficará condicionada à liberação por outros órgãos da administração pública, quando se tratar de mercadoria relacionada em ato normativo que disponha especificamente sobre requisitos para concessão de trânsito aduaneiro.

- *Caput* com a redação dada pelo Dec. nº 8.010, de 16-5-2013.

Parágrafo único. *Revogado.* Dec. nº 8.010, de 16-5-2013.

Art. 329. Ao conceder o regime, a autoridade aduaneira sob cuja jurisdição se encontrar a mercadoria a ser transportada:

I – estabelecerá a rota a ser cumprida;

II – fixará os prazos para execução da operação e para comprovação da chegada da mercadoria ao destino; e

III – adotará as cautelas julgadas necessárias à segurança fiscal.

§ 1º Mesmo havendo rota legal preestabelecida, poderá ser aceita rota alternativa proposta por beneficiário.

§ 2º O trânsito por via rodoviária será feito preferencialmente pelas vias principais, onde houver melhores condições de segurança e policiamento, utilizando-se, sempre que possível, o percurso mais direto.

Art. 330. A autoridade competente poderá indeferir o pedido de trânsito, em decisão fundamentada, da qual caberá recurso, na forma estabelecida pela Secretaria da Receita Federal do Brasil.

Subseção II

DA CONFERÊNCIA PARA TRÂNSITO

Art. 331. A conferência para trânsito tem por finalidade identificar o beneficiário, verificar a mercadoria e a correção das informações relativas a sua natureza e quantificação, e confirmar o cumprimento do disposto no art. 328.

§ 1º A conferência para trânsito poderá limitar-se à identificação de volumes, nos termos do art. 332.

§ 2º Na conferência para trânsito, poderão ser adotados critérios de seleção e amostragem, de conformidade com o estabelecido em ato normativo da Secretaria da Receita Federal do Brasil.

Art. 332. A verificação para trânsito será realizada na presença do beneficiário do regime e do transportador, observado o disposto no art. 566.

§ 1º O servidor que realizar a verificação observará:

I – se o peso bruto, a quantidade e as características externas dos volumes, recipientes ou mercadorias estão conformes com os documentos de instrução da declaração; e

II – se o veículo ou equipamento de transporte oferece condições satisfatórias de segurança fiscal.

§ 2º Sempre que julgar conveniente, a fiscalização poderá determinar a abertura dos volumes ou recipientes, para a verificação das mercadorias.

§ 3º Quando for constatada avaria ou extravio, deverão ser observadas as disposições da Seção VII deste Capítulo.

Subseção III

DAS CAUTELAS FISCAIS

Art. 333. Ultimada a conferência, poderão ser adotadas cautelas fiscais visando a impedir a violação dos volumes, recipientes e, se for o caso, do veículo transportador, na forma estabelecida pela Secretaria da Receita Federal do Brasil(Decreto-Lei nº 37, de 1966, art. 74, § 2º).

§ 1º São cautelas fiscais:

I – a lacração e a aplicação de outros dispositivos de segurança; e

II – o acompanhamento fiscal, que somente será determinado em casos especiais.

§ 2º Os dispositivos de segurança somente poderão ser rompidos ou suprimidos na presença da fiscalização, salvo disposição normativa em contrário.

§ 3º As despesas realizadas pelas unidades aduaneiras da Secretaria da Receita Federal do Brasil, com a aplicação de dispositivos de segurança em volumes, veículos e unidades de carga, deverão ser ressarcidas pelos interessados, na forma estabelecida em ato da Secretaria da Receita Federal do Brasil (Decreto-Lei nº 2.472, de 1988, art. 9º).

Subseção IV

DO DESEMBARAÇO PARA TRÂNSITO

Art. 334. O despacho para trânsito completa-se com o desembaraço aduaneiro, após a adoção das providências previstas na Subseção III.

Subseção V

DOS PROCEDIMENTOS ESPECIAIS

Art. 335. As mercadorias em trânsito aduaneiro poderão ser objeto de procedimento específico de controle nos casos de transbordo, baldeação ou redestinação.

Parágrafo único. Para efeito do disposto no *caput*, considera-se:

I – transbordo, a transferência direta de mercadoria de um para outro veículo;

II – baldeação, a transferência de mercadoria descarregada de um veículo e posteriormente carregada em outro; e

III – redestinação, a reexpedição de mercadoria para o destino certo.

Art. 336. Poderá ser objeto de procedimento especial de trânsito aduaneiro, na forma a ser estabelecida pela Secretaria da Receita Federal do Brasil:

I – o despacho para trânsito nas modalidades referidas nos incisos II e VII do art. 318; e

II – a operação de transporte que envolva situações específicas caracterizadas por peculiaridades regionais ou sub-regionais.

Parágrafo único. Poderá ter procedimento simplificado, a ser estabelecido pela autoridade aduaneira local, o trânsito aduaneiro que tiver os locais de origem e de destino jurisdicionados à mesma unidade.

Seção V

DAS GARANTIAS E DAS RESPONSABILIDADES

Art. 337. As obrigações fiscais relativas à mercadoria, no regime de trânsito aduaneiro, serão constituídas em termo de responsabilidade firmado na data do registro da declaração de admissão no regime, que assegure sua eventual liquidação e cobrança (Decreto-Lei nº 37, de 1966, arts. 72, *caput*, com a redação dada pelo Decreto-Lei nº 2.472, de 1988, art. 1º, e 74).

Parágrafo único. Ressalvados os casos de expressa dispensa, estabelecidos em ato normativo da Secretaria da Receita Federal do Brasil, será exigida garantia das obrigações fiscais constituídas no termo de responsabilidade, na forma do art. 759 (Decreto-Lei nº 37, de 1966, art. 72, § 1º, com a redação dada pelo Decreto-Lei nº 2.472, de 1988, art. 1º).

Art. 338. O transportador de mercadoria submetida ao regime de trânsito aduaneiro responde pelo conteúdo dos volumes, nos casos previstos no art. 661.

Art. 339. O transportador deverá apresentar a mercadoria submetida ao regime de trânsito aduaneiro na unidade de destino, dentro do prazo fixado, na forma estabelecida na Subseção II da Seção VI.

§ 1º O transportador que não apresentar a mercadoria no local de destino, na forma e no prazo referidos no *caput*, ficará sujeito ao cumprimento das obrigações assumidas no termo de responsabilidade, sem prejuízo das penalidades cabíveis (Decreto-Lei nº 37, de 1966, art. 74, § 1º).

§ 2º Na hipótese do § 1º, os tributos serão os vigentes à data da assinatura do termo de responsabilidade, com os acréscimos legais (Decreto-Lei nº 37, de 1966, art. 74, § 1º).

Seção VI

DA INTERRUPÇÃO E DA CONCLUSÃO DO TRÂNSITO

Subseção I

DA INTERRUPÇÃO DO TRÂNSITO

Art. 340. O trânsito poderá ser interrompido pelos seguintes motivos:

I – ocorrência de eventos extraordinários que comprometam ou possam comprometer a segurança do veículo ou equipamento de transporte;

II – ocorrência de eventos que resultem ou possam resultar em avaria ou extravio da mercadoria;

III – ocorrência de eventos que impeçam ou possam impedir o prosseguimento do trânsito;

IV – embargo ou impedimento oferecido por autoridade competente;

V – rompimento ou supressão de dispositivo de segurança; e

VI – outras circunstâncias alheias à vontade do transportador, que justifiquem a medida.

Parágrafo único. Ocorrida a interrupção, o transportador deverá imediatamente comunicar o fato à unidade aduaneira jurisdicionante do local onde se encontrar o veículo, para a adoção das providências cabíveis.

Art. 341. A autoridade aduaneira poderá determinar a interrupção do trânsito, na área de sua jurisdição, em casos de denúncia, suspeita ou conveniência da fiscalização, mediante a adoção de quaisquer das seguintes providências, sem prejuízo de outras que entender necessárias:

I – verificação dos dispositivos de segurança e dos documentos referentes à carga;

II – vistoria das condições de segurança fiscal do veículo ou equipamento de transporte;

III – rompimento ou supressão de dispositivo de segurança do veículo, do recipiente ou dos volumes, para a verificação do conteúdo;

IV – busca no veículo;

V – retenção do veículo, das mercadorias, ou de ambos; e

VI – acompanhamento fiscal.

Art. 342. A interrupção do trânsito, conforme previsto no art. 341, aplica-se também ao trânsito aduaneiro na modalidade de passagem.

Parágrafo único. A Secretaria da Receita Federal do Brasil poderá admitir, em caráter extraordinário, a interrupção do trânsito aduaneiro na modalidade de passagem, em caso de conveniência do beneficiário, mediante o cumprimento dos limites e das condições que estabelecer.

Subseção II

DA CONCLUSÃO DO TRÂNSITO

Art. 343. Para fins de conclusão do trânsito aduaneiro, a unidade de destino procederá ao exame dos documentos e à verificação do veículo, dos dispositivos de segurança, e da integridade da carga.

§ 1º Constatando o cumprimento das obrigações do transportador, a unidade de destino efetuará a conclusão do trânsito aduaneiro.

§ 2º No caso de chegada do veículo fora do prazo determinado, sem motivo justificado:

I – o fato deverá ser comunicado à unidade de origem pela unidade de destino; e

II – poderão ser adotadas cautelas especiais para com o transportador, especialmente o acompanhamento fiscal sistemático, sem prejuízo das penalidades cabíveis.

§ 3º Se ocorrida violação, adulteração ou troca de dispositivos de segurança, ou manipulação indevida de volumes ou mercadorias, o fato deverá ser apurado mediante procedimento administrativo, sem prejuízo da correspondente representação fiscal para efeito de apuração do ilícito penal (Decreto-Lei nº 2.848, de 7 de dezembro de 1940, art. 336).

§ 4º A Secretaria da Receita Federal do Brasil poderá estabelecer casos em que a conclusão do trânsito aduaneiro será automática.

§ 5º Na modalidade referida no inciso V do art. 318, a autoridade aduaneira da unidade de destino, após a conclusão do trânsito aduaneiro, poderá, por motivo justificado e a pedido do beneficiário, permitir que a mercadoria seja:

I – armazenada em recinto alfandegado de zona primária, para posterior embarque, inclusive com destino diverso do constante nos documentos originais; ou

II – submetida a novo trânsito aduaneiro, para devolução à origem ou embarque em outro local.

Art. 344. A baixa do termo de responsabilidade, junto à unidade de origem, será efetuada mediante a conclusão do trânsito pela unidade de destino.

Seção VII

DA AVARIA E DO EXTRAVIO NO TRÂNSITO

• Título da Seção VII com a redação dada pelo Dec. nº 8.010, de 16-5-2013.

Art. 345. Quando a constatação de extravio ou avaria ocorrer no local de origem, a autoridade aduaneira poderá, não havendo inconveniente, permitir o trânsito aduaneiro da mercadoria avariada ou da partida com extravio, após a determinação da quantidade extraviada, observado o disposto no art. 660.

§ 1º Caso o extravio ou avaria ocorram no percurso do trânsito, a autoridade aduaneira poderá, após comunicada na forma do parágrafo único do art. 340, autorizar o prosseguimento do trânsito até o local de destino, adotadas as cautelas fiscais cabíveis.

§ 2º Em qualquer caso, poderá ser autorizado o início ou prosseguimento do trânsito, dispensado o lançamento a que se refere o art. 660, na hipótese de o beneficiário do regime assumir espontaneamente o pagamento dos créditos decorrentes do extravio.

• Art. 345 com a redação dada Dec. nº 8.010, de 16-5-2013.

Arts. 346 a 349. *Revogados.* Dec. nº 8.010, de 16-5-2013.

Seção VIII

DAS DISPOSIÇÕES FINAIS

Art. 350. A mercadoria em trânsito aduaneiro lançada ao território aduaneiro por motivo de segurança ou arremessada por motivo de acidente do veículo transportador deverá ser encaminhada por quem a encontrou à unidade da Secretaria da Receita Federal do Brasil mais próxima.

Art. 351. As disposições do presente Capítulo aplicam-se ao trânsito aduaneiro decorrente de acordos ou convênios internacionais, desde que não os contrariem.

Art. 352. As disposições deste Capítulo não se aplicam às remessas postais internacionais, as quais estão sujeitas a normas próprias.

CAPÍTULO III

DA ADMISSÃO TEMPORÁRIA

Art. 353. O regime aduaneiro especial de admissão temporária é o que permite a importação de bens que devam permanecer no País durante prazo fixado, com suspensão total do pagamento de tributos, ou com suspensão parcial, no caso de utilização econômica, na forma e nas condições deste Capítulo (Decreto-Lei nº 37, de 1966, art. 75; e Lei nº 9.430, de 1996, art. 79, *caput*).

Seção I

DA ADMISSÃO TEMPORÁRIA COM SUSPENSÃO TOTAL DO PAGAMENTO DE TRIBUTOS

Subseção I

DO CONCEITO

Art. 354. O regime aduaneiro especial de admissão temporária com suspensão total do pagamento de tributos permite a importação de bens que devam permanecer no País durante prazo fixado, na forma e nas condições desta Seção (Decreto-Lei nº 37, de 1966, art. 75, *caput*).

Subseção II

DOS BENS A QUE SE APLICA O REGIME

Art. 355. O regime poderá ser aplicado aos bens relacionados em ato normativo da Secretaria da Receita Federal do Brasil e aos admitidos temporariamente ao amparo de acordos internacionais.

§ 1º Os bens admitidos no regime ao amparo de acordos internacionais firmados pelo País estarão sujeitos aos termos e prazos neles previstos.

§ 2º A autoridade competente poderá indeferir pedido de concessão do regime, em decisão fundamentada, da qual caberá recurso, na forma estabelecida pela Secretaria da Receita Federal do Brasil.

Art. 356. Os veículos matriculados em qualquer dos países integrantes do MERCOSUL, de propriedade de pessoas físicas residentes ou de pessoas jurídicas com sede social em tais países, utilizados em viagens de turismo, circularão livremente no País, com observância das condições previstas na Resolução do Grupo do Mercado Comum – GMC nº 35, de 2002, internalizada pelo Decreto nº 5.637, de 26 de dezembro de 2005, dispensado o cumprimento de formalidades aduaneiras.

Art. 357. Considera-se em admissão temporária, independentemente de qualquer procedimento administrativo, o veículo que ingressar no território aduaneiro a serviço de empresa estrangeira autorizada a operar, no Brasil, nas atividades de transporte internacional de carga ou passageiro.

• Artigo com a redação dada pelo Dec. nº 7.213, de 15-6-2010.

Subseção III

DA CONCESSÃO, DO PRAZO E DA APLICAÇÃO DO REGIME

Art. 358. Para a concessão do regime, a autoridade aduaneira deverá observar o cumprimento cumulativo das seguintes condições (Decreto-Lei nº 37, de 1966, art. 75, § 1º, incisos I e III):

I – importação em caráter temporário, comprovada esta condição por qualquer meio julgado idôneo;

II – importação sem cobertura cambial; e

III – adequação dos bens à finalidade para a qual foram importados.

• Incisos II e III com a redação dada pelo Dec. nº 8.010, de 16-5-2013.

IV e V – *Revogados.* Dec. nº 8.010, de 16-5-2013.

Parágrafo único. *Revogado.* Dec. nº 8.010, de 16-5-2013.

Art. 359. Quando se tratar de bens cuja importação esteja sujeita à prévia manifestação de outros órgãos da administração pública, a concessão do regime dependerá da satisfação desse requisito.

§ 1º A concessão do regime poderá ser condicionada à obtenção de licença de importação.

§ 2º A licença de importação exigida para a concessão do regime não prevalecerá para efeito de nacionalização e despacho para consumo dos bens.

LEG. COMPLEMENTAR

Art. 360. No ato da concessão, a autoridade aduaneira fixará o prazo de vigência do regime, que será contado do desembaraço aduaneiro.

§ 1º Entende-se por vigência do regime o período compreendido entre a data do desembaraço aduaneiro e o termo final do prazo fixado pela autoridade aduaneira para permanência da mercadoria no País, considerado, inclusive, o prazo de prorrogação, quando for o caso.

§ 2º Na fixação do prazo ter-se-á em conta o provável período de permanência dos bens, indicado pelo beneficiário.

Art. 361. O prazo de vigência do regime será fixado observando-se o disposto no art. 307 e no § 1º do art. 355.

§ 1º Não será conhecido pedido de prorrogação apresentado após o termo final do prazo fixado para permanência dos bens no País, hipótese em que será aplicada a multa referida no art. 709.

§ 2º O prazo de vigência da admissão temporária de veículo pertencente a turista estrangeiro será o mesmo concedido para a permanência, no País, de seu proprietário.

§ 3º No caso de bens de uso profissional ou de bens de uso doméstico, excluídos os veículos automotores, trazidos por estrangeiro que venha ao País para exercer atividade profissional ou para estudos, com visto temporário ou oficial, o prazo inicial de permanência dos bens será o mesmo concedido para a permanência do estrangeiro.

§ 4º Os prazos a que se referem os §§ 2º e 3º serão prorrogados na mesma medida em que o estrangeiro obtiver a prorrogação da autorização para sua permanência no País.

§ 5º Tratando-se de embarcação de esporte e recreio de turista estrangeiro, o prazo de que trata o § 2º poderá ser prorrogado por até dois anos, no total, contados da data de admissão da embarcação no regime, se o turista estrangeiro, dentro do prazo de vigência do regime, solicitar a prorrogação em virtude de sua ausência temporária do País.

§ 6º Na hipótese de que trata o § 5º, a autoridade aduaneira poderá autorizar a atracação ou o depósito da embarcação em local não alfandegado de uso público, mediante prévia comprovação da comunicação do fato à Capitania dos Portos, ficando vedada sua utilização em qualquer atividade, ainda que prestada a título gratuito.

Art. 362. Será de até noventa dias o prazo de admissão temporária de veículo de brasileiro radicado no exterior que ingresse no País em caráter temporário (Decreto-Lei nº 37, de 1966, art. 76).

§ 1º O disposto no *caput* estende-se à bagagem e a ferramentas, máquinas, aparelhos e instrumentos necessários ao exercício da profissão, arte ou ofício do brasileiro radicado no exterior.

§ 2º O prazo de que trata o *caput* poderá ser prorrogado por período que, somado ao inicialmente concedido, não ultrapasse cento e oitenta dias.

§ 3º Para a prorrogação a que se refere o § 2º, será exigida a comprovação de que o beneficiário exerça, no exterior, atividade que lhe proporcione meios de subsistência.

Art. 363. A aplicação do regime de admissão temporária ficará condicionada à (Decreto-Lei nº 37, de 1966, art. 75, § 1º):

I – utilização dos bens dentro do prazo fixado e exclusivamente nos fins previstos;

II – constituição das obrigações fiscais em termo de responsabilidade; e

III – identificação dos bens.

Parágrafo único. A Secretaria da Receita Federal do Brasil disporá sobre a forma de identificação referida no inciso III do *caput*.

• Arts. 362 e 363 com a redação dada pelo Dec. nº 8.010, de 16-5-2013.

Subseção IV

DA GARANTIA

Art. 364. Será exigida garantia das obrigações fiscais constituídas no termo de responsabilidade, na forma do art. 759.

Parágrafo único. A Secretaria da Receita Federal do Brasil disporá sobre os casos em que poderá ser dispensada a garantia a que se refere o *caput* (Decreto-Lei nº 37, de 1966, art. 75, § 4º, com a redação dada pela Lei nº 12.350, de 2010, art. 40).

• Art. 364 com a redação dada pelo Dec. nº 8.010, de 16-5-2013.

Art. 365. Quando os bens admitidos no regime forem danificados, em virtude de sinistro, o valor da garantia será, a pedido do interessado, reduzido proporcionalmente ao montante do prejuízo.

§ 1º Não caberá a redução quando ficar provado que o sinistro:

I – ocorreu por culpa ou dolo do beneficiário do regime; ou

II – resultou de o bem haver sido utilizado em finalidade diferente daquela que tenha justificado a concessão do regime.

§ 2º Para habilitar-se à redução do valor da garantia, o interessado apresentará laudo pericial do órgão oficial competente, do qual deverão constar as causas e os efeitos do sinistro.

Art. 366. No caso de comprovação da reexportação parcelada dos bens, será concedida, a pedido do interessado, a correspondente redução do valor da garantia.

Subseção V

DA EXTINÇÃO DA APLICAÇÃO DO REGIME

Art. 367. Na vigência do regime, deverá ser adotada, com relação aos bens, uma das seguintes providências, para liberação da garantia e baixa do termo de responsabilidade:

I – reexportação;

II – entrega à Fazenda Nacional, livres de quaisquer despesas, desde que a autoridade aduaneira concorde em recebê-los;

III – destruição, às expensas do interessado;

IV – transferência para outro regime especial; ou

V – despacho para consumo, se nacionalizados.

§ 1º A reexportação de bens poderá ser efetuada parceladamente.

§ 2º Os bens entregues à Fazenda Nacional terão a destinação prevista nas normas específicas.

§ 3º A aplicação do disposto nos incisos II e III não obriga ao pagamento dos tributos suspensos.

§ 4º Se, na vigência do regime, for autorizada a nacionalização dos bens por terceiro, a este caberá promover o despacho para consumo.

§ 5º A nacionalização dos bens e o seu despacho para consumo serão realizados com observância das exigências legais e regulamentares, inclusive as relativas ao controle administrativo das importações (Decreto-Lei nº 37, de 1966, art. 77).

§ 6º A nacionalização e o despacho para consumo não serão permitidos quando a licença de importação, para os bens admitidos no regime, estiver vedada ou suspensa.

§ 7º No caso do inciso V, tem-se por tempestiva a providência para extinção do regime, na data do pedido da licença de importação, desde que este seja formalizado dentro do prazo de vigência do regime, e a licença seja deferida.

§ 8º A unidade aduaneira onde for processada a extinção deverá comunicar o fato à que concedeu o regime.

§ 9º Na hipótese de indeferimento do pedido de prorrogação de prazo ou dos requerimentos a que se referem os incisos II a V, o beneficiário deverá iniciar o despacho de reexportação dos bens no prazo de trinta dias, contados da data da ciência da decisão, salvo se superior o período restante fixado para a sua permanência no País.

§ 10. Quando exigível multa, o despacho de reexportação deverá ser interrompido, formalizando-se a correspondente exigência (Decreto-Lei nº 37, de 1966, art. 71, § 6º, com a redação dada pelo Decreto-Lei nº 2.472, de 1988, art. 1º).

Art. 368. Extingue ainda a aplicação do regime de admissão temporária a produto, parte, peça ou componente recebido do exterior, para substituição em decorrência de garantia ou para reparo, revisão, manutenção, renovação ou recondicionamento a exportação de produto equivalente àquele submetido ao regime (Lei nº 10.833, de 2003, art. 60, *caput*).

§ 1º O disposto no *caput* aplica-se exclusivamente aos seguintes bens (Lei nº 10.833, de 2003, art. 60, § 1º, incisos I e II):

I – partes, peças e componentes de aeronave, objeto da isenção prevista na alínea *i* do inciso II do art. 136; e

II – produtos nacionais exportados definitivamente, ou suas partes e peças, que retornem ao País, mediante admissão temporária, para reparo ou substituição em virtude de defeito técnico que exija sua devolução.

§ 2º A Secretaria da Receita Federal do Brasil disciplinará os procedimentos para a aplicação do disposto neste artigo e os requisitos para reconhecimento da equivalência entre os bens (Lei nº 10.833, de 2003, art. 60, § 2º).

Subseção VI

DA EXIGÊNCIA DO CRÉDITO TRIBUTÁRIO CONSTITUÍDO EM TERMO DE RESPONSABILIDADE

Art. 369. O crédito tributário constituído em termo de responsabilidade será exigido com observância do disposto nos arts. 761 a 766, nas seguintes hipóteses:

I – vencimento do prazo de permanência dos bens no País, sem que haja sido requerida a sua prorrogação ou uma das providências previstas no art. 367;

II – vencimento de prazo, na situação a que se refere o § 9º do art. 367, sem que seja iniciado o despacho de reexportação do bem;

III – apresentação para as providências a que se refere o art. 367, de bens que não correspondam aos ingressados no País;

IV – utilização dos bens em finalidade diversa da que justificou a concessão do regime; ou

V – destruição dos bens, por culpa ou dolo do beneficiário.

§ 1º O disposto no *caput* não se aplica:

I – se, à época da exigência do crédito tributário, a emissão da licença de importação para os bens estiver vedada ou suspensa; e

II – no caso de bens sujeitos a controles de outros órgãos, cuja permanência definitiva no País não seja autorizada.

§ 2º Nos casos referidos no § 1º, deverá a autoridade aduaneira providenciar a apreensão dos bens, para fins de aplicação da pena de perdimento.

Art. 370. Na hipótese de exigência do crédito constituído em termo de responsabilidade, o beneficiário terá o prazo de trinta dias, contados da notificação prevista no § 1º do art. 761, para:

I – iniciar o despacho de reexportação dos bens, após o pagamento da multa a que se refere o art. 709; ou

II – registrar a declaração de importação referente aos bens, na forma estabelecida pela Secretaria da Receita Federal do Brasil, e efetuar o pagamento do crédito tributário exigido, acrescido de juros de mora e da multa referida no inciso I do *caput*.

§ 1º Decorrido o prazo a que se refere o *caput* e não tendo sido reexportados os bens, nem registrada a declaração de importação, o beneficiário ficará sujeito:

I – à retificação de ofício da declaração de admissão, na forma estabelecida pela Secretaria da Receita Federal do Brasil; e

II – ao pagamento da multa a que se refere o inciso I do art. 725, sem prejuízo da continuidade da exigência do crédito tributário, na forma do art. 763, se ainda não cumprida.

§ 2º Ressalvada a hipótese prevista no inciso I do *caput*, a eventual saída dos bens do País fica condicionada à formalização dos procedimentos de exportação.

§ 3º O crédito pago, relativo ao termo de responsabilidade, poderá ser utilizado no registro da declaração a que se refere o inciso II do *caput* e na retificação a que se refere o inciso I do § 1º.

§ 4º As multas de que trata este artigo não prejudicam a aplicação de outras penalidades cabíveis e a representação fiscal para fins penais, quando for o caso.

Subseção VII

DAS DISPOSIÇÕES FINAIS

Art. 371. Poderá ser autorizada a substituição do beneficiário do regime.

Parágrafo único. A autorização de que trata o *caput* não implica reinício da contagem do prazo de permanência dos bens no País.

Art. 372. A Secretaria da Receita Federal do Brasil poderá, no âmbito de sua competência, editar atos normativos para a implementação do disposto nesta Seção.

Seção II

DA ADMISSÃO TEMPORÁRIA PARA UTILIZAÇÃO ECONÔMICA

Art. 373. Os bens admitidos temporariamente no País para utilização econômica ficam sujeitos ao pagamento dos impostos federais, da contribuição para o PIS/PASEP-Importação e da COFINS-Importação, proporcionalmente ao seu tempo de permanência no território aduaneiro, nos termos e condições estabelecidos nesta Seção (Lei nº 9.430, de 1996, art. 79; e Lei nº 10.865, de 2004, art. 14).

§ 1º Para os efeitos do disposto nesta Seção, considera-se utilização econômica o emprego dos bens na prestação de serviços a terceiros ou na produção de outros bens destinados a venda.

• § 1º com a redação dada pelo Dec. nº 8.010, de 16-5-2013.

§ 2º A proporcionalidade a que se refere o *caput* será obtida pela aplicação do percentual de um por cento, relativamente a cada mês compreendido no prazo de concessão do regime, sobre o montante dos tributos originalmente devidos.

§ 3º O crédito tributário correspondente à parcela dos tributos com suspensão do pagamento deverá ser constituído em termo de responsabilidade.

§ 4º Na hipótese do § 3º, será exigida garantia correspondente ao crédito constituído no termo de responsabilidade, na forma do art. 759, ressalvados os casos de expressa dispensa, estabelecidos em ato normativo da Secretaria da Receita Federal do Brasil.

Art. 373-A. O tratamento administrativo aplicável na admissão de bens no regime de que trata o art. 373 será o mesmo exigido para uma operação de importação definitiva, salvo nos casos estabelecidos em ato normativo da Secretaria de Comércio Exterior.

- Art. 373-A acrescido pelo Dec. nº 8.010, de 16-5-2013.

Art. 374. O regime será concedido pelo prazo previsto no contrato de arrendamento operacional, de aluguel ou de empréstimo, celebrado entre o importador e a pessoa estrangeira, prorrogável na medida da extensão do prazo estabelecido no contrato, observado o disposto no art. 373.

- *Caput* com a redação dada pelo Dec. nº 8.010, de 16-5-2013.

§ 1º O prazo máximo de vigência do regime de que trata o art. 373 será de cem meses.

- Parágrafo único transformado em § 1º pelo Dec. nº 8.187, de 17-1-2014.

§ 2º Antes do término do prazo estipulado no § 1º, o beneficiário deverá providenciar a extinção do regime, conforme previsto no art. 367, sendo facultada a transferência para outro regime aduaneiro especial, inclusive a concessão de nova admissão temporária, que poderá ocorrer sem a necessidade de saída física dos bens do território nacional.

§ 3º O prazo estipulado no § 1º não se aplica ao regime aduaneiro de que trata o art. 458.

- §§ 2º e 3º acrescidos pelo Dec. nº 8.187, de 17-1-2014.

Art. 375. No caso de extinção da aplicação do regime mediante despacho para consumo, os tributos originalmente devidos deverão ser recolhidos deduzido o montante já pago.

Art. 376. O disposto no art. 373 não se aplica (Lei nº 9.430, de 1996, art. 79, parágrafo único, com a redação dada pela Medida Provisória nº 2.189-49, de 23 de agosto de 2001, art. 13):

I – até 31 de dezembro de 2040:

- Inciso I com a redação dada pelo Dec. nº 9.128, de 17-8-2017.

a) aos bens destinados às atividades de exploração, desenvolvimento e produção de petróleo e de gás natural, cuja permanência no País seja de natureza temporária, constantes da relação a que se refere o § 1º do art. 458; e

- Alínea *a* com a redação dada pelo Decreto nº 9.128, de 17-8-2017.

b) aos bens destinados às atividades de transporte, movimentação, transferência, armazenamento ou regaseificação de gás natural liquefeito, constantes de relação a ser estabelecida pela Secretaria da Receita Federal do Brasil; e

II – até 4 de outubro de 2023, aos bens importados temporariamente e para utilização econômica por empresas que se enquadrem nas disposições do Decreto-Lei nº 288, de 28 de fevereiro de 1967, durante o período de sua permanência na Zona Franca de Manaus, os quais serão submetidos ao regime de admissão temporária com suspensão total do pagamento de tributos.

Art. 377. A Secretaria da Receita Federal do Brasil poderá, no âmbito de sua competência, editar atos normativos para a implementação do disposto nesta Seção.

Art. 378. Na administração do regime de admissão temporária para utilização econômica, aplica-se subsidiariamente o disposto na Seção I.

Seção III
DAS DISPOSIÇÕES FINAIS

Art. 379. O regime de admissão temporária de que trata este Capítulo não se aplica à entrada no território aduaneiro de bens objeto de arrendamento mercantil financeiro, contratado com entidades arrendadoras domiciliadas no exterior (Lei nº 6.099, de 12 de setembro de 1974, art. 17, com a redação dada pela Lei nº 7.132, de 26 de outubro de 1983, art. 1º, inciso III).

CAPÍTULO IV
DA ADMISSÃO TEMPORÁRIA PARA APERFEIÇOAMENTO ATIVO

Art. 380. O regime aduaneiro especial de admissão temporária para aperfeiçoamento ativo é o que permite o ingresso, para permanência temporária no País, com suspensão do pagamento de tributos, de mercadorias estrangeiras ou desnacionalizadas, destinadas a operações de aperfeiçoamento ativo e posterior reexportação.

§ 1º Consideram-se operações de aperfeiçoamento ativo, para os efeitos deste Capítulo:

I – as operações de industrialização relativas ao beneficiamento, à montagem, à renovação, ao recondicionamento, ao acondicionamento ou ao reacondicionamento aplicadas ao próprio bem; e

II – o conserto, o reparo, ou a restauração de bens estrangeiros.

- Inciso II com a redação dada pelo Dec. nº 7.213, de 15-6-2010.

§ 2º São condições básicas para a aplicação do regime:

I – que as mercadorias sejam de propriedade de pessoa sediada no exterior e admitidas sem cobertura cambial;

II – que o beneficiário seja pessoa jurídica sediada no País; e

III – que a operação esteja prevista em contrato de prestação de serviço.

Art. 381. A Secretaria da Receita Federal do Brasil poderá, no âmbito de sua competência, editar atos normativos para a implementação do disposto neste Capítulo.

Art. 382. Aplicam-se ao regime, no que couber, as normas previstas para o regime de admissão temporária.

CAPÍTULO V
DO *DRAWBACK*

Seção I
DAS DISPOSIÇÕES PRELIMINARES

Art. 383. O regime de *drawback* é considerado incentivo à exportação, e pode ser aplicado nas seguintes modalidades:

I – suspensão – permite a suspensão do pagamento do Imposto de Importação, do Imposto sobre Produtos Industrializados, da Contribuição para o PIS/PASEP, da COFINS, da Contribuição para o PIS/PASEP-Importação e da COFINS-Importação, na importação, de forma combinada ou não com a aquisição no mercado interno, de mercadoria para emprego ou consumo na industrialização de produto a ser exportado (Lei nº 11.945, de 4 de junho de 2009, art. 12, *caput*);

II – isenção – permite a isenção do Imposto de Importação e a redução a zero do Imposto sobre Produtos Industrializados, da Contribuição para o PIS/PASEP, da COFINS, da Contribuição para o PIS/PASEP-Importação e da COFINS-Importação, na importação, de forma combinada ou não com a aquisição no mercado interno, de mercadoria equivalente à empregada ou consumida na industrialização de produto exportado (Lei nº 12.350, de 2010, art. 31, *caput*); e

III – restituição – permite a restituição, total ou parcial, dos tributos pagos na importação de mercadoria exportada após beneficiamento, ou utilizada na fabricação, complementação ou acondicionamento de outra exportada (Decreto-Lei nº 37, de 1966, art. 78, *caput*, inciso I).

§ 1º Para os efeitos do disposto no inciso II do *caput*, considera-se como equivalente a mercadoria nacional ou estrangeira da mesma espécie, qualidade e quantidade, daquela anteriormente adquirida no mercado interno ou importada sem fruição dos benefícios referidos no *caput* (Lei nº 12.350, de 2010, art. 31, § 4º).

§ 2º Os tratamentos referidos nos incisos I e II do *caput* não alcançam as hipóteses previstas nos incisos IV a IX do *caput* do art. 3º da Lei nº 10.637, de 2002, nos incisos III a IX do *caput* do art. 3º da Lei nº 10.833, de 29 de dezembro de 2003, e nos incisos III a V do *caput* do art. 15 da Lei nº 10.865, de 2004 (Lei nº 11.945, de 2009, art. 12, § 1º, inciso II; e Lei nº 12.350, de 2010, art. 31, § 2º).

§ 3º Apenas a pessoa jurídica habilitada pela Secretaria de Comércio Exterior poderá efetuar operações com os tratamentos indicados nos incisos I e II do *caput* (Lei nº 11.945, de 2009, art. 12, § 2º, com a redação dada pela Lei nº12.058, de 13 de outubro de 2009, art. 17).

§ 4º A Secretaria da Receita Federal do Brasil e a Secretaria de Comércio Exterior disciplinarão em ato conjunto o disposto nos incisos I e II do *caput* (Lei nº 11.945, de 2009, art. 12, § 3º; e Lei nº 12.350, de 2010, art. 33).

• Art. 383 com a redação dada pelo Dec. nº 8.010, de 16-5-2013.

Arts. 384 e 384-A. *Revogados*. Dec. nº 8.010, de 16-5-2013.

Art. 384-B. Os atos concessórios de *drawback* poderão ser deferidos, a critério da Secretaria de Comércio Exterior, levando-se em conta a agregação de valor e o resultado da operação (Lei nº 11.945, de 2009, art. 14).

§ 1º A comprovação do regime poderá ser realizada com base no fluxo físico, por meio de comparação entre os volumes de importação e de aquisição no mercado interno em relação ao volume exportado, considerada, ainda, a variação cambial das moedas de negociação (Lei nº 11.945, de 2009, art. 14, § 1º).

§ 2º A Secretaria da Receita Federal do Brasil e a Secretaria de Comércio Exterior disciplinarão em ato conjunto o disposto neste artigo (Lei nº 11.945, de 2009, art. 14, § 2º).

• Art. 384-B acrescido pelo Dec. nº 7.213, de 15-6-2010.

Art. 385. *Revogado*. Dec. nº 8.010, de 16-5-2013.

Seção II

DO DRAWBACK SUSPENSÃO

Art. 386. A concessão do regime, na modalidade de suspensão, é de competência da Secretaria de Comércio Exterior, devendo ser efetivada, em cada caso, por meio do SISCOMEX.

§ 1º A concessão do regime será feita com base nos registros e nas informações prestadas, no SISCOMEX, pelo interessado, conforme estabelecido pela Secretaria de Comércio Exterior.

§ 2º O registro informatizado da concessão do regime equivale, para todos os efeitos legais, ao ato concessório de *drawback*.

§ 3º Para o desembaraço aduaneiro da mercadoria a ser admitida no regime, será exigido termo de responsabilidade na forma disciplinada em ato normativo da Secretaria da Receita Federal do Brasil.

§ 4º Quando constar do ato concessório do regime a exigência de prestação de garantia, esta só alcançará o valor dos tributos suspensos e será reduzida à medida que forem comprovadas as exportações.

Art. 386-A. O tratamento referido no inciso I do *caput* do art. 383 aplica-se também à importação, de forma combinada ou não com a aquisição no mercado interno:

I – de mercadorias para emprego em reparo, criação, cultivo ou atividade extrativista de produto a ser exportado (Lei nº 11.945, de 2009, art. 12, § 1º, inciso I); e

II – por empresas denominadas fabricantes-intermediários, para industrialização de produto intermediário a ser diretamente fornecido a empresas industriais-exportadoras, para emprego ou consumo na industrialização de produto final destinado à exportação (Lei nº 11.945, de 2009, art. 12, § 1º, inciso III, com a redação dada pela Lei nº 12.058, de 13 de outubro de 2009, art. 17).

Art. 386-B. O regime de *drawback*, na modalidade de suspensão, poderá ainda ser concedido à importação de matérias-primas, produtos intermediários e componentes destinados à fabricação, no País, de máquinas e equipamentos a serem fornecidos no mercado interno, em decorrência de licitação internacional, contra pagamento em moeda conversível proveniente de financiamento concedido por instituição financeira internacional da qual o Brasil participe, ou por entidade governamental estrangeira ou, ainda, pelo Banco Nacional de Desenvolvimento Econômico e Social com recursos captados no exterior (Lei nº 8.032, de 1990, art. 5º, com a redação dada pela Lei nº 10.184, de 12 de fevereiro de 2001, art. 5º).

§ 1º Para fins de aplicação do disposto no *caput*, considera-se licitação internacional aquela promovida tanto por pessoas jurídicas de direito público como por pessoas jurídicas de direito privado do setor público e do setor privado (Lei nº 11.732, de 2008, art. 3º, *caput*).

§ 2º Na licitação internacional de que trata o § 1º, as pessoas jurídicas de direito público e as de direito privado do setor público deverão observar as normas e procedimentos previstos na legislação específica, e as pessoas jurídicas de direito privado do setor privado deverão observar as normas e procedimentos das entidades financiadoras (Lei nº 11.732, de 2008, art. 3º, § 1º).

§ 3º Na ausência de normas e procedimentos específicos das entidades financiadoras, referidas no § 2º, as pessoas jurídicas de direito privado do setor privado observarão o disposto no Decreto nº 6.702, de 2008.

• Arts. 386-A e 386-B acrescidos pelo Dec. nº 8.010, de 16-5-2013.

Art. 387. O regime de *drawback*, na modalidade de suspensão, poderá ser concedido e comprovado, a critério da Secretaria de Comércio Exterior, com base unicamente na análise dos fluxos financeiros das importações e exportações, bem como da compatibilidade entre as mercadorias a serem importadas e aquelas a exportar.

Parágrafo único. O disposto no *caput* não dispensa a observância das demais disposições desta Seção.

• Parágrafo único acrescido pelo Dec. nº 7.213, de 15-6-2010.

Art. 388. O prazo de vigência do regime será de um ano, admitida uma única prorrogação, por igual período, salvo nos casos de importação de mercadorias destinadas à produção de bens de capital de longo ciclo de fabricação, quando o prazo máximo será de cinco anos (Decreto-Lei nº 1.722, de 3 de dezembro de 1979, art. 4º, *caput* e parágrafo único).

Parágrafo único. Os prazos de que trata o *caput* terão como termo final o fixado para o cumprimento do compromisso de exportação assumido na concessão do regime.

Art. 389. As mercadorias admitidas no regime, na modalidade de suspensão, deverão ser integralmente utilizadas no processo produtivo ou na embalagem, acondicionamento ou apresentação das mercadorias a serem exportadas.

Parágrafo único. O excedente de mercadorias produzidas ao amparo do regime, em relação ao compromisso de exportação estabelecido no respectivo ato concessório, poderá ser consumido no mercado interno somente após o pagamento dos tributos suspensos dos correspondentes insumos ou produtos importados, com os acréscimos legais devidos.

Art. 390. As mercadorias admitidas no regime que, no todo ou em parte, deixarem de ser empregadas no processo produtivo de bens, conforme estabelecido no ato concessório, ou que sejam empregadas em desacordo com este, ficam sujeitas aos seguintes procedimentos:

I – no caso de inadimplemento do compromisso de exportar, em até trinta dias do prazo fixado para exportação:

a) devolução ao exterior;

- Alínea *a* com a redação dada pelo Dec. nº 8.010, de 16-5-2013.

b) destruição, sob controle aduaneiro, às expensas do interessado;

c) destinação para consumo das mercadorias remanescentes, com o pagamento dos tributos suspensos e dos acréscimos legais devidos; ou

d) entrega à Fazenda Nacional, livres de quaisquer despesas e ônus, desde que a autoridade aduaneira concorde em recebê-las;

- Alíneas *b* a *d* acrescidas pelo Dec. nº 7.213, de 15-6-2010.

II – no caso de renúncia à aplicação do regime, adoção, no momento da renúncia, de um dos procedimentos previstos no inciso I; e

III – no caso de descumprimento de outras condições previstas no ato concessório, requerimento de regularização junto ao órgão concedente, a critério deste.

Art. 391. A Secretaria de Comércio Exterior poderá estabelecer condições e requisitos específicos para a concessão do regime, inclusive a apresentação de cronograma de exportações.

Parágrafo único. Na hipótese de descumprimento das condições e dos requisitos estabelecidos, o regime poderá deixar de ser concedido nas importações subsequentes, até o atendimento das exigências.

Art. 392. A Secretaria da Receita Federal do Brasil e a Secretaria de Comércio Exterior poderão, no âmbito de suas competências, editar atos normativos para a implementação do disposto nesta Seção.

Seção III

DO DRAWBACK ISENÇÃO

Art. 393. A concessão do regime, na modalidade de isenção, é de competência da Secretaria de Comércio Exterior, devendo o interessado comprovar o atendimento dos requisitos e condições para utilização do regime.

- Artigo com a redação dada pelo Dec. nº 8.010, de 16-5-2013.

Art. 393-A. O beneficiário do *drawback*, na modalidade de isenção, poderá optar pela importação ou pela aquisição no mercado interno da mercadoria equivalente, de forma combinada ou não, considerada a quantidade total adquirida ou importada com pagamento de tributos (Lei nº 12.350, de 2010, art. 31, § 3º).

Art. 393-B. O *drawback*, na modalidade de isenção, aplica-se também à importação, de forma combinada ou não com a aquisição no mercado interno, de mercadoria equivalente (Lei nº 12.350, de 2010, art. 31, § 1º):

I – à empregada em reparo, criação, cultivo ou atividade extrativista de produto já exportado; e

II – para industrialização de produto intermediário fornecido diretamente a empresa industrial-exportadora e empregado ou consumido na industrialização de produto final já exportado.

- Arts. 393-A e 393-B acrescidos pelo Dec. nº 8.010, de 16-5-2013.

Art. 394. O regime será concedido mediante ato concessório do qual constarão:

I – valor e especificação da mercadoria exportada;

II – especificação e classificação fiscal na Nomenclatura Comum do MERCOSUL das mercadorias a serem importadas ou adquiridas no mercado interno, com as quantidades e os valores respectivos, estabelecidos com base na mercadoria exportada; e

III – valor unitário da mercadoria importada ou adquirida no mercado interno, empregada ou consumida na industrialização de produto exportado, ou nas outras atividades permitidas ao amparo do regime.

- Incisos II e III com a redação dada pelo Dec. nº 8.010, de 16-5-2013.

Parágrafo único. A Secretaria de Comércio Exterior poderá estabelecer outros requisitos que devam constar no ato concessório.

Art. 395. O ato de que trata o art. 394 poderá ter caráter normativo ou específico, quanto ao produto ou ao produto e à empresa, aplicando-se, sem nova consulta à Secretaria de Comércio Exterior, às exportações futuras, observadas em todos os casos as demais exigências deste Capítulo.

§ 1º A Secretaria de Comércio Exterior poderá, independentemente de solicitação, expedir atos para possibilitar a inclusão de produtos no regime.

§ 2º No caso de ato endereçado a determinada empresa, esta se obriga a comunicar à Secretaria de Comércio Exterior as alterações no rendimento do processo de produção e no preço da mercadoria importada ou adquirida no mercado interno, que signifiquem modificações de mais de cinco por cento na quantidade e valor de cada material importado por unidade de produto exportado.

- § 2º com a redação dada pelo Dec. nº 8.010, de 16-5-2013.

§ 3º A Secretaria de Comércio Exterior procederá periodicamente à atualização das relações importação-exportação constantes dos atos normativos ou específicos que expedir para produto ou produtos.

§ 4º A Secretaria de Comércio Exterior, atendendo aos interesses da economia nacional, poderá suspender a aplicação de atos concessórios normativos ou específicos.

Art. 396. A Secretaria da Receita Federal do Brasil e a Secretaria de Comércio Exterior estabelecerão, no âmbito de suas competências, atos normativos para a implementação do disposto nesta Seção.

- Artigo com a redação dada pelo Dec. nº 8.010, de 16-5-2013.

Seção IV

DO DRAWBACK RESTITUIÇÃO

Art. 397. A concessão do regime, na modalidade de restituição, é de competência da Secretaria da Receita Federal do Brasil, e poderá abranger, total ou parcialmente, os tributos pagos na importação de mercadoria exportada após beneficiamento, ou utilizada na fabricação, complementação ou acondicionamento de outra exportada.

Parágrafo único. Para usufruir do regime, o interessado deverá comprovar a exportação de produto em cujo beneficiamento, fabricação, complementação ou acondicionamento tenham sido utilizadas as mercadorias importadas referidas no *caput*.

Art. 398. A restituição do valor correspondente aos tributos poderá ser feita mediante crédito fiscal, a ser utilizado em qualquer importação posterior (Decreto-Lei nº 37, de 1966, art. 78, § 1º).

Art. 399. Na modalidade de restituição, o regime será aplicado pela unidade aduaneira que jurisdiciona o estabelecimento produtor, atendidas as normas estabelecidas pela Secretaria da Receita Federal do Brasil, para reconhecimento do direito creditório.

Seção V
DAS DISPOSIÇÕES FINAIS

Art. 400. A utilização do regime previsto neste Capítulo será registrada no documento comprobatório da exportação.

Art. 401. Na concessão do regime serão desprezados os subprodutos e os resíduos não exportados, quando seu montante não exceder de cinco por cento do valor do produto importado.

Art. 402. Na hipótese de mercadoria isenta do imposto de importação ou cuja alíquota seja zero, poderá ser concedido o regime relativamente aos demais tributos devidos na importação.

Art. 402-A. Para efeitos de adimplemento do compromisso de exportação no regime de *drawback*, na modalidade de suspensão, as mercadorias importadas ou adquiridas no mercado interno com suspensão do pagamento dos tributos incidentes podem ser substituídas por outras mercadorias equivalentes, conforme definição constante do § 1º do art. 383, importadas ou adquiridas sem suspensão do pagamento dos tributos incidentes (Lei nº 11.774, de 2008, art. 17, *caput*, com a redação dada pela Lei nº 12.350, de 2010, art. 32).

§ 1º O disposto no *caput* aplica-se também ao regime de *drawback* na modalidade de isenção (Lei nº 11.774, de 2008, art. 17, § 1º, com a redação dada pela Lei nº 12.350, de 2010, art. 32).

§ 2º A aplicação do disposto neste artigo fica condicionada à edição de ato normativo específico conjunto da Secretaria da Receita Federal do Brasil e da Secretaria de Comércio Exterior (Lei nº 11.774, de 2008, art. 17, § 2º, com a redação dada pela Lei nº 12.350, de 2010, art. 32).

- Art. 402-A acrescido pelo Dec. nº 8.010, de 16-5-2013.

Art. 403. As controvérsias relativas aos atos concessórios do regime de *drawback* serão dirimidas pela Secretaria da Receita Federal do Brasil e pela Secretaria de Comércio Exterior, no âmbito de suas competências.

CAPÍTULO VI
DO ENTREPOSTO ADUANEIRO

Seção I
DO ENTREPOSTO ADUANEIRO NA IMPORTAÇÃO

Art. 404. O regime especial de entreposto aduaneiro na importação é o que permite a armazenagem de mercadoria estrangeira em recinto alfandegado de uso público, com suspensão do pagamento dos impostos federais, da contribuição para o PIS/PASEP-Importação e da COFINS-Importação incidentes na importação (Decreto-Lei nº 1.455, de 1976, art. 9º, com a redação dada pela Medida Provisória nº 2.158-35, de 2001, art. 69; e Lei nº 10.865, de 2004, art. 14).

Art. 405. O regime permite, ainda, a permanência de mercadoria estrangeira em:

I – feira, congresso, mostra ou evento semelhante, realizado em recinto de uso privativo, previamente alfandegado para esse fim (Decreto-Lei nº 1.455, de 1976, art. 16, com a redação dada pela Medida Provisória nº 2.158-35, de 2001, art. 69);

II – instalações portuárias de uso privativo misto, previstas na alínea *b* do inciso II do § 2º do art. 4º da Lei nº 8.630, de 1993 (Lei nº 10.833, de 2003, art. 62, inciso I);

III – plataformas destinadas à pesquisa e lavra de jazidas de petróleo e gás natural em construção ou conversão no País, contratadas por empresas sediadas no exterior (Lei nº 10.833, de 2003, art. 62, inciso II); e

IV – estaleiros navais ou em outras instalações industriais localizadas à beira-mar, destinadas à construção de estruturas marítimas, plataformas de petróleo e módulos para plataformas (Lei nº 10.833, de 2003, art. 62, parágrafo único).

§ 1º Na hipótese do inciso I do *caput*, o alfandegamento do recinto será declarado por período que alcance não mais que os trinta dias anteriores e os trinta dias posteriores aos fixados para início e término do evento, prazos estes que poderão, excepcionalmente, ser acrescidos de até sessenta dias, nos casos de congresso, mostra ou evento semelhante, mediante justificativa.

- § 1º com a redação dada pelo Dec. nº 8.010, de 16-5-2013.

§ 2º Dentro do período a que se refere o § 1º, a mercadoria poderá ser admitida no regime de entreposto aduaneiro em recinto alfandegado de uso público, sem reinício da contagem do prazo.

§ 3º Na hipótese dos incisos II a IV, a operação no regime depende de autorização da Secretaria da Receita Federal do Brasil (Lei nº 10.833, de 2003, art. 62, *caput*).

Art. 406. É beneficiário do regime de entreposto aduaneiro na importação:

I – o promotor do evento, no caso a que se refere o inciso I do art. 405;

II – o contratado pela empresa sediada no exterior, no caso a que se referem os incisos III e IV do art. 405 (Lei nº 10.833, de 2003, art. 62, parágrafo único); ou

III – o consignatário da mercadoria entrepostada, nos demais casos.

Art. 407. É permitida a admissão no regime de mercadoria importada com ou sem cobertura cambial.

Art. 408. A mercadoria poderá permanecer no regime de entreposto aduaneiro na importação pelo prazo de até um ano, prorrogável por período não superior, no total, a dois anos, contados da data do desembaraço aduaneiro de admissão.

§ 1º Em situações especiais, poderá ser concedida nova prorrogação, respeitado o limite máximo de três anos.

§ 2º Na hipótese de a mercadoria permanecer em feira, congresso, mostra ou evento semelhante, o prazo de vigência será equivalente àquele estabelecido para o alfandegamento do recinto.

§ 3º Nas hipóteses referidas nos incisos III e IV do art. 405, o regime será concedido pelo prazo previsto no contrato.

§ 4º Nas hipóteses previstas nos incisos III e IV do *caput* do art. 405, quando ocorrer rescisão de contrato ou sua não prorrogação por motivos alheios à vontade do beneficiário, a Secretaria da Receita Federal do Brasil poderá autorizar a permanência das mercadorias no regime até que haja formalização de novo contrato com empresa sediada no exterior, limitado ao prazo de até dois anos, contado da data de rescisão ou do termo final do prazo de vigência não prorrogado.

§ 5º Nas hipóteses a que se refere o § 4º, a Secretaria da Receita Federal do Brasil poderá estabelecer restrições à operação do regime enquanto não formalizado novo contrato, com o mesmo ou com novo contratante.

- §§ 4º e 5º acrescidos pelo Decreto nº 8.266, de 16-6-2014.

Art. 409. A mercadoria deverá ter uma das seguintes destinações, em até quarenta e cinco dias do término do prazo de vigência do regime, sob pena de ser considerada abandonada (Decreto-Lei nº 1.455, de 1976, art. 23, inciso II, alínea *d*):

I – despacho para consumo;

II – reexportação;

III – exportação; ou

IV – transferência para outro regime aduaneiro especial ou aplicado em áreas especiais.

§ 1º A destinação prevista no inciso I somente poderá ser efetuada pelo adquirente quando este adquirir as mercadorias entrepostadas diretamente do proprietário dos bens no exterior.

§ 2º Nas hipóteses referidas nos incisos I e III, as mercadorias admitidas no regime, importadas sem cobertura cambial, deverão ser nacionalizadas antes de efetuada a destinação.

§ 3º A destinação prevista no inciso III não se aplica a mercadorias admitidas no regime para permanência em feira, congresso, mostra ou evento semelhante.

Seção II

DO ENTREPOSTO ADUANEIRO NA EXPORTAÇÃO

Art. 410. O regime especial de entreposto aduaneiro na exportação é o que permite a armazenagem de mercadoria destinada a exportação (Decreto-Lei nº 1.455, de 1976, art. 10, *caput*, com a redação dada pela Medida Provisória nº 2.158-35, de 2001, art. 69).

Art. 411. O entreposto aduaneiro na exportação compreende as modalidades de regime comum e extraordinário (Decreto-Lei nº 1.455, de 1976, art. 10, *caput*, com a redação dada pela Medida Provisória nº 2.158-35, de 2001, art. 69).

§ 1º Na modalidade de regime comum, permite-se a armazenagem de mercadorias em recinto de uso público, com suspensão do pagamento dos impostos federais (Decreto-Lei nº 1.455, de 1976, art. 10, *caput*, inciso I, com a redação dada pela Medida Provisória nº 2.158-35, de 2001, art. 69).

- § 1º com a redação dada pelo Dec. nº 8.010, de 16-5-2013.

§ 2º Na modalidade de regime extraordinário, permite-se a armazenagem de mercadorias em recinto de uso privativo, com direito a utilização dos benefícios fiscais previstos para incentivo à exportação, antes do seu efetivo embarque para o exterior (Decreto-Lei nº 1.455, de 1976, art. 10, inciso II, com a redação dada pela Medida Provisória nº 2.158-35, de 2001, art. 69).

§ 3º O regime de entreposto aduaneiro na exportação, na modalidade extraordinário, somente poderá ser outorgado a empresa comercial exportadora constituída na forma prevista no art. 229, mediante autorização da Secretaria da Receita Federal do Brasil (Decreto-Lei nº 1.455, de 1976, art. 10, § 1º, com a redação dada pela Medida Provisória nº 2.158-35, de 2001, art. 69).

§ 4º Na hipótese de que trata o § 3º, as mercadorias que forem destinadas a embarque direto para o exterior, no prazo estabelecido pela autoridade aduaneira, poderão ficar armazenadas em local não alfandegado (Decreto-Lei nº 1.455, de 1976, art. 10, § 2º, com a redação dada pela Medida Provisória nº 2.158-35, de 2001, art. 69).

Art. 412. O entreposto aduaneiro na exportação compreende ainda, mediante autorização da Secretaria da Receita Federal do Brasil, a operação nos locais referidos nos incisos II a IV do art. 405 (Lei nº 10.833, de 2003, art. 62, *caput*).

Art. 413. O entreposto aduaneiro na exportação subsiste:

I – na modalidade de regime comum, a partir da data da entrada da mercadoria na unidade de armazenagem; e

II – na modalidade de regime extraordinário, a partir da data da saída da mercadoria do estabelecimento do produtor-vendedor.

Art. 414. A mercadoria poderá permanecer no regime de entreposto aduaneiro na exportação pelo prazo de:

I – um ano, prorrogável por período não superior, no total, a dois anos, na modalidade de regime comum; e

II – cento e oitenta dias, na modalidade de regime extraordinário.

§ 1º Em situações especiais, na hipótese a que se refere o inciso I, poderá ser concedida nova prorrogação, respeitado o limite máximo de três anos.

§ 2º Na hipótese a que se refere o inciso II, a mercadoria poderá, dentro do prazo nele previsto, ser admitida no regime de entreposto aduaneiro, na modalidade de regime comum, caso em que prevalecerá o prazo previsto no inciso I.

Art. 415. Observado o prazo de permanência da mercadoria no regime, acrescido daquele a que se refere o inciso II do art. 642, deverá o beneficiário adotar uma das seguintes providências:

I – iniciar o despacho de exportação;

II – no caso de regime comum, reintegrá-la ao estoque do seu estabelecimento; ou

III – em qualquer outro caso, pagar os tributos suspensos e ressarcir os benefícios fiscais acaso fruídos em razão da admissão da mercadoria no regime.

Seção III

DAS DISPOSIÇÕES FINAIS

Art. 416. A autoridade aduaneira poderá exigir, a qualquer tempo, a apresentação da mercadoria submetida ao regime de entreposto aduaneiro, bem como proceder aos inventários que entender necessários (Decreto-Lei nº 1.455, de 1976, art. 18, *caput*, com a redação dada pela Medida Provisória nº 2.158-35, de 2001, art. 69).

Art. 417. Ocorrendo extravio ou avaria de mercadoria submetida ao regime, o depositário responde pelo pagamento (Decreto-Lei nº 1.455, de 1976, art. 18, parágrafo único, com a redação dada pela Medida Provisória nº 2.158-35, de 2001, art. 69; e Lei nº 10.865, de 2004, art. 14):

I – dos tributos suspensos, da multa, de mora ou de ofício, e dos demais acréscimos legais cabíveis, quando se tratar de mercadoria submetida ao regime de entreposto aduaneiro na importação, ou na modalidade de regime comum, na exportação; e

II – dos tributos que deixaram de ser pagos e dos benefícios fiscais de qualquer natureza acaso auferidos, da multa, de mora ou de ofício, e dos demais acréscimos legais cabíveis, no caso de mercadoria submetida ao regime de entreposto aduaneiro, na modalidade de regime extraordinário, na exportação.

Art. 418. A Secretaria da Receita Federal do Brasil estabelecerá, relativamente ao regime de entreposto aduaneiro, na importação e na exportação, em caráter complementar (Decreto-Lei nº 1.455, de 1976, art. 19, *caput*, com a redação dada pela Medida Provisória nº 2.158-35, de 2001, art. 69; e Lei nº 10.833, de 2003, art. 63, inciso II):

I – requisitos e condições para sua aplicação;

II – operações comerciais, industrializações e serviços admitidos; e

III – formas de extinção de sua aplicação.

Art. 419. O Ministro de Estado da Fazenda poderá vedar a aplicação do regime de entreposto aduaneiro às mercadorias que relacionar em ato normativo (Decreto-Lei nº 1.455, de 1976, art. 19, parágrafo único).

CAPÍTULO VII
DO REGIME DE ENTREPOSTO INDUSTRIAL SOB CONTROLE ADUANEIRO INFORMATIZADO - RECOF

Seção I
DO CONCEITO

Art. 420. O regime de entreposto industrial sob controle aduaneiro informatizado – RECOF é o que permite a empresa importar, com ou sem cobertura cambial, e com suspensão do pagamento de tributos, sob controle aduaneiro informatizado, mercadorias que, depois de submetidas a operação de industrialização, sejam destinadas a exportação (Decreto-Lei nº 37, de 1966, art. 89).

§ 1º Parte da mercadoria admitida no regime, no estado em que foi importada ou depois de submetida a processo de industrialização, poderá ser despachada para consumo (Decreto-Lei nº 37, de 1966, art. 89).

§ 2º A mercadoria, no estado em que foi importada, poderá ter ainda uma das seguintes destinações:

I – exportação;

II – reexportação; ou

III – destruição.

Seção II
DA AUTORIZAÇÃO PARA OPERAR NO REGIME

Art. 421. A autorização para operar no regime é de competência da Secretaria da Receita Federal do Brasil (Decreto-Lei nº 37, de 1966, art. 90, § 1º).

Art. 422. Poderão habilitar-se a operar no regime as empresas que atendam aos termos, limites e condições estabelecidos pela Secretaria da Receita Federal do Brasil, em ato normativo, do qual constarão (Decreto-Lei nº 37, de 1966, art. 90, *caput*):

I – as mercadorias que poderão ser admitidas no regime;

II – as operações de industrialização autorizadas;

III – o percentual de tolerância, para efeito de exclusão da responsabilidade tributária do beneficiário, no caso de perda inevitável no processo produtivo;

IV – *Revogado*. Dec. nº 10.550, de 24-11-2020;

V – o percentual máximo de mercadorias importadas destinadas ao mercado interno no estado em que foram importadas; e

VI – o valor mínimo de exportações anuais.

Parágrafo único. A aplicação do regime poderá ser estendida a mercadorias a serem empregadas em desenvolvimento de produtos, em testes de funcionamento e resistência e em operações de renovação, recondicionamento, manutenção e reparo.

Seção III
DO PRAZO E DA APLICAÇÃO DO REGIME

Art. 423. O prazo de suspensão do pagamento dos tributos incidentes na importação será de até um ano, prorrogável por período não superior a um ano.

§ 1º Em casos justificados, o prazo de que trata o *caput* poderá ser prorrogado por período não superior, no total, a cinco anos, observada a regulamentação editada pela Secretaria da Receita Federal do Brasil.

§ 2º A partir do desembaraço aduaneiro para admissão no regime, a empresa beneficiária responderá pela custódia e guarda das mercadorias na condição de fiel depositária.

Art. 424. A normatização da aplicação do regime é de competência da Secretaria da Receita Federal do Brasil, que disporá quanto aos controles a serem exercidos (Decreto-Lei nº 37, de 1966, art. 90, § 3º).

Seção IV
DA EXIGÊNCIA DE TRIBUTOS

Art. 425. Findo o prazo fixado para a permanência da mercadoria no regime, serão exigidos, em relação ao estoque, os tributos suspensos, com os acréscimos legais cabíveis (Decreto-Lei nº 37, de 1966, art. 90, § 2º).

Parágrafo único. O disposto no *caput* não dispensa o cumprimento das exigências legais e regulamentares para a permanência definitiva da mercadoria no País.

Art. 426. A Secretaria da Receita Federal do Brasil estabelecerá a forma e o momento para o cálculo e para o pagamento dos tributos.

CAPÍTULO VIII
DO REGIME ADUANEIRO ESPECIAL DE IMPORTAÇÃO DE INSUMOS DESTINADOS A INDUSTRIALIZAÇÃO POR ENCOMENDA DE PRODUTOS CLASSIFICADOS NAS POSIÇÕES 8701 A 8705 DA NOMENCLATURA COMUM DO MERCOSUL - RECOM

Art. 427. O regime aduaneiro especial de importação de insumos destinados a industrialização por encomenda de produtos classificados nas posições 8701 a 8705 da Nomenclatura Comum do MERCOSUL – RECOM é o que permite a importação, sem cobertura cambial, de chassis, carroçarias, peças, partes, componentes e acessórios, com suspensão do pagamento do imposto sobre produtos industrializados, da contribuição para o PIS/PASEP-Importação e da COFINS-Importação (Medida Provisória nº 2.189-49, de 2001, art. 17, *caput* e §§ 1º e 2º; e Lei nº 10.865, de 2004, art. 14).

Parágrafo único. O regime será aplicado exclusivamente a importações realizadas por conta e ordem de pessoa jurídica encomendante domiciliada no exterior (Medida Provisória nº 2.189-49, de 2001, art. 17, *caput*).

Art. 428. O imposto de importação incidirá somente sobre os insumos importados empregados na industrialização dos produtos referidos no art. 427, inclusive na hipótese do inciso II do art. 429 (Medida Provisória nº 2.189-49, de 2001, art. 17, § 3º).

Art. 429. Os produtos resultantes da industrialização por encomenda terão o seguinte tratamento tributário (Medida

LEG. COMPLEMENTAR

Provisória nº 2.189-49, de 2001, art. 17, § 4º; e Lei nº 10.865, de 2004, art. 14):

I – quando destinados ao exterior, resolve-se a suspensão do pagamento do imposto sobre produtos industrializados, da contribuição para o PIS/PASEP-Importação e da COFINS-Importação incidentes na importação e na aquisição, no mercado interno, dos insumos neles empregados; e

II – quando destinados ao mercado interno, serão remetidos obrigatoriamente a empresa comercial atacadista, controlada, direta ou indiretamente, pela pessoa jurídica encomendante domiciliada no exterior, por conta e ordem desta, com suspensão do pagamento do imposto sobre produtos industrializados, da contribuição para o PIS/PASEP-Importação e da COFINS-Importação.

Art. 430. A concessão do regime dependerá de habilitação prévia perante a Secretaria da Receita Federal do Brasil, que expedirá as normas necessárias ao cumprimento do disposto neste Capítulo (Medida Provisória nº 2.189-49, de 2001, art. 17, § 6º).

CAPÍTULO IX
DA EXPORTAÇÃO TEMPORÁRIA

Seção I
DO CONCEITO

Art. 431. O regime de exportação temporária é o que permite a saída, do País, com suspensão do pagamento do imposto de exportação, de mercadoria nacional ou nacionalizada, condicionada à reimportação em prazo determinado, no mesmo estado em que foi exportada (Decreto-Lei nº 37, de 1966, art. 92, *caput*, com a redação dada pelo Decreto-Lei nº 2.472, de 1988, art. 1º).

Seção II
DOS BENS A QUE SE APLICA O REGIME

Art. 432. O regime será aplicado aos bens relacionados em ato normativo da Secretaria da Receita Federal do Brasil e aos exportados temporariamente ao amparo de acordos internacionais.

Parágrafo único. Os bens admitidos no regime ao amparo de acordos internacionais firmados pelo País estarão sujeitos aos termos e prazos neles previstos.

Art. 433. Não será permitida a exportação temporária de mercadorias cuja exportação definitiva esteja proibida, exceto nos casos em que haja autorização do órgão competente.

Seção III
DA CONCESSÃO, DO PRAZO E DA APLICAÇÃO DO REGIME

Art. 434. A concessão do regime poderá ser requerida à unidade que jurisdiciona o exportador, o porto seco de armazenagem, ou o porto, aeroporto ou ponto de fronteira de saída das mercadorias.

Parágrafo único. A verificação da mercadoria poderá ser feita no estabelecimento do exportador ou em outros locais permitidos pela autoridade aduaneira.

Art. 435. O registro de exportação, no SISCOMEX, constitui requisito para concessão do regime.

§ 1º O registro de exportação não será exigido para bagagem e para os veículos referidos nos incisos II e III do art. 440.

§ 2º A Secretaria da Receita Federal do Brasil, ouvida a Secretaria de Comércio Exterior, poderá estabelecer outros casos de não exigência do registro de exportação para a concessão do regime.

Art. 436. A autoridade competente poderá indeferir pedido de concessão do regime em decisão fundamentada, da qual caberá recurso hierárquico, na forma estabelecida pela Secretaria da Receita Federal do Brasil.

§ 1º O indeferimento do pedido não impede a saída da mercadoria do território aduaneiro, exceto no caso das mercadorias a que se refere o art. 433.

§ 2º No caso de indeferimento do pedido, em decisão administrativa final, para mercadoria que já tenha saído do território aduaneiro, será exigido o pagamento dos tributos correspondentes, na hipótese de sua importação (Decreto-Lei nº 37, de 1966, art. 92, § 4º, com a redação dada pelo Decreto-Lei nº 2.472, de 1988, art. 1º).

• *Caput* do § 2º com a redação dada pelo Dec. nº 7.213, de 15-6-2010.

I – exigido o pagamento dos tributos correspondentes, na hipótese de sua importação (Decreto-Lei nº 37, de 1966, art. 92, § 4º, com a redação dada pelo Decreto-Lei nº 2.472, de 1988, art. 1º); e

II – comunicado o fato à Secretaria de Comércio Exterior.

Art. 437. O prazo de vigência do regime será de até um ano, prorrogável, a juízo da autoridade aduaneira, por período não superior, no total, a dois anos (Decreto-Lei nº 37, de 1966, art. 92, § 1º, com a redação dada pelo Decreto-Lei nº 2.472, de 1988, art. 1º).

§ 1º A título excepcional, em casos devidamente justificados, a critério do Ministro de Estado da Fazenda, o prazo de vigência do regime poderá ser prorrogado por período superior a dois anos (Decreto-Lei nº 37, de 1966, art. 92, § 2º, com a redação dada pelo Decreto-Lei nº 2.472, de 1988, art. 1º).

§ 2º Quando o regime for aplicado a mercadoria vinculada a contrato de prestação de serviços por prazo certo, o prazo de vigência do regime será o previsto no contrato, prorrogável na mesma medida deste (Decreto-Lei nº 37, de 1966, art. 92, § 3º, com a redação dada pelo Decreto-Lei nº 2.472, de 1988, art. 1º).

§ 3º O disposto no § 2º se aplica ainda no caso de contratos de arrendamento operacional, aluguel ou empréstimo.

§ 4º Nas hipóteses a que se referem os §§ 2º e 3º, o prazo de vigência do regime poderá ser prorrogado com base em novo contrato, desde que o pleito seja formulado dentro do prazo de vigência do regime.

§ 5º Não estão sujeitos a prazo os bens compreendidos no conceito de bagagem que, nessa condição, saiam do País.

Art. 438. O regime será aplicado pela autoridade aduaneira da unidade que jurisdicione o exportador, o porto seco de armazenagem, ou o porto, aeroporto ou ponto de fronteira de saída dos bens do País, de acordo com as normas estabelecidas pela Secretaria da Receita Federal do Brasil.

Art. 439. Na aplicação do regime, deverão ser atendidos os controles especiais, se for o caso.

Art. 440. Reputam-se em exportação temporária, independentemente de qualquer procedimento administrativo:

I – a bagagem acompanhada;

II – os veículos para uso de seu proprietário ou possuidor, quando saírem por seus próprios meios; e

III – os veículos de transporte comercial brasileiros, conduzindo carga ou passageiros.

Art. 441. No caso de bagagem acompanhada, será feito, a pedido do viajante, simples registro de saída dos bens para efeito de comprovação no seu retorno.

Art. 442. A autoridade aduaneira que aplicar o regime deverá manter controle adequado de saída dos bens, tendo em vista a sua reimportação e o prazo concedido.

Parágrafo único. *Revogado.* Dec. nº 7.213, de 15-6-2010.

Seção IV

DA EXTINÇÃO DA APLICAÇÃO DO REGIME

Art. 443. Na vigência do regime, deverá ser adotada uma das seguintes providências, para extinção de sua aplicação:

I – reimportação; ou

II – exportação definitiva da mercadoria admitida no regime.

Parágrafo único. Tem-se por tempestiva a providência para a extinção da aplicação do regime:

I – na data do embarque da mercadoria, no exterior, desde que efetivado seu ingresso no território aduaneiro, no caso do inciso I do *caput*; e

II – na data do pedido do registro de exportação da mercadoria, desde que haja o desembaraço e a averbação de embarque, no caso do inciso II do *caput*.

Art. 444. Extingue ainda a aplicação do regime de exportação temporária de produto, parte, peça ou componente enviado ao exterior para substituição em decorrência de garantia ou para reparo, revisão, manutenção, renovação ou recondicionamento a importação de produto equivalente àquele submetido ao regime (Lei nº 10.833, de 2003, art. 60, *caput*).

§ 1º O disposto no *caput* aplica-se exclusivamente aos seguintes bens (Lei nº 10.833, de 2003, art. 60, § 1º, incisos I e III):

I – partes, peças e componentes de aeronave, objeto da isenção prevista na alínea *i* do inciso II do art. 136; e

II – produtos nacionais, ou suas partes e peças, remetidos ao exterior mediante exportação temporária, para substituição de outro anteriormente exportado definitivamente, que deva retornar ao País para reparo ou substituição, em virtude de defeito técnico que exija sua devolução.

§ 2º A Secretaria da Receita Federal do Brasil disciplinará os procedimentos para a aplicação do disposto neste artigo e os requisitos para reconhecimento da equivalência entre os bens (Lei nº 10.833, de 2003, art. 60, § 2º).

§ 3º Tem-se por tempestiva a providência para a extinção da aplicação do regime, na data do embarque da mercadoria, no exterior, desde que efetivado seu ingresso no território aduaneiro.

Seção V

DAS DISPOSIÇÕES FINAIS

Art. 445. O exame do mérito de aplicação do regime exaure-se com a sua concessão, não cabendo mais discuti-lo quando da reimportação da mercadoria.

Art. 446. Quando se tratar de exportação temporária de mercadoria sujeita ao imposto de exportação, a obrigação tributária será constituída em termo de responsabilidade, não se exigindo garantia.

Parágrafo único. O termo de responsabilidade será baixado quando comprovada uma das seguintes providências:

I – reimportação da mercadoria no prazo fixado; ou

II – pagamento do imposto de exportação suspenso.

Art. 447. Os veículos matriculados no País, de propriedade de pessoas físicas ou de pessoas jurídicas, utilizados em viagens de turismo, poderão sair livremente do território aduaneiro, com observância das condições previstas na Resolução do Grupo do Mercado Comum – GMC nº 35, de 2002, internalizada pelo Decreto nº 5.637, de 2005, dispensado o cumprimento de formalidades aduaneiras.

Art. 448. A Secretaria da Receita Federal do Brasil poderá, no âmbito de sua competência, editar atos normativos para a implementação do disposto neste Capítulo.

CAPÍTULO X

DA EXPORTAÇÃO TEMPORÁRIA PARA APERFEIÇOAMENTO PASSIVO

Seção I

DO CONCEITO

Art. 449. O regime de exportação temporária para aperfeiçoamento passivo é o que permite a saída, do País, por tempo determinado, de mercadoria nacional ou nacionalizada, para ser submetida a operação de transformação, elaboração, beneficiamento ou montagem, no exterior, e a posterior reimportação, sob a forma do produto resultante, com pagamento dos tributos sobre o valor agregado (Decreto-Lei nº 37, de 1966, art. 93, com a redação dada pelo Decreto-Lei nº 2.472, de 1988, art. 3º).

§ 1º O regime de que trata este artigo aplica-se, também, na saída do País de mercadoria nacional ou nacionalizada para ser submetida a processo de conserto, reparo ou restauração.

§ 2º O Ministro de Estado da Fazenda poderá permitir outras operações de industrialização, no regime.

§ 3º O crédito correspondente aos tributos incidentes na exportação será constituído em termo de responsabilidade, ficando seu pagamento suspenso pela aplicação do regime.

Seção II

DA CONCESSÃO, DO PRAZO E DA APLICAÇÃO DO REGIME

Art. 450. O Ministério da Fazenda regulamentará a concessão e a aplicação do regime, respeitado o disposto nesta Seção.

Art. 451. O prazo para importação dos produtos resultantes da operação de aperfeiçoamento será fixado tendo em conta o período necessário à realização da respectiva operação e ao transporte das mercadorias, observado o disposto no art. 437.

- Artigo com a redação dada pelo Dec. nº 7.213, de 15-6-2010.

Art. 452. A mercadoria importada com isenção ou com redução de tributos vinculada a sua destinação, enquanto perdurarem as condições fixadas para fruição do benefício, somente poderá ser admitida no regime para ser submetida a processo de conserto, reparo ou restauração.

Art. 453. A aplicação do regime não gera direitos decorrentes de operação de exportação a título definitivo.

Seção III

DA EXTINÇÃO DA APLICAÇÃO DO REGIME

Art. 454. Na vigência do regime, deverá ser adotada uma das seguintes providências, para extinção de sua aplicação:

I – reimportação da mercadoria, inclusive sob a forma de produto resultante da operação autorizada;

II – importação de produto equivalente nos termos do art. 444 (Lei nº 10.833, de 2003, art. 60, *caput*); ou

III – exportação definitiva da mercadoria admitida no regime.

Parágrafo único. Tem-se por tempestiva a providência para a extinção da aplicação do regime:

I – na data do embarque da mercadoria, no exterior, desde que efetivado seu ingresso no território aduaneiro, no caso dos incisos I e II do *caput*; e

II – na data do pedido do registro de exportação da mercadoria, desde que haja o desembaraço e a averbação de embarque, no caso do inciso III do *caput*.

Art. 455. O valor dos tributos devidos na importação do produto resultante da operação de aperfeiçoamento será calculado, deduzindo-se, do montante dos tributos incidentes sobre este produto, o valor dos tributos que incidiriam, na mesma data, sobre a mercadoria objeto da exportação temporária, se esta estivesse sendo importada do mesmo país em que se deu a operação de aperfeiçoamento.

Art. 456. Na reimportação de mercadoria exportada temporariamente, nos termos previstos no § 1º do art. 449, são exigíveis os tributos incidentes na importação dos materiais acaso empregados.

Parágrafo único. O despacho aduaneiro da mercadoria deverá compreender:

I – a reimportação da mercadoria exportada temporariamente; e

II – a importação do material acaso empregado, apurando-se o valor aduaneiro desse material e aplicando-se a alíquota que lhe corresponda, fixada na Tarifa Externa Comum.

Seção IV
DAS DISPOSIÇÕES FINAIS

Art. 457. Aplicam-se ao regime, no que couber, as normas previstas para o regime de exportação temporária.

CAPÍTULO XI
DO REGIME ADUANEIRO ESPECIAL DE EXPORTAÇÃO E DE IMPORTAÇÃO DE BENS DESTINADOS ÀS ATIVIDADES DE PESQUISA E DE LAVRA DAS JAZIDAS DE PETRÓLEO E DE GÁS NATURAL – REPETRO

Art. 458. O regime aduaneiro especial de exportação e de importação de bens destinados às atividades de pesquisa e de lavra das jazidas de petróleo e de gás natural – REPETRO, previstas na Lei nº 9.478, de 6 de agosto de 1997, é o que permite, conforme o caso, a aplicação dos seguintes tratamentos aduaneiros (Decreto-Lei nº 37, de 1966, art. 93, com a redação dada pelo Decreto-Lei nº 2.472, de 1988, art. 3º):

I – exportação, sem que tenha ocorrido sua saída do território aduaneiro e posterior aplicação do regime de admissão temporária, no caso de bens a que se referem os §§ 1º e 2º, de fabricação nacional, vendido a pessoa sediada no exterior;

II – exportação, sem que tenha ocorrido sua saída do território aduaneiro, de partes e peças de reposição destinadas aos bens referidos nos § 1º e § 2º, já admitidos no regime aduaneiro especial de admissão temporária;

III – importação, sob o regime de *drawback*, na modalidade de suspensão, de matérias-primas, produtos semielaborados ou acabados e de partes ou peças, utilizados na fabricação dos bens referidos nos § 1º e § 2º, e posterior comprovação do adimplemento das obrigações decorrentes da aplicação desse regime mediante a exportação referida nos incisos I ou II; e

• Incisos II e III com a redação dada pelo Dec. nº 9.128, de 17-8-2017.

IV – importação de bens para permanência definitiva no País com suspensão do pagamento dos tributos federais incidentes na importação.

• Inciso IV acrescido pelo Dec. nº 9.128, de 17-8-2017.

§ 1º Os bens aos quais se pode aplicar o regime de admissão temporária previsto no inciso I do *caput* são aqueles constantes de relação elaborada pela Secretaria da Receita Federal do Brasil.

§ 2º O tratamento aduaneiro poderá ser aplicado, ainda, aos aparelhos e a outras partes e peças a serem incorporadas aos bens referidos no § 1º para garantir sua operacionalidade, e às ferramentas utilizadas na manutenção desses bens, nos termos estabelecidos pela Secretaria da Receita Federal do Brasil.

• §§ 1º e 2º com a redação dada pelo Dec. nº 9.128, de 17-8-2017.

§ 3º Quando se tratar de bem referido nos §§ 1º e 2º, procedente do exterior, será aplicado, também, o regime de admissão temporária.

§ 4º As partes e peças de reposição referidas no inciso II e os bens referidos no § 2º serão admitidos no regime de admissão temporária, pelo mesmo prazo concedido aos bens a que se destinem.

§ 5º Os bens referidos no § 2º, quando forem utilizados para garantir a operacionalidade de mais de um dos bens a que se refere o § 1º, terão o prazo de permanência fixado nos termos estabelecidos em ato normativo da Secretaria da Receita Federal do Brasil.

§ 6º O regime também se aplica às atividades de pesquisa e lavra de que trata a Lei nº 12.276, de 2010, e às atividades de exploração, avaliação, desenvolvimento e produção de que trata a Lei nº 12.351, de 2010 (Lei nº 12.276, de 2010, art. 6º; e Lei nº 12.351, de 2010, art. 61).

§ 7º O regime de admissão temporária poderá ser aplicado aos bens referidos no § 1º ainda que o local de destino não esteja definido, desde que:

I – permaneçam sem uso até seu efetivo emprego nas atividades de pesquisa e de lavra das jazidas de petróleo e de gás natural; e

II – sejam importados pelas pessoas jurídicas a que se referem os incisos I, I-A e I-B do § 1º do art. 461-A.

• §§ 6º e 7º acrescidos pelo Dec. nº 8.010, 16-5-2013.

§ 8º O disposto no inciso IV do *caput* aplica-se aos bens:

I – constantes de relação específica elaborada pela Secretaria da Receita Federal do Brasil; e

II – referidos nos § 1º e § 2º, alternativamente ao regime de admissão temporária para utilização econômica de que trata o art. 376.

• § 8º acrescido pelo Dec. nº 9.128, de 17-8-2017.

§ 9º Os bens aos quais tenha sido aplicado o regime de admissão temporária poderão ser transferidos para o tratamento aduaneiro a que se refere o inciso IV do *caput*, hipótese em que:

I – deverão ser observados os termos e as condições do novo regime; e

II – o tempo decorrido entre a data de registro da declaração de admissão temporária e a data da migração para o regime de que trata a Lei nº 13.586, de 28 de dezembro de 2017, será aproveitado para fins de contagem do prazo para conversão da suspensão do pagamento de tributos federais em isenção ou em alíquota de zero por cento, nos termos do disposto no § 8º do art. 5º da referida Lei, desde que contado exclusivamente a partir de 1º de janeiro de 2018, conforme o disposto na alínea *b* do inciso I do *caput* do art. 10 da referida Lei.

• § 9º acrescido pelo Dec. nº 10.550, de 24-11-2020.

Art. 459. Os tratamentos aduaneiros a que se refere o art. 458 serão aplicados mediante o atendimento dos seguintes requisitos:

I – no caso dos seus incisos I e II, os bens deverão ser produzidos no País e adquiridos por pessoa sediada no exterior, contra pagamento em moeda nacional ou estrangeira de livre conversibilidade, mediante cláusula de entrega, sob controle aduaneiro, no território aduaneiro; e

- Inciso I com a redação dada pelo Dec. nº 8.010, de 16-5-2013.

II – na hipótese do seu § 3º, os bens deverão ser de propriedade de pessoa sediada no exterior, e importados sem cobertura cambial pelo contratante dos serviços de pesquisa e produção de petróleo e de gás natural, ou por terceiro subcontratado.

§ 1º A aquisição dos bens de que trata o inciso I do *caput* deverá ser realizada diretamente do respectivo fabricante ou das empresas comerciais exportadoras a que se refere o art. 229.

§ 2º Na hipótese dos incisos I e II do art. 458, os benefícios fiscais concedidos por lei para incentivo às exportações ficam assegurados ao fabricante nacional, após:

I – a conclusão da operação de compra dos produtos de sua fabricação, pela empresa comercial exportadora, na forma do art. 228; ou

II – o desembaraço aduaneiro de exportação, no caso de venda direta a pessoa sediada no exterior.

§ 3º A responsabilidade tributária atribuída a empresa comercial exportadora, relativamente a compras efetuadas de produtor nacional, nos termos do art. 231, será resolvida com a conclusão do despacho aduaneiro de exportação, na forma estabelecida pela Secretaria da Receita Federal do Brasil.

Art. 460. Para fins de aplicação do disposto neste Capítulo, o regime de admissão temporária será concedido observando-se o disposto no inciso I do art. 376 (Lei nº 9.430, de 1996, art. 79, parágrafo único, com a redação dada pela Medida Provisória nº 2.189-49, de 2001, art. 13).

Art. 461. Aplica-se ao regime, no que couber, o disposto no art. 233, bem como as normas previstas para os regimes de admissão temporária e de *drawback*.

Art. 461-A. O REPETRO será utilizado exclusivamente por pessoa jurídica habilitada pela Secretaria da Receita Federal do Brasil.

- *Caput* acrescido pelo Dec. nº 7.296, de 10-7-2010.

§ 1º Poderá ser habilitada ao REPETRO a pessoa jurídica:

- *Caput* do § 1º acrescido pelo Dec. nº 7.296, de 10-7-2010.

I – detentora de concessão ou autorização, nos termos da Lei nº 9.478, de 6 de agosto de 1997, para exercer, no País, as atividades de que trata o art. 458;

- Inciso I com a redação dada pelo Dec. nº 8.010, de 16-5-2013.

I-A – detentora de cessão, nos termos da Lei nº 12.276, de 2010;

I-B – contratada sob o regime de partilha de produção, nos termos da Lei nº 12.351, de 2010; e

- Incisos I-A e I-B acrescidos pelo Dec. nº 8.010, de 16-5-2013.

II – contratada pela pessoa jurídica referida nos incisos I, I-A ou I-B, em afretamento por tempo ou para a prestação de serviços destinados à execução das atividades objeto da concessão ou autorização, ou por suas subcontratadas.

- Inciso II com a redação dada pelo Dec. nº 8.010, de 16-5-2013.

§ 2º A pessoa jurídica contratada de que trata o inciso II do § 1º, ou sua subcontratada, também poderá ser habilitada ao REPETRO para promover a importação de bens objeto de contrato de afretamento, em que seja parte ou não, firmado entre pessoa jurídica sediada no exterior e a detentora de concessão ou autorização, desde que a importação dos bens esteja prevista no contrato de prestação de serviço ou de afretamento por tempo.

§§ 3º e 4º *Revogados*. Decreto nº 9.537, de 24-10-2018.

§ 5º A habilitação de pessoa jurídica para a prestação de serviço relacionado à operação de embarcação de apoio marítimo ficará condicionada à comprovação de que está qualificada pela Agência Nacional de Transportes Aquaviários – ANTAQ como empresa brasileira de navegação.

§ 6º Não será objeto do processo de habilitação ao REPETRO a análise das condições regulatórias para autorização de afretamento de embarcações de apoio marítimo, cuja competência é da ANTAQ, nos termos da legislação específica.

- §§ 2º a 6º acrescidos pelo Dec. nº 7.296, de 10-7-2010.

§ 7º A habilitação será outorgada pelo prazo de duração do contrato de concessão, autorização, cessão, partilha de produção ou relacionado à prestação de serviços, conforme o caso, prorrogável na mesma medida do contrato.

- § 7º com a redação dada pelo Dec. nº 8.010, de 16-5-2013.

§ 8º A comprovação do atendimento de exigências relativas à importação e à exportação de bens, a cargo de outros órgãos ou entidades da administração pública, quando for o caso, somente será solicitada por ocasião da utilização dos tratamentos aduaneiros referidos nos incisos I a III do *caput* e no § 3º, todos do art. 458.

- § 8º acrescido pelo Dec. nº 7.296, de 10-7-2010.

Art. 462. A Secretaria da Receita Federal do Brasil poderá, no âmbito de sua competência, editar atos normativos para a implementação do disposto neste Capítulo.

CAPÍTULO XII
DO REGIME ADUANEIRO ESPECIAL DE IMPORTAÇÃO DE PETRÓLEO BRUTO E SEUS DERIVADOS – REPEX

Seção I
DO CONCEITO

Art. 463. O regime aduaneiro especial de importação de petróleo bruto e seus derivados – REPEX é o que permite a importação desses produtos, com suspensão do pagamento dos impostos federais, da contribuição para o PIS/PASEP-Importação e da COFINS-Importação, para posterior exportação, no mesmo estado em que foram importados (Decreto-Lei nº 37, de 1966, art. 93, com a redação dada pelo Decreto-Lei nº 2.472, de 1988, art. 3º; e Lei nº 10.865, de 2004, art. 14).

Seção II
DA CONCESSÃO, DO PRAZO E DA APLICAÇÃO DO REGIME

Art. 464. O regime será concedido somente a empresa previamente habilitada pela Secretaria da Receita Federal do Brasil, e que possua autorização da Agência Nacional do Petróleo, Gás Natural e Biocombustíveis para exercer as atividades de importação e de exportação dos produtos a serem admitidos no regime.

Art. 465. A Secretaria da Receita Federal do Brasil especificará os produtos que poderão ser admitidos no regime.

Art. 466. O prazo de vigência do regime será de noventa dias, prorrogável uma única vez, por igual período, tendo como termo inicial a data do desembaraço aduaneiro de admissão das mercadorias.

Art. 467. Será permitido o abastecimento interno, com o produto importado admitido no REPEX, no prazo de vigência do regime, desde que cumprido o compromisso de exportação, mediante a exportação de produto nacional em substituição àquele importado.

LEG. COMPLEMENTAR

Seção III

DA EXTINÇÃO DA APLICAÇÃO DO REGIME

Art. 468. Na vigência do regime, deverá ser adotada uma das seguintes providências, para extinção de sua aplicação:

I – exportação do produto importado; ou

II – exportação de produto nacional, em substituição ao importado, em igual quantidade e idêntica classificação fiscal, na hipótese do art. 467.

§ 1º A exportação dos produtos admitidos no regime será efetuada em moeda nacional ou estrangeira de livre conversibilidade.

- § 1º com a redação dada pelo Dec. nº 8.010, de 16-5-2013.

§ 2º O fornecimento de combustíveis e lubrificantes a aeronaves ou embarcações estrangeiras ou em viagem internacional não será considerado para fins de comprovação das exportações de que trata este artigo.

§ 3º Serão exigidos os tributos suspensos, com os acréscimos legais e penalidades cabíveis, quando ocorrer o descumprimento do prazo de vigência estabelecido, devendo ser considerada, na determinação da exigência, a data de registro da declaração de admissão das mercadorias no regime.

Seção IV

DAS DISPOSIÇÕES FINAIS

Art. 469. O controle aduaneiro da entrada e da saída do País de produto admitido no regime será efetuado mediante processo informatizado.

Art. 470. A Secretaria da Receita Federal do Brasil poderá, no âmbito de sua competência, editar atos normativos para a implementação do disposto neste Capítulo.

CAPÍTULO XIII

DO REGIME TRIBUTÁRIO PARA INCENTIVO À MODERNIZAÇÃO E À AMPLIAÇÃO A ESTRUTURA PORTUÁRIA – REPORTO

Art. 471. O regime tributário para incentivo à modernização e à ampliação da estrutura portuária – REPORTO é o que permite, na importação de máquinas, equipamentos, peças de reposição e outros bens, a suspensão do pagamento do imposto de importação, do imposto sobre produtos industrializados, da contribuição para o PIS/PASEP-Importação e da COFINS-Importação, quando importados diretamente pelos beneficiários do regime e destinados ao seu ativo imobilizado para utilização exclusiva em portos na execução de serviços de carga, descarga, movimentação de mercadorias e dragagem, e na execução de treinamento e formação de trabalhadores em Centros de Treinamento Profissional (Lei nº 11.033, de 2004, arts. 13 e 14, *caput*, este com a redação dada pela Lei nº 11.726, de 23 de junho de 2008, art. 1º).

§ 1º O disposto no *caput* aplica-se também aos bens utilizados na execução de serviços de transporte de mercadorias em ferrovias, classificados nas posições 86.01, 86.02 e 86.06 da Nomenclatura Comum do MERCOSUL, e aos trilhos e demais elementos de vias férreas, classificados na posição 73.02 da Nomenclatura Comum do MERCOSUL (Lei nº 11.033, de 2004, art. 14, § 8º, com a redação dada pela Lei nº 11.774, de 2008, art. 5º).

§ 2º O disposto no *caput* e no § 1º aplica-se somente às importações realizadas até 31 de dezembro de 2011 (Lei nº 11.033, de 2004, art. 16, com a redação dada pela Lei nº 11.726, de 2008, art. 1º).

§ 3º A suspensão do pagamento do imposto de importação somente beneficiará bens sem similar nacional (Lei nº 11.033, de 2004, art. 14, § 4º).

§ 4º Os bens beneficiados pela suspensão referida no *caput* e no § 1º serão relacionados em ato normativo específico (Lei nº 11.033, de 2004, art. 14, §§ 7º e 8º, este com a com a redação dada pela Lei nº 11.774, de 2008, art. 5º).

§ 5º As peças de reposição referidas no *caput* deverão ter seu valor aduaneiro igual ou superior a vinte por cento do valor aduaneiro da máquina ou equipamento ao qual se destinam (Lei nº 11.033, de 2004, art. 14, § 9º, com a redação dada pela Lei nº 11.726, de 2008, art. 3º).

§ 6º Os veículos adquiridos ao amparo do regime deverão receber identificação visual externa a ser definida pela Secretaria Especial de Portos da Presidência da República (Lei nº 11.033, de 2004, art. 14, § 10º, com a redação dada pela Lei nº 11.726, de 2008, art. 3º).

Art. 472. São beneficiários do regime:

I – o operador portuário, o concessionário de porto organizado, o arrendatário de instalação portuária de uso público e a empresa autorizada a explorar instalação portuária de uso privativo misto (Lei nº 11.033, de 2004, art. 15, *caput*);

II – as empresas de dragagem, definidas na Lei nº 11.610, de 12 de dezembro de 2007, os permissionários ou concessionários de recintos alfandegados de zona secundária e os Centros de Treinamento Profissional, conceituados no art. 32 da Lei nº 8.630, de 1993 (Lei nº 11.033, de 2004, art. 16, com a redação dada pela Lei nº 11.726, de 2008, art. 1º); e

III – os concessionários de transporte ferroviário (Lei nº 11.033, de 2004, art. 15, § 1º, com a redação dada pela Lei nº 11.774, de 2008, art. 5º).

§ 1º A aplicação dos benefícios fiscais relativos ao imposto de importação e ao imposto sobre produtos industrializados fica condicionada à comprovação, pelo beneficiário, da quitação de tributos e contribuições federais e à formalização de termo de responsabilidade em relação ao crédito tributário com pagamento suspenso (Lei nº 11.033, de 2004, art. 14, § 3º).

§ 2º A Secretaria da Receita Federal do Brasil estabelecerá os requisitos e os procedimentos para habilitação dos beneficiários ao regime (Lei nº 11.033, de 2004, art. 15, § 2º, com a redação dada pela Lei nº 11.774, de 2008, art. 5º).

Art. 473. A suspensão do pagamento do imposto de importação e do imposto sobre produtos industrializados converte-se em isenção após o decurso do prazo de cinco anos, contados da data da ocorrência do respectivo fato gerador (Lei nº 11.033, de 2004, art. 14, § 1º).

Art. 474. A suspensão do pagamento da contribuição para o PIS/PASEP-Importação e da COFINS-Importação converte-se em alíquota zero após o decurso do prazo de cinco anos, contados da data da ocorrência do respectivo fato gerador (Lei nº 11.033, de 2004, art. 14, § 2º).

Art. 475. A transferência, a qualquer título, de propriedade dos bens importados ao amparo do REPORTO, dentro do prazo de cinco anos, contados da data da ocorrência do respectivo fato gerador, deverá ser precedida de autorização da Secretaria da Receita Federal do Brasil e do recolhimento dos tributos com pagamento suspenso, acrescidos de juros e de multa de mora (Lei nº 11.033, de 2004, art. 14, § 5º).

Parágrafo único. A transferência a que se refere o *caput* para outro beneficiário do REPORTO será efetivada com dispensa da cobrança dos tributos com pagamento suspenso desde que o adquirente (Lei nº 11.033, de 2004, art. 14, § 6º):

I – formalize novo termo de responsabilidade em relação ao crédito tributário com pagamento suspenso; e

II – assuma perante a Secretaria da Receita Federal do Brasil a responsabilidade, desde o momento de ocorrência dos respectivos fatos geradores, pelos tributos e contribuições com pagamento suspenso.

CAPÍTULO XIV
DA LOJA FRANCA

Art. 476. O regime aduaneiro especial de loja franca é o que permite a estabelecimento instalado em zona primária de porto ou de aeroporto alfandegado vender mercadoria nacional ou estrangeira a passageiro em viagem internacional, contra pagamento em moeda nacional ou estrangeira (Decreto-Lei nº 1.455, de 1976, art. 15, *caput*, com a redação dada pela Lei nº 11.371, de 28 de novembro de 2006, art. 13).

§ 1º *Revogado*. Dec. nº 8.010, de 16-5-2013.

§ 2º A mercadoria estrangeira importada diretamente pelos concessionários das lojas francas permanecerá com suspensão do pagamento de tributos até a sua venda nas condições deste Capítulo (Decreto-Lei nº 1.455, de 1976, art. 15, § 2º).

§ 3º A venda da mercadoria estrangeira converterá automaticamente a suspensão de que trata o § 2º na isenção a que se refere a alínea *e* do inciso II do art. 136, observado o disposto no inciso II do art. 102 (Lei nº 8.032, de 1990, art. 2º, II, *e*; e Lei nº 8.402, de 1992, art. 1º, inciso IV).

§ 4º Quando se tratar de aquisição de produtos nacionais, estes sairão do estabelecimento industrial ou equiparado com isenção de tributos (Decreto-Lei nº 1.455, de 1976, art. 15, § 3º; e Lei nº 8.402, de 1992, art. 1º, inciso VI).

Art. 477. Poderão ser admitidas no regime de loja franca as mercadorias nacionais submetidas ao regime de depósito alfandegado certificado, conforme previsto na alínea *c* do inciso III do art. 497.

§ 1º A importação para admissão no regime, inclusive da mercadoria que se encontra em depósito alfandegado certificado, será feita em consignação, permitido o pagamento ao consignante no exterior somente após a efetiva venda da mercadoria na loja franca.

§ 2º A Secretaria da Receita Federal do Brasil poderá, no âmbito de sua competência, editar atos normativos para a implementação do disposto neste artigo.

Art. 478. As vendas referidas no § 3º do art. 476 e no § 1º do art. 477 poderão ser realizadas, com observância da regulamentação editada pelo Ministério da Fazenda, a:

I – tripulantes e passageiros em viagem internacional;

II – missões diplomáticas, repartições consulares, representações de organismos internacionais de caráter permanente e a seus integrantes e assemelhados; e

III – empresas de navegação aérea ou marítima, para uso ou consumo de bordo de embarcações ou aeronaves, de bandeira estrangeira, aportadas no País (Decreto-Lei nº 1.455, de 1976, art. 15, § 4º).

Art. 479. O Ministro de Estado da Fazenda expedirá as normas necessárias ao disciplinamento do regime (Decreto-Lei nº 1.455, de 1976, art. 15, *caput*, com a redação dada pela Lei nº 11.371, de 2006, art. 13).

CAPÍTULO XV
DO DEPÓSITO ESPECIAL

Seção I
DO CONCEITO

Art. 480. O regime aduaneiro de depósito especial é o que permite a estocagem de partes, peças, componentes e materiais de reposição ou manutenção, com suspensão do pagamento dos impostos federais, da contribuição para o PIS/PASEP-Importação e da COFINS-Importação, para veículos, máquinas, equipamentos, aparelhos e instrumentos, estrangeiros, nacionalizados ou não, e nacionais em que tenham sido empregados partes, peças e componentes estrangeiros, nos casos definidos pelo Ministro de Estado da Fazenda (Decreto-Lei nº 37, de 1966, art. 93, com a redação dada pelo Decreto-Lei nº 2.472, de 1988, art. 3º; e Lei nº 10.865, de 2004, art. 14).

Parágrafo único. O Ministro de Estado da Fazenda poderá ainda estabelecer a aplicação do regime a outros bens.

Seção II
DA CONCESSÃO, DO PRAZO E DA APLICAÇÃO DO REGIME

Art. 481. A autorização para operar no regime é de competência da Secretaria da Receita Federal do Brasil.

Art. 482. Poderão habilitar-se a operar no regime as empresas que atendam aos termos, limites e condições estabelecidos em ato normativo pela Secretaria da Receita Federal do Brasil.

Art. 483. Serão admitidas no regime somente mercadorias importadas sem cobertura cambial, ressalvados os casos autorizados pelo Ministro de Estado da Fazenda.

Art. 484. O prazo de permanência da mercadoria no regime será de até cinco anos, contados da data do seu desembaraço para admissão.

Parágrafo único. O Ministro de Estado da Fazenda, em casos de interesse econômico relevante, poderá autorizar a permanência da mercadoria no regime por prazo superior ao estabelecido no *caput*.

Seção III
DA EXTINÇÃO DA APLICAÇÃO DO REGIME

Art. 485. Na vigência do regime, deverá ser adotada uma das seguintes providências, para extinção de sua aplicação:

I – reexportação;

II – exportação, inclusive quando as mercadorias forem aplicadas em serviços de reparo ou manutenção de veículos, máquinas, aparelhos e equipamentos estrangeiros, de passagem pelo País;

III – transferência para outro regime aduaneiro especial ou aplicado em áreas especiais;

IV – despacho para consumo; ou

V – destruição, mediante autorização do consignante, às expensas do beneficiário do regime.

§ 1º A exportação de mercadorias admitidas no regime prescinde de despacho para consumo.

§ 2º A aplicação do disposto no inciso V não obriga ao pagamento dos tributos suspensos.

Art. 486. O despacho para consumo de mercadoria admitida no regime será efetuado pelo beneficiário até o dia dez do mês seguinte ao da saída das mercadorias do estoque, com observância das exigências legais e regulamentares, inclusive as relativas ao controle administrativo das importações.

LEG. COMPLEMENTAR

§ 1º O despacho para consumo poderá ser feito pelo adquirente de mercadoria admitida no regime, nos casos em que ele seja beneficiário de isenção ou de redução de tributos vinculada à qualidade do importador ou à destinação das mercadorias.

§ 2º A Secretaria da Receita Federal do Brasil poderá dispor sobre hipóteses de adoção de prazo diverso do previsto no *caput*.

Art. 487. O controle aduaneiro da entrada, da permanência e da saída de mercadorias será efetuado mediante processo informatizado, com base em software desenvolvido pelo beneficiário, que atenda ao estabelecido em ato normativo da Secretaria da Receita Federal do Brasil.

Parágrafo único. O beneficiário do regime deverá assegurar o livre acesso da Secretaria da Receita Federal do Brasil à base informatizada de que trata o *caput*.

CAPÍTULO XVI
DO DEPÓSITO AFIANÇADO

Seção I
DO CONCEITO

Art. 488. O regime aduaneiro especial de depósito afiançado é o que permite a estocagem, com suspensão do pagamento dos impostos federais, da contribuição para o PIS/PASEP-Importação e da COFINS-Importação, de materiais importados sem cobertura cambial, destinados à manutenção e ao reparo de embarcação ou de aeronave pertencentes a empresa autorizada a operar no transporte comercial internacional, e utilizadas nessa atividade (Decreto-Lei nº 37, de 1966, art. 93, com a redação dada pelo Decreto-Lei nº 2.472, de 1988, art. 3º; e Lei nº 10.865, de 2004, art. 14).

§ 1º O regime poderá ser concedido, ainda, a empresa estrangeira que opere no transporte rodoviário.

§ 2º Os depósitos afiançados das empresas estrangeiras de transporte marítimo ou aéreo poderão ser utilizados inclusive para provisões de bordo.

Seção II
DA CONCESSÃO, DO PRAZO E DA APLICAÇÃO DO REGIME

Art. 489. A autorização para empresa estrangeira operar no regime, pela autoridade aduaneira, é condicionada a previsão em ato internacional firmado pelo Brasil, ou a que seja comprovada a existência de reciprocidade de tratamento.

Art. 490. O prazo de permanência dos materiais no regime será de até cinco anos, contados da data do desembaraço aduaneiro para admissão.

Art. 491. O controle aduaneiro da entrada, da permanência e da saída de mercadorias será efetuado mediante processo informatizado, na forma do art. 487.

Art. 492. A Secretaria da Receita Federal do Brasil poderá, no âmbito de sua competência, editar atos normativos para a implementação do disposto nesta Seção.

CAPÍTULO XVII
DO DEPÓSITO ALFANDEGADO CERTIFICADO

Seção I
DO CONCEITO

Art. 493. O regime de depósito alfandegado certificado é o que permite considerar exportada, para todos os efeitos fiscais, creditícios e cambiais, a mercadoria nacional depositada em recinto alfandegado, vendida a pessoa sediada no exterior, mediante contrato de entrega no território nacional e à ordem do adquirente (Decreto-Lei nº 2.472, de 1988, art. 6º).

Seção II
DA CONCESSÃO, DO PRAZO E DA APLICAÇÃO DO REGIME

Art. 494. O regime será operado, mediante autorização da Secretaria da Receita Federal do Brasil, em recinto alfandegado de uso público.

Parágrafo único. O regime poderá ainda ser operado em instalação portuária de uso privativo misto, atendidas as condições estabelecidas pela Secretaria da Receita Federal do Brasil.

Art. 495. A admissão no regime ocorrerá com a emissão, pelo depositário, de conhecimento de depósito alfandegado, que comprova o depósito, a tradição e a propriedade da mercadoria.

Parágrafo único. Para efeitos fiscais, creditícios e cambiais, a data de emissão do conhecimento referido no *caput* equivale à data de embarque ou de transposição de fronteira da mercadoria.

Art. 496. O prazo de permanência da mercadoria no regime não poderá ser superior a um ano, contado da emissão do conhecimento de depósito alfandegado.

Art. 497. A extinção da aplicação do regime será feita mediante:

I – a comprovação do efetivo embarque, ou da transposição da fronteira, da mercadoria destinada ao exterior;

II – o despacho para consumo; ou

III – a transferência para um dos seguintes regimes aduaneiros:

a) *drawback*;

b) admissão temporária, inclusive para as atividades de pesquisa e exploração de petróleo e seus derivados (REPETRO);

c) loja franca;

d) entreposto aduaneiro; ou

e) RECOF.

Art. 498. A Secretaria da Receita Federal do Brasil poderá, no âmbito de sua competência, editar atos normativos para a implementação do disposto nesta Seção.

CAPÍTULO XVIII
DO DEPÓSITO FRANCO

Seção I
DO CONCEITO

Art. 499. O regime aduaneiro especial de depósito franco é o que permite, em recinto alfandegado, a armazenagem de mercadoria estrangeira para atender ao fluxo comercial de países limítrofes com terceiros países.

Seção II
DA CONCESSÃO E DA APLICAÇÃO DO REGIME

Art. 500. O regime de depósito franco será concedido somente quando autorizado em acordo ou convênio internacional firmado pelo Brasil.

Art. 501. Será obrigatória a verificação da mercadoria admitida no regime:

I – cuja permanência no recinto ultrapasse o prazo estabelecido pela Secretaria da Receita Federal do Brasil; ou

II – quando houver fundada suspeita de falsa declaração de conteúdo.

Art. 502. Aplicam-se às mercadorias admitidas no regime de depósito franco as vedações estabelecidas no art. 327.

Art. 503. A Secretaria da Receita Federal do Brasil poderá, no âmbito de sua competência, editar atos normativos para a implementação do disposto nesta Seção.

TÍTULO II - DOS REGIMES ADUANEIROS APLICADOS EM ÁREAS ESPECIAIS

CAPÍTULO I

DA ZONA FRANCA DE MANAUS

Seção I

DO CONCEITO

Art. 504. A Zona Franca de Manaus é uma área de livre comércio de importação e de exportação e de incentivos fiscais especiais, estabelecida com a finalidade de criar no interior da Amazônia um centro industrial, comercial e agropecuário, dotado de condições econômicas que permitam seu desenvolvimento, em face dos fatores locais e da grande distância a que se encontram os centros consumidores de seus produtos (Decreto-Lei nº 288, de 1967, art. 1º).

Seção II

DOS BENEFÍCIOS FISCAIS

Subseção I

DOS BENEFÍCIOS FISCAIS NA ENTRADA

Art. 505. A entrada de mercadorias estrangeiras na Zona Franca de Manaus, destinadas a seu consumo interno, industrialização em qualquer grau, inclusive beneficiamento, agropecuária, pesca, instalação e operação de indústrias e serviços de qualquer natureza, bem como a estocagem para reexportação, será isenta dos impostos de importação e sobre produtos industrializados (Decreto-Lei nº 288, de 1967, art. 3º; e Lei nº 8.032, de 1990, art. 4º).

§ 1º Excetuam-se da isenção de que trata este artigo as seguintes mercadorias (Decreto-Lei nº 288, de 1967, art. 3º, § 1º, com a redação dada pela Lei nº 8.387, de 30 de dezembro de 1991, art. 1º):

I - armas e munições;

II - fumo;

III - bebidas alcoólicas;

IV - automóveis de passageiros; e

V - produtos de perfumaria ou de toucador, e preparados e preparações cosméticas, salvo os classificados nas posições 3303 a 3307 da Nomenclatura Comum do MERCOSUL, se destinados, exclusivamente, a consumo interno na Zona Franca de Manaus ou quando produzidos com utilização de matérias-primas da fauna e da flora regionais, em conformidade com processo produtivo básico.

§ 2º A isenção de que trata este artigo fica condicionada à efetiva aplicação das mercadorias nas finalidades indicadas e ao cumprimento das demais condições e requisitos estabelecidos pelo Decreto-Lei nº 288, de 1967, e pela legislação complementar.

§ 3º Os produtos nacionais exportados para o exterior e, posteriormente, importados pela Zona Franca de Manaus, não gozarão dos benefícios referidos neste artigo (Decreto-Lei nº 1.435, de 16 de dezembro de 1975, art. 5º).

§ 4º As mercadorias entradas na Zona Franca de Manaus nos termos do *caput* poderão ser posteriormente destinadas à exportação para o exterior, ainda que usadas, com a manutenção da isenção dos tributos incidentes na importação (Decreto-Lei nº 288, de 1967, art. 3º, § 3º, com a redação dada pela Lei nº 11.196, de 2005, art. 127).

§ 5º A entrada das mercadorias a que se refere o *caput* será permitida somente em porto, aeroporto ou recinto alfandegados, na cidade de Manaus.

Art. 506. A remessa de mercadorias de origem nacional para consumo ou industrialização na Zona Franca de Manaus, ou posterior exportação, será, para efeitos fiscais, equivalente a uma exportação brasileira para o exterior (Decreto-Lei nº 288, de 1967, art. 4º).

§ 1º O benefício de que trata o *caput* não abrange armas e munições, perfumes, fumo, bebidas alcoólicas e automóveis de passageiros classificados, respectivamente, nos Capítulos 93, 33, 24, nas posições 2203 a 2206 e nos códigos 2208.20.00 a 2208.70.00 e 2208.90.00 (exceto o ex tarifário 01) e na posição 8703 da Nomenclatura Comum do MERCOSUL (Decreto-Lei nº 340, de 22 de dezembro de 1967, art. 1º, com a redação dada pelo Decreto-Lei nº 355, de 6 de agosto de 1968, art. 1º).

§ 2º O disposto no *caput* não compreende os incentivos fiscais previstos no Decreto-Lei nº 1.248, de 1972, nem os decorrentes do regime de *drawback* (Decreto-Lei nº 1.435, de 1975, art. 7º).

Art. 507. As importações no regime de que trata este Capítulo estão sujeitas a licenciamento não automático, previamente ao despacho aduaneiro, com a expressa anuência da Superintendência da Zona Franca de Manaus.

Subseção II

DOS BENEFÍCIOS FISCAIS NA INTERNAÇÃO

Art. 508. Denomina-se internação, para os efeitos deste Capítulo, a entrada, em outros pontos do território aduaneiro, de mercadoria procedente da Zona Franca de Manaus, nos termos dos arts. 509 e 512.

Art. 509. As mercadorias estrangeiras importadas para a Zona Franca de Manaus, quando desta saírem para outros pontos do território aduaneiro, ficam sujeitas ao pagamento de todos os impostos exigíveis sobre importações do exterior (Decreto-Lei nº 1.455, de 1976, art. 37, *caput*, com a redação dada pela Lei nº 8.387, de 1991, art. 3º).

Parágrafo único. Excetuam-se do disposto no *caput*, relativamente ao pagamento dos impostos, as seguintes hipóteses, observado o disposto nos arts. 511, 512 e 516 (Decreto-Lei nº 1.455, de 1976, art. 37, parágrafo único):

I - bagagem de viajante;

II - internação de produtos industrializados na Zona Franca de Manaus com insumos estrangeiros;

III - saída, para a Amazônia Ocidental, de produtos compreendidos na pauta a que se refere o art. 516; e

IV - saída de mercadorias para as áreas de livre comércio localizadas na Amazônia Ocidental.

Art. 510. A saída da Zona Franca de Manaus, para outro ponto do território aduaneiro, de máquinas, equipamentos, aparelhos e instrumentos, usados, componentes e outros insumos, estrangeiros, que tenham ingressado no regime estabelecido pelo Decreto-Lei nº 288, de 1967, e sejam considerados obsoletos em relação ao processo produtivo desenvolvido pela empresa, bem como aparas, sucata, desperdícios de produção e bens imprestáveis para as suas finalidades originais, com aproveitamento econômico, cuja internação seja autorizada em parecer da Superintendência da Zona Franca de Manaus, sujeita-se ao pagamento dos impostos que deixaram de ser recolhidos no ingresso na região, observado o disposto no art. 313.

Parágrafo único. Caso os bens a que se refere o *caput* não se prestem à utilização econômica, poderão ser destruídos, sem exigência de impostos que deixaram de ser recolhidos no ingresso na região.

Art. 511. O Ministro de Estado da Fazenda poderá aplicar à bagagem de viajante saindo da Zona Franca de Manaus o tratamento previsto para bagagem de viajante procedente do exterior, podendo, no caso, alterar termos, limites e condições (Decreto-Lei nº 1.455, de 1976, art. 6º).

Art. 512. Os produtos industrializados na Zona Franca de Manaus, quando dela saírem para qualquer ponto do território aduaneiro, estarão sujeitos ao pagamento do imposto de importação relativo a matérias-primas, produtos intermediários, materiais secundários e de embalagem, componentes e outros insumos de origem estrangeira neles empregados, calculado o tributo mediante coeficiente de redução de sua alíquota *ad valorem*, desde que atendam a nível de industrialização local compatível com processo produtivo básico para produtos compreendidos na mesma posição e subposição da Nomenclatura Comum do MERCOSUL (Decreto-Lei nº 288, de 1967, art. 7º, *caput*, com a redação dada pela Lei nº 8.387, de 1991, art. 1º).

§ 1º O coeficiente de redução do imposto de importação será obtido mediante a aplicação de fórmula que tenha (Decreto-Lei nº 288, de 1967, art. 7º, § 1º, com a redação dada pela Lei nº 8.387, de 1991, art. 1º):

I – no dividendo, a soma dos valores de matérias-primas, produtos intermediários, materiais secundários e de embalagem, componentes e outros insumos de produção nacional, e da mão de obra empregada no processo produtivo; e

II – no divisor, a soma dos valores de matérias-primas, produtos intermediários, materiais secundários e de embalagem, componentes e outros insumos de produção nacional e de origem estrangeira, e da mão de obra empregada no processo produtivo.

§ 2º Os veículos automóveis, tratores e outros veículos terrestres, e suas partes e peças, industrializados na Zona Franca de Manaus, quando dela saírem para qualquer ponto do território aduaneiro, estarão sujeitos ao pagamento do imposto de importação relativo a matérias-primas, produtos intermediários, materiais secundários e de embalagem, componentes e outros insumos, de origem estrangeira e neles empregados, conforme coeficiente de redução estabelecido no § 1º, ao qual serão acrescidos cinco pontos percentuais, limitado o referido coeficiente, no total, a cem pontos percentuais (Decreto-Lei nº 288, de 1967, art. 7º, §§ 9º e 10º, com a redação dada pela Lei nº 8.387, de 1991, art. 1º).

§ 3º Excetuam-se do disposto no § 2º os veículos das posições 8711 a 8714 da Nomenclatura Comum do MERCOSUL, e respectivas partes e peças, os quais ficarão sujeitos ao pagamento do imposto apurado mediante a utilização do coeficiente de redução previsto no § 1º, ou da redução de que trata o § 5º, se atendidos os requisitos nele estabelecidos (Decreto-Lei nº 288, de 1967, art. 7º, § 9º, com a redação dada pela Lei nº 8.387, de 1991, art. 1º).

§ 4º Os bens do setor de informática, industrializados na Zona Franca de Manaus, quando internados em outras regiões do País, estarão sujeitos ao pagamento do imposto de importação relativo a matérias-primas, produtos intermediários, materiais secundários e de embalagem, componentes e outros insumos, de origem estrangeira e nele empregados, conforme coeficiente de redução estabelecido no § 1º, observadas as disposições do art. 2º da Lei nº 8.387, de 1991 (Lei nº 8.387, de 1991, art. 2º, com a redação dada pela Lei nº 10.176, de 11 de janeiro de 2001, art. 3º, pela Lei nº 10.664, de 22 de abril de 2003, art. 2º, pela Lei nº 11.077, de 30 de dezembro de 2004, art. 2º, pela Lei nº 11.196, de 2005, art. 128, e pela Lei nº 12.249, de 2010, art. 16).

- § 4º com a redação dada pelo Dec. nº 8.010, de 16-5-2013.

§ 5º Para os produtos industrializados na Zona Franca de Manaus, salvo os bens de informática e os veículos de que trata o § 2º, cujos projetos tenham sido aprovados pelo Conselho de Administração da Superintendência da Zona Franca de Manaus até 31 de março de 1991 ou para seus congêneres ou similares, compreendidos na mesma posição e subposição da Nomenclatura Comum do MERCOSUL, constantes de projetos que venham a ser aprovados no prazo de que trata o art. 40 do Ato das Disposições Constitucionais Transitórias, a redução referida no *caput* será de oitenta e oito por cento (Decreto-Lei nº 288, de 1967, art. 7º, § 4º, com a redação dada pela Lei nº 8.387, de 1991, art. 1º).

§ 6º O pagamento do imposto de importação de que trata o *caput* abrange as matérias-primas, produtos intermediários, materiais secundários e de embalagem empregados no processo produtivo industrial do produto final, exceto quando empregados por estabelecimento industrial localizado na Zona Franca de Manaus, de acordo com projeto aprovado com processo produtivo básico, na fabricação de produto que, por sua vez tenha sido utilizado como insumo por outra empresa, não coligada à empresa fornecedora do referido insumo, estabelecida na mencionada região, na industrialização dos produtos de que trata o § 5º (Decreto-Lei nº 288, de 1967, art. 7º, § 5º, com a redação dada pela Lei nº 8.387, de 1991, art. 1º).

§ 7º A redução do imposto de importação, de que trata este artigo, somente será deferida a produtos industrializados previstos em projeto aprovado pelo Conselho de Administração da Superintendência da Zona Franca de Manaus, na forma da legislação específica (Decreto-Lei nº 288, de 1967, art. 7º, § 7º, com a redação dada pela Lei nº 8.387, de 1991, art. 1º).

§ 8º Para os efeitos deste artigo, consideram-se (Decreto-Lei nº 288, de 1967, art. 7º, § 8º, com a redação dada pela Lei nº 8.387, de 1991, art. 1º):

I – produtos industrializados, os resultantes das operações de transformação, beneficiamento, montagem e recondicionamento, como definidas na legislação de regência do imposto sobre produtos industrializados; e

II – processo produtivo básico, o conjunto mínimo de operações, no estabelecimento fabril, que caracteriza a efetiva industrialização de determinado produto.

Art. 513. Estão isentas do imposto sobre produtos industrializados todas as mercadorias produzidas na Zona Franca de Manaus que se destinem (Decreto-Lei nº 288, de 1967, art. 9º, § 1º, com a redação dada pela Lei nº 8.387, de 1991, art. 1º):

I – ao seu consumo interno; ou

II – à comercialização em qualquer ponto do território aduaneiro, observados os requisitos estabelecidos para o processo produtivo básico de que trata o art. 512.

Parágrafo único. A isenção de que trata o *caput* não se aplica às mercadorias referidas no § 1º do art. 505 (Decreto-Lei nº 288, de 1967, art. 9º, § 2º, com a redação dada pela Lei nº 8.387, de 1991, art. 1º).

Art. 514. Compete à Secretaria da Receita Federal do Brasil:

I – definir os locais de saída, da Zona Franca de Manaus para outros pontos do território aduaneiro, das mercadorias referidas nos arts. 509 e 512; e

II – disciplinar o despacho aduaneiro e os procedimentos de internação das mercadorias a que se refere este Capítulo, inclusive bagagem.

Subseção III

DOS BENEFÍCIOS FISCAIS NA EXPORTAÇÃO

Art. 515. A exportação de mercadorias da Zona Franca de Manaus para o exterior, qualquer que seja sua origem, está isenta do imposto de exportação (Decreto-Lei nº 288, de 1967, art. 5º).

Seção III

DAS NORMAS ESPECÍFICAS

Subseção I

DA AMAZÔNIA OCIDENTAL

Art. 516. Os benefícios fiscais concedidos pelo Decreto-Lei nº 288, de 1967, estendem-se às áreas pioneiras, zonas de fronteira e outras localidades da Amazônia Ocidental, quanto aos seguintes produtos de origem estrangeira, segundo pauta fixada pelos Ministros de Estado da Fazenda e do Desenvolvimento, Indústria e Comércio Exterior (Decreto-Lei nº 356, de 15 de agosto de 1968, arts. 1º e 2º, este com a redação dada pelo Decreto-Lei nº 1.435, de 1975, art. 3º):

I – motores marítimos de centro e de popa, seus acessórios e pertences, bem como outros utensílios empregados na atividade pesqueira, exceto explosivos e produtos utilizados em sua fabricação;

II – máquinas, implementos e insumos utilizados na agricultura, na pecuária e nas atividades afins;

III – máquinas para construção rodoviária;

IV – máquinas, motores e acessórios para instalação industrial;

V – materiais de construção;

VI – produtos alimentares; e

VII – medicamentos.

§ 1º A Amazônia Ocidental é constituída pelos Estados do Amazonas, do Acre, de Rondônia e de Roraima (Decreto-Lei nº 291, de 28 de fevereiro de 1967, art. 1º, § 4º).

§ 2º O despacho de importação dos bens relacionados no *caput* poderá ser processado nas unidades aduaneiras de Manaus (AM), Porto Velho (RO), Boa Vista (RR) e Rio Branco (AC), ou em outros locais autorizados em ato normativo da Secretaria da Receita Federal do Brasil.

Subseção II

DA SAÍDA TEMPORÁRIA DE MERCADORIA

Art. 517. Poderá ser autorizada a saída temporária de mercadoria, inclusive de veículo, ingressados na Zona Franca de Manaus com os benefícios fiscais previstos na legislação específica, para outros pontos do território aduaneiro, com suspensão do pagamento dos tributos incidentes na internação, observados os termos, prazos e condições estabelecidos em ato normativo da Secretaria da Receita Federal do Brasil.

Subseção III

DAS REMESSAS POSTAIS

Art. 518. Estão sujeitas à fiscalização e ao controle aduaneiros, na área compreendida pela Zona Franca de Manaus, as malas e remessas postais internacionais, bem como as nacionais destinadas a outros pontos do território aduaneiro.

Art. 519. As remessas postais com indícios de irregularidade na internação serão retidas, para verificação, pela autoridade aduaneira.

Seção IV

DO ENTREPOSTO INTERNACIONAL DA ZONA FRANCA DE MANAUS

Art. 520. O regime de entreposto internacional da Zona Franca de Manaus é o que permite a armazenagem, com suspensão do pagamento de tributos, de (Decreto-Lei nº 37, de 1966, art. 93, com a redação dada pelo Decreto-Lei nº 2.472, de 1988, art. 3º):

I – mercadorias estrangeiras importadas e destinadas:

a) a venda por atacado, para a Zona Franca de Manaus e para outras regiões do território nacional;

b) a comercialização na Zona Franca de Manaus, na Amazônia Ocidental ou nas áreas de livre comércio;

II – matérias-primas, produtos intermediários, materiais secundários e de embalagem, partes e peças e demais insumos, importados e destinados à industrialização de produtos na Zona Franca de Manaus;

III – mercadorias nacionais destinadas à Zona Franca de Manaus, à Amazônia Ocidental, às áreas de livre comércio ou ao mercado externo; e

IV – mercadorias produzidas na Zona Franca de Manaus e destinadas aos mercados interno ou externo.

§ 1º Serão admitidas no regime somente mercadorias importadas sem cobertura cambial, excetuadas as que possam ingressar na Zona Franca de Manaus no regime estabelecido no Decreto-Lei nº 288, de 1967, bem como aquelas destinadas a exportação.

§ 2º É vedada a admissão, no regime, das mercadorias de importação proibida e de fumo e seus derivados.

Art. 521. As mercadorias poderão permanecer no regime pelo prazo de até um ano, prorrogável por período não superior, no total, a cinco anos, contados da data do desembaraço aduaneiro de admissão.

Art. 522. Aplicam-se ao regime de que trata esta Seção, no que couber, as disposições previstas para o regime especial de entreposto aduaneiro.

Art. 523. O Ministro de Estado da Fazenda poderá expedir, no âmbito de sua competência, atos normativos para o disciplinamento do regime.

CAPÍTULO II

DAS ÁREAS DE LIVRE COMÉRCIO

Art. 524. Constituem áreas de livre comércio de importação e de exportação as que, sob regime fiscal especial, são estabelecidas com a finalidade de promover o desenvolvimento de áreas fronteiriças específicas da Região Norte do País e de incrementar as relações bilaterais com os países vizinhos, segundo a política de integração latino-americana (Lei nº 7.965, de 22 de dezembro de 1989, art. 1º; Lei nº 8.210, de 19 de julho de 1991, art. 1º; Lei nº 8.256, de 25 de novembro de 1991, art. 1º, com a redação dada pela Lei nº 11.732, de 2008, art. 5º; Lei nº 8.387, de 1991, art. 11, *caput*; e Lei nº 8.857, de 8 de março de 1994, art. 1º).

Parágrafo único. As áreas de livre comércio são configuradas por limites que envolvem, inclusive, os perímetros urbanos dos municípios de Tabatinga (AM), Guajará-Mirim (RO), Boa Vista e Bonfim (RR), Macapá e Santana (AP) e Brasiléia, com extensão para o município de Epitaciolândia, e Cruzeiro do Sul (AC) (Lei nº 7.965, de 1989, art. 2º, *caput*; Lei nº 8.210, de 1991, art. 2º, *caput*; Lei nº 8.256, de 1991, art. 2º, *caput* e parágrafo único, com a redação dada pela Lei nº 11.732, de 2008, art. 5º; Lei nº 8.387, de 1991, art. 11, § 1º; e Lei nº 8.857, de 1994, art. 2º, *caput*).

Art. 525. A entrada de produtos estrangeiros nas áreas de livre comércio será feita com suspensão do pagamento dos impostos de importação e sobre produtos industrializados, que será convertida em isenção quando os produtos forem destinados a (Lei nº 7.965, de 1989, art. 3º, *caput*; Lei nº 8.210, de 1991, art. 4º, *caput*; Lei nº 8.256, de 1991, art. 4º, *caput*, com a redação dada pela Lei nº 11.732, de 2008, art. 5º; Lei nº 8.387, de 1991, art. 11, § 2º; e Lei nº 8.857, de 1994, art. 4º, *caput*):

I – consumo e venda internos;

II – beneficiamento, em seu território, de pescado, recursos minerais e matérias-primas de origem agrícola ou florestal;

III – beneficiamento de pecuária, restrito às áreas de Boa Vista, Bonfim, Macapá, Santana, Brasiléia e Cruzeiro do Sul;

IV – piscicultura;

V – agropecuária, salvo em relação à área de Guajará-Mirim;

VI – agricultura, restrito à área de Guajará-Mirim;

VII – instalação e operação de atividades de turismo e serviços de qualquer natureza;

VIII – estocagem para comercialização no mercado externo;

IX – estocagem para comercialização ou emprego em outros pontos do País, restrito à área de Tabatinga;

X – atividades de construção e reparos navais, restritas às áreas de Guajará-Mirim e Tabatinga;

XI – industrialização de produtos em seus territórios, restritas às áreas de Tabatinga, Brasiléia e Cruzeiro do Sul; e

XII – internação como bagagem acompanhada, observado o mesmo tratamento previsto na legislação aplicável à Zona Franca de Manaus.

Art. 526. Excetuam-se do regime previsto neste Capítulo:

I – as armas e munições, perfumes, fumo e seus derivados, bebidas alcoólicas e automóveis de passageiros (Lei nº 7.965, de 1989, art. 3º, § 1º; Lei nº 8.210, de 1991, art. 4º, § 2º; Lei nº 8.256, de 1991, art. 4º, § 2º; Lei nº 8.387, de 1991, art. 11, § 2º; e Lei nº 8.857, de 1994, art. 4º, § 2º); e

II – os bens finais de informática, para as áreas de Tabatinga e Guajará-Mirim (Lei nº 7.965, de 1989, art. 3º, § 1º, e Lei nº 8.210, de 1991, art. 4º, § 2º).

Art. 527. A venda de mercadorias nacionais ou nacionalizadas, efetuada por empresas estabelecidas fora das áreas de livre comércio de Boa Vista e de Bonfim para empresas ali sediadas, será, para os efeitos fiscais, equiparada a uma exportação (Lei nº 11.732, de 2008, art. 7º).

Art. 528. As mercadorias estrangeiras importadas para as áreas de livre comércio, quando destas saírem para outros pontos do território aduaneiro, ficam sujeitas ao tratamento fiscal e administrativo dado às importações do exterior (Lei nº 7.965, de 1989, art. 8º; Lei nº 8.210, de 1991, art. 5º; Lei nº 8.256, de 1991, art. 6º, com a redação dada pela Lei nº 11.732, de 2008, art. 5º; Lei nº 8.387, de 1991, art. 11, § 2º; e Lei nº 8.857, de 1994, art. 6º).

Parágrafo único. Excetuam-se do disposto no *caput*, relativamente ao pagamento dos impostos, as mercadorias transferidas para:

I – a Zona Franca de Manaus;

II – a Amazônia Ocidental, observada a pauta de que trata o art. 516; e

III – outras áreas de livre comércio.

Art. 529. A saída temporária de mercadoria, inclusive veículo, de origem estrangeira ou nacional, da área de livre comércio, com os benefícios fiscais previstos na legislação específica, para outros pontos do território aduaneiro poderá ser autorizada, observadas as normas do art. 517.

Art. 530. As áreas de livre comércio serão administradas pela Superintendência da Zona Franca de Manaus.

Art. 531. Compete à Secretaria da Receita Federal do Brasil exercer o controle aduaneiro e a fiscalização das mercadorias admitidas nas áreas de livre comércio, e expedir as normas para isso necessárias.

Art. 532. A aplicação do regime previsto neste Capítulo atenderá, ainda, ao disposto na legislação específica a cada área de livre comércio.

Art. 533. Aplica-se às áreas de livre comércio, no que couber, a legislação pertinente à Zona Franca de Manaus (Lei nº 7.965, de 1989, art. 12; Lei nº 8.256, de 1991, art. 11, com a redação dada pela Lei nº 11.732, de 2008, art. 5º; Lei nº 8.387, de 1991, art. 11, § 2º; e Lei nº 8.857, de 1994, art. 11, *caput*).

CAPÍTULO III
DAS ZONAS DE PROCESSAMENTO DE EXPORTAÇÃO

Art. 534. As zonas de processamento de exportação caracterizam-se como áreas de livre comércio de importação e de exportação, destinadas à instalação de empresas voltadas para a produção de bens a serem comercializados no exterior, objetivando a redução de desequilíbrios regionais, o fortalecimento do balanço de pagamentos e a promoção da difusão tecnológica e do desenvolvimento econômico e social do País (Lei nº 11.508, de 2007, art. 1º, *caput* e parágrafo único).

Art. 535. As importações efetuadas por empresa autorizada a operar em zonas de processamento de exportação serão efetuadas com suspensão do pagamento do imposto de importação, do imposto sobre produtos industrializados, da COFINS-Importação, da contribuição para o PIS/PASEP-Importação e do adicional ao frete para renovação da marinha mercante (Lei nº 11.508, de 2007, art. 6º-A, *caput*, com a redação dada pela Lei nº 11.732, de 2008, art. 1º).

§ 1º A suspensão de que trata o *caput*, quando relativa a máquinas, aparelhos, instrumentos e equipamentos, aplica-se a bens, novos ou usados, para incorporação ao ativo imobilizado da empresa autorizada a operar em zonas de processamento de exportação (Lei nº 11.508, de 2007, art. 6º-A, § 2º, com a redação dada pela Lei nº 11.732, de 2008, art. 1º).

§ 2º A suspensão de que trata o *caput*, na hipótese da Contribuição para o PIS/PASEP-Importação, da COFINS-Importação e do imposto sobre produtos industrializados, relativos aos bens referidos no § 1º, converte-se em alíquota zero por cento depois de cumprido o compromisso de que trata o *caput* do art. 536 e decorrido o prazo de dois anos da data de ocorrência do fato gerador (Lei nº 11.508, de 2007, art. 6º-A, § 7º, com a redação dada pela Lei nº 11.732, de 2008, art. 1º).

§ 3º A suspensão de que trata o *caput*, na hipótese do imposto de importação e do adicional ao frete para renovação da marinha mercante, relativos (Lei nº 11.508, de 2007, art. 6º-A, § 8º, com a redação dada pela Lei nº 11.732, de 2008, art. 1º):

I – aos bens referidos no § 1º, converte-se em isenção depois de cumprido o compromisso de que trata o *caput* do art. 536 e decorrido o prazo de cinco anos da data de ocorrência do fato gerador; e

II – às matérias-primas, produtos intermediários e materiais de embalagem, resolve-se com a:

a) reexportação ou destruição das mercadorias, às expensas do interessado; ou

b) exportação das mercadorias no mesmo estado em que foram importadas ou do produto final no qual foram incorporadas.

§ 4º Na hipótese referida no § 1º, a pessoa jurídica que não incorporar o bem ao ativo imobilizado ou revendê-lo antes da conversão em alíquota zero por cento ou em isenção, na forma dos §§ 2º e 3º, fica obrigada a recolher os impostos e contribuições com o pagamento suspenso acrescidos de juros e multa de mora, na forma da lei, contados a partir da data de registro da declaração de importação (Lei nº 11.508, de 2007, art. 6º-A, § 4º, com a redação dada pela Lei nº 11.732, de 2008, art. 1º).

§ 5º Na hipótese de importação de bens usados, a suspensão de que trata o *caput* será aplicada exclusivamente a conjunto industrial que seja elemento constitutivo da integralização do capital social da empresa (Lei nº 11.508, de 2007, art. 6º-A, § 3º, com a redação dada pela Lei nº 11.732, de 2008, art. 1º).

§ 6º As matérias-primas, produtos intermediários e materiais de embalagem, importados por empresa autorizada a operar em zonas de processamento de exportação com a suspensão de que trata o *caput* deverão ser integralmente utilizados no processo produtivo do produto final (Lei nº 11.508, de 2007, art. 6º-A, § 5º, com a redação dada pela Lei nº 11.732, de 2008, art. 1º).

§ 7º Na hipótese de não ser efetuado o recolhimento na forma do § 4º deste artigo ou do § 3º do art. 536, caberá lançamento de ofício, com aplicação de juros e da multa de que trata o art. 725 (Lei nº 11.508, de 2007, art. 6º-A, § 9º, com a redação dada pela Lei nº 11.732, de 2008, art. 1º).

§ 8º A multa referida no § 7º não prejudica a aplicação de outras penalidades, inclusive do disposto no art. 735 (Lei nº 11.508, de 2007, art. 22, com a redação dada pela Lei nº 11.732, de 2008, art. 2º).

Art. 536. Somente poderá instalar-se em zona de processamento de exportação a pessoa jurídica que assuma o compromisso de auferir e manter, por ano-calendário, receita bruta decorrente de exportação para o exterior de, no mínimo, oitenta por cento de sua receita bruta total de venda de bens e serviços (Lei nº 11.508, de 2007, art. 18, *caput*, com a redação dada pela Lei nº 11.732, de 2008, art. 2º).

§ 1º A receita bruta de que trata o *caput* será considerada depois de excluídos os impostos e contribuições incidentes sobre as vendas (Lei nº 11.508, de 2007, art. 18, § 1º, com a redação dada pela Lei nº 11.732, de 2008, art. 2º).

§ 2º O percentual de receita bruta de que trata o *caput* será apurado a partir do ano-calendário subsequente ao do início da efetiva entrada em funcionamento do projeto, em cujo cálculo será incluída a receita bruta auferida no primeiro ano-calendário de funcionamento (Lei nº 11.508, de 2007, art. 18, § 2º, com a redação dada pela Lei nº 11.732, de 2008, art. 2º).

§ 3º Os produtos industrializados em zona de processamento de exportação, quando vendidos para o mercado interno, estarão sujeitos ao pagamento do imposto de importação e do adicional ao frete para renovação da marinha mercante relativos a matérias-primas, produtos intermediários e materiais de embalagem de procedência estrangeira neles empregados, com acréscimo de juros e multa de mora, na forma da lei (Lei nº 11.508, de 2007, art. 18, § 3º, inciso II, com a redação dada pela Lei nº 11.732, de 2008, art. 2º).

§ 4º É permitida a aplicação de regimes aduaneiros suspensivos em zonas de processamento de exportação, observados os termos, limites e condições do regime (Lei nº 11.508, de 2007, art. 18, § 4º, inciso I, com a redação dada pela Lei nº 11.732, de 2008, art. 2º).

§ 5º A transferência de propriedade de mercadoria entre empresas autorizadas a operar em zona de processamento de exportação será realizada com o tratamento referido no art. 535 (Lei nº 11.508, de 2007, art. 18, § 4º, inciso I, com a redação dada pela Lei nº 11.732, de 2008, art. 2º).

§ 6º A receita auferida com a operação de que trata o § 5º será considerada receita bruta decorrente de venda de mercadoria no mercado externo (Lei nº 11.508, de 2007, art. 18, § 6º, com a redação dada pela Lei nº 11.732, de 2008, art. 2º).

§ 7º Excepcionalmente, em casos devidamente autorizados pelo Conselho Nacional das Zonas de Processamento de Exportação, as matérias-primas, produtos intermediários e materiais de embalagem importados com a suspensão referida no art. 535 poderão ser revendidos no mercado interno, observado o disposto nos §§ 3º e 6º (Lei nº 11.508, de 2007, art. 18, § 7º, com a redação dada pela Lei nº 11.732, de 2008, art. 2º).

Art. 537. O ato que autorizar a instalação de empresa em zona de processamento de exportação relacionará os produtos a serem fabricados de acordo com a sua classificação na Nomenclatura Comum do MERCOSUL e assegurará o tratamento relativo a zonas de processamento de exportação pelo prazo de até vinte anos (Lei nº 11.508, de 2007, art. 8º, *caput*, com a redação dada pela Lei nº 11.732, de 2008, art. 2º).

§ 1º Não serão autorizadas, em zona de processamento de exportação, a produção, a importação ou a exportação de (Lei nº 11.508, de 2007, art. 5º, parágrafo único, com a redação dada pela Lei nº 11.732, de 2008, art. 2º):

I – armas ou explosivos de qualquer natureza, salvo com prévia autorização do Comando do Exército; e

II – material radioativo, salvo com prévia autorização da Comissão Nacional de Energia Nuclear.

§ 2º O prazo de que trata o *caput* poderá, a critério do Conselho Nacional das Zonas de Processamento de Exportação, ser prorrogado por igual período, nos casos de investimento de grande vulto que exijam longos prazos de amortização (Lei nº 11.508, de 2007, art. 8º, § 2º, com a redação dada pela Lei nº 11.732, de 2008, art. 2º).

Art. 538. O início do funcionamento de zona de processamento de exportação dependerá do prévio alfandegamento da respectiva área, observado o disposto na legislação específica (Lei nº 11.508, de 2007, art. 4º, *caput* e parágrafo único).

Art. 539. As importações e exportações de empresa autorizada a operar em zona de processamento de exportação estão sujeitas ao seguinte tratamento administrativo (Lei nº 11.508, de 2007, art. 12, *caput*, com a redação dada pela Lei nº 11.732, de 2008, art. 2º):

I – dispensa de licença ou de autorização de órgãos federais, com exceção dos controles de ordem sanitária, de interesse da segurança nacional e de proteção do meio ambiente, vedadas quaisquer outras restrições à produção, operação, comercialização e importação de bens e serviços que não as impostas pela Lei nº 11.508, de 2007; e

II – somente serão admitidas importações, com a suspensão do pagamento de impostos e contribuições de que trata o art. 535, de equipamentos, máquinas, aparelhos e instrumentos, novos ou usados, e de matérias-primas, produtos intermediários e materiais de embalagem necessários à instalação industrial ou destinados a integrar o processo produtivo.

§ 1º A dispensa de licença ou autorização a que se refere o inciso I do *caput* não se aplica à exportação de produtos (Lei nº 11.508, de 2007, art. 12, § 1º, com a redação dada pela Lei nº 11.732, de 2008, art. 2º):

I – destinados a países com os quais o Brasil mantenha convênios de pagamento, que se submeterá às disposições e controles estabelecidos na forma da legislação específica;

II – sujeitos a regime de cotas aplicáveis às exportações do País, vigente na data de aprovação do projeto, ou que venha a ser instituído posteriormente; ou

III – sujeitos ao pagamento do imposto de exportação.

§ 2º Os produtos importados nos termos do art. 535 são dispensados da apuração de similaridade e da obrigatoriedade de transporte em navio de bandeira brasileira (Lei nº 11.508, de 2007, art. 12, § 3º, com a redação dada pela Lei nº 11.732, de 2008, art. 2º).

§ 3º Além do disposto no § 2º, os bens usados importados nos termos do § 5º do art. 535 são também dispensados da observância às restrições administrativas aplicáveis aos bens usados em geral (Lei nº 11.508, de 2007, art. 12, §§ 3º e 4º, com a redação dada pela Lei nº 11.732, de 2008, art. 2º).

Art. 540. As mercadorias importadas ingressadas em zonas de processamento de exportação serão destinadas à instalação industrial ou ao processo produtivo, podendo, ainda, ser mantidas em depósito, reexportadas ou destruídas, sob controle aduaneiro, às expensas do interessado (Lei nº 11.508, de 2007, art. 12, *caput*, inciso II, e § 2º, com a redação dada pela Lei nº 11.732, de 2008, art. 2º).

Art. 541. As normas relativas à fiscalização, ao despacho e ao controle aduaneiro de mercadorias em zona de processamento de exportação e à forma como a autoridade aduaneira exercerá o controle e a verificação do embarque e, quando for o caso, da destinação de mercadoria exportada por empresa instalada em zona de processamento de exportação serão estabelecidas em ato normativo específico (Lei nº 11.508, de 2007, art. 20).

LIVRO V – DO CONTROLE ADUANEIRO DE MERCADORIAS

TÍTULO I – DO DESPACHO ADUANEIRO

CAPÍTULO I – DO DESPACHO DE IMPORTAÇÃO

Seção I – DAS DISPOSIÇÕES PRELIMINARES

Art. 542. Despacho de importação é o procedimento mediante o qual é verificada a exatidão dos dados declarados pelo importador em relação à mercadoria importada, aos documentos apresentados e à legislação específica.

Art. 543. Toda mercadoria procedente do exterior, importada a título definitivo ou não, sujeita ou não ao pagamento do imposto de importação, deverá ser submetida a despacho de importação, que será realizado com base em declaração apresentada à unidade aduaneira sob cujo controle estiver a mercadoria (Decreto-Lei nº 37, de 1966, art. 44, com a redação dada pelo Decreto-Lei nº 2.472, de 1988, art. 2º).

Parágrafo único. O disposto no *caput* aplica-se inclusive às mercadorias reimportadas e às referidas nos incisos I a V do art. 70.

Art. 544. O despacho de importação poderá ser efetuado em zona primária ou em zona secundária (Decreto-Lei nº 37, de 1966, art. 49, com a redação dada pelo Decreto-Lei nº 2.472, de 1988, art. 2º).

Art. 545. Tem-se por iniciado o despacho de importação na data do registro da declaração de importação.

§ 1º O registro da declaração de importação consiste em sua numeração pela Secretaria da Receita Federal do Brasil, por meio do SISCOMEX.

§ 2º A Secretaria da Receita Federal do Brasil disporá sobre as condições necessárias ao registro da declaração de importação e sobre a dispensa de seu registro no SISCOMEX.

Art. 546. O despacho de importação deverá ser iniciado em (Decreto-Lei nº 37, de 1966, art. 44, com a redação dada pelo Decreto-Lei nº 2.472, de 1988, art. 2º):

I – até noventa dias da descarga, se a mercadoria estiver em recinto alfandegado de zona primária;

II – até quarenta e cinco dias após esgotar-se o prazo de permanência da mercadoria em recinto alfandegado de zona secundária; e

III – até noventa dias, contados do recebimento do aviso de chegada da remessa postal.

Art. 547. Está dispensada de despacho de importação a entrada, no País, de mala diplomática, assim considerada a que contenha tão somente documentos diplomáticos e objetos destinados a uso oficial (Convenção de Viena sobre Relações Diplomáticas, Artigo 27, promulgada pelo Decreto nº 56.435, de 1965).

§ 1º A mala diplomática deverá conter sinais exteriores visíveis que indiquem seu caráter e ser entregue a pessoa formalmente credenciada pela Missão Diplomática.

§ 2º Aplica-se o disposto neste artigo à mala consular (Convenção de Viena sobre Relações Consulares, Artigo 35, promulgada pelo Decreto nº 61.078, de 1967).

Art. 548. O despacho de importação de urna funerária será realizado em caráter prioritário e mediante rito sumário, logo após a sua descarga, com base no respectivo conhecimento de carga ou em documento de efeito equivalente.

Parágrafo único. O desembaraço aduaneiro da urna somente será efetuado após a manifestação da autoridade sanitária competente.

Art. 549. As declarações do importador subsistem para quaisquer efeitos fiscais, ainda que o despacho de importação seja interrompido e a mercadoria abandonada (Decreto-Lei nº 37, de 1966, art. 45, com a redação dada pelo Decreto-Lei nº 2.472, de 1988, art. 2º).

Seção II – DO LICENCIAMENTO DE IMPORTAÇÃO

Art. 550. A importação de mercadoria está sujeita, na forma da legislação específica, a licenciamento, por meio do SISCOMEX.

§ 1º A manifestação de outros órgãos, a cujo controle a mercadoria importada estiver sujeita, também ocorrerá por meio do SISCOMEX.

§ 2º No caso de despacho de importação realizado sem registro de declaração no SISCOMEX, a manifestação dos órgãos anuentes ocorrerá em campo específico da declaração ou em documento próprio.

§ 3º Os Ministros de Estado da Fazenda e do Desenvolvimento, Indústria e Comércio Exterior determinarão, de forma conjunta, as informações de natureza comercial, financeira, cambial e fiscal a serem prestadas para fins de licenciamento.

§ 4º O licenciamento das importações enquadradas na alínea *e* do inciso I do *caput* e no § 1º do art. 136 terá tratamento prioritário e, quando aplicável, procedimento simplificado (Lei nº 13.243, de 2016, art. 11).

- § 4º acrescido pelo Dec. nº 9.283, de 7-2-2018.

Seção III

DA DECLARAÇÃO DE IMPORTAÇÃO

Art. 551. A declaração de importação é o documento base do despacho de importação (Decreto-Lei nº 37, de 1966, art. 44, com a redação dada pelo Decreto-Lei nº 2.472, de 1988, art. 2º).

§ 1º A declaração de importação deverá conter:

I – a identificação do importador; e

II – a identificação, a classificação, o valor aduaneiro e a origem da mercadoria.

§ 2º A Secretaria da Receita Federal do Brasil poderá:

I – exigir, na declaração de importação, outras informações, inclusive as destinadas a estatísticas de comércio exterior; e

II – estabelecer diferentes tipos de apresentação da declaração de importação, apropriados à natureza dos despachos, ou a situações específicas em relação à mercadoria ou a seu tratamento tributário.

Art. 552. A retificação da declaração de importação, mediante alteração das informações prestadas, ou inclusão de outras, será feita pelo importador ou pela autoridade aduaneira, na forma estabelecida pela Secretaria da Receita Federal do Brasil.

Seção IV

DA INSTRUÇÃO DA DECLARAÇÃO DE IMPORTAÇÃO

Art. 553. A declaração de importação será obrigatoriamente instruída com (Decreto-Lei nº 37, de 1966, art. 46, *caput*, com a redação dada pelo Decreto-Lei nº 2.472, de 1988, art. 2º):

- *Caput* com a redação dada pelo Dec. nº 8.010, de 16-5-2013.

I – a via original do conhecimento de carga ou documento de efeito equivalente;

II – a via original da fatura comercial, assinada pelo exportador; e

III – o comprovante de pagamento dos tributos, se exigível.

- Incisos II e III com a redação dada pelo Dec. nº 8.010, de 16-5-2013.

IV – *Revogado.* Dec. nº 8.010, de 16-5-2013.

Parágrafo único. Poderão ser exigidos outros documentos instrutivos da declaração aduaneira em decorrência de acordos internacionais ou por força de lei, de regulamento ou de outro ato normativo.

- Parágrafo único acrescido pelo Dec. nº 8.010, de 16-5-2013.

Subseção I

DO CONHECIMENTO DE CARGA

Art. 554. O conhecimento de carga original, ou documento de efeito equivalente, constitui prova de posse ou de propriedade da mercadoria (Decreto-Lei nº 37, de 1966, art. 46, *caput*, com a redação dada pelo Decreto-Lei nº 2.472, de 1988, art. 2º).

Parágrafo único. A Secretaria da Receita Federal do Brasil poderá dispor sobre hipóteses de não exigência do conhecimento de carga para instrução da declaração de importação.

Art. 555. A cada conhecimento de carga deverá corresponder uma única declaração de importação, salvo exceções estabelecidas pela Secretaria da Receita Federal do Brasil.

Art. 556. Os requisitos formais e intrínsecos, a transmissibilidade e outros aspectos atinentes aos conhecimentos de carga devem regular-se pelos dispositivos da legislação comercial e civil, sem prejuízo da aplicação das normas tributárias quanto aos respectivos efeitos fiscais.

Subseção II

DA FATURA COMERCIAL

Art. 557. A fatura comercial deverá conter as seguintes indicações:

I – nome e endereço, completos, do exportador;

II – nome e endereço, completos, do importador e, se for caso, do adquirente ou do encomendante predeterminado;

III – especificação das mercadorias em português ou em idioma oficial do Acordo Geral sobre Tarifas e Comércio, ou, se em outro idioma, acompanhada de tradução em língua portuguesa, a critério da autoridade aduaneira, contendo as denominações próprias e comerciais, com a indicação dos elementos indispensáveis a sua perfeita identificação;

IV – marca, numeração e, se houver, número de referência dos volumes;

V – quantidade e espécie dos volumes;

VI – peso bruto dos volumes;

VII – peso líquido dos volumes;

- Incisos VI e VII com a redação dada pelo Dec. nº 10.550, de 24-11-2020.

VIII – país de origem, como tal entendido aquele onde houver sido produzida a mercadoria ou onde tiver ocorrido a última transformação substancial;

IX – país de aquisição, assim considerado aquele do qual a mercadoria foi adquirida para ser exportada para o Brasil, independentemente do país de origem da mercadoria ou de seus insumos;

X – país de procedência, assim considerado aquele onde se encontrava a mercadoria no momento de sua aquisição;

XI – preço unitário e total de cada espécie de mercadoria e, se houver, o montante e a natureza das reduções e dos descontos concedidos;

XII – custo de transporte a que se refere o inciso I do art. 77 e demais despesas relativas às mercadorias especificadas na fatura;

XIII – condições e moeda de pagamento; e

XIV – termo da condição de venda (INCOTERM).

Parágrafo único. As emendas, ressalvas ou entrelinhas feitas na fatura deverão ser autenticadas pelo exportador.

Art. 558. Os volumes cobertos por uma mesma fatura terão uma só marca e serão numerados, vedada a repetição de números.

§ 1º É admitido o emprego de algarismos, a título de marca, desde que sejam apostos dentro de uma figura geométrica, respeitada a norma prescrita no § 2º sobre a numeração de volumes.

§ 2º O número em cada volume será aposto ao lado da marca ou da figura geométrica que a encerre.

§ 3º É dispensável a numeração:

LEG. COMPLEMENTAR

I – quando se tratar de mercadoria normalmente importada a granel, embarcada solta ou em amarrados, desde que não traga embalagem; e

II – no caso de partidas de uma mesma mercadoria, de cinquenta ou mais volumes, desde que toda a partida se constitua de volumes uniformes, com o mesmo peso e medida.

Art. 559. A primeira via da fatura comercial será sempre a original, podendo ser emitida, assim como as demais vias, por qualquer processo.

Parágrafo único. Será aceita como primeira via da fatura comercial, quando emitida por processo eletrônico, aquela da qual conste expressamente tal indicação.

Art. 560. Equipara-se à fatura comercial, para todos os efeitos, o conhecimento de carga aéreo, desde que nele constem as indicações de quantidade, espécie e valor das mercadorias que lhe correspondam (Decreto-Lei nº 37, de 1966, art. 46, § 1º, com a redação dada pelo Decreto-Lei nº 2.472, de 1988, art. 2º).

Art. 561. Poderá ser estabelecida, por ato normativo da Secretaria da Receita Federal do Brasil, à vista de solicitação da Câmara de Comércio Exterior, a exigência de visto consular em fatura comercial (Decreto-Lei nº 37, de 1966, art. 46, § 2º, com a redação dada pelo Decreto-Lei nº 2.472, de 1988, art. 2º).

Parágrafo único. O visto a que se refere o *caput* poderá ser substituído por declaração de órgão público ou de entidade representativa de exportadores, no país de procedência ou na comunidade econômica a que pertencerem.

Art. 562. A Secretaria Especial da Receita Federal do Brasil do Ministério da Economia poderá dispor, em relação à fatura comercial, sobre:

- *Caput* com a redação dada pelo Dec. nº 10.550, de 24-11-2020.

I – casos de não exigência;

II – casos de dispensa de sua apresentação para fins de desembaraço aduaneiro, hipótese em que deverá o importador conservar o documento em seu poder, pelo prazo decadencial, à disposição da fiscalização aduaneira;

III – quantidade de vias em que deverá ser emitida e sua destinação;

- Inciso III com a redação dada pelo Dec. nº 8.010, de 16-5-2013.

IV – formas de assinatura mecânica ou eletrônica, permitida a confirmação de autoria e autenticidade do documento, inclusive na hipótese de utilização de *blockchain*;

V – dispensa de assinatura ou de elementos referidos no art. 557; e

- Incisos IV e V com a redação dada pelo Dec. nº 10.550, de 24-11-2020.

VI – inclusão de novos elementos, a serem definidos em legislação específica.

- Inciso VI acrescido pelo Dec. nº 10.550, de 24-11-2020.

Subseção III

DOS OUTROS DOCUMENTOS INSTRUTIVOS DA DECLARAÇÃO

Art. 563. No caso de mercadoria que goze de tratamento tributário favorecido em razão de sua origem, a comprovação desta será feita por qualquer meio julgado idôneo, em conformidade com o estabelecido no correspondente acordo internacional, atendido o disposto no art. 117.

Seção V

DA CONFERÊNCIA ADUANEIRA

Art. 564. A conferência aduaneira na importação tem por finalidade identificar o importador, verificar a mercadoria e a correção das informações relativas a sua natureza, classificação fiscal, quantificação e valor, e confirmar o cumprimento de todas as obrigações, fiscais e outras, exigíveis em razão da importação.

Parágrafo único. A fim de determinar o tipo e a amplitude do controle a ser efetuado na conferência aduaneira, serão adotados canais de seleção (Norma Relativa ao Despacho Aduaneiro de Mercadorias, Artigos 64 e 65, aprovada pela Decisão do Conselho do Mercado Comum – CMC nº 50, aprovada no âmbito do MERCOSUL, de 2004, e internalizada pelo Decreto nº 6.870, de 2009).

- Parágrafo único acrescido pelo Dec. nº 8.010, de 16-5-2013.

Art. 565. A conferência aduaneira poderá ser realizada na zona primária ou na zona secundária (Decreto-Lei nº 37, de 1966, art. 49, com a redação dada pelo Decreto-Lei nº 2.472, de 1988, art. 2º).

§ 1º A conferência aduaneira, quando realizada na zona secundária, poderá ser feita:

I – em recintos alfandegados;

II – no estabelecimento do importador:

a) em ato de fiscalização; ou

b) como complementação da iniciada na zona primária; ou

III – excepcionalmente, em outros locais, mediante prévia anuência da autoridade aduaneira.

§ 2º A Secretaria da Receita Federal do Brasil estabelecerá termos e condições para a realização da conferência aduaneira em recinto não alfandegado de zona secundária, na forma do inciso III do § 1º.

Art. 566. A verificação da mercadoria, no curso da conferência aduaneira ou em outra ocasião, será realizada por Auditor-Fiscal da Receita Federal do Brasil, ou sob a sua supervisão, por Analista-Tributário, na presença do viajante, do importador ou de seus representantes (Decreto-Lei nº 37, de 1966, art. 50, *caput*, com a redação dada pela Lei nº 12.350, de 2010, art. 40).

- *Caput* com a redação dada pelo Dec. nº 8.010, de 16-5-2013.

§ 1º Na hipótese de mercadoria depositada em recinto alfandegado, a verificação poderá ser realizada na presença do depositário ou de seus prepostos, dispensada a exigência da presença do importador (Decreto-Lei nº 37, de 1966, art. 50, § 1º, com a redação dada pela Lei nº 10.833, de 2003, art. 77).

§ 2º A verificação de bagagem ou de outra mercadoria que esteja sob a responsabilidade do transportador poderá ser realizada na presença deste ou de seus prepostos, dispensada a exigência da presença do viajante ou do importador (Decreto-Lei nº 37, de 1966, art. 50, § 2º, com a redação dada pela Lei nº 10.833, de 2003, art. 77).

§ 3º Nas hipóteses dos §§ 1º e 2º, o depositário e o transportador, ou seus prepostos, representam o viajante ou o importador, para efeitos de identificação, quantificação e descrição da mercadoria verificada (Decreto-Lei nº 37, de 1966, art. 50, § 3º, com a redação dada pela Lei nº 10.833, de 2003, art. 77).

Art. 567. A bagagem dos integrantes de missões diplomáticas e de repartições consulares de caráter permanente não está sujeita a verificação, salvo se existirem fundadas razões para se supor que contenha bens (Convenção de Viena sobre Relações Diplomáticas, Artigo 36, parágrafo 2, promulgada pelo Decreto nº 56.435, de 1965, e Convenção de Viena sobre Relações Consulares, Artigo 50, parágrafo 3, promulgada pelo Decreto nº 61.078, de 1967):

I – destinados a uso diverso do previsto nas respectivas Convenções de Viena sobre Relações Diplomáticas e Consulares; ou

II – de importação proibida.

Parágrafo único. A verificação da bagagem, havendo as fundadas razões a que se refere o *caput*, deverá ser realizada na presença do interessado ou de seu representante formalmente autorizado.

Art. 568. Na verificação da mercadoria, poderão ser adotados critérios de seleção e amostragem, conforme o estabelecido em ato normativo da Secretaria da Receita Federal do Brasil (Decreto-Lei nº 37, de 1966, art. 50, *caput*, com a redação dada pela Lei nº 12.350, de 2010, art. 40).

• Artigo com a redação dada pelo Dec. nº 8.010, de 16-5-2013.

Art. 569. Na quantificação ou identificação da mercadoria, a fiscalização aduaneira poderá solicitar perícia, observado o disposto no art. 813 e na legislação específica.

Art. 570. Constatada, durante a conferência aduaneira, ocorrência que impeça o prosseguimento do despacho, este terá seu curso interrompido após o registro da exigência correspondente, pelo Auditor-Fiscal da Receita Federal do Brasil responsável.

§ 1º Caracterizam a interrupção do curso do despacho, entre outras ocorrências:

I – a não apresentação de documentos exigidos pela autoridade aduaneira, desde que indispensáveis ao prosseguimento do despacho; e

II – o não comparecimento do importador para assistir à verificação da mercadoria, quando sua presença for obrigatória.

§ 1º-A. Quando for constatado extravio ou avaria, a autoridade aduaneira poderá, não havendo inconveniente, permitir o prosseguimento do despacho da mercadoria avariada ou da partida com extravio, observado o disposto nos arts. 89 e 660.

• § 1º-A acrescido pelo Dec. nº 8.010, de 16-5-2013.

§ 2º Na hipótese de a exigência referir-se a crédito tributário ou a direito *antidumping* ou compensatório, o importador poderá efetuar o pagamento correspondente, independente de processo.

• § 2º com a redação dada pelo Dec. nº 8.010, de 16-5-2013.

§ 3º Havendo manifestação de inconformidade, por parte do importador, em relação à exigência de que trata o § 2º, o Auditor-Fiscal da Receita Federal do Brasil deverá efetuar o respectivo lançamento, na forma prevista no Decreto nº 70.235, de 6 de março de 1972.

§ 4º Quando exigível o depósito ou o pagamento de quaisquer ônus financeiros ou cambiais ou o cumprimento de obrigações semelhantes, o despacho será interrompido até a satisfação da exigência.

Seção VI

DO DESEMBARAÇO ADUANEIRO

Art. 571. Desembaraço aduaneiro na importação é o ato pelo qual é registrada a conclusão da conferência aduaneira (Decreto-Lei nº 37, de 1966, art. 51, *caput*, com a redação dada pelo Decreto-Lei nº 2.472, de 1988, art. 2º).

§ 1º Não será desembaraçada a mercadoria:

I – cuja exigência de crédito tributário no curso da conferência aduaneira esteja pendente de atendimento, salvo nas hipóteses autorizadas pelo Ministro de Estado da Fazenda, mediante a prestação de garantia (Decreto-Lei nº 37, de 1966, art. 51, § 1º, com a redação dada pelo Decreto-Lei nº 2.472, de 1988, art. 2º; e Decreto-Lei nº 1.455, de 1976, art. 39); e

II – enquanto não apresentados os documentos referidos nos incisos I a III do *caput* do art. 553.

• § 1º com a redação dada pelo Dec. nº 8.010, de 16-5-2013.

§ 2º Após o desembaraço aduaneiro de mercadoria cuja declaração tenha sido registrada no SISCOMEX, será emitido eletronicamente o documento comprobatório da importação.

Art. 572. Quando se tratar de mercadoria sujeita a controle especial, a depósito ou a pagamento de qualquer ônus financeiro ou cambial, o desembaraço aduaneiro dependerá do prévio cumprimento dessas exigências (Decreto-Lei nº 37, de 1966, arts. 47 e 48, com a redação dada pelo Decreto-Lei nº 2.472, de 1988, art. 2º).

Art. 573. O eventual desembaraço de mercadoria objeto de apreensão anulada por decisão judicial não transitada em julgado dependerá, sempre, da prestação prévia de garantia, na forma de depósito ou fiança idônea, do valor das multas e das despesas de regularização cambial emitidas pela autoridade aduaneira, além do pagamento dos tributos devidos (Decreto-Lei nº 37, de 1966, art. 165, *caput*).

Art. 574. Não serão desembaraçadas mercadorias que sejam consideradas, pelos órgãos competentes, nocivas à saúde, ao meio ambiente ou à segurança pública, ou que descumpram controles sanitários, fitossanitários ou zoossanitários, ainda que em decorrência de avaria, devendo tais mercadorias ser obrigatoriamente devolvidas ao exterior ou, caso a legislação permita, destruídas, sob controle aduaneiro, às expensas do obrigado.

§ 1º O descumprimento da obrigação de que trata o *caput* será punido com a sanção administrativa de suspensão que trata a alínea *f* do inciso II do *caput* do art. 735.

§ 2º A obrigação de devolver ou destruir, nos termos deste artigo, aplica-se também a mercadorias para as quais não tenha havido registro de declaração de importação.

§ 3º A obrigação a que se refere o *caput* é do:

I – importador;

II – transportador, se não identificado o importador; ou

III – depositário, se o transportador ou o importador não cumprir a obrigação no prazo de trinta dias da determinação efetuada pela autoridade aduaneira.

§ 4º Os procedimentos referidos neste artigo não prejudicam a aplicação do disposto no art. 636-A.

• Art. 574 com a redação dada pelo Dec. nº 8.010, de 16-5-2013.

Art. 575. O desembaraço aduaneiro fica condicionado ainda à informação do pagamento do adicional ao frete para renovação da marinha mercante, ou de sua isenção, pelo Ministério dos Transportes (Lei nº 10.893, de 2004, art. 12, *caput*, com a redação dada pela Lei nº 11.434, de 2006, art. 3º).

§ 1º O disposto no *caput* aplica-se também na hipótese de entrega de mercadoria antes do desembaraço aduaneiro (Lei nº 10.893, de 2004, art. 12, *caput*, com a redação dada pela Lei nº 11.434, de 2006, art. 3º).

§ 2º A informação referida neste artigo poderá ser prestada eletronicamente.

§ 3º O disposto neste artigo não se aplica aos casos de não incidência previstos no art. 18 da Lei nº 11.033, de 2004, e no art. 11 da Lei nº 11.482, de 2007 (Lei nº 11.033, de 2004, art. 18; e Lei nº 11.482, de 2007, art. 11).

Art. 576. Após o desembaraço aduaneiro, será autorizada a entrega da mercadoria ao importador, mediante a

LEG. COMPLEMENTAR

comprovação do pagamento do ICMS, salvo disposição em contrário (Decreto-Lei nº 37, de 1966, art. 51, com a redação dada pelo Decreto-Lei nº 2.472, de 1988, art. 2º; e Lei Complementar nº 87, de 1996, art. 12, inciso IX, com a redação dada pela Lei Complementar nº 114, de 16 de dezembro de 2002, art. 1º, e § 2º).

§ 1º Deverá ainda ser comprovado o pagamento a que se refere o *caput*, na hipótese de entrega de mercadoria antes do desembaraço aduaneiro, salvo disposição em contrário (Lei Complementar nº 87, de 1996, art. 12, § 3º, com a redação dada pela Lei Complementar nº 114, de 2002, art. 1º).

§ 2º A comprovação referida neste artigo poderá ser efetuada eletronicamente.

Seção VII

DO CANCELAMENTO DA DECLARAÇÃO DE IMPORTAÇÃO

Art. 577. A autoridade aduaneira poderá cancelar declaração de importação já registrada, de ofício ou a pedido do importador, observadas as condições estabelecidas em ato normativo da Secretaria da Receita Federal do Brasil (Norma Relativa ao Despacho Aduaneiro de Mercadorias, Artigo 32, item 1, aprovada pela Decisão CMC nº 50, de 2004, e internalizada pelo Decreto nº 6.870, de 2009).

Parágrafo único. O cancelamento da declaração não exime o importador da responsabilidade por eventuais infrações (Norma Relativa ao Despacho Aduaneiro de Mercadorias, Artigo 32, item 2, aprovada pela Decisão CMC nº 50, de 2004, e internalizada pelo Decreto nº 6.870, de 2009).

- Art. 577 com a redação dada pelo Dec. nº 7.213, de 15-6-2010.]

Seção VIII

DA SIMPLIFICAÇÃO E DA PRIORIZAÇÃO DO DESPACHO

- Título da Seção VIII com a redação dada pelo Dec. nº 9.283, de 7-2-2018.

Art. 578. A Secretaria da Receita Federal do Brasil poderá estabelecer procedimentos para simplificação do despacho de importação (Decreto-Lei nº 37, de 1966, art. 52, *caput*, com a redação dada pelo Decreto-Lei nº 2.472, de 1988, art. 2º).

§ 1º Os procedimentos de que trata o *caput* poderão ser suspensos ou extintos, por conveniência administrativa (Decreto-Lei nº 37, de 1966, art. 52, parágrafo único, com a redação dada pelo Decreto-Lei nº 2.472, de 1988, art. 2º):

§ 2º Na hipótese de inobservância das regras estabelecidas para os procedimentos de que trata o *caput*, aplica-se o disposto no art. 735 (Decreto-Lei nº 37, de 1966, art. 52, parágrafo único, com a redação dada pelo Decreto-Lei nº 2.472, de 1988, art. 2º; e Lei nº 10.833, de 2003, art. 76).

Art. 579. A Secretaria da Receita Federal do Brasil poderá, em ato normativo, autorizar:

I – o início do despacho aduaneiro antes da chegada da mercadoria;

II – a entrega da mercadoria antes de iniciado o despacho; e

III – a adoção de faixas diferenciadas de procedimentos, em que a mercadoria possa ser entregue (Decreto-Lei nº 37, de 1966, art. 51, § 2º, com a redação dada pelo Decreto-Lei nº 2.472, de 1988, art. 2º):

a) antes da conferência aduaneira;

b) mediante conferência aduaneira feita parcialmente; ou

c) somente depois de concluída a conferência aduaneira de toda a carga.

Parágrafo único. As facilidades previstas nos incisos I e II não serão concedidas a pessoa inadimplente em relação a casos anteriores.

Art. 579-A. Os processos de importação e de desembaraço aduaneiro de bens, insumos, reagentes, peças e componentes utilizados em pesquisa científica e tecnológica ou em projetos de inovação terão tratamento prioritário e procedimentos simplificados, conforme disciplinado em ato da Secretaria da Receita Federal do Brasil do Ministério da Fazenda e observado o disposto no art. 1º da Lei nº 8.010, de 29 de março de 1990, e nas alíneas *e* a *g* do inciso I do *caput* do art. 2º da Lei nº 8.032, de 12 de abril de 1990.

§ 1º Os processos de importação e desembaraço aduaneiro de que trata o *caput* terão tratamento equivalente àquele previsto para mercadorias perecíveis.

§ 2º Os órgãos da administração pública federal intervenientes na importação adotarão procedimentos de gestão de riscos com a participação das instituições de pesquisa científica e tecnológica, de modo a minimizar os controles durante os processos de importação e despacho aduaneiro, inclusive para os importadores pessoas físicas.

§ 3º A fiscalização de condição de isenção tributária reconhecida na forma estabelecida no § 2º do art. 1º da Lei nº 8.010, de 1990, será efetuada prioritariamente em controle pós-despacho aduaneiro.

- Art. 579-A acrescido Dec. nº 9.283, de 7-2-2018.

CAPÍTULO II

DO DESPACHO DE EXPORTAÇÃO

Seção I

DAS DISPOSIÇÕES PRELIMINARES

Art. 580. Despacho de exportação é o procedimento mediante o qual é verificada a exatidão dos dados declarados pelo exportador em relação à mercadoria, aos documentos apresentados e à legislação específica, com vistas a seu desembaraço aduaneiro e a sua saída para o exterior.

Art. 581. Toda mercadoria destinada ao exterior, inclusive a reexportada, está sujeita a despacho de exportação, com as exceções estabelecidas na legislação específica.

Parágrafo único. A mercadoria a ser devolvida ao exterior antes de submetida a despacho de importação poderá ser dispensada do despacho de exportação, conforme disposto em ato editado pela Secretaria da Receita Federal do Brasil.

Art. 582. Será dispensada de despacho de exportação a saída, do País, de mala diplomática ou consular, observado o disposto no art. 547 (Convenção de Viena sobre Relações Diplomáticas, Artigo 27, promulgada pelo Decreto nº 56.435, de 1965, e Convenção de Viena sobre Relações Consulares, Artigo 35, promulgada pelo Decreto nº 61.078, de 1967).

Art. 583. O despacho de exportação de urna funerária será realizado em caráter prioritário e mediante rito sumário, antes de sua saída para o exterior, com base no respectivo conhecimento de carga ou em documento de efeito equivalente, observado, ainda, o disposto no parágrafo único do art. 548.

Seção II

DO REGISTRO DE EXPORTAÇÃO

Art. 584. O registro de exportação compreende o conjunto de informações de natureza comercial, financeira, cambial e fiscal que caracteriza a operação de exportação de uma mercadoria e define o seu enquadramento, devendo ser efetuado de acordo com o estabelecido pela Secretaria de Comércio Exterior.

Art. 585. O registro de exportação, no SISCOMEX, nos casos previstos pela Secretaria de Comércio Exterior, é requisito essencial para o despacho de exportação de mercadorias nacionais ou nacionalizadas, ou de reexportação.

Seção III

DA DECLARAÇÃO DE EXPORTAÇÃO

Art. 586. O documento base do despacho de exportação é a declaração de exportação.

Parágrafo único. A Secretaria da Receita Federal do Brasil poderá estabelecer diferentes tipos e formas de apresentação da declaração de exportação, apropriados à natureza dos despachos, ou a situações específicas em relação à mercadoria ou a seu tratamento tributário.

Art. 587. A retificação da declaração de exportação, mediante alteração das informações prestadas, ou a inclusão de outras, será feita pela autoridade aduaneira, de ofício ou a requerimento do exportador, na forma estabelecida pela Secretaria da Receita Federal do Brasil.

Seção IV

DA INSTRUÇÃO DA DECLARAÇÃO DE EXPORTAÇÃO

Art. 588. A declaração de exportação será instruída com:

I – a primeira via da nota fiscal;

II – a via original do conhecimento e do manifesto internacional de carga, nas exportações por via terrestre, fluvial ou lacustre; e

III – outros documentos exigidos na legislação específica.

Parágrafo único. Os documentos instrutivos da declaração de exportação serão entregues à autoridade aduaneira, na forma, no prazo e nas condições estabelecidos pela Secretaria da Receita Federal do Brasil.

Seção V

DA CONFERÊNCIA ADUANEIRA

Art. 589. A conferência aduaneira na exportação tem por finalidade identificar o exportador, verificar a mercadoria e a correção das informações relativas a sua natureza, classificação fiscal, quantificação e preço, e confirmar o cumprimento de todas as obrigações, fiscais e outras, exigíveis em razão da exportação.

Parágrafo único. A fim de determinar o tipo e a amplitude do controle a ser efetuado na conferência aduaneira, serão adotados canais de seleção (Norma Relativa ao Despacho Aduaneiro de Mercadorias, Artigos 64 e 65, aprovada pela Decisão CMC nº 50, de 2004, e internalizada pelo Decreto nº 6.870, de 2009).

• Parágrafo único acrescido pelo Dec. nº 8.010, de 16-5-2013.

Art. 590. A verificação da mercadoria, no curso da conferência aduaneira ou em outra ocasião, será realizada por Auditor-Fiscal da Receita Federal do Brasil, ou sob a sua supervisão, por Analista-Tributário, na presença do viajante, do exportador ou de seus representantes (Decreto-Lei nº 37, de 1966, art. 50, *caput*, com a redação dada pela Lei nº 12.350, de 2010, art. 40).

• *Caput* com a redação dada pelo Dec. nº 8.010, de 16-5-2013.

§ 1º Na hipótese de mercadoria depositada em recinto alfandegado, a verificação poderá ser realizada na presença do depositário ou de seus prepostos, dispensada a exigência da presença do exportador (Decreto-Lei nº 37, de 1966, art. 50, § 1º, com a redação dada pela Lei nº 10.833, de 2003, art. 77).

§ 2º A verificação de bagagem ou de outra mercadoria que esteja sob a responsabilidade do transportador poderá ser realizada na presença deste ou de seus prepostos, dispensada a exigência da presença do viajante ou do exportador (Decreto-Lei nº 37, de 1966, art. 50, § 2º, com a redação dada pela Lei nº 10.833, de 2003, art. 77).

§ 3º Nas hipóteses dos §§ 1º e 2º, o depositário e o transportador, ou seus prepostos, representam o viajante ou o exportador, para efeitos de identificação, quantificação e descrição da mercadoria verificada (Decreto-Lei nº 37, de 1966, art. 50, § 3º, com a redação dada pela Lei nº 10.833, de 2003, art. 77).

Seção VI

DO DESEMBARAÇO ADUANEIRO E DA AVERBAÇÃO DO EMBARQUE

Art. 591. Desembaraço aduaneiro na exportação é o ato pelo qual é registrada a conclusão da conferência aduaneira, e autorizado o embarque ou a transposição de fronteira da mercadoria.

Parágrafo único. Constatada divergência ou infração que não impeça a saída da mercadoria do País, o desembaraço será realizado, sem prejuízo da formalização de exigências, desde que assegurados os meios de prova necessários.

Art. 592. A mercadoria a ser reexportada somente será desembaraçada após o pagamento das multas a que estiver sujeita (Decreto-Lei nº 37, de 1966, art. 71, § 6º, com a redação dada pelo Decreto-Lei nº 2.472, de 1988, art. 1º).

Art. 593. A averbação do embarque consiste na confirmação da saída da mercadoria do País.

Seção VII

DO CANCELAMENTO DA DECLARAÇÃO DE EXPORTAÇÃO

Art. 594. A autoridade aduaneira poderá cancelar declaração de exportação já registrada, de ofício ou a pedido do exportador, observadas as condições estabelecidas em ato normativo da Secretaria da Receita Federal do Brasil (Norma Relativa ao Despacho Aduaneiro de Mercadorias, Artigo 54, item 1, aprovada pela Decisão CMC nº 50, de 2004, e internalizada pelo Decreto nº 6.870, de 2009).

Parágrafo único. O cancelamento da declaração não exime o exportador da responsabilidade por eventuais infrações (Norma Relativa ao Despacho Aduaneiro de Mercadorias, Artigo 54, item 2, aprovada pela Decisão CMC nº 50, de 2004, e internalizada pelo Decreto nº 6.870, de 2009).

• Art. 594 com a redação dada pelo Dec. nº 7.213, de 15-6-2010.

Seção VIII

DA SIMPLIFICAÇÃO DO DESPACHO

Art. 595. Poderá ser autorizado, em ato normativo da Secretaria da Receita Federal do Brasil (Decreto-Lei nº 37, de 1966, art. 52, *caput*, com a redação dada pelo Decreto-Lei nº 2.472, de 1988, art. 2º):

I – a adoção de procedimentos para simplificação do despacho de exportação; e

II – o embarque da mercadoria ou a sua saída do território aduaneiro antes do registro da declaração de exportação.

Seção IX

DAS DISPOSIÇÕES FINAIS

Art. 596. Aplicam-se ao despacho de exportação, no que couber, as normas estabelecidas para o despacho de importação (Decreto-Lei nº 1.578, de 1977, art. 8º).

CAPÍTULO III
DOS CASOS ESPECIAIS

Seção I
DOS ENTORPECENTES

Art. 597. Estão sujeitos a controle e fiscalização, na forma prevista neste artigo, observado o disposto na legislação específica, a importação, a exportação, a reexportação, o transporte, a distribuição, a transferência e a cessão de produtos químicos que possam ser utilizados como insumo na elaboração de substâncias entorpecentes, psicotrópicas ou que determinem dependência física ou psíquica (Lei nº 10.357, de 27 de dezembro de 2001, art. 1º, *caput*).

§ 1º Aplica-se o disposto neste artigo somente às substâncias entorpecentes, psicotrópicas ou que determinem dependência física ou psíquica, e que não estejam sob controle do órgão competente do Ministério da Saúde (Lei nº 10.357, de 2001, art. 1º, § 1º).

§ 2º As partes envolvidas nas operações a que se refere o *caput* deverão possuir licença de funcionamento, exceto quando se tratar de quantidades de produtos químicos inferiores aos limites a serem estabelecidos em portaria do Ministro de Estado da Justiça (Lei nº 10.357, de 2001, art. 6º).

§ 3º Para importar, exportar ou reexportar os produtos químicos sujeitos a controle e fiscalização, nos termos deste artigo, será necessária autorização prévia do Departamento de Polícia Federal, nos casos previstos em portaria do Ministro de Estado da Justiça, sem prejuízo do disposto no § 2º e dos procedimentos adotados pelos demais órgãos competentes (Lei nº 10.357, de 2001, art. 7º).

Art. 598. Para importar, exportar ou reexportar drogas, ou matéria-prima destinada à sua preparação, que estejam sob controle do órgão competente do Ministério da Saúde, é indispensável licença da autoridade competente (Lei nº 11.343, de 23 de agosto de 2006, art. 31).

Parágrafo único. Para os efeitos do *caput*, consideram-se como drogas as substâncias ou os produtos capazes de causar dependência, assim especificados em lei ou relacionados em listas atualizadas periodicamente pelo Poder Executivo (Lei nº 11.343, de 2006, art. 1º, parágrafo único).

Seção II
DO FUMO E DE SEUS SUCEDÂNEOS

Art. 599. A importação de cigarros classificados no código 2402.20.00 da Nomenclatura Comum do MERCOSUL será efetuada com observância do disposto nesta Seção, sem prejuízo de outras exigências, inclusive quanto à comercialização do produto, previstas em legislação específica (Lei nº 9.532, de 1997, art. 45).

Parágrafo único. A importação a que se refere o *caput* será efetuada exclusivamente por empresas que mantiverem registro especial na Secretaria da Receita Federal do Brasil (Decreto-Lei nº 1.593, de 21 de dezembro de 1977, art. 1º, *caput* e § 3º, com a redação dada pela Medida Provisória nº 2.158-35, de 2001, art. 32).

Art. 600. É vedada a importação de cigarros de marca que não seja comercializada no país de origem (Lei nº 9.532, de 1997, art. 46).

Art. 601. No desembaraço aduaneiro de cigarros importados do exterior deverão ser observados (Lei nº 9.532, de 1997, art. 50, *caput*):

I – se as vintenas importadas correspondem à marca comercial divulgada e se estão devidamente seladas, com a marcação no selo de controle do número de inscrição do importador no Cadastro Nacional da Pessoa Jurídica e do preço de venda a varejo;

II – se a quantidade de vintenas importadas corresponde à quantidade autorizada; e

III – se na embalagem dos produtos constam, em língua portuguesa, todas as informações exigidas para os produtos de fabricação nacional.

Art. 602. O Ministro de Estado da Fazenda estabelecerá medidas especiais de controle fiscal para o desembaraço aduaneiro, a circulação, a posse e o consumo de fumo, charuto, cigarrilha e cigarro de procedência estrangeira (Decreto-Lei nº 399, de 30 de dezembro de 1968, art. 2º).

Art. 603. Os cigarros destinados à exportação não poderão ser vendidos nem expostos à venda no País, sendo o fabricante obrigado a imprimir, tipograficamente ou por meio de etiqueta, nas embalagens de cada maço ou carteira de vinte unidades, bem como nos pacotes e em outros envoltórios que as contenham, em caracteres visíveis, o número do Cadastro Nacional da Pessoa Jurídica (Decreto-Lei nº 1.593, de 1977, art. 12, *caput*, com a redação dada pela Medida Provisória nº 2.158-35, de 2001, art. 32).

§ 1º As embalagens de apresentação dos cigarros destinados a países da América do Sul e da América Central, inclusive Caribe, deverão conter, sem prejuízo da exigência de que trata o *caput*, a expressão "Somente para exportação – proibida a venda no Brasil", admitida sua substituição por dizeres com exata correspondência em outro idioma (Decreto-Lei nº 1.593, de 1977, art. 12, § 1º, com a redação dada pela Medida Provisória nº 2.158-35, de 2001, art. 32).

§ 2º O disposto no § 1º também se aplica às embalagens destinadas a venda, para consumo ou revenda, em embarcações ou aeronaves em tráfego internacional, inclusive por meio de *ship's chandler* (Decreto-Lei nº 1.593, de 1977, art. 12, § 2º, com a redação dada pela Medida Provisória nº 2.158-35, de 2001, art. 32).

§ 3º As disposições relativas à rotulagem ou marcação de produtos previstas na legislação específica não se aplicam aos cigarros destinados à exportação (Decreto-Lei nº 1.593, de 1977, art. 12, § 3º, com a redação dada pela Medida Provisória nº 2.158-35, de 2001, art. 32).

§ 4º O disposto neste artigo não exclui as exigências referentes a selo de controle (Decreto-Lei nº 1.593, de 1977, art. 12, § 4º, com a redação dada pela Medida Provisória nº 2.158-35, de 2001, art. 32).

Art. 604. Ressalvadas as operações de aquisição no mercado interno realizadas pelas empresas comerciais exportadoras com o fim específico de exportação, a exportação do tabaco em folha só poderá ser feita pelas empresas registradas para a atividade de beneficiamento e acondicionamento por enfardamento, de acordo com a legislação específica, atendidas ainda as instruções expedidas pela Secretaria da Receita Federal do Brasil e pela Secretaria de Comércio Exterior (Decreto-Lei nº 1.593, de 1977, art. 9º).

Seção III
DOS PRODUTOS COM MARCA FALSIFICADA

Art. 605. Poderão ser retidos, de ofício ou a requerimento do interessado, pela autoridade aduaneira, no curso da conferência aduaneira, os produtos assinalados com marcas falsificadas, alteradas ou imitadas, ou que apresentem falsa indicação de procedência (Lei nº 9.279, de 14 de maio de 1996, art. 198).

Art. 606. Após a retenção de que trata o art. 605, a autoridade aduaneira notificará o titular dos direitos da marca para que, no prazo de dez dias úteis da ciência, promova, se for o caso, a correspondente queixa e solicite a apreensão judicial das mercadorias (Lei nº 9.279, de 1996, art. 199, e Acordo sobre Aspectos dos Direitos de Propriedade Intelectual Relacionados ao Comércio, Artigo 55, aprovado pelo Decreto Legislativo nº 30, de 1994, e promulgado pelo Decreto nº 1.355, de 1994).

§ 1º O titular dos direitos da marca poderá, em casos justificados, solicitar que seja prorrogado o prazo estabelecido no *caput* uma única vez, por igual período (Acordo sobre Aspectos dos Direitos de Propriedade Intelectual Relacionados ao Comércio, Artigo 55, aprovado pelo Decreto Legislativo nº 30, de 1994, e promulgado pelo Decreto nº 1.355, de 1994).

§ 2º No caso de falsificação, alteração ou imitação de armas, brasões ou distintivos oficiais nacionais, estrangeiros ou internacionais, sem a necessária autorização, a autoridade aduaneira promoverá a devida representação fiscal para fins penais, conforme modelo estabelecido pela Secretaria da Receita Federal do Brasil (Lei nº 9.279, de 1996, art. 191).

Art. 607. Se a autoridade aduaneira não tiver sido informada, no prazo a que se refere o art. 606, de que foram tomadas pelo titular da marca as medidas cabíveis para apreensão judicial das mercadorias, o despacho aduaneiro destas poderá ter prosseguimento, desde que cumpridas as demais condições para a importação ou exportação (Acordo sobre Aspectos dos Direitos de Propriedade Intelectual Relacionados ao Comércio, Artigo 55, aprovado pelo Decreto Legislativo nº 30, de 1994, e promulgado pelo Decreto nº 1.355, de 1994).

Art. 608. O titular da marca, tendo elementos suficientes para suspeitar que a importação ou a exportação de mercadorias com marca contrafeita venha a ocorrer, poderá requerer sua retenção à autoridade aduaneira, apresentando os elementos que apontem para a suspeita (Acordo sobre Aspectos dos Direitos de Propriedade Intelectual Relacionados ao Comércio, Artigos 51 e 52, aprovado pelo Decreto Legislativo nº 30, de 1994, e promulgado pelo Decreto nº 1.355, de 1994).

Parágrafo único. A autoridade aduaneira poderá exigir que o requerente apresente garantia, em valor suficiente para proteger o requerido e evitar abuso (Acordo sobre Aspectos dos Direitos de Propriedade Intelectual Relacionados ao Comércio, Artigo 53, parágrafo 1, aprovado pelo Decreto Legislativo nº 30, de 1994, e promulgado pelo Decreto nº 1.355, de 1994).

Seção IV

DOS FONOGRAMAS, DOS LIVROS E DAS OBRAS AUDIOVISUAIS

Art. 609. Os fonogramas, os livros e as obras audiovisuais, importados ou a exportar, deverão conter selos ou sinais de identificação, emitidos e fornecidos na forma da legislação específica, para atestar o cumprimento das normas legais referentes ao direito autoral (Lei nº 9.610, de 19 de fevereiro de 1998, art. 113).

Art. 610. Aplica-se, no que couber, às importações ou às exportações de mercadorias onde haja indício de violação ao direito autoral, o disposto nos arts. 606 a 608 (Acordo sobre Aspectos dos Direitos de Propriedade Intelectual Relacionados ao Comércio, Artigos 51, 52, 53, parágrafo 1, e 55, aprovado pelo Decreto Legislativo nº 30, de 1994, e promulgado pelo Decreto nº 1.355, de 1994).

Seção V

DOS BRINQUEDOS, DAS RÉPLICAS E DOS SIMULACROS DE ARMAS DE FOGO

Art. 611. É vedada a importação de brinquedos, réplicas e simulacros de armas de fogo, que com estas se possam confundir (Lei nº 10.826, de 22 de dezembro de 2003, art. 26, *caput*).

Parágrafo único. Excetuam-se da proibição referida no *caput* as réplicas e os simulacros destinados à instrução, ao adestramento, ou à coleção de usuário autorizado, nas condições fixadas pelo Comando do Exército (Lei nº 10.826, de 2003, art. 26, parágrafo único).

Seção VI

DOS BENS SENSÍVEIS

Art. 612. Dependerá de prévia autorização do Ministério da Ciência e Tecnologia a exportação de bem constante das listas de bens sensíveis (Lei nº 9.112, de 10 de outubro de 1995, art. 3º, inciso I; Lei nº 9.649, de 27 de maio de 1998, art. 14, inciso II, alínea *g*, com a redação dada pela Medida Provisória nº 2.216-37, de 31 de agosto de 2001, art. 1º; e Lei nº 10.683, de 28 de maio de 2003, art. 27, inciso IV, alínea *g*).

§ 1º Consideram-se bens sensíveis os bens de uso duplo e os bens de uso na área nuclear, química e biológica (Lei nº 9.112, de 1995, art. 1º, § 1º, com a redação dada pela Medida Provisória nº 2.216-37, de 2001, art. 15).

§ 2º Para os efeitos do § 1º, consideram-se (Lei nº 9.112, de 1995, art. 1º, § 1º, incisos II a IV):

I – bens de uso duplo, os de aplicação generalizada, desde que relevantes para aplicação bélica;

II – bens de uso na área nuclear, os materiais que contenham elementos de interesse para o desenvolvimento da energia nuclear, bem como as instalações e equipamentos utilizados para o seu desenvolvimento ou para as inúmeras aplicações pacíficas da energia nuclear; e

III – bens químicos ou biológicos, os que sejam relevantes para qualquer aplicação bélica e seus precursores.

§ 3º Os bens de que trata este artigo serão relacionados em listas de bens sensíveis, atualizadas periodicamente e publicadas no Diário Oficial (Lei nº 9.112, de 1995, art. 2º).

Art. 613. A importação e a exportação de materiais nucleares dependerá de autorização da Comissão Nacional de Energia Nuclear (Lei nº 6.189, de 16 de dezembro de 1974, art. 11).

Art. 614. A exportação de produtos que contenham elementos nucleares em coexistência com outros elementos ou substâncias de maior valor econômico dependerá de autorização da Comissão Nacional de Energia Nuclear (Lei nº 6.189, de 1974, art. 17).

Seção VII

DOS MEDICAMENTOS, DAS DROGAS, DOS INSUMOS FARMACÊUTICOS E CORRELATOS

Art. 615. A importação e a exportação de medicamentos, drogas, insumos farmacêuticos e correlatos, bem como produtos de higiene, cosméticos, perfumes, saneantes domissanitários, produtos destinados à correção estética e outros de natureza e finalidade semelhantes, será permitida apenas às empresas e estabelecimentos autorizados pelo Ministério da Saúde e licenciados pelo órgão sanitário competente (Lei nº 5.991, de 17 de dezembro de 1973, art. 21; e Lei nº 6.360, de 23 de setembro de 1976, arts. 1º e 2º).

Parágrafo único. Para os efeitos do *caput*, consideram-se como (Lei nº 5.991, de 1973, art. 4º, incisos I a IV; e Lei nº 6.360, de 1976, art. 3º, incisos I a VII e XII):

I – drogas, as substâncias ou matérias-primas que tenham a finalidade medicamentosa ou sanitária;

II – medicamentos, os produtos farmacêuticos, tecnicamente obtidos ou elaborados, com finalidades profilática, curativa, paliativa ou para fins de diagnóstico;

III – insumos farmacêuticos, as drogas ou matérias-primas aditivas ou complementares de qualquer natureza, destinadas a emprego em medicamentos, quando for o caso, e seus recipientes;

IV – correlatos, as substâncias, produtos, aparelhos ou acessórios não enquadrados nos conceitos dos incisos I a III, cujo uso ou aplicação esteja ligado à defesa e proteção da saúde individual ou coletiva, à higiene pessoal ou de ambientes, ou a fins diagnósticos e analíticos, os cosméticos e perfumes, e, ainda, os produtos dietéticos, óticos, de acústica médica, odontológicos e veterinários;

V – produtos dietéticos, os produtos tecnicamente elaborados para atender às necessidades dietéticas de pessoas em condições fisiológicas especiais;

VI – produtos de higiene, os produtos para uso externo, antissépticos ou não, destinados ao asseio ou à desinfecção corporal, compreendendo os sabonetes, xampus, dentifrícios, enxaguatórios bucais, antiperspirantes, desodorantes, produtos para barbear e após o barbear, estípticos e outros;

VII – cosméticos, os produtos para uso externo, destinados à proteção ou ao embelezamento das diferentes partes do corpo, tais como pós faciais, talcos, cremes de beleza, creme para as mãos e similares, máscaras faciais, loções de beleza, soluções leitosas, cremosas e adstringentes, loções para as mãos, bases de maquilagem e óleos cosméticos, ruges, blushes, batons, lápis labiais, preparados antissolares, bronzeadores e simulatórios, rímeis, sombras, delineadores, tinturas capilares, agentes clareadores de cabelos, preparados para ondular e para alisar cabelos, fixadores de cabelos, laquês, brilhantinas e similares, loções capilares, depilatórios e epilatórios, preparados para unhas e outros;

VIII – perfumes, os produtos de composição aromática obtida à base de substâncias naturais ou sintéticas, que, em concentrações e veículos apropriados, tenham como principal finalidade a odorização de pessoas ou ambientes, incluídos os extratos, as águas perfumadas, os perfumes cremosos, preparados para banho e os odorizantes de ambientes, apresentados em forma líquida, geleificada, pastosa ou sólida;

IX – saneantes domissanitários, as substâncias ou preparações destinadas à higienização, desinfecção ou desinfestação domiciliar, em ambientes coletivos ou públicos, em lugares de uso comum e no tratamento da água, compreendendo:

a) inseticidas, destinados ao combate, à prevenção e ao controle dos insetos em habitações, recintos e lugares de uso público e suas cercanias;

b) raticidas, destinados ao combate a ratos, camundongos e outros roedores, em domicílios, embarcações, recintos e lugares de uso público, contendo substâncias ativas, isoladas ou em associação, que não ofereçam risco à vida ou à saúde do homem e dos animais úteis de sangue quente, quando aplicados em conformidade com as recomendações contidas em sua apresentação;

c) desinfetantes, destinados a destruir, indiscriminada ou seletivamente, microorganismos, quando aplicados em objetos inanimados ou ambientes; e

d) detergente, destinados a dissolver gorduras e à higiene de recipientes e vasilhas, e a aplicações de uso doméstico;

X – corantes, as substâncias adicionais aos medicamentos, produtos dietéticos, cosméticos, perfumes, produtos de higiene e similares, saneantes domissanitários e similares, com o efeito de lhes conferir cor e, em determinados tipos de cosméticos, transferi-la para a superfície cutânea e anexos da pele;

XI – nutrimentos, as substâncias constituintes dos alimentos de valor nutricional, incluindo proteínas, gorduras, hidratos de carbono, água, elementos minerais e vitaminas; e

XII – matérias-primas, as substâncias ativas ou inativas que se empregam na fabricação de medicamentos e de outros produtos abrangidos por este artigo, tanto as que permanecem inalteradas quanto as passíveis de sofrer modificações.

Seção VIII

DOS PRODUTOS CONTENDO ORGANISMOS GENETICAMENTE MODIFICADOS

Art. 616. Os organismos geneticamente modificados e seus derivados destinados a pesquisa ou a uso comercial só poderão ser importados ou exportados após autorização ou em observância às normas estabelecidas pela Comissão Técnica Nacional de Biossegurança ou pelos órgãos e entidades de registro e fiscalização (Lei nº 11.105, de 24 de março de 2005, arts. 14, inciso IX, art. 16, inciso III, e 29).

Parágrafo único. Para os efeitos do *caput*, consideram-se como (Lei nº 11.105, de 2005, art. 1º, §§ 1º e 2º):

I – atividade de pesquisa, a realizada em laboratório, regime de contenção ou campo, como parte do processo de obtenção de organismos geneticamente modificados e seus derivados ou de avaliação da biossegurança de organismos geneticamente modificados e seus derivados, o que engloba, no âmbito experimental, o transporte, a importação, a exportação e o armazenamento de organismos geneticamente modificados e seus derivados; e

II – atividade de uso comercial, a que não se enquadra como atividade de pesquisa, e que trata do transporte, da importação, da exportação e do armazenamento de organismos geneticamente modificados e seus derivados para fins comerciais.

Seção IX

DO BIODIESEL

Art. 617. A importação de biodiesel deve ser efetuada exclusivamente por pessoas jurídicas constituídas na forma de sociedade sob as leis brasileiras, com sede e administração no País, beneficiárias de autorização da Agência Nacional do Petróleo, Gás Natural e Biocombustíveis, e que mantenham Registro Especial na Secretaria da Receita Federal do Brasil (Lei nº 11.116, de 18 de maio de 2005, art. 1º, *caput*).

§ 1º Excepcionalmente, tratando-se de produtor de pequeno porte, poderá ser concedido registro provisório por período não superior a seis meses (Lei nº 11.116, de 2005, art. 1º, § 3º).

§ 2º É vedada a importação do biodiesel sem a concessão do Registro Especial (Lei nº 11.116, de 2005, art. 1º, § 1º).

§ 3º A Secretaria da Receita Federal do Brasil expedirá normas complementares relativas ao Registro Especial e ao cumprimento das exigências a que estão sujeitas as pessoas jurídicas, podendo, ainda, estabelecer (Lei nº 11.116, de 2005, art. 1º, § 2º):

I – obrigatoriedade de instalação de medidor de vazão do volume de biodiesel produzido;

II – valor mínimo de capital integralizado; e

III – condições quanto à idoneidade fiscal e financeira das empresas e de seus sócios ou diretores.

Art. 618. O registro especial de que trata o art. 617 poderá ser cancelado, a qualquer tempo, pela Secretaria da Receita Federal do Brasil se ocorrer, após a sua concessão, qualquer dos seguintes fatos (Lei nº 11.116, de 2005, art. 2º, *caput*):

I – desatendimento dos requisitos que condicionaram a sua concessão;

II – cancelamento da autorização expedida pela Agência Nacional do Petróleo, Gás Natural e Biocombustíveis;

III – não cumprimento de obrigação tributária principal ou acessória, relativa a tributo ou contribuição administrados pela Secretaria da Receita Federal do Brasil;

IV – utilização indevida do coeficiente de redução diferenciado de que trata o § 1º do art. 5º da Lei nº 11.116, de 2005; ou

V – prática de conluio ou fraude, como definidos na Lei nº 4.502, de 1964, ou de crime contra a ordem tributária, previsto na Lei nº 8.137, de 27 de dezembro de 1990, ou de qualquer outra infração cuja tipificação decorra do descumprimento de norma reguladora da produção, importação ou comercialização de biodiesel, após decisão transitada em julgado.

§ 1º Para os fins do disposto no inciso III, a Secretaria da Receita Federal do Brasil poderá estabelecer a periodicidade e a forma de comprovação do pagamento dos tributos e contribuições devidos, inclusive mediante a instituição de obrigação acessória destinada ao controle da importação e da apuração da base de cálculo (Lei nº 11.116, de 2005, art. 2º, § 1º).

§ 2º Do ato que cancelar o registro especial, caberá recurso ao Ministro de Estado da Fazenda, no prazo de dez dias, contados da data de ciência ao interessado (Lei nº 9.784, de 1999, art. 59; e Lei nº 11.116, de 2005, art. 2º, § 2º).

Seção IX-A
DO GÁS NATURAL

• Seção IX-A acrescida pelo Dec. nº 7.213, de 15-6-2010.

Art. 618-A. Qualquer empresa ou consórcio de empresas, desde que constituídos sob as leis brasileiras, com sede e administração no País, poderão receber autorização do Ministério de Minas e Energia para exercer as atividades de importação e exportação de gás natural (Lei nº 11.909, de 4 de março de 2009, art. 36, *caput*).

Parágrafo único. O exercício das atividades de importação e exportação de gás natural observará as diretrizes estabelecidas pelo Conselho Nacional de Política Energética (Lei nº 11.909, de 2009, art. 36, parágrafo único).

• Art. 618-A acrescido pelo Dec. nº 7.213, de 15-6-2010.

Seção X
DOS AGROTÓXICOS E DOS SEUS COMPONENTES E AFINS

Art. 619. Os agrotóxicos, seus componentes e afins só poderão ser importados ou exportados se previamente registrados em órgão federal, de acordo com as diretrizes e as exigências dos órgãos federais responsáveis pelos setores da saúde, do meio ambiente e da agricultura (Lei nº 7.802, de 11 de julho de 1989, art. 3º, *caput*).

Parágrafo único. Para os efeitos do *caput*, consideram-se (Lei nº 7.802, de 1989, art. 2º):

I – agrotóxicos e afins:

a) os produtos e os agentes de processos físicos, químicos ou biológicos, destinados ao uso nos setores de produção, no armazenamento e no beneficiamento de produtos agrícolas, nas pastagens, na proteção de florestas, nativas ou implantadas, e de outros ecossistemas e também de ambientes urbanos, hídricos e industriais, cuja finalidade seja alterar a composição da flora ou da fauna, a fim de preservá-las da ação danosa de seres vivos considerados nocivos;

b) substâncias e produtos, empregados como desfolhantes, dessecantes, estimuladores e inibidores de crescimento; e

II – componentes, os princípios ativos, os produtos técnicos, suas matérias-primas, os ingredientes inertes e aditivos usados na fabricação de agrotóxicos e afins.

Art. 619-A. É proibida a importação, a exportação e o armazenamento de diclorodifeniltricloretano (DDT) (Lei nº 11.936, de 14 de maio de 2009, art. 1º).

• Art. 619-A acrescido pelo Dec. nº 7.213, de 15-6-2010.

Seção XI
DOS ANIMAIS E DOS SEUS PRODUTOS

Art. 620. Nenhuma espécie animal da fauna silvestre, assim considerada os animais de quaisquer espécies, em qualquer fase do seu desenvolvimento e que vivem naturalmente fora do cativeiro, poderá ser introduzida no País sem parecer técnico e licença expedida pelo Ministério do Meio Ambiente (Lei nº 5.197, de 3 de janeiro de 1967, arts. 1º, *caput*, e 4º).

Art. 621. É proibida a exportação de peles e couros de anfíbios e répteis, em bruto (Lei nº 5.197, de 1967, art. 18).

Art. 622. O transporte para o exterior, de animais silvestres, lepidópteros, e outros insetos e seus produtos, depende de guia de trânsito, fornecida pelo Ministério do Meio Ambiente (Lei nº 5.197, de 1967, art. 19, *caput*).

Parágrafo único. É dispensado dessa exigência o material consignado a instituições científicas oficiais (Lei nº 5.197, de 1967, art. 19, parágrafo único).

Subseção I
DAS ESPÉCIES AQUÁTICAS

Art. 623. A importação de espécies aquáticas para fins ornamentais e de aquicultura, em qualquer fase do ciclo vital, dependerá de permissão do órgão competente (Lei nº 11.959, de 29 de junho de 2009, art. 25, inciso II).

• Artigo com a redação dada pelo Dec. nº 7.213, de 15-6-2010.

Subseção II
DOS EQUÍDEOS

Art. 624. É proibida a exportação de cavalos importados para fins de reprodução, salvo quando tiverem permanecido no País, como reprodutores, durante o prazo mínimo de três anos consecutivos (Lei nº 7.291, de 19 de dezembro de 1984, art. 20, § 1º).

Art. 625. Os equídeos importados, em caráter temporário, para participação em competições turfísticas, de hipismo e polo, exposições e feiras, e espetáculos circenses, deixarão o País no prazo máximo de sessenta dias, contados do término do respectivo evento, sendo facultada sua permanência definitiva, mediante processo regular de importação (Lei nº 7.291, de 1984, art. 20, § 2º).

Seção XII

DOS OBJETOS DE INTERESSE ARQUEOLÓGICO OU PRÉ-HISTÓRICO, NUMISMÁTICO OU ARTÍSTICO

Art. 626. Nenhum objeto que apresente interesse arqueológico ou pré-histórico, numismático ou artístico poderá ser transferido para o exterior, sem licença expressa do Instituto do Patrimônio Histórico e Artístico Nacional (Lei nº 3.924, de 26 de julho de 1961, art. 20).

Art. 627. A inobservância do previsto no art. 626 implicará apreensão sumária do objeto a ser transferido, sem prejuízo das demais penalidades a que estiver sujeito o responsável (Lei nº 3.924, de 1961, art. 21, *caput*).

Parágrafo único. O objeto apreendido, de que trata o *caput*, será entregue ao Instituto do Patrimônio Histórico e Artístico Nacional (Lei nº 3.924, de 1961, art. 21, parágrafo único).

Seção XIII

DAS OBRAS DE ARTE E OFÍCIOS PRODUZIDOS NO PAÍS, ATÉ O FIM DO PERÍODO MONÁRQUICO

Art. 628. É proibida a saída do País, ressalvados os casos de autorização excepcional pelo Ministério da Cultura, de (Lei nº 4.845, de 19 de novembro de 1965, arts. 1º a 4º):

I – quaisquer obras de artes e ofícios tradicionais, produzidos no Brasil até o fim do período monárquico, abrangendo não só pinturas, desenhos, esculturas, gravuras e elementos de arquitetura, como também obras de talha, imaginária, ourivesaria, mobiliário e outras modalidades;

II – obras da mesma espécie das referidas no inciso I, oriundas de Portugal e incorporadas ao meio nacional durante os regimes colonial e imperial; e

III – obras de pintura, escultura e artes gráficas que, embora produzidas no estrangeiro no decurso do período mencionado nos incisos I e II, representem personalidades brasileiras ou relacionadas com a História do Brasil, bem como paisagens e costumes do País.

Art. 629. A tentativa de exportação de quaisquer obras e objetos de que trata o art. 628 será punida com a apreensão dos bens pela autoridade aduaneira, em nome da União (Lei nº 4.845, de 1965, art. 5º).

Parágrafo único. A destinação dos bens apreendidos será feita em proveito de museus no País (Lei nº 4.845, de 1965, art. 5º).

Art. 630. Se ocorrer dúvida sobre a identidade das obras e objetos, a respectiva autenticação será feita por peritos designados pelas chefias dos serviços competentes da União, ou dos Estados se faltarem no local da ocorrência representantes dos serviços federais (Lei nº 4.845, de 1965, art. 6º).

Seção XIV

DOS LIVROS ANTIGOS E CONJUNTOS BIBLIOGRÁFICOS BRASILEIROS

Art. 631. É proibida a saída do País, ressalvados os casos autorizados pelo Ministério da Cultura, de (Lei nº 5.471, de 9 de julho de 1968, arts. 1º, parágrafo único, alíneas *a* e *b*, e 2º):

I – bibliotecas e acervos documentais constituídos de obras brasileiras ou sobre o Brasil, editadas nos séculos XVI a XIX;

II – obras e documentos compreendidos no inciso I, que, por desmembramento dos conjuntos bibliográficos, ou isoladamente, hajam sido vendidos; e

III – coleções de periódicos que já tenham sido publicados há mais de dez anos, bem como quaisquer originais e cópias antigas de partituras musicais.

Art. 632. A infringência do disposto no art. 631 será punida com a apreensão dos bens (Lei nº 5.471, de 1968, art. 3º, *caput*).

Parágrafo único. A destinação dos bens apreendidos será feita em proveito do patrimônio público, após a manifestação do Ministério da Cultura (Lei nº 5.471, de 1968, art. 3º, parágrafo único).

Seção XV

DOS DIAMANTES BRUTOS

Art. 633. A importação e a exportação de diamantes brutos dependem de apresentação do Certificado do Processo de Kimberley, em conformidade com as exigências estabelecidas no Processo de Kimberley (Lei nº 10.743, de 9 de outubro de 2003, arts. 1º, *caput*, 6º, *caput*, e 7º).

§ 1º Para os efeitos desta Seção, consideram-se diamantes brutos aqueles classificados nas subposições 7102.10, 7102.21 e 7102.31 do Sistema Harmonizado de Designação e de Codificação de Mercadorias (Lei nº 10.743, de 2003, art. 2º, parágrafo único).

§ 2º Denomina-se Processo de Kimberley todas as atividades internacionais relacionadas à certificação de origem de diamantes brutos (Lei nº 10.743, de 2003, art. 1º, § 1º).

Art. 634. São proibidas as atividades de importação e exportação de diamantes brutos originários de países não participantes do Processo de Kimberley (Lei nº 10.743, de 2003, art. 3º, *caput*).

Parágrafo único. O Ministério do Desenvolvimento, Indústria e Comércio Exterior publicará, periodicamente, a relação dos países participantes do Processo de Kimberley (Lei nº 10.743, de 2003, art. 3º, parágrafo único).

Art. 635. Na exportação de diamantes brutos produzidos no País, a emissão do Certificado do Processo de Kimberley compete ao Departamento Nacional de Produção Mineral (Lei nº 10.743, de 2003, art. 6º, § 1º).

Parágrafo único. A Secretaria da Receita Federal do Brasil emitirá o Certificado do Processo de Kimberley em substituição ao certificado original, transcrevendo os dados do certificado substituído, se necessária a abertura de invólucro contendo os diamantes a serem exportados (Lei nº 10.743, de 2003, art. 6º, § 2º).

Art. 636. Compete à Secretaria da Receita Federal do Brasil examinar e manusear os lotes de diamantes brutos submetidos a despacho aduaneiro, com vistas a verificar sua conformidade com o conteúdo do Certificado do Processo de Kimberley (Lei nº 10.743, de 2003, art. 8º).

Seção XV-A

DOS RESÍDUOS SÓLIDOS E REJEITOS

• Seção XV-A acrescida pelo Dec. nº 8.010, de 16-5-2013.

Art. 636-A. É proibida a importação de resíduos sólidos perigosos e rejeitos, bem como de resíduos sólidos cujas características causem dano ao meio ambiente, à saúde pública e animal ou à sanidade vegetal, ainda que para tratamento, reforma, reuso, reutilização ou recuperação (Lei nº 12.305, de 2 de agosto de 2010, art. 49).

§ 1º Para os efeitos deste artigo, entende-se por:

I – resíduos sólidos – material, substância, objeto ou bem descartado resultante de atividades humanas em sociedade, a cuja destinação final se procede, se propõe proceder ou se está obrigado a proceder, nos estados sólido ou semissólido, bem como gases contidos em recipientes e líquidos cujas particularidades tornem inviável o seu lançamento na rede pública de esgotos ou em corpos d'água, ou exijam para isso soluções técnica ou economicamente inviáveis em face da melhor tecnologia disponível (Lei nº 12.305, de 2010, art. 3º, *caput*, inciso XVI); e

II – rejeitos – resíduos sólidos que, depois de esgotadas todas as possibilidades de tratamento e recuperação por processos tecnológicos disponíveis e economicamente viáveis, não apresentem outra possibilidade que não a disposição final ambientalmente adequada (Lei nº 12.305, de 2010, art. 3º, *caput*, inciso XV).

§ 2º Na devolução ao exterior de resíduos ou rejeitos deve-se observar, no que couber, o disposto na Convenção da Basileia sobre o controle de movimentos transfronteiriços de resíduos perigosos e seu depósito, aprovada pelo Decreto Legislativo nº 34, de 16 de junho de 1992, e promulgada pelo Decreto nº 875, de 19 de julho de 1993.

• Art. 636-A acrescido pelo Dec. nº 8.010, de 16-5-2013.

Seção XVI

DAS DISPOSIÇÕES FINAIS

Art. 637. A Secretaria da Receita Federal do Brasil poderá estabelecer, em ato normativo específico, a obrigatoriedade do registro especial a que se refere o parágrafo único do art. 599 na importação de outros produtos (Decreto-Lei nº 1.593, de 1977, art. 1º, § 6º, com a redação dada pela Medida Provisória nº 2.158-35, de 2001, art. 32).

CAPÍTULO IV

DA REVISÃO ADUANEIRA

Art. 638. Revisão aduaneira é o ato pelo qual é apurada, após o desembaraço aduaneiro, a regularidade do pagamento dos impostos e dos demais gravames devidos à Fazenda Nacional, da aplicação de benefício fiscal e da exatidão das informações prestadas pelo importador na declaração de importação, ou pelo exportador na declaração de exportação (Decreto-Lei nº 37, de 1966, art. 54, com a redação dada pelo Decreto-Lei nº 2.472, de 1988, art. 2º; e Decreto-Lei nº 1.578, de 1977, art. 8º).

§ 1º Para a constituição do crédito tributário, apurado na revisão, a autoridade aduaneira deverá observar os prazos referidos nos arts. 752 e 753.

§ 2º A revisão aduaneira deverá estar concluída no prazo de cinco anos, contados da data:

I – do registro da declaração de importação correspondente (Decreto-Lei nº 37, de 1966, art. 54, com a redação dada pelo Decreto-Lei nº 2.472, de 1988, art. 2º); e

II – do registro de exportação.

§ 3º Considera-se concluída a revisão aduaneira na data da ciência, ao interessado, da exigência do crédito tributário apurado.

TÍTULO II – DAS NORMAS ESPECIAIS

CAPÍTULO I

DA MERCADORIA PROVENIENTE DE NAUFRÁGIO E DE OUTROS ACIDENTES

Art. 639. Deverá ser encaminhada à unidade da Secretaria da Receita Federal do Brasil mais próxima a mercadoria transportada por veículo em viagem internacional que seja (Decreto-Lei nº 37, de 1966, art. 55, *caput* e §§ 1º e 2º):

I – lançada às costas e praias interiores, por força de naufrágio de embarcações ou de medida de segurança de sua navegação, ou recolhida em águas territoriais;

II – lançada ao solo ou às águas territoriais por aeronaves, ou nestas recolhida, em virtude de sinistro ou pouso de emergência; e

III – encontrada no território aduaneiro, em decorrência de eventos semelhantes aos referidos nos incisos I e II, ocorridos no transporte terrestre.

§ 1º O disposto no *caput* aplica-se ainda à mercadoria transportada por veículo em viagem nacional, sob o regime especial de trânsito aduaneiro (Decreto-Lei nº 37, de 1966, art. 55, § 2º).

§ 2º As ocorrências referidas neste artigo, independentemente da entrega da mercadoria, deverão ser comunicadas a qualquer unidade da Secretaria da Receita Federal do Brasil por pessoa que delas tome conhecimento.

Art. 640. O titular da unidade da Secretaria da Receita Federal do Brasil notificará o interessado para, no prazo de sessenta dias, promover o despacho da mercadoria, fazendo prova de propriedade ou de posse, sob pena de ser considerada abandonada (Decreto-Lei nº 37, de 1966, art. 56, *caput*).

Parágrafo único. A questão suscitada quanto à entrega dos salvados só produzirá efeito para modificar a figura do abandono se proposta perante a autoridade judicial (Decreto-Lei nº 37, de 1966, art. 56, parágrafo único).

Art. 641. A pessoa que entregar à unidade da Secretaria da Receita Federal do Brasil mercadoria nas condições deste Capítulo terá direito a uma gratificação equivalente a dez por cento do valor da venda em hasta pública (Decreto-Lei nº 37, de 1966, art. 57).

CAPÍTULO II

DO ABANDONO DE MERCADORIA OU DE VEÍCULO

Art. 642. Considera-se abandonada a mercadoria que permanecer em recinto alfandegado sem que o seu despacho de importação seja iniciado no decurso dos seguintes prazos (Decreto-Lei nº 1.455, de 1976, art. 23, incisos II e III):

I – noventa dias:

a) da sua descarga; e

b) do recebimento do aviso de chegada da remessa postal internacional sujeita ao regime de importação comum;

II – quarenta e cinco dias:

a) após esgotar-se o prazo de sua permanência em regime de entreposto aduaneiro;

b) após esgotar-se o prazo de sua permanência em recinto alfandegado de zona secundária; e

c) da sua chegada ao País, trazida do exterior como bagagem, acompanhada ou desacompanhada; e

III – sessenta dias da notificação a que se refere o art. 640.

§ 1º Considera-se também abandonada a mercadoria que permaneça em recinto alfandegado, e cujo despacho de importação:

I – não seja iniciado ou retomado no prazo de trinta dias da ciência (Decreto-Lei nº 1.455, de 1976, art. 23, inciso II; e Lei nº 9.779, de 1999, art. 18, *caput*):

a) da relevação da pena de perdimento aplicada; ou

b) do reconhecimento do direito de iniciar ou de retomar o despacho; ou

II – tenha seu curso interrompido durante sessenta dias, por ação ou por omissão do importador (Decreto-Lei nº 1.455, de 1976, art. 23, inciso II, alínea *b*).

§ 2º O prazo a que se refere a alínea *b* do inciso II do *caput* é de setenta e cinco dias, contados da data de entrada da mercadoria no recinto.

LEG. COMPLEMENTAR

§ 3º Na hipótese em que a mercadoria a que se refere a alínea *c* do inciso II do *caput* que não se enquadre no conceito de bagagem, aplicam-se os prazos referidos na alínea *a* do inciso I do *caput* ou na alínea *b* do inciso II do *caput*, conforme o caso.

§ 4º No caso de bagagem de viajante saindo da Zona Franca de Manaus para qualquer outro ponto do território aduaneiro, o prazo estabelecido na alínea *c* do inciso II do *caput* será contado da data de embarque do viajante.

§ 5º *Revogado.* Dec. nº 7.213, de 15-6-2010.

Art. 643. Nas hipóteses a que se refere o art. 642, o importador, antes de aplicada a pena de perdimento, poderá iniciar o respectivo despacho de importação, mediante o cumprimento das formalidades exigíveis e o pagamento dos tributos incidentes na importação, acrescidos de juros e de multa de mora, e das despesas decorrentes da permanência da mercadoria em recinto alfandegado (Lei nº 9.779, de 1999, art. 18, *caput*).

Parágrafo único. A Secretaria da Receita Federal do Brasil expedirá os atos necessários à aplicação do disposto no *caput* (Lei nº 9.779, de 1999, art. 20).

Art. 644. Serão declarados abandonados os bens que permanecerem em recinto alfandegado sem que o seu despacho de importação seja iniciado em noventa dias:

I – da descarga, quando importados por órgãos da administração pública direta, de qualquer nível, ou suas autarquias, missões diplomáticas, repartições consulares ou representações de organismos internacionais, ou por seus funcionários, peritos, técnicos e consultores, estrangeiros; ou

• Inciso I com a redação dada pelo Dec. nº 8.010, de 16-5-2013.

II – do recebimento do aviso de chegada da remessa postal sujeita ao regime de tributação simplificada, quando caída em refugo e com instruções do remetente de não devolução ao exterior.

§ 1º Serão também declarados abandonados os bens:

I – adquiridos em licitação e que não forem retirados no prazo de trinta dias da data de sua aquisição;

II – ingressados no recinto alfandegado, ao amparo do regime de que trata o art. 102-A, decorrido o prazo de trinta dias (Lei nº 11.898, de 2009, art. 8º, § 3º):

a) de sua permanência no recinto, sem que tenha sido iniciado o respectivo despacho aduaneiro; ou

b) da interrupção do curso do despacho, por ação ou por omissão do habilitado; ou

III – na hipótese a que se refere o § 10 do art. 367, se não for efetuado o pagamento da multa exigida no prazo de trinta dias da interrupção do curso do despacho de reexportação.

• Incisos I a III com a redação dada pelo Dec. nº 7.213, de 15-6-2010.

§ 2º Tratando-se de importação realizada por órgãos da administração pública direta, de qualquer nível, ou suas autarquias, se não for promovido o despacho de importação, nos termos do art. 546, ou se ocorrer a interrupção deste por mais de sessenta dias, a autoridade aduaneira (Decreto-Lei nº 1.455, de 1976, art. 34, § 3º):

• *Caput* do § 2º com a redação dada pelo Dec. nº 7.213, de 15-6-2010.

I – comunicará o fato ao órgão importador, para início ou retomada do respectivo despacho aduaneiro; e

II – encaminhará representação ao Ministério Público, se não for adotada a providência prevista no inciso I, no prazo de trinta dias, contados da ciência da comunicação.

§ 2º-A. O disposto no § 2º não impede a destinação de mercadorias perecíveis, em conformidade com o estabelecido em ato do Ministro de Estado da Fazenda.

• § 2º-A acrescido pelo Dec. nº 7.213, de 15-6-2010.

§ 3º A remessa postal sujeita ao regime de tributação simplificada, caída em refugo, na forma da legislação específica, e sem instruções do remetente, será devolvida à origem pela administração postal.

§ 4º As hipóteses de abandono referidas neste artigo não configuram dano ao Erário, e sujeitam-se tão somente a declaração de abandono por parte da autoridade aduaneira.

§ 5º O Ministro de Estado da Fazenda regulará o processo de declaração de abandono dos bens a que se refere este artigo.

Art. 645. Nas hipóteses do art. 644, enquanto não consumada a destinação, a mercadoria poderá ser despachada ou desembaraçada, desde que indenizada previamente a Fazenda Nacional pelas despesas realizadas.

• *Caput* com a redação dada pelo Dec. nº 8.010, de 16-5-2013.

Parágrafo único. O disposto no *caput* não se aplica na hipótese referida no inciso II do § 1º do art. 644 (Lei nº 11.898, de 2009, art. 16).

• Parágrafo único acrescido pelo Dec. nº 7.213, de 15-6-2010.

Art. 646. *Revogado.* Dec. nº 8.010, de 16-5-2013.

Art. 647. Decorridos os prazos previstos nos arts. 642 e 644, sem que tenha sido iniciado o despacho de importação, o depositário fará, em cinco dias, comunicação à unidade da Secretaria da Receita Federal do Brasil com jurisdição sobre o recinto alfandegado, relacionando as mercadorias e mencionando todos os elementos necessários à identificação dos volumes e do veículo transportador (Decreto-Lei nº 1.455, de 1976, art. 31, *caput*).

§ 1º Feita a comunicação dentro do prazo previsto, a Secretaria da Receita Federal do Brasil, com os recursos provenientes do Fundo Especial de Desenvolvimento e Aperfeiçoamento das Atividades de Fiscalização, efetuará o pagamento, ao depositário, da tarifa de armazenagem devida até a data em que retirar a mercadoria (Decreto-Lei nº 1.455, de 1976, art. 31, § 1º).

§ 2º Caso a comunicação não seja efetuada no prazo estipulado, somente será paga pela Secretaria da Receita Federal do Brasil a armazenagem devida até o término do referido prazo, ainda que a mercadoria venha a ser posteriormente alienada (Decreto-Lei nº 1.455, de 1976, art. 31, § 2º).

Art. 648. Considera-se abandonado o veículo, de passageiro ou de carga, em viagem doméstica ou internacional, quando não houver sido recolhida a multa prevista no art. 731, decorrido o prazo de quarenta e cinco dias de sua aplicação ou da ciência da decisão que julgou improcedente a impugnação (Lei nº 10.833, de 2003, art. 75, § 4º).

CAPÍTULO III

DA AVARIA, DO EXTRAVIO E DO ACRÉSCIMO

Seção I

DAS DISPOSIÇÕES GERAIS

Art. 649. Para os fins deste Decreto, considera-se (Decreto-Lei nº 37, de 1966, art. 60, *caput*, com a redação dada pela Lei nº 12.350, de 2010, art. 40):

• *Caput* com a redação dada pelo Dec. nº 8.010, de 16-5-2013.

I – avaria, qualquer prejuízo que sofrer a mercadoria ou o seu envoltório;

II – extravio – toda e qualquer falta de mercadoria, ressalvados os casos de erro inequívoco ou comprovado de expedição; e

- Inciso II com a redação dada pelo Dec. nº 8.010, de 16-5-2013.

III – acréscimo, qualquer excesso de volume ou de mercadoria, em relação à quantidade registrada em manifesto ou em declaração de efeito equivalente.

Parágrafo único. Será considerada total a avaria que acarrete a descaracterização da mercadoria.

Seção II
DA VISTORIA ADUANEIRA

Arts. 650 a 657. *Revogados.* Dec. nº 8.010, de 16-5-2013.

Seção III
DA CONFERÊNCIA FINAL DO MANIFESTO DE CARGA

Art. 658. A conferência final do manifesto de carga destina-se a constatar extravio ou acréscimo de volume ou de mercadoria entrada no território aduaneiro, mediante confronto do manifesto com os registros, informatizados ou não, de descarga ou armazenamento (Decreto-Lei nº 37, de 1966, art. 39, § 1º).

- Artigo com a redação dada pelo Dec. nº 8.010, de 16-5-2013.

Art. 659. No caso de mercadoria a granel transportada por via marítima, em viagem única, e destinada a mais de um porto no País, a conferência final de manifesto deverá ser realizada na unidade da Secretaria da Receita Federal do Brasil com jurisdição sobre o último porto de descarga, considerando-se todas as descargas efetuadas.

Seção IV
DA RESPONSABILIDADE FISCAL PELO EXTRAVIO

- Seção IV com a redação dada pelo Dec. nº 8.010, de 16-5-2013.

Art. 660. Os créditos relativos aos tributos e direitos correspondentes às mercadorias extraviadas na importação, inclusive multas, serão exigidos do responsável por meio de lançamento de ofício, formalizado em auto de infração, observado o disposto no Decreto nº 70.235, de 1972 (Decreto-Lei nº 37, de 1966, art. 60, § 1º, com a redação dada pela Lei nº 12.350, de 2010, art. 40).

§ 1º Para os efeitos do disposto no *caput*, considera-se responsável (Decreto-Lei nº 37, de 1966, art. 60, § 2º, com a redação dada pela Lei nº 12.350, de 2010, art. 40):

I – o transportador, quando constatado o extravio até a conclusão da descarga da mercadoria no local ou recinto alfandegado, observado o disposto no art. 661; ou

II – o depositário, quando o extravio for constatado em mercadoria sob sua custódia, em momento posterior ao referido no inciso I.

§ 2º Fica dispensado o lançamento de ofício de que trata o *caput* na hipótese de o importador ou de o responsável assumir espontaneamente o pagamento dos créditos (Decreto-Lei nº 37, de 1966, art. 60, § 3º, com a redação dada pela Lei nº 12.350, de 2010, art. 40).

Art. 661. Para efeitos fiscais, é responsável o transportador quando (Decreto-Lei nº 37, de 1966, art. 41):

I – constatado que houve, após o embarque, substituição de mercadoria;

II – houver extravio de mercadoria em volume descarregado com indícios de violação; ou

III – o volume for descarregado com peso ou dimensão inferior ao constante no conhecimento de carga, no manifesto ou em documento de efeito equivalente.

Art. 662. Para efeitos fiscais, o depositário responde por extravio de mercadoria sob sua custódia.

Parágrafo único. Presume-se a responsabilidade do depositário no caso de volumes recebidos sem ressalva ou sem protesto.

Art. 663. Para efeitos fiscais, as entidades da administração pública indireta e as empresas concessionárias ou permissionárias de serviço público, quando depositárias ou transportadoras, respondem por extravio de mercadoria sob sua custódia.

- Arts. 660 a 663 com a redação dada pelo Dec. nº 8.010, de 16-5-2013.

Art. 664. A responsabilidade a que se refere o art. 660 pode ser excluída nas hipóteses de caso fortuito ou força maior.

Parágrafo único. Para os fins de que trata o *caput*, os protestos formados a bordo de navio ou de aeronave somente produzirão efeito se ratificados pela autoridade judiciária competente.

- Art. 664 com a redação dada pelo Dec. nº 8.010, de 16-5-2013.

Seção V
DO CÁLCULO DOS TRIBUTOS

Art. 665. Observado o disposto na alínea *c* do inciso II do art. 73, o valor do imposto de importação referente a mercadoria avariada ou extraviada será calculado à vista do manifesto ou dos documentos de importação (Decreto-Lei nº 37, de 1966, art. 112, *caput*).

§ 1º Se os dados do manifesto ou dos documentos de importação forem insuficientes, o cálculo terá por base o valor de mercadoria contida em volume idêntico, da mesma partida (Decreto-Lei nº 37, de 1966, art. 112, *caput*).

§ 2º Se, pela imprecisão dos dados, a mercadoria puder ser classificada em mais de um código da Nomenclatura Comum do MERCOSUL, será adotado o de alíquota mais elevada (Decreto-Lei nº 37, de 1966, art. 112, parágrafo único).

§ 3º No cálculo de que trata este artigo, não será considerada a isenção ou redução de imposto que beneficie a mercadoria extraviada.

- § 3º redação dada pelo Dec. nº 8.010, de 16-5-2013.

Art. 666. Observado o disposto no § 1º do art. 238 e no inciso II do art. 252, o valor do Imposto sobre Produtos Industrializados, da contribuição para o PIS/PASEP-Importação e da COFINS-Importação será calculado com base nos arts. 239 e 253.

CAPÍTULO IV
DAS MERCADORIAS PRESUMIDAS IDÊNTICAS

Art. 667. As mercadorias descritas de forma semelhante em diferentes declarações aduaneiras do mesmo contribuinte, salvo prova em contrário, são presumidas idênticas para fins de determinação do tratamento tributário ou aduaneiro (Lei nº 10.833, de 2003, art. 68, *caput*).

Parágrafo único. Para efeito do disposto no *caput*, a identificação das mercadorias poderá ser realizada, no curso do despacho aduaneiro ou em outro momento, com base em documentos, inclusive obtidos junto a clientes ou fornecedores, ou no processo produtivo em que tenham sido ou venham a ser utilizadas (Lei nº 10.833, de 2003, art. 68, parágrafo único).

CAPÍTULO V

DO TRÁFEGO POSTAL

Art. 668. Compete à Secretaria da Receita Federal do Brasil o controle aduaneiro de malas e remessas postais internacionais (Decreto-Lei nº 37, de 1966, art. 61).

CAPÍTULO VI

DO TRÁFEGO DE CABOTAGEM

Art. 669. Para os efeitos deste Decreto, entende-se por cabotagem o transporte efetuado entre portos e aeroportos nacionais (Decreto-Lei nº 37, de 1966, art. 62).

Art. 670. As mercadorias nacionais ou nacionalizadas, destinadas ao mercado interno em transporte de cabotagem, não poderão ser depositadas em recinto alfandegado.

Parágrafo único. A autoridade aduaneira, para atender a situações especiais, poderá autorizar o depósito das mercadorias de que trata o *caput* em recinto alfandegado, no prazo e nas condições que estabelecer.

Art. 671. A Secretaria da Receita Federal do Brasil poderá estabelecer normas relativas ao controle aduaneiro de mercadorias no tráfego de cabotagem, quando realizado para portos e aeroportos alfandegados, ou a partir desses locais(Decreto-Lei nº 37, de 1966, art. 62).

Art. 672. A autoridade aduaneira poderá, quando necessário, determinar a realização de busca em aeronave ou embarcação, utilizada no transporte de cabotagem, ou seu acompanhamento fiscal.

LIVRO VI – DAS INFRAÇÕES E DAS PENALIDADES

TÍTULO I – DAS DISPOSIÇÕES PRELIMINARES

CAPÍTULO I

DAS INFRAÇÕES

Art. 673. Constitui infração toda ação ou omissão, voluntária ou involuntária, que importe inobservância, por parte de pessoa física ou jurídica, de norma estabelecida ou disciplinada neste Decreto ou em ato administrativo de caráter normativo destinado a completá-lo (Decreto-Lei nº 37, de 1966, art. 94, *caput*).

Parágrafo único. Salvo disposição expressa em contrário, a responsabilidade por infração independe da intenção do agente ou do responsável e da efetividade, da natureza e da extensão dos efeitos do ato (Decreto-Lei nº 37, de 1966, art. 94, § 2º).

Art. 674. Respondem pela infração (Decreto-Lei nº 37, de 1966, art. 95):

I – conjunta ou isoladamente, quem quer que, de qualquer forma, concorra para sua prática ou dela se beneficie;

II – conjunta ou isoladamente, o proprietário e o consignatário do veículo, quanto à que decorra do exercício de atividade própria do veículo, ou de ação ou omissão de seus tripulantes;

III – o comandante ou o condutor de veículo, nos casos do inciso II, quando o veículo proceder do exterior sem estar consignado a pessoa física ou jurídica estabelecida no ponto de destino;

IV – a pessoa física ou jurídica, em razão do despacho que promova, de qualquer mercadoria;

V – conjunta ou isoladamente, o importador e o adquirente de mercadoria de procedência estrangeira, no caso de importação realizada por conta e ordem deste, por intermédio de pessoa jurídica importadora (Decreto-Lei nº 37, de 1966, art. 95, inciso V, com a redação dada pela Medida Provisória nº 2.158-35, de 2001, art. 78); e

VI – conjunta ou isoladamente, o importador e o encomendante predeterminado que adquire mercadoria de procedência estrangeira de pessoa jurídica importadora (Decreto-Lei nº 37, de 1966, art. 95, inciso VI, com a redação dada pela Lei nº 11.281, de 2006, art. 12).

Parágrafo único. Para fins de aplicação do disposto no inciso V, presume-se por conta e ordem de terceiro a operação de comércio exterior realizada mediante utilização de recursos deste, ou em desacordo com os requisitos e condições estabelecidos na forma da alínea *b* do inciso I do § 1º do art. 106 (Lei nº 10.637, de 2002, art. 27; e Lei nº 11.281, de 2006, art. 11, § 2º).

CAPÍTULO II

DAS PENALIDADES

Seção I

DAS ESPÉCIES DE PENALIDADES

Art. 675. As infrações estão sujeitas às seguintes penalidades, aplicáveis separada ou cumulativamente (Decreto-Lei nº 37, de 1966, art. 96; Decreto-Lei nº 1.455, de 1976, arts. 23, § 1º, com a redação dada pela Lei nº 10.637, de 2002, art. 59, e 24; Lei nº 9.069, de 1995, art. 65, § 3º; e Lei nº 10.833, de 2003, art. 76):

I – perdimento do veículo;

II – perdimento da mercadoria;

III – perdimento de moeda;

IV – multa; e

V – sanção administrativa.

Seção II

DA APLICAÇÃO E DA GRADUAÇÃO DAS PENALIDADES

Art. 676. A aplicação das penalidades a que se refere o art. 675 será proposta por Auditor-Fiscal da Receita Federal do Brasil.

- Artigo com a redação dada pelo Dec. nº 7.213, de 15-6-2010.

Art. 677. Compete à autoridade julgadora (Decreto-Lei nº 37, de 1966, art. 97):

I – determinar a pena ou as penas aplicáveis ao infrator ou a quem deva responder pela infração; e

II – fixar a quantidade da pena, respeitados os limites legais.

Art. 678. Quando a multa for expressa em faixa variável de quantidade, a autoridade fixará a pena mínima prevista para a infração, só a majorando em razão de circunstância que demonstre a existência de artifício doloso na prática da infração, ou que importe agravar suas consequências ou retardar seu conhecimento pela autoridade aduaneira (Decreto-Lei nº 37, de 1966, art. 98).

Art. 679. Apurando-se, no mesmo processo, a prática de duas ou mais infrações diferentes, pela mesma pessoa física ou jurídica, aplicam-se cumulativamente, no grau correspondente, quando for o caso, as penalidades a elas cominadas (Decreto-Lei nº 37, de 1966, art. 99, *caput*).

Art. 680. Se do processo se apurar responsabilidade de duas ou mais pessoas, será imposta a cada uma delas a pena relativa à infração que houver cometido (Decreto-Lei nº 37, de 1966, art. 100).

Art. 681. Não será aplicada penalidade enquanto prevalecer o entendimento, a quem cumprir as obrigações acessória e principal, de acordo com (Decreto-Lei nº 37, de 1966, art. 101):

I – interpretação fiscal constante de decisão de qualquer instância administrativa, proferida em processo de determinação e exigência de créditos tributários ou de consulta, em que o interessado seja parte; ou

II – interpretação fiscal constante de ato expedido pela Secretaria da Receita Federal do Brasil.

Art. 682. Não caberá lançamento de multa de ofício na constituição do crédito tributário destinada a prevenir a decadência, relativo aos tributos de competência da União, cuja exigibilidade houver sido suspensa por concessão de medida liminar em mandado de segurança, ou por concessão de medida liminar ou de tutela antecipada, em outras espécies de ação judicial (Lei nº 5.172, de 1966, art. 151, incisos IV e V, este com a redação dada pela Lei Complementar nº 104, de 2001, art. 1º; e Lei nº 9.430, de 1996, art. 63, *caput*, com a redação dada pela Medida Provisória nº 2.158-35, de 2001, art. 70).

Parágrafo único. O disposto no *caput* aplica-se, exclusivamente, aos casos em que a suspensão da exigibilidade do crédito tenha ocorrido antes do início de qualquer procedimento de ofício a ele relativo (Lei nº 9.430, de 1996, art. 63, § 1º).

Art. 683. A denúncia espontânea da infração, acompanhada, se for o caso, do pagamento dos tributos dos acréscimos legais, excluirá a imposição da correspondente penalidade (Decreto-Lei nº 37, de 1966, art. 102, *caput*, com a redação dada pelo Decreto-Lei nº 2.472, de 1988, art. 1º; e Lei nº 5.172, de 1966, art. 138, *caput*).

§ 1º Não se considera espontânea a denúncia apresentada (Decreto-Lei nº 37, de 1966, art. 102, § 1º, com a redação dada pelo Decreto-Lei nº 2.472, de 1988, art. 1º):

I – no curso do despacho aduaneiro, até o desembaraço da mercadoria; ou

II – após o início de qualquer outro procedimento fiscal, mediante ato de ofício, escrito, praticado por servidor competente, tendente a apurar a infração.

§ 2º A denúncia espontânea exclui a aplicação de multas de natureza tributária ou administrativa, com exceção das aplicáveis na hipótese de mercadoria sujeita a pena de perdimento (Decreto-Lei nº 37, de 1966, art. 102, § 2º, com a redação dada pela Lei nº 12.350, de 2010, art. 40).

• § 2º com a redação dada pelo Dec. nº 8.010, de 16-5-2013.

§ 3º Depois de formalizada a entrada do veículo procedente do exterior não mais se tem por espontânea a denúncia de infração imputável ao transportador.

Art. 684. A aplicação da penalidade tributária, e seu cumprimento, não impedem a cobrança dos tributos devidos nem prejudicam a aplicação das penas cominadas para o mesmo fato pela legislação criminal e especial, salvo disposição de lei em contrário (Decreto-Lei nº 37, de 1966, art. 103).

Art. 685. A circunstância de uma pessoa constar como destinatária de remessa postal internacional, com infração às normas estabelecidas neste Decreto, não configura, por si só, o concurso para a sua prática ou o intuito de beneficiar-se dela.

Parágrafo único. A responsabilidade do destinatário independe de qualquer outra circunstância ou prova nos casos de remessa postal internacional:

I – que tenha sido postada pela pessoa que conste como destinatária; ou

II – cujo desembaraço tenha sido pleiteado, pelo destinatário, como bagagem desacompanhada.

Art. 686. Somente quando proceder do exterior ou a ele se destinar, é alcançado pelas normas de que tratam o Título II e os Capítulos I e III do Título III, deste Livro, o veículo transportador assim designado e suas operações ali indicadas (Decreto-Lei nº 37, de 1966, art. 111).

Parágrafo único. Excluem-se da regra do *caput* os casos dos incisos V a VII do art. 688 (Decreto-Lei nº 37, de 1966, art. 111, parágrafo único; e Lei nº 10.833, de 2003, art. 75).

Art. 687. Aplicam-se, no que couber, as disposições deste Livro a qualquer meio de transporte vindo do exterior ou a ele destinado, bem como a seu proprietário, condutor ou responsável, e à documentação, à carga, aos tripulantes e aos passageiros (Decreto-Lei nº 37, de 1966, art. 113).

TÍTULO II – DA PENA DE PERDIMENTO

CAPÍTULO I

DO PERDIMENTO DO VEÍCULO

Art. 688. Aplica-se a pena de perdimento do veículo nas seguintes hipóteses, por configurarem dano ao Erário (Decreto-Lei nº 37, de 1966, art. 104; Decreto-Lei nº 1.455, de 1976, art. 24; e Lei nº 10.833, de 2003, art. 75, § 4º):

I – quando o veículo transportador estiver em situação ilegal, quanto às normas que o habilitem a exercer a navegação ou o transporte internacional correspondente à sua espécie;

II – quando o veículo transportador efetuar operação de descarga de mercadoria estrangeira ou de carga de mercadoria nacional ou nacionalizada, fora do porto, do aeroporto ou de outro local para isso habilitado;

III – quando a embarcação atracar a navio ou quando qualquer veículo, na zona primária, se colocar nas proximidades de outro, um deles procedente do exterior ou a ele destinado, de modo a tornar possível o transbordo de pessoa ou de carga, sem observância das normas legais e regulamentares;

IV – quando a embarcação navegar dentro do porto, sem trazer escrito, em tipo destacado e em local visível do casco, seu nome de registro;

V – quando o veículo conduzir mercadoria sujeita a perdimento, se pertencente ao responsável por infração punível com essa penalidade;

VI – quando o veículo terrestre utilizado no trânsito de mercadoria estrangeira for desviado de sua rota legal sem motivo justificado; e

VII – quando o veículo for considerado abandonado pelo decurso do prazo referido no art. 648.

§ 1º Aplica-se, cumulativamente ao perdimento do veículo, nos casos dos incisos II, III e VI, o perdimento da mercadoria (Decreto-Lei nº 37, de 1966, art. 104, parágrafo único, este com a redação dada pela Lei nº 10.833, de 2003, art. 77, e art. 105, inciso XVII; e Decreto-Lei nº 1.455, de 1976, art. 23, inciso IV e § 1º, este com a redação dada pela Lei nº 10.637, de 2002, art. 59).

§ 2º Para efeitos de aplicação do perdimento do veículo, na hipótese do inciso V, deverá ser demonstrada, em procedimento regular, a responsabilidade do proprietário do veículo na prática do ilícito.

§ 3º A não chegada do veículo ao local de destino configura desvio de rota legal e extravio, para fins de aplicação das penalidades referidas no inciso VI deste artigo e no inciso XVII do art. 689.

LEG. COMPLEMENTAR

§ 4º O titular da unidade de destino comunicará o fato referido no § 3º à autoridade policial competente, para efeito de apuração do crime de contrabando ou de descaminho.

CAPÍTULO II

DO PERDIMENTO DA MERCADORIA

Art. 689. Aplica-se a pena de perdimento da mercadoria nas seguintes hipóteses, por configurarem dano ao Erário (Decreto-Lei nº 37, de 1966, art. 105; e Decreto-Lei nº 1.455, de 1976, art. 23, *caput* e § 1º, este com a redação dada pela Lei nº 10.637, de 2002, art. 59):

I – em operação de carga ou já carregada em qualquer veículo, ou dele descarregada ou em descarga, sem ordem, despacho ou licença, por escrito, da autoridade aduaneira, ou sem o cumprimento de outra formalidade essencial estabelecida em texto normativo;

II – incluída em listas de sobressalentes e de provisões de bordo quando em desacordo, quantitativo ou qualitativo, com as necessidades do serviço, do custeio do veículo e da manutenção de sua tripulação e de seus passageiros;

III – oculta, a bordo do veículo ou na zona primária, qualquer que seja o processo utilizado;

IV – existente a bordo do veículo, sem registro em manifesto, em documento de efeito equivalente ou em outras declarações;

V – nacional ou nacionalizada, em grande quantidade ou de vultoso valor, encontrada na zona de vigilância aduaneira, em circunstâncias que tornem evidente destinar-se a exportação clandestina;

VI – estrangeira ou nacional, na importação ou na exportação, se qualquer documento necessário ao seu embarque ou desembaraço tiver sido falsificado ou adulterado;

VII – nas condições do inciso VI, possuída a qualquer título ou para qualquer fim;

VIII – estrangeira, que apresente característica essencial falsificada ou adulterada, que impeça ou dificulte sua identificação, ainda que a falsificação ou a adulteração não influa no seu tratamento tributário ou cambial;

IX – estrangeira, encontrada ao abandono, desacompanhada de prova do pagamento dos tributos aduaneiros;

X – estrangeira, exposta à venda, depositada ou em circulação comercial no País, se não for feita prova de sua importação regular;

XI – estrangeira, já desembaraçada e cujos tributos aduaneiros tenham sido pagos apenas em parte, mediante artifício doloso;

XII – estrangeira, chegada ao País com falsa declaração de conteúdo;

XIII – transferida a terceiro, sem o pagamento dos tributos aduaneiros e de outros gravames, quando desembaraçada com a isenção referida nos arts. 142, 143, 162, 163 e 187;

• Inciso XIII com a redação dada pelo Dec. nº 7.213, de 15-6-2010.

XIV – encontrada em poder de pessoa física ou jurídica não habilitada, tratando-se de papel com linha ou marca d'água, inclusive aparas;

XV – constante de remessa postal internacional com falsa declaração de conteúdo;

XVI – fracionada em duas ou mais remessas postais ou encomendas aéreas internacionais visando a iludir, no todo ou em parte, o pagamento dos tributos aduaneiros ou quaisquer normas estabelecidas para o controle das importações ou, ainda, a beneficiar-se de regime de tributação simplificada (Decreto-Lei nº 37, de 1966, art. 105, inciso XVI, com a redação dada pelo Decreto-Lei nº 1.804, de 1980, art. 3º);

XVII – estrangeira, em trânsito no território aduaneiro, quando o veículo terrestre que a conduzir for desviado de sua rota legal, sem motivo justificado;

XVIII – estrangeira, acondicionada sob fundo falso, ou de qualquer modo oculta;

XIX – estrangeira, atentatória à moral, aos bons costumes, à saúde ou à ordem públicas;

XX – importada ao desamparo de licença de importação ou documento de efeito equivalente, quando a sua emissão estiver vedada ou suspensa, na forma da legislação específica;

XXI – importada e que for considerada abandonada pelo decurso do prazo de permanência em recinto alfandegado, nas hipóteses referidas no art. 642; e

XXII – estrangeira ou nacional, na importação ou na exportação, na hipótese de ocultação do sujeito passivo, do real vendedor, comprador ou de responsável pela operação, mediante fraude ou simulação, inclusive a interposição fraudulenta de terceiros.

§ 1º As infrações previstas no *caput* serão punidas com multa equivalente ao valor aduaneiro da mercadoria, na importação, ou ao preço constante da respectiva nota fiscal ou documento equivalente, na exportação, quando a mercadoria não for localizada, ou tiver sido consumida ou revendida, observados o rito e as competências estabelecidos no Decreto nº 70.235, de 1972 (Decreto-Lei nº 1.455, de 1976, art. 23, § 3º, com a redação dada pela Lei nº 12.350, de 2010, art. 41).

• § 1º com a redação dada pelo Dec. nº 8.010, de 16-5-2013.

§ 2º A aplicação da multa a que se refere o § 1º não impede a apreensão da mercadoria no caso referido no inciso XX, ou quando for proibida sua importação, consumo ou circulação no território aduaneiro (Decreto-Lei nº 1.455, de 1976, art. 23, § 4º, com a redação dada pela Lei nº 10.637, de 2002, art. 59).

§ 3º Na hipótese prevista no § 1º, após a instauração do processo administrativo para aplicação da multa, será extinto o processo administrativo para apuração da infração capitulada como dano ao Erário (Lei nº 10.833, de 2003, art. 73, *caput* e § 1º).

§ 3º-A. O disposto no inciso VI do *caput* inclui os casos de falsidade material ou ideológica, exceto o caso de falsidade ideológica referente exclusivamente ao preço, que implique subfaturamento na importação, sem prejuízo da aplicação da pena de multa nesta hipótese.

• § 3º-A com a redação dada pelo Dec. nº 10.550, de 24-11-2020.

§ 3º-B. Para os efeitos do inciso VI do *caput*, são necessários ao desembaraço aduaneiro, na importação, os documentos relacionados nos incisos I a III do *caput* do art. 553.

• § 3º-B acrescido pelo Dec. nº 8.010, de 16-5-2013.

§ 4º Considera-se falsa declaração de conteúdo, nos termos do inciso XII, aquela constante de documento emitido pelo exportador estrangeiro, ou pelo transportador, anteriormente ao despacho aduaneiro.

§ 5º Consideram-se transferidos a terceiro, para os efeitos do inciso XIII, os bens, inclusive automóveis, objeto de:

I – transferência de propriedade ou cessão de uso, a qualquer título;

II – depósito para fins comerciais; ou

III – exposição para venda ou para qualquer outra modalidade de oferta pública.

§ 6º Para os efeitos do inciso XXII, presume-se interposição fraudulenta na operação de comércio exterior a não comprovação da origem, disponibilidade e transferência dos recursos empregados (Decreto-Lei nº 1.455, de 1976, art. 23, § 2º, com a redação dada pela Lei nº 10.637, de 2002, art. 59).

Art. 690. Aplica-se ainda a pena de perdimento da mercadoria de procedência estrangeira encontrada na zona secundária, introduzida clandestinamente no País ou importada irregular ou fraudulentamente (Lei nº 4.502, de 1964, art. 87, inciso I).

Parágrafo único. A pena a que se refere o *caput* não se aplica quando houver tipificação mais específica neste Decreto.

Art. 691. Também será objeto da pena de perdimento, sem prejuízo de aplicação da multa referida na alínea *b* do inciso II do art. 718, a mercadoria que, nos termos de lei, tratado, acordo ou convenção internacional, firmado pelo Brasil, seja proibida de sair do território aduaneiro, e cuja exportação for tentada (Lei nº 5.025, de 1966, art. 68, *caput*).

Art. 692. As mercadorias de importação proibida na forma da legislação específica serão apreendidas, liminarmente, em nome e ordem do Ministro de Estado da Fazenda, para fins de aplicação da pena de perdimento (Decreto-Lei nº 1.455, de 1976, art. 26, *caput*).

Parágrafo único. Independentemente do curso do processo criminal, as mercadorias a que se refere o *caput* poderão ser alienadas ou destinadas na forma deste Decreto (Decreto-Lei nº 1.455, de 1976, art. 26, parágrafo único).

Art. 693. A pena de perdimento da mercadoria será ainda aplicada aos que, em infração às medidas de controle fiscal estabelecidas pelo Ministro de Estado da Fazenda para o desembaraço aduaneiro, a circulação, a posse e o consumo de fumo, charuto, cigarrilha e cigarro de procedência estrangeira, adquirirem, transportarem, venderem, expuserem à venda, tiverem em depósito, possuírem ou consumirem tais produtos, por configurar crime de contrabando ou de descaminho (Decreto-Lei nº 399, de 1968, arts. 2º e 3º, *caput* e parágrafo único, este com a redação dada pela Lei nº 10.833, de 2003, art. 78).

- *Caput* com a redação dada pelo Dec. nº 7.213, de 15-6-2010.

Parágrafo único. A penalidade referida no *caput* aplica-se, inclusive, pela inobservância de qualquer das condições referidas no inciso I do art. 601, para o desembaraço aduaneiro de cigarros (Lei nº 9.532, de 1997, art. 50, parágrafo único).

Art. 694. Consideram-se como produtos estrangeiros introduzidos clandestinamente no território aduaneiro, para efeito de aplicação da pena de perdimento, os cigarros nacionais destinados a exportação que forem encontrados no País (Decreto-Lei nº 1.593, de 1977, art. 18, *caput*, com a redação dada pela Lei nº 10.833, de 2003, art. 40).

§ 1º O disposto no *caput*, se observadas as formalidades previstas para cada operação, não se aplica à (Decreto-Lei nº 1.593, de 1977, arts. 8º, incisos I e II, com a redação dada pelo Decreto-Lei nº 1.988, de 28 de dezembro de 1982, art. 1º, e 18, *caput*, com a redação dada pela Lei nº 10.833, de 2003; e Lei nº 9.532, de 1997, art. 39, *caput* e § 2º):

I – saída dos produtos, diretamente para uso ou consumo de bordo em embarcações ou aeronaves de tráfego internacional, quando o pagamento for efetuado em moeda conversível;

II – venda, diretamente para lojas francas;

III – venda a empresa comercial exportadora, com o fim específico de exportação, diretamente para embarque ou para recintos alfandegados, por conta e ordem da empresa comercial exportadora; e

IV – venda em loja franca, na hipótese referida no § 1º do art. 477.

§ 2º A aplicação da penalidade referida no *caput* não prejudica a exigência de tributos e de penalidades pecuniárias, na forma da legislação específica.

Art. 695. Aplica-se ainda a pena de perdimento da mercadoria classificada nas subposições 7102.10, 7102.21 ou 7102.31 do Sistema Harmonizado de Designação e de Codificação de Mercadorias quando (Lei nº 10.743, de 2003, arts. 2º, parágrafo único, e 9º):

I – submetida a procedimento de despacho aduaneiro, sem amparo do Certificado do Processo de Kimberley, a que se refere o art. 633; e

II – encontrada na posse de qualquer pessoa, em zona primária, sem amparo do Certificado do Processo de Kimberley, a que se refere o art. 633.

Art. 696. Aplica-se a pena de perdimento da mercadoria saída da Zona Franca de Manaus sem autorização da autoridade aduaneira, quando necessária, por configurar crime de contrabando (Decreto-Lei nº 288, de 1967, art. 39; e Decreto-Lei nº 1.455, de 1976, art. 26).

- Artigo com a redação dada pelo Dec. nº 8.010, de 16-5-2013.

Art. 697. Aplica-se a pena de perdimento (Lei nº 11.508, de 2007, art. 23, *caput* e parágrafo único, com a redação dada pela Lei nº 11.732, de 2008, art. 2º):

I – da mercadoria introduzida no mercado interno, procedente de zona de processamento de exportação, que tenha sido importada, adquirida ou produzida fora dos casos autorizados pela Lei nº 11.508, de 2007; e

II – de mercadoria estrangeira não permitida, introduzida em zona de processamento de exportação.

Parágrafo único. A pena de perdimento referida no *caput* não prejudica a aplicação de outras penalidades, inclusive do disposto no art. 735 (Lei nº 11.508, de 2007, art. 22, com a redação dada pela Lei nº 11.732, de 2008, art. 2º).

Art. 698. O importador, depois de aplicado o perdimento da mercadoria considerada abandonada na hipótese a que se refere o inciso XXI do art. 689, mas antes de efetuada a sua destinação, poderá requerer a conversão dessa penalidade em multa equivalente ao valor aduaneiro da mercadoria (Lei nº 9.779, de 1999, art. 19, *caput*).

Parágrafo único. A entrega da mercadoria ao importador, na hipótese do *caput*, está condicionada à comprovação do pagamento da multa e ao cumprimento das formalidades exigidas para o respectivo despacho de importação, sem prejuízo do atendimento das normas de controle administrativo (Lei nº 9.779, de 1999, art. 19, parágrafo único).

Art. 699. Nos casos de dano ao Erário, se ficar provada a responsabilidade do operador de transporte multimodal, sem prejuízo da responsabilidade que possa ser imputável ao transportador, as penas de perdimento referidas neste Decreto serão convertidas em multas, aplicáveis ao operador de transporte multimodal, de valor equivalente ao do bem passível de aplicação da pena de perdimento (Lei nº 9.611, de 1998, art. 29, *caput*).

Parágrafo único. No caso de perdimento de veículo, a conversão em multa não poderá ultrapassar em três vezes o valor da mercadoria transportada, à qual se vincule a infração (Lei nº 9.611, de 1998, art. 29, parágrafo único).

CAPÍTULO III

DO PERDIMENTO DE MOEDA

Art. 700. Aplica-se a pena de perdimento da moeda nacional ou estrangeira, em espécie, no valor excedente a R$ 10.000,00 (dez mil reais), ou o equivalente em moeda estrangeira, que ingresse no território aduaneiro ou dele saia (Lei nº 9.069, de 1995, art. 65, *caput* e § 1º, incisos I e II).

§ 1º Para fins de aplicação do disposto neste artigo, considera-se moeda nacional ou estrangeira, em espécie, somente o papel-moeda, não compreendidos os títulos de crédito, cheques ou cheques de viagem (Lei nº 9.069, de 1995, art. 65, § 2º).

§ 2º Na hipótese de moeda encontrada em zona secundária, o perdimento referido no *caput* somente se aplica quando as circunstâncias tornarem evidente a tentativa de saída do País ou o ingresso no País, da moeda, por qualquer forma não autorizada pela legislação específica.

§ 3º Aplica-se o perdimento à totalidade da moeda que ingressar no território aduaneiro ou dele sair não portada por viajante (Lei nº 9.069, de 1995, art. 65, *caput*, e §§ 2º e 3º).

§ 4º O disposto neste artigo não se aplica na hipótese em que o ingresso ou a saída de moeda esteja autorizado em legislação específica (Lei nº 9.069, de 1995, art. 65, § 1º, inciso III).

§ 5º O perdimento de moeda não exclui a aplicação das sanções penais previstas para a hipótese (Lei nº 9.069, de 1995, art. 65, § 3º).

CAPÍTULO IV

DAS DISPOSIÇÕES FINAIS

Art. 701. Os veículos e as mercadorias sujeitos à pena de perdimento serão guardados em nome e ordem do Ministro de Estado da Fazenda, como medida acautelatória dos interesses da Fazenda Nacional (Decreto-Lei nº 1.455, de 1976, art. 25).

TÍTULO III – DAS MULTAS

CAPÍTULO I

DAS MULTAS NA IMPORTAÇÃO

Art. 702. Aplicam-se as seguintes multas, proporcionais ao valor do imposto incidente sobre a importação da mercadoria ou o que incidiria se não houvesse isenção ou redução (Decreto-Lei nº 37, de 1966, art. 106, *caput*):

I – de cem por cento:

a) pelo não emprego dos bens de qualquer natureza nos fins ou atividades para que foram importados com isenção do imposto;

b) pelo desvio, por qualquer forma, de bens importados com isenção ou com redução do imposto;

c) pelo uso de falsidade nas provas exigidas para obtenção dos benefícios e incentivos previstos no Decreto-Lei nº 37, de 1966; e

d) pela não apresentação de mercadoria submetida ao regime de entreposto aduaneiro;

II – de setenta e cinco por cento, nos casos de venda não faturada de sobra de papel não impresso (mantas, aparas de bobinas e restos de bobinas) (Decreto-Lei nº 37, de 1966, art. 106, § 2º, alínea *a*, com a redação dada pelo Decreto-Lei nº 751, de 1969, art. 4º);

III – de cinquenta por cento:

a) pela transferência a terceiro, a qualquer título, de bens importados com isenção do imposto, sem prévia autorização da unidade aduaneira, ressalvada a hipótese referida no inciso XIII do art. 689;

b) pela importação, como bagagem, de mercadoria que, por sua quantidade e qualidade, revele finalidade comercial; e

c) pelo extravio de mercadoria;

• Alínea *c* com a redação dada pelo Dec. nº 8.010, de 16-5-2013.

IV – de vinte por cento:

a) pela chegada ao País de bagagem e bens de passageiro fora dos prazos regulamentares, quando sujeitos a tributação; e

b) nos casos de venda de sobra de papel não impresso (mantas, aparas de bobinas e restos de bobinas), salvo a editoras ou, como matéria-prima, a fábricas (Decreto-Lei nº 37, de 1966, art. 106, § 2º, alínea *b*, com a redação dada pelo Decreto-Lei nº 751, de 1969, art. 4º);

V – de dez por cento:

a) pela apresentação da fatura comercial sem o visto consular, quando exigida essa formalidade; e

b) pela comprovação, fora do prazo, da chegada da mercadoria ao local de destino, no caso de trânsito aduaneiro.

§ 1º No caso de papel com linhas ou marcas d'água, as multas a que se referem os incisos I e III serão de cento e cinquenta por cento e de setenta e cinco por cento, respectivamente (Decreto-Lei nº 37, de 1966, art. 106, § 1º, com a redação dada pelo Decreto-Lei nº 751, de 1969, art. 3º).

§ 2º No cálculo das multas a que se referem o inciso II e a alínea *b* do inciso IV, e o § 1º, será adotada a maior alíquota do imposto fixada para papel similar destinado à impressão, sem linhas ou marcas d'água (Decreto-Lei nº 37, de 1966, art. 106, §§ 1º e 2º, com a redação dada pelo Decreto-Lei nº 751, de 1969, arts. 3º e 4º).

§ 3º A multa de que trata a alínea *b* do inciso III do *caput* não se aplica no caso de o viajante manifestar à fiscalização, de forma inequívoca, antes de qualquer procedimento fiscal, a pretensão de submeter os bens a despacho aduaneiro no regime de importação comum, inclusive na hipótese a que se refere o § 2º do art. 161.

• § 3º com a redação dada pelo Dec. nº 7.213, de 15-6-2010.

§ 4º Para efeito da aplicação do disposto na alínea *c* do inciso III, fica fixado o limite de tolerância de cinco por cento para exclusão da responsabilidade tributária em casos de perda inevitável de mercadoria em operação, sob controle aduaneiro, de transporte, carga, descarga ou armazenagem (Decreto-Lei nº 2.472, de 1988, art. 10).

§ 5º A multa referida na alínea *c* do inciso III terá como base o valor do imposto de importação, calculado nos termos do art. 665 (Decreto-Lei nº 37, de 1966, art. 112).

§ 6º A multa referida na alínea *b* do inciso V aplica-se somente aos casos em que a legislação específica atribua ao beneficiário do regime a obrigação de comprovar, perante a unidade aduaneira de origem, a entrega da mercadoria na unidade aduaneira de destino.

Art. 703. Nas hipóteses em que o preço declarado for diferente do arbitrado na forma do art. 86 ou do efetivamente praticado, aplica-se a multa de cem por cento sobre a diferença, sem prejuízo da exigência dos tributos, da multa de ofício referida no art. 725 e dos acréscimos legais cabíveis (Medida Provisória nº 2.158-35, de 2001, art. 88, parágrafo único).

• *Caput* com a redação dada pelo Dec. nº 7.213, de 15-6-2010.

§ 1º A multa de cem por cento referida no *caput* aplica-se inclusive na hipótese de ausência de apresentação da fatura comercial, sem prejuízo da aplicação de outras penalidades cabíveis (Lei nº 10.833, de 2003, art. 70, inciso II, alínea *b*, item 2, e § 6º).

• § 1º com a redação dada pelo Dec. nº 7.213, de 15-6-2010.

§ 1º-A. Verificando-se que a conduta praticada enseja a aplicação tanto de multa referida neste artigo quanto da pena de perdimento da mercadoria, aplica-se somente a pena de perdimento.

• § 1º-A acrescido pelo Dec. nº 8.010, de 16-5-2013.

§ 2º O disposto neste artigo não prejudica a aplicação da penalidade referida no inciso VI do art. 689, na hipótese de ser encontrada, em momento posterior à aplicação da multa, a correspondente fatura comercial falsificada ou adulterada.

• § 2º com a redação dada pelo Dec. nº 7.213, de 15-6-2010.

Art. 703-A. Aplica-se a multa de cem por cento sobre a diferença de preço das mercadorias submetidas a despacho ou desembaraçadas ao amparo do regime de que trata o art. 102-A quando (Lei nº 11.898, de 2009, art. 14, *caput*):

I – a mercadoria declarada não for idêntica à mercadoria efetivamente importada; ou

II – a quantidade de mercadorias efetivamente importadas for maior que a quantidade declarada.

§ 1º A multa prevista no inciso I do *caput* não se aplica quando a mercadoria estiver sujeita à pena de perdimento prevista no inciso XII do *caput* do art. 689 (Lei nº 11.898, de 2009, art. 14, parágrafo único).

§ 2º Na ocorrência de mais de uma das condutas infracionais passíveis de enquadramento no mesmo inciso ou em diferentes incisos deste artigo e do art. 704-A, aplica-se somente a multa de maior valor (Lei nº 11.898, de 2009, art. 15).

§ 3º A aplicação das penalidades previstas neste artigo não elide a exigência dos tributos incidentes, a aplicação de outras penalidades cabíveis e a representação fiscal para fins penais, quando for o caso (Lei nº 11.898, de 2009, art. 17).

• Art. 703-A acrescido pelo Dec. nº 7.213, de 15-6-2010.

Art. 704. Sem prejuízo de outras sanções administrativas ou penais cabíveis, incorrerão na multa igual ao valor comercial da mercadoria os que entregarem a consumo, ou consumirem mercadoria de procedência estrangeira introduzida clandestinamente no País ou importada irregular ou fraudulentamente ou que tenha entrado no estabelecimento, dele saído ou nele permanecido sem que tenha havido registro da declaração da importação, ou desacompanhada de Guia de Licitação ou nota fiscal, conforme o caso (Lei nº 4.502, de 1964, art. 83, inciso I; e Decreto-Lei nº 400, de 30 de dezembro de 1968, art. 1º, alteração 2ª).

Parágrafo único. A pena a que se refere o *caput* não se aplica quando houver tipificação mais específica neste Decreto.

Art. 704-A. Aplica-se, relativamente às mercadorias submetidas a despacho ou desembaraçadas ao amparo do regime de que trata o art. 102-A, a multa de (Lei nº 11.898, de 2009, art. 13, *caput*):

I – cinquenta por cento, na hipótese de o excesso, em valor ou em quantidade, ser igual ou inferior a vinte por cento do limite máximo, em valor ou em quantidade, permitido;

II – setenta e cinco por cento, na hipótese de o excesso, em valor ou em quantidade, ser superior a vinte por cento e igual ou inferior a cinquenta por cento do limite máximo, em valor ou em quantidade, permitido; e

III – cem por cento, na hipótese de o excesso, em valor ou em quantidade, ser superior a cinquenta por cento do limite máximo, em valor ou em quantidade, permitido.

§ 1º As multas de que trata o *caput* aplicam-se por inobservância do limite de valor ou de quantidade no trimestre-calendário, no semestre-calendário ou no ano-calendário correspondente (Lei nº 11.898, de 2009, art. 13, § 1º).

§ 2º As multas de que trata o *caput* incidem sobre (Lei nº 11.898, de 2009, art. 13, § 2º):

I – a diferença entre o preço total das mercadorias importadas e o limite máximo de valor fixado; ou

II – o preço das mercadorias importadas que excederem o limite de quantidade fixado.

§ 3º Na ocorrência de mais de uma das condutas infracionais passíveis de enquadramento no mesmo inciso ou em diferentes incisos deste artigo e do art. 703-A, aplica-se somente a multa de maior valor (Lei nº 11.898, de 2009, art. 15).

§ 4º A aplicação das penalidades previstas neste artigo não elide a exigência dos tributos incidentes, a aplicação de outras penalidades cabíveis e a representação fiscal para fins penais, quando for o caso (Lei nº 11.898, de 2009, art. 17).

• Art. 704-A acrescido pelo Dec. nº 7.213, de 15-6-2010.

Art. 705. Aplica-se a multa de cinquenta por cento do valor aduaneiro no caso de utilização de bem admitido no REPORTO em finalidade diversa da que motivou a concessão do regime, de sua não incorporação ao ativo imobilizado ou de ausência da identificação a que se refere o § 6º do art. 471 (Lei nº 11.033, de 2004, art. 14, § 11, com a redação dada pela Lei nº 11.726, de 2008, art. 3º).

Parágrafo único. A aplicação da multa referida no *caput* não prejudica a exigência dos tributos suspensos e de acréscimos legais, nem a aplicação de outras penalidades cabíveis (Lei nº 11.033, de 2004, art. 14, § 12, com a redação dada pela Lei nº 11.726, de 2008, art. 3º).

Art. 706. Aplicam-se, na ocorrência das hipóteses abaixo tipificadas, por constituírem infrações administrativas ao controle das importações, as seguintes multas (Decreto-Lei nº 37, de 1966, art. 169, *caput* e § 6º, com a redação dada pela Lei nº 6.562, de 1978, art. 2º):

I – de trinta por cento sobre o valor aduaneiro:

a) pela importação de mercadoria sem licença de importação ou documento de efeito equivalente, inclusive no caso de remessa postal internacional e de bens conduzidos por viajante, desembaraçados no regime comum de importação (Decreto-Lei nº 37, de 1966, art. 169, inciso I, alínea *b*, e § 6º, com a redação dada pela Lei nº 6.562, de 1978, art. 2º); e

b) pelo embarque de mercadoria antes de emitida a licença de importação ou documento de efeito equivalente (Decreto-Lei nº 37, de 1966, art. 169, inciso III, alínea *b*, e § 6º, com a redação dada pela Lei nº 6.562, de 1978, art. 2º);

II – de vinte por cento sobre o valor aduaneiro pelo embarque da mercadoria depois de vencido o prazo de validade da licença de importação respectiva ou documento de efeito equivalente, de mais de vinte até quarenta dias (Decreto-Lei nº 37, de 1966, art. 169, inciso III, alínea *a*, item 2, e § 6º, com a redação dada pela Lei nº 6.562, de 1978, art. 2º); e

III – de dez por cento sobre o valor aduaneiro, pelo embarque da mercadoria, depois de vencido o prazo de validade da licença de importação respectiva ou documento de efeito equivalente, até vinte dias (Decreto-Lei nº 37, de 1966, art. 169, inciso III, alínea *a*, item 1, e § 6º, com a redação dada pela Lei nº 6.562, de 1978, art. 2º).

§ 1º Considera-se importada sem licença de importação ou documento de efeito equivalente, a mercadoria cujo embarque tenha se efetivado depois de decorridos mais de quarenta dias do respectivo prazo de validade (Decreto-Lei nº 37, de 1966, art. 169, § 1º, com a redação dada pela Lei nº 6.562, de 1978, art. 2º).

§ 2º As multas referidas neste artigo não poderão ser (Decreto-Lei nº 37, de 1966, art. 169, § 2º, com a redação dada pela Lei nº 10.833, de 2003, art. 77):

I – inferiores a R$ 500,00 (quinhentos reais); e

II – superiores a R$ 5.000,00 (cinco mil reais) nos casos referidos na alínea *b* do inciso I e nos incisos II e III do *caput*.

§ 3º Na ocorrência simultânea de mais de uma infração, será punida apenas aquela a que for cominada a penalidade mais grave (Decreto-Lei nº 37, de 1966, art. 169, § 4º, com a redação dada pela Lei nº 6.562, de 1978, art. 2º).

§ 4º A aplicação das penas referidas neste artigo (Decreto-Lei nº 37, de 1966, art. 169, § 5º, com a redação dada pela Lei nº 6.562, de 1978, art. 2º):

I – não exclui o pagamento dos tributos devidos, nem a imposição de outras penas, inclusive criminais, previstas em legislação específica; e

II – não prejudica a isenção de tributos de que goze a importação, salvo disposição expressa em contrário.

§ 5º Não constituem infrações, para os efeitos deste artigo (Decreto-Lei nº 37, de 1966, art. 169, § 7º, com a redação dada pela Lei nº 6.562, de 1978, art. 2º):

I – a diferença, para mais ou para menos, por embarque, não superior a dez por cento quanto ao preço, e a cinco por cento quanto à quantidade ou ao peso, desde que não ocorram concomitantemente;

II – os casos referidos na alínea *b* do inciso I, e nos incisos II e III do *caput*, se alterados pelo órgão competente os dados constantes da licença de importação ou documento de efeito equivalente; e

III – a importação de máquinas e de equipamentos declarados como originários de determinado país, que constituam um todo integrado, embora contenham partes ou componentes produzidos em outros países que não o indicado na licença de importação ou documento de efeito equivalente.

Art. 707. As infrações de que trata o art. 706 (Lei nº 6.562, de 1978, art. 3º):

I – não excluem aquelas definidas como dano ao Erário, sujeitas à pena de perdimento; e

II – serão apuradas mediante processo administrativo fiscal, em conformidade com o disposto no art. 768.

Parágrafo único. Para os efeitos do inciso I, as multas relativas às infrações administrativas ao controle das importações somente poderão ser lançadas antes da aplicação da pena de perdimento da mercadoria.

Art. 708. Para fins do art. 706 e para efeitos tributários, o embarque da mercadoria a ser importada ou exportada considera-se ocorrido na data da emissão do conhecimento de carga (Lei nº 6.562, de 1978, art. 5º).

Art. 709. Aplica-se a multa de dez por cento sobre o valor aduaneiro, no caso de descumprimento de condições, requisitos ou prazos estabelecidos para aplicação do regime aduaneiro especial de admissão temporária ou de admissão temporária para aperfeiçoamento ativo (Lei nº 10.833, de 2003, art. 72, inciso I).

§ 1º O valor da multa referida no *caput* será de R$ 500,00 (quinhentos reais), quando do seu cálculo resultar valor inferior (Lei nº 10.833, de 2003, art. 72, § 1º).

§ 2º A multa referida no *caput* não se aplica na hipótese de ser iniciado o despacho de reexportação no prazo fixado no § 9º do art. 367.

§ 3º A aplicação da multa a que se refere o *caput* não prejudica a exigência dos tributos incidentes, a aplicação de outras penalidades cabíveis e a representação fiscal para fins penais, quando for o caso (Lei nº 10.833, de 2003, art. 72, § 2º).

Art. 710. Aplica-se a multa de cinco por cento do valor aduaneiro das mercadorias importadas, no caso de descumprimento de obrigação referida no *caput* do art. 18, se relativo aos documentos obrigatórios de instrução das declarações aduaneiras (Lei nº 10.833, de 2003, art. 70, inciso II, alínea *b*, item 1).

§ 1º A multa referida no *caput* não se aplica no caso de regular comunicação da ocorrência de um dos eventos previstos no § 2º do art. 18 (Lei nº 10.833, de 2003, art. 70, § 3º).

§ 1º-A. A multa referida no *caput* não se aplica no curso do despacho aduaneiro, até o desembaraço da mercadoria.

• § 1º-A acrescido pelo Dec. nº 8.010, de 16-5-2013.

§ 2º O disposto no *caput* não prejudica a aplicação das multas previstas nos arts. 714, 715 e 728, nem a de outras penalidades cabíveis (Lei nº 10.833, de 2003, art. 70, inciso II, alínea *b*, e § 6º).

Art. 710-A. O não cumprimento da obrigação referida no inciso II do § 2º do art. 211-B sujeitará a pessoa jurídica às seguintes penalidades (Lei nº 11.945, de 2009, art. 1º, § 4º):

I – cinco por cento, não inferior a R$ 100,00 (cem reais) e não superior a R$ 5.000,00 (cinco mil reais), do valor das operações com papel imune omitidas ou apresentadas de forma inexata ou incompleta; e

II – de R$ 2.500,00 (dois mil e quinhentos reais) para micro e pequenas empresas e de R$ 5.000,00 (cinco mil reais) para as demais, independentemente da sanção prevista no inciso I, se as informações não forem apresentadas no prazo estabelecido.

Parágrafo único. Apresentada a informação fora do prazo, mas antes de qualquer procedimento de ofício, a multa de que trata o inciso II do *caput* será de R$ 1.250,00 (mil duzentos e cinquenta reais) para micro e pequenas empresas e de R$ 2.500,00 (dois mil e quinhentos reais) para as demais (Lei nº 11.945, de 2009, art. 1º, § 5º).

• Art. 710-A acrescido pelo Dec. nº 7.213, de 15-6-2010.

Art. 711. Aplica-se a multa de um por cento sobre o valor aduaneiro da mercadoria (Medida Provisória nº 2.158-35, de 2001, art. 84, *caput*; e Lei nº 10.833, de 2003, art. 69, § 1º):

I – classificada incorretamente na Nomenclatura Comum do MERCOSUL, nas nomenclaturas complementares ou em outros detalhamentos instituídos para a identificação da mercadoria;

II – quantificada incorretamente na unidade de medida estatística estabelecida pela Secretaria da Receita Federal do Brasil; ou

III – quando o importador ou beneficiário de regime aduaneiro omitir ou prestar de forma inexata ou incompleta informação de natureza administrativo-tributária, cambial ou comercial necessária à determinação do procedimento de controle aduaneiro apropriado.

§ 1º As informações referidas no inciso III do *caput*, sem prejuízo de outras que venham a ser estabelecidas em ato normativo da Secretaria da Receita Federal do Brasil, compreendem a descrição detalhada da operação, incluindo (Lei nº 10.833, de 2003, art. 69, § 2º):

I – identificação completa e endereço das pessoas envolvidas na transação: importador ou exportador; adquirente (comprador) ou fornecedor (vendedor), fabricante, agente de compra ou de venda e representante comercial;

II – destinação da mercadoria importada: industrialização ou consumo, incorporação ao ativo, revenda ou outra finalidade;

III – descrição completa da mercadoria: todas as características necessárias à classificação fiscal, espécie, marca comercial, modelo, nome comercial ou científico e outros atributos estabelecidos pela Secretaria da Receita Federal do Brasil que confiram sua identidade comercial;

IV – países de origem, de procedência e de aquisição; e

V – portos de embarque e de desembarque.

§ 2º O valor da multa referida no *caput* será de R$ 500,00 (quinhentos reais), quando do seu cálculo resultar valor inferior, observado o disposto nos §§ 3º a 5º (Medida Provisória nº 2.158-35, de 2001, art. 84, § 1º; e Lei nº 10.833, de 2003, art. 69, *caput*).

§ 3º Na ocorrência de mais de uma das condutas descritas nos incisos do *caput*, para a mesma mercadoria, aplica-se a multa somente uma vez.

§ 4º Na ocorrência de uma ou mais das condutas descritas nos incisos do *caput*, em relação a mercadorias distintas, para as quais a correta classificação na Nomenclatura Comum do MERCOSUL seja idêntica, a multa referida neste artigo será aplicada somente uma vez, e corresponderá a:

I – um por cento, aplicado sobre o somatório do valor aduaneiro de tais mercadorias, quando resultar em valor superior a R$ 500,00 (quinhentos reais); ou

II – R$ 500,00 (quinhentos reais), quando da aplicação de um por cento sobre o somatório do valor aduaneiro de tais mercadorias resultar valor igual ou inferior a R$ 500,00 (quinhentos reais).

§ 5º O somatório do valor das multas aplicadas com fundamento neste artigo não poderá ser superior a dez por cento do valor total das mercadorias constantes da declaração de importação (Lei nº 10.833, de 2003, art. 69, *caput*).

§ 6º A aplicação da multa referida no *caput* não prejudica a exigência dos tributos, da multa por declaração inexata de que trata o art. 725, e de outras penalidades administrativas, bem como dos acréscimos legais cabíveis (Medida Provisória nº 2.158-35, de 2001, art. 84, § 2º).

Art. 712. Aplica-se ao importador a multa correspondente a um por cento do valor aduaneiro da mercadoria, na hipótese de relevação da pena de perdimento de que trata o art. 737 (Medida Provisória nº 2.158-35, de 2001, art. 67, *caput* e parágrafo único).

Art. 713. As infrações relativas à bagagem de viajante serão punidas com as seguintes multas:

I – de duzentos por cento do valor dos bens trazidos como bagagem, quando forem objeto de comércio (Decreto-Lei nº 1.123, de 1970, art. 3º); e

II – de cinquenta por cento do valor excedente ao limite de isenção, sem prejuízo do imposto de importação devido, calculado na forma do art. 101, pela apresentação de declaração falsa ou inexata de bagagem (Lei nº 9.532, de 1997, art. 57).

§ 1º A multa referida no inciso I aplica-se aos bens vendidos ou colocados em comércio sob qualquer forma.

§ 2º O disposto neste artigo aplica-se também à bagagem de viajante procedente da Zona Franca de Manaus ou das áreas de livre comércio.

Art. 714. Aplica-se a multa de R$ 1.000,00 (mil reais), pela importação de mercadoria estrangeira atentatória à moral, aos bons costumes, à saúde ou à ordem pública, sem prejuízo da aplicação da pena prevista no inciso XIX do art. 689, de outras penalidades cabíveis e da representação fiscal para fins penais, quando for o caso (Decreto-Lei nº 37, de 1966, art. 107, inciso VII, alínea *b*, e § 2º, com a redação dada pela Lei nº 10.833, de 2003, art. 77).

Parágrafo único. A lavratura do auto de infração para exigência da multa será efetuada após a conclusão do processo relativo à aplicação da pena de perdimento a que se refere o inciso XIX do art. 689, salvo para prevenir a decadência.

Art. 715. Aplica-se a multa de R$ 200,00 (duzentos reais), pela apresentação de fatura comercial em desacordo com uma ou mais de uma das indicações estabelecidas no art. 557 (Decreto-Lei nº 37, de 1966, art. 107, inciso X, alínea *c*, com a redação dada pela Lei nº 10.833, de 2003, art. 77).

§ 1º Simples enganos ou omissões na emissão da fatura comercial, corrigidos ou corretamente supridos na declaração de importação, não acarretarão a aplicação da penalidade referida no *caput*.

§ 2º A multa referida no *caput* não prejudica a exigência dos tributos incidentes, a aplicação de outras penalidades cabíveis e a representação fiscal para fins penais, quando for o caso (Decreto-Lei nº 37, de 1966, art. 107, § 2º, com a redação dada pela Lei nº 10.833, de 2003, art. 77).

Art. 716. Aplica-se a multa de R$ 2,00 (dois reais) por maço de cigarro, unidade de charuto ou de cigarrilha, ou quilograma líquido de qualquer outro produto apreendido, na hipótese do art. 693, cumulativamente com o perdimento da respectiva mercadoria (Decreto-Lei nº 399, de 1968, arts. 1º e 3º, parágrafo único, este com a redação dada pela Lei nº 10.833, de 2003, art. 78).

Parágrafo único. A lavratura do auto de infração para exigência da multa será efetuada após a conclusão do processo relativo à aplicação da pena de perdimento a que se refere o art. 693, salvo para prevenir a decadência.

Art. 717. A falta de recolhimento de direitos *antidumping* ou de direitos compensatórios na data do registro da declaração de importação acarretará, sobre o valor não recolhido (Lei nº 9.019, de 30 de março de 1995, art. 7º, § 3º, com a redação dada pela Lei nº 10.833, de 2003, art. 79):

I – no caso de pagamento espontâneo, após o desembaraço aduaneiro:

a) a incidência de multa de mora, calculada à taxa de trinta e três centésimos por cento, por dia de atraso, a partir do primeiro dia subsequente ao do registro da declaração de importação até o dia em que ocorrer o seu pagamento, limitada a vinte por cento; e

b) a incidência de juros de mora calculados à taxa referencial do Sistema Especial de Liquidação e de Custódia, para títulos federais, acumulada mensalmente, a partir do primeiro dia do mês subsequente ao do registro da declaração de importação até o último dia do mês anterior ao do pagamento e de um por cento no mês do pagamento; e

II – no caso de exigência de ofício, de multa de setenta e cinco por cento e dos juros de mora referidos na alínea *b* do inciso I.

LEG. COMPLEMENTAR

§ 1º A multa referida no inciso II será exigida isoladamente quando os direitos *antidumping* ou os direitos compensatórios houverem sido pagos após o registro da declaração de importação, mas sem os acréscimos moratórios (Lei nº 9.019, de 1995, art. 7º, § 4º, com a redação dada pela Lei nº 10.833, de 2003, art. 79).

§ 2º Vencido o prazo a que se refere o parágrafo único do art. 789 sem que tenha havido o pagamento dos direitos, a Secretaria da Receita Federal do Brasil deverá exigi-los de ofício, mediante a lavratura de auto de infração, aplicando-se a multa e os juros de mora referidos no inciso II do *caput*, a partir do término de tal prazo (Lei nº 9.019, de 1995, art. 8º, § 2º, com a redação dada pela Lei nº 10.833, de 2003, art. 79).

CAPÍTULO II
DAS MULTAS NA EXPORTAÇÃO

Art. 718. Aplicam-se ao exportador as seguintes multas, calculadas em função do valor das mercadorias:

I – de sessenta a cem por cento no caso de reincidência, genérica ou específica, de fraude compreendida no inciso II (Lei nº 5.025, de 1966, art. 67, alínea *a*); e

II – de vinte a cinquenta por cento:

a) no caso de fraude, caracterizada de forma inequívoca, relativamente a preço, peso, medida, classificação ou qualidade (Lei nº 5.025, de 1966, art. 66, alínea *a*); e

b) no caso de exportação ou tentativa de exportação de mercadoria cuja saída do território aduaneiro seja proibida, considerando-se como tal aquela que assim for prevista em lei, ou em tratados, acordos ou convenções internacionais firmados pelo Brasil, sem prejuízo da aplicação da pena de perdimento da mercadoria (Lei nº 5.025, de 1966, art. 68, *caput*).

§ 1º Não constituirá infração a variação, para mais ou para menos, não superior a dez por cento quanto ao preço e a cinco por cento quanto à quantidade da mercadoria, desde que não ocorram concomitantemente (Lei nº 5.025, de 1966, art. 75).

§ 2º Ressalvada a hipótese referida na alínea *b* do inciso II, a apuração das infrações de que trata este artigo, quando constatadas no curso do despacho aduaneiro, não prejudicará o embarque ou a transposição de fronteira das mercadorias, desde que assegurados os meios de prova necessários.

Art. 719. A aplicação de penalidade decorrente de infrações de natureza fiscal ou cambial não prejudica a imposição de sanções administrativas pela Secretaria de Comércio Exterior (Lei nº 5.025, de 1966, art. 74, *caput*).

Art. 720. Consumando-se a exportação das mercadorias com qualquer das infrações a que se refere o art. 718, o procedimento fiscal instaurado poderá ser instruído, também, com elementos colhidos no exterior (Lei nº 5.025, de 1966, art. 76).

Art. 721. A imposição das penalidades de que trata o art. 718 não excluirá, quando verificada a ocorrência de ilícito penal, a apuração da responsabilidade criminal dos que intervierem na operação considerada irregular ou fraudulenta (Lei nº 5.025, de 1966, art. 72).

Art. 722. *Revogado*. Dec. nº 8.010, de 16-5-2013.

Art. 723. Quando ocorrerem, na exportação, erros ou omissões que não caracterizem intenção de fraude e que possam ser de imediato corrigidos, a autoridade aduaneira alertará o exportador e o orientará sobre a maneira correta de proceder (Lei nº 5.025, de 1966, art. 65).

Art. 724. Aplica-se a multa de cinco por cento do preço normal da mercadoria submetida ao regime aduaneiro especial de exportação temporária, ou de exportação temporária para aperfeiçoamento passivo, pelo descumprimento de condições, requisitos ou prazos estabelecidos para aplicação do regime (Lei nº 10.833, de 2003, art. 72, inciso II).

§ 1º O valor da multa referida no *caput* será de R$ 500,00 (quinhentos reais), quando do seu cálculo resultar valor inferior (Lei nº 10.833, de 2003, art. 72, § 1º).

§ 2º A aplicação da multa a que se refere o *caput* não prejudica a exigência dos impostos incidentes, a aplicação de outras penalidades cabíveis e a representação fiscal para fins penais, quando for o caso (Lei nº 10.833, de 2003, art. 72, § 2º).

CAPÍTULO III
DAS MULTAS COMUNS À IMPORTAÇÃO E À EXPORTAÇÃO

Art. 725. Nos casos de lançamentos de ofício, relativos a operações de importação ou de exportação, serão aplicadas as seguintes multas, calculadas sobre a totalidade ou a diferença dos impostos ou contribuições de que trata este Decreto (Lei nº 9.430, de 1996, art. 44, inciso I, e § 1º, com a redação dada pela Lei nº 11.488, de 2007, art. 14):

I – de setenta e cinco por cento, nos casos de falta de pagamento, de falta de declaração e nos de declaração inexata, excetuada a hipótese do inciso II; e

II – de cento e cinquenta por cento, independentemente de outras penalidades administrativas ou criminais cabíveis, nos casos previstos nos arts. 71, 72 e 73 da Lei nº 4.502, de 1964.

Parágrafo único. As multas a que se referem os incisos I e II passarão a ser de cento e doze inteiros e cinco décimos por cento e de duzentos e vinte e cinco por cento, respectivamente, nos casos de não atendimento pelo sujeito passivo, no prazo marcado, de intimação para (Lei nº 9.430, de 1996, art. 44, § 2º, com a redação dada pela Lei nº 11.488, de 2007, art. 14):

I – prestar esclarecimentos;

II – apresentar a documentação técnica referida no § 1º do art. 19; ou

III – apresentar os arquivos ou sistemas de que trata o § 2º do art. 19.

Art. 726. Aplica-se a multa de cem por cento do valor da mercadoria (Lei nº 10.743, de 2003, art. 10):

I – ao comércio internacional de diamantes brutos, sem amparo do Certificado do Processo de Kimberley, de que trata o art. 633, verificado em ação fiscal aduaneira de zona secundária, com base em registros assentados em livros fiscais ou comerciais; e

II – à prática de artifício para a obtenção do certificado de que trata o inciso I.

Parágrafo único. Compete à Secretaria da Receita Federal do Brasil a aplicação da penalidade referida no *caput* (Lei nº 10.743, de 2003, art. 11).

- Parágrafo único com a redação dada pelo Dec. nº 7.213, de 15-6-2010.

Art. 727. Aplica-se a multa de dez por cento do valor da operação à pessoa jurídica que ceder seu nome, inclusive mediante a disponibilização de documentos próprios, para a realização de operações de comércio exterior de terceiros com vistas ao acobertamento de seus reais intervenientes ou beneficiários (Lei nº 11.488, de 2007, art. 33, *caput*).

§ 1º A multa de que trata o *caput* não poderá ser inferior a R$ 5.000,00 (cinco mil reais) (Lei nº 11.488, de 2007, art. 33, *caput*).

§ 2º Entende-se por valor da operação aquele utilizado como base de cálculo do imposto de importação ou do imposto de exportação, de acordo com a legislação específica, para a operação em que tenha ocorrido o acobertamento.

§ 3º A multa de que trata o *caput* não prejudica a aplicação da pena de perdimento às mercadorias na importação ou na exportação.

• § 3º com a redação dada pelo Dec. nº 7.213, de 15-6-2010.

Art. 728. Aplicam-se ainda as seguintes multas (Decreto-Lei nº 37, de 1966, art. 107, incisos I a VI, VII, alínea *a* e *c* a *g*, VIII, IX, X, alíneas *a* e *b*, e XI, com a redação dada pela Lei nº 10.833, de 2003, art. 77):

I – de R$ 50.000,00 (cinquenta mil reais), por contêiner ou qualquer veículo contendo mercadoria, inclusive a granel, ingressado em local ou recinto sob controle aduaneiro, que não seja localizado;

II – de R$ 15.000,00 (quinze mil reais), por contêiner ou veículo contendo mercadoria, inclusive a granel, no regime de trânsito aduaneiro, que não seja localizado;

III – de R$ 10.000,00 (dez mil reais):

a) por desacato à autoridade aduaneira; ou

b) por dia, pelo descumprimento de requisito estabelecido no art. 13-A ou pelo seu cumprimento fora do prazo fixado com base no art. 13-C;

• Inciso III com a redação dada pelo Dec. nº 8.010, de 16-5-2013.

IV – de R$ 5.000,00 (cinco mil reais):

a) por ponto percentual que ultrapasse a margem de cinco por cento, na diferença de peso apurada em relação ao manifesto de carga a granel apresentado pelo transportador marítimo, fluvial ou lacustre;

b) por mês-calendário, a quem não apresentar à fiscalização os documentos relativos à operação que realizar ou em que intervier, bem como outros documentos exigidos pela Secretaria da Receita Federal do Brasil, ou não mantiver os correspondentes arquivos em boa guarda e ordem;

c) a quem, por qualquer meio ou forma, omissiva ou comissiva, embaraçar, dificultar ou impedir ação de fiscalização aduaneira, inclusive no caso de não apresentação de resposta, no prazo estipulado, a intimação em procedimento fiscal;

d) a quem promover a saída de veículo de local ou recinto sob controle aduaneiro, sem autorização prévia da autoridade aduaneira;

e) por deixar de prestar informação sobre veículo ou carga nele transportada, ou sobre as operações que execute, na forma e no prazo estabelecidos pela Secretaria da Receita Federal do Brasil, aplicada à empresa de transporte internacional, inclusive a prestadora de serviços de transporte internacional expresso porta a porta, ou ao agente de carga; e

f) por deixar de prestar informação sobre carga armazenada, ou sob sua responsabilidade, ou sobre as operações que execute, na forma e no prazo estabelecidos pela Secretaria da Receita Federal do Brasil, aplicada ao depositário ou ao operador portuário;

V – de R$ 3.000,00 (três mil reais), ao transportador de carga ou de passageiro, pelo descumprimento de exigência estabelecida para a circulação de veículos e mercadorias em zona de vigilância aduaneira;

VI – de R$ 2.000,00 (dois mil reais), no caso de violação de volume ou unidade de carga que contenha mercadoria sob controle aduaneiro, ou de dispositivo de segurança;

VII – de R$ 1.000,00 (mil reais):

a) por volume depositado em local ou recinto sob controle aduaneiro, que não seja localizado;

b) pela substituição do veículo transportador, em operação de trânsito aduaneiro, sem autorização prévia da autoridade aduaneira;

c) por dia, pelo descumprimento de condição estabelecida pela administração aduaneira para a prestação de serviços relacionados com o despacho aduaneiro;

d) por dia, pelo descumprimento de requisito, condição ou norma operacional para habilitar-se ou utilizar regime aduaneiro especial ou aplicado em áreas especiais, ou para habilitar-se ou manter recintos nos quais tais regimes sejam aplicados, exceto os requisitos técnicos e operacionais referidos no art. 13-A;

e) por dia, pelo descumprimento de requisito, condição ou norma operacional para executar atividades de movimentação e armazenagem de mercadorias sob controle aduaneiro, e serviços conexos, exceto os requisitos técnicos e operacionais referidos no art. 13-A; e

• Alíneas *d* e *e* com a redação dada pelo Dec. nº 8.010, de 16-5-2013.

f) por dia, pelo descumprimento de condição estabelecida para utilização de procedimento aduaneiro simplificado;

VIII – de R$ 500,00 (quinhentos reais):

a) por ingresso de pessoa em local ou recinto sob controle aduaneiro sem a regular autorização, aplicada ao administrador do local ou recinto;

b) por tonelada de carga a granel depositada em local ou recinto sob controle aduaneiro, que não seja localizada;

c) por dia de atraso ou fração, no caso de veículo que, em operação de trânsito aduaneiro, chegar ao destino fora do prazo estabelecido, sem motivo justificado;

d) por erro ou omissão de informação em declaração relativa ao controle de papel imune; e

e) pela não apresentação do romaneio de carga (*packing-list*) nos documentos de instrução da declaração aduaneira;

IX – de R$ 300,00 (trezentos reais), por volume de mercadoria, em regime de trânsito aduaneiro, que não seja localizado no veículo transportador, limitada ao valor de R$ 15.000,00 (quinze mil reais);

X – de R$ 200,00 (duzentos reais):

a) por tonelada de carga a granel em regime de trânsito aduaneiro que não seja localizada no veículo transportador, limitada ao valor de R$ 15.000,00 (quinze mil reais);

b) para a pessoa que ingressar em local ou recinto sob controle aduaneiro sem a regular autorização; e

XI – de R$ 100,00 (cem reais):

a) por volume de carga não manifestada pelo transportador, sem prejuízo da aplicação da pena prevista no inciso IV do art. 689; e

b) por ponto percentual que ultrapasse a margem de cinco por cento, na diferença de peso apurada em relação ao manifesto de carga a granel apresentado pelo transportador rodoviário ou ferroviário.

§ 1º A multa a que se refere o inciso V não se aplica nos casos em que seja aplicável a penalidade de que trata o art. 731.

§ 1º-A. A multa de que trata a alínea *d* do inciso VIII não se aplica a infração punível com penalidade referida no art. 710-A.

• § 1º-A acrescido pelo Dec. nº 7.213, de 15-6-2010.

§ 2º O recolhimento das multas previstas na alínea *b* do inciso III do *caput* e nas alíneas *d*, *e* e *f* do inciso VII do *caput* não garante o direito a regular operação do regime ou do recinto, nem a execução da atividade, do serviço ou do procedimento concedidos a título precário (Decreto-Lei nº 37, de 1966, art. 107, § 1º, com a redação dada pela Lei nº 10.833, de 2003, art. 77; e Lei nº 12.350, de 2010, art. 38, parágrafo único).

• § 2º com a redação dada pelo Dec. nº 8.010, de 16-5-2013.

§ 3º Na hipótese referida na alínea *a* do inciso XI, a lavratura do auto de infração para exigência da multa será efetuada após a conclusão do processo relativo à aplicação da pena de perdimento, salvo para prevenir a decadência.

§ 4º Nas hipóteses em que a conduta tipificada neste artigo ensejar também a imposição de sanção administrativa referida no art. 735 ou 735-C, a lavratura do auto de infração para exigência da multa será efetuada após a conclusão do processo relativo à aplicação da sanção administrativa, salvo para prevenir a decadência.

• § 4º com a redação dada pelo Dec. nº 8.010, de 16-5-2013.

§ 5º Nas hipóteses referidas nos incisos I e II, na alínea *a* do inciso VII, na alínea *b* do inciso VIII, no inciso IX e na alínea *a* do inciso X, do *caput*, o responsável será intimado a informar a localização do contêiner, veículo, volume ou mercadoria.

§ 6º A informação a que se refere o § 5º deverá ser prestada:

I – no prazo de cinco dias da ciência da intimação, nas hipóteses referidas no inciso I, na alínea *a* do inciso VII e na alínea *b* do inciso VIII, do *caput*; e

II – no prazo de um dia, nos demais casos.

§ 7º Não prestada a informação de que trata o § 5º nos prazos fixados no § 6º, aplica-se a multa pela não localização, prevista neste artigo, e a multa constante da alínea *c* do inciso III do *caput* do art. 702.

§ 8º As multas previstas neste artigo não prejudicam a exigência dos tributos incidentes, a aplicação de outras penalidades cabíveis e a representação fiscal para fins penais, quando for o caso (Decreto-Lei nº 37, de 1966, art. 107, § 2º com a redação dada pela Lei nº 10.833, de 2003, art. 77; e Lei nº 12.350, de 2010, art. 38, parágrafo único).

• §§ 7º e 8º com a redação dada pelo Dec. nº 8.010, de 16-5-2013.

Art. 729. Aplica-se à empresa de transporte internacional que opere em linha regular, por via aérea ou marítima, a multa de (Lei nº 10.637, de 2002, art. 28, *caput* e parágrafo único):

I – R$ 5.000,00 (cinco mil reais) por veículo cujas informações sobre tripulantes e passageiros não sejam prestadas na forma e no prazo estabelecidos pela Secretaria da Receita Federal do Brasil; ou

II – R$ 200,00 (duzentos reais) por informação omitida, limitada ao valor de R$ 5.000,00 (cinco mil reais) por veículo.

Art. 730. Aplica-se, cumulativamente ao perdimento do veículo e da mercadoria, a multa de R$ 200,00 (duzentos reais), por passageiro ou tripulante conduzido pelo veículo que efetuar a operação proibida, no caso do inciso III do art. 688 (Decreto-Lei nº 37, de 1966, art. 104, parágrafo único, inciso II, este com a redação dada pela Lei nº 10.833, de 2003, art. 77).

Parágrafo único. A lavratura do auto de infração para exigência da multa será efetuada após a conclusão do processo relativo à aplicação da pena de perdimento a que se refere o inciso III do art. 688, salvo para prevenir a decadência.

Art. 731. Aplica-se a multa de R$ 15.000,00 (quinze mil reais) ao transportador, de passageiros ou de carga, em viagem doméstica ou internacional que transportar mercadoria sujeita a pena de perdimento (Lei nº 10.833, de 2003, art. 75, *caput*):

I – sem identificação do proprietário ou possuidor; ou

II – ainda que identificado o proprietário ou possuidor, as características ou a quantidade dos volumes transportados evidenciarem tratar-se de mercadoria sujeita à referida pena.

§ 1º A multa a ser aplicada será de R$ 30.000,00 (trinta mil reais) na hipótese de (Lei nº 10.833, de 2003, art. 75, § 5º):

I – reincidência da infração prevista no *caput*, envolvendo o mesmo veículo transportador; ou

II – modificações da estrutura ou das características do veículo, com a finalidade de efetuar o transporte de mercadorias ou permitir a sua ocultação.

§ 2º Na hipótese de viagem doméstica, o disposto no *caput* e no § 1º aplica-se somente quando o transportador estiver obrigado a identificar os volumes transportados, ou a emitir conhecimento de carga ou documento equivalente.

§ 3º O disposto neste artigo não se aplica nas hipóteses em que o veículo estiver sujeito à pena de perdimento prevista no inciso V do art. 688, nem prejudica a aplicação de outras penalidades cabíveis (Lei nº 10.833, de 2003, art. 75, § 6º).

CAPÍTULO IV

DA REDUÇÃO DAS MULTAS

Art. 732. Ao sujeito passivo que, notificado, efetuar o pagamento, a compensação ou o parcelamento dos tributos administrados pela Secretaria da Receita Federal do Brasil, será concedida redução da multa de lançamento de ofício nos seguintes percentuais (Lei nº 8.218, de 1991, art. 6º, *caput*, com a redação dada pela Lei nº 11.941, de 27 de maio de 2009, art. 28; e Lei nº 9.430, de 1996, art. 44, § 3º):

I – cinquenta por cento, se for efetuado o pagamento ou a compensação no prazo de trinta dias, contados da data em que o sujeito passivo foi notificado do lançamento;

II – quarenta por cento, se o sujeito passivo requerer o parcelamento no prazo de trinta dias, contados da data em que foi notificado do lançamento;

III – trinta por cento, se for efetuado o pagamento ou a compensação no prazo de trinta dias, contados da data em que o sujeito passivo foi notificado da decisão administrativa de primeira instância; e

IV – vinte por cento, se o sujeito passivo requerer o parcelamento no prazo de trinta dias, contados da data em que foi notificado da decisão administrativa de primeira instância.

§ 1º No caso de provimento a recurso de ofício interposto por autoridade julgadora de primeira instância, aplica-se a redução prevista no inciso III do *caput*, para o caso de pagamento ou compensação, e no inciso IV do *caput*, para o caso de parcelamento (Lei nº 8.218, de 1991, art. 6º, § 1º, com a redação dada pela Lei nº 11.941, de 2009, art. 28).

§ 2º A rescisão do parcelamento, motivada pelo descumprimento das normas que o regulam, implicará restabelecimento do montante da multa proporcionalmente ao valor da receita não satisfeita e que exceder o valor obtido com a garantia apresentada (Lei nº 8.218, de 1991, art. 6º, § 2º, com a redação dada pela Lei nº 11.941, de 2009, art. 28).

- Art. 732 com a redação dada pelo Dec. nº 7.213, de 15-6-2010.

Art. 733. *Revogado.* Dec. nº 7.213, de 15-6-2010.

Art. 734. A redução de que trata este Capítulo não se aplica aos seguintes casos:

I – multas referidas no § 1º do art. 689, no inciso II do *caput* do art. 717, e nos arts. 698, 703, 703-A, 704, 709, 710, 711, 712, 714, 715, 724, 728 e 731 (Lei nº 10.833, de 2003, art. 81; e Lei nº 11.898, de 2009, art. 16);

- Inciso I com a redação dada pelo Dec. nº 8.010, de 16-5-2013.

II – outras hipóteses de conversão da pena de perdimento em multa equivalente ao valor aduaneiro da mercadoria;

III – outras hipóteses de relevação da pena de perdimento mediante aplicação de multa;

IV – lançamento de ofício da multa de mora; e

V – outras hipóteses de não redução previstas em lei.

TÍTULO IV – DAS SANÇÕES ADMINISTRATIVAS

Art. 735. Os intervenientes nas operações de comércio exterior ficam sujeitos às seguintes sanções (Lei nº 10.833, de 2003, art. 76, *caput*):

I – advertência, na hipótese de:

a) descumprimento de norma de segurança fiscal em local alfandegado;

b) falta de registro ou registro de forma irregular dos documentos relativos a entrada ou saída de veículo ou mercadoria em recinto alfandegado;

c) atraso, de forma contumaz, na chegada ao destino de veículo conduzindo mercadoria submetida ao regime de trânsito aduaneiro;

d) emissão de documento de identificação ou quantificação de mercadoria em desacordo com sua efetiva qualidade ou quantidade;

e) prática de ato que prejudique o procedimento de identificação ou quantificação de mercadoria sob controle aduaneiro;

f) atraso na tradução de manifesto de carga, ou erro na tradução que altere o tratamento tributário ou aduaneiro da mercadoria;

g) consolidação ou desconsolidação de carga efetuada com incorreção que altere o tratamento tributário ou aduaneiro da mercadoria;

h) atraso, por mais de três vezes, em um mesmo mês, na prestação de informações sobre carga e descarga de veículos, ou movimentação e armazenagem de mercadorias sob controle aduaneiro;

i) descumprimento de requisito, condição ou norma operacional para habilitar-se ou utilizar regime aduaneiro especial ou aplicado em áreas especiais, ou para habilitar-se ou manter recintos nos quais tais regimes sejam aplicados;

- Alínea *i* com a redação dada pelo Dec. nº 7.213, de 15-6-2010.

i1) descumprimento de requisito, condição ou norma operacional para executar atividades de movimentação e armazenagem de mercadorias sob controle aduaneiro, e serviços conexos;

i2) descumprimento de condição estabelecida para utilização de procedimento aduaneiro simplificado;

- Alíneas *i1* e *i2* acrescidas pelo Dec. nº 8.010, de 16-5-2013.

j) deixar de comunicar à Secretaria da Receita Federal do Brasil qualquer alteração das informações prestadas para inscrição no registro de despachante aduaneiro ou de ajudante; ou

- Alínea *j* com a redação dada pelo Dec. nº 7.213, de 15-6-2010.

k) descumprimento de outras normas, obrigações ou ordem legal não previstas nas alíneas *a* a *j*;

- Alínea *k* acrescida pelo Dec. nº 7.213, de 15-6-2010.

II – suspensão, pelo prazo de até doze meses, do registro, licença, autorização, credenciamento ou habilitação para utilização de regime aduaneiro ou de procedimento simplificado, exercício de atividades relacionadas com o despacho aduaneiro, ou com a movimentação e armazenagem de mercadorias sob controle aduaneiro, e serviços conexos, na hipótese de:

a) reincidência em conduta já sancionada com advertência;

b) atuação em nome de pessoa que esteja cumprindo suspensão, ou no interesse desta;

c) descumprimento da obrigação de apresentar à fiscalização, em boa ordem, os documentos relativos a operação que realizar ou em que intervier, bem como outros documentos exigidos pela Secretaria da Receita Federal do Brasil;

d) delegação de atribuição privativa a pessoa não credenciada ou habilitada, inclusive na hipótese de cessão de senha de acesso a sistema informatizado;

- Alínea *d* com a redação dada pelo Dec. nº 7.213, de 15-6-2010.

e) realização, por despachante aduaneiro ou ajudante, em nome próprio ou de terceiro, de exportação ou importação de quaisquer mercadorias, exceto para uso próprio, ou exercício, por estes, de comércio interno de mercadorias estrangeiras;

f) descumprimento, pelo importador, depositário ou transportador, da determinação efetuada pela autoridade aduaneira para destruir mercadoria ou devolvê-la ao exterior, nas hipóteses de que trata o art. 574; ou

- Alíneas *e* e *f* com a redação dada pelo Dec. nº 8.010, de 16-5-2013.

g) prática de qualquer outra conduta sancionada com suspensão de registro, licença, autorização, credenciamento ou habilitação, nos termos de legislação específica; ou

- Alínea *g* acrescida pelo Dec. nº 8.010, de 16-5-2013.

III – cancelamento ou cassação do registro, licença, autorização, credenciamento ou habilitação para utilização de regime aduaneiro ou de procedimento simplificado, exercício de atividades relacionadas com o despacho aduaneiro, ou com a movimentação e armazenagem de mercadorias sob controle aduaneiro, e serviços conexos, na hipótese de:

a) acúmulo, em período de três anos, de suspensão cujo prazo total supere doze meses;

b) atuação em nome de pessoa cujo registro, licença, autorização, credenciamento ou habilitação tenha sido objeto de cancelamento ou cassação, ou no interesse desta;

c) exercício, por pessoa credenciada ou habilitada, de atividade ou cargo vedados na legislação específica;

d) prática de ato que embarace, dificulte ou impeça a ação da fiscalização aduaneira, inclusive a prestação dolosa de informação falsa ou o uso doloso de documento falso nas atividades relacionadas com o despacho aduaneiro;

- Alínea *d* com a redação dada pelo Dec. nº 8.010, de 16-5-2013.

e) agressão ou desacato à autoridade aduaneira no exercício da função;

f) sentença condenatória, transitada em julgado, por participação, direta ou indireta, na prática de crime contra a administração pública ou contra a ordem tributária;

g) sentença condenatória, transitada em julgado, à pena privativa de liberdade;

h) descumprimento das obrigações eleitorais;

• Alíneas g e h com a redação dada pelo Dec. nº 7.213, de 15-6-2010.

i) ação ou omissão dolosa tendente a subtrair ao controle aduaneiro, ou dele ocultar, a importação ou a exportação de bens ou de mercadorias; ou

j) prática de qualquer outra conduta sancionada com cancelamento ou cassação de registro, licença, autorização, credenciamento ou habilitação, nos termos de legislação específica.

• Alíneas i e j acrescidas pelo Dec. nº 7.213, de 15-6-2010.

§ 1º As sanções previstas neste artigo serão anotadas no registro do infrator pela administração aduaneira, devendo a anotação ser cancelada após o decurso de cinco anos da aplicação definitiva da sanção (Lei nº 10.833, de 2003, art. 76, § 1º).

§ 2º Para os efeitos do disposto neste artigo, considera-se interveniente o importador, o exportador, o beneficiário de regime aduaneiro ou de procedimento simplificado, o despachante aduaneiro e seus ajudantes, o transportador, o agente de carga, o operador de transporte multimodal, o operador portuário, o depositário, o administrador de recinto alfandegado, o perito, o assistente técnico, ou qualquer outra pessoa que tenha relação, direta ou indireta, com a operação de comércio exterior (Lei nº 10.833, de 2003, art. 76, § 2º).

§ 3º Para os efeitos do disposto na alínea *c* do inciso I do *caput*, considera-se contumaz o atraso sem motivo justificado ocorrido em mais de vinte por cento das operações de trânsito aduaneiro realizadas no mês, se superior a cinco o número total de operações (Lei nº 10.833, de 2003, art. 76, § 3º).

§ 4º Na determinação do prazo para a aplicação das sanções previstas no inciso II do *caput*, serão considerados a natureza e a gravidade da infração cometida, os danos que dela provierem e os antecedentes do infrator (Lei nº 10.833, de 2003, art. 76, § 4º).

§ 5º Para os fins do disposto na alínea *a* do inciso II do *caput*, será considerado reincidente o infrator sancionado com advertência que, no período de cinco anos da data da aplicação definitiva da sanção, cometer nova infração pela mesma conduta já penalizada com advertência (Lei nº 10.833, de 2003, art. 76, § 5º).

• § 5º com a redação dada pelo Dec. nº 8.010, de 16-5-2013.

§ 5º-A. A penalidade referida na alínea *f* do inciso II do *caput* será aplicada pelo prazo de doze meses, cessando sua aplicação com a comprovação do embarque para o exterior ou da destruição, em conformidade com a determinação da autoridade aduaneira.

§ 5º-B. Durante o período de suspensão de que trata o § 5º-A, a devolução da mercadoria ao exterior será realizada mediante habilitação restrita à operação.

• §§ 5º-A e 5º-B acrescidos pelo Dec. nº 8.010, de 16-5-2013.

§ 6º Na hipótese de cassação ou cancelamento, a reinscrição para a atividade ou a inscrição para exercer outra atividade sujeita a controle aduaneiro só poderá ser solicitada dois anos depois da data de aplicação definitiva da sanção, devendo ser cumpridas todas as exigências e formalidades previstas para a inscrição (Lei nº 10.833, de 2003, art. 76, § 6º).

§ 7º Ao sancionado com suspensão, cassação ou cancelamento, enquanto perdurarem os efeitos da sanção, é vedado o ingresso em local sob controle aduaneiro, sem autorização do titular da unidade jurisdicionante (Lei nº 10.833, de 2003, art. 76, § 7º).

§ 8º Nas hipóteses em que conduta tipificada nas alíneas *d*, *e* ou *f* do inciso VII do art. 728 ensejar também a imposição de sanção referida no *caput*, após a aplicação definitiva da sanção administrativa:

• *Caput* do § 8º com a redação dada pelo Dec. nº 8.010, de 16-5-2013.

I – de advertência, se ainda não houver sido sanada a irregularidade:

a) o infrator será notificado a saná-la, iniciando-se com sua ciência da notificação a contagem diária da multa a que se refere o art. 728;

b) será lavrado novo auto de infração para aplicação da sanção administrativa de suspensão (Lei nº 10.833, de 2003, art. 76, *caput*, inciso II, alínea *a*); e

c) serão aplicadas restrições à operação no recinto, regime ou procedimento simplificado, de acordo com a gravidade da infração (Decreto-Lei nº 37, de 1966, art. 107, § 1º com a redação dada pela Lei nº 10.833, de 2003, art. 77);

II – de suspensão, se ainda não houver sido sanada a irregularidade, após o cumprimento da penalidade de suspensão:

a) será lavrado auto de infração para aplicação da multa a que se refere o art. 728, de R$ 1.000,00 (um mil reais) por dia, contando-se o período desde o primeiro dia útil subsequente à data da ciência da notificação a que se refere a alínea *a* do inciso I até a data da lavratura do auto de infração;

b) será lavrado auto de infração para aplicação da sanção administrativa correspondente (Lei nº 10.833, de 2003, art. 76, *caput*, inciso II, alínea *a*, e inciso III, alínea *a*); e

c) serão aplicadas, na hipótese de nova suspensão, restrições à operação no recinto, regime ou procedimento simplificado, de acordo com a gravidade da infração (Decreto-Lei nº 37, de 1966, art. 107, § 1º, com a redação dada pela Lei nº 10.833, de 2003, art. 77); ou

• Incisos I e II com a redação dada pelo Dec. nº 8.010, de 16-5-2013.

III – de cancelamento ou cassação, o sancionado terá trinta dias para tomar as providências necessárias ao encerramento da operação do recinto, regime ou procedimento simplificado.

§ 9º Considera-se definitivamente aplicada a sanção administrativa após a notificação ao sancionado da decisão administrativa da qual não caiba recurso.

• § 9º com a redação dada pelo Dec. nº 7.213, de 15-6-2010.

§ 10. A notificação a que se refere o § 9º será efetuada mediante:

• *Caput* do § 10 com a redação dada pelo Dec. nº 7.213, de 15-6-2010.

I – ciência do sancionado, nas hipóteses de que trata o inciso I do *caput*; ou

II – publicação de ato específico no *Diário Oficial da União*, nas hipóteses de que tratam os incisos II e III do *caput*.

• I e II acrescidos pelo Dec. nº 7.213, de 15-6-2010.

§ 11. As sanções previstas neste artigo não prejudicam a exigência dos tributos incidentes, a aplicação de outras penalidades cabíveis e a representação fiscal para fins penais, quando for o caso (Lei nº 10.833, de 2003, art. 76, § 15).

• § 11 acrescido pelo Dec. nº 7.213, de 15-6-2010.

Art. 735-A. O habilitado ao regime de que trata o art. 102-A será (Lei nº 11.898, de 2009, art. 12, *caput*):

I – suspenso pelo prazo de três meses:

a) na hipótese de inobservância, por duas vezes em um período de dois anos, dos limites de valor ou de quantidade estabelecidos para as importações;

b) quando vender mercadoria sem emissão do documento fiscal de venda; ou

c) na hipótese em que tiver contra si ou contra o seu representante decisão administrativa aplicando a pena de perdimento da mercadoria;

II – excluído do regime:

a) quando for excluído do Simples Nacional de que trata a Lei Complementar nº 123, de 14 de dezembro de 2006;

b) na hipótese de acúmulo, em período de três anos, de suspensão cujo prazo total supere seis meses;

c) na hipótese de atuação em nome de microempresa excluída do regime ou no interesse desta; ou

d) na hipótese de importação de mercadoria que não conste da lista positiva.

§ 1º Aplica-se, no que couber, o disposto nos arts. 735 e 783, para efeitos de aplicação e julgamento das sanções administrativas estabelecidas neste artigo (Lei nº 11.898, de 2009, art. 12, § 1º).

§ 2º Nas hipóteses de que trata o inciso II do *caput*, a microempresa somente poderá requerer nova adesão após o decurso do prazo de três anos, contados da data da exclusão do regime (Lei nº 11.898, de 2009, art. 12, § 2º).

§ 3º As sanções previstas neste artigo não prejudicam a exigência dos tributos incidentes, a aplicação de outras penalidades cabíveis, como a referida no art. 735, e a representação fiscal para fins penais, quando for o caso (Lei nº 11.898, de 2009, art. 12, § 3º, e art. 17).

§ 4º O disposto no § 2º não se aplica no caso de exclusão da microempresa do regime a pedido (Lei nº 11.898, de 2009, art. 18).

Art. 735-B. O registro especial de que trata o art. 211-B poderá ser cancelado, a qualquer tempo, pela Secretaria da Receita Federal do Brasil se, após a sua concessão, ocorrer uma das seguintes hipóteses (Lei nº 11.945, de 2009, art. 2º, *caput*):

I – desatendimento dos requisitos que condicionaram a sua concessão;

II – situação irregular da pessoa jurídica perante o Cadastro Nacional da Pessoa Jurídica – CNPJ;

III – atividade econômica declarada, para efeito da concessão do registro especial, divergente da informada perante o CNPJ ou daquela regularmente exercida pela pessoa jurídica;

IV – não comprovação da correta destinação do papel na forma a ser estabelecida em conformidade com o disposto no inciso II do § 2º do art. 211-B; ou

V – decisão final proferida na esfera administrativa sobre a exigência fiscal de crédito tributário decorrente do consumo ou da utilização do papel destinado à impressão de livros, jornais e periódicos em finalidade diversa daquela prevista no art. 211-B.

§ 1º Fica vedada a concessão de novo registro especial, pelo prazo de cinco anos-calendário, à pessoa jurídica enquadrada nas hipóteses descritas nos incisos IV ou V do *caput* (Lei nº 11.945, de 2009, art. 2º, § 1º).

§ 2º A vedação de que trata o § 1º também se aplica à concessão de registro especial a pessoas jurídicas que possuam em seu quadro societário (Lei nº 11.945, de 2009, art. 2º, § 2º):

I – pessoa física que tenha participado, na qualidade de sócio, diretor, gerente ou administrador, de pessoa jurídica que teve registro especial cancelado em virtude do disposto nos incisos IV ou V do *caput*; ou

II – pessoa jurídica que teve registro especial cancelado em virtude do disposto nos incisos IV ou V do *caput*.

- Arts. 735-A e 735-B acrescidos pelo Dec. nº 7.213, de 15-6-2010.

Art. 735-C. A pessoa jurídica de que tratam os arts. 13-B e 13-C, responsável pela administração de local ou recinto alfandegado, fica sujeita, observados a forma, o rito e as competências estabelecidos nos arts. 735, 782 e 783, à aplicação da sanção de (Lei nº 12.350, de 2010, art. 37, *caput*):

I – advertência, na hipótese de descumprimento de requisito técnico ou operacional para o alfandegamento, definido com fundamento no art. 13-A; e

II – suspensão das atividades de movimentação, armazenagem e despacho aduaneiro de mercadorias sob controle aduaneiro, referidas no *caput* do art. 13-A, na hipótese de reincidência em conduta já punida com advertência, até a constatação pela autoridade aduaneira do cumprimento do requisito ou da obrigação estabelecida.

§ 1º Para os fins do disposto no inciso II do *caput*, será considerado reincidente o infrator que, no período de trezentos e sessenta e cinco dias, contados da data da aplicação da sanção, cometer nova infração pela mesma conduta já penalizada com advertência (Lei nº 12.350, de 2010, art. 37, parágrafo único).

§ 2º Nas hipóteses em que conduta tipificada na alínea *b* do inciso III do *caput* do art. 728 ensejar também a imposição de sanção referida no *caput*, após a aplicação definitiva da sanção administrativa:

I – de advertência, se ainda não houver sido sanada a irregularidade:

a) o infrator será notificado a saná-la, iniciando-se com sua ciência da notificação a contagem diária da multa a que se refere o art. 728 (Lei nº 12.350, de 2010, art. 37, *caput*, inciso I);

b) será lavrado novo auto de infração para aplicação da sanção administrativa de suspensão (Lei nº 12.350, de 2010, art. 37, *caput*, inciso II); e

c) serão aplicadas restrições à operação no local ou recinto alfandegado, de acordo com a gravidade da infração (Lei nº 12.350, de 2010, art. 38, parágrafo único); e

II – de suspensão, se ainda não houver sido sanada a irregularidade, será lavrado auto de infração para aplicação da multa a que se refere o art. 728, de R$ 10.000,00 (dez mil reais) por dia, contando-se o período desde o primeiro dia útil subsequente à data da ciência da notificação a que se refere a alínea *a* do inciso I até a data da lavratura do auto de infração.

§ 3º Aplica-se somente a sanção administrativa prevista neste artigo quando a conduta praticada pelo infrator se enquadrar também no disposto no art. 735.

- Art. 735-C acrescido pelo Dec. nº 8.010, de 16-5-2013.

TÍTULO V – DAS DISPOSIÇÕES FINAIS

CAPÍTULO I

DA RELEVAÇÃO DE PENALIDADES

Art. 736. O Ministro de Estado da Fazenda, em despacho fundamentado, poderá relevar penalidades relativas a infrações de que não tenha resultado falta ou insuficiência de recolhimento de tributos federais, atendendo (Decreto-Lei nº 1.042, de 21 de outubro de 1969, art. 4º, *caput*):

I – a erro ou a ignorância escusável do infrator, quanto à matéria de fato; ou

II – a equidade, em relação às características pessoais ou materiais do caso, inclusive ausência de intuito doloso.

§ 1º A relevação da penalidade poderá ser condicionada à correção prévia das irregularidades que tenham dado origem ao processo fiscal (Decreto-Lei nº 1.042, de 1969, art. 4º, § 1º).

§ 2º O Ministro de Estado da Fazenda poderá delegar a competência que este artigo lhe atribui (Decreto-Lei nº 1.042, de 1969, art. 4º, § 2º).

Art. 737. A pena de perdimento decorrente de infração de que não tenha resultado falta ou insuficiência de recolhimento de tributos federais poderá ser relevada com base no disposto no art. 736, mediante a aplicação da multa referida no art. 712 (Medida Provisória nº 2.158-35, de 2001, art. 67).

§ 1º A relevação não poderá ser deferida:

I – mais de uma vez para a mesma mercadoria; e

II – depois da destinação da respectiva mercadoria.

§ 2º A aplicação da multa a que se refere este artigo não prejudica:

I – a exigência dos tributos, de outras penalidades e dos acréscimos legais cabíveis para a regularização da mercadoria no País; ou

II – a exigência da multa a que se refere o art. 709, para a reexportação de mercadoria submetida ao regime de admissão temporária, quando sujeita a licença de importação vedada ou suspensa.

§ 3º A entrega da mercadoria ao importador, na hipótese deste artigo, está condicionada à comprovação do pagamento da multa e ao cumprimento das formalidades exigidas para o respectivo despacho de importação, sem prejuízo do atendimento das normas de controle administrativo.

Art. 738. O Ministro de Estado da Fazenda poderá, em ato normativo, dispor sobre relevação da pena de perdimento de bens de viajantes, mediante o pagamento dos tributos, acrescidos da multa de cem por cento do valor destes (Decreto-Lei nº 2.120, de 1984, art. 6º, inciso I).

Art. 739. A pena de perdimento a que se refere o inciso VII do art. 688, enquanto não efetuada a destinação do veículo, poderá ser relevada à vista de requerimento do interessado, desde que recolhido o montante correspondente a duas vezes o valor da multa inicialmente aplicada (Lei nº 10.833, de 2003, art. 75, § 7º).

Parágrafo único. A relevação a que se refere o *caput* compete ao titular da unidade da Secretaria da Receita Federal do Brasil responsável pela apuração da infração.

CAPÍTULO II

DA REPRESENTAÇÃO FISCAL PARA FINS PENAIS

Art. 740. Sempre que o Auditor-Fiscal da Receita Federal do Brasil constatar, no exercício de suas atribuições, fato que configure, em tese, crime contra a ordem tributária, crime de contrabando ou de descaminho, ou crimes em detrimento da Fazenda Nacional ou contra a administração pública federal, deverá efetuar a correspondente representação fiscal para fins penais, a ser encaminhada ao Ministério Público, na forma estabelecida pela Secretaria da Receita Federal do Brasil.

Art. 741. A representação fiscal para fins penais relativa aos crimes contra a ordem tributária será encaminhada ao Ministério Público após ter sido proferida a decisão final administrativa, no processo fiscal (Lei nº 9.430, de 1996, art. 83, *caput* com a redação dada pela Lei nº 12.350, de 2010, art. 43).

Parágrafo único. Na hipótese de concessão de parcelamento do crédito tributário, a representação fiscal para fins penais somente será encaminhada ao Ministério Público após a exclusão da pessoa física ou jurídica do parcelamento (Lei nº 9.430, de 1996, art. 83, § 1º, com a redação dada pela Lei nº 12.382, de 2011, art. 6º).

- Art. 741 com a redação dada pelo Dec. nº 8.010, de 2013.

CAPÍTULO III

DAS INFRAÇÕES PRATICADAS PELOS ÓRGÃOS DA ADMINISTRAÇÃO PÚBLICA

Art. 742. Constitui falta grave, praticada pelos chefes de órgãos da administração pública direta ou indireta, promover importação ao desamparo de licença de importação ou documento de efeito equivalente, quando exigível na forma da legislação em vigor (Decreto-Lei nº 1.455, de 1976, art. 34, *caput*).

§ 1º A apuração da irregularidade de que trata este artigo será efetuada mediante inquérito determinado pela autoridade competente (Decreto-Lei nº 1.455, de 1976, art. 34, § 1º).

§ 2º O prosseguimento do despacho aduaneiro dos bens importados nas condições deste artigo ficará condicionado à conclusão do inquérito a que se refere o § 1º (Decreto-Lei nº 1.455, de 1976, art. 34, § 2º).

Art. 743. O Ministro de Estado da Fazenda disciplinará os procedimentos fiscais a serem adotados pelas unidades aduaneiras na ocorrência de infrações na importação, que envolvam órgãos da administração pública (Decreto-Lei nº 1.455, de 1976, art. 34, § 3º).

LIVRO VII – DO CRÉDITO TRIBUTÁRIO, DO PROCESSO FISCAL E DO CONTROLE ADMINISTRATIVO ESPECÍFICO

TÍTULO I – DO CRÉDITO TRIBUTÁRIO

CAPÍTULO I

DO LANÇAMENTO DE OFÍCIO

Art. 744. Sempre que for apurada infração às disposições deste Decreto, que implique exigência de tributo ou aplicação de penalidade pecuniária, o Auditor-Fiscal da Receita Federal do Brasil deverá efetuar o correspondente lançamento para fins de constituição do crédito tributário (Lei nº 5.172, de 1966, art. 142, *caput*; e Lei nº 10.593, de 2002, art. 6º, inciso I, alínea *a*, com a redação dada pela Lei nº 11.457, de 2007, art. 9º).

Parágrafo único. O Auditor-Fiscal da Receita Federal do Brasil não constituirá os créditos tributários relativos a matérias que, em virtude de jurisprudência pacífica do Supremo Tribunal Federal, ou do Superior Tribunal de Justiça, sejam objeto de ato declaratório do Procurador-Geral da Fazenda Nacional, aprovado pelo Ministro de Estado da Fazenda (Lei nº 10.522, de 19 de julho de 2002, art. 19, *caput*, inciso II e § 4º, com a redação dada pela Lei nº 11.033, de 2004, art. 21).

- Art. 744 com a redação dada pelo Dec. nº 7.213, de 15-6-2010.

Art. 745. Poderá ser formalizada exigência de crédito tributário correspondente exclusivamente a multa ou a juros de mora, isolada ou conjuntamente (Lei nº 9.430, de 1996, art. 43, *caput*).

Parágrafo único. Sobre o crédito constituído na forma do *caput*, não pago no respectivo vencimento, incidirão juros de mora (Lei nº 9.430, de 1996, art. 43, parágrafo único).

CAPÍTULO II
DOS ACRÉSCIMOS LEGAIS

Seção I
DA MULTA DE MORA

Art. 746. Os débitos decorrentes dos tributos e contribuições de que trata este Decreto, não pagos nos prazos previstos na legislação específica, serão acrescidos de multa de mora, calculada à taxa de trinta e três centésimos por cento, por dia de atraso (Lei nº 9.430, de 1996, art. 61, *caput*).

§ 1º O percentual de multa a ser aplicado é limitado a vinte por cento (Lei nº 9.430, de 1996, art. 61, § 2º).

§ 2º A multa de mora:

I – será calculada a partir do primeiro dia subsequente ao do vencimento do prazo previsto para o pagamento do tributo ou contribuição até o dia em que ocorrer o seu pagamento (Lei nº 9.430, de 1996, art. 61, § 1º);

II – não incide sobre o débito oriundo de multa de ofício(Lei nº 8.218, de 1991, art. 3º, § 2º); e

III – não será aplicada quando o valor do imposto já tenha servido de base para a aplicação da multa decorrente de lançamento de ofício (Decreto-Lei nº 1.736, de 20 de dezembro de 1979, art. 11).

Art. 747. A interposição de ação judicial favorecida com medida liminar interrompe a incidência da multa de mora, desde a concessão da medida, até trinta dias após a data da publicação da decisão judicial que considerar devido o tributo ou contribuição (Lei nº 9.430, de 1996, art. 63, § 2º).

Seção II
DOS JUROS DE MORA

Art. 748. Os débitos, inclusive as multas de ofício, decorrentes dos tributos e contribuições de que trata este Decreto, cujos fatos geradores tenham ocorrido a partir de 1º de janeiro de 1997, não pagos nos prazos previstos na legislação específica, serão acrescidos de juros de mora, calculados à taxa referencial do Sistema Especial de Liquidação e de Custódia, a partir do primeiro dia do mês subsequente ao vencimento do prazo até o mês anterior ao do pagamento, e de um por cento no mês de pagamento (Lei nº 9.430, de 1996, arts. 5º, § 3º, e 61, § 3º).

Parágrafo único. Aplicam-se, a partir de 1º de janeiro de 1997, os juros de mora calculados na forma do *caput*, aos débitos de qualquer natureza, constituídos ou não, cujos fatos geradores tenham ocorrido até 31 de dezembro de 1994, e que não hajam sido objeto de parcelamento requerido até 31 de agosto de 1995, inclusive os inscritos em Dívida Ativa da União (Lei nº 10.522, de 19 de julho de 2002, art. 30).

Art. 749. Os tributos e contribuições de que trata este Decreto, não pagos até a data do vencimento, cujos fatos geradores tenham ocorrido:

I – a partir de 1º de abril de 1995, serão acrescidos dos juros de mora calculados na forma a que se refere o art. 748 (Lei nº 8.981, de 1995, art. 84, *caput* e §§ 1º e 2º; e Lei nº 9.065, de 20 de junho de 1995, art. 13);

II – de 1º de janeiro de 1995 até 31 de março de 1995, serão acrescidos de juros de mora equivalentes à taxa média mensal de captação do Tesouro Nacional relativa à Dívida Mobiliária Federal Interna, acumulada mensalmente a partir do primeiro dia do mês subsequente ao vencimento do prazo até o mês anterior ao do pagamento, e de um por cento no mês de pagamento (Lei nº 8.981, de 1995, art. 84, inciso I; e Lei nº 9.065, de 1995, art. 13); e

III – de 1º de janeiro de 1992 até 31 de dezembro de 1994, serão acrescidos de juros de mora de um por cento ao mês-calendário ou fração, calculados sobre o valor do tributo ou contribuição corrigido monetariamente, a partir do primeiro dia do mês subsequente ao vencimento do prazo até o mês do efetivo pagamento (Lei nº 8.383, de 1991, art. 59, *caput* e § 2º).

Parágrafo único. Os juros de mora de que trata o inciso III serão calculados, até 31 de dezembro de 1996, à razão de um por cento ao mês, adicionando-se ao montante assim apurado, a partir de 1º de janeiro de 1997, os juros de mora equivalentes à taxa de que trata o art. 748 (Lei nº 8.981, de 1995, art. 84, § 5º; e Lei nº 10.522, de 2002, art. 30).

Art. 750. O crédito não integralmente pago no vencimento será acrescido de juros de mora, seja qual for o motivo determinante da falta, sem prejuízo da imposição das penalidades cabíveis e da aplicação de quaisquer medidas de garantia previstas na lei tributária (Lei nº 5.172, de 1966, art. 161, *caput*).

Parágrafo único. O disposto no *caput* não se aplica na pendência de consulta formulada pelo devedor dentro do prazo legal para pagamento do crédito (Lei nº 5.172, de 1966, art. 161, § 2º).

Seção III
DAS DISPOSIÇÕES FINAIS

Art. 751. Os débitos de qualquer natureza decorrentes dos tributos e contribuições de que trata este Decreto, constituídos ou não, cujos fatos geradores tenham ocorrido até 31 de dezembro de 1994, e que não hajam sido objeto de parcelamento requerido até 31 de agosto de 1995, expressos em quantidade de Unidade Fiscal de Referência, serão reconvertidos para real, com base no valor daquela fixado para 1º de janeiro de 1997 (Lei nº 10.522, de 2002, art. 29, *caput*).

Parágrafo único. A partir de 1º de janeiro de 1997, os créditos apurados devem ser lançados em reais (Lei nº 10.522, de 2002, art. 29, § 1º).

CAPÍTULO III
DA DECADÊNCIA E DA PRESCRIÇÃO

Seção I
DA DECADÊNCIA

Art. 752. O direito de exigir o tributo extingue-se em cinco anos, contados (Decreto-Lei nº 37, de 1966, art. 138, *caput*, com a redação dada pelo Decreto-Lei nº 2.472, de 1988, art. 4º; e Lei nº 5.172, de 1966, art. 173, *caput*):

I – do primeiro dia do exercício seguinte àquele em que poderia ter sido lançado; ou

II – da data em que se tornar definitiva a decisão que houver anulado, por vício formal, o lançamento anteriormente efetuado.

§ 1º O direito a que se refere o *caput* extingue-se definitivamente com o decurso do prazo nele previsto, contado da data em que tenha sido iniciada a constituição do crédito tributário pela notificação, ao sujeito passivo, de qualquer medida preparatória indispensável ao lançamento (Lei nº 5.172, de 1966, art. 173, parágrafo único).

§ 2º Tratando-se de exigência de diferença de tributo, o prazo a que se refere o *caput* será contado da data do pagamento efetuado (Decreto-Lei nº 37, de 1966, art. 138, parágrafo único, com a redação dada pelo Decreto-Lei nº 2.472, de 1988, art. 4º).

§ 3º No regime de *drawback*, o termo inicial para contagem a que se refere o *caput* é, na modalidade de:

I – suspensão, o primeiro dia do exercício seguinte ao dia imediatamente posterior ao trigésimo dia da data limite para exportação; e

II – isenção, o primeiro dia do exercício seguinte à data do registro da declaração de importação na qual se solicitou a isenção.

Art. 753. O direito de impor penalidade extingue-se em cinco anos, contados da data da infração (Decreto-Lei nº 37, de 1966, art. 139).

Art. 754. O direito de pleitear a restituição do imposto extingue-se com o decurso do prazo de cinco anos, contados da data (Lei nº 5.172, de 1966, art. 168):

I – do pagamento indevido; ou

II – em que se tornar definitiva a decisão administrativa ou passar em julgado a decisão judicial que tenha reformado, anulado, revogado ou rescindido a decisão condenatória.

Seção II
DA PRESCRIÇÃO

Art. 755. O direito de ação para cobrança do crédito tributário prescreve em cinco anos, contados da data de sua constituição definitiva (Decreto-Lei nº 37, de 1966, art. 140, com a redação dada pelo Decreto-Lei nº 2.472, de 1988, art. 4º; e Lei nº 5.172, de 1966, art. 174, *caput*).

Parágrafo único. A prescrição dos créditos tributários pode ser reconhecida de ofício pela autoridade aduaneira (Lei nº 11.941, de 2009, art. 53).

- Parágrafo único acrescido pelo Dec. nº 7.213, de 15-6-2010.

Art. 756. O prazo a que se refere o art. 755 não corre (Decreto-Lei nº 37, de 1966, art. 141, com a redação dada pelo Decreto-Lei nº 2.472, de 1988, art. 4º):

I – enquanto o processo de cobrança depender de exigência a ser satisfeita pelo contribuinte; ou

II – até que a autoridade aduaneira seja diretamente informada pela autoridade judiciária ou órgão do Ministério Público, da revogação de ordem ou decisão judicial que haja suspendido, anulado ou modificado a exigência, inclusive no caso de sobrestamento do processo.

Art. 757. Prescreve em dois anos a ação anulatória da decisão administrativa que denegar a restituição de tributo (Lei nº 5.172, de 1966, art. 169, *caput*).

CAPÍTULO IV
DO TERMO DE RESPONSABILIDADE

Art. 758. O termo de responsabilidade é o documento no qual são constituídas obrigações fiscais cujo adimplemento fica suspenso pela aplicação dos regimes aduaneiros especiais (Decreto-Lei nº 37, de 1966, art. 72, *caput*, com a redação dada pelo Decreto-Lei nº 2.472, de 1988, art. 1º).

§ 1º Serão ainda constituídas em termo de responsabilidade as obrigações tributárias relativas a mercadorias desembaraçadas na forma do § 4º do art. 121.

§ 2º As multas por eventual descumprimento do compromisso assumido no termo de responsabilidade não integram o crédito tributário nele constituído.

Art. 759. Poderá ser exigida garantia real ou pessoal do crédito tributário constituído em termo de responsabilidade (Decreto-Lei nº 37, de 1966, art. 72, § 1º, com a redação dada pelo Decreto-Lei nº 2.472, de 1988, art. 1º).

Parágrafo único. A garantia a que se refere o *caput* poderá ser prestada sob a forma de depósito em dinheiro, fiança idônea ou seguro aduaneiro em favor da União.

Art. 760. O termo de responsabilidade é título representativo de direito líquido e certo da Fazenda Nacional com relação às obrigações fiscais nele constituídas (Decreto-Lei nº 37, de 1966, art. 72, § 2º, com a redação dada pelo Decreto-Lei nº 2.472, de 1988, art. 1º).

Parágrafo único. Não cumprido o compromisso assumido no termo de responsabilidade, o crédito nele constituído será objeto de exigência, com os acréscimos legais cabíveis.

Art. 761. A exigência do crédito tributário constituído em termo de responsabilidade deve ser precedida de:

I – intimação do responsável para, no prazo de dez dias, manifestar-se sobre o descumprimento, total ou parcial, do compromisso assumido; e

II – revisão do processo vinculado ao termo de responsabilidade, à vista da manifestação do interessado, para fins de ratificação ou liquidação do crédito.

§ 1º A exigência do crédito, depois de notificada a sua ratificação ou liquidação ao responsável, deverá ser efetuada mediante:

I – conversão do depósito em renda da União, na hipótese de prestação de garantia sob a forma de depósito em dinheiro; ou

II – intimação do responsável para efetuar o pagamento, no prazo de trinta dias, na hipótese de dispensa de garantia, ou da prestação de garantia sob a forma de fiança idônea ou de seguro aduaneiro.

§ 2º Quando a exigência for efetuada na forma prevista no inciso II do § 1º, será intimado também o fiador ou a seguradora.

Art. 762. Decorrido o prazo fixado no inciso I do *caput* do art. 761, sem que o interessado apresente a manifestação solicitada, será efetivada a exigência do crédito na forma prevista nos §§ 1º e 2º desse artigo.

Art. 763. Não efetuado o pagamento do crédito tributário exigido, o termo será encaminhado à Procuradoria da Fazenda Nacional, para cobrança.

Art. 764. A Secretaria da Receita Federal do Brasil poderá, no âmbito de sua competência, editar atos normativos para o disciplinamento da exigência do crédito tributário constituído em termo de responsabilidade.

Art. 765. O termo não formalizado por quantia certa será liquidado à vista dos elementos constantes do despacho aduaneiro a que estiver vinculado (Decreto-Lei nº 37, de 1966, art. 72, § 3º, com a redação dada pelo Decreto-Lei nº 2.472, de 1988, art. 1º).

§ 1º Na hipótese do *caput*, o interessado deverá ser intimado a apresentar, no prazo de dez dias, as informações complementares necessárias à liquidação do crédito.

§ 2º O crédito liquidado será exigido na forma prevista nos §§ 1º e 2º do art. 761.

Art. 766. A exigência de crédito tributário apurado em procedimento posterior à apresentação do termo de responsabilidade, em decorrência de aplicação de penalidade ou de ajuste no cálculo de tributo devido, será formalizada em auto de infração, lavrado por Auditor-Fiscal da Receita Federal do Brasil, observado o disposto no Decreto nº 70.235, de 1972.

Art. 767. Aplicam-se as disposições deste Capítulo, no que couber, ao termo de responsabilidade para cumprimento de formalidade ou apresentação de documento (Decreto-Lei nº 37, de 1966, art. 72, § 4º, com a redação dada pelo Decreto-Lei nº 2.472, de 1988, art. 1º).

TÍTULO II - DO PROCESSO FISCAL

CAPÍTULO I

DO PROCESSO DE DETERMINAÇÃO E EXIGÊNCIA DE CRÉDITO TRIBUTÁRIO

Art. 768. A determinação e a exigência dos créditos tributários decorrentes de infração às normas deste Decreto serão apuradas mediante processo administrativo fiscal, na forma do Decreto nº 70.235, de 1972 (Decreto-Lei nº 822, de 5 de setembro de 1969, art. 2º; e Lei nº 10.336, de 2001, art. 13, parágrafo único).

§ 1º O disposto no *caput* aplica-se inclusive à multa referida no § 1º do art. 689 (Lei nº 10.833, de 2003, art. 73, § 2º).

- Parágrafo único transformado em § 1º pelo Dec. nº 7.213, de 15-6-2010.

§ 2º O procedimento referido no § 2º do art. 570 poderá ser aplicado ainda a outros casos, na forma estabelecida pela Secretaria da Receita Federal do Brasil.

- § 2º acrescido pelo Dec. nº 7.213, de 15-6-2010.

Seção Única

DO PROCESSO DE DETERMINAÇÃO E EXIGÊNCIA DAS MEDIDAS DE SALVAGUARDA

Art. 769. A determinação e a exigência dos créditos tributários decorrentes de infração às medidas de salvaguarda obedecerão ao disposto no art. 768.

Art. 770. Para os efeitos deste Decreto, entende-se por:

I – medida de salvaguarda, a elevação no imposto de importação aplicada nos casos em que a importação de determinado produto aumente em condições e em quantidade, absoluta ou em relação à produção nacional, que causem ou ameacem causar prejuízo grave à indústria doméstica de bens similares ou diretamente concorrentes (Acordo sobre Salvaguarda, Artigo 2, parágrafo 1, aprovado pelo Decreto Legislativo nº 30, de 1994, e promulgado pelo Decreto nº 1.355, de 1994; e Decreto nº 1.488, de 11 de maio de 1995, art. 1º);

II – medida de salvaguarda provisória, aquela aplicada nas circunstâncias em que, havendo provas claras de nexo causal entre o aumento das importações e a ameaça de prejuízo à indústria nacional, a demora na investigação acarrete dano de difícil reparação (Acordo sobre Salvaguarda, Artigo 4, parágrafo 2, (b), e Artigo 6, aprovado pelo Decreto Legislativo nº 30, de 1994, e promulgado pelo Decreto nº 1.355, de 1994; e Decreto nº 1.488, de 1995, art. 4º); e

III – medida de salvaguarda definitiva, aquela aplicada após a investigação para a determinação de prejuízo grave ou ameaça de prejuízo grave decorrente do aumento das importações de determinada mercadoria (Acordo sobre Salvaguarda, Artigo 3, parágrafo 1, aprovado pelo Decreto Legislativo nº 30, de 1994, e promulgado pelo Decreto nº 1.355, de 1994; e Decreto nº 1.488, de 1995, art. 8º, com a redação dada pelo Decreto nº 1.936, de 20 de junho de 1996, art. 1º).

Art. 771. A aplicação das medidas de salvaguarda será precedida de investigação, na forma da legislação específica (Acordo sobre Salvaguarda, Artigo 3, parágrafo 1, aprovado pelo Decreto Legislativo nº 30, de 1994, e promulgado pelo Decreto nº 1.355, de 1994; e Decreto nº 1.488, de 1995, art. 2º, § 1º).

Parágrafo único. Compete à Câmara de Comércio Exterior a fixação das medidas de salvaguarda, provisórias ou definitivas (Acordo sobre Salvaguarda, Artigo 3, aprovado pelo Decreto Legislativo nº 30, de 1994, e promulgado pelo Decreto nº 1.355, de 1994; e Decreto nº 4.732, de 10 de junho de 2003, art. 2º, inciso XV).

Art. 772. As medidas de salvaguarda provisórias serão aplicadas como elevação do imposto de importação, por meio de adicional à Tarifa Externa Comum, sob a forma de alíquota *ad valorem*, de alíquota específica ou da combinação de ambas (Acordo sobre Salvaguarda, Artigo 7, parágrafo 1, aprovado pelo Decreto Legislativo nº 30, de 1994, e promulgado pelo Decreto nº 1.355, de 1994; e Decreto nº 1.488, de 1995, art. 4º, § 3º, com a redação dada pelo Decreto nº 1.936, de 1996, art. 1º).

Art. 773. As medidas de salvaguarda definitivas serão aplicadas, na extensão necessária, para prevenir ou reparar o prejuízo grave e facilitar o ajustamento da indústria doméstica, sob a forma estabelecida no art. 772 ou mediante restrições quantitativas (Acordo sobre Salvaguarda, Artigos 5 e 7, parágrafo 1, aprovado pelo Decreto Legislativo nº 30, de 1994, e promulgado pelo Decreto nº 1.355, de 1994; e Decreto nº 1.488, de 1995, art. 8º, com a redação dada pelo Decreto nº 1.936, de 1996, art. 1º).

CAPÍTULO II

DO PROCESSO DE PERDIMENTO

Seção I

DO PROCESSO DE PERDIMENTO DE MERCADORIA E DE VEÍCULO

Art. 774. As infrações a que se aplique a pena de perdimento serão apuradas mediante processo fiscal, cuja peça inicial será o auto de infração acompanhado de termo de apreensão e, se for o caso, de termo de guarda fiscal (Decreto-Lei nº 1.455, de 1976, art. 27, *caput*).

§ 1º Feita a intimação, pessoal ou por edital, a não apresentação de impugnação no prazo de vinte dias implica revelia (Decreto-Lei nº 1.455, de 1976, art. 27, § 1º).

§ 2º Considera-se feita a intimação e iniciada a contagem do prazo para impugnação quinze dias após a publicação do edital, se este for o meio utilizado.

§ 3º A revelia do autuado, declarada pela autoridade preparadora, implica o envio do processo à autoridade competente, para imediata aplicação da pena de perdimento, ficando a mercadoria correspondente disponível para destinação, nos termos dos arts. 803 a 806.

§ 4º Apresentada a impugnação, a autoridade preparadora terá o prazo de quinze dias para remessa do processo a julgamento (Decreto-Lei nº 1.455, de 1976, art. 27, § 2º).

§ 5º O prazo mencionado no § 4º poderá ser prorrogado quando houver necessidade de diligência ou perícia (Decreto-Lei nº 1.455, de 1976, art. 27, § 3º).

§ 6º Após o preparo, o processo será submetido à decisão do Ministro de Estado da Fazenda, em instância única (Decreto-Lei nº 1.455, de 1976, art. 27, § 4º).

§ 7º O Ministro de Estado da Fazenda poderá delegar a competência para a decisão de que trata o § 6º.

§ 8º As infrações mencionadas no inciso XXI do art. 689, quando referentes a mercadorias de valor inferior a US$ 500,00 (quinhentos dólares dos Estados Unidos da Amé-

LEG. COMPLEMENTAR

rica), e no inciso IX do mesmo artigo serão apuradas em procedimento simplificado, no qual (Decreto-Lei nº 1.455, de 1976, art. 27, § 5º, com a redação dada pela Lei nº 12.058, de 2009, art. 31):

I – as mercadorias serão relacionadas pela unidade da Secretaria da Receita Federal do Brasil com jurisdição sobre o local de depósito, devendo a relação ser afixada em edital na referida unidade por vinte dias; e

II – decorrido o prazo a que se refere o inciso I:

a) sem manifestação por parte de qualquer interessado, serão declaradas abandonadas e estarão disponíveis para destinação, dispensada a formalidade a que se refere o *caput*, observado o disposto nos arts. 803 a 806; ou

b) com manifestação contrária de interessado, será adotado o procedimento previsto no *caput* e nos §§ 1º a 6º deste artigo.

• § 8º com a redação dada pelo Dec. nº 7.213, de 15-6-2010.

§ 9º O Ministro de Estado da Fazenda poderá aumentar em até duas vezes o limite estabelecido no § 8º (Decreto-Lei nº 1.455, de 1976, art. 27, § 6º, com a redação dada pela Lei nº 12.058, de 2009, art. 31).

§ 10. O disposto nos §§ 8º e 9º não se aplica na hipótese de mercadorias de importação proibida (Decreto-Lei nº 1.455, de 1976, art. 27, § 7º, com a redação dada pela Lei nº 12.058, de 2009, art. 31).

§ 11. O Ministro de Estado da Fazenda estabelecerá, no âmbito de sua competência, atos normativos para disciplinar os procedimentos previstos neste artigo (Decreto-Lei nº 1.455, de 1976, art. 27, § 6º, com a redação dada pela Lei nº12.058, de 2009, art. 31).

• §§ 9º a 11 acrescidos pelo Dec. nº 7.213, de 15-6-2010.

Art. 775. A entrega de mercadoria ou de veículo, cujo processo fiscal se interrompa por decisão judicial não transitada em julgado, dependerá, sempre, da prestação prévia de garantia no valor do litígio, na forma de depósito ou fiança idônea (Decreto-Lei nº 37, de 1966, art. 165, *caput*).

Parágrafo único. O depósito será convertido aos títulos próprios, de acordo com a solução final da lide, de que não caiba recurso com efeito suspensivo (Decreto-Lei nº 37, de 1966, art. 165, parágrafo único).

Art. 776. Na formalização de processo administrativo fiscal para aplicação da pena de perdimento, na representação fiscal para fins penais e para efeitos de controle patrimonial e elaboração de estatísticas, a Secretaria da Receita Federal do Brasil poderá (Lei nº 10.833, de 2003, art. 65):

I – adotar nomenclatura simplificada para a classificação de mercadorias apreendidas, na lavratura do correspondente auto de infração; e

II – aplicar a alíquota de cinquenta por cento sobre o valor arbitrado das mercadorias apreendidas para determinar o montante correspondente à soma do imposto de importação e do imposto sobre produtos industrializados que seriam devidos na importação.

Seção II

DO PROCESSO DE PERDIMENTO DE MOEDA

Art. 777. O perdimento de moeda de que trata o art. 700 será aplicado pela Secretaria da Receita Federal do Brasil (Medida Provisória nº 2.158-35, de 2001, art. 89, *caput*).

Parágrafo único. A competência prevista no *caput* poderá ser delegada (Decreto-Lei nº 200, de 1967, art. 12, *caput*).

Art. 778. Será objeto de retenção a moeda à qual deva ser aplicada a pena de perdimento referida no art. 700.

§ 1º No caso de retenção de moeda portada por viajante, o valor que não exceda ao limite referido no *caput* do art. 700 será, após a devida anotação no documento relativo à retenção, liberado ao portador.

§ 2º O disposto no § 1º não se aplica no caso de haver indícios de cometimento de infração cuja comprovação requeira a retenção da totalidade da moeda.

§ 3º Quando não for possível efetuar a retenção do montante exato do excedente ao limite referido no § 1º, tendo em vista o valor nominal das cédulas, a autoridade aduaneira deverá reter o menor valor nominal possível superior a tal limite.

Art. 779. O processo administrativo de apuração e de aplicação da pena de perdimento de moeda obedecerá ao disposto no *caput* do art. 774 e em seus §§ 1º, 2º, 4º e 5º (Medida Provisória nº 2.158-35, de 2001, art. 89, §§ 1º a 4º).

• *Caput* com a redação dada pelo Dec. nº 7.213, de 15-6-2010.

Parágrafo único. Da decisão proferida pela autoridade competente, no processo a que se refere o *caput*, não caberá recurso (Medida Provisória nº 2.158-35, de 2001, art. 89, § 5º).

Art. 780. As moedas retidas antes de 27 de agosto de 2001 terão seu valor convertido em renda da União (Medida Provisória nº 2.158-35, de 2001, art. 89, § 6º, inciso II).

Parágrafo único. O disposto no *caput* não se aplica nos casos em que o interessado tenha apresentado manifestação de inconformidade, hipótese em que serão adotados os procedimentos a que se refere o art. 779 (Medida Provisória nº 2.158-35, de 2001, art. 89, § 6º, inciso I).

CAPÍTULO III

DO PROCESSO DE APLICAÇÃO DE PENALIDADES PELO TRANSPORTE RODOVIÁRIO DE MERCADORIA SUJEITA A PENA DE PERDIMENTO

Art. 781. Aplicada a multa referida no art. 731, na hipótese de transporte rodoviário, o veículo será retido, na forma estabelecida pela Secretaria da Receita Federal do Brasil (Lei nº 10.833, de 2003, art. 75, § 1º).

§ 1º A retenção de que trata o *caput* será efetuada ainda que o infrator não seja o proprietário do veículo, cabendo a este adotar as ações necessárias contra o primeiro para se ressarcir dos prejuízos eventualmente incorridos (Lei nº 10.833, de 2003, art. 75, § 2º).

§ 2º A exigência da multa e a retenção do veículo referidas no *caput* serão formalizadas, mediante auto de infração e termo de retenção, em um só processo.

§ 3º A impugnação, com efeito exclusivamente devolutivo, deve ser apresentada no prazo de vinte dias da ciência da formalização dos atos referidos no § 2º ao titular da unidade da Secretaria da Receita Federal do Brasil responsável pela retenção, que a apreciará em instância única (Lei nº 10.833, de 2003, art. 75, § 3º).

• §§ 2º e 3º com a redação dada pelo Dec. nº 7.213, de 15-6-2010.

§ 4º Na hipótese de recolhimento da multa ou de decisão favorável ao transportador, o veículo será devolvido (Lei nº 10.833, de 2003, art. 75, § 1º).

§ 5º Na hipótese de não recolhimento da multa, decorrido o prazo de quarenta e cinco dias da ciência de sua aplicação ou da decisão contrária ao transportador, aplica-se a penalidade referida no inciso VII do art. 688, observado o rito estabelecido no art. 774 (Lei nº 10.833, de 2003, art. 75, § 4º).

§ 6º Aplicada a pena de perdimento referida no inciso VII do art. 688, o processo a que se refere o § 2º será declarado extinto, por perda de objeto.

§ 7º Aplicada a multa referida no art. 731 ou a pena de perdimento referida no inciso VII do art. 688, será encaminhada representação à autoridade competente para fiscalizar o transporte terrestre, pela Secretaria da Receita Federal do Brasil (Lei nº 10.833, de 2003, art. 75, § 8º).

§ 8º Na hipótese a que se refere o § 6º, as correspondentes autorizações de viagens internacionais ou por zonas de vigilância aduaneira do transportador representado serão canceladas, ficando vedada a expedição de novas autorizações pelo prazo de dois anos (Lei nº 10.833, de 2003, art. 75, § 9º).

§ 9º Se não for possível a retenção do veículo no momento da lavratura do auto de infração, o processo de que trata o § 2º será formalizado para exigência da multa, contando-se o prazo referido no § 3º a partir da ciência do auto de infração, observados o rito e a competência referidos neste artigo.

§ 10. Na hipótese do § 9º, caso o veículo seja localizado antes da ocorrência das situações de que trata o § 4º, deverá ser efetuada a sua retenção, mantidos o rito e a competência referidos neste artigo.

• §§ 9º e 10 acrescidos pelo Dec. nº 7.213, de 15-6-2010.

CAPÍTULO IV

DO PROCESSO DE APLICAÇÃO DE SANÇÕES ADMINISTRATIVAS AOS INTERVENIENTES NAS OPERAÇÕES DE COMÉRCIO EXTERIOR

Art. 782. A aplicação das sanções administrativas referidas no art. 735 compete (Lei nº 10.833, de 2003, art. 76, § 8º):

I – ao titular da unidade da Secretaria da Receita Federal do Brasil responsável pela apuração da infração, nos casos de advertência ou suspensão; ou

II – à autoridade competente para habilitar ou autorizar a utilização de procedimento simplificado, de regime aduaneiro, ou o exercício de atividades relacionadas com o despacho aduaneiro, ou com a movimentação e armazenagem de mercadorias sob controle aduaneiro, e serviços conexos, nos casos de cancelamento ou cassação.

Parágrafo único. Compete ainda ao titular da unidade da Secretaria da Receita Federal do Brasil responsável pela apuração da infração a aplicação das restrições referidas na alínea *b* do inciso I e na alínea *b* do inciso II do § 8º do art. 735.

Art. 783. As sanções administrativas serão aplicadas mediante processo administrativo próprio, instaurado com a lavratura de auto de infração, acompanhado de termo de constatação de hipótese referida nos incisos I a III do *caput* do art. 735 (Lei nº 10.833, de 2003, art. 76, § 9º).

§ 1º Feita a intimação, pessoal ou por edital, a não apresentação de impugnação pelo autuado no prazo de vinte dias implica revelia, cabendo a imediata aplicação da sanção pela autoridade a que se refere o art. 782 (Lei nº 10.833, de 2003, art. 76, § 10).

§ 1º-A. Considera-se feita a intimação e iniciada a contagem do prazo para impugnação, quinze dias após a publicação do edital, se este for o meio utilizado.

• § 1º-A acrescido pelo Dec. nº 7.213, de 15-6-2010.

§ 2º Apresentada a impugnação, a autoridade preparadora terá prazo de quinze dias para remessa do processo a julgamento (Lei nº 10.833, de 2003, art. 76, § 11).

§ 3º O prazo a que se refere o § 2º poderá ser prorrogado quando for necessária a realização de diligências ou perícias (Lei nº 10.833, de 2003, art. 76, § 12).

§ 4º Da decisão que aplicar a sanção cabe recurso, a ser apresentado em trinta dias, à autoridade imediatamente superior, que o julgará em instância final administrativa (Lei nº 10.833, de 2003, art. 76, § 13).

§ 4º-A. Nos processos relativos à aplicação de sanção administrativa a despachantes aduaneiros e ajudantes, a autoridade a que se refere o § 4º é o Superintendente da Receita Federal do Brasil.

• § 4º-A acrescido pelo Dec. nº 7.213, de 15-6-2010.

§ 5º O recurso a que se refere o § 4º terá efeito suspensivo.

CAPÍTULO V

DOS PROCESSOS DE APLICAÇÃO E DE EXIGÊNCIA DOS DIREITOS *ANTIDUMPING* E COMPENSATÓRIOS

Art. 784. Para os efeitos deste Decreto, entende-se por:

I – *dumping*, a introdução de um bem no mercado doméstico, inclusive sob as modalidades de *drawback*, a preço de exportação inferior ao preço efetivamente praticado para o produto similar nas operações mercantis normais, que o destinem a consumo interno no país exportador (Acordo sobre Implementação do Artigo VI do Acordo Geral sobre Tarifas e Comércio 1994, Artigo 2, parágrafo 1, aprovado pelo Decreto Legislativo nº 30, de 1994, e promulgado pelo Decreto nº 1.355, de 1994; e Decreto nº 1.602, de 23 de agosto de 1995, art. 4º);

II – direito *antidumping*, o montante em dinheiro, igual ou inferior à margem de *dumping* apurada, com o fim exclusivo de neutralizar os efeitos danosos das importações objeto de *dumping*, calculado mediante a aplicação de alíquotas *ad valorem* ou específicas, ou pela conjugação de ambas (Acordo sobre Implementação do Artigo VI do Acordo Geral sobre Tarifas e Comércio 1994, Artigo 9, parágrafo 1, aprovado pelo Decreto Legislativo nº 30, de 1994, e promulgado pelo Decreto nº 1.355, de 1994; e Decreto nº 1.602, de 1995, art. 45); e

III – direito compensatório, o direito especial percebido com o fim de contrabalançar qualquer subsídio concedido direta ou indiretamente à fabricação, à produção ou à exportação de mercadoria (Acordo sobre Subsídios e Medidas Compensatórias, Artigo 10, Nota 36, aprovado pelo Decreto Legislativo nº 30, de 1994, e promulgado pelo Decreto nº 1.355, de 1994; e Decreto nº 1.751, de 19 de dezembro de 1995, art. 1º, *caput*).

Art. 785. Os direitos *antidumping* e os direitos compensatórios, provisórios ou definitivos, serão aplicados mediante a cobrança de importância, em real, que corresponderá a percentual da margem de *dumping* ou do montante de subsídios, apurados em processo administrativo, nos termos da legislação específica, suficientes para sanar dano ou ameaça de dano à indústria doméstica (Lei nº 9.019, de 1995, art. 1º, *caput*).

Parágrafo único. Os direitos *antidumping* e os direitos compensatórios serão cobrados independentemente de quaisquer obrigações de natureza tributária relativas à importação dos produtos afetados (Lei nº 9.019, de 1995, art. 1º, parágrafo único).

Art. 786. Poderão ser aplicados direitos provisórios durante a investigação, quando da análise preliminar verificar-se a existência de indícios da prática de *dumping* ou de concessão de subsídios, e que tais práticas causam dano, ou ameaça de dano, à indústria doméstica, e se julgue necessário impedi-las no curso da investigação (Lei nº 9.019, de 1995, art. 2º, *caput*).

Art. 787. A exigibilidade dos direitos provisórios de que trata o art. 786 poderá ficar suspensa, até decisão final do

LEG. COMPLEMENTAR

processo, a critério da Câmara de Comércio Exterior, desde que o importador ofereça garantia equivalente ao valor integral da obrigação e dos demais encargos legais, sob a forma de depósito em dinheiro ou fiança bancária (Lei nº 9.019, de 1995, art. 3º, *caput*, com a redação dada pela Medida Provisória nº 2.158-35, de 2001, art. 53).

§ 1º O desembaraço aduaneiro dos bens objeto da aplicação dos direitos provisórios dependerá da prestação da garantia a que se refere este artigo (Lei nº 9.019, de 1995, art. 3º, § 3º).

§ 2º A garantia deverá assegurar, em todos os casos, a aplicação das mesmas normas que disciplinam a hipótese de atraso no pagamento de tributos federais, inclusive juros, desde a data de vigência dos direitos provisórios (Lei nº 9.019, de 1995, art. 3º, § 1º).

§ 3º A Secretaria da Receita Federal do Brasil disporá sobre a forma de prestação e liberação da garantia referida neste artigo (Lei nº 9.019, de 1995, art. 3º, § 2º).

Art. 788. O cumprimento das obrigações resultantes da aplicação dos direitos *antidumping* e dos direitos compensatórios, sejam definitivos ou provisórios, será condição para a introdução no comércio do País de produtos objeto de *dumping* ou de subsídios (Lei nº 9.019, de 1995, art. 7º, *caput*).

§ 1º Compete à Secretaria da Receita Federal do Brasil a cobrança e, se for o caso, a restituição dos direitos *antidumping* e compensatórios, provisórios ou definitivos, quando se tratar de valor em dinheiro (Lei nº 9.019, de 1995, art. 7º, § 1º).

§ 2º Os direitos *antidumping* e os direitos compensatórios são devidos na data do registro da declaração de importação (Lei nº 9.019, de 1995, art. 7º, § 2º, com a redação dada pela Lei nº 10.833, de 2003, art. 79).

§ 3º A exigência de ofício de direitos *antidumping* ou de direitos compensatórios e decorrentes acréscimos moratórios e penalidades será formalizada em auto de infração lavrado por Auditor-Fiscal da Receita Federal do Brasil, observado o disposto no Decreto nº 70.235, de 1972, e o prazo de cinco anos, contados da data de registro da declaração de importação (Lei nº 9.019, de 1995, art. 7º, § 5º, com a redação dada pela Lei nº 10.833, de 2003, art. 79).

§ 4º Verificado o inadimplemento da obrigação, a Secretaria da Receita Federal do Brasil encaminhará o débito à Procuradoria-Geral da Fazenda Nacional, para inscrição em Dívida Ativa da União e respectiva cobrança, observado o prazo de prescrição de cinco anos (Lei nº 9.019, de 1995, art. 7º, § 6º, com a redação dada pela Lei nº 10.833, de 2003, art. 79).

§ 5º A restituição de valores pagos a título de direitos *antidumping* e de direitos compensatórios, provisórios ou definitivos, enseja a restituição dos acréscimos legais correspondentes e das penalidades pecuniárias, de caráter material, prejudicados pela causa da restituição (Lei nº 9.019, de 1995, art. 7º, § 7º, com a redação dada pela Lei nº 10.833, de 2003, art. 79).

Art. 789. Os direitos *antidumping* ou compensatórios, provisórios ou definitivos, somente serão aplicados sobre bens despachados para consumo a partir da data da publicação do ato que os estabelecer, excetuando-se os casos de retroatividade previstos nos Acordos *Antidumping* e nos Acordos de Subsídios e Direitos Compensatórios (Lei nº 9.019, de 1995, art. 8º, *caput*).

Parágrafo único. Nos casos de retroatividade, a Secretaria da Receita Federal do Brasil intimará o contribuinte ou responsável para pagar os direitos *antidumping* ou compensatórios, provisórios ou definitivos, no prazo de trinta dias, sem a incidência de quaisquer acréscimos moratórios (Lei nº 9.019, de 1995, art. 8º, § 1º, com a redação dada pela Lei nº 10.833, de 2003, art. 79).

CAPÍTULO VI
DO PROCESSO DE CONSULTA

Art. 790. No âmbito da Secretaria da Receita Federal do Brasil, os processos administrativos de consulta, relativos a interpretação da legislação tributária e a classificação fiscal de mercadoria, serão solucionados em instância única (Lei nº 9.430, de 1996, art. 48, *caput*).

§ 1º A competência para solucionar a consulta ou declarar a sua ineficácia será atribuída (Lei nº 9.430, de 1996, art. 48, § 1º):

I – a unidade central da Secretaria da Receita Federal do Brasil, nos casos de consultas formuladas por órgão central da administração pública federal ou por entidade representativa de categoria econômica ou profissional de âmbito nacional; e

II – a unidade regional da Secretaria da Receita Federal do Brasil, nos demais casos.

§ 2º A consulta relativa a interpretação da legislação tributária será solucionada com base em normas editadas pela Secretaria da Receita Federal do Brasil, não se aplicando o disposto nos arts. 54 a 58 do Decreto nº 70.235, de 1972(Lei nº 9.430, de 1996, art. 49).

§ 3º A consulta relativa a classificação fiscal de mercadorias será solucionada pela aplicação das disposições dos arts. 46 a 53 do Decreto nº 70.235, de 1972, e de normas complementares editadas pela Secretaria da Receita Federal do Brasil (Lei nº 9.430, de 1996, art. 50, *caput*).

CAPÍTULO VII
DO PROCESSO DE VISTORIA ADUANEIRA

Arts. 791 e 792. *Revogados.* Dec. nº 8.010, de 16-5-2013.

CAPÍTULO VIII
DOS PROCEDIMENTOS ESPECIAIS

Seção I
DOS PROCEDIMENTOS DE FISCALIZAÇÃO

Art. 793. O Ministro de Estado da Fazenda poderá autorizar a adoção, em casos determinados, de procedimentos especiais com relação a mercadoria introduzida no País sob fundada suspeita de ilegalidade, com o fim específico de facilitar a identificação de eventuais responsáveis (Decreto-Lei nº 37, de 1966, art. 53, com a redação dada pelo Decreto-Lei nº 2.472, de 1988, art. 2º).

Art. 794. Quando houver indícios de infração punível com a pena de perdimento, a mercadoria importada será retida pela Secretaria da Receita Federal do Brasil, até que seja concluído o correspondente procedimento de fiscalização (Medida Provisória nº 2.158-35, de 2001, art. 68, *caput*).

Parágrafo único. O disposto no *caput* será aplicado na forma disciplinada pela Secretaria da Receita Federal do Brasil, que disporá sobre o prazo máximo de retenção, bem como sobre as situações em que as mercadorias poderão ser entregues ao importador, antes da conclusão do procedimento de fiscalização, mediante a adoção das adequadas medidas de cautela fiscal (Medida Provisória nº 2.158-35, de 2001, art. 68, parágrafo único).

Art. 795. No curso de procedimento de fiscalização aduaneira, o Auditor-Fiscal da Receita Federal do Brasil poderá examinar informações relativas a terceiros, constantes de documentos, livros e registros de instituições financeiras e de entidades a elas equiparadas, inclusive os referentes a contas de depósitos e de aplicações financeiras, quando o exame for considerado indispensável à ação fiscal (Lei Complementar nº 105, de 10 de janeiro de 2001, art. 6º, *caput*).

Seção II

DA MEDIDA CAUTELAR FISCAL

Art. 796. O procedimento cautelar fiscal poderá ser instaurado após a constituição do crédito, inclusive no curso da execução judicial da Dívida Ativa da União e de suas autarquias (Lei nº 8.397, de 6 de janeiro de 1992, art. 1º, *caput*, com a redação dada pela Lei nº 9.532, de 1997, art. 65).

Art. 797. A medida cautelar fiscal poderá ser requerida contra o sujeito passivo de crédito tributário ou não tributário, quando o devedor (Lei nº 8.397, de 1992, art. 2º, com a redação dada pela Lei nº 9.532, de 1997, art. 65):

I – sem domicílio certo, intenta ausentar-se ou alienar bens que possui ou deixa de pagar a obrigação no prazo fixado;

II – tendo domicílio certo, ausenta-se ou tenta ausentar-se, visando a elidir o adimplemento da obrigação;

III – caindo em insolvência, aliena ou tenta alienar bens;

IV – contrai ou tenta contrair dívidas que comprometam a liquidez do seu patrimônio;

V – notificado pela Fazenda Pública para que proceda ao recolhimento do crédito fiscal:

a) deixa de pagá-lo no prazo legal, salvo se suspensa sua exigibilidade; ou

b) põe ou tenta por seus bens em nome de terceiros;

VI – possui débitos, inscritos ou não em Dívida Ativa, que somados ultrapassem trinta por cento do seu patrimônio conhecido;

VII – aliena bens ou direitos sem proceder à devida comunicação ao órgão da Fazenda Pública competente, quando exigível em virtude de lei;

VIII – tem sua inscrição no cadastro de contribuintes declarada inapta, pelo órgão fazendário; ou

IX – pratica outros atos que dificultem ou impeçam a satisfação do crédito.

Art. 798. Para a concessão da medida cautelar fiscal, é essencial que seja apresentada (Lei nº 8.397, de 1992, art. 3º):

I – prova literal da constituição do crédito fiscal; e

II – prova documental de algum dos casos mencionados no art. 797.

Art. 799. A autoridade competente da Secretaria da Receita Federal do Brasil procederá ao arrolamento de bens e direitos do sujeito passivo sempre que o valor dos créditos tributários de responsabilidade deste for superior a trinta por cento de seu patrimônio conhecido (Lei nº 9.532, de 1997, art. 64, *caput*).

§ 1º Se o crédito tributário for formalizado contra pessoa física, no arrolamento devem ser identificados, inclusive, os bens e direitos em nome do cônjuge, não gravados com a cláusula de incomunicabilidade (Lei nº 9.532, de 1997, art. 64, § 1º).

§ 2º Na falta de outros elementos indicativos, considera-se patrimônio conhecido o valor constante da última declaração de rendimentos apresentada (Lei nº 9.532, de 1997, art. 64, § 2º).

§ 3º O disposto neste artigo só se aplica à soma de créditos de valor superior ao limite estabelecido em conformidade com o disposto nos §§ 7º e 10 do art. 64 da Lei nº 9.532, de 1997, este com a redação dada pelo art. 32 da Lei nº 11.941, de 2009.

- § 3º com a redação dada pelo Dec. nº 7.213, de 15-6-2010.

Art. 800. A Secretaria da Receita Federal do Brasil estabelecerá os procedimentos a serem adotados relativamente ao arrolamento de bens e direitos e à solicitação de propositura de medida cautelar fiscal.

Seção III

DA DECLARAÇÃO DE INAPTIDÃO DE EMPRESAS

Art. 801. Será declarada inapta, nos termos e condições definidos pela Secretaria da Receita Federal do Brasil, a inscrição no CNPJ da pessoa jurídica que não for localizada no endereço informado ao CNPJ (Lei nº 9.430, de 1996, art. 81, § 5º, com a redação dada pela Lei nº 11.941, de 2009, art. 30).

- *Caput* com a redação dada pelo Dec. nº 7.213, de 15-6-2010.

§ 1º Será também declarada inapta a inscrição da pessoa jurídica que não comprove a origem, a disponibilidade e a efetiva transferência, se for o caso, dos recursos empregados em operações de comércio exterior (Lei nº 9.430, de 1996, art. 81, § 1º, com a redação dada pela Lei nº 10.637, de 2002, art. 60).

§ 2º Para fins do disposto no § 1º, a comprovação da origem de recursos provenientes do exterior ocorrerá mediante, cumulativamente (Lei nº 9.430, de 1996, art. 81, § 2º, com a redação dada pela Lei nº 10.637, de 2002, art. 60):

I – prova do regular fechamento da operação de câmbio, inclusive com a identificação da instituição financeira no exterior encarregada da remessa dos recursos para o País; e

II – identificação do remetente dos recursos, assim considerada a pessoa física ou jurídica titular dos recursos remetidos.

§ 3º No caso de o remetente referido no inciso II do § 2º ser pessoa jurídica, deverão ser também identificados os integrantes de seus quadros societário e gerencial (Lei nº 9.430, de 1996, art. 81, § 3º, com a redação dada pela Lei nº 10.637, de 2002, art. 60).

§ 4º O disposto nos §§ 2º e 3º aplica-se, ainda, na hipótese de interposição fraudulenta de que trata o § 6º do art. 689 (Lei nº 9.430, de 1996, art. 81, § 4º, com a redação dada pela Lei nº 10.637, de 2002, art. 60).

§ 5º O disposto no § 1º não se aplica quando configurado o acobertamento dos reais intervenientes ou beneficiários em uma operação de comércio exterior, hipótese em que será observado o estabelecido no art. 727 (Lei nº 11.488, de 2007, art. 33, parágrafo único).

CAPÍTULO IX

DAS DISPOSIÇÕES FINAIS

Art. 802. No âmbito do processo administrativo fiscal, fica vedado ao julgador afastar a aplicação ou deixar de observar tratado, acordo internacional, lei ou decreto, sob fundamento de inconstitucionalidade (Decreto nº 70.235, de 1972, art. 26-A, *caput*, com a redação dada pela Lei nº 11.941, de 2009, art. 25).

- *Caput* com a redação dada pelo Dec. nº 7.213, de 15-6-2010.

Parágrafo único. O disposto no *caput* não se aplica aos casos de tratado, acordo internacional, lei ou ato normativo (Decreto nº 70.235, de 1972, art. 26-A, § 6º, com a redação dada pela Lei nº 11.941, de 2009, art. 25):

I – que já tenha sido declarado inconstitucional por decisão plenária definitiva do Supremo Tribunal Federal; ou

II – que fundamente crédito tributário objeto de:

a) dispensa legal de constituição ou de ato declaratório do Procurador-Geral da Fazenda Nacional, na forma dos arts. 18 e 19 da Lei nº 10.522, de 19 de junho de 2002;

b) súmula da Advocacia-Geral da União, na forma do art. 43 da Lei Complementar nº 73, de 10 de fevereiro de 1993; ou

c) pareceres do Advogado-Geral da União aprovados pelo Presidente da República, na forma do art. 40 da Lei Complementar nº 73, de 1993.

• Parágrafo único acrescido pelo Dec. nº 7.213, de 15-6-2010.

TÍTULO III – DO CONTROLE ADMINISTRATIVO ESPECÍFICO

CAPÍTULO I
DA DESTINAÇÃO DE MERCADORIAS

Art. 803. A destinação das mercadorias, se abandonadas, entregues à Fazenda Nacional ou objeto de pena de perdimento, será feita por (Decreto-Lei nº 1.455, de 1976, art. 29, *caput*, com a redação dada pela Lei nº 12.350, de 2010, art. 41):

I – alienação, mediante:

a) licitação; ou

b) doação a entidades sem fins lucrativos;

II – incorporação ao patrimônio de órgão da Administração Pública;

III – destruição; ou

IV – inutilização.

§ 1º As mercadorias de que trata o *caput* poderão ser destinadas (Decreto-Lei nº 1.455, de 1976, art. 29, § 1º, com a redação dada pela Lei nº 12.350, de 2010, art. 41):

I – após decisão administrativa definitiva, ainda que relativas a processos pendentes de apreciação judicial, inclusive as que estiverem à disposição da Justiça como corpo de delito, produto ou objeto de crime, salvo determinação expressa em contrário, em cada caso, emanada de autoridade judiciária; ou

II – imediatamente após a formalização do procedimento administrativo-fiscal pertinente, antes mesmo do término do prazo definido no § 1º do art. 774, quando se tratar de

a) semoventes, perecíveis, inflamáveis e explosivos ou outras mercadorias que exijam condições especiais de armazenamento;

b) mercadorias deterioradas, danificadas, estragadas, com data de validade vencida, que não atendam exigências sanitárias ou agropecuárias, ou que estejam em desacordo com regulamentos ou normas técnicas, e que devam ser destruídas; ou

c) cigarros e outros derivados do tabaco, apreendidos por infração fiscal sujeita a pena de perdimento, que devem ser destruídos (Decreto-Lei nº 1.593, de 1977, art. 14, *caput*, com a redação dada pela Lei nº 9.822, de 23 de agosto de 1999, art. 1º).

§ 2º O produto da alienação de que trata a alínea *a* do inciso I do *caput* terá a seguinte destinação (Decreto-Lei nº 1.455, de 1976, art. 29, § 5º, com a redação dada pela Lei nº 12.350, de 2010, art. 41):

I – sessenta por cento ao Fundo Especial de Desenvolvimento e Aperfeiçoamento das Atividades de Fiscalização, instituído pelo Decreto-Lei nº 1.437, de 17 de dezembro de 1975; e

II – quarenta por cento à seguridade social.

§ 3º Serão expedidos novos certificados de registro e licenciamento de veículos em favor de adquirente em licitação ou beneficiário da destinação de que trata este artigo, mediante a apresentação de cópia da decisão que aplica a pena de perdimento em favor da União, ficando os veículos livres de multas, gravames, encargos, débitos fiscais e outras restrições financeiras e administrativas anteriores a tal decisão, não se aplicando ao caso o disposto nos arts. 124, 128 e 134 da Lei nº 9.503, de 23 de setembro de 1997 – Código de Trânsito Brasileiro (Decreto-Lei nº 1.455, de 1976, art. 29, § 6º, com a redação dada pela Lei nº 12.350, de 2010, art. 41).

§ 4º As multas, gravames, encargos e débitos fiscais a que se refere o § 3º serão de responsabilidade do proprietário do veículo à época da prática da infração punida com o perdimento (Decreto-Lei nº 1.455, de 1976, art. 29, § 7º, com a redação dada pela Lei nº 12.350, de 2010, art. 41).

§ 5º Cabe ao destinatário da alienação ou incorporação a responsabilidade pelo adequado consumo, utilização, industrialização ou comercialização das mercadorias, na forma da legislação pertinente, inclusive no que se refere ao cumprimento das normas de saúde pública, meio ambiente, segurança pública ou outras, cabendo-lhe observar eventuais exigências relativas a análises, inspeções, autorizações, certificações e outras previstas em normas ou regulamentos (Decreto-Lei nº 1.455, de 1976, art. 29, § 8º, com a redação dada pela Lei nº 12.350, de 2010, art. 41).

§ 6º Aplica-se o disposto neste artigo a outras mercadorias que, por força da legislação vigente, possam ser destinadas, ainda que relativas a processos pendentes de apreciação judicial (Decreto-Lei nº 1.455, de 1976, art. 29, § 9º, com a redação dada pela Lei nº 12.350, de 2010, art. 41).

§ 7º Compete ao Ministro de Estado da Fazenda estabelecer os critérios e as condições para cumprimento do disposto neste artigo e dispor sobre outras formas de destinação de mercadorias (Decreto-Lei nº 1.455, de 1976, art. 29, § 10, com a redação dada pela Lei nº 12.350, de 2010, art. 41).

§ 8º Não haverá incidência de tributos federais sobre o valor da alienação, mediante licitação, das mercadorias de que trata este artigo (Decreto-Lei nº 1.455, de 1976, art. 29, § 12, com a redação dada pela Lei nº 12.350, de 2010, art. 41).

• Art. 803 com a redação dada pelo Dec. nº 8.010, de 16-5-2013.

Art. 803-A. Na hipótese de decisão administrativa ou judicial que determine a restituição de mercadorias que houverem sido destinadas, será devida indenização ao interessado, com recursos do Fundo Especial de Desenvolvimento e Aperfeiçoamento das Atividades de Fiscalização, tendo por base o valor declarado para efeito de cálculo do imposto de importação ou de exportação (Decreto-Lei nº 1.455, de 1976, art. 30, *caput*, com a redação dada pela Lei nº 12.350, de 2010, art. 41).

§ 1º Será considerado como base o valor constante do procedimento fiscal correspondente nos casos em que (Decreto-Lei nº 1.455, de 1976, art. 30, § 1º, com a redação dada pela Lei nº 12.350, de 2010, art. 41):

I – não houver declaração de importação ou de exportação;

II – a base de cálculo do imposto de importação ou de exportação apurada for inferior ao valor referido no *caput*; ou

III – em virtude de depreciação, o valor da mercadoria apreendida em posse do interessado for inferior ao referido no *caput*.

§ 2º Ao valor da indenização será aplicada a taxa de juros prevista no § 4º do art. 39 da Lei nº 9.250, de 26 de dezembro de 1995, tendo como termo inicial a data da apreensão (Decreto-Lei nº 1.455, de 1976, art. 30, § 2º, com a redação dada pela Lei nº 12.350, de 2010, art. 41).

• Art. 803-A acrescido pelo Dec. nº 8.010, de 16-5-2013.

Arts. 804 e 805. *Revogados.* Dec. nº 8.010, de 16-5-2013.

Art. 806. Compete ao Ministro de Estado da Fazenda autorizar a destinação de mercadorias (Decreto-Lei nº 1.455, de 1976, art. 28, com a redação dada pela Lei nº 12.350, de 2010, art. 41):

I – abandonadas;

II – entregues à Fazenda Nacional; ou

III – objeto de pena de perdimento.

Parágrafo único. Compete à Secretaria da Receita Federal do Brasil:

I – a administração e destinação das mercadorias de que trata o *caput* (Decreto-Lei nº 1.455, de 1976, art. 29, § 11, com a redação dada pela Lei nº 12.350, de 2010, art. 41); e

II – a regulamentação da forma de destruição de cigarros e outros derivados do tabaco, apreendidos por infração fiscal sujeita a pena de perdimento, observada a legislação ambiental (Decreto-Lei nº 1.593, de 1977, art. 14, § 2º, com a redação dada pela Lei nº 9.822, de 1999, art. 1º).

- Art. 806 com a redação dada pelo Dec. nº 8.010, de 16-5-2013.

CAPÍTULO II
DO CONTROLE DE PROCESSOS E DE DECLARAÇÕES

Art. 807. Os processos fiscais relativos a tributos ou contribuições federais e a penalidades isoladas, bem como as declarações, não poderão sair das unidades da Secretaria da Receita Federal do Brasil, salvo quando se tratar de (Lei nº 9.250, de 26 de dezembro de 1995, art. 38, *caput*):

I – encaminhamento de recursos à instância superior;

II – restituições de autos às unidades de origem; ou

III – encaminhamento de documentos para fins de processamento de dados.

§ 1º Nos casos a que se referem os incisos I e II, deverá ficar cópia autenticada dos documentos essenciais na unidade aduaneira (Lei nº 9.250, de 1995, art. 38, § 1º).

§ 2º É facultado o fornecimento de cópia do processo ao sujeito passivo ou a seu mandatário (Lei nº 9.250, de 1995, art. 38, § 2º).

CAPÍTULO III
DAS ATIVIDADES RELACIONADAS AOS SERVIÇOS ADUANEIROS

Seção I
DAS ATIVIDADES RELACIONADAS AO DESPACHO ADUANEIRO

Subseção I
DAS DISPOSIÇÕES GERAIS

Art. 808. São atividades relacionadas ao despacho aduaneiro de mercadorias, inclusive bagagem de viajante, na importação, na exportação ou na internação, transportadas por qualquer via, as referentes a:

I – preparação, entrada e acompanhamento da tramitação e apresentação de documentos relativos ao despacho aduaneiro;

II – subscrição de documentos relativos ao despacho aduaneiro, inclusive termos de responsabilidade;

III – ciência e recebimento de intimações, de notificações, de autos de infração, de despachos, de decisões e de outros atos e termos processuais relacionados com o procedimento de despacho aduaneiro;

IV – acompanhamento da verificação da mercadoria na conferência aduaneira, inclusive da retirada de amostras para assistência técnica e perícia;

V – recebimento de mercadorias desembaraçadas;

VI e VII – *Revogados.* Dec. nº 8.010, de 16-5-2013.

§ 1º Somente mediante cláusula expressa específica do mandato poderá o mandatário subscrever termo de responsabilidade em garantia do cumprimento de obrigação tributária, ou pedidos de restituição de indébito ou de compensação.

- § 1º com a redação dada pelo Dec. nº 8.010, de 16-5-2013.

§ 2º A Secretaria da Receita Federal do Brasil poderá dispor sobre outras atividades relacionadas ao despacho aduaneiro de mercadorias.

Art. 809. Poderá representar o importador, o exportador ou outro interessado, no exercício das atividades referidas no art. 808, bem assim em outras operações de comércio exterior (Decreto-Lei nº 2.472, de 1988, art. 5º, *caput* e § 1º):

I – o dirigente ou empregado com vínculo empregatício exclusivo com o interessado, munido de mandato que lhe outorgue plenos poderes para o mister, sem cláusulas excludentes da responsabilidade do outorgante mediante ato ou omissão do outorgado, no caso de operações efetuadas por pessoas jurídicas de direito privado;

II – o funcionário ou servidor, especialmente designado, no caso de operações efetuadas por órgão da administração pública direta ou autárquica, federal, estadual ou municipal, missão diplomática ou repartição consular de país estrangeiro ou representação de órgãos internacionais;

II-A – o empresário, o sócio da sociedade empresária ou pessoa física nomeada pelo habilitado, nos casos de importações ao amparo do regime de que trata o art. 102-A (Lei nº 11.898, de 2009, art. 7º, § 2º);

- Inciso II-A acrescido pelo Dec. nº 7.213, de 15-6-2010.

III – o próprio interessado, no caso de operações efetuadas por pessoas físicas;

- Inciso III com a redação dada pelo Dec. nº 8.010, de 16-5-2013.

III-A – o mandatário de pessoa física residente no País, nos casos de remessa postal internacional, ou bens de viajante; e

- Inciso III-A acrescido pelo Dec. nº 8.010, de 16-5-2013.

IV – o despachante aduaneiro, em qualquer caso.

§ 1º Nos despachos relativos ao regime de trânsito aduaneiro, o transportador ou o operador de transporte, quando forem beneficiários, equiparam-se a interessado.

§ 2º As operações de importação e exportação dependem de prévia habilitação do responsável legal da pessoa jurídica interessada, bem como do credenciamento das pessoas físicas que atuarão em seu nome no exercício dessas atividades, de conformidade com o estabelecido pela Secretaria da Receita Federal do Brasil.

- §§ 1º e 2º acrescidos pelo Dec. nº 7.213, de 15-6-2010.

Subseção II
DO DESPACHANTE ADUANEIRO

Art. 810. O exercício da profissão de despachante aduaneiro somente será permitido à pessoa física inscrita no Registro de Despachantes Aduaneiros, mantido pela Secretaria da Receita Federal do Brasil (Decreto-Lei nº 2.472, de 1988, art. 5º, § 3º).

§ 1º A inscrição no registro a que se refere o *caput* será feita, a pedido do interessado, atendidos os seguintes requisitos:

I – comprovação de inscrição há pelo menos dois anos no Registro de Ajudantes de Despachantes Aduaneiros, mantido pela Secretaria da Receita Federal do Brasil;

II – ausência de condenação, por decisão transitada em julgado, à pena privativa de liberdade;

III – inexistência de pendências em relação a obrigações eleitorais e, se for o caso, militares;

IV – maioridade civil;

IV-A – nacionalidade brasileira;

- Inciso IV-A acrescido pelo Dec. nº 7.213, de 15-6-2010.

V – formação de nível médio; e

VI – aprovação em exame de qualificação técnica.

§ 2º Na execução das atividades referidas no art. 809, o despachante aduaneiro poderá contratar livremente seus honorários profissionais (Decreto-Lei nº 2.472, de 1988, art. 5º, § 2º).

§ 3º A competência para a inscrição nos registros a que se referem o *caput* e o inciso I do § 1º será do chefe da unidade da Secretaria da Receita Federal do Brasil com jurisdição aduaneira sobre o domicílio do requerente.

- § 3º com a redação dada pelo Dec. nº 7.213, de 15-6-2010.

§ 4º Para inscrição no Registro de Ajudante de Despachantes Aduaneiros, o interessado deverá atender somente os requisitos estabelecidos nos incisos II a V do § 1º.

§ 5º Os ajudantes de despachantes aduaneiros poderão estar tecnicamente subordinados a um despachante aduaneiro e exercer as atividades relacionadas nos incisos I, IV, V e VI do art. 808.

§ 6º Compete à Secretaria da Receita Federal do Brasil:

I – editar as normas necessárias à implementação do disposto neste artigo; e

II – dar publicidade, em relação aos despachantes aduaneiros e ajudantes inscritos, das seguintes informações:

a) nome;

b) número de inscrição no Cadastro de Pessoas Físicas;

c) número de registro;

d) número e data de publicação do ato declaratório de inscrição no registro em *Diário Oficial da União*; e

e) situação do registro.

- § 6º com a redação dada pelo Dec. nº 7.213, de 15-6-2010.

§ 7º Enquanto não for disciplinada pela Secretaria da Receita Federal do Brasil a forma de realização do exame a que se refere o inciso VI do § 1º, o ingresso no Registro de Despachantes Aduaneiros será efetuado mediante o atendimento dos demais requisitos referidos no § 1º.

§ 8º Aos despachantes aduaneiros e ajudantes de despachantes aduaneiros inscritos nos respectivos registros até a data da publicação deste Decreto ficam asseguradas as regras vigentes no momento de sua inscrição.

§ 9º A aplicação do disposto neste artigo não caracterizará, em nenhuma hipótese, qualquer vinculação funcional entre os despachantes aduaneiros, ajudantes de despachante aduaneiro e a administração pública.

§ 10. É vedado, a quem exerce cargo, emprego ou função pública, o exercício da atividade de despachante ou ajudante de despachante aduaneiro.

- §§ 9º e 10 acrescidos pelo Dec. nº 7.213, de 15-6-2010.

Seção II

DAS ATIVIDADES RELACIONADAS AO TRANSPORTE MULTIMODAL INTERNACIONAL DE CARGA

Art. 811. O exercício da atividade de operador de transporte multimodal, no transporte multimodal internacional de cargas, depende de habilitação pela Secretaria da Receita Federal do Brasil, para fins de controle aduaneiro (Lei nº 9.611, de 1998, art. 6º, *caput*, regulamentado pelo Decreto nº 3.411, de 12 de abril de 2000, art. 5º).

§ 1º Para a habilitação, que será concedida pelo prazo de dez anos, prorrogável por igual período, será exigido do interessado o cumprimento dos seguintes requisitos, sem prejuízo de outros que venham a ser estabelecidos pela Secretaria da Receita Federal do Brasil:

I – comprovação de registro na Secretaria-Executiva do Ministério dos Transportes;

II – compromisso da prestação de garantia em valor equivalente ao do crédito tributário suspenso, conforme determinação da Secretaria da Receita Federal do Brasil, mediante depósito em moeda, fiança idônea, inclusive bancária, ou seguro aduaneiro em favor da União, a ser efetivada quando da solicitação de operação de trânsito aduaneiro; e

III – acesso ao SISCOMEX e a outros sistemas informatizados de controle de carga ou de despacho aduaneiro.

§ 2º Está dispensada de apresentar a garantia a que se refere o inciso II do § 1º a empresa cujo patrimônio líquido, comprovado anualmente, por ocasião do balanço, exceder R$ 2.000.000,00 (dois milhões de reais).

§ 3º Na hipótese de representação legal de empresa estrangeira, o patrimônio líquido do representante, para efeito do disposto no § 2º, poderá ser substituído por carta de crédito de valor equivalente.

Seção III

DAS ATIVIDADES DE UNITIZAÇÃO E DE DESUNITIZAÇÃO DE CARGA

Art. 812. A unitização e a desunitização de cargas, quando realizadas em locais e recintos alfandegados, serão feitas somente por agentes previamente credenciados pela Secretaria da Receita Federal do Brasil.

Parágrafo único. A Secretaria da Receita Federal do Brasil estabelecerá os termos, requisitos e condições para o credenciamento dos agentes referidos no *caput*.

Seção IV

DAS ATIVIDADES DE PERÍCIA E DE ASSISTÊNCIA TÉCNICA

Art. 813. A perícia para identificação e quantificação de mercadoria importada ou a exportar, bem como a avaliação de equipamentos de segurança e sistemas informatizados, e a emissão de laudos periciais sobre o estado e o valor residual de bens, será proporcionada:

I – pelos laboratórios da Secretaria da Receita Federal do Brasil;

II – por órgãos ou entidades da administração pública; ou

III – por entidades privadas e técnicos, especializados, previamente credenciados.

Parágrafo único. A Secretaria da Receita Federal do Brasil expedirá ato normativo em que:

I – regulará o processo de credenciamento dos órgãos, das entidades e dos técnicos a que se referem os incisos II e III do *caput*; e

II – estabelecerá o responsável, o valor e a forma de retribuição pelos serviços prestados.

Art. 814. Para fins de acompanhamento da perícia referida no art. 813, a pessoa que comprove legítimo interesse no caso poderá utilizar assistência técnica.

Parágrafo único. O assistente técnico será indicado livremente, sendo sua remuneração estabelecida em contrato.

Seção V

DO PROGRAMA BRASILEIRO DE OPERADOR ECONÔMICO AUTORIZADO

- Seção V acrescida pelo Dec. nº 10.550, de 24-11-2020.

Art. 814-A. Os intervenientes nas operações de comércio exterior que satisfaçam critérios relacionados à segurança da cadeia logística ou ao histórico de cumprimento da legislação aduaneira, dentre outros, poderão requerer a certificação do Programa Brasileiro de Operador Econômico Autorizado – Programa OEA.

§ 1º O Programa OEA consiste na concessão de medidas de facilitação de comércio exterior específicas para os intervenientes nele certificados.

§ 2º A certificação a que se refere o *caput* será concedida em caráter precário e a sua manutenção estará vinculada ao cumprimento dos requisitos e critérios estabelecidos em legislação específica.

§ 3º A Secretaria Especial da Receita Federal do Brasil do Ministério da Economia poderá, no âmbito de suas competências, editar atos normativos para disciplinar o disposto neste artigo e estender as medidas a que se refere o § 1º a procedimentos disciplinados por órgãos ou entidades anuentes, por meio de ato normativo conjunto.

- Art. 814-A acrescido pelo Dec. nº 10.550, de 24-11-2020.

CAPÍTULO IV

DO FUNDO ESPECIAL DE DESENVOLVIMENTO E APERFEIÇOAMENTO DAS ATIVIDADES DE FISCALIZAÇÃO

Art. 815. A remuneração devida ao Fundo Especial de Desenvolvimento e Aperfeiçoamento das Atividades de Fiscalização pelos permissionários ou concessionários de recintos alfandegados, e pelos beneficiários de regimes aduaneiros especiais ou aplicados em áreas especiais, se for o caso, observará a legislação específica, inclusive as normas complementares editadas pela Secretaria da Receita Federal do Brasil.

LIVRO VIII – DAS DISPOSIÇÕES FINAIS E TRANSITÓRIAS

Art. 816. As empresas de desenvolvimento ou produção de bens e serviços de informática e automação, que investirem em atividades de pesquisa e desenvolvimento em tecnologia da informação, farão jus, observada a legislação específica, aos benefícios fiscais de isenção e de redução do imposto sobre produtos industrializados (Lei nº 8.191, de 11 de junho de 1991, art. 1º; e Lei nº 8.248, de 23 de outubro de 1991, arts. 4º e 11, com a redação dada pela Lei nº 10.176, de 2001, arts. 1º e 2º; pela Lei nº 10.664, de 2003, art. 1º, pela Lei nº 11.077, de 2004, art. 1º, e pela Lei nº 12.249, de 2010, art. 15).

- *Caput* com a redação dada pelo Dec. nº 8.010, de 16-5-2013.

§ 1º Para os bens de informática e automação produzidos nas regiões de influência da Superintendência do Desenvolvimento da Amazônia, da Superintendência do Desenvolvimento do Nordeste e na região Centro-Oeste, o benefício da redução será de (Lei nº 10.176, de 2001, art. 11, *caput*, com a redação dada pela Lei nº 11.077, de 2004, art. 3º):

I – noventa e cinco por cento, de 1º de janeiro de 2004 até 31 de dezembro de 2014;

II – noventa por cento, de 1º de janeiro até 31 de dezembro de 2015; e

III – oitenta e cinco por cento, de 1º de janeiro de 2016 até 31 de dezembro de 2019, quando será extinto.

§ 2º O disposto no § 1º não se aplica a microcomputadores portáteis e às unidades de processamento digitais de pequena capacidade baseadas em microprocessadores, de valor até R$ 11.000,00 (onze mil reais), bem como às unidades de discos magnéticos e ópticos, aos circuitos impressos com componentes elétricos e eletrônicos montados, aos gabinetes e às fontes de alimentação, reconhecíveis como exclusiva ou principalmente destinados a tais equipamentos, que usufruem do benefício fiscal de (Lei nº 10.176, de 2001, art. 11, § 1º, com a redação dada pela Lei nº 11.077, de 2004, art. 3º):

I – isenção, até 31 de dezembro de 2014; e

II – redução do imposto devido, no percentual de:

a) noventa e cinco por cento, de 1º de janeiro a 31 de dezembro de 2015; e

b) oitenta e cinco por cento, 1º de janeiro de 2016 até 31 de dezembro de 2019, quando será extinto.

§ 3º Nas demais regiões, a redução do imposto será de (Lei nº 8.248, de 1991, art. 4º, § 1ºA, com a redação dada pela Lei nº 10.176, de 2001, art. 1º, e pela Lei nº 11.077, de 2004, art. 1º):

I – oitenta por cento, de 1º de janeiro de 2004 até 31 de dezembro de 2014;

II – setenta e cinco por cento, de 1º de janeiro até 31 de dezembro de 2015; e

III – setenta por cento, de 1º de janeiro de 2016 até 31 de dezembro de 2019, quando será extinto.

§ 4º O disposto no § 3º não se aplica a microcomputadores portáteis e às unidades de processamento digitais de pequena capacidade baseadas em microprocessadores, de valor até R$ 11.000,00 (onze mil reais), bem como às unidades de discos magnéticos e ópticos, aos circuitos impressos com componentes elétricos e eletrônicos montados, aos gabinetes e às fontes de alimentação, reconhecíveis como exclusiva ou principalmente destinados a tais equipamentos, que usufruem do benefício fiscal de redução do imposto devido no percentual de (Lei nº 8.248, de 1991, art. 4º, § 5º, com a redação dada pela Lei nº 11.077, de 2004, art. 1º):

I – noventa e cinco por cento, de 1º de janeiro de 2004 até 31 de dezembro de 2014;

II – noventa por cento, de 1º de janeiro até 31 de dezembro de 2015; e

III – setenta por cento, de 1º de janeiro de 2016 até 31 de dezembro de 2019, quando será extinto.

Art. 816-A. Fica concedida, nos termos, limites e condições estabelecidos na legislação específica, isenção de tributos federais incidentes nas importações de bens ou mercadorias para uso ou consumo exclusivo na organização e realização da Copa das Confederações Fifa 2013, da Copa do Mundo Fifa 2014, e das atividades relacionadas a organização e realização desses eventos, tais como (Lei nº 12.350, de 2010, art. 2º, *caput*, incisos V e VI; e art. 3º, *caput*):

I – alimentos, suprimentos médicos, inclusive produtos farmacêuticos, combustível e materiais de escritório;

II – troféus, medalhas, placas, estatuetas, distintivos, flâmulas, bandeiras e outros objetos comemorativos;

III – material promocional, impressos, folhetos e outros bens com finalidade semelhante, a serem distribuídos gratuitamente ou utilizados nesses eventos;

IV – bens dos tipos e em quantidades normalmente consumidos em atividades esportivas da mesma magnitude; e

V – outros bens não duráveis, assim considerados aqueles cuja vida útil seja de até um ano.

Parágrafo único. A isenção de que trata este artigo abrange os seguintes impostos, contribuições e taxas (Lei nº 12.350, de 2010, art. 3º, § 1º):

I – Imposto sobre Produtos Industrializados incidente na importação;

II – Imposto de Importação;

III – Contribuição para o PIS/PASEP-Importação;

IV – COFINS-Importação;

V – Taxa de utilização do SISCOMEX;

VI – Taxa de utilização do Mercante;

VII – Adicional ao Frete para Renovação da Marinha Mercante; e

VIII – CIDE-combustíveis.

Art. 816-B. A isenção de que trata o art. 816-A não se aplica à importação de bens e equipamentos duráveis para os eventos, que podem ser admitidos no regime aduaneiro especial de admissão temporária, com suspensão do pagamento dos tributos incidentes sobre a importação (Lei nº 12.350, de 2010, art. 4º, *caput*).

§ 1º O regime de admissão temporária se aplica, entre outros bens duráveis relacionados na legislação específica, aos equipamentos (Lei nº 12.350, de 2010, art. 4º, § 1º):

I – técnicos esportivos;

II – técnicos de gravação e transmissão de sons e imagens;

III – médicos; e

IV – técnicos de escritório.

§ 2º Na hipótese prevista no *caput*, será concedida suspensão total do pagamento de tributos federais incidentes sobre a importação, inclusive no caso de bens admitidos temporariamente no País para utilização econômica, observados os requisitos e as condições estabelecidos na legislação específica (Lei nº 12.350, de 2010, art. 4º, § 2º).

§ 3º Será dispensada a apresentação de garantias dos tributos suspensos, observados os requisitos e as condições estabelecidos pela Secretaria da Receita Federal do Brasil (Lei nº 12.350, de 2010, art. 4º, § 3º).

§ 4º A suspensão de que trata este artigo poderá ser convertida em isenção, observados os termos, limites e condições estabelecidos na legislação específica (Lei nº 12.350, de 2010, art. 5º).

§ 5º Poderá ainda ser concedida isenção dos tributos incidentes na importação a bens duráveis de valor unitário igual ou inferior a R$ 5.000,00 (cinco mil reais), nos termos, limites e condições estabelecidos na legislação específica (Lei nº 12.350, de 2010, art. 3º, § 4º).

Art. 816-C. O Regime Especial de Tributação para Construção, Ampliação, Reforma ou Modernização de Estádios de Futebol – RECOPA permite, nos termos da legislação específica, a suspensão dos seguintes tributos incidentes sobre a importação de máquinas, aparelhos, instrumentos e equipamentos, novos, e de materiais de construção, destinados à construção, ampliação, reforma ou modernização de estádios de futebol com utilização prevista nas partidas oficiais da Copa das Confederações Fifa 2013 e da Copa do Mundo Fifa 2014 (Lei nº 12.350, de 2010, arts. 18, *caput*; 19, *caput*; e 28, *caput*):

I – Contribuição para o PIS/PASEP-Importação e COFINS-Importação;

II – Imposto sobre Produtos Industrializados incidente na importação; e

III – Imposto de Importação.

§ 1º O benefício aplica-se apenas às importações realizadas até 30 de junho de 2014 por pessoa jurídica beneficiária do RECOPA, previamente habilitada ou coabilitada (Lei nº 12.350, de 2010, art. 21).

§ 2º No caso do Imposto de Importação, a suspensão se aplica somente a produtos sem similar nacional (Lei nº 12.350, de 2010, art. 19, § 5º).

§ 3º A suspensão converte-se em alíquota zero após a utilização ou incorporação do bem ou material de construção ao estádio de que trata o *caput* (Lei nº 12.350, de 2010, art. 19, § 2º).

§ 4º A pessoa jurídica que não utilizar ou incorporar o bem ou material de construção ao estádio de futebol de que trata o *caput* fica obrigada a recolher as contribuições e os impostos não pagos em decorrência da suspensão de que trata este artigo, acrescidos de juros e multa de mora, na forma da lei, contados a partir da data do registro da Declaração de Importação, na condição de contribuinte (Lei nº 12.350, de 2010, art. 19, § 3º, inciso I).

§ 5º Para efeitos deste artigo, equipara-se ao importador a pessoa jurídica adquirente de bens estrangeiros no caso de importação realizada por sua conta e ordem por intermédio de pessoa jurídica importadora (Lei nº 12.350, de 2010, art. 19, § 4º).

Art. 816-D. A Secretaria da Receita Federal do Brasil disciplinará a execução do disposto nos arts. 816-A, 816-B e 816-C (Lei nº 12.350, de 2010, art. 28, parágrafo único).

Parágrafo único. A Secretaria da Receita Federal do Brasil poderá editar atos normativos específicos relativos ao tratamento tributário aplicável à bagagem dos viajantes que ingressarem no País para participar dos eventos de que trata o art. 816-A (Lei nº 12.350, de 2010, art. 6º).

- Arts. 816-A a 816-D acrescidos pelo Dec. nº 8.010, de 16-5-2013.

Art. 817. O rito processual a que se refere o art. 783 aplica-se também aos processos ainda não conclusos para julgamento em primeira instância, na esfera administrativa, relativos a sanções administrativas de advertência, suspensão, cassação ou cancelamento (Lei nº 10.833, de 2003, art. 76, § 14).

Art. 818. Todas as remissões, em diplomas legislativos, às normas consolidadas por este Decreto, consideram-se feitas às disposições correspondentes nele regulamentadas.

Art. 819. Este Decreto entra em vigor na data de sua publicação.

Art. 820. Ficam revogados:

I – o Decreto nº 4.543, de 26 de dezembro de 2002;

II – o Decreto nº 4.765, de 24 de junho de 2003;

III – o Decreto nº 5.138, de 12 de julho de 2004;

IV – o art. 1º do Decreto nº 5.268, de 9 de novembro de 2004;

V – o Decreto nº 5.431, de 22 de abril de 2005;

VI – o Decreto nº 5.887, de 6 de setembro de 2006;

VII – o Decreto nº 6.419, de 1º de abril de 2008;

VIII – o Decreto nº 6.454, de 12 de maio de 2008; e

IX – o Decreto nº 6.622, de 29 de outubro de 2008.

Brasília, 5 de fevereiro de 2009;
188º da Independência e
121º da República.

Luiz Inácio Lula da Silva

DECRETO Nº 6.761, DE 5 DE FEVEREIRO DE 2009

Dispõe sobre a aplicação da redução a zero da alíquota do imposto sobre a renda incidente sobre os rendimentos de beneficiários residentes ou domiciliados no exterior, e dá outras providências.

• Publicado no *DOU* de 6-2-2009.

Art. 1º Fica reduzida a zero a alíquota do imposto sobre a renda incidente sobre os valores pagos, creditados, entregues, empregados ou remetidos a residentes ou domiciliados no exterior, relativos a:

I – despesas com pesquisas de mercado, bem como aluguéis e arrendamentos de estandes e locais para exposições, feiras e conclaves semelhantes, no exterior, inclusive promoção e propaganda no âmbito desses eventos, para produtos e serviços brasileiros e para promoção de destinos turísticos brasileiros (Lei nº 9.481, de 13 de agosto de 1997, art. 1º, III, e Lei nº 11.774, de 17 de setembro de 2008, art. 9º);

II – contratação de serviços destinados à promoção do Brasil no exterior, por órgãos do Poder Executivo Federal (Lei nº 9.481, de 1997, art. 1º, III, e Lei nº 11.774, de 2008, art. 9º);

III – comissões pagas por exportadores a seus agentes no exterior (Lei nº 9.481, de 1997, art. 1º, II);

IV – despesas de armazenagem, movimentação e transporte de carga e emissão de documentos realizadas no exterior (Lei nº 9.481, de 1997, art. 1º, XII, Lei nº 11.774, de 2008, art. 9º);

V – operações de cobertura de riscos de variações, no mercado internacional, de taxas de juros, de paridade entre moedas e de preços de mercadorias (*hedge*) (Lei nº 9.481, de 1997, art. 1º, IV);

VI – juros de desconto, no exterior, de cambiais de exportação e as comissões de banqueiros inerentes a essas cambiais (Lei nº 9.481, de 1997, art. 1º, X); e

VII – juros e comissões relativos a créditos obtidos no exterior e destinados ao financiamento de exportações (Lei nº 9.481, de 1997, art. 1º, XI).

§ 1º Para os fins do disposto no inciso I do *caput*, consideram-se despesas com promoção de produtos, serviços e destinos turísticos brasileiros aquelas decorrentes de participação, no exterior, em exposições, feiras e conclaves semelhantes.

§ 2º Consideram-se serviços destinados à promoção do Brasil no exterior, na hipótese do inciso II do *caput*, aqueles referentes à consultoria e execução de assessoria de comunicação, de imprensa e de relações públicas.

§ 3º Para os fins do disposto no inciso IV do *caput*, considera-se também valor despendido pelo exportador brasileiro o pago, creditado, entregue, empregado ou remetido ao exterior por operador logístico que atue em nome do exportador e comprove a vinculação do dispêndio com a operação de exportação.

§ 4º Os rendimentos mencionados nos incisos I a V do *caput*, recebidos por pessoa física ou jurídica residente ou domiciliada em país ou dependência que não tribute a renda ou que a tribute à alíquota inferior a vinte por cento, a que se refere o art. 24 da Lei nº 9.430, de 27 de dezembro de 1996, sujeitam-se ao imposto sobre a renda na fonte à alíquota de vinte e cinco por cento (Lei nº 9.779, de 19 de janeiro de 1999, art. 8º, e Lei nº 11.727, de 23 de junho de 2008, art. 22).

Art. 2º As operações referidas nos incisos I a IV do *caput* do art. 1º serão registradas por meio de sistema informatizado que contemple a identificação fiscal da fonte pagadora do rendimento no País e os dados da operação.

§ 1º As operações referidas nos incisos I e II do *caput* do art. 1º serão registradas em sistema mantido pelo Ministério da Economia, que estabelecerá regras complementares para esse fim.

• § 1º com a redação dada pelo Dec. nº 9.904, de 8-7-2019.

§ 2º O registro na forma do § 1º, na hipótese de operação referida no inciso I do *caput* do art. 1º, quando efetuado por organizadora de feira, associação, entidade ou assemelhada, deverá conter a identificação das empresas e entidades participantes que efetuarem pagamento com a utilização da alíquota zero do imposto sobre a renda, bem como o valor das despesas correspondentes ao percentual relativo a cada uma das participações.

§ 3º As operações referidas nos incisos III e IV do *caput* do art. 1º serão registradas, para fins de fruição do benefício previsto neste Decreto, no Sistema Integrado de Comércio Exterior de Serviços, Intangíveis e Outras Operações que Produzam Variações no Patrimônio – SISCOSERV ou em outro sistema que venha a substituí-lo.

• § 3º com a redação dada pelo Dec. nº 9.904, de 8-7-2019.

§ 4º *Revogado*. Dec. nº 9.904, de 8-7-2019.

Art. 3º Para efeito do disposto no art. 1º, a remessa será efetuada pela instituição autorizada a operar no mercado de câmbio, mediante comprovação da regularidade tributária e:

I – do registro de que trata o art. 2º, nas hipóteses dos incisos I a IV do *caput* do art. 1º; e

II – da legalidade e fundamentação econômica da operação, nas hipóteses dos incisos V a VII do *caput* do art. 1º.

Parágrafo único. Cabe à instituição interveniente verificar o cumprimento das condições referidas no *caput*, mantendo a documentação arquivada na forma das instruções expedidas pelo Banco Central do Brasil.

Art. 4º Para fins de aplicação da redução a zero da alíquota do imposto sobre a renda, na hipótese de operações de cobertura de riscos de variações, no mercado internacional, de taxas de juros, de paridade entre moedas e de preços de mercadorias (*hedge*), mencionada no inciso V do *caput* do art. 1º, é necessário que as operações sejam comprovadamente caracterizadas como necessárias, usuais e normais, inclusive quanto ao seu valor, para a realização da cobertura dos riscos e das despesas deles decorrentes (Lei nº 9.481, de 1997, art. 1º, IV).

Art. 5º A redução a zero da alíquota do imposto sobre a renda, na hipótese de juros de desconto de cambiais de exportação e comissões inerentes a essas cambiais, de que trata o inciso VI do *caput* do art. 1º, é condicionada a que as importâncias pagas, creditadas, empregadas, entregues ou remetidas a pessoas jurídicas domiciliadas no exterior não estejam relacionadas a créditos obtidos no exterior, cujas vinculações ao financiamento das exportações sejam feitas mediante contratos de câmbio de exportação vencidos (Lei nº 9.481, de 1997, art. 1º, X).

Parágrafo único. Consideram-se vencidos os contratos de câmbio de exportação quando o prazo neles pactuado para entrega de documentos ou para liquidação tenha sido ultrapassado, em um ou mais dias.

Art. 6º A redução a zero da alíquota do imposto sobre a renda, na hipótese de juros e comissões relativos a crédi-

LEG. COMPLEMENTAR

tos destinados ao financiamento de exportações, a que se refere o inciso VII do *caput* do art. 1º, é condicionada a que as importâncias pagas, creditadas, empregadas, entregues ou remetidas, por fonte domiciliada no País, a pessoas jurídicas domiciliadas no exterior, destinem-se, efetivamente, ao financiamento de exportações (Lei nº 9.481, de 1997, art. 1º, XI).

§ 1º A comprovação da operação referida no *caput* pela instituição autorizada a operar no mercado de câmbio será efetuada mediante confronto dos pertinentes saldos contábeis globais diários, observadas as normas específicas expedidas pelo Banco Central do Brasil.

§ 2º Os juros e comissões correspondentes à parcela dos créditos obtidos no exterior e destinados ao financiamento de exportações, de que trata o *caput*, não aplicados com tal finalidade, sujeitam-se à incidência do imposto sobre a renda na fonte à alíquota de vinte e cinco por cento (Lei nº 9.779, de 1999, art. 9º).

§ 3º O imposto a que se refere o § 2º será recolhido até o último dia útil do primeiro decêndio do mês subsequente ao de apuração dos referidos juros e comissões (Lei nº 11.488, de 15 de junho de 2007, art. 8º).

Art. 7º A pessoa física ou jurídica que efetuar pagamento de rendimento a beneficiário da redução a zero da alíquota do imposto sobre a renda deverá manter em seu poder, pelo período determinado pela legislação tributária, a fatura ou outro documento comprobatório equivalente da realização das operações, bem como contrato de câmbio e os documentos relativos ao pagamento, crédito, emprego, entrega ou remessa a residentes ou domiciliados no exterior.

Art. 8º Sem prejuízo do disposto no art. 7º, e na hipótese de pagamento com utilização de recursos mantidos no exterior, em moeda estrangeira, de que trata a Lei nº 11.371, de 28 de novembro de 2006, deverão ser observadas as normas expedidas pelo Conselho Monetário Nacional e pela Secretaria da Receita Federal do Brasil, quanto à prestação de informações e à conservação dos documentos comprobatórios das operações realizadas no exterior.

Art. 9º O descumprimento do disposto neste Decreto sujeitará a fonte pagadora ao recolhimento do imposto sobre a renda na fonte, acrescido dos encargos legais e acarretará o impedimento à utilização do benefício, enquanto não regularizada a situação.

Art. 10. A fonte pagadora, pessoa física ou jurídica, deverá, a partir do ano-calendário de 2009, prestar à Secretaria da Receita Federal do Brasil informações sobre os valores pagos, creditados, entregues, empregados ou remetidos a residentes ou domiciliados no exterior, identificando o beneficiário do rendimento, bem como o país de residência.

Art. 11. As remessas de que trata este Decreto serão efetuadas pela instituição autorizada a operar no mercado de câmbio, observadas as instruções expedidas pelo Banco Central do Brasil.

Art. 12. O Ministério do Desenvolvimento, Indústria e Comércio Exterior, a EMBRATUR – Instituto Brasileiro de Turismo, o Banco Central do Brasil e a Secretaria da Receita Federal do Brasil editarão, no âmbito de suas respectivas competências, as normas complementares necessárias à execução do disposto neste Decreto.

Art. 13. Este Decreto entra em vigor na data de sua publicação.

Art. 14. Ficam revogados os Decretos nº 5.183, de 13 de agosto de 2004, e nº 5.533, de 6 de setembro de 2005.

Brasília, 5 de fevereiro de 2008;
188º da Independência e
121º da República.

Luiz Inácio Lula da Silva

DECRETO Nº 6.814, DE 6 DE ABRIL DE 2009

Regulamenta a Lei nº 11.508, de 20 de julho de 2007, que dispõe sobre o regime tributário, cambial e administrativo das Zonas de Processamento de Exportação – ZPE.

- Publicado no *DOU* de 7-4-2009.

Art. 1º A proposta de criação de Zona de Processamento de Exportação – ZPE será apresentada pelos Estados ou Municípios, em conjunto ou isoladamente, ou por ente privado ao Conselho Nacional das Zonas de Processamento de Exportação – CZPE, que, após sua análise, a submeterá à decisão do Presidente da República.

- *Caput* com a redação dada pelo Dec. nº 11.088, de 1º-6-2022.

§ 1º Além de outros requisitos exigidos na Lei nº 11.508, de 20 de julho de 2007, a proposta de criação de ZPE deverá conter, obrigatoriamente, os seguintes elementos:

I – delimitação da área total da ZPE, incluída comprovação de sua disponibilidade, com a indicação, se for o caso, da área descontínua e da justificativa para sua existência;

- Inciso I com a redação dada pelo Dec. nº 11.088, de 1º-6-2022.

II – indicação de áreas segregadas destinadas a instalações, estrutura e equipamentos para realização das atividades de fiscalização, vigilância e controle aduaneiros, de interesse da segurança nacional, fitossanitários e ambientais;

III – indicação de vias de acesso a portos, aeroportos e pontos de fronteira alfandegados;

IV – relatório sobre obras de infraestrutura a serem realizadas e seus custos;

V – demonstração da disponibilidade de infraestrutura básica de energia, comunicações e transportes, para atender à demanda criada pela ZPE;

VI – cronograma das obras de implantação;

VII – comprovação da viabilidade de mobilização de recursos financeiros para cobertura dos custos exigidos para implantação da ZPE;

VIII – declaração do órgão ambiental competente de que, sob o ponto de vista ambiental, a área escolhida pode ser utilizada para instalação de projetos industriais; e

IX – termo de compromisso do requerente de:

a) solicitar, em tempo hábil, o licenciamento ambiental junto ao órgão competente;

b) constituir pessoa jurídica, no prazo de noventa dias após o ato de criação da ZPE, com a função específica de ser a administradora da ZPE e, nessa condição, prestar serviços a empresas que nela vierem a se instalar e dar apoio e auxílio às autoridades aduaneiras; e

c) não permitir que a administradora da ZPE transfira o domínio ou a posse de lotes da ZPE, a qualquer título, exceto para empresas titulares de projetos já aprovados pelo CZPE, mediante escritura que contenha cláusula resolutória nas hipóteses de:

1. descumprimento do prazo de noventa dias para início das obras de instalação do estabelecimento industrial;

2. descumprimento do prazo previsto para término das obras de instalação do estabelecimento industrial; ou

3. cessão de direitos sobre o imóvel ou sobre o projeto, salvo quando expressamente autorizada pelo CZPE.

§ 2º Na cláusula resolutória da escritura pública prevista na alínea *c* do inciso IX do § 1º, deverá constar que o CZPE poderá prorrogar os prazos de que tratam os itens 1 e 2 da citada alínea, nos termos do parágrafo único do art. 8º.

§ 3º O CZPE, em função das particularidades da proposta, poderá exigir outros requisitos, condições ou elementos que julgue necessários para a sua análise técnica.

§ 4º A apreciação das propostas de criação de ZPE será realizada de acordo com a ordem de protocolo no CZPE.

§ 5º A identificação de potenciais interessados na exploração econômica de área será precedida pela realização de chamamento público pelo CZPE.

§ 6º Caso haja mais de uma proposta e exista impedimento locacional que inviabilize a implantação da ZPE de maneira concomitante, o CZPE deverá promover processo seletivo de caráter público para a criação da ZPE, observados os princípios da legalidade, da impessoalidade, da moralidade, da publicidade e da eficiência.

§ 7º Após a realização do chamamento público de que trata o § 5º, caso reste comprovada a existência de apenas um único interessado privado para implantação da ZPE daquela área, o CZPE poderá dispensar o processo seletivo de caráter público de que trata o § 1º-A do art. 2º da Lei nº 11.508, de 2007.

§ 8º O processo seletivo de caráter público de que trata o § 1º do art. 2º-A da Lei nº 11.508, de 2007, poderá ser dispensado, nos termos da regulamentação específica, quando o ente privado proponente se habilitar também como empresa administradora.

• §§ 5º a 8º acrescidos pelo Dec. nº 11.088, de 1º-6-2022.

Art. 2º A ZPE será considerada zona primária para efeito de controle aduaneiro.

§ 1º Fica dispensado o alfandegamento da área destinada ao funcionamento da ZPE, exceto do conjunto das áreas segregadas destinadas à movimentação, à armazenagem e à submissão a despacho aduaneiro de mercadorias procedentes do exterior ou a ele destinadas.

§ 2º Para cumprimento do disposto no § 1º, serão observados os requisitos técnicos e operacionais estabelecidos pela Secretaria Especial da Receita Federal do Brasil do Ministério da Economia relativos a:

• *Caput* do § 2º com a redação dada pelo Dec. nº 11.088, de 1º-6-2022.

I – fechamento da área;

II – sistema de vigilância e segurança a ser adotado pela administradora da ZPE;

III – instalações e equipamentos adequados ao controle e administração aduaneiros;

IV – vias de acesso à ZPE; e

V – fluxo de mercadorias, veículos e pessoas.

§ 3º Compete à administradora da ZPE implantar e administrar a respectiva ZPE e, nessa condição:

• *Caput* do § 3º com a redação dada pelo Dec. nº 11.088, de 1º-6-2022.

I – prover as instalações e os equipamentos necessários ao controle, à vigilância e à administração aduaneira a que se refere o inciso II do § 1º do art. 1º;

II – disponibilizar lotes para as empresas autorizadas a instalar-se em ZPE;

III – prestar serviços às empresas que vierem a se instalar na ZPE; e

IV – dar apoio e auxílio à autoridade aduaneira.

• Incisos I a IV acrescidos pelo Dec. nº 11.088, de 1º-6-2022.

Art. 3º A administradora da ZPE deverá submeter à Secretaria Especial da Receita Federal do Brasil do Ministério da Economia, no prazo de noventa dias, contado da data de sua constituição, o projeto referente às determinações, aos requisitos e às condições referidos no § 2º do art. 2º.

• Artigo com a redação dada pelo Dec. nº 9.995, de 29-8-2019.

Art. 4º O início do funcionamento de ZPE dependerá do alfandegamento prévio da área referida no § 1º do art. 2º pela Secretaria Especial da Receita Federal do Brasil do Ministério da Economia.

• *Caput* com a redação dada pelo Dec. nº 9.995, de 29-8-2019.

§ 1º O alfandegamento da área será feito no prazo de sessenta dias, contado da data de publicação do ato da Secretaria Especial da Receita Federal do Brasil do Ministério da Economia que declarar cumpridos as determinações, os requisitos e as condições previstos no § 2º do art. 2º e na legislação específica, desde que obtido o licenciamento de que trata a alínea *a* do inciso IX do § 1º do art. 1º.

• § 1º com a redação dada pelo Dec. nº 9.995, de 29-8-2019.

§ 2º A administradora da ZPE será considerada depositária das mercadorias sob controle aduaneiro que receber na área da ZPE, até a entrega definitiva à empresa ali instalada.

§ 3º Desde que observados os termos, os limites e as condições do regime, ficam assegurados os benefícios tributários, cambiais e administrativos previstos na Lei nº 11.508, de 2007, às máquinas, aos aparelhos, aos instrumentos e aos equipamentos importados ou adquiridos no mercado interno para instalação ou utilização em área não alfandegada de ZPE.

• § 3º com a redação dada pelo Dec. nº 11.088, de 1º-6-2022.

Art. 5º A solicitação de instalação de empresa em ZPE será feita mediante apresentação de projeto, na forma estabelecida pelo CZPE.

§ 1º O projeto a ser submetido à apreciação do CZPE deverá estar acompanhado de documento firmado pelo representante legal da administradora da ZPE à qual se destina, manifestando a aceitação do empreendimento.

§ 2º Deverá constar do projeto a relação dos produtos a serem fabricados, de acordo com sua classificação na Nomenclatura Comum do Mercosul – NCM, e dos serviços vinculados à industrialização das mercadorias a serem exportadas e dos serviços a serem comercializados ou destinados exclusivamente para o exterior, com a sua classificação na Nomenclatura Brasileira de Serviços, Intangíveis e Outras Operações que Produzam Variações no Patrimônio – NBS.

• § 2º com a redação dada pelo Dec. nº 11.088, de 1º-6-2022.

§ 3º A apreciação dos projetos de instalação de empresa em ZPE será realizada de acordo com a ordem de protocolo no CZPE.

Art. 6º Aprovado o projeto de que trata o art. 5º, os interessados deverão, no prazo de noventa dias, constituir empresa nos termos estabelecidos pelo CZPE.

Art. 7º A empresa constituída na forma do disposto no art. 6º assumirá compromisso, perante o CZPE, no prazo de trinta dias, contado da data de sua constituição, de cumprir as condições que tenham sido formuladas pelo CZPE no exame do respectivo projeto.

• *Caput* com a redação dada pelo Dec. nº 11.088, de 1º-6-2022.

I e II – *Revogados.* Dec. nº 11.088, de 1º-6-2022.

§§ 1º e 2º *Revogado.* Dec. nº 11.088, de 1º-6-2022.

Art. 8º A inobservância dos prazos estipulados no art. 6º ou no *caput* do art. 7º implicará revogação do ato de aprovação do respectivo projeto.

Parágrafo único. O CZPE, atendendo a circunstâncias relevantes, poderá prorrogar os prazos referidos no *caput* e, ainda, aqueles de que tratam as alíneas *b* e *c* do inciso IX do § 1º do art. 1º e o art. 3º.

Art. 9º É vedada a instalação em ZPE de empresas cujos projetos evidenciem a simples transferência de plantas industriais já instaladas no País.

Parágrafo único. Não serão autorizadas, em ZPE, a produção, a importação ou a exportação de:

I – armas ou explosivos de qualquer natureza, salvo com prévia autorização do Comando do Exército; e

II – material radioativo, salvo com prévia autorização da Comissão Nacional de Energia Nuclear – CNEN.

Art. 10. O ato de criação de ZPE será:

• *Caput* com a redação dada pelo Dec. nº 11.088, de 1º-6-2022.

I – cancelado, a partir de manifestação formal do proponente pela desistência voluntária do processo de implantação da respectiva ZPE; ou

• Inciso I com a redação dada pelo Dec. nº 11.088, de 1º-6-2022.

II – cassado:

• *Caput* do inciso II com a redação dada pelo Dec. nº 11.088, de 1º-6-2022.

a) se, no prazo de vinte e quatro meses, contado da data de sua publicação, a administradora da ZPE não tiver iniciado as obras de implantação, sem motivo justificado, de acordo com o cronograma previamente apresentado ao CZPE para fins de planejamento das obras de infraestrutura da ZPE;

b) se as obras de implantação não forem concluídas, sem motivo justificado, no prazo de doze meses, contado da data prevista para sua conclusão, constante do cronograma previamente apresentado ao CZPE para fins de planejamento das obras de infraestrutura da ZPE;

c) na hipótese de que trata o § 4º-E do art. 2º da Lei nº 11.508, de 2007; ou

d) na hipótese de que trata o art. 25 da Lei nº 11.508, de 2007.

• Alíneas *a* a *d* acrescidas pelo Dec. nº 11.088, de 1º-6-2022.

Art. 11. As sanções previstas na Lei nº 11.508, de 2007, não prejudicam a aplicação de outras penalidades, inclusive do disposto no art. 76 da Lei nº 10.833, de 29 de dezembro de 2003.

Art. 12. Considera-se dano ao erário, para efeito de aplicação da pena de perdimento, na forma da legislação específica, a introdução:

I – no mercado interno, de mercadoria procedente de ZPE que tenha sido importada, adquirida no mercado interno ou produzida em ZPE fora dos casos autorizados na Lei nº 11.508, de 2007; e

II – em ZPE, de mercadoria estrangeira não permitida.

Parágrafo único. Aplica-se o disposto no Decreto-Lei nº 1.455, de 7 de abril de 1976, para efeitos de aplicação e julgamento da pena de perdimento estabelecida neste artigo.

Art. 13. A Secretaria Especial da Receita Federal do Brasil do Ministério da Economia disciplinará:

• *Caput* com a redação dada pelo Dec. nº 9.995, de 29-8-2019

I – o depósito, a reexportação e a destruição de mercadorias importadas;

II – o depósito, a exportação e a destruição de mercadorias adquiridas no mercado interno;

III – os procedimentos específicos relacionados à fiscalização, à vigilância, ao controle e ao despacho aduaneiros de mercadorias admitidas em ZPE; e

• Incisos II e III com a redação dada pelo Dec. nº 11.088, de 1º-6-2022.

IV – as hipóteses de controle informatizado das operações da empresa prestadora de serviços de que trata o art. 21-A da Lei nº 11.508, de 2007.

• Inciso IV acrescido pelo Dec. nº 11.088, de 1º-6-2022.

Art. 14. Este Decreto entra em vigor na data de sua publicação.

Art. 15. Fica revogado o Decreto nº 846, de 25 de junho de 1993.

Brasília, 6 de abril de 2009;
188º da Independência e
121º da República.

Luiz Inácio Lula da Silva

LEI Nº 11.941, DE 27 DE MAIO DE 2009

Altera a legislação tributária federal relativa ao parcelamento ordinário de débitos tributários; concede remissão nos casos em que especifica; institui regime tributário de transição, alterando o Decreto nº 70.235, de 6 de março de 1972, as Leis nºs 8.212, de 24 de julho de 1991, 8.213, de 24 de julho de 1991, 8.218, de 29 de agosto de 1991, 9.249, de 26 de dezembro de 1995, 9.430, de 27 de dezembro de 1996, 9.469, de 10 de julho de 1997, 9.532, de 10 de dezembro de 1997, 10.426, de 24 de abril de 2002, 10.480, de 2 de julho de 2002, 10.522, de 19 de julho de 2002, 10.887, de 18 de junho de 2004, e 6.404, de 15 de dezembro de 1976, o Decreto-Lei nº 1.598, de 26 de dezembro de 1977, e as Leis nºs 8.981, de 20 de janeiro de 1995, 10.925, de 23 de julho de 2004, 10.637, de 30 de dezembro de 2002, 10.833, de 29 de dezembro de 2003, 11.116, de 18 de maio de 2005, 11.732, de 30 de junho de 2008, 10.260, de 12 de julho de 2001, 9.873, de 23 de novembro de 1999, 11.171, de 2 de setembro de 2005, 11.345, de 14 de setembro de 2006; prorroga a vigência da Lei nº 8.989, de 24 de fevereiro de 1995; revoga dispositivos das Leis nºs 8.383, de 30 de dezembro de 1991, e 8.620, de 5 de janeiro de 1993, do Decreto-Lei nº 73, de 21 de novembro de 1966, das Leis nºs 10.190, de 14 de fevereiro de 2001, 9.718, de 27 de novembro de 1998, e 6.938, de 31 de agosto de 1981, 9.964, de 10 de abril de 2000, e, a partir da instalação do Conselho Administrativo de Recursos Fiscais, os Decretos nºs 83.304, de 28 de março de 1979, e 89.892, de 2 de julho de 1984, e o art. 112 da Lei nº 11.196, de 21 de novembro de 2005; e dá outras providências.

• Publicada no *DOU* de 28-5-2009.

CAPÍTULO I
DOS PARCELAMENTOS

Seção I
DO PARCELAMENTO OU PAGAMENTO DE DÍVIDAS

Art. 1º Poderão ser pagos ou parcelados, em até 180 (cento e oitenta) meses, nas condições desta Lei, os débitos administrados pela Secretaria da Receita Federal do Brasil e os débitos para com a Procuradoria-Geral da Fazenda Nacional, inclusive o saldo remanescente dos débitos consolidados no Programa de Recuperação Fiscal - REFIS, de que trata a Lei nº 9.964, de 10 de abril de 2000, no Parcelamento Especial - PAES, de que trata a Lei nº 10.684, de 30 de maio de 2003, no Parcelamento Excepcional - PAEX, de que trata a Medida Provisória nº 303, de 29 de junho de 2006, no parcelamento previsto no art. 38 da Lei nº 8.212, de 24 de julho de 1991, e no parcelamento previsto no art. 10 da Lei nº 10.522, de 19 de julho de 2002, mesmo que tenham sido excluídos dos respectivos programas e parcelamentos, bem como os débitos decorrentes do aproveitamento indevido de créditos do Imposto sobre Produtos Industrializados - IPI oriundos da aquisição de matérias-primas, material de embalagem e produtos intermediários relacionados na Tabela de Incidência do Imposto sobre Produtos Industrializados - TIPI, aprovada pelo Decreto nº 6.006, de 28 de dezembro de 2006, com incidência de alíquota 0 (zero) ou como não tributados.

§ 1º O disposto neste artigo aplica-se aos créditos constituídos ou não, inscritos ou não em Dívida Ativa da União, mesmo em fase de execução fiscal já ajuizada, inclusive os que foram indevidamente aproveitados na apuração do IPI referidos no *caput* deste artigo.

§ 2º Para os fins do disposto no *caput* deste artigo, poderão ser pagas ou parceladas as dívidas vencidas até 30 de novembro de 2008, de pessoas físicas ou jurídicas, consolidadas pelo sujeito passivo, com exigibilidade suspensa ou não, inscritas ou não em dívida ativa, consideradas isoladamente, mesmo em fase de execução fiscal já ajuizada, ou que tenham sido objeto de parcelamento anterior, não integralmente quitado, ainda que cancelado por falta de pagamento, assim considerados:

I - os débitos inscritos em Dívida Ativa da União, no âmbito da Procuradoria-Geral da Fazenda Nacional;

II - os débitos relativos ao aproveitamento indevido de crédito de IPI referido no *caput* deste artigo;

III - os débitos decorrentes das contribuições sociais previstas nas alíneas *a*, *b* e *c* do parágrafo único do art. 11 da Lei no 8.212, de 24 de julho de 1991, das contribuições instituídas a título de substituição e das contribuições devidas a terceiros, assim entendidas outras entidades e fundos, administrados pela Secretaria da Receita Federal do Brasil; e

IV - os demais débitos administrados pela Secretaria da Receita Federal do Brasil.

§ 3º Observado o disposto no art. 3º desta Lei e os requisitos e as condições estabelecidos em ato conjunto do Procurador-Geral da Fazenda Nacional e do Secretário da Receita Federal do Brasil, a ser editado no prazo de 60 (sessenta) dias a partir da data de publicação desta Lei, os débitos que não foram objeto de parcelamentos anteriores a que se refere este artigo poderão ser pagos ou parcelados da seguinte forma:

I - pagos a vista, com redução de 100% (cem por cento) das multas de mora e de ofício, de 40% (quarenta por cento) das isoladas, de 45% (quarenta e cinco por cento) dos juros de mora e de 100% (cem por cento) sobre o valor do encargo legal;

II - parcelados em até 30 (trinta) prestações mensais, com redução de 90% (noventa por cento) das multas de mora e de ofício, de 35% (trinta e cinco por cento) das isoladas, de 40% (quarenta por cento) dos juros de mora e de 100% (cem por cento) sobre o valor do encargo legal;

III - parcelados em até 60 (sessenta) prestações mensais, com redução de 80% (oitenta por cento) das multas de mora e de ofício, de 30% (trinta por cento) das isoladas, de 35% (trinta e cinco por cento) dos juros de mora e de 100% (cem por cento) sobre o valor do encargo legal;

IV - parcelados em até 120 (cento e vinte) prestações mensais, com redução de 70% (setenta por cento) das multas de mora e de ofício, de 25% (vinte e cinco por cento) das isoladas, de 30% (trinta por cento) dos juros de mora e de 100% (cem por cento) sobre o valor do encargo legal; ou

V - parcelados em até 180 (cento e oitenta) prestações mensais, com redução de 60% (sessenta por cento) das multas de mora e de ofício, de 20% (vinte por cento) das isoladas, de 25% (vinte e cinco por cento) dos juros de mora e de 100% (cem por cento) sobre o valor do encargo legal.

§ 4º O requerimento do parcelamento abrange os débitos de que trata este artigo, incluídos a critério do optante, no âmbito de cada um dos órgãos.

§ 5º VETADO.

§ 6º Observado o disposto no art. 3º desta Lei, a dívida objeto do parcelamento será consolidada na data do seu requerimento e será dividida pelo número de prestações que forem indicadas pelo sujeito passivo, nos termos dos §§ 2º e 5º deste artigo, não podendo cada prestação mensal ser inferior a:

I - R$ 50,00 (cinquenta reais), no caso de pessoa física; e

II - R$ 100,00 (cem reais), no caso de pessoa jurídica.

§ 7º As empresas que optarem pelo pagamento ou parcelamento dos débitos nos termos deste artigo poderão liquidar os valores correspondentes a multa, de mora ou de ofício, e a juros moratórios, inclusive as relativas a débitos inscritos em dívida ativa, com a utilização de prejuízo fiscal e de base de cálculo negativa da contribuição social sobre o lucro líquido próprios.

§ 8º Na hipótese do § 7º deste artigo, o valor a ser utilizado será determinado mediante a aplicação sobre o montante do prejuízo fiscal e da base de cálculo negativa das alíquotas de 25% (vinte e cinco por cento) e 9% (nove por cento), respectivamente.

§ 9º A manutenção em aberto de 3 (três) parcelas, consecutivas ou não, ou de uma parcela, estando pagas todas as demais, implicará, após comunicação ao sujeito passivo, a imediata rescisão do parcelamento e, conforme o caso, o prosseguimento da cobrança.

§ 10. As parcelas pagas com até 30 (trinta) dias de atraso não configurarão inadimplência para os fins previstos no § 9º deste artigo.

§ 11. A pessoa jurídica optante pelo parcelamento previsto neste artigo deverá indicar pormenorizadamente, no respectivo requerimento de parcelamento, quais débitos deverão ser nele incluídos.

§ 12. Os contribuintes que tiverem optado pelos parcelamentos previstos nos arts. 1º a 3º da Medida Provisória nº 449, de 3 de dezembro de 2008, poderão optar, na forma de regulamento, pelo reparcelamento dos respectivos débitos segundo as regras previstas neste artigo até o último dia útil do 6º (sexto) mês subsequente ao da publicação desta Lei.

- Art. 17 da Lei nº 12.865, de 9-10-2013, que autoriza o pagamento de subvenção econômica aos produtores da safra 2011/2012 de cana-de-açúcar e de etanol que especifica e o financiamento da renovação e implantação de canaviais com equalização da taxa de juros; dispõe sobre os arranjos de pagamento e as instituições de pagamento integrantes do Sistema de Pagamentos Brasileiro (SPB); autoriza a União a emitir, sob a forma de colocação direta, em favor

LEG. COMPLEMENTAR

da Conta de Desenvolvimento Energético (CDE), títulos da dívida pública mobiliária federal; estabelece novas condições para as operações de crédito rural oriundas de, ou contratadas com, recursos do Fundo Constitucional de Financiamento do Nordeste (FNE); altera os prazos previstos nas Leis nº 11.941, de 27 de maio de 2009, e nº 12.249, de 11 de junho de 2010; autoriza a União a contratar o Banco do Brasil S.A. ou suas subsidiárias para atuar na gestão de recursos, obras e serviços de engenharia relacionados ao desenvolvimento de projetos, modernização, ampliação, construção ou reforma da rede integrada e especializada para atendimento da mulher em situação de violência; disciplina o documento digital no Sistema Financeiro Nacional; disciplina a transferência, no caso de falecimento, do direito de utilização privada de área pública por equipamentos urbanos do tipo quiosque, *trailer*, feira e banca de venda de jornais e de revistas; altera a incidência da Contribuição para o PIS/PASEP e da COFINS na cadeia de produção e comercialização da soja e de seus subprodutos.

§ 13. Podem ser parcelados nos termos e condições desta Lei os débitos de Contribuição para o Financiamento da Seguridade Social – COFINS das sociedades civis de prestação de serviços profissionais relativos ao exercício de profissão legalmente regulamentada a que se referia o Decreto-Lei nº 2.397, de 21 de dezembro de 1987, revogado pela Lei nº 9.430, de 27 de dezembro de 1996.

§ 14. Na hipótese de rescisão do parcelamento com o cancelamento dos benefícios concedidos:

I – será efetuada a apuração do valor original do débito, com a incidência dos acréscimos legais, até a data da rescisão;

II – serão deduzidas do valor referido no inciso I deste parágrafo as parcelas pagas, com acréscimos legais até a data da rescisão.

§ 15. A pessoa física responsabilizada pelo não pagamento ou recolhimento de tributos devidos pela pessoa jurídica poderá efetuar, nos mesmos termos e condições previstos nesta Lei, em relação à totalidade ou à parte determinada dos débitos:

I – pagamento;

II – parcelamento, desde que com anuência da pessoa jurídica, nos termos a serem definidos em regulamento.

§ 16. Na hipótese do inciso II do § 15 deste artigo:

I – a pessoa física que solicitar o parcelamento passará a ser solidariamente responsável, juntamente com a pessoa jurídica, em relação à dívida parcelada;

II – fica suspensa a exigibilidade de crédito tributário, aplicando-se o disposto no art. 125 combinado com o inciso IV do parágrafo único do art. 174, ambos da Lei nº 5.172, de 25 de outubro de 1966 – Código Tributário Nacional;

III – é suspenso o julgamento na esfera administrativa.

§ 17. Na hipótese de rescisão do parcelamento previsto no inciso II do § 15 deste artigo, a pessoa jurídica será intimada a pagar o saldo remanescente calculado na forma do § 14 deste artigo.

Seção II

DO PAGAMENTO OU DO PARCELAMENTO DE DÍVIDAS DECORRENTES DE APROVEITAMENTO INDEVIDO DE CRÉDITOS DE IPI, DOS PARCELAMENTOS ORDINÁRIOS E DOS PROGRAMAS REFIS, PAES E PAEX

Art. 2º No caso dos débitos decorrentes do aproveitamento indevido de créditos do Imposto sobre Produtos Industrializados – IPI oriundos da aquisição de matérias-primas, material de embalagem e produtos intermediários relacionados na Tabela de Incidência do Imposto sobre Produtos Industrializados – TIPI, aprovada pelo Decreto nº 6.006, de 28 de dezembro de 2006, com incidência de alíquota zero ou como não tributados:

I – o valor mínimo de cada prestação não poderá ser inferior a R$ 2.000,00 (dois mil reais);

II – a pessoa jurídica não está obrigada a consolidar todos os débitos existentes decorrentes do aproveitamento indevido de créditos do Imposto sobre Produtos Industrializados – IPI oriundos da aquisição de matérias-primas, material de embalagem e produtos intermediários relacionados na Tabela de Incidência do Imposto sobre Produtos Industrializados – TIPI neste parcelamento, devendo indicar, por ocasião do requerimento, quais débitos deverão ser incluídos nele.

Art. 3º No caso de débitos que tenham sido objeto do Programa de Recuperação Fiscal – REFIS, de que trata a Lei nº 9.964, de 10 de abril de 2000, do Parcelamento Especial – PAES, de que trata a Lei nº 10.684, de 30 de maio de 2003, do Parcelamento Excepcional – PAEX, de que trata a Medida Provisória nº 303, de 29 de junho de 2006, do parcelamento previsto no art. 38 da Lei nº 8.212, de 24 de julho de 1991, e do parcelamento previsto no art. 10 da Lei nº 10.522, de 19 de julho de 2002, observar-se-á o seguinte:

I – serão restabelecidos à data da solicitação do novo parcelamento os valores correspondentes ao crédito originalmente confessado e seus respectivos acréscimos legais, de acordo com a legislação aplicável em cada caso, consolidado à época do parcelamento anterior;

II – computadas as parcelas pagas, atualizadas pelos critérios aplicados aos débitos, até a data da solicitação do novo parcelamento, o pagamento ou parcelamento do saldo que houver poderá ser liquidado pelo contribuinte na forma e condições previstas neste artigo; e

III – a opção pelo pagamento ou parcelamento de que trata este artigo importará desistência compulsória e definitiva do REFIS, do PAES, do PAEX e dos parcelamentos previstos no art. 38 da Lei nº 8.212, de 24 de julho de 1991, e no art. 10 da Lei nº 10.522, de 19 de julho de 2002.

§ 1º Relativamente aos débitos previstos neste artigo:

I – será observado como parcela mínima do parcelamento o equivalente a 85% (oitenta e cinco por cento) do valor da última parcela devida no mês anterior ao da edição da Medida Provisória nº 449, de 3 de dezembro de 2008;

II – no caso dos débitos do Programa de Recuperação Fiscal – REFIS, será observado como parcela mínima do parcelamento o equivalente a 85% (oitenta e cinco por cento) da média das 12 (doze) últimas parcelas devidas no Programa antes da edição da Medida Provisória nº 449, de 3 de dezembro de 2008;

III – caso tenha havido a exclusão ou rescisão do Programa de Recuperação Fiscal – REFIS em um período menor que 12 (doze) meses, será observado como parcela mínima do parcelamento o equivalente a 85% (oitenta e cinco por cento) da média das parcelas devidas no Programa antes da edição da Medida Provisória nº 449, de 3 de dezembro de 2008;

IV – VETADO;

V – na hipótese em que os débitos do contribuinte tenham sido objeto de reparcelamento na forma do REFIS, do PAES ou do PAEX, para a aplicação das regras previstas nesta Lei será levado em conta o primeiro desses parcelamentos em que os débitos tenham sido incluídos.

§ 2º Serão observadas as seguintes reduções para os débitos previstos neste artigo:

I – os débitos anteriormente incluídos no Refis terão redução de 40% (quarenta por cento) das multas de mora e de ofício, de 40% (quarenta por cento) das isoladas, de 25% (vinte e cinco por cento) dos juros de mora e de 100% (cem por cento) sobre o valor do encargo legal;

II – os débitos anteriormente incluídos no Paes terão redução de 70% (setenta por cento) das multas de mora e de ofício, de 40% (quarenta por cento) das isoladas, de 30% (trinta por cento) dos juros de mora e de 100% (cem por cento) sobre o valor do encargo legal;

III – os débitos anteriormente incluídos no PAEX terão redução de 80% (oitenta por cento) das multas de mora e de ofício, de 40% (quarenta por cento) das isoladas, de 35% (trinta e cinco por cento) dos juros de mora e de 100% (cem por cento) sobre o valor do encargo legal; e

IV – os débitos anteriormente incluídos no parcelamento previsto no art. 38 da Lei nº 8.212, de 24 de julho de 1991, e do parcelamento previsto no art. 10 da Lei nº 10.522, de 19 de julho de 2002, terão redução de 100% (cem por cento) das multas de mora e de ofício, de 40% (quarenta por cento) das isoladas, de 40% (quarenta por cento) dos juros de mora e de 100% (cem por cento) sobre o valor do encargo legal.

Seção III

DISPOSIÇÕES COMUNS AOS PARCELAMENTOS

Art. 4º Aos parcelamentos de que trata esta Lei não se aplica o disposto no § 1º do art. 3º da Lei nº 9.964, de 10 de abril de 2000, no § 2º do art. 14-A da Lei nº 10.522, de 19 de julho de 2002, e no § 10 do art. 1º da Lei nº 10.684, de 30 de maio de 2003.

Parágrafo único. Não será computada na apuração da base de cálculo do Imposto de Renda, da Contribuição Social sobre o Lucro Líquido, da Contribuição para o PIS/PASEP e da Contribuição para o Financiamento da Seguridade Social – COFINS a parcela equivalente à redução do valor das multas, juros e encargo legal em decorrência do disposto nos arts. 1º, 2º e 3º desta Lei.

Art. 5º A opção pelos parcelamentos de que trata esta Lei importa confissão irrevogável e irretratável dos débitos em nome do sujeito passivo na condição de contribuinte ou responsável e por ele indicados para compor os referidos parcelamentos, configura confissão extrajudicial nos termos dos arts. 348, 353 e 354 da Lei nº 5.869, de 11 de janeiro de 1973 – Código de Processo Civil, e condiciona o sujeito passivo à aceitação plena e irretratável de todas as condições estabelecidas nesta Lei.

Art. 6º O sujeito passivo que possuir ação judicial em curso, na qual requer o restabelecimento de sua opção ou a sua reinclusão em outros parcelamentos, deverá, como condição para valer-se das prerrogativas dos arts. 1º, 2º e 3º desta Lei, desistir da respectiva ação judicial e renunciar a qualquer alegação de direito sobre a qual se funda a referida ação, protocolando requerimento de extinção do processo com resolução do mérito, nos termos do inciso V do *caput* do art. 269 da Lei no 5.869, de 11 de janeiro de 1973 – Código de Processo Civil, até 30 (trinta) dias após a data de ciência do deferimento do requerimento do parcelamento.

§ 1º Ficam dispensados os honorários advocatícios em razão da extinção da ação na forma deste artigo.

§ 2º Para os fins de que trata este artigo, o saldo remanescente será apurado de acordo com as regras estabelecidas no art. 3º desta Lei, adotando-se valores confessados e seus respectivos acréscimos devidos na data da opção do respectivo parcelamento.

Art. 7º A opção pelo pagamento a vista ou pelos parcelamentos de débitos de que trata esta Lei deverá ser efetivada até o último dia útil do 6º (sexto) mês subsequente ao da publicação desta Lei.

§ 1º As pessoas que se mantiverem ativas no parcelamento de que trata o art. 1º desta Lei poderão amortizar seu saldo devedor com as reduções de que trata o inciso I do § 3º do art. 1º desta Lei, mediante a antecipação no pagamento de parcelas.

§ 2º O montante de cada amortização de que trata o § 1º deste artigo deverá ser equivalente, no mínimo, ao valor de 12 (doze) parcelas.

§ 3º A amortização de que trata o § 1º deste artigo implicará redução proporcional da quantidade de parcelas vincendas.

Art. 8º A inclusão de débitos nos parcelamentos de que trata esta Lei não implica novação de dívida.

Art. 9º As reduções previstas nos arts. 1º, 2º e 3º desta Lei não são cumulativas com outras previstas em lei e serão aplicadas somente em relação aos saldos devedores dos débitos.

Parágrafo único. Na hipótese de anterior concessão de redução de multa, de mora e de ofício, de juros de mora ou de encargos legais em percentuais diversos dos estabelecidos nos arts. 1º, 2º e 3º desta Lei, prevalecerão os percentuais nela referidos, aplicados sobre os respectivos valores originais.

Art. 10. Os depósitos existentes vinculados aos débitos a serem pagos ou parcelados nos termos desta Lei serão automaticamente convertidos em renda da União, após aplicação das reduções para pagamento a vista ou parcelamento.

- *Caput* com a redação dada pela Lei nº 12.024, de 27-8-2009.

§ 1º Na hipótese em que o valor depositado exceda o valor do débito após a consolidação de que trata esta Lei, o saldo remanescente será levantado pelo sujeito passivo.

- Parágrafo único transformado em § 1º pela Lei nº 13.043, de 13-11-2014.

§ 2º Tratando-se de depósito judicial, o disposto no *caput* somente se aplica aos casos em que tenha ocorrido desistência da ação ou recurso e renúncia a qualquer alegação de direito sobre o qual se funda a ação, para usufruir dos benefícios desta Lei.

- § 2º acrescido pela Lei nº 13.043, de 13-11-2014.

§ 3º Os valores oriundos de constrição judicial depositados na conta única do Tesouro Nacional até a edição da Medida Provisória nº 651, de 9 de julho de 2014, poderão ser utilizados para pagamento da antecipação prevista no § 2º do art. 2º da Lei nº 12.996, de 18 de junho de 2014.

§ 4º A Procuradoria-Geral da Fazenda Nacional e a Secretaria da Receita Federal do Brasil, no âmbito das respectivas competências, editarão os atos regulamentares necessários a aplicação do disposto neste artigo.

- §§ 3º e 4º acrescidos pela Lei nº 13.137, de 19-6-2015.

Art. 11. Os parcelamentos requeridos na forma e condições de que tratam os arts. 1º, 2º e 3º desta Lei:

I – não dependem de apresentação de garantia ou de arrolamento de bens, exceto quando já houver penhora em execução fiscal ajuizada; e

II – no caso de débito inscrito em Dívida Ativa da União, abrangerão inclusive os encargos legais que forem devidos, sem prejuízo da dispensa prevista no § 1º do art. 6º desta Lei.

Art. 12. A Secretaria da Receita Federal do Brasil e a Procuradoria-Geral da Fazenda Nacional, no âmbito de suas respectivas competências, editarão, no prazo máximo de 60 (sessenta) dias a contar da data de publicação desta Lei, os atos necessários à execução dos parcelamentos de que trata esta Lei, inclusive quanto à forma e ao prazo para confissão dos débitos a serem parcelados.

Art. 13. Aplicam-se, subsidiariamente, aos parcelamentos previstos nos arts. 1º, 2º e 3º desta Lei as disposições do § 1º do art. 14-A da Lei nº 10.522, de 19 de julho de 2002, não se lhes aplicando o disposto no art. 14 da mesma Lei.

CAPÍTULO II

DA REMISSÃO

Art. 14. Ficam remitidos os débitos com a Fazenda Nacional, inclusive aqueles com exigibilidade suspensa que, em 31 de dezembro de 2007, estejam vencidos há 5 (cinco) anos ou mais e cujo valor total consolidado, nessa mesma data, seja igual ou inferior a R$ 10.000,00 (dez mil reais).

§ 1º O limite previsto no *caput* deste artigo deve ser considerado por sujeito passivo e, separadamente, em relação:

I – aos débitos inscritos em Dívida Ativa da União, no âmbito da Procuradoria-Geral da Fazenda Nacional, decorrentes das contribuições sociais previstas nas alíneas a, b e c do parágrafo único do art. 11 da Lei nº 8.212, de 24 de julho de 1991, das contribuições instituídas a título de substituição e das contribuições devidas a terceiros, assim entendidas outras entidades e fundos;

II – aos demais débitos inscritos em Dívida Ativa da União, no âmbito da Procuradoria-Geral da Fazenda Nacional;

III – aos débitos decorrentes das contribuições sociais previstas nas alíneas a, b e c do parágrafo único do art. 11 da Lei nº 8.212, de 24 de julho de 1991, das contribuições instituídas a título de substituição e das contribuições devidas a terceiros, assim entendidas outras entidades e fundos, administrados pela Secretaria da Receita Federal do Brasil; e

IV – aos demais débitos administrados pela Secretaria da Receita Federal do Brasil.

§ 2º Na hipótese do IPI, o valor de que trata este artigo será apurado considerando a totalidade dos estabelecimentos da pessoa jurídica.

§ 3º O disposto neste artigo não implica restituição de quantias pagas.

§ 4º Aplica-se o disposto neste artigo aos débitos originários de operações de crédito rural e do Programa Especial de Crédito para a Reforma Agrária – PROCERA transferidas ao Tesouro Nacional, renegociadas ou não com amparo em legislação específica, inscritas na dívida ativa da União, inclusive aquelas adquiridas ou desoneradas de risco pela União por força da Medida Provisória nº 2.196-3, de 24 de agosto de 2001.

CAPÍTULO III

DO REGIME TRIBUTÁRIO DE TRANSIÇÃO

Art. 15 a 24. *Revogados.* Lei nº 12.973, de 13-5-2014.

CAPÍTULO IV

DISPOSIÇÕES GERAIS

Art. 25. O Decreto nº 70.235, de 6 de março de 1972, passa a vigorar com as seguintes alterações:

- Alterações inseridas no texto do referido Decreto.

Art. 26. A Lei nº 8.212, de 24 de julho de 1991, passa a vigorar com as seguintes alterações:

- Alterações inseridas no texto da referida Lei.

Art. 27. A Lei nº 8.213, de 24 de julho de 1991, passa a vigorar acrescida do seguinte art. 125-A:

"Art. 125-A. Compete ao Instituto Nacional do Seguro Social – INSS realizar, por meio dos seus próprios agentes, quando designados, todos os atos e procedimentos necessários à verificação do atendimento das obrigações não tributárias impostas pela legislação previdenciária e à imposição da multa por seu eventual descumprimento.

§ 1º A empresa disponibilizará a servidor designado por dirigente do INSS os documentos necessários à comprovação de vínculo empregatício, de prestação de serviços e de remuneração relativos a trabalhador previamente identificado.

§ 2º Aplica-se ao disposto neste artigo, no que couber, o art. 126 desta Lei.

§ 3º O disposto neste artigo não abrange as competências atribuídas em caráter privativo aos ocupantes do cargo de Auditor-Fiscal da Receita Federal do Brasil previstas no inciso I do *caput* do art. 6º da Lei nº 10.593, de 6 de dezembro de 2002."

Art. 28. O art. 6º da Lei nº 8.218, de 29 de agosto de 1991, passa a vigorar com a seguinte redação:

"Art. 6º Ao sujeito passivo que, notificado, efetuar o pagamento, a compensação ou o parcelamento dos tributos administrados pela Secretaria da Receita Federal do Brasil, inclusive das contribuições sociais previstas nas alíneas *a*, *b* e *c* do parágrafo único do art. 11 da Lei nº 8.212, de 24 de julho de 1991, das contribuições instituídas a título de substituição e das contribuições devidas a terceiros, assim entendidas outras entidades e fundos, será concedido redução da multa de lançamento de ofício nos seguintes percentuais:

I – 50% (cinquenta por cento), se for efetuado o pagamento ou a compensação no prazo de 30 (trinta) dias, contado da data em que o sujeito passivo foi notificado do lançamento;

II – 40% (quarenta por cento), se o sujeito passivo requerer o parcelamento no prazo de 30 (trinta) dias, contado da data em que foi notificado do lançamento;

III – 30% (trinta por cento), se for efetuado o pagamento ou a compensação no prazo de 30 (trinta) dias, contado da data em que o sujeito passivo foi notificado da decisão administrativa de primeira instância; e

IV – 20% (vinte por cento), se o sujeito passivo requerer o parcelamento no prazo de 30 (trinta) dias, contado da data em que foi notificado da decisão administrativa de primeira instância.

§ 1º No caso de provimento a recurso de ofício interposto por autoridade julgadora de primeira instância, aplica-se a redução prevista no inciso III do *caput* deste artigo, para o caso de pagamento ou compensação, e no inciso IV do *caput* deste artigo, para o caso de parcelamento.

§ 2º A rescisão do parcelamento, motivada pelo descumprimento das normas que o regulam, implicará restabelecimento do montante da multa proporcionalmente ao valor da receita não satisfeita e que exceder o valor obtido com a garantia apresentada."

Art. 29. O art. 24 da Lei nº 9.249, de 26 de dezembro de 1995, passa a vigorar com as seguintes alterações:

- Alterações inseridas no texto da referida Lei.

Art. 30. A Lei nº 9.430, de 27 de dezembro de 1996, passa a vigorar com as seguintes alterações:

- Alterações inseridas no texto da referida Lei.

Art. 31. A Lei nº 9.469, de 10 de julho de 1997, passa a vigorar com as seguintes alterações:

"Art. 1º O Advogado-Geral da União, diretamente ou mediante delegação, e os dirigentes máximos das empresas públicas federais poderão autorizar a realização de acordos ou transações, em juízo, para terminar o litígio, nas causas de valor até R$ 500.000,00 (quinhentos mil reais).

§ 1º Quando a causa envolver valores superiores ao limite fixado neste artigo, o acordo ou a transação, sob pena de nulidade, dependerá de prévia e expressa autorização do Advogado-Geral da União e do Ministro de Estado ou do titular da Secretaria da Presidência da República a cuja área de competência estiver afeto o assunto, ou ainda do Presidente da Câmara dos Deputados, do Senado Federal, do Tribunal de Contas da União, de Tribunal ou Conselho, ou do Procurador-Geral da República, no caso de interesse dos órgãos dos Poderes Legislativo e Judiciário, ou do Ministério Público da União, excluídas as empresas públicas federais não dependentes, que necessitarão apenas de prévia e expressa autorização de seu dirigente máximo.

....

§ 3º As competências previstas neste artigo podem ser delegadas."

"Art. 1º-A. O Advogado-Geral da União poderá dispensar a inscrição de crédito, autorizar o não ajuizamento de ações e a não interposição de recursos, assim como o requerimento de extinção das ações em curso ou de desistência dos respectivos recursos judiciais, para cobrança de créditos da União e das autarquias e fundações públicas federais, observados os critérios de custos de administração e cobrança.

Parágrafo único. O disposto neste artigo não se aplica à Dívida Ativa da União e aos processos em que a União seja autora, ré, assistente ou opoente cuja representação judicial seja atribuída à Procuradoria-Geral da Fazenda Nacional."

"Art. 1º-B. Os dirigentes máximos das empresas públicas federais poderão autorizar a não propositura de ações e a não interposicão de recursos, assim como o requerimento de extinção das ações em curso ou de desistência dos respectivos recursos judiciais, para cobrança de créditos, atualizados, de valor igual ou inferior a R$ 10.000,00 (dez mil reais), em que interessadas essas entidades na qualidade de autoras, rés, assistentes ou opoentes, nas condições aqui estabelecidas.

Parágrafo único. Quando a causa envolver valores superiores ao limite fixado neste artigo, o disposto no *caput*, sob pena de nulidade, dependerá de prévia e expressa autorização do Ministro de Estado ou do titular da Secretaria da Presidência da República a cuja área de competência estiver afeto o assunto, excluído o caso das empresas públicas não dependentes que necessitarão apenas de prévia e expressa autorização de seu dirigente máximo."

"Art. 1º-C. Verificada a prescrição do crédito, o representante judicial da União, das autarquias e fundações públicas federais não efetivará a inscrição em dívida ativa dos créditos, não procederá ao ajuizamento, não recorrerá e desistirá dos recursos já interpostos."

"Art. 2º O Procurador-Geral da União, o Procurador-Geral Federal e os dirigentes máximos das empresas públicas federais e do Banco Central do Brasil poderão autorizar a realização de acordos, homologáveis pelo Juízo, nos autos do processo judicial, para o pagamento de débitos de valores não superiores a R$ 100.000,00 (cem mil reais), em parcelas mensais e sucessivas até o máximo de 30 (trinta).

§ 1º O valor de cada prestação mensal, por ocasião do pagamento, será acrescido de juros equivalentes à taxa referencial do Sistema Especial de Liquidação e de Custódia – SELIC para títulos federais, acumulada mensalmente, calculados a partir do mês subsequente ao da consolidação até o mês anterior ao do pagamento, e de 1% (um por cento) relativamente ao mês em que o pagamento estiver sendo efetuado.

...."

"Art. 3º ....

Parágrafo único. Quando a desistência de que trata este artigo decorrer de prévio requerimento do autor dirigido à administração pública federal para apreciação de pedido administrativo com o mesmo objeto da ação, esta não poderá negar o seu deferimento exclusivamente em razão da renúncia prevista no *caput* deste artigo."

"Art. 7º-A. As competências previstas nesta Lei aplicam-se concorrentemente àquelas específicas existentes na legislação em vigor em relação às autarquias, às fundações e às empresas públicas federais não dependentes."

"Art. 10-A. Ficam convalidados os acordos ou transações, em juízo, para terminar o litígio, realizados pela União ou pelas autarquias, fundações ou empresas públicas federais não dependentes durante o período de vigência da Medida Provisória nº 449, de 3 de dezembro de 2008, que estejam de acordo com o disposto nesta Lei."

Art. 32. Os arts. 62 e 64 da Lei nº 9.532, de 10 de dezembro de 1997, passam a vigorar com a seguinte redação:

- Alterações inseridas no texto da referida Lei.

Art. 33. O art. 7º da Lei nº 10.426, de 24 de abril de 2002, passa a vigorar acrescido do seguinte § 6º:

- Alterações inseridas no texto da referida Lei.

Art. 34. O art. 11 da Lei nº 10.480, de 2 de julho de 2002, passa a vigorar com a seguinte redação:

"Art. 11. ....

§ 1º O Procurador-Geral Federal é nomeado pelo Presidente da República, mediante indicação do Advogado-Geral da União.

§ 2º Compete ao Procurador-Geral Federal:

I – dirigir a Procuradoria-Geral Federal, coordenar suas atividades e orientar-lhe a atuação;

II – exercer a representação das autarquias e fundações federais perante o Supremo Tribunal Federal e os Tribunais Superiores;

III – sugerir ao Advogado-Geral da União medidas de caráter jurídico de interesse das autarquias e fundações federais, reclamadas pelo interesse público;

IV – distribuir os cargos e lotar os membros da Carreira nas Procuradorias-Gerais ou Departamentos Jurídicos de autarquias e fundações federais;

V – disciplinar e efetivar as promoções e remoções dos membros da Carreira de Procurador Federal;

VI – instaurar sindicâncias e processos administrativos disciplinares contra membros da Carreira de Procurador Federal, julgar os respectivos processos e aplicar as correspondentes penalidades;

VII – ceder, ou apresentar quando requisitados, na forma da lei, Procuradores Federais; e

VIII – editar e praticar os atos normativos ou não, inerentes a suas atribuições.

§ 3º No desempenho de suas atribuições, o Procurador-Geral Federal pode atuar junto a qualquer juízo ou Tribunal.

§ 4º É permitida a delegação da atribuição prevista no inciso II do § 2º deste artigo aos Procuradores-Gerais ou Chefes de Procuradorias, Departamentos, Consultorias ou Assessorias Jurídicas de autarquias e fundações federais e aos procuradores federais na Adjuntoria de Contencioso, bem como as dos incisos IV a VII do § 2º deste artigo ao Subprocurador-Geral Federal."

Art. 35. A Lei nº 10.522, de 19 de julho de 2002, passa a vigorar com as seguintes alterações:

- Alterações inseridas no texto da referida Lei.

Art. 36. A Lei nº 10.887, de 18 de junho de 2004, passa a vigorar acrescida do seguinte art. 16-A:

- Alterações inseridas no texto da referida Lei.

Art. 37. A Lei nº 6.404, de 15 de dezembro de 1976, passa a vigorar com as seguintes alterações:

- Alterações inseridas no texto da referida Lei.

Art. 38. A Lei nº 6.404, de 15 de dezembro de 1976, passa a vigorar acrescida dos arts. 184-A, 299-A e 299-B:

- Alterações inseridas no texto da referida Lei.

Art. 39. Os arts. 8º e 19 do Decreto-Lei nº 1.598, de 26 de dezembro de 1977, passam a vigorar com a seguinte redação:

"Art. 8º ....

....

§ 2º Para fins da escrituração contábil, inclusive da aplicação do disposto no § 2º do art. 177 da Lei nº 6.404, de 15 de dezembro de 1976, os registros contábeis que forem necessários para a observância das disposições tributárias relativos à determinação da base de cálculo do imposto de renda e, também, dos demais tributos, quando não devam, por sua natureza fiscal, constar da escrituração contábil, ou forem diferentes dos lançamentos dessa escrituração, serão efetuados exclusivamente em:

I – livros ou registros contábeis auxiliares; ou

II – livros fiscais, inclusive no livro de que trata o inciso I do *caput* deste artigo.

§ 3º O disposto no § 2º deste artigo será disciplinado pela Secretaria da Receita Federal do Brasil."

"Art. 19. ....

....

LEG. COMPLEMENTAR

III – outras receitas ou outras despesas de que trata o inciso IV do *caput* do art. 187 da Lei nº 6.404, de 15 de dezembro de 1976;

...."

Art. 40. O art. 47 da Lei nº 8.981, de 20 de janeiro de 1995, passa a vigorar acrescido do seguinte inciso VIII:

- Alteração inserida no texto da referida Lei.

Arts. 41 a 44. VETADOS.

Art. 45. O art. 8º da Lei nº 11.732, de 30 de junho de 2008, passa a vigorar com a seguinte redação:

"Art. 8º O prazo a que se refere o art. 25 da Lei nº 11.508, de 20 de julho de 2007, fica prorrogado até o dia 1º de julho de 2010."

Art. 46. O conceito de sociedade coligada previsto no art. 243 da Lei nº 6.404, de 15 de dezembro de 1976, com a redação dada por esta Lei, somente será utilizado para os propósitos previstos naquela Lei.

Parágrafo único. Para os propósitos previstos em leis especiais, considera-se coligada a sociedade referida no art. 1.099 da Lei nº 10.406, de 10 de janeiro de 2002 – Código Civil.

Art. 47. A Lei nº 10.260, de 12 de julho de 2001, passa a vigorar com as seguintes alterações:

"Art. 5º ....

....

IV – carência: de 18 (dezoito) meses contados a partir do mês imediatamente subsequente ao da conclusão do curso, mantido o pagamento dos juros nos termos do § 1º deste artigo;

V – amortização: terá início no 19º (décimo nono) mês ao da conclusão do curso, ou antecipadamente, por iniciativa do estudante financiado, calculando-se as prestações, em qualquer caso:

...."

CAPÍTULO V
DISPOSIÇÕES FINAIS

Art. 48. O Primeiro, o Segundo e o Terceiro Conselhos de Contribuintes do Ministério da Fazenda, bem como a Câmara Superior de Recursos Fiscais, ficam unificados em um órgão, denominado Conselho Administrativo de Recursos Fiscais, colegiado, paritário, integrante da estrutura do Ministério da Fazenda, com competência para julgar recursos de ofício e voluntários de decisão de primeira instância, bem como recursos especiais, sobre a aplicação da legislação referente a tributos administrados pela Secretaria da Receita Federal do Brasil.

Parágrafo único. São prerrogativas do Conselheiro integrante do Conselho Administrativo de Recursos Fiscais – CARF:

- Parágrafo único acrescido pela Lei nº 12.833, de 20-6-2013.

I – somente ser responsabilizado civilmente, em processo judicial ou administrativo, em razão de decisões proferidas em julgamento de processo no âmbito do CARF, quando proceder comprovadamente com dolo ou fraude no exercício de suas funções; e

- Inciso I acrescido pela Lei nº 12.833, de 20-6-2013.

II – VETADO. Lei nº 12.833, de 2013.

Art. 49. Ficam transferidas para o Conselho Administrativo de Recursos Fiscais as atribuições e competências do Primeiro, Segundo e Terceiro Conselhos de Contribuintes do Ministério da Fazenda e da Câmara Superior de Recursos Fiscais, e suas respectivas câmaras e turmas.

§ 1º Compete ao Ministro de Estado da Fazenda instalar o Conselho Administrativo de Recursos Fiscais, nomear seu presidente, entre os representantes da Fazenda Nacional e dispor quanto às competências para julgamento em razão da matéria.

§ 2º VETADO.

§ 3º Fica prorrogada a competência dos Conselhos de Contribuintes e da Câmara Superior de Recursos Fiscais enquanto não instalado o Conselho Administrativo de Recursos Fiscais.

§ 4º Enquanto não aprovado o regimento interno do Conselho Administrativo de Recursos Fiscais serão aplicados, no que couber, os Regimentos Internos dos Conselhos de Contribuintes e da Câmara Superior de Recursos Fiscais do Ministério da Fazenda.

Art. 50. Ficam removidos, na forma do disposto no inciso I do parágrafo único do art. 36 da Lei nº 8.112, de 11 de dezembro de 1990, para o Conselho Administrativo de Recursos Fiscais, os servidores que, na data da publicação desta Lei, se encontravam lotados e em efetivo exercício no Primeiro, Segundo e Terceiro Conselhos de Contribuintes do Ministério da Fazenda e na Câmara Superior de Recursos Fiscais.

Art. 51. Ficam transferidos os cargos em comissão e funções gratificadas da estrutura do Primeiro, Segundo e Terceiro Conselhos de Contribuintes do Ministério da Fazenda e da Câmara Superior de Recursos Fiscais para o Conselho Administrativo de Recursos Fiscais.

Art. 52. As disposições da legislação tributária em vigor, que se refiram aos Conselhos de Contribuintes e à Câmara Superior de Recursos Fiscais devem ser entendidas como pertinentes ao Conselho Administrativo de Recursos Fiscais.

Art. 53. A prescrição dos créditos tributários pode ser reconhecida de ofício pela autoridade administrativa.

Parágrafo único. O reconhecimento de ofício a que se refere o *caput* deste artigo aplica-se inclusive às contribuições sociais previstas nas alíneas a, b e c do parágrafo único do art. 11 da Lei nº 8.212, de 24 de julho de 1991, às contribuições instituídas a título de substituição e às contribuições devidas a terceiros, assim entendidas outras entidades e fundos.

Art. 54. Terão sua inscrição no Cadastro Nacional da Pessoa Jurídica – CNPJ baixada, nos termos e condições definidos pela Secretaria da Receita Federal do Brasil, as pessoas jurídicas que tenham sido declaradas inaptas até a data de publicação desta Lei.

Art. 55. As pessoas jurídicas que tiverem sua inscrição no CNPJ baixada até 31 de dezembro de 2008, nos termos do art. 54 desta Lei e dos arts. 80 e 80-A da Lei nº 9.430, de 27 de dezembro de 1996, ficam dispensadas:

I – da apresentação de declarações e demonstrativos relativos a tributos administrados pela Secretaria da Receita Federal do Brasil;

II – da comunicação à Secretaria da Receita Federal do Brasil da baixa, extinção ou cancelamento nos órgãos de registro; e

III – das penalidades decorrentes do descumprimento das obrigações acessórias de que tratam os incisos I e II do *caput* deste artigo.

Art. 56. A partir de 1º de janeiro de 2008, o imposto de renda sobre prêmios obtidos em loterias incidirá apenas sobre o valor do prêmio em dinheiro que exceder ao valor da primeira faixa da tabela de incidência mensal do Imposto de Renda da Pessoa Física – IRPF.

Parágrafo único. VETADO.

Art. 57. A aplicação do disposto nos arts. 35 e 35-A da Lei nº 8.212, de 24 de julho de 1991, às prestações ainda não pagas de parcelamento e aos demais débitos, inscritos ou não em Dívida Ativa, cobrado por meio de processo ainda não definitivamente julgado, ocorrerá:

I – mediante requerimento do sujeito passivo, dirigido à autoridade administrativa competente, informando e comprovando que se subsume à mencionada hipótese; ou

II – de ofício, quando verificada pela autoridade administrativa a possibilidade de aplicação.

Parágrafo único. O procedimento de revisão de multas previsto neste artigo será regulamentado em portaria conjunta da Procuradoria-Geral da Fazenda Nacional e da Secretaria da Receita Federal do Brasil.

Art. 58. Os órgãos responsáveis pela cobrança da Dívida Ativa da União poderão utilizar serviços de instituições financeiras públicas para a realização de atos que viabilizem a satisfação amigável de créditos inscritos.

§ 1º Nos termos convencionados com as instituições financeiras, os órgãos responsáveis pela cobrança da Dívida Ativa:

I – orientarão a instituição financeira sobre a legislação tributária aplicável ao tributo objeto de satisfação amigável;

II – delimitarão os atos de cobrança amigável a serem realizados pela instituição financeira;

III – indicarão as remissões e anistias, expressamente previstas em lei, aplicáveis ao tributo objeto de satisfação amigável;

IV – fixarão o prazo que a instituição financeira terá para obter êxito na satisfação amigável do crédito inscrito, antes do ajuizamento da ação de execução fiscal, quando for o caso; e

V – fixarão os mecanismos e parâmetros de remuneração por resultado.

§ 2º Para os fins deste artigo, é dispensável a licitação, desde que a instituição financeira pública possua notória competência na atividade de recuperação de créditos não pagos.

§ 3º Ato conjunto do Advogado-Geral da União e do Ministro de Estado da Fazenda:

I – fixará a remuneração por resultado devida à instituição financeira; e

II – determinará os créditos que podem ser objeto do disposto no *caput* deste artigo, inclusive estabelecendo alçadas de valor.

Arts. 59 e 60. *Revogados.* Lei nº 12.973, de 13-5-2014.

Art. 61. A escrituração de que trata o art. 177 da Lei nº 6.404, de 15 de dezembro de 1976, quando realizada por instituições financeiras e demais entidades autorizadas a funcionar pelo Banco Central do Brasil, inclusive as constituídas na forma de companhia aberta, deve observar as disposições da Lei nº 4.595, de 31 de dezembro de 1964, e os atos normativos dela decorrentes.

Art. 62. O texto consolidado da Lei nº 6.404, de 15 de dezembro de 1976, com todas as alterações nela introduzidas pela legislação posterior, inclusive por esta Lei, será publicado no Diário Oficial da União pelo Poder Executivo.

Art. 63. Ficam extintos, no âmbito do Poder Executivo Federal, 28 (vinte e oito) cargos em comissão do Grupo-Direção e Assessoramento Superiores – DAS e 16 (dezesseis) Funções Gratificadas – FG, sendo 16 (dezesseis) DAS-101.2, 12 (doze) DAS-101.1, 4 (quatro) FG-1, 2 (dois) FG-2 e 10 (dez) FG-3, e criados 15 (quinze) cargos em comissão do Grupo-Direção e Assessoramento Superiores – DAS, sendo 2 (dois) DAS-101.5, 1 (um) DAS-101.4 e 12 (doze) DAS-101.3.

Art. 64. O disposto nos arts. 1º a 7º da Medida Provisória nº 447, de 14 de novembro de 2008, aplica-se também aos fatos geradores ocorridos entre 1º e 31 de outubro de 2008.

Art. 65. Fica a União autorizada a conceder subvenção extraordinária para os produtores independentes de cana-de-açúcar da região Nordeste e do Estado do Rio de Janeiro na safra 2008/2009.

§ 1º Os Ministérios da Agricultura, Pecuária e Abastecimento e da Fazenda estabelecerão em ato conjunto as condições operacionais para a implementação, execução, pagamento, controle e fiscalização da subvenção prevista no *caput* deste artigo, devendo observar que a subvenção será:

I – concedida diretamente aos produtores ou por meio de suas cooperativas, em função da quantidade de cana-de-açúcar efetivamente vendida às usinas de açúcar e de álcool da região;

II – definida pela diferença entre o custo variável de produção do Nordeste para a safra 2008/2009, calculado pela Companhia Nacional de Abastecimento – CONAB em R$ 40,92 (quarenta reais e noventa e dois centavos) por tonelada de cana-de-açúcar e o preço médio líquido mensal da tonelada de cana padrão calculado a partir do preço apurado pelo Conselho dos Produtores de Cana-de-Açúcar, Açúcar e Álcool – CONSECANA, de Alagoas e de Pernambuco, ponderado pela produção desses Estados estimada no levantamento de safra da Conab de dezembro de 2008;

III – limitada a R$ 5,00 (cinco reais) por tonelada de cana-de-açúcar e a 10.000 (dez mil) toneladas por produtor em toda a safra;

IV – paga em 2008 e 2009, referente à produção da safra 2008/2009 efetivamente entregue a partir de 1º de maio de 2008 na hipótese do Estado do Rio de Janeiro e nos períodos de 1º de agosto de 2008 a 31 dezembro de 2008 nos demais casos e 1º de janeiro de 2009 ao final da safra, considerando a média dos valores mensais da subvenção de cada período.

§ 2º Os custos decorrentes dessa subvenção serão suportados pela ação correspondente à Garantia e Sustentação de Preços na Comercialização de Produtos Agropecuários, do Orçamento das Operações Oficiais de Crédito, sob a coordenação do Ministério da Fazenda.

Art. 66. Fica a União autorizada, em caráter excepcional, a proceder à aquisição de açúcar produzido pelas usinas circunscritas à região Nordeste, da safra 2008/2009, por preço não superior ao preço médio praticado na região, com base em parâmetros de preços definidos conjuntamente pelos Ministérios da Fazenda e da Agricultura, Pecuária e Abastecimento, observada a legislação vigente.

Parágrafo único. Os custos decorrentes das aquisições de que trata este artigo serão suportados pela dotação consignada no Programa Abastecimento Agroalimentar, na ação correspondente à Formação de Estoques, sob a coordenação da Conab.

Art. 67. Na hipótese de parcelamento do crédito tributário antes do oferecimento da denúncia, essa somente poderá ser aceita na superveniência de inadimplemento da obrigação objeto da denúncia.

Art. 68. É suspensa a pretensão punitiva do Estado, referente aos crimes previstos nos arts. 1º e 2º da Lei nº 8.137, de 27 de dezembro de 1990, e nos arts. 168-A e 337-A do Decreto-Lei nº 2.848, de 7 de dezembro de 1940 – Código Penal, limitada a suspensão aos débitos que tiverem sido objeto de concessão de parcelamento, enquanto não forem rescindidos os parcelamentos de que tratam os arts. 1º a 3º desta Lei, observado o disposto no art. 69 desta Lei.

Parágrafo único. A prescrição criminal não corre durante o período de suspensão da pretensão punitiva.

Art. 69. Extingue-se a punibilidade dos crimes referidos no art. 68 quando a pessoa jurídica relacionada com o agente efetuar o pagamento integral dos débitos oriundos de tributos e contribuições sociais, inclusive acessórios, que tiverem sido objeto de concessão de parcelamento.

Parágrafo único. Na hipótese de pagamento efetuado pela pessoa física prevista no § 15 do art. 1º desta Lei, a extinção da punibilidade ocorrerá com o pagamento integral dos valores correspondentes à ação penal.

Art. 70. VETADO.

Art. 71. A adjudicação de ações pela União, para pagamento de débitos inscritos na Dívida Ativa, que acarrete a participação em sociedades empresariais, deverá ter a anuência prévia, por meio de resolução, da Comissão Interministerial de Governança Corporativa e de Administração de Participações Societárias da União – CGPAR, vedada a assunção pela União do controle societário.

§ 1º A adjudicação de que trata o *caput* deste artigo limitar-se-á às ações de sociedades empresariais com atividade econômica no setor de defesa nacional.

§ 2º O disposto no *caput* deste artigo aplica-se também à dação em pagamento, para quitação de débitos de natureza não tributária inscritos em Dívida Ativa.

§ 3º Ato do Poder Executivo regulamentará o disposto neste artigo.

Art. 72. A Lei nº 9.873, de 23 de novembro de 1999, passa a vigorar com as seguintes alterações:

• Alterações inseridas no texto da referida Lei.

Art. 73. O art. 32 da Lei nº 9.430, de 27 de dezembro de 1996, passa a vigorar acrescido dos seguintes parágrafos:

• Alterações inseridas no texto da referida Lei.

Art. 74. O art. 28 da Lei nº 11.171, de 2 de setembro de 2005, passa a vigorar com a seguinte redação:

"Art. 28. Fica vedada a cessão para outros órgãos ou entidades da administração pública federal, dos Estados, do Distrito Federal e dos Municípios de servidores do DNIT, nos seguintes casos:

I – durante os primeiros 10 (dez) anos de efetivo exercício no DNIT, a partir do ingresso em cargo das Carreiras de que trata o art. 1º desta Lei; ou

II – pelo prazo de 10 (dez) anos contado da publicação desta Lei, para os servidores do Plano Especial de Cargos do DNIT, instituído pelo art. 3º desta Lei.

Parágrafo único. Excetua-se do disposto no *caput* deste artigo a cessão ou requisição para o atendimento de situações previstas em leis específicas, ou para a ocupação de cargos de Natureza Especial, de provimento em comissão do Grupo-Direção e Assessoramento Superiores, DAS-6, DAS-5, DAS-4 ou equivalentes no âmbito do Ministério dos Transportes."

Art. 75. O art. 4º da Lei nº 11.345, de 14 de setembro de 2006, passa a vigorar com a seguinte redação:

"Art. 4º ....

....

§ 14. Aplica-se o disposto no § 12 aos clubes sociais sem fins econômicos que comprovem a participação em competições oficiais em ao menos 3 (três) modalidades esportivas distintas, de acordo com certidão a ser expedida anualmente pela Confederação Brasileira de Clubes."

Art. 76. O prazo previsto no art. 10 da Lei nº 11.345, de 14 de setembro de 2006, fica reaberto por 180 (cento e oitenta) dias contados da publicação desta Lei para as Santas Casas de Misericórdia, para as entidades de saúde de reabilitação física de deficientes sem fins econômicos e para os clubes sociais sem fins econômicos que comprovem a participação em competições oficiais em ao menos 3 (três) modalidades esportivas distintas, de acordo com certidão a ser expedida anualmente pela Confederação Brasileira de Clubes.

Art. 77. Fica prorrogada até 31 de dezembro de 2014 a vigência da Lei nº 8.989, de 24 de fevereiro de 1995.

Art. 78. VETADO.

Art. 79. Ficam revogados:

I – os §§ 1º e 3º a 8º do art. 32, o art. 34, os §§ 1º a 4º do art. 35, os §§ 1º e 2º do art. 37, os arts. 38 e 41, o § 8º do art. 47, o § 2º do art. 49, o parágrafo único do art. 52, o inciso II do *caput* do art. 80, o art. 81, os §§ 1º, 2º, 3º, 5º, 6º e 7º do art. 89 e o parágrafo único do art. 93 da Lei nº 8.212, de 24 de julho de 1991;

II – o art. 60 da Lei nº 8.383, de 30 de dezembro de 1991;

III – o parágrafo único do art. 133 da Lei nº 8.213, de 24 de julho de 1991;

IV – o art. 7º da Lei nº 9.469, de 10 de julho de 1997;

V – o parágrafo único do art. 10, os §§ 4º ao 9º do art. 11 e o parágrafo único do art. 14 da Lei nº 10.522, de 19 de julho de 2002;

VI – o parágrafo único do art. 15 do Decreto nº 70.235, de 6 de março de 1972;

VII – o art. 13 da Lei nº 8.620, de 5 de janeiro de 1993;

VIII – os §§ 1º, 2º e 3º do art. 84 do Decreto-Lei nº 73, de 21 de novembro de 1966;

IX – o art. 1º da Lei nº 10.190, de 14 de fevereiro de 2001, na parte em que altera o art. 84 do Decreto-Lei nº 73, de 21 de novembro de 1966;

X – o § 7º do art. 177, o inciso V do *caput* do art. 179, o art. 181, o inciso VI do *caput* do art. 183 e os incisos III e IV do *caput* do art. 188 da Lei nº 6.404, de 15 de dezembro de 1976;

XI – a partir da instalação do Conselho Administrativo de Recursos Fiscais:

a) o Decreto nº 83.304, de 28 de março de 1979;

b) o Decreto nº 89.892, de 2 de julho de 1984; e

c) o art. 112 da Lei nº 11.196, de 21 de novembro de 2005;

XII – o § 1º do art. 3º da Lei nº 9.718, de 27 de novembro de 1998;

XIII – o inciso III do *caput* do art. 8º da Lei nº 6.938, de 31 de agosto de 1981; e

XIV – o inciso II do § 2º do art. 1º da Lei nº 9.964, de 10 de abril de 2000.

Art. 80. Esta Lei entra em vigor na data de sua publicação.

Brasília, 27 de maio de 2009;
188º da Independência e
121º da República.

Luiz Inácio Lula da Silva

LEI Nº 11.945, DE 4 DE JUNHO DE 2009

Altera a legislação tributária federal e dá outras providências.

• Publicada no *DOU* de 5-6-2009 e retificada no *DOU* de 24-6-2009.

Art. 1º Deve manter o Registro Especial na Secretaria da Receita Federal do Brasil a pessoa jurídica que: (Produção de efeitos).

○ Art. 33, IV, *a*, desta Lei.

I – exercer as atividades de comercialização e importação de papel destinado à impressão de livros, jornais e periódicos, a que se refere a alínea d do inciso VI do art. 150 da Constituição Federal; e

II – adquirir o papel a que se refere a alínea d do inciso VI do art. 150 da Constituição Federal para a utilização na impressão de livros, jornais e periódicos.

§ 1º A comercialização do papel a detentores do Registro Especial de que trata o *caput* deste artigo faz prova da regularidade da sua destinação, sem prejuízo da responsabilidade, pelos tributos devidos, da pessoa jurídica que, tendo adquirido o papel beneficiado com imunidade, desviar sua finalidade constitucional.

§ 2º O disposto no § 1º deste artigo aplica-se também para efeito do disposto no § 2º do art. 2º da Lei nº 10.637, de 30 de dezembro de 2002, no § 2º do art. 2º e no § 15 do art. 3º da Lei nº 10.833, de 29 de dezembro de 2003, e no § 10 do art. 8º da Lei nº 10.865, de 30 de abril de 2004.

§ 3º Fica atribuída à Secretaria da Receita Federal do Brasil competência para:

I – expedir normas complementares relativas ao Registro Especial e ao cumprimento das exigências a que estão sujeitas as pessoas jurídicas para sua concessão;

II – estabelecer a periodicidade e a forma de comprovação da correta destinação do papel beneficiado com imunidade, inclusive mediante a instituição de obrigação acessória destinada ao controle da sua comercialização e importação.

§ 4º O não cumprimento da obrigação prevista no inciso II do § 3º deste artigo sujeitará a pessoa jurídica às seguintes penalidades:

I – 5% (cinco por cento), não inferior a R$ 100,00 (cem reais) e não superior a R$ 5.000,00 (cinco mil reais), do valor das operações com papel imune omitidas ou apresentadas de forma inexata ou incompleta; e

II – de R$ 2.500,00 (dois mil e quinhentos reais) para micro e pequenas empresas e de R$ 5.000,00 (cinco mil reais) para as demais, independentemente da sanção prevista no inciso I deste artigo, se as informações não forem apresentadas no prazo estabelecido.

§ 5º Apresentada a informação fora do prazo, mas antes de qualquer procedimento de ofício, a multa de que trata o inciso II do § 4º deste artigo será reduzida à metade.

Art. 2º O Registro Especial de que trata o art. 1º desta Lei poderá ser cancelado, a qualquer tempo, pela Secretaria da Receita Federal do Brasil se, após a sua concessão, ocorrer uma das seguintes hipóteses:

- Art. 33, IV, *a*, desta Lei.

I – desatendimento dos requisitos que condicionaram a sua concessão;

II – situação irregular da pessoa jurídica perante o Cadastro Nacional da Pessoa Jurídica – CNPJ;

III – atividade econômica declarada para efeito da concessão do Registro Especial divergente da informada perante o CNPJ ou daquela regularmente exercida pela pessoa jurídica;

IV – não comprovação da correta destinação do papel na forma a ser estabelecida no inciso II do § 3º do art. 1º desta Lei; ou

V – decisão final proferida na esfera administrativa sobre a exigência fiscal de crédito tributário decorrente do consumo ou da utilização do papel destinado à impressão de livros, jornais e periódicos em finalidade diferente daquela prevista no art. 1º desta Lei.

§ 1º Fica vedada a concessão de novo Registro Especial, pelo prazo de 5 (cinco) anos-calendário, à pessoa jurídica enquadrada nas hipóteses descritas nos incisos IV ou V do *caput* deste artigo.

§ 2º A vedação de que trata o § 1º deste artigo também se aplica à concessão de Registro Especial a pessoas jurídicas que possuam em seu quadro societário:

I – pessoa física que tenha participado, na qualidade de sócio, diretor, gerente ou administrador, de pessoa jurídica que teve Registro Especial cancelado em virtude do disposto nos incisos IV ou V do *caput* deste artigo; ou

II – pessoa jurídica que teve Registro Especial cancelado em virtude do disposto nos incisos IV ou V do *caput* deste artigo.

Art. 3º VETADO.

Art. 4º Ficam isentas do Imposto sobre a Renda da Pessoa Jurídica – IRPJ e da Contribuição Social sobre o Lucro Líquido – CSLL as receitas decorrentes de valores em espécie pagos ou creditados pelos Estados, Distrito Federal e Municípios, relativos ao Imposto sobre Operações relativas à Circulação de Mercadorias e sobre Prestações de Serviços de Transporte Interestadual e Intermunicipal e de Comunicação – ICMS e ao Imposto sobre Serviços de Qualquer Natureza – ISS, no âmbito de programas de concessão de crédito voltados ao estímulo à solicitação de documento fiscal na aquisição de mercadorias e serviços.

- Art. 33, I, *a*, desta Lei.

Art. 5º Ficam reduzidas a 0 (zero) as alíquotas da Contribuição para o PIS/PASEP e da Contribuição para o Financiamento da Seguridade Social – COFINS incidentes sobre as receitas decorrentes de valores pagos ou creditados pelos Estados, Distrito Federal e Municípios relativos ao ICMS e ao ISS, no âmbito de programas de concessão de crédito voltados ao estímulo à solicitação de documento fiscal na aquisição de mercadorias e serviços.

- Art. 33, I, *a*, desta Lei.

Art. 6º O art. 6º da Lei nº 7.713, de 22 de dezembro de 1988, passa a vigorar com a seguinte redação:

- Alterações inseridas no texto da referida Lei.

Art. 7º Sem prejuízo do disposto no § 3º do art. 195 da Constituição Federal, pelo prazo de 6 (seis) meses, nas operações de crédito realizadas com instituições financeiras públicas, incluídas as contratações e renegociações de dívidas, ficam afastadas as exigências de regularidade fiscal previstas no art. 62 do Decreto-Lei nº 147, de 3 de fevereiro de 1967, no § 1º do art. 1º do Decreto-Lei nº 1.715, de 22 de novembro de 1979, na alínea b do art. 27 da Lei nº 8.036, de 11 de maio de 1990, e na Lei nº 10.522, de 19 de julho de 2002.

Parágrafo único. O disposto no *caput* deste artigo aplica-se, pelo prazo de 18 (dezoito) meses, às liberações de recursos das operações de crédito realizadas com instituições financeiras públicas.

Art. 8º Os órgãos e entidades da administração pública federal responsáveis pela inscrição de pendências relativas a obrigações fiscais, legais ou de natureza financeira ou contratual devidas por Estados, Distrito Federal ou Municípios e que compõem a base de informações para fins de verificação das condições para transferência voluntária da União deverão:

LEG. COMPLEMENTAR

I – adotar procedimento prévio de notificação como condicionante à inscrição definitiva de pendência nos sistemas próprios, cadastros ou bancos de dados de controle utilizados para essa finalidade;

II – manter, em seus sistemas, cadastros ou bancos de dados de controle, as informações sobre a data da notificação e o prazo para inscrição definitiva da pendência.

§ 1º Não estão sujeitas à obrigatoriedade de notificação prévia de que trata este artigo:

I – as obrigações certas de pagamento previstas em contratos de financiamento, parcelamentos ou outros de natureza assemelhada;

II – as obrigações de transparência previstas nos arts. 51, 52 e 54 da Lei Complementar nº 101, de 4 de maio de 2000.

§ 2º Na hipótese de inexistência de prazo diverso previsto em regulamentação própria para o procedimento de que trata este artigo, o prazo para inscrição definitiva da pendência será de 45 (quarenta e cinco) dias, contado da data da notificação.

Art. 9º Para efeitos de aplicação do disposto no art. 8º, os órgãos e entidades referidos no *caput* desse artigo deverão providenciar a adaptação de seus sistemas próprios, cadastros ou bancos de dados de controle na forma do inciso II do referido dispositivo no prazo máximo de 1 (um) ano, contado da data de publicação desta Lei, devendo tais informações ser incorporadas ao Cadastro Único de Convênios – CAUC e outros sistemas ou portais de consulta unificada de informações sobre Estados e Municípios.

Art. 10. O ato de entrega de recursos correntes e de capital a outro ente da Federação, a título de transferência voluntária, nos termos do art. 25 da Lei Complementar nº 101, de 4 de maio de 2000, é caracterizado no momento da assinatura do respectivo convênio ou contrato de repasse, bem como na assinatura dos correspondentes aditamentos, e não se confunde com as liberações financeiras de recurso, que devem obedecer ao cronograma de desembolso previsto no convênio ou contrato de repasse.

Art. 11. As liberações financeiras das transferências voluntárias decorrentes do disposto no art. 10 desta Lei não se submetem a quaisquer outras exigências previstas na legislação, exceto aquelas intrínsecas ao cumprimento do objeto do contrato ou convênio e respectiva prestação de contas e aquelas previstas na alínea a do inciso VI do art. 73 da Lei nº 9.504, de 30 de setembro de 1997.

Art. 12. A aquisição no mercado interno ou a importação, de forma combinada ou não, de mercadoria para emprego ou consumo na industrialização de produto a ser exportado poderá ser realizada com suspensão do Imposto de Importação, do Imposto sobre Produtos Industrializados – IPI, da Contribuição para o PIS/PASEP e da COFINS, da Contribuição para o PIS/PASEP-Importação e da COFINS-Importação.

§ 1º As suspensões de que trata o *caput* deste artigo:

I – aplicam-se também à aquisição no mercado interno ou à importação de mercadorias para emprego em reparo, criação, cultivo ou atividade extrativista de produto a ser exportado;

II – não alcançam as hipóteses previstas nos incisos IV a IX do art. 3º da Lei nº 10.637, de 30 de dezembro de 2002, e nos incisos III a IX do art. 3º da Lei nº 10.833, de 29 de dezembro de 2003, e nos incisos III a V do art. 15 da Lei nº 10.865, de 30 de abril de 2004.

III – aplicam-se também às aquisições no mercado interno ou importações de empresas denominadas fabricantes-intermediários, para industrialização de produto intermediário a ser diretamente fornecido a empresas industriais-exportadoras, para emprego ou consumo na industrialização de produto final destinado à exportação.

• Inciso III acrescido pela Lei nº 12.058, de 13-10-2009.

§ 2º Apenas a pessoa jurídica habilitada pela Secretaria de Comércio Exterior poderá efetuar aquisições ou importações com suspensão na forma deste artigo.

• § 2º com a redação dada pela Lei nº 12.058, de 13-10-2009.

§ 3º A Secretaria da Receita Federal do Brasil e a Secretaria de Comércio Exterior disciplinarão em ato conjunto o disposto neste artigo.

Art. 12-A. A partir de 1º de janeiro de 2023, a aquisição no mercado interno ou a importação, de forma combinada ou não, de serviço direta e exclusivamente vinculado à exportação ou entrega no exterior de produto resultante da utilização do regime de que trata o art. 12 desta Lei poderão ser realizadas com suspensão da Contribuição para o PIS/PASEP, da COFINS, da Contribuição para o PIS/PASEP-Importação e da COFINS-Importação.

§ 1º O disposto no *caput* deste artigo aplica-se aos seguintes serviços:

I – serviços de intermediação na distribuição de mercadorias no exterior (comissão de agente);

II – serviços de seguro de cargas;

III – serviços de despacho aduaneiro;

IV – serviços de armazenagem de mercadorias;

V – serviços de transporte rodoviário, ferroviário, aéreo, aquaviário ou multimodal de cargas;

VI – serviços de manuseio de cargas;

VII – serviços de manuseio de contêineres;

VIII – serviços de unitização ou desunitização de cargas;

IX – serviços de consolidação ou desconsolidação documental de cargas;

X – serviços de agenciamento de transporte de cargas;

XI – serviços de remessas expressas;

XII – serviços de pesagem e medição de cargas;

XIII – serviços de refrigeração de cargas;

XIV – arrendamento mercantil operacional ou locação de contêineres;

XV – serviços de instalação e montagem de mercadorias exportadas; e

XVI – serviços de treinamento para uso de mercadorias exportadas.

§ 2º Apenas a pessoa jurídica habilitada pela Secretaria Especial de Comércio Exterior e Assuntos Internacionais do Ministério da Economia poderá efetuar aquisições ou importações com suspensão na forma deste artigo.

§ 3º A Secretaria Especial de Comércio Exterior e Assuntos Internacionais e a Secretaria Especial da Receita Federal do Brasil do Ministério da Economia disciplinarão em ato conjunto o disposto neste artigo.

§ 4º O Poder Executivo poderá dispor sobre a aplicação do disposto no *caput* deste artigo a outros serviços associados a produtos exportados.

• Art. 12-A acrescido pela Lei nº 14.440, de 2-9-2022.

Art. 13. Os atos concessórios de drawback cujos prazos máximos, nos termos do art. 4º do Decreto-Lei nº 1.722, de 3 de dezembro de 1979, tenham vencimento entre 1º de outubro de 2008 e 31 de dezembro de 2009 poderão ser prorrogados, em caráter excepcional, por 1 (um) ano, contado do respectivo vencimento.

Art. 14. Os atos concessórios de drawback, incluído o regime de que trata o art. 12 desta Lei, poderão ser deferidos, a critério da Secretaria de Comércio Exterior, levando-se em conta a agregação de valor e o resultado da operação.

§ 1º A comprovação do regime poderá ser realizada com base no fluxo físico, por meio de comparação entre os volumes de importação e de aquisição no mercado interno em relação ao volume exportado, considerada, ainda, a variação cambial das moedas de negociação.

§ 2º A Secretaria da Receita Federal do Brasil e a Secretaria de Comércio Exterior disciplinarão em ato conjunto o disposto neste artigo.

Art. 15. Os arts. 3º e 5º da Lei nº 9.718, de 27 de novembro de 1998, passam a vigorar com a seguinte redação:

• Alterações inseridas no texto da referida Lei.

Art. 16. Os arts. 1º, 2º e 3º da Lei nº 10.637, de 30 de dezembro de 2002, passam a vigorar com a seguinte redação:

• Alterações inseridas no texto da referida Lei.

Art. 17. Os arts. 1º, 2º, 3º, 10, 58-J e 58-O da Lei nº 10.833, de 29 de dezembro de 2003, passam a vigorar com a seguinte redação:

• Alterações inseridas no texto da referida Lei.

Art. 18. A Lei nº 10.833, de 29 de dezembro de 2003, passa a vigorar acrescida do seguinte art. 58-V:

• Alteração inserida no texto da referida Lei.

Art. 19. Os arts. 15 e 16 da Lei nº 10.865, de 30 de abril de 2004, passam a vigorar com a seguinte redação:

• Alterações inseridas no texto da referida Lei.

Art. 20. Os arts. 64 e 65 da Lei nº 11.196, de 21 de novembro de 2005, passam a vigorar com a seguinte redação:

• Alterações inseridas no texto da referida Lei.

Art. 21. O art. 16 da Lei nº 11.371, de 28 de novembro de 2006, passa a vigorar com a seguinte redação:

• Alteração inserida no texto da referida Lei.

Art. 22. Salvo disposição expressa em contrário, caso a não incidência, a isenção, a suspensão ou a redução das alíquotas da Contribuição para o PIS/PASEP, da COFINS, da Contribuição para o PIS/PASEP-Importação e da COFINS-Importação for condicionada à destinação do bem ou do serviço, e a este for dado destino diverso, ficará o responsável pelo fato sujeito ao pagamento das contribuições e das penalidades cabíveis, como se a não incidência, a isenção, a suspensão ou a redução das alíquotas não existisse.

○ Art. 33, IV, *a*, desta Lei.

Art. 23. Os incisos III e IV do art. 1º da Lei nº 11.482, de 31 de maio de 2007, passam a vigorar com a seguinte redação:

• Alterações inseridas no texto da referida Lei.

Art. 24. O art. 2º da Lei nº 10.996, de 15 de dezembro de 2004, passa a vigorar com a seguinte redação:

• Alteração inserida no texto da referida Lei.

Art. 25. O art. 6º da Lei nº 11.345, de 14 de setembro de 2006, passa a vigorar com a seguinte redação:

"Art. 6º ....

....

§ 8º-A. A partir de 2009, o quantitativo máximo da complementação prevista no § 8º será o resultado da diferença entre 10% (dez por cento) do valor da prestação mensal prevista no *caput* do art. 4º desta Lei e a remuneração mensal constante do *caput* deste artigo, ou R$ 50.000,00 (cinquenta mil reais), prevalecendo o maior montante, sem prejuízo da manutenção da quantidade de parcelas dispostas no § 1º do art. 4º desta Lei.

§ 8º-B. O percentual do valor da prestação mensal, previsto no § 8º-A deste artigo referente ao cálculo do quantitativo máximo da complementação de que trata o § 8º, deverá ser, em 2010, reajustado para 20% (vinte por cento), sendo acrescido em mais 10% (dez por cento) da prestação mensal a cada ano subsequente, prevalecendo para pagamento o resultado desse cálculo, ou R$ 50.000,00 (cinquenta mil reais), o que representar maior montante.

...."

Art. 26. Para as entidades desportivas referidas no § 2º do art. 1º da Lei nº 11.345, de 14 de setembro de 2006, o prazo previsto no art. 10 da referida Lei fica reaberto por 60 (sessenta) dias contados da data de publicação desta Lei.

Art. 27. VETADO.

Art. 28. A Lei nº 7.827, de 27 de setembro de 1989, passa a vigorar com as seguintes alterações:

• Alterações inseridas no texto da referida Lei.

Art. 29. O *caput* do art. 2º da Lei nº 11.529, de 22 de outubro de 2007, passa a vigorar com a seguinte redação:

"Art. 2º Fica a União autorizada a conceder subvenção econômica, sob as modalidades de equalização de taxas de juros e de concessão de bônus de adimplência sobre os juros, nas operações de financiamento destinadas especificamente:

I – às empresas dos setores de pedras ornamentais, beneficiamento de madeira, beneficiamento de couro, calçados e artefatos de couro, têxtil, de confecção, inclusive linha lar, móveis de madeira, frutas – in natura e processadas, cerâmicas, software e prestação de serviços de tecnologia da informação e bens de capital, exceto veículos automotores para transporte de cargas e passageiros, embarcações, aeronaves, vagões e locomotivas ferroviários e metroviários, tratores, colheitadeiras e máquinas rodoviárias; e

II – às micro, pequenas e médias empresas e às empresas de aquicultura e pesca dos Municípios do Estado de Santa Catarina que decretaram estado de calamidade ou estado de emergência, conforme os Decretos Estaduais nºs 1.910, de 26 de novembro de 2008, e 1.897, de 22 de novembro de 2008, e posteriores alterações.

...."

Art. 30. O art. 12 da Lei nº 6.194, de 19 de dezembro de 1974, passa a vigorar acrescido dos seguintes §§ 3º e 4º:

"Art. 12 ....

....

§ 3º O CNSP estabelecerá anualmente o valor correspondente ao custo da emissão e da cobrança da apólice ou do bilhete do Seguro Obrigatório de Danos Pessoais causados por veículos automotores de vias terrestres.

§ 4º O disposto no parágrafo único do art. 27 da Lei nº 8.212, de 24 de julho de 1991, não se aplica ao produto da arrecadação do ressarcimento do custo descrito no § 3º deste artigo."

Art. 31. Os arts. 3º e 5º da Lei nº 6.194, de 19 de dezembro de 1974, passam a vigorar com as seguintes alterações:

"Art. 3º Os danos pessoais cobertos pelo seguro estabelecido no art. 2º desta Lei compreendem as indenizações por morte, por invalidez permanente, total ou parcial, e por despesas de assistência médica e suplementares, nos valores e conforme as regras que se seguem, por pessoa vitimada:

....

§ 1º No caso da cobertura de que trata o inciso II do *caput* deste artigo, deverão ser enquadradas na tabela anexa a esta Lei as lesões diretamente decorrentes de acidente e que não sejam suscetíveis de amenização proporcionada por qualquer medida terapêutica, classificando-se a invalidez permanente como total ou parcial, subdividindo-se a invalidez permanente parcial em completa e incompleta, conforme a extensão das perdas anatômicas ou funcionais, observado o disposto abaixo:

I – quando se tratar de invalidez permanente parcial completa, a perda anatômica ou funcional será diretamente enquadrada em um dos segmentos orgânicos ou corporais previstos na tabela anexa, correspon-

LEG. COMPLEMENTAR

dendo a indenização ao valor resultante da aplicação do percentual ali estabelecido ao valor máximo da cobertura; e

II – quando se tratar de invalidez permanente parcial incompleta, será efetuado o enquadramento da perda anatômica ou funcional na forma prevista no inciso I deste parágrafo, procedendo-se, em seguida, à redução proporcional da indenização que corresponderá a 75% (setenta e cinco por cento) para as perdas de repercussão intensa, 50% (cinquenta por cento) para as de média repercussão, 25% (vinte e cinco por cento) para as de leve repercussão, adotando-se ainda o percentual de 10% (dez por cento), nos casos de sequelas residuais.

§ 2º Assegura-se à vítima o reembolso, no valor de até R$ 2.700,00 (dois mil e setecentos reais), previsto no inciso III do *caput* deste artigo, de despesas médico-hospitalares, desde que devidamente comprovadas, efetuadas pela rede credenciada junto ao Sistema Único de Saúde, quando em caráter privado, vedada a cessão de direitos.

§ 3º As despesas de que trata o § 2º deste artigo em nenhuma hipótese poderão ser reembolsadas quando o atendimento for realizado pelo SUS, sob pena de descredenciamento do estabelecimento de saúde do SUS, sem prejuízo das demais penalidades previstas em lei."

"Art. 5º..

....

§ 5º O Instituto Médico Legal da jurisdição do acidente ou da residência da vítima deverá fornecer, no prazo de até 90 (noventa) dias, laudo à vítima com a verificação da existência e quantificação das lesões permanentes, totais ou parciais.

...."

Art. 32. A Lei nº 6.194, de 19 de dezembro de 1974, passa a vigorar acrescida da tabela anexa a esta Lei.

Art. 33. Esta Lei entra em vigor na data de sua publicação, produzindo efeitos:

I – a partir de 1º de janeiro de 2009, em relação ao disposto:

a) nos arts. 4º a 6º, 18, 23 e 24;

b) no art. 15, relativamente ao inciso V do § 2º do art. 3º da Lei nº 9.718, de 27 de novembro de 1998;

c) no art. 16, relativamente ao inciso VII do § 3º do art. 1º da Lei nº 10.637, de 30 de dezembro de 2002;

d) no art. 17, relativamente ao inciso VI do § 3º do art. 1º e ao art. 58-J da Lei nº 10.833, de 29 de dezembro de 2003;

e) no art. 19, relativamente aos §§ 11 e 12 do art. 15 da Lei nº 10.865, de 30 de abril de 2004;

f) no art. 20, relativamente ao § 6º do art. 64 e ao § 8º do art. 65 da Lei nº 11.196, de 21 de novembro de 2005;

II – a partir de 1º de abril de 2009, em relação ao disposto no art. 19, relativamente ao § 2º do art. 16 da Lei nº 10.865, de 30 de abril de 2004;

III – a partir da data de início de produção de efeitos do art. 65 da Lei nº 11.196, de 21 de novembro de 2005, em relação ao disposto no art. 20, relativamente ao § 7º do art. 65 da Lei nº 11.196, de 21 de novembro de 2005;

IV – a partir de 16 de dezembro de 2008, em relação:

a) aos arts. 1º, 2º, 21, 22, 29, 30, 31 e 32;

b) ao art. 16, relativamente ao § 15 do art. 3º da Lei nº 10.637, de 30 de dezembro de 2002;

c) ao art. 17, relativamente ao § 23 do art. 3º, inciso XX do art. 10 e § 5º do art. 58-O da Lei nº 10.833, de 29 de dezembro de 2003;

d) ao art. 19, relativamente ao § 1º do art. 16 da Lei nº 10.865, de 30 de abril de 2004;

V – a partir da data da publicação desta Lei, em relação aos demais dispositivos.

Brasília, 4 de junho de 2009;
188º da Independência e
121º da República.
Luiz Inácio Lula da Silva

LEI Nº 12.016, DE 7 DE AGOSTO DE 2009

Disciplina o mandado de segurança individual e coletivo e dá outras providências.

- Publicada no *DOU* de 10-8-2009.
- Arts. 5º, LXIX e LXX, 102, I, *d*, e II, *a*, 105, I, *b*, e II, *b*, 108, I, *c*, 109, VIII, e 121, § 4º, V, da CF.
- Súmulas nºs 622 a 632 do STF.
- Súmulas nºs 41 e 460 do STJ.

Art. 1º Conceder-se-á mandado de segurança para proteger direito líquido e certo, não amparado por *habeas corpus* ou *habeas data*, sempre que, ilegalmente ou com abuso de poder, qualquer pessoa física ou jurídica sofrer violação ou houver justo receio de sofrê-la por parte de autoridade, seja de que categoria for e sejam quais forem as funções que exerça.

- Art. 5º, LXVIII a LXX, da CF.
- Súm. nº 625 do STF.
- Súm. nº 460 do STJ.

§ 1º Equiparam-se às autoridades, para os efeitos desta Lei, os representantes ou órgãos de partidos políticos e os administradores de entidades autárquicas, bem como os dirigentes de pessoas jurídicas ou as pessoas naturais no exercício de atribuições do poder público, somente no que disser respeito a essas atribuições.

- Súm. nº 333 do STJ.

§ 2º Não cabe mandado de segurança contra os atos de gestão comercial praticados pelos administradores de empresas públicas, de sociedade de economia mista e de concessionárias de serviço público.

- ADIN nº 4.296.

§ 3º Quando o direito ameaçado ou violado couber a várias pessoas, qualquer delas poderá requerer o mandado de segurança.

Art. 2º Considerar-se-á federal a autoridade coatora se as consequências de ordem patrimonial do ato contra o qual se requer o mandado houverem de ser suportadas pela União ou entidade por ela controlada.

Art. 3º O titular de direito líquido e certo decorrente de direito, em condições idênticas, de terceiro poderá impetrar mandado de segurança a favor do direito originário, se o seu titular não o fizer, no prazo de 30 (trinta) dias, quando notificado judicialmente.

Parágrafo único. O exercício do direito previsto no *caput* deste artigo submete-se ao prazo fixado no art. 23 desta Lei, contado da notificação.

Art. 4º Em caso de urgência, é permitido, observados os requisitos legais, impetrar mandado de segurança por telegrama, radiograma, fax ou outro meio eletrônico de autenticidade comprovada.

§ 1º Poderá o juiz, em caso de urgência, notificar a autoridade por telegrama, radiograma ou outro meio que assegure a autenticidade do documento e a imediata ciência pela autoridade.

- Art. 11 desta Lei.

§ 2º O texto original da petição deverá ser apresentado nos 5 (cinco) dias úteis seguintes.

§ 3º Para os fins deste artigo, em se tratando de documento eletrônico, serão observadas as regras da Infraestrutura de Chaves Públicas Brasileira – ICP-Brasil.

Art. 5º Não se concederá mandado de segurança quando se tratar:

I – de ato do qual caiba recurso administrativo com efeito suspensivo, independentemente de caução;

- Art. 5º, XXXV, da CF.
- Súm. nº 429 do STF.

II – de decisão judicial da qual caiba recurso com efeito suspensivo;

- Súm. nº 267 do STF.
- Súm. nº 202 do STJ.

III – de decisão judicial transitada em julgado.

- Súm. nº 268 do STF.

Parágrafo único. VETADO.

Art. 6º A petição inicial, que deverá preencher os requisitos estabelecidos pela lei processual, será apresentada em 2 (duas) vias com os documentos que instruírem a primeira reproduzidos na segunda e indicará, além da autoridade coatora, a pessoa jurídica que esta integra, à qual se acha vinculada ou da qual exerce atribuições.

§ 1º No caso em que o documento necessário à prova do alegado se ache em repartição ou estabelecimento público ou em poder de autoridade que se recuse a fornecê-lo por certidão ou de terceiro, o juiz ordenará, preliminarmente, por ofício, a exibição desse documento em original ou em cópia autêntica e marcará, para o cumprimento da ordem, o prazo de 10 (dez) dias. O escrivão extrairá cópias do documento para juntá-las à segunda via da petição.

§ 2º Se a autoridade que tiver procedido dessa maneira for a própria coatora, a ordem far-se-á no próprio instrumento da notificação.

- O STF, por maioria dos votos, julgou parcialmente procedente o pedido formulado na ADIN nº 4.296, para declarar a inconstitucionalidade deste parágrafo (*DOU* de 28-6-2021).

§ 3º Considera-se autoridade coatora aquela que tenha praticado o ato impugnado ou da qual emane a ordem para a sua prática.

- Súm. nº 267 do STF.

§ 4º VETADO.

§ 5º Denega-se o mandado de segurança nos casos previstos pelo art. 267 da Lei nº 5.869, de 11 de janeiro de 1973 – Código de Processo Civil.

§ 6º O pedido de mandado de segurança poderá ser renovado dentro do prazo decadencial, se a decisão denegatória não lhe houver apreciado o mérito.

- Art. 23 desta Lei.

Art. 7º Ao despachar a inicial, o juiz ordenará:

I – que se notifique o coator do conteúdo da petição inicial, enviando-lhe a segunda via apresentada com as cópias dos documentos, a fim de que, no prazo de 10 (dez) dias, preste as informações;

- Art. 12 desta Lei.

II – que se dê ciência do feito ao órgão de representação judicial da pessoa jurídica interessada, enviando-lhe cópia da inicial sem documentos, para que, querendo, ingresse no feito;

III – que se suspenda o ato que deu motivo ao pedido, quando houver fundamento relevante e do ato impugnado puder resultar a ineficácia da medida, caso seja finalmente deferida, sendo facultado exigir do impetrante caução, fiança ou depósito, com o objetivo de assegurar o ressarcimento à pessoa jurídica.

- ADIN nº 4.296.
- Art. 151, IV, do CTN.
- Súm. nº 405 do STF.

§ 1º Da decisão do juiz de primeiro grau que conceder ou denegar a liminar caberá agravo de instrumento, observado o disposto na Lei nº 5.869, de 11 de janeiro de 1973 – Código de Processo Civil.

§ 2º Não será concedida medida liminar que tenha por objeto a compensação de créditos tributários, a entrega de mercadorias e bens provenientes do exterior, a reclassificação ou equiparação de servidores públicos e a concessão de aumento ou a extensão de vantagens ou pagamento de qualquer natureza.

- ADIN nº 4.296.
- Art. 170-A do CTN.
- Art. 1º, § 4º, da Lei nº 8.437, de 30-6-1992 (Lei da Medida Cautelar Fiscal).
- Art. 2º-B da Lei nº 9.494, de 10-9-1997, que dispõe sobre aplicação da tutela antecipada contra a Fazenda Pública.
- Súmulas nºs 212 e 213 do STJ.

§ 3º Os efeitos da medida liminar, salvo se revogada ou cassada, persistirão até a prolação da sentença.

§ 4º Deferida a medida liminar, o processo terá prioridade para julgamento.

§ 5º As vedações relacionadas com a concessão de liminares previstas neste artigo se estendem à tutela antecipada a que se referem os arts. 273 e 461 da Lei nº 5.869, de 11 de janeiro de 1973 – Código de Processo Civil.

Art. 8º Será decretada a perempção ou caducidade da medida liminar *ex officio* ou a requerimento do Ministério Público quando, concedida a medida, o impetrante criar obstáculo ao normal andamento do processo ou deixar de promover, por mais de 3 (três) dias úteis, os atos e as diligências que lhe cumprirem.

- Súm. nº 631 do STF.

Art. 9º As autoridades administrativas, no prazo de 48 (quarenta e oito) horas da notificação da medida liminar, remeterão ao Ministério ou órgão a que se acham subordinadas e ao Advogado-Geral da União ou a quem tiver a representação judicial da União, do Estado, do Município ou da entidade apontada como coatora cópia autenticada do mandado notificatório, assim como indicações e elementos outros necessários às providências a serem tomadas para a eventual suspensão da medida e defesa do ato apontado como ilegal ou abusivo de poder.

Art. 10. A inicial será desde logo indeferida, por decisão motivada, quando não for o caso de mandado de segurança ou lhe faltar algum dos requisitos legais ou quando decorrido o prazo legal para a impetração.

§ 1º Do indeferimento da inicial pelo juiz de primeiro grau caberá apelação e, quando a competência para o julgamento do mandado de segurança couber originariamente a um dos tribunais, do ato do relator caberá agravo para o órgão competente do tribunal que integre.

- Súm. nº 41 do STJ.

§ 2º O ingresso de litisconsorte ativo não será admitido após o despacho da petição inicial.

Art. 11. Feitas as notificações, o serventuário em cujo cartório corra o feito juntará aos autos cópia autêntica dos ofícios endereçados ao coator e ao órgão de representação judicial da pessoa jurídica interessada, bem como a prova da

LEG. COMPLEMENTAR

entrega a estes ou da sua recusa em aceitá-los ou dar recibo e, no caso do art. 4º desta Lei, a comprovação da remessa.

Art. 12. Findo o prazo a que se refere o inciso I do *caput* do art. 7º desta Lei, o juiz ouvirá o representante do Ministério Público, que opinará, dentro do prazo improrrogável de 10 (dez) dias.

Parágrafo único. Com ou sem o parecer do Ministério Público, os autos serão conclusos ao juiz, para a decisão, a qual deverá ser necessariamente proferida em 30 (trinta) dias.

Art. 13. Concedido o mandado, o juiz transmitirá em ofício, por intermédio do oficial do juízo, ou pelo correio, mediante correspondência com aviso de recebimento, o inteiro teor da sentença à autoridade coatora e à pessoa jurídica interessada.

Parágrafo único. Em caso de urgência, poderá o juiz observar o disposto no art. 4º desta Lei.

Art. 14. Da sentença, denegando ou concedendo o mandado, cabe apelação.

- Súm. nº 405 do STF.
- Súmulas nºs 169 e 177 do STJ.

§ 1º Concedida a segurança, a sentença estará sujeita obrigatoriamente ao duplo grau de jurisdição.

§ 2º Estende-se à autoridade coatora o direito de recorrer.

§ 3º A sentença que conceder o mandado de segurança pode ser executada provisoriamente, salvo nos casos em que for vedada a concessão da medida liminar.

- Art. 7º, § 2º, desta Lei.

§ 4º O pagamento de vencimentos e vantagens pecuniárias assegurados em sentença concessiva de mandado de segurança a servidor público da administração direta ou autárquica federal, estadual e municipal somente será efetuado relativamente às prestações que se vencerem a contar da data do ajuizamento da inicial.

Art. 15. Quando, a requerimento de pessoa jurídica de direito público interessada ou do Ministério Público e para evitar grave lesão à ordem, à saúde, à segurança e à economia públicas, o presidente do tribunal ao qual couber o conhecimento do respectivo recurso suspender, em decisão fundamentada, a execução da liminar e da sentença, dessa decisão caberá agravo, sem efeito suspensivo, no prazo de 5 (cinco) dias, que será levado a julgamento na sessão seguinte à sua interposição.

- Art. 25 da Lei nº 8.038, de 28-5-1990, que institui normas procedimentais para os processos que especifica, perante o STJ e o STF.
- Art. 4º da Lei nº 8.437, de 30-6-1992 (Lei da Medida Cautelar Fiscal).
- Súm. nº 626 do STF.

§ 1º Indeferido o pedido de suspensão ou provido o agravo a que se refere o *caput* deste artigo, caberá novo pedido de suspensão ao presidente do tribunal competente para conhecer de eventual recurso especial ou extraordinário.

§ 2º É cabível também o pedido de suspensão a que se refere o § 1º deste artigo, quando negado provimento a agravo de instrumento interposto contra a liminar a que se refere este artigo.

§ 3º A interposição de agravo de instrumento contra liminar concedida nas ações movidas contra o poder público e seus agentes não prejudica nem condiciona o julgamento do pedido de suspensão a que se refere este artigo.

§ 4º O presidente do tribunal poderá conferir ao pedido efeito suspensivo liminar se constatar, em juízo prévio, a plausibilidade do direito invocado e a urgência na concessão da medida.

§ 5º As liminares cujo objeto seja idêntico poderão ser suspensas em uma única decisão, podendo o presidente do tribunal estender os efeitos da suspensão a liminares supervenientes, mediante simples aditamento do pedido original.

Art. 16. Nos casos de competência originária dos tribunais, caberá ao relator a instrução do processo, sendo assegurada a defesa oral na sessão do julgamento do mérito ou do pedido liminar.

- *Caput* com a redação dada pela Lei nº 13.676, de 11-6-2018.
- Súm. nº 624 do STF.

Parágrafo único. Da decisão do relator que conceder ou denegar a medida liminar caberá agravo ao órgão competente do tribunal que integre.

- Súm. nº 622 do STF.

Art. 17. Nas decisões proferidas em mandado de segurança e nos respectivos recursos, quando não publicado, no prazo de 30 (trinta) dias, contado da data do julgamento, o acórdão será substituído pelas respectivas notas taquigráficas, independentemente de revisão.

Art. 18. Das decisões em mandado de segurança proferidas em única instância pelos tribunais cabe recurso especial e extraordinário, nos casos legalmente previstos, e recurso ordinário, quando a ordem for denegada.

- Arts. 102, III, e 105, III, da CF.
- Art. 33 a 35 da Lei nº 8.038, de 28-5-1990, que institui normas procedimentais para os processos que especifica, perante o STJ e o STF.

Art. 19. A sentença ou o acórdão que denegar mandado de segurança, sem decidir o mérito, não impedirá que o requerente, por ação própria, pleiteie os seus direitos e os respectivos efeitos patrimoniais.

- Súmulas nºs 271 e 304 do STF.

Art. 20. Os processos de mandado de segurança e os respectivos recursos terão prioridade sobre todos os atos judiciais, salvo *habeas corpus*.

§ 1º Na instância superior, deverão ser levados a julgamento na primeira sessão que se seguir à data em que forem conclusos ao relator.

§ 2º O prazo para a conclusão dos autos não poderá exceder de 5 (cinco) dias.

Art. 21. O mandado de segurança coletivo pode ser impetrado por partido político com representação no Congresso Nacional, na defesa de seus interesses legítimos relativos a seus integrantes ou à finalidade partidária, ou por organização sindical, entidade de classe ou associação legalmente constituída e em funcionamento há, pelo menos, 1 (um) ano, em defesa de direitos líquidos e certos da totalidade, ou de parte, dos seus membros ou associados, na forma dos seus estatutos e desde que pertinentes às suas finalidades, dispensada, para tanto, autorização especial.

- Súmulas nºs 629 e 630 do STF.

Parágrafo único. Os direitos protegidos pelo mandado de segurança coletivo podem ser:

I – coletivos, assim entendidos, para efeito desta Lei, os transindividuais, de natureza indivisível, de que seja titular grupo ou categoria de pessoas ligadas entre si ou com a parte contrária por uma relação jurídica básica;

II – individuais homogêneos, assim entendidos, para efeito desta Lei, os decorrentes de origem comum e da atividade ou situação específica da totalidade ou de parte dos associados ou membros do impetrante.

- Art. 2º da Lei nº 9.494, de 10-9-1997, que dispõe sobre aplicação da tutela antecipada contra a Fazenda Pública.

o Súm. nº 630 do STF.

Art. 22. No mandado de segurança coletivo, a sentença fará coisa julgada limitadamente aos membros do grupo ou categoria substituídos pelo impetrante.

o Art. 2º da Lei nº 9.494, de 10-9-1997, que dispõe sobre aplicação da tutela antecipada contra a Fazenda Pública.

§ 1º O mandado de segurança coletivo não induz litispendência para as ações individuais, mas os efeitos da coisa julgada não beneficiarão o impetrante a título individual se não requerer a desistência de seu mandado de segurança no prazo de 30 (trinta) dias a contar da ciência comprovada da impetração da segurança coletiva.

§ 2º No mandado de segurança coletivo, a liminar só poderá ser concedida após a audiência do representante judicial da pessoa jurídica de direito público, que deverá se pronunciar no prazo de 72 (setenta e duas) horas.

o ADIN nº 4.296.

o Art. 2º da Lei nº 8.437, de 30-6-1992 (Lei da Medida Cautelar Fiscal).

Art. 23. O direito de requerer mandado de segurança extinguir-se-á decorridos 120 (cento e vinte) dias, contados da ciência, pelo interessado, do ato impugnado.

o ADIN nº 4.296.

o Art. 6º, § 6º, desta Lei.

o Súm. nº 632 do STF.

Art. 24. Aplicam-se ao mandado de segurança os arts. 46 a 49 da Lei nº 5.869, de 11 de janeiro de 1973 – Código de Processo Civil.

o Súm. nº 631 do STF.

Art. 25. Não cabem, no processo de mandado de segurança, a interposição de embargos infringentes e a condenação ao pagamento dos honorários advocatícios, sem prejuízo da aplicação de sanções no caso de litigância de má-fé.

o ADIN nº 4.296.

o Súmulas nºs 294, 512 e 597 do STF.

o Súmulas nºs 105 e 169 do STJ.

Art. 26. Constitui crime de desobediência, nos termos do art. 330 do Decreto-Lei nº 2.848, de 7 de dezembro de 1940, o não cumprimento das decisões proferidas em mandado de segurança, sem prejuízo das sanções administrativas e da aplicação da Lei nº 1.079, de 10 de abril de 1950, quando cabíveis.

Art. 27. Os regimentos dos tribunais e, no que couber, as leis de organização judiciária deverão ser adaptados às disposições desta Lei no prazo de 180 (cento e oitenta) dias, contado da sua publicação.

Art. 28. Esta Lei entra em vigor na data de sua publicação.

Art. 29. Revogam-se as Leis nºs 1.533, de 31 de dezembro de 1951, 4.166, de 4 de dezembro de 1962, 4.348, de 26 de junho de 1964, 5.021, de 9 de junho de 1966; o art. 3º da Lei nº 6.014, de 27 de dezembro de 1973, o art. 1º da Lei nº 6.071, de 3 de julho de 1974, o art. 12 da Lei nº 6.978, de 19 de janeiro de 1982, e o art. 2º da Lei nº 9.259, de 9 de janeiro de 1996.

Brasília, 7 de agosto de 2009;
188º da Independência e
121º da República.

Luiz Inácio Lula da Silva

LEI Nº 12.099, DE 27 DE NOVEMBRO DE 2009

Dispõe sobre a transferência de depósitos judiciais e extrajudiciais de tributos e contribuições federais para a Caixa Econômica Federal; e altera a Lei nº 9.703, de 17 de novembro de 1998.

• Publicada no *DOU* de 30-11-2009.

Art. 1º O art. 2º-A da Lei nº 9.703, de 17 de novembro de 1998, passa a vigorar com a seguinte redação:

• Alterações inseridas no texto da referida norma.

Art. 2º Os depósitos judiciais e extrajudiciais de tributos e contribuições federais realizados em outra instituição financeira após 1º de dezembro de 1998 serão transferidos para a Caixa Econômica Federal, de acordo com as disposições previstas na Lei nº 9.703, de 17 de novembro de 1998.

Art. 3º Aos depósitos judiciais e extrajudiciais não tributários relativos à União e os tributários e não tributários relativos a fundos públicos, autarquias, fundações públicas e demais entidades federais integrantes dos orçamentos fiscal e da seguridade social, de que trata o Decreto-Lei nº 1.737, de 20 de dezembro de 1979, aplica-se o disposto na Lei nº 9.703, de 17 de novembro de 1998.

§ 1º Aos depósitos que forem anteriores à vigência desta Lei também se aplica o disposto na Lei nº 9.703, de 17 de novembro de 1998, observados os §§ 2º, 3º e 4º.

§ 2º Os juros dos depósitos referidos no § 1º serão calculados à taxa originalmente devida até a data da transferência à conta única do Tesouro Nacional.

§ 3º Após a transferência à conta única do Tesouro Nacional, os juros dos depósitos referidos no § 1º serão calculados na forma estabelecida pelo § 4º do art. 39 da Lei nº 9.250, de 26 de dezembro de 1995.

§ 4º A transferência dos depósitos referidos no § 1º dar-se-á de acordo com cronograma fixado por ato do Ministério da Fazenda, observado o prazo máximo de 180 (cento e oitenta) dias.

Art. 4º A transferência dos depósitos a que se refere o art. 2º-A da Lei nº 9.703, de 17 de novembro de 1998, deverá ocorrer em até 180 (cento e oitenta) dias a partir da publicação desta Lei.

Art. 5º Esta Lei entra em vigor na data de sua publicação.

Brasília, 27 de novembro de 2009;
188º da Independência e
121º da República.

Luiz Inácio Lula da Silva

LEI Nº 12.153, DE 22 DE DEZEMBRO DE 2009

Dispõe sobre os Juizados Especiais da Fazenda Pública no âmbito dos Estados, do Distrito Federal, dos Territórios e dos Municípios.

• Publicada no *DOU* de 23-12-2009.

o Art. 98, I, da CF.

o Lei nº 9.099, de 26-9-1995 (Lei dos Juizados Especiais).

o Lei nº 10.259, de 12-7-2001 (Lei dos Juizados Especiais Federais).

Art. 1º Os Juizados Especiais da Fazenda Pública, órgãos da justiça comum e integrantes do Sistema dos Juizados Especiais, serão criados pela União, no Distrito Federal e nos Territórios, e pelos Estados, para conciliação, processo, julgamento e execução, nas causas de sua competência.

Parágrafo único. O sistema dos Juizados Especiais dos Estados e do Distrito Federal é formado pelos Juizados Especiais Cíveis, Juizados Especiais Criminais e Juizados Especiais da Fazenda Pública.

Art. 2º É de competência dos Juizados Especiais da Fazenda Pública processar, conciliar e julgar causas cíveis de interesse dos Estados, do Distrito Federal, dos Territórios e dos Municípios, até o valor de 60 (sessenta) salários mínimos.

§ 1º Não se incluem na competência do Juizado Especial da Fazenda Pública:

I – as ações de mandado de segurança, de desapropriação, de divisão e demarcação, populares, por improbidade administrativa, execuções fiscais e as demandas sobre direitos ou interesses difusos e coletivos;

II – as causas sobre bens imóveis dos Estados, Distrito Federal, Territórios e Municípios, autarquias e fundações públicas a eles vinculadas;

III – as causas que tenham como objeto a impugnação da pena de demissão imposta a servidores públicos civis ou sanções disciplinares aplicadas a militares.

§ 2º Quando a pretensão versar sobre obrigações vincendas, para fins de competência do Juizado Especial, a soma de 12 (doze) parcelas vincendas e de eventuais parcelas vencidas não poderá exceder o valor referido no *caput* deste artigo.

§ 3º VETADO.

§ 4º No foro onde estiver instalado Juizado Especial da Fazenda Pública, a sua competência é absoluta.

Art. 3º O juiz poderá, de ofício ou a requerimento das partes, deferir quaisquer providências cautelares e antecipatórias no curso do processo, para evitar dano de difícil ou de incerta reparação.

Art. 4º Exceto nos casos do art. 3º, somente será admitido recurso contra a sentença.

Art. 5º Podem ser partes no Juizado Especial da Fazenda Pública:

I – como autores, as pessoas físicas e as microempresas e empresas de pequeno porte, assim definidas na Lei Complementar nº 123, de 14 de dezembro de 2006;

II – como réus, os Estados, o Distrito Federal, os Territórios e os Municípios, bem como autarquias, fundações e empresas públicas a eles vinculadas.

Art. 6º Quanto às citações e intimações, aplicam-se as disposições contidas na Lei nº 5.869, de 11 de janeiro de 1973 – Código de Processo Civil.

Art. 7º Não haverá prazo diferenciado para a prática de qualquer ato processual pelas pessoas jurídicas de direito público, inclusive a interposição de recursos, devendo a citação para a audiência de conciliação ser efetuada com antecedência mínima de 30 (trinta) dias.

Art. 8º Os representantes judiciais dos réus presentes à audiência poderão conciliar, transigir ou desistir nos processos da competência dos Juizados Especiais, nos termos e nas hipóteses previstas na lei do respectivo ente da Federação.

Art. 9º A entidade ré deverá fornecer ao Juizado a documentação de que disponha para o esclarecimento da causa, apresentando-a até a instalação da audiência de conciliação.

Art. 10. Para efetuar o exame técnico necessário à conciliação ou ao julgamento da causa, o juiz nomeará pessoa habilitada, que apresentará o laudo até 5 (cinco) dias antes da audiência.

Art. 11. Nas causas de que trata esta Lei, não haverá reexame necessário.

Art. 12. O cumprimento do acordo ou da sentença, com trânsito em julgado, que imponham obrigação de fazer, não fazer ou entrega de coisa certa, será efetuado mediante ofício do juiz à autoridade citada para a causa, com cópia da sentença ou do acordo.

Art. 13. Tratando-se de obrigação de pagar quantia certa, após o trânsito em julgado da decisão, o pagamento será efetuado:

I – no prazo máximo de 60 (sessenta) dias, contado da entrega da requisição do juiz à autoridade citada para a causa, independentemente de precatório, na hipótese do § 3º do art. 100 da Constituição Federal; ou

II – mediante precatório, caso o montante da condenação exceda o valor definido como obrigação de pequeno valor.

§ 1º Desatendida a requisição judicial, o juiz, imediatamente, determinará o sequestro do numerário suficiente ao cumprimento da decisão, dispensada a audiência da Fazenda Pública.

§ 2º As obrigações definidas como de pequeno valor a serem pagas independentemente de precatório terão como limite o que for estabelecido na lei do respectivo ente da Federação.

§ 3º Até que se dê a publicação das leis de que trata o § 2º, os valores serão:

I – 40 (quarenta) salários mínimos, quanto aos Estados e ao Distrito Federal;

II – 30 (trinta) salários mínimos, quanto aos Municípios.

§ 4º São vedados o fracionamento, a repartição ou a quebra do valor da execução, de modo que o pagamento se faça, em parte, na forma estabelecida no inciso I do *caput* e, em parte, mediante expedição de precatório, bem como a expedição de precatório complementar ou suplementar do valor pago.

§ 5º Se o valor da execução ultrapassar o estabelecido para pagamento independentemente do precatório, o pagamento far-se-á, sempre, por meio do precatório, sendo facultada à parte exequente a renúncia ao crédito do valor excedente, para que possa optar pelo pagamento do saldo sem o precatório.

§ 6º O saque do valor depositado poderá ser feito pela parte autora, pessoalmente, em qualquer agência do banco depositário, independentemente de alvará.

§ 7º O saque por meio de procurador somente poderá ser feito na agência destinatária do depósito, mediante procuração específica, com firma reconhecida, da qual constem o valor originalmente depositado e sua procedência.

Art. 14. Os Juizados Especiais da Fazenda Pública serão instalados pelos Tribunais de Justiça dos Estados e do Distrito Federal.

Parágrafo único. Poderão ser instalados Juizados Especiais Adjuntos, cabendo ao Tribunal designar a Vara onde funcionará.

Art. 15. Serão designados, na forma da legislação dos Estados e do Distrito Federal, conciliadores e juízes leigos dos Juizados Especiais da Fazenda Pública, observadas as atribuições previstas nos arts. 22, 37 e 40 da Lei nº 9.099, de 26 de setembro de 1995.

- Lei nº 9.099, de 26-9-1995 (Lei dos Juizados Especiais).

§ 1º Os conciliadores e juízes leigos são auxiliares da Justiça, recrutados, os primeiros, preferentemente, entre os bacharéis em Direito, e os segundos, entre advogados com mais de 2 (dois) anos de experiência.

§ 2º Os juízes leigos ficarão impedidos de exercer a advocacia perante todos os Juizados Especiais da Fazenda Pública instalados em território nacional, enquanto no desempenho de suas funções.

Art. 16. Cabe ao conciliador, sob a supervisão do juiz, conduzir a audiência de conciliação.

- Art. 26 desta Lei.

§ 1º Poderá o conciliador, para fins de encaminhamento da composição amigável, ouvir as partes e testemunhas sobre os contornos fáticos da controvérsia.

§ 2º Não obtida a conciliação, caberá ao juiz presidir a instrução do processo, podendo dispensar novos depoimentos, se entender suficientes para o julgamento da causa os esclarecimentos já constantes dos autos, e não houver impugnação das partes.

Art. 17. As Turmas Recursais do Sistema dos Juizados Especiais são compostas por juízes em exercício no primeiro grau de jurisdição, na forma da legislação dos Estados e do Distrito Federal, com mandato de 2 (dois) anos, e integradas, preferencialmente, por juízes do Sistema dos Juizados Especiais.

§ 1º A designação dos juízes das Turmas Recursais obedecerá aos critérios de antiguidade e merecimento.

§ 2º Não será permitida a recondução, salvo quando não houver outro juiz na sede da Turma Recursal.

Art. 18. Caberá pedido de uniformização de interpretação de lei quando houver divergência entre decisões proferidas por Turmas Recursais sobre questões de direito material.

§ 1º O pedido fundado em divergência entre Turmas do mesmo Estado será julgado em reunião conjunta das Turmas em conflito, sob a presidência de desembargador indicado pelo Tribunal de Justiça.

- Art. 19, *caput*, desta Lei.

§ 2º No caso do § 1º, a reunião de juízes domiciliados em cidades diversas poderá ser feita por meio eletrônico.

§ 3º Quando as Turmas de diferentes Estados derem a lei federal interpretações divergentes, ou quando a decisão proferida estiver em contrariedade com súmula do Superior Tribunal de Justiça, o pedido será por este julgado.

- Art. 19, § 2º, desta Lei.

Art. 19. Quando a orientação acolhida pelas Turmas de Uniformização de que trata o § 1º do art. 18 contrariar súmula do Superior Tribunal de Justiça, a parte interessada poderá provocar a manifestação deste, que dirimirá a divergência.

- Art. 21 desta Lei.

§ 1º Eventuais pedidos de uniformização fundados em questões idênticas e recebidos subsequentemente em quaisquer das Turmas Recursais ficarão retidos nos autos, aguardando pronunciamento do Superior Tribunal de Justiça.

§ 2º Nos casos do *caput* deste artigo e do § 3º do art. 18, presente a plausibilidade do direito invocado e havendo fundado receio de dano de difícil reparação, poderá o relator conceder, de ofício ou a requerimento do interessado, medida liminar determinando a suspensão dos processos nos quais a controvérsia esteja estabelecida.

§ 3º Se necessário, o relator pedirá informações ao Presidente da Turma Recursal ou Presidente da Turma de Uniformização e, nos casos previstos em lei, ouvirá o Ministério Público, no prazo de 5 (cinco) dias.

§ 4º VETADO.

§ 5º Decorridos os prazos referidos nos §§ 3º e 4º, o relator incluirá o pedido em pauta na sessão, com preferência sobre todos os demais feitos, ressalvados os processos com réus presos, os *habeas corpus* e os mandados de segurança.

§ 6º Publicado o acórdão respectivo, os pedidos retidos referidos no § 1º serão apreciados pelas Turmas Recursais, que poderão exercer juízo de retratação ou os declararão prejudicados, se veicularem tese não acolhida pelo Superior Tribunal de Justiça.

Art. 20. Os Tribunais de Justiça, o Superior Tribunal de Justiça e o Supremo Tribunal Federal, no âmbito de suas competências, expedirão normas regulamentando os procedimentos a serem adotados para o processamento e o julgamento do pedido de uniformização e do recurso extraordinário.

Art. 21. O recurso extraordinário, para os efeitos desta Lei, será processado e julgado segundo o estabelecido no art. 19, além da observância das normas do Regimento.

Art. 22. Os Juizados Especiais da Fazenda Pública serão instalados no prazo de até 2 (dois) anos da vigência desta Lei, podendo haver o aproveitamento total ou parcial das estruturas das atuais Varas da Fazenda Pública.

Art. 23. Os Tribunais de Justiça poderão limitar, por até 5 (cinco) anos, a partir da entrada em vigor desta Lei, a competência dos Juizados Especiais da Fazenda Pública, atendendo à necessidade da organização dos serviços judiciários e administrativos.

Art. 24. Não serão remetidas aos Juizados Especiais da Fazenda Pública as demandas ajuizadas até a data de sua instalação, assim como as ajuizadas fora do Juizado Especial por força do disposto no art. 23.

Art. 25. Competirá aos Tribunais de Justiça prestar o suporte administrativo necessário ao funcionamento dos Juizados Especiais.

Art. 26. O disposto no art. 16 aplica-se aos Juizados Especiais Federais instituídos pela Lei nº 10.259, de 12 de julho de 2001.

Art. 27. Aplica-se subsidiariamente o disposto nas Leis nºs 5.869, de 11 de janeiro de 1973 – Código de Processo Civil, 9.099, de 26 de setembro de 1995, e 10.259, de 12 de julho de 2001.

- Lei nº 9.099, de 26-9-1995 (Lei dos Juizados Especiais).
- Lei nº 10.259, de 12-7-2001 (Lei dos Juizados Especiais Federais).

Art. 28. Esta Lei entra em vigor após decorridos 6 (seis) meses de sua publicação oficial.

Brasília, 22 de dezembro de 2009;
188º da Independência e
121º da República.

Luiz Inácio Lula da Silva

DECRETO Nº 7.212, DE 15 DE JUNHO DE 2010

Regulamenta a cobrança, fiscalização, arrecadação e administração do Imposto sobre Produtos Industrializados – IPI.

- Publicado no *DOU* publicado de 16-6-2010 e retificado no *DOU* de 25-6-2010.

Art. 1º O Imposto sobre Produtos Industrializados – IPI será cobrado, fiscalizado, arrecadado e administrado em conformidade com o disposto neste Regulamento.

LEG. COMPLEMENTAR

TÍTULO I – DA INCIDÊNCIA

CAPÍTULO I

DA DISPOSIÇÃO PRELIMINAR

Art. 2º O imposto incide sobre produtos industrializados, nacionais e estrangeiros, obedecidas as especificações constantes da Tabela de Incidência do Imposto sobre Produtos Industrializados – TIPI (Lei nº 4.502, de 30 de novembro de 1964, art. 1º, e Decreto-Lei nº 34, de 18 de novembro de 1966, art. 1º).

Parágrafo único. O campo de incidência do imposto abrange todos os produtos com alíquota, ainda que zero, relacionados na TIPI, observadas as disposições contidas nas respectivas notas complementares, excluídos aqueles a que corresponde a notação "NT" (não tributado) (Lei nº 10.451, de 10 de maio de 2002, art.6º).

CAPÍTULO II

DOS PRODUTOS INDUSTRIALIZADOS

Seção I

DA DISPOSIÇÃO PRELIMINAR

Art. 3º Produto industrializado é o resultante de qualquer operação definida neste Regulamento como industrialização, mesmo incompleta, parcial ou intermediária (Lei nº 5.172, de 25 de outubro de 1966, art. 46, parágrafo único, e Lei nº 4.502, de 1964, art. 3º).

Seção II

DA INDUSTRIALIZAÇÃO

Características e Modalidades

Art. 4º Caracteriza industrialização qualquer operação que modifique a natureza, o funcionamento, o acabamento, a apresentação ou a finalidade do produto, ou o aperfeiçoe para consumo, tal como (Lei nº 5.172, de 1966, art. 46, parágrafo único, e Lei nº 4.502, de 1964, art. 3º, parágrafo único):

I – a que, exercida sobre matérias-primas ou produtos intermediários, importe na obtenção de espécie nova (transformação);

II – a que importe em modificar, aperfeiçoar ou, de qualquer forma, alterar o funcionamento, a utilização, o acabamento ou a aparência do produto (beneficiamento);

III – a que consista na reunião de produtos, peças ou partes e de que resulte um novo produto ou unidade autônoma, ainda que sob a mesma classificação fiscal (montagem);

IV – a que importe em alterar a apresentação do produto, pela colocação da embalagem, ainda que em substituição da original, salvo quando a embalagem colocada se destine apenas ao transporte da mercadoria (acondicionamento ou reacondicionamento); ou

V – a que, exercida sobre produto usado ou parte remanescente de produto deteriorado ou inutilizado, renove ou restaure o produto para utilização (renovação ou recondicionamento).

Parágrafo único. São irrelevantes, para caracterizar a operação como industrialização, o processo utilizado para obtenção do produto e a localização e condições das instalações ou equipamentos empregados.

Exclusões

Art. 5º Não se considera industrialização:

I – o preparo de produtos alimentares, não acondicionados em embalagem de apresentação:

a) na residência do preparador ou em restaurantes, bares, sorveterias, confeitarias, padarias, quitandas e semelhantes, desde que os produtos se destinem a venda direta a consumidor; ou

b) em cozinhas industriais, quando destinados a venda direta a pessoas jurídicas e a outras entidades, para consumo de seus funcionários, empregados ou dirigentes;

II – o preparo de refrigerantes, à base de extrato concentrado, por meio de máquinas, automáticas ou não, em restaurantes, bares e estabelecimentos similares, para venda direta a consumidor (Decreto-Lei nº 1.686, de 26 de junho de 1979, art. 5º, § 2º);

III – a confecção ou preparo de produto de artesanato, definido no art. 7º;

IV – a confecção de vestuário, por encomenda direta do consumidor ou usuário, em oficina ou na residência do confeccionador;

V – o preparo de produto, por encomenda direta do consumidor ou usuário, na residência do preparador ou em oficina, desde que, em qualquer caso, seja preponderante o trabalho profissional;

VI – a manipulação em farmácia, para venda direta a consumidor, de medicamentos oficinais e magistrais, mediante receita médica (Lei nº 4.502, de 1964, art. 3º, parágrafo único, inciso III, e Decreto-Lei nº 1.199, de 27 de dezembro de 1971, art. 5º, alteração 2ª);

VII – a moagem de café torrado, realizada por estabelecimento comercial varejista como atividade acessória (Decreto-Lei nº 400, de 30 de dezembro de 1968, art. 8º);

VIII – a operação efetuada fora do estabelecimento industrial, consistente na reunião de produtos, peças ou partes e de que resulte:

a) edificação (casas, edifícios, pontes, hangares, galpões e semelhantes, e suas coberturas);

b) instalação de oleodutos, usinas hidrelétricas, torres de refrigeração, estações e centrais telefônicas ou outros sistemas de telecomunicação e telefonia, estações, usinas e redes de distribuição de energia elétrica e semelhantes; ou

c) fixação de unidades ou complexos industriais ao solo;

IX – a montagem de óculos, mediante receita médica (Lei nº 4.502, de 1964, art. 3º, parágrafo único, inciso III, e Decreto-Lei nº 1.199, de 1971, art. 5º, alteração 2ª);

X – o acondicionamento de produtos classificados nos Capítulos 16 a 22 da TIPI, adquiridos de terceiros, em embalagens confeccionadas sob a forma de cestas de natal e semelhantes (Decreto-Lei nº 400, de 1968, art. 9º);

XI – o conserto, a restauração e o recondicionamento de produtos usados, nos casos em que se destinem ao uso da própria empresa executora ou quando essas operações sejam executadas por encomenda de terceiros não estabelecidos com o comércio de tais produtos, bem como o preparo, pelo consertador, restaurador ou recondicionador, de partes ou peças empregadas exclusiva e especificamente naquelas operações (Lei nº 4.502, de 1964, art. 3º, parágrafo único, inciso I);

XII – o reparo de produtos com defeito de fabricação, inclusive mediante substituição de partes e peças, quando a operação for executada gratuitamente, ainda que por concessionários ou representantes, em virtude de garantia dada pelo fabricante (Lei nº 4.502, de 1964, art. 3º, parágrafo único, inciso I);

XIII – a restauração de sacos usados, executada por processo rudimentar, ainda que com emprego de máquinas de costura;

XIV – a mistura de tintas entre si, ou com concentrados de pigmentos, sob encomenda do consumidor ou usuário, realizada em estabelecimento comercial varejista, efetuada por máquina automática ou manual, desde que fabricante e varejista não sejam empresas interdependentes, controladora, controlada ou coligadas (Lei nº 4.502, de 1964, art. 3º, parágrafo único, inciso IV, e Lei nº 9.493, de 10 de setembro de 1997, art. 18); e

XV – a operação de que resultem os produtos relacionados na Subposição 2401.20 da TIPI, quando exercida por produtor rural pessoa física (Lei nº 11.051, de 29 de dezembro de 2004, art. 12, e Lei nº 11.452, de 27 de fevereiro de 2007, art. 10).

Parágrafo único. O disposto no inciso VIII não exclui a incidência do imposto sobre os produtos, partes ou peças utilizados nas operações nele referidas.

Embalagens de Transporte e de Apresentação

Art. 6º Quando a incidência do imposto estiver condicionada à forma de embalagem do produto, entender-se-á (Lei nº 4.502, de 1964, art. 3º, parágrafo único, inciso II):

I – como acondicionamento para transporte, o que se destinar precipuamente a tal fim; e

II – como acondicionamento de apresentação, o que não estiver compreendido no inciso I.

§ 1º Para os efeitos do inciso I do *caput*, o acondicionamento deverá atender, cumulativamente, às seguintes condições:

I – ser feito em caixas, caixotes, engradados, barricas, latas, tambores, sacos, embrulhos e semelhantes, sem acabamento e rotulagem de função promocional e que não objetive valorizar o produto em razão da qualidade do material nele empregado, da perfeição do seu acabamento ou da sua utilidade adicional; e

II – ter capacidade acima de vinte quilos ou superior àquela em que o produto é comumente vendido, no varejo, aos consumidores.

§ 2º Não se aplica o disposto no inciso II do *caput* aos casos em que a natureza do acondicionamento e as características do rótulo atendam, apenas, a exigências técnicas ou outras constantes de leis e de atos administrativos.

§ 3º O acondicionamento do produto, ou a sua forma de apresentação, será irrelevante quando a incidência do imposto estiver condicionada ao peso de sua unidade.

§ 4º Para os produtos relacionados na Subposição 2401.20 da TIPI, a incidência do imposto independe da forma de apresentação, acondicionamento, estado ou peso do produto (Lei nº 10.865, de 30 de abril de 2004, art. 41, § 1º).

Artesanato, Oficina e Trabalho Preponderante

Art. 7º Para os efeitos do art. 5º:

I – no caso do seu inciso III, produto de artesanato é o proveniente de trabalho manual realizado por pessoa natural, nas seguintes condições:

a) quando o trabalho não contar com o auxílio ou a participação de terceiros assalariados; e

b) quando o produto for vendido a consumidor, diretamente ou por intermédio de entidade de que o artesão faça parte ou seja assistido;

II – nos casos dos seus incisos IV e V:

a) oficina é o estabelecimento que empregar, no máximo, cinco operários e, quando utilizar força motriz não dispuser de potência superior a cinco quilowatts; e

b) trabalho preponderante é o que contribuir no preparo do produto, para formação de seu valor, a título de mão de obra, no mínimo com sessenta por cento.

TÍTULO II – DOS ESTABELECIMENTOS INDUSTRIAIS E EQUIPARADOS A INDUSTRIAL

Estabelecimento Industrial

Art. 8º Estabelecimento industrial é o que executa qualquer das operações referidas no art. 4º, de que resulte produto tributado, ainda que de alíquota zero ou isento (Lei nº 4.502, de 1964, art. 3º).

Estabelecimentos Equiparados a Industrial

Art. 9º Equiparam-se a estabelecimento industrial:

I – os estabelecimentos importadores de produtos de procedência estrangeira, que derem saída a esses produtos (Lei nº 4.502, de 1964, art. 4º, inciso I);

II – os estabelecimentos, ainda que varejistas, que receberem, para comercialização, diretamente da repartição que os liberou, produtos importados por outro estabelecimento da mesma firma;

III – as filiais e demais estabelecimentos que exercerem o comércio de produtos importados, industrializados ou mandados industrializar por outro estabelecimento da mesma firma, salvo se aqueles operarem exclusivamente na venda a varejo e não estiverem enquadrados na hipótese do inciso II (Lei nº 4.502, de 1964, art. 4º, inciso II, e § 2º, Decreto-Lei nº 34, de 1966, art. 2º, alteração 1ª, e Lei nº 9.532, de 10 de dezembro de 1997, art. 37, inciso I);

IV – os estabelecimentos comerciais de produtos cuja industrialização tenha sido realizada por outro estabelecimento da mesma firma ou de terceiro, mediante a remessa, por eles efetuada, de matérias-primas, produtos intermediários, embalagens, recipientes, moldes, matrizes ou modelos (Lei nº 4.502, de 1964, art. 4º, inciso III, e Decreto-Lei nº 34, de 1966, art. 2º, alteração 33ª);

V – os estabelecimentos comerciais de produtos do Capítulo 22 da TIPI, cuja industrialização tenha sido encomendada a estabelecimento industrial, sob marca ou nome de fantasia de propriedade do encomendante, de terceiro ou do próprio executor da encomenda (Decreto-Lei nº 1.593, de 21 de dezembro de 1977, art. 23);

VI – os estabelecimentos comerciais atacadistas dos produtos classificados nas Posições 71.01 a 71.16 da TIPI (Lei nº 4.502, de 1964, Observações ao Capítulo 71 da Tabela);

VII – os estabelecimentos atacadistas e cooperativas de produtores que derem saída a bebidas alcoólicas e demais produtos, de produção nacional, classificados nas Posições 22.04, 22.05, 22.06 e 22.08 da TIPI e acondicionados em recipientes de capacidade superior ao limite máximo permitido para venda a varejo, com destino aos seguintes estabelecimentos (Lei nº 9.493, de 1997, art. 3º):

a) industriais que utilizarem os produtos mencionados como matéria-prima ou produto intermediário na fabricação de bebidas;

b) atacadistas e cooperativas de produtores; ou

c) engarrafadores dos mesmos produtos;

VIII – os estabelecimentos comerciais atacadistas que adquirirem de estabelecimentos importadores produtos de procedência estrangeira, classificados nas Posições 33.03 a 33.07 da TIPI (Medida Provisória nº 2.158-35, de 24 de agosto de 2001, art. 39);

IX – os estabelecimentos, atacadistas ou varejistas, que adquirirem produtos de procedência estrangeira, importados por encomenda ou por sua conta e ordem, por intermédio de pessoa jurídica importadora (Medida Provisória nº 2.158-35, de 2001, art. 79, e Lei nº 11.281, de 20 de fevereiro de 2006, art. 13);

X – os estabelecimentos atacadistas dos produtos da Posição 87.03 da TIPI (Lei nº 9.779, de 19 de janeiro de 1999, art. 12);

XI a XV – *Revogados*. Dec. nº 10.668, de 8-4-2021;

XVI – relativamente às saídas dos produtos a que se referem os art. 209 e art. 222, os estabelecimentos de pessoa jurídica que:

a) seja caracterizada, na forma definida no art. 243 da Lei nº 6.404, de 15 de dezembro de 1976, como controladora, controlada ou coligada de pessoa jurídica que industrialize ou importe os referidos produtos (Lei nº 13.097, de 19 de janeiro de 2015, art. 18, *caput*, inciso I, e Lei nº 13.241, de 30 de dezembro de 2015, art. 4º, *caput*, inciso I);

b) juntamente com pessoa jurídica que industrialize ou importe os referidos produtos, estiver sob controle societário ou administrativo comum (Lei nº 13.097, de 2015, art. 18, *caput*, inciso III, e Lei nº 13.241, de 2015, art. 4º, *caput*, inciso III);

c) apresente sócio ou acionista controlador, em participação direta ou indireta, que seja cônjuge, companheiro ou parente, consanguíneo ou afim, em linha reta ou colateral, até o terceiro grau, de sócio ou acionista controlador de pessoa jurídica que industrialize ou importe os referidos produtos (Lei nº 13.097, de 2015, art. 18, *caput*, inciso IV, e Lei nº 13.241, de 2015, art. 4º, *caput*, inciso IV);

d) tenha participação no capital social de pessoa jurídica que industrialize ou importe os referidos produtos, exceto nas hipóteses de participação inferior a um por cento em pessoa jurídica com registro de companhia aberta na Comissão de Valores Mobiliários (Lei nº 13.097, de 2015, art. 18, *caput*, inciso V, e Lei nº 13.241, de 2015, art. 4º, *caput*, inciso V); e

e) tenha, em comum com pessoa jurídica que industrialize ou importe os referidos produtos, diretor ou sócio que exerça funções de gerência, ainda que essas funções sejam exercidas sob outra denominação (Lei nº 13.097, de 2015, art. 18, *caput*, inciso VI, e Lei nº 13.241, de 2015, art. 4º, *caput*, inciso VI);

XVII – os estabelecimentos filiais de pessoa jurídica que industrialize ou importe os produtos a que se referem os art. 209 e art. 222 (Lei nº 13.097, de 2015, art. 18, *caput*, inciso II, e Lei nº 13.241, de 2015, art. 4º, *caput*, inciso II); e

XVIII – os estabelecimentos que tiverem adquirido ou recebido em consignação, no ano anterior, mais de vinte por cento do volume de saída de pessoa jurídica que industrialize ou importe os produtos a que se referem os art. 209 e art. 222 (Lei nº 13.097, de 2015, art. 18, *caput*, inciso VII, e Lei nº 13.241, de 2015, art. 4º, *caput*, inciso VII).

• Incisos XVI a XVIII acrescidos pelo Dec. nº 10.668, de 8-4-2021.

§ 1º Nas hipóteses do inciso IX, a Secretaria da Receita Federal do Brasil (Medida Provisória nº 2.158-35, de 2001, art. 80, e Lei nº 11.281, de 2006, art. 11, § 1º):

I – deverá estabelecer requisitos e condições para a atuação de pessoa jurídica importadora:

a) por conta e ordem de terceiro; ou

b) que adquira mercadorias no exterior para revenda a encomendante predeterminado; e

II – poderá exigir prestação de garantia como condição para a entrega de mercadorias, quando o valor das importações for incompatível com o capital social ou o patrimônio líquido do importador ou encomendante predeterminado ou, no caso de importação por conta e ordem, do adquirente.

§ 2º Presume-se por conta e ordem de terceiro, ressalvado o disposto no § 3º, a operação de comércio exterior realizada nas condições previstas no inciso IX:

I – mediante utilização de recursos daquele (Lei nº 10.637, de 30 dezembro de 2002, art. 27); ou

II – em desacordo com os requisitos e condições estabelecidos nos termos da alínea *b* do inciso I do § 1º (Lei nº 11.281, de 2006, art. 11, § 2º).

§ 3º Considera-se promovida por encomenda, nos termos do inciso IX, não configurando importação por conta e ordem, a importação realizada com recursos próprios da pessoa jurídica importadora que adquira mercadorias no exterior para revenda a encomendante predeterminado, participando ou não o encomendante das operações comerciais relativas à aquisição dos produtos no exterior, ressalvado o disposto na alínea *b* do inciso I do § 1º (Lei nº 11.281, de 2006, art. 11, *caput* e § 3º, e Lei nº 11.452, de 2007, art. 18).

§ 4º No caso do inciso X, a equiparação aplica-se, inclusive, ao estabelecimento fabricante dos produtos da Posição 87.03 da TIPI, em relação aos produtos da mesma Posição, produzidos por outro fabricante, ainda que domiciliado no exterior, que revender (Lei nº 9.779, de 1999, art. 12, parágrafo único).

§ 5º *Revogado*. Dec. nº 10.668, de 8-4-2021.

§ 6º Os estabelecimentos industriais quando derem saída a matéria-prima, produto intermediário e material de embalagem, adquiridos de terceiros, com destino a outros estabelecimentos, para industrialização ou revenda, serão considerados estabelecimentos comerciais de bens de produção e obrigatoriamente equiparados a estabelecimento industrial em relação a essas operações (Lei nº 4.502, de 1964, art. 4º, inciso IV, e Decreto-Lei nº 34, de 1966, art. 2º, alteração 1ª).

§ 7º Aos estabelecimentos comerciais atacadistas e varejistas de cigarros e cigarrilhas dos Códigos 2402.20.00, excetuados os classificados no Ex 01, e 2402.10.00 da TIPI, de fabricação nacional ou importados, não se aplicam as equiparações a estabelecimento industrial previstas na legislação do imposto (Lei nº 11.933, de 28 de abril de 2009, art. 9º e Lei nº 12.402, de 2 de maio de 2011, art. 6º, *caput*, inciso I).

§ 8º O previsto no § 7º não se aplica aos estabelecimentos comerciais atacadistas e varejistas que receberem, com suspensão do imposto, cigarros saídos do estabelecimento industrial até 30 de abril de 2009 e cigarrilhas saídas do estabelecimento industrial até 31 de agosto de 2011 (Lei nº 11.933, de 2009, art. 9º, parágrafo único e Lei nº 12.402, de 2011, art. 6º, *caput*, inciso I).

• §§ 7º e 8º com a redação dada pelo Dec. nº 7.990, de 24-4-2013.

Art. 10. São equiparados a estabelecimento industrial os estabelecimentos atacadistas que adquirirem os produtos relacionados no Anexo III da Lei nº 7.798, de 10 de julho de 1989, de estabelecimentos industriais ou dos estabelecimentos equiparados a industriais de que tratam os incisos I a V do art. 9º (Lei nº 7.798, de 1989, arts. 7º e 8º).

§ 1º O disposto neste artigo aplica-se nas hipóteses em que o adquirente e o remetente dos produtos sejam empresas controladoras ou controladas – Lei nº 6.404, de 15 de dezembro de 1976, art. 243, coligadas – Lei nº 10.406, de 10 de janeiro de 2002, art. 1.099, e Lei nº 11.941, de 27 de maio de 2009, art. 46, parágrafo único, interligadas - Decreto-Lei nº 1.950, de 14 de julho de 1982, art. 10, § 2º - ou interdependentes (Lei nº 7.798, de 1989, art. 7º § 1º).

§ 2º Da relação de que trata o *caput* poderão, mediante decreto, ser excluídos produtos ou grupo de produtos cuja permanência se torne irrelevante para arrecadação do imposto, ou incluídos outros cuja alíquota seja igual ou superior a quinze por cento (Lei nº 7.798, de 1989, art. 8º).

Equiparados a Industrial por Opção

Art. 11. Equiparam-se a estabelecimento industrial, por opção (Lei nº 4.502, de 1964, art. 4º, inciso IV, e Decreto-Lei nº 34, de 1966, art. 2º, alteração 1ª):

I - os estabelecimentos comerciais que derem saída a bens de produção, para estabelecimentos industriais ou revendedores, observado o disposto na alínea *a* do inciso I do art. 14; e

II - as cooperativas, constituídas nos termos da Lei nº 5.764, de 16 de dezembro de 1971, que se dedicarem à venda em comum de bens de produção, recebidos de seus associados para comercialização.

Opção e Desistência

Art. 12. O exercício da opção de que trata o art. 11 será formalizado mediante alteração dos dados cadastrais do estabelecimento, no Cadastro Nacional da Pessoa Jurídica - CNPJ, para sua inclusão como contribuinte do imposto.

Parágrafo único. A desistência da condição de contribuinte do imposto será formalizada, também, mediante alteração dos dados cadastrais, conforme definido no *caput*.

Art. 13. Aos estabelecimentos optantes cumprirá, ainda, observar as seguintes normas:

I - ao formalizar a sua opção, o interessado deverá relacionar, no livro Registro de Utilização de Documentos Fiscais e Termos de Ocorrências - Modelo 6, os produtos que possuía no dia imediatamente anterior àquele em que iniciar o regime de tributação ou a ele anexar relação dos referidos produtos;

II - o optante poderá creditar-se, no livro Registro de Apuração do IPI, pelo imposto constante da relação mencionada no inciso I, desde que, nesta, os produtos sejam discriminados pela classificação fiscal, seguidos dos respectivos valores;

III - formalizada a opção, o optante agirá como contribuinte do imposto, obrigando-se ao cumprimento das normas legais e regulamentares correspondentes, até a formalização da desistência; e

IV - a partir da data de desistência, perderá o seu autor a condição de contribuinte, mas não ficará desonerado das obrigações tributárias decorrentes dos atos que haja praticado naquela qualidade.

Estabelecimentos Atacadistas e Varejistas

Art. 14. Para os efeitos deste Regulamento, consideram-se (Lei nº 4.502, de 1964, art. 4º, § 1º, e Decreto-Lei nº 34, de 1966, art. 2º, alteração 1ª):

I - estabelecimento comercial atacadista, o que efetuar vendas:

a) de bens de produção, exceto a particulares em quantidade que não exceda a normalmente destinada ao seu próprio uso;

b) de bens de consumo, em quantidade superior àquela normalmente destinada a uso próprio do adquirente; e

c) a revendedores; e

II - estabelecimento comercial varejista, o que efetuar vendas diretas a consumidor, ainda que realize vendas por atacado esporadicamente, considerando-se esporádicas as vendas por atacado quando, no mesmo semestre civil, o seu valor não exceder a vinte por cento do total das vendas realizadas.

TÍTULO III - DA CLASSIFICAÇÃO DOS PRODUTOS

Art. 15. Os produtos estão distribuídos na TIPI por Seções, Capítulos, Subcapítulos, Posições, Subposições, Itens e Subitens (Lei nº 4.502, de 1964, art. 10).

Art. 16. Far-se-á a classificação de conformidade com as Regras Gerais para Interpretação - RGI, Regras Gerais Complementares - RGC e Notas Complementares - NC, todas da Nomenclatura Comum do MERCOSUL - NCM, integrantes do seu texto (Lei nº 4.502, de 1964, art. 10).

Art. 17. As Notas Explicativas do Sistema Harmonizado de Designação e de Codificação de Mercadorias - NESH, do Conselho de Cooperação Aduaneira na versão luso-brasileira, efetuada pelo Grupo Binacional Brasil/Portugal, e suas alterações aprovadas pela Secretaria da Receita Federal do Brasil, constituem elementos subsidiários de caráter fundamental para a correta interpretação do conteúdo das Posições e Subposições, bem como das Notas de Seção, Capítulo, Posições e de Subposições da Nomenclatura do Sistema Harmonizado (Lei nº 4.502, de 1964, art. 10).

TÍTULO IV - DA IMUNIDADE TRIBUTÁRIA

Art. 18. São imunes da incidência do imposto:

I - os livros, jornais, periódicos e o papel destinado à sua impressão (Constituição Federal, art. 150, inciso VI, alínea *d*);

II - os produtos industrializados destinados ao exterior (Constituição Federal, art. 153, § 3º, inciso III);

III - o ouro, quando definido em lei como ativo financeiro ou instrumento cambial (Constituição Federal, art. 153, § 5º); e

IV - a energia elétrica, derivados de petróleo, combustíveis e minerais do País (Constituição Federal, art. 155, § 3º).

§ 1º A Secretaria da Receita Federal do Brasil poderá estabelecer obrigações acessórias específicas a serem observadas pelas firmas ou estabelecimentos que realizarem operações com o papel referido no inciso I, bem como para a comprovação a que se refere o § 2º, inclusive quanto ao trânsito, dentro do território nacional, do produto a ser exportado (Lei nº 9.779, de 1999, art. 16).

§ 2º Na hipótese do inciso II, a destinação do produto ao exterior será comprovada com a sua saída do território nacional.

§ 3º Para fins do disposto no inciso IV, entende-se como derivados do petróleo os produtos decorrentes da transformação do petróleo, por meio de conjunto de processos genericamente denominado refino ou refinação, classificados quimicamente como hidrocarbonetos (Lei nº 9.478, de 6 de agosto de 1997, art. 6º, incisos III e V).

§ 4º Se a imunidade estiver condicionada à destinação do produto, e a este for dado destino diverso, ficará o responsável pelo fato sujeito ao pagamento do imposto e da penalidade cabível, como se a imunidade não existisse (Lei nº 4.502, de 1964, art. 9º, § 1º, e Lei nº 9.532, de 1997, art. 37, inciso II).

Art. 19. A exportação de produtos nacionais sem que tenha ocorrido a sua saída do território brasileiro somente será admitida, com a produção de todos os efeitos fiscais e cambiais, quando o pagamento for efetivado em moeda na-

LEG. COMPLEMENTAR

cional ou estrangeira de livre conversibilidade e a venda for realizada para (Lei nº 9.826, de 23 de agosto de 1999, art. 6º):

• *Caput* com a redação dada pelo Dec. nº 10.668, de 8-4-2021.

I – empresa sediada no exterior, para ser utilizado exclusivamente nas atividades de pesquisa ou lavra de jazidas de petróleo e de gás natural, conforme definidas na Lei nº 9.478, de 1997, ainda que a utilização se faça por terceiro sediado no País;

II – empresa sediada no exterior, para ser totalmente incorporado a produto final exportado para o Brasil; e

III – órgão ou entidade de governo estrangeiro ou organismo internacional de que o Brasil seja membro, para ser entregue, no País, à ordem do comprador.

§ 1º As operações previstas neste artigo estarão sujeitas ao cumprimento de obrigações e formalidades de natureza administrativa e fiscal, conforme estabelecido pela Secretaria da Receita Federal do Brasil (Lei nº 9.826, de 1999, art. 6º, § 1º).

§ 2º Nas operações de exportação de que trata o *caput*, com pagamento a prazo, os efeitos fiscais e cambiais, caso reconhecidos pela legislação vigente, serão produzidos no momento da contratação, sob condição resolutória, aperfeiçoando-se pelo recebimento integral em moeda nacional ou estrangeira de livre conversibilidade (Lei nº 10.833, de 2003, art. 61).

• § 2º com a redação dada pelo Dec. nº 10.668, de 8-4-2021.

§ 3º O disposto no § 2º aplica-se também ao produto exportado sem saída do território nacional, na forma disciplinada pela Secretaria Especial da Receita Federal do Brasil do Ministério da Economia, para ser (Lei nº 10.833, de 2003, art. 61, parágrafo único):

• *Caput* do § 3º com a redação dada pelo Dec. nº 10.668, de 8-4-2021.

I – totalmente incorporado a bem que se encontre no País, de propriedade do comprador estrangeiro, inclusive em regime de admissão temporária sob a responsabilidade de terceiro;

II – entregue a órgão da administração direta, autárquica ou fundacional da União, dos Estados, do Distrito Federal ou dos Municípios, em cumprimento de contrato decorrente de licitação internacional;

III – entregue, em consignação, a empresa nacional autorizada a operar o regime de loja franca; ou

• Inciso III com a redação dada pelo Dec. nº 10.668, de 8-4-2021.

IV – entregue no País:

• *Caput* com a redação dada pelo Dec. nº 10.668, de 8-4-2021.

a) a subsidiária ou coligada, para distribuição sob a forma de brinde a fornecedores e clientes;

b) a terceiro, em substituição de produto anteriormente exportado e que tenha se mostrado, após o despacho aduaneiro de importação, defeituoso ou imprestável para o fim a que se destinava;

c) a missão diplomática, repartição consular de caráter permanente ou organismo internacional de que a República Federativa do Brasil seja membro, ou a seu integrante, estrangeiro;

d) para ser incorporado a plataforma destinada à pesquisa e à lavra de jazidas de petróleo e gás natural em construção ou conversão contratada por empresa sediada no exterior, ou a seus módulos;

e) para ser incorporado a produto do setor aeronáutico industrializado no território nacional, na hipótese de industrialização por encomenda de empresa estrangeira do bem a ser incorporado;

f) em regime de admissão temporária, por conta do comprador estrangeiro, sob a responsabilidade de terceiro, no caso de aeronaves; ou

g) a órgão do Ministério da Defesa, para ser incorporado a produto de interesse da defesa nacional em construção ou fabricação no território nacional, em decorrência de acordo internacional firmado pela República Federativa do Brasil;

• Alíneas *a* a *g* acrescidas pelo Dec. nº 10.668, de 8-4-2021.

V a VII – *Revogados*. Dec. nº 10.668, de 8-4-2021.

Art. 19-A. Na hipótese de exportação por conta e ordem, considera-se, para efeitos fiscais, que a mercadoria foi exportada pelo produtor ou revendedor contratante da exportação por conta e ordem (Medida Provisória nº 2.158-35, de 2001, art. 81-A, *caput*).

§ 1º A exportação da mercadoria deverá ocorrer no prazo de trinta dias, contado da data da contratação da pessoa jurídica exportadora por conta e ordem (Medida Provisória nº 2.158-35, de 2001, art. 81-A, § 1º).

§ 2º Considera-se data da exportação a data da apresentação da declaração de exportação pela pessoa jurídica exportadora por conta e ordem (Medida Provisória nº 2.158-35, de 2001, art. 81-A, § 2º).

§ 3º Não se considera exportação por conta e ordem de terceiro a operação de venda de mercadorias para pessoa jurídica exportadora (Medida Provisória nº 2.158-35, de 2001, art. 81-A, § 4º).

§ 4º A Secretaria Especial da Receita Federal do Brasil do Ministério da Economia poderá estabelecer requisitos e condições para a atuação de pessoa jurídica exportadora por conta e ordem de terceiro (Medida Provisória nº 2.158-35, de 2001, art. 80, *caput*, inciso I).

• Art. 19-A acrescido pelo Dec. nº 10.668, de 8-4-2021.

Art. 20. Cessará a imunidade do papel destinado à impressão de livros, jornais e periódicos quando este for consumido ou utilizado em finalidade diversa da prevista no inciso I do art. 18, ou encontrado em poder de pessoa que não seja fabricante, importador, ou seus estabelecimentos distribuidores, bem como que não sejam empresas jornalísticas ou editoras (Lei nº 9.532, de 1997, art. 40).

TÍTULO V – DO SUJEITO PASSIVO DA OBRIGAÇÃO TRIBUTÁRIA

CAPÍTULO I

DAS DISPOSIÇÕES PRELIMINARES

Definição

Art. 21. Sujeito passivo da obrigação tributária principal é a pessoa obrigada ao pagamento do imposto ou penalidade pecuniária, e diz-se (Lei nº 5.172, de 1966, art. 121):

I – contribuinte, quando tenha relação pessoal e direta com a situação que constitua o respectivo fato gerador; e

II – responsável, quando, sem revestir a condição de contribuinte, sua obrigação decorra de expressa disposição de lei.

Art. 22. Sujeito passivo da obrigação tributária acessória é a pessoa obrigada às prestações que constituam o seu objeto (Lei nº 5.172, de 1966, art. 122).

Art. 23. As convenções particulares, relativas à responsabilidade pelo pagamento do imposto, não podem ser opostas à Fazenda Pública, para modificar a definição do sujeito passivo das obrigações correspondentes (Lei nº 5.172, de 1966, art. 123).

CAPÍTULO II

DOS CONTRIBUINTES E RESPONSÁVEIS

Contribuintes

Art. 24. São obrigados ao pagamento do imposto como contribuinte:

I – o importador, em relação ao fato gerador decorrente do desembaraço aduaneiro de produto de procedência estrangeira (Lei nº 4.502, de 1964, art. 35, inciso I, alínea *b*);

II – o industrial, em relação ao fato gerador decorrente da saída de produto que industrializar em seu estabelecimento, bem como quanto aos demais fatos geradores decorrentes de atos que praticar (Lei nº 4.502, de 1964, art. 35, inciso I, alínea *a*);

III – o estabelecimento equiparado a industrial, quanto ao fato gerador relativo aos produtos que dele saírem, bem como quanto aos demais fatos geradores decorrentes de atos que praticar (Lei nº 4.502, de 1964, art. 35, inciso I, alínea *a*); e

IV – os que consumirem ou utilizarem em outra finalidade, ou remeterem a pessoas que não sejam empresas jornalísticas ou editoras, o papel destinado à impressão de livros, jornais e periódicos, quando alcançado pela imunidade prevista no inciso I do art. 18 (Lei nº 9.532, de 1997, art. 40).

Parágrafo único. Considera-se contribuinte autônomo qualquer estabelecimento de importador, industrial ou comerciante, em relação a cada fato gerador que decorra de ato que praticar (Lei nº 5.172, de 1966, art. 51, parágrafo único).

Responsáveis

Art. 25. São obrigados ao pagamento do imposto como responsáveis:

I – o transportador, em relação aos produtos tributados que transportar, desacompanhados da documentação comprobatória de sua procedência (Lei nº 4.502, de 1964, art. 35, inciso II, alínea *a*);

II – o possuidor ou detentor, em relação aos produtos tributados que possuir ou mantiver para fins de venda ou industrialização, nas mesmas condições do inciso I (Lei nº 4.502, de 1964, art. 35, inciso II, alínea *b*);

III – o estabelecimento adquirente de produtos usados cuja origem não possa ser comprovada pela falta de marcação, se exigível, de documento fiscal próprio ou do documento a que se refere o art. 372 (Lei nº 4.502, de 1964, art. 35, inciso II, alínea *b*, e art. 43);

IV – o proprietário, o possuidor, o transportador ou qualquer outro detentor de produtos nacionais, do Capítulo 22 e do Código 2402.20.00 da TIPI, saídos do estabelecimento industrial com imunidade ou suspensão do imposto, para exportação, encontrados no País em situação diversa, salvo se em trânsito, quando (Decreto-Lei nº 1.593, de 1977, art. 18, Lei nº 9.532, de 1997, art. 41, Lei nº 10.833, de 2003, art. 40, e Lei nº 11.371, de 28 de novembro de 2006, art. 13):

a) destinados a uso ou consumo de bordo, em embarcações ou aeronaves de tráfego internacional, com pagamento em moeda conversível (Decreto-Lei nº 1.593, de 1977, art. 8º, inciso I);

b) destinados a lojas francas, em operação de venda direta, nos termos e condições estabelecidos pelo art. 15 do Decreto-Lei nº 1.455, de 7 de abril de 1976 (Decreto-Lei nº 1.593, de 1977, art. 8º, inciso II);

c) adquiridos por empresa comercial exportadora, com o fim específico de exportação, e remetidos diretamente do estabelecimento industrial para embarque de exportação ou para recintos alfandegados, por conta e ordem da adquirente (Lei nº 9.532, de 1997, art. 39, inciso I e § 2º); ou

d) remetidos a recintos alfandegados ou a outros locais onde se processe o despacho aduaneiro de exportação (Lei nº 9.532, de 1997, art. 39, inciso II);

V – os estabelecimentos que possuírem produtos tributados ou isentos, sujeitos a serem rotulados ou marcados, ou, ainda, ao selo de controle, quando não estiverem rotulados, marcados ou selados (Lei nº 4.502, de 1964, art. 62, e Lei nº 9.532, de 1997, art. 37, inciso V);

VI – os que desatenderem as normas e requisitos a que estiver condicionada a imunidade, a isenção ou a suspensão do imposto (Lei nº 4.502, de 1964, art. 9º, § 1º, e Lei nº 9.532, de 1997, art. 37, inciso II);

VII – a empresa comercial exportadora, em relação ao imposto que deixou de ser pago, na saída do estabelecimento industrial, referente aos produtos por ela adquiridos com o fim específico de exportação, nas hipóteses em que (Lei nº 9.532, de 1997, art. 39, § 3º):

a) tenha transcorrido cento e oitenta dias da data da emissão da nota fiscal de venda pelo estabelecimento industrial, não houver sido efetivada a exportação (Lei nº 9.532, de 1997, art. 39, § 3º, alínea *a*);

b) os produtos forem revendidos no mercado interno (Lei nº 9.532, de 1997, art. 39, § 3º, alínea *b*); ou

c) ocorrer a destruição, o furto ou roubo dos produtos (Lei nº 9.532, de 1997, art. 39, § 3º, alínea *c*);

VIII – a pessoa física ou jurídica que não seja empresa jornalística ou editora, em cuja posse for encontrado o papel, destinado à impressão de livros, jornais e periódicos, a que se refere o inciso I do art. 18 (Lei nº 9.532, de 1997, art. 40, parágrafo único);

IX – o estabelecimento comercial atacadista de produtos sujeitos ao regime de que trata a Lei nº 7.798, de 1989, que possuir ou mantiver produtos desacompanhados da documentação comprobatória de sua procedência, ou que deles der saída (Lei nº 7.798, de 1989, art. 4º, § 3º, e Medida Provisória nº 2.158-35, de 2001, art. 33);

X a XII – *Revogados*. Dec. nº 10.668, de 8-4-2021;

XIII – o estabelecimento comercial atacadista que possuir ou mantiver os produtos a que se referem os art. 209 e art. 222 desacompanhados da documentação comprobatória de sua procedência ou que a eles der saída (Lei nº 13.097, de 2015, art. 22, e Lei nº 13.241, de 2015, art. 5º).

- Inciso XIII acrescido pelo Dec. nº 10.668, de 8-4-2021.

§ 1º Nos casos dos incisos I e II não se exclui a responsabilidade por infração do contribuinte quando este for identificado (Lei nº 4.502, de 1964, art. 35, § 1º, e Lei nº 9.430, de 27 de dezembro de 1996, art. 31).

§ 2º *Revogado*. Dec. nº 10.668, de 8-4-2021.

Responsável como Contribuinte Substituto

Art. 26. É ainda responsável, por substituição, o industrial ou equiparado a industrial, mediante requerimento, em relação às operações anteriores, concomitantes ou posteriores às saídas que promover, nas hipóteses e condições estabelecidas pela Secretaria da Receita Federal do Brasil (Lei nº 4.502, de 1964, art. 35, inciso II, alínea *c*, e Lei nº 9.430, de 1996, art. 31).

Responsabilidade Solidária

Art. 27. São solidariamente responsáveis:

I – o contribuinte substituído, na hipótese do art. 26, pelo pagamento do imposto em relação ao qual estiver sendo substituído, no caso de inadimplência do contribuinte substituto (Lei nº 4.502, de 1964, art. 35, § 2º, e Lei nº 9.430, de 1996, art. 31);

II – o adquirente ou cessionário de mercadoria importada beneficiada com isenção ou redução do imposto pelo seu pagamento e dos acréscimos legais (Decreto-Lei nº 37, de 18 de novembro de 1966, art. 32, parágrafo único, inciso I, e Medida Provisória nº 2.158-35, de 2001, art. 77);

III – o adquirente de mercadoria de procedência estrangeira, no caso de importação realizada por sua conta e ordem, por intermédio de pessoa jurídica importadora, pelo pagamento do imposto e acréscimos legais (Decreto-Lei nº 37, de 1966, art. 32, parágrafo único, alínea *c*, Medida Provisória nº 2.158-35, de 2001, art. 77, e Lei nº 11.281, de 2006, art. 12);

IV – o encomendante predeterminado que adquire mercadoria de procedência estrangeira de pessoa jurídica importadora, na operação a que se refere o § 3º do art. 9º, pelo pagamento do imposto e acréscimos legais (Decreto-Lei nº 37, de 1966, art. 32, parágrafo único, alínea *d*, e Lei nº 11.281, de 2006, art. 12);

V – o estabelecimento industrial de produtos classificados no Código 2402.20.00 da TIPI, com a empresa comercial exportadora, na hipótese de operação de venda com o fim específico de exportação, pelo pagamento do imposto e dos respectivos acréscimos legais, devidos em decorrência da não efetivação da exportação (Medida Provisória nº 2.158-35, de 2001, art. 35);

VI – o encomendante de produtos sujeitos ao regime de que trata a Lei nº 7.798, de 1989, com o estabelecimento industrial executor da encomenda, pelo cumprimento da obrigação principal e acréscimos legais (Lei nº 7.798, de 1989, art. 4º, § 2º, e Medida Provisória nº 2.158-35, de 2001, art. 33);

VII – o beneficiário de regime aduaneiro suspensivo do imposto, destinado à industrialização para exportação, pelas obrigações tributárias decorrentes da admissão de mercadoria no regime por outro beneficiário, mediante sua anuência, com vistas à execução de etapa da cadeia industrial do produto a ser exportado (Lei nº 10.833, de 2003, art. 59);

VIII – o encomendante e o industrial, pelo imposto devido na hipótese prevista no § 5º do art. 43 (Lei nº 13.097, de 2015, art. 21, parágrafo único, e Lei nº 13.241, de 2015, art. 3º, parágrafo único);

- Incisos VII e VIII com a redação dada pelo Dec. nº 10.668, de 8-4-2021.

IX – o estabelecimento produtor ou importador dos produtos de que trata o art. 222 e a pessoa jurídica que possui estabelecimento equiparado a industrial na forma prevista nos incisos XVI ao XVIII do *caput* do art. 9º, na hipótese de inobservância às regras de equiparação relativas aos referidos produtos (Lei nº 13.097, de 2015, art. 20); e

X – a pessoa jurídica exportadora e o produtor ou revendedor contratante da exportação por conta e ordem, pelos tributos devidos e pelas penalidades aplicáveis, na hipótese de inobservância ao prazo de que trata o § 1º do art. 19-A (Medida Provisória nº 2.158-35, de 2001, art. 81-A, § 3º).

- Incisos IX e X acrescidos pelo Dec. nº 10.668, de 8-4-2021.

§ 1º Aplica-se à operação de que trata o inciso III o disposto no § 2º do art. 9º (Lei nº 10.637, de 2002, art. 27, e Lei nº 11.281, de 2006, art. 11, § 2º).

§ 2º O disposto no inciso V aplica-se também aos produtos destinados a uso ou consumo de bordo, em embarcações ou aeronaves em tráfego internacional, inclusive por meio de *ship's chandler* (Medida Provisória nº 2.158-35, de 2001, art. 35, parágrafo único).

Art. 28. São solidariamente responsáveis com o sujeito passivo, no período de sua administração, gestão ou representação, os acionistas controladores, e os diretores, gerentes ou representantes de pessoas jurídicas de direito privado, pelos créditos tributários decorrentes do não recolhimento do imposto no prazo legal (Decreto-Lei nº 1.736, de 20 de dezembro de 1979, art. 8º).

Art. 29. São solidariamente responsáveis os curadores quanto ao imposto que deixar de ser pago, em razão da isenção de que trata o inciso IV do art. 55 (Lei nº 8.989, de 24 de fevereiro de 1995, art. 1º, § 5º, e Lei nº 10.690, de 16 de junho de 2003, art. 2º).

Responsabilidade pela Infração

Art. 30. Na hipótese dos incisos III e IV do art. 27, o adquirente de mercadoria de procedência estrangeira responde conjunta ou isoladamente pela infração (Decreto-Lei nº 37, de 1966, art. 95, incisos V e VI, Medida Provisória nº 2.158-35, de 2001, art. 78, e Lei nº 11.281, de 2006, art. 12).

CAPÍTULO III
DA CAPACIDADE TRIBUTÁRIA

Art. 31. A capacidade jurídica para ser sujeito passivo da obrigação tributária decorre exclusivamente do fato de se encontrar a pessoa nas condições previstas em lei, neste Regulamento ou nos atos administrativos de caráter normativo destinados a completá-lo, como dando lugar à referida obrigação (Lei nº 4.502, de 1964, art. 40).

Parágrafo único. São irrelevantes, para excluir a responsabilidade pelo cumprimento da obrigação ou a decorrente de sua inobservância:

I – as causas que, de acordo com o direito privado, excluam a capacidade civil das pessoas naturais (Lei nº 5.172, de 1966, art. 126, inciso I, e Lei nº 4.502, de 1964, art. 40, parágrafo único, inciso I);

II – o fato de achar-se a pessoa natural sujeita a medidas que importem privação ou limitação do exercício de atividades civis, comerciais ou profissionais, ou da administração direta de seus bens ou negócios (Lei nº 5.172, de 1966, art. 126, inciso II);

III – a irregularidade formal na constituição das pessoas jurídicas de direito privado e das firmas individuais, bastando que configurem uma unidade econômica ou profissional (Lei nº 5.172, de 1966, art. 126, inciso III, e Lei nº 4.502, de 1964, art. 40, parágrafo único, inciso II);

IV – a inexistência de estabelecimento fixo, e a sua clandestinidade ou a precariedade de suas instalações (Lei nº 4.502, de 1964, art. 40, parágrafo único, inciso III); e

V – a inabitualidade no exercício da atividade ou na prática dos atos que deem origem à tributação ou à imposição da pena (Lei nº 4.502, de 1964, art. 40, parágrafo único, inciso IV).

CAPÍTULO IV
DO DOMICÍLIO TRIBUTÁRIO

Art. 32. Para os efeitos de cumprimento da obrigação tributária e de determinação da competência das autoridades administrativas, considera-se domicílio tributário do sujeito passivo (Lei nº 5.172, de 1966, art. 127 e Lei nº 4.502, de 1964, art. 41):

I – se pessoa jurídica de direito privado, ou firma individual, o lugar do estabelecimento responsável pelo cumprimento da obrigação tributária;

II – se pessoa jurídica de direito público, o lugar da situação da repartição responsável pelo cumprimento da obrigação tributária;

III – se comerciante ambulante, a sede de seus negócios ou, na impossibilidade de determinação dela, o local de sua residência habitual, ou qualquer dos lugares em que exerça a sua atividade, quando não tenha residência certa ou conhecida; ou

IV – se pessoa natural não compreendida no inciso III, o local de sua residência habitual ou, sendo esta incerta ou desconhecida, o centro habitual de sua atividade.

§ 1º Quando não couber a aplicação das regras fixadas em qualquer dos incisos do *caput*, considerar-se-á como domicílio tributário do contribuinte ou responsável o lugar da situação dos bens ou da ocorrência dos atos ou fatos que deram origem à obrigação.

§ 2º A autoridade administrativa pode recusar o domicílio eleito, quando impossibilite ou dificulte a arrecadação ou a fiscalização do tributo, aplicando-se então a regra do § 1º.

TÍTULO VI – DA CONTAGEM E FLUÊNCIA DOS PRAZOS

Art. 33. Os prazos previstos neste Regulamento serão contínuos, excluindo-se na sua contagem o dia do início e incluindo-se o do vencimento (Lei nº 5.172, de 1966, art. 210, e Lei nº 4.502, de 1964, art. 116).

§ 1º Os prazos só se iniciam ou vencem em dia de expediente normal na repartição em que corra o processo ou deva ser praticado o ato (Lei nº 5.172, de 1966, art. 210, parágrafo único, e Lei nº 4.502, de 1964, art. 116).

§ 2º Se o dia do vencimento do prazo cair em domingo, feriado nacional ou local, ponto facultativo ou data em que, por qualquer motivo, não funcionar normalmente a repartição onde deva ser cumprida a obrigação, o prazo considerar-se-á prorrogado até o primeiro dia útil subsequente (Lei nº 5.172, de 1966, art. 210, e Lei nº 4.502, de 1964, art. 116).

§ 3º Será antecipado para o último dia útil imediatamente anterior o término do prazo de recolhimento do imposto que ocorra a 31 de dezembro, quando nesta data não houver expediente bancário (Decreto-Lei nº 400, de 1968, art. 15, e Decreto-Lei nº 1.430, de 2 de dezembro de 1975, art. 1º).

§ 4º Ressalvado o disposto no § 3º, será prorrogado para o primeiro dia útil subsequente ao prazo para recolhimento do imposto cujo término ocorrer em data em que, por qualquer motivo, não funcionarem os estabelecimentos bancários arrecadadores.

Art. 34. Nenhum procedimento do contribuinte, não autorizado pela legislação, interromperá os prazos fixados para o recolhimento do imposto.

TÍTULO VII – DA OBRIGAÇÃO PRINCIPAL

CAPÍTULO I

DO FATO GERADOR

Hipóteses de Ocorrência

Art. 35. São fatos geradores do imposto (Lei nº 4.502, de 1964, art. 2º, e Lei nº 5.172, de 1966, art. 46):

- *Caput* com a redação dada pelo Dec. nº 10.668, de 8-4-2021.

I – o desembaraço aduaneiro de produto de procedência estrangeira; e

- Inciso I com a redação dada pelo Dec. nº 10.668, de 8-4-2021.

II – a saída de produto do estabelecimento industrial, ou equiparado a industrial.

Parágrafo único. Para efeito do disposto no inciso I, considerar-se-á ocorrido o respectivo desembaraço aduaneiro da mercadoria que constar como tendo sido importada e cujo extravio ou avaria venham a ser apurados pela autoridade fiscal, inclusive na hipótese de mercadoria sob regime suspensivo de tributação (Lei nº 4.502, de 1964, art. 2º, § 3º, e Lei nº 10.833, de 2003, art. 80).

Art. 36. Considera-se ocorrido o fato gerador:

I – na entrega ao comprador, quanto aos produtos vendidos por intermédio de ambulantes (Lei nº 4.502, de 1964, art. 2º e art. 5º, inciso I, alínea *a*, e Decreto-Lei nº 1.133, de 16 de novembro de 1970, art. 1º);

II – na saída de armazém-geral ou outro depositário do estabelecimento industrial ou equiparado a industrial depositante, quanto aos produtos entregues diretamente a outro estabelecimento (Lei nº 4.502, de 1964, art. 2º e art. 5º, inciso I, alínea *a*, e Decreto-Lei nº 1.133, de 1970, art. 1º);

III – na saída da repartição que promoveu o desembaraço aduaneiro, quanto aos produtos que, por ordem do importador, forem remetidos diretamente a terceiros (Lei nº 4.502, de 1964, art. 2º e art. 5º, inciso I, alínea *b*, e Decreto-Lei nº 1.133, de 1970, art. 1º);

IV – na saída do estabelecimento industrial diretamente para estabelecimento da mesma firma ou de terceiro, por ordem do encomendante, quanto aos produtos mandados industrializar por encomenda (Lei nº 4.502, de 1964, art. 2º e art. 5º, inciso I, alínea *c*, e Decreto-Lei nº 1.133, de 1970, art. 1º);

V – na saída de bens de produção dos associados para as suas cooperativas, equiparadas, por opção, a estabelecimento industrial;

VI – no quarto dia da data da emissão da respectiva nota fiscal, quanto aos produtos que até o dia anterior não tiverem deixado o estabelecimento do contribuinte (Lei nº 4.502, de 1964, art. 2º e art. 5º, inciso I, alínea *d*, e Decreto-Lei nº 1.133, de 1970, art. 1º);

VII – no momento em que ficar concluída a operação industrial, quando a industrialização se der no próprio local de consumo ou de utilização do produto, fora do estabelecimento industrial (Lei nº 4.502, de 1964, art. 2º, § 1º);

VIII – no início do consumo ou da utilização do papel destinado à impressão de livros, jornais e periódicos, em finalidade diferente da que lhe é prevista na imunidade de que trata o inciso I do art. 18, ou na saída do fabricante, do importador ou de seus estabelecimentos distribuidores, para pessoas que não sejam empresas jornalísticas ou editoras (Lei nº 9.532, de 1997, art. 40);

IX – na aquisição ou, se a venda tiver sido feita antes de concluída a operação industrial, na conclusão desta, quanto aos produtos que, antes de sair do estabelecimento que os tenha industrializado por encomenda, sejam por este adquiridos;

X – na data da emissão da nota fiscal pelo estabelecimento industrial, quando da ocorrência de qualquer das hipóteses enumeradas no inciso VII do art. 25 (Lei nº 9.532, de 1997, art. 39, § 4º);

XI – no momento da sua venda, quanto aos produtos objeto de operação de venda que forem consumidos ou utilizados dentro do estabelecimento industrial (Lei nº 4.502, de 1964, art. 2º e art. 5º, inciso I, alínea *e*, Decreto-Lei nº 1.133, de 1970, art. 1º, e Lei nº 9.532, de 1997, art. 38);

XII – na saída simbólica de álcool das usinas produtoras para as suas cooperativas, equiparadas, por opção, a estabelecimento industrial; e

XIII – na data do vencimento do prazo de permanência da mercadoria no recinto alfandegado, antes de aplicada a pena de perdimento, quando as mercadorias importadas forem consideradas abandonadas pelo decurso do referido prazo (Decreto-Lei nº 1.455, de 1976, art. 23, inciso II, e Lei nº 9.779, de 1999, art. 18, e parágrafo único).

Parágrafo único. Na hipótese do inciso VII, considera-se concluída a operação industrial e ocorrido o fato gerador na data da entrega do produto ao adquirente ou na data em que se iniciar o seu consumo ou a sua utilização, se anterior à formalização da entrega.

Art. 37. Na hipótese de venda, exposição à venda, ou consumo no território nacional, de produtos destinados ao exterior, ou na hipótese de descumprimento das condições estabelecidas para a isenção ou a suspensão do imposto, considerar-se-á ocorrido o fato gerador na data da saída dos produtos do estabelecimento industrial ou equiparado a industrial (Lei nº 4.502, de 1964, art. 9º, § 1º, e Lei nº 9.532, de 1997, art. 37, inciso II).

Exceções

Art. 38. Não constituem fato gerador:

I – o desembaraço aduaneiro de produto nacional que retorne ao Brasil, nos seguintes casos (Decreto-Lei nº 491, de 5 de março de 1969, art. 11):

a) quando enviado em consignação para o exterior e não vendido nos prazos autorizados;

b) por defeito técnico que exija sua devolução, para reparo ou substituição;

c) em virtude de modificações na sistemática de importação do país importador;

d) por motivo de guerra ou calamidade pública; e

e) por quaisquer outros fatores alheios à vontade do exportador;

II – as saídas de produtos subsequentes à primeira:

a) nos casos de locação ou arrendamento, salvo se o produto tiver sido submetido a nova industrialização; ou

b) quando se tratar de bens do ativo permanente, industrializados ou importados pelo próprio estabelecimento industrial ou equiparado a industrial, destinados à execução de serviços pela própria firma remetente;

III – a saída de produtos incorporados ao ativo permanente, após cinco anos de sua incorporação, pelo estabelecimento industrial, ou equiparado a industrial, que os tenha industrializado ou importado; ou

IV – a saída de produtos por motivo de mudança de endereço do estabelecimento.

Irrelevância dos Aspectos Jurídicos

Art. 39. O imposto é devido sejam quais forem as finalidades a que se destine o produto ou o título jurídico a que se faça a importação ou de que decorra a saída do estabelecimento produtor (Lei nº 4.502, de 1964, art. 2º, § 2º).

CAPÍTULO II

DA SUSPENSÃO DO IMPOSTO

Seção I

DAS DISPOSIÇÕES PRELIMINARES

Art. 40. Somente será permitida a saída ou o desembaraço de produtos com suspensão do imposto quando observadas as normas deste Regulamento e as medidas de controle expedidas pela Secretaria da Receita Federal do Brasil.

Art. 41. O implemento da condição a que está subordinada a suspensão resolve a obrigação tributária suspensa.

Art. 42. Quando não forem satisfeitos os requisitos que condicionaram a suspensão, o imposto tornar-se-á imediatamente exigível, como se a suspensão não existisse (Lei nº 4.502, de 1964, art. 9º, § 1º, e Lei nº 9.532, de 1997, art. 37, inciso II).

§ 1º Se a suspensão estiver condicionada à destinação do produto e a este for dado destino diverso do previsto, estará o responsável pelo fato sujeito ao pagamento do imposto e da penalidade cabível, como se a suspensão não existisse.

§ 2º Cumprirá a exigência:

I – o recebedor do produto, no caso de emprego ou destinação diferentes dos que condicionaram a suspensão; ou

II – o remetente do produto, nos demais casos.

Seção II

DOS CASOS DE SUSPENSÃO

Art. 43. Poderão sair com suspensão do imposto:

I – o óleo de menta em bruto, produzido por lavradores, com emprego do produto de sua própria lavoura, quando remetido a estabelecimentos industriais, diretamente ou por intermédio de postos de compra (Decreto-Lei nº 400, de 1968, art. 10);

II – os produtos remetidos pelo estabelecimento industrial, ou equiparado a industrial, diretamente a exposição em feiras de amostras e promoções semelhantes (Decreto-Lei nº 400, de 1968, art. 11);

III – os produtos remetidos pelo estabelecimento industrial, ou equiparado a industrial, a depósitos fechados ou armazéns-gerais, bem como aqueles devolvidos ao remetente (Decreto-Lei nº 400, de 1968, art. 11);

IV – os produtos industrializados, que contiverem matéria-prima, produto intermediário ou material de embalagem importados submetidos ao regime aduaneiro especial de que tratam os incisos II e III do art. 78 do Decreto-Lei nº 37, de 1966 (*drawback* – suspensão, isenção), remetidos diretamente a empresas industriais exportadoras para emprego na produção de mercadorias destinadas à exportação direta ou por intermédio de empresa comercial exportadora, atendidas as condições estabelecidas pela Secretaria da Receita Federal do Brasil;

V – os produtos, destinados à exportação, que saiam do estabelecimento industrial para (Lei nº 9.532, de 1997, art. 39):

a) empresas comerciais exportadoras, com o fim específico de exportação nos termos do § 1º (Lei nº 9.532, de 1997, art. 39, inciso I);

b) recintos alfandegados (Lei nº 9.532, de 1997, art. 39, inciso II); ou

c) outros locais onde se processe o despacho aduaneiro de exportação (Lei nº 9.532, de 1997, art. 39, inciso II);

VI – as matérias-primas, os produtos intermediários e os materiais de embalagem destinados à industrialização, desde que os produtos industrializados sejam enviados ao estabelecimento remetente daqueles insumos;

VII – os produtos que, industrializados na forma do inciso VI e em cuja operação o executor da encomenda não tenha utilizado produtos de sua industrialização ou importação, forem remetidos ao estabelecimento de origem e desde que sejam por este destinados:

a) a comércio; ou

b) a emprego, como matéria-prima, produto intermediário e material de embalagem, em nova industrialização que dê origem a saída de produto tributado;

VIII – as matérias-primas ou os produtos intermediários remetidos por estabelecimento industrial, para emprego em operação industrial realizada fora desse estabelecimento, quando o executor da industrialização for o próprio contribuinte remetente daqueles insumos;

IX – o veículo, aeronave ou embarcação dos Capítulos 87, 88 e 89 da TIPI, que deixar o estabelecimento industrial exclusivamente para emprego em provas de engenharia pelo próprio fabricante, desde que a ele tenha de voltar, não excedido o prazo de permanência fora da fábrica, que será de trinta dias, salvo motivos de ordem técnica devidamente justificados, e constará da nota fiscal expedida para esse fim;

X – os produtos remetidos, para industrialização ou comércio, de um estabelecimento industrial ou equiparado a industrial para outro da mesma firma;

XI – os bens do ativo permanente (máquinas e equipamentos, aparelhos, instrumentos, utensílios, ferramentas, gabaritos, moldes, matrizes e semelhantes) remetidos pelo estabelecimento industrial a outro estabelecimento da mesma firma, para serem utilizados no processo industrial do recebedor;

XII – os bens do ativo permanente remetidos pelo estabelecimento industrial a outro estabelecimento, para serem utilizados no processo industrial de produtos encomendados pelo remetente, desde que devam retornar ao estabelecimento encomendante, após o prazo fixado para a fabricação dos produtos;

XIII – as partes e peças destinadas a reparo de produtos com defeito de fabricação, quando a operação for executada gratuitamente por concessionários ou representantes, em virtude de garantia dada pelo fabricante;

XIV – as matérias-primas, os produtos intermediários e os materiais de embalagem, de fabricação nacional, vendidos a (Lei nº 8.402, de 8 de janeiro de 1992, art. 3º):

a) estabelecimento industrial, para industrialização de produtos destinados à exportação; ou

b) estabelecimento comercial, para industrialização em outro estabelecimento da mesma firma ou de terceiro, de produto destinado à exportação; e

XV – produtos para emprego ou consumo na industrialização ou elaboração de produto a ser exportado, adquiridos no mercado interno ou importados (Lei nº 11.945, de 2009, art. 12).

§ 1º No caso da alínea *a* do inciso V, consideram-se adquiridos com o fim específico de exportação os produtos remetidos diretamente do estabelecimento industrial para embarque de exportação ou para recintos alfandegados, por conta e ordem da empresa comercial exportadora (Lei nº 9.532, de 1997, art. 39, § 2º).

§ 2º No caso do inciso XIV do *caput*:

I – a sua aplicação depende de prévia aprovação, pelo Secretário da Receita Federal do Brasil, de plano de exportação, elaborado pela empresa exportadora que irá adquirir as matérias-primas, os produtos intermediários e os materiais de embalagem objeto da suspensão;

II – a exportação dos produtos pela empresa adquirente das matérias-primas, dos produtos intermediários e dos materiais de embalagem fornecidos com suspensão do imposto deverá ser efetivada no prazo de até um ano, contado da aprovação do plano de exportação, prorrogável uma vez, por idêntico período, na forma do inciso I deste parágrafo, admitidas novas prorrogações, respeitado o prazo máximo de cinco anos, quando se tratar de exportação de bens de capital de longo ciclo de produção; e

III – a Secretaria da Receita Federal do Brasil expedirá instruções complementares necessárias a sua execução.

§ 3º No caso do inciso X do *caput*, a suspensão do imposto não se aplica às saídas de cigarros e cigarrilhas dos Códigos 2402.20.00, excetuados os classificados no Ex 01, e 2402.10.00, da TIPI, de fabricação nacional ou importados, dos estabelecimentos industriais ou equiparados quando destinados aos estabelecimentos de que trata o § 7º do art. 9º (Lei nº 11.933, de 2009, art. 9º e Lei nº 12.402, de 2011, art. 6º, *caput*, inciso I).

• § 3º com a redação dada pelo Dec. nº 7.990, de 24-4-2013.

§ 4º No caso do inciso XV do *caput*:

I – as aquisições no mercado interno podem ser combinadas, ou não, com as importações (Lei nº 11.945, de 2009, art. 12, *caput*);

II – a suspensão aplica-se também:

a) a produtos, adquiridos no mercado interno ou importados, para emprego em reparo, criação, cultivo ou atividade de extrativista de produto a ser exportado (Lei nº 11.945, de 2009, art. 12, § 1º, inciso I); e

b) às aquisições no mercado interno ou importações de empresas denominadas fabricantes-intermediários, para industrialização de produto intermediário a ser diretamente fornecido a empresas industriais-exportadoras, para emprego ou consumo na industrialização de produto final destinado à exportação (Lei nº 11.945, de 2009, art. 12, § 1º, inciso III, e Lei nº 12.058, de 13 de outubro de 2009, art. 17);

III – a suspensão beneficia apenas a pessoa jurídica habilitada pela Secretaria de Comércio Exterior do Ministério do Desenvolvimento, Indústria e Comércio Exterior (Lei nº 11.945, de 2009, art. 12, § 2º, e Lei nº 12.058, de 2009, art. 17) ; e

IV – a Secretaria da Receita Federal do Brasil e a Secretaria de Comércio Exterior disciplinarão o benefício em ato conjunto (Lei nº 11.945, de 2009, art. 12, § 3º).

§ 5º Na hipótese prevista no inciso VII do *caput*, a suspensão do imposto não se aplica à industrialização por encomenda dos produtos a que se referem os art. 209 e art. 222, situação em que o imposto será devido na saída do produto do estabelecimento que o industrializar e do estabelecimento encomendante, que poderá creditar-se do imposto destacado pelo industrial (Lei nº 13.097, de 2015, art. 21, e Lei nº 13.241, de 2015, art. 3º).

• § 5º acrescido pelo Dec. nº 10.668, de 8-4-2021.

Art. 44. As bebidas alcoólicas e demais produtos de produção nacional, classificados nas Posições 22.04, 22.05, 2206.00 e 22.08 da TIPI, acondicionados em recipientes de capacidade superior ao limite máximo permitido para venda a varejo, sairão obrigatoriamente com suspensão do imposto dos respectivos estabelecimentos produtores, dos estabelecimentos atacadistas e das cooperativas de produtores, quando destinados aos seguintes estabelecimentos (Lei nº 9.493, de 1997, arts. 3º e 4º):

I – industriais que utilizem os produtos mencionados no *caput* como matéria-prima ou produto intermediário na fabricação de bebidas;

II – atacadistas e cooperativas de produtores; e

III – engarrafadores dos mesmos produtos.

Art. 45. O disposto no art. 43 não se aplica às saídas de produtos a que se refere o art. 222 promovidas pelos estabelecimentos industriais e equiparados na forma prevista no inciso V e nos incisos XVI ao XVIII do *caput* do art. 9º (Lei nº 13.097, de 2015, art. 15, § 5º).

• *Caput* com a redação dada pelo Dec. nº 10.668, de 8-4-2021.

I a III – *Revogados.* Dec. nº 10.668, de 8-4-2021.

Parágrafo único. *Revogado.* Dec. nº 10.668, de 8-4-2021.

Art. 46. Sairão do estabelecimento industrial com suspensão do imposto:

I – as matérias-primas, os produtos intermediários e os materiais de embalagem, destinados a estabelecimento que se dedique, preponderantemente, à elaboração de produtos classificados nos Capítulos 2 a 4, 7 a 12, 15 a 20, 23 (exceto Códigos 2309.10.00 e 2309.90.30 e Ex 01 no Código 2309.90.90), 28 a 31, e 64, nos Códigos 2209.00.00 e 2501.00, e nas Posições 21.01 a 2105.00, da TIPI, inclusive aqueles a que corresponde a notação "NT" (Lei nº 10.637, de 2002, art. 29);

• Inciso I com a redação dada pelo Dec. nº 10.668, de 8-4-2021.

II – as matérias-primas, os produtos intermediários e os materiais de embalagem, quando adquiridos por estabelecimentos industriais fabricantes, preponderantemente, de partes e peças destinadas a estabelecimento industrial fabricante de produto classificado no Capítulo 88 da TIPI (Lei nº 10.637, de 2002, art. 29, § 1º, inciso I, alínea *b*);

III – as matérias-primas, os produtos intermediários e os materiais de embalagem, quando adquiridos por pessoas jurídicas preponderantemente exportadoras (Lei nº 10.637, de 2002, art. 29, § 1º, inciso II); e

IV – os materiais e os equipamentos, incluindo partes, peças e componentes, destinados ao emprego na construção, conservação, modernização, conversão ou reparo de embarcações pré-registradas ou registradas no Registro Especial Brasileiro – REB, instituído pela Lei nº 9.432, de 8 de janeiro de 1997, quando adquiridos por estaleiros navais brasileiros (Lei nº 9.493, de 1997, art. 10, e Lei nº 11.774, de 17 de setembro de 2008, art. 15).

§ 1º O disposto nos incisos I e II do *caput* aplica-se ao estabelecimento industrial cuja receita bruta decorrente dos produtos ali referidos, no ano-calendário imediatamente anterior ao da aquisição, houver sido superior a sessenta por cento de sua receita bruta total no mesmo período (Lei nº 10.637, de 2002, art. 29, § 2º).

§ 2º Para fins do disposto no inciso III do *caput*, considera-se pessoa jurídica preponderantemente exportadora aquela cuja receita bruta decorrente de exportação para o exterior, no ano-calendário imediatamente anterior ao da aquisição, houver sido superior a cinquenta por cento de sua receita bruta total de vendas de bens e serviços no mesmo período, após excluídos os impostos e as contribuições sobre a venda (Lei nº 10.637, de 2002, art. 29, § 3º).

• § 2º com a redação dada pelo Dec. nº 10.668, de 8-4-2021.

§ 3º *Revogado.* Dec. nº 10.668, de 8-4-2021.

§ 4º Para os fins do disposto neste artigo, as empresas adquirentes deverão (Lei nº 10.637, de 2002, art. 29, § 7º):

I – atender aos termos e às condições estabelecidas pela Secretaria da Receita Federal do Brasil (Lei nº 10.637, de 2002, art. 29, § 7º, inciso I); e

II – declarar ao vendedor, de forma expressa e sob as penas da lei, que atendem a todos os requisitos estabelecidos (Lei nº 10.637, de 2002, art. 29, § 7º, inciso II).

§ 5º No caso do inciso IV do *caput*, a suspensão converte-se em alíquota zero após a incorporação ou utilização dos bens adquiridos na construção, conservação, modernização, conversão ou reparo das embarcações para as quais se destinarem, conforme regulamento específico (Lei nº 9.493, de 1997, art. 10, § 2º, e Lei nº 11.774, de 2008, art. 15).

Art. 47. Na hipótese do inciso VII do art. 27, a aquisição de mercadoria nacional por qualquer dos beneficiários do regime, para ser incorporada ao produto a ser exportado, será realizada com suspensão do imposto (Lei nº 10.833, de 2003, art. 59, § 1º).

Art. 48. Serão desembaraçados com suspensão do imposto:

I – os produtos de procedência estrangeira importados diretamente pelos concessionários das lojas francas de que trata o Decreto-Lei nº 1.455, de 1976, nas condições nele referidas e em outras estabelecidas pelo Secretário da Receita Federal do Brasil (Decreto-Lei nº 1.455, de 1976, art. 15, § 2º, e Lei nº 11.371, de 2006, art. 13);

II – as máquinas, os equipamentos, os veículos, os aparelhos e os instrumentos, sem similar nacional, bem como suas partes, peças, acessórios e outros componentes, de procedência estrangeira, importados por empresas nacionais de engenharia, e destinados à execução de obras no exterior, quando autorizada a suspensão pelo Secretário da Receita Federal do Brasil (Decreto-Lei nº 1.418, de 3 de setembro de 1975, art. 3º);

III – os produtos de procedência estrangeira que devam sair das repartições aduaneiras com suspensão do Imposto de Importação, nas condições previstas na respectiva legislação; e

IV – as matérias-primas, os produtos intermediários e os materiais de embalagem, importados diretamente, por encomenda ou por conta e ordem, do estabelecimento de que tratam os incisos I ao III do *caput* do art. 46 (Lei nº 10.637, de 2002, art. 29, § 4º).

• Inciso IV com a redação dada pelo Dec. nº 10.668, de 8-4-2021.

Seção III

DOS REGIMES ESPECIAIS DE SUSPENSÃO

Art. 49. A Secretaria da Receita Federal do Brasil poderá instituir regime especial de suspensão do imposto para implementar o disposto no art. 26 (Lei nº 4.502, de 1964, art. 35, § 2º, e Lei nº 9.430, de 1996, art. 31).

CAPÍTULO III

DAS ISENÇÕES

Seção I

DAS DISPOSIÇÕES PRELIMINARES

Art. 50. Salvo expressa disposição em lei, as isenções do imposto referem-se ao produto e não ao contribuinte ou adquirente (Lei nº 4.502, de 1964, art. 9º).

Art. 51. A isenção de caráter subjetivo só exclui o crédito tributário quando o seu titular estiver na situação de contribuinte ou de responsável.

Parágrafo único. O titular da isenção poderá renunciar ao benefício, obrigando-se a comunicar a renúncia à unidade da Secretaria da Receita Federal do Brasil de sua jurisdição.

Art. 52. Se a isenção estiver condicionada à destinação do produto e a este for dado destino diverso do previsto, estará o responsável pelo fato sujeito ao pagamento do imposto e da penalidade cabível, como se a isenção não existisse (Lei nº 4.502, de 1964, art. 9º, § 1º, e Lei nº 9.532, de 1997, art. 37, inciso II).

§ 1º Salvo comprovado intuito de fraude, o imposto será devido, sem multa, se recolhido espontaneamente, antes do fato modificador da destinação, se esta se der após um ano da ocorrência do fato gerador, não sendo exigível após o decurso de três anos (Lei nº 4.502, de 1964, art. 9º, § 2º).

§ 2º Nos casos dos incisos XII e XIII do art. 54 não será devido o imposto se a mudança se verificar depois de um ano da ocorrência do fato gerador (Lei nº 5.799, de 31 de agosto de 1972, art. 3º, e Decreto-Lei nº 37, de 1966, art. 161).

Art. 53. Os produtos desembaraçados como bagagem não poderão ser depositados para fins comerciais ou expostos à venda, nem vendidos, senão com o pagamento do imposto e dos acréscimos exigíveis, atendido ao disposto no § 1º do art. 52 (Decreto-Lei nº 1.455, de 1976, art. 8º).

Seção II

DOS PRODUTOS ISENTOS

Art. 54. São isentos do imposto:

I – os produtos industrializados por instituições de educação ou de assistência social, quando se destinarem, exclusivamente, a uso próprio ou a distribuição gratuita a seus educandos ou assistidos, no cumprimento de suas finalidades (Lei nº 4.502, de 1964, art. 7º, incisos II e IV);

II – os produtos industrializados por estabelecimentos públicos e autárquicos da União, dos Estados, do Distrito Federal e dos Municípios, que não se destinarem a comércio (Lei nº 4.502, de 1964, art. 7º, inciso III);

III – as amostras de produtos para distribuição gratuita, de diminuto ou nenhum valor comercial, assim considerados os fragmentos ou partes de qualquer mercadoria, em quantidade estritamente necessária a dar a conhecer a sua natureza, espécie e qualidade, atendidas as seguintes condições (Lei nº 4.502, de 1964, art. 7º, inciso V):

a) indicação no produto e no seu envoltório da expressão "Amostra Grátis", em caracteres com destaque;

b) quantidade não excedente de vinte por cento do conteúdo ou do número de unidades da menor embalagem da apresentação comercial do mesmo produto, para venda ao consumidor; e

c) distribuição exclusivamente a médicos, veterinários e dentistas, bem como a estabelecimentos hospitalares, quando se tratar de produtos da indústria farmacêutica;

IV – as amostras de tecidos de qualquer largura, e de comprimento até quarenta e cinco centímetros para os de algodão estampado, e até trinta centímetros para os demais, desde que contenham, em qualquer caso, impressa tipograficamente ou a carimbo, a expressão "Sem Valor Comercial", dispensadas desta exigência as amostras cujo comprimento não exceda de vinte e cinco centímetros e de quinze centímetros nas hipóteses supra, respectivamente (Lei nº 4.502, de 1964, art. 7º, inciso VI);

V – os pés isolados de calçados, conduzidos por viajante do estabelecimento industrial, desde que tenham gravada, no solado, a expressão "Amostra para Viajante" (Lei nº 4.502, de 1964, art. 7º, inciso VII);

VI – as aeronaves de uso militar e suas partes e peças, vendidas à União (Lei nº 4.502, de 1964, art. 7º, inciso XXXVII, Decreto-Lei nº 34, de 1966, art. 2º, alteração 3ª, Lei nº 5.330, de 11 de outubro de 1967, art. 1º, e Lei nº 8.402, de 1992, art. 1º, inciso VIII);

VII – os caixões funerários (Lei nº 4.502, de 1964, art. 7º, inciso XV);

VIII – o papel destinado à impressão de músicas (Lei nº 4.502, de 1964, art. 7º, inciso XII);

IX – as panelas e outros artefatos semelhantes, de uso doméstico, de fabricação rústica, de pedra ou barro bruto, apenas umedecido e amassado, com ou sem vidramento de sal (Lei nº 4.502, de 1964, art. 7º, inciso XXVI, e Decreto-Lei nº 34, de 1966, art. 2º, alteração 3ª);

X – os chapéus, roupas e proteção, de couro, próprios para tropeiros (Lei nº 4.502, de 1964, art. 7º, inciso XXVIII, e Decreto-Lei nº 34, de 1966, art. 2º, alteração 3ª);

XI – o material bélico, de uso privativo das Forças Armadas, vendido à União, na forma das instruções expedidas pelo Secretário da Receita Federal do Brasil (Lei nº 4.502, de 1964, art. 7º, inciso XXXVI, Decreto-Lei nº 34, de 1966, art. 2º, alteração 3ª, Lei nº 5.330, de 1967, art. 1º, e Lei nº 8.402, de 1992, art. 1º, inciso VIII);

XII – o automóvel adquirido diretamente de fabricante nacional, pelas missões diplomáticas e pelas repartições consulares de caráter permanente, ou pelos seus integrantes, bem como pelas representações de órgãos internacionais ou regionais de que o Brasil seja membro, e pelos seus funcionários, peritos, técnicos e consultores, de nacionalidade estrangeira, que exerçam funções de caráter permanente, quando a aquisição se fizer em substituição da faculdade de importar o produto com idêntico favor (Decreto-Lei nº 37, de 1966, art. 161, Lei nº 8.032, de 12 de abril de 1990, art. 2º, inciso I, alíneas *c* e *d*, e Lei nº 8.402, de 1992, art. 1º, inciso IV);

XIII – o veículo de fabricação nacional adquirido por funcionário das missões diplomáticas acreditadas junto ao Governo brasileiro, ao qual seja reconhecida a qualidade diplomática, que não seja de nacionalidade brasileira e nem tenha residência permanente no País, sem prejuízo dos direitos que lhe são assegurados no inciso XII, ressalvado o princípio da reciprocidade de tratamento (Lei nº 5.799, de 1972, art. 1º);

XIV – os produtos nacionais saídos do estabelecimento industrial ou equiparado a industrial, diretamente para lojas francas, nos termos e nas condições estabelecidos pelos art. 15 ou art. 15-A do Decreto-Lei nº 1.455, de 1976 (Decreto-Lei nº 1.455, de 1976, art. 15, § 3º, e art. 15-A, § 2º, e Lei nº 8.402, de 1992, art. 1º, *caput*, inciso VI);

- Inciso XIV com a redação dada pelo Dec. nº 10.668, de 8-4-2021.

XV – os materiais e equipamentos saídos do estabelecimento industrial, ou equiparado a industrial, para a Itaipu Binacional, ou por esta importados, para utilização nos trabalhos de construção da central elétrica da mesma empresa, seus acessórios e obras complementares, ou para incorporação à referida central elétrica, observadas as condições previstas no art. XII do Tratado entre a República Federativa do Brasil e a República do Paraguai, concluído em Brasília a 26 de abril de 1973, promulgado pelo Decreto nº 72.707, de 28 de agosto de 1973;

XVI – os produtos importados diretamente por missões diplomáticas e repartições consulares de caráter permanente e pelos respectivos integrantes, e por representações, no

País, de organismos internacionais de caráter permanente, inclusive os de âmbito regional, dos quais o Brasil seja membro, e pelos respectivos integrantes (Lei nº 4.502, de 1964, art. 8º, inciso II, Lei nº 8.032, de 1990, arts. 2º, inciso I, alíneas *c* e *d*, e 3º, e Lei nº 8.402, de 1992, art. 1º, inciso IV);

XVII – a bagagem de passageiros desembaraçada com isenção do Imposto de Importação na forma da legislação pertinente (Lei nº 4.502, de 1964, art. 8º, inciso III, Lei nº 8.032, de 1990, art. 3º, inciso II, e Lei nº 8.402, de 1992, art. 1º, inciso IV);

XVIII – os bens de passageiros procedentes do exterior, desembaraçados com a qualificação de bagagem tributada, com o pagamento do Imposto de Importação, na forma da legislação pertinente (Decreto-Lei nº 1.455, de 1976, art. 4º, Lei nº 8.032, de 1990, art. 3º, inciso II, e Lei nº 8.402, de 1992, art. 1º, inciso IV);

XIX – os bens contidos em remessas postais internacionais sujeitas ao regime de tributação simplificada para a cobrança do Imposto de Importação (Decreto-Lei nº 1.804, de 3 de setembro de 1980, art. 1º, § 1º, Lei nº 8.032, de 1990, art. 3º, inciso II, e Lei nº 8.402, de 1992, art. 1º, inciso IV);

XX – as máquinas, os equipamentos, os aparelhos e os instrumentos, as suas partes e peças de reposição, os acessórios, as matérias-primas e os produtos intermediários, destinados à pesquisa científica e tecnológica, importados pelo Conselho Nacional de Desenvolvimento Científico e Tecnológico – CNPq, por cientistas, pesquisadores, instituição científica, tecnológica e de inovação e entidades sem fins lucrativos ativos no fomento, na coordenação ou na execução de programas de pesquisa científica e tecnológica, de inovação ou de ensino e devidamente credenciados pelo CNPq (Lei nº 8.010, de 29 de março de 1990, art. 1º, § 2º);

• Inciso XX com a redação dada pelo Dec. nº 10.668, de 8-4-2021.

XXI – os demais produtos de procedência estrangeira, nas hipóteses previstas pelo art. 2º da Lei nº 8.032, de 1990, desde que satisfeitos os requisitos e condições exigidos para a concessão do benefício análogo relativo ao Imposto de Importação (Lei nº 8.032, de 1990, art. 3º, inciso I, e Lei nº 8.402, de 1992, art. 1º, inciso IV);

XXII – os seguintes produtos de procedência estrangeira, nos termos, limites e condições estabelecidos em regulamento próprio:

a) troféus, medalhas, placas, estatuetas, distintivos, flâmulas, bandeiras e outros objetos comemorativos recebidos em evento cultural, científico ou esportivo oficial realizado no exterior ou para serem distribuídos gratuitamente como premiação em evento esportivo realizado no País (Lei nº 11.488, de 15 de junho de 2007, art. 38, inciso I);

b) bens dos tipos e em quantidades normalmente consumidos em evento esportivo oficial (Lei nº 11.488, de 2007, art. 38, inciso II);

c) material promocional, impressos, folhetos e outros bens com finalidade semelhante, a serem distribuídos gratuitamente ou utilizados em evento esportivo oficial (Lei nº 11.488, de 2007, art. 38, inciso III); e

d) bens importados por desportistas, desde que tenham sido utilizados por estes em evento esportivo oficial e recebidos em doação de entidade de prática desportiva estrangeira ou da promotora ou patrocinadora do evento (Lei nº 11.488, de 2007, art. 38, parágrafo único);

XXIII – os veículos automotores de qualquer natureza, máquinas, equipamentos, bem como suas partes e peças separadas, quando destinadas à utilização nas atividades dos Corpos de Bombeiros, em todo o território nacional, nas saídas de estabelecimento industrial ou equiparado a industrial (Lei nº 8.058, de 2 de julho de 1990, art. 1º);

XXIV – os produtos importados destinados a consumo no recinto de congressos, feiras e exposições internacionais, e eventos assemelhados, a título de promoção ou degustação, de montagem ou conservação de estandes, ou de demonstração de equipamentos em exposição, observado que a isenção (Lei nº 8.383, de 30 de dezembro de 1991, art. 70, §§ 1º a 3º):

a) não se aplica a produtos destinados à montagem de estandes, susceptíveis de serem aproveitados após o evento;

b) está condicionada a que nenhum pagamento, a qualquer título, seja efetuado ao exterior, com relação aos produtos objeto da isenção; e

c) está sujeita a limites de quantidades e valor, além de outros requisitos, estabelecidos pelo Ministro de Estado da Fazenda;

XXV – os bens de informática destinados à coleta eletrônica de votos, fornecidos diretamente ao Tribunal Superior Eleitoral, bem como (Lei nº 9.359, de 12 de dezembro de 1996, art. 1º):

a) as matérias-primas e os produtos intermediários importados para serem utilizados na industrialização desses bens e dos produtos classificados sob os Códigos 8471.60.52, 8471.60.61, 8473.30.49, 8504.40.21 e 8534.00.00 da TIPI a eles destinados (Lei nº 9.359, de 1996, art. 2º, e Lei nº 9.643, de 26 de maio de 1998, art. 1º); e

b) as matérias-primas, os produtos intermediários e os materiais de embalagem, de fabricação nacional, para serem utilizados na industrialização desses bens (Lei nº 9.359, de 1996, art. 2º, parágrafo único);

XXVI – *Revogado*. Dec. nº 10.668, de 8-4-2021;

XXVII – as partes, peças e componentes importados destinados ao emprego na conservação, modernização e conversão de embarcações registradas no REB, instituído pela Lei nº 9.432, de 1997, desde que realizadas em estaleiros navais brasileiros (Lei nº 9.493, de 1997, art. 11); e

XXVIII – os aparelhos transmissores e receptores de radiotelefonia e radiotelegrafia, os veículos para patrulhamento policial, as armas e munições, quando adquiridos pelos órgãos de segurança pública da União, dos Estados e do Distrito Federal (Lei nº 9.493, de 1997, art. 12).

Parágrafo único. *Revogado*. Dec. nº 10.668, de 8-4-2021.

Seção III

DAS ISENÇÕES POR PRAZO DETERMINADO

Táxis e Veículos para Deficientes Físicos

Art. 55. São isentos do imposto, até 31 de dezembro de 2021, os automóveis de passageiros de fabricação nacional, equipados com motor de cilindrada não superior a dois mil centímetros cúbicos, de no mínimo quatro portas, inclusive a de acesso ao bagageiro, movidos a combustíveis de origem renovável, sistema reversível de combustão ou híbrido e elétricos, quando adquiridos por (Lei nº 8.989, de 1995, art. 1º, e Lei nº 13.146, de 6 de julho de 2015, art. 126):

• *Caput* com a redação dada pelo Dec. nº 10.668, de 8-4-2021.

I – motoristas profissionais que exerçam, comprovadamente, em veículo de sua propriedade, a atividade de condutor autônomo de passageiros, na condição de titular de autorização, permissão ou concessão do Poder Público e que destinem o automóvel à utilização na categoria de aluguel (táxi) (Lei nº 8.989, de 1995, art. 1º, inciso I, e Lei nº 9.317, de 1996, art. 29);

II – motoristas profissionais autônomos titulares de autorização, permissão ou concessão para exploração do serviço de transporte individual de passageiros (táxi), impedidos de continuar exercendo essa atividade em virtude de destruição completa, furto ou roubo do veículo, desde que destinem o veículo adquirido à utilização na categoria de aluguel (táxi) (Lei nº 8.989, de 1995, art. 1º, inciso II);

III – cooperativas de trabalho que sejam permissionárias ou concessionárias de transporte público de passageiros, na categoria de aluguel (táxi), desde que tais veículos se destinem à utilização nessa atividade (Lei nº 8.989, de 1995, art. 1º, inciso III); e

IV – pessoas portadoras de deficiência física, visual, mental severa ou profunda, ou autistas, diretamente ou por intermédio de seu representante legal (Lei nº 8.989, de 1995, art. 1º, inciso IV, e Lei nº 10.690, de 2003, art. 2º).

§ 1º Para efeito do disposto no inciso IV, considera-se:

I – também pessoa portadora de deficiência física aquela que apresenta alteração completa ou parcial de um ou mais segmentos do corpo humano, acarretando o comprometimento da função física, apresentando-se sob a forma de paraplegia, paraparesia, monoplegia, monoparesia, tetraplegia, tetraparesia, triplegia, triparesia, hemiplegia, hemiparesia, amputação ou ausência de membro, paralisia cerebral, membros com deformidade congênita ou adquirida, exceto as deformidades estéticas e as que não produzam dificuldades para o desempenho de funções (Lei nº 8.989, de 1995, art. 1º, § 1º, e Lei nº 10.690, de 2003, art. 2º); e

II – pessoa portadora de deficiência visual aquela que apresenta acuidade visual igual ou menor que 20/200 (tabela de Snellen) no melhor olho, após a melhor correção, ou campo visual inferior a 20º, ou ocorrência simultânea de ambas as situações (Lei nº 8.989, de 1995, art. 1º, § 2º, e Lei nº 10.690, de 2003, art. 2º).

§ 2º Na hipótese do inciso IV, os automóveis de passageiros a que se refere o *caput* serão adquiridos diretamente pelas pessoas que tenham plena capacidade jurídica e, no caso dos interditos, pelos curadores (Lei nº 8.989, de 1995, art. 1º, § 3º, e Lei nº 10.690, de 2003, art. 2º).

§ 3º A exigência para aquisição de automóveis equipados com motor de cilindrada não superior a dois mil centímetros cúbicos, de no mínimo quatro portas, inclusive a de acesso ao bagageiro, movidos a combustíveis de origem renovável ou sistema reversível de combustão não se aplica aos portadores de deficiência de que trata o inciso IV do *caput* (Lei nº 8.989, de 1995, art. 1º, § 6º, Lei nº 10.182, de 2001, art. 1º, § 2º e art. 2º, Lei nº 10.690, de 2003, art. 2º, e Lei nº 10.754, de 31 de outubro de 2003, art. 2º).

Art. 56. O imposto incidirá normalmente sobre quaisquer acessórios opcionais que não sejam equipamentos originais do veículo adquirido (Lei nº 8.989, de 1995, art. 5º).

Art. 57. A isenção de que trata o art. 55 será reconhecida pela Secretaria da Receita Federal do Brasil, mediante prévia verificação de que o adquirente preenche os requisitos e condições previstos nesta Seção (Lei nº 8.989, de 1995, art. 3º).

Parágrafo único. A Secretaria de Diretos Humanos da Presidência da República e o Ministério da Saúde, definirão, em ato conjunto, nos termos da legislação em vigor, os conceitos de pessoas portadoras de deficiência mental severa ou profunda, ou autistas, e estabelecerão as normas e requisitos para emissão dos laudos de avaliação delas (Lei nº 8.989, de 1995, art. 1º, § 4º, e Lei nº 10.690, de 2003, art. 2º).

Art. 58. Para os fins de que trata o art. 55:

I – a isenção somente poderá ser utilizada uma vez, salvo se o veículo tiver sido adquirido há mais de dois anos (Lei nº 8.989, de 1995, art. 2º, parágrafo único, Lei nº 9.317, de 1996, art. 29, Lei nº 10.690, de 2003, art. 3º, e Lei nº 11.196, de 2005, art. 69, parágrafo único); e

II – os adquirentes de automóveis de passageiros deverão comprovar a disponibilidade financeira ou patrimonial compatível com o valor do veículo a ser adquirido (Lei nº 10.690, de 2003, art. 5º).

Parágrafo único. *Revogado.* Dec. nº 10.668, de 8-4-2021.

Art. 59. A alienação do veículo adquirido nos termos desta Seção, antes de dois anos contados da data da sua aquisição, a pessoas que não satisfaçam às condições e aos requisitos estabelecidos nos referidos diplomas legais acarretará o pagamento pelo alienante do tributo dispensado, atualizado na forma da legislação tributária (Lei nº 8.989, de 1995, art. 6; e Lei nº 11.196, de 2005, art. 69, parágrafo único).

Parágrafo único. A inobservância do disposto neste artigo sujeita ainda o alienante ao pagamento de multa e juros moratórios previstos na legislação em vigor para a hipótese de fraude ou falta de pagamento do imposto devido (Lei nº 8.989, de 1995, art. 6º, parágrafo único).

Art. 60. No caso de falecimento ou incapacitação do motorista profissional alcançado pelos incisos I e II do art. 55, sem que tenha efetivamente adquirido veículo profissional, o direito será transferido ao cônjuge, ou ao herdeiro designado por esse ou pelo juízo, desde que seja motorista profissional habilitado e destine o veículo ao serviço de táxi (Lei nº 8.989, de 1995, art. 7º).

Equipamentos para Preparação de Equipes para Jogos Olímpicos, Paraolímpicos, Pan-americanos, Parapan-americanos e Mundiais

Arts. 61 a 66. *Revogados.* Dec. nº 10.668, de 8-4-2021.

Seção IV

DA CONCESSÃO DE OUTRAS ISENÇÕES

Art. 67. As entidades beneficentes de assistência social, certificadas na forma do inciso IV do art. 18 da Lei nº 8.742, de 7 de dezembro de 1993, reconhecidas como de utilidade pública, na forma da Lei nº 91, de 28 de agosto de 1935, ficam autorizadas a vender em feiras, bazares e eventos semelhantes, com isenção do imposto incidente na importação, produtos estrangeiros recebidos em doação de representações diplomáticas estrangeiras sediadas no País, nos termos e condições estabelecidos pelo Ministro de Estado da Fazenda (Lei nº 8.218, de 29 de agosto de 1991, art. 34).

Parágrafo único. O produto líquido da venda a que se refere este artigo terá como destinação exclusiva o desenvolvimento de atividades beneficentes no País (Lei nº 8.218, de 1991, art. 34, parágrafo único).

Seção V

DAS NORMAS DE PROCEDIMENTO

Art. 68. Serão observadas as seguintes normas, em relação às isenções de que trata o art. 54:

I – aos veículos adquiridos nos termos dos incisos XI, XII e XIII não se aplica a exigência de que sejam movidos a combustíveis de origem renovável (Lei nº 9.660, de 16 de junho de 1998, art. 1º, § 2º e art. 2º, § 3º, e Lei nº 10.182, de 2001, art. 3º);

II – as isenções referidas nos incisos XII e XIII serão declaradas pela unidade regional da Secretaria da Receita Federal do Brasil, mediante requisição do Ministério das Relações Exteriores, observadas as normas expedidas pelo Secretário da Receita Federal do Brasil;

III – quanto à isenção do inciso XX, o Secretário da Receita Federal do Brasil, ouvido o Ministério da Ciência e Tecnologia, estabelecerá limite global anual, em valor, para as importações (Lei nº 8.010, de 1990, art. 2º); e

IV – para efeito de reconhecimento das isenções do inciso XXV, a empresa deverá, previamente, apresentar à Secretaria da Receita Federal do Brasil relação quantificada dos bens a serem importados ou adquiridos no mercado interno, aprovada pelo Ministério da Ciência e Tecnologia (Lei nº 9.359, de 1996, art. 4º, e Lei nº 9.643, de 1998, art. 2º).

CAPÍTULO IV
DA REDUÇÃO E MAJORAÇÃO DO IMPOSTO

Seção I
DAS DISPOSIÇÕES PRELIMINARES

Art. 69. O Poder Executivo, quando se tornar necessário para atingir os objetivos da política econômica governamental, mantida a seletividade em função da essencialidade do produto, ou, ainda, para corrigir distorções, poderá reduzir alíquotas do imposto até zero ou majorá-las até trinta unidades percentuais (Decreto-Lei nº 1.199, de 1971, art. 4º).

Parágrafo único. Para efeito do disposto neste artigo, as alíquotas básicas são as constantes da TIPI, aprovada pelo Decreto nº 4.070, de 28 de dezembro de 2001 (Lei nº 10.451,de 2002, art. 7º).

Art. 70. As reduções do imposto referentes aos bens de procedência estrangeira estão asseguradas na forma da legislação específica desde que satisfeitos os requisitos e condições exigidos para a concessão do benefício análogo, relativo ao Imposto de Importação (Lei nº 8.032, de 1990, art. 3º, inciso I, e Lei nº 8.402, de 1992, art. 1º, inciso IV).

Seção II
DOS PRODUTOS CLASSIFICADOS NOS CÓDIGOS 71.13, 71.14, 71.16 E 71.17 DA TIPI

Art. 71. O Poder Executivo poderá fixar, para o imposto incidente sobre os produtos classificados nos Códigos 71.13, 71.14, 71.16 e 71.17 da TIPI, alíquotas correspondentes às mínimas estabelecidas para o Imposto sobre Operações relativas à Circulação de Mercadorias e sobre Prestações de Serviços de Transporte Interestadual e Intermunicipal e de Comunicação – ICMS, nos termos do inciso VI do § 2º do art. 155 da Constituição (Lei nº 11.196, de 2005, art. 67).

Parágrafo único. As alíquotas do imposto fixadas na forma do *caput* serão uniformes em todo o território nacional (Lei nº 11.196, de 2005, art. 67, parágrafo único).

Seção III
DOS PRODUTOS DESTINADOS À PESQUISA E AO DESENVOLVIMENTO TECNOLÓGICO

Art. 72. Haverá redução de cinquenta por cento do imposto incidente sobre equipamentos, máquinas, aparelhos e instrumentos, bem como os acessórios sobressalentes e ferramentas que acompanhem esses bens, destinados à pesquisa e ao desenvolvimento tecnológico (Lei nº 11.196, de 2005, art. 17, inciso II).

§ 1º A pessoa jurídica beneficiária do incentivo de que trata o *caput* fica obrigada a prestar, em meio eletrônico, ao Ministério da Ciência e Tecnologia, informações sobre os programas de pesquisa, desenvolvimento tecnológico e inovação, observado o seguinte (Lei nº 11.196, de 2005, art. 17, § 7º):

I – a documentação relativa à utilização do incentivo deverá ser mantida pela pessoa jurídica beneficiária à disposição da fiscalização da Secretaria da Receita Federal do Brasil, até que ocorra a prescrição dos créditos tributários decorrentes das operações a que se refiram;

II – o Ministério da Ciência e Tecnologia remeterá à Secretaria da Receita Federal do Brasil as informações relativas ao incentivo fiscal.

§ 2º O descumprimento de qualquer obrigação assumida para obtenção do incentivo de que trata o *caput*, bem como sua utilização indevida, implica perda do direito ao incentivo ainda não utilizado e a obrigação de recolher o valor correspondente ao imposto não pago em decorrência do incentivo já utilizado, acrescido de juros e multa, de mora ou de ofício, previstos na legislação tributária, sem prejuízo das sanções penais cabíveis (Lei nº 11.196, de 2005, art. 24).

§ 3º O disposto no *caput* não se aplica às pessoas jurídicas que utilizarem os benefícios de que tratam a Lei nº 8.248, de 23 de outubro de 1991, a Lei nº 8.387, de 30 de dezembro de 1991, e a Lei nº 10.176, de 11 de janeiro de 2001, ressalvada a hipótese de a pessoa jurídica exercer outras atividades além daquelas que geraram os referidos benefícios, aplicando-se a redução do imposto apenas em relação a essas outras atividades (Lei nº 11.196, de 2005, art. 26, § 4º, e Lei nº 11.774, de 2008, art. 4º).

§ 4º O gozo do benefício fiscal de que trata o *caput* fica condicionado à comprovação da regularidade fiscal da pessoa jurídica (Lei nº 11.196, de 2005, art. 23).

§ 5º A redução de que trata o *caput*:

I – será aplicada automaticamente pelo estabelecimento industrial ou equiparado a industrial, à vista de pedido, ordem de compra ou documento de adjudicação da encomenda, emitido pelo adquirente, que ficará arquivado à disposição da fiscalização, devendo constar da nota fiscal a finalidade a que se destina o produto e a indicação do ato legal que concedeu o incentivo fiscal;

II – na hipótese de importação do produto pelo beneficiário da redução, este deverá indicar na declaração de importação a finalidade a que ele se destina e o ato legal que autoriza o incentivo fiscal.

§ 6º Sem prejuízo do estabelecido nos §§ 1º a 5º, aplicam-se as disposições do Poder Executivo em ato regulamentar sobre as atividades de pesquisa tecnológica e desenvolvimento de inovação tecnológica.

Seção IV
DOS PRODUTOS DESTINADOS AO PDTI E AO PDTA

Art. 73. *Revogado.* Dec. nº 10.668, de 8-4-2021.

Seção V
DOS PRODUTOS ADQUIRIDOS OU IMPORTADOS POR MICROEMPRESAS OU EMPRESAS DE PEQUENO PORTE

Art. 74. A União poderá reduzir a zero a alíquota do imposto incidente na aquisição ou na importação de equipamentos, máquinas, aparelhos, instrumentos, acessórios sobressalentes e ferramentas que os acompanhem, na forma definida em regulamento específico, quando adquiridos, ou importados, diretamente por microempresas ou empresas de pequeno porte para incorporação ao seu ativo imobilizado (Lei Complementar nº 123, de 14 de dezembro de 2006, art. 65, § 4º, e Lei Complementar nº 128, de 19 de dezembro de 2008, art. 2º).

Seção VI

DOS EQUIPAMENTOS PARA PREPARAÇÃO DE EQUIPES PARA JOGOS OLÍMPICOS, PARAOLÍMPICOS, PAN-AMERICANOS, PARAPAN-AMERICANOS E MUNDIAIS

Arts. 75 a 80. *Revogados.* Dec. nº 10.668, de 8-4-2021.

Seção VII

DA REPOSIÇÃO DE MERCADORIA EQUIVALENTE À EMPREGADA OU CONSUMIDA NA INDUSTRIALIZAÇÃO DE PRODUTO EXPORTADO

• Seção VII acrescida pelo Dec. nº 10.668, de 8-4-2021.

Art. 80-A. Fica reduzida a zero por cento a alíquota do imposto relativo à mercadoria adquirida no mercado interno ou importada que seja equivalente à empregada ou consumida na industrialização de produto exportado (Lei nº 12.350, de 20 de dezembro de 2010, art. 31).

§ 1º O disposto no *caput* aplica-se, também, à aquisição no mercado interno ou à importação de mercadoria equivalente à empregada em (Lei nº 12.350, de 2010, art. 31, § 1º):

I – reparo, criação, cultivo ou atividade extrativista de produto já exportado; ou

II – industrialização de produto intermediário fornecido diretamente a empresa industrial-exportadora e empregado ou consumido na industrialização de produto final já exportado.

§ 2º O beneficiário poderá optar pela importação ou pela aquisição no mercado interno da mercadoria equivalente, de forma combinada ou não, considerada a quantidade total adquirida ou importada com pagamento de tributos (Lei nº 12.350, de 2010, art. 31, § 3º).

§ 3º Para fins do disposto neste artigo, considera-se mercadoria equivalente a mercadoria nacional ou estrangeira da mesma espécie, qualidade e quantidade daquela anteriormente adquirida no mercado interno ou importada sem fruição dos benefícios referidos no *caput* (Lei nº 12.350, de 2010, art. 31, § 4º).

§ 4º O disposto neste artigo deverá observar o disciplinamento próprio estabelecido pela Secretaria Especial da Receita Federal do Brasil e pela Secretaria de Comércio Exterior da Secretaria Especial de Comércio Exterior e Assuntos Internacionais do Ministério da Economia (Lei nº 12.350, de 2010, art. 31, § 4º, e art. 33).

• Art. 80-A acrescido pelo Dec. nº 10.668, de 8-4-2021.

Seção VIII

DOS PRODUTOS CLASSIFICADOS NAS POSIÇÕES 87.01 A 87.06 DA TABELA DE INCIDÊNCIA DO IMPOSTO SOBRE PRODUTOS INDUSTRIALIZADOS

• Seção VIII acrescida pelo Dec. nº 10.668, de 8-4-2021.

Art. 80-B. O Poder Executivo federal poderá reduzir, com vigência a partir de 2022, as alíquotas do imposto para os veículos novos produzidos no País, classificados nos códigos 87.01 a 87.06 da TIPI, que atendam aos requisitos de que trata o art. 1º da Lei nº 13.755, de 10 de dezembro de 2018, da seguinte forma (Lei nº 13.755, de 2018, art. 1º, art. 2º, *caput*, incisos I e II, e art. 39, *caput*, inciso I):

I – em até dois pontos percentuais para os veículos que atenderem a requisitos específicos de eficiência energética; e

II – em até um ponto percentual para os veículos que atenderem a requisitos específicos de desempenho estrutural associado a tecnologias assistivas à direção.

§ 1º Observado o disposto no § 2º, a redução de alíquota de que trata o inciso II do *caput* poderá ser concedida somente ao veículo cuja alíquota de IPI aplicável já tenha sido reduzida, nos termos do disposto no inciso I do *caput*, em, no mínimo, um ponto percentual (Lei nº 13.755, de 2018, art. 2º, § 1º).

§ 2º O somatório das reduções de alíquotas de que trata o *caput* fica limitado a dois pontos percentuais (Lei nº 13.755, de 2018, art. 2º, § 2º).

§ 3º Em relação à redução de alíquotas de que trata este artigo, será concedido aos bens importados tratamento não menos favorável do que o concedido aos bens similares de origem nacional (Lei nº 13.755, de 2018, art. 2º, § 3º).

§ 4º Os veículos híbridos equipados com motor que utilize, alternativa ou simultaneamente, gasolina e álcool (*flexible fuel engine*) deverão ter uma redução de, no mínimo, três pontos percentuais na alíquota do IPI em relação aos veículos convencionais, de classe e categoria similares, equipados com esse mesmo tipo de motor (Lei nº 13.755, de 2018, art. 2º, § 4º).

§ 5º A fruição do benefício de que trata este artigo fica condicionada à observância aos termos e às condições estabelecidos em legislação específica e em legislação complementar (Lei nº 13.755, de 2018, art. 1º, art. 2º, art. 28 e art. 29).

• Art. 80-B acrescido pelo Dec. nº 10.668, de 8-4-2021.

CAPÍTULO V

DOS REGIMES FISCAIS REGIONAIS

Seção I

DA ZONA FRANCA DE MANAUS E AMAZÔNIA OCIDENTAL

Subseção I

DA ZONA FRANCA DE MANAUS

Isenção

Art. 81. São isentos do imposto (Decreto-Lei nº 288, de 28 de fevereiro de 1967, art. 9º, e Lei nº 8.387, de 1991, art. 1º):

I – os produtos industrializados na Zona Franca de Manaus, destinados, ao seu consumo interno, excluídos as armas e munições, fumo, bebidas alcoólicas e automóveis de passageiros;

II – os produtos industrializados na Zona Franca de Manaus, por estabelecimentos com projetos aprovados pelo Conselho de Administração da Superintendência da Zona Franca de Manaus – SUFRAMA, que não sejam industrializados pelas modalidades de acondicionamento ou reacondicionamento, destinados à comercialização em qualquer outro ponto do território nacional, excluídos as armas e munições, fumo, bebidas alcoólicas e automóveis de passageiros e produtos de perfumaria ou de toucador, preparados ou preparações cosméticas, salvo quanto a estes (Posições 33.03 a 33.07 da TIPI) se produzidos com utilização de matérias-primas da fauna e flora regionais, em conformidade com processo produtivo básico; e

III – os produtos nacionais entrados na Zona Franca de Manaus, para seu consumo interno, utilização ou industrialização, ou ainda, para serem remetidos, por intermédio de seus entrepostos, à Amazônia Ocidental, excluídos as armas e munições, perfumes, fumo, automóveis de passageiros e bebidas alcoólicas, classificados, respectivamente, nos Capítulos 93, 33 e 24, nas Posições 87.03 e 22.03 a 22.06 e nos Códigos 2208.20.00 a 2208.70.00 e 2208.90.00 (exceto o Ex 01) da TIPI (Decreto-Lei nº 288, de 1967, art. 4º, Decreto-Lei nº 340, de 22 de dezembro de 1967, art. 1º, e Decreto-Lei nº 355, de 6 de agosto de 1968, art. 1º).

Art. 81-A. Os quadriciclos e triciclos e as suas partes e peças produzidos na Zona Franca de Manaus ficam isentos do imposto, quer se destinem ao consumo interno, quer à comercialização no território nacional, desde que observados os requisitos previstos no art. 7º do Decreto-Lei nº 288, de 1967 (Decreto-Lei nº 288, de 1967, art. 9º, § 1º).

• Art. 81-A acrescido pelo Dec. nº 10.668, de 8-4-2021.

Art. 82. Os bens do setor de tecnologias da informação e comunicação industrializados na Zona Franca de Manaus por estabelecimentos com projetos aprovados pelo Conselho de Administração da SUFRAMA ficam isentos do imposto na forma prevista nos incisos I e II do *caput* do art. 81, desde que atendidos os requisitos previstos neste artigo (Lei nº 8.387, de 1991, art. 2º, *caput* e § 2º-A).

• *Caput* com a redação dada pelo Dec. nº 10.668, de 8-4-2021.

§ 1º Para fazer jus à isenção de que trata este artigo, as empresas fabricantes de bens de tecnologias da informação e comunicação deverão investir, anualmente, em atividades de pesquisa, desenvolvimento e inovação a serem realizadas na Amazônia Ocidental ou no Estado do Amapá, conforme definido no Decreto nº 10.521, de 15 de outubro de 2020, e em legislação complementar (Lei nº 8.387, de 1991, art. 2º, § 3º, § 4º, § 13 a § 15 e § 19).

§ 2º A isenção do imposto somente contemplará os bens de tecnologias da informação e comunicação relacionados pelo Poder Executivo federal, produzidos na Zona Franca de Manaus conforme processo produtivo básico, estabelecido em ato conjunto dos Ministros de Estado da Economia e da Ciência, Tecnologia e Inovações (Lei nº 8.248, de 1991, art. 4º, § 2º, e Lei nº 8.387, de 1991, art. 2º, § 3º).

• §§ 1º e 2º com a redação dada pelo Dec. nº 10.668, de 8-4-2021.

§ 3º Consideram-se bens de tecnologias da informação e comunicação (Lei nº 8.248, de 1991, art. 16-A, e Lei nº 8.387, de 1991, art. 2º, *caput* e § 2º-A):

• *Caput* do § 3º com a redação dada pelo Dec. nº 10.668, de 8-4-2021.

I – componentes eletrônicos a semicondutor, optoeletrônicos, bem como os respectivos insumos de natureza eletrônica (Lei nº 8.248, de 1991, art. 16-A, Lei nº 8.387, de 1991, art. 2º, § 2º-A, Lei nº 10.176, de 2001, arts. 5º e 7º, e Lei nº 11.077, de 2004, art. 2º);

II – máquinas, equipamentos e dispositivos baseados em técnica digital, com funções de coleta, tratamento, estruturação, armazenamento, comutação, transmissão, recuperação ou apresentação da informação, seus respectivos insumos eletrônicos, partes, peças e suporte físico para operação (Lei nº 8.248, de 1991, art. 16-A, Lei nº 8.387, de 1991, art. 2º, § 2º-A, Lei nº 10.176, de 2001, arts. 5º e 7º, e Lei nº 11.077, de 2004, art. 2º);

III – os aparelhos telefônicos por fio, conjugados ou não com aparelho telefônico sem fio, que incorporem controle por técnicas digitais (Lei nº 8.248, de 1991, art. 16-A, § 4º e § 5º);

• Inciso III com a redação dada pelo Dec. nº 10.668, de 8-4-2021.

IV – terminais portáteis de telefonia celular, classificados no Código 8517.12.31 da TIPI (Lei nº 8.248, de 1991, art. 16-A, § 2º, inciso I, e Lei nº 10.176, de 2001, arts. 5º e 7º); e

V – unidades de saída por vídeo (monitores), classificados nas Subposições 8528.41 e 8528.51 da TIPI, próprias para operar com máquinas, equipamentos ou dispositivos baseados em técnica digital, com funções de coleta, tratamento, estruturação, armazenamento, comutação, transmissão, recuperação ou apresentação da informação (Lei nº 8.248, de 1991, art. 16-A, § 2º, inciso II, Lei nº 10.176, de 2001, arts. 5º e 7º, e Lei nº 11.077, de 2004, art. 1º).

§ 4º Os bens do setor de tecnologias da informação e comunicação alcançados pelo benefício de que tratam os incisos I e II do *caput* do art. 81 são os mesmos constantes da relação de que trata o art. 2º do Decreto nº 5.906, de 26 de setembro de 2006, respeitado o disposto no § 3º e no § 5º deste artigo (Lei nº 8.248, de 1991, art. 16-A, § 6º, e Lei nº 8.387, de 1991, art. 2º, § 2º-A,).

• § 4º com a redação dada pelo Dec. nº 10.668, de 8-4-2021.

§ 5º O disposto nos incisos I e II do *caput* do art. 81 não se aplica aos produtos dos segmentos de áudio, áudio e vídeo, e lazer e entretenimento, ainda que incorporem tecnologia digital, incluídos os constantes da seguinte relação, que poderá ser ampliada em decorrência de inovações tecnológicas, elaborada conforme a TIPI (Lei nº 8.248, de 1991, art. 16-A, § 1º, Lei nº 8.387, de 1991, art. 2º, § 2º-A):

• *Caput* do § 5º com a redação dada pelo Dec. nº 10.668, de 8-4-2021.

I – aparelhos de fotocópia, por sistema óptico ou por contato, e aparelhos de termocópia, da Subposição 8443.39;

II – aparelhos de gravação de som, aparelhos de reprodução de som, aparelhos de gravação e de reprodução de som, da Posição 85.19;

III – aparelhos videofônicos de gravação ou de reprodução, mesmo incorporando um receptor de sinais videofônicos, da Posição 85.21;

IV – partes e acessórios reconhecíveis como sendo exclusiva ou principalmente destinados aos aparelhos das Posições 85.19, 85.21 e 85.22;

V – discos, fitas, dispositivos de armazenamento não volátil de dados à base de semicondutores e outros suportes para gravação de som ou para gravações semelhantes (exceto os produtos do Código 8523.52.00), mesmo gravados, incluídos as matrizes e moldes galvânicos para fabricação de discos da Posição 85.23;

VI – câmeras de televisão, câmaras fotográficas digitais e câmeras de vídeo, da Subposição 8525.80;

VII – aparelhos receptores para radiodifusão, mesmo combinados num mesmo invólucro com um aparelho de gravação ou de reprodução de som, ou com um relógio, da Posição 85.27;

VIII – aparelhos receptores de televisão, mesmo incorporando um aparelho receptor de radiodifusão ou um aparelho de gravação ou de reprodução de som ou de imagens, monitores, exceto os relacionados no inciso V do § 3º, e projetores, da Posição 85.28;

IX – partes reconhecíveis como exclusiva ou principalmente destinadas às câmeras da Subposição 8525.80, referidas no inciso VI, e aos aparelhos das Posições 85.27, 85.28 e 85.29;

X – tubos de raios catódicos para receptores de televisão, da Posição 85.40;

XI – câmeras fotográficas, aparelhos e dispositivos, incluídos as lâmpadas e tubos, de luz-relâmpago (flash), para fotografia, da Posição 90.06;

XII – câmeras e projetores cinematográficos, mesmo com aparelhos de gravação ou de reprodução de som incorporados, da Posição 90.07;

XIII – aparelhos de projeção fixa, câmeras fotográficas, de ampliação ou de redução, da Posição 90.08; e

XIV – aparelhos de relojoaria e suas partes, do Capítulo 91.

§ 6º Para os aparelhos do inciso III do § 3º, as isenções dos incisos I e II do art. 81 não estão condicionadas à obrigação de realizar os investimentos de que trata o § 1º (Lei nº 8.248, de 1991, art. 16-A, § 5º, e Lei nº 11.077, de 2004, art. 1º).

§ 7º As empresas beneficiárias deverão encaminhar anualmente ao Poder Executivo federal, conforme regulamento a ser editado por ato conjunto do Ministro de Estado da

Economia e do Superintendente da SUFRAMA, demonstrativos do cumprimento, no ano anterior, das obrigações a que estão sujeitas para fazer jus à isenção, acompanhados de relatório consolidado e parecer conclusivo acerca desses demonstrativos, elaborados por auditoria independente (Lei nº 8.387, de 1991, art. 2º, § 7º).

§ 8º Sem prejuízo do disposto neste artigo, aplicam-se as disposições do Poder Executivo federal em atos regulamentares sobre capacitação e competitividade do setor de tecnologias da informação e comunicação.

• §§ 7º e 8º com a redação dada pelo Dec. nº 10.668, de 8-4-2021.

Art. 83. Na hipótese do não cumprimento das exigências para gozo dos benefícios de que trata o *caput* do art. 82 ou da não aprovação dos relatórios de que trata o § 7º do referido artigo, a sua concessão será suspensa, sem prejuízo do ressarcimento dos benefícios anteriormente usufruídos, acrescidos dos juros de mora de que trata o art. 554 e das multas pecuniárias aplicáveis aos débitos fiscais relativos aos tributos da mesma natureza (Lei nº 8.387, de 1991, art. 2º, § 9º).

• Artigo com a redação dada pelo Dec. nº 10.668, de 8-4-2021.

Suspensão

Art. 84. A remessa dos produtos para a Zona Franca de Manaus far-se-á com suspensão do imposto até a sua entrada naquela área, quando então se efetivará a isenção de que trata o inciso III do art. 81.

Art. 85. Sairão com suspensão do imposto:

I – os produtos nacionais remetidos à Zona Franca de Manaus, especificamente para serem exportados para o exterior, atendidas as condições estabelecidas pelo Ministro de Estado da Fazenda (Decreto-Lei nº 1.435, de 16 de dezembro de 1975, art. 4º); e

II – os produtos que, antes de sua remessa à Zona Franca de Manaus, forem enviados pelo seu fabricante a outro estabelecimento, para industrialização adicional, por conta e ordem do destinatário naquela área, atendida a ressalva do inciso III do art. 81.

Produtos Importados

Art. 86. Os produtos de procedência estrangeira importados pela Zona Franca de Manaus serão desembaraçados com suspensão do imposto, que será convertida em isenção quando os produtos forem ali consumidos ou utilizados na industrialização de outros produtos, na pesca e na agropecuária, na instalação e operação de indústrias e serviços de qualquer natureza, ou estocados para exportação para o exterior, excetuados as armas e munições, fumo, bebidas alcoólicas e automóveis de passageiros (Decreto-Lei nº 288, de 1967, art. 3º, Lei nº 8.032, de 1990, art. 4º, e Lei nº 8.387, de 1991, art. 1º).

§ 1º Não podem ser desembaraçados com suspensão do imposto, nem gozam da isenção, os produtos de origem nacional que, exportados para o exterior, venham a ser posteriormente importados por intermédio da Zona Franca de Manaus (Decreto-Lei nº 1.435, de 16 de dezembro de 1975, art. 5º).

§ 2º As mercadorias entradas na Zona Franca de Manaus nos termos do *caput* poderão ser posteriormente destinadas à exportação para o exterior, ainda que usadas, com a manutenção da isenção do imposto incidente na importação (Decreto-Lei nº 288, de 1967, art. 3º, § 3º, Lei nº 8.032, de 1990, art. 4º, e Lei nº 11.196, de 2005, art. 127).

Art. 87. Os produtos estrangeiros importados pela Zona Franca de Manaus, quando desta saírem para outros pontos do território nacional, ficam sujeitos ao pagamento do imposto exigível na importação, salvo se tratar (Decreto-Lei nº 1.455, de 1976, art. 37, e Lei nº 8.387, de 1991, art. 3º):

I – de bagagem de passageiros;

II – de produtos empregados como matéria-prima, produto intermediário e material de embalagem, na industrialização de produtos na Zona Franca de Manaus; e

III – de bens de produção e de consumo, produtos alimentares e medicamentos, referidos no inciso II do art. 95, que se destinem à Amazônia Ocidental.

Veículos

Art. 88. Quanto a veículos nacionais e estrangeiros:

I – a transformação deles em automóveis de passageiros, dentro de três anos de sua fabricação ou ingresso, na Zona Franca de Manaus, com os incentivos fiscais referidos nos incisos I e III do art. 81 e no art. 86, respectivamente, importará na perda do benefício e sujeitará o seu proprietário ao recolhimento do imposto que deixou de ser pago e dos respectivos acréscimos legais, observado o disposto no § 1º do art. 52; e

II – ingressados na Zona Franca de Manaus com os incentivos fiscais de que tratam o inciso III do art. 81, para os nacionais, e o art. 86, para os estrangeiros, poderá ser autorizada a saída temporária deles, pelo prazo de até noventa dias, improrrogável, para o restante do território nacional, sem o pagamento do imposto, mediante prévia autorização concedida pela Secretaria da Receita Federal do Brasil, na forma do Decreto nº 1.491, de 16 de maio de 1995.

Parágrafo único. Não estão abrangidos pelo disposto no inciso II os veículos de transporte coletivo de pessoas e os de transporte de carga.

Prova de Internamento de Produtos

Art. 89. A constatação do ingresso dos produtos na Zona Franca de Manaus e a formalização do internamento serão realizadas pela SUFRAMA de acordo com os procedimentos aprovados em convênios celebrados entre o órgão, o Ministério da Fazenda e as unidades federadas.

Art. 90. Previamente ao ingresso de produtos na Zona Franca de Manaus, deverão ser informados à SUFRAMA, em meio magnético ou pela Rede Mundial de Computadores (Internet), os dados pertinentes aos documentos fiscais que acompanham os produtos, pelo transportador da mercadoria, conforme padrão conferido em software específico disponibilizado pelo órgão.

Art. 91. A SUFRAMA comunicará o ingresso do produto na Zona Franca de Manaus ao Fisco da unidade federada do remetente e à Secretaria da Receita Federal do Brasil, mediante remessa de arquivo magnético até o último dia do segundo mês subsequente àquele de sua ocorrência.

Estocagem

Art. 92. Os produtos de origem nacional destinados à Zona Franca de Manaus, com a finalidade de serem reembarcados para outros pontos do território nacional, serão estocados em armazéns ou embarcações sob controle da SUFRAMA, na forma das determinações desse órgão, não se lhes aplicando a suspensão do imposto (Decreto-Lei nº 288, de 1967, art. 8º).

Manutenção do Crédito

Art. 93. Será mantido, na escrita do contribuinte, o crédito do imposto incidente sobre equipamentos adquiridos para emprego na industrialização de produtos que venham a ser remetidos para a Zona Franca de Manaus, para seu consumo interno, utilização ou industrialização na referida Zona Franca, bem como na hipótese do inciso II do art. 85 (Lei nº 8.387, de 1991, art. 4º).

Prazo de Vigência

Art. 94. Ficam extintos, a partir de 1º de janeiro de 2074, os benefícios previstos nesta Subseção (Constituição, art. 40, Ato das Disposições Constitucionais Transitórias, art. 92 e art. 92-A, Decreto-Lei nº 288, de 1967, art. 42, e Lei nº 9.532, de 1997, art. 77, § 2º).

- Artigo com a redação dada pelo Dec. nº 10.668, de 8-4-2021.

Subseção II

DA AMAZÔNIA OCIDENTAL

Isenção

Art. 95. São isentos do imposto:

I – os produtos nacionais consumidos ou utilizados na Amazônia Ocidental, desde que sejam ali industrializados por estabelecimentos com projetos aprovados pelo Conselho de Administração da SUFRAMA, ou adquiridos por intermédio da Zona Franca de Manaus ou de seus entrepostos na referida região, excluídos as armas e munições, perfumes, fumo, automóveis de passageiros e bebidas alcoólicas, classificados, respectivamente, nos Capítulos 93, 33 e 24, nas Posições 87.03 e 22.03 a 22.06 e nos Códigos 2208.20.00 a 2208.70.00 e 2208.90.00 (exceto o Ex 01) da TIPI (Decreto-Lei nº 356, de 15 de agosto de 1968, art. 1º);

II – os produtos de procedência estrangeira, a seguir relacionados, oriundos da Zona Franca de Manaus e que derem entrada na Amazônia Ocidental para ali serem consumidos ou utilizados (Decreto-Lei nº 356, de 1968, art. 2º, Decreto-Lei nº 1.435, de 1975, art. 3º, e Lei nº 8.032, de 1990, art. 4º):

a) motores marítimos de centro e de popa, seus acessórios e pertences, bem como outros utensílios empregados na atividade pesqueira, exceto explosivos e produtos utilizados em sua fabricação;

b) máquinas, implementos e insumos utilizados na agricultura, pecuária e atividades afins;

c) máquinas para construção rodoviária;

d) máquinas, motores e acessórios para instalação industrial;

e) materiais de construção;

f) produtos alimentares; e

g) medicamentos; e

III – os produtos elaborados com matérias-primas agrícolas e extrativas vegetais de produção regional, exclusive as de origem pecuária, por estabelecimentos industriais localizados na Amazônia Ocidental, cujos projetos tenham sido aprovados pelo Conselho de Administração da SUFRAMA, excetuados o fumo do Capítulo 24 e as bebidas alcoólicas, das Posições 22.03 a 22.06, dos Códigos 2208.20.00 a 2208.70.00 e 2208.90.00 (exceto o Ex 01) da TIPI (Decreto-Lei nº 1.435, de 1975, art. 6º, e Decreto-Lei nº 1.593, de 1977, art. 34).

§ 1º Quanto a veículos nacionais beneficiados com a isenção referida no inciso I, a transformação deles em automóvel de passageiros, dentro de três anos de sua fabricação importará na perda do benefício e sujeitará o seu proprietário ao recolhimento do imposto que deixou de ser pago e dos respectivos acréscimos legais, observado o disposto no § 1º do art. 52.

§ 2º Os Ministros de Estado da Fazenda e do Planejamento, Orçamento e Gestão fixarão periodicamente, em portaria interministerial, a pauta das mercadorias a serem comercializadas com a isenção prevista no inciso II, levando em conta a capacidade de produção das unidades industriais localizadas na Amazônia Ocidental (Decreto-Lei nº 356, de 1968, art. 2º, parágrafo único, e Decreto-Lei nº 1.435, de 1975, art. 3º).

Suspensão

Art. 96. Para fins da isenção de que trata o inciso I do art. 95, a remessa de produtos para a Amazônia Ocidental far-se-á com suspensão do imposto, devendo os produtos ingressarem na região por intermédio da Zona Franca de Manaus ou de seus entrepostos.

Prova de Internamento de Produtos

Art. 97. O disposto nos arts. 89 a 91 aplica-se igualmente às remessas para a Amazônia Ocidental, efetuadas por intermédio da Zona Franca de Manaus ou de seus entrepostos (Decreto-Lei nº 356, de 1968, art. 1º).

Prazo de Vigência

Art. 98. Ficam extintos, a partir de 1º de janeiro de 2024, os benefícios fiscais previstos nesta Subseção (Lei nº 9.532, de 1997, art. 77, § 2º).

- Artigo com a redação dada pelo Dec. nº 10.668, de 8-4-2021.

Seção II

DAS ÁREAS DE LIVRE COMÉRCIO

Disposições Gerais

Art. 99. O disposto nos arts. 89 a 91 aplica-se igualmente a remessa para as Áreas de Livre Comércio, efetuadas por intermédio de entrepostos da Zona Franca de Manaus.

Art. 100. A entrada de produtos estrangeiros em Áreas de Livre Comércio dar-se-á, obrigatoriamente, por intermédio de porto, aeroporto ou posto de fronteira da Área de Livre Comércio, exigida consignação nominal a importador nela estabelecido.

Art. 101. Os produtos estrangeiros ou nacionais enviados às Áreas de Livre Comércio serão, obrigatoriamente, destinados às empresas autorizadas a operarem nessas áreas.

Art. 102. As obrigações tributárias suspensas nos termos desta Seção resolvem-se com o implemento da condição isencional.

Art. 103. A bagagem acompanhada de passageiro procedente de Áreas de Livre Comércio, no que se refere a produtos de origem estrangeira, será desembaraçada com isenção do imposto, observados os limites e condições correspondentes ao estabelecido para a Zona Franca de Manaus (Lei nº 7.965, de 22 de dezembro de 1989, art. 3º, § 4º, Lei nº 8.210, de 19 de julho de 1991, art. 4º, inciso VII, Lei nº 8.256, de 25 de novembro de 1991, art. 4º, inciso VII, e Lei nº 8.857, de 8 de março de 1994, art. 4º, inciso VII).

Art. 104. Quanto a veículos nacionais e estrangeiros:

I – a transformação deles em automóveis de passageiros, dentro de três anos de sua fabricação ou ingresso, na Áreas de Livre Comércio, com os incentivos fiscais previstos em cada Área, importará na perda do benefício e sujeitará o seu proprietário ao recolhimento do imposto que deixou de ser pago e dos respectivos acréscimos legais, observado o disposto no § 1º do art. 52; e

II – ingressados na Áreas de Livre Comércio com os incentivos fiscais previstos em cada Área, poderá ser autorizada a saída temporária deles, pelo prazo de até noventa dias, improrrogável, para o restante do território nacional, sem o pagamento do imposto, mediante prévia autorização concedida pela autoridade fiscal local da Secretaria da Receita Federal do Brasil, na forma do Decreto nº 1.491, de 1995.

Parágrafo único. Não estão abrangidos pelo disposto no inciso II os veículos de transporte coletivo de pessoas e os de transporte de carga.

Art. 105. Os produtos industrializados nas Áreas de Livre Comércio de importação e exportação de Tabatinga, de Guajará-Mirim, de Boa Vista e Bonfim, de Macapá e Santana, e de Brasiléia e Cruzeiro do Sul, referidas nesta Seção, ficam isentos do imposto, quer se destinem ao seu consumo interno, quer à comercialização em qualquer outro ponto do território nacional (Lei nº 11.732, de 30 de junho de 2008, art. 6º, e Lei nº 11.898. de 8 de janeiro de 2009, art. 26).

§ 1º A isenção prevista no *caput* somente se aplica a produtos:

I – em cuja composição final haja preponderância de matérias-primas de origem regional, provenientes dos segmentos animal, vegetal, mineral, exceto os minérios do Capítulo 26 da TIPI, ou agrossilvopastoril, observada a legislação ambiental pertinente e conforme definido em regulamento específico (Lei nº 11.732, de 2008, art. 6º, § 1º, e Lei nº 11.898, de 2009, art. 26, § 1º); e

II – elaborados por estabelecimentos industriais cujos projetos tenham sido aprovados pela SUFRAMA (Lei nº 11.732, de 2008, art. 6º, § 3º, e Lei nº 11.898, de 2009, art. 27).

§ 2º Excetuam-se da isenção prevista no *caput*:

I – para as Áreas de Livre Comércio de importação e exportação de Tabatinga, de Guajará-Mirim, de Macapá e Santana, e de Brasiléia e Cruzeiro do Sul, as armas e munições, o fumo, as bebidas alcoólicas, os automóveis de passageiros e os produtos de perfumaria ou de toucador, preparados e preparações cosméticas, salvo os classificados nas Posições 33.03 a 33.07 da TIPI, se destinados, exclusivamente, a consumo interno nas Áreas de Livre Comércio aqui referidas ou quando produzidos com utilização de matérias-primas da fauna e da flora regionais, em conformidade com processo produtivo básico e observada a preponderância de que trata o inciso I do § 1º (Lei nº 11.898, de 2009, art. 26, § 2º); e

II – para as Áreas de Livre Comércio de importação e exportação de Boa Vista e Bonfim, as armas e munições e fumo (Lei nº 11.732, de 2008, art. 6º, § 2º).

§ 3º Para fins de aplicação do disposto no § 1º:

I – a matéria-prima de origem regional é aquela resultante de extração, coleta, cultivo ou criação animal na região da Amazônia Ocidental e, ainda, no Estado do Amapá, relativamente aos Municípios de Tabatinga, Guajará-Mirim, Macapá e Santana e Brasileia e Cruzeiro do Sul; e

II – a Zona Franca de Manaus estabelecerá os critérios para fins de reconhecimento da preponderância de matéria-prima de origem regional e considerará, no mínimo, um dos seguintes atributos:

a) volume;

b) quantidade;

c) peso; ou

d) importância, considerada a utilização no produto final.

§ 4º A isenção de que trata este artigo será aplicada até 31 de dezembro de 2050 (Lei nº 13.023, de 8 de agosto de 2014, art. 3º).

• §§ 3º e 4º acrescidos pelo Dec. nº 10.668, de 8-4-2021.

Tabatinga – ALCT

Art. 106. A entrada de produtos estrangeiros na Área de Livre Comércio de Tabatinga – ALCT far-se-á com suspensão do imposto, que será convertida em isenção quando os produtos forem destinados a (Lei nº 7.965, de 1989, art. 3º, e Lei nº 8.032, de 1990, art. 2º, inciso II, alínea *m*, e art. 3º, inciso I):

I – seu consumo interno;

II – beneficiamento, em seu território, de pescado, recursos minerais e matérias-primas de origem agrícola ou florestal;

III – agropecuária e piscicultura;

IV – instalação e operação de atividades de turismo e serviços de qualquer natureza;

V – estocagem para comercialização ou emprego em outros pontos do território nacional;

VI – atividades de construção e reparos navais;

VII – industrialização de outros produtos em seu território, segundo projetos aprovados pelo Conselho de Administração da SUFRAMA, consideradas a vocação local e a capacidade de produção já instalada na região; ou

VIII – estocagem para reexportação.

§ 1º O produto estrangeiro estocado na ALCT, quando sair para qualquer ponto do território nacional, fica sujeito ao pagamento do imposto, salvo nos casos de isenção prevista em legislação específica (Lei nº 7.965, de 1989, art. 8º).

§ 2º Não se aplica o regime fiscal previsto neste artigo a (Lei nº 7.965, de 1989, art. 3º, § 1º):

I – armas e munições;

II – automóveis de passageiros;

III – bens finais de informática;

IV – bebidas alcoólicas;

V – perfumes; e

VI – fumos.

Art. 107. Os produtos nacionais ou nacionalizados, que entrarem na ALCT, estarão isentos do imposto quando destinados às finalidades mencionadas no art. 106 (Lei nº 7.965, de 1989, art. 4º, e Lei nº 8.981, de 20 de janeiro de 1995, art. 108).

Parágrafo único. Estão excluídos dos benefícios fiscais de que trata o *caput* os produtos abaixo, compreendidos nos Capítulos e nas Posições indicadas da TIPI (Lei nº 7.965, de 1989, art. 4º, § 2º, Lei nº 8.981, de 1995, art. 108, e Lei nº 9.065, de 20 de junho de 1995, art. 19):

I – armas e munições: Capítulo 93;

II – veículos de passageiros: Posição 87.03 do Capítulo 87, exceto ambulâncias, carros funerários, carros celulares e jipes;

III – bebidas alcoólicas: Posições 22.03 a 22.06 e 22.08 (exceto 2208.90.00 Ex 01) do Capítulo 22; e

IV – fumo e seus derivados: Capítulo 24.

Art. 108. Os incentivos previstos nos art. 106 e art. 107 vigorarão até 31 de dezembro de 2050 (Lei nº 7.965, de 1989, art. 13, e Lei nº 13.023, de 2014, art. 3º).

• Artigo com a redação dada pelo Dec. nº 10.668, de 8-4-2021.

Guajará-Mirim – ALCGM

Art. 109. A entrada de produtos estrangeiros na Área de Livre Comércio de Guajará-Mirim – ALCGM far-se-á com suspensão do imposto, que será convertida em isenção quando os produtos forem destinados a (Lei nº 8.210, de 1991, art. 4º):

I – consumo e venda, internos;

II – beneficiamento, em seu território, de pescado, recursos minerais e matérias-primas de origem agrícola ou florestal;

III – agricultura e piscicultura;

IV – instalação e operação de turismo e serviços de qualquer natureza;

V – estocagem para comercialização no mercado externo; ou

VI – atividades de construção e reparos navais.

§ 1º Não se aplica o regime fiscal previsto neste artigo a (Lei nº 8.210, de 1991, art. 4º, § 2º):

I – armas e munições de qualquer natureza;

II – automóveis de passageiros;

III – bens finais de informática;

IV – bebidas alcoólicas;

V – perfumes; e

VI – fumo e seus derivados.

§ 2º Ressalvada a hipótese prevista no art. 103, a saída de produtos estrangeiros da ALCGM para qualquer ponto do território nacional, inclusive os utilizados como partes, peças ou matéria-prima, produto intermediário e material de embalagem de produtos ali industrializados, estará sujeita à tributação no momento de sua saída (Lei nº 8.210, de 1991, art. 4º, § 1º).

§ 3º A compra de produtos estrangeiros, entrepostados na ALCGM, por empresas estabelecidas em qualquer outro ponto do território nacional, é equiparada, para efeitos administrativos e fiscais, a uma importação em regime comum (Lei nº 8.210, de 1991, art. 5º).

Art. 110. Os produtos nacionais ou nacionalizados, que entrarem na ALCGM, estarão isentos do imposto quando destinados às finalidades mencionadas no art. 109 (Lei nº 8.210, de 1991, art. 6º, e Lei nº 8.981, de 1995, art. 109).

Parágrafo único. Estão excluídos dos benefícios fiscais de que trata o *caput* os produtos abaixo, compreendidos nos Capítulos e nas Posições indicadas da TIPI (Lei nº 8.210, de 1991, art. 6º, § 2º, Lei nº 8.981, de 1995, art. 109, e Lei nº 9.065, de 1995, art. 19):

I – armas e munições: Capítulo 93;

II – veículos de passageiros: Posição 87.03 do Capítulo 87, exceto ambulâncias, carros funerários, carros celulares e jipes;

III – bebidas alcoólicas: Posições 22.03 a 22.06 e 22.08 (exceto 2208.90.00 Ex 01) do Capítulo 22; e

IV – fumo e seus derivados: Capítulo 24.

Art. 111. Os incentivos previstos nos art. 109 e art. 110 vigorarão até 31 de dezembro de 2050 (Lei nº 8.210, de 1991, art. 13, e Lei nº 13.023, de 2014, art. 3º).

• Artigo com a redação dada pelo Dec. nº 10.668, de 8-4-2021.

Boa Vista – ALCBV e Bonfim – ALCB

Art. 112. A entrada de produtos estrangeiros nas Áreas de Livre Comércio de Boa Vista – ALCBV e Bonfim – ALCB far-se-á com suspensão do imposto, que será convertida em isenção quando forem destinados a (Lei nº 8.256, de 1991, art. 4º, e Lei nº 11.732, de 2008, arts. 4º e 5º):

I – consumo e venda, internos;

II – beneficiamento, em seus territórios, de pescado, pecuária, recursos minerais e matérias-primas de origem agrícola ou florestal;

III – agropecuária e piscicultura;

IV – instalação e operação de turismo e serviços de qualquer natureza; ou

V – estocagem para comercialização no mercado externo.

§ 1º Os demais produtos estrangeiros, inclusive os utilizados como partes, peças ou matéria-prima, produto intermediário e material de embalagem de produtos ali industrializados, gozarão de suspensão do imposto, mas estarão sujeitos à tributação no momento de sua saída para qualquer ponto do território nacional (Lei nº 8.256, de 1991, art. 4º, § 1º, e Lei nº 11.732, de 2008, arts. 4º e 5º).

§ 2º Não se aplica o regime fiscal previsto neste artigo a (Lei nº 8.256, de 1991, art. 4º, § 2º):

I – armas e munições de qualquer natureza;

II – automóveis de passageiros;

III – bebidas alcoólicas;

IV – perfumes; e

V – fumos e seus derivados.

§ 3º A compra de produtos estrangeiros armazenados nas ALCBV e ALCB por empresas estabelecidas em qualquer outro ponto do território nacional é considerada, para efeitos administrativos e fiscais, como importação normal (Lei nº 8.256, de 1991, art. 6º, e Lei nº 11.732, de 2008, arts. 4º e 5º).

Art. 113. Os produtos nacionais ou nacionalizados, que entrarem nas ALCBV e ALCB, estarão isentos do imposto quando destinados às finalidades mencionadas no art. 112 (Lei nº 8.256, de 1991, art. 7º, Lei nº 8.981, de 1995, art. 110, e Lei nº 11.732, de 2008, art. 4º).

Parágrafo único. Estão excluídos dos benefícios fiscais de que trata o *caput* os produtos abaixo, compreendidos nos Capítulos e nas Posições indicadas da TIPI (Lei nº 8.256, de 1991, art. 7º, § 2º, Lei nº 8.981, de 1995, art. 110, e Lei nº 9.065, de 1995, art. 19):

I – armas e munições: Capítulo 93;

II – veículos de passageiros: Posição 87.03 do Capítulo 87, exceto ambulâncias, carros funerários, carros celulares e jipes;

III – bebidas alcoólicas: Posições 22.03 a 22.06 e 22.08 (exceto 2208.90.00 Ex 01) do Capítulo 22; e

IV – fumo e seus derivados: Capítulo 24.

Art. 114. A venda de produtos nacionais ou nacionalizados, efetuada por empresas estabelecidas fora das ALCBV e ALCB para empresas ali estabelecidas fica equiparada à exportação (Lei nº 11.732, de 2008, art. 7º).

Art. 115. Os incentivos previstos nos art. 112 e art. 113 vigorarão até 31 de dezembro de 2050 (Lei nº 8.256, de 1991, art. 14, Lei nº 11.732, de 2008, art. 4º, e Lei nº 13.023, de 2014, art. 3º).

• Artigo com a redação dada pelo Dec. nº 10.668, de 8-4-2021.

Macapá e Santana – ALCMS

Art. 116. A entrada de produtos estrangeiros na Área de Livre Comércio de Macapá e Santana – ALCMS far-se-á com suspensão do imposto, que será convertida em isenção quando forem destinados a (Lei nº 8.256, de 1991, art. 4º, e Lei nº 8.387, de 1991, art. 11, *caput* e § 2º):

I – consumo e venda, internos;

II – beneficiamento, em seus territórios, de pescado, pecuária, recursos minerais e matérias-primas de origem agrícola ou florestal;

III – agropecuária e piscicultura;

IV – instalação e operação de turismo e serviços de qualquer natureza; ou

V – estocagem para comercialização no mercado externo.

§ 1º Os demais produtos estrangeiros, inclusive os utilizados como partes, peças ou matéria-prima, produto intermediário e material de embalagem de produtos ali industrializados, gozarão de suspensão do imposto, mas estarão sujeitos à tributação no momento de sua saída para qualquer ponto do território nacional (Lei nº 8.256, de 1991, art. 4º, § 1º, e Lei nº 8.387, de 1991, art. 11, *caput* e § 2º).

§ 2º Não se aplica o regime fiscal previsto neste artigo a (Lei nº 8.256, de 1991, art. 4º, § 2º, e Lei nº 8.387, de 1991, art. 11, *caput* e § 2º):

I – armas e munições de qualquer natureza;

II – automóveis de passageiros;

III – bebidas alcoólicas;

IV – perfumes; e

V – fumos e seus derivados.

§ 3º A compra de produtos estrangeiros armazenados na ALCMS por empresas estabelecidas em qualquer outro ponto do território nacional é considerada, para efeitos administrativos e fiscais, como importação normal (Lei nº 8.256, de 1991, art. 6º, e Lei nº 8.387, de 1991, art. 11, *caput* e § 2º).

Art. 117. Os produtos nacionais ou nacionalizados, que entrarem na ALCMS, estarão isentos do imposto quando destinados às finalidades mencionadas no art. 116 (Lei nº 8.256, de 1991, art. 7º, Lei nº 8.387, de 1991, art. 11, *caput* e § 2º, e Lei nº 8.981, de 1995, art. 110).

Parágrafo único. Estão excluídos dos benefícios fiscais de que trata o *caput* os produtos abaixo, compreendidos nos Capítulos e nas Posições indicadas da TIPI (Lei nº 8.256, de 1991, art. 7º, § 2º, Lei nº 8.387, de 1991, art. 11, *caput* e § 2º, Lei nº 8.981, de 1995, art. 110, e Lei nº 9.065, de 1995, art. 19):

I – armas e munições: Capítulo 93;

II – veículos de passageiros: Posição 87.03 do Capítulo 87, exceto ambulâncias, carros funerários, carros celulares e jipes;

III – bebidas alcoólicas: Posições 22.03 a 22.06 e 22.08 (exceto 2208.90.00 Ex 01) do Capítulo 22; e

IV – fumo e seus derivados: Capítulo 24.

Art. 118. Os incentivos previstos nos art. 116 e art. 117 vigorarão até 31 de dezembro de 2050 (Lei nº 8.256, de 1991, art. 14, Lei nº 8.387, de 1991, art. 11, *caput* e § 2º, Lei nº 9.532, de 1997, art. 77, § 2º, e Lei nº 13.023, de 2014, art. 3º).

• Artigo com a redação dada pelo Dec. nº 10.668, de 8-4-2021.

Brasiléia – ALCB e Cruzeiro do Sul – ALCCS

Art. 119. A entrada de produtos estrangeiros nas Áreas de Livre Comércio de Brasiléia – ALCB e de Cruzeiro do Sul – ALCCS far-se-á com suspensão do imposto, que será convertida em isenção quando forem destinados a (Lei nº 8.857, de 1994, art. 4º):

I – consumo e venda, internos;

II – beneficiamento, em seus territórios, de pescado, pecuária, recursos minerais e matérias-primas de origem agrícola ou florestal;

III – agropecuária e piscicultura;

IV – instalação e operação de turismo e serviços de qualquer natureza;

V – estocagem para comercialização no mercado externo; ou

VI – industrialização de produtos em seus territórios.

§ 1º Os demais produtos estrangeiros, inclusive os utilizados como partes, peças ou matéria-prima, produto intermediário e material de embalagem de produtos ali industrializados, gozarão de suspensão do imposto, mas estarão sujeitos à tributação no momento de sua saída para qualquer ponto do território nacional (Lei nº 8.857, de 1994, art. 4º, § 1º).

§ 2º Não se aplica o regime fiscal previsto neste artigo a (Lei nº 8.857, de 1994, art. 4º, § 2º):

I – armas e munições de qualquer natureza;

II – automóveis de passageiros;

III – bebidas alcoólicas;

IV – perfumes; e

V – fumo e seus derivados.

§ 3º A compra de produtos estrangeiros armazenados nas ALCB e ALCCS por empresas estabelecidas em qualquer outro ponto do território nacional é considerada, para efeitos administrativos e fiscais, como importação normal (Lei nº 8.857, de 1994, art. 6º).

Art. 120. Os produtos nacionais ou nacionalizados, que entrarem nas ALCB e ALCCS, estarão isentos do imposto quando destinados às finalidades mencionadas no art. 119 (Lei nº 8.857, de 1994, art. 7º, e Lei nº 8.981, de 1995, art. 110).

Parágrafo único. Estão excluídos dos benefícios fiscais de que trata o *caput* os produtos abaixo, compreendidos nos Capítulos e nas Posições indicadas da TIPI (Lei nº 8.857, de 1994, art. 7º, § 2º, Lei nº 8.981, de 1995, art. 110, e Lei nº 9.065, de 1995, art. 19):

I – armas e munições: Capítulo 93;

II – veículos de passageiros: Posição 87.03 do Capítulo 87, exceto ambulâncias, carros funerários, carros celulares e jipes;

III – bebidas alcoólicas: Posições 22.03 a 22.06 e 22.08 (exceto 2208.90.00 Ex 01) do Capítulo 22; e

IV – fumo e seus derivados: Capítulo 24.

Art. 120-A. Os incentivos previstos nos art. 119 e art. 120 vigorarão até 31 de dezembro de 2050 (Lei nº 13.023, de 2014, art. 3º).

• Art. 120-A acrescido pelo Dec. nº 10.668, de 8-4-2021.

Seção III

DA ZONA DE PROCESSAMENTO DE EXPORTAÇÃO

Art. 121. Às empresas autorizadas a operar em Zona de Processamento de Exportação fica assegurada a suspensão do imposto incidente sobre os bens adquiridos no mercado interno, ou importados, de conformidade com o disposto nesta Seção, sem prejuízo das demais disposições constantes de legislação específica (Lei nº 11.508, de 20 de julho de 2007, art. 6º-A, *caput* e inciso II, e Lei nº 11.732, de 2008, art. 1º).

Parágrafo único. A suspensão de que trata o *caput* aplica-se às:

I – importações de equipamentos, máquinas, aparelhos e instrumentos, novos ou usados, e de matérias-primas, produtos intermediários e materiais de embalagem necessários à instalação industrial ou destinados a integrar o processo produtivo (Lei nº 11.508, de 2007, art. 12, inciso II, e Lei nº 11.732, de 2008, art. 2º); e

II – aquisições no mercado interno de bens necessários às atividades da empresa, mencionados no inciso I (Lei nº 11.508, de 2007, art. 13, e Lei nº 11.732, de 2008, art. 2º).

Art. 122. As matérias-primas, produtos intermediários e materiais de embalagem, importados ou adquiridos no mercado interno com a suspensão de que trata o art. 121 deverão ser integralmente utilizados no processo produtivo do produto final (Lei nº 11.508, de 2007, art. 6º-A, § 5º, e Lei nº 11.732, de 2008, art. 1º).

Parágrafo único. Excepcionalmente, em casos devidamente autorizados pelo Conselho Nacional das Zonas de Processamento de Exportação, as matérias-primas, produtos intermediários e materiais de embalagem de que trata o *caput*

poderão ser revendidos no mercado interno (Lei nº 11.508, de 2007, Art.18, § 7º, e Lei nº 11.732, de 2008, art. 2º).

Art. 123. A suspensão do imposto de que trata o art. 121:

I – quando for relativa a máquinas, aparelhos, instrumentos e equipamentos, aplica-se a bens, novos ou usados, para incorporação ao ativo imobilizado da empresa autorizada a operar em Zona de Processamento de Exportação (Lei nº 11.508, de 2007, art. 6ºA, § 2º, e Lei nº 11.732, de 2008, art. 1º); e

II – converte-se em alíquota zero depois de cumprido o compromisso de auferir e manter, por ano-calendário, a receita bruta decorrente de exportação para o exterior nos termos previstos na legislação específica e decorrido o prazo de dois anos da data de ocorrência do fato gerador (Lei nº 11.508, de 2007, art. 6º-A, § 7º, e Lei nº 11.732, de 2008, art.1º).

§ 1º Na hipótese do inciso I, a empresa que não incorporar o bem ao ativo imobilizado ou revendê-lo antes da conversão em alíquota zero ou em isenção, na forma do inciso II, fica obrigada a recolher o imposto com a exigibilidade suspensa acrescido de juros e multa de mora, na forma dos arts. 552 a 554, contados a partir da data da aquisição no mercado interno ou de registro da declaração de importação correspondente (Lei nº 11.508, de 2007, art. 6º-A, § 4º, e Lei nº 11.732, de 2008, art. 1º).

§ 2º Na hipótese de não ser efetuado o recolhimento na forma do § 1º, caberá lançamento de ofício, nas condições previstas na Lei nº 11.508, de 2007 (Lei nº 11.508, de 2007, art. 6º-A, § 9º, e Lei nº 11.732, de 2008, art. 1º).

Art. 124. Na importação de produtos usados, a suspensão de que trata o art. 121 será aplicada quando se tratar de conjunto industrial e que seja elemento constitutivo da integralização do capital social da empresa (Lei nº 11.508, de 2007, art. 6º-A, § 3º, e Lei nº 11.732, de 2008, art.1º).

Art. 125. Os produtos industrializados em Zona de Processamento de Exportação, quando vendidos para o mercado interno, estarão sujeitos ao pagamento do imposto normalmente incidente na operação (Lei nº 11.508, de 2007, art. 18, § 3º, e Lei nº 11.732, de 2008, art. 2º).

Art. 126. Nas notas fiscais relativas à venda para empresa autorizada a operar na forma do art. 121 deverá constar a expressão "Venda Efetuada com Regime de Suspensão", com a especificação do dispositivo legal correspondente (Lei nº 11.508, de 2007, art. 6º-A, § 6º, e Lei nº 11.732, de 2008, art. 1º).

Art. 127. Aplica-se o tratamento estabelecido no art. 121 para as aquisições de mercadorias realizadas entre empresas autorizadas a operar em Zona de Processamento de Exportação (Lei nº 11.508, de 2007, art. 18, § 5º, e Lei nº 11.732, de 2008, art. 2º).

Art. 128. Os produtos importados ou adquiridos no mercado interno referidos no art. 121 poderão ser mantidos em depósito, reexportados ou destruídos, na forma prevista na legislação aduaneira (Lei nº 11.508, de 2007, art. 12, § 2º, eart. 13, parágrafo único, e Lei nº 11.732, de 2008, art. 2º).

Art. 129. A empresa autorizada a operar em Zona de Processamento de Exportação de que trata o art. 121 responde pelo imposto suspenso na condição de (Lei nº 11.508, de 2007, art. 6º-A, § 1º, e Lei nº 11.732, de 2008, art. 1º):

I – contribuinte, nas operações de importação (Lei nº 11.508, de 2007, art. 6º-A, § 1º, inciso I, e Lei nº 11.732, de 2008, art. 1º); e

II – responsável, nas aquisições no mercado interno (Lei nº 11.508, de 2007, art. 6º-A, § 1º, inciso II, e Lei nº 11.732, de 2008, art. 1º).

Perdimento

Art. 130. Considera-se dano ao erário, para efeito de aplicação da pena de perdimento, a introdução (Lei nº 11.508, de 2007, art. 23, e Lei nº 11.732, de 2008, art. 2º):

I – no mercado interno, de mercadoria procedente de Zona de Processamento de Exportação que tenha sido importada, adquirida no mercado interno ou produzida em Zona de Processamento de Exportação fora dos casos autorizados de conformidade com a legislação específica; e

II – em Zona de Processamento de Exportação, de mercadoria estrangeira não permitida.

Parágrafo único. Aplica-se o disposto no Decreto-Lei nº 1.455, de 1976, para efeitos de aplicação e julgamento da pena de perdimento estabelecida neste artigo.

Prazo

Art. 131. A solicitação de instalação de empresa em Zona de Processamento de Exportação será feita por meio da apresentação de projeto, na forma prevista no Decreto nº 6.814, de 6 de abril de 2009 (Lei nº 11.508, de 2007, art. 2º, § 5º).

• *Caput* com a redação dada pelo Dec. nº 10.668, de 8-4-2021.

§ 1º O ato que autorizar a instalação de empresa em Zona de Processamento de Exportação relacionará os produtos a serem fabricados de acordo com a sua classificação na TIPI e assegurará o tratamento relativo a Zonas de Processamento de Exportação pelo prazo de até vinte anos (Lei nº 11.508, de 2007, art. 8º, e Lei nº 11.732, de 2008, art. 2º).

§ 2º O prazo de que trata o § 1º poderá, a critério do Conselho Nacional das Zonas de Processamento de Exportação, ser prorrogado por igual período, nos casos de investimento de grande vulto que exijam longos prazos de amortização (Lei nº 11.508, de 2007, art. 8º, § 2º, e Lei nº 11.732, de 2008, art. 2º).

Vedação

Art. 132. É vedada a instalação em Zona de Processamento de Exportação de empresas cujos projetos evidenciem a simples transferência de plantas industriais já instaladas no País (Lei nº 11.508, de 2007, art. 5º).

Parágrafo único. Não serão autorizadas, em Zona de Processamento de Exportação, a produção, a importação ou a exportação de (Lei nº 11.508, de 2007, art. 5º, parágrafo único):

I – armas ou explosivos de qualquer natureza, salvo com prévia autorização do Comando do Exército;

II – material radioativo, salvo com prévia autorização da Comissão Nacional de Energia Nuclear; e

III – outros indicados em regulamento específico.

CAPÍTULO VI
DOS REGIMES FISCAIS SETORIAIS

Seção I
DO SETOR AUTOMOTIVO

Crédito Presumido

Art. 133. Os empreendimentos industriais instalados nas áreas de atuação da Superintendência do Desenvolvimento da Amazônia – SUDAM e da Superintendência do Desenvolvimento do Nordeste – SUDENE e na Região Centro-Oeste, exceto no Distrito Federal, farão jus a crédito presumido, a ser aproveitado em relação às saídas ocorridas até 31 de dezembro de 2020, para dedução, na apuração do imposto incidente sobre as saídas de produtos classificados nas Posições 87.02 a 87.04 da TIPI, observado o disposto no Decreto nº 7.422, de 31 de dezembro de 2010 (Lei Complementar nº 124, de 3 de janeiro de 2007, art. 1º, art. 2º e art. 19, Lei Complementar nº 125, de 3 de janeiro de 2007, art. 1º, art. 2º e art. 22, e Lei nº 9.826, de 1999, art. 1º, *caput* e § 1º e § 3º).

• *Caput* com a redação dada pelo Dec. nº 10.668, de 8-4-2021.

§ 1º O crédito presumido de que trata o *caput* corresponderá a trinta e dois por cento do valor do IPI incidente nas saídas, do estabelecimento industrial, dos produtos nacionais ou importados diretamente pelo beneficiário (Lei nº 9.826, de 1999, art. 1º, § 2º).

§ 2º O benefício somente será usufruído pelos contribuintes cujos projetos hajam sido apresentados até 31 de outubro de 1999, não podendo ser utilizado cumulativamente com outros benefícios fiscais federais, exceto os de caráter regional relativos ao Imposto Sobre a Renda das Pessoas Jurídicas (Lei nº 9.826, de 1999, arts. 2º e 3º).

§ 3º Os Ministros de Estado da Fazenda e do Desenvolvimento, Indústria e Comércio Exterior fixarão, em ato conjunto, os requisitos para apresentação e aprovação dos projetos (Lei nº 9.826, de 1999, art. 2º, § 2º).

§ 4º Inclui-se obrigatoriamente entre os requisitos a que se refere o § 3º a exigência de que a instalação de novo empreendimento industrial não implique transferência de empreendimento já instalado, para as regiões incentivadas (Lei nº 9.826, de 1999, art. 2º, § 3º).

§ 5º Os projetos deverão ser implantados no prazo máximo de quarenta e dois meses, contados da data de sua aprovação (Lei nº 9.826, de 1999, art. 2º, § 4º).

§ 6º O direito ao crédito presumido dar-se-á a partir da data de aprovação do projeto, alcançando, inclusive, o período de apuração do IPI que contiver aquela data (Lei nº 9.826, de 1999, art. 2º, § 5º).

§ 7º A utilização do crédito presumido em desacordo com as normas estabelecidas, bem como o descumprimento do projeto, implicará o pagamento do imposto e dos respectivos acréscimos legais (Lei nº 9.826, de 1999, art. 4º).

Art. 134. O estabelecimento industrial, ou equiparado a industrial de que trata o art. 137, poderá aderir ao regime especial de apuração do imposto, relativamente à parcela do frete cobrado pela prestação do serviço de transporte dos produtos classificados nos Códigos 8433.53.00, 8433.59.1, 8701.10.00, 8701.30.00, 8701.90, 8702.10.00 Ex 01, 8702.90.90 Ex 01, 87.03, 8704.2, 8704.3 e 8706.00.20, da TIPI, nos termos e condições estabelecidos pela Secretaria da Receita Federal do Brasil (Medida Provisória nº 2.158-35, de 2001, art. 56, *caput* e § 2º).

§ 1º O regime especial (Medida Provisória nº 2.158-35, de 2001, art. 56, § 1º, e Lei nº 11.827, de 2008, art. 3º):

I – consistirá de crédito presumido do imposto em montante equivalente a três por cento do valor do imposto destacado na nota fiscal; e

II – será concedido mediante opção e sob condição de que os serviços de transporte, cumulativamente:

a) sejam executados ou contratados exclusivamente por estabelecimento industrial;

b) sejam cobrados juntamente com o preço dos produtos referidos no *caput*, nas operações de saída do estabelecimento industrial; e

c) compreendam a totalidade do trajeto, no País, desde o estabelecimento industrial até o local de entrega do produto ao adquirente.

§ 2º Na hipótese do art. 137, o disposto na alínea *c* do inciso II do § 1º alcança o trajeto, no País, desde o estabelecimento executor da encomenda até o local de entrega do produto ao adquirente (Medida Provisória nº 2.158-35, de 2001, art. 56, § 3º).

§ 3º O regime especial de que trata este artigo não se configura como benefício ou incentivo fiscal e poderá ser utilizado concomitantemente com benefícios ou incentivos fiscais, inclusive com aqueles de que tratam os art. 133, art. 135, art. 135-A e art. 135-B (Medida Provisória nº 2.158-35, de 2001, art. 56, § 4º, Lei nº 9.440, de 14 de março de 1997, art. 16, parágrafo único, e Lei nº 9.826, de 1999, art. 3º, parágrafo único).

• § 3º acrescido pelo Dec. nº 10.668, de 8-4-2021.

Art. 135. *Revogado.* Dec. nº 10.668, de 8-4-2021.

Art. 135-A. As pessoas jurídicas a que se refere o § 1º deste artigo, habilitadas até 31 de maio de 1997 na forma prevista § 2º deste artigo, farão jus, até 31 de dezembro de 2020, a crédito presumido do imposto, como ressarcimento das contribuições de que tratam a Lei Complementar nº 7, de 7 de setembro de 1970, e a Lei Complementar nº 70, de 30 de dezembro de 1991, desde que apresentem projetos que contemplem novos investimentos e pesquisa para o desenvolvimento de novos produtos ou novos modelos de produtos já existentes (Lei nº 9.440, de 1997, art. 11-B).

§ 1º O disposto neste artigo aplica-se exclusivamente às pessoas jurídicas que sejam montadoras e fabricantes de (Lei nº 9.440, de 1997, art. 1º, § 1º):

I – veículos automotores terrestres de passageiros e de uso misto, de duas rodas ou mais, e jipes;

II – caminhonetas, furgões, picapes e veículos automotores, de quatro rodas ou mais, utilizados para transporte de mercadorias, com capacidade máxima de carga não superior a quatro toneladas;

III – veículos automotores terrestres utilizados para transporte de mercadorias, com capacidade de carga igual ou superior a quatro toneladas, veículos terrestres utilizados para transporte de dez pessoas ou mais e caminhões-tratores;

IV – tratores agrícolas e colheitadeiras;

V – tratores, máquinas rodoviárias e de escavação e empilhadeiras;

VI – carroçarias para veículos automotores em geral;

VII – reboques e semirreboques utilizados para o transporte de mercadorias; e

VIII – partes, peças, componentes, conjuntos e subconjuntos, acabados e semiacabados, e pneumáticos, destinados aos produtos de que trata este parágrafo.

§ 2º As pessoas jurídicas a que se refere o § 1º, para a fruição do incentivo fiscal de que trata o *caput*, deverão atender aos seguintes requisitos (Lei nº 9.440, de 1997, art. 11 e art. 12):

I – ter sido habilitada, até 31 de maio de 1997, aos benefícios fiscais para o desenvolvimento regional;

II – cumprir todas as condições estabelecidas na Lei nº 9.440, de 1997, constantes do termo de aprovação assinado pela pessoa jurídica; e

III – comprovar a regularidade do pagamento dos impostos e das contribuições federais.

§ 3º O crédito presumido de que trata este artigo será equivalente ao resultado da aplicação das alíquotas estabeleci-

LEG. COMPLEMENTAR

das no art. 1º da Lei nº 10.485, de 2002, sobre o valor das vendas no mercado interno, em cada mês, dos produtos constantes dos projetos de que trata o *caput*, multiplicado por:

I – dois, até o décimo segundo mês de fruição do benefício;

II – um inteiro e nove décimos, do décimo terceiro ao vigésimo quarto mês de fruição do benefício;

III – um inteiro e oito décimos, do vigésimo quinto ao trigésimo sexto mês de fruição do benefício;

IV – um inteiro e sete décimos, do trigésimo sétimo ao quadragésimo oitavo mês de fruição do benefício; e

V – um inteiro e cinco décimos, do quadragésimo nono ao sexagésimo mês de fruição do benefício.

§ 4º A fruição do benefício de que trata este artigo fica condicionada à observância aos termos e às condições estabelecidos no Decreto nº 7.389, de 9 de dezembro de 2010, e em legislação complementar (Lei nº 9.440, de 1997, art. 11-B, § 1º).

Art. 135-B. As pessoas jurídicas a que se refere o § 1º do art. 135-A, habilitadas até 31 de maio de 1997 na forma prevista no § 2º do referido artigo, farão jus a crédito presumido do IPI, como ressarcimento das contribuições de que tratam a Lei Complementar nº 7, de 1970, e a Lei Complementar nº 70, de 1991, em relação às vendas ocorridas entre 1º de janeiro de 2021 e 31 de dezembro de 2025, desde que apresentem projetos que contemplem novos investimentos e pesquisa para o desenvolvimento de novos produtos ou de novos modelos de produtos já existentes que estejam em produção, nos termos do disposto no art. 135-A (Lei nº 9.440, de 1997, art. 11-C).

§ 1º O crédito presumido será equivalente ao resultado da aplicação das alíquotas previstas no art. 1º da Lei nº 10.485, de 2002, sobre o valor das vendas no mercado interno, em cada mês, dos produtos constantes dos projetos de que trata o *caput*:

I – um inteiro e vinte e cinco centésimos, até o décimo segundo mês de fruição do multiplicado por benefício;

II – um inteiro, do décimo terceiro ao quadragésimo oitavo mês de fruição do benefício; e

III – setenta e cinco centésimos, do quadragésimo nono ao sexagésimo mês de fruição do benefício.

§ 2º A fruição do benefício de que trata este artigo fica condicionada à realização de investimentos em pesquisa, desenvolvimento e inovação tecnológica na região, inclusive na área de engenharia automotiva, correspondentes a, no mínimo, dez por cento do valor do crédito presumido apurado, e à observância aos termos e às condições estabelecidos em legislação específica e em legislação complementar (Lei nº 9.440, de 1997, art. 11-C, § 1º e § 4º).

• Arts. 135-A e 135-B acrescidos pelo Dec. nº 10.668, de 8-4-2021.

Suspensão

Art. 136. Sairão com suspensão do imposto:

I – no desembaraço aduaneiro, os chassis, carroçarias, peças, partes, componentes e acessórios, importados sob regime aduaneiro especial, sem cobertura cambial, destinados à industrialização por encomenda dos produtos classificados nas Posições 87.01 a 87.05 da TIPI (Medida Provisória nº 2.189-49, de 23 de agosto de 2001, art. 17, §§ 1º e 2º);

II – do estabelecimento industrial, os produtos resultantes da industrialização de que trata o inciso I, quando destinados ao mercado interno para a empresa comercial atacadista, controlada, direta ou indiretamente, pela pessoa jurídica encomendante domiciliada no exterior, por conta e ordem desta (Medida Provisória nº 2.189-49, de 2001, art. 17, § 4º, inciso II);

III – do estabelecimento industrial, os componentes, chassis, carroçarias, acessórios, partes e peças dos produtos autopropulsados classificados nas Posições 84.29, 84.32, 84.33, 87.01 a 87.06 e 87.11 da TIPI (Lei nº 9.826, de 1999, art. 5º, e Lei nº 10.485, de 2002, art. 4º);

IV – no desembaraço aduaneiro, os componentes, os chassis, as carroçarias, os acessórios, as partes e as peças, a que se refere o inciso III do *caput*, de origem estrangeira, importados diretamente, por encomenda ou por conta e ordem do estabelecimento industrial (Lei nº 9.826, de 1999, art. 5º, § 1º);

V – do estabelecimento industrial, as matérias-primas, os produtos intermediários e os materiais de embalagem, adquiridos por estabelecimentos industriais fabricantes, preponderantemente, de componentes, chassis, carroçarias, partes e peças para industrialização dos produtos classificados nos Códigos 73.09, 7310.29, 7612.90.12, 8424.81, 84.29, 8430.69.90, 84.32, 84.33, 84.34, 84.35, 84.36, 84.37, 87.01, 87.02, 87.03, 87.04, 87.05, 87.06 e 8716.20.00 da TIPI (Lei nº 10.485, de 2002, art. 1º, e Lei nº 10.637, de 2002, art. 29, § 1º, inciso I, alínea *a*); e

VI – no desembaraço aduaneiro, as matérias-primas, os produtos intermediários e os materiais de embalagem, importados diretamente, por encomenda ou por conta e ordem do estabelecimento industrial a que trata o inciso V do *caput* (Lei nº 10.637, de 2002, art. 29, § 4º).

• Incisos IV a VI com a redação dada pelo Dec. nº 10.668, de 8-4-2021.

§ 1º A concessão do regime aduaneiro especial, de que trata o inciso I do *caput*, dependerá de prévia habilitação perante a Secretaria da Receita Federal do Brasil, que expedirá as normas necessárias ao seu cumprimento (Medida Provisória nº 2.189-49, de 2001, art. 17, § 6º).

§ 2º Quando os produtos resultantes da industrialização por encomenda de que trata o inciso I do *caput* forem destinados ao exterior, resolve-se a suspensão do imposto incidente na importação e na aquisição, no mercado interno, das matérias-primas, dos produtos intermediários e dos materiais de embalagem neles empregados (Medida Provisória nº 2.189-49, de 2001, art. 17, § 4º, inciso I).

§ 3º A suspensão de que tratam os incisos III e IV do *caput* é condicionada a que o produto, inclusive importado, seja destinado a emprego, pelo estabelecimento industrial adquirente (Lei nº 9.826, de 1999, art. 5º, § 2º, e Lei nº 10.485, de 2002, art. 4º):

I – na produção de componentes, chassis, carroçarias, acessórios, partes ou peças dos produtos autopropulsados (Lei nº 9.826, de 1999, art. 5º, § 2º, inciso I, e Lei nº 10.485, de 2002, art. 4º); ou

II – na montagem dos produtos autopropulsados classificados nas Posições 84.29, 84.32, 84.33, 87.01, 87.02, 87.03, 87.05, 87.06 e 87.11, e nos Códigos 8704.10, 8704.2 e 8704.3 da TIPI (Lei nº 9.826, de 1999, art. 5º, § 2º, inciso II, e Lei nº 10.485, de 2002, art. 4º).

§ 4º O disposto nos incisos III e IV do *caput* aplica-se, também, ao estabelecimento equiparado a industrial, de que trata o art. 137 (Lei nº 9.826, de 1999, art. 5º, § 6º, Lei nº 10.485, de 2002, art. 4º, e Lei nº 10.865, de 2004, art. 33).

§ 5º O disposto no inciso I do § 3º alcança, exclusivamente, os produtos destinados a emprego na industrialização dos produtos autopropulsados relacionados nos Anexos I e II da Lei nº 10.485, de 2002 (Lei nº 10.485, de 2002, art. 4º, parágrafo único).

§ 6º O disposto nos incisos V e VI do *caput* aplica-se ao estabelecimento industrial cuja receita bruta decorrente dos produtos ali referidos, no ano-calendário imediatamente anterior ao da aquisição, houver sido superior a sessenta por cento de sua receita bruta total no mesmo período (Lei nº 10.637, de 2002, art. 29, § 2º).

§ 7º Para os fins do disposto nos incisos V e VI do *caput*, as empresas adquirentes deverão (Lei nº 10.637, de 2002, art. 29, § 7º):

I – atender aos termos e às condições estabelecidas pela Secretaria da Receita Federal do Brasil (Lei nº 10.637, de 2002, art. 29, § 7º, inciso I); e

II – declarar ao vendedor, de forma expressa e sob as penas da lei, que atendem a todos os requisitos estabelecidos (Lei nº 10.637, de 2002, art. 29, § 7º, inciso II).

Equiparação a Estabelecimento Industrial

Art. 137. Equipara-se a estabelecimento industrial a empresa comercial atacadista adquirente dos produtos classificados nas Posições 87.01 a 87.05 da TIPI, industrializados por encomenda por conta e ordem de pessoa jurídica domiciliada no exterior, da qual é controlada direta ou indiretamente, observado o disposto no § 2º do art. 9º (Medida Provisória nº 2.189-49, de 2001, art. 17, § 5º).

Pagamento do Imposto Suspenso

Art. 138. Na hipótese de destinação dos produtos adquiridos ou importados com suspensão do imposto, distinta da prevista no § 3º do art. 136, a saída do estabelecimento industrial adquirente ou importador dar-se-á com a incidência do imposto (Lei nº 9.826, de 1999, art. 5º, § 5º, e Lei nº 10.485, de 2002, art. 4º).

Nota Fiscal

Art. 139. Nas notas fiscais, relativas às saídas referidas nos incisos III a VI do *caput* do art. 136, deverá constar a expressão "Saído com suspensão do IPI", com a especificação do dispositivo legal correspondente, vedado o registro do imposto nas referidas notas (Lei nº 9.826, de 1999, art. 5º, § 4º, Lei nº 10.485, de 2002, art. 4º, e Lei nº 10.637, de 2002, art. 29, § 6º).

Seção II

DOS BENS DE INFORMÁTICA

Arts. 140 a 149. *Revogados.* Dec. nº 10.668, de 8-4-2021.

Seção III

DA INDÚSTRIA DE SEMICONDUTORES

Programa de Apoio ao Desenvolvimento Tecnológico da Indústria de Semicondutores – PADIS

Art. 150. A pessoa jurídica habilitada pela Secretaria Especial da Receita Federal do Brasil do Ministério da Economia como beneficiária do Programa de Apoio ao Desenvolvimento Tecnológico da Indústria de Semicondutores – PADIS poderá usufruir da redução das alíquotas do imposto, em conformidade com o disposto nos art. 151 e art. 152 (Lei nº 11.484, de 31 de maio de 2007, art. 3º, *caput*, inciso III, e art. 64, e Lei nº 13.969, de 2019, art. 16).

- *Caput* com a redação dada pelo Dec. nº 10.668, de 8-4-2021.

§ 1º Poderá pleitear habilitação no PADIS a pessoa jurídica que invista anualmente em pesquisa, desenvolvimento e inovação no País, conforme definido em legislação específica, e que exerça, isoladamente ou em conjunto (Lei nº 11.484, de 2007, art. 2º e art. 6º):

- *Caput* do § 1º com a redação dada pelo Dec. nº 10.668, de 8-4-2021.

I – em relação a componentes ou dispositivos eletrônicos semicondutores, as atividades de:

- *Caput* com a redação dada pelo Dec. nº 10.668, de 8-4-2021.

a) concepção, desenvolvimento e projeto (*design*);

b) difusão ou processamento físico-químico;

c) corte da lâmina (*wafer*), encapsulamento e teste; ou

- Alíneas *b* e *c* com a redação dada pelo Dec. nº 10.668, de 8-4-2021.

d) a partir de 1º de abril de 2020, corte do substrato, encapsulamento e teste, no caso de circuitos integrados de multicomponentes, entendidos como a combinação de um ou mais circuitos integrados monolíticos, híbridos ou de multichips com, no mínimo, um dos seguintes componentes, combinados de maneira praticamente indissociável em corpo único como circuito integrado, com a forma de um componente do tipo utilizado para a montagem em placa de circuito impresso ou em outro suporte, por ligação de pinos, terminais de ligação, bolas, *lands*, relevos ou superfícies de contato (Lei nº 13.969, de 2019, art. 16):

1. os sensores, os atuadores, os osciladores ou os ressonadores à base de silício, ou as suas combinações;
2. os componentes que desempenhem as funções de artigos classificáveis nas Posições 85.32, 85.33 ou 85.41 da TIPI; ou
3. as bobinas classificadas na Posição 85.04 da TIPI;

- Alínea *d* acrescida pelo Dec. nº 10.668, de 8-4-2021.

II – em relação a mostradores de informações (*displays*), as atividades de:

- *Caput* com a redação dada pelo Dec. nº 10.668, de 8-4-2021.

a) concepção, desenvolvimento e projeto (*design*);

b) fabricação dos elementos fotossensíveis, foto ou eletroluminescentes e emissores de luz; ou

c) montagem e testes elétricos e ópticos; e

- Alínea *c* com a redação dada pelo Dec. nº 10.668, de 8-4-2021.

III – a operação de industrialização de insumos e equipamentos dedicados e destinados à fabricação de componentes ou dispositivos eletrônicos semicondutores, relacionados em ato do Poder Executivo federal e fabricados conforme processo produtivo básico estabelecido pelos Ministérios da Economia e da Ciência, Tecnologia e Inovações.

- Inciso III acrescido pelo Dec. nº 10.668, de 8-4-2021.

§ 2º A pessoa jurídica poderá exercer as atividades previstas nos incisos I e II do § 1º em que se enquadrar, isoladamente ou em conjunto, de acordo com os projetos aprovados na forma prevista no art. 153 (Lei nº 11.484, de 2007, art. 2º, § 1º, e Lei nº 13.969, de 2019 art. 16).

§ 3º O disposto no inciso II do § 1º (Lei nº 11.484, de 2007, art. 2º, § 2º):

I – alcança os mostradores de informações (*displays*) relacionados em ato do Poder Executivo federal, com tecnologia baseada em componentes:

a) de cristal líquido (LCD);

b) fotoluminescentes – painel mostrador de plasma (PDP);

c) eletroluminescentes:

1. diodos emissores de luz (LED);
2. diodos emissores de luz orgânicos (OLED); ou
3. *displays* eletroluminescentes a filme fino (TFEL); ou

LEG. COMPLEMENTAR

d) similares com microestruturas de emissão de campo elétrico, destinados à utilização como insumo em equipamentos eletrônicos; e

II – não alcança os tubos de raios catódicos (CRT).

• §§ 2º e 3º com a redação dada pelo Dec. nº 10.668, de 8-4-2021.

§ 4º *Revogado.* Dec. nº 10.668, de 8-4-2021.

§ 4º-A. A partir de 1º de abril de 2020, a pessoa jurídica de que trata o § 1º deverá exercer, exclusivamente, as atividades de pesquisa, desenvolvimento e inovação, projeto, produção e prestação de serviços, ou outras atividades nas áreas de semicondutores ou mostradores de informação (*displays*) (Lei nº 11.484, de 2007, art. 2º, § 3º, e Lei nº 13.969, de 2019, art. 16).

• § 4º-A acrescido pelo Dec. nº 10.668, de 8-4-2021.

§ 5º O investimento em pesquisa, desenvolvimento e inovação e as atividades de que trata o § 1º deverão ser realizados de acordo com os projetos aprovados na forma prevista no art. 153 apenas nas áreas de microeletrônica, de optoeletrônica e de ferramentas computacionais (*softwares*) de suporte a tais projetos e de metodologias de projeto e de processo de fabricação dos componentes relacionados nos incisos I e II do referido parágrafo (Lei nº 11.484, de 2007, art. 2º, § 4º, e art. 6º, § 1º).

• § 5º com a redação dada pelo Dec. nº 10.668, de 8-4-2021.

§ 6º A redução de que trata este artigo aplica-se, ainda, a insumos e equipamentos dedicados e destinados à fabricação dos produtos a que se referem os incisos I e II do § 1º, relacionados em ato do Poder Executivo federal e fabricados conforme processo produtivo básico estabelecido pelos Ministérios da Economia e da Ciência, Tecnologia e Inovações.

§ 7º O disposto no inciso I do § 1º alcança os dispositivos eletrônicos semicondutores, montados e encapsulados diretamente sob placa de circuito impresso (*chip on board*), classificada no Código 8523.51 da TIPI (Lei nº 11.484, de 2007, art. 2º, § 5º).

§ 8º O disposto nesta Seção será aplicado com observância aos termos e às condições estabelecidos no Decreto nº 10.615, de 29 de janeiro de 2021, e em legislação complementar.

• §§ 6º a 8º acrescidos pelo Dec. nº 10.668, de 8-4-2021.

Redução de Alíquotas

Art. 151. Ficam reduzidas a zero, até 22 de janeiro de 2022, as alíquotas do imposto incidente sobre a saída do estabelecimento industrial, ou a ele equiparado, ou a importação de máquinas, aparelhos, instrumentos e equipamentos, quando a aquisição no mercado interno ou a importação for efetuada por pessoa jurídica beneficiária do PADIS, para incorporação ao seu ativo imobilizado, desde que destinados às atividades de que tratam os incisos I ao III do § 1º do art. 150 (Lei nº 11.484, de 2007, art. 3º, *caput*, inciso III, e art. 64).

• *Caput* com a redação dada pelo Dec. nº 10.668, de 8-4-2021.

§ 1º A redução de alíquotas prevista no *caput* alcança também as ferramentas computacionais (softwares) e os insumos destinados às atividades de que trata o art. 150, quando importados ou adquiridos no mercado interno por pessoa jurídica beneficiária do PADIS (Lei nº 11.484, de 2007, art. 3º, § 1º).

§ 2º As disposições do *caput* e do § 1º alcançam somente os bens ou insumos relacionados em ato conjunto dos Ministros de Estado da Economia e da Ciência, Tecnologia e Inovações (Lei nº 11.484, de 2007, art. 3º, § 2º).

• § 2º com a redação dada pelo Dec. nº 10.668, de 8-4-2021.

§ 3º Para efeitos deste artigo, equipara-se ao importador a pessoa jurídica adquirente de bens estrangeiros, no caso de importação realizada por sua conta e ordem por intermédio de pessoa jurídica importadora (Lei nº 11.484, de 2007, art. 3º, § 4º).

Art. 152. *Revogado.* Dec. nº 10.668, de 8-4-2021.

Aprovação dos Projetos

Art. 153. Os projetos a que se refere o § 5º do art. 150 deverão ser aprovados em ato conjunto dos Ministros de Estado da Economia e da Ciência, Tecnologia e Inovações, nos termos e nas condições estabelecidos pelo Poder Executivo federal (Lei nº 11.484, de 2007, art. 5º).

• *Caput* com a redação dada pelo Dec. nº 10.668, de 8-4-2021.

Parágrafo único. A aprovação do projeto fica condicionada à comprovação da regularidade fiscal, da pessoa jurídica interessada, em relação aos impostos e contribuições administrados pela Secretaria da Receita Federal do Brasil (Lei nº 11.484, de 2007, art. 5º, § 1º).

Cumprimento da Obrigação de Investir

Art. 154. A pessoa jurídica beneficiária do PADIS deverá encaminhar ao Ministério da Ciência e Tecnologia, até 31 de julho de cada ano civil, os relatórios demonstrativos do cumprimento, no ano anterior, das obrigações e condições estabelecidas no art. 150 e na legislação específica (Lei nº 11.484, de 2007, art. 7º).

Art. 155. Na hipótese de os investimentos em pesquisa, desenvolvimento e inovação de que trata o art. 150 não atingirem, em determinado ano-calendário, o percentual mínimo estabelecido nos termos do disposto no Decreto nº 10.615, de 2021, a pessoa jurídica habilitada no PADIS deverá aplicar o valor residual no Fundo Nacional de Desenvolvimento Científico e Tecnológico – FNDCT (CT-INFO ou CT-Amazônia), acrescido de multa de vinte por cento e de juros equivalentes à taxa referencial do Sistema Especial de Liquidação e de Custódia – SELIC, calculados desde 1º de janeiro do ano subsequente àquele em que não foi atingido o percentual até a data da efetiva aplicação (Lei nº 11.484, de 2007, art. 8º e Lei nº 13.969, de 2019, art. 11).

• *Caput* com a redação dada pelo Dec. nº 10.668, de 8-4-2021.

§ 1º A pessoa jurídica beneficiária do PADIS deverá efetuar a aplicação referida no *caput* até o último dia útil do mês de março do ano subsequente àquele em que não foi atingido o percentual (Lei nº 11.484, de 2007, art. 8º, § 1º).

§ 2º Na hipótese prevista no *caput*, a não aplicação do valor residual no FNDCT (CT-INFO ou CT-Amazônia), pela pessoa jurídica habilitada no PADIS, no prazo previsto no § 1º, obrigará o contribuinte ao pagamento de juros e multa de mora referentes ao imposto não pago em decorrência das reduções a zero das alíquotas do imposto de que trata o art. 151, na forma prevista na lei tributária (Lei nº 11.484, de 2007, art. 8º, § 2º).

• § 2º com a redação dada pelo Dec. nº 10.668, de 8-4-2021.

§ 3º Os juros e multa de que trata o § 2º serão recolhidos isoladamente e devem ser calculados a partir da data da saída do produto do estabelecimento industrial, sobre o valor do imposto não recolhido, proporcionalmente à diferença entre o percentual mínimo de aplicações em pesquisa e desenvolvimento fixado e o efetivamente efetuado (Lei nº 11.484, de 2007, art. 8º, § 3º).

§ 4º Os pagamentos efetuados na forma dos §§ 2º e 3º não desobrigam a pessoa jurídica beneficiária do PADIS do dever de efetuar a aplicação no FNDCT (CT-INFO ou CT-Amazônia), na forma do *caput* (Lei nº 11.484, de 2007, art. 8º, § 4º).

§ 5º A falta ou irregularidade do recolhimento previsto no § 2º sujeita a pessoa jurídica a lançamento de ofício, com aplicação de multa de ofício na forma da lei tributária (Lei nº 11.484, de 2007, art. 8º, § 5º).

Suspensão e Cancelamento da Aplicação do PADIS

Art. 156. A pessoa jurídica beneficiária do PADIS será punida, a qualquer tempo, com a suspensão da aplicação dos arts. 151 e 152, sem prejuízo da aplicação de penalidades específicas, no caso das seguintes infrações (Lei nº 11.484, de 2007, art. 9º):

I – não apresentação ou não aprovação dos relatórios de que trata o art. 154;

II – descumprimento da obrigação de efetuar investimentos em pesquisa e desenvolvimento, na forma do art. 150, observadas as disposições do art. 155;

III – infringência aos dispositivos de regulamentação do PADIS; ou

IV – irregularidade em relação a impostos ou contribuições administrados pela Secretaria da Receita Federal do Brasil.

§ 1º A suspensão de que trata o *caput* converter-se-á em cancelamento da aplicação dos arts. 151 e 152, no caso de a pessoa jurídica beneficiária do PADIS não sanar a infração no prazo de noventa dias contados da notificação da suspensão (Lei nº 11.484, de 2007, art. 9º, § 1º).

§ 2º A pessoa jurídica que der causa a duas suspensões em prazo inferior a dois anos será punida com o cancelamento da aplicação dos arts. 151 e 152 (Lei nº 11.484, de 2007, art. 9º, § 2º).

§ 3º A penalidade de cancelamento da aplicação somente poderá ser revertida após dois anos de sanada a infração que a motivou (Lei nº 11.484, de 2007, art. 9º, § 3º).

Art. 157. Sem prejuízo do estabelecido nesta Seção, aplicam-se as disposições do Poder Executivo em regulamento específico sobre o PADIS.

Seção IV

DA INDÚSTRIA DE EQUIPAMENTOS PARA A TV DIGITAL

Arts. 158 a 165. *Revogados.* Dec. nº 10.668, de 8-4-2021.

Seção V

DA MODERNIZAÇÃO E AMPLIAÇÃO DA ESTRUTURA PORTUÁRIA – REPORTO

Suspensão

Art. 166. Serão efetuadas com suspensão do IPI, as vendas e as importações de máquinas, equipamentos, peças de reposição e outros bens, no mercado interno, quando adquiridos ou importados diretamente pelos beneficiários do Regime Tributário para Incentivo à Modernização e à Ampliação da Estrutura Portuária – REPORTO e destinados ao seu ativo imobilizado para utilização exclusiva na execução de serviços de (Lei nº 11.033, de 21 de dezembro de 2004, art. 14):

• *Caput* com a redação dada pelo Dec. nº 10.668, de 8-4-2021.

I – carga, descarga, armazenagem e movimentação de mercadorias e produtos;

II – sistemas suplementares de apoio operacional;

• Incisos I e II com a redação dada pelo Dec. nº 10.668, de 8-4-2021.

III – proteção ambiental;

IV – sistemas de segurança e de monitoramento de fluxo de pessoas, mercadorias, produtos, veículos e embarcações;

V – dragagens; e

VI – treinamento e formação de trabalhadores, inclusive na implantação de Centros de Treinamento Profissional.

• Incisos III a VI acrescidos pelo Dec. nº 10.668, de 8-4-2021.

§§ 1º e 2º *Revogados.* Dec. nº 10.668, de 8-4-2021.

§ 3º A suspensão de que tratam os incisos I e II do *caput* aplica-se também aos bens utilizados na execução de serviços de transporte de mercadorias em ferrovias, classificados nas Posições 86.01, 86.02 e 86.06 da TIPI, e aos trilhos e demais elementos de vias férreas, classificados na Posição 73.02 da mesma Tabela, relacionados em regulamento específico (Lei nº 11.033, de 2004, art. 14, § 8º, e Lei nº 11.774, de 2008, art. 5º).

§ 4º As peças de reposição a que se refere o *caput* deverão ter o seu valor aduaneiro igual ou superior a vinte por cento do valor aduaneiro da máquina ou do equipamento ao qual se destinam, de acordo com a sua declaração de importação (Lei nº 11.033, de 2004, art. 14, § 9º).

§ 5º Os veículos adquiridos com o amparo do REPORTO deverão receber identificação visual externa, a ser definida pelo órgão competente do Poder Executivo federal (Lei nº 11.033, de 2004, art. 14, § 10).

• §§ 4º e 5º com a redação dada pelo Dec. nº 10.668, de 8-4-2021.

§ 6º As máquinas, os equipamentos e os bens objeto da suspensão a que se refere este artigo são aqueles constantes do Decreto nº 6.582, de 26 de setembro de 2008 (Lei nº 11.033, de 2004, art. 14, § 7º).

• § 6º acrescido pelo Dec. nº 10.668, de 8-4-2021.

Isenção

Art. 167. A suspensão do imposto de que trata o art. 166 converte-se em isenção após o decurso do prazo de cinco anos, contados da data da ocorrência do respectivo fato gerador (Lei nº 11.033, de 2004, art. 14, § 1º).

Comprovação

Art. 168. A fruição da suspensão e da isenção do imposto ficam condicionadas à comprovação, pelo beneficiário, da quitação de impostos e contribuições federais e, no caso do imposto vinculado à importação, à formalização de termo de responsabilidade em relação ao crédito tributário suspenso (Lei nº 11.033, de 2004, art. 14, § 3º).

Transferência

Art. 169. A transferência, a qualquer título, de propriedade dos bens adquiridos no mercado interno ou importados mediante aplicação do REPORTO, dentro do prazo fixado no art. 167, deverá ser precedida de autorização da Secretaria da Receita Federal do Brasil e do recolhimento dos tributos suspensos, acrescidos de juros e de multa de mora (Lei nº 11.033, de 2004, art. 14, § 5º).

Parágrafo único. A transferência a adquirente também enquadrado no REPORTO, previamente autorizada pela Secretaria da Receita Federal do Brasil, será efetivada com dispensa da cobrança do imposto suspenso desde que, cumulativamente (Lei nº 11.033, de 2004, art. 14, § 6º e incisos I e II):

I – o adquirente formalize novo termo de responsabilidade a que se refere o art. 168; e

II – assuma perante a Secretaria da Receita Federal do Brasil a responsabilidade pelos impostos e contribuições suspensos, desde o momento de ocorrência dos respectivos fatos geradores.

Beneficiários

Art. 170. São beneficiários do REPORTO:

I – o operador portuário, o concessionário de porto organizado, o arrendatário de instalação portuária de uso público e a empresa autorizada a explorar instalação portuária de uso privativo misto ou exclusivo, inclusive aquela que opera com embarcações de *offshore* (Lei nº 11.033, de 2004, art. 15);

II – as empresas de dragagem, assim definidas pela Lei nº 12.815, de 5 de junho de 2013, os recintos alfandegados de zona secundária e os centros de formação profissional e treinamento multifuncional a que se refere o inciso II do *caput* do art. 33 da referida Lei (Lei nº 11.033, de 2004, art. 16); e

• Incisos I e II com a redação dada pelo Dec. nº 10.668, de 8-4-2021.

III – o concessionário de transporte ferroviário (Lei nº 11.033, de 2004, art. 15, § 1º, e Lei nº 11.774, de 2008, art. 5º).

§ 1º A Secretaria Especial da Receita Federal do Brasil do Ministério da Economia estabelecerá os requisitos e os procedimentos para habilitação dos beneficiários no REPORTO e para coabilitação dos fabricantes dos bens a que se refere o § 3º do art. 166 (Lei nº 11.033, de 2004, art. 15, § 2º).

§ 2º O REPORTO aplica-se às aquisições e às importações efetuadas até 31 de dezembro de 2020 (Lei nº 11.033, de 2004, art. 16).

• §§ 1º e 2º com a redação dada pelo Dec. nº 10.668, de 8-4-2021.

Seção VI

DO REGIME ESPECIAL DE TRIBUTAÇÃO PARA A PLATAFORMA DE EXPORTAÇÃO DE SERVIÇOS DE TECNOLOGIA DA INFORMAÇÃO – REPES

Art. 171. Serão desembaraçados com suspensão do imposto os bens, sem similar nacional, importados diretamente pelo beneficiário de Regime Especial de Tributação para a Plataforma de Exportação de Serviços de Tecnologia da Informação – REPES para a incorporação ao seu ativo imobilizado (Lei nº 11.196, de 2005, art. 11).

§ 1º A suspensão do imposto de que trata o *caput*:

I – aplica-se aos bens novos, relacionados em ato do Poder Executivo, destinados ao desenvolvimento, no País, de software e de serviços de tecnologia da informação (Lei nº 11.196, de 2005, art. 4º, *caput* e § 4º); e

II – converte-se em isenção depois de cumprido o compromisso de exportação de que trata o § 2º deste artigo, observados os prazos de que tratam os §§ 2º e 3º do art. 4º da Lei nº 11.196, de 2005 (Lei nº 11.196, de 2005, art. 11, § 1º).

§ 2º O beneficiário do REPES é a pessoa jurídica, previamente habilitada pela Secretaria Especial da Receita Federal do Brasil do Ministério da Economia, que (Lei nº 11.196, de 2005, art. 1º, parágrafo único, e art. 2º):

• *Caput* do § 2º com a redação dada pelo Dec. nº 10.668, de 8-4-2021.

I – exerça preponderantemente as atividades de desenvolvimento de software ou de prestação de serviços de tecnologia da informação; e

II – assuma compromisso de exportação igual ou superior a cinquenta por cento de sua receita bruta anual decorrente da venda dos bens e serviços a que se refere o inciso I do *caput*, por ocasião da sua opção pelo REPES.

• Inciso II com a redação dada pelo Dec. nº 10.668, de 8-4-2021.

§ 3º A receita bruta de que trata o inciso II do § 2º será considerada depois de excluídos os impostos e contribuições incidentes sobre a venda (Lei nº 11.196, de 2005, art. 2º, § 1º).

§ 4º *Revogado.* Dec. nº 10.668, de 8-4-2021.

Comprovação

Art. 172. A fruição dos benefícios do REPES fica condicionada à regularidade fiscal da pessoa jurídica em relação aos tributos administrados pela Secretaria Especial da Receita Federal do Brasil do Ministério da Economia e à observância aos termos e às condições estabelecidos no Decreto nº 5.712, de 2 de março de 2006, no Decreto nº 5.713, de 2 de março de 2006, e em legislação complementar (Lei nº 11.196, de 2005, art. 7º).

• Artigo com a redação dada pelo Dec. nº 10.668, de 8-4-2021.

Cancelamento

Art. 173. Na ocorrência de cancelamento de habilitação ao REPES, a pedido ou de ofício, a pessoa jurídica dele excluída fica obrigada a recolher o imposto que deixou de ser pago acrescido de juros e multa de mora, contados a partir da ocorrência do fato gerador, referentes ao imposto não pago em decorrência da suspensão de que trata o art. 171 (Lei nº 11.196, de 2005, art. 11, § 2º).

Transferência

Art. 174. A transferência de propriedade ou a cessão de uso, a qualquer título, dos bens importados com suspensão do imposto na forma do art. 171, antes de ocorrer o disposto no inciso II do § 1º do mesmo artigo, será precedida de recolhimento do imposto que deixou de ser pago, pelo beneficiário do REPES, acrescido de juros e multa de mora, contados a partir da ocorrência do fato gerador (Lei nº 11.196, de 2005, art. 11, § 3º).

Falta de Recolhimento

Art. 175. Na hipótese de não ser efetuado o recolhimento na forma dos arts. 173 e 174, será observado o disposto no art. 596 (Lei nº 11.196, de 2005, art. 11, § 4º.

Seção VII

DO REGIME ESPECIAL DE INCENTIVOS PARA O DESENVOLVIMENTO DE USINAS NUCLEARES

• Seção VII acrescida pelo Dec. nº 10.668, de 8-4-2021.

Art. 175-A. A pessoa jurídica habilitada pela Secretaria Especial da Receita Federal do Brasil do Ministério da Economia como beneficiária do Regime Especial de Incentivos para o Desenvolvimento de Usinas Nucleares – RENUCLEAR poderá adquirir, com suspensão do imposto, máquinas, aparelhos, instrumentos e equipamentos, novos, e materiais de construção, para utilização ou incorporação em obras de infraestrutura destinadas ao ativo imobilizado, em conformidade com o disposto nesta Seção (Lei nº 12.431, de 2011, art. 14, art. 15 e art. 16).

§ 1º É beneficiária do RENUCLEAR a pessoa jurídica que tenha projeto aprovado, até 31 de dezembro de 2017, para implantação de obras de infraestrutura no setor de geração de energia elétrica de origem nuclear, observado o disposto no inciso XXIII do *caput* do art. 21 e no inciso XIV do *caput* do art. 49 da Constituição.

§ 2º A suspensão de que trata este artigo:

I – abrange o imposto incidente sobre a importação ou a saída do estabelecimento industrial ou equiparado, nas hipóteses em que a importação ou a aquisição no mercado interno for efetuada por pessoa jurídica beneficiária do RENUCLEAR;

II – converte-se em isenção após a utilização ou a incorporação do bem ou do material de construção na obra de infraestrutura;

III – aplica-se às aquisições e às importações realizadas até 31 de dezembro de 2020 pela pessoa jurídica habilitada; e

IV – fica condicionada à regularidade fiscal da pessoa jurídica em relação aos tributos administrados pela Secretaria Especial da Receita Federal do Brasil do Ministério da Economia e à observância aos termos e às condições estabelecidos no Decreto nº 7.832, de 29 de outubro de 2012, e em legislação complementar (Lei nº 12.431, de 2011, art. 14, parágrafo único).

- Art. 175-A acrescido pelo Dec. nº 10.668, de 8-4-2021.

Seção VIII

DO REGIME ESPECIAL TRIBUTÁRIO PARA A INDÚSTRIA DE DEFESA

- Seção VIII acrescida pelo Dec. nº 10.668, de 8-4-2021.

Art. 175-B. A pessoa jurídica habilitada pela Secretaria Especial da Receita Federal do Brasil do Ministério da Economia como beneficiária do Regime Especial Tributário para a Indústria de Defesa – RETID poderá usufruir de suspensão do imposto, em conformidade com o disposto nesta Seção (Lei nº 12.598, de 21 de março de 2012, art. 7º, art. 8º e art. 9º).

§ 1º Poderá ser habilitada no RETID:

I – a empresa estratégica de defesa que produza ou desenvolva bens de defesa nacional ou preste os serviços de tecnologia industrial básica, projeto, pesquisa, desenvolvimento e inovação tecnológica, assistência técnica e transferência de tecnologia, empregados na manutenção, na conservação, na modernização, no reparo, na revisão, na conversão e na industrialização dos referidos bens;

II – a pessoa jurídica que produza ou desenvolva partes, peças, ferramentais, componentes, equipamentos, sistemas, subsistemas, insumos e matérias-primas a serem empregados na produção ou no desenvolvimento dos bens referidos no inciso I; e

III – a pessoa jurídica que preste os serviços de tecnologia industrial básica, projeto, pesquisa, desenvolvimento e inovação tecnológica, assistência técnica e transferência de tecnologia a serem empregados na produção ou no desenvolvimento dos bens referidos nos incisos I e II.

§ 2º A suspensão de que trata este artigo:

I – abrange o imposto incidente sobre a importação ou a saída do estabelecimento industrial ou equiparado, nas hipóteses em que a importação ou a aquisição no mercado interno for efetuada por estabelecimento industrial de pessoa jurídica beneficiária do RETID;

II – converte-se em alíquota de zero por cento após:

a) o emprego ou a utilização dos bens adquiridos ou importados no âmbito do RETID, ou dos bens que resultarem de sua industrialização, na manutenção, na conservação, na modernização, no reparo, na revisão, na conversão e na industrialização de bens de defesa nacional definidos no ato do Poder Executivo federal de que trata o inciso I do *caput* do art. 8º da Lei nº 12.598, de 2012, quando destinados, à venda para a União, ao uso privativo das Forças Armadas, ou aqueles definidos em ato do Poder Executivo federal como de interesse estratégico para a defesa nacional; ou

b) a exportação dos bens com tributação suspensa ou dos bens que resultarem de sua industrialização; e

III – fica condicionada à regularidade fiscal da pessoa jurídica em relação aos tributos administrados pela Secretaria Especial da Receita Federal do Brasil do Ministério da Economia e à observância aos termos e às condições estabelecidos no Decreto nº 8.122, de 16 de outubro de 2013, e em legislação complementar (Lei nº 12.598, de 2012, art. 8º, § 5º e § 7º).

Art. 175-C. Ficam isentos do imposto os bens referidos no inciso I do § 1º do art. 175-B saídos do estabelecimento industrial ou equiparado de pessoa jurídica beneficiária do RETID, desde que adquiridos pela União, para uso privativo das Forças Armadas, exceto para uso pessoal ou administrativo (Lei nº 12.598, de 2012, art. 9º-B).

Art. 175-D. Os benefícios a que se referem os art. 175-B e art. 175-C poderão ser usufruídos pelas pessoas jurídicas habilitadas nas aquisições e importações realizadas até 22 de março de 2032 (Lei nº 12.598, de 2012, art. 11, e Lei nº 13.043, de 2014, art. 87).

- Arts. 175-B a 175-D acrescidos pelo Dec. nº 10.668, de 8-4-2021.

Seção IX

DO REGIME ESPECIAL DE EXPORTAÇÃO E DE IMPORTAÇÃO DE BENS DESTINADOS ÀS ATIVIDADES DE PESQUISA E DE LAVRA DAS JAZIDAS DE PETRÓLEO E GÁS NATURAL

- Seção IX acrescida pelo Dec. nº 10.668, de 8-4-2021.

Art. 175-E. A pessoa jurídica habilitada pela Secretaria Especial da Receita Federal do Brasil do Ministério da Economia como beneficiária do Regime Especial de Exportação e de Importação de Bens Destinados às Atividades de Pesquisa e de Lavra das Jazidas de Petróleo e de Gás Natural – REPETRO faz jus aos benefícios da admissão temporária para utilização econômica estabelecidos pela Lei nº 9.430, de 1996 (Lei nº 9.430, de 1996, art. 79, Lei nº 9.478, de 1997, art. 4º e art. 6º, Lei nº 12.276, de 30 de junho de 2010, art. 6º, e Lei nº 12.351, de 22 de dezembro de 2010, art. 61).

§ 1º A pessoa jurídica poderá requerer habilitação no REPETRO até 31 de dezembro de 2018.

§ 2º A habilitação deferida terá validade nacional, no máximo, até 31 de dezembro de 2020.

§ 3º A aplicação do disposto nesta Seção fica condicionada à regularidade fiscal da pessoa jurídica em relação aos tributos administrados pela Secretaria Especial da Receita Federal do Brasil do Ministério da Economia e à observância aos termos e às condições estabelecidos no Decreto nº 6.759, de 5 de fevereiro de 2009, e em legislação complementar (Lei nº 9.430, de 1996, art. 79, e Decreto-Lei nº 37, de 1966, art. 93).

- Art. 175-E acrescido pelo Dec. nº 10.668, de 8-4-2021.

Seção X

DO REGIME ESPECIAL DE UTILIZAÇÃO ECONÔMICA DE BENS DESTINADOS ÀS ATIVIDADES DE EXPLORAÇÃO, DESENVOLVIMENTO E PRODUÇÃO DE PETRÓLEO E DE GÁS NATURAL

- Seção X acrescida pelo Dec. nº 10.668, de 8-4-2021.

Art. 175-F. A pessoa jurídica habilitada pela Secretaria Especial da Receita Federal do Brasil do Ministério da Economia como beneficiária do Regime Especial de Utilização Econômica de Bens Destinados às Atividades de Exploração, Desenvolvimento e Produção de Petróleo e de Gás Natural – REPETRO-SPED poderá usufruir da suspensão do imposto até 31 de dezembro de 2040, em conformidade com o disposto nesta Seção (Lei nº 13.586, de 28 de dezembro de 2017, art. 5º, *caput* e § 1º e § 8º, e art. 8º).

§ 1º A suspensão de que trata este artigo (Lei nº 13.586, de 2017, art. 5º, *caput* e § 1º a 4º):

I – aplica-se à importação dos bens relacionados em ato da Secretaria Especial da Receita Federal do Brasil do Ministério da Economia cuja permanência no País seja definitiva e que sejam destinados às atividades de exploração, de desenvolvimento e de produção de petróleo, gás natural e outros hidrocarbonetos fluidos; e

II – converte-se em isenção após decorrido o prazo de cinco anos, contado da data de registro da declaração de importação.

§ 2º A aplicação do disposto nesta Seção fica condicionada à regularidade fiscal da pessoa jurídica em relação aos tributos administrados pela Secretaria Especial da Receita Federal do Brasil do Ministério da Economia e à observância aos termos e às condições estabelecidos no Decreto nº 6.759, de 2009, e em legislação complementar (Lei nº 13.586, de 2017, art. 5º, § 8º).

• Art. 175-F acrescido pelo Dec. nº 10.668, de 8-4-2021.

Seção XI

DO REGIME ESPECIAL DE INDUSTRIALIZAÇÃO DE BENS DESTINADOS À EXPLORAÇÃO, AO DESENVOLVIMENTO E À PRODUÇÃO DE PETRÓLEO, DE GÁS NATURAL E DE OUTROS HIDROCARBONETOS FLUIDOS

• Seção XI acrescida pelo Dec. nº 10.668, de 8-4-2021.

Art. 175-G. A pessoa jurídica habilitada pela Secretaria Especial da Receita Federal do Brasil do Ministério da Economia como beneficiária do Regime Especial de Industrialização de Bens Destinados à Exploração, ao Desenvolvimento e à Produção de Petróleo, de Gás Natural e de Outros Hidrocarbonetos Fluidos – REPETRO-Industrialização poderá usufruir da suspensão do imposto até 31 de dezembro de 2040, em conformidade com o disposto nesta Seção (Lei nº 13.586, de 2017, art. 6º, *caput*, § 1º, inciso II, e § 12 e art. 8º).

§ 1º Para habilitar-se no REPETRO-Industrialização, a pessoa jurídica deverá ser (Lei nº 13.586, de 2017, art. 6º, *caput* e § 2º):

I – fabricante dos produtos finais destinados às atividades a que se refere o inciso I do § 1º do art. 175-F, para serem diretamente fornecidos à pessoa jurídica habilitada no REPETRO ou no REPETRO-SPED, na forma prevista em legislação específica; ou

II – fabricante intermediário de bens a serem diretamente fornecidos à pessoa jurídica a que se refere o inciso I.

§ 2º A suspensão de que trata este artigo (Lei nº 13.586, de 2017, art. 5º, art. 6º, *caput* e § 3º, e art. 7º):

I – aplica-se à importação ou à aquisição no mercado interno de matérias-primas, de produtos intermediários e de materiais de embalagem, destinados ao processo produtivo dos produtos finais a que se refere o § 8º do art. 458 do Decreto nº 6.759, de 2009; e

II – converte-se em isenção depois de efetivada a destinação do produto final.

Art. 175-H. O prazo de suspensão do pagamento do imposto pela aplicação do regime especial de que trata o art. 175-G será de até um ano, prorrogável por período não superior, no total, a cinco anos, observada a regulamentação editada pela Secretaria Especial da Receita Federal do Brasil do Ministério da Economia (Lei nº 13.586, de 2017, art. 6º, § 4º).

Parágrafo único. O prazo estabelecido no *caput* poderá, excepcionalmente, em casos justificados, ser prorrogado por período superior a cinco anos, observada a regulamentação editada pela Secretaria Especial da Receita Federal do Brasil do Ministério da Economia (Lei nº 13.586, de 2017, art. 6º, § 5º).

Art. 175-I. A aquisição do produto final pela pessoa jurídica beneficiária do REPETRO ou do REPETRO-SPED será realizada com suspensão do pagamento do imposto, que se converterá em isenção depois de efetivada a destinação do produto final (Lei nº 13.586, de 2017, art. 6º, § 8º e § 9º).

Art. 175-J. A aplicação do disposto nesta Seção fica condicionada à regularidade fiscal da pessoa jurídica em relação aos tributos administrados pela Secretaria Especial da Receita Federal do Brasil do Ministério da Economia e à observância aos termos e às condições estabelecidos no Decreto nº 9.537, de 24 de outubro de 2018, e em legislação complementar (Lei nº 13.586, de 2017, art. 6º, § 12, e art. 8º).

• Arts. 175-G a 175-J acrescidos pelo Dec. nº 10.668, de 8-4-2021.

CAPÍTULO VII

DA TRANSFERÊNCIA DE INCENTIVOS E BENEFÍCIOS NA SUCESSÃO

Art. 176. Os incentivos e benefícios fiscais concedidos por prazo certo e em função de determinadas condições a pessoa jurídica que vier a ser incorporada poderão ser transferidos, por sucessão, à pessoa jurídica incorporadora, mediante requerimento desta, desde que observados os limites e as condições fixados na legislação que institui o incentivo ou o benefício, em especial quanto aos aspectos vinculados (Lei nº 11.434, de 28 de dezembro de 2006, art. 8º):

I – ao tipo de atividade e de produto;

II – à localização geográfica do empreendimento;

III – ao período de fruição; e

IV – às condições de concessão ou habilitação.

§ 1º A transferência dos incentivos ou benefícios referidos no *caput* poderá ser concedida após o prazo original para habilitação, desde que dentro do período fixado para a sua fruição (Lei nº 11.434, de 2006, art. 8º, § 1º).

§ 2º Na hipótese de alteração posterior dos limites e condições fixados na legislação que institui o incentivo ou o benefício, prevalecerão aqueles vigentes à época da incorporação (Lei nº 11.434, de 2006, art. 8º, § 2º).

§ 3º A pessoa jurídica incorporadora fica obrigada, ainda, a manter, no mínimo, os estabelecimentos da empresa incorporada nas mesmas unidades da Federação previstas nos atos de concessão dos referidos incentivos ou benefícios e os níveis de produção e emprego existentes no ano imediatamente anterior ao da incorporação ou na data desta, o que for maior (Lei nº 11.434, 2006, art. 8º, § 3º).

§ 4º *Revogado.* Dec. nº 10.668, de 8-4-2021.

CAPÍTULO VIII

DOS OPTANTES PELO SIMPLES NACIONAL

Art. 177. A microempresa e empresa de pequeno porte contribuinte do imposto, optante pelo Regime Especial Unificado de Arrecadação de Tributos e Contribuições devidos pelas Microempresas e Empresas de Pequeno Porte – Simples Nacional e que atenda ao disposto na Lei Complementar nº 123, de 2006, deverá recolher o imposto mensalmente em conjunto com os demais impostos e contribuições, nos termos especificados na referida Lei Complementar (Lei Complementar nº 123, de 2006, arts. 12, e 13, inciso II).

Parágrafo único. O recolhimento do imposto na forma do *caput* não exclui a incidência do imposto devido no desembaraço aduaneiro dos produtos de procedência estrangeira (Lei Complementar nº 123, de 2006, art. 13, inciso II, e § 1º).

Vedação de Crédito

Art. 178. Às microempresas e empresas de pequeno porte, optantes pelo Simples Nacional, é vedada:

I – a apropriação e a transferência de créditos relativos ao imposto (Lei Complementar nº 123, de 2006, art. 23, *caput*); e

II – a utilização ou destinação de qualquer valor a título de incentivo fiscal (Lei Complementar nº 123, de 2006, art. 24).

Obrigações Acessórias

Art. 179. Ficam dispensadas da escrituração dos livros fiscais e do cumprimento das demais obrigações acessórias do imposto as microempresas e empresas de pequeno porte optantes pelo Simples Nacional.

§ 1º Os contribuintes referidos no *caput* observarão as seguintes obrigações acessórias, além de outras baixadas pelo Comitê Gestor do Simples Nacional – CGSN, de que trata o inciso I do art. 2º da Lei Complementar nº 123, de 2006 (Lei Complementar nº 123, de 2006, arts. 25, 26 e 27, e Lei Complementar nº 128, de 2008, art. 2º):

I – emissão de nota fiscal na saída ou venda de produtos que industrializar ou adquirir de terceiros;

II – exame dos produtos adquiridos e respectivos documentos;

III – arquivamento dos documentos referentes às entradas e saídas, ocorridas em seu estabelecimento; e

IV – atendimento a outras obrigações acessórias que guardem relação com a prestação de informações relativas a terceiros.

§ 2º O disposto neste artigo não exclui ou limita a obrigação de exibir, ao Fisco, mercadorias, livros, arquivos, documentos, papéis, sistemas, programas e arquivos magnéticos ou assemelhados, e outros efeitos comerciais ou fiscais.

Regime de Tributação Unificada – RTU

Art. 180. A microempresa optante pelo Simples Nacional poderá aderir ao Regime de Tributação Unificada na forma da legislação específica (Lei nº 11.898, de 2009, arts. 1º e 7º).

§ 1º O Regime de Tributação Unificada:

I – permite a importação, por via terrestre, de mercadorias procedentes do Paraguai, mediante o pagamento do imposto incidente na importação em conjunto com os demais impostos e contribuições federais, nas condições especificadas na legislação (Lei nº 11.898, de 2009, arts. 2º e 9º, inciso II);

II – somente ampara os produtos relacionados pelo Poder Executivo (Lei nº 11.898, de 2009, art. 3º); e

III – é vedado a quaisquer produtos que não sejam destinados ao consumidor final, às armas e munições, fogos de artifícios, explosivos, bebidas, inclusive alcoólicas, cigarros, cigarrilhas, veículos automotores em geral e embarcações de todo tipo, inclusive suas partes e peças, medicamentos, pneus, bens usados e bens com importação suspensa ou proibida no Brasil (Lei nº 11.898, de 2009, art. 3º, parágrafo único, e Lei nº 12.402, de 2011, art. 6º).

• Inciso III com a redação dada pelo Dec. nº 7.990, de 24-4-2013.

§ 2º O optante pelo Regime de que trata o *caput* não fará jus a qualquer benefício fiscal de isenção ou de redução do imposto, bem como de redução de suas alíquotas ou bases de cálculo (Lei nº 11.898, de 2009, Art.9º, § 2º).

CAPÍTULO IX

DO LANÇAMENTO

Conceito

Art. 181. Lançamento é o procedimento destinado à constituição do crédito tributário, que se opera de ofício ou por homologação mediante atos de iniciativa do sujeito passivo da obrigação tributária, com o pagamento antecipado do imposto e a devida comunicação à Secretaria da Receita Federal do Brasil, observando-se que tais atos (Lei nº 5.172, de 1966, arts. 142, 144, 149 e 150, e Lei nº 4.502, de 1964, arts. 19 e 20):

I – compreendem a descrição da operação que lhe dá origem, a identificação do sujeito passivo, a descrição e classificação do produto, o cálculo do imposto, com a declaração do seu valor e, sendo o caso, a penalidade prevista; e

II – reportam-se à data da ocorrência do fato gerador da obrigação e regem-se pela lei então vigente, ainda que posteriormente modificada ou revogada.

Lançamento por Homologação

Art. 182. Os atos de iniciativa do sujeito passivo, de que trata o art. 181, serão efetuados, sob a sua exclusiva responsabilidade (Lei nº 4.502, de 1964, art. 20):

I – quanto ao momento:

a) no registro da declaração de importação no Sistema Integrado de Comércio Exterior – SISCOMEX, quando do despacho aduaneiro de importação (Lei nº 4.502, de 1964, art. 19, inciso I, alínea *a*);

b) na saída do produto do estabelecimento industrial ou equiparado a industrial (Lei nº 4.502, de 1964, art. 19, inciso II, alínea *a*);

c) na saída do produto de armazém-geral ou outro depositário, diretamente para outro estabelecimento, quando vendido pelo próprio depositante (Lei nº 4.502, de 1964, art. 19, inciso II, alínea *b*);

d) na entrega ao comprador, quanto aos produtos vendidos por intermédio de ambulantes (Lei nº 4.502, de 1964, art. 19, inciso II, alínea *b*);

e) na saída da repartição onde ocorreu o desembaraço, quanto aos produtos que, por ordem do importador, forem remetidos diretamente a terceiros (Lei nº 4.502, de 1964, art. 5º, inciso I, alínea *b*, e Decreto-Lei nº 1.133, de 1970, art. 1º);

f) no momento em que ficar concluída a operação industrial, quando a industrialização se der no próprio local de consumo ou de utilização, fora do estabelecimento industrial (Lei nº 4.502, de 1964, art. 19, inciso II, alínea *b*);

g) no início do consumo ou da utilização do papel destinado à impressão de livros, jornais e periódicos, em finalidade diferente da que lhe é prevista na imunidade de que trata o inciso I do art. 18, ou na saída do fabricante, do importador, ou de seus estabelecimentos distribuidores, para pessoas que não sejam empresas jornalísticas ou editoras (Lei nº 9.532, de 1997, art. 40);

h) na aquisição ou, se a venda tiver sido feita antes de concluída a operação industrial, na conclusão desta, quanto aos produtos que, antes de sair do estabelecimento que os tenha industrializado por encomenda, sejam por este adquiridos;

i) no depósito para fins comerciais, na venda ou na exposição à venda, quanto aos produtos trazidos do exterior e desembaraçados com a qualificação de bagagem, com isenção ou com pagamento de tributos (Decreto-Lei nº 1.455, de 1976, art. 8º);

j) na venda, efetuada em feiras de amostras e promoções semelhantes, do produto que tenha sido remetido pelo estabelecimento industrial, ou equiparado a industrial, com suspensão do imposto;

l) na transferência simbólica da produção de álcool das usinas produtoras às suas cooperativas, equiparadas, por opção, a estabelecimento industrial;

m) no reajustamento do preço do produto, em virtude do acréscimo de valor decorrente de contrato escrito (Lei nº 4.502, de 1964, art. 19, parágrafo único, e Decreto-Lei nº 34, de 1966, art. 2º, alteração 7ª);

n) na apuração, pelo usuário, de diferença no estoque dos selos de controle fornecidos para aplicação em seus produtos (Lei nº 4.502, de 1964, art. 46, § 3º, e Decreto-Lei nº 34, de 1966, art. 2º, alteração 12ª);

o) na apuração, pelo contribuinte, de falta no seu estoque de produtos;

p) na apuração, pelo contribuinte, de diferença de preços de produtos saídos do seu estabelecimento;

q) na apuração, pelo contribuinte, de diferença do imposto em virtude do aumento da alíquota, ocorrido após emissão da primeira nota fiscal;

r) quando desatendidas as condições da imunidade, da isenção ou da suspensão do imposto;

s) na venda do produto que for consumido ou utilizado dentro do estabelecimento industrial (Lei nº 9.532, de 1997, art. 38);

t) na saída de bens de produção dos associados para as suas cooperativas, equiparadas, por opção, a estabelecimento industrial; ou

u) na ocorrência dos demais casos não especificados neste artigo, em que couber a exigência do imposto; e

II – quanto ao documento:

a) no registro da declaração de importação no SISCOMEX, quando se tratar de desembaraço aduaneiro de produto de procedência estrangeira (Lei nº 4.502, de 1964, art. 19, inciso I, alínea *a)*);

b) no documento de arrecadação, para outras operações, realizadas por firmas ou pessoas não sujeitas habitualmente ao pagamento do imposto; ou

c) na nota fiscal, quanto aos demais casos (Lei nº 4.502, de 1964, art. 19, inciso II).

Art. 183. Os atos de iniciativa do sujeito passivo, no lançamento por homologação, aperfeiçoam-se com o pagamento do imposto ou com a compensação deles, nos termos do art. 268 e efetuados antes de qualquer procedimento de ofício da autoridade administrativa (Lei nº 5.172, de 1966, art. 150, *caput* e § 1º, Lei nº 9.430, de 1996, arts. 73 e 74, Lei nº 10.637, de 2002, art. 49, Lei nº 10.833, de 2003, art. 17, e Lei nº 11.051, de 2004, art. 4º).

Parágrafo único. Considera-se pagamento:

I – o recolhimento do saldo devedor, após serem deduzidos os créditos admitidos dos débitos, no período de apuração do imposto;

II – o recolhimento do imposto não sujeito a apuração por períodos, haja ou não créditos a deduzir; ou

III – a dedução dos débitos, no período de apuração do imposto, dos créditos admitidos, sem resultar saldo a recolher.

Presunção de Lançamento Não Efetuado

Art. 184. Considerar-se-ão não efetuados os atos de iniciativa do sujeito passivo, para o lançamento:

I – quando o documento for reputado sem valor por lei ou por este Regulamento (Lei nº 4.502, de 1964, art. 23, inciso II);

II – quando o produto tributado não se identificar com o descrito no documento (Lei nº 4.502, de 1964, art. 23, inciso III); ou

III – quando estiver em desacordo com as normas deste Capítulo (Lei nº 4.502, de 1964, art. 23, inciso I).

Parágrafo único. Nos casos dos incisos I e III não será novamente exigido o imposto já efetivamente recolhido, e, no caso do inciso II, se a falta resultar de presunção legal e o imposto estiver também comprovadamente pago.

Homologação

Art. 185. Antecipado o recolhimento do imposto, o lançamento tornar-se-á definitivo com a sua expressa homologação pela autoridade administrativa (Lei nº 5.172, de 1966, art. 150).

Parágrafo único. Ressalvada a ocorrência de dolo, fraude ou simulação, ter-se-á como homologado o lançamento efetuado nos termos do art. 183 quando sobre ele, após cinco anos da data da ocorrência do fato gerador da obrigação tributária, a autoridade administrativa não se tenha pronunciado (Lei nº 5.172, de 1966, art. 150, § 4º).

Lançamento de Ofício

Art. 186. Se o sujeito passivo não tomar as iniciativas para o lançamento ou as tomar nas condições do art. 184, o imposto será lançado de ofício (Lei nº 5.172, de 1966, art. 149, e Lei nº 4.502, de 1964, art. 21).

§ 1º No caso do inciso VII do art. 25, o imposto não recolhido espontaneamente será exigido em procedimento de ofício, pela Secretaria da Receita Federal do Brasil, com os acréscimos aplicáveis à espécie (Lei nº 9.532, de 1997, art. 39, § 6º).

§ 2º O documento hábil, para a sua realização, será o auto de infração ou a notificação de lançamento, conforme a infração seja constatada, respectivamente, no serviço externo ou no serviço interno da repartição.

§ 3º O lançamento de ofício de que trata o *caput* é atribuição, em caráter privativo, dos ocupantes do cargo de Auditor-Fiscal da Receita Federal do Brasil (Lei nº 10.593, de 6 de dezembro de 2002, art. 6º, e Lei nº 11.457, de 16 de março de 2007, art. 9º).

Lançamento Antecipado

Art. 187. Será facultado ao sujeito passivo da obrigação tributária antecipar os atos de sua iniciativa, para o momento:

I – da venda, quando esta for à ordem ou para entrega futura do produto (Lei nº 4.502, de 1964, art. 51, inciso II); ou

II – do faturamento, pelo valor integral, no caso de produto cuja unidade não possa ser transportada de uma só vez (Lei nº 4.502, de 1964, art. 51, inciso I).

Decadência

Art. 188. O direito de constituir o crédito tributário extingue-se após cinco anos, contados:

I – da ocorrência do fato gerador, quando, tendo o sujeito passivo antecipado o pagamento do imposto, a autoridade administrativa não homologar o lançamento, salvo se tiver ocorrido dolo, fraude ou simulação (Lei nº 5.172, de 1966, art. 150, § 4º);

II – do primeiro dia do exercício seguinte àquele em que o sujeito passivo já poderia ter tomado a iniciativa do lançamento (Lei nº 5.172, de 1966, art. 173, inciso I); ou

III – da data em que se tornar definitiva a decisão que houver anulado, por vício formal, o lançamento anteriormente efetuado (Lei nº 5.172, de 1966, art. 173, inciso II).

Parágrafo único. O direito a que se refere este artigo extingue-se definitivamente com o decurso do prazo nele previsto, contado da data em que tenha sido iniciada a constituição do crédito tributário pela notificação, ao sujeito passivo, de qualquer medida preparatória indispensável ao lançamento (Lei nº 5.172, de 1966, art. 173, parágrafo único).

CAPÍTULO X

DO CÁLCULO DO IMPOSTO

Seção I

DAS DISPOSIÇÕES PRELIMINARES

Art. 189. O imposto será calculado mediante aplicação das alíquotas, constantes da TIPI, sobre o valor tributável dos produtos (Lei nº 4.502, de 1964, art. 13).

Parágrafo único. O disposto no *caput* não exclui outra modalidade de cálculo do imposto estabelecida em legislação específica.

Seção II

DA BASE DE CÁLCULO

Valor Tributável

Art. 190. Salvo disposição em contrário deste Regulamento, constitui valor tributável:

I – dos produtos de procedência estrangeira:

a) o valor que servir ou que serviria de base para o cálculo dos tributos aduaneiros, por ocasião do despacho de importação, acrescido do montante desses tributos e dos encargos cambiais efetivamente pagos pelo importador ou dele exigíveis (Lei nº 4.502, de 1964, art. 14, inciso I, alínea *b*); e

b) o valor total da operação de que decorrer a saída do estabelecimento equiparado a industrial (Lei nº 4.502, de 1964, art. 18); ou

II – dos produtos nacionais, o valor total da operação de que decorrer a saída do estabelecimento industrial ou equiparado a industrial (Lei nº 4.502, de 1964, art. 14, inciso II, e Lei nº 7.798, de 1989, art. 15).

§ 1º O valor da operação referido na alínea *b* do inciso I e no inciso II compreende o preço do produto, acrescido do valor do frete e das demais despesas acessórias, cobradas ou debitadas pelo contribuinte ao comprador ou destinatário (Lei nº 4.502, de 1964, art. 14, § 1º, Decreto-Lei nº 1.593, de 1977, art. 27, e Lei nº 7.798, de 1989, art. 15).

§ 2º Será também considerado como cobrado ou debitado pelo contribuinte, ao comprador ou destinatário, para efeitos do disposto no § 1º, o valor do frete, quando o transporte for realizado ou cobrado por firma controladora ou controlada – Lei nº 6.404, de 15 de dezembro de 1976, art. 243, coligadas – Lei nº 10.406, de 10 de janeiro de 2002, art. 1.099, e Lei nº 11.941, de 27 de maio de 2009, art. 46, parágrafo único, ou interligada – Decreto-Lei nº 1.950, de 1982, art. 10, § 2º – do estabelecimento contribuinte ou por firma com a qual este tenha relação de interdependência, mesmo quando o frete seja subcontratado (Lei nº 4.502, de 1964, art. 14, § 3º, e Lei nº 7.798, de 1989, art. 15).

§ 3º Não podem ser deduzidos do valor da operação os descontos, diferenças ou abatimentos, concedidos a qualquer título, ainda que incondicionalmente (Lei nº 4.502, de 1964, art. 14, § 2º, Decreto-Lei nº 1.593, de 1977, art. 27, e Lei nº 7.798, de 1989, art. 15).

§ 4º Nas saídas de produtos a título de consignação mercantil, o valor da operação referido na alínea *b* do inciso I e no inciso II do *caput*, será o preço de venda do consignatário, estabelecido pelo consignante.

§ 5º Poderão ser excluídos da base de cálculo do imposto os valores recebidos pelo fabricante ou importador nas vendas diretas ao consumidor final dos veículos classificados nas Posições 87.03 e 87.04 da TIPI, por conta e ordem dos concessionários de que trata a Lei nº 6.729, de 28 de novembro de 1979, a estes devidos pela intermediação ou entrega dos veículos, nos termos estabelecidos nos respectivos contratos de concessão (Lei nº 10.485, de 2002, art. 2º).

§ 6º Os valores referidos no § 5º não poderão exceder a nove por cento do valor total da operação (Lei n} 10.485, de 2002, art. 2º, § 2º, inciso I).

Art. 191. Nos casos de produtos industrializados por encomenda, será acrescido, pelo industrializador, ao valor da operação definido no art. 190, salvo se se tratar de insumos usados, o valor das matérias-primas, dos produtos intermediários e dos materiais de embalagem, fornecidos pelo encomendante, desde que este não destine os produtos industrializados (Lei nº 4.502, de 1964, art. 14, § 4º, Decreto-Lei nº 1.593, de 1977, art. 27, e Lei nº 7.798, de 1989, art. 15):

I – a comércio;

II – a emprego, como matéria-prima ou produto intermediário, em nova industrialização; ou

III – a emprego no acondicionamento de produtos tributados.

Art. 192. Considera-se valor tributável o preço corrente do produto ou seu similar, no mercado atacadista da praça do remetente, na forma do disposto nos arts. 195 e 196, na saída do produto do estabelecimento industrial ou equiparado a industrial, quando a saída se der a título de locação ou arrendamento mercantil ou decorrer de operação a título gratuito, assim considerada também aquela que, em virtude de não transferir a propriedade do produto, não importe em fixar-lhe o preço (Lei nº 4.502, de 1964, art. 16).

Art. 193. Na saída de produtos do estabelecimento do importador, em arrendamento mercantil, nos termos da Lei nº 6.099, de 12 de setembro de 1974, o valor tributável será:

I – o preço corrente do mercado atacadista da praça em que o estabelecimento arrendador estiver domiciliado (Lei nº 6.099, de 1974, art. 18, e Lei nº 7.132, de 26 de outubro de 1983, art. 1º, inciso III); ou

II – o valor que serviu de base de cálculo do imposto no desembaraço aduaneiro, se for demonstrado comprovadamente que o preço dos produtos importados é igual ou superior ao que seria pago pelo arrendatário se os importasse diretamente (Lei nº 6.099, de 1974, art. 18, § 2º).

Art. 194. O imposto incidente sobre produtos usados, adquiridos de particulares ou não, que sofrerem o processo de industrialização, de que trata o inciso V do art. 4º (renovação ou recondicionamento), será calculado sobre a diferença de preço entre a aquisição e a revenda (Decreto-Lei nº 400, de 1968, art. 7º).

Valor Tributável Mínimo

Art. 195. O valor tributável não poderá ser inferior:

I – ao preço corrente no mercado atacadista da praça do remetente quando o produto for destinado a outro estabelecimento do próprio remetente ou a estabelecimento de

LEG. COMPLEMENTAR

firma com a qual mantenha relação de interdependência (Lei nº 4.502, de 1964, art. 15, inciso I, e Decreto-Lei nº 34, de 1966, art. 2º, alteração 5ª);

II – a noventa por cento do preço de venda aos consumidores, não inferior ao previsto no inciso I, quando o produto for remetido a outro estabelecimento da mesma empresa, desde que o destinatário opere exclusivamente na venda a varejo (Lei nº 4.502, de 1964, art. 15, inciso II, e Lei nº 9.532, de 1997, art. 37, inciso III);

III – ao custo de fabricação do produto, acrescido dos custos financeiros e dos de venda, administração e publicidade, bem como do seu lucro normal e das demais parcelas que devam ser adicionadas ao preço da operação, no caso de produtos saídos do estabelecimento industrial, ou equiparado a industrial, com destino a comerciante autônomo, ambulante ou não, para venda direta a consumidor (Lei nº 4.502, de 1964, art. 15, inciso III, e Decreto-Lei nº 1.593, de 1977, art. 28); e

IV – a setenta por cento do preço da venda a consumidor no estabelecimento moageiro, nas remessas de café torrado a estabelecimento comercial varejista que possua atividade acessória de moagem (Decreto-Lei nº 400, de 1968, art. 8º).

§ 1º No caso do inciso II, sempre que o estabelecimento comercial varejista vender o produto por preço superior ao que haja servido à determinação do valor tributável, será este reajustado com base no preço real de venda, o qual, acompanhado da respectiva demonstração, será comunicado ao remetente, até o último dia do período de apuração subsequente ao da ocorrência do fato, para efeito de lançamento e recolhimento do imposto sobre a diferença verificada.

§ 2º No caso do inciso III, o preço de revenda do produto pelo comerciante autônomo, ambulante ou não, indicado pelo estabelecimento industrial, ou equiparado a industrial, não poderá ser superior ao preço de aquisição acrescido dos tributos incidentes por ocasião da aquisição e da revenda do produto, e da margem de lucro normal nas operações de revenda.

Art. 196. Para efeito de aplicação do disposto nos incisos I e II do art. 195, será considerada a média ponderada dos preços de cada produto, em vigor no mês precedente ao da saída do estabelecimento remetente, ou, na sua falta, a correspondente ao mês imediatamente anterior àquele.

Parágrafo único. Inexistindo o preço corrente no mercado atacadista, para aplicação do disposto neste artigo, tomar-se-á por base de cálculo:

I – no caso de produto importado, o valor que serviu de base ao Imposto de Importação, acrescido desse tributo e demais elementos componentes do custo do produto, inclusive a margem de lucro normal; e

II – no caso de produto nacional, o custo de fabricação, acrescido dos custos financeiros e dos de venda, administração e publicidade, bem como do seu lucro normal e das demais parcelas que devam ser adicionadas ao preço da operação, ainda que os produtos hajam sido recebidos de outro estabelecimento da mesma firma que os tenha industrializado.

Arbitramento do Valor Tributável

Art. 197. Ressalvada a avaliação contraditória, decorrente de perícia, o Fisco poderá arbitrar o valor tributável ou qualquer dos seus elementos, quando forem omissos ou não merecerem fé os documentos expedidos pelas partes ou, tratando-se de operação a título gratuito, quando inexistir ou for de difícil apuração o valor previsto no art. 192 (Lei nº 5.172, de 1966, art. 148, e Lei nº 4.502, de 1964, art. 17).

§ 1º Salvo se for apurado o valor real da operação, nos casos em que este deva ser considerado, o arbitramento tomará por base, sempre que possível, o preço médio do produto no mercado do domicílio do contribuinte, ou, na sua falta, nos principais mercados nacionais, no trimestre civil mais próximo ao da ocorrência do fato gerador.

§ 2º Na impossibilidade de apuração dos preços, o arbitramento será feito segundo o disposto no art. 196.

Art. 198. Nas hipóteses em que a identificação da mercadoria importada se torne impossível em razão de seu extravio ou consumo e de descrição genérica nos documentos comerciais e de transporte disponíveis, a base de cálculo da tributação simplificada será arbitrada em valor equivalente à mediana dos valores por quilograma de todas as mercadorias importadas a título definitivo, pela mesma via de transporte internacional, constantes de declarações registradas no semestre anterior, incluídas as despesas de frete e seguro internacionais (Lei nº 10.833, de 2003, art. 67, § 1º).

- *Caput* com a redação dada pelo Dec. nº 10.668, de 8-4-2021.

Parágrafo único. Na falta de informação sobre o peso da mercadoria, adotar-se-á o peso líquido admitido na unidade de carga utilizada no seu transporte (Lei nº 10.833, de 2003, art. 67, § 2º).

Art. 199. Será aplicada a alíquota única de oitenta por cento em regime de tributação simplificada relativo ao IPI e aos demais tributos incidentes na importação (Lei nº 10.833, de 2003, art. 67, *caput*).

- Artigo com a redação dada pelo Dec. nº 10.668, de 8-4-2021.

Seção III

DOS PRODUTOS DESCRITOS NOS CAPÍTULOS 17, 18, 21, 22 E 24 DA TABELA DE INCIDÊNCIA DO IMPOSTO SOBRE PRODUTOS INDUSTRIALIZADOS

- Seção III renomeada pelo Dec. nº 10.668, de 8-4-2021.

Arts. 200 a 206. *Revogados.* Dec. nº 10.668, de 8-4-2021.

Produtos dos Capítulos 17 e 18 da TIPI

Art. 207. O imposto incidente sobre os chocolates classificados nos Códigos 1704.90.10 e 1806.90.00 e nas Subposições 1806.31 e 1806.32 da TIPI será calculado em conformidade com o disposto nas Seções I e II deste Capítulo.

- Artigo com a redação dada pelo Dec. nº 10.668, de 8-4-2021.

Produtos do Capítulo 21 da TIPI

Art. 208. O imposto incidente sobre os sorvetes classificados na Subposição 2105.00 da TIPI será calculado em conformidade com o disposto nas Seções I e II deste Capítulo.

- Artigo com a redação dada pelo Dec. nº 10.668, de 8-4-2021.

Produtos do Capítulo 22 da TIPI

Art. 209. O imposto incidente sobre os produtos classificados nas Posições 22.04, 22.05, 22.06 e 22.08, exceto o Código 2208.90.00 Ex 01, da TIPI será calculado em conformidade com o disposto nas Seções I e II deste Capítulo (Lei nº 13.241, de 2015, art. 1º e art. 2º).

Parágrafo único. O Poder Executivo federal poderá estabelecer os valores mínimos do imposto para os produtos a que se refere o *caput*, em função da classificação fiscal na TIPI, do tipo de produto e da capacidade do recipiente (Lei nº 13.241, de 2015, art. 7º, *caput*).

- Art. 209 com a redação dada pelo Dec. nº 10.668, de 8-4-2021.

• Tabela que constava neste artigo foi revogada pelo Dec. nº 10.668, de 8-4-2021.

Arts. 210 e 211. *Revogados.* Dec. nº 10.668, de 8-4-2021.

Produtos do Ex 01 do Código 2402.10.00 e do Código 2402.20.00 da TIPI

• Subtítulo renomeado pelo Dec. nº 10.668, de 8-4-2021.

Art. 212. *Revogados.* Dec. nº 7.990, de 24-4-2013.

Art. 212-A. Os fabricantes e os importadores dos cigarros classificados no Código 2402.20.00, excetuados os classificados no Ex 01, e das cigarrilhas classificadas no Ex 01 do Código 2402.10.00 da TIPI ficam sujeitos a regime geral de tributação, de acordo com o qual o imposto será apurado por meio da aplicação da alíquota constante da TIPI sobre o valor que resultar da aplicação do percentual de quinze por cento sobre o preço de venda dos referidos produtos no varejo (Decreto-Lei nº 1.593, de 1977, art. 4º, *caput*, inciso I, Lei nº 12.546, de 2011, art. 14, *caput* e § 2º, e art. 15, e Lei nº 12.402, de 2011, art. 6º).

Art. 212-B. A pessoa jurídica industrial ou importadora dos produtos a que se refere o art. 212-A poderá optar por regime especial de apuração, de acordo com o qual o valor do imposto será obtido pelo somatório de duas parcelas, calculadas por meio da utilização de alíquotas (Lei nº 12.546, de 2011, art. 17, e Lei nº 12.402, de 2011, art. 6º):

I – *ad valorem*, sobre o valor que resultar da aplicação do percentual de quinze por cento sobre o preço de venda no varejo dos cigarros e das cigarrilhas; ou

II – específica, estabelecida em reais por vintena, que terá por base as características físicas do produto.

§ 1º As alíquotas de que tratam os incisos I e II do *caput* são (Lei nº 12.546, de 2011, art. 17, § 1º, e Lei nº 12.402, de 2011, art. 6º):

Vigência	Alíquotas		
	Ad valorem (%)	Específica (R$)	
		Maço	*Box*
1º-12-2011 a 30-4-2012	0%	R$ 0,80	R$ 1,15
1º-5-2012 a 31-12-2012	40,00%	R$ 0,90	R$ 1,20
1º-1-2013 a 31-12-2013	47,00%	R$ 1,05	R$ 1,25
1º-1-2014 a 31-12-2014	54,00%	R$ 1,20	R$ 1,30
1º-1-2015 a 30-4-2016	60,00%	R$ 1,30	R$ 1,30
1º-5-2016 a 30-11-2016	63,30%	R$ 1,40	R$ 1,40
A partir de 1º-12-2016	66,70%	R$ 1,50	R$ 1,50

§ 2º A propositura de ação judicial que questione os termos do regime especial de que trata este artigo implica a desistência da opção pelo regime e a incidência do imposto na forma prevista no regime geral de que trata o art. 212-A (Lei nº 12.546, de 2011, art. 17, § 3º, e Lei nº 12.402, de 2011, art. 6º).

§ 3º A opção pelo regime especial de que trata este artigo será exercida pela pessoa jurídica em relação a todos os seus estabelecimentos, até o último dia útil do mês de dezembro de cada ano-calendário, e produzirá efeitos a partir do primeiro dia do ano-calendário subsequente ao da opção (Lei nº 12.546, de 2011, art. 18, *caput*, e Lei nº 12.402, de 2011, art. 6º).

§ 4º A opção a que se refere o § 3º será automaticamente prorrogada a cada ano-calendário, exceto se o fabricante ou o importador dela desistir, nos termos estabelecidos pela Secretaria Especial da Receita Federal do Brasil do Ministério da Economia (Lei nº 12.546, de 2011, art. 18, § 1º, e Lei nº 12.402, de 2011, art. 6º).

§ 5º No ano-calendário em que o fabricante ou o importador iniciar as atividades de produção ou importação de cigarros ou de cigarrilhas, a opção pelo regime especial poderá ser exercida em qualquer data, e produzirá efeitos a partir do primeiro dia do mês subsequente ao da opção (Lei nº 12.546, de 2011, art. 18, § 2º, e Lei nº 12.402, de 2011, art. 6º, *caput*).

Art. 212-C. O imposto relativo à industrialização e à importação dos produtos referidos no art. 212-A será apurado e recolhido, apenas uma vez, pelo (Lei nº 12.546, de 2011, art. 16, *caput*, e Lei nº 12.402, de 2011, art. 6º, *caput*):

I – estabelecimento industrial, em relação às saídas de produtos destinados ao mercado interno; e

II – importador, no desembaraço aduaneiro dos produtos de procedência estrangeira.

§ 1º Na hipótese de adoção de preços diferenciados em relação à mesma marca comercial de cigarro ou de cigarrilha, prevalecerá, para fins de apuração e recolhimento do imposto, o maior preço de venda no varejo praticado em cada Estado ou no Distrito Federal (Lei nº 12.546, de 2011, art. 16, § 1º, e Lei nº 12.402, de 2011, art. 6º).

§ 2º Para fins de aplicação do disposto no § 1º, serão considerados como marca comercial o nome a ela associado e as características físicas do produto, inclusive em relação ao tipo de embalagem e comprimento do cigarro.

§ 3º A margem de participação do varejista no preço de venda a varejo dos produtos a que se refere o art. 212-A é de onze inteiros e duzentos e sessenta e oito milésimos por cento (Decreto-Lei nº 1.593, de 1977, art. 4º, parágrafo único, e Lei nº 12.402, de 2011, art. 6º).

§ 4º A Secretaria Especial da Receita Federal do Brasil do Ministério da Economia:

I – divulgará, por meio de seu sítio eletrônico, o nome das marcas comerciais de cigarros e de cigarrilhas e os preços de venda no varejo a que se refere o § 1º, além das datas de início de vigência dos referidos preços (Lei nº 12.546, de 2011, art. 18, § 4º, e Lei nº 12.402, de 2011, art. 6º); e

II – poderá, no âmbito de suas competências, disciplinar a aplicação do disposto nos art. 212-A e art. 212-B.

§ 5º O disposto neste artigo aplica-se aos regimes geral e especial previstos, respectivamente, no art. 212-A e no art. 212-B (Lei nº 12.546, de 2011, art. 17, § 2º, e Lei nº 12.402, de 2011, art. 6º).

• Arts. 212-A a 212-C acrescidos pelo Dec. nº 10.668, de 8-4-2021.

Arts. 213 a 217. *Revogados.* Dec. nº 7.990, de 24-4-2013.

Art. 218. Os fabricantes e os importadores dos cigarros classificados no código 2402.20.00 da TIPI ficam autorizados a proceder à alteração dos preços atribuídos aos seus produtos, observado o preço mínimo estabelecido em ato do Poder Executivo federal.

• *Caput* com a redação dada pelo Dec. nº 10.668, de 8-4-2021.

Parágrafo único. *Revogado.* Dec. nº 10.668, de 8-4-2021.

Art. 219. Os fabricantes de cigarros e cigarrilhas ficam obrigados a comunicar à Secretaria da Receita Federal do Brasil, na forma por ela estabelecida, com antecedência mínima de três dias úteis da data de vigência:

• *Caput* com a redação dada pelo Dec. nº 7.990, de 24-4-2013.

LEG. COMPLEMENTAR

I – as alterações de preço de venda no varejo, com indicação da data de vigência, de marcas comerciais já existentes; e

II – os preços de venda no varejo de novas marcas comerciais.

• Incisos I e II com a redação dada pelo Dec. nº 7.990, de 24-4-2013.

III – *Revogado*. Dec. nº 7.990, de 24-4-2013.

§ 1º A Secretaria da Receita Federal do Brasil divulgará, por meio de seu sítio na Internet, o nome das marcas comerciais de cigarros e os preços de venda no varejo de que trata o *caput*, e a data de início de sua vigência. (Lei nº12.546, de 2011, art. 16, § 2º).

§ 2º A comunicação, nas hipóteses dos incisos I e II do *caput*, deve ser instruída com modelo da respectiva embalagem, a qual será objeto de exame para verificação do cumprimento das exigências definidas segundo regulamentação da Secretaria da Receita Federal do Brasil.

• §§ 1º e 2º com a redação dada pelo Dec. nº 7.990, de 24-4-2013.

§ 3º A utilização de nova embalagem ou a produção de nova marca poderá ser suspensa enquanto não sanadas eventuais divergências na embalagem, apontadas a partir do exame de que trata o § 2º.

Art. 220. Cumpre aos fabricantes assegurar que os preços de venda a varejo, à data de sua entrada em vigor, sejam divulgados ao consumidor mediante tabela informativa que deverá ser entregue aos varejistas (Lei nº 9.779, de 1999, art. 16).

§ 1º Os estabelecimentos varejistas deverão afixar e manter em local visível ao público a tabela a que se refere o *caput*, cobrando dos consumidores exatamente os preços dela constantes.

§ 2º A não observância ao disposto neste artigo caracteriza descumprimento de obrigação acessória, sujeitando-se o varejista, bem como o fabricante, às penalidades previstas na legislação.

Art. 220-A. Ficam estabelecidos os preços mínimos de venda no varejo constantes da tabela abaixo, de cigarros classificados no código 2402.20.00 da TIPI, válidos no território nacional, abaixo dos quais fica proibida sua comercialização (Lei nº 12.546, de 2011, art. 20, *caput*):

Vigência	Valor por vintena (R$)
1º-5-2012 a 31-12-2012	R$ 3,00
1º-1-2013 a 31-12-2013	R$ 3,50
1º-1-2014 a 31-12-2014	R$ 4,00
1º-1-2015 a 30-4-2016	R$ 4,50
A partir de 1º-5-2016	R$ 5,00

§ 1º Fica vedada, pelo prazo de cinco anos-calendário, contado da data de aplicação da pena de perdimento prevista no inciso V do *caput* do art. 604, a comercialização de cigarros pela pessoa jurídica que tenha descumprido o disposto no *caput* (Lei nº 12.546, de 2011, art. 20, § 2º).

§ 2º Fica sujeito ao cancelamento do registro especial a que se refere o art. 330 o estabelecimento industrial que (Lei nº 12.546, de 2011, art. 20, § 3º):

I – divulgar tabela de preços de venda no varejo em desacordo com o preço mínimo estabelecido no *caput*; ou

II – comercializar cigarros a pessoa jurídica que incorrer na hipótese prevista no § 1º.

§ 3º A Secretaria Especial da Receita Federal do Brasil do Ministério da Economia divulgará a relação das pessoas jurídicas que incorrerem na hipótese prevista no § 1º.

§ 4º Os fabricantes e os importadores deverão fazer constar das tabelas informativas de preços entregues aos varejistas referência à proibição de comercialização de cigarros com valor abaixo do preço mínimo de que trata o *caput*, com indicação dos respectivos valores, sem prejuízo de observância às demais disposições contidas no art. 220.

• Art. 220-A acrescido pelo Dec. nº 10.668, de 8-4-2021.

Produtos do Código 2403.10.00 da TIPI

Art. 221. O imposto incidente sobre o fumo picado, desfiado, migado ou em pó, não destinado a cachimbos, e o fumo em corda ou em rolo, classificado no Código 2403.1 da TIPI, será calculado de conformidade com o disposto nas Seções I e II deste Capítulo.

• Artigo com a redação dada pelo Dec. nº 10.668, de 8-4-2021.

Seção IV

DOS PRODUTOS CLASSIFICADOS NOS CÓDIGOS 2106.90.10 EX 02, 22.01, EXCETO OS EX 01 E EX 02 DO CÓDIGO 2201.10.00, 22.02, EXCETO OS EX 01 E EX 02 DO CÓDIGO 2202.99.00, E 2203.00.00 DA TABELA DE INCIDÊNCIA DO IMPOSTO SOBRE PRODUTOS INDUSTRIALIZADOS

• Seção IV renomeada pelo Dec. nº 10.668, de 8-4-2021.

Art. 222. Ficam sujeitos ao imposto na forma prevista nesta Seção, sem prejuízo da aplicação dos demais dispositivos pertinentes previstos neste Regulamento e no Decreto nº 8.442, de 29 de abril de 2015, os importadores e os estabelecimentos que procedam à industrialização e à comercialização dos produtos classificados nos seguintes Códigos da TIPI (Lei nº 13.097, de 2015, art. 14, *caput*, incisos I a V):

I – 2106.90.10 Ex 02;

II – 22.01, exceto os Ex 01 e Ex 02 do Código 2201.10.00;

III – 22.02, exceto os Ex 01 e Ex 02 do Código 2202.99.00; e

IV – 2203.00.00.

Parágrafo único. O disposto no *caput*, em relação às Posições 22.01 e 22.02 da TIPI, alcança, exclusivamente, água e refrigerantes, chás, refrescos, cervejas sem álcool, repositores hidroeletrolíticos, bebidas energéticas e compostos líquidos prontos para o consumo que contenham como ingrediente principal inositol, glucoronolactona, taurina ou cafeína (Lei nº 13.097, de 2015, art. 14, parágrafo único).

• Art. 222 com a redação dada pelo Dec. nº 10.668, de 8-4-2021.

Art. 222-A. O imposto incidente sobre os produtos a que se refere o art. 222 será calculado em conformidade com o disposto nas Seções I e II deste Capítulo (Lei nº 13.097, de 2015, art. 15, *caput*, incisos I e II).

Parágrafo único. O valor do frete integrará a base de cálculo do imposto sobre a saída dos produtos de estabelecimento industrial ou equiparado, na forma prevista nos incisos XVI ao XVIII do *caput* do art. 9º, que mantenha com o transportador quaisquer das relações neles mencionadas (Lei nº 13.097, de 2015, art. 19).

Art. 222-B. Serão reduzidas, nos termos do disposto na Nota Complementar NC (22-1) da TIPI, as alíquotas dos produtos que contiverem suco de fruta, extrato de sementes de guaraná ou extrato de açaí, classificados nos seguintes Códigos da TIPI (Lei nº 13.097, de 2015, art. 15, *caput*, inciso II):

I – 2106.90.10 Ex 02;

II – 22.01, exceto dos Ex 01 e Ex 02 do Código 2201.10.00; e

III – 22.02, exceto do Ex 01, do Ex 02 e do Ex 03 do Código 2202.99.00.

Art. 222-C. Na hipótese de saída dos produtos a que se refere o art. 222 do estabelecimento importador, industrial ou equiparado nos termos do disposto nos incisos XVI ao

XVIII do *caput* do art. 9º para pessoa jurídica varejista ou consumidor final, as alíquotas a que se referem os art. 222-A e art. 222-B ficam reduzidas em:

I – vinte e dois por cento, no caso de fatos geradores ocorridos no ano-calendário de 2015 (Lei nº 13.097, de 2015, art. 15, § 1º, inciso I); e

II – vinte e cinco por cento, no caso de fatos geradores ocorridos a partir do ano-calendário de 2016 (Lei nº 13.097, de 2015, art. 15, § 1º, inciso II).

§ 1º Não se aplicam as reduções de que trata este artigo na hipótese:

I – em que, quando de instalação obrigatória, nos termos definidos pela Secretaria Especial da Receita Federal do Brasil do Ministério da Economia, os equipamentos referidos no art. 376 não estejam instalados e em normal funcionamento (Lei nº 13.097, de 2015, art. 15, § 2º); e

II – de saída dos produtos a que se refere o art. 222 de estabelecimentos importadores, industriais ou equiparados nos termos do disposto nos incisos XVI ao XVIII do *caput* do art. 9º, de pessoa jurídica optante pelo Simples Nacional (Lei nº 13.097, de 2015, art. 15, § 4º).

§ 2º Na hipótese de inobservância às condições estabelecidas para aplicação das reduções de que trata este artigo, o estabelecimento importador, industrial ou equiparado nos termos do disposto nos incisos XVI ao XVIII do *caput* do art. 9º responderá subsidiariamente com a pessoa jurídica adquirente pelo recolhimento do imposto que deixou de ser pago, com os acréscimos cabíveis, de acordo com legislação aplicável (Lei nº 13.097, de 2015, art. 15, § 3º).

Art. 222-D. Fica reduzida, nos termos do disposto no Anexo II ao Decreto nº 8.442, de 2015, a alíquota do imposto incidente sobre a saída de cervejas e chopes especiais dos estabelecimentos industriais (Lei nº 13.097, de 2015, art. 16, *caput*).

§ 1º Para fins de aplicação do disposto no *caput*, considera-se:

I – cerveja especial – a cerveja que contiver, no mínimo, setenta e cinco por cento de malte de cevada, em peso, sobre o extrato primitivo, como fonte de açúcares (Lei nº 13.097, de 2015, art. 16, § 1º);

II – chope especial – a cerveja especial não submetida a processo de pasteurização para o envase (Lei nº 13.097, de 2015, art. 16, § 1º); e

III – volume total de produção – a produção total de cervejas e chopes especiais da pessoa jurídica que os industrializa somada à produção total de cervejas e chopes especiais de todas as pessoas jurídicas que com ela mantenham quaisquer das relações previstas nos incisos XVI ao XVIII do *caput* do art. 9º (Lei nº 13.097, de 2015, art. 16, § 2º).

§ 2º A pessoa jurídica cuja produção total de cervejas e chopes especiais ultrapassar o limite máximo estabelecido no Anexo II ao Decreto nº 8.442, de 2015, não poderá aplicar a redução a que se refere o *caput*.

§ 3º A pessoa jurídica em início de atividade poderá, no ano-calendário em que iniciar a atividade, aplicar a redução de que trata este artigo até o limite máximo a que se refere o § 2º, observado disposto no inciso III do § 1º.

Art. 222-E. Na hipótese de serem aplicáveis ambas as reduções de que tratam os art. 222-C e art. 222-D, primeiro deverá ser calculada aquela prevista no art. 222-C e, sobre o resultado obtido, será efetuada a redução prevista no art. 222-D (Lei nº 13.097, de 2015, art. 16, *caput*).

Art. 222-F. Relativamente aos produtos a que se refere o art. 222, aplicam-se os valores mínimos do imposto estabelecidos no Anexo I ao Decreto nº 8.442, de 2015, observadas as seguintes disposições (Lei nº 13.097, de 2015, art. 33, *caput*):

I – sobre os valores mínimos, será aplicável a redução prevista no art. 222-B (Lei nº 13.097, de 2015, art. 33, § 2º);

II – excetuado o disposto no inciso I, o valor do imposto não poderá ser inferior ao valor mínimo, mesmo após a aplicação de quaisquer das reduções de alíquotas previstas nesta Seção (Lei nº 13.097, de 2015, art. 33, § 2º); e

III – o Poder Executivo federal poderá alterar os valores mínimos a que se refere o *caput* (Lei nº 13.097, de 2015, art. 33, § 1º).

Art. 222-G. Para fins do disposto nesta Seção, considera-se varejista a pessoa jurídica cuja receita decorrente da venda de bens e serviços ao consumidor final no ano-calendário imediatamente anterior ao da operação houver sido igual ou superior a setenta e cinco por cento de sua receita total de venda de bens e serviços no mesmo período, depois de excluídos os impostos e as contribuições incidentes sobre a venda (Lei nº 13.097, de 2015, art. 17, *caput*).

§ 1º No caso de pessoa jurídica em início de atividade, aplica-se o disposto no *caput* desde que a receita estimada decorrente da venda de bens e serviços ao consumidor final no referido ano-calendário seja igual ou superior a setenta e cinco por cento de sua receita total de venda de bens e serviços no mesmo período, depois de excluídos os impostos e as contribuições incidentes sobre a venda (Lei nº 13.097, de 2015, art. 17, parágrafo único).

§ 2º Na hipótese de a estimativa de que trata o *caput* não se confirmar, deverá ser recolhido o imposto que deixou de ser pago, com os acréscimos cabíveis, de acordo com legislação aplicável, observado o disposto no art. 222-A.

- Arts. 222-A a 222-G acrescidos pelo Dec. nº 10.668, de 8-4-2021.

Art. 223. *Revogado.* Dec. nº 10.668, de 8-4-2021.

Art. 224. Nas hipóteses de infração ao disposto nos art. 222 ao art. 222-F, a exigência de multas e juros de mora ocorrerá em conformidade com o disposto nos art. 552 ao art. 554 (Lei nº 13.097, de 2015, art. 14, *caput*).

- Artigo com a redação dada pelo Dec. nº 10.668, de 8-4-2021.

CAPÍTULO XI
DOS CRÉDITOS

Seção I
DAS DISPOSIÇÕES PRELIMINARES

Não Cumulatividade do Imposto

Art. 225. A não cumulatividade é efetivada pelo sistema de crédito do imposto relativo a produtos entrados no estabelecimento do contribuinte, para ser abatido do que for devido pelos produtos dele saídos, num mesmo período, conforme estabelecido neste Capítulo (Lei nº 5.172, de 1966, art. 49).

§ 1º O direito ao crédito é também atribuído para anular o débito do imposto referente a produtos saídos do estabelecimento e a este devolvidos ou retornados.

§ 2º Regem-se, também, pelo sistema de crédito os valores escriturados a título de incentivo, bem como os resultantes das situações indicadas no art. 240.

Seção II

DAS ESPÉCIES DOS CRÉDITOS

Subseção I

DOS CRÉDITOS BÁSICOS

Art. 226. Os estabelecimentos industriais e os que lhes são equiparados poderão creditar-se (Lei nº 4.502, de 1964, art. 25):

I – do imposto relativo a matéria-prima, produto intermediário e material de embalagem, adquiridos para emprego na industrialização de produtos tributados, incluindo-se, entre as matérias-primas e os produtos intermediários, aqueles que, embora não se integrando ao novo produto, forem consumidos no processo de industrialização, salvo se compreendidos entre os bens do ativo permanente;

II – do imposto relativo a matéria-prima, produto intermediário e material de embalagem, quando remetidos a terceiros para industrialização sob encomenda, sem transitar pelo estabelecimento adquirente;

III – do imposto relativo a matéria-prima, produto intermediário e material de embalagem, recebidos de terceiros para industrialização de produtos por encomenda, quando estiver destacado ou indicado na nota fiscal;

IV – do imposto destacado em nota fiscal relativa a produtos industrializados por encomenda, recebidos do estabelecimento que os industrializou, em operação que dê direito ao crédito;

V – do imposto pago no desembaraço aduaneiro;

VI – do imposto mencionado na nota fiscal que acompanhar produtos de procedência estrangeira, diretamente da repartição que os liberou, para estabelecimento, mesmo exclusivamente varejista, do próprio importador;

VII – do imposto relativo a bens de produção recebidos por comerciantes equiparados a industrial;

VIII – do imposto relativo aos produtos recebidos pelos estabelecimentos equiparados a industrial que, na saída destes, estejam sujeitos ao imposto, nos demais casos não compreendidos nos incisos V a VII;

IX – do imposto pago sobre produtos adquiridos com imunidade, isenção ou suspensão quando descumprida a condição, em operação que dê direito ao crédito; e

X – do imposto destacado nas notas fiscais relativas a entregas ou transferências simbólicas do produto, permitidas neste Regulamento.

Parágrafo único. Nas remessas de produtos para armazém-geral ou depósito fechado, o direito ao crédito do imposto, quando admitido, é do estabelecimento depositante.

Art. 227. Os estabelecimentos industriais, e os que lhes são equiparados, poderão, ainda, creditar-se do imposto relativo a matéria-prima, produto intermediário e material de embalagem, adquiridos de comerciante atacadista não contribuinte, calculado pelo adquirente, mediante aplicação da alíquota a que estiver sujeito o produto, sobre cinquenta por cento do seu valor, constante da respectiva nota fiscal (Decreto-Lei nº 400, de 1968, art. 6º).

Art. 227-A. Para os estabelecimentos industriais que derem saída a produtos com a isenção de que trata o art. 55, fica assegurada a manutenção do crédito do imposto (Lei nº 8.989, de 1995, art. 4º):

I – relativo às matérias-primas, aos produtos intermediários e ao material de embalagem efetivamente utilizados na industrialização dos produtos referidos no art. 55; e

II – pago no desembaraço aduaneiro referente a automóvel de passageiros originário e procedente de países integrantes do MERCOSUL, saído do estabelecimento importador de pessoa jurídica fabricante de automóveis da Posição 87.03 da TIPI com a isenção de que trata o art. 55.

- Art. 227-A acrescido pelo Dec. nº 10.668, de 8-4-2021.

Art. 228. As aquisições de produtos de estabelecimentos optantes pelo Simples Nacional, de que trata o art. 177, não ensejarão aos adquirentes direito a fruição de crédito do imposto relativo a matéria-prima, produto intermediário e material de embalagem (Lei Complementar nº 123, de 2006, art. 23, *caput*).

Subseção II

DOS CRÉDITOS POR DEVOLUÇÃO OU RETORNO DE PRODUTOS

Art. 229. É permitido ao estabelecimento industrial, ou equiparado a industrial, creditar-se do imposto relativo a produtos tributados recebidos em devolução ou retorno, total ou parcial (Lei nº 4.502, de 1964, art. 30).

Art. 230. No caso de locação ou arrendamento, a reentrada do produto no estabelecimento remetente não dará direito ao crédito do imposto, salvo se o produto tiver sido submetido a nova industrialização e ocorrer nova saída tributada.

Procedimentos

Art. 231. O direito ao crédito do imposto ficará condicionado ao cumprimento das seguintes exigências:

I – pelo estabelecimento que fizer a devolução, emissão de nota fiscal para acompanhar o produto, declarando o número, data da emissão e o valor da operação constante do documento originário, bem como indicando o imposto relativo às quantidades devolvidas e a causa da devolução; e

II – pelo estabelecimento que receber o produto em devolução:

a) menção do fato nas vias das notas fiscais originárias conservadas em seus arquivos;

b) escrituração das notas fiscais recebidas, nos livros Registro de Entradas e Registro de Controle da Produção e do Estoque ou em sistema equivalente, nos termos do art. 466; e

c) comprovação, pelos registros contábeis e demais elementos de sua escrita, do ressarcimento do valor dos produtos devolvidos, mediante crédito ou restituição dele, ou substituição do produto, salvo se a operação tiver sido feita a título gratuito.

Parágrafo único. O disposto neste artigo não se aplica à volta do produto, pertencente a terceiros, ao estabelecimento industrial, ou equiparado a industrial, exclusivamente para operações de conserto, restauração, recondicionamento ou reparo, previstas nos incisos XI e XII do art. 5º.

Art. 232. Quando a devolução for feita por pessoa física ou jurídica não obrigada à emissão de nota fiscal, acompanhará o produto carta ou memorando do comprador, em que serão declarados os motivos da devolução, competindo ao vendedor, na entrada, a emissão de nota fiscal com a indicação do número, data da emissão da nota fiscal originária e do valor do imposto relativo às quantidades devolvidas.

Parágrafo único. Quando ocorrer a hipótese prevista no *caput*, assumindo o vendedor o encargo de retirar ou transportar o produto devolvido, servirá a nota fiscal para acompanhá-lo no trânsito para o seu estabelecimento.

Art. 233. Se a devolução do produto for feita a outro estabelecimento do mesmo contribuinte, que o tenha industrializado ou importado, e que não opere exclusivamente a varejo, o que o receber poderá creditar-se pelo imposto, desde que registre a nota fiscal nos livros Registro de Entradas e Registro de Controle da Produção e do Estoque ou em sistema equivalente, nos termos do art. 466.

Art. 234. Na hipótese de retorno de produtos, deverá o remetente, para creditar-se do imposto, escriturá-lo nos livros Registro de Entradas e Registro de Controle da Produção e do Estoque ou em sistema equivalente, nos termos do art. 466, com base na nota fiscal, emitida na entrada dos produtos, a qual fará referência aos dados da nota fiscal originária.

Art. 235. Produtos que, por qualquer motivo, não forem entregues ao destinatário originário constante da nota fiscal emitida na saída da mercadoria do estabelecimento podem ser enviados a destinatário diferente do que tenha sido indicado na nota fiscal originária, sem que retornem ao estabelecimento remetente, desde que este:

I – emita nota fiscal de entrada simbólica do produto, para creditar-se do imposto, com indicação do número e da data de emissão da nota fiscal originária e do valor do imposto nela destacado, efetuando a sua escrituração nos livros Registro de Entradas e Registro de Controle da Produção e do Estoque ou em sistema equivalente, nos termos do art. 466; e

II – emita nota fiscal com destaque do imposto em nome do novo destinatário, com citação do local de onde os produtos devam sair.

Subseção III

DOS CRÉDITOS COMO INCENTIVO

Incentivos à SUDENE e à SUDAM

Art. 236. Será convertido em crédito do imposto o incentivo atribuído ao programa de alimentação do trabalhador nas áreas da SUDENE e da SUDAM, nos termos dos arts. 2º e 3º da Lei nº 6.542, de 28 de junho de 1978, atendidas as instruções expedidas pelo Secretário da Receita Federal do Brasil (Lei Complementar nº 124, de 2007, arts. 1º, 2º e 19, Lei Complementar nº 125, de 2007, arts. 1º, 2º e 22, e Lei nº 6.542, de 1978, arts. 2º e 3º).

Aquisição da Amazônia Ocidental

Art. 237. Os estabelecimentos industriais poderão creditar-se do valor do imposto calculado, como se devido fosse, sobre os produtos adquiridos com a isenção do inciso III do art. 95, desde que para emprego como matéria-prima, produto intermediário e material de embalagem, na industrialização de produtos sujeitos ao imposto (Decreto-Lei nº 1.435, de 1975, art. 6º, § 1º).

Outros Incentivos

Art. 238. É admitido o crédito do imposto relativo às matérias-primas, aos produtos intermediários e aos materiais de embalagem adquiridos para emprego na industrialização de produtos destinados à exportação para o exterior, saídos com imunidade (Decreto-Lei nº 491, de 1969, art. 5º, e Lei nº 8.402, de 1992, art. 1º, inciso II).

Art. 239. É admitido o crédito do imposto relativo às matérias-primas, aos produtos intermediários e aos materiais de embalagem adquiridos para emprego na industrialização de produtos saídos com suspensão do imposto e que posteriormente sejam destinados à exportação nos casos dos incisos IV, V, XIV e XV do art. 43 (Decreto-Lei nº 491, de 1969, art. 5º, e Lei nº 8.402, de 1992, arts. 1º, inciso II, e 3º, e Lei nº 9.532, de 1997, art. 39, § 1º).

Subseção IV

DOS CRÉDITOS DE OUTRA NATUREZA

Art. 240. É ainda admitido ao contribuinte creditar-se:

I – do valor do imposto, já escriturado, no caso de cancelamento da respectiva nota fiscal, antes da saída da mercadoria; e

II – do valor da diferença do imposto em virtude de redução de alíquota, nos casos em que tenha havido lançamento antecipado previsto no art. 187.

Parágrafo único. Nas hipóteses previstas neste artigo, o contribuinte deverá, ao registrar o crédito, anotar o motivo dele na coluna "Observações" do livro Registro de Apuração do IPI.

Subseção V

DO CRÉDITO PRESUMIDO COMO RESSARCIMENTO DE CONTRIBUIÇÕES

- Subseção V renomeada pelo Dec. nº 10.668, de 8-4-2021.

Ressarcimento de Contribuições

Art. 241. A empresa produtora e exportadora de mercadorias nacionais fará jus a crédito presumido do imposto, como ressarcimento das contribuições de que tratam as Leis Complementares nº 7, de 1970, nº 8, de 1970, e nº 70, de 1991, incidentes sobre as respectivas aquisições, no mercado interno, de matéria-prima, produto intermediário e material de embalagem, para utilização no processo produtivo (Lei nº 9.363, de 13 de dezembro de 1996, art. 1º).

§ 1º O disposto neste artigo aplica-se, inclusive, nos casos de venda a empresa comercial exportadora com o fim específico de exportação para o exterior (Lei nº 9.363, de 1996, art. 1º, parágrafo único).

§ 2º O crédito presumido de que trata o *caput* será determinado de conformidade com o art. 242 (Lei nº 9.363, de 1996, art. 2º).

§ 3º Alternativamente ao disposto no § 2º, a pessoa jurídica produtora e exportadora de mercadorias nacionais para o exterior poderá determinar o valor do crédito presumido do imposto, de conformidade com o disposto no art. 243 (Lei nº 10.276, de 10 de setembro de 2001, art. 1º).

§ 4º Aplicam-se ao crédito presumido determinado na forma do § 3º todas as demais normas estabelecidas na Lei nº 9.363, de 1996, que institui o crédito presumido a que se refere o *caput* (Lei nº 10.276, de 2001, art. 1º, § 5º).

§ 5º O disposto neste artigo não se aplica às pessoas jurídicas produtoras sujeitas à incidência não cumulativa das contribuições de que trata o *caput* (Lei nº 10.833, de 2003, art. 14).

Apuração

Art. 242. O crédito fiscal a que se refere o § 2º do art. 241 será o resultado da aplicação do percentual de cinco inteiros e trinta e sete centésimos por cento sobre a base de cálculo definida no § 1º (Lei nº 9.363, de 1996, art. 2º, § 1º).

§ 1º A base de cálculo do crédito presumido será determinada mediante a aplicação, sobre o valor total das aquisições de matéria-prima, produto intermediário e material de embalagem referidas no art. 241, do percentual correspondente à relação entre a receita de exportação e a receita operacional bruta do produtor exportador (Lei nº 9.363, de 1996, art. 2º).

§ 2º A apuração do montante da receita operacional bruta, da receita de exportação e do valor das matérias-primas, dos produtos intermediários e dos materiais de embalagem será efetuada nos termos do art. 3º da Lei nº 9.363, de 1996 (Lei nº 9.363, de 1996, art. 3º).

Art. 243. O crédito fiscal a que se refere o § 3º do art. 241 será determinado mediante a aplicação, sobre a base de cálculo definida no § 1º, do fator (F) calculado pela fórmula constante do § 2º (Lei nº 10.276, de 2001, art. 1º, § 2º).

§ 1º A base de cálculo do crédito presumido de que trata o *caput* será o somatório das aquisições de matéria-prima, produto intermediário e material de embalagem, referidos no art. 241, bem como dos custos de energia elétrica e combustíveis, e do preço da industrialização por encomenda, na hipótese em que o encomendante seja o contribuinte do IPI, sobre os quais incidiram as contribuições ali mencionadas (Lei nº 10.276, de 2001, art. 1º, § 1º).

§ 2º O fator (F) a que se refere o *caput* será calculado pela fórmula a seguir indicada (Lei nº 10.276, de 2001, art. 1º, § 2º, e Anexo):

$$F = 0,0365 . \frac{Rx}{(Rt-C)}$$

onde:

F é o fator;

Rx é a receita de exportação;

Rt é a receita operacional bruta; e

C é o custo de produção determinado na forma do § 1º; e

§ 3º Na determinação do fator (F), de que trata o § 2º, serão observadas as seguintes limitações (Lei nº 10.276, de 2001, art. 1º, § 3º):

I – o quociente	$\frac{Rx}{(Rt-C)}$	, será reduzido a cinco, quando resultar superior; e

II – o valor dos custos previstos no § 1º será apropriado até o limite de oitenta por cento da receita bruta operacional.

Art. 244. A apuração do crédito presumido do imposto será efetuada, de forma centralizada, pelo estabelecimento matriz da pessoa jurídica (Lei nº 9.363, de 1996, art. 2º, § 2º, e Lei nº 9.779, de 1999, art. 15, inciso II).

Art. 245. O Ministro de Estado da Fazenda disporá quanto à periodicidade para a apuração e fruição do crédito presumido, à definição de receita de exportação e aos documentos fiscais comprobatórios dos lançamentos a este título, efetuados pelo produtor exportador (Lei nº 9.363, de 1996, art. 6º).

Dedução e Ressarcimento

Art. 246. O crédito presumido, apurado na forma do art. 244, poderá ser transferido para qualquer estabelecimento da empresa, para efeito de compensação com o imposto, observadas as normas expedidas pela Secretaria da Receita Federal do Brasil (Lei nº 9.363, de 1996, art. 2º, § 3º).

Art. 247. O produtor exportador que fizer jus ao crédito presumido, no caso de comprovada impossibilidade de sua dedução do imposto devido, nas operações de venda no mercado interno, poderá aproveitá-lo na forma estabelecida pelo Ministro de Estado da Fazenda, inclusive mediante ressarcimento em moeda corrente (Lei nº 9.363, de 1996, arts. 4º e 6º).

Parágrafo único. O ressarcimento em moeda corrente será efetuado ao estabelecimento matriz da pessoa jurídica (Lei nº 9.363, de 1996, art. 4º, parágrafo único).

Estorno

Art. 248. A eventual restituição, ao fornecedor, das importâncias recolhidas em pagamento das contribuições referidas no art. 241, bem como a compensação mediante crédito, implica imediato estorno, pelo produtor exportador, do valor correspondente (Lei nº 9.363, de 1996, art. 5º).

Produtos não Exportados

Art. 249. A empresa comercial exportadora que houver adquirido mercadorias de outra pessoa jurídica, com o fim específico de exportação para o exterior, que, no prazo de cento e oitenta dias, contados da data da emissão da nota fiscal pela vendedora, não comprovar o seu embarque para o exterior ou, por qualquer forma, tenha alienado ou utilizado as mercadorias, ficará sujeita ao pagamento do imposto que deixou de ser pago pela pessoa jurídica vendedora, acrescido de juros de mora e multa, de mora ou de ofício, calculados na forma da legislação que rege a cobrança do tributo não pago, bem como de valor correspondente ao do crédito presumido atribuído à empresa produtora-vendedora (Lei nº 9.363, de 1996, art. 2º, § 4º, Lei nº 10.637, de 2002, art. 7º, e Lei nº 10.833, de 2003, art. 9º).

§ 1º O valor correspondente ao crédito presumido, a ser pago pela empresa comercial exportadora, será determinado mediante a aplicação do percentual de cinco inteiros e trinta e sete centésimos por cento sobre sessenta por cento do preço de aquisição dos produtos adquiridos e não exportados (Lei nº 9.363, de 1996, art. 2º, § 5º).

§ 2º Na hipótese da opção de que trata o § 3º do art. 241, o valor a ser pago, correspondente ao crédito presumido, será determinado mediante a aplicação do fator fornecido pelo estabelecimento matriz da empresa produtora, calculado na forma do § 2º do art. 243, sobre sessenta por cento do preço de aquisição dos produtos industrializados não exportados (Lei nº 10.276, de 2001, art. 1º, §§ 2º e 5º).

§ 3º O recolhimento do valor correspondente ao do crédito presumido atribuído à pessoa jurídica produtora-vendedora deverá ser efetuado até o décimo dia subsequente ao do vencimento do prazo estabelecido para a efetivação da exportação, com os acréscimos moratórios definidos nos arts. 552 a 554, calculados a partir do primeiro dia do mês subsequente ao de emissão da nota fiscal de venda dos produtos para a empresa comercial exportadora (Lei nº 9.363, de 1996, art. 2º, § 7º).

§ 4º Na hipótese de que trata este artigo, considera-se vencido o prazo para pagamento do imposto na data em que a pessoa jurídica vendedora deveria fazê-lo, caso a venda houvesse sido efetuada para o mercado interno (Lei nº 10.637, de 2002, art. 7º, § 1º, e Lei nº 10.833, de 2003, art. 9º, § 1º).

§ 5º No pagamento do imposto, a empresa comercial exportadora não poderá deduzir, do montante devido, qualquer valor a título de crédito, decorrente da aquisição das mercadorias objeto da incidência (Lei nº 10.637, de 2002, art. 7º, § 2º, e Lei nº 10.833, de 2003, art. 9º, § 2º).

Art. 250. Quando a empresa comercial exportadora revender, no mercado interno, antes do prazo de cento e oitenta dias, contados da data de emissão da nota fiscal de venda pela empresa produtora, os produtos adquiridos para exportação, o recolhimento dos valores referidos no art. 249 deverá ser efetuado até o décimo dia subsequente ao da data da revenda, com os acréscimos moratórios de que trata o § 3º do mesmo artigo (Lei nº 9.363, de 1996, art. 2º, §§ 4º, 6º e 7º, e Lei nº 9.532, de 1997, art. 39, § 3º, alínea *a*).

Seção III

DA ESCRITURAÇÃO DOS CRÉDITOS

Requisitos para a Escrituração

Art. 251. Os créditos serão escriturados pelo beneficiário, em seus livros fiscais, à vista do documento que lhes confira legitimidade:

I – nos casos dos créditos básicos, incentivados ou decorrentes de devolução ou retorno de produtos, na efetiva entrada dos produtos no estabelecimento industrial, ou equiparado a industrial;

II – no caso de entrada simbólica de produtos, no recebimento da respectiva nota fiscal, ressalvado o disposto no § 3º;

III – nos casos de produtos adquiridos para utilização ou consumo próprio ou para comércio, e eventualmente destinados a emprego como matéria-prima, produto intermediário ou material de embalagem, na industrialização de produtos para os quais o crédito seja assegurado, na data da sua redestinação; e

IV – nos casos de produtos importados adquiridos para utilização ou consumo próprio, dentro do estabelecimento importador, eventualmente destinado a revenda ou saída a qualquer outro título, no momento da efetiva saída do estabelecimento.

§ 1º Não deverão ser escriturados créditos relativos a matéria-prima, produto intermediário e material de embalagem que, sabidamente, se destinem a emprego na industrialização de produtos não tributados – compreendidos aqueles com notação "NT" na TIPI, os imunes, e os que resultem de operação excluída do conceito de industrialização – ou saídos com suspensão, cujo estorno seja determinado por disposição legal.

§ 2º O disposto no § 1º não se aplica aos produtos tributados na TIPI que estejam amparados pela imunidade em decorrência de exportação para o exterior.

§ 3º No caso de produto adquirido mediante venda à ordem ou para entrega futura, o crédito somente poderá ser escriturado na sua efetiva entrada no estabelecimento industrial, ou equiparado a industrial, à vista da nota fiscal que o acompanhar.

Art. 252. Nos casos de apuração de créditos para dedução do imposto lançado de ofício, em auto de infração, serão considerados, também, como escriturados, os créditos a que o contribuinte comprovadamente tiver direito e que forem alegados até a impugnação.

Art. 253. A Secretaria da Receita Federal do Brasil poderá estabelecer normas especiais de escrituração e controle, independentemente das estabelecidas neste Regulamento.

Anulação do Crédito

Art. 254. Será anulado, mediante estorno na escrita fiscal, o crédito do imposto (Lei nº 4.502, de 1964, art. 25, § 3º, Decreto-Lei nº 34, de 1966, art. 2º, alteração 8ª, Lei nº 7.798, de 1989, art. 12, e Lei nº 9.779, de 1999, art. 11):

I – relativo a matéria-prima, produto intermediário e material de embalagem, que tenham sido:

a) empregados na industrialização, ainda que para acondicionamento, de produtos não tributados;

b) empregados na industrialização, ainda que para acondicionamento, de produtos saídos do estabelecimento industrial com suspensão do imposto nos casos de que tratam os incisos VII, XI, XII e XIII do art. 43;

c) empregados na industrialização, ainda que para acondicionamento, de produtos saídos do estabelecimento produtor com a suspensão do imposto determinada no art. 44 (Lei nº 9.493, de 1997, art. 5º);

d) empregados na industrialização, ainda que para acondicionamento, de produtos saídos do estabelecimento remetente com suspensão do imposto, em hipóteses não previstas nas alíneas *b* e *c*, nos casos em que aqueles produtos ou os resultantes de sua industrialização venham a sair de outro estabelecimento industrial ou equiparado a industrial, da mesma empresa ou de terceiros, não tributados;

e) empregados nas operações de conserto, restauração, recondicionamento ou reparo, previstas nos incisos XI e XII do art. 5º; ou

f) vendidos a pessoas que não sejam industriais ou revendedores;

II – relativo a bens de produção que os comerciantes, equiparados a industrial:

a) venderem a pessoas que não sejam industriais ou revendedores;

b) transferirem para as seções incumbidas de vender às pessoas indicadas na alínea *a*; ou

c) transferirem para outros estabelecimentos da mesma firma, com a destinação das alíneas *a* e *b*;

III – relativo a produtos de procedência estrangeira remetidos, pelo importador, diretamente da repartição que os liberou a outro estabelecimento da mesma firma;

IV – relativo a matéria-prima, produto intermediário, material de embalagem, e quaisquer outros produtos que hajam sido furtados ou roubados, inutilizados ou deteriorados ou, ainda, empregados em outros produtos que tenham tido a mesma sorte;

V – relativo a matéria-prima, produto intermediário e material de embalagem empregados na fabricação de produtos que voltem ao estabelecimento remetente com direito ao crédito do imposto nos casos de devolução ou retorno e não devam ser objeto de nova saída tributada; e

VI – relativo a produtos devolvidos, a que se refere o inciso I do art. 231.

§ 1º No caso dos incisos I, II, IV e V do *caput*, havendo mais de uma aquisição de produtos e não sendo possível determinar aquela a que corresponde o estorno do imposto, este será calculado com base no preço médio das aquisições.

§ 2º O disposto na alínea *a* do inciso I do *caput* aplica-se, inclusive, a produtos destinados ao exterior.

§ 3º Os estabelecimentos recebedores das matérias-primas, dos produtos intermediários e dos materiais de embalagem que, na hipótese da alínea *d* do inciso I do *caput*, derem saída a produtos não tributados, deverão comunicar o fato ao remetente, no mesmo período de apuração do imposto, para que, no período seguinte, seja por aquele promovido o estorno.

§ 4º O disposto na alínea *d* do inciso I do *caput* não se aplica à hipótese do inciso I do art. 46 (Lei nº 10.637, de 2002, art. 29, § 5º).

§ 5º Anular-se-á o crédito no período de apuração do imposto em que ocorrer ou se verificar o fato determinante da anulação.

§ 6º Na hipótese do § 5º, se o estorno for efetuado após o prazo previsto e resultar em saldo devedor do imposto, a este serão acrescidos os encargos legais provenientes do atraso.

Manutenção do Crédito

Art. 255. É assegurado o direito à manutenção do crédito do imposto em virtude da saída de sucata, aparas, resíduos, fragmentos e semelhantes, que resultem do emprego de matéria-prima, produto intermediário e material de embalagem, bem como na ocorrência de quebras admitidas neste Regulamento.

Seção IV

DA UTILIZAÇÃO DOS CRÉDITOS

Normas Gerais

Art. 256. Os créditos do imposto escriturados pelos estabelecimentos industriais, ou equiparados a industrial, serão utilizados mediante dedução do imposto devido pelas saídas de produtos dos mesmos estabelecimentos (Constituição, art. 153, § 3º, inciso II, e Lei nº 5.172, de 1966, art. 49).

§ 1º Quando, do confronto dos débitos e créditos, num período de apuração do imposto, resultar saldo credor, será este transferido para o período seguinte, observado o disposto no § 2º (Lei nº 5.172, de 1996, art. 49, parágrafo único, e Lei nº 9.779, de 1999, art. 11).

§ 2º O saldo credor de que trata o § 1º, acumulado em cada trimestre-calendário, decorrente de aquisição de matéria-prima, produto intermediário e material de embalagem, aplicados na industrialização, inclusive de produto isento, tributado à alíquota zero, ou ao abrigo da imunidade em virtude de se tratar de operação de exportação, nos termos do inciso II do art. 18, que o contribuinte não puder deduzir do imposto devido na saída de outros produtos, poderá ser utilizado de conformidade com o disposto nos arts. 268 e 269, observadas as normas expedidas pela Secretaria da Receita Federal do Brasil (Lei nº 9.779, de 1999, art. 11).

Art. 257. O direito à utilização do crédito a que se refere o art. 256 está subordinado ao cumprimento das condições estabelecidas para cada caso e das exigências previstas para a sua escrituração neste Regulamento.

Normas Especiais

Art. 258. A concessão de ressarcimento do crédito do imposto pela Secretaria da Receita Federal do Brasil fica condicionada à verificação da quitação de impostos e contribuições federais do interessado, observado o disposto no art. 269 (Decreto-Lei nº 2.287, de 23 de julho de 1986, art. 7º, e Lei nº 9.430, de 1996, art. 73).

CAPÍTULO XII

DO RECOLHIMENTO DO IMPOSTO

Seção I

DA APURAÇÃO DO IMPOSTO

Período de Apuração

Art. 259. O período de apuração do imposto incidente nas saídas dos produtos do estabelecimento industrial ou equiparado a industrial é mensal (Lei nº 8.850, de 28 de janeiro de 1994, art. 1º, Lei nº 11.774, de 2008, art. 7º, e Lei nº 11.933, de 2009, art. 12, inciso I).

§ 1º O disposto no *caput* não se aplica ao IPI incidente no desembaraço aduaneiro dos produtos importados (Lei nº 8.850, de 1994, art. 1º, § 2º, e Lei nº 11.774, de 2008, art. 7º).

§ 2º O disposto neste artigo aplica-se às microempresas e às empresas de pequeno porte não optantes pelo Simples Nacional referido no art. 177.

Importância a Recolher

Art. 260. A importância a recolher será (Lei nº 4.502, de 1964, art. 25, e Decreto-Lei nº 34, de 1966, art. 2º, alteração 8ª):

I – na importação, a resultante do cálculo do imposto constante do registro da declaração de importação no SISCOMEX;

II – no depósito para fins comerciais, na venda ou na exposição à venda de produtos trazidos do exterior e desembaraçados com a qualificação de bagagem, o valor integral do imposto dispensado, no caso de desembaraço com isenção, ou o que incidir sobre a diferença apurada entre o valor que serviu de base de cálculo do imposto pago na importação e o preço de venda, no caso de produtos desembaraçados com o tratamento de importação comum nas condições previstas na legislação aduaneira;

III – nas operações realizadas por firmas ou pessoas não sujeitas habitualmente ao pagamento do imposto, a diferença entre o tributo devido e o consignado no documento fiscal de aquisição do produto; e

IV – nos demais casos, a resultante do cálculo do imposto relativo ao período de apuração a que se referir o recolhimento, deduzidos os créditos do mesmo período.

Seção II

DA FORMA DE EFETUAR O RECOLHIMENTO

Art. 261. O recolhimento do imposto deverá ser efetuado por meio do documento de arrecadação, referido no art. 441.

Seção III

DOS PRAZOS DE RECOLHIMENTO

Art. 262. O imposto será recolhido:

I – antes da saída do produto da repartição que processar o despacho, nos casos de importação (Lei nº 4.502, de 1964, art. 26, inciso I);

II – até o décimo dia do mês subsequente ao de ocorrência dos fatos geradores, em relação aos cigarros classificados no Código 2402.20.00 e às cigarrilhas classificadas no Ex 01 do Código 2402.10.00 da TIPI (Lei nº 8.383, de 1991, art. 52, *caput*, inciso I, alínea *a*, e Lei nº 12.402, de 2011, art. 6º);

• Inciso II com a redação dada pelo Dec. nº 10.668, de 8-4-2021.

III – até o vigésimo quinto dia do mês subsequente ao de ocorrência dos fatos geradores, no caso dos demais produtos (Lei nº 8.383, de 1991, art. 52, inciso I, alínea *c*, e Lei nº 11.933, de 2009, art. 4º); ou

IV – no ato do pedido de autorização da venda de produtos trazidos do exterior a título de bagagem, despachados com isenção do imposto ou com pagamento de tributos nas condições previstas na legislação aduaneira.

Parágrafo único. Se o dia do vencimento de que tratam os incisos II e III não for dia útil, considerar-se-á antecipado o prazo para o primeiro dia útil que o anteceder (Lei nº 8.383, de 1991, art. 52, § 4º, e Lei nº 11.933, de 2009, art. 4º).

Art. 263. É facultado ao contribuinte o recolhimento do imposto antes do vencimento do prazo fixado.

Art. 264. O imposto destacado na nota fiscal ou escriturado, mesmo no curso de processo de consulta, deverá ser recolhido no respectivo prazo.

Art. 265. O recolhimento do imposto após os prazos previstos na legislação será efetuado com os acréscimos moratórios de que tratam os arts. 552 a 554 (Lei nº 8.383, de 1991, art. 59, e Lei nº 9.430, de 1996, art. 61).

Art. 266. Para fins do disposto no art. 265, o recolhimento do imposto, pelos responsáveis definidos nos incisos I, II, III, VI, VII, VIII e IX do art. 25, e nos incisos I a VII do art. 27, será considerado fora do prazo, sujeito aos acréscimos moratórios de que trata aquele artigo.

Art. 267. No caso do art. 407, se as notas fiscais destinadas ao destaque de diferenças do imposto forem emitidas fora dos prazos previstos no seu § 4º, ou fora do período de apuração do imposto complementado, na hipótese do inciso XII do referido art. 407, o imposto será recolhido com os acréscimos moratórios de que tratam os arts. 552 a 554, se fora dos prazos de recolhimento, em documento de arrecadação federal emitido especialmente para esse fim.

CAPÍTULO XIII

DA COMPENSAÇÃO, DA RESTITUIÇÃO E DO RESSARCIMENTO DO IMPOSTO

Normas Gerais

Art. 268. O sujeito passivo que apurar crédito do imposto, inclusive decorrente de trânsito em julgado de decisão judicial, passível de restituição ou de ressarcimento, poderá utilizá-lo na compensação de débitos próprios relativos a impostos e contribuições administrados pela Secretaria da Receita Federal do Brasil, observadas as demais prescrições e vedações legais (Lei nº 5.172, de 1966, art. 170, Lei nº 9.430, de 1996, art. 74, Lei nº 10.637, de 2002, art. 49, Lei nº10.833, de 2003, art. 17, e Lei nº 11.051, de 2004, art. 4º).

§ 1º A compensação de que trata o *caput* será efetuada mediante a entrega, pelo sujeito passivo, de declaração na qual constarão informações relativas aos créditos utilizados e aos respectivos débitos compensados (Lei nº 9.430, de 1996, art. 74, § 1º, e Lei nº 10.637, de 2002, art. 49).

§ 2º A compensação declarada à Secretaria da Receita Federal do Brasil extingue o crédito tributário, sob condição resolutória de sua ulterior homologação (Lei nº 9.430, de 1996, art. 74, § 2º, e Lei nº 10.637, de 2002, art. 49).

Art. 269. A restituição ou o ressarcimento do imposto ficam condicionados à verificação da quitação de impostos e contribuições federais do interessado (Decreto-Lei nº 2.287, de 1986, art. 7º, e Lei nº 11.196, de 2005, art. 114).

Parágrafo único. Verificada pela Secretaria da Receita Federal do Brasil a existência de débitos em nome do contribuinte, será realizada a compensação, total ou parcial, do valor da restituição ou do ressarcimento com o valor do débito (Decreto-Lei nº 2.287, de 1986, art. 7º, § 1º, e Lei nº 11.196, de 2005, art. 114).

Produtos Adquiridos por Missões Diplomáticas

Art. 270. As missões diplomáticas e repartições consulares de caráter permanente, bem como as representações de caráter permanente de órgãos internacionais de que o Brasil faça parte poderão, mediante solicitação, ser ressarcidas do valor do IPI incidente sobre produtos adquiridos no mercado interno, destinados à manutenção, ampliação ou reforma de imóveis de seu uso (Medida Provisória nº 2.158-35, de 2001, art. 27).

Parágrafo único. No caso de missão diplomática e repartição consular, o disposto neste artigo aplicar-se-á, apenas, na hipótese em que a legislação de seu país dispense, em relação aos impostos incidentes sobre o valor agregado ou sobre a venda a varejo, conforme o caso, tratamento recíproco para as missões ou repartições brasileiras localizadas, em caráter permanente, em seu território (Medida Provisória nº 2.158-35, de 2001, art. 27, § 1º).

TÍTULO VIII - DAS OBRIGAÇÕES ACESSÓRIAS

CAPÍTULO I

DAS DISPOSIÇÕES PRELIMINARES

Art. 271. Salvo disposições em contrário, incompatibilidade manifesta ou duplicidade de exigência, o cumprimento das obrigações estabelecidas neste título não dispensa o das demais previstas neste Regulamento.

Art. 272. A Secretaria da Receita Federal do Brasil poderá dispor sobre as obrigações acessórias relativas ao imposto, indicando o respectivo responsável e estabelecendo, inclusive, forma, prazo e condições para o seu cumprimento (Lei nº 9.779, de 1999, art. 16).

Parágrafo único. Excetua-se da faculdade prevista no *caput* o tratamento aplicável às microempresas e empresas de pequeno porte optantes pelo Simples Nacional, as quais observarão o disposto no art. 179.

CAPÍTULO II

DA ROTULAGEM, MARCAÇÃO E NUMERAÇÃO DOS PRODUTOS

Exigências de Rotulagem e Marcação

Art. 273. Os fabricantes e os estabelecimentos referidos no inciso IV do art. 9º são obrigados a rotular ou marcar seus produtos e os volumes que os acondicionarem, antes de sua saída do estabelecimento, indicando (Lei nº 4.502, de 1964, art. 43, *caput* e § 4º):

I – a firma;

II – o número de inscrição, do estabelecimento, no CNPJ;

III – a situação do estabelecimento (localidade, rua e número);

IV – a expressão "Indústria Brasileira"; e

V – outros elementos que, de acordo com as normas deste Regulamento e das instruções complementares expedidas pela Secretaria da Receita Federal do Brasil, forem considerados necessários à perfeita classificação e controle dos produtos.

§ 1º A rotulagem ou marcação será feita no produto e no seu recipiente, envoltório ou embalagem, antes da saída do estabelecimento, em cada unidade, em lugar visível, por processo de gravação, estampagem ou impressão com tinta indelével, ou por meio de etiquetas coladas, costuradas ou apensadas, conforme for mais apropriado à natureza do produto, com firmeza e que não se desprenda do produto, podendo a Secretaria da Receita Federal do Brasil expedir as instruções complementares que julgar convenientes (Lei nº 4.502, de 1964, art. 43, *caput* e §§ 2º e 4º, e Lei nº 11.196, de 2005, art. 68).

§ 2º Nos tecidos, far-se-á a rotulagem ou marcação nas extremidades de cada peça, com indicação de sua composição, vedado cortar as indicações constantes da parte final da peça (Lei nº 4.502, de 1964, art. 43, *caput* e § 2º, e Lei nº 11.196, de 2005, art. 68).

§ 3º Se houver impossibilidade ou impropriedade, reconhecida pela Secretaria da Receita Federal do Brasil, da prática da rotulagem ou marcação no produto, estas serão feitas apenas no recipiente, envoltório ou embalagem (Lei nº 4.502, de 1964, art. 43, *caput* e § 2º, e Lei nº 11.196, de 2005, art. 68).

§ 4º As indicações previstas nos incisos I, II e III serão dispensadas nos produtos, se destes constar a marca fabril registrada do fabricante e se tais indicações forem feitas nos volumes que os acondicionem (Lei nº 4.502, de 1964, art. 43, *caput* e § 2º, e Lei nº 11.196, de 2005, art. 68).

LEG. COMPLEMENTAR

§ 5º No caso de produtos industrializados por encomenda, o estabelecimento executor, desde que mencione, na rotulagem ou marcação, essa circunstância, poderá acrescentar as indicações referentes ao encomendante, independentemente das previstas nos incisos I, II e III, relativas a ele próprio (Lei nº 4.502, de 1964, art. 43, *caput* e § 2º, e Lei nº 11.196, de 2005, art. 68).

§ 6º Na hipótese do § 5º, serão dispensadas as indicações relativas ao executor da encomenda, desde que este aponha, no produto, a sua marca fabril registrada, e satisfaça, quanto ao encomendante, as exigências do *caput* (Lei nº 4.502, de 1964, art. 43, *caput* e § 2º, e Lei nº 11.196, de 2005, art. 68).

§ 7º O acondicionador ou reacondicionador mencionará, ainda, o nome do país de origem, no produto importado, ou o nome e endereço do fabricante, no produto nacional (Lei nº 4.502, de 1964, art. 43, § 3º).

§ 8º Os produtos isentos conterão, em caracteres visíveis, a expressão "Isento do IPI" (Lei nº 4.502, de 1964, art. 43, § 1º).

§ 9º Das amostras grátis isentas do imposto e das que, embora destinadas a distribuição gratuita, sejam tributadas, constarão, respectivamente, as expressões "Amostra Grátis Isenta de IPI" e "Amostra Grátis Tributada" (Lei nº 4.502, de 1964, art. 43, *caput* e §§ 1º e 2º, e Lei n 11.196, de 2005, art. 68).

§ 10. A rotulagem ou marcação indicará a graduação alcoólica, peso, capacidade, volume, composição, destinação e outros elementos, quando necessários a identificar os produtos em determinado Código e Ex da TIPI (Lei nº 4.502, de 1964, art. 43, *caput* e § 2º, e Lei nº 11.196, de 2005, art. 68).

§ 11. Em se tratando de bebidas alcoólicas, indicar-se-á, ainda, a espécie da bebida (aguardente, cerveja, conhaque, vermute, vinho, etc.), conforme a nomenclatura da TIPI e de acordo com as descrições constantes do art. 209 (Lei nº 4.502, de 1964, art. 43, *caput* e § 2º, e Lei nº 11.196, de 2005, art. 68).

§ 12. Nas zonas de produção, é facultado ao vinicultor engarrafar ou envasar vinhos e derivados em instalações de terceiros, sob sua responsabilidade, mediante a contratação de serviço, por locação temporária ou permanente, cabendo ao produtor a responsabilidade pelo produto, desobrigado de fazer constar no rótulo o nome do engarrafador ou envasador (Lei nº 7.678, de 8 de novembro de 1988, art. 47).

§ 13. O Secretário da Receita Federal do Brasil poderá autorizar a substituição das indicações previstas nos incisos I, II e III do *caput* e no § 8º por outros elementos que possibilitem a classificação e controle fiscal dos produtos (Lei nº 4.502, de 1964, art. 43, § 2º, e Lei nº 11.196, de 2005, art. 68).

Origem Brasileira

Art. 274. A expressão "Indústria Brasileira" será inscrita com destaque e em caracteres bem visíveis (Lei nº 4.502, de 1964, art. 43, e Decreto-Lei nº 1.593, de 1977, art. 30).

Parágrafo único. A exigência poderá ser dispensada da rotulagem ou marcação das bebidas alcoólicas do Capítulo 22 da TIPI, importadas em recipientes de capacidade superior a um litro e que sejam reacondicionadas no Brasil, no mesmo estádo ou após redução do seu teor alcoólico, bem como de outros produtos importados a granel e reacondicionados no País, atendidas às condições estabelecidas pelo Ministro de Estado da Fazenda (Decreto-Lei nº 1.593, de 1977, art. 31).

Art. 275. Na marcação dos produtos e dos volumes que os contenham, destinados à exportação, serão declarados a origem brasileira e o nome do industrial ou exportador (Lei nº 4.557, de 10 de dezembro de 1964, art. 1º).

§ 1º Os produtos do Capítulo 22 da TIPI, destinados à exportação, por via terrestre, fluvial ou lacustre, devem conter, em caracteres bem visíveis, por impressão tipográfica no rótulo ou por meio de etiqueta, em cada recipiente, bem como nas embalagens que os contenham, a expressão "Somente para exportação – proibida a venda no Brasil".

§ 2º Em casos especiais, as indicações previstas no *caput* poderão ser dispensadas, no todo ou em parte, ou adaptadas, de conformidade com as normas que forem expedidas pela Secretaria de Comércio Exterior do Ministério do Desenvolvimento, Indústria e Comércio Exterior, às exigências do mercado importador estrangeiro e à segurança do produto (Lei nº 4.502, de 1964, art. 43, § 5º, e Lei nº 6.137, de 7 de novembro de 1974, art. 1º).

Uso do Idioma Nacional

Art. 276. A rotulagem ou marcação dos produtos industrializados no País será feita no idioma nacional, excetuados os nomes dos produtos e outras expressões que não tenham correspondência em português, e a respectiva marca, se estiver registrada no Instituto Nacional da Propriedade Industrial (Lei nº 4.502, de 1964, art. 44).

Parágrafo único. A disposição do *caput*, sem prejuízo da ressalva do § 2º do art. 275, não se aplica aos produtos especificamente destinados à exportação para o exterior, cuja rotulagem ou marcação poderá ser adaptada às exigências do mercado estrangeiro importador (Lei nº 4.502, de 1964, art. 44, § 1º, e Decreto-Lei nº 1.118, de 10 de agosto de 1970, art. 1º).

Punção

Art. 277. Os fabricantes, os licitantes e os importadores dos produtos classificados nas Posições 71.13 a 71.15, 91.01 e 91.03 e dos produtos de metais preciosos ou de metais folheados ou chapeados de metais preciosos, classificados nos Códigos 9111.10.00, 9112.20.00 e 9113.10.00 da TIPI, marcarão cada unidade, mesmo quando eles se destinem a reunião a outros produtos, tributados ou não, por meio de punção, gravação ou processo semelhante, com as letras indicativas da unidade federada onde estejam situados, os três últimos algarismos de seu número de inscrição no CNPJ, e o teor, em milésimos, do metal precioso empregado ou da espessura, em mícrons, do respectivo folheado, conforme o caso (Lei nº 4.502, de 1964, arts. 43, § 2º, e 46).

§ 1º As letras e os algarismos poderão ser substituídos pela marca fabril registrada do fabricante ou marca registrada de comércio do importador, desde que seja aplicada nos produtos pela forma prevista neste artigo e reproduzida, com a necessária ampliação, na respectiva nota fiscal.

§ 2º Em casos de comprovada impossibilidade de cumprimento das exigências deste artigo, a Secretaria da Receita Federal do Brasil poderá autorizar a sua substituição por outras que também atendam às necessidades do controle fiscal.

§ 3º A punção deve ser feita antes de ocorrido o fato gerador do imposto, se de produto nacional, e dentro de oito dias, a partir da entrada no estabelecimento do importador ou licitante, nos casos de produto importado ou licitado.

§ 4º Os importadores puncionarão os produtos recebidos do exterior, mesmo que estes já tenham sido marcados no país de origem.

§ 5º A punção dos produtos industrializados por encomenda dos estabelecimentos referidos no inciso IV do art. 9º, que possuam marca fabril registrada, poderá ser feita apenas por esses estabelecimentos, no prazo de oito dias do seu recebimento, ficando sob sua exclusiva responsabilidade a declaração do teor do metal precioso empregado.

§ 6º Os industriais e os importadores que optarem pela modalidade de marcação prevista no § 1º deverão conservar, para exibição ao Fisco, reprodução gráfica de sua marca, do tamanho da que deve figurar nas suas notas fiscais.

§ 7º A punção da marca fabril ou de comércio não dispensa a marcação do teor, em milésimo, do metal precioso empregado.

Outras Medidas de Controle

Art. 278. A Secretaria da Receita Federal do Brasil poderá exigir que os importadores, licitantes e comerciantes, e as repartições fazendárias que desembaraçarem ou alienarem mercadorias, aponham, nos produtos, rótulo, marca ou número, quando entender a medida necessária ao controle fiscal, como poderá prescrever para os estabelecimentos industriais e comerciais, de ofício ou a requerimento do interessado, diferentes modalidades de rotulagem, marcação e numeração (Lei nº 4.502, de 1964, art. 46).

Art. 279. A obrigatoriedade de que tratam os arts. 274 a 278 não afasta o cumprimento de outras medidas de controle previstas em legislação específica.

Falta de Rotulagem

Art. 280. A falta de rotulagem, marcação ou numeração, quando exigidas nos termos deste Capítulo, importará em considerar-se o produto como não identificado com o descrito nos documentos fiscais (Lei nº 4.502, de 1964, art. 46, § 2º, e Lei nº 9.532, de 1997, art. 37, inciso IV).

Art. 281. Considerar-se-ão não rotulados ou não marcados os produtos com rótulos ou marcas que apresentem indicações falsas.

Dispensa de Rotulagem

Art. 282. Ficam dispensados de rotulagem ou marcação:

I – as peças e acessórios de veículos automotores, adquiridos para emprego pelo próprio estabelecimento adquirente, na industrialização desses veículos;

II – as peças e acessórios empregados, no próprio estabelecimento industrial, na industrialização de outros produtos;

III – as antiguidades, assim consideradas as de mais de cem anos;

IV – as joias e objetos de platina ou de ouro, de peso individual inferior a um grama;

V – as joias e objetos de prata de peso individual inferior a três gramas; e

VI – as joias e objetos sem superfície livre que comporte algarismos e letras de, pelo menos, cinco décimos de milímetro de altura.

Proibições

Art. 283. É proibido:

I – importar, fabricar, possuir, aplicar, vender ou expor à venda rótulos, etiquetas, cápsulas ou invólucros que se prestem a indicar, como estrangeiro, produto nacional, ou vice-versa (Lei nº 4.502, de 1964, art. 45, inciso I);

II – importar produto estrangeiro com rótulo escrito, no todo ou em parte, na língua portuguesa, sem indicação do país de origem (Lei nº 4.502, de 1964, art. 45, inciso II);

III – empregar rótulo que declare falsa procedência ou falsa qualidade do produto (Lei nº 4.502, de 1964, art. 45, inciso III);

IV – adquirir, possuir, vender ou expor à venda produto rotulado, marcado, etiquetado ou embalado nas condições dos incisos I a III (Lei nº 4.502, de 1964, art. 45, inciso IV); e

V – mudar ou alterar os nomes dos produtos importados, constantes dos documentos de importação, ressalvadas as hipóteses em que eles tenham sido submetidos a processo de industrialização no País.

CAPÍTULO III
DO SELO DE CONTROLE

Seção I
DAS DISPOSIÇÕES PRELIMINARES

Produtos Sujeitos ao Selo

Art. 284. Estão sujeitos ao selo de controle previsto no art. 46 da Lei nº 4.502, de 1964, segundo as normas constantes deste Regulamento e de atos complementares, os produtos relacionados em ato da Secretaria da Receita Federal do Brasil, que poderá restringir a exigência a casos específicos, bem como dispensar ou vedar o uso do selo (Lei nº 4.502, de 1964, art. 46).

Parágrafo único. As obras fonográficas sujeitar-se-ão a selos e sinais de controle, sem ônus para o consumidor, com o fim de identificar a legítima origem e reprimir a produção e importação ilegais e a comercialização de contrafações, sob qualquer pretexto, observado para esse efeito o disposto em ato da Secretaria da Receita Federal do Brasil (Lei nº 9.532, de 1997, art. 78).

Art. 285. Ressalvado o disposto no art. 305, os produtos sujeitos ao selo não podem ser liberados pelas repartições fiscais, sair dos estabelecimentos industriais, ou equiparados a industrial, nem ser expostos à venda, vendidos ou mantidos em depósitos fora dos mesmos estabelecimentos, ainda que em armazéns-gerais, sem que, antes, sejam selados.

Art. 286. O emprego do selo não dispensa a rotulagem ou marcação dos produtos, de acordo com as normas previstas neste Regulamento.

Supervisão

Art. 287. Compete à Secretaria da Receita Federal do Brasil a supervisão da distribuição, a guarda e o fornecimento do selo.

Seção II
DA CONFECÇÃO E DISTRIBUIÇÃO

Art. 288. O selo de controle será confeccionado pela Casa da Moeda do Brasil, que se encarregará também de sua distribuição às repartições da Secretaria da Receita Federal do Brasil (Lei nº 5.895, de 19 de junho de 1973, art. 2º).

Art. 289. A Casa da Moeda do Brasil organizará álbuns das espécies do selo, que serão distribuídos pela Secretaria da Receita Federal do Brasil aos órgãos encarregados da fiscalização.

Art. 290. A confecção do selo atenderá ao formato, cores, dizeres e outras características que a Secretaria da Receita Federal do Brasil estabelecer.

§ 1º Poderão ser adotadas características distintas, inclusive numeração, para o selo de cada produto, ou classe de preços de produtos, que assegurem o perfeito controle quantitativo.

§ 2º No caso dos produtos classificados no Código 2402.20.00, excetuadas as classificadas no Ex 01, e das cigarrilhas classificadas no Código 2402.10.00, da TIPI, o selo de controle confeccionado pela Casa da Moeda do Brasil conterá dispositivos de segurança aprovados pela Secretaria da Receita Federal do Brasil, que possibilitem a verificação de sua autenticidade no momento da aplicação no estabelecimento industrial fabricante de cigarros ou de cigarrilhas (Lei nº 11.488, de 15 de junho de 2007, art. 28, § 1º, e Lei nº 12.402, de 2011, art. 5º, parágrafo único).

- § 2º com a redação dada pelo Dec. nº 7.990, de 24-4-2013.

Seção III

DO DEPÓSITO E DA ESCRITURAÇÃO NAS REPARTIÇÕES

Art. 291. Os órgãos da Secretaria da Receita Federal do Brasil que receberem o selo de controle manterão depósito que atenda às exigências de segurança e conservação necessárias à sua boa guarda.

§ 1º Será designado, em ato do chefe da repartição, servidor para exercer as funções de encarregado do depósito.

§ 2º A designação recairá, de preferência, em servidor que tenha, entre suas atribuições, a guarda de bens e valores.

Art. 292. Os órgãos da Secretaria da Receita Federal do Brasil que receberem o selo de controle para redistribuição a outras repartições, ou para fornecimento aos usuários, manterão registro das entradas e saídas, de conformidade com a sistemática estabelecida.

Seção IV

DO FORNECIMENTO AOS USUÁRIOS

Normas de Fornecimento aos Usuários

Art. 293. O selo de controle será fornecido aos fabricantes, importadores e adquirentes em licitação dos produtos sujeitos ao seu uso.

Parágrafo único. O selo poderá ser fornecido também a comerciantes, nas hipóteses e segundo as condições estabelecidas pela Secretaria da Receita Federal do Brasil.

Art. 294. Far-se-á o fornecimento dos selos nos seguintes limites:

I – para produtos nacionais, em quantidade não superior às necessidades de consumo do fabricante para período fixado pela Secretaria da Receita Federal do Brasil;

II – para produtos de origem estrangeira do Código 2402.20.00 e do Ex 01 do Código 2402.10.00 da TIPI, em quantidade igual ao número das unidades a importar, previamente informadas, nos termos e nas condições estabelecidos pela Secretaria Especial da Receita Federal do Brasil do Ministério da Economia (Lei nº 12.402, de 2011, art. 6º);

- Inciso II com a redação dada pelo Dec. nº 10.668, de 8-4-2021.

III – para os demais produtos importados, em quantidade coincidente com o número de unidades tributadas consignadas no registro da declaração de importação no SISCOMEX; e

IV – para produtos adquiridos em licitação, na quantidade de unidades constantes da guia de licitação.

Art. 295. O fornecimento do selo de controle para produtos nacionais será feito mediante comprovação de recolhimento do imposto relativo ao período ou períodos de apuração cujo prazo de recolhimento tenha vencido após a última aquisição, ou da existência de saldo credor.

Parágrafo único. O fornecimento de selo de controle aos estabelecimentos sujeitos à inscrição no registro especial de que trata o art. 330 fica condicionado à concessão do referido registro, não se aplicando o disposto no *caput*.

Art. 296. O fornecimento do selo de controle no caso do inciso II do art. 294 será feito mediante apresentação do respectivo documento de arrecadação, referente ao pagamento dos selos.

Previsão do Consumo

Art. 297. Os usuários, nos prazos e nas condições que estabelecer a Secretaria da Receita Federal do Brasil:

I – apresentarão, ao órgão fornecedor, previsão de suas necessidades de consumo, no caso de fabricação ou importação habitual de produtos; e

II – comunicarão ao mesmo órgão o início de fabricação de produto novo, sujeito ao selo, bem como a sua classificação na escala de preços de venda no varejo, quando a selagem for feita em função dessa classificação.

Ressarcimento de Custos

Art. 298. *Revogado.* Dec. nº 10.668, de 8-4-2021.

Taxa pela utilização do selo de controle

Art. 298-A. É devida taxa pela utilização do selo de controle de que trata o art. 284, com base nos seguintes valores (Lei nº 12.995, de 2014, art. 13, *caput*, inciso I, e § 2º, incisos I e II):

I – R$ 0,01 (um centavo de real) por selo de controle fornecido para utilização nas carteiras de cigarros; e

II – R$ 0,03 (três centavos de real) por selo de controle fornecido para utilização nas embalagens de bebidas e demais produtos.

§ 1º São contribuintes da taxa de que trata este artigo as pessoas jurídicas obrigadas pela Secretaria Especial da Receita Federal do Brasil do Ministério da Economia à utilização do selo de controle (Lei nº 12.995, de 2014, art. 13, § 1º).

§ 2º A taxa de que trata este artigo deverá ser recolhida previamente ao recebimento dos selos de controle, pela pessoa jurídica obrigada à sua utilização, em estabelecimento bancário integrante da rede arrecadadora de receitas federais, por meio de Documento de Arrecadação de Receitas Federais – DARF (Lei nº 12.995, de 2014, art. 13, § 4º).

§ 3º O fornecimento do selo de controle à pessoa jurídica obrigada à sua utilização fica condicionado à comprovação do recolhimento de que trata o § 2º, sem prejuízo de outras exigências estabelecidas na legislação (Lei nº 12.995, de 2014, art. 13, § 6º).

§ 4º A Secretaria Especial da Receita Federal do Brasil do Ministério da Economia poderá editar normas complementares para a aplicação do disposto neste artigo (Lei nº 12.995, de 2014, art. 13, § 8º).

- Art. 298-A acrescido pelo Dec. nº 10.668, de 8-4-2021.

Seção V

DO REGISTRO, CONTROLE E MARCAÇÃO DOS SELOS FORNECIDOS

Registro pelos Usuários

Art. 299. O movimento de entrada e saída do selo de controle, inclusive das quantidades inutilizadas ou devolvidas, será registrado pelo usuário no livro Registro de Entrada e Saída do Selo de Controle de que trata o art. 467 (Lei nº 4.502, de 1964, art. 56, § 1º).

Falta ou Excesso de Estoque

Art. 300. Apuradas diferenças no estoque do selo, caracterizam-se, nas quantidades correspondentes:

I – a falta, como saída de produtos selados sem emissão de nota fiscal (Lei nº 4.502, de 1964, art. 46, § 3º, alínea *a*, e Decreto-Lei nº 34, de 1966, art. 2º, alteração 12ª); ou

II – o excesso, como saída de produtos sem aplicação do selo (Lei nº 4.502, de 1964, art. 46, § 3º, alínea *b*, e Decreto-Lei nº 34, de 1966, art. 2º, alteração 12ª).

Art. 301. Nas hipóteses previstas no art. 300, será cobrado o imposto sobre as diferenças apuradas, sem prejuízo das sanções e outros encargos exigíveis (Lei nº 4.502, de 1964, art. 46, § 4º, e Decreto-Lei nº 34, de 1966, art. 2º, alteração 12ª).

Parágrafo único. No caso de produto de diferentes preços, desde que não seja possível identificar o preço do produto, o imposto será calculado com base no de valor mais elevado (Lei nº 4.502, de 1964, art. 46, § 4º, e Decreto-Lei nº 34, de 1966, art. 2º, alteração 12ª).

Art. 302. A Secretaria da Receita Federal do Brasil poderá admitir quebras no estoque do selo de controle para produtos do Capítulo 22 da TIPI, quando decorrentes de perdas verificadas em processo mecânico de selagem, independentemente dos espécimes inutilizados, atendidos os limites e demais condições que estabelecer.

Marcação

Art. 303. A Secretaria da Receita Federal do Brasil disporá sobre a marcação dos selos de controle e especificará os elementos a serem impressos.

Seção VI

DA APLICAÇÃO DO SELO NOS PRODUTOS

Art. 304. A aplicação do selo de controle nos produtos será feita:

I – pelo industrial, antes da saída do produto do estabelecimento industrial; ou

II – pelo importador ou licitante, antes da saída do produto da repartição que o desembaraçar ou licitar, observado o disposto nos arts. 308 e 309.

Art. 305. A Secretaria da Receita Federal do Brasil expedirá normas com os termos e condições para que a aplicação do selo de controle nos produtos possa ser feita, mediante informação à repartição jurisdicionante, no estabelecimento do importador ou licitante ou em local por eles indicado.

Parágrafo único. O prazo para a aplicação do selo será de quinze dias, contados da saída dos produtos da repartição que os desembaraçar ou licitar.

- Art. 305 com a redação dada pelo Dec. nº 7.435, de 28-1-2011.

Art. 306. O selo de controle será colado em cada unidade do produto, empregando-se cola especial que impossibilite a sua retirada, atendidas, em sua aplicação, as normas estabelecidas pela Secretaria da Receita Federal do Brasil.

Art. 307. A aplicação do selo, quando numerado, obedecerá à ordem crescente da numeração.

Art. 308. Na importação de produtos do Capítulo 22 da TIPI, relacionados em ato do Secretário da Receita Federal do Brasil, quando sujeitos ao selo de controle, a Secretaria da Receita Federal do Brasil poderá estabelecer hipóteses, condições e requisitos para sua aplicação, no desembaraço aduaneiro ou sua remessa pelo importador, para selagem pelo fabricante (Medida Provisória nº 2.158-35, de 2001, art. 58, § 1º, inciso II).

§ 1º Nos casos em que for autorizada a remessa de selos de controle para o exterior, aplicam-se, no que couber, as disposições deste Regulamento relativas a valor tributável, registro especial, selo e penalidades, na importação de cigarros(Medida Provisória nº 2.158-35, de 2001, art. 58, § 2º).

§ 2º A Secretaria da Receita Federal do Brasil expedirá normas complementares para cumprimento do disposto no *caput* (Medida Provisória nº 2.158-35, de 2001, art. 58, § 1º, inciso III).

Art. 309. No caso dos produtos de procedência estrangeira do Código 2402.20.00 da TIPI, os selos de controle serão remetidos, pelo importador, ao fabricante no exterior e deverão ser aplicados em cada maço, carteira ou embalagem, que contenha vinte unidades do produto, na mesma forma estabelecida pela Secretaria Especial da Receita Federal do Brasil do Ministério da Economia para os produtos de fabricação nacional (Lei nº 9.532, de 1997, art. 49, § 4º).

Parágrafo único. O disposto no *caput* aplica-se às cigarrilhas classificadas no Ex 01 do Código 2402.10.00 da TIPI (Lei nº 12.402, de 2011, art. 6º).

- Art. 309 com a redação dada pelo Dec. nº 10.668, de 8-4-2021.

Seção VII

DA DEVOLUÇÃO

Art. 310. O selo de controle será devolvido à unidade fornecedora da Secretaria da Receita Federal do Brasil, mediante a "Guia de Devolução do Selo de Controle" e observado o disposto no inciso II do art. 316, nos seguintes casos:

I – encerramento da fabricação do produto sujeito ao selo;

II – dispensa, pela Secretaria da Receita Federal do Brasil, do uso do selo;

III – defeito de origem nas folhas dos selos; ou

IV – quebra, avaria, furto ou roubo de produtos importados, quando tenha sido autorizada a aplicação do selo no estabelecimento do contribuinte.

§ 1º O prazo para a devolução de que trata o *caput* será de trinta dias contados das ocorrências descritas nos incisos I a IV.

§ 2º A não observância do prazo a que se refere o § 1º acarretará a apreensão dos selos de controle de que trata o inciso III do art. 316.

Art. 311. Somente será admitida a devolução dos selos quando estes se encontrarem no mesmo estado em que foram fornecidos.

Destino dos Selos Devolvidos

Art. 312. A unidade da Secretaria da Receita Federal do Brasil que receber os selos devolvidos deverá:

I – reincorporá-los ao seu estoque, nos casos de encerramento de fabricação, ou de quebra, avaria, furto ou roubo dos produtos;

II – incinerá-los, quando for dispensado o seu uso; ou

III – encaminhá-los à Casa da Moeda do Brasil, para novo suprimento nas quantidades correspondentes, se houver defeito de origem.

Art. 313. A devolução dos selos, nas hipóteses previstas no art. 310, dará direito à indenização do valor de sua aquisição ou à sua substituição, nas condições estabelecidas pela Secretaria da Receita Federal do Brasil.

Seção VIII

DA FALTA DO SELO NOS PRODUTOS E DO SEU USO INDEVIDO

Art. 314. A falta do selo no produto, o seu uso em desacordo com as normas estabelecidas ou a aplicação de espécie imprópria para o produto importarão em considerar o produto respectivo como não identificado com o descrito nos documentos fiscais (Lei nº 4.502, de 1964, art. 46, § 2º, e Lei nº 9.532, de 1997, art. 37, inciso IV).

Art. 315. É vedado reutilizar, ceder ou vender o selo de controle.

Parágrafo único. Considera-se como não selado o produto cujo selo tenha sido reutilizado ou adquirido por cessão ou compra de terceiros.

Seção IX

DA APREENSÃO E DESTINAÇÃO DE SELO EM SITUAÇÃO IRREGULAR

Apreensão

Art. 316. Serão apreendidos os selos de controle:

I – de legitimidade duvidosa;

II – passíveis de incineração ou destruição, nas hipóteses a que se refere o art. 317, quando não tenha sido comunicada à unidade competente da Secretaria da Receita Federal do Brasil a existência dos selos nessas condições, nos termos do art. 318;

III – sujeitos a devolução, quando não tenha o usuário adotado as providências previstas para esse fim, no prazo fixado no § 1º do art. 310; ou

IV – encontrados em poder de pessoa diversa daquela a quem tenham sido fornecidos.

§ 1º No caso do inciso I, a apreensão estender-se-á aos produtos em que os selos, naquelas condições, tiverem sido aplicados.

§ 2º Na hipótese do inciso IV, a repartição que dela conhecer determinará a imediata realização de diligência, no sentido de verificar, para adoção das medidas cabíveis, a procedência dos selos apreendidos.

§ 3º É vedado constituir o possuidor, nos casos previstos nos incisos I e IV, depositário dos selos e dos produtos selados objeto da apreensão.

Incineração ou Destruição

Art. 317. Serão incinerados ou destruídos, observadas as cautelas estabelecidas pela Secretaria da Receita Federal do Brasil, os selos de controle:

I – imprestáveis, devido à utilização inadequada ou em virtude de erro ou defeito no corte, na impressão ou na carimbagem pelo usuário; ou

II – aplicados em produtos impróprios para o consumo.

Art. 318. O usuário comunicará à unidade da Secretaria da Receita Federal do Brasil de sua jurisdição, até o mês seguinte ao da verificação do fato, a existência dos selos nas condições mencionadas no art. 317.

Perícia

Art. 319. Sem prejuízo do disposto no inciso IV do art. 585, os selos de legitimidade duvidosa, que tenham sido objeto de devolução ou apreensão, serão submetidos a exame pericial pela Secretaria da Receita Federal do Brasil.

§ 1º Se, do exame, se concluir pela ilegitimidade do total ou de parte dos selos, adotar-se-ão as medidas processuais competentes, relativamente aos considerados ilegítimos.

§ 2º Não se conformando, o contribuinte, com as conclusões do exame previsto no *caput*, ser-lhe-á facultado, no prazo de trinta dias da ciência do respectivo resultado, solicitar a realização de perícia pela Casa da Moeda do Brasil.

§ 3º Na hipótese do § 2º, as despesas com a realização da perícia serão de exclusiva responsabilidade do contribuinte, que, no caso, deverá proceder ao depósito prévio da importância correspondente, a crédito da Casa da Moeda do Brasil.

§ 4º A Casa da Moeda do Brasil expedirá o laudo pericial no prazo de trinta dias do recebimento da solicitação de perícia dos selos.

Seção X

DAS OUTRAS DISPOSIÇÕES

Emprego Indevido

Art. 320. Consideram-se os produtos como não selados, equiparando-se a infração à falta de pagamento do imposto, que será exigível, acrescido da multa prevista no inciso III do art. 585, nos seguintes casos (Decreto-Lei nº 1.593, de 1977, art. 33, inciso III):

I – emprego do selo destinado a produto nacional em produto estrangeiro e vice-versa;

II – emprego do selo em produtos diversos daquele a que é destinado;

III – emprego do selo não marcado ou não aplicado como previsto neste Regulamento ou nos atos administrativos pertinentes; e

IV – emprego de selo que não estiver em circulação.

Selos com Defeito

Art. 321. A Casa da Moeda do Brasil deduzirá, de futuros fornecimentos, o valor dos selos com defeitos de origem que lhe forem devolvidos.

Art. 322. A Secretaria da Receita Federal do Brasil expedirá as instruções necessárias a completar as normas constantes deste Capítulo.

CAPÍTULO IV

DAS OBRIGAÇÕES DOS TRANSPORTADORES, ADQUIRENTES E DEPOSITÁRIOS DE PRODUTOS

Seção I

DOS TRANSPORTADORES

Despacho de Mercadorias

Art. 323. Os transportadores não podem aceitar despachos ou efetuar transporte de produtos que não estejam acompanhados dos documentos exigidos neste Regulamento (Lei nº 4.502, de 1964, art. 60).

Parágrafo único. A proibição estende-se aos casos de manifesto desacordo dos volumes com sua discriminação nos documentos, de falta de discriminação ou de descrição incompleta dos volumes que impossibilite ou dificulte a sua identificação, e de falta de indicação do nome e endereço do remetente e do destinatário (Lei nº 4.502, de 1964, art. 60, parágrafo único).

Responsabilidade por Extravio de Documentos

Art. 324. Os transportadores são pessoalmente responsáveis pelo extravio dos documentos que lhes tenham sido entregues pelos remetentes dos produtos (Lei nº 4.502, de 1964, art. 61).

Mercadorias em Situação Irregular

Art. 325. No caso de suspeita de existência de irregularidade quanto a mercadorias a serem transportadas, a empresa transportadora deverá (Lei nº 4.502, de 1964, art. 101, e § 1º):

I – tomar as medidas necessárias à sua retenção no local de destino;

II – comunicar o fato à unidade da Secretaria da Receita Federal do Brasil do destino; e

III – aguardar, durante cinco dias, as providências da referida unidade.

Parágrafo único. Idêntico procedimento será adotado pela empresa transportadora se a suspeita só ocorrer na descarga das mercadorias (Lei nº 4.502, de 1964, art. 101, § 2º).

Art. 326. Na hipótese do art. 325, a Secretaria da Receita Federal do Brasil poderá adotar normas relativas ao prévio exame da regularidade dos produtos de procedência estrangeira e dos nacionais.

Seção II

DOS ADQUIRENTES E DEPOSITÁRIOS

Obrigações

Art. 327. Os fabricantes, comerciantes e depositários que receberem ou adquirirem para industrialização, comércio ou depósito, ou para emprego ou utilização nos respectivos estabelecimentos, produtos tributados ou isentos, deverão examinar se eles se acham devidamente rotulados ou marcados ou, ainda, selados se estiverem sujeitos ao selo de controle, bem como se estão acompanhados dos documentos exigidos e se estes satisfazem a todas as prescrições deste Regulamento (Lei nº 4.502, de 1964, art. 62).

§ 1º Verificada qualquer irregularidade, os interessados comunicarão por escrito o fato ao remetente da mercadoria, dentro de oito dias, contados do seu recebimento, ou antes do início do seu consumo, ou venda, se o início se verificar em prazo menor, conservando em seu arquivo cópia do documento com prova de seu recebimento (Lei nº 4.502, de 1964, art. 62, § 1º).

§ 2º A comunicação feita com as formalidades previstas no § 1º exime de responsabilidade os recebedores ou adquirentes da mercadoria pela irregularidade verificada (Lei nº 4.502, de 1964, art. 62, § 1º).

§ 3º No caso de falta do documento fiscal que comprove a procedência do produto e identifique o remetente pelo nome e endereço, ou de produto que não se encontre selado, rotulado ou marcado, quando exigido o selo de controle, a rotulagem ou a marcação, não poderá o destinatário recebê-lo, sob pena de ficar responsável pelo pagamento do imposto, se exigível, e sujeito às sanções cabíveis (Lei nº 4.502, de 1964, art. 62, § 2º, e Lei nº 9.532, de 1997, art. 37, inciso V).

§ 4º A declaração, na nota fiscal, da data da entrada da mercadoria no estabelecimento será feita no mesmo dia da entrada.

CAPÍTULO V

DO REGISTRO ESPECIAL

Seção I

DO PAPEL IMUNE

Art. 328. Deve manter Registro Especial na Secretaria da Receita Federal do Brasil a pessoa jurídica que (Lei nº 11.945, de 2009, Art.1º):

I – exercer as atividades de comercialização e importação de papel destinado à impressão de livros, jornais e periódicos, a que se refere o inciso I do art. 18; e

II – adquirir o papel a que se refere o inciso I do art. 18 para a utilização na impressão de livros, jornais e periódicos.

§ 1º A comercialização do papel a detentores do Registro Especial de que trata o *caput* faz prova da regularidade da sua destinação, sem prejuízo da responsabilidade, pelo imposto devido, do estabelecimento da pessoa jurídica que, tendo adquirido o papel beneficiado com imunidade, desviar sua finalidade constitucional (Lei nº 11.945, de 2009, art. 1º, § 1º).

§ 2º A Secretaria da Receita Federal do Brasil poderá (Lei nº 11.945, de 2009, art. 1º, § 3º):

I – expedir normas complementares relativas ao Registro Especial e ao cumprimento das exigências a que estão sujeitas as pessoas jurídicas para sua concessão; e

II – estabelecer a periodicidade e a forma de comprovação da correta destinação do papel beneficiado com imunidade, inclusive mediante a instituição de obrigação acessória destinada ao controle da sua comercialização e importação.

§ 3º O não cumprimento da obrigação prevista no inciso II do § 2º sujeitará a pessoa jurídica à penalidade do art. 588 (Lei nº 11.945, de 2009, art.1º, § 4º).

Cancelamento

Art. 329. O Registro Especial de que trata o art. 328 poderá ser cancelado, a qualquer tempo, pela Secretaria da Receita Federal do Brasil se, após a sua concessão, ocorrer uma das seguintes hipóteses (Lei nº 11.945, de 2009, art. 2º):

I – desatendimento dos requisitos que condicionaram a sua concessão;

II – situação irregular do estabelecimento perante o CNPJ;

III – atividade econômica declarada para efeito da concessão do Registro Especial divergente da informada perante o CNPJ ou daquela regularmente exercida pelo estabelecimento;

IV – não comprovação da correta destinação do papel na forma a ser estabelecida no inciso II do § 2º do art. 328; ou

V – decisão final proferida na esfera administrativa sobre a exigência fiscal de crédito tributário decorrente do consumo ou da utilização do papel destinado à impressão de livros, jornais e periódicos em finalidade diferente daquela prevista no art. 328.

§ 1º Fica vedada a concessão de novo Registro Especial, pelo prazo de cinco anos- calendário, ao estabelecimento enquadrado nas hipóteses descritas nos incisos IV ou V do *caput* (Lei nº 11.945, de 2009, art. 2º, § 1º).

§ 2º A vedação de que trata o § 1º também se aplica à concessão de Registro Especial a estabelecimento de pessoa jurídica que possua em seu quadro societário (Lei nº 11.945, de 2009, art. 2º, § 2º):

I – pessoa física que tenha participado, na qualidade de sócio, diretor, gerente ou administrador, de pessoa jurídica cujo estabelecimento teve Registro Especial cancelado em virtude do disposto nos incisos IV ou V do *caput*; ou

II – pessoa jurídica cujo estabelecimento teve Registro Especial cancelado em virtude do disposto nos incisos IV ou V do *caput*.

Seção II

DOS PRODUTOS DO CAPÍTULO 24 DA TIPI

Art. 330. A fabricação de cigarros classificados no Código 2402.20.00, excetuados os classificados no Ex 01, e de cigarrilhas classificadas no Código 2402.10.00, da TIPI, será exercida exclusivamente pelas empresas constituídas sob a forma de sociedade e com o capital mínimo estabelecido pelo Secretário da Receita Federal do Brasil que, dispondo de instalações industriais adequadas, mantiverem registro especial na Secretaria da Receita Federal do Brasil (Decreto-Lei nº 1.593, de 1977, art. 1º, *caput* e § 1º, Lei nº 9.822, de 23 de agosto de 1999, art. 1º, Medida Provisória nº 2.158-35, de 2001, art. 32, Lei nº 10.833, de 2003, art. 40, e Lei nº 12.402, de 2011, art. 5º).

Parágrafo único. As disposições do *caput* relativas à constituição da empresa e ao registro especial aplicam-se, também, à importação de cigarros e cigarrilhas, exceto quando destinados à venda em loja franca, no País (Decreto-Lei nº 1.593, de 1977, art. 1º, § 3º, Lei nº 9.532, de 1997, art. 47, Lei nº 9.822, de 1999, art. 1º, Medida Provisória nº 2.158-35, de 2001, art. 32, e Lei nº 12.402, de 2011, art. 5º).

• Art. 330 com a redação dada pelo Dec. nº 7.990, de 24-4-2013.

Concessão do Registro

Art. 331. O registro especial será concedido por autoridade designada pelo Secretário da Receita Federal do Brasil (Decreto-Lei nº 1.593, de 1977, art. 1º, § 4º, Lei nº 9.822, de 1999, art. 1º, e Medida Provisória nº 2.158-35, de 2001, art. 32).

Parágrafo único. A concessão do registro especial dar-se-á por estabelecimento industrial e estará, também, na hipótese de produção, condicionada à instalação de contadores automáticos da quantidade produzida de que trata o art. 378, e, nos termos e condições a serem estabelecidos pela Secretaria da Receita Federal do Brasil, à comprovação da regularidade fiscal por parte (Decreto-Lei nº 1.593, de 1977, art. 1º, § 2º, Lei nº 9.822, de 1999, art. 1º, e Medida Provisória nº 2.158-35, de 2001, art. 32):

I – da pessoa jurídica requerente ou detentora do registro especial;

II – de seus sócios, pessoas físicas, diretores, gerentes, administradores e procuradores; e

III – das pessoas jurídicas controladoras da pessoa jurídica referida no inciso I, bem como de seus respectivos sócios, diretores, gerentes, administradores e procuradores.

Art. 332. Os estabelecimentos registrados na forma do art. 331 deverão indicar, nos documentos fiscais que emitirem, no campo destinado à identificação da empresa, seu número de inscrição no registro especial, impresso tipograficamente.

Cancelamento

Art. 333. O registro especial poderá ser cancelado, a qualquer tempo, pela autoridade concedente, se, após a sua concessão, ocorrer um dos seguintes fatos (Decreto-Lei nº 1.593, de 1977, art. 2º, Lei nº 9.822, de 1999, art. 1º, e Medida Provisória nº 2.158-35, de 2001, art. 32):

I – desatendimento dos requisitos que condicionaram a concessão (Decreto-Lei nº 1.593, de 1977, art. 2º, inciso I);

II – não cumprimento de obrigação tributária principal ou acessória, relativa a impostos ou contribuições administrados pela Secretaria da Receita Federal do Brasil (Decreto-Lei nº 1.593, de 1977, art. 2º, inciso II, e Lei nº 9.822, de 1999, art. 1º); ou

III – prática de fraude ou conluio, conforme definido nos art. 562 e art. 563, ou de crime contra a ordem tributária, previsto na Lei nº 8.137, de 27 de dezembro de 1990, ou de crime de falsificação de selos de controle tributário, previsto no art. 293 do Decreto-Lei nº 2.848, de 7 de dezembro de 1940 – Código Penal, ou de qualquer outra infração cuja tipificação decorra do descumprimento de normas reguladoras da produção, da importação e da comercialização de cigarros e outros derivados de tabaco, após decisão transitada em julgado (Decreto-Lei nº 1.593, de 1977, art. 2º, *caput*, inciso III).

• Inciso III com a redação dada pelo Dec. nº 10.668, de 8-4-2021.

§ 1º Para fins de aplicação do disposto no inciso II do *caput*, deverão ser consideradas as seguintes práticas reiteradas da pessoa jurídica detentora do registro especial, independentemente de ordem ou cumulatividade (Decreto-Lei nº 1.593, de 1977, art. 2º, § 1º e § 10):

• *Caput* do § 1º com a redação dada pelo Dec. nº 10.668, de 8-4-2021.

I – comercialização de cigarros sem a emissão de nota fiscal;

II – não recolhimento dos tributos ou recolhimento em valor menor do que o devido; ou

III – omissão ou erro nas declarações de informações exigidas pela Secretaria Especial da Receita Federal do Brasil do Ministério da Economia.

• Incisos I a III acrescidos pelo Dec. nº 10.668, de 8-4-2021.

§ 2º Na ocorrência das hipóteses mencionadas nos incisos I e II do *caput*, a empresa será intimada a regularizar sua situação fiscal ou a apresentar os esclarecimentos e provas cabíveis, no prazo de dez dias (Decreto-Lei nº 1.593, de 1977, art. 2º, § 2º, Lei nº 9.822, de 1999, art. 1º, e Medida Provisória nº 2.158-35, de 2001, art. 32).

§ 3º A autoridade concedente do registro decidirá sobre a procedência dos esclarecimentos e das provas apresentadas, expedindo ato declaratório cancelando o registro especial, no caso de improcedência ou falta de regularização da situação fiscal, dando ciência de sua decisão à empresa (Decreto-Lei nº 1.593, de 1977, art. 2º, § 3º, Lei nº 9.822, de 1999, art. 1º, e Medida Provisória nº 2.158-35, de 2001, art. 32).

§ 4º Será igualmente expedido ato declaratório cancelando o registro especial se decorrido o prazo previsto no § 2º sem qualquer manifestação da parte interessada (Decreto-Lei nº 1.593, de 1977, art. 2º, § 4º, Lei nº 9.822, de 1999, art. 1º, e Medida Provisória nº 2.158-35, de 2001, art. 32).

§ 5º O cancelamento da autorização ou sua ausência implica, sem prejuízo da exigência dos impostos e das contribuições devidos e da imposição de sanções previstas na legislação tributária e penal, apreensão do estoque de matérias-primas, produtos em elaboração, produtos acabados e materiais de embalagem, existente no estabelecimento (Decreto-Lei nº 1.593, de 1977, art. 2º, § 6º, Lei nº 9.822, de 1999, art. 1º, e Medida Provisória nº 2.158-35, de 2001, art. 32).

§ 6º O estoque apreendido na forma do § 5º poderá ser liberado se, no prazo de noventa dias, contados da data do cancelamento ou da constatação da falta de registro especial, for restabelecido ou concedido o registro, respectivamente (Decreto-Lei nº 1.593, de 1977, art. 2º, § 7º, Lei nº 9.822, de 1999, art. 1º, e Medida Provisória nº 2.158-35, de 2001, art. 32).

§ 7º Para fins de cancelamento do registro especial, a caracterização das práticas descritas nos incisos II e III do *caput* independerá da prova de regularidade fiscal da pessoa jurídica perante a Fazenda Nacional (Decreto-Lei nº 1.593, de 1977, art. 2º-A).

§ 8º Fica vedada a concessão de novo registro especial, pelo prazo de cinco anos-calendário, à pessoa jurídica que teve o registro especial cancelado conforme o disposto neste artigo (Decreto-Lei nº 1.593, de 1977, art. 2º-B, *caput*).

§ 9º A vedação de que trata o § 8º aplica-se, também, a pessoas jurídicas que tenham em seu quadro societário (Decreto-Lei nº 1.593, de 1977, art. 2º-B, parágrafo único):

I – pessoa física que tenha participado, na qualidade de sócio, diretor, gerente ou administrador, de pessoa jurídica que teve registro especial cancelado conforme o disposto neste artigo;

II – cônjuge, companheiro ou parente em linha reta ou colateral, por consanguinidade ou afinidade, até o terceiro grau, das pessoas físicas mencionadas no inciso I; ou

III – pessoa jurídica que teve registro especial cancelado conforme o disposto neste artigo.

§ 10. Ficam vedadas a produção e a importação de marcas de cigarros anteriormente comercializadas por fabricantes ou importadores que tiveram o registro especial cancelado conforme o disposto neste artigo (Decreto-Lei nº 1.593, de 1977, art. 2º-D, *caput*).

• §§ 7º a 10 acrescidos pelo Dec. nº 10.668, de 8-4-2021.

Art. 334. A ocorrência do disposto no inciso I do art. 584 caracteriza, ainda, hipótese de cancelamento do registro especial do estabelecimento industrial (Lei nº 11.488, de 2007, art. 30, § 2º).

Recurso

Art. 335. Do ato que indeferir o pedido de registro especial ou determinar o seu cancelamento caberá recurso ao Secretário da Receita Federal do Brasil, no prazo de trinta dias, contados da data em que o contribuinte tomar ciência do indeferimento ou da data de publicação do cancelamento, sendo definitiva a decisão na esfera administrativa (Decreto-Lei nº 1.593, de 1977, art. 1º, § 5º, e art. 2º, § 5º, e Medida Provisória nº 2.158-35, de 2001, art. 32).

Seção III

DOS PRODUTOS DO CAPÍTULO 22 DA TIPI

Art. 336. A Secretaria da Receita Federal do Brasil poderá exigir dos estabelecimentos industriais ou equiparados a industrial, em relação aos produtos do Capítulo 22 da TIPI, o registro especial a que se refere o art. 330, estabelecendo os seus requisitos, notadamente quanto à constituição da empresa em sociedade, seu capital mínimo e instalações industriais (Decreto-Lei nº 1.593, de 1977, art. 22).

Parágrafo único. Aos importadores dos produtos do Capítulo 22 da TIPI, relacionados em ato da Secretaria da Receita Federal do Brasil e sujeitos ao selo de controle, aplica-se o disposto no *caput* (Medida Provisória nº 2.158-35, de 2001, art. 58, *caput* e § 1º, inciso I).

Seção IV

DAS NORMAS COMPLEMENTARES

Art. 337. O registro especial de que trata o art. 330 poderá, também, ser exigido dos estabelecimentos que industrializarem ou importarem outros produtos, a serem especificados por meio de ato do Secretário da Receita Federal do Brasil (Decreto-Lei nº 1.593, de 1977, art. 1º, § 6º, e Medida Provisória nº 2.158-35, de 2001, art. 32).

Art. 338. As disposições relativas ao cancelamento de que trata o art. 333 aplicam-se também aos demais produtos cujos estabelecimentos produtores ou importadores estejam sujeitos a registro especial (Decreto-Lei nº 1.593, de 1977, art. 2º, § 9º, e Medida Provisória nº 2.158-35, de 2001, art. 32).

CAPÍTULO VI

DOS PRODUTOS DO CAPÍTULO 22 DA TIPI

Seção I

DA REMESSA DE BEBIDAS

Art. 339. As bebidas do Capítulo 22 da TIPI somente poderão ser remetidas ao comércio varejista, expostas à venda ou vendidas no varejo, acondicionadas em recipientes de capacidade máxima de um litro (Lei nº 4.502, de 1964, Anexo, Alínea V, Observação 2ª).

§ 1º Os recipientes, bem como as notas fiscais de remessa, indicarão a capacidade do continente.

§ 2º A norma aplica-se, também, às bebidas estrangeiras importadas a granel e reacondicionadas no País.

§ 3º Estão excluídas da prescrição de que trata o *caput*, além de outras que venham a ser objeto de autorização do Ministro de Estado da Fazenda, as bebidas das Posições 22.01 a 22.04, 22.06, 22.07, 22.09, e dos Códigos 2208.30 e 2208.90.00 Ex 01, da TIPI (Lei nº 4.502, de 1964, Anexo, Alínea V, Observação 3ª, e Decreto-Lei nº 400, de 1968, art. 3º).

§ 4º Aplica-se o disposto no § 3º às bebidas do Código 2208.40.00, exceto o rum e outras aguardentes provenientes do melaço de cana, nos termos, limites e condições definidos pela Secretaria da Receita Federal do Brasil (Lei nº 4.502, de 1964, Anexo, Alínea V, Observação 3ª, e Decreto-Lei nº 400, de 1968, art. 3º).

Art. 340. É vedado ao estabelecimento comercial varejista receber bebidas que se apresentem em desacordo com as determinações deste Capítulo.

Seção II

DA EXPORTAÇÃO

Art. 341. Na exportação dos produtos do Capítulo 22 da TIPI aplica-se o disposto nos arts. 343 e 346 (Decreto-Lei nº 1.593, de 1977, arts. 8º e 18, Lei nº 9.532, de 1997, art. 41, e Lei nº 10.833, de 2003, art. 40).

Seção III

DAS OUTRAS DISPOSIÇÕES

Art. 342. A Secretaria da Receita Federal do Brasil poderá instituir regimes especiais de controle para os produtos deste Capítulo.

CAPÍTULO VII

DOS PRODUTOS DO CAPÍTULO 24 DA TIPI

Seção I

DA EXPORTAÇÃO

Art. 343. A exportação dos produtos do Código 2402.20.00 da TIPI deverá ser feita pelo respectivo estabelecimento industrial, diretamente para o importador no exterior, admitindo-se, ainda (Decreto-Lei nº 1.593, de 1977, art. 8º):

I – a saída dos produtos para uso ou consumo de bordo em embarcações ou aeronaves de tráfego internacional, quando o pagamento for efetuado em moeda conversível (Decreto-Lei nº 1.593, de 1977, art. 8º, inciso I);

II – a saída, em operação de venda, diretamente para as lojas francas nos termos e condições estabelecidos pelo art. 15 do Decreto-Lei nº 1.455, de 1976 (Decreto-Lei nº 1.593, de 1977, art. 8º, inciso II, e Lei nº 11.371, de 2006, art. 13); e

III – a saída, em operação de venda a empresa comercial exportadora, com o fim específico de exportação, diretamente para embarque de exportação ou para recintos alfandegados, por conta e ordem da empresa comercial exportadora (Lei nº 9.532, de 1997, art. 39, *caput* e § 2º).

Parágrafo único. O Secretário da Receita Federal do Brasil poderá expedir normas complementares para o controle da saída desses produtos e de seu trânsito fora do estabelecimento industrial (Decreto-Lei nº 1.593, de 1977, art. 8º, parágrafo único).

Art. 344. Os cigarros destinados à exportação não poderão ser vendidos nem expostos à venda no País e deverão ser marcados, nas embalagens de cada maço ou carteira, pelos equipamentos de que trata o art. 378, com códigos que possibilitem identificar a sua legítima origem e reprimir a introdução clandestina desses produtos no território nacional (Decreto-Lei nº 1.593, de 1977, art. 12).

• *Caput* com a redação dada pelo Dec. nº 10.668, de 8-4-2021.

§ 1º As embalagens de apresentação dos cigarros destinados a países da América do Sul e América Central, inclusive Caribe, deverão conter, sem prejuízo da exigência de que trata o *caput*, a expressão "Somente para exportação – proibida a venda no Brasil", admitida sua substituição por dizeres com exata correspondência em outro idioma (Decreto-Lei nº 1.593, de 1977, art. 12, § 1º, e Medida Provisória nº 2.158-35, de 2001, art. 32).

§ 2º O disposto no § 1º também se aplica às embalagens destinadas a venda, para consumo ou revenda, em embarcações ou aeronaves em tráfego internacional, inclusive por meio de *ship's chandler* (Decreto-Lei nº 1.593, de 1977, art. 12, § 2º, e Medida Provisória nº 2.158-35, de 2001, art. 32).

§ 3º As disposições relativas à rotulagem ou marcação de produtos de que tratam os arts. 273, 275, 276, 278 e o parágrafo único do art. 357, não se aplicam aos cigarros destinados à exportação (Decreto-Lei nº 1.593, de 1977, art. 12, § 3º, e Medida Provisória nº 2.158-35, de 2001, art. 32).

§ 4º O disposto neste artigo não exclui as exigências referentes a selo de controle (Decreto-Lei nº 1.593, de 1977, art. 12, § 4º, e Medida Provisória nº 2.158-35, de 2001, art. 32).

§ 5º A Secretaria da Receita Federal do Brasil poderá, na forma, condições e prazos por ela estabelecidos, dispensar a aplicação do disposto nos §§ 1º e 4º, desde que (Decreto-Lei nº 1.593, de 1977, art. 12, e Lei nº 12.402, de 2011, art. 7º):

I – a dispensa seja necessária para atender às exigências do mercado estrangeiro importador;

II – o importador no exterior seja pessoa jurídica vinculada ao estabelecimento industrial, conforme o disposto no art. 23 da Lei nº 9.430, de 27 de dezembro de 1996; e

III – seja comprovada pelo estabelecimento industrial, mediante documentação hábil e idônea, a importação dos cigarros no país de destino.

§ 6º As exportações de cigarros autorizadas pela Secretaria da Receita Federal do Brasil, na forma do § 5º, ficam isentas do Imposto de Exportação (Decreto-Lei nº 1.593, de 1977, art. 12, e Lei nº 12.402, de 2011, art. 7º).

• §§ 5º e 6º acrescidos pelo Dec. nº 7.990, de 24-4-2013.

Art. 345. A exportação de cigarros será precedida de verificação fiscal, segundo normas expedidas pelo Secretário da Receita Federal do Brasil.

Art. 346. Consideram-se como produtos estrangeiros introduzidos clandestinamente no território nacional, para todos os efeitos legais, os cigarros nacionais destinados à exportação que forem encontrados no País, salvo se em trânsito, diretamente entre o estabelecimento industrial e os destinos referidos no art. 343, desde que observadas as formalidades previstas para cada operação (Decreto-Lei nº 1.593, de 1977, art. 18, e Lei nº 10.833, de 2003, art. 40).

Art. 347. Ressalvadas as operações realizadas pelas empresas comerciais exportadoras, de que trata o Decreto-Lei nº 1.248, de 29 de novembro de 1972, a exportação de tabaco em folhas só poderá ser feita pelas firmas registradas, na forma do art. 330, para a atividade de beneficiamento do produto, atendidas ainda as instruções expedidas pelo Secretário da Receita Federal do Brasil e pela Secretaria de Comércio Exterior do Ministério do Desenvolvimento, Indústria e Comércio Exterior (Decreto-Lei nº 1.593, de 1977, art. 9º).

Seção II

DA IMPORTAÇÃO

Art. 348. A importação de cigarros e cigarrilhas dos Códigos 2402.20.00 e 2402.10.00 da TIPI, respectivamente, está sujeita ao cumprimento das normas previstas neste Regulamento, sem prejuízo de outras exigências, inclusive quanto à comercialização do produto previstas em legislação específica (Lei nº 9.532, de 1997, art. 45, e Lei nº 12.402, de 2011, art. 6º).

• Artigo com a redação dada pelo Dec. nº 7.990, de 24-4-2013.

Art. 349. O importador deverá requerer, à unidade da Secretaria da Receita Federal do Brasil de sua jurisdição, o fornecimento dos selos de controle de que trata o art. 284, devendo, no requerimento, prestar as seguintes informações (Lei nº 9.532, de 1997, art. 48):

I – nome e endereço do fabricante no exterior (Lei nº 9.532, de 1997, art. 48, inciso I);

II – quantidade, marca comercial e características físicas do produto a ser importado (Lei nº 9.532, de 1997, art. 48, *caput*, inciso II); e

III – preço de venda a varejo pelo qual será feita a comercialização do produto no Brasil (Lei nº 9.532, de 1997, art. 48, *caput*, inciso III, e Lei nº 12.402, de 2011, art. 8º).

• Incisos II e III com a redação dada pelo Dec. nº 7.990, de 24-4-2013.

Art. 350. A Secretaria da Receita Federal do Brasil, com base nos dados do registro especial de que trata o parágrafo único do art. 330, nas informações prestadas pelo importador, nas normas de enquadramento em classes de valor aplicáveis aos produtos de fabricação nacional e diante da apresentação do requerimento de que trata o art. 349, deverá (Lei nº 9.532, de 1997, art. 49):

I – se aceito o requerimento, divulgar, por meio do *Diário Oficial da União*, a identificação do importador, a marca comercial e características do produto, o preço de venda a varejo, a quantidade autorizada de vintenas e o valor unitário e a cor dos respectivos selos de controle (Lei nº 9.532, de 1997, art. 49, inciso I); ou

II – se não aceito o requerimento, comunicar o fato ao requerente, fundamentando as razões da não aceitação (Lei nº 9.532, de 1997, art. 49, inciso II).

Art. 351. O importador, após a divulgação de que trata o inciso I do art. 350, terá o prazo de quinze dias para efetuar o pagamento dos selos e, posteriormente, retirá-los na Secretaria da Receita Federal do Brasil nos termos do art. 296(Lei nº 9.532, de 1997, art. 49, § 2º).

Parágrafo único. Descumprido o prazo previsto neste artigo, ficará sem efeito a autorização de que trata o art. 350 (Lei nº 9.532, de 1997, art. 49, § 5º).

Art. 352. O importador terá o prazo de noventa dias a partir da data de fornecimento do selo de controle para efetuar o registro da declaração de importação (Lei nº 9.532, de 1997, art. 49, § 6º).

Art. 353. No desembaraço aduaneiro dos cigarros e cigarrilhas importados do exterior, deverão ser observados (Lei nº 9.532, de 1997, art. 50, e Lei nº 12.402, de 2011, art. 6º):

• *Caput* com a redação dada pelo Dec. nº 7.990, de 24-4-2013.

I – se os produtos importados correspondem à marca comercial divulgada e se estão devidamente selados (Lei nº 9.532, de 1997, arts. 50, inciso I, e 52, Lei nº 10.637, de 2002, art. 51, e Lei nº 12.402, de 2011, art. 8º).

II – se a quantidade de produtos importada corresponde à quantidade autorizada (Lei nº 9.532, de 1997, art. 50, *caput*, inciso II); e

- Incisos I e II com a redação dada pelo Dec. nº 7.990, de 24-4-2013.

III – se na embalagem dos produtos constam, em língua portuguesa, todas as informações exigidas para os produtos de fabricação nacional (Lei nº 9.532, de 1997, art. 50, inciso III).

Art. 354. É vedada a importação de cigarros de marca que não seja comercializada no país de origem (Lei nº 9.532, de 1997, art. 46).

Seção III

DAS OUTRAS DISPOSIÇÕES

Acondicionamento

Art. 355. A comercialização de cigarros no País, inclusive a sua exposição à venda, será feita exclusivamente em maços, carteiras ou em outro recipiente, que contenham vinte unidades (Decreto-Lei nº 1.593, de 1977, art. 6º, e Lei nº 9.532, de 1997, art. 44).

Art. 356. Os estabelecimentos industriais de cigarros, cigarrilhas e charutos mencionarão, nos rótulos desses produtos, a quantidade contida em cada maço, carteira, lata ou caixa.

Art. 357. Sem prejuízo das exigências determinadas pelos órgãos federais competentes, a embalagem comercial dos cigarros conterá as seguintes informações (Decreto-Lei nº 1.593, de 1977, art. 6º-A, Lei nº 9.822, de 1999, art. 2º, e Lei nº 12.402, de 2011, art. 10, *caput*, inciso III):

- *Caput* redação dada pelo Dec. nº 7.990, de 24-4-2013.

I – identificação do importador, em idioma nacional, no caso de produto importado; e

II – código de barras, no padrão estabelecido pela Secretaria da Receita Federal do Brasil, incluindo, no mínimo, informações da marca comercial e do tipo de embalagem, no caso de produto nacional (Decreto-Lei nº 1.593, de 1977, art. 6º-A, parágrafo único, e Medida Provisória nº 2.158-35, de 2001, art. 32).

- Incisos I e II com a redação dada pelo Dec. nº 7.990, de 24-4-2013.

Parágrafo único. *Revogado.* Dec. nº 7.990, de 24-4-2013.

Art. 358. Os fabricantes de charutos aplicarão, em cada unidade, um anel-etiqueta que indique a sua firma e a situação do estabelecimento industrial, a marca do produto e o número de inscrição, da firma, no CNPJ.

Parágrafo único. Se os produtos estiverem acondicionados em caixas ou em outro recipiente e assim forem entregues a consumo, bastará a indicação no anel-etiqueta do número no CNPJ e da marca fabril registrada.

Art. 359. Os maços, pacotes, carteiras, caixas, latas, potes e quaisquer outros envoltórios ou recipientes que contenham charutos, cigarros, cigarrilhas e fumo desfiado, picado, migado ou em pó, só poderão sair das respectivas fábricas ou ser importados se estiverem fechados por meio de cola ou substância congênere, compressão mecânica (empacotamento mecânico), solda ou processos semelhantes.

Art. 360. O Ministro de Estado da Fazenda poderá expedir instruções sobre a marcação dos volumes de tabaco em folha (Decreto-Lei nº 1.593, de 1977, art. 7º).

Fumo em Folhas

Art. 361. Ressalvado o caso de exportação, o fumo em folhas tratadas, com ou sem talo, aparadas ou não, mesmo cortadas em forma regular, da Posição 24.01 da TIPI, somente será vendido a estabelecimento industrial de charutos, cigarros, cigarrilhas e de fumo desfiado, picado, migado ou em pó, podendo a Secretaria da Receita Federal do Brasil exigir, para essa operação, os meios de controle que julgar necessários (Lei nº 4.502, de 1964, Anexo, Alínea VII, Observação 17ª, e Decreto-Lei nº 34, de 1966, art. 2º, alteração 29ª).

Art. 362. Nas operações realizadas no mercado interno, o tabaco em folha total ou parcialmente destalado só poderá ser remetido a estabelecimento industrial de charutos, cigarros, cigarrilhas ou de fumo desfiado, picado, migado, em pó, em rolo ou em corda, admitida, ainda, a sua comercialização entre estabelecimentos que exerçam a atividade de beneficiamento e acondicionamento por enfardamento (Decreto-Lei nº 1.593, de 1977, art. 3º, e Lei nº 11.452, de 2007, art. 11).

Art. 363. O tabaco em folha, beneficiado e acondicionado por enfardamento, poderá ser conservado em depósito dos estabelecimentos registrados ou, à sua ordem, em armazéns-gerais.

Art. 364. Será admitida a remessa de tabaco em folha, por estabelecimento registrado, a laboratórios, fabricantes de máquinas, e semelhantes, nas quantidades mínimas necessárias à realização de testes ou pesquisas tecnológicas.

Industrialização em Estabelecimentos de Terceiros

Art. 365. É proibida a fabricação, em estabelecimento de terceiros, dos produtos do Código 2402.20.00 da TIPI (Lei nº 10.637, de 2002, art. 53).

Parágrafo único. Aos estabelecimentos que receberem ou tiverem em seu poder matéria-prima, produto intermediário ou material de embalagem para a fabricação de cigarros para terceiros, aplica-se o disposto no inciso III do art. 582. (Lei nº 10.637, de 2002, art. 53, parágrafo único).

Coleta de Carteiras e Selos Usados

Art. 366. É vedada aos fabricantes dos cigarros do Código 2402.20.00 da TIPI a coleta, para qualquer fim, de carteiras de cigarros vazias ou selos de controle já utilizados (Decreto-Lei nº 1.593, de 1977, art. 13).

Papel para Cigarros

Art. 367. O papel para cigarros, em bobinas, somente poderá ser vendido, no mercado interno, a estabelecimento industrial fabricante de cigarros classificados no Código 2402.20.00 da TIPI, ou mortalhas (Lei nº 10.637, de 2002, art. 54, eLei nº 10.833, de 2003, art. 41).

§ 1º Os fabricantes e os importadores do papel de que trata o *caput* deverão (Lei nº 10.637, de 2002, art. 54, § 1º, e Lei nº 10.833, de 2003, art. 41):

I – exigir do estabelecimento industrial fabricante de cigarros a comprovação, no ato da venda, de que possui o registro especial de que trata o art. 330; e

II – prestar informações acerca da comercialização de papel para industrialização de cigarros, nos termos definidos pela Secretaria da Receita Federal do Brasil.

§ 2º O disposto no inciso I do § 1º não se aplica aos fabricantes de cigarros classificados no Ex 01 do Código 2402.20.00 da TIPI (Lei nº 10.637, de 2002, art. 54, § 2º, e Lei nº 10.833, de 2003, art. 41).

Diferenças de Estoque

Art. 368. Ressalvadas as quebras apuradas pelo Auditor-Fiscal da Receita Federal do Brasil e as faltas comprovadamente resultantes de furto, roubo, incêndio ou avaria, a diferença de estoque do tabaco em folha, verificada à vista dos livros e documentos fiscais do estabelecimento do beneficiador registrado de acordo com o art. 330, será considerada, nas quantidades correspondentes (Decreto-Lei nº 1.593, de 1977, art. 17):

I – falta, como saída de produto beneficiado pelo estabelecimento sem emissão de nota fiscal; ou

II – excesso, como aquisição do tabaco em folha ao produtor sem comprovação da origem.

CAPÍTULO VIII
DOS PRODUTOS DOS CAPÍTULOS 71 E 91 DA TIPI

Caracterização dos Produtos

Art. 369. Os estabelecimentos industriais e os que lhes são equiparados, ao darem saída a produtos classificados nas Posições 71.01 a 71.16, aos relógios de pulso, de bolso e semelhantes, com caixa de metais preciosos ou de metais chapeados de metais preciosos da Posição 91.01, e nos Códigos 9113.10.00 e 9113.90.00 (este último, somente de pedras preciosas ou semipreciosas ou de pedras sintéticas ou reconstituídas e de pérolas naturais) da TIPI, discriminarão na nota fiscal os produtos pelos seus principais componentes e características, conforme o caso, tais como ouro, prata e platina, espécie e quantidade das pedras, quantidades de quilates e pontos das pedras preciosas, peso total do produto por unidade, marca, tipo, modelo e número de fabricação, e a marcação prevista no Capítulo II do Título VIII – Das Obrigações Acessórias.

Parágrafo único. Considera-se o produto não identificado com o descrito na nota fiscal quando esta não contiver as especificações referidas neste artigo.

Viajantes e Representantes

Art. 370. Os viajantes e representantes de firmas, que transportarem os produtos de que trata este Capítulo, estão sujeitos às normas dos arts. 479 a 481.

Parágrafo único. O disposto no *caput* não se aplica aos que conduzirem apenas mostruário constituído de uma só peça de cada produto, não destinado a venda, exigida, de qualquer forma, a emissão de nota fiscal, com destaque do imposto.

Saída para Demonstração

Art. 371. Na saída dos produtos destinados a vitrinas isoladas, desfiles e outras demonstrações públicas, será destacado, na respectiva nota fiscal, o imposto, atendido ao que dispõe o inciso I do art. 195.

Aquisição de Produtos Usados

Art. 372. Os estabelecimentos que adquirirem, de particulares, produtos usados, assim compreendidos também os recebidos em troca ou como parte de pagamento de outros, exigirão recibo do vendedor ou transmitente, de que constem o seu nome e endereço, número de inscrição no Cadastro de Pessoas Físicas – CPF, do Ministério da Fazenda, o número e nome da repartição expedidora de sua carteira de identidade, bem como a descrição minuciosa e o preço ou valor de cada objeto.

CAPÍTULO IX
DOS CONTROLES DE VAZÃO E DE PRODUÇÃO

Seção I
DOS MEDIDORES DE VAZÃO E CONDUTIVÍMETROS

Art. 373. Os estabelecimentos industriais dos produtos classificados nas Posições 22.02 e 22.03 da TIPI ficam sujeitos à instalação de equipamentos medidores de vazão e condutivímetros, bem como de aparelhos para o controle, registro e gravação dos quantitativos medidos, na forma, condições e prazos estabelecidos pela Secretaria da Receita Federal do Brasil (Medida Provisória nº 2.158-35, de 2001, art. 36).

§ 1º A Secretaria da Receita Federal do Brasil poderá (Medida Provisória nº 2.158-35, de 2001, art. 36, § 1º):

I – credenciar, mediante convênio, órgãos oficiais especializados e entidades de âmbito nacional representativas dos fabricantes de bebidas, que ficarão responsáveis pela contratação, supervisão e homologação dos serviços de instalação, aferição, manutenção e reparação dos equipamentos; e

II – dispensar a instalação dos equipamentos previstos neste artigo, em função de limites de produção ou faturamento que fixar.

§ 2º No caso de inoperância de qualquer dos equipamentos previstos neste artigo, o contribuinte deverá comunicar a ocorrência à unidade da Secretaria da Receita Federal do Brasil com jurisdição sobre seu domicílio fiscal, no prazo de vinte e quatro horas, devendo manter controle do volume de produção enquanto perdurar a interrupção (Medida Provisória nº 2.158-35, de 2001, art. 36, § 2º).

§ 3º Aplica-se aos equipamentos e aparelhos referidos neste artigo o disposto no art. 380 (Lei nº 11.488, de 2007, art. 29, § 2º).

Art. 374. O estabelecimento industrial das bebidas sujeitas ao regime de tributação pelo imposto de que trata o art. 200, deverá apresentar, em meio magnético, nos prazos, modelos e condições estabelecidos pela Secretaria da Receita Federal do Brasil (Medida Provisória nº 2.158-35, de 2001, art. 37):

I – quadro resumo dos registros dos medidores de vazão e dos condutivímetros, a partir da data de entrada em operação dos equipamentos; e

II – demonstrativo da apuração do IPI.

Art. 375. O disposto nos arts. 373 e 374 aplica-se aos estabelecimentos envasadores ou industriais fabricantes dos produtos classificados na Posição 22.01 da TIPI (Lei nº 11.051, de 2004, art. 5º).

Seção II
DO CONTROLE DA PRODUÇÃO

Subseção I
DOS PRODUTOS DOS CÓDIGOS 21.06.90.10 EX 02, 22.01, 22.02 E 22.03

Art. 376. Os estabelecimentos que industrializam os produtos de que trata o art. 222 ficam obrigados a instalar equipamentos contadores de produção, que possibilitem, ainda, a identificação do tipo de produto, de embalagem e sua marca comercial, aplicando-se, no que couber, as disposições contidas nos arts. 378, 379, 380, no inciso VI do art. 581, e no art. 584 (Lei nº 10.833, de 2003, art. 58-T, e Lei nº 11.827, de 2008, art. 1º).

Parágrafo único. A Secretaria da Receita Federal do Brasil estabelecerá a forma, os limites, as condições e os prazos para a aplicação da obrigatoriedade de que trata o *caput*, sem prejuízo do disposto no art. 373 (Lei nº 10.833, de 2003, art. 58-T, § 1º, e Lei nº 11.827, de 2008, art. 1º).

Art. 376-A. A Secretaria Especial da Receita Federal do Brasil do Ministério da Economia poderá exigir a aplicação do disposto no art. 376 aos estabelecimentos envasadores ou industriais fabricantes de outras bebidas classificadas no Capítulo 22 da TIPI não mencionadas no art. 222 (Lei nº 12.469, de 26 de agosto de 2011, art. 6º).

Taxa pela utilização dos equipamentos contadores de produção

Art. 376-B. É devida a taxa de R$ 0,03 (três centavos de real) por unidade de embalagem de bebida controlada pelos equipamentos contadores de produção de que trata o art. 376 (Lei nº 12.995, de 2014, art. 13, *caput*, inciso II).

§ 1º São contribuintes da taxa de que trata este artigo as pessoas jurídicas obrigadas pela Secretaria Especial da Receita Federal do Brasil do Ministério da Economia à utilização dos equipamentos referidos no *caput* (Lei nº 12.995, de 2014, art. 13, § 1º).

§ 2º A taxa de que trata este artigo deverá ser recolhida em estabelecimento bancário integrante da rede arrecadadora de receitas federais, por meio de DARF, até o vigésimo quinto dia do mês, em relação aos produtos controlados pelos equipamentos contadores de produção no mês anterior (Lei nº 12.995, de 2014, art. 13, § 4º, inciso II).

§ 3º O não recolhimento dos valores devidos por três meses ou mais, consecutivos ou alternados, no período de doze meses, implicará a interrupção, pela Casa da Moeda do Brasil, da manutenção preventiva e corretiva dos equipamentos contadores de produção, o que caracterizará prática prejudicial ao seu normal funcionamento, sem prejuízo da aplicação da penalidade de que trata o art. 584 (Lei nº 12.995, de 2014, art. 13, § 7º).

§ 4º A Secretaria Especial da Receita Federal do Brasil do Ministério da Economia poderá editar normas complementares para a aplicação do disposto neste artigo (Lei nº 12.995, art. 13, § 8º).

- Arts. 376-A e 376-B acrescidos pelo Dec. nº 10.668, de 8-4-2021.

Subseção II

DO ÁLCOOL

Art. 377. Os produtores de álcool, inclusive para fins carburantes, ficam obrigados à instalação de equipamentos de controle de produção nos termos, condições e prazos estabelecidos pela Secretaria da Receita Federal do Brasil (Lei nº11.727, de 2008, art. 13).

§ 1º A Secretaria da Receita Federal do Brasil poderá dispensar a instalação dos equipamentos previstos no *caput*, em função de limites de produção ou faturamento que fixar (Lei nº 11.727, de 2008, art. 13, § 1º).

§ 2º No caso de inoperância de qualquer dos equipamentos previstos no *caput*, o produtor deverá comunicar a ocorrência à unidade da Secretaria da Receita Federal do Brasil com jurisdição sobre seu domicílio fiscal, no prazo de vinte e quatro horas, devendo manter controle do volume de produção enquanto perdurar a interrupção (Lei nº 11.727, de 2008, art. 13, § 2º).

Seção III

DO CONTROLE E RASTREAMENTO DA PRODUÇÃO DE CIGARROS

Art. 378. Os estabelecimentos industriais fabricantes de cigarros e cigarrilhas dos Códigos 2402.20.00, excetuados os classificados no Ex 01, e 2402.10.00 da TIPI, respectivamente, estão obrigados à instalação de contadores de produção e de aparelhos para o controle, registro, gravação e transmissão dos quantitativos medidos, na forma, condições e prazos estabelecidos pela Secretaria da Receita Federal do Brasil (Lei nº 11.488, de 2007, art. 27, e Lei nº 12.402, de 2011, art. 5º, parágrafo único).

- *Caput* com a redação dada pelo Dec. nº 7.990, de 24-4-2013.

§ 1º Os equipamentos de que trata o *caput* deverão possibilitar, ainda, o controle e o rastreamento dos produtos em todo o território nacional e a correta utilização do selo de controle de que trata o art. 284, com o fim de identificar a legítima origem e reprimir a produção e importação ilegais, bem como a comercialização de contrafações (Lei nº 11.488, de 2007, art. 27, § 1º).

§ 2º No caso de inoperância de qualquer dos equipamentos previstos neste artigo, o contribuinte deverá comunicar a ocorrência no prazo de vinte e quatro horas, devendo manter o controle do volume de produção, enquanto perdurar a interrupção, na forma estabelecida pela Secretaria da Receita Federal do Brasil (Lei nº 11.488, de 2007, art. 27, § 2º).

§ 3º A falta de comunicação referida no § 2º ensejará a aplicação da multa de que trata o inciso VI do art. 581 (Lei nº 11.488, de 2007, art. 27, § 3º).

Art. 379. Os equipamentos contadores de produção de que trata o art. 378 deverão ser instalados em todas as linhas de produção existentes nos estabelecimentos industriais fabricantes de cigarros e cigarrilhas, em local correspondente ao da aplicação do selo de controle de que trata o art. 284, observado o disposto no § 2º do art. 290 (Lei nº 11.488, de 2007, art. 28, *caput* e § 1º, e Lei nº 12.402, de 2011, art. 5º, parágrafo único).

- *Caput* com a redação dada pelo Dec. nº 7.990, de 24-4-2013.

§§ 1º a 3º *Revogados.* Dec. nº 10.668, de 8-4-2021.

Parágrafo único. Cabe à Casa da Moeda do Brasil a responsabilidade pela integração, instalação e manutenção preventiva e corretiva de todos os equipamentos de que trata o art. 378, sob supervisão e acompanhamento da Secretaria da Receita Federal do Brasil do Ministério da Economia, e observância aos requisitos de segurança e controle fiscal por ela estabelecidos (Lei nº 11.488, de 2007, art. 28, § 2º).

- Parágrafo único acrescido pelo Dec. nº 10.668, de 8-4-2021.

Art. 380. Os equipamentos de que trata o art. 378, em condições normais de operação, deverão permanecer inacessíveis para ações de configuração ou para interação manual direta com o fabricante, mediante utilização de lacre de segurança, nos termos e condições estabelecidos pela Secretaria da Receita Federal do Brasil (Lei nº 11.488, de 2007, art. 29).

Parágrafo único. O lacre de segurança de que trata o *caput* será confeccionado pela Casa da Moeda do Brasil e deverá ser provido de proteção adequada para suportar as condições de umidade, temperatura, substâncias corrosivas, esforço mecânico e fadiga (Lei nº 11.488, de 2007, art. 29, § 1º).

Seção III-A

DA TAXA DEVIDA POR CONTROLE E RASTREAMENTO DA PRODUÇÃO DE CIGARROS

- Seção III-A acrescida pelo Dec. nº 10.668, de 8-4-2021.

Art. 380-A. É devida a taxa de R$ 0,05 (cinco centavos de real) por carteira de cigarros controlada pelos equipamentos contadores de produção de que trata o art. 378 (Lei nº 12.995, de 2014, art. 13, § 2º, inciso III).

Parágrafo único. São contribuintes da taxa de que trata este artigo as pessoas jurídicas obrigadas pela Secretaria Especial da Receita Federal do Brasil do Ministério da Economia à utilização dos equipamentos referidos no *caput*, observado o disposto nos § 2º ao § 4º do art. 376-B (Lei nº 12.995, de 2014, art. 13, § 1º, § 4º, inciso II, § 5º, § 7º).

- Art. 380-A acrescido pelo Dec. nº 10.668, de 8-4-2021.

Seção IV

DAS OUTRAS DISPOSIÇÕES

Art. 381. O disposto no art. 380 também se aplica aos medidores de vazão, condutivímetros e demais equipamentos de controle de produção exigidos em lei (Lei nº 11.488, de 2007, art. 29, § 2º).

Seção V

DA ROTULAGEM DAS EMBALAGENS DE PAPEL DESTINADO À IMPRESSÃO DE LIVROS E PERIÓDICOS

- Seção V acrescida pelo Dec. nº 10.668, de 8-4-2021.

Art. 381-A. As embalagens de papel destinado à impressão de livros e periódicos deverão ser rotuladas com a expressão "Papel imune" para identificação e controle fiscal do produto, de acordo com as características e os prazos estabelecidos pela Secretaria Especial da Receita Federal do Brasil do Ministério da Economia (Lei nº 12.649, de 2012, art. 2º, *caput*).

Parágrafo único. A exigência a que se refere o *caput*:

I – deverá ser cumprida por fabricantes, importadores e comerciantes de papel detentores do registro especial de que trata o art. 328 (Lei nº 12.649, de 2012, art. 2º, § 1º); e

II – não afastará a obrigação de cumprir as medidas de controle previstas nos art. 273 ao art. 276, no art. 278 e no art. 328.

Art. 381-B. O descumprimento da exigência de que trata o art. 381-A acarretará o não reconhecimento da destinação do papel à impressão de livros e periódicos e sujeitará o estabelecimento infrator à exigência do imposto nos termos do disposto no § 4º do art. 18 (Lei nº 12.649, de 2012, art. 2º, § 2º).

Parágrafo único. A Secretaria Especial da Receita Federal do Brasil do Ministério da Economia poderá editar normas complementares para a aplicação do disposto nesta Seção.

- Arts. 381-A e 381-B acrescidos pelo Dec. nº 10.668, de 8-4-2021.

CAPÍTULO X

DO DOCUMENTÁRIO FISCAL

Seção I

DAS DISPOSIÇÕES GERAIS

Modelos

Art. 382. O documentário fiscal obedecerá aos modelos anexos a este Regulamento, bem como àqueles aprovados ou que vierem a ser aprovados pelo Ministro de Estado da Fazenda, em atos administrativos ou em convênio com as unidades federadas (Lei nº 4.502, de 1964, arts. 48 e 56, § 1º, e Decreto-Lei nº 400, de 1968, art. 17).

Normas de Escrituração

Art. 383. Os livros, os documentos que servirem de base à sua escrituração e demais elementos compreendidos no documentário fiscal serão escriturados ou emitidos em ordem cronológica, sem rasuras ou emendas, e conservados no próprio estabelecimento para exibição aos agentes do Fisco, até que ocorra a prescrição dos créditos tributários decorrentes das operações a que se refiram (Lei nº 5.172, de 1966, art. 195, e Lei nº 4.502, de 1964, arts. 57, § 1º, e 58).

Autonomia dos Estabelecimentos

Art. 384. Cada estabelecimento, seja matriz, sucursal, filial, agência, depósito ou qualquer outro, manterá o seu próprio documentário, vedada, sob qualquer pretexto, a sua centralização, ainda que no estabelecimento matriz (Lei nº 4.502, de 1964, art. 57).

Unidades-Padrão

Art. 385. Na emissão dos documentos e na escrituração dos livros fiscais, os contribuintes poderão utilizar as unidades usuais de medida que mais se ajustarem às diversas espécies de mercadorias, devendo, contudo, ser a quantidade expressa na unidade-padrão do produto, no preenchimento do documento de informação de quantitativos instituído pela Secretaria da Receita Federal do Brasil.

Parágrafo único. A Secretaria da Receita Federal do Brasil estabelecerá as unidades-padrão dos produtos, identificados pelos seus respectivos Códigos da TIPI.

Elementos Subsidiários

Art. 386. Constituem elementos subsidiários da escrita fiscal, os livros da escrita geral, as faturas e as notas fiscais recebidas, os documentos mantidos em arquivos magnéticos ou assemelhados, e outros efeitos comerciais, inclusive aqueles que, mesmo pertencendo ao arquivo de terceiros, se relacionarem com o movimento escriturado (Lei nº 4.502, de 1964, art. 56, § 4º, e Lei nº 9.430, de 1996, art. 34).

Regimes Especiais

Art. 387. A Secretaria da Receita Federal do Brasil poderá autorizar a adoção de regimes especiais para a emissão e escrituração de documentos e livros fiscais, emitidos por processo manual, mecânico ou por sistema de processamento eletrônico de dados.

Processamento Eletrônico de Dados

Art. 388. A emissão de documentos fiscais e a escrituração de livros fiscais por contribuinte usuário de sistema de processamento eletrônico de dados dependem de prévia autorização do Fisco estadual, na forma disposta em legislação específica, exceto quanto aos livros de que tratam os arts. 468 e 478.

Art. 389. As pessoas jurídicas que utilizam sistema de processamento eletrônico de dados para registrar negócios e atividades econômicas ou financeiras, escriturar livros ou elaborar documentos de natureza contábil ou fiscal ficam obrigadas a manter, à disposição da Secretaria da Receita Federal do Brasil, os respectivos arquivos digitais e sistemas, pelo prazo decadencial previsto na legislação tributária (Lei nº 5.172, de 1966, art. 195, Lei nº 8.218, de 1991, art. 11, e Medida Provisória nº 2.158-35, de 2001, art. 72).

§ 1º A Secretaria da Receita Federal do Brasil poderá estabelecer prazo inferior ao previsto no *caput*, que poderá ser diferenciado segundo o porte da pessoa jurídica (Lei nº 8.218, de 1991, art. 11, e Medida Provisória nº 2.158-35, de 2001, art. 72, § 1º).

§ 2º A Secretaria da Receita Federal do Brasil expedirá os atos necessários para estabelecer a forma e o prazo em que os arquivos digitais e sistemas deverão ser apresentados (Lei nº 8.218, de 1991, art. 11, § 2º, Lei nº 8.383, de 1991, art. 62, e Medida Provisória nº 2.158-35, de 2001, art. 72, § 3º).

§ 3º Os atos a que se refere o § 2º poderão ser expedidos por autoridade designada pelo Secretário da Receita Federal do Brasil (Lei nº 8.218, de 1991, art. 11, § 4º, e Medida Provisória nº 2.158-35, de 2001, art. 72).

Atribuições de Competência

Art. 390. As referências feitas neste Capítulo à legislação ou aos Fiscos estaduais compreendem também a legislação e o Fisco do Distrito Federal.

Ajustes SINIEF

Art. 391. São normas complementares deste Capítulo, o Convênio Sistema Nacional Integrado de Informações Econômico-Fiscais – SINIEF S/Nº, de 15 de dezembro de 1970, e os ajustes SINIEF editados para alterá-lo, quanto ao documentário fiscal do imposto (Lei nº 5.172, de 1966, art. 100, inciso IV).

Seção II

DOS DOCUMENTOS FISCAIS

Subseção I

DAS DISPOSIÇÕES PRELIMINARES

Modelos e Normas de Utilização

Art. 392. Os estabelecimentos emitirão os seguintes documentos, conforme a natureza de suas atividades:

I – Nota Fiscal, modelos 1 ou 1-A;

II – Documento de Arrecadação;

III – Declaração do Imposto; e

IV – Documento de Prestação de Informações Adicionais de interesse da administração tributária.

§ 1º À nota fiscal, modelos 1 ou 1-A, aplica-se o disposto no art. 382.

§ 2º Os documentos referidos nos incisos II a IV atenderão aos modelos e instruções expedidos pela Secretaria da Receita Federal do Brasil.

Art. 393. Os documentos mencionados no art. 392 serão preenchidos manual, mecanicamente ou por processamento eletrônico de dados, desde que obedecidas as legislações específicas, ficando vedado o preenchimento manual para os documentos mencionados nos incisos III e IV do referido artigo.

Inidoneidade dos Documentos

Art. 394. É considerado inidôneo, para os efeitos fiscais, fazendo prova apenas em favor do Fisco, sem prejuízo do disposto no art. 427, o documento que:

I – não seja o legalmente previsto para a operação;

II – omita indicações exigidas ou contenha declarações inexatas;

III – esteja preenchido de forma ilegível ou apresente emendas ou rasuras que lhe prejudiquem a clareza; ou

IV – não observe outros requisitos previstos neste Regulamento.

Carta de Correção

Art. 395. É permitida a utilização de carta de correção, para regularização de erro ocorrido na emissão de documento fiscal, desde que o erro não esteja relacionado com:

I – as variáveis que determinam o valor do imposto, tais como: base de cálculo, alíquota, diferença de preço, quantidade, valor da operação ou da prestação;

II – a correção de dados cadastrais que implique mudança do remetente ou do destinatário; e

III – a data de emissão ou de saída.

Subseção II

DA NOTA FISCAL

Art. 396. Os estabelecimentos emitirão a nota fiscal, modelos 1 ou 1-A:

I – sempre que promoverem a saída de produtos;

II – sempre que, no estabelecimento, entrarem produtos, real ou simbolicamente, nas hipóteses do art. 434; e

III – nos demais casos previstos neste Regulamento.

Art. 397. É vedada a utilização simultânea dos modelos 1 e 1-A da nota fiscal, salvo quando adotadas séries distintas, nos termos do arts. 405 e 406.

Art. 398. Na nota fiscal é permitido:

I – acrescentar indicações relativas ao controle de outros tributos, desde que não contrariem a legislação própria;

II – suprimir a coluna destinada ao destaque do imposto, no caso de utilização do documento em operação não sujeita ao tributo, exceto o campo "Valor Total do IPI", do quadro "Cálculo do Imposto", hipótese em que nada será anotado neste campo;

III – alterar o tamanho dos quadros e campos, respeitado o tamanho mínimo, quando estipulado neste Regulamento, e a sua disposição gráfica;

IV – acrescentar as seguintes indicações, se de interesse do emitente:

a) no quadro "Emitente": nome de fantasia, endereço telegráfico, número de telex e o da caixa postal;

b) no quadro "Dados do Produto":

1. colunas destinadas à indicação de descontos concedidos e a outras informações correlatas que complementem as indicações previstas para o referido quadro; e
2. pauta gráfica, quando os documentos forem manuscritos;

c) na parte inferior da nota fiscal, indicações expressas em código de barras, desde que determinadas ou autorizadas pelo Fisco estadual;

d) propaganda, na margem esquerda, desde que haja separação de, no mínimo, cinco décimos de centímetro do quadrado do modelo; e

e) informações complementares, impressas tipograficamente no verso da nota fiscal, hipótese em que sempre será reservado espaço, com a dimensão mínima de dez por quinze centímetros, em qualquer sentido, para aposição de carimbos pela fiscalização;

V – deslocar o comprovante de entrega, na forma de canhoto destacável para a lateral direita ou para a extremidade superior do impresso; e

VI – utilizar retícula e fundos decorativos ou personalizantes, desde que não excedentes aos seguintes valores da escala "Europa":

a) dez por cento para as cores escuras;

b) vinte por cento para as cores claras; e

c) trinta por cento para cores creme, rosa, azul, verde e cinza, em tintas próprias para fundos.

Art. 399. Quando exigido pelas unidades federadas, a emissão da nota fiscal, por contribuintes de determinadas atividades econômicas, será feita mediante utilização de sistema eletrônico de processamento de dados.

Art. 400. Quando exigido pelas unidades federadas, a emissão da nota fiscal para acobertar as operações destinadas a órgãos ou entidades da administração pública federal, estadual ou municipal, direta ou indireta, nas situações em que seja obrigatória a utilização dos modelos especificados no inciso I do art. 392, ocorrerá também eletronicamente, utilizando sistema criado pela unidade federada de destino.

Características das notas fiscais

Art. 401. A nota fiscal será de tamanho não inferior a vinte e um por vinte e oito centímetros e vinte e oito por vinte e um centímetros para os modelos 1 e 1-A, respectivamente, observado o seguinte:

I – os quadros terão largura mínima de vinte inteiros e três décimos de centímetros, exceto:

a) o quadro "Destinatário/Remetente", que terá largura mínima de dezessete inteiros e dois décimos de centímetros; e

b) o quadro "Dados Adicionais", no modelo 1-A;

II – o campo "Reservado ao Fisco" terá tamanho mínimo de oito por três centímetros, em qualquer sentido; e

III – os campos "CNPJ", "Inscrição Estadual do Substituto Tributário" e "Inscrição Estadual", do quadro "Emitente", e os campos "CNPJ/CPF" e "Inscrição Estadual", do quadro "Destinatário/Remetente", terão largura mínima de quatro inteiros e quatro décimos de centímetros.

Numeração das notas fiscais

Art. 402. As notas fiscais serão numeradas em ordem crescente, de um a novecentos e noventa e nove mil novecentos e noventa e nove, em todas as vias e enfeixadas em blocos uniformes de vinte unidades, no mínimo, e cinquenta, no máximo, podendo, em substituição aos blocos, também, ser confeccionadas em formulários contínuos, ou jogos soltos, observados os requisitos estabelecidos pela legislação específica para a sua emissão.

§ 1º Atingindo novecentos e noventa e nove mil novecentos e noventa e nove, a numeração será reiniciada, com a designação da mesma série, se houver.

§ 2º Os blocos serão usados pela ordem crescente de numeração dos documentos, vedado utilizar um bloco sem que estejam simultaneamente em uso, ou já tenham sido usados, os de numeração inferior.

§ 3º A numeração da nota fiscal será reiniciada sempre que houver:

I – adoção de séries distintas, nos termos dos arts. 405 e 406; e

II – troca de modelo 1 para 1-A e vice-versa.

Impressão das notas fiscais

Art. 403. As notas fiscais, mesmo quando seus modelos tenham sido aprovados em regime especial, poderão ser impressas:

I – por terceiros, mediante prévia autorização da repartição competente do Fisco estadual; ou

II – em tipografia do próprio usuário, também mediante prévia autorização, se assim o determinar a repartição do Fisco estadual.

§ 1º A critério de cada unidade federada, a nota fiscal poderá ainda ser impressa pela respectiva repartição competente do Fisco estadual, cumprindo ao contribuinte que optar pela sua aquisição preencher o formulário especialmente destinado a esse fim.

§ 2º Para obtenção da autorização de que tratam os incisos I e II deverá ser preenchido o formulário específico para essa finalidade, que será entregue ao Fisco estadual.

§ 3º No caso de o estabelecimento gráfico situar-se em unidade federada diversa da do domicílio do que vier a utilizar o impresso fiscal a ser confeccionado, a autorização será requerida por ambas as partes às repartições do Fisco estadual respectivas, devendo preceder a da localidade em que se situar o estabelecimento encomendante.

§ 4º As unidades federadas poderão fixar prazos para a utilização de impressos de notas fiscais.

Cancelamento das notas fiscais

Art. 404. Quando a nota fiscal for cancelada, conservar-se-ão todas as suas vias no bloco ou sanfona de formulários contínuos, com declaração dos motivos que determinaram o cancelamento e referência, se for o caso, ao novo documento emitido.

Parágrafo único. Se copiada a nota, os assentamentos serão feitos no livro Copiador, arquivando-se todas as vias do documento cancelado.

Séries

Art. 405. As notas fiscais, modelos 1 e 1-A, deverão ter séries distintas:

I – no caso de uso concomitante da nota fiscal e da nota fiscal-fatura a que se refere o art. 428; ou

II – quando houver determinação por parte do Fisco, para separar as operações de entradas das de saída.

§ 1º Sem prejuízo do disposto neste artigo, poderá ser permitida a utilização de séries distintas, quando houver interesse do contribuinte.

§ 2º O Fisco poderá restringir o número de séries.

Art. 406. As séries serão designadas por algarismos arábicos, em ordem crescente, a partir de um, vedada a utilização de subsérie.

Hipóteses de Emissão

Art. 407. A nota fiscal, modelos 1 ou 1-A, será emitida:

I – na saída de produto tributado, mesmo que isento ou de alíquota zero, ou quando imune, do estabelecimento industrial, ou equiparado a industrial, ou ainda de estabelecimento comercial atacadista;

II – na saída de produto, ainda que não tributado, de qualquer estabelecimento, mesmo que este não seja industrial, ou equiparado a industrial, para industrialização, por encomenda, de novo produto tributado, mesmo que isento ou de alíquota zero, ou quando imune;

III – na saída, de estabelecimento industrial, de matéria-prima, produto intermediário e material de embalagem, adquiridos de terceiros;

IV – na saída, em restituição, do produto consertado, restaurado ou recondicionado, nos casos previstos no inciso XI do art. 5º;

V – na saída de produtos de depósitos fechados, armazéns-gerais, feiras de amostras e promoções semelhantes, ou de outro local que não seja o do estabelecimento emitente da nota, nos casos previstos neste Regulamento, inclusive nos de mudança de destinatário;

VI – na saída de produto cuja unidade não possa ser transportada de uma só vez, quando o imposto incida sobre o todo;

VII – nas vendas à ordem ou para entrega futura do produto, quando houver, desde logo, cobrança do imposto;

VIII – na saída de produtos dos associados para as suas cooperativas, equiparadas, por opção, a estabelecimento industrial;

IX – na complementação do imposto sobre produtos fabricados, ou importados, remetidos pelo próprio fabricante, ou importador, ou outro estabelecimento equiparado a industrial, a estabelecimento comercial varejista não contribuinte, da mesma firma, e aí vendido por preço superior ao que serviu à fixação do valor tributável;

X – no reajustamento de preço em virtude de contrato escrito de que decorra acréscimo do valor do produto;

XI – no destaque do imposto, quando verificada pelo usuário diferença no estoque do selo de controle;

XII – no destaque que deixou de ser efetuado na época própria, ou que foi efetuado com erro de cálculo ou de classificação, ou, ainda, com diferença de preço ou de quantidade;

XIII – nos demais casos em que houver destaque do imposto e para os quais não esteja prevista a emissão de outro documento;

XIV – nas transferências de crédito do imposto, se admitidas;

XV – na entrada, real ou simbólica, de produtos, nos momentos definidos no art. 436; e

XVI – na transferência simbólica, obrigada ao destaque do imposto, da produção de álcool das usinas produtoras para as suas cooperativas, equiparadas a estabelecimento industrial.

§ 1º Da nota fiscal prevista no inciso IV do *caput*, constará a indicação da nota fiscal emitida, pelo estabelecimento, por ocasião do recebimento do produto.

§ 2º No caso do inciso VI do *caput*, cumpre ao vendedor do produto observar as seguintes normas:

I – a nota fiscal será emitida pelo valor da operação correspondente ao todo, com destaque do imposto e com a declaração de que a remessa, da unidade, será feita em peças ou partes;

II – a cada remessa corresponderá nova nota fiscal, com indicação do número, da série, se houver, e da data da nota inicial, e sem destaque do imposto, ressalvadas, quanto ao destaque, as hipóteses dos incisos IV e V deste parágrafo;

III – cada nota parcial mencionará o valor correspondente à parte do produto que sair do estabelecimento, de forma que a soma dos valores das remessas parceladas não seja inferior ao valor total da nota inicial;

IV – se a soma dos valores das remessas parceladas exceder ao da nota inicial, será feito o reajustamento do valor na última nota, com destaque da diferença do imposto que resultar; e

V – ocorrendo alteração da alíquota do imposto, prevalecerá aquela que vigorar na data da efetiva saída do produto ou de suas partes e peças, devendo o estabelecimento emitente:

a) destacar, na respectiva nota, em cada saída subsequente à alteração, a diferença do imposto que sobre ela for apurada, no caso de majoração; e

b) indicar, na respectiva nota, em cada saída subsequente à alteração, a diferença do imposto que for apurada, no caso de diminuição.

§ 3º Na hipótese do inciso VII do *caput*, o vendedor emitirá, por ocasião da efetiva saída do produto, nova nota fiscal:

I – sem destaque do imposto, ou com destaque complementar se ocorrer majoração da respectiva alíquota;

II – com indicação da diferença do imposto resultante de eventual redução da alíquota, ocorrida entre a emissão da nota fiscal original e a da nota referente à saída do produto; e

III – com declaração do número, da série, se houver, e da data da nota fiscal originária, bem como da nota fiscal expedida pelo comprador ao destinatário da mercadoria, se este não for o próprio comprador, assim como do imposto destacado nessas notas fiscais.

§ 4º As notas fiscais a que se referem os incisos IX e X do *caput* serão emitidas, no primeiro caso, até o último dia útil do período de apuração em relação ao movimento de entradas e saídas de produtos no período anterior, e, no segundo, dentro de três dias da data em que se efetivou o reajustamento.

§ 5º Nas hipóteses dos incisos XI e XII do *caput*, a nota fiscal não poderá ser emitida depois de iniciado qualquer procedimento fiscal, adotado o mesmo critério quanto aos demais incisos se excedidos os prazos para eles previstos.

Vendas a Varejo

Art. 408. Nos estabelecimentos industriais ou equiparados a industrial, que possuírem seção de venda a varejo isolada das demais, com perfeita distinção e controle dos produtos saídos de cada uma delas, será permitida, para o movimento diário da seção de varejo, uma única nota fiscal com destaque do imposto, no fim do dia, para os produtos vendidos.

Operações Fora do Estabelecimento

Art. 409. A nota fiscal do contribuinte que executar qualquer das operações compreendidas no inciso VIII do art. 5º conterá, destacadamente, o valor dos produtos, partes ou peças, e o dos serviços efetuados.

Emissão Facultativa

Art. 410. É facultado emitir nota fiscal nas vendas à ordem ou para entrega futura, salvo se houver destaque do imposto, o que tornará obrigatória a sua emissão.

Proibição

Art. 411. Fora dos casos previstos neste Regulamento e na legislação estadual, é vedada a emissão de nota fiscal que não corresponda a uma efetiva saída de mercadoria.

Órgãos Públicos

Art. 412. Não se exigirá nota fiscal dos órgãos públicos, nas remessas de matéria-prima, produto intermediário e material de embalagem a estabelecimentos industriais, para a fabricação de produtos, por encomenda, para seu próprio uso ou consumo.

Requisitos

Art. 413. A nota fiscal, nos quadros e campos próprios, observada a disposição gráfica dos modelos 1 ou 1-A, conterá:

I – no quadro "Emitente":

a) o nome ou razão social;

b) o endereço;

c) o bairro ou distrito;

d) o município;

e) a unidade federada;

f) o telefone e fax;

g) o Código de Endereçamento Postal – CEP;

h) o número de inscrição no CNPJ;

i) a natureza da operação de que decorrer a saída ou a entrada, tais como venda, compra, transferência, devolução, importação, consignação, remessa (para fins de demonstração, de industrialização ou outra);

j) o Código Fiscal de Operações e Prestações – CFOP;

l) o número de inscrição estadual do substituto tributário na unidade federada em favor da qual é retido o imposto, quando for o caso;

m) o número de inscrição estadual;

n) a denominação "nota fiscal";

o) a indicação da operação, se de entrada ou de saída;

p) o número de ordem da nota fiscal e, imediatamente abaixo, a expressão Série, acompanhada do número correspondente, se adotada nos termos dos arts. 405 e 406;

q) o número e destinação da via da nota fiscal;

LEG. COMPLEMENTAR

r) a data-limite para emissão da nota fiscal ou a indicação "00.00.00", quando o Estado não fizer uso da prerrogativa prevista no § 4º do art. 403;

s) a data de emissão da nota fiscal;

t) a data da efetiva saída ou entrada da mercadoria no estabelecimento; e

u) a hora da efetiva saída da mercadoria do estabelecimento;

II – no quadro "Destinatário/Remetente":

a) o nome ou razão social;

b) o número de inscrição no CNPJ ou no CPF do Ministério da Fazenda;

c) o endereço;

d) o bairro ou distrito;

e) o CEP;

f) o município;

g) o telefone e fax;

h) a unidade federada; e

i) o número de inscrição estadual;

III – no quadro "Fatura", se adotado pelo emitente, as indicações previstas na legislação pertinente;

IV – no quadro "Dados do Produto":

a) o código adotado pelo estabelecimento para identificação do produto;

b) a descrição dos produtos, compreendendo: nome, marca, tipo, modelo, série, espécie, qualidade e demais elementos que permitam sua perfeita identificação;

c) a classificação fiscal dos produtos por Posição, Subposição, item e subitem da TIPI (oito dígitos);

d) o Código de Situação Tributária – CST;

e) a unidade de medida utilizada para a quantificação dos produtos;

f) a quantidade dos produtos;

g) o valor unitário dos produtos;

h) o valor total dos produtos;

i) a alíquota do ICMS;

j) a alíquota do IPI; e

l) o valor do IPI, sendo permitido um único cálculo do imposto pelo valor total, se os produtos forem de um mesmo código de classificação fiscal;

V – no quadro "Cálculo do Imposto":

a) a base de cálculo total do ICMS;

b) o valor do ICMS incidente na operação;

c) a base de cálculo aplicada para a determinação do valor do ICMS retido por substituição tributária, quando for o caso;

d) o valor do ICMS retido por substituição tributária, quando for o caso;

e) o valor total dos produtos;

f) o valor do frete;

g) o valor do seguro;

h) o valor de outras despesas acessórias;

i) o valor total do IPI; e

j) o valor total da nota;

VI – no quadro "Transportador/Volumes Transportados":

a) o nome ou razão social do transportador e a expressão "Autônomo", se for o caso;

b) a condição de pagamento do frete: se por conta do emitente ou do destinatário;

c) a placa do veículo, no caso de transporte rodoviário, ou outro elemento identificativo, nos demais casos;

d) a unidade federada de registro do veículo;

e) o número de inscrição do transportador no CNPJ ou no CPF do Ministério da Fazenda;

f) o endereço do transportador;

g) o município do transportador;

h) a unidade federada do domicílio do transportador;

i) o número de inscrição estadual do transportador, quando for o caso;

j) a quantidade de volumes transportados;

l) a espécie dos volumes transportados;

m) a marca dos volumes transportados;

n) a numeração dos volumes transportados;

o) o peso bruto dos volumes transportados; e

p) o peso líquido dos volumes transportados;

VII – no quadro "Dados Adicionais":

a) no campo "Informações Complementares" – o valor tributável, quando diferente do valor da operação, o preço de venda no varejo ou no atacado quando a ele estiver subordinado o cálculo do imposto; indicações exigidas neste Regulamento como: imunidade, isenção, suspensão, e as demais mencionadas no art. 415; redução de base de cálculo; outros dados de interesse do emitente, tais como número do pedido, vendedor, emissor da nota fiscal, local de entrega, quando diverso do endereço do destinatário nas hipóteses previstas na legislação, propaganda, etc.;

b) no campo "Reservado ao Fisco" – indicações estabelecidas pelo Fisco do Estado do emitente; e

c) o número de controle do formulário, no caso de nota fiscal emitida por processamento eletrônico de dados;

VIII – no rodapé ou na lateral direita da nota fiscal: o nome, o endereço e os números de inscrição, estadual e no CNPJ, do impressor da nota; a data e a quantidade da impressão; o número de ordem da primeira e da última nota impressa e respectiva série, quando for o caso; e o número da Autorização para Impressão de Documentos Fiscais – AIDF; e

IX – no comprovante de entrega dos produtos, que deverá integrar apenas a primeira via da nota fiscal, na forma de canhoto destacável:

a) a declaração de recebimento dos produtos;

b) a data do recebimento dos produtos;

c) a identificação e assinatura do recebedor dos produtos;

d) a expressão "nota fiscal"; e

e) o número de ordem da nota fiscal.

Parágrafo único. Os órgãos oficiais de controle da produção e circulação de mercadorias poderão exigir dos fabricantes e comerciantes atacadistas a eles vinculados o acréscimo, ao modelo da nota fiscal, de outras indicações desde que não importem em suprimir ou modificar as mencionadas neste artigo.

Art. 414. A nota fiscal emitida por estabelecimento que não seja industrial, nem equiparado a industrial, para acompanhar matéria-prima, produto intermediário e material de embalagem remetidos a terceiros para industrialização por encomenda, indicará o imposto correspondente aos mesmos produtos, segundo as notas fiscais relativas à sua aquisição.

Art. 415. Sem prejuízo de outros elementos exigidos neste Regulamento, da nota fiscal constará, conforme ocorra, cada um dos seguintes casos:

I – "Isento do IPI", nos casos de isenção do tributo, seguida da declaração do dispositivo legal ou regulamentar que autoriza a concessão;

II – "Produzido na Zona Franca de Manaus", para os produtos industrializados na Zona Franca de Manaus, que se destinem a seu consumo interno, ou a comercialização em qualquer ponto do território nacional;

III – "Saído com Suspensão do IPI", nos casos de suspensão do tributo, declarado, do mesmo modo, o dispositivo legal ou regulamentar concessivo;

IV – Zona Franca de Manaus – Exportação para o Exterior", quanto aos produtos remetidos à Zona Franca de Manaus para dali serem exportados para o exterior;

V – "No Gozo de Imunidade Tributária", declarado o dispositivo constitucional ou regulamentar, quando o produto estiver alcançado por imunidade constitucional;

VI – "Produto Estrangeiro de Importação Direta" ou "Produto Estrangeiro Adquirido no Mercado Interno", conforme se trate de produto importado diretamente ou adquirido no mercado interno;

VII – "O produto sairá de........, sito na Rua......., nº........, na Cidade de............", quando não for entregue diretamente pelo estabelecimento emitente da nota fiscal, mas por ordem deste;

VIII – "Sem Valor para Acompanhar o Produto", seguida esta declaração da circunstância de se tratar de mercadoria para entrega simbólica ou cuja unidade não possa ser transportada de uma só vez, e, ainda, quando o produto industrializado, antes de sair do estabelecimento industrial, for por este adquirido; ou

IX – "Nota Emitida Exclusivamente para Uso Interno", nos casos de diferença apurada no estoque do selo de controle, de nota fiscal emitida para o movimento global diário nas hipóteses do art. 408 e ainda de saldo devedor do imposto, no retorno de produtos entregues a ambulantes.

Art. 416. Na utilização do modelo de nota fiscal, observar-se-ão as seguintes normas:

I – serão impressas tipograficamente as indicações:

a) das alíneas *a* até *h*, *m*, *n*, *p*, *q* e *r* do inciso I do art. 413, devendo as indicações das alíneas *a*, *h* e *m* ser impressas, no mínimo, em corpo "8", não condensado;

b) do inciso VIII do art. 413, devendo ser impressas, no mínimo, em corpo "5", não condensado; e

c) das alíneas *d* e *e* do inciso IX do art. 413;

II – as indicações a que se referem as alíneas *a* a *h* e *m* do inciso I do art. 413 poderão ser dispensadas de impressão tipográfica, a juízo do Fisco estadual da localização do remetente, desde que a nota fiscal seja fornecida e visada pela repartição fiscal, hipótese em que os dados a esta referentes serão inseridos no quadro "Emitente", e a sua denominação será "nota fiscal Avulsa", observado, ainda:

a) o quadro "Destinatário/Remetente" será desdobrado em quadros "Remetente" e "Destinatário", com a inclusão de campos destinados a identificar os códigos dos respectivos municípios; e

b) no quadro "Informações Complementares", poderão ser incluídos o código do município do transportador e o valor do ICMS incidente sobre o frete;

III – as indicações a que se referem a alínea *l* do inciso I e as alíneas *c* e *d* do inciso V do art. 413 só serão prestadas quando o emitente da nota fiscal for o substituto tributário nos termos da legislação da unidade federada;

IV – nas operações de exportação, o campo destinado ao município, do quadro "Destinatário/Remetente", será preenchido com a cidade e o país de destino;

V – nas vendas a prazo, quando não houver emissão de nota fiscal-fatura ou de fatura, ou, ainda, quando esta for emitida em separado, a nota fiscal, além dos requisitos exigidos no art. 413, deverá conter, impressas ou mediante carimbo, no campo "Informações Complementares" do quadro "Dados Adicionais", indicações sobre a operação, tais como preço a vista, preço final, quantidade, valor e datas de vencimento das prestações;

VI – serão dispensadas as indicações do inciso IV do art. 413 se estas constarem de romaneio, que passará a constituir parte inseparável da nota fiscal, desde que obedecidos os requisitos abaixo:

a) o romaneio deverá conter, no mínimo, as indicações das alíneas *a* até *e*, *h*, *m*, *p*, *q*, *s* e *t* do inciso I; *a* até *d*, *f*, *h* e *i* do inciso II; *j* do inciso V; *a*, *c* até *h* do inciso VI; e do inciso VIII; todos do art. 413; e

b) a nota fiscal, deverá conter as indicações do número e da data do romaneio e, este, do número e da data daquela;

VII – a indicação da alínea *a* do inciso IV do art. 413:

a) deverá ser efetuada com os dígitos correspondentes ao código de barras, se o contribuinte utilizar o referido código para o seu controle interno; e

b) poderá ser dispensada, a critério da unidade federada do emitente, hipótese em que a coluna "Código Produto", no quadro "Dados do Produto", poderá ser suprimida;

VIII – a indicação da alínea *c*, no quadro "Dados do Produto", do inciso IV do art. 413 é obrigatória apenas para os contribuintes, e a das alíneas *j* e *l*, do mesmo inciso, é vedada àqueles que não sejam obrigados ao destaque do imposto;

IX – em substituição à aposição dos Códigos da TIPI, no campo "Classificação Fiscal", poderá ser indicado outro código, desde que, no campo "Informações Complementares" do quadro "Dados Adicionais" ou no verso da nota fiscal seja impressa, por meio indelével, tabela com a respectiva decodificação;

X – nas operações sujeitas a mais de uma alíquota de ICMS ou situação tributária, os dados do quadro "Dados do Produto", constantes da nota, deverão ser subtotalizados por alíquota ou situação tributária;

XI – os dados relativos ao Imposto sobre Serviços de Qualquer Natureza – ISSQN serão inseridos, quando for o caso, entre os quadros "Dados do Produto" e "Cálculo do Imposto", conforme legislação municipal, respeitados os tamanhos mínimos dos quadros e campos estipulados neste Regulamento e a sua disposição gráfica;

XII – caso o transportador seja o próprio remetente ou o destinatário, esta circunstância será indicada no campo "Nome/Razão Social", do quadro "Transportador/Volumes Transportados", com a expressão "Remetente" ou "Destinatário", dispensadas as indicações das alíneas *b* e *e* a *i* do inciso VI do art. 413;

XIII – no campo "Placa do Veículo" do quadro "Transportador/Volumes Transportados", deverá ser indicada a placa do veículo tracionado, quando se tratar de reboque ou semirreboque deste tipo de veículo, devendo a placa dos demais veículos tracionados, quando houver, ser indicada no campo "Informações Complementares";

XIV – na nota fiscal emitida relativamente à saída de produtos em retorno ou em devolução, o número, a data da emissão e o valor da operação e do imposto da nota original deverão ser indicados no campo "Informações Complementares";

XV – a aposição de carimbos nas notas fiscais, quando do trânsito de produtos, deve ser feita no verso delas, salvo quando forem carbonadas;

XVI – caso o campo "Informações Complementares", da nota, não seja suficiente para conter as indicações exigidas, poderá ser utilizado, excepcionalmente, o quadro "Dados do Produto", desde que não prejudique a sua clareza;

XVII – é permitida, numa mesma nota, a inclusão de operações enquadradas em diferentes códigos fiscais de operações, hipóteses em que estes serão indicados no campo "CFOP" do quadro "Emitente", e no quadro "Dados do Produto", na linha correspondente a cada item, após a descrição do produto;

XVIII – quando os produtos não saírem do estabelecimento emitente da nota fiscal, a data da efetiva saída será aposta, no local desta, pela própria firma emitente da nota ou por quem estiver autorizado a fazer a entrega;

XIX – verificada a hipótese do inciso XVIII, o estabelecimento emitente da nota fiscal declarará, na via ou cópia da nota em seu poder, a data em que o produto tiver efetivamente saído do local da entrega;

XX – sendo de interesse do estabelecimento, o Fisco poderá dispensar a inserção na nota fiscal do canhoto destacável, comprovante da entrega do produto, mediante indicação na Autorização para Impressão de Documentos Fiscais – AIDF;

XXI – em se tratando dos produtos classificados nos Códigos 30.03 e 30.04 da TIPI, na descrição prevista na alínea *b* do inciso IV do art. 413 deverá ser indicado o número do lote de fabricação a que a unidade pertencer, devendo a discriminação ser feita em função dos diferentes lotes de fabricação e respectivas quantidades e valores; e

XXII – a nota fiscal emitida por fabricante, importador ou distribuidor, relativamente à saída para estabelecimento atacadista ou varejista, dos produtos classificados nos Códigos 30.02, 30.03, 30.04 e 3006.60 da TIPI, exceto se relativa às operações com produtos veterinários, homeopáticos ou amostras grátis, deverá conter, na descrição prevista na alínea *b* do inciso IV do art. 413, a indicação do valor correspondente ao preço constante da tabela, sugerido pelo órgão competente para venda a consumidor e, na falta desse preço, o valor correspondente ao preço máximo de venda a consumidor sugerido ao público pelo estabelecimento industrial.

Quantidade e Destino das Vias

Art. 417. Nos casos dos arts. 418 e 419, a nota fiscal será emitida, no mínimo, em quatro vias, e no caso do art. 420, no mínimo, em cinco vias.

Art. 418. Na saída de produtos para a mesma unidade federada, as vias da nota fiscal terão o seguinte destino:

I – a primeira acompanhará os produtos e será entregue, pelo transportador, ao destinatário;

II – a segunda permanecerá presa ao bloco, para exibição ao Fisco; e

III – a terceira e quarta atenderão ao que for previsto na legislação da unidade federada do emitente.

Art. 419. Na saída de produtos para outra unidade federada, as vias da nota fiscal terão o seguinte destino:

I – a primeira acompanhará os produtos e será entregue, pelo transportador, ao destinatário;

II – a segunda permanecerá presa ao bloco, para exibição ao Fisco;

III – a terceira acompanhará os produtos para fins de controle do Fisco na unidade federada de destino; e

IV – a quarta atenderá ao que for previsto na legislação da unidade federada do emitente.

Art. 420. Na saída de produtos industrializados de origem nacional, para a Zona Franca de Manaus, as vias da nota fiscal terão o seguinte destino:

I – a primeira acompanhará os produtos e será entregue ao destinatário;

II – a segunda permanecerá presa ao bloco, para exibição ao Fisco;

III – a terceira acompanhará os produtos e será destinada para fins de controle da Secretaria da Fazenda do Estado do Amazonas;

IV – a quarta será retida pela repartição estadual, no momento do visto a que alude o § 4º; e

V – a quinta acompanhará os produtos até o local de destino, devendo ser entregue com uma via do conhecimento de transporte à SUFRAMA.

§ 1º Os documentos relativos ao transporte de produtos não poderão ser emitidos englobadamente, de forma a compreender produtos de distintos remetentes.

§ 2º O contribuinte remetente deverá conservar, pelo prazo previsto na legislação da unidade federada a que estiver subordinado, os documentos relativos ao transporte dos produtos, assim como o documento relacionado com o internamento das mercadorias expedido pela SUFRAMA.

§ 3º O contribuinte remetente mencionará na nota fiscal, no campo "Informações Complementares", além das indicações exigidas pela legislação:

I – o número de inscrição do estabelecimento destinatário na SUFRAMA; e

II – o código de identificação da repartição fiscal da unidade federada a que estiver subordinado o seu estabelecimento.

§ 4º As vias da nota fiscal de que tratam os incisos I, III, e V do *caput* serão visadas previamente pela repartição do Fisco estadual do domicílio do contribuinte remetente.

Art. 421. Se a nota fiscal for emitida por processamento eletrônico de dados, observar-se-á a legislação pertinente no tocante ao número de vias e sua destinação.

Art. 422. Nas saídas dos produtos para o exterior, se embarcados na mesma unidade federada do remetente, será observado o disposto no art. 418.

Parágrafo único. Se o embarque se processar em outra unidade federada, a terceira via da nota fiscal acompanhará os produtos para ser entregue ao Fisco estadual do local de embarque.

Art. 423. As diversas vias das notas fiscais não se substituirão em suas respectivas funções e a sua disposição obedecerá ordem sequencial que as diferencia, vedada a intercalação de vias adicionais.

Parágrafo único. As vias das notas fiscais não poderão ser impressas em papel jornal.

Art. 424. As unidades federadas poderão autorizar a confecção da nota fiscal em três vias.

Parágrafo único. O contribuinte poderá utilizar cópia reprográfica da primeira via da nota fiscal, para:

I – substituir a quarta via, quando realizar operação interestadual ou de exportação a que se refere o art. 422; e

II – utilizá-la como via adicional, quando a legislação a exigir, exceto quando ela deva acobertar o trânsito do produto.

Art. 425. Na hipótese de o contribuinte utilizar nota fiscal-fatura e de ser obrigatório o uso de livro Copiador, a segunda via será substituída pela folha do referido livro.

Art. 426. A primeira via da nota fiscal deverá estar, durante o percurso compreendido entre o estabelecimento do remetente e do destinatário, em condições de ser exibida, a qualquer momento, aos encarregados da fiscalização para conferência do produto nela especificado e da exatidão do destaque do respectivo imposto (Lei nº 4.502, de 1964, art. 50, § 3º).

Notas Consideradas sem Valor

Art. 427. Serão consideradas, para efeitos fiscais, sem valor legal, e servirão de prova apenas em favor do Fisco, as notas fiscais que (Lei nº 4.502, de 1964, art. 53, e Decreto-Lei nº 34, de 1966, art. 2º, alteração 15ª):

I – não satisfizerem as exigências das alíneas *a* até *e*, *h*, *m*, *n*, *p*, *q*, *s* e *t*, do quadro "Emitente", de que trata o inciso I do art. 413 e das alíneas *a* até *d*, *f*, *h* e *i*, do quadro "Destinatário/Remetente", de que trata o inciso II do mesmo artigo (Lei nº 4.502, de 1964, art. 53, e Decreto-Lei nº 34, de 1966, art. 2º, alteração 15ª);

II – não contiverem, entre as indicações exigidas nas alíneas *b*, *f* até *h*, *j* e *l*, do quadro "Dados do Produto", de que trata o inciso IV do art. 413, e nas alíneas *e*, *i* e *j*, do quadro "Cálculo do Imposto", de que trata o inciso V do mesmo artigo, as necessárias à identificação e classificação do produto e ao cálculo do imposto devido (Lei nº 4.502, de 1964, art. 53, e Decreto-Lei nº 34, de 1966, art. 2º, alteração 15ª);

III – não contiverem, no campo "Informações Complementares" do quadro "Dados Adicionais", do inciso VII do art. 413, a indicação do preço de venda no varejo ou no atacado, quando o cálculo do imposto estiver ligado a este (Lei nº 4.502, de 1964, art. 53, e Decreto-Lei nº 34, de 1966, art. 2º, alteração 15ª); ou

IV – não contiverem a declaração referida no inciso VIII do art. 415.

Parágrafo único. No caso do inciso IV, considerar-se-á o produto como saído do estabelecimento emitente da nota fiscal, para efeito de exigência do imposto e dos respectivos acréscimos legais.

Nota Fiscal-Fatura

Art. 428. A nota fiscal poderá servir como fatura, feita a inclusão dos elementos necessários no quadro "Fatura", caso em que a denominação prevista nas alíneas *n* do inciso I e *d* do inciso IX do art. 413 passará a ser nota fiscal-fatura.

Nota Fiscal Eletrônica

Art. 429. Em substituição à nota fiscal, modelo 1 ou 1-A, poderá ser utilizada a nota fiscal eletrônica – NF-e, na forma disposta em legislação específica.

§ 1º Considera-se NF-e o documento emitido e armazenado eletronicamente, de existência apenas digital, com o intuito de documentar operações e prestações, cuja validade jurídica é garantida pela assinatura digital do emitente e autorização de uso pela administração tributária da unidade federada do contribuinte, antes da ocorrência do fato gerador.

§ 2º Para emissão da NF-e, o contribuinte deverá solicitar, previamente, seu credenciamento na unidade federada em cujo cadastro de contribuinte do ICMS estiver inscrito, ressaltado que:

I – o contribuinte credenciado para emissão de NF-e deverá observar, no que couber, as disposições relativas à emissão de documentos fiscais por sistema eletrônico de processamento de dados nos termos estabelecidos pela legislação específica e observado o disposto no art. 388; e

II – é vedada a emissão de nota fiscal modelo 1 ou 1-A, por contribuinte credenciado à emissão de NF-e, exceto nas hipóteses previstas em legislação específica.

Emissão por Processo Mecânico

Art. 430. O estabelecimento que emitir notas fiscais, ou notas fiscais-faturas, por sistema mecanizado, inclusive datilográfico, em equipamento que não utilize arquivo magnético ou equivalente, poderá usar formulários contínuos ou jogos soltos de notas, numeradas tipograficamente.

§ 1º Na hipótese deste artigo, as vias das notas fiscais destinadas à exibição ao Fisco deverão ser encadernadas em grupos de até quinhentas, obedecida sua ordem numérica sequencial.

§ 2º Sem prejuízo do disposto no § 1º, quando não adotado o uso de copiador ou microfilmagem, as vias dos jogos soltos ou dos formulários contínuos, destinadas à exibição ao Fisco, poderão ser destacadas e encadernadas, em volumes que contenham no máximo duzentas unidades, em ordem numérica, desde que as notas tenham sido previamente autenticadas pela repartição competente do Fisco estadual ou pela Junta Comercial, segundo determinar a legislação da unidade federada.

§ 3º Ao estabelecimento que se utilizar do processo previsto neste artigo é permitido, ainda, o uso de notas fiscais ou notas fiscais-faturas emitidas por outros meios, observada a numeração sequencial e as determinações dos arts. 405 e 406.

Emissão por Processamento Eletrônico de Dados

Art. 431. Observados os requisitos da legislação específica, a nota fiscal ou nota fiscal-fatura poderá ser emitida por processamento eletrônico de dados, com:

I – as indicações das alíneas *b* até *h*, *m*, e *p*, do inciso I e da alínea *e* do inciso IX do art. 413, impressas por esse sistema; e

II – espaço em branco de até cinco centímetros na margem superior, na hipótese de uso de impressora matricial.

§ 1º A nota fiscal ou a nota fiscal-fatura poderá ser impressa em tamanho inferior ao estatuído no art. 401 exclusivamente nos casos de emissão por processamento eletrônico de dados, desde que as indicações a serem impressas quando da sua emissão sejam grafadas em, no máximo, dezessete caracteres por polegada, sem prejuízo das exigências relativas às indicações a serem impressas tipograficamente, de que trata o inciso I do art. 416.

§ 2º Ao estabelecimento que utilizar a faculdade prevista neste artigo é permitido, ainda, o uso de nota fiscal ou nota fiscal-fatura emitida a máquina ou manuscrita, observado o disposto nos arts. 405 e 406.

Bebidas e Outros

Art. 432. Nas notas fiscais relativas às remessas com suspensão do imposto, previstas no art. 44, deverá constar a expressão a que se refere o inciso III do art. 415, vedado o destaque do imposto, nas referidas notas, sob pena de se considerar o imposto como indevidamente destacado, sujeitando o infrator às disposições legais estabelecidas para a hipótese (Lei nº 9.493, de 1997, art. 6º).

Art. 432-A. Sem prejuízo do disposto no art. 413, deverão constar das notas fiscais de comercialização dos produtos a que se refere o art. 209, emitidas pelo estabelecimento industrial ou equiparado, a descrição da marca comercial, o tipo de embalagem e o volume dos produtos, para a sua perfeita identificação e o cálculo do imposto devido (Lei nº 13.241, de 2015, art. 6º, *caput*).

Art. 432-B. Deverão constar das notas fiscais de comercialização dos produtos a que se refere o art. 222, emitidas pelo estabelecimento importador, industrial ou equiparado, exceto no caso de estabelecimentos de pessoa jurídica optante pelo Simples Nacional:

I – a expressão "Saída para pessoa jurídica varejista ou consumidor final com redução da alíquota do IPI de que trata o § 1º do art. 15 da Lei nº 13.097, de 2015", na hipótese prevista no art. 222-C; e

II – a descrição da marca comercial, o tipo de embalagem e o volume dos produtos, sem prejuízo do disposto no art. 413 (Lei nº 13.097, de 2015, art. 23, *caput*).

Art. 432-C. Em caso de inobservância ao disposto no art. 432-A ou no inciso II do *caput* do art. 432-B, aplica-se às notas fiscais neles referidas o disposto no art. 427 (Lei nº 13.097, de 2015, art. 23, parágrafo único, e Lei nº 13.241, de 2015, art. 6º, parágrafo único).

• Arts. 432-A a 432-C acrescidos pelo Dec. nº 10.668, de 8-4-2021.

Art. 433. Nas notas fiscais relativas às saídas previstas no art. 46 e inciso IV do art. 48 deverá constar a expressão a que se refere o inciso III do art. 415, vedado o destaque do imposto, nas referidas notas (Lei nº 10.637, de 2002, art. 29, § 6º).

Emissão na Entrada de Produtos

Art. 434. A nota fiscal, modelo 1 ou 1-A, será emitida sempre que no estabelecimento entrarem, real ou simbolicamente, produtos:

I – novos ou usados, inclusive matéria-prima, produto intermediário e material de embalagem, remetidos a qualquer título por particulares ou firmas não obrigadas à emissão de documentos fiscais;

II – importados diretamente do exterior, bem como os adquiridos em licitação promovida pelo Poder Público;

III – considerados matéria-prima, produto intermediário e material de embalagem, remetidos a estabelecimentos industriais por órgãos públicos, para fabricação de produtos, por encomenda, para seu próprio uso ou consumo;

IV – recebidos para conserto, restauração ou recondicionamento, salvo se acompanhados de nota fiscal;

V – em retorno de exposição em feiras de amostras e promoções semelhantes, ou na sua venda ou transferência a terceiros sem retorno ao estabelecimento de origem;

VI – em retorno de produtos que tenham saído para vitrinas isoladas, desfiles e outras demonstrações públicas;

VII – em retorno de profissionais autônomos ou avulsos, aos quais tenham sido enviados para operação que não obrigue o remetente à emissão de nota fiscal;

VIII – em retorno de remessas feitas para venda fora do estabelecimento, inclusive por meio de ambulantes;

IX – no retorno de remessas que deixarem de ser entregues aos seus destinatários; e

X – nas demais hipóteses em que for prevista a sua emissão.

Art. 435. A nota fiscal, emitida nos casos do art. 434, servirá ainda para acompanhar o trânsito dos produtos, até o local do estabelecimento emitente:

I – quando o estabelecimento destinatário assumir o encargo de retirar ou de transportar os produtos, a qualquer título, remetidos por particulares ou firmas não sujeitas à exigência de documentos fiscais;

II – no retorno de exposição em feiras de amostras ou de promoções semelhantes, ou de profissionais autônomos ou avulsos; e

III – no caso de produtos importados diretamente do exterior, bem como os adquiridos em licitação promovida pelo Poder Público.

Art. 436. A nota fiscal, modelo 1 ou 1-A, na hipótese do art. 434, será emitida, conforme o caso:

I – no momento em que os produtos entrarem no estabelecimento;

II – no momento da aquisição, quando os produtos não devam transitar pelo estabelecimento do adquirente; ou

III – antes de iniciada a remessa, nos casos previstos no art. 435.

Art. 437. Na utilização da nota fiscal, na entrada de produtos, serão observadas as seguintes normas:

I – o campo "Hora da Saída" e o canhoto de recebimento somente serão preenchidos quando a nota fiscal acobertar o transporte de produtos, na forma do art. 435;

II – no caso do inciso II do art. 434, a nota indicará a repartição que liberou a mercadoria, e o número e data do registro da declaração de importação no SISCOMEX ou da guia de licitação;

III – na hipótese do inciso VIII do art. 434, a nota conterá, no campo "Informações Complementares", ainda, as seguintes indicações:

a) o valor das operações realizadas fora do estabelecimento;

b) o valor das operações realizadas fora do estabelecimento, em outra unidade federada; e

c) os números e as séries das notas fiscais emitidas por ocasião das entregas dos produtos; e

IV – no caso do inciso IX do art. 434, a nota conterá, no campo "Informações Complementares", as indicações do número, da série, se houver, da data de emissão e do valor da operação da nota fiscal originária.

Art. 438. É permitido ao estabelecimento importador manter em poder de preposto blocos de notas fiscais a serem emitidas para acobertar o trânsito de produtos importados desde a repartição aduaneira até o estabelecimento importador, devendo fazer constar essa circunstância na coluna "Observações" do livro Registro de Utilização de Documentos Fiscais e Termos Fiscais de Ocorrências.

Art. 439. Ao emitir nota fiscal na entrada de produtos, o estabelecimento deverá:

I – no caso de emissão por processamento eletrônico de dados, arquivar as segundas vias dos documentos emitidos, separadamente das relativas às saídas; e

II – nos demais casos, sem prejuízo do disposto no inciso I, reservar bloco ou faixa de numeração sequencial de jogos soltos ou formulários contínuos, registrando o fato no livro Registro de Utilização de Documentos Fiscais e Termos de Ocorrências.

Art. 440. Na hipótese do art. 434, a segunda via da nota fiscal ficará presa ao bloco e as demais terão a destinação prevista na legislação da unidade federada do emitente.

Subseção III

DO DOCUMENTO DE ARRECADAÇÃO

Art. 441. O Documento de Arrecadação de Receitas Federais – DARF será usado para recolhimento do imposto e dos respectivos acréscimos, segundo as instruções expedidas pela Secretaria da Receita Federal do Brasil.

Art. 442. É vedada a utilização de DARF para o recolhimento do imposto inferior a R$ 10,00 (dez reais) (Lei nº 9.430, de 1996, art. 68).

Parágrafo único. No caso de o imposto resultar inferior a R$ 10,00 (dez reais), deverá ele ser adicionado ao imposto correspondente aos períodos subsequentes, até que o total seja igual ou superior a R$ 10,00 (dez reais), quando, então, será recolhido no prazo estabelecido na legislação para este último período de apuração (Lei nº 9.430, de 1996, art. 68, § 1º).

Subseção IV

DOS DOCUMENTOS DE DECLARAÇÃO DO IMPOSTO E DE PRESTAÇÃO DE INFORMAÇÕES

Art. 443. Os documentos de declaração do imposto e de prestação de informações adicionais serão apresentados pelos contribuintes, de acordo com as instruções expedidas pela Secretaria da Receita Federal do Brasil.

§ 1º O documento que formalizar o cumprimento de obrigação acessória, comunicando a existência de crédito tributário, constituirá confissão de dívida e instrumento hábil e suficiente para a exigência do referido crédito (Decreto-Lei nº2.124, de 13 de junho de 1984, art. 5º, § 1º).

§ 2º As diferenças apuradas, em declaração prestada pelo sujeito passivo, decorrentes de pagamento, parcelamento, compensação ou suspensão de exigibilidade, indevidos ou não comprovados, relativas ao imposto, serão objeto de lançamento de ofício (Medida Provisória nº 2.158-35, de 2001, art. 90).

Seção III

DOS LIVROS FISCAIS

Subseção I

DAS DISPOSIÇÕES PRELIMINARES

Modelos e Normas de Escrituração

Art. 444. Os contribuintes manterão, em cada estabelecimento, conforme a natureza das operações que realizarem, os seguintes livros fiscais:

I – Registro de Entradas, modelo 1;

II – Registro de Saídas, modelo 2;

III – Registro de Controle da Produção e do Estoque, modelo 3;

IV – Registro de Entrada e Saída do Selo de Controle, modelo 4;

V – Registro de Impressão de Documentos Fiscais, modelo 5;

VI – Registro de Utilização de Documentos Fiscais e Termos de Ocorrências, modelo 6;

VII – Registro de Inventário, modelo 7; e

VIII – Registro de Apuração do IPI, modelo 8.

§ 1º Os livros Registro de Entradas e Registro de Saídas serão utilizados pelos estabelecimentos industriais e pelos que lhes são equiparados.

§ 2º O livro Registro de Controle da Produção e do Estoque será utilizado pelos estabelecimentos industriais, e equiparados a industrial, e comerciantes atacadistas, podendo, a critério da Secretaria da Receita Federal do Brasil, ser exigido de outros estabelecimentos, com as adaptações necessárias.

§ 3º O livro Registro de Entrada e Saída do Selo de Controle será utilizado pelo estabelecimento que fabricar, importar ou licitar produtos sujeitos ao emprego desse selo.

§ 4º O livro Registro de Impressão de Documentos Fiscais será utilizado pelos estabelecimentos que confeccionarem documentos fiscais para o uso próprio ou para terceiros.

§ 5º O livro Registro de Utilização de Documentos Fiscais e Termos de Ocorrências será utilizado pelos estabelecimentos obrigados à emissão de documentos fiscais.

§ 6º O livro Registro de Inventário será utilizado pelos estabelecimentos que mantenham em estoque matéria-prima, produto intermediário e material de embalagem e, ainda, produtos em fase de fabricação e produtos acabados.

§ 7º O livro Registro de Apuração do IPI será utilizado pelos estabelecimentos industriais e equiparados a industrial.

§ 8º Aos livros de que trata esta Seção aplica-se o disposto no art. 382.

Art. 445. Aos livros fiscais poderão ser acrescidas outras indicações, desde que não prejudiquem a clareza dos respectivos modelos.

Art. 446. A escrituração dos livros fiscais será feita a tinta, no prazo de cinco dias, contados da data do documento a ser escriturado ou da ocorrência do fato gerador, ressalvados aqueles a cuja escrituração forem atribuídos prazos especiais.

§ 1º A escrituração será encerrada periodicamente, nos prazos estipulados, somando-se as colunas, quando for o caso.

§ 2º Quando não houver período previsto, encerrar-se-á a escrituração no último dia de cada mês.

§ 3º Será permitida a escrituração por sistema mecanizado, mediante prévia autorização do Fisco estadual, bem como por processamento eletrônico de dados, observado o disposto no art. 388.

Requisitos

Art. 447. Os livros serão impressos e terão as folhas costuradas e encadernadas, e numeradas tipograficamente, ressalvada a hipótese de emissão por sistema de processamento eletrônico de dados.

Art. 448. Os livros só poderão ser usados depois de visados pela repartição competente do Fisco estadual, salvo se esta dispensar a exigência e os livros forem registrados na Junta Comercial, ou ainda, se o visto for substituído por outro meio de controle previsto na legislação estadual.

§ 1º O visto será aposto em seguida ao termo de abertura lavrado e assinado pelo contribuinte, exigindo-se, no caso de renovação, a apresentação do livro anterior, no qual será declarado o encerramento pelo órgão encarregado do visto.

§ 2º Para efeito da declaração prevista no § 1º, os livros serão exibidos à repartição competente do Fisco estadual dentro de cinco dias após a utilização de sua última folha.

Guarda, Exibição e Retirada

Art. 449. Sem prévia autorização do Fisco estadual, os livros não poderão ser retirados do estabelecimento, salvo para serem levados à repartição fiscal.

Parágrafo único. Presume-se retirado do estabelecimento o livro que não for exibido ao Fisco, quando solicitado.

Art. 450. Os Agentes do Fisco arrecadarão, mediante termo, todos os livros fiscais encontrados fora do estabelecimento e os devolverão aos contribuintes, adotando-se, no ato da devolução, as providências cabíveis.

Art. 451. Os contribuintes ficam obrigados a apresentar os livros fiscais à repartição competente do Fisco estadual, dentro de trinta dias, contados da data da cessação da atividade para cujo exercício estiverem inscritos, a fim de serem lavrados os respectivos termos de encerramento.

Parágrafo único. No prazo de trinta dias, após a devolução dos livros pelo Fisco estadual, os contribuintes comunicarão à unidade local da Secretaria da Receita Federal do Brasil o nome e endereço da pessoa que deverá guardá-los, até que se extinga o direito de constituir o crédito tributário em razão de operações neles escrituradas.

Art. 452. Nos casos de fusão, incorporação, transformação ou aquisição, o novo contribuinte deverá transferir para o seu nome, por intermédio da repartição competente do Fisco estadual, no prazo de trinta dias contados da data da ocorrência, os livros fiscais em uso, assumindo a responsabilidade pela sua guarda, conservação e exibição ao Fisco.

Parágrafo único. A repartição poderá autorizar a adoção de livros novos em substituição aos usados anteriormente.

Escrituração Fiscal Digital – EFD

Art. 453. O contribuinte do imposto deverá substituir a escrituração e a impressão dos livros fiscais de que tratam os incisos I, II, VII e VIII do art. 444 pela escrituração fiscal digital – EFD, em arquivo digital, na forma da legislação específica.

§ 1º No caso de fusão, incorporação ou cisão, a obrigatoriedade de que trata o *caput* se estende à empresa incorporada, cindida ou resultante da cisão ou fusão.

§ 2º Ao contribuinte obrigado à EFD não se aplicam as disposições de que tratam § 8º do art. 444, e os arts. 446 a 450.

§ 3º O contribuinte do imposto poderá ser dispensado da obrigação do uso da EFD, desde que a dispensa seja autorizada pelo fisco da unidade federada do contribuinte e pela Secretaria da Receita Federal do Brasil.

Art. 454. A EFD compõe-se da totalidade das informações, em meio digital, necessárias à apuração do imposto, referentes às operações e prestações praticadas pelo contribuinte, bem como de outras de interesse das administrações tributárias das unidades federadas e da Secretaria da Receita Federal do Brasil.

§ 1º Considera-se a EFD válida para os efeitos fiscais após a confirmação do recebimento do arquivo que a contém, no ambiente nacional Sistema Público de Escrituração Digital – SPED, instituído pelo Decreto nº 6.022, de 22 de janeiro de 2007.

§ 2º O arquivo digital da EFD será gerado pelo contribuinte de acordo com as disposições previstas na legislação específica e conterá a totalidade das informações econômico-fiscais e contábeis correspondentes ao período compreendido entre o primeiro e o último dia do mês.

§ 3º Aplicam-se à EFD, no que couber, as normas de que trata o art. 391.

Art. 455. O contribuinte do imposto deverá:

I – prestar as informações relativas à EFD em arquivo digital individualizado por estabelecimento; e

II – armazenar o arquivo digital da EFD, observando os requisitos de segurança, autenticidade, integridade e validade jurídica, pelo mesmo prazo estabelecido pela legislação para a guarda dos documentos fiscais.

Parágrafo único. A geração, o armazenamento e o envio do arquivo digital não dispensam o contribuinte da guarda dos documentos que deram origem às informações nele constantes, na forma e nos prazos estabelecidos pela legislação aplicável.

Subseção II

DO REGISTRO DE ENTRADAS

Art. 456. O livro Registro de Entradas, modelo 1, destina-se à escrituração das entradas de mercadorias a qualquer título.

§ 1º As operações serão escrituradas individualmente, na ordem cronológica das efetivas entradas das mercadorias no estabelecimento ou na ordem das datas de sua aquisição ou desembaraço aduaneiro, quando não transitarem pelo estabelecimento adquirente ou importador.

§ 2º Os registros serão feitos, documento por documento, desdobrados em linhas de acordo com a natureza das operações, segundo o Código Fiscal de Operações e Prestações – CFOP, a que se refere o Convênio SINIEF de que trata o art. 391, da seguinte forma:

I – na coluna "Data da Entrada": data da entrada efetiva do produto no estabelecimento ou data da sua aquisição ou do desembaraço aduaneiro, se o produto não entrar no estabelecimento;

II – nas colunas sob o título "Documento Fiscal": espécie, série, se houver, número e data do documento fiscal correspondente à operação, bem como o nome do emitente e seus números de inscrição no CNPJ e no Fisco estadual, facultado, às unidades federadas, dispensar a escrituração das duas últimas colunas referidas neste item;

III – na coluna "Procedência": abreviatura da outra unidade federada, se for o caso, onde se localiza o estabelecimento emitente;

IV – na coluna "Valor Contábil": valor total constante do documento fiscal;

V – nas colunas sob o título "Codificação":

a) coluna "Código Contábil": o mesmo código que o contribuinte eventualmente utilizar no seu plano de contas; e

b) coluna "Código Fiscal": o previsto no CFOP;

VI – "Valores Fiscais" e "Operações Com Crédito do Imposto":

a) coluna "Base de Cálculo": valor sobre o qual incide o imposto; e

b) coluna "Imposto Creditado": montante do IPI;

VII – "Valores Fiscais" e "Operações Sem Crédito do Imposto":

a) coluna "Isenta ou Não Tributada": valor da operação, quando se tratar de entrada de produtos cuja saída do estabelecimento remetente tenha sido beneficiada com isenção do imposto ou esteja amparada por imunidade ou não incidência, bem como o valor da parcela correspondente à redução da base de cálculo, quando for o caso; e

b) coluna "Outras": valor da operação, deduzida a parcela do imposto, se consignada no documento fiscal, quando se tratar de entrada de produtos que não confiram ao estabelecimento destinatário crédito do imposto, ou quando se tratar de entrada de produtos cuja saída do estabelecimento remetente tenha sido beneficiada com suspensão do imposto ou com a alíquota zero; e

VIII – na coluna "Observações": anotações diversas.

§ 3º Os documentos fiscais relativos às entradas de materiais de consumo poderão ser totalizados segundo a natureza da operação, para efeito de lançamento global no último dia do período de apuração, exceto pelo usuário de sistema eletrônico de processamento de dados.

Art. 457. Os contribuintes arquivarão as notas fiscais, segundo a ordem de escrituração.

Art. 458. A escrituração será encerrada no último dia de cada período de apuração do imposto.

Subseção III

DO REGISTRO DE SAÍDAS

Art. 459. O livro Registro de Saídas, modelo 2, destina-se à escrituração das saídas de produtos, a qualquer título, do estabelecimento.

§ 1º Serão também escriturados os documentos fiscais relativos à transmissão de propriedade e à transferência dos produtos que não tenham transitado pelo estabelecimento.

§ 2º Far-se-á a escrituração do movimento de cada dia, dentro dos cinco dias subsequentes ao da ocorrência do fato gerador, observada a codificação das operações, de acordo com o CFOP.

§ 3º Na escrituração, o contribuinte poderá optar pela ordem de data da emissão das notas fiscais, vedado o uso simultâneo deste critério com o de que trata o § 2º.

§ 4º Quando se verificar, à vista da via conservada no talonário ou na sanfona, ou da cópia feita no livro Copiador, que a nota fiscal não contém a data de saída dos produtos, considerar-se-á, para efeito de ocorrência do fato gerador, que a saída se realizou no dia da emissão da nota, sem prejuízo do disposto no art. 427.

§ 5º Os registros serão feitos da seguinte forma:

I – nas colunas sob o título "Documento Fiscal": espécie, série, se houver, números inicial e final e data dos documentos fiscais emitidos;

II – na coluna "Valor Contábil": valor total constante das notas fiscais;

III – nas colunas sob o título "Codificação":

a) coluna "Código Contábil": o mesmo código que o contribuinte eventualmente utilizar no seu plano de contas; e

b) coluna "Código Fiscal": o previsto no CFOP;

IV – "Valores Fiscais" e "Operações Com Débito do Imposto":

a) coluna "Base de Cálculo": valor sobre o qual incide o imposto; e

b) coluna "Imposto Debitado": montante do imposto;

V – "Valores Fiscais" e "Operações Sem Débito do Imposto":

a) coluna "Isento ou Não Tributado": valor da operação, quando se tratar de produtos cuja saída do estabelecimento tenha sido beneficiada com isenção do imposto ou esteja amparada por imunidade ou não incidência, bem como o valor da parcela correspondente à redução da base de cálculo, quando for o caso; e

b) coluna "Outras": valor da operação, quando se tratar de produtos cuja saída do estabelecimento tenha sido beneficiada com suspensão do imposto ou com a alíquota zero; e

VI – na coluna "Observações": anotações diversas.

Art. 460. A escrituração será encerrada no último dia de cada período de apuração do imposto.

Subseção IV

DO REGISTRO DE CONTROLE DA PRODUÇÃO E DO ESTOQUE

Art. 461. O livro Registro de Controle da Produção e do Estoque, modelo 3, destina-se ao controle quantitativo da produção e do estoque de mercadorias e, também, ao fornecimento de dados para preenchimento do documento de prestação de informações à repartição fiscal.

§ 1º Serão escriturados no livro os documentos fiscais relativos às entradas e saídas de mercadorias, bem como os documentos de uso interno, referentes à sua movimentação no estabelecimento.

§ 2º Não serão objeto de escrituração as entradas de produtos destinados ao ativo fixo ou ao uso do próprio estabelecimento.

§ 3º Os registros serão feitos operação a operação, devendo ser utilizada uma folha para cada espécie, marca, tipo e modelo de produtos.

§ 4º A Secretaria da Receita Federal do Brasil, quando se tratar de produtos com a mesma classificação fiscal na TIPI, poderá autorizar o estabelecimento industrial, ou equiparado a industrial, a agrupá-los numa mesma folha.

Art. 462. Os registros serão feitos da seguinte forma:

I – no quadro "Produto": identificação do produto;

II – no quadro "Unidade": especificação da unidade (quilograma, litro etc.);

III – no quadro "Classificação Fiscal": indicação do Código da TIPI e da alíquota do imposto;

IV – nas colunas sob o título "Documento": espécie e série, se houver, do respectivo documento fiscal ou documento de uso interno do estabelecimento, correspondente a cada operação;

V – nas colunas sob o título "Lançamento": número e folha do livro Registro de Entradas ou Registro de Saídas, em que o documento fiscal tenha sido registrado, bem como a respectiva codificação contábil e fiscal, quando for o caso;

VI – nas colunas sob o título "Entradas":

a) coluna "Produção – No Próprio Estabelecimento": quantidade do produto industrializado no próprio estabelecimento;

b) coluna "Produção – Em Outro Estabelecimento": quantidade do produto industrializado em outro estabelecimento da mesma firma ou de terceiros, com matéria-prima, produto intermediário e material de embalagem, anteriormente remetidos para esse fim;

c) coluna "Diversas": quantidade de matéria-prima, produto intermediário e material de embalagem, produtos em fase de fabricação e produtos acabados, não compreendidos nas alíneas *a* e *b*, inclusive os recebidos de outros estabelecimentos da mesma firma ou de terceiros, para industrialização e posterior retorno, consignando-se o fato, nesta última hipótese, na coluna "Observações";

d) coluna "Valor": base de cálculo do imposto, quando a entrada dos produtos originar crédito do tributo; se a entrada não gerar crédito ou quando se tratar de isenção, imunidade ou não incidência, será registrado o valor total atribuído aos produtos; e

e) coluna "IPI": valor do imposto creditado;

VII – nas colunas sob o título "Saídas":

a) coluna "Produção – No Próprio Estabelecimento": em se tratando de matéria-prima, produto intermediário e material de embalagem, a quantidade remetida do almoxarifado para o setor de fabricação, para industrialização do próprio estabelecimento; no caso de produto acabado, a quantidade saída, a qualquer título, de produto industrializado do próprio estabelecimento;

b) coluna "Produção – Em Outro Estabelecimento": em se tratando de matéria-prima, produto intermediário e material de embalagem, a quantidade saída para industrialização em outro estabelecimento da mesma firma ou de terceiros, quando o produto industrializado deva ser remetido ao estabelecimento remetente daquelas matérias-primas, produtos intermediários e materiais de embalagem; em se tratando de produto acabado, a quantidade saída, a qualquer título, de produto industrializado em estabelecimentos de terceiros;

c) coluna "Diversas": quantidade de produtos saídos, a qualquer título, não compreendidos nas alíneas *a* e *b*;

d) coluna "Valor": base de cálculo do imposto; se a saída estiver amparada por isenção, imunidade ou não incidência, será registrado o valor total atribuído aos produtos; e

e) coluna "IPI": valor do imposto, quando devido;

VIII – na coluna "Estoque": quantidade em estoque após cada registro de entrada ou de saída; e

IX – na coluna "Observações": anotações diversas.

§ 1º Quando se tratar de industrialização no próprio estabelecimento, será dispensada a indicação dos valores relativos às operações indicadas na alínea *a* do inciso VI e na primeira parte da alínea *a* do inciso VII.

§ 2º No último dia de cada mês serão somados as quantidades e valores constantes das colunas "Entradas" e "Saídas", apurando-se o saldo das quantidades em estoque, que será transportado para o mês seguinte.

Art. 463. O livro poderá, a critério da autoridade competente do Fisco estadual, ser substituído por fichas:

I – impressas com os mesmos elementos do livro substituído;

II – numeradas tipograficamente, de um a novecentos e noventa e nove mil, novecentos e noventa e nove; e

III – prévia e unitariamente autenticadas pelo Fisco estadual ou pela Junta Comercial.

Parágrafo único. Deverá ainda ser visada, pela repartição do Fisco estadual, ou pela Junta Comercial, ficha-índice, na qual, observada a ordem numérica crescente, será registrada a utilização de cada ficha.

Art. 464. A escrituração do livro ou das fichas não poderá atrasar mais de quinze dias.

Escrituração Simplificada

Art. 465. A escrituração do livro Registro de Controle de Produção e do Estoque poderá ser feita com as seguintes simplificações:

I – escrituração do total diário na coluna "Produção – No Próprio Estabelecimento", sob o título "Entradas";

II – escrituração do total diário na coluna "Produção – No Próprio Estabelecimento", sob o título "Saídas", em se tratando de matéria-prima, produto intermediário e material de embalagem, quando remetidos do almoxarifado para industrialização no próprio estabelecimento;

III – nos casos previstos nos incisos I e II, fica igualmente dispensada a escrituração das colunas sob o título "Documento" e "Lançamento", exceção feita à coluna "Data"; e

IV – escrituração diária na coluna "Estoque", em vez de ser feita após cada registro de entrada ou saída.

Parágrafo único. Os produtos que tenham pequena expressão na composição do produto final, tanto em termos físicos quanto em valor, poderão ser agrupados numa mesma folha, se possível, desde que se enquadrem no mesmo Código da TIPI.

Controle Alternativo

Art. 466. O estabelecimento industrial, ou equiparado a industrial, e o comercial atacadista, que possuir controle quantitativo de produtos que permita perfeita apuração do estoque permanente, poderá optar pela utilização desse controle, em substituição ao livro Registro de Controle da Produção e do Estoque, observado o seguinte:

I – o estabelecimento fica obrigado a apresentar, quando solicitado, aos Fiscos federal e estadual, o controle substitutivo;

II – para a obtenção de dados destinados ao preenchimento do documento de prestação de informações, o estabelecimento industrial, ou a ele equiparado, poderá adaptar, aos seus modelos, colunas para indicação do valor do produto e do imposto, tanto na entrada quanto na saída; e

III – o formulário adotado fica dispensado de prévia autenticação.

Subseção V

DO REGISTRO DE ENTRADA E SAÍDA DO SELO DE CONTROLE

Art. 467. O livro Registro de Entrada e Saída do Selo de Controle, modelo 4, destina-se à escrituração dos dados relativos à entrada e saída do selo de controle previsto no Capítulo III do Título VIII – Das Obrigações Acessórias.

§ 1º A escrituração será efetuada em ordem cronológica, operação a operação, pelo movimento diário quanto às saídas do selo, devendo ser utilizada uma folha para cada grupo ou subgrupo, cor e série, esta se houver.

§ 2º Far-se-ão os registros, nas colunas próprias, da seguinte forma:

I – na coluna 1: dia, mês e ano do registro;

II – nas colunas 2, 3, 4 e 5: número e data da Guia do Fornecimento do Selo de Controle e quantidade e número dos selos;

III – nas colunas 6, 7 e 8: série, se houver, e número da nota fiscal de saída dos produtos e quantidade dos selos nestes aplicados;

IV – na coluna 9: quantidade dos selos devolvidos, inutilizados, apreendidos, transferidos para outro estabelecimento ou considerados imprestáveis;

V – na coluna 10: quantidade dos selos existentes após cada registro; e

VI – na coluna 11: além das observações julgadas necessárias, será escriturada a natureza do registro levado a efeito na coluna 9, com indicação da guia de devolução, quando for o caso.

Art. 468. Os contribuintes do imposto autorizados a emissão de livros fiscais por processamento eletrônico de dados, na forma do art. 388, poderão emitir, pelo mesmo sistema, o livro modelo 4, nas condições estabelecidas pela Secretaria da Receita Federal do Brasil.

Subseção VI

DO REGISTRO DE IMPRESSÃO DE DOCUMENTOS FISCAIS

Art. 469. O livro Registro de Impressão de Documentos Fiscais, modelo 5, destina-se a anotar as quantidades de notas fiscais, impressas para uso próprio ou para terceiros.

§ 1º Os registros serão feitos operação a operação, em ordem cronológica das saídas dos documentos impressos, ou na data de sua impressão no caso de se destinarem ao uso do próprio estabelecimento impressor.

§ 2º Os registros serão feitos da seguinte forma:

I – na coluna "Autorização de Impressão – Número": número da autorização de impressão, quando exigida pelo Fisco, para a confecção dos documentos;

II – nas colunas sob o título "Comprador":

a) coluna "Número de Inscrição": números de inscrição do usuário, no CNPJ e no Fisco estadual;

b) coluna "Nome": nome do usuário do documento fiscal encomendado; e

c) coluna "Endereço": indicação do local do estabelecimento do usuário do documento fiscal encomendado;

III – nas colunas sob o título "Impressos":

a) coluna "Espécie": espécie do documento fiscal confeccionado (nota fiscal);

b) coluna "Tipo": tipo de documento fiscal confeccionado (blocos, folhas soltas, formulários contínuos, etc.);

c) coluna "Série e Subsérie": série, se houver, correspondente ao documento fiscal impresso; e

d) coluna "Numeração": números dos documentos fiscais impressos; no caso de impressão de documentos fiscais sem numeração tipográfica, sob regime especial, tal circunstância deverá constar da coluna "Observações";

IV – nas colunas sob o título "Entrega":

a) coluna "Data": dia, mês e ano da efetiva entrega dos documentos, ou da sua impressão no caso de se destinarem ao uso do próprio estabelecimento impressor; e

b) coluna "notas fiscais": série, se houver, e número da nota fiscal emitida pelo estabelecimento, relativa à saída dos documentos impressos; e

V – na coluna "Observações": anotações diversas, inclusive as relativas aos documentos que o estabelecimento confeccionar para uso próprio.

Subseção VII

DO REGISTRO DE UTILIZAÇÃO DE DOCUMENTOS FISCAIS E TERMOS DE OCORRÊNCIAS

Art. 470. O livro Registro de Utilização de Documentos Fiscais e Termos de Ocorrências, modelo 6, destina-se à escrituração do recebimento de notas fiscais de uso do próprio contribuinte, impressas por estabelecimentos gráficos dele ou de terceiros, bem como à lavratura, pelo Fisco, de termos de ocorrências e, pelo usuário, à anotação de qualquer irregularidade ou falta praticada, ou a outra comunicação ao Fisco, prevista neste Regulamento ou em ato normativo.

§ 1º A escrituração será feita, operação a operação, em ordem cronológica da impressão ou recebimento das notas fiscais, utilizada uma folha para cada espécie e série, se houver.

§ 2º Os registros serão feitos da seguinte forma:

I – no quadro "Espécie": espécie de documento (nota fiscal);

II – no quadro "Série e Subsérie": série, se houver, correspondente ao documento;

III – no quadro "Tipo": tipo do documento (blocos, folhas soltas, formulários contínuos, etc.);

IV – no quadro "Finalidade da Utilização": fim a que se destina o documento (vendas a contribuintes, a não contribuintes, a contribuintes de outras unidades federadas, etc.);

V – na coluna "Autorização de Impressão": número da autorização expedida pelo Fisco estadual para confecção de documento;

VI – na coluna "Impressos – Numeração": os números dos documentos fiscais; no caso de impressão sem numeração tipográfica, sob regime especial, tal circunstância deverá constar da coluna "Observações";

VII – nas colunas sob o título "Fornecedor":

a) coluna "Nome": nome da firma que confeccionou os documentos;

b) coluna "Endereço": indicação do local do estabelecimento impressor; e

c) coluna "Inscrição": números de inscrição, do estabelecimento impressor, no CNPJ e no Fisco estadual;

VIII – nas colunas sob o título "Recebimento":

a) coluna "Data": dia, mês e ano do efetivo recebimento dos documentos; e

b) coluna "nota fiscal": série, se houver, e número da nota fiscal emitida pelo estabelecimento gráfico por ocasião da saída dos impressos; e

IX – na coluna "Observações": anotações diversas, inclusive sobre:

a) extravio, perda ou inutilização de blocos de documentos fiscais ou conjunto de documentos fiscais em formulários contínuos;

b) supressão de série; e

c) entrega de blocos ou formulários de documentos fiscais à repartição para serem inutilizados.

Art. 471. Metade, pelo menos, das folhas do livro Registro de Utilização de Documentos Fiscais e Termos de Ocorrências, impressas conforme o respectivo modelo, numeradas e incluídas no seu final, servirá para lavratura, pelo Fisco, de termos de ocorrências, e pelo usuário, para o fim previsto no *caput* do art. 470.

Subseção VIII

DO REGISTRO DE INVENTÁRIO

Art. 472. O livro Registro de Inventário, modelo 7, destina-se a arrolar, pelos seus valores e com especificações que permitam sua perfeita identificação, as matérias-primas, os produtos intermediários, os materiais de embalagem, os produtos acabados e os produtos em fase de fabricação, existentes em cada estabelecimento à época do balanço da firma.

§ 1º Serão também arrolados, separadamente:

I – as matérias-primas, os produtos intermediários, os materiais de embalagem e os produtos manufaturados pertencentes ao estabelecimento, em poder de terceiros; e

II – as matérias-primas, os produtos intermediários, os materiais de embalagem, os produtos acabados e produtos em fabricação pertencentes a terceiros, em poder do estabelecimento.

§ 2º A escrituração atenderá à ordem de classificação na TIPI.

§ 3º Os registros serão feitos da seguinte forma:

I – na coluna "Classificação Fiscal": código da TIPI em que os produtos estão classificados;

II – na coluna "Discriminação": especificação que permita a perfeita identificação dos produtos (espécie, qualidade, marca, tipo, modelo e número, se houver);

III – na coluna "Quantidade": quantidade em estoque à época do balanço;

IV – na coluna "Unidade": especificação da unidade (quilograma, metro, litro, etc.);

V – nas colunas sob o título "Valor":

a) coluna "Unitário": valor de cada unidade dos produtos pelo custo de aquisição ou de fabricação ou pelo preço

LEG. COMPLEMENTAR

corrente no mercado ou bolsa, prevalecendo o critério de estimar-se pelo preço corrente, quando este for inferior ao preço de custo; no caso de matérias-primas ou de produtos em fase de fabricação, o valor será o de seu preço de custo;

b) coluna "Parcial": valor resultante da multiplicação da quantidade pelo valor unitário; e

c) coluna "Total": soma dos valores parciais constantes do mesmo Código da TIPI; e

VI – na coluna "Observações": anotações diversas.

Art. 473. Após o arrolamento, deverá ser consignado o valor total de cada grupo mencionado no *caput* e no § 1º do art. 472 e, ainda, o total geral do estoque existente.

Art. 474. O disposto no § 2º e no inciso I do § 3º do art. 472 somente se aplica aos estabelecimentos industriais e equiparados a industrial.

Art. 475. Se a firma não mantiver escrita contábil regular, o inventário será levantado em cada estabelecimento no último dia do ano civil.

Art. 476. O livro será escriturado dentro de 60 (sessenta) dias, contados da data do balanço da firma, ou, no caso do art. 475, do último dia do ano civil.

Subseção IX

DO REGISTRO DE APURAÇÃO DO IPI

Art. 477. O livro Registro de Apuração do IPI, modelo 8, destina-se a consignar, de acordo com os períodos de apuração fixados neste Regulamento, os totais dos valores contábeis e dos valores fiscais das operações de entrada e saída, extraídos dos livros próprios, atendido o Código Fiscal de Operações e Prestações – CFOP.

Parágrafo único. No livro Registro de Apuração do IPI serão também registrados os débitos e os créditos do imposto, os saldos apurados e outros elementos que venham a ser exigidos.

Art. 478. Os contribuintes do imposto autorizados a emissão de livros fiscais por processamento eletrônico de dados, na forma do art. 388, poderão emitir, pelo mesmo sistema, o livro modelo 8, nas condições estabelecidas pela Secretaria da Receita Federal do Brasil.

Seção IV

DAS DISPOSIÇÕES ESPECIAIS

Subseção I

DAS OPERAÇÕES REALIZADAS POR INTERMÉDIO DE AMBULANTES

Art. 479. Na saída de produtos do estabelecimento industrial, ou equiparado a industrial, para venda, por intermédio de ambulantes, será emitida nota fiscal, com a indicação dos números e série, se houver, das notas em branco, em poder do ambulante, a serem utilizadas por ocasião da entrega dos produtos aos adquirentes.

Art. 480. Na entrega efetuada por ambulante, as notas fiscais poderão ser emitidas sem destaque do imposto, desde que declarem:

I – que o imposto se acha incluído no valor dos produtos; e

II – o número e a data da nota fiscal que acompanhou os produtos que lhes foram entregues.

Art. 481. No retorno do ambulante, será feito, no verso da primeira via da nota fiscal relativa à remessa, o balanço do imposto destacado com o devido sobre as vendas realizadas, indicando-se a série, se houver, e os números das notas emitidas pelo ambulante.

§ 1º Se da apuração de que trata este artigo resultar saldo devedor, o estabelecimento emitirá nota fiscal com destaque do imposto e a declaração "Nota Emitida Exclusivamente para Uso Interno", para escrituração no livro Registro de Saídas; se resultar saldo credor, será emitida nota fiscal para escrituração no livro Registro de Entradas.

§ 2º Considerar-se-á, também, que houve retorno do ambulante, quando ocorrer prestação de contas, a qualquer título, entre as partes interessadas, ou entrega de novos produtos ao ambulante.

§ 3º Os contribuintes que operarem na conformidade desta Subseção fornecerão, aos ambulantes, documentos que os credenciem ao exercício de sua atividade.

Subseção II

DOS ARMAZÉNS-GERAIS E DEPÓSITOS FECHADOS

Armazém-Geral na mesma Unidade da Federação

Art. 482. Na saída de produtos para depósito em armazém-geral localizado na mesma unidade federada do estabelecimento remetente, assim como em seu retorno a este, será emitida nota fiscal com suspensão do imposto, indicando como natureza da operação: "Outras Saídas – Remessa para Depósito" ou "Outras Saídas – Retorno de Mercadorias Depositadas".

Parágrafo único. As notas fiscais que acompanharem os produtos serão emitidas pelo depositante, na remessa, e pelo armazém-geral, no retorno.

Art. 483. Na saída de produtos depositados em armazém-geral situado na mesma unidade federada do estabelecimento depositante, com destino a outro estabelecimento, ainda que da mesma empresa, o depositante emitirá nota fiscal, com destaque do imposto, se devido, e com a declaração de que os mesmos produtos serão retirados do armazém-geral, mencionando endereço e números de inscrição, deste, no CNPJ e no Fisco estadual.

§ 1º O armazém-geral, na saída dos produtos, expedirá nota fiscal para o estabelecimento depositante, sem destaque do imposto, indicando:

I – o valor dos produtos, que será aquele atribuído por ocasião de sua entrada no armazém-geral;

II – a natureza da operação: "Outras Saídas – Retorno Simbólico de Produtos Depositados";

III – o número, a série, se houver, e a data da nota fiscal do estabelecimento depositante, na forma do *caput*;

IV – o nome, o endereço e os números de inscrição, do estabelecimento destinatário dos produtos, no CNPJ e no Fisco estadual; e

V – a data da saída efetiva dos produtos.

§ 2º O armazém-geral indicará no verso das vias da nota fiscal do estabelecimento depositante, que deverão acompanhar os produtos, a data de sua efetiva saída, o número, série, se houver, e data da nota fiscal a que se refere o § 1º.

§ 3º A nota fiscal, a que se refere o § 1º será enviada ao estabelecimento depositante, que deverá escriturá-la no livro Registro de Entradas, dentro de dez dias, contados da saída efetiva dos produtos do armazém-geral.

Art. 484. Na saída de produtos para depósito em armazém-geral localizado na mesma unidade federada do estabelecimento destinatário, este será considerado depositante, devendo o remetente emitir nota fiscal, com destaque do imposto, se devido, e com a indicação do valor e da natureza da operação, e, ainda:

I – como destinatário, o estabelecimento depositante; e

II – local de entrega, endereço e números de inscrição, do armazém-geral, no CNPJ e no Fisco estadual.

§ 1º O armazém-geral deverá:

I – escriturar a nota fiscal que acompanhou os produtos, no livro Registro de Entradas; e

II – apor na mesma nota fiscal a data da entrada efetiva dos produtos, remetendo-a ao estabelecimento depositante.

§ 2º Caberá ao estabelecimento depositante:

I – escriturar a nota fiscal no livro Registro de Entradas, dentro de dez dias, contados da data da entrada efetiva das mercadorias no armazém-geral;

II – emitir nota fiscal relativa à saída simbólica, dentro de dez dias, contados da data da entrada efetiva dos produtos no armazém-geral, na forma do art. 482, mencionando, ainda, número e data do documento fiscal do remetente; e

III – remeter a nota fiscal a que se refere o inciso II deste parágrafo ao armazém-geral, dentro de cinco dias, contados da data da sua emissão.

§ 3º O armazém-geral anotará na coluna "Observações" do livro Registro de Entradas, relativamente ao registro previsto no inciso I do § 1º, o número, a série, se houver, e a data da nota fiscal referida no inciso II do § 2º.

Armazém-Geral em outra Unidade da Federação

Art. 485. Na saída de produtos para depósito em armazém-geral localizado em unidade federada diversa daquela em que se situa o estabelecimento remetente, este emitirá nota fiscal, com suspensão do imposto, indicando como natureza da operação: "Outras Saídas – Remessa para Depósito em Outro Estado".

Art. 486. Na saída de produtos depositados em armazém-geral localizado em unidade federada diversa daquela onde está situado o estabelecimento depositante, com destino a outro estabelecimento, ainda que da mesma empresa, o depositante emitirá nota fiscal com destaque do imposto, se devido, indicando o valor e a natureza da operação e a circunstância de que os produtos serão retirados do armazém-geral, bem como o endereço e os números de inscrição deste no CNPJ e no Fisco estadual.

§ 1º O armazém-geral, na saída dos produtos, emitirá:

I – nota fiscal para o estabelecimento destinatário, sem destaque do imposto, indicando:

a) o valor da operação, que será o da nota fiscal emitida pelo estabelecimento depositante, na forma do *caput*;

b) a natureza da operação: "Outras Saídas – Remessa por Conta e Ordem de Terceiros"; e

c) o número, a série, se houver, e a data da nota fiscal do estabelecimento depositante, bem como o nome, o endereço e os números de inscrição deste no CNPJ e no Fisco estadual; e

II – nota fiscal para o estabelecimento depositante, sem destaque do imposto, indicando:

a) o valor dos produtos, que será aquele atribuído por ocasião de sua entrada no armazém-geral;

b) a natureza da operação: "Outras Saídas – Retorno Simbólico de Mercadorias Depositadas";

c) o número, a série, se houver, e a data da nota fiscal emitida na forma do *caput*, pelo estabelecimento depositante, bem como o nome, o endereço e os números de inscrição deste no CNPJ e no Fisco estadual;

d) o nome, o endereço e os números de inscrição, do estabelecimento destinatário, no CNPJ e no Fisco estadual, e o número, a série, se houver, e a data da nota fiscal referida no inciso I deste parágrafo; e

e) a data da efetiva saída dos produtos.

§ 2º Os produtos serão acompanhados, no seu transporte, pelas notas fiscais referidas no *caput* e no inciso I do § 1º.

§ 3º A nota fiscal a que se refere o inciso II do § 1º será enviada ao estabelecimento depositante, que a escriturará no livro Registro de Entradas, dentro de dez dias, contados da saída efetiva dos produtos do armazém-geral.

§ 4º O estabelecimento destinatário, ao receber os produtos, escriturará no livro Registro de Entradas a nota fiscal a que se refere o *caput*, anotando na coluna "Observações" o número, a série, se houver, e a data da nota fiscal a que se refere o inciso I do § 1º, bem como o nome, o endereço e os números de inscrição, do armazém-geral, no CNPJ e no Fisco estadual.

Art. 487. Na saída de produtos para depósito em armazém-geral localizado em unidade federada diversa daquela onde estiver situado o estabelecimento destinatário, este será considerado depositante, cumprindo ao remetente:

I – emitir nota fiscal, com os seguintes elementos:

a) o estabelecimento depositante, como destinatário;

b) o valor da operação;

c) a natureza da operação;

d) o local da entrega, o endereço e os números de inscrição, do armazém-geral, no CNPJ e no Fisco estadual; e

e) o destaque do imposto, se devido; e

II – emitir nota fiscal em nome do armazém-geral, para acompanhar o transporte das mercadorias, sem destaque do imposto, indicando:

a) o valor da operação;

b) a natureza da operação: "Outras Saídas – Para Depósito por Conta e Ordem de Terceiros";

c) o nome, o endereço e os números de inscrição, do estabelecimento destinatário e depositante, no CNPJ e no Fisco estadual; e

d) o número, a série, se houver, e a data da nota fiscal referida no inciso I.

§ 1º O estabelecimento destinatário e depositante, dentro de dez dias, contados da data da entrada efetiva dos produtos no armazém-geral, emitirá nota fiscal para este, relativa à saída simbólica, sem destaque do imposto, com os seguintes elementos:

I – o valor da operação;

II – a natureza da operação: "Outras Saídas – Remessa para Depósito"; e

III – a circunstância de que os produtos foram entregues diretamente ao armazém-geral, bem como o número, a série, se houver, e a data da nota fiscal emitida na forma do inciso I do *caput*, pelo estabelecimento remetente, bem como o nome, o endereço e os números de inscrição deste no CNPJ e no Fisco estadual.

§ 2º A nota fiscal referida no § 1º será remetida ao armazém-geral dentro de cinco dias, contados da data da sua emissão.

§ 3º O armazém-geral escriturará a nota fiscal referida no § 1º no livro Registro de Entradas, anotando na coluna "Observações" o número, a série, se houver, e a data da nota fiscal a que se refere o inciso II do *caput*, bem como o nome, o endereço e os números de inscrição, do estabelecimento remetente, no CNPJ e no Fisco estadual.

Art. 488. Na saída de produtos depositados nas condições indicadas no art. 487, serão observadas as prescrições contidas no art. 486.

Transmissão de Propriedade de Produtos Depositados

Art. 489. Nos casos de transmissão de propriedade de produtos, que permanecerem em armazém-geral situado na mesma unidade federada do estabelecimento depositante e transmitente, este expedirá nota fiscal para o estabelecimento adquirente, com destaque do imposto, se devido, e com indicação do valor e da natureza da operação e da circunstância de que os produtos se encontram depositados no armazém-geral, mencionando o endereço e os números de inscrição deste no CNPJ e no Fisco estadual.

§ 1º O armazém-geral emitirá nota fiscal para o estabelecimento depositante e transmitente, sem destaque do imposto, indicando:

I – o valor dos produtos, que será o atribuído por ocasião de sua entrada no armazém-geral;

II – a natureza da operação: "Outras Saídas – Retorno Simbólico de Mercadorias Depositadas";

III – o número, a série, se houver, e a data da nota fiscal emitida pelo estabelecimento depositante e transmitente, na forma do *caput*; e

IV – o nome, o endereço e os números de inscrição, do estabelecimento adquirente, no CNPJ e no Fisco estadual.

§ 2º A nota fiscal a que se refere o § 1º será enviada ao estabelecimento depositante e transmitente, que a escriturará no livro Registro de Entradas, dentro de dez dias, contados da data de sua emissão.

§ 3º O estabelecimento adquirente escriturará a nota fiscal referida no *caput*, no livro Registro de Entradas, dentro de dez dias, contados da data de sua emissão.

§ 4º No prazo referido no § 3º, o estabelecimento adquirente emitirá nota fiscal para o armazém-geral, sem destaque do imposto, indicando:

I – o valor dos produtos, que será o da nota fiscal emitida pelo estabelecimento depositante e transmitente, na forma do *caput*;

II – a natureza da operação: "Outras Saídas – Remessa Simbólica de Mercadorias Depositadas"; e

III – o número, a série, se houver, e a data da nota fiscal emitida na forma do *caput*, pelo estabelecimento depositante e transmitente, bem como o nome, o endereço e os números de inscrição deste no CNPJ e no Fisco estadual.

§ 5º A nota fiscal a que se refere o § 4º será enviada, dentro de cinco dias, contados da data da sua emissão, ao armazém-geral, que a escriturará no livro Registro de Entradas, dentro de igual prazo, a partir da data de seu recebimento.

Art. 490. Nos casos de transmissão de propriedade de produtos que permanecerem em armazém-geral situado em unidade federada diversa da do estabelecimento depositante e transmitente, este expedirá nota fiscal para o estabelecimento adquirente, com destaque do imposto, se devido, com a indicação do valor e da natureza da operação e da circunstância de que os produtos se encontram depositados em armazém-geral, mencionando, ainda, o endereço e os números de inscrição deste no CNPJ e no Fisco estadual.

§ 1º Caberá ao armazém-geral:

I – emitir nota fiscal para o estabelecimento depositante e transmitente, sem destaque do imposto, indicando:

a) o valor dos produtos, que será aquele atribuído por ocasião de sua entrada no armazém-geral;

b) a natureza da operação: "Outras Saídas – Retorno Simbólico das Mercadorias Depositadas";

c) o número, a série, se houver, e a data da nota fiscal emitida pelo estabelecimento depositante e transmitente, na forma do *caput*; e

d) o nome, o endereço e os números de inscrição, do estabelecimento adquirente, no CNPJ e no Fisco estadual; e

II – emitir nota fiscal para o estabelecimento adquirente, sem destaque do imposto, com os seguintes elementos:

a) o valor da operação, que será o da nota fiscal emitida pelo estabelecimento depositante e transmitente na forma do *caput*;

b) a natureza da operação: "Outras Saídas – Transmissão de Propriedade de Mercadorias por Conta e Ordem de Terceiros"; e

c) o número, a série, se houver, e a data da nota fiscal emitida na forma do *caput*, pelo estabelecimento depositante e transmitente, bem como o nome, o endereço e os números de inscrição deste no CNPJ e no Fisco estadual.

§ 2º A nota fiscal a que se refere o inciso I do § 1º será enviada dentro de cinco dias, contados da data de sua emissão, ao estabelecimento depositante e transmitente, que deverá escriturá-la no livro Registro de Entradas, dentro de igual prazo, a partir da data de seu recebimento.

§ 3º A nota fiscal a que se refere o inciso II do § 1º será enviada dentro de cinco dias, contados da data de sua emissão, ao estabelecimento adquirente, que a escriturará no livro Registro de Entradas, dentro de igual prazo, a partir da data do seu recebimento, anotando, na coluna "Observações", o número, a série, se houver, e a data da nota fiscal referida no *caput*, bem como o nome, o endereço e os números de inscrição, no CNPJ e no Fisco estadual, do estabelecimento depositante e transmitente.

§ 4º No prazo referido no § 3º, o estabelecimento adquirente emitirá nota fiscal para o armazém-geral, sem destaque do imposto, indicando:

I – o valor da operação, que será o da nota fiscal emitida pelo estabelecimento depositante e transmitente, na forma do *caput*;

II – a natureza da operação: "Outras Saídas – Remessa Simbólica de Produtos Depositados"; e

III – o número, a série, se houver, e a data da nota fiscal emitida, na forma do *caput*, pelo estabelecimento depositante e transmitente, bem como o nome, o endereço e os números de inscrição deste no CNPJ e no Fisco estadual.

§ 5º A nota fiscal a que se refere o § 4º será enviada, dentro de cinco dias, contados da data da sua emissão, ao armazém-geral, que deverá escriturá-la no livro Registro de Entradas, dentro de igual prazo, a partir da data de seu recebimento.

Declaração no Conhecimento de Depósito e *Warrant*

Art. 491. No recebimento de produtos com suspensão do imposto, o armazém-geral fará, no verso do conhecimento de depósito e do *warrant* que emitir, a declaração "Recebido com Suspensão do IPI".

Depósitos Fechados

Art. 492. Aplicam-se aos depósitos fechados as seguintes disposições relativas aos armazéns-gerais:

I – na saída de produtos para depósito fechado do próprio remetente, situado na mesma unidade federada deste, e no retorno ao estabelecimento de origem, o art. 482;

II – na saída de produtos de depósito fechado, com destino a outro estabelecimento, ainda que da mesma empresa depositante, o art. 483;

III – na saída dos produtos para depósito fechado do próprio remetente, situado em unidade federada diversa daquela do estabelecimento remetente, o art. 485;

IV – na saída de produtos depositados nas condições do inciso III, com destino a outro estabelecimento, ainda que da mesma empresa depositante, o art. 486; e

V – na saída para depósito fechado pertencente ao estabelecimento adquirente dos produtos, quando depósito e adquirente estejam situados na mesma unidade federada, o art. 484.

Subseção III

DOS PRODUTOS INDUSTRIALIZADOS, POR ENCOMENDA, COM MATÉRIAS-PRIMAS DO ENCOMENDANTE

Art. 493. Nas operações em que um estabelecimento mandar industrializar produtos, com matéria-prima, produto intermediário e material de embalagem, adquiridos de terceiros, os quais, sem transitar pelo estabelecimento adquirente, forem entregues diretamente ao industrializador, será observado o seguinte procedimento:

I – pelo remetente das matérias-primas, dos produtos intermediários e dos materiais de embalagem:

a) emitir nota fiscal em nome do estabelecimento adquirente, com a qualificação do destinatário industrializador pelo nome, endereço e números de inscrição no CNPJ e no Fisco estadual; a declaração de que os produtos se destinam a industrialização; e o destaque do imposto, se este for devido; e

b) emitir nota fiscal em nome do estabelecimento industrializador, para acompanhar as matérias-primas, sem destaque do imposto, e com a qualificação do adquirente, por cuja conta e ordem é feita a remessa; a indicação, pelo número, pela série, se houver, e pela data da nota fiscal referida na alínea *a*; e a declaração de ter sido o imposto destacado na mesma nota, se ocorrer essa circunstância; e

II – pelo estabelecimento industrializador, na saída dos produtos resultantes da industrialização: emitir nota fiscal em nome do encomendante, com a qualificação do remetente das matérias-primas e indicação da nota fiscal com que forem remetidas; o valor total cobrado pela operação, com destaque do valor dos produtos industrializados ou importados pelo estabelecimento, diretamente empregados na operação, se ocorrer essa circunstância, e o destaque do imposto, se este for devido.

Art. 494. Se os produtos em fase de industrialização tiverem de transitar por mais de um estabelecimento industrializador, antes de serem entregues ao encomendante, deverá ser observada a seguinte orientação:

I – cada estabelecimento industrializador emitirá na saída dos produtos resultantes da industrialização:

a) nota fiscal em nome do industrializador seguinte, para acompanhar os produtos, sem destaque do imposto e com a qualificação do encomendante e do industrializador anterior, e a indicação da nota fiscal com que os produtos foram recebidos; e

b) nota fiscal em nome do estabelecimento encomendante, com a indicação da nota fiscal com que os produtos foram recebidos e a qualificação de seu emitente; a indicação da nota fiscal com que os produtos saírem para o industrializador seguinte e a qualificação deste, conforme alínea *a*; o valor total cobrado pela operação, com destaque do valor dos produtos industrializados ou importados pelo estabelecimento, diretamente empregados na operação, se ocorrer essa circunstância; e o destaque do imposto, se este for devido; e

II – pelo industrializador final: adotar, no que for aplicável, o roteiro previsto no inciso II do art. 493.

Art. 495. Na remessa dos produtos industrializados, efetuada pelo industrializador, diretamente a outro estabelecimento da firma encomendante, ou a estabelecimento de terceiros, caberá o seguinte procedimento:

I – pelo estabelecimento encomendante: emitir nota fiscal em nome do estabelecimento destinatário, com destaque do imposto, se este for devido, e a declaração "O produto sairá de........................, sito na Rua........................, nº........, na cidade de................"; e

II – pelo estabelecimento industrializador: emitir nota fiscal em nome do estabelecimento encomendante, com a declaração "Remessa Simbólica de Produtos Industrializados por Encomenda", no local destinado à natureza da operação; a indicação da nota fiscal que acompanhou as matérias-primas recebidas para industrialização, e a qualificação de seu emitente; o valor total cobrado pela operação, com destaque do valor dos produtos industrializados ou importados pelo estabelecimento, diretamente empregados na operação, se ocorrer essa circunstância; e o destaque do imposto, se este for devido.

Art. 496. Quando o produto industrializado, antes de sair do estabelecimento industrializador, for por este adquirido, será emitida nota fiscal:

I – pelo industrializador, em nome do encomendante, com a qualificação do remetente dos produtos recebidos e a indicação da nota fiscal com que estes foram recebidos; a declaração "Remessa Simbólica de Produtos Industrializados por Encomenda"; o valor total cobrado pela operação, com destaque do valor dos produtos industrializados ou importados pelo estabelecimento, diretamente empregados na operação, se ocorrer essa circunstância; e o destaque do imposto, se este for devido; e

II – pelo encomendante, em nome do adquirente, com destaque do imposto, se este for devido, e a declaração "Sem Valor para Acompanhar o Produto".

Art. 497. Nas notas fiscais emitidas em nome do encomendante, o preço da operação, para destaque do imposto, será o valor total cobrado pela operação, acrescido do valor das matérias-primas, dos produtos intermediários e dos materiais de embalagem fornecidos pelo autor da encomenda, desde que os produtos industrializados não se destinem a comércio, a emprego em nova industrialização ou a acondicionamento de produtos tributados, salvo se se tratar de matéria-prima, produto intermediário e material de embalagem usados (Lei nº 4.502, de 1964, art. 14, § 4º, Decreto-Lei nº 1.593, de 1977, art. 27, e Lei nº 7.798, de 1989, art. 15).

Subseção IV

DO TRÂNSITO DE PRODUTOS DE PROCEDÊNCIA ESTRANGEIRA

Art. 498. Os produtos importados diretamente, bem como os adquiridos em licitação, saídos da unidade da Secretaria da Receita Federal do Brasil que processou seu desembaraço ou licitação, serão acompanhados, no seu trânsito para o estabelecimento importador ou licitante, da nota fiscal de que trata o inciso III do art. 435, quando o transporte dos produtos se fizer de uma só vez.

§ 1º Quando o transporte for realizado parceladamente:

I – será emitida nota fiscal, relativa à entrada de produtos no estabelecimento, pelo valor total da operação correspondente ao todo e com a declaração de que a remessa será realizada parceladamente; e

II – cada remessa, inclusive a primeira, será acompanhada pela nota fiscal de que trata o inciso III do art. 435 referente à parcela transportada, na qual se mencionará o número e a data da nota fiscal emitida nos termos do inciso I.

§ 2º Nas notas fiscais de que trata este artigo deverão constar o número e a data do registro da declaração de importação no SISCOMEX ou da Guia de Licitação correspondente e o órgão da Secretaria da Receita Federal do Brasil onde se processou o desembaraço ou a licitação.

§ 3º Nos casos em que for autorizado o desembaraço sem o registro da declaração no SISCOMEX, deverá constar o número e a data da declaração correspondente que substitui o mencionado registro.

§ 4º As notas fiscais de que trata este artigo poderão deixar de acompanhar os produtos, no seu trânsito, até o estabelecimento importador ou licitante, desde que haja anuência do Fisco estadual que jurisdiciona o contribuinte.

§ 5º Na hipótese do § 4º, a Secretaria da Receita Federal do Brasil poderá estabelecer a documentação que acompanhará os produtos, sem prejuízo da exigência da documentação imposta pelo Fisco estadual.

Art. 499. No caso de produtos que, sem entrar no estabelecimento do importador ou licitante, sejam por estes remetidos a um ou mais estabelecimentos de terceiros, o estabelecimento importador ou licitante emitirá:

I – nota fiscal relativa à entrada, para o total das mercadorias importadas ou licitadas; e

II – nota fiscal, relativamente à parte das mercadorias enviadas a cada estabelecimento de terceiros, fazendo constar da aludida nota, além da declaração prevista no inciso VII do art. 415, o número, a série, se houver, e a data da nota fiscal referida no inciso I.

Art. 500. Se a remessa dos produtos importados, na hipótese do art. 499, for feita para estabelecimento, mesmo exclusivamente varejista, do próprio importador, não se destacará o imposto na nota fiscal, mas nela se mencionarão o número e a data do registro da declaração de importação no SISCOMEX, em que foi lançado o tributo, e o valor deste, calculado proporcionalmente à quantidade dos produtos remetidos.

Subseção V

DAS OPERAÇÕES DE CONSIGNAÇÃO MERCANTIL

Art. 501. Nas saídas de produtos de estabelecimento industrial ou equiparado a industrial, a título de consignação mercantil:

I – o consignante emitirá nota fiscal com destaque do imposto, se devido, indicando como natureza da operação: "Remessa em Consignação"; e

II – o consignatário escriturará a nota fiscal no livro Registro de Entradas.

Art. 502. Havendo reajuste do preço contratado por ocasião da remessa em consignação mercantil:

I – o consignante emitirá nota fiscal complementar, com destaque do imposto, indicando:

a) a natureza da operação: "Reajuste de Preço do Produto em Consignação – NF nº......, de...../.../......"; e

b) o valor do reajuste; e

II – o consignatário escriturará a nota fiscal no livro Registro de Entradas.

Art. 503. Quando da venda do produto remetido a título de consignação mercantil:

I – o consignante emitirá nota fiscal sem destaque do imposto, indicando:

a) a natureza da operação: "Venda";

b) o valor da operação, que será aquele correspondente ao preço do produto efetivamente vendido, neste incluído, quando for o caso, o valor relativo ao reajuste do preço; e

c) a expressão "Simples Faturamento de Mercadoria em Consignação – NF nº........, de....../...../...... (e, se for o caso) Reajuste de Preço – NF nº........., de....../...../......"; e

II – o consignatário deverá:

a) emitir nota fiscal indicando como natureza da operação: "Venda de Mercadoria Recebida em Consignação";

b) emitir nota fiscal indicando, além dos demais requisitos exigidos:

1. como natureza da operação, a expressão "Devolução simbólica de mercadoria recebida em consignação"; e
2. no campo "Informações Complementares", a expressão "Nota fiscal emitida em função de venda de mercadoria recebida em consignação pela NF nº..., de.../.../..."; e

c) escriturar a nota fiscal de que trata o inciso I no livro Registro de Entradas, apenas nas colunas "Documento Fiscal" e "Observações", indicando nesta a expressão "Compra em Consignação – NF nº........., de....../...../......"

Parágrafo único. O consignante escriturará a nota fiscal a que se refere o inciso I, no livro Registro de Saídas, apenas nas colunas "Documento Fiscal" e "Observações", indicando nesta a expressão "Venda em Consignação – NF nº......, de..../..../...."

Art. 504. Na devolução de produto remetido em consignação mercantil:

I – o consignatário emitirá nota fiscal indicando:

a) a natureza da operação: "Devolução de Produto Recebido em Consignação";

b) o valor do produto efetivamente devolvido, sobre o qual foi pago o imposto;

c) o valor do imposto, destacado por ocasião da remessa em consignação; e

d) a expressão: "Devolução (Parcial ou Total, conforme o caso) de Produto em Consignação – NF nº....., de..../..../...."; e

II – o consignante escriturará a nota fiscal, no livro Registro de Entradas, creditando-se do valor do imposto de acordo com os arts. 231 e 232.

Art. 504-A. O disposto nos art. 501 ao art. 504 aplica-se às saídas de produtos de estabelecimento industrial ou equiparado a industrial a título de consignação industrial.

- Art. 504-A acrescido pelo Dec. nº 10.668, de 8-4-2021.

TÍTULO IX – DA FISCALIZAÇÃO

CAPÍTULO I

DAS DISPOSIÇÕES GERAIS

Art. 505. A fiscalização do imposto compete à Secretaria da Receita Federal do Brasil (Lei nº 5.172, de 1966, arts. 142, 194 e 196, Lei nº 4.502, de 1964, art. 91, e Lei nº 11.457, de 2007, art. 2º).

Parágrafo único. A execução das atividades de fiscalização compete às unidades centrais, da referida Secretaria, e, nos limites de suas jurisdições, às suas unidades regionais e às demais unidades, de conformidade com as instruções expedidas pela mesma Secretaria.

Art. 506. A fiscalização será exercida sobre todas as pessoas, naturais ou jurídicas, contribuintes ou não, que estiverem obrigadas ao cumprimento de disposições da legislação do imposto, bem como as que gozarem de imunidade condicionada ou de isenção (Lei nº 5.172, de 1966, arts. 142 e 194, parágrafo único, e Lei nº 4.502, de 1964, art. 94).

Art. 507. As atividades de fiscalização do imposto serão presididas e executas pela autoridade administrativa competente (Lei nº 5.172, de 1966, arts. 142, 194 e 196, e Lei nº 4.502, de 1964, art. 93).

Parágrafo único. A autoridade administrativa a que se refere o *caput* é o Auditor-Fiscal da Receita Federal do Brasil (Lei nº 5.172, de 1966, arts. 142, 194 e 196, Lei nº 4.502, de 1964, art. 93, Lei nº 10.593, de 2002, art. 6º, e Lei nº 11.457, de 2007, art. 9º).

Art. 508. Os procedimentos fiscais serão válidos mesmo que formalizados por Auditor-Fiscal da Receita Federal do Brasil de jurisdição diversa da do domicílio tributário do sujeito passivo (Decreto-Lei nº 822, de 5 de setembro de 1969, art. 2º, Decreto nº 70.235, de 6 de março de 1972, art. 9º, § 2º, e Lei nº 8.748, de 9 de dezembro de 1993, art. 1º).

CAPÍTULO II

DOS PROCEDIMENTOS FISCAIS

Normas Gerais

Art. 509. As pessoas referidas no art. 506 exibirão aos Auditores-Fiscais da Receita Federal do Brasil, sempre que exigidos, os produtos, livros das escritas fiscal e geral, documentos mantidos em arquivos magnéticos ou assemelhados, e todos os documentos, em uso ou já arquivados, que forem julgados necessários à fiscalização, e lhes franquearão os seus estabelecimentos, depósitos e dependências, bem como veículos, cofres e outros móveis, a qualquer hora do dia, ou da noite, se à noite os estabelecimentos estiverem funcionando (Lei nº 4.502, de 1964, art. 94, e Lei nº 9.430, de 1996, art. 34).

Art. 510. A entrada dos Auditores-Fiscais da Receita Federal do Brasil nos estabelecimentos, bem como o acesso às suas dependências internas, não estarão sujeitos à formalidade diversa da sua imediata identificação, pela apresentação de identidade funcional aos encarregados diretos e presentes ao local de entrada.

Art. 511. O Auditor-Fiscal da Receita Federal do Brasil poderá proceder ao exame das escritas fiscal e geral das pessoas sujeitas à fiscalização, não se lhe aplicando quaisquer disposições legais excludentes ou limitativas do direito de examinar mercadorias, livros, arquivos, documentos, papéis e efeitos comerciais ou fiscais, dos comerciantes industriais ou produtores, ou da obrigação destes de exibi-los (Lei nº 5.172, de 1966, art. 195, e Lei nº 4.502, de 1964, art. 107).

§ 1º São também passíveis de exame os documentos, os arquivos e os dados do sujeito passivo, mantidos em arquivos magnéticos ou assemelhados, encontrados no local da verificação, que tenham relação direta ou indireta com a atividade por ele exercida (Lei nº 9.430, de 1996, art. 34).

§ 2º No caso de recusa de apresentação dos livros, dos documentos, dos arquivos e dos dados, inclusive os mantidos em arquivos magnéticos ou assemelhados, o Auditor-Fiscal da Receita Federal do Brasil, diretamente ou por intermédio da repartição competente, providenciará junto à Procuradoria-Geral da Fazenda Nacional a sua exibição judicial, sem prejuízo da lavratura do auto de embaraço à fiscalização (Constituição, arts. 129, inciso IX, e 131, *caput*, Lei Complementar nº 73, de 10 de fevereiro de 1993, art. 12, inciso V e parágrafo único, e Lei nº 4.502, de 1964, art. 107, § 1º).

§ 3º Tratando-se de recusa à exibição de livros comerciais registrados, as providências previstas no § 2º serão precedidas de intimação, com prazo não inferior a setenta e duas horas, para a sua apresentação, salvo se, estando os livros no estabelecimento fiscalizado, não alegar o responsável motivo que justifique o seu procedimento (Lei nº 4.502, de 1964, art. 107, § 2º).

Art. 512. Se pelos livros ou documentos apresentados não se puder apurar convenientemente o movimento comercial do estabelecimento, colher-se-ão os elementos necessários por meio de exame dos livros e documentos inclusive os mantidos em meio magnético de outros estabelecimentos que com o fiscalizado transacionem, ou dos despachos, livros e papéis das empresas de transporte, suas estações ou agências, ou de outras fontes subsidiárias (Lei nº 4.502, de 1964, art. 107, § 3º, e Lei nº 9.430, de 1996, art. 34).

Retenção de Livros e Documentos

Art. 513. Os livros e documentos poderão ser examinados fora do estabelecimento do sujeito passivo, desde que lavrado termo escrito de retenção pelo Auditor-Fiscal da Receita Federal do Brasil, em que se especifiquem a quantidade, espécie, natureza e condições dos livros e documentos retidos (Lei nº 9.430, de 1996, art. 35, Lei nº 10.593, de 2002, art. 6º, e Lei nº 11.457, de 2007, art. 9º).

§ 1º Constituindo os livros ou documentos prova da prática de ilícito penal ou tributário, os originais retidos não serão devolvidos, extraindo-se cópia para entrega ao interessado (Lei nº 9.430, de 1996, art. 35, § 1º).

§ 2º Excetuado o disposto no § 1º, devem ser devolvidos os originais dos documentos retidos para exame, mediante recibo (Lei nº 9.430, de 1996, art. 35, § 2º).

Lacração de Arquivos e Documentos

Art. 514. O Auditor-Fiscal da Receita Federal do Brasil que presidir e executar os procedimentos fiscais poderá promover a lacração de móveis, caixas, cofres ou depósitos onde se encontram arquivos e documentos, toda vez que ficar caracterizada a resistência ou o embaraço à fiscalização, ou, ainda, quando as circunstâncias ou a quantidade de documentos não permitirem sua identificação e conferência no local ou no momento em que foram encontrados (Lei nº 9.430, de 1996, art. 36, Lei nº 10.593 de 2002, art. 6º, e Lei nº 11.457, de 2007, art. 9º).

Parágrafo único. O sujeito passivo e demais responsáveis serão previamente notificados para acompanharem o procedimento de rompimento do lacre e identificação dos elementos de interesse da fiscalização (Lei nº 9.430, de 1996, art. 36, parágrafo único).

Assistência do Responsável pelo Estabelecimento

Art. 515. Ao realizar exame da escrita, o Auditor-Fiscal da Receita Federal do Brasil convidará o proprietário do estabelecimento ou seu representante a acompanhar o exame ou indicar pessoa que o faça e, no caso de recusa, fará constar essa ocorrência no termo ou auto que lavrar (Lei nº 4.502, de 1964, art. 109).

Termos relativos aos Procedimentos Fiscais

Art. 516. O Auditor-Fiscal da Receita Federal do Brasil que presidir e executar procedimentos fiscais lavrará, além de auto de infração ou notificação fiscal, se couber, termos circunstanciados de início e encerramento de cada procedimento, em que consignará, ainda, o período fiscalizado, os livros e documentos exigidos e quaisquer outras informações de interesse da fiscalização (Lei nº 5.172, de 1966, art. 196, Lei nº 4.502, de 1964, art. 95, Lei nº 10.593, de 2002, art. 6º, e Lei nº 11.457, de 2007, art. 9º).

§ 1º Os termos serão lavrados, sempre que possível, no livro a que se refere o inciso VI do art. 444 ou em outro livro fiscal exibido (Lei nº 5.172, de 1966, art. 196, parágrafo único, e Lei nº 4.502, de 1964, art. 95, § 1º).

§ 2º Quando as circunstâncias impuserem a lavratura em separado dos termos a que se refere o *caput*, o Auditor-Fiscal da Receita Federal do Brasil que presidir e executar o procedimento fiscal entregará uma via deles ao estabelecimento fiscalizado (Lei nº 5.172, de 1966, art. 196, parágrafo único, Lei nº 4.502, de 1964, art. 95, § 1º, Lei nº 10.593, de 2002, art. 6º, e Lei nº 11.457, de 2007, art. 9º).

§ 3º Será dispensada a lavratura de termos dos trabalhos realizados, quando as suas conclusões constarem circunstanciadamente do auto de infração.

§ 4º Uma via do auto de infração será entregue, pela autoridade autuante, ao estabelecimento.

Dever de Prestar Informações Sobre Terceiros

Art. 517. Mediante intimação escrita, são obrigados a prestar aos Auditores-Fiscais da Receita Federal do Brasil todas as informações de que disponham com relação aos produtos, negócios ou atividades de terceiros (Lei nº 5.172, de 1966, art. 197, e Lei nº 4.502, de 1964, art. 97):

I – os tabeliães, escrivães, serventuários e demais servidores de ofício;

II – os bancos, caixas econômicas e demais instituições financeiras;

III – as empresas transportadoras e os transportadores autônomos;

IV – os corretores, leiloeiros e despachantes oficiais;

V – os inventariantes;

VI – os síndicos, comissários, liquidatários, curadores e administradores judiciais;

VII – os órgãos da administração pública federal, direta e indireta; e

VIII – as demais pessoas, naturais ou jurídicas, cujas atividades envolvam negócios que interessem à fiscalização e arrecadação do imposto.

Parágrafo único. A obrigação prevista neste artigo não abrange a prestação de informações quanto a fatos sobre os quais o informante esteja legalmente obrigado a observar segredo em razão de cargo, ofício, função, ministério, atividade ou profissão (Lei nº 5.172, de 1966, art. 197, parágrafo único).

Instituições Financeiras

Art. 518. O Auditor-Fiscal da Receita Federal do Brasil somente poderá examinar documentos, livros e registros de instituições financeiras, inclusive os referentes a contas de depósitos e aplicações financeiras, quando houver processo administrativo instaurado ou procedimento fiscal em curso e tais exames sejam considerados indispensáveis pela autoridade administrativa competente (Lei Complementar nº 105, de 10 de janeiro de 2001, art. 6º).

Parágrafo único. O resultado dos exames, as informações e os documentos a que se refere este artigo serão conservados em sigilo, observada a legislação tributária (Lei Complementar nº 105, de 2001, art. 6º, parágrafo único).

Requisição de Força Policial

Art. 519. O Auditor-Fiscal da Receita Federal do Brasil poderá requisitar o auxílio da força pública federal, estadual ou municipal, quando vítima de embaraço ou desacato no exercício de suas funções, ou quando necessário à efetivação de medida prevista na legislação tributária, ainda que não se configure fato definido em lei como crime ou contravenção (Lei nº 5.172, de 1966, art. 200, e Lei nº 4.502, de 1964, art. 95, § 2º).

Art. 520. Caracterizará embaraço à fiscalização a recusa ao atendimento, pelas pessoas e entidades mencionadas nos arts. 509, 515, 517 e 518, das disposições neles contidas.

CAPÍTULO III
DO EXAME DE ESCRITA

Denúncia

Art. 521. O disposto no art. 507 não exclui a admissibilidade de denúncia apresentada por particulares, nem a apreensão, por qualquer pessoa, de produtos de procedência estrangeira, encontrados fora dos estabelecimentos comerciais e industriais, desacompanhados da documentação fiscal comprobatória de sua entrada legal no País ou de seu trânsito regular no território nacional (Lei nº 4.502, de 1964, art. 93, parágrafo único).

Parágrafo único. Os produtos apreendidos serão imediatamente encaminhados à unidade competente da Secretaria da Receita Federal do Brasil, para que providencie a instauração do procedimento cabível.

CAPÍTULO IV
DOS CRITÉRIOS LEGAIS DE AUDITORIA

Elementos Subsidiários

Art. 522. Constituem elementos subsidiários para o cálculo da produção e correspondente pagamento do imposto dos estabelecimentos industriais, o valor e a quantidade das matérias-primas, dos produtos intermediários e dos materiais de embalagem adquiridos e empregados na industrialização e acondicionamento dos produtos, o valor das despesas gerais efetivamente feitas, o da mão de obra empregada e o dos demais componentes do custo de produção, assim como as variações dos estoques de matéria-prima, produto intermediário e material de embalagem (Lei nº 4.502, de 1964, art. 108).

§ 1º Apurada qualquer falta no confronto da produção resultante do cálculo dos elementos constantes desse artigo com a registrada pelo estabelecimento, exigir-se-á o imposto correspondente, o qual, no caso de fabricante de produtos sujeitos a alíquotas e preços diversos, será calculado com base nas alíquotas e preços mais elevados, quando não for possível fazer a separação pelos elementos da escrita do estabelecimento.

§ 2º Apuradas, também, receitas cuja origem não seja comprovada, considerar-se-ão provenientes de vendas não registradas e sobre elas será exigido o imposto, mediante adoção do critério estabelecido no § 1º.

Quebras

Art. 523. As quebras alegadas pelo contribuinte, nos estoques ou no processo de industrialização, para justificar diferenças apuradas pela fiscalização, serão submetidas ao órgão técnico competente, para que se pronuncie, mediante laudo, sempre que, a juízo de autoridade julgadora, não forem convenientemente comprovadas ou excederem os limites normalmente admissíveis para o caso (Lei nº 4.502, de 1964, art. 58, § 1º).

Diferenças Apuradas

Art. 524. As diferenças percentuais de mercadoria a granel, apuradas em conferência física nos despachos aduaneiros, não serão consideradas para efeitos de exigência do imposto incidente, até o limite de um por cento, conforme dispuser o Poder Executivo (Lei nº 10.833, de 2003, art. 66).

Declarações Aduaneiras

Art. 525. As mercadorias descritas de forma semelhante em diferentes declarações aduaneiras do mesmo contribuinte, salvo prova em contrário, são presumidas idênticas para fins de determinação do tratamento tributário ou aduaneiro (Lei nº 10.833, de 2003, art. 68).

Parágrafo único. Para efeito do disposto no *caput*, a identificação das mercadorias poderá ser realizada no curso do despacho aduaneiro ou em outro momento, com base em informações coligidas em documentos, obtidos inclusive de clientes ou de fornecedores, ou no processo produtivo em que tenham sido ou venham a ser utilizadas (Lei nº 10.833, de 2003, art. 68, parágrafo único).

CAPÍTULO V
DOS PRODUTOS E EFEITOS FISCAIS EM SITUAÇÃO IRREGULAR

Elementos Passíveis de Apreensão

Art. 526. Serão apreendidos e apresentados à repartição competente, mediante as formalidades legais, as mercadorias, os rótulos, os selos de controle, os livros, os documentos mantidos em arquivos magnéticos ou assemelhados, efeitos fiscais e tudo o mais que for necessário à caracterização ou comprovação de infrações da legislação do imposto (Lei nº 4.502, de 1964, art. 99, e Lei nº 9.430, de 1996, art. 35).

§ 1º Se não for possível efetuar a remoção das mercadorias ou dos objetos apreendidos, o apreensor, tomadas as necessárias cautelas, incumbirá da sua guarda ou do seu depósito, mediante termo, pessoa idônea, que poderá ser o próprio infrator (Lei nº 4.502, de 1964, art. 99, § 1º).

§ 2º Será feita a apreensão somente do documento pelo qual foi apurada a infração, ou que comprovar a sua existência, quando a prova dessa infração independer da verificação da mercadoria, salvo nos casos seguintes (Lei nº 4.502, de 1964, art. 99, § 2º):

I – infração punida com a pena de perdimento da mercadoria; ou

II – falta de identificação do contribuinte ou responsável pela mercadoria

§ 3º Não são passíveis de apreensão os livros da escrita fiscal ou comercial, salvo quando indispensáveis à defesa dos interesses da Fazenda Nacional ou quando constituírem prova da prática de ilícito penal ou tributário, caso em que os originais serão retidos, extraindo-se cópia para entrega ao interessado (Lei nº 4.502, de 1964, art. 110, e Lei nº 9.430, de 1996, art. 35, § 1º).

Busca e Apreensão Judicial

Art. 527. Havendo prova ou suspeita fundada de que as coisas a que se refere o art. 526 se encontram em residência particular, ou em dependência de estabelecimento comercial, industrial, profissional ou qualquer outro, utilizada como moradia, o Auditor-Fiscal da Receita Federal do Brasil ou o titular da unidade da Secretaria da Receita Federal do Brasil, mediante cautelas para evitar a remoção clandestina, solicitará à Procuradoria da Fazenda Nacional que promova a busca e apreensão judicial, se o morador ou detentor, pessoalmente intimado, recusar-se a fazer a sua entrega (Constituição, art. 131, *caput*, Lei Complementar nº 73, de 1993, art. 12, inciso V e parágrafo único, e Lei nº 4.502, de 1964, art. 100).

Joias e Relógios

Art. 528. Quando julgar necessário, o Auditor-Fiscal da Receita Federal do Brasil recolherá, mediante termo e demais cautelas legais, espécimes dos produtos marcados por meio de punção, conforme o art. 277, para o fim de ser verificada, em diligência ou exame técnico, a veracidade dos elementos constantes da marcação, especialmente a relativa ao teor do metal precioso, deixando, em poder do proprietário ou detentor dos produtos, uma via do termo lavrado.

Parágrafo único. Realizada a diligência ou exame, serão os espécimes devolvidos, mediante recibo passado no termo, salvo se for verificada falta que importe na pena de perdimento da mercadoria ou configure ilícito penal de que os espécimes sejam corpo de delito.

Mercadorias Estrangeiras

Art. 529. Serão apreendidas as mercadorias de procedência estrangeira, encontradas fora da zona aduaneira primária, nas seguintes condições (Lei nº 4.502, de 1964, arts. 87 e 102):

I – quando a mercadoria, sujeita ou não ao imposto, tiver sido introduzida clandestinamente no País ou, de qualquer forma, importada irregularmente (Lei nº 4.502, de 1964, arts. 87, inciso I, e 102); ou

II – quando a mercadoria, sujeita ao imposto, estiver desacompanhada de documentação comprobatória de sua importação ou licitação regular, se em poder do estabelecimento importador ou licitante, ou da nota fiscal, se em poder de outros estabelecimentos ou pessoas (Lei nº 4.502, de 1964, arts. 87, inciso II, e 102).

§ 1º Feita a apreensão das mercadorias, será intimado imediatamente o seu proprietário, possuidor ou detentor a apresentar, no prazo de vinte e quatro horas, os documentos comprobatórios de sua entrada legal no País ou de seu trânsito regular no território nacional (Lei nº 4.502, de 1964, art. 102).

§ 2º Decorrido o prazo da intimação sem que sejam apresentados os documentos exigidos ou, se apresentados, não satisfizerem os requisitos legais, será lavrado auto de infração (Lei nº 4.502, de 1964, art. 102, § 2º).

§ 3º As mercadorias de importação proibida na forma da legislação específica serão apreendidas, liminarmente, em nome e por ordem do Ministro de Estado da Fazenda (Decreto-Lei nº 1.455, de 1976, art. 26).

Perdimento

Art. 530. Quando houver indícios de infração punível com a pena de perdimento, nos termos dos arts. 603 e 604, a mercadoria importada será retida pela Secretaria da Receita Federal do Brasil, até que seja concluído o correspondente procedimento de fiscalização (Medida Provisória nº 2.158-35, de 2001, art. 68).

Parágrafo único. O disposto neste artigo aplicar-se-á na forma a ser disciplinada pela Secretaria da Receita Federal do Brasil, que disporá sobre o prazo máximo de retenção, bem como as situações em que as mercadorias poderão ser entregues ao importador, antes da conclusão do procedimento de fiscalização, mediante a adoção das necessárias medidas de cautela fiscal (Medida Provisória nº 2.158-35, de 2001, art. 68, parágrafo único).

Art. 531. Verificada a impossibilidade de apreensão da mercadoria sujeita a pena de perdimento, em razão de sua não localização ou consumo, extinguir-se-á o processo administrativo instaurado para apuração da infração capitulada como dano ao Erário (Lei nº 10.833, de 2003, art. 73).

Parágrafo único. Na hipótese prevista no *caput*, será instaurado processo administrativo para aplicação da multa prevista no art. 573 (Lei nº 10.833, de 2003, art. 73, § 1º).

Art. 532. O importador, antes de aplicada a pena de perdimento da mercadoria na hipótese a que se refere o inciso XIII do art. 36, poderá iniciar o respectivo despacho aduaneiro, mediante o cumprimento das formalidades exigidas e o pagamento dos tributos incidentes na importação, acrescidos dos juros e da multa de que tratam os arts. 553 e 554, e das despesas decorrentes da permanência da mercadoria em recinto alfandegado (Lei nº 9.779, de 1999, art. 18).

Restituição das Mercadorias

Art. 533. Ressalvados os casos para os quais esteja prevista a pena de perdimento das mercadorias, e os de produtos falsificados, adulterados, ou deteriorados, as mercadorias apreendidas poderão ser restituídas antes do julgamento definitivo do processo, a requerimento da parte, depois de sanadas as irregularidades que motivaram a apreensão (Lei nº 4.502, de 1964, art. 103).

§ 1º Tratando-se de mercadoria de fácil deterioração, será dispensada a retenção dos espécimes, consignando-se, minuciosamente, no termo de entrega assinado pelo interessado, o estado da mercadoria e as faltas determinantes da apreensão (Lei nº 4.502, de 1964, art. 103, § 1º).

§ 2º Na hipótese de falta de identificação do contribuinte, poderão ser também restituídas, a requerimento do responsável em cujo poder forem encontradas, as mercadorias apreendidas, mediante depósito do valor do imposto e do máximo da multa aplicável ou de prestação de fiança idônea, retidos os espécimes necessários à instrução do processo.

§ 3º Incluem-se na ressalva de que trata o *caput*, os produtos destinados à falsificação de outros.

Art. 534. No caso do art. 533, se não for requerida a restituição das mercadorias e se tratar de mercadorias de fácil deterioração, o Auditor-Fiscal da Receita Federal do Brasil que presidir o procedimento fiscal ou o titular da unidade da Secretaria da Receita Federal do Brasil intimará o interessado a retirá-las no prazo que fixar (Lei nº 4.502, de 1964, art. 104, Lei nº 10.593, de 2002, art. 6º, e Lei nº 11.457, de 2007, art. 9º).

Parágrafo único. Desatendida a intimação, o infrator ficará sujeito à pena de perdimento das mercadorias, as quais serão imediatamente arroladas e alienadas, conservando-se as importâncias arrecadadas em depósito até a final decisão do processo (Lei nº 4.502, de 1964, art. 104, e parágrafo único).

Mercadorias Não Retiradas

Art. 535. As mercadorias ou outros objetos que, depois de definitivamente julgado o processo, não forem retirados dentro de trinta dias, contados da data da intimação do último despacho, serão declarados abandonados e a eles dar-se-á destinação na forma dos arts. 536 a 539 (Lei nº 4.502, de 1964, art. 103, § 2º).

Mercadorias Falsificadas ou Adulteradas

Art. 536. Os produtos falsificados, ou adulterados serão inutilizados, após decisão definitiva do processo, retirados antes os exemplares ou espécimes necessários à instrução de eventual processo criminal (Lei nº 4.502, de 1964, art. 103, § 3º).

Parágrafo único. Na disposição prevista no *caput*, incluem-se os produtos destinados à falsificação de outros.

Destinação de Produto

Art. 537. As mercadorias nacionais declaradas perdidas em decisão administrativa final, e que não devam ser destruídas, poderão ser incorporadas ao patrimônio da Fazenda Nacional, ou alienadas, inclusive por meio de doação a instituições de educação ou de assistência social (Decreto-Lei nº 1.060, de 21 de outubro de 1969, art. 6º, e Decreto-Lei nº 1.184, de 12 de agosto de 1971, art. 13).

Art. 538. Compete ao Ministro de Estado da Economia autorizar a destinação de mercadorias abandonadas, entregues à Fazenda Nacional ou às quais tenha sido aplicada pena de perdimento (Decreto-Lei nº 1.455, de 1976, art. 28).

§ 1º As mercadorias a que se refere o *caput* poderão ser destinadas (Decreto-Lei nº 1.455, de 1976, art. 29, § 1º):

I – após decisão administrativa definitiva, ainda que relativas a processos pendentes de apreciação judicial, inclusive as que estiverem à disposição da justiça como corpo de delito, produto ou objeto de crime, exceto se houver determinação judicial expressa em sentido contrário, em cada caso (Decreto-Lei nº 1.455, de 1976, art. 29, § 1º); ou

II – imediatamente após a formalização do procedimento administrativo-fiscal pertinente, antes mesmo do término do prazo definido para a apresentação de impugnação, no caso de (Decreto-Lei nº 1.455, de 1976, art. 29, § 1º):

a) semoventes, perecíveis, inflamáveis, explosivos ou outras mercadorias que exijam condições especiais de armazenamento (Decreto-Lei nº 1.455, de 1976, art. 29, § 1º); ou

b) mercadorias deterioradas, danificadas, estragadas, com data de validade vencida, que não atendam às exigências sanitárias ou agropecuárias ou que estejam em desacordo com regulamentos ou normas técnicas e que devam ser destruídas (Decreto-Lei nº 1.455, de 1976, art. 29, § 1º, e Lei nº 12.350, de 2010, art. 41).

§ 2º Na hipótese de decisão administrativa ou judicial que determine a restituição de mercadorias que houverem sido destinadas, será devida indenização ao interessado, com recursos do Fundo Especial de Desenvolvimento e Aperfeiçoamento das Atividades de Fiscalização – FUNDAF, que terá por base o valor declarado para efeito de cálculo do imposto de importação ou de exportação (Decreto-Lei nº 1.455, de 1976, art. 30, *caput*).

- Art. 538 com a redação dada pelo Dec. nº 10.668, de 8-4-2021.

Cigarros

Art. 539. Os cigarros e outros derivados do tabaco, apreendidos por infração fiscal sujeita à pena de perdimento, serão destruídos após a formalização do procedimento administrativo fiscal pertinente, antes mesmo do término do prazo de vinte dias para a apresentação de impugnação (Decreto-Lei nº 1.455, de 1976, art. 27, § 1º, Decreto-Lei nº 1.593, de 1977, art. 14, e Lei nº 9.822, de 1999, art. 1º).

§ 1º Aplica-se o disposto no *caput* à destruição dos produtos apreendidos que não tenham sido liberados, nos termos do § 6º do art. 333 (Decreto-Lei nº 1.593, de 1977, art. 2º, § 8º, e Medida Provisória nº 2.158-35, de 2001, art. 32).

§ 2º A Secretaria da Receita Federal do Brasil regulamentará as formas de destruição dos produtos de que trata este artigo, observando a legislação ambiental (Decreto-Lei nº 1.593, de 1977, art.14, § 2º, e Lei nº 9.822, de 1999, art. 1º).

§ 3º No caso de ter sido julgado procedente o recurso administrativo ou judicial, será o contribuinte indenizado pelo valor arbitrado no procedimento administrativo fiscal, atualizado de acordo com os critérios aplicáveis para a correção dos débitos fiscais (Decreto-Lei nº 1.593, de 1997, art. 14, § 1º, e Lei nº 9.822, de 1999, art. 1º).

Depositário Falido

Art. 540. As mercadorias e os objetos apreendidos, que estiverem depositados em poder de negociante que vier a falir, não serão arrecadados na massa, mas removidos para local que for indicado pelo chefe da repartição fiscal competente (Lei nº 4.502, de 1964, art. 105).

CAPÍTULO VI
DOS REGIMES ESPECIAIS DE FISCALIZAÇÃO

Regimes Especiais de Fiscalização

Art. 541. A Secretaria da Receita Federal do Brasil poderá determinar regime especial para cumprimento de obrigações, pelo sujeito passivo, nas seguintes hipóteses (Lei nº 9.430, de 1996, art. 33):

I – embaraço à fiscalização, caracterizado pela negativa não justificada de exibição de livros e documentos em que se assente a escrituração das atividades do sujeito passivo, bem como pelo não fornecimento de informações sobre bens, movimentação financeira, negócio ou atividade, próprios ou de terceiros, quando intimado, e demais hipóteses que autorizam a requisição do auxílio da força pública, nos termos do art. 200 da Lei nº 5.172, de 1966 (Lei nº 9.430, de 1996, art. 33, inciso I);

II – resistência à fiscalização, caracterizada pela negativa de acesso ao estabelecimento, ao domicílio fiscal ou a qualquer outro local onde se desenvolvam as atividades do sujeito passivo, ou se encontrem bens de sua posse ou propriedade (Lei nº 9.430, de 1996, art. 33, inciso II);

III – evidências de que a pessoa jurídica esteja constituída por interpostas pessoas que não sejam os verdadeiros sócios ou acionistas, ou o titular, no caso de firma individual (Lei nº 9.430, de 1996, art. 33, inciso III);

IV – realização de operações sujeitas à incidência tributária, sem a devida inscrição no cadastro de contribuintes apropriado (Lei nº 9.430, de 1996, art. 33, inciso IV);

V – prática reiterada de infração da legislação tributária (Lei nº 9.430, de 1996, art. 33, inciso V);

VI – comercialização de mercadorias com evidências de contrabando ou descaminho (Lei nº 9.430, de 1996, art. 33, inciso VI); ou

VII – incidência em conduta que enseje representação criminal, nos termos da legislação que rege os crimes contra a ordem tributária (Lei nº 9.430, de 1996, art. 33, inciso VII).

§ 1º O regime especial de fiscalização será aplicado em virtude de ato do Secretário da Receita Federal do Brasil (Lei nº 9.430, de 1996, art. 33, § 1º).

§ 2º O regime especial pode consistir, inclusive, em (Lei nº 9.430, de 1996, art. 33, § 2º):

I – manutenção de fiscalização ininterrupta no estabelecimento do sujeito passivo (Lei nº 9.430, de 1996, art. 33, § 2º, inciso I);

II – redução, à metade, dos períodos de apuração e dos prazos de recolhimento dos tributos (Lei nº 9.430, de 1996, art. 33, § 2º, inciso II);

III – utilização compulsória de controle eletrônico das operações realizadas e recolhimento diário dos respectivos tributos (Lei nº 9.430, de 1996, art. 33, § 2º, inciso III); ou

IV – exigência de comprovação sistemática do cumprimento das obrigações tributárias (Lei nº 9.430, de 1996, art. 33, § 2º, inciso IV).

§ 3º As medidas previstas neste artigo poderão ser aplicadas isolada ou cumulativamente, por tempo suficiente à normalização do cumprimento das obrigações tributárias (Lei nº 9.430, de 1996, art. 33, § 3º).

§ 4º A imposição do regime especial não elide a aplicação de penalidades previstas na legislação tributária (Lei nº 9.430, de 1996, art. 33, § 4º).

§ 5º As infrações cometidas pelo contribuinte durante o período em que estiver submetido a regime especial de fiscalização serão punidas com a multa de que trata o art. 571 (Lei nº 9.430, de 1996, art. 33, § 5º, e Lei nº 11.488, de 2007, art. 15).

CAPÍTULO VII
DA GUARDA E DO EXTRAVIO DE LIVROS E DOCUMENTOS

Guarda

Art. 542. Os livros obrigatórios de escrituração comercial e fiscal e os comprovantes dos lançamentos neles efetuados serão conservados até que ocorra a prescrição dos créditos tributários decorrentes das operações a que se refiram (Lei nº 5.172, de 1966, art. 195, parágrafo único).

§ 1º Os comprovantes da escrituração da pessoa jurídica, relativos a fatos que repercutam em lançamentos contábeis de exercícios futuros, serão conservados até que se opere a decadência do direito de a Fazenda Pública constituir os créditos tributários relativos a esses exercícios (Lei nº 9.430, de 1996, art. 37).

§ 2º O sujeito passivo usuário de sistema de processamento de dados deverá manter documentação técnica completa e atualizada do sistema, suficiente para possibilitar a sua auditoria, facultada a manutenção em meio magnético, sem prejuízo da sua emissão gráfica, quando solicitada (Lei nº 9.430, de 1996, art. 38).

Art. 543. O importador, exportador ou adquirente de mercadoria importada por sua conta e ordem deverão manter, em boa guarda e ordem, os documentos relativos às transações que realizarem, pelo prazo decadencial estabelecido na legislação tributária a que estão submetidos, e apresentá-los à fiscalização aduaneira quando exigidos (Lei nº 10.833, de 2003, art. 70).

Parágrafo único. O descumprimento das obrigações referidas no *caput* implicará as sanções e multas previstas no art. 70 da Lei nº 10.833, de 2003 (Lei nº 10.833, de 2003, art. 70).

Art. 544. O despachante aduaneiro, o transportador, o agente de carga, o depositário e os demais intervenientes em operação de comércio exterior ficam obrigados a manter em boa guarda e ordem, e a apresentar à fiscalização aduaneira, quando exigidos, os documentos e registros relativos às transações em que intervierem, ou outros definidos em ato normativo da Secretaria da Receita Federal do Brasil, na forma e nos prazos por ela estabelecidos (Lei nº 10.833, de 2003, art. 71).

Extravio

Art. 545. Ocorrendo extravio, deterioração ou destruição, não intencionais, de livros, notas fiscais ou outros documentos da escrita fiscal ou geral do contribuinte, este comunicará o fato, por escrito e minudentemente, à unidade da Secretaria da Receita Federal do Brasil que tiver jurisdição sobre o estabelecimento, dentro das 48h (quarenta e oito horas) seguintes à ocorrência.

CAPÍTULO VIII

DO SIGILO DAS INFORMAÇÕES

Art. 546. Sem prejuízo do disposto na legislação criminal, é vedada a divulgação, por parte da Fazenda Pública ou de seus servidores, de informação obtida em razão do ofício sobre a situação econômica ou financeira do sujeito passivo ou de terceiros e sobre a natureza e o estado de seus negócios ou atividades (Lei nº 5.172, de 1966, art. 198, e Lei Complementar nº 104, de 10 de janeiro de 2001, art. 1º).

§ 1º Excetuam-se do disposto neste artigo, além dos casos previstos no art. 547, os seguintes (Lei nº 5.172, de 1966, art. 198, § 1º, e Lei Complementar nº 104, de 2001, art. 1º):

I – requisição de autoridade judiciária no interesse da justiça; e

II – solicitações de autoridade administrativa no interesse da administração pública, desde que seja comprovada a instauração regular de processo administrativo, no órgão ou na entidade respectiva, com o objetivo de investigar o sujeito passivo a que se refere a informação, por prática de infração administrativa.

§ 2º O intercâmbio de informação sigilosa, no âmbito da administração pública, será realizado mediante processo regularmente instaurado, e a entrega será feita pessoalmente à autoridade solicitante, mediante recibo, que formalize a transferência e assegure a preservação do sigilo (Lei nº 5.172, de 1966, art. 198, § 2º, e Lei Complementar nº 104, de 2001, art. 1º).

§ 3º Não é vedada a divulgação de informações relativas a (Lei nº 5.172, de 1966, art. 198, § 3º, e Lei Complementar nº 104, de 2001, art. 1º):

I – representações fiscais para fins penais;

II – inscrições na Dívida Ativa da Fazenda Pública; e

III – parcelamento ou moratória.

Art. 547. A Fazenda Nacional e as Fazendas Públicas dos Estados, do Distrito Federal e dos Municípios prestar-se-ão mutuamente assistência para fiscalização dos tributos respectivos e permuta de informações, na forma estabelecida, em caráter geral ou específico, por lei ou convênio (Lei nº 5.172, de 1966, art. 199, e Lei nº 4.502, de 1964, art. 98, parágrafo único).

Parágrafo único. A Fazenda Nacional, na forma estabelecida em tratados, acordos ou convênios, poderá permutar informações com estados estrangeiros no interesse da arrecadação e da fiscalização de tributos (Lei nº 5.172, de 1966, art. 199, parágrafo único, e Lei Complementar nº 104, de 2001, art. 1º).

TÍTULO X – DAS INFRAÇÕES, DOS ACRÉSCIMOS MORATÓRIOS E DAS PENALIDADES

CAPÍTULO I

DAS INFRAÇÕES

Disposições Gerais

Art. 548. Constitui infração toda ação ou omissão, voluntária ou involuntária que importe em inobservância de preceitos estabelecidos ou disciplinados por este Regulamento ou pelos atos administrativos de caráter normativo destinados a complementá-lo (Lei nº 4.502, de 1964, art. 64).

Parágrafo único. Salvo disposição de lei em contrário, a responsabilidade por infrações independe da intenção do agente ou do responsável, e da efetividade, natureza e extensão dos efeitos do ato (Lei nº 5.172, de 1966, art. 136).

Art. 549. As infrações serão apuradas mediante processo administrativo fiscal (Lei nº 4.502, de 1964, art. 65).

Procedimentos do Contribuinte

Art. 550. A responsabilidade é excluída pela denúncia espontânea da infração, acompanhada, se for o caso, do pagamento do tributo devido e dos juros de mora, ou do depósito da importância arbitrada pela autoridade administrativa, caso o montante do tributo dependa de apuração (Lei nº 5.172, de 1966, art. 138, *caput*).

§ 1º A denúncia espontânea exclui a aplicação de penalidades de natureza tributária ou administrativa, com exceção das penalidades aplicáveis na hipótese de mercadoria sujeita a pena de perdimento (Decreto-Lei nº 37, de 1966, art. 102, § 2º).

§ 2º Não se considera espontânea a denúncia apresentada após o início de qualquer procedimento administrativo ou medida de fiscalização relacionado com a infração (Lei nº 5.172, de 1966, art. 138, parágrafo único).

§ 3º O contribuinte que recolher apenas o imposto devido continuará sujeito ao disposto no art. 569, exceto se:

I – antes de qualquer ação fiscal, recolher os acréscimos moratórios de que trata o art. 554; ou

II – mesmo submetido a ação fiscal, proceder conforme o disposto no art. 551.

• Art. 550 com a redação dada pelo Dec. nº 10.668, de 8-4-2021.

Art. 551. O estabelecimento industrial ou equiparado a industrial submetido a ação fiscal por parte da Secretaria da Receita Federal do Brasil poderá pagar, até o vigésimo dia subsequente à data de recebimento do termo de início de fiscalização, o tributo já declarado, de que for sujeito passivo como contribuinte ou responsável, com os acréscimos legais aplicáveis nos casos de procedimento espontâneo (Lei nº 9.430, de 1996, art. 47, e Lei nº 9.532, de 1997, art. 70, inciso II).

CAPÍTULO II

DOS ACRÉSCIMOS MORATÓRIOS

Art. 552. Os débitos do imposto para com a União, não recolhidos nos prazos previstos neste Regulamento, ficarão sujeitos aos acréscimos moratórios, conforme definidos nos artigos deste Capítulo (Lei nº 8.383, de 1991, art. 59, Lei nº 8.981, de 1995, art. 84, Lei nº 9.065, de 1995, art. 13, e Lei nº 9.430, de 1996, art. 61).

Multa de Mora

Art. 553. Os débitos do imposto em atraso, cujos fatos geradores ocorrerem a partir de 1º de janeiro de 1997, serão acrescidos de multa de mora, calculada à taxa de trinta e três centésimos por cento por dia de atraso (Lei nº 9.430, de 1996, art. 61).

§ 1º A multa de que trata este artigo será calculada a partir do primeiro dia útil subsequente ao do vencimento dos prazos previstos para o recolhimento do imposto até o dia em que ocorrer o seu recolhimento (Lei nº 9.430, de 1996, art. 61, § 1º).

§ 2º No caso do inciso VII do art. 25 a multa de que trata este artigo será calculada a partir do dia subsequente ao da emissão da referida nota fiscal (Lei nº 9.532, de 1997, art. 39, § 5º, alínea *b*).

§ 3º O percentual de multa a ser aplicado fica limitado a vinte por cento (Lei nº 9.430, de 1996, art. 61, § 2º).

Juros de Mora

Art. 554. Sobre os débitos do imposto, a que se refere o art. 552 incidirão juros de mora calculados à taxa referencial do SELIC, para títulos federais, acumulada mensalmente, a partir do primeiro dia do mês subsequente ao do vencimento do prazo até o último dia do mês anterior ao do recolhimento e de um por cento no mês de recolhimento (Lei nº 9.430, de 1996, art. 61, § 3º, e Lei nº 10.522, de 19 de julho de 2002, art. 30).

§ 1º No caso do inciso VII do art. 25 o valor a ser pago ficará sujeito à incidência dos juros de que trata este artigo, calculados a partir do primeiro dia do mês subsequente ao da emissão da nota fiscal pelo estabelecimento industrial, até o mês anterior ao do pagamento, e de um por cento no mês do pagamento (Lei nº 9.532, de 1997, art. 39, § 5º, alínea *a*).

§ 2º O imposto não recolhido no vencimento será acrescido de juros de mora de que trata este artigo, seja qual for o motivo determinante da falta, sem prejuízo da imposição das penalidades cabíveis (Lei nº 5.172, de 1966, art. 161).

CAPITULO III – DAS PENALIDADES

Seção I

DAS DISPOSIÇÕES GERAIS

Art. 555. As infrações serão punidas com as seguintes penas, aplicáveis separada ou cumulativamente (Lei nº 4.502, de 1964, art. 66):

I – multa (Lei nº 4.502, de 1964, art. 66, inciso I);

II – perdimento da mercadoria (Lei nº 4.502, de 1964, art. 66, inciso II); e

III – cassação de regimes ou controles especiais estabelecidos em benefício de contribuintes ou de outras pessoas obrigadas ao cumprimento dos dispositivos deste Regulamento (Lei nº 4.502, de 1964, art. 66, inciso V).

Aplicação

Art. 556. Compete à autoridade administrativa, atendendo aos antecedentes do infrator, aos motivos determinantes da infração e à gravidade de suas consequências efetivas ou potenciais (Lei nº 4.502, de 1964, art. 67):

I – determinar a pena ou as penas aplicáveis ao infrator (Lei nº 4.502, de 1964, art. 67, inciso I); e

II – fixar, dentro dos limites legais, a quantidade da pena aplicável (Lei nº 4.502, de 1964, art. 67, inciso II).

Graduação

Art. 557. A autoridade fixará a pena de multa partindo da pena básica estabelecida para a infração, como se atenuantes houvesse, só a majorando em razão das circunstâncias agravantes ou qualificativas, provadas no respectivo processo (Lei nº 4.502, de 1964, art. 68, e Decreto-Lei nº 34, de 1966, art. 2º, alteração 18ª).

Circunstâncias Agravantes

Art. 558. São circunstâncias agravantes (Lei nº 4.502, de 1964, art. 68, § 1º, e Decreto-Lei nº 34, de 1966, art. 2º, alteração 18ª):

I – a reincidência específica (Lei nº 4.502, de 1964, art. 68, § 1º, inciso I, e Decreto-Lei nº 34, de 1966, art. 2º, alteração 18ª);

II – o fato de o imposto, não destacado, ou destacado em valor inferior ao devido, referir-se a produto cuja tributação e classificação fiscal já tenham sido objeto de solução em consulta formulada pelo infrator (Lei nº 4.502, de 1964, art. 68, § 1º, inciso II, Decreto-Lei nº 34, de 1966, art. 2º, alteração 18ª, e Lei nº 9.430, de 1996, arts. 48 a 50);

III – a inobservância de instruções dos Auditores-Fiscais da Receita Federal do Brasil sobre a obrigação violada, anotadas nos livros e documentos fiscais do sujeito passivo (Lei nº 4.502, de 1964, art. 68, § 1º, inciso III, e Decreto-Lei nº 34, de 1966, art. 2º, alteração 18ª);

IV – qualquer circunstância, não compreendida no art. 559, que demonstre artifício doloso na prática da infração (Lei nº 4.502, de 1964, art. 68, § 1º, inciso IV, e Decreto-Lei nº 34, de 1966, art. 2º, alteração 18ª); e

V – qualquer circunstância que importe em agravar as consequências da infração ou em retardar o seu conhecimento pela autoridade fazendária (Lei nº 4.502, de 1964, art. 68, § 1º, inciso IV, e Decreto-Lei nº 34, de 1966, art. 2º, alteração 18ª).

Circunstâncias Qualificativas

Art. 559. São circunstâncias qualificativas a sonegação, a fraude e o conluio (Lei nº 4.502, de 1964, art. 68, § 2º, e Decreto-Lei nº34, de 1966, art. 2º, alteração 18ª).

Reincidência Específica

Art. 560. Caracteriza reincidência específica a prática de nova infração de um mesmo dispositivo, ou de disposição idêntica, da legislação do imposto, ou de normas contidas num mesmo Capítulo deste Regulamento, por uma mesma pessoa ou pelo sucessor referido no art. 132 da Lei nº 5.172, de 1966, dentro de cinco anos da data em que houver passado em julgado, administrativamente, a decisão condenatória referente à infração anterior (Lei nº 4.502, de 1964, art. 70).

Sonegação

Art. 561. Sonegação é toda ação ou omissão dolosa tendente a impedir ou retardar, total ou parcialmente, o conhecimento por parte da autoridade fazendária (Lei nº 4.502, de 1964, art. 71):

I – da ocorrência do fato gerador da obrigação tributária principal, sua natureza ou circunstâncias materiais (Lei nº 4.502, de 1964, art. 71, inciso I); e

II – das condições pessoais do contribuinte, suscetíveis de afetar a obrigação tributária principal ou o crédito tributário correspondente (Lei nº 4.502, de 1964, art. 71, inciso II).

Fraude

Art. 562. Fraude é toda ação ou omissão dolosa tendente a impedir ou retardar, total ou parcialmente, a ocorrência do

LEG. COMPLEMENTAR

fato gerador da obrigação tributária principal, ou a excluir ou modificar as suas características essenciais, de modo a reduzir o montante do imposto devido, ou a evitar ou diferir o seu pagamento (Lei nº 4.502, de 1964, art. 72).

Conluio

Art. 563. Conluio é o ajuste doloso entre duas ou mais pessoas, naturais ou jurídicas, visando a qualquer dos efeitos referidos nos arts. 561 e 562 (Lei nº 4.502, de 1964, art. 73).

Cumulação de Penas

Art. 564. Apurando-se, num mesmo processo, a prática de mais de uma infração por uma mesma pessoa, natural ou jurídica, aplicar-se-ão cumulativamente as penas a elas cominadas (Lei nº 4.502, de 1964, art. 74).

Parágrafo único. As faltas cometidas na emissão de um mesmo documento ou na feitura de um mesmo lançamento serão consideradas uma única infração, sujeita à penalidade mais grave, entre as previstas para elas.

Infrações Continuadas

Art. 565. As infrações continuadas, punidas de conformidade com o art. 597, estão sujeitas a uma pena única, com o aumento de dez por cento para cada repetição da falta, não podendo o valor total exceder o dobro da pena básica (Lei nº 4.502, de 1964, art. 74, *caput* e § 1º, e Decreto-Lei nº 34, de 1966, art. 2º, alteração 20ª).

§ 1º Se tiverem sido lavrados mais de um auto ou notificação de lançamento, serão eles reunidos em um só processo, para imposição da pena (Lei nº 4.502, de 1964, art. 74, § 3º).

§ 2º Não se considera infração continuada a repetição de falta já arrolada em processo fiscal de cuja instauração o infrator tenha sido intimado (Lei nº 4.502, de 1964, art. 74, § 4º).

Responsabilidade de mais de uma Pessoa

Art. 566. Se no processo se apurar a responsabilidade de mais de uma pessoa, será imposta a cada uma delas a pena relativa à infração que houver cometido (Lei nº 4.502, de 1964, art. 75).

Inaplicabilidade da Pena

Art. 567. Não serão aplicadas penalidades:

I – aos que, antes de qualquer procedimento fiscal, anotarem, no livro Registro de Utilização de Documentos Fiscais e Termos de Ocorrências, modelo 6, e comunicarem ao órgão de jurisdição qualquer irregularidade ou falta praticada, ressalvadas as hipóteses previstas nos arts. 552, 553, 572 e 603 (Lei nº 4.502, de 1964, art. 76, inciso I); e

II – aos que, enquanto prevalecer o entendimento, tiverem agido ou pago o imposto (Lei nº 4.502, de 1964, art. 76, inciso II):

a) de acordo com interpretação fiscal constante de decisão irrecorrível de última instância administrativa, proferida em processo fiscal, inclusive de consulta, seja ou não parte o interessado (Lei nº 4.502, de 1964, art. 76, inciso II, alínea *a*);

b) de acordo com interpretação fiscal constante de decisão, de primeira instância, proferida em processo fiscal, inclusive de consulta, em instância única, em que for parte o interessado (Lei nº 4.502, de 1964, art. 76, inciso II, alínea *b*, e Lei nº 9.430, de 1996, art. 48); ou

c) de acordo com interpretação fiscal constante de atos normativos expedidos pelas autoridades fazendárias competentes dentro das respectivas jurisdições territoriais (Lei nº 4.502, de 1964, art. 76, inciso II, alínea *c*).

Exigibilidade do Imposto

Art. 568. A aplicação da pena e o seu cumprimento não dispensam, em caso algum, o pagamento do imposto devido, nem prejudicam a aplicação das penas cominadas, para o mesmo fato, pela legislação criminal (Lei nº 4.502, de 1964, art. 77).

Seção II

DAS MULTAS

Lançamento de Ofício

Art. 569. A falta de destaque do valor, total ou parcial, do imposto na respectiva nota fiscal ou a falta de recolhimento do imposto destacado sujeitará o contribuinte à multa de ofício de setenta e cinco por cento do valor do imposto que deixou de ser destacado ou recolhido (Lei nº 4.502, de 1964, art. 80, e Lei nº 11.488, de 2007, art. 13).

§ 1º No mesmo percentual de multa incorrem (Lei nº 4.502, de 1964, art. 80, § 1º, e Lei nº 11.488, de 2007, art. 13):

I – os fabricantes de produtos isentos que não emitirem, ou emitirem de forma irregular, as notas fiscais a que são obrigados (Lei nº 4.502, de 1964, art. 80, § 1º, inciso I);

II – os que transportarem produtos tributados ou isentos, desacompanhados da documentação comprobatória de sua procedência (Lei nº 4.502, de 1964, art. 80, § 1º, inciso III);

III – os que possuírem, nas condições do inciso II deste parágrafo, produtos tributados ou isentos, para venda ou industrialização (Lei nº 4.502, de 1964, art. 80, § 1º, inciso IV); e

IV – os que destacarem indevidamente o imposto na nota fiscal, ou o destacarem com excesso sobre o valor resultante do seu cálculo (Lei nº 4.502, de 1964, art. 80, § 1º, inciso V).

§ 2º No caso dos incisos I a III do § 1º, quando o produto for isento ou a sua saída do estabelecimento não obrigar a destaque do imposto, as multas serão calculadas com base no valor do imposto que, de acordo com as regras de classificação e de cálculo estabelecidas neste Regulamento, incidiria sobre o produto ou a operação, se tributados fossem (Lei nº 4.502, de 1964, art. 80, § 2º).

§ 3º No caso do inciso IV do § 1º, a multa terá por base de cálculo o valor do imposto indevidamente destacado, e não será aplicada se o responsável, já tendo recolhido, antes de procedimento fiscal, a importância irregularmente destacada, provar que a infração decorreu de erro escusável, a juízo da autoridade julgadora (Lei nº 4.502, de 1964, art. 80, § 3º).

§ 4º A multa deste artigo aplica-se, ainda, aos casos equiparados por este Regulamento à falta de destaque ou de recolhimento do imposto, desde que para o fato não seja cominada penalidade específica (Lei nº 4.502, de 1964, art. 80, § 4º).

§ 5º A falta de identificação do contribuinte ou responsável não exclui a aplicação das multas previstas neste artigo, cuja cobrança, juntamente com a do imposto que for devido, será efetivada pela alienação da mercadoria a que se referir a infração, aplicando-se, ao processo respectivo, o disposto no § 4º do art. 603 (Lei nº 4.502, de 1964, art. 80, § 5º).

§ 6º O percentual de multa a que se refere o *caput*, independentemente de outras penalidades administrativas ou criminais cabíveis, será (Lei nº 4.502, de 1964, art. 80, § 6º, e Lei nº 11.488, de 2007, art. 13):

I – aumentado de metade, ocorrendo apenas uma circunstância agravante, exceto a reincidência específica (Lei nº 4.502, de 1964, art. 80, § 6º, inciso I, e Lei nº 11.488, de 2007, art. 13); e

II – duplicado, ocorrendo reincidência específica ou mais de uma circunstância agravante, e nos casos previstos nos arts. 561, 562 e 563 (Lei nº 4.502, de 1964, art. 80, § 6º, inciso II, e Lei nº 11.488, de 2007, art. 13).

§ 7º Os percentuais de multa a que se referem o *caput* e o § 6º serão aumentados de metade nos casos de não atendimento pelo sujeito passivo, no prazo marcado, de intimação para prestar esclarecimentos (Lei nº 4.502, de 1964, art. 80, § 7º, e Lei nº 11.488, de 2007, art. 13).

§ 8º A multa de que trata este artigo será exigida (Lei nº 4.502, de 1964, art. 80, § 8º, e Lei nº 11.488, de 2007, art. 13):

I – juntamente com o imposto, quando este não houver sido lançado nem recolhido (Lei nº 4.502, de 1964, art. 80, § 8º, inciso I, e Lei nº 11.488, de 2007, art. 13); ou

II – isoladamente, nos demais casos (Lei nº 4.502, de 1964, art. 80, § 8º, inciso II, e Lei nº 11.488, de 2007, art. 13).

§ 9º A multa de que trata este artigo aplica-se, também, aos que derem causa a ressarcimento indevido de crédito de imposto (Lei nº 4.502, de 1964, art. 80, § 9º, Lei nº 9.430, de 1996, art. 44, § 4º, e Lei nº 11.488, de 2007, art. 13).

§ 10. No caso dos incisos I e II do § 6º, a majoração incidirá apenas sobre a parte do valor do imposto em relação à qual houver sido verificada a ocorrência de circunstância agravante ou qualificativa, na prática da respectiva infração.

§ 11. Na hipótese do § 10, o valor da pena aplicável será o resultado da soma da parcela majorada e da não alcançada pela majoração.

Art. 570. O lançamento de ofício de que trata o § 2º do art. 443, limitar-se-á à imposição de multa isolada em razão da não homologação de compensação quando se comprove falsidade da declaração apresentada pelo sujeito passivo(Lei nº 10.833, de 2003, art. 18, Lei nº 11.051, de 2004, art. 25, e Lei nº 11.488, de 2007, art. 18).

Parágrafo único. A multa isolada a que se refere o *caput* será exigida de acordo com as disposições do art. 18 da Lei nº 10.833, de 2003, e do art. 18 da Lei nº 11.488, de 2007.

Art. 571. As infrações cometidas pelo contribuinte do imposto durante o período em que estiver submetido a regime especial de fiscalização, de que trata o art. 541, serão punidas com a multa de cento e cinquenta por cento sobre a totalidade ou diferença do imposto nos casos de falta de pagamento ou recolhimento, de falta de declaração e nos de declaração inexata (Lei nº 9.430, de 1996, arts. 33, § 5º, e 44, inciso I, e Lei nº 11.488, de 2007, art. 15).

§ 1º O percentual de multa de que trata o *caput* será duplicado nos casos previstos nos arts. 561, 562 e 563, independentemente de outras penalidades administrativas ou criminais cabíveis (Lei nº 9.430, de 1996, art. 44, § 1º, e Lei nº 11.488, de 2007, art. 14).

§ 2º Os percentuais de multa a que se referem o *caput* e o § 1º serão aumentados de metade, nos casos de não atendimento pelo sujeito passivo, no prazo marcado, de intimação para: (Lei nº 9.430, de 1996, art. 44, § 2º, e Lei nº 11.488, de 2007, art. 14):

I – prestar esclarecimentos;

II – apresentar os arquivos ou sistemas de que trata o art. 389; e

III – apresentar a documentação técnica de que trata o § 2º do art. 542.

§ 3º As disposições deste artigo aplicam-se, inclusive, aos contribuintes que derem causa a ressarcimento indevido de impostos ou contribuições decorrente de qualquer incentivo ou benefício fiscal (Lei nº 9.430, de 1996, art. 44, § 4º, e Lei nº 11.488, de 2007, art. 14).

Art. 572. Sem prejuízo de outras sanções administrativas ou penais cabíveis, incorrerão na multa igual ao valor comercial da mercadoria ou ao que lhe for atribuído na nota fiscal, respectivamente (Lei nº 4.502, de 1964, art. 83, e Decreto-Lei nº 400, de 1968, art. 1º, alteração 2ª):

I – os que entregarem a consumo, ou consumirem produto de procedência estrangeira introduzido clandestinamente no País ou importado irregular ou fraudulentamente ou que tenha entrado no estabelecimento, dele saído ou nele permanecido sem que tenha havido registro da declaração de importação no SISCOMEX, salvo se estiver dispensado do registro, ou desacompanhado de Guia de Licitação ou nota fiscal, conforme o caso (Lei nº 4.502, de 1964, art. 83, inciso I, e Decreto-Lei nº 400, de 1968, art. 1º, alteração 2ª); e

II – os que emitirem, fora dos casos permitidos neste Regulamento, nota fiscal que não corresponda à saída efetiva, de produto nela descrito, do estabelecimento emitente, e os que, em proveito próprio ou alheio, utilizarem, receberem ou registrarem essa nota para qualquer efeito, haja ou não destaque do imposto e ainda que a nota se refira a produto isento (Lei nº 4.502, de 1964, art. 83, inciso II, e Decreto-Lei nº 400, de 1968, art. 1º, alteração 2ª).

§ 1º No caso do inciso I, a imposição da pena não prejudica a que é aplicável ao comprador ou recebedor do produto, e, no caso do inciso II, independe da que é cabível pela falta ou insuficiência de recolhimento do imposto em razão da utilização da nota (Lei nº 4.502, de 1964, art. 83, § 1º).

§ 2º A multa a que se refere o inciso I aplica-se apenas às hipóteses de produtos de procedência estrangeira introduzidos clandestinamente no País ou importados irregular ou fraudulentamente.

Art. 573. Na hipótese prevista no art. 531, aplica-se multa equivalente ao valor aduaneiro da mercadoria, na importação, ou ao preço constante da nota fiscal ou de documento equivalente, na exportação, caso a mercadoria não seja localizada, ou tenha sido consumida ou revendida (Decreto-Lei nº 1.455, de 1976, art. 23, § 3º, e Lei nº 10.833, de 2003, art. 73, § 1º).

- *Caput* com a redação dada pelo Dec. nº 10.668, de 8-4-2021.

Parágrafo único. A multa a que se refere o *caput* será exigida mediante lançamento de ofício, que será processado e julgado nos termos da legislação que rege a determinação e exigência dos demais créditos tributários da União (Lei nº 10.833, de 2003, art. 73, § 2º).

Art. 574. Incorrerá na multa de cinquenta por cento do valor comercial da mercadoria o transportador que conduzir produto de procedência estrangeira que saiba, ou deva presumir pelas circunstâncias do caso, ter sido introduzido clandestinamente no País, ou importado irregular ou fraudulentamente (Lei nº 4.502, de 1964, art. 83, § 2º).

Art. 575. A inobservância das prescrições do *caput* e dos §§ 1º e 3º do art. 327 pelos adquirentes e depositários de produtos mencionados no mesmo dispositivo, sujeitá-los-á às mesmas penas cominadas ao industrial ou remetente, pela falta apurada (Lei nº 4.502, de 1964, art. 82).

Art. 576. Aos que descumprirem as exigências de rotulagem ou marcação a que se refere o art. 274 ou as instruções expedidas pelo Secretário da Receita Federal do Brasil, na forma prevista no parágrafo único do mesmo artigo, será aplicada a multa de R$ 196,18 (cento e noventa e seis reais e dezoito centavos) (Decreto-Lei nº 1.593, de 1977, art. 32, e Lei nº 9.249, de 26 de dezembro de 1995, art. 30).

Art. 577. Será exigido do proprietário do produto encontrado na situação irregular descrita nos arts. 341 e 346 o imposto que deixou de ser pago, aplicando-se-lhe, independentemente de outras sanções cabíveis, a multa de cento e cinquenta por cento do seu valor (Decreto-Lei nº 1.593, de 1977, art. 18, § 1º, Lei nº 9.532, de 1997, art. 41, e Lei nº 10.833, de 2003, art. 40).

Parágrafo único. Se o proprietário não for identificado, considera-se como tal, para os efeitos deste artigo, o possuidor, transportador ou qualquer outro detentor do produto (Decreto-Lei nº 1.593, de 1977, art. 18, § 2º, e Lei nº 10.833, de 2003, art. 40).

§ 1º Se o proprietário não for identificado, considera-se como tal, para os efeitos deste artigo, o possuidor, transportador ou qualquer outro detentor do produto (Decreto-Lei nº 1.593, de 1977, art. 18, § 2º, e Lei nº 10.833, de 2003, art. 40).

§ 2º Na hipótese do art. 346, cuja exportação tenha sido autorizada pela Secretaria da Receita Federal do Brasil de acordo com o disposto no § 5º do art. 344, os impostos devidos e a multa de que trata o *caput* serão exigidos do estabelecimento industrial exportador (Decreto-Lei nº 1.593, de 1977, art. 18, § 3º, e Lei nº 12.402, de 2011, art. 7º).

§ 3º O disposto no § 2º aplica-se inclusive à hipótese de ausência de comprovação pelo estabelecimento industrial da importação dos cigarros no país de destino, de que trata o inciso III do § 5º do art. 344 (Decreto-Lei nº 1.593, de 1977, art. 18, § 4º, e Lei nº 12.402, de 2011, art. 7º).

• §§ 1º a 3º acrescidos pelo Dec. nº 7.990, de 24-4-2013.

Art. 578. Poderão ser aplicadas, a cada período de apuração do imposto incidente sobre os produtos classificados nas Posições 22.02 e 22.03 da TIPI, as seguintes multas (Medida Provisória nº 2.158-35, de 2001, art. 38, incisos I e II):

I – de cinquenta por cento do valor comercial da mercadoria produzida, não inferior a R$ 10.000,00 (dez mil reais):

a) se, a partir do décimo dia subsequente ao prazo fixado para a entrada em operação do sistema, os equipamentos referidos no art. 373 não tiverem sido instalados em razão de impedimento criado pelo contribuinte; e

b) se o contribuinte não cumprir qualquer das condições a que se refere o § 2º do art. 373; e

II – no valor de R$ 10.000,00 (dez mil reais), na hipótese de descumprimento do disposto no art. 374.

Parágrafo único. O disposto neste artigo aplica-se aos estabelecimentos envasadores ou industriais fabricantes dos produtos classificados na Posição 22.01 da TIPI (Lei nº 11.051, de 2004, art. 5º).

Art. 579. *Revogado.* Dec. nº 10.668, de 8-4-2021.

Art. 580. O descumprimento das disposições do art. 377 ensejará a aplicação de multa (Lei nº 11.727, de 2008, art. 13, § 3º):

I – correspondente a cinquenta por cento do valor comercial da mercadoria produzida no período de inoperância, não inferior a R$ 5.000,00 (cinco mil reais), se, a partir do décimo dia subsequente ao prazo fixado para a entrada em operação do sistema, os equipamentos referidos no *caput* do art. 377 não tiverem sido instalados em virtude de impedimento criado pelo produtor (Lei nº 11.727, de 2008, art. 13, § 3º, inciso I); e

II – no valor de R$ 5.000,00 (cinco mil reais), sem prejuízo do disposto no inciso I, no caso de falta da comunicação da inoperância do medidor na forma do § 2º do art. 377 (Lei nº 11.727, de 2008, art. 13, § 3º, inciso II).

Parágrafo único. Para fins do disposto no inciso I, considera-se impedimento qualquer ação ou omissão praticada pelo fabricante tendente a impedir ou retardar a instalação dos equipamentos ou, mesmo após a sua instalação, prejudicar o seu normal funcionamento (Lei nº 11.727, de 2008, art. 13, § 4º).

Art. 581. Serão ainda aplicadas as seguintes penalidades, na ocorrência de infrações relativas aos produtos do Código 2402.20.00 da TIPI (Decreto-Lei nº 1.593, de 1977, art. 19):

I – aos fabricantes que coletarem, para qualquer fim, carteiras vazias: multa de duas vezes o valor do imposto sobre os cigarros correspondentes às quantidades de carteiras coletadas, calculado de acordo com a marca do produto, não inferior a R$ 99,72 (noventa e nove reais e setenta e dois centavos) (Decreto-Lei nº 1.593, de 1977, art. 19, inciso I, e Lei nº 9.249, de 1995, art. 30);

II a IV – *Revogados.* Dec. nº 10.668, de 8-4-2021;

V – aos que derem saída a marca nova de cigarros sem prévia comunicação, ao Secretário da Receita Federal do Brasil, de sua classe de preço de venda no varejo: multa de R$ 0,11 (onze centavos de real) por unidade tributada saída do estabelecimento (Decreto-Lei nº 1.593, de 1977, art. 19, inciso IX, e Lei nº 9.249, de 1995, art. 30); e

VI – a falta de comunicação de que trata o § 2º do art. 378 ensejará a aplicação de multa de R$ 10.000,00 (dez mil reais) (Lei nº 11.488, de 2007, art. 27, § 3º).

Parágrafo único. O disposto no inciso VI do *caput* aplica-se às cigarrilhas classificadas no Ex 01 do Código 2402.10.00 da TIPI (Lei nº 11.488, de 2007, art. 27, § 3º, e Lei nº 12.402, de 2011, art. 5º, parágrafo único).

• Parágrafo único acrescido pelo Dec. nº 10.668, de 8-4-2021.

Art. 582. Apuradas operações com cigarros, tabaco em folha ou papel para cigarros em bobinas, praticadas em desacordo com as exigências referidas neste Regulamento ou nos demais atos administrativos destinados a complementá-lo, aplicar-se-ão aos infratores as seguintes penalidades (Decreto-Lei nº 1.593, de 1977, art. 15):

I – aos que derem saída ao produto sem estar previamente registrados, quando obrigados a isto, conforme o art. 330, ou aos que desatenderem o disposto no art. 362, ou, ainda, aos que derem saída a papel para cigarros em bobinas para estabelecimentos não autorizados a adquiri-lo: multa igual ao valor comercial da mercadoria (Decreto-Lei nº 1.593, de 1977, art. 15, inciso I);

II – aos que, nas condições do inciso I, adquirirem e tiverem em seu poder tabaco em folha ou papel para cigarros em bobinas: multa igual ao valor comercial da mercadoria (Decreto-Lei nº 1.593, de 1977, art. 15, inciso II);

III – aos que receberem ou tiverem em seu poder matéria-prima, produto intermediário ou material de embalagem para a fabricação de cigarros para terceiros: multa igual ao valor comercial da mercadoria (Decreto-Lei nº 1.593, de 1997, art. 15, inciso II, e Lei nº 10.637, de 2002, art. 53, parágrafo único); e

IV – aos que, embora registrados, deixarem de marcar o produto ou a sua embalagem na forma prevista no art. 344 ou nas instruções expedidas pelo Ministro de Estado da Fazenda de acordo com o art. 360: multa igual ao valor comercial da mercadoria, e quando se tratar de cigarros, de R$ 0,11 (onze centavos de real) por unidade tributada (Decreto-Lei nº 1.593, de 1977, art. 15, inciso III, e Lei nº 9.249, de 1995, art. 30).

Art. 583. Apurada, em estabelecimento industrial de charutos, cigarros, cigarrilhas ou de fumo desfiado, picado, migado, em pó, ou em rolo e em corda, a falta da escrituração, nos assentamentos próprios, da aquisição do tabaco em folha ou do papel para cigarros em bobinas, aplicar-se-á ao estabelecimento infrator a multa igual a vinte por cento do valor comercial das quantidades não escrituradas (Decreto-Lei nº 1.593, de 1977, art. 16).

Art. 584. A cada período de apuração do imposto poderá ser aplicada multa de cem por cento do valor comercial da mercadoria produzida, sem prejuízo de aplicação das demais sanções fiscais e penais cabíveis, não inferior a R$ 10.000,00 (dez mil reais) (Lei nº 11.488, de 2007, art. 30, e Lei nº 12.402, de 2011, art. 5º, parágrafo único):

• *Caput* com a redação dada pelo Dec. nº 7.990, de 24-4-2013.

I – se, a partir do décimo dia subsequente ao término do prazo fixado para a entrada em operação do sistema, os equipamentos referidos no art. 378 não tiverem sido instalados em virtude de impedimento criado pelo fabricante de cigarros e cigarrilhas; e

II – se o fabricante de cigarros e cigarrilhas não efetuar o controle de volume de produção a que se refere o § 2º do art. 378.

• Incisos I e II com a redação dada pelo Dec. nº 7.990, de 24-4-2013.

§ 1º Para fins do disposto no inciso I, considera-se impedimento qualquer ação ou omissão praticada pelo fabricante tendente a impedir ou retardar a instalação dos equipamentos ou, mesmo após a sua instalação, prejudicar o seu normal funcionamento (Lei nº 11.488, de 2007, art. 30, § 1º).

§ 2º Na ocorrência da hipótese mencionada no inciso I aplica-se, ainda, o disposto no art. 334 (Lei nº 11.488, de 2007, art. 30, § 2º).

Art. 585. Aplicam-se as seguintes penalidades, em relação ao selo de controle de que trata o art. 284, na ocorrência das infrações abaixo (Decreto-Lei nº 1.593, de 1977, art. 33, e Lei nº 10.637, de 2002, art. 52):

I – venda ou exposição à venda de produtos sem o selo ou com o emprego do selo já utilizado: multa igual ao valor comercial do produto, não inferior a R$ 1.000,00 (mil reais) (Decreto-Lei nº 1.593, de 1977, art. 33, inciso I, e Lei nº 10.637, de 2002, art. 52);

II – emprego ou posse do selo legítimo não adquirido diretamente da repartição fornecedora: multa de R$ 1,00 (um real) por unidade, não inferior a R$ 1.000,00 (mil reais) (Decreto-Lei nº 1.593, de 1977, art. 33, inciso II, e Lei nº 10.637, de 2002, art. 52);

III – emprego do selo destinado a produto nacional, quando se tratar de produto estrangeiro, e vice-versa; emprego de selo destinado a produto diverso; emprego de selo não utilizado ou marcado como previsto em ato da Secretaria da Receita Federal do Brasil; emprego de selo que não estiver em circulação: consideram-se os produtos como não selados, equiparando-se a infração à falta de pagamento do imposto, que será exigível, além da multa igual a setenta e cinco por cento do valor do imposto exigido (Decreto-Lei nº 1.593, de 1977, art. 33, inciso III, e Lei nº 10.637, de 2002, art. 52);

IV – fabricação, venda, compra, cessão, utilização, ou posse, soltos ou aplicados, de selos de controle falsos: independentemente de sanção penal cabível, multa de R$ 5,00 (cinco reais) por unidade, não inferior a R$ 5.000,00 (cinco mil reais), além da apreensão dos selos não utilizados e da aplicação da pena de perdimento dos produtos em que tenham sido utilizados os selos (Decreto-Lei nº 1.593, de 1977, art. 33, inciso IV, e Lei nº 10.637, de 2002, art. 52); e

V – transporte de produto sem o selo ou com emprego de selo já utilizado: multa igual a cinquenta por cento do valor comercial do produto, não inferior a R$ 1.000,00 (mil reais) (Decreto-Lei nº 1.593, de 1977, art. 33, inciso V, e Lei nº 10.637, de 2002, art. 52).

§ 1º Aplicar-se-á a mesma pena cominada no inciso II do *caput* àqueles que fornecerem a outro estabelecimento, da mesma pessoa jurídica ou de terceiros, selos de controle legítimos adquiridos diretamente da repartição fornecedora (Decreto-Lei nº 1.593, de 1977, art. 33, § 1º, e Lei nº 10.637, de 2002, art. 52).

§ 2º Aplicar-se-á ainda a pena de perdimento aos produtos do Código 2402.20.00 da TIPI (Decreto-Lei nº 1.593, de 1977, art. 33, § 2º, e Lei nº 10.637, de 2002, art. 52):

I – na hipótese de que tratam os incisos I e V do *caput*; e

II – encontrados no estabelecimento industrial, acondicionados em embalagem destinada a comercialização, sem o selo de controle.

§ 3º O disposto no inciso I do § 2º também se aplica aos demais produtos sujeitos ao selo de controle a que se refere o art. 284 (Lei nº 11.196, de 2005, art. 61).

§ 4º Para fins de aplicação das penalidades previstas neste artigo, havendo a constatação de produtos com selos de controle em desacordo com as normas estabelecidas pela Secretaria da Receita Federal do Brasil, considerar-se-á irregular a totalidade do lote identificado onde eles foram encontrados (Decreto-Lei nº 1.593, de 1977, art. 33, § 3º, e Lei nº 10.637, de 2002, art. 52).

Art. 586. Sujeita-se às penalidades previstas na legislação, aplicáveis às hipóteses de uso indevido de selos de controle, o importador que não efetivar a importação no prazo estabelecido no art. 352 (Lei nº 9.532, de 1997, art. 51).

Parágrafo único. As penalidades de que trata este artigo serão calculadas sobre a quantidade de selos adquiridos que não houver sido utilizada na importação, se ocorrer importação parcial (Lei nº 9.532, de 1997, art. 51, parágrafo único).

Art. 587. Será aplicada ao estabelecimento beneficiador a multa igual a cinquenta por cento do valor comercial da quantidade em falta ou em excesso do tabaco em folha, apurados à vista dos livros e documentos fiscais do estabelecimento beneficiador (Decreto-Lei nº 1.593, de 1977, art. 17).

Art. 588. O não cumprimento da obrigação prevista no inciso II do § 2º do art. 328 sujeitará a pessoa jurídica às seguintes penalidades (Lei nº 11.945, de 2009, art. 1º, § 4º):

I – cinco por cento, não inferior a R$ 100,00 (cem reais) e não superior a R$ 5.000,00 (cinco mil reais), do valor das operações com papel imune omitidas ou apresentadas de forma inexata ou incompleta (Lei nº 11.945, de 2009, art. 1º, § 4º, inciso I); e

II – de R$ 2.500,00 (dois mil e quinhentos reais) para micro e pequenas empresas e de R$ 5.000,00 (cinco mil reais) para as demais, independentemente da sanção prevista no inciso I, se as informações não forem apresentadas no prazo estabelecido (Lei nº 11.945, de 2009, art. 1º, § 4º, inciso II).

Parágrafo único. Apresentada a informação fora do prazo, mas antes de qualquer procedimento de ofício, a multa de que trata o inciso II do *caput* será reduzida à metade (Lei nº 11.945, de 2009, art. 1º, § 5º).

LEG. COMPLEMENTAR

Art. 589. Estarão sujeitos à multa de cinco vezes a pena prevista no art. 597 aqueles que simularem, viciarem ou falsificarem documentos ou a escrituração de seus livros fiscais ou comerciais, ou utilizarem documentos falsos para iludir a fiscalização ou fugir ao pagamento do imposto, se não couber outra multa maior por falta de lançamento ou pagamento do imposto (Lei nº 4.502, de 1964, art. 85, e Decreto-Lei nº 34, de 1966, art. 2º, alteração 25ª).

Art. 590. Na mesma pena do art. 589 incorrerá quem, por qualquer meio ou forma, desacatar os Auditores-Fiscais da Receita Federal do Brasil ou embaraçar, dificultar ou impedir a sua atividade fiscalizadora, sem prejuízo de qualquer outra penalidade cabível por infração a este Regulamento (Lei nº 4.502, de 1964, art. 85, parágrafo único, e Decreto-Lei nº 34, de 1966, art. 2º, alteração 25ª).

Art. 591. A inobservância do disposto no art. 389 acarretará a imposição das seguintes penalidades (Lei nº 8.218, de 1991, art. 12, e Medida Provisória nº 2.158-35, de 2001, art. 72):

I – multa de cinco décimos por cento sobre o valor da receita bruta da pessoa jurídica no período a que se refere a escrituração, na hipótese de não atendimento aos requisitos para a apresentação dos registros e dos respectivos arquivos (Lei nº 8.218, de 1991, art. 12, *caput*, inciso I);

II – multa de cinco por cento sobre o valor da operação correspondente, limitada a um por cento da receita bruta da pessoa jurídica no período a que se refere a escrituração, na hipótese de omissão ou prestação incorreta das informações referentes aos registros e aos respectivos arquivos (Lei nº 8.218, de 1991, art. 12, *caput*, inciso II); e

III – multa equivalente a dois centésimos por cento por dia de atraso, calculada sobre a receita bruta da pessoa jurídica no período a que se refere a escrituração, limitada a um por cento da referida receita bruta, na hipótese de descumprimento do prazo estabelecido para apresentação dos registros e dos respectivos arquivos (Lei nº 8.218, de 1991, art. 12, *caput*, inciso III).

• Incisos I a III com a redação dada pelo Dec. nº 10.668, de 8-4-2021.

Parágrafo único. Para as pessoas jurídicas que utilizam o SPED, as multas de que trata este artigo serão reduzidas: (Lei nº 8.218, de 1991, art. 12)

• *Caput* com a redação dada pelo Dec. nº 10.668, de 8-4-2021.

I – à metade, se a obrigação for cumprida após o prazo, mas antes do início de qualquer procedimento de ofício (Lei nº 8.218, de 1991, art. 12; e

II – a setenta e cinco por cento, se a obrigação for cumprida no prazo estabelecido em intimação (Lei nº 8.218, de 1991, art. 12).

• Incisos I e II acrescidos pelo Dec. nº 10.668, de 8-4-2021.

Art. 592. O sujeito passivo que deixar de cumprir as obrigações acessórias exigidas com base no disposto no art. 272, ou que as cumprir com incorreções ou omissões, será intimado para cumpri-las ou para prestar os esclarecimentos necessários, nos prazos estabelecidos pela Secretaria Especial da Receita Federal do Brasil do Ministério da Economia, e ficará sujeito às seguintes multas (Medida Provisória nº 2.158-35, de 2001, art. 57, e Lei nº 12.873, de 2013, art. 57):

• *Caput* com a redação dada pelo Dec. nº 10.668, de 8-4-2021.

I – na hipótese de apresentação extemporânea (Medida Provisória nº 2.158-35, de 2001, art. 57, *caput*, inciso I):

a) R$ 500,00 (quinhentos reais) por mês-calendário ou fração, relativamente às pessoas jurídicas que estiverem em início de atividade ou que sejam imunes ou isentas ou que, na última declaração apresentada, tenham apurado lucro presumido ou optado pelo Simples Nacional;

b) R$ 1.500,00 (mil e quinhentos reais) por mês-calendário ou fração, relativamente às pessoas jurídicas não mencionadas na alínea *a*; e

c) R$ 100,00 (cem reais) por mês-calendário ou fração, relativamente às pessoas físicas;

II – R$ 500,00 (quinhentos reais) por mês-calendário, na hipótese de não atendimento à intimação da Secretaria Especial da Receita Federal do Brasil do Ministério da Economia para cumprir obrigação acessória ou para prestar esclarecimentos nos prazos estabelecidos pela autoridade fiscal (Medida Provisória nº 2.158-35, de 2001, art. 57, *caput*, inciso II); e

III – na hipótese de cumprimento de obrigação acessória com informações inexatas ou incompletas ou com omissão de informações (Medida Provisória nº 2.158-35, de 2001, art. 57, *caput*, inciso III):

a) três por cento, não inferior a R$ 100,00 (cem reais), sobre o valor das transações comerciais ou das operações financeiras, próprias da pessoa jurídica ou de terceiros em relação aos quais seja responsável tributário; e

b) um inteiro e cinco décimos por cento, não inferior a R$ 50,00 (cinquenta reais), sobre o valor das transações comerciais ou das operações financeiras, próprias da pessoa física ou de terceiros em relação aos quais seja responsável tributário.

• Incisos I a III acrescidos pelo Dec. nº 10.668, de 8-4-2021.

§ 1º No caso de pessoa jurídica optante pelo Simples Nacional, os valores e os percentuais referidos nos incisos II e III do *caput* serão reduzidos em setenta por cento (Medida Provisória nº 2.158-35, de 2001, art. 57, § 1º).

§ 2º Na hipótese prevista no inciso I do *caput*, a pessoa jurídica que, na última declaração, tenha utilizado mais de uma forma de apuração do lucro ou tenha realizado algum evento de reorganização societária, ficará sujeita à multa de que trata a alínea *b* do referido inciso. (Medida Provisória nº 2.158-35, de 2001, art. 57, § 2º).

§ 3º A multa prevista no inciso I do *caput* será reduzida à metade caso a obrigação acessória seja cumprida antes do início de qualquer procedimento de ofício (Medida Provisória nº 2.158-35, de 2001, art. 57, § 3º).

§ 4º No caso de pessoa jurídica de direito público, serão aplicadas as multas previstas na alínea *a* do inciso I, no inciso II e na alínea *b* do inciso III do *caput* (Medida Provisória nº 2.158-35, de 2001, art. 57, § 3º).

• §§ 1º a 4º acrescidos pelo Dec. nº 10.668, de 8-4-2021.

Art. 593. O sujeito passivo que deixar de apresentar Declaração de Informações Econômico-Fiscais da Pessoa Jurídica – DIPJ, Declaração de Débitos e Créditos Tributários Federais – DCTF e Declaração Simplificada da Pessoa Jurídica – Inativa, nos prazos fixados, ou que as apresentar com incorreções ou omissões, será intimado a apresentar a declaração original, no caso de não apresentação, ou a prestar esclarecimentos, nos demais casos, no prazo estipulado pela Secretaria da Receita Federal do Brasil, e sujeitar-se-á às seguintes multas (Lei nº 10.426, de 24 de abril de 2002, art. 7º, e Lei nº 11.051, de 2004, art. 19):

I – de dois por cento ao mês-calendário ou fração, incidente sobre o montante do Imposto sobre a Renda da Pessoa Jurídica informado na DIPJ, ainda que integralmente pago, no caso de falta de entrega desta declaração ou entrega após o prazo, limitada a vinte por cento, observado o disposto no § 3º (Lei nº 10.426, de 2002, art. 7º, inciso I);

II – de dois por cento ao mês-calendário ou fração, incidente sobre o montante dos impostos e contribuições informados na DCTF ou na Declaração Simplificada da Pessoa Jurídica, ainda que integralmente pago, no caso de falta de entrega destas declarações ou entrega após o prazo, limitada a vinte por cento, observado o disposto no § 3º (Lei nº 10.426, de 2002, art. 7º, inciso II); e

III – de R$ 20,00 (vinte reais) para cada grupo de dez informações incorretas ou omitidas (Lei nº 10.426, de 2002, art. 7º, inciso III, e Lei nº 11.051, de 2004, art. 19).

§ 1º Para efeito de aplicação das multas previstas nos incisos I e II do *caput*, será considerado como termo inicial o dia seguinte do término do prazo originalmente fixado para a entrega da declaração e como termo final a data da efetiva entrega ou, no caso de não apresentação, da lavratura do auto de infração (Lei nº 10.426, de 2002, art. 7º, § 1º, e Lei nº 11.051, de 2004, art. 19).

§ 2º Observado o disposto no § 3º, as multas serão reduzidas (Lei nº 10.426, de 2002, art. 7º, § 2º):

I – à metade, quando a declaração for apresentada após o prazo, mas antes de qualquer procedimento de ofício (Lei nº 10.426, de 2002, art. 7º, § 2º, inciso I); e

II – a setenta e cinco por cento, se houver a apresentação da declaração no prazo fixado em intimação (Lei nº 10.426, de 2002, art. 7º, § 2º, inciso II).

§ 3º A multa mínima a ser aplicada será de (Lei nº 10.426, de 2002, art. 7º, § 3º):

I – R$ 200,00 (duzentos reais), tratando-se de pessoa jurídica inativa (Lei nº 10.426, de 2002, art. 7º, § 3º, inciso I); e

II – R$ 500,00 (quinhentos reais), nos demais casos (Lei nº 10.426, de 2002, art. 7º, § 3º, inciso II).

§ 4º Considerar-se-á não entregue a declaração que não atender às especificações técnicas estabelecidas pela Secretaria da Receita Federal do Brasil (Lei nº 10.426, de 2002, art. 7º, § 4º).

§ 5º Na hipótese do § 4º, o sujeito passivo será intimado a apresentar nova declaração, no prazo de dez dias, contados da ciência da intimação, e sujeitar-se-á à multa prevista no inciso I do *caput*, observado o disposto nos §§ 1º a 3º(Lei nº 10.426, de 2002, art. 7º, § 5º).

Art. 594. Serão punidos com a multa de R$ 31,65 (trinta e um reais e sessenta e cinco centavos), aplicável a cada falta, os contribuintes que deixarem de apresentar, no prazo estabelecido, o documento de prestação de informações a que se refere o art. 443 (Decreto-Lei nº 1.680, de 28 de março de 1979, art. 4º, e Lei nº 9.249, de 1995, art. 30).

Parágrafo único. As disposições do *caput* aplicam-se exclusivamente aos contribuintes do imposto não sujeitos ao disposto no art. 593.

Art. 595. Na hipótese de utilização do bem em finalidade diversa da que motivou a suspensão do imposto de que trata o art. 166, a sua não incorporação ao ativo imobilizado ou a ausência da identificação citada no § 5º do referido artigo, o beneficiário ficará sujeito à multa de cinquenta por cento sobre o valor de aquisição do bem no mercado interno ou do respectivo valor aduaneiro (Lei nº 11.033, de 2004, art. 14, § 11, e Lei nº 11.726, de 2008, art. 3º).

Parágrafo único. A aplicação da multa prevista no *caput* não prejudica a exigência dos tributos suspensos, de outras penalidades cabíveis, bem como dos acréscimos legais (Lei nº 11.033, de 2004, art. 14, § 12, e Lei nº 11.726, de 2008, art. 3º).

Art. 596. Na hipótese do art. 175, caberá lançamento de ofício do imposto, acrescido de juros e da multa de setenta e cinco por cento sobre a totalidade ou diferença do imposto (Lei nº 9.430, de 1996, art. 44, inciso I, Lei nº 11.196, de 2005, art. 11, § 4º, e Lei nº 11.488, de 2007, art. 14).

§ 1º O percentual de multa de que trata o *caput* será duplicado nos casos previstos nos arts. 561, 562 e 563, independentemente de outras penalidades administrativas ou criminais cabíveis (Lei nº 9.430, de 1996, art. 44, § 1º, e Lei nº11.488, de 2007, art. 14).

§ 2º Os percentuais de multa a que se referem o *caput* e o § 1º serão aumentados de metade, nos casos de não atendimento pelo sujeito passivo, no prazo marcado, de intimação para (Lei nº 9.430, de 1996, art. 44, § 2º, e Lei nº 11.488, de 2007, art. 14):

I – prestar esclarecimentos;

II – apresentar os arquivos ou sistemas de que trata o art. 389; e

III – apresentar a documentação técnica de que trata o § 2º do art. 542.

§ 3º As disposições deste artigo aplicam-se, inclusive, aos contribuintes que derem causa a ressarcimento indevido de impostos ou contribuições decorrente de qualquer incentivo ou benefício fiscal (Lei nº 9.430, de 1996, art. 44, § 4º, e Lei nº 11.488, de 2007, art. 14).

Art. 597. As infrações para as quais não se estabeleçam, neste Regulamento, penas proporcionais ao valor do imposto ou do produto, pena de perdimento da mercadoria ou outra específica, serão punidas com a multa básica de R$ 21,90 (vinte e um reais e noventa centavos) (Lei nº 4.502, de 1964, art. 84, Decreto-Lei nº 34, de 1966, art. 2º, alteração 24ª, e Lei nº 9.249, de 1995, art. 30).

Art. 598. Em nenhum caso a multa aplicada poderá ser inferior à prevista no art. 597 (Lei nº 4.502, de 1964, art. 86, e Decreto-Lei nº 34, de 1966, art. 2º, alteração 25ª).

Instituições Financeiras

Art. 599. A falta de apresentação dos documentos, livros e registros a que se refere o art. 518, ou sua apresentação de forma inexata ou incompleta, sujeita a pessoa jurídica à multa equivalente a dois por cento do valor das operações objeto da requisição, apurado por meio de procedimento fiscal junto à própria pessoa jurídica ou ao titular da conta de depósito ou da aplicação financeira, bem como a terceiros, por mês-calendário ou fração de atraso, limitada a dez por cento, observado o valor mínimo de R$ 50.000,00 (cinquenta mil reais) (Lei nº 10.637, de 2002, art. 31).

Art. 600. A multa de que trata o art. 599 será (Lei nº 10.637, de 2002, art. 30, § 2º, e art. 31, parágrafo único):

I – apurada considerando o período compreendido entre o dia seguinte ao do término do prazo fixado para a entrega da declaração até a data da efetiva entrega; e

II – majorada em cem por cento, na hipótese de lavratura de auto de infração.

Parágrafo único. Na hipótese de lavratura de auto de infração, caso a pessoa jurídica não apresente a declaração, serão lavrados autos de infração complementares até a sua efetiva entrega (Lei nº 10.637, de 2002, art. 30, § 3º, e art. 31, parágrafo único).

Redução de Multas

Art. 601. Ao sujeito passivo que, notificado, efetuar o pagamento, a compensação ou o parcelamento do imposto, será concedida redução da multa de lançamento de ofício nos seguintes percentuais (Lei nº 4.502, de 1964, art. 80, § 9º, Lei nº 8.218, de 1991, art. 6º, Lei nº 9.430, de 1996, art. 44, § 3º, Lei nº 11.488, de 2007, art. 13, e Lei nº 11.941, de 2009, art. 28):

I – de cinquenta por cento, quando for efetuado o pagamento ou a compensação no prazo de trinta dias, contado da data em que o sujeito passivo foi notificado do lançamento (Lei nº 4.502, de 1964, art. 80, § 9º, Lei nº 8.218, de 1991, art. 6º, inciso I, Lei nº 9.430, de 1996, art. 44, § 3º, Lei nº 11.488, de 2007, art. 13, e Lei nº 11.941, de 2009, art. 28);

II – de quarenta por cento, quando o sujeito passivo requerer o parcelamento no prazo de trinta dias, contado da data em que foi notificado do lançamento (Lei nº 4.502, de 1964, art. 80, § 9º, Lei nº 8.218, de 1991, art. 6º, inciso II, Lei nº 9.430, de 1996, art. 44, § 3º, Lei nº 11.488, de 2007, art. 13, e Lei nº 11.941, de 2009, art. 28);

III – de trinta por cento, quando for efetuado o pagamento ou a compensação no prazo de trinta dias, contado da data em que o sujeito passivo foi notificado da decisão administrativa de primeira instância (Lei nº 4.502, de 1964, art. 80, § 9º, Lei nº 8.218, de 1991, art. 6º, inciso III, Lei nº 9.430, de 1996, art. 44, § 3º, Lei nº 11.488, de 2007, art. 13, e Lei nº 11.941, de 2009, art. 28); ou

IV – de vinte por cento, quando o sujeito passivo requerer o parcelamento no prazo de trinta dias, contado da data em que foi notificado da decisão administrativa de primeira instância (Lei nº 4.502, de 1964, art. 80, § 9º, Lei nº 8.218, de 1991, art. 6º, inciso IV, Lei nº 9.430, de 1996, art. 44, § 3º, Lei nº 11.488, de 2007, art. 13, e Lei nº 11.941, de 2009, art. 28).

§ 1º No caso de provimento a recurso de ofício interposto por autoridade julgadora de primeira instância, aplica-se a redução prevista no inciso III do *caput*, para o caso de pagamento ou compensação, e no inciso IV do *caput*, para o caso de parcelamento (Lei nº 8.218, de 1991, art. 6º, § 1º, e Lei nº 11.941, de 2009, art. 28).

§ 2º A rescisão do parcelamento, motivada pelo descumprimento das normas que o regulam, implicará restabelecimento do montante da multa proporcionalmente ao valor da receita não satisfeita e que exceder o valor obtido com a garantia apresentada (Lei nº 8.218, de 1991, art. 6º, § 2º, e Lei nº 11.941, de 2009, art. 28).

§ 3º O disposto no *caput* aplica-se, também, às penalidades aplicadas isoladamente (Lei nº 4.502, de 1964, art. 80, § 9º, Lei nº 8.218, de 1991, art. 6º, § 3º).

• § 3º acrescido pelo Dec. nº 10.668, de 8-4-2021.

Art. 602. A redução da multa de lançamento de ofício prevista nos incisos I a IV do art. 601 não se aplica às multas previstas no art. 543, no inciso I do art. 572, no art. 573 e no art. 605 (Lei nº 10.833, de 2003, art. 81).

Seção III

DO PERDIMENTO DA MERCADORIA

Art. 603. Sem prejuízo de outras sanções administrativas ou penais cabíveis, incorrerá na pena de perdimento o proprietário de produtos de procedência estrangeira, encontrados fora da zona aduaneira, em qualquer situação ou lugar, nos seguintes casos (Lei nº 4.502, de 1964, art. 87):

I – quando o produto, sujeito ou não ao imposto, tiver sido introduzido clandestinamente no País, ou importado irregular ou fraudulentamente (Lei nº 4.502, de 1964, art. 87, inciso I); ou

II – em relação a produto sujeito ao imposto, quando não houver sido registrada a declaração de importação no SISCOMEX, salvo se estiver dispensado do registro, ou quando estiver desacompanhado da Guia de Licitação, se em poder do estabelecimento importador ou licitante, ou de nota fiscal, se em poder de outros estabelecimentos ou pessoas, ou, ainda, quando estiver acompanhado de nota fiscal falsa (Lei nº 4.502, de 1964, art. 87, inciso II).

§ 1º Se o proprietário não for conhecido ou identificado, considerar-se-á como tal o possuidor ou detentor da mercadoria (Lei nº 4.502, de 1964, art. 87, § 1º).

§ 2º O fato de não serem conhecidas ou identificadas as pessoas a que se referem o *caput* e o seu § 1º não obsta a aplicação da penalidade, considerando-se a mercadoria, no caso, como abandonada (Lei nº 4.502, de 1964, art. 87, § 2º).

§ 3º A aplicação da penalidade independe de ser, ou não, o proprietário da mercadoria, contribuinte do imposto.

§ 4º Na hipótese do § 2º, em qualquer tempo, antes de ocorrida a prescrição, o processo poderá ser reaberto, exclusivamente para apuração da autoria, vedada a discussão de qualquer outra matéria ou a alteração do julgado, quanto à infração, à prova de sua existência, à penalidade aplicada e aos fundamentos jurídicos da condenação (Lei nº 4.502, de 1964, art. 87, § 3º).

§ 5º A falta de nota fiscal será suprida:

I – no caso de mercadoria usada, adquirida de particular, por unidade, para venda a varejo no estabelecimento adquirente, pelo recibo do vendedor em que se consignem os elementos de identificação pessoal deste (nome, endereço, profissão, documento de identidade e CPF) e se especifique a mercadoria, acompanhada de declaração de responsabilidade, assinada pelo mesmo vendedor, sobre a entrada legal no País; ou

II – no caso de produto trazido do exterior como bagagem, em cujo desembaraço tenha sido pago o imposto, pelos documentos comprobatórios da entrada do produto no País e do pagamento do tributo devido por ocasião do respectivo desembaraço.

§ 6º Às infrações e penalidades mencionadas no art. 346, combinado com o inciso I do *caput* deste artigo, e no inciso III do art. 581, aplicar-se-á o disposto no Decreto-Lei nº 1.455, de 1976.

Art. 604. Sujeitar-se-ão também à pena de perdimento da mercadoria:

I – os que expuserem à venda os produtos do Código 2402.20.00 da TIPI, e não declararem, em cada unidade tributada, na forma prevista neste Regulamento, a sua firma e a situação do estabelecimento (localidade, rua e número), o número de sua inscrição no CNPJ e outras indicações necessárias à identificação do produto, independentemente da multa do inciso III do art. 581 (Decreto-Lei nº 1.593, de 1977, art. 19, inciso V);

II – os importadores de produtos do Código 2402.20.00 da TIPI, que desatenderem qualquer das condições do inciso I do art. 353 (Lei nº 9.532, de 1997, art. 50, parágrafo único);

III – os vendedores ambulantes e os estabelecimentos que possuírem ou conservarem produtos classificados nas Posições 71.02 a 71.04, 71.06 a 71.11, 71.13 a 71.16, 91.01 e 91.02 da TIPI, caso a origem destes não seja comprovada, ou se não estiverem inscritos no CNPJ (Decreto-Lei nº 34, de 1966, art. 22, parágrafo único);

IV – os que aplicarem selos de controle falsos, hipótese em que a pena incidirá sobre os produtos em que os referidos selos forem utilizados, sem prejuízo da aplicação da multa prevista no inciso IV do *caput* do art. 585 (Decreto-Lei nº 1.593, de 1977, art. 33, *caput*, inciso IV);

• Incisos III e IV com a redação dada pelo Dec. nº 10.668, de 8-4-2021.

V – os que comercializarem os produtos do Código 2402.20.00 da TIPI em desacordo com o preço mínimo de venda no varejo estabelecido pelo art. 220-A, sem prejuízo das sanções penais cabíveis na hipótese de produtos introduzidos clandestinamente no território nacional (Lei nº 12.546, de 2011, art. 20, § 1º); e

VI – os que produzirem ou importarem cigarros em desacordo com o disposto no § 10 do art. 333 (Decreto-Lei nº 1.593, de 1977, art. 2º-D, parágrafo único).

• Incisos V e VI acrescidos pelo Dec. nº 10.668, de 8-4-2021.

Art. 605. A pena de perdimento, aplicada na hipótese a que se refere o art. 538, poderá ser convertida, a requerimento do importador, antes de ocorrida a destinação, em multa equivalente ao valor aduaneiro da mercadoria (Lei nº 9.779, de 1999, art. 19).

Parágrafo único. A entrega da mercadoria ao importador, em conformidade com o disposto neste artigo, fica condicionada à comprovação do pagamento da multa e ao atendimento das normas de controle administrativo (Lei nº 9.779, de 1999, art. 19, parágrafo único).

Art. 606. A Secretaria da Receita Federal do Brasil poderá adotar nomenclatura simplificada para a classificação de mercadorias apreendidas, na lavratura do correspondente auto de infração para a aplicação da pena de perdimento, bem como aplicar alíquotas de cinquenta por cento sobre o valor arbitrado dessas mercadorias, para o cálculo do valor estimado do imposto que seria devido na importação, para efeitos de controle patrimonial, elaboração de estatísticas, formalização de processo administrativo fiscal e representação fiscal para fins penais (Lei nº 10.833, de 2003, art. 65).

Seção IV

DAS OUTRAS MULTAS

Art. 607. O estabelecimento destinatário da nota fiscal emitida em desacordo com o disposto no art. 432, que receber, registrar ou utilizar, em proveito próprio ou alheio, ficará sujeito à multa igual ao valor da mercadoria constante do mencionado documento, sem prejuízo da obrigatoriedade de recolher o valor do imposto indevidamente aproveitado (Lei nº 9.493, de 1997, art. 7º).

Seção V

DA CASSAÇÃO DE REGIMES OU CONTROLES ESPECIAIS

Art. 608. Os regimes ou controles especiais de pagamento do imposto, de uso de documentos ou de escrituração, de rotulagem ou marcação dos produtos ou quaisquer outros, quando estabelecidos em benefício dos contribuintes ou de outras pessoas obrigadas ao cumprimento de dispositivos deste Regulamento, serão cassados se os beneficiários procederem de modo fraudulento, no gozo das respectivas concessões (Lei nº 4.502, de 1964, art. 90).

§ 1º É competente para determinar a cassação a mesma autoridade que o for para a concessão (Lei nº 4.502, de 1964, art. 90, parágrafo único).

§ 2º Do ato que determinar a cassação caberá recurso para a autoridade superior.

TÍTULO XI – DAS DISPOSIÇÕES GERAIS E FINAIS

Conceitos e Definições

Art. 609. Na interpretação e aplicação deste Regulamento, são adotados os seguintes conceitos e definições:

I – as expressões "firma" e "empresa", quando empregadas em sentido geral, compreendem os conceitos de empresário individual e todos os tipos de sociedade (Lei nº 4.502, de 1964, art. 115, e Lei nº 10.406, de 2002, art. 44, inciso II, e arts. 966 e 981);

II – as expressões "fábrica" e "fabricante" são equivalentes a estabelecimento industrial, como definido no art. 8º;

III – a expressão "estabelecimento", em sua delimitação, diz respeito ao prédio em que são exercidas atividades geradoras de obrigações, nele compreendidos, unicamente, as dependências internas, galpões e áreas contínuas muradas, cercadas ou por outra forma isoladas, em que sejam, normalmente, executadas operações industriais, comerciais ou de outra natureza;

IV – são considerados autônomos, para efeito de cumprimento da obrigação tributária, os estabelecimentos, ainda que pertencentes a uma mesma pessoa física ou jurídica;

V – a referência feita, de modo geral, a estabelecimento comercial atacadista não alcança os estabelecimentos comerciais equiparados a industrial;

VI – a expressão "seção", quando relacionada com o estabelecimento, diz respeito a parte ou dependência interna dele;

VII – depósito fechado é aquele em que não se realizam vendas, mas apenas entregas por ordem do depositante dos produtos; e

VIII – considera-se, ainda, depósito fechado a área externa, delimitada, de estabelecimento fabricante de veículos automóveis.

Bens de Produção

Art. 610. Consideram-se bens de produção (Lei nº 4.502, de 1964, art. 4º, inciso IV, e Decreto-Lei nº 34, de 1966, art. 2º, alteração 1ª):

I – as matérias-primas;

II – os produtos intermediários, inclusive os que, embora não integrando o produto final, sejam consumidos ou utilizados no processo industrial;

III – os produtos destinados a embalagem e acondicionamento;

IV – as ferramentas, empregadas no processo industrial, exceto as manuais; e

V – as máquinas, instrumentos, aparelhos e equipamentos, inclusive suas peças, partes e outros componentes, que se destinem a emprego no processo industrial.

Empresas Coligadas

Art. 611. O conceito de empresas coligadas utilizado neste Regulamento não abrange as sociedades de simples participação, conforme definição dada pelos arts. 1.097 e 1.100 da Lei nº 10.406, de 2002.

Firmas Interdependentes

Art. 612. Considerar-se-ão interdependentes duas firmas:

I – quando uma delas tiver participação na outra de quinze por cento ou mais do capital social, por si, seus sócios ou acionistas, bem como por intermédio de parentes destes até o segundo grau e respectivos cônjuges, se a participação societária for de pessoa física (Lei nº 4.502, de 1964, art. 42, inciso I, e Lei nº 7.798, de 1989, art. 9º);

LEG. COMPLEMENTAR

II – quando, de ambas, uma mesma pessoa fizer parte, na qualidade de diretor, ou sócio com funções de gerência, ainda que exercidas sob outra denominação (Lei nº 4.502, de 1964, art. 42, inciso II);

III – quando uma tiver vendido ou consignado à outra, no ano anterior, mais de vinte por cento no caso de distribuição com exclusividade em determinada área do território nacional, e mais de cinquenta por cento, nos demais casos, do volume das vendas dos produtos tributados, de sua fabricação ou importação (Lei nº 4.502, de 1964, art. 42, inciso III);

IV – quando uma delas, por qualquer forma ou título, for a única adquirente, de um ou de mais de um dos produtos industrializados ou importados pela outra, ainda quando a exclusividade se refira à padronagem, marca ou tipo do produto (Lei nº 4.502, de 1964, art. 42, parágrafo único, inciso I); ou

V – quando uma vender à outra, mediante contrato de participação ou ajuste semelhante, produto tributado que tenha fabricado ou importado (Lei nº 4.502, de 1964, art. 42, parágrafo único, inciso II).

Parágrafo único. Não caracteriza a interdependência referida nos incisos III e IV a venda de matérias-primas e produtos intermediários, destinados exclusivamente à industrialização de produtos do comprador.

Comerciante Autônomo

Art. 613. Para os efeitos do § 2º e do inciso III do art. 195, considera-se comerciante autônomo, ambulante ou não, a pessoa física, ainda que como empresário individual, que pratique habitualmente atos de comércio, com o fim de lucro, em seu próprio nome, na revenda direta a consumidor, mediante oferta domiciliar, dos produtos que conduzir ou oferecer por meio de mostruário ou catálogo.

Tabela de Incidência

Art. 614. As Seções, os Capítulos, as Posições e os Códigos citados neste Regulamento são aqueles constantes da TIPI.

• Artigo com a redação dada pelo Dec. nº 10.668, de 8-4-2021.

Disposições Finais

Art. 615. Este Regulamento consolida a legislação referente ao IPI publicada até 31 de dezembro de 2019.

• Artigo com a redação dada pelo Dec. nº 10.668, de 8-4-2021.

Art. 616. Este Decreto entra em vigor na data de sua publicação.

Art. 617. Ficam revogados:

I – o Decreto nº 4.544, de 26 de dezembro de 2002 – Regulamento do Imposto sobre Produtos Industrializados;

II – o Decreto nº 4.859, de 14 de outubro de 2003;

III – o Decreto nº 4.924, de 19 de dezembro de 2003;

IV – o Decreto nº 6.158, de 16 de julho de 2007;

V – o art. 2º do Decreto nº 6.501, de 2 de julho de 2008; e

VI – o art. 43 do Decreto nº 6.707, de 23 de dezembro de 2008.

Brasília, 15 de junho de 2010;
189º da Independência e
122º da República.

Luiz Inácio Lula da Silva

• Optamos por não publicar os Anexos nesta edição.

LEI Nº 12.350, DE 20 DE DEZEMBRO DE 2010

Dispõe sobre medidas tributárias referentes à realização, no Brasil, da Copa das Confederações FIFA 2013 e da Copa do Mundo FIFA 2014; promove desoneração tributária de subvenções governamentais destinadas ao fomento das atividades de pesquisa tecnológica e desenvolvimento de inovação tecnológica nas empresas; altera as Leis nºs 11.774, de 17 de setembro de 2008, 10.182, de 12 de fevereiro de 2001, 9.430, de 27 de dezembro de 1996, 7.713, de 22 de dezembro de 1988, 9.959, de 27 de janeiro de 2000, 10.887, de 18 de junho de 2004, 12.058, de 13 de outubro de 2009, 10.865, de 30 de abril de 2004, 10.931, de 2 de agosto de 2004, 12.024, de 27 de agosto de 2009, 9.504, de 30 de setembro de 1997, 10.996, de 15 de dezembro de 2004, 11.977, de 7 de julho de 2009, e 12.249, de 11 de junho de 2010, os Decretos-Leis nºs 37, de 18 de novembro de 1966, e 1.455, de 7 de abril de 1976; revoga dispositivos das Leis nºs 11.196, de 21 de novembro de 2005, 8.630, de 25 de fevereiro de 1993, 9.718, de 27 de novembro de 1998, e 10.833, de 29 de dezembro de 2003; e dá outras providências.

• Publicada no *DOU* de 21-12-2010.

Art. 1º Esta Lei institui medidas tributárias referentes à realização, no Brasil, da Copa das Confederações FIFA 2013 e da Copa do Mundo FIFA 2014; promove desoneração tributária de subvenções governamentais destinadas ao fomento das atividades de pesquisa tecnológica e desenvolvimento de inovação tecnológica nas empresas; e dá outras providências.

CAPÍTULO I
DAS MEDIDAS TRIBUTÁRIAS RELATIVAS À REALIZAÇÃO, NO BRASIL, DA COPA DAS CONFEDERAÇÕES FIFA 2013 E DA COPA DO MUNDO FIFA 2014

○ Art. 62 desta Lei.

Seção I
DISPOSIÇÕES PRELIMINARES

Art. 2º Para os fins desta Lei, considera-se:

I – *Fédération Internationale de Football Association* (FIFA) – associação suíça de direito privado, entidade mundial que regula o esporte de futebol de associação, e suas subsidiárias, não domiciliadas no Brasil;

II – Subsidiária FIFA no Brasil – pessoa jurídica de direito privado, domiciliada no Brasil, cujo capital social total pertence à FIFA;

III – Copa do Mundo FIFA 2014 – Comitê Organizador Brasileiro Ltda. (LOC) – pessoa jurídica brasileira de direito privado, reconhecida pela FIFA, constituída com o objetivo de promover, no Brasil, a Copa das Confederações FIFA 2013 e a Copa do Mundo FIFA 2014, bem como os Eventos relacionados;

IV – Confederação Brasileira de Futebol (CBF) – associação brasileira de direito privado, sendo a associação nacional de futebol no Brasil;

V – Competições – a Copa das Confederações FIFA 2013 e a Copa do Mundo FIFA 2014;

VI – Eventos – as competições e as seguintes atividades relacionadas às competições, oficialmente organizadas, chanceladas, patrocinadas ou apoiadas pela FIFA, pela Subsidiária FIFA no Brasil, pelo LOC ou pela CBF:

a) os congressos da FIFA, banquetes, cerimônias de abertura, encerramento, premiação e outras cerimônias, sorteio preliminar, final e quaisquer outros sorteios, lançamentos de mascote e outras atividades de lançamento;

b) seminários, reuniões, conferências, *workshops* e coletivas de imprensa;

c) atividades culturais: concertos, exibições, apresentações, espetáculos ou outras expressões culturais, bem como os projetos Futebol pela Esperança (*Football for Hope*) ou projetos beneficentes similares;

d) partidas de futebol e sessões de treino; e

e) outras atividades consideradas relevantes para a realização, organização, preparação, marketing, divulgação, promoção ou encerramento das Competições;

VII – Confederações FIFA – as seguintes confederações:

a) Confederação Asiática de Futebol (*Asian Football Confederation* – AFC);

b) Confederação Africana de Futebol (*Confédération Africaine de Football* – CAF);

c) Confederação de Futebol da América do Norte, Central e Caribe (*Confederation of North, Central American and Caribbean Association Football* – CONCACAF);

d) Confederação Sul-Americana de Futebol (*Confederación Sudamericana de Fútbol* – CONMEBOL);

e) Confederação de Futebol da Oceania (*Oceania Football Confederation* – OFC); e

f) União das Associações Europeias de Futebol (*Union des Associations Européennes de Football* – UEFA);

VIII – Associações estrangeiras membros da FIFA – as associações nacionais de futebol de origem estrangeira, oficialmente afiliadas à FIFA, participantes ou não das Competições;

IX – Emissora fonte da FIFA – pessoa jurídica licenciada ou nomeada, com base em relação contratual, para produzir o sinal e o conteúdo audiovisual básicos ou complementares dos eventos, com o objetivo de distribuição no Brasil e no exterior para os detentores de direitos de mídia;

X – Prestadores de Serviços da FIFA – pessoas jurídicas licenciadas ou nomeadas, com base em relação contratual, para prestar serviços relacionados à organização e produção dos eventos:

a) como coordenadores da FIFA na gestão de acomodações, de serviços de transporte, de programação de operadores de turismo e dos estoques de ingressos;

b) como fornecedores da FIFA de serviços de hospitalidade e de soluções de tecnologia da informação; ou

c) outros prestadores licenciados ou nomeados pela FIFA para a prestação de serviços ou fornecimento de bens, admitidos em regulamento;

XI – Parceiros Comerciais da FIFA – pessoa jurídica licenciada ou nomeada, com base em qualquer relação contratual, em relação aos eventos, bem como os seus subcontratados, para atividades relacionadas aos eventos, excluindo-se as entidades referidas nos incisos III, IV e VII a X;

XII – Voluntário da FIFA, de Subsidiária FIFA no Brasil ou do LOC – pessoa física que dedica parte do seu tempo, sem vínculo empregatício, para auxiliar a FIFA, a Subsidiária FIFA no Brasil ou o LOC na organização e realização dos Eventos; e

XIII – bens duráveis – aqueles cuja vida útil ultrapasse o período de 1 (um) ano.

§ 1º As pessoas jurídicas estrangeiras previstas neste artigo, qualquer que seja o seu objeto, somente poderão funcionar no País pelo prazo de vigência desta Lei, ainda que por estabelecimentos subordinados ou base temporária de negócios, salvo autorização do Poder Executivo, nos termos da legislação brasileira.

§ 2º É facultado à FIFA ou a qualquer de suas subsidiárias integrais constituir ou incorporar subsidiárias integrais no País, até o limite de 5 (cinco), mediante escritura pública, sob qualquer modalidade societária, desde que tal Subsidiária FIFA no Brasil tenha finalidade específica vinculada à organização e realização dos Eventos, com duração não superior ao prazo de vigência desta Lei, e tenha como único acionista ou cotista a própria FIFA ou qualquer de suas subsidiárias integrais.

§ 3º A emissora fonte da FIFA, os prestadores de serviço e os parceiros comerciais referidos nos incisos IX, X e XI poderão ser nomeados ou licenciados diretamente pela FIFA ou por meio de uma de suas nomeadas ou licenciadas.

§ 4º O Poder Executivo poderá estabelecer condições necessárias à defesa dos interesses nacionais, inclusive quanto ao montante de capital destinado às operações no País e à individualização do seu representante legal para resolver quaisquer questões e receber comunicações oficiais.

Seção II
DA DESONERAÇÃO DE TRIBUTOS

Subseção I
DA ISENÇÃO ÀS IMPORTAÇÕES

Art. 3º Fica concedida, nos termos, limites e condições estabelecidos em ato do Poder Executivo, isenção de tributos federais incidentes nas importações de bens ou mercadorias para uso ou consumo exclusivo na organização e realização dos eventos, tais como:

I – alimentos, suprimentos médicos, inclusive produtos farmacêuticos, combustível e materiais de escritório;

II – troféus, medalhas, placas, estatuetas, distintivos, flâmulas, bandeiras e outros objetos comemorativos;

III – material promocional, impressos, folhetos e outros bens com finalidade semelhante, a serem distribuídos gratuitamente ou utilizados nos eventos;

IV – bens dos tipos e em quantidades normalmente consumidos em atividades esportivas da mesma magnitude; e

V – outros bens não duráveis, assim considerados aqueles cuja vida útil seja de até 1 (um) ano.

§ 1º A isenção de que trata este artigo abrange os seguintes impostos, contribuições e taxas:

I – Imposto sobre Produtos Industrializados (IPI) incidente no desembaraço aduaneiro;

II – Imposto de Importação;

III – Contribuição para os Programas de Integração Social e de Formação do Patrimônio do Servidor Público incidente sobre a importação (PIS/PASEP-Importação);

IV – Contribuição para o Financiamento da Seguridade Social incidente sobre a importação de bens e serviços (COFINS-Importação);

V – Taxa de utilização do SISCOMEX;

VI – Taxa de utilização do Mercante;

VII – Adicional ao Frete para Renovação da Marinha Mercante (AFRMM); e

VIII – Contribuição de Intervenção no Domínio Econômico incidente sobre a importação de combustíveis.

LEG. COMPLEMENTAR

§ 2º O disposto neste artigo aplica-se somente às importações promovidas pela FIFA, Subsidiária FIFA no Brasil, Confederações FIFA, Associações Estrangeiras Membros da FIFA, Parceiros Comerciais da FIFA domiciliados no exterior, emissora fonte da FIFA e Prestadores de Serviço da FIFA domiciliados no exterior, que serão discriminados em ato do Poder Executivo, ou por intermédio de pessoa física ou jurídica por eles contratada para representá-los, observados os requisitos estabelecidos pela Secretaria da Receita Federal do Brasil.

§ 3º As importações efetuadas na forma deste artigo não darão, em nenhuma hipótese, direito a crédito da Contribuição para o PIS/PASEP e da Contribuição para o Financiamento da Seguridade Social (COFINS).

§ 4º A isenção concedida neste artigo será aplicável, também, a bens duráveis de que trata o art. 4º cujo valor unitário, apurado segundo as normas do artigo VII do Acordo Geral Sobre Tarifas e Comércio – GATT 1994, seja igual ou inferior a R$ 5.000,00 (cinco mil reais), nos termos, limites e condições estabelecidos em regulamento.

Art. 4º A isenção de que trata o art. 3º não se aplica à importação de bens e equipamentos duráveis para os eventos, os quais poderão ser admitidos no País sob o Regime Aduaneiro Especial de Admissão Temporária, com suspensão do pagamento dos tributos incidentes sobre a importação.

§ 1º O benefício fiscal previsto no *caput* é aplicável, entre outros, aos seguintes bens duráveis:

I – equipamento técnico-esportivo;

II – equipamento técnico de gravação e transmissão de sons e imagens;

III – equipamento médico;

IV – equipamento técnico de escritório; e

V – outros bens duráveis previstos em regulamento.

§ 2º Na hipótese prevista no *caput*, será concedida suspensão total dos tributos federais mencionados no § 1º do art. 3º, inclusive no caso de bens admitidos temporariamente no País para utilização econômica, observados os requisitos e as condições estabelecidos em ato do Poder Executivo.

§ 3º Será dispensada a apresentação de garantias dos tributos suspensos, observados os requisitos e as condições estabelecidos pela Secretaria da Receita Federal do Brasil.

Art. 5º A suspensão dos tributos federais mencionados no § 1º do art. 3º, no caso da importação de bens sob o Regime Aduaneiro Especial de Admissão Temporária pelas entidades referidas no § 2º do art. 3º, converter-se-á em isenção, desde que tais bens tenham sido utilizados nos Eventos e, posteriormente:

I – reexportados para o exterior em até 180 (cento e oitenta) dias contados do término do prazo estabelecido pelo art. 62;

II – doados à União em até 180 (cento e oitenta) dias contados do término do prazo estabelecido pelo art. 62, que poderá repassá-los a:

a) entidades beneficentes de assistência social, certificadas nos termos da Lei nº 12.101, de 27 de novembro de 2009, desde que atendidos os requisitos do art. 14 da Lei nº 5.172, de 25 de outubro de 1966 (Código Tributário Nacional), e do § 2º do art. 12 da Lei nº 9.532, de 10 de dezembro de 1997; ou

b) pessoas jurídicas de direito público;

III – doados diretamente pelos beneficiários, em até 180 (cento e oitenta) dias contados do término do prazo estabelecido pelo art. 62, para:

a) entidades beneficentes de assistência social, certificadas nos termos da Lei nº 12.101, de 27 de novembro de 2009, desde que atendidos os requisitos do art. 14 da Lei nº 5.172, de 25 de outubro de 1966, e do § 2º do art. 12 da Lei nº 9.532, de 10 de dezembro de 1997;

b) pessoas jurídicas de direito público; ou

c) entidades sem fins lucrativos desportivas ou outras pessoas jurídicas cujos objetos sociais sejam relacionados à prática de esportes, desenvolvimento social, proteção ambiental ou assistência a crianças, desde que atendidos os requisitos das alíneas *a* a *g* do § 2º do art. 12 da Lei nº 9.532, de 10 de dezembro de 1997.

§ 1º As entidades relacionadas na alínea *c* do inciso III deverão ser reconhecidas pelos Ministérios do Esporte, do Desenvolvimento Social e Combate à Fome ou do Meio Ambiente, conforme critérios a serem definidos em atos expedidos pelos respectivos órgãos certificantes.

§ 2º As entidades de assistência a crianças a que se refere a alínea *c* do inciso III são aquelas que recebem recursos dos fundos controlados pelos Conselhos Municipais, Estaduais e Nacional dos Direitos da Criança e do Adolescente.

§ 3º As entidades de prática de esportes a que se refere a alínea *c* do inciso III deverão aplicar as doações em apoio direto a projetos desportivos e paradesportivos previamente aprovados pelo Ministério do Esporte.

§ 4º As importações efetuadas na forma deste artigo não darão, em nenhuma hipótese, direito a crédito da Contribuição para o PIS/PASEP e da COFINS.

Art. 6º A Secretaria da Receita Federal do Brasil poderá editar atos normativos específicos relativos ao tratamento tributário aplicável à bagagem dos viajantes que ingressarem no País para participar dos Eventos de que trata esta Lei.

Subseção II

DAS ISENÇÕES CONCEDIDAS A PESSOAS JURÍDICAS

Art. 7º Fica concedida à FIFA isenção, em relação aos fatos geradores decorrentes das atividades próprias e diretamente vinculadas à organização ou realização dos eventos, dos seguintes tributos federais:

I – impostos:

a) Imposto sobre a Renda Retido na Fonte (IRRF); e

b) Imposto sobre Operações de Crédito, Câmbio e Seguro, ou relativas a Títulos ou Valores Mobiliários (IOF);

II – contribuições sociais:

a) contribuições sociais previstas na alínea *a* do parágrafo único do art. 11 da Lei nº 8.212, de 24 de julho de 1991;

b) contribuições administradas pela Secretaria da Receita Federal do Brasil na forma do art. 3º da Lei nº 11.457, de 16 de março de 2007, devidas por lei a terceiros, assim entendidos os fundos públicos e as entidades privadas de serviço social e de formação profissional;

c) Contribuição para o PIS/PASEP-Importação; e

d) Contribuição para a COFINS-Importação;

III – contribuições de intervenção no domínio econômico:

a) Contribuição para o Programa de Estímulo à Interação Universidade-Empresa para o Apoio à Inovação, instituída pela Lei nº 10.168, de 29 de dezembro de 2000; e *b)* Contribuição para o Desenvolvimento da Indústria Cinematográfica Nacional (CONDECINE), instituída pela Medida Provisória nº 2.228-1, de 6 de setembro de 2001.

§ 1º A isenção prevista nos incisos I e III do *caput* aplica-se exclusivamente:

I – aos rendimentos pagos, creditados, entregues, empregados, ou remetidos à FIFA ou pela FIFA, em espécie ou de outra forma, inclusive mediante o fornecimento de bens ou prestação de serviços; e

II – às operações de crédito, câmbio e seguro realizadas pela FIFA.

§ 2º O disposto neste artigo aplica-se também às seguintes pessoas jurídicas não domiciliadas no País:

I – Confederações FIFA;

II – Associações Estrangeiras Membros da FIFA;

III – Emissora Fonte da FIFA; e

IV – Prestadores de Serviços da FIFA.

§ 3º A isenção prevista nas alíneas *c* e *d* do inciso II do *caput* refere-se a importação de serviços.

§ 4º Para os fins desta Lei, a base temporária de negócios no País, instalada pelas pessoas jurídicas referidas no § 2º, com a finalidade específica de servir à organização e realização dos eventos, não configura estabelecimento permanente para efeitos de aplicação da legislação brasileira e não se sujeita ao disposto nos incisos II e III do art. 147 do Decreto nº 3.000, de 26 de março de 1999, bem como no art. 126 da Lei nº 5.172, de 25 de outubro de 1966.

§ 5º A isenção de que trata este artigo não alcança os rendimentos e ganhos de capital auferidos em operações financeiras ou alienação de bens e direitos.

§ 6º O disposto neste artigo não desobriga:

I – a pessoa jurídica domiciliada no País e a pessoa física residente no País que aufiram renda ou proventos de qualquer natureza, recebidos das pessoas jurídicas de que trata este artigo, do pagamento do Imposto sobre a Renda da Pessoa Jurídica (IRPJ) e do Imposto sobre a Renda da Pessoa Física (IRPF), respectivamente, observada a legislação específica;

II – a pessoa física residente no País que aufira renda ou proventos de qualquer natureza decorrentes da prestação de serviços às pessoas jurídicas de que trata este artigo, do recolhimento da contribuição previdenciária de que trata o art. 21 da Lei nº 8.212, de 24 de julho de 1991; e

III – as pessoas jurídicas de que trata este artigo de reter e recolher a contribuição previdenciária dos segurados empregados, prevista no art. 20 da Lei nº 8.212, de 24 de julho de 1991.

Art. 8º Fica concedida à Subsidiária FIFA no Brasil, em relação aos fatos geradores decorrentes das atividades próprias e diretamente vinculadas à organização ou realização dos eventos, isenção dos seguintes tributos federais:

I – impostos:

a) IRPJ;

b) IRRF;

c) IOF; e

d) IPI, na saída de produtos importados do estabelecimento importador da FIFA no Brasil;

II – contribuições sociais:

a) Contribuição Social sobre o Lucro Líquido (CSLL);

b) Contribuição para o PIS/PASEP e PIS/PASEP-Importação;

c) COFINS e COFINS-Importação;

d) contribuições sociais previstas na alínea *a* do parágrafo único do art. 11 da Lei nº 8.212, de 24 de julho de 1991; e

e) contribuições administradas pela Secretaria da Receita Federal do Brasil na forma do art. 3º da Lei nº 11.457, de 16 de março de 2007, devidas por lei a terceiros, assim entendidos os fundos públicos e as entidades privadas de serviço social e de formação profissional;

III – contribuições de intervenção no domínio econômico:

a) Contribuição para o Programa de Estímulo à Interação Universidade-Empresa para o Apoio à Inovação, instituída pela Lei nº 10.168, de 29 de dezembro de 2000; e

b) Contribuição para o Desenvolvimento da Indústria Cinematográfica Nacional (CONDECINE), instituída pela Medida Provisória nº 2.228-1, de 6 de setembro de 2001.

§ 1º A isenção prevista nas alíneas *a*, *b* e *c* do inciso I, na alínea *a* do inciso II e no inciso III do *caput* aplica-se exclusivamente:

I – às receitas, lucros e rendimentos auferidos por Subsidiária FIFA no Brasil, excluindo-se os rendimentos e ganhos de capital auferidos em operações financeiras ou alienação de bens e direitos;

II – aos rendimentos pagos, creditados, entregues, empregados ou remetidos pela Subsidiária FIFA no Brasil ou para Subsidiária FIFA no Brasil, em espécie ou de outra forma, inclusive mediante o fornecimento de bens ou prestação de serviços; e

III – às operações de crédito, câmbio e seguro realizadas por Subsidiária FIFA no Brasil.

§ 2º A isenção de que trata a alínea *b* do inciso I do *caput* não desobriga a Subsidiária FIFA no Brasil de efetuar a retenção do imposto sobre a renda, de que trata o art. 7º da Lei nº 7.713, de 22 de dezembro de 1988.

§ 3º A isenção de que tratam as alíneas *b* e *c* do inciso II do *caput* não alcança as receitas da venda de ingressos e de pacotes de hospedagem, observado o disposto no art. 16.

§ 4º Das notas fiscais relativas às vendas realizadas pela Subsidiária FIFA no Brasil com a isenção de que tratam as alíneas *b* e *c* do inciso II do *caput* deverá constar a expressão "Venda efetuada com isenção da Contribuição para o PIS/PASEP e da COFINS", com a indicação do dispositivo legal correspondente.

§ 5º Não serão admitidos os descontos de créditos da Contribuição para o PIS/PASEP ou da COFINS, previstos respectivamente no art. 3º da Lei nº 10.637, de 30 de dezembro de 2002, e no art. 3º da Lei nº 10.833, de 29 de dezembro de 2003, pelos adquirentes, em relação às vendas realizadas por Subsidiária FIFA no Brasil, observado o disposto no § 4º.

§ 6º O disposto neste artigo não desobriga:

I – a pessoa física residente no País que aufira renda ou proventos de qualquer natureza decorrentes da prestação de serviços à pessoa jurídica de que trata este artigo, do recolhimento da contribuição previdenciária de que trata o art. 21 da Lei nº 8.212, de 24 de julho de 1991; e

II – a pessoa jurídica de que trata este artigo de reter e recolher a contribuição previdenciária dos segurados empregados, prevista no art. 20 da Lei nº 8.212, de 24 de julho de 1991.

§ 7º As importações efetuadas na forma deste artigo não darão, em nenhuma hipótese, direito a crédito da Contribuição para o PIS/PASEP e da COFINS.

§ 8º O disposto neste artigo aplica-se à Emissora Fonte, na hipótese de ser pessoa jurídica domiciliada no Brasil.

Art. 9º Fica concedida aos Prestadores de Serviços da FIFA, estabelecidos no País sob a forma de sociedade com finalidade específica para o desenvolvimento de atividades diretamente relacionadas à realização dos Eventos, isenção dos seguintes tributos federais:

I – impostos:

a) IRPJ;

b) IOF; e

II – contribuições sociais:

a) CSLL;

b) Contribuição para o PIS/PASEP; e

c) COFINS.

§ 1º A isenção de que trata o *caput* aplica-se, apenas, aos fatos geradores decorrentes das atividades próprias e diretamente vinculadas à organização ou realização dos eventos.

§ 2º A isenção prevista no inciso I e na alínea *a* do inciso II do *caput* aplica-se, exclusivamente:

I – às receitas, lucros e rendimentos auferidos, decorrentes da prestação de serviços diretamente à FIFA ou a Subsidiária FIFA no Brasil, excluindo-se os rendimentos e ganhos de capital auferidos em operações financeiras ou alienação de bens e direitos; e

II – às operações de crédito, câmbio e seguro realizadas pelos Prestadores de Serviços da FIFA de que trata o *caput*.

§ 3º A isenção de que tratam as alíneas *b* e *c* do inciso II do *caput*:

I – não alcança as receitas da venda de ingressos e de pacotes de hospedagem, observado o disposto no art. 16;

II – aplica-se, exclusivamente, às receitas provenientes de serviços prestados diretamente à FIFA ou a Subsidiária FIFA no Brasil; e

III – não dará, em hipótese alguma, direito a crédito da Contribuição para o PIS/PASEP e da COFINS.

§ 4º Das notas fiscais relativas às vendas realizadas pelos Prestadores de Serviços da FIFA estabelecidos no País sob a forma de sociedade com finalidade específica, com a isenção de que tratam as alíneas *b* e *c* do inciso II do *caput*, deverá constar a expressão "Venda efetuada com isenção da Contribuição para o PIS/PASEP e da COFINS", com a indicação do dispositivo legal correspondente.

§ 5º O disposto neste artigo aplica-se ao LOC.

Subseção III

DAS ISENÇÕES A PESSOAS FÍSICAS

Art. 10. Estão isentos do imposto sobre a renda os rendimentos pagos, creditados, empregados, entregues ou remetidos pela FIFA, pelas demais pessoas jurídicas de que trata o § 2º do art. 7º ou por Subsidiária FIFA no Brasil, para pessoas físicas, não residentes no País, empregadas ou de outra forma contratadas para trabalhar de forma pessoal e direta na organização ou realização dos eventos, que ingressarem no País com visto temporário.

§ 1º As isenções deste artigo também são aplicáveis aos árbitros, jogadores de futebol e outros membros das delegações, exclusivamente no que concerne ao pagamento de prêmios relacionados aos Eventos, efetuado pelas pessoas jurídicas mencionadas no *caput*.

§ 2º Para os fins deste artigo, não caracteriza residência no País a permanência no Brasil durante o período de que trata o art. 62, salvo o caso de obtenção de visto permanente ou vínculo empregatício com pessoa jurídica distinta da FIFA, de Subsidiária FIFA no Brasil e das demais pessoas jurídicas de que trata o § 2º do art. 7º.

§ 3º Sem prejuízo dos acordos, tratados e convenções internacionais firmados pelo Brasil ou da existência de reciprocidade de tratamento, os demais rendimentos recebidos de fonte no Brasil, inclusive o ganho de capital na alienação de bens e direitos situados no País, pelas pessoas físicas referidas no *caput* são tributados de acordo com normas específicas aplicáveis aos não residentes no Brasil.

Art. 11. Estão isentos do imposto sobre a renda os valores dos benefícios indiretos e o reembolso de despesas recebidos por Voluntário da FIFA, da Subsidiária FIFA no Brasil ou do LOC que auxiliar na organização e realização dos eventos, até o valor de 5 (cinco) salários mínimos por mês, sem prejuízo da aplicação da tabela de incidência mensal do imposto sobre a renda sobre o valor excedente.

§ 1º No caso de recebimento de 2 (dois) ou mais pagamentos em um mesmo mês, a parcela isenta deve ser considerada em relação à soma desses pagamentos.

§ 2º Caso esteja obrigado a apresentar a Declaração de Ajuste Anual, o contribuinte deverá informar a soma dos valores mensais recebidos e considerados isentos na forma deste artigo.

§ 3º Os rendimentos que excederem o limite de isenção de que trata o *caput* não poderão ser aproveitados para fruição da isenção em meses subsequentes.

Art. 12. Estão isentas do IOF incidente sobre operações de contrato de câmbio as pessoas físicas não residentes no País, empregadas ou de outra forma contratadas para trabalhar na organização e realização dos Eventos, que ingressarem no Brasil com visto temporário.

Subseção IV

DA DESONERAÇÃO DE TRIBUTOS INDIRETOS NAS AQUISIÇÕES REALIZADAS NO MERCADO INTERNO PELA FIFA, POR SUBSIDIÁRIA FIFA NO BRASIL E PELA EMISSORA FONTE DA FIFA

Art. 13. Ficam isentos do IPI os produtos nacionais adquiridos pela FIFA, por Subsidiária FIFA no Brasil e pela Emissora Fonte da FIFA, diretamente de estabelecimento industrial fabricante, para uso ou consumo na organização e realização dos Eventos.

§ 1º O disposto neste artigo não se aplica aos bens e equipamentos duráveis adquiridos para utilização nos Eventos.

§ 2º O Poder Executivo definirá os limites, termos e condições para aplicação do disposto no *caput*.

§ 3º A isenção prevista neste artigo será aplicada, também, nos casos de doação e dação em pagamento, bem como qualquer outra forma de pagamento, inclusive mediante o fornecimento de bens ou prestação de serviços.

Art. 14. Fica suspensa a incidência do IPI sobre os bens duráveis adquiridos diretamente de estabelecimento industrial, para utilização nos eventos, pela FIFA, por Subsidiária FIFA no Brasil ou pela Emissora Fonte da FIFA.

§ 1º A suspensão de que trata o *caput* converter-se-á em isenção desde que os referidos bens sejam reexportados para o exterior ou doados nos prazos e condições estabelecidos no art. 5º.

§ 2º Caso não ocorra a conversão em isenção de que trata o § 1º, o IPI suspenso será exigido como se a suspensão não tivesse existido.

§ 3º Os benefícios previstos neste artigo serão aplicáveis, também, nos casos de doação e dação em pagamento, bem como qualquer outra forma de pagamento, inclusive mediante o fornecimento de bens ou prestação de serviços.

Art. 15. As vendas realizadas no mercado interno para a FIFA, para Subsidiária FIFA no Brasil ou para a Emissora Fonte da FIFA, de mercadorias destinadas a uso ou consumo exclusivo na organização e realização dos eventos, dar-se-ão com suspensão da incidência da Contribuição para o PIS/PASEP e da COFINS.

§ 1º A suspensão de que trata este artigo converter-se-á em isenção após comprovação da utilização ou consumo do bem nas finalidades previstas nesta Lei, observado o disposto no § 5º.

§ 2º Ficam a FIFA, a Subsidiária FIFA no Brasil e a Emissora Fonte da FIFA obrigadas solidariamente a recolher, na condição de responsáveis, as contribuições não pagas em decorrência da suspensão de que trata este artigo, acrescidas de juros e multa de mora, na forma da lei, calculados a partir da data da aquisição, se não utilizar ou consumir o bem na finalidade prevista, ressalvado o disposto no § 6º.

§ 3º A suspensão prevista neste artigo somente se aplica aos bens adquiridos diretamente de pessoa jurídica indicada pela FIFA, ou por Subsidiária FIFA no Brasil, e habilitada pela Secretaria da Receita Federal do Brasil, nos termos do art. 17.

§ 4º Das notas fiscais relativas às vendas de que trata o *caput* deverá constar a expressão "Venda efetuada com suspensão da incidência da Contribuição para o PIS/PASEP e da COFINS", com a indicação do dispositivo legal correspondente.

§ 5º A suspensão, e posterior conversão em isenção, de que trata este artigo não dará, em hipótese alguma, direito a crédito da Contribuição para o PIS/PASEP e da COFINS à FIFA, a Subsidiária FIFA no Brasil e à Emissora Fonte.

§ 6º O disposto neste artigo aplica-se ainda aos bens e equipamentos duráveis adquiridos para utilização nos Eventos, desde que esses bens e equipamentos sejam reexportados ou doados nos prazos e condições estabelecidos no art. 5º.

§ 7º A Secretaria da Receita Federal do Brasil poderá relacionar os bens sujeitos aos benefícios deste artigo.

Seção III

DO REGIME DE APURAÇÃO DE CONTRIBUIÇÕES POR SUBSIDIÁRIA FIFA NO BRASIL

Art. 16. A Contribuição para o PIS/PASEP e a COFINS serão apuradas por Subsidiária FIFA no Brasil na forma do art. 8º da Lei nº 10.637, de 30 de dezembro de 2002, e do art. 10 da Lei nº 10.833, de 29 de dezembro de 2003, observado o disposto no § 3º do art. 8º.

Parágrafo único. O disposto neste artigo aplica-se à Emissora Fonte da FIFA, na hipótese de ser pessoa jurídica domiciliada no Brasil.

Seção IV

DO REGIME ESPECIAL DE TRIBUTAÇÃO PARA CONSTRUÇÃO, AMPLIAÇÃO, REFORMA OU MODERNIZAÇÃO DE ESTÁDIOS DE FUTEBOL (RECOPA)

Art. 17. Fica instituído o Regime Especial de Tributação para Construção, Ampliação, Reforma ou Modernização de Estádios de Futebol (RECOPA).

§ 1º O RECOPA destina-se à construção, ampliação, reforma ou modernização de estádios de futebol com utilização prevista nas partidas oficiais da Copa das Confederações FIFA 2013 e da Copa do Mundo FIFA 2014, nos termos estabelecidos por esta Lei.

§ 2º O Poder Executivo regulamentará a forma de habilitação e co-habilitação ao regime de que trata o *caput*.

Art. 18. É beneficiária do RECOPA a pessoa jurídica que tenha projeto aprovado para construção, ampliação, reforma ou modernização dos estádios de futebol com utilização prevista nas partidas oficiais da Copa das Confederações FIFA 2013 e da Copa do Mundo FIFA 2014, nos termos do Convênio ICMS 108, de 26 de setembro de 2008.

§ 1º Compete ao Ministério do Esporte, em ato próprio, definir e aprovar os projetos que se enquadram nas disposições do *caput*.

§ 2º As pessoas jurídicas optantes pelo Regime Especial Unificado de Arrecadação de Tributos e Contribuições devidos pelas Microempresas e Empresas de Pequeno Porte – SIMPLES Nacional, de que trata a Lei Complementar nº 123, de 14 de dezembro de 2006, e as pessoas jurídicas de que tratam o inciso II do art. 8º da Lei nº 10.637, de 30 de dezembro de 2002, e o inciso II do art. 10 da Lei nº 10.833, de 29 de dezembro de 2003, não poderão aderir ao RECOPA.

§ 3º A fruição do RECOPA fica condicionada à regularidade fiscal da pessoa jurídica em relação aos impostos e contribuições administrados pela Secretaria da Receita Federal do Brasil.

§ 4º VETADO.

§ 5º Aplica-se o disposto neste artigo aos projetos aprovados até 31 de dezembro de 2012.

Art. 19. No caso de venda no mercado interno ou de importação de máquinas, aparelhos, instrumentos e equipamentos novos e de materiais de construção para utilização ou incorporação no estádio de futebol de que trata o *caput* do art. 18, ficam suspensos:

I – a exigência da Contribuição para o PIS/PASEP e da Contribuição para o Financiamento da Seguridade Social (COFINS) incidentes sobre a receita da pessoa jurídica vendedora, quando a aquisição for efetuada por pessoa jurídica beneficiária do RECOPA;

II – a exigência da Contribuição para o PIS/PASEP-Importação e da Contribuição para a Seguridade Social devida pelo Importador de Bens Estrangeiros ou Serviços do Exterior (COFINS-Importação), quando a importação for efetuada por pessoa jurídica beneficiária do RECOPA;

III – o Imposto sobre Produtos Industrializados (IPI) incidente na saída do estabelecimento industrial ou equiparado, quando a aquisição no mercado interno for efetuada por pessoa jurídica beneficiária do RECOPA;

IV – o IPI incidente na importação, quando a importação for efetuada por pessoa jurídica beneficiária do RECOPA; e

V – o Imposto de Importação (II), quando os referidos bens ou materiais de construção forem importados por pessoa jurídica beneficiária do RECOPA.

§ 1º Nas notas fiscais relativas:

I – às vendas de que trata o inciso I do *caput*, deverá constar a expressão "Venda efetuada com suspensão da exigibilidade da Contribuição para o PIS/PASEP e da COFINS", com a especificação do dispositivo legal correspondente; e

II – às saídas de que trata o inciso III do *caput*, deverá constar a expressão "Saída com suspensão do IPI", com a especificação do dispositivo legal correspondente, vedado o registro do imposto nas referidas notas.

§ 2º As suspensões de que trata este artigo convertem-se em alíquota zero após a utilização ou incorporação do bem ou material de construção ao estádio de que trata o *caput* do art. 18.

§ 3º A pessoa jurídica que não utilizar ou incorporar o bem ou material de construção ao estádio de futebol de que trata o *caput* do art. 18 fica obrigada a recolher as contribuições e os impostos não pagos em decorrência da suspensão de que trata este artigo, acrescidos de juros e multa de mora, na forma da lei, contados a partir da data da aquisição ou do registro da Declaração de Importação, na condição:

I – de contribuinte, em relação à Contribuição para o PIS/PASEP-Importação, à COFINS-Importação, ao IPI vinculado à importação e ao Imposto de Importação; ou

II – de responsável, em relação à Contribuição para o PIS/PASEP, à COFINS e ao IPI.

§ 4º Para efeitos deste artigo, equipara-se ao importador a pessoa jurídica adquirente de bens estrangeiros no caso de importação realizada por sua conta e ordem por intermédio de pessoa jurídica importadora.

§ 5º No caso do Imposto de Importação (II), o disposto neste artigo aplica-se somente a produtos sem similar nacional.

Art. 20. No caso de venda ou importação de serviços destinados a obras de que trata o art. 18, ficam suspensas:

I – a exigência da Contribuição para o PIS/PASEP e da COFINS incidentes sobre a prestação de serviços efetuada por pessoa jurídica estabelecida no País quando os referidos serviços forem prestados à pessoa jurídica beneficiária do RECOPA; e

II – a exigência da Contribuição para o PIS/PASEP-Importação e da COFINS-Importação incidentes sobre serviços quando os referidos serviços forem importados diretamente por pessoa jurídica beneficiária do RECOPA.

§ 1º Nas vendas ou importação de serviços de que trata o *caput* aplica-se, no que couber, o disposto nos §§ 1º a 3º do art. 19.

§ 2º O disposto no inciso I do *caput* aplica-se também na hipótese de receita de aluguel de máquinas, aparelhos, instrumentos e equipamentos para utilização em obras de que tratam os arts. 17 e 18, quando contratado por pessoa jurídica beneficiária do RECOPA.

Art. 21. Os benefícios de que tratam os arts. 18 a 20 alcançam apenas as aquisições e importações realizadas entre a data de publicação desta Lei e 30 de junho de 2014.

Parágrafo único. Os benefícios de que trata o *caput* somente poderão ser usufruídos nas aquisições e importações realizadas a partir da data de habilitação ou co-habilitação da pessoa jurídica.

Seção V

DEMAIS DISPOSIÇÕES

Art. 22. A FIFA ou Subsidiária FIFA no Brasil apresentarão à Secretaria da Receita Federal do Brasil relação dos Eventos e das pessoas físicas e jurídicas passíveis de serem beneficiadas pelas desonerações previstas nesta Lei.

§ 1º A lista referida no *caput* deverá ser atualizada trimestralmente ou sempre que exigido na forma prevista em regulamento.

§ 2º A Secretaria da Receita Federal do Brasil divulgará a relação das pessoas físicas e jurídicas habilitadas à fruição dos benefícios de que trata esta Lei.

§ 3º Na impossibilidade de a FIFA ou de Subsidiária FIFA no Brasil apresentar a relação de que trata o *caput*, caberá ao LOC apresentá-la.

Art. 23. As desonerações previstas nesta Lei aplicam-se somente às operações que a FIFA, as Subsidiárias FIFA no Brasil, a Emissora Fonte da FIFA e os Prestadores de Serviço da FIFA demonstrarem, por intermédio de documentação fiscal ou contratual idônea, estar relacionadas com os Eventos, nos termos da regulamentação desta Lei.

Art. 24. Eventuais tributos federais recolhidos indevidamente com inobservância do disposto nesta Lei serão restituídos de acordo com as regras previstas na legislação brasileira.

Art. 25. A utilização dos benefícios fiscais concedidos por esta Lei em desacordo com os seus termos sujeitará o beneficiário, ou o responsável tributário, ao pagamento dos tributos devidos, acrescidos da taxa SELIC, sem prejuízo das demais penalidades cabíveis.

Parágrafo único. Fica a FIFA sujeita aos pagamentos referidos no *caput* no caso de vício contido na lista de que trata o art. 22 que impossibilite ou torne incerta a identificação e localização do sujeito passivo ou do responsável tributário.

Art. 26. A União compensará o Fundo do Regime Geral de Previdência Social de que trata o art. 68 da Lei Complementar nº 101, de 4 de maio de 2000, no valor correspondente à estimativa de renúncia relativa às contribuições previdenciárias decorrente da desoneração de que trata esta Lei, de forma a não afetar a apuração do resultado financeiro do Regime Geral de Previdência Social.

§ 1º A renúncia de que trata o *caput* consistirá na diferença entre o valor da contribuição que seria devido, como se não houvesse incentivo, e o valor da contribuição efetivamente recolhido.

§ 2º O valor estimado da renúncia será incluído na lei orçamentária anual, sem prejuízo do repasse, enquanto não constar na mencionada lei.

Art. 27. As alterações na legislação tributária posteriores à publicação desta Lei serão contempladas em lei específica destinada a preservar as medidas ora instituídas.

Art. 28. O Poder Executivo regulamentará o disposto neste Capítulo.

Parágrafo único. A Secretaria da Receita Federal do Brasil, nos termos do art. 16 da Lei nº 9.779, de 19 de janeiro de 1999, bem como os demais órgãos competentes do Governo Federal, no âmbito das respectivas competências, disciplinarão a execução desta Lei.

Art. 29. O Poder Executivo encaminhará ao Congresso Nacional e fará publicar, até 1º de agosto de 2016, prestação de contas relativas à Copa das Confederações FIFA 2013 e à Copa do Mundo FIFA 2014, em que conste, dentre outras informações que possam ser atribuídas às competições, o seguinte:

I – renúncia fiscal total;

II – aumento de arrecadação;

III – geração de empregos;

IV – número de estrangeiros que ingressaram no País para assistir aos jogos; e

V – custo total das obras de que trata o RECOPA.

CAPÍTULO II

DAS SUBVENÇÕES GOVERNAMENTAIS DE QUE TRATAM O ART. 19 DA LEI Nº 10.973, DE 2 DE DEZEMBRO DE 2004, E O ART. 21 DA LEI Nº 11.196, DE 21 DE NOVEMBRO DE 2005

Art. 30. As subvenções governamentais de que tratam o art. 19 da Lei nº 10.973, de 2 de dezembro de 2004, e o art. 21 da Lei nº 11.196, de 21 de novembro de 2005, não serão computadas para fins de determinação da base de cálculo do Imposto de Renda Pessoa Jurídica (IRPJ), da Contribuição Social sobre o Lucro Líquido (CSLL), da Contribuição para o PIS/PASEP e da COFINS, desde que tenham atendido aos requisitos estabelecidos na legislação específica e realizadas as contrapartidas assumidas pela empresa beneficiária.

§ 1º O emprego dos recursos decorrentes das subvenções governamentais de que trata o *caput* não constituirá despesas ou custos para fins de determinação da base de cálculo do IRPJ e da CSLL, nem dará direito a apuração de créditos da Contribuição para o PIS/PASEP e da COFINS.

§ 2º Para efeito do disposto no *caput* e no § 1º:

I – o valor das despesas ou dos custos já considerados na base de cálculo do IRPJ e da CSLL, em períodos anteriores ao do recebimento da subvenção, deverá ser adicionado ao lucro líquido para fins de determinação da base de cálculo do IRPJ e da CSLL, no período de recebimento da subvenção;

II – os créditos da Contribuição para o PIS/PASEP e da COFINS decorrentes de despesas e custos incorridos anteriormente ao recebimento da subvenção deverão ser estornados.

CAPÍTULO III
DO *DRAWBACK*

Art. 31. A aquisição no mercado interno ou a importação, de forma combinada ou não, de mercadoria equivalente à empregada ou consumida na industrialização de produto exportado poderá ser realizada com isenção do Imposto de Importação e com redução a zero do IPI, da Contribuição para o PIS/PASEP e da COFINS, da Contribuição para o PIS/PASEP-Importação e da COFINS-Importação.

§ 1º O disposto no *caput* aplica-se também à aquisição no mercado interno ou à importação de mercadoria equivalente:

I – à empregada em reparo, criação, cultivo ou atividade extrativista de produto já exportado; e

II – para industrialização de produto intermediário fornecido diretamente a empresa industrial-exportadora e empregado ou consumido na industrialização de produto final já exportado.

§ 2º O disposto no *caput* não alcança as hipóteses previstas nos incisos IV a IX do art. 3º da Lei nº 10.637, de 30 de dezembro de 2002, nos incisos III a IX do art. 3º da Lei nº 10.833, de 29 de dezembro de 2003, e nos incisos III a V do art. 15 da Lei nº 10.865, de 30 de abril de 2004.

§ 3º O beneficiário poderá optar pela importação ou pela aquisição no mercado interno da mercadoria equivalente, de forma combinada ou não, considerada a quantidade total adquirida ou importada com pagamento de tributos.

§ 4º Para os efeitos deste artigo, considera-se mercadoria equivalente a mercadoria nacional ou estrangeira da mesma espécie, qualidade e quantidade, adquirida no mercado interno ou importada sem fruição dos benefícios referidos no *caput*, nos termos, limites e condições estabelecidos pelo Poder Executivo.

Art. 32. O art. 17 da Lei nº 11.774, de 17 de setembro de 2008, passa a vigorar com a seguinte redação:

- Alteração inserida no texto da referida Lei.

Art. 33. A Secretaria da Receita Federal do Brasil e a Secretaria de Comércio Exterior disciplinarão em ato conjunto o disposto no art. 31, inclusive sobre prazos e critérios para habilitação.

CAPÍTULO IV
DOS LOCAIS E RECINTOS ALFANDEGADOS

Art. 34. Compete à Secretaria da Receita Federal do Brasil definir os requisitos técnicos e operacionais para o alfandegamento dos locais e recintos onde ocorram, sob controle aduaneiro, movimentação, armazenagem e despacho aduaneiro de mercadorias procedentes do exterior, ou a ele destinadas, inclusive sob regime aduaneiro especial, bagagem de viajantes procedentes do exterior, ou a ele destinados, e remessas postais internacionais.

§ 1º Na definição dos requisitos técnicos e operacionais de que trata o *caput*, a Secretaria da Receita Federal do Brasil deverá estabelecer:

I – a segregação e a proteção física da área do local ou recinto, inclusive entre as áreas de armazenagem de mercadorias ou bens para exportação, para importação ou para regime aduaneiro especial;

II – a disponibilização de edifícios e instalações, aparelhos de informática, mobiliário e materiais para o exercício de suas atividades e, quando necessário, de outros órgãos ou agências da administração pública federal;

III – a disponibilização e manutenção de balanças e outros instrumentos necessários à fiscalização e controle aduaneiros;

IV – a disponibilização e manutenção de instrumentos e aparelhos de inspeção não invasiva de cargas e veículos, como os aparelhos de raios X ou gama;

V – a disponibilização de edifícios e instalações, equipamentos, instrumentos e aparelhos especiais para a verificação de mercadorias frigorificadas, apresentadas em tanques ou recipientes que não devam ser abertos durante o transporte, produtos químicos, tóxicos e outras mercadorias que exijam cuidados especiais para seu transporte, manipulação ou armazenagem;

VI – a disponibilização de sistemas, com acesso remoto pela fiscalização aduaneira, para:

a) vigilância eletrônica do recinto;

b) registro e controle:

1. de acesso de pessoas e veículos; e
2. das operações realizadas com mercadorias, inclusive seus estoques.

§ 2º A utilização dos sistemas referidos no inciso VI do § 1º deste artigo deverá ser supervisionada por Auditor-Fiscal da Receita Federal do Brasil e acompanhada por ele por ocasião da realização da conferência aduaneira.

§ 3º A Secretaria da Receita Federal do Brasil poderá dispensar a implementação de requisito previsto no § 1º, considerando as características específicas do local ou recinto.

Art. 35. A pessoa jurídica responsável pela administração do local ou recinto alfandegado, referido no art. 34, fica obrigada a observar os requisitos técnicos e operacionais definidos pela Secretaria da Receita Federal do Brasil.

Art. 36. O disposto nos arts. 34 e 35 aplica-se também aos atuais responsáveis pela administração de locais e recintos alfandegados.

§ 1º Ato da Secretaria da Receita Federal do Brasil fixará os prazos para o cumprimento dos requisitos técnicos e operacionais para alfandegamento previstos no art. 34, assegurado, quanto aos requisitos previstos nos incisos IV e VI do § 1º daquele artigo, o prazo de até 2 (dois) anos a partir da publicação do ato da Secretaria.

§ 2º No caso do requisito previsto no inciso IV do § 1º do art. 34, o prazo de cumprimento é 31 de dezembro de 2014 para:

I – os portos alfandegados que apresentem movimentação diária média, no período de 1 (um) ano, inferior a 100 (cem) unidades de carga por dia, conforme fórmula de cálculo estabelecida em ato da Secretaria da Receita Federal do Brasil; ou

II – os recintos alfandegados que comprovarem haver contratado a aquisição dos equipamentos de inspeção não invasiva, mas que, por dificuldades da empresa fornecedora, nos casos devidamente justificados, não tenham recebido tais equipamentos.

§ 3º O descumprimento do requisito previsto no inciso IV do § 1º do art. 34 não enseja a aplicação das penalidades previstas nos arts. 37 e 38 para os recintos alfandegados que, na data de publicação da Medida Provisória nº 634, de 26 de dezembro de 2013, já tenham recebido os equipamentos de inspeção não invasiva, ainda que a entrega tenha ocorrido depois de esgotado o prazo de que trata o § 1º.

- §§ 1º a 3º acrescidos pela Lei nº 12.995, de 18-6-2014.

Art. 37. A pessoa jurídica de que tratam os arts. 35 e 36, responsável pela administração de local ou recinto alfandegado, fica sujeita, observados a forma, o rito e as competências estabelecidos no art. 76 da Lei nº 10.833, de 29 de dezembro de 2003, à aplicação da sanção de:

I – advertência, na hipótese de descumprimento de requisito técnico ou operacional para o alfandegamento, definido com fundamento no art. 34; e

II – suspensão das atividades de movimentação, armazenagem e despacho aduaneiro de mercadorias sob controle aduaneiro, referidas no *caput* do art. 34, na hipótese de reincidência em conduta já punida com advertência, até a constatação pela autoridade aduaneira do cumprimento do requisito ou da obrigação estabelecida.

§ 1º Para os fins do disposto no inciso II do *caput*, será considerado reincidente o infrator que, no período de 365 (trezentos e sessenta e cinco) dias, contados da data da aplicação da sanção, cometer nova infração pela mesma conduta já penalizada com advertência ou que não sanar, depois de 1 (um) mês da aplicação da sanção ou do prazo fixado em compromisso de ajuste de conduta, a irregularidade que ensejou sua aplicação.

- § 1º com a redação dada pela Lei nº 13.043, de 13-11-2014.

§ 2º A aplicação da multa referida no art. 38 poderá ser reduzida em 75% (setenta e cinco por cento) mediante a adesão a compromisso de ajuste de conduta técnica e operacional do infrator com a Secretaria da Receita Federal do Brasil, a partir da assinatura do respectivo termo, condicionada a referida redução ao cumprimento do respectivo compromisso.

§ 3º Para a aplicação da sanção de suspensão do alfandegamento que atinja local ou recinto de estabelecimento prestador de serviço público portuário ou aeroportuário, deverão ser adotadas medidas para preservar, tanto quanto possível, as operações dos usuários cujas atividades estejam concentradas no recinto atingido pela sanção, mediante:

I – a realização de despachos aduaneiros para a retirada ou embarque de mercadorias que estavam armazenadas no momento da aplicação da suspensão ou para aquelas que estavam em vias de chegar ao local ou recinto;

II – postergação, por até 3 (três) meses, do início da execução da suspensão, para que os intervenientes afetados possam realocar atividades; e

III – limitação dos efeitos da sanção ao segmento de atividades do estabelecimento onde se verificou a respectiva infração.

§ 4º A postergação prevista no inciso II do § 3º poderá ser condicionada à:

I – adesão da empresa interessada a compromisso de ajustamento de conduta técnica e operacional com a Secretaria da Receita Federal do Brasil, caso ainda não tenha aderido; e

II – substituição de administrador ou dirigente responsável pela área de gestão onde ocorreu a infração.

§ 5º Em qualquer caso, o descumprimento de requisito técnico ou operacional para o alfandegamento deverá ser seguido de:

I – ressarcimento pelo órgão ou ente responsável pela administração do local ou recinto de qualquer despesa incorrida pela Secretaria da Receita Federal do Brasil para suprir o requisito descumprido ou mitigar os efeitos de sua falta, mediante recolhimento ao Fundo Especial de Desenvolvimento e Aperfeiçoamento das Atividades de Fiscalização – FUNDAF, criado pelo Decreto-Lei nº 1.437, de 17 de dezembro de 1975, no prazo de 60 (sessenta) dias da apresentação do respectivo auto de cobrança; e

II – instauração pelo órgão ou ente público responsável pela administração do local ou recinto de processo disciplinar para apuração de responsabilidades; ou

III – verificação da inadimplência da concessionária ou permissionária pelo órgão ou ente responsável pela fiscalização contratual, na forma do § 2º do art. 38 da Lei nº 8.987, de 13 de fevereiro de 1995, caso não tenha firmado compromisso de ajuste de conduta com a Secretaria da Receita Federal do Brasil, ou se o tiver descumprido.

§ 6º As providências referidas nos incisos II e III do § 5º deverão ser tomadas pelo órgão ou ente público responsável pela administração do local ou do recinto ou pela fiscalização da concessão ou permissão, no prazo de 10 (dez) dias do recebimento da representação dos fatos pela Secretaria da Receita Federal do Brasil.

- §§ 2º a 6º acrescidos pela Lei nº 13.043, de 13-11-2014.

Art. 38. Será aplicada a multa de R$ 10.000,00 (dez mil reais), por dia, pelo descumprimento de requisito estabelecido no art. 34 ou pelo seu cumprimento fora do prazo fixado com base no art. 36.

Parágrafo único. O recolhimento da multa prevista no *caput* não garante o direito à operação regular do local ou recinto nem prejudica a aplicação das sanções estabelecidas no art. 37 e de outras penalidades cabíveis ou a representação fiscal para fins penais, quando for o caso.

Art. 39. A Secretaria da Receita Federal do Brasil, no âmbito de sua competência, disciplinará a aplicação do disposto nos arts. 34 a 37 desta Lei.

CAPÍTULO V

DAS DEMAIS ALTERAÇÕES NA LEGISLAÇÃO TRIBUTÁRIA

Art. 40. Os arts. 1º, 23, 25, 50, 60, 75 e 102 do Decreto-Lei nº 37, de 18 de novembro de 1966, passam a vigorar com a seguinte redação:

- Alterações inseridas no texto do referido Decreto-lei.

Art. 41. Os arts. 23, 28, 29 e 30 do Decreto-Lei nº 1.455, de 7 de abril de 1976, passam a vigorar com a seguinte redação:

"Art. 23. ....

....

§ 3º As infrações previstas no *caput* serão punidas com multa equivalente ao valor aduaneiro da mercadoria, na importação, ou ao preço constante da respectiva nota fiscal ou documento equivalente, na exportação, quando a mercadoria não for localizada, ou tiver sido consumida ou revendida, observados o rito e as competências estabelecidos no Decreto nº 70.235, de 6 de março de 1972.

...."

"Art. 28. Compete ao Ministro de Estado da Fazenda autorizar a destinação de mercadorias abandonadas, entregues à Fazenda Nacional ou objeto de pena de perdimento."

"Art. 29. A destinação das mercadorias a que se refere o art. 28 será feita das seguintes formas:

I – alienação, mediante:

a) licitação; ou

b) doação a entidades sem fins lucrativos;

II – incorporação ao patrimônio de órgão da administração pública;

III – destruição; ou

IV – inutilização.

§ 1º As mercadorias de que trata o *caput* poderão ser destinadas:

I – após decisão administrativa definitiva, ainda que relativas a processos pendentes de apreciação judicial, inclusive as que estiverem à disposição da Justiça como corpo de delito, produto ou objeto de crime, salvo determinação expressa em contrário, em cada caso, emanada de autoridade judiciária; ou

II – imediatamente após a formalização do procedimento administrativo-fiscal pertinente, antes mesmo do término do prazo definido no § 1º do art. 27 deste Decreto-Lei, quando se tratar de:

a) semoventes, perecíveis, inflamáveis, explosivos ou outras mercadorias que exijam condições especiais de armazenamento; ou

b) mercadorias deterioradas, danificadas, estragadas, com data de validade vencida, que não atendam exigências sanitárias ou agropecuárias ou que estejam em desacordo com regulamentos ou normas técnicas e que devam ser destruídas.

....

§ 5º O produto da alienação de que trata a alínea *a* do inciso I do *caput* terá a seguinte destinação:

I – 60% (sessenta por cento) ao Fundo Especial de Desenvolvimento e Aperfeiçoamento das Atividades de Fiscalização (FUNDAF), instituído pelo Decreto-Lei nº 1.437, de 17 de dezembro de 1975; e

II – 40% (quarenta por cento) à seguridade social.

§ 6º Serão expedidos novos certificados de registro e licenciamento de veículos em favor de adquirente em licitação ou beneficiário da destinação de que trata este artigo, mediante a apresentação de comprovante da decisão que aplica a pena de perdimento em favor da União, ficando os veículos livres de multas, gravames, encargos, débitos fiscais e outras restrições financeiras e administrativas anteriores a tal decisão, não se aplicando ao caso o disposto nos arts. 124, 128 e 134 da Lei nº 9.503, de 23 de setembro de 1997 (Código de Trânsito Brasileiro).

§ 7º As multas, gravames, encargos e débitos fiscais a que se refere o § 6º serão de responsabilidade do proprietário do veículo à época da prática da infração punida com o perdimento.

§ 8º Cabe ao destinatário da alienação ou incorporação a responsabilidade pelo adequado consumo, utilização, industrialização ou comercialização das mercadorias, na forma da legislação pertinente, inclusive no que se refere ao cumprimento das normas de saúde pública, meio ambiente, segurança pública ou outras, cabendo-lhe observar eventuais exigências relativas a análises, inspeções, autorizações, certificações e outras previstas em normas ou regulamentos.

§ 9º Aplica-se o disposto neste artigo a outras mercadorias que, por força da legislação vigente, possam ser destinadas, ainda que relativas a processos pendentes de apreciação judicial.

§ 10. Compete ao Ministro de Estado da Fazenda estabelecer os critérios e as condições para cumprimento do disposto neste artigo e dispor sobre outras formas de destinação de mercadorias.

§ 11. Compete à Secretaria da Receita Federal do Brasil a administração e destinação das mercadorias de que trata este artigo.

§ 12. Não haverá incidência de tributos federais sobre o valor da alienação, mediante licitação, das mercadorias de que trata este artigo."

"Art. 30. Na hipótese de decisão administrativa ou judicial que determine a restituição de mercadorias que houverem sido destinadas, será devida indenização ao interessado, com recursos do FUNDAF, tendo por base o valor declarado para efeito de cálculo do imposto de importação ou de exportação.

§ 1º Tomar-se-á como base o valor constante do procedimento fiscal correspondente nos casos em que:

I – não houver declaração de importação ou de exportação;

II – a base de cálculo do imposto de importação ou de exportação apurada for inferior ao valor referido no *caput*; ou

III – em virtude de depreciação, o valor da mercadoria apreendida em posse do interessado for inferior ao referido no *caput*.

§ 2º Ao valor da indenização será aplicada a taxa de juro prevista no § 4º do art. 39 da Lei nº 9.250, de 26 de dezembro de 1995, tendo como termo inicial a data da apreensão."

Art. 42. O art. 5º da Lei nº 10.182, de 12 de fevereiro de 2001, passa a vigorar com a seguinte redação:

"Art. 5º O Imposto de Importação incidente na importação de partes, peças, componentes, conjuntos e subconjuntos, acabados e semiacabados, e pneumáticos fica reduzido em:

I – 40% (quarenta por cento) até 31 de agosto de 2010;

II – 30% (trinta por cento) até 30 de novembro de 2010;

III – 20% (vinte por cento) até 30 de maio de 2011; e

IV – 0% (zero por cento) a partir de 1o de junho de 2011.

...."

Art. 43. O art. 83 da Lei nº 9.430, de 27 de dezembro de 1996, passa a vigorar com a seguinte redação:

- Alteração inserida no texto da referida Lei.

Art. 44. A Lei nº 7.713, de 22 de dezembro de 1988, passa a vigorar acrescida do seguinte art. 12-A:

- Alterações inseridas no texto da referida Lei.

Art. 45. O art. 8º da Lei nº 9.959, de 27 de janeiro de 2000, passa a vigorar com a seguinte redação:

- Alterações inseridas no texto da referida Lei.

Art. 46. Compete à Secretaria da Receita Federal do Brasil a normatização, cobrança, fiscalização e controle da arrecadação da contribuição destinada ao custeio do Regime de Previdência Social do Servidor de que trata a Lei nº 10.887, de 18 de junho de 2004.

Parágrafo único. A contribuição de que trata este artigo sujeita-se às normas relativas ao processo administrativo fiscal de determinação e exigência de créditos tributários federais e de consulta, previstas no Decreto nº 70.235, de 6 de março de 1972, e na Lei nº 9.430, de 27 de dezembro de 1996.

Art. 47. A Lei nº 10.887, de 18 de junho de 2004, passa a vigorar acrescida do seguinte art. 8º-A:

- Alterações inseridas no texto da referida Lei.

Art. 48. O art. 16-A da Lei nº 10.887, de 18 de junho de 2004, passa a vigorar com a seguinte redação:

- Alterações inseridas no texto da referida Lei.

Art. 49. Os valores retidos pelas instituições financeiras na forma do art. 16-A da Lei nº 10.887, de 18 de junho de 2004, a título de contribuição para o Plano de Seguridade do Servidor Público (PSS), que se encontram pendentes de recolhimento, deverão ser recolhidos no prazo de 30 (trinta) dias contado da publicação desta Lei.

Art. 50. Os arts. 32 a 34 da Lei nº 12.058, de 13 de outubro de 2009, passam a vigorar com a seguinte redação:

"Art. 32. ....

I – animais vivos classificados na posição 01.02 da Nomenclatura Comum do Mercosul (NCM), quando efetuada por pessoa jurídica, inclusive cooperativa, vendidos para pessoas jurídicas que produzam mercadorias classificadas nas posições 02.01, 02.02, 0206.10.00, 0206.20,

LEG. COMPLEMENTAR

0206.21, 0206.29, 0210.20.00, 0506.90.00, 0510.00.10 e 1502.00.1 da NCM;

II - produtos classificados nas posições 02.01, 02.02, 0206.10.00, 0206.20, 0206.21, 0206.29, 0210.20.00, 0506.90.00, 0510.00.10 e 1502.00.1 da NCM, quando efetuada por pessoa jurídica que industrialize bens e produtos classificados nas posições 01.02, 02.01 e 02.02 da NCM.

...."

"Art. 33. As pessoas jurídicas sujeitas ao regime de apuração não cumulativa da Contribuição para o PIS/PASEP e da COFINS, inclusive cooperativas, que produzam mercadorias classificadas nos códigos 02.01, 02.02, 0206.10.00, 0206.20, 0206.21, 0206.29, 0210.20.00, 0506.90.00, 0510.00.10 e 1502.00.1 da NCM, destinadas a exportação, poderão descontar da Contribuição para o PIS/PASEP e da COFINS devidas em cada período de apuração crédito presumido, calculado sobre o valor dos bens classificados na posição 01.02 da NCM, adquiridos de pessoa física ou recebidos de cooperado pessoa física.

...."

"Art. 34. A pessoa jurídica, tributada com base no lucro real, que adquirir para industrialização ou revenda mercadorias com a suspensão do pagamento da contribuição para o PIS/PASEP e da COFINS prevista no inciso II do art. 32, poderá descontar da Contribuição para o PIS/PASEP e da COFINS, devidas em cada período de apuração, crédito presumido, determinado mediante a aplicação, sobre o valor das aquisições, de percentual correspondente a 40% (quarenta por cento) das alíquotas previstas no *caput* do art. 2º da Lei nº 10.637, de 30 de dezembro de 2002, e no *caput* do art. 2º da Lei nº 10.833, de 29 de dezembro de 2003.

....

§ 3º A pessoa jurídica que, até o final de cada trimestre-calendário, não conseguir utilizar o crédito previsto na forma prevista no *caput* deste artigo poderá:

I - efetuar sua compensação com débitos próprios, vencidos ou vincendos, relativos a tributos e contribuições administrados pela Secretaria da Receita Federal do Brasil, observada a legislação específica aplicável à matéria;

II - solicitar seu ressarcimento em dinheiro, observada a legislação específica aplicável à matéria."

Art. 51. O art. 28 da Lei nº 10.865, de 30 de abril de 2004, passa a vigorar com a seguinte redação:

- Alteração inserida no texto da referida Lei.

Art. 52. O art. 4º da Lei nº 10.931, de 2 de agosto de 2004, passa a vigorar com a seguinte redação:

- Alteração inserida no texto da referida Lei.

Art. 53. O art. 2º da Lei nº 12.024, de 27 de agosto de 2009, passa a vigorar com a seguinte redação:

"Art. 2º Até 31 de dezembro de 2014, a empresa construtora contratada para construir unidades habitacionais de valor comercial de até R$ 75.000,00 (setenta e cinco mil reais) no âmbito do Programa Minha Casa, Minha Vida (PMCMV), de que trata a Lei nº 11.977, de 7 de julho de 2009, fica autorizada, em caráter opcional, a efetuar o pagamento unificado de tributos equivalente a 1% (um por cento) da receita mensal auferida pelo contrato de construção.

...."

Art. 54. Fica suspenso o pagamento da Contribuição para o PIS/PASEP e da COFINS incidente sobre a receita bruta da venda, no mercado interno, de:

I – insumos de origem vegetal, classificados nas posições 10.01 a 10.08, exceto os dos códigos 1006.20 e 1006.30, e nas posições 12.01, 23.04 e 23.06 da Nomenclatura Comum do MERCOSUL (NCM), quando efetuada por pessoa jurídica, inclusive cooperativa, vendidos:

a) para pessoas jurídicas que produzam mercadorias classificadas nos códigos 02.03, 0206.30.00, 0206.4, 02.07 e 0210.1 da NCM;

b) para pessoas jurídicas que produzam preparações dos tipos utilizados na alimentação de animais vivos classificados nas posições 01.03 e 01.05, classificadas no código 2309.90 da NCM; e

c) para pessoas físicas;

II – preparações dos tipos utilizados na alimentação de animais vivos classificados nas posições 01.03 e 01.05, classificadas no código 2309.90 da NCM;

III – animais vivos classificados nas posições 01.03 e 01.05 da NCM, quando efetuada por pessoa jurídica, inclusive cooperativa, vendidos para pessoas jurídicas que produzam mercadorias classificadas nos códigos 02.03, 0206.30.00, 0206.4, 02.07 e 0210.1 da NCM;

IV – *Revogado.* Lei nº 12.839, de 9-7-2013.

Parágrafo único. A suspensão de que trata este artigo:

I – não alcança a receita bruta auferida nas vendas a varejo;

II – aplicar-se-á nos termos e condições estabelecidos pela Secretaria da Receita Federal do Brasil.

Art. 55. As pessoas jurídicas sujeitas ao regime de apuração não cumulativa da Contribuição para o PIS/PASEP e da COFINS, inclusive cooperativas, que produzam mercadorias classificadas nos códigos 02.03, 0206.30.00, 0206.4, 02.07 e 0210.1 da NCM, destinadas a exportação, poderão descontar da Contribuição para o PIS/PASEP e da COFINS devidas em cada período de apuração crédito presumido, calculado sobre:

I – o valor dos bens classificados nas posições 10.01 a 10.08, exceto os dos códigos 1006.20 e 1006.30, e nas posições 12.01, 23.04 e 23.06 da NCM, adquiridos de pessoa física ou recebidos de cooperado pessoa física;

II – o valor das preparações dos tipos utilizados na alimentação de animais vivos classificados nas posições 01.03 e 01.05, classificadas no código 2309.90 da NCM, adquiridos de pessoa física ou recebidos de cooperado pessoa física;

III – o valor dos bens classificados nas posições 01.03 e 01.05 da NCM, adquiridos de pessoa física ou recebidos de cooperado pessoa física.

§ 1º O disposto nos incisos I a III do *caput* deste artigo aplica-se também às aquisições de pessoa jurídica.

§ 2º O direito ao crédito presumido de que tratam o *caput* e o § 1º deste artigo só se aplica aos bens adquiridos ou recebidos, no mesmo período de apuração, de pessoa física ou jurídica residente ou domiciliada no País, observado o disposto no § 4º do art. 3º da Lei nº 10.637, de 30 de dezembro de 2002, e no § 4º do art. 3º da Lei nº 10.833, de 29 de dezembro de 2003.

§ 3º O montante do crédito a que se referem os incisos I e II do *caput* e o § 1º deste artigo será determinado mediante aplicação, sobre o valor das mencionadas aquisições, de percentual correspondente a 30% (trinta por cento) das alíquotas previstas no *caput* do art. 2º da Lei nº 10.637, de 30 de dezembro de 2002, e no *caput* do art. 2º da Lei nº 10.833, de 29 de dezembro de 2003.

§ 4º O montante do crédito a que se referem o inciso III do *caput* e o § 1º deste artigo será determinado mediante aplicação sobre o valor das mencionadas aquisições de percentual correspondente a 30% (trinta por cento) das alíquotas previstas no *caput* do art. 2º da Lei nº 10.637, de 30 de dezembro de 2002, e no *caput* do art. 2º da Lei nº 10.833, de 29 de dezembro de 2003.

§ 5º É vedado às pessoas jurídicas de que trata o § 1º deste artigo o aproveitamento:

I – do crédito presumido de que trata o *caput* deste artigo;

II – de crédito em relação às receitas de vendas efetuadas com suspensão às pessoas jurídicas de que trata o *caput* deste artigo, exceto em relação às receitas auferidas com vendas dos produtos classificados nas posições 23.04 e 23.06 da NCM.

• § 5º com a redação dada pela Lei nº 12.431, de 24-6-2011.

§ 6º O crédito apurado na forma do *caput* deste artigo deverá ser utilizado para desconto do valor da Contribuição para o PIS/PASEP e da COFINS a recolher, decorrente das demais operações no mercado interno.

§ 7º A pessoa jurídica que, até o final de cada trimestre-calendário, não conseguir utilizar o crédito na forma prevista no § 6º deste artigo poderá:

I – efetuar sua compensação com débitos próprios, vencidos ou vincendos, relativos a tributos e contribuições administrados pela Secretaria da Receita Federal do Brasil, observada a legislação específica aplicável à matéria;

II – solicitar seu ressarcimento em dinheiro, observada a legislação específica aplicável à matéria.

§ 8º O disposto no § 7º deste artigo aplica-se somente à parcela dos créditos presumidos determinada com base no resultado da aplicação, sobre o valor da aquisição de bens relacionados nos incisos do *caput* deste artigo, da relação percentual existente entre a receita de exportação e a receita bruta total, auferidas em cada mês.

§ 9º O disposto neste artigo aplica-se também no caso de vendas a empresa comercial exportadora com o fim específico de exportação.

§ 10. O crédito presumido de que trata este artigo aplicar-se-á nos termos e condições estabelecidos pela Secretaria da Receita Federal do Brasil.

Art. 56. A pessoa jurídica tributada com base no lucro real que adquirir para industrialização produtos cuja comercialização seja fomentada com as alíquotas zero da Contribuição para o PIS/PASEP e da COFINS previstas na alínea *b* do inciso XIX do art. 1º da Lei nº 10.925, de 23 de julho de 2004, poderá descontar das referidas contribuições, devidas em cada período de apuração, crédito presumido determinado mediante a aplicação sobre o valor das aquisições de percentual correspondente a 12% (doze por cento) das alíquotas previstas no *caput* do art. 2º da Lei nº 10.637, de 30 de dezembro de 2002, e no *caput* do art. 2º da Lei nº 10.833, de 29 de dezembro de 2003.

• *Caput* com a redação dada pela Lei nº 12.839, de 9-7-2013.

§ 1º É vedada a apuração do crédito presumido de que trata o *caput* nas aquisições realizadas por pessoa jurídica que industrializa os produtos classificados nas posições 01.03 e 01.05 da NCM ou que revende os produtos referidos no *caput*.

§ 2º O direito ao crédito presumido somente se aplica aos produtos de que trata o *caput* adquiridos com alíquota zero das contribuições, no mesmo período de apuração, de pessoa jurídica residente ou domiciliada no País, observado o disposto no § 4º do art. 3º da Lei nº 10.637, de 30 de dezembro de 2002, e no § 4º do art. 3º da Lei nº 10.833, de 29 de dezembro de 2003.

• §§ 1º e 2º com a redação dada pela Lei nº 12.839, de 9-7-2013.

§ 3º O disposto no *caput* não se aplica no caso de o produto adquirido ser utilizado na industrialização de produto cuja receita de venda seja beneficiada com suspensão, alíquota zero, isenção ou não incidência da Contribuição para o PIS/PASEP e da COFINS, exceto na hipótese de exportação.

• § 3º acrescido pela Lei nº 12.839, de 9-7-2013.

Art. 56-A. O saldo de créditos presumidos apurados a partir do ano-calendário de 2006 na forma do § 3º do art. 8º da Lei nº 10.925, de 23 de julho de 2004, existentes na data de publicação desta Lei, poderá:

I – ser compensado com débitos próprios, vencidos ou vincendos, relativos a tributos administrados pela Secretaria da Receita Federal do Brasil, observada a legislação específica aplicável à matéria;

II – ser ressarcido em dinheiro, observada a legislação específica aplicável à matéria.

§ 1º O pedido de ressarcimento ou de compensação dos créditos presumidos de que trata o *caput* somente poderá ser efetuado:

I – relativamente aos créditos apurados nos anos-calendário de 2006 a 2008, a partir do primeiro dia do mês subsequente ao da publicação desta Lei;

II – relativamente aos créditos apurados no ano-calendário de 2009 e no período compreendido entre janeiro de 2010 e o mês de publicação desta Lei, a partir de 1º de janeiro de 2012.

§ 2º O disposto neste artigo aplica-se aos créditos presumidos que tenham sido apurados em relação a custos, despesas e encargos vinculados à receita de exportação, observado o disposto nos §§ 8º e 9º do art. 3º da Lei nº 10.637, de 30 de dezembro de 2002, e nos §§ 8º e 9º do art. 3º da Lei nº 10.833, de 29 de dezembro de 2003.

Art. 56-B. A pessoa jurídica, inclusive cooperativa, que até o final de cada trimestre-calendário, não conseguir utilizar os créditos presumidos apurados na forma do inciso II do § 3º do art. 8º da Lei nº 10.925, de 23 de julho de 2004, poderá:

I – efetuar sua compensação com débitos próprios, vencidos ou vincendos, relativos a tributos administrados pela Secretaria da Receita Federal do Brasil, observada a legislação específica aplicável à matéria;

II – solicitar seu ressarcimento em dinheiro, observada a legislação específica aplicável à matéria.

Parágrafo único. O disposto no *caput* aplica-se aos créditos presumidos que tenham sido apurados em relação a custos, despesas e encargos vinculados à receita auferida com a venda no mercado interno ou com a exportação de farelo de soja classificado na posição 23.04 da NCM, observado o disposto nos §§ 8º e 9º do art. 3º da Lei nº 10.637, de 30 de dezembro de 2002, e nos §§ 8º e 9º do art. 3º da Lei nº 10.833, de 29 de dezembro de 2003.

• Arts. 56-A e 56-B acrescidos pela Lei nº 12.431, de 24-6-2011.

Art. 57. A partir do primeiro dia do mês subsequente ao de publicação desta Lei, não mais se aplica o disposto nos arts. 8º e 9º da Lei nº 10.925, de 23 de julho de 2004, às mercadorias ou aos produtos classificados nos códigos 02.03, 0206.30.00, 0206.4, 02.07, 0210.1 e 23.09.90 da NCM.

• *Caput* com a redação dada pela Lei nº 12.431, de 24-6-2011.

I e II – *Revogados*. Lei nº 12.431, de 24-6-2011.

Art. 58. O art. 99 da Lei nº 9.504, de 30 de setembro de 1997, alterado pelo art. 3º da Lei nº 12.034, de 29 de setembro de 2009, passa a vigorar com a seguinte redação:

"Art. 99. ....

§ 1º ....

....

II - a compensação fiscal consiste na apuração do valor correspondente a 0,8 (oito décimos) do resultado da multiplicação de 100% (cem por cento) ou de 25% (vinte e cinco por cento) do tempo, respectivamente, das inserções e das transmissões em bloco, pelo preço do espaço comercializável comprovadamente vigente, assim considerado aquele divulgado pelas emissoras de rádio e televisão por intermédio de tabela pública de preços de veiculação de publicidade, atendidas as disposições regulamentares e as condições de que trata o § 2º-A;

III - o valor apurado na forma do inciso II poderá ser deduzido do lucro líquido para efeito de determinação do lucro real, na apuração do Imposto sobre a Renda da Pessoa Jurídica (IRPJ), inclusive da base de cálculo dos recolhimentos mensais previstos na legislação fiscal (art. 2º da Lei nº 9.430, de 27 de dezembro de 1996), bem como da base de cálculo do lucro presumido.

....

§ 2º-A. A aplicação das tabelas públicas de preços de veiculação de publicidade, para fins de compensação fiscal, deverá atender ao seguinte:

I - deverá ser apurada mensalmente a variação percentual entre a soma dos preços efetivamente praticados, assim considerados os valores devidos às emissoras de rádio e televisão pelas veiculações comerciais locais, e o correspondente a 0,8 (oito décimos) da soma dos respectivos preços constantes da tabela pública de veiculação de publicidade;

II - a variação percentual apurada no inciso I deverá ser deduzida dos preços constantes da tabela pública a que se refere o inciso II do § 1º.

§ 3º No caso de microempresas e empresas de pequeno porte optantes pelo Regime Especial Unificado de Arrecadação de Tributos e Contribuições (SIMPLES NACIONAL), o valor integral da compensação fiscal apurado na forma do inciso II do § 1º será deduzido da base de cálculo de imposto e contribuições federais devidos pela emissora, seguindo os critérios definidos pelo Comitê Gestor do Simples Nacional (CGSN)."

Art. 59. O art. 2º da Lei nº 10.996, de 15 de dezembro de 2004, passa a vigorar com a seguinte redação:

"Art. 2º ....

....

§ 4º Não se aplica o disposto neste artigo às vendas de mercadorias que tenham como destinatárias pessoas jurídicas atacadistas e varejistas, sujeitas ao regime de apuração não cumulativa da Contribuição para o PIS/PASEP e da COFINS, estabelecidas nas Áreas de Livre Comércio referidas no § 3º.

§ 5º Nas notas fiscais relativas à venda de que trata o *caput* deste artigo, deverá constar a expressão "Venda de mercadoria efetuada com alíquota zero da Contribuição para o PIS/PASEP e da COFINS", com a especificação do dispositivo legal correspondente."

Art. 60. O *caput* do art. 3º da Lei nº 11.977, de 7 de julho de 2009, passa a vigorar com a seguinte redação:

"Art. 3º Para a definição dos beneficiários do PMCMV, devem ser respeitadas, além das faixas de renda vigentes na data da solicitação dos benefícios, as políticas estaduais e municipais de atendimento habitacional, priorizando-se, entre os critérios adotados, o tempo de residência ou de trabalho do candidato no Município e a adequação ambiental e urbanística dos projetos apresentados.

.........."

Art. 61. VETADO.

CAPÍTULO VI

DISPOSIÇÕES FINAIS E TRANSITÓRIAS

Art. 62. O disposto no Capítulo I desta Lei aplicar-se-á aos fatos geradores que ocorrerem no período de 1º de janeiro de 2011 a 31 de dezembro de 2015, ressalvados os dispositivos previstos na Seção IV do mesmo Capítulo.

Art. 62-A. Para efeito da análise das operações de crédito destinadas ao financiamento dos projetos para os Jogos Olímpicos e Paraolímpicos, para a Copa das Confederações da Federação Internacional de Futebol Associação – FIFA 2013 e para a Copa do Mundo FIFA 2014, a verificação da adimplência será efetuada pelo número do registro no Cadastro Nacional da Pessoa Jurídica (CNPJ) principal que represente a pessoa jurídica do mutuário ou tomador da operação de crédito.

- Art. 62-A acrescido pela Lei nº 12.462, de 4-8-2011.

Art. 63. Ficam revogados:

I – o inciso V do *caput* e o § 5º do art. 17 da Lei nº 11.196, de 21 de novembro de 2005;

II – os arts. 63 a 70 e o § 2º do art. 78 do Decreto-Lei nº 37, de 18 de novembro de 1966;

III – o inciso VI do art. 36 da Lei nº 8.630, de 25 de fevereiro de 1993;

IV – VETADO; e

V – o art. 39 da Lei nº 10.833, de 29 de dezembro de 2003.

Art. 64. Esta Lei entra em vigor na data de sua publicação.

Brasília, 20 de dezembro de 2010;
189º da Independência e
122º da República.

Luiz Inácio Lula da Silva

LEI Nº 12.402, DE 2 DE MAIO DE 2011

Regula o cumprimento de obrigações tributárias por consórcios que realizarem contratações de pessoas jurídicas e físicas; acresce dispositivos à Lei nº 10.168, de 29 de dezembro de 2000, que institui contribuição de intervenção de domínio econômico destinada a financiar o Programa de Estímulo à Interação Universidade-Empresa para o Apoio à Inovação; altera as Leis nºs 12.249, de 11 de junho de 2010, e 9.532, de 10 de dezembro de 1997, e o Decreto-Lei nº 1.593, de 21 de dezembro de 1977; e dá outras providências.

- Publicada no *DOU* de 3-5-2011.

Art. 1º As empresas integrantes de consórcio constituído nos termos do disposto nos arts. 278 e 279 da Lei nº 6.404, de 15 de dezembro de 1976, respondem pelos tributos devidos, em relação às operações praticadas pelo consórcio, na proporção de sua participação no empreendimento, observado o disposto nos §§ 1º a 4º.

- Art. 9º, I, desta Lei.

§ 1º O consórcio que realizar a contratação, em nome próprio, de pessoas jurídicas e físicas, com ou sem vínculo empregatício, poderá efetuar a retenção de tributos e o cumprimento das respectivas obrigações acessórias, ficando as empresas consorciadas solidariamente responsáveis.

§ 2º Se a retenção de tributos ou o cumprimento das obrigações acessórias relativos ao consórcio forem realizados por sua empresa líder, aplica-se, também, a solidariedade de que trata o § 1º.

§ 3º O disposto nos §§ 1º e 2º abrange o recolhimento das contribuições previdenciárias patronais, da contribuição prevista no art. 7º da Lei nº 12.546, de 14 de dezembro de 2011, inclusive a incidente sobre a remuneração dos trabalhadores avulsos, e das contribuições destinadas a outras entidades e fundos, além da multa por atraso no cumprimento das obrigações acessórias.

- § 3º com a redação dada pela Lei nº 12.995, de 18-6-2014.

§ 4º O disposto neste artigo aplica-se somente aos tributos administrados pela Secretaria da Receita Federal do Brasil.

Art. 2º O art. 2º da Lei nº 10.168, de 29 de dezembro de 2000, passa a vigorar acrescido do seguinte § 6º:

- Alteração inserida no texto da referida Lei.

Art. 3º A Lei nº 10.168, de 29 de dezembro de 2000, passa a vigorar acrescida do seguinte art. 2º-B:

- Alteração inserida no texto da referida Lei.

Art. 4º O art. 65 da Lei nº 12.249, de 11 de junho de 2010, passa a vigorar acrescido dos seguintes §§ 33 a 35:

"Art. 65. ....

....

§ 33. As pessoas jurídicas que se encontrem inativas desde o ano-calendário de 2009 ou que estiverem em regime de liquidação ordinária, judicial ou extrajudicial, ou em regime de falência, que optaram pelo pagamento ou parcelamento dos débitos, nos termos deste artigo, poderão compensar os débitos do Imposto de Renda da Pessoa Jurídica (IRPJ) e da Contribuição Social sobre o Lucro Líquido (CSLL) apurados em razão da concessão do benefício de redução dos valores de multas, juros de mora e encargo legal, em decorrência do disposto no § 3º deste artigo, respectivamente, com a utilização de prejuízo fiscal e da base de cálculo negativa da CSLL, próprios, acumulados de exercícios anteriores, sendo que o valor a ser utilizado será determinado mediante a aplicação da alíquota de 25% (vinte e cinco por cento) sobre o montante do prejuízo fiscal e de 9% (nove por cento) sobre a base de cálculo negativa da CSLL.

§ 34. Para fins do disposto no § 33, a pessoa jurídica inativa que retornar à atividade antes de 31 de dezembro de 2013 deverá recolher os valores referentes ao IRPJ e à CSLL objeto da compensação com todos os encargos legais e recompor o prejuízo fiscal do IRPJ e a base de cálculo negativa da CSLL correspondentes.

§ 35. A Secretaria da Receita Federal do Brasil disciplinará o disposto nos §§ 33 e 34."

Art. 5º Os fabricantes e importadores de cigarrilhas classificadas no código 2402.10.00 da Tabela de Incidência do Imposto sobre Produtos Industrializados (TIPI) ficam sujeitos à inscrição no registro especial de que trata o art. 1º do Decreto-Lei nº 1.593, de 21 de dezembro de 1977.

- Art. 9º, III, desta Lei.

Parágrafo único. O disposto nos arts. 27 a 30 da Lei nº 11.488, de 15 de junho de 2007, também se aplica aos estabelecimentos industriais fabricantes de cigarrilhas.

Art. 6º Os fabricantes e importadores de cigarrilhas ficam sujeitos à apuração e ao pagamento do Imposto sobre Produtos Industrializados (IPI), da Contribuição para o PIS/PASEP e da COFINS, segundo as mesmas normas aplicáveis aos cigarros nacionais e importados, inclusive em relação às regras:

- Art. 9º, III, desta Lei.

I – de equiparação a estabelecimento industrial, no caso do IPI; e

II – de substituição tributária, no caso da Contribuição para o PIS/PASEP e da COFINS.

Art. 7º Os arts. 12 e 18 do Decreto-Lei nº 1.593, de 21 de dezembro de 1977, passam a vigorar com a seguinte redação:

"Art. 12. Os cigarros destinados à exportação não poderão ser vendidos nem expostos à venda no País e deverão ser marcados, nas embalagens de cada maço ou carteira de 20 (vinte) unidades, pelos equipamentos de que trata o art. 27 da Lei nº 11.488, de 15 de junho de 2007, com códigos que possibilitem identificar sua legítima origem e reprimir a introdução clandestina destes produtos no território nacional.

....

§ 5º A Secretaria da Receita Federal do Brasil poderá, na forma, condições e prazos por ela estabelecidos, dispensar a aplicação do disposto nos §§ 1º e 4º, desde que:

I – a dispensa seja necessária para atender às exigências do mercado estrangeiro importador;

II – o importador no exterior seja pessoa jurídica vinculada ao estabelecimento industrial, de acordo com o disposto no art. 23 da Lei nº 9.430, de 27 de dezembro de 1996; e

III – seja comprovada pelo estabelecimento industrial, mediante documentação hábil e idônea, a importação dos cigarros no país de destino.

§ 6º As exportações de cigarros autorizadas pela Secretaria da Receita Federal do Brasil na forma do § 5º ficam isentas do Imposto de Exportação."

"Art. 18 ....

§ 3º Na hipótese de cigarros de que trata o *caput*, cuja exportação tenha sido autorizada pela Secretaria da Receita Federal do Brasil de acordo com o disposto no § 5º do art. 12, os impostos devidos, bem como a multa de que trata o § 1º do presente artigo, serão exigidos do estabelecimento industrial exportador.

§ 4º O disposto no § 3º aplica-se inclusive à hipótese de ausência de comprovação pelo estabelecimento industrial da importação dos cigarros no país de destino, de que trata o inciso III do § 5º do art. 12."

Art. 8º Os arts. 48 e 50 da Lei nº 9.532, de 10 de dezembro de 1997, passam a vigorar com a seguinte redação:

- Alterações inseridas no texto da referida Lei.

Art. 9º Esta Lei entra em vigor na data de sua publicação, produzindo efeitos:

I – em relação ao art. 1º, a partir de 29 de outubro de 2010;

II – em relação aos arts. 2º e 3º, a partir de 1º de janeiro de 2011;

III – em relação aos arts. 5º e 6º, a partir do primeiro dia do quarto mês subsequente ao da sua publicação;

IV – em relação aos demais artigos, a partir da data de sua publicação.

Art. 10. Ficam revogados a partir da entrada em vigor desta Lei os seguintes dispositivos:

I – os §§ 1º e 2º do art. 48 da Lei nº 9.532, de 10 de dezembro de 1997;

II – o § 3º do art. 49 da Lei nº 9.532, de 10 de dezembro de 1997;

III – o inciso II do art. 6º-A do Decreto-Lei nº 1.593, de 21 de dezembro de 1977;

IV – o art. 11 do Decreto-Lei nº 1.593, de 21 de dezembro de 1977.

Brasília, 2 de maio de 2011;
190º da Independência e
123º da República.

Dilma Rousseff

LEI Nº 12.431, DE 24 DE JUNHO DE 2011

Dispõe sobre a incidência do imposto sobre a renda nas operações que especifica; altera as Leis nºs 11.478, de 29 de maio de 2007, 6.404, de 15 de dezembro de 1976, 9.430, de 27 de dezembro de 1996, 12.350, de 20 de dezembro de 2010, 11.196, de 21 de novembro de 2005, 8.248, de 23 de outubro de 1991, 9.648, de 27 de maio de 1998, 11.943, de 28 de maio de 2009, 9.808, de 20 de julho de 1999, 10.260, de 12 de julho de 2001, 11.096, de 13 de janeiro de 2005, 11.180, de 23 de setembro de 2005, 11.128, de 28 de junho de 2005, 11.909, de 4 de março de 2009, 11.371, de 28 de novembro de 2006, 12.249, de 11 de junho de 2010, 10.150, de 21 de dezembro de 2000, 10.312, de 27 de novembro de 2001, e 12.058, de 13 de outubro de 2009, e o Decreto-Lei nº 288, de 28 de fevereiro de 1967; institui o Regime Especial de Incentivos para o Desenvolvimento de Usinas Nucleares (RENUCLEAR); dispõe sobre medidas tributárias relacionadas ao Plano Nacional de Banda Larga; altera a legislação relativa à isenção do Adicional ao Frete para Renovação da Marinha Mercante (AFRMM); dispõe sobre a extinção do Fundo Nacional de Desenvolvimento; e dá outras providências.

- Publicada no *DOU* de 27-6-2011 e retificada no *DOU* de 29-6-2011.

Art. 1º Fica reduzida a 0 (zero) a alíquota do imposto sobre a renda incidente sobre os rendimentos definidos nos termos da alínea a do § 2º do art. 81 da Lei nº 8.981, de 20 de janeiro de 1995, quando pagos, creditados, entregues ou remetidos a beneficiário residente ou domiciliado no exterior, exceto em país que não tribute a renda ou que a tribute à alíquota máxima inferior a 20% (vinte por cento), produzidos por:

- *Caput* com a redação dada pela Lei nº 12.844, de 19-7-2013.

I – títulos ou valores mobiliários adquiridos a partir de 1º de janeiro de 2011, objeto de distribuição pública, de emissão de pessoas jurídicas de direito privado não classificadas como instituições financeiras; ou

II – fundos de investimento em direitos creditórios constituídos sob a forma de condomínio fechado, regulamentados pela Comissão de Valores Mobiliários – CVM, cujo originador ou cedente da carteira de direitos creditórios não seja instituição financeira.

- Incisos I e II acrescidos pela Lei nº 12.844, de 19-7-2013.

§ 1º Para fins do disposto no inciso I do *caput*, os títulos ou valores mobiliários deverão ser remunerados por taxa de juros pré-fixada, vinculada a índice de preço ou à Taxa Referencial – TR, vedada a pactuação total ou parcial de taxa de juros pós-fixada, e ainda, cumulativamente, apresentar:

I – prazo médio ponderado superior a 4 (quatro) anos;

II – vedação à recompra do título ou valor mobiliário pelo emissor ou parte a ele relacionada nos 2 (dois) primeiros anos após a sua emissão e à liquidação antecipada por meio de resgate ou pré-pagamento, salvo na forma a ser regulamentada pelo Conselho Monetário Nacional;

III – inexistência de compromisso de revenda assumido pelo comprador;

IV – prazo de pagamento periódico de rendimentos, se existente, com intervalos de, no mínimo, 180 (cento e oitenta) dias;

V – comprovação de que o título ou valor mobiliário esteja registrado em sistema de registro devidamente autorizado pelo Banco Central do Brasil ou pela CVM, nas suas respectivas áreas de competência; e

VI – procedimento simplificado que demonstre o compromisso de alocar os recursos captados no pagamento futuro ou no reembolso de gastos, despesas ou dívidas relacionados aos projetos de investimento, inclusive os voltados à pesquisa, desenvolvimento e inovação.

- § 1º com a redação dada pela Lei nº 12.844, de 19-7-2013.

§ 1º-A. Para fins do disposto no inciso II do *caput*, a rentabilidade esperada das cotas de emissão dos fundos de investimento em direitos creditórios deverá ser referenciada em taxa de juros pré-fixada, vinculada a índice de preço ou à TR, observados, cumulativamente, os seguintes requisitos:

- *Caput* do § 1º-A com a redação dada pela Lei nº 12.844, de 19-7-2013.

I – o fundo deve possuir prazo de duração mínimo de 6 (seis) anos;

II – vedação ao pagamento total ou parcial do principal das cotas nos 2 (dois) primeiros anos a partir da data de encerramento da oferta pública de distribuição de cotas constitutivas do patrimônio inicial do fundo, exceto nas hipóteses de liquidação antecipada do fundo, previstas em seu regulamento;

III – vedação à aquisição de cotas pelo originador ou cedente ou por partes a eles relacionadas, exceto quando se tratar de cotas cuja classe subordine-se às demais para efeito de amortização e resgate;

IV – prazo de amortização parcial de cotas, inclusive as provenientes de rendimentos incorporados, caso existente, com intervalos de, no mínimo, 180 (cento e oitenta) dias;

V – comprovação de que as cotas estejam admitidas a negociação em mercado organizado de valores mobiliários ou registrados em sistema de registro devidamente autorizado pelo Banco Central do Brasil ou pela CVM, nas suas respectivas áreas de competência;

VI – procedimento simplificado que demonstre o objetivo de alocar os recursos obtidos com a operação em projetos de investimento, inclusive os voltados à pesquisa, ao desenvolvimento e à inovação; e

- Incisos I a VI com a redação dada pela Lei nº 12.844, de 19-7-2013.

VII – presença obrigatória no contrato de cessão, no regulamento e no prospecto, se houver, na forma a ser regulamentada pela CVM:

a) do objetivo do projeto ou projetos beneficiados;

b) do prazo estimado para início e encerramento ou, para os projetos em andamento, a descrição da fase em que se encontram e a estimativa do seu encerramento;

c) do volume estimado dos recursos financeiros necessários para a realização do projeto ou projetos não iniciados ou para a conclusão dos já iniciados; e

d) do percentual que se estima captar com a venda dos direitos creditórios, frente às necessidades de recursos financeiros dos projetos beneficiados;

VIII – percentual mínimo de 85% (oitenta e cinco por cento) de patrimônio líquido representado por direitos creditórios, e a parcela restante por títulos públicos federais, operações compromissadas lastreadas em títulos públicos federais ou cotas de fundos de investimento que invistam em títulos públicos federais.

- Incisos VII e VIII acrescidos pela Lei nº 12.844, de 19-7-2013.

§ 1º-B. Para fins do disposto no inciso I do *caput*, os certificados de recebíveis imobiliários deverão ser remunerados por taxa de juros pré-fixada, vinculada a índice de preço ou à TR, vedada a pactuação total ou parcial de taxa de juros pós-fixada, e ainda, cumulativamente, apresentar os seguintes requisitos:

I – prazo médio ponderado superior a 4 (quatro) anos, na data de sua emissão;

II – vedação à recompra dos certificados de recebíveis imobiliários pelo emissor ou parte a ele relacionada e o cedente ou originador nos 2 (dois) primeiros anos após a sua emissão e à liquidação antecipada por meio de resgate ou pré-pagamento, salvo na forma a ser regulamentada pelo Conselho Monetário Nacional;

III – inexistência de compromisso de revenda assumido pelo comprador;

IV – prazo de pagamento periódico de rendimentos, se existente, com intervalos de, no mínimo, 180 (cento e oitenta) dias;

V – comprovação de que os certificados de recebíveis imobiliários estejam registrados em sistema de registro, devidamente autorizado pelo Banco Central do Brasil ou pela CVM, nas respectivas áreas de competência; e

VI – procedimento simplificado que demonstre o compromisso de alocar os recursos captados no pagamento futuro ou no reembolso de gastos, despesas ou dívidas relacionados a projetos de investimento, inclusive os voltados à pesquisa, ao desenvolvimento e à inovação.

• § 1º-B com a redação dada pela Lei nº 12.844, de 19-7-2013.

§ 1º-C. O procedimento simplificado previsto nos incisos VI dos §§ 1º, 1º-A e 1º-B deve demonstrar que os gastos, despesas ou dívidas passíveis de reembolso ocorreram em prazo igual ou inferior a 24 (vinte e quatro) meses da data de encerramento da oferta pública.

§ 1º-D. Para fins do disposto neste artigo, os fundos de investimento em direitos creditórios e os certificados de recebíveis imobiliários podem ser constituídos para adquirir recebíveis de um único cedente ou devedor ou de empresas pertencentes ao mesmo grupo econômico.

§ 2º O Conselho Monetário Nacional definirá a fórmula de cômputo do prazo médio a que se refere o inciso I dos §§ 1º e 1º-B, e o procedimento simplificado a que se referem os incisos VI dos §§ 1º, 1º-A e 1º-B.

• §§ 1º-C a 2º acrescido pela Lei nº 12.844, de 19-7-2013.

§ 3º Para fins do disposto neste artigo são consideradas instituições financeiras bancos de qualquer espécie, cooperativas de crédito, caixa econômica, sociedades distribuidoras de títulos e valores mobiliários, sociedades corretoras de câmbio, de títulos de valores mobiliários, sociedades de crédito, financiamento e investimentos, sociedades de crédito imobiliário, sociedades de arrendamento mercantil.

§ 4º O disposto neste artigo aplica-se:

I – exclusivamente a beneficiário residente ou domiciliado no exterior que realizar operações financeiras no País de acordo com as normas e condições estabelecidas pelo Conselho Monetário Nacional;

II – às cotas de fundos de investimento exclusivos para investidores não residentes que possuam no mínimo 85% (oitenta e cinco por cento) do valor do patrimônio líquido do fundo aplicado em títulos de que trata o inciso I do *caput*.

• Inciso II com a redação dada pela Lei nº 12.844, de 19-7-2013.

§ 4º-A. O percentual mínimo a que se refere o inciso II do § 4º poderá ser de, no mínimo, 67% (sessenta e sete por cento) do valor do patrimônio líquido do fundo aplicado em títulos de que trata o inciso I do *caput* no prazo de 2 (dois) anos, contado da data da primeira integralização de cotas.

• § 4º-A com a redação dada pela Lei nº 12.844, de 19-7-2013.

§ 5º Os fundos a que se refere o inciso II do § 4º observarão as regras disciplinadas nos §§ 4º, 5º e 6º do art. 3º.

§ 6º Até 30 de junho de 2011, relativamente aos investimentos em títulos ou valores mobiliários possuídos em 1º de janeiro de 2011 e que obedeçam ao disposto no § 1º, fica facultado ao investidor estrangeiro antecipar o pagamento do imposto sobre a renda que seria devido por ocasião do pagamento, crédito, entrega ou remessa a beneficiário residente ou domiciliado no exterior, ficando os rendimentos auferidos a partir da data do pagamento do imposto sujeitos ao benefício da alíquota 0 (zero) previsto neste artigo.

§ 7º O Ministério da Fazenda poderá disciplinar o cômputo do imposto sobre a renda devido pelo investidor estrangeiro, nos casos em que este opte pela antecipação de pagamento disposta no § 6º, tendo como base para apuração do tributo:

I – o preço de mercado do título, definido pela média aritmética dos valores negociados apurados nos 10 (dez) dias úteis que antecedem o pagamento antecipado do imposto sobre a renda; ou

II – o preço apurado com base na curva de juros do papel, nos casos em que, cumulativamente ou não:

a) inexista, no prazo de antecedência disposto no inciso I, a negociação do título em plataforma eletrônica;

b) o volume negociado se mostre insuficiente para concluir que o preço observado espelha o valor do título.

§ 8º Fica sujeito à multa equivalente a 20% (vinte por cento) do valor captado na forma deste artigo não alocado no projeto de investimento, a ser aplicada pela Secretaria da Receita Federal do Brasil – RFB:

• *Caput* do § 8º acrescido pela Lei nº 12.715, de 17-9-2012.

I – o emissor dos títulos e valores mobiliários; ou

• Inciso I acrescido pela Lei nº 12.715, de 17-9-2012.

II – o cedente, no caso de certificados de recebíveis imobiliários e de cotas de fundo de investimento em direitos creditórios.

• Inciso II com a redação dada pela Lei nº 12.844, de 19-7-2013.

§ 9º Os rendimentos produzidos pelos títulos ou valores mobiliários a que se refere este artigo sujeitam-se à alíquota reduzida de imposto de renda ainda que ocorra a hipótese prevista no § 8º, sem prejuízo da multa nele estabelecida.

• § 9º acrescido pela Lei nº 12.715, de 17-9-2012.

§ 10. Aplica-se o disposto neste artigo aos fundos soberanos que realizarem operações financeiras no País de acordo com as normas e condições estabelecidas pelo Conselho Monetário Nacional, ainda que domiciliados ou residentes em países com tributação favorecida nos termos do art. 24 da Lei nº 9.430, de 27 de dezembro de 1996.

• § 10 com a redação dada pela Lei nº 13.043, de 13-11-2014.

§ 11. Para fins do disposto no § 10, classificam-se como fundos soberanos os veículos de investimento no exterior cujo patrimônio seja composto por recursos provenientes exclusivamente da poupança soberana do país respectivo e que, adicionalmente, cumpram os seguintes requisitos:

I – apresentem, em ambiente de acesso público, uma política de propósitos e de investimento definida;

II – apresentem, em ambiente de acesso público e em periodicidade, no mínimo, anual, suas fontes de recursos; e

III – disponibilizem, em ambiente de acesso público, as regras de resgate dos recursos por parte do governo.

• § 11 acrescido pela Lei nº 12.844, de 19-7-2013.

Art. 2º No caso de debêntures emitidas por sociedade de propósito específico, constituída sob a forma de sociedade por ações, dos certificados de recebíveis imobiliários e de cotas de emissão de fundo de investimento em direitos creditórios, constituídos sob a forma de condomínio fechado, relacionados à captação de recursos com vistas em implementar projetos de investimento na área de infraestrutura, ou de produção econômica intensiva em pesquisa, desenvolvimento e inovação, considerados como prioritários na forma regulamentada pelo Poder Executivo federal, os rendimentos auferidos por pessoas físicas ou jurídicas residentes ou domiciliadas no País sujeitam-se à incidência do imposto sobre a renda, exclusivamente na fonte, às seguintes alíquotas:

- *Caput* com a redação dada pela Lei nº 12.844, de 19-7-2013.

I – 0% (zero por cento), quando auferidos por pessoa física; e

II – 15% (quinze por cento), quando auferidos por pessoa jurídica tributada com base no lucro real, presumido ou arbitrado, pessoa jurídica isenta ou optante pelo Regime Especial Unificado de Arrecadação de Tributos e Contribuições devidos pelas Microempresas e Empresas de Pequeno Porte (Simples Nacional).

§ 1º O disposto neste artigo aplica-se somente aos ativos que atendam ao disposto nos §§ 1º, 1º-A, 1º-B, 1º-C e 2º do art. 1º, emitidos entre a data da publicação da regulamentação mencionada no § 2º do art. 1º e 31 de dezembro de 2030.

- § 1º com a redação dada pela Lei nº 13.043, de 13-11-2014.

§ 1º-A. As debêntures objeto de distribuição pública, emitidas por concessionária, permissionária, autorizatária ou arrendatária, constituídas sob a forma de sociedade por ações, para captar recursos com vistas em implementar projetos de investimento na área de infraestrutura ou de produção econômica intensiva em pesquisa, desenvolvimento e inovação, considerados como prioritários na forma regulamentada pelo Poder Executivo federal também fazem jus aos benefícios dispostos no *caput*, respeitado o disposto no § 1º.

- § 1º-A com a redação dada pela Lei nº 12.844, de 19-7-2013.

§ 1º-B. As debêntures mencionadas no *caput* e no § 1º-A poderão ser emitidas por sociedades controladoras das pessoas jurídicas mencionadas neste artigo, desde que constituídas sob a forma de sociedade por ações.

- § 1º-B acrescido pela Lei nº 12.715, de 17-9-2012

§ 2º O regime de tributação previsto neste artigo aplica-se inclusive às pessoas jurídicas relacionadas no inciso I do art. 77 da Lei nº 8.981, de 20 de janeiro de 1995.

§ 3º Os rendimentos tributados exclusivamente na fonte poderão ser excluídos na apuração do lucro real.

§ 4º As perdas apuradas nas operações com os ativos a que se refere este artigo, quando realizadas por pessoa jurídica tributada com base no lucro real, não serão dedutíveis na apuração do lucro real.

- § 4º com a redação dada pela Lei nº 12.715, de 17-9-2012.

§ 5º Ficam sujeitos à multa equivalente a 20% (vinte por cento) do valor captado na forma deste artigo não alocado no projeto de investimento, a ser aplicada pela Secretaria da Receita Federal do Brasil do Ministério da Fazenda:

- *Caput* com a redação dada pela Lei nº 12.844, de 19-7-2013.

I – o emissor dos títulos e valores mobiliários; ou

II – o cedente, no caso de certificados de recebíveis imobiliários e fundos de investimento em direitos creditórios.

- Incisos I e II acrescidos pela Lei nº 12.844, de 19-7-2013.

§ 6º O controlador da sociedade de propósito específico criada para implementar o projeto de investimento na forma deste artigo responderá de forma subsidiária com relação ao pagamento da multa estabelecida no § 5º.

§ 7º Os rendimentos produzidos pelos valores mobiliários a que se refere este artigo sujeitam-se à alíquota reduzida de imposto de renda ainda que ocorra a hipótese prevista no § 5º, sem prejuízo da multa nele estabelecida.

§ 8º Para fins do disposto neste artigo, consideram-se rendimentos quaisquer valores que constituam remuneração do capital aplicado, inclusive ganho de capital auferido na alienação.

- §§ 6º e 8º acrescidos pela Lei nº 12.715, de 17-9-2012.

Art. 3º As instituições autorizadas pela Comissão de Valores Mobiliários ao exercício da administração de carteira de títulos e valores mobiliários poderão constituir fundo de investimento, que disponha em seu regulamento que a aplicação de seus recursos nos ativos de que trata o art. 2º não poderá ser inferior a 85% (oitenta e cinco por cento) do valor do patrimônio líquido do fundo.

- *Caput* com a redação dada pela Lei nº 12.715, de 17-9-2012.

§ 1º Os cotistas dos fundos de investimento de que trata o *caput* ou dos fundos de investimentos em cotas de fundo de investimento que detenham, no mínimo, 95% (noventa e cinco por cento) dos seus recursos alocados em cotas dos fundos de investimento de que trata o *caput*, terão sua alíquota do imposto sobre a renda, incidente sobre os rendimentos produzidos pelos fundos de que trata o *caput*, reduzida a:

I – 0% (zero por cento), quando:

a) pagos, creditados, entregues ou remetidos a beneficiário residente ou domiciliado no exterior, que realizar operações financeiras no País de acordo com as normas e condições estabelecidas pelo Conselho Monetário Nacional, exceto em país que não tribute a renda ou que a tribute à alíquota máxima inferior a 20% (vinte por cento);

b) auferidos por pessoa física;

II – 15% (quinze por cento), quando auferidos por pessoa jurídica tributada com base no lucro real, presumido ou arbitrado e por pessoa jurídica isenta ou optante pelo Simples Nacional.

§ 1º-A. O percentual mínimo a que se refere o *caput* poderá ser de, no mínimo, 67% (sessenta e sete por cento) do valor do patrimônio líquido do fundo aplicado nos ativos no prazo de 2 (dois) anos contado da data da primeira integralização de cotas. captado na forma deste artigo não alocado no projeto de investimento, a ser aplicada pela Secretaria da Receita Federal do Brasil do Ministério da Fazenda:

- § 1º-A com a redação dada pela Lei nº 12.844, de 19-7-2013.

§ 2º Os cotistas dispostos na alínea *b* do inciso I e no inciso II do § 1º sujeitam-se à incidência do imposto sobre a renda exclusivamente na fonte.

§ 2º-A. Para fins do disposto neste artigo, consideram-se rendimentos quaisquer valores que constituam remuneração do capital aplicado, inclusive ganho de capital auferido na alienação de cotas.

§ 2º-B. Não se aplica ao fundo de investimento de que trata o *caput* e ao fundo de investimento em cota de fundo de investimento de que trata o § 1º a incidência do imposto de renda na fonte prevista no art. 3º da Lei nº 10.892, de 13 de julho de 2004.

- §§ 2º-A e 2º-B acrescidos pela Lei nº 12.844, de 19-7-2013.

§ 3º O não atendimento pelo fundo de investimento de que trata o *caput* ou pelo fundo de investimento em cota de fundo de investimento de que trata o § 1º de qualquer das condições dispostas neste artigo implica a sua liquidação ou transformação em outra modalidade de fundo de investimento ou de fundo de investimento em cota de fundo de investimento, no que couber.

§ 4º O fundo de investimento de que trata o *caput* e o fundo de investimento em cota de fundo de investimento de que trata o § 1º terão prazo de até 180 (cento e oitenta) dias contados da data da primeira integralização de cotas para enquadrar-se ao disposto no § 1º-A.

§ 5º Sem prejuízo do prazo previsto no § 4º, não se aplica o disposto no § 1º se, em um mesmo ano-calendário, a carteira do fundo de investimento não cumprir as condições estabelecidas neste artigo por mais de 3 (três) vezes ou por mais de 90 (noventa) dias, hipótese em que os rendimentos produzidos a partir do dia imediatamente após a alteração da condição serão tributados na forma do § 6º.

- §§ 4º e 5º com a redação dada pela Lei nº 12.844, de 19-7-2013.

§ 5º-A. Ocorrida a hipótese prevista no § 5º e após cumpridas as condições estabelecidas neste artigo, admitir-se-á o retorno ao enquadramento anterior a partir do 1º (primeiro) dia do ano-calendário subsequente.

- § 5º-A acrescido pela Lei nº 12.844, de 19-7-2013.

§ 6º Na hipótese de liquidação ou transformação do fundo conforme previsto no § 3º, aplicar-se-ão aos rendimentos de que trata o § 1º a alíquota de 15% (quinze por cento) para os cotistas dispostos na alínea *a* do inciso I e as alíquotas previstas nos incisos I a IV do *caput* do art. 1º da Lei nº 11.033, de 21 de dezembro de 2004, para os cotistas dispostos na alínea *b* do inciso I e no inciso II, não se aplicando a incidência exclusivamente na fonte para os cotistas do inciso II.

§ 7º A Comissão de Valores Mobiliários e a Secretaria da Receita Federal do Brasil regulamentarão, dentro de suas respectivas competências, no que for necessário, o disposto neste artigo.

§ 8º O regime de tributação previsto neste artigo aplica-se inclusive às pessoas jurídicas relacionadas no inciso I do art. 77 da Lei nº 8.981, de 20 de janeiro de 1995.

§ 9º Os rendimentos tributados exclusivamente na fonte poderão ser excluídos na apuração do lucro real.

§ 10. As perdas apuradas nas operações com cotas dos fundos a que se refere o § 1º, quando realizadas por pessoa jurídica tributada com base no lucro real, não serão dedutíveis na apuração do lucro real.

Art. 4º A ementa e os arts. 1º e 2º da Lei nº 11.478, de 29 de maio de 2007, passam a vigorar com a seguinte redação:

"Institui o Fundo de Investimento em Participações em Infraestrutura (FIP-IE) e o Fundo de Investimento em Participação na Produção Econômica Intensiva em Pesquisa, Desenvolvimento e Inovação (FIP-PD&I) e dá outras providências."

"Art. 1º As instituições autorizadas pela Comissão de Valores Mobiliários (CVM) para o exercício da administração de carteira de títulos de valores mobiliários poderão constituir Fundo de Investimento em Participações em Infraestrutura (FIP-IE) e Fundo de Investimento em Participação na Produção Econômica Intensiva em Pesquisa, Desenvolvimento e Inovação (FIP-PD&I), sob a forma de condomínio fechado, que terão, respectivamente, por objetivo o investimento no território nacional em novos projetos de infraestrutura e de produção econômica intensiva em pesquisa, desenvolvimento e inovação.

§ 1º ...

...

V – outras áreas tidas como prioritárias pelo Poder Executivo Federal.

§ 1º-A. Além dos dispositivos previstos no § 1º, consideram-se novos os projetos de produção econômica intensiva em pesquisa, desenvolvimento e inovação implementados a partir da vigência desta Lei por sociedades específicas criadas para tal fim e que atendam à regulamentação do Ministério da Ciência e Tecnologia (MCT).

§ 2º Os novos projetos de que tratam os §§ 1º e 1º-A deste artigo poderão constituir-se na expansão de projetos já existentes, implantados ou em processo de implantação, desde que os investimentos e os resultados da expansão sejam segregados mediante a constituição de sociedade de propósito específico.

§ 3º As sociedades de propósito específico a que se referem os §§ 1º a 2º serão necessariamente organizadas como sociedade por ações, de capital aberto ou fechado.

§ 4º No mínimo 90% (noventa por cento) do patrimônio do FIP-IE e do FIP-PD&I deverão ser aplicados em ações, bônus de subscrição, debêntures, conversíveis ou não em ações, ou outros títulos de emissão das sociedades de que trata o § 3º, desde que permitidos pela regulamentação da CVM para fundos de investimento em participações.

§ 5º *Revogado.*

§ 6º O FIP-IE e o FIP-PD&I deverão ter um mínimo de 5 (cinco) cotistas, sendo que cada cotista não poderá deter mais de 40% (quarenta por cento) das cotas emitidas pelo FIP-IE ou pelo FIP-PD&I ou auferir rendimento superior a 40% (quarenta por cento) do total de rendimentos dos fundos.

§ 7º As sociedades de que trata o § 3º deverão seguir, pelo menos, as práticas de governança corporativa estabelecidas pela CVM para as companhias investidas por fundos de investimento em participações.

§ 8º O FIP-IE e o FIP-PD&I deverão participar do processo decisório das sociedades investidas com efetiva influência na definição de suas políticas estratégicas e na sua gestão, notadamente por meio da indicação de membros do Conselho de Administração ou, ainda, pela detenção de ações que integrem o respectivo bloco de controle, pela celebração de acordo de acionistas ou pela celebração de ajuste de natureza diversa ou adoção de procedimento que assegure ao fundo efetiva influência na definição de sua política estratégica e na sua gestão.

§ 9º O não atendimento pelo FIP-IE ou pelo FIP-PD&I de qualquer das condições de que trata este artigo implica sua liquidação ou sua transformação em outra modalidade de fundo de investimento, no que couber.

§ 10. O FIP-IE e o FIP-PD&I terão o prazo máximo de 180 (cento e oitenta) dias após obtido o registro de funcionamento na CVM para iniciar suas atividades e para se enquadrarem no nível mínimo de investimento estabelecido no § 4º.

§ 11. Aplica-se também o disposto no § 10 deste artigo na hipótese de desenquadramento do fundo por encerramento de projeto a que se referem os §§ 1º, 1º-A e 2º."

"Art. 2º Os rendimentos auferidos no resgate de cotas do FIP-IE e do FIP-PD&I, inclusive quando decorrentes da liquidação do fundo, ficam sujeitos à incidência do imposto sobre a renda na fonte à alíquota de 15% (quinze por cento) sobre a diferença positiva entre o valor de resgate e o custo de aquisição das cotas.

§ 1º Os ganhos auferidos na alienação de cotas de fundos de investimento de que trata o *caput* serão tributados:

I – à alíquota 0 (zero), quando auferidos por pessoa física em operações realizadas em bolsa ou fora de bolsa;

II – como ganho líquido, à alíquota de 15% (quinze por cento), quando auferidos por pessoa jurídica em operações realizadas dentro ou fora de bolsa;

III – *Revogado.*

...

§ 3º No caso de rendimentos distribuídos à pessoa física, nas formas previstas no *caput* e no § 2º, tais rendimentos ficam isentos do imposto sobre a renda na fonte e na declaração de ajuste anual das pessoas físicas.

..."

Art. 5º O imposto sobre a renda incidente sobre os rendimentos periódicos a que se refere o § 3º do art. 65 da Lei nº 8.981, de 20 de janeiro de 1995, incidirá, *pro-rata tempore*, sobre a parcela do rendimento produzido entre a data de aquisição ou a data do pagamento periódico anterior e a data de sua percepção, podendo ser deduzida da base de cálculo a parcela dos rendimentos correspondente ao período entre a data do pagamento do rendimento periódico anterior e a data de aquisição do título.

§ 1º Ocorrido o primeiro pagamento periódico de rendimentos após a aquisição do título sem alienação pelo adquirente, a parcela do rendimento não submetida à incidência do imposto sobre a renda na fonte deverá ser deduzida do custo de aquisição para fins de apuração da base de cálculo do imposto, quando de sua alienação.

§ 2º As instituições intervenientes deverão manter registros que permitam verificar a correta apuração da base de cálculo do imposto de que trata este artigo, na forma regulamentada pela Secretaria da Receita Federal do Brasil.

Art. 6º Os arts. 55, 59, 66, 100, 121, 122, 127, 146 e 289 da Lei nº 6.404, de 15 de dezembro de 1976, passam a vigorar com a seguinte redação:

- Alterações inseridas no texto da referida Lei.

Art. 7º VETADO.

Art. 8º As debêntures e as letras financeiras podem sofrer correção monetária em periodicidade igual àquela estipulada para o pagamento periódico de juros, ainda que em periodicidade inferior a 1 (um) ano.

Art. 9º O art. 12 da Lei nº 9.430, de 27 de dezembro de 1996, passa a vigorar com a seguinte redação:

- Alterações inseridas no texto da referida Lei.

Art. 10. A Lei nº 12.350, de 20 de dezembro de 2010, passa a vigorar acrescida dos seguintes arts. 56-A e 56-B:

- Alterações inseridas no texto da referida Lei.

Art. 11. O inciso IV do art. 54 da Lei nº 12.350, de 20 de dezembro de 2010, passa a vigorar com a seguinte redação:

- Alteração inserida no texto da referida Lei.

Art. 12. O inciso II do § 5º do art. 55 da Lei nº 12.350, de 20 de dezembro de 2010, passa a vigorar com a seguinte redação:

- Alteração inserida no texto da referida Lei.

Art. 13. O art. 57 da Lei nº 12.350, de 20 de dezembro de 2010, passa a vigorar com a seguinte redação:

- Alterações inseridas no texto da referida Lei.

Art. 14. Fica instituído o Regime Especial de Incentivos para o Desenvolvimento de Usinas Nucleares (RENUCLEAR), nos termos e condições estabelecidos nesta Lei.

- Art. 17 desta Lei.

Parágrafo único. O Poder Executivo regulamentará o regime de que trata o *caput*, inclusive quanto à habilitação e co-habilitação de pessoa jurídica ao RENUCLEAR.

Art. 15. É beneficiária do RENUCLEAR a pessoa jurídica habilitada perante a Secretaria da Receita Federal do Brasil que tenha projeto aprovado para implantação de obras de infraestrutura no setor de geração de energia elétrica de origem nuclear, observado o disposto no inciso XXIII do art. 21 e no inciso XIV do art. 49 da Constituição Federal.

§ 1º Compete ao Ministério de Minas e Energia a aprovação de projeto e a definição, em portaria, dos projetos que se enquadram nas disposições do *caput*.

§ 2º As pessoas jurídicas optantes pelo Regime Especial Unificado de Arrecadação de Tributos e Contribuições devidos pelas Microempresas e Empresas de Pequeno Porte (Simples Nacional), de que trata a Lei Complementar nº 123, de 14 de dezembro de 2006, e as pessoas jurídicas de que tratam o inciso II do art. 8º da Lei nº 10.637, de 30 de dezembro de 2002, e o inciso II do art. 10 da Lei nº 10.833, de 29 de dezembro de 2003, não poderão aderir ao RENUCLEAR.

§ 3º A fruição do RENUCLEAR fica condicionada à regularidade fiscal da pessoa jurídica em relação aos tributos administrados pela Secretaria da Receita Federal do Brasil.

§ 4º Aplica-se o disposto neste artigo aos projetos aprovados até 31 de dezembro de 2017.

- § 4º com a redação dada pela Lei nº 13.043, de 13-11-2014.

Art. 16. No caso de venda no mercado interno ou de importação de máquinas, aparelhos, instrumentos e equipamentos, novos, e de materiais de construção para utilização ou incorporação em obras de infraestrutura destinadas ao ativo imobilizado, fica suspensa a exigência do:

I – Imposto sobre Produtos Industrializados (IPI) incidente na saída do estabelecimento industrial ou equiparado, quando a aquisição no mercado interno for efetuada por pessoa jurídica beneficiária do RENUCLEAR;

II – IPI incidente no desembaraço aduaneiro, quando a importação for efetuada por pessoa jurídica beneficiária do RENUCLEAR;

III – Imposto de Importação, quando os referidos bens ou materiais de construção forem importados por pessoa jurídica beneficiária do RENUCLEAR.

§ 1º Nas notas fiscais relativas às saídas de que trata o inciso I do *caput* deverá constar a expressão "Saída com suspensão da exigibilidade do IPI", com a especificação do dispositivo legal correspondente, vedado o registro do imposto nas referidas notas.

§ 2º As suspensões de que trata este artigo convertem-se em isenção após a utilização ou incorporação do bem ou material de construção na obra de infraestrutura.

§§ 3º e 4º *Revogado.* Lei nº 13.043, de 13-11-2014.

§ 5º No caso da suspensão aplicável ao Imposto de Importação, fica dispensado, exceto para materiais de construção, o exame de similaridade de que trata o art. 17 do Decreto-Lei nº 37, de 18 de novembro de 1966.

Art. 16-A. No caso de venda no mercado interno ou de importação de máquinas, aparelhos, instrumentos e equipamentos, novos, e de materiais de construção para utilização ou incorporação em obras de infraestrutura destinadas ao ativo imobilizado, fica suspensa a exigência da:

I – Contribuição para os Programas de Integração Social e de Formação do Patrimônio do Servidor Público – Contribuição para o PIS/PASEP e da Contribuição para o Financiamento da Seguridade Social – COFINS incidentes sobre a venda no mercado interno quando os referidos bens ou materiais de construção forem adquiridos por pessoa jurídica beneficiária do RENUCLEAR;

II – Contribuição para o PIS/PASEP-Importação e da COFINS-Importação quando os referidos bens ou materiais de construção forem importados diretamente por pessoa jurídica beneficiária do RENUCLEAR.

§ 1º Nas notas fiscais relativas às vendas de que trata o inciso I do *caput* deverá constar a expressão "Venda efetuada com suspensão do pagamento da Contribuição para o PIS/PASEP e da COFINS", com a especificação do dispositivo legal correspondente.

§ 2º As suspensões de que trata este artigo convertem-se em alíquota 0 (zero) após a utilização ou incorporação do bem ou material de construção na obra de infraestrutura.

Art. 16-B. No caso de venda no mercado interno ou de importação de serviços destinados a obras de infraestrutura para incorporação ao ativo imobilizado, fica suspensa a exigência da:

I – Contribuição para o PIS/PASEP e da COFINS incidentes sobre a prestação de serviços efetuada por pessoa jurídica estabelecida no País quando os referidos serviços forem prestados à pessoa jurídica beneficiária do RENUCLEAR; ou

II – Contribuição para o PIS/PASEP-Importação e da COFINS-Importação incidentes sobre a prestação de serviços quando os referidos serviços forem importados diretamente por pessoa jurídica beneficiária do RENUCLEAR.

§ 1º Nas notas fiscais relativas às prestações de serviço de que trata o inciso I do *caput*, deverá constar a expressão "Prestação de serviço efetuada com suspensão do pagamento da Contribuição para o PIS/PASEP e da COFINS", com a especificação do dispositivo legal correspondente.

§ 2º As suspensões de que trata este artigo convertem-se em alíquota 0 (zero) após o serviço ser aplicado na obra de infraestrutura.

Art. 16-C. No caso de locação de máquinas, aparelhos, instrumentos e equipamentos à pessoa jurídica beneficiária do RENUCLEAR para utilização em obras de infraestrutura a serem incorporadas ao ativo imobilizado, fica suspensa a exigência da Contribuição para o PIS/PASEP e da COFINS incidentes sobre a receita auferida pelo locador.

Parágrafo único. As suspensões de que trata este artigo convertem-se em alíquota 0 (zero) após a aplicação do bem locado na obra de infraestrutura.

Art. 16-D. Para efeitos dos arts. 16 e 16-A, equipara-se ao importador a pessoa jurídica adquirente de bens estrangeiros, no caso de importação realizada por sua conta e ordem por intermédio de pessoa jurídica importadora.

Art. 16-E. A pessoa jurídica habilitada ao RENUCLEAR que não utilizar ou incorporar o bem ou material de construção na obra de infraestrutura ou que não aplicar o serviço ou o bem locado na citada obra, fica obrigada a recolher os tributos não pagos em decorrência das suspensões usufruídas, acrescidas de juros e multa de mora, na forma da legislação específica, contados a partir do vencimento do tributo relativo à aquisição, locação ou prestação, ou do registro da Declaração de Importação – DI, na condição:

I – de contribuinte, em relação à Contribuição para o PIS/PASEP-Importação, à COFINS-Importação, ao IPI vinculado à importação e ao Imposto de Importação;

II – de responsável, em relação à Contribuição para o PIS/PASEP, à COFINS e ao IPI.

Parágrafo único. A incorporação ou utilização do bem ou material de construção na obra de infraestrutura deve ocorrer no prazo de 5 (cinco) anos, contado da data da respectiva aquisição.

- Arts. 16-A a 16-E acrescidos pela Lei nº 13.043, de13-11-2014.

Art. 17. Os benefícios de que tratam os arts. 16 a 16-C poderão ser usufruídos nas aquisições, importações e locações realizadas até 31 de dezembro de 2020 pela pessoa jurídica habilitada ou coabilitada ao RENUCLEAR.

- Artigo com a redação dada pela Lei nº 13.043, de13-11-2014.

Art. 18. O art. 28 da Lei nº 11.196, de 21 de novembro de 2005, passa a vigorar acrescido do seguinte inciso:

- Alteração inserida no texto da referida Lei.

Art. 19. O § 7º do art. 4º da Lei nº 8.248, de 23 de outubro de 1991, passa a vigorar com a seguinte redação:

"Art. 4º ....

....

§ 7º Aplicam-se aos bens desenvolvidos no País que sejam incluídos na categoria de bens de informática e automação por esta Lei, conforme regulamento, os seguintes percentuais:

I - redução de 100% (cem por cento) do imposto devido, de 15 de dezembro de 2010 até 31 de dezembro de 2014;

II - redução de 90% (noventa por cento) do imposto devido, de 1º de janeiro até 31 de dezembro de 2015; e

III - redução de 70% (setenta por cento) do imposto devido, de 1º de janeiro de 2016 até 31 de dezembro de 2019, quando será extinto."

Art. 20. O art. 8º da Lei nº 9.648, de 27 de maio de 1998, passa a vigorar com a seguinte redação:

"Art. 8º A quota anual da Reserva Global de Reversão (RGR) ficará extinta ao final do exercício de 2035, devendo a Aneel proceder à revisão tarifária de modo que os consumidores sejam beneficiados pela extinção do encargo."

Art. 21. O art. 21 da Lei nº 11.943, de 28 de maio de 2009, passa a vigorar com a seguinte redação:

"Art. 21. A data de início de funcionamento das instalações de geração de energia elétrica, prevista na alínea *a* do inciso I do art. 3º da Lei nº 10.438, de 26 de abril de 2002, poderá ser prorrogada até 30 de dezembro de 2011, conforme critérios definidos em regulamento."

Art. 22. O art. 4º da Lei nº 9.808, de 20 de julho de 1999, passa a vigorar com a seguinte redação:

"Art. 4º Serão concedidos aos empreendimentos que se implantarem, modernizarem, ampliarem ou diversificarem no Nordeste e na Amazônia e que sejam considerados de interesse para o desenvolvimento destas regiões, segundo avaliações técnicas específicas das respectivas Superintendências de Desenvolvimento, até 31 de dezembro de 2015, o benefício de isenção do Adicional ao Frete para a Renovação da Marinha Mercante (AFRMM).

I - Revogado;

II - Revogado."

Art. 23. Fica extinto o Fundo Nacional de Desenvolvimento (FND), de natureza autárquica, instituído pelo Decreto-Lei nº 2.288, de 23 de julho de 1986.

§ 1º A União sucederá o FND nos seus direitos e obrigações e ações judiciais em que este seja autor, réu, assistente, opoente ou terceiro interessado.

§ 2º Os bens, direitos e obrigações do extinto FND serão inventariados em processo sob a coordenação e supervisão do Ministério do Desenvolvimento, Indústria e Comércio Exterior.

§ 3º Ato do Poder Executivo disporá sobre a estrutura e o prazo de duração do processo de inventariança.

§ 4º Ficam encerrados os mandatos dos componentes do Conselho de Orientação do FND.

§ 5º Aos cotistas minoritários fica assegurado o ressarcimento de sua participação no extinto FND, calculado com base no valor patrimonial de cada cota, segundo o montante do patrimônio líquido registrado no balanço patrimonial apurado em 31 de dezembro de 2010, atualizado monetariamente pelo Índice Nacional de Preços ao Consumidor Amplo (IPCA), divulgado pela Fundação Instituto Brasileiro de Geografia e Estatística (IBGE), do mês anterior à data do pagamento.

§ 6º Fica a União autorizada a utilizar os títulos e valores mobiliários oriundos do extinto FND para promover, perante entidades da administração indireta, o pagamento dos dividendos e o ressarcimento das cotas, mediante dação em pagamento.

Art. 24. O art. 5º da Lei nº 10.260, de 12 de julho de 2001, passa a vigorar com a seguinte redação:

"Art. 5º ....

....

II - juros, capitalizados mensalmente, a serem estipulados pelo CMN;

....

VII - comprovação de idoneidade cadastral do estudante e do(s) seu(s) fiador(es) na assinatura dos contratos e termos aditivos, observado o disposto no § 9º deste artigo.

....

§ 9º ....

....

III - Revogado.

....

§ 11. O estudante que, na contratação do Fies, optar por garantia de Fundo autorizado nos termos do inciso III do art. 7º da Lei nº 12.087, de 11 de novembro de 2009, fica dispensado de oferecer as garantias previstas no § 9º deste artigo."

LEG. COMPLEMENTAR

Art. 25. O § 1º do art. 3º e o art. 20-A da Lei nº 10.260, de 12 de julho de 2001, passam a vigorar com a seguinte redação:

"Art. 3º...

....

§ 1º..

....

V - o abatimento de que trata o art. 6º-B.

...."

"Art. 20-A. O Fundo Nacional de Desenvolvimento da Educação (FNDE) terá prazo até o dia 31 de dezembro de 2011 para assumir o papel de agente operador dos contratos de financiamento formalizados no âmbito do Fies até o dia 14 de janeiro de 2010, cabendo à Caixa Econômica Federal, durante este prazo, dar continuidade ao desempenho das atribuições decorrentes do encargo."

Art. 26. O art. 8º da Lei nº 11.096, de 13 de janeiro de 2005, passa a vigorar com a seguinte redação:

"Art. 8º...

....

§ 3º A isenção de que trata este artigo será calculada na proporção da ocupação efetiva das bolsas devidas."

Art. 27. O art. 11 da Lei nº 11.180, de 23 de setembro de 2005, passa a vigorar com a seguinte redação:

"Art. 11. Fica autorizada a concessão de bolsa-permanência, até o valor equivalente ao praticado na política federal de concessão de bolsas de iniciação científica, exclusivamente para custeio das despesas educacionais, a estudantes beneficiários de bolsa integral do Programa Universidade para Todos (PROUNI), instituído pela Lei nº 11.096, de 13 de janeiro de 2005, matriculado em curso de turno integral, conforme critérios de concessão, distribuição, manutenção e cancelamento de bolsas a serem estabelecidos em regulamento, inclusive quanto ao aproveitamento e à frequência mínima a ser exigida do estudante."

Art. 28. O parágrafo único do art. 1º da Lei nº 11.128, de 28 de junho de 2005, passa a vigorar com a seguinte redação:

"Art. 1º...

Parágrafo único. O atendimento ao disposto no art. 60 da Lei nº 9.069, de 29 de junho de 1995, para as instituições que aderirem ao Programa até 31 de dezembro de 2006, poderá ser efetuado, excepcionalmente, até 31 de dezembro de 2011."

Art. 29. VETADO.

Art. 30. A compensação de débitos perante a Fazenda Pública Federal com créditos provenientes de precatórios, na forma prevista nos §§ 9º e 10 do art. 100 da Constituição Federal, observará o disposto nesta Lei.

§ 1º Para efeitos da compensação de que trata o *caput*, serão considerados os débitos líquidos e certos, inscritos ou não em dívida ativa da União, incluídos os débitos parcelados.

§ 2º O disposto no § 1º não se aplica a débitos cuja exigibilidade esteja suspensa, ressalvado o parcelamento, ou cuja execução esteja suspensa em virtude do recebimento de embargos do devedor com efeito suspensivo, ou em virtude de outra espécie de contestação judicial que confira efeito suspensivo à execução.

§ 3º A Fazenda Pública Federal, antes da requisição do precatório ao Tribunal, será intimada para responder, no prazo de 30 (trinta) dias, sobre eventual existência de débitos do autor da ação, cujos valores poderão ser abatidos a título de compensação.

§ 4º A intimação de que trata o § 3º será dirigida ao órgão responsável pela representação judicial da pessoa jurídica devedora do precatório na ação de execução e será feita por mandado, que conterá os dados do beneficiário do precatório, em especial o nome e a respectiva inscrição no Cadastro de Pessoas Físicas (CPF) ou no Cadastro Nacional da Pessoa Jurídica (CNPJ).

§ 5º A informação prestada pela Fazenda Pública Federal deverá conter os dados necessários para identificação dos débitos a serem compensados e para atualização dos valores pela contadoria judicial.

§ 6º Somente poderão ser objeto da compensação de que trata este artigo os créditos e os débitos oriundos da mesma pessoa jurídica devedora do precatório.

Art. 31. Recebida a informação de que trata o § 3º do art. 30 desta Lei, o juiz intimará o beneficiário do precatório para se manifestar em 15 (quinze) dias.

§ 1º A impugnação do beneficiário deverá vir acompanhada de documentos que comprovem de plano suas alegações e poderá versar exclusivamente sobre:

I – erro aritmético do valor do débito a ser compensado;

II – suspensão da exigibilidade do débito, ressalvado o parcelamento;

III – suspensão da execução, em virtude do recebimento de embargos do devedor com efeito suspensivo ou em virtude de outra espécie de contestação judicial que confira efeito suspensivo à execução; ou

IV – extinção do débito.

§ 2º Outras exceções somente poderão ser arguidas pelo beneficiário em ação autônoma.

Art. 32. Apresentada a impugnação pelo beneficiário do precatório, o juiz intimará, pessoalmente, mediante entrega dos autos com vista, o órgão responsável pela representação judicial da pessoa jurídica devedora do precatório na ação de execução, para manifestação em 30 (trinta) dias.

Art. 33. O juiz proferirá decisão em 10 (dez) dias, restringindo-se a identificar eventuais débitos que não poderão ser compensados, o montante que deverá ser submetido ao abatimento e o valor líquido do precatório.

Parágrafo único. O cálculo do juízo deverá considerar as deduções tributárias que serão retidas pela instituição financeira.

Art. 34. Da decisão mencionada no art. 33 desta Lei, caberá agravo de instrumento.

§ 1º O agravo de instrumento terá efeito suspensivo e impedirá a requisição do precatório ao Tribunal até o seu trânsito em julgado.

§ 2º O agravante, no prazo de 3 (três) dias, requererá juntada, aos autos do processo, de cópia da petição do agravo de instrumento e do comprovante de sua interposição, assim como a relação dos documentos que instruíram o recurso.

§ 3º O agravante, no prazo de 3 (três) dias, informará o cumprimento do disposto no § 2º ao Tribunal, sob pena de inadmissibilidade do agravo de instrumento.

Art. 35. Antes do trânsito em julgado da decisão mencionada no art. 34 desta Lei, somente será admissível a requisição ao Tribunal de precatório relativo à parte incontroversa da compensação.

Art. 36. A compensação operar-se-á no momento em que a decisão judicial que a determinou transitar em julgado, ficando sob condição resolutória de ulterior disponibilização financeira do precatório.

§ 1º A Fazenda Pública Federal será intimada do trânsito em julgado da decisão que determinar a compensação, com remessa dos autos, para fins de registro.

§ 2º No prazo de 30 (trinta) dias, a Fazenda Pública Federal devolverá os autos instruídos com os dados para preenchimento dos documentos de arrecadação referentes aos débitos compensados.

§ 3º Recebidos os dados para preenchimento dos documentos de arrecadação pelo juízo, este intimará o beneficiário, informando os registros de compensação efetuados pela Fazenda Pública Federal.

§ 4º Em caso de débitos parcelados, a compensação parcial implicará a quitação das parcelas, sucessivamente:

I – na ordem crescente da data de vencimento das prestações vencidas; e

II – na ordem decrescente da data de vencimento das prestações vincendas.

§ 5º Transitada em julgado a decisão que determinou a compensação, os atos de cobrança dos débitos ficam suspensos até que haja disponibilização financeira do precatório, sendo cabível a expedição de certidão positiva com efeitos de negativa.

§ 6º Os efeitos financeiros da compensação, para fins de repasses e transferências constitucionais, somente ocorrerão no momento da disponibilização financeira do precatório.

§ 7º Entende-se por disponibilização financeira do precatório o ingresso de recursos nos cofres da União decorrente dos recolhimentos de que trata o § 4º do art. 39.

§ 8º Os valores informados, submetidos ao abatimento, serão atualizados até a data do trânsito em julgado da decisão judicial que determinou a compensação, nos termos da legislação que rege a cobrança dos créditos da Fazenda Pública Federal.

Art. 37. A requisição do precatório pelo juiz ao Tribunal conterá informações acerca do valor integral do débito da Fazenda Pública Federal, do valor deferido para compensação, dos dados para preenchimento dos documentos de arrecadação e do valor líquido a ser pago ao credor do precatório, observado o disposto no parágrafo único do art. 33.

Art. 38. O precatório será expedido pelo Tribunal em seu valor integral, contendo, para enquadramento no fluxo orçamentário da Fazenda Pública Federal, informações sobre os valores destinados à compensação, os valores a serem pagos ao beneficiário e os dados para preenchimento dos documentos de arrecadação.

Art. 39. O precatório será corrigido na forma prevista no § 12 do art. 100 da Constituição Federal.

§ 1º A partir do trânsito em julgado da decisão judicial que determinar a compensação, os débitos compensados serão atualizados na forma do *caput*.

§ 2º O valor bruto do precatório será depositado integralmente na instituição financeira responsável pelo pagamento.

§ 3º O Tribunal respectivo, por ocasião da remessa dos valores do precatório à instituição financeira, atualizará os valores correspondentes aos débitos compensados, conforme critérios previstos no § 1º, e remeterá os dados para preenchimento dos documentos de arrecadação à instituição financeira juntamente com o comprovante da transferência do numerário integral do precatório.

§ 4º Ao receber os dados para preenchimento dos documentos de arrecadação de que trata o § 3º, a instituição financeira efetuará sua quitação em até 24 (vinte e quatro) horas.

§ 5º Após a disponibilização financeira do precatório, caberá restituição administrativa ao beneficiário de valores compensados a maior.

Art. 40. Recebidas pelo juízo as informações de quitação dos débitos compensados, o órgão responsável pela representação judicial da pessoa jurídica devedora do precatório na ação de execução será intimado pessoalmente, mediante entrega dos autos com vista, para registro da extinção definitiva dos débitos.

Art. 41. Em caso de cancelamento do precatório, será intimada a Fazenda Pública Federal para dar prosseguimento aos atos de cobrança.

§ 1º Em se tratando de débitos parcelados, uma vez cancelado o precatório, o parcelamento será reconsolidado para pagamento no prazo restante do parcelamento original, respeitado o valor da parcela mínima, se houver.

§ 2º Se o cancelamento do precatório ocorrer após a quitação dos débitos compensados, o Tribunal solicitará à entidade arrecadadora a devolução dos valores à conta do Tribunal.

Art. 42. Somente será objeto do parcelamento de que trata o art. 78 do Ato das Disposições Constitucionais Transitórias (ADCT) o valor líquido do precatório a ser pago ao beneficiário, após abatimento dos valores compensados com os créditos da Fazenda Pública Federal e das correspondentes retenções tributárias.

Parágrafo único. Os débitos compensados serão quitados integralmente, de imediato, na forma do § 4º do art. 39.

Art. 43. O precatório federal de titularidade do devedor, inclusive aquele expedido anteriormente à Emenda Constitucional nº 62, de 9 de dezembro de 2009, poderá ser utilizado, nos termos do art. 7º da Lei nº 11.941, de 27 de maio de 2009, para amortizar a dívida consolidada.

§ 1º O disposto no *caput* deste artigo aplica-se ao precatório federal de titularidade de pessoa jurídica que, em 31 de dezembro de 2012, seja considerada controladora, controlada, direta ou indireta, ou coligada do devedor, nos termos dos arts. 1.097 a 1.099 da Lei nº 10.406, de 10 de janeiro de 2002 – Código Civil.

§ 2º Para os fins do disposto no § 1º, inclui-se também como controlada a sociedade na qual a participação da controladora seja igual ou inferior a 50% (cinquenta por cento), desde que existente acordo de acionistas que assegure de modo permanente a preponderância individual ou comum nas deliberações sociais, assim como o poder individual ou comum de eleger a maioria dos administradores.

- §§ 1º e 2º acrescidos pela Lei nº 13.043, de 13-11-2014.

Art. 44. O disposto nesta Lei não se aplica aos pagamentos de obrigações definidas em lei como de pequeno valor que a Fazenda Pública Federal deva fazer em virtude de sentença judicial transitada em julgado.

Art. 45. O art. 16 da Lei nº 11.371, de 28 de novembro de 2006, passa a vigorar com a seguinte redação:

- Alteração inserida no texto da referida Lei.

Arts. 46 a 48. (VETADO).

Art. 49. Fica desafetada parcialmente a Reserva Particular do Patrimônio Natural denominada Seringal Triunfo, no Estado do Amapá, criada pela Portaria nº 89-N, de 1º de julho de 1998, do IBAMA.

§ 1º Ficam redefinidos os limites sul e leste da Reserva Particular do Patrimônio Natural denominada Seringal Triunfo, no Estado do Amapá, criada pela Portaria nº 89-N, de 1º de julho de 1998, do IBAMA, os quais referem-se àqueles coincidentes com a margem esquerda do Rio Araguari, que passam agora a ser coincidentes com o limite da Área de Preservação Permanente (APP) da margem esquerda do futuro reservatório da AHE Cachoeira Caldeirão, cuja cota de referência é a elevação 58,5m, correspondente à cota de inundação do reservatório no eixo da barragem.

§ 2º A área parcialmente desafetada da Reserva Particular do Patrimônio Natural denominada Seringal Triunfo deverá ser objeto de compensação ambiental no âmbito do processo de licenciamento da AHE Cachoeira Caldeirão.

Art. 50. O art. 1º da Lei nº 10.312, de 27 de novembro de 2001, passa a vigorar com a seguinte redação:

"Art. 1º Ficam reduzidas a 0 (zero) as alíquotas da Contribuição para o PIS/PASEP e da Contribuição para o Financiamento da Seguridade Social (COFINS) incidentes sobre a receita bruta decorrente da venda de gás natural canalizado, destinado à produção de energia elétrica pelas usinas integrantes do Programa Prioritário de Termoeletricidade (PPT).

§ 1º O disposto no *caput* alcança as receitas decorrentes da venda de gás natural canalizado, destinado à produção de energia elétrica pelas usinas termoelétricas integrantes do PPT.

§ 2º As receitas de que tratam o *caput* e o § 1º referem-se à cadeia de suprimentos do gás, abrangendo o contrato de compra e venda entre a supridora do gás e a companhia distribuidora de gás estadual, bem como o contrato de compra e venda entre a companhia distribuidora de gás estadual e usina.

§ 3º Nos contratos que incluem compromisso firme de recebimento e entrega de gás, nos termos das cláusulas take or pay e ship or pay, a alíquota 0 (zero) incidirá sobre a parcela referente ao gás efetivamente entregue à usina termelétrica integrante do PPT, bem como sobre as parcelas do preço que não estiverem associadas à entrega do produto, nos termos das cláusulas take or pay e ship or pay.

§ 4º Entende-se por cláusula take or pay a disposição contratual segundo a qual a pessoa jurídica vendedora compromete-se a fornecer, e o comprador compromete-se a adquirir, uma quantidade determinada de gás natural canalizado, sendo este obrigado a pagar pela quantidade de gás que se comprometer a adquirir, mesmo que não a utilize.

§ 5º Entende-se por cláusula ship or pay a remuneração pela capacidade de transporte do gás, expressa em um percentual do volume contratado."

Art. 51. Sem prejuízo do disposto no art. 55, para os efeitos da redução de alíquotas de que trata o art. 1º da Lei nº 10.312, de 27 de novembro de 2001, na redação dada pelo art. 50, a pessoa jurídica que efetuar vendas de gás natural canalizado destinadas a usinas termelétricas deverá:

I – manter registro dos atos de inclusão, exclusão e suspensão dessas usinas no PPT; e

II – estar em situação regular em relação a impostos e contribuições administrados pela Secretaria da Receita Federal do Brasil.

Art. 52. Fica concedida remissão dos débitos de responsabilidade da pessoa jurídica supridora de gás e das companhias distribuidoras de gás estaduais, constituídos ou não, inscritos ou não em Dívida Ativa da União, correspondentes à Contribuição para o PIS/PASEP e à Contribuição para o Financiamento da Seguridade Social (COFINS) incidentes sobre a receita bruta decorrente da venda de gás natural canalizado, destinado à produção de energia elétrica pelas usinas integrantes do PPT, relativamente aos fatos geradores ocorridos a partir de 1º de março de 2002 e até a data anterior à publicação desta Lei.

Parágrafo único. O disposto neste artigo não implica restituição de valores pagos.

Art. 53. O inciso II do art. 32 da Lei nº 12.058, de 13 de outubro de 2009, e o inciso I do parágrafo único do mesmo artigo passam a vigorar com a seguinte redação:

"Art. 32. ....

....

II – produtos classificados nas posições 02.01, 02.02, 0206.10.00, 0206.20, 0206.21, 0206.29, 0210.20.00, 0506.90.00, 0510.00.10 e 1502.00.1 da NCM, quando efetuada por pessoa jurídica que revenda tais produtos ou que industrialize bens e produtos classificados nas posições 01.02, 02.01 e 02.02 da NCM.

Parágrafo único ....

I – não alcança a receita bruta auferida nas vendas a varejo;

.... "

Art. 54. O art. 7º do Decreto-Lei nº 288, de 28 de fevereiro de 1967, passa a vigorar com a seguinte redação:

- Alterações inseridas no texto do referido Dec.-Lei.

Art. 55. Esta Lei entra em vigor na data de sua publicação.

Art. 56. Revogam-se:

I – o art. 60 da Lei nº 6.404, de 15 de dezembro de 1976;

II – o § 5º do art. 1º e o inciso III do § 1º do art. 2º da Lei nº 11.478, de 29 de maio de 2007;

III – o inciso III do § 9º do art. 5º da Lei nº 10.260, de 12 de julho de 2001; e

IV – VETADO.

Brasília, 24 de junho de 2011;
190º da Independência e
123º da República.

Dilma Rousseff

LEI Nº 12.469, DE 26 DE AGOSTO DE 2011

Altera os valores constantes da tabela do Imposto sobre a Renda da Pessoa Física e altera as Leis nºs 11.482, de 31 de maio de 2007, 7.713, de 22 de dezembro de 1988, 9.250, de 26 de dezembro de 1995, 9.656, de 3 de junho de 1998, e 10.480, de 2 de julho de 2002.

- Publicada no *DOU* de 29-8-2011.

Art. 1º O art. 1º da Lei nº 11.482, de 31 de maio de 2007, passa a vigorar com a seguinte redação:

- Alterações inseridas no texto da referida Lei.

Art. 2º O art. 6º da Lei nº 7.713, de 22 de dezembro de 1988, passa a vigorar com a seguinte redação:

- Alterações inseridas no texto da referida Lei.

Art. 3º Os arts. 4º, 8º, 10 e 12 da Lei nº 9.250, de 26 de dezembro de 1995, passam a vigorar com a seguinte redação:

- Alterações inseridas no texto da referida Lei.

Art. 4º O art. 32 da Lei nº 9.656, de 3 de junho de 1998, passa a vigorar com a seguinte redação:

"Art. 32. ....

§ 1º O ressarcimento será efetuado pelas operadoras ao SUS com base em regra de valoração aprovada e divulgada pela ANS, mediante crédito ao Fundo Nacional de Saúde – FNS.

....

§ 3º A operadora efetuará o ressarcimento até o 15º (décimo quinto) dia da data de recebimento da notificação de cobrança feita pela ANS.

....

§ 7º A ANS disciplinará o processo de glosa ou impugnação dos procedimentos encaminhados, conforme previsto no § 2º deste artigo, cabendo-lhe, inclusive, estabelecer procedimentos para cobrança dos valores a serem ressarcidos.

....

§ 9º Os valores a que se referem os §§ 3º e 6º deste artigo não serão computados para fins de aplicação dos recursos mínimos nas ações e serviços públicos de saúde nos termos da Constituição Federal."

Art. 5º O montante dos valores relativos ao ressarcimento ao Sistema Único de Saúde – SUS, recebidos pela Agência Nacional de Saúde Suplementar – ANS e ainda não transferidos nos termos da Lei nº 9.656, de 3 de junho de 1998, será creditado ao Fundo Nacional de Saúde – FNS.

Art. 6º A Secretaria da Receita Federal do Brasil poderá exigir a aplicação do disposto no art. 35 da Lei nº 13.097, de 19 de janeiro de 2015, aos estabelecimentos envasadores ou industriais fabricantes de outras bebidas classificadas no Capítulo 22 da Tabela de Incidência do Imposto sobre Produtos Industrializados – TIPI, aprovada pelo Decreto nº 7.660, de 23 de dezembro de 2011, não mencionadas no art. 14 da Lei nº 13.097, de 19 de janeiro de 2015.

• Artigo com a redação dada pela Lei nº 13.097, de 19-1-2015.

Art. 7º *Revogado.* Lei nº 12.809, de 15-5-2013.

Art. 8º As alterações decorrentes do disposto no art. 7º desta Lei produzem efeitos financeiros a contar de 2 de junho de 2011 para os servidores que, em 1º de junho de 2011, se encontravam recebendo a Gratificação de Representação de Gabinete ou a Gratificação Temporária.

Parágrafo único. Os efeitos retroativos de que trata o *caput* deste artigo somente serão devidos durante o período em que o servidor continuou preenchendo as condições para o recebimento da Gratificação de Representação de Gabinete ou da Gratificação Temporária.

Art. 9º Os prazos estabelecidos pela Secretaria da Receita Federal do Brasil para a apresentação de documentação comprobatória de lançamentos na Declaração de Ajuste Anual do Imposto de Renda Pessoa Física, ao abrigo do art. 928 do Decreto nº 3.000, de 26 de março de 1999, não poderão ser inferiores a 30 (trinta) dias.

Art. 10. Observado o disposto no art. 8º, esta Lei entra em vigor na data de sua publicação, produzindo efeitos em relação aos arts. 1º a 3º:

I – a partir de 1º de janeiro de 2011, para fins do disposto no parágrafo único do art. 1º da Lei nº 11.482, de 31 de maio de 2007, relativamente ao ano-calendário de 2011;

II – VETADO;

III – a partir de 1º de abril de 2011, para os demais casos.

Brasília, 26 de agosto de 2011;
190º da Independência e
123º da República.

Dilma Rousseff

DECRETO Nº 7.574, DE 29 DE SETEMBRO DE 2011

Regulamenta o processo de determinação e de exigência de créditos tributários da União, o processo de consulta relativo à interpretação da legislação tributária e aduaneira, à classificação fiscal de mercadorias, à classificação de serviços, intangíveis e de outras operações que produzam variações no patrimônio e de outros processos que especifica, sobre matérias administradas pela Secretaria da Receita Federal do Brasil.

• Publicado no *DOU* de 30-9-2011.

• Ementa com a redação dada pelo Dec. nº 8.853, de 22-9-2016.

Art. 1º O processo de determinação e de exigência de créditos tributários da União, o processo de consulta relativo à interpretação da legislação tributária e aduaneira, à classificação fiscal de mercadorias, à classificação de serviços, intangíveis e de outras operações que produzam variações no patrimônio e de outros processos administrativos relativos às matérias de competência da Secretaria da Receita Federal do Brasil serão regidos conforme o disposto neste Decreto.

• Artigo com a redação dada pelo Dec. nº 8.853, de 22-9-2016.

TÍTULO I – DAS NORMAS GERAIS

CAPÍTULO I

DOS ATOS E DOS TERMOS PROCESSUAIS

Seção I

DA FORMA

Art. 2º Os atos e termos processuais, quando a lei não prescrever forma própria, conterão somente o indispensável à sua finalidade e serão lavrados sem espaço em branco, não devendo conter entrelinhas, rasuras ou emendas não ressalvadas (Decreto nº 70.235, de 6 de março de 1972, art. 2º).

Parágrafo único. Os atos e termos processuais poderão ser formalizados, tramitados, comunicados e transmitidos em formato digital, conforme disciplinado em ato da administração tributária.

• Parágrafo único com a redação dada pelo Dec. nº 8.853, de 22-9-2016.

Art. 3º Os termos decorrentes de atividade fiscalizadora serão lavrados, sempre que possível, em livro fiscal, extraindo-se cópia para anexação ao processo.

Parágrafo único. Na hipótese de o termo não ser lavrado em livro fiscal, deverá ser entregue cópia autenticada à pessoa sob fiscalização (Decreto nº 70.235, de 1972, art. 8º).

Art. 4º É dispensado o reconhecimento de firma em petições dirigidas à administração pública, salvo em casos excepcionais ou naqueles em que a lei imponha explicitamente essa condição, podendo, no caso de dúvida sobre a autenticidade da assinatura ou quando a providência servir ao resguardo do sigilo, antes da decisão final, ser exigida a apresentação de prova de identidade do requerente (Lei nº 4.862, de 29 de novembro de 1965, art. 31).

Art. 5º O processo será organizado em ordem cronológica e terá suas folhas numeradas e rubricadas ou autenticadas eletronicamente (Decreto nº 70.235, de 1972, parágrafo único do art. 2º e art. 22).

Seção II

DA PRÁTICA DOS ATOS

Subseção I

DO LOCAL

Art. 6º Os atos serão lavrados por servidor competente no local de verificação da falta (Decreto nº 70.235, de 1972, art. 10).

Parágrafo único. Considera-se local de verificação da falta aquele em que for apurada a existência da infração, podendo ser, inclusive, a repartição fazendária, em face dos elementos de prova disponíveis.

Subseção II

DOS PRAZOS

Art. 7º O prazo para a autoridade local fazer realizar os atos processuais que devam ser praticados em sua jurisdição, por solicitação de outra autoridade preparadora ou julgadora, é de trinta dias, contados da data do recebimento da solicitação (Decreto nº 70.235, de 1972, art. 3º).

Art. 8º Salvo disposição em contrário, o prazo para o servidor executar os atos processuais é de oito dias, contados da data da ciência da designação (Decreto nº 70.235, de 1972, art. 4º).

Art. 9º Os prazos serão contínuos, com início e vencimento em dia de expediente normal da unidade da Secretaria da Receita Federal do Brasil em que corra o processo ou deva ser praticado o ato (Decreto nº 70.235, de 1972, art. 5º).

Parágrafo único. Na contagem dos prazos, é excluído o dia de início e incluído o de vencimento.

Seção III
DAS INTIMAÇÕES

Subseção I
DA FORMA

Art. 10. As formas de intimação são as seguintes:

I – pessoal, pelo autor do procedimento ou por agente do órgão preparador, na repartição ou fora dela, provada com a assinatura do sujeito passivo, seu mandatário ou preposto, ou, no caso de recusa, com declaração escrita de quem o intimar (Decreto nº 70.235, de 1972, art. 23, inciso I, com a redação dada pela Lei nº 9.532, de 10 de dezembro de 1997, art. 67);

II – por via postal ou por qualquer outro meio ou via, com prova de recebimento no domicílio tributário eleito pelo sujeito passivo (Decreto nº 70.235, de 1972, art. 23, inciso II, com a redação dada pela Lei nº 9.532, de 1997, art. 67);

III – por meio eletrônico, com prova de recebimento, mediante:

a) envio ao domicílio tributário do sujeito passivo; ou

b) registro em meio magnético ou equivalente utilizado pelo sujeito passivo (Decreto nº 70.235, de 1972, art. 23, inciso III, com a redação dada pela Lei nº 11.196, de 2005, art. 113); ou

IV – por edital, quando resultar improfícuo um dos meios previstos nos incisos I a III do *caput* ou quando o sujeito passivo tiver sua inscrição declarada inapta perante o cadastro fiscal, publicado (Decreto nº 70.235, de 1972, art. 23, § 1º, com a redação dada pela Lei nº 11.941, de 27 de maio de 2009, art. 25):

a) no endereço da administração tributária na Internet;

b) em dependência, franqueada ao público, do órgão encarregado da intimação; ou

c) uma única vez, em órgão da imprensa oficial local.

§ 1º A utilização das formas de intimação previstas nos incisos I a III não está sujeita a ordem de preferência (Decreto nº 70.235, de 1972, art. 23, § 3º, com a redação dada pela Lei nº 11.196, de 2005, art. 113).

§ 2º Para fins de intimação por meio das formas previstas nos incisos II e III, considera-se domicílio tributário do sujeito passivo (Decreto nº 70.235, de 1972, art. 23, § 4º, com a redação dada pela Lei nº 9.532, de 1997, art. 67):

I – o endereço postal fornecido à administração tributária, para fins cadastrais; e

II – o endereço eletrônico atribuído pela administração tributária, desde que autorizado pelo sujeito passivo (Decreto nº 70.235, de 1972, art. 23, § 4º, inciso II, com a redação dada pela Lei nº 11.196, de 2005, art. 113).

§ 3º O endereço eletrônico de que trata o inciso II do § 2º somente será implementado com expresso consentimento do sujeito passivo, e a administração tributária informar-lhe-á as normas e condições de sua utilização e manutenção (Decreto nº 70.235, de 1972, art. 23, § 5º, com a redação dada pela Lei nº 11.196, de 2005, art. 113).

§ 4º A Secretaria da Receita Federal do Brasil expedirá atos complementares às normas previstas neste artigo (Decreto nº 70.235, de 1972, art. 23, § 6º, com a redação dada pela Lei nº 11.196, de 2005, art. 113).

Subseção II
DO MOMENTO

Art. 11. Considera-se feita a intimação:

- *Caput* com a redação dada pelo Dec. nº 8.853, de 22-9-2016.

I – se pessoal, na data da ciência do intimado ou da declaração de recusa lavrada pelo servidor responsável pela intimação;

II – se por via postal, na data do recebimento ou, se omitida, quinze dias após a data da expedição da intimação (Decreto nº 70.235, de 1972, art. 23, § 2º, inciso II, com a redação dada pela Lei nº 9.532, de 1997, art. 67);

III – se por meio eletrônico:

a) quinze dias, contados da data registrada no comprovante de entrega no domicílio tributário do sujeito passivo;

b) na data em que o sujeito passivo efetuar consulta no endereço eletrônico a ele atribuído pela administração tributária, se ocorrida antes do prazo previsto na alínea *a*; ou

c) na data registrada no meio magnético ou equivalente utilizado pelo sujeito passivo; ou

- Inciso III com a redação dada pelo Dec. nº 8.853, de 22-9-2016.

IV – se por edital, quinze dias após a sua publicação (Decreto nº 70.235, de 1972, art. 23, § 2º, inciso IV, com a redação dada pela Lei nº 9.532, de 1997, art. 67, e pela Lei nº 11.196, de 2005, art. 113).

Seção IV
DAS NULIDADES

Art. 12. São nulos (Decreto nº 70.235, de 1972, art. 59):

I – os atos e os termos lavrados por pessoa incompetente; e

II – os despachos e decisões proferidos por autoridade incompetente ou com preterição do direito de defesa.

§ 1º A nulidade de qualquer ato só prejudica os atos posteriores que dele diretamente dependam ou sejam consequência.

§ 2º Na declaração de nulidade, a autoridade dirá os atos alcançados e determinará as providências necessárias ao prosseguimento ou solução do processo.

§ 3º Quando puder decidir o mérito em favor do sujeito passivo a quem aproveitaria a declaração de nulidade, a autoridade julgadora não a pronunciará, nem mandará repetir o ato, ou suprir-lhe a falta.

Art. 13. As irregularidades, incorreções e omissões diferentes das referidas no art. 12 não importarão em nulidade e serão sanadas quando resultarem em prejuízo para o sujeito passivo, salvo se este lhes houver dado causa, ou quando não influírem na solução do litígio (Decreto nº 70.235, de 1972, art. 60).

Art. 14. A nulidade será declarada pela autoridade competente para praticar o ato ou julgar a sua legitimidade (Decreto nº 70.235, de 1972, art. 61).

CAPÍTULO II
DA COMPETÊNCIA PARA O PREPARO DO PROCESSO

Art. 15. O preparo do processo compete à autoridade local da unidade da Secretaria da Receita Federal do Brasil encarregada da administração do tributo (Decreto nº 70.235, de 1972, art. 24).

Parágrafo único. Quando o ato for praticado por meio eletrônico, a administração tributária poderá atribuir o preparo do processo a unidade da administração tributária diversa da prevista no *caput* (incluído pela Lei nº 11.941, de 2009, art. 25).

Art. 16. A autoridade preparadora determinará que seja informado, no processo, se o infrator é reincidente, conforme definição em lei específica, se essa circunstância não tiver sido declarada na formalização da exigência, reabrindo-se o prazo de impugnação (Decreto nº 70.235, de 1972, art. 13).

CAPÍTULO III
DO EXAME DE LIVROS E DE DOCUMENTOS

Art. 17. Para o efeito da legislação tributária, não têm aplicação quaisquer disposições legais excludentes ou limitativas do direito de examinar mercadorias, livros, arquivos, documentos, papéis e efeitos comerciais ou fiscais, dos empresários e das sociedades, ou da obrigação destes de exibi-los (Lei nº 5.172, de 25 de outubro de 1966 – Código Tributário Nacional, art. 195; Lei nº 10.406, de 10 de janeiro de 2002 – Código Civil, art. 1.179).

§ 1º Os livros obrigatórios de escrituração comercial e fiscal e os comprovantes dos lançamentos neles efetuados serão conservados até que ocorra a prescrição dos créditos tributários decorrentes das operações a que se refiram (Lei nº 5.172, de 1966 – Código Tributário Nacional, art. 195, parágrafo único; Lei nº 8.212, de 24 de julho de 1991, art. 32, § 11, com a redação dada pela Lei nº 11.941, de 2009, art. 26).

§ 2º Os comprovantes da escrituração comercial e fiscal relativos a fatos que repercutem em lançamentos contábeis de exercícios futuros serão conservados até que se opere a decadência do direito de a Fazenda Pública constituir os créditos tributários relativos a esses exercícios (Lei nº 9.430, de 27 de dezembro de 1996, art. 37).

Art. 18. São também passíveis de exame os documentos mantidos em arquivos magnéticos ou assemelhados, encontrados no local da verificação, que tenham relação direta ou indireta com a atividade exercida pelo sujeito passivo (Lei nº 9.430, de 1996, art. 34).

Art. 19. Os livros e documentos poderão ser examinados fora do estabelecimento do sujeito passivo, desde que lavrado termo escrito de retenção pela autoridade fiscal, em que se especifiquem a quantidade, espécie, natureza e condições dos livros e documentos retidos (Lei nº 9.430, de 1996, art. 35).

Parágrafo único. Os originais dos livros e dos documentos retidos devem ser devolvidos, mediante recibo, salvo se constituírem prova da prática de ilícito penal ou tributário, hipótese em que permanecerão retidos, extraindo-se cópia para entrega ao interessado (Lei nº 9.430, de 1996, art. 35, §§ 1º e 2º).

Art. 20. A autoridade fiscal encarregada de diligência ou fiscalização poderá promover a lacração de móveis, caixas, cofres ou depósitos onde se encontrarem arquivos e documentos, toda vez que ficar caracterizada a resistência ou embaraço à fiscalização, ou ainda quando as circunstâncias ou a quantidade de documentos não permitirem a sua identificação e conferência no local ou no momento em que foram encontrados (Lei nº 9.430, de 1996, art. 36).

Parágrafo único. O sujeito passivo e demais responsáveis serão previamente notificados para acompanharem o procedimento de rompimento do lacre e de identificação dos elementos de interesse da fiscalização (Lei nº 9.430, de 1996, art. 36, parágrafo único).

Art. 21. O sujeito passivo usuário de sistemas de processamento de dados deverá manter documentação técnica completa e atualizada do sistema, suficiente para possibilitar sua auditoria, facultada a manutenção em meio magnético, sem prejuízo da sua emissão gráfica, quando solicitada (Lei nº 9.430, de 1996, art. 38).

Art. 22. As pessoas jurídicas que utilizarem sistemas de processamento eletrônico de dados para registrar negócios e atividades econômicas ou financeiras, escriturar livros ou elaborar documentos de natureza contábil ou fiscal ficam obrigadas a manter, à disposição da Secretaria da Receita Federal do Brasil, os respectivos arquivos digitais e sistemas, pelo prazo decadencial previsto na legislação tributária (Lei nº 8.218, de 29 de agosto de 1991, art. 11, com a redação dada pela Medida Provisória nº 2.158-35, de 24 de agosto de 2001, art. 72).

§ 1º A Secretaria da Receita Federal do Brasil poderá estabelecer prazo inferior ao previsto no *caput*, que poderá ser diferenciado segundo o porte da pessoa jurídica (Lei nº 8.218, de 1991, art. 11, § 1º, com a redação dada pela Medida Provisória nº 2.158-35, de 2001, art. 72).

§ 2º A Secretaria da Receita Federal do Brasil expedirá os atos necessários para estabelecer a forma e o prazo em que os arquivos digitais e sistemas deverão ser apresentados (Lei nº 8.218, de 1991, art. 11, § 3º, com a redação dada pela Medida Provisória nº 2.158-35, de 2001, art. 72).

§ 3º Os atos a que se refere o § 2º poderão ser expedidos por autoridade designada pelo Secretário da Receita Federal do Brasil (Lei nº 8.218, de 1991, art. 11, § 4º, com a redação dada pela Medida Provisória nº 2.158-35, de 2001, art. 72).

CAPÍTULO IV
DO DEVER DE PRESTAR INFORMAÇÕES

Art. 23. Os órgãos da Secretaria da Receita Federal do Brasil, e os Auditores-Fiscais da Receita Federal do Brasil, no uso de suas atribuições legais, poderão solicitar informações e esclarecimentos ao sujeito passivo ou a terceiros, sendo as declarações, ou a recusa em prestá-las, lavradas pela autoridade administrativa e assinadas pelo declarante (Lei nº 2.354, de 29 de novembro de 1954, art. 7º; Decreto-Lei nº 1.718, de 27 de novembro de 1979, art. 2º; Lei nº 5.172, de 1966 – Código Tributário Nacional, arts. 196 e 197; Lei nº 11.457, de 16 de março de 2007, art. 10).

Parágrafo único. A obrigação a que se refere o *caput* não abrange a prestação de informações quanto a fatos sobre os quais o informante esteja legalmente obrigado a observar segredo em razão de cargo, ofício, função, ministério, atividade ou profissão (Lei nº 5.172, de 1966 – Código Tributário Nacional, de 1966, art. 197, parágrafo único).

CAPÍTULO V
DAS PROVAS

Art. 24. São hábeis para comprovar a verdade dos fatos todos os meios de prova admitidos em direito (Lei nº 5.869, de 11 de janeiro de 1973, art. 332).

Parágrafo único. São inadmissíveis no processo administrativo as provas obtidas por meios ilícitos (Lei nº 9.784, de 29 de janeiro de 1999, art. 30).

Art. 25. Os autos de infração ou as notificações de lançamento deverão estar instruídos com todos os termos, depoimentos, laudos e demais elementos de prova indispensáveis à comprovação do ilícito (Decreto nº 70.235, de 1972, art. 9º, com a redação dada pela Lei nº 11.941, de 2009, art. 25).

LEG. COMPLEMENTAR

Art. 26. A escrituração mantida com observância das disposições legais faz prova a favor do sujeito passivo dos fatos nela registrados e comprovados por documentos hábeis, segundo sua natureza, ou assim definidos em preceitos legais (Decreto-Lei nº 1.598, de 26 de dezembro de 1977, art. 9º, § 1º).

Parágrafo único. Cabe à autoridade fiscal a prova da inveracidade dos fatos registrados com observância do disposto no *caput* (Decreto-Lei nº 1.598, de 1977, art. 9º, § 2º).

Art. 27. O disposto no parágrafo único do art. 26 não se aplica aos casos em que a lei, por disposição especial, atribua ao sujeito passivo o ônus da prova de fatos registrados na sua escrituração (Decreto-Lei nº 1.598, de 1977, art. 9º, § 3º).

Art. 28. Cabe ao interessado a prova dos fatos que tenha alegado, sem prejuízo do dever atribuído ao órgão competente para a instrução e sem prejuízo do disposto no art. 29 (Lei nº 9.784, de 1999, art. 36).

Art. 29. Quando o interessado declarar que fatos e dados estão registrados em documentos existentes na própria administração responsável pelo processo ou em outro órgão administrativo, o órgão competente para a instrução proverá, de ofício, à obtenção dos documentos ou das respectivas cópias (Lei nº 9.784, de 1999, art. 37).

TÍTULO II – DO PROCESSO DE DETERMINAÇÃO E EXIGÊNCIA DE CRÉDITOS TRIBUTÁRIOS

CAPÍTULO I
DO PROCEDIMENTO FISCAL

Seção I
DA APLICAÇÃO NO TEMPO DAS NORMAS PROCEDIMENTAIS RELATIVAS AO LANÇAMENTO

Art. 30. Aplica-se ao lançamento a legislação que, posteriormente à ocorrência do fato gerador da obrigação tributária, tenha instituído novos critérios de apuração ou processos de fiscalização, ampliado os poderes de investigação das autoridades fiscais ou outorgado ao crédito tributário maiores garantias ou privilégios, exceto, neste último caso, para o efeito de atribuir responsabilidade tributária a terceiros (Lei nº 5.172, de 1966 – Código Tributário Nacional, art. 144, § 1º).

Seção II
DA COMPETÊNCIA PARA EFETUAR LANÇAMENTO

Art. 31. O lançamento de ofício compete ao Auditor-Fiscal da Receita Federal do Brasil, podendo a exigência do crédito tributário ser formalizada em auto de infração ou em notificaçãode lançamento.

- *Caput* com a redação dada pelo Dec. nº 8.853, de 22-9-2016.

I e II – *Revogados*. Dec. nº 8.853, de 22-9-2016.

Parágrafo único. O servidor que verificar a ocorrência de infração à legislação tributária federal e não for competente para formalizar a exigência decorrente comunicará o fato, em representação circunstanciada, a seu chefe imediato para adoção das providências necessárias (Decreto nº 70.235, de 1972, art. 12).

Art. 32. A competência para fiscalizar o cumprimento das obrigações principais e acessórias relativas ao Regime Especial Unificado de Arrecadação de Tributos e Contribuições devidos pelas Microempresas e Empresas de Pequeno Porte – SIMPLES Nacional e para verificar a ocorrência das hipóteses de exclusão de ofício é da Secretaria da Receita Federal do Brasil e das Secretarias de Fazenda ou de Finanças do Estado ou do Distrito Federal, segundo a localização do estabelecimento, e, tratando-se de prestação de serviços incluídos na competência tributária municipal, a competência será também do respectivo Município (Lei Complementar nº 123, de 14 de dezembro de 2006, art. 33).

Seção III
DO INÍCIO DO PROCEDIMENTO FISCAL

Art. 33. O procedimento fiscal tem início com (Decreto nº 70.235, de 1972, art. 7º):

I – o primeiro ato de ofício, por escrito, praticado por servidor competente, cientificado o sujeito passivo da obrigação tributária ou seu preposto;

II – a apreensão de mercadorias;

III – a apreensão de documentos ou de livros; ou

IV – o começo do despacho aduaneiro de mercadoria importada.

§ 1º O início do procedimento exclui a espontaneidade do sujeito passivo em relação aos atos anteriores e, independentemente de intimação, a dos demais envolvidos nas infrações verificadas.

§ 2º O ato que determinar o início do procedimento fiscal exclui a espontaneidade do sujeito passivo em relação ao tributo, ao período e à matéria nele expressamente inseridos.

§ 3º Para os efeitos do disposto nos §§ 1º e 2º, os atos referidos nos incisos I, II e III do *caput* valerão pelo prazo de sessenta dias, prorrogável, sucessivamente, por igual período contado a partir do término, com qualquer outro ato escrito que indique o prosseguimento dos trabalhos, desde que lavrado e cientificado ao sujeito passivo dentro do prazo anterior.

§ 4º Para efeitos do disposto no inciso IV do *caput*, tem-se:

I – por iniciado o despacho aduaneiro de importação na data do registro da declaração de importação (Decreto nº 6.759, de 5 de fevereiro de 2009, art. 545); e

II – por registro da Declaração de Importação a sua numeração pela Secretaria da Receita Federal do Brasil no Sistema Integrado de Comércio Exterior – SISCOMEX ou, quando dispensado o registro com a utilização desse meio, na forma estabelecida por esse órgão (Decreto nº 6.759, de 2009, art. 545, §§ 1º e 2º).

Art. 34. O procedimento de fiscalização será iniciado pela intimação ao sujeito passivo para, no prazo de vinte dias, contados da data da ciência, apresentar as informações e documentos necessários ao procedimento fiscal, ou efetuar o recolhimento do crédito tributário constituído (Lei nº 3.470, de 28 de novembro de 1958, art. 19, com a redação dada pela Medida Provisória nº 2.158-35, de 2001, art. 71).

§ 1º O prazo a que se refere o *caput* será de cinco dias úteis, nas situações em que as informações e os documentos solicitados digam respeito a fatos que devam estar registrados na escrituração contábil ou fiscal do sujeito passivo, ou em declarações apresentadas à administração tributária.

§ 2º Não enseja a aplicação da penalidade prevista no § 2º do art. 44 da Lei nº 9.430, de 1996, o desatendimento à intimação para apresentar documentos cuja guarda não esteja sob a responsabilidade do sujeito passivo, ou no caso de impossibilidade material de seu cumprimento.

Seção IV

DAS DILIGÊNCIAS E DAS PERÍCIAS

Art. 35. A realização de diligências e de perícias será determinada pela autoridade julgadora de primeira instância, de ofício ou a pedido do impugnante, quando entendê-las necessárias para a apreciação da matéria litigada (Decreto nº 70.235, de 1972, art. 18, com a redação dada pela Lei nº 8.748, de 9 de dezembro de 1993, art. 1º).

Parágrafo único. O sujeito passivo deverá ser cientificado do resultado da realização de diligências e perícias, sempre que novos fatos ou documentos sejam trazidos ao processo, hipótese na qual deverá ser concedido prazo de trinta dias para manifestação (Lei nº 9.784, de 1999, art. 28).

Art. 36. A impugnação mencionará as diligências ou perícias que o sujeito passivo pretenda sejam efetuadas, expostos os motivos que as justifiquem, com a formulação de quesitos referentes aos exames desejados, e, no caso de perícia, o nome, o endereço e a qualificação profissional de seu perito deverão constar da impugnação (Decreto nº 70.235, de 1972, art. 16, inciso IV, com a redação dada pela Lei nº 8.748, de 1993, art. 1º).

§ 1º Deferido o pedido de perícia, ou determinada de ofício sua realização, a autoridade designará servidor para, como perito da União, a ela proceder, e intimará o perito do sujeito passivo a realizar o exame requerido, cabendo a ambos apresentar os respectivos laudos em prazo que será fixado segundo o grau de complexidade dos trabalhos a serem executados (Decreto nº 70.235, de 1972, art. 18, com a redação dada pela Lei nº 8.748, de 1993, art. 1º).

§ 2º Indeferido o pedido de diligência ou de perícia, por terem sido consideradas prescindíveis ou impraticáveis, deverá o indeferimento, devidamente fundamentado, constar da decisão (Decreto nº 70.235, de 1972, arts. 18 e 28, com as redações dadas pela Lei nº 8.748, de 1993, art. 1º).

§ 3º Determinada, de ofício ou a pedido do impugnante, diligência ou perícia, é vedado à autoridade incumbida de sua realização escusar-se de cumpri-las.

Art. 37. No âmbito da Secretaria da Receita Federal do Brasil, compete ao Auditor-Fiscal da Receita Federal do Brasil a realização de diligências e de perícias (Decreto nº 70.235, de 1972, art. 20, com a redação dada pela Lei nº 8.748, de 1993, art. 1º; Lei nº 10.593, de 2002, art. 6º, com a redação dada pela Lei nº 11.457, de 2007, art. 9º).

Seção V

DA EXIGÊNCIA FISCAL

Subseção I

DA FORMALIZAÇÃO

Art. 38. A exigência do crédito tributário e a aplicação de penalidade isolada serão formalizados em autos de infração ou notificações de lançamento, distintos para cada tributo ou penalidade (Decreto nº 70.235, de 1972, art. 9º, com a redação dada pela Lei nº 11.941, de 2009, art. 25).

§ 1º Os autos de infração ou as notificações de lançamento, em observância ao disposto no art. 25, deverão ser instruídos com todos os termos, depoimentos, laudos e demais elementos de prova indispensáveis à comprovação do fato motivador da exigência.

- § 1º retificado no *DOU* de 8-11-2011.

§ 2º Os autos de infração e as notificações de lançamento de que trata o *caput*, formalizados em relação ao mesmo sujeito passivo, podem ser objeto de um único processo, quando a comprovação dos ilícitos depender dos mesmos elementos de prova.

§ 3º A formalização de que trata este artigo será válida, mesmo que efetuada por Auditor-Fiscal da Receita Federal do Brasil com exercício em unidade da Secretaria da Receita Federal do Brasil com jurisdição diversa do domicílio tributário do sujeito passivo.

§ 4º A formalização da exigência, na hipótese prevista no § 3º, previne a jurisdição e prorroga a competência da autoridade que dela primeiro conhecer.

§ 5º O disposto no *caput* aplica-se também nas hipóteses em que, constatada infração à legislação tributária, dela não resulte exigência de crédito tributário.

§ 6º Os autos de infração e as notificações de lançamento de que trata o *caput*, formalizados em decorrência de fiscalização relacionada a regime especial unificado de arrecadação de tributos, poderão conter lançamento único para todos os tributos por eles abrangidos.

§ 7º O disposto no *caput* não se aplica às contribuições de que trata o art. 3º da Lei nº 11.457, de 2007.

Subseção II

DO AUTO DE INFRAÇÃO

Art. 39. O auto de infração será lavrado no local da verificação da falta, devendo conter (Decreto nº 70.235, de 1972, art. 10; Lei nº 10.593, de 2002, art. 6º):

I – a qualificação do autuado;

II – o local, a data e a hora da lavratura;

III – a descrição dos fatos;

IV – a disposição legal infringida e a penalidade aplicável;

V – a determinação da exigência e a intimação para cumpri-la ou impugná-la no prazo de trinta dias, contados da data da ciência; e

VI – a assinatura do Auditor-Fiscal da Receita Federal do Brasil responsável pela autuação e o número de sua matrícula.

Subseção III

DA NOTIFICAÇÃO DE LANÇAMENTO

Art. 40. A notificação de lançamento será expedida pela unidade da Secretaria da Receita Federal do Brasil encarregada da formalização da exigência, devendo conter (Decreto nº 70.235, de 1972, art. 11; Lei nº 10.593, de 2002, art. 6º):

I – a qualificação do notificado;

II – o valor do crédito tributário e o prazo para pagamento ou impugnação;

III – a disposição legal infringida, se for o caso; e

IV – a assinatura do Auditor-Fiscal da Receita Federal do Brasil responsável pela notificação de lançamento, com a indicação do cargo e do número de matrícula.

- Inciso IV com a redação dada pelo Dec. nº 8.853, de 22-9-2016.

Parágrafo único. A notificação de lançamento emitida por processamento eletrônico prescinde da assinatura referida no inciso IV do *caput*, obrigatória a identificação do Auditor-Fiscal da Receita Federal do Brasil que a emitir.

- Parágrafo único com a redação dada pelo Dec. nº 8.853, de 22-9-2016.

Subseção IV

DO LANÇAMENTO COMPLEMENTAR

Art. 41. Quando, em exames posteriores, diligências ou perícias realizados no curso do processo, forem verificadas incorreções, omissões ou inexatidões, de que resultem agravamento da exigência inicial, inovação ou alteração da fundamentação legal da exigência, será efetuado lançamento complementar por meio da lavratura de auto de infração complementar ou de emissão de notificação de lançamento complementar, específicos em relação à matéria modificada (Decreto nº 70.235, de 1972, art. 18, § 3º, com a redação dada pela Lei nº 8.748, de 1993, art. 1º).

§ 1º O lançamento complementar será formalizado nos casos:

I – em que seja aferível, a partir da descrição dos fatos e dos demais documentos produzidos na ação fiscal, que o autuante, no momento da formalização da exigência:

a) apurou incorretamente a base de cálculo do crédito tributário; ou

b) não incluiu na determinação do crédito tributário matéria devidamente identificada; ou

II – em que forem constatados fatos novos, subtraídos ao conhecimento da autoridade lançadora quando da ação fiscal e relacionados aos fatos geradores objeto da autuação, que impliquem agravamento da exigência inicial.

§ 2º O auto de infração ou a notificação de lançamento de que trata o *caput* terá o objetivo de:

I – complementar o lançamento original; ou

II – substituir, total ou parcialmente, o lançamento original nos casos em que a apuração do *quantum* devido, em face da legislação tributária aplicável, não puder ser efetuada sem a inclusão da matéria anteriormente lançada.

§ 3º Será concedido prazo de trinta dias, contados da data da ciência da intimação da exigência complementar, para a apresentação de impugnação apenas no concernente à matéria modificada.

§ 4º O auto de infração ou a notificação de lançamento de que trata o *caput* devem ser objeto do mesmo processo em que for tratado o auto de infração ou a notificação de lançamento complementados.

§ 5º O julgamento dos litígios instaurados no âmbito do processo referido no § 4º será objeto de um único acórdão.

Subseção V

DO SEGUNDO EXAME DA ESCRITA

Art. 42. Em relação ao mesmo exercício, só é possível um segundo exame, mediante ordem escrita do Superintendente, do Delegado ou do Inspetor da Receita Federal do Brasil (Lei nº 2.354, de 1954, art. 7º, § 2º; Lei nº 3.470, de 1958, art. 34).

Seção VI

DAS MEDIDAS DE DEFESA DO CRÉDITO TRIBUTÁRIO

Subseção I

DO ARROLAMENTO DE BENS E DIREITOS PARA ACOMPANHAMENTO DO PATRIMÔNIO DO SUJEITO PASSIVO

Art. 43. O Auditor-Fiscal da Receita Federal do Brasil procederá ao arrolamento de bens e direitos do sujeito passivo sempre que o valor dos créditos tributários de sua responsabilidade for superior a trinta por cento do seu patrimônio conhecido.

• *Caput* com a redação dada pelo Dec. nº 8.853, de 22-9-2016.

§ 1º Se o crédito tributário for formalizado contra pessoa física, no arrolamento devem ser identificados, inclusive, os bens e direitos em nome do cônjuge, não gravados com a cláusula de incomunicabilidade (Lei nº 9.532, de 1997, art. 64, § 1º).

§ 2º Na falta de outros elementos indicativos, considera-se patrimônio conhecido o valor constante da última declaração de rendimentos apresentada (Lei nº 9.532, de 1997, art. 64, § 2º).

§ 3º A partir da data da notificação do ato de arrolamento, mediante entrega de cópia do respectivo termo, o proprietário dos bens e direitos arrolados, ao transferi-los, aliená-los ou onerá-los, deve comunicar o fato à unidade da Secretaria da Receita Federal do Brasil em cuja jurisdição o domicílio tributário do sujeito passivo estiver (Lei nº 9.532, de 1997, art. 64, § 3º).

§ 4º A alienação, oneração ou transferência, a qualquer título, dos bens e direitos arrolados, sem o cumprimento da formalidade prevista no § 3º, autoriza o requerimento de medida cautelar fiscal contra o sujeito passivo (Lei nº 9.532, de 1997, art. 64, § 4º).

§ 5º O termo de arrolamento de que trata o § 3º será registrado independentemente de pagamento de custas ou emolumentos (Lei nº 9.532, de 1997, art. 64, § 5º):

I – no competente registro imobiliário, relativamente aos bens imóveis;

II – nos órgãos ou entidades, onde, por força de lei, os bens móveis ou direitos sejam registrados ou controlados; ou

III – no Cartório de Títulos e Documentos e Registros Especiais do domicílio tributário do sujeito passivo, relativamente aos demais bens e direitos.

§ 6º As certidões de regularidade fiscal expedidas deverão conter informações quanto à existência de arrolamento (Lei nº 9.532, de 1997, art. 64, § 6º).

§ 7º Liquidado o crédito tributário que tenha motivado o arrolamento antes de seu encaminhamento para inscrição em dívida ativa da União, o Auditor-Fiscal da Receita Federal do Brasil responsável comunicará o fato ao órgão em que o termo foi registrado para que sejam anulados os efeitos do arrolamento.

• § 7º com a redação dada pelo Dec. nº 8.853, de 22-9-2016.

§ 8º Liquidado ou garantido, nos termos da Lei nº 6.830, de 22 de setembro de 1980, o crédito tributário que tenha motivado o arrolamento, após seu encaminhamento para inscrição em dívida ativa da União, a comunicação de que trata o § 8º será feita pela autoridade competente da Procuradoria da Fazenda Nacional (Lei nº 9.532, de 1997, art. 64, § 9º).

§ 9º Os órgãos de registro público onde os bens e direitos foram arrolados dispõem do prazo de trinta dias para liberá-los, contado da data de protocolo de cópia do documento comprobatório da comunicação aos órgãos fazendários referido no § 3º.

§ 10. O disposto neste artigo é aplicável somente se a soma dos valores dos créditos tributários for superior a R$ 2.000.000,00 (dois milhões de reais).

• §§ 9º e 10 com a redação dada pelo Dec. nº 8.853, de 22-9-2016.

Art. 44. O arrolamento de que trata o art. 43 recairá sobre bens e direitos suscetíveis de registro público, com prioridade aos imóveis, e em valor suficiente para cobrir o montante do crédito tributário de responsabilidade do sujeito passivo (Lei nº 9.532, de 1997, art. 64-A, incluído pela Medida Provisória nº 2.158-35, de 2001, art. 75).

§ 1º O arrolamento somente poderá alcançar outros bens e direitos para fins de complementar o valor referido no *caput*.

§ 2º O Auditor-Fiscal da Receita Federal do Brasil poderá, a requerimento do sujeito passivo, substituir bem ou direito arrolado por outro que seja de valor igual ou superior, desde que respeitada a ordem de prioridade de bens ou direitos a serem arrolados definida pela Secretaria da Receita Federal do Brasil e que seja realizada a avaliação de bem ou direito arrolado e de bem ou direito substituto, nos termos do § 3º.

- § 2º com a redação dada pelo Dec. nº 8.853, de 22-9-2016.

§ 3º Fica a critério do sujeito passivo, às expensas dele, requerer, anualmente, aos órgãos de registro público onde os bens e direitos estiverem arrolados, por petição fundamentada, avaliação dos referidos ativos, por perito indicado pelo próprio órgão de registro, a identificar o valor justo dos bens e direitos arrolados e evitar, desse modo, excesso de garantia.

- § 3º acrescido pelo Dec. nº 8.853, de 22-9-2016.

Subseção II

DA MEDIDA CAUTELAR FISCAL

Art. 45. A Procuradoria da Fazenda Nacional poderá instaurar procedimento cautelar fiscal após a constituição do crédito, inclusive no curso da execução judicial da dívida ativa da União (Lei nº 8.397, de 6 de janeiro de 1992, art. 1º, com a redação dada pela Lei nº 9.532, de 1997, art. 65).

Parágrafo único. O requerimento da medida cautelar independe da prévia constituição do crédito tributário quando o sujeito passivo (Lei nº 8.397, de 1992, art. 1º, parágrafo único, com a redação dada pela Lei nº 9.532, de 1997, art. 65):

I – notificado pela Fazenda Pública para que proceda ao recolhimento do crédito tributário, põe ou tenta pôr seus bens em nome de terceiros (Lei nº 8.397, de 1992, art. 2º, inciso V, alínea *b*, com a redação dada pela Lei nº 9.532, de 1997, art. 65); ou

II – aliena bens ou direitos sem proceder à devida comunicação ao órgão da Fazenda Pública competente, quando exigível em virtude de lei (Lei nº 8.397, de 1992, art. 2º, inciso VII, com a redação dada pela Lei nº 9.532, de 1997, art. 65).

Subseção III

DA MEDIDA CAUTELAR FISCAL PREPARATÓRIA

Art. 46. Quando a medida cautelar fiscal for concedida em procedimento preparatório, deverá a Fazenda Nacional propor a execução judicial da dívida ativa no prazo de sessenta dias, contados da data em que a exigência se tornar irrecorrível na esfera administrativa (Lei nº 8.397, de 1992, art. 11).

Seção VII

DA REPRESENTAÇÃO FISCAL PARA FINS PENAIS

Art. 47. O Auditor-Fiscal da Receita Federal do Brasil formalizará representação fiscal para fins penais em autos separados, protocolizada na mesma data da lavratura do auto de infração, sempre que, no curso de procedimento de fiscalização de que resulte lavratura de auto de infração relativo a tributos administrados pela Secretaria da Receita Federal do Brasil ou decorrente de apreensão de bens sujeitos à pena de perdimento, constatar fato que configure, em tese (Decreto nº 2.730, de 10 de agosto de 1998, art. 1º):

I – crime contra a ordem tributária tipificado nos arts. 1º ou 2º da Lei nº 8.137, de 27 de dezembro de 1990;

II – crime de contrabando ou de descaminho tipificado no art. 334 do Decreto-Lei nº 2.848, de 7 de dezembro de 1940 – Código Penal; ou

III – crime contra a Previdência Social tipificado nos arts. 168-A ou 337-A do Decreto-Lei nº 2.848, de 1940.

Art. 48. As representações fiscais para fins penais relativas aos crimes contra a ordem tributária definidos nos arts. 1º e 2º da Lei nº 8.137, de 1990, e aos crimes contra a Previdência Social, definidos nos arts. 168-A e 337-A do Decreto-Lei nº 2.848, de 1940 – Código Penal acrescentados pela Lei nº 9.983, de 14 de julho de 2000, serão formalizadas e protocolizadas em até dez dias contados da data da constituição do crédito tributário, devendo permanecer no âmbito da unidade de controle até que o referido crédito se torne definitivo na esfera administrativa, respeitado o prazo para cobrança amigável (Lei nº 9.430, de 1996, art. 83).

Parágrafo único. Caso o crédito tributário correspondente ao ilícito penal seja integralmente extinto pelo julgamento administrativo ou pelo pagamento, os autos da representação, juntamente com cópia da respectiva decisão administrativa, quando for o caso, deverão ser arquivados.

Art. 49. A representação fiscal para fins penais relativa aos crimes de contrabando ou descaminho, definidos no art. 334 do Decreto-Lei nº 2.848, de 1940 – Código Penal, será formalizada em autos separados e protocolizada na mesma data da lavratura do auto de infração, devendo permanecer na unidade da Secretaria da Receita Federal do Brasil de lavratura até o final do prazo para impugnação.

§ 1º Se for aplicada a pena de perdimento de bens, inclusive na hipótese de conversão em multa equivalente ao valor aduaneiro da mercadoria que não seja localizada ou que tenha sido consumida, a representação de que trata o *caput* deverá ser encaminhada pela autoridade julgadora de instância única ao órgão do Ministério Público Federal que for competente para promover a ação penal, no prazo máximo de dez dias, anexando-se cópia da decisão.

§ 2º Não aplicada a pena de perdimento, a representação fiscal para fins penais deverá ser arquivada, depois de incluir nos autos cópia da respectiva decisão administrativa.

Art. 50. A Secretaria da Receita Federal do Brasil disciplinará os procedimentos necessários à execução do disposto nesta Seção.

Seção VIII

DA REPRESENTAÇÃO PARA FINS PENAIS

Art. 51. Além dos casos de representação previstos no art. 47, os servidores em exercício na Secretaria da Receita Federal do Brasil, observadas as atribuições dos respectivos cargos, deverão formalizar representação para fins penais, perante os titulares das unidades centrais, superintendentes, delegados ou inspetores da Secretaria da Receita Federal do Brasil aos quais estiverem vinculados, sempre que identificarem situações que, em tese, configurem crime contra a administração pública federal ou em detrimento da Fazenda Nacional.

§ 1º A representação de que trata o *caput* deverá ser:

I – levada a registro em protocolo pelo servidor que a elaborar, no prazo de dez dias, contados da data em que identificar a situação caracterizadora de crime;

II – remetida no prazo de dez dias, contados da data de sua protocolização, ao órgão do Ministério Público Federal que for competente para promover a ação penal.

§ 2º Deverá ser dado conhecimento da representação ao titular da unidade do domicílio fiscal do sujeito passivo, na hipótese de o servidor formalizar representação perante outra autoridade a quem estiver vinculado.

CAPÍTULO II

DA COBRANÇA ADMINISTRATIVA DO CRÉDITO TRIBUTÁRIO

Seção I

DO PAGAMENTO – DA REDUÇÃO DA MULTA DE LANÇAMENTO DE OFÍCIO

Art. 52. Será concedida redução de cinquenta por cento do valor da multa de lançamento de ofício ao sujeito passivo que, notificado, efetuar o pagamento ou a compensação do crédito tributário no prazo previsto para apresentar impugnação (Lei nº 8.218, de 1991, art. 6º, com a redação dada pela Lei nº 11.941, de 2009, art. 28; Lei nº 9.430, de 1996, art. 44, § 3º).

§ 1º Apresentada impugnação tempestivamente, a redução será de trinta por cento se o pagamento ou a compensação forem efetuados no prazo de trinta dias, contados da data da ciência da decisão de primeira instância (Lei nº 8.218, de 1991, art. 6º, inciso III, com a redação dada pela Lei nº 11.941, de 2009, art. 28; Lei nº 9.430, de 1996, art. 44, § 3º).

§ 2º No caso de provimento a recurso de ofício interposto pela autoridade julgadora de primeira instância, será aplicada a redução de trinta por cento se o pagamento ou a compensação for efetuado no prazo de trinta dias contados da ciência da decisão (Lei nº 8.218, de 1991, art. 6º, § 1º, com a redação dada pela Lei nº 11.941, de 2009, art. 28).

§ 3º O disposto no *caput* aplica-se também às penalidades aplicadas isoladamente.

- § 3º acrescido pelo Dec. nº 8.853, de 22-9-2016.

Seção II

DO PARCELAMENTO – DA REDUÇÃO DA MULTA DE LANÇAMENTO DE OFÍCIO

Art. 53. Será concedida redução de quarenta por cento do valor da multa de lançamento de ofício, ao sujeito passivo que, notificado, requerer o parcelamento do crédito tributário no prazo previsto para apresentar impugnação (Lei nº 8.218, de 1991, art. 6º, inciso II, com a redação dada pela Lei nº 11.941, de 2009, art. 28; Lei nº 9.430, de 1996, art. 44, § 3º).

§ 1º Apresentada impugnação tempestivamente, a redução será de vinte por cento se o parcelamento for requerido no prazo de trinta dias, contados da data da ciência da decisão de primeira instância (Lei nº 8.218, de 1991, art. 6º, inciso IV, com a redação dada pela Lei nº 11.941, de 2009, art. 28; Lei nº 9.430, de 1996, art. 44, § 3º).

§ 2º No caso de provimento a recurso de ofício interposto pela autoridade julgadora de primeira instância, será aplicada a redução de vinte por cento se o parcelamento for requerido no prazo de trinta dias contados da ciência da decisão (Lei nº 8.218, de 1991, art. 6º, § 1º, com a redação dada pela Lei nº 11.941, de 2009, art. 28).

§ 3º A rescisão do parcelamento, motivada pelo descumprimento das normas que o regulam, implicará restabelecimento do montante da multa proporcionalmente ao valor da receita não satisfeita e que exceder o valor obtido com a garantia apresentada (Lei nº 8.218, de 1991, art. 6º, § 2º, com a redação dada pela Lei nº 11.941, de 2009, art. 28).

§ 4º O disposto no *caput* aplica-se também às penalidades aplicadas isoladamente.

- § 4º acrescido pelo Dec. nº 8.853, de 22-9-2016.

Seção III

DA REVELIA

Art. 54. Não sendo cumprida nem impugnada a exigência, a autoridade preparadora declarará a revelia, permanecendo o processo no órgão preparador, pelo prazo de trinta dias, para cobrança amigável (Decreto nº 70.235, de 1972, art. 21, com a redação dada pela Lei nº 8.748, de 1993, art. 1º).

§ 1º No caso de identificação de impugnação parcial, não cumprida a exigência relativa à parte não litigiosa do crédito, o órgão preparador, antes da remessa dos autos a julgamento, providenciará a formação de autos apartados para a imediata cobrança da parte não contestada, consignando essa circunstância no processo original.

§ 2º Esgotado o prazo de cobrança amigável sem que tenha sido pago ou parcelado o crédito tributário, o órgão preparador encaminhará o processo à autoridade competente para promover a cobrança executiva.

Art. 55. Tratando-se de apreensão de mercadoria para fins de aplicação da pena de perdimento ou de declaração de abandono, em que não tenha sido apresentada impugnação, a autoridade preparadora, após declarar a revelia, deverá, em observância às normas que regem a matéria e, mediante o competente ato administrativo, aplicar a pena de perdimento ou declarar o abandono, para fins de destinação da mercadoria (Decreto nº 70.235, de 1972, arts. 21, § 2º, e 63).

CAPÍTULO III

DA FASE LITIGIOSA

Seção I

DA IMPUGNAÇÃO

Art. 56. A impugnação, formalizada por escrito, instruída com os documentos em que se fundamentar e apresentada em unidade da Secretaria da Receita Federal do Brasil com jurisdição sobre o domicílio tributário do sujeito passivo, bem como, remetida por via postal, no prazo de trinta dias, contados da data da ciência da intimação da exigência, instaura a fase litigiosa do procedimento (Decreto nº 70.235, de 1972, arts. 14 e 15).

§ 1º Apresentada a impugnação em unidade diversa, esta a remeterá à unidade indicada no *caput*.

§ 2º Eventual petição, apresentada fora do prazo, não caracteriza impugnação, não instaura a fase litigiosa do procedimento, não suspende a exigibilidade do crédito tributário nem comporta julgamento de primeira instância, salvo se caracterizada ou suscitada a tempestividade, como preliminar.

§ 3º No caso de pluralidade de sujeitos passivos, caracterizados na formalização da exigência, todos deverão ser cientificados do auto de infração ou da notificação de lançamento, com abertura de prazo para que cada um deles apresente impugnação.

§ 4º Na hipótese do § 3º, o prazo para impugnação é contado, para cada sujeito passivo, a partir da data em que cada um deles tiver sido cientificado do lançamento.

§ 5º Na hipótese de remessa da impugnação por via postal, será considerada como data de sua apresentação a da respectiva postagem constante do aviso de recebimento, o qual deverá trazer a indicação do destinatário da remessa e o número do protocolo do processo correspondente.

§ 6º Na impossibilidade de se obter cópia do aviso de recebimento, será considerada como data da apresentação da impugnação a constante do carimbo aposto pelos Correios no envelope que contiver a remessa, quando da postagem da correspondência.

§ 7º No caso previsto no § 5º, a unidade de preparo deverá juntar, por anexação ao processo correspondente, o referido envelope.

Art. 57. A impugnação mencionará (Decreto nº 70.235, de 1972, art. 16, com a redação dada pela Lei nº 8.748, de 1993, art. 1º, e pela Lei nº 11.196, de 2005, art. 113):

I – a autoridade julgadora a quem é dirigida;

II – a qualificação do impugnante;

III – os motivos de fato e de direito em que se fundamenta, os pontos de discordância e as razões e provas que possuir;

IV – as diligências ou perícias que o impugnante pretenda sejam efetuadas, expostos os motivos que as justifiquem, com a formulação de quesitos referentes aos exames desejados, bem como, no caso de perícia, o nome, o endereço e a qualificação profissional de seu perito; e

V – se a matéria impugnada foi submetida à apreciação judicial, devendo ser juntada cópia da petição.

§ 1º Considera-se não formulado o pedido de diligência ou perícia que deixar de atender aos requisitos previstos no inciso IV.

§ 2º É defeso ao impugnante, ou a seu representante legal, empregar expressões injuriosas nos escritos apresentados no processo, cabendo ao julgador, de ofício ou a requerimento do ofendido, mandar riscá-las.

§ 3º Quando o impugnante alegar direito municipal, estadual ou estrangeiro, incumbe-lhe o ônus de provar o teor e a vigência, se assim o determinar o julgador.

§ 4º A prova documental será apresentada na impugnação, precluindo o direito de o impugnante fazê-lo em outro momento processual, a menos que:

I – fique demonstrada a impossibilidade de sua apresentação oportuna, por motivo de força maior;

II – refira-se a fato ou a direito superveniente; ou

III – destine-se a contrapor fatos ou razões posteriormente trazidas aos autos.

§ 5º Considera-se motivo de força maior o fato necessário, cujos efeitos não era possível evitar ou impedir (Lei nº 10.406, de 2002, art. 393).

§ 6º A juntada de documentos depois de apresentada a impugnação deverá ser requerida à autoridade julgadora, mediante petição em que se demonstre, com fundamentos, a ocorrência de uma das condições previstas no § 4º.

§ 7º Os documentos apresentados após proferida a decisão deverão ser juntados, por anexação, aos autos para, se for interposto recurso, serem apreciados pela autoridade julgadora de segunda instância.

Art. 58. Considera-se não impugnada a matéria que não tenha sido expressamente contestada pelo impugnante (Decreto nº 70.235, de 1972, art. 17, com a redação dada pela Lei nº 9.532, de 1997, art. 67).

Seção II

DO JULGAMENTO – DISPOSIÇÕES GERAIS

Art. 59. No âmbito do processo administrativo fiscal, fica vedado aos órgãos de julgamento afastar a aplicação ou deixar de observar tratado, acordo internacional, lei ou decreto, sob fundamento de inconstitucionalidade (Decreto nº 70.235, de 1972, art. 26-A, com a redação dada pela Lei nº 11.941, de 2009, art. 25).

Parágrafo único. O disposto no *caput* não se aplica aos casos de tratado, acordo internacional, lei ou ato normativo (Decreto nº 70.235, de 1972, art. 26-A, § 6º, incluído pela Lei nº 11.941, de 2009, art. 25):

I – que já tenha sido declarado inconstitucional por decisão plenária definitiva do Supremo Tribunal Federal; ou

II – que fundamente crédito tributário objeto de:

a) dispensa legal de constituição ou de ato declaratório do Procurador-Geral da Fazenda Nacional, na forma dos arts. 18 e 19 da Lei nº 10.522, de 19 de junho de 2002;

b) súmula da Advocacia-Geral da União, na forma do art. 43 da Lei Complementar nº 73, de 10 de fevereiro de 1993; ou

c) pareceres do Advogado-Geral da União aprovados pelo Presidente da República, na forma do art. 40 da Lei Complementar nº 73, de 1993.

Art. 60. O contencioso administrativo relativo ao SIMPLES Nacional será de competência do órgão julgador integrante da estrutura administrativa do ente federativo que efetuar o lançamento ou a exclusão de ofício, observados os dispositivos legais atinentes aos processos administrativos fiscais desse ente (Lei Complementar nº 123, de 2006, art. 39).

Seção III

DO JULGAMENTO EM PRIMEIRA INSTÂNCIA

Subseção I

DA COMPETÊNCIA

Art. 61. O julgamento de processos sobre a aplicação da legislação referente a tributos administrados pela Secretaria da Receita Federal do Brasil, e os relativos à exigência de direitos *antidumping* e direitos compensatórios, compete em primeira instância, às Delegacias da Receita Federal do Brasil de Julgamento, órgãos de deliberação interna e natureza colegiada da Secretaria da Receita Federal do Brasil (Decreto nº 70.235, de 1972, art. 25, inciso I; Lei nº 9.019, de 30 de março de 1995, art. 7º, § 5º).

Parágrafo único. A competência de que trata o *caput* inclui, dentre outros, o julgamento de:

I – impugnação a auto de infração e notificação de lançamento (Decreto nº 70.235, de 1972, art. 14);

II – manifestação de inconformidade do sujeito passivo em processos administrativos relativos a compensação, restituição e ressarcimento de tributos, inclusive créditos de Imposto sobre Produtos Industrializados – IPI (Lei nº 8.748, de 1993, art. 3º, inciso II; Lei nº 9.019, de 1995, art. 7º, § 1º e § 5º); e

III – impugnação ao ato declaratório de suspensão de imunidade e isenção (Lei nº 9.430, de 1996, art. 32, § 10).

Subseção II

DO JULGAMENTO

Art. 62. Terão prioridade no julgamento os processos em que estiverem presentes as circunstâncias de crime contra a ordem tributária ou de elevado valor, este definido em ato do Ministro de Estado da Fazenda, bem como, mediante requisição do interessado, aqueles em que figure como parte interveniente (Decreto nº 70.235, de 1972, art. 27, com a redação dada pela Lei nº 9.532, de 1997, art. 67; Lei nº 10.741, de 1º de outubro de 2003, art. 71; Lei nº 9.784, de 1999, art. 69-A, com a redação dada pela Lei nº 12.008, de 29 de julho de 2009, art. 4º):

I – pessoa com idade igual ou superior a sessenta anos;

II – pessoa portadora de deficiência, física ou mental; e

III – pessoa portadora de tuberculose ativa, esclerose múltipla, neoplasia maligna, hanseníase, paralisia irreversível e incapacitante, cardiopatia grave, doença de Parkinson, espondiloartrose anquilosante, nefropatia grave, hepatopatia grave, estados avançados da doença de Paget (osteíte deformante), contaminação por radiação, síndrome de imunodeficiência adquirida, ou outra doença grave, com base em conclusão da medicina especializada, mesmo que a doença tenha sido contraída após o início do processo.

Parágrafo único. Os processos serão julgados na ordem estabelecida em ato do Secretário da Receita Federal do Brasil, observada a prioridade de que trata o *caput*.

Art. 63. Na apreciação das provas, a autoridade julgadora formará livremente sua convicção, podendo determinar, de ofício ou a requerimento do impugnante, a realização de diligências ou de perícias, observado o disposto nos arts. 35 e 36 (Decreto nº 70.235, de 1972, arts. 29 e 18, com a redação dada pela Lei nº 8.748, de 1993, art. 1º).

Art. 64. Os laudos e os pareceres do Laboratório Nacional de Análises, do Instituto Nacional de Tecnologia e de outros órgãos federais congêneres serão adotados nos aspectos técnicos de sua competência, salvo se comprovada a improcedência desses laudos ou pareceres (Decreto nº 70.235, de 1972, art. 30, com a redação dada pela Lei nº 9.532, de 1997, art. 67).

§ 1º Não se considera como aspecto técnico a classificação fiscal de produtos.

§ 2º A existência no processo de laudos ou de pareceres técnicos não impede a autoridade julgadora de solicitar outros a qualquer dos órgãos referidos neste artigo.

§ 3º Atribui-se eficácia aos laudos e aos pareceres técnicos sobre produtos, exarados em outros processos administrativos fiscais e transladados mediante certidão de inteiro teor ou cópia fiel, quando tratarem:

I – de produtos originários do mesmo fabricante, com igual denominação, marca e especificação; e

II – de máquinas, aparelhos, equipamentos, veículos e outros produtos complexos de fabricação em série, do mesmo fabricante, com iguais especificações, marca e modelo.

Subseção III
DO ACÓRDÃO

Art. 65. O acórdão conterá relatório resumido do processo, fundamentos legais, conclusão e ordem de intimação, devendo referir-se, expressamente, a todos os autos de infração e notificações de lançamento objeto do processo, bem como às razões de defesa suscitadas pelo impugnante contra todas as exigências (Decreto nº 70.235, de 1972, art. 31, com a redação dada pela Lei nº 8.748, de 1993, art. 1º).

Art. 66. No acórdão em que for julgada questão preliminar, será também julgado o mérito, salvo quando incompatíveis (Decreto nº 70.235, de 1972, art. 28, com a redação dada pela Lei nº 8.748, de 1993, art. 1º).

Parágrafo único. O indeferimento de pedido de diligência ou de perícia deverá ser fundamentado e constar da decisão (Decreto nº 70.235, de 1972, art. 28, com a redação dada pela Lei nº 8.748, de 1993, art. 1º).

Art. 67. As inexatidões materiais devidas a lapso manifesto e os erros de escrita ou de cálculo existentes na decisão deverão ser corrigidos de ofício ou a requerimento do sujeito passivo, mediante a prolação de um novo acórdão (Decreto nº 70.235, de 1972, art. 32).

Art. 68. O órgão preparador dará ciência da decisão ao sujeito passivo, intimando-o, quando for o caso, a cumpri-la no prazo de trinta dias, contados da data da ciência, facultada a apresentação de recurso voluntário no mesmo prazo (Decreto nº 70.235, de 1972, arts. 31 e 33).

Art. 69. Da decisão de primeira instância não cabe pedido de reconsideração (Decreto nº 70.235, de 1972, art. 36).

Subseção IV
DO RECURSO DE OFÍCIO

Art. 70. O recurso de ofício deve ser interposto, pela autoridade competente de primeira instância, sempre que a decisão exonerar o sujeito passivo do pagamento de tributo e encargos de multa de valor total (lançamento principal e decorrentes) a ser fixado em ato do Ministro de Estado da Fazenda, bem como quando deixar de aplicar a pena de perdimento de mercadoria com base na legislação do IPI (Decreto nº 70.235, de 1972, art. 34, com a redação dada pela Lei nº 9.532, de 1997, art. 67).

§ 1º O recurso será interposto mediante formalização na própria decisão.

§ 2º Sendo o caso de interposição de recurso de ofício e não tendo este sido formalizado, o servidor que verificar o fato representará à autoridade julgadora, por intermédio de seu chefe imediato, no sentido de que seja observada aquela formalidade.

§ 3º O disposto no *caput* aplica-se sempre que, na hipótese prevista no § 3º do art. 56, a decisão excluir da lide o sujeito passivo cuja exigência seja em valor superior ao fixado em ato do Ministro de Estado da Fazenda, ainda que mantida a totalidade da exigência do crédito tributário.

- § 3º acrescido pelo Dec. nº 8.853, de 22-9-2016.

Art. 71. Não cabe recurso de ofício das decisões prolatadas, pela autoridade fiscal da jurisdição do sujeito passivo, em processos relativos a restituição, ressarcimento, reembolso e compensação de tributos administrados pela Secretaria da Receita Federal do Brasil (Lei nº 10.522, de 2002, art. 27).

Art. 72. Enquanto não decidido o recurso de ofício, a decisão a ele correspondente não se torna definitiva (Decreto nº 70.235, de 1972, art. 42, parágrafo único).

Subseção V
DO RECURSO VOLUNTÁRIO

Art. 73. O recurso voluntário total ou parcial, que tem efeito suspensivo, poderá ser interposto contra decisão de primeira instância contrária ao sujeito passivo, no prazo de trinta dias, contados da data da ciência da decisão (Decreto nº 70.235, de 1972, art. 33).

Art. 74. O recurso voluntário total ou parcial, mesmo perempto, deverá ser encaminhado ao órgão de segunda instância, que julgará a perempção (Decreto nº 70.235, de 1972, art. 35).

Seção IV
DO JULGAMENTO EM SEGUNDA INSTÂNCIA

Subseção I
DA COMPETÊNCIA

Art. 75. O julgamento de recursos de ofício e voluntários de decisão de primeira instância, e de recursos de natureza especial, compete ao Conselho Administrativo de Recursos Fiscais (Decreto nº 70.235, de 1972, art. 25, inciso II, com a redação dada pela Lei nº 11.941, de 2009, art. 25).

§ 1º O Conselho Administrativo de Recursos Fiscais será constituído por seções e pela Câmara Superior de Recursos Fiscais (Decreto nº 70.235, de 1972, art. 25, inciso II, § 1º, com a redação dada pela Lei nº 11.941, de 2009, art. 25).

§ 2º As seções serão especializadas por matéria e constituídas por câmaras (Decreto nº 70.235, de 1972, art. 25, § 2º, com a redação dada pela Lei nº 11.941, de 2009, art. 25).

§ 3º A Câmara Superior de Recursos Fiscais será constituída por turmas, compostas pelos Presidentes e Vice-Presidentes das câmaras (Decreto nº 70.235, de 1972, art. 25, § 3º, com a redação dada pela Lei nº 11.941, de 2009, art. 25).

§ 4º As câmaras poderão ser divididas em turmas (Decreto nº 70.235, de 1972, art. 25, § 4º, com a redação dada pela Lei nº 11.941, de 2009, art. 25).

§ 5º O Ministro de Estado da Fazenda poderá criar, nas seções, turmas especiais, de caráter temporário, com competência para julgamento de processos que envolvam valores reduzidos ou matéria recorrente ou de baixa complexidade, que poderão funcionar nas cidades onde estão localizadas as Superintendências Regionais da Receita Federal do Brasil (Decreto nº 70.235, de 1972, art. 25, § 5º, com a redação dada pela Lei nº 11.941, de 2009, art. 25).

§ 6º As turmas da Câmara Superior de Recursos Fiscais serão constituídas pelo Presidente do Conselho Administrativo de Recursos Fiscais, pelo Vice-Presidente, pelos Presidentes e pelos Vice-Presidentes das câmaras (Decreto nº 70.235, de 1972, art. 25, § 7º, com a redação dada pela Lei nº 11.941, de 2009, art. 25).

§ 7º A presidência das turmas da Câmara Superior de Recursos Fiscais será exercida pelo Presidente do Conselho Administrativo de Recursos Fiscais e a vice-presidência, por conselheiro representante dos contribuintes (Decreto nº 70.235, de 1972, art. 25, § 8º, com a redação dada pela Lei nº 11.941, de 2009, art. 25).

§ 8º Os cargos de Presidente das Turmas da Câmara Superior de Recursos Fiscais, das câmaras, das suas turmas e das turmas especiais serão ocupados por conselheiros representantes da Fazenda Nacional, que, em caso de empate, terão o voto de qualidade, e os cargos de Vice-Presidente, por representantes dos contribuintes (Decreto nº 70.235, de 1972, art. 25, § 9º, com a redação dada pela Lei nº 11.941, de 2009, art. 25).

§ 9º Os conselheiros serão designados pelo Ministro de Estado da Fazenda para mandato, limitando-se as reconduções, na forma e no prazo estabelecidos no regimento interno (Decreto nº 70.235, de 1972, art. 25, § 10, com a redação dada pela Lei nº 11.941, de 2009, art. 25).

§ 10. O Ministro de Estado da Fazenda, observado o devido processo legal, decidirá sobre a perda do mandato, para os conselheiros que incorrerem em falta grave, definida no regimento interno (Decreto nº 70.235, de 1972, art. 25, § 11, com a redação dada pela Lei nº 11.941, de 2009, art. 25).

Art. 76. O acórdão de segunda instância deverá observar o disposto nos arts. 65, 66, 67 e 69.

Art. 77. O julgamento no Conselho Administrativo de Recursos Fiscais será feito conforme dispuser o regimento interno (Decreto nº 70.235, de 1972, art. 37, com a redação dada pela Lei nº 11.941, de 2009, art. 25).

Subseção II

DA INTIMAÇÃO DO PROCURADOR DA FAZENDA NACIONAL

Art. 78. Os Procuradores da Fazenda Nacional serão intimados pessoalmente das decisões do Conselho Administrativo de Recursos Fiscais na sessão das respectivas câmaras subsequente à formalização do acórdão (Decreto nº 70.235, de 1972, art. 23, § 7º, incluído pela Lei nº 11.457, de 2007, art. 44).

§ 1º Se os Procuradores da Fazenda Nacional não tiverem sido intimados pessoalmente em até quarenta dias contados da formalização do acórdão do Conselho Administrativo de Recursos Fiscais, os respectivos autos serão remetidos e entregues, mediante protocolo, à Procuradoria da Fazenda Nacional, para fins de intimação (Decreto nº 70.235, de 1972, art. 23, § 8º, incluído pela Lei nº 11.457, de 2007, art. 44).

§ 2º Os Procuradores da Fazenda Nacional serão considerados intimados pessoalmente das decisões do Conselho Administrativo de Recursos Fiscais, com o término do prazo de trinta dias contados da data em que os respectivos autos forem entregues à Procuradoria na forma do § 1º (Decreto nº 70.235, de 1972, art. 23, § 9º, incluído pela Lei nº 11.457, de 2007, art. 44).

Subseção III

DO RECURSO ESPECIAL CONTRA DECISÃO DE SEGUNDA INSTÂNCIA

Art. 79. Caberá recurso especial à Câmara Superior de Recursos Fiscais, no prazo de quinze dias da ciência do acórdão ao interessado, de decisão que der à lei tributária interpretação divergente da que lhe tenha dado outra câmara, turma de câmara, turma especial ou a própria Câmara Superior de Recursos Fiscais (Decreto nº 70.235, de 1972, art. 37, § 2º, inciso II, com a redação dada pela Lei nº 11.941, de 2009, art. 25).

Parágrafo único. É cabível recurso especial de divergência, previsto no *caput*, contra decisão que der ou negar provimento a recurso de ofício (Decreto nº 70.235, de 1972, art. 37, § 2º, inciso II, com a redação dada pela Lei nº 11.941, de 2009, art. 25).

CAPÍTULO IV

DA EFICÁCIA E DA EXECUÇÃO DAS DECISÕES

Art. 80. São definitivas as decisões (Decreto nº 70.235, de 1972, art. 42):

I – de primeira instância, esgotado o prazo para recurso voluntário sem que este tenha sido interposto;

II – de segunda instância, de que não caiba recurso ou, se cabível, quando decorrido o prazo sem a sua interposição; ou

III – de instância especial.

Parágrafo único. Serão também definitivas as decisões de primeira instância na parte que não for objeto de recurso voluntário ou não estiver sujeita a recurso de ofício.

Art. 81. A decisão definitiva contrária ao sujeito passivo será cumprida no prazo para cobrança amigável fixado no art. 54, aplicando-se, no caso de descumprimento, o disposto no § 2º (Decreto nº 70.235, de 1972, art. 43).

§ 1º Na hipótese do cumprimento de decisão administrativa definitiva contrária ao sujeito passivo, a quantia depositada para evitar acréscimos moratórios do crédito tributário ou para liberar mercadoria será convertida em renda se o sujeito passivo não comprovar, no prazo legal, a propositura de ação judicial (Decreto nº 70.235, de 1972, art. 43, § 1º).

§ 2º Se o valor depositado não for suficiente para cobrir o crédito tributário, será aplicado o disposto no *caput* à cobrança do restante; se exceder o exigido, a autoridade competente determinará o levantamento da quantia excedente, na forma da legislação específica (Decreto nº 70.235, de 1972, art. 43, § 2º).

Art. 82. Mediante ordem da autoridade judicial ou, no caso de depósito extrajudicial, da autoridade administrativa competente, o valor do depósito, após o encerramento da lide ou do processo litigioso, será (Lei nº 9.703, de 17 de novembro de 1998, art. 1º, § 3º):

I – devolvido ao depositante pelo estabelecimento bancário em que foi feito o depósito, no prazo de vinte e quatro horas, contadas da hora da ciência da ordem da autoridade judicial ou administrativa competente, quando a sentença ou a decisão administrativa lhe for favorável ou na proporção em que o for, acrescido de juros, na forma estabelecida pelo § 4º do art. 39 da Lei nº 9.250, de 26 de dezembro de 1995; ou

II – transformado em pagamento definitivo, proporcionalmente à exigência do correspondente tributo, inclusive seus acessórios, quando se tratar de sentença ou decisão favorável à Fazenda Nacional, cessando, no caso de decisão em processo administrativo regulado pelo Decreto nº 70.235, de 1972, a suspensão da exigibilidade do crédito tributário a que se refere o § 1º do art. 86.

Art. 83. A decisão que aplicar a pena de perdimento ou declarar o abandono de mercadoria ou de outros bens será executada, pela unidade preparadora, após o prazo de trinta dias, segundo o que dispuser a legislação aplicável (Decreto nº 70.235, de 1972, arts. 21 e 44).

Art. 84. A destinação de mercadorias ou de outros bens apreendidos, declarados abandonados ou dados em garantia de pagamento de crédito tributário obedecerá às normas estabelecidas na legislação aplicável (Decreto nº 70.235, de 1972, art. 63).

Parágrafo único. As mercadorias ou outros bens referidos no *caput*, ainda que relativos a processos pendentes de apreciação judicial, inclusive os que estiverem à disposição da Justiça como corpo de delito, produto ou objeto de crime, salvo determinação em contrário, em cada caso, de autoridade judiciária, serão destinadas conforme as normas aplicáveis (Decreto-Lei nº 1.455, de 7 de abril de 1976, art. 30, com a redação dada pela Lei nº 12.350, de 20 de dezembro de 2010).

Art. 85. No caso de decisão definitiva favorável ao sujeito passivo, cumpre à autoridade preparadora exonerá-lo, de ofício, dos gravames decorrentes do litígio (Decreto nº 70.235, de 1972, art. 45).

CAPÍTULO V
DOS EFEITOS DAS AÇÕES JUDICIAIS

Seção I
DO LANÇAMENTO PARA PREVENIR A DECADÊNCIA

Art. 86. O lançamento para prevenir a decadência deverá ser efetuado nos casos em que existir a concessão de medida liminar em mandado de segurança ou de concessão de medida liminar ou de tutela antecipada, em outras espécies de ação judicial (Lei nº 5.172, de 1966 – Código Tributário Nacional, arts. 142, parágrafo único, e 151, incisos IV e V; Lei nº 9.430, de 1996, art. 63, com a redação dada pela Medida Provisória nº 2.158-35, de 2001, art. 70).

§ 1º O lançamento de que trata o *caput* deve ser regularmente notificado ao sujeito passivo com o esclarecimento de que a exigibilidade do crédito tributário permanece suspensa, em face da medida liminar concedida (Lei nº 5.172, de 1966 – Código Tributário Nacional, arts. 145 e 151; Decreto nº 70.235, de 1972, art. 7º).

§ 2º O lançamento para prevenir a decadência deve seguir seu curso normal, com a prática dos atos administrativos que lhe são próprios, exceto quanto aos atos executórios, que aguardarão a sentença judicial, ou, se for o caso, a perda da eficácia da medida liminar concedida.

Seção II
DA RENÚNCIA OU DA DESISTÊNCIA AO LITÍGIO NAS INSTÂNCIAS ADMINISTRATIVAS

Art. 87. A existência ou propositura, pelo sujeito passivo, de ação judicial com o mesmo objeto do lançamento importa em renúncia ou em desistência ao litígio nas instâncias administrativas (Lei nº 6.830, de 1980, art. 38, parágrafo único).

Parágrafo único. O curso do processo administrativo, quando houver matéria distinta da constante do processo judicial, terá prosseguimento em relação à matéria diferenciada.

TÍTULO III – DOS OUTROS PROCESSOS ADMINISTRATIVOS

CAPÍTULO I
DO PROCESSO DE CONSULTA

Seção I
DA LEGITIMIDADE PARA FORMULAR CONSULTA

Art. 88. O sujeito passivo poderá formular consulta sobre a interpretação da legislação tributária e aduaneira aplicável a fato determinado e sobre a classificação fiscal de mercadorias e a classificação de serviços, intangíveis e de outras operações que produzam variações no patrimônio, com base na Nomenclatura Brasileira de Serviços, Intangíveis e Outras Operações que Produzam Variações no Patrimônio – NBS.

- *Caput* com a redação dada pelo Dec. nº 8.853, de 22-9-2016.

Parágrafo único. A consulta de que trata o *caput* é facultada aos órgãos da administração pública e às entidades representativas de categorias econômicas ou profissionais (Decreto nº 70.235, de 1972, art. 46, parágrafo único).

Seção II
DOS EFEITOS DA CONSULTA

Art. 89. Nenhum procedimento fiscal será instaurado, relativamente à espécie consultada, contra o sujeito passivo alcançado pela consulta, a partir da apresentação da consulta até o trigésimo dia subsequente à data da ciência da decisão que lhe der solução definitiva. (Decreto nº 70.235, de 1972, arts. 48 e 49; Lei nº 9.430, de 1996, art. 48, *caput* e § 3º).

§ 1º A apresentação da consulta:

I – não suspende o prazo:

a) para recolhimento de tributo, retido na fonte ou declarado (autolançado), antes ou depois da data de apresentação; e

b) para a apresentação de declaração de rendimentos; e

II – não impede a instauração de procedimento fiscal para fins de apuração da regularidade do recolhimento de tributos e da apresentação de declarações.

§ 2º No caso de consulta formulada por entidade representativa de categoria econômica ou profissional, os efeitos referidos no *caput* só alcançam seus associados ou filiados depois de cientificada a entidade consulente da decisão.

- § 2º com a redação dada pelo Dec. nº 8.853, de 22-9-2016.

Art. 90. Em se tratando de consulta eficaz e formulada antes do vencimento do débito, não incidirão encargos moratórios desde seu protocolo até o trigésimo dia subsequente à data da ciência de sua solução (Lei nº 5.172, de 1966 – Código Tributário Nacional, art. 161, § 2º).

Seção III
DOS REQUISITOS DA CONSULTA

Art. 91. A consulta deverá ser formulada por escrito e apresentada na unidade da Secretaria da Receita Federal do Brasil do domicílio tributário do consulente.

Parágrafo único. A consulta poderá ser formulada por meio eletrônico, na forma disciplinada pela Secretaria da Receita Federal do Brasil.

Seção IV

DA COMPETÊNCIA PARA A SOLUÇÃO DA CONSULTA

Art. 92. A competência para solucionar a consulta ou declarar sua ineficácia, na forma disciplinada pela Secretaria da Receita Federal do Brasil, poderá ser atribuída:

I – à unidade central; ou

II – à unidade descentralizada.

• Arts. 91 e 92 com a redação dada pelo Dec. nº 8.853, de 22-9-2016.

Art. 93. A competência para solucionar consultas relativas ao Simples Nacional é da Secretaria da Receita Federal do Brasil quando se referir a tributos administrados por esse órgão (Lei Complementar nº 123, de 2006, art. 40).

Seção V

DA INEFICÁCIA DA CONSULTA

Art. 94. Não produzirá qualquer efeito a consulta formulada (Decreto nº 70.235, de 1972, art. 52):

I – em desacordo com o disposto nos arts. 88 e 91;

II – por quem tiver sido intimado a cumprir obrigação relativa ao fato objeto da consulta;

III – por quem estiver sob procedimento fiscal iniciado para apurar fatos que se relacionem com a matéria consultada;

IV – quando o fato já houver sido objeto de decisão anterior, ainda não modificada, proferida em consulta ou litígio em que tenha sido parte o consulente;

V – quando o fato estiver disciplinado em ato normativo, publicado antes de sua apresentação;

VI – quando o fato estiver definido ou declarado em disposição literal de lei;

VII – quando o fato for definido como crime ou contravenção penal; e

VIII – quando não descrever, completa ou exatamente, a hipótese a que se referir, ou não contiver os elementos necessários à sua solução, salvo se a inexatidão ou omissão for escusável, a critério da autoridade julgadora.

Seção VI

DA SOLUÇÃO DA CONSULTA

Art. 95. Os processos administrativos de consulta serão solucionados em instância única (Lei nº 9.430, de 1996, art. 48, *caput*).

§ 1º Não cabe recurso nem pedido de reconsideração da solução da consulta ou do despacho que declarar sua ineficácia.

§ 2º A consulta será solucionada no prazo máximo de trezentos e sessenta dias, contado da data de protocolo.

• §§ 1º e 2º acrescidos pelo Dec. nº 8.853, de 22-9-2016.

Art. 96. Na solução da consulta serão observados os atos administrativos, expedidos pelas autoridades competentes, relativos à matéria consultada (Lei nº 9.430, de 1996, art. 48, § 2º).

Art. 97. As soluções das consultas serão publicadas no *Diário Oficial da União*, na forma disposta em ato normativo da Secretaria da Receita Federal do Brasil (Lei nº 9.430, de 1996, art. 48, § 4º).

Art. 98. O envio de conclusões decorrentes de decisões proferidas em processos de consulta sobre classificação fiscal de mercadorias para órgãos do Mercado Comum do Sul – MERCOSUL será efetuado exclusivamente pela unidade indicada no inciso I do art. 92 (Lei nº 9.430, de 1996, art. 50, § 4º).

Seção VII

DA MUDANÇA DE ENTENDIMENTO

Art. 99. O entendimento manifestado em decisão relativa a processo de consulta sobre classificação fiscal de mercadorias poderá ser alterado ou reformado, de ofício, pela unidade indicada no inciso I do art. 92 (Lei nº 9.430, de 1996, art. 50, §§ 1º a 3º).

§ 1º O consulente deverá ser cientificado da alteração ou da reforma de entendimento.

§ 2º Aplica-se o entendimento manifestado em decisão proferida por Superintendência Regional da Receita Federal do Brasil aos atos praticados pelo sujeito passivo até a data da ciência, ao consulente, da alteração ou da reforma de que trata o *caput*.

Art. 100. Se, após a resposta à consulta, a administração alterar o entendimento expresso na respectiva solução, a nova orientação atingirá apenas os fatos geradores que ocorrerem após ser dada ciência ao consulente ou após a sua publicação na imprensa oficial (Lei nº 9.430, de 1996, art. 48, § 12).

Parágrafo único. Na hipótese de alteração de entendimento expresso em solução de consulta, a nova orientação alcança apenas os fatos geradores que ocorrerem após a sua publicação na Imprensa Oficial ou após a ciência do consulente, exceto se a nova orientação lhe for mais favorável, caso em que esta atingirá, também, o período abrangido pela solução anteriormente dada.

Seção VIII

DO RECURSO ESPECIAL

Art. 101. Cabe recurso especial, sem efeito suspensivo, junto à unidade indicada no inciso I do art. 92, nos casos em que se verificar a ocorrência de conclusões divergentes entre soluções de consulta relativas a idêntica matéria, fundada em idêntica norma jurídica (Lei nº 9.430, de 1996, art. 48, §§ 5º a 8º, 10 e 11).

§ 1º O recurso especial pode ser interposto pelo destinatário da solução divergente, no prazo de trinta dias, contados da data da ciência da solução.

§ 2º O sujeito passivo que tiver conhecimento de solução divergente daquela que esteja observando em decorrência de resposta a consulta anteriormente formulada, sobre idêntica matéria, poderá adotar o procedimento previsto no *caput*, no prazo de trinta dias, contados da data da respectiva publicação.

§ 3º Cabe a quem interpuser o recurso comprovar a existência das soluções divergentes sobre idênticas matérias.

§ 4º O exame de admissibilidade do recurso será realizado na forma disciplinada pela Secretaria da Receita Federal do Brasil.

• § 4º com a redação dada pelo Dec. nº 8.853, de 22-9-2016.

§ 5º A solução da divergência acarretará, em qualquer hipótese, a edição de ato administrativo específico, uniformizando o entendimento, com imediata ciência ao destinatário da solução reformada, aplicando-se seus efeitos a partir da data da ciência, respeitado o disposto no parágrafo único do art. 100.

Seção IX

DA REPRESENTAÇÃO

Art. 102. Qualquer servidor da administração tributária deverá, a qualquer tempo, formular representação ao órgão que houver proferido a decisão, encaminhando as soluções divergentes sobre idêntica matéria, de que tenha conhecimento (Lei nº 9.430, de 1996, art. 48, §§ 8º e 9º).

Parágrafo único. O juízo de admissibilidade da representação será realizado na forma disciplinada pela Secretaria da Receita Federal do Brasil.

• Parágrafo único com a redação dada pelo Dec. nº 8.853, de 22-9-2016.

CAPÍTULO II

DOS PROCESSOS DE RECONHECIMENTO DE DIREITO CREDITÓRIO

Seção I

DAS DISPOSIÇÕES GERAIS

Art. 103. *Revogado.* Dec. nº 8.853, de 22-9-2016.

Seção II

DO PROCESSO DE COMPENSAÇÃO

Subseção I

DA DECLARAÇÃO DE COMPENSAÇÃO

Art. 104. O sujeito passivo que apurar crédito, inclusive os judiciais com trânsito em julgado, relativo a tributo administrado pela Secretaria da Receita Federal do Brasil, passível de restituição ou de ressarcimento, poderá utilizá-lo na compensação de débitos próprios relativos a quaisquer tributos administrados por esse órgão (Lei nº 9.430, de 1996, art. 74, com a redação dada pela Lei nº 10.637, de 30 de dezembro de 2002, art. 49).

Parágrafo único. A compensação de que trata o *caput* será efetuada mediante a entrega, pelo sujeito passivo, de Declaração de Compensação na qual constarão informações relativas aos créditos utilizados e aos respectivos débitos compensados.

Subseção II

DOS CRÉDITOS VEDADOS À COMPENSAÇÃO

Art. 105. É vedada a compensação de débitos, mediante entrega da Declaração de Compensação, além das hipóteses previstas nas normas específicas de cada tributo:

I – com o crédito relativo ao saldo a restituir apurado na Declaração de Ajuste Anual do Imposto sobre a Renda da Pessoa Física (Lei nº 9.430, de 1996, art. 74, § 3º, inciso I, com a redação dada pela Lei nº 10.637, de 2002, art. 49); e

II – com créditos relativos às contribuições sociais previstas nas alíneas *a*, *b* e *c* do parágrafo único do art. 11 da Lei nº 8.212, de 1991, e às contribuições instituídas a título de substituição (Lei nº 11.457, de 2007, art. 26, parágrafo único).

Art. 106. O valor objeto de pedido de restituição ou de ressarcimento que tenha sido indeferido pela autoridade competente da Secretaria da Receita Federal do Brasil, ainda que pendente de decisão definitiva na esfera administrativa, não pode ser utilizado para fins de compensação (Lei nº 9.430, de 1996, art. 74, § 3º, inciso VI, incluído pela Lei nº 11.051, de 2004, art. 4º).

Subseção III

DOS DÉBITOS VEDADOS À COMPENSAÇÃO

Art. 107. Não poderão ser objeto de compensação, mediante entrega da Declaração de Compensação (Lei nº 9.430, de 1996, art. 74, § 3º):

I – os débitos relativos a tributos devidos no registro da Declaração de Importação;

II – os débitos relativos a tributos administrados pela Secretaria da Receita Federal do Brasil que já tenham sido encaminhados à Procuradoria-Geral da Fazenda Nacional para inscrição em dívida ativa da União;

III – o débito consolidado em qualquer modalidade de parcelamento concedido pela Secretaria da Receita Federal do Brasil;

IV – o débito que já tenha sido objeto de compensação não homologada, ainda que a compensação se encontre pendente de decisão definitiva na esfera administrativa; e

V – os débitos relativos às contribuições sociais previstas nas alíneas *a*, *b* e *c* do parágrafo único do art. 11 da Lei nº 8.212, de 1991, e às contribuições instituídas a título de substituição (Lei nº 11.457, de 2007, art. 26, parágrafo único).

Subseção IV

DOS EFEITOS DA DECLARAÇÃO DE COMPENSAÇÃO

Art. 108. A Declaração de Compensação entregue à Secretaria da Receita Federal do Brasil extingue o crédito tributário, sob condição resolutória de sua ulterior homologação (Lei nº 9.430, de 1996, art. 74, § 2º, com a redação dada pela Lei nº 10.637, de 2002, art. 49).

Art. 109. A Declaração de Compensação constitui confissão de dívida e instrumento hábil e suficiente para a exigência dos débitos indevidamente compensados (Lei nº 9.430, de 1996, art. 74, § 6º, incluído pela Lei nº 10.833, de 2003, art. 17).

Art. 110. Não homologada a compensação, a autoridade administrativa deverá cientificar o sujeito passivo e intimá-lo a efetuar, no prazo de trinta dias, contados da data da ciência do ato que não a homologou, o pagamento dos débitos indevidamente compensados (Lei nº 9.430, de 1996, art. 74, § 7º, incluído pela Lei nº 10.833, de 2003, art. 17).

Art. 111. Não efetuado o pagamento no prazo previsto no art. 110, o débito será encaminhado à Procuradoria-Geral da Fazenda Nacional para inscrição em dívida ativa da União, ressalvado o disposto no art. 119.

• Art. 111 com a redação dada pelo Dec. nº 8.853, de 22-9-2016.

Subseção V

DA COMPETÊNCIA E DO PRAZO PARA HOMOLOGAÇÃO

Art. 112. A competência para decidir acerca da homologação ou não da compensação declarada é do Auditor-Fiscal da Receita Federal do Brasil, conforme disciplinado pela Secretaria da Receita Federal do Brasil.

• Art. 112 com a redação dada pelo Dec. nº 8.853, de 22-9-2016.

Art. 113. O prazo para homologação da compensação será de cinco anos, contados da data da entrega da Declaração de Compensação (Lei nº 9.430, de 1996, art. 74, § 5º, incluído pela Lei nº 10.833, de 2003, art. 17).

Subseção VI

DA COMPENSAÇÃO NÃO DECLARADA

Art. 114. Será considerada não declarada a compensação nas hipóteses (Lei nº 9.430, de 1996, art. 74, § 12, com a redação dada pela Lei nº 11.051, de 2004, art. 4º):

I – previstas nos arts. 105 a 107; ou

II – em que o crédito:

a) seja de terceiros;

b) refira-se a "crédito-prêmio" instituído pelo art. 1º do Decreto-Lei nº 491, de 5 de março de 1969;

c) refira-se a título público;

d) seja decorrente de decisão judicial não transitada em julgado;

e) não se refira a tributos administrados pela Secretaria da Receita Federal do Brasil; ou

f) tiver como fundamento a alegação de inconstitucionalidade de lei, exceto nos casos em que a lei (Lei nº 9.430, de 1996, art. 74, § 12, inciso II, alínea *f*, com a redação dada pela Lei nº 11.941, de 2009, art. 30):

1. tenha sido declarada inconstitucional pelo Supremo Tribunal Federal em ação direta de inconstitucionalidade ou em ação declaratória de constitucionalidade;
2. tenha tido sua execução suspensa pelo Senado Federal;
3. tenha sido julgada inconstitucional em sentença judicial transitada em julgado a favor do contribuinte; ou
4. seja objeto de súmula vinculante aprovada pelo Supremo Tribunal Federal nos termos do art. 103-A da Constituição.

Parágrafo único. O disposto nos arts. 108 a 111, 113 e 119 não se aplica às hipóteses previstas neste artigo (Lei nº 9.430, de 1996, art. 74, § 13, com a redação dada pela Lei nº 11.051, de 2004, art. 4º).

Subseção VII
DISPOSIÇÕES COMPLEMENTARES

Art. 115. A Secretaria da Receita Federal do Brasil disciplinará o disposto nesta Seção, inclusive quanto à fixação de critérios de prioridade para apreciação de processos de compensação (Lei nº 9.430, de 1996, art. 74, § 14, com a redação dada pela Lei nº 11.051, de 2004, art. 4º).

Art. 116. Ocorrendo manifestação de inconformidade contra a não homologação da compensação e impugnação quanto ao lançamento das multas a que se refere o art. 18 da Lei nº 10.833, de 2003, as peças serão reunidas em um único processo, devendo as decisões respectivas às matérias litigadas serem objeto de um único acórdão (Lei nº 10.833, de 2003, art. 18, § 3º).

Art. 116-A. Na hipótese de apresentação de manifestação de inconformidade contra a não homologação da compensação, fica suspensa a exigibilidade da multa de ofício de que trata o § 17 do art. 74 da Lei nº 9.430, de 27 de dezembro de 1996, ainda que não impugnada essa exigência, enquadrando-se no disposto no inciso III do *caput* do art. 151 da Lei nº 5.172, de 25 de outubro de 1966 – Código Tributário Nacional.

- Art. 116-A com a redação dada pelo Dec. nº 8.853, de 22-9-2016.

Seção III
DOS PROCESSOS DE RESTITUIÇÃO, RESSARCIMENTO E REEMBOLSO

Subseção I
DA COMPETÊNCIA

Art. 117. A competência para apreciar pedidos de restituição, de ressarcimento e de reembolso de tributos administrados pela Secretaria da Receita Federal do Brasil e os pedidos de restituição relativos a direitos *antidumping* e a direitos compensatórios é do Auditor-Fiscal da Receita Federal do Brasil, conforme disciplinado pela Secretaria da Receita Federal do Brasil.

- Art. 117 com a redação dada pelo Dec. nº 8.853, de 22-9-2016.

Subseção II
DA COMPENSAÇÃO DE OFÍCIO

Art. 118. A Secretaria da Receita Federal do Brasil, antes de proceder à restituição ou ao ressarcimento de tributos, deverá verificar se o sujeito passivo é devedor à Fazenda Nacional.

Parágrafo único. Na hipótese de haver débito em nome do sujeito passivo, não parcelado ou parcelado sem garantia, inclusive inscrito em Dívida Ativa da União, o valor da restituição ou do ressarcimento será compensado, total ou parcialmente, com o valor do débito.

- Art. 118 com a redação dada pelo Dec. nº 8.853, de 22-9-2016.

Seção IV
DOS RECURSOS

Subseção I
DOS RECURSOS CONTRA A NÃO HOMOLOGAÇÃO

Art. 119. É facultado ao sujeito passivo, no prazo referido no art. 110, apresentar manifestação de inconformidade contra a não homologação da compensação (Lei nº 9.430, de 1996, art. 74, § 9º, incluído pela Lei nº 10.833, de 2003, art. 17).

§ 1º Da decisão que julgar improcedente a manifestação de inconformidade caberá recurso ao Conselho Administrativo de Recursos Fiscais (Lei nº 9.430, de 1996, art. 74, § 10, incluído pela Lei nº 10.833, de 2003, art. 17; Decreto nº 70.235, de 1972, art. 25, inciso II, com a redação dada pela Lei nº 11.941, de 2009, art. 25).

§ 2º A manifestação de inconformidade e o recurso de que tratam o *caput* e o § 1º obedecerão ao rito processual do Decreto nº 70.235, de 1972 (Título II deste Regulamento), e enquadram-se no disposto no inciso III do art. 151 da Lei nº 5.172, de 1966 – Código Tributário Nacional, relativamente ao débito objeto da compensação (Lei nº 9.430, de 1996, art. 74, § 11, incluído pela Lei nº 10.833, de 2003, art. 17).

Subseção I-A
DOS RECURSOS CONTRA A DECISÃO QUE CONSIDERAR A COMPENSAÇÃO NÃO DECLARADA

- *Subseção I-A* acrescida pelo Dec. nº 8.853, de 22-9-2016.

Art. 119-A. É facultado ao sujeito passivo, nos termos do art. 56 ao art. 65 da Lei nº 9.784, de 29 de janeiro de 1999, apresentar recurso, no prazo de dez dias, contado da data da ciência, contra a decisão que considerar a compensação não declarada.

Parágrafo único. O recurso de que trata o *caput*:

I – não terá efeito suspensivo, não se enquadrando no disposto no inciso III do *caput* do art. 151 da Lei nº 5.172, de 1966 – Código Tributário Nacional, relativamente ao débito objeto da compensação; e

II – será decidido em última instância pelo titular da Superintendência Regional da Receita Federal do Brasil, com jurisdição sobre o domicílio tributário do recorrente.

- Art. 119-A acrescido pelo Dec. nº 8.853, de 22-9-2016.

Subseção II
DOS RECURSOS CONTRA O INDEFERIMENTO DOS PEDIDOS DE RESTITUIÇÃO, RESSARCIMENTO E REEMBOLSO

Art. 120. É facultado ao sujeito passivo, no prazo de trinta dias, contados da data da ciência da decisão que indeferiu seu pedido de restituição, ressarcimento ou reembolso, apresentar manifestação de inconformidade, junto à Delegacia da Receita Federal do Brasil de Julgamento competente, contra o não reconhecimento do direito creditório (Lei nº 8.748, de 1993, art. 3º, inciso II; Lei nº 9.019, de 1995, art. 7º, §§ 1º e 5º).

Parágrafo único. Da decisão que julgar improcedente a manifestação de inconformidade, caberá recurso ao Conselho Administrativo de Recursos Fiscais.

Art. 121. Compete ao Conselho Administrativo de Recursos Fiscais, observada sua competência por matéria, julgar recurso voluntário de decisão de primeira instância nos processos relativos a restituição, ressarcimento e reembolso

LEG. COMPLEMENTAR

de tributos administrados pela Secretaria da Receita Federal do Brasil (Decreto nº 70.235, de 1972, art. 25, inciso II, com a redação dada pela Lei nº 11.941, de 2009).

Subseção III

DISPOSIÇÕES COMPLEMENTARES

Art. 122. A Secretaria da Receita Federal do Brasil disciplinará o disposto nesta Seção, inclusive quanto à fixação de critérios de prioridade para apreciação de processos de restituição, de ressarcimento e de reembolso (Lei nº 9.430, de 1996, art. 74, § 14, com a redação dada pela Lei nº 11.051, de 2004, art. 4º).

CAPÍTULO III

DOS PROCESSOS DE SUSPENSÃO DA IMUNIDADE E DA ISENÇÃO

Seção I

DO PROCESSO DE SUSPENSÃO DA IMUNIDADE

Art. 123. A suspensão da imunidade tributária, em virtude de falta de observância de requisitos legais, deve ser procedida em conformidade com o disposto nesta Seção (Lei nº 9.430, de 1996, art. 32).

§ 1º Constatado que entidade beneficiária de imunidade de tributos federais, de que trata a alínea *c* do inciso VI do *caput* do art. 150 da Constituição, não está observando requisitos ou condições previstos no § 1º do art. 9º e no art. 14 da Lei nº 5.172, de 1966 – Código Tributário Nacional, a fiscalização tributária expedirá notificação fiscal, na qual relatará os fatos que determinaram a suspensão do benefício, indicando inclusive a data em que os requisitos legais deixaram de ser atendidos.

§ 2º O disposto no § 1º não se aplica no caso de descumprimento de requisito estabelecido no art. 12 da Lei nº 9.532, de 1997.

§ 3º A entidade poderá, no prazo de trinta dias, contados da data da ciência da notificação, apresentar as alegações e provas que entender necessárias.

§ 4º O delegado ou inspetor da Receita Federal do Brasil decidirá sobre a procedência das alegações, expedindo o ato declaratório suspensivo do benefício no caso de improcedência, dando ciência de sua decisão à entidade.

§ 5º Será igualmente expedido o ato suspensivo se decorrido o prazo previsto no § 3º sem qualquer manifestação da parte interessada.

§ 6º A suspensão da imunidade terá como termo inicial a data em que os requisitos legais deixaram de ser atendidos.

§ 7º Efetivada a suspensão da imunidade:

I – a entidade interessada poderá, no prazo de trinta dias, contados da data da ciência, apresentar impugnação ao ato declaratório, a qual será objeto de decisão pela Delegacia da Receita Federal do Brasil de Julgamento competente; e

II – a fiscalização de tributos federais lavrará auto de infração, se for o caso.

§ 8º A impugnação relativa à suspensão da imunidade obedecerá às demais normas reguladoras do processo administrativo fiscal.

§ 9º A impugnação e o recurso apresentados pela entidade não terão efeito suspensivo em relação ao ato declaratório contestado.

§ 10. Caso seja lavrado auto de infração, as impugnações e os recursos contra o ato declaratório e contra a exigência do crédito tributário serão reunidos em um único processo, devendo as decisões respectivas às matérias litigadas serem objeto de um único acórdão.

§ 11. Somente se inicia o procedimento que visa à suspensão da imunidade tributária dos partidos políticos após trânsito em julgado de decisão do Tribunal Superior Eleitoral que julgar irregulares ou não prestadas, nos termos da Lei, as devidas contas à Justiça Eleitoral (Lei nº 9.430, de 1996, art. 32, § 11, incluído pela Lei nº 11.941, de 2009, art. 73).

§ 12. A entidade interessada disporá de todos os meios legais para impugnar os fatos que determinam a suspensão do benefício (Lei nº 9.430, de 1996, art. 32, § 12, incluído pela Lei nº 11.941, de 2009, art. 73).

Seção II

DO PROCESSO DE SUSPENSÃO DA ISENÇÃO

Art. 124. Os procedimentos estabelecidos no art. 123 aplicam-se também às hipóteses de suspensão de isenções condicionadas quando a entidade beneficiária estiver descumprindo as condições ou requisitos impostos pela legislação de regência (Lei nº 9.430, de 1996, art. 32, § 10).

Art. 125. No caso da isenção das contribuições sociais previstas nos arts. 22 e 23 da Lei nº 8.212, de 1991, constatado o descumprimento, pela entidade beneficiária, dos requisitos impostos pela legislação de regência, a fiscalização da Secretaria da Receita Federal do Brasil lavrará o auto de infração relativo ao período correspondente e relatará os fatos que demonstram o não atendimento de tais requisitos para o gozo da isenção (Lei nº 12.101, de 27 de novembro de 2009, arts. 29 e 32).

§ 1º Considera-se automaticamente suspenso o direito à isenção das contribuições referidas no *caput* durante o período em que se constatar o descumprimento de requisito na forma deste artigo, devendo o lançamento correspondente ter como termo inicial a data da ocorrência da infração que lhe deu causa.

§ 2º O disposto neste artigo obedecerá ao rito processual do Decreto nº 70.235, de 1972 (Título II deste Regulamento).

CAPÍTULO IV

DO PEDIDO DE REVISÃO DE ORDEM DE EMISSÃO DE INCENTIVOS FISCAIS

Art. 126. O contribuinte optante pela aplicação de parcelas do imposto sobre a renda devido em incentivos fiscais poderá pedir revisão da ordem de emissão de incentivos fiscais emitida pela Secretaria da Receita Federal do Brasil, quando não atendida a opção formalizada na Declaração do Imposto sobre a Renda da Pessoa Jurídica – Lucro Real.

§ 1º A Secretaria da Receita Federal do Brasil, com base nas opções exercidas pelos contribuintes e no controle dos recolhimentos, expedirá, em cada exercício, à pessoa jurídica optante, extrato de conta-corrente contendo os valores efetivamente considerados como imposto e como aplicação nos fundos de investimento (Decreto-Lei nº 1.752, de 31 de dezembro de 1979, art. 3º).

§ 2º O pedido de revisão da ordem de emissão de incentivos fiscais deve ser apresentado, salvo prazo maior concedido pela Secretaria da Receita Federal do Brasil:

I – no prazo de trinta dias, contados da ciência do extrato no qual as opções não aparecem formalizadas ou se apresentam com divergências (Decreto-Lei nº 1.752, de 1979, art. 3º; Decreto nº 70.235, de 1972, art. 15); ou

II – até o dia 30 de setembro do segundo ano subsequente ao exercício financeiro a que corresponder a opção, no caso de não recebimento do extrato (Decreto-Lei nº 1.376, de 12 de dezembro de 1974, art. 15, § 5º, com redação dada pelo Decreto-Lei nº 1.752, de 1979, art. 1º).

§ 3º O disposto neste artigo obedecerá ao rito processual do Decreto nº 70.235, de 1972 (Título II deste Regulamento).

CAPÍTULO V

DO PROCESSO DE APLICAÇÃO DA PENA DE PERDIMENTO

Seção I

DO PROCESSO DE APLICAÇÃO DA PENA DE PERDIMENTO DE MERCADORIA E DE VEÍCULO

Art. 127. As infrações a que se aplique a pena de perdimento serão apuradas mediante processo administrativo fiscal, cuja peça inicial será o auto de infração acompanhado de termo de apreensão e, se for o caso, de termo de guarda fiscal (Decreto-Lei nº 1.455, de 1976, art. 27, *caput*).

§ 1º Feita a intimação, pessoal ou por edital, a não apresentação de impugnação no prazo de vinte dias, contados da data da ciência, implica revelia (Decreto-Lei nº 1.455, de 1976, art. 27, § 1º).

§ 2º A revelia do autuado, declarada pela autoridade preparadora, implica o envio do processo à autoridade competente, para imediata aplicação da pena de perdimento, ficando a mercadoria correspondente disponível para destinação, nos termos da legislação específica.

§ 3º Apresentada a impugnação, a autoridade preparadora terá o prazo de quinze dias, contados da data do protocolo, para remessa do processo a julgamento (Decreto-Lei nº 1.455, de 1976, art. 27, § 2º).

§ 4º O prazo mencionado no § 3º poderá ser prorrogado quando houver necessidade de diligência ou perícia (Decreto-Lei nº 1.455, de 1976, art. 27, § 3º).

§ 5º Após o preparo, o processo será submetido à decisão do Ministro de Estado da Fazenda, em instância única (Decreto-Lei nº 1.455, de 1976, art. 27, § 4º).

§ 6º As infrações mencionadas nos incisos II e III do *caput* do art. 23 do Decreto-Lei nº 1.455, de 1976, quando referentes a mercadorias de valor inferior a US$ 500.00 (quinhentos dólares dos Estados Unidos da América), e no inciso IX do *caput* do art. 105 do Decreto-Lei nº 37, de 18 de novembro de 1966, serão apuradas em procedimento simplificado, no qual (Decreto-Lei nº 1.455, de 1976, art. 27, § 5º, incluído pela Lei nº 12.058, de 13 de outubro de 2009, art. 31):

I – as mercadorias serão relacionadas pela unidade da Secretaria da Receita Federal do Brasil com jurisdição sobre o local de depósito, devendo a relação ser afixada em edital na referida unidade por vinte dias; e

II – decorrido o prazo a que se refere o inciso I:

a) sem manifestação por parte de qualquer interessado, serão declaradas abandonadas e estarão disponíveis para destinação, dispensada a formalidade a que se refere o *caput*, observado o disposto nos arts. 28 a 30 do Decreto-Lei nº 1.455, de 1976; ou

b) com manifestação contrária de interessado, será adotado o procedimento previsto no *caput* e nos §§ 1º a 4º.

§ 7º O Ministro de Estado da Fazenda poderá complementar a disciplina do disposto no § 6º, e aumentar em até duas vezes o limite nele estabelecido (Decreto-Lei nº 1.455, de 1976, art. 27, § 6º, incluído pela Lei nº 12.058, de 2009, art. 31).

§ 8º O disposto nos §§ 6º e 7º não se aplica na hipótese de mercadorias de importação proibida (Decreto-Lei nº 1.455, de 1976, art. 27, § 7º, incluído pela Lei nº 12.058, de 2009, art. 31).

§ 9º O Ministro de Estado da Fazenda poderá:

I – delegar a competência para a decisão de que trata o § 5º (Decreto-Lei nº 200, de 25 de fevereiro de 1967, art. 12); e

II – estabelecer normas complementares para disciplinar os procedimentos previstos nesta Seção.

Seção II

DO PROCESSO DE RETENÇÃO E DE PERDIMENTO DE VEÍCULO TRANSPORTADOR DE MERCADORIA SUJEITA A PENA DE PERDIMENTO

Art. 128. Caberá recurso contra os atos que formalizarem a exigência da multa pelo transporte de mercadoria sujeita a pena de perdimento e a retenção do veículo transportador, com efeito exclusivamente devolutivo, a ser apresentado no prazo de vinte dias, contados da data da ciência da retenção, ao chefe da unidade da Secretaria da Receita Federal do Brasil responsável pela retenção, que o apreciará em instância única (Lei nº 10.833, de 2003, art. 75, § 3º).

§ 1º Decorrido o prazo de quarenta e cinco dias, contados da data da aplicação da multa ou da ciência do indeferimento do recurso, e não recolhida a multa prevista, o veículo será considerado abandonado, caracterizando dano ao Erário e ensejando a aplicação da pena de perdimento, observado o rito estabelecido na Seção I deste Capítulo.

§ 2º A Secretaria da Receita Federal do Brasil deverá representar contra o transportador que incorrer na infração prevista no *caput* ou que seja submetido à aplicação da pena de perdimento de veículo à autoridade competente para fiscalizar o transporte terrestre.

Seção III

DO PROCESSO DE PERDIMENTO DE MOEDA

Art. 129. O processo administrativo de apuração e de aplicação da pena de perdimento de moeda obedecerá ao disposto no art. 127 e seus §§ 1º, 3º e 4º (Medida Provisória nº 2.158-35, de 2001, art. 89, §§ 1º a 4º; Decreto nº 6.759, de 2009, art. 700).

Parágrafo único. Da decisão proferida pela autoridade competente, no processo a que se refere o *caput*, não caberá recurso (Medida Provisória nº 2.158-35, de 2001, art. 89, § 5º).

Art. 130. As moedas retidas antes de 27 de agosto de 2001 terão seu valor convertido em renda da União (Medida Provisória nº 2.158-35, de 2001, art. 89, § 6º, inciso II).

Parágrafo único. O disposto no *caput* não se aplica nos casos em que o interessado tenha apresentado manifestação de inconformidade, hipótese em que serão adotados os procedimentos a que se refere o art. 127.

• Parágrafo único com a redação dada pelo Dec. nº 8.853, de 22-9-2016.

Seção IV

DA RELEVAÇÃO DA PENA DE PERDIMENTO

Art. 131. O Ministro de Estado da Fazenda, em despacho fundamentado, poderá relevar penalidades relativas a infrações de que não tenha resultado falta ou insuficiência de recolhimento de tributos federais, atendendo (Decreto-Lei nº 1.042, de 21 de outubro de 1969, art. 4º):

I – a erro ou à ignorância escusável do infrator, quanto à matéria de fato; ou

II – à equidade, em relação às características pessoais ou materiais do caso, inclusive ausência de intuito doloso.

§ 1º A relevação da penalidade poderá ser condicionada à correção prévia das irregularidades que tenham dado origem ao processo administrativo fiscal (Decreto-Lei nº 1.042, de 1969, art. 4º, § 1º).

§ 2º O Ministro de Estado da Fazenda poderá delegar a competência atribuída por este artigo (Decreto-Lei nº 1.042, de 1969, art. 4º, § 2º).

CAPÍTULO VI
DO PROCESSO DE DETERMINAÇÃO E EXIGÊNCIA DAS MEDIDAS DE SALVAGUARDA

Art. 132. A determinação e a exigência dos créditos tributários decorrentes de infração às medidas de salvaguarda obedecerão ao rito processual do Decreto nº 70.235, de 1972 (Título II deste Regulamento) (Decreto nº 6.759, de 2009, arts. 768 a 773).

CAPÍTULO VII
DOS PROCESSOS DE APLICAÇÃO E DE EXIGÊNCIA DOS DIREITOS *ANTIDUMPING* E COMPENSATÓRIOS

Art. 133. O cumprimento das obrigações resultantes da aplicação dos direitos *antidumping* e dos direitos compensatórios, provisórios ou definitivos, será condição para a introdução no comércio do País de produtos objeto de *dumping* ou subsídio (Lei nº 9.019, de 1995, art. 7º).

§ 1º Será competente para a cobrança dos direitos *antidumping* e compensatórios, provisórios ou definitivos, quando se tratar de valor em dinheiro, e, se for o caso, para sua restituição, a Secretaria da Receita Federal do Brasil.

§ 2º Os direitos *antidumping* e os direitos compensatórios são devidos na data do registro da Declaração de Importação (Lei nº 9.019, de 1995, art. 7º, § 2º, com a redação dada pela Lei nº 10.833, de 2003, art. 79).

§ 3º A exigência de ofício de direitos *antidumping* ou de direitos compensatórios e decorrentes acréscimos moratórios e penalidades será formalizada em auto de infração lavrado por Auditor-Fiscal da Receita Federal do Brasil, observado o disposto no Título II deste Regulamento, e o prazo de cinco anos, contados da data de registro da Declaração de Importação (Lei nº 9.019, de 1995, art. 7º, § 5º, incluído pela Lei nº 10.833, de 2003, art. 79).

§ 4º O julgamento dos processos relativos à exigência de que trata o § 3º, observado o disposto no Decreto nº 70.235, de 1972, compete:

I – em primeira instância, às Delegacias da Receita Federal do Brasil de Julgamento; e

II – em segunda instância, ao Conselho Administrativo de Recursos Fiscais.

§ 5º A restituição de valores pagos a título de direitos *antidumping* e de direitos compensatórios, provisórios ou definitivos, enseja a restituição dos acréscimos legais correspondentes e das penalidades pecuniárias, de caráter material, prejudicados pela causa da restituição (Lei nº 9.019, de 1995, art. 7º, § 7º, incluído pela Lei nº 10.833, de 2003, art. 79).

Art. 134. Os direitos *antidumping* ou compensatórios, provisórios ou definitivos, somente serão aplicados sobre bens despachados para consumo a partir da data da publicação do ato que os estabelecer, excetuando-se os casos de retroatividade previstos nos Acordos *Antidumping* e nos Acordos de Subsídios e Direitos Compensatórios (Lei nº 9.019, de 1995, art. 8º).

§ 1º Nos casos de retroatividade, a Secretaria da Receita Federal do Brasil intimará o contribuinte ou responsável para pagar os direitos *antidumping* ou compensatórios, provisórios ou definitivos, no prazo de trinta dias, contados da data da ciência, sem a incidência de quaisquer acréscimos moratórios (Lei nº 9.019, de 1995, art. 8º, § 1º, incluído pela Lei nº 10.833, de 2003, art. 79).

§ 2º Vencido o prazo previsto no § 1º sem que tenha havido o pagamento dos direitos, a Secretaria da Receita Federal do Brasil deverá exigi-los de ofício, mediante a lavratura de auto de infração, aplicando-se a multa e os juros de mora previstos no inciso II do § 3º do art. 7º da Lei nº 9.019, de 1995, a partir do término do prazo previsto no § 1º (Lei nº 9.019, de 1995, art. 8º, § 2º, incluído pela Lei nº 10.833, de 2003, art. 79).

CAPÍTULO VIII
DO PROCESSO DE DETERMINAÇÃO E EXIGÊNCIA DE DIREITOS DE NATUREZA COMERCIAL

Art. 135. A exigência de ofício de direitos de natureza comercial de que trata a Lei nº 12.270, de 24 de junho de 2010, dos acréscimos moratórios e das penalidades será formalizada em auto de infração lavrado por Auditor-Fiscal da Receita Federal do Brasil, observados os procedimentos previstos no Título II deste Regulamento, e o prazo de cinco anos contados da data da remessa, pagamento ou crédito da remuneração a que fizer jus o titular de direitos de propriedade intelectual (Lei nº 12.270, de 2010, art. 7º, § 8º).

§ 1º Verificado o inadimplemento da obrigação, a Secretaria da Receita Federal do Brasil encaminhará o débito à Procuradoria-Geral da Fazenda Nacional, para inscrição em dívida ativa da União e respectiva cobrança, observado o prazo de prescrição de cinco anos (Lei nº 12.270, de 2010, art. 7º, § 9º).

§ 2º Somente serão passíveis de ressarcimento os valores recolhidos a título de cobrança de direitos de que trata o *caput* nos casos de pagamento indevido ou em valor maior que o devido, observados os procedimentos estabelecidos pela Secretaria da Receita Federal do Brasil (Lei nº 12.270, de 2010, art. 7º, § 10).

CAPÍTULO IX
DO PROCESSO DE LIQUIDAÇÃO DE TERMO DE RESPONSABILIDADE

Art. 136. Ressalvado o regime de entreposto industrial previsto no Decreto-Lei nº 37, de 1966, as obrigações fiscais relativas à mercadoria sujeita a regime aduaneiro especial serão constituídas em termo de responsabilidade (Decreto-Lei nº 37, de 1966, art. 72).

§ 1º O termo de responsabilidade é título representativo de direito líquido e certo da Fazenda Nacional com relação às obrigações fiscais nele constituídas (Decreto-Lei nº 37, de 1966, art. 72, § 2º, incluído pelo Decreto-Lei nº 2.472, de 1º de setembro de 1988, art. 1º).

§ 2º Não cumprido o compromisso assumido no termo de responsabilidade, o crédito nele constituído será objeto de exigência, com os acréscimos legais cabíveis (Decreto nº 6.759, de 2009, art. 760, parágrafo único).

Art. 137. A exigência do crédito tributário constituído em termo de responsabilidade deve ser precedida de (Decreto nº 6.759, de 2009, art. 761):

I – intimação do responsável para, no prazo de dez dias, contados da data da ciência, justificar o descumprimento, total ou parcial, do compromisso assumido; e

II – revisão do processo vinculado ao termo de responsabilidade, à vista da justificativa do interessado, para fins de ratificação ou liquidação do crédito.

§ 1º A exigência do crédito, depois de notificada a sua ratificação ou liquidação ao responsável, deverá ser efetuada mediante:

I – conversão do depósito em renda da União, na hipótese de prestação de garantia sob a forma de depósito em dinheiro; ou

II – intimação do responsável para efetuar o pagamento, no prazo de trinta dias, contados da data da ciência, na hipótese de dispensa de garantia, ou da prestação de garantia sob a forma de fiança idônea ou de seguro aduaneiro.

§ 2º Quando a exigência for efetuada na forma prevista no inciso II do § 1º, será intimado também o fiador ou a seguradora.

Art. 138. Decorrido o prazo fixado no inciso I do *caput* do art. 137, sem que o interessado apresente a justificativa solicitada, será efetivada a exigência do crédito na forma prevista nos §§ 1º e 2º do referido artigo (Decreto nº 6.759, de 2009, art. 762).

Art. 139. Não efetuado o pagamento do crédito tributário exigido, o termo será encaminhado à Procuradoria da Fazenda Nacional para inscrição em dívida ativa da União (Decreto nº 6.759, de 2009, art. 763).

Art. 140. A Secretaria da Receita Federal do Brasil poderá editar normas complementares para disciplinar a exigência do crédito tributário constituído em termo de responsabilidade (Decreto nº 6.759, de 2009, art. 764).

Art. 141. O termo não formalizado por quantia certa será liquidado à vista dos elementos constantes do despacho aduaneiro a que estiver vinculado (Decreto-Lei nº 37, de 1966, art. 72, § 3º, com a redação dada pelo Decreto-Lei nº 2.472, de 1988, art. 1º).

§ 1º Na hipótese do *caput*, o interessado deverá ser intimado a apresentar, no prazo de dez dias, contados da data da ciência, as informações complementares necessárias à liquidação do crédito (Decreto nº 6.759, de 2009, art. 765, § 1º).

§ 2º O crédito liquidado será exigido na forma prevista nos §§ 1º e 2º do art. 137 (Decreto nº 6.759, de 2009, art. 765, § 2º).

Art. 142. A exigência do crédito tributário apurado em procedimento posterior à apresentação do termo de responsabilidade, em decorrência de aplicação de penalidade ou de ajuste no cálculo de tributo devido, será formalizada em auto de infração, lavrado por Auditor-Fiscal da Receita Federal do Brasil, observado o disposto no Decreto nº 70.235, de 1972 (Decreto nº 6.759, de 2009, art. 766).

Art. 143. Aplicam-se as disposições deste Capítulo, no que couber, ao termo de responsabilidade para cumprimento de formalidade ou de apresentação de documento (Decreto-Lei nº 37, de 1966, art. 72, § 4º, incluído pelo Decreto-Lei nº 2.472, de 1988, art. 1º).

CAPÍTULO X
DO PROCESSO DE RECONHECIMENTO DO DIREITO À REDUÇÃO DE TRIBUTO INCIDENTE SOBRE O LUCRO DA EXPLORAÇÃO NA ÁREA DA SUDENE

Art. 144. O direito à redução do Imposto sobre a Renda das Pessoas Jurídicas e adicionais não restituíveis incidentes sobre o lucro da exploração, na área de atuação da extinta Superintendência do Desenvolvimento do Nordeste – SUDENE será reconhecido pela unidade da Secretaria da Receita Federal do Brasil com jurisdição sobre o domicílio tributário da pessoa jurídica, instruído com o laudo expedido pelo Ministério da Integração Nacional (Decreto nº 4.213, de 26 de abril de 2002, art. 3º).

§ 1º O chefe da unidade da Secretaria da Receita Federal do Brasil competente decidirá sobre o pedido de redução no prazo de cento e vinte dias, contados da data da apresentação do requerimento.

§ 2º Expirado o prazo indicado no § 1º sem que a requerente tenha sido notificada da decisão contrária ao pedido e enquanto não sobrevier decisão irrecorrível, a interessada será considerada automaticamente no pleno gozo da redução pretendida.

§ 3º Caberá impugnação para a Delegacia da Receita Federal do Brasil de Julgamento, no prazo de trinta dias, contado da data da ciência do despacho que denegar, parcial ou totalmente, o pedido da requerente.

• § 3º com a redação dada pelo Dec. nº 8.853, de 22-9-2016.

§ 4º Não cabe recurso na esfera administrativa da decisão da Delegacia da Receita Federal do Brasil de Julgamento que denegar o pedido.

§ 5º Na hipótese do § 4º, a unidade competente procederá ao lançamento das importâncias que, até então, tenham sido reduzidas do imposto devido, efetuando-se a cobrança do débito.

§ 6º A cobrança prevista no § 5º não alcançará as parcelas correspondentes às reduções feitas durante o período em que a pessoa jurídica interessada esteja em pleno gozo da redução de que trata o § 2º.

CAPÍTULO XI
DO PROCESSO DE RECONHECIMENTO DO DIREITO À REDUÇÃO DE TRIBUTO INCIDENTE SOBRE O LUCRO DA EXPLORAÇÃO NA ÁREA DA SUDAM

Art. 145. O direito à redução do Imposto sobre a Renda das Pessoas Jurídicas e adicionais não restituíveis incidentes sobre o lucro da exploração, na área de atuação da extinta Superintendência do Desenvolvimento da Amazônia – SUDAM, será reconhecido pela unidade da Secretaria da Receita Federal do Brasil com jurisdição sobre o domicílio tributário da pessoa jurídica, instruído com o laudo expedido pelo Ministério da Integração Nacional (Decreto nº 4.213, de 2002, art. 3º).

§ 1º O chefe da unidade da Secretaria da Receita Federal do Brasil decidirá sobre o pedido em cento e vinte dias contados da respectiva apresentação do requerimento à repartição fiscal competente.

§ 2º Expirado o prazo indicado no § 1º sem que a requerente tenha sido notificada da decisão contrária ao pedido e enquanto não sobrevier decisão irrecorrível, a interessada será considerada automaticamente no pleno gozo da redução pretendida.

§ 3º Caberá impugnação para a Delegacia da Receita Federal do Brasil de Julgamento, no prazo de trinta dias, contado da data da ciência do despacho que denegar, parcial ou totalmente, o pedido da requerente.

• § 3º com a redação dada pelo Dec. nº 8.853, de 22-9-2016.

§ 4º É irrecorrível, na esfera administrativa, a decisão da Delegacia da Receita Federal do Brasil de Julgamento que denegar o pedido.

§ 5º Na hipótese do § 4º, a repartição competente procederá ao lançamento das importâncias que, até então, tenham sido reduzidas do imposto devido, efetuando-se a cobrança do débito.

§ 6º A cobrança prevista no § 5º não alcançará as parcelas correspondentes às reduções feitas durante o período em que a pessoa jurídica interessada esteja em pleno gozo da redução de que trata o § 2º.

TÍTULO IV – DISPOSIÇÕES FINAIS

Art. 146. Os processos administrativos fiscais relativos a tributos e a penalidades isoladas e as declarações não poderão sair das unidades da Secretaria da Receita Federal do Brasil, salvo quando se tratar de (Lei nº 9.250, de 1995, art. 38):

I – encaminhamento de recursos à instância superior;

II – restituições de autos aos órgãos de origem; ou

III – encaminhamento de documentos para fins de processamento de dados.

§ 1º Nos casos a que se referem os incisos I e II do *caput*, deverá ficar cópia autenticada dos documentos essenciais na respectiva unidade (Lei nº 9.250, de 1995, art. 38, § 1º).

§ 2º É facultado o fornecimento de cópia do processo ao sujeito passivo ou a seu mandatário (Lei nº 9.250, de 1995, art. 38, § 2º).

§ 3º É facultada vista do processo ao sujeito passivo ou a seu mandatário.

§ 4º O processo administrativo correspondente à inscrição de dívida ativa, à execução fiscal ou à ação proposta contra a Fazenda Nacional será mantido na unidade competente, dele se extraindo as cópias autenticadas ou certidões, que forem requeridas pelas partes ou requisitadas pelo Juiz ou pelo Ministério Público (Lei nº 6.830, de 1980, art. 41).

§ 5º Mediante requisição do Juiz à repartição competente, com dia e hora previamente marcados, poderá o processo administrativo ser exibido em sede do Juízo, pelo funcionário para esse fim designado, lavrando o serventuário termo da ocorrência, com indicação, se for o caso, das peças a serem transladadas (Lei nº 6.830, de 1980, art. 41, parágrafo único).

Art. 147. Os documentos apresentados pelo sujeito passivo e que instruem o processo poderão ser substituídos por cópia e restituídos, em qualquer fase, a requerimento do sujeito passivo, desde que a medida não prejudique a instrução do processo e que deles fique cópia autenticada no processo (Decreto nº 70.235, de 1972, art. 64).

Parágrafo único. Caso a medida prejudique a instrução do processo, os documentos não poderão ser restituídos, sendo facultado o fornecimento de cópias na forma prevista na legislação.

Art. 147-A. Os documentos que instruem o processo poderão ser objeto de digitalização.

§ 1º Para os fins do disposto neste Decreto, entende-se digitalização como a conversão da fiel imagem de um documento para código digital.

§ 2º O processo de digitalização deverá ser realizado de forma a manter a integridade, a autenticidade e, se necessário, a confidencialidade do documento digital, com o emprego de certificado digital emitido no âmbito da Infraestrutura de Chaves Públicas Brasileira – ICP – Brasil.

§ 3º Os meios de armazenamento dos documentos digitais deverão protegê-los de acesso, uso, alteração, reprodução e destruição não autorizados.

Art. 147-B. No processo eletrônico, os atos, os documentos e os termos que o instruem poderão ser natos digitais ou produzidos por meio de digitalização, observado o disposto na Medida Provisória nº 2.200-2, de 24 de agosto de 2001.

§ 1º Os atos, os termos e os documentos submetidos a digitalização pela administração tributária e armazenados eletronicamente possuem o mesmo valor probante de seus originais.

§ 2º Os autos de processos eletrônicos, ou parte deles, que tiverem de ser remetidos a órgãos ou entidades que não disponham de sistema compatível de armazenagem e tramitação poderão ser encaminhados impressos em papel ou por meio digital, conforme disciplinado em ato da administração tributária.

Art. 147-C. As matrizes físicas dos atos, dos termos e dos documentos digitalizados e armazenados eletronicamente conforme disposto no § 1º do art. 147-B poderão ser descartadas.

§ 1º O descarte das matrizes físicas será feito por meios que garantam sua inutilização e preservem o sigilo fiscal.

§ 2º Independentemente de terem sido digitalizados, os originais dos documentos apresentados em papel serão arquivados pela administração tributária, observada a tabela de temporalidade do órgão, quando:

I – tiverem valor histórico para a sociedade ou para a administração tributária;

II – configurarem prova em processo de representação fiscal para fins penais; ou

III – forem indícios de práticas de violação a direito autoral, de falsificação ou de adulteração de produtos ou documentos ou indícios de práticas de outros crimes ou contravenções penais.

- Arts. 147-A a 147-C acrescidos pelo Dec. nº 8.853, de 22-9-2016.

Art. 148. Este regulamento incorpora a legislação editada sobre a matéria até 19 de janeiro de 2015.

- Artigo com a redação dada pelo Dec. nº 8.853, de 22-9-2016.

Art. 149. Este Decreto entra em vigor na data de sua publicação.

Brasília, 29 de setembro de 2011;
190º da Independência e
123º da República.
Dilma Rousseff

DECRETO Nº 7.578, DE 11 DE OUTUBRO DE 2011

Regulamenta as medidas tributárias referentes à realização, no Brasil, da Copa das Confederações FIFA 2013 e da Copa do Mundo FIFA 2014 de que trata a Lei nº 12.350, de 20 de dezembro de 2010.

- Publicado no *DOU* de 13-10-2011.

Art. 1º As medidas tributárias referentes à realização no Brasil da Copa das Confederações FIFA 2013 e da Copa do Mundo FIFA 2014, de que tratam os arts. 2º a 16, 22 a 29 e 62 da Lei nº 12.350, de 20 de dezembro de 2010, serão aplicadas observando as disposições deste Decreto.

CAPÍTULO I
DISPOSIÇÕES PRELIMINARES

Art. 2º Para fins do disposto neste Decreto, considera-se:

I – Fédération Internationale de Football Association – FIFA – associação suíça de direito privado, entidade mundial que regula o esporte de futebol de associação, e suas subsidiárias, não domiciliadas no Brasil;

II – Subsidiária FIFA no Brasil – pessoa jurídica de direito privado, domiciliada no Brasil, cujo capital social total pertence à FIFA;

III – Copa do Mundo FIFA 2014 – Comitê Organizador Brasileiro Ltda. – LOC – pessoa jurídica brasileira de direito privado, reconhecida pela FIFA, constituída com o objetivo de promover no Brasil a Copa das Confederações FIFA 2013 e a Copa do Mundo FIFA 2014, bem como os Eventos relacionados;

IV – Confederação Brasileira de Futebol – CBF – associação brasileira de direito privado, sendo a associação nacional de futebol no Brasil;

V – Competições – a Copa das Confederações FIFA 2013 e a Copa do Mundo FIFA 2014;

VI – Eventos – as Competições e as seguintes atividades relacionadas às Competições, oficialmente organizadas, chanceladas, patrocinadas ou apoiadas pela FIFA, pela Subsidiária FIFA no Brasil, pelo LOC ou pela CBF:

a) os congressos da FIFA, banquetes, cerimônias de abertura, encerramento, premiação e outras cerimônias, sorteio preliminar, final e quaisquer outros sorteios, lançamentos de mascote e outras atividades de lançamento;

b) seminários, reuniões, conferências, *workshops* e coletivas de imprensa;

c) atividades culturais: concertos, exibições, apresentações, espetáculos ou outras expressões culturais, bem como os projetos Futebol pela Esperança (Football for Hope) ou projetos beneficentes similares;

d) partidas de futebol e sessões de treino; e

e) outras atividades consideradas relevantes para a realização, organização, preparação, marketing, divulgação, promoção ou encerramento das Competições;

VII – Confederações FIFA – as seguintes confederações:

a) Confederação Asiática de Futebol (Asian Football Confederation – AFC);

b) Confederação Africana de Futebol (Confédération Africaine de Football – CAF);

c) Confederação de Futebol da América do Norte, Central e Caribe (Confederation of North, Central American and Caribbean Association Football – CONCACAF);

d) Confederação Sul-Americana de Futebol (Confederación Sudamericana de Fútbol – CONMEBOL);

e) Confederação de Futebol da Oceania (Oceania Football Confederation – OFC); e

f) União das Associações Europeias de Futebol (Union des Associations Européennes de Football – UEFA);

VIII – Associações estrangeiras membros da FIFA – as associações nacionais de futebol de origem estrangeira, oficialmente afiliadas à FIFA, participantes ou não das Competições;

IX – Emissora Fonte da FIFA – pessoa jurídica licenciada ou nomeada, com base em relação contratual, para produzir o sinal e o conteúdo audiovisual básicos ou complementares dos Eventos, com o objetivo de distribuição no Brasil e no exterior para os detentores de direitos de mídia;

X – Prestadores de Serviços da FIFA – pessoas jurídicas licenciadas ou nomeadas, com base em relação contratual, para prestar serviços relacionados à organização e produção dos Eventos:

a) como coordenadores da FIFA na gestão de acomodações, de serviços de transporte, de programação de operadores de turismo e dos estoques de ingressos;

b) como fornecedores da FIFA de serviços de hospitalidade e de soluções de tecnologia da informação; ou

c) outros prestadores de serviço ou fornecedores de bens, nos termos do Anexo a este Decreto;

XI – Parceiros Comerciais da FIFA – pessoa jurídica licenciada ou nomeada com base em qualquer relação contratual, em relação aos Eventos, bem como os seus subcontratados, para atividades relacionadas aos Eventos, excetuando-se as entidades referidas nos incisos III, IV e VII a X;

XII – Voluntário da FIFA, de Subsidiária FIFA no Brasil ou do LOC – pessoa física que dedica parte do seu tempo, sem vínculo empregatício, para auxiliar a FIFA, a Subsidiária FIFA no Brasil ou o LOC na organização e realização dos Eventos;

XIII – bens duráveis – aqueles cuja vida útil ultrapasse o período de um ano;

XIV – base temporária de negócios – a instalação de unidade no País para o exercício de atividades inerentes à realização e à organização dos Eventos pelos beneficiários domiciliados no exterior; e

XV – pacotes de hospedagem – refere-se a pacotes que incluam hospedagem, podendo estar associados a um ou vários dos serviços abaixo:

a) ingressos de qualquer tipo;

b) alimentação;

c) estacionamento;

d) entretenimento; e

e) outros serviços.

§ 1º As pessoas jurídicas estrangeiras previstas no *caput*, qualquer que seja o seu objeto, somente poderão funcionar no País até 31 de dezembro de 2015, ainda que por estabelecimentos subordinados ou base temporária de negócios.

§ 2º É facultado à FIFA ou a qualquer de suas subsidiárias integrais constituir ou incorporar subsidiárias integrais no País, até o limite de cinco, mediante escritura pública, sob qualquer modalidade societária, desde que tal Subsidiária FIFA no Brasil tenha finalidade específica vinculada à organização e realização dos Eventos, e cuja duração termine em data anterior a 31 de dezembro de 2015, e tenha como único acionista ou cotista a própria FIFA ou qualquer de suas subsidiárias integrais.

§ 3º As Subsidiárias FIFA no Brasil poderão permanecer em funcionamento após 31 de dezembro de 2015 para cumprir obrigações previamente assumidas em relação à organização ou à realização dos Eventos, tais como os reembolsos de valores pagos por ingressos, hipótese em que não gozarão de nenhum benefício fiscal previsto na Lei nº 12.350, de 2010 a partir de tal data.

§ 4º A Emissora Fonte da FIFA, os Parceiros Comerciais e os Prestadores de Serviços referidos nos incisos IX, X e XI do *caput* poderão ser nomeados ou licenciados diretamente pela FIFA ou por meio de uma de suas nomeadas ou licenciadas.

Art. 3º A Secretaria da Receita Federal do Brasil poderá solicitar ao Ministério do Esporte informações relativas à Copa das Confederações FIFA 2013 e à Copa do Mundo FIFA 2014, em especial quanto:

I – aos Eventos de que trata o inciso VI do *caput* do art. 2º; e

II – aos bens e produtos vinculados aos Eventos.

Art. 4º Cabe ao Ministério da Fazenda:

I – avaliar a solicitação de extensão do prazo de permanência no País de que trata o § 1º do art. 2º da Lei nº 12.350, de 2010; e

II – estabelecer as condições necessárias à defesa dos interesses nacionais de que trata o § 4º do art. 2º da Lei nº 12.350, de 2010.

CAPÍTULO II
DA HABILITAÇÃO

Art. 5º A fruição dos benefícios fiscais de que trata este Decreto estará condicionada à habilitação na forma deste Capítulo.

Art. 6º A FIFA ou Subsidiária FIFA no Brasil deverá apresentar, na forma disciplinada pela Secretaria da Receita Federal do Brasil, lista dos Eventos e das pessoas físicas e jurídicas passíveis de serem beneficiadas pelo disposto neste Decreto.

§ 1º Na impossibilidade de a FIFA ou de Subsidiária FIFA no Brasil apresentar a lista de que trata o *caput*, caberá ao LOC apresentá-la.

§ 2º A inclusão ou exclusão de Eventos, pessoas físicas ou jurídicas na lista de que trata o *caput*, poderá ser feita a qualquer tempo, devendo a lista ser consolidada obrigatoriamente de três em três meses.

§ 3º A Secretaria da Receita Federal do Brasil disciplinará o assunto de que trata o *caput* em até quarenta e cinco dias após a publicação deste Decreto.

Art. 7º Cabe à Secretaria da Receita Federal do Brasil habilitar os Eventos e as pessoas físicas e jurídicas de que trata o *caput* do art. 6º.

§ 1º A Subsidiária FIFA no Brasil e o LOC somente poderão apresentar a lista de que trata o *caput* do art. 6º após serem habilitados.

§ 2º No caso de criação de mais de uma Subsidiária FIFA no Brasil, cada Subsidiária deverá ser habilitada separadamente.

§ 3º A Secretaria da Receita Federal do Brasil divulgará em até trinta dias após a entrega da lista de que trata o *caput* do art. 6º, a relação das pessoas físicas e jurídicas habilitadas à fruição dos benefícios, observado o prazo estabelecido no § 3º do art. 6º.

Art. 8º A Secretaria da Receita Federal do Brasil deverá divulgar a lista dos Eventos e dos nomes das pessoas físicas e jurídicas habilitadas à fruição dos benefícios por meio de Ato Declaratório Executivo.

Parágrafo único. A publicidade do ato a que se refere o *caput* deverá ocorrer de forma consolidada no sítio oficial da Secretaria da Receita Federal do Brasil na Internet, sendo dispensada a sua publicação no *Diário Oficial da União*.

Art. 9º A habilitação dos parceiros comerciais da FIFA e das bases temporárias de negócios no País, instaladas pela FIFA, por Confederações FIFA, por Associações estrangeiras membros da FIFA, por Emissora Fonte da FIFA, ou por Prestadores de Serviços da FIFA, será condicionada à indicação de representante para resolver quaisquer questões e receber comunicações oficiais no País.

- Art. 9º com a redação dada pelo Dec. nº 8.463, de 5-6-2015.

Parágrafo único. A habilitação a que se refere o *caput* pressupõe autorização prévia para funcionamento no país pela Secretaria da Receita Federal do Brasil.

CAPÍTULO III
DA IMPORTAÇÃO COM ISENÇÃO DE TRIBUTOS

Art. 10. A isenção dos tributos federais incidentes nas importações promovidas pela FIFA, pela Subsidiária FIFA no Brasil, pelas Confederações FIFA, pelas Associações estrangeiras membros da FIFA, pelos Parceiros Comerciais da FIFA domiciliados no exterior, pela Emissora Fonte da FIFA e pelos Prestadores de Serviços da FIFA domiciliados no exterior, aplica-se:

I – aos alimentos, suprimentos médicos, produtos farmacêuticos, combustíveis e materiais de escritório;

II – aos troféus, medalhas, placas, estatuetas, distintivos, flâmulas, bandeiras e outros objetos comemorativos;

III – aos materiais promocionais, impressos, folhetos e outros bens com finalidade semelhante, a serem distribuídos gratuitamente ou utilizados nos Eventos;

IV – aos bens dos tipos e em quantidades normalmente consumidos em atividades esportivas da mesma magnitude; e

V – a outros bens não duráveis, assim considerados aqueles cuja vida útil seja de até um ano.

§ 1º A isenção de que trata este artigo abrange os seguintes tributos:

I – Imposto sobre Produtos Industrializados – IPI incidente no desembaraço aduaneiro;

II – Imposto de Importação;

III – Contribuição para os Programas de Integração Social e de Formação do Patrimônio do Servidor Público incidente sobre a importação – Contribuição para o PIS/PASEP-Importação;

IV – Contribuição para o Financiamento da Seguridade Social incidente sobre a importação de bens e serviços – COFINS-Importação;

V – Taxa de Utilização do Sistema Integrado de Comércio Exterior – SISCOMEX;

VI – Taxa de Utilização do MERCANTE;

VII – Adicional ao Frete para Renovação da Marinha Mercante – AFRMM; e

VIII – Contribuição de Intervenção no Domínio Econômico incidente sobre a importação e a comercialização de petróleo e seus derivados, gás natural e seus derivados, e álcool etílico combustível.

§ 2º A isenção prevista no *caput* será concedida com observância das seguintes condições:

I – *Revogado*. Dec. nº 8.463, de 5-6-2015.

II – os bens ou mercadorias deverão ser importados para uso ou consumo exclusivo na organização ou realização dos Eventos.

§ 3º A Secretaria da Receita Federal do Brasil disciplinará as condições de que trata o § 2º em até quarenta e cinco dias após a publicação deste Decreto.

§ 4º Para fins de fruição da isenção, entende-se por bens consumidos os bens dos tipos e em quantidades normalmente utilizados em Eventos dessa magnitude.

§ 5º O conceito de bens consumidos estabelecido no § 4º não abrange veículos automotores em geral, nem motocicletas, motonetas, bicicletas com motor, motos aquáticas e similares, aeronaves e embarcações de todo tipo, tampouco armas.

§ 6º As importações efetuadas na forma deste artigo não darão, em nenhuma hipótese, direito a crédito da Contribuição para o PIS/PASEP e da COFINS.

CAPÍTULO IV
DA IMPORTAÇÃO DE BENS DURÁVEIS COM ISENÇÃO DE TRIBUTOS

Art. 11. A isenção prevista no *caput* do art. 10 aplica-se, também, aos bens duráveis de que trata o art. 12, cujo valor unitário, apurado segundo as normas do Artigo VII do Acordo Geral Sobre Tarifas e Comércio – GATT, de 1994, seja igual ou inferior a R$ 5.000,00 (cinco mil reais), observado o disposto nos arts. 75 a 89 do Decreto nº 6.759, de 5 de fevereiro de 2009.

§ 1º A isenção prevista no *caput* será concedida com observância das seguintes condições:

I – *Revogado*. Dec. nº 8.463, de 5-6-2015.

II – os bens ou mercadorias deverão ser importados para uso ou consumo exclusivo na organização ou realização dos Eventos.

§ 2º A Secretaria da Receita Federal do Brasil deverá disciplinar o disposto no § 1º em até quarenta e cinco dias após a publicação deste Decreto.

CAPÍTULO V
DA IMPORTAÇÃO COM SUSPENSÃO DE TRIBUTOS

Art. 12. Ressalvado o disposto no art. 11, a isenção de que trata o *caput* do art. 10 não se aplica à importação de bens e equipamentos duráveis, os quais poderão ser admitidos no País sob o Regime Aduaneiro Especial de Admissão Temporária, com suspensão do pagamento dos tributos incidentes sobre a importação.

§ 1º O benefício fiscal previsto no *caput* é aplicável, entre outros, aos seguintes bens duráveis:

I – equipamento técnico-esportivo;

II – equipamento técnico de gravação e transmissão de sons e imagens;

III – equipamento médico; e

IV – equipamento técnico de escritório.

§ 2º Na hipótese prevista no *caput*, será concedida suspensão total do pagamento dos tributos federais mencionados no § 1º do art. 10, inclusive no caso de bens admitidos temporariamente no País para utilização econômica, observados os requisitos e as condições estabelecidos nos arts. 353 a 382 do Decreto nº 6.759, de 2009.

- § 2º com a redação dada pelo Dec. nº 8.463, de 5-6-2015.

§ 3º Será dispensada a apresentação de garantias dos tributos suspensos, observados os requisitos e as condições estabelecidos pela Secretaria da Receita Federal do Brasil.

§ 4º Para fins de aplicação do regime de admissão temporária de que trata este artigo, considera-se o prazo de vida útil referida no inciso XIII do *caput* do art. 2º como sendo o prazo de duração provável do bem em condições normais de uso.

- § 4º acrescido pelo Dec. nº 8.463, de 5-6-2015.

Art. 13. A suspensão dos tributos federais mencionados no § 1º do art. 10, no caso da importação de bens sob o Regime Aduaneiro Especial de Admissão Temporária pelas entidades referidas no *caput* do art. 10, será regularizada mediante a reexportação dos bens em até cento e oitenta dias contados do término do prazo estabelecido pelo art. 33, ou convertida em isenção, desde que tais bens sejam:

I – doados à União em até cento e oitenta dias contados do término do prazo estabelecido pelo art. 33, a qual poderá repassá-los às pessoas jurídicas de que trata o art. 25; ou

II – doados diretamente pelos beneficiários às pessoas jurídicas de que trata o art. 26, em até cento e oitenta dias contados do término do prazo estabelecido pelo art. 33.

§ 1º O disposto no *caput* aplica-se exclusivamente aos bens que tenham sido utilizados na organização ou realização dos Eventos.

§ 2º As importações efetuadas na forma dos arts. 10, 11 e 12 não darão, em nenhuma hipótese, direito a crédito da Contribuição para o PIS/PASEP e da COFINS.

CAPÍTULO VI
DA BAGAGEM DOS VIAJANTES

Art. 14. A Secretaria da Receita Federal do Brasil poderá editar atos normativos específicos relativos ao tratamento tributário aplicável à bagagem dos viajantes que ingressarem no País para participar dos Eventos de que trata este Decreto.

CAPÍTULO VII
DAS ISENÇÕES CONCEDIDAS À FIFA, ÀS CONFEDERAÇÕES FIFA, ÀS ASSOCIAÇÕES ESTRANGEIRAS MEMBROS DA FIFA, À EMISSORA FONTE DA FIFA, E AOS PRESTADORES DE SERVIÇOS DA FIFA, NÃO DOMICILIADOS NO PAÍS

Art. 15. A isenção concedida à FIFA, às Confederações FIFA, às Associações estrangeiras membros da FIFA, à Emissora Fonte da FIFA e aos Prestadores de Serviços da FIFA, não domiciliados no País, em relação aos fatos geradores decorrentes das atividades próprias e diretamente vinculadas à organização ou realização dos Eventos, abrange os seguintes tributos federais:

I – impostos:

a) Imposto sobre a Renda Retido na Fonte; e

b) Imposto sobre Operações de Crédito, Câmbio e Seguro, ou relativas a Títulos ou Valores Mobiliários – IOF;

II – contribuições sociais:

a) contribuições sociais previstas na alínea *a* do parágrafo único do art. 11 da Lei nº 8.212, de 24 de julho de 1991;

b) contribuições administradas pela Secretaria da Receita Federal do Brasil na forma do art. 3º da Lei nº 11.457, de 16 de março de 2007, devidas por lei a terceiros, assim entendidos os fundos públicos e as entidades privadas de serviço social e de formação profissional;

c) Contribuição para o PIS/PASEP-Importação; e

d) COFINS-Importação; e

III – contribuições de intervenção no domínio econômico:

a) Contribuição para o Programa de Estímulo à Interação Universidade-Empresa para o Apoio à Inovação, instituída pela Lei nº 10.168, de 29 de dezembro de 2000; e

b) Contribuição para o Desenvolvimento da Indústria Cinematográfica Nacional – CONDECINE, instituída pela Medida Provisória nº 2.228-1, de 6 de setembro de 2001.

§ 1º As isenções previstas nos incisos I e III do *caput* aplicam-se exclusivamente:

I – aos rendimentos pagos, creditados, entregues, empregados, ou remetidos às pessoas jurídicas citadas no *caput* ou pelas pessoas jurídicas citadas no *caput*, em espécie ou de outra forma, inclusive mediante o fornecimento de bens ou prestação de serviços; e

II – às operações de crédito, de câmbio e de seguro realizadas pelas pessoas jurídicas citadas no *caput*.

§ 2º As isenções previstas nas alíneas *c* e *d* do inciso II do *caput* referem-se apenas à importação de serviços.

§ 3º Para fins do disposto neste Decreto, a base temporária de negócios no País, instalada pela FIFA, pelas Confederações FIFA, pelas Associações estrangeiras membros da FIFA, pela Emissora Fonte da FIFA, e pelos Prestadores de Serviços da FIFA não domiciliados no País, com a finalidade específica de servir à organização e à realização dos Eventos, não configura estabelecimento permanente para efei-

LEG. COMPLEMENTAR

tos de aplicação da legislação brasileira e não se sujeita ao disposto nos incisos II e III do *caput* do art. 147 do Decreto nº 3.000, de 26 de março de 1999, bem como no art. 126 da Lei nº 5.172, de 25 de outubro de 1966 – Código Tributário Nacional (CTN).

§ 4º A isenção de que trata o *caput* não alcança:

I – os rendimentos e ganhos de capital auferidos nas operações realizadas no mercado financeiro e de capitais ou na alienação de bens e direitos; e

II – as operações de câmbio realizadas para ingresso de recursos no País para aplicação nos mercados financeiros e de capitais e as operações relativas a títulos ou valores mobiliários que deverão observar o disposto no Decreto nº 6.306, de 14 de dezembro de 2007.

§ 5º O disposto neste artigo não desobriga:

I – a pessoa jurídica domiciliada no País e a pessoa física residente no País que aufiram renda ou proventos de qualquer natureza, recebidos das pessoas jurídicas de que trata este artigo, do pagamento do Imposto sobre a Renda da Pessoa Jurídica – IRPJ e do Imposto sobre a Renda da Pessoa Física – IRPF, respectivamente, observada a legislação específica;

II – a pessoa física residente no País que aufira renda ou proventos de qualquer natureza decorrentes da prestação de serviços às pessoas jurídicas de que trata o *caput*, do recolhimento da contribuição previdenciária de que trata o art. 21 da Lei nº 8.212, de 1991; e

III – as pessoas jurídicas de que trata este artigo de reter e recolher a contribuição previdenciária dos segurados empregados, prevista no art. 20 da Lei nº 8.212, de 1991.

CAPÍTULO VIII

DAS ISENÇÕES CONCEDIDAS À SUBSIDIÁRIA FIFA NO BRASIL E À EMISSORA FONTE, NA HIPÓTESE DE SEREM PESSOAS JURÍDICAS DOMICILIADAS NO BRASIL

Art. 16. A isenção concedida à Subsidiária FIFA no Brasil, e à Emissora Fonte, na hipótese de serem pessoas jurídicas domiciliadas no Brasil, em relação aos fatos geradores decorrentes das atividades próprias e diretamente vinculadas à organização ou realização dos Eventos, abrange os seguintes tributos federais:

I – impostos:

a) Imposto de Renda sobre Pessoa Jurídica;

b) Imposto de Renda Retido na Fonte;

c) IOF; e

d) IPI, na saída de produtos importados do estabelecimento importador da subsidiária FIFA no Brasil ou da Emissora Fonte domiciliada no País;

II – contribuições sociais:

a) Contribuição Social sobre o Lucro Líquido;

b) Contribuição para o PIS/PASEP;

c) COFINS;

d) Contribuição para o PIS/PASEP-Importação;

e) COFINS-Importação;

f) contribuições sociais previstas na alínea *a* do parágrafo único do art. 11 da Lei nº 8.212, de 1991; e

g) contribuições administradas pela Secretaria da Receita Federal do Brasil na forma do art. 3º da Lei nº 11.457, de 2007, devidas por lei a terceiros, assim entendidos os fundos públicos e as entidades privadas de serviço social e de formação profissional; e

III – contribuições de intervenção no domínio econômico:

a) Contribuição para o Programa de Estímulo à Interação Universidade-Empresa para o Apoio à Inovação, instituída pela Lei nº 10.168, de 2000; e

b) CONDECINE, instituída pela Medida Provisória nº 2.228-1, de 2001.

§ 1º As isenções previstas nas alíneas *a*, *b* e *c* do inciso I, na alínea *a* do inciso II e no inciso III do *caput* aplicam-se exclusivamente:

I – às receitas, lucros e rendimentos auferidos por Subsidiária FIFA no Brasil e por Emissora Fonte no Brasil, excluindo-se os rendimentos e ganhos de capital auferidos nas operações realizadas no mercado financeiro e de capitais ou na alienação de bens e direitos;

II – aos rendimentos pagos, creditados, entregues, empregados ou remetidos pela Subsidiária FIFA no Brasil ou pela Emissora Fonte no Brasil ou para Subsidiária FIFA no Brasil e para Emissora Fonte no Brasil, em espécie ou de outra forma, inclusive mediante o fornecimento de bens ou prestação de serviços; e

III – às operações de crédito, de câmbio e de seguro realizadas por Subsidiária FIFA no Brasil ou por Emissora Fonte no Brasil.

§ 2º A isenção de que trata a alínea *b* do inciso I do *caput* não desobriga a Subsidiária FIFA no Brasil e a Emissora Fonte no Brasil de efetuar a retenção do imposto sobre a renda, de que trata o art. 7º da Lei nº 7.713, de 22 de dezembro de 1988, na forma estabelecida pela Secretaria da Receita Federal do Brasil.

§ 3º As isenções de que tratam as alíneas *b* e *c* do inciso II do *caput* não alcançam as receitas da venda de ingressos e de pacotes de hospedagem, observado o disposto no art. 24.

§ 4º A isenção de que trata o inciso III do § 1º não alcança as operações de câmbio realizadas para ingresso de recursos no País para aplicação nos mercados financeiros e de capitais e as operações relativas a títulos ou valores mobiliários que deverão observar o disposto no Decreto nº 6.306, de 2007.

§ 5º Deverão constar das notas fiscais relativas às vendas realizadas pela Subsidiária FIFA no Brasil ou pela Emissora Fonte no Brasil com a isenção de que tratam as alíneas *b* e *c* do inciso II do *caput*, a expressão "Venda efetuada com isenção da Contribuição para o PIS/PASEP e da COFINS" e a indicação do dispositivo legal correspondente.

§ 6º Deverão constar das notas fiscais relativas às saídas de que trata a alínea *d* do inciso I do *caput*, a expressão "Venda efetuada com isenção do IPI" e a indicação do dispositivo legal correspondente.

§ 7º Se os produtos não forem destinados a uso ou consumo na organização e realização dos Eventos, o beneficiário ou o responsável tributário ficará sujeito ao pagamento dos tributos e da penalidade cabível, como se a isenção não existisse.

§ 8º Não serão admitidos os descontos de créditos da Contribuição para o PIS/PASEP ou da COFINS, previstos respectivamente no art. 3º da Lei nº 10.637, de 2002, e no art. 3º da Lei nº 10.833, de 2003, pelos adquirentes, em relação às vendas realizadas por Subsidiária FIFA no Brasil ou por Emissora Fonte no Brasil, observado o disposto no § 5º.

§ 9º O disposto neste artigo não desobriga:

I – a pessoa física residente no País que aufira renda ou proventos de qualquer natureza decorrentes da prestação de serviços às pessoas jurídicas de que trata este artigo, do recolhimento da contribuição previdenciária de que trata o art. 21 da Lei nº 8.212, de 1991; e

II – a pessoa jurídica de que trata este artigo de reter e recolher a contribuição previdenciária dos segurados empregados, prevista no art. 20 da Lei nº 8.212, de 1991, na forma estabelecida pela Secretaria da Receita Federal do Brasil.

§ 10. As importações efetuadas na forma deste artigo não darão, em nenhuma hipótese, direito a crédito da Contribuição para o PIS/PASEP e da COFINS.

§ 11. A Emissora Fonte, na hipótese de ser pessoa jurídica domiciliada no Brasil, deverá ser estabelecida com finalidade específica para o desenvolvimento de atividades diretamente relacionadas à realização dos Eventos.

CAPÍTULO IX
DAS ISENÇÕES CONCEDIDAS AOS PRESTADORES DE SERVIÇOS FIFA ESTABELECIDOS NO PAÍS E AO LOC

Art. 17. A isenção concedida aos Prestadores de Serviços da FIFA estabelecidos no País sob a forma de sociedade com finalidade específica para o desenvolvimento de atividades diretamente relacionadas à realização dos Eventos, e ao LOC, abrange os seguintes tributos federais:

I – impostos:

a) Imposto de Renda sobre Pessoa Jurídica;

b) IOF; e

II – contribuições sociais:

a) Contribuição Social sobre o Lucro Líquido;

b) Contribuição para o PIS/PASEP; e

c) COFINS.

§ 1º A isenção de que trata o *caput* aplica-se apenas aos fatos geradores decorrentes das atividades próprias e diretamente vinculadas à organização ou à realização dos Eventos.

§ 2º As isenções previstas no inciso I e na alínea *a* do inciso II do *caput* aplicam-se, exclusivamente:

I – às receitas, lucros e rendimentos auferidos, decorrentes da prestação de serviços diretamente à FIFA ou Subsidiária FIFA no Brasil, excluindo-se os rendimentos e ganhos de capital auferidos nas operações realizadas no mercado financeiro e de capitais ou na alienação de bens e direitos; e

II – às operações de crédito, de câmbio e de seguro realizadas pelo LOC ou pelos Prestadores de Serviços da FIFA de que trata o *caput*.

§ 3º As isenções de que tratam as alíneas *b* e *c* do inciso II do *caput*:

I – não alcançam as receitas da venda de ingressos e de pacotes de hospedagem, observado o disposto no art. 24;

II – aplicam-se exclusivamente às receitas provenientes de serviços prestados diretamente à FIFA ou Subsidiária FIFA no Brasil; e

III – não darão, em hipótese alguma, direito a crédito da Contribuição para o PIS/PASEP nem da COFINS.

§ 4º Deverão constar das notas fiscais relativas às vendas realizadas pelos Prestadores de Serviços FIFA estabelecidos no País sob a forma de sociedade com finalidade específica ou pelo LOC, com a isenção de que tratam as alíneas *b* e *c* do inciso II do *caput*, a expressão "Venda efetuada com isenção da Contribuição para o PIS/PASEP" e da COFINS e a indicação do dispositivo legal correspondente.

§ 5º A isenção de que trata o inciso II do § 2º não alcança as operações de câmbio realizadas para ingresso de recursos no País para aplicação nos mercados financeiros e de capitais e as operações relativas a títulos ou valores mobiliários, que deverão observar o disposto no Decreto nº 6.306, de 2007.

CAPÍTULO X
DAS ISENÇÕES CONCEDIDAS A PESSOAS FÍSICAS

Art. 18. Estão isentos do imposto sobre a renda os rendimentos pagos, creditados, empregados, entregues ou remetidos pela FIFA, pelas demais pessoas jurídicas referidas no § 2º do art. 7º da Lei nº 12.350, de 2010, ou por Subsidiária FIFA no Brasil, para pessoas físicas, não residentes no País, empregadas ou de outra forma contratadas para trabalhar de forma pessoal e direta na organização ou realização dos Eventos, que ingressarem no País com visto temporário.

§ 1º As isenções deste artigo também são aplicáveis aos árbitros, aos jogadores de futebol e aos outros membros das delegações, exclusivamente no que concerne ao pagamento de prêmios relacionados aos Eventos efetuado pelas pessoas jurídicas referidas no *caput*.

§ 2º Para fins do disposto neste artigo, não caracteriza residência no País a permanência no Brasil até 31 de dezembro de 2015, salvo o caso de obtenção de visto permanente ou vínculo empregatício com pessoa jurídica distinta da FIFA, de Subsidiária FIFA no Brasil, e das demais pessoas jurídicas referidas no § 2º do art. 7º da Lei nº 12.350, de 2010.

§ 3º Sem prejuízo dos acordos, tratados e convenções internacionais firmados pelo Brasil e independentemente da existência de reciprocidade de tratamento, os demais rendimentos recebidos de fonte no Brasil, inclusive o ganho de capital na alienação de bens e direitos situados no País, pelas pessoas físicas referidas no *caput* são tributados de acordo com normas específicas aplicáveis aos não residentes no Brasil.

§ 4º Para efeitos deste artigo, prêmio é o valor auferido pelas pessoas físicas de que trata o § 1º em função da sua participação nos Eventos.

Art. 19. Estão isentos do imposto sobre a renda os valores dos benefícios indiretos e o reembolso de despesas recebidos por Voluntário da FIFA, da Subsidiária FIFA no Brasil ou do LOC que auxiliar na organização e realização dos Eventos, até o valor de cinco salários mínimos por mês, sem prejuízo da aplicação da tabela de incidência mensal do imposto sobre a renda sobre o valor excedente.

§ 1º No caso de recebimento de dois ou mais pagamentos em um mesmo mês, a parcela isenta deve ser considerada em relação à soma desses pagamentos.

§ 2º Caso esteja obrigado a apresentar a Declaração de Ajuste Anual, o contribuinte deverá informar a soma dos valores mensais recebidos e considerados isentos na forma deste artigo.

§ 3º Os rendimentos que excederem o limite de isenção de que trata o *caput* não poderão ser aproveitados para fruição da isenção em meses subsequentes.

§ 4º A parcela dos rendimentos excedente ao limite de que trata o *caput* será tributada na fonte conforme tabela progressiva mensal vigente no mês do pagamento e está sujeita ao ajuste anual.

§ 5º O imposto retido na fonte na forma deste artigo poderá ser considerado antecipação do devido no ajuste anual.

§ 6º No caso de ocorrer diferença a menor do limite de isenção em um mês, a diferença não poderá ser transferida para meses anteriores ou posteriores para efeito da fruição da isenção.

Art. 20. Estão isentas do IOF as operações de câmbio liquidadas por pessoas físicas não residentes no País, empregadas ou de outra forma contratadas para trabalhar na organização e realização dos Eventos, que ingressarem no Brasil com visto temporário.

Parágrafo único. A isenção de que trata o *caput* não alcança as operações de câmbio realizadas para ingresso de recursos no País que tenham como objetivo a aplicação nos mercados financeiros e de capitais, devendo observar o disposto no art. 15-A do Decreto nº 6.306, de 2007, bem como as operações de crédito, de seguro ou relativas a títulos ou valores mobiliários.

CAPÍTULO XI

DA DESONERAÇÃO DE TRIBUTOS INDIRETOS NAS AQUISIÇÕES REALIZADAS NO MERCADO INTERNO PELA FIFA, POR SUBSIDIÁRIA FIFA NO BRASIL E PELA EMISSORA FONTE DA FIFA

Art. 21. Ficam isentos do IPI os produtos nacionais adquiridos pela FIFA, por Subsidiária FIFA no Brasil ou pela Emissora Fonte da FIFA, diretamente de estabelecimento industrial fabricante, para uso ou consumo na organização e realização dos Eventos.

§ 1º O disposto neste artigo não se aplica aos bens e equipamentos duráveis adquiridos para utilização nos Eventos.

§ 2º A isenção prevista neste artigo será aplicada, também, nos casos de doação e dação em pagamento, e nos casos de qualquer outra forma de pagamento, inclusive mediante o fornecimento de bens ou prestação de serviços.

Art. 22. Fica suspensa a incidência do IPI sobre os bens duráveis adquiridos diretamente de estabelecimento industrial, para utilização nos Eventos, pela FIFA, por Subsidiária FIFA no Brasil ou pela Emissora Fonte da FIFA.

§ 1º Deverão constar das notas fiscais relativas às saídas de que trata o *caput*, a expressão "Venda efetuada com suspensão do IPI" e a indicação do dispositivo legal correspondente.

§ 2º Se os produtos não forem destinados à utilização nos Eventos, ficará o beneficiário ou o responsável tributário sujeito ao pagamento do imposto e da penalidade cabível, como se a suspensão não tivesse existido.

§ 3º A suspensão de que trata o *caput* será convertida em isenção desde que os referidos bens sejam exportados para o exterior ou doados nos prazos e condições estabelecidos no art. 13.

§ 4º Caso não ocorra a conversão em isenção de que trata o § 3º, o IPI suspenso será exigido como se a suspensão não tivesse existido.

§ 5º Os benefícios previstos neste artigo serão aplicáveis, também, nos casos de doação e dação em pagamento, e nos casos de qualquer outra forma de pagamento, inclusive mediante o fornecimento de bens ou prestação de serviços.

Art. 23. As vendas realizadas no mercado interno para a FIFA, para Subsidiária FIFA no Brasil ou para a Emissora Fonte da FIFA, de mercadorias destinadas a uso ou consumo exclusivo na organização e realização dos Eventos, ocorrerão com suspensão da incidência da Contribuição para o PIS/PASEP e da COFINS.

§ 1º A suspensão de que trata este artigo será convertida em isenção após comprovação da utilização ou consumo do bem nas finalidades previstas neste Decreto, observado o disposto no § 5º.

§ 2º Ficam a FIFA, a Subsidiária FIFA no Brasil e a Emissora Fonte da FIFA obrigadas solidariamente a recolher, na condição de responsáveis, as contribuições não pagas em decorrência da suspensão de que trata este artigo, acrescidas de juros e multa de mora, na forma da lei, calculados a partir da data da aquisição, se não utilizarem ou consumirem o bem na finalidade prevista, ressalvado o disposto no § 6º.

§ 3º A suspensão prevista neste artigo somente se aplica aos bens adquiridos diretamente de pessoas jurídicas indicadas pela FIFA, ou por Subsidiária FIFA no Brasil, e habilitadas pela Secretaria da Receita Federal do Brasil nos termos e prazos por ela disciplinados.

§ 4º Deverão constar das notas fiscais relativas às vendas de que trata o *caput*, a expressão "Venda efetuada com suspensão da incidência da Contribuição para o PIS/PASEP e da COFINS" e a indicação do dispositivo legal correspondente.

§ 5º A suspensão e posterior conversão em isenção de que trata este artigo não dará, em hipótese alguma, direito a crédito da Contribuição para o PIS/PASEP e da COFINS à FIFA, a Subsidiária FIFA no Brasil ou à Emissora Fonte.

§ 6º O disposto neste artigo aplica-se ainda aos bens e equipamentos duráveis adquiridos para utilização nos Eventos, desde que esses bens e equipamentos sejam exportados ou doados nos prazos e condições estabelecidos no art. 13.

§ 7º A Secretaria da Receita Federal do Brasil poderá relacionar os bens sujeitos aos benefícios deste artigo.

CAPÍTULO XII

DO REGIME DE APURAÇÃO DE CONTRIBUIÇÕES POR SUBSIDIÁRIA FIFA NO BRASIL

Art. 24. A Contribuição para o PIS/PASEP e a COFINS serão apuradas por Subsidiária FIFA no Brasil na forma do art. 8º da Lei nº 10.637, de 2002, e do art. 10 da Lei nº 10.833, de 2003, observado o disposto no § 3º do art. 16.

Parágrafo único. O disposto neste artigo aplica-se à Emissora Fonte da FIFA, na hipótese de ser pessoa jurídica domiciliada no Brasil.

CAPÍTULO XIII

DA DESTINAÇÃO DOS BENS DOADOS

Art. 25. A União poderá destinar os bens doados nos termos deste Decreto, a:

I – entidades beneficentes de assistência social, certificadas nos termos da Lei nº 12.101, de 27 de novembro de 2009, desde que atendidos os requisitos do art. 14 da Lei nº 5.172, de 1966 – Código Tributário Nacional, e do § 2º do art. 12 da Lei nº 9.532, de 10 de dezembro de 1997; ou

II – pessoas jurídicas de direito público.

Art. 26. A doação de bens diretamente pelos beneficiados de que trata este Decreto poderá ser feita para:

I – entidades beneficentes de assistência social, certificadas nos termos da Lei nº 12.101, de 2009, desde que atendidos os requisitos do art. 14 da Lei nº 5.172, de 1966 – Código Tributário Nacional, e do § 2º do art. 12 da Lei nº 9.532, de 1997;

II – pessoas jurídicas de direito público; ou

III – entidades sem fins lucrativos desportivas ou outras pessoas jurídicas cujos objetos sociais sejam relacionados à prática de esportes, desenvolvimento social, proteção ambiental ou assistência a crianças, desde que atendidos os requisitos das alíneas *a* a *h* do § 2º do art. 12 da Lei nº 9.532, de 1997.

§ 1º As entidades relacionadas no inciso III do *caput* deverão ser reconhecidas pelos Ministérios do Esporte, do Desenvolvimento Social e Combate à Fome ou do Meio Ambiente, conforme critérios a serem definidos em atos expedidos pelos respectivos órgãos certificantes.

§ 2º As entidades de assistência a crianças a que se refere o inciso III do *caput* são aquelas que recebem recursos dos fundos controlados pelos Conselhos Municipais, Estaduais, Distrital e Nacional dos Direitos da Criança e do Adolescente.

§ 3º As entidades de prática de esportes a que se refere o inciso III do *caput* deverão aplicar as doações em apoio direto a projetos desportivos e paradesportivos previamente aprovados pelo Ministério do Esporte.

Art. 27. A doação dos bens deverá ser comprovada à Secretaria da Receita Federal do Brasil nos termos por ela disciplinados, para fins de extinção do regime, de que trata o art. 12, e conversão da suspensão em isenção, de que trata o § 3º do art. 22, o § 1º e o § 6º do art. 23.

CAPÍTULO XIV
DISPOSIÇÕES FINAIS

Art. 28. As desonerações previstas neste Decreto aplicam-se somente às operações que a FIFA, as Subsidiárias FIFA no Brasil, a Emissora Fonte da FIFA, o LOC e os Prestadores de Serviços da FIFA demonstrarem, por intermédio de documentação fiscal ou contratual idônea, estar relacionadas com os Eventos.

Art. 29. Eventuais tributos federais recolhidos indevidamente com inobservância do disposto na Lei nº 12.350, de 2010, serão restituídos de acordo com as regras previstas na legislação brasileira.

Art. 30. A utilização dos benefícios fiscais concedidos pela Lei nº 12.350, de 2010, em desacordo com os seus termos sujeitará o beneficiário, ou o responsável tributário, ao pagamento dos tributos devidos, acrescidos da taxa do Sistema Especial de Liquidação e de Custódia – SELIC, sem prejuízo das demais penalidades cabíveis.

Parágrafo único. Fica a FIFA sujeita aos pagamentos referidos no *caput* no caso de vício contido na lista de que trata o art. 6º que impossibilite ou torne incerta a identificação e localização do sujeito passivo ou do responsável tributário.

Art. 31. A União compensará o Fundo do Regime Geral de Previdência Social de que trata o art. 68 da Lei Complementar nº 101, de 4 de maio de 2000 – Lei de Responsabilidade Fiscal, no valor correspondente à estimativa de renúncia decorrente da desoneração de que trata a Lei nº 12.350, de 2010, relativa às contribuições previdenciárias, de forma a não afetar a apuração do resultado financeiro do Regime Geral de Previdência Social.

§ 1º A renúncia de que trata o *caput* consistirá na diferença entre o valor da contribuição que seria devido, como se não houvesse incentivo, e o valor da contribuição efetivamente recolhido.

§ 2º O valor estimado da renúncia será incluído na Lei Orçamentária Anual, sem prejuízo do repasse, enquanto não constar na mencionada lei.

Art. 32. O disposto neste Decreto não desobriga as pessoas jurídicas e físicas beneficiadas de apresentar declarações e de cumprir as demais obrigações acessórias previstas em atos da Secretaria da Receita Federal do Brasil.

Art. 32-A. A transferência de propriedade ou a cessão de uso dos bens importados com isenção, a qualquer título, obriga ao prévio pagamento dos tributos.

Parágrafo único. O disposto no *caput* não se aplica aos bens transferidos ou cedidos:

I – a pessoa referida no *caput* do art. 10, mediante prévia decisão da autoridade aduaneira; e

II – depois do decurso do prazo de cinco anos, contado da data do registro da declaração de importação.

Art. 32-B. A autoridade aduaneira poderá, a qualquer tempo, promover diligências necessárias para assegurar o controle da transferência dos bens objeto da isenção.

Art. 32-C. A transferência de que trata o art. 32-A, inclusive no que se refere ao cálculo dos tributos devidos, será realizada com observância das normas dispostas no Decreto-Lei nº 37, de 18 de novembro de 1966, e no Decreto-Lei nº 1.455, de 7 de abril de 1976, regulamentadas pelos arts. 124 a 131 do Decreto nº 6.759, de 2009.

Parágrafo único. O disposto no *caput* aplica-se, inclusive, aos tributos referidos nos incisos I, III e IV do § 1º do art. 10.

• Arts. 32-A a 32-C acrescidos pelo Dec. nº 8.463, de 5-6-2015.

Art. 33. O disposto neste Decreto aplica-se aos fatos geradores que ocorrerem no período de 1º de janeiro de 2011 a 31 de dezembro de 2015.

Art. 34. Este Decreto entra em vigor na data de sua publicação.

Brasília, 11 de outubro de 2011;
190º da Independência e
123º da República.

Dilma Rousseff

ANEXO
LISTA DE SERVIÇOS

A. Mídia, Comunicação, Tecnologia da Informação e Telefonia:

1. Serviços de Produção e Distribuição de Meios de Comunicação:

1.1. Produção de Televisão, de Mídia, de Nova Mídia e de Serviços Gerais de Mídia;

1.2. Serviços de Telecomunicação e de Radiodifusão;

1.3. Serviços Gerais de Transmissão, de Radiodifusão e de Mídia;

1.4. Serviços Técnicos de Satélite e de Fornecimento de Satélite;

1.5. Serviços de Administração e de Distribuição de Satélite;

1.6. Serviços de frequência de subida e de descida de Satélites;

1.7. Serviços de Câmera e de Filmagem;

1.8. Serviços de Engenharia;

1.9. Produção de Vídeos e de Serviço de Administração;

1.10. Serviço de Produção de Conteúdo;

1.11. Serviços de Cabeamento;

2. Serviços de Mídia e Comunicação:

2.1. Serviços de Rede de Comunicação;

2.2. Serviços de Manutenção de Comunicação;

2.3. Novos Serviços de Mídia e de Comunicação;

2.4. Serviços de Multimídia;

2.5. Serviços de Televisão, de Internet, de Mídia Gráfica e de Design;

2.6. Serviços de Fornecimento de Conteúdo;

2.7. Serviços de Administração de Dados;

2.8. Serviço de Manutenção de Internet;

2.9. Dispositivos Eletrônicos e de Entretenimento;

2.10. Serviços de Administração e de Distribuição de Acesso a Notícias;
2.11. Serviços de Arquivamento;
2.12. Serviços de Dublagem;
2.13. Serviços de Apresentação;
2.14. Serviços de Direção, de Produção e de Direção de Palco;
2.15. Serviços de Edição;
2.16. Serviços de Efeitos Especiais;
2.17. Serviços de Fotografia;
2.18. Serviços de Direção de Meios de Comunicação;
2.19. Serviços de Comentários;
2.20. Serviços de Linguagem de Sinais;
3. Tecnologia da informação:
3.1. Serviços de Implementação;
3.2. Serviços de Manutenção de Tecnologia da informação;
3.3. Serviços de Fornecimento de Tecnologia da informação;
3.4. Serviços de Manutenção e de Fornecimento de Hardware;
3.5. Serviços de Desenvolvimento, de Manutenção e de Fornecimento de Software;
4. Serviços de Telefonia:
4.1. Serviços de Comunicação sem Fio;
4.2. Telefonia Fixa e serviços de comunicação;
5. Serviços Musicais e Artísticos:
5.1. Serviços de Administração de música;
5.2. Serviços de Produção de música;
5.3. Serviços de Produção de Concertos musicais;
5.4. Serviços de Administração artística;
5.5. Serviços de Desempenho artístico;
5.6. Serviços de Estilismo e de Maquiagem;
6. Serviços de Administração de Direitos:
6.1. Serviços de Licença de Direitos;
6.2. Serviços de Proteção de Direitos;
B. Marketing e Propaganda e Publicidade:
1. Marketing, Propaganda e Publicidade:
1.1. Serviços de Propaganda, Publicidade e Marketing;
1.2. Serviços de Mídia Exterior;
1.3. Serviços de Licença;
1.4. Serviços de Merchandising;
1.6. Painéis de LED, serviços de Sinalização e Serviços Gerais (Implementação, Administração e Manutenção de painéis);
2. Serviços de Bufê e de Restaurantes:
2.1. Serviços de Bufê;
2.2. Serviços de Alimentos e Bebidas;
2.5. Serviços de Restaurantes;
2.6. Serviços de Garçons;
2.7. Serviços de Culinária;
3. Serviços de Propaganda e Publicidade:
3.1. Serviços de Design;
3.2. Produção e implementação de sinalização temporária de estádio;
3.3. Serviços de Decoração;
3.4. Serviços de Colocação de placas de publicidade;
4. Serviços Gerais de Marketing:
4.1. Serviços de Assessoria de Imprensa;
4.2. Serviços de Marketing Direto;
4.3. Serviços de Design;
4.4. Serviços de Atendimento ao Cliente;
4.5. Serviços de Relacionamento com o Cliente;
4.6. Serviços de Assistência;
4.7. Serviços de Call-center;
4.12. Serviços de Pesquisa;
5. Hospitalidade:
5.1. Serviços de Administração de Hospitalidade;
5.2. Serviços de Produção de Hospitalidade;
5.3. Serviços de Venda de Hospitalidade;
6. Operadores Turísticos:
6.1. Serviços de Administração de Operadores Turísticos;
6.1. Serviços de Operadores Turísticos;
6.1. Serviços de Venda Turística;
7. Ingressos:
7.1. Serviços de Gerenciamento de Ingressos;
7.1. Serviços de Produção de Ingressos;
7.1. Serviços de Vendas de Ingressos;
7.1. Serviços de Promoção e de Propaganda e de Publicidade de Ingressos;
7.1. Serviços de Administração e de Manutenção da Plataforma de Revenda de Ingressos;
7.1. Serviços de Administração e de Manutenção do Sistema de Atendimento ao Cliente;
7.1. Serviços de Marketing de Ingressos;
7.1. Serviços de Alocação de Assentos;
C. Serviços relacionados ao Evento e Serviços de Construção:
1. Serviços do Evento:
1.1. Serviços de Produção;
1.2. Serviços de Entretenimento;
1.3. Serviços Pirotécnicos;
1.4. Serviços de Efeitos Especiais;
1.5. Serviços de Montagem;
1.6. Serviços de Entretenimento;
1.7. Serviços e Produtos de Decoração e Mobília;
1.8. Serviços de Exposição Comercial;
2. Serviços de Construção, Manutenção e Serviços Técnicos do Evento:
2.1. Serviços de Construção de Palco;
2.2. Serviços de Monitoramento de Construção;
2.3. Infraestrutura de Tenda Temporária;
2.4. Serviços Sanitários;
2.5. Serviços de Jardinagem;
2.6. Serviços para instalação de Fundação;
2.7. Serviços para instalação de Cercas;
2.8. Serviços para instalação de Condicionamento de Ar;
2.9. Serviços de Refrigeração;
2.10. Serviços de Iluminação;
2.11. Serviços de Consultoria de Planejamento, Manutenção e Fornecimento de Energia Elétrica;
2.12. Energia elétrica, incluindo energia elétrica temporária e serviços de energia elétrica;
2.13. Serviços de Backup de Energia Elétrica;
2.14. Serviços de Equipamentos e Produtos de Energia Solar;

2.15. Serviços de Administração e Implementação de Campos de futebol;
2.16. Serviços de Manutenção e de Entrega de Campos de futebol;
2.17. Serviços Ecológicos;
3. Serviços Organizacionais do Evento;
3.1. Serviços de Administração do Projeto;
3.2. Serviços Organizacionais;
3.3. Serviços de Construção;
3.4. Serviços de Implementação;
3.5. Serviços de Montagem e Desmontagem;
3.6. Serviços de Reforma e de decoração de escritórios;
4. Eventos Especiais, de Responsabilidade Corporativa e Sustentabilidade:
4.1. Gestão de Obras de Caridade e Serviços de Implementação das referidas obras;
4.2. Serviços de Gestão Ambiental;
4.3. Serviços de Gestão de Sustentabilidade;
4.4. Serviços Educacionais;
4.5. serviços de Instalação de Instalações Desportivas;
4.6.;
5. Acomodações:
5.1. Serviços de Compras de Inventário de Hotéis;
5.2. Serviços de Administração de Acomodações;
5.3. Serviços de Vendas de Acomodações;
D. Serviços dos Estádios:
1. Serviços dos Estádios:
1.1. Serviços relacionados ao Acesso aos Estádios;
1.2. Serviços de Administração de Credenciamento;
1.3. Serviços de Supervisão dos Estádios;
1.4. Serviços de Administração e Manutenção de coberturas dos Estádios;
1.6. Instalação, Supervisão e manutenção dos assentos temporários;
1.7. Serviços de manutenção de: Ar-Condicionado, Energia, Água, Tecnologia de informação, Iluminação, Cabeamento;
1.9. Serviços de Limpeza;
1.10. Serviços de Gerenciamento de Resíduos;
E. Geral:
1. Logística e Transporte:
1.1. Serviços de Transporte;
1.2. Serviços de Administração de Transporte e de Operação de Transporte;
1.3. Serviços de Logística;
1.4. Serviços Postais, Serviços de Correio Especial e Serviços de Carga;
1.5. Serviços de Direção e de formação de condutores;
1.6. Serviços de Manutenção de veículos;
1.7. Serviços de Ônibus;
1.8. Serviços de Transporte Aéreo;
1.9. Serviços de Manutenção de Aeronave;
2. Finanças e Seguros:
2.2. Serviços de Administração de Pagamento;
2.3. Serviços de Custeio;
2.4. Serviços de Repasse para Fundos;
2.6. Serviços de Garantias e Medidas de Proteção de Fundos;
2.7. Serviços Alfandegários;
2.8. Serviços de Contabilidade, de pagamentos;
2.9. Serviços Orçamentários;
2.10. Serviços de Administração do Processo de Fornecimento;
2.13. Serviços de Governança.
3. Serviços Gerais de Administração do Evento:
3.1. Serviços de Administração do Evento;
3.2. Serviços de Consultoria;
3.3. Serviços de Relatório;
3.4. Serviços de Administração;
3.5. Serviços de Planejamento;
3.6. Serviços de Locação e de Leasing;
3.7. Serviços de Segurança;
3.8. Serviços de Treinamento de Segurança;
3.9. Serviços de Equipamentos de Segurança;
3.10. Serviços Gerais de Recursos Humanos;
3.11. Serviços de Consultoria de Recursos Humanos;
3.12. Serviços de Funcionários Temporários;
3.13. Serviços de Staff e Serviços Voluntários;
3.14. Serviços de Manutenção;
3.15. Serviços de Proteção para personalidades públicas e notórias;
3.16. Serviços de Administração para personalidades públicas e notórias;
3.17. Serviços de Credenciamento;
3.18. Serviços de Administração;
3.19. Serviços de Impressão, Publicação e Meios de Impressão;
4. Vestuário, Confecção:
4.1. Serviços de Confecção (Roupas, Presentes e Prêmios);
5. Serviços Médicos e Farmacêuticos:
5.1. Serviços Médicos;
5.2. Serviços Farmacêuticos;
5.3. Serviços de Laboratórios Químicos;
5.4. serviços relacionados ao Programa Antidoping do Evento;
6. Serviços de Tradução:
6.1. Serviços de tradução;
6.2. Serviços de interpretação;
6.3. Serviços jurídicos;
6.4. Serviços obrigatórios (ex.: serviços e ação pelos Membros do Comitê Executivo da FIFA).

RESOLUÇÃO DO SENADO FEDERAL Nº 13, DE 25 DE ABRIL DE DE 2012

Estabelece alíquotas do Imposto sobre Operações Relativas à Circulação de Mercadorias e sobre Prestação de Serviços de Transporte Interestadual e Intermunicipal e de Comunicação (ICMS), nas operações interestaduais com bens e mercadorias importados do exterior.

- Publicada no *DOU* de 26-4-2012.

Art. 1º A alíquota do Imposto sobre Operações Relativas à Circulação de Mercadorias e sobre Prestação de Serviços de Transporte Interestadual e Intermunicipal e de Comunicação (ICMS), nas operações interestaduais com bens e mercadorias importados do exterior, será de 4% (quatro por cento).

§ 1º O disposto neste artigo aplica-se aos bens e mercadorias importados do exterior que, após seu desembaraço aduaneiro:

I – não tenham sido submetidos a processo de industrialização;

II – ainda que submetidos a qualquer processo de transformação, beneficiamento, montagem, acondicionamento, reacondicionamento, renovação ou recondicionamento, resultem em mercadorias ou bens com Conteúdo de Importação superior a 40% (quarenta por cento).

§ 2º O Conteúdo de Importação a que se refere o inciso II do § 1º é o percentual correspondente ao quociente entre o valor da parcela importada do exterior e o valor total da operação de saída interestadual da mercadoria ou bem.

§ 3º O Conselho Nacional de Política Fazendária (CONFAZ) poderá baixar normas para fins de definição dos critérios e procedimentos a serem observados no processo de Certificação de Conteúdo de Importação (CCI).

§ 4º O disposto nos §§ 1º e 2º não se aplica:

I – aos bens e mercadorias importados do exterior que não tenham similar nacional, a serem definidos em lista a ser editada pelo Conselho de Ministros da Câmara de Comércio Exterior (CAMEX) para os fins desta Resolução;

II – aos bens produzidos em conformidade com os processos produtivos básicos de que tratam o Decreto-Lei nº 288, de 28 de fevereiro de 1967, e as Leis nºs 8.248, de 23 de outubro de 1991, 8.387, de 30 de dezembro de 1991, 10.176, de 11 de janeiro de 2001, e 11.484, de 31 de maio de 2007.

Art. 2º O disposto nesta Resolução não se aplica às operações que destinem gás natural importado do exterior a outros Estados.

Art. 3º Esta Resolução entra em vigor em 1º de janeiro de 2013.

Senado Federal, em 25 de abril de 2012.

Senadora Marta Suplicy
Primeira Vice-Presidente do Senado Federal, no exercício da Presidência

LEI Nº 12.618, DE 30 DE ABRIL DE 2012

Institui o regime de previdência complementar para os servidores públicos federais titulares de cargo efetivo, inclusive os membros dos órgãos que menciona; fixa o limite máximo para a concessão de aposentadorias e pensões pelo regime de previdência de que trata o art. 40 da Constituição Federal; autoriza a criação de 3 (três) entidades fechadas de previdência complementar, denominadas Fundação de Previdência Complementar do Servidor Público Federal do Poder Executivo (FUNPRESP-EXE), Fundação de Previdência Complementar do Servidor Público Federal do Poder Legislativo (FUNPRESP-LEG) e Fundação de Previdência Complementar do Servidor Público Federal do Poder Judiciário (FUNPRESP-JUD); altera dispositivos da Lei nº 10.887, de 18 de junho de 2004; e dá outras providências.

- Publicada no *DOU* de 2-5-2012.

CAPÍTULO I
DO REGIME DE PREVIDÊNCIA COMPLEMENTAR

Art. 1º É instituído, nos termos desta Lei, o regime de previdência complementar a que se referem os §§ 14, 15 e 16 do art. 40 da Constituição Federal para os servidores públicos titulares de cargo efetivo da União, suas autarquias e fundações, inclusive para os membros do Poder Judiciário, do Ministério Público da União e do Tribunal de Contas da União.

§ 1º Os servidores e os membros referidos no *caput* deste artigo que tenham ingressado no serviço público até a data anterior ao início da vigência do regime de previdência complementar poderão, mediante prévia e expressa opção, aderir ao regime de que trata este artigo, observado o disposto no art. 3º desta Lei.

- Parágrafo único renumerado para § 1º pela Lei nº 13.183, de 4-11-2015.

§ 2º Os servidores e os membros referidos no *caput* deste artigo com remuneração superior ao limite máximo estabelecido para os benefícios do Regime Geral de Previdência Social, que venham a ingressar no serviço público a partir do início da vigência do regime de previdência complementar de que trata esta Lei, serão automaticamente inscritos no respectivo plano de previdência complementar desde a data de entrada em exercício.

§ 3º Fica assegurado ao participante o direito de requerer, a qualquer tempo, o cancelamento de sua inscrição, nos termos do regulamento do plano de benefícios.

§ 4º Na hipótese do cancelamento ser requerido no prazo de até noventa dias da data da inscrição, fica assegurado o direito à restituição integral das contribuições vertidas, a ser paga em até sessenta dias do pedido de cancelamento, corrigidas monetariamente.

§ 5º O cancelamento da inscrição previsto no § 4º não constitui resgate.

§ 6º A contribuição aportada pelo patrocinador será devolvida à respectiva fonte pagadora no mesmo prazo da devolução da contribuição aportada pelo participante.

- §§ 2º a 6º acrescidos pela Lei nº 13.183, de 4-11-2015.

Art. 2º Para os efeitos desta Lei, entende-se por:

I – patrocinador: a União, suas autarquias e fundações, em decorrência da aplicação desta Lei;

II – participante: o servidor público titular de cargo efetivo da União, inclusive o membro do Poder Judiciário, do Ministério Público e do Tribunal de Contas da União, que aderir aos planos de benefícios administrados pelas entidades a que se refere o art. 4º desta Lei;

III – assistido: o participante ou o seu beneficiário em gozo de benefício de prestação continuada.

Art. 3º Aplica-se o limite máximo estabelecido para os benefícios do regime geral de previdência social às aposentadorias e pensões a serem concedidas pelo regime de previdência da União de que trata o art. 40 da Constituição Federal, observado o disposto na Lei nº 10.887, de 18 de junho de 2004, aos servidores e membros referidos no *caput* do art. 1º desta Lei que tiverem ingressado no serviço público:

I – a partir do início da vigência do regime de previdência complementar de que trata o art. 1º desta Lei, independentemente de sua adesão ao plano de benefícios; e

II – até a data anterior ao início da vigência do regime de previdência complementar de que trata o art. 1º desta Lei, e nele tenham permanecido sem perda do vínculo efetivo, e que exerçam a opção prevista no § 16 do art. 40 da Constituição Federal.

§ 1º É assegurado aos servidores e membros referidos no inciso II do *caput* deste artigo o direito a um benefício especial calculado com base nas contribuições recolhidas ao regime de previdência da União, dos Estados, do Distrito Federal ou dos Municípios de que trata o art. 40 da Constituição Federal, observada a sistemática estabelecida nos §§ 2º a 3º deste artigo e o direito à compensação financeira de que trata o § 9º do art. 201 da Constituição Federal, nos termos da lei.

§ 2º O benefício especial terá como referência as remunerações anteriores à data de mudança do regime, utilizadas como base para as contribuições do servidor ao regime próprio de previdência da União, e, na hipótese de opção do servidor por averbação para fins de contagem recíproca, as contribuições decorrentes de regimes próprios de previdência dos Estados, do Distrito Federal e dos Municípios, atualizadas pelo Índice Nacional de Preços ao Consumidor Amplo (IPCA), divulgado pela Fundação Instituto Brasileiro de Geografia e Estatística (IBGE), ou pelo índice que vier a substituí-lo, e será equivalente a:

I – para os termos de opção firmados até 30 de novembro de 2022, inclusive na vigência da Medida Provisória nº 1.119, de 25 de maio de 2022: a diferença entre a média aritmética simples das maiores remunerações referidas neste parágrafo correspondentes a 80% (oitenta por cento) de todo o período contributivo desde a competência de julho de 1994 ou desde a do início da contribuição, se posterior àquela competência, e o limite máximo a que se refere o *caput* deste artigo, multiplicada pelo fator de conversão; ou

II – para os termos de opção firmados a partir de 1º de dezembro de 2022, em novas aberturas de prazo de migração, se houver: a diferença entre a média aritmética simples das remunerações referidas neste parágrafo correspondentes a 100% (cem por cento) de todo o período contributivo desde a competência de julho de 1994 ou desde a do início da contribuição, se posterior àquela competência, e o limite máximo a que se refere o *caput*, multiplicada pelo fator de conversão.

§ 3º O fator de conversão a que se refere o § 2º deste artigo, cujo resultado é limitado ao máximo de 1 (um), será calculado pela fórmula FC = Tc/Tt, na qual:

I – FC: fator de conversão;

II – Tc: quantidade de contribuições mensais efetuadas para o regime próprio de previdência social da União, dos Estados, do Distrito Federal e dos Municípios de que trata o art. 40 da Constituição Federal, efetivamente pagas pelo servidor titular de cargo efetivo da União ou por membro do Poder Judiciário da União, do Tribunal de Contas da União, do Ministério Público da União ou da Defensoria Pública da União até a data da opção; e

III – Tt:

a) para os termos de opção firmados até 30 de novembro de 2022, inclusive na vigência da Medida Provisória nº 1.119, de 25 de maio de 2022:

1. igual a 455 (quatrocentos e cinquenta e cinco), quando se tratar de servidor titular de cargo efetivo da União ou membro do Poder Judiciário da União, do Tribunal de Contas da União, do Ministério Público da União ou da Defensoria Pública da União, se homem;
2. igual a 390 (trezentos e noventa), quando se tratar de servidor titular de cargo efetivo da União ou membro do Poder Judiciário da União, do Tribunal de Contas da União, do Ministério Público da União ou da Defensoria Pública da União, se mulher, ou servidor da União titular de cargo efetivo de professor da educação infantil ou do ensino fundamental; ou
3. igual a 325 (trezentos e vinte e cinco), quando se tratar de servidor titular de cargo efetivo da União de professor da educação infantil ou do ensino fundamental, se mulher; e

b) para os termos de opção firmados a partir de 1º de dezembro de 2022, em novas aberturas de prazo de migração, se houver: igual a 520 (quinhentos e vinte).

§ 4º Para os termos de opção firmados até 30 de novembro de 2022, inclusive na vigência da Medida Provisória nº 1.119, de 25 de maio de 2022, o fator de conversão será ajustado pelo órgão competente para a concessão do benefício quando, na forma prevista nas respectivas leis complementares, o tempo de contribuição exigido para concessão da aposentadoria de servidor com deficiência, ou que exerça atividade de risco, ou cujas atividades sejam exercidas sob condições especiais que prejudiquem a saúde ou a integridade física, for inferior ao Tt de que trata a alínea *a* do inciso III do § 3º deste artigo.

• §§ 2º a 4º com a redação dada pela Lei nº 14.463, de 26-10-2022.

§ 5º O benefício especial será pago pelo órgão competente da União, por ocasião da concessão de aposentadoria, inclusive por invalidez, ou pensão por morte pelo regime próprio de previdência da União, de que trata o art. 40 da Constituição Federal, enquanto perdurar o benefício pago por esse regime, inclusive junto com a gratificação natalina.

§ 6º O benefício especial:

I – é opção que importa ato jurídico perfeito;

II – será calculado de acordo com as regras vigentes no momento do exercício da opção de que trata o § 16 do art. 40 da Constituição Federal;

III – será atualizado pelo mesmo índice aplicável ao benefício de aposentadoria ou pensão mantido pelo Regime Geral de Previdência Social;

IV – não está sujeito à incidência de contribuição previdenciária; e

V – está sujeito à incidência de imposto sobre a renda.

• § 6º com a redação dada pela Lei nº 14.463, de 26-10-2022.

§ 7º O prazo para a opção de que trata o inciso II do *caput* deste artigo será de 24 (vinte e quatro) meses, contados a partir do início da vigência do regime de previdência complementar instituído no *caput* do art. 1º desta Lei.

§ 8º O exercício da opção a que se refere o inciso II do *caput* é irrevogável e irretratável, não sendo devida pela União e suas autarquias e fundações públicas qualquer contrapartida referente ao valor dos descontos já efetuados sobre a base de contribuição acima do limite previsto no *caput* deste artigo.

CAPÍTULO II
DAS ENTIDADES FECHADAS DE PREVIDÊNCIA COMPLEMENTAR

Seção I
DA CRIAÇÃO DAS ENTIDADES

Art. 4º É a União autorizada a criar, observado o disposto no art. 26 e no art. 31, as seguintes entidades fechadas de previdência complementar, com a finalidade de administrar e executar planos de benefícios de caráter previdenciário nos termos das Leis Complementares nºs 108 e 109, de 29 de maio de 2001:

I – a Fundação de Previdência Complementar do Servidor Público Federal do Poder Executivo (FUNPRESP-EXE), para os servidores públicos titulares de cargo efetivo do Poder Executivo, por meio de ato do Presidente da República;

II – a Fundação de Previdência Complementar do Servidor Público Federal do Poder Legislativo (FUNPRESP-LEG), para os servidores públicos titulares de cargo efetivo do Poder Legislativo e do Tribunal de Contas da União e para os membros deste Tribunal, por meio de ato conjunto dos Presidentes da Câmara dos Deputados e do Senado Federal; e

III – a Fundação de Previdência Complementar do Servidor Público Federal do Poder Judiciário (FUNPRESP-JUD), para os servidores públicos titulares de cargo efetivo e para os membros do Poder Judiciário, por meio de ato do Presidente do Supremo Tribunal Federal.

§ 1º A Funpresp-Exe, a Funpresp-Leg e a Funpresp-Jud:

I – serão estruturadas na forma de fundação, com personalidade jurídica de direito privado;

II – gozarão de autonomia administrativa, financeira e gerencial; e

III – terão sede e foro no Distrito Federal.

• § 1º com a redação dada pela Lei nº 14.463, de 26-10-2022.

§ 2º Por ato conjunto das autoridades competentes para a criação das fundações previstas nos incisos I a III, poderá ser criada fundação que contemple os servidores públicos de 2 (dois) ou dos 3 (três) Poderes.

§ 3º Consideram-se membros do Tribunal de Contas da União, para os efeitos desta Lei, os Ministros, os Auditores de que trata o § 4º do art. 73 da Constituição Federal e os Subprocuradores-Gerais e Procuradores do Ministério Público junto ao Tribunal de Contas da União.

Seção II

DA ORGANIZAÇÃO DAS ENTIDADES

Art. 5º A estrutura organizacional das entidades de que trata esta Lei será constituída de conselho deliberativo, conselho fiscal e diretoria executiva, observadas as disposições da Lei Complementar nº 108, de 29 de maio de 2001.

§ 1º Os Conselhos Deliberativos terão composição paritária e cada um será integrado por 6 (seis) membros.

§ 2º Os Conselhos Fiscais terão composição paritária e cada um deles será integrado por 4 (quatro) membros.

§ 3º Os membros dos conselhos deliberativos e dos conselhos fiscais das entidades fechadas serão designados pelos Presidentes da República e do Supremo Tribunal Federal e por ato conjunto dos Presidentes da Câmara dos Deputados e do Senado Federal, respectivamente.

§ 4º A presidência dos conselhos deliberativos será exercida pelos membros indicados pelos patrocinadores, na forma prevista no estatuto das entidades fechadas de previdência complementar.

§ 5º A presidência dos conselhos fiscais será exercida pelos membros indicados pelos participantes e assistidos, na forma prevista no estatuto das entidades fechadas de previdência complementar.

§ 6º As diretorias executivas serão compostas, no máximo, por 4 (quatro) membros, nomeados pelos conselhos deliberativos das entidades fechadas de previdência complementar.

§ 7º VETADO.

§ 8º A remuneração e as vantagens de qualquer natureza dos membros das diretorias executivas das entidades fechadas de previdência complementar serão estabelecidas pelos seus conselhos deliberativos, em valores compatíveis com os níveis prevalecentes no mercado de trabalho para profissionais de graus equivalentes de formação profissional e de especialização.

• § 8º com a redação dada pela Lei nº 14.463, de 26-10-2022.

§ 9º A remuneração dos membros dos conselhos deliberativo e fiscal é limitada a 10% (dez por cento) do valor da remuneração dos membros da diretoria executiva.

§ 10. Os requisitos previstos nos incisos I a IV do art. 20 da Lei Complementar nº 108, de 29 de maio de 2001, estendem-se aos membros dos conselhos deliberativos e fiscais das entidades fechadas de previdência complementar.

§ 11. As entidades fechadas de previdência complementar poderão criar, observado o disposto no estatuto e regimento interno, comitês de assessoramento técnico, de caráter consultivo, para cada plano de benefícios por elas administrado, com representação paritária entre os patrocinadores e os participantes e assistidos, sendo estes eleitos pelos seus pares, com as atribuições de apresentar propostas e sugestões quanto à gestão da entidade e sua política de investimentos e à situação financeira e atuarial dos respectivos planos de benefícios e de formular recomendações prudenciais a elas relacionadas.

§ 12. VETADO.

Seção III

DISPOSIÇÕES GERAIS

Art. 6º É exigida a instituição de código de ética e de conduta, inclusive com regras para prevenir conflito de interesses e proibir operações dos dirigentes com partes relacionadas, que terá ampla divulgação, especialmente entre os participantes e assistidos e as partes relacionadas, cabendo aos conselhos fiscais das entidades fechadas de previdência complementar assegurar o seu cumprimento.

Parágrafo único. Compete ao órgão fiscalizador das entidades fechadas de previdência complementar definir o universo das partes relacionadas a que se refere o *caput* deste artigo.

Art. 7º O regime jurídico de pessoal das entidades fechadas de previdência complementar referidas no art. 4º desta Lei será o previsto na legislação trabalhista.

Art. 8º As entidades fechadas de que trata o art. 4º desta Lei, observado o disposto nesta Lei e nas Leis Complementares nºs 108, de 29 de maio de 2001, e 109, de 29 de maio de 2001, submetem-se às demais normas de direito público exclusivamente no que se refere à:

• *Caput* com a redação dada pela Lei nº 14.463, de 26-10-2022.

I – submissão à legislação federal sobre licitação e contratos administrativos aplicável às empresas públicas e às sociedades de economia mista;

• Inciso I com a redação dada pela Lei nº 14.463, de 26-10-2022.

II – realização de concurso público para a contratação de pessoal, no caso de empregos permanentes, ou de processo seletivo, em se tratando de contrato temporário, conforme a Lei nº 8.745, de 9 de dezembro de 1993;

III – publicação anual, na imprensa oficial ou em sítio oficial da administração pública certificado digitalmente por autoridade para esse fim credenciada no âmbito da Infraestrutura de Chaves Públicas Brasileira (ICP-Brasil), de seus demonstrativos contábeis, atuariais, financeiros e de benefícios, sem prejuízo do fornecimento de informações aos participantes e assistidos dos planos de benefícios e ao órgão fiscalizador das entidades fechadas de previdência complementar, na forma das Leis Complementares nºs 108 e 109, de 29 de maio de 2001.

Art. 9º A administração das entidades fechadas de previdência complementar referidas no art. 4º desta Lei observará os princípios que regem a administração pública, especialmente os da eficiência e da economicidade, devendo adotar mecanismos de gestão operacional que maximizem a utilização de recursos, de forma a otimizar o atendimento aos participantes e assistidos e diminuir as despesas administrativas.

§ 1º As despesas administrativas referidas no *caput* deste artigo serão custeadas na forma dos regulamentos dos planos de benefícios, observado o disposto no *caput* do art. 7º da Lei Complementar nº 108, de 29 de maio de 2001, e ficarão limitadas aos valores estritamente necessários à sustentabilidade do funcionamento das entidades fechadas de previdência complementar.

§ 2º O montante de recursos destinados à cobertura das despesas administrativas será revisto ao final de cada ano, com vistas ao atendimento do disposto neste artigo.

Art. 10. As entidades fechadas de previdência complementar referidas no art. 4º desta Lei serão mantidas integralmente por suas receitas, oriundas das contribuições de patrocinadores, participantes e assistidos, dos resultados financeiros de suas aplicações e de doações e legados de qualquer natureza, observado o disposto no § 3º do art. 202 da Constituição Federal.

Art. 11. A União, suas autarquias e fundações são responsáveis, na qualidade de patrocinadores, pelo aporte de contribuições e pelas transferências às entidades fechadas de previdência complementar das contribuições descontadas dos seus servidores, observado o disposto nesta Lei e nos estatutos respectivos das entidades.

§ 1º As contribuições devidas pelos patrocinadores deverão ser pagas de forma centralizada pelos respectivos Poderes da União, pelo Ministério Público da União e pelo Tribunal de Contas da União.

§ 2º O pagamento ou a transferência das contribuições após o dia 10 (dez) do mês seguinte ao da competência:

I – enseja a aplicação dos acréscimos de mora previstos para os tributos federais; e

II – sujeita o responsável às sanções penais e administrativas cabíveis.

§ 3º As transferências referidas no *caput* deste artigo incluirão:

I – as contratadas pelo servidor para cobertura de riscos de invalidez ou morte; e

II – as referidas no § 4º do art. 16 desta Lei.

• § 3º acrescido dada pela Lei nº 14.463, de 26-10-2022.

CAPÍTULO III

DOS PLANOS DE BENEFÍCIOS

Seção I

DAS LINHAS GERAIS DOS PLANOS DE BENEFÍCIOS

Art. 12. Os planos de benefícios da FUNPRESP-EXE, da FUNPRESP-LEG e da FUNPRESP-JUD serão estruturados na modalidade de contribuição definida, nos termos da regulamentação estabelecida pelo órgão regulador das entidades fechadas de previdência complementar, e financiados de acordo com os planos de custeio definidos nos termos do art. 18 da Lei Complementar nº 109, de 29 de maio de 2001, observadas as demais disposições da Lei Complementar nº 108, de 29 de maio de 2001.

§ 1º A distribuição das contribuições nos planos de benefícios e nos planos de custeio será revista sempre que necessário, para manter o equilíbrio permanente dos planos de benefícios.

§ 2º Sem prejuízo do disposto no § 3º do art. 18 da Lei Complementar nº 109, de 29 de maio de 2001, o valor do benefício programado será calculado de acordo com o montante do saldo da conta acumulado pelo participante, devendo o valor do benefício estar permanentemente ajustado ao referido saldo.

§ 3º Os benefícios não programados serão definidos nos regulamentos dos planos, observado o seguinte:

I – devem ser assegurados, pelo menos, os benefícios decorrentes dos eventos invalidez e morte e, se for o caso, a cobertura de outros riscos atuariais; e

II – terão custeio específico para sua cobertura.

§ 4º Na gestão dos benefícios de que trata o § 3º deste artigo, as entidades fechadas de previdência complementar referidas no art. 4º desta Lei poderão contratá-los externamente ou administrá-los em seus próprios planos de benefícios.

§ 5º A concessão dos benefícios de que trata o § 3º aos participantes ou assistidos pela entidade fechada de previdência social é condicionada à concessão do benefício pelo regime próprio de previdência social.

Art. 13. Os requisitos para aquisição, manutenção e perda da qualidade de participante, assim como os requisitos de elegibilidade e a forma de concessão, cálculo e pagamento dos benefícios, deverão constar dos regulamentos dos planos de benefícios, observadas as disposições das Leis Complementares nºs 108 e 109, de 29 de maio de 2001, e a regulamentação do órgão regulador das entidades fechadas de previdência complementar.

Parágrafo único. O servidor com remuneração inferior ao limite máximo estabelecido para os benefícios do regime geral de previdência social poderá aderir aos planos de benefícios administrados pelas entidades fechadas de previdência complementar de que trata esta Lei, sem contrapartida do patrocinador, cuja base de cálculo será definida nos regulamentos.

Art. 14. Poderá permanecer filiado aos respectivos planos de benefícios o participante:

I – cedido a outro órgão ou entidade da administração pública direta ou indireta da União, Estados, Distrito Federal e Municípios, inclusive suas empresas públicas e sociedades de economia mista;

II – afastado ou licenciado do cargo efetivo temporariamente, com ou sem recebimento de remuneração;

III – que optar pelo benefício proporcional diferido ou autopatrocínio, na forma do regulamento do plano de benefícios.

§ 1º Os regulamentos dos planos de benefícios disciplinarão as regras para a manutenção do custeio do plano de benefícios, observada a legislação aplicável.

§ 2º Os patrocinadores arcarão com as suas contribuições somente quando a cessão, o afastamento ou a licença do cargo efetivo implicar ônus para a União, suas autarquias e fundações.

§ 3º Havendo cessão com ônus para o cessionário, este deverá recolher às entidades fechadas de previdência complementar referidas no art. 4º desta Lei a contribuição aos planos de benefícios, nos mesmos níveis e condições que seria devida pelos patrocinadores, na forma definida nos regulamentos dos planos.

LEG. COMPLEMENTAR

Seção II

DOS RECURSOS GARANTIDORES

Art. 15. A aplicação dos recursos garantidores correspondentes às reservas, às provisões e aos fundos dos planos de benefícios da FUNPRESP-EXE, da FUNPRESP-LEG e da FUNPRESP-JUD obedecerá às diretrizes e aos limites prudenciais estabelecidos pelo Conselho Monetário Nacional (CMN).

§ 1º A gestão dos recursos garantidores dos planos de benefícios administrados pelas entidades referidas no *caput* poderá ser realizada por meio de carteira própria, carteira administrada ou fundos de investimento.

§ 2º As entidades referidas no *caput* contratarão, para a gestão dos recursos garantidores prevista neste artigo, somente instituições, administradores de carteiras ou fundos de investimento que estejam autorizados e registrados na Comissão de Valores Mobiliários (CVM).

§ 3º A contratação das instituições a que se refere o § 2º deste artigo será feita mediante licitação, cujos contratos terão prazo total máximo de execução de 5 (cinco) anos.

§ 4º O edital da licitação prevista no § 3º estabelecerá, entre outras, disposições relativas aos limites de taxa de administração e de custos que poderão ser imputados aos fundos, bem como, no que concerne aos administradores, a solidez, o porte e a experiência em gestão de recursos.

§ 5º Cada instituição contratada na forma deste artigo poderá administrar, no máximo, 20% (vinte por cento) dos recursos garantidores correspondentes às reservas técnicas, aos fundos e às provisões.

§ 6º As instituições referidas no § 5º deste artigo não poderão ter qualquer ligação societária com outra instituição que esteja concorrendo na mesma licitação ou que já administre reservas, provisões e fundos da mesma entidade fechada de previdência complementar.

Seção III

DAS CONTRIBUIÇÕES

Art. 16. As contribuições do patrocinador e do participante incidirão sobre a parcela da base de contribuição que exceder o limite máximo a que se refere o art. 3º desta Lei, observado o disposto no inciso XI do art. 37 da Constituição Federal.

§ 1º Para efeitos desta Lei, considera-se base de contribuição aquela definida pelo § 1º do art. 4º da Lei nº 10.887, de 18 de junho de 2004, podendo o participante optar pela inclusão de parcelas remuneratórias percebidas em decorrência do local de trabalho e do exercício de cargo em comissão ou função de confiança.

§ 2º A alíquota da contribuição do participante será por ele definida anualmente, observado o disposto no regulamento do plano de benefícios.

§ 3º A alíquota da contribuição do patrocinador será igual à do participante, observado o disposto no regulamento do plano de benefícios, e não poderá exceder o percentual de 8,5% (oito inteiros e cinco décimos por cento).

§ 4º Além da contribuição normal, o participante poderá contribuir facultativamente, sem contrapartida do patrocinador, na forma do regulamento do plano.

§ 5º A remuneração do servidor, quando devida durante afastamentos considerados por lei como de efetivo exercício, será integralmente coberta pelo ente público, continuando a incidir a contribuição para o regime instituído por esta Lei.

Seção IV

DISPOSIÇÕES ESPECIAIS

Art. 17. O plano de custeio previsto no art. 18 da Lei Complementar nº 109, de 29 de maio de 2001, discriminará o percentual da contribuição do participante e do patrocinador, conforme o caso, para cada um dos benefícios previstos no plano de benefícios, observado o disposto no art. 6º da Lei Complementar nº 108, de 29 de maio de 2001.

§ 1º O plano de custeio referido no *caput* deverá prever parcela da contribuição do participante e do patrocinador com o objetivo de compor o Fundo de Cobertura de Benefícios Extraordinários (FCBE), do qual serão vertidos montantes, a título de contribuições extraordinárias, à conta mantida em favor do participante, nas hipóteses e na forma prevista nesta Lei.

§ 2º As contribuições extraordinárias a que se refere o § 1º serão vertidas nas seguintes hipóteses:

I – morte do participante;

II – invalidez do participante;

III – aposentadoria nas hipóteses dos §§ 4º e 5º do art. 40 da Constituição Federal;

IV – aposentadoria das mulheres, na hipótese da alínea *a* do inciso III do § 1º do art. 40 da Constituição Federal; e

V – sobrevivência do assistido.

§ 3º O montante do aporte extraordinário de que tratam os incisos III e IV do § 2º será equivalente à diferença entre a reserva acumulada pelo participante e o produto desta mesma reserva multiplicado pela razão entre 35 (trinta e cinco) e o número de anos de contribuição exigido para a concessão do benefício pelo regime próprio de previdência social de que trata o art. 40 da Constituição Federal.

Art. 18. As entidades fechadas de previdência complementar referidas no art. 4º desta Lei manterão controles das reservas constituídas em nome do participante, registrando contabilmente as contribuições deste e as dos patrocinadores.

CAPÍTULO IV

DO CONTROLE E DA FISCALIZAÇÃO

Art. 19. A constituição, o funcionamento e a extinção da FUNPRESP-EXE, da FUNPRESP-LEG e da FUNPRESP-JUD, a aplicação de seus estatutos, regulamentos dos planos de benefícios, convênios de adesão e suas respectivas alterações, assim como as retiradas de patrocínios, dependerão de prévia e expressa autorização do órgão fiscalizador das entidades fechadas de previdência complementar.

§ 1º Serão submetidas ao órgão fiscalizador das entidades fechadas de previdência complementar:

I – as propostas de aprovação do estatuto e de instituição de planos de benefícios da entidade fechada de previdência complementar, bem como suas alterações; e

II – a proposta de adesão de novos patrocinadores a planos de benefícios em operação na entidade fechada de previdência complementar.

§ 2º No caso da FUNPRESP-EXE, as propostas de aprovação do estatuto, de adesão de novos patrocinadores e de instituição de planos devem estar acompanhadas de manifestação favorável do Ministério do Planejamento, Orçamento e Gestão e do Ministério da Fazenda.

§ 3º No caso da FUNPRESP-LEG, as propostas de aprovação do estatuto, de adesão de novos patrocinadores e de instituição de planos devem estar acompanhadas de manifestação favorável das Mesas Diretoras da Câmara dos Deputados e do Senado Federal.

§ 4º No caso da FUNPRESP-JUD, as propostas de aprovação do estatuto, de adesão de novos patrocinadores e de instituição de planos devem estar acompanhadas de manifestação favorável:

I – do Supremo Tribunal Federal;

II – VETADO.

Art. 20. A supervisão e a fiscalização da FUNPRESP-EXE, da FUNPRESP-LEG e da FUNPRESP-JUD e dos seus planos de benefícios competem ao órgão fiscalizador das entidades fechadas de previdência complementar.

§ 1º A competência exercida pelo órgão referido no *caput* deste artigo não exime os patrocinadores da responsabilidade pela supervisão e fiscalização sistemática das atividades das entidades fechadas de previdência complementar.

§ 2º Os resultados da supervisão e da fiscalização exercidas pelos patrocinadores serão encaminhados ao órgão mencionado no *caput* deste artigo.

Art. 21. Aplica-se, no âmbito da FUNPRESP-EXE, da FUNPRESP-LEG e da FUNPRESP-JUD, o regime disciplinar previsto no Capítulo VII da Lei Complementar nº 109, de 29 de maio de 2001.

CAPÍTULO V

DISPOSIÇÕES FINAIS E TRANSITÓRIAS

Art. 22. Aplica-se o benefício especial de que tratam os §§ 1º a 8º do art. 3º ao servidor público titular de cargo efetivo da União, inclusive ao membro do Poder Judiciário, do Ministério Público e do Tribunal de Contas da União, oriundo, sem quebra de continuidade, de cargo público estatutário de outro ente da federação que não tenha instituído o respectivo regime de previdência complementar e que ingresse em cargo público efetivo federal a partir da instituição do regime de previdência complementar de que trata esta Lei, considerando-se, para esse fim, o tempo de contribuição estadual, distrital ou municipal, assegurada a compensação financeira de que trata o § 9º do art. 201 da Constituição Federal.

Art. 23. Após a autorização de funcionamento da FUNPRESP-EXE, da FUNPRESP-JUD e da FUNPRESP-LEG, nos termos desta Lei, os servidores que deverão compor provisoriamente os conselhos deliberativos e os conselhos fiscais, dispensados da exigência da condição de participante ou assistido dos planos de benefícios das entidades fechadas de previdência complementar, serão nomeados, respectivamente, pelo Presidente da República, pelo Presidente do Supremo Tribunal Federal e por ato conjunto dos Presidentes da Câmara dos Deputados e do Senado Federal.

Parágrafo único. O mandato dos conselheiros de que trata o *caput* deste artigo será de 2 (dois) anos, durante os quais será realizada eleição direta para que os participantes e assistidos escolham os seus representantes, e os patrocinadores indicarão os seus representantes.

Art. 24. Para fins de implantação, ficam a FUNPRESP-EXE, a FUNPRESP-LEG e a FUNPRESP-JUD equiparadas às pessoas jurídicas a que se refere o art. 1º da Lei nº 8.745, de 9 de dezembro de 1993, com vistas à contratação de pessoal técnico e administrativo por tempo determinado.

§ 1º Considera-se como necessidade temporária de excepcional interesse público, para os efeitos da Lei nº 8.745, de 9 de dezembro de 1993, a contratação de pessoal técnico e administrativo, por tempo determinado, imprescindível ao funcionamento inicial da FUNPRESP-EXE, da FUNPRESP-LEG e da FUNPRESP-JUD.

§ 2º As contratações observarão o disposto no *caput* do art. 3º, no art. 6º, no inciso II do art. 7º e nos arts. 9º e 12 da Lei nº 8.745, de 9 de dezembro de 1993, e não poderão exceder o prazo de 24 (vinte e quatro) meses.

Art. 25. É a União autorizada, em caráter excepcional, no ato de criação das entidades fechadas de previdência complementar referidas no art. 4º, a promover aporte a título de adiantamento de contribuições futuras, necessário ao regular funcionamento inicial, no valor de:

I – FUNPRESP-EXE: até R$ 50.000.000,00 (cinquenta milhões de reais);

II – FUNPRESP-LEG: até R$ 25.000.000,00 (vinte e cinco milhões de reais); e

III – FUNPRESP-JUD: até R$ 25.000.000,00 (vinte e cinco milhões de reais).

Art. 26. A FUNPRESP-EXE, a FUNPRESP-LEG e a FUNPRESP-JUD deverão entrar em funcionamento em até 240 (duzentos e quarenta) dias após a publicação da autorização de funcionamento concedida pelo órgão fiscalizador das entidades fechadas de previdência complementar.

Art. 27. Aplicam-se ao regime de previdência complementar a que se referem os §§ 14, 15 e 16 do art. 40 da Constituição Federal as disposições das Leis Complementares nºs 108 e 109, de 29 de maio de 2001.

Art. 28. Até que seja promovida a contratação na forma prevista no § 3º do art. 15 desta Lei, a totalidade dos recursos garantidores correspondentes às reservas técnicas, aos fundos e às provisões dos planos de benefícios da FUNPRESP-EXE, da FUNPRESP-LEG e da FUNPRESP-JUD será administrada por instituição financeira federal, mediante taxa de administração praticada a preço de mercado, vedada a cobrança de taxas de performance.

Art. 29. O *caput* do art. 4º da Lei nº 10.887, de 18 de junho de 2004, passa a vigorar com a seguinte redação:

- Alterações inseridas no texto da referida Lei.

Art. 30. Para os fins do exercício do direito de opção de que trata o parágrafo único do art. 1º, considera-se instituído o regime de previdência complementar de que trata esta Lei a partir da data da publicação pelo órgão fiscalizador da autorização de aplicação dos regulamentos dos planos de benefícios de qualquer das entidades de que trata o art. 4º desta Lei.

Art. 31. A FUNPRESP-EXE, a FUNPRESP-LEG e a FUNPRESP-JUD deverão ser criadas pela União no prazo de 180 (cento e oitenta) dias, contado da publicação desta Lei, e iniciar o seu funcionamento nos termos do art. 26.

§ 1º Ultrapassados os prazos de que trata o *caput*, considera-se vigente, para todos os fins, o regime de previdência complementar de que trata esta Lei.

§ 2º Ultrapassados os prazos de que trata o *caput* sem o início do funcionamento de alguma das entidades referidas no art. 4º, os servidores e membros do respectivo Poder poderão aderir ao plano de benefícios da entidade que primeiro entrou em funcionamento até a regularização da situação.

Art. 32. Considera-se ato de improbidade, nos termos do art. 10 da Lei nº 8.429, de 2 de junho de 1992, o descumprimento injustificado dos prazos de que trata o art. 31.

Art. 33. Esta Lei entra em vigor:

I – quanto ao disposto no Capítulo I, na data em que forem criadas quaisquer das entidades de que trata o art. 4º, observado o disposto no art. 31; e

II – quanto aos demais dispositivos, na data de sua publicação.

Brasília, 30 de abril de 2012;
191º da Independência e
124º da República.

Dilma Rousseff

LEI Nº 12.663, DE 5 DE JUNHO DE 2012

Dispõe sobre as medidas relativas à Copa das Confederações FIFA 2013, à Copa do Mundo FIFA 2014 e à Jornada Mundial da Juventude – 2013, que serão realizadas no Brasil; altera as Leis nºs 6.815, de 19 de agosto de 1980, e 10.671, de 15 de maio de 2003; e estabelece concessão de prêmio e de auxílio especial mensal aos jogadores das seleções campeãs do mundo em 1958, 1962 e 1970.

- Publicada no *DOU* de 6-6-2012, retificada no *DOU* de 8-6-2012.

CAPÍTULO I
DISPOSIÇÕES PRELIMINARES

Art. 1º Esta Lei dispõe sobre as medidas relativas à Copa das Confederações FIFA 2013, à Copa do Mundo FIFA 2014 e aos eventos relacionados, que serão realizados no Brasil.

Art. 2º Para os fins desta Lei, serão observadas as seguintes definições:

I – *Fédération Internationale de Football Association* (FIFA): associação suíça de direito privado, entidade mundial que regula o esporte de futebol de associação, e suas subsidiárias não domiciliadas no Brasil;

II – Subsidiária FIFA no Brasil: pessoa jurídica de direito privado, domiciliada no Brasil, cujo capital social total pertence à FIFA;

III – Copa do Mundo FIFA 2014 – Comitê Organizador Brasileiro Ltda. (COL): pessoa jurídica de direito privado, reconhecida pela FIFA, constituída sob as leis brasileiras com o objetivo de promover a Copa das Confederações FIFA 2013 e a Copa do Mundo FIFA 2014, bem como os eventos relacionados;

IV – Confederação Brasileira de Futebol (CBF): associação brasileira de direito privado, sendo a associação nacional de futebol no Brasil;

V – Competições: a Copa das Confederações FIFA 2013 e a Copa do Mundo FIFA 2014;

VI – Eventos: as Competições e as seguintes atividades relacionadas às Competições, oficialmente organizadas, chanceladas, patrocinadas ou apoiadas pela FIFA, Subsidiárias FIFA no Brasil, COL ou CBF:

a) os congressos da FIFA, cerimônias de abertura, encerramento, premiação e outras cerimônias, sorteio preliminar, final e quaisquer outros sorteios, lançamentos de mascote e outras atividades de lançamento;

b) seminários, reuniões, conferências, *workshops* e coletivas de imprensa;

c) atividades culturais, concertos, exibições, apresentações, espetáculos ou outras expressões culturais, bem como os projetos Futebol pela Esperança (*Football for Hope*) ou projetos beneficentes similares;

d) partidas de futebol e sessões de treino; e

e) outras atividades consideradas relevantes para a realização, organização, preparação, *marketing*, divulgação, promoção ou encerramento das competições;

VII – Confederações FIFA: as seguintes confederações:

a) Confederação Asiática de Futebol (*Asian Football Confederation* – AFC);

b) Confederação Africana de Futebol (*Confédération Africaine de Football* – CAF);

c) Confederação de Futebol da América do Norte, Central e Caribe (*Confederation of North, Central American and Caribbean Association Football* – CONCACAF);

d) Confederação Sul-Americana de Futebol (*Confederación Sudamericana de Fútbol* – CONMEBOL);

e) Confederação de Futebol da Oceania (*Oceania Football Confederation* – OFC); e

f) União das Associações Europeias de Futebol (*Union des Associations Européennes de Football* – UEFA);

VIII – Associações Estrangeiras Membros da FIFA: as associações nacionais de futebol de origem estrangeira, oficialmente afiliadas à FIFA, participantes ou não das competições;

IX – Emissora Fonte da FIFA: pessoa jurídica licenciada ou autorizada, com base em relação contratual, para produzir o sinal e o conteúdo audiovisual básicos ou complementares dos Eventos com o objetivo de distribuição no Brasil e no exterior para os detentores de direitos de mídia;

X – Prestadores de Serviços da FIFA: pessoas jurídicas licenciadas ou autorizadas, com base em relação contratual, para prestar serviços relacionados à organização e à produção dos Eventos, tais como:

a) coordenadores da FIFA na gestão de acomodações, de serviços de transporte, de programação de operadores de turismo e dos estoques de Ingressos;

b) fornecedores da FIFA de serviços de hospitalidade e de soluções de tecnologia da informação; e

c) outros prestadores licenciados ou autorizados pela FIFA para a prestação de serviços ou fornecimento de bens;

XI – Parceiros Comerciais da FIFA: pessoas jurídicas licenciadas ou autorizadas com base em qualquer relação contratual, em relação aos eventos, bem como os seus subcontratados, com atividades relacionadas aos eventos, excluindo as entidades referidas nos incisos III, IV e VII a X;

XII – Emissoras: pessoas jurídicas licenciadas ou autorizadas com base em relação contratual, seja pela FIFA, seja por nomeada ou licenciada pela FIFA, que adquiram o direito de realizar emissões ou transmissões, por qualquer meio de comunicação, do sinal e do conteúdo audiovisual básicos ou complementares de qualquer evento, consideradas Parceiros Comerciais da FIFA;

XIII – Agência de Direitos de Transmissão: pessoa jurídica licenciada ou autorizada com base em relação contratual, seja pela FIFA, seja por nomeada ou autorizada pela FIFA, para prestar serviços de representação de vendas e nomeação de Emissoras, considerada Prestadora de Serviços da FIFA;

XIV – Locais Oficiais de Competição: locais oficialmente relacionados às competições, tais como estádios, centros de treinamento, centros de mídia, centros de credenciamento, áreas de estacionamento, áreas para a transmissão de partidas, áreas oficialmente designadas para atividades de lazer destinadas aos fãs, localizados ou não nas cidades que irão sediar as competições, bem como qualquer local no qual o acesso seja restrito aos portadores de credenciais emitidas pela FIFA ou de Ingressos;

XV – Partida: jogo de futebol realizado como parte das competições;

XVI – Períodos de Competição: espaço de tempo compreendido entre o 20º (vigésimo) dia anterior à realização da primeira partida e o 5º (quinto) dia após a realização da última partida de cada uma das competições;

XVII – Representantes de Imprensa: pessoas naturais autorizadas pela FIFA, que recebam credenciais oficiais de imprensa relacionadas aos eventos, cuja relação será divulgada com antecedência, observados os critérios previamente estabelecidos nos termos do § 1º do art. 13, podendo tal relação ser alterada com base nos mesmos critérios;

XVIII – Símbolos Oficiais: sinais visivelmente distintivos, emblemas, marcas, logomarcas, mascotes, lemas, hinos e qualquer outro símbolo de titularidade da FIFA; e

XIX – Ingressos: documentos ou produtos emitidos pela FIFA que possibilitam o ingresso em um evento, inclusive pacotes de hospitalidade e similares.

Parágrafo único. A Emissora Fonte, os Prestadores de Serviços e os Parceiros Comerciais da FIFA referidos nos incisos IX, X e XI poderão ser autorizados ou licenciados diretamente pela FIFA ou por meio de uma de suas autorizadas ou licenciadas.

CAPÍTULO II

DA PROTEÇÃO E EXPLORAÇÃO DE DIREITOS COMERCIAIS

Seção I

DA PROTEÇÃO ESPECIAL AOS DIREITOS DE PROPRIEDADE INDUSTRIAL RELACIONADOS AOS EVENTOS

Art. 3º O Instituto Nacional da Propriedade Industrial (INPI) promoverá a anotação em seus cadastros do alto renome das marcas que consistam nos seguintes Símbolos Oficiais de titularidade da FIFA, nos termos e para os fins da proteção especial de que trata o art. 125 da Lei nº 9.279, de 14 de maio de 1996:

I – emblema FIFA;

II – emblemas da Copa das Confederações FIFA 2013 e da Copa do Mundo FIFA 2014;

III – mascotes oficiais da Copa das Confederações FIFA 2013 e da Copa do Mundo FIFA 2014; e

IV – outros Símbolos Oficiais de titularidade da FIFA, indicados pela referida entidade em lista a ser protocolada no INPI, que poderá ser atualizada a qualquer tempo.

Parágrafo único. Não se aplica à proteção prevista neste artigo a vedação de que trata o inciso XIII do art. 124 da Lei nº 9.279, de 14 de maio de 1996.

Art. 4º O INPI promoverá a anotação em seus cadastros das marcas notoriamente conhecidas de titularidade da FIFA, nos termos e para os fins da proteção especial de que trata o art. 126 da Lei nº 9.279, de 14 de maio de 1996, conforme lista fornecida e atualizada pela FIFA.

Parágrafo único. Não se aplica à proteção prevista neste artigo a vedação de que trata o inciso XIII do art. 124 da Lei nº 9.279, de 14 de maio de 1996.

Art. 5º As anotações do alto renome e das marcas notoriamente conhecidas de titularidade da FIFA produzirão efeitos até 31 de dezembro de 2014, sem prejuízo das anotações realizadas antes da publicação desta Lei.

§ 1º Durante o período mencionado no *caput*, observado o disposto nos arts. 7º e 8º:

I – o INPI não requererá à FIFA a comprovação da condição de alto renome de suas marcas ou da caracterização de suas marcas como notoriamente conhecidas; e

II – as anotações de alto renome e das marcas notoriamente conhecidas de titularidade da FIFA serão automaticamente excluídas do Sistema de Marcas do INPI apenas no caso da renúncia total referida no art. 142 da Lei nº 9.279, de 14 de maio de 1996.

§ 2º A concessão e a manutenção das proteções especiais das marcas de alto renome e das marcas notoriamente conhecidas deverão observar as leis e regulamentos aplicáveis no Brasil após o término do prazo estabelecido no *caput*.

Art. 6º O INPI deverá dar ciência das marcas de alto renome ou das marcas notoriamente conhecidas de titularidade da FIFA ao Núcleo de Informação e Coordenação do Ponto BR (NIC.br), para fins de rejeição, de ofício, de registros de domínio que empreguem expressões ou termos idênticos às marcas da FIFA ou similares.

Art. 7º O INPI adotará regime especial para os procedimentos relativos a pedidos de registro de marca apresentados pela FIFA ou relacionados à FIFA até 31 de dezembro de 2014.

§ 1º A publicação dos pedidos de registro de marca a que se refere este artigo deverá ocorrer em até 60 (sessenta) dias contados da data da apresentação de cada pedido, ressalvados aqueles cujo prazo para publicação tenha sido suspenso por conta de exigência formal preliminar prevista nos arts. 156 e 157 da Lei nº 9.279, de 14 de maio de 1996.

§ 2º Durante o período previsto no *caput*, o INPI deverá, no prazo de 30 (trinta) dias contados da publicação referida no § 1º, de ofício ou a pedido da FIFA, indeferir qualquer pedido de registro de marca apresentado por terceiros que seja flagrante reprodução ou imitação, no todo ou em parte, dos Símbolos Oficiais, ou que possa causar evidente confusão ou associação não autorizada com a FIFA ou com os Símbolos Oficiais.

§ 3º As contestações aos pedidos de registro de marca a que se refere o *caput* devem ser apresentadas em até 60 (sessenta) dias da publicação.

§ 4º O requerente deverá ser notificado da contestação e poderá apresentar sua defesa em até 30 (trinta) dias.

§ 5º No curso do processo de exame, o INPI poderá fazer, uma única vez, exigências a serem cumpridas em até 10 (dez) dias, durante os quais o prazo do exame ficará suspenso.

§ 6º Após o prazo para contestação ou defesa, o INPI decidirá no prazo de 30 (trinta) dias e publicará a decisão em até 30 (trinta) dias após a prolação.

Art. 8º Da decisão de indeferimento dos pedidos de que trata o art. 7º caberá recurso ao Presidente do INPI, no prazo de 15 (quinze) dias contados da data de sua publicação.

§ 1º As partes interessadas serão notificadas para apresentar suas contrarrazões ao recurso no prazo de 15 (quinze) dias.

§ 2º O Presidente do INPI decidirá o recurso em até 20 (vinte) dias contados do término do prazo referido no § 1º.

§ 3º O disposto no § 5º do art. 7º aplica-se à fase recursal de que trata este artigo.

Art. 9º O disposto nos arts. 7º e 8º aplica-se também aos pedidos de registro de marca apresentados:

I – pela FIFA, pendentes de exame no INPI; e

II – por terceiros, até 31 de dezembro de 2014, que possam causar confusão com a FIFA ou associação não autorizada com a entidade, com os símbolos oficiais ou com os eventos.

LEG. COMPLEMENTAR

Parágrafo único. O disposto neste artigo não se aplica a terceiros que estejam de alguma forma relacionados aos eventos e que não sejam a FIFA, Subsidiárias FIFA no Brasil, COL ou CBF.

Art. 10. A FIFA ficará dispensada do pagamento de eventuais retribuições referentes a todos os procedimentos no âmbito do INPI até 31 de dezembro de 2014.

Seção II

DAS ÁREAS DE RESTRIÇÃO COMERCIAL E VIAS DE ACESSO

Art. 11. A União colaborará com os Estados, o Distrito Federal e os Municípios que sediarão os eventos e com as demais autoridades competentes para assegurar à FIFA e às pessoas por ela indicadas a autorização para, com exclusividade, divulgar suas marcas, distribuir, vender, dar publicidade ou realizar propaganda de produtos e serviços, bem como outras atividades promocionais ou de comércio de rua, nos Locais Oficiais de Competição, nas suas imediações e principais vias de acesso.

§ 1º Os limites das áreas de exclusividade relacionadas aos Locais Oficiais de Competição serão tempestivamente estabelecidos pela autoridade competente, considerados os requerimentos da FIFA ou de terceiros por ela indicados, atendidos os requisitos desta Lei e observado o perímetro máximo de 2 km (dois quilômetros) ao redor dos referidos Locais Oficiais de Competição.

§ 2º A delimitação das áreas de exclusividade relacionadas aos Locais Oficiais de Competição não prejudicará as atividades dos estabelecimentos regularmente em funcionamento, desde que sem qualquer forma de associação aos Eventos e observado o disposto no art. 170 da Constituição Federal.

Seção III

DA CAPTAÇÃO DE IMAGENS OU SONS, RADIODIFUSÃO E ACESSO AOS LOCAIS OFICIAIS DE COMPETIÇÃO

Art. 12. A FIFA é a titular exclusiva de todos os direitos relacionados às imagens, aos sons e às outras formas de expressão dos Eventos, incluindo os de explorar, negociar, autorizar e proibir suas transmissões ou retransmissões.

Art. 13. O credenciamento para acesso aos Locais Oficiais de Competição durante os períodos de competição ou por ocasião dos eventos, inclusive em relação aos Representantes de Imprensa, será realizado exclusivamente pela FIFA, conforme termos e condições por ela estabelecidos.

§ 1º Até 180 (cento e oitenta) dias antes do início das competições, a FIFA deverá divulgar manual com os critérios de credenciamento de que trata o *caput*, respeitados os princípios da publicidade e da impessoalidade.

§ 2º As credenciais conferem apenas o acesso aos Locais Oficiais de Competição e aos eventos, não implicando o direito de captar, por qualquer meio, imagens ou sons dos Eventos.

Art. 14. A autorização para captar imagens ou sons de qualquer evento ou das partidas será exclusivamente concedida pela FIFA, inclusive em relação aos Representantes de Imprensa.

Art. 15. A transmissão, a retransmissão ou a exibição, por qualquer meio de comunicação, de imagens ou sons dos eventos somente poderão ser feitas mediante prévia e expressa autorização da FIFA.

§ 1º Sem prejuízo da exclusividade prevista no art. 12, a FIFA é obrigada a disponibilizar flagrantes de imagens dos eventos aos veículos de comunicação interessados em sua retransmissão, em definição padrão (SDTV) ou em alta-definição (HDTV), a critério do veículo interessado, observadas as seguintes condições cumulativas:

I – que o evento seja uma partida, cerimônia de abertura das competições, cerimônia de encerramento das competições ou sorteio preliminar ou final de cada uma das competições;

II – que a retransmissão se destine à inclusão em noticiário, sempre com finalidade informativa, sendo proibida a associação dos flagrantes de imagens a qualquer forma de patrocínio, promoção, publicidade ou atividade de *marketing*;

III – que a duração da exibição dos flagrantes observe os limites de tempo de 30 (trinta) segundos para qualquer evento que seja realizado de forma pública e cujo acesso seja controlado pela FIFA, exceto as partidas, para as quais prevalecerá o limite de 3% (três por cento) do tempo da partida;

IV – que os veículos de comunicação interessados comuniquem a intenção de ter acesso ao conteúdo dos flagrantes de imagens dos eventos, por escrito, até 72 (setenta e duas) horas antes do evento, à FIFA ou a pessoa por ela indicada; e

V – que a retransmissão ocorra somente na programação dos canais distribuídos exclusivamente no território nacional.

§ 2º Para os fins do disposto no § 1º, a FIFA ou pessoa por ela indicada deverá preparar e disponibilizar aos veículos de comunicação interessados, no mínimo, 6 (seis) minutos dos principais momentos do evento, em definição padrão (SDTV) ou em alta-definição (HDTV), a critério do veículo interessado, logo após a edição das imagens e dos sons e em prazo não superior a 2 (duas) horas após o fim do evento, sendo que deste conteúdo o interessado deverá selecionar trechos dentro dos limites dispostos neste artigo.

§ 3º No caso das redes de programação básica de televisão, o conteúdo a que se refere o § 2º será disponibilizado à emissora geradora de sinal nacional de televisão e poderá ser por ela distribuído para as emissoras que veiculem sua programação, as quais:

I – serão obrigadas ao cumprimento dos termos e condições dispostos neste artigo; e

II – somente poderão utilizar, em sua programação local, a parcela a que se refere o inciso III do § 1º, selecionada pela emissora geradora de sinal nacional.

§ 4º O material selecionado para exibição nos termos do § 2º deverá ser utilizado apenas pelo veículo de comunicação solicitante e não poderá ser utilizado fora do território nacional brasileiro.

§ 5º Os veículos de comunicação solicitantes não poderão, em momento algum:

I – organizar, aprovar, realizar ou patrocinar qualquer atividade promocional, publicitária ou de *marketing* associada às imagens ou aos sons contidos no conteúdo disponibilizado nos termos do § 2º; e

II – explorar comercialmente o conteúdo disponibilizado nos termos do § 2º, inclusive em programas de entretenimento, documentários, sítios da rede mundial de computadores ou qualquer outra forma de veiculação de conteúdo.

Seção IV

DAS SANÇÕES CIVIS

Art. 16. Observadas as disposições da Lei nº 10.406, de 10 de janeiro de 2002 (Código Civil), é obrigado a indenizar os danos, os lucros cessantes e qualquer proveito obtido aquele que praticar, sem autorização da FIFA ou de pessoa por ela indicada, entre outras, as seguintes condutas:

I – atividades de publicidade, inclusive oferta de provas de comida ou bebida, distribuição de produtos de marca, panfletos ou outros materiais promocionais ou ainda atividades similares de cunho publicitário nos Locais Oficiais de Competição, em suas principais vias de acesso, nas áreas a que se refere o art. 11 ou em lugares que sejam claramente visíveis a partir daqueles;

II – publicidade ostensiva em veículos automotores, estacionados ou circulando pelos Locais Oficiais de Competição, em suas principais vias de acesso, nas áreas a que se refere o art. 11 ou em lugares que sejam claramente visíveis a partir daqueles;

III – publicidade aérea ou náutica, inclusive por meio do uso de balões, aeronaves ou embarcações, nos Locais Oficiais de Competição, em suas principais vias de acesso, nas áreas a que se refere o art. 11 ou em lugares que sejam claramente visíveis a partir daqueles;

IV – exibição pública das partidas por qualquer meio de comunicação em local público ou privado de acesso público, associada à promoção comercial de produto, marca ou serviço ou em que seja cobrado Ingresso;

V – venda, oferecimento, transporte, ocultação, exposição à venda, negociação, desvio ou transferência de Ingressos, convites ou qualquer outro tipo de autorização ou credencial para os eventos de forma onerosa, com a intenção de obter vantagens para si ou para outrem; e

VI – uso de Ingressos, convites ou qualquer outro tipo de autorização ou credencial para os eventos para fins de publicidade, venda ou promoção, como benefício, brinde, prêmio de concursos, competições ou promoções, como parte de pacote de viagem ou hospedagem, ou a sua disponibilização ou o seu anúncio para esses propósitos.

§ 1º O valor da indenização prevista neste artigo será calculado de maneira a englobar quaisquer danos sofridos pela parte prejudicada, incluindo os lucros cessantes e qualquer proveito obtido pelo autor da infração.

§ 2º Serão solidariamente responsáveis pela reparação dos danos referidos no *caput* todos aqueles que realizarem, organizarem, autorizarem, aprovarem ou patrocinarem a exibição pública a que se refere o inciso IV.

Art. 17. Caso não seja possível estabelecer o valor dos danos, lucros cessantes ou vantagem ilegalmente obtida, a indenização decorrente dos atos ilícitos previstos no art. 16 corresponderá ao valor que o autor da infração teria pago ao titular do direito violado para que lhe fosse permitido explorá-lo regularmente, tomando-se por base os parâmetros contratuais geralmente usados pelo titular do direito violado.

Art. 18. Os produtos apreendidos por violação ao disposto nesta Lei serão destruídos ou doados a entidades e organizações de assistência social, respeitado o devido processo legal e ouvida a FIFA, após a descaracterização dos produtos pela remoção dos Símbolos Oficiais, quando possível.

CAPÍTULO III

DOS VISTOS DE ENTRADA E DAS PERMISSÕES DE TRABALHO

Art. 19. Deverão ser concedidos, sem qualquer restrição quanto à nacionalidade, raça ou credo, vistos de entrada, aplicando-se, subsidiariamente, no que couber, as disposições da Lei nº 6.815, de 19 de agosto de 1980, para:

I – todos os membros da delegação da FIFA, inclusive:

a) membros de comitê da FIFA;

b) equipe da FIFA ou das pessoas jurídicas, domiciliadas ou não no Brasil, de cujo capital total e votante a FIFA detenha ao menos 99% (noventa e nove por cento);

c) convidados da FIFA; e

d) qualquer outro indivíduo indicado pela FIFA como membro da delegação da FIFA;

II – funcionários das Confederações FIFA;

III – funcionários das Associações Estrangeiras Membros da FIFA;

IV – árbitros e demais profissionais designados para trabalhar durante os eventos;

V – membros das seleções participantes em qualquer das competições, incluindo os médicos das seleções e demais membros da delegação;

VI – equipe dos Parceiros Comerciais da FIFA;

VII – equipe da Emissora Fonte da FIFA, das Emissoras e das Agências de Direitos de Transmissão;

VIII – equipe dos Prestadores de Serviços da FIFA;

IX – clientes de serviços comerciais de hospitalidade da FIFA;

X – Representantes de Imprensa; e

XI – espectadores que possuam Ingressos ou confirmação de aquisição de Ingressos válidos para qualquer evento e todos os indivíduos que demonstrem seu envolvimento oficial com os eventos, contanto que evidenciem de maneira razoável que sua entrada no País possui alguma relação com qualquer atividade relacionada aos eventos.

§ 1º O prazo de validade dos vistos de entrada concedidos com fundamento nos incisos I a XI encerra-se no dia 31 de dezembro de 2014.

§ 2º O prazo de estada dos portadores dos vistos concedidos com fundamento nos incisos I a X poderá ser fixado, a critério da autoridade competente, até o dia 31 de dezembro de 2014.

§ 3º O prazo de estada dos portadores dos vistos concedidos com fundamento no inciso XI será de até 90 (noventa) dias, improrrogáveis.

§ 4º Considera-se documentação suficiente para obtenção do visto de entrada ou para o ingresso no território nacional o passaporte válido ou documento de viagem equivalente, em conjunto com qualquer instrumento que demonstre a vinculação de seu titular com os eventos.

§ 5º O disposto neste artigo não constituirá impedimento à denegação de visto e ao impedimento à entrada, nas hipóteses previstas nos arts. 7º e 26 da Lei nº 6.815, de 19 de agosto de 1980.

§ 6º A concessão de vistos de entrada a que se refere este artigo e para os efeitos desta Lei, quando concedidos no exterior, pelas Missões diplomáticas, Repartições consulares de carreira, Vice-Consulares e, quando autorizados pela Secretaria de Estado das Relações Exteriores, pelos Consulados honorários terá caráter prioritário na sua emissão.

§ 7º Os vistos de entrada concedidos com fundamento no inciso XI deverão ser emitidos mediante meio eletrônico, na forma disciplinada pelo Poder Executivo, se na época houver disponibilidade da tecnologia adequada.

Art. 20. Serão emitidas as permissões de trabalho, caso exigíveis, para as pessoas mencionadas nos incisos I a X do art. 19, desde que comprovado, por documento expedido pela FIFA ou por terceiro por ela indicado, que a entrada no País se destina ao desempenho de atividades relacionadas aos Eventos.

§ 1º Em qualquer caso, o prazo de validade da permissão de trabalho não excederá o prazo de validade do respectivo visto de entrada.

§ 2º Para os fins desta Lei, poderão ser estabelecidos procedimentos específicos para concessão de permissões de trabalho.

Art. 21. Os vistos e permissões de que tratam os arts. 19 e 20 serão emitidos em caráter prioritário, sem qualquer custo, e os requerimentos serão concentrados em um único órgão da administração pública federal.

CAPÍTULO IV
DA RESPONSABILIDADE CIVIL

Art. 22. A União responderá pelos danos que causar, por ação ou omissão, à FIFA, seus representantes legais, empregados ou consultores, na forma do § 6º do art. 37 da Constituição Federal.

Art. 23. A União assumirá os efeitos da responsabilidade civil perante a FIFA, seus representantes legais, empregados ou consultores por todo e qualquer dano resultante ou que tenha surgido em função de qualquer incidente ou acidente de segurança relacionado aos Eventos, exceto se e na medida em que a FIFA ou a vítima houver concorrido para a ocorrência do dano.

Parágrafo único. A União ficará sub-rogada em todos os direitos decorrentes dos pagamentos efetuados contra aqueles que, por ato ou omissão, tenham causado os danos ou tenham para eles concorrido, devendo o beneficiário fornecer os meios necessários ao exercício desses direitos.

Art. 24. A União poderá constituir garantias ou contratar seguro privado, ainda que internacional, em uma ou mais apólices, para a cobertura de riscos relacionados aos eventos.

CAPÍTULO V
DA VENDA DE INGRESSOS

Art. 25. O preço dos ingressos será determinado pela FIFA.

Art. 26. A FIFA fixará os preços dos ingressos para cada partida das competições, obedecidas as seguintes regras:

I – os ingressos serão personalizados com a identificação do comprador e classificados em 4 (quatro) categorias, numeradas de 1 a 4;

II – ingressos das 4 (quatro) categorias serão vendidos para todas as partidas das competições; e

III – os preços serão fixados para cada categoria em ordem decrescente, sendo o mais elevado o da categoria 1.

§ 1º Do total de ingressos colocados à venda para as partidas:

I – a FIFA colocará à disposição, para as Partidas da Copa do Mundo FIFA 2014, no decurso das diversas fases de venda, ao menos, 300.000 (trezentos mil) ingressos para a categoria 4;

II – a FIFA colocará à disposição, para as partidas da Copa das Confederações FIFA 2013, no decurso das diversas fases de venda, ao menos, 50.000 (cinquenta mil) ingressos da categoria 4.

§ 2º A quantidade mínima de Ingressos da categoria 4, mencionada nos incisos I e II do § 1º deste artigo, será oferecida pela FIFA, por meio de um ou mais sorteios públicos, a pessoas naturais residentes no País, com prioridade para as pessoas listadas no § 5º deste artigo, sendo que tal prioridade não será aplicável:

I – às vendas de ingressos da categoria 4 realizadas por quaisquer meios que não sejam mediante sorteios;

II – aos ingressos da categoria 4 oferecidos à venda pela FIFA, uma vez ofertada a quantidade mínima de Ingressos referidos no inciso I do § 1º deste artigo.

§ 3º VETADO.

§ 4º Os sorteios públicos referidos no § 2º serão acompanhados por órgão federal competente, respeitados os princípios da publicidade e da impessoalidade.

§ 5º Em todas as fases de venda, os Ingressos da categoria 4 serão vendidos com desconto de 50% (cinquenta por cento) para as pessoas naturais residentes no País abaixo relacionadas:

I – estudantes;

II – pessoas com idade igual ou superior a 60 (sessenta) anos; e

III – participantes de programa federal de transferência de renda.

§ 6º Os procedimentos e mecanismos que permitam a destinação para qualquer pessoa, desde que residente no País, dos ingressos da categoria 4 que não tenham sido solicitados por aquelas mencionadas no § 5º deste artigo, sem o desconto ali referido, serão de responsabilidade da FIFA.

§ 7º Os entes federados e a FIFA poderão celebrar acordos para viabilizar o acesso e a venda de ingressos em locais de boa visibilidade para as pessoas com deficiência e seus acompanhantes, sendo assegurado, na forma do regulamento, pelo menos, 1% (um por cento) do número de Ingressos ofertados, excetuados os acompanhantes, observada a existência de instalações adequadas e específicas nos Locais Oficiais de Competição.

§ 8º O disposto no § 7º deste artigo efetivar-se-á mediante o estabelecimento pela entidade organizadora de período específico para a solicitação de compra, inclusive por meio eletrônico.

§ 9º VETADO.

§ 10. Os descontos previstos na Lei nº 10.741, de 1º de outubro de 2003 (Estatuto do Idoso), aplicam-se à aquisição de ingressos em todas as categorias, respeitado o disposto no § 5º deste artigo.

§ 11. A comprovação da condição de estudante, para efeito da compra dos ingressos de que trata o inciso I do § 5º deste artigo é obrigatória e dar-se-á mediante a apresentação da Carteira de Identificação Estudantil, conforme modelo único nacionalmente padronizado pelas entidades nacionais estudantis, com Certificação Digital, nos termos do regulamento, expedida exclusivamente pela Associação Nacional de Pós-Graduandos (ANPG), pela União Nacional dos Estudantes (UNE), pelos Diretórios Centrais dos Estudantes (DCEs) das instituições de ensino superior, pela União Brasileira dos Estudantes Secundaristas (UBES) e pelas uniões estaduais e municipais de estudantes universitários ou secundaristas.

§ 12. Os ingressos para proprietários ou possuidores de armas de fogo que aderirem à campanha referida no inciso I do art. 29 e para indígenas serão objeto de acordo entre o poder público e a FIFA.

Art. 27. Os critérios para cancelamento, devolução e reembolso de ingressos, assim como para alocação, realocação, marcação, remarcação e cancelamento de assentos nos locais dos eventos serão definidos pela FIFA, a qual poderá inclusive dispor sobre a possibilidade:

I – de modificar datas, horários ou locais dos eventos, desde que seja concedido o direito ao reembolso do valor do Ingresso ou o direito de comparecer ao evento remarcado;

II – da venda de ingresso de forma avulsa, da venda em conjunto com pacotes turísticos ou de hospitalidade; e

III – de estabelecimento de cláusula penal no caso de desistência da aquisição do Ingresso após a confirmação de que o pedido de Ingresso foi aceito ou após o pagamento do valor do ingresso, independentemente da forma ou do local da submissão do pedido ou da aquisição do ingresso.

CAPÍTULO VI
DAS CONDIÇÕES DE ACESSO E PERMANÊNCIA NOS LOCAIS OFICIAIS DE COMPETIÇÃO

Art. 28. São condições para o acesso e permanência de qualquer pessoa nos Locais Oficiais de Competição, entre outras:

I – estar na posse de ingresso ou documento de credenciamento, devidamente emitido pela FIFA ou pessoa ou entidade por ela indicada;

II – não portar objeto que possibilite a prática de atos de violência;

III – consentir na revista pessoal de prevenção e segurança;

IV – não portar ou ostentar cartazes, bandeiras, símbolos ou outros sinais com mensagens ofensivas, de caráter racista, xenófobo ou que estimulem outras formas de discriminação;

V – não entoar xingamentos ou cânticos discriminatórios, racistas ou xenófobos;

VI – não arremessar objetos, de qualquer natureza, no interior do recinto esportivo;

VII – não portar ou utilizar fogos de artifício ou quaisquer outros engenhos pirotécnicos ou produtores de efeitos análogos, inclusive instrumentos dotados de raios laser ou semelhantes, ou que os possam emitir, exceto equipe autorizada pela FIFA, pessoa ou entidade por ela indicada para fins artísticos;

VIII – não incitar e não praticar atos de violência, qualquer que seja a sua natureza;

IX – não invadir e não incitar a invasão, de qualquer forma, da área restrita aos competidores, Representantes de Imprensa, autoridades ou equipes técnicas; e

X – não utilizar bandeiras, inclusive com mastro de bambu ou similares, para outros fins que não o da manifestação festiva e amigável.

§ 1º É ressalvado o direito constitucional ao livre exercício de manifestação e à plena liberdade de expressão em defesa da dignidade da pessoa humana.

§ 2º O não cumprimento de condição estabelecida neste artigo implicará a impossibilidade de ingresso da pessoa no Local Oficial de Competição ou o seu afastamento imediato do recinto, sem prejuízo de outras sanções administrativas, civis ou penais.

CAPÍTULO VII
DAS CAMPANHAS SOCIAIS NAS COMPETIÇÕES

Art. 29. O poder público poderá adotar providências visando à celebração de acordos com a FIFA, com vistas à:

I – divulgação, nos eventos:

a) de campanha com o tema social "Por um mundo sem armas, sem drogas, sem violência e sem racismo";

b) de campanha pelo trabalho decente; e

c) dos pontos turísticos brasileiros;

II – efetivação de aplicação voluntária pela referida entidade de recursos oriundos dos eventos, para:

a) a construção de centros de treinamento de atletas de futebol, conforme os requisitos determinados na alínea *d* do inciso II do § 2º do art. 29 da Lei nº 9.615, de 24 de março de 1998;

b) o incentivo para a prática esportiva das pessoas com deficiência; e

c) o apoio às pesquisas específicas de tratamento das doenças raras;

III – divulgação da importância do combate ao racismo no futebol e da promoção da igualdade racial nos empregos gerados pela Copa do Mundo.

CAPÍTULO VIII
DISPOSIÇÕES PENAIS

Utilização indevida de Símbolos Oficiais

Art. 30. Reproduzir, imitar, falsificar ou modificar indevidamente quaisquer Símbolos Oficiais de titularidade da FIFA:

Pena – detenção, de 3 (três) meses a 1 (um) ano ou multa.

Art. 31. Importar, exportar, vender, distribuir, oferecer ou expor à venda, ocultar ou manter em estoque Símbolos Oficiais ou produtos resultantes da reprodução, imitação, falsificação ou modificação não autorizadas de Símbolos Oficiais para fins comerciais ou de publicidade:

Pena – detenção, de 1 (um) a 3 (três) meses ou multa.

Marketing de Emboscada por Associação

Art. 32. Divulgar marcas, produtos ou serviços, com o fim de alcançar vantagem econômica ou publicitária, por meio de associação direta ou indireta com os eventos ou símbolos oficiais, sem autorização da FIFA ou de pessoa por ela indicada, induzindo terceiros a acreditar que tais marcas, produtos ou serviços são aprovados, autorizados ou endossados pela FIFA:

Pena – detenção, de 3 (três) meses a 1 (um) ano ou multa.

Parágrafo único. Na mesma pena incorre quem, sem autorização da FIFA ou de pessoa por ela indicada, vincular o uso de Ingressos, convites ou qualquer espécie de autorização de acesso aos eventos a ações de publicidade ou atividade comerciais, com o intuito de obter vantagem econômica.

Marketing de Emboscada por Intrusão

Art. 33. Expor marcas, negócios, estabelecimentos, produtos, serviços ou praticar atividade promocional, não autorizados pela FIFA ou por pessoa por ela indicada, atraindo de qualquer forma a atenção pública nos locais da ocorrência dos eventos, com o fim de obter vantagem econômica ou publicitária:

Pena – detenção, de 3 (três) meses a 1 (um) ano ou multa.

Art. 34. Nos crimes previstos neste Capítulo, somente se procede mediante representação da FIFA.

Art. 35. Na fixação da pena de multa prevista neste Capítulo e nos arts. 41-B a 41-G da Lei nº 10.671, de 15 de maio de 2003, quando os delitos forem relacionados às Competições, o limite a que se refere o § 1º do art. 49 do Decreto-Lei nº 2.848, de 7 de dezembro de 1940 (Código Penal), pode ser acrescido ou reduzido em até 10 (dez) vezes, de acordo com as condições financeiras do autor da infração e da vantagem indevidamente auferida.

Art. 36. Os tipos penais previstos neste Capítulo terão vigência até o dia 31 de dezembro de 2014.

CAPÍTULO IX

DISPOSIÇÕES PERMANENTES

- Art. 71, par. ún., desta Lei.

Art. 37. É concedido aos jogadores, titulares ou reservas das seleções brasileiras campeãs das copas mundiais masculinas da FIFA nos anos de 1958, 1962 e 1970:

I – prêmio em dinheiro; e

II – auxílio especial mensal para jogadores sem recursos ou com recursos limitados.

Art. 38. O prêmio será pago, uma única vez, no valor fixo de R$ 100.000,00 (cem mil reais) ao jogador.

Art. 39. Na ocorrência de óbito do jogador, os sucessores previstos na lei civil, indicados em alvará judicial expedido a requerimento dos interessados, independentemente de inventário ou arrolamento, poder-se-ão habilitar para receber os valores proporcionais a sua cota-parte.

Art. 40. Compete ao Ministério do Esporte proceder ao pagamento do prêmio.

Art. 41. O prêmio de que trata esta Lei não é sujeito ao pagamento de Imposto de Renda ou contribuição previdenciária.

Art. 42. O auxílio especial mensal será pago para completar a renda mensal do beneficiário até que seja atingido o valor máximo do salário de benefício do Regime Geral de Previdência Social.

Parágrafo único. Para fins do disposto no *caput*, considera-se renda mensal 1/12 (um doze avos) do valor total de rendimentos tributáveis, sujeitos a tributação exclusiva ou definitiva, não tributáveis e isentos informados na respectiva Declaração de Ajuste Anual do Imposto sobre a Renda da Pessoa Física.

Art. 43. O auxílio especial mensal também será pago à esposa ou companheira e aos filhos menores de 21 (vinte um) anos ou inválidos do beneficiário falecido, desde que a invalidez seja anterior à data em que completaram 21 (vinte um) anos.

§ 1º Havendo mais de um beneficiário, o valor limite de auxílio *per capita* será o constante do art. 42 desta Lei, dividido pelo número de beneficiários, efetivos, ou apenas potenciais devido à renda, considerando-se a renda do núcleo familiar para cumprimento do limite de que trata o citado artigo.

§ 2º Não será revertida aos demais a parte do dependente cujo direito ao auxílio cessar.

Art. 44. Compete ao Instituto Nacional do Seguro Social (INSS) administrar os requerimentos e os pagamentos do auxílio especial mensal.

Parágrafo único. Compete ao Ministério do Esporte informar ao INSS a relação de jogadores de que trata o art. 37 desta Lei.

Art. 45. O pagamento do auxílio especial mensal retroagirá à data em que, atendidos os requisitos, tenha sido protocolado requerimento no INSS.

Art. 46. O auxílio especial mensal sujeita-se à incidência de Imposto sobre a Renda, nos termos da legislação específica, mas não é sujeito ao pagamento de contribuição previdenciária.

Art. 47. As despesas decorrentes desta Lei correrão à conta do Tesouro Nacional.

Parágrafo único. O custeio dos benefícios definidos no art. 37 desta Lei e das respectivas despesas constarão de programação orçamentária específica do Ministério do Esporte, no tocante ao prêmio, e do Ministério da Previdência Social, no tocante ao auxílio especial mensal.

Arts. 48 e 49. VETADOS.

Art. 50. O art. 13-A da Lei nº 10.671, de 15 de maio de 2003, passa a vigorar acrescido do seguinte inciso X:

"Art. 13-A. ....

....

X – não utilizar bandeiras, inclusive com mastro de bambu ou similares, para outros fins que não o da manifestação festiva e amigável.

.............................."

CAPÍTULO X

DISPOSIÇÕES FINAIS

Art. 51. A União será obrigatoriamente intimada nas causas demandadas contra a FIFA, as Subsidiárias FIFA no Brasil, seus representantes legais, empregados ou consultores, cujo objeto verse sobre as hipóteses estabelecidas nos arts. 22 e 23, para que informe se possui interesse de integrar a lide.

Art. 52. As controvérsias entre a União e a FIFA, Subsidiárias FIFA no Brasil, seus representantes legais, empregados ou consultores, cujo objeto verse sobre os eventos, poderão ser resolvidas pela Advocacia-Geral da União, em sede administrativa, mediante conciliação, se conveniente à União e às demais pessoas referidas neste artigo.

Parágrafo único. A validade de Termo de Conciliação que envolver o pagamento de indenização será condicionada:

I – à sua homologação pelo Advogado-Geral da União; e

II – à sua divulgação, previamente à homologação, mediante publicação no *Diário Oficial da União* e a manutenção de seu inteiro teor, por prazo mínimo de 5 (cinco) dias úteis, na página da Advocacia-Geral da União na internet.

Art. 53. A FIFA, as Subsidiárias FIFA no Brasil, seus representantes legais, consultores e empregados são isentos do adiantamento de custas, emolumentos, caução, honorários periciais e quaisquer outras despesas devidas aos órgãos da Justiça Federal, da Justiça do Trabalho, da Justiça Militar da União, da Justiça Eleitoral e da Justiça do Distrito Federal e Territórios, em qualquer instância, e aos tribunais superiores, assim como não serão condenados em custas e despesas processuais, salvo comprovada má-fé.

Art. 54. A União colaborará com o Distrito Federal, com os Estados e com os Municípios que sediarão as competições, e com as demais autoridades competentes, para assegurar que, durante os períodos de competição, os locais oficiais de competição, em especial os estádios, onde sejam realizados os eventos, estejam disponíveis, inclusive quanto ao uso de seus assentos, para uso exclusivo da FIFA.

Art. 55. A União, observadas a Lei Complementar nº 101, de 4 de maio de 2000, e as responsabilidades definidas em instrumento próprio, promoverá a disponibilização para a realização dos eventos, sem qualquer custo para o seu Comitê Organizador, de serviços de sua competência relacionados, entre outros, a:

I – segurança;

II – saúde e serviços médicos;

III – vigilância sanitária; e

IV – alfândega e imigração.

§ 1º Observado o disposto no *caput*, a União, por intermédio da administração pública federal direta ou indireta, poderá disponibilizar, por meio de instrumento próprio, os serviços de telecomunicação necessários para a realização dos eventos.

§ 2º É dispensável a licitação para a contratação pela administração pública federal, direta ou indireta, da Telebrás ou de empresa por ela controlada, para realizar os serviços previstos no § 1º.

- §§ 1º e 2º acrescidos pela Lei nº 12.833, de 20-6-2013.

Art. 56. Durante a Copa do Mundo FIFA 2014 de Futebol, a União poderá declarar feriados nacionais os dias em que houver jogo da Seleção Brasileira de Futebol.

Parágrafo único. Os Estados, o Distrito Federal e os Municípios que sediarão os eventos poderão declarar feriado ou ponto facultativo os dias de sua ocorrência em seu território.

Art. 57. O serviço voluntário que vier a ser prestado por pessoa física para auxiliar a FIFA, a Subsidiária FIFA no Brasil ou o COL na organização e realização dos eventos constituirá atividade não remunerada e atenderá ao disposto neste artigo.

§ 1º O serviço voluntário referido no *caput*:

I – não gera vínculo empregatício, nem obrigação de natureza trabalhista, previdenciária ou afim para o tomador do serviço voluntário; e

II – será exercido mediante a celebração de termo de adesão entre a entidade contratante e o voluntário, dele devendo constar o objeto e as condições de seu exercício.

§ 2º A concessão de meios para a prestação do serviço voluntário, a exemplo de transporte, alimentação e uniformes, não descaracteriza a gratuidade do serviço voluntário.

§ 3º O prestador do serviço voluntário poderá ser ressarcido pelas despesas que comprovadamente realizar no desempenho das atividades voluntárias, desde que expressamente autorizadas pela entidade a que for prestado o serviço voluntário.

Art. 58. O serviço voluntário que vier a ser prestado por pessoa física a entidade pública de qualquer natureza ou instituição privada de fins não lucrativos, para os fins de que trata esta Lei, observará o disposto na Lei nº 9.608, de 18 de fevereiro de 1998.

Arts. 59 e 60. VETADOS.

Art. 61. Durante a realização dos eventos, respeitadas as peculiaridades e condicionantes das operações militares, fica autorizado o uso de Aeródromos Militares para embarque e desembarque de passageiros e cargas, trânsito e estacionamento de aeronaves civis, ouvidos o Ministério da Defesa e demais órgãos do setor aéreo brasileiro, mediante Termo de Cooperação próprio, que deverá prever recursos para o custeio das operações aludidas.

Art. 62. As autoridades aeronáuticas deverão estimular a utilização dos aeroportos nas cidades limítrofes dos Municípios que sediarão os eventos.

Parágrafo único. Aplica-se o disposto no art. 22 da Lei nº 6.815, de 19 de agosto de 1980, à entrada de estrangeiro no território nacional fazendo uso de Aeródromos Militares.

Art. 63. Os procedimentos previstos para a emissão de vistos de entrada estabelecidos nesta Lei serão também adotados para a organização da Jornada Mundial da Juventude – 2013, conforme regulamentado por meio de ato do Poder Executivo.

Parágrafo único. As disposições sobre a prestação de serviço voluntário constante do art. 57 também poderão ser adotadas para a organização da Jornada Mundial da Juventude – 2013.

Art. 64. Em 2014, os sistemas de ensino deverão ajustar os calendários escolares de forma que as férias escolares decorrentes do encerramento das atividades letivas do primeiro semestre do ano, nos estabelecimentos de ensino das redes pública e privada, abranjam todo o período entre a abertura e o encerramento da Copa do Mundo FIFA 2014 de Futebol.

Art. 65. Será concedido Selo de Sustentabilidade pelo Ministério do Meio Ambiente às empresas e entidades fornecedoras dos eventos que apresentem programa de sustentabilidade com ações de natureza econômica, social e ambiental, conforme normas e critérios por ele estabelecidos.

Art. 66. Aplicam-se subsidiariamente as disposições das Leis nºs 9.279, de 14 de maio de 1996, 9.609, de 19 de fevereiro de 1998, e 9.610, de 19 de fevereiro de 1998.

Art. 67. Aplicam-se subsidiariamente às competições, no que couber e exclusivamente em relação às pessoas jurídicas ou naturais brasileiras, exceto às subsidiárias FIFA no Brasil e ao COL, as disposições da Lei nº 9.615, de 24 de março de 1998.

Art. 68. Aplicam-se a essas competições, no que couberem, as disposições da Lei nº 10.671, de 15 de maio de 2003.

§ 1º Excetua-se da aplicação supletiva constante do *caput* deste artigo o disposto nos arts. 13-A a 17, 19 a 22, 24 e 27, no § 2º do art. 28, nos arts. 31-A, 32 e 37 e nas disposições constantes dos Capítulos II, III, VIII, IX e X da referida Lei.

§ 2º Para fins da realização das competições, a aplicação do disposto nos arts. 2º-A, 39-A e 39-B da Lei nº 10.671, de 15 de maio de 2003, fica restrita às pessoas jurídicas de direito privado ou existentes de fato, constituídas ou sediadas no Brasil.

Art. 69. Aplicam-se, no que couber, às Subsidiárias FIFA no Brasil e ao COL, as disposições relativas à FIFA previstas nesta Lei.

Art. 70. A prestação dos serviços de segurança privada nos eventos obedecerá à legislação pertinente e às orientações normativas da Polícia Federal quanto à autorização de funcionamento das empresas contratadas e à capacitação dos seus profissionais.

Art. 71. Esta Lei entra em vigor na data de sua publicação.

Parágrafo único. As disposições constantes dos arts. 37 a 47 desta Lei somente produzirão efeitos a partir de 1º de janeiro de 2013.

Brasília, 5 de junho de 2012;
191º da Independência e
124º da República.

Dilma Rousseff

LEI Nº 12.716, DE 21 DE SETEMBRO DE 2012

Altera as Leis nºs 10.177, de 12 de janeiro de 2001, 7.827, de 27 de setembro de 1989, 11.524, de 24 de setembro de 2007, 11.775, de 17 de setembro de 2008, 9.469, de 10 de julho de 1997, 11.196, de 21 de novembro de 2005, 8.029, de 12 de abril de 1990, 10.954, de 29 de setembro de 2004, e 11.314, de 3 de julho de 2006; e dá outras providências.

- Publicada no *DOU* de 24-9-2012.

CAPÍTULO I

DOS AJUSTES NO MARCO LEGAL DOS FUNDOS CONSTITUCIONAIS DE FINANCIAMENTO

Art. 1º A Lei nº 10.177, de 12 de janeiro de 2001, passa a vigorar acrescida do seguinte art. 8º-A:

"Art. 8º-A. Fica o Poder Executivo autorizado a instituir linhas de crédito especiais com recursos dos Fundos Constitucionais de Financia-

LEG. COMPLEMENTAR

mento do Norte, do Nordeste e do Centro-Oeste, destinadas a atender aos setores produtivos rural, industrial, comercial e de serviços dos Municípios com situação de emergência ou estado de calamidade pública reconhecidos pelo Poder Executivo federal.

§ 1º As linhas de crédito especiais devem ser temporárias e com prazo determinado em decorrência do tipo e da intensidade do evento que ocasionou a situação de emergência ou o estado de calamidade pública.

§ 2º As linhas de crédito especiais poderão ser diferenciadas de acordo com as modalidades de crédito e os setores produtivos envolvidos.

§ 3º Os recursos para as linhas de crédito especiais serão destinados aos beneficiários das regiões de atuação dos Fundos Constitucionais a que se refere o *caput*.

§ 4º Os encargos financeiros, prazos, limites, finalidades e demais condições dos financiamentos serão definidos pelo Conselho Monetário Nacional, a partir de proposta apresentada pelo Ministério da Integração Nacional.

§ 5º Os recursos que integram o Fundo Constitucional de Financiamento do Nordeste – FNE serão destinados, prioritariamente, às linhas de crédito especiais de que trata o *caput*, visando conferir maior abrangência à situação emergencial provocada pela longa estiagem."

Art. 2º O art. 18-A da Lei nº 7.827, de 27 de setembro de 1989, passa a vigorar com a seguinte redação:

- Alterações inseridas no texto da referida Lei.

Art. 3º O art. 12 da Lei nº 11.524, de 24 de setembro de 2007, passa a vigorar com a seguinte redação:

"Art. 12. Para as operações de crédito rural contratadas a partir de 1º de agosto de 2007, não se aplica o disposto no § 2º do art. 16 da Lei nº 8.880, de 27 de maio de 1994."

Art. 4º O art. 4º da Lei nº 7.827, de 27 de setembro de 1989, passa a vigorar com as seguintes alterações:

"Art. 4º São beneficiários dos recursos dos Fundos Constitucionais de Financiamento do Norte, Nordeste e Centro-Oeste os produtores e empresas, pessoas físicas e jurídicas, além das cooperativas de produção, que desenvolvam atividades produtivas nos setores agropecuário, mineral, industrial, agroindustrial, de empreendimentos comerciais e de serviços das regiões Norte, Nordeste e Centro-Oeste, de acordo com as prioridades estabelecidas nos respectivos planos regionais de desenvolvimento.

....

§ 3º (*Revogado*)."

CAPÍTULO II

DA RECUPERAÇÃO DA CAPACIDADE DE INVESTIMENTO NO SETOR RURAL

Art. 5º *Revogado*. Lei nº 12.844, de 19-7-2013.

Art. 6º O art. 8º-A da Lei nº 11.775, de 17 de setembro de 2008, passa a vigorar com as seguintes alterações:

"Art. 8º-A. Fica a Advocacia-Geral da União autorizada a adotar as medidas de estímulo à liquidação ou à renegociação previstas no art. 8º desta Lei para as dívidas originárias de operações do PRODECER – Fase II, do PROFIR e do PROVÁRZEAS, contratadas com o extinto Banco Nacional de Crédito Cooperativo, cujos ativos foram transferidos para o Tesouro Nacional e cujos respectivos débitos não inscritos na Dívida Ativa da União estejam sendo executados pela Procuradoria-Geral da União, nos casos em que os devedores requererem nos autos judiciais a liquidação ou a renegociação até 31 de dezembro de 2013.

§ 1º Ficam suspensos até 31 de dezembro de 2013 os processos de execução e os respectivos prazos processuais, cujo objeto seja a cobrança de crédito rural de que trata este artigo.

...."

Art. 7º VETADO.

Art. 8º O art. 2º da Lei nº 9.469, de 10 de julho de 1997, passa a vigorar com a seguinte redação:

"Art. 2º O Procurador-Geral da União, o Procurador-Geral Federal e os dirigentes máximos das empresas públicas federais e do Banco Central do Brasil poderão autorizar a realização de acordos, homologáveis pelo Juízo, nos autos do processo judicial, para o pagamento de débitos de valores não superiores a R$ 100.000,00 (cem mil reais), em parcelas mensais e sucessivas até o máximo de 60 (sessenta).

...."

Art. 9º VETADO.

CAPÍTULO III

DAS SITUAÇÕES DE EMERGÊNCIA E ESTADOS DE CALAMIDADE PÚBLICA

Art. 10. A Lei nº 11.196, de 21 de novembro de 2005, passa a vigorar acrescida do seguinte art. 103-B:

- Alterações inseridas no texto da referida Lei.

Art. 11. O parágrafo único do art. 19 da Lei nº 8.029, de 12 de abril de 1990, passa a vigorar acrescido da seguinte alínea *h*:

"Art. 19. ....

Parágrafo único. ....

....

h) assistir, mediante a doação de alimentos disponíveis em seus estoques, às comunidades e famílias atingidas por desastres naturais em Municípios em situação de emergência ou estado de calamidade pública reconhecidos pelo Poder Executivo federal, na forma do regulamento."

Art. 12. O § 3º do art. 1º da Lei nº 10.954, de 29 de setembro de 2004, passa a vigorar com a seguinte redação:

"Art. 1º ....

....

§ 3º O valor do Auxílio a que se refere o *caput* não excederá a R$ 400,00 (quatrocentos reais) por família e poderá ser transferido, a critério do Comitê Gestor Interministerial a que se refere o art. 2º, em uma ou mais parcelas, nunca inferiores a R$ 80,00 (oitenta reais)."

CAPÍTULO IV

DISPOSIÇÕES FINAIS

Art. 13. VETADO.

Art. 14. A Vantagem Pessoal Nominalmente Identificada – VPNI de que trata o art. 9º da Lei nº 11.314, de 3 de julho de 2006, a partir de 1º de fevereiro de 2012, será devida nos percentuais de 100% (cem por cento) para os ocupantes de cargos de nível superior e de 70% (setenta por cento) para os ocupantes de cargos de nível intermediário, incidentes sobre o vencimento básico do respectivo padrão em que o servidor encontrava-se posicionado em 1º de fevereiro de 2012.

Parágrafo único. A VPNI de que trata o *caput* deste artigo não servirá de base de cálculo para nenhuma outra vantagem ou gratificação e será gradativamente absorvida por ocasião do desenvolvimento no cargo por progressão ou promoção ordinária ou extraordinária, da reorganização ou da reestruturação dos cargos ou das remunerações previstas na Lei nº 11.314, de 3 de julho de 2006, da concessão de reajuste ou vantagem de qualquer natureza e estará sujeita exclusivamente à atualização decorrente de revisão geral da remuneração dos servidores públicos federais.

Art. 15. Esta Lei entra em vigor na data de sua publicação.

Art. 16. Fica revogado o § 3º do art. 4º da Lei nº 7.827, de 27 de setembro de 1989.

Brasília, 21 de setembro de 2012;
191º da Independência e
124º da República.

Dilma Rousseff

LEI Nº 12.741, DE 8 DE DEZEMBRO DE 2012

Dispõe sobre as medidas de esclarecimento ao consumidor, de que trata o § 5º do artigo 150 da Constituição Federal; altera o inciso III do art. 6º e o inciso IV do art. 106 da Lei nº 8.078, de 11 de setembro de 1990 – Código de Defesa do Consumidor.

• Publicada no *DOU* de 10-12-2012.

Art. 1º Emitidos por ocasião da venda ao consumidor de mercadorias e serviços, em todo território nacional, deverá constar, dos documentos fiscais ou equivalentes, a informação do valor aproximado correspondente à totalidade dos tributos federais, estaduais e municipais, cuja incidência influi na formação dos respectivos preços de venda.

§ 1º A apuração do valor dos tributos incidentes deverá ser feita em relação a cada mercadoria ou serviço, separadamente, inclusive nas hipóteses de regimes jurídicos tributários diferenciados dos respectivos fabricantes, varejistas e prestadores de serviços, quando couber.

§ 2º A informação de que trata este artigo poderá constar de painel afixado em local visível do estabelecimento, ou por qualquer outro meio eletrônico ou impresso, de forma a demonstrar o valor ou percentual, ambos aproximados, dos tributos incidentes sobre todas as mercadorias ou serviços postos à venda.

§ 3º Na hipótese do § 2º, as informações a serem prestadas serão elaboradas em termos de percentuais sobre o preço a ser pago, quando se tratar de tributo com alíquota *ad valorem*, ou em valores monetários (no caso de alíquota específica); no caso de se utilizar meio eletrônico, este deverá estar disponível ao consumidor no âmbito do estabelecimento comercial.

§ 4º VETADO.

§ 5º Os tributos que deverão ser computados são os seguintes:

I – Imposto sobre Operações relativas a Circulação de Mercadorias e sobre Prestações de Serviços de Transporte Interestadual e Intermunicipal e de Comunicação (ICMS);

II – Imposto sobre Serviços de Qualquer Natureza (ISS);

III – Imposto sobre Produtos Industrializados (IPI);

IV – Imposto sobre Operações de Crédito, Câmbio e Seguro, ou Relativas a Títulos ou Valores Mobiliários (IOF);

V e VI – VETADOS;

VII – Contribuição Social para o Programa de Integração Social (PIS) e para o Programa de Formação do Patrimônio do Servidor Público (PASEP) – (PIS/PASEP);

VIII – Contribuição para o Financiamento da Seguridade Social (COFINS);

IX – Contribuição de Intervenção no Domínio Econômico, incidente sobre a importação e a comercialização de petróleo e seus derivados, gás natural e seus derivados, e álcool etílico combustível (CIDE).

§ 6º Serão informados ainda os valores referentes ao imposto de importação, PIS/PASEP/Importação e COFINS/Importação, na hipótese de produtos cujos insumos ou componentes sejam oriundos de operações de comércio exterior e representem percentual superior a 20% (vinte por cento) do preço de venda.

§ 7º Na hipótese de incidência do imposto sobre a importação, nos termos do § 6º, bem como da incidência do Imposto sobre Produtos Industrializados – IPI, todos os fornecedores constantes das diversas cadeias produtivas deverão fornecer aos adquirentes, em meio magnético, os valores dos 2 (dois) tributos individualizados por item comercializado.

§ 8º Em relação aos serviços de natureza financeira, quando não seja legalmente prevista a emissão de documento fiscal, as informações de que trata este artigo deverão ser feitas em tabelas afixadas nos respectivos estabelecimentos.

§ 9º VETADO.

§ 10. A indicação relativa ao IOF (prevista no inciso IV do § 5º) restringe-se aos produtos financeiros sobre os quais incida diretamente aquele tributo.

§ 11. A indicação relativa ao PIS e à COFINS (incisos VII e VIII do § 5º), limitar-se-á à tributação incidente sobre a operação de venda ao consumidor.

§ 12. Sempre que o pagamento de pessoal constituir item de custo direto do serviço ou produto fornecido ao consumidor, deve ser divulgada, ainda, a contribuição previdenciária dos empregados e dos empregadores incidente, alocada ao serviço ou produto.

Art. 2º Os valores aproximados de que trata o art. 1º serão apurados sobre cada operação, e poderão, a critério das empresas vendedoras, ser calculados e fornecidos, semestralmente, por instituição de âmbito nacional reconhecidamente idônea, voltada primordialmente à apuração e análise de dados econômicos.

Art. 3º O inciso III do art. 6º da Lei nº 8.078, de 11 de setembro de 1990, passa a vigorar com a seguinte redação:

"Art. 6º ....

....

III – a informação adequada e clara sobre os diferentes produtos e serviços, com especificação correta de quantidade, características, composição, qualidade, tributos incidentes e preço, bem como sobre os riscos que apresentem;"

....

Art. 4º VETADO.

Art. 5º Decorrido o prazo de 12 (doze) meses, contado do início de vigência desta Lei, o descumprimento de suas disposições sujeitará o infrator às sanções previstas no Capítulo VII do Título I da Lei nº 8.078, de 11 de setembro de 1990.

• Artigo com a redação dada pela Lei nº 12.868, de 15-10-2013.

Art. 6º Esta Lei entra em vigor 6 (seis) meses após a data de sua publicação.

Brasília, 8 de dezembro de 2012;
191º da Independência e
124º da República.

Dilma Rousseff

LEI Nº 12.761, DE 27 DE DEZEMBRO DE 2012

Institui o Programa de Cultura do Trabalhador; cria o vale-cultura; altera as Leis nºs 8.212, de 24 de julho de 1991, e 7.713, de 22 de dezembro de 1988, e a Consolidação das Leis do Trabalho – CLT, aprovada pelo Decreto-Lei nº 5.452, de 1º de maio de 1943; e dá outras providências.

• Publicada no *DOU* de 27-12-2012, Edição Extra.

Art. 1º Fica instituído, sob a gestão do Ministério da Cultura, o Programa de Cultura do Trabalhador, destinado a fornecer aos trabalhadores meios para o exercício dos direitos culturais e acesso às fontes da cultura.

Art. 2º O Programa de Cultura do Trabalhador tem os seguintes objetivos:

I – possibilitar o acesso e a fruição dos produtos e serviços culturais;

II – estimular a visitação a estabelecimentos culturais e artísticos; e

III – incentivar o acesso a eventos e espetáculos culturais e artísticos.

§ 1º Para os fins deste Programa, são definidos os serviços e produtos culturais da seguinte forma:

I – serviços culturais: atividades de cunho artístico e cultural fornecidas por pessoas jurídicas, cujas características se enquadrem nas áreas culturais previstas no § 2º; e

II – produtos culturais: materiais de cunho artístico, cultural e informativo, produzidos em qualquer formato ou mídia por pessoas físicas ou jurídicas, cujas características se enquadrem nas áreas culturais previstas no § 2º.

§ 2º Consideram-se áreas culturais para fins do disposto nos incisos I e II do § 1º:

I – artes visuais;

II – artes cênicas;

III – audiovisual;

IV – literatura, humanidades e informação;

V – música; e

VI – patrimônio cultural.

§ 3º O Poder Executivo poderá ampliar as áreas culturais previstas no § 2º.

Art. 3º Fica criado o vale-cultura, de caráter pessoal e intransferível, válido em todo o território nacional, para acesso e fruição de produtos e serviços culturais, no âmbito do Programa de Cultura do Trabalhador.

Art. 4º O vale-cultura será confeccionado e comercializado por empresas operadoras e disponibilizado aos usuários pelas empresas beneficiárias para ser utilizado nas empresas recebedoras.

Art. 5º Para os efeitos desta Lei, entende-se por:

I – empresa operadora: pessoa jurídica cadastrada no Ministério da Cultura, possuidora do Certificado de Inscrição no Programa de Cultura do Trabalhador e autorizada a produzir e comercializar o vale-cultura;

II – empresa beneficiária: pessoa jurídica optante pelo Programa de Cultura do Trabalhador e autorizada a distribuir o vale-cultura a seus trabalhadores com vínculo empregatício;

- Inciso II com a redação dada pela Lei nº 12.868, de 15-10-2013.

III – usuário: trabalhador com vínculo empregatício com a empresa beneficiária;

IV – empresa recebedora: pessoa jurídica habilitada pela empresa operadora para receber o vale-cultura como forma de pagamento de serviço ou produto cultural.

Art. 6º O vale-cultura será fornecido aos usuários pelas empresas beneficiárias e disponibilizado preferencialmente por meio magnético, com o seu valor expresso em moeda corrente, na forma do regulamento.

Parágrafo único. Somente será admitido o fornecimento do vale-cultura impresso quando comprovadamente inviável a adoção do meio magnético.

Art. 7º O vale-cultura deverá ser fornecido ao trabalhador que perceba até 5 (cinco) salários mínimos mensais.

Parágrafo único. Os trabalhadores com renda superior a 5 (cinco) salários mínimos poderão receber o vale-cultura, desde que garantido o atendimento à totalidade dos empregados com a remuneração prevista no *caput*, na forma que dispuser o regulamento.

Art. 8º O valor mensal do vale-cultura, por usuário, será de R$ 50,00 (cinquenta reais).

§ 1º O trabalhador de que trata o *caput* do art. 7º poderá ter descontado de sua remuneração o percentual máximo de 10% (dez por cento) do valor do vale-cultura, na forma definida em regulamento.

§ 2º Os trabalhadores que percebem mais de 5 (cinco) salários mínimos poderão ter descontados de sua remuneração, em percentuais entre 20% (vinte por cento) e 90% (noventa por cento) do valor do vale-cultura, de acordo com a respectiva faixa salarial, obedecido o disposto no parágrafo único do art. 7º e na forma que dispuser o regulamento.

§ 3º É vedada, em qualquer hipótese, a reversão do valor do vale-cultura em pecúnia.

§ 4º O trabalhador de que trata o art. 7º poderá optar pelo não recebimento do vale-cultura, mediante procedimento a ser definido em regulamento.

Art. 9º Os prazos de validade e condições de utilização do vale-cultura serão definidos em regulamento.

Art. 10. Até o exercício de 2017, ano-calendário de 2016, o valor despendido a título de aquisição do vale-cultura poderá ser deduzido do imposto sobre a renda devido pela pessoa jurídica beneficiária tributada com base no lucro real.

§ 1º A dedução de que trata o *caput* fica limitada a 1% (um por cento) do imposto sobre a renda devido, observado o disposto no § 4º do art. 3º da Lei nº 9.249, de 26 de dezembro de 1995.

§ 2º A pessoa jurídica inscrita no Programa de Cultura do Trabalhador como beneficiária, de que trata o inciso II do art. 5º, poderá deduzir o valor despendido a título de aquisição do vale-cultura como despesa operacional para fins de apuração do imposto sobre a renda, desde que tributada com base no lucro real.

§ 3º A pessoa jurídica deverá adicionar o valor deduzido como despesa operacional, de que trata o § 2º, para fins de apuração da base de cálculo da Contribuição Social sobre o Lucro Líquido – CSLL.

§ 4º As deduções de que tratam os §§ 1º e 2º somente se aplicam em relação ao valor do vale-cultura distribuído ao usuário.

§ 5º *Revogado.* Lei nº 12.872, de 24-10-2013.

Art. 11. A parcela do valor do vale-cultura cujo ônus seja da empresa beneficiária:

I – não tem natureza salarial nem se incorpora à remuneração para quaisquer efeitos;

II – não constitui base de incidência de contribuição previdenciária ou do Fundo de Garantia do Tempo de Serviço – FGTS; e

III – não se configura como rendimento tributável do trabalhador.

Art. 12. A execução inadequada do Programa de Cultura do Trabalhador ou qualquer ação que acarrete desvio de suas finalidades pela empresa operadora ou pela empresa beneficiária acarretará cumulativamente:

I – cancelamento do Certificado de Inscrição no Programa de Cultura do Trabalhador;

II – pagamento do valor que deixou de ser recolhido relativo ao imposto sobre a renda, à contribuição previdenciária e ao depósito para o FGTS;

III – aplicação de multa correspondente a 2 (duas) vezes o valor da vantagem recebida indevidamente no caso de dolo, fraude ou simulação;

IV – perda ou suspensão de participação em linhas de financiamento em estabelecimentos oficiais de crédito pelo período de 2 (dois) anos;

V – proibição de contratar com a administração pública pelo período de até 2 (dois) anos; e

VI – suspensão ou proibição de usufruir de benefícios fiscais pelo período de até 2 (dois) anos.

Art. 13. O § 9º do art. 28 da Lei nº 8.212, de 24 de julho de 1991, passa a vigorar acrescido da seguinte alínea *y*:

- Alteração inserida no texto da referida Lei.

Art. 14. O § 2º do art. 458 da Consolidação das Leis do Trabalho – CLT, aprovada pelo Decreto-Lei nº 5.452, de 1º de maio de 1943, passa a vigorar acrescido do seguinte inciso VIII:

"Art. 458...

....

§ 2º..

....

VIII – o valor correspondente ao vale-cultura.

...."

Art. 15. O art. 6º da Lei nº 7.713, de 22 de dezembro de 1988, passa a vigorar acrescido do seguinte inciso XXIII:

- Alteração inserida no texto da referida Lei.

Art. 16. O Poder Executivo regulamentará esta Lei no prazo de 60 (sessenta) dias, contados da data de sua publicação.

Art. 17. Esta Lei entra em vigor na data de sua publicação.

Brasília, 27 de dezembro de 2012;
191º da Independência e
124º da República.

Dilma Rousseff

LEI Nº 12.865, DE 9 DE OUTUBRO DE 2013

Autoriza o pagamento de subvenção econômica aos produtores da safra 2011/2012 de cana-de-açúcar e de etanol que especifica e o financiamento da renovação e implantação de canaviais com equalização da taxa de juros; dispõe sobre os arranjos de pagamento e as instituições de pagamento integrantes do Sistema de Pagamentos Brasileiro (SPB); autoriza a União a emitir, sob a forma de colocação direta, em favor da Conta de Desenvolvimento Energético (CDE), títulos da dívida pública mobiliária federal; estabelece novas condições para as operações de crédito rural oriundas de, ou contratadas com, recursos do Fundo Constitucional de Financiamento do Nordeste (FNE); altera os prazos previstos nas Leis nº 11.941, de 27 de maio de 2009, e nº 12.249, de 11 de junho de 2010; autoriza a União a contratar o Banco do Brasil S.A. ou suas subsidiárias para atuar na gestão de recursos, obras e serviços de engenharia relacionados ao desenvolvimento de projetos, modernização, ampliação, construção ou reforma da rede integrada e especializada para atendimento da mulher em situação de violência; disciplina o documento digital no Sistema Financeiro Nacional; disciplina a transferência, no caso de falecimento, do direito de utilização privada de área pública por equipamentos urbanos do tipo quiosque, trailer, *feira e banca de venda de jornais e de revistas; altera a incidência da Contribuição para o PIS/PASEP e da COFINS na cadeia de produção e comercialização da soja e de seus subprodutos; altera as Leis nºs 12.666, de 14 de junho de 2012, 5.991, de 17 de dezembro de 1973, 11.508, de 20 de julho de 2007, 9.503, de 23 de setembro de 1997, 9.069, de 29 de junho de 1995, 10.865, de 30 de abril de 2004, 12.587, de 3 de janeiro de 2012, 10.826, de 22 de dezembro de 2003, 10.925, de 23 de julho de 2004, 12.350, de 20 de dezembro de 2010, 4.870, de 1º de dezembro de 1965, e 11.196, de 21 de novembro de 2005, e o Decreto nº 70.235, de 6 de março de 1972; revoga dispositivos das Leis nºs 10.865, de 30 de abril de 2004, 10.925, de 23 de julho de 2004, 12.546, de 14 de dezembro de 2011, e 4.870, de 1º de dezembro de 1965; e dá outras providências.*

(EXCERTOS)

- Publicada no *DOU* de 10-10-2013.

Art. 1º É a União autorizada a conceder subvenção extraordinária aos produtores fornecedores independentes de cana-de-açúcar afetados por condições climáticas adversas referente à safra 2011/2012 na Região Nordeste.

Parágrafo único. O Poder Executivo estabelecerá as condições operacionais para a implementação, a execução, o pagamento, o controle e a fiscalização da subvenção prevista no *caput*, observado o seguinte:

I – a subvenção será concedida aos produtores fornecedores independentes diretamente ou por intermédio de suas cooperativas, em função da quantidade de cana-de-açúcar efetivamente vendida às usinas de açúcar e às destilarias da área referida no *caput*, excluindo-se a produção própria das unidades agroindustriais e a produção dos respectivos sócios e acionistas;

II – a subvenção será de R$ 12,00 (doze reais) por tonelada de cana-de-açúcar e limitada a 10.000 (dez mil) toneladas por produtor fornecedor independente em toda a safra 2011/2012; e

III – o pagamento da subvenção será realizado em 2013 e 2014, referente à produção da safra 2011/2012 efetivamente entregue a partir de 1º de agosto de 2011, observados os limites estabelecidos nos incisos I e II deste parágrafo.

Art. 2º É a União autorizada a conceder subvenção econômica às unidades industriais produtoras de etanol combustível que desenvolvam suas atividades na área referida no *caput* do art. 1º, referente à produção da safra 2011/2012.

§ 1º A subvenção de que trata o *caput* deste artigo será concedida diretamente às unidades industriais, ou por intermédio de suas cooperativas ou do respectivo sindicato de produtores regularmente constituído, no valor de R$ 0,20 (vinte centavos de real) por litro de etanol efetivamente produzido e comercializado na safra 2011/2012.

§ 2º O Poder Executivo estabelecerá as condições operacionais para o pagamento, o controle e a fiscalização da concessão da equalização de que trata este artigo.

§ 3º A aplicação irregular ou o desvio dos recursos provenientes de subvenção econômica de que tratam este artigo e o art. 1º sujeitarão o infrator à devolução, em dobro, do valor recebido, atualizado monetariamente, sem prejuízo das demais penalidades previstas em lei.

Art. 3º Observado o disposto no § 3º do art. 195 da Constituição Federal, para o fim de concessão das subvenções de que tratam os arts. 1º e 2º, ficam os beneficiários, as cooperativas e o sindicato de produtores regularmente constituído dispensados da comprovação de regularidade fiscal para efeito do recebimento da subvenção.

Art. 4º Fica reduzida a 0 (zero) a alíquota da Contribuição para os Programas de Integração Social e de Formação do Patrimônio do Servidor Público (PIS/PASEP) e da Contribuição para o Financiamento da Seguridade Social (Cofins) incidentes sobre os valores efetivamente recebidos exclusivamente a título da subvenção de que tratam os arts. 1º e 2º.

....

Art. 6º Para os efeitos das normas aplicáveis aos arranjos e às instituições de pagamento que passam a integrar o Sistema de Pagamentos Brasileiro (SPB), nos termos desta Lei, considera-se:

I – arranjo de pagamento – conjunto de regras e procedimentos que disciplina a prestação de determinado serviço de pagamento ao público aceito por mais de um recebedor, mediante acesso direto pelos usuários finais, pagadores e recebedores;

II – instituidor de arranjo de pagamento – pessoa jurídica responsável pelo arranjo de pagamento e, quando for o caso, pelo uso da marca associada ao arranjo de pagamento;

III – instituição de pagamento – pessoa jurídica que, aderindo a um ou mais arranjos de pagamento, tenha como atividade principal ou acessória, alternativa ou cumulativamente:

a) disponibilizar serviço de aporte ou saque de recursos mantidos em conta de pagamento;

b) executar ou facilitar a instrução de pagamento relacionada a determinado serviço de pagamento, inclusive transferência originada de ou destinada a conta de pagamento;

c) gerir conta de pagamento;

d) emitir instrumento de pagamento;

e) credenciar a aceitação de instrumento de pagamento;

f) executar remessa de fundos;

g) converter moeda física ou escritural em moeda eletrônica, ou vice-versa, credenciar a aceitação ou gerir o uso de moeda eletrônica; e

h) outras atividades relacionadas à prestação de serviço de pagamento, designadas pelo Banco Central do Brasil;

IV – conta de pagamento – conta de registro detida em nome de usuário final de serviços de pagamento utilizada para a execução de transações de pagamento;

V – instrumento de pagamento – dispositivo ou conjunto de procedimentos acordado entre o usuário final e seu prestador de serviço de pagamento utilizado para iniciar uma transação de pagamento; e

VI – moeda eletrônica – recursos armazenados em dispositivo ou sistema eletrônico que permitem ao usuário final efetuar transação de pagamento.

§ 1º As instituições financeiras poderão aderir a arranjos de pagamento na forma estabelecida pelo Banco Central do Brasil, conforme diretrizes estabelecidas pelo Conselho Monetário Nacional.

§ 2º É vedada às instituições de pagamento a realização de atividades privativas de instituições financeiras, sem prejuízo do desempenho das atividades previstas no inciso III do *caput*.

§ 3º O conjunto de regras que disciplina o uso de instrumento de pagamento emitido por sociedade empresária destinado à aquisição de bens ou serviços por ela ofertados não se caracteriza como arranjo de pagamento.

§ 4º Ressalvado o disposto no § 5º deste artigo, não são alcançados por esta Lei os arranjos e as instituições de pagamento em que o volume, a abrangência e a natureza dos negócios, a serem definidos pelo Banco Central do Brasil, conforme parâmetros estabelecidos pelo Conselho Monetário Nacional, não forem capazes de oferecer risco ao normal funcionamento das transações de pagamentos de varejo.

§ 5º O Banco Central do Brasil, respeitadas as diretrizes estabelecidas pelo Conselho Monetário Nacional, poderá requisitar informações a instituidores de arranjo de pagamento e a instituições de pagamento para poder verificar o volume, a abrangência e a natureza dos seus negócios, exclusivamente com o objetivo de avaliar sua capacidade de oferecer o risco de que trata o § 4º deste artigo.

- §§ 4º e 5º com a redação dada pela Lei nº 14.031, de 8-7-2020.

Art. 7º Os arranjos de pagamento e as instituições de pagamento observarão os seguintes princípios, conforme parâmetros a serem estabelecidos pelo Banco Central do Brasil, observadas as diretrizes do Conselho Monetário Nacional:

I – interoperabilidade ao arranjo de pagamento e entre arranjos de pagamento distintos;

II – solidez e eficiência dos arranjos de pagamento e das instituições de pagamento, promoção da competição e previsão de transferência de saldos em moeda eletrônica, quando couber, para outros arranjos ou instituições de pagamento;

III – acesso não discriminatório aos serviços e às infraestruturas necessários ao funcionamento dos arranjos de pagamento;

IV – atendimento às necessidades dos usuários finais, em especial liberdade de escolha, segurança, proteção de seus interesses econômicos, tratamento não discriminatório, privacidade e proteção de dados pessoais, transparência e acesso a informações claras e completas sobre as condições de prestação de serviços;

V – confiabilidade, qualidade e segurança dos serviços de pagamento; e

VI – inclusão financeira, observados os padrões de qualidade, segurança e transparência equivalentes em todos os arranjos de pagamento.

Parágrafo único. A regulamentação deste artigo assegurará a capacidade de inovação e a diversidade dos modelos de negócios das instituições de pagamento e dos arranjos de pagamento.

Art. 8º O Banco Central do Brasil, o Conselho Monetário Nacional, o Ministério das Comunicações e a Agência Nacional de Telecomunicações (Anatel) estimularão, no âmbito de suas competências, a inclusão financeira por meio da participação do setor de telecomunicações na oferta de serviços de pagamento e poderão, com base em avaliações periódicas, adotar medidas de incentivo ao desenvolvimento de arranjos de pagamento que utilizem terminais de acesso aos serviços de telecomunicações de propriedade do usuário.

Parágrafo único. O Sistema de Pagamentos e Transferência de Valores Monetários por meio de Dispositivos Móveis (STDM), parte integrante do SPB, consiste no conjunto formado pelos arranjos de pagamento que disciplinam a prestação dos serviços de pagamento de que trata o inciso III do art. 6º, baseado na utilização de dispositivo móvel em rede de telefonia móvel, e pelas instituições de pagamento que a eles aderirem.

Art. 9º Compete ao Banco Central do Brasil, conforme diretrizes estabelecidas pelo Conselho Monetário Nacional:

I – disciplinar os arranjos de pagamento;

II – disciplinar a constituição, o funcionamento e a fiscalização das instituições de pagamento, bem como a descontinuidade na prestação de seus serviços;

III – limitar o objeto social de instituições de pagamento;

IV – autorizar a instituição de arranjos de pagamento no País;

V – autorizar constituição, funcionamento, transferência de controle, fusão, cisão e incorporação de instituição de pagamento, inclusive quando envolver participação de pessoa física ou jurídica não residente;

VI – estabelecer condições e autorizar a posse e o exercício de cargos em órgãos estatutários e contratuais em instituição de pagamento;

VII – exercer vigilância sobre os arranjos de pagamento e aplicar as sanções cabíveis;

VIII – supervisionar as instituições de pagamento e aplicar as sanções cabíveis;

IX – adotar medidas preventivas, com o objetivo de assegurar solidez, eficiência e regular funcionamento dos arranjos de pagamento e das instituições de pagamento, podendo, inclusive:

a) estabelecer limites operacionais mínimos;

b) fixar regras de operação, de gerenciamento de riscos, de controles internos e de governança, inclusive quanto ao controle societário e aos mecanismos para assegurar a autonomia deliberativa dos órgãos de direção e de controle; e

c) limitar ou suspender a venda de produtos, a prestação de serviços de pagamento e a utilização de modalidades operacionais;

X – adotar medidas para promover competição, inclusão financeira e transparência na prestação de serviços de pagamentos;

XI – cancelar, de ofício ou a pedido, as autorizações de que tratam os incisos IV, V e VI do *caput*;

XII – coordenar e controlar os arranjos de pagamento e as atividades das instituições de pagamento;

XIII – disciplinar a cobrança de tarifas, comissões e qualquer outra forma de remuneração referentes a serviços de pagamento, inclusive entre integrantes do mesmo arranjo de pagamento; e

XIV – dispor sobre as formas de aplicação dos recursos registrados em conta de pagamento.

§ 1º O Banco Central do Brasil, respeitadas as diretrizes estabelecidas pelo Conselho Monetário Nacional, disciplinará as hipóteses de dispensa da autorização de que tratam os incisos IV, V e VI do *caput*.

§ 2º O Banco Central do Brasil, respeitadas as diretrizes estabelecidas pelo Conselho Monetário Nacional, poderá dispor sobre critérios de interoperabilidade ao arranjo de pagamento ou entre arranjos de pagamento distintos.

§ 3º No exercício das atividades previstas nos incisos VII e VIII do *caput*, o Banco Central do Brasil poderá exigir do instituidor de arranjo de pagamento e da instituição de pagamento a exibição de documentos e livros de escrituração e o acesso, inclusive em tempo real, aos dados armazenados em sistemas eletrônicos, considerando-se a negativa de atendimento como embaraço à fiscalização, sujeita às sanções aplicáveis na forma do art. 11.

§ 4º O Banco Central do Brasil poderá submeter a consulta pública as minutas de atos normativos a serem editados no exercício das competências previstas neste artigo.

§ 5º As competências do Conselho Monetário Nacional e do Banco Central do Brasil previstas neste artigo não afetam as atribuições legais do Sistema Brasileiro de Defesa da Concorrência, nem as dos outros órgãos ou entidades responsáveis pela regulação e supervisão setorial.

§ 6º O Banco Central do Brasil, respeitadas as diretrizes estabelecidas pelo Conselho Monetário Nacional, definirá as hipóteses que poderão provocar o cancelamento de que trata o inciso XI do *caput* e os atos processuais necessários.

Art. 10. O Banco Central do Brasil poderá, respeitadas as diretrizes estabelecidas pelo Conselho Monetário Nacional, estabelecer requisitos para a terceirização de atividades conexas às atividades fins pelos participantes dos arranjos de pagamento e para a atuação de terceiros como agentes de instituições de pagamento.

§ 1º O instituidor do arranjo de pagamento e a instituição de pagamento respondem administrativamente pela atuação dos terceiros que contratarem na forma do *caput*.

§ 2º Não se aplica o disposto no *caput* caso a entidade não participe de nenhuma atividade do arranjo de pagamento e atue exclusivamente no fornecimento de infraestrutura, como os serviços de telecomunicações.

Art. 11. As infrações às normas legais e regulamentares que regem os arranjos e as instituições de pagamento sujeitam o instituidor de arranjo de pagamento e a instituição de pagamento, os seus administradores e os membros de seus órgãos estatutários ou contratuais às penalidades previstas pela legislação em vigor.

• *Caput* com a redação dada pela Lei nº 13.506, de 13-11-2017.

Parágrafo único. O disposto no *caput* não afasta a aplicação, pelos órgãos integrantes do Sistema Nacional de Defesa do Consumidor e do Sistema Brasileiro de Defesa da Concorrência, das penalidades cabíveis por violação das normas de proteção do consumidor e de defesa da concorrência.

Art. 12. Os recursos mantidos em contas de pagamento:

I – constituem patrimônio separado, que não se confunde com o da instituição de pagamento;

II – não respondem direta ou indiretamente por nenhuma obrigação da instituição de pagamento nem podem ser objeto de arresto, sequestro, busca e apreensão ou qualquer outro ato de constrição judicial em função de débitos de responsabilidade da instituição de pagamento;

III – não compõem o ativo da instituição de pagamento, para efeito de falência ou liquidação judicial ou extrajudicial; e

IV – não podem ser dados em garantia de débitos assumidos pela instituição de pagamento.

Art. 12-A. Os recursos recebidos pelos participantes do arranjo de pagamento destinados à liquidação das transações de pagamento necessárias ao recebimento pelo usuário final recebedor ou o direito ao recebimento desses recursos para o cumprimento dessa mesma finalidade:

I – não se comunicam com os demais bens e direitos do participante do arranjo de pagamento e somente respondem pelo cumprimento de obrigações de liquidação das transações de pagamento no âmbito do arranjo de pagamento ao qual se vinculem;

II – não podem ser objeto de arresto, de sequestro, de busca e apreensão ou de qualquer outro ato de constrição judicial em função de débitos de responsabilidade de qualquer participante do arranjo de pagamento, exceto para cumprimento das obrigações de liquidação entre os participantes do arranjo de pagamento até o recebimento pelo usuário final recebedor, conforme as regras do arranjo de pagamento;

III – não podem ser objeto de cessão de direitos creditórios nem ser dados em garantia, exceto se o produto da cessão dos créditos ou da operação garantida for destinado para cumprir as obrigações de liquidação entre os participantes do arranjo de pagamento referentes às transações de pagamento até o recebimento pelo usuário final recebedor, ou para assegurar o cumprimento dessas obrigações, conforme as regras do arranjo de pagamento;

IV – não se sujeitam à arrecadação nos regimes especiais das instituições autorizadas a funcionar pelo Banco Central do Brasil, à recuperação judicial e extrajudicial, à falência, à liquidação judicial ou a qualquer outro regime de recuperação ou dissolução a que seja submetido o participante do arranjo de pagamento pelo qual transitem os referidos recursos.

§ 1º Os recursos destinados ao pagamento ao usuário final recebedor, a qualquer tempo recebidos por participante do arranjo de pagamento submetido aos regimes de que trata o inciso IV do *caput* deste artigo, devem ser repassados aos participantes subsequentes da cadeia de liquidação dos fluxos financeiros referentes às transações de pagamento até alcançarem a instituição designada pelo usuário final recebedor para recebimento desses recursos, conforme as regras do arranjo de pagamento correspondente.

§ 2º Sub-roga-se no direito de recebimento dos recursos destinados ao pagamento do usuário final recebedor o participante ou o terceiro que entregar previamente recursos próprios, com ou sem ônus, ao usuário final recebedor.

§ 3º Não se aplica o disposto no *caput* deste artigo aos recursos disponibilizados por participante do arranjo de pagamento ao usuário final recebedor, ainda que permaneçam depositados na instituição de escolha do usuário final recebedor.

§ 4º As regras do arranjo de pagamento poderão prever o redirecionamento dos fluxos financeiros referentes às transações de pagamento do participante submetido a um dos regimes de que trata o inciso IV do *caput* deste artigo para outro participante ou agente, na forma prevista no regulamento do arranjo aprovado pelo Banco Central do Brasil.

§ 5º No caso da cessão ou da oneração de direitos creditórios previstas no inciso III do *caput* deste artigo, o inadimplemento, pelo participante cedente ou garantidor, das obrigações de liquidação para cujo cumprimento o produto da cessão ou da operação garantida se destine não implica responsabilidade do cessionário ou beneficiário da garantia nem ineficácia da cessão ou da garantia, salvo se comprovado ter o cessionário ou o beneficiário atuado com má-fé.

Art. 12-B. O disposto nos arts. 12 e 12-A desta Lei aplica-se aos participantes e aos instituidores de arranjos de pagamento, ainda que esses arranjos não sejam alcançados pelas disposições desta Lei, nos termos previstos no § 4º do art. 6º desta Lei.

Art. 12-C. Os bens e os direitos alocados pelos instituidores e pelos participantes de arranjos de pagamento integrantes do SPB para garantir a liquidação das transações de pagamento, na forma e na extensão definidas no regulamento do arranjo aprovado pelo Banco Central do Brasil:

I – constituem patrimônio separado, que não pode ser objeto de arresto, de sequestro, de busca e apreensão ou de qualquer outro ato de constrição judicial, exceto para o cumprimento das obrigações assumidas no âmbito do arranjo;

II – não se sujeitam à arrecadação, nos regimes especiais das instituições autorizadas a funcionar pelo Banco Central do Brasil, à recuperação judicial e extrajudicial, à falência, à liquidação judicial ou a qualquer outro regime de recuperação ou dissolução a que seja submetido o participante do arranjo de pagamento pelo qual transitem os referidos recursos.

§ 1º Após o cumprimento das obrigações garantidas pelos instituidores e pelos participantes de arranjos de pagamento integrantes do SPB, os bens e os direitos remanescentes serão revertidos ao participante, de forma que não mais se aplicará o disposto nos incisos I e II do *caput* deste artigo.

§ 2º O disposto neste artigo não se aplica aos arranjos de pagamento fechados, conforme parâmetros estabelecidos pelo Banco Central do Brasil.

• Arts. 12-A a 12-C acrescidos pela Lei nº 14.031, de 28-7-2020.

Art. 13. As instituições de pagamento sujeitam-se ao regime de administração especial temporária, à intervenção e à liquidação extrajudicial, nas condições e forma previstas na legislação aplicável às instituições financeiras.

Art. 14. É o Banco Central do Brasil autorizado a acolher depósitos de entidades não financeiras integrantes do Sistema de Pagamentos Brasileiro, conforme remuneração, limites, prazos, formas de negociação e outras condições por ele estabelecidos.

• Artigo com a redação dada pela Lei nº 14.185, de 14-7-2021.

Art. 15. É o Banco Central do Brasil autorizado a baixar as normas e instruções necessárias ao seu cumprimento.

§ 1º No prazo de 180 (cento e oitenta) dias, o Banco Central do Brasil, tendo em vista diretrizes estabelecidas pelo Conselho Monetário Nacional, definirá as condições mínimas para prestação dos serviços de que trata esta Lei.

§ 2º É o Banco Central do Brasil autorizado a estabelecer, para os arranjos de pagamento, os instituidores de arranjo de pagamento e as instituições de pagamento já em funcionamento, prazos para adequação às disposições desta Lei, às normas por ele estabelecidas e às diretrizes do Conselho Monetário Nacional.

Art. 16. É a União autorizada a emitir, sob a forma de colocação direta, em favor da Conta de Desenvolvimento Energético (CDE), títulos da Dívida Pública Mobiliária Federal, a valor de mercado e até o limite dos créditos totais detidos, em 1º de março de 2013, por ela e pela Eletrobrás na Itaipu Binacional.

§ 1º As características dos títulos de que trata o *caput* serão definidas pelo Ministro de Estado da Fazenda.

§ 2º Os valores recebidos pela União em decorrência de seus créditos na Itaipu Binacional serão destinados exclusivamente ao pagamento da Dívida Pública Federal.

Art. 17. O prazo previsto no § 12 do art. 1º e no art. 7º da Lei nº 11.941, de 27 de maio de 2009, bem como o prazo previsto no § 18 do art. 65 da Lei nº 12.249, de 11 de junho de 2010, passa a ser o do último dia útil do segundo mês subsequente ao da publicação da Lei decorrente da conversão da Medida Provisória nº 627, de 11 de novembro de 2013, atendidas as condições estabelecidas neste artigo.

• *Caput* com a redação dada pela Lei nº 12.973, de 13-5-2014.

§ 1º A opção de pagamento ou parcelamento de que trata este artigo não se aplica aos débitos que já tenham sido parcelados nos termos dos arts. 1º a 13 da Lei nº 11.941, de 27 de maio de 2009, e nos termos do art. 65 da Lei nº 12.249, de 11 de junho de 2010.

§ 2º Enquanto não consolidada a dívida, o contribuinte deve calcular e recolher mensalmente parcela equivalente ao maior valor entre:

I – o montante dos débitos objeto do parcelamento dividido pelo número de prestações pretendidas; e

II – os valores constantes no § 6º do art. 1º ou no inciso I do § 1º do art. 3º da Lei nº 11.941, de 27 de maio de 2009, conforme o caso, ou os valores constantes do § 6º do art. 65 da Lei nº 12.249, de 11 de junho de 2010, quando aplicável esta Lei.

§ 3º Por ocasião da consolidação, será exigida a regularidade de todas as prestações devidas desde o mês de adesão até o mês anterior ao da conclusão da consolidação dos débitos parcelados pelo disposto neste artigo.

§ 4º Aplica-se a restrição prevista no § 32 do art. 65 da Lei nº 12.249, de 11 de junho de 2010, aos débitos para com a ANATEL, que não terão o prazo reaberto nos moldes do *caput* deste artigo.

§ 5º Aplica-se aos débitos pagos ou parcelados, na forma do art. 65 da Lei nº 12.249, de 11 de junho de 2010, o disposto no parágrafo único do art. 4º da Lei nº 11.941, de 27 de maio de 2009, bem como o disposto no § 16 do art. 39 desta Lei, para os pagamentos ou parcelas ocorridos após 1º de janeiro de 2014.

§ 6º Os percentuais de redução previstos nos arts. 1º e 3º da Lei nº 11.941, de 27 de maio de 2009, serão aplicados sobre o valor do débito atualizado à época do depósito e somente incidirão sobre o valor das multas de mora e de ofício, das multas isoladas, dos juros de mora e do encargo legal efetivamente depositados.

§ 7º A transformação em pagamento definitivo dos valores depositados somente ocorrerá após a aplicação dos percentuais de redução, observado o disposto no § 6º.

§ 8º A pessoa jurídica que, após a transformação dos depósitos em pagamento definitivo, possuir débitos não liquidados pelo depósito poderá obter as reduções para pagamento à vista e liquidar os juros relativos a esses débitos com a utilização de montantes de prejuízo fiscal ou de base de cálculo negativa da CSLL, desde que pague à vista os débitos remanescentes.

§ 9º Na hipótese do § 8º, as reduções serão aplicadas sobre os valores atualizados na data do pagamento.

§ 10. Para fins de aplicação do disposto nos §§ 6º e 9º, a RFB deverá consolidar o débito, considerando a utilização de montantes de prejuízo fiscal ou de base de cálculo negativa da CSLL de acordo com a alíquota aplicável a cada pessoa jurídica, e informar ao Poder Judiciário o resultado para fins de transformação do depósito em pagamento definitivo ou levantamento de eventual saldo.

§ 11. O montante transformado em pagamento definitivo será o necessário para apropriação aos débitos envolvidos no litígio objeto da desistência, inclusive a débitos referentes ao mesmo litígio que eventualmente estejam sem o correspondente depósito ou com depósito em montante insuficiente a sua quitação.

§ 12. Após a transformação em pagamento definitivo de que trata o § 7º, o sujeito passivo poderá requerer o levantamento do saldo remanescente, se houver, observado o disposto no § 13.

§ 13. Na hipótese de que trata o § 12, o saldo remanescente somente poderá ser levantado pelo sujeito passivo após a confirmação pela RFB dos montantes de prejuízo fiscal e de base de cálculo negativa da CSLL utilizados na forma do § 7º do art. 1º da Lei nº 11.941, de 27 de maio de 2009.

§ 14. O saldo remanescente de que trata o § 12 será corrigido pela taxa SELIC.

§ 15. Para os sujeitos passivos que aderirem ao parcelamento na forma do *caput*, nenhum percentual de multa, antes das reduções, será superior a 100% (cem por cento).

- §§ 5º a 15 acrescidos pela Lei nº 12.973, de 13-5-2014.

Art. 18. É a União, por intermédio da Secretaria de Políticas para as Mulheres da Presidência da República (SPM/PR), autorizada a contratar o Banco do Brasil S.A. ou suas subsidiárias para atuar na gestão de recursos, obras e serviços de engenharia relacionados ao desenvolvimento de projetos, modernização, ampliação, construção ou reforma da rede integrada e especializada para atendimento da mulher em situação de violência.

§ 1º É dispensada a licitação para a contratação prevista no *caput*.

§ 2º Os recursos destinados à realização das atividades previstas no *caput* serão depositados, aplicados e movimentados no Banco do Brasil S.A. ou por instituição integrante do conglomerado financeiro por ele liderado.

§ 3º Para a consecução dos objetivos previstos no *caput*, o Banco do Brasil S.A., ou suas subsidiárias, realizará procedimentos licitatórios, em nome próprio ou de terceiros, para adquirir bens e contratar obras, serviços de engenharia e quaisquer outros serviços técnicos especializados, ressalvados os casos previstos em lei.

§ 4º Para os fins previstos no § 3º, o Banco do Brasil S.A. ou suas subsidiárias poderão utilizar o Regime Diferenciado de Contratações Públicas (RDC), instituído pela Lei nº 12.462, de 4 de agosto de 2011.

§ 5º Para a contratação prevista no *caput*, o Banco do Brasil S.A. ou suas subsidiárias seguirão as diretrizes e os critérios de remuneração e de gestão de recursos definidos em ato da Secretaria de Políticas para as Mulheres da Presidência da República (SPM/PR).

....

Art. 20. O inciso I do § 4º do art. 2º da Lei nº 11.508, de 20 de julho de 2007, passa a vigorar com a seguinte redação:

- Alteração inserida no texto da referida Lei.

Art. 21. O prazo de 48 (quarenta e oito) meses previsto no inciso I do § 4º do art. 2º da Lei nº 11.508, de 20 de julho de 2007, com a redação dada por esta Lei, aplica-se às Zonas de Processamento de Exportação (ZPE) criadas a partir de 23 de julho de 2007, desde que não tenha sido declarada a sua caducidade até a publicação desta Lei.

....

Art. 23. Sem prejuízo do disposto na Lei nº 12.682, de 9 de julho de 2012, nas operações e transações realizadas no sistema financeiro nacional, inclusive por meio de instrumentos regulados por lei específica, o documento digitalizado terá o mesmo valor legal que o documento que lhe deu origem, respeitadas as normas do Conselho Monetário Nacional.

§ 1º As normas de que trata o *caput* deste artigo disporão sobre o conjunto de procedimentos e operações técnicas referentes à produção, à classificação, à tramitação, ao uso, à avaliação, ao arquivamento e à reprodução do documento digitalizado, bem como ao seu acesso, observado o disposto nos arts. 7º, 8º, 9º e 10 da Lei nº 8.159, de 8 de janeiro de 1991, quando se tratar de documentos públicos.

§ 2º O documento que, observadas as normas do Conselho Monetário Nacional, tenha originado o documento digitalizado e armazenado eletronicamente poderá ser descartado, ressalvados os documentos para os quais lei específica exija a guarda do documento original para o exercício de direito.

• §§ 1º e 2º com a redação dada pela Lei nº 13.986, de 7-4-2020.

Art. 24. O Decreto nº 70.235, de 6 de março de 1972, passa a vigorar com as seguintes alterações:

• Alterações inseridas no texto do referido Decreto.

Art. 25. *Revogado*. Lei nº 14.286, de 29-12-2021.

Art. 26. O art. 7º da Lei nº 10.865, de 30 de abril de 2004, passa a vigorar com a seguinte redação:

• Alteração inserida no texto da referida Lei.

....

Art. 29. Fica suspensa a incidência da Contribuição para o PIS/PASEP e da COFINS sobre as receitas decorrentes da venda de soja classificada na posição 12.01 e dos produtos classificados nos códigos 1208.10.00 e 2304.00 da Tabela de Incidência do Imposto sobre Produtos Industrializados (TIPI), aprovada pelo Decreto nº 7.660, de 23 de dezembro de 2011.

Art. 30. A partir da data de publicação desta Lei, o disposto nos arts. 8º e 9º da Lei nº 10.925, de 23 de julho de 2004, não mais se aplica aos produtos classificados nos códigos 12.01, 1208.10.00, 2304.00 e 2309.10.00 da TIPI.

Art. 31. A pessoa jurídica sujeita ao regime de apuração não cumulativa da Contribuição para o PIS/PASEP e da COFINS poderá descontar das referidas contribuições, devidas em cada período de apuração, crédito presumido calculado sobre a receita decorrente da venda no mercado interno ou da exportação dos produtos classificados nos códigos 1208.10.00, 15.07, 1517.10.00, 2304.00, 2309.10.00 e 3826.00.00 e de lecitina de soja classificada no código 2923.20.00, todos da TIPI.

§ 1º O crédito presumido de que trata o *caput* poderá ser aproveitado inclusive na hipótese de a receita decorrente da venda dos referidos produtos estar desonerada da Contribuição para o PIS/PASEP e da COFINS.

§ 2º O montante do crédito presumido da Contribuição para o PIS/PASEP e da COFINS a que se refere o *caput* será determinado, respectivamente, mediante aplicação, sobre o valor da receita mencionada no *caput*, de percentual das alíquotas previstas no *caput* do art. 2º da Lei nº 10.637, de 30 de dezembro de 2002, e no *caput* do art. 2º da Lei nº 10.833, de 29 de dezembro de 2003, correspondente a:

I – 27% (vinte e sete por cento), no caso de comercialização de óleo de soja classificado no código 15.07 da TIPI;

II – 27% (vinte e sete por cento), no caso de comercialização de produtos classificados nos códigos 1208.10.00 e 2304.00 da TIPI;

III – 10% (dez por cento), no caso de comercialização de margarina classificada no código 1517.10.00 da TIPI;

IV – 5% (cinco por cento), no caso de comercialização de rações classificadas no código 2309.10.00 da TIPI;

V – 45% (quarenta e cinco por cento), no caso de comercialização de biodiesel classificado no código 3826.00.00 da TIPI;

VI – 13% (treze por cento), no caso de comercialização de lecitina de soja classificada no código 2923.20.00 da TIPI.

§ 3º A pessoa jurídica deverá subtrair do montante do crédito presumido da Contribuição para o PIS/PASEP e da COFINS que apurar na forma prevista no § 2º, respectivamente, o montante correspondente:

I – à aplicação do percentual de alíquotas previsto no inciso I do § 2º sobre o valor de aquisição de óleo de soja classificado no código 15.07 da TIPI utilizado como insumo na produção de:

a) óleo de soja classificado no código 1507.90.1 da TIPI;

b) margarina classificada no código 1517.10.00 da TIPI;

c) biodiesel classificado no código 3826.00.00 da TIPI;

d) lecitina de soja classificada no código 2923.20.00 da TIPI;

II – à aplicação do percentual de alíquotas previsto no inciso II do § 2º sobre o valor de aquisição dos produtos classificados nos códigos 1208.10.00 e 2304.00 da TIPI utilizados como insumo na produção de rações classificadas nos códigos 2309.10.00 da TIPI.

§ 4º O disposto no § 3º somente se aplica em caso de insumos adquiridos de pessoa jurídica.

§ 5º O crédito presumido não aproveitado em determinado mês poderá ser aproveitado nos meses subsequentes.

§ 6º A pessoa jurídica que até o final de cada trimestre calendário não conseguir utilizar o crédito presumido de que trata este artigo na forma prevista no *caput* poderá:

I – efetuar sua compensação com débitos próprios, vencidos ou vincendos, relativos a impostos e contribuições administrados pela Secretaria da Receita Federal do Brasil, observada a legislação específica aplicável à matéria; ou

II – solicitar seu ressarcimento em espécie, observada a legislação específica aplicável à matéria.

§ 7º O disposto neste artigo aplica-se exclusivamente à pessoa jurídica que industrializa os produtos citados no *caput*, não sendo aplicável a:

I – operações que consistam em mera revenda de bens;

II – empresa comercial exportadora.

§ 8º Para os fins deste artigo, considera-se exportação a venda direta ao exterior ou a empresa comercial exportadora com o fim específico de exportação.

Art. 32. Os créditos presumidos de que trata o art. 31 serão apurados e registrados em separado dos créditos previstos no art. 3º da Lei nº 10.637, de 30 de dezembro de 2002, no art. 3º da Lei nº 10.833, de 29 de dezembro de 2003, e no art. 15 da Lei nº 10.865, de 30 de abril de 2004, e poderão ser ressarcidos em conformidade com procedimento específico estabelecido pela Secretaria da Receita Federal do Brasil.

Parágrafo único. O procedimento específico de ressarcimento de que trata o *caput* somente será aplicável aos créditos presumidos apurados pela pessoa jurídica em relação a operação de comercialização acobertada por nota fiscal referente exclusivamente a produtos cuja venda no mercado interno ou exportação seja contemplada com o crédito presumido de que trata o art. 31.

Art. 33. O art. 8º da Lei nº 10.925, de 23 de julho de 2004, passa a vigorar com as seguintes alterações:

• Alterações inseridas no texto da referida Lei.

....

Art. 38. São extintas todas as obrigações, inclusive as anteriores à data de publicação desta Lei, exigidas de pessoas físicas ou jurídicas de direito privado com fundamento nas alíneas *a* e *c* do *caput* do art. 36 da Lei nº 4.870, de 1º de dezembro de 1965, preservadas aquelas já adimplidas.

Art. 39. Os débitos para com a Fazenda Nacional relativos à contribuição para o Programa de Integração Social – PIS e à Contribuição para o Financiamento da Seguridade Social – COFINS, de que trata o Capítulo I da Lei nº 9.718, de 27 de novembro de 1998, devidos por instituições financeiras e equiparadas, vencidos até 31 de dezembro de 2013, poderão ser:

- *Caput* com a redação dada pela Lei nº 12.973, de 13-5-2014.

I – pagos à vista com redução de 100% (cem por cento) das multas de mora e de ofício, de 100% (cem por cento) das multas isoladas, de 100% (cem por cento) dos juros de mora e de 100% (cem por cento) sobre o valor do encargo legal; ou

- Inciso I com a redação dada pela Lei nº 12.973, de 13-5-2014.

II – parcelados em até 60 (sessenta) prestações, sendo 20% (vinte por cento) de entrada e o restante em parcelas mensais, com redução de 80% (oitenta por cento) das multas de mora e de ofício, de 80% (oitenta por cento) das multas isoladas, de 40% (quarenta por cento) dos juros de mora e de 100% (cem por cento) sobre o valor do encargo legal.

§ 1º Poderão ser pagos ou parcelados pelas pessoas jurídicas, nos mesmos prazos e condições estabelecidos neste artigo, os débitos objeto de discussão judicial relativos à exclusão do ICMS da base de cálculo do PIS e da COFINS.

§ 2º O disposto neste artigo aplica-se à totalidade dos débitos, constituídos ou não, com exigibilidade suspensa ou não, inscritos ou não em Dívida Ativa da União, mesmo que em fase de execução fiscal já ajuizada, ou que tenham sido objeto de parcelamento anterior não integralmente quitado, ainda que excluído por falta de pagamento.

§ 3º Para usufruir dos benefícios previstos neste artigo, a pessoa jurídica deverá comprovar a desistência expressa e irrevogável de todas as ações judiciais que tenham por objeto os tributos indicados no *caput* e renunciar a qualquer alegação de direito sobre as quais se fundam as referidas ações.

§ 4º A desistência de que trata o § 3º poderá ser parcial, desde que o débito, objeto de desistência, seja passível de distinção dos demais débitos discutidos na ação judicial ou no processo administrativo.

- § 4º com a redação dada pela Lei nº 12.973, de 13-5-2014.

§ 5º Os depósitos existentes vinculados aos débitos a serem pagos ou parcelados nos termos deste artigo serão automaticamente convertidos em pagamento definitivo, aplicando-se as reduções previstas no *caput* ao saldo remanescente a ser pago ou parcelado.

§ 6º As reduções previstas no *caput* não serão cumulativas com quaisquer outras reduções admitidas em lei.

§ 7º Na hipótese de anterior concessão de redução de multas ou de juros em percentuais diversos dos estabelecidos no *caput*, prevalecerão os percentuais nele referidos, aplicados sobre o saldo original das multas ou dos juros.

§ 8º Enquanto não consolidada a dívida, o contribuinte deve calcular e recolher mensalmente parcela equivalente ao montante dos débitos objeto do parcelamento, dividido pelo número de prestações pretendidas.

§ 9º O pedido de pagamento ou parcelamento deverá ser efetuado até o último dia do segundo mês subsequente ao da publicação da Lei decorrente da conversão da Medida Provisória nº 627, de 11 de novembro de 2013, e independerá de apresentação de garantia, mantidas aquelas decorrentes de débitos transferidos de outras modalidades de parcelamento ou de execução fiscal.

- § 9º com a redação dada pela Lei nº 12.973, de 13-5-2014.

§ 10. Implicará imediata rescisão do parcelamento, com cancelamento dos benefícios concedidos, a falta de pagamento:

I – de 3 (três) parcelas, consecutivas ou não; ou

II – de até 2 (duas) prestações, estando pagas todas as demais ou estando vencida a última prestação do parcelamento.

§ 11. É considerada inadimplida a parcela parcialmente paga.

§ 12. Rescindido o parcelamento:

I – será efetuada a apuração do valor original do débito, restabelecendo-se os acréscimos legais na forma da legislação aplicável à época da ocorrência dos respectivos fatos geradores;

II – serão deduzidas do valor referido no inciso I as prestações pagas.

§ 13. Aplica-se ao parcelamento de que trata este artigo o disposto no *caput* e nos §§ 2º e 3º do art. 11, no art. 12, no *caput* do art. 13 e no inciso IX do art. 14 da Lei nº 10.522, de 19 de julho de 2002.

§ 14. Ao parcelamento de que trata este artigo não se aplicam:

I – o § 1º do art. 3º da Lei nº 9.964, de 10 de abril de 2000; e

II – o § 10 do art. 1º da Lei nº 10.684, de 30 de maio de 2003.

§ 15. A Secretaria da Receita Federal do Brasil e a Procuradoria-Geral da Fazenda Nacional, no âmbito de suas competências, editarão os atos necessários à execução do parcelamento de que trata este artigo.

§ 16. Não será computada na apuração da base de cálculo do Imposto de Renda, da Contribuição Social sobre o Lucro Líquido – CSLL, da Contribuição para o PIS/PASEP e da Contribuição para o Financiamento da Seguridade Social – COFINS a parcela equivalente à redução do valor das multas, dos juros e do encargo legal em decorrência do disposto neste artigo.

- § 16 com a redação dada pela Lei nº 12.973, de 13-5-2014.

Art. 40. Os débitos para com a Fazenda Nacional relativos ao Imposto sobre a Renda das Pessoas Jurídicas – IRPJ e à Contribuição Social sobre o Lucro Líquido – CSLL, decorrentes da aplicação do art. 74 da Medida Provisória nº 2.158-35, de 24 de agosto de 2001, relativos a fatos geradores ocorridos até 31 de dezembro de 2013, poderão ser:

- *Caput* com a redação dada pela Lei nº 12.973, de 13-5-2014.

I – pagos à vista, com redução de 100% (cem por cento) das multas de mora e de ofício, das multas isoladas, dos juros de mora e do valor do encargo legal; ou

II – parcelados em até 180 (cento e oitenta) prestações, sendo 20% (vinte por cento) de entrada e o restante em parcelas mensais, com redução de 80% (oitenta por cento) das multas de mora e de ofício, de 80% (oitenta por cento) das multas isoladas, de 50% (cinquenta por cento) dos juros de mora e de 100% (cem por cento) sobre o valor do encargo legal.

- Inciso II com a redação dada pela Lei nº 12.973, de 13-5-2014.

§ 1º O disposto neste artigo aplica-se à totalidade dos débitos, constituídos ou não, com exigibilidade suspensa ou não, inscritos ou não em Dívida Ativa da União, mesmo que em fase de execução fiscal já ajuizada, ou que tenham sido objeto de parcelamento anterior não integralmente quitado, ainda que excluído por falta de pagamento.

§ 2º Para inclusão no parcelamento de que trata este artigo dos débitos que se encontram com exigibilidade suspensa nas hipóteses previstas nos incisos III a V do art. 151 da Lei nº 5.172, de 25 de outubro de 1966 (Código Tributário

Nacional), o sujeito passivo deverá desistir expressamente e de forma irrevogável, total ou parcialmente, da impugnação ou do recurso interposto, ou da ação judicial proposta e, cumulativamente, renunciar a quaisquer alegações de direito sobre as quais se fundamentam os referidos processos administrativos e as ações judiciais.

§ 3º O sujeito passivo que possuir ação judicial em curso na qual requer o restabelecimento de sua opção ou a sua reinclusão em outros parcelamentos, para fazer jus à inclusão dos débitos abrangidos pelos referidos parcelamentos no parcelamento de que trata este artigo, deverá desistir da respectiva ação judicial e renunciar a qualquer alegação de direito sobre a qual se funda a referida ação, protocolando requerimento de extinção do processo com resolução do mérito, nos termos do inciso V do *caput* do art. 269 da Lei nº 5.869, de 11 de janeiro de 1973 (Código de Processo Civil), até o prazo final para adesão ao parcelamento.

§ 4º Os depósitos existentes vinculados aos débitos a serem pagos ou parcelados nos termos deste artigo serão automaticamente convertidos em pagamento definitivo, aplicando-se as reduções previstas no *caput* ao saldo remanescente a ser pago ou parcelado.

§ 5º As reduções previstas no *caput* não serão cumulativas com quaisquer outras reduções admitidas em lei.

§ 6º Na hipótese de anterior concessão de redução de multas ou de juros em percentuais diversos dos estabelecidos no *caput*, prevalecerão os percentuais nele referidos, aplicados sobre o saldo original das multas ou dos juros.

§ 7º Os valores correspondentes a multas, de mora ou de ofício ou isoladas, a juros moratórios e até 30% (trinta por cento) do valor principal do tributo, inclusive relativos a débitos inscritos em dívida ativa e do restante a ser pago em parcelas mensais a que se refere o inciso II do *caput*, poderão ser liquidados com a utilização de créditos de prejuízo fiscal e de base de cálculo negativa da Contribuição Social sobre o Lucro Líquido próprios e de sociedades controladas ou coligadas, além das demais mencionadas no inciso II do § 8º deste artigo, em 31 de dezembro de 2011, domiciliadas no Brasil, desde que se mantenham nesta condição até a data da opção pelo parcelamento.

- § 7º com a redação dada pela Lei nº 12.995, de 18-6-2014.

§ 8º Na hipótese do disposto no § 7º:

I – o valor a ser utilizado será determinado mediante a aplicação, sobre o montante do prejuízo fiscal e da base de cálculo negativa, das alíquotas de 25% (vinte e cinco por cento) e 9% (nove por cento), respectivamente;

II – somente será admitida a utilização de prejuízo fiscal e base de cálculo negativa da Contribuição Social sobre o Lucro Líquido – CSLL próprios ou incorridos pelas sociedades controladoras e controladas e pelas sociedades que estejam sob controle comum, direto e indireto, até 31 de dezembro de 2012; e

III – aplica-se à controladora e à controlada, para fins de aproveitamento de créditos de prejuízo fiscal e de base de cálculo negativa da Contribuição Social sobre o Lucro Líquido, o conceito previsto no § 2º do art. 243 da Lei nº 6.404, de 15 de dezembro de 1976.

- Incisos II e III com a redação dada pela Lei nº 12.973, de 13-5-2014.

§ 9º A dívida objeto do parcelamento será consolidada na data do seu requerimento e será dividida pelo número de prestações indicadas pelo sujeito passivo, não podendo a parcela ser inferior a R$ 300.000,00 (trezentos mil reais).

§ 10. Enquanto não consolidada a dívida, o contribuinte deve calcular e recolher mensalmente parcela equivalente ao montante dos débitos objeto do parcelamento, dividido pelo número de prestações pretendidas, observado o disposto no § 9º.

§ 11. O pedido de pagamento ou de parcelamento deverá ser efetuado até o último dia do segundo mês subsequente ao da publicação da Lei decorrente da conversão da Medida Provisória nº 627, de 11 de novembro de 2013, e independerá da apresentação de garantia, mantidas aquelas decorrentes de débitos transferidos de outras modalidades de parcelamento ou de execução fiscal.

- § 11 com a redação dada pela Lei nº 12.973, de 13-5-2014.

§ 12. Implicará imediata rescisão do parcelamento, com cancelamento dos benefícios concedidos, a falta de pagamento:

I – de 3 (três) parcelas, consecutivas ou não; ou

II – de até 2 (duas) prestações, estando pagas todas as demais ou estando vencida a última prestação do parcelamento.

§ 13. É considerada inadimplida a parcela parcialmente paga.

§ 14. Rescindido o parcelamento:

I – será efetuada a apuração do valor original do débito, restabelecendo-se os acréscimos legais na forma da legislação aplicável à época da ocorrência dos respectivos fatos geradores;

II – serão deduzidas do valor referido no inciso I as prestações pagas.

§ 15. Aplica-se ao parcelamento de que trata este artigo o disposto no *caput* e nos §§ 2º e 3º do art. 11, no art. 12, no *caput* do art. 13 e nos incisos V e IX do *caput* do art. 14 da Lei nº 10.522, de 19 de julho de 2002, e no parágrafo único do art. 4º da Lei nº 11.941, de 27 de maio de 2009.

- § 15 com a redação dada pela Lei nº 12.973, de 13-5-2014.

§ 16. Ao parcelamento de que trata este artigo não se aplicam:

I – o § 1º do art. 3º da Lei nº 9.964, de 10 de abril de 2000; e

II – o § 10 do art. 1º da Lei nº 10.684, de 30 de maio de 2003.

§ 17. A Secretaria da Receita Federal do Brasil e a Procuradoria-Geral da Fazenda Nacional, no âmbito de suas competências, editarão os atos necessários à execução do parcelamento de que trata este artigo.

Art. 41. O § 1º do art. 37 da Lei nº 11.196, de 21 de novembro de 2005, passa a vigorar com a seguinte redação:

- Alteração inserida no texto da referida Lei.

Art. 42. Revogam-se:

I – os §§ 4º e 5º do art. 7º da Lei nº 10.865, de 30 de abril de 2004;

II – o inciso II do § 3º do art. 8º da Lei nº 10.925, de 23 de julho de 2004;

III – o art. 47 da Lei nº 12.546, de 14 de dezembro de 2011; e

IV – o art. 36 da Lei nº 4.870, de 1º de dezembro de 1965.

Art. 43. Esta Lei entra em vigor:

I – a partir do primeiro dia do quarto mês subsequente ao de sua publicação, em relação ao disposto no art. 34 desta Lei;

II – na data de sua publicação, para os demais dispositivos.

Brasília, 9 de outubro de 2013;
192º da Independência e
125º da República.

Dilma Rousseff

LEI COMPLEMENTAR Nº 147, DE 7 DE AGOSTO DE 2014

Altera a Lei Complementar nº 123, de 14 de dezembro de 2006, e as Leis nºs 5.889, de 8 de junho de 1973, 11.101, de 9 de fevereiro de 2005, 9.099, de 26 de setembro de 1995, 11.598, de 3 de dezembro de 2007, 8.934, de 18 de novembro de 1994, 10.406, de 10 de janeiro de 2002, e 8.666, de 21 de junho de 1993; e dá outras providências.

- Publicada no *DOU* de 8-8-2014.

Art. 1º A Lei Complementar nº 123, de 14 de dezembro de 2006, passa a vigorar com as seguintes alterações:

- Alterações inseridas no texto da referida Lei Complementar.

Art. 2º A Lei Complementar nº 123, de 14 de dezembro de 2006, passa a vigorar com as seguintes alterações:

- Alterações inseridas no texto da referida Lei Complementar.

Art. 3º A Lei Complementar nº 123, de 14 de dezembro de 2006, passa a vigorar acrescida:

- Alterações inseridas no texto da referida Lei Complementar.

Art. 4º VETADO.

Art. 5º A Lei nº 11.101, de 9 de fevereiro de 2005, passa a vigorar com as seguintes alterações:

- Alterações inseridas no texto da referida Lei.

Art. 6º A Lei nº 9.099, de 26 de setembro de 1995, passa a vigorar com as seguintes alterações:

- Alterações inseridas no texto da referida Lei.

Art. 7º A Lei nº 11.598, de 3 de dezembro de 2007, passa a vigorar acrescida do seguinte art. 7º-A:

"Art. 7º-A. O registro dos atos constitutivos, de suas alterações e extinções (baixas), referentes a empresários e pessoas jurídicas em qualquer órgão dos 3 (três) âmbitos de governo, ocorrerá independentemente da regularidade de obrigações tributárias, previdenciárias ou trabalhistas, principais ou acessórias, do empresário, da sociedade, dos sócios, dos administradores ou de empresas de que participem, sem prejuízo das responsabilidades do empresário, dos titulares, dos sócios ou dos administradores por tais obrigações, apuradas antes ou após o ato de extinção.

§ 1º A baixa referida no *caput* deste artigo não impede que, posteriormente, sejam lançados ou cobrados impostos, contribuições e respectivas penalidades, decorrentes da simples falta de recolhimento ou da prática comprovada e apurada em processo administrativo ou judicial de outras irregularidades praticadas pelos empresários ou por seus titulares, sócios ou administradores.

§ 2º A solicitação de baixa na hipótese prevista no *caput* deste artigo importa responsabilidade solidária dos titulares, dos sócios e dos administradores do período de ocorrência dos respectivos fatos geradores."

Art. 8º A Lei nº 8.934, de 18 de novembro de 1994, passa a vigorar acrescida dos seguintes arts. 39-A e 39-B:

"Art. 39-A. A autenticação dos documentos de empresas de qualquer porte realizada por meio de sistemas públicos eletrônicos dispensa qualquer outra."

"Art. 39-B. A comprovação da autenticação de documentos e da autoria de que trata esta Lei poderá ser realizada por meio eletrônico, na forma do regulamento."

Art. 9º O inciso II do art. 968 da Lei nº 10.406, de 10 de janeiro de 2002 – Código Civil, passa a vigorar com a seguinte redação:

"Art. 968. ....

....

II – a firma, com a respectiva assinatura autógrafa que poderá ser substituída pela assinatura autenticada com certificação digital ou meio equivalente que comprove a sua autenticidade, ressalvado o disposto no inciso I do § 1º do art. 4º da Lei Complementar nº 123, de 14 de dezembro de 2006;

...."

Art. 10. A Lei nº 8.666, de 21 de junho de 1993, passa a vigorar com as seguintes alterações:

"Art. 3º ....

....

§ 14. As preferências definidas neste artigo e nas demais normas de licitação e contratos devem privilegiar o tratamento diferenciado e favorecido às microempresas e empresas de pequeno porte na forma da lei.

§ 15. As preferências dispostas neste artigo prevalecem sobre as demais preferências previstas na legislação quando estas forem aplicadas sobre produtos ou serviços estrangeiros."

"Art. 5º-A. As normas de licitações e contratos devem privilegiar o tratamento diferenciado e favorecido às microempresas e empresas de pequeno porte na forma da lei."

Art. 11. Um representante da Confederação Nacional das Microempresas e Empresas de Pequeno Porte – COMICRO e um da Confederação Nacional das Micro e Pequenas Empresas e dos Empreendedores Individuais – CONAMPE passam a integrar o Conselho Deliberativo do Serviço Brasileiro de Apoio às Micro e Pequenas Empresas – SEBRAE.

Art. 12. A redação dada pela Lei Complementar nº 139, de 10 de novembro de 2011, ao § 1º do art. 18-B da Lei Complementar nº 123, de 14 de dezembro de 2006, para as atividades de prestação de serviços diferentes de hidráulica, eletricidade, pintura, alvenaria, carpintaria e de manutenção ou reparo de veículos, deixa de produzir efeitos financeiros a partir de 9 de fevereiro de 2012, observado o disposto no § 2º do mesmo artigo.

Art. 13. Ficam convalidados os atos referentes à apuração e ao recolhimento dos impostos e contribuições da União, dos Estados, do Distrito Federal e dos Municípios mediante regime previsto na Lei Complementar nº 123, de 14 de dezembro de 2006, e alterações posteriores, inclusive em relação às obrigações acessórias, pelas empresas que desenvolveram as atividades de comercialização de medicamentos produzidos por manipulação de fórmulas magistrais, até a data de publicação desta Lei Complementar.

Art. 14. O Poder Executivo fará publicar no *Diário Oficial da União*, em 4 (quatro) meses a contar da data de publicação desta Lei Complementar, a íntegra da Lei Complementar nº 123, de 14 de dezembro de 2006, com as alterações resultantes desta Lei Complementar.

Art. 15. Esta Lei Complementar entra em vigor na data de sua publicação, exceto no que se refere:

I – ao § 14 do art. 3º, ao inciso VI do art. 17, ao *caput* e aos §§ 2º, 5º-D, 5º-F, 5º-I, 7º, 13, 14, 16, 17, 18, 18-A e 24 do art. 18, ao inciso I do § 4º do art. 18-A, ao *caput* do art. 19, ao § 3º do art. 20, aos incisos I, II e V do § 4º do art. 21 e ao Anexo VI, todos da Lei Complementar nº 123, de 14 de dezembro de 2006, na redação dada pelo art. 1º e Anexo Único desta Lei Complementar, ao art. 3º e aos incisos III a V do art. 16 desta Lei Complementar, que produzirão efeitos a partir de 1º de janeiro do primeiro ano subsequente ao da publicação desta Lei Complementar;

II – ao § 15 do art. 3º, aos §§ 12 a 14 do art. 26, ao art. 38-B, à alínea *a* do inciso XIII do § 1º e aos §§ 7º e 8º do art. 13 e ao art. 21-A, todos da Lei Complementar nº 123, de 14 de dezembro de 2006, na redação dada pelos arts. 1º e 2º, desta Lei Complementar, e ao inciso I do art. 16 desta Lei Complementar, que produzirão efeitos a partir de 1º de janeiro do segundo ano subsequente ao da data de publicação desta Lei Complementar.

Art. 16. Ficam revogados os seguintes dispositivos da Lei Complementar nº 123, de 14 de dezembro de 2006:

I – o inciso II do § 1º do art. 4º;

II – os §§ 3º e 8º a 12 do art. 9º;

III – os incisos XI e XIII do art. 17;

IV – os §§ 5º-A e 5º-G e os incisos I e II do § 14 do art. 18;

V – o inciso I do art. 49;

VI – o parágrafo único do art. 46;

VII – o § 1º do art. 48;

VIII – os itens 2 e 3 da alínea b do inciso X do art. 17.

Brasília, 7 de agosto de 2014;
193º da Independência e
126º da República.
Dilma Rousseff

DECRETO Nº 8.302, DE 4 DE SETEMBRO DE 2014

Revoga o Decreto nº 6.106, de 30 de abril de 2007, que dispõe sobre a prova de regularidade fiscal perante a Fazenda Nacional, e revoga dispositivos do Decreto nº 3.048, de 6 de maio de 1999, que aprova o Regulamento da Previdência Social.

- Publicado no *DOU* de 5-9-2014.

Art. 1º Ficam revogados:

I – o Decreto nº 6.106, de 30 de abril de 2007; e

II – os arts. 227, 257, 258, 259, 262 e 263 do Decreto nº 3.048, de 6 de maio de 1999.

Art. 2º Fica mantida a vigência dos atos normativos e regulamentares expedidos com base nos dispositivos revogados pelo art. 1º, até que sejam revistos por atos posteriores.

Art. 3º Este Decreto entra em vigor quarenta e cinco dias após a data de sua publicação.

Brasília, 4 de setembro de 2014;
193º da Independência e
126º da República.
Dilma Rousseff

DECRETO Nº 8.303, DE 4 DE SETEMBRO DE 2014

Altera o Decreto nº 3.724, de 10 de janeiro de 2001, que regulamenta o art. 6º da Lei Complementar nº 105, de 10 de janeiro de 2001, relativamente à requisição, acesso e uso, pela Secretaria da Receita Federal do Brasil, de informações referentes a operações e serviços das instituições financeiras e das entidades a elas equiparadas.

- Publicado no *DOU* de 5-9-2014.

Art. 1º O Decreto nº 3.724, de 10 de janeiro de 2001, passa a vigorar com as seguintes alterações:

- Alterações inseridas no texto do referido Decreto.

Art. 2º Os procedimentos fiscais iniciados antes da publicação deste Decreto permanecerão válidos, independentemente das alterações no instrumento de controle administrativo nele veiculadas, observadas as normas expedidas pela Secretaria da Receita Federal do Brasil.

Art. 3º Este Decreto entra em vigor na data de sua publicação.

Brasília, 4 de setembro de 2014;
193º da Independência e
126º da República.
Dilma Rousseff

DECRETO Nº 8.415, DE 27 DE FEVEREIRO DE 2015

Regulamenta a aplicação do Regime Especial de Reintegração de Valores Tributários para as Empresas Exportadoras – REINTEGRA.

- Publicado no *DOU* de 27-2-2015, edição extra, e retificado no *DOU* de 3-3-2015.

CAPÍTULO I
DO OBJETO

Art. 1º Este Decreto regulamenta a aplicação do Regime Especial de Reintegração de Valores Tributários para as Empresas Exportadoras – REINTEGRA, de que tratam os arts. 21 a 29 da Lei nº 13.043, de 13 de novembro de 2014.

Parágrafo único. O Reintegra tem por objetivo devolver, parcial ou integralmente, o resíduo tributário remanescente na cadeia de produção de bens exportados.

CAPÍTULO II
DO CRÉDITO

Art. 2º A pessoa jurídica que exporte os bens de que trata o art. 5º poderá apurar crédito, mediante a aplicação do percentual de 3% (três por cento), sobre a receita auferida com a exportação desses bens para o exterior.

§ 1º Considera-se também exportação a venda a empresa comercial exportadora – ECE, com o fim específico de exportação para o exterior.

§ 2º Na hipótese de a exportação realizar-se por meio de ECE, o direito ao crédito estará condicionado à informação, no Registro de Exportação, da pessoa jurídica que vendeu à ECE o produto exportado.

§ 3º Para efeitos do disposto no *caput*, entende-se como receita de exportação:

I – o valor do bem no local de embarque, no caso de exportação direta; ou

II – o valor da nota fiscal de venda para ECE, no caso de exportação via ECE.

§ 4º Do crédito de que trata este artigo:

I – 17,84% (dezessete inteiros e oitenta e quatro centésimos por cento) serão devolvidos a título da Contribuição para os Programas de Integração Social e de Formação do Patrimônio do Servidor Público – Contribuição para o PIS/PASEP; e

II – 82,16% (oitenta e dois inteiros e dezesseis centésimos por cento) serão devolvidos a título da Contribuição para o Financiamento da Seguridade Social – COFINS.

§ 5º O valor do crédito apurado conforme o disposto neste artigo não será computado na base de cálculo da Contribuição para o PIS/PASEP, da COFINS, do Imposto sobre a Renda da Pessoa Jurídica – IRPJ e da Contribuição Social sobre o Lucro Líquido – CSLL.

§ 6º Na hipótese de exportação efetuada por cooperativa ou por encomendante, admite-se que os bens sejam produzidos pelo cooperado ou pelo encomendado, respectivamente.

§ 7º O percentual de que trata o *caput* será de:

I – 1% (um por cento), entre 1º de março de 2015 e 30 de novembro de 2015;

• Inciso I com a redação dada pelo Dec. nº 8.543, de 21-10-2015.

II – um décimo por cento, entre 1º de dezembro de 2015 e 31 de dezembro de 2016;

III – dois por cento, entre 1º de janeiro de 2017 e 31 de maio de 2018; e

IV – um décimo por cento, a partir de 1º de junho de 2018.

• Incisos II a IV com a redação dada pelo Dec. nº 9.393, de 30-5-2018.

§ 8º Ato do Poder Executivo poderá rever as alíquotas de que trata o § 7º, observada a evolução macroeconômica do país.

§ 9º Para cálculo do crédito de que trata o *caput*, o percentual a ser aplicado será o vigente na data de saída da nota fiscal de venda para o exterior, no caso de exportação direta, ou para a ECE, no caso de exportação via ECE.

Art. 3º Poderão também fruir do Reintegra as pessoas jurídicas de que tratam os arts. 11-A e 11-B da Lei nº 9.440, de 14 de março de 1997, e o art. 1º da Lei nº 9.826, de 23 de agosto de 1999.

Art. 4º Na hipótese de exportação efetuada por cooperativa ou industrialização por encomenda, somente a cooperativa ou a pessoa jurídica encomendante, respectivamente, poderá fruir do Reintegra.

CAPÍTULO III
DOS BENS CONTEMPLADOS

Art. 5º A apuração de crédito nos termos do Reintegra será permitida na exportação de bem que, cumulativamente:

I – tenha sido industrializado no País;

II – esteja classificado em código da Tabela de Incidência do Imposto sobre Produtos Industrializados – TIPI, aprovada pelo Decreto nº 7.660, de 23 de dezembro de 2011, e relacionado no Anexo; e

III – tenha custo total de insumos importados não superior ao limite percentual do preço de exportação estabelecido no Anexo.

§ 1º Para efeitos do disposto no inciso I do *caput*, considera-se industrialização, nos termos da legislação do Imposto sobre Produtos Industrializados – IPI, as operações de:

I – transformação;

II – beneficiamento;

III – montagem; e

IV – renovação ou recondicionamento.

§ 2º O Ministro de Estado da Fazenda poderá alterar a listagem dos bens contemplados pelo Anexo.

§ 3º Para efeitos do disposto no inciso III do *caput*:

I – os insumos originários dos demais países integrantes do Mercado Comum do Sul – Mercosul que cumprirem os requisitos do Regime de Origem do Mercosul serão considerados nacionais;

II – o custo do insumo importado corresponderá a seu valor aduaneiro, adicionado dos montantes pagos do Imposto de Importação e do Adicional sobre Frete para Renovação da Marinha Mercante, se houver;

III – no caso de insumo importado adquirido de empresa importadora, o custo do insumo corresponderá ao custo final de aquisição do produto colocado no armazém do fabricante exportador; e

IV – o preço de exportação será o preço do bem no local de embarque, ou, na hipótese de venda a ECE com o fim específico de exportação para o exterior, será o valor da nota fiscal de venda.

CAPÍTULO IV
DA UTILIZAÇÃO DO CRÉDITO

Art. 6º O crédito referido no art. 2º, observada a legislação de regência, somente poderá ser:

I – compensado com débitos próprios relativos a tributos administrados pela Secretaria da Receita Federal do Brasil do Ministério da Fazenda; ou

II – ressarcido em espécie.

§ 1º Ao declarar a compensação ou requerer o ressarcimento do crédito, a pessoa jurídica deverá declarar que o custo total de insumos importados não ultrapassou o limite de que trata o inciso III do *caput* do art. 5º.

§ 2º A declaração de compensação ou o pedido de ressarcimento somente poderá ser efetuado depois do encerramento do trimestre-calendário em que houver ocorrido a exportação e a averbação do embarque.

CAPÍTULO V
DA EMPRESA COMERCIAL EXPORTADORA

Art. 7º A ECE fica obrigada ao recolhimento de valor correspondente ao crédito atribuído à empresa produtora vendedora se:

I – revender, no mercado interno, os produtos adquiridos para exportação; ou

II – no prazo de cento e oitenta dias, contado da data da emissão da nota fiscal de venda pela empresa produtora, não houver efetuado a exportação dos produtos para o exterior.

Parágrafo único. O recolhimento do valor referido no *caput* deverá ser efetuado:

I – acrescido de multa de mora ou de ofício e de juros equivalentes à taxa referencial do Sistema Especial de Liquidação e de Custódia – SELIC, para títulos federais, acumulada mensalmente, calculados a partir do primeiro dia do mês subsequente ao da emissão da nota fiscal de venda dos produtos para a ECE até o último dia do mês anterior ao do pagamento, e de 1% (um por cento) no mês do pagamento;

II – a título da Contribuição para o PIS/PASEP e da Cofins, nas proporções definidas no § 4º do art. 2º; e

III – até o décimo dia subsequente:

a) ao da revenda no mercado interno; ou

b) ao do vencimento do prazo de que trata do inciso II do *caput*.

Art. 8º O Reintegra não se aplica à ECE.

CAPÍTULO VI
DISPOSIÇÕES FINAIS

Art. 9º A Secretaria da Receita Federal do Brasil do Ministério da Fazenda e a Secretaria de Comércio Exterior do Ministério do Desenvolvimento, Indústria e Comércio Exterior poderão disciplinar, no âmbito de suas competências, a aplicação das disposições deste Decreto.

Art. 10. Este Decreto entra em vigor na data de sua publicação, produzindo efeitos a partir de 14 de novembro de 2014.

Art. 11. Fica revogado o Decreto nº 8.304, de 12 de setembro de 2014.

Brasília, 27 de fevereiro de 2015;
194º da Independência e
127º da República.

Dilma Rousseff

ANEXO

CÓDIGO DA TIPI	CÓDIGOS DA TIPI EXCETUADOS	LIMITE PERCENTUAL DOS INSUMOS IMPORTADOS
04	0401.10; 0401.20; 0401.40.10; 0401.50.10; 0407; 0408; 0409; 0410.00.00	40%
0801.32.00		40%
0901.21		40%
0901.22		40%
11	11.03; 1104.22; 1104.23; 1104.29	40%
12.08		40%
1214.10.00		40%
1504.10.19		40%
15.05		40%
1507.90		40%
1508.90		40%
1509.90		40%
1511.90.00		40%
1512.19		40%
1512.29.10		40%
1512.29.90		40%
1513.19.00		40%
1513.29		40%
1514.19		40%
1514.99		40%
1515.19.00		40%
1515.29		40%
1515.90.22		40%
15.16		40%
15.17		40%
15.18		40%
15.20		40%
15.21.10.00		40%
16		40%
17	1702.20.00; 17.03	40%
18.06		40%
19		40%
20		40%
21		40%
22	22.01; 2207.20.20	40%
23.01		40%
23.09		40%
25.23		40%
28	28.44	40%
29	2939.11.51; 2939.91.11	40%
30	3006.92.00	65%
32	3201.10.00; 3201.20.00; 3201.90.19; 3201.90.20; 3201.90.90; 3201.90.11; 3201.90.12	40%
33	3301.90.40	40%
34		40%
35		40%
36		40%
37		40%
38	38.25	40%
39	39.15	40%
40	40.01; 4004.00.00; 4012.20.00	40%
41.07		40%
41.12		40%
41.13		40%
41.14		40%
4115.10.00		40%
42		40%
4302.19.10		40%
4302.19.90		40%
4302.20.00		40%
4302.30.00		40%
4303.10.00		40%
4303.90.00		40%
4304.00.00		40%
44	44.01; 44.02; 44.03; 44.04; 44.05; 44.06; 44.07; 44.09	40%
45	45.01	40%
46		40%
47		40%
48		40%
49	4906.00.00	40%
50	5001.00.00; 5002.00.00; 5003.00.10; 5003.00.90	40%
51	51.01; 51.02; 51.03; 51.04; 51.05	40%
52	52.01; 52.02	40%
53	5301; 5302; 5303; 5305	40%
54		40%
55	55.05	40%
56		40%
57		40%
58		40%
59		40%
60		40%
61		40%
62		40%
63	63.09; 63.10	40%
64		40%
65		40%
66		40%
67		40%
68	6801.00.00	40%
69		40%
70	7001.00.00	40%

CÓDIGO DA TIPI	CÓDIGOS DA TIPI EXCETUADOS	LIMITE PERCENTUAL DOS INSUMOS IMPORTADOS
71	7101.10.00; 7101.21.00; 71.02; 7103.10.00; 71.05; 71.06; 71.07; 71.08; 71.09; 71.10.11.00; 71.11; 71.12; 7118.10.90; 7118.90.00	40%
72	72.04	40%
73		40%
74	7404.00.00	40%
75	7503.00.00	40%
76	76.02	40%
78	7802.00.00	40%
79	7902.00.00	40%
80	8002.00.00	40%
81	8101.97.00; 8102.97.00; 8103.30.00; 8104.20.00; 8104.30.00; 8105.30.00; 8107.20.20; 8107.30.00; 8108.30.00; 8109.30.00; 8110.20.00; 8112.13.00; 8112.22.00; 8112.52.00; 8112.59.00; 8112.92.00	40%
82		40%
83		40%
84	8401.30.00	40%
85	8548.10	65%
86		40%
87		40%
88		65%
89	8908.00.00	40%
90		65%
91		65%
92		40%
93		40%
94		40%
95		40%
96		40%

DECRETO Nº 8.426, DE 1º DE ABRIL DE 2015

Restabelece as alíquotas da Contribuição para o PIS/PASEP e da COFINS incidentes sobre receitas financeiras auferidas pelas pessoas jurídicas sujeitas ao regime de apuração não cumulativa das referidas contribuições.

- Publicado no *DOU* de 1º-4-2015, edição extra.

Art. 1º Ficam restabelecidas para 0,65% (sessenta e cinco centésimos por cento) e 4% (quatro por cento), respectivamente, as alíquotas da Contribuição para os Programas de Integração Social e de Formação do Patrimônio do Servidor Público – PIS/PASEP e da Contribuição para o Financiamento da Seguridade Social – COFINS incidentes sobre receitas financeiras, inclusive decorrentes de operações realizadas para fins de hedge, auferidas pelas pessoas jurídicas sujeitas ao regime de apuração não cumulativa das referidas contribuições.

§ 1º Aplica-se o disposto no *caput* inclusive às pessoas jurídicas que tenham apenas parte de suas receitas submetidas ao regime de apuração não cumulativa da Contribuição para o PIS/PASEP e da COFINS.

§ 2º Ficam mantidas em 1,65% (um inteiro e sessenta e cinco centésimos por cento) e 7,6% (sete inteiros e seis décimos por cento), respectivamente, as alíquotas da Contribuição para o PIS/PASEP e da COFINS aplicáveis aos juros sobre o capital próprio.

§ 3º Ficam mantidas em zero as alíquotas das contribuições de que trata o *caput* incidentes sobre receitas financeiras decorrentes de variações monetárias, em função da taxa de câmbio, de:

I – operações de exportação de bens e serviços para o exterior; e

II – obrigações contraídas pela pessoa jurídica, inclusive empréstimos e financiamentos.

§ 4º Ficam mantidas em zero as alíquotas das contribuições de que trata o *caput* incidentes sobre receitas financeiras decorrentes de operações de cobertura (hedge) realizadas em bolsa de valores, de mercadorias e de futuros ou no mercado de balcão organizado destinadas exclusivamente à proteção contra riscos inerentes às oscilações de preço ou de taxas quando, cumulativamente, o objeto do contrato negociado:

a) estiver relacionado com as atividades operacionais da pessoa jurídica; e

b) destinar-se à proteção de direitos ou obrigações da pessoa jurídica.

- § 4º acrescido pelo Dec. nº 8.451, de 19-5-2015.

Art. 2º Este Decreto entra em vigor na data de sua publicação, produzindo efeitos a partir de 1º de julho de 2015.

Art. 3º Fica revogado, a partir de 1º de julho de 2015, o Decreto nº 5.442, de 9 de maio de 2005.

Brasília, 1º de abril de 2015;
194º da Independência e
127º da República.

Dilma Rousseff

LEI COMPLEMENTAR Nº 150, DE 1º DE JUNHO DE 2015

Dispõe sobre o contrato de trabalho doméstico; altera as Leis nº 8.212, de 24 de julho de 1991, nº 8.213, de 24 de julho de 1991, e nº 11.196, de 21 de novembro de 2005; revoga o inciso I do art. 3º da Lei nº 8.009, de 29 de março de 1990, o art. 36 da Lei nº 8.213, de 24 de julho de 1991, a Lei nº 5.859, de 11 de dezembro de 1972, e o inciso VII do art. 12 da Lei nº 9.250, de 26 de dezembro 1995; e dá outras providências.

(Excertos)

- Publicada no *DOU* de 2-6-2015.

CAPÍTULO I
DO CONTRATO DE TRABALHO DOMÉSTICO

Art. 1º Ao empregado doméstico, assim considerado aquele que presta serviços de forma contínua, subordinada, onerosa e pessoal e de finalidade não lucrativa à pessoa ou à família, no âmbito residencial destas, por mais de 2 (dois) dias por semana, aplica-se o disposto nesta Lei.

Parágrafo único. É vedada a contratação de menor de 18 (dezoito) anos para desempenho de trabalho doméstico, de acordo com a Convenção nº 182, de 1999, da Organização Internacional do Trabalho (OIT) e com o Decreto nº 6.481, de 12 de junho de 2008.

Art. 2º A duração normal do trabalho doméstico não excederá 8 (oito) horas diárias e 44 (quarenta e quatro) semanais, observado o disposto nesta Lei.

§ 1º A remuneração da hora extraordinária será, no mínimo, 50% (cinquenta por cento) superior ao valor da hora normal.

§ 2º O salário-hora normal, em caso de empregado mensalista, será obtido dividindo-se o salário mensal por 220 (duzentas e vinte) horas, salvo se o contrato estipular jornada mensal inferior que resulte em divisor diverso.

§ 3º O salário-dia normal, em caso de empregado mensalista, será obtido dividindo-se o salário mensal por 30 (trinta) e servirá de base para pagamento do repouso remunerado e dos feriados trabalhados.

§ 4º Poderá ser dispensado o acréscimo de salário e instituído regime de compensação de horas, mediante acordo escrito entre empregador e empregado, se o excesso de horas de um dia for compensado em outro dia.

§ 5º No regime de compensação previsto no § 4º:

I – será devido o pagamento, como horas extraordinárias, na forma do § 1º, das primeiras 40 (quarenta) horas mensais excedentes ao horário normal de trabalho;

II – das 40 (quarenta) horas referidas no inciso I, poderão ser deduzidas, sem o correspondente pagamento, as horas não trabalhadas, em função de redução do horário normal de trabalho ou de dia útil não trabalhado, durante o mês;

III – o saldo de horas que excederem as 40 (quarenta) primeiras horas mensais de que trata o inciso I, com a dedução prevista no inciso II, quando for o caso, será compensado no período máximo de 1 (um) ano.

§ 6º Na hipótese de rescisão do contrato de trabalho sem que tenha havido a compensação integral da jornada extraordinária, na forma do § 5º, o empregado fará jus ao pagamento das horas extras não compensadas, calculadas sobre o valor da remuneração na data de rescisão.

§ 7º Os intervalos previstos nesta Lei, o tempo de repouso, as horas não trabalhadas, os feriados e os domingos livres em que o empregado que mora no local de trabalho nele permaneça não serão computados como horário de trabalho.

§ 8º O trabalho não compensado prestado em domingos e feriados deve ser pago em dobro, sem prejuízo da remuneração relativa ao repouso semanal.

Art. 3º Considera-se trabalho em regime de tempo parcial aquele cuja duração não exceda 25 (vinte e cinco) horas semanais.

§ 1º O salário a ser pago ao empregado sob regime de tempo parcial será proporcional a sua jornada, em relação ao empregado que cumpre, nas mesmas funções, tempo integral.

§ 2º A duração normal do trabalho do empregado em regime de tempo parcial poderá ser acrescida de horas suplementares, em número não excedente a 1 (uma) hora diária, mediante acordo escrito entre empregador e empregado, aplicando-se-lhe, ainda, o disposto nos §§ 2º e 3º do art. 2º, com o limite máximo de 6 (seis) horas diárias.

§ 3º Na modalidade do regime de tempo parcial, após cada período de 12 (doze) meses de vigência do contrato de trabalho, o empregado terá direito a férias, na seguinte proporção:

I – 18 (dezoito) dias, para a duração do trabalho semanal superior a 22 (vinte e duas) horas, até 25 (vinte e cinco) horas;

II – 16 (dezesseis) dias, para a duração do trabalho semanal superior a 20 (vinte) horas, até 22 (vinte e duas) horas;

III – 14 (quatorze) dias, para a duração do trabalho semanal superior a 15 (quinze) horas, até 20 (vinte) horas;

IV – 12 (doze) dias, para a duração do trabalho semanal superior a 10 (dez) horas, até 15 (quinze) horas;

V – 10 (dez) dias, para a duração do trabalho semanal superior a 5 (cinco) horas, até 10 (dez) horas;

VI – 8 (oito) dias, para a duração do trabalho semanal igual ou inferior a 5 (cinco) horas.

Art. 4º É facultada a contratação, por prazo determinado, do empregado doméstico:

I – mediante contrato de experiência;

II – para atender necessidades familiares de natureza transitória e para substituição temporária de empregado doméstico com contrato de trabalho interrompido ou suspenso.

Parágrafo único. No caso do inciso II deste artigo, a duração do contrato de trabalho é limitada ao término do evento que motivou a contratação, obedecido o limite máximo de 2 (dois) anos.

Art. 5º O contrato de experiência não poderá exceder 90 (noventa) dias.

§ 1º O contrato de experiência poderá ser prorrogado 1 (uma) vez, desde que a soma dos 2 (dois) períodos não ultrapasse 90 (noventa) dias.

§ 2º O contrato de experiência que, havendo continuidade do serviço, não for prorrogado após o decurso de seu prazo previamente estabelecido ou que ultrapassar o período de 90 (noventa) dias passará a vigorar como contrato de trabalho por prazo indeterminado.

Art. 6º Durante a vigência dos contratos previstos nos incisos I e II do art. 4º, o empregador que, sem justa causa, despedir o empregado é obrigado a pagar-lhe, a título de indenização, metade da remuneração a que teria direito até o termo do contrato.

Art. 7º Durante a vigência dos contratos previstos nos incisos I e II do art. 4º, o empregado não poderá se desligar do contrato sem justa causa, sob pena de ser obrigado a indenizar o empregador dos prejuízos que desse fato lhe resultarem.

Parágrafo único. A indenização não poderá exceder aquela a que teria direito o empregado em idênticas condições.

Art. 8º Durante a vigência dos contratos previstos nos incisos I e II do art. 4º, não será exigido aviso prévio.

Art. 9º A Carteira de Trabalho e Previdência Social será obrigatoriamente apresentada, contra recibo, pelo empregado ao empregador que o admitir, o qual terá o prazo de 48 (quarenta e oito) horas para nela anotar, especificamente, a data de admissão, a remuneração e, quando for o caso, os contratos previstos nos incisos I e II do art. 4º.

Art. 10. É facultado às partes, mediante acordo escrito entre essas, estabelecer horário de trabalho de 12 (doze) horas seguidas por 36 (trinta e seis) horas ininterruptas de descanso, observados ou indenizados os intervalos para repouso e alimentação.

§ 1º A remuneração mensal pactuada pelo horário previsto no *caput* deste artigo abrange os pagamentos devidos pelo descanso semanal remunerado e pelo descanso em feriados, e serão considerados compensados os feriados e as prorrogações de trabalho noturno, quando houver, de que tratam o art. 70 e o § 5º do art. 73 da Consolidação das Leis do Trabalho (CLT), aprovada pelo Decreto-lei nº 5.452, de 1º de maio de 1943, e o art. 9º da Lei nº 605, de 5 de janeiro de 1949.

§ 2º VETADO.

Art. 11. Em relação ao empregado responsável por acompanhar o empregador prestando serviços em viagem, serão consideradas apenas as horas efetivamente trabalhadas no período, podendo ser compensadas as horas extraordinárias em outro dia, observado o art. 2º.

§ 1º O acompanhamento do empregador pelo empregado em viagem será condicionado à prévia existência de acordo escrito entre as partes.

§ 2º A remuneração-hora do serviço em viagem será, no mínimo, 25% (vinte e cinco por cento) superior ao valor do salário hora normal.

§ 3º O disposto no § 2º deste artigo poderá ser, mediante acordo, convertido em acréscimo no banco de horas, a ser utilizado a critério do empregado.

Art. 12. É obrigatório o registro do horário de trabalho do empregado doméstico por qualquer meio manual, mecânico ou eletrônico, desde que idôneo.

Art. 13. É obrigatória a concessão de intervalo para repouso ou alimentação pelo período de, no mínimo, 1 (uma) hora e, no máximo, 2 (duas) horas, admitindo-se, mediante prévio acordo escrito entre empregador e empregado, sua redução a 30 (trinta) minutos.

§ 1º Caso o empregado resida no local de trabalho, o período de intervalo poderá ser desmembrado em 2 (dois) períodos, desde que cada um deles tenha, no mínimo, 1 (uma) hora, até o limite de 4 (quatro) horas ao dia.

§ 2º Em caso de modificação do intervalo, na forma do § 1º, é obrigatória a sua anotação no registro diário de horário, vedada sua prenotação.

Art. 14. Considera-se noturno, para os efeitos desta Lei, o trabalho executado entre as 22 horas de um dia e as 5 horas do dia seguinte.

§ 1º A hora de trabalho noturno terá duração de 52 (cinquenta e dois) minutos e 30 (trinta) segundos.

§ 2º A remuneração do trabalho noturno deve ter acréscimo de, no mínimo, 20% (vinte por cento) sobre o valor da hora diurna.

§ 3º Em caso de contratação, pelo empregador, de empregado exclusivamente para desempenhar trabalho noturno, o acréscimo será calculado sobre o salário anotado na Carteira de Trabalho e Previdência Social.

§ 4º Nos horários mistos, assim entendidos os que abrangem períodos diurnos e noturnos, aplica-se às horas de trabalho noturno o disposto neste artigo e seus parágrafos.

Art. 15. Entre 2 (duas) jornadas de trabalho deve haver período mínimo de 11 (onze) horas consecutivas para descanso.

Art. 16. É devido ao empregado doméstico descanso semanal remunerado de, no mínimo, 24 (vinte e quatro) horas consecutivas, preferencialmente aos domingos, além de descanso remunerado em feriados.

Art. 17. O empregado doméstico terá direito a férias anuais remuneradas de 30 (trinta) dias, salvo o disposto no § 3º do art. 3º, com acréscimo de, pelo menos, um terço do salário normal, após cada período de 12 (doze) meses de trabalho prestado à mesma pessoa ou família.

§ 1º Na cessação do contrato de trabalho, o empregado, desde que não tenha sido demitido por justa causa, terá direito à remuneração relativa ao período incompleto de férias, na proporção de um doze avos por mês de serviço ou fração superior a 14 (quatorze) dias.

§ 2º O período de férias poderá, a critério do empregador, ser fracionado em até 2 (dois) períodos, sendo 1 (um) deles de, no mínimo, 14 (quatorze) dias corridos.

§ 3º É facultado ao empregado doméstico converter um terço do período de férias a que tiver direito em abono pecuniário, no valor da remuneração que lhe seria devida nos dias correspondentes.

§ 4º O abono de férias deverá ser requerido até 30 (trinta) dias antes do término do período aquisitivo.

§ 5º É lícito ao empregado que reside no local de trabalho nele permanecer durante as férias.

§ 6º As férias serão concedidas pelo empregador nos 12 (doze) meses subsequentes à data em que o empregado tiver adquirido o direito.

Art. 18. É vedado ao empregador doméstico efetuar descontos no salário do empregado por fornecimento de alimentação, vestuário, higiene ou moradia, bem como por despesas com transporte, hospedagem e alimentação em caso de acompanhamento em viagem.

§ 1º É facultado ao empregador efetuar descontos no salário do empregado em caso de adiantamento salarial e, mediante acordo escrito entre as partes, para a inclusão do empregado em planos de assistência médico-hospitalar e odontológica, de seguro e de previdência privada, não podendo a dedução ultrapassar 20% (vinte por cento) do salário.

§ 2º Poderão ser descontadas as despesas com moradia de que trata o *caput* deste artigo quando essa se referir a local diverso da residência em que ocorrer a prestação de serviço, desde que essa possibilidade tenha sido expressamente acordada entre as partes.

§ 3º As despesas referidas no *caput* deste artigo não têm natureza salarial nem se incorporam à remuneração para quaisquer efeitos.

§ 4º O fornecimento de moradia ao empregado doméstico na própria residência ou em morada anexa, de qualquer natureza, não gera ao empregado qualquer direito de posse ou de propriedade sobre a referida moradia.

Art. 19. Observadas as peculiaridades do trabalho doméstico, a ele também se aplicam as Leis nº 605, de 5 de janeiro de 1949, nº 4.090, de 13 de julho de 1962, nº 4.749, de 12 de agosto de 1965, e nº 7.418, de 16 de dezembro de 1985, e, subsidiariamente, a Consolidação das Leis do Trabalho (CLT), aprovada pelo Decreto-lei nº 5.452, de 1º de maio de 1943.

Parágrafo único. A obrigação prevista no art. 4º da Lei nº 7.418, de 16 de dezembro de 1985, poderá ser substituída, a critério do empregador, pela concessão, mediante recibo, dos valores para a aquisição das passagens necessárias ao custeio das despesas decorrentes do deslocamento residência-trabalho e vice-versa.

Art. 20. O empregado doméstico é segurado obrigatório da Previdência Social, sendo-lhe devidas, na forma da Lei nº 8.213, de 24 de julho de 1991, as prestações nela arroladas, atendido o disposto nesta Lei e observadas as características especiais do trabalho doméstico.

Art. 21. É devida a inclusão do empregado doméstico no Fundo de Garantia do Tempo de Serviço (FGTS), na forma do regulamento a ser editado pelo Conselho Curador e pelo agente operador do FGTS, no âmbito de suas competências, conforme disposto nos arts. 5º e 7º da Lei nº 8.036, de 11 de maio de 1990, inclusive no que tange aos aspectos técnicos de depósitos, saques, devolução de valores e emissão de extratos, entre outros determinados na forma da lei.

Parágrafo único. O empregador doméstico somente passará a ter obrigação de promover a inscrição e de efetuar os recolhimentos referentes a seu empregado após a entrada em vigor do regulamento referido no *caput*.

Art. 22. O empregador doméstico depositará a importância de 3,2% (três inteiros e dois décimos por cento) sobre a remuneração devida, no mês anterior, a cada empregado, destinada ao pagamento da indenização compensatória da perda do emprego, sem justa causa ou por culpa do empregador, não se aplicando ao empregado doméstico o disposto nos §§ 1º a 3º do art. 18 da Lei nº 8.036, de 11 de maio de 1990.

§ 1º Nas hipóteses de dispensa por justa causa ou a pedido, de término do contrato de trabalho por prazo determinado, de aposentadoria e de falecimento do empregado doméstico, os valores previstos no *caput* serão movimentados pelo empregador.

§ 2º Na hipótese de culpa recíproca, metade dos valores previstos no *caput* será movimentada pelo empregado, enquanto a outra metade será movimentada pelo empregador.

§ 3º Os valores previstos no *caput* serão depositados na conta vinculada do empregado, em variação distinta daquela em que se encontrarem os valores oriundos dos depósitos de que trata o inciso IV do art. 34 desta Lei, e somente poderão ser movimentados por ocasião da rescisão contratual.

§ 4º À importância monetária de que trata o *caput*, aplicam-se as disposições da Lei nº 8.036, de 11 de maio de 1990, e da Lei nº 8.844, de 20 de janeiro de 1994, inclusive quanto a sujeição passiva e equiparações, prazo de recolhimento, administração, fiscalização, lançamento, consulta, cobrança, garantias, processo administrativo de determinação e exigência de créditos tributários federais.

Art. 23. Não havendo prazo estipulado no contrato, a parte que, sem justo motivo, quiser rescindi-lo deverá avisar a outra de sua intenção.

§ 1º O aviso prévio será concedido na proporção de 30 (trinta) dias ao empregado que conte com até 1 (um) ano de serviço para o mesmo empregador.

§ 2º Ao aviso prévio previsto neste artigo, devido ao empregado, serão acrescidos 3 (três) dias por ano de serviço prestado para o mesmo empregador, até o máximo de 60 (sessenta) dias, perfazendo um total de até 90 (noventa) dias.

§ 3º A falta de aviso prévio por parte do empregador dá ao empregado o direito aos salários correspondentes ao prazo do aviso, garantida sempre a integração desse período ao seu tempo de serviço.

§ 4º A falta de aviso prévio por parte do empregado dá ao empregador o direito de descontar os salários correspondentes ao prazo respectivo.

§ 5º O valor das horas extraordinárias habituais integra o aviso prévio indenizado.

Art. 24. O horário normal de trabalho do empregado durante o aviso prévio, quando a rescisão tiver sido promovida pelo empregador, será reduzido de 2 (duas) horas diárias, sem prejuízo do salário integral.

Parágrafo único. É facultado ao empregado trabalhar sem a redução das 2 (duas) horas diárias previstas no *caput* deste artigo, caso em que poderá faltar ao serviço, sem prejuízo do salário integral, por 7 (sete) dias corridos, na hipótese dos §§ 1º e 2º do art. 23.

Art. 25. A empregada doméstica gestante tem direito a licença-maternidade de 120 (cento e vinte) dias, sem prejuízo do emprego e do salário, nos termos da Seção V do Capítulo III do Título III da Consolidação das Leis do Trabalho (CLT), aprovada pelo Decreto-lei nº 5.452, de 1º de maio de 1943.

Parágrafo único. A confirmação do estado de gravidez durante o curso do contrato de trabalho, ainda que durante o prazo do aviso prévio trabalhado ou indenizado, garante à empregada gestante a estabilidade provisória prevista na alínea *b* do inciso II do art. 10 do Ato das Disposições Constitucionais Transitórias.

Art. 26. O empregado doméstico que for dispensado sem justa causa fará jus ao benefício do seguro-desemprego, na forma da Lei nº 7.998, de 11 de janeiro de 1990, no valor de 1 (um) salário mínimo, por período máximo de 3 (três) meses, de forma contínua ou alternada.

§ 1º O benefício de que trata o *caput* será concedido ao empregado nos termos do regulamento do Conselho Deliberativo do Fundo de Amparo ao Trabalhador (CODEFAT).

§ 2º O benefício do seguro-desemprego será cancelado, sem prejuízo das demais sanções cíveis e penais cabíveis:

I – pela recusa, por parte do trabalhador desempregado, de outro emprego condizente com sua qualificação registrada ou declarada e com sua remuneração anterior;

II – por comprovação de falsidade na prestação das informações necessárias à habilitação;

III – por comprovação de fraude visando à percepção indevida do benefício do seguro-desemprego; ou

IV – por morte do segurado.

Art. 27. Considera-se justa causa para os efeitos desta Lei:

I – submissão a maus tratos de idoso, de enfermo, de pessoa com deficiência ou de criança sob cuidado direto ou indireto do empregado;

II – prática de ato de improbidade;

III – incontinência de conduta ou mau procedimento;

IV – condenação criminal do empregado transitada em julgado, caso não tenha havido suspensão da execução da pena;

V – desídia no desempenho das respectivas funções;

VI – embriaguez habitual ou em serviço;

VII – VETADO;

VIII – ato de indisciplina ou de insubordinação;

IX – abandono de emprego, assim considerada a ausência injustificada ao serviço por, pelo menos, 30 (trinta) dias corridos;

X – ato lesivo à honra ou à boa fama ou ofensas físicas praticadas em serviço contra qualquer pessoa, salvo em caso de legítima defesa, própria ou de outrem;

XI – ato lesivo à honra ou à boa fama ou ofensas físicas praticadas contra o empregador doméstico ou sua família, salvo em caso de legítima defesa, própria ou de outrem;

XII – prática constante de jogos de azar.

Parágrafo único. O contrato de trabalho poderá ser rescindido por culpa do empregador quando:

I – o empregador exigir serviços superiores às forças do empregado doméstico, defesos por lei, contrários aos bons costumes ou alheios ao contrato;

II – o empregado doméstico for tratado pelo empregador ou por sua família com rigor excessivo ou de forma degradante;

III – o empregado doméstico correr perigo manifesto de mal considerável;

IV – o empregador não cumprir as obrigações do contrato;

V – o empregador ou sua família praticar, contra o empregado doméstico ou pessoas de sua família, ato lesivo à honra e à boa fama;

VI – o empregador ou sua família ofender o empregado doméstico ou sua família fisicamente, salvo em caso de legítima defesa, própria ou de outrem;

VII – o empregador praticar qualquer das formas de violência doméstica ou familiar contra mulheres de que trata o art. 5º da Lei nº 11.340, de 7 de agosto de 2006.

Art. 28. Para se habilitar ao benefício do seguro-desemprego, o trabalhador doméstico deverá apresentar ao órgão competente do Ministério do Trabalho e Emprego:

I – Carteira de Trabalho e Previdência Social, na qual deverão constar a anotação do contrato de trabalho doméstico e a data de dispensa, de modo a comprovar o vínculo empregatício, como empregado doméstico, durante pelo menos 15 (quinze) meses nos últimos 24 (vinte e quatro) meses;

II – termo de rescisão do contrato de trabalho;

III – declaração de que não está em gozo de benefício de prestação continuada da Previdência Social, exceto auxílio-acidente e pensão por morte; e

IV – declaração de que não possui renda própria de qualquer natureza suficiente à sua manutenção e de sua família.

Art. 29. O seguro-desemprego deverá ser requerido de 7 (sete) a 90 (noventa) dias contados da data de dispensa.

Art. 30. Novo seguro-desemprego só poderá ser requerido após o cumprimento de novo período aquisitivo, cuja duração será definida pelo CODEFAT.

CAPÍTULO II
DO SIMPLES DOMÉSTICO

Art. 31. É instituído o regime unificado de pagamento de tributos, de contribuições e dos demais encargos do empregador doméstico (Simples Doméstico), que deverá ser regulamentado no prazo de 120 (cento e vinte) dias a contar da data de entrada em vigor desta Lei.

Art. 32. A inscrição do empregador e a entrada única de dados cadastrais e de informações trabalhistas, previdenciárias e fiscais no âmbito do Simples Doméstico dar-se-ão mediante registro em sistema eletrônico a ser disponibilizado em portal na internet, conforme regulamento.

Parágrafo único. A impossibilidade de utilização do sistema eletrônico será objeto de regulamento, a ser editado pelo Ministério da Fazenda e pelo agente operador do FGTS.

Art. 33. O Simples Doméstico será disciplinado por ato conjunto dos Ministros de Estado da Fazenda, da Previdência Social e do Trabalho e Emprego que disporá sobre a apuração, o recolhimento e a distribuição dos recursos recolhidos por meio do Simples Doméstico, observadas as disposições do art. 21 desta Lei.

§ 1º O ato conjunto a que se refere o *caput* deverá dispor também sobre o sistema eletrônico de registro das obrigações trabalhistas, previdenciárias e fiscais e sobre o cálculo e o recolhimento dos tributos e encargos trabalhistas vinculados ao Simples Doméstico.

§ 2º As informações prestadas no sistema eletrônico de que trata o § 1º:

I – têm caráter declaratório, constituindo instrumento hábil e suficiente para a exigência dos tributos e encargos trabalhistas delas resultantes e que não tenham sido recolhidos no prazo consignado para pagamento; e

II – deverão ser fornecidas até o vencimento do prazo para pagamento dos tributos e encargos trabalhistas devidos no Simples Doméstico em cada mês, relativamente aos fatos geradores ocorridos no mês anterior.

§ 3º O sistema eletrônico de que trata o § 1º deste artigo e o sistema de que trata o *caput* do art. 32 substituirão, na forma regulamentada pelo ato conjunto previsto no *caput*, a obrigatoriedade de entrega de todas as informações, formulários e declarações a que estão sujeitos os empregadores domésticos, inclusive os relativos ao recolhimento do FGTS.

Art. 34. O Simples Doméstico assegurará o recolhimento mensal, mediante documento único de arrecadação, dos seguintes valores:

I – 8% (oito por cento) a 11% (onze por cento) de contribuição previdenciária, a cargo do segurado empregado doméstico, nos termos do art. 20 da Lei nº 8.212, de 24 de julho de 1991;

II – 8% (oito por cento) de contribuição patronal previdenciária para a seguridade social, a cargo do empregador doméstico, nos termos do art. 24 da Lei nº 8.212, de 24 de julho de 1991;

III – 0,8% (oito décimos por cento) de contribuição social para financiamento do seguro contra acidentes do trabalho;

IV – 8% (oito por cento) de recolhimento para o FGTS;

V – 3,2% (três inteiros e dois décimos por cento), na forma do art. 22 desta Lei; e

VI – imposto sobre a renda retido na fonte de que trata o inciso I do art. 7º da Lei nº 7.713, de 22 de dezembro de 1988, se incidente.

§ 1º As contribuições, os depósitos e o imposto arrolados nos incisos I a VI incidem sobre a remuneração paga ou devida no mês anterior, a cada empregado, incluída na remuneração a gratificação de Natal a que se refere a Lei nº 4.090, de 13 de julho de 1962, e a Lei nº 4.749, de 12 de agosto de 1965.

§ 2º A contribuição e o imposto previstos nos incisos I e VI do *caput* deste artigo serão descontados da remuneração do empregado pelo empregador, que é responsável por seu recolhimento.

§ 3º O produto da arrecadação das contribuições, dos depósitos e do imposto de que trata o *caput* será centralizado na Caixa Econômica Federal.

§ 4º A Caixa Econômica Federal, com base nos elementos identificadores do recolhimento, disponíveis no sistema de que trata o § 1º do art. 33, transferirá para a Conta Única do Tesouro Nacional o valor arrecadado das contribuições e do imposto previstos nos incisos I, II, III e VI do *caput*.

§ 5º O recolhimento de que trata o *caput* será efetuado em instituições financeiras integrantes da rede arrecadadora de receitas federais.

§ 6º O empregador fornecerá, mensalmente, ao empregado doméstico cópia do documento previsto no *caput*.

§ 7º O recolhimento mensal, mediante documento único de arrecadação, e a exigência das contribuições, dos depósitos e do imposto, nos valores definidos nos incisos I a VI do *caput*, somente serão devidos após 120 (cento e vinte) dias da data de publicação desta Lei.

Art. 35. O empregador doméstico é obrigado a pagar a remuneração devida ao empregado doméstico e a arrecadar e a recolher a contribuição prevista no inciso I do art. 34, assim como a arrecadar e a recolher as contribuições, os depósitos e o imposto a seu cargo discriminados nos incisos II, III, IV,

LEG. COMPLEMENTAR

V e VI do *caput* do art. 34, até o dia 7 do mês seguinte ao da competência.

§ 1º Os valores previstos nos incisos I, II, III e VI do *caput* do art. 34 não recolhidos até a data de vencimento sujeitar-se-ão à incidência de encargos legais na forma prevista na legislação do imposto sobre a renda.

§ 2º Os valores previstos nos incisos IV e V, referentes ao FGTS, não recolhidos até a data de vencimento serão corrigidos e terão a incidência da respectiva multa, conforme a Lei nº 8.036, de 11 de maio de 1990.

....

CAPÍTULO IV

DO PROGRAMA DE RECUPERAÇÃO PREVIDENCIÁRIA DOS EMPREGADORES DOMÉSTICOS (REDOM)

Art. 39. É instituído o Programa de Recuperação Previdenciária dos Empregadores Domésticos (REDOM), nos termos desta Lei.

Art. 40. Será concedido ao empregador doméstico o parcelamento dos débitos com o Instituto Nacional do Seguro Social (INSS) relativos à contribuição de que tratam os arts. 20 e 24 da Lei nº 8.212, de 24 de julho de 1991, com vencimento até 30 de abril de 2013.

§ 1º O parcelamento abrangerá todos os débitos existentes em nome do empregado e do empregador, na condição de contribuinte, inclusive débitos inscritos em dívida ativa, que poderão ser:

I – pagos com redução de 100% (cem por cento) das multas aplicáveis, de 60% (sessenta por cento) dos juros de mora e de 100% (cem por cento) sobre os valores dos encargos legais e advocatícios;

II – parcelados em até 120 (cento e vinte) vezes, com prestação mínima no valor de R$ 100,00 (cem reais).

§ 2º O parcelamento deverá ser requerido no prazo de 120 (cento e vinte) dias após a entrada em vigor desta Lei.

§ 3º A manutenção injustificada em aberto de 3 (três) parcelas implicará, após comunicação ao sujeito passivo, a imediata rescisão do parcelamento e, conforme o caso, o prosseguimento da cobrança.

§ 4º Na hipótese de rescisão do parcelamento com o cancelamento dos benefícios concedidos:

I – será efetuada a apuração do valor original do débito, com a incidência dos acréscimos legais, até a data de rescisão;

II – serão deduzidas do valor referido no inciso I deste parágrafo as parcelas pagas, com a incidência dos acréscimos legais, até a data de rescisão.

Art. 41. A opção pelo REDOM sujeita o contribuinte a:

I – confissão irrevogável e irretratável dos débitos referidos no art. 40;

II – aceitação plena e irretratável de todas as condições estabelecidas;

III – pagamento regular das parcelas do débito consolidado, assim como das contribuições com vencimento posterior a 30 de abril de 2013.

CAPÍTULO V

DISPOSIÇÕES GERAIS

Art. 42. É de responsabilidade do empregador o arquivamento de documentos comprobatórios do cumprimento das obrigações fiscais, trabalhistas e previdenciárias, enquanto essas não prescreverem.

Art. 43. O direito de ação quanto a créditos resultantes das relações de trabalho prescreve em 5 (cinco) anos até o limite de 2 (dois) anos após a extinção do contrato de trabalho.

....

Art. 45. As matérias tratadas nesta Lei Complementar que não sejam reservadas constitucionalmente a lei complementar poderão ser objeto de alteração por lei ordinária.

Art. 46. Revogam-se o inciso I do art. 3º da Lei nº 8.009, de 29 de março de 1990, e a Lei nº 5.859, de 11 de dezembro de 1972.

Art. 47. Esta Lei entra em vigor na data de sua publicação.

Brasília, 1º de junho de 2015;
194º da Independência e
127º da República.

Dilma Rousseff

LEI COMPLEMENTAR Nº 151, DE 5 DE AGOSTO DE 2015

Altera a Lei Complementar nº 148, de 25 de novembro de 2014; revoga as Leis nºs 10.819, de 16 de dezembro de 2003, e 11.429, de 26 de dezembro de 2006; e dá outras providências.

- Publicada no *DOU* de 6-8-2015, republicada no *DOU* de 26-11-2015.

Art. 1º A Lei Complementar nº 148, de 25 de novembro de 2014, passa a vigorar com as seguintes alterações:

"Art. 2º A União adotará, nos contratos de refinanciamento de dívidas celebradas entre a União, os Estados, o Distrito Federal e os Municípios, com base, respectivamente, na Lei nº 9.496, de 11 de setembro de 1997, e na Medida Provisória nº 2.185-35, de 24 de agosto de 2001, e nos contratos de empréstimos firmados com os Estados e o Distrito Federal ao amparo da Medida Provisória nº 2.192-70, de 24 de agosto de 2001, as seguintes condições, aplicadas a partir de 1º de janeiro de 2013:

...."

"Art. 3º A União concederá descontos sobre os saldos devedores dos contratos referidos no art. 2º, em valor correspondente à diferença entre o montante do saldo devedor existente em

1º de janeiro de 2013 e aquele apurado utilizando-se a variação acumulada da taxa SELIC desde a assinatura dos respectivos contratos, observadas todas as ocorrências que impactaram o saldo devedor no período."

"Art. 4º ....

Parágrafo único. A União terá até 31 de janeiro de 2016 para promover os aditivos contratuais, independentemente de regulamentação, após o que o devedor poderá recolher, a título de pagamento à União, o montante devido, com a aplicação da Lei, ficando a União obrigada a ressarcir ao devedor os valores eventualmente pagos a maior."

Art. 2º Os depósitos judiciais e administrativos em dinheiro referentes a processos judiciais ou administrativos, tributários ou não tributários, nos quais o Estado, o Distrito Federal ou os Municípios sejam parte, deverão ser efetuados em instituição financeira oficial federal, estadual ou distrital.

Art. 3º A instituição financeira oficial transferirá para a conta única do Tesouro do Estado, do Distrito Federal ou do Município 70% (setenta por cento) do valor atualizado dos depósitos referentes aos processos judiciais e administrativos de que trata o art. 2º, bem como os respectivos acessórios.

§ 1º Para implantação do disposto no *caput* deste artigo, deverá ser instituído fundo de reserva destinado a garantir a restituição da parcela transferida ao Tesouro, observados os demais termos desta Lei Complementar.

§ 2º A instituição financeira oficial tratará de forma segregada os depósitos judiciais e os depósitos administrativos.

§ 3º O montante dos depósitos judiciais e administrativos não repassado ao Tesouro constituirá o fundo de reserva referido no § 1º deste artigo, cujo saldo não poderá ser inferior a 30% (trinta por cento) do total dos depósitos de que trata o art. 2º desta Lei Complementar, acrescidos da remuneração que lhes foi atribuída.

§ 4º VETADO.

§ 5º Os valores recolhidos ao fundo de reserva terão remuneração equivalente à taxa referencial do Sistema Especial de Liquidação e de Custódia – SELIC para títulos federais.

§ 6º Compete à instituição financeira gestora do fundo de reserva de que trata este artigo manter escrituração individualizada para cada depósito efetuado na forma do art. 2º, discriminando:

I – o valor total do depósito, acrescido da remuneração que lhe foi originalmente atribuída; e

II – o valor da parcela do depósito mantido na instituição financeira, nos termos do § 3º deste artigo, a remuneração que lhe foi originalmente atribuída e os rendimentos decorrentes do disposto no § 5º deste artigo.

Art. 4º A habilitação do ente federado ao recebimento das transferências referidas no art. 3º é condicionada à apresentação ao órgão jurisdicional responsável pelo julgamento dos litígios aos quais se refiram os depósitos de termo de compromisso firmado pelo chefe do Poder Executivo que preveja:

I – a manutenção do fundo de reserva na instituição financeira responsável pelo repasse das parcelas ao Tesouro, observado o disposto no § 3º do art. 3º desta Lei Complementar;

II – a destinação automática ao fundo de reserva do valor correspondente à parcela dos depósitos judiciais mantida na instituição financeira nos termos do § 3º do art. 3º, condição esta a ser observada a cada transferência recebida na forma do art. 3º desta Lei Complementar;

III – a autorização para a movimentação do fundo de reserva para os fins do disposto nos arts. 5º e 7º desta Lei Complementar; e

IV – a recomposição do fundo de reserva pelo ente federado, em até quarenta e oito horas, após comunicação da instituição financeira, sempre que o seu saldo estiver abaixo dos limites estabelecidos no § 3º do art. 3º desta Lei Complementar.

Art. 5º A constituição do fundo de reserva e a transferência da parcela dos depósitos judiciais e administrativos acumulados até a data de publicação desta Lei Complementar, conforme dispõe o art. 3º, serão realizadas pela instituição financeira em até quinze dias após a apresentação de cópia do termo de compromisso de que trata o art. 4º.

§ 1º Para identificação dos depósitos, cabe ao ente federado manter atualizada na instituição financeira a relação de inscrições no Cadastro Nacional da Pessoa Jurídica – CNPJ dos órgãos que integram a sua administração pública direta e indireta.

§ 2º Realizada a transferência de que trata o *caput*, os repasses subsequentes serão efetuados em até dez dias após a data de cada depósito.

§ 3º Em caso de descumprimento dos prazos estabelecidos no *caput* e no § 2º deste artigo, a instituição financeira deverá transferir a parcela do depósito acrescida da taxa referencial do SELIC para títulos federais mais multa de 0,33% (trinta e três centésimos por cento) por dia de atraso.

Art. 6º São vedadas quaisquer exigências por parte do órgão jurisdicional ou da instituição financeira além daquelas estabelecidas nesta Lei Complementar.

Art. 7º Os recursos repassados na forma desta Lei Complementar ao Estado, ao Distrito Federal ou ao Município, ressalvados os destinados ao fundo de reserva de que trata o § 3º do art. 3º, serão aplicados, exclusivamente, no pagamento de:

I – precatórios judiciais de qualquer natureza;

II – dívida pública fundada, caso a lei orçamentária do ente federativo preveja dotações suficientes para o pagamento da totalidade dos precatórios judiciais exigíveis no exercício e não remanesçam precatórios não pagos referentes aos exercícios anteriores;

III – despesas de capital, caso a lei orçamentária do ente federativo preveja dotações suficientes para o pagamento da totalidade dos precatórios judiciais exigíveis no exercício, não remanesçam precatórios não pagos referentes aos exercícios anteriores e o ente federado não conte com compromissos classificados como dívida pública fundada;

IV – recomposição dos fluxos de pagamento e do equilíbrio atuarial dos fundos de previdência referentes aos regimes próprios de cada ente federado, nas mesmas hipóteses do inciso III.

Parágrafo único. Independentemente das prioridades de pagamento estabelecidas no *caput* deste artigo, poderá o Estado, o Distrito Federal ou o Município utilizar até 10% (dez por cento) da parcela que lhe for transferida nos termos do *caput* do art. 3º para constituição de Fundo Garantidor de PPPs ou de outros mecanismos de garantia previstos em lei, dedicados exclusivamente a investimentos de infraestrutura.

Art. 8º Encerrado o processo litigioso com ganho de causa para o depositante, mediante ordem judicial ou administrativa, o valor do depósito efetuado nos termos desta Lei Complementar acrescido da remuneração que lhe foi originalmente atribuída será colocado à disposição do depositante pela instituição financeira responsável, no prazo de 3 (três) dias úteis, observada a seguinte composição:

I – a parcela que foi mantida na instituição financeira nos termos do § 3º do art. 3º acrescida da remuneração que lhe foi originalmente atribuída será de responsabilidade direta e imediata da instituição depositária; e

II – a diferença entre o valor referido no inciso I e o total devido ao depositante nos termos do *caput* será debitada do saldo existente no fundo de reserva de que trata o § 3º do art. 3º.

§ 1º Na hipótese de o saldo do fundo de reserva após o débito referido no inciso II ser inferior ao valor mínimo estabelecido no § 3º do art. 3º, o ente federado será notificado para recompô-lo na forma do inciso IV do art. 4º.

§ 2º Na hipótese de insuficiência de saldo no fundo de reserva para o débito do montante devido nos termos do inciso II, a instituição financeira restituirá ao depositante o valor disponível no fundo acrescido do valor referido no inciso I.

§ 3º Na hipótese referida no § 2º deste artigo, a instituição financeira notificará a autoridade expedidora da ordem de liberação do depósito, informando a composição detalhada dos valores liberados, sua atualização monetária, a parcela efetivamente disponibilizada em favor do depositante e o saldo a ser pago depois de efetuada a recomposição prevista no § 1º deste artigo.

Art. 9º Nos casos em que o ente federado não recompuser o fundo de reserva até o saldo mínimo referido no § 3º do art. 3º, será suspenso o repasse das parcelas referentes a novos depósitos até a regularização do saldo.

Parágrafo único. Sem prejuízo do disposto no *caput*, na hipótese de descumprimento por três vezes da obrigação referida no inciso IV do art. 4º, será o ente federado excluído da sistemática de que trata esta Lei Complementar.

Art. 10. Encerrado o processo litigioso com ganho de causa para o ente federado, ser-lhe-á transferida a parcela do depósito mantida na instituição financeira nos termos do § 3º do art. 3º acrescida da remuneração que lhe foi originalmente atribuída.

§ 1º O saque da parcela de que trata o *caput* deste artigo somente poderá ser realizado até o limite máximo do qual não resulte saldo inferior ao mínimo exigido no § 3º do art. 3º.

§ 2º Na situação prevista no *caput*, serão transformados em pagamento definitivo, total ou parcial, proporcionalmente à exigência tributária ou não tributária, conforme o caso, inclusive seus acessórios, os valores depositados na forma do *caput* do art. 2º acrescidos da remuneração que lhes foi originalmente atribuída.

Art. 11. O Poder Executivo de cada ente federado estabelecerá regras de procedimentos, inclusive orçamentários, para a execução do disposto nesta Lei Complementar.

Art. 12. Esta Lei Complementar entra em vigor na data de sua publicação.

Art. 13. Ficam revogadas as Leis nº 10.819, de 16 de dezembro de 2003, e 11.429, de 26 de dezembro de 2006.

Brasília, 5 de agosto de 2015;
194º da Independência e
127º da República.
Dilma Rousseff

DECRETO Nº 8.533, DE 30 DE SETEMBRO DE 2015

Regulamenta o disposto no art. 9º-A da Lei nº 10.925, de 23 de julho de 2004, que dispõe sobre o crédito presumido da Contribuição para os Programas de Integração Social e de Formação do Patrimônio do Servidor Público – PIS/PASEP e da Contribuição para o Financiamento da Seguridade Social – COFINS relativo à aquisição de leite in natura, *e institui o Programa Mais Leite Saudável.*

- Publicado no *DOU* de 1º-10-2015.

Art. 1º Fica instituído o Programa Mais Leite Saudável, que objetiva incentivar a realização de investimentos destinados a auxiliar produtores rurais de leite no desenvolvimento da qualidade e da produtividade de sua atividade, conforme estabelecido neste Decreto.

CAPÍTULO I
DOS BENEFÍCIOS DO PROGRAMA MAIS LEITE SAUDÁVEL

Art. 2º O Programa Mais Leite Saudável permite à pessoa jurídica beneficiária a apuração de créditos presumidos da Contribuição para os Programas de Integração Social e de Formação do Patrimônio do Servidor Público – PIS/PASEP e da Contribuição para o Financiamento da Seguridade Social – COFINS na forma prevista no inciso I do parágrafo único do art. 4º e sua utilização na forma prevista no art. 6º.

Art. 3º É beneficiária do Programa Mais Leite Saudável a pessoa jurídica que tenha projeto aprovado para realização dos investimentos a que se refere o art. 1º e que seja habilitada na forma prevista no Capítulo V.

Seção I
DA APURAÇÃO DE CRÉDITOS PRESUMIDOS DA CONTRIBUIÇÃO PARA O PIS/PASEP E DA COFINS EM RELAÇÃO À AQUISIÇÃO DE LEITE IN NATURA

Art. 4º A pessoa jurídica, inclusive cooperativa, poderá descontar créditos presumidos da Contribuição para o PIS/PASEP e da COFINS em relação à aquisição de leite in natura utilizado como insumo, conforme disposto no inciso II do *caput* do art. 3º da Lei nº 10.637, de 30 de dezembro de 2002, e no inciso II do *caput* do art. 3º da Lei nº 10.833, de 29 de dezembro de 2003, na produção de produtos destinados à alimentação humana ou animal classificados nos códigos da Nomenclatura Comum do MERCOSUL – NCM mencionados no *caput* do art. 8º da Lei nº 10.925, de 23 de julho de 2004.

Parágrafo único. Os créditos presumidos de que trata o *caput* serão apurados mediante aplicação dos seguintes percentuais das alíquotas da Contribuição para o PIS/PASEP e da COFINS, respectivamente:

I – cinquenta por cento da alíquota prevista no *caput* do art. 2º da Lei nº 10.637, de 2002, e da alíquota prevista no *caput* do art. 2º da Lei nº 10.833, de 2003, para o leite in natura adquirido por pessoa jurídica, inclusive cooperativa, regularmente habilitada, provisória ou definitivamente, no Programa Mais Leite Saudável;

II – vinte por cento da alíquota prevista no *caput* do art. 2º da Lei nº 10.637, de 2002, e da alíquota prevista no *caput* do art. 2º da Lei nº 10.833, de 2003, para o leite *in natura* adquirido por pessoa jurídica, inclusive cooperativa, não habilitada no Programa Mais Leite Saudável.

Seção II
DA UTILIZAÇÃO DOS CRÉDITOS PRESUMIDOS

Art. 5º Os créditos presumidos apurados na forma prevista no art. 4º poderão ser utilizados para desconto da Contribuição para o PIS/PASEP e da COFINS devidas em cada período de apuração.

Parágrafo único. O crédito presumido não aproveitado em determinado mês poderá ser aproveitado nos meses subsequentes.

Art. 6º Os créditos presumidos apurados na forma prevista no inciso I do parágrafo único do art. 4º poderão ser utilizados para:

I – compensação com débitos próprios, vencidos ou vincendos, relativos a tributos administrados pela Secretaria da Receita Federal do Brasil – RFB, observada a legislação aplicável à matéria; ou

II – ressarcimento em dinheiro, observada a legislação aplicável à matéria.

CAPÍTULO II
DOS REQUISITOS PARA HABILITAÇÃO NO PROGRAMA MAIS LEITE SAUDÁVEL

Art. 7º São requisitos para habilitação no Programa Mais Leite Saudável e para fruição de seus benefícios:

I – a aprovação de projeto elegível ao Programa Mais Leite Saudável pelo Ministério da Agricultura, Pecuária e Abastecimento;

II – a realização, pela pessoa jurídica interessada, de investimentos no projeto aprovado no âmbito do Programa Mais Leite Saudável, na forma prevista nos arts. 12 a 16;

III – a regular execução do projeto aprovado no âmbito do Programa Mais Leite Saudável, nos termos estabelecidos pela pessoa jurídica interessada e aprovados pelo Ministério da Agricultura, Pecuária e Abastecimento;

IV – o cumprimento das obrigações acessórias estabelecidas pelo Ministério da Agricultura, Pecuária e Abastecimento ou pela RFB para viabilizar a fiscalização da regularidade da execução do projeto aprovado no âmbito do Programa; e

V – a regularidade fiscal da pessoa jurídica em relação aos tributos administrados pela RFB.

CAPÍTULO III

DOS PROJETOS ELEGÍVEIS AO PROGRAMA MAIS LEITE SAUDÁVEL

Art. 8º Podem ser aprovados no âmbito do Programa Mais Leite Saudável projetos de realização de investimentos destinados a auxiliar produtores rurais de leite no desenvolvimento da qualidade e da produtividade de sua atividade que atendam aos requisitos estabelecidos neste Decreto.

Art. 9º Os projetos deverão ter duração máxima de trinta e seis meses.

Art. 10. Somente serão aprovados pelo Ministério da Agricultura, Pecuária e Abastecimento os projetos apresentados por pessoa jurídica regularmente registrada como produtora de produtos de origem animal, conforme o disposto na Lei nº 1.283, de 18 de dezembro de 1950.

Art. 11. O Ministério da Agricultura, Pecuária e Abastecimento publicará ato com a relação de projetos aprovados no âmbito do Programa Mais Leite Saudável, que apresentará, no mínimo, as seguintes informações:

I – o nome empresarial e o número de inscrição no Cadastro Nacional da Pessoa Jurídica – CNPJ do titular do projeto aprovado; e

II – a descrição do projeto.

Parágrafo único. Os autos do processo de análise do projeto ficarão arquivados e disponíveis no Ministério da Agricultura, Pecuária e Abastecimento, para consulta e fiscalização dos órgãos de controle.

CAPÍTULO IV

DO PROJETO DE INVESTIMENTOS

Art. 12. A pessoa jurídica deverá investir no projeto aprovado nos termos do art. 8º valor correspondente a, no mínimo, cinco por cento do somatório dos valores dos créditos presumidos de que trata o art. 6º efetivamente compensados com outros tributos ou ressarcidos em dinheiro no mesmo ano-calendário.

Art. 13. Para cálculo do montante a ser investido nos termos do art. 12, deverá ser considerado o valor total de créditos presumidos:

I – cuja compensação com outros tributos foi declarada à RFB no ano-calendário; ou

II – cujo ressarcimento em dinheiro foi efetuado pela RFB no ano-calendário.

Parágrafo único. Eventual glosa de valores pela RFB, quando da homologação da declaração de compensação não alterará o montante a ser investido nos termos do art. 12.

Art. 14. Os investimentos nos projetos de que trata o art. 12:

I – poderão ser realizados, total ou parcialmente, individual ou coletivamente, por meio de aporte de recursos em instituições que se dediquem a auxiliar os produtores de leite em sua atividade, sem prejuízo da responsabilidade da pessoa jurídica interessada pela efetiva execução do projeto aprovado no âmbito do Programa Mais Leite Saudável;

II – poderão ser realizados mediante o desenvolvimento, individual ou coletivamente, de atividades destinadas a auxiliar produtores rurais de leite no desenvolvimento da qualidade e da produtividade de sua atividade; e

III – não poderão abranger valores despendidos pela pessoa jurídica para cumprir requisito à fruição de qualquer outro benefício ou incentivo fiscal.

Art. 15. Para fins do disposto no art. 14, consideram-se atividades destinadas a auxiliar produtores rurais de leite no desenvolvimento da qualidade e da produtividade de sua atividade:

I – fornecimento de assistência técnica voltada prioritariamente para gestão da propriedade, implementação de boas práticas agropecuárias e capacitação de produtores rurais;

II – criação ou desenvolvimento de atividades que promovam o melhoramento genético dos rebanhos leiteiros; e

III – desenvolvimento de programas específicos para promoção da educação sanitária na pecuária.

Art. 16. A pessoa jurídica que, em determinado ano-calendário, não alcançar o valor de investimento necessário nos termos do art. 12 poderá, em complementação, investir no projeto aprovado o valor residual até o dia 30 de junho do ano-calendário subsequente.

Parágrafo único. Os valores investidos na forma prevista no *caput* não serão computados no valor do investimento de que trata o art. 12 apurado no ano-calendário em que foram investidos.

CAPÍTULO V

DA HABILITAÇÃO NO PROGRAMA MAIS LEITE SAUDÁVEL

Seção I

DA HABILITAÇÃO PROVISÓRIA

Art. 17. A pessoa jurídica poderá requerer ao Ministério da Agricultura, Pecuária e Abastecimento habilitação provisória no Programa Mais Leite Saudável.

Parágrafo único. O requerimento de habilitação de que trata o *caput* poderá ser apresentado em qualquer unidade do Ministério da Agricultura, Pecuária e Abastecimento.

Art. 18. São requisitos para a habilitação provisória da pessoa jurídica no Programa Mais Leite Saudável:

I – apresentação do projeto de investimentos de que trata o inciso I do *caput* do art. 7º; e

II – comprovação da regularidade fiscal da pessoa jurídica em relação aos tributos administrados pela RFB.

Art. 19. A habilitação provisória da pessoa jurídica no Programa Mais Leite Saudável ocorrerá automaticamente com a apresentação do requerimento ao Ministério da Agricultura, Pecuária e Abastecimento.

Art. 20. Verificada qualquer irregularidade relativa aos requisitos de que trata o art. 18, o Ministério da Agricultura, Pecuária e Abastecimento notificará a pessoa jurídica interessada para adequação no prazo de trinta dias, sob pena de indeferimento do projeto ou do requerimento de habilitação provisória.

Seção II

DA APROVAÇÃO DO PROJETO DE INVESTIMENTOS

Art. 21. O projeto de investimentos de que trata o inciso I do *caput* do art. 7º, apresentado quando do requerimento de habilitação provisória, será apreciado pelo Ministério da

LEG. COMPLEMENTAR

Agricultura, Pecuária e Abastecimento no prazo máximo de trinta dias.

§ 1º A aprovação do projeto de que trata o *caput* será formalizada por meio da publicação de ato no sítio eletrônico do Ministério da Agricultura, Pecuária e Abastecimento e no *Diário Oficial da União*.

§ 2º O indeferimento do projeto de que trata o *caput* será comunicado pelo Ministério da Agricultura, Pecuária e Abastecimento à RFB e produzirá os mesmos efeitos do indeferimento da habilitação definitiva da pessoa jurídica no Programa Mais Leite Saudável, conforme disposto no art. 25.

Seção III

DA HABILITAÇÃO DEFINITIVA

Art. 22. A habilitação definitiva da pessoa jurídica no Programa Mais Leite Saudável deverá ser requerida pela pessoa jurídica à RFB no prazo de trinta dias, contado da data de publicação do ato de aprovação do projeto de investimentos de que trata o § 1º do art. 21.

Parágrafo único. A não apresentação do requerimento de habilitação definitiva da pessoa jurídica ao Programa Mais Leite Saudável no prazo de que trata o *caput* produzirá os mesmos efeitos do indeferimento da habilitação definitiva da pessoa jurídica no Programa Mais Leite Saudável, conforme disposto no art. 25.

Art. 23. A habilitação definitiva será formalizada por meio de ato da RFB, publicado no *Diário Oficial da União*.

Seção IV

DOS EFEITOS DO DEFERIMENTO E DO INDEFERIMENTO DO REQUERIMENTO DE HABILITAÇÃO DEFINITIVA

Art. 24. No caso de deferimento do requerimento de habilitação definitiva da pessoa jurídica no Programa Mais Leite Saudável, cessará a vigência da habilitação provisória e serão convalidados seus efeitos.

Art. 25. Na hipótese de indeferimento do requerimento de habilitação definitiva da pessoa jurídica no Programa Mais Leite Saudável, a habilitação provisória perderá seus efeitos retroativamente à data de sua concessão, e a pessoa jurídica deverá:

I – apurar, na forma prevista no inciso II do parágrafo único do art. 4º, os créditos presumidos relativos às operações ocorridas na vigência da habilitação provisória, observado o disposto nos incisos II e III deste artigo;

II – caso tenha utilizado os créditos presumidos apurados na vigência da habilitação provisória na forma prevista no inciso I do parágrafo único do art. 4º para desconto da Contribuição para o PIS/PASEP e da COFINS devidas, para compensação com outros tributos ou para ressarcimento em dinheiro, recolher, no prazo de trinta dias do indeferimento, o valor utilizado indevidamente, acrescido de juros de mora; e

III – caso não tenha utilizado, nas formas citadas no inciso II deste artigo, os créditos presumidos apurados na vigência da habilitação provisória na forma prevista no inciso I do parágrafo único do art. 4º, estornar o montante de créditos presumidos apurados indevidamente do saldo acumulado.

Art. 26. A desistência do requerimento de habilitação definitiva no Programa Mais Leite Saudável por parte da pessoa jurídica interessada, antes da decisão de deferimento ou indeferimento, produzirá os mesmos efeitos do indeferimento da habilitação definitiva da pessoa jurídica no Programa, conforme disposto no art. 25.

Seção V

DO CANCELAMENTO DA HABILITAÇÃO DE PESSOA JURÍDICA NO PROGRAMA MAIS LEITE SAUDÁVEL

Art. 27. A pessoa jurídica terá sua habilitação definitiva no Programa Mais Leite Saudável cancelada de ofício caso descumpra os requisitos para habilitação ao Programa e para fruição dos benefícios estabelecidos no art. 7º.

Parágrafo único. No caso de cancelamento de ofício da habilitação definitiva no Programa Mais Leite Saudável, a pessoa jurídica:

I – deverá apurar, na forma prevista no inciso II do parágrafo único do art. 4º, os créditos presumidos relativos às operações ocorridas na vigência das habilitações provisória e definitiva, observado o disposto nos incisos II e III deste artigo;

II – caso tenha utilizado os créditos presumidos apurados na vigência das habilitações provisória e definitiva na forma prevista no inciso I do parágrafo único do art. 4º para desconto da Contribuição para o PIS/PASEP e da COFINS devidas, para compensação com outros tributos ou para ressarcimento em dinheiro, deverá recolher, no prazo de trinta dias do indeferimento, o valor utilizado indevidamente, acrescido de juros de mora;

III – caso não tenha utilizado, nas formas citadas no inciso II deste artigo, os créditos presumidos apurados na vigência da habilitação provisória na forma prevista no inciso I do parágrafo único do art. 4º, deverá estornar o montante de créditos presumidos apurados indevidamente do saldo acumulado; e

IV – não poderá ser habilitada, provisória ou definitivamente, novamente no prazo de dois anos, contado da data de publicação do ato de que trata o art. 28.

Art. 28. O cancelamento de ofício da habilitação definitiva da pessoa jurídica ao Programa Mais Leite Saudável será formalizado por meio de ato da RFB, publicado no *Diário Oficial da União*.

Art. 29. A pessoa jurídica terá sua habilitação definitiva no Programa Mais Leite Saudável cancelada automaticamente na data de protocolização do relatório de conclusão do projeto de que trata o inciso II do *caput* do art. 31, independentemente da publicação de ato pela RFB.

CAPÍTULO VI

DA FISCALIZAÇÃO DA EXECUÇÃO DOS PROJETOS APROVADOS NO PROGRAMA MAIS LEITE SAUDÁVEL

Art. 30. A execução dos projetos aprovados no Programa Mais Leite Saudável será acompanhada pelo Ministério da Agricultura, Pecuária e Abastecimento.

Art. 31. A pessoa jurídica beneficiária do Programa Mais Leite Saudável deverá:

I – encaminhar ao Ministério da Agricultura, Pecuária e Abastecimento relatório anual de execução do projeto aprovado no Programa Mais Leite Saudável;

II – encaminhar ao Ministério da Agricultura, Pecuária e Abastecimento, ao final da execução do projeto aprovado no Programa Mais Leite Saudável, relatório de conclusão do projeto;

III – manter registros auditáveis que evidenciem a execução das metas estabelecidas no projeto aprovado no Programa Mais Leite Saudável;

IV – arquivar toda documentação referente a cada ano de execução do projeto aprovado no Programa Mais Leite Saudável pelo período de cinco anos, contado da data de protocolização do relatório de conclusão do projeto de que trata o inciso II.

Art. 32. O Ministério da Agricultura, Pecuária e Abastecimento comunicará à RFB as ocorrências e irregularidades verificadas na execução dos projetos aprovados no Programa Mais Leite Saudável consideradas relevantes, especialmente aquelas de que tratam o § 2º do art. 21 e o *caput* do art. 27.

CAPÍTULO VII

DO SALDO DE CRÉDITO PRESUMIDO ACUMULADO

Art. 33. A pessoa jurídica poderá utilizar o saldo de créditos presumidos apurados na forma prevista no art. 8º da Lei nº 10.925, de 2004, em relação a custos, despesas e encargos vinculados à produção e à comercialização de leite e de seus derivados classificados nos códigos da NCM mencionados no *caput* do art. 8º da Lei nº 10.925, de 2004, acumulado até o dia anterior à publicação deste Decreto para:

I – compensação com débitos próprios, vencidos ou vincendos, relativos a tributos administrados pela RFB, observada a legislação aplicável à matéria; ou

II – ressarcimento em dinheiro, observada a legislação aplicável à matéria.

§ 1º A declaração de compensação ou o pedido de ressarcimento do saldo de créditos de que trata o *caput* somente poderá ser efetuado:

I – relativamente aos créditos apurados no ano-calendário de 2010, a partir da data de publicação deste Decreto;

II – relativamente aos créditos apurados no ano-calendário de 2011, a partir de 1º de janeiro de 2016;

III – relativamente aos créditos apurados no ano-calendário de 2012, a partir de 1º de janeiro de 2017;

IV – relativamente aos créditos apurados no ano-calendário de 2013, a partir de 1º de janeiro de 2018; e

V – relativamente aos créditos apurados no período compreendido entre 1º de janeiro de 2014 e o dia anterior à data de publicação deste Decreto, a partir de 1º de janeiro de 2019.

§ 2º A aplicação do disposto neste artigo independe de habilitação da pessoa jurídica no Programa Mais Leite Saudável.

CAPÍTULO VIII

DISPOSIÇÕES FINAIS

Art. 34. A Secretaria da Receita Federal do Brasil e o Ministério da Agricultura, Pecuária e Abastecimento disciplinarão, no âmbito de suas competências, a aplicação das disposições previstas neste Decreto.

Art. 35. Este Decreto entra em vigor na data de sua publicação.

Brasília, 30 de setembro de 2015;
194º da Independência e
127º da República.

Dilma Rousseff

CÓDIGO DE ÉTICA E DISCIPLINA DA ORDEM DOS ADVOGADOS DO BRASIL – OAB

- Publicado no *DOU* de 4-11-2015.
- Aprovado pela Res. nº 2 do Conselho Pleno do CFOAB, de 19-10-2015.

TÍTULO I – DA ÉTICA DO ADVOGADO

CAPÍTULO I

DOS PRINCÍPIOS FUNDAMENTAIS

Art. 1º O exercício da advocacia exige conduta compatível com os preceitos deste Código, do Estatuto, do Regulamento Geral, dos Provimentos e com os princípios da moral individual, social e profissional.

Art. 2º O advogado, indispensável à administração da Justiça, é defensor do Estado Democrático de Direito, dos direitos humanos e garantias fundamentais, da cidadania, da moralidade, da Justiça e da paz social, cumprindo-lhe exercer o seu ministério em consonância com a sua elevada função pública e com os valores que lhe são inerentes.

Parágrafo único. São deveres do advogado:

I – preservar, em sua conduta, a honra, a nobreza e a dignidade da profissão, zelando pelo caráter de essencialidade e indispensabilidade da advocacia;

II – atuar com destemor, independência, honestidade, decoro, veracidade, lealdade, dignidade e boa-fé;

III – velar por sua reputação pessoal e profissional;

IV – empenhar-se, permanentemente, no aperfeiçoamento pessoal e profissional;

V – contribuir para o aprimoramento das instituições, do Direito e das leis;

VI – estimular, a qualquer tempo, a conciliação e a mediação entre os litigantes, prevenindo, sempre que possível, a instauração de litígios;

VII – desaconselhar lides temerárias, a partir de um juízo preliminar de viabilidade jurídica;

VIII – abster-se de:

a) utilizar de influência indevida, em seu benefício ou do cliente;

b) vincular seu nome ou nome social a empreendimentos sabidamente escusos;

- Alínea *b* com a redação dada pela Res. nº 7 do Conselho Pleno do CFOAB, de 7-6-2016.

c) emprestar concurso aos que atentem contra a ética, a moral, a honestidade e a dignidade da pessoa humana;

d) entender-se diretamente com a parte adversa que tenha patrono constituído, sem o assentimento deste;

e) ingressar ou atuar em pleitos administrativos ou judiciais perante autoridades com as quais tenha vínculos negociais ou familiares;

f) contratar honorários advocatícios em valores aviltantes.

IX – pugnar pela solução dos problemas da cidadania e pela efetivação dos direitos individuais, coletivos e difusos;

X – adotar conduta consentânea com o papel de elemento indispensável à administração da Justiça;

XI – cumprir os encargos assumidos no âmbito da Ordem dos Advogados do Brasil ou na representação da classe;

XII – zelar pelos valores institucionais da OAB e da advocacia;

XIII – ater-se, quando no exercício da função de defensor público, à defesa dos necessitados.

Art. 3º O advogado deve ter consciência de que o Direito é um meio de mitigar as desigualdades para o encontro de soluções justas e que a lei é um instrumento para garantir a igualdade de todos.

Art. 4º O advogado, ainda que vinculado ao cliente ou constituinte, mediante relação empregatícia ou por contrato de prestação permanente de serviços, ou como integrante de departamento jurídico, ou de órgão de assessoria jurídica, público ou privado, deve zelar pela sua liberdade e independência.

Parágrafo único. É legítima a recusa, pelo advogado, do patrocínio de causa e de manifestação, no âmbito consultivo, de pretensão concernente a direito que também lhe seja aplicável ou contrarie orientação que tenha manifestado anteriormente.

Art. 5º O exercício da advocacia é incompatível com qualquer procedimento de mercantilização.

Art. 6º É defeso ao advogado expor os fatos em Juízo ou na via administrativa falseando deliberadamente a verdade e utilizando de má-fé.

Art. 7º É vedado o oferecimento de serviços profissionais que implique, direta ou indiretamente, angariar ou captar clientela.

CAPÍTULO II
DA ADVOCACIA PÚBLICA

Art. 8º As disposições deste Código obrigam igualmente os órgãos de advocacia pública, e advogados públicos, incluindo aqueles que ocupem posição de chefia e direção jurídica.

§ 1º O advogado público exercerá suas funções com independência técnica, contribuindo para a solução ou redução de litigiosidade, sempre que possível.

§ 2º O advogado público, inclusive o que exerce cargo de chefia ou direção jurídica, observará nas relações com os colegas, autoridades, servidores e o público em geral, o dever de urbanidade, tratando a todos com respeito e consideração, ao mesmo tempo em que preservará suas prerrogativas e o direito de receber igual tratamento das pessoas com as quais se relacione.

CAPÍTULO III
DAS RELAÇÕES COM O CLIENTE

Art. 9º O advogado deve informar o cliente, de modo claro e inequívoco, quanto a eventuais riscos da sua pretensão, e das consequências que poderão advir da demanda. Deve, igualmente, denunciar, desde logo, a quem lhe solicite parecer ou patrocínio, qualquer circunstância que possa influir na resolução de submeter-lhe a consulta ou confiar-lhe a causa.

Art. 10. As relações entre advogado e cliente baseiam-se na confiança recíproca. Sentindo o advogado que essa confiança lhe falta, é recomendável que externe ao cliente sua impressão e, não se dissipando as dúvidas existentes, promova, em seguida, o substabelecimento do mandato ou a ele renuncie.

Art. 11. O advogado, no exercício do mandato, atua como patrono da parte, cumprindo-lhe, por isso, imprimir à causa orientação que lhe pareça mais adequada, sem se subordinar a intenções contrárias do cliente, mas, antes, procurando esclarecê-lo quanto à estratégia traçada.

Art. 12. A conclusão ou desistência da causa, tenha havido, ou não, extinção do mandato, obriga o advogado a devolver ao cliente bens, valores e documentos que lhe hajam sido confiados e ainda estejam em seu poder, bem como a prestar-lhe contas, pormenorizadamente, sem prejuízo de esclarecimentos complementares que se mostrem pertinentes e necessários.

Parágrafo único. A parcela dos honorários paga pelos serviços até então prestados não se inclui entre os valores a ser devolvidos.

Art. 13. Concluída a causa ou arquivado o processo, presume-se cumprido e extinto o mandato.

Art. 14. O advogado não deve aceitar procuração de quem já tenha patrono constituído, sem prévio conhecimento deste, salvo por motivo plenamente justificável ou para adoção de medidas judiciais urgentes e inadiáveis.

Art. 15. O advogado não deve deixar ao abandono ou ao desamparo as causas sob seu patrocínio, sendo recomendável que, em face de dificuldades insuperáveis ou inércia do cliente quanto a providências que lhe tenham sido solicitadas, renuncie ao mandato.

Art. 16. A renúncia ao patrocínio deve ser feita sem menção do motivo que a determinou, fazendo cessar a responsabilidade profissional pelo acompanhamento da causa, uma vez decorrido o prazo previsto em lei (EAOAB, art. 5º, § 3º).

§ 1º A renúncia ao mandato não exclui responsabilidade por danos eventualmente causados ao cliente ou a terceiros.

§ 2º O advogado não será responsabilizado por omissão do cliente quanto a documento ou informação que lhe devesse fornecer para a prática oportuna de ato processual do seu interesse.

Art. 17. A revogação do mandato judicial por vontade do cliente não o desobriga do pagamento das verbas honorárias contratadas, assim como não retira o direito do advogado de receber o quanto lhe seja devido em eventual verba honorária de sucumbência, calculada proporcionalmente em face do serviço efetivamente prestado.

Art. 18. O mandato judicial ou extrajudicial não se extingue pelo decurso de tempo, salvo se o contrário for consignado no respectivo instrumento.

Art. 19. Os advogados integrantes da mesma sociedade profissional, ou reunidos em caráter permanente para cooperação recíproca, não podem representar, em juízo ou fora dele, clientes com interesses opostos.

Art. 20. Sobrevindo conflitos de interesse entre seus constituintes e não conseguindo o advogado harmonizá-los, caber-lhe-á optar, com prudência e discrição, por um dos mandatos, renunciando aos demais, resguardado sempre o sigilo profissional.

Art. 21. O advogado, ao postular em nome de terceiros, contra ex-cliente ou ex-empregador, judicial e extrajudicialmente, deve resguardar o sigilo profissional.

Art. 22. Ao advogado cumpre abster-se de patrocinar causa contrária à validade ou legitimidade de ato jurídico em cuja formação haja colaborado ou intervindo de qualquer maneira; da mesma forma, deve declinar seu impedimento ou o da sociedade que integre quando houver conflito de interesses motivado por intervenção anterior no trato de assunto que se prenda ao patrocínio solicitado.

Art. 23. É direito e dever do advogado assumir a defesa criminal, sem considerar sua própria opinião sobre a culpa do acusado.

Parágrafo único. Não há causa criminal indigna de defesa, cumprindo ao advogado agir, como defensor, no sentido de que a todos seja concedido tratamento condizente com a dignidade da pessoa humana, sob a égide das garantias constitucionais.

Art. 24. O advogado não se sujeita à imposição do cliente que pretenda ver com ele atuando outros advogados, nem fica na contingência de aceitar a indicação de outro profissional para com ele trabalhar no processo.

Art. 25. É defeso ao advogado funcionar no mesmo processo, simultaneamente, como patrono e preposto do empregador ou cliente.

Art. 26. O substabelecimento do mandato, com reserva de poderes, é ato pessoal do advogado da causa.

§ 1º O substabelecimento do mandato sem reserva de poderes exige o prévio e inequívoco conhecimento do cliente.

§ 2º O substabelecido com reserva de poderes deve ajustar antecipadamente seus honorários com o substabelecente.

CAPÍTULO IV

DAS RELAÇÕES COM OS COLEGAS, AGENTES POLÍTICOS, AUTORIDADES, SERVIDORES PÚBLICOS E TERCEIROS

Art. 27. O advogado observará, nas suas relações com os colegas de profissão, agentes políticos, autoridades, servidores públicos e terceiros em geral, o dever de urbanidade, tratando a todos com respeito e consideração, ao mesmo tempo em que preservará seus direitos e prerrogativas, devendo exigir igual tratamento de todos com quem se relacione.

§ 1º O dever de urbanidade há de ser observado, da mesma forma, nos atos e manifestações relacionados aos pleitos eleitorais no âmbito da Ordem dos Advogados do Brasil.

§ 2º No caso de ofensa à honra do advogado ou à imagem da instituição, adotar-se-ão as medidas cabíveis, instaurando-se processo ético-disciplinar e dando-se ciência às autoridades competentes para apuração de eventual ilícito penal.

Art. 28. Consideram-se imperativos de uma correta atuação profissional o emprego de linguagem escorreita e polida, bem como a observância da boa técnica jurídica.

Art. 29. O advogado que se valer do concurso de colegas na prestação de serviços advocatícios, seja em caráter individual, seja no âmbito de sociedade de advogados ou de empresa ou entidade em que trabalhe, dispensar-lhes-á tratamento condigno, que não os torne subalternos seus nem lhes avilte os serviços prestados mediante remuneração incompatível com a natureza do trabalho profissional ou inferior ao mínimo fixado pela Tabela de Honorários que for aplicável.

Parágrafo único. Quando o aviltamento de honorários for praticado por empresas ou entidades públicas ou privadas, os advogados responsáveis pelo respectivo departamento ou gerência jurídica serão instados a corrigir o abuso, inclusive intervindo junto aos demais órgãos competentes e com poder de decisão da pessoa jurídica de que se trate, sem prejuízo das providências que a Ordem dos Advogados do Brasil possa adotar com o mesmo objetivo.

CAPÍTULO V

DA ADVOCACIA *PRO BONO*

Art. 30. No exercício da advocacia *pro bono*, e ao atuar como defensor nomeado, conveniado ou dativo, o advogado empregará o zelo e a dedicação habituais, de forma que a parte por ele assistida se sinta amparada e confie no seu patrocínio.

§ 1º Considera-se advocacia *pro bono* a prestação gratuita, eventual e voluntária de serviços jurídicos em favor de instituições sociais sem fins econômicos e aos seus assistidos, sempre que os beneficiários não dispuserem de recursos para a contratação de profissional.

§ 2º A advocacia *pro bono* pode ser exercida em favor de pessoas naturais que, igualmente, não dispuserem de recursos para, sem prejuízo do próprio sustento, contratar advogado.

§ 3º A advocacia *pro bono* não pode ser utilizada para fins político-partidários ou eleitorais, nem beneficiar instituições que visem a tais objetivos, ou como instrumento de publicidade para captação de clientela.

CAPÍTULO VI

DO EXERCÍCIO DE CARGOS E FUNÇÕES NA OAB E NA REPRESENTAÇÃO DA CLASSE

Art. 31. O advogado, no exercício de cargos ou funções em órgãos da Ordem dos Advogados do Brasil ou na representação da classe junto a quaisquer instituições, órgãos ou comissões, públicos ou privados, manterá conduta consentânea com as disposições deste Código e que revele plena lealdade aos interesses, direitos e prerrogativas da classe dos advogados que representa.

Art. 32. Não poderá o advogado, enquanto exercer cargos ou funções em órgãos da OAB ou representar a classe junto a quaisquer instituições, órgãos ou comissões, públicos ou privados, firmar contrato oneroso de prestação de serviços ou fornecimento de produtos com tais entidades nem adquirir bens imóveis ou móveis infungíveis de quaisquer órgãos da OAB, ou a estes aliená-los.

- *Caput* com a redação dada pela Res. do CFOAB nº 4, de 7-6-2016.

Parágrafo único. Não há impedimento ao exercício remunerado de atividade de magistério na Escola Nacional de Advocacia – ENA, nas Escolas de Advocacia – ESAs e nas Bancas do Exame de Ordem, observados os princípios da moralidade e da modicidade dos valores estabelecidos a título de remuneração.

- Parágrafo único acrescido pela Res. do CFOAB nº 4, de 7-6-2016.

Art. 33. Salvo em causa própria, não poderá o advogado, enquanto exercer cargos ou funções em órgãos da OAB ou tiver assento, em qualquer condição, nos seus Conselhos, atuar em processos que tramitem perante a entidade nem oferecer pareceres destinados a instruí-los.

Parágrafo único. A vedação estabelecida neste artigo não se aplica aos dirigentes de Seccionais quando atuem, nessa qualidade, como legitimados a recorrer nos processos em trâmite perante os órgãos da OAB.

Art. 34. Ao submeter seu nome à apreciação do Conselho Federal ou dos Conselhos Seccionais com vistas à inclusão em listas destinadas ao provimento de vagas reservadas à classe nos tribunais, no Conselho Nacional de Justiça, no Conselho Nacional do Ministério Público e em outros colegiados, o candidato assumirá o compromisso de respeitar os direitos e prerrogativas do advogado, não praticar nepotismo nem agir em desacordo com a moralidade administrativa e com os princípios deste Código, no exercício de seu mister.

CAPÍTULO VII

DO SIGILO PROFISSIONAL

Art. 35. O advogado tem o dever de guardar sigilo dos fatos de que tome conhecimento no exercício da profissão.

Parágrafo único. O sigilo profissional abrange os fatos de que o advogado tenha tido conhecimento em virtude de funções desempenhadas na Ordem dos Advogados do Brasil.

Art. 36. O sigilo profissional é de ordem pública, independendo de solicitação de reserva que lhe seja feita pelo cliente.

§ 1º Presumem-se confidenciais as comunicações de qualquer natureza entre advogado e cliente.

§ 2º O advogado, quando no exercício das funções de mediador, conciliador e árbitro, se submete às regras de sigilo profissional.

Art. 37. O sigilo profissional cederá em face de circunstâncias excepcionais que configurem justa causa, como nos casos de grave ameaça ao direito à vida e à honra ou que envolvam defesa própria.

LEG. COMPLEMENTAR

Art. 38. O advogado não é obrigado a depor, em processo ou procedimento judicial, administrativo ou arbitral, sobre fatos a cujo respeito deva guardar sigilo profissional.

CAPÍTULO VIII
DA PUBLICIDADE PROFISSIONAL

Art. 39. A publicidade profissional do advogado tem caráter meramente informativo e deve primar pela discrição e sobriedade, não podendo configurar captação de clientela ou mercantilização da profissão.

Art. 40. Os meios utilizados para a publicidade profissional hão de ser compatíveis com a diretriz estabelecida no artigo anterior, sendo vedados:

I – a veiculação da publicidade por meio de rádio, cinema e televisão;

II – o uso de outdoors, painéis luminosos ou formas assemelhadas de publicidade;

III – as inscrições em muros, paredes, veículos, elevadores ou em qualquer espaço público;

IV – a divulgação de serviços de advocacia juntamente com a de outras atividades ou a indicação de vínculos entre uns e outras;

V – o fornecimento de dados de contato, como endereço e telefone, em colunas ou artigos literários, culturais, acadêmicos ou jurídicos, publicados na imprensa, bem assim quando de eventual participação em programas de rádio ou televisão, ou em veiculação de matérias pela internet, sendo permitida a referência a *e-mail*;

VI – a utilização de mala direta, a distribuição de panfletos ou formas assemelhadas de publicidade, com o intuito de captação de clientela.

Parágrafo único. Exclusivamente para fins de identificação dos escritórios de advocacia, é permitida a utilização de placas, painéis luminosos e inscrições em suas fachadas, desde que respeitadas as diretrizes previstas no artigo 39.

Art. 41. As colunas que o advogado mantiver nos meios de comunicação social ou os textos que por meio deles divulgar não deverão induzir o leitor a litigar nem promover, dessa forma, captação de clientela.

Art. 42. É vedado ao advogado:

I – responder com habitualidade a consulta sobre matéria jurídica, nos meios de comunicação social;

II – debater, em qualquer meio de comunicação, causa sob o patrocínio de outro advogado;

III – abordar tema de modo a comprometer a dignidade da profissão e da instituição que o congrega;

IV – divulgar ou deixar que sejam divulgadas listas de clientes e demandas;

V – insinuar-se para reportagens e declarações públicas.

Art. 43. O advogado que eventualmente participar de programa de televisão ou de rádio, de entrevista na imprensa, de reportagem televisionada ou veiculada por qualquer outro meio, para manifestação profissional, deve visar a objetivos exclusivamente ilustrativos, educacionais e instrutivos, sem propósito de promoção pessoal ou profissional, vedados pronunciamentos sobre métodos de trabalho usados por seus colegas de profissão.

Parágrafo único. Quando convidado para manifestação pública, por qualquer modo e forma, visando ao esclarecimento de tema jurídico de interesse geral, deve o advogado evitar insinuações com o sentido de promoção pessoal ou profissional, bem como o debate de caráter sensacionalista.

Art. 44. Na publicidade profissional que promover ou nos cartões e material de escritório de que se utilizar, o advogado fará constar seu nome, nome social ou o da sociedade de advogados, o número ou os números de inscrição na OAB.

- *Caput* com a redação dada pela Res. nº 7 do Conselho Pleno do CFOAB, de 7-6-2016.

§ 1º Poderão ser referidos apenas os títulos acadêmicos do advogado e as distinções honoríficas relacionadas à vida profissional, bem como as instituições jurídicas de que faça parte, e as especialidades a que se dedicar, o endereço, *e-mail*, *site*, página eletrônica, QR Code, logotipo e a fotografia do escritório, o horário de atendimento e os idiomas em que o cliente poderá ser atendido.

§ 2º É vedada a inclusão de fotografias pessoais ou de terceiros nos cartões de visitas do advogado, bem como menção a qualquer emprego, cargo ou função ocupado, atual ou pretérito, em qualquer órgão ou instituição, salvo o de professor universitário.

Art. 45. São admissíveis como formas de publicidade o patrocínio de eventos ou publicações de caráter científico ou cultural, assim como a divulgação de boletins, por meio físico ou eletrônico, sobre matéria cultural de interesse dos advogados, desde que sua circulação fique adstrita a clientes e a interessados do meio jurídico.

Art. 46. A publicidade veiculada pela internet ou por outros meios eletrônicos deverá observar as diretrizes estabelecidas neste capítulo.

Parágrafo único. A telefonia e a internet podem ser utilizadas como veículo de publicidade, inclusive para o envio de mensagens a destinatários certos, desde que estas não impliquem o oferecimento de serviços ou representem forma de captação de clientela.

Art. 47. As normas sobre publicidade profissional constantes deste capítulo poderão ser complementadas por outras que o Conselho Federal aprovar, observadas as diretrizes do presente Código.

Art. 47-A. Será admitida a celebração de termo de ajustamento de conduta no âmbito dos Conselhos Seccionais e do Conselho Federal para fazer cessar a publicidade irregular praticada por advogados e estagiários.

Parágrafo único. O termo previsto neste artigo será regulamentado mediante edição de provimento do Conselho Federal, que estabelecerá seus requisitos e condições.

- Art. 47-A acrescido pela Res. do CFOAB nº 4, de 27-10-2020.

CAPÍTULO IX
DOS HONORÁRIOS PROFISSIONAIS

Art. 48. A prestação de serviços profissionais por advogado, individualmente ou integrado em sociedades, será contratada, preferentemente, por escrito.

§ 1º O contrato de prestação de serviços de advocacia não exige forma especial, devendo estabelecer, porém, com clareza e precisão, o seu objeto, os honorários ajustados, a forma de pagamento, a extensão do patrocínio, esclarecendo se este abrangerá todos os atos do processo ou limitar-se-á a determinado grau de jurisdição, além de dispor sobre a hipótese de a causa encerrar-se mediante transação ou acordo.

§ 2º A compensação de créditos, pelo advogado, de importâncias devidas ao cliente, somente será admissível quando o contrato de prestação de serviços a autorizar ou quando houver autorização especial do cliente para esse fim, por este firmada.

§ 3º O contrato de prestação de serviços poderá dispor sobre a forma de contratação de profissionais para serviços auxiliares, bem como sobre o pagamento de custas e emolumentos, os quais, na ausência de disposição em contrário, presumem-se devam ser atendidos pelo cliente. Caso o contrato preveja que o advogado antecipe tais despesas, ser-lhe-á lícito reter o respectivo valor atualizado, no ato de prestação de contas, mediante comprovação documental.

§ 4º As disposições deste capítulo aplicam-se à mediação, à conciliação, à arbitragem ou a qualquer outro método adequado de solução dos conflitos.

§ 5º É vedada, em qualquer hipótese, a diminuição dos honorários contratados em decorrência da solução do litígio por qualquer mecanismo adequado de solução extrajudicial.

§ 6º Deverá o advogado observar o valor mínimo da Tabela de Honorários instituída pelo respectivo Conselho Seccional onde for realizado o serviço, inclusive aquele referente às diligências, sob pena de caracterizar-se aviltamento de honorários.

§ 7º O advogado promoverá, preferentemente, de forma destacada a execução dos honorários contratuais ou sucumbenciais.

Art. 49. Os honorários profissionais devem ser fixados com moderação, atendidos os elementos seguintes:

I – a relevância, o vulto, a complexidade e a dificuldade das questões versadas;

II – o trabalho e o tempo a ser empregados;

III – a possibilidade de ficar o advogado impedido de intervir em outros casos, ou de se desavir com outros clientes ou terceiros;

IV – o valor da causa, a condição econômica do cliente e o proveito para este resultante do serviço profissional;

V – o caráter da intervenção, conforme se trate de serviço a cliente eventual, frequente ou constante;

VI – o lugar da prestação dos serviços, conforme se trate do domicílio do advogado ou de outro;

VII – a competência do profissional;

VIII – a praxe do foro sobre trabalhos análogos.

Art. 50. Na hipótese da adoção de cláusula *quota litis*, os honorários devem ser necessariamente representados por pecúnia e, quando acrescidos dos honorários da sucumbência, não podem ser superiores às vantagens advindas a favor do cliente.

§ 1º A participação do advogado em bens particulares do cliente só é admitida em caráter excepcional, quando esse, comprovadamente, não tiver condições pecuniárias de satisfazer o débito de honorários e ajustar com o seu patrono, em instrumento contratual, tal forma de pagamento.

§ 2º Quando o objeto do serviço jurídico versar sobre prestações vencidas e vincendas, os honorários advocatícios poderão incidir sobre o valor de umas e outras, atendidos os requisitos da moderação e da razoabilidade.

Art. 51. Os honorários da sucumbência e os honorários contratuais, pertencendo ao advogado que houver atuado na causa, poderão ser por ele executados, assistindo-lhe direito autônomo para promover a execução do capítulo da sentença que os estabelecer ou para postular, quando for o caso, a expedição de precatório ou requisição de pequeno valor em seu favor.

§ 1º No caso de substabelecimento, a verba correspondente aos honorários da sucumbência será repartida entre o substabelecente e o substabelecido, proporcionalmente à atuação de cada um no processo ou conforme haja sido entre eles ajustado.

§ 2º Quando for o caso, a Ordem dos Advogados do Brasil ou os seus Tribunais de Ética e Disciplina poderão ser solicitados a indicar mediador que contribua no sentido de que a distribuição dos honorários da sucumbência, entre advogados, se faça segundo o critério estabelecido no § 1º.

§ 3º Nos processos disciplinares que envolverem divergência sobre a percepção de honorários da sucumbência, entre advogados, deverá ser tentada a conciliação destes, preliminarmente, pelo relator.

Art. 52. O crédito por honorários advocatícios, seja do advogado autônomo, seja de sociedade de advogados, não autoriza o saque de duplicatas ou qualquer outro título de crédito de natureza mercantil, podendo, apenas, ser emitida fatura, quando o cliente assim pretender, com fundamento no contrato de prestação de serviços, a qual, porém, não poderá ser levada a protesto.

Parágrafo único. Pode, todavia, ser levado a protesto o cheque ou a nota promissória emitido pelo cliente em favor do advogado, depois de frustrada a tentativa de recebimento amigável.

Art. 53. É lícito ao advogado ou à sociedade de advogados empregar, para o recebimento de honorários, sistema de cartão de crédito, mediante credenciamento junto a empresa operadora do ramo.

Parágrafo único. Eventuais ajustes com a empresa operadora que impliquem pagamento antecipado não afetarão a responsabilidade do advogado perante o cliente, em caso de rescisão do contrato de prestação de serviços, devendo ser observadas as disposições deste quanto à hipótese.

Art. 54. Havendo necessidade de promover arbitramento ou cobrança judicial de honorários, deve o advogado renunciar previamente ao mandato que recebera do cliente em débito.

TÍTULO II – DO PROCESSO DISCIPLINAR

CAPÍTULO I
DOS PROCEDIMENTOS

Art. 55. O processo disciplinar instaura-se de ofício ou mediante representação do interessado.

§ 1º A instauração, de ofício, do processo disciplinar dar-se-á em função do conhecimento do fato, quando obtido por meio de fonte idônea ou em virtude de comunicação da autoridade competente.

§ 2º Não se considera fonte idônea a que consistir em denúncia anônima.

Art. 56. A representação será formulada ao Presidente do Conselho Seccional ou ao Presidente da Subseção, por escrito ou verbalmente, devendo, neste último caso, ser reduzida a termo.

Parágrafo único. Nas Seccionais cujos Regimentos Internos atribuírem competência ao Tribunal de Ética e Disciplina para instaurar o processo ético disciplinar, a representação poderá ser dirigida ao seu Presidente ou será a este encaminhada por qualquer dos dirigentes referidos no *caput* deste artigo que a houver recebido.

Art. 57. A representação deverá conter:

I – a identificação do representante, com a sua qualificação civil e endereço;

II – a narração dos fatos que a motivam, de forma que permita verificar a existência, em tese, de infração disciplinar;

III – os documentos que eventualmente a instruam e a indicação de outras provas a ser produzidas, bem como, se for o caso, o rol de testemunhas, até o máximo de cinco;

IV – a assinatura do representante ou a certificação de quem a tomou por termo, na impossibilidade de obtê-la.

Art. 58. Recebida a representação, o Presidente do Conselho Seccional ou o da Subseção, quando esta dispuser de Conselho, designa relator, por sorteio, um de seus integrantes, para presidir a instrução processual.

§ 1º Os atos de instrução processual podem ser delegados ao Tribunal de Ética e Disciplina, conforme dispuser o regimento interno do Conselho Seccional, caso em que caberá ao seu Presidente, por sorteio, designar relator.

§ 2º Antes do encaminhamento dos autos ao relator, serão juntadas a ficha cadastral do representado e certidão negativa ou positiva sobre a existência de punições anteriores, com menção das faltas atribuídas. Será providenciada, ainda, certidão sobre a existência ou não de representações em andamento, a qual, se positiva, será acompanhada da informação sobre as faltas imputadas.

§ 3º O relator, atendendo aos critérios de admissibilidade, emitirá parecer propondo a instauração de processo disciplinar ou o arquivamento liminar da representação, no prazo de 30 (trinta) dias, sob pena de redistribuição do feito pelo Presidente do Conselho Seccional ou da Subseção para outro relator, observando-se o mesmo prazo.

§ 4º O Presidente do Conselho competente ou, conforme o caso, o do Tribunal de Ética e Disciplina, proferirá despacho declarando instaurado o processo disciplinar ou determinando o arquivamento da representação, nos termos do parecer do relator ou segundo os fundamentos que adotar.

§ 5º A representação contra membros do Conselho Federal e Presidentes de Conselhos Seccionais é processada e julgada pelo Conselho Federal, sendo competente a Segunda Câmara reunida em sessão plenária. A representação contra membros da diretoria do Conselho Federal, Membros Honorários Vitalícios e detentores da Medalha Rui Barbosa será processada e julgada pelo Conselho Federal, sendo competente o Conselho Pleno.

§ 6º A representação contra dirigente de Subseção é processada e julgada pelo Conselho Seccional.

§ 7º Os Conselhos Seccionais poderão instituir Comissões de Admissibilidade no âmbito dos Tribunais de Ética e Disciplina, compostas por seus membros ou por Conselheiros Seccionais, com atribuição de análise prévia dos pressupostos de admissibilidade das representações ético-disciplinares, podendo propor seu arquivamento liminar.

- § 7º acrescido pela Res. do CFOAB nº 4, de 7-6-2016.

Art. 58-A. Nos casos de infração ético-disciplinar punível com censura, será admissível a celebração de termo de ajustamento de conduta, se o fato apurado não tiver gerado repercussão negativa à advocacia.

Parágrafo único. O termo de ajustamento de conduta previsto neste artigo será regulamentado em provimento do Conselho Federal da OAB.

- Art. 58-A acrescido pela Res. do CFOAB nº 4, de 27-10-2020.

Art. 59. Compete ao relator do processo disciplinar determinar a notificação dos interessados para prestar esclarecimentos ou a do representado para apresentar defesa prévia, no prazo de 15 (quinze) dias, em qualquer caso.

§ 1º A notificação será expedida para o endereço constante do cadastro de inscritos do Conselho Seccional, observando-se, quanto ao mais, o disposto no Regulamento Geral.

§ 2º Se o representado não for encontrado ou ficar revel, o Presidente do Conselho competente ou, conforme o caso, o do Tribunal de Ética e Disciplina designar-lhe-á defensor dativo.

§ 3º Oferecida a defesa prévia, que deve ser acompanhada dos documentos que possam instruí-la e do rol de testemunhas, até o limite de 5 (cinco), será proferido despacho saneador e, ressalvada a hipótese do § 2º do art. 73 do EAOAB, designada, se for o caso, audiência para oitiva do representante, do representado e das testemunhas.

§ 4º O representante e o representado incumbir-se-ão do comparecimento de suas testemunhas, salvo se, ao apresentarem o respectivo rol, requererem, por motivo justificado, sejam elas notificadas a comparecer à audiência de instrução do processo.

§ 5º O relator pode determinar a realização de diligências que julgar convenientes, cumprindo-lhe dar andamento ao processo, de modo que este se desenvolva por impulso oficial.

§ 6º O relator somente indeferirá a produção de determinado meio de prova quando esse for ilícito, impertinente, desnecessário ou protelatório, devendo fazê-lo fundamentadamente.

§ 7º Concluída a instrução, o relator profere parecer preliminar fundamentado, a ser submetido ao Tribunal de Ética e Disciplina, dando enquadramento legal aos fatos imputados ao representado.

- § 7º com a redação dada pela Res. do CFOAB nº 2, de 27-9-2022.

§ 8º Abre-se, em seguida, prazo sucessivo de 15 (quinze) dias, ao interessado e ao representado, para apresentação de razões finais.

- § 8º com a redação dada pela Res. do CFOAB nº 9, de 9-11-2021 (*Diário Eletrônico OAB* de 21-2-2022).

Art. 60. O Presidente do Tribunal de Ética e Disciplina, após o recebimento do processo, devidamente instruído, designa, por sorteio, relator para proferir voto.

§ 1º Se o processo já estiver tramitando perante o Tribunal de Ética e Disciplina ou perante o Conselho competente, o relator não será o mesmo designado na fase de instrução.

§ 2º O processo será incluído em pauta na primeira sessão de julgamentos após a distribuição ao relator.

- § 2º com a redação dada pela Res. da OAB nº 1, de 24-2-2016 (*DOU* de 29-2-2016).

§ 3º O representante e o representado são notificados pela Secretaria do Tribunal, com 15 (quinze) dias de antecedência, para comparecerem à sessão de julgamento.

§ 4º Na sessão de julgamento, após o voto do relator, é facultada a sustentação oral pelo tempo de 15 (quinze) minutos, primeiro pelo representante e, em seguida, pelo representado.

Art. 61. Do julgamento do processo disciplinar lavrar-se-á acórdão, do qual constarão, quando procedente a representação, o enquadramento legal da infração, a sanção aplicada, o quórum de instalação e o de deliberação, a indicação de haver sido esta adotada com base no voto do relator ou em voto divergente, bem como as circunstâncias agravantes ou atenuantes consideradas e as razões determinantes de eventual conversão da censura aplicada em advertência sem registro nos assentamentos do inscrito.

Art. 62. Nos acórdãos serão observadas, ainda, as seguintes regras:

§ 1º O acórdão trará sempre a ementa, contendo a essência da decisão.

§ 2º O autor do voto divergente que tenha prevalecido figurará como redator para o acórdão.

§ 3º O voto condutor da decisão deverá ser lançado nos autos, com os seus fundamentos.

§ 4º O voto divergente, ainda que vencido, deverá ter seus fundamentos lançados nos autos, em voto escrito ou em transcrição na ata de julgamento do voto oral proferido, com seus fundamentos.

§ 5º Será atualizado nos autos o relatório de antecedentes do representado, sempre que o relator o determinar.

Art. 63. Na hipótese prevista no art. 70, § 3º, do EAOAB, em sessão especial designada pelo Presidente do Tribunal, serão facultadas ao representado ou ao seu defensor a apresentação de defesa, a produção de prova e a sustentação oral.

Art. 64. As consultas submetidas ao Tribunal de Ética e Disciplina receberão autuação própria, sendo designado relator, por sorteio, para o seu exame, podendo o Presidente, em face da complexidade da questão, designar, subsequentemente, revisor.

Parágrafo único. O relator e o revisor têm prazo de 10 (dez) dias cada um para elaboração de seus pareceres, apresentando-os na primeira sessão seguinte, para deliberação.

Art. 65. As sessões do Tribunal de Ética e Disciplina obedecerão ao disposto no respectivo Regimento Interno, aplicando-se-lhes, subsidiariamente, o do Conselho Seccional.

Art. 66. A conduta dos interessados, no processo disciplinar, que se revele temerária ou caracterize a intenção de alterar a verdade dos fatos, assim como a interposição de recursos com intuito manifestamente protelatório, contrariam os princípios deste Código, sujeitando os responsáveis à correspondente sanção.

Art. 67. Os recursos contra decisões do Tribunal de Ética e Disciplina, ao Conselho Seccional, regem-se pelas disposições do Estatuto da Advocacia e da Ordem dos Advogados do Brasil, do Regulamento Geral e do Regimento Interno do Conselho Seccional.

Parágrafo único. O Tribunal dará conhecimento de todas as suas decisões ao Conselho Seccional, para que determine periodicamente a publicação de seus julgados.

Art. 68. Cabe revisão do processo disciplinar, na forma prevista no Estatuto da Advocacia e da Ordem dos Advogados do Brasil (art. 73, § 5º).

§ 1º Tem legitimidade para requerer a revisão o advogado punido com a sanção disciplinar.

§ 2º A competência para processar e julgar o processo de revisão é do órgão de que emanou a condenação final.

§ 3º Quando o órgão competente for o Conselho Federal, a revisão processar-se-á perante a Segunda Câmara, reunida em sessão plenária.

§ 4º Observar-se-á, na revisão, o procedimento do processo disciplinar, no que couber.

§ 5º O pedido de revisão terá autuação própria, devendo os autos respectivos ser apensados aos do processo disciplinar a que se refira.

§ 6º O pedido de revisão não suspende os efeitos da decisão condenatória, salvo quando o relator, ante a relevância dos fundamentos e o risco de consequências irreparáveis para o requerente, conceder tutela cautelar para que se suspenda a execução.

§ 7º A parte representante somente será notificada para integrar o processo de revisão quando o relator entender que deste poderá resultar dano ao interesse jurídico que haja motivado a representação.

• §§ 6º e 7º acrescidos pela Res. do CFOAB nº 4, de 7-6-2016.

Art. 69. O advogado que tenha sofrido sanção disciplinar poderá requerer reabilitação, no prazo e nas condições previstos no Estatuto da Advocacia e da Ordem dos Advogados do Brasil (art. 41).

§ 1º A competência para processar e julgar o pedido de reabilitação é do Conselho Seccional em que tenha sido aplicada a sanção disciplinar. Nos casos de competência originária do Conselho Federal, perante este tramitará o pedido de reabilitação.

§ 2º Observar-se-á, no pedido de reabilitação, o procedimento do processo disciplinar, no que couber.

§ 3º O pedido de reabilitação terá autuação própria, devendo os autos respectivos ser apensados aos do processo disciplinar a que se refira.

§ 4º O pedido de reabilitação será instruído com provas de bom comportamento, no exercício da advocacia e na vida social, cumprindo à Secretaria do Conselho competente certificar, nos autos, o efetivo cumprimento da sanção disciplinar pelo requerente.

§ 5º Quando o pedido não estiver suficientemente instruído, o relator assinará prazo ao requerente para que complemente a documentação; não cumprida a determinação, o pedido será liminarmente arquivado.

CAPÍTULO II
DOS ÓRGÃOS DISCIPLINARES

Seção I
DOS TRIBUNAIS DE ÉTICA E DISCIPLINA

Art. 70. O Tribunal de Ética e Disciplina poderá funcionar dividido em órgãos fracionários, de acordo com seu regimento interno.

Art. 71. Compete aos Tribunais de Ética e Disciplina:

I – julgar, em primeiro grau, os processos ético-disciplinares;

II – responder a consultas formuladas, em tese, sobre matéria ético-disciplinar;

III – exercer as competências que lhe sejam conferidas pelo Regimento Interno da Seccional ou por este Código para a instauração, instrução e julgamento de processos ético-disciplinares;

IV – suspender, preventivamente, o acusado, em caso de conduta suscetível de acarretar repercussão prejudicial à advocacia, nos termos do Estatuto da Advocacia e da Ordem dos Advogados do Brasil;

V – organizar, promover e ministrar cursos, palestras, seminários e outros eventos da mesma natureza acerca da ética profissional do advogado ou estabelecer parcerias com as Escolas de Advocacia, com o mesmo objetivo;

VI – atuar como órgão mediador ou conciliador nas questões que envolvam:

a) dúvidas e pendências entre advogados;

b) partilha de honorários contratados em conjunto ou decorrentes de substabelecimento, bem como os que resultem de sucumbência, nas mesmas hipóteses;

LEG. COMPLEMENTAR

c) controvérsias surgidas quando da dissolução de sociedade de advogados.

Seção II
DAS CORREGEDORIAS-GERAIS

Art. 72. As Corregedorias-Gerais integram o sistema disciplinar da Ordem dos Advogados do Brasil.

§ 1º O Secretário-Geral Adjunto exerce, no âmbito do Conselho Federal, as funções de Corregedor-Geral, cuja competência é definida em Provimento.

§ 2º Nos Conselhos Seccionais, as Corregedorias-Gerais terão atribuições da mesma natureza, observando, no que couber, Provimento do Conselho Federal sobre a matéria.

§ 3º A Corregedoria-Geral do Processo Disciplinar coordenará ações do Conselho Federal e dos Conselhos Seccionais voltadas para o objetivo de reduzir a ocorrência das infrações disciplinares mais frequentes.

TÍTULO III – DAS DISPOSIÇÕES GERAIS E TRANSITÓRIAS

Art. 73. O Conselho Seccional deve oferecer os meios e o suporte de apoio material, logístico, de informática e de pessoal necessários ao pleno funcionamento e ao desenvolvimento das atividades do Tribunal de Ética e Disciplina.

§ 1º Os Conselhos Seccionais divulgarão, trimestralmente, na internet, a quantidade de processos ético-disciplinares em andamento e as punições decididas em caráter definitivo, preservadas as regras de sigilo.

§ 2º A divulgação das punições referidas no parágrafo anterior destacará cada infração tipificada no artigo 34 da Lei nº 8.906/1994.

Art. 74. Em até 180 (cento e oitenta) dias após o início da vigência do presente Código de Ética e Disciplina da OAB, os Conselhos Seccionais e os Tribunais de Ética e Disciplina deverão elaborar ou rever seus Regimentos Internos, adaptando-os às novas regras e disposições deste Código. No caso dos Tribunais de Ética e Disciplina, os Regimentos Internos serão submetidos à aprovação do respectivo Conselho Seccional e, subsequentemente, do Conselho Federal.

Art. 75. A pauta de julgamentos do Tribunal é publicada no *Diário Eletrônico da OAB* e no quadro de avisos gerais, na sede do Conselho Seccional, com antecedência de 15 (quinze) dias, devendo ser dada prioridade, nos julgamentos, aos processos cujos interessados estiverem presentes à respectiva sessão.

- Artigo com a redação dada pela Res. do CFOAB nº 5, de 2-10-2018.

Art. 76. As disposições deste Código obrigam igualmente as sociedades de advogados, os consultores e as sociedades consultoras em direito estrangeiro e os estagiários, no que lhes forem aplicáveis.

Art. 77. As disposições deste Código aplicam-se, no que couber, à mediação, à conciliação e à arbitragem, quando exercidas por advogados.

Art. 78. Os autos do processo disciplinar podem ter caráter virtual, mediante adoção de processo eletrônico.

Parágrafo único. O Conselho Federal da OAB regulamentará em Provimento o processo ético-disciplinar por meio eletrônico.

Art. 79. Este Código entra em vigor a 1º de setembro de 2016, cabendo ao Conselho Federal e aos Conselhos Seccionais, bem como às Subseções da OAB, promover-lhe ampla divulgação.

- Artigo com a redação dada pela Res. do CFOAB nº 3, de 12-4-2016.
- Em vez de "Este Código entre em vigor a", leia-se "Este Código entra em vigor em".

Art. 80. Fica revogado o Código de Ética e Disciplina editado em 13 de fevereiro de 1995, bem como as demais disposições em contrário.

Brasília, 19 de outubro de 2015.

Marcus Vinicius Furtado Coêlho

LEI Nº 13.254, DE 13 DE JANEIRO DE 2016

Dispõe sobre o Regime Especial de Regularização Cambial e Tributária (RERCT) de recursos, bens ou direitos de origem lícita, não declarados ou declarados incorretamente, remetidos, mantidos no exterior ou repatriados por residentes ou domiciliados no País.

- Publicada no *DOU* de 14-1-2016.

Art. 1º É instituído o Regime Especial de Regularização Cambial e Tributária (RERCT), para declaração voluntária de recursos, bens ou direitos de origem lícita, não declarados ou declarados com omissão ou incorreção em relação a dados essenciais, remetidos ou mantidos no exterior, ou repatriados por residentes ou domiciliados no País, conforme a legislação cambial ou tributária, nos termos e condições desta Lei.

§ 1º O RERCT aplica-se aos residentes ou domiciliados no País em 31 de dezembro de 2014 que tenham sido ou ainda sejam proprietários ou titulares de ativos, bens ou direitos em períodos anteriores a 31 de dezembro de 2014, ainda que, nessa data, não possuam saldo de recursos ou título de propriedade de bens e direitos.

§ 2º Os efeitos desta Lei serão aplicados aos titulares de direito ou de fato que, voluntariamente, declararem ou retificarem a declaração incorreta referente a recursos, bens ou direitos, acompanhados de documentos e informações sobre sua identificação, titularidade ou destinação.

§ 3º O RERCT aplica-se também aos não residentes no momento da publicação desta Lei, desde que residentes ou domiciliados no País conforme a legislação tributária em 31 de dezembro de 2014.

§ 4º Os efeitos desta Lei serão aplicados também ao espólio cuja sucessão esteja aberta em 31 de dezembro de 2014.

§ 4º-A. O RERCT aplica-se também ao espólio cuja sucessão tenha sido aberta até a data de adesão ao RERCT.

- § 4º-A com a redação dada pela Lei nº 13.428, de 30-3-2017.

§ 5º Esta Lei não se aplica aos sujeitos que tiverem sido condenados em ação penal:

I – VETADO; e

II – cujo objeto seja um dos crimes listados no § 1º do art. 5º, ainda que se refira aos recursos, bens ou direitos a serem regularizados pelo RERCT.

Art. 2º Consideram-se, para os fins desta Lei:

I – recursos ou patrimônio não declarados ou declarados com omissão ou incorreção em relação a dados essenciais: os valores, os bens materiais ou imateriais, os capitais e os direitos, independentemente da natureza, origem ou moeda que sejam ou tenham sido, anteriormente a 31 de dezembro de 2014, de propriedade de pessoas físicas ou jurídicas residentes, domiciliadas ou com sede no País;

II – recursos ou patrimônio de origem lícita: os bens e os direitos adquiridos com recursos oriundos de atividades permitidas ou não proibidas pela lei, bem como o objeto, o produto ou o proveito dos crimes previstos no § 1º do art. 5º;

III – recursos ou patrimônio repatriados objeto do RERCT: todos os recursos ou patrimônio, em qualquer moeda ou forma, de propriedade de residentes ou de domiciliados no País, ainda que sob a titularidade de não residentes, da qual participe, seja sócio, proprietário ou beneficiário, que foram adquiridos, transferidos ou empregados no Brasil, com ou sem registro no Banco Central do Brasil, e não se encontrem devidamente declarados;

IV – recursos ou patrimônio remetidos ou mantidos no exterior: os valores, os bens materiais ou imateriais, os capitais e os direitos não declarados ou declarados com omissão ou incorreção em relação a dados essenciais e remetidos ou mantidos fora do território nacional;

V – titular: proprietário dos recursos ou patrimônio não declarados, remetidos ou mantidos no exterior ou repatriados indevidamente.

Art. 3º O RERCT aplica-se a todos os recursos, bens ou direitos de origem lícita de residentes ou domiciliados no País até 31 de dezembro de 2014, incluindo movimentações anteriormente existentes, remetidos ou mantidos no exterior, bem como aos que tenham sido transferidos para o País, em qualquer caso, e que não tenham sido declarados ou tenham sido declarados com omissão ou incorreção em relação a dados essenciais, como:

I – depósitos bancários, certificados de depósitos, cotas de fundos de investimento, instrumentos financeiros, apólices de seguro, certificados de investimento ou operações de capitalização, depósitos em cartões de crédito, fundos de aposentadoria ou pensão;

II – operação de empréstimo com pessoa física ou jurídica;

III – recursos, bens ou direitos de qualquer natureza, decorrentes de operações de câmbio ilegítimas ou não autorizadas;

IV – recursos, bens ou direitos de qualquer natureza, integralizados em empresas estrangeiras sob a forma de ações, integralização de capital, contribuição de capital ou qualquer outra forma de participação societária ou direito de participação no capital de pessoas jurídicas com ou sem personalidade jurídica;

V – ativos intangíveis disponíveis no exterior de qualquer natureza, como marcas, *copyright*, *software*, *know-how*, patentes e todo e qualquer direito submetido ao regime de *royalties*;

VI – bens imóveis em geral ou ativos que representem direitos sobre bens imóveis;

VII – veículos, aeronaves, embarcações e demais bens móveis sujeitos a registro em geral, ainda que em alienação fiduciária;

VIII e IX – VETADOS;

Art. 4º Para adesão ao RERCT, a pessoa física ou jurídica deverá apresentar à Secretaria da Receita Federal do Brasil (RFB) e, em cópia para fins de registro, ao Banco Central do Brasil declaração única de regularização específica contendo a descrição pormenorizada dos recursos, bens e direitos de qualquer natureza de que seja titular em 31 de dezembro de 2014 a serem regularizados, com o respectivo valor em real, ou, no caso de inexistência de saldo ou título de propriedade em 31 de dezembro de 2014, a descrição das condutas praticadas pelo declarante que se enquadrem nos crimes previstos no § 1º do art. 5º desta Lei e dos respectivos bens e recursos que possuiu.

§ 1º A declaração única de regularização a que se refere o *caput* deverá conter:

I – a identificação do declarante;

II – as informações fornecidas pelo contribuinte necessárias à identificação dos recursos, bens ou direitos a serem regularizados, bem como de sua titularidade e origem;

III – o valor, em real, dos recursos, bens ou direitos de qualquer natureza declarados;

IV – declaração do contribuinte de que os bens ou direitos de qualquer natureza declarados têm origem em atividade econômica lícita;

V – na hipótese de inexistência de saldo dos recursos, ou de titularidade de propriedade de bens ou direitos referidos no *caput*, em 31 de dezembro de 2014, a descrição das condutas praticadas pelo declarante que se enquadrem nos crimes previstos no § 1º do art. 5º desta Lei e dos respectivos recursos, bens ou direitos de qualquer natureza não declarados, remetidos ou mantidos no exterior ou repatriados, ainda que posteriormente repassados à titularidade ou responsabilidade, direta ou indireta, de *trust* de quaisquer espécies, fundações, sociedades despersonalizadas, fideicomissos, ou dispostos mediante a entrega a pessoa física ou jurídica, personalizada ou não, para guarda, depósito, investimento, posse ou propriedade de que sejam beneficiários efetivos o interessado, seu representante ou pessoa por ele designada; e

VI – VETADO.

§ 2º Os recursos, bens e direitos de qualquer natureza constantes da declaração única para adesão ao RERCT deverão também ser informados na:

I – declaração retificadora de ajuste anual do imposto de renda relativa ao ano-calendário de 2014 e posteriores, no caso de pessoa física;

II – declaração retificadora da declaração de bens e capitais no exterior relativa ao ano-calendário de 2014 e posteriores, no caso de pessoa física e jurídica, se a ela estiver obrigada; e

III – escrituração contábil societária relativa ao ano-calendário da adesão e posteriores, no caso de pessoa jurídica.

§ 3º A declaração das condutas e bens referidos no inciso V do § 1º não implicará a apresentação das declarações previstas nos incisos I, II e III do § 2º.

§ 4º Após a adesão ao RERCT e consequente regularização nos termos do *caput*, a opção de repatriação pelo declarante de ativos financeiros no exterior deverá ocorrer por intermédio de instituição financeira autorizada a funcionar no País e a operar no mercado de câmbio, mediante apresentação do protocolo de entrega da declaração de que trata o *caput* deste artigo.

§ 5º A regularização de ativos mantidos em nome de interposta pessoa estenderá a ela a extinção de punibilidade prevista no § 1º do art. 5º, nas condições previstas no referido artigo.

§ 6º É a pessoa física ou jurídica que aderir ao RERCT obrigada a manter em boa guarda e ordem e em sua posse, pelo prazo de 5 (cinco) anos, cópia dos documentos referidos no § 8º que ampararam a declaração de adesão ao RERCT e a apresentá-los se e quando exigidos pela RFB.

§ 7º Os rendimentos, frutos e acessórios decorrentes do aproveitamento, no exterior ou no País, dos recursos, bens ou direitos de qualquer natureza regularizados por meio da declaração única a que se refere o *caput* deste artigo, obtidos no ano-calendário de 2015, deverão ser incluídos nas declarações previstas no § 2º referentes ao ano-calendário

LEG. COMPLEMENTAR

da adesão e posteriores, aplicando-se o disposto no art. 138 da Lei nº 5.172, de 25 de outubro de 1966 (Código Tributário Nacional), se as retificações necessárias forem feitas até o último dia do prazo para adesão ao RERCT.

§ 8º Para fins da declaração prevista no *caput*, o valor dos ativos a serem declarados deve corresponder aos valores de mercado, presumindo-se como tal:

I – para os ativos referidos nos incisos I e III do art. 3º, o saldo existente em 31 de dezembro de 2014, conforme documento disponibilizado pela instituição financeira custodiante;

II – para os ativos referidos no inciso II do art. 3º, o saldo credor remanescente em 31 de dezembro de 2014, conforme contrato entre as partes;

III – para os ativos referidos no inciso IV do art. 3º, o valor de patrimônio líquido apurado em 31 de dezembro de 2014, conforme balanço patrimonial levantado nessa data;

IV – para os ativos referidos nos incisos V, VI, VII e IX do art. 3º, o valor de mercado apurado conforme avaliação feita por entidade especializada;

V – VETADO; e

VI – para os ativos não mais existentes ou que não sejam de propriedade do declarante em 31 de dezembro de 2014, o valor apontado por documento idôneo que retrate o bem ou a operação a ele referente.

§ 9º Para fins de apuração do valor do ativo em real, o valor expresso em moeda estrangeira deve ser convertido:

I – em dólar norte-americano pela cotação do dólar fixada, para venda, pelo Banco Central do Brasil, para o último dia útil do mês de dezembro de 2014; e

II – em moeda nacional pela cotação do dólar fixada, para venda, pelo Banco Central do Brasil, para o último dia útil do mês de dezembro de 2014.

§ 10. Para os recursos já repatriados, a declaração deverá ser feita tendo como base o valor do ativo em real em 31 de dezembro de 2014.

§ 11. Estão isentos da multa de que trata o art. 8º os valores disponíveis em contas no exterior no limite de até R$ 10.000,00 (dez mil reais) por pessoa, convertidos em dólar norte-americano em 31 de dezembro de 2014.

§ 12. A declaração de regularização de que trata o *caput* não poderá ser, por qualquer modo, utilizada:

I – como único indício ou elemento para efeitos de expediente investigatório ou procedimento criminal;

II – para fundamentar, direta ou indiretamente, qualquer procedimento administrativo de natureza tributária ou cambial em relação aos recursos dela constantes.

§ 13. Sempre que o montante de ativos financeiros for superior a USD 100.000,00 (cem mil dólares norte-americanos), sem prejuízo do previsto no § 4º, o declarante deverá solicitar e autorizar a instituição financeira no exterior a enviar informação sobre o saldo desses ativos em 31 de dezembro de 2014 para instituição financeira autorizada a funcionar no País, que prestará tal informação à RFB, não cabendo à instituição financeira autorizada a funcionar no País responsabilidade alguma quanto à averiguação das informações prestadas pela instituição financeira estrangeira.

Art. 5º A adesão ao programa dar-se-á mediante entrega da declaração dos recursos, bens e direitos sujeitos à regularização prevista no *caput* do art. 4º e pagamento integral do imposto previsto no art. 6º e da multa prevista no art. 8º desta Lei.

§ 1º O cumprimento das condições previstas no *caput* antes de decisão criminal extinguirá, em relação a recursos, bens e direitos a serem regularizados nos termos desta Lei, a punibilidade dos crimes a seguir previstos, praticados até a data de adesão ao RERCT:

- § 1º com a redação dada pela Lei nº 13.428, de 30-3-2017.

I – no art. 1º e nos incisos I, II e V do art. 2º da Lei nº 8.137, de 27 de dezembro de 1990;

II – na Lei nº 4.729, de 14 de julho de 1965;

III – no art. 337-A do Decreto-Lei nº 2.848, de 7 de dezembro de 1940 (Código Penal);

IV – nos seguintes artigos do Decreto-Lei nº 2.848, de 7 de dezembro de 1940 (Código Penal), quando exaurida sua potencialidade lesiva com a prática dos crimes previstos nos incisos I a III:

a) 297;

b) 298;

c) 299;

d) 304;

V – VETADO;

VI – no *caput* e no parágrafo único do art. 22 da Lei nº 7.492, de 16 de junho de 1986;

VII – no art. 1º da Lei nº 9.613, de 3 de março de 1998, quando o objeto do crime for bem, direito ou valor proveniente, direta ou indiretamente, dos crimes previstos nos incisos I a VI;

VIII – VETADO.

§ 2º A extinção da punibilidade a que se refere o § 1º:

I – VETADO;

II – somente ocorrerá se o cumprimento das condições se der antes do trânsito em julgado da decisão criminal condenatória;

III – produzirá, em relação à administração pública, a extinção de todas as obrigações de natureza cambial ou financeira, principais ou acessórias, inclusive as meramente formais, que pudessem ser exigíveis em relação aos bens e direitos declarados, ressalvadas as previstas nesta Lei.

§§ 3º e 4º VETADOS.

§ 5º Na hipótese dos incisos V e VI do § 1º, a extinção da punibilidade será restrita aos casos em que os recursos utilizados na operação de câmbio não autorizada, as divisas ou moedas saídas do País sem autorização legal ou os depósitos mantidos no exterior e não declarados à repartição federal competente possuírem origem lícita ou forem provenientes, direta ou indiretamente, de quaisquer dos crimes previstos nos incisos I, II, III, VII ou VIII do § 1º.

Art. 6º Para fins do disposto nesta Lei, o montante dos ativos objeto de regularização será considerado acréscimo patrimonial adquirido em 31 de dezembro de 2014, ainda que nessa data não exista saldo ou título de propriedade, na forma do inciso II do *caput* e do § 1º do art. 43 da Lei nº 5.172, de 25 de outubro de 1966 (Código Tributário Nacional), sujeitando-se a pessoa, física ou jurídica, ao pagamento do imposto de renda sobre ele, a título de ganho de capital, à alíquota de 15% (quinze por cento), vigente em 31 de dezembro de 2014.

§ 1º A arrecadação referida no *caput* será compartilhada com Estados e Municípios na forma estabelecida pela Constituição Federal, especialmente nos termos do que dispõe o inciso I de seu art. 159.

§ 2º Na apuração da base de cálculo dos tributos de que trata este artigo, correspondente ao valor do ativo em real, não serão admitidas deduções de espécie alguma ou descontos de custo de aquisição.

§ 3º Para fins de apuração do valor do ativo em real, o valor expresso em moeda estrangeira deve ser convertido:

I – em dólar norte-americano pela cotação do dólar fixada, para venda, pelo Banco Central do Brasil, para o último dia útil do mês de dezembro de 2014; e

II – em moeda nacional pela cotação do dólar fixada, para venda, pelo Banco Central do Brasil, para o último dia útil do mês de dezembro de 2014.

§ 4º A regularização dos bens e direitos e o pagamento dos tributos na forma deste artigo e da multa de que trata o art. 8º implicarão a remissão dos créditos tributários decorrentes do descumprimento de obrigações tributárias e a redução de 100% (cem por cento) das multas de mora, de ofício ou isoladas e dos encargos legais diretamente relacionados a esses bens e direitos em relação a fatos geradores ocorridos até 31 de dezembro de 2014 e excluirão a multa pela não entrega completa e tempestiva da declaração de capitais brasileiros no exterior, na forma definida pelo Banco Central do Brasil, as penalidades aplicadas pela Comissão de Valores Mobiliários ou outras entidades regulatórias e as penalidades previstas na Lei nº 4.131, de 3 de setembro de 1962, na Lei nº 9.069, de 29 de junho de 1995, e na Medida Provisória nº 2.224, de 4 de setembro de 2001.

§ 5º A remissão e a redução das multas previstas no § 4º não alcançam os tributos retidos por sujeito passivo, na condição de responsável, e não recolhidos aos cofres públicos no prazo legal.

§ 6º A opção pelo RERCT dispensa o pagamento de acréscimos moratórios incidentes sobre o imposto de que trata o *caput*.

§ 7º O imposto pago na forma deste artigo será considerado como tributação definitiva e não permitirá a restituição de valores anteriormente pagos.

§ 8º A opção pelo RERCT e o pagamento do imposto na forma do *caput* importam confissão irrevogável e irretratável dos débitos em nome do sujeito passivo na condição de contribuinte ou responsável, configuram confissão extrajudicial nos termos dos arts. 348, 353 e 354 da Lei nº 5.869, de 11 de janeiro de 1973 (Código de Processo Civil), e condicionam o sujeito passivo à aceitação plena e irretratável de todas as condições estabelecidas nesta Lei.

Art. 7º A adesão ao RERCT poderá ser feita no prazo de 210 (duzentos e dez) dias, contado a partir da data de entrada em vigor do ato da RFB de que trata o art. 10, com declaração da situação patrimonial em 31 de dezembro de 2014 e o consequente pagamento do tributo e da multa.

§ 1º A divulgação ou a publicidade das informações presentes no RERCT implicarão efeito equivalente à quebra do sigilo fiscal, sujeitando o responsável às penas previstas na Lei Complementar nº 105, de 10 de janeiro de 2001, e no art. 325 do Decreto-Lei nº 2.848, de 7 de dezembro de 1940 (Código Penal), e, no caso de funcionário público, à pena de demissão.

§ 2º Sem prejuízo do disposto no § 6º do art. 4º, é vedada à RFB, ao Conselho Monetário Nacional (CMN), ao Banco Central do Brasil e aos demais órgãos públicos intervenientes do RERCT a divulgação ou o compartilhamento das informações prestadas pelos declarantes que tiverem aderido ao RERCT com os Estados, o Distrito Federal e os Municípios, inclusive para fins de constituição de crédito tributário.

Art. 8º Sobre o valor do imposto apurado na forma do art. 6º incidirá multa de 100% (cem por cento).

§ 1º VETADO.

§ 2º Compete à RFB a administração das atividades relativas à operacionalização, à cobrança, à arrecadação, à restituição e à fiscalização da multa de que trata o *caput*.

Art. 9º Será excluído do RERCT o contribuinte que apresentar declarações ou documentos falsos relativos à titularidade e à condição jurídica dos recursos, bens ou direitos declarados nos termos do art. 1º desta Lei ou aos documentos previstos no § 8º do art. 4º.

§ 1º Em caso de exclusão do RERCT, serão cobrados os valores equivalentes aos tributos, multas e juros incidentes, deduzindo-se o que houver sido anteriormente pago, sem prejuízo da aplicação das penalidades cíveis, penais e administrativas cabíveis.

§ 2º Na hipótese de exclusão do contribuinte do RERCT, a instauração ou a continuidade de procedimentos investigatórios quanto à origem dos ativos objeto de regularização somente poderá ocorrer se houver evidências documentais não relacionadas à declaração do contribuinte.

§ 3º A declaração com incorreção em relação ao valor dos ativos não ensejará a exclusão do RERCT, resguardado o direito da Fazenda Pública de exigir o pagamento dos tributos e acréscimos legais incidentes sobre os valores declarados incorretamente, nos termos da legislação do imposto sobre a renda.

§ 4º Somente o pagamento integral dos tributos e acréscimos de que trata o § 3º no prazo de 30 (trinta) dias da ciência do auto de infração extinguirá a punibilidade dos crimes praticados pelo declarante previstos no § 1º do art. 5º relacionados aos ativos declarados incorretamente.

- §§ 3º e 4º acrescidos pela Lei nº 13.428, de 30-3-2017.

Art. 10. O disposto nesta Lei será regulamentado:

I – pela RFB, no âmbito de suas competências; e

II – VETADO.

Art. 11. Os efeitos desta Lei não serão aplicados aos detentores de cargos, empregos e funções públicas de direção ou eletivas, nem ao respectivo cônjuge e aos parentes consanguíneos ou afins, até o segundo grau ou por adoção, na data de publicação desta Lei.

Art. 12. Esta Lei entra em vigor na data de sua publicação.

Brasília, 13 de janeiro de 2016;
95º da Independência e
128º da República.

Dilma Rousseff

LEI Nº 13.259, DE 16 DE MARÇO DE 2016

Altera as Leis nºs 8.981, de 20 de janeiro de 1995, para dispor acerca da incidência de imposto sobre a renda na hipótese de ganho de capital em decorrência da alienação de bens e direitos de qualquer natureza, e 12.973, de 13 de maio de 2014, para possibilitar opção de tributação de empresas coligadas no exterior na forma de empresas controladas; e regulamenta o inciso XI do art. 156 da Lei nº 5.172, de 25 de outubro de 1966 – Código Tributário Nacional.

- Publicada no *DOU* de 17-3-2016 – edição extra.

Art. 1º O art. 21 da Lei nº 8.981, de 20 de janeiro de 1995, passa a vigorar com as seguintes alterações:

- Alterações inseridas no texto da referida Lei.

Art. 2º O ganho de capital percebido por pessoa jurídica em decorrência da alienação de bens e direitos do ativo não

LEG. COMPLEMENTAR

circulante sujeita-se à incidência do imposto sobre a renda, com a aplicação das alíquotas previstas no *caput* do art. 21 da Lei nº 8.981, de 20 de janeiro de 1995, e do disposto nos §§ 1º, 3º e 4º do referido artigo, exceto para as pessoas jurídicas tributadas com base no lucro real, presumido ou arbitrado.

Art. 3º A Lei nº 12.973, de 13 de maio de 2014, passa a vigorar acrescida do seguinte art. 82-A:

"Art. 82-A. Opcionalmente, a pessoa jurídica domiciliada no Brasil poderá oferecer à tributação os lucros auferidos por intermédio de suas coligadas no exterior na forma prevista no art. 82, independentemente do descumprimento das condições previstas no *caput* do art. 81.

§ 1º O disposto neste artigo não se aplica às hipóteses em que a pessoa jurídica coligada domiciliada no Brasil é equiparada à controladora, nos termos do art. 83.

§ 2º A Secretaria da Receita Federal do Brasil estabelecerá a forma e as condições para a opção de que trata o *caput*."

Art. 4º O crédito tributário inscrito em dívida ativa da União poderá ser extinto, nos termos do inciso XI do *caput* do art. 156 da Lei nº 5.172, de 25 de outubro de 1966 – Código Tributário Nacional, mediante dação em pagamento de bens imóveis, a critério do credor, na forma desta Lei, desde que atendidas as seguintes condições:

I – a dação seja precedida de avaliação do bem ou dos bens ofertados, que devem estar livres e desembaraçados de quaisquer ônus, nos termos de ato do Ministério da Fazenda; e

II – a dação abranja a totalidade do crédito ou créditos que se pretende liquidar com atualização, juros, multa e encargos legais, sem desconto de qualquer natureza, assegurando-se ao devedor a possibilidade de complementação em dinheiro de eventual diferença entre os valores da totalidade da dívida e o valor do bem ou dos bens ofertados em dação.

§ 1º O disposto no *caput* não se aplica aos créditos tributários referentes ao Regime Especial Unificado de Arrecadação de Tributos e Contribuições devidos pelas Microempresas e Empresas de Pequeno Porte – Simples Nacional.

§ 2º Caso o crédito que se pretenda extinguir seja objeto de discussão judicial, a dação em pagamento somente produzirá efeitos após a desistência da referida ação pelo devedor ou corresponsável e a renúncia do direito sobre o qual se funda a ação, devendo o devedor ou o corresponsável arcar com o pagamento das custas judiciais e honorários advocatícios.

§ 3º A União observará a destinação específica dos créditos extintos por dação em pagamento, nos termos de ato do Ministério da Fazenda.

- Art. 4º com a redação dada pela Lei nº 13.313, de 14-7-2016.

§ 4º Os registros contábeis decorrentes da dação em pagamento de que trata o *caput* deste artigo observarão as normas gerais de consolidação das contas públicas de que trata o § 2º do art. 50 da Lei Complementar nº 101, de 4 de maio de 2000.

- § 4º acrescido pela Lei nº 14.011, de 10-6-2020.

Art. 4º-A. Sem prejuízo dos requisitos e das condições estabelecidos no art. 4º desta Lei, na hipótese de estado de calamidade pública reconhecido em ato do Poder Executivo federal, o crédito inscrito em dívida ativa da União poderá ser extinto mediante dação em pagamento de bens imóveis que possuam valor histórico, cultural, artístico, turístico ou paisagístico, desde que estejam localizados nas áreas descritas nas informações de desastre natural ou tecnológico e as atividades empresariais do devedor legítimo proprietário do bem imóvel decorram das áreas afetadas pelo desastre.

§ 1º Para fins da avaliação de que trata o inciso I do *caput* do art. 4º desta Lei, caberão ao Instituto do Patrimônio Histórico e Artístico Nacional (Iphan) a autenticação prévia e a definição do valor histórico, cultural, artístico, turístico ou paisagístico, observado, no que couber, o disposto no art. 28 do Decreto-Lei nº 25, de 30 de novembro de 1937.

§ 2º O contribuinte que se encontrar na situação de que trata o *caput* deste artigo cujo crédito que se pretenda extinguir não esteja inscrito em dívida ativa poderá solicitar sua inscrição imediata à Secretaria Especial da Receita Federal do Brasil do Ministério da Economia, desde que renuncie expressamente ao direito sobre o qual se fundamente eventual discussão judicial ou administrativa, observado, no que couber, o disposto no § 2º do art. 4º desta Lei.

§ 3º Na hipótese de desastre tecnológico, consumada a dação em pagamento para a extinção dos débitos tributários, a União sub-rogar-se-á nos direitos inerentes à indenização devida pelo causador do dano e, na hipótese de inadimplemento, promoverá a inscrição em dívida ativa dos valores apurados em procedimento administrativo próprio, observado o disposto na Lei nº 9.784, de 29 de janeiro de 1999.

§ 4º Não serão aceitos imóveis de difícil alienação, inservíveis ou que não atendam aos critérios de necessidade, de utilidade e de conveniência, a serem aferidos pela administração pública federal, condicionada a aceitação pela Procuradoria-Geral da Fazenda Nacional e pelo Iphan ao interesse público e à observância das normas e dos procedimentos específicos para a avaliação do bem.

§ 5º Efetivada a dação em pagamento, os bens imóveis recebidos serão administrados pelo Iphan, diretamente ou por meio de terceiros, mediante procedimento licitatório.

§ 6º Ato do Ministro de Estado da Economia disporá sobre a necessidade e a forma de comprovação da disponibilidade orçamentária e financeira para a aceitação da dação em pagamento de que trata este artigo.

§ 7º O disposto neste artigo não se aplica às hipóteses de declaração de estado de calamidade pública financeira.

- Art. 4º-A acrescido pela Lei nº 14.011, de 10-6-2020.

Art. 5º Esta Lei entra em vigor na data de sua publicação, produzindo efeitos a partir de 1º de janeiro de 2016.

§§ 1º e 2º VETADOS.

Brasília, 16 de março de 2016;
195º da Independência e
128º da República.

Dilma Rousseff

LEI Nº 13.300, DE 23 DE JUNHO DE 2016

Disciplina o processo e o julgamento dos mandados de injunção individual e coletivo e dá outras providências.

- Publicada no *DOU* de 24-6-2016.

Art. 1º Esta Lei disciplina o processo e o julgamento dos mandados de injunção individual e coletivo, nos termos do inciso LXXI do art. 5º da Constituição Federal.

Art. 2º Conceder-se-á mandado de injunção sempre que a falta total ou parcial de norma regulamentadora torne inviável o exercício dos direitos e liberdades constitucionais e das prerrogativas inerentes à nacionalidade, à soberania e à cidadania.

Parágrafo único. Considera-se parcial a regulamentação quando forem insuficientes as normas editadas pelo órgão legislador competente.

Art. 3º São legitimados para o mandado de injunção, como impetrantes, as pessoas naturais ou jurídicas que se afirmam titulares dos direitos, das liberdades ou das prerrogativas referidos no art. 2º e, como impetrado, o Poder, o órgão ou a autoridade com atribuição para editar a norma regulamentadora.

Art. 4º A petição inicial deverá preencher os requisitos estabelecidos pela lei processual e indicará, além do órgão impetrado, a pessoa jurídica que ele integra ou aquela a que está vinculado.

§ 1º Quando não for transmitida por meio eletrônico, a petição inicial e os documentos que a instruem serão acompanhados de tantas vias quantos forem os impetrados.

§ 2º Quando o documento necessário à prova do alegado encontrar-se em repartição ou estabelecimento público, em poder de autoridade ou de terceiro, havendo recusa em fornecê-lo por certidão, no original, ou em cópia autêntica, será ordenada, a pedido do impetrante, a exibição do documento no prazo de 10 (dez) dias, devendo, nesse caso, ser juntada cópia à segunda via da petição.

§ 3º Se a recusa em fornecer o documento for do impetrado, a ordem será feita no próprio instrumento da notificação.

Art. 5º Recebida a petição inicial, será ordenada:

I – a notificação do impetrado sobre o conteúdo da petição inicial, devendo-lhe ser enviada a segunda via apresentada com as cópias dos documentos, a fim de que, no prazo de 10 (dez) dias, preste informações;

II – a ciência do ajuizamento da ação ao órgão de representação judicial da pessoa jurídica interessada, devendo-lhe ser enviada cópia da petição inicial, para que, querendo, ingresse no feito.

Art. 6º A petição inicial será desde logo indeferida quando a impetração for manifestamente incabível ou manifestamente improcedente.

Parágrafo único. Da decisão de relator que indeferir a petição inicial, caberá agravo, em 5 (cinco) dias, para o órgão colegiado competente para o julgamento da impetração.

Art. 7º Findo o prazo para apresentação das informações, será ouvido o Ministério Público, que opinará em 10 (dez) dias, após o que, com ou sem parecer, os autos serão conclusos para decisão.

Art. 8º Reconhecido o estado de mora legislativa, será deferida a injunção para:

I – determinar prazo razoável para que o impetrado promova a edição da norma regulamentadora;

II – estabelecer as condições em que se dará o exercício dos direitos, das liberdades ou das prerrogativas reclamados ou, se for o caso, as condições em que poderá o interessado promover ação própria visando a exercê-los, caso não seja suprida a mora legislativa no prazo determinado.

Parágrafo único. Será dispensada a determinação a que se refere o inciso I do *caput* quando comprovado que o impetrado deixou de atender, em mandado de injunção anterior, ao prazo estabelecido para a edição da norma.

Art. 9º A decisão terá eficácia subjetiva limitada às partes e produzirá efeitos até o advento da norma regulamentadora.

§ 1º Poderá ser conferida eficácia *ultra partes* ou *erga omnes* à decisão, quando isso for inerente ou indispensável ao exercício do direito, da liberdade ou da prerrogativa objeto da impetração.

§ 2º Transitada em julgado a decisão, seus efeitos poderão ser estendidos aos casos análogos por decisão monocrática do relator.

§ 3º O indeferimento do pedido por insuficiência de prova não impede a renovação da impetração fundada em outros elementos probatórios.

Art. 10. Sem prejuízo dos efeitos já produzidos, a decisão poderá ser revista, a pedido de qualquer interessado, quando sobrevierem relevantes modificações das circunstâncias de fato ou de direito.

Parágrafo único. A ação de revisão observará, no que couber, o procedimento estabelecido nesta Lei.

Art. 11. A norma regulamentadora superveniente produzirá efeitos *ex nunc* em relação aos beneficiados por decisão transitada em julgado, salvo se a aplicação da norma editada lhes for mais favorável.

Parágrafo único. Estará prejudicada a impetração se a norma regulamentadora for editada antes da decisão, caso em que o processo será extinto sem resolução de mérito.

Art. 12. O mandado de injunção coletivo pode ser promovido:

I – pelo Ministério Público, quando a tutela requerida for especialmente relevante para a defesa da ordem jurídica, do regime democrático ou dos interesses sociais ou individuais indisponíveis;

II – por partido político com representação no Congresso Nacional, para assegurar o exercício de direitos, liberdades e prerrogativas de seus integrantes ou relacionados com a finalidade partidária;

III – por organização sindical, entidade de classe ou associação legalmente constituída e em funcionamento há pelo menos 1 (um) ano, para assegurar o exercício de direitos, liberdades e prerrogativas em favor da totalidade ou de parte de seus membros ou associados, na forma de seus estatutos e desde que pertinentes a suas finalidades, dispensada, para tanto, autorização especial;

IV – pela Defensoria Pública, quando a tutela requerida for especialmente relevante para a promoção dos direitos humanos e a defesa dos direitos individuais e coletivos dos necessitados, na forma do inciso LXXIV do art. 5º da Constituição Federal.

Parágrafo único. Os direitos, as liberdades e as prerrogativas protegidos por mandado de injunção coletivo são os pertencentes, indistintamente, a uma coletividade indeterminada de pessoas ou determinada por grupo, classe ou categoria.

Art. 13. No mandado de injunção coletivo, a sentença fará coisa julgada limitadamente às pessoas integrantes da coletividade, do grupo, da classe ou da categoria substituídos pelo impetrante, sem prejuízo do disposto nos §§ 1º e 2º do art. 9º.

Parágrafo único. O mandado de injunção coletivo não induz litispendência em relação aos individuais, mas os efeitos da coisa julgada não beneficiarão o impetrante que não requerer a desistência da demanda individual no prazo de 30 (trinta) dias a contar da ciência comprovada da impetração coletiva.

Art. 14. Aplicam-se subsidiariamente ao mandado de injunção as normas do mandado de segurança, disciplinado pela Lei nº 12.016, de 7 de agosto de 2009, e do Código de Processo Civil, instituído pela Lei nº 5.869, de 11 de janeiro

LEG. COMPLEMENTAR

de 1973, e pela Lei nº 13.105, de 16 de março de 2015, observado o disposto em seus arts. 1.045 e 1.046.

Art. 15. Esta Lei entra em vigor na data de sua publicação.

Brasília, 23 de junho de 2016;
195º da Independência e
128º da República.
Michel Temer

LEI Nº 13.428, DE 30 DE MARÇO DE 2017

Altera a Lei nº 13.254, de 13 de janeiro de 2016, que "Dispõe sobre o Regime Especial de Regularização Cambial e Tributária (RERCT) de recursos, bens ou direitos de origem lícita, não declarados ou declarados incorretamente, remetidos, mantidos no exterior ou repatriados por residentes ou domiciliados no País".

- Publicada no *DOU* de 31-3-2017.

Art. 1º A Lei nº 13.254, de 13 de janeiro de 2016, passa a vigorar com as seguintes alterações:

- Alterações inseridas no texto da referida Lei.

Art. 2º O prazo para adesão ao RERCT de que trata a Lei nº 13.254, de 13 de janeiro de 2016, será reaberto por 120 (cento e vinte) dias, contados da data da regulamentação para a declaração voluntária da situação patrimonial em 30 de junho de 2016 de ativos, bens e direitos existentes em períodos anteriores a essa data, mediante pagamento de imposto e multa.

§ 1º Para as adesões efetuadas nos termos deste artigo, altera-se:

I – a referência a "31 de dezembro de 2014" constante da Lei nº 13.254, de 13 de janeiro de 2016, para "30 de junho de 2016";

II – a referência a "mês de dezembro de 2014" constante da Lei nº 13.254, de 13 de janeiro de 2016, para "mês de junho de 2016";

III – a referência a "no ano-calendário de 2015" constante do § 7º do art. 4º da Lei nº 13.254, de 13 de janeiro de 2016, para "a partir de 1º de julho de 2016".

§ 2º Os bens ou direitos de qualquer natureza regularizados nos termos deste artigo e os rendimentos, frutos e acessórios decorrentes do seu aproveitamento, no exterior ou no País, obtidos a partir de 1º de julho de 2016, deverão ser incluídos na:

I – declaração de ajuste anual do imposto sobre a renda relativa ao ano-calendário de 2016, ou em sua retificadora, no caso de pessoa física;

II – declaração de bens e capitais no exterior relativa ao ano-calendário de 2016, no caso de pessoa física ou jurídica, se a ela estiver obrigada; e

III – escrituração contábil societária relativa ao ano-calendário da adesão e posteriores, no caso de pessoa jurídica.

§ 3º Às adesões efetuadas nos termos deste artigo não se aplica o disposto no § 2º do art. 4º da Lei nº 13.254, de 13 de janeiro de 2016.

§ 4º Aos rendimentos, frutos e acessórios de que trata o § 2º deste artigo incluídos nas declarações nele indicadas aplica-se o disposto no art. 138 da Lei nº 5.172, de 25 de outubro de 1966 (Código Tributário Nacional), inclusive com dispensa do pagamento de multas moratórias, se as inclusões forem feitas até o último dia do prazo para adesão ao RERCT ou até o último dia do prazo regular de apresentação da respectiva declaração anual, o que for posterior.

§ 5º Às adesões ocorridas no período previsto neste artigo aplica-se a alíquota do imposto de renda de que trata o art. 6º da Lei nº 13.254, de 13 de janeiro de 2016.

§ 6º Em substituição à multa a que se refere o *caput* do art. 8º da Lei nº 13.254, de 13 de janeiro de 2016, sobre o valor do imposto apurado na forma do § 5º deste artigo incidirá multa administrativa de 135% (cento e trinta e cinco por cento).

§ 7º Do produto da arrecadação da multa prevista no § 6º a União entregará 46% (quarenta e seis por cento) aos Estados, ao Distrito Federal e aos Municípios na forma das alíneas *a*, *b*, *d* e *e* do inciso I do art. 159 da Constituição Federal.

Art. 3º As adesões realizadas com base no § 4º-A do art. 1º da Lei nº 13.254, de 13 de janeiro de 2016, submetem-se aos requisitos do art. 2º desta Lei.

Art. 4º É facultado ao contribuinte que aderiu ao RERCT até 31 de outubro de 2016 complementar a declaração de que trata o art. 5º da Lei nº 13.254, de 13 de janeiro de 2016, obrigando-se, caso exerça esse direito, a pagar os respectivos imposto e multa devidos sobre o valor adicional e a observar a nova data fixada para a conversão do valor expresso em moeda estrangeira, nos termos do art. 2º desta Lei.

Art. 5º O disposto nesta Lei será regulamentado pela Secretaria da Receita Federal do Brasil em até 30 (trinta) dias.

Art. 6º Esta Lei entra em vigor na data de sua publicação.

Brasília, 30 de março de 2017;
196º da Independência e
129º da República.
Michel Temer

LEI COMPLEMENTAR Nº 160, DE 7 DE AGOSTO DE 2017

Dispõe sobre convênio que permite aos Estados e ao Distrito Federal deliberar sobre a remissão dos créditos tributários, constituídos ou não, decorrentes das isenções, dos incentivos e dos benefícios fiscais ou financeiro-fiscais instituídos em desacordo com o disposto na alínea g do inciso XII do § 2º do art. 155 da Constituição Federal e a reinstituição das respectivas isenções, incentivos e benefícios fiscais ou financeiro-fiscais; e altera a Lei nº 12.973, de 13 de maio de 2014.

- Publicada no *DOU* de 8-8-2017.

Art. 1º Mediante convênio celebrado nos termos da Lei Complementar nº 24, de 7 de janeiro de 1975, os Estados e o Distrito Federal poderão deliberar sobre:

I – a remissão dos créditos tributários, constituídos ou não, decorrentes das isenções, dos incentivos e dos benefícios fiscais ou financeiro-fiscais instituídos em desacordo com o disposto na alínea *g* do inciso XII do § 2º do art. 155 da Constituição Federal por legislação estadual publicada até a data de início de produção de efeitos desta Lei Complementar;

II – a reinstituição das isenções, dos incentivos e dos benefícios fiscais ou financeiro-fiscais referidos no inciso I deste artigo que ainda se encontrem em vigor.

Art. 2º O convênio a que se refere o art. 1º desta Lei Complementar poderá ser aprovado e ratificado com o voto favorável de, no mínimo:

I – 2/3 (dois terços) das unidades federadas; e

II – 1/3 (um terço) das unidades federadas integrantes de cada uma das 5 (cinco) regiões do País.

Art. 3º O convênio de que trata o art. 1º desta Lei Complementar atenderá, no mínimo, às seguintes condicionantes, a serem observadas pelas unidades federadas:

I – publicar, em seus respectivos diários oficiais, relação com a identificação de todos os atos normativos relativos às isenções, aos incentivos e aos benefícios fiscais ou financeiro-fiscais abrangidos pelo art. 1º desta Lei Complementar;

II – efetuar o registro e o depósito, na Secretaria Executiva do Conselho Nacional de Política Fazendária (CONFAZ), da documentação comprobatória correspondente aos atos concessivos das isenções, dos incentivos e dos benefícios fiscais ou financeiro-fiscais mencionados no inciso I deste artigo, que serão publicados no Portal Nacional da Transparência Tributária, que será instituído pelo CONFAZ e disponibilizado em seu sítio eletrônico.

§ 1º O disposto no art. 1º desta Lei Complementar não se aplica aos atos relativos às isenções, aos incentivos e aos benefícios fiscais ou financeiro-fiscais vinculados ao Imposto sobre Operações Relativas à Circulação de Mercadorias e sobre Prestações de Serviços de Transporte Interestadual e Intermunicipal e de Comunicação (ICMS) cujas exigências de publicação, registro e depósito, nos termos deste artigo, não tenham sido atendidas, devendo ser revogados os respectivos atos concessivos.

§ 2º A unidade federada que editou o ato concessivo relativo às isenções, aos incentivos e aos benefícios fiscais ou financeiro-fiscais vinculados ao ICMS de que trata o art. 1º desta Lei Complementar cujas exigências de publicação, registro e depósito, nos termos deste artigo, foram atendidas é autorizada a concedê-los e a prorrogá-los, nos termos do ato vigente na data de publicação do respectivo convênio, não podendo seu prazo de fruição ultrapassar:

I – 31 de dezembro do décimo quinto ano posterior à produção de efeitos do respectivo convênio, quanto àqueles destinados ao fomento das atividades agropecuária e industrial, inclusive agroindustrial, e ao investimento em infraestrutura rodoviária, aquaviária, ferroviária, portuária, aeroportuária e de transporte urbano, bem como quanto àqueles destinados a templos de qualquer culto e a entidades beneficentes de assistência social;

- Inciso I com a redação dada pela LC 170, de 19-12-2019.

II – 31 de dezembro do décimo quinto ano posterior à produção de efeitos do respectivo convênio, quanto àqueles destinados à manutenção ou ao incremento das atividades portuária e aeroportuária vinculadas ao comércio internacional, incluída a operação subsequente à da importação, praticada pelo contribuinte importador;

III – 31 de dezembro do décimo quinto ano posterior à produção de efeitos do respectivo convênio, quanto àqueles destinados à manutenção ou ao incremento das atividades comerciais, desde que o beneficiário seja o real remetente da mercadoria;

IV – 31 de dezembro do décimo quinto ano posterior à produção de efeitos do respectivo convênio, quanto àqueles destinados às operações e às prestações interestaduais com produtos agropecuários e extrativos vegetais *in natura*;

- Incisos II a IV com a redação dada pela LC nº 186, de 27-10-2021.

V – 31 de dezembro do primeiro ano posterior à produção de efeitos do respectivo convênio, quanto aos demais.

§ 2º-A. A partir de 1º de janeiro do décimo segundo ano posterior à produção de efeitos do respectivo convênio, a concessão e a prorrogação de que trata o § 2º deste artigo deverão observar a redução em 20% (vinte por cento) ao ano com relação ao direito de fruição das isenções, dos incentivos e dos benefícios fiscais ou financeiros-fiscais vinculados ao ICMS destinados à manutenção ou ao incremento das atividades comerciais, às prestações interestaduais com produtos agropecuários e extrativos vegetais *in natura* e à manutenção ou ao incremento das atividades portuária e aeroportuária vinculadas ao comércio internacional.

- § 2º-A acrescido pela LC nº 186, de 27-10-2021.

§ 3º Os atos concessivos cujas exigências de publicação, de registro e de depósito, nos termos deste artigo, foram atendidas permanecerão vigentes e produzindo efeitos como normas regulamentadoras nas respectivas unidades federadas concedentes das isenções, dos incentivos e dos benefícios fiscais ou financeiro-fiscais vinculados ao ICMS, nos termos dos §§ 2º e 2º-A deste artigo.

- § 3º com a redação dada pela LC nº 186, de 27-10-2021.

§ 4º A unidade federada concedente poderá revogar ou modificar o ato concessivo ou reduzir o seu alcance ou o montante das isenções, dos incentivos e dos benefícios fiscais ou financeiro-fiscais antes do termo final de fruição.

§ 5º O disposto no § 4º deste artigo não poderá resultar em isenções, incentivos ou benefícios fiscais ou financeiro-fiscais em valor superior ao que o contribuinte podia usufruir antes da modificação do ato concessivo.

§ 6º As unidades federadas deverão prestar informações sobre as isenções, os incentivos e os benefícios fiscais ou financeiro-fiscais vinculados ao ICMS e mantê-las atualizadas no Portal Nacional da Transparência Tributária a que se refere o inciso II do *caput* deste artigo.

§ 7º As unidades federadas poderão estender a concessão das isenções, dos incentivos e dos benefícios fiscais ou financeiro-fiscais referidos no § 2º deste artigo a outros contribuintes estabelecidos em seu território, sob as mesmas condições e nos prazos-limites de fruição.

§ 8º As unidades federadas poderão aderir às isenções, aos incentivos e aos benefícios fiscais ou financeiro-fiscais concedidos ou prorrogados por outra unidade federada da mesma região na forma dos §§ 2º e 2º-A deste artigo, enquanto vigentes.

- § 8º com a redação dada pela LC nº 186, de 27-10-2021.

Art. 4º São afastadas as restrições decorrentes da aplicação do art. 14 da Lei Complementar nº 101, de 4 de maio de 2000, que possam comprometer a implementação das disposições desta Lei Complementar.

Art. 5º A remissão ou a não constituição de créditos concedidas por lei da unidade federada de origem da mercadoria, do bem ou do serviço afastam as sanções previstas no art. 8º da Lei Complementar nº 24, de 7 de janeiro de 1975, retroativamente à data original de concessão da isenção, do incentivo ou do benefício fiscal ou financeiro-fiscal, vedadas a restituição e a compensação de tributo e a apropriação de crédito extemporâneo por sujeito passivo.

Art. 6º Ressalvado o disposto nesta Lei Complementar, a concessão ou a manutenção de isenções, incentivos e benefícios fiscais ou financeiro-fiscais em desacordo com a Lei Complementar nº 24, de 7 de janeiro de 1975, implica a sujeição da unidade federada responsável aos impedimentos previstos nos incisos I, II e III do § 3º do art. 23 da Lei Complementar nº 101, de 4 de maio de 2000, pelo prazo em que perdurar a concessão ou a manutenção das isenções, dos incentivos e dos benefícios fiscais ou financeiro-fiscais.

§ 1º A aplicação do disposto no *caput* deste artigo é condicionada ao acolhimento, pelo Ministro de Estado da Fazenda, de representação apresentada por Governador de Estado ou do Distrito Federal.

§ 2º Admitida a representação e ouvida, no prazo de 30 (trinta) dias, a unidade federada interessada, o Ministro de Estado da Fazenda, em até 90 (noventa) dias:

I – determinará o arquivamento da representação, caso não seja constatada a infração;

II – editará portaria declarando a existência da infração, a qual produzirá efeitos a partir de sua publicação.

§ 3º Compete ao Tribunal de Contas da União verificar a aplicação, pela União, da sanção prevista no *caput* deste artigo.

Art. 7º Para fins de aprovação e de ratificação do convênio previsto no art. 1º desta Lei Complementar, aplicam-se os demais preceitos contidos na Lei Complementar nº 24, de 7 de janeiro de 1975, que não sejam contrários aos dispositivos desta Lei Complementar.

Art. 8º O convênio de que trata o art. 1º desta Lei Complementar deverá ser aprovado pelo CONFAZ no prazo de 180 (cento e oitenta) dias, a contar da data de publicação desta Lei Complementar, sob pena de perderem eficácia as disposições dos arts. 1º a 6º desta Lei Complementar.

Art. 9º O art. 30 da Lei nº 12.973, de 13 de maio de 2014, passa a vigorar acrescido dos seguintes §§ 4º e 5º:

"Art. 30. ....

....

§ 4º Os incentivos e os benefícios fiscais ou financeiro-fiscais relativos ao imposto previsto no inciso II do *caput* do art. 155 da Constituição Federal, concedidos pelos Estados e pelo Distrito Federal, são considerados subvenções para investimento, vedada a exigência de outros requisitos ou condições não previstos neste artigo.

§ 5º O disposto no § 4º deste artigo aplica-se inclusive aos processos administrativos e judiciais ainda não definitivamente julgados."

Art. 10. O disposto nos §§ 4º e 5º do art. 30 da Lei nº 12.973, de 13 de maio de 2014, aplica-se inclusive aos incentivos e aos benefícios fiscais ou financeiro-fiscais de ICMS instituídos em desacordo com o disposto na alínea *g* do inciso XII do § 2º do art. 155 da Constituição Federal por legislação estadual publicada até a data de início de produção de efeitos desta Lei Complementar, desde que atendidas as respectivas exigências de registro e depósito, nos termos do art. 3º desta Lei Complementar.

Art. 11. Esta Lei Complementar entra em vigor na data de sua publicação.

Brasília, 7 de agosto de 2017;
196º da Independência e
129º da República.

Michel Temer

LEI Nº 13.606, DE 9 DE JANEIRO DE 2018

Institui o Programa de Regularização Tributária Rural (PRR) na Secretaria da Receita Federal do Brasil e na Procuradoria-Geral da Fazenda Nacional; altera as Leis nºs 8.212, de 24 de julho de 1991, 8.870, de 15 de abril de 1994, 9.528, de 10 de dezembro de 1997, 13.340, de 28 de setembro de 2016, 10.522, de 19 de julho de 2002, 9.456, de 25 de abril de 1997, 13.001, de 20 de junho de 2014, 8.427, de 27 de maio de 1992, e 11.076, de 30 de dezembro de 2004, e o Decreto-Lei nº 2.848, de 7 de dezembro de 1940 (Código Penal); e dá outras providências.

- Publicada no *DOU* de 10-1-2018.

Art. 1º Fica instituído o Programa de Regularização Tributária Rural (PRR) na Secretaria da Receita Federal do Brasil e na Procuradoria-Geral da Fazenda Nacional, cuja implementação obedecerá ao disposto nesta Lei.

§ 1º Poderão ser quitados, na forma do PRR, os débitos vencidos até 30 de agosto de 2017 das contribuições de que tratam o art. 25 da Lei nº 8.212, de 24 de julho de 1991, e o art. 25 da Lei nº 8.870, de 15 de abril de 1994, constituídos ou não, inscritos ou não em dívida ativa da União, inclusive objeto de parcelamentos anteriores rescindidos ou ativos, em discussão administrativa ou judicial, ou ainda provenientes de lançamento efetuado de ofício após a publicação desta Lei, desde que o requerimento ocorra no prazo de que trata o § 2º deste artigo.

§ 2º A adesão ao PRR ocorrerá por meio de requerimento a ser efetuado até 31 de dezembro de 2018 e abrangerá os débitos indicados pelo sujeito passivo, na condição de contribuinte ou de sub-rogado.

- § 2º com a redação dada pela Lei nº 13.729, de 8-11-2018.

§ 3º A adesão ao PRR implicará:

I – a confissão irrevogável e irretratável dos débitos em nome do sujeito passivo, na condição de contribuinte ou sub-rogado, e por ele indicados para compor o PRR, nos termos dos arts. 389 e 395 da Lei nº 13.105, de 16 de março de 2015 (Código de Processo Civil);

II – a aceitação plena e irretratável pelo sujeito passivo, na condição de contribuinte ou de sub-rogado, das condições estabelecidas nesta Lei;

III – o dever de pagar regularmente as parcelas da dívida consolidada no PRR e os débitos relativos às contribuições dos produtores rurais pessoas físicas e dos adquirentes de produção rural de que trata o art. 25 da Lei nº 8.212, de 24 de julho de 1991, e às contribuições dos produtores rurais pessoas jurídicas de que trata o art. 25 da Lei nº 8.870, de 15 de abril de 1994, vencidos após 30 de agosto de 2017, inscritos ou não em dívida ativa da União; e

IV – o cumprimento regular das obrigações com o Fundo de Garantia do Tempo de Serviço (FGTS).

§ 4º A confissão de que trata o inciso I do § 3º deste artigo não impedirá a aplicação do disposto no art. 19 da Lei nº 10.522, de 19 de julho de 2002, caso decisão ulterior do Superior Tribunal de Justiça ou do Supremo Tribunal Federal resulte na ilegitimidade de cobrança dos débitos confessados.

Art. 2º O produtor rural pessoa física e o produtor rural pessoa jurídica que aderir ao PRR poderão liquidar os débitos de que trata o art. 1º desta Lei da seguinte forma:

I – pelo pagamento de, no mínimo, 2,5% (dois inteiros e cinco décimos por cento) do valor da dívida consolidada, sem as reduções de que trata o inciso II do *caput* deste artigo, em até duas parcelas iguais, mensais e sucessivas; e

II – pelo pagamento do restante da dívida consolidada, por meio de parcelamento em até cento e setenta e seis prestações mensais e sucessivas, vencíveis a partir do mês seguinte ao vencimento da segunda parcela prevista no inciso I do *caput* deste artigo, equivalentes a 0,8% (oito décimos por cento) da média mensal da receita bruta proveniente da comercialização de sua produção rural do ano civil imediatamente anterior ao do vencimento da parcela, com as seguintes reduções:

a) 100% (cem por cento) das multas de mora e de ofício e dos encargos legais, incluídos os honorários advocatícios; e

b) 100% (cem por cento) dos juros de mora.

§ 1º O valor da parcela previsto no inciso II do *caput* deste artigo não será inferior a R$ 100,00 (cem reais).

§ 2º Na hipótese de concessão do parcelamento e manutenção dos pagamentos de que trata o inciso II do *caput* deste artigo perante a Secretaria da Receita Federal do Brasil e a Procuradoria-Geral da Fazenda Nacional, 50% (cinquenta por cento) do valor arrecadado será destinado para cada órgão.

§ 3º Encerrado o prazo do parcelamento, eventual resíduo da dívida não quitada poderá ser pago à vista, acrescido à última prestação, ou ser parcelado na forma prevista na Lei nº 10.522, de 19 de julho de 2002, em até sessenta prestações, hipótese em que não se aplicará o disposto no § 2º do art. 14-A da referida Lei, mantidas, em qualquer caso, as reduções previstas no inciso II do *caput* deste artigo.

§ 4º Na hipótese de suspensão das atividades relativas à produção rural ou de não auferimento de receita bruta por período superior a um ano, o valor da prestação mensal de que trata o inciso II do *caput* deste artigo será equivalente ao saldo da dívida consolidada com as reduções previstas no referido inciso, dividido pela quantidade de meses que faltarem para complementar cento e setenta e seis meses.

§ 5º O eventual adiantamento de parcelas de que trata o inciso II do *caput* deste artigo implicará a amortização de tantas parcelas subsequentes quantas forem adiantadas.

Art. 3º O adquirente de produção rural ou a cooperativa que aderir ao PRR poderá liquidar os débitos de que trata o art. 1º desta Lei da seguinte forma:

I – pelo pagamento de, no mínimo, 2,5% (dois inteiros e cinco décimos por cento) do valor da dívida consolidada, sem as reduções de que trata o inciso II do *caput* deste artigo, em até duas parcelas iguais, mensais e sucessivas; e

II – pelo pagamento do restante da dívida consolidada, por meio de parcelamento em até cento e setenta e seis prestações mensais e sucessivas, vencíveis a partir do mês seguinte ao vencimento da segunda parcela prevista no inciso I do *caput* deste artigo, equivalentes a 0,3% (três décimos por cento) da média mensal da receita bruta proveniente da comercialização do ano civil imediatamente anterior ao do vencimento da parcela, com as seguintes reduções:

a) 100% (cem por cento) das multas de mora e de ofício e dos encargos legais, incluídos os honorários advocatícios; e

b) 100% (cem por cento) dos juros de mora.

§ 1º O valor da parcela previsto no inciso II do *caput* deste artigo não será inferior a R$ 1.000,00 (mil reais).

§ 2º Na hipótese de concessão do pagamento e manutenção dos pagamentos de que trata o inciso II do *caput* deste artigo perante a Secretaria da Receita Federal do Brasil e a Procuradoria-Geral da Fazenda Nacional, 50% (cinquenta por cento) do valor arrecadado será destinado para cada órgão.

§ 3º Encerrado o prazo do parcelamento, eventual resíduo da dívida não quitada poderá ser pago à vista, acrescido à última prestação, ou ser parcelado na forma prevista na Lei nº 10.522, de 19 de julho de 2002, em até sessenta prestações, hipótese em que não se aplicará o disposto no § 2º do art. 14-A da referida Lei, mantidas, em qualquer caso, as reduções previstas no inciso II do *caput* deste artigo.

§ 4º Na hipótese de suspensão das atividades do adquirente ou da cooperativa ou de não auferimento de receita bruta por período superior a um ano, o valor da prestação mensal de que trata o inciso II do *caput* deste artigo será equivalente ao saldo da dívida consolidada com as reduções previstas no referido inciso, dividido pela quantidade de meses que faltarem para completar cento e setenta e seis meses.

§ 5º O eventual adiantamento de parcelas de que trata o inciso II do *caput* deste artigo implicará a amortização de tantas parcelas subsequentes quantas forem adiantadas.

Art. 4º O parcelamento de débitos na forma prevista nos arts. 2º e 3º desta Lei não requer a apresentação de garantia.

Art. 5º Para incluir no PRR débitos que se encontrem em discussão administrativa ou judicial, o sujeito passivo deverá desistir previamente das impugnações ou dos recursos administrativos e das ações judiciais que tenham por objeto os débitos que serão quitados, renunciar a quaisquer alegações de direito sobre as quais se fundem as referidas impugnações, os recursos administrativos ou as ações judiciais e protocolar, no caso de ações judiciais, requerimento de extinção do processo com resolução do mérito, nos termos estabelecidos na alínea c do inciso III do *caput* do art. 487 da Lei nº 13.105, de 16 de março de 2015 (Código de Processo Civil), o que eximirá o autor da ação do pagamento dos honorários advocatícios, afastando-se o disposto no art. 90 da Lei nº 13.105, de 16 de março de 2015 (Código de Processo Civil).

§ 1º Somente será considerada a desistência parcial de impugnação de recurso administrativo interposto ou de ação judicial proposta se o débito objeto de desistência for passível de distinção dos demais débitos discutidos no processo administrativo ou na ação judicial.

§ 2º A comprovação do pedido de desistência ou da renúncia de ações judiciais será apresentada na unidade de atendimento integrado do domicílio fiscal do sujeito passivo na condição de contribuinte ou de sub-rogado, até trinta dias após o prazo final de adesão de que trata o § 2º do art. 1º desta Lei.

Art. 6º Os depósitos vinculados aos débitos incluídos no PRR serão automaticamente transformados em pagamento definitivo ou convertidos em renda da União.

§ 1º Depois da alocação do valor depositado à dívida incluída no PRR, se restarem débitos não liquidados pelo depósito, o saldo devedor poderá ser quitado na forma prevista nos arts. 2º ou 3º desta Lei.

§ 2º Depois da conversão em renda ou da transformação em pagamento definitivo, o sujeito passivo, na condição de contribuinte ou de sub-rogado, poderá requerer o levantamento do saldo remanescente, se houver, desde que não haja outro débito exigível.

§ 3º Na hipótese de depósito judicial, o disposto no *caput* deste artigo somente se aplicará aos casos em que tenha ocorrido desistência da ação ou do recurso e renúncia a qualquer alegação de direito sobre o qual se funde a ação.

Art. 7º A dívida objeto do parcelamento será consolidada na data do requerimento de adesão ao PRR.

§ 1º Enquanto a dívida não for consolidada, caberá ao sujeito passivo calcular e recolher os valores de que tratam os arts. 2º e 3º desta Lei.

§ 2º O parcelamento terá sua formalização condicionada ao prévio pagamento da primeira parcela de que tratam o inciso I do *caput* do art. 2º e o inciso I do *caput* do art. 3º desta Lei.

§ 3º Sobre o valor de cada prestação mensal, por ocasião do pagamento, incidirão juros equivalentes à taxa referencial do Sistema Especial de Liquidação e de Custódia (SELIC) para títulos federais, acumulada mensalmente, calculados a partir do mês subsequente ao da consolidação até o mês anterior ao do pagamento, e de 1% (um por cento) relativamente ao mês em que o pagamento for efetuado.

Art. 8º No âmbito da Secretaria da Receita Federal do Brasil, o sujeito passivo, na condição de contribuinte ou sub-rogado, que aderir ao PRR, poderá liquidar o saldo consolidado de que trata o inciso II do *caput* do art. 2º e o inciso II do *caput* do art. 3º desta Lei com a utilização de créditos de prejuízo fiscal e de base de cálculo negativa da Contribuição Social sobre o Lucro Líquido (CSLL), liquidando-se o saldo remanescente com parcelamento em até cento e setenta e seis meses.

§ 1º Na liquidação dos débitos na forma prevista no *caput* deste artigo, poderão ser utilizados créditos de prejuízos fiscais e de base de cálculo negativa da CSLL apurados até 31 de dezembro de 2015 e declarados até 29 de julho de 2016, próprios ou do responsável tributário ou corresponsável pelo débito, e de empresas controladora e controlada, de forma direta ou indireta, ou de empresas que sejam controladas direta ou indiretamente por uma mesma empresa, em 31 de dezembro de 2015, domiciliadas no País, desde que se mantenham nessa condição até a data da opção pela quitação.

§ 2º Para fins do disposto no § 1º deste artigo, inclui-se também como controlada a sociedade na qual a participação da controladora seja igual ou inferior a 50% (cinquenta por cento), desde que exista acordo de acionistas que assegure, de modo permanente, a preponderância individual ou comum nas deliberações sociais e o poder individual ou comum de eleger a maioria dos administradores.

§ 3º Na hipótese de utilização dos créditos de que tratam os §§ 1º e 2º deste artigo, os créditos próprios deverão ser utilizados primeiro.

§ 4º O valor do crédito decorrente de prejuízo fiscal e de base de cálculo negativa da CSLL será determinado por meio da aplicação das seguintes alíquotas:

I – 25% (vinte e cinco por cento) sobre o montante do prejuízo fiscal;

II – 20% (vinte por cento) sobre a base de cálculo negativa da CSLL, no caso das pessoas jurídicas de seguros privados, das pessoas jurídicas de capitalização e das pessoas jurídicas referidas nos incisos I, II, III, IV, V, VI, VII e X do § 1º do art. 1º da Lei Complementar nº 105, de 10 de janeiro de 2001;

III – 17% (dezessete por cento) sobre a base de cálculo negativa da CSLL, no caso das pessoas jurídicas referidas no inciso IX do § 1º do art. 1º da Lei Complementar nº 105, de 10 de janeiro de 2001; e

IV – 9% (nove por cento) sobre a base de cálculo negativa da CSLL, no caso das demais pessoas jurídicas.

§ 5º Na hipótese de indeferimento dos créditos a que se refere o *caput* deste artigo, no todo ou em parte, será concedido o prazo de trinta dias para que o sujeito passivo efetue o pagamento em espécie dos débitos amortizados indevidamente com créditos de prejuízo fiscal e de base de cálculo negativa da CSLL não reconhecidos pela Secretaria da Receita Federal do Brasil.

§ 6º A falta do pagamento de que trata o § 5º deste artigo, ou o atraso superior a trinta dias, implicará a exclusão do devedor do PRR e o restabelecimento da cobrança dos débitos remanescentes.

§ 7º A utilização dos créditos na forma disciplinada no *caput* deste artigo extingue os débitos sob condição resolutória de sua ulterior homologação.

§ 8º A Secretaria da Receita Federal do Brasil dispõe do prazo de cinco anos para a análise dos créditos utilizados na forma prevista no *caput* deste artigo.

Art. 9º O sujeito passivo, na condição de contribuinte ou sub-rogado, que aderir ao PRR no âmbito da Procuradoria-Geral da Fazenda Nacional para parcelar dívida total, sem reduções, igual ou inferior a R$ 15.000.000,00 (quinze milhões de reais) poderá liquidar o saldo consolidado de que trata o inciso II do *caput* do art. 2º e o inciso II do *caput* do art. 3º desta Lei com a utilização de créditos próprios de prejuízo fiscal e de base de cálculo negativa da CSLL, apurados até 31 de dezembro de 2015 e declarados até 29 de julho de 2016, liquidando-se o saldo remanescente com parcelamento em até cento e setenta e seis meses.

Parágrafo único. Na liquidação dos débitos na forma prevista no *caput* deste artigo, aplica-se o disposto nos §§ 4º, 5º e 6º do art. 8º desta Lei.

Art. 10. Implicará a exclusão do devedor do PRR e a exigibilidade imediata da totalidade do débito confessado e ainda não pago:

I – a falta de pagamento de três parcelas consecutivas ou de seis parcelas alternadas;

II – a falta de pagamento da última parcela, se as demais estiverem pagas;

III – a inobservância do disposto nos incisos III e IV do § 3º do art. 1º desta Lei, por três meses consecutivos ou por seis meses alternados, no mesmo ano civil; ou

IV – a não quitação integral dos valores de que tratam o inciso I do *caput* do art. 2º e o inciso I do *caput* do art. 3º desta Lei, nos prazos estabelecidos.

§ 1º Não implicará a exclusão do produtor rural pessoa física ou do produtor rural pessoa jurídica do PRR a falta de pagamento referida nos incisos I, II ou III do *caput* deste artigo ocasionada pela queda significativa de safra decorrente de razões edafoclimáticas que tenham motivado a declaração de situação de emergência ou de estado de calamidade pública devidamente reconhecido pelo Poder Executivo federal, conforme disposto no inciso X do art. 6º da Lei nº 12.608, de 10 de abril de 2012.

§ 2º Na hipótese de exclusão do devedor do PRR, serão cancelados os benefícios concedidos e:

I – será efetuada a apuração do valor original do débito com a incidência dos acréscimos legais até a data da exclusão; e

II – serão deduzidas do valor referido no inciso I deste parágrafo as parcelas pagas, com os acréscimos legais até a data da exclusão.

Art. 11. A opção pelo PRR implicará a manutenção automática dos gravames decorrentes de arrolamento de bens, de medida cautelar fiscal e das garantias prestadas nas ações de execução fiscal ou de qualquer outra ação judicial.

Art. 12. Aplica-se aos parcelamentos dos débitos incluídos no PRR o disposto no *caput* e nos §§ 2º e 3º do art. 11, no art. 12 e no inciso IX do *caput* do art. 14 da Lei nº 10.522, de 19 de julho de 2002.

Parágrafo único. A vedação da inclusão em qualquer outra forma de parcelamento dos débitos parcelados com base na Lei nº 9.964, de 10 de abril de 2000, na Lei nº 10.684, de 30 de maio de 2003, e na Lei nº 13.496, de 24 de outubro de 2017, na Medida Provisória nº 766, de 4 de janeiro de 2017, e na Medida Provisória nº 793, de 31 de julho de 2017, não se aplica ao PRR.

Art. 13. A Secretaria da Receita Federal do Brasil e a Procuradoria-Geral da Fazenda Nacional, no âmbito de suas competências, editarão, no prazo de até trinta dias, contado da data de publicação desta Lei, os atos necessários à execução dos procedimentos previstos nos arts. 1º a 12 desta Lei.

Parágrafo único. A regulamentação deverá garantir a possibilidade de migração para o PRR aos produtores rurais e aos adquirentes que aderiram ao parcelamento previsto na Medida Provisória nº 793, de 31 de julho de 2017.

Art. 14. O art. 25 da Lei nº 8.212, de 24 de julho de 1991, passa a vigorar com as seguintes alterações:

- Alterações inseridas no texto da referida Lei.

Art. 15. O art. 25 da Lei nº 8.870, de 15 de abril de 1994, passa a vigorar com as seguintes alterações:

"Art. 25. ....

I – 1,7% (um inteiro e sete décimos por cento) da receita bruta proveniente da comercialização da sua produção;'

....

§ 6º Não integra a base de cálculo da contribuição de que trata o *caput* deste artigo a produção rural destinada ao plantio ou reflorestamento, nem o produto animal destinado à reprodução ou criação pecuária ou granjeira e à utilização como cobaia para fins de pesquisas científicas, quando vendido pelo próprio produtor e por quem a utilize diretamente com essas finalidades e, no caso de produto vegetal, por pessoa ou entidade registrada no Ministério da Agricultura, Pecuária e Abastecimento que se dedique ao comércio de sementes e mudas no País.

§ 7º O empregador pessoa jurídica poderá optar por contribuir na forma prevista no *caput* deste artigo ou na forma dos incisos I e II do *caput* do art. 22 da Lei nº 8.212, de 24 de julho de 1991, manifestando sua opção mediante o pagamento da contribuição incidente sobre a folha de salários relativa a janeiro de cada ano, ou à primeira competência subsequente ao início da atividade rural, e será irretratável para todo o ano-calendário."

Art. 16. O art. 6º da Lei nº 9.528, de 10 de dezembro de 1997, passa a vigorar acrescido do seguinte parágrafo único:

"Art. 6º ....

Parágrafo único. A contribuição de que trata o *caput* deste artigo será recolhida:

I – pelo adquirente, consignatário ou cooperativa, que ficam sub-rogados, para esse fim, nas obrigações do produtor rural pessoa física e do segurado especial, independentemente das operações de venda e consignação terem sido realizadas diretamente com produtor ou com intermediário pessoa física;

II – pelo próprio produtor pessoa física e pelo segurado especial, quando comercializarem sua produção com adquirente no exterior, com outro produtor pessoa física, ou diretamente no varejo, com o consumidor pessoa física."

Art. 17. O art. 168-A do Decreto-Lei nº 2.848, de 7 de dezembro de 1940 (Código Penal), passa a vigorar acrescido do seguinte § 4º:

- Alteração inserida no texto do referido Dec.-lei.

Art. 18. A Lei nº 13.340, de 28 de setembro de 2016, passa a vigorar com as seguintes alterações:

"Art. 1º Fica autorizada a concessão de rebate para liquidação, até 27 de dezembro de 2018, das operações de crédito rural referentes a uma ou mais operações do mesmo mutuário, contratadas até 31 de dezembro de 2011 com o Banco do Nordeste do Brasil S.A. ou o Banco da Amazônia S.A. com recursos oriundos, respectivamente, do Fundo Constitucional de Financiamento do Nordeste (FNE) ou do Fundo Constitucional de Financiamento do Norte (FNO), ou com recursos mistos dos referidos Fundos com outras fontes, relativas a empreendimentos localizados na área de abrangência da Superintendência do Desenvolvimento do Nordeste (SUDENE) ou da Superintendência do Desenvolvimento da Amazônia (Sudam), observadas ainda as seguintes condições:

....

Art. 2º Fica autorizada, até 27 de dezembro de 2018, a repactuação das dívidas das operações de crédito rural contratadas até 31 de dezembro de 2011 com o Banco do Nordeste do Brasil S.A. ou o Banco da Amazônia S.A. com recursos oriundos, respectivamente, do FNE ou do FNO, ou com recursos mistos dos referidos Fundos com outras fontes, relativas a empreendimentos localizados na área de abrangência da SUDENE ou da Sudam, atualizadas até a data da repactuação segundo os critérios estabelecidos no art. 1º desta Lei, observadas ainda as seguintes condições:

....

Art. 3º Fica autorizada a concessão de rebate para liquidação, até 27 de dezembro de 2018, das operações de crédito rural referentes a uma ou mais operações do mesmo mutuário, contratadas até 31 de dezembro de 2011 com bancos oficiais federais, relativas a empreendimentos localizados na área de abrangência da SUDENE e da Sudam, exceto as contratadas com recursos oriundos dos Fundos Constitucionais de Financiamento, observadas as seguintes condições:

....

Art. 3º-A (VETADO)

Art. 3º-A O disposto no art. 3º desta Lei alcança as operações contratadas com bancos oficiais federais de crédito ou agências estaduais de desenvolvimento ou de fomento com recursos oriundos do Banco Nacional de Desenvolvimento Econômico e Social (BNDES), ainda que tenham sido baixadas em prejuízo.

Art. 4º Fica autorizada a concessão de descontos para a liquidação, até 27 de dezembro de 2018, de dívidas originárias de operações de crédito rural inscritas em dívida ativa da União ou encaminhadas para inscrição até 31 de julho de 2018, relativas a inadimplência ocorrida até 31 de dezembro de 2017, devendo incidir os referidos descontos sobre o valor consolidado, por inscrição em dívida ativa da União.

....

§ 4º Para as dívidas de que trata o *caput* deste artigo cujo devedor tenha natureza jurídica de pessoa jurídica ou que possua, por força da legislação tributária, registro no Cadastro Nacional da Pessoa Jurídica (CNPJ), os descontos de que trata o *caput* deste artigo serão concedidos sobre o valor consolidado da inscrição em dívida ativa da União, segundo seu enquadramento em uma das faixas de valores indicadas no Anexo IV desta Lei, devendo primeiro ser aplicado o correspondente desconto percentual e, em seguida, o respectivo desconto de valor fixo.

§ 5º Os descontos para liquidação previstos no § 1º deste artigo aplicam-se às dívidas contraídas no âmbito do Fundo de Terras e da Reforma Agrária (Banco da Terra) e do Acordo de Empréstimo 4.147-BR, inscritas em dívida ativa da União até 31 de julho de 2018, cuja inadimplência tenha ocorrido até 31 de dezembro de 2017.

§ 6º Para as dívidas de que trata o § 5º deste artigo cujo devedor principal tenha natureza jurídica de pessoa jurídica ou que possua, por força da legislação tributária, registro no Cadastro Nacional da Pessoa Jurídica (CNPJ), para os fins da liquidação prevista neste artigo, aplica-se, em substituição aos descontos referidos no Anexo III de que trata o § 1º deste artigo, desconto de 85% (oitenta e cinco por cento) a ser concedido sobre o saldo devedor consolidado na forma do § 2º deste artigo.

Art. 10. Para os fins de que tratam os arts. 1º, 2º, 3º e 4º desta Lei, ficam suspensos a partir da publicação desta Lei até 27 de dezembro de 2018:

I – o encaminhamento para cobrança judicial e as execuções e cobranças judiciais em curso, inclusive as conduzidas pela Procuradoria-Geral da Fazenda Nacional e pela Advocacia-Geral da União;

....

Art. 14. (VETADO).

LEG. COMPLEMENTAR

Art. 14. Sem prejuízo do disposto no § 3º do art. 195 da Constituição Federal, nas operações de renegociação e de repactuação e na concessão de descontos, rebates ou bônus de adimplência para liquidação, renegociação ou repactuação de dívidas de operações de crédito rural e de operações de bens de capital de que trata a Lei nº 12.096, de 24 de novembro de 2009, realizadas com instituições financeiras públicas federais, ficam afastadas até 27 de dezembro de 2018 as exigências de regularidade fiscal previstas no art. 62 do Decreto-Lei nº 147, de 3 de fevereiro de 1967, no § 1º do art. 1º do Decreto-Lei nº 1.715, de 22 de novembro de 1979, na alínea *b* do *caput* do art. 27 da Lei nº 8.036, de 11 de maio de 1990, e na Lei nº 10.522, de 19 de julho de 2002.

Art. 16. Fica o Poder Executivo autorizado a repactuar as dívidas dos empreendimentos familiares rurais, das agroindústrias familiares e das cooperativas de produção agropecuária, amparadas em Declaração de Aptidão ao Pronaf (DAP), nas modalidades pessoa física ou jurídica, com o Programa Nacional de Fortalecimento da Agricultura Familiar (Pronaf), originárias de operações contratadas até 31 de dezembro de 2012, observadas as seguintes condições:

....

Parágrafo único. A repactuação de que trata o *caput* deste artigo também alcança operações contratadas com recursos oriundos do FNE ou do FNO, ou com recursos mistos desses fundos com outras fontes, relativas a empreendimentos localizados na área de abrangência da SUDENE ou da SUDAM."

Art. 19. A Lei nº 13.340, de 28 de setembro de 2016, passa a vigorar acrescida do Anexo IV, na forma do Anexo II desta Lei.

Art. 20. Fica a Advocacia-Geral da União autorizada a conceder descontos para a liquidação, até 30 de dezembro de 2019, de dívidas originárias de operações de crédito rural, cujos ativos tenham sido transferidos para o Tesouro Nacional e os respectivos débitos, não inscritos na dívida ativa da União, estejam sendo executados pela Procuradoria-Geral da União, devendo incidir os referidos descontos sobre o valor consolidado por ação de execução judicial.

• *Caput* com a redação dada pela Lei nº 13.729, de 8-11-2018.

§ 1º Os descontos de que trata o *caput* deste artigo, independentemente do valor original contratado, serão concedidos sobre o valor consolidado por ação de execução judicial, segundo seu enquadramento em uma das faixas de valores indicadas no Anexo I desta Lei, devendo primeiro ser aplicado o correspondente desconto percentual e, em seguida, o respectivo desconto de valor fixo.

§ 2º Entende-se por valor consolidado por ação de execução judicial de que trata o *caput* deste artigo o montante do débito a ser liquidado, atualizado até o mês em que ocorrerá a liquidação.

§ 3º Formalizado o pedido de adesão, a Advocacia-Geral da União fica autorizada a adotar as medidas necessárias à suspensão, até análise do requerimento, das ações de execução ajuizadas, cujo objeto seja a cobrança de crédito rural de que trata o *caput* deste artigo.

§ 4º O prazo de prescrição das dívidas de crédito rural de que trata este artigo fica suspenso a partir da data de publicação desta Lei até 30 de dezembro de 2019.

• § 4º com a redação dada pela Lei nº 13.729, de 8-11-2018.

Art. 20-A. Fica autorizada a concessão dos descontos de que trata o art. 20 desta Lei, até 30 de dezembro de 2022, no caso de débitos de responsabilidade de agricultores familiares que atendem aos requisitos da Lei nº 11.326, de 24 de julho de 2006.

Parágrafo único. O prazo de prescrição das dívidas de crédito rural de que trata o *caput* deste artigo fica suspenso até 30 de dezembro de 2022.

• Art. 20-A acrescido pela Lei nº 14.275, de 23-12-2021.

Art. 21. Para as dívidas oriundas de operações de crédito rural contratadas com o extinto Banco Nacional de Crédito Cooperativo (BNCC), cujos respectivos débitos, não inscritos na dívida ativa da União, estejam sendo executados pela Procuradoria-Geral da União, independentemente da apresentação de pedidos de adesão aos benefícios de que trata o art. 20 desta Lei pelos mutuários, os saldos devedores serão recalculados pela Advocacia-Geral da União, incidindo sobre o valor atribuído à causa, desde a elaboração do cálculo que o embasou:

I – atualização monetária, segundo os índices oficiais vigentes em cada período;

II – juros remuneratórios de 6% a.a. (seis por cento ao ano);

III – juros de mora de 1% a.a. (um por cento ao ano).

Parágrafo único. Fica a Advocacia-Geral da União autorizada a aplicar descontos adicionais, aferidos com base em critérios objetivos fixados em ato conjunto pelos Ministérios da Fazenda e da Agricultura, Pecuária e Abastecimento, para liquidação das operações de crédito rural enquadradas no *caput* deste artigo, contratadas ao amparo do Programa de Cooperação Nipo-Brasileira para o Desenvolvimento dos Cerrados (PRODECER) – Fase II, do Programa de Financiamento de Equipamentos de Irrigação (PROFIR) e do Programa Nacional de Valorização e Utilização de Várzeas Irrigáveis (PROVÁRZEAS).

Art. 22. O mutuário que tenha aderido a pedidos de renegociação com a Advocacia-Geral da União, fundamentado no art. 8º-A da Lei nº 11.775, de 17 de setembro de 2008, ou no art. 8º-B da Lei nº 12.844, de 19 de julho de 2013, ainda em curso, após renunciar expressamente ao acordo em execução, poderá requerer a liquidação do saldo remanescente, com os descontos previstos no art. 20 desta Lei, apurando-se o saldo devedor segundo os critérios estabelecidos nos §§ 1º e 2º do art. 20 desta Lei.

Art. 23. É vedada a acumulação dos descontos previstos nos arts. 20, 21 e 22 desta Lei com outros consignados na legislação.

Art. 24. A liquidação de que tratam os arts. 20, 21 e 22 desta Lei será regulamentada por ato do Advogado-Geral da União.

Art. 25. A Lei nº 10.522, de 19 de julho de 2002, passa a vigorar acrescida dos seguintes arts. 20-B, 20-C, 20-D e 20-E:

"Art. 20-B. Inscrito o crédito em dívida ativa da União, o devedor será notificado para, em até cinco dias, efetuar o pagamento do valor atualizado monetariamente, acrescido de juros, multa e demais encargos nela indicados.

§ 1º A notificação será expedida por via eletrônica ou postal para o endereço do devedor e será considerada entregue depois de decorridos quinze dias da respectiva expedição.

§ 2º Presume-se válida a notificação expedida para o endereço informado pelo contribuinte ou responsável à Fazenda Pública.

§ 3º Não pago o débito no prazo fixado no *caput* deste artigo, a Fazenda Pública poderá:

I – comunicar a inscrição em dívida ativa aos órgãos que operam bancos de dados e cadastros relativos a consumidores e aos serviços de proteção ao crédito e congêneres; e

II – averbar, inclusive por meio eletrônico, a certidão de dívida ativa nos órgãos de registro de bens e direitos sujeitos a arresto ou penhora, tornando-os indisponíveis.

Art. 20-C. A Procuradoria-Geral da Fazenda Nacional poderá condicionar o ajuizamento de execuções fiscais à verificação de indícios de bens, direitos ou atividade econômica dos devedores ou corresponsáveis, desde que úteis à satisfação integral ou parcial dos débitos a serem executados.

Parágrafo único. Compete ao Procurador-Geral da Fazenda Nacional definir os limites, critérios e parâmetros para o ajuizamento da ação de que trata o *caput* deste artigo, observados os critérios de racionalidade, economicidade e eficiência.

Art. 20-D. Sem prejuízo da utilização das medidas judicias para recuperação e acautelamento dos créditos inscritos, se houver indícios da prática de ato ilícito previsto na legislação tributária, civil e empresarial como causa de responsabilidade de terceiros por parte do contribuinte, sócios, administradores, pessoas relacionadas e demais responsáveis, a Procuradoria-Geral da Fazenda Nacional poderá, a critério exclusivo da autoridade fazendária:

I – notificar as pessoas de que trata o *caput* deste artigo ou terceiros para prestar depoimentos ou esclarecimentos;

II – requisitar informações, exames periciais e documentos de autoridades federais, estaduais e municipais, bem como dos órgãos e entidades da Administração Pública direta, indireta ou fundacional, de qualquer dos Poderes da União, dos Estados, do Distrito Federal e dos Municípios;

III – instaurar procedimento administrativo para apuração de responsabilidade por débito inscrito em dívida ativa da União, ajuizado ou não, observadas, no que couber, as disposições da Lei nº 9.784, de 29 de janeiro de 1999."

"Art. 20-E. A Procuradoria-Geral da Fazenda Nacional editará atos complementares para o fiel cumprimento do disposto nos arts. 20-B, 20-C e 20-D desta Lei."

Art. 26. A Empresa Brasileira de Pesquisa Agropecuária (Embrapa) deverá renegociar e prorrogar, até dezembro de 2022, as dívidas com os empreendimentos da agricultura familiar que se enquadram na Lei nº 11.326, de 24 de julho de 2006, de operações que foram contratadas até 31 de dezembro de 2015, referentes aos pagamentos do licenciamento para a multiplicação e a exploração comercial de sementes, observadas as seguintes condições:

• *Caput* com a redação dada pela Lei nº 13.729, de 8-11-2018.

I – a renegociação das dívidas, vencidas e vincendas, deverá ser requerida pelo mutuário e formalizada pela Embrapa até 29 de junho de 2018;

II – o saldo devedor será apurado na data da renegociação com base nos encargos contratuais de normalidade, sem o cômputo de multa, mora, quaisquer outros encargos por inadimplemento ou honorários advocatícios;

III – sobre o saldo devedor apurado será aplicado rebate de 95% (noventa e cinco por cento);

IV – o pagamento do saldo devedor apurado na forma do inciso III do *caput* deste artigo deverá ser realizado em seis parcelas anuais, com dois anos de carência, mantidos os encargos originalmente contratados.

• Inciso IV com a redação dada pela Lei nº 13.729, de 8-11-2018.

Art. 27. A Lei nº 9.456, de 25 de abril de 1997, passa a vigorar com as seguintes alterações:

"Art. 10 ....

....

V – multiplica, distribui, troca ou comercializa sementes, mudas e outros materiais propagativos no âmbito do disposto no art. 19 da Lei nº 10.696, de 2 de julho de 2003, na qualidade de agricultores familiares ou por empreendimentos familiares que se enquadrem nos critérios da Lei nº 11.326, de 24 de julho de 2006.

....

Art. 14-A. Ficam isentos de pagamento da taxa de pedido de proteção de cultivares os empreendimentos familiares rurais que se enquadrem nos critérios da Lei nº 11.326, de 24 de julho de 2006."

Art. 28. *Revogado.* Lei nº 13.729, de 8-11-2018.

Art. 28-A. Fica a União autorizada a conceder rebate de até R$ 12.000,00 (doze mil reais) por operação para a liquidação perante as cooperativas de crédito rural, relativo às operações de custeio e investimento efetuadas ao amparo do Programa Nacional de Fortalecimento da Agricultura Familiar (PRONAF), Grupos C, D e E, contratadas por intermédio de cooperativas de crédito rural centrais ou singulares, com recursos repassados pelas instituições financeiras oficiais, que, embora tenham sido liquidadas pelas cooperativas perante as respectivas instituições financeiras oficiais, não foram pagas pelos mutuários a elas, estando lastreadas em recursos próprios destas ou contabilizadas como prejuízo, observadas ainda as seguintes condições:

I – as operações tenham sido contratadas por intermédio de cooperativas de crédito rural central ou singular até 30 de junho de 2008;

II – as operações estivessem em situação de inadimplência em 22 de novembro de 2011;

III – a cooperativa não tenha recebido do agricultor e não seja avalista do título;

IV – a cooperativa comprove que o título objeto da liquidação teve origem nas operações referidas neste artigo.

§ 1º Fica a União autorizada a assumir os ônus decorrentes das disposições deste artigo com recursos destinados à equalização de encargos financeiros das operações efetuadas no âmbito do PRONAF, com risco da União ou desoneradas de risco pela União.

§ 2º As operações serão atualizadas pelos encargos de normalidade e corrigidas por juros equivalentes à taxa referencial do Sistema Especial de Liquidação e de Custódia (SELIC) para títulos federais, a partir do débito praticado pela instituição financeira oficial, limitado o rebate ao valor descrito no *caput* deste artigo.

§ 3º Os recursos referentes ao rebate de que trata o *caput* deste artigo serão repassados pelo Tesouro Nacional às cooperativas segundo o disposto em regulamento, a ser publicado até 30 de dezembro de 2018.

§ 4º A cooperativa de crédito terá o prazo de 180 (cento e oitenta) dias, a contar da publicação do regulamento de que trata o parágrafo anterior, para requerer o rebate perante a Secretaria do Tesouro Nacional (STN), mediante comprovação do enquadramento de que tratam os incisos I, II, III, IV e V do *caput* deste artigo.

§ 5º A cooperativa de crédito rural terá o prazo de trinta dias, a contar do recebimento do recurso, para comprovar a quitação da dívida do agricultor.

• Art. 28-A acrescido pela Lei nº 13.729, de 8-11-2018, promulgado nos termos do art. 66, § 5º, da CF (*DOU* de 13-6-2019).

Art. 29. *Revogado.* Lei nº 13.729, de 8-11-2018.

Art. 29-A. Fica autorizada a adoção das seguintes medidas de estímulo à liquidação de dívidas de operações efetuadas ao amparo do Programa de Cooperação Nipo-Brasileira para o Desenvolvimento dos Cerrados (PRODECER) – Fase III, inclusive as operações destinadas à aquisição dos Certificados do Tesouro Nacional de que trata a Resolução nº 2.471, de 1998 e de empréstimos destinados a amortização mínima para regularização de dívidas de que trata a Lei nº 11.775, de 2008 contratada pelo mesmo mutuário junto à instituição financeira, cujo risco parcial ou integral seja do Tesouro Nacional, do Fundo Constitucional de Financiamento do Nordeste (FNE) e do Banco do Nordeste do Brasil S.A.:

LEG. COMPLEMENTAR

I – ajuste do saldo devedor para a data da liquidação, observado o disposto nos §§ 1º e 2º do art. 1º da Lei nº 13.340, de 28 de setembro de 2016, excluídas as operações contratadas ao amparo do § 6º do art. 5º da Lei nº 9.138, de 29 de novembro de 1995, e da Resolução nº 2.471 do Conselho Monetário Nacional (CMN), de 26 de fevereiro de 1998;

II – observância, para as operações contratadas ao amparo do § 6º do art. 5º da Lei nº 9.138, de 29 de novembro de 1995, e da Resolução nº 2.471 do CMN, de 26 de fevereiro de 1998, das seguintes condições complementares:

a) o saldo devedor da operação renegociada será atualizado pelo Índice Geral de Preços do Mercado (IGP-M), desde a data da renegociação contratada, para o que será considerado como base de cálculo o valor contratado correspondente ao valor nominal dos Certificados do Tesouro Nacional (CTNs), emitidos na forma da Resolução nº 2.471 do CMN, de 26 de fevereiro de 1998;

b) o saldo devedor apurado na forma da alínea *a* deste inciso será acrescido dos juros contratuais calculados *pro rata die* entre o vencimento da parcela de juros anterior e a data de liquidação da operação;

c) Os CTNs serão atualizados pelo IGP-M, acrescidos de juros calculados à taxa efetiva de 12% a.a. (doze por cento ao ano), considerado o valor dos títulos na data da contratação da operação, correspondente a 10,367% (dez inteiros e trezentos e sessenta e sete milésimos por cento) do valor nominal da operação renegociada;

d) o valor a ser considerado como saldo devedor atualizado, sobre o qual incidirá o percentual de rebate, corresponderá à diferença entre o saldo devedor calculado na forma definida na alínea *a* deste inciso, acrescido dos valores de que trata a alínea *b* deste inciso, e os valores dos CTNs, calculados na forma da alínea *c* deste inciso;

e) nas operações contratadas com recursos e risco da União, o mutuário deverá fornecer à Secretaria do Tesouro Nacional do Ministério da Fazenda a autorização para cancelamento dos respectivos CTNs;

f) nas operações contratadas com recursos e risco das instituições financeiras, do FNO ou do FNE, os CTNs seguirão os fluxos normais pactuados;

g) no caso de operações com juros em atraso que ainda não tenham sido inscritas em dívida ativa da União, será acrescido ao saldo devedor para liquidação o estoque de juros vencidos, atualizados com base no IGP-M;

h) na atualização do saldo devedor da operação de que trata o *caput* deste artigo, não será aplicado o teto do IGP-M a que se refere o inciso I do *caput* do art. 2º da Lei nº 10.437, de 25 de abril de 2002;

III – concessão de rebate para liquidação, até 30 de dezembro de 2019, independentemente do valor originalmente contratado, a ser concedido sobre o valor consolidado da dívida atualizada na forma definida nos incisos I e II do *caput* deste artigo, conforme o caso, segundo o enquadramento em uma das faixas de valores indicadas no Anexo IV da Lei nº 13.340, de 28 de setembro de 2016, devendo primeiro ser aplicado o correspondente desconto percentual e, em seguida, o respectivo desconto de valor fixo.

§ 1º Entende-se por valor consolidado da dívida de que trata o *caput* deste artigo o montante do débito atualizado até a data de liquidação.

§ 2º A contratação pelo gestor financeiro do FNE de uma nova operação de crédito para a liquidação do saldo devedor das operações do Programa, deverá observar as seguintes condições:

I – limite de crédito: até o valor suficiente para liquidação do saldo devedor das operações de que trata este artigo, apurado na forma dos incisos I, II e III do *caput* deste artigo, depois de aplicado o rebate de que trata o inciso III do *caput* deste artigo;

II – fonte de recursos: FNE;

III – riscos da operação: os aplicados para operações contratadas com recursos do FNE na data da publicação desta Lei;

IV – amortização da dívida: prestações anuais, iguais e sucessivas, fixado o vencimento da primeira parcela para 2021 e o vencimento da última parcela para 2030, estabelecido novo cronograma de amortização, sem a necessidade de estudo de capacidade de pagamento;

V – encargos financeiros: taxa efetiva de juros de 3,5% a.a. (três inteiros e cinco décimos por cento ao ano);

VI – amortização prévia de valor equivalente a 3% (três por cento) do saldo devedor atualizado, depois de aplicados os rebates de que trata o inciso III do *caput* deste artigo; e

VII – garantias: as mesmas constituídas nas operações que serão liquidadas com a contratação do novo financiamento, exceto pelos Certificados do Tesouro Nacional que serão resgatados na forma do inciso II do *caput* deste artigo.

§ 3º As disposições deste artigo aplicam-se às operações contratadas com recursos do FNE, inclusive àquelas reclassificadas ao amparo do art. 31 da Lei nº 11.775, de 17 de setembro de 2008, em substituição às disposições contidas nos arts. 1º e 2º da Lei nº 13.340, de 28 de setembro de 2016.

§ 4º Fica o FNE autorizado a assumir os custos decorrentes dos rebates de que trata este artigo.

§ 5º Os custos decorrentes do ajuste dos saldos devedores previsto neste artigo serão assumidos:

I – pelo FNE, relativamente à parcela amparada em seus recursos;

II – pelo Banco do Nordeste do Brasil S.A., relativamente à parcela amparada em outras fontes de recursos.

§ 6º As disposições deste artigo não se aplicam às operações contratadas por mutuários que tenham comprovadamente cometido desvio de finalidade de crédito, exceto se a irregularidade tiver sido sanada previamente à liquidação da dívida.

- Art. 29-A acrescido pela Lei nº 13.729, de 8-11-2018, promulgado nos termos do art. 66, § 5º, da CF (*DOU* de 13-6-2019).

Art. 30. *Revogado.* Lei nº 13.729, de 8-11-2018.

Art. 30-A. VETADO. Lei nº 13.729, de 8-11-2018.

Art. 31. *Revogado.* Lei nº 13.729, de 8-11-2018.

Art. 31-A. VETADO. Lei nº 13.729, de 8-11-2018.

Art. 32. *Revogado.* Lei nº 13.729, de 8-11-2018.

Art. 32-A. VETADO. Lei nº 13.729, de 8-11-2018.

Art. 33. A Lei nº 13.001, de 20 de junho de 2014, passa a vigorar com as seguintes alterações:

"Art. 17. Fica a Companhia Nacional de Abastecimento (Conab) autorizada a renegociar e a prorrogar até dezembro de 2022 as operações com Cédula de Produto Rural (CPR), na modalidade formação de estoque, no âmbito do Programa de Aquisição de Alimentos, instituído pelo art. 19 da Lei nº 10.696, de 2 de julho de 2003, contratadas entre 1º de janeiro de 2013 e 31 de dezembro de 2016, observadas as seguintes condições:

I – a renegociação das dívidas, vencidas e vincendas, renegociadas ou não, deverá ser requerida pelo mutuário e formalizada pela Conab até 29 de junho de 2018;

....

III – o pagamento do saldo devedor apurado na forma do inciso II do *caput* deste artigo poderá ser realizado à vista em uma única parcela ou dividido em até seis parcelas anuais, com dois anos de carência para quitação da primeira parcela, e as demais parcelas deverão ser quitadas nos anos subsequentes, mantidos os encargos originalmente contratados, e observadas as seguintes condições:

....

b) para o caso de parcelamento, fica a Conab autorizada a conceder, para as operações contratadas na região da SUDENE, rebate de 85% (oitenta e cinco por cento) sobre o saldo devedor atualizado e, para as operações contratadas nas demais regiões, fica autorizada a conceder rebate de 75% (setenta e cinco por cento) sobre o saldo devedor atualizado;

c) no caso de pagamento à vista em parcela única no ato da renegociação, fica a Conab autorizada a conceder rebate de 90% (noventa por cento) sobre o saldo devedor apurado, para as operações contratadas na região Nordeste, e de 80% (oitenta por cento), para as operações contratadas nas demais regiões do País;

....

§ 3º A renegociação nos termos deste artigo não impede a contratação de novas operações no âmbito do programa, enquanto durar o parcelamento contratado na forma do inciso III do *caput* deste artigo.

....

Art. 17-A. Ficam remidas as dívidas referentes às operações efetuadas no âmbito do Programa de Aquisição de Alimentos, instituído pelo art. 19 da Lei nº 10.696, de 2 de julho de 2003, contratadas até 31 de dezembro de 2012 por meio de CPR, em todas as modalidades vigentes à época.

§ 1º A remissão de que trata o *caput* deste artigo abrange o saldo devedor atualizado pelos encargos contratuais, expurgados valores relativos a multa, mora, quaisquer outros encargos por inadimplemento ou honorários advocatícios.

§ 2º Não serão ressarcidos valores já pagos em renegociações amparadas pelo disposto no art. 17 desta Lei.

Art. 17-B. O valor das remissões de que trata o art. 17-A desta Lei será registrado contabilmente, no âmbito do Ministério do Desenvolvimento Social e da Secretaria Especial de Agricultura Familiar e do Desenvolvimento Agrário, mediante baixa do haver contra variação patrimonial.

Art. 17-C. Fica a Conab autorizada a suspender a cobrança ou a requerer a suspensão da execução judicial das dívidas de que trata o art. 17-A desta Lei:

I – a partir do momento em que o contratado requerer a remissão da dívida;

II – por sua iniciativa, na impossibilidade de o contratado fazê-lo."

Art. 34. A Lei nº 8.427, de 27 de maio de 1992, passa a vigorar acrescido do seguinte art. 4º-A:

"Art. 4º-A As confederações de cooperativas de crédito constituídas na forma definida no art. 15 da Lei Complementar nº 130, de 17 de abril de 2009, desde que autorizadas a funcionar pelo Banco Central do Brasil, são equiparadas aos bancos cooperativos para os efeitos de que tratam os arts. 1º e 4º desta Lei."

Art. 35. O § 2º do art. 23 da Lei nº 11.076, de 30 de dezembro de 2004, passa a vigorar acrescida do seguinte art. 4º-A:

"Art. 23...

....

§ 2º Os bancos cooperativos, as confederações de cooperativas de crédito e as cooperativas centrais de crédito integrantes de sistemas cooperativos de crédito constituídos nos termos da Lei Complementar nº 130, de 17 de abril de 2009, podem utilizar, como lastro de LCA de sua emissão, título de crédito representativo de repasse interfinanceiro realizado em favor de cooperativa singular de crédito do sistema, quando a totalidade dos recursos se destinar a apenas uma operação de crédito rural, observado que:

...."

Art. 36. É permitida a renegociação de dívidas de operações de crédito rural de custeio e investimento contratadas até 31 de dezembro de 2016, lastreadas com recursos controlados do crédito rural, inclusive aquelas prorrogadas por autorização do CMN, contratadas por produtores rurais e por suas cooperativas de produção agropecuária em Municípios da área de atuação da SUDENE e do Estado do Espírito Santo, observadas as seguintes condições:

I – os saldos devedores serão apurados com base nos encargos contratuais de normalidade, excluídos os bônus, rebates e descontos, sem o cômputo de multa, mora ou quaisquer outros encargos por inadimplemento, honorários advocatícios ou ressarcimento de custas processuais;

II – o reembolso deverá ser efetuado em prestações iguais e sucessivas, fixado o vencimento da primeira parcela para 2020 e o vencimento da última parcela para 2030, mantida a periodicidade da operação renegociada, sem a necessidade de estudo de capacidade de pagamento;

III – os encargos financeiros serão os mesmos pactuados na operação original;

IV – a amortização mínima em percentual a ser aplicado sobre o saldo devedor vencido apurado na forma do inciso I do *caput* deste artigo será de:

a) 2% (dois por cento) para as operações de custeio agropecuário;

b) 10% (dez por cento) para as operações de investimento;

V – o prazo de adesão será de até cento e oitenta dias, contado da data do regulamento de que trata o § 7º deste artigo;

VI – o prazo de formalização da renegociação será de até cento e oitenta dias após a adesão de que trata o inciso IV do *caput* deste artigo.

§ 1º As disposições de que trata este artigo aplicam-se aos financiamentos contratados com:

I – equalização de encargos financeiros pelo Tesouro Nacional, desde que as operações sejam previamente reclassificadas pela instituição financeira para recursos obrigatórios ou outra fonte não equalizável, admitida, a critério da instituição financeira, a substituição de aditivo contratual por "carimbo texto" para formalização da renegociação;

II – recursos do FNE, admitida, a critério da instituição financeira, a substituição de aditivo contratual por "carimbo texto" para formalização da renegociação.

§ 2º O enquadramento no disposto neste artigo fica condicionado à demonstração da ocorrência de prejuízo no empreendimento rural em decorrência de fatores climáticos, salvo no caso de municípios em que foi decretado estado de emergência ou de calamidade pública reconhecido pelo Governo Federal, após a contratação da operação e até a publicação desta Lei.

§ 3º No caso de operações contratadas por miniprodutores rurais e pequenos produtores rurais, inclusive aquelas contratadas por produtores amparados pela Lei nº 11.326, de 24 de julho de 2006, a demonstração de ocorrência de prejuízo descrito no § 2º deste artigo poderá ser comprovada por meio de laudo grupal ou coletivo.

§ 4º As operações de custeio rural que tenham sido objeto de cobertura parcial das perdas pelo Programa de Garantia da Atividade Agropecuária (PROAGRO), ou por outra modalidade de seguro rural, somente podem ser renegociadas mediante a exclusão do valor referente à indenização recebida pelo beneficiário, considerada a receita obtida.

§ 5º Não podem ser objeto da renegociação de que trata este artigo:

I – as operações cujo empreendimento financiado tenha sido conduzido sem a aplicação de tecnologia recomendada, incluindo inobservância do Zoneamento Agrícola de Risco Climático (ZARC) e do calendário agrícola para plantio da lavoura;

II – as operações contratadas por mutuários que tenham comprovadamente cometido desvio de crédito, exceto se a irregularidade tiver sido sanada previamente à renegociação da dívida;

III – as operações contratadas por grandes produtores nos Municípios pertencentes à região do Matopiba, conforme definição do Ministério da Agricultura, Pecuária e Abastecimento, exceto naqueles em que foi decretado estado de emergência ou de calamidade pública reconhecido pelo Governo Federal, após a contratação da operação e até a publicação desta Lei.

§ 6º Nos Municípios em que foi decretado estado de emergência ou de calamidade pública após 1º de janeiro de 2016 reconhecido pelo Governo Federal, fica dispensada a amortização mínima estabelecida no inciso IV do *caput* deste artigo.

§ 7º O CMN regulamentará as disposições deste artigo, no que couber, no prazo de trinta dias, incluindo condições alternativas para renegociação das operações de que trata o inciso III do § 5º deste artigo, exceto quanto às operações com recursos do FNE, nas quais caberá ao gestor dos recursos implementar as disposições deste artigo.

Art. 36-A. Fica permitida a renegociação, em todo o território nacional, nas condições de que trata o art. 36 desta Lei, de dívidas de operações de crédito rural de custeio e investimento lastreadas com recursos controlados do crédito rural, inclusive aquelas prorrogadas por autorização do Conselho Monetário Nacional, contratadas até 31 de dezembro de 2020 por agricultores familiares que atendem aos requisitos da Lei nº 11.326, de 24 de julho de 2006, e por suas cooperativas de produção agropecuária, e por pequenos produtores de leite, observadas as seguintes disposições:

I – o reembolso deverá ser efetuado em prestações iguais e sucessivas, fixado o vencimento da primeira parcela para 2023 e o vencimento da última parcela para 2033, mantida a periodicidade da operação renegociada, sem a necessidade de estudo de capacidade de pagamento;

II – o prazo de adesão à renegociação a que se refere o *caput* deste artigo encerrar-se-á em 30 de setembro de 2022 e o de formalização da renegociação, em 30 de dezembro de 2022.

- Art. 36-A acrescido pela Lei nº 14.275, de 23-12-2021.

Art. 37. Admite-se a reclassificação para o âmbito exclusivo do FNE das operações de crédito rural contratadas com recursos mistos do fundo com outras fontes, observadas as seguintes condições:

I – a reclassificação da operação para FNE não caracteriza novação da dívida, considerando-se a nova operação uma continuidade da operação renegociada;

II – a nova operação de que trata este artigo ficará sob risco compartilhado na proporção de 50% (cinquenta por cento) para o agente financeiro e 50% (cinquenta por cento) para o FNE;

III – o saldo devedor da operação a ser reclassificada será atualizado nas condições de normalidade e, se for o caso, em condições mais adequadas a serem acordadas entre o agente financeiro e o respectivo mutuário;

IV – as operações reclassificadas terão, a partir da data da reclassificação, os encargos financeiros das operações de crédito rural do FNE, definidos em função da classificação atual do produtor rural;

V – aplicam-se às operações reclassificadas, cuja contratação original ocorreu até 31 de dezembro de 2016, as condições estabelecidas no art. 36 desta Lei.

Art. 38. O Poder Executivo federal, com vistas ao cumprimento do disposto no inciso II do *caput* do art. 5º e no art. 14 da Lei Complementar nº 101, de 4 de maio de 2000 (Lei de Responsabilidade Fiscal), estimará o montante da renúncia fiscal e dos custos decorrentes do disposto no inciso II do *caput* do art. 2º, no inciso II do *caput* do art. 3º, e nos arts. 14, 15, 18, 19, de 20 a 24, de 26 a 28, de 30 a 33 e 36 desta Lei, os incluirá no demonstrativo que acompanhar o projeto de lei orçamentária anual, nos termos do § 6º do art. 165 da Constituição Federal, e fará constar das propostas orçamentárias subsequentes os valores relativos à referida renúncia.

Parágrafo único. Os benefícios constantes do inciso II do *caput* do art. 2º, do inciso II do *caput* do art. 3º e dos arts. 14, 15, 18, 19, de 20 a 24, de 26 a 28, de 30 a 33 e 36 desta Lei somente serão concedidos se atendido o disposto no *caput* deste artigo, inclusive com a demonstração pelo Poder Executivo federal de que a renúncia foi considerada na estimativa de receita da lei orçamentária anual, na forma estabelecida no art. 12 da Lei Complementar nº 101, de 4 de maio de 2000 (Lei de Responsabilidade Fiscal), e de que não afetará as metas de resultados fiscais previstas no anexo próprio da lei de diretrizes orçamentárias.

Art. 39. Para fins do disposto nos arts. 8º e 9º desta Lei, ficam reduzidas a zero as alíquotas do imposto de renda, da CSLL, da Contribuição para o PIS/PASEP e da Contribuição para Financiamento da Seguridade Social (COFINS) incidentes sobre a receita auferida pelo cedente com a cessão de créditos de prejuízo fiscal e de base de cálculo negativa da CSLL para pessoas jurídicas controladas, controladoras ou coligadas.

§ 1º Nos termos do *caput* deste artigo, ficam também reduzidas a zero as alíquotas do imposto de renda, da CSLL, da Contribuição para o PIS/PASEP e da COFINS incidentes sobre a receita auferida pela cessionária na hipótese dos créditos cedidos com deságio.

§ 2º Não será computada na apuração da base de cálculo do imposto de renda, da CSLL, da Contribuição para o PIS/PASEP e da COFINS a parcela equivalente à redução do valor das multas, juros e encargo legal.

§ 3º A variação patrimonial positiva decorrente da aplicação do disposto neste artigo será creditada à Reserva de Capital, na forma da alínea a do § 2º do art. 38 do Decreto-Lei nº 1.598, de 26 de dezembro de 1977.

Art. 40. Esta Lei entra em vigor na data de sua publicação e produzirá efeitos:

I – a partir de 1º de janeiro de 2018, quanto ao disposto nos arts. 14 e 15, exceto o § 13 do art. 25 da Lei nº 8.212, de 24 de julho de 1991, incluído pelo art. 14 desta Lei, e o § 7º do art. 25 da Lei nº 8.870, de 15 de abril de 1994, incluído pelo art. 15 desta Lei, que produzirão efeitos a partir de 1º de janeiro de 2019; e

II – a partir da data de sua publicação, quanto aos demais dispositivos.

Brasília, 9 de janeiro de 2018;
197º da Independência e
130º da República.

Michel Temer

ANEXO I
DESCONTOS A SEREM APLICADOS SOBRE O VALOR CONSOLIDADO A SER LIQUIDADO NOS TERMOS DO ART. 20 DESTA LEI

Faixas para enquadramento do valor consolidado por ação de execução	Desconto percentual	Desconto de valor fixo, após aplicação do desconto percentual
Até R$ 15.000,00	95%	–
De R$ 15.000,01 até R$ 35.000,00	90%	R$ 750,00
De R$ 35.000,01 até R$ 100.000,00	85%	R$ 2.250,00
De R$ 100.000,01 até R$ 200.000,00	80%	R$ 7.500,00
De R$ 200.000,01 até R$ 500.000,00	75%	R$ 17.500,00
De R$ 500.000,01 até R$ 1.000.000,00	70%	R$ 42.500,00
Acima de R$ 1.000.000,00	60%	R$ 142.500,00

ANEXO II
(ANEXO IV DA LEI Nº 13.340, DE 28 DE SETEMBRO DE 2016)
DESCONTOS A SEREM APLICADOS SOBRE O VALOR CONSOLIDADO A SER LIQUIDADO NOS TERMOS DO ART. 4º

Faixas para enquadramento do valor consolidado da inscrição em dívida ativa da União	Desconto percentual	Desconto de valor fixo, após aplicação do desconto percentual
Até R$ 35.000,00	95%	–
De R$ 35.000,01 até R$ 200.000,00	90%	R$ 1.750,00
De R$ 200.000,01 até R$ 500.000,00	85%	R$ 11.750,00
De R$ 500.000,01 até R$ 1.000.000,00	80%	R$ 36.750,00
Acima de R$ 1.000.000,00	75%	R$ 76.750,00

PORTARIA DA PGFN Nº 33, DE 8 DE FEVEREIRO DE 2018

Regulamenta os arts. 20-B e 20-C da Lei nº 10.522, de 19 de julho de 2002 e disciplina os procedimentos para o encaminhamento de débitos para fins de inscrição em dívida ativa da União, bem como estabelece os critérios para apresentação de pedidos de revisão de dívida inscrita, para oferta antecipada de bens e direitos à penhora e para o ajuizamento seletivo de execuções fiscais.

- Publicada no *DOU* de 9-2-2018.

CAPÍTULO I
DO CONTROLE DE LEGALIDADE DOS CRÉDITOS DA UNIÃO E DO PROCEDIMENTO PARA INSCRIÇÃO EM DÍVIDA ATIVA

Art. 1º O controle de legalidade dos débitos encaminhados para inscrição em dívida ativa da União consiste na análise, pela Procuradoria-Geral da Fazenda Nacional (PGFN), dos requisitos de certeza, liquidez e exigibilidade, essenciais à formação do título executivo necessário à prática de qualquer ato de cobrança coercitiva, seja judicial ou extrajudicial.

§ 1º Débito certo é aquele cujos elementos da relação jurídica obrigacional estão evidenciados com exatidão.

§ 2º Débito líquido é aquele cujo valor do objeto da relação jurídica obrigacional é evidenciado com exatidão.

§ 3º Débito exigível é aquele vencido e não pago, que não está mais sujeito a termo ou condição para cobrança judicial ou extrajudicial.

Art. 2º O controle de legalidade dos débitos encaminhados para inscrição em dívida ativa da União constitui direito do contribuinte e dever do Procurador da Fazenda Nacional, que poderá realizá-lo a qualquer tempo, de ofício ou a requerimento do interessado.

Parágrafo único. O disposto neste artigo não afeta as competências privativas dos órgãos de constituição de créditos cobrados, nem implica revisão do lançamento tributário pela PGFN.

- Parágrafo único acrescido pela Port. da PGFN nº 42, de 25-5-2018.

Art. 3º Dentro de 90 (noventa) dias da data em que se tornarem exigíveis, os débitos de natureza tributária ou não tributária devem ser encaminhados pela RFB e demais órgãos de origem à Procuradoria-Geral da Fazenda Nacional (PGFN), para fins de controle de legalidade e inscrição em Dívida Ativa da União, nos termos do art. 39, § 1º, da Lei nº 4.320, de 17 de março de 1946, e do art. 22 do Decreto-Lei nº 147, de 3 de fevereiro de 1967.

§ 1º O prazo de que trata o *caput* tem início:

I – no caso de débitos exigíveis de natureza tributária, constituídos por lançamento de ofício, quando esgotado o prazo de 30 (trinta) dias para cobrança amigável, sem a respectiva extinção;

II – no caso de débitos exigíveis de natureza tributária, confessados por declaração, e no caso de débitos de natureza não tributária, findo o prazo de 30 dias fixado na primeira intimação para o recolhimento do débito;

III – no caso de débitos de natureza não tributária, pelo transcurso do prazo fixado em lei, regulamento, portaria, intimação ou notificação para o recolhimento do débito definitivamente constituído para com a União.

§ 2º No caso de débito parcelado no âmbito do órgão de origem, o prazo de que trata o *caput* tem início após a rescisão definitiva.

§ 3º Havendo pedido de revisão pendente de apreciação, o prazo de que trata o *caput* tem início após 30 (trinta) dias da ciência da decisão sobre o pedido.

§ 4º Em se tratando de débitos sujeitos a pagamento em quotas mensais, nos termos da legislação específica, o prazo de que trata o *caput* terá início no primeiro dia útil do mês seguinte ao vencimento da última quota.

LEG. COMPLEMENTAR

§ 5º A PGFN, por intermédio da Coordenação-Geral de Estratégias de Recuperação de Créditos (CGR), fará relatórios periódicos com o objetivo de monitorar o cumprimento do disposto no *caput*.

§ 6º O disposto neste artigo não se aplica aos débitos de reduzido valor que, por força do art. 1º da Portaria MF nº 75, de 22 de março de 2012, não são passíveis de inscrição em dívida ativa.

- §§ 1º a 6º com a redação dada pela Port. da PGFN nº 660, de 8-11-2018.

§ 7º *Suprimido*. Port. da PGFN nº 660, de 8-11-2018.

Art. 4º Recebido o débito, a Procuradoria da Fazenda Nacional examinará detidamente os requisitos de liquidez, certeza e exigibilidade e, acaso verificada a inexistência de vícios, formais ou materiais, mandará proceder à inscrição em dívida ativa nos registros próprios, observadas as normas regimentais e as instruções expedidas pelo Procurador-Geral da Fazenda Nacional.

Parágrafo único. No caso de débitos encaminhados eletronicamente para inscrição em dívida ativa da União, o controle de legalidade de que trata o *caput* será realizado de forma automatizada, sem prejuízo de posterior análise, a qualquer tempo, pelo Procurador da Fazenda Nacional.

Art. 5º Se, no exame de legalidade, for verificada a existência de vícios que obstem a inscrição em dívida ativa da União, o Procurador da Fazenda Nacional devolverá o débito ao órgão de origem, sem inscrição, para fins de correção.

§ 1º Não serão inscritos em dívida ativa da União:

I – os débitos relativos aos tributos enumerados nos incisos I a X do art. 18 da Lei nº 10.522, de 19 de julho de 2002;

II – os débitos cuja constituição esteja fundada em matéria que, em virtude de jurisprudência desfavorável do Supremo Tribunal Federal, do Superior Tribunal de Justiça, do Tribunal Superior do Trabalho e do Tribunal Superior Eleitoral, sejam objeto de ato declaratório do Procurador-Geral da Fazenda Nacional, aprovado pelo Ministro de Estado da Fazenda;

III – os débitos cuja constituição esteja fundada em matéria sobre a qual exista Súmula ou Parecer do Advogado-Geral da União, ou Súmula do Conselho Administrativo de Recursos Fiscais – CARF, aprovada ou não pelo Ministro de Estado da Fazenda, que concluam em sentido favorável ao contribuinte;

IV – os débitos cuja constituição esteja fundada em matéria decidida de modo favorável ao contribuinte pelo Supremo Tribunal Federal, em sede de controle concentrado de constitucionalidade;

V – os débitos cuja constituição esteja fundada em matéria decidida de modo favorável ao contribuinte pelo Supremo Tribunal Federal, em sede de controle difuso de constitucionalidade, e tenha sido editada resolução do Senado Federal suspendendo a execução da lei ou ato declarado inconstitucional;

VI – os débitos cuja constituição esteja fundada em matéria sobre a qual exista enunciado de súmula vinculante, de súmula do STF em matéria constitucional ou de súmula dos Tribunais Superiores em matéria infraconstitucional, em sentido favorável ao contribuinte;

VII – os débitos cuja constituição esteja fundada em matéria sobre a qual exista Nota ou Parecer vigente e aprovado pelo Procurador-Geral da Fazenda Nacional ou por Procurador-Geral Adjunto da Fazenda Nacional, em sentido favorável ao contribuinte;

VIII – os débitos cuja constituição esteja fundada em matéria decidida de modo favorável ao contribuinte pelo Supremo Tribunal Federal, em sede de julgamento realizado nos termos dos arts. 1.035 e 1.036 da Lei nº 13.105, de 16 de março de 2015;

IX – os débitos cuja constituição esteja fundada em matérias decididas de modo favorável ao contribuinte pelo Superior Tribunal de Justiça em sede de julgamento realizado nos termos do 1.036 da Lei nº 13.105, de 16 de março de 2015, com exceção daquelas que ainda possam ser objeto de apreciação pelo Supremo Tribunal Federal;

X – os débitos cuja constituição esteja fundada em matérias decididas de modo favorável ao contribuinte pelo Tribunal Superior do Trabalho em sede de julgamento realizado nos termos do art. 896-C do Decreto-Lei nº 5.452, de 1º de maio de 1943, com exceção daquelas que ainda possam ser objeto de apreciação pelo Supremo Tribunal Federal;

- Inciso X com a redação dada pela Port. da PGFN nº 42, de 25-5-2018.

XI – os débitos cuja constituição esteja fundada em matéria sobre a qual exista jurisprudência consolidada do STF em matéria constitucional ou de Tribunais Superiores em matéria infraconstitucional, em sentido favorável ao contribuinte.

§ 2º A aplicação do § 1º deste artigo deverá observar o disposto na Portaria PGFN nº 502, de 12 de maio de 2016, ficando a negativa de inscrição, nas hipóteses dos incisos VIII a XI do parágrafo anterior, condicionada à prévia inclusão do tema na lista de dispensa de contestar e recorrer, disponível no sítio da PGFN na internet.

- § 2º com a redação dada pela Port. da PGFN nº 42, de 25-5-2018.

CAPÍTULO II
DA NOTIFICAÇÃO DO DEVEDOR E DA COBRANÇA EXTRAJUDICIAL

Art. 6º Inscrito o débito em dívida ativa da União, o devedor será notificado para:

I – em até 5 (cinco) dias:

a) efetuar o pagamento do valor do débito atualizado monetariamente, acrescido de juros, multas e demais encargos; ou

b) parcelar o valor integral do débito, nos termos da legislação em vigor.

II – em até 30 (trinta) dias:

- *Caput* com a redação dada pela Port. da PGFN nº 42, de 25-5-2018.

a) ofertar antecipadamente garantia em execução fiscal; ou

b) apresentar Pedido de Revisão de Dívida Inscrita (PRDI).

§ 1º A notificação de que trata o *caput* será expedida por via eletrônica ou postal.

§ 2º A notificação por via eletrônica far-se-á pelo e-CAC da PGFN e será considerada realizada após 15 (quinze) dias da entrega do aviso na caixa de mensagens do contribuinte ou no dia seguinte à sua abertura, o que ocorrer primeiro.

§ 3º A notificação postal será realizada no endereço informado pelo contribuinte ou responsável à Fazenda Pública e será considerada entregue depois de decorridos 15 (quinze) dias da respectiva expedição.

§ 4º O disposto neste artigo se aplica aos devedores incluídos como corresponsáveis por débitos inscritos em dívida ativa da União.

Art. 7º Esgotado o prazo e não adotada nenhuma das providências descritas no art. 6º, a Procuradoria-Geral da Fazenda Nacional poderá:

I – encaminhar a Certidão de Dívida Ativa para protesto extrajudicial por falta de pagamento, nos termos do art. 1º, parágrafo único, da Lei nº 9.492, de 10 de setembro de 1997;

II – comunicar a inscrição em dívida ativa aos órgãos que operam bancos de dados e cadastros relativos a consumidores e aos serviços de proteção ao crédito e congêneres, mediante convênio firmado com as respectivas entidades;
III – averbar, inclusive por meio eletrônico, a Certidão de Dívida Ativa nos órgãos de registro de bens e direitos sujeitos a arresto ou penhora, para fins de averbação pré-executória;
IV – utilizar os serviços de instituições financeiras públicas para a realização de atos que viabilizem a satisfação amigável de débitos inscritos, nos termos do art. 58 da Lei nº 11.941, de 27 de maio de 2009;
V – encaminhar representação à Secretaria da Receita Federal do Brasil para aplicação de multa à empresa e a seus diretores e demais membros da administração superior, na hipótese de irregular distribuição de bônus e lucros a acionistas, sócios, quotistas, diretores e demais membros de órgãos dirigentes, fiscais ou consultivos, pela inobservância do disposto no art. 32 da Lei nº 4.357, de 16 de julho de 1964, nos termos do art. 52 da Lei nº 8.212, de 24 de julho de 1991;
VI – encaminhar representação às respectivas Agências Reguladoras para que seja revogada a autorização para o exercício da atividade, no caso de sujeito passivo detentor de Concessões e Permissões da Prestação de Serviços Públicos, tendo em vista a ausência de regularidade fiscal para com a União, em conformidade com o disposto no inciso IV do art. 27, no inciso IV do art. 29 e no inciso XIII do art. 55 da Lei nº 8.666, de 21 de junho de 1993, c/c o art. 14, o inciso VII do § 1º do art. 38 e o parágrafo único do art. 40 da Lei nº 8.987, de 13 de fevereiro de 1995;
VII – encaminhar representação aos bancos públicos para fins de não liberação de créditos oriundos de recursos públicos, repasses e financiamentos, tendo em vista o disposto no art. 6º da Lei nº 10.522, de 2002;
VIII – encaminhar representação ao órgão competente da administração pública federal direta ou indireta, para fins de rescisão de contrato celebrado com o Poder Público, tendo em vista a ausência de regularidade fiscal para com a União, em conformidade com o disposto no inciso IV do art. 27, no inciso IV do art. 29 e no inciso XIII do art. 55 da Lei nº 8.666, de 1993;
IX – encaminhar representação à Secretaria da Receita Federal do Brasil para exclusão de benefícios e/ou incentivos fiscais, relativos a tributos por ela administrados, inclusive os vinculados ao Comércio Exterior, tendo em vista a ausência de regularidade fiscal para com a União, com base no disposto no art. 60 da Lei nº 9.069, de 29 de junho de 1995;
X – encaminhar representação à Secretaria da Receita Federal do Brasil para cancelamento da habilitação ao Despacho Aduaneiro Expresso (Linha Azul) e da certificação ao Programa Brasileiro de Operador Econômico Autorizado, tendo em vista a ausência de regularidade fiscal para com a União, conforme previsto no inciso I do art. 3º da IN RFB nº 476, de 13 de dezembro de 2004, e no inciso IV do art. 8º da IN RFB nº 1521, de 4 de dezembro de 2014;
XI – encaminhar representação à Administração Pública Estadual ou Municipal para fins de rescisão de contrato ou exclusão de benefício e/ou incentivos fiscais ou creditícios, na hipótese da existência de débitos relativos a tributos destinados à seguridade social, nos termos do § 3º do art. 195 da Constituição Federal, bem como na alínea *a* do inciso I do art. 47 da Lei nº 8.212, de 1991;
XII – promover o bloqueio do Fundo de Participação do Distrito Federal, do Estado ou do Município, de acordo com o disposto no inciso I do parágrafo único do art. 160 da Constituição Federal;
XIII – encaminhar representação à Secretaria da Receita Federal do Brasil para baixa da pessoa jurídica inexistente de fato, quando evidenciadas as situações descritas no art. 29, II, da Instrução Normativa nº 1.634, de 6 de maio de 2016;
XIV – encaminhar representação à Secretaria da Receita Federal do Brasil para suspensão da inscrição no Cadastro da Pessoa Física (CPF), no caso de não recebimento das correspondências enviadas nos termos do art. 20-B, §§ 1º e 2º, da Lei nº 10.522, de 19 de julho de 2002, com redação dada pela Lei nº 13.606, de 9 de janeiro de 2018, por inconsistência cadastral, conforme previsão do art. 12 da Instrução Normativa RFB nº 1.548, de 13 de fevereiro de 2015;
XV – promover a revogação da moratória, nos termos do inciso I do art. 8º da Lei nº 12.688, de 18 de julho de 2012, no caso de entidades mantenedoras de instituições de ensino superior integrantes do sistema de ensino federal que aderiram ao Programa de Estímulo à Reestruturação e ao Fortalecimento das Instituições de Ensino Superior (PROIES);
XVI – promover a revogação da moratória e da remissão de débitos, nos termos do art. 37 da Lei nº 12.873, de 24 de outubro de 2013, no caso de entidades que aderiram ao Programa de fortalecimento das entidades privadas filantrópicas e das entidades sem fins lucrativos que atuam na área da saúde e que participam de forma complementar do Sistema Único de Saúde (PROSUS);
XVII – promover a exclusão do parcelamento e do Programa de Modernização da Gestão e de Responsabilidade Fiscal do Futebol Brasileiro (PROFUT), nos termos do art. 4º da Lei nº 13.155, de 4 de agosto de 2015, ficando a entidade proibida de usufruir de incentivo ou benefício fiscal previsto na legislação federal ou de receber repasses de recursos públicos federais da administração direta ou indireta pelo prazo de 2 (dois) anos, contado da data da rescisão, no caso das entidades desportivas profissionais de futebol que aderiram ao Programa.

Parágrafo único. As medidas descritas neste artigo serão realizadas pela Coordenação-Geral da Dívida Ativa da União e do FGTS e pela Coordenação-Geral de Estratégias de Recuperação de Créditos, preferencialmente de maneira eletrônica, sem prejuízo de sua adoção pelas unidades descentralizadas da PGFN.

CAPÍTULO III
DA OFERTA ANTECIPADA DE GARANTIA EM EXECUÇÃO FISCAL

Art. 8º Notificado para pagamento do débito inscrito em dívida ativa, o devedor poderá antecipar a oferta de garantia em execução fiscal.

Parágrafo único. A oferta antecipada de garantia em execução fiscal, apresentada no prazo do art. 6º, II, suspende a prática dos atos descritos no art. 7º até o montante dos bens e direitos ofertados.

Art. 9º O devedor poderá apresentar, para fins de oferta antecipada de garantia em execução fiscal:
I – depósito em dinheiro para fins de caução;
II – apólice de seguro-garantia ou carta de fiança bancária que estejam em conformidade com a regulamentação da Procuradoria-Geral da Fazenda Nacional;
III – quaisquer outros bens ou direitos sujeitos a registro público, passíveis de arresto ou penhora, observada a ordem de preferência estipulada no art. 11 da Lei nº 6.830, de 22 de setembro de 1980.

LEG. COMPLEMENTAR

§ 1º A indicação poderá recair sobre bens ou direitos de terceiros, desde que expressamente autorizado por estes e aceitos pela Procuradoria-Geral da Fazenda Nacional, observado o disposto no art. 9º, § 1º, da Lei nº 6.830, de 22 de setembro de 1980.

§ 2º A indicação também poderá recair sobre bem ou direito já penhorado pela Procuradoria-Geral da Fazenda Nacional, desde que avaliados em valor suficiente para garantia integral das dívidas.

Art. 10. A oferta antecipada de garantia em execução fiscal deverá ser instruída:

I – no caso de depósito em dinheiro para fins de caução, com cópia do respectivo comprovante, observadas as orientações expedidas pela unidade da Procuradoria-Geral da Fazenda Nacional no que se refere ao preenchimento da guia de depósito;

II – no caso de seguro-garantia ou carta de fiança bancária, com o respectivo instrumento e demais documentos comprobatórios, conforme regulamento expedido pela PGFN;

III – no caso de bens imóveis, com cópia da certidão de inteiro teor da matrícula atualizada, cópia do último carnê do Imposto sobre a Propriedade Predial e Territorial Urbana (IPTU), em se tratando de imóvel urbano, ou cópia da última declaração do Imposto sobre a Propriedade Territorial Rural (ITR), em se tratando de imóvel rural, bem como de laudo de avaliação, oficial ou particular, sendo que, neste último caso, a avaliação deverá ser realizada por engenheiro ou arquiteto inscrito no respectivo conselho profissional ou de acordo com o § 2º do art. 64-A da Lei nº 9.532, de 10 de dezembro de 1997;

IV – no caso de veículos, com cópia do Certificado de Registro e Licenciamento do Veículo (CRLV) atualizado, bem como cópia do último carnê do Imposto sobre a Propriedade de Veículos Automotores (IPVA);

V – no caso dos demais bens e direitos sujeitos a registro público, com cópia do documento comprobatório de propriedade e das certidões negativas de ônus, expedidas pelos respectivos órgãos de registro, bem como documento de avaliação do bem ou direito.

§ 1º Nas hipóteses dos incisos IV e V, os bens ou direitos serão avaliados pelo valor de mercado, conforme parâmetros informados em veículo de divulgação especializado, laudo de órgão oficial ou pelo valor decorrente de avaliação realizada de acordo com o § 2º do art. 64-A da Lei nº 9.532, de 10 de dezembro de 1997.

§ 2º No caso de avaliação realizada de acordo com o § 2º do art. 64-A da Lei nº 9.532, de 10 de dezembro de 1997, o devedor deverá apresentar:

I – comprovação de que a indicação do perito foi feita pelo órgão de registro;

II – laudo de avaliação; e

III – certidão comprovando a averbação do valor constante do laudo na matrícula, se bens imóveis.

§ 3º Caso o bem ou direito já esteja penhorado em execução fiscal movida pela Procuradoria-Geral da Fazenda Nacional, a oferta antecipada deverá ser instruída com cópia da avaliação judicial, realizada há, no máximo, um ano contado da data da oferta.

Art. 11. A oferta antecipada de garantia em execução fiscal será apreciada pela unidade da Procuradoria-Geral da Fazenda Nacional responsável pelo ajuizamento da execução correspondente às inscrições objeto da garantia antecipada.

§ 1º A oferta antecipada de garantia em execução fiscal será analisada no prazo de 30 (trinta) dias contados do primeiro dia útil após o protocolo no e-CAC da PGFN.

§ 2º O Procurador da Fazenda Nacional poderá intimar o devedor para apresentar informações complementares, momento em que o prazo do parágrafo anterior será contado do primeiro dia útil após a apresentação, no e-CAC da PGFN, das informações solicitadas.

Art. 12. O Procurador da Fazenda Nacional poderá recusar a oferta antecipada de garantia em execução fiscal, quando:

I – os bens ou direitos forem inúteis ou inservíveis;

II – os bens forem de difícil alienação ou não tiverem valor comercial;

III – os bens e direitos não estiverem sujeitos à expropriação judicial;

IV – os bens ou direitos forem objeto de constrição judicial em processo movido por credor privilegiado.

Parágrafo único. Para os fins do disposto neste artigo, considera-se difícil alienação quando restarem frustradas 2 (duas) tentativas de alienação judicial, no caso de bens já penhorados em execução fiscal movida pela Procuradoria-Geral da Fazenda Nacional.

Art. 13. A aceitação da oferta antecipada de garantia em execução fiscal não suspende a exigibilidade dos créditos inscritos em dívida ativa, mas viabiliza a emissão da certidão de regularidade fiscal, desde que em valor suficiente para garantia integral dos débitos garantidos, acrescidos de juros, multas e demais encargos exigidos ao tempo da propositura da ação de execução fiscal.

Art. 14. Aceita a oferta antecipada de garantia, o Procurador da Fazenda Nacional promoverá o ajuizamento da execução fiscal correspondente, no prazo máximo de 30 (trinta) dias contados da data da aceitação, indicando à penhora o bem ou direito ofertado pelo devedor.

Parágrafo único. Se, por qualquer motivo, não for aperfeiçoada a penhora no processo de execução fiscal, a aceitação será desfeita e cancelados os seus efeitos.

CAPÍTULO IV
DO PEDIDO DE REVISÃO DE DÍVIDA INSCRITA

Art. 15. O pedido de revisão de dívida inscrita (PRDI) possibilita a reanálise, pela Procuradoria-Geral da Fazenda Nacional, dos requisitos de liquidez, certeza e exigibilidade dos débitos inscritos em dívida ativa da União, de natureza tributária ou não tributária.

§ 1º Admite-se o PRDI:

I – para alegação de pagamento, parcelamento, suspensão de exigibilidade por decisão judicial, compensação, retificação da declaração, preenchimento da declaração com erro, vício formal na constituição do crédito, decadência ou prescrição, quando ocorridos em momento anterior à inscrição em dívida ativa da União;

II – para alegação das matérias descritas no art. 5º, § 1º, ocorridas antes ou após a inscrição em dívida ativa da União;

III – para alegação de qualquer causa de extinção ou suspensão do crédito tributário ou não tributário, ocorridas antes ou após a inscrição em dívida ativa da União.

§ 2º O PRDI pode ser efetuado a qualquer tempo e, desde que apresentado no prazo do art. 6º, II, suspenderá a prática dos atos descritos no art. 7º em relação ao débito questionado.

§ 3º A análise do PRDI pela PGFN observará o disposto no art. 2º desta Portaria.

• § 3º acrescido pela Port. da PGFN nº 42, de 25-5-2018.

Art. 16. O PRDI deverá ser instruído:

I – no caso de alegação de pagamento, com cópia dos respectivos comprovantes;

II – no caso de alegação de parcelamento, com cópia do pedido de adesão indicando todos os elementos para identificação dos débitos parcelados;

III – no caso de alegação de suspensão por decisão judicial, com cópia da petição inicial e da decisão que suspendeu a exigibilidade, com indicação precisa dos débitos suspensos;

IV – no caso de alegação de compensação, com cópia do pedido de compensação formulado perante a Secretaria da Receita Federal do Brasil, indicando todos os elementos para identificação dos débitos compensados;

V – no caso de alegação de retificação de declaração ou erro no preenchimento da declaração, com cópia da declaração retificadora e retificada, indicando todos os elementos para identificação dos débitos objeto de retificação;

VI – no caso de alegação de decadência ou prescrição, com os documentos que comprovem a data da constituição definitiva dos créditos tributários e não tributários, acompanhados das razões pelas quais os débitos são considerados decaídos ou prescritos;

VII – no caso de alegação das hipóteses descritas no art. 5º, § 1º, com as razões e elementos que ensejam a aplicação dos dispositivos legais ou precedentes aos débitos inscritos em dívida ativa, acompanhados de demonstração de que o tema está inserido em ato declaratório do Procurador-Geral da Fazenda Nacional ou nas listas de dispensa de contestar e recorrer disponíveis no sítio da PGFN na rede mundial de computadores, bem como, quando for o caso, dos documentos que comprovem a adequação do caso concreto aos temas constantes nas hipóteses de dispensa;

VIII – no caso de alegação das demais hipóteses de extinção ou suspensão do crédito tributário ou não tributário, com as razões que justifiquem o cancelamento ou suspensão do crédito inscrito, acompanhadas da documentação que fundamenta a alegação, observado, no que couber, o disposto nos incisos anteriores.

Art. 17. O PRDI deverá ser protocolado exclusivamente pelo e-CAC da PGFN e será recebido na unidade da Procuradoria-Geral da Fazenda Nacional responsável pela inscrição, a quem competirá sua apreciação.

§ 1º O PRDI será analisado no prazo de 30 (trinta) dias contados do primeiro dia útil após o seu protocolo no e-CAC da PGFN

§ 2º O Procurador da Fazenda Nacional poderá intimar o devedor para apresentar informações complementares, hipótese na qual o prazo do § 1º será contado do primeiro dia útil após a apresentação, no e-CAC da PGFN, das informações solicitadas.

§ 3º Quando o PRDI versar sobre fato ocorrido antes da inscrição em dívida ativa da União, o Procurador da Fazenda Nacional responsável pela análise poderá requisitar elementos de fato e de direito aos órgãos de origem, nos termos do art. 37, XII, da Lei nº 13.327, de 29 de julho de 2016, que deverão ser prestadas no prazo máximo de 60 (sessenta) dias, hipótese na qual o prazo de que trata o § 1º será contado do primeiro dia útil após o recebimento da resposta.

§ 4º Serão imediatamente indeferidos os pedidos de revisão protelatórios, apresentados em desacordo com as disposições constantes nos arts. 15 e 16 ou fundados em questão já decidida na esfera judicial de forma desfavorável ao contribuinte.

§ 5º Importa renúncia ao direito de revisão administrativa a propositura, pelo contribuinte, de qualquer ação ou exceção cujo objeto seja idêntico ao do pedido.

Art. 18. Caso o órgão de origem não preste as informações requisitadas no prazo descrito no § 3º do art. 17 e havendo verossimilhança das alegações do contribuinte, a unidade da Procuradoria-Geral da Fazenda Nacional poderá:

I – em caso de débitos não ajuizados, determinar o cancelamento total ou parcial da inscrição, nos termos do art. 15, IV, do Decreto-lei nº 147, de 3 de fevereiro de 1967;

II – em caso de débitos ajuizados, determinar, total ou parcialmente, o cancelamento da inscrição e requerer a desistência da execução fiscal, na hipótese do art. 26 da Lei nº 6.830, de 22 de setembro de 1980; ou

III – em caso de débitos ajuizados e não sendo hipótese de cancelamento da inscrição ou de desistência da execução fiscal, requerer a suspensão do processo, nos termos do art. 313, II, da Lei nº 13.105, de 16 de março de 2015.

§ 1º O órgão de origem poderá requerer, de maneira fundamentada, a dilação do prazo de que trata o art. 17, § 3º, desde que não superior a 30 (trinta) dias.

§ 2º Efetivado o cancelamento da inscrição ou o pedido de suspensão da execução fiscal, a unidade do órgão de origem será cientificada imediatamente, mediante o envio do processo administrativo correspondente ou outro meio de comunicação.

Art. 19. Deferido o pedido de revisão, a inscrição será, conforme o caso, cancelada, retificada ou suspensa a exigibilidade do débito, sendo que, nesse último caso, serão sustadas, no que couber, as medidas descritas no art. 7º, enquanto perdurar a suspensão.

Parágrafo único. No caso de cancelamento da inscrição sem extinção do crédito, os débitos serão devolvidos ao órgão de origem para correção do vício, observado o disposto art. 22, § 3º, do Decreto-Lei nº 147, de 3 de fevereiro de 1967.

Art. 20. Da decisão que indeferir o pedido de revisão, total ou parcialmente, caberá recurso, no prazo de 10 (dez) dias, sem efeito suspensivo.

CAPÍTULO V
DA AVERBAÇÃO PRÉ-EXECUTÓRIA

Art. 21. A averbação pré-executória é o ato pelo qual se anota nos órgãos de registros de bens e direitos sujeitos a arresto ou penhora, para o conhecimento de terceiros, a existência de débito inscrito em dívida ativa da União, visando prevenir a fraude à execução de que tratam os artigos 185 da Lei nº 5.172, de 25 de outubro de 1996 (Código Tributário Nacional) e 792 da Lei nº 13.105, de 16 de março de 2015.

§ 1º A notificação de que trata o art. 6º dará ciência ao devedor ou corresponsável da ocorrência da inscrição em dívida ativa e da possibilidade de efetivação da averbação pré-executória, caso não adotadas as providências descritas nos incisos I e II do mesmo dispositivo.

§ 2º A averbação poderá ser impugnada pelo sujeito passivo, inclusive em relação a seu excesso, observado o procedimento previsto nessa Portaria.

Art. 22. Estão sujeitos à averbação pré-executória os seguintes bens e direitos, em valor suficiente para satisfação dos débitos inscritos em dívida ativa de responsabilidade do devedor ou corresponsável:

LEG. COMPLEMENTAR

I – se pessoa física, os integrantes do seu patrimônio, sujeitos a registro público; e

II – se pessoa jurídica, os de sua propriedade, integrantes do ativo não circulante, sujeitos a registro público.

§ 1º A averbação poderá recair sobre bens e direitos que estiverem registrados em nome do sujeito passivo nos respectivos órgãos de registro, ainda que não estejam declarados ou escriturados na contabilidade.

§ 2º A averbação pré-executória será realizada na seguinte ordem de prioridade:

I – bens imóveis não gravados;

II – bens imóveis gravados; e

III – demais bens e direitos passíveis de registro.

§ 3º Excepcionalmente e por despacho fundamentado do Procurador da Fazenda Nacional, a ordem de prioridade de que trata o § 2º poderá ser alterada.

§ 4º No caso de bens e direitos em regime de condomínio formalizado no respectivo órgão de registro, a averbação pré-executória será efetuada proporcionalmente à participação do devedor ou corresponsável.

Art. 23. Não estão sujeitos à averbação pré-executória os bens e direitos:

I – da Fazenda federal, estadual, municipal e do Distrito Federal e suas respectivas autarquias e fundações públicas; e

II – de empresa com falência decretada ou recuperação judicial deferida, sem prejuízo da averbação em face dos eventuais responsáveis.

III – a pequena propriedade rural, o bem de família e demais bens considerados impenhoráveis, nos termos das respectivas leis de regência.

- Inciso III com a redação dada pela Port. da PGFN nº 42, de 25-5-2018.

Art. 24. As informações necessárias à averbação pré-executória serão encaminhadas pela Procuradoria-Geral da Fazenda Nacional aos seguintes órgãos de registro de bens e direitos:

I – cartórios de registro de imóveis, relativamente aos bens imóveis;

II – órgãos ou entidades nos quais, por força de lei, os bens móveis ou direitos sejam registrados ou controlados; ou

III – cartórios de títulos e documentos e registros especiais do domicílio tributário do devedor ou corresponsável, relativamente aos demais bens e direitos.

§ 1º A averbação de que trata o *caput* far-se-á por meio eletrônico, mediante acordo de cooperação ou outro instrumento firmado entre a Procuradoria-Geral da Fazenda Nacional e os respectivos órgãos de registro de bens e direitos.

§ 2º O Procurador da Fazenda Nacional poderá promover a averbação pré-executória diretamente nos órgãos de registro de que trata o *caput*, quando:

I – tratar-se de débitos de elevado valor, conforme definido em ato do Ministro de Estado da Fazenda;

II – tratar-se de débitos nos quais estejam presentes as circunstancias de crime contra a ordem tributária; ou

III – constatados indícios da prática de atos tendentes ao esvaziamento patrimonial com a finalidade de frustrar a cobrança executiva.

§ 3º O órgão de registro comunicará à Procuradoria-Geral da Fazenda Nacional a efetivação da averbação pré-executória no prazo máximo de 10 (dez) dias contados da data do recebimento das informações referidas no *caput*.

CAPÍTULO VI
DA IMPUGNAÇÃO À AVERBAÇÃO PRÉ-EXECUTÓRIA

Art. 25. Averbada a certidão de dívida ativa nos órgãos de registro de bens e direitos, o devedor será notificado para apresentar impugnação, no prazo de 10 (dez) dias.

Parágrafo único. Nos termos dos §§ 2º e 3º do art. 6º, a notificação será expedida por via postal ou eletrônica.

Art. 26. Na impugnação, que será protocolada exclusivamente mediante acesso ao e-CAC da PGFN, o devedor poderá:

I – alegar a impenhorabilidade dos bens e direitos submetidos à averbação pré-executória, nos termos do art. 833 da Lei nº 13.105, de 16 de março de 2015;

II – alegar excesso de averbação, quando os bens averbados estiverem avaliados em valor superior ao das dívidas que deram origem à averbação;

III – indicar à averbação outros bens ou direitos, livres e desimpedidos, nos termos dos arts. 9º e 10 desta Portaria, observada a ordem de preferência estipulada pelo art. 11 da Lei nº 6.830, de 22 de setembro de 1980;

IV – alegar mudança de titularidade do bem ou direito em momento anterior à inscrição;

V – alegar que, a despeito da alienação ou oneração de bens em momento posterior à inscrição, reservou patrimônio suficiente para garantir a dívida, nos termos do art. 185, parágrafo único, da Lei nº 5.172, de 25 de outubro de 1996 (Código Tributário Nacional), sendo que, nesse último caso, deverá indicar os bens reservados à averbação.

§ 1º A indicação de que trata o inciso III poderá recair sobre bens de terceiros, desde que expressamente autorizado por estes e aceitos pela Procuradoria-Geral da Fazenda Nacional, observado o disposto no art. 9º, § 1º, da Lei nº 6.830, de 22 de setembro de 1980.

§ 2º É facultado ao corresponsável indicar à averbação bens do devedor principal, observado o disposto nos arts. 9º e 10 desta Portaria.

§ 3º No caso do parágrafo anterior, os bens do corresponsável permanecerão averbados se os do devedor principal não forem suficientes à satisfação integral dos débitos inscritos.

§ 4º Para fins do disposto no inciso II do *caput* deste artigo, os bens e direitos sujeitos a averbação serão avaliados, na seguinte ordem:

I – se bens imóveis:

a) pelo valor constante em laudo de avaliação oficial ou particular, sendo que, neste último caso, desde que realizada por engenheiro ou arquiteto inscrito no respectivo conselho profissional;

b) pelo valor constante do registro público, em decorrência de avaliação realizada de acordo com o § 2º do art. 64-A da Lei nº 9.532, de 10 de dezembro de 1997;

c) pelo valor de aquisição registrado em escritura pública ou em compromisso de compra e venda registrado no Cartório de Registro de Imóveis;

d) pelo valor que serve de base de cálculo para o lançamento do Imposto sobre a Propriedade Predial e Territorial Urbana (IPTU);

e) pelo valor que serve de base de cálculo para o lançamento do Imposto sobre a Propriedade Territorial Rural (ITR), no caso de imóvel rural;

f) pelo valor que serve de base de cálculo para o lançamento do Imposto sobre Transmissão de Bens Imóveis (ITBI); ou

II – se bens móveis ou direitos:

a) pelo valor de mercado, conforme parâmetros informados em veículo de divulgação especializado ou laudo de órgão oficial; ou

b) pelo valor decorrente de avaliação realizada de acordo com o § 2º do art. 64-A da Lei nº 9.532, de 1997.

c) pelo valor de aquisição comprovado por documento idôneo;

d) pelo valor que serve de base de cálculo do Imposto sobre a Propriedade de Veículos Automotores (IPVA), no caso de veículos;

§ 5º Na hipótese de o bem ou direito estar avaliado em valor superior à dívida inscrita, a averbação será mantida quando não houver outro igualmente penhorável e o devedor não indicar bem ou direito em substituição, nos termos do inciso III do *caput* deste artigo.

§ 6º A impugnação deverá ser instruída com os documentos necessários à comprovação das alegações.

Art. 27. Independentemente do prazo previsto no art. 26, o terceiro adquirente poderá impugnar a averbação pré-executória, quando:

I – no caso de bens imóveis:

a) a aquisição houver ocorrido em data anterior à inscrição, por contrato de alienação, promessa de compra e venda ou escritura pública de compra e venda, desde que os respectivos instrumentos tenham sido levados ao competente registro público;

b) a aquisição houver ocorrido em data posterior à inscrição, por contrato de alienação, promessa de compra e venda ou escritura pública de compra e venda, desde que os respectivos instrumentos tenham sido levados ao competente registro público, caso em que o terceiro deverá indicar à averbação os bens reservados pelo alienante, nos termos do art. 185, parágrafo único, da Lei nº 5.172, de 25 de outubro de 1996 (Código Tributário Nacional).

II – no caso de bens móveis:

a) a aquisição houver ocorrido em data anterior à inscrição, desde que tenha havido a comunicação de venda de que trata o art. 134 da Lei nº 9.503, de 23 de setembro de 1997 (Código de Trânsito Brasileiro), no caso de veículos, ou mediante apresentação de contrato de alienação, de promessa de compra e venda ou de cessão ou promessa de cessão de direitos, desde que os respectivos instrumentos tenham sido levados ao competente registro público;

b) a aquisição houver ocorrido em data posterior à inscrição, caso em que o terceiro deverá indicar à averbação os bens reservados pelo alienante, nos termos do art. 185, parágrafo único, da Lei nº 5.172, de 25 de outubro de 1996 (Código Tributário Nacional).

Art. 28. A impugnação será apreciada pela unidade da Procuradoria-Geral da Fazenda responsável pelo ajuizamento da execução fiscal correspondente à inscrição em dívida ativa averbada.

§ 1º A impugnação será apreciada no prazo de 30 (trinta) dias contados do primeiro dia útil após o seu protocolo no e-CAC da PGFN.

§ 2º O Procurador da Fazenda Nacional poderá intimar o interessado para apresentar informações complementares, momento em que o prazo do parágrafo anterior será contado do primeiro dia útil após a apresentação, no e-CAC da PGFN, das informações solicitadas.

Art. 29. Julgada procedente a impugnação, o Procurador da Fazenda Nacional deverá:

I – determinar o cancelamento da averbação pré-executória nos órgãos de registro de bens ou direitos, quando for o caso;

II – determinar a averbação pré-executória dos bens indicados em substituição pelo devedor ou corresponsável e, quando for o caso, o cancelamento da averbação nos registros dos bens ou direitos anteriormente averbados.

Art. 30. Não apresentada ou rejeitada a impugnação, a execução fiscal deverá ser encaminhada para ajuizamento no prazo de até 30 (trinta) dias contados, conforme o caso, do primeiro dia útil após esgotado o prazo para impugnação ou da data da ciência de sua rejeição, observado o disposto no art. 36, § 2º, desta Portaria.

Parágrafo único. O não encaminhamento da petição inicial para ajuizamento da execução fiscal no prazo previsto no *caput* ensejará o levantamento da averbação pré-executória, ressalvada a suspensão da exigibilidade do débito antes do efetivo ajuizamento.

CAPÍTULO VII
DA SUBSTITUIÇÃO E DO CANCELAMENTO DA AVERBAÇÃO PRÉ-EXECUTÓRIA

Art. 31. Enquanto não ajuizada a execução fiscal, o Procurador da Fazenda Nacional poderá, de ofício ou a requerimento do devedor ou corresponsável, determinar a substituição do bem ou direito gravado com a averbação pré-executória, observadas as disposições constantes nesta Portaria.

Art. 32. Configuram hipóteses de cancelamento da averbação pré-executória:

I – a extinção do débito que deu origem à averbação;

II – a procedência da impugnação do devedor;

III – a desapropriação pelo Poder Público;

IV – a decisão judicial;

V – o não encaminhamento da petição inicial para ajuizamento da execução fiscal, nos termos do art. 30.

Parágrafo único. O cancelamento da averbação pré-executória deverá ser realizado no prazo máximo de 10 (dez) dias contados da data da ocorrência das hipóteses descritas nos incisos I a III e V ou, no caso do inciso IV, no prazo estabelecido na decisão judicial.

CAPÍTULO VIII
DO AJUIZAMENTO SELETIVO (OU CONDICIONADO) DE EXECUÇÕES FISCAIS

Art. 33. O ajuizamento de execuções fiscais para cobrança de débitos inscritos em dívida ativa da União fica condicionado à localização de indícios de bens, direitos ou atividade econômica do devedor ou corresponsável, desde que úteis à satisfação integral ou parcial do débito a ser executado.

§ 1º Para fins do disposto no *caput*, entende-se por inútil o bem ou direito de difícil alienação, sem valor comercial ou de valor irrisório, bem como os indícios de atividade econômica inexpressiva.

§ 2º A dispensa de ajuizamento de que trata este artigo não se aplica aos débitos:

I – decorrentes de aplicação de multa criminal;

II – da dívida ativa do FGTS;

III – de elevado valor, conforme definido em ato do Ministro de Estado da Fazenda;

LEG. COMPLEMENTAR

IV – de responsabilidade das pessoas jurídicas de direito público, ou de direito privado submetidas ao regime jurídico das pessoas de direito público;

V – de devedores com falência decretada ou recuperação judicial deferida.

CAPÍTULO IX
DO PROCEDIMENTO PARA LOCALIZAÇÃO DE BENS E DIREITOS

Art. 34. A Procuradoria-Geral da Fazenda Nacional realizará procedimento administrativo com vistas à localização de indícios de bens, direitos ou atividade econômica aptos a garantir, integral ou parcialmente, a execução forçada, mediante consulta periódica às bases de dados patrimoniais e econômico-fiscais do devedor ou corresponsável.

Parágrafo único. Independentemente do procedimento previsto no *caput*, o Procurador da Fazenda Nacional poderá, por despacho fundamentado, promover o ajuizamento da execução fiscal, desde que demonstrado potencial de recuperabilidade do débito e apresentados, na petição inicial, indícios da existência de bens ou direitos em nome do devedor ou corresponsável.

Art. 35. Além do procedimento de que trata o art. 34, a Procuradoria-Geral da Fazenda Nacional poderá, nos termos do art. 16, I, *b*, do Decreto-Lei nº 147, de 3 de fevereiro de 1967, promover diretamente diligências para a localização de devedores e de bens ou direitos penhoráveis, junto a qualquer órgão da administração direta ou indireta ou entidade de direito privado.

Parágrafo único. As informações de que trata o *caput* poderão ser compartilhadas eletronicamente, mediante convênio firmado com a Procuradoria-Geral da Fazenda Nacional.

CAPÍTULO X
DA PETIÇÃO INICIAL DAS EXECUÇÕES FISCAIS

Art. 36. Sem prejuízo do disposto na legislação processual, a petição inicial das execuções fiscais submetidas à sistemática de ajuizamento seletivo de que trata o art. 33 indicará:

I – o Juízo a quem se dirige;

II – a qualificação do devedor e, quando houver, do corresponsável, incluindo o número de inscrição no Cadastro de Pessoas Físicas (CPF) ou Cadastro Nacional de Pessoas Jurídicas (CNPJ) e, para fins de citação, o endereço informado à Fazenda Pública;

III – o requerimento de citação do executado, por carta com aviso de recepção;

IV – o requerimento de citação por oficial de justiça, acaso frustrada a citação pelo correio;

V – o requerimento de citação por edital, acaso frustrada a citação por oficial de justiça;

VI – o pedido para pagamento da dívida com os juros, multas e demais encargos indicados na Certidão de Dívida Ativa ou para garantia da execução.

§ 1º Os bens e direitos ofertados antecipadamente pelo devedor e aceitos pela Procuradoria-Geral da Fazenda Nacional serão indicados à penhora na petição inicial.

§ 2º Os bens e direitos submetidos à averbação pré-executória serão indicados à penhora na petição inicial, com requerimento de conversão da averbação pré-executória em penhora.

§ 3º A petição inicial será instruída com as informações relativas ao resultado dos procedimentos de que tratam os arts. 34 e 35, apresentadas em forma de indicadores da existência bens, direitos ou atividade econômica do devedor ou corresponsável.

§ 4º Não havendo oferta antecipada de bens à penhora e identificados indícios da existência de atividade econômica do devedor ou corresponsável, a petição inicial conterá pedido de indisponibilidade de ativos financeiros, a ser realizado concomitantemente à citação, nos termos do art. 53, *caput*, da Lei nº 8.212, de 24 de julho de 1991 e do art. 854 da Lei nº 13.105, de 16 de março de 2015.

CAPÍTULO XI
DA CITAÇÃO DO DEVEDOR E DA PENHORA

Art. 37. Nas execuções submetidas ao ajuizamento seletivo de que trata o art. 33, aperfeiçoada a citação válida do devedor ou corresponsável e não pago e nem garantido o débito executado, deverá o Procurador da Fazenda Nacional requerer, até o limite da dívida exequenda:

I – a penhora de saldos em conta-corrente, aplicações financeiras de renda fixa e variável, aplicações em moeda estrangeira, planos de previdência privada, consórcios e demais ativos financeiros, quando não realizado na forma do § 4º do art. 36;

II – a penhora dos bens imóveis, móveis ou direitos indicados na petição inicial, bem como o bloqueio de veículos via sistema RENAJUD, acaso frustrado o bloqueio de que trata o inciso anterior.

§ 1º No caso da localização de créditos em nome do executado, o Procurador da Fazenda Nacional deverá requerer a penhora dos direitos creditórios cumulada com a intimação do terceiro ou depositário para que depositem em juízo os valores correspondentes aos créditos penhorados.

§ 2º Localizadas quotas ou ações de sociedades personificadas, o requerimento de penhora deverá observar o procedimento descrito no art. 861 da Lei nº 13.105, de 16 de março de 2015.

Art. 38. O Procurador da Fazenda Nacional poderá celebrar negócio jurídico processual visando a recuperação dos débitos em tempo razoável ou obtenção de garantias em dinheiro, isoladamente ou em conjunto com bens idôneos a serem substituídos em prazo determinado, inclusive mediante penhora de faturamento, observado o procedimento disposto no regulamento expedido pela Procuradoria-Geral da Fazenda Nacional.

Art. 39. Considera-se atentatória à dignidade da justiça, nos termos do art. 774 da Lei nº 13.105, de 16 de março de 2015, a conduta comissiva ou omissiva do executado que:

I – frauda a execução;

II – se opõe maliciosamente à execução, empregando ardis e meios artificiosos;

III – dificulta ou embaraça a realização da penhora;

IV – resiste injustificadamente às ordens judiciais;

V – intimado, não indica ao juiz quais são e onde estão os bens sujeitos à penhora e os respectivos valores, nem exibe prova de sua propriedade e, se for o caso, certidão negativa de ônus.

§ 1º Caso o Procurador da Fazenda Nacional constate, nos autos da execução fiscal, a prática, pelo executado, de algum dos atos previstos no *caput* deste artigo, deverá requerer ao juízo da execução a fixação de multa, nos termos do art. 774, parágrafo único, da Lei nº 13.105, de 16 de março de 2015, sem prejuízo das sanções de natureza criminal.

§ 2º Considera-se fraude à execução a alienação ou oneração de bens ou rendas, ou seu começo, por sujeito passivo em débito para com a Fazenda Nacional, por crédito tributário regularmente inscrito como dívida ativa da União, salvo se o devedor reservar bens ou rendas suficientes ao total pagamento da dívida inscrita.

§ 3º Para os fins do disposto nos parágrafos anteriores, considera-se fraude à execução a retirada, transferência ou movimentação de saldos em depósito, aplicações em renda fixa ou de qualquer outro ativo financeiro, quando praticadas com o intuito de frustrar o bloqueio judicial de que trata o art. 37, I, desta Portaria.

§ 4º Reconhecida, nos autos do processo de execução fiscal, a fraude à execução, o Procurador da Fazenda Nacional deverá encaminhar Representação para Fins Penais (RFP) ao representante do Ministério Público Federal do foro em que tramita o processo, para apuração dos crimes previstos nos artigos 179 e 347 do Decreto-Lei nº 2.848, de 7 de dezembro de 1940 (Código Penal).

Art. 40. Formalizada a penhora sobre bens ou direitos suficientes para garantir a totalidade da dívida executada, acrescida de juros, multa e demais encargos, serão canceladas as averbações pré-executórias relativas aos bens e direitos não penhorados.

Parágrafo único. O cancelamento de que trata o *caput* será determinado pelo Procurador da Fazenda Nacional, no prazo de 15 (quinze) dias contados da data da ciência da penhora integral, sem prejuízo de eventual cancelamento por determinação judicial.

CAPÍTULO XII
DA ALIENAÇÃO POR INICIATIVA DA PGFN

Arts. 41 a 45. *Revogados.* Port. da PGFN nº 3.050, de 6-4-2022.

CAPÍTULO XIII
DA SUSPENSÃO DAS EXECUÇÕES FISCAIS COM BASE NO ART. 40 DA LEF

Art. 46. O Procurador da Fazenda Nacional somente poderá requerer a suspensão da execução fiscal submetida ao ajuizamento seletivo, nos termos do art. 40 da Lei nº 6.830, de 22 de setembro de 1980, após esgotadas as tentativas de penhora dos bens ou direitos informados no documento de que trata o art. 36, § 3º, desta Portaria.

§ 1º Se a efetivação da penhora depender da obtenção de documentos e informações não localizados no procedimento de que trata o art. 34, o Procurador da Fazenda Nacional deverá requerer a suspensão da execução fiscal, pelo prazo de 90 (noventa) dias, para fins de diligenciamento complementar, promovendo a juntada do ofício de requisição de informações nos autos do processo de execução fiscal.

§ 2º Esgotado o prazo previsto no parágrafo anterior sem que o órgão demandado tenha prestado as informações ou apresentado os documentos solicitados, o Procurador da Fazenda Nacional deverá requerer ao juízo da execução a expedição de ofício para que o detentor das informações necessárias à efetivação da penhora as forneça, nos termos do art. 772, III, da Lei nº 13.105, de 16 de março de 2015.

§ 3º A suspensão, nos termos do art. 40 da Lei nº 6.830, de 22 de setembro de 1980, das execuções fiscais ajuizadas antes da vigência desta portaria obedecerão às regras definidas em ato específico editado pelo Procurador-Geral da Fazenda Nacional.

Art. 47. Frustrada a penhora dos bens ou direitos indicados na petição inicial e constatada a inexistência de outros aptos à garantia do juízo, o Procurador da Fazenda Nacional deverá requerer a suspensão da execução fiscal, nos termos do art. 40 da Lei nº 6.830, de 22 de setembro de 1980.

§ 1º No caso de créditos de elevado valor, conforme definido em ato do Ministro de Estado da Fazenda, ou daqueles em que estejam presentes as circunstancias de crime contra a ordem tributária, a suspensão de que trata o *caput* somente será requerida após a decretação de indisponibilidade de bens futuros de que trata o art. 185-A da Lei nº 5.172, de 25 de outubro de 1996 (Código Tributário Nacional).

§ 2º O Procurador da Fazenda Nacional não requererá a suspensão de que trata o *caput* enquanto pendente causa de suspensão da exigibilidade do crédito, julgamento de exceção de pré-executividade, embargos ou outra ação ou recurso que infirme a certeza e liquidez do crédito e obste o prosseguimento, ainda que provisório, da cobrança judicial.

Art. 48. Requerida a suspensão da execução fiscal, nos termos do art. 40, *caput*, da Lei nº 6.830, de 1980, o Procurador da Fazenda Nacional determinará o registro da informação nos sistemas da Procuradoria-Geral da Fazenda Nacional, com anotação da data do pedido de suspensão, independentemente de intimação do despacho que deferiu o pedido.

Parágrafo único. Em caso de suspensão da execução fiscal sem requerimento prévio do Procurador da Fazenda Nacional e não sendo caso de prosseguimento da cobrança, a determinação para registro nos sistemas da Procuradoria-Geral da Fazenda Nacional deverá considerar a data da ciência do despacho de suspensão.

Art. 49. Localizados, a qualquer tempo, bens ou direitos em nome do devedor, o Procurador da Fazenda Nacional deverá requerer o prosseguimento da execução fiscal, indicando-os à penhora, desde que úteis à satisfação, ainda que parcial, dos créditos executados.

§ 1º Na hipótese descrita no *caput*, a prescrição intercorrente somente será interrompida com a efetivação da penhora dos bens ou direitos indicados.

§ 2º A interrupção da prescrição de que trata o parágrafo anterior retroagirá à data da indicação de bens pela Procuradoria-Geral da Fazenda Nacional.

CAPÍTULO XIV
DAS DISPOSIÇÕES FINAIS

Art. 50. O disposto no art. 7º, III, desta Portaria somente se aplica aos devedores inscritos em dívida ativa da União após 1º de outubro de 2018.

- Artigo com a redação dada pela Port. da PGFN nº 42, de 25-5-2018.

Art. 51. Ficam revogadas as Portarias PGFN nº 814, de 9 de outubro de 2013, e 11, de 2 de janeiro de 2014.

Art. 52. Esta Portaria entra em vigor a partir de 1º de outubro de 2018.

- Artigo com a redação dada pela Port. da PGFN nº 42, de 25-5-2018.

Fabrício da Soller

LEI COMPLEMENTAR Nº 162, DE 6 DE ABRIL DE 2018

Institui o Programa Especial de Regularização Tributária das Microempresas e Empresas de Pequeno Porte optantes pelo Simples Nacional (PERT-SN).

- Publicada no *DOU* de 9-4-2018.

Art. 1º Fica instituído o Programa Especial de Regularização Tributária das Microempresas e Empresas de Pequeno Porte optantes pelo Simples Nacional (PERT-SN), relativo aos débitos de que trata o § 15 do art. 21 da Lei Complementar nº 123, de 14 de dezembro de 2006, observadas as seguintes condições:

I – pagamento em espécie de, no mínimo, 5% (cinco por cento) do valor da dívida consolidada, sem reduções, em até cinco parcelas mensais e sucessivas, e o restante:

a) liquidado integralmente, em parcela única, com redução de 90% (noventa por cento) dos juros de mora, 70% (setenta por cento) das multas de mora, de ofício ou isoladas e 100% (cem por cento) dos encargos legais, inclusive honorários advocatícios;

b) parcelado em até cento e quarenta e cinco parcelas mensais e sucessivas, com redução de 80% (oitenta por cento) dos juros de mora, 50% (cinquenta por cento) das multas de mora, de ofício ou isoladas e 100% (cem por cento) dos encargos legais, inclusive honorários advocatícios; ou

c) parcelado em até cento e setenta e cinco parcelas mensais e sucessivas, com redução de 50% (cinquenta por cento) dos juros de mora, 25% (vinte e cinco por cento) das multas de mora, de ofício ou isoladas e 100% (cem por cento) dos encargos legais, inclusive honorários advocatícios;

II – o valor mínimo das prestações será de R$ 300,00 (trezentos reais), exceto no caso dos Microempreendedores Individuais (MEIs), cujo valor será definido pelo Comitê Gestor do Simples Nacional (CGSN).

§ 1º Os interessados poderão aderir ao PERT-SN em até noventa dias após a entrada em vigor desta Lei Complementar, ficando suspensos os efeitos das notificações – Atos Declaratórios Executivos (ADE) – efetuadas até o término deste prazo.

§ 2º Poderão ser parcelados na forma do *caput* deste artigo os débitos vencidos até a competência do mês de novembro de 2017 e apurados na forma do Regime Especial Unificado de Arrecadação de Tributos e Contribuições devidos pelas Microempresas e Empresas de Pequeno Porte (Simples Nacional).

§ 3º O disposto neste artigo aplica-se aos créditos constituídos ou não, com exigibilidade suspensa ou não, parcelados ou não e inscritos ou não em dívida ativa do respectivo ente federativo, mesmo em fase de execução fiscal já ajuizada.

§ 4º O pedido de parcelamento implicará desistência compulsória e definitiva de parcelamento anterior, sem restabelecimento dos parcelamentos rescindidos caso não seja efetuado o pagamento da primeira prestação.

§ 5º O valor de cada prestação mensal, por ocasião do pagamento, será acrescido de juros equivalentes à taxa referencial do Sistema Especial de Liquidação e de Custódia (SELIC) para títulos federais, acumulada mensalmente, calculados a partir do mês subsequente ao da consolidação até o mês anterior ao do pagamento, e de 1% (um por cento) relativamente ao mês em que o pagamento estiver sendo efetuado.

§ 6º Poderão ainda ser parcelados, na forma e nas condições previstas nesta Lei Complementar, os débitos parcelados de acordo com os §§ 15 a 24 do art. 21 da Lei Complementar nº 123, de 14 de dezembro de 2006, e o art. 9º da Lei Complementar nº 155, de 27 de outubro de 2016.

§ 7º Compete ao CGSN a regulamentação do parcelamento disposto neste artigo.

Art. 2º O Poder Executivo federal, com vistas ao cumprimento do disposto no inciso II do *caput* do art. 5º e nos arts. 14 e 17 da Lei Complementar nº 101, de 4 de maio de 2000, estimará o montante da renúncia fiscal decorrente desta Lei Complementar e o incluirá no demonstrativo a que se refere o § 6º do art. 165 da Constituição Federal, que acompanhará o projeto da lei orçamentária cuja apresentação se der após a publicação desta Lei Complementar.

Art. 3º Esta Lei Complementar entra em vigor na data de sua publicação.

Brasília, 6 de abril de 2018;
197º da Independência e
130º da República.

Michel Temer

LEI Nº 13.709, DE 14 DE AGOSTO DE 2018

Lei Geral de Proteção de Dados Pessoais (LGPD).

- Publicada no *DOU* de 15-8-2018.
- Ementa com a redação dada pela Lei nº 13.853, de 8-7-2019.

CAPÍTULO I
DISPOSIÇÕES PRELIMINARES

Art. 1º Esta Lei dispõe sobre o tratamento de dados pessoais, inclusive nos meios digitais, por pessoa natural ou por pessoa jurídica de direito público ou privado, com o objetivo de proteger os direitos fundamentais de liberdade e de privacidade e o livre desenvolvimento da personalidade da pessoa natural.

Parágrafo único. As normas gerais contidas nesta Lei são de interesse nacional e devem ser observadas pela União, Estados, Distrito Federal e Municípios.

- Parágrafo único acrescido pela Lei nº 13.853, de 8-7-2019.

Art. 2º A disciplina da proteção de dados pessoais tem como fundamentos:

I – o respeito à privacidade;

II – a autodeterminação informativa;

III – a liberdade de expressão, de informação, de comunicação e de opinião;

IV – a inviolabilidade da intimidade, da honra e da imagem;

V – o desenvolvimento econômico e tecnológico e a inovação;

VI – a livre iniciativa, a livre concorrência e a defesa do consumidor; e

VII – os direitos humanos, o livre desenvolvimento da personalidade, a dignidade e o exercício da cidadania pelas pessoas naturais.

Art. 3º Esta Lei aplica-se a qualquer operação de tratamento realizada por pessoa natural ou por pessoa jurídica de direito público ou privado, independentemente do meio, do país de sua sede ou do país onde estejam localizados os dados, desde que:

I – a operação de tratamento seja realizada no território nacional;

II – a atividade de tratamento tenha por objetivo a oferta ou o fornecimento de bens ou serviços ou o tratamento de dados de indivíduos localizados no território nacional; ou

- Inciso II com a redação dada pela Lei nº 13.853, de 8-7-2019.

III – os dados pessoais objeto do tratamento tenham sido coletados no território nacional.

§ 1º Consideram-se coletados no território nacional os dados pessoais cujo titular nele se encontre no momento da coleta.

§ 2º Excetua-se do disposto no inciso I deste artigo o tratamento de dados previsto no inciso IV do *caput* do art. 4º desta Lei.

Art. 4º Esta Lei não se aplica ao tratamento de dados pessoais:

I – realizado por pessoa natural para fins exclusivamente particulares e não econômicos;

II – realizado para fins exclusivamente:

a) jornalístico e artísticos; ou

b) acadêmicos, aplicando-se a esta hipótese os arts. 7º e 11 desta Lei;

III – realizado para fins exclusivos de:

a) segurança pública;

b) defesa nacional;

c) segurança do Estado; ou

d) atividades de investigação e repressão de infrações penais; ou

IV – provenientes de fora do território nacional e que não sejam objeto de comunicação, uso compartilhado de dados com agentes de tratamento brasileiros ou objeto de transferência internacional de dados com outro país que não o de proveniência, desde que o país de proveniência proporcione grau de proteção de dados pessoais adequado ao previsto nesta Lei.

§ 1º O tratamento de dados pessoais previsto no inciso III será regido por legislação específica, que deverá prever medidas proporcionais e estritamente necessárias ao atendimento do interesse público, observados o devido processo legal, os princípios gerais de proteção e os direitos do titular previstos nesta Lei.

§ 2º É vedado o tratamento dos dados a que se refere o inciso III do *caput* deste artigo por pessoa de direito privado, exceto em procedimentos sob tutela de pessoa jurídica de direito público, que serão objeto de informe específico à autoridade nacional e que deverão observar a limitação imposta no § 4º deste artigo.

§ 3º A autoridade nacional emitirá opiniões técnicas ou recomendações referentes às exceções previstas no inciso III do *caput* deste artigo e deverá solicitar aos responsáveis relatórios de impacto à proteção de dados pessoais.

§ 4º Em nenhum caso a totalidade dos dados pessoais de banco de dados de que trata o inciso III do *caput* deste artigo poderá ser tratada por pessoa de direito privado, salvo por aquela que possua capital integralmente constituído pelo poder público.

• § 4º com a redação dada pela Lei nº 13.853, de 8-7-2019.

Art. 5º Para os fins desta Lei, considera-se:

I – dado pessoal: informação relacionada a pessoa natural identificada ou identificável;

II – dado pessoal sensível: dado pessoal sobre origem racial ou étnica, convicção religiosa, opinião política, filiação a sindicato ou a organização de caráter religioso, filosófico ou político, dado referente à saúde ou à vida sexual, dado genético ou biométrico, quando vinculado a uma pessoa natural;

III – dado anonimizado: dado relativo a titular que não possa ser identificado, considerando a utilização de meios técnicos razoáveis e disponíveis na ocasião de seu tratamento;

IV – banco de dados: conjunto estruturado de dados pessoais, estabelecido em um ou em vários locais, em suporte eletrônico ou físico;

V – titular: pessoa natural a quem se referem os dados pessoais que são objeto de tratamento;

VI – controlador: pessoa natural ou jurídica, de direito público ou privado, a quem competem as decisões referentes ao tratamento de dados pessoais;

VII – operador: pessoa natural ou jurídica, de direito público ou privado, que realiza o tratamento de dados pessoais em nome do controlador;

VIII – encarregado: pessoa indicada pelo controlador e operador para atuar como canal de comunicação entre o controlador, os titulares dos dados e a Autoridade Nacional de Proteção de Dados (ANPD);

• Inciso VIII com a redação dada pela Lei nº 13.853, de 8-7-2019.

IX – agentes de tratamento: o controlador e o operador;

X – tratamento: toda operação realizada com dados pessoais, como as que se referem a coleta, produção, recepção, classificação, utilização, acesso, reprodução, transmissão, distribuição, processamento, arquivamento, armazenamento, eliminação, avaliação ou controle da informação, modificação, comunicação, transferência, difusão ou extração;

XI – anonimização: utilização de meios técnicos razoáveis e disponíveis no momento do tratamento, por meio dos quais um dado perde a possibilidade de associação, direta ou indireta, a um indivíduo;

XII – consentimento: manifestação livre, informada e inequívoca pela qual o titular concorda com o tratamento de seus dados pessoais para uma finalidade determinada;

XIII – bloqueio: suspensão temporária de qualquer operação de tratamento, mediante guarda do dado pessoal ou do banco de dados;

XIV – eliminação: exclusão de dado ou de conjunto de dados armazenados em banco de dados, independentemente do procedimento empregado;

XV – transferência internacional de dados: transferência de dados pessoais para país estrangeiro ou organismo internacional do qual o país seja membro;

XVI – uso compartilhado de dados: comunicação, difusão, transferência internacional, interconexão de dados pessoais ou tratamento compartilhado de bancos de dados pessoais por órgãos e entidades públicos no cumprimento de suas competências legais, ou entre esses e entes privados, reciprocamente, com autorização específica, para uma ou mais modalidades de tratamento permitidas por esses entes públicos, ou entre entes privados;

XVII – relatório de impacto à proteção de dados pessoais: documentação do controlador que contém a descrição dos processos de tratamento de dados pessoais que podem gerar riscos às liberdades civis e aos direitos fundamentais, bem como medidas, salvaguardas e mecanismos de mitigação de risco;

XVIII – órgão de pesquisa: órgão ou entidade da administração pública direta ou indireta ou pessoa jurídica de direito privado sem fins lucrativos legalmente constituída sob as leis brasileiras, com sede e foro no País, que inclua em sua missão institucional ou em seu objetivo social ou estatutário a pesquisa básica ou aplicada de caráter histórico, científico, tecnológico ou estatístico; e

XIX – autoridade nacional: órgão da administração pública responsável por zelar, implementar e fiscalizar o cumprimento desta Lei em todo o território nacional.

• Incisos XVIII e XIX com a redação dada pela Lei nº 13.853, de 8-7-2019.

Art. 6º As atividades de tratamento de dados pessoais deverão observar a boa-fé e os seguintes princípios:

I – finalidade: realização do tratamento para propósitos legítimos, específicos, explícitos e informados ao titular, sem possibilidade de tratamento posterior de forma incompatível com essas finalidades;

II – adequação: compatibilidade do tratamento com as finalidades informadas ao titular, de acordo com o contexto do tratamento;

III – necessidade: limitação do tratamento ao mínimo necessário para a realização de suas finalidades, com abrangência dos dados pertinentes, proporcionais e não excessivos em relação às finalidades do tratamento de dados;

IV – livre acesso: garantia, aos titulares, de consulta facilitada e gratuita sobre a forma e a duração do tratamento, bem como sobre a integralidade de seus dados pessoais;

V – qualidade dos dados: garantia, aos titulares, de exatidão, clareza, relevância e atualização dos dados, de acordo com a necessidade e para o cumprimento da finalidade de seu tratamento;

VI – transparência: garantia, aos titulares, de informações claras, precisas e facilmente acessíveis sobre a realização do tratamento e os respectivos agentes de tratamento, observados os segredos comercial e industrial;

VII – segurança: utilização de medidas técnicas e administrativas aptas a proteger os dados pessoais de acessos não autorizados e de situações acidentais ou ilícitas de destruição, perda, alteração, comunicação ou difusão;

VIII – prevenção: adoção de medidas para prevenir a ocorrência de danos em virtude do tratamento de dados pessoais;

IX – não discriminação: impossibilidade de realização do tratamento para fins discriminatórios ilícitos ou abusivos;

X – responsabilização e prestação de contas: demonstração, pelo agente, da adoção de medidas eficazes e capazes de comprovar a observância e o cumprimento das normas de proteção de dados pessoais e, inclusive, da eficácia dessas medidas.

CAPÍTULO II
DO TRATAMENTO DE DADOS PESSOAIS

Seção I
DOS REQUISITOS PARA O TRATAMENTO DE DADOS PESSOAIS

Art. 7º O tratamento de dados pessoais somente poderá ser realizado nas seguintes hipóteses:

I – mediante o fornecimento de consentimento pelo titular;

II – para o cumprimento de obrigação legal ou regulatória pelo controlador;

III – pela administração pública, para o tratamento e uso compartilhado de dados necessários à execução de políticas públicas previstas em leis e regulamentos ou respaldadas em contratos, convênios ou instrumentos congêneres, observadas as disposições do Capítulo IV desta Lei;

IV – para a realização de estudos por órgão de pesquisa, garantida, sempre que possível, a anonimização dos dados pessoais;

V – quando necessário para a execução de contrato ou de procedimentos preliminares relacionados a contrato do qual seja parte o titular, a pedido do titular dos dados;

VI – para o exercício regular de direitos em processo judicial, administrativo ou arbitral, esse último nos termos da Lei nº 9.307, de 23 de setembro de 1996 (Lei de Arbitragem);

VII – para a proteção da vida ou da incolumidade física do titular ou de terceiro;

VIII – para a tutela da saúde, exclusivamente, em procedimento realizado por profissionais de saúde, serviços de saúde ou autoridade sanitária;

• Inciso VIII com a redação dada pela Lei nº 13.853, de 8-7-2019.

IX – quando necessário para atender aos interesses legítimos do controlador ou de terceiro, exceto no caso de prevalecerem direitos e liberdades fundamentais do titular que exijam a proteção dos dados pessoais; ou

X – para a proteção do crédito, inclusive quanto ao disposto na legislação pertinente.

§§ 1º e 2º *Revogados*. Lei nº 13.853, de 8-7-2019.

§ 3º O tratamento de dados pessoais cujo acesso é público deve considerar a finalidade, a boa-fé e o interesse público que justificaram sua disponibilização.

§ 4º É dispensada a exigência do consentimento previsto no *caput* deste artigo para os dados tornados manifestamente públicos pelo titular, resguardados os direitos do titular e os princípios previstos nesta Lei.

§ 5º O controlador que obteve o consentimento referido no inciso I do *caput* deste artigo que necessitar comunicar ou compartilhar dados pessoais com outros controladores deverá obter consentimento específico do titular para esse fim, ressalvadas as hipóteses de dispensa do consentimento previstas nesta Lei.

§ 6º A eventual dispensa da exigência do consentimento não desobriga os agentes de tratamento das demais obrigações previstas nesta Lei, especialmente da observância dos princípios gerais e da garantia dos direitos do titular.

§ 7º O tratamento posterior dos dados pessoais a que se referem os §§ 3º e 4º deste artigo poderá ser realizado para novas finalidades, desde que observados os propósitos legítimos e específicos para o novo tratamento e a preservação dos direitos do titular, assim como os fundamentos e os princípios previstos nesta Lei.

• § 7º acrescido pela Lei nº 13.853, de 8-7-2019.

Art. 8º O consentimento previsto no inciso I do art. 7º desta Lei deverá ser fornecido por escrito ou por outro meio que demonstre a manifestação de vontade do titular.

§ 1º Caso o consentimento seja fornecido por escrito, esse deverá constar de cláusula destacada das demais cláusulas contratuais.

§ 2º Cabe ao controlador o ônus da prova de que o consentimento foi obtido em conformidade com o disposto nesta Lei.

§ 3º É vedado o tratamento de dados pessoais mediante vício de consentimento.

§ 4º O consentimento deverá referir-se a finalidades determinadas, e as autorizações genéricas para o tratamento de dados pessoais serão nulas.

§ 5º O consentimento pode ser revogado a qualquer momento mediante manifestação expressa do titular, por procedimento gratuito e facilitado, ratificados os tratamentos realizados sob amparo do consentimento anteriormente manifestado enquanto não houver requerimento de eliminação, nos termos do inciso VI do *caput* do art. 18 desta Lei.

§ 6º Em caso de alteração de informação referida nos incisos I, II, III ou V do art. 9º desta Lei, o controlador deverá informar ao titular, com destaque de forma específica do teor das alterações, podendo o titular, nos casos em que o seu consentimento é exigido, revogá-lo caso discorde da alteração.

Art. 9º O titular tem direito ao acesso facilitado às informações sobre o tratamento de seus dados, que deverão ser disponibilizadas de forma clara, adequada e ostensiva acerca de, entre outras características previstas em regulamentação para o atendimento do princípio do livre acesso:

I – finalidade específica do tratamento;

II – forma e duração do tratamento, observados os segredos comercial e industrial;
III – identificação do controlador;
IV – informações de contato do controlador;
V – informações acerca do uso compartilhado de dados pelo controlador e a finalidade;
VI – responsabilidades dos agentes que realizarão o tratamento; e
VII – direitos do titular, com menção explícita aos direitos contidos no art. 18 desta Lei.

§ 1º Na hipótese em que o consentimento é requerido, esse será considerado nulo caso as informações fornecidas ao titular tenham conteúdo enganoso ou abusivo ou não tenham sido apresentadas previamente com transparência, de forma clara e inequívoca.

§ 2º Na hipótese em que o consentimento é requerido, se houver mudanças da finalidade para o tratamento de dados pessoais não compatíveis com o consentimento original, o controlador deverá informar previamente o titular sobre as mudanças de finalidade, podendo o titular revogar o consentimento, caso discorde das alterações.

§ 3º Quando o tratamento de dados pessoais for condição para o fornecimento de produto ou de serviço ou para o exercício de direito, o titular será informado com destaque sobre esse fato e sobre os meios pelos quais poderá exercer os direitos do titular elencados no art. 18 desta Lei.

Art. 10. O legítimo interesse do controlador somente poderá fundamentar tratamento de dados pessoais para finalidades legítimas, consideradas a partir de situações concretas, que incluem, mas não se limitam a:
I – apoio e promoção de atividades do controlador; e
II – proteção, em relação ao titular, do exercício regular de seus direitos ou prestação de serviços que o beneficiem, respeitadas as legítimas expectativas dele e os direitos e liberdades fundamentais, nos termos desta Lei.

§ 1º Quando o tratamento for baseado no legítimo interesse do controlador, somente os dados pessoais estritamente necessários para a finalidade pretendida poderão ser tratados.

§ 2º O controlador deverá adotar medidas para garantir a transparência do tratamento de dados baseado em seu legítimo interesse.

§ 3º A autoridade nacional poderá solicitar ao controlador relatório de impacto à proteção de dados pessoais, quando o tratamento tiver como fundamento seu interesse legítimo, observados os segredos comercial e industrial.

Seção II

DO TRATAMENTO DE DADOS PESSOAIS SENSÍVEIS

Art. 11. O tratamento de dados pessoais sensíveis somente poderá ocorrer nas seguintes hipóteses:
I – quando o titular ou seu responsável legal consentir, de forma específica e destacada, para finalidades específicas;
II – sem fornecimento de consentimento do titular, nas hipóteses em que for indispensável para:
a) cumprimento de obrigação legal ou regulatória pelo controlador;
b) tratamento compartilhado de dados necessários à execução, pela administração pública, de políticas públicas previstas em leis ou regulamentos;
c) realização de estudos por órgão de pesquisa, garantida, sempre que possível, a anonimização dos dados pessoais sensíveis;
d) exercício regular de direitos, inclusive em contrato e em processo judicial, administrativo e arbitral, este último nos termos da Lei nº 9.307, de 23 de setembro de 1996 (Lei de Arbitragem);
e) proteção da vida ou da incolumidade física do titular ou de terceiro;
f) tutela da saúde, exclusivamente, em procedimento realizado por profissionais de saúde, serviços de saúde ou autoridade sanitária; ou

• Alínea *f* com a redação dada pela Lei nº 13.853, de 8-7-2019.

g) garantia da prevenção à fraude e à segurança do titular, nos processos de identificação e autenticação de cadastro em sistemas eletrônicos, resguardados os direitos mencionados no art. 9º desta Lei e exceto no caso de prevalecerem direitos e liberdades fundamentais do titular que exijam a proteção dos dados pessoais.

§ 1º Aplica-se o disposto neste artigo a qualquer tratamento de dados pessoais que revele dados pessoais sensíveis e que possa causar dano ao titular, ressalvado o disposto em legislação específica.

§ 2º Nos casos de aplicação do disposto nas alíneas *a* e *b* do inciso II do *caput* deste artigo pelos órgãos e pelas entidades públicas, será dada publicidade à referida dispensa de consentimento, nos termos do inciso I do *caput* do art. 23 desta Lei.

§ 3º A comunicação ou o uso compartilhado de dados pessoais sensíveis entre controladores com objetivo de obter vantagem econômica poderá ser objeto de vedação ou de regulamentação por parte da autoridade nacional, ouvidos os órgãos setoriais do Poder Público, no âmbito de suas competências.

§ 4º É vedada a comunicação ou o uso compartilhado entre controladores de dados pessoais sensíveis referentes à saúde com objetivo de obter vantagem econômica, exceto nas hipóteses relativas a prestação de serviços de saúde, de assistência farmacêutica e de assistência à saúde, desde que observado o § 5º deste artigo, incluídos os serviços auxiliares de diagnose e terapia, em benefício dos interesses dos titulares de dados, e para permitir:
I – a portabilidade de dados quando solicitada pelo titular; ou
II – as transações financeiras e administrativas resultantes do uso e da prestação dos serviços de que trata este parágrafo.

• § 4º com a redação dada pela Lei nº 13.853, de 8-7-2019.

§ 5º É vedado às operadoras de planos privados de assistência à saúde o tratamento de dados de saúde para a prática de seleção de riscos na contratação de qualquer modalidade, assim como na contratação e exclusão de beneficiários.

• § 5º acrescido pela Lei nº 13.853, de 8-7-2019.

Art. 12. Os dados anonimizados não serão considerados dados pessoais para os fins desta Lei, salvo quando o processo de anonimização ao qual foram submetidos for revertido, utilizando exclusivamente meios próprios, ou quando, com esforços razoáveis, puder ser revertido.

§ 1º A determinação do que seja razoável deve levar em consideração fatores objetivos, tais como custo e tempo necessários para reverter o processo de anonimização, de acordo com as tecnologias disponíveis, e a utilização exclusiva de meios próprios.

§ 2º Poderão ser igualmente considerados como dados pessoais, para os fins desta Lei, aqueles utilizados para formação do perfil comportamental de determinada pessoa natural, se identificada.

§ 3º A autoridade nacional poderá dispor sobre padrões e técnicas utilizados em processos de anonimização e realizar verificações acerca de sua segurança, ouvido o Conselho Nacional de Proteção de Dados Pessoais.

Art. 13. Na realização de estudos em saúde pública, os órgãos de pesquisa poderão ter acesso a bases de dados pessoais, que serão tratados exclusivamente dentro do órgão e estritamente para a finalidade de realização de estudos e pesquisas e mantidos em ambiente controlado e seguro, conforme práticas de segurança previstas em regulamento específico e que incluam, sempre que possível, a anonimização ou pseudonimização dos dados, bem como considerem os devidos padrões éticos relacionados a estudos e pesquisas.

§ 1º A divulgação dos resultados ou de qualquer excerto do estudo ou da pesquisa de que trata o *caput* deste artigo em nenhuma hipótese poderá revelar dados pessoais.

§ 2º O órgão de pesquisa será o responsável pela segurança da informação prevista no *caput* deste artigo, não permitida, em circunstância alguma, a transferência dos dados a terceiro.

§ 3º O acesso aos dados de que trata este artigo será objeto de regulamentação por parte da autoridade nacional e das autoridades da área de saúde e sanitárias, no âmbito de suas competências.

§ 4º Para os efeitos deste artigo, a pseudonimização é o tratamento por meio do qual um dado perde a possibilidade de associação, direta ou indireta, a um indivíduo, senão pelo uso de informação adicional mantida separadamente pelo controlador em ambiente controlado e seguro.

Seção III

DO TRATAMENTO DE DADOS PESSOAIS DE CRIANÇAS E DE ADOLESCENTES

Art. 14. O tratamento de dados pessoais de crianças e de adolescentes deverá ser realizado em seu melhor interesse, nos termos deste artigo e da legislação pertinente.

§ 1º O tratamento de dados pessoais de crianças deverá ser realizado com o consentimento específico e em destaque dado por pelo menos um dos pais ou pelo responsável legal.

§ 2º No tratamento de dados de que trata o § 1º deste artigo, os controladores deverão manter pública a informação sobre os tipos de dados coletados, a forma de sua utilização e os procedimentos para o exercício dos direitos a que se refere o art. 18 desta Lei.

§ 3º Poderão ser coletados dados pessoais de crianças sem o consentimento a que se refere o § 1º deste artigo quando a coleta for necessária para contatar os pais ou o responsável legal, utilizados uma única vez e sem armazenamento, ou para sua proteção, e em nenhum caso poderão ser repassados a terceiro sem o consentimento de que trata o § 1º deste artigo.

§ 4º Os controladores não deverão condicionar a participação dos titulares de que trata o § 1º deste artigo em jogos, aplicações de internet ou outras atividades ao fornecimento de informações pessoais além das estritamente necessárias à atividade.

§ 5º O controlador deve realizar todos os esforços razoáveis para verificar que o consentimento a que se refere o § 1º deste artigo foi dado pelo responsável pela criança, consideradas as tecnologias disponíveis.

§ 6º As informações sobre o tratamento de dados referidas neste artigo deverão ser fornecidas de maneira simples, clara e acessível, consideradas as características físico-motoras, perceptivas, sensoriais, intelectuais e mentais do usuário, com uso de recursos audiovisuais quando adequado, de forma a proporcionar a informação necessária aos pais ou ao responsável legal e adequada ao entendimento da criança.

Seção IV

DO TÉRMINO DO TRATAMENTO DE DADOS

Art. 15. O término do tratamento de dados pessoais ocorrerá nas seguintes hipóteses:

I – verificação de que a finalidade foi alcançada ou de que os dados deixaram de ser necessários ou pertinentes ao alcance da finalidade específica almejada;

II – fim do período de tratamento;

III – comunicação do titular, inclusive no exercício de seu direito de revogação do consentimento conforme disposto no § 5º do art. 8º desta Lei, resguardado o interesse público; ou

IV – determinação da autoridade nacional, quando houver violação ao disposto nesta Lei.

Art. 16. Os dados pessoais serão eliminados após o término de seu tratamento, no âmbito e nos limites técnicos das atividades, autorizada a conservação para as seguintes finalidades:

I – cumprimento de obrigação legal ou regulatória pelo controlador;

II – estudo por órgão de pesquisa, garantida, sempre que possível, a anonimização dos dados pessoais;

III – transferência a terceiro, desde que respeitados os requisitos de tratamento de dados dispostos nesta Lei; ou

IV – uso exclusivo do controlador, vedado seu acesso por terceiro, e desde que anonimizados os dados.

CAPÍTULO III

DOS DIREITOS DO TITULAR

Art. 17. Toda pessoa natural tem assegurada a titularidade de seus dados pessoais e garantidos os direitos fundamentais de liberdade, de intimidade e de privacidade, nos termos desta Lei.

Art. 18. O titular dos dados pessoais tem direito a obter do controlador, em relação aos dados do titular por ele tratados, a qualquer momento e mediante requisição:

I – confirmação da existência de tratamento;

II – acesso aos dados;

III – correção de dados incompletos, inexatos ou desatualizados;

IV – anonimização, bloqueio ou eliminação de dados desnecessários, excessivos ou tratados em desconformidade com o disposto nesta Lei;

V – portabilidade dos dados a outro fornecedor de serviço ou produto, mediante requisição expressa, de acordo com a regulamentação da autoridade nacional, observados os segredos comercial e industrial;

• Inciso V com a redação dada pela Lei nº 13.853, de 8-7-2019.

VI – eliminação dos dados pessoais tratados com o consentimento do titular, exceto nas hipóteses previstas no art. 16 desta Lei;

VII – informação das entidades públicas e privadas com as quais o controlador realizou uso compartilhado de dados;

VIII – informação sobre a possibilidade de não fornecer consentimento e sobre as consequências da negativa;

IX – revogação do consentimento, nos termos do § 5º do art. 8º desta Lei.

§ 1º O titular dos dados pessoais tem o direito de peticionar em relação aos seus dados contra o controlador perante a autoridade nacional.

§ 2º O titular pode opor-se a tratamento realizado com fundamento em uma das hipóteses de dispensa de consentimento, em caso de descumprimento ao disposto nesta Lei.

§ 3º Os direitos previstos neste artigo serão exercidos mediante requerimento expresso do titular ou de representante legalmente constituído, a agente de tratamento.

§ 4º Em caso de impossibilidade de adoção imediata da providência de que trata o § 3º deste artigo, o controlador enviará ao titular resposta em que poderá:

I – comunicar que não é agente de tratamento dos dados e indicar, sempre que possível, o agente; ou

II – indicar as razões de fato ou de direito que impedem a adoção imediata da providência.

§ 5º O requerimento referido no § 3º deste artigo será atendido sem custos para o titular, nos prazos e nos termos previstos em regulamento.

§ 6º O responsável deverá informar, de maneira imediata, aos agentes de tratamento com os quais tenha realizado uso compartilhado de dados a correção, a eliminação, a anonimização ou o bloqueio dos dados, para que repitam idêntico procedimento, exceto nos casos em que esta comunicação seja comprovadamente impossível ou implique esforço desproporcional.

- § 6º com a redação dada pela Lei nº 13.853, de 8-7-2019.

§ 7º A portabilidade dos dados pessoais a que se refere o inciso V do *caput* deste artigo não inclui dados que já tenham sido anonimizados pelo controlador.

§ 8º O direito a que se refere o § 1º deste artigo também poderá ser exercido perante os organismos de defesa do consumidor.

Art. 19. A confirmação de existência ou o acesso a dados pessoais serão providenciados, mediante requisição do titular:

I – em formato simplificado, imediatamente; ou

II – por meio de declaração clara e completa, que indique a origem dos dados, a inexistência de registro, os critérios utilizados e a finalidade do tratamento, observados os segredos comercial e industrial, fornecida no prazo de até 15 (quinze) dias, contado da data do requerimento do titular.

§ 1º Os dados pessoais serão armazenados em formato que favoreça o exercício do direito de acesso.

§ 2º As informações e os dados poderão ser fornecidos, a critério do titular:

I – por meio eletrônico, seguro e idôneo para esse fim; ou

II – sob forma impressa.

§ 3º Quando o tratamento tiver origem no consentimento do titular ou em contrato, o titular poderá solicitar cópia eletrônica integral de seus dados pessoais, observados os segredos comercial e industrial, nos termos de regulamentação da autoridade nacional, em formato que permita a sua utilização subsequente, inclusive em outras operações de tratamento.

§ 4º A autoridade nacional poderá dispor de forma diferenciada acerca dos prazos previstos nos incisos I e II do *caput* deste artigo para os setores específicos.

Art. 20. O titular dos dados tem direito a solicitar a revisão de decisões tomadas unicamente com base em tratamento automatizado de dados pessoais que afetem seus interesses, incluídas as decisões destinadas a definir o seu perfil pessoal, profissional, de consumo e de crédito ou os aspectos de sua personalidade.

- *Caput* com a redação dada pela Lei nº 13.853, de 8-7-2019.

§ 1º O controlador deverá fornecer, sempre que solicitadas, informações claras e adequadas a respeito dos critérios e dos procedimentos utilizados para a decisão automatizada, observados os segredos comercial e industrial.

§ 2º Em caso de não oferecimento de informações de que trata o § 1º deste artigo baseado na observância de segredo comercial e industrial, a autoridade nacional poderá realizar auditoria para verificação de aspectos discriminatórios em tratamento automatizado de dados pessoais.

§ 3º VETADO. Lei nº 13.853, de 8-7-2019.

Art. 21. Os dados pessoais referentes ao exercício regular de direitos pelo titular não podem ser utilizados em seu prejuízo.

Art. 22. A defesa dos interesses e dos direitos dos titulares de dados poderá ser exercida em juízo, individual ou coletivamente, na forma do disposto na legislação pertinente, acerca dos instrumentos de tutela individual e coletiva.

CAPÍTULO IV
DO TRATAMENTO DE DADOS PESSOAIS PELO PODER PÚBLICO

Seção I
DAS REGRAS

Art. 23. O tratamento de dados pessoais pelas pessoas jurídicas de direito público referidas no parágrafo único do art. 1º da Lei nº 12.527, de 18 de novembro de 2011 (Lei de Acesso à Informação), deverá ser realizado para o atendimento de sua finalidade pública, na persecução do interesse público, com o objetivo de executar as competências legais ou cumprir as atribuições legais do serviço público, desde que:

I – sejam informadas as hipóteses em que, no exercício de suas competências, realizam o tratamento de dados pessoais, fornecendo informações claras e atualizadas sobre a previsão legal, a finalidade, os procedimentos e as práticas utilizadas para a execução dessas atividades, em veículos de fácil acesso, preferencialmente em seus sítios eletrônicos;

II – VETADO ; e

III – seja indicado um encarregado quando realizarem operações de tratamento de dados pessoais, nos termos do art. 39 desta Lei; e

- Inciso III com a redação dada pela Lei nº 13.853, de 8-7-2019.

IV – VETADO. Lei nº 13.853, de 8-7-2019.

§ 1º A autoridade nacional poderá dispor sobre as formas de publicidade das operações de tratamento.

§ 2º O disposto nesta Lei não dispensa as pessoas jurídicas mencionadas no *caput* deste artigo de instituir as autoridades de que trata a Lei nº 12.527, de 18 de novembro de 2011 (Lei de Acesso à Informação).

§ 3º Os prazos e procedimentos para exercício dos direitos do titular perante o Poder Público observarão o disposto em legislação específica, em especial as disposições constantes da Lei nº 9.507, de 12 de novembro de 1997 (Lei do *Habeas Data*), da Lei nº 9.784, de 29 de janeiro de 1999 (Lei Geral do Processo Administrativo), e da Lei nº 12.527, de 18 de novembro de 2011 (Lei de Acesso à Informação).

§ 4º Os serviços notariais e de registro exercidos em caráter privado, por delegação do Poder Público, terão o mesmo tratamento dispensado às pessoas jurídicas referidas no *caput* deste artigo, nos termos desta Lei.

§ 5º Os órgãos notariais e de registro devem fornecer acesso aos dados por meio eletrônico para a administração pública, tendo em vista as finalidades de que trata o *caput* deste artigo.

Art. 24. As empresas públicas e as sociedades de economia mista que atuam em regime de concorrência, sujeitas ao disposto no art. 173 da Constituição Federal, terão o mesmo tratamento dispensado às pessoas jurídicas de direito privado particulares, nos termos desta Lei.

Parágrafo único. As empresas públicas e as sociedades de economia mista, quando estiverem operacionalizando políticas públicas e no âmbito da execução delas, terão o mesmo tratamento dispensado aos órgãos e às entidades do Poder Público, nos termos deste Capítulo.

Art. 25. Os dados deverão ser mantidos em formato interoperável e estruturado para o uso compartilhado, com vistas à execução de políticas públicas, à prestação de serviços públicos, à descentralização da atividade pública e à disseminação e ao acesso das informações pelo público em geral.

Art. 26. O uso compartilhado de dados pessoais pelo Poder Público deve atender a finalidades específicas de execução de políticas públicas e atribuição legal pelos órgãos e pelas entidades públicas, respeitados os princípios de proteção de dados pessoais elencados no art. 6º desta Lei.

§ 1º É vedado ao Poder Público transferir a entidades privadas dados pessoais constantes de bases de dados a que tenha acesso, exceto:

I – em casos de execução descentralizada de atividade pública que exija a transferência, exclusivamente para esse fim específico e determinado, observado o disposto na Lei nº 12.527, de 18 de novembro de 2011 (Lei de Acesso à Informação);

II – VETADO;

III – nos casos em que os dados forem acessíveis publicamente, observadas as disposições desta Lei.

IV – quando houver previsão legal ou a transferência for respaldada em contratos, convênios ou instrumentos congêneres; ou

V – na hipótese de a transferência dos dados objetivar exclusivamente a prevenção de fraudes e irregularidades, ou proteger e resguardar a segurança e a integridade do titular dos dados, desde que vedado o tratamento para outras finalidades.

• Incisos IV e V acrescidos pela Lei nº 13.853, de 8-7-2019.

§ 2º Os contratos e convênios de que trata o § 1º deste artigo deverão ser comunicados à autoridade nacional.

Art. 27. A comunicação ou o uso compartilhado de dados pessoais de pessoa jurídica de direito público a pessoa de direito privado será informado à autoridade nacional e dependerá de consentimento do titular, exceto:

I – nas hipóteses de dispensa de consentimento previstas nesta Lei;

II – nos casos de uso compartilhado de dados, em que será dada publicidade nos termos do inciso I do *caput* do art. 23 desta Lei; ou

III – nas exceções constantes do § 1º do art. 26 desta Lei.

Parágrafo único. A informação à autoridade nacional de que trata o *caput* deste artigo será objeto de regulamentação.

• Parágrafo único acrescido pela Lei nº 13.853, de 8-7-2019.

Art. 28. VETADO.

Art. 29. A autoridade nacional poderá solicitar, a qualquer momento, aos órgãos e às entidades do poder público a realização de operações de tratamento de dados pessoais, informações específicas sobre o âmbito e a natureza dos dados e outros detalhes do tratamento realizado e poderá emitir parecer técnico complementar para garantir o cumprimento desta Lei.

• Artigo com a redação dada pela Lei nº 13.853, de 8-7-2019.

Art. 30. A autoridade nacional poderá estabelecer normas complementares para as atividades de comunicação e de uso compartilhado de dados pessoais.

Seção II
DA RESPONSABILIDADE

Art. 31. Quando houver infração a esta Lei em decorrência do tratamento de dados pessoais por órgãos públicos, a autoridade nacional poderá enviar informe com medidas cabíveis para fazer cessar a violação.

Art. 32. A autoridade nacional poderá solicitar a agentes do Poder Público a publicação de relatórios de impacto à proteção de dados pessoais e sugerir a adoção de padrões e de boas práticas para os tratamentos de dados pessoais pelo Poder Público.

CAPÍTULO V
DA TRANSFERÊNCIA INTERNACIONAL DE DADOS

Art. 33. A transferência internacional de dados pessoais somente é permitida nos seguintes casos:

I – para países ou organismos internacionais que proporcionem grau de proteção de dados pessoais adequado ao previsto nesta Lei;

II – quando o controlador oferecer e comprovar garantias de cumprimento dos princípios, dos direitos do titular e do regime de proteção de dados previstos nesta Lei, na forma de:

a) cláusulas contratuais específicas para determinada transferência;

b) cláusulas-padrão contratuais;

c) normas corporativas globais;

d) selos, certificados e códigos de conduta regularmente emitidos;

III – quando a transferência for necessária para a cooperação jurídica internacional entre órgãos públicos de inteligência, de investigação e de persecução, de acordo com os instrumentos de direito internacional;

IV – quando a transferência for necessária para a proteção da vida ou da incolumidade física do titular ou de terceiro;

V – quando a autoridade nacional autorizar a transferência;

VI – quando a transferência resultar em compromisso assumido em acordo de cooperação internacional;

VII – quando a transferência for necessária para a execução de política pública ou atribuição legal do serviço público, sendo dada publicidade nos termos do inciso I do *caput* do art. 23 desta Lei;

VIII – quando o titular tiver fornecido o seu consentimento específico e em destaque para a transferência, com informação prévia sobre o caráter internacional da operação, distinguindo claramente esta de outras finalidades; ou

IX – quando necessário para atender as hipóteses previstas nos incisos II, V e VI do art. 7º desta Lei.

Parágrafo único. Para os fins do inciso I deste artigo, as pessoas jurídicas de direito público referidas no parágrafo único do art. 1º da Lei nº 12.527, de 18 de novembro de 2011 (Lei de Acesso à Informação), no âmbito de suas competências legais, e responsáveis, no âmbito de suas atividades, poderão requerer à autoridade nacional a avaliação do nível de proteção a dados pessoais conferido por país ou organismo internacional.

Art. 34. O nível de proteção de dados do país estrangeiro ou do organismo internacional mencionado no inciso I do *caput* do art. 33 desta Lei será avaliado pela autoridade nacional, que levará em consideração:

I – as normas gerais e setoriais da legislação em vigor no país de destino ou no organismo internacional;

II – a natureza dos dados;

III – a observância dos princípios gerais de proteção de dados pessoais e direitos dos titulares previstos nesta Lei;

IV – a adoção de medidas de segurança previstas em regulamento;

V – a existência de garantias judiciais e institucionais para o respeito aos direitos de proteção de dados pessoais; e

VI – outras circunstâncias específicas relativas à transferência.

Art. 35. A definição do conteúdo de cláusulas-padrão contratuais, bem como a verificação de cláusulas contratuais específicas para uma determinada transferência, normas corporativas globais ou selos, certificados e códigos de conduta, a que se refere o inciso II do *caput* do art. 33 desta Lei, será realizada pela autoridade nacional.

§ 1º Para a verificação do disposto no *caput* deste artigo, deverão ser considerados os requisitos, as condições e as garantias mínimas para a transferência que observem os direitos, as garantias e os princípios desta Lei.

§ 2º Na análise de cláusulas contratuais, de documentos ou de normas corporativas globais submetidas à aprovação da autoridade nacional, poderão ser requeridas informações suplementares ou realizadas diligências de verificação quanto às operações de tratamento, quando necessário.

§ 3º A autoridade nacional poderá designar organismos de certificação para a realização do previsto no *caput* deste artigo, que permanecerão sob sua fiscalização nos termos definidos em regulamento.

§ 4º Os atos realizados por organismo de certificação poderão ser revistos pela autoridade nacional e, caso em desconformidade com esta Lei, submetidos a revisão ou anulados.

§ 5º As garantias suficientes de observância dos princípios gerais de proteção e dos direitos do titular referidas no *caput* deste artigo serão também analisadas de acordo com as medidas técnicas e organizacionais adotadas pelo operador, de acordo com o previsto nos §§ 1º e 2º do art. 46 desta Lei.

Art. 36. As alterações nas garantias apresentadas como suficientes de observância dos princípios gerais de proteção e dos direitos do titular referidas no inciso II do art. 33 desta Lei deverão ser comunicadas à autoridade nacional.

CAPÍTULO VI
DOS AGENTES DE TRATAMENTO DE DADOS PESSOAIS

Seção I
DO CONTROLADOR E DO OPERADOR

Art. 37. O controlador e o operador devem manter registro das operações de tratamento de dados pessoais que realizarem, especialmente quando baseado no legítimo interesse.

Art. 38. A autoridade nacional poderá determinar ao controlador que elabore relatório de impacto à proteção de dados pessoais, inclusive de dados sensíveis, referente a suas operações de tratamento de dados, nos termos de regulamento, observados os segredos comercial e industrial.

Parágrafo único. Observado o disposto no *caput* deste artigo, o relatório deverá conter, no mínimo, a descrição dos tipos de dados coletados, a metodologia utilizada para a coleta e para a garantia da segurança das informações e a análise do controlador com relação a medidas, salvaguardas e mecanismos de mitigação de risco adotados.

Art. 39. O operador deverá realizar o tratamento segundo as instruções fornecidas pelo controlador, que verificará a observância das próprias instruções e das normas sobre a matéria.

Art. 40. A autoridade nacional poderá dispor sobre padrões de interoperabilidade para fins de portabilidade, livre acesso aos dados e segurança, assim como sobre o tempo de guarda dos registros, tendo em vista especialmente a necessidade e a transparência.

Seção II
DO ENCARREGADO PELO TRATAMENTO DE DADOS PESSOAIS

Art. 41. O controlador deverá indicar encarregado pelo tratamento de dados pessoais.

§ 1º A identidade e as informações de contato do encarregado deverão ser divulgadas publicamente, de forma clara e objetiva, preferencialmente no sítio eletrônico do controlador.

§ 2º As atividades do encarregado consistem em:

I – aceitar reclamações e comunicações dos titulares, prestar esclarecimentos e adotar providências;

II – receber comunicações da autoridade nacional e adotar providências;

III – orientar os funcionários e os contratados da entidade a respeito das práticas a serem tomadas em relação à proteção de dados pessoais; e

IV – executar as demais atribuições determinadas pelo controlador ou estabelecidas em normas complementares.

§ 3º A autoridade nacional poderá estabelecer normas complementares sobre a definição e as atribuições do encarregado, inclusive hipóteses de dispensa da necessidade de sua indicação, conforme a natureza e o porte da entidade ou o volume de operações de tratamento de dados.

§ 4º VETADO. Lei nº 13.853, de 8-7-2019.

Seção III
DA RESPONSABILIDADE E DO RESSARCIMENTO DE DANOS

Art. 42. O controlador ou o operador que, em razão do exercício de atividade de tratamento de dados pessoais, causar a outrem dano patrimonial, moral, individual ou coletivo, em violação à legislação de proteção de dados pessoais, é obrigado a repará-lo.

§ 1º A fim de assegurar a efetiva indenização ao titular dos dados:

I – o operador responde solidariamente pelos danos causados pelo tratamento quando descumprir as obrigações da legislação de proteção de dados ou quando não tiver seguido as instruções lícitas do controlador, hipótese em que o operador equipara-se ao controlador, salvo nos casos de exclusão previstos no art. 43 desta Lei;

II – os controladores que estiverem diretamente envolvidos no tratamento do qual decorreram danos ao titular dos dados respondem solidariamente, salvo nos casos de exclusão previstos no art. 43 desta Lei.

§ 2º O juiz, no processo civil, poderá inverter o ônus da prova a favor do titular dos dados quando, a seu juízo, for verossímil a alegação, houver hipossuficiência para fins de produção de prova ou quando a produção de prova pelo titular resultar-lhe excessivamente onerosa.

§ 3º As ações de reparação por danos coletivos que tenham por objeto a responsabilização nos termos do *caput* deste artigo podem ser exercidas coletivamente em juízo, observado o disposto na legislação pertinente.

§ 4º Aquele que reparar o dano ao titular tem direito de regresso contra os demais responsáveis, na medida de sua participação no evento danoso.

Art. 43. Os agentes de tratamento só não serão responsabilizados quando provarem:

I – que não realizaram o tratamento de dados pessoais que lhes é atribuído;

II – que, embora tenham realizado o tratamento de dados pessoais que lhes é atribuído, não houve violação à legislação de proteção de dados; ou

III – que o dano é decorrente de culpa exclusiva do titular dos dados ou de terceiro.

Art. 44. O tratamento de dados pessoais será irregular quando deixar de observar a legislação ou quando não fornecer a segurança que o titular dele pode esperar, consideradas as circunstâncias relevantes, entre as quais:

I – o modo pelo qual é realizado;

II – o resultado e os riscos que razoavelmente dele se esperam;

III – as técnicas de tratamento de dados pessoais disponíveis à época em que foi realizado.

Parágrafo único. Responde pelos danos decorrentes da violação da segurança dos dados o controlador ou o operador que, ao deixar de adotar as medidas de segurança previstas no art. 46 desta Lei, der causa ao dano.

Art. 45. As hipóteses de violação do direito do titular no âmbito das relações de consumo permanecem sujeitas às regras de responsabilidade previstas na legislação pertinente.

CAPÍTULO VII
DA SEGURANÇA E DAS BOAS PRÁTICAS

Seção I
DA SEGURANÇA E DO SIGILO DE DADOS

Art. 46. Os agentes de tratamento devem adotar medidas de segurança, técnicas e administrativas aptas a proteger os dados pessoais de acessos não autorizados e de situações acidentais ou ilícitas de destruição, perda, alteração, comunicação ou qualquer forma de tratamento inadequado ou ilícito.

§ 1º A autoridade nacional poderá dispor sobre padrões técnicos mínimos para tornar aplicável o disposto no *caput* deste artigo, considerados a natureza das informações tratadas, as características específicas do tratamento e o estado atual da tecnologia, especialmente no caso de dados pessoais sensíveis, assim como os princípios previstos no *caput* do art. 6º desta Lei.

§ 2º As medidas de que trata o *caput* deste artigo deverão ser observadas desde a fase de concepção do produto ou do serviço até a sua execução.

Art. 47. Os agentes de tratamento ou qualquer outra pessoa que intervenha em uma das fases do tratamento obriga-se a garantir a segurança da informação prevista nesta Lei em relação aos dados pessoais, mesmo após o seu término.

Art. 48. O controlador deverá comunicar à autoridade nacional e ao titular a ocorrência de incidente de segurança que possa acarretar risco ou dano relevante aos titulares.

§ 1º A comunicação será feita em prazo razoável, conforme definido pela autoridade nacional, e deverá mencionar, no mínimo:

I – a descrição da natureza dos dados pessoais afetados;

II – as informações sobre os titulares envolvidos;

III – a indicação das medidas técnicas e de segurança utilizadas para a proteção dos dados, observados os segredos comercial e industrial;

IV – os riscos relacionados ao incidente;

V – os motivos da demora, no caso de a comunicação não ter sido imediata; e

VI – as medidas que foram ou que serão adotadas para reverter ou mitigar os efeitos do prejuízo.

§ 2º A autoridade nacional verificará a gravidade do incidente e poderá, caso necessário para a salvaguarda dos direitos dos titulares, determinar ao controlador a adoção de providências, tais como:

I – ampla divulgação do fato em meios de comunicação; e

II – medidas para reverter ou mitigar os efeitos do incidente.

§ 3º No juízo de gravidade do incidente, será avaliada eventual comprovação de que foram adotadas medidas técnicas adequadas que tornem os dados pessoais afetados ininteligíveis, no âmbito e nos limites técnicos de seus serviços, para terceiros não autorizados a acessá-los.

Art. 49. Os sistemas utilizados para o tratamento de dados pessoais devem ser estruturados de forma a atender aos requisitos de segurança, aos padrões de boas práticas e de governança e aos princípios gerais previstos nesta Lei e às demais normas regulamentares.

Seção II
DAS BOAS PRÁTICAS E DA GOVERNANÇA

Art. 50. Os controladores e operadores, no âmbito de suas competências, pelo tratamento de dados pessoais, individualmente ou por meio de associações, poderão formular regras de boas práticas e de governança que estabeleçam as condições de organização, o regime de funcionamento, os procedimentos, incluindo reclamações e petições de titulares, as normas de segurança, os padrões técnicos, as obrigações específicas para os diversos envolvidos no tratamento, as ações educativas, os mecanismos internos de supervisão e de mitigação de riscos e outros aspectos relacionados ao tratamento de dados pessoais.

§ 1º Ao estabelecer regras de boas práticas, o controlador e o operador levarão em consideração, em relação ao tratamento e aos dados, a natureza, o escopo, a finalidade e a probabilidade e a gravidade dos riscos e dos benefícios decorrentes de tratamento de dados do titular.

§ 2º Na aplicação dos princípios indicados nos incisos VII e VIII do *caput* do art. 6º desta Lei, o controlador, observados a estrutura, a escala e o volume de suas operações, bem como a sensibilidade dos dados tratados e a probabilidade e a gravidade dos danos para os titulares dos dados, poderá:

I – implementar programa de governança em privacidade que, no mínimo:

a) demonstre o comprometimento do controlador em adotar processos e políticas internas que assegurem o cumprimento, de forma abrangente, de normas e boas práticas relativas à proteção de dados pessoais;

b) seja aplicável a todo o conjunto de dados pessoais que estejam sob seu controle, independentemente do modo como se realizou sua coleta;

c) seja adaptado à estrutura, à escala e ao volume de suas operações, bem como à sensibilidade dos dados tratados;

d) estabeleça políticas e salvaguardas adequadas com base em processo de avaliação sistemática de impactos e riscos à privacidade;

e) tenha o objetivo de estabelecer relação de confiança com o titular, por meio de atuação transparente e que assegure mecanismos de participação do titular;

f) esteja integrado a sua estrutura geral de governança e estabeleça e aplique mecanismos de supervisão internos e externos;

g) conte com planos de resposta a incidentes e remediação; e

h) seja atualizado constantemente com base em informações obtidas a partir de monitoramento contínuo e avaliações periódicas;

II – demonstrar a efetividade de seu programa de governança em privacidade quando apropriado e, em especial, a pedido da autoridade nacional ou de outra entidade responsável por promover o cumprimento de boas práticas ou códigos de conduta, os quais, de forma independente, promovam o cumprimento desta Lei.

§ 3º As regras de boas práticas e de governança deverão ser publicadas e atualizadas periodicamente e poderão ser reconhecidas e divulgadas pela autoridade nacional.

Art. 51. A autoridade nacional estimulará a adoção de padrões técnicos que facilitem o controle pelos titulares dos seus dados pessoais.

CAPÍTULO VIII
DA FISCALIZAÇÃO

Seção I
DAS SANÇÕES ADMINISTRATIVAS

Art. 52. Os agentes de tratamento de dados, em razão das infrações cometidas às normas previstas nesta Lei, ficam sujeitos às seguintes sanções administrativas aplicáveis pela autoridade nacional:

I – advertência, com indicação de prazo para adoção de medidas corretivas;

II – multa simples, de até 2% (dois por cento) do faturamento da pessoa jurídica de direito privado, grupo ou conglomerado no Brasil no seu último exercício, excluídos os tributos, limitada, no total, a R$ 50.000.000,00 (cinquenta milhões de reais) por infração;

III – multa diária, observado o limite total a que se refere o inciso II;

IV – publicização da infração após devidamente apurada e confirmada a sua ocorrência;

V – bloqueio dos dados pessoais a que se refere a infração até a sua regularização;

VI – eliminação dos dados pessoais a que se refere a infração;

VII a IX – VETADOS;

X – suspensão parcial do funcionamento do banco de dados a que se refere a infração pelo período máximo de 6 (seis) meses, prorrogável por igual período, até a regularização da atividade de tratamento pelo controlador;

XI – suspensão do exercício da atividade de tratamento dos dados pessoais a que se refere a infração pelo período máximo de 6 (seis) meses, prorrogável por igual período;

XII – proibição parcial ou total do exercício de atividades relacionadas a tratamento de dados.

• Incisos X a XII com a redação dada pela Lei nº 13.853, de 8-7-2019, promulgado nos termos do art. 66, § 5º, da CF (*DOU* de 20-12-2019).

§ 1º As sanções serão aplicadas após procedimento administrativo que possibilite a oportunidade da ampla defesa, de forma gradativa, isolada ou cumulativa, de acordo com as peculiaridades do caso concreto e considerados os seguintes parâmetros e critérios:

I – a gravidade e a natureza das infrações e dos direitos pessoais afetados;

II – a boa-fé do infrator;

III – a vantagem auferida ou pretendida pelo infrator;

IV – a condição econômica do infrator;

V – a reincidência;

VI – o grau do dano;

VII – a cooperação do infrator;

VIII – a adoção reiterada e demonstrada de mecanismos e procedimentos internos capazes de minimizar o dano, voltados ao tratamento seguro e adequado de dados, em consonância com o disposto no inciso II do § 2º do art. 48 desta Lei;

IX – a adoção de política de boas práticas e governança;

X – a pronta adoção de medidas corretivas; e

XI – a proporcionalidade entre a gravidade da falta e a intensidade da sanção.

§ 2º O disposto neste artigo não substitui a aplicação de sanções administrativas, civis ou penais definidas na Lei nº 8.078, de 11 de setembro de 1990, e em legislação específica.

• § 2º com a redação dada pela Lei nº 13.853, de 8-7-2019.

§ 3º O disposto nos incisos I, IV, V, VI, X, XI e XII do *caput* deste artigo poderá ser aplicado às entidades e aos órgãos públicos, sem prejuízo do disposto na Lei nº 8.112, de 11 de dezembro de 1990, na Lei nº 8.429, de 2 de junho de 1992, e na Lei nº 12.527, de 18 de novembro de 2011.

• § 3º com a redação dada pela Lei nº 13.853, de 8-7-2019, promulgado nos termos do art. 66, § 5º, da CF (*DOU* de 20-12-2019).

§ 4º No cálculo do valor da multa de que trata o inciso II do *caput* deste artigo, a autoridade nacional poderá considerar o faturamento total da empresa ou grupo de empresas, quando não dispuser do valor do faturamento no ramo de atividade empresarial em que ocorreu a infração, definido pela autoridade nacional, ou quando o valor for apresentado de forma incompleta ou não for demonstrado de forma inequívoca e idônea.

• Art. 52 republicado no *DOU* de 15-8-2018 – edição extra, em virtude de erro material.

§ 5º O produto da arrecadação das multas aplicadas pela ANPD, inscritas ou não em dívida ativa, será destinado ao Fundo de Defesa de Direitos Difusos de que tratam o art. 13 da Lei nº 7.347, de 24 de julho de 1985, e a Lei nº 9.008, de 21 de março de 1995.

• § 5º acrescido pela Lei nº 13.853, de 8-7-2019.

§ 6º As sanções previstas nos incisos X, XI e XII do *caput* deste artigo serão aplicadas:

I – somente após já ter sido imposta ao menos 1 (uma) das sanções de que tratam os incisos II, III, IV, V e VI do *caput* deste artigo para o mesmo caso concreto; e

II – em caso de controladores submetidos a outros órgãos e entidades com competências sancionatórias, ouvidos esses órgãos.

• § 6º com a redação dada pela Lei nº 13.853, de 8-7-2019, promulgado nos termos do art. 66, § 5º, da CF (*DOU* de 20-12-2019).

§ 7º Os vazamentos individuais ou os acessos não autorizados de que trata o *caput* do art. 46 desta Lei poderão ser objeto de conciliação direta entre controlador e titular e, caso não haja acordo, o controlador estará sujeito à aplicação das penalidades de que trata este artigo.

• § 7º acrescido pela Lei nº 13.853, de 8-7-2019.

Art. 53. A autoridade nacional definirá, por meio de regulamento próprio sobre sanções administrativas a infrações a esta Lei, que deverá ser objeto de consulta pública, as metodologias que orientarão o cálculo do valor-base das sanções de multa.

§ 1º As metodologias a que se refere o *caput* deste artigo devem ser previamente publicadas, para ciência dos agentes de tratamento, e devem apresentar objetivamente as formas e dosimetrias para o cálculo do valor-base das sanções de multa, que deverão conter fundamentação detalhada de todos os seus elementos, demonstrando a observância dos critérios previstos nesta Lei.

§ 2º O regulamento de sanções e metodologias correspondentes deve estabelecer as circunstâncias e as condições para a adoção de multa simples ou diária.

Art. 54. O valor da sanção de multa diária aplicável às infrações a esta Lei deve observar a gravidade da falta e a extensão do dano ou prejuízo causado e ser fundamentado pela autoridade nacional.

Parágrafo único. A intimação da sanção de multa diária deverá conter, no mínimo, a descrição da obrigação imposta, o prazo razoável e estipulado pelo órgão para o seu cumprimento e o valor da multa diária a ser aplicada pelo seu descumprimento.

CAPÍTULO IX
DA AUTORIDADE NACIONAL DE PROTEÇÃO DE DADOS (ANPD) E DO CONSELHO NACIONAL DE PROTEÇÃO DE DADOS PESSOAIS E DA PRIVACIDADE

Seção I
DA AUTORIDADE NACIONAL DE PROTEÇÃO DE DADOS (ANPD)

Art. 55. VETADO.

Art. 55-A. Fica criada a Autoridade Nacional de Proteção de Dados (ANPD), autarquia de natureza especial, dotada de autonomia técnica e decisória, com patrimônio próprio e com sede e foro no Distrito Federal.

• *Caput* do art. 55-A com a redação dada pela Lei nº 14.460, de 25-10-2022.

§§ 1º a 3º *Revogados.* Lei nº 14.460, de 25-10-2022.

Art. 55-B. *Revogado.* Lei nº 14.460, de 25-10-2022.

Art. 55-C. A ANPD é composta de:

• *Caput* do art. 55-C acrescido pela Lei nº 13.853, de 8-7-2019.

I – Conselho Diretor, órgão máximo de direção;

II – Conselho Nacional de Proteção de Dados Pessoais e da Privacidade;

III – Corregedoria;

IV – Ouvidoria;

• Incisos I a IV acrescidos pela Lei nº 13.853, de 8-7-2019.

V – *Revogado.* Lei nº 14.460, de 25-10-2022;

V-A – Procuradoria; e

• Inciso V-A acrescido pela Lei nº 14.460, de 25-10-2022.

VI – unidades administrativas e unidades especializadas necessárias à aplicação do disposto nesta Lei.

• Inciso VI acrescido pela Lei nº 13.853, de 8-7-2019.

Art. 55-D. O Conselho Diretor da ANPD será composto de 5 (cinco) diretores, incluído o Diretor-Presidente.

§ 1º Os membros do Conselho Diretor da ANPD serão escolhidos pelo Presidente da República e por ele nomeados, após aprovação pelo Senado Federal, nos termos da alínea *f* do inciso III do art. 52 da Constituição Federal, e ocuparão cargo em comissão do Grupo-Direção e Assessoramento Superiores – DAS, no mínimo, de nível 5.

§ 2º Os membros do Conselho Diretor serão escolhidos dentre brasileiros que tenham reputação ilibada, nível superior de educação e elevado conceito no campo de especialidade dos cargos para os quais serão nomeados.

§ 3º O mandato dos membros do Conselho Diretor será de 4 (quatro) anos.

§ 4º Os mandatos dos primeiros membros do Conselho Diretor nomeados serão de 2 (dois), de 3 (três), de 4 (quatro), de 5 (cinco) e de 6 (seis) anos, conforme estabelecido no ato de nomeação.

§ 5º Na hipótese de vacância do cargo no curso do mandato de membro do Conselho Diretor, o prazo remanescente será completado pelo sucessor.

Art. 55-E. Os membros do Conselho Diretor somente perderão seus cargos em virtude de renúncia, condenação judicial transitada em julgado ou pena de demissão decorrente de processo administrativo disciplinar.

§ 1º Nos termos do *caput* deste artigo, cabe ao Ministro de Estado Chefe da Casa Civil da Presidência da República instaurar o processo administrativo disciplinar, que será conduzido por comissão especial constituída por servidores públicos federais estáveis.

§ 2º Compete ao Presidente da República determinar o afastamento preventivo, somente quando assim recomendado pela comissão especial de que trata o § 1º deste artigo, e proferir o julgamento.

Art. 55-F. Aplica-se aos membros do Conselho Diretor, após o exercício do cargo, o disposto no art. 6º da Lei nº 12.813, de 16 de maio de 2013.

Parágrafo único. A infração ao disposto no *caput* deste artigo caracteriza ato de improbidade administrativa.

Art. 55-G. Ato do Presidente da República disporá sobre a estrutura regimental da ANPD.

§ 1º Até a data de entrada em vigor de sua estrutura regimental, a ANPD receberá o apoio técnico e administrativo da Casa Civil da Presidência da República para o exercício de suas atividades.

§ 2º O Conselho Diretor disporá sobre o regimento interno da ANPD.

Art. 55-H. Os cargos em comissão e as funções de confiança da ANPD serão remanejados de outros órgãos e entidades do Poder Executivo federal.

Art. 55-I. Os ocupantes dos cargos em comissão e das funções de confiança da ANPD serão indicados pelo Conselho Diretor e nomeados ou designados pelo Diretor-Presidente.

Art. 55-J. Compete à ANPD:

I – zelar pela proteção dos dados pessoais, nos termos da legislação;

II – zelar pela observância dos segredos comercial e industrial, observada a proteção de dados pessoais e do sigilo das informações quando protegido por lei ou quando a quebra do sigilo violar os fundamentos do art. 2º desta Lei;

III – elaborar diretrizes para a Política Nacional de Proteção de Dados Pessoais e da Privacidade;

IV – fiscalizar e aplicar sanções em caso de tratamento de dados realizado em descumprimento à legislação, mediante processo administrativo que assegure o contraditório, a ampla defesa e o direito de recurso;

V – apreciar petições de titular contra controlador após comprovada pelo titular a apresentação de reclamação ao controlador não solucionada no prazo estabelecido em regulamentação;

VI – promover na população o conhecimento das normas e das políticas públicas sobre proteção de dados pessoais e das medidas de segurança;

VII – promover e elaborar estudos sobre as práticas nacionais e internacionais de proteção de dados pessoais e privacidade;

VIII – estimular a adoção de padrões para serviços e produtos que facilitem o exercício de controle dos titulares sobre seus dados pessoais, os quais deverão levar em consideração as especificidades das atividades e o porte dos responsáveis;

IX – promover ações de cooperação com autoridades de proteção de dados pessoais de outros países, de natureza internacional ou transnacional;

X – dispor sobre as formas de publicidade das operações de tratamento de dados pessoais, respeitados os segredos comercial e industrial;

XI – solicitar, a qualquer momento, às entidades do poder público que realizem operações de tratamento de dados pessoais informe específico sobre o âmbito, a natureza dos dados e os demais detalhes do tratamento realizado, com a possibilidade de emitir parecer técnico complementar para garantir o cumprimento desta Lei;

XII – elaborar relatórios de gestão anuais acerca de suas atividades;

XIII – editar regulamentos e procedimentos sobre proteção de dados pessoais e privacidade, bem como sobre relatórios de impacto à proteção de dados pessoais para os casos em que o tratamento representar alto risco à garantia dos princípios gerais de proteção de dados pessoais previstos nesta Lei;

XIV – ouvir os agentes de tratamento e a sociedade em matérias de interesse relevante e prestar contas sobre suas atividades e planejamento;

XV – arrecadar e aplicar suas receitas e publicar, no relatório de gestão a que se refere o inciso XII do *caput* deste artigo, o detalhamento de suas receitas e despesas;

XVI – realizar auditorias, ou determinar sua realização, no âmbito da atividade de fiscalização de que trata o inciso IV e com a devida observância do disposto no inciso II do *caput* deste artigo, sobre o tratamento de dados pessoais efetuado pelos agentes de tratamento, incluído o poder público;

XVII – celebrar, a qualquer momento, compromisso com agentes de tratamento para eliminar irregularidade, incerteza jurídica ou situação contenciosa no âmbito de processos administrativos, de acordo com o previsto no Decreto-Lei nº 4.657, de 4 de setembro de 1942;

XVIII – editar normas, orientações e procedimentos simplificados e diferenciados, inclusive quanto aos prazos, para que microempresas e empresas de pequeno porte, bem como iniciativas empresariais de caráter incremental ou disruptivo que se autodeclarem *startups* ou empresas de inovação, possam adequar-se a esta Lei;

XIX – garantir que o tratamento de dados de idosos seja efetuado de maneira simples, clara, acessível e adequada ao seu entendimento, nos termos desta Lei e da Lei nº 10.741, de 1º de outubro de 2003 (Estatuto do Idoso);

XX – deliberar, na esfera administrativa, em caráter terminativo, sobre a interpretação desta Lei, as suas competências e os casos omissos;

XXI – comunicar às autoridades competentes as infrações penais das quais tiver conhecimento;

XXII – comunicar aos órgãos de controle interno o descumprimento do disposto nesta Lei por órgãos e entidades da administração pública federal;

XXIII – articular-se com as autoridades reguladoras públicas para exercer suas competências em setores específicos de atividades econômicas e governamentais sujeitas à regulação; e

XXIV – implementar mecanismos simplificados, inclusive por meio eletrônico, para o registro de reclamações sobre o tratamento de dados pessoais em desconformidade com esta Lei.

§ 1º Ao impor condicionantes administrativas ao tratamento de dados pessoais por agente de tratamento privado, sejam eles limites, encargos ou sujeições, a ANPD deve observar a exigência de mínima intervenção, assegurados os fundamentos, os princípios e os direitos dos titulares previstos no art. 170 da Constituição Federal e nesta Lei.

§ 2º Os regulamentos e as normas editados pela ANPD devem ser precedidos de consulta e audiência públicas, bem como de análises de impacto regulatório.

§ 3º A ANPD e os órgãos e entidades públicos responsáveis pela regulação de setores específicos da atividade econômica e governamental devem coordenar suas atividades, nas correspondentes esferas de atuação, com vistas a assegurar o cumprimento de suas atribuições com a maior eficiência e promover o adequado funcionamento dos setores regulados, conforme legislação específica, e o tratamento de dados pessoais, na forma desta Lei.

§ 4º A ANPD manterá fórum permanente de comunicação, inclusive por meio de cooperação técnica, com órgãos e entidades da administração pública responsáveis pela regulação de setores específicos da atividade econômica e governamental, a fim de facilitar as competências regulatória, fiscalizatória e punitiva da ANPD.

§ 5º No exercício das competências de que trata o *caput* deste artigo, a autoridade competente deverá zelar pela preservação do segredo empresarial e do sigilo das informações, nos termos da lei.

§ 6º As reclamações colhidas conforme o disposto no inciso V do *caput* deste artigo poderão ser analisadas de forma agregada, e as eventuais providências delas decorrentes poderão ser adotadas de forma padronizada.

Art. 55-K. A aplicação das sanções previstas nesta Lei compete exclusivamente à ANPD, e suas competências prevalecerão, no que se refere à proteção de dados pessoais, sobre as competências correlatas de outras entidades ou órgãos da administração pública.

Parágrafo único. A ANPD articulará sua atuação com outros órgãos e entidades com competências sancionatórias e normativas afetas ao tema de proteção de dados pessoais e será o órgão central de interpretação desta Lei e do estabelecimento de normas e diretrizes para a sua implementação.

Art. 55-L. Constituem receitas da ANPD:

I – as dotações, consignadas no orçamento geral da União, os créditos especiais, os créditos adicionais, as transferências e os repasses que lhe forem conferidos;

II – as doações, os legados, as subvenções e outros recursos que lhe forem destinados;

III – os valores apurados na venda ou aluguel de bens móveis e imóveis de sua propriedade;

IV – os valores apurados em aplicações no mercado financeiro das receitas previstas neste artigo;

V – VETADO. Lei nº 13.853, de 8-7-2019;

VI – os recursos provenientes de acordos, convênios ou contratos celebrados com entidades, organismos ou empresas, públicos ou privados, nacionais ou internacionais;

VII – o produto da venda de publicações, material técnico, dados e informações, inclusive para fins de licitação pública.

• Arts. 55-D a 55-L acrescidos pela Lei nº 13.853, de 8-7-2019.

Art. 55-M. Constituem o patrimônio da ANPD os bens e os direitos:

I – que lhe forem transferidos pelos órgãos da Presidência da República; e

II – que venha a adquirir ou a incorporar.

• Art. 55-M acrescido pela Lei nº 14.460, de 25-10-2022.

Arts. 56 e 57. VETADOS.

Seção II

DO CONSELHO NACIONAL DE PROTEÇÃO DE DADOS PESSOAIS E DA PRIVACIDADE

Art. 58. VETADO.

Art. 58-A. O Conselho Nacional de Proteção de Dados Pessoais e da Privacidade será composto de 23 (vinte e três) representantes, titulares e suplentes, dos seguintes órgãos:

I – 5 (cinco) do Poder Executivo federal;

II – 1 (um) do Senado Federal;

III – 1 (um) da Câmara dos Deputados;

IV – 1 (um) do Conselho Nacional de Justiça;

V – 1 (um) do Conselho Nacional do Ministério Público;

VI – 1 (um) do Comitê Gestor da Internet no Brasil;

VII – 3 (três) de entidades da sociedade civil com atuação relacionada a proteção de dados pessoais;

VIII – 3 (três) de instituições científicas, tecnológicas e de inovação;

IX – 3 (três) de confederações sindicais representativas das categorias econômicas do setor produtivo;

X – 2 (dois) de entidades representativas do setor empresarial relacionado à área de tratamento de dados pessoais; e

XI – 2 (dois) de entidades representativas do setor laboral.

§ 1º Os representantes serão designados por ato do Presidente da República, permitida a delegação.

§ 2º Os representantes de que tratam os incisos I, II, III, IV, V e VI do *caput* deste artigo e seus suplentes serão indicados pelos titulares dos respectivos órgãos e entidades da administração pública.

§ 3º Os representantes de que tratam os incisos VII, VIII, IX, X e XI do *caput* deste artigo e seus suplentes:

I – serão indicados na forma de regulamento;

II – não poderão ser membros do Comitê Gestor da Internet no Brasil;

III – terão mandato de 2 (dois) anos, permitida 1 (uma) recondução.

§ 4º A participação no Conselho Nacional de Proteção de Dados Pessoais e da Privacidade será considerada prestação de serviço público relevante, não remunerada.

Art. 58-B. Compete ao Conselho Nacional de Proteção de Dados Pessoais e da Privacidade:

I – propor diretrizes estratégicas e fornecer subsídios para a elaboração da Política Nacional de Proteção de Dados Pessoais e da Privacidade e para a atuação da ANPD;

II – elaborar relatórios anuais de avaliação da execução das ações da Política Nacional de Proteção de Dados Pessoais e da Privacidade;

III – sugerir ações a serem realizadas pela ANPD;

IV – elaborar estudos e realizar debates e audiências públicas sobre a proteção de dados pessoais e da privacidade; e

V – disseminar o conhecimento sobre a proteção de dados pessoais e da privacidade à população.

• Arts. 58-A e 58-B acrescidos pela Lei nº 13.853, de 8-7-2019.

Art. 59. VETADO.

CAPÍTULO X

DISPOSIÇÕES FINAIS E TRANSITÓRIAS

Art. 60. A Lei nº 12.965, de 23 de abril de 2014 (Marco Civil da Internet), passa a vigorar com as seguintes alterações:

"Art. 7º ....

....

X – exclusão definitiva dos dados pessoais que tiver fornecido a determinada aplicação de internet, a seu requerimento, ao término da relação entre as partes, ressalvadas as hipóteses de guarda obrigatória de registros previstas nesta Lei e na que dispõe sobre a proteção de dados pessoais;

...."

"Art. 16. ....

....

II – de dados pessoais que sejam excessivos em relação à finalidade para a qual foi dado consentimento pelo seu titular, exceto nas hipóteses previstas na Lei que dispõe sobre a proteção de dados pessoais."

Art. 61. A empresa estrangeira será notificada e intimada de todos os atos processuais previstos nesta Lei, independentemente de procuração ou de disposição contratual ou estatutária, na pessoa do agente ou representante ou pessoa responsável por sua filial, agência, sucursal, estabelecimento ou escritório instalado no Brasil.

Art. 62. A autoridade nacional e o Instituto Nacional de Estudos e Pesquisas Educacionais Anísio Teixeira (INEP), no âmbito de suas competências, editarão regulamentos específicos para o acesso a dados tratados pela União para o cumprimento do disposto no § 2º do art. 9º da Lei nº 9.394, de 20 de dezembro de 1996 (Lei de Diretrizes e Bases da Educação Nacional), e aos referentes ao Sistema Nacional de Avaliação da Educação Superior (SINAES), de que trata a Lei nº 10.861, de 14 de abril de 2004.

Art. 63. A autoridade nacional estabelecerá normas sobre a adequação progressiva de bancos de dados constituídos até a data de entrada em vigor desta Lei, consideradas a complexidade das operações de tratamento e a natureza dos dados.

Art. 64. Os direitos e princípios expressos nesta Lei não excluem outros previstos no ordenamento jurídico pátrio relacionados à matéria ou nos tratados internacionais em que a República Federativa do Brasil seja parte.

Art. 65. Esta Lei entra em vigor:

• *Caput* com a redação dada pela Lei nº 13.853, de 8-7-2019.

I – dia 28 de dezembro de 2018, quanto aos arts. 55-A, 55-B, 55-C, 55-D, 55-E, 55-F, 55-G, 55-H, 55-I, 55-J, 55-K, 55-L, 58-A e 58-B; e

• Inciso I com a redação dada pela Lei nº 13.853, de 8-7-2019.

I-A – dia 1º de agosto de 2021, quanto aos arts. 52, 53 e 54;

• Inciso I-A acrescido pela Lei nº 14.010, de 10-6-2020.

II – 24 (vinte e quatro) meses após a data de sua publicação, quanto aos demais artigos.

• Inciso II acrescido pela Lei nº 13.853, de 8-7-2019.

Brasília, 14 de agosto de 2018;
197º da Independência e
130º da República.
Michel Temer

LEI COMPLEMENTAR Nº 167, DE 24 DE ABRIL DE 2019

Dispõe sobre a Empresa Simples de Crédito (ESC) e altera a Lei nº 9.613, de 3 de março de 1998 (Lei de Lavagem de Dinheiro), a Lei nº 9.249, de 26 de dezembro de 1995, e a Lei Complementar nº 123, de 14 de dezembro de 2006 (Lei do Simples Nacional), para regulamentar a ESC e instituir o Inova Simples.

• Publicada no *DOU* de 25-4-2019.

Art. 1º A Empresa Simples de Crédito (ESC), de âmbito municipal ou distrital, com atuação exclusivamente no Município de sua sede e em Municípios limítrofes, ou, quando for o caso, no Distrito Federal e em Municípios limítrofes, destina-se à realização de operações de empréstimo, de financiamento e de desconto de títulos de crédito, exclusivamente com recursos próprios, tendo como contrapartes microempreendedores individuais, microempresas e empresas de pequeno porte, nos termos da Lei Complementar nº 123, de 14 de dezembro de 2006 (Lei do SIMPLES Nacional).

Art. 2º A ESC deve adotar a forma de empresa individual de responsabilidade limitada (EIRELI), empresário individual ou sociedade limitada constituída exclusivamente por pessoas naturais e terá por objeto social exclusivo as atividades enumeradas no art. 1º desta Lei Complementar.

§ 1º O nome empresarial de que trata o *caput* deste artigo conterá a expressão "Empresa Simples de Crédito", e não poderá constar dele, ou de qualquer texto de divulgação de suas atividades, a expressão "banco" ou outra expressão identificadora de instituição autorizada a funcionar pelo Banco Central do Brasil.

§ 2º O capital inicial da ESC e os posteriores aumentos de capital deverão ser realizados integralmente em moeda corrente.

§ 3º O valor total das operações de empréstimo, de financiamento e de desconto de títulos de crédito da ESC não poderá ser superior ao capital realizado.

§ 4º A mesma pessoa natural não poderá participar de mais de uma ESC, ainda que localizadas em Municípios distintos ou sob a forma de filial.

Art. 3º É vedada à ESC a realização de:

I – qualquer captação de recursos, em nome próprio ou de terceiros, sob pena de enquadramento no crime previsto no art. 16 da Lei nº 7.492, de 16 de junho de 1986 (Lei dos Crimes contra o Sistema Financeiro Nacional); e

II – operações de crédito, na qualidade de credora, com entidades integrantes da administração pública direta, indireta e fundacional de qualquer dos poderes da União, dos Estados, do Distrito Federal e dos Municípios.

Art. 4º A receita bruta anual da ESC não poderá exceder o limite de receita bruta para Empresa de Pequeno Porte (EPP) definido na Lei Complementar nº 123, de 14 de dezembro de 2006 (Lei do Simples Nacional).

Parágrafo único. Considera-se receita bruta, para fins do disposto no *caput* deste artigo, a remuneração auferida pela ESC com a cobrança de juros, inclusive quando cobertos pela venda do valor do bem objeto de alienação fiduciária.

Art. 5º Nas operações referidas no art. 1º desta Lei Complementar, devem ser observadas as seguintes condições:

I – a remuneração da ESC somente pode ocorrer por meio de juros remuneratórios, vedada a cobrança de quaisquer outros encargos, mesmo sob a forma de tarifa;

II – a formalização do contrato deve ser realizada por meio de instrumento próprio, cuja cópia deverá ser entregue à contraparte da operação;

III – a movimentação dos recursos deve ser realizada exclusivamente mediante débito e crédito em contas de depósito de titularidade da ESC e da pessoa jurídica contraparte na operação.

§ 1º A ESC poderá utilizar o instituto da alienação fiduciária em suas operações de empréstimo, de financiamento e de desconto de títulos de crédito.

§ 2º A ESC deverá providenciar a anotação, em bancos de dados, de informações de adimplemento e de inadimplemento de seus clientes, na forma da legislação em vigor.

§ 3º É condição de validade das operações de que trata o *caput* deste artigo o registro delas em entidade registradora autorizada pelo Banco Central do Brasil ou pela Comissão de Valores Mobiliários, nos termos do art. 28 da Lei nº 12.810, de 15 de maio de 2013.

§ 4º Não se aplicam à ESC as limitações à cobrança de juros previstas no Decreto nº 22.626, de 7 de abril de 1933 (Lei da Usura), e no art. 591 da Lei nº 10.406, de 10 de janeiro de 2002 (Código Civil).

Art. 6º É facultado ao Banco Central do Brasil, não constituindo violação ao dever de sigilo, o acesso às informações decorrentes do registro de que trata o § 3º do art. 5º desta Lei Complementar, para fins estatísticos e de controle macroprudencial do risco de crédito.

Art. 7º As ESCs estão sujeitas aos regimes de recuperação judicial e extrajudicial e ao regime falimentar regulados pela Lei nº 11.101, de 9 de fevereiro de 2005 (Lei de Falências).

Art. 8º A ESC deverá manter escrituração com observância das leis comerciais e fiscais e transmitir a Escrituração Contábil Digital (ECD) por meio do Sistema Público de Escrituração Digital (SPED).

Art. 9º Constitui crime o descumprimento do disposto no art. 1º, no § 3º do art. 2º, no art. 3º e no *caput* do art. 5º desta Lei Complementar.

Pena – reclusão, de 1 (um) a 4 (quatro) anos, e multa.

Art. 10. O Serviço Brasileiro de Apoio às Micro e Pequenas Empresas (SEBRAE) poderá apoiar a constituição e o fortalecimento das ESCs.

Art. 11. O art. 9º da Lei nº 9.613, de 3 de março de 1998 (Lei de Lavagem de Dinheiro), passa a vigorar com a seguinte redação:

• Alterações inseridas no texto da referida Lei.

LEG. COMPLEMENTAR

Art. 12. Os arts. 15 e 20 da Lei nº 9.249, de 26 de dezembro de 1995, passam a vigorar com a seguinte redação:

• Alterações inseridas no texto da referida Lei.

Art. 13. A Lei Complementar nº 123, de 14 de dezembro de 2006 (Lei do SIMPLES Nacional), passa a vigorar com as seguintes alterações:

• Alterações inseridas no texto da referida Lei Complementar.

Art. 14. Esta Lei Complementar entra em vigor na data de sua publicação.

Brasília, 24 de abril de 2019;
198º da Independência e
131º da República.
Jair Messias Bolsonaro

LEI COMPLEMENTAR Nº 168, DE 12 DE JUNHO DE 2019

Autoriza, no prazo que especifica, o retorno ao Regime Especial Unificado de Arrecadação de Tributos e Contribuições devidos pelas Microempresas e Empresas de Pequeno Porte (SIMPLES NACIONAL) dos optantes excluídos desse regime tributário em 1º de janeiro de 2018.

• Publicada no *DOU* de 13-6-2019.

Art. 1º Os microempreendedores individuais, as microempresas e as empresas de pequeno porte excluídos, em 1º de janeiro de 2018, do Regime Especial Unificado de Arrecadação de Tributos e Contribuições devidos pelas Microempresas e Empresas de Pequeno Porte (SIMPLES NACIONAL), instituído pela Lei Complementar nº 123, de 14 de dezembro de 2006, que fizerem adesão ao Programa Especial de Regularização Tributária das Microempresas e Empresas de Pequeno Porte optantes pelo Simples Nacional (PERTSN), instituído pela Lei Complementar nº 162, de 6 de abril de 2018, poderão, de forma extraordinária, no prazo de 30 (trinta) dias contado da data de publicação desta Lei, fazer nova opção pelo regime tributário, com efeitos retroativos a 1º de janeiro de 2018, desde que não incorram, em 1º de janeiro de 2018, nas vedações previstas na Lei Complementar nº 123, de 14 de dezembro de 2006, na forma do regulamento.

Art. 2º Esta Lei Complementar entra em vigor na data de sua publicação.

Brasília, 12 de junho de 2019;
198º da Independência e
131º da República.
Jair Messias Bolsonaro

LEI Nº 13.869, DE 5 DE SETEMBRO DE 2019

Dispõe sobre os crimes de abuso de autoridade; altera a Lei nº 7.960, de 21 de dezembro de 1989, a Lei nº 9.296, de 24 de julho de 1996, a Lei nº 8.069, de 13 de julho de 1990, e a Lei nº 8.906, de 4 de julho de 1994; e revoga a Lei nº 4.898, de 9 de dezembro de 1965, e dispositivos do Decreto-Lei nº 2.848, de 7 de dezembro de 1940 (Código Penal).

• Publicada no *DOU* de 5-9-2019, edição extra – A e retificada no *DOU* de 18-9-2019.

CAPÍTULO I
DISPOSIÇÕES GERAIS

Art. 1º Esta Lei define os crimes de abuso de autoridade, cometidos por agente público, servidor ou não, que, no exercício de suas funções ou a pretexto de exercê-las, abuse do poder que lhe tenha sido atribuído.

§ 1º As condutas descritas nesta Lei constituem crime de abuso de autoridade quando praticadas pelo agente com a finalidade específica de prejudicar outrem ou beneficiar a si mesmo ou a terceiro, ou, ainda, por mero capricho ou satisfação pessoal.

§ 2º A divergência na interpretação de lei ou na avaliação de fatos e provas não configura abuso de autoridade.

CAPÍTULO II
DOS SUJEITOS DO CRIME

Art. 2º É sujeito ativo do crime de abuso de autoridade qualquer agente público, servidor ou não, da administração direta, indireta ou fundacional de qualquer dos Poderes da União, dos Estados, do Distrito Federal, dos Municípios e de Território, compreendendo, mas não se limitando a:

I – servidores públicos e militares ou pessoas a eles equiparadas;

II – membros do Poder Legislativo;

III – membros do Poder Executivo;

IV – membros do Poder Judiciário;

V – membros do Ministério Público;

VI – membros dos tribunais ou conselhos de contas.

Parágrafo único. Reputa-se agente público, para os efeitos desta Lei, todo aquele que exerce, ainda que transitoriamente ou sem remuneração, por eleição, nomeação, designação, contratação ou qualquer outra forma de investidura ou vínculo, mandato, cargo, emprego ou função em órgão ou entidade abrangidos pelo *caput* deste artigo.

CAPÍTULO III
DA AÇÃO PENAL

Art. 3º Os crimes previstos nesta Lei são de ação penal pública incondicionada.

§ 1º Será admitida ação privada se a ação penal pública não for intentada no prazo legal, cabendo ao Ministério Público aditar a queixa, repudiá-la e oferecer denúncia substitutiva, intervir em todos os termos do processo, fornecer elementos de prova, interpor recurso e, a todo tempo, no caso de negligência do querelante, retomar a ação como parte principal.

§ 2º A ação privada subsidiária será exercida no prazo de 6 (seis) meses, contado da data em que se esgotar o prazo para oferecimento da denúncia.

• Art. 3º promulgado nos termos do art. 66, § 5º, da CF.

CAPÍTULO IV
DOS EFEITOS DA CONDENAÇÃO E DAS PENAS RESTRITIVAS DE DIREITOS

Seção I
DOS EFEITOS DA CONDENAÇÃO

Art. 4º São efeitos da condenação:

I – tornar certa a obrigação de indenizar o dano causado pelo crime, devendo o juiz, a requerimento do ofendido, fixar na sentença o valor mínimo para reparação dos danos causados pela infração, considerando os prejuízos por ele sofridos;

II – a inabilitação para o exercício de cargo, mandato ou função pública, pelo período de 1 (um) a 5 (cinco) anos;

III – a perda do cargo, do mandato ou da função pública.

Parágrafo único. Os efeitos previstos nos incisos II e III do *caput* deste artigo são condicionados à ocorrência de reincidência em crime de abuso de autoridade e não são automáticos, devendo ser declarados motivadamente na sentença.

Seção II

DAS PENAS RESTRITIVAS DE DIREITOS

Art. 5º As penas restritivas de direitos substitutivas das privativas de liberdade previstas nesta Lei são:

I – prestação de serviços à comunidade ou a entidades públicas;

II – suspensão do exercício do cargo, da função ou do mandato, pelo prazo de 1 (um) a 6 (seis) meses, com a perda dos vencimentos e das vantagens;

III – VETADO.

Parágrafo único. As penas restritivas de direitos podem ser aplicadas autônoma ou cumulativamente.

CAPÍTULO V

DAS SANÇÕES DE NATUREZA CIVIL E ADMINISTRATIVA

Art. 6º As penas previstas nesta Lei serão aplicadas independentemente das sanções de natureza civil ou administrativa cabíveis.

Parágrafo único. As notícias de crimes previstos nesta Lei que descreverem falta funcional serão informadas à autoridade competente com vistas à apuração.

Art. 7º As responsabilidades civil e administrativa são independentes da criminal, não se podendo mais questionar sobre a existência ou a autoria do fato quando essas questões tenham sido decididas no juízo criminal.

Art. 8º Faz coisa julgada em âmbito cível, assim como no administrativo-disciplinar, a sentença penal que reconhecer ter sido o ato praticado em estado de necessidade, em legítima defesa, em estrito cumprimento de dever legal ou no exercício regular de direito.

CAPÍTULO VI

DOS CRIMES E DAS PENAS

Art. 9º Decretar medida de privação da liberdade em manifesta desconformidade com as hipóteses legais:

Pena – detenção, de 1 (um) a 4 (quatro) anos, e multa.

Parágrafo único. Incorre na mesma pena a autoridade judiciária que, dentro de prazo razoável, deixar de:

I – relaxar a prisão manifestamente ilegal;

II – substituir a prisão preventiva por medida cautelar diversa ou de conceder liberdade provisória, quando manifestamente cabível;

III – deferir liminar ou ordem de *habeas corpus*, quando manifestamente cabível.

• Art. 9º promulgado nos termos do art. 66, § 5º, da CF.

Art. 10. Decretar a condução coercitiva de testemunha ou investigado manifestamente descabida ou sem prévia intimação de comparecimento ao juízo:

Pena – detenção, de 1 (um) a 4 (quatro) anos, e multa.

Art. 11. VETADO.

Art. 12. Deixar injustificadamente de comunicar prisão em flagrante à autoridade judiciária no prazo legal:

Pena – detenção, de 6 (seis) meses a 2 (dois) anos, e multa.

Parágrafo único. Incorre na mesma pena quem:

I – deixa de comunicar, imediatamente, a execução de prisão temporária ou preventiva à autoridade judiciária que a decretou;

II – deixa de comunicar, imediatamente, a prisão de qualquer pessoa e o local onde se encontra à sua família ou à pessoa por ela indicada;

III – deixa de entregar ao preso, no prazo de 24 (vinte e quatro) horas, a nota de culpa, assinada pela autoridade, com o motivo da prisão e os nomes do condutor e das testemunhas;

IV – prolonga a execução de pena privativa de liberdade, de prisão temporária, de prisão preventiva, de medida de segurança ou de internação, deixando, sem motivo justo e excepcionalíssimo, de executar o alvará de soltura imediatamente após recebido ou de promover a soltura do preso quando esgotado o prazo judicial ou legal.

Art. 13. Constranger o preso ou o detento, mediante violência, grave ameaça ou redução de sua capacidade de resistência, a:

I – exibir-se ou ter seu corpo ou parte dele exibido à curiosidade pública;

II – submeter-se a situação vexatória ou a constrangimento não autorizado em lei;

III – produzir prova contra si mesmo ou contra terceiro.

• Inciso III promulgado nos termos do art. 66, § 5º, da CF.

Pena – detenção, de 1 (um) a 4 (quatro) anos, e multa, sem prejuízo da pena cominada à violência.

• Art. 13 com a redação retificada no *DOU* de 18-9-2019.

Art. 14. VETADO.

Art. 15. Constranger a depor, sob ameaça de prisão, pessoa que, em razão de função, ministério, ofício ou profissão, deva guardar segredo ou resguardar sigilo:

Pena – detenção, de 1 (um) a 4 (quatro) anos, e multa.

Parágrafo único. Incorre na mesma pena quem prossegue com o interrogatório:

I – de pessoa que tenha decidido exercer o direito ao silêncio; ou

II – de pessoa que tenha optado por ser assistida por advogado ou defensor público, sem a presença de seu patrono.

• Parágrafo único promulgado nos termos do art. 66, § 5º, da CF.

Violência Institucional

Art. 15-A. Submeter a vítima de infração penal ou a testemunha de crimes violentos a procedimentos desnecessários, repetitivos ou invasivos, que a leve a reviver, sem estrita necessidade:

I – a situação de violência; ou

II – outras situações potencialmente geradoras de sofrimento ou estigmatização:

Pena – detenção, de 3 (três) meses a 1 (um) ano, e multa.

§ 1º Se o agente público permitir que terceiro intimide a vítima de crimes violentos, gerando indevida revitimização, aplica-se a pena aumentada de 2/3 (dois terços).

§ 2º Se o agente público intimidar a vítima de crimes violentos, gerando indevida revitimização, aplica-se a pena em dobro.

• Art. 15-A acrescido pela Lei nº 14.321, de 31-3-2022.

Art. 16. Deixar de identificar-se ou identificar-se falsamente ao preso por ocasião de sua captura ou quando deva fazê-lo durante sua detenção ou prisão:

Pena – detenção, de 6 (seis) meses a 2 (dois) anos, e multa.

Parágrafo único. Incorre na mesma pena quem, como responsável por interrogatório em sede de procedimento investigatório de infração penal, deixa de identificar-se ao preso ou atribui a si mesmo falsa identidade, cargo ou função.

• Art. 16 promulgado nos termos do art. 66, § 5º, da CF.

Art. 17. VETADO.

Art. 18. Submeter o preso a interrogatório policial durante o período de repouso noturno, salvo se capturado em flagrante delito ou se ele, devidamente assistido, consentir em prestar declarações:

Pena – detenção, de 6 (seis) meses a 2 (dois) anos, e multa.

Art. 19. Impedir ou retardar, injustificadamente, o envio de pleito de preso à autoridade judiciária competente para a apreciação da legalidade de sua prisão ou das circunstâncias de sua custódia:

Pena – detenção, de 1 (um) a 4 (quatro) anos, e multa.

Parágrafo único. Incorre na mesma pena o magistrado que, ciente do impedimento ou da demora, deixa de tomar as providências tendentes a saná-lo ou, não sendo competente para decidir sobre a prisão, deixa de enviar o pedido à autoridade judiciária que o seja.

Art. 20. Impedir, sem justa causa, a entrevista pessoal e reservada do preso com seu advogado:

Pena – detenção, de 6 (seis) meses a 2 (dois) anos, e multa.

Parágrafo único. Incorre na mesma pena quem impede o preso, o réu solto ou o investigado de entrevistar-se pessoal e reservadamente com seu advogado ou defensor, por prazo razoável, antes de audiência judicial, e de sentar-se ao seu lado e com ele comunicar-se durante a audiência, salvo no curso de interrogatório ou no caso de audiência realizada por videoconferência.

- Art. 20 promulgado nos termos do art. 66, § 5º, da CF.

Art. 21. Manter presos de ambos os sexos na mesma cela ou espaço de confinamento:

Pena – detenção, de 1 (um) a 4 (quatro) anos, e multa.

Parágrafo único. Incorre na mesma pena quem mantém, na mesma cela, criança ou adolescente na companhia de maior de idade ou em ambiente inadequado, observado o disposto na Lei nº 8.069, de 13 de julho de 1990 (Estatuto da Criança e do Adolescente).

Art. 22. Invadir ou adentrar, clandestina ou astuciosamente, ou à revelia da vontade do ocupante, imóvel alheio ou suas dependências, ou nele permanecer nas mesmas condições, sem determinação judicial ou fora das condições estabelecidas em lei:

Pena – detenção, de 1 (um) a 4 (quatro) anos, e multa.

§ 1º Incorre na mesma pena, na forma prevista no *caput* deste artigo, quem:

I – coage alguém, mediante violência ou grave ameaça, a franquear-lhe o acesso a imóvel ou suas dependências;

II – VETADO;

III – cumpre mandado de busca e apreensão domiciliar após as 21h (vinte e uma horas) ou antes das 5h (cinco horas).

§ 2º Não haverá crime se o ingresso for para prestar socorro, ou quando houver fundados indícios que indiquem a necessidade do ingresso em razão de situação de flagrante delito ou de desastre.

Art. 23. Inovar artificiosamente, no curso de diligência, de investigação ou de processo, o estado de lugar, de coisa ou de pessoa, com o fim de eximir-se de responsabilidade ou de responsabilizar criminalmente alguém ou agravar-lhe a responsabilidade:

Pena – detenção, de 1 (um) a 4 (quatro) anos, e multa.

Parágrafo único. Incorre na mesma pena quem pratica a conduta com o intuito de:

I – eximir-se de responsabilidade civil ou administrativa por excesso praticado no curso de diligência;

II – omitir dados ou informações ou divulgar dados ou informações incompletos para desviar o curso da investigação, da diligência ou do processo.

Art. 24. Constranger, sob violência ou grave ameaça, funcionário ou empregado de instituição hospitalar pública ou privada a admitir para tratamento pessoa cujo óbito já tenha ocorrido, com o fim de alterar local ou momento de crime, prejudicando sua apuração:

Pena – detenção, de 1 (um) a 4 (quatro) anos, e multa, além da pena correspondente à violência.

Art. 25. Proceder à obtenção de prova, em procedimento de investigação ou fiscalização, por meio manifestamente ilícito:

Pena – detenção, de 1 (um) a 4 (quatro) anos, e multa.

Parágrafo único. Incorre na mesma pena quem faz uso de prova, em desfavor do investigado ou fiscalizado, com prévio conhecimento de sua ilicitude.

Art. 26. VETADO.

Art. 27. Requisitar instauração ou instaurar procedimento investigatório de infração penal ou administrativa, em desfavor de alguém, à falta de qualquer indício da prática de crime, de ilícito funcional ou de infração administrativa:

Pena – detenção, de 6 (seis) meses a 2 (dois) anos, e multa.

Parágrafo único. Não há crime quando se tratar de sindicância ou investigação preliminar sumária, devidamente justificada.

Art. 28. Divulgar gravação ou trecho de gravação sem relação com a prova que se pretenda produzir, expondo a intimidade ou a vida privada ou ferindo a honra ou a imagem do investigado ou acusado:

Pena – detenção, de 1 (um) a 4 (quatro) anos, e multa.

Art. 29. Prestar informação falsa sobre procedimento judicial, policial, fiscal ou administrativo com o fim de prejudicar interesse de investigado:

Pena – detenção, de 6 (seis) meses a 2 (dois) anos, e multa.

Parágrafo único. VETADO.

Art. 30. Dar início ou proceder à persecução penal, civil ou administrativa sem justa causa fundamentada ou contra quem sabe inocente:

Pena – detenção, de 1 (um) a 4 (quatro) anos, e multa.

- Art. 30 promulgado nos termos do art. 66, § 5º, da CF.

Art. 31. Estender injustificadamente a investigação, procrastinando-a em prejuízo do investigado ou fiscalizado:

Pena – detenção, de 6 (seis) meses a 2 (dois) anos, e multa.

Parágrafo único. Incorre na mesma pena quem, inexistindo prazo para execução ou conclusão de procedimento, o estende de forma imotivada, procrastinando-o em prejuízo do investigado ou do fiscalizado.

Art. 32. Negar ao interessado, seu defensor ou advogado acesso aos autos de investigação preliminar, ao termo circunstanciado, ao inquérito ou a qualquer outro procedimento investigatório de infração penal, civil ou administrativa, assim como impedir a obtenção de cópias, ressalvado o acesso a peças relativas a diligências em curso, ou que indiquem a realização de diligências futuras, cujo sigilo seja imprescindível:

Pena – detenção, de 6 (seis) meses a 2 (dois) anos, e multa.

- Art. 32 promulgado nos termos do art. 66, § 5º, da CF.

Art. 33. Exigir informação ou cumprimento de obrigação, inclusive o dever de fazer ou de não fazer, sem expresso amparo legal:

Pena – detenção, de 6 (seis) meses a 2 (dois) anos, e multa.

Parágrafo único. Incorre na mesma pena quem se utiliza de cargo ou função pública ou invoca a condição de agente público para se eximir de obrigação legal ou para obter vantagem ou privilégio indevido.

Arts. 34 e 35. VETADOS.

Art. 36. Decretar, em processo judicial, a indisponibilidade de ativos financeiros em quantia que extrapole exacerbadamente o valor estimado para a satisfação da dívida da parte e, ante a demonstração, pela parte, da excessividade da medida, deixar de corrigi-la:

Pena – detenção, de 1 (um) a 4 (quatro) anos, e multa.

Art. 37. Demorar demasiada e injustificadamente no exame de processo de que tenha requerido vista em órgão colegiado, com o intuito de procrastinar seu andamento ou retardar o julgamento:

Pena – detenção, de 6 (seis) meses a 2 (dois) anos, e multa.

Art. 38. Antecipar o responsável pelas investigações, por meio de comunicação, inclusive rede social, atribuição de culpa, antes de concluídas as apurações e formalizada a acusação:

Pena – detenção, de 6 (seis) meses a 2 (dois) anos, e multa.

- Art. 38 promulgado nos termos do art. 66, § 5º, da CF.

CAPÍTULO VII
DO PROCEDIMENTO

Art. 39. Aplicam-se ao processo e ao julgamento dos delitos previstos nesta Lei, no que couber, as disposições do Decreto-Lei nº 3.689, de 3 de outubro de 1941 (Código de Processo Penal), e da Lei nº 9.099, de 26 de setembro de 1995.

CAPÍTULO VIII
DISPOSIÇÕES FINAIS

Art. 40. O art. 2º da Lei nº 7.960, de 21 de dezembro de 1989, passa a vigorar com a seguinte redação:

"Art. 2º ....

....

§ 4º-A. O mandado de prisão conterá necessariamente o período de duração da prisão temporária estabelecido no *caput* deste artigo, bem como o dia em que o preso deverá ser libertado.

....

§ 7º Decorrido o prazo contido no mandado de prisão, a autoridade responsável pela custódia deverá, independentemente de nova ordem da autoridade judicial, pôr imediatamente o preso em liberdade, salvo se já tiver sido comunicada da prorrogação da prisão temporária ou da decretação da prisão preventiva.

§ 8º Inclui-se o dia do cumprimento do mandado de prisão no cômputo do prazo de prisão temporária."

Art. 41. O art. 10 da Lei nº 9.296, de 24 de julho de 1996, passa a vigorar com a seguinte redação:

"Art. 10. Constitui crime realizar interceptação de comunicações telefônicas, de informática ou telemática, promover escuta ambiental ou quebrar segredo da Justiça, sem autorização judicial ou com objetivos não autorizados em lei:

Pena – reclusão, de 2 (dois) a 4 (quatro) anos, e multa.

Parágrafo único. Incorre na mesma pena a autoridade judicial que determina a execução de conduta prevista no *caput* deste artigo com objetivo não autorizado em lei."

Art. 42. A Lei nº 8.069, de 13 de julho de 1990 (Estatuto da Criança e do Adolescente), passa a vigorar acrescida do seguinte art. 227-A:

"Art. 227-A. Os efeitos da condenação prevista no inciso I do *caput* do art. 92 do Decreto-Lei nº 2.848, de 7 de dezembro de 1940 (Código Penal), para os crimes previstos nesta Lei, praticados por servidores públicos com abuso de autoridade, são condicionados à ocorrência de reincidência.

Parágrafo único. A perda do cargo, do mandato ou da função, nesse caso, independerá da pena aplicada na reincidência."

Art. 43. A Lei nº 8.906, de 4 de julho de 1994, passa a vigorar acrescida do seguinte art. 7º-B:

- Alterações inseridas no texto da referida Lei.
- Art. 43 promulgado nos termos do art. 66, § 5º, da CF.

Art. 44. Revogam-se a Lei nº 4.898, de 9 de dezembro de 1965, e o § 2º do art. 150 e o art. 350, ambos do Decreto-Lei nº 2.848, de 7 de dezembro de 1940 (Código Penal).

Art. 45. Esta Lei entra em vigor após decorridos 120 (cento e vinte) dias de sua publicação oficial.

Brasília, 5 de setembro de 2019;
198º da Independência
e 131º da República.

Jair Messias Bolsonaro

LEI Nº 13.874, DE 20 DE SETEMBRO DE 2019

Institui a Declaração de Direitos de Liberdade Econômica; estabelece garantias de livre mercado; altera as Leis nºs 10.406, de 10 de janeiro de 2002 (Código Civil), 6.404, de 15 de dezembro de 1976, 11.598, de 3 de dezembro de 2007, 12.682, de 9 de julho de 2012, 6.015, de 31 de dezembro de 1973, 10.522, de 19 de julho de 2002, 8.934, de 18 de novembro 1994, o Decreto-Lei nº 9.760, de 5 de setembro de 1946 e a Consolidação das Leis do Trabalho, aprovada pelo Decreto-Lei nº 5.452, de 1º de maio de 1943; revoga a Lei Delegada nº 4, de 26 de setembro de 1962, a Lei nº 11.887, de 24 de dezembro de 2008, e dispositivos do Decreto-Lei nº 73, de 21 de novembro de 1966; e dá outras providências.

(EXCERTOS)

- Publicada no *DOU* de 20-9-2019, edição extra – B.

CAPÍTULO I
DISPOSIÇÕES GERAIS

Art. 1º Fica instituída a Declaração de Direitos de Liberdade Econômica, que estabelece normas de proteção à livre iniciativa e ao livre exercício de atividade econômica e disposições sobre a atuação do Estado como agente normativo e regulador, nos termos do inciso IV do *caput* do art. 1º, do parágrafo único do art. 170 e do *caput* do art. 174 da Constituição Federal.

§ 1º O disposto nesta Lei será observado na aplicação e na interpretação do direito civil, empresarial, econômico, urbanístico e do trabalho nas relações jurídicas que se encontrem no seu âmbito de aplicação e na ordenação pública, inclusive sobre exercício das profissões, comércio, juntas comerciais, registros públicos, trânsito, transporte e proteção ao meio ambiente.

§ 2º Interpretam-se em favor da liberdade econômica, da boa-fé e do respeito aos contratos, aos investimentos e à propriedade todas as normas de ordenação pública sobre atividades econômicas privadas.

§ 3º O disposto neste Capítulo e nos Capítulos II e III desta Lei não se aplica ao direito tributário e ao direito financeiro, ressalvado o disposto no inciso X do *caput* do art. 3º desta Lei.

- § 3º com a redação dada pela Lei nº 14.195, de 26-8-2021.

§ 4º O disposto nos arts. 1º, 2º, 3º e 4º desta Lei constitui norma geral de direito econômico, conforme o disposto no inciso I do *caput* e nos §§ 1º, 2º, 3º e 4º do art. 24 da Constituição Federal, e será observado para todos os atos públicos de liberação da atividade econômica executados pelos Estados, pelo Distrito Federal e pelos Municípios, nos termos do § 2º deste artigo.

§ 5º O disposto no inciso IX do *caput* do art. 3º desta Lei não se aplica aos Estados, ao Distrito Federal e aos Municípios, exceto se:

I – o ato público de liberação da atividade econômica for derivado ou delegado por legislação ordinária federal; ou

II – o ente federativo ou o órgão responsável pelo ato decidir vincular-se ao disposto no inciso IX do *caput* do art. 3º desta Lei por meio de instrumento válido e próprio.

§ 6º Para fins do disposto nesta Lei, consideram-se atos públicos de liberação a licença, a autorização, a concessão, a inscrição, a permissão, o alvará, o cadastro, o credenciamento, o estudo, o plano, o registro e os demais atos exigidos, sob qualquer denominação, por órgão ou entidade da administração pública na aplicação de legislação, como condição para o exercício de atividade econômica, inclusive o início, a continuação e o fim para a instalação, a construção, a operação, a produção, o funcionamento, o uso, o exercício ou a realização, no âmbito público ou privado, de atividade, serviço, estabelecimento, profissão, instalação, operação, produto, equipamento, veículo, edificação e outros.

Art. 2º São princípios que norteiam o disposto nesta Lei:

I – a liberdade como uma garantia no exercício de atividades econômicas;

II – a boa-fé do particular perante o poder público;

III – a intervenção subsidiária e excepcional do Estado sobre o exercício de atividades econômicas; e

IV – o reconhecimento da vulnerabilidade do particular perante o Estado.

Parágrafo único. Regulamento disporá sobre os critérios de aferição para afastamento do inciso IV do *caput* deste artigo, limitados a questões de má-fé, hipersuficiência ou reincidência.

CAPÍTULO II

DA DECLARAÇÃO DE DIREITOS DE LIBERDADE ECONÔMICA

Art. 3º São direitos de toda pessoa, natural ou jurídica, essenciais para o desenvolvimento e o crescimento econômicos do País, observado o disposto no parágrafo único do art. 170 da Constituição Federal:

I – desenvolver atividade econômica de baixo risco, para a qual se valha exclusivamente de propriedade privada própria ou de terceiros consensuais, sem a necessidade de quaisquer atos públicos de liberação da atividade econômica;

II – desenvolver atividade econômica em qualquer horário ou dia da semana, inclusive feriados, sem que para isso esteja sujeita a cobranças ou encargos adicionais, observadas:

a) as normas de proteção ao meio ambiente, incluídas as de repressão à poluição sonora e à perturbação do sossego público;

b) as restrições advindas de contrato, de regulamento condominial ou de outro negócio jurídico, bem como as decorrentes das normas de direito real, incluídas as de direito de vizinhança; e

c) a legislação trabalhista;

III – definir livremente, em mercados não regulados, o preço de produtos e de serviços como consequência de alterações da oferta e da demanda;

IV – receber tratamento isonômico de órgãos e de entidades da administração pública quanto ao exercício de atos de liberação da atividade econômica, hipótese em que o ato de liberação estará vinculado aos mesmos critérios de interpretação adotados em decisões administrativas análogas anteriores, observado o disposto em regulamento;

V – gozar de presunção de boa-fé nos atos praticados no exercício da atividade econômica, para os quais as dúvidas de interpretação do direito civil, empresarial, econômico e urbanístico serão resolvidas de forma a preservar a autonomia privada, exceto se houver expressa disposição legal em contrário;

VI – desenvolver, executar, operar ou comercializar novas modalidades de produtos e de serviços quando as normas infralegais se tornarem desatualizadas por força de desenvolvimento tecnológico consolidado internacionalmente, nos termos estabelecidos em regulamento, que disciplinará os requisitos para aferição da situação concreta, os procedimentos, o momento e as condições dos efeitos;

VII – VETADO;

VIII – ter a garantia de que os negócios jurídicos empresariais paritários serão objeto de livre estipulação das partes pactuantes, de forma a aplicar todas as regras de direito empresarial apenas de maneira subsidiária ao avençado, exceto normas de ordem pública;

IX – ter a garantia de que, nas solicitações de atos públicos de liberação da atividade econômica que se sujeitam ao disposto nesta Lei, apresentados todos os elementos necessários à instrução do processo, o particular será cientificado expressa e imediatamente do prazo máximo estipulado para a análise de seu pedido e de que, transcorrido o prazo fixado, o silêncio da autoridade competente importará aprovação tácita para todos os efeitos, ressalvadas as hipóteses expressamente vedadas em lei;

X – arquivar qualquer documento por meio de microfilme ou por meio digital, conforme técnica e requisitos estabelecidos em regulamento, hipótese em que se equiparará a documento físico para todos os efeitos legais e para a comprovação de qualquer ato de direito público;

XI – não ser exigida medida ou prestação compensatória ou mitigatória abusiva, em sede de estudos de impacto ou outras liberações de atividade econômica no direito urbanístico, entendida como aquela que:

a) VETADO;

b) requeira medida que já era planejada para execução antes da solicitação pelo particular, sem que a atividade econômica altere a demanda para execução da referida medida;

c) utilize-se do particular para realizar execuções que compensem impactos que existiriam independentemente do empreendimento ou da atividade econômica solicitada;

d) requeira a execução ou prestação de qualquer tipo para áreas ou situação além daquelas diretamente impactadas pela atividade econômica; ou

e) mostre-se sem razoabilidade ou desproporcional, inclusive utilizada como meio de coação ou intimidação; e

XII – não ser exigida pela administração pública direta ou indireta certidão sem previsão expressa em lei.

§ 1º Para fins do disposto no inciso I do *caput* deste artigo:

I – ato do Poder Executivo federal disporá sobre a classificação de atividades de baixo risco a ser observada na ausência de legislação estadual, distrital ou municipal específica;

II – na hipótese de ausência de ato do Poder Executivo federal de que trata o inciso I deste parágrafo, será aplicada resolução do Comitê para Gestão da Rede Nacional para a Simplificação do Registro e da Legalização de Empresas e Negócios (CGSIM), independentemente da aderência do ente federativo à Rede Nacional para a Simplificação do Registro e da Legalização de Empresas e Negócios (REDESIM); e

III – na hipótese de existência de legislação estadual, distrital ou municipal sobre a classificação de atividades de baixo risco, o ente federativo que editar ou tiver editado norma específica encaminhará notificação ao Ministério da Economia sobre a edição de sua norma.

§ 2º A fiscalização do exercício do direito de que trata o inciso I do *caput* deste artigo será realizada posteriormente, de ofício ou como consequência de denúncia encaminhada à autoridade competente.

§ 3º O disposto no inciso III do *caput* deste artigo não se aplica:

I – às situações em que o preço de produtos e de serviços seja utilizado com a finalidade de reduzir o valor do tributo, de postergar a sua arrecadação ou de remeter lucros em forma de custos ao exterior; e

II – à legislação de defesa da concorrência, aos direitos do consumidor e às demais disposições protegidas por lei federal.

§ 4º *Revogado*. Lei nº 14.011, de 10-6-2020.

§ 5º O disposto no inciso VIII do *caput* deste artigo não se aplica à empresa pública e à sociedade de economia mista definidas nos arts. 3º e 4º da Lei nº 13.303, de 30 de junho de 2016.

§ 6º O disposto no inciso IX do *caput* deste artigo não se aplica quando:

I – versar sobre questões tributárias de qualquer espécie ou de concessão de registro de marcas;

II – a decisão importar em compromisso financeiro da administração pública; e

III – houver objeção expressa em tratado em vigor no País.

§ 7º A aprovação tácita prevista no inciso IX do *caput* deste artigo não se aplica quando a titularidade da solicitação for de agente público ou de seu cônjuge, companheiro ou parente em linha reta ou colateral, por consanguinidade ou afinidade, até o 3º (terceiro) grau, dirigida a autoridade administrativa ou política do próprio órgão ou entidade da administração pública em que desenvolva suas atividades funcionais.

§ 8º O prazo a que se refere o inciso IX do *caput* deste artigo será definido pelo órgão ou pela entidade da administração pública solicitada, observados os princípios da impessoalidade e da eficiência e os limites máximos estabelecidos em regulamento.

§ 9º VETADO.

§ 10. O disposto no inciso XI do *caput* deste artigo não se aplica às situações de acordo resultantes de ilicitude.

§ 11. Para os fins do inciso XII do *caput* deste artigo, é ilegal delimitar prazo de validade de certidão emitida sobre fato imutável, inclusive sobre óbito.

CAPÍTULO III
DAS GARANTIAS DE LIVRE INICIATIVA

Art. 4º É dever da administração pública e das demais entidades que se vinculam a esta Lei, no exercício de regulamentação de norma pública pertencente à legislação sobre a qual esta Lei versa, exceto se em estrito cumprimento a previsão explícita em lei, evitar o abuso do poder regulatório de maneira a, indevidamente:

I – criar reserva de mercado ao favorecer, na regulação, grupo econômico, ou profissional, em prejuízo dos demais concorrentes;

II – redigir enunciados que impeçam a entrada de novos competidores nacionais ou estrangeiros no mercado;

III – exigir especificação técnica que não seja necessária para atingir o fim desejado;

IV – redigir enunciados que impeçam ou retardem a inovação e a adoção de novas tecnologias, processos ou modelos de negócios, ressalvadas as situações consideradas em regulamento como de alto risco;

V – aumentar os custos de transação sem demonstração de benefícios;

VI – criar demanda artificial ou compulsória de produto, serviço ou atividade profissional, inclusive de uso de cartórios, registros ou cadastros;

VII – introduzir limites à livre formação de sociedades empresariais ou de atividades econômicas;

VIII – restringir o uso e o exercício da publicidade e propaganda sobre um setor econômico, ressalvadas as hipóteses expressamente vedadas em lei federal; e

IX – exigir, sob o pretexto de inscrição tributária, requerimentos de outra natureza de maneira a mitigar os efeitos do inciso I do *caput* do art. 3º desta Lei.

Art. 4º-A. É dever da administração pública e das demais entidades que se sujeitam a esta Lei, na aplicação da ordenação pública sobre atividades econômicas privadas:

I – dispensar tratamento justo, previsível e isonômico entre os agentes econômicos;

II – proceder à lavratura de autos de infração ou aplicar sanções com base em termos subjetivos ou abstratos somente quando estes forem propriamente regulamentados por meio de critérios claros, objetivos e previsíveis; e

III – observar o critério de dupla visita para lavratura de autos de infração decorrentes do exercício de atividade considerada de baixo ou médio risco.

§ 1º Os órgãos e as entidades competentes, na forma do inciso II do *caput* deste artigo, editarão atos normativos para definir a aplicação e a incidência de conceitos subjetivos ou abstratos por meio de critérios claros, objetivos e previsíveis, observado que:

I – nos casos de imprescindibilidade de juízo subjetivo para a aplicação da sanção, o ato normativo determinará o procedimento para sua aferição, de forma a garantir a maior previsibilidade e impessoalidade possível;

II – a competência da edição dos atos normativos infralegais equivalentes a que se refere este parágrafo poderá ser delegada pelo Poder competente conforme sua autonomia, bem como pelo órgão ou pela entidade responsável pela lavratura do auto de infração.

§ 2º Para os fins administrativos, controladores e judiciais, consideram-se plenamente atendidos pela administração pública os requisitos previstos no inciso II do *caput* deste artigo, quando a advocacia pública, no âmbito da União, dos

Estados, do Distrito Federal e dos Municípios, nos limites da respectiva competência, tiver previamente analisado o ato de que trata o § 1º deste artigo.

§ 3º Os órgãos e as entidades deverão editar os atos normativos previstos no § 1º deste artigo no prazo de 4 (quatro) anos, podendo o Poder Executivo estabelecer prazo inferior em regulamento.

§ 4º O disposto no inciso II do *caput* deste artigo aplica-se exclusivamente ao ato de lavratura decorrente de infrações referentes a matérias nas quais a atividade foi considerada de baixo ou médio risco, não se aplicando a órgãos e a entidades da administração pública que não a tenham assim classificado, de forma direta ou indireta, de acordo com os seguintes critérios:

I – direta, quando realizada pelo próprio órgão ou entidade da administração pública que procede à lavratura; e

II – indireta, quando o nível de risco aplicável decorre de norma hierarquicamente superior ou subsidiária, por força de lei, desde que a classificação refira-se explicitamente à matéria sobre a qual se procederá a lavratura.

• Art. 4º-A acrescido pela Lei nº 14.195, de 26-8-2021.

CAPÍTULO IV
DA ANÁLISE DE IMPACTO REGULATÓRIO

Art. 5º As propostas de edição e de alteração de atos normativos de interesse geral de agentes econômicos ou de usuários dos serviços prestados, editadas por órgão ou entidade da administração pública federal, incluídas as autarquias e as fundações públicas, serão precedidas da realização de análise de impacto regulatório, que conterá informações e dados sobre os possíveis efeitos do ato normativo para verificar a razoabilidade do seu impacto econômico.

Parágrafo único. Regulamento disporá sobre a data de início da exigência de que trata o *caput* deste artigo e sobre o conteúdo, a metodologia da análise de impacto regulatório, os quesitos mínimos a serem objeto de exame, as hipóteses em que será obrigatória sua realização e as hipóteses em que poderá ser dispensada.

CAPÍTULO V
DAS ALTERAÇÕES LEGISLATIVAS E DISPOSIÇÕES FINAIS

Art. 6º Fica extinto o Fundo Soberano do Brasil (FSB), fundo especial de natureza contábil e financeira, vinculado ao Ministério da Economia, criado pela Lei nº 11.887, de 24 de dezembro de 2008.

....

Art. 16. O Sistema de Escrituração Digital das Obrigações Fiscais, Previdenciárias e Trabalhistas (eSocial) será substituído, em nível federal, por sistema simplificado de escrituração digital de obrigações previdenciárias, trabalhistas e fiscais.

Parágrafo único. Aplica-se o disposto no *caput* deste artigo às obrigações acessórias à versão digital gerenciadas pela Receita Federal do Brasil do Livro de Controle de Produção e Estoque da Secretaria Especial da Receita Federal do Brasil (Bloco K).

Art. 17. Ficam resguardados a vigência e a eficácia ou os efeitos dos atos declaratórios do Procurador-Geral da Fazenda Nacional, aprovados pelo Ministro de Estado respectivo e editados até a data de publicação desta Lei, nos termos do inciso II do *caput* do art. 19 da Lei nº 10.522, de 19 de julho de 2002.

Art. 18. A eficácia do disposto no inciso X do *caput* do art. 3º desta Lei fica condicionada à regulamentação em ato do Poder Executivo federal, observado que:

I – para documentos particulares, qualquer meio de comprovação da autoria, integridade e, se necessário, confidencialidade de documentos em forma eletrônica é válido, desde que escolhido de comum acordo pelas partes ou aceito pela pessoa a quem for oposto o documento; e

II – independentemente de aceitação, o processo de digitalização que empregar o uso da certificação no padrão da Infraestrutura de Chaves Públicas Brasileira (ICP-Brasil) terá garantia de integralidade, autenticidade e confidencialidade para documentos públicos e privados.

Art. 19. Ficam revogados:

I – a Lei Delegada nº 4, de 26 de setembro de 1962;

II – os seguintes dispositivos do Decreto-Lei nº 73, de 21 de novembro de 1966:

a) inciso III do *caput* do art. 5º; e

b) inciso X do *caput* do art. 32;

III – a Lei nº 11.887, de 24 de dezembro de 2008;

IV – VETADO;

V – os seguintes dispositivos da Consolidação das Leis do Trabalho, aprovada pelo Decreto-Lei nº 5.452, de 1º de maio de 1943:

a) art. 17;

b) art. 20;

c) art. 21;

d) art. 25;

e) art. 26;

f) art. 30;

g) art. 31;

h) art. 32;

i) art. 33;

j) art. 34;

k) inciso II do art. 40;

l) art. 53;

m) art. 54;

n) art. 56;

o) art. 141;

p) parágrafo único do art. 415;

q) art. 417;

r) art. 419;

s) art. 420;

t) art. 421;

u) art. 422; e

v) art. 633;

VI – os seguintes dispositivos da Lei nº 8.934, de 18 de novembro de 1994:

a) parágrafo único do art. 2º;

b) inciso VIII do *caput* do art. 35;

c) art. 43; e

d) parágrafo único do art. 47.

Art. 20. Esta Lei entra em vigor:

I – VETADO;

II – na data de sua publicação, para os demais artigos.

Brasília, 20 de setembro de 2019;
198º da Independência e
131º da República.

Jair Messias Bolsonaro

DECRETO Nº 10.209, DE 22 DE JANEIRO DE 2020

Dispõe sobre a requisição de informações e documentos e sobre o compartilhamento de informações protegidas pelo sigilo fiscal.

- Publicado no *DOU* de 23-1-2020 – edição extra.

Objeto e âmbito de aplicação

Art. 1º Este Decreto regulamenta a aplicação do disposto no inciso VIII do *caput* do art. 51 da Lei nº 13.844, de 18 de junho de 2019, no âmbito do Poder Executivo federal, acerca da requisição de informações e de documentos necessários para a realização dos trabalhos ou atividades da Controladoria-Geral da União, e a aplicação do disposto no art. 198 da Lei nº 5.172, de 25 de outubro de 1966 – Código Tributário Nacional, para fins de compartilhamento de dados e de informações, inclusive aqueles protegidos por sigilo fiscal, nos termos do disposto neste Decreto.

Compartilhamento de dados e de informações protegidos por sigilo fiscal

Art. 2º Os órgãos do Ministério da Economia fornecerão à Controladoria Geral da União os dados e as informações necessários para a realização dos seus trabalhos ou atividades, inclusive aqueles protegidos pelo sigilo fiscal previsto no art. 198 da Lei nº 5.172, de 1966 – Código Tributário Nacional.

§ 1º O disposto no *caput* não se aplica a dados e a informações:

I – decorrentes de transferência de sigilo bancário à administração tributária, nos termos do disposto no art. 6º da Lei Complementar nº 105, de 10 de janeiro de 2001; ou

II – econômico-fiscais provenientes de acordo de cooperação internacional no qual tenha sido vedada a transferência deles a órgãos externos à administração tributária e aduaneira.

§ 2º A Controladoria-Geral da União formalizará, para cada auditoria:

I – os servidores competentes para procederem à solicitação dos dados e das informações de que trata o *caput*; e

II – a relação detalhada dos sistemas eletrônicos, dos dados, das bases de dados e das informações dos quais seja solicitado o acesso.

§ 3º A Controladoria-Geral da União enviará ao Ministério da Economia, até o final do mês de julho de cada exercício, as estimativas de trabalhos de auditorias do exercício subsequente que necessitarão de acessos a dados e a informações.

§ 4º O fornecimento de dados será feito, preferencialmente, por meio de solução tecnológica que permita acesso aos sistemas e bases de dados, observadas as políticas de segurança da informação e comunicações adotadas pelo gestor dos dados.

Art. 3º Os dados e as informações sob sigilo fiscal poderão ser compartilhados pelos órgãos do Ministério da Economia com a Controladoria-Geral da União, mediante instrumento próprio, nas seguintes hipóteses:

I – por solicitação direta, conforme o previsto no inciso II do § 1º do art. 198 da Lei nº 5.172, de 1966 – Código Tributário Nacional, quando existir interesse da administração pública e comprovada a instauração regular de processo administrativo no órgão com o objetivo de investigar o sujeito passivo a que se refere a informação por prática de eventual infração administrativa; e

II – por intercâmbio, conforme o previsto no § 2º do art. 198 da Lei nº 5.172, de 1966 – Código Tributário Nacional, quando indispensável à realização de procedimentos de auditoria ou de inspeção de dados, de processos ou de controles operacionais da administração tributária e aduaneira, da gestão fiscal ou da análise de demonstrações financeiras da União.

§ 1º O disposto no inciso II do *caput* será aplicado desde que atendidas as seguintes condições:

I – existência de processo administrativo regularmente instaurado que contenha clara definição do objetivo e do escopo da auditoria;

II – entrega das informações mediante recibo que formalize a transferência, facultado o uso de tecnologia e observadas as políticas de segurança da informação e comunicação do gestor de dados;

III – existência de manifestação fundamentada que demonstre a pertinência temática da informação com o objeto da auditoria ou de inspeção e a necessidade e a indispensabilidade de acesso, com indicação de que o trabalho não pode ser realizado ou que o seu resultado não pode ser alcançado por outro modo, mesmo com a anonimização; e

IV – uso restrito ao fim específico de realização de auditoria ou de inspeção de dados, de processos ou de controles operacionais da administração tributária e aduaneira, da gestão fiscal ou na análise de demonstrações financeiras da União.

§ 2º O recibo de que trata o inciso II do § 1º pode ser formalizado por meio de senha e de assinatura eletrônica no momento do acesso aos sistemas, na forma definida em ato do órgão gestor dos dados.

§ 3º A Controladoria-Geral da União observará as normas, as condições e os requisitos de acesso definidos pelo gestor dos dados e fundamentará o pedido de acesso e a especificação dos dados com o maior nível de detalhamento possível.

Art. 4º Para fins do disposto no art. 3º, são vedadas:

I – as solicitações de acesso de dados genéricos, desproporcionais, imotivados ou desvinculados dos procedimentos de auditoria ou inspeção;

II – as solicitações de acesso pela Controladoria-Geral da União que exijam trabalhos de consolidação de dados ou de informações cujos esforços operacionais, prazos de extração e consolidação ou custos orçamentários ou financeiros de realização sejam desarrazoados; e

III – a publicização de informações protegidas por sigilo fiscal ou por sigilo profissional ou o repasse das informações a terceiros.

Compartilhamento de informações protegidas pelas demais hipóteses de sigilo

Art. 5º Sem prejuízo do disposto no art. 2º, os órgãos no âmbito do Poder Executivo federal fornecerão à Controladoria-Geral da União os dados e as informações necessários para a realização dos seus trabalhos ou atividades, observadas as regras de compartilhamento de dados no âmbito da administração pública federal, nos termos do disposto no Decreto nº 10.046, de 9 de outubro de 2019.

Transparência ativa dos gastos efetuados por órgãos e por entidades da administração pública federal

Art. 6º São públicas as notas fiscais eletrônicas relativas às aquisições de produtos e de serviços pela administração pública federal, dispensada a solicitação nos termos do disposto neste Decreto.

§ 1º A Controladoria-Geral da União acessará o Ambiente Nacional da Nota Fiscal Eletrônica, sob supervisão da Secretaria Especial da Receita Federal do Brasil do Ministério da Economia, por meio da celebração de instrumento jurídico com o prestador do serviço de tecnologia da informação à referida Secretaria.

§ 2º Fica autorizada a disponibilização, no Portal da Transparência do Governo federal, das notas fiscais eletrônicas obtidas nos termos do disposto neste artigo.

Disposições finais

Art. 7º Os dados e as informações sigilosos encaminhados à Controladoria Geral da União permanecerão sob sigilo, vedada sua publicação sob qualquer forma ou utilização para finalidade diversa.

§ 1º O receptor dos dados garantirá, no mínimo, os mesmos requisitos de segurança da informação e de comunicações adotados pelo órgão cedente, vedado o acesso por terceiros não autorizados.

§ 2º O órgão cedente, seus gestores e seu corpo funcional responderão exclusivamente por atos próprios e não serão responsabilizados por ação ou omissão que implique violação do sigilo pelo receptor, a quem cabe zelar pela preservação e rastreabilidade dos dados e das informações, conforme o previsto no § 1º e observado o disposto na Lei nº 13.709, de 14 de agosto de 2018.

§ 3º É vedada a identificação de dados e de informações disponibilizados de forma anonimizada, inclusive dos obtidos antes da entrada em vigor deste Decreto.

Art. 8º Os servidores do órgão solicitante de dados e de informações ficam obrigados a preservar e a zelar pelo sigilo a eles transferidos, observado o disposto no *caput* do art. 198 da Lei nº 5.172, de 1966 – Código Tributário Nacional.

Art. 9º Observado o disposto no art. 42 da Lei nº 8.443, de 16 de julho de 1992, aplica-se, no que couber, o disposto neste Decreto às requisições e às solicitações de dados e de informações feitas pelo Tribunal de Contas da União.

Art. 10. Este Decreto entra em vigor na data de sua publicação.

Brasília, 22 de janeiro de 2020;
199º da Independência e
132º da República.

Jair Messias Bolsonaro

LEI Nº 13.988, DE 14 DE ABRIL DE 2020

Dispõe sobre a transação nas hipóteses que especifica; e altera as Leis nºs 13.464, de 10 de julho de 2017, e 10.522, de 19 de julho de 2002.

- Publicada no *DOU* de 14-4-2020 – edição extra.

CAPÍTULO I – DISPOSIÇÕES GERAIS

Art. 1º Esta Lei estabelece os requisitos e as condições para que a União, as suas autarquias e fundações, e os devedores ou as partes adversas realizem transação resolutiva de litígio relativo à cobrança de créditos da Fazenda Pública, de natureza tributária ou não tributária.

§ 1º A União, em juízo de oportunidade e conveniência, poderá celebrar transação em quaisquer das modalidades de que trata esta Lei, sempre que, motivadamente, entender que a medida atende ao interesse público.

§ 2º Para fins de aplicação e regulamentação desta Lei, serão observados, entre outros, os princípios da isonomia, da capacidade contributiva, da transparência, da moralidade, da razoável duração dos processos e da eficiência e, resguardadas as informações protegidas por sigilo, o princípio da publicidade.

§ 3º A observância do princípio da transparência será efetivada, entre outras ações, pela divulgação em meio eletrônico de todos os termos de transação celebrados, com informações que viabilizem o atendimento do princípio da isonomia, resguardadas as legalmente protegidas por sigilo.

§ 4º Aplica-se o disposto nesta Lei:

I – aos créditos tributários sob a administração da Secretaria Especial da Receita Federal do Brasil do Ministério da Economia;

- Inciso I com a redação dada pela Lei nº 14.375, de 21-6-2022.

II – à dívida ativa e aos tributos da União, cujas inscrição, cobrança e representação incumbam à Procuradoria-Geral da Fazenda Nacional, nos termos do art. 12 da Lei Complementar nº 73, de 10 de fevereiro de 1993; e

III – no que couber, à dívida ativa das autarquias e das fundações públicas federais, cujas inscrição, cobrança e representação incumbam à Procuradoria-Geral Federal, e aos créditos cuja cobrança seja competência da Procuradoria-Geral da União, nos termos de ato do Advogado-Geral da União e sem prejuízo do disposto na Lei nº 9.469, de 10 de julho de 1997.

§ 5º A transação de créditos de natureza tributária será realizada nos termos do art. 171 da Lei nº 5.172, de 25 de outubro de 1966 (Código Tributário Nacional).

Art. 2º Para fins desta Lei, são modalidades de transação as realizadas:

I – por proposta individual ou por adesão, na cobrança de créditos inscritos na dívida ativa da União, de suas autarquias e fundações públicas, na cobrança de créditos que seja da competência da Procuradoria-Geral da União, ou em contencioso administrativo fiscal;

- Inciso I com a redação dada pela Lei nº 14.375, de 21-6-2022.

II – por adesão, nos demais casos de contencioso judicial ou administrativo tributário; e

III – por adesão, no contencioso tributário de pequeno valor.

Parágrafo único. A transação por adesão implica aceitação pelo devedor de todas as condições fixadas no edital que a propõe.

Art. 3º A proposta de transação deverá expor os meios para a extinção dos créditos nela contemplados e estará condicionada, no mínimo, à assunção pelo devedor dos compromissos de:

I – não utilizar a transação de forma abusiva, com a finalidade de limitar, de falsear ou de prejudicar, de qualquer forma, a livre concorrência ou a livre iniciativa econômica;

II – não utilizar pessoa natural ou jurídica interposta para ocultar ou dissimular a origem ou a destinação de bens, de direitos e de valores, os seus reais interesses ou a identidade dos beneficiários de seus atos, em prejuízo da Fazenda Pública federal;

III – não alienar nem onerar bens ou direitos sem a devida comunicação ao órgão da Fazenda Pública competente, quando exigido em lei;

IV – desistir das impugnações ou dos recursos administrativos que tenham por objeto os créditos incluídos na transação e renunciar a quaisquer alegações de direito sobre as quais se fundem as referidas impugnações ou recursos; e

V – renunciar a quaisquer alegações de direito, atuais ou futuras, sobre as quais se fundem ações judiciais, inclusive as coletivas, ou recursos que tenham por objeto os créditos incluídos na transação, por meio de requerimento de extinção do respectivo processo com resolução de mérito, nos termos da alínea *c* do inciso III do *caput* do art. 487 da Lei nº 13.105, de 16 de março de 2015 (Código de Processo Civil).

§ 1º A proposta de transação deferida importa em aceitação plena e irretratável de todas as condições estabelecidas nesta Lei e em sua regulamentação, de modo a constituir confissão irrevogável e irretratável dos créditos abrangidos pela transação, nos termos dos arts. 389 a 395 da Lei nº 13.105, de 16 de março de 2015 (Código de Processo Civil).

§ 2º Quando a transação envolver moratória ou parcelamento, aplica-se, para todos os fins, o disposto nos incisos I e VI do *caput* do art. 151 da Lei nº 5.172, de 25 de outubro de 1966.

§ 3º Os créditos abrangidos pela transação somente serão extintos quando integralmente cumpridas as condições previstas no respectivo termo.

Art. 4º Implica a rescisão da transação:

I – o descumprimento das condições, das cláusulas ou dos compromissos assumidos;

II – a constatação, pelo credor, de ato tendente ao esvaziamento patrimonial do devedor como forma de fraudar o cumprimento da transação, ainda que realizado anteriormente à sua celebração;

III – a decretação de falência ou de extinção, pela liquidação, da pessoa jurídica transigente;

IV – a comprovação de prevaricação, de concussão ou de corrupção passiva na sua formação;

V – a ocorrência de dolo, de fraude, de simulação ou de erro essencial quanto à pessoa ou quanto ao objeto do conflito;

VI – a ocorrência de alguma das hipóteses rescisórias adicionalmente previstas no respectivo termo de transação; ou

VII – a inobservância de quaisquer disposições desta Lei ou do edital.

§ 1º O devedor será notificado sobre a incidência de alguma das hipóteses de rescisão da transação e poderá impugnar o ato, na forma da Lei nº 9.784, de 29 de janeiro de 1999, no prazo de 30 (trinta) dias.

§ 2º Quando sanável, é admitida a regularização do vício que ensejaria a rescisão durante o prazo concedido para a impugnação, preservada a transação em todos os seus termos.

§ 3º A rescisão da transação implicará o afastamento dos benefícios concedidos e a cobrança integral das dívidas, deduzidos os valores já pagos, sem prejuízo de outras consequências previstas no edital.

§ 4º Aos contribuintes com transação rescindida é vedada, pelo prazo de 2 (dois) anos, contado da data de rescisão, a formalização de nova transação, ainda que relativa a débitos distintos.

Art. 5º É vedada a transação que:

I – reduza multas de natureza penal;

II – conceda descontos a créditos relativos ao:

a) Regime Especial Unificado de Arrecadação de Tributos e Contribuições devidos pelas Microempresas e Empresas de Pequeno Porte (Simples Nacional), enquanto não editada lei complementar autorizativa;

b) Fundo de Garantia do Tempo de Serviço (FGTS), enquanto não autorizado pelo seu Conselho Curador;

III – envolva devedor contumaz, conforme definido em lei específica.

§ 1º É vedada a acumulação das reduções oferecidas pelo edital com quaisquer outras asseguradas na legislação em relação aos créditos abrangidos pela proposta de transação.

§ 2º Nas propostas de transação que envolvam redução do valor do crédito, os encargos legais acrescidos aos débitos inscritos em dívida ativa da União de que trata o art. 1º do Decreto-Lei nº 1.025, de 21 de outubro de 1969, serão obrigatoriamente reduzidos em percentual não inferior ao aplicado às multas e aos juros de mora relativos aos créditos a serem transacionados.

§ 3º A rejeição da autorização referida na alínea *b* do inciso II do *caput* deste artigo exigirá manifestação expressa e fundamentada do Conselho Curador do FGTS, sem a qual será reputada a anuência tácita após decorrido prazo superior a 20 (vinte) dias úteis da comunicação, pela Procuradoria-Geral da Fazenda Nacional, da abertura do edital para adesão ou da proposta de transação individual.

Art. 6º Para fins do disposto nesta Lei, considera-se microempresa ou empresa de pequeno porte a pessoa jurídica cuja receita bruta esteja nos limites fixados nos incisos I e II do *caput* do art. 3º da Lei Complementar nº 123, de 14 de dezembro de 2006, não aplicados os demais critérios para opção pelo regime especial por ela estabelecido.

Art. 7º A proposta de transação e a sua eventual adesão por parte do sujeito passivo ou devedor não autorizam a restituição ou a compensação de importâncias pagas, compensadas ou incluídas em parcelamentos pelos quais tenham optado antes da celebração do respectivo termo.

Art. 8º Na hipótese de a proposta de transação envolver valores superiores aos fixados em ato do Ministro de Estado da Economia ou do Advogado-Geral da União, a transação, sob pena de nulidade, dependerá de prévia e expressa autorização ministerial, admitida a delegação.

Art. 9º Os atos que dispuserem sobre a transação poderão, quando for o caso, condicionar sua concessão à observância das normas orçamentárias e financeiras.

CAPÍTULO II
DA TRANSAÇÃO NA COBRANÇA DE CRÉDITOS DA UNIÃO E DE SUAS AUTARQUIAS E FUNDAÇÕES PÚBLICAS

Art. 10. A transação na cobrança da dívida ativa da União, das autarquias e das fundações públicas federais poderá ser proposta, respectivamente, pela Procuradoria-Geral da Fazenda Nacional e pela Procuradoria-Geral Federal, de forma individual ou por adesão, ou por iniciativa do devedor, ou pela Procuradoria-Geral da União, em relação aos créditos sob sua responsabilidade.

Art. 10-A. A transação na cobrança de créditos tributários em contencioso administrativo fiscal poderá ser proposta pela Secretaria Especial da Receita Federal do Brasil, de forma individual ou por adesão, ou por iniciativa do devedor, observada a Lei Complementar nº 73, de 10 de fevereiro de 1993.

• Art. 10-A acrescido pela Lei nº 14.375, de 21-6-2022.

Art. 11. A transação poderá contemplar os seguintes benefícios:

I – a concessão de descontos nas multas, nos juros e nos encargos legais relativos a créditos a serem transacionados que sejam classificados como irrecuperáveis ou de difícil recuperação, conforme critérios estabelecidos pela autoridade competente, nos termos do parágrafo único do art. 14 desta Lei;

- Inciso I com a redação dada pela Lei nº 14.375, de 21-6-2022.

II – o oferecimento de prazos e formas de pagamento especiais, incluídos o diferimento e a moratória; e

III – o oferecimento, a substituição ou a alienação de garantias e de constrições;

IV – a utilização de créditos de prejuízo fiscal e de base de cálculo negativa da Contribuição Social sobre o Lucro Líquido (CSLL), na apuração do Imposto sobre a Renda das Pessoas Jurídicas (IRPJ) e da CSLL, até o limite de 70% (setenta por cento) do saldo remanescente após a incidência dos descontos, se houver;

V – o uso de precatórios ou de direito creditório com sentença de valor transitada em julgado para amortização de dívida tributária principal, multa e juros.

- Incisos IV e V acrescidos pela Lei nº 14.375, de 21-6-2022.

§ 1º É permitida a utilização de mais de uma das alternativas previstas nos incisos I, II, III, IV e V do *caput* deste artigo para o equacionamento dos créditos inscritos em dívida ativa da União.

- § 1º com a redação dada pela Lei nº 14.375, de 21-6-2022.

§ 1º-A. Após a incidência dos descontos previstos no inciso I do *caput* deste artigo, se houver, a liquidação de valores será realizada no âmbito do processo administrativo de transação para fins da amortização do saldo devedor transacionado a que se refere o inciso IV do *caput* deste artigo e será de critério exclusivo da Secretaria Especial da Receita Federal do Brasil, para créditos em contencioso administrativo fiscal, ou da Procuradoria-Geral da Fazenda Nacional, para créditos inscritos em dívida ativa da União, sendo adotada em casos excepcionais para a melhor e efetiva composição do plano de regularização.

- § 1º-A acrescido pela Lei nº 14.375, de 21-6-2022.

§ 2º É vedada a transação que:

I – reduza o montante principal do crédito, assim compreendido seu valor originário, excluídos os acréscimos de que trata o inciso I do *caput* deste artigo;

II – implique redução superior a 65% (sessenta e cinco por cento) do valor total dos créditos a serem transacionados;

III – conceda prazo de quitação dos créditos superior a 120 (cento e vinte) meses;

IV – envolva créditos não inscritos em dívida ativa da União, exceto aqueles sob responsabilidade da Procuradoria-Geral da União ou em contencioso administrativo fiscal de que trata o art. 10-A desta Lei.

- Incisos II a IV com a redação dada pela Lei nº 14.375, de 21-6-2022.

§ 3º Na hipótese de transação que envolva pessoa natural, microempresa ou empresa de pequeno porte, a redução máxima de que trata o inciso II do § 2º deste artigo será de até 70% (setenta por cento), ampliando-se o prazo máximo de quitação para até 145 (cento e quarenta e cinco) meses, respeitado o disposto no § 11 do art. 195 da Constituição Federal.

§ 4º O disposto no § 3º deste artigo aplica-se também às:

I – Santas Casas de Misericórdia, sociedades cooperativas e demais organizações da sociedade civil de que trata a Lei nº 13.019, de 31 de julho de 2014; e

II – instituições de ensino.

§ 5º Incluem-se como créditos irrecuperáveis ou de difícil recuperação, para os fins do disposto no inciso I do *caput* deste artigo, aqueles devidos por empresas em processo de recuperação judicial, liquidação judicial, liquidação extrajudicial ou falência.

§ 6º Na transação, poderão ser aceitas quaisquer modalidades de garantia previstas em lei, inclusive garantias reais ou fidejussórias, cessão fiduciária de direitos creditórios, alienação fiduciária de bens móveis, imóveis ou de direitos, bem como créditos líquidos e certos do contribuinte em desfavor da União, reconhecidos em decisão transitada em julgado.

§ 6º Na transação, poderão ser aceitas quaisquer modalidades de garantia previstas em lei, inclusive garantias reais ou fidejussórias, cessão fiduciária de direitos creditórios e alienação fiduciária de bens móveis ou imóveis ou de direitos, bem como créditos líquidos e certos do contribuinte em desfavor da União reconhecidos em decisão transitada em julgado, observado, entretanto, que não constitui óbice à realização da transação a impossibilidade material de prestação de garantias pelo devedor ou de garantias adicionais às já formalizadas em processos judiciais.

- § 6º com a redação dada pela Lei nº 14.375, de 21-6-2022.

§ 7º Para efeito do disposto no inciso IV do *caput* deste artigo, a transação poderá compreender a utilização de créditos de prejuízo fiscal e de base de cálculo negativa da CSLL de titularidade do responsável tributário ou corresponsável pelo débito, de pessoa jurídica controladora ou controlada, de forma direta ou indireta, ou de sociedades que sejam controladas direta ou indiretamente por uma mesma pessoa jurídica, apurados e declarados à Secretaria Especial da Receita Federal do Brasil, independentemente do ramo de atividade, no período previsto pela legislação tributária.

§ 8º O valor dos créditos de que trata o § 1º-A deste artigo será determinado, na forma da regulamentação:

I – por meio da aplicação das alíquotas do imposto sobre a renda previstas no art. 3º da Lei nº 9.249, de 26 de dezembro de 1995, sobre o montante do prejuízo fiscal; e

II – por meio da aplicação das alíquotas da CSLL previstas no art. 3º da Lei nº 7.689, de 15 de dezembro de 1988, sobre o montante da base de cálculo negativa da contribuição.

§ 9º A utilização dos créditos a que se refere o § 1º-A deste artigo extingue os débitos sob condição resolutória de sua ulterior homologação.

§ 10. A Secretaria Especial da Receita Federal do Brasil dispõe do prazo de 5 (cinco) anos para a análise dos créditos utilizados na forma do § 1º-A deste artigo.

§ 11. Os benefícios concedidos em programas de parcelamento anteriores ainda em vigor serão mantidos, considerados e consolidados para efeitos da transação, que será limitada ao montante referente ao saldo remanescente do respectivo parcelamento, considerando-se quitadas as parcelas vencidas e liquidadas, na respectiva proporção do montante devido, desde que o contribuinte se encontre em situação regular no programa e, quando for o caso, esteja submetido a contencioso administrativo ou judicial, vedada a acumulação de reduções entre a transação e os respectivos programas de parcelamento.

§ 12. Os descontos concedidos nas hipóteses de transação na cobrança de que trata este Capítulo não serão computados na apuração da base de cálculo:

I – do imposto sobre a renda e da CSLL; e

II – da contribuição para os Programas de Integração Social e de Formação do Patrimônio do Servidor Público (PIS/PASEP)

e da Contribuição para o Financiamento da Seguridade Social (COFINS).

• §§ 7º a 12 acrescidos pela Lei nº 14.375, de 21-6-2022.

Art. 12. A proposta de transação não suspende a exigibilidade dos créditos por ela abrangidos nem o andamento das respectivas execuções fiscais.

§ 1º O disposto no *caput* deste artigo não afasta a possibilidade de suspensão do processo por convenção das partes, conforme o disposto no inciso II do *caput* do art. 313 da Lei nº 13.105, de 16 de março de 2015 (Código de Processo Civil).

§ 2º O termo de transação preverá, quando cabível, a anuência das partes para fins da suspensão convencional do processo de que trata o inciso II do *caput* do art. 313 da Lei nº 13.105, de 16 de março de 2015 (Código de Processo Civil), até a extinção dos créditos nos termos do § 3º do art. 3º desta Lei ou eventual rescisão.

§ 3º A proposta de transação aceita não implica novação dos créditos por ela abrangidos.

Art. 13. Compete ao Procurador-Geral da Fazenda Nacional, quanto aos créditos inscritos em dívida ativa, e ao Secretário Especial da Receita Federal do Brasil, quanto aos créditos em contencioso administrativo fiscal, assinar o termo de transação realizado de forma individual, diretamente ou por autoridade delegada, observada a Lei Complementar nº 73, de 10 de fevereiro de 1993.

• *Caput* com a redação dada pela Lei nº 14.375, de 21-6-2022.

§ 1º A delegação de que trata o *caput* deste artigo poderá ser subdelegada, prever valores de alçada e exigir a aprovação de múltiplas autoridades.

§ 2º A transação por adesão será realizada exclusivamente por meio eletrônico.

Art. 14. Compete ao Procurador-Geral da Fazenda Nacional, observado o disposto na Lei Complementar nº 73, de 10 de fevereiro de 1993, e no art. 131 da Constituição Federal, quanto aos créditos inscritos em dívida ativa, e ao Secretário Especial da Receita Federal do Brasil, quanto aos créditos em contencioso administrativo fiscal, disciplinar, por ato próprio:

• *Caput* com a redação dada pela Lei nº 14.375, de 21-6-2022.

I – os procedimentos necessários à aplicação do disposto neste Capítulo, inclusive quanto à rescisão da transação, em conformidade com a Lei nº 9.784, de 29 de janeiro de 1999;

II – a possibilidade de condicionar a transação ao pagamento de entrada, à apresentação de garantia e à manutenção das garantias já existentes;

III – as situações em que a transação somente poderá ser celebrada por adesão, autorizado o não conhecimento de eventuais propostas de transação individual;

IV – o formato e os requisitos da proposta de transação e os documentos que deverão ser apresentados;

V – *Revogado*. Lei nº 14.375, de 21-6-2022.

Art. 15. Ato do Advogado-Geral da União disciplinará a transação no caso dos créditos previstos no inciso III do § 4º do art. 1º desta Lei.

Parágrafo único. Caberá ao Procurador-Geral da Fazenda Nacional disciplinar, por ato próprio, os critérios para aferição do grau de recuperabilidade das dívidas, os parâmetros para aceitação da transação individual e a concessão de descontos, entre eles o insucesso dos meios ordinários e convencionais de cobrança e a vinculação dos benefícios a critérios preferencialmente objetivos que incluam ainda a sua temporalidade, a capacidade contributiva do devedor e os custos da cobrança.

• Parágrafo único acrescido pela Lei nº 14.375, de 21-6-2022.

CAPÍTULO III
DA TRANSAÇÃO POR ADESÃO NO CONTENCIOSO TRIBUTÁRIO DE RELEVANTE E DISSEMINADA CONTROVÉRSIA JURÍDICA

Art. 16. O Ministro de Estado da Economia poderá propor aos sujeitos passivos transação resolutiva de litígios aduaneiros ou tributários decorrentes de relevante e disseminada controvérsia jurídica, com base em manifestação da Procuradoria-Geral da Fazenda Nacional e da Secretaria Especial da Receita Federal do Brasil do Ministério da Economia.

§ 1º A proposta de transação e a eventual adesão por parte do sujeito passivo não poderão ser invocadas como fundamento jurídico ou prognose de sucesso da tese sustentada por qualquer das partes e serão compreendidas exclusivamente como medida vantajosa diante das concessões recíprocas.

§ 2º A proposta de transação deverá, preferencialmente, versar sobre controvérsia restrita a segmento econômico ou produtivo, a grupo ou universo de contribuintes ou a responsáveis delimitados, vedada, em qualquer hipótese, a alteração de regime jurídico tributário.

§ 3º Considera-se controvérsia jurídica relevante e disseminada a que trate de questões tributárias que ultrapassem os interesses subjetivos da causa.

Art. 17. A proposta de transação por adesão será divulgada na imprensa oficial e nos sítios dos respectivos órgãos na internet, mediante edital que especifique, de maneira objetiva, as hipóteses fáticas e jurídicas nas quais a Fazenda Nacional propõe a transação no contencioso tributário, aberta à adesão de todos os sujeitos passivos que se enquadrem nessas hipóteses e que satisfaçam às condições previstas nesta Lei e no edital.

§ 1º O edital a que se refere o *caput* deste artigo:

I – definirá:

a) as exigências a serem cumpridas, as reduções ou concessões oferecidas, os prazos e as formas de pagamento admitidas;

b) o prazo para adesão à transação;

II – poderá limitar os créditos contemplados pela transação, considerados:

a) a etapa em que se encontre o respectivo processo tributário, administrativo ou judicial; ou

b) os períodos de competência a que se refiram;

III – estabelecerá a necessidade de conformação do contribuinte ou do responsável ao entendimento da administração tributária acerca de fatos geradores futuros ou não consumados.

§ 2º As reduções e concessões de que trata a alínea *a* do inciso I do § 1º deste artigo são limitadas ao desconto de 50% (cinquenta por cento) do crédito, com prazo máximo de quitação de 84 (oitenta e quatro) meses.

§ 3º A celebração da transação, nos termos definidos no edital de que trata o *caput* deste artigo, compete:

I – à Secretaria Especial da Receita Federal do Brasil do Ministério da Economia, no âmbito do contencioso administrativo; e

LEG. COMPLEMENTAR

II – à Procuradoria-Geral da Fazenda Nacional, nas demais hipóteses legais.

Art. 18. A transação somente será celebrada se constatada a existência, na data de publicação do edital, de inscrição em dívida ativa, de ação judicial, de embargos à execução fiscal ou de reclamação ou recurso administrativo pendente de julgamento definitivo, relativamente à tese objeto da transação.

Parágrafo único. A transação será rescindida quando contrariar decisão judicial definitiva prolatada antes da celebração da transação.

Art. 19. Atendidas as condições estabelecidas no edital, o sujeito passivo da obrigação tributária poderá solicitar sua adesão à transação, observado o procedimento estabelecido em ato do Ministro de Estado da Economia.

§ 1º O sujeito passivo que aderir à transação deverá:

I – requerer a homologação judicial do acordo, para fins do disposto nos incisos II e III do *caput* do art. 515 da Lei nº 13.105, de 16 de março de 2015 (Código de Processo Civil);

II – sujeitar-se, em relação aos fatos geradores futuros ou não consumados, ao entendimento dado pela administração tributária à questão em litígio, ressalvada a cessação de eficácia prospectiva da transação decorrente do advento de precedente persuasivo nos termos dos incisos I, II, III e IV do *caput* do art. 927 da Lei nº 13.105, de 16 de março de 2015 (Código de Processo Civil), ou nas demais hipóteses previstas no art. 19 da Lei nº 10.522, de 19 de julho de 2002.

§ 2º Será indeferida a adesão que não importar extinção do litígio administrativo ou judicial, ressalvadas as hipóteses em que ficar demonstrada a inequívoca cindibilidade do objeto, nos termos do ato a que se refere o *caput* deste artigo.

§ 3º A solicitação de adesão deverá abranger todos os litígios relacionados à tese objeto da transação existentes na data do pedido, ainda que não definitivamente julgados.

§ 4º A apresentação da solicitação de adesão suspende a tramitação dos processos administrativos referentes aos créditos tributários envolvidos enquanto perdurar sua apreciação.

§ 5º A apresentação da solicitação de adesão não suspende a exigibilidade dos créditos tributários definitivamente constituídos aos quais se refira.

Art. 20. São vedadas:

I – a celebração de nova transação relativa ao mesmo crédito tributário;

II – a oferta de transação por adesão nas hipóteses:

a) previstas no art. 19 da Lei nº 10.522, de 19 de julho de 2002, quando o ato ou a jurisprudência for em sentido integralmente desfavorável à Fazenda Nacional; e

b) de precedentes persuasivos, nos moldes dos incisos I, II, III e IV do *caput* do art. 927 da Lei nº 13.105, de 16 de março de 2015 (Código de Processo Civil), quando integralmente favorável à Fazenda Nacional;

III – a proposta de transação com efeito prospectivo que resulte, direta ou indiretamente, em regime especial, diferenciado ou individual de tributação.

Parágrafo único. O disposto no inciso II do *caput* deste artigo não obsta a oferta de transação relativa a controvérsia no âmbito da liquidação da sentença ou não abrangida na jurisprudência ou ato referidos no art. 19 da Lei nº 10.522, de 19 de julho de 2002.

Art. 21. Ato do Ministro de Estado da Economia regulamentará o disposto neste Capítulo.

Art. 22. Compete ao Secretário Especial da Receita Federal do Brasil, no que couber, disciplinar o disposto nesta Lei no que se refere à transação de créditos tributários não judicializados no contencioso administrativo tributário.

§ 1º Compete ao Secretário Especial da Receita Federal do Brasil, diretamente ou por autoridade por ele delegada, assinar o termo de transação.

§ 2º A delegação de que trata o § 1º deste artigo poderá ser subdelegada, prever valores de alçada e exigir a aprovação de múltiplas autoridades.

§ 3º A transação por adesão será realizada exclusivamente por meio eletrônico.

CAPÍTULO IV

DA TRANSAÇÃO POR ADESÃO NO CONTENCIOSO DE PEQUENO VALOR

- Capítulo IV com a redação dada pela Lei nº 14.375, de 21-6-2022.

Art. 23. Observados os princípios da racionalidade, da economicidade e da eficiência, ato do Ministro de Estado da Economia regulamentará:

I – o contencioso administrativo fiscal de pequeno valor, assim considerado aquele cujo lançamento fiscal ou controvérsia não supere 60 (sessenta) salários mínimos;

II – a adoção de métodos alternativos de solução de litígio, inclusive transação, envolvendo processos de pequeno valor.

Parágrafo único. No contencioso administrativo de pequeno valor, observados o contraditório, a ampla defesa e a vinculação aos entendimentos do Conselho Administrativo de Recursos Fiscais, o julgamento será realizado em última instância por órgão colegiado da Delegacia da Receita Federal do Brasil de Julgamento da Secretaria Especial da Receita Federal do Brasil, aplicado o disposto no Decreto nº 70.235, de 6 de março de 1972, apenas subsidiariamente.

Art. 24. A transação relativa a crédito tributário de pequeno valor será realizada na pendência de impugnação, de recurso ou de reclamação administrativa ou no processo de cobrança da dívida ativa da União.

Parágrafo único. Considera-se contencioso tributário de pequeno valor aquele cujo crédito tributário em discussão não supere o limite previsto no inciso I do *caput* do art. 23 desta Lei e que tenha como sujeito passivo pessoa natural, microempresa ou empresa de pequeno porte.

Art. 25. A transação de que trata este Capítulo poderá contemplar os seguintes benefícios:

I – concessão de descontos, observado o limite máximo de 50% (cinquenta por cento) do valor total do crédito;

II – oferecimento de prazos e formas de pagamento especiais, incluídos o diferimento e a moratória, obedecido o prazo máximo de quitação de 60 (sessenta) meses; e

III – oferecimento, substituição ou alienação de garantias e de constrições.

§ 1º É permitida a cumulação dos benefícios previstos nos incisos I, II e III do *caput* deste artigo.

§ 2º A celebração da transação competirá:

I – à Secretaria Especial da Receita Federal do Brasil, no âmbito do contencioso administrativo de pequeno valor; e

II – à Procuradoria-Geral da Fazenda Nacional, nas demais hipóteses previstas neste Capítulo.

Art. 26. A proposta de transação poderá ser condicionada ao compromisso do contribuinte ou do responsável de requerer a homologação judicial do acordo, para fins do disposto nos incisos II e III do *caput* do art. 515 da Lei nº 13.105, de 16 de março de 2015 (Código de Processo Civil).

Art. 27. Caberá ao Procurador-Geral da Fazenda Nacional e ao Secretário Especial da Receita Federal do Brasil, em seu âmbito de atuação, disciplinar a aplicação do disposto neste Capítulo.

Art. 27-A. O disposto neste Capítulo também se aplica:

I – à dívida ativa da União de natureza não tributária cujas inscrição, cobrança e representação incumbam à Procuradoria-Geral da Fazenda Nacional, nos termos do art. 12 da Lei Complementar nº 73, de 10 de fevereiro de 1993;

II – aos créditos inscritos em dívida ativa do FGTS, vedada a redução de valores devidos aos trabalhadores e desde que autorizado pelo seu Conselho Curador; e

III – no que couber, à dívida ativa das autarquias e das fundações públicas federais cujas inscrição, cobrança e representação incumbam à Procuradoria-Geral Federal, e aos créditos cuja cobrança seja competência da Procuradoria-Geral da União, sem prejuízo do disposto na Lei nº 9.469, de 10 de julho de 1997.

Parágrafo único. Ato do Advogado-Geral da União disciplinará a transação dos créditos referidos no inciso III do *caput* deste artigo.

- Art. 27-A acrescido pela Lei nº 14.375, de 21-6-2022.

Art. 27-B. Aplica-se o disposto no art. 23 ao contencioso administrativo fiscal de baixa complexidade, assim compreendido aquele cujo lançamento fiscal ou controvérsia não supere mil salários mínimos.

- Art. 27-B acrescido pela MP nº 1.160, de 12-1-2023, que até o encerramento desta edição não havia sido convertida em lei.

CAPÍTULO V
DAS ALTERAÇÕES LEGISLATIVAS

Art. 28. A Lei nº 10.522, de 19 de julho de 2002, passa a vigorar acrescida do seguinte art. 19-E:

- Alteração inserida no texto da referida Lei.

CAPÍTULO VI
DISPOSIÇÕES FINAIS

Art. 29. Os agentes públicos que participarem do processo de composição do conflito, judicial ou extrajudicialmente, com o objetivo de celebração de transação nos termos desta Lei somente poderão ser responsabilizados, inclusive perante os órgãos públicos de controle interno e externo, quando agirem com dolo ou fraude para obter vantagem indevida para si ou para outrem.

Art. 30. Esta Lei entra em vigor:

I – em 120 (cento e vinte) dias contados da data da sua publicação, em relação ao inciso I do *caput* e ao parágrafo único do art. 23; e

II – na data de sua publicação, em relação aos demais dispositivos.

Brasília, 14 de abril de 2020;
199º da Independência e
132º da República.

Jair Messias Bolsonaro

LEI COMPLEMENTAR Nº 174, DE 5 DE AGOSTO DE 2020

Autoriza a extinção de créditos tributários apurados na forma do Regime Especial Unificado de Arrecadação de Tributos e Contribuições devidos pelas Microempresas e Empresas de Pequeno Porte (SIMPLES Nacional), mediante celebração de transação resolutiva de litígio; e prorroga o prazo para enquadramento no SIMPLES Nacional em todo o território brasileiro, no ano de 2020, para microempresas e empresas de pequeno porte em início de atividade.

- Publicada no *DOU* de 6-8-2020.

Art. 1º Esta Lei Complementar autoriza a extinção de créditos tributários apurados na forma do Regime Especial Unificado de Arrecadação de Tributos e Contribuições devidos pelas Microempresas e Empresas de Pequeno Porte (SIMPLES Nacional), mediante celebração de transação resolutiva de litígio, e prorroga o prazo para enquadramento no SIMPLES Nacional em todo o território brasileiro, no ano de 2020, para microempresas e empresas de pequeno porte em início de atividade.

Art. 2º Os créditos da Fazenda Pública apurados na forma do SIMPLES Nacional, instituído pela Lei Complementar nº 123, de 14 de dezembro de 2006, em fase de contencioso administrativo ou judicial ou inscritos em dívida ativa poderão ser extintos mediante transação resolutiva de litígio, nos termos do art. 171 da Lei nº 5.172, de 25 de outubro de 1966 (Código Tributário Nacional).

Parágrafo único. Na hipótese do *caput* deste artigo, a transação será celebrada nos termos da Lei nº 13.988, de 14 de abril de 2020, ressalvada a hipótese prevista no § 3º do art. 41 da Lei Complementar nº 123, de 14 dezembro de 2006.

Art. 3º A transação resolutiva de litígio relativo à cobrança de créditos da Fazenda Pública não caracteriza renúncia de receita para fins do disposto no art. 14 da Lei Complementar nº 101, de 4 de maio de 2000.

Art. 4º As microempresas e empresas de pequeno porte em início de atividade inscritas no Cadastro Nacional da Pessoa Jurídica (CNPJ) em 2020 poderão fazer a opção pelo SIMPLES Nacional, prevista no art. 16 da Lei Complementar nº 123, de 14 de dezembro de 2006, no prazo de 180 (cento e oitenta) dias, contado da data de abertura constante do CNPJ.

§ 1º A opção prevista no *caput* deste artigo:

I – deverá observar o prazo de até 30 (trinta) dias, contado do último deferimento de inscrição, seja ela a municipal, seja, caso exigível, a estadual; e

II – não afastará as vedações previstas na Lei Complementar nº 123, de 14 de dezembro de 2006.

§ 2º O disposto neste artigo será regulamentado por resolução do Comitê Gestor do SIMPLES Nacional.

Art. 5º Esta Lei Complementar entra em vigor na data de sua publicação.

Brasília, 5 de agosto de 2020;
199º da Independência e
132º da República.

Jair Messias Bolsonaro

LEI COMPLEMENTAR Nº 175, DE 23 DE SETEMBRO DE 2020

Dispõe sobre o padrão nacional de obrigação acessória do Imposto Sobre Serviços de Qualquer Natureza (ISSQN), de competência dos Municípios e do Distrito Federal, incidente sobre os serviços previstos nos subitens 4.22, 4.23, 5.09, 15.01 e 15.09 da lista de serviços anexa à Lei Complementar nº 116, de 31 de julho de 2003; altera dispositivos da referida Lei Complementar; prevê regra de transição para a partilha do produto da arrecadação do ISSQN entre o Município do local do estabelecimento prestador e o Município do domicílio do tomador relativamente aos serviços de que trata; e dá outras providências.

• Publicada no *DOU* de 24-9-2020.

Art. 1º Esta Lei Complementar dispõe sobre o padrão nacional de obrigação acessória do Imposto Sobre Serviços de Qualquer Natureza (ISSQN), de competência dos Municípios e do Distrito Federal, incidente sobre os serviços previstos nos subitens 4.22, 4.23, 5.09, 15.01 e 15.09 da lista de serviços anexa à Lei Complementar nº 116, de 31 de julho de 2003; altera dispositivos da referida Lei Complementar; prevê regra de transição para a partilha do produto da arrecadação do ISSQN entre o Município do local do estabelecimento prestador e o Município do domicílio do tomador relativamente aos serviços de que trata, cujo período de apuração esteja compreendido entre a data de publicação desta Lei Complementar e o último dia do exercício financeiro de 2022; e dá outras providências.

Art. 2º O ISSQN devido em razão dos serviços referidos no art. 1º será apurado pelo contribuinte e declarado por meio de sistema eletrônico de padrão unificado em todo o território nacional.

§ 1º O sistema eletrônico de padrão unificado de que trata o *caput* será desenvolvido pelo contribuinte, individualmente ou em conjunto com outros contribuintes sujeitos às disposições desta Lei Complementar, e seguirá leiautes e padrões definidos pelo Comitê Gestor das Obrigações Acessórias do ISSQN (CGOA), nos termos dos arts. 9º a 11 desta Lei Complementar.

§ 2º O contribuinte deverá franquear aos Municípios e ao Distrito Federal acesso mensal e gratuito ao sistema eletrônico de padrão unificado utilizado para cumprimento da obrigação acessória padronizada.

§ 3º Quando o sistema eletrônico de padrão unificado for desenvolvido em conjunto por mais de um contribuinte, cada contribuinte acessará o sistema exclusivamente em relação às suas próprias informações.

§ 4º Os Municípios e o Distrito Federal acessarão o sistema eletrônico de padrão unificado dos contribuintes exclusivamente em relação às informações de suas respectivas competências.

Art. 3º O contribuinte do ISSQN declarará as informações objeto da obrigação acessória de que trata esta Lei Complementar de forma padronizada, exclusivamente por meio do sistema eletrônico de que trata o art. 2º, até o 25º (vigésimo quinto) dia do mês seguinte ao de ocorrência dos fatos geradores.

Parágrafo único. A falta da declaração, na forma do *caput*, das informações relativas a determinado Município ou ao Distrito Federal sujeitará o contribuinte às disposições da respectiva legislação.

Art. 4º Cabe aos Municípios e ao Distrito Federal fornecer as seguintes informações diretamente no sistema eletrônico do contribuinte, conforme definições do CGOA:

I – alíquotas, conforme o período de vigência, aplicadas aos serviços referidos no art. 1º desta Lei Complementar;

II – arquivos da legislação vigente no Município ou no Distrito Federal que versem sobre os serviços referidos no art. 1º desta Lei Complementar;

III – dados do domicílio bancário para recebimento do ISSQN.

§ 1º Os Municípios e o Distrito Federal terão até o último dia do mês subsequente ao da disponibilização do sistema de cadastro para fornecer as informações de que trata o *caput*, sem prejuízo do recebimento do imposto devido retroativo a janeiro de 2021.

§ 2º Na hipótese de atualização, pelos Municípios e pelo Distrito Federal, das informações de que trata o *caput*, essas somente produzirão efeitos no período de competência mensal seguinte ao de sua inserção no sistema, observado o disposto no art. 150, inciso III, alíneas *b* e *c*, da Constituição Federal, no que se refere à base de cálculo e à alíquota, bem como ao previsto no § 1º deste artigo.

§ 3º É de responsabilidade dos Municípios e do Distrito Federal a higidez dos dados que esses prestarem no sistema previsto no *caput*, sendo vedada a imposição de penalidades ao contribuinte em caso de omissão, de inconsistência ou de inexatidão de tais dados.

Art. 5º Ressalvadas as hipóteses previstas nesta Lei Complementar, é vedada aos Municípios e ao Distrito Federal a imposição a contribuintes não estabelecidos em seu território de qualquer outra obrigação acessória com relação aos serviços referidos no art. 1º, inclusive a exigência de inscrição nos cadastros municipais e distritais ou de licenças e alvarás de abertura de estabelecimentos nos respectivos Municípios e no Distrito Federal.

Art. 6º A emissão, pelo contribuinte, de notas fiscais de serviços referidos no art. 1º pode ser exigida, nos termos da legislação de cada Município e do Distrito Federal, exceto para os serviços descritos nos subitens 15.01 e 15.09, que são dispensados da emissão de notas fiscais.

Art. 7º O ISSQN de que trata esta Lei Complementar será pago até o 15º (décimo quinto) dia do mês subsequente ao de ocorrência dos fatos geradores, exclusivamente por meio de transferência bancária, no âmbito do Sistema de Pagamentos Brasileiro (SPB), ao domicílio bancário informado pelos Municípios e pelo Distrito Federal, nos termos do inciso III do art. 4º.

§ 1º Quando não houver expediente bancário no 15º (décimo quinto) dia do mês subsequente ao de ocorrência dos fatos geradores, o vencimento do ISSQN será antecipado para o 1º (primeiro) dia anterior com expediente bancário.

§ 2º O comprovante da transferência bancária emitido segundo as regras do SPB é documento hábil para comprovar o pagamento do ISSQN.

Art. 8º É vedada a atribuição, a terceira pessoa, de responsabilidade pelo crédito tributário relativa aos serviços referidos no art. 1º desta Lei Complementar, permanecendo a responsabilidade exclusiva do contribuinte.

Art. 9º É instituído o Comitê Gestor das Obrigações Acessórias do ISSQN (CGOA).

Art. 10. Compete ao CGOA regular a aplicação do padrão nacional da obrigação acessória dos serviços referidos no art. 1º.

§ 1º O leiaute, o acesso e a forma de fornecimento das informações serão definidos pelo CGOA e somente poderão ser alterados após decorrido o prazo de 3 (três) anos, contado da definição inicial ou da última alteração.

§ 2º A alteração do leiaute ou da forma de fornecimento das informações será comunicada pelo CGOA com o prazo de pelo menos 1 (um) ano antes de sua entrada em vigor.

Art. 11. O CGOA será composto de 10 (dez) membros, representando as regiões Sul, Sudeste, Centro-Oeste, Nordeste e Norte do Brasil, da seguinte forma:

I – 1 (um) representante de Município capital ou do Distrito Federal por região;

II – 1 (um) representante de Município não capital por região.

§ 1º Para cada representante titular será indicado 1 (um) suplente, observado o critério regional adotado nos incisos I e II do *caput*.

§ 2º Os representantes dos Municípios previstos no inciso I do *caput* serão indicados pela Frente Nacional de Prefeitos (FNP), e os representantes previstos no inciso II do *caput*, pela Confederação Nacional de Municípios (CNM).

§ 3º O CGOA elaborará seu regimento interno mediante resolução.

Art. 12. É instituído o Grupo Técnico do Comitê Gestor das Obrigações Acessórias do ISSQN (GTCGOA), que auxiliará o CGOA e terá a participação de representantes dos contribuintes dos serviços referidos no art. 1º desta Lei Complementar.

§ 1º O GTCGOA será composto de 4 (quatro) membros:

I – 2 (dois) membros indicados pelas entidades municipalistas que compõem o CGOA;

II – 2 (dois) membros indicados pela Confederação Nacional das Instituições Financeiras (CNF), representando os contribuintes.

§ 2º O GTCGOA terá suas atribuições definidas pelo CGOA mediante resolução.

Art. 13. Em relação às competências de janeiro, fevereiro e março de 2021, é assegurada ao contribuinte a possibilidade de recolher o ISSQN e de declarar as informações objeto da obrigação acessória de que trata o art. 2º desta Lei Complementar até o 15º (décimo quinto) dia do mês de abril de 2021, sem a imposição de nenhuma penalidade.

Parágrafo único. O ISSQN de que trata o *caput* será atualizado pela taxa referencial do Sistema Especial de Liquidação e de Custódia (SELIC) para títulos federais, a partir do 1º (primeiro) dia do mês subsequente ao mês de seu vencimento normal até o mês anterior ao do pagamento, e pela taxa de 1% (um por cento) no mês de pagamento.

Art. 14. A Lei Complementar nº 116, de 31 de julho de 2003, passa a vigorar com as seguintes alterações:

• Alterações inseridas no texto da referida Lei Complementar.

Art. 15. O produto da arrecadação do ISSQN relativo aos serviços descritos nos subitens 4.22, 4.23, 5.09, 15.01 e 15.09 da lista de serviços anexa à Lei Complementar nº 116, de 31 de julho de 2003, cujo período de apuração esteja compreendido entre a data de publicação desta Lei Complementar e o último dia do exercício financeiro de 2022 será partilhado entre o Município do local do estabelecimento prestador e o Município do domicílio do tomador desses serviços, da seguinte forma:

I – relativamente aos períodos de apuração ocorridos no exercício de 2021, 33,5% (trinta e três inteiros e cinco décimos por cento) do produto da arrecadação pertencerão ao Município do local do estabelecimento prestador do serviço, e 66,5% (sessenta e seis inteiros e cinco décimos por cento), ao Município do domicílio do tomador;

II – relativamente aos períodos de apuração ocorridos no exercício de 2022, 15% (quinze por cento) do produto da arrecadação pertencerão ao Município do local do estabelecimento prestador do serviço, e 85% (oitenta e cinco por cento), ao Município do domicílio do tomador;

III – relativamente aos períodos de apuração ocorridos a partir do exercício de 2023, 100% (cem por cento) do produto da arrecadação pertencerão ao Município do domicílio do tomador.

§ 1º Na ausência de convênio, ajuste ou protocolo firmado entre os Municípios interessados ou entre esses e o CGOA para regulamentação do disposto no *caput* deste artigo, o Município do domicílio do tomador do serviço deverá transferir ao Município do local do estabelecimento prestador a parcela do imposto que lhe cabe até o 5º (quinto) dia útil seguinte ao seu recolhimento.

§ 2º O Município do domicílio do tomador do serviço poderá atribuir às instituições financeiras arrecadadoras a obrigação de reter e de transferir ao Município do estabelecimento prestador do serviço os valores correspondentes à respectiva participação no produto da arrecadação do ISSQN.

Art. 16. Revoga-se o § 3º do art. 6º da Lei Complementar nº 116, de 31 de julho de 2003.

Art. 17. Esta Lei Complementar entra em vigor na data de sua publicação.

Brasília, 23 de setembro de 2020;
199º da Independência e
132º da República.

Jair Messias Bolsonaro

LEI COMPLEMENTAR Nº 176, DE 29 DE DEZEMBRO DE 2020

Institui transferências obrigatórias da União para os Estados, o Distrito Federal e os Municípios, por prazo ou fato determinado; declara atendida a regra de cessação contida no § 2º do art. 91 do Ato das Disposições Constitucionais Transitórias (ADCT); e altera a Lei nº 13.885, de 17 de outubro de 2019.

• Publicada no *DOU* de 29-12-2020 – edição extra.

Art. 1º A União entregará aos Estados, ao Distrito Federal e aos Municípios, no período de 2020 a 2037, o montante de R$ 58.000.000.000,00 (cinquenta e oito bilhões de reais), assim escalonado:

I – de 2020 a 2030, serão entregues, a cada exercício, R$ 4.000.000.000,00 (quatro bilhões de reais);

II – de 2031 a 2037, o montante entregue na forma do inciso I deste *caput* será reduzido progressivamente em R$ 500.000.000,00 (quinhentos milhões de reais) a cada exercício.

§ 1º Da parcela devida a cada Estado, a União entregará, diretamente, 75% (setenta e cinco por cento) ao próprio Estado e 25% (vinte e cinco por cento) aos seus Municípios.

§ 2º As parcelas pertencentes a cada Estado, incluídas as parcelas de seus Municípios, e ao Distrito Federal serão partilhadas conforme os seguintes conjuntos de coeficientes

LEG. COMPLEMENTAR

individuais de participação, na proporção de 50% (cinquenta por cento) cada:

I – os contidos no Anexo I desta Lei Complementar;

II – os apurados periodicamente na forma do Protocolo ICMS nº 69, de 4 de julho de 2008, do Conselho Nacional de Política Fazendária (Confaz), ou de outro documento que o substitua.

§ 3º As parcelas pertencentes aos Municípios de cada Estado serão partilhadas conforme os critérios de rateio das respectivas cotas-parte do Imposto sobre Operações relativas à Circulação de Mercadorias e sobre Prestações de Serviços de Transporte Interestadual e Intermunicipal e de Comunicação (ICMS).

§ 4º As cotas-parte anuais serão repassadas em 12 (doze) parcelas mensais de igual valor, ressalvado o disposto no § 5º deste artigo.

§ 5º No primeiro exercício de vigência desta Lei Complementar, as cotas-parte serão repassadas em tantas parcelas mensais de igual valor quantos forem os meses entre a data de publicação e o final do exercício.

Art. 2º O art. 1º da Lei nº 13.885, de 17 de outubro de 2019, passa a vigorar acrescido do seguinte § 4º:

"Art. 1º ....

....

§ 4º Dos valores arrecadados na forma do *caput* deste artigo referentes aos Blocos de Atapu e Sépia, descontada a despesa decorrente da revisão do contrato de cessão onerosa, a União entregará, adicionalmente em relação ao disposto nos incisos I, II e III do *caput* deste artigo, R$ 4.000.000.000,00 (quatro bilhões de reais), observado o seguinte:

I – o repasse dar-se-á em parcela única no exercício no qual seja realizada a receita correspondente, ressalvado o disposto no inciso V deste parágrafo, observadas as destinações e as condições contidas nos §§ 1º, 2º e 3º deste artigo;

II – a União entregará, diretamente, da parcela devida a cada Estado, 75% (setenta e cinco por cento) ao próprio Estado e 25% (vinte e cinco por cento) aos seus Municípios;

III – as parcelas pertencentes a cada Estado, incluídas as parcelas de seus Municípios, e ao Distrito Federal serão partilhadas conforme os seguintes conjuntos de coeficientes individuais de participação, na proporção de 50% (cinquenta por cento) cada:

a) os contidos na coluna C do Anexo desta Lei;

b) os apurados periodicamente na forma do Protocolo ICMS nº 69, de 4 de julho de 2008, do Conselho Nacional de Política Fazendária (Confaz), ou de outro documento que o substitua;

IV – as parcelas pertencentes aos Municípios de cada Estado serão partilhadas conforme os critérios de rateio das respectivas cotas-parte do Imposto sobre Operações relativas à Circulação de Mercadorias e sobre Prestações de Serviços de Transporte Interestadual e Intermunicipal e de Comunicação (ICMS);

V – caso os leilões dos Blocos de Atapu e Sépia ocorram em anos distintos, o repasse será de R$ 2.000.000.000,00 (dois bilhões de reais) em cada exercício no qual seja realizada a receita correspondente, entregues em parcelas únicas."

Art. 3º O Anexo da Lei nº 13.885, de 17 de outubro de 2019, passa a vigorar com as alterações previstas no Anexo II desta Lei.

Art. 4º Considera-se implementada a regra de cessação contida no § 2º do art. 91 do Ato das Disposições Constitucionais Transitórias (ADCT).

Art. 5º As transferências de recursos de que tratam os arts. 1º e 2º desta Lei Complementar estão condicionadas à renúncia pelo ente a eventuais direitos contra a União decorrentes do art. 91 do ADCT.

§ 1º A renúncia ao direito de que trata o *caput* deste artigo ocorrerá mediante a entrega de declaração do titular do Poder Executivo, ou de seu representante com certificado digital, no Sistema de Informações Contábeis e Fiscais do Setor Público Brasileiro (SICONFI), no prazo de 10 (dez) dias úteis, contado da data de publicação desta Lei Complementar.

§ 2º O ente providenciará a juntada de cópia da declaração de renúncia à pretensão formulada em todas as ações judiciais ajuizadas contra a União que tenham como causa de pedir, direta ou indiretamente, a obrigação prevista no art. 91 do ADCT, a fim de que sejam extintas, com resolução de mérito, na forma da alínea c do inciso III do *caput* do art. 487 da Lei nº 13.105, de 16 de março de 2015 (Código de Processo Civil).

§ 3º Não serão devidos honorários advocatícios nas ações judiciais extintas em decorrência do cumprimento do disposto no *caput* deste artigo.

Art. 6º A União incluirá, em suas leis orçamentárias anuais, a quantia necessária à realização da despesa prevista no art. 1º desta Lei Complementar.

Art. 7º Não se aplicam às despesas obrigatórias instituídas por esta Lei Complementar os §§ 1º, 2º, 3º, 4º e 5º do art. 17 da Lei Complementar nº 101, de 4 de maio de 2000.

Art. 8º Esta Lei Complementar entra em vigor na data de sua publicação.

Brasília, 29 de dezembro de 2020;
199º da Independência e
132º da República.

Jair Messias Bolsonaro

- Optamos por não publicar os Anexos nesta edição.

LEI Nº 14.126, DE 22 DE MARÇO DE 2021

Classifica a visão monocular como deficiência sensorial, do tipo visual.

- Publicada no *DOU* de 23-3-2021.

Art. 1º Fica a visão monocular classificada como deficiência sensorial, do tipo visual, para todos os efeitos legais.

Parágrafo único. O previsto no § 2º do art. 2º da Lei nº 13.146, de 6 de julho de 2015 (Estatuto da Pessoa com Deficiência), aplica-se à visão monocular, conforme o disposto no *caput* deste artigo.

Art. 2º Esta Lei entra em vigor na data de sua publicação.

Brasília, 22 de março de 2021;
200º da Independência e
133º da República.

Jair Messias Bolsonaro

DECRETO Nº 10.654, DE 22 DE MARÇO DE 2021

Dispõe sobre a avaliação biopsicossocial da visão monocular para fins de reconhecimento da condição de pessoa com deficiência.

- Publicado no *DOU* de 23-3-2021.

Art. 1º Este Decreto dispõe sobre a avaliação biopsicossocial da visão monocular para fins de reconhecimento da condição de pessoa com deficiência.

Art. 2º A visão monocular, classificada como deficiência sensorial, do tipo visual, pelo art. 1º da Lei nº 14.126, de 22 de março de 2021, será avaliada na forma prevista nos

§ 1º e § 2º do art. 2º da Lei nº 13.146, de 6 de julho de 2015, para fins de reconhecimento da condição de pessoa com deficiência.

Art. 3º Este Decreto entra em vigor na data de sua publicação.

Brasília, 22 de março de 2021;
200º da Independência e
133º da República.
Jair Messias Bolsonaro

DECRETO Nº 10.705, DE 26 DE MAIO DE 2021

Promulga a Convenção entre o Governo da República Federativa do Brasil e o Governo dos Emirados Árabes Unidos para Eliminar a Dupla Tributação em Relação aos Tributos sobre a Renda e Prevenir a Evasão e a Elisão Fiscais e o seu Protocolo, firmados em Brasília, em 12 de novembro de 2018.

- Publicado no *DOU* de 27-5-2021.

Art. 1º Ficam promulgados a Convenção entre o Governo da República Federativa do Brasil e o Governo dos Emirados Árabes Unidos para Eliminar a Dupla Tributação em Relação aos Tributos sobre a Renda e Prevenir a Evasão e a Elisão Fiscais e seu Protocolo, firmados em Brasília, em 12 de novembro de 2018, anexos a este Decreto.

Art. 2º São sujeitos à aprovação do Congresso Nacional atos que possam resultar em revisão da referida Convenção e de seu Protocolo, e ajustes complementares que acarretem encargos ou compromissos gravosos ao patrimônio nacional, nos termos do inciso I do *caput* do art. 49 da Constituição.

Art. 3º Este Decreto entra em vigor na data de sua publicação.

Brasília, 26 de maio de 2021;
200º da Independência e
133º da República.
Jair Messias Bolsonaro

CONVENÇÃO ENTRE A REPÚBLICA FEDERATIVA DO BRASIL E OS EMIRADOS ÁRABES UNIDOS PARA ELIMINAR A DUPLA TRIBUTAÇÃO EM RELAÇÃO AOS TRIBUTOS SOBRE A RENDA E PREVENIR A EVASÃO E A ELISÃO FISCAIS

A República Federativa do Brasil e os Emirados Árabes Unidos,

Desejando continuar a desenvolver suas relações econômicas e fortalecer sua cooperação em matéria tributária,

Desejosos de concluir uma Convenção para eliminar a dupla tributação em relação aos tributos sobre a renda, sem criar oportunidades para não tributação ou tributação reduzida por meio de evasão ou elisão fiscais (inclusive por meio do uso abusivo de acordos cujo objetivo seja estender indiretamente os benefícios previstos nesta Convenção a residentes de terceiros Estados),

Acordaram o seguinte:

Artigo 1
Pessoas Visadas

1. Esta Convenção aplicar-se-á às pessoas residentes de um ou de ambos os Estados Contratantes.

2. Para efeitos desta Convenção, os rendimentos obtidos por, ou por meio de, uma entidade ou arranjo que seja tratado como total ou parcialmente transparente de acordo com a legislação tributária de qualquer dos Estados Contratantes serão considerados como rendimentos de um residente de um Estado Contratante, mas apenas na medida em que o rendimento seja tratado, para propósito de tributação por esse Estado, como o rendimento de um residente desse Estado. Em nenhum caso as disposições deste parágrafo serão interpretadas de modo a restringir, de qualquer forma, o direito de um Estado Contratante de tributar os seus próprios residentes.

Artigo 2
Tributos Visados

1. Os tributos atuais aos quais se aplicará a Convenção são:

a) no caso do Brasil:

(i) o imposto federal sobre a renda; e

(ii) a contribuição social sobre o lucro líquido (doravante denominado "imposto brasileiro");

b) no caso dos Emirados Árabes Unidos:

(i) o imposto sobre a renda; e

(ii) o imposto sobre as sociedades (doravante denominado "imposto dos Emirados Árabes Unidos").

2. A Convenção aplicar-se-á também a quaisquer tributos idênticos ou substancialmente similares que forem introduzidos após a data de assinatura desta Convenção, seja em adição aos acima mencionados, seja em sua substituição. As autoridades competentes dos Estados Contratantes comunicar-se-ão as modificações significativas ocorridas em suas respectivas legislações tributárias.

Artigo 3
Definições Gerais

1. Para os fins desta Convenção, a não ser que o contexto imponha interpretação diferente:

a) o termo "Brasil" significa a República Federativa do Brasil e, quando usado em sentido geográfico, significa o território da República Federativa do Brasil, bem como a área do fundo do mar, seu subsolo e a correspondente coluna superjacente de água, adjacente ao mar territorial, em que a República Federativa do Brasil exerce direitos de soberania ou jurisdição em conformidade com o direito internacional e sua legislação nacional com o objetivo de pesquisar, explorar economicamente, conservar e manejar os recursos naturais, vivos ou não, ou para a produção de energia a partir de fontes renováveis;

b) o termo "Emirados Árabes Unidos", quando usado em sentido geográfico, significa o território dos Emirados Árabes Unidos que está sob sua soberania, bem como a área além do mar territorial, do espaço aéreo e da área submarina sobre as quais os Emirados Árabes Unidos exercem direitos de soberania e jurisdição, em relação a qualquer atividade exercida em suas águas, fundo do mar ou subsolo, em conexão com a exploração ou para a exploração de recursos naturais, por força de sua legislação e das leis internacionais;

c) o termo "pessoa" abrange pessoas físicas, sociedades e quaisquer outros grupos de pessoas;

d) o termo "sociedade" significa qualquer pessoa jurídica ou qualquer entidade considerada pessoa jurídica para fins tributários;

e) o termo "empresa" se aplica à condução de qualquer negócio;

f) as expressões "empresa de um Estado Contratante" e "empresa do outro Estado Contratante" significam, res-

LEG. COMPLEMENTAR

pectivamente, empresa explorada por residente de um Estado Contratante e empresa explorada por residente do outro Estado Contratante;

g) o termo "nacional", em relação a um Estado Contratante, significa:

(i) qualquer pessoa física que possua a nacionalidade ou cidadania desse Estado Contratante; e

(ii) qualquer pessoa jurídica, sociedade de pessoas ou associação constituída em conformidade com a legislação vigente nesse Estado Contratante;

h) a expressão "tráfego internacional" significa qualquer transporte efetuado por navio ou aeronave operados por empresa de um Estado Contratante, exceto quando tal navio ou aeronave forem operados somente entre pontos situados no outro Estado Contratante;

i) a expressão "autoridade competente" significa:

(i) no caso do Brasil, o Ministro de Estado da Fazenda, o Secretário da Receita Federal do Brasil ou seus representantes autorizados; e

(ii) no caso dos Emirados Árabes Unidos, o Ministro da Fazenda ou seus representantes autorizados.

2. Para a aplicação desta Convenção, a qualquer tempo, por um Estado Contratante, qualquer termo ou expressão que nele não se encontre definido terá, a não ser que o contexto exija interpretação diferente, o significado que, a esse tempo, for-lhe atribuído pela legislação desse Estado relativa aos tributos que são objeto desta Convenção, prevalecendo o significado atribuído a esse termo ou expressão pela legislação tributária desse Estado sobre o significado que lhe atribuírem outras leis desse Estado.

Artigo 4
Residente

1. Para os fins desta Convenção, a expressão "residente de um Estado Contratante" significa:

a) no caso do Brasil, qualquer pessoa que, em virtude da legislação do Brasil, está nele sujeita a tributação em razão de seu domicílio, residência, local de incorporação, sede de direção ou qualquer outro critério de natureza similar;

b) no caso dos Emirados Árabes Unidos,

(i) um indivíduo que tenha seu domicílio nos Emirados Árabes Unidos e que seja nacional dos Emirados Árabes Unidos; e

(ii) uma sociedade incorporada nos Emirados Árabes Unidos e que tenha seu local de administração efetiva lá, desde que a sociedade possa fornecer evidências de que seu capital tenha como beneficiário efetivo, direta ou indiretamente, exclusivamente os Emirados Árabes Unidos e/ou uma instituição de governo dos Emirados Árabes Unidos e/ou uma de suas subdivisões políticas ou governos locais e/ou um indivíduo residente dos Emirados Árabes Unidos, e a sociedade seja controlada pelos referidos residentes.

2. Para os fins do parágrafo 1 acima, a expressão "residente de um Estado Contratante" também incluirá:

a) um Estado Contratante e qualquer de suas subdivisões políticas ou governos locais;

b) uma instituição de governo que tenha sido criada pelo governo de um dos Estados Contratantes, ou por uma de suas subdivisões políticas ou governos locais, para a realização de funções públicas e que tenha como beneficiário efetivo exclusivamente tal governo, subdivisão política ou governo local, reconhecida como tal por meio de acordo mútuo entre as autoridades competentes dos Estados Contratantes.

3. Quando, por força das disposições do parágrafo 1, uma pessoa física for residente de ambos os Estados Contratantes, sua situação será determinada da seguinte forma:

a) essa pessoa será considerada residente apenas do Estado em que dispuser de habitação permanente; se ela dispuser de habitação permanente em ambos os Estados, será considerada residente apenas do Estado com o qual suas relações pessoais e econômicas forem mais estreitas (centro de interesses vitais);

b) se o Estado em que essa pessoa tiver o centro de seus interesses vitais não puder ser determinado, ou se ela não dispuser de habitação permanente em nenhum dos Estados, será considerada residente apenas do Estado em que viva habitualmente;

c) se essa pessoa viver habitualmente em ambos os Estados ou se não viver habitualmente em nenhum deles, será considerada residente apenas do Estado de que for nacional;

d) em qualquer outro caso, as autoridades competentes dos Estados Contratantes resolverão a questão de comum acordo.

4. Quando, em virtude das disposições do parágrafo 1, uma sociedade for residente de ambos os Estados Contratantes, tal sociedade não será considerada como residente de nenhum dos Estados Contratantes para os fins desta Convenção.

Artigo 5
Estabelecimento Permanente

1. Para os fins desta Convenção, a expressão "estabelecimento permanente" significa instalação fixa de negócios por meio da qual as atividades de uma empresa são exercidas no todo ou em parte.

2. A expressão "estabelecimento permanente" abrange particularmente:

a) uma sede de direção;

b) uma filial;

c) um escritório;

d) uma fábrica;

e) uma oficina; e

f) uma mina, um poço de petróleo ou de gás, uma pedreira ou qualquer outro local de extração de recursos naturais.

3. O termo "estabelecimento permanente" também abrange um canteiro de obras, um projeto de construção, de montagem ou de instalação ou atividades de supervisão conexas, mas apenas se tal canteiro, projeto ou atividade perdurar por período superior a seis meses.

Para o único fim de determinar se o período de seis meses referido neste parágrafo foi excedido,

a) quando uma empresa de um Estado Contratante exercer atividades no outro Estado Contratante em um local que constitua um canteiro de obras ou um projeto de construção ou de instalação e estas atividades forem exercidas durante um ou mais períodos de tempo que, no total, excedam 30 dias sem exceder seis meses, e

b) atividades conexas forem exercidas no mesmo canteiro de obras ou projeto de construção ou de instalação durante diferentes períodos de tempo, cada qual excedendo 30 dias, por uma ou mais empresas estreitamente relacionadas à primeira empresa mencionada, estes diferentes períodos de tempo serão somados ao período total de tempo durante o qual a primeira empresa mencionada exerceu suas atividades nesse canteiro de obras ou projeto de construção ou de instalação.

4. Não obstante as disposições precedentes deste artigo, considerar-se-á que a expressão "estabelecimento permanente" não inclui:

a) a utilização de instalações unicamente para fins de armazenagem ou de exposição de bens ou mercadorias pertencentes à empresa;

b) a manutenção de estoque de bens ou mercadorias pertencentes à empresa unicamente para fins de armazenagem ou de exposição;

c) a manutenção de estoque de bens ou mercadorias pertencentes à empresa unicamente para fins de transformação por outra empresa;

d) a manutenção de instalação fixa de negócios unicamente para fins de aquisição de bens ou mercadorias ou de obtenção de informações para a empresa;

e) a manutenção de instalação fixa de negócios unicamente para fins de desenvolvimento, para a empresa, de qualquer outra atividade;

f) a manutenção de instalação fixa de negócios unicamente para fins de qualquer combinação das atividades mencionadas nas alíneas *a* a *e*, desde que essa atividade ou, no caso da alínea *f*, o conjunto das atividades da instalação fixa de negócios seja de caráter preparatório ou auxiliar.

4.1 O parágrafo 4 não se aplicará a uma instalação fixa de negócios que seja usada ou mantida por uma empresa se a mesma empresa ou uma empresa estreitamente relacionada exercer atividades empresariais no mesmo local ou em outro local no mesmo Estado Contratante e

a) esse local ou outro local caracterizar um estabelecimento permanente para a empresa ou para a empresa estreitamente relacionada nos termos deste artigo, ou

b) o conjunto das atividades resultante da combinação das atividades exercidas pelas duas empresas no mesmo local, ou pela mesma empresa ou por empresas estreitamente relacionadas nos dois locais, não for de caráter preparatório ou auxiliar, desde que as atividades negociais exercidas pelas duas empresas no mesmo local, ou pela mesma empresa ou por empresas estreitamente relacionadas nos dois locais, constituam funções complementares que sejam parte de uma operação de negócios integrada.

5. Não obstante o disposto nos parágrafos 1 e 2, mas ressalvadas as disposições do parágrafo 7, quando uma pessoa atue em um Estado Contratante por conta de uma empresa e, dessa forma, habitualmente conclua contratos ou habitualmente exerça o papel principal que leve à conclusão de contratos que são rotineiramente celebrados sem modificação substancial pela empresa, e esses contratos são

a) em nome da empresa, ou

b) para a transferência da propriedade, ou para a cessão do direito de uso, de bens de propriedade dessa empresa ou sobre os quais a empresa tenha um direito de uso, ou

c) para a prestação de serviços por essa empresa, considerar-se-á que tal empresa dispõe de um estabelecimento permanente nesse Estado Contratante relativamente às atividades que essa pessoa desenvolva para a empresa, a menos que tais atividades se limitem às mencionadas no parágrafo 4, as quais, se exercidas por intermédio de uma instalação fixa de negócios (que não seja uma instalação fixa de negócios a que o parágrafo 4.1 se aplicaria), não permitiriam considerar-se essa instalação fixa como um estabelecimento permanente nos termos do referido parágrafo.

6. Não obstante as disposições anteriores do presente artigo, considerar-se-á que uma empresa seguradora de um Estado Contratante tem, exceto no que se refere a resseguros, um estabelecimento permanente no outro Estado Contratante se arrecada prêmios no território desse outro Estado ou se segura riscos ali situados por intermédio de outra pessoa que não seja um agente independente ao qual se aplique o parágrafo 7.

7. O disposto nos parágrafos 5 e 6 não se aplica quando a pessoa atuando em um Estado Contratante por conta de uma empresa do outro Estado Contratante desenvolver atividades negociais no primeiro Estado mencionado como um agente independente e atuar para a empresa no curso normal dessas atividades. No entanto, quando uma pessoa atuar exclusivamente ou quase exclusivamente por conta de uma ou mais empresas estreitamente relacionadas, essa pessoa não será considerada um agente independente, na acepção do presente parágrafo, no que diz respeito a essas empresas.

8. Para os fins deste artigo, uma pessoa ou uma empresa é estreitamente relacionada a uma empresa se, com base em todos os fatos e circunstâncias relevantes, possui o controle sobre uma empresa ou esta última sobre a primeira, ou ambas estão sob o controle das mesmas pessoas ou empresas. Em qualquer caso, uma pessoa ou empresa será considerada como estreitamente relacionada a uma empresa se uma possuir, direta ou indiretamente, mais de 50% de participação na outra (ou, no caso de uma sociedade, mais de 50% do total dos direitos de voto e do valor das ações da sociedade ou da participação nos lucros da sociedade), ou se outra pessoa ou empresa possuir, direta ou indiretamente, mais de 50% de participação (ou, no caso de uma sociedade, mais de 50% do total dos direitos de voto e do valor das ações da sociedade ou da participação nos lucros da sociedade) na pessoa e na empresa ou nas duas empresas.

9. O fato de que uma sociedade residente de um Estado Contratante controle ou seja controlada por uma sociedade residente do outro Estado Contratante, ou desenvolva sua atividade nesse outro Estado (quer por intermédio de estabelecimento permanente quer de outro modo), não caracterizará, por si só, quaisquer dessas sociedades como estabelecimento permanente da outra.

Artigo 6

Rendimentos Imobiliários

1. Os rendimentos que um residente de um Estado Contratante obtenha de bens imóveis (inclusive os rendimentos de explorações agrícolas ou florestais) situados no outro Estado Contratante poderão ser tributados nesse outro Estado.

2. A expressão "bens imóveis" terá o significado que lhe for atribuído pela legislação do Estado Contratante em que os bens estiverem situados. A expressão incluirá, em qualquer caso, os acessórios da propriedade imobiliária, o gado e o equipamento utilizados nas explorações agrícolas (inclusive na criação e cultivo de peixes) e florestais, os direitos a que se aplicam as disposições do direito privado relativas à propriedade de bens imóveis, o usufruto de bens imobiliários e os direitos a pagamentos variáveis ou fixos pela exploração ou concessão da exploração de jazidas minerais, fontes e

outros recursos naturais; navios e aeronaves não serão considerados bens imóveis.

3. O disposto no parágrafo 1 aplicar-se-á aos rendimentos provenientes do uso direto, da locação, ou do uso, sob qualquer outra forma, de bens imóveis.

4. As disposições dos parágrafos 1 e 3 aplicar-se-ão, igualmente, aos rendimentos provenientes dos bens imóveis de uma empresa e aos rendimentos provenientes de bens imóveis utilizados na prestação de serviços pessoais de caráter independente.

Artigo 7
Lucros das Empresas

1. Os lucros de uma empresa de um Estado Contratante serão tributáveis apenas nesse Estado, a não ser que a empresa exerça suas atividades no outro Estado Contratante por intermédio de estabelecimento permanente aí situado. Se a empresa exercer sua atividade na forma indicada, seus lucros poderão ser tributados no outro Estado, mas somente no tocante à parte dos lucros atribuível a esse estabelecimento permanente.

2. Ressalvadas as disposições do parágrafo 3, quando uma empresa de um Estado Contratante exercer suas atividades no outro Estado Contratante por intermédio de estabelecimento permanente aí situado, serão atribuídos a esse estabelecimento permanente, em cada Estado Contratante, os lucros que obteria se fosse uma empresa distinta e separada, que exercesse atividades idênticas ou similares, em condições idênticas ou similares, e que tratasse com absoluta independência com a empresa de que é estabelecimento permanente.

3. Para a determinação dos lucros de um estabelecimento permanente, será permitido deduzir as despesas que tiverem sido feitas para a consecução dos fins desse estabelecimento permanente, incluindo as despesas de direção e os encargos gerais de administração assim incorridos.

4. Quando os lucros incluírem rendimentos tratados separadamente em outros artigos desta Convenção, as disposições desses outros Artigos não serão afetadas pelas disposições deste

Artigo 8
Transporte Marítimo e Aéreo

1. Os lucros de uma empresa de um Estado Contratante provenientes da operação de navios ou aeronaves no tráfego internacional serão tributáveis apenas nesse Estado.

2. O disposto no parágrafo 1 também se aplicará aos lucros provenientes da participação em um *pool*, consórcio ou agência de operação internacional.

3. Para os fins do presente artigo, os lucros provenientes da operação de navios ou aeronaves no tráfego internacional incluirão:

a) os lucros provenientes do aluguel de navios ou aeronaves sem tripulação;

b) os lucros provenientes do uso, manutenção ou aluguel de contêineres (inclusive reboques e equipamentos afins para o transporte de contêineres) utilizados para o transporte de bens ou mercadorias;

c) a venda de bilhetes em nome de outra empresa; e

d) juros em fundos conexos às operações de navios ou aeronaves; quando esse aluguel ou esse uso, manutenção ou aluguel, ou esses juros, conforme o caso, forem incidentais à operação dos navios ou aeronaves no tráfego internacional.

Artigo 9
Empresas Associadas

Quando

a) uma empresa de um Estado Contratante participar, direta ou indiretamente, na direção, no controle ou no capital de uma empresa do outro Estado Contratante, ou

b) as mesmas pessoas participarem, direta ou indiretamente, na direção, no controle ou no capital de uma empresa de um Estado Contratante e de uma empresa do outro Estado Contratante, e, em qualquer dos casos, quando condições forem estabelecidas ou impostas entre as duas empresas, nas suas relações comerciais ou financeiras, que difiram daquelas que seriam estabelecidas entre empresas independentes, então quaisquer lucros que teriam sido obtidos por uma das empresas, mas que, em virtude dessas condições, não o foram, poderão ser acrescidos, pelo Estado Contratante, aos lucros dessa empresa e, como tal, tributados.

Artigo 10
Dividendos

1. Os dividendos pagos por uma sociedade residente de um Estado Contratante a um residente do outro Estado Contratante poderão ser tributados nesse outro Estado.

2. Todavia, esses dividendos poderão também ser tributados no Estado Contratante em que residir a sociedade que os pagar e de acordo com a legislação desse Estado, mas, se o beneficiário efetivo dos dividendos for um residente do outro Estado Contratante, o imposto assim exigido não excederá:

a) 5 por cento do montante bruto dos dividendos, se o beneficiário efetivo for um Estado Contratante, qualquer de suas subdivisões políticas ou governos locais ou uma instituição de governo; ou

b) 15 por cento do montante bruto dos dividendos em todos os demais casos.

O presente parágrafo não afetará a tributação da sociedade com referência aos lucros que derem origem ao pagamento dos dividendos.

3. O termo "dividendos", conforme usado neste artigo, significa os rendimentos provenientes de ações, ações ou direitos de fruição, ações de empresas mineradoras, partes de fundador ou outros direitos de participação em lucros, com exceção de créditos, assim como rendimentos de outras participações de capital sujeitos ao mesmo tratamento tributário que os rendimentos de ações pela legislação do Estado Contratante em que a sociedade que os distribui é residente.

4. As disposições dos parágrafos 1 e 2 não se aplicarão se o beneficiário efetivo dos dividendos, residente de um Estado Contratante, exercer, no outro Estado Contratante de que é residente a sociedade que paga os dividendos, atividade empresarial por intermédio de estabelecimento permanente aí situado, ou prestar serviços pessoais de caráter independente nesse outro Estado por intermédio de instalação fixa aí situada, e a participação geradora dos dividendos estiver efetivamente ligada a esse estabelecimento permanente ou instalação fixa. Nesse caso, aplicar-se-ão as disposições do artigo 7 ou do artigo 15, conforme couber.

5. Quando um residente de um Estado Contratante mantiver um estabelecimento permanente no outro Estado Contratante, esse estabelecimento permanente poderá aí estar sujeito a um imposto retido na fonte de acordo com a legisla-

ção desse outro Estado Contratante. Todavia, esse imposto não poderá exceder 15 por cento do montante bruto dos lucros desse estabelecimento permanente, determinado após o pagamento do imposto sobre a renda de sociedades referente a esses lucros.

6. Quando uma sociedade residente de um Estado Contratante receber lucros ou rendimentos do outro Estado Contratante, esse outro Estado não poderá cobrar nenhum tributo sobre os dividendos pagos pela sociedade, exceto na medida em que esses dividendos forem pagos a um residente desse outro Estado ou na medida em que a participação geradora dos dividendos estiver efetivamente ligada a um estabelecimento permanente ou a uma instalação fixa situados nesse outro Estado, nem sujeitar os lucros não distribuídos da sociedade a um tributo sobre lucros não distribuídos da sociedade, mesmo se os dividendos pagos ou os lucros não distribuídos consistirem, total ou parcialmente, de lucros ou rendimentos provenientes desse outro Estado.

Artigo 11

Juros

1. Os juros provenientes de um Estado Contratante e pagos a um residente do outro Estado Contratante poderão ser tributados nesse outro Estado.

2. Todavia, esses juros poderão também ser tributados no Estado Contratante de que provierem e de acordo com a legislação desse Estado, mas, se o beneficiário efetivo dos juros for um residente do outro Estado Contratante, o imposto assim exigido não excederá:

a) 10 por cento do montante bruto dos juros se o beneficiário efetivo for um banco e o empréstimo foi concedido por pelo menos cinco anos para o financiamento da compra de equipamentos ou de projetos de investimento; ou

b) 15 por cento do montante bruto dos juros em todos os demais casos.

3. O termo "juros", conforme usado neste artigo, significa os rendimentos de créditos de qualquer natureza, acompanhados ou não de garantias hipotecárias ou de cláusula de participação nos lucros do devedor, e, em particular, os rendimentos da dívida pública, de títulos ou de debêntures, inclusive de ágios e prêmios vinculados a esses títulos, obrigações ou debêntures, assim como quaisquer outros rendimentos que a legislação tributária do Estado Contratante de que provenham os juros assimile aos rendimentos de importâncias emprestadas.

4. Não obstante as disposições dos parágrafos 1 e 2, os juros provenientes de um Estado Contratante e tendo como beneficiários efetivos o Governo do outro Estado Contratante, uma de suas subdivisões políticas ou governos locais ou uma instituição de governo serão tributáveis somente nesse outro Estado.

5. As disposições dos parágrafos 1 e 2 não se aplicarão se o beneficiário efetivo dos juros, residente de um Estado Contratante, exercer, no outro Estado Contratante de que provenham os juros, atividade empresarial por intermédio de estabelecimento permanente aí situado, ou prestar serviços pessoais de caráter independente nesse outro Estado por intermédio de instalação fixa aí situada, e o crédito em relação ao qual os juros forem pagos estiver efetivamente ligado a esse estabelecimento permanente ou instalação fixa. Nesse caso, aplicar-se-ão as disposições do artigo 7 ou do artigo 15, conforme couber.

6. A limitação da alíquota do imposto estabelecida no parágrafo 2 não se aplica aos juros provenientes de um Estado Contratante e pagos a um estabelecimento permanente de uma empresa do outro Estado Contratante situado em um terceiro Estado.

7. Os juros serão considerados provenientes de um Estado Contratante quando o devedor for um residente desse Estado. Quando, entretanto, a pessoa que pagar os juros, seja ou não residente de um Estado Contratante, tiver, em um Estado Contratante, estabelecimento permanente ou instalação fixa em relação ao qual tenha sido contraída a obrigação que der origem ao pagamento dos juros e couber a esse estabelecimento permanente ou instalação fixa o pagamento desses juros, esses serão então considerados provenientes do Estado em que o estabelecimento permanente ou a instalação fixa estiver situado.

8. Quando, em virtude de um relacionamento especial entre o devedor e o beneficiário efetivo, ou entre ambos e alguma outra pessoa, o montante dos juros pagos, considerando o crédito pelo qual forem pagos, exceder o que teria sido acordado entre o devedor e o beneficiário efetivo na ausência de tal relacionamento, as disposições deste artigo serão aplicáveis apenas a este último montante. Nesse caso, a parte excedente dos pagamentos será tributável em conformidade com a legislação de cada Estado Contratante, tendo em conta as outras disposições desta Convenção.

Artigo 12

Royalties

1. Os *royalties* provenientes de um Estado Contratante e pagos a um residente do outro Estado Contratante poderão ser tributados nesse outro Estado.

2. Todavia, esses *royalties* poderão também ser tributados no Estado Contratante de que provierem e de acordo com a legislação desse Estado, mas, se o beneficiário efetivo dos *royalties* for um residente do outro Estado Contratante, o imposto assim exigido não excederá 15 por cento do montante bruto dos *royalties*.

3. O termo *royalties*, conforme usado neste artigo, significa os pagamentos de qualquer espécie recebidos como remuneração pelo uso, ou pelo direito de uso, de um direito de autor sobre uma obra literária, artística ou científica, inclusive sobre filmes cinematográficos e sobre gravações para transmissão por televisão ou rádio, de qualquer patente, marca de indústria ou comércio, desenho ou modelo, plano, fórmula ou processo secreto, ou pelo uso, ou direito de uso, de qualquer equipamento industrial, comercial ou científico, ou por informações relativas à experiência adquirida no setor industrial, comercial ou científico.

4. As disposições dos parágrafos 1 e 2 não se aplicarão se o beneficiário efetivo dos *royalties*, residente de um Estado Contratante, exercer, no outro Estado Contratante de que provêm os *royalties*, atividade empresarial por intermédio de estabelecimento permanente aí situado, ou prestar serviços pessoais de caráter independente nesse outro Estado por intermédio de instalação fixa aí situada, e o direito ou o bem em relação ao qual os *royalties* forem pagos estiver efetivamente ligado a esse estabelecimento permanente ou instalação fixa. Nesse caso, aplicar-se-ão as disposições do artigo 7 ou do artigo 15, conforme couber.

5. Os *royalties* serão considerados provenientes de um Estado Contratante quando o devedor for um residente desse Estado. Quando, entretanto, a pessoa que pagar os *royalties*, seja ou não residente de um Estado Contratante, tiver, em um Estado Contratante, estabelecimento permanente ou instalação fixa em relação ao qual houver sido contraída

a obrigação de pagar os *royalties* e couber a esse estabelecimento permanente ou instalação fixa o pagamento desses *royalties*, esses serão então considerados provenientes do Estado em que o estabelecimento permanente ou a instalação fixa estiver situado.

6. Quando, em virtude de um relacionamento especial entre o devedor e o beneficiário efetivo, ou entre ambos e alguma outra pessoa, o montante dos *royalties*, tendo em conta o uso, direito ou informação pelo qual são pagos, exceder o que teria sido acordado entre o devedor e o beneficiário efetivo na ausência de tal relacionamento, as disposições deste artigo serão aplicáveis apenas a este último montante. Nesse caso, a parte excedente dos pagamentos será tributável de acordo com a legislação de cada Estado Contratante, tendo em conta as outras disposições desta Convenção.

Artigo 13

Remunerações por Serviços Técnicos

1. Remunerações por serviços técnicos provenientes de um Estado Contratante e pagas a um residente do outro Estado Contratante poderão ser tributadas nesse outro Estado.

2. Todavia, não obstante o disposto no artigo 15, e ressalvadas as disposições dos artigos 8, 17 e 18, remunerações por serviços técnicos provenientes de um Estado Contratante poderão também ser tributadas no Estado Contratante do qual são provenientes e de acordo com as leis desse Estado, mas, se beneficiário efetivo das remunerações for um residente do outro Estado Contratante, o imposto assim exigido não excederá 15 por cento do valor bruto das remunerações.

3. O termo "remunerações por serviços técnicos", conforme usado neste artigo, significa qualquer pagamento como contraprestação por qualquer serviço de natureza gerencial, técnica ou de consultoria, a menos que o pagamento seja feito:

a) a um empregado da pessoa que efetua o pagamento;

b) em virtude de ensino em uma instituição educacional ou pelo ensino prestado por uma instituição educacional; ou

c) por uma pessoa física para serviços de uso pessoal de uma pessoa física.

4. As disposições dos parágrafos 1 e 2 não se aplicarão se o beneficiário efetivo das remunerações por serviços técnicos, residente de um Estado Contratante, exercer, no outro Estado Contratante de que provenham as remunerações por serviços técnicos, atividade empresarial por intermédio de estabelecimento permanente aí situado, ou prestar serviços pessoais de caráter independente nesse outro Estado por intermédio de instalação fixa aí situada, e as remunerações por serviços técnicos estiverem efetivamente ligadas a esse estabelecimento permanente ou instalação fixa. Nesse caso, aplicar-se-ão as disposições do artigo 7 ou do artigo 15, conforme couber.

5. Para efeitos deste artigo, ressalvado o disposto no parágrafo 6, as remunerações por serviços técnicos serão consideradas provenientes de um Estado contratante se o devedor for residente desse Estado ou se a pessoa que paga as remunerações por serviços técnicos, seja ou não residente de um Estado Contratante, tiver, em um Estado Contratante, estabelecimento permanente ou instalação fixa em relação à qual houver sido contraída a obrigação de pagar as remunerações por serviços técnicos e o pagamento dessas remunerações couber ao estabelecimento permanente ou instalação fixa.

6. Para efeitos deste artigo, as remunerações por serviços técnicos não serão consideradas provenientes de um Estado Contratante se o devedor for residente desse Estado e exercer atividade empresarial no outro Estado Contratante ou em um terceiro Estado através de um estabelecimento permanente situado nesse outro Estado ou no terceiro Estado, ou prestar serviços pessoais de caráter independente por intermédio de uma instalação fixa situada nesse outro Estado ou no terceiro Estado, e o pagamento dessas remunerações por serviços técnicos couberem a esse estabelecimento permanente ou instalação fixa.

7. Quando, em virtude de um relacionamento especial entre o devedor e o beneficiário efetivo das remunerações por serviços técnicos, ou entre ambos e alguma outra pessoa, o montante das remunerações por serviços técnicos, tendo em conta os serviços técnicos que são remunerados, exceder o que teria sido acordado entre o devedor e o beneficiário efetivo na ausência de tal relacionamento, as disposições deste Artigo serão aplicáveis apenas a este último montante. Nesse caso, a parte excedente dos pagamentos será tributável de acordo com a legislação de cada Estado Contratante, tendo em conta as outras disposições desta Convenção.

Artigo 14

Ganhos de Capital

1. Os ganhos obtidos por um residente de um Estado Contratante na alienação de bens imóveis, conforme referidos no artigo 6, situados no outro Estado Contratante, poderão ser tributados nesse outro Estado.

2. Os ganhos provenientes da alienação de bens móveis que fizerem parte do ativo de um estabelecimento permanente que uma empresa de um Estado Contratante mantiver no outro Estado Contratante ou de bens móveis que fizerem parte de uma instalação fixa que um residente de um Estado Contratante mantiver no outro Estado Contratante para a prestação de serviços pessoais de caráter independente, inclusive os ganhos provenientes da alienação desse estabelecimento permanente (isolado ou com o conjunto da empresa) ou dessa instalação fixa, poderão ser tributados nesse outro Estado.

3. Os ganhos que uma empresa de um Estado Contratante que opere navios e aeronaves em tráfego internacional obtenha da alienação de tais navios ou aeronaves ou de bens móveis alocados à operação de tais navios ou aeronaves serão tributáveis apenas nesse Estado.

4. Os ganhos obtidos por um residente de um Estado Contratante na alienação de ações do capital de uma sociedade cujo patrimônio consistir, direta ou indiretamente, principalmente de propriedade imóvel situada no outro Estado Contratante poderão ser tributados nesse outro Estado.

5. Os ganhos decorrentes da alienação de quaisquer bens diferentes dos mencionados nos parágrafos 1, 2, 3 e 4 e provenientes do outro Estado Contratante poderão ser tributados nesse outro Estado.

Artigo 15

Serviços Pessoais Independentes

1. Os rendimentos que um residente de um Estado Contratante perceber pela prestação de serviços profissionais, ou em decorrência de outras atividades de caráter independente, serão tributáveis apenas nesse Estado, exceto nas seguintes circunstâncias, quando tais rendimentos poderão ser tributados, também, no outro Estado Contratante:

a) se ele dispuser regularmente de instalação fixa no outro Estado Contratante para o fim de desempenhar suas atividades; neste caso, apenas a parcela dos rendimentos atribuível àquela instalação fixa poderá ser tributada no outro Estado; ou

b) se ele permanecer no outro Estado Contratante por período ou períodos que totalizem ou excedam, no total, 183 dias em qualquer período de doze meses começando ou terminando no ano fiscal em questão; neste caso, apenas a parcela dos rendimentos proveniente das atividades desempenhadas nesse outro Estado poderá ser tributada nesse outro Estado.

2. A expressão "serviços profissionais" abrange, principalmente, as atividades independentes de caráter científico, técnico, literário, artístico, educacional ou pedagógico, assim como as atividades independentes de médicos, advogados, engenheiros, arquitetos, dentistas e contadores.

Artigo 16

Rendimento de Emprego

1. Ressalvadas as disposições dos artigos 17, 19 e 20, salários, ordenados e outras remunerações similares percebidas por um residente de um Estado Contratante em razão de um emprego serão tributáveis somente nesse Estado, a não ser que o emprego seja exercido no outro Estado Contratante. Nesse caso, as remunerações correspondentes poderão ser tributadas nesse outro Estado.

2. Não obstante o disposto no parágrafo 1, salários, ordenados e outras remunerações similares percebidas por um residente de um Estado Contratante em razão de emprego exercido no outro Estado Contratante serão tributáveis somente no primeiro Estado mencionado se:

a) o beneficiário permanecer no outro Estado durante período ou períodos que não excedam, no total, 183 dias em qualquer período de doze meses começando ou terminando no ano fiscal em questão; e

b) as remunerações forem pagas por um empregador, ou por conta de um empregador, que não for residente do outro Estado; e

c) o encargo das remunerações não couber a um estabelecimento permanente que o empregador possua no outro Estado.

3. Não obstante as disposições precedentes deste artigo, as remunerações percebidas por um residente de um Estado Contratante em razão de emprego que seja exercido a bordo de navio ou de aeronave operados em tráfego internacional serão tributáveis apenas no primeiro Estado mencionado.

Artigo 17

Remunerações de Direção

As remunerações de direção e outras retribuições similares percebidas por um residente de um Estado Contratante na qualidade de membro da diretoria ou de qualquer conselho de uma sociedade residente do outro Estado Contratante poderão ser tributadas nesse outro Estado.

Artigo 18

Artistas e Desportistas

1. Não obstante as disposições dos artigos 15 e 16, os rendimentos percebidos por um residente de um Estado Contratante por atividades pessoais exercidas por esse residente no outro Estado Contratante na condição de profissional de espetáculos, tal como artista de teatro, cinema, rádio ou televisão, ou como músico, ou de desportista, poderão ser tributados nesse outro Estado.

2. Quando os rendimentos de atividades pessoais exercidas por profissional de espetáculos ou desportista, nessa qualidade, forem atribuídos não ao próprio profissional de espetáculos ou ao próprio desportista, mas a outra pessoa, esses rendimentos poderão, não obstante as disposições dos artigos 7, 15 e 16, ser tributados no Estado Contratante em que forem exercidas as atividades do profissional de espetáculos ou do desportista.

3. As disposições dos parágrafos 1 e 2 não se aplicarão aos rendimentos provenientes de atividades exercidas em um Estado Contratante por profissionais de espetáculos ou por desportistas se a visita a esse Estado for custeada, inteira ou principalmente, por fundos públicos de um ou de ambos os Estados Contratantes ou de uma de suas subdivisões políticas ou governos locais. Nesse caso, os rendimentos serão tributáveis somente no Estado Contratante do qual o profissional de espetáculos ou o desportista for residente.

Artigo 19

Pensões

1. Ressalvadas as disposições do parágrafo 2 do artigo 20, pensões e outras remunerações similares percebidas em razão de um emprego anterior, bem como anuidades, provenientes de um Estado Contratante e pagas a um residente do outro Estado Contratante poderão ser tributadas no primeiro Estado mencionado.

2. Não obstante as disposições do parágrafo 1, pensões e outros pagamentos efetuados sob um regime público que seja parte do sistema de seguridade social de um Estado Contratante ou de uma de suas subdivisões políticas ou governos locais serão tributáveis somente nesse Estado.

3. No presente artigo:

a) a expressão "pensões e outras remunerações similares" designa pagamentos periódicos efetuados após a aposentadoria em razão de emprego anterior ou a título de compensação por danos sofridos em consequência de emprego anterior;

b) o termo "anuidades" designa uma quantia determinada, paga periodicamente em prazos determinados, a título vitalício ou por um período de tempo determinado ou determinável, em decorrência de uma obrigação de efetuar os pagamentos como retribuição adequada e plena de uma contraprestação em dinheiro ou avaliável em dinheiro (que não seja por serviços prestados).

Artigo 20

Funções Públicas

1.

a) Salários, ordenados e outras remunerações similares, pagas por um Estado Contratante, ou por uma de suas subdivisões políticas ou governos locais, a uma pessoa física por serviços prestados a esse Estado ou a essa subdivisão ou a esse governo serão tributáveis somente nesse Estado.

b) Todavia, esses salários, ordenados e outras remunerações similares serão tributáveis somente no outro Estado Contratante se os serviços forem prestados nesse outro Estado e a pessoa física for um residente desse Estado que:

(i) seja um nacional desse Estado; ou

(ii) não se tenha tornado um residente desse Estado unicamente com a finalidade de prestar os serviços.

2.

a) Não obstante as disposições do parágrafo 1, pensões e outras remunerações similares pagas por um Estado Contratante, ou por uma de suas subdivisões políticas ou governos locais, ou por meio de fundos por eles constituídos, a uma pessoa física em razão de serviços prestados a esse Estado ou a essa subdivisão ou a esse governo serão tributáveis somente nesse Estado.

b) Todavia, essa pensão e outra remuneração similar será tributável somente no outro Estado Contratante se a pessoa física for residente e nacional desse Estado.

3. As disposições dos artigos 16, 17, 18 e 19 aplicar-se-ão aos salários, aos ordenados, às pensões e a outras remunerações similares pagas em razão de serviços prestados no âmbito de uma atividade empresarial exercida por um Estado Contratante ou por uma de suas subdivisões políticas ou governos locais.

Artigo 21

Professores e Pesquisadores

Uma pessoa física que for, ou tenha sido, em período imediatamente anterior à sua visita a um Estado Contratante, residente do outro Estado Contratante e que, a convite do Governo do primeiro Estado mencionado ou de uma universidade, estabelecimento de ensino superior, escola, museu ou outra instituição cultural do primeiro Estado mencionado, ou no âmbito de um programa oficial de intercâmbio cultural, permanecer nesse Estado por um período não superior a três anos consecutivos, com o único fim de lecionar, proferir conferências ou realizar pesquisas em tais instituições, será isenta de imposto nesse Estado pela remuneração dessa atividade, desde que o pagamento de tal remuneração provenha de fora desse Estado.

Artigo 22

Estudantes

As importâncias que um estudante, estagiário ou aprendiz que for, ou tenha sido, em período imediatamente anterior à sua visita a um Estado Contratante, residente do outro Estado Contratante e que permanecer no primeiro Estado mencionado com o único fim de aí prosseguir seus estudos ou sua formação, receber para fazer face às suas despesas com manutenção, educação ou treinamento, não serão tributadas nesse Estado, desde que esses pagamentos provenham de fontes situadas fora desse Estado.

Artigo 23

Recursos Naturais

Nada nesta Convenção afetará o direito de um Estado Contratante, ou de qualquer de suas subdivisões políticas ou governos locais, de aplicar sua legislação interna e regulações relacionadas à tributação dos rendimentos e dos lucros provenientes de recursos naturais e de suas atividades associadas situados no território desse Estado Contratante, conforme o caso.

Artigo 24

Outros Rendimentos

1. As modalidades de rendimentos de um residente de um Estado Contratante, de onde quer que provenham, não tratadas nos Artigos precedentes desta Convenção serão tributáveis somente nesse Estado.

2. O disposto no parágrafo 1 não se aplicará aos rendimentos que não sejam rendimentos de bens imobiliários como definidos no parágrafo 2 do artigo 6, se o beneficiário desses rendimentos, residente de um Estado Contratante, exercer atividades empresariais no outro Estado Contratante por intermédio de estabelecimento permanente aí situado, ou prestar serviços pessoais de caráter independente nesse outro Estado por intermédio de instalação fixa aí situada, e se o direito ou bem em relação ao qual os rendimentos forem pagos estiver efetivamente relacionado com esse estabelecimento permanente ou instalação fixa. Nesse caso, aplicar-se-ão as disposições do artigo 7 ou do artigo 15, conforme couber.

3. Não obstante as disposições dos parágrafos 1 e 2, as modalidades de rendimentos de um residente de um Estado Contratante não tratadas nos Artigos precedentes desta Convenção e provenientes do outro Estado Contratante poderão também ser tributadas nesse outro Estado.

Artigo 25

Eliminação da Dupla Tributação

1. Quando um residente de um Estado Contratante receber rendimentos que, de acordo com as disposições desta Convenção, possam ser tributados no outro Estado Contratante, o primeiro Estado mencionado admitirá, observadas as disposições de sua legislação em relação à eliminação da dupla tributação (que não afetarão o princípio geral aqui adotado), como uma dedução dos impostos sobre os rendimentos desse residente, um montante igual ao imposto sobre a renda pago nesse outro Estado. Tal dedução, todavia, não excederá a fração dos impostos sobre a renda, calculados antes da dedução, correspondente aos rendimentos que possam ser tributados nesse outro Estado.

2. Quando, em conformidade com qualquer disposição desta Convenção, os rendimentos auferidos por um residente de um Estado Contratante estiverem isentos de imposto nesse Estado, tal Estado poderá, todavia, ao calcular o montante do imposto incidente sobre os demais rendimentos desse residente, levar em conta os rendimentos isentos.

3. Não obstante as disposições dos parágrafos 1 e 2, quando o imposto federal sobre a renda das sociedades brasileiro, incidente sobre os lucros a partir dos quais os dividendos são pagos, for reduzido em decorrência de incentivos tributários voltados à promoção do desenvolvimento econômico regional, os Emirados Árabes Unidos permitirão, como dedução adicional ao imposto sobre a renda derivada do exterior desse residente, um montante correspondente ao imposto federal sobre a renda das sociedades brasileiro que teria sido pago se tal imposto brasileiro não tivesse sido reduzido, levando em consideração o imposto sobre dividendos brasileiro.

Artigo 26

Não discriminação

1. Os nacionais de um Estado Contratante não estarão sujeitos, no outro Estado Contratante, a qualquer tributação, ou exigência com ela conexa, diversa ou mais onerosa do que a tributação e as exigências com ela conexas às quais os nacionais desse outro Estado nas mesmas circunstâncias, em particular com relação à residência, estiverem ou puderem estar sujeitos.

2. A tributação de um estabelecimento permanente que uma empresa de um Estado Contratante tiver no outro Estado Contratante não será determinada de modo menos favorável nesse outro Estado do que a das empresas desse outro Estado que exercerem as mesmas atividades. Esta disposição não poderá ser interpretada no sentido de obrigar um Estado Contratante a conceder aos residentes do outro Estado Contratante deduções pessoais, abatimentos e reduções para fins de tributação em função de estado civil ou encargos familiares concedidos aos seus próprios residentes.

3. Salvo nos casos em que se aplicarem as disposições do artigo 9, do parágrafo 8 do artigo 11, do parágrafo 6 do artigo

12 ou do parágrafo 7 do artigo 13, juros, *royalties*, remunerações por serviços técnicos e outras despesas pagas por uma empresa de um Estado Contratante a um residente do outro Estado Contratante serão dedutíveis, para fins de determinação dos lucros tributáveis dessa empresa, nas mesmas condições como se tivessem sido pagos a um residente do primeiro Estado mencionado.

4. As empresas de um Estado Contratante cujo capital seja, total ou parcialmente, direta ou indiretamente, detido ou controlado por um ou mais residentes do outro Estado Contratante, não estarão sujeitas, no primeiro Estado mencionado, a qualquer tributação ou exigência com ela conexa, diversa ou mais onerosa do que a tributação e as exigências com ela conexas, a que estiverem ou puderem estar sujeitas outras empresas similares do primeiro Estado mencionado cujo capital seja, total ou parcialmente, direta ou indiretamente, detido ou controlado por um ou mais residentes de um terceiro Estado.

5. As disposições deste artigo aplicam-se somente aos tributos abrangidos por esta Convenção.

Artigo 27

Procedimento Amigável

1. Quando uma pessoa considerar que as ações de um ou ambos os Estados Contratantes resultam, ou poderão resultar, em relação a si, em uma tributação em desacordo com as disposições desta Convenção, ela poderá, independentemente dos recursos previstos no direito interno desses Estados, submeter seu caso à apreciação da autoridade competente do Estado Contratante de que for residente ou, se seu caso se enquadrar no parágrafo 1 do artigo 26, à apreciação da autoridade competente do Estado Contratante de que for nacional. O caso deverá ser apresentado dentro de três anos contados da primeira notificação que resultar em uma tributação em desacordo com as disposições desta Convenção.

2. A autoridade competente, se a reclamação se lhe afigurar justificada e se ela própria não estiver em condições de lhe dar solução satisfatória, envidará esforços para resolver a questão, mediante acordo mútuo, com a autoridade competente do outro Estado Contratante, a fim de evitar uma tributação em desconformidade com a Convenção. Todo entendimento alcançado será implementado a despeito de quaisquer limites temporais previstos na legislação interna dos Estados Contratantes.

3. As autoridades competentes dos Estados Contratantes envidarão esforços para resolver as dificuldades ou para dirimir as dúvidas a que possa dar lugar a interpretação ou a aplicação desta Convenção mediante acordo mútuo. As autoridades competentes poderão também consultar-se mutuamente para a eliminação da dupla tributação nos casos não previstos nesta Convenção.

4. As autoridades competentes dos Estados Contratantes poderão comunicar-se diretamente a fim de chegarem a um acordo nos termos dos parágrafos anteriores.

Artigo 28

Intercâmbio de Informações

1. As autoridades competentes dos Estados Contratantes intercambiarão entre si informações previsivelmente relevantes para a aplicação das disposições desta Convenção ou para a administração ou cumprimento da legislação interna dos Estados Contratantes relativa aos tributos de qualquer espécie e descrição exigidos por conta dos Estados Contratantes, na medida em que a tributação nela prevista não seja contrária à Convenção. O intercâmbio de informações não está limitado pelos artigos 1 e 2.

2. Quaisquer informações recebidas na forma do parágrafo 1 por um Estado Contratante serão consideradas sigilosas da mesma maneira que informações obtidas sob a legislação interna desse Estado e serão comunicadas apenas às pessoas ou às autoridades (incluindo tribunais e órgãos administrativos) encarregadas do lançamento ou da cobrança dos tributos referidos no parágrafo 1, da execução ou instauração de processos relativos a infrações concernentes a esses tributos, da apreciação de recursos a eles correspondentes, ou da supervisão das atividades precedentes. Essas pessoas ou autoridades utilizarão as informações somente para esses fins. Elas poderão revelar as informações em procedimentos públicos nos tribunais ou em decisões judiciais. Não obstante as disposições precedentes, as informações recebidas por um Estado Contratante podem ser utilizadas para outros fins quando essas informações possam ser utilizadas para outros fins nos termos da legislação de ambos os Estados e a autoridade competente do Estado fornecedor autoriza essa utilização.

3. Em nenhum caso, as disposições dos parágrafos 1 e 2 serão interpretadas no sentido de impor a um Estado Contratante a obrigação de:

a) tomar medidas administrativas contrárias às suas leis e práticas administrativas ou às do outro Estado Contratante;

b) fornecer informações que não possam ser obtidas com base na sua legislação ou no curso normal de suas práticas administrativas ou nas do outro Estado Contratante;

c) fornecer informações que revelariam qualquer segredo comercial, empresarial, industrial ou profissional, ou processo comercial, ou informações cuja revelação seria contrária à ordem pública (*ordre public*).

4. Se as informações forem solicitadas por um Estado Contratante de acordo com este artigo, o outro Estado Contratante utilizará os meios de que dispõe para obter as informações solicitadas, mesmo que esse outro Estado não necessite de tais informações para seus próprios fins tributários. A obrigação constante da frase anterior está sujeita às limitações do parágrafo 3, mas em nenhum caso tais limitações serão interpretadas no sentido de permitir que um Estado Contratante se recuse a prestar as informações somente porque essas informações não sejam de seu interesse no âmbito interno.

5. Em nenhum caso as disposições do parágrafo 3 serão interpretadas no sentido de permitir que um Estado Contratante se recuse a prestar as informações somente porque tais informações são detidas por um banco, por outra instituição financeira, por mandatário ou pessoa que atue na qualidade de agente ou de fiduciário, ou porque estão relacionadas com os direitos de participação na propriedade de uma pessoa.

Artigo 29

Direito a Benefícios

1. Não obstante as outras disposições desta Convenção, se a legislação dos Emirados Árabes Unidos contiver disposições, ou introduzir tais disposições após a assinatura desta Convenção, em que os rendimentos provenientes do exterior (*offshore*) obtidos por uma sociedade decorrentes de:

a) transporte marítimo;

b) atividades bancárias, financeiras, de seguros, de investimento ou similares; ou

LEG. COMPLEMENTAR

c) ser a sede, centro de coordenação ou entidade similar que ofereça serviços administrativos ou outro suporte para um grupo de sociedades que exerçam suas atividades empresariais principalmente em terceiros Estados, não for tributado nos Emirados Árabes Unidos ou for tributado a uma alíquota inferior a 60 por cento da alíquota aplicada aos rendimentos de atividades similares exercidas no próprio território, o Brasil não estará obrigado a aplicar qualquer limitação imposta nos termos desta Convenção sobre o direito de tributar os rendimentos obtidos pela sociedade de tais atividades no exterior ou seu direito de tributar os dividendos pagos pela sociedade.

2. Quando:

a) uma empresa dos Emirados Árabes Unidos obtiver renda a partir do Brasil, e os Emirados Árabes Unidos tratarem esta renda como atribuível a um estabelecimento permanente da empresa situado em uma terceira jurisdição; e

b) os lucros atribuíveis a esse estabelecimento permanente forem isentos de tributação nos Emirados Árabes Unidos, os benefícios desta Convenção não se aplicarão a qualquer item de rendimento para o qual a tributação na terceira jurisdição seja inferior a 60 por cento da tributação que seria imposta, nos Emirados Árabes Unidos, sobre esse item de rendimento se esse estabelecimento permanente estivesse situado nos Emirados Árabes Unidos. Nesse caso, qualquer rendimento ao qual se apliquem as disposições deste parágrafo permanecerá tributável de acordo com a legislação interna do Brasil, não obstante qualquer outra disposição desta Convenção.

3. Não obstante as disposições precedentes, uma sociedade residente dos Emirados Árabes Unidos não terá direito a qualquer benefício concedido por esta Convenção (outros que não sejam os benefícios estabelecidos no artigo 27) salvo se ficar provado que a sociedade ou a conduta de seus negócios, ou a aquisição ou manutenção por ela de participações acionárias ou outra propriedade da qual provenham os rendimentos em questão, não tinha como um propósito principal a obtenção de quaisquer benefícios para o proveito de uma pessoa que não é residente dos Emirados Árabes Unidos. Adicionalmente, a sociedade deve provar que não mais do que 50 por cento de seus rendimentos brutos são usados, direta ou indiretamente, para satisfazer obrigações (incluindo obrigações por juros ou *royalties*) com pessoas que não tenham direito aos benefícios desta Convenção.

4. Não obstante as outras disposições desta Convenção, não será concedido benefício ao abrigo desta Convenção relativamente a um item de rendimento se for razoável concluir, considerando todos os fatos e circunstâncias relevantes, que a obtenção desse benefício foi um dos principais objetivos de qualquer arranjo negocial ou transação que resultou direta ou indiretamente nesse benefício, a menos que fique demonstrado que a concessão desse benefício nessas circunstâncias seria de acordo com o objeto e propósito das disposições relevantes desta Convenção.

Artigo 30

Membros de Missões Diplomáticas e Postos Consulares

Nenhuma disposição desta Convenção prejudicará os privilégios fiscais de membros de missões diplomáticas ou autoridades consulares, em conformidade com as normas gerais de Direito Internacional ou com as disposições de acordos especiais.

Artigo 31

Entrada em Vigor

1. Cada Estado Contratante notificará ao outro, por via diplomática, o cumprimento dos procedimentos exigidos por sua legislação interna para a entrada em vigor desta Convenção.

2. Esta Convenção entrará em vigor na data de recebimento da segunda notificação, e suas disposições serão aplicáveis:

a) no tocante aos tributos retidos na fonte, em relação às rendas pagas, remetidas ou creditadas no ou após o primeiro dia de janeiro imediatamente seguinte à data em que a Convenção entrar em vigor; e

b) no tocante aos demais tributos, em relação à renda auferida nos anos fiscais que comecem no ou após o primeiro dia de janeiro imediatamente seguinte à data em que a Convenção entrar em vigor.

3. O Acordo entre o Governo dos Emirados Árabes Unidos e o Governo da República Federativa do Brasil com o Objetivo de Promover o Intercâmbio Comercial e Turístico entre os Dois Países por meio da Isenção Recíproca de Imposto de Renda de Empresas de Transporte Aéreo, concluído por troca de notas em 14 de julho de 2009, ficará suspenso e não terá efeitos enquanto esta Convenção tiver efeito.

Artigo 32

Denúncia

Esta Convenção permanecerá em vigor até que seja denunciada por um Estado Contratante. Qualquer um dos Estados Contratantes poderá denunciar esta Convenção, depois de cinco anos de sua entrada em vigor, mediante notificação da denúncia, por via diplomática, ao outro Estado Contratante, com pelo menos seis meses de antecedência do fim de um ano-calendário. Nesse caso, a Convenção não mais se aplicará:

a) no tocante aos tributos retidos na fonte, em relação às rendas pagas, remetidas ou creditadas no ou após o primeiro dia de janeiro imediatamente seguinte ao ano em que a notificação for feita; e

b) no tocante aos demais tributos, em relação à renda auferida nos anos fiscais que comecem no ou após o primeiro dia de janeiro imediatamente seguinte ao ano em que a notificação for feita.

Em testemunho do que, os abaixo-assinados, devidamente autorizados, firmaram esta Convenção.

Feito em duplicata em Brasília, em 12 de novembro de 2018, nos idiomas português, árabe e inglês, sendo todos os textos igualmente autênticos. Em caso de qualquer divergência de interpretação entre quaisquer versões, prevalecerá a versão em inglês.

PELA REPÚBLICA FEDERATIVA DO BRASIL

Aloysio Nunes Ferreira

Ministro das Relações Exteriores

PELOS EMIRADOS ÁRABES UNIDOS

Hafsa Abulla Mohamed Sharif Alulama

Embaixadora Extraordinária e Plenipotenciária

PROTOCOLO

No momento da assinatura da Convenção entre a República Federativa do Brasil e os Emirados Árabes Unidos para Eliminar a Dupla Tributação em Relação aos Tributos sobre a Renda e Prevenir a Evasão e a Elisão Fiscais, os abaixo-assinados, devidamente autorizados, acordaram as seguintes disposições, que constituem parte integrante da Convenção.

1. Com referência ao artigo 4

a) Fica entendido que o *status* de uma sociedade como residente dos Emirados Árabes Unidos está condicionado à confirmação pela autoridade competente dos Emirados Árabes Unidos, por meio de um certificado de residência, de que as condições mencionadas na alínea *b* do parágrafo 1 do artigo 4 foram cumpridas, e ao aceite de tal confirmação pela autoridade competente do Brasil. Em caso de discordância entre as autoridades competentes dos dois Estados Contratantes com relação ao cumprimento de tais condições, os procedimentos previstos no artigo 27 serão aplicados.

b) Se as autoridades de qualquer dos Estados Contratantes tiverem evidência que lance dúvida sobre as declarações que foram feitas pela pessoa a quem a renda é atribuível e que foram confirmadas pela autoridade competente do outro Estado Contratante, as autoridades competentes dos Estados Contratantes iniciarão um procedimento amigável a fim de verificar as informações apresentadas por tal pessoa. Na ausência de um acordo mútuo, tal pessoa não terá direito a qualquer benefício concedido por esta Convenção (outros que não sejam os benefícios estabelecidos no artigo 27).

c) Fica entendido que entidades de investimento de propriedade exclusiva do governo poderão ser consideradas como instituições de governo nos termos da alínea *b* do parágrafo 2 do artigo 4, nas condições ali estipuladas. No caso dos Emirados Árabes Unidos, as seguintes entidades de investimento serão consideradas instituições de governo:

(i) Abu Dhabi Investment Authority;

(ii) Mubadala Investment Company;

(iii) Investment Corporation of Dubai;

(iv) Emirates Investment Authority; e

(v) outras entidades de investimento, que possam vir a ser acordadas entre as autoridades competentes dos Estados Contratantes.

A autoridade competente dos Emirados Árabes Unidos notificará a autoridade competente do Brasil se uma entidade de investimento acima mencionada não mais cumprir com os critérios estabelecidos na alínea *b* do parágrafo 2 do artigo 4.

2. Com referência aos artigos 4 e 29

Com relação aos Emirados Árabes Unidos, fica entendido que, independentemente da interposição de sociedades, pessoas ou entidades, em última instância somente indivíduos residentes dos Emirados Árabes Unidos, os Emirados Árabes Unidos, uma de suas subdivisões políticas ou governos locais ou uma instituição de governo dos Emirados Árabes Unidos podem se beneficiar desta Convenção.

3. Com referência ao artigo 8

Fica entendido que a alínea *d* do parágrafo 3 do artigo 8 se aplica a juros em fundos de aplicação temporária e que constituam parte integrante das operações de navios e aeronaves em tráfego internacional.

4. Com referência aos artigos 10 e 11

Fica entendido que os benefícios concedidos na alínea *a* do parágrafo 2 do artigo 10 e no parágrafo 4 do artigo 11 também serão aplicáveis aos rendimentos percebidos por uma sociedade residente dos Emirados Árabes Unidos cujo capital tenha como beneficiário efetivo, direta ou indiretamente, exclusivamente os Emirados Árabes Unidos e/ou uma instituição ou entidade de governo dos Emirados Árabes Unidos e/ou uma de suas subdivisões políticas ou governos locais, desde que tal titularidade seja declarada no certificado de residência da sociedade.

A autoridade competente dos Emirados Árabes Unidos e a sociedade acima referida notificarão a autoridade competente do Brasil, qualquer parceiro comercial e outras sociedades ou entidades interessadas no Brasil se tal residente não mais cumprir com os critérios estabelecidos neste parágrafo.

5. Com referência ao artigo 11

Fica entendido que, no caso do Brasil, o juro pago como remuneração sobre o capital próprio de acordo a legislação tributária brasileira é também considerado juro para os efeitos do parágrafo 3 do artigo 11.

6. Com referência ao artigo 12

Fica entendido que as disposições do parágrafo 3 do artigo 12 aplicar-se-ão a pagamentos de qualquer espécie recebidos como remuneração pela prestação de assistência técnica.

7. Com referência ao artigo 17

Fica entendido que, no caso do Brasil, as disposições do artigo 17 aplicar-se-ão também aos membros dos conselhos de administração e fiscal instituídos segundo o Capítulo XII, Seção I, e o Capítulo XIII, respectivamente, da lei brasileira das sociedades anônimas (Lei nº 6.404, de 15 de dezembro de 1976, tal como alterado).

8. Com referência ao artigo 26

a) Fica entendido que as disposições do parágrafo 5 do artigo 10 não são conflitantes com as disposições do parágrafo 2 do artigo 26.

b) Fica entendido que as disposições da legislação tributária de um Estado Contratante que não permitem que os *royalties*, conforme definido no parágrafo 3 do artigo 12, pagos por um estabelecimento permanente ali situado a um residente do outro Estado Contratante que exerça negócios no primeiro Estado mencionado por meio desse estabelecimento permanente, sejam dedutíveis no momento da determinação do lucro tributável do estabelecimento permanente referido acima, não estão em conflito com o disposto nos parágrafos 2 e 3 do artigo 26.

9. Com referência ao artigo 27

Para os fins do parágrafo 3 do artigo XXII (Consultas) do Acordo Geral sobre o Comércio de Serviços, os Estados Contratantes concordam que, sem prejuízo desse parágrafo, qualquer disputa entre eles quanto à questão de saber se uma medida é abrangida por esta Convenção poderá ser apresentada ao Conselho para o Comércio de Serviços, nos termos desse parágrafo, somente com o consentimento de ambos os Estados Contratantes. Qualquer dúvida quanto à interpretação deste parágrafo será resolvida de acordo com o parágrafo 3 do artigo 27 ou, na falta de entendimento nesse procedimento, por qualquer outro procedimento acordado por ambos os Estados Contratantes.

10. Com referência ao artigo 28

Em relação à última sentença do parágrafo 2 do artigo 28, fica entendido que o uso de informação para outros fins está sujeito ao consentimento prévio e por escrito da autoridade competente do Estado fornecedor da informação.

11. Com referência ao artigo 29

a) Fica entendido que as disposições do parágrafo 1 do artigo 29 não levaram em consideração isenções governamentais concedidas pelos Emirados Árabes Unidos a entidades de investimento e sociedades residentes que sejam, direta ou indiretamente, de propriedade exclusiva do governo.

b) Fica entendido que as disposições da Convenção não impedirão que um Estado Contratante aplique sua legislação interna voltada a combater a evasão e elisão fiscais, incluindo as disposições de sua legislação tributária relativas a subcapitalização ou para evitar o diferimento do pagamento de imposto sobre a renda, tal como a legislação de sociedades controladas estrangeiras (legislação de "CFC") ou outra legislação similar.

Em testemunho do que, os abaixo-assinados, devidamente autorizados, firmaram esta Convenção.

Feito em duplicata em Brasília, em de novembro de 2018, nos idiomas português, árabe e inglês, sendo todos os textos igualmente autênticos. Em caso de qualquer divergência de interpretação entre quaisquer versões, prevalecerá a versão em inglês.

PELA REPÚBLICA FEDERATIVA DO BRASIL
Aloysio Nunes Ferreira
Ministro das Relações Exteriores

PELOS EMIRADOS ÁRABES UNIDOS
Hafsa Abulla Mohamed Sharif Alulama
Embaixadora Extraordinária e Plenipotenciária

PROVIMENTO DO CFOAB Nº 205, DE 15 DE JULHO DE 2021

Dispõe sobre a publicidade e a informação da advocacia.

- Publicado no *DOABe* de 21-7-2021.

Art. 1º É permitido o marketing jurídico, desde que exercido de forma compatível com os preceitos éticos e respeitadas as limitações impostas pelo Estatuto da Advocacia, Regulamento Geral, Código de Ética e Disciplina e por este Provimento.

§ 1º As informações veiculadas deverão ser objetivas e verdadeiras e são de exclusiva responsabilidade das pessoas físicas identificadas e, quando envolver pessoa jurídica, dos sócios administradores da sociedade de advocacia que responderão pelos excessos perante a Ordem dos Advogados do Brasil, sem excluir a participação de outros inscritos que para ela tenham concorrido.

§ 2º Sempre que solicitado pelos órgãos competentes para a fiscalização da Ordem dos Advogados do Brasil, as pessoas indicadas no parágrafo anterior deverão comprovar a veracidade das informações veiculadas, sob pena de incidir na infração disciplinar prevista no art. 34, inciso XVI, do Estatuto da Advocacia e da OAB, entre outras eventualmente apuradas.

Art. 2º Para fins deste provimento devem ser observados os seguintes conceitos:

I – *Marketing* jurídico: Especialização do *marketing* destinada aos profissionais da área jurídica, consistente na utilização de estratégias planejadas para alcançar objetivos do exercício da advocacia;

II – *Marketing* de conteúdos jurídicos: estratégia de *marketing* que se utiliza da criação e da divulgação de conteúdos jurídicos, disponibilizados por meio de ferramentas de comunicação, voltada para informar o público e para a consolidação profissional do(a) advogado(a) ou escritório de advocacia;

III – Publicidade: meio pelo qual se tornam públicas as informações a respeito de pessoas, ideias, serviços ou produtos, utilizando os meios de comunicação disponíveis, desde que não vedados pelo Código de Ética e Disciplina da Advocacia;

IV – Publicidade profissional: meio utilizado para tornar pública as informações atinentes ao exercício profissional, bem como os dados do perfil da pessoa física ou jurídica inscrita na Ordem dos Advogados do Brasil, utilizando os meios de comunicação disponíveis, desde que não vedados pelo Código de Ética e Disciplina da Advocacia;

V – Publicidade de conteúdos jurídicos: divulgação destinada a levar ao conhecimento do público conteúdos jurídicos;

VI – Publicidade ativa: divulgação capaz de atingir número indeterminado de pessoas, mesmo que elas não tenham buscado informações acerca do anunciante ou dos temas anunciados;

VII – Publicidade passiva: divulgação capaz de atingir somente público certo que tenha buscado informações acerca do anunciante ou dos temas anunciados, bem como por aqueles que concordem previamente com o recebimento do anúncio;

VIII – Captação de clientela: para fins deste provimento, é a utilização de mecanismos de *marketing* que, de forma ativa, independentemente do resultado obtido, se destinam a angariar clientes pela indução à contratação dos serviços ou estímulo do litígio, sem prejuízo do estabelecido no Código de Ética e Disciplina e regramentos próprios.

Art. 3º A publicidade profissional deve ter caráter meramente informativo e primar pela discrição e sobriedade, não podendo configurar captação de clientela ou mercantilização da profissão, sendo vedadas as seguintes condutas:

I – referência, direta ou indireta, a valores de honorários, forma de pagamento, gratuidade ou descontos e reduções de preços como forma de captação de clientes;

II – divulgação de informações que possam induzir a erro ou causar dano a clientes, a outros(as) advogados(as) ou à sociedade;

III – anúncio de especialidades para as quais não possua título certificado ou notória especialização, nos termos do parágrafo único do art. 3º-A do Estatuto da Advocacia;

IV – utilização de orações ou expressões persuasivas, de autoengrandecimento ou de comparação;

V – distribuição de brindes, cartões de visita, material impresso e digital, apresentações dos serviços ou afins de maneira indiscriminada em locais públicos, presenciais ou virtuais, salvo em eventos de interesse jurídico.

§ 1º Entende-se por publicidade profissional sóbria, discreta e informativa a divulgação que, sem ostentação, torna público o perfil profissional e as informações atinentes ao exercício profissional, conforme estabelecido pelo § 1º, do art. 44, do Código de Ética e Disciplina, sem incitar diretamente ao litígio judicial, administrativo ou à contratação de serviços, sendo vedada a promoção pessoal.

§ 2º Os consultores e as sociedades de consultores em direito estrangeiro devidamente autorizadas pela Ordem dos Advogados do Brasil, nos termos do Provimento nº 91/2000, somente poderão realizar o *marketing* jurídico com relação às suas atividades de consultoria em direito estrangeiro correspondente ao país ou Estado de origem do profissional interessado. Para esse fim, nas peças de caráter publicitário a sociedade acrescentará obrigatoriamente ao nome ou razão social que internacionalmente adote a expressão

"Consultores em direito estrangeiro" (art. 4º do Provimento nº 91/2000).

Art. 4º No *marketing* de conteúdos jurídicos poderá ser utilizada a publicidade ativa ou passiva, desde que não esteja incutida a mercantilização, a captação de clientela ou o emprego excessivo de recursos financeiros, sendo admitida a utilização de anúncios, pagos ou não, nos meios de comunicação, exceto nos meios vedados pelo art. 40 do Código de Ética e Disciplina e desde que respeitados os limites impostos pelo inciso V do mesmo artigo e pelo Anexo Único deste provimento.

§ 1º Admite-se, na publicidade de conteúdos jurídicos, a identificação profissional com qualificação e títulos, desde que verdadeiros e comprováveis quando solicitados pela Ordem dos Advogados do Brasil, bem como com a indicação da sociedade da qual faz parte.

§ 2º Na divulgação de imagem, vídeo ou áudio contendo atuação profissional, inclusive em audiências e sustentações orais, em processos judiciais ou administrativos, não alcançados por segredo de justiça, serão respeitados o sigilo e a dignidade profissional e vedada a referência ou menção a decisões judiciais e resultados de qualquer natureza obtidos em procedimentos que patrocina ou participa de alguma forma, ressalvada a hipótese de manifestação espontânea em caso coberto pela mídia.

§ 3º Para os fins do previsto no inciso V do art. 40 do Código de Ética e Disciplina, equiparam-se ao *e-mail*, todos os dados de contato e meios de comunicação do escritório ou advogado(a), inclusive os endereços dos *sites*, das redes sociais e os aplicativos de mensagens instantâneas, podendo também constar o logotipo, desde que em caráter informativo, respeitados os critérios de sobriedade e discrição.

§ 4º Quando se tratar de venda de bens e eventos (livros, cursos, seminários ou congressos), cujo público-alvo sejam advogados(as), estagiários(as) ou estudantes de direito, poderá ser utilizada a publicidade ativa, observadas as limitações do *caput* deste artigo.

§ 5º É vedada a publicidade a que se refere o *caput* mediante uso de meios ou ferramentas que influam de forma fraudulenta no seu impulsionamento ou alcance.

Art. 5º A publicidade profissional permite a utilização de anúncios, pagos ou não, nos meios de comunicação não vedados pelo art. 40 do Código de Ética e Disciplina.

§ 1º É vedado o pagamento, patrocínio ou efetivação de qualquer outra despesa para viabilizar aparição em *rankings*, prêmios ou qualquer tipo de recebimento de honrarias em eventos ou publicações, em qualquer mídia, que vise destacar ou eleger profissionais como detentores de destaque.

§ 2º É permitida a utilização de logomarca e imagens, inclusive fotos dos(as) advogados(as) e do escritório, assim como a identidade visual nos meios de comunicação profissional, sendo vedada a utilização de logomarca e símbolos oficiais da Ordem dos Advogados do Brasil.

§ 3º É permitida a participação do advogado ou da advogada em vídeos ao vivo ou gravados, na internet ou nas redes sociais, assim como em debates e palestras virtuais, desde que observadas as regras dos arts. 42 e 43 do CED, sendo vedada a utilização de casos concretos ou apresentação de resultados.

Art. 6º Fica vedada, na publicidade ativa, qualquer informação relativa às dimensões, qualidades ou estrutura física do escritório, assim como a menção à promessa de resultados ou a utilização de casos concretos para oferta de atuação profissional.

Parágrafo único. Fica vedada em qualquer publicidade a ostentação de bens relativos ao exercício ou não da profissão, como uso de veículos, viagens, hospedagens e bens de consumo, bem como a menção à promessa de resultados ou a utilização de casos concretos para oferta de atuação profissional.

Art. 7º Considerando que é indispensável a preservação do prestígio da advocacia, as normas estabelecidas neste provimento também se aplicam à divulgação de conteúdos que, apesar de não se relacionarem com o exercício da advocacia, possam atingir a reputação da classe à qual o profissional pertence.

Art. 8º Não é permitido vincular os serviços advocatícios com outras atividades ou divulgação conjunta de tais atividades, salvo a de magistério, ainda que complementares ou afins.

Parágrafo único. Não caracteriza infração ético-disciplinar o exercício da advocacia em locais compartilhados (*coworking*), sendo vedada a divulgação da atividade de advocacia em conjunto com qualquer outra atividade ou empresa que compartilhem o mesmo espaço, ressalvada a possibilidade de afixação de placa indicativa no espaço físico em que se desenvolve a advocacia e a veiculação da informação de que a atividade profissional é desenvolvida em local de *coworking*.

Art. 9º Fica criado o Comitê Regulador do *Marketing* Jurídico, de caráter consultivo, vinculado à Diretoria do Conselho Federal, que nomeará seus membros, com mandato concomitante ao da gestão, e será composto por:

I – 5 (cinco) Conselheiros(as) Federais, um(a) de cada região do país, indicados(as) pela Diretoria do CFOAB;

II – 1 (um) representante do Colégio de Presidentes de Seccionais.

III – 1 (um) representante indicado pelo Colégio de Presidentes dos Tribunais de Ética e Disciplina;

IV – 1 (um) representante indicado pela Coordenação Nacional de Fiscalização da Atividade Profissional da Advocacia; e

V – 1 (um) representante indicado pelo Colégio de Presidentes das Comissões da Jovem Advocacia.

§ 1º O Comitê Regulador do *Marketing* Jurídico se reunirá periodicamente para acompanhar a evolução dos critérios específicos sobre *marketing*, publicidade e informação na advocacia constantes do Anexo Único deste provimento, podendo propor ao Conselho Federal a alteração, a supressão ou a inclusão de novos critérios e propostas de alteração do provimento.

§ 2º Com a finalidade de pacificar e unificar a interpretação dos temas pertinentes perante os Tribunais de Ética e Disciplina e Comissões de Fiscalização das Seccionais, o Comitê poderá propor ao Órgão Especial, com base nas disposições do Código de Ética e Disciplina e pelas demais disposições previstas neste provimento, sugestões de interpretação dos dispositivos sobre publicidade e informação.

Art. 10. As Seccionais poderão conceder poderes coercitivos à respectiva Comissão de Fiscalização, permitindo a expedição de notificações com a finalidade de dar efetividade às disposições deste provimento.

Art. 11. Faz parte integrante do presente provimento o Anexo Único, que estabelece os critérios específicos sobre a publicidade e informação da advocacia.

LEG. COMPLEMENTAR

Art. 12. Fica revogado o Provimento nº 94, de 5 de setembro de 2000, bem como as demais disposições em contrário.

Parágrafo único. Este provimento não se aplica às eleições do sistema OAB, que possui regras próprias quanto à campanha e à publicidade.

Art. 13. Este Provimento entra em vigor no prazo de 30 (trinta) dias a contar da data de sua publicação no Diário Eletrônico da OAB.

Brasília, 15 de julho de 2021.

Felipe de Santa Cruz Oliveira Scaletsky

ANEXO ÚNICO

Anuários	Somente é possível a participação em publicações que indiquem, de forma clara e precisa, qual a metodologia e os critérios de pesquisa ou de análise que justifiquem a inclusão de determinado escritório de advocacia ou advogado(a) na publicação, ou ainda que indiquem que se trata de mera compilação de escritórios ou advogados(as). É vedado o pagamento, patrocínio ou efetivação de qualquer outra despesa para viabilizar anúncios ou aparição em publicações como contrapartida de premiação ou ranqueamento.
Aplicativos para responder consultas jurídicas	Não é admitida a utilização de aplicativos de forma indiscriminada para responder automaticamente consultas jurídicas a não clientes por suprimir a imagem, o poder decisório e as responsabilidades do profissional, representando mercantilização dos serviços jurídicos.
Aquisição de palavra-chave a exemplo do Google Ads	Permitida a utilização de ferramentas de aquisição de palavra-chave quando responsivo a uma busca iniciada pelo potencial cliente e desde que as palavras selecionadas estejam em consonância com ditames éticos. Proibido o uso de anúncios ostensivos em plataformas de vídeo.
Cartão de visitas	Deve conter nome ou nome social do(a) advogado(a) e o número da inscrição na OAB e o nome da sociedade, se integrante de sociedade. Pode conter número de telefone, endereço físico/eletrônico, *QR Code* que permita acesso aos dados/*site*. Pode ser físico e eletrônico.
Chatbot	Permitida a utilização para o fim de facilitar a comunicação ou melhorar a prestação de serviços jurídicos, não podendo afastar a pessoalidade da prestação do serviço jurídico, nem suprimir a imagem, o poder decisório e as responsabilidades do profissional. É possível, por exemplo, a utilização no *site* para responder as primeiras dúvidas de um potencial cliente ou para encaminhar as primeiras informações sobre a atuação do escritório. Ou ainda, como uma solução para coletar dados, informações ou documentos.
Correspondências e comunicados (mala direta);	O envio de cartas e comunicações a uma coletividade ("mala direta") é expressamente vedado. Somente é possível o envio de cartas e comunicações se destinadas a clientes e pessoas de relacionamento pessoal ou que os solicitem ou os autorizem previamente, desde que não tenham caráter mercantilista, que não representem captação de clientes e que não impliquem oferecimento de serviços.
Criação de conteúdo, palestras, artigos;	Deve ser orientada pelo caráter técnico informativo, sem divulgação de resultados concretos obtidos, clientes, valores ou gratuidade.
Ferramentas Tecnológicas	Podem ser utilizadas com a finalidade de auxiliar os(as) advogados(as) a serem mais eficientes em suas atividades profissionais, sem suprimir a imagem, o poder decisório e as responsabilidades do profissional.
Grupos de "whatsapp"	Permitida a divulgação por meio de grupos de *whatsapp*, desde que se trate de grupo de pessoas determinadas, das relações do(a) advogado(a) ou do escritório de advocacia e seu conteúdo respeite as normas do Código de Ética e Disciplina e do presente provimento.
***Lives* nas redes sociais e Youtube**	É permitida a realização de *lives* nas redes sociais e vídeos no *Youtube*, desde que seu conteúdo respeite as normas do Código de Ética e Disciplina e do presente provimento.
Patrocínio e impulsionamento nas redes sociais	Permitido, desde que não se trate de publicidade contendo oferta de serviços jurídicos.
Petições, papéis, pastas e materiais de escritório	Pode conter nome e nome social do(a) advogado(a) e da sociedade, endereço físico/eletrônico, número de telefone e logotipo.
Placa de identificação do escritório	Pode ser afixada no escritório ou na residência do(a) advogado(a), não sendo permitido que seja luminosa tal qual a que se costuma ver em farmácias e lojas de conveniência. Suas dimensões não são preestabelecidas, bastando que haja proporcionalidade em relação às dimensões da fachada do escritório ou residência, sempre respeitando os critérios de discrição e moderação.
Redes Sociais	É permitida a presença nas redes sociais, desde que seu conteúdo respeite as normas do Código de Ética e Disciplina e do presente provimento.

LEI COMPLEMENTAR Nº 187, DE 16 DE DEZEMBRO DE 2021

Dispõe sobre a certificação das entidades beneficentes e regula os procedimentos referentes à imunidade de contribuições à seguridade social de que trata o § 7º do art. 195 da Constituição Federal; altera as Leis nºs 5.172, de 25 de outubro de 1966 (Código Tributário Nacional), e 9.532, de 10 de dezembro de 1997; revoga a Lei nº 12.101, de 27 de novembro de 2009, e dispositivos das Leis nºs 11.096, de 13 de janeiro de 2005, e 12.249, de 11 de junho de 2010; e dá outras providências.

- Publicada no *DOU* de 17-12-2021 e retificada no *DOU* de 17-12-2021 – edição extra A.

CAPÍTULO I

DISPOSIÇÕES PRELIMINARES

Art. 1º Esta Lei Complementar regula, com fundamento no inciso II do *caput* do art. 146 e no § 7º do art. 195 da Constituição Federal, as condições para limitação ao poder de tributar da União em relação às entidades beneficentes, no tocante às contribuições para a seguridade social.

Art. 2º Entidade beneficente, para os fins de cumprimento desta Lei Complementar, é a pessoa jurídica de direito privado, sem fins lucrativos, que presta serviço nas áreas de assistência social, de saúde e de educação, assim certificada na forma desta Lei Complementar.

Art. 3º Farão jus à imunidade de que trata o § 7º do art. 195 da Constituição Federal as entidades beneficentes que atuem nas áreas da saúde, da educação e da assistência social, certificadas nos termos desta Lei Complementar, e que atendam, cumulativamente, aos seguintes requisitos:

I – não percebam seus dirigentes estatutários, conselheiros, associados, instituidores ou benfeitores remuneração, vantagens ou benefícios, direta ou indiretamente, por qualquer forma ou título, em razão das competências, das funções ou das atividades que lhes sejam atribuídas pelos respectivos atos constitutivos;

II – apliquem suas rendas, seus recursos e eventual superávit integralmente no território nacional, na manutenção e no desenvolvimento de seus objetivos institucionais;

III – apresentem certidão negativa ou certidão positiva com efeito de negativa de débitos relativos aos tributos administrados pela Secretaria Especial da Receita Federal do Brasil e pela Procuradoria-Geral da Fazenda Nacional, bem como comprovação de regularidade do Fundo de Garantia do Tempo de Serviço (FGTS);

IV – mantenham escrituração contábil regular que registre as receitas e as despesas, bem como o registro em gratuidade, de forma segregada, em consonância com as normas do Conselho Federal de Contabilidade e com a legislação fiscal em vigor;

V – não distribuam a seus conselheiros, associados, instituidores ou benfeitores seus resultados, dividendos, bonificações, participações ou parcelas do seu patrimônio, sob qualquer forma ou pretexto, e, na hipótese de prestação de serviços a terceiros, públicos ou privados, com ou sem cessão de mão de obra, não transfiram a esses terceiros os benefícios relativos à imunidade prevista no § 7º do art. 195 da Constituição Federal;

VI – conservem, pelo prazo de 10 (dez) anos, contado da data de emissão, os documentos que comprovem a origem e o registro de seus recursos e os relativos a atos ou a operações realizadas que impliquem modificação da situação patrimonial;

VII – apresentem as demonstrações contábeis e financeiras devidamente auditadas por auditor independente legalmente habilitado nos Conselhos Regionais de Contabilidade, quando a receita bruta anual auferida for superior ao limite fixado pelo inciso II do *caput* do art. 3º da Lei Complementar nº 123, de 14 de dezembro de 2006; e

VIII – prevejam, em seus atos constitutivos, em caso de dissolução ou extinção, a destinação do eventual patrimônio remanescente a entidades beneficentes certificadas ou a entidades públicas.

§ 1º A exigência a que se refere o inciso I do *caput* deste artigo não impede:

I – a remuneração aos dirigentes não estatutários; e

II – a remuneração aos dirigentes estatutários, desde que recebam remuneração inferior, em seu valor bruto, a 70% (setenta por cento) do limite estabelecido para a remuneração de servidores do Poder Executivo federal, obedecidas as seguintes condições:

a) nenhum dirigente remunerado poderá ser cônjuge ou parente até o terceiro grau, inclusive afim, de instituidores, de associados, de dirigentes, de conselheiros, de benfeitores ou equivalentes da entidade de que trata o *caput* deste artigo; e

b) o total pago a título de remuneração para dirigentes pelo exercício das atribuições estatutárias deverá ser inferior a 5 (cinco) vezes o valor correspondente ao limite individual estabelecido para a remuneração dos servidores do Poder Executivo federal.

§ 2º O valor das remunerações de que trata o § 1º deste artigo deverá respeitar como limite máximo os valores praticados pelo mercado na região correspondente à sua área de atuação e deverá ser fixado pelo órgão de deliberação superior da entidade, registrado em ata, com comunicação ao Ministério Público, no caso das fundações.

§ 3º Os dirigentes, estatutários ou não, não respondem, direta ou subsidiariamente, pelas obrigações fiscais da entidade, salvo se comprovada a ocorrência de dolo, fraude ou simulação.

Art. 4º A imunidade de que trata esta Lei Complementar abrange as contribuições sociais previstas nos incisos I, III e IV do *caput* do art. 195 e no art. 239 da Constituição Federal, relativas a entidade beneficente, a todas as suas atividades e aos empregados e demais segurados da previdência social, mas não se estende a outra pessoa jurídica, ainda que constituída e mantida pela entidade à qual a certificação foi concedida.

Art. 5º As entidades beneficentes deverão obedecer ao princípio da universalidade do atendimento, vedado dirigir suas atividades exclusivamente a seus associados ou categoria profissional.

CAPÍTULO II
DOS REQUISITOS PARA A CERTIFICAÇÃO DA ENTIDADE BENEFICENTE

Seção I
DISPOSIÇÕES PRELIMINARES

Art. 6º A certificação será concedida à entidade beneficente que demonstre, no exercício fiscal anterior ao do requerimento a que se refere o art. 34 desta Lei Complementar, observado o período mínimo de 12 (doze) meses de constituição da entidade, o cumprimento do disposto nas Seções II, III e IV deste Capítulo, de acordo com as respectivas áreas de atuação, sem prejuízo do disposto no art. 3º desta Lei.

§ 1º A entidade que atue em mais de uma das áreas a que se refere o art. 2º desta Lei Complementar deverá manter escrituração contábil segregada por área, de modo a evidenciar as receitas, os custos e as despesas de cada atividade desempenhada.

§ 2º Nos processos de certificação, o período mínimo de cumprimento dos requisitos de que trata este artigo poderá ser reduzido se a entidade for prestadora de serviços por meio de contrato, de convênio ou de instrumento congênere com o Sistema Único de Saúde (SUS), com o Sistema Único de Assistência Social (SUAS) ou com o Sistema Nacional de Políticas Públicas sobre Drogas (SISNAD), em caso de necessidade local atestada pelo gestor do respectivo sistema.

Seção II
DA SAÚDE

Subseção I
DOS REQUISITOS RELATIVOS ÀS ENTIDADES DE SAÚDE

Art. 7º Para fazer jus à certificação, a entidade de saúde deverá, alternativamente:

I – prestar serviços ao SUS;

II – prestar serviços gratuitos;

III – atuar na promoção à saúde;

IV – ser de reconhecida excelência e realizar projetos de apoio ao desenvolvimento institucional do SUS; ou

LEG. COMPLEMENTAR

V – VETADO.

§ 1º A entidade de saúde também deverá manter o Cadastro Nacional de Estabelecimentos de Saúde (CNES) atualizado, informando as alterações referentes aos seus registros, na forma e no prazo determinados em regulamento.

§ 2º As entidades poderão desenvolver atividades que gerem recursos, inclusive por meio de suas filiais, com ou sem cessão de mão de obra, independentemente do quantitativo de profissionais e dos recursos auferidos, de modo a contribuir com a realização das atividades previstas no art. 2º desta Lei Complementar, registradas segregadamente em sua contabilidade e destacadas em suas Notas Explicativas.

Art. 8º Para fins do disposto nesta Seção, será considerada instrumento congênere a declaração do gestor local do SUS que ateste a existência de relação de prestação de serviços de saúde, nos termos de regulamento.

Subseção II

DA PRESTAÇÃO DE SERVIÇOS AO SISTEMA ÚNICO DE SAÚDE (SUS)

Art. 9º Para ser certificada pela prestação de serviços ao SUS, a entidade de saúde deverá, nos termos de regulamento:

I – celebrar contrato, convênio ou instrumento congênere com o gestor do SUS; e

II – comprovar, anualmente, a prestação de seus serviços ao SUS no percentual mínimo de 60% (sessenta por cento), com base nas internações e nos atendimentos ambulatoriais realizados.

§ 1º A prestação de serviços ao SUS de que trata o inciso II do *caput* deste artigo será apurada por cálculo percentual simples, com base no total de internações hospitalares, medidas por paciente por dia, incluídos usuários do SUS e não usuários do SUS, e no total de atendimentos ambulatoriais, medidos por número de atendimentos e procedimentos, de usuários do SUS e de não usuários do SUS, com a possibilidade da incorporação do componente ambulatorial do SUS, nos termos de regulamento.

§ 2º O atendimento do percentual mínimo de que trata o inciso II do *caput* deste artigo poderá ser individualizado por estabelecimento ou pelo conjunto de estabelecimentos de saúde da pessoa jurídica, desde que não abranja outra entidade com personalidade jurídica própria que seja por ela mantida.

§ 3º Para fins do disposto no § 2º deste artigo, no conjunto de estabelecimentos de saúde da pessoa jurídica, poderá ser incorporado estabelecimento vinculado em decorrência de contrato de gestão, no limite de 10% (dez por cento) dos seus serviços.

§ 4º Para fins do disposto no inciso II do *caput* deste artigo, a entidade de saúde que aderir a programas e a estratégias prioritárias definidas pela autoridade executiva federal competente fará jus a índice percentual que será adicionado ao total de prestação de seus serviços ofertados ao SUS, observado o limite máximo de 10% (dez por cento).

§ 5º A entidade de saúde que presta serviços exclusivamente na área ambulatorial deverá observar o disposto nos incisos I e II do *caput* deste artigo e comprovar, anualmente, a prestação dos serviços ao SUS no percentual mínimo de 60% (sessenta por cento).

Art. 10. A entidade de saúde deverá informar obrigatoriamente, na forma estabelecida em regulamento:

I – a totalidade das internações e dos atendimentos ambulatoriais realizados para os pacientes não usuários do SUS; e

II – a totalidade das internações e dos atendimentos ambulatoriais realizados para os pacientes usuários do SUS.

Art. 11. Para os requerimentos de renovação da certificação, caso a entidade de saúde não cumpra o disposto no inciso II do *caput* do art. 9º desta Lei Complementar, no exercício fiscal anterior ao exercício do requerimento, será avaliado o cumprimento do requisito com base na média da prestação de serviços ao SUS de que trata o referido dispositivo, atendido pela entidade, durante todo o período de certificação em curso, que deverá ser de, no mínimo, 60% (sessenta por cento).

Parágrafo único. Para fins do disposto no *caput* deste artigo, apenas será admitida a avaliação caso a entidade tenha cumprido, no mínimo, 50% (cinquenta por cento) da prestação de serviços ao SUS de que trata o inciso II do *caput* do art. 9º desta Lei Complementar em cada um dos anos do período de certificação.

Subseção III

DA PRESTAÇÃO DE SERVIÇOS GRATUITOS NA ÁREA DA SAÚDE

Art. 12. Para ser certificada pela aplicação de percentual de sua receita em gratuidade na área da saúde, a entidade deverá comprovar essa aplicação da seguinte forma:

I – 20% (vinte por cento), quando não houver interesse de contratação pelo gestor local do SUS ou se o percentual de prestação de serviços ao SUS for inferior a 30% (trinta por cento);

II – 10% (dez por cento), se o percentual de prestação de serviços ao SUS for igual ou superior a 30% (trinta por cento) e inferior a 50% (cinquenta por cento); ou

III – 5% (cinco por cento), se o percentual de prestação de serviços ao SUS for igual ou superior a 50% (cinquenta por cento).

§ 1º A receita prevista no *caput* deste artigo será a efetivamente recebida pela prestação de serviços de saúde.

§ 2º Para as entidades que não possuam receita de prestação de serviços de saúde, a receita prevista no *caput* deste artigo será a proveniente de qualquer fonte cujo montante do dispêndio com gratuidade não seja inferior à imunidade de contribuições sociais usufruída.

§ 3º A prestação de serviços prevista no *caput* deste artigo será pactuada com o gestor local do SUS por meio de contrato, de convênio ou de instrumento congênere.

Subseção IV

DAS AÇÕES E DOS SERVIÇOS DE PROMOÇÃO DE SAÚDE

Art. 13. Será admitida a certificação de entidades que atuem exclusivamente na promoção da saúde sem exigência de contraprestação do usuário pelas ações e pelos serviços de saúde realizados e pactuados com o gestor do SUS, na forma prevista em regulamento.

§ 1º A execução de ações e de serviços de promoção da saúde será previamente pactuada por meio de contrato, de convênio ou de instrumento congênere com o gestor local do SUS.

§ 2º Para efeito do disposto no *caput* deste artigo, são consideradas ações e serviços de promoção da saúde as atividades direcionadas para a redução de risco à saúde, desenvolvidas em áreas como:

I – nutrição e alimentação saudável;

II – prática corporal ou atividade física;

III – prevenção e controle do tabagismo;
IV – prevenção ao câncer;
V – prevenção ao vírus da imunodeficiência humana (HIV) e às hepatites virais;
VI – prevenção e controle da dengue;
VII – prevenção à malária;
VIII – ações de promoção à saúde relacionadas à tuberculose e à hanseníase;
IX – redução da morbimortalidade em decorrência do uso abusivo de álcool e de outras drogas;
X – redução da morbimortalidade por acidentes de trânsito;
XI – redução da morbimortalidade nos diversos ciclos de vida;
XII – prevenção da violência;
XIII – VETADO.

Subseção V

DO DESENVOLVIMENTO DE PROJETOS NO ÂMBITO DO PROGRAMA DE APOIO AO DESENVOLVIMENTO INSTITUCIONAL DO SISTEMA ÚNICO DE SAÚDE (PROADI-SUS)

Art. 14. A entidade de saúde com reconhecida excelência poderá ser certificada como entidade beneficente pelo desenvolvimento de projetos no âmbito do Programa de Apoio ao Desenvolvimento Institucional do Sistema Único de Saúde (PROADI-SUS), nas seguintes áreas de atuação:
I – estudos de avaliação e incorporação de tecnologias;
II – capacitação de recursos humanos;
III – pesquisas de interesse público em saúde; ou
IV – desenvolvimento de técnicas e operação de gestão em serviços de saúde.
§ 1º O recurso despendido pela entidade de saúde com projeto de apoio e desenvolvimento institucional do SUS não poderá ser inferior ao valor da imunidade das contribuições sociais usufruída.
§ 2º Regulamento definirá os requisitos técnicos para reconhecimento de excelência das entidades de saúde.
§ 3º A participação das entidades de saúde ou de educação em projetos de apoio previstos neste artigo não poderá ocorrer em prejuízo das atividades beneficentes prestadas ao SUS.

Art. 15. As entidades de saúde de reconhecida excelência que desenvolvam projetos no âmbito do PROADI-SUS poderão, após autorização da autoridade executiva federal competente, firmar pacto com o gestor local do SUS para a prestação de serviços ambulatoriais e hospitalares ao SUS não remunerados, observadas as seguintes condições:
I – o gasto com a prestação de serviços ambulatoriais e hospitalares ao SUS não remunerados não poderá ultrapassar 30% (trinta por cento) do valor usufruído com imunidade das contribuições sociais;
II – a entidade de saúde deverá apresentar a relação de serviços ambulatoriais e hospitalares a serem ofertados, com o respectivo demonstrativo da projeção das despesas e do referencial utilizado, os quais não poderão exceder o valor por ela efetivamente despendido;
III – a comprovação dos custos a que se refere o inciso II deste *caput* poderá ser exigida a qualquer tempo, mediante apresentação dos documentos necessários;
IV – a entidade de saúde deverá informar a produção na forma estabelecida em regulamento, com observação de não geração de créditos.

Art. 16. O valor dos recursos despendidos e o conteúdo das atividades desenvolvidas no âmbito dos projetos de apoio ao desenvolvimento institucional do SUS ou da prestação de serviços previstos no art. 15 desta Lei Complementar deverão ser objeto de relatórios anuais encaminhados à autoridade executiva federal competente para acompanhamento e fiscalização, sem prejuízo das atribuições dos órgãos de fiscalização tributária.
§ 1º Os relatórios previstos no *caput* deste artigo deverão ser acompanhados de demonstrações contábeis e financeiras submetidas a parecer conclusivo de auditoria independente, realizada por instituição credenciada perante o Conselho Regional de Contabilidade.
§ 2º O cálculo do valor da imunidade prevista no § 1º do art. 14 desta Lei Complementar será realizado anualmente com base no exercício fiscal anterior.
§ 3º Em caso de requerimento de concessão da certificação, o recurso despendido pela entidade de saúde no projeto de apoio não poderá ser inferior ao valor das contribuições para a seguridade social referente ao exercício fiscal anterior ao do requerimento.
§ 4º Caso os recursos despendidos nos projetos de apoio institucional não alcancem o valor da imunidade usufruída, na forma do § 2º deste artigo, a entidade deverá complementar a diferença até o término do prazo de validade de sua certificação.
§ 5º O disposto no § 4º deste artigo alcança somente as entidades que tenham aplicado, no mínimo, 70% (setenta por cento) do valor usufruído anualmente com a imunidade nos projetos de apoio ao desenvolvimento institucional do SUS.

Subseção VI

DA PRESTAÇÃO DE SERVIÇOS DE SAÚDE NÃO REMUNERADOS PELO SUS A TRABALHADORES

Art. 17. As entidades da área de saúde certificadas até o dia imediatamente anterior ao da publicação da Lei nº 12.101, de 27 de novembro de 2009, que prestem serviços assistenciais de saúde não remunerados pelo SUS a trabalhadores ativos e inativos e aos respectivos dependentes econômicos, decorrentes do estabelecido em lei ou Norma Coletiva de Trabalho, e desde que, simultaneamente, destinem no mínimo 20% (vinte por cento) do valor total das imunidades de suas contribuições sociais em serviços, com universalidade de atendimento, a beneficiários do SUS, mediante pacto do gestor do local, terão concedida ou renovada a certificação, na forma de regulamento.

Seção III

DA EDUCAÇÃO

Art. 18. Para fazer jus à imunidade, a entidade com atuação na área da educação cujas atividades sejam de oferta de educação básica, de educação superior ou de ambas, deve atender ao disposto nesta Seção e na legislação aplicável.
§ 1º As instituições de ensino deverão:
I – obter autorização de funcionamento expedida pela autoridade executiva competente;
II – informar anualmente os dados referentes à instituição ao Instituto Nacional de Estudos e Pesquisas Educacionais Anísio Teixeira (INEP); e
III – atender a padrões mínimos de qualidade aferidos pelos processos de avaliação conduzidos pela autoridade executiva federal competente.
§ 2º Para os fins desta Lei Complementar, o atendimento ao princípio da universalidade na área da educação pressupõe a

seleção de bolsistas segundo o perfil socioeconômico, sem qualquer forma de discriminação, segregação ou diferenciação, vedada a utilização de critérios étnicos, religiosos, corporativos, políticos ou quaisquer outros que afrontem esse perfil, ressalvados os estabelecidos na legislação vigente, em especial na Lei nº 12.711, de 29 de agosto de 2012.

§ 3º As instituições que prestam serviços totalmente gratuitos e as que prestam serviços mediante convênio com órgãos ou entidades dos poderes públicos devem assegurar que os alunos a serem contabilizados no atendimento da proporcionalidade de bolsas sejam selecionados segundo o perfil socioeconômico definido nesta Lei Complementar.

§ 4º O certificado será expedido em favor da entidade mantenedora das instituições de ensino.

- § 4º promulgado nos termos do art. 66, § 5º, da CF (*DOU* de 8-7-2022 – ed. extra B).

§ 5º A cada 2 (dois) anos, será publicado levantamento dos resultados apresentados pelas instituições de ensino que oferecem educação básica certificadas na forma desta Lei Complementar, quanto às condições de oferta e de desempenho dos estudantes, com base no Censo Escolar da Educação Básica e no Sistema de Avaliação da Educação Básica (SAEB).

§ 6º A cada 3 (três) anos, será publicado levantamento dos resultados apresentados pelas instituições de ensino superior certificadas na forma desta Lei Complementar, em termos de avaliação das instituições, dos cursos e do desempenho dos estudantes da educação superior, a partir dos dados do Sistema Nacional de Avaliação da Educação Superior (SINAES).

Art. 19. As entidades que atuam na área da educação devem comprovar a oferta de gratuidade na forma de bolsas de estudo e de benefícios.

§ 1º As entidades devem conceder bolsas de estudo nos seguintes termos:

I – bolsa de estudo integral a aluno cuja renda familiar bruta mensal *per capita* não exceda o valor de 1,5 (um inteiro e cinco décimos) salário mínimo;

II – bolsa de estudo parcial com 50% (cinquenta por cento) de gratuidade a aluno cuja renda familiar bruta mensal *per capita* não exceda o valor de 3 (três) salários mínimos.

§ 2º Para fins de concessão da bolsa de estudo integral, admite-se a majoração em até 20% (vinte por cento) do teto estabelecido, ao se considerar aspectos de natureza social do beneficiário, de sua família ou de ambos, quando consubstanciados em relatório comprobatório devidamente assinado por assistente social com registro no respectivo órgão de classe.

§ 3º Para os fins desta Lei Complementar, consideram-se benefícios aqueles providos pela entidade a beneficiários cuja renda familiar bruta mensal *per capita* esteja enquadrada nos limites dos incisos I e II do § 1º deste artigo, que tenham por objetivo promover ao estudante o acesso, a permanência, a aprendizagem e a conclusão do curso na instituição de ensino e estejam explicitamente orientados para o alcance das metas e estratégias do Plano Nacional de Educação (PNE).

§ 4º Os benefícios de que trata o § 3º deste artigo são tipificados em:

I – tipo 1: benefícios destinados exclusivamente ao aluno bolsista, tais como transporte escolar, uniforme, material didático, moradia e alimentação;

II – tipo 2: ações e serviços destinados a alunos e a seu grupo familiar, com vistas a favorecer ao estudante o acesso, a permanência, a aprendizagem e a conclusão do curso na instituição de ensino; e

III – tipo 3: projetos e atividades de educação em tempo integral destinados à ampliação da jornada escolar dos alunos da educação básica matriculados em escolas públicas que apresentem índice de nível socioeconômico baixo estabelecido nos termos da legislação.

§ 5º As entidades que optarem pela substituição de bolsas de estudo por benefícios de tipos 1 e 2, no limite de até 25% (vinte e cinco por cento) das bolsas de estudo, deverão firmar Termo de Concessão de Benefícios Complementares com cada um dos beneficiários.

§ 6º As entidades que optarem pela substituição de bolsas de estudo por projetos e atividades de educação em tempo integral destinados à ampliação da jornada escolar dos alunos da educação básica matriculados em escolas públicas deverão firmar termo de parceria ou instrumento congênere com instituições públicas de ensino.

§ 7º Os projetos e atividades de educação em tempo integral deverão:

I – estar integrados ao projeto pedagógico da escola pública parceira;

II – assegurar a complementação da carga horária da escola pública parceira em, no mínimo, 10 (dez) horas semanais; e

III – estar relacionados aos componentes da grade curricular da escola pública parceira.

§ 8º Considera-se educação básica em tempo integral a jornada escolar com duração igual ou superior a 7 (sete) horas diárias, durante todo o período letivo, que compreende o tempo em que o aluno permanece na escola e aquele em que exerce, nos termos de regulamento, atividades escolares em outros espaços educacionais.

§ 9º As regras de conversão dos valores de benefícios em bolsas de estudo serão definidas conforme o valor médio do encargo educacional mensal ao longo do período letivo, a ser estabelecido com base em planilha que deverá ser enviada, anualmente, por cada instituição de ensino à autoridade executiva federal competente.

§ 10. O encargo educacional de que trata o § 9º deste artigo considerará todos os descontos aplicados pela instituição, regulares ou temporários, de caráter coletivo ou decorrentes de convênios com instituições públicas ou privadas, incluídos os descontos concedidos devido ao seu pagamento pontual, respeitada a proporcionalidade da carga horária.

Art. 20. A entidade que atua na educação básica deverá conceder, anualmente, bolsas de estudo na proporção de 1 (uma) bolsa de estudo integral para cada 5 (cinco) alunos pagantes.

§ 1º Para o cumprimento da proporção estabelecida no *caput* deste artigo, a entidade poderá oferecer, em substituição, bolsas de estudo parciais, observadas as seguintes condições:

I – no mínimo, 1 (uma) bolsa de estudo integral para cada 9 (nove) alunos pagantes; e

II – bolsas de estudo parciais com 50% (cinquenta por cento) de gratuidade, para o alcance do número mínimo exigido, mantida a equivalência de 2 (duas) bolsas de estudo parciais para cada 1 (uma) bolsa de estudo integral.

§ 2º Será facultado à entidade substituir até 25% (vinte e cinco por cento) da quantidade das bolsas de estudo definidas no *caput* e no § 1º deste artigo por benefícios concedidos nos termos do art. 19 desta Lei Complementar.

§ 3º Para fins de cumprimento das proporções de que tratam o *caput* e o § 1º deste artigo:

I – cada bolsa de estudo integral concedida a aluno com deficiência, assim declarado ao Censo Escolar da Educação Básica, equivalerá a 1,2 (um inteiro e dois décimos) do valor da bolsa de estudo integral;

II – cada bolsa de estudo integral concedida a aluno matriculado na educação básica em tempo integral equivalerá a 1,4 (um inteiro e quatro décimos) do valor da bolsa de estudo integral.

§ 4º As equivalências previstas nos incisos I e II do § 3º deste artigo não poderão ser cumulativas.

§ 5º A entidade de educação que presta serviços integralmente gratuitos deverá garantir a proporção de, no mínimo, 1 (um) aluno cuja renda familiar bruta mensal *per capita* não exceda o valor de 1,5 (um inteiro e cinco décimos) salário mínimo para cada 5 (cinco) alunos matriculados.

§ 6º Atendidas as condições socioeconômicas referidas nos incisos I e II do § 1º do art. 19 desta Lei Complementar, as instituições poderão considerar como bolsistas os trabalhadores da própria instituição e os dependentes destes em decorrência de convenção coletiva ou de acordo coletivo de trabalho, até o limite de 20% (vinte por cento) da proporção definida no *caput* e nos incisos I e II do § 1º deste artigo.

§ 7º Os entes federativos que mantenham vagas públicas para a educação básica por meio de entidade com atuação na área da educação deverão respeitar, para as vagas ofertadas por meio de convênios ou congêneres com essas entidades, o disposto neste artigo.

§ 8º Em caso de descumprimento pelos entes federativos da obrigação de que trata o § 7º deste artigo, não poderão ser penalizadas as entidades conveniadas com atuação na área da educação.

Art. 21. As entidades que atuam na educação superior e que aderiram ao Programa Universidade para Todos (PROUNI), na forma do *caput* do art. 11-A da Lei nº 11.096, de 13 de janeiro de 2005, deverão atender às condições previstas no *caput* e nos §§ 1º, 2º e 5º do art. 20 desta Lei Complementar.

• *Caput* com a redação dada pela Lei nº 14.350, de 25-5-2022.

§ 1º As entidades que atuam concomitantemente na educação básica e na educação superior com adesão ao PROUNI deverão cumprir os requisitos exigidos para cada nível de educação, inclusive quanto à complementação eventual da gratuidade por meio da concessão de bolsas de estudo parciais de 50% (cinquenta por cento) e de benefícios.

§ 2º Somente serão aceitas no âmbito da educação superior bolsas de estudo vinculadas ao PROUNI, salvo as bolsas integrais ou parciais de 50% (cinquenta por cento) para pós-graduação *stricto sensu* e as estabelecidas nos termos do § 6º do art. 20 desta Lei Complementar.

§ 3º Excepcionalmente, serão aceitas como gratuidade, no âmbito da educação superior, as bolsas de estudo integrais ou parciais de 50% (cinquenta por cento) oferecidas sem vínculo com o PROUNI aos alunos enquadrados nos limites de renda familiar bruta mensal *per capita* de que tratam os incisos I e II do § 1º do art. 19 desta Lei Complementar, desde que a entidade tenha cumprido a proporção de 1 (uma) bolsa de estudo integral para cada 9 (nove) alunos pagantes no PROUNI e tenha ofertado bolsas no âmbito do PROUNI que não tenham sido preenchidas.

Art. 22. As entidades que atuam na educação superior e que não tenham aderido ao PROUNI na forma do art. 10-A da Lei nº 11.096, de 13 de janeiro de 2005, deverão conceder anualmente bolsas de estudo na proporção de 1 (uma) bolsa de estudo integral para cada 4 (quatro) alunos pagantes.

• *Caput* com a redação dada pela Lei nº 14.350, de 25-5-2022.

§ 1º Para o cumprimento da proporção descrita no *caput* deste artigo, a entidade poderá oferecer bolsas de estudo parciais, desde que conceda:

I – no mínimo, 1 (uma) bolsa de estudo integral para cada 9 (nove) alunos pagantes; e

II – bolsas de estudo parciais de 50% (cinquenta por cento), quando necessário para o alcance do número mínimo exigido, mantida a equivalência de 2 (duas) bolsas de estudo parciais para cada 1 (uma) bolsa de estudo integral.

§ 2º Será facultado à entidade substituir até 25% (vinte e cinco por cento) da quantidade das bolsas de estudo definida no *caput* e no § 1º deste artigo por benefícios concedidos nos termos do art. 19 desta Lei Complementar.

§ 3º Sem prejuízo do cumprimento das proporções estabelecidas no inciso II do § 1º deste artigo, a entidade de educação deverá ofertar, em cada uma de suas instituições de ensino superior, no mínimo, 1 (uma) bolsa integral para cada 25 (vinte e cinco) alunos pagantes.

§ 4º A entidade deverá ofertar bolsa integral em todos os cursos de todas as instituições de ensino superior por ela mantidos e poderá, nos termos do § 6º do art. 20 desta Lei Complementar, considerar como bolsistas os trabalhadores da própria instituição e os dependentes destes em decorrência de convenção coletiva ou de acordo coletivo de trabalho, até o limite de 20% (vinte por cento) da proporção definida no *caput* e nos incisos I e II do § 1º deste artigo.

§ 5º As entidades que atuam concomitantemente na educação básica e na educação superior sem ter aderido ao PROUNI deverão cumprir os requisitos exigidos de maneira segregada, por nível de educação, inclusive quanto à eventual complementação da gratuidade por meio da concessão de bolsas de estudo parciais de 50% (cinquenta por cento) e de benefícios.

§ 6º Para os fins do disposto neste artigo, somente serão computadas as bolsas de estudo concedidas em cursos regulares de graduação ou sequenciais de formação específica.

Art. 23. A entidade que atua na oferta da educação profissional em consonância com as Leis nºs 9.394, de 20 de dezembro de 1996, e 12.513, de 26 de outubro de 2011, deverá atender às proporções previstas no *caput* e nos §§ 1º, 2º e 5º do art. 20 desta Lei Complementar na educação profissional.

Parágrafo único. É permitido ao estudante acumular bolsas de estudo na educação profissional técnica de nível médio e ser contabilizado em ambas para fins de apuração das proporções exigidas nesta Seção.

Art. 24. Considera-se alunos pagantes, para fins de aplicação das proporções previstas nos arts. 20, 21, 22 e 23 desta Lei Complementar, o total de alunos matriculados, excluídos os beneficiados com bolsas de estudo integrais nos termos do inciso I do § 1º do art. 20 e com outras bolsas integrais concedidas pela entidade.

§ 1º Na aplicação das proporções previstas nos arts. 21 e 22 desta Lei Complementar, serão considerados os alunos pagantes, incluídos os beneficiários de bolsas de estudo de que trata esta Lei Complementar, matriculados em cur-

LEG. COMPLEMENTAR

sos regulares de graduação ou sequenciais de formação específica.

§ 2º Não se consideram alunos pagantes os inadimplentes por período superior a 90 (noventa) dias cujas matrículas tenham sido recusadas no período letivo imediatamente subsequente ao inadimplemento.

Art. 25. Para os efeitos desta Lei Complementar, a bolsa de estudo refere-se às semestralidades ou às anuidades escolares fixadas na forma da lei, considerados todos os descontos aplicados pela instituição, regulares ou temporários, de caráter coletivo ou decorrentes de convênios com instituições públicas ou privadas, incluídos os descontos concedidos devido ao seu pagamento pontual, respeitada a proporcionalidade da carga horária, vedados a cobrança de taxas de qualquer natureza e o cômputo de custeio de material didático eventualmente oferecido em caráter gratuito ao aluno beneficiado exclusivamente com bolsa de estudo integral.

§ 1º As entidades que atuam na área de educação devem registrar e divulgar em sua contabilidade, atendidas as normas brasileiras de contabilidade, de modo segregado, as bolsas de estudo e os benefícios concedidos, bem como evidenciar em suas Notas Explicativas o atendimento às proporções referidas nesta Seção.

§ 2º Para fins de aferição dos requisitos desta Seção, será considerado o número total de alunos matriculados no último mês de cada período letivo.

§ 3º VETADO.

Art. 26. Os alunos beneficiários das bolsas de estudo de que trata esta Lei Complementar, ou seus pais ou responsáveis, quando for o caso, respondem legalmente pela veracidade e pela autenticidade das informações por eles prestadas, e as informações prestadas pelas instituições de ensino superior (IES) acerca dos beneficiários em qualquer âmbito devem respeitar os limites estabelecidos pela Lei nº 13.709, de 14 de agosto de 2018.

§ 1º Compete à entidade que atua na área de educação confirmar o atendimento, pelo candidato, do perfil socioeconômico de que trata esta Lei Complementar.

§ 2º As bolsas de estudo poderão ser canceladas a qualquer tempo em caso de constatação de falsidade da informação prestada pelo bolsista ou por seus pais ou seu responsável, ou de inidoneidade de documento apresentado, sem prejuízo das demais sanções cíveis e penais cabíveis, sem que o ato do cancelamento resulte em prejuízo à entidade beneficente concedente, inclusive na apuração das proporções exigidas nesta Seção, salvo se comprovada negligência ou má-fé da entidade beneficente.

§ 3º Os estudantes a serem beneficiados pelas bolsas de estudo para os cursos superiores poderão ser pré-selecionados pelos resultados do Exame Nacional do Ensino Médio (ENEM).

§ 4º É vedado ao estudante acumular bolsas de estudo concedidas por entidades em gozo da imunidade na forma desta Lei Complementar, salvo no que se refere ao disposto no parágrafo único do art. 23 desta Lei Complementar.

§ 5º As bolsas de estudo integrais e parciais com 50% (cinquenta por cento) de gratuidade concedidas pelas entidades antes da vigência desta Lei Complementar, nos casos em que a renda familiar bruta mensal *per capita* do bolsista não exceda os parâmetros de que trata o § 1º do art. 19 desta Lei Complementar, poderão ser mantidas e consideradas até a conclusão do ensino médio, para a educação básica, e até a conclusão do curso superior, para a educação superior.

Art. 27. É vedada qualquer discriminação ou diferença de tratamento entre alunos bolsistas e pagantes.

Art. 28. No ato de aferição periódica do cumprimento dos requisitos desta Seção, as entidades de educação que não tenham concedido o número mínimo de bolsas previsto nos arts. 20, 21, 22 e 23 desta Lei Complementar poderão compensar o número de bolsas devido no exercício subsequente, mediante a assinatura de Termo de Ajuste de Gratuidade ou de instrumento congênere, nas condições estabelecidas em regulamento.

§ 1º Após a publicação da decisão relativa à aferição do cumprimento dos requisitos desta Seção, as entidades que atuam na área da educação a que se refere o *caput* deste artigo terão prazo de 30 (trinta) dias para requerer a assinatura do Termo de Ajuste de Gratuidade.

§ 2º Na hipótese de descumprimento do Termo de Ajuste de Gratuidade ou congênere, a certificação da entidade será cancelada.

§ 3º O Termo de Ajuste de Gratuidade poderá ser celebrado somente uma vez com a mesma entidade a cada período de aferição, estabelecido nos termos de regulamento.

§ 4º As bolsas de pós-graduação *stricto sensu* poderão integrar a compensação, desde que se refiram a áreas de formação definidas em regulamento.

- Art. 28 promulgado nos termos do art. 66, § 5º, da CF (*DOU* de 8-7-2022 – ed. extra B).

Seção IV

DA ASSISTÊNCIA SOCIAL

Subseção I

DAS ENTIDADES DE ASSISTÊNCIA SOCIAL EM GERAL

Art. 29. A certificação ou sua renovação será concedida às entidades beneficentes com atuação na área de assistência social abrangidas pela Lei nº 8.742, de 7 de dezembro de 1993, que executem:

I – serviços, programas ou projetos socioassistenciais de atendimento ou de assessoramento ou que atuem na defesa e na garantia dos direitos dos beneficiários da Lei nº 8.742, de 7 de dezembro de 1993;

II – serviços, programas ou projetos socioassistenciais com o objetivo de habilitação e de reabilitação da pessoa com deficiência e de promoção da sua inclusão à vida comunitária, no enfrentamento dos limites existentes para as pessoas com deficiência, de forma articulada ou não com ações educacionais ou de saúde;

III – programas de aprendizagem de adolescentes, de jovens ou de pessoas com deficiência, prestados com a finalidade de promover a sua integração ao mundo do trabalho nos termos da Lei nº 8.742, de 7 de dezembro de 1993, e do inciso II do *caput* do art. 430 da Consolidação das Leis do Trabalho (CLT), aprovada pelo Decreto-Lei nº 5.452, de 1º de maio de 1943, ou da legislação que lhe for superveniente, observadas as ações protetivas previstas na Lei nº 8.069, de 13 de julho de 1990 (Estatuto da Criança e do Adolescente);

IV – serviço de acolhimento institucional provisório de pessoas e de seus acompanhantes que estejam em trânsito e sem condições de autossustento durante o tratamento de doenças graves fora da localidade de residência.

Parágrafo único. Desde que observado o disposto no *caput* deste artigo e no art. 35 da Lei nº 10.741, de 1º de outubro de 2003 (Estatuto do Idoso), as entidades beneficentes poderão ser certificadas, com a condição de que eventual cobrança de participação do idoso no custeio da entidade ocorra nos termos e nos limites do § 2º do art. 35 da referida Lei.

Art. 30. As entidades beneficentes de assistência social poderão desenvolver atividades que gerem recursos, inclusive por meio de filiais, com ou sem cessão de mão de obra, de modo a contribuir com as finalidades previstas no art. 2º desta Lei Complementar, registradas segregadamente em sua contabilidade e destacadas em suas Notas Explicativas.

Art. 31. Constituem requisitos para a certificação de entidade de assistência social:

I – ser constituída como pessoa jurídica de natureza privada e ter objetivos e públicos-alvo compatíveis com a Lei nº 8.742, de 7 de dezembro de 1993;

II – comprovar inscrição no conselho municipal ou distrital de assistência social, nos termos do art. 9º da Lei nº 8.742, de 7 de dezembro de 1993;

III – prestar e manter atualizado o cadastro de entidades e organizações de assistência social de que trata o inciso XI do *caput* do art. 19 da Lei nº 8.742, de 7 de dezembro de 1993;

IV – manter escrituração contábil regular que registre os custos e as despesas em atendimento às Normas Brasileiras de Contabilidade;

V – comprovar, cumulativamente, que, no ano anterior ao requerimento:

a) destinou a maior parte de seus custos e despesas a serviços, a programas ou a projetos no âmbito da assistência social e a atividades certificáveis nas áreas de educação, de saúde ou em ambas, caso a entidade também atue nessas áreas;

b) remunerou seus dirigentes de modo compatível com o seu resultado financeiro do exercício, na forma a ser definida em regulamento, observados os limites referidos nos §§ 1º e 2º do art. 3º desta Lei Complementar.

§ 1º Para fins de certificação, a entidade de assistência social de atendimento que atuar em mais de um Município ou Estado, inclusive o Distrito Federal, deverá apresentar o comprovante de inscrição, ou de solicitação desta, de suas atividades nos conselhos de assistência social de, no mínimo, 90% (noventa por cento) dos Municípios de atuação, com comprovação de que a preponderância dos custos e das despesas esteja nesses Municípios, conforme definido em regulamento.

§ 2º Para fins de certificação, a entidade de assistência social de assessoramento ou defesa e garantia de direitos que atuar em mais de um Município ou Estado, inclusive o Distrito Federal, deverá apresentar o comprovante de inscrição da entidade, ou de solicitação desta, no conselho municipal de assistência social de sua sede, ou do Distrito Federal, caso nele situada a sua sede, nos termos do art. 9º da Lei nº 8.742, de 7 de dezembro de 1993.

§ 3º Os requisitos constantes dos incisos II e III do *caput* deste artigo deverão ser cumpridos:

I – no ano do protocolo ou no anterior, quando se tratar de concessão da certificação; ou

II – no ano anterior ao do protocolo, quando se tratar de renovação.

§ 4º As entidades que atuem exclusivamente na área certificável de assistência social, ainda que desempenhem eventual atividade de que trata o art. 30 desta Lei Complementar, caso obtenham faturamento anual que ultrapasse o valor fixado em regulamento, deverão apresentar as demonstrações contábeis auditadas, nos termos definidos em regulamento.

§ 5º As entidades de atendimento ao idoso de longa permanência, ou casas-lares, poderão gozar da imunidade de que trata esta Lei Complementar, desde que seja firmado contrato de prestação de serviços com a pessoa idosa abrigada e de que eventual cobrança de participação do idoso no custeio da entidade seja realizada no limite de 70% (setenta por cento) de qualquer benefício previdenciário ou de assistência social percebido pelo idoso.

- § 5º retificado no *DOU* de 17-12-2021 – edição extra A.

§ 6º O limite estabelecido no § 5º deste artigo poderá ser excedido, desde que observados os seguintes termos:

I – tenham termo de curatela do idoso;

II – o usuário seja encaminhado pelo Poder Judiciário, pelo Ministério Público ou pelo gestor local do SUAS; e

III – a pessoa idosa ou seu responsável efetue a doação, de forma livre e voluntária.

- § 6º promulgado nos termos do art. 66, § 5º, da CF (*DOU* de 8-7-2022 – ed. extra B).

§ 7º Não se equiparam a entidades de atendimento ao idoso de longa permanência, ou casas-lares, aquelas unidades destinadas somente à hospedagem de idoso e remuneradas com fins de geração de recursos para as finalidades beneficentes de mantenedora, conforme o art. 30 desta Lei Complementar.

- § 7º publicado no *DOU* de 17-12-2021 – edição extra A.

Subseção II
DAS ENTIDADES ATUANTES NA REDUÇÃO DE DEMANDAS DE DROGAS

Art. 32. A certificação de entidade beneficente será concedida ou renovada às instituições que atuem na redução da demanda de drogas, nos termos desta Subseção.

§ 1º Consideram-se entidades que atuam na redução da demanda de drogas:

I – as comunidades terapêuticas;

II – as entidades de cuidado, de prevenção, de apoio, de mútua ajuda, de atendimento psicossocial e de ressocialização de dependentes do álcool e de outras drogas e seus familiares.

§ 2º Considera-se comunidade terapêutica o modelo terapêutico de atenção em regime residencial e transitório, mediante adesão e permanência voluntárias, a pessoas com problemas associados ao uso, ao abuso ou à dependência do álcool e de outras drogas acolhidas em ambiente protegido e técnica e eticamente orientado, que tem como objetivo promover o desenvolvimento pessoal e social, por meio da promoção da abstinência, bem como a reinserção social, buscando a melhora geral na qualidade de vida do indivíduo.

§ 3º Considera-se entidade de cuidado, de prevenção, de apoio, de mútua ajuda, de atendimento psicossocial e de ressocialização de dependentes do álcool e de outras drogas e seus familiares a entidade que presta serviços intersetoriais, interdisciplinares, transversais e complementares da área do uso e da dependência do álcool e de outras drogas.

§ 4º As entidades referidas nos §§ 2º e 3º deste artigo, constituídas como pessoas jurídicas sem fins lucrativos, na forma dos incisos I, III ou IV do *caput* do art. 44 da Lei nº 10.406, de 10 de janeiro de 2002 (Código Civil), deverão ser cadastradas pela autoridade executiva federal competente e atender ao disposto na alínea *a* do inciso I do *caput* do art. 2º da Lei nº 13.019, de 31 de julho de 2014.

§ 5º A certificação das entidades de que trata o *caput* deste artigo será realizada pela unidade responsável pela política sobre drogas da autoridade executiva federal responsável pela área da assistência social.

§ 6º As entidades beneficentes de assistência social poderão desenvolver atividades que gerem recursos, inclusive por meio de filiais, com ou sem cessão de mão de obra, de modo a contribuir com as finalidades previstas no art. 2º desta Lei Complementar, registradas segregadamente em sua contabilidade e destacadas em suas Notas Explicativas.

Art. 33. Para serem consideradas beneficentes e fazerem jus à certificação, as entidades a que se refere o art. 32 desta Lei Complementar deverão:

I – apresentar declaração emitida por autoridade federal, estadual, distrital ou municipal competente que ateste atuação na área de controle do uso de drogas ou atividade similar;

II – manter cadastro atualizado na unidade a que se refere o § 5º do art. 32 desta Lei Complementar;

III – comprovar, anualmente, nos termos do regulamento, a prestação dos serviços referidos no art. 32 desta Lei Complementar;

IV – cadastrar todos os acolhidos em sistema de informação específico desenvolvido, nos termos do regulamento, no caso das comunidades terapêuticas;

V – comprovar o registro de, no mínimo, 20% (vinte por cento) de sua capacidade em atendimentos gratuitos.

CAPÍTULO III
DO PROCESSO DE CERTIFICAÇÃO

Art. 34. A entidade interessada na concessão ou na renovação da certificação deverá apresentar requerimento com os documentos necessários à comprovação dos requisitos de que trata esta Lei Complementar, na forma estabelecida em regulamento.

§ 1º A tramitação e a apreciação do requerimento de que trata o *caput* deste artigo deverão obedecer à ordem cronológica de sua apresentação, salvo em caso de diligência pendente, devidamente justificada.

§ 2º Poderão ser solicitados esclarecimentos e informações aos órgãos públicos e à entidade interessada, sem prejuízo da realização de diligências, desde que relevantes para a tomada de decisão sobre o requerimento de que trata o *caput* deste artigo.

§ 3º Na hipótese de que trata o § 2º deste artigo, superado o prazo de 30 (trinta) dias da solicitação, prorrogável por igual período, a análise do requerimento de que trata o *caput* deste artigo prosseguirá, nos termos do § 1º deste artigo.

Art. 35. Os requerimentos de certificação serão apreciados:

I – pela autoridade executiva federal responsável pela área da saúde, para as entidades atuantes na área da saúde;

II – pela autoridade executiva federal responsável pela área da educação, para as entidades atuantes na área da educação;

III – pela autoridade executiva federal responsável pela área da assistência social, para:

a) as entidades atuantes na área da assistência social;

b) as comunidades terapêuticas e entidades de prevenção, de apoio, de mútua ajuda, de atendimento psicossocial e de ressocialização de dependentes do álcool e de outras drogas e seus familiares.

§ 1º Consideram-se áreas de atuação preponderantes aquelas em que a entidade registre a maior parte de seus custos e despesas nas ações previstas em seus objetivos institucionais, conforme as normas brasileiras de contabilidade.

§ 2º A certificação dependerá da manifestação de todas as autoridades competentes, em suas respectivas áreas de atuação.

§ 3º No caso em que a entidade atue em mais de uma das áreas a que se refere o art. 2º desta Lei Complementar, será dispensada a comprovação dos requisitos específicos exigidos para cada área não preponderante, desde que o valor total dos custos e das despesas nas áreas não preponderantes, cumulativamente:

I – não supere 30% (trinta por cento) dos custos e das despesas totais da entidade;

II – não ultrapasse o valor anual fixado, nos termos do regulamento, para as áreas não preponderantes.

§ 4º As entidades de que trata o inciso II do *caput* do art. 29 desta Lei Complementar serão certificadas exclusivamente pela autoridade executiva federal responsável pela área da assistência social, ainda que exerçam suas atividades em articulação com ações educacionais ou de saúde, dispensadas as manifestações das autoridades executivas responsáveis pelas áreas da educação e da saúde, cabendo àquela verificar, além dos requisitos constantes do art. 31 desta Lei Complementar, o atendimento ao disposto:

I – no § 1º do art. 7º desta Lei Complementar, pelas entidades que exerçam suas atividades em articulação com ações de saúde;

II – no § 1º do art. 18 desta Lei Complementar, pelas entidades que exerçam suas atividades em articulação com ações educacionais.

Art. 36. O prazo de validade da concessão da certificação será de 3 (três) anos, contado da data da publicação da decisão de deferimento no *Diário Oficial da União*, e seus efeitos retroagirão à data de protocolo do requerimento para fins tributários.

Art. 37. Na hipótese de renovação de certificação, o efeito da decisão de deferimento será contado do término da validade da certificação anterior, com validade de 3 (três) ou 5 (cinco) anos, na forma de regulamento.

§ 1º Será considerado tempestivo o requerimento de renovação da certificação protocolado no decorrer dos 360 (trezentos e sessenta) dias que antecedem a data final de validade da certificação.

§ 2º A certificação da entidade permanece válida até a data da decisão administrativa definitiva sobre o requerimento de renovação tempestivamente apresentado.

§ 3º Os requerimentos de renovação protocolados antes de 360 (trezentos e sessenta) dias da data final de validade da certificação não serão conhecidos.

§ 4º Os requerimentos de renovação protocolados após o prazo da data final de validade da certificação serão considerados como requerimentos para concessão da certificação.

Art. 38. A validade da certificação como entidade beneficente condiciona-se à manutenção do cumprimento das condições que a ensejaram, inclusive as previstas no art. 3º desta Lei Complementar, cabendo às autoridades executivas certificadoras supervisionar esse atendimento, as quais poderão, a qualquer tempo, determinar a apresentação de documentos, a realização de auditorias ou o cumprimento de diligências.

§ 1º Verificada a prática de irregularidade pela entidade em gozo da imunidade, são competentes para representar, motivadamente, sem prejuízo das atribuições do Ministério Público:

I – o gestor municipal ou estadual do SUS, do SUAS e do SISNAD, de acordo com sua condição de gestão, bem como o gestor federal, estadual, distrital ou municipal da educação;

II – a Secretaria Especial da Receita Federal do Brasil;

III – os conselhos de acompanhamento e controle social previstos na Lei nº 14.113, de 25 de dezembro de 2020, e os Conselhos de Assistência Social e de Saúde;

IV – o Tribunal de Contas da União;

V – o Ministério Público.

§ 2º Verificado pela Secretaria Especial da Receita Federal do Brasil o descumprimento de qualquer dos requisitos previstos nesta Lei Complementar, será lavrado o respectivo auto de infração, o qual será encaminhado à autoridade executiva certificadora e servirá de representação nos termos do inciso II do § 1º deste artigo, e ficarão suspensos a exigibilidade do crédito tributário e o trâmite do respectivo processo administrativo fiscal até a decisão definitiva no processo administrativo a que se refere o § 4º deste artigo, devendo o lançamento ser cancelado de ofício caso a certificação seja mantida.

§ 3º A representação será dirigida à autoridade executiva federal responsável pela área de atuação da entidade e deverá conter a qualificação do representante, a descrição dos fatos a serem apurados, a documentação pertinente e as demais informações relevantes para o esclarecimento do seu objeto.

§ 4º Recebida representação motivada que indique a prática de irregularidade pela entidade em gozo da imunidade, ou constatada de ofício pela administração pública, será iniciado processo administrativo, observado o disposto em regulamento.

§ 5º A certificação da entidade permanece válida até a data da decisão administrativa definitiva sobre o cancelamento da certificação da entidade beneficente.

§ 6º Finalizado o processo administrativo de que trata o § 4º deste artigo e cancelada a certificação, a Secretaria Especial da Receita Federal do Brasil será comunicada para que lavre o respectivo auto de infração ou dê continuidade ao processo administrativo fiscal a que se refere o § 2º deste artigo, e os efeitos do cancelamento da imunidade tributária retroagirão à data em que houver sido praticada a irregularidade pela entidade.

Art. 39. O prazo para as manifestações da entidade nos processos administrativos relativos a esta Lei Complementar será de 30 (trinta) dias, inclusive para a interposição de recursos.

§ 1º O recurso interposto contra a decisão que indeferir a concessão ou a renovação da certificação, ou cancelá-la, será dirigido à autoridade julgadora que, se não reconsiderar a decisão, fará seu encaminhamento ao Ministro de Estado da área responsável.

§ 2º Após o recebimento do recurso pelo Ministro de Estado, abrir-se-á prazo de 30 (trinta) dias para que a entidade interessada possa apresentar novas considerações e fazer juntada de documentos com vistas a sanar impropriedades identificadas pela autoridade julgadora nas razões do indeferimento do requerimento.

CAPÍTULO IV
DISPOSIÇÕES GERAIS E TRANSITÓRIAS

Art. 40. Aplica-se o disposto nesta Lei Complementar aos requerimentos de concessão ou de renovação de certificação apresentados a partir da data de sua publicação.

§ 1º A validade dos certificados vigentes cujo requerimento de renovação não tenha sido apresentado até a data de publicação desta Lei Complementar fica prorrogada até 31 de dezembro do ano subsequente ao do fim de seu prazo de validade.

§ 2º Aos requerimentos de concessão ou de renovação de certificação pendentes de decisão na data de publicação desta Lei Complementar aplicam-se as regras e as condições vigentes à época de seu protocolo.

- § 2º promulgado nos termos do art. 66, § 5º, da CF (*DOU* de 8-7-2022 – ed. extra B).

§ 3º A entidade que apresentar requerimento de renovação de certificação com base nos requisitos de que trata o Capítulo II desta Lei Complementar, e desde que tenha usufruído de forma ininterrupta da imunidade de que trata o § 7º do art. 195 da Constituição Federal, por força do disposto no § 2º do art. 24 da Lei nº 12.101, de 27 de novembro de 2009, poderá solicitar sua análise prioritária em relação a seus outros requerimentos de renovação pendentes na data de publicação desta Lei Complementar.

§ 4º VETADO.

Art. 41. A partir da entrada em vigor desta Lei Complementar, ficam extintos os créditos decorrentes de contribuições sociais lançados contra instituições sem fins lucrativos que atuam nas áreas de saúde, de educação ou de assistência social, expressamente motivados por decisões derivadas de processos administrativos ou judiciais com base em dispositivos da legislação ordinária declarados inconstitucionais, em razão dos efeitos da inconstitucionalidade declarada pelo Supremo Tribunal Federal no julgamento das Ações Diretas de Inconstitucionalidade nºs 2028 e 4480 e correlatas.

Parágrafo único. VETADO.

CAPÍTULO V
DISPOSIÇÕES FINAIS

Art. 42. VETADO.

Art. 43. As entidades beneficentes e em gozo da imunidade na forma desta Lei Complementar deverão manter, em local visível ao público, placa indicativa com informações sobre a sua condição de beneficente e sobre sua área ou áreas de atuação.

Art. 44. Será mantida nos sítios eletrônicos oficiais lista atualizada com os dados relativos às entidades beneficentes, as certificações emitidas e os respectivos prazos de validade.

Art. 45. O art. 198 da Lei nº 5.172, de 25 de outubro de 1966 (Código Tributário Nacional), passa a vigorar com as seguintes alterações:

- Alterações inseridas no texto do referido Código

Art. 46. O art. 64 da Lei nº 9.532, de 10 de dezembro de 1997, passa a vigorar acrescido do seguinte § 13:

- Alteração inserida no texto da referida Lei

Art. 47. Ficam revogados:

I – o art. 11 da Lei nº 11.096, de 13 de janeiro de 2005;

II – a Lei nº 12.101, de 27 de novembro de 2009; e

III – o art. 110 da Lei nº 12.249, de 11 de junho de 2010.

Art. 48. Esta Lei Complementar entra em vigor na data de sua publicação.

Brasília, 16 de dezembro de 2021;
200º da Independência e
133º da República.
Jair Messias Bolsonaro

LEI COMPLEMENTAR Nº 192, DE 11 DE MARÇO DE 2022

Define os combustíveis sobre os quais incidirá uma única vez o Imposto sobre Operações Relativas à Circulação de Mercadorias e sobre Prestações de Serviços de Transporte Interestadual e Intermunicipal e de Comunicação (ICMS), ainda que as operações se iniciem no exterior; e dá outras providências.

- Publicada no *DOU* de 11-3-2022 – edição extra C.

Art. 1º Esta Lei Complementar define, nos termos da alínea *h* do inciso XII do § 2º do art. 155 da Constituição Federal, os combustíveis sobre os quais incidirá uma única vez o Imposto sobre Operações Relativas à Circulação de Mercadorias e sobre Prestações de Serviços de Transporte Interestadual e Intermunicipal e de Comunicação (ICMS), ainda que as operações se iniciem no exterior.

Art. 2º Os combustíveis sobre os quais incidirá uma única vez o ICMS, qualquer que seja sua finalidade, são os seguintes:

I – gasolina e etanol anidro combustível;

II – diesel e biodiesel; e

III – gás liquefeito de petróleo, inclusive o derivado do gás natural.

Art. 3º Para a incidência do ICMS nos termos desta Lei Complementar, será observado o seguinte:

I – não se aplicará o disposto na alínea *b* do inciso X do § 2º do art. 155 da Constituição Federal;

II – nas operações com os combustíveis derivados de petróleo, o imposto caberá ao Estado onde ocorrer o consumo;

III – nas operações interestaduais, entre contribuintes, com combustíveis não incluídos no inciso II deste *caput*, o imposto será repartido entre os Estados de origem e de destino, mantendo-se a mesma proporcionalidade que ocorre nas operações com as demais mercadorias;

IV – nas operações interestaduais com combustíveis não incluídos no inciso II deste *caput*, destinadas a não contribuinte, o imposto caberá ao Estado de origem;

V – as alíquotas do imposto serão definidas mediante deliberação dos Estados e do Distrito Federal, nos termos da alínea *g* do inciso XII do § 2º do art. 155 da Constituição Federal, observado o seguinte:

a) serão uniformes em todo o território nacional e poderão ser diferenciadas por produto;

b) serão específicas (*ad rem*), por unidade de medida adotada, nos termos do § 4º do art. 155 da Constituição Federal; e

c) poderão ser reduzidas e restabelecidas no mesmo exercício financeiro, observado o disposto na alínea *c* do inciso III do *caput* do art. 150 da Constituição Federal.

Art. 4º São contribuintes do ICMS incidente nos termos desta Lei Complementar o produtor e aqueles que lhe sejam equiparados e o importador dos combustíveis.

Parágrafo único. O disposto no *caput* deste artigo alcança inclusive as pessoas que produzem combustíveis de forma residual, os formuladores de combustíveis por meio de mistura mecânica, as centrais petroquímicas e as bases das refinarias de petróleo.

Art. 5º Considera-se ocorrido o fato gerador do ICMS incidente nos termos desta Lei Complementar no momento:

I – da saída dos combustíveis de que trata o art. 2º do estabelecimento do contribuinte de que trata o art. 4º desta Lei Complementar, nas operações ocorridas no território nacional; e

II – do desembaraço aduaneiro dos combustíveis de que trata o art. 2º desta Lei Complementar, nas operações de importação.

Art. 6º Os Estados e o Distrito Federal disciplinarão o disposto nesta Lei Complementar mediante deliberação nos termos da alínea *g* do inciso XII do § 2º do art. 155 da Constituição Federal.

§ 1º Serão admitidas:

I – equiparações a produtores dos combustíveis referidos no art. 2º para fins de incidência do ICMS nos termos desta Lei Complementar; e

II – atribuição, a contribuinte do imposto ou a depositário a qualquer título, da responsabilidade pela retenção e pelo recolhimento do ICMS incidente nos termos desta Lei Complementar.

§ 2º Os incentivos fiscais sobre as operações com os combustíveis referidos no art. 2º desta Lei Complementar, inclusive aquelas não tributadas ou isentas do imposto, serão concedidos nos termos da Lei Complementar nº 24, de 7 de janeiro de 1975, obedecidos os demais ditames constitucionais e legais.

§ 3º Serão instituídos mecanismos de compensação entre os entes federados referidos no *caput* deste artigo, tais como câmara de compensação ou outro instrumento mais adequado, com atribuições relativas aos recursos arrecadados em decorrência da incidência do ICMS nos termos desta Lei Complementar.

§ 4º Na definição das alíquotas, nos termos do inciso V do *caput* do art. 3º desta Lei Complementar, deverá ser previsto um intervalo mínimo de 12 (doze) meses entre a primeira fixação e o primeiro reajuste dessas alíquotas, e de 6 (seis) meses para os reajustes subsequentes, observado o disposto na alínea *c* do inciso III do *caput* do art. 150 da Constituição Federal.

§ 5º Na definição das alíquotas, nos termos do inciso V do *caput* do art. 3º desta Lei Complementar, os Estados e o Distrito Federal observarão as estimativas de evolução do preço dos combustíveis de modo que não haja ampliação do peso proporcional do tributo na formação do preço final ao consumidor.

Art. 7º A base de cálculo do imposto, para fins de substituição tributária em relação às operações com diesel, será, até 31 de dezembro de 2022, em cada Estado e no Distrito Federal, a média móvel dos preços médios praticados ao consumidor final nos 60 (sessenta) meses anteriores à sua fixação.

Art. 8º O disposto nos incisos I e II do *caput* e no § 2º do art. 14 da Lei Complementar nº 101, de 4 de maio de 2000 (Lei de Responsabilidade Fiscal), e nos arts. 124, 125, 126, 127 e 136 da Lei nº 14.194, de 20 de agosto de 2021, não se aplica às proposições legislativas e aos atos do Poder Executivo que entrarem em vigor no exercício de 2022, relativamente aos impostos e às contribuições previstos no inciso II do *caput* do art. 155, no § 4º do art. 177, na alínea *b* do inciso I e no inciso IV do *caput* do art. 195 e no art. 239 da Constituição Federal, nas operações que envolvam biodiesel, óleo diesel, querosene de aviação, gás liquefeito de petróleo, derivado de petróleo e de gás natural, gasolina, exceto de aviação, álcool, inclusive para fins carburantes, e gás natural veicular no referido exercício.

• Arts. 7º e 8º com a redação dada pela LC nº 194, de 23-6-2022.

Art. 9º As alíquotas da Contribuição para os Programas de Integração Social e de Formação do Patrimônio do Servidor Público (Contribuição para o PIS/PASEP) e da Contribuição para o Financiamento da Seguridade Social (COFINS) de que tratam os incisos II e III do *caput* do art. 4º da Lei nº 9.718, de 27 de novembro de 1998, o art. 2º da Lei nº 10.560, de 13 de novembro de 2002, os incisos II, III e IV do *caput* do art. 23 da Lei nº 10.865, de 30 de abril de 2004, e os arts. 3º e 4º da Lei nº 11.116, de 18 de maio de 2005, ficam reduzidas a 0 (zero) até 31 de dezembro de 2022, garantida às pessoas jurídicas da cadeia, incluído o adquirente final, a manutenção dos créditos vinculados.

Parágrafo único. As alíquotas da Contribuição para os Programas de Integração Social e de Formação do Patrimônio do Servidor Público incidente na Importação de Produtos Estrangeiros ou Serviços (Contribuição para o PIS/PASEP-Importação) e da Contribuição Social para o Financiamento da Seguridade Social devida pelo Importador de Bens Estrangeiros ou Serviços do Exterior (COFINS-Importação) incidentes na importação de óleo diesel e suas correntes, de biodiesel e de gás liquefeito de petróleo, derivado de petróleo e de gás natural, e de querosene de aviação de que tratam o § 8º do art. 8º da Lei nº 10.865, de 30 de abril de 2004, e o art. 7º da Lei nº 11.116, de 18 de maio de 2005, ficam reduzidas a 0 (zero) no prazo estabelecido no *caput* deste artigo.

• Mantivemos a nomenclatura "parágrafo único" conforme publicação oficial, porém, entendemos que o correto seria "§ 1º".

§ 2º Aplicam-se às pessoas jurídicas atuantes na cadeia econômica dos produtos de que trata o *caput* deste artigo:

• *Caput* do § 2º com a redação dada pela LC nº 194, de 23-6-2022.

I – em relação à aquisição de tais produtos, as vedações estabelecidas na alínea *b* do inciso I do art. 3º e no inciso II do § 2º do art. 3º da Lei nº 10.637, de 30 de dezembro de 2002, e na alínea *b* do inciso I do art. 3º e no inciso II do § 2º do art. 3º da Lei nº 10.833, de 29 de dezembro de 2003; e

II – em relação aos créditos de que tratam o art. 3º da Lei nº 10.637, de 30 de dezembro de 2002, e o art. 3º da Lei nº 10.833, de 29 de dezembro de 2003, distintos do crédito referido no inciso I deste parágrafo, a autorização estabelecida pelo art. 17 da Lei nº 11.033, de 21 de dezembro de 2004.

• Incisos I e II acrescidos pela LC nº 194, de 23-6-2022.

§ 3º De 11 de março de 2022 até o prazo estabelecido no *caput*, a pessoa jurídica que adquirir os produtos de que trata o *caput* deste artigo para utilização como insumo, nos termos do inciso II do *caput* do art. 3º da Lei nº 10.637, de 30 de dezembro de 2002, e do inciso II do *caput* do art. 3º da Lei nº 10.833, de 29 de dezembro de 2003, fará jus a créditos presumidos da Contribuição para o PIS/PASEP e da COFINS em relação à aquisição no mercado interno ou importação de tais produtos em cada período de apuração.

§ 4º O valor dos créditos presumidos da Contribuição para o PIS/PASEP e da COFINS de que trata o § 3º deste artigo em relação a cada metro cúbico ou tonelada de produto adquirido no mercado interno ou importado corresponderá aos valores obtidos pela multiplicação das alíquotas das referidas contribuições estabelecidas no *caput* do art. 2º da Lei nº 10.637, de 30 de dezembro de 2002, e no *caput* do art. 2º da Lei nº 10.833, de 29 de dezembro de 2003, sobre o preço de aquisição dos combustíveis.

§ 5º Os créditos presumidos instituídos no § 3º deste artigo:

I – sujeitar-se-ão às hipóteses de vinculação mediante apropriação ou rateio e de estorno previstas na legislação da Contribuição para o PIS/PASEP e da COFINS para os créditos de que tratam o art. 3º da Lei nº 10.637, de 30 de dezembro de 2002, e o art. 3º da Lei nº 10.833, de 29 de dezembro de 2003, especialmente aquelas estabelecidas no § 8º do art. 3º da Lei nº 10.637, de 30 de dezembro de 2002, e no § 8º do art. 3º da Lei nº 10.833, de 29 de dezembro de 2003, e no § 3º do art. 6º, combinado com o inciso III do *caput* do art. 15 dessa mesma Lei;

II – somente poderão ser utilizados para desconto de débitos da Contribuição para o PIS/PASEP e da COFINS, exceto se vinculados a receitas de exportação ou na hipótese prevista no art. 16 da Lei nº 11.116, de 18 de maio de 2005.

§ 6º Durante o prazo estabelecido no *caput*, fica suspenso o pagamento das contribuições de que tratam o *caput* e o § 1º deste artigo incidentes nas aquisições no mercado interno e nas importações de petróleo efetuadas por refinarias para a produção de combustíveis.

§ 7º Aplica-se o disposto no § 6º deste artigo aos insumos naftas, com Nomenclatura Comum do MERCOSUL/Sistema Harmonizado – NCM/SH 2710.12.49, outras misturas (aromáticos), NCM/SH 2707.99.90, óleo de petróleo parcialmente refinado, NCM 2710.19.99, outros óleos brutos de petróleo ou minerais (condensados), NCM 2709.00.10, e N-Metilanilina, NCM/SH 2921.42.90.

• § 7º promulgado nos termos do art. 66, § 5º, da CF (*DOU* de 5-8-2022).

§ 8º A suspensão de pagamento de que tratam os §§ 6º e 7º deste artigo converte-se em alíquota 0 (zero) após a utilização exigida pelos referidos dispositivos, aplicando-se à pessoa jurídica que adquire o produto com suspensão o disposto no art. 22 da Lei nº 11.945, de 4 de junho de 2009.

§ 9º A Secretaria Especial da Receita Federal do Brasil disciplinará o disposto nos §§ 6º, 7º e 8º deste artigo, podendo, inclusive, exigir que o adquirente preste declaração ao fornecedor de petróleo para informar a parcela da aquisição que será utilizada para a produção dos combustíveis referidos nos §§ 6º e 7º deste artigo.

• §§ 3º a 9º acrescidos pela LC nº 194, de 23-6-2022.

Art. 9º-A. As alíquotas da Contribuição para o PIS/PASEP, da COFINS e da Contribuição de Intervenção no Domínio Econômico (CIDE) incidentes sobre as operações que envolvam gasolina e suas correntes, exceto de aviação, de que tratam o inciso I do *caput* do art. 4º da Lei nº 9.718, de 27 de novembro de 1998, o inciso I do *caput* do art. 5º e o art. 9º da Lei nº 10.336, de 19 de dezembro de 2001, e o inciso I do *caput* do art. 23 da Lei nº 10.865, de 30 de abril de 2004, ficam reduzidas a 0 (zero) até 31 de dezembro de 2022.

Parágrafo único. As alíquotas da Contribuição para os Programas de Integração Social e de Formação do Patrimônio do Servidor Público incidente na Importação de Produtos Estrangeiros ou Serviços (Contribuição para o PIS/PASEP-Importação) e da Contribuição Social para o Financiamento da Seguridade Social devida pelo Importador de Bens Estrangeiros ou Serviços do Exterior (COFINS-Importação) incidentes na importação de gasolina e suas correntes, exceto de aviação, de que trata o § 8º do art. 8º da Lei nº 10.865, de 30 de abril de 2004, ficam reduzidas a 0 (zero) no prazo estabelecido no *caput* deste artigo.

Art. 9º-B. Até 31 de dezembro de 2022, ficam reduzidas a 0 (zero) as alíquotas das contribuições de que tratam o *caput* e o § 1º do art. 9º desta Lei Complementar incidentes sobre a receita ou o faturamento na venda ou sobre a importação de gás natural veicular classificado nos códigos 2711.11.00 ou 2711.21.00 da NCM.

- Arts. 9º-A e 9º-B acrescidos pela LC nº 194, de 23-6-2022.

Art. 10. Esta Lei Complementar entra em vigor na data de sua publicação.

Brasília, 11 de março de 2022;
201º da Independência e
134º da República.

Jair Messias Bolsonaro

LEI COMPLEMENTAR Nº 193, DE 17 DE MARÇO DE 2022

Institui o Programa de Reescalonamento do Pagamento de Débitos no Âmbito do Simples Nacional (RELP).

- Publicada no *DOU* de 18-3-2022.

Art. 1º Fica instituído o Programa de Reescalonamento do Pagamento de Débitos no Âmbito do Simples Nacional (RELP), cuja implementação obedecerá ao disposto nesta Lei Complementar.

Art. 2º Poderão aderir ao RELP as microempresas, incluídos os microempreendedores individuais, e as empresas de pequeno porte, inclusive as que se encontrarem em recuperação judicial, optantes pelo Regime Especial Unificado de Arrecadação de Tributos e Contribuições devidos pelas Microempresas e Empresas de Pequeno Porte (Simples Nacional), instituído pelo art. 12 da Lei Complementar nº 123, de 14 de dezembro de 2006.

Art. 3º A adesão ao RELP será efetuada até o último dia útil do mês subsequente ao da publicação desta Lei Complementar perante o órgão responsável pela administração da dívida.

§ 1º O deferimento do pedido de adesão fica condicionado ao pagamento da primeira parcela, que deverá ocorrer, na forma do art. 5º desta Lei Complementar, até a data referida no *caput* deste artigo.

§ 2º A adesão ao RELP implica:

I – a confissão irrevogável e irretratável dos débitos em nome do sujeito passivo, na condição de contribuinte ou responsável, e por ele indicados, nos termos dos arts. 389 e 395 da Lei nº 13.105, de 16 de março de 2015 (Código de Processo Civil);

II – a aceitação plena e irretratável pelo sujeito passivo, na condição de contribuinte ou responsável, das condições estabelecidas nesta Lei Complementar;

III – o dever de pagar regularmente as parcelas dos débitos consolidados no RELP e os débitos que venham a vencer a partir da data de adesão ao RELP, inscritos ou não em dívida ativa;

IV – o cumprimento regular das obrigações para com o Fundo de Garantia do Tempo de Serviço (FGTS); e

V – durante o prazo de 188 (cento e oitenta e oito) meses, contado do mês de adesão ao RELP, a vedação da inclusão dos débitos vencidos ou que vierem a vencer nesse prazo em quaisquer outras modalidades de parcelamento, incluindo redução dos valores do principal, das multas, dos juros e dos encargos legais, com exceção daquele de que trata o inciso II do *caput* do art. 71 da Lei nº 11.101, de 9 de fevereiro de 2005.

Art. 4º Poderão ser pagos ou parcelados no âmbito do RELP, na forma do art. 5º desta Lei Complementar, os débitos apurados na forma do Simples Nacional, desde que vencidos até a competência do mês imediatamente anterior à entrada em vigor desta Lei Complementar.

§ 1º Também poderão ser liquidados no RELP os débitos de que trata o *caput* deste artigo parcelados de acordo com:

I – os §§ 15 a 24 do art. 21 da Lei Complementar nº 123, de 14 de dezembro de 2006;

II – o art. 9º da Lei Complementar nº 155, de 27 de outubro de 2016;

III – o art. 1º da Lei Complementar nº 162, de 6 de abril de 2018.

§ 2º Para fins do disposto no § 1º deste artigo, o pedido de parcelamento implicará desistência compulsória e definitiva de parcelamento anterior, sem restabelecimento dos parcelamentos rescindidos caso não seja efetuado o pagamento da primeira prestação.

§ 3º O disposto neste artigo aplica-se aos créditos da Fazenda Pública constituídos ou não, com exigibilidade suspensa ou não, parcelados ou não e inscritos ou não em dívida ativa do respectivo ente federativo, mesmo em fase de execução fiscal já ajuizada.

Art. 5º O sujeito passivo que aderir ao RELP observará as seguintes modalidades de pagamento, conforme apresente inatividade ou redução de faturamento no período de março a dezembro de 2020 em comparação com o período de março a dezembro de 2019, igual ou superior a:

I – 0% (zero por cento): pagamento em espécie de, no mínimo, 12,5% (doze e meio por cento) do valor da dívida consolidada, sem reduções, em até 8 (oito) parcelas mensais e sucessivas, vencíveis do último dia útil do mês subsequente ao da publicação desta Lei Complementar até o último dia útil do oitavo mês subsequente ao da publicação desta Lei Complementar;

II – 15% (quinze por cento): pagamento em espécie de, no mínimo, 10% (dez por cento) do valor da dívida consolidada, sem reduções, em até 8 (oito) parcelas mensais e sucessivas, vencíveis do último dia útil do mês subsequente ao da publicação desta Lei Complementar até o último dia útil do oitavo mês subsequente ao da publicação desta Lei Complementar;

III – 30% (trinta por cento): pagamento em espécie de, no mínimo, 7,5% (sete e meio por cento) do valor da dívida consolidada, sem reduções, em até 8 (oito) parcelas mensais e sucessivas, vencíveis do último dia útil do mês subsequente ao da publicação desta Lei Complementar até o último dia útil do oitavo mês subsequente ao da publicação desta Lei Complementar;

IV – 45% (quarenta e cinco por cento): pagamento em espécie de, no mínimo, 5% (cinco por cento) do valor da dívida consolidada, sem reduções, em até 8 (oito) parcelas mensais e sucessivas, vencíveis do último dia útil do mês subsequente ao da publicação desta Lei Complementar até o último dia útil do oitavo mês subsequente ao da publicação desta Lei Complementar;

V – 60% (sessenta por cento): pagamento em espécie de, no mínimo, 2,5% (dois e meio por cento) do valor da dívida consolidada, sem reduções, em até 8 (oito) parcelas mensais e sucessivas, vencíveis do último dia útil do mês subsequente ao da publicação desta Lei Complementar até o último dia útil do oitavo mês subsequente ao da publicação desta Lei Complementar; ou

VI – 80% (oitenta por cento) ou inatividade: pagamento em espécie de, no mínimo, 1% (um por cento) do valor da dívida consolidada, sem reduções, em até 8 (oito) parcelas mensais e sucessivas, vencíveis do último dia útil do mês subsequente ao da publicação desta Lei Complementar até o último dia útil do oitavo mês subsequente ao da publicação desta Lei Complementar.

§ 1º Para fins de interpretação do inciso I do *caput* deste artigo, poderá aderir ao RELP o sujeito passivo que obteve aumento de faturamento no período referido no *caput* deste artigo.

§ 2º O saldo remanescente após a aplicação do disposto nos incisos I a VI do *caput* deste artigo poderá ser parcelado em até 180 (cento e oitenta) parcelas mensais e sucessivas, vencíveis a partir de maio de 2022, calculadas de modo a observar os seguintes percentuais mínimos, aplicados sobre o saldo da dívida consolidada:

I – da 1ª (primeira) à 12ª (décima segunda) prestação: 0,4% (quatro décimos por cento);

II – da 13ª (décima terceira) à 24ª (vigésima quarta) prestação: 0,5% (cinco décimos por cento);

III – da 25ª (vigésima quinta) à 36ª (trigésima sexta) prestação: 0,6% (seis décimos por cento); e

IV – da 37ª (trigésima sétima) prestação em diante: percentual correspondente ao saldo remanescente da dívida consolidada com reduções, em até 144 (cento e quarenta e quatro) prestações mensais e sucessivas.

§ 3º No cálculo do montante que será liquidado na forma do § 2º deste artigo, será observado o seguinte:

I – em relação ao saldo remanescente decorrente do inciso I do *caput* deste artigo, redução de 65% (sessenta e cinco por cento) dos juros de mora, 65% (sessenta e cinco por cento) das multas de mora, de ofício ou isoladas e 75% (setenta e cinco por cento) dos encargos legais, inclusive honorários advocatícios;

II – em relação ao saldo remanescente decorrente do inciso II do *caput* deste artigo, redução de 70% (setenta por cento) dos juros de mora, 70% (setenta por cento) das multas de mora, de ofício ou isoladas e 80% (oitenta por cento) dos encargos legais, inclusive honorários advocatícios;

III – em relação ao saldo remanescente decorrente do inciso III do *caput* deste artigo, redução de 75% (setenta e cinco por cento) dos juros de mora, 75% (setenta e cinco por cento) das multas de mora, de ofício ou isoladas e 85% (oitenta e cinco por cento) dos encargos legais, inclusive honorários advocatícios;

IV – em relação ao saldo remanescente decorrente do inciso IV do *caput* deste artigo, redução de 80% (oitenta por cento) dos juros de mora, 80% (oitenta por cento) das multas de mora, de ofício ou isoladas e 90% (noventa por cento) dos encargos legais, inclusive honorários advocatícios;

V – em relação ao saldo remanescente decorrente do inciso V do *caput* deste artigo, redução de 85% (oitenta e cinco por cento) dos juros de mora, 85% (oitenta e cinco por cento) das multas de mora, de ofício ou isoladas e 95% (noventa e cinco por cento) dos encargos legais, inclusive honorários advocatícios;

VI – em relação ao saldo remanescente decorrente do inciso VI do *caput* deste artigo, redução de 90% (noventa por cento) dos juros de mora, 90% (noventa por cento) das multas de mora, de ofício ou isoladas e 100% (cem por cento) dos encargos legais, inclusive honorários advocatícios.

§ 4º O valor mínimo de cada parcela mensal dos parcelamentos previstos neste artigo será de R$ 300,00 (trezentos reais), exceto no caso dos microempreendedores individuais, cujo valor será de R$ 50,00 (cinquenta reais).

§ 5º O valor de cada parcela mensal, por ocasião do pagamento, será acrescido de juros equivalentes à taxa referencial do Sistema Especial de Liquidação e de Custódia (SELIC) para títulos federais, acumulada mensalmente, calculados a partir do mês subsequente ao da consolidação até o mês anterior ao do pagamento, e de 1% (um por cento) relativamente ao mês em que o pagamento for efetuado.

§ 6º No que se refere às contribuições sociais de que tratam a alínea *a* do inciso I e o inciso II do *caput* do art. 195 da Constituição Federal, o prazo máximo das modalidades de que trata este artigo será de 60 (sessenta) parcelas mensais e sucessivas.

Art. 6º Para incluir débitos que se encontrem em discussão administrativa ou judicial, o sujeito passivo deverá desistir previamente das impugnações ou dos recursos administrativos e das ações judiciais que tenham por objeto os débitos que serão quitados, bem como renunciar a quaisquer alegações de direito sobre as quais se fundem as referidas impugnações e recursos ou ações judiciais, e protocolar, no caso de ações judiciais, requerimento de extinção do processo com resolução do mérito, nos termos da alínea *c* do inciso III do *caput* do art. 487 da Lei nº 13.105, de 16 de março de 2015 (Código de Processo Civil).

§ 1º Será admitida desistência parcial de impugnação e de recurso administrativo interposto ou de ação judicial proposta, desde que o débito objeto de desistência seja passível de distinção dos demais em discussão no processo administrativo ou na ação judicial.

§ 2º A comprovação do pedido de desistência e da renúncia de ações judiciais deverá ser apresentada no órgão que administra o débito até o último dia do prazo estabelecido para adesão ao RELP.

§ 3º A desistência e a renúncia de que trata o *caput* deste artigo para a adesão ao RELP eximem o autor da ação do pagamento de honorários, não sendo devidos os honorários referidos no art. 90 da Lei nº 13.105, de 16 de março de 2015 (Código de Processo Civil).

Art. 7º Observado o devido processo administrativo, implicará exclusão do aderente ao RELP e a exigibilidade imediata da totalidade do débito confessado e ainda não pago:

I – a falta de pagamento de 3 (três) parcelas consecutivas ou de 6 (seis) alternadas;

II – a falta de pagamento de 1 (uma) parcela, se todas as demais estiverem pagas;

III – a constatação, pelo órgão que administra o débito, de qualquer ato tendente ao esvaziamento patrimonial do sujeito passivo como forma de fraudar o cumprimento do parcelamento;

IV – a decretação de falência ou a extinção, pela liquidação, da pessoa jurídica aderente;

V – a concessão de medida cautelar fiscal em desfavor do aderente, nos termos da Lei nº 8.397, de 6 de janeiro de 1992;

VI – a declaração de inaptidão da inscrição no Cadastro Nacional da Pessoa Jurídica (CNPJ), nos termos dos arts. 80 e 81 da Lei nº 9.430, de 27 de dezembro de 1996; ou

LEG. COMPLEMENTAR

VII – a inobservância do disposto nos incisos III e IV do § 2º do art. 3º desta Lei Complementar por 3 (três) meses consecutivos ou por 6 (seis) meses alternados.

Art. 8º A adesão ao RELP implica a manutenção automática dos gravames decorrentes de arrolamento de bens, de medida cautelar fiscal e das garantias prestadas administrativamente ou nas ações de execução fiscal, ou em qualquer outra ação judicial, salvo no caso de imóvel penhorado ou oferecido em garantia de execução, em que o sujeito passivo poderá requerer a alienação por iniciativa particular, nos termos do art. 880 da Lei nº 13.105, de 16 de março de 2015 (Código de Processo Civil).

Art. 9º O Comitê Gestor do Simples Nacional regulamentará o RELP.

Art. 10. Esta Lei Complementar entra em vigor na data de sua publicação.

Brasília, 17 de março de 2022;
201º da Independência e
134º da República.

Jair Messias Bolsonaro

LEI COMPLEMENTAR Nº 194, DE 23 DE JUNHO DE 2022

Altera a Lei nº 5.172, de 25 de outubro de 1966 (Código Tributário Nacional), e a Lei Complementar nº 87, de 13 de setembro de 1996 (Lei Kandir), para considerar bens e serviços essenciais os relativos aos combustíveis, à energia elétrica, às comunicações e ao transporte coletivo, e as Leis Complementares nºs 192, de 11 de março de 2022, e 159, de 19 de maio de 2017.

- Publicado no *DOU* de 23-6-2022 – edição extra.

Art. 1º A Lei nº 5.172, de 25 de outubro de 1966 (Código Tributário Nacional), passa a vigorar acrescida do seguinte art. 18-A:

- Alterações inseridas no texto do referido Código.

Art. 2º A Lei Complementar nº 87, de 13 de setembro de 1996 (Lei Kandir), passa a vigorar com as seguintes alterações:

- Alterações inseridas no texto da referida Lei Complementar.

Art. 3º A União deduzirá do valor das parcelas dos contratos de dívida do Estado ou do Distrito Federal administradas pela Secretaria do Tesouro Nacional, independentemente de formalização de aditivo contratual, as perdas de arrecadação dos Estados ou do Distrito Federal ocorridas no exercício de 2022 decorrentes da redução da arrecadação do Imposto sobre Operações relativas à Circulação de Mercadorias e sobre Prestações de Serviços de Transporte Interestadual e Intermunicipal e de Comunicação (ICMS) que exceda ao percentual de 5% (cinco por cento) em relação à arrecadação deste tributo no ano de 2021.

§ 1º O total das perdas de arrecadação de ICMS do Estado ou do Distrito Federal irá compor o saldo a ser deduzido pela União.

- § 1º promulgado nos termos do art. 66, § 5º, da CF (*DOU* de 5-8-2022).

§ 2º As perdas de arrecadação dos Estados ou do Distrito Federal que tiverem contrato de refinanciamento de dívidas com a União previsto no art. 9º-A da Lei Complementar nº 159, de 19 de maio de 2017, decorrentes da redução da arrecadação do ICMS serão compensadas integralmente pela União.

§ 3º A dedução a que se referem o *caput* e o § 2º deste artigo limitar-se-á às perdas de arrecadação de ICMS incorridas até 31 de dezembro de 2022 ou dar-se-á enquanto houver saldo de dívida contratual do Estado ou do Distrito Federal administrada pela Secretaria do Tesouro Nacional, o que ocorrer primeiro.

§ 4º A compensação pelos Estados e pelo Distrito Federal das perdas de arrecadação de que trata o *caput* deste artigo será realizada por esses entes e abrangerá as parcelas do serviço da dívida administradas pela Secretaria do Tesouro Nacional, e, adicionalmente ao disposto no *caput* deste artigo, poderão os Estados e o Distrito Federal desincumbir-se da obrigação de pagamento das parcelas do serviço da dívida com quaisquer credores, em operações celebradas internamente ou externamente ao País, em que haja garantia da União, independentemente de formalização de aditivo contratual, no montante equivalente à diferença negativa entre a arrecadação de ICMS observada a cada mês e a arrecadação observada no mesmo período no ano anterior.

§ 5º Na hipótese de o Estado ou o Distrito Federal não ter contrato de dívida administrada com a Secretaria do Tesouro Nacional ou com garantia da União, ou se o saldo dessas dívidas não for suficiente para compensar integralmente a perda, nos termos do § 3º e do § 4º deste artigo, a compensação poderá ser feita no exercício de 2023, por meio da apropriação da parcela da União relativa à Compensação Financeira pela Exploração de Recursos Minerais (CFEM) até o limite do valor da perda.

§ 6º Os entes federativos referidos no § 5º deste artigo, bem como aqueles cuja lei estadual ou distrital relativa ao ICMS já atenda aos limites estabelecidos no inciso I do § 1º do art. 32-A da Lei Complementar nº 87, de 13 de setembro de 1996, para ao menos 1 (uma) das operações ou prestações relacionadas no *caput* do referido artigo, terão prioridade na contratação de empréstimos no exercício de 2022.

- §§ 4º a 6º promulgados nos termos do art. 66, § 5º, da CF (*DOU* de 5-8-2022).

§ 7º Ato do Ministro de Estado da Economia regulamentará o disposto neste artigo.

Art. 4º As parcelas relativas à quota-parte do ICMS, conforme previsto no inciso IV do *caput* do art. 158 da Constituição Federal, serão transferidas pelos Estados aos Municípios na proporção da dedução dos contratos de dívida dos Estados administrada pela Secretaria do Tesouro Nacional.

§ 1º Na hipótese em que não houver compensação na forma do *caput* do art. 3º desta Lei Complementar, o Estado ficará desobrigado do repasse da quota-parte do ICMS para os Municípios, conforme previsto no inciso IV do *caput* do art. 158 da Constituição Federal.

§ 2º As parcelas relativas à quota-parte do ICMS, conforme previsto no inciso IV do *caput* do art. 158 da Constituição Federal, serão transferidas pelos Estados aos Municípios na proporção da dedução dos contratos de dívida com aval da União, bem como na proporção da parcela de CFEM apropriada, nos termos do art. 3º desta Lei Complementar.

- § 2º promulgado nos termos do art. 66, § 5º, da CF (*DOU* de 5-8-2022).

§ 3º Os Estados deverão proceder à transferência de que trata o *caput* deste artigo nos mesmos prazos e condições da quota-parte do ICMS, mantendo a prestação de contas disponível em sítio eletrônico da internet, sob pena de serem cessados as deduções e os repasses de que trata o art. 3º desta Lei Complementar, sem prejuízo da responsabilização administrativa e criminal dos responsáveis pela omissão.

Art. 5º VETADO.

Art. 6º Ficam cessadas as deduções por perdas de arrecadação de ICMS, não se aplicando o disposto no art. 3º desta Lei Complementar, caso as alíquotas retornem aos patamares vigentes anteriormente à publicação desta Lei Complementar.

Art. 7º O disposto nos arts. 124, 125, 126, 127 e 136 da Lei nº 14.194, de 20 de agosto de 2021, não se aplica a esta Lei Complementar e aos atos do Poder Executivo dela decorrentes.

Art. 8º O disposto nos arts. 14, 17 e 35 da Lei Complementar nº 101, de 4 de maio de 2000 (Lei de Responsabilidade Fiscal), não se aplica a esta Lei Complementar.

Art. 9º Exclusivamente no exercício financeiro de 2022, os Estados, o Distrito Federal, os Municípios e os agentes públicos desses entes federados não poderão ser responsabilizados administrativa, civil, criminalmente ou nos termos da Lei nº 1.079, de 10 de abril de 1950, pelo descumprimento do disposto nos arts. 9º, 14, 23, 31 e 42 da Lei Complementar nº 101, de 4 de maio de 2000 (Lei de Responsabilidade Fiscal).

§ 1º A exclusão de responsabilização prevista no *caput* deste artigo também se aplica aos casos de descumprimento dos limites e das metas relacionados com os dispositivos nele enumerados.

§ 2º O previsto neste artigo será aplicável apenas se o descumprimento dos dispositivos referidos no *caput* deste artigo resultar exclusivamente da perda de arrecadação em decorrência do disposto nesta Lei Complementar.

Art. 10. A Lei Complementar nº 192, de 11 de março de 2022, passa a vigorar com as seguintes alterações:

• Alterações inseridas no texto da referida Lei Complementar.

Art. 11. VETADO.

Art. 12. Não configurará descumprimento das obrigações de que trata a Lei Complementar nº 159, de 19 de maio de 2017, as leis ou os atos necessários para a implementação desta Lei Complementar.

Art. 13. As alíquotas da Contribuição para os Programas de Integração Social e de Formação do Patrimônio do Servidor Público (Contribuição para o PIS/PASEP), da Contribuição para o Financiamento da Seguridade Social (COFINS) e da Contribuição de Intervenção no Domínio Econômico (CIDE) incidentes sobre as operações que envolvam etanol, inclusive para fins carburantes, de que tratam os incisos I e II do *caput*, os incisos I e II do § 4º e a alínea *b* do inciso I do § 4º-D do art. 5º da Lei nº 9.718, de 27 de novembro de 1998, e o inciso VIII do *caput* do art. 5º e o art. 9º da Lei nº 10.336, de 19 de dezembro de 2001, ficam reduzidas a 0 (zero) até 31 de dezembro de 2022.

§ 1º As alíquotas da Contribuição para os Programas de Integração Social e de Formação do Patrimônio do Servidor Público incidente na Importação de Produtos Estrangeiros ou Serviços (Contribuição para o PIS/PASEP-Importação) e da Contribuição Social para o Financiamento da Seguridade Social devida pelo Importador de Bens Estrangeiros ou Serviços do Exterior (COFINS-Importação) incidentes na importação de álcool, inclusive para fins carburantes, de que trata o § 19 do art. 8º da Lei nº 10.865, de 30 de abril de 2004, ficam reduzidas a 0 (zero) no prazo estabelecido no *caput* deste artigo.

§ 2º Aplicam-se às pessoas jurídicas atuantes na cadeia econômica dos produtos de que trata o *caput* deste artigo:

I – em relação à aquisição de tais produtos, as vedações estabelecidas na alínea *b* do inciso I do art. 3º e no inciso II do § 2º do art. 3º da Lei nº 10.637, de 30 de dezembro de 2002, e na alínea *b* do inciso I do art. 3º e no inciso II do § 2º do art. 3º da Lei nº 10.833, de 29 de dezembro de 2003; e

II – em relação aos créditos de que tratam o art. 3º da Lei nº 10.637, de 30 de dezembro de 2002, e o art. 3º da Lei nº 10.833, de 29 de dezembro de 2003, distintos do crédito referido no inciso I deste parágrafo, a autorização estabelecida pelo art. 17 da Lei nº 11.033, de 21 de dezembro de 2004.

§ 3º De 11 de março de 2022 até o prazo estabelecido no *caput*, a pessoa jurídica que adquirir os produtos de que trata o *caput* deste artigo para utilização como insumo, nos termos do inciso II do *caput* do art. 3º da Lei nº 10.637, de 30 de dezembro de 2002, e do inciso II do *caput* do art. 3º da Lei nº 10.833, de 29 de dezembro de 2003, fará jus a créditos presumidos da Contribuição para o PIS/PASEP e da COFINS em relação à aquisição no mercado interno ou importação de tais produtos em cada período de apuração.

§ 4º O valor dos créditos presumidos da Contribuição para o PIS/PASEP e da COFINS de que trata o § 3º deste artigo em relação a cada metro cúbico ou tonelada de produto adquirido no mercado interno ou importado corresponderá aos valores obtidos pela multiplicação das alíquotas das referidas contribuições estabelecidas no *caput* do art. 2º da Lei nº 10.637, de 30 de dezembro de 2002, e no *caput* do art. 2º da Lei nº 10.833, de 29 de dezembro de 2003, sobre o preço de aquisição dos combustíveis.

§ 5º Os créditos presumidos instituídos no § 3º deste artigo:

I – sujeitar-se-ão às hipóteses de vinculação mediante apropriação ou rateio e de estorno previstas na legislação da Contribuição para o PIS/PASEP e da COFINS para os créditos de que tratam o art. 3º da Lei nº 10.637, de 30 de dezembro de 2002, e o art. 3º da Lei nº 10.833, de 29 de dezembro de 2003, especialmente aquelas estabelecidas no § 8º do art. 3º da Lei nº 10.637, de 30 de dezembro de 2002, e no § 8º do art. 3º da Lei nº 10.833, de 29 de dezembro de 2003, e no § 3º do art. 6º, combinado com o inciso III do *caput* do art. 15 dessa mesma Lei;

II – somente poderão ser utilizados para desconto de débitos da Contribuição para o PIS/PASEP e da COFINS, exceto se vinculados a receitas de exportação ou na hipótese prevista no art. 16 da Lei nº 11.116, de 18 de maio de 2005.

Art. 14. VETADO.

Art. 15. Esta Lei Complementar entra em vigor na data de sua publicação.

Brasília, 23 de junho de 2022;
201º da Independência e
134º da República.

Jair Messias Bolsonaro

LEI Nº 14.467, DE 16 DE NOVEMBRO DE 2022

Dispõe sobre o tratamento tributário aplicável às perdas incorridas no recebimento de créditos decorrentes das atividades das instituições financeiras e das demais instituições autorizadas a funcionar pelo Banco Central do Brasil.

• Publicada no *DOU* de 17-11-2022.

Art. 1º Esta Lei dispõe sobre o tratamento tributário aplicável às perdas incorridas no recebimento de créditos de-

LEG. COMPLEMENTAR

correntes das atividades das instituições financeiras e das demais instituições autorizadas a funcionar pelo Banco Central do Brasil.

Parágrafo único. O disposto no *caput* deste artigo não se aplica às:

I – administradoras de consórcio; e

II – instituições de pagamento.

Art. 2º A partir de 1º de janeiro de 2025, as instituições a que se refere o art. 1º desta Lei poderão deduzir, na determinação do lucro real e da base de cálculo da Contribuição Social sobre o Lucro Líquido (CSLL), as perdas incorridas no recebimento de créditos decorrentes de atividades relativas a:

I – operações inadimplidas, independentemente da data da sua contratação; e

II – operações com pessoa jurídica em processo falimentar ou em recuperação judicial, a partir da data da decretação da falência ou da concessão da recuperação judicial.

§ 1º Para fins do disposto nesta Lei, considera-se inadimplida a operação com atraso superior a 90 (noventa) dias em relação ao pagamento do principal ou de encargos.

§ 2º O valor da perda dedutível para as operações de que trata o inciso I do *caput* deste artigo deverá ser apurado mensalmente, limitado ao valor total do crédito, com base nas seguintes regras:

I – aplicação do fator "A" sobre o valor total do crédito a partir do mês em que a operação for considerada inadimplida;

II – soma ao valor apurado na forma prevista no inciso I deste parágrafo do valor resultante da aplicação do fator "B" multiplicado pelo número de meses de atraso, contados a partir do mês em que a operação foi considerada inadimplida, sobre o valor total do crédito; e

III – subtração do valor apurado na forma prevista no inciso II deste parágrafo dos montantes já deduzidos em períodos de apuração anteriores.

§ 3º O valor da perda dedutível para as operações de que trata o inciso II do *caput* deste artigo será:

I – a parcela do valor do crédito que exceder o montante que o devedor tenha se comprometido a pagar no processo de recuperação judicial; ou

II – o valor total do crédito, na hipótese de falência.

§ 4º O tratamento dispensado às operações de que trata o inciso I do *caput* deste artigo será aplicado às perdas incorridas no recebimento dos créditos originados após a concessão da recuperação judicial e da parcela do crédito cujo compromisso de pagar não houver sido honrado pela pessoa jurídica em recuperação judicial.

§ 5º Para fins do disposto neste artigo, entende-se como valor total do crédito o valor do principal deduzido das amortizações e acrescido dos encargos incidentes reconhecidos contabilmente até os 90 (noventa) dias de inadimplemento ou até a data da decretação da falência ou da concessão da recuperação judicial do devedor.

§ 6º A dedução de que trata o *caput* somente poderá ser efetuada no período de apuração dos tributos correspondente à apuração da perda de que tratam os §§ 2º e 3º deste artigo.

Art. 3º Ficam estabelecidos os seguintes valores para o fator "A" e para o fator "B" a que se referem, respectivamente, os incisos I e II do § 2º do art. 2º desta Lei:

I – fator "A" igual a 0,055 (cinquenta e cinco milésimos) e fator "B" igual a 0,045 (quarenta e cinco milésimos) para:

a) créditos garantidos por alienação fiduciária de imóveis; e

b) créditos com garantia fidejussória da União, de governos centrais de jurisdições estrangeiras e respectivos bancos centrais ou organismos multilaterais e entidades multilaterais de desenvolvimento;

II – fator "A" igual a 0,30 (trinta centésimos) e fator "B" igual a 0,034 (trinta e quatro milésimos) para:

a) créditos de arrendamento mercantil, nos termos da Lei nº 6.099, de 12 de setembro de 1974;

b) créditos garantidos por hipoteca de primeiro grau de imóveis residenciais, por penhor de bens móveis ou imóveis ou por alienação fiduciária de bens móveis;

c) créditos garantidos por depósitos à vista, a prazo ou de poupança;

d) créditos decorrentes de ativos financeiros emitidos por ente público federal ou por instituições autorizadas a funcionar pelo Banco Central do Brasil;

e) créditos com garantia fidejussória de instituições autorizadas a funcionar pelo Banco Central do Brasil; e

f) créditos com cobertura de seguro de crédito emitido por entidade que não seja parte relacionada da instituição;

III – fator "A" igual a 0,45 (quarenta e cinco centésimos) e fator "B" igual a 0,037 (trinta e sete milésimos) para:

a) créditos decorrentes de operações de desconto de direitos creditórios, inclusive recebíveis comerciais adquiridos e operações formalizadas como aquisição de recebíveis comerciais de pessoa não integrante do Sistema Financeiro Nacional e nas quais a mesma pessoa seja devedora solidária ou subsidiária dos recebíveis;

b) créditos decorrentes de operações garantidas por cessão fiduciária, por caução de direitos creditórios ou por penhor de direitos creditórios; e

c) créditos com cobertura de seguro de crédito, garantia real ou garantia fidejussória não abrangidos pelas hipóteses previstas nos incisos I e II do *caput* deste artigo;

IV – fator "A" igual a 0,35 (trinta e cinco centésimos) e fator "B" igual a 0,045 (quarenta e cinco milésimos) para:

a) créditos para capital de giro, adiantamentos sobre contratos de câmbio, adiantamentos sobre cambiais entregues, debêntures e demais títulos emitidos por empresas privadas, sem garantias ou colaterais; e

b) operações de crédito rural sem garantias ou colaterais destinadas a investimentos; ou

V – fator "A" igual a 0,50 (cinquenta centésimos) e fator "B" igual a 0,034 (trinta e quatro milésimos) para:

a) operações de crédito pessoal, com ou sem consignação, crédito direto ao consumidor, crédito rural não abrangido pelas hipóteses previstas no inciso IV do *caput* deste artigo e crédito na modalidade rotativo sem garantias ou colaterais;

b) créditos sem garantias ou colaterais não abrangidos pelas hipóteses previstas no inciso IV do *caput* deste artigo; e

c) créditos decorrentes de operações mercantis e outras operações com características de concessão de crédito não abrangidos pelas hipóteses previstas nos incisos I, II, III e IV do *caput* deste artigo.

§ 1º Na hipótese de créditos cobertos por mais de uma espécie de garantia, serão aplicados os valores para os fatores "A" e "B" relativos à garantia que apresentar o menor valor para o fator "A", a que se refere o inciso I do § 2º do art. 2º desta Lei, sem proporcionalidade.

§ 2º Não será admitida a dedução de perda no recebimento de créditos nas operações realizadas com:
I – partes relacionadas; ou
II – residentes ou domiciliados no exterior.
§ 3º Para fins do disposto nesta Lei, são consideradas partes relacionadas de uma pessoa jurídica:
I – os seus controladores, pessoas naturais ou jurídicas, nos termos do art. 116 da Lei nº 6.404, de 15 de dezembro de 1976;
II – os seus diretores e membros de órgãos estatutários ou contratuais;
III – o cônjuge, o companheiro e os parentes, consanguíneos ou afins, até o segundo grau, das pessoas naturais mencionadas nos incisos I e II deste parágrafo;
IV – as pessoas naturais com participação societária, direta ou indireta, no capital da pessoa jurídica equivalente a 15% (quinze por cento) ou mais das ações ou quotas em seu capital; e
V – as pessoas jurídicas:
a) que sejam suas controladas, nos termos do § 2º do art. 243 da Lei nº 6.404, de 15 de dezembro de 1976;
b) que sejam suas coligadas, nos termos do § 1º do art. 243 da Lei nº 6.404, de 15 de dezembro de 1976;
c) sobre as quais haja controle operacional efetivo ou preponderância nas deliberações, independentemente da participação societária; e
d) que possuam diretor ou membro de conselho de administração em comum.

Art. 4º Na determinação do lucro real e da base de cálculo da CSLL, deverá ser computado o montante dos créditos deduzidos que tenham sido recuperados, em qualquer época ou a qualquer título, inclusive nos casos de novação da dívida ou do arresto dos bens recebidos em garantia real.

Parágrafo único. Os bens recebidos a título de quitação do débito serão mensurados pela pessoa jurídica credora pelo valor do crédito ou pelo valor estabelecido na decisão judicial que tenha determinado a sua incorporação ao seu patrimônio.

Art. 5º Na determinação do lucro real e da base de cálculo da CSLL, a pessoa jurídica credora deverá excluir do lucro líquido os valores dos encargos financeiros incidentes sobre os créditos de que trata o *caput* do art. 2º desta Lei e reconhecidos contabilmente como receitas de operações inadimplidas ou após a data da decretação da falência ou do deferimento da recuperação judicial do devedor.
§ 1º Na hipótese de créditos originados após o deferimento da recuperação judicial do devedor, a pessoa jurídica credora deverá excluir do lucro líquido, para a determinação do lucro real e da base de cálculo da CSLL, os valores dos encargos financeiros reconhecidos contabilmente como receitas somente após o inadimplemento do crédito.
§ 2º Os valores excluídos na forma prevista no *caput* e no § 1º deste artigo deverão ser adicionados no período de apuração em que se tornarem disponíveis para a pessoa jurídica credora para os fins legais.
§ 3º A partir da citação inicial para o pagamento do débito, a pessoa jurídica devedora deverá adicionar ao lucro líquido, na determinação do lucro real e da base de cálculo da CSLL, os encargos incidentes sobre o débito vencido e não pago que tenham sido contabilizados como despesa ou custo incorridos a partir daquela data.
§ 4º Os valores adicionados a que se refere o § 3º deste artigo poderão ser excluídos do lucro líquido, na determinação do lucro real e da base de cálculo da CSLL, no período de apuração em que ocorrer a quitação do débito por qualquer forma.

Art. 6º As perdas apuradas em 1º de janeiro de 2025 relativas aos créditos que se encontrarem inadimplidos em 31 de dezembro de 2024 que não tenham sido deduzidas até essa data e que não tenham sido recuperadas somente poderão ser excluídas do lucro líquido, na determinação do lucro real e da base de cálculo da CSLL, à razão de 1/36 (um trinta e seis avos) para cada mês do período de apuração, a partir do mês de abril de 2025.

Art. 7º O disposto nos arts. 9º, 9º-A, 10, 11 e 12 da Lei nº 9.430, de 27 de dezembro de 1996, não se aplica às instituições a que se refere o *caput* do art. 1º desta Lei.

Art. 8º Esta Lei entra em vigor na data de sua publicação e produzirá efeitos a partir de 1º de janeiro de 2025.

Congresso Nacional, em 16 de novembro de 2022;
201º da Independência e
134º da República.

Senador Rodrigo Pacheco

NOVO

DECRETO Nº 11.428, DE 2 DE MARÇO DE 2023

Dispõe sobre a Câmara de Comércio Exterior – CAMEX.

• Publicado no *DOU* de 3-3-2023.

Art. 1º A Câmara de Comércio Exterior – CAMEX, da Presidência da República, tem por objetivo a formulação, a adoção, a implementação e a coordenação de políticas e de atividades relativas ao comércio exterior de bens e serviços, aos investimentos estrangeiros diretos, aos investimentos brasileiros no exterior e ao financiamento às exportações, com vistas a promover o aumento da produtividade da economia brasileira e da competitividade internacional do País.
§ 1º Na implementação da política de comércio exterior, a CAMEX observará:
I – os compromissos internacionais firmados pelo País, no âmbito das matérias de que trata o *caput*;
II – o papel do comércio exterior como instrumento para a promoção do crescimento da produtividade da economia nacional; e
III – as políticas de atração de investimento estrangeiro direto, de promoção de investimento brasileiro no exterior e de transferência de tecnologia, que complementam a política de comércio exterior.
§ 2º A CAMEX estabelecerá orientações para as políticas de financiamento e de garantia das exportações com vistas à governança adequada, à sustentabilidade e à competitividade dos financiamentos.
§ 3º Não se aplica o disposto neste Decreto às matérias de competência do Conselho Monetário Nacional e do Banco Central do Brasil.

Art. 2º Integram a CAMEX:
I – o Conselho Estratégico;
II – o Comitê-Executivo de Gestão;
III – o Conselho Consultivo do Setor Privado;
IV – o Comitê de Financiamento e Garantia das Exportações;
V – o Comitê de Alterações Tarifárias;

LEG. COMPLEMENTAR

VI – o Comitê de Defesa Comercial e Interesse Público;
VII – o Comitê Nacional de Facilitação de Comércio;
VIII – o Comitê Nacional de Investimentos;
IX – o Ombudsman de Investimentos Diretos; e
X – o Ponto de Contato Nacional para a Implementação das Diretrizes para as Empresas Multinacionais da Organização para a Cooperação e Desenvolvimento Econômico.

Art. 3º O Conselho Estratégico é órgão deliberativo ao qual compete:
I – estabelecer a estratégia e as orientações de comércio exterior, com vistas à inserção do País na economia internacional;
II – conceder mandato negociador e estabelecer orientações para as negociações de acordos e convênios relativos ao comércio exterior, aos investimentos estrangeiros diretos e aos investimentos brasileiros no exterior, de natureza bilateral, regional ou multilateral, e acompanhar o andamento e monitorar os resultados dessas negociações;
III – pronunciar-se sobre propostas relativas a contenciosos e à aplicação de contramedidas para proteger os interesses brasileiros;
IV – estabelecer orientações para as políticas de fomento de investimentos estrangeiros diretos no País e de investimentos brasileiros diretos no exterior;
V – estabelecer orientações para a promoção de mercadorias e serviços no exterior;
VI – estabelecer orientações para as políticas e os programas públicos de financiamento das exportações de bens e serviços e para a cobertura dos riscos de operações a prazo, inclusive aquelas relativas ao Seguro de Crédito à Exportação; e
VII – decidir, em última instância, acerca de recursos administrativos interpostos em face de decisões do Comitê Executivo de Gestão em matéria de defesa comercial.

Art. 4º O Conselho Estratégico é composto pelos seguintes membros:
I – Vice-Presidente da República, que o presidirá;
II – Ministro de Estado da Casa Civil da Presidência da República;
III – Ministro de Estado do Desenvolvimento, Indústria, Comércio e Serviços;
IV – Ministro de Estado das Relações Exteriores;
V – Ministro de Estado da Fazenda;
VI – Ministro de Estado da Agricultura e Pecuária;
VII – Ministro de Estado do Planejamento e Orçamento;
VIII – Ministro de Estado da Gestão e da Inovação em Serviços Públicos;
IX – Ministro de Estado da Defesa; e
X – Ministro de Estado de Minas e Energia.

§ 1º O Presidente do Conselho Estratégico será substituído pelo Ministro de Estado da Casa Civil da Presidência da República em suas ausências e seus impedimentos.

§ 2º Não se realizará reunião na hipótese da ausência de ambos os membros de que tratam os incisos I e II do *caput*.

§ 3º Os Ministros de Estado poderão se fazer representar, em suas ausências e seus impedimentos, pelos respectivos substitutos nos cargos.

§ 4º O Presidente do Conselho Estratégico poderá convidar representantes de órgãos e entidades da administração pública federal para participar de suas reuniões, sem direito a voto, com o objetivo de tratar de matérias relacionadas à competência legal do respectivo órgão ou entidade.

Art. 5º O Conselho Estratégico se reunirá, em caráter ordinário, trimestralmente e, em caráter extraordinário, mediante convocação de seu Presidente.

§ 1º O quórum de reunião do Conselho Estratégico é de seis membros e o de aprovação é de maioria simples.

§ 2º Na hipótese de empate, além do voto ordinário, o Presidente do Conselho Estratégico terá o voto de qualidade.

§ 3º A convocação para as reuniões do Conselho Estratégico será feita com antecedência de, no mínimo, cinco dias.

§ 4º Em casos de relevância e urgência, o Presidente do Conselho Estratégico poderá reduzir o prazo de convocação para as reuniões de que trata o § 3º.

Art. 6º Ao Comitê-Executivo de Gestão compete:
I – orientar a política aduaneira, observada as competências específicas do Ministério da Fazenda;
II – formular orientações e editar regras para a política tarifária na importação e na exportação;
III – estabelecer as alíquotas do imposto sobre a exportação, observadas as condições estabelecidas em lei;
IV – estabelecer as alíquotas do imposto de importação, observados as condições e os limites estabelecidos em lei;
V – alterar, na forma estabelecida nos atos decisórios do Mercado Comum do Sul – MERCOSUL, a Nomenclatura Comum do MERCOSUL;
VI – fixar direitos antidumping e compensatórios, provisórios ou definitivos, e salvaguardas;
VII – decidir sobre a suspensão da exigibilidade dos direitos provisórios;
VIII – homologar o compromisso previsto no art. 4º da Lei nº 9.019, de 30 de março de 1995;
IX – estabelecer diretrizes e medidas destinadas à simplificação e à racionalização de procedimentos do comércio exterior;
X – estabelecer as orientações para investigações de defesa comercial;
XI – promover a internalização das modificações das regras de origem preferenciais dos acordos comerciais dos quais o País faça parte;
XII – formular diretrizes para a funcionalidade do sistema tributário no âmbito das atividades de exportação e importação, de atração de investimentos estrangeiros e de promoção de investimentos brasileiros no exterior, sem prejuízo do disposto no art. 35 do Decreto-Lei nº 37, de 18 de novembro de 1966, e no art. 16 da Lei nº 9.779, de 19 de janeiro de 1999;
XIII – remeter à apreciação do Conselho Estratégico decisões consideradas de caráter estratégico;
XIV – orientar a atuação do Ombudsman de Investimentos Diretos;
XV – complementar as diretrizes do Conselho Estratégico para as políticas e os programas públicos de financiamento das exportações de bens e serviços e para a cobertura dos riscos de operações a prazo, inclusive aquelas relativas ao Seguro de Crédito à Exportação e aos procedimentos para a sua implementação;
XVI – acompanhar as atividades dos demais colegiados da CAMEX; e
XVII – aprovar e alterar o regimento interno da CAMEX.

Parágrafo único. O Comitê-Executivo de Gestão poderá constituir grupos de trabalho para o acompanhamento e a formulação de propostas de políticas, programas e ações públicas em matéria comercial, de serviços e de investimentos entre o País e seus parceiros, observado o disposto nos art. 36 e art. 38 do Decreto nº 9.191, 1º de novembro de 2017.

Art. 7º O Comitê-Executivo de Gestão é composto pelos seguintes membros:

I – Ministro de Estado do Desenvolvimento, Indústria, Comércio e Serviços, que o presidirá;

II – Secretário-Executivo da Casa Civil da Presidência da República;

III – Secretário-Geral das Relações Exteriores do Ministério das Relações Exteriores;

IV – Secretário-Executivo do Ministério da Fazenda;

V – Secretário-Executivo do Ministério da Agricultura e Pecuária;

VI – Secretário-Executivo do Ministério do Planejamento e Orçamento;

VII – Secretário-Executivo do Ministério da Gestão e da Inovação em Serviços Públicos;

VIII – Secretário-Executivo do Ministério da Defesa;

IX – Secretário-Executivo de Minas e Energia; e

X – Secretário-Executivo da CAMEX, que não terá direito a voto.

§ 1º Os membros do Comitê-Executivo de Gestão indicarão à Secretaria-Executiva da CAMEX seu suplente, para substituí-los em suas ausências e seus impedimentos, que deverá ser ocupante de cargo em comissão ou função de confiança de nível mínimo equivalente a 17 de Cargo Comissionado Executivo – CCE, sem prejuízo do disposto no § 4º.

§ 2º O Presidente do Comitê-Executivo de Gestão poderá, quando necessário, convidar autoridades de órgãos e entidades da administração pública federal para participar de suas reuniões, sem direito a voto, com o objetivo de tratar de matérias específicas de comércio exterior que lhes sejam afetas.

§ 3º A Agência Brasileira de Promoção de Exportações – APEX-Brasil será convidada para participar das reuniões do Comitê-Executivo de Gestão e poderá se manifestar, sem direito a voto.

§ 4º O Ministro de Estado do Desenvolvimento, Indústria, Comércio e Serviços será substituído pelo Secretário-Executivo do Ministério do Desenvolvimento, Indústria, Comércio e Serviços em suas ausências e seus impedimentos.

Art. 8º O Comitê-Executivo de Gestão se reunirá, em caráter ordinário, mensalmente e, em caráter extraordinário, mediante convocação de seu Presidente.

§ 1º O quórum de reunião do Comitê-Executivo de Gestão é de cinco membros e o de aprovação é de maioria simples.

§ 2º Na hipótese de empate, além do voto ordinário, o Presidente do Comitê-Executivo de Gestão terá o voto de qualidade.

§ 3º A convocação para as reuniões do Comitê-Executivo de Gestão será feita com antecedência de, no mínimo, cinco dias.

§ 4º Em casos de relevância e urgência, o Presidente do Comitê-Executivo de Gestão poderá reduzir o prazo de convocação para as reuniões de que trata o § 3º.

Art. 9º O Conselho Consultivo do Setor Privado é composto pelos seguintes membros:

I – Secretário-Executivo do Ministério do Desenvolvimento, Indústria, Comércio e Serviços, que o presidirá;

II – Secretário-Geral das Relações Exteriores;

III – Secretário-Executivo do Ministério da Fazenda; e

IV – até vinte e dois representantes da sociedade civil.

§ 1º As formas de indicação e de designação dos membros do Conselho Consultivo do Setor Privado a que se refere o inciso IV do *caput* serão disciplinadas no regimento interno da CAMEX.

§ 2º O Presidente do Conselho Consultivo do Setor Privado poderá convidar representantes de órgãos e entidades da administração pública federal para participar de suas reuniões, sem direito a voto, com o objetivo de tratar de matérias específicas de comércio exterior que lhes sejam afetas.

Art. 10. Compete ao Conselho Consultivo do Setor Privado colaborar com a CAMEX, por meio da discussão de estudos e da recomendação de propostas específicas, com vistas ao aperfeiçoamento das políticas de comércio exterior, de investimentos e de financiamento e garantias às exportações.

Parágrafo único. O funcionamento do Conselho Consultivo do Setor Privado será disciplinado no regimento interno da CAMEX.

Art. 11. A composição, o funcionamento e as atribuições dos colegiados da CAMEX não disciplinados em decreto serão estabelecidos no regimento interno da CAMEX.

Art. 12. Os membros dos colegiados da CAMEX que se encontrarem no Distrito Federal se reunirão presencialmente ou por videoconferência, nos termos do disposto no Decreto nº 10.416, de 7 de julho de 2020, e os membros que se encontrarem em outros entes federativos participarão da reunião por meio de videoconferência.

Art. 13. A participação na CAMEX e nos seus colegiados será considerada prestação de serviço público relevante, não remunerada.

Art. 14. A Secretaria-Executiva da CAMEX será exercida pelo Ministério do Desenvolvimento, Indústria, Comércio e Serviços.

Art. 15. Fica revogado o Decreto nº 10.044, de 4 de outubro de 2019.

Art. 16. Este Decreto entra em vigor na data de sua publicação.

Brasília, 2 de março de 2023;
202º da Independência e
135º da República.

Luiz Inácio Lula da Silva

REGIMENTOS INTERNOS

REGIMENTO INTERNO DO SUPREMO TRIBUNAL FEDERAL

- Publicado no *DJU* de 27-10-1980.

DISPOSIÇÃO INICIAL

Art. 1º Este Regimento estabelece a composição e a competência dos órgãos do Supremo Tribunal Federal, regula o processo e o julgamento dos feitos que lhe são atribuídos pela Constituição da República e a disciplina dos seus serviços.

PARTE I – DA ORGANIZAÇÃO E COMPETÊNCIA

TÍTULO I – DO TRIBUNAL

CAPÍTULO I

DA COMPOSIÇÃO DO TRIBUNAL

Art. 2º O Tribunal compõe-se de onze Ministros, tem sede na Capital da República e jurisdição em todo território nacional.

Parágrafo único. O Presidente e Vice-Presidente são eleitos pelo Tribunal, dentre os Ministros.

Art. 3º São órgãos do Tribunal o Plenário, as Turmas e o Presidente.

Art. 4º As Turmas são constituídas de cinco Ministros.

§ 1º A Turma é presidida pelo Ministro mais antigo dentre seus membros, por um período de um ano, vedada a recondução, até que todos os seus integrantes hajam exercido a Presidência, observada a ordem decrescente de antiguidade.

§ 2º É facultado ao Ministro mais antigo recusar a Presidência, desde que o faça antes da proclamação de sua escolha.

§ 3º Na hipótese de vacância do cargo de Presidente de Turma, assumir-lhe-á, temporariamente, a Presidência o Ministro mais antigo que nela tiver assento.

§ 4º A escolha do Presidente da Turma, observado o critério estabelecido no § 1º deste artigo, dar-se-á na última sessão ordinária da Turma que preceder a cessação ordinária do mandato anual, ressalvada a situação prevista no parágrafo seguinte.

- §§ 1º a 4º com a redação dada pela ER nº 25, de 26-6-2008.

§ 5º Se a Presidência da Turma vagar-se por outro motivo, a escolha a que se refere o § 4º deste artigo dar-se-á na sessão ordinária imediatamente posterior à ocorrência da vaga, hipótese em que o novo Presidente exercerá, por inteiro, o mandato de um ano a contar da data de sua investidura.

§ 6º Considera-se empossado o sucessor, em qualquer das situações a que se referem os §§ 4º e 5º deste artigo, na mesma data de sua escolha para a Presidência da Turma, com início e exercício do respectivo mandato a partir da primeira sessão subsequente.

§ 7º O Presidente da Turma é substituído, nas suas ausências ou impedimentos eventuais ou temporários, pelo Ministro mais antigo dentre os membros que a compõem.

§ 8º O Presidente do Tribunal, ao deixar o cargo, passa a integrar a Turma de que sai o novo Presidente.

§ 9º O Ministro que for eleito Vice-Presidente permanece em sua Turma.

§ 10. O Ministro que se empossa no Supremo Tribunal Federal integra a Turma onde existe a vaga.

- §§ 5º a 10 acrescidos pela ER nº 25, de 26-6-2008.

CAPÍTULO II

DA COMPETÊNCIA DO PLENÁRIO

Art. 5º Compete ao Plenário processar e julgar originariamente:

I – nos crimes comuns, o Presidente da República, o Vice-Presidente da República, os Deputados e Senadores, os Ministros do Supremo Tribunal Federal e o Procurador-Geral da República, e nos crimes comuns e de responsabilidade, os Ministros de Estado e os Comandantes da Marinha, do Exército e da Aeronáutica, ressalvado o disposto no art. 52, I, da Constituição Federal, os membros dos Tribunais Superiores, os do Tribunal de Contas da União e os chefes de missão diplomática de caráter permanente, bem como apreciar pedidos de arquivamento por atipicidade da conduta.

- Inciso I com a redação dada pela ER nº 57, de 16-10-2020.

II – *Revogado*. ER nº 49, de 3-6-2014;

III – os litígios entre Estados estrangeiros ou organismos internacionais e a União, os Estados, o Distrito Federal ou os Territórios;

IV – as causas e conflitos entre a União, os Estados, o Distrito Federal e os Territórios ou entre uns e outros, inclusive os respectivos órgãos da administração indireta;

V – os mandados de segurança contra atos do Presidente da República, das Mesas da Câmara e do Senado Federal, do Supremo Tribunal Federal, bem como os impetrados pela União contra atos de governos estaduais, ou por um Estado contra outro;

- Inciso V com a redação dada pela ER nº 49, de 3-6-2014.

VI – a declaração de suspensão de direitos prevista no art. 154 da Constituição;

VII – a representação do Procurador-Geral da República, por inconstitucionalidade ou para interpretação de lei ou ato normativo federal ou estadual;

VIII – a requisição de intervenção federal nos Estados, ressalvada a competência do Tribunal Superior Eleitoral prevista no art. 11, § 1º, *b*, da Constituição;

IX – o pedido de avocação e as causas avocadas a que se refere o art. 119, I, *o*, da Constituição;

X – o pedido de medida cautelar nas representações oferecidas pelo Procurador-Geral da República;

XI – as ações contra atos individuais do Presidente do Conselho Nacional de Justiça e do Presidente do Conselho Nacional do Ministério Público;

- Inciso XI acrescido pela ER nº 49, de 3-6-2014.

XII – apreciar, *ad referendum*, decisão do relator sobre pedido de tutela de urgência, quando o objeto de questionamento for ato do Presidente da República, do Presidente da Câmara dos Deputados, do Presidente do Senado Federal e do Presidente do Supremo Tribunal Federal.

- Inciso XII acrescido pela ER nº 54, de 1º-7-2020.

Art. 6º Também compete ao Plenário:

I – processar e julgar originariamente:

a) o *habeas corpus*, quando for coator ou paciente o Presidente da República, a Câmara, o Senado, o próprio Tribunal ou qualquer de seus Ministros, o Conselho Nacional da Magistratura, o Procurador-Geral da República, ou quando a coação provier do Tribunal Superior Eleitoral, ou, nos casos do art. 129, § 2º, da Constituição, do Superior Tribunal Militar, bem assim quando se relacionar com extradição requisitada por Estado estrangeiro;

b) a revisão criminal de julgado do Tribunal;

c) a ação rescisória de julgado do Tribunal;

d a *f*) *Revogadas*. ER nº 45, de 10-6-2011;
g) *Revogada*. ER nº 49, de 3-6-2014;
h) as arguições de suspeição;
i) *Revogada*. ER nº 45, de 10-6-2011.
II – julgar:
a) além do disposto no art. 5º, VII, as arguições de inconstitucionalidade suscitadas nos demais processos;
b) os processos remetidos pelas Turmas e os incidentes de execução que, de acordo com o art. 343, lhe forem submetidos;
c) os *habeas corpus* remetidos ao seu julgamento pelo Relator;
d) o agravo regimental contra ato do Presidente e contra despacho do Relator nos processos de sua competência;
III – julgar em recurso ordinário:
a) os *habeas corpus* denegados pelo Tribunal Superior Eleitoral ou, nos casos do art. 129, § 2º, da Constituição, pelo Superior Tribunal Militar;
b) os *habeas corpus* denegados pelo Tribunal Federal de Recursos, quando for coator Ministro de Estado;
c) a ação penal julgada pelo Superior Tribunal Militar, quando o acusado for Governador ou Secretário de Estado;
d) as causas em que forem partes Estado estrangeiro ou organismo internacional, de um lado, e, de outro, município ou pessoa domiciliada ou residente no país;
IV – julgar, em grau de embargos, os processos decididos pelo Plenário ou pelas Turmas, nos casos previstos neste regimento.
Parágrafo único. Nos casos das letras *a* e *b* do inciso III, o recurso ordinário não poderá ser substituído por pedido originário.

Art. 7º Compete ainda ao Plenário:
I – eleger o Presidente e o Vice-Presidente do Tribunal e os membros do Conselho Nacional da Magistratura;
II – eleger, dentre os Ministros, os que devam compor o Tribunal Superior Eleitoral e organizar, para o mesmo fim, as listas de advogados de notável saber jurídico e idoneidade moral a serem submetidas ao Presidente da República;
III – elaborar e votar o Regimento do Tribunal e nele dispor sobre os recursos do art. 119, III, *a* e *d*, da Constituição, atendendo à natureza, espécie ou valor pecuniário das causas em que forem interpostos, bem como à relevância da questão federal;
IV – resolver as dúvidas que forem submetidas pelo Presidente ou pelos Ministros sobre a ordem do serviço ou a interpretação e a execução do Regimento;
V – criar comissões temporárias;
VI – conceder licença ao Presidente e, por mais de três meses, aos Ministros;
VII – deliberar sobre a inclusão, alteração e cancelamento de enunciados da Súmula da Jurisprudência Predominante do Supremo Tribunal Federal;
VIII – decidir, administrativamente, sobre o encaminhamento de solicitação de opinião consultiva ao Tribunal Permanente de Revisão do MERCOSUL, mediante prévio e necessário juízo de admissibilidade do pedido e sua pertinência processual a ser relatado pelo Presidente do Supremo Tribunal Federal.
- Inciso VIII acrescido pela ER nº 48, de 3-4-2012 (publicada do *DJE* de 10-4-2012 e retificada no *DJE* de 13-4-2012).

Art. 8º Compete ao Plenário e às Turmas, nos feitos de sua competência:
I – julgar o agravo regimental, o de instrumento, os embargos declaratórios e as medidas cautelares;
II – censurar ou advertir os juízes das instâncias inferiores e condená-los nas custas, sem prejuízo da competência do Conselho Nacional da Magistratura;
III – homologar as desistências requeridas em sessão, antes de iniciada a votação;
IV – representar à autoridade competente quando, em autos ou documentos de que conhecer, houver indício de crime de ação pública;
V – mandar riscar expressões desrespeitosas em requerimentos, pareceres ou quaisquer alegações submetidas ao Tribunal.

CAPÍTULO III
DA COMPETÊNCIA DAS TURMAS

Art. 9º Além do disposto no art. 8º, compete às Turmas:
I – processar e julgar originariamente:
a) o *habeas corpus*, quando o coator ou paciente for Tribunal, funcionário ou autoridade, cujos atos estejam diretamente subordinados à jurisdição do Supremo Tribunal Federal, ou se tratar de crime sujeito à mesma jurisdição em única instância, ressalvada a competência do Plenário;
b) os incidentes de execução que, de acordo com o art. 343, III, lhes forem submetidos;
c) a reclamação que vise a preservar a competência do Tribunal ou a garantir a autoridade de suas decisões ou Súmulas Vinculantes;
d) os mandados de segurança contra atos do Tribunal de Contas da União e do Procurador-Geral da República.
- Alíneas *c* e *d* com a redação dada pela ER nº 49, de 3-6-2014.

e) os mandados de injunção contra atos do Tribunal de Contas da União e dos Tribunais Superiores;
f) os *habeas data* contra atos do Tribunal de Contas da União e do Procurador-Geral da República;
g) a ação em que todos os membros da magistratura sejam direta ou indiretamente interessados, e aquela em que mais da metade dos membros do tribunal de origem estejam impedidos ou sejam direta ou indiretamente interessados;
h) a extradição requisitada por Estado estrangeiro;
- Alíneas *e* a *h* acrescidas pela ER nº 45, de 10-6-2011.

i) as ações contra o Conselho Nacional de Justiça ou contra o Conselho Nacional do Ministério Público, ressalvada a competência do Plenário;
- Alínea *i* acrescida pela ER nº 49, de 3-6-2014.

j e *k*) *Revogadas*. ER nº 57, de 16-10-2020.
II – julgar em recurso ordinário:
a) os *habeas corpus* denegados em única ou última instância pelos tribunais locais ou federais, ressalvada a competência do Plenário;
b) a ação penal nos casos do art. 129, § 1º, da Constituição, ressalvada a hipótese prevista no art. 6º, inciso III, letra *c*.
III – julgar, em recurso extraordinário, as causas a que se referem os arts. 119, III, 139 e 143 da Constituição, observado o disposto no art. 11 e seu parágrafo único.
Parágrafo único. No caso da letra *a* do inciso II, o recurso ordinário não poderá ser substituído por pedido originário.

Art. 10. A Turma que tiver conhecimento da causa ou de algum de seus incidentes, inclusive de agravo para subida de recurso denegado ou procrastinado na instância de origem, tem jurisdição preventa para os recursos, reclamações e incidentes posteriores, mesmo em execução, ressalvada a competência do Plenário e do Presidente do Tribunal.

- *Caput* com a redação dada pela ER nº 9, de 8-10-2001.

§ 1º Prevalece o disposto neste artigo, ainda que a Turma haja submetido a causa, ou algum de seus incidentes, ao julgamento do Plenário.

§ 2º A prevenção, se não reconhecida de ofício, poderá ser arguida por qualquer das partes ou pelo Procurador-Geral até o início do julgamento pela outra Turma.

§ 3º Desaparecerá a prevenção se da Turma não fizer parte nenhum dos Ministros que funcionaram em julgamento anterior ou se tiver havido total alteração da composição das Turmas.

§ 4º Salvo o caso do parágrafo anterior, prevenção do relator que deixe o Tribunal comunica-se à Turma.

- § 4º acrescido pela ER nº 34, de 7-8-2009.

Art. 11. A Turma remeterá o feito ao julgamento do Plenário independente de acórdão e de nova pauta:

I – quando considerar relevante a arguição de inconstitucionalidade ainda não decidida pelo Plenário, e o Relator não lhe houver afetado o julgamento;

II – quando, não obstante decidida pelo Plenário, a questão de inconstitucionalidade, algum Ministro propuser o seu reexame;

III – quando algum Ministro propuser revisão da jurisprudência compendiada na Súmula.

Parágrafo único. Poderá a Turma proceder da mesma forma, nos casos do art. 22, parágrafo único, quando não o houver feito o Relator.

CAPÍTULO IV

DO PRESIDENTE E DO VICE-PRESIDENTE

Art. 12. O Presidente e o Vice-Presidente têm mandato por dois anos, vedada a reeleição para o período imediato.

§ 1º Proceder-se-á à eleição, por voto secreto, na segunda sessão ordinária do mês anterior ao da expiração do mandato, ou na segunda sessão ordinária imediatamente posterior à ocorrência de vaga por outro motivo.

§ 2º O *quorum* para a eleição é de oito Ministros; se não alcançado, será designada sessão extraordinária para a data mais próxima, convocados os Ministros ausentes.

§ 3º Considera-se presente à eleição o Ministro, mesmo licenciado, que enviar o seu voto, em sobrecarta fechada, que será aberta publicamente pelo Presidente, depositando-se a cédula na urna, sem quebra do sigilo.

§ 4º Está eleito, em primeiro escrutínio, o Ministro que obtiver número de votos superior à metade dos membros do Tribunal.

§ 5º Em segundo escrutínio, concorrerão somente os dois Ministros mais votados no primeiro.

§ 6º Não alcançada, no segundo escrutínio, a maioria a que se refere o § 4º, proclamar-se-á eleito, dentre os dois, o mais antigo.

§ 7º Realizar-se-á a posse, em sessão solene, em dia e hora marcados naquela em que se proceder à eleição.

§ 8º Os mandatos do Presidente e do Vice-Presidente estender-se-ão até a posse dos respectivos sucessores, se marcada para data excedente do biênio.

Art. 13. São atribuições do Presidente:

I – velar pelas prerrogativas do Tribunal;

II – representá-lo perante os demais poderes e autoridades;

III – dirigir-lhe os trabalhos e presidir-lhe as sessões plenárias, cumprindo e fazendo cumprir este Regimento;

IV – *Suprimido.* ER nº 18, de 2-8-2006;

V – despachar:

a) antes da distribuição, o pedido de assistência judiciária;

b) a reclamação por erro de ata referente à sessão que lhe caiba presidir;

c) como Relator, nos termos dos arts. 932 e 1.042 do Código de Processo Civil, até eventual distribuição, as petições, os recursos extraordinários e os agravos em recurso extraordinário ineptos ou manifestamente inadmissíveis, inclusive por incompetência, intempestividade, deserção, prejuízo ou ausência de preliminar formal e fundamentada de repercussão geral, bem como aqueles cujo tema seja destituído de repercussão geral, conforme jurisprudência do Tribunal;

d) como Relator, nos termos dos arts. 932 e 1.042 do Código de Processo Civil, até eventual distribuição, os recursos extraordinários e os agravos que veiculem pretensão contrária a jurisprudência dominante ou a súmula do Supremo Tribunal Federal;

- Alíneas *c* e *d* com a redação dada pela ER nº 54, de 1º-7-2020.

e) como Relator, até eventual distribuição, os *habeas corpus* que sejam inadmissíveis em razão de incompetência manifesta, encaminhando os autos ao órgão que repute competente.

- Alínea *e* acrescida pela ER nº 54, de 1º-7-2020.

VI – executar e fazer cumprir os seus despachos, suas decisões monocráticas, suas resoluções, suas ordens e os acórdãos transitados em julgado e por ele relatados, bem como as deliberações do Tribunal tomadas em sessão administrativa e outras de interesse institucional, facultada a delegação de atribuições para a prática de atos processuais não decisórios;

- Inciso VI com a redação dada pela ER nº 41, de 16-9-2010.

VII – decidir questões de ordem, ou submetê-las ao Tribunal, quando entender necessário;

VIII – decidir questões urgentes nos períodos de recesso ou de férias;

- Inciso VIII com a redação dada pela ER nº 26, de 22-10-2008.

IX – proferir voto de qualidade nas decisões do Plenário, para as quais o Regimento Interno não preveja solução diversa, quando o empate na votação decorra de ausência de Ministro em virtude de:

- *Caput* do inciso IX com a redação dada pela ER nº 35, de 2-12-2009.

a) impedimento ou suspeição;

b) vaga ou licença médica superior a 30 (trinta) dias, quando seja urgente a matéria e não se possa convocar o Ministro licenciado.

- Alíneas *a* e *b* acrescidas pela ER nº 35, de 2-12-2009.

X – dar posse aos Ministros e conceder-lhes transferência de Turma;

XI – conceder licença aos Ministros, de até três meses, e aos servidores do Tribunal;

XII – nomear e dar posse ao Diretor-Geral, ao Secretário-Geral da Presidência, aos Secretários e aos Assessores-Chefes;

- Inciso XII com a redação dada pela ER nº 50, de 19-4-2016.

XIII – superintender a ordem e a disciplina do Tribunal, bem como aplicar penalidades aos seus servidores;

XIV – apresentar ao Tribunal relatório circunstanciado dos trabalhos do ano;

XV – relatar a arguição de suspeição oposta a Ministro;

XVI – assinar a correspondência destinada ao Presidente da República; ao Vice-Presidente da República; ao Presidente do Senado Federal; aos Presidentes dos Tribunais Superiores, entre estes incluído o Tribunal de Contas da União; ao Procurador-Geral da República; aos Governadores dos Estados e do Distrito Federal; aos Chefes de Governo estrangeiro e seus representantes no Brasil; às autoridades públicas, em resposta a pedidos de informação sobre assunto pertinente ao Poder Judiciário e ao Supremo Tribunal Federal, ressalvado o disposto no inciso XVI do art. 21;

• Inciso XVI acrescido pela ER nº 7, de 6-4-1998.

XVI-A – designar magistrados para atuação como Juiz Auxiliar do Supremo Tribunal Federal em auxílio à Presidência e aos Ministros, sem prejuízo dos direitos e vantagens de seu cargo, além dos definidos pelo Presidente em ato próprio;

• Inciso XVI-A com a redação dada pela ER nº 32, de 7-8-2009.

XVII – convocar audiência pública para ouvir o depoimento de pessoas com experiência e autoridade em determinada matéria, sempre que entender necessário o esclarecimento de questões ou circunstâncias de fato, com repercussão geral e de interesse público relevante, debatidas no âmbito do Tribunal;

XVIII – decidir, de forma irrecorrível, sobre a manifestação de terceiros, subscrita por procurador habilitado, em audiências públicas ou em qualquer processo em curso no âmbito da Presidência;

• Incisos XVII e XVIII acrescidos pela ER nº 29, de 18-2-2009.

XIX – praticar os demais atos previstos na lei e no Regimento.

• Inciso XVII renumerado para inciso XIX pela ER nº 29, de 18-2-2009.

Parágrafo único. O Presidente poderá delegar a outro Ministro o exercício da faculdade prevista no inciso VIII.

Art. 14. O Vice-Presidente substitui o Presidente nas licenças, ausências e impedimentos eventuais. Em caso de vaga, assume a presidência até a posse do novo titular.

CAPÍTULO V
DOS MINISTROS

Seção I
DISPOSIÇÕES GERAIS

Art. 15. Os Ministros tomam posse em sessão solene do Tribunal, ou perante o Presidente, em período de recesso ou de férias.

§ 1º No ato da posse, o Ministro prestará compromisso de bem cumprir os deveres do cargo, de conformidade com a Constituição e as leis da República.

§ 2º Do compromisso de posse será lavrado termo assinado pelo Presidente, pelo empossado, pelos Ministros presentes e pelo Diretor-Geral.

Art. 16. Os Ministros têm as prerrogativas, garantias, direitos e incompatibilidades inerentes ao exercício da magistratura.

Parágrafo único. Receberão o tratamento de Excelência, conservando o título e as honras correspondentes, mesmo após a aposentadoria, e usarão vestes talares, nas sessões solenes, e capas, nas sessões ordinárias ou extraordinárias.

Art. 17. A antiguidade do Ministro no Tribunal é regulada na seguinte ordem:

I – a posse;

II – a nomeação;

III – a idade.

Parágrafo único. Esgotada a lista, nos casos em que o Regimento manda observar a antiguidade decrescente, o imediato ao Ministro mais moderno será o mais antigo no Tribunal, ou na Turma, conforme o caso.

Art. 18. Não podem ter assento, simultaneamente, no Tribunal, parentes consanguíneos ou afins na linha ascendente ou descendente, e na colateral, até o terceiro grau, inclusive.

Parágrafo único. A incompatibilidade resolve-se na seguinte ordem:

I – antes da posse:

a) contra o último nomeado;

b) se a nomeação for da mesma data, contra o menos idoso.

II – depois da posse:

a) contra o que deu causa à incompatibilidade;

b) se a causa for imputável a ambos, contra o mais moderno.

Art. 19. O Ministro de uma Turma tem o direito de transferir-se para outra onde haja vaga; havendo mais de um pedido, terá preferência o do mais antigo.

Art. 20. Os Ministros têm jurisdição em todo o território nacional.

Seção II
DO RELATOR

Art. 21. São atribuições do Relator:

I – ordenar e dirigir o processo;

II – executar e fazer cumprir os seus despachos, suas decisões monocráticas, suas ordens e seus acórdãos transitados em julgado, bem como determinar às autoridades judiciárias e administrativas providências relativas ao andamento e à instrução dos processos de sua competência, facultada a delegação de atribuições para a prática de atos processuais não decisórios a outros Tribunais e a juízos de primeiro grau de jurisdição;

• Inciso II com a redação dada pela ER nº 41, de 16-9-2010.

III – submeter ao Plenário, à Turma, ou aos Presidentes, conforme a competência, questões de ordem para o bom andamento dos processos;

IV – submeter ao Plenário ou à Turma, nos processos da competência respectiva, medidas cautelares necessárias à proteção de direito suscetível de grave dano de incerta reparação, ou ainda destinadas a garantir a eficácia da ulterior decisão da causa;

V – determinar, em caso de urgência, as medidas do inciso anterior, *ad referendum* do Plenário ou da Turma;

V-A – decidir questões urgentes no plantão judicial realizado nos dias de sábado, domingo, feriados e naqueles em que o Tribunal o determinar, na forma regulamentada em Resolução;

• Inciso V-A acrescido pela ER nº 42, de 2-12-2010.

VI – determinar, em agravo de instrumento, a subida, com as razões das partes, de recurso denegado ou procrastinado, para melhor exame;

VII – requisitar os autos originais, quando necessário;

VIII – homologar as desistências, ainda que o feito se ache em mesa para julgamento;

IX – julgar prejudicado pedido ou recurso que haja perdido o objeto;

X – pedir dia para julgamento dos feitos nos quais estiver habilitado a proferir voto, ou passá-los ao Revisor, com o relatório, se for o caso;

REG. INTERNOS

XI – remeter *habeas corpus* ou recurso de *habeas corpus* ao julgamento do Plenário;

XII – assinar cartas de sentença;

XIII – delegar atribuições a outras autoridades judiciárias, nos casos previstos em lei e neste Regimento;

XIV – apresentar em mesa para julgamento os feitos que independam de pauta;

XV – determinar a instauração de inquérito a pedido do Procurador-Geral da República, da autoridade policial ou do ofendido, bem como o seu arquivamento, quando o requerer o Procurador-Geral da República, ou quando verificar:

- *Caput* do inciso XV com a redação dada pela ER nº 44, de 2-6-2011.

a) a existência manifesta de causa excludente da ilicitude do fato;

b) a existência manifesta de causa excludente da culpabilidade do agente, salvo inimputabilidade;

c) que o fato narrado evidentemente não constitui crime;

d) extinta a punibilidade do agente; ou

e) ausência de indícios mínimos de autoria ou materialidade.

- Alíneas *a* a *e* acrescidas pela ER nº 44, de 2-6-2011.

XVI – assinar a correspondência oficial, em nome do Supremo Tribunal Federal, nas matérias e nos processos sujeitos à sua competência jurisdicional, podendo dirigir-se a qualquer autoridade pública, inclusive ao Chefe dos Poderes da República;

- Inciso XVI acrescido pela ER nº 7, de 6-4-1998.

XVII – convocar audiência pública para ouvir o depoimento de pessoas com experiência e autoridade em determinada matéria, sempre que entender necessário o esclarecimento de questões ou circunstâncias de fato, com repercussão geral ou de interesse público relevante;

XVIII – decidir, de forma irrecorrível, sobre a manifestação de terceiros, subscrita por procurador habilitado, em audiências públicas ou nos processos de sua relatoria;

- Incisos XVII e XVIII acrescidos pela ER nº 29, de 18-2-2009.

XIX – julgar o pedido de assistência judiciária;

XX – praticar os demais atos que lhe incumbam ou sejam facultados em lei e no Regimento.

- Incisos XIX e XX acrescidos pela ER nº 33, de 7-8-2009.

§ 1º Poderá o(a) Relator(a) negar seguimento a pedido ou recurso manifestamente inadmissível, improcedente ou contrário à jurisprudência dominante ou à Súmula do Tribunal, deles não conhecer em caso de incompetência manifesta, encaminhando os autos ao órgão que repute competente, bem como cassar ou reformar, liminarmente, acórdão contrário à orientação firmada nos termos do art. 543-B do Código de Processo Civil.

- § 1º com a redação dada pela ER nº 21 de 30-4-2007.
- Refere-se ao CPC/1973.

§ 2º Poderá ainda o Relator, em caso de manifesta divergência com a Súmula, prover, desde logo, o recurso extraordinário.

- § 2º acrescido pela ER nº 2, de 4-12-1985.

§ 3º Ao pedir dia para julgamento ou apresentar o feito em mesa, indicará o Relator, nos autos, se o submete ao Plenário ou à Turma, salvo se pela simples designação da classe estiver fixado o órgão competente.

- § 2º transformado em § 3º pela ER nº 2, de 4-12-1985.

§ 4º O Relator comunicará à Presidência, para os fins do art. 328 deste Regimento, as matérias sobre as quais proferir decisões de sobrestamento ou devolução de autos, nos termos do art. 543-B do CPC/1973.

- § 4º acrescido pela ER nº 22, de 30-11-2007.
- Refere-se ao CPC/1973.

Art. 21-A. Compete ao relator convocar juízes ou desembargadores para a realização do interrogatório e de outros atos da instrução dos inquéritos criminais e ações penais originárias, na sede do tribunal ou no local onde se deva produzir o ato, bem como definir os limites de sua atuação.

§ 1º Caberá ao magistrado instrutor, convocado na forma do *caput*:

I – designar e realizar as audiências de interrogatório, inquirição de testemunhas, acareação, transação, suspensão condicional do processo, admonitórias e outras;

II – requisitar testemunhas e determinar condução coercitiva, caso necessário;

III – expedir e controlar o cumprimento das cartas de ordem;

IV – determinar intimações e notificações;

V – decidir questões incidentes durante a realização dos atos sob sua responsabilidade;

VI – requisitar documentos ou informações existentes em bancos de dados;

VII – fixar ou prorrogar prazos para a prática de atos durante a instrução;

VIII – realizar inspeções judiciais;

IX – requisitar, junto aos órgãos locais do Poder Judiciário, o apoio de pessoal, equipamentos e instalações adequados para os atos processuais que devam ser produzidos fora da sede do Tribunal;

X – exercer outras funções que lhes sejam delegadas pelo relator ou pelo Tribunal e relacionadas à instrução dos inquéritos criminais e das ações penais originárias.

§ 2º As decisões proferidas pelo magistrado instrutor, no exercício das atribuições previstas no parágrafo anterior, ficam sujeitas ao posterior controle do relator, de ofício ou mediante provocação do interessado, no prazo de 5 (cinco) dias contados da ciência do ato.

- Art. 21-A acrescido pela ER nº 36, de 2-12-2009.

Art. 21-B. Todos os processos de competência do Tribunal poderão, a critério do relator ou do ministro vistor com a concordância do relator, ser submetidos a julgamento em listas de processos em ambiente presencial ou eletrônico, observadas as respectivas competências das Turmas ou do Plenário.

§ 1º Serão julgados preferencialmente em ambiente eletrônico os seguintes processos:

I – agravos internos, agravos regimentais e embargos de declaração;

II – medidas cautelares em ações de controle concentrado;

III – referendo de medidas cautelares e de tutelas provisórias;

IV – demais classes processuais, inclusive recursos com repercussão geral reconhecida, cuja matéria discutida tenha jurisprudência dominante no âmbito do STF.

§ 2º Nas hipóteses de cabimento de sustentação oral previstas neste regimento interno, fica facultado à Procuradoria-Geral da República, à Advocacia-Geral da União, à Defensoria Pública da União, aos advogados e demais habilitados nos autos encaminhar as respectivas sustentações por meio eletrônico após a publicação da pauta e até 48 horas antes de iniciado o julgamento em ambiente virtual.

§ 3º No caso de pedido de destaque feito por qualquer ministro, o relator encaminhará o processo ao órgão colegiado competente para julgamento presencial, com publicação de nova pauta.

§ 4º Em caso de excepcional urgência, o Presidente do Supremo Tribunal Federal e os Presidentes das Turmas poderão convocar sessão virtual extraordinária, com prazos fixados no respectivo ato convocatório.

§ 5º Ato do Presidente do Tribunal regulamentará os procedimentos das sessões virtuais.

- Art. 21-B com a redação dada pela ER nº 53, de 18-3-2020.

Art. 22. O Relator submeterá o feito ao julgamento do Plenário, quando houver relevante arguição de inconstitucionalidade ainda não decidida.

Parágrafo único. Poderá o Relator proceder na forma deste artigo:

a) quando houver matérias em que divirjam as Turmas entre si ou alguma delas em relação ao Plenário.

b) quando em razão da relevância da questão jurídica ou da necessidade de prevenir divergência entre as Turmas, convier pronunciamento do Plenário.

Seção III
DO REVISOR

Art. 23. Há revisão nos seguintes processos:

I – ação rescisória;

II – revisão criminal;

III – ação penal originária prevista no art. 5º, I e II;

IV – recurso ordinário criminal previsto no art. 6º, III, *c;*

V – declaração de suspensão de direitos do art. 5º, VI.

Parágrafo único. Nos embargos relativos aos processos referidos, não haverá revisão.

Art. 24. Será Revisor o Ministro que se seguir ao Relator na ordem decrescente de antiguidade.

Parágrafo único. Em caso de substituição definitiva do Relator, será também substituído o Revisor, consoante o disposto neste artigo.

Art. 25. Compete ao Revisor:

I – sugerir ao Relator medidas ordinatórias do processo que tenham sido omitidas;

II – confirmar, completar ou retificar o relatório;

III – pedir dia para julgamento dos feitos nos quais estiver habilitado a proferir voto.

CAPÍTULO VI
DAS COMISSÕES

Art. 26. As Comissões colaboram no desempenho dos encargos do Tribunal.

Art. 27. As Comissões são:

I – Permanentes;

II – Temporárias.

§ 1º São Permanentes:

I – a Comissão de Regimento;

II – a Comissão de Jurisprudência;

III – a Comissão de Documentação;

IV – a Comissão de Coordenação.

§ 2º As Comissões Temporárias podem ser criadas pelo Plenário ou pelo Presidente e se extinguem preenchido o fim a que se destinem.

§ 3º As Comissões Permanentes compõem-se de três membros, podendo funcionar com a presença de dois, sendo que a Comissão de Regimento possui um membro-suplente.

§ 4º As Comissões Temporárias podem ter qualquer número de membros.

Art. 28. O Presidente designará os membros das Comissões, com mandatos coincidentes com o seu, assegurada a participação de Ministros das duas Turmas.

- Artigo com a redação dada pela ER nº 24, de 20-5-2008.

Art. 29. Cada Comissão será presidida pelo mais antigo de seus integrantes.

Art. 30. Compete às Comissões Permanentes e Temporárias:

I – expedir normas de serviço e sugerir ao Presidente do Tribunal as que envolvam matéria de sua competência;

II – requisitar ao Presidente do Tribunal os servidores necessários, que não poderão ser deslocados sem audiência dos Ministros perante os quais servirem;

III – entender-se, por seu Presidente, com outras autoridades ou instituições, nas matérias de sua competência, ressalvada a do Presidente do Tribunal.

Art. 31. São atribuições da Comissão de Regimento:

I – velar pela atualização do Regimento, propondo emendas no texto em vigor e emitindo parecer àquelas de iniciativa de outras Comissões ou de Ministros;

II – opinar em processo administrativo, quando consultada pelo Presidente.

Art. 32. São atribuições da Comissão de Jurisprudência:

I – selecionar os acórdãos que devam publicar-se em seu inteiro teor na Revista Trimestral de Jurisprudência, preferindo os indicados pelos Relatores;

II – promover a divulgação, em sumário, das decisões não publicadas na íntegra, bem como a edição de um boletim interno, para conhecimento, antes da publicação dos acórdãos, das questões jurídicas decididas pelas Turmas e pelo Plenário;

III – providenciar a publicação abreviada ou por extenso, das decisões sobre matéria constitucional, em volumes seriados;

IV – velar pela expansão, atualização e publicação da Súmula;

V – superintender:

a) os serviços de sistematização e divulgação da jurisprudência do Tribunal;

b) a edição da Revista Trimestral de Jurisprudência e outras publicações, bem como de índices que facilitem a pesquisa de julgados ou processos.

VI – emitir pronunciamento sobre pedido de inscrição como repertório autorizado.

Art. 33. São atribuições da Comissão de Documentação:

I – orientar os serviços de guarda e conservação dos processos, livros e documentos do Tribunal;

II – manter serviço de documentação para recolher elementos que sirvam de subsídio à história do Tribunal, com pastas individuais, contendo dados bibliográficos dos Ministros e dos Procuradores-Gerais.

Art. 34. É atribuição da Comissão de Coordenação sugerir aos Presidentes do Tribunal e das Turmas, bem como aos Ministros, medidas destinadas a prevenir decisões discrepantes, aumentar o rendimento das sessões, abreviar a publicação dos acórdãos e facilitar a tarefa dos advogados.

CAPÍTULO VII
DAS LICENÇAS, SUBSTITUIÇÕES E CONVOCAÇÕES

Art. 35. A licença é requerida com a indicação do período, começando a correr do dia em que passar a ser utilizada.

REG. INTERNOS

Art. 36. O Ministro licenciado não poderá exercer qualquer das suas funções jurisdicionais ou administrativas.

Parágrafo único. Salvo contraindicação médica, o Ministro licenciado poderá reassumir o cargo a qualquer tempo, entendendo-se que desistiu do restante do prazo, bem assim proferir decisões em processos que, antes da licença, lhe hajam sido conclusos para julgamento ou tenham recebido o seu visto como Relator ou Revisor.

Art. 37. Nas ausências ou impedimentos eventuais ou temporários, são substituídos:

I – o Presidente do Tribunal pelo Vice-Presidente, e este pelos demais Ministros, na ordem decrescente de antiguidade;

II – o Presidente da Turma pelo Ministro mais antigo dentre os seus membros;

III – o Presidente da Comissão pelo mais antigo dentre os seus membros;

IV – qualquer dos membros da Comissão de Regimento pelo suplente.

Art. 38. O Relator é substituído:

I – pelo Revisor, se houver, ou pelo Ministro imediato em antiguidade, dentre os do Tribunal ou da Turma, conforme a competência, na vacância, nas licenças ou ausências em razão de missão oficial, de até trinta dias, quando se tratar de deliberação sobre medida urgente;

• Inciso I com a redação dada pela ER nº 42, de 2-12-2010.

II – pelo Ministro designado para lavrar o acórdão, quando vencido no julgamento;

III – mediante redistribuição, nos termos do art. 69 deste Regimento Interno;

• Inciso III com a redação dada pela ER nº 42, de 2-12-2010.

IV – em caso de aposentadoria, renúncia ou morte:

a) pelo Ministro nomeado para a sua vaga;

b) pelo Ministro que tiver proferido o primeiro voto vencedor, acompanhando o do Relator, para lavrar ou assinar os acórdãos dos julgamentos anteriores à abertura da vaga;

c) pela mesma forma da letra *b* deste inciso, e enquanto não empossado o novo Ministro, para assinar carta de sentença e admitir recurso.

Art. 39. O Revisor é substituído, em caso de vaga, impedimento ou licença por mais de trinta dias, pelo Ministro que se lhe seguir em ordem decrescente de antiguidade.

Art. 40. Para completar *quorum* no Plenário, em razão de impedimento ou licença superior a 30 (trinta) dias, o Presidente do Tribunal convocará o Ministro licenciado.

• Artigo com a redação dada pela ER nº 35, de 2-12-2009.

Art. 41. Para completar *quorum* em uma das Turmas, serão convocados Ministros da outra, na ordem crescente de antiguidade.

CAPÍTULO VIII

DA POLÍCIA DO TRIBUNAL

Art. 42. O Presidente responde pela polícia do Tribunal. No exercício dessa atribuição pode requisitar o auxílio de outras autoridades, quando necessário.

Art. 43. Ocorrendo infração à lei penal na sede ou dependência do Tribunal, o Presidente instaurará inquérito, se envolver autoridade ou pessoa sujeita à sua jurisdição, ou delegará esta atribuição a outro Ministro.

§ 1º Nos demais casos, o Presidente poderá proceder na forma deste artigo ou requisitar a instauração de inquérito à autoridade competente.

§ 2º O Ministro incumbido do inquérito designará escrivão dentre os servidores do Tribunal.

Art. 44. A polícia das sessões e das audiências compete ao seu Presidente.

Art. 45. Os inquéritos administrativos serão realizados consoante as normas próprias.

CAPÍTULO IX

DA REPRESENTAÇÃO POR DESOBEDIÊNCIA OU DESACATO

Art. 46. Sempre que tiver conhecimento de desobediência a ordem emanada do Tribunal ou de seus Ministros, no exercício da função, ou de desacato ao Tribunal ou a seus Ministros, o Presidente comunicará o fato ao órgão competente do Ministério Público, provendo-o dos elementos de que dispuser para a propositura da ação penal.

Art. 47. Decorrido o prazo de trinta dias, sem que tenha sido instaurada a ação penal, o Presidente dará ciência ao Tribunal, em sessão secreta, para as providências que julgar necessárias.

TÍTULO II – DA PROCURADORIA-GERAL DA REPÚBLICA

Art. 48. O Procurador-Geral da República toma assento à mesa à direita do Presidente.

Parágrafo único. Os Subprocuradores-Gerais poderão oficiar junto às Turmas mediante delegação do Procurador-Geral.

Art. 49. O Procurador-Geral manifestar-se-á nas oportunidades previstas em lei e neste Regimento.

Art. 50. Sempre que couber ao Procurador-Geral manifestar-se, o Relator mandará abrir-lhe vista antes de pedir dia para julgamento ou passar os autos ao Revisor.

§ 1º Quando não fixado diversamente neste Regimento, será de quinze dias o prazo para o Procurador-Geral manifestar-se.

§ 2º Excedido o prazo, o Relator poderá requisitar os autos, facultando, se ainda oportuna, a posterior juntada do parecer.

§ 3º Caso omitida a vista, considerar-se-á sanada a falta se não for arguida até a abertura da sessão de julgamento, exceto na ação penal originária ou inquérito de que possa resultar responsabilidade penal.

Art. 51. Nos processos em que atuar como representante judicial da União, ou como titular da ação penal, o Procurador-Geral tem os mesmos poderes e ônus que as partes, ressalvadas as disposições expressas em lei ou neste Regimento.

Art. 52. O Procurador-Geral terá vista dos autos:

I – nas representações e outras arguições de inconstitucionalidade;

II – nas causas avocadas;

○ Norma não prevista na CF/1988.

III – nos processos oriundos de Estados estrangeiros;

IV – nos litígios entre Estado estrangeiro ou organismo internacional e a União, os Estados, o Distrito Federal e os Territórios;

V – nas ações penais originárias;

VI – nas ações cíveis originárias;

VII – nos conflitos de jurisdição ou competência e de atribuições;

VIII – nos *habeas corpus* originários e nos recursos de *habeas corpus*;

IX – nos mandados de segurança;

X – nas revisões criminais e ações rescisórias;

XI – nos pedidos de intervenção federal;

XII – nos inquéritos de que possa resultar responsabilidade penal;

XIII – nos recursos criminais;

XIV – nos outros processos em que a lei impuser a intervenção do Ministério Público;

XV – nos demais processos, quando, pela relevância da matéria, ele a requerer, ou for determinada pelo Relator, Turma ou Plenário.

Parágrafo único. Salvo na ação penal originária ou nos inquéritos, poderá o Relator dispensar a vista ao Procurador-Geral quando houver urgência, ou quando sobre a matéria versada no processo já houver o Plenário firmado jurisprudência.

Art. 53. O Procurador-Geral poderá pedir preferência para julgamento de processo em pauta.

PARTE II – DO PROCESSO

TÍTULO I – DISPOSIÇÕES GERAIS

CAPÍTULO I

DO REGISTRO E CLASSIFICAÇÃO

Art. 54. As petições iniciais e os processos remetidos, ou incidentes, serão protocolados no dia da entrada, na ordem de recebimento, e registrados no primeiro dia útil imediato.

Art. 55. O registro far-se-á em numeração contínua e seriada em cada uma das classes seguintes:

I – Ação Cível Originária;

II – Ação Penal;

III – Ação Rescisória;

IV – Agravo de Instrumento;

V – Apelação Cível;

VI – Arguição de Relevância;

VII – Arguição de Suspeição;

VIII – Carta Rogatória;

- A concessão de *exequatur* às cartas rogatórias passou a ser da competência do STJ, conforme art. 105, I, *i*, da CF, com a redação dada pela EC nº 45, de 8-12-2004.

IX – Comunicação;

X – Conflito de Atribuições;

XI – Conflito de Jurisdição;

XII – Extradição;

XIII – *Habeas Corpus*;

XIV – Inquérito;

XV – Intervenção Federal;

XVI – Mandado de Segurança;

XVII – Pedido de Avocação;

XVIII – Petição;

XIX – Processo Administrativo;

XX – Reclamação;

XXI – Recurso Criminal;

XXII – Recurso Extraordinário;

XXIII – Representação;

XXIV – Revisão Criminal;

XXV – Sentença Estrangeira;

XXVI – Suspensão de Direitos;

XXVII – Suspensão de Segurança;

XXVIII – Proposta de Súmula Vinculante.

- Inciso XXVIII acrescido pela ER nº 46, de 6-7-2011.

Art. 56. O Presidente resolverá, mediante instrução normativa, as dúvidas que se suscitarem na classificação dos feitos, observando-se as seguintes normas:

I – na classe *habeas corpus* serão incluídos os pedidos originários e os recursos inclusive os da Justiça Eleitoral;

II – na classe Recurso Extraordinário serão incluídos:

a) os recursos eleitorais e trabalhistas fundados em inconstitucionalidade;

b) os recursos extraordinários criminais;

c) os recursos extraordinários em mandado de segurança;

III – na classe Recurso Criminal serão incluídos os recursos criminais ordinários;

IV – na classe Ação Penal serão incluídas as ações penais privadas;

V – na classe Inquérito serão incluídos os policiais e os administrativos, de que possa resultar responsabilidade penal, e que só passarão à classe Ação Penal após o recebimento da denúncia ou queixa;

VI – a classe Intervenção Federal compreende os pedidos autônomos e os formulados em execução de julgado do Tribunal; estes últimos serão autuados em apenso, salvo se os autos principais tiverem sido enviados a outra instância;

VII – na classe Processo Administrativo serão incluídos os que devam ser apreciados pelo Tribunal; os que devam ser submetidos ao Presidente ou ao Diretor-Geral obedecerão à classificação estabelecida pelo Presidente;

VIII – na classe Pedido de Avocação se compreende o julgamento das causas avocadas;

IX – os expedientes que não tenham classificação específica nem sejam acessórios ou incidentes serão incluídos na classe Petição, se contiverem requerimento, ou na classe Comunicação, em qualquer outro caso;

X – não se altera a classe do processo:

a) pela interposição de embargos ou agravo regimental;

b) pela exceção de suspeição de juiz de outra instância;

c) pela arguição de inconstitucionalidade formulada incidentemente pelas partes ou pelo Procurador-Geral;

d) pela reclamação por erro de ata;

e) pelos pedidos incidentes ou acessórios;

f) pelos pedidos de execução, salvo a intervenção federal.

XI – far-se-á na autuação nota distintiva do recurso ou incidente, quando este não alterar a classe e o número do processo.

CAPÍTULO II

DO PREPARO E DA DESERÇÃO

Art. 57. Salvo os casos de isenção, compete às partes antecipar o pagamento do respectivo preparo.

Parágrafo único. O preparo compreende o recolhimento de custas e das despesas de todos os atos do processo, inclusive o porte de remessa e retorno, quando for o caso.

- Art. 57 com a redação dada pela ER nº 42, de 2-12-2010.

Art. 58. Quando autor e réu recorrerem, cada recurso estará sujeito a preparo integral.

§ 1º Tratando-se de litisconsortes necessários, bastará que um dos recursos seja preparado, para que todos sejam julgados, ainda que não coincidam suas pretensões.

§ 2º O assistente é equiparado para esse efeito ao litisconsorte.

§ 3º O terceiro prejudicado que recorrer fará o preparo do seu recurso, independentemente do preparo dos recursos que, porventura, tenham sido interpostos pelo autor ou pelo réu.

Art. 59. O recolhimento do preparo:

- *Caput* com a redação dada pela ER nº 42, de 2-12-2010.

I – quando se tratar de recurso, será feito no tribunal de origem, perante as suas secretarias e no prazo previsto na lei processual;

II – quando se tratar de feitos de competência originária, será comprovado no ato de seu protocolo.

- Incisos I e II com a redação dada pela ER nº 42, de 2-12-2010.

§ 1º Nenhum recurso subirá ao Supremo Tribunal Federal, salvo caso de isenção, sem a prova do respectivo preparo e do pagamento das despesas de remessa e retorno, no prazo legal.

§ 2º O preparo efetuar-se-á, mediante guia, à repartição arrecadadora competente, juntando-se aos autos o comprovante.

§ 3º A não comprovação do pagamento do preparo no ato do protocolo da ação originária ou seu pagamento parcial serão certificados nos autos pela Secretaria Judiciária.

- § 3º com a redação dada pela ER nº 42, de 2-12-2010.

Art. 60. Com ou sem o preparo, os autos serão distribuídos ao Relator ou registrados à Presidência, de acordo com a respectiva competência, salvo os casos definidos neste Regimento.

- Artigo com a redação dada pela ER nº 42, de 2-12-2010.

Art. 61. Cabe às partes prover o pagamento antecipado das despesas dos atos que realizem ou requeiram no processo, ficando o vencido, afinal, responsável pelas custas e despesas pagas pelo vencedor.

§ 1º Haverá isenção do preparo:

I – nos conflitos de jurisdição, nos *habeas corpus* e nos demais processos criminais, salvo a ação penal privada;

II – nos pedidos e recursos formulados ou interpostos pelo Procurador-Geral da República, pela Fazenda Pública em geral ou por beneficiário de assistência judiciária.

§ 2º Nas causas em que forem partes Estados estrangeiros e organismos internacionais, prevalecerá o que dispuserem os tratados ratificados pelo Brasil.

Art. 62. A assistência judiciária, perante o Tribunal, será requerida ao Presidente antes da distribuição; nos demais casos, ao relator.

Art. 63. Sem prejuízo da nomeação, quando couber, do defensor ou curador dativo, o pedido de assistência judiciária será deferido ou não, de acordo com a legislação em vigor.

Parágrafo único. Prevalecerá no Tribunal a assistência judiciária já concedida em outra instância.

Art. 64. O pagamento dos preços cobrados pelo fornecimento de cópias, autenticadas ou não, ou de certidões por fotocópia ou meio equivalente será antecipado ou garantido com depósito na Secretaria, consoante tabela aprovada pelo Presidente.

Art. 65. A deserção do recurso por falta de preparo será declarada:

I – pelo Presidente, antes da distribuição;

II – pelo relator;

III – pelo Plenário ou pela Turma, ao conhecer do feito.

Parágrafo único. Do despacho que declarar a deserção caberá agravo regimental.

CAPÍTULO III

DA DISTRIBUIÇÃO

Art. 66. A distribuição será feita por sorteio ou prevenção, mediante sistema informatizado, acionado automaticamente, em cada classe de processo.

- *Caput* com a redação dada pela ER nº 38, de 11-2-2010.

§ 1º O sistema informatizado de distribuição automática e aleatória de processos é público, e seus dados são acessíveis aos interessados.

§ 2º Sorteado o Relator, ser-lhe-ão imediatamente conclusos os autos.

- §§ 1º e 2º com a redação dada pela ER nº 18, de 2-8-2006.

Art. 67. Far-se-á a distribuição entre todos os Ministros, inclusive os ausentes ou licenciados por até trinta dias, excetuado o Presidente.

§ 1º Não haverá distribuição a cargo vago e a Ministro licenciado ou em missão oficial por mais de trinta dias, impondo-se a compensação dos feitos livremente distribuídos ao Ministro que vier assumir o cargo ou retornar da licença ou missão oficial, salvo se o Tribunal dispensar a compensação.

§ 2º Será compensada a distribuição que deixar de ser feita ao Vice-Presidente quando substituir o Presidente.

- §§ 1º e 2º com a redação dada pela ER nº 42, de 2-12-2010.

§ 3º Declarado o impedimento ou a suspeição pelo Relator ou pelo Tribunal, a Secretaria Judiciária procederá, *ex officio*, a novo sorteio, compensando-se a distribuição.

- § 3º com a redação dada pela ER nº 49, de 3-6-2014.

§ 4º Haverá também compensação quando o processo tiver de ser distribuído por prevenção a determinado Ministro.

- § 3º transformado em § 4º pela ER nº 2, de 4-12-1985.

§ 5º Salvo os casos de prevenção, o ministro que estiver ocupando a Presidência do Tribunal Superior Eleitoral será excluído da distribuição de processos com pedido de medida liminar ou qualquer outro pedido de natureza urgente, com posterior compensação, durante os três meses anteriores e o mês posterior ao pleito eleitoral.

- § 5º com a redação dada pela ER nº 54, de 1º-7-2020.

§ 6º A prevenção deve ser alegada pela parte na primeira oportunidade que se lhe apresente, sob pena de preclusão.

§ 7º O processo que retornar ao Tribunal, por alegado erro material em decisão transitada em julgado, será encaminhado ao relator ou ao sucessor.

§ 8º O processo que tiver como objeto ato de Ministro do Tribunal será distribuído com sua exclusão.

§ 9º O Ministro que tiver exercido a Presidência do Conselho Nacional de Justiça será excluído da distribuição de processo no qual se impugne ato por ele praticado em tal exercício.

§ 10. Nos períodos de recesso e de férias, os processos de que trata o parágrafo anterior serão encaminhados ao Vice-Presidente.

- §§ 6º a 10 acrescidos pela ER nº 34, de 7-8-2009.

§ 11. O processo de acervo de cargo vago que determinar a prevenção de outro feito será redistribuído ao Relator sorteado para o processo prevento, com compensação.

§ 12. A prevenção do Ministro Vice-Presidente, ainda quando no exercício da Presidência, não o exclui da distribuição.

- §§ 11 e 12 acrescidos pela ER nº 42, de 2-12-2010.

Art. 68. Em *habeas corpus*, mandado de segurança, reclamação, extradição, conflitos de jurisdição e de atribuições, diante de risco grave de perecimento de direito ou na hipótese de a prescrição da pretensão punitiva ocorrer nos seis meses seguintes ao início da licença, ausência ou vacância, poderá o Presidente determinar a redistribuição, se o requerer o interessado ou o Ministério Público, quando o Relator estiver licenciado, ausente ou o cargo estiver vago por mais de trinta dias.

- Artigo com a redação dada pela ER nº 42, de 2-12-2010.

§ 1º Em caráter excepcional poderá o Presidente do Tribunal, nos demais feitos, fazer uso da faculdade prevista neste artigo.

§ 2º *Revogado*. ER nº 42, de 2-12-2010.

§ 3º Far-se-á compensação, salvo dispensa do Tribunal, quando cessar a licença ou ausência ou preenchido o cargo vago.

- § 3º com a redação dada pela ER nº 42, de 2-12-2010.

Art. 69. A distribuição da ação ou do recurso gera prevenção para todos os processos a eles vinculados por conexão ou continência.

§ 1º O conhecimento excepcional de processo por outro Ministro que não o prevento prorroga-lhe a competência nos termos do § 6º do art. 67.

§ 2º Não se caracterizará prevenção, se o relator, sem ter apreciado liminar, nem o mérito da causa, não conhecer do pedido, declinar da competência, ou homologar pedido de desistência por decisão transitada em julgado.

- Artigo com a redação dada pela ER nº 34, de 7-8-2009.

Art. 70. Será distribuída ao relator do feito principal a reclamação que tenha como causa de pedir o descumprimento de decisão cujos efeitos sejam restritos às partes.

- *Caput* com a redação dada pela ER nº 34, de 7-8-2009.

§ 1º Será objeto de livre distribuição a reclamação que tenha como causa de pedir o descumprimento de súmula vinculante ou de decisão dotada de efeito *erga omnes*.

§ 2º Se o relator da causa principal já não integrar o Tribunal, a reclamação será distribuída ao sucessor.

§ 3º Se o relator assumir a Presidência do Tribunal, a reclamação será redistribuída ao Ministro que o substituir na Turma.

§ 4º Será distribuída ao Presidente a reclamação que tiver como causa de pedir a usurpação da sua competência ou o descumprimento de decisão sua.

§ 5º Julgada procedente a reclamação por usurpação da competência, fica prevento o relator para o processo avocado.

§ 6º A reclamação, que tiver como causa de pedir a usurpação da competência por prerrogativa de foro, será distribuída ao relator de *habeas corpus* oriundo do mesmo inquérito ou ação penal.

- §§ 1º a 6º acrescidos pela ER nº 34, de 7-8-2009.

Art. 71. Os embargos declaratórios e as questões incidentes terão como Relator o do processo principal.

Art. 72. O prolator do despacho impugnado será o Relator do agravo regimental.

Art. 73. A arguição de suspeição a Ministro terá como Relator o Presidente do Tribunal, ou o Vice-Presidente, se aquele for o recusado.

Art. 74. A ação penal será distribuída ao mesmo Relator do inquérito.

§ 1º O inquérito ou a ação penal, que retornar ao Tribunal por restabelecimento da competência por prerrogativa de foro, será distribuído ao relator original.

§ 2º Na hipótese anterior, se o relator original já não estiver no Tribunal, o processo será distribuído livremente.

- §§ 1º e 2º com a redação dada pela ER nº 34, de 7-8-2009.

Art. 75. O Ministro eleito Presidente continuará como Relator ou Revisor do processo em que tiver lançado o relatório ou aposto o seu visto.

Art. 76. Se a decisão embargada for de uma Turma, far-se-á a distribuição dos embargos dentre os Ministros da outra; se do Plenário, serão excluídos da distribuição o Relator e o Revisor.

Art. 77. Na distribuição de ação rescisória e de revisão criminal, será observado o critério estabelecido no artigo anterior.

Parágrafo único. Tratando-se de recurso extraordinário eleitoral, de *habeas corpus* contra ato do Tribunal Superior Eleitoral, ou de recurso de *habeas corpus* denegado pelo mesmo Tribunal, serão excluídos da distribuição, se possível, os Ministros que ali tenham funcionado no mesmo processo ou no processo originário.

Art. 77-A. Serão distribuídos ao mesmo relator a ação cautelar e o processo ou recurso principais.

Art. 77-B. Na ação direta de inconstitucionalidade, na ação direta de inconstitucionalidade por omissão, na ação declaratória de constitucionalidade e na arguição de descumprimento de preceito fundamental, aplica-se a regra de distribuição por prevenção quando haja coincidência total ou parcial de objetos.

Art. 77-C. Serão distribuídos ao mesmo relator requerimento de prisão preventiva para extradição e outro pedido de extradição da mesma pessoa, ainda que formulado por Estado diferente.

Parágrafo único. Fica prevento para reiteração de pedido de extradição o relator que tenha negado seguimento ao primeiro pedido por decisão transitada em julgado.

Art. 77-D. Serão distribuídos por prevenção os *habeas corpus* oriundos do mesmo inquérito ou ação penal.

§ 1º A prevenção para *habeas corpus* relativo a ações penais distintas oriundas de um mesmo inquérito observará os critérios de conexão e de continência.

§ 2º O relator da reclamação que tenha como causa de pedir a usurpação da competência em inquérito ou ação penal, fica prevento para *habeas corpus* a eles relativo.

§ 3º *Habeas corpus* contra ato praticado em inquérito ou ação penal em trâmite no Tribunal será distribuído com exclusão do respectivo relator.

§ 4º Os inquéritos e as ações penais, que passem a ser de competência do Tribunal em virtude de prerrogativa de foro, serão distribuídos por prevenção ao relator de *habeas corpus* a eles relativo.

§ 5º O relator da revisão criminal fica prevento para *habeas corpus* relativo ao mesmo processo.

- Arts. 77-A a 77-D acrescidos pela ER nº 34, de 7-8-2009.

CAPÍTULO IV

DOS ATOS E FORMALIDADES

Seção I

DISPOSIÇÕES GERAIS

Art. 78. O ano judiciário no Tribunal divide-se em dois períodos, recaindo as férias em janeiro e julho.

§ 1º Constituem recesso os feriados forenses compreendidos entre os dias 20 de dezembro e 6 de janeiro, inclusive.

- § 1º com a redação dada pela ER nº 50, de 19-4-2016.

§ 2º Sem prejuízo do disposto no inciso VIII do art. 13 e inciso V-A do art. 21, suspendem-se os trabalhos do Tribunal durante o recesso e as férias, bem como nos sábados, domingos, feriados e nos dias em que o Tribunal o determinar.

- § 2º com a redação dada pela ER nº 42, de 2-12-2010.

§ 3º Os Ministros indicarão seu endereço para eventual convocação durante as férias ou recesso.

Art. 79. Os atos processuais serão autenticados, conforme o caso, mediante a assinatura ou a rubrica do Presidente, dos Ministros ou dos servidores para tal fim qualificados.

§ 1º É exigida a assinatura usual nos acórdãos, na correspondência oficial, no fecho das cartas de sentença e nas certidões.

§ 2º Os livros necessários ao expediente serão rubricados pelo Presidente ou por funcionário designado.

§ 3º As rubricas e assinaturas usuais dos servidores serão registradas em livro próprio, para identificação do signatário.

Art. 80. As peças que devam integrar ato ordinatório ou executório poderão ser-lhe anexadas em cópia autenticada.

Art. 81. A critério do Presidente do Tribunal, dos Presidentes das Turmas ou do relator, conforme o caso, a notificação de ordens ou decisões será feita:

I – por servidor credenciado da Secretaria;

II – por via postal ou por qualquer modo eficaz de telecomunicação, com as cautelas necessárias à autenticação da mensagem e do seu recebimento.

Parágrafo único. Poder-se-á admitir a resposta pela forma indicada no inciso II deste artigo.

Art. 82. Da publicação do expediente de cada processo constará, além do nome das partes e o de seu advogado, o número sequencial indicativo de sua posição na edição respectiva.

- *Caput* com a redação dada pela ER nº 6, de 12-6-1996.

§ 1º Nos recursos, figurarão os nomes dos advogados constituídos pelas partes no processo, salvo se constituído perante o Tribunal outro advogado que requeira a menção de seu nome nas publicações.

§ 2º É suficiente a indicação do nome de um dos advogados, quando a parte houver constituído mais de um, ou o constituído substabelecer a outro com reserva de poderes.

§ 3º As publicações dos expedientes dos diversos processos serão acompanhadas, em cada edição do *Diário da Justiça*, do índice alfabético dos nomes de todos os advogados neles indicados e do índice numérico dos feitos cujo expediente contar da edição, ambos referidos aos números sequenciais mencionados no *caput* deste artigo.

- §§ 1º a 3º com a redação dada pela ER nº 6, de 12-6-1996.

§ 4º Quando a parte não estiver representada por advogado, constará do índice alfabético o seu nome.

§ 5º O erro ou omissão das referências correspondentes a determinado processo nos índices alfabéticos ou numérico implicará a ineficácia da respectiva publicação.

§ 6º A retificação de publicação no *Diário da Justiça*, com efeito de intimação, decorrente de incorreções ou omissões, será providenciada pela Secretaria, *ex officio*, ou mediante despacho do Presidente ou do Relator, conforme dispuser ato normativo da Presidência do Tribunal.

- §§ 4º a 6º acrescidos pela ER nº 6, de 12-6-1996.

Art. 83. A publicação da pauta de julgamento antecederá quarenta e oito horas, pelo menos, à sessão em que os processos possam ser chamados.

§ 1º Independem de pauta:

I – as questões de ordem sobre a tramitação dos processos;

II – o julgamento do processo remetido pela Turma ao Plenário;

III – o julgamento de *habeas corpus* ou de conflito de jurisdições, competências ou atribuições; e

- Inciso III com a redação dada pela ER nº 54, de 1º-7-2020.

IV – o julgamento de embargos de declaração ou de agravo regimental em matéria processual penal.

- Inciso IV acrescido pela ER nº 54, de 1º-7-2020.

§ 2º Havendo expressa concordância das partes, poderá ser dispensada a inclusão de outros processos na pauta de julgamento.

Art. 84. Os editais destinados a divulgação de ato poderão conter, apenas, o essencial à defesa ou resposta, observados os requisitos processuais.

§ 1º A parte que requerer a publicação nos termos deste artigo fornecerá o respectivo resumo, respondendo pelas suas deficiências.

§ 2º O prazo do edital será determinado entre vinte e sessenta dias, a critério do relator, e correrá da data de sua publicação, por uma só vez, no *Diário da Justiça*.

§ 3º A publicação do edital deverá ser feita no prazo de vinte dias contados de sua expedição, certificada nos autos, sob pena de extinguir-se o processo, sem julgamento do mérito, se a parte, intimada pelo *Diário da Justiça*, não suprir a falta em dez dias.

§ 4º O prazo para a defesa ou resposta começará a correr do termo do prazo determinado no edital.

Art. 85. Nenhuma publicação terá efeito de citação ou intimação, quando ocorrida durante o recesso ou as férias do Tribunal.

Art. 86. A vista às partes transcorre na Secretaria, podendo o advogado retirar autos nos casos previstos em lei, mediante recibo, pelo prazo de cinco dias se outro não lhe for assinado, observando-se, em relação ao Procurador-Geral, o disposto nos artigos 50 e 52.

§ 1º Os advogados constituídos após a remessa do processo ao Tribunal poderão, a requerimento, ter vista dos autos, na oportunidade e pelo prazo que o relator estabelecer.

§ 2º O relator indeferirá o pedido, se houver justo motivo.

Art. 87. Aos Ministros julgadores será distribuída cópia do relatório antecipadamente:

I – nas representações por inconstitucionalidade ou para interpretação de lei ou ato normativo federal ou estadual;

II – nos feitos em que haja revisor;

III – nas causas avocadas;

IV – nos demais feitos, a critério do relator.

Seção II

DAS ATAS E DA RECLAMAÇÃO POR ERRO

Art. 88. As atas serão submetidas a aprovação na sessão seguinte.

Art. 89. Contra erro contido em ata, poderá o interessado reclamar, dentro de 48 horas, em petição dirigida ao Presidente do Tribunal ou da Turma, conforme o caso.

§ 1º Não se admitirá a reclamação a pretexto de modificar o julgado.

§ 2º A reclamação não suspenderá o prazo para recurso, salvo o disposto no artigo 91.

Art. 90. A petição será entregue ao protocolo, e por este encaminhada ao encarregado da ata, que levará a despacho no mesmo dia, com sua informação.

Art. 91. Se o pedido for julgado procedente, far-se-á retificação da ata e nova publicação.

Art. 92. O despacho que julgar a reclamação será irrecorrível.

Seção III

DAS DECISÕES

Art. 93. As conclusões do Plenário e das Turmas, em suas decisões, constarão de acórdão, do qual fará parte a transcrição do áudio do julgamento.

• *Caput* com a redação dada pela ER nº 26, de 22-10-2008.

Parágrafo único. Dispensam acórdão as decisões de remessa de processo ao Plenário e de provimento de agravo de instrumento.

Art. 94. Nos processos julgados no Pleno e nas Turmas, o Relator subscreverá o acórdão, registrando o nome do Presidente.

• *Caput* com a redação dada pela ER nº 16, de 25-8-2005.

Parágrafo único. *Suprimido.* ER nº 16, de 25-8-2005.

Art. 95. A publicação do acórdão, por suas conclusões e ementa, far-se-á, para todos os efeitos, no *Diário da Justiça*.

§ 1º Salvo manifestação expressa de ministro em sentido contrário, a publicação do acórdão no *Diário da Justiça* far-se-á automaticamente quando transcorrido o prazo de sessenta dias desde a proclamação do resultado do julgamento.

• Parágrafo único transformado em § 1º e com a redação dada pela ER nº 54, de 1º-7-2020.

§ 2º Nos casos em que não tenham sido liberados pelos respectivos Ministros o relatório, os votos escritos e a revisão de apartes de julgamento, no prazo previsto no § 1º, a Secretaria Judiciária fará constar do texto transcrito do julgamento a ressalva de que ele não foi revisto pelo respectivo ministro.

§ 3º Na hipótese prevista no § 2º, a ementa do acórdão consistirá no dispositivo do voto vencedor.

• §§ 2º e 3º acrescidos pela ER nº 54, de 1º-7-2020.

Art. 96. Em cada julgamento a transcrição do áudio registrará o relatório, a discussão, os votos fundamentados, bem como as perguntas feitas aos advogados e suas respostas, e será juntada aos autos com o acórdão, depois de revista e rubricada.

• *Caput* com a redação dada pela ER nº 26, de 22-10-2008.

§ 1º Após a sessão de julgamento, a Secretaria das Sessões procederá à transcrição da discussão, dos votos orais, bem como das perguntas feitas aos advogados e suas respostas.

§ 2º Os gabinetes dos Ministros liberarão o relatório, os votos escritos e a transcrição da discussão, no prazo de vinte dias contados da sessão de julgamento.

§ 3º A Secretaria das Sessões procederá à transcrição do áudio do relatório e dos votos lidos que não tenham sido liberados no prazo do § 2º, com a ressalva de que não foram revistos.

§ 4º A Secretaria das Sessões encaminhará os autos ao Relator sorteado ou ao Relator para o acórdão, para elaboração deste e da ementa no prazo de dez dias.

§ 5º A transcrição do áudio dos feitos julgados conjuntamente será trasladada para os autos do chamado em primeiro lugar e anexada aos demais em cópia autêntica.

• §§ 1º a 5º com a redação dada pela ER nº 26, de 22-10-2008.

§ 6º As inexatidões materiais e os erros de escrita ou de cálculo, contidos na decisão, podem ser corrigidos por despacho do Relator, mediante reclamação, quando referentes à ata, ou por via de embargos de declaração, quando couberem.

§ 7º O Relator sorteado ou o Relator para o acórdão poderá autorizar, antes da publicação, a divulgação, em texto ou áudio, do teor do julgamento.

• §§ 6º e 7º acrescidos pela ER nº 26, de 22-10-2008.

Art. 97. Também se juntará aos autos, como parte integrante do acórdão, um extrato da ata que conterá:

I – a decisão proclamada pelo Presidente;

II – os nomes do Presidente, do relator, ou, quando vencido, do que for designado, dos demais Ministros que tiverem participado do julgamento, e do Procurador-Geral ou Subprocurador-Geral, quando presente;

III – os nomes dos Ministros impedidos e ausentes;

IV – os nomes dos advogados que tiverem feito sustentação oral.

Art. 98. O acórdão de julgamento em sessão secreta será lavrado pelo autor do primeiro voto vencedor, que não se mencionará, e conterá, de forma sucinta, a exposição da controvérsia, a fundamentação adotada e o dispositivo, bem como o enunciado da conclusão de voto divergente se houver.

Parágrafo único. O acórdão será assinado pelo Presidente, que lhe rubricará todas as folhas, e pelos Ministros que houverem participado do julgamento, na ordem decrescente de antiguidade.

Seção IV

DA JURISPRUDÊNCIA

Art. 99. São repositórios oficiais da jurisprudência do Tribunal:

I – o *Diário da Justiça*, a *Revista Trimestral de Jurisprudência*, a *Súmula da Jurisprudência Predominante do Supremo Tribunal Federal* e outras publicações por ele editadas, bem como as de outras entidades, que venham a ser autorizadas mediante convênio;

II – para períodos anteriores, as seguintes publicações: *Supremo Tribunal Federal-Jurisprudência* (1892-1898); *Revista do Supremo Tribunal Federal*; *Jurisprudência do Supremo Tribunal Federal*, a primeira e a última editadas pela Imprensa Nacional.

Parágrafo único. Além dos consagrados por sua tradição, são repositórios autorizados para indicação de julgados, perante o Tribunal, os repertórios, revistas e periódicos, registrados de conformidade com ato normativo baixado pela Presidência.

Art. 100. Constarão do *Diário da Justiça* a ementa e conclusões de todos os acórdãos; e, dentre eles, a Comissão de Jurisprudência selecionará os que devam publicar-se em seu inteiro teor na *Revista Trimestral de Jurisprudência*.

Parágrafo único. A distribuição gratuita das publicações do Tribunal far-se-á de acordo com os planos organizados (Decreto-Lei nº 102, de 13 de janeiro de 1967, alterado pela Lei nº 6.201, de 16 de abril de 1975).

Art. 101. A declaração de constitucionalidade ou inconstitucionalidade de lei ou ato normativo, pronunciada por maioria qualificada, aplica-se aos novos feitos submetidos às Turmas ou ao Plenário, salvo o disposto no artigo 103.

Art. 102. A jurisprudência assentada pelo Tribunal será compendiada na *Súmula do Supremo Tribunal Federal*.

§ 1º A inclusão de enunciados na *Súmula*, bem como a sua alteração ou cancelamento, serão deliberados em Plenário, por maioria absoluta.

§ 2º Os verbetes cancelados ou alterados guardarão a respectiva numeração com a nota correspondente, tomando novos números os que forem modificados.

§ 3º Os adendos e emendas à *Súmula*, datados e numerados em séries separadas e sucessivas, serão publicados três vezes consecutivas no *Diário da Justiça*.

§ 4º A citação da *Súmula*, pelo número correspondente, dispensará, perante o Tribunal, a referência a outros julgados no mesmo sentido.

Art. 103. Qualquer dos Ministros pode propor a revisão da jurisprudência assentada em matéria constitucional e da compendiada na Súmula, procedendo-se ao sobrestamento do feito, se necessário.

CAPÍTULO V

DOS PRAZOS

Art. 104. Os prazos no Tribunal correm da publicação do ato ou do aviso no *Diário da Justiça*, salvo o disposto nos parágrafos seguintes.

§ 1º As intimações decorrentes de publicação de ato ou aviso consideram-se feitas no dia da circulação do *Diário da Justiça*.

§ 2º Os prazos somente começam a correr a partir do primeiro dia útil após a intimação.

§ 3º As decisões ou despachos designativos de prazos podem determinar que estes corram da intimação pessoal ou da ciência por outro meio eficaz.

§ 4º Os prazos marcados em correspondência postal, telegráfica ou telefônica correm do seu recebimento, a menos que, sendo confirmativa ou *pro memoria*, tal comunicação se refira a prazo com data diversa para o seu começo.

§ 5º Considera-se prorrogado o prazo até o primeiro dia útil imediato, se o vencimento cair em feriado, ou em dia em que for determinado o fechamento da Secretaria ou o encerramento do expediente antes da hora normal.

§ 6º As citações obedecerão ao disposto nas leis processuais.

Art. 105. Não correm os prazos nos períodos de férias e recesso, salvo as hipóteses previstas em lei ou neste Regimento.

§ 1º Nos casos deste artigo, os prazos começam ou continuam a fluir no dia de reabertura do expediente.

§ 2º Também não corre prazo, havendo obstáculo judicial ou motivo de força maior comprovado, reconhecido pelo Tribunal.

§ 3º As informações oficiais, apresentadas fora do prazo por justo motivo, podem ser admitidas, se ainda oportuna a sua apreciação.

§ 4º Ficam inalterados, durante os recessos forenses e as férias do Tribunal, os prazos determinados pela Presidência no exercício da competência prevista no art. 13, VIII, deste Regimento Interno.

- § 4º acrescido pela ER nº 37, de 11-2-2010.

Art. 106. Mediante pedido conjunto de ambas as partes, inclusive por telegrama ou radiograma, o relator pode admitir redução ou prorrogação de prazo dilatório por tempo razoável.

Parágrafo único. Na hipótese deste artigo, cabe às partes diligenciar o conhecimento do despacho concessivo ou denegatório, independente de publicação ou intimação.

Art. 107. O prazo para o preparo que deva ser feito no Supremo Tribunal Federal é de dez dias.

Art. 108. Os prazos para diligências serão fixados nos atos que as ordenarem, salvo disposição em contrário deste Regimento.

Art. 109. Os prazos para editais são os fixados neste Regimento e na lei.

Art. 110. Os prazos não especificados neste Regimento:

I – serão fixados pelo Tribunal, pelo Presidente, pelas Turmas ou por seus Presidentes, ou pelo relator, conforme o caso;

II – não tendo sido fixado prazo, nos termos do item anterior, este será de quinze dias para contestação e de cinco dias para interposição de recurso ou qualquer outro ato.

Parágrafo único. O Procurador-Geral da República e a Fazenda Pública em geral têm prazo em quádruplo para contestação e em dobro para interposição de recurso, observando-se, no mais, o que dispõem a lei e o Regimento.

Art. 111. Os prazos para os Ministros, salvo acúmulo de serviço, são os seguintes:

I – dez dias para atos administrativos e despachos em geral;

II – vinte dias para o visto do revisor;

III – trinta dias para o visto do relator.

Art. 112. Salvo disposição em contrário, os servidores do Tribunal terão o prazo de quarenta e oito horas para os atos do processo.

TÍTULO II – DAS PROVAS

CAPÍTULO I

DISPOSIÇÕES GERAIS

Art. 113. A proposição, admissão e produção de provas no Tribunal obedecerão às leis processuais, observados os preceitos especiais deste Título.

CAPÍTULO II

DOS DOCUMENTOS E INFORMAÇÕES

Art. 114. Se a parte não puder instruir, desde logo, suas alegações, por impedimento ou demora em obter certidões ou cópias autenticadas de notas ou registros em repartições ou estabelecimentos públicos, o Relator conceder-lhe-á prazo para esse fim. Se houver recusa no fornecimento, o Relator as requisitará.

Art. 115. Nos recursos interpostos em instância inferior, não se admitirá juntada de documentos desde que recebidos os autos no Tribunal, salvo:

I – para comprovação de textos legais ou de precedentes judiciais, desde que estes últimos não se destinem a suprir, tardiamente, pressuposto recursal não observado;

II – para prova de fatos supervenientes, inclusive decisões em processos conexos, que afetem ou prejudiquem os direitos postulados;

III – em cumprimento de determinação do Relator, do Plenário ou da Turma.

§ 1º O disposto neste artigo aplica-se aos recursos interpostos perante o Tribunal.

§ 2º Após o julgamento, serão devolvidos às partes os documentos que estiverem juntos por linha, salvo se deliberada a sua anexação aos autos.

Art. 116. Em caso de impugnação, as partes comprovarão a fidelidade da transcrição de textos de leis e demais atos do poder público, bem como a vigência e o teor de normas pertinentes à causa, quando emanarem de Estado estrangeiro, de organismo internacional ou, no Brasil, de Estado e Municípios.

Art. 117. A parte será intimada por publicação no *Diário da Justiça* ou, se o Relator o determinar, pela forma indicada no art. 81, para falar sobre documento junto pela parte contrária, após sua última intervenção no processo.

Art. 118. O advogado prestará os esclarecimentos pedidos pelos Ministros, durante o julgamento, sobre peças dos autos e sobre citações que tiver feito de textos legais, precedentes judiciais e trabalhos doutrinários.

CAPÍTULO III

DA APRESENTAÇÃO DE PESSOAS E OUTRAS DILIGÊNCIAS

Art. 119. No processo em que se fizer necessária a presença da parte ou de terceiro, o Plenário, a Turma ou o Relator poderá, independente de outras sanções legais, expedir ordem de condução da pessoa que, intimada, deixar de comparecer sem motivo justificado.

Art. 120. Observar-se-ão as formalidades da lei na realização de exames periciais, arbitramentos, buscas e apreensões, na exibição e conferência de documentos e em quaisquer outras diligências determinadas ou deferidas pelo Plenário, pela Turma ou pelo Relator.

CAPÍTULO IV

DOS DEPOIMENTOS

Art. 121. Os depoimentos poderão ser gravados e, depois de transcritos, serão assinados pelo Relator e pelo depoente.

- *Caput* com a redação dada pela ER nº 26, de 22-10-2008.

Parágrafo único. Aplica-se o disposto neste artigo ao interrogatório dos acusados.

TÍTULO III – DAS SESSÕES

CAPÍTULO I

DISPOSIÇÕES GERAIS

Art. 122. Haverá sessões ordinárias, do Plenário e das Turmas, nos dias designados, e extraordinárias, mediante convocação.

Art. 123. As sessões ordinárias do Plenário terão início às 14 horas e terminarão às 18 horas, com intervalo de trinta minutos, podendo ser prorrogadas sempre que o serviço o exigir.

- *Caput* com a redação dada pela ER nº 7, de 6-4-1998.

§ 1º As sessões ordinárias das Turmas terão início às 14 horas e terminarão às 18 horas, com intervalo de trinta minutos, podendo ser prorrogadas sempre que o serviço o exigir.

- § 1º acrescido pela ER nº 7, de 6-4-1998.

§ 2º As sessões extraordinárias terão início à hora designada e serão encerradas quando cumprido o fim a que se destinem.

- Parágrafo único transformado em § 2º pela ER nº 7, de 6-4-1998.

Art. 124. As sessões serão públicas, salvo quando este Regimento determinar que sejam secretas, ou assim o deliberar o Plenário ou a Turma.

Parágrafo único. Os advogados ocuparão a tribuna para formularem requerimento, produzirem sustentação oral, ou responderem às perguntas que lhes forem feitas pelos Ministros.

Art. 125. Nas sessões do Plenário e das Turmas, observar-se-á a seguinte ordem:

I – verificação do número de Ministros;

II – discussão e aprovação da ata anterior;

III – indicações e propostas;

IV – julgamento dos processos em mesa.

Art. 126. Os processos conexos poderão ser objeto de um só julgamento.

Parágrafo único. Se houver mais de um Relator, os relatórios serão feitos sucessivamente, antes do debate e julgamento.

Art. 127. Podem ser julgados conjuntamente os processos que versarem a mesma questão jurídica, ainda que apresentem peculiaridades.

Parágrafo único. Na hipótese deste artigo, os relatórios sucessivos reportar-se-ão ao anterior, indicando as peculiaridades do caso.

Art. 128. Os julgamentos a que o Regimento não der prioridade realizar-se-ão, sempre que possível, de conformidade com a ordem crescente de numeração dos feitos em cada classe.

§ 1º Os processos serão chamados pela ordem de antiguidade decrescente dos respectivos Relatores. O critério da numeração referir-se-á a cada Relator.

§ 2º O Presidente poderá dar preferência aos julgamentos nos quais os advogados devam produzir sustentação oral.

Art. 129. Em caso de urgência, o Relator poderá indicar preferência para o julgamento.

Art. 130. Poderá ser deferida preferência a requerimento do Procurador-Geral, de julgamento relativo a processos em que houver medida cautelar.

Art. 131. Nos julgamentos, o Presidente do Plenário ou da Turma, feito o relatório, dará a palavra, sucessivamente, ao autor, recorrente, peticionário ou impetrante, e ao réu, recorrido ou impetrado, para sustentação oral.

§ 1º O assistente somente poderá produzir sustentação oral quando já admitido.

§ 2º Não haverá sustentação oral nos julgamentos de agravo, embargos declaratórios, arguição de suspeição e medida cautelar.

§ 3º Admitida a intervenção de terceiros no processo de controle concentrado de constitucionalidade, fica-lhes facultado produzir sustentação oral, aplicando-se, quando for o caso, a regra do § 2º do artigo 132 deste Regimento.

- § 3º acrescido pela ER nº 15, de 30-3-2004.

§ 4º No julgamento conjunto de causas ou recursos sobre questão idêntica, a sustentação oral por mais de um advogado obedecerá ao disposto no § 2º do artigo 132.

- § 4º acrescido pela ER nº 20, de 16-10-2006.

§ 5º Os advogados e procuradores que desejarem realizar sustentação oral por videoconferência, nas sessões presenciais de julgamento do Plenário e das Turmas, deverão inscrever-se, utilizando o formulário eletrônico disponibilizado no sítio eletrônico do Supremo Tribunal Federal até 48 horas antes do dia da sessão.

- § 5º acrescido pela ER nº 53, de 18-3-2020.

Art. 132. Cada uma das partes falará pelo tempo máximo de quinze minutos, excetuada a ação penal originária, na qual o prazo será de uma hora, prorrogável pelo Presidente.

REG. INTERNOS

§ 1º O Procurador-Geral terá prazo igual ao das partes, falando em primeiro lugar se a União for autora ou recorrente.

§ 2º Se houver litisconsortes não representados pelo mesmo advogado, o prazo, que se contará em dobro, será dividido igualmente entre os do mesmo grupo, se diversamente entre eles não se convencionar.

§ 3º O opoente terá prazo próprio para falar, igual ao das partes.

§ 4º Havendo assistente, na ação penal pública, falará depois do Procurador-Geral, a menos que o recurso seja deste.

§ 5º O Procurador-Geral falará depois do autor da ação penal privada.

§ 6º Se, em ação penal, houver recurso de corréus em posição antagônica, cada grupo terá prazo completo para falar.

§ 7º Nos processos criminais, havendo corréus que sejam coautores, se não tiverem o mesmo defensor, o prazo será contado em dobro e dividido igualmente entre os defensores, salvo se estes convencionarem outra divisão do tempo.

Art. 133. Cada Ministro poderá falar duas vezes sobre o assunto em discussão e mais uma vez, se for o caso, para explicar a modificação do voto. Nenhum falará sem autorização do Presidente, nem interromperá a quem estiver usando a palavra, salvo para apartes, quando solicitados e concedidos.

Parágrafo único. Os apartes constarão do acórdão, salvo se cancelados pelo Ministro aparteante, caso em que será anotado o cancelamento.

- Parágrafo único acrescido pela ER nº 40, de 5-8-2010.

Art. 134. O ministro que pedir vista dos autos deverá apresentá-los, para prosseguimento da votação, no prazo de trinta dias, contado da data da publicação da ata de julgamento.

- *Caput* com a redação dada pela ER nº 54, de 1º-7-2020.

§ 1º Ao reencetar-se o julgamento, serão computados os votos já proferidos pelos Ministros, ainda que não compareçam ou hajam deixado o exercício do cargo.

§ 2º Não participarão do julgamento os Ministros que não tenham assistido ao relatório ou aos debates, salvo quando se derem por esclarecidos.

- § 2º com a redação dada pela ER nº 2, de 4-12-1985.

§ 3º Se, para o efeito do *quorum* ou desempate na votação, for necessário o voto de Ministro nas condições do parágrafo anterior, serão renovados o relatório e a sustentação oral, computando-se os votos anteriormente proferidos.

§ 4º O prazo a que se refere o *caput* ficara suspenso nos períodos de recesso ou férias coletivas e poderá ser prorrogado, por uma única vez, por igual período, mediante manifestação expressa do ministro vistor ao presidente do respectivo colegiado.

- § 4º acrescido pela ER nº 54, de 1º-7-2020.

Art. 135. Concluído o debate oral, o Presidente tomará os votos do Relator, do Revisor, se houver, e dos outros Ministros, na ordem inversa da antiguidade.

§ 1º Os Ministros poderão antecipar o voto se o Presidente autorizar.

§ 2º Encerrada a votação, o Presidente proclamará a decisão.

§ 3º Se o Relator for vencido, ficará designado o Revisor para redigir o acórdão.

§ 4º Se não houver Revisor, ou se este também ficar vencido, designar-se-á para redigir o acórdão o Ministro que houver proferido o primeiro voto prevalecente, ressalvado o disposto no artigo 324, § 3º, deste Regimento.

- § 4º com a redação dada pela ER nº 49, de 3-6-2014.

Art. 136. As questões preliminares serão julgadas antes do mérito, deste não se conhecendo se incompatível com a decisão daquelas.

§ 1º Sempre que, no curso do relatório, ou antes dele, algum dos Ministros suscitar preliminar, será ela, antes de julgada, discutida pelas partes, que poderão usar da palavra pelo prazo regimental. Se não acolhida a preliminar, prosseguir-se-á no julgamento.

§ 2º Quando a preliminar versar nulidade suprível, converter-se-á o julgamento em diligência e o Relator, se for necessário, ordenará a remessa dos autos ao juiz de primeira instância ou ao Presidente do Tribunal *a quo* para os fins de direito.

Art. 137. Rejeitada a preliminar, ou se com ela for compatível a apreciação do mérito, seguir-se-ão a discussão e julgamento da matéria principal, pronunciando-se sobre esta os juízes vencidos na preliminar.

Art. 138. Preferirá aos demais, na sua classe, o processo, em mesa, cujo julgamento tenha sido iniciado.

Art. 139. O julgamento, uma vez iniciado, ultimar-se-á na mesma sessão, ainda que excedida a hora regimental.

Art. 140. O Plenário ou a Turma poderá converter o julgamento em diligência, quando necessária à decisão da causa.

CAPÍTULO II

DAS SESSÕES SOLENES

Art. 141. O Tribunal reúne-se em sessão solene:

I – para dar posse ao Presidente e ao Vice-Presidente;

II – para dar posse aos Ministros;

III – para receber o Presidente da República;

IV – para receber Chefe de Estado estrangeiro, em visita oficial ao Brasil;

V – para celebrar acontecimento de alta relevância, quando convocado por deliberação plenária em sessão administrativa;

VI – para instalar o ano judiciário.

- Inciso VI acrescido pela ER nº 14, de 25-3-2004.

§ 1º A sessão solene a que se refere o inciso VI realizar-se-á sempre no primeiro dia útil do mês de fevereiro de cada ano.

§ 2º Na solenidade de instalação do ano judiciário, integrarão a Mesa, mediante convite, os Presidentes da República, do Congresso Nacional, da Câmara dos Deputados, do Tribunal Superior Eleitoral, do Superior Tribunal de Justiça, do Superior Tribunal Militar, do Tribunal Superior do Trabalho e o Procurador-Geral da República e farão uso da palavra as autoridades indicadas pelo Presidente do Supremo Tribunal Federal.

- §§ 1º e 2º acrescidos pela ER nº 14, de 25-3-2004.

Art. 142. O cerimonial das sessões solenes será regulado por ato do Presidente.

CAPÍTULO III

DAS SESSÕES DO PLENÁRIO

Art. 143. O Plenário, que se reúne com a presença mínima de seis Ministros, é dirigido pelo Presidente do Tribunal.

Parágrafo único. O *quorum* para a votação de matéria constitucional e para a eleição do Presidente e do Vice-Presidente, dos membros do Conselho Nacional da Magistratura e do Tribunal Superior Eleitoral é de oito Ministros.

Art. 144. Nas sessões do Plenário, o Presidente tem assento à mesa, na parte central, ficando o Procurador-Geral à sua direita. Os demais Ministros sentar-se-ão, pela ordem decrescente de antiguidade, alternadamente, nos lugares laterais, a começar pela direita.

Art. 145. Terão prioridade, no julgamento do Plenário, observados os artigos 128 a 130 e 138:

I – os *habeas corpus*;

II – os pedidos de extradição;

III – as causas criminais e, dentre estas, as de réu preso;

IV – os conflitos de jurisdição;

V – os recursos oriundos do Tribunal Superior Eleitoral;

VI – os mandados de segurança;

VII – as reclamações;

VIII – as representações;

IX – os pedidos de avocação e as causas avocadas.

Art. 146. Havendo, por ausência ou falta de um Ministro, nos termos do art. 13, IX, empate na votação de matéria cuja solução dependa de maioria absoluta, considerar-se-á julgada a questão proclamando-se a solução contrária à pretendida ou à proposta.

Parágrafo único. No julgamento de *habeas corpus* e de recursos de *habeas corpus* proclamar-se-á, na hipótese de empate, a decisão mais favorável ao paciente.

- Art. 146 com a redação dada pela ER nº 35, de 2-12-2009.

CAPÍTULO IV
DAS SESSÕES DAS TURMAS

Art. 147. As Turmas reúnem-se com a presença, pelo menos, de três Ministros.

Art. 148. Nas sessões das Turmas, o Presidente tem assento à mesa, na parte central, ficando o Procurador-Geral à sua direita. Os demais Ministros sentar-se-ão, pela ordem decrescente de antiguidade, alternadamente, nos lugares laterais, a começar pela direita.

Parágrafo único. Quando o Presidente do Tribunal comparecer à sessão de Turma para julgar processo a que estiver vinculado, ou do qual houver pedido vista, assumir-lhe-á a presidência pelo tempo correspondente ao julgamento.

Art. 149. Terão prioridade, no julgamento, observados os artigos 128 a 130 e 138:

I – os *habeas corpus*;

II – as causas criminais, dentre estas as de réu preso;

III – as reclamações.

- Inciso III acrescido pela ER nº 9, de 8-10-2001.

Art. 150. O Presidente da Turma terá sempre direito a voto.

§ 1º Se ocorrer empate, será adiada a decisão até tomar-se o voto do Ministro que esteve ausente.

§ 2º Persistindo a ausência, ou havendo vaga, impedimento ou licença de Ministro da Turma, por mais de um mês, convocar-se-á Ministro da outra, na ordem decrescente de antiguidade.

§ 3º Nos *habeas corpus* e recursos em matéria criminal, exceto o recurso extraordinário, havendo empate, prevalecerá a decisão mais favorável ao paciente ou réu.

CAPÍTULO V
DAS SESSÕES ADMINISTRATIVAS E DE CONSELHO

Art. 151. As sessões serão secretas:

I – quando algum dos Ministros pedir que o Plenário ou a Turma se reúna em Conselho;

II – quando convocadas pelo Presidente para assunto administrativo ou da economia do Tribunal.

Art. 152. Nenhuma pessoa, além dos Ministros, será admitida às sessões secretas, salvo quando convocada especialmente.

Parágrafo único. No caso do inciso I do artigo anterior, o julgamento prosseguirá em sessão pública.

Art. 153. O registro das sessões secretas conterá somente a data e os nomes dos presentes, exceto quando as deliberações devam ser publicadas.

TÍTULO IV – DAS AUDIÊNCIAS

Art. 154. Serão públicas as audiências:

I – *Suprimido*. ER nº 18, de 2-8-2006;

II – para instrução de processo, salvo motivo relevante;

III – para ouvir o depoimento das pessoas de que tratam os artigos 13, inciso XVII, e 21, inciso XVII, deste Regimento.

- Inciso III acrescido pela ER nº 29, de 18-2-2009.

Parágrafo único. A audiência prevista no inciso III observará o seguinte procedimento:

I – o despacho que a convocar será amplamente divulgado e fixará prazo para a indicação das pessoas a serem ouvidas;

II – havendo defensores e opositores relativamente à matéria objeto da audiência, será garantida a participação das diversas correntes de opinião;

III – caberá ao Ministro que presidir a audiência pública selecionar as pessoas que serão ouvidas, divulgar a lista dos habilitados, determinando a ordem dos trabalhos e fixando o tempo que cada um disporá para se manifestar;

IV – o depoente deverá limitar-se ao tema ou questão em debate;

V – a audiência pública será transmitida pela TV Justiça e pela Rádio Justiça;

VI – os trabalhos da audiência pública serão registrados e juntados aos autos do processo, quando for o caso, ou arquivados no âmbito da Presidência;

VII – os casos omissos serão resolvidos pelo Ministro que convocar a audiência.

- Parágrafo único acrescido pela ER nº 29, de 18-2-2009.

Art. 155. O Ministro que presidir a audiência deliberará sobre o que lhe for requerido.

§ 1º Respeitada a prerrogativa dos advogados, nenhum dos presentes se dirigirá ao Presidente da audiência, a não ser de pé e com sua licença.

§ 2º O secretário da audiência fará constar em ata o que nela ocorrer.

TÍTULO V – DOS PROCESSOS SOBRE COMPETÊNCIA

CAPÍTULO I
DA RECLAMAÇÃO

Art. 156. Caberá reclamação do Procurador-Geral da República, ou do interessado na causa, para preservar a competência do Tribunal ou garantir a autoridade das suas decisões.

Parágrafo único. A reclamação será instruída com prova documental.

Art. 157. O relator requisitará informações da autoridade, a quem for imputada a prática do ato impugnado, que as prestará no prazo de cinco dias.

Art. 158. O relator poderá determinar a suspensão do curso do processo em que se tenha verificado o ato reclamado, ou a remessa dos respectivos autos ao Tribunal.

Art. 159. Qualquer interessado poderá impugnar o pedido do reclamante.

Art. 160. Decorrido o prazo para informações, dar-se-á vista ao Procurador-Geral, quando a reclamação não tenha sido por ele formulada.

Art. 161. Julgando procedente a reclamação, o Plenário ou a Turma poderá:

• *Caput* com a redação dada pela ER nº 9, de 8-10-2001.

I – avocar o conhecimento do processo em que se verifique usurpação de sua competência;

II – ordenar que lhe sejam remetidos, com urgência, os autos do recurso para ele interposto;

III – cassar decisão exorbitante de seu julgado, ou determinar medida adequada à observância de sua jurisdição.

Parágrafo único. O Relator poderá julgar a reclamação quando a matéria for objeto de jurisprudência consolidada do Tribunal.

• Parágrafo único acrescido pela ER nº 13, de 25-3-2004.

Art. 162. O Presidente do Tribunal ou da Turma determinará o imediato cumprimento da decisão, lavrando-se o acórdão posteriormente.

• Artigo com a redação dada pela ER nº 9, de 8-10-2001.

CAPÍTULO II

DO CONFLITO DE JURISDIÇÃO OU COMPETÊNCIA E DE ATRIBUIÇÕES

Art. 163. O conflito de jurisdição ou competência poderá ocorrer entre autoridades judiciárias; o de atribuições, entre autoridades judiciárias e administrativas.

Art. 164. Dar-se-á conflito nos casos previstos nas leis processuais.

Art. 165. O conflito poderá ser suscitado pela parte interessada, pelo Ministério Público ou por qualquer das autoridades conflitantes.

Art. 166. Poderá o relator, de ofício, ou a requerimento de qualquer das partes, determinar, quando o conflito for positivo, seja sobrestado o processo, e, neste caso, bem assim no de conflito negativo, designar um dos órgãos para resolver, em caráter provisório, as medidas urgentes.

Art. 167. Sempre que necessário, o relator mandará ouvir as autoridades em conflito, no prazo de dez dias.

Art. 168. Prestadas ou não as informações, o relator dará vista do processo ao Procurador-Geral e, a seguir, apresentá-lo-á em mesa para julgamento.

§ 1º Na decisão do conflito, compreender-se-á como expresso o que nela virtualmente se contenha ou dela resulte.

§ 2º Da decisão de conflito não caberá recurso.

§ 3º No caso de conflito positivo, o Presidente poderá determinar o imediato cumprimento da decisão, lavrando-se o acórdão, posteriormente.

TÍTULO VI – DA DECLARAÇÃO DE INCONSTITUCIONALIDADE E DA INTERPRETAÇÃO DE LEI

CAPÍTULO I

DA DECLARAÇÃO DE INCONSTITUCIONALIDADE DE LEI OU ATO NORMATIVO

Art. 169. O Procurador-Geral da República poderá submeter ao Tribunal, mediante representação, o exame de lei ou ato normativo federal ou estadual, para que seja declarada a sua inconstitucionalidade.

§ 1º Proposta a representação, não se admitirá desistência, ainda que afinal o Procurador-Geral se manifeste pela sua improcedência.

§ 2º Não se admitirá assistência a qualquer das partes.

• §§ 1º e 2º com a redação dada pela ER nº 2, de 4-12-1985.

Art. 170. O relator pedirá informações à autoridade da qual tiver emanado o ato, bem como ao Congresso Nacional ou à Assembleia Legislativa, se for o caso.

§ 1º Se houver pedido de medida cautelar, o relator submetê-la-á ao Plenário e somente após a decisão solicitará as informações.

§ 2º As informações serão prestadas no prazo de trinta dias, contados do recebimento do pedido, podendo ser dispensadas, em caso de urgência, pelo relator, *ad referendum* do Tribunal.

§ 3º Se, ao receber os autos, ou no curso do processo, o relator entender que a decisão é urgente, em face do relevante interesse de ordem pública que envolve, poderá, com prévia ciência das partes, submetê-lo ao conhecimento do Tribunal, que terá a faculdade de julgá-lo com os elementos de que dispuser.

Art. 171. Recebidas as informações, será aberta vista ao Procurador-Geral, pelo prazo de quinze dias, para emitir parecer.

Art. 172. Decorrido o prazo do artigo anterior, ou dispensadas as informações em razão da urgência, o relator, lançado o relatório, do qual a Secretaria remeterá cópia a todos os Ministros, pedirá dia para julgamento.

Art. 173. Efetuado o julgamento, com o *quorum* do artigo 143, parágrafo único, proclamar-se-á a inconstitucionalidade ou a constitucionalidade do preceito ou do ato impugnados, se num ou noutro sentido se tiverem manifestado seis Ministros.

Parágrafo único. Se não for alcançada a maioria necessária à declaração de inconstitucionalidade, estando licenciados ou ausentes Ministros em número que possa influir no julgamento, este será suspenso a fim de aguardar-se o comparecimento dos Ministros ausentes, até que se atinja o *quorum*.

Art. 174. Proclamada a constitucionalidade na forma do artigo anterior, julgar-se-á improcedente a representação.

Art. 175. Julgada procedente a representação e declarada a inconstitucionalidade total ou parcial de Constituição Estadual, de lei ou decreto federal ou estadual, de resolução de órgão judiciário ou legislativo, bem como de qualquer outro ato normativo federal ou estadual ou de autoridade da administração direta ou indireta, far-se-á comunicação à autoridade ou órgão responsável pela expedição do ato normativo impugnado.

Parágrafo único. Se a declaração de inconstitucionalidade de lei ou ato estadual se fundar nos incisos VI e VII do artigo 10 da Constituição, a comunicação será feita, logo após a decisão, à autoridade interessada, bem como, depois do trânsito em julgado, ao Presidente da República, para os efeitos do § 2º do artigo 11 da Constituição.

Art. 176. Arguida a inconstitucionalidade de lei ou ato normativo federal, estadual ou municipal, em qualquer outro processo submetido ao Plenário, será ela julgada em conformidade com o disposto nos artigos 172 a 174, depois de ouvido o Procurador-Geral.

§ 1º Feita a arguição em processo de competência da Turma, e considerada relevante, será ele submetido ao Plenário, independente de acórdão, depois de ouvido o Procurador-Geral.

§ 2º De igual modo procederão o Presidente do Tribunal e os das Turmas, se a inconstitucionalidade for alegada em processo de sua competência.

Art. 177. O Plenário julgará a prejudicial de inconstitucionalidade e as demais questões da causa.

Art. 178. Declarada, incidentalmente, a inconstitucionalidade, na forma prevista nos artigos 176 e 177, far-se-á a comunicação, logo após a decisão, à autoridade ou órgão interessado, bem como, depois do trânsito em julgado, ao Senado Federal, para os efeitos do artigo 42, VII, da Constituição.

CAPÍTULO II

DA INTERPRETAÇÃO DE LEI

Art. 179. O Procurador-Geral da República poderá submeter ao Tribunal o exame de lei ou ato normativo federal ou estadual para que este lhe fixe a interpretação.

Art. 180. A representação será instruída com o texto integral da lei ou do ato normativo e conterá os motivos que justificam a necessidade de sua interpretação prévia, bem como o entendimento que lhe dá o representante.

Art. 181. Proposta a representação, dela não poderá desistir o Procurador-Geral.

Parágrafo único. Não se admitirá assistência a qualquer das partes.

• Art. 181 com a redação dada pela ER nº 2, de 4-12-1985.

Art. 182. O Relator, se entender que não há motivos que justifiquem a necessidade da interpretação prévia, poderá indeferir, liminarmente, a representação, em despacho fundamentado, do qual caberá agravo regimental.

Art. 183. Se não indeferir liminarmente a representação, o Relator solicitará informações à autoridade da qual tiver emanado o ato, bem como ao Congresso Nacional ou à Assembleia Legislativa, se for o caso.

Parágrafo único. As informações, prestadas no prazo de trinta dias, serão acompanhadas, em se tratando de lei, de cópia de todas as peças do processo legislativo.

Art. 184. Recebidas as informações, o Relator, lançado o relatório do qual a secretaria remeterá cópia a todos os Ministros, pedirá dia para julgamento.

Art. 185. Efetuado o julgamento, com o *quorum* do parágrafo único do art. 143, proclamar-se-á a interpretação que tiver apoio de, pelo menos, seis Ministros.

§ 1º Se não for alcançada a maioria necessária, estando licenciados ou ausentes Ministros em número que possa influir no julgamento, este será suspenso a fim de aguardar-se o comparecimento desses Ministros, até que se atinja o *quorum*.

§ 2º Na hipótese de os votos se dividirem entre mais de duas interpretações, proceder-se-á, em outra sessão designada pelo Presidente, à segunda votação restrita à escolha, pelo *quorum* de seis Ministros, pelo menos, de uma dentre as duas interpretações anteriormente mais votadas.

Art. 186. A interpretação adotada no julgamento da representação será imediatamente comunicada, pelo Presidente do Tribunal, à autoridade a quem tiverem sido solicitadas as informações.

Art. 187. A partir da publicação do acórdão, por suas conclusões e ementa, no *Diário da Justiça da União*, a interpretação nele fixada terá força vinculante para todos os efeitos.

TÍTULO VII – DAS GARANTIAS CONSTITUCIONAIS

CAPÍTULO I

DO *HABEAS CORPUS*

Art. 188. Dar-se-á *habeas corpus* sempre que alguém sofrer ou se achar ameaçado de sofrer violência ou coação em sua liberdade de locomoção, por ilegalidade ou abuso de poder.

Art. 189. O *habeas corpus* pode ser impetrado:

I – por qualquer pessoa, em seu favor ou de outrem;

II – pelo Ministério Público.

Art. 190. A petição de *habeas corpus* deverá conter:

I – o nome do impetrante, bem como o do paciente e do coator;

II – os motivos do pedido e, quando possível, a prova documental dos fatos alegados;

III – a assinatura do impetrante ou de alguém a seu rogo, se não souber ou não puder escrever.

Art. 191. O Relator requisitará informações do apontado coator e, sem prejuízo do disposto no art. 21, IV e V, poderá:

I – sendo relevante a matéria, nomear advogado para acompanhar e defender oralmente o pedido, se o impetrante não for diplomado em direito;

II – ordenar diligências necessárias à instrução do pedido, no prazo que estabelecer, se a deficiência deste não for imputável ao impetrante;

III – determinar a apresentação do paciente à sessão do julgamento, se entender conveniente;

IV – no *habeas corpus* preventivo, expedir salvo-conduto em favor do paciente, até decisão do feito, se houver grave risco de consumar-se a violência.

Art. 192. Quando a matéria for objeto de jurisprudência consolidada do Tribunal, o Relator poderá desde logo denegar ou conceder a ordem, ainda que de ofício, à vista da documentação da petição inicial ou do teor das informações.

• *Caput* com a redação dada pela ER nº 30, de 29-5-2009.

§ 1º Não se verificando a hipótese do *caput*, instruído o processo e ouvido o Procurador-Geral em dois dias, o Relator apresentará o feito em mesa para julgamento na primeira sessão da Turma ou do Plenário, observando-se, quanto à votação, o disposto nos arts. 146, parágrafo único, e 150, § 3º.

§ 2º Não apresentado o processo na primeira sessão, o impetrante poderá requerer seja cientificado pelo Gabinete, por qualquer via, da data do julgamento.

§ 3º Não se conhecerá de pedido desautorizado pelo paciente.

• §§ 1º a 3º acrescidos pela ER nº 30, de 29-5-2009.

Art. 193. O Tribunal poderá, de ofício:

I – usar da faculdade prevista no art. 191, III;

II – expedir ordem de *habeas corpus* quando, no curso de qualquer processo, verificar que alguém sofre ou se ache ameaçado de sofrer violência ou coação em sua liberdade de locomoção por, ilegalidade ou abuso de poder.

Art. 194. A decisão concessiva de *habeas corpus* será imediatamente comunicada às autoridades a quem couber cumpri-la, sem prejuízo da remessa de cópia autenticada do acórdão.

Parágrafo único. A comunicação mediante ofício, telegrama ou radiograma, bem como o salvo-conduto, em caso de ameaça de violência ou coação, serão firmados pelo Presidente do Tribunal ou da Turma.

Art. 195. Ordenada a soltura do paciente, em virtude de *habeas corpus*, a autoridade que, por má-fé ou evidente abuso de poder, tiver determinado a coação, será condenada nas custas, remetendo-se ao Ministério Público traslado das peças necessárias à apuração de sua responsabilidade penal.

Art. 196. O carcereiro ou diretor da prisão, o escrivão, o oficial de justiça ou a autoridade judiciária, policial ou militar que embaraçarem ou procrastinarem o encaminhamento do pedido de *habeas corpus*, as informações sobre a causa da violência, coação ou ameaça, ou a condução e apresentação do paciente, serão multados na forma da legislação processual vigente, sem prejuízo de outras sanções penais e administrativas.

Art. 197. Havendo desobediência ou retardamento abusivo no cumprimento da ordem de *habeas corpus*, por parte do detentor ou carcereiro, o Presidente do Tribunal expedirá mandado de prisão contra o desobediente e oficiará ao Ministério Público, a fim de que promova a ação penal.

Parágrafo único. Na hipótese deste artigo, o Tribunal ou o seu Presidente tomarão as providências necessárias ao cumprimento da decisão, com emprego de meios legais cabíveis, e determinarão, se necessário, a apresentação do paciente ao Relator ou a magistrado local por ele designado.

Art. 198. As fianças que se tiverem de prestar perante o Tribunal, em virtude de *habeas corpus*, serão processadas pelo Relator, a menos que este delegue essa atribuição a outro magistrado.

Art. 199. Se, pendente o processo de *habeas corpus*, cessar a violência ou coação, julgar-se-á prejudicado o pedido, podendo, porém, o Tribunal declarar a ilegalidade do ato e tomar as providência cabíveis para a punição do responsável.

CAPÍTULO II
DO MANDADO DE SEGURANÇA

Art. 200. Conceder-se-á mandado de segurança para proteger direito líquido e certo não amparado por *habeas corpus*, quando a autoridade responsável pela ilegalidade ou abuso de poder estiver sob a jurisdição do Tribunal.

Parágrafo único. O direito de pedir segurança extingue-se após cento e vinte dias da ciência, pelo interessado, do ato impugnado.

Art. 201. Não se dará mandado de segurança quando estiver em causa:

I – ato de que caiba recurso administrativo com efeito suspensivo, independente de caução;

II – despacho ou decisão judicial, de que caiba recurso, ou que seja suscetível de correição;

III – ato disciplinar, salvo se praticado por autoridade incompetente ou com inobservância de formalidade essencial.

Art. 202. A petição inicial, que deverá preencher os requisitos dos artigos 282 e 283 do Código de Processo Civil, será apresentada em duas vias, e os documentos que instruírem a primeira deverão ser reproduzidos, por cópia, na segunda, salvo o disposto no artigo 114 deste Regimento.

- Refere-se ao CPC/1973.

Art. 203. O relator mandará notificar a autoridade coatora para prestar informações no prazo previsto em lei.

§ 1º Quando relevante o fundamento e do ato impugnado puder resultar a ineficácia da medida, caso deferida, o relator determinar-lhe-á a suspensão, salvo nos casos vedados em lei.

§ 2º A notificação será instruída com a segunda via da inicial e cópias dos documentos, bem como do despacho concessivo da liminar, se houver.

Art. 204. A medida liminar vigorará pelo prazo de noventa dias, contado de sua efetivação e prorrogável por mais trinta dias, se o acúmulo de serviço o justificar.

Parágrafo único. Se, por ação ou omissão, o beneficiário da liminar der causa à procrastinação do julgamento do pedido, poderá o relator revogar a medida.

Art. 205. Recebidas as informações ou transcorrido o respectivo prazo, sem o seu oferecimento, o Relator, após vista ao Procurador-Geral, pedirá dia para julgamento, ou, quando a matéria for objeto de jurisprudência consolidada do Tribunal, julgará o pedido.

- *Caput* com a redação dada pela ER nº 28, de 18-2-2009.

Parágrafo único. O julgamento de mandado de segurança contra ato do Presidente do Supremo Tribunal Federal ou do Conselho Nacional da Magistratura será presidido pelo Vice-Presidente ou, no caso de ausência ou impedimento, pelo Ministro mais antigo dentre os presentes à sessão. Se lhe couber votar, nos termos do artigo 146, I a III e V, e seu voto produzir empate, observar-se-á o seguinte:

I – não havendo votado algum Ministro, por motivo de ausência ou licença que não deva perdurar por mais de três meses, aguardar-se-á o seu voto;

II – havendo votado todos os Ministros, salvo por impedidos ou licenciados por período remanescente superior a três meses, prevalecerá o ato impugnado.

Art. 206. A concessão ou a denegação de segurança na vigência de medida liminar serão imediatamente comunicadas à autoridade apontada como coatora.

TÍTULO VIII – DOS PROCESSOS ORIUNDOS DE ESTADOS ESTRANGEIROS

CAPÍTULO I
DA EXTRADIÇÃO

Art. 207. Não se concederá extradição sem prévio pronunciamento do Supremo Tribunal Federal sobre a legalidade e a procedência do pedido, observada a legislação vigente.

Art. 208. Não terá andamento o pedido de extradição sem que o extraditando seja preso e colocado à disposição do Tribunal.

Art. 209. O Relator designará dia e hora para o interrogatório do extraditando e requisitará a sua apresentação.

Art. 210. No interrogatório, ou logo após, intimar-se-á o defensor do extraditando para apresentar defesa escrita no prazo de dez dias.

§ 1º O Relator dará advogado ao extraditando que não o tiver, e curador, se for o caso.

§ 2º Será substituído o defensor, constituído ou dativo, que não apresentar a defesa no prazo deste artigo.

Art. 211. É facultado ao Relator delegar o interrogatório do extraditando a juiz do local onde estiver preso.

Parágrafo único. Para o fim deste artigo, serão os autos remetidos ao juiz delegado, que os devolverá, uma vez apresentada a defesa ou exaurido o prazo.

Art. 212. Junta a defesa e aberta vista por dez dias ao Procurador-Geral, o Relator pedirá dia para julgamento.

Parágrafo único. O Estado requerente da extradição poderá ser representado por advogado para acompanhar o processo perante o Tribunal.

Art. 213. O extraditando permanecerá na prisão, à disposição do Tribunal, até o julgamento final.

Art. 214. No processo de extradição, não se suspende no recesso e nas férias o prazo fixado por lei para o cumprimento de diligência determinada pelo Relator ou pelo Tribunal.

CAPÍTULO II

DA HOMOLOGAÇÃO DE SENTENÇA ESTRANGEIRA

- A homologação de sentença estrangeira passou a ser da competência do STJ, conforme art. 105, I, *i*, da CF, com a redação dada pela EC nº 45, de 8-12-2004.

Art. 215. A sentença estrangeira não terá eficácia no Brasil sem a prévia homologação pelo Supremo Tribunal Federal ou por seu Presidente.

- Artigo com a redação dada pela ER nº 1, de 25-11-1981.

Art. 216. Não será homologada sentença que ofenda a soberania nacional, a ordem pública e os bons costumes.

Art. 217. Constituem requisitos indispensáveis à homologação da sentença estrangeira:

I – haver sido proferida por juiz competente;

II – terem sido as partes citadas ou haver-se legalmente verificado a revelia;

III – ter passado em julgado e estar revestida das formalidades necessárias à execução no lugar em que foi proferida;

IV – estar autenticada pelo cônsul brasileiro e acompanhada de tradução oficial.

Art. 218. A homologação será requerida pela parte interessada, devendo a petição inicial conter as indicações constantes da lei processual, e ser instruída com a certidão ou cópia autêntica do texto integral da sentença estrangeira e com outros documentos indispensáveis, devidamente traduzidos e autenticados.

Parágrafo único. *Revogado.* ER nº 1, de 25-11-1981.

Art. 219. Se a petição inicial não preencher os requisitos exigidos no artigo anterior ou apresentar defeitos ou irregularidades que dificultem o julgamento, o Presidente mandará que o requerente a emende ou complete, no prazo de dez dias, sob pena de indeferimento.

Parágrafo único. Se o requerente não promover, no prazo marcado, mediante intimação ao advogado, ato ou diligência que lhe for determinado no curso do processo, será este julgado extinto pelo Presidente ou pelo Plenário, conforme o caso.

- Parágrafo único com a redação dada pela ER nº 1, de 25-11-1981.

Art. 220. Autuados a petição e os documentos, o Presidente mandará citar o requerido para, em quinze dias, contestar o pedido.

§ 1º O requerido será citado por oficial de justiça, se domiciliado no Brasil, expedindo-se, para isso, carta de ordem; se domiciliado no estrangeiro, pela forma estabelecida na lei do País, expedindo-se carta rogatória.

- A concessão de *exequatur* às cartas rogatórias passou a ser da competência do STJ, conforme art. 105, I, *i*, da CF, com a redação dada pela EC nº 45, de 8-12-2004.

§ 2º Certificado pelo oficial de justiça ou afirmado, em qualquer caso, pelo requerente, que o citando se encontra em lugar ignorado, incerto ou inacessível, a citação far-se-á mediante edital.

Art. 221. A contestação somente poderá versar sobre a autenticidade dos documentos, a inteligência da sentença e a observância dos requisitos indicados nos artigos 217 e 218.

§ 1º Revel ou incapaz o requerido, dar-se-lhe-á curador especial que será pessoalmente notificado.

§ 2º Apresentada a contestação, será admitida réplica em cinco dias.

§ 3º Transcorrido o prazo da contestação ou da réplica, oficiará o Procurador-Geral no prazo de dez dias.

Art. 222. Se o requerido, o curador especial ou o Procurador-Geral não impugnarem o pedido de homologação, sobre ele decidirá o Presidente.

Parágrafo único. Da decisão do Presidente que negar a homologação cabe agravo regimental.

- Art. 222 com a redação dada pela ER nº 1, de 25-11-1981.

Art. 223. Havendo impugnação à homologação, o processo será distribuído para julgamento pelo Plenário.

Parágrafo único. Caberão ao relator os demais atos relativos ao andamento e à instrução do processo e o pedido de dia para julgamento.

- Art. 223 com a redação dada pela ER nº 1, de 25-11-1981.

Art. 224. A execução far-se-á por carta de sentença, no juízo competente, observadas as regras estabelecidas para a execução de julgado nacional da mesma natureza.

CAPÍTULO III

DA CARTA ROGATÓRIA

- A concessão de *exequatur* a cartas rogatórias passou a ser da competência do STJ, conforme art. 105, I, *i*, da CF, com a redação dada pela EC nº 45, de 8-12-2004.

Art. 225. Compete ao Presidente do Tribunal conceder *exequatur* a cartas rogatórias de juízos ou Tribunais estrangeiros.

Art. 226. Recebida a rogatória, o interessado residente no país será intimado, podendo, no prazo de cinco dias, impugná-la.

- *Caput* com a redação dada pela ER nº 2, de 4-12-1985.

§ 1º Findo esse prazo, abrir-se-á vista ao Procurador-Geral, que também poderá impugnar o cumprimento da rogatória.

§ 2º A impugnação só será admitida se a rogatória atentar contra a soberania nacional ou a ordem pública, ou se lhe faltar autenticidade.

- §§ 1º e 2º acrescidos pela ER nº 2, de 4-12-1985.

Art. 227. Concedido o *exequatur*, seguir-se-á a remessa da rogatória ao juízo no qual deva ser cumprida.

Parágrafo único. Da concessão ou denegação do *exequatur* cabe agravo regimental.

Art. 228. No cumprimento da carta rogatória cabem embargos relativos a quaisquer atos que lhe sejam referentes, opostos no prazo de dez dias, por qualquer interessado ou pelo Ministério Público local, julgando-os o Presidente após audiência do Procurador-Geral.

REG. INTERNOS

Parágrafo único. Da decisão que julgar os embargos cabe agravo regimental.

- Art. 228 com a redação dada pela ER nº 2, de 4-12-1985.

Art. 229. Cumprida a rogatória, será devolvida ao Supremo Tribunal Federal, no prazo de dez dias, e por este remetida, em igual prazo, por via diplomática, ao juízo ou Tribunal de origem.

TÍTULO IX – DAS AÇÕES ORIGINÁRIAS

CAPÍTULO I
DA AÇÃO PENAL ORIGINÁRIA

Art. 230. A denúncia nos crimes de ação pública, a queixa nos de ação privada, bem como a representação, quando indispensável ao exercício da primeira, obedecerão ao que dispõe a lei processual.

Art. 230-A. Ao receber inquérito oriundo de instância inferior, o Relator verificará a competência do Supremo Tribunal Federal, recebendo-o no estado em que se encontrar.

Art. 230-B. O Tribunal não processará comunicação de crime, encaminhando-a à Procuradoria-Geral da República.

Art. 230-C. Instaurado o inquérito, a autoridade policial deverá em sessenta dias reunir os elementos necessários à conclusão das investigações, efetuando as inquirições e realizando as demais diligências necessárias à elucidação dos fatos, apresentando, ao final, peça informativa.

§ 1º O Relator poderá deferir a prorrogação do prazo sob requerimento fundamentado da autoridade policial ou do Procurador-Geral da República, que deverão indicar as diligências que faltam ser concluídas.

§ 2º Os requerimentos de prisão, busca e apreensão, quebra de sigilo telefônico, bancário, fiscal, e telemático, interceptação telefônica, além de outras medidas invasivas, serão processados e apreciados, em autos apartados e sob sigilo, pelo Relator.

- Arts. 230-A a 230-C acrescidos pela ER nº 44, de 2-6-2011.

Art. 231. Apresentada a peça informativa pela autoridade policial, o Relator encaminhará os autos ao Procurador-Geral da República, que terá quinze dias para oferecer a denúncia ou requerer o arquivamento.

- *Caput* com a redação dada pela ER nº 44, de 2-6-2011.

§ 1º As diligências complementares ao inquérito podem ser requeridas pelo Procurador-Geral ao Relator, interrompendo o prazo deste artigo, se deferidas.

§ 2º As diligências complementares não interrompem o prazo para oferecimento da denúncia, se o indiciado estiver preso.

§ 3º Na hipótese do parágrafo anterior, se as diligências forem indispensáveis ao oferecimento da denúncia, o Relator determinará o relaxamento da prisão do indiciado; se não o forem, mandará, depois de oferecida a denúncia, que se realizem em separado, sem prejuízo da prisão e do processo.

§ 4º O Relator tem competência para determinar o arquivamento, quando o requerer o Procurador-Geral da República ou quando verificar:

- *Caput* do § 4º com a redação dada pela ER nº 44, de 2-6-2011.

a) a existência manifesta de causa excludente da ilicitude do fato;

b) a existência manifesta de causa excludente da culpabilidade do agente, salvo inimputabilidade;

c) que o fato narrado evidentemente não constitui crime;

d) extinta a punibilidade do agente; ou

e) ausência de indícios mínimos de autoria ou materialidade, nos casos em que forem descumpridos os prazos para a instrução do inquérito ou para oferecimento de denúncia.

- Alíneas *a* a *e* acrescidas pela ER nº 44, de 2-6-2011.

§ 5º Se o indiciado estiver preso, o prazo a que se refere o *caput* será de cinco dias.

§ 6º O inquérito arquivado por falta de indícios mínimos de autoria ou materialidade poderá ser reaberto, caso surjam novos elementos.

- §§ 5º e 6º acrescidos pela ER nº 44, de 2-6-2011.

Art. 232. Se o inquérito versar sobre a prática de crime de ação privada, o Relator determinará seja aguardada a iniciativa do ofendido ou de quem por lei esteja autorizado a oferecer queixa.

Parágrafo único. Verificando a extinção da punibilidade, ainda que não haja iniciativa do ofendido, o Relator, após ouvir o Procurador-Geral da República, poderá arquivar o feito.

- Parágrafo único com a redação dada pela ER nº 44, de 2-6-2011.

Art. 233. O Relator, antes do recebimento ou da rejeição da denúncia ou da queixa, mandará notificar o acusado para oferecer resposta escrita no prazo de quinze dias.

§ 1º A notificação será feita na forma da lei processual penal.

§ 2º Com a notificação, será entregue ao acusado cópia da denúncia ou queixa, do despacho do Relator e dos documentos por este indicados.

- §§ 1º e 2º com a redação dada pela ER nº 44, de 2-6-2011.

§ 3º Se desconhecido o paradeiro do acusado, será este notificado por edital, com o prazo de cinco dias, para que apresente a resposta prevista neste artigo.

Art. 234. Apresentada, ou não, a resposta, o Relator pedirá dia para que o Plenário ou a Turma, conforme o caso, delibere sobre o recebimento ou a rejeição da denúncia ou da queixa.

- *Caput* com a redação dada pela ER nº 49, de 3-6-2014.

§ 1º É facultada a sustentação oral, pelo tempo máximo de quinze minutos, no julgamento de que trata este artigo.

- § 1º acrescido pela ER nº 2, de 4-12-1985.

§ 2º Encerrados os debates, o Tribunal passará a deliberar em sessão pública.

- § 2º com a redação dada pela ER nº 44, de 2-6-2011.

Art. 235. Recebida a denúncia ou a queixa, o Relator designará dia e hora para o interrogatório, mandando citar o acusado e intimar o Procurador-Geral, bem como o querelante ou o assistente, se for o caso.

- Artigo com a redação dada pela ER nº 2, de 4-12-1985.

Parágrafo único. Ao receber ação penal oriunda de instância inferior, o Relator verificará a competência do Supremo Tribunal Federal, recebendo-a no estado em que se encontrar.

- Parágrafo único acrescido pela ER nº 44, de 2-6-2011.

Art. 236. Requerida a suspensão do exercício de mandato parlamentar, nos termos do art. 32, § 5º, da Constituição, o Tribunal, dada vista à defesa pelo prazo de quinze dias, julgará o pedido, observado o procedimento previsto no artigo anterior.

Parágrafo único. O pedido, de que trata este artigo, será processado em apartado, como incidente, e não obstará o prosseguimento da ação penal.

- Art. 236 com a redação dada pela ER nº 2, de 4-12-1985.

Art. 237. Não comparecendo o acusado, ou não constituindo advogado, o Relator nomear-lhe-á defensor.

Art. 238. O prazo para a defesa prévia será de cinco dias e contar-se-á do interrogatório ou da intimação do defensor dativo.

Art. 239. A instrução do processo obedecerá, no que couber, ao procedimento comum do Código de Processo Penal.

§ 1º O Relator poderá delegar o interrogatório do réu e qualquer dos atos de instrução a juiz ou membro de outro Tribunal, que tenha competência territorial no local onde devam ser produzidos.

- Antigo parágrafo único transformado em § 1º pela ER nº 2, de 4-12-1985.

§ 2º Na hipótese de a Câmara dos Deputados ou o Senado Federal comunicar ao Tribunal que, por iniciativa de sua Mesa, resolveu sustar o processo, o Plenário decidirá sobre a suspensão deste.

- § 2º acrescido pela ER nº 2, de 4-12-1985.

Art. 240. Terminada a inquirição de testemunhas, o Relator dará vista sucessiva à acusação e à defesa, pelo prazo de cinco dias, para requererem diligências, em razão de circunstâncias ou fatos apurados na instrução.

Art. 241. Concluídas as diligências acaso deferidas, mandará o Relator dar vista às partes para alegações, pelo prazo de quinze dias, sendo comum o prazo do acusador e do assistente, bem como o dos corréus.

Art. 242. Findos os prazos do artigo anterior, e após ouvir o Procurador-Geral na ação penal privada, pelo prazo de quinze dias, o Relator poderá ordenar diligências para sanar nulidade ou suprir falta que prejudique a apuração da verdade.

Art. 243. Observado o disposto no artigo anterior, o Relator lançará o relatório e passará os autos ao Revisor, que pedirá dia para julgamento.

Parágrafo único. A Secretaria remeterá cópia do relatório aos Ministros logo após o pedido de dia formulado pelo Revisor.

Art. 244. A requerimento das partes ou do Procurador-Geral, o Relator poderá admitir que deponham, na sessão de julgamento, testemunhas arroladas com antecedência de quinze dias, intimadas na forma da lei e do Regimento.

Art. 245. Na sessão de julgamento observar-se-á o seguinte:

I – o Relator apresentará o relatório lavrado e, se houver, o aditamento ou retificação do Revisor;

II – as testemunhas arroladas serão inquiridas pelo relator e, facultativamente, pelos demais Ministros; em primeiro lugar, as de acusação e, depois, as de defesa;

III – admitir-se-ão, a seguir, perguntas do Procurador-Geral e das partes;

IV – ouvir-se-ão os peritos para esclarecimentos previamente ordenados pelo Relator, de ofício, ou a requerimento das partes ou do Procurador-Geral;

V – findas as inquirições e efetuadas quaisquer diligências que o Tribunal houver determinado, será dada a palavra à acusação e à defesa, pelo tempo de uma hora, prorrogável pelo Presidente;

VI – na ação penal privada, o Procurador-Geral falará por último, por trinta minutos;

VII – encerrados os debates, o Tribunal passará a deliberar em sessão secreta, sem a presença das partes e do Procurador-Geral, e proclamará o resultado do julgamento em sessão pública.

§ 1º O julgamento efetuar-se-á, em uma ou mais sessões, a critério do Tribunal.

§ 2º Nomear-se-á defensor ad hoc se o advogado constituído pelo réu ou o defensor anteriormente nomeado não comparecer à sessão de julgamento, a qual será adiada se aquele o requerer para exame dos autos.

Art. 246. Aplica-se o art. 105 aos prazos fixados neste Capítulo, salvo se o acusado estiver preso ou se a ação penal estiver na iminência de extinguir-se pela prescrição.

CAPÍTULO II

DA AÇÃO CÍVEL ORIGINÁRIA

Art. 247. A ação cível originária, prevista no artigo 119, I, *c* e *d*, da Constituição, será processada nos termos deste Regimento e da lei.

§ 1º O prazo para a contestação será fixado pelo relator.

§ 2º O relator poderá delegar atos instrutórios a juiz ou membro de outro Tribunal que tenha competência territorial no local onde devam ser produzidos.

Art. 248. Encerrada a fase postulatória, o relator proferirá despacho saneador, nos termos da lei processual.

Art. 249. Finda a instrução, o relator dará vista, sucessivamente, ao autor, ao réu e ao Procurador-Geral, se não for parte, para arrazoarem, no prazo de cinco dias.

Art. 250. Findos os prazos do artigo anterior, o relator lançará nos autos o relatório, do qual a Secretaria remeterá cópia aos demais Ministros, e pedirá dia para julgamento.

Art. 251. Na sessão de julgamento, será dada a palavra às partes e ao Procurador-Geral pelo tempo de trinta minutos, prorrogável pelo Presidente.

CAPÍTULO III

DA AVOCAÇÃO DE CAUSAS

Art. 252. Quando, de decisão proferida em qualquer Juízo ou Tribunal, decorrer imediato perigo de grave lesão à ordem, à saúde, à segurança ou às finanças públicas, poderá o Procurador-Geral da República requerer a avocação da causa, para que se lhe suspendam os efeitos, devolvendo-se o conhecimento integral do litígio ao Supremo Tribunal Federal, salvo se a decisão se restringir a questão incidente, caso em que o conhecimento a ela se limitará.

Parágrafo único. Não caberá pedido de avocação, se a decisão impugnada houver transitado em julgado, ou admitir recurso com efeito suspensivo.

Art. 253. No requerimento, que deverá ser acompanhado de certidão da decisão impugnada e da data de sua intimação, o Procurador-Geral da República identificará a causa a ser avocada e apresentará as razões que justificam a avocação.

Art. 254. Distribuído o pedido, poderá o Relator:

I – se entender necessário, solicitar, para serem prestadas em dez dias, informações ao juiz ou Tribunal que houver proferido a decisão;

II – indeferir, liminarmente, por despacho do qual caberá agravo regimental, o pedido que manifestamente não atenda aos requisitos da avocatória;

III – determinar a imediata suspensão dos efeitos da decisão, até a deliberação final do Plenário.

Art. 255. Se não indeferir liminarmente o pedido, determinará o Relator ao juiz ou Tribunal de origem que faça intimar os procuradores das partes para que se manifestem nos autos principais no prazo comum de dez dias.

Parágrafo único. Com a manifestação das partes, ou sem ela, subirão os autos principais ao Supremo Tribunal Federal, onde serão apensados aos do pedido de avocação.

REG. INTERNOS

Art. 256. Observado o disposto no artigo anterior e conclusos os autos ao Relator, deverá este, no prazo de dez dias, mandar incluí-los em pauta para julgamento.

§ 1º Após o relatório, será facultada a palavra ao Procurador-Geral e às partes pelo tempo máximo de quinze minutos.

§ 2º Encerrados os debates, o Tribunal passará a deliberar, em sessão secreta, sem a presença das partes e do Procurador-Geral, e proclamará o resultado do julgamento em sessão pública.

Art. 257. Indeferida a avocatória, os autos apensados serão devolvidos à instância de origem, onde os prazos, considerados suspensos (arts. 254, III, e 255), retomarão seu curso, após intimação das partes.

Art. 258. Deferido o pedido, os autos da causa avocada serão conclusos ao Relator, que, se não determinar diligência, mandará ouvir, sucessivamente, pelo prazo de cinco dias, as partes e o Procurador-Geral; em seguida, lançará o relatório, do qual a Secretaria remeterá cópia a todos os Ministros, e pedirá dia para julgamento.

CAPÍTULO IV

DA AÇÃO RESCISÓRIA

Art. 259. Caberá ação rescisória de decisão proferida pelo Plenário ou por Turma do Tribunal, bem assim pelo Presidente, nos casos previstos na lei processual.

Art. 260. Distribuída a inicial, o relator mandará citar o réu, fixando-lhe prazo para contestação.

Art. 261. Contestada a ação, ou transcorrido o prazo, o relator proferirá despacho saneador e deliberará sobre as provas requeridas.

Parágrafo único. O relator poderá delegar atos instrutórios a juiz ou membro de outro Tribunal que tenha competência territorial no local onde devam ser produzidos.

Art. 262. Concluída a instrução, o relator abrirá vista sucessiva às partes, por dez dias, para o oferecimento de razões e, após ouvido o Procurador-Geral, lançará o relatório e passará os autos ao revisor que pedirá dia para julgamento.

CAPÍTULO V

DA REVISÃO CRIMINAL

Art. 263. Será admitida a revisão, pelo Tribunal, dos processos criminais findos, em que a condenação tiver sido por ele proferida ou mantida no julgamento de ação penal originária ou recurso criminal ordinário:

I – quando a decisão condenatória for contrária ao texto expresso da lei penal ou à evidência dos autos;

II – quando a decisão condenatória se fundar em depoimentos, exames ou documentos comprovadamente falsos;

III – quando, após a decisão condenatória, se descobrirem novas provas de inocência do condenado ou de circunstância que determine ou autorize diminuição especial da pena.

Parágrafo único. No caso do inciso I, primeira parte, caberá a revisão, pelo Tribunal, de processo em que a condenação tiver sido por ele proferida ou mantida no julgamento de recurso extraordinário, se seu fundamento coincidir com a questão federal apreciada.

Art. 264. A revisão poderá ser requerida a qualquer tempo, depois de transitada em julgado a decisão condenatória, esteja ou não extinta a pena.

Parágrafo único. Não é admissível reiteração do pedido, com o mesmo fundamento, salvo se fundado em novas provas.

Art. 265. A revisão poderá ser pedida pelo próprio condenado ou seu procurador legalmente habilitado, ou, falecido aquele, pelo seu cônjuge, ascendente, descendente ou irmão.

Parágrafo único. Aplica-se ao processo de revisão o disposto nos incisos I e II do art. 191 deste Regimento.

Art. 266. O pedido de revisão será sempre instruído com o inteiro teor, autenticado, da decisão condenatória, com a prova de haver esta passado em julgado e com os documentos comprobatórios das alegações em que se fundar, indicadas, igualmente, as provas que serão produzidas.

Parágrafo único. Se a decisão impugnada for confirmatória de outras, estas deverão, também, vir comprovadas no seu inteiro teor.

Art. 267. O relator admitirá ou não as provas requeridas e determinará a produção de outras que entender necessárias, facultado o agravo regimental.

Parágrafo único. A qualquer tempo, o Relator poderá solicitar informações ao juiz da execução e requisitar os autos do processo sob revisão.

Art. 268. Instruído o processo, o Relator ouvirá o requerente e o Procurador-Geral, no prazo de cinco dias para cada um, e, lançado o relatório, passará os autos ao revisor que pedirá dia para o julgamento.

Parágrafo único. Quando a condenação houver sido imposta em ação penal originária, o julgamento da revisão atenderá ao disposto no art. 245, inciso VII, deste Regimento.

Art. 269. Se julgar procedente a revisão, o Tribunal poderá absolver o acusado, alterar a classificação da infração, modificar a pena ou anular o processo.

Parágrafo único. A pena imposta pela decisão revista não poderá ser agravada.

Art. 270. À vista da certidão do acórdão que houver cassado ou reformado a decisão condenatória, o juiz da execução mandará juntá-la aos autos, para seu cumprimento, determinando desde logo o que for de sua competência.

Art. 271. A absolvição implicará o restabelecimento de todos os direitos perdidos em virtude da condenação, devendo o Tribunal, se for o caso, impor a medida de segurança cabível.

Art. 272. O Tribunal, se o interessado o requerer, poderá reconhecer, na forma da lei, o direito a uma justa indenização pelos prejuízos sofridos.

CAPÍTULO VI

DOS LITÍGIOS COM ESTADOS ESTRANGEIROS OU ORGANISMOS INTERNACIONAIS

Art. 273. O processo dos litígios entre Estados estrangeiros e a União, os Estados, o Distrito Federal ou os Territórios observará o rito estabelecido para a ação cível originária.

Art. 274. Obedecerão ao mesmo procedimento as ações entre os organismos internacionais, de que o Brasil participe, e as entidades de direito público interno referidas no artigo anterior.

Art. 275. A capacidade processual e a legitimidade de representação dos Estados estrangeiros e dos organismos internacionais regulam-se pelas normas estabelecidas nos tratados ratificados pelo Brasil.

CAPÍTULO VII

DA SUSPENSÃO DE DIREITOS

Art. 276. A representação prevista no art. 154 da Constituição terá o procedimento da ação penal originária.

Parágrafo único. Desde que não tenha havido liminar, o Presidente poderá proceder na forma do art. 162.

TÍTULO X – DOS PROCESSOS INCIDENTES

CAPÍTULO I

DOS IMPEDIMENTOS E DA SUSPEIÇÃO

Art. 277. Os Ministros declarar-se-ão impedidos ou suspeitos nos casos previstos em lei.

Parágrafo único. Não estão impedidos os Ministros que, no Tribunal Superior Eleitoral, tenham funcionado no mesmo processo ou no processo originário, os quais devem ser excluídos, se possível, da distribuição.

- § 1º transformado em parágrafo único pela ER nº 2, de 4-12-1985.
- § 2º *Suprimido* pela ER nº 2, de 4-12-1985.

Art. 278. A suspeição será arguida perante o Presidente, ou o Vice-Presidente, se aquele for o recusado.

Parágrafo único. A petição será instruída com os documentos comprobatórios da arguição e o rol de testemunhas.

Art. 279. A suspeição do relator poderá ser suscitada até cinco dias após a distribuição; a do revisor, em igual prazo, após a conclusão dos autos; e a dos demais Ministros, até o início do julgamento.

Art. 280. O Presidente mandará arquivar a petição, se manifesta a sua improcedência.

Art. 281. Será ilegítima a arguição de suspeição, quando provocada pelo excipiente, ou quando houver ele praticado ato que importe na aceitação do Ministro.

Art. 282. Se admitir a arguição, o Presidente ouvirá o Ministro recusado e, a seguir, inquirirá as testemunhas indicadas, submetendo o incidente ao Tribunal em sessão secreta.

Art. 283. O Ministro que não reconhecer a suspeição funcionará até o julgamento da arguição.

Parágrafo único. A afirmação de suspeição pelo arguido, ainda que por outro fundamento, põe fim ao incidente.

Art. 284. A arguição será sempre individual, não ficando os demais Ministros impedidos de apreciá-la, ainda que também recusados.

Art. 285. Afirmada a suspeição pelo arguido, ou declarada pelo Tribunal, ter-se-ão por nulos os atos por ele praticados.

Art. 286. Não se fornecerá, salvo ao arguente e ao arguido, certidão de qualquer peça do processo de suspeição, antes de afirmada pelo arguido ou declarada pelo Tribunal.

Parágrafo único. Da certidão constará obrigatoriamente o nome de quem a requereu, bem assim o desfecho que houver tido a arguição.

Art. 287. Aplicar-se-á aos impedimentos dos Ministros o processo estabelecido para a suspeição, no que couber.

CAPÍTULO II

DA HABILITAÇÃO INCIDENTE

Art. 288. Em caso de falecimento de alguma das partes:

I – o cônjuge, herdeiro ou legatário requererá sua habilitação, bem como a citação da outra parte para contestá-la no prazo de quinze dias;

II – qualquer dos outros interessados poderá requerer a citação do cônjuge, herdeiro ou legatário para providenciarem sua habilitação em quinze dias.

§ 1º No caso do inciso II deste artigo, se a parte não providenciar a habilitação, o processo correrá à revelia.

§ 2º Na hipótese do parágrafo anterior, nomear-se-á curador ao revel, oficiando também o Procurador-Geral.

Art. 289. A citação far-se-á na pessoa do procurador constituído nos autos, mediante publicação no *Diário da Justiça*, ou à parte, pessoalmente, se não estiver representada no processo.

Art. 290. Quando incertos os sucessores, a citação far-se-á por edital.

Art. 291. O cessionário ou sub-rogado poderão habilitar-se apresentando o documento da cessão ou sub-rogação e pedindo a citação dos interessados.

Parágrafo único. O cessionário de herdeiro somente após a habilitação deste poderá apresentar-se.

Art. 292. O Relator, se contestado o pedido, facultará às partes sumária produção de provas, em cinco dias, e julgará, em seguida, a habilitação.

Art. 293. Não dependerá de decisão do Relator, processando-se nos autos da causa principal, o pedido de habilitação:

I – do cônjuge e herdeiros necessários que provem por documento sua qualidade e o óbito do falecido;

II – fundado em sentença, com trânsito em julgado, que atribua ao requerente a qualidade de herdeiro ou sucessor;

III – do herdeiro que for incluído sem qualquer oposição no inventário;

IV – quando estiver declarada a ausência ou determinada a arrecadação da herança jacente;

V – quando oferecidos os artigos de habilitação, a parte reconhecer a procedência do pedido e não houver oposição de terceiro.

Art. 294. O cessionário ou o adquirente podem prosseguir na causa, juntando aos autos o respectivo título e provando a sua identidade, caso em que sucederão ao cedente ou ao credor originário que houverem falecido.

Art. 295. Já havendo pedido de dia para julgamento, não se decidirá o requerimento de habilitação.

Art. 296. A parte que não se habilitar perante o Tribunal poderá fazê-lo em outra instância.

CAPÍTULO III

DA SUSPENSÃO DE SEGURANÇA

Art. 297. Pode o Presidente, a requerimento do Procurador-Geral, ou da pessoa jurídica de direito público interessada, e para evitar grave lesão à ordem, à saúde, à segurança e à economia pública, suspender, em despacho fundamentado, a execução de liminar, ou da decisão concessiva de mandado de segurança, proferida em única ou última instância, pelos tribunais locais ou federais.

§ 1º O Presidente pode ouvir o impetrante, em cinco dias, e o Procurador-Geral, quando não for o requerente, em igual prazo.

§ 2º Do despacho que conceder a suspensão caberá agravo regimental.

§ 3º A suspensão de segurança vigorará enquanto pender o recurso, ficando sem efeito, se a decisão concessiva for mantida pelo Supremo Tribunal Federal ou transitar em julgado.

CAPÍTULO IV

DA RECONSTITUIÇÃO DE AUTOS PERDIDOS

Art. 298. O pedido de reconstituição de autos, no Tribunal, será apresentado ao Presidente e distribuído ao Relator do processo desaparecido ou ao seu substituto.

Art. 299. A parte contrária será citada para contestar o pedido no prazo de cinco dias, cabendo ao Relator exigir as cópias, contrafés e reproduções dos atos e documentos que estiverem em seu poder.

Parágrafo único. Se o citado concordar com a reconstituição, lavrar-se-á o respectivo auto que, assinado pelas partes e homologado pelo Relator, suprirá o processo desaparecido.

Art. 300. O Relator determinará as diligências necessárias, solicitando informações e cópias autênticas, se for o caso, a outros juízes e Tribunais.

Art. 301. O julgamento de reconstituição caberá ao Plenário ou à Turma competente para o processo extraviado.

Art. 302. Quem tiver dado causa à perda ou extravio responderá pelas despesas de reconstituição.

Art. 303. Julgada a reconstituição, o processo seguirá os trâmites normais.

Parágrafo único. Encontrado o processo original, nele prosseguirá o feito, apensando-se os autos reconstituídos.

TÍTULO XI – DOS RECURSOS

CAPÍTULO I

DISPOSIÇÕES GERAIS

Art. 304. Admitir-se-ão medidas cautelares nos recursos, independentemente dos seus efeitos.

Art. 305. Não caberá recurso da deliberação da Turma ou do relator que remeter processo ao julgamento do Plenário, ou que determinar, em agravo de instrumento, o processamento de recurso denegado ou procrastinado.

Art. 306. Os recursos serão processados, na instância de origem, pelas normas da legislação aplicável, observados os artigos 59, 307 e 308 deste Regimento.

CAPÍTULO II

DOS RECURSOS CRIMINAIS

Seção I

DOS RECURSOS ORDINÁRIOS

Art. 307. Caberá recurso ordinário para o Tribunal, no prazo de três dias (art. 565 do Código de Processo Penal Militar), de decisão de única ou última instância da Justiça Militar, nos casos do art. 129, parágrafos 1º e 2º, da Constituição.

Art. 308. Recebido o recurso, abrir-se-á vista às partes, sucessivamente, por cinco dias, para o oferecimento de razões, na instância de origem (art. 566 do Código de Processo Penal Militar).

Art. 309. Distribuído o recurso, a Secretaria, imediatamente, fará os autos com vista ao Procurador-Geral. Devolvidos e conclusos ao Relator, este pedirá dia para julgamento, no Plenário ou na Turma, conforme o caso.

Parágrafo único. Na hipótese do art. 6º, III, *c*, lançado o relatório, passará os autos ao Revisor que pedirá dia para julgamento. Logo após, a Secretaria remeterá cópia do relatório aos Ministros.

Seção II

DO RECURSO DE HABEAS CORPUS

Art. 310. O recurso ordinário para o Tribunal, das decisões denegatórias de *habeas corpus*, será interposto no prazo de cinco dias, nos próprios autos em que se houver proferido a decisão recorrida, com as razões do pedido de reforma.

Art. 311. Distribuído o recurso, a Secretaria, imediatamente, fará os autos com vista ao Procurador-Geral, pelo prazo de dois dias.

Conclusos ao Relator, este submeterá o feito a julgamento do Plenário ou da Turma, conforme o caso.

Art. 312. Aplicar-se-á, no que couber, ao processamento do recurso o disposto com relação ao pedido originário de *habeas corpus*.

CAPÍTULO III

DOS AGRAVOS

Seção I

DO AGRAVO DE INSTRUMENTO

Art. 313. Caberá agravo de instrumento:

I – de decisão de juiz de primeira instância nas causas a que se refere o art. 6º, III, *d*, nos casos admitidos na legislação processual;

II – de despacho de Presidente de Tribunal que não admitir recurso da competência do Supremo Tribunal Federal;

III – quando se retardar, injustificadamente, por mais de trinta dias, o despacho a que se refere o inciso anterior, ou a remessa do processo ao Tribunal.

Parágrafo único. Na petição do agravo a que se refere o inciso I deste artigo, poderá o agravante requerer que o agravo fique retido nos autos, a fim de que o Tribunal dele conheça, preliminarmente, por ocasião do julgamento da apelação, desde que assim o solicite nas razões ou contrarrazões desta.

Art. 314. O agravo de instrumento obedecerá, no juízo ou Tribunal de origem, às normas da legislação processual vigente.

Art. 314-A. O agravo em recurso extraordinário será registrado ao Presidente para que exerça as atribuições conferidas no art. 13, inciso V, alíneas *c* e *d*, ou determine a distribuição dos processos quando não identificar a presença dos óbices nelas previstos.

Parágrafo único. Os agravos oriundos do Tribunal Superior Eleitoral e aqueles concernentes a matérias criminais em que haja prevenção, nos termos deste regimento, serão encaminhados diretamente à distribuição.

- Art. 314-A acrescido pela ER nº 54, de 1º-7-2020.

Art. 315. Distribuído o agravo e ouvido, se necessário, o Procurador-Geral, o relator o colocará em mesa para julgamento, sem prejuízo das atribuições que lhe confere o artigo 21, nos incisos VI e IX e no seu § 1º.

Parágrafo único. Quando interposto contra despacho que houver indeferido o processamento de arguição de relevância, o agravo de instrumento prescindirá de Relator e será julgado em Conselho, observando-se, no que couber, o disposto no artigo 328, incisos VII e X.

- Texto não recepcionado pela CF/1988.

Art. 316. O provimento de agravo de instrumento, ou a determinação do relator para que subam os autos, não prejudica o exame e o julgamento, no momento oportuno, do cabimento do recurso denegado.

§ 1º O provimento será registrado na ata e certificado nos autos, juntando-se ulteriormente a transcrição do áudio.

• § 1º com a redação dada pela ER nº 26, de 22-10-2008.

§ 2º O provimento do agravo de instrumento e a determinação do relator para que suba o recurso serão comunicados ao tribunal de origem pelo Presidente do Tribunal para processamento do recurso.

§ 3º Se os autos principais tiverem subido em virtude de recurso da parte contrária, serão devolvidos à origem para processamento do recurso admitido.

Seção II

DO AGRAVO REGIMENTAL

Art. 317. Ressalvadas as exceções previstas neste Regimento, caberá agravo regimental, no prazo de cinco dias, de decisão do Presidente do Tribunal, de Presidente de Turma ou do relator, que causar prejuízo ao direito da parte.

§ 1º A petição conterá, sob pena de rejeição liminar, as razões do pedido de reforma da decisão agravada.

§ 2º O agravo regimental será protocolado e, sem qualquer outra formalidade, submetido ao prolator do despacho, que poderá reconsiderar o seu ato ou submeter o agravo ao julgamento do Plenário ou da Turma, a quem caiba a competência, computando-se também o seu voto.

§ 3º Provido o agravo, o Plenário ou a Turma determinará o que for de direito.

§ 4º O agravo regimental não terá efeito suspensivo.

§ 5º O agravo interno poderá, a critério do relator, ser submetido a julgamento por meio eletrônico, observada a respectiva competência da Turma ou do Plenário.

• § 5º acrescido pela ER nº 51, de 22-6-2016 (*DJe* 24-6-2016, republicada no *DJe* 28-6-2016).

CAPÍTULO IV

DA APELAÇÃO CÍVEL

Art. 318. Caberá apelação nas causas em que forem partes um estado estrangeiro ou organismo internacional, de um lado, e, de outro, município ou pessoa domiciliada ou residente no país.

Art. 319. O Relator, após a vista ao Procurador-Geral, pedirá dia para o julgamento.

Art. 320. O agravo retido nos autos, se houver, será julgado preliminarmente.

Parágrafo único. Quando não influir na decisão do mérito, o provimento do agravo não impedirá o imediato julgamento da apelação.

CAPÍTULO V

DO RECURSO EXTRAORDINÁRIO

Art. 321. O recurso extraordinário para o Tribunal será interposto no prazo estabelecido na lei processual pertinente, com indicação do dispositivo que o autorize, dentre os casos previstos nos artigos 102, III, *a*, *b*, *c*, e 121, § 3º, da Constituição Federal.

• *Caput* com a redação dada pela ER nº 12, de 12-12-2003.

§ 1º Se na causa tiverem sido vencidos autor e réu, qualquer deles poderá aderir ao recurso da outra parte nos termos da lei processual civil.

§ 2º Aplicam-se ao recurso adesivo as normas de admissibilidade, preparo e julgamento do recurso extraordinário, não sendo processado ou conhecido quando houver desistência do recurso principal, ou for este declarado inadmissível ou deserto.

§ 3º Se o recurso extraordinário for admitido pelo Tribunal ou pelo relator do agravo de instrumento, o recorrido poderá interpor recurso adesivo juntamente com a apresentação de suas contrarrazões.

§ 4º O recurso extraordinário não tem efeito suspensivo.

§ 5º *Revogado.* ER nº 21, de 30-4-2007.

Art. 322. O Tribunal recusará recurso extraordinário cuja questão constitucional não oferecer repercussão geral, nos termos deste capítulo.

Parágrafo único. Para efeito da repercussão geral, será considerada a existência, ou não, de questões que, relevantes do ponto de vista econômico, político, social ou jurídico, ultrapassem os interesses subjetivos das partes.

• Art. 322 com a redação dada pela ER nº 21, de 30-4-2007.

Art. 323. Quando não for caso de inadmissibilidade do recurso por outra razão, o(a) Relator(a) ou o Presidente submeterá, por meio eletrônico, aos demais ministros, cópia de sua manifestação sobre a existência, ou não, de repercussão geral.

• *Caput* com a redação dada pela ER nº 42, de 2-12-2010.

§ 1º Nos processos em que o Presidente atuar como relator, sendo reconhecida a existência de repercussão geral, seguir-se-á livre distribuição para o julgamento de mérito.

§ 2º Tal procedimento não terá lugar, quando o recurso versar questão cuja repercussão já houver sido reconhecida pelo Tribunal, ou quando impugnar decisão contrária a súmula ou a jurisprudência dominante, casos em que se presume a existência de repercussão geral.

• §§ 1º e 2º com a redação dada pela ER nº 42, de 2-12-2010.

§ 3º Mediante decisão irrecorrível, poderá o(a) Relator(a) admitir de ofício ou a requerimento, em prazo que fixar, a manifestação de terceiros, subscrita por procurador habilitado, sobre a questão da repercussão geral.

• § 3º acrescido pela ER nº 42, de 2-12-2010.

Art. 323-A. O julgamento de mérito de questões com repercussão geral, nos casos de reafirmação de jurisprudência dominante da Corte, também poderá ser realizado por meio eletrônico.

• Artigo acrescido pela ER nº 42, de 2-12-2010.

Parágrafo único. Quando o relator não propuser a reafirmação de jurisprudência dominante, outro ministro poderá fazê-lo, mediante manifestação devidamente fundamentada.

• Parágrafo único acrescido pela ER nº 54, de 1º-7-2020.

Art. 323-B. O relator poderá propor, por meio eletrônico, a revisão do reconhecimento da repercussão geral quando o mérito do tema ainda não tiver sido julgado.

• Art. 323-B acrescido pela ER nº 54, de 1º-7-2020.

Art. 324. Recebida a manifestação do(a) Relator(a), os demais ministros encaminhar-lhe-ão, também por meio eletrônico, no prazo comum de 20 (vinte) dias, manifestação sobre a questão da repercussão geral.

• *Caput* com a redação dada pela ER nº 31, de 29-5-2009.

§ 1º Somente será analisada a repercussão geral da questão se a maioria absoluta dos ministros reconhecerem a existência de matéria constitucional.

§ 2º A decisão da maioria absoluta dos ministros no sentido da natureza infraconstitucional da matéria terá os mesmos efeitos da ausência de repercussão geral, autorizando a negativa de seguimento aos recursos extraordinários sobrestados na origem que versem sobre matéria idêntica.

§ 3º O ministro que não se manifestar no prazo previsto no *caput* terá sua não participação registrada na ata do julgamento.

• §§ 1º a 3º com a redação dada pela ER nº 54, de 1º-7-2020.

§ 4º Não alcançado o quórum necessário para o reconhecimento da natureza infraconstitucional da questão ou da existência, ou não, de repercussão geral, o julgamento será suspenso e automaticamente retomado na sessão em meio eletrônico imediatamente seguinte, com a coleta das manifestações dos ministros ausentes.

§ 5º No julgamento realizado por meio eletrônico, se vencido o relator, redigirá o acórdão o ministro sorteado dentre aqueles que dele divergiram ou não se manifestaram, a quem competirá relatar o caso para o exame do mérito ou de eventuais incidentes processuais.

• §§ 4º e 5º acrescidos pela ER nº 54, de 1º-7-2020.

Art. 325. O(A) Relator(a) juntará cópia das manifestações aos autos, quando não se tratar de processo informatizado, e, uma vez definida a existência da repercussão geral, julgará o recurso ou pedirá dia para seu julgamento, após vista ao Procurador-Geral, se necessária; negada a existência, formalizará e subscreverá decisão de recusa do recurso.

Parágrafo único. O teor da decisão preliminar sobre a existência da repercussão geral, que deve integrar a decisão monocrática ou o acórdão, constará sempre das publicações dos julgamentos no *Diário Oficial*, com menção clara à matéria do recurso.

• Art. 325 com a redação dada pela ER nº 21, de 30-4-2007.

Art. 325-A. Reconhecida a repercussão geral, serão distribuídos ou redistribuídos ao relator do recurso paradigma, por prevenção, os processos relacionados ao mesmo tema.

• Artigo acrescido pela ER nº 42, de 2-12-2010.

Art. 326. Toda decisão de inexistência de repercussão geral é irrecorrível e, valendo para todos os recursos sobre questão idêntica, deve ser comunicada, pelo(a) Relator(a), à Presidência do Tribunal, para os fins do artigo subsequente e do artigo 329.

• Artigo com a redação dada pela ER nº 21, de 30-4-2007.

§ 1º Poderá o relator negar repercussão geral com eficácia apenas para o caso concreto.

§ 2º Se houver recurso, a decisão do relator de restringir a eficácia da ausência de repercussão geral ao caso concreto deverá ser confirmada por dois terços dos ministros para prevalecer.

§ 3º Caso a proposta do relator não seja confirmada por dois terços dos ministros, o feito será redistribuído, na forma do art. 324, § 5º, deste Regimento Interno, sem que isso implique reconhecimento automático da repercussão geral da questão constitucional discutida no caso.

§ 4º Na hipótese do § 3º, o novo relator sorteado prosseguirá no exame de admissibilidade do recurso, na forma dos arts. 323 e 324 deste Regimento Interno.

• §§ 1º a 4º acrescidos pela ER nº 54, de 1º-7-2020.

Art. 326-A. Os recursos indicados como representativos de controvérsia constitucional pelas instâncias de origem e os feitos julgados no Superior Tribunal de Justiça sob a sistemática de recursos repetitivos serão registrados previamente ao Presidente, que poderá afetar o tema diretamente ao Plenário Virtual, na forma do art. 323 do regimento interno, distribuindo-se o feito por sorteio, em caso de reconhecimento da repercussão geral, a um dos ministros que tenham se manifestado nesse sentido.

§ 1º Caso os recursos representativos de controvérsia constitucional ou os feitos julgados no STJ sob a sistemática de recursos repetitivos não recebam proposta de afetação pelo Presidente e sejam distribuídos, poderá o relator proceder na forma do art. 326, *caput* e parágrafos.

§ 2º A decisão proferida nos processos mencionados no § 1º será comunicada a instância de origem e ao Superior Tribunal de Justiça, respectivamente, inclusive para os fins do art. 1.037, § 1º, do Código de Processo Civil.

• Art. 326-A acrescido pela ER nº 54, de 1º-7-2020.

Art. 327. A Presidência do Tribunal recusará recursos que não apresentem preliminar formal e fundamentada de repercussão geral, bem como aqueles cuja matéria carecer de repercussão geral, segundo precedente do Tribunal, salvo se a tese tiver sido revista ou estiver em procedimento de revisão.

§ 1º Igual competência exercerá o(a) Relator(a) sorteado, quando o recurso não tiver sido liminarmente recusado pela Presidência.

§ 2º Da decisão que recusar recurso, nos termos deste artigo, caberá agravo.

• Art. 327 com a redação dada pela ER nº 21, de 30-4-2007.

Art. 328. Protocolado ou distribuído recurso cuja questão for suscetível de reproduzir-se em múltiplos feitos, a Presidência do Tribunal ou o(a) Relator(a), de ofício ou a requerimento da parte interessada, comunicará o fato aos tribunais ou turmas de juizado especial, a fim de que observem o disposto no art. 543-B do Código de Processo Civil, podendo pedir-lhes informações, que deverão ser prestadas em 5 (cinco) dias, e sobrestar todas as demais causas com questão idêntica.

Parágrafo único. Quando se verificar subida ou distribuição de múltiplos recursos com fundamento em idêntica controvérsia, a Presidência do Tribunal ou o(a) Relator(a) selecionará um ou mais representativos da questão e determinará a devolução dos demais aos tribunais ou turmas de juizado especial de origem, para aplicação dos parágrafos do art. 543-B do Código de Processo Civil.

• Art. 328 com a redação dada pela ER nº 21, de 30-4-2007.

• Refere-se ao CPC/1973.

Art. 328-A. Nos casos previstos no art. 543-B, *caput*, do Código de Processo Civil, o Tribunal de origem não emitirá juízo de admissibilidade sobre os recursos extraordinários já sobrestados, nem sobre os que venham a ser interpostos, até que o Supremo Tribunal Federal decida os que tenham sido selecionados nos termos do § 1º daquele artigo.

• Art. 328-A acrescido pela ER nº 23, de 11-3-2008.

• Refere-se ao CPC/1973.

§ 1º Nos casos anteriores, o Tribunal de origem sobrestará os agravos de instrumento contra decisões que não tenham admitido os recursos extraordinários, julgando-os prejudicados nas hipóteses do art. 543-B, § 2º, e, quando coincidente o teor dos julgamentos, § 3º.

• § 1º com a redação dada pela ER nº 27, de 28-11-2008.

• Refere-se ao CPC/1973.

§ 2º Julgado o mérito do recurso extraordinário em sentido contrário ao dos acórdãos recorridos, o Tribunal de origem remeterá ao Supremo Tribunal Federal os agravos em que não se retratar.

• § 2º acrescido pela ER nº 23, de 11-3-2008.

Art. 329. A Presidência do Tribunal promoverá ampla e específica divulgação do teor das decisões sobre repercussão geral, bem como formação e atualização de banco eletrônico de dados a respeito.

- Artigo com a redação dada pela ER nº 21, de 30-4-2007.

CAPÍTULO VI

DOS EMBARGOS

Seção I

DOS EMBARGOS DE DIVERGÊNCIA E DOS EMBARGOS INFRINGENTES

Art. 330. Cabem embargos de divergência à decisão de Turma que, em recurso extraordinário ou em agravo de instrumento, divergir de julgado de outra Turma ou do Plenário na interpretação do direito federal.

Art. 331. A divergência será comprovada mediante certidão, cópia autenticada ou pela citação do repositório de jurisprudência, oficial ou credenciado, inclusive em mídia eletrônica, em que tiver sido publicada a decisão divergente, ou ainda pela reprodução de julgado disponível na internet, com indicação da respectiva fonte, mencionando, em qualquer caso, as circunstâncias que identifiquem ou assemelhem os casos confrontados.

- *Caput* com a redação dada pela ER nº 26, de 22-10-2008.

Parágrafo único. *Revogado.* ER nº 26, de 22-10-2008.

Art. 332. Não cabem embargos, se a jurisprudência do Plenário ou de ambas as Turmas estiver firmada no sentido da decisão embargada, salvo o disposto no artigo 103.

Art. 333. Cabem embargos infringentes à decisão não unânime do Plenário ou da Turma:

I – que julgar procedente a ação penal;

II – que julgar improcedente a revisão criminal;

III – que julgar a ação rescisória;

IV – que julgar a representação de inconstitucionalidade;

V – que, em recurso criminal ordinário, for desfavorável ao acusado.

Parágrafo único. O cabimento dos embargos, em decisão do Plenário, depende da existência, no mínimo, de quatro votos divergentes, salvo nos casos de julgamento criminal em sessão secreta.

Art. 334. Os embargos de divergência e os embargos infringentes serão opostos no prazo de quinze dias, perante a Secretaria, e juntos aos autos, independentemente de despacho.

Art. 335. Interpostos os embargos, o Relator abrirá vista ao recorrido, por quinze dias, para contrarrazões.

- *Caput* com a redação dada pela ER nº 47, de 24-2-2012.

§ 1º Transcorrido o prazo do *caput*, o Relator do acórdão embargado apreciará a admissibilidade do recurso.

§ 2º Da decisão que não admitir os embargos, caberá agravo, em cinco dias, para o órgão competente para o julgamento do recurso.

§ 3º Admitidos os embargos, proceder-se-á à distribuição nos termos do art. 76.

- §§ 1º a 3º com a redação dada pela ER nº 47, de 24-2-2012.

Art. 336. Na sessão de julgamento, aplicar-se-ão, supletivamente, as normas do processo originário, observado o disposto no artigo 146.

Parágrafo único. Recebidos os embargos de divergência, o Plenário julgará a matéria restante, salvo nos casos do artigo 313, I e II, quando determinará a subida do recurso principal.

Seção II

DOS EMBARGOS DE DECLARAÇÃO

Art. 337. Cabem embargos de declaração, quando houver no acórdão obscuridade, dúvida, contradição ou omissão que devam ser sanadas.

§ 1º Os embargos declaratórios serão interpostos no prazo de cinco dias.

§ 2º Independentemente de distribuição ou preparo, a petição será dirigida ao relator do acórdão que, sem qualquer outra formalidade, a submeterá a julgamento na primeira sessão da Turma ou do Plenário, conforme o caso.

§ 3º Os embargos de declaração poderão, a critério do relator, ser submetidos a julgamento por meio eletrônico, observada a respectiva competência da Turma ou do Plenário.

- § 3º acrescido pela ER nº 51, de 22-6-2016 (*DJe* 24-6-2016, republicada no *DJe* 28-6-2016).

Art. 338. Se os embargos forem recebidos, a nova decisão se limitará a corrigir a inexatidão, ou a sanar a obscuridade, dúvida, omissão ou contradição, salvo se algum outro aspecto da causa tiver de ser apreciado como consequência necessária.

Art. 339. Os embargos declaratórios suspendem o prazo para interposição de outro recurso, salvo na hipótese do § 2º deste artigo.

§ 1º O prazo para interposição de outro recurso, nos termos deste artigo, é suspenso na data de interposição dos embargos de declaração, e o que lhe sobejar começa a correr do primeiro dia útil seguinte à publicação da decisão proferida nos mesmos embargos.

§ 2º Quando meramente protelatórios, assim declarados expressamente, será o embargante condenado a pagar ao embargado multa não excedente de um por cento sobre o valor da causa.

TÍTULO XII – DA EXECUÇÃO

CAPÍTULO I

DISPOSIÇÕES GERAIS

Art. 340. A execução e o cumprimento das decisões do Tribunal observarão o disposto nos artigos 13, VI, e 21, II, do Regimento Interno e, no que couber, à legislação processual.

Art. 341. Os atos de execução e de cumprimento das decisões e acórdãos transitados em julgado serão requisitados diretamente ao Ministro que funcionou como relator do processo na fase de conhecimento, observado o disposto nos arts. 38, IV, e 75 do Regimento Interno.

- Arts. 340 e 341 com a redação dada pela ER nº 41, de 16-9-2010.

Art. 342. Os atos de execução que não dependerem de carta de sentença serão ordenados a quem os deva praticar ou delegados a outras autoridades judiciárias.

Art. 343. Se necessário, os incidentes de execução poderão ser levados à apreciação:

I – do Presidente, por qualquer dos Ministros;

II – do Plenário, pelo Presidente, pelo relator ou pelas Turmas ou seus Presidentes;

III – da Turma, por seu Presidente ou pelo relator.

Art. 344. *Revogado.* ER nº 41, de 16-9-2010.

CAPÍTULO II

DA EXECUÇÃO CONTRA A FAZENDA PÚBLICA

Art. 345. Na execução por quantia certa, fundada em decisão proferida contra a Fazenda Pública em ação da competência originária do Tribunal, citar-se-á a devedora para opor embargos em dez dias; se esta não os opuser, no prazo regimental, observar-se-ão as seguintes regras:

I – o Presidente do Tribunal requisitará o pagamento ao Presidente da República, ao Governador ou ao Prefeito, conforme o caso;

II – far-se-á o pagamento na ordem de apresentação do respectivo pedido e à conta do crédito próprio.

Art. 346. Se o credor for preterido no seu direito de preferência, o Presidente do Tribunal poderá, depois de ouvido o Procurador-Geral, em cinco dias, ordenar o sequestro da quantia necessária para satisfazer o débito.

CAPÍTULO III

DA CARTA DE SENTENÇA

Art. 347. Será extraída carta de sentença, a requerimento do interessado, para execução da decisão:

I – quando deferida a homologação de sentença estrangeira;

- A homologação de sentença estrangeira passou a ser da competência do STJ, conforme art. 105, I, *i*, da CF, com a redação dada pela EC nº 45, de 8-12-2004.

II – quando o interessado não a houver providenciado na instância de origem e pender de julgamento do Tribunal recurso sem efeito suspensivo.

Art. 348. O pedido será dirigido ao Presidente ou ao relator, que o apreciará.

Art. 349. A carta de sentença conterá as peças indicadas na lei processual e outras que o requerente indicar; será autenticada pelo funcionário encarregado e assinada pelo Presidente ou relator.

CAPÍTULO IV

DA INTERVENÇÃO FEDERAL NOS ESTADOS

Art. 350. A requisição de intervenção federal, prevista no artigo 11, § 1º, *a*, *b* e *c*, da Constituição, será promovida:

I – de ofício, ou mediante pedido do Presidente do Tribunal de Justiça do Estado, no caso do inciso IV do artigo 10 da Constituição, se a coação for exercida contra o Poder Judiciário;

II – de ofício, ou mediante pedido do Presidente do Tribunal de Justiça do Estado ou de Tribunal Federal, quando se tratar de prover a execução de ordem ou decisão judiciária, com ressalva, conforme a matéria, da competência do Tribunal Superior Eleitoral e do disposto no inciso seguinte;

III – de ofício, ou mediante pedido da parte interessada, quando se tratar de prover a execução de ordem ou decisão do Supremo Tribunal Federal;

IV – mediante representação do Procurador-Geral, nos casos do inciso VII do artigo 10 da Constituição, assim como no inciso VI, quando se tratar de prover a execução de lei federal.

Art. 351. O Presidente, ao receber o pedido:

I – tomará as providências oficiais que lhe parecerem adequadas para remover, administrativamente, a causa do pedido;

II – mandará arquivá-lo se for manifestamente infundado, cabendo do seu despacho agravo regimental.

Art. 352. Realizada a gestão prevista no inciso I do artigo anterior, solicitadas informações à autoridade estadual e ouvido o Procurador-Geral, o pedido será relatado pelo Presidente, em sessão plenária pública ou secreta.

Art. 353. O julgamento, se não tiver sido público, será proclamado em sessão pública.

Art. 354. Julgado procedente o pedido, o Presidente do Supremo Tribunal Federal imediatamente comunicará a decisão aos órgãos do Poder Público interessados e requisitará a intervenção ao Presidente da República.

TÍTULO XIII – DA SÚMULA VINCULANTE

- Título XIII acrescido pela ER nº 46, de 6-7-2011.

Art. 354-A. Recebendo proposta de edição, revisão ou cancelamento de Súmula Vinculante, a Secretaria Judiciária a autuará e registrará ao Presidente, para apreciação, no prazo de 5 (cinco) dias, quanto à adequação formal da proposta.

Art. 354-B. Verificado o atendimento dos requisitos formais, a Secretaria Judiciária publicará edital no sítio do Tribunal e no *Diário da Justiça Eletrônico*, para ciência e manifestação de interessados no prazo de 5 (cinco) dias, encaminhando a seguir os autos ao Procurador-Geral da República.

Art. 354-C. Devolvidos os autos com a manifestação do Procurador-Geral da República, o Presidente submeterá as manifestações e a proposta de edição, revisão ou cancelamento de Súmula aos Ministros da Comissão de Jurisprudência, em meio eletrônico, para que se manifestem no prazo comum de 15 (quinze dias); decorrido o prazo, a proposta, com ou sem manifestação, será submetida, também por meio eletrônico, aos demais Ministros, pelo mesmo prazo comum.

- Arts. 354-A a 354-C acrescidos pela ER nº 46, de 6-7-2011.

Art. 354-D. Decorridos os prazos previstos no art. 354-C, o Presidente submeterá a proposta de edição, revisão ou cancelamento de súmula vinculante à deliberação do Tribunal Pleno, mediante inclusão em pauta, salvo se já houver manifestação contrária a proposta por parte da maioria absoluta dos Ministros do Tribunal, hipótese em que o Presidente a rejeitará monocraticamente.

Parágrafo único. Contra a decisão do Presidente pela rejeição de proposta atinente a súmula vinculante caberá agravo regimental, na forma do art. 317 deste regimento.

- Art. 354-D com a redação dada pela ER nº 54, de 1º-7-2020.

Art. 354-E. A proposta de edição, revisão ou cancelamento de Súmula Vinculante poderá versar sobre questão com repercussão geral reconhecida, caso em que poderá ser apresentada por qualquer Ministro logo após o julgamento de mérito do processo, para deliberação imediata do Tribunal Pleno na mesma sessão.

Art. 354-F. O teor da proposta de Súmula aprovada, que deve constar do acórdão, conterá cópia dos debates que lhe deram origem, integrando-o, e constarão das publicações dos julgamentos no *Diário da Justiça Eletrônico*.

Art. 354-G. A proposta de edição, revisão ou cancelamento de Súmula tramitará sob a forma eletrônica, e as informações correspondentes ficarão disponíveis aos interessados no sítio do STF.

- Arts. 354-E a 354-G acrescidos pela ER nº 46, de 6-7-2011.

TÍTULO XIV – DA SOLICITAÇÃO DE OPINIÃO CONSULTIVA AO TRIBUNAL PERMANENTE DE REVISÃO DO MERCOSUL

- Título XIV acrescido pela ER nº 48, de 3-4-2012 (publicada do *DJE* de 10-4-2012 e retificada no *DJE* de 13-4-2012).

Art. 354-H. A solicitação de opinião consultiva deve originar-se necessariamente de processo em curso perante o Poder Judiciário brasileiro e restringe-se exclusivamente à vigência ou interpretação jurídica do Tratado de Assunção, do Protocolo de Ouro Preto, dos protocolos e acordos celebrados no âmbito do Tratado de Assunção, das Decisões do Conselho do Mercado Comum – CMC, das Resoluções do Grupo Mercado Comum – GMC e das Diretrizes da Comissão de Comércio do MERCOSUL – CCM.

Art. 354-I. Têm legitimidade para requerer o encaminhamento de solicitação de opinião consultiva ao Tribunal Permanente de Revisão do MERCOSUL, o juiz da causa ou alguma das partes.

Art. 354-J. A solicitação de opinião consultiva indicará:

I – a exposição dos fatos e do objeto da solicitação;

II – a descrição das razões que motivaram a solicitação;

III – a indicação precisa da Normativa MERCOSUL a respeito da qual se realiza a consulta; e

IV – a indicação do juízo e da ação em que originada a solicitação;

Parágrafo único. A solicitação deve ser feita por escrito e poderá estar acompanhada das considerações, se as houver, formuladas pelas partes em litígio e pelo Ministério Público acerca da questão objeto da consulta e de qualquer documentação que possa contribuir para sua instrução.

Art. 354-K. Ao receber a solicitação, o Presidente do Supremo Tribunal Federal iniciará o processo de colheita de votos dos demais Ministros pelo processo virtual ou, se entender conveniente, encaminhará cópias aos demais Ministros antes da sessão administrativa designada para deliberação sobre a presença dos requisitos de admissibilidade do pedido e sua pertinência processual.

Art. 354-L. Uma vez preenchidos os requisitos de admissibilidade, a solicitação será encaminhada ao Tribunal Permanente de Revisão, com cópia para a Secretaria do MERCOSUL, e para as demais Cortes Supremas dos Estados Partes do MERCOSUL.

Art. 354-M. A opinião consultiva emitida pelo Tribunal Permanente de Revisão não terá caráter vinculante nem obrigatório.

- Arts. 354-H a 354-M acrescidos pela ER nº 48, de 3-4-2012 (publicada no *DJE* de 10-4-2012 e retificada no *DJE* de 13-4-2012).

PARTE III – DOS SERVIÇOS DO TRIBUNAL

TÍTULO I – DA SECRETARIA

Art. 355. À Secretaria do Tribunal incumbe a execução dos serviços administrativos, e será dirigida pelo Diretor-Geral, com habilitação universitária em direito, administração, economia ou ciências contábeis, nomeado, em comissão, pelo Presidente, nos termos da lei.

- *Caput* com a redação dada pela ER nº 50, de 19-4-2016.

§ 1º A organização da Secretaria do Tribunal, a competência de seus vários órgãos e as atribuições dos secretários, chefes e servidores serão fixadas, em ato próprio, pelo Tribunal.

- § 1º com a redação dada pela ER nº 8, de 8-5-2001.

§ 2º O Secretário de Controle Interno e os demais titulares das Secretarias que integram a Secretaria do Tribunal serão nomeados, em Comissão, pelo Presidente, nos termos da lei.

- § 2º com a redação dada pela ER nº 11, de 2-10-2003.

§ 3º O Diretor-Geral, em suas faltas ou impedimentos, será substituído na forma prevista no ato a que se refere o parágrafo anterior.

- § 2º transformado em § 3º pela ER nº 8, de 8-5-2001.

§ 4º Além das atribuições fixadas no Regulamento da Secretaria, incumbe ao Diretor-Geral:

a) apresentar ao Presidente todas as petições e papéis dirigidos ao Tribunal;

b) manter sob sua direta fiscalização, e permanentemente atualizado, o assentamento funcional dos Ministros;

c) manter sob sua guarda o selo do Tribunal.

- § 3º transformado em § 4º pela ER nº 8, de 8-5-2001.

§ 5º Ao Secretário do Pleno incumbe:

a) secretariar as sessões e lavrar as respectivas atas, assinando-as, com o Presidente, depois de lidas e aprovadas;

b) secretariar as audiências de instrução processual.

- § 4º transformado em § 5º pela ER nº 8, de 8-5-2001.

§ 6º As Turmas serão secretariadas pelos funcionários do Quadro da Secretaria que forem designados pelo Presidente do Tribunal.

- § 5º transformado em § 6º pela ER nº 8, de 8-5-2001.

§ 7º Os funcionários da Secretaria, quando tiverem de comparecer a serviço perante o Plenário ou Turma, em sessão, usarão vestuário adequado e capa preta.

- § 6º transformado em § 7º pela ER nº 8, de 8-5-2001.

§ 8º Salvo se funcionário efetivo do Tribunal, não poderá ser nomeado para cargo em Comissão, ou designado para função gratificada, cônjuge ou parente (arts. 330 a 336 do Código Civil), em linha reta ou colateral, até terceiro grau, inclusive, de qualquer dos Ministros em atividade.

- § 7º transformado em § 8º pela ER nº 8, de 8-5-2001.

TÍTULO II – DO GABINETE DO PRESIDENTE

Art. 356. O Gabinete da Presidência, órgão de assessoramento desta no tocante à superintendência administrativa que a ela compete, é dirigido pelo Chefe de Gabinete da Presidência, bacharel em Direito, nomeado, em comissão, pelo Presidente.

Parágrafo único. Incumbe ao Presidente, observado o disposto nos parágrafos 1º e 2º do art. 357, deste Regimento, organizar seu Gabinete e assessorias, dando-lhes estrutura necessária à execução de suas atribuições e fixando sua lotação.

- Art. 356 com a redação dada pela ER nº 50, de 19-4-2016.

Art. 356-A. À Secretaria Geral da Presidência incumbe a execução dos serviços judiciários, e será dirigida pelo Secretário-Geral da Presidência, bacharel em Direito, nomeado, em comissão, pelo Presidente.

- Artigo acrescido pela ER nº 50, de 19-4-2016.

TÍTULO III – DOS GABINETES DOS MINISTROS

Art. 357. Comporão os Gabinetes dos Ministros:

- *Caput* com a redação dada pela ER nº 43, de 2-12-2010.

I – um Chefe de Gabinete, portador de diploma de curso de nível superior;

II – cinco Assessores, bacharéis em Direito;

III – dois Assistentes Judiciários, portadores de diploma de curso de nível superior;

- Incisos I a III com a redação dada pela ER nº 43, de 2-12-2010.

REG. INTERNOS

IV – servidores e funções comissionadas em quantitativo definido pela Corte.

• Inciso IV acrescido pela ER nº 43, de 2-12-2010.

§ 1º No mínimo três, do total de cargos em comissão de cada Gabinete de Ministro, deverão ser recrutados do Quadro de Pessoal da Secretaria do Tribunal.

• § 1º acrescido pela ER nº 43, de 2-12-2010.

§ 2º Não pode ser nomeado para cargo em comissão, na forma deste artigo, cônjuge ou parente, em linha reta ou colateral, até o terceiro grau, inclusive, de qualquer dos Ministros em atividade.

• Antigo parágrafo único transformado em § 2º e com a redação dada pela ER nº 43, de 2-12-2010.

Art. 358. São atribuições dos Assessores de Ministros:

I – classificar os votos proferidos pelo Ministro e velar pela conservação das cópias e índices necessários à consulta;

II – verificar as pautas, de modo que o Ministro vogal, em casos de julgamento interrompido, ou de embargos, ação rescisória ou reclamação, possa consultar, na sessão, a cópia do voto que houver proferido anteriormente;

III – cooperar na revisão da transcrição do áudio e cópias dos votos e acórdãos do Ministro, antes da juntada nos autos;

• Inciso III com a redação dada pela ER nº 26, de 22-10-2008.

IV – selecionar, dentre os processos submetidos ao exame do Ministro, aqueles que versem questões de solução já compendiada na Súmula, para serem conferidos pelo Ministro;

V – fazer pesquisa de doutrina e de jurisprudência;

VI – executar outros trabalhos compatíveis com suas atribuições, que forem determinados pelo Ministro, cujas instruções deverá observar.

Parágrafo único. Quando a nomeação para Assessor de Ministro recair em funcionário efetivo de outro serviço, autarquia, entidade paraestatal ou sociedade de economia mista, dar-se-á prévio entendimento com o seu dirigente.

Art. 359. Para trabalhos urgentes, os Ministros poderão requisitar o auxílio do serviço de áudio do Tribunal.

• Artigo com a redação dada pela ER nº 26, de 22-10-2008.

Art. 360. O horário do pessoal do gabinete, observadas a duração legal e as peculiaridades do serviço, será o determinado pelo Ministro.

PARTE IV – DISPOSIÇÕES FINAIS

TÍTULO ÚNICO – DAS EMENDAS REGIMENTAIS E DEMAIS ATOS NORMATIVOS OU INDIVIDUAIS E DISPOSIÇÕES GERAIS E TRANSITÓRIAS

• Denominação do título com a redação dada pela ER nº 1, de 25-11-1981.

CAPÍTULO I – DAS EMENDAS REGIMENTAIS E DEMAIS ATOS NORMATIVOS OU INDIVIDUAIS

Art. 361. Os demais atos da competência do Tribunal, normativos ou individuais, obedecem à seguinte nomenclatura:

I – em matéria regimental:

a) Emenda Regimental – para emendar o Regimento Interno, suprimindo-lhe, acrescentando-lhe ou modificando-lhe disposições;

b) Ato Regimental – para complementar o Regimento Interno;

II – em matéria administrativa:

a) Regulamento da Secretaria – para fixar a organização da Secretaria, a competência de seus vários órgãos e as atribuições dos diretores, chefes e servidores, bem assim para complementar, no âmbito do Tribunal, a legislação relativa ao funcionalismo, ou regular sua aplicação;

b) Ato Regulamentar – para introduzir modificações no Regulamento da Secretaria, bem assim para dispor normativamente, quando necessário ou conveniente, sobre matéria correlata com a que nele se regula;

c) Deliberação – para dar solução, sem caráter normativo, a casos determinados.

Parágrafo único. Salvo o Regulamento da Secretaria e a Deliberação, os atos de que trata este artigo são numerados, como segue:

I – a Emenda Regimental e o Ato Regimental, em séries próprias e numeração seguida que prosseguem enquanto vigente o Regimento Interno ao qual se referem;

II – o Ato Regulamentar, em numeração seguida e ininterrupta.

• Art. 361 com a redação dada pela ER nº 1, de 25-11-1981.

Art. 362. Ao Presidente, aos Ministros e às Comissões é facultada a apresentação de propostas de atos normativos da competência do Tribunal.

§ 1º As propostas considerar-se-ão aprovadas se obtiverem o voto favorável da maioria absoluta do Tribunal.

§ 2º A Comissão de Regimento opinará previamente, por escrito, sobre as propostas em matéria regimental, salvo quando subscritas por seus membros ou pela maioria do Tribunal, ou em caso de urgência.

• Art. 362 com a redação dada pela ER nº 1, de 25-11-1981.

Art. 363. Os atos da competência própria do Presidente, em matéria regimental ou administrativa, obedecem à seguinte nomenclatura:

• *Caput* com a redação dada pela ER nº 1, de 25-11-1981.

I – Resolução – numerada seguida e ininterruptamente, para complementar o Regimento Interno ou o Regulamento da Secretaria e resolver os casos omissos, bem assim para complementar a legislação relativa ao funcionalismo, ou regular sua aplicação;

II – Portaria – sem numeração, para designar os membros das Comissões Permanentes e Temporárias, nomear, designar, exonerar, demitir e aposentar servidores ou aplicar-lhes penalidades;

• Incisos I e II com a redação dada pela ER nº 1, de 25-11-1981.

III – Despacho – para designar a realização de audiência pública de que trata o art. 13, XVII, deste Regimento.

• Inciso III acrescido pela ER nº 29, de 18-2-2009.

Art. 364. Os atos normativos de que trata este Capítulo entrarão em vigor na data de sua publicação no *Diário da Justiça*, salvo se dispuserem de modo diverso.

Parágrafo único. No que se referirem apenas à economia interna do Tribunal, os atos normativos entrarão em vigor desde que aprovados.

• Art. 364 com a redação dada pela ER nº 1, de 25-11-1981.

CAPÍTULO II – DISPOSIÇÕES GERAIS E TRANSITÓRIAS

Art. 365. O Tribunal presta homenagem aos Ministros:

I – por motivo de afastamento definitivo do seu serviço;

II – por motivo de falecimento;

III – para celebrar o centenário de nascimento.

§ 1º Por deliberação plenária tomada em sessão administrativa com a presença mínima de oito Ministros e os votos favoráveis de seis, o Tribunal pode homenagear pessoa estranha e falecida, de excepcional relevo no governo do País, na administração da Justiça ou no aperfeiçoamento das instituições jurídicas.

§ 2º Quando a homenagem consistir na aposição de busto ou estátua em dependência do Tribunal, dependerá de proposta escrita e justificada de quatro Ministros, pelo menos, sobre a qual opinará fundamentalmente Comissão especial de três Ministros, designada pelo Presidente, e de aprovação do Plenário, por maioria mínima de oito votos, em duas sessões administrativas consecutivas, com intervalo não inferior a seis meses entre uma e outra.

- Art. 365 com a redação dada pela ER nº 1, de 25-11-1981.

Art. 365-A. Quando requerida a realização de sessão administrativa por três Ministros, pelo menos, o Presidente a convocará de imediato para que o Tribunal aprecie a matéria objeto desse requerimento.

- Artigo acrescido pela ER nº 8, de 8-5-2001.

Art. 366. Os casos omissos serão resolvidos pelo Presidente, ouvida a Comissão de Regimento.

Art. 367. Compete ao Presidente o julgamento do pedido de reexame de decisão do Supremo Tribunal Federal, ou de seu Presidente, que houver homologado sentença estrangeira do divórcio de brasileiro com as restrições inerentes ao art. 7º, § 6º, da Lei de Introdução ao Código Civil, na redação anterior à que lhe deu o art. 49 da Lei nº 6.515, de 26 de dezembro de 1977.

- A referida Lei de Introdução ao Código Civil teve a sua ementa alterada para Lei de Introdução às normas do Direito Brasileiro pela Lei nº 12.376, de 30-12-2010.
- A homologação de sentença estrangeira passou a ser da competência do STJ, conforme art. 105, I, *i*, da CF, com a redação dada pela EC nº 45, de 8-12-2004.

§ 1º O pedido de reexame poderá ser feito por ambos os cônjuges ou por um deles, devendo processar-se nos próprios autos da homologação.

§ 2º Aplicam-se, no que couber, ao pedido de reexame as normas regimentais do procedimento de homologação, inclusive as pertinentes à execução e ao recurso cabível.

Art. 368. Este Regimento entrará em vigor em 1º de dezembro de 1980.

Parágrafo único. Às decisões proferidas até 30 de novembro de 1980 continuará aplicável o art. 308 do Regimento Interno aprovado a 18 de junho de 1970, com as modificações introduzidas pelas Emendas Regimentais posteriores.

Art. 369. Revogam-se o Regimento Interno aprovado a 18 de junho de 1970, as Emendas Regimentais que lhe alteraram a redação, e as Emendas Regimentais números 6, de 9 de março de 1978, 7, de 23 de agosto de 1978, e 8, de 7 de junho de 1979, bem assim as demais disposições em contrário.

Sala das Sessões, em 15 de outubro de 1980.

Antonio Neder

REGIMENTO INTERNO DO SUPERIOR TRIBUNAL DE JUSTIÇA

- Publicado no *DJU* de 7-7-1989.

O Superior Tribunal de Justiça, no uso de suas atribuições, resolve aprovar o seguinte Regimento Interno:

PARTE I – DA COMPOSIÇÃO, ORGANIZAÇÃO E COMPETÊNCIA

TÍTULO I – DO TRIBUNAL

CAPÍTULO I

DA COMPOSIÇÃO E ORGANIZAÇÃO

Art. 1º O Superior Tribunal de Justiça, com sede na Capital Federal e Jurisdição em todo o território nacional, compõe-se de trinta e três Ministros.

- Arts. 93, III, e 104 da CF.
- Art. 33 deste Regimento.

Art. 2º O Tribunal funciona:

I – em Plenário e pelo seu órgão especial (Constituição, artigo 93, XI), denominado Corte Especial;

- Arts. 93, XI, e 96, I, *a*, da CF.

II – em Seções especializadas;

- Art. 12 deste Regimento.

III – em Turmas especializadas.

- Art. 13 deste Regimento.

§ 1º O Plenário, constituído da totalidade dos Ministros, é presidido pelo Presidente do Tribunal.

§ 2º A Corte Especial será integrada pelos quinze Ministros mais antigos e presidida pelo Presidente do Tribunal.

- § 2º com a redação dada pela ER nº 9, de 24-9-2008.

§ 3º Há no Tribunal três Seções, integradas pelos componentes das Turmas da respectiva área de especialização. As Seções são presididas pelo Ministro mais antigo, por um período de dois anos, vedada a recondução, até que todos os componentes da Seção hajam exercido a presidência.

§ 4º As Seções compreendem seis Turmas, constituídas de cinco Ministros cada uma. A Primeira e a Segunda Turmas compõem a Primeira Seção; a Terceira e a Quarta Turmas, a Segunda Seção; e a Quinta e a Sexta Turmas, a Terceira Seção. O Ministro mais antigo integrante da Turma é o seu presidente, observada a disposição do parágrafo anterior quanto à periodicidade.

- § 4º com a redação dada pela ER nº 4, de 2-12-1993.

§ 5º Na composição das Turmas, observar-se-á a opção feita pelo Ministro, atendendo-se à ordem de antiguidade.

§ 6º Para os fins dos §§ 3º e 4º deste artigo, considerar-se-á a antiguidade dos Ministros no respectivo órgão fracionário.

- § 6º acrescido pela ER nº 4, de 2-12-1993.

Art. 3º O Presidente, o Vice-Presidente e o Corregedor Nacional de Justiça são eleitos pelo Plenário, dentre os seus membros; o Corregedor-Geral da Justiça Federal é o Vice-Presidente e o Vice-Corregedor-Geral, o Ministro mais antigo integrante do Conselho da Justiça Federal, que não exerça cargo de direção naquele órgão.

- *Caput* com a redação dada pela ER nº 29, de 22-5-2018.

§ 1º O Presidente, o Vice-Presidente e o Corregedor Nacional de Justiça integram apenas o Plenário e a Corte Especial, respeitado o art. 2º, § 2º, deste Regimento.

- § 1º com a redação dada pela ER nº 29, de 22-5-2018.

§ 2º O Presidente, o Vice-Presidente e o Corregedor Nacional de Justiça ao concluírem seus mandatos e retornarem às Turmas, ocuparão as vagas disponíveis, respeitada sempre, nas escolhas, a ordem de antiguidade.

- *Caput* do § 2º com a redação dada pela ER nº 29, de 22-5-2018.

I e II – *Revogados*. ER nº 29, de 22-5-2018.

§ 3º O Ministro que houver exercido o cargo de Presidente do Superior Tribunal de Justiça não poderá ocupar outro cargo ou função administrativa no âmbito do Tribunal, no Conselho da Justiça Federal, no Conselho Nacional de Justiça, na Escola Nacional de Formação e Aperfeiçoamento de Magistrados Ministro Sálvio de Figueiredo Teixeira e no Tribunal Superior Eleitoral, salvo presidência de Turma, Seção ou composição de Comissão Permanente.

§ 4º Os Ministros não poderão exercer mais de uma função administrativa cumulativamente, com exceção da hipótese prevista no *caput* deste artigo, no caso de todas já terem sido preenchidas e nos casos previstos em lei.

§ 5º Não há vedação para acumulação de cargo administrativo com suplência nem de cargo administrativo com função jurisdicional, inclusive quando se tratar do Tribunal Superior Eleitoral, salvo para o exercício dos cargos de Corregedor-Geral da Justiça Eleitoral, Corregedor Nacional de Justiça e Diretor-Geral da Escola Nacional de Formação e Aperfeiçoamento de Magistrados Ministro Sálvio de Figueiredo Teixeira.

- §§ 3º a 5º com a redação dada pela ER nº 29, de 22-5-2018.

§ 6º Não será elegível o Ministro para os cargos de Presidente e Vice-Presidente do Tribunal, Corregedor Nacional de Justiça, membro efetivo do Conselho da Justiça Federal, Diretor-Geral da Escola Nacional de Formação e Aperfeiçoamento de Magistrados Ministro Sálvio de Figueiredo Teixeira, Ministro Ouvidor do Superior Tribunal de Justiça e membro efetivo e suplente do Tribunal Superior Eleitoral, caso Ministro mais novo em ordem de antiguidade já tenha exercido o mesmo cargo ou função.

- § 6º acrescido pela ER nº 15, de 17-9-2014.

Art. 4º O Ministro empossado integrará a Turma onde se deu a vaga para a qual foi nomeado, ou ocupará vaga resultante da transferência de Ministro (artigo 32).

Art. 5º O Conselho de Administração será integrado pelos onze Ministros mais antigos e presidido pelo Presidente do Tribunal, competindo-lhe decidir sobre matéria administrativa, nos termos deste Regimento.

- *Caput* com a redação dada pela ER nº 9, de 24-9-2008.

§ 1º O Conselho de Administração reunir-se-á, ordinariamente, ao menos uma vez a cada trimestre.

§ 2º As reuniões ordinárias do Conselho de Administração serão convocadas pelo Presidente, mediante aviso escrito enviado com antecedência mínima de cinco dias corridos, contendo a pauta correspondente.

§ 3º O Presidente convocará o Conselho de Administração em caráter extraordinário, sempre que a necessidade exigir, não sendo necessária a observância do prazo previsto no parágrafo anterior.

- §§ 1º a 3º acrescidos pela ER nº 38, de 4-9-2020.

Art. 6º Junto ao Tribunal funciona o Conselho da Justiça Federal, com atuação em todo o território nacional, cabendo-lhe a supervisão administrativa e orçamentária da Justiça Federal de primeiro e segundo graus.

- Artigo com a redação dada pela ER nº 4, de 2-12-1993.

Art. 7º O Conselho da Justiça Federal é integrado pelo Presidente, Vice-Presidente e três Ministros do Tribunal, eleitos por dois anos, e pelos Presidentes dos cinco Tribunais Regionais Federais.

- *Caput* com a redação dada pela ER nº 4, de 2-12-1993.

§ 1º O Presidente do Tribunal preside o Conselho da Justiça Federal.

§ 2º Ao escolher os três Ministros que integrarão o Conselho, o Tribunal elegerá, também, os respectivos suplentes.

- §§ 1º e 2º acrescidos pela ER nº 4, de 2-12-1993.

CAPÍTULO II

DA COMPETÊNCIA DO PLENÁRIO, DA CORTE ESPECIAL, DAS SEÇÕES E DAS TURMAS

Seção I

DAS ÁREAS DE ESPECIALIZAÇÃO

Art. 8º Há no Tribunal três áreas de especialização estabelecidas em razão da matéria.

- *Caput* com a redação dada pela ER nº 2, de 4-6-1992.

Parágrafo único. A competência da Corte Especial não está sujeita à especialização.

Art. 9º A competência das Seções e das respectivas Turmas é fixada em função da natureza da relação jurídica litigiosa.

§ 1º À Primeira Seção cabe processar e julgar os feitos relativos a:

- *Caput* do § 1º com a redação dada pela ER nº 2, de 4-6-1992.

I – licitações e contratos administrativos;

II – nulidade ou anulabilidade de atos administrativos;

III – ensino superior;

IV – inscrição e exercício profissionais;

V – direito sindical;

VI – nacionalidade;

VII – desapropriação, inclusive a indireta;

VIII – responsabilidade civil do Estado;

IX – tributos de modo geral, impostos, taxas, contribuições e empréstimos compulsórios;

X – preços públicos e multas de qualquer natureza;

- Incisos I a X com a redação dada pela ER nº 2, de 4-6-1992.

XI – servidores públicos civis e militares;

- Inciso XI com a redação dada pela ER nº 11, de 6-4-2010.

XII – *habeas corpus* referentes às matérias de sua competência;

- Inciso XII acrescido pela ER nº 11, de 6-4-2010.

XIII – benefícios previdenciários, inclusive os decorrentes de acidentes do trabalho;

- Inciso XIII com a redação dada pela ER nº 14, de 5-12-2011.

XIV – direito público em geral.

- Inciso XIV acrescido pela ER nº 14, de 5-12-2011.

§ 2º À Segunda Seção cabe processar e julgar os feitos relativos a:

- *Caput* do § 2º com a redação dada pela ER nº 2, de 4-6-1992.

I – domínio, posse e direitos reais sobre coisa alheia, salvo quando se tratar de desapropriação;

II – obrigações em geral de direito privado, mesmo quando o Estado participar do contrato;

III – responsabilidade civil, salvo quando se tratar de responsabilidade civil do Estado;

IV – direito de família e sucessões;

V – direito do trabalho;

VI – propriedade industrial, mesmo quando envolverem arguição de nulidade do registro;

VII – constituição, dissolução e liquidação de sociedade;

VIII – comércio em geral, inclusive o marítimo e o aéreo, bolsas de valores, instituições financeiras e mercado de capitais;

IX – falências e concordatas;

X – títulos de crédito;

XI – registros públicos, mesmo quando o Estado participar da demanda;

• Incisos I a XI com a redação dada pela ER nº 2, de 4-6-1992.

XII – locação predial urbana;

• Inciso XII com a redação dada pela ER nº 11, de 6-4-2010.

XIII – *habeas corpus* referentes às matérias de sua competência;

XIV – direito privado em geral.

• Incisos XIII e XIV acrescidos pela ER nº 11, de 6-4-2010.

§ 3º À Terceira Seção cabe processar e julgar os feitos relativos à matéria penal em geral, salvo os casos de competência originária da Corte Especial e os *habeas corpus* de competência das Turmas que compõem a Primeira e a Segunda Seção.

• *Caput* do § 3º com a redação dada pela ER nº 14, de 5-12-2011.

I e II – *Revogados*. ER nº 14, de 5-12-2011;

III e IV – *Revogados*. ER nº 11, de 6-4-2010.

Seção II
DA COMPETÊNCIA DO PLENÁRIO

Art. 10. Compete ao Plenário:

I – dar posse aos membros do Tribunal;

II – eleger o Presidente e o Vice-Presidente do Tribunal, os Ministros membros do Conselho da Justiça Federal, titulares e suplentes, e o Diretor da Revista do Tribunal, dando-lhes posse;

• Inciso II com a redação dada pela ER nº 4, de 2-12-1993.

III – eleger, dentre os Ministros do Tribunal, os que devam compor o Tribunal Superior Eleitoral, na condição de membros efetivos e substitutos;

IV – decidir sobre a disponibilidade e aposentadoria de membro do Tribunal, por interesse público;

V – votar o Regimento Interno e as suas emendas;

VI – elaborar as listas tríplices dos juízes, desembargadores, advogados e membros do Ministério Público que devam compor o Tribunal (Constituição, artigo 104 e seu parágrafo único);

o Art. 171, par. ún., deste Regimento.

VII – propor ao Poder Legislativo a alteração do número de membros do Tribunal e dos Tribunais Regionais Federais, a criação e a extinção de cargos, e a fixação de vencimentos de seus membros, dos juízes dos Tribunais Regionais e dos Juízes Federais, bem assim a criação ou extinção de Tribunal Regional Federal e a alteração da organização e divisão judiciárias;

• Inciso VII com a redação dada pela ER nº 4, de 2-12-1993.

VIII – aprovar o Regimento Interno do Conselho da Justiça Federal;

• Inciso VIII acrescido pela ER nº 4, de 2-12-1993.

IX – eleger, dentre os Ministros do Tribunal, o que deve compor o Conselho Nacional de Justiça, observada a ordem de antiguidade;

X – indicar, na forma do inciso XXXII e do parágrafo único do art. 21, um juiz federal e um juiz de Tribunal Regional Federal para as vagas do Conselho Nacional de Justiça e um juiz para a vaga do Conselho Nacional do Ministério Público.

• Incisos IX e X acrescidos pela ER nº 15, de 17-9-2014.

Seção III
DA COMPETÊNCIA DA CORTE ESPECIAL

Art. 11. Compete à Corte Especial processar e julgar:

I – nos crimes comuns, os Governadores dos Estados e do Distrito Federal e, nestes e nos de responsabilidade, os desembargadores dos Tribunais de Justiça dos Estados e do Distrito Federal, os membros dos Tribunais de Contas dos Estados e do Distrito Federal, os dos Tribunais Regionais Federais, dos Tribunais Regionais Eleitorais e do Trabalho, os membros dos Conselhos ou Tribunais de Contas dos Municípios e os do Ministério Público da União que oficiem perante Tribunais;

II – os *habeas corpus*, quando for paciente qualquer das pessoas mencionadas no inciso anterior;

III – os mandados de injunção, quando a elaboração da norma regulamentadora for atribuição de órgão, entidade ou autoridade federal, da administração direta ou indireta, excetuados os casos de competência do Supremo Tribunal Federal e dos órgãos da Justiça Militar, da Justiça Eleitoral, da Justiça do Trabalho e da Justiça Federal;

IV – os mandados de segurança e os *habeas data* contra ato do próprio Tribunal ou de qualquer de seus órgãos;

V – as revisões criminais e as ações rescisórias de seus próprios julgados;

VI – o incidente de assunção de competência quando a matéria for comum a mais de uma seção;

• Inciso VI com a redação dada pela ER nº 24, de 28-9-2016.

VII – a exceção da verdade, quando o querelante, em virtude de prerrogativa de função, deva ser julgado originariamente pelo Tribunal;

VIII – a requisição de intervenção federal nos Estados e no Distrito Federal, ressalvada a competência do Supremo Tribunal Federal e do Tribunal Superior Eleitoral (Constituição, artigo 36, II e IV);

IX – as arguições de inconstitucionalidade de lei ou ato normativo suscitadas nos processos submetidos ao julgamento do Tribunal;

X – as reclamações para a preservação de sua competência e garantia de suas decisões;

XI – as questões incidentes, em processos da competência das Seções ou Turmas, as quais lhe tenham sido submetidas (artigo 16);

XII – os conflitos de competência entre relatores ou Turmas integrantes de Seções diversas, ou entre estas;

XIII – os embargos de divergência, se a divergência for entre Turmas de Seções diversas, entre Seções, entre Turma e Seção que não integre ou entre Turma e Seção com a própria Corte Especial;

• Inciso XIII com a redação dada pela ER nº 24, de 28-9-2016.

XIV – *Revogado*. ER nº 22, de 16-3-2016.

XV – as suspeições e impedimentos levantados contra Ministro em processo de sua competência;

XVI – o recurso especial repetitivo.

• Inciso XVI acrescido pela ER nº 24, de 28-9-2016.

Parágrafo único. Compete, ainda, à Corte Especial:

I – prorrogar o prazo para a posse e o início do exercício dos Ministros, na forma da lei;

II – dirimir as dúvidas que lhe forem submetidas pelo Presidente ou pelos Ministros, sobre a interpretação e execução de norma regimental ou a ordem dos processos de sua competência;

III – conceder licença ao Presidente e aos Ministros, bem assim julgar os processos de verificação de invalidez de seus membros;

IV – constituir comissões, bem como aprovar a designação do Ministro Coordenador do Centro de Soluções Consensuais de Conflitos do Superior Tribunal de Justiça;

- Inciso IV com a redação dada pela ER nº 23, de 28-9-2016.

V – elaborar e encaminhar a proposta orçamentária do Superior Tribunal de Justiça, bem como aprovar e encaminhar as propostas orçamentárias dos Tribunais Regionais Federais, da Justiça Federal de primeiro grau e do Conselho da Justiça Federal;

- Inciso V com a redação dada pela ER nº 4, de 2-12-1993.

VI – deliberar sobre a substituição de Ministro, nos termos do artigo 56;

- Inciso VI com a redação dada pela ER nº 3, de 8-8-1993.

VII – sumular a jurisprudência uniforme comum às Seções e deliberar sobre a alteração e o cancelamento de suas súmulas;

VIII – apreciar e encaminhar ao Poder Legislativo propostas de criação ou extinção de cargos do quadro de servidores do Tribunal e a fixação dos respectivos vencimentos, bem como do Conselho da Justiça Federal e da Justiça Federal de primeiro e segundo graus;

- Inciso VIII com a redação dada pela ER nº 4, de 2-12-1993.

IX – apreciar e encaminhar ao Poder Legislativo projeto de lei sobre o regimento de custas da Justiça Federal e do Superior Tribunal de Justiça.

- Inciso IX com a redação dada pela ER nº 22, de 16-3-2016.

X – autorizar Ministro a se ausentar do País, salvo quando se tratar de férias, de licença e de recesso ou em feriados;

- Inciso X acrescido pela ER nº 7, de 1º-3-2004.

XI – *Suprimido.* ER nº 9, de 24-9-2008.

Seção IV

DA COMPETÊNCIA DAS SEÇÕES

Art. 12. Compete às Seções processar e julgar:

I – os mandados de segurança, os *habeas corpus* e o *habeas data* contra ato de Ministro de Estado;

- Inciso I alterado tacitamente com a nova redação dada ao art. 105, I, *b* e *c*, pela EC nº 23, de 2-9-1999.
- Lei nº 9.507, de 12-12-1997 (Lei do *Habeas Data*).
- Lei nº 12.016, de 7-8-2009 (Lei do Mandado de Segurança Individual e Coletivo).
- Súm. nº 117 do STJ.

II – as revisões criminais e as ações rescisórias de seus julgados e das Turmas que compõem a respectiva área de especialização;

III – as reclamações para a preservação de suas competências e garantia da autoridade de suas decisões e das Turmas;

IV – os conflitos de competência entre quaisquer Tribunais, ressalvada a competência do Supremo Tribunal Federal (Constituição, artigo 102, I, *o*), bem assim entre Tribunal e juízes a ele não vinculados e juízes vinculados a Tribunais diversos;

V – os conflitos de competência entre relatores e Turmas integrantes da Seção;

VI – os conflitos de atribuições entre autoridades administrativas e judiciárias da União, ou entre autoridades judiciárias de um Estado e administrativas de outro, ou do Distrito Federal, ou entre as deste e da União;

VII – as questões incidentes em processos da competência das Turmas da respectiva área de especialização, as quais lhes tenham sido submetidas por essas;

VIII – as suspeições e os impedimentos levantados contra os Ministros, salvo em se tratando de processo da competência da Corte Especial;

IX – o incidente de assunção de competência quando a matéria for restrita a uma Seção;

- Inciso IX com a redação dada pela ER nº 24, de 28-9-2016.

X – o recurso especial repetitivo.

- Inciso X acrescido pela ER nº 24, de 28-9-2016.

Parágrafo único. Compete, ainda, às Seções:

I – julgar embargos de divergência, quando as Turmas divergirem entre si ou de decisão da Seção que integram;

- Inciso I com a redação dada pela ER nº 24, de 28-9-2016.

II – julgar feitos de competência de Turma, e por esta remetidos (artigo 14);

III – sumular a jurisprudência uniforme das Turmas da respectiva área de especialização e deliberar sobre a alteração e o cancelamento de súmulas.

Seção V

DA COMPETÊNCIA DAS TURMAS

Art. 13. Compete às Turmas:

I – processar e julgar, originariamente:

a) os *habeas corpus*, quando for coator governador de Estado e do Distrito Federal, desembargador dos Tribunais de Justiça dos Estados e do Distrito Federal, membro dos Tribunais de Contas dos Estados e do Distrito Federal, dos Tribunais Regionais Federais, dos Tribunais Regionais Eleitorais e do Trabalho, dos Conselhos ou Tribunais de Contas dos Municípios e do Ministério Público da União que oficie perante Tribunais;

b) os *habeas corpus*, quando o coator for Tribunal cujos atos estejam diretamente subordinados à jurisdição do Superior Tribunal de Justiça;

II – julgar em recurso ordinário:

a) os *habeas corpus* decididos em única ou última instância pelos Tribunais Regionais Federais ou pelos Tribunais dos Estados, do Distrito Federal e Territórios, quando denegatória a decisão;

b) os mandados de segurança decididos em única instância pelos Tribunais Regionais Federais ou pelos Tribunais dos Estados, do Distrito Federal e Territórios, quando denegatória a decisão;

III – julgar os recursos ordinários e os agravos nas causas em que forem partes Estado estrangeiro ou organismo internacional de um lado e, do outro, Município ou pessoa residente ou domiciliada no país;

- Inciso III com a redação dada pela ER nº 24, de 28-9-2016.

IV – julgar, em recurso especial, as causas decididas em única ou última instância pelos Tribunais Regionais Federais ou pelos Tribunais dos Estados, do Distrito Federal e Territórios, quando a decisão recorrida:

a) contrariar tratado ou lei federal, ou negar-lhes vigência;

b) julgar válida lei ou ato de governo local contestado em face de lei federal;

c) der à lei federal interpretação divergente da que lhe haja atribuído outro Tribunal.

Art. 14. As Turmas remeterão os feitos de sua competência à Seção de que são integrantes:

I – quando algum dos Ministros propuser revisão da jurisprudência assentada em Súmula pela Seção;

II – quando convier pronunciamento da Seção, em razão da relevância da questão, e para prevenir divergência entre as Turmas da mesma Seção;

III – nos incidentes de assunção de competência.

• Inciso III com a redação dada pela ER nº 24, de 28-9-2016.

Parágrafo único. A remessa do feito à Seção far-se-á independentemente de acórdão, salvo no caso do item III (artigo 118, § 1º).

Seção VI

DISPOSIÇÕES COMUNS

Art. 15. À Corte Especial, às Seções e às Turmas cabe, ainda, nos processos de sua competência:

I – julgar os agravos, os embargos de declaração e as demais arguições;

• Inciso I com a redação dada pela ER nº 22, de 16-3-2016.

II – julgar os incidentes de execução que lhes forem submetidos;

III – julgar a restauração de autos físicos ou eletrônicos desaparecidos;

• Inciso III com a redação dada pela ER nº 22, de 16-3-2016.

IV – representar à autoridade competente, quando, em autos ou documentos de que conhecer, houver indício de crime de ação pública.

Art. 16. As Seções e as Turmas remeterão os feitos de sua competência à Corte Especial:

I – quando acolherem a arguição de inconstitucionalidade, desde que a matéria ainda não tenha sido decidida pela Corte Especial;

II – quando algum dos Ministros propuser revisão da jurisprudência assentada em Súmula pela Corte Especial;

III – *Revogado.* ER nº 22, de 16-3-2016.

IV – quando convier pronunciamento da Corte Especial em razão da relevância da questão jurídica, ou da necessidade de prevenir divergência entre as Seções.

Parágrafo único. A remessa do feito à Corte Especial far-se-á independentemente de acórdão, salvo nos casos dos itens I e III.

CAPÍTULO III

DO PRESIDENTE E DO VICE-PRESIDENTE

Seção I

DISPOSIÇÕES GERAIS

Art. 17. O Presidente e o Vice-Presidente têm mandato por dois anos, a contar da posse, vedada a reeleição.

§ 1º O disposto neste artigo aplica-se aos Ministros efetivos e suplentes do Conselho da Justiça Federal e ao Diretor da Revista.

• § 1º com a redação dada pela ER nº 4, de 2-12-1993.

§ 2º A eleição, por voto secreto do Plenário, dar-se-á trinta dias antes do término do biênio; a posse, no último dia desse. Se as respectivas datas não recaírem em dia útil, a eleição ou a posse serão transferidas para o primeiro dia útil seguinte.

• § 2º com a redação dada pela ER nº 5, de 23-5-1995.

§ 3º A eleição far-se-á com a presença de, pelo menos, dois terços dos membros do Tribunal, inclusive o Presidente. Não se verificando *quorum*, será designada sessão extraordinária para a data mais próxima, convocados os Ministros ausentes. Ministro licenciado não participará da eleição.

§ 4º Considera-se eleito, em primeiro escrutínio, o Ministro que obtiver a maioria absoluta dos votos dos membros do Tribunal. Em segundo escrutínio, concorrerão somente os dois Ministros mais votados no primeiro, concorrendo, entretanto, todos os nomes com igual número de votos na última posição a considerar. Se nenhum reunir a maioria absoluta de sufrágios, proclamar-se-á eleito o mais votado, ou o mais antigo, no caso de empate.

§ 5º A eleição do Presidente precederá à do Vice-Presidente, quando ambas se realizarem na mesma sessão.

Art. 18. O Vice-Presidente assumirá a Presidência quando ocorrer vacância e imediatamente convocará o Plenário para, no prazo máximo de trinta dias, fazer a eleição.

§ 1º O eleito tomará posse no prazo de quinze dias, exercendo o mandato pelo período fixado no artigo 17.

§ 2º No caso de o Vice-Presidente ser eleito Presidente, na mesma sessão eleger-se-á o seu sucessor, aplicando-se-lhe o disposto no parágrafo anterior.

• Art. 18 com a redação dada pela ER nº 5, de 23-5-1995.

Art. 19. Se ocorrer vaga no cargo de Vice-Presidente, será o Plenário convocado a fazer eleição. O eleito completará o período de seu antecessor, salvo o caso previsto no § 2º do artigo anterior.

• Artigo com a redação dada pela ER nº 5, de 23-5-1995.

Art. 20. A eleição, por votação secreta, do Corregedor Nacional de Justiça, dos membros do Conselho da Justiça Federal e de seus suplentes e do Ministro Diretor da Revista far-se-á juntamente com a do Presidente e do Vice-Presidente, salvo se, por qualquer motivo, não houver coincidência do mandato, caso em que a eleição se realizará no prazo máximo de trinta dias antes do término do biênio.

• *Caput* com a redação dada pela ER nº 15, de 17-9-2014.

Parágrafo único. Ocorrendo vaga em qualquer desses cargos, o Plenário será convocado a fazer eleição, assegurado ao eleito o mandato de dois anos.

• Parágrafo único com a redação dada pela ER nº 5, de 23-5-1995.

Seção II

DAS ATRIBUIÇÕES DO PRESIDENTE

Art. 21. São atribuições do Presidente:

I – representar o Tribunal perante os Poderes da República, dos Estados e dos Municípios, e demais autoridades;

II – velar pelas prerrogativas do Tribunal, cumprindo e fazendo cumprir o seu Regimento Interno;

III – dirigir os trabalhos do Tribunal, presidindo as sessões plenárias e da Corte Especial;

IV – convocar as sessões extraordinárias do Plenário e da Corte Especial;

V – designar dia para julgamento dos processos da competência do Plenário e da Corte Especial;

VI – proferir, no Plenário e na Corte Especial, o voto de desempate;

VII – relatar o agravo interposto de sua decisão;

• Inciso VII com a redação dada pela ER nº 22, de 16-3-2016.

VIII – manter a ordem nas sessões, adotando, para isso, as providências necessárias;

IX – submeter questões de ordem ao Tribunal;

X – determinar as providências necessárias ao cumprimento das ordens e das decisões do Tribunal, ressalvadas as atribuições dos Presidentes das Seções, das Turmas e dos relatores;

• Inciso X com a redação dada pela ER nº 22, de 16-3-2016.

XI – assinar, com o relator, os acórdãos da Corte Especial, bem assim as cartas de sentença e as rogatórias;

XII – *Revogado*. ER nº 10, de 11-11-2009;

XIII – decidir:

a) as petições de recursos para o Supremo Tribunal Federal, resolvendo os incidentes que se suscitarem;

b) os pedidos de suspensão da execução de medida liminar ou de sentença, sendo ele o relator das reclamações para preservar a sua competência ou garantir a autoridade das suas decisões nesses feitos;

• Alínea *b* com a redação dada pela ER nº 7, de 1º-3-2004.

c) durante o recesso do Tribunal ou nas férias coletivas dos seus membros, os pedidos de liminar em mandado de segurança, podendo, ainda, determinar liberdade provisória ou sustação de ordem de prisão, e demais medidas que reclamem urgência;

d) sobre pedidos de livramento condicional, bem assim sobre os incidentes em processos de indulto, anistia e graça;

e) sobre deserção de recursos não preparados no Tribunal;

f) sobre a expedição de ordens de pagamento devido pela Fazenda Pública, despachando os precatórios;

g) sobre o sequestro, no caso do artigo 731 do Código de Processo Civil;

○ Refere-se ao CPC/1973.

h) os pedidos de extração de carta de sentença;

i) *Revogada*. ER nº 24, de 28-9-2016;

j) as reclamações, por erro da ata do Plenário e da Corte Especial, e na publicação de acórdãos;

k) *Revogada*. ER nº 24, de 28-9-2016;

l) sobre dúvidas suscitadas pela Secretaria do Tribunal relacionadas a distribuição de feitos e a incidentes referentes à redistribuição disciplinada no art. 72;

m) sobre os pedidos de suspensão de processos em incidente de resolução de demandas repetitivas;

n) sobre a necessidade de determinar, na autuação do feito, a identificação do nome da parte apenas por suas iniciais, nas hipóteses em que, expressamente, a lei indicar ser indispensável a restrição à publicidade de seu nome como meio para a proteção de bem objeto de sigilo no processo.

• Alíneas *l* a *n* acrescidas pela ER nº 24, de 28-9-2016.

XIV – proferir os despachos do expediente;

XV – dar posse aos Ministros durante o recesso do Tribunal ou nas férias, e conceder-lhes transferências de Seção ou Turma;

XVI – conceder licença aos Ministros *ad referendum* da Corte Especial;

XVII – criar comissões temporárias e designar os seus membros e ainda os das comissões permanentes, bem como designar o Ministro Coordenador do Centro de Soluções Consensuais de Conflitos do Superior Tribunal de Justiça, com aprovação da Corte Especial;

• Inciso XVII com a redação dada pela ER nº 23, de 28-9-2016.

XVIII – determinar, em cumprimento de deliberação do Tribunal, o início do processo de verificação da invalidez de Ministro;

XIX – nomear curador ao paciente, na hipótese do item anterior, se se tratar de incapacidade mental, bem assim praticar os demais atos preparatórios do procedimento;

XX – baixar as resoluções e instruções normativas referentes à deliberação do Plenário, da Corte Especial ou do Conselho de Administração, bem como as que digam respeito à rotina dos trabalhos de distribuição;

○ Art. 69 deste Regimento.

XXI – baixar os atos indispensáveis à disciplina dos serviços e à polícia do Tribunal;

XXII – adotar as providências necessárias à elaboração da proposta orçamentária do Tribunal e encaminhar pedidos de abertura de créditos adicionais e especiais;

XXIII – resolver as dúvidas suscitadas na classificação dos feitos e papéis registrados na Secretaria do Tribunal, baixando as instruções necessárias;

XXIV – rubricar os livros necessários ao expediente ou designar funcionário para fazê-lo;

XXV – assinar os atos de provimento e vacância dos cargos e empregos da Secretaria do Tribunal, dando posse aos servidores;

XXVI – assinar os atos relativos à vida funcional dos servidores;

• Inciso XXVI com a redação dada pela ER nº 4, de 2-12-1993.

XXVII – impor penas disciplinares aos servidores da Secretaria;

XXVIII – delegar, nos termos da lei, competência ao Diretor-Geral da Secretaria do Tribunal, para a prática de atos administrativos;

• Inciso XXVIII com a redação dada pela ER nº 4, de 2-12-1993.

XXIX – velar pela regularidade e exatidão das publicações dos dados estatísticos sobre os trabalhos do Tribunal a cada mês;

XXX – apresentar ao Tribunal, no mês de fevereiro, relatório circunstanciado dos trabalhos efetuados no ano decorrido, bem como mapas dos julgados;

XXXI – praticar todos os demais atos de gestão necessários ao funcionamento dos serviços administrativos;

• Inciso XXXI com a redação dada pela ER nº 4, de 2-12-1993.

XXXII – fixar a data de início do procedimento de escolha e indicação de um juiz federal e de um juiz do Tribunal Regional Federal para as vagas do Conselho Nacional de Justiça e de um juiz para a vaga do Conselho Nacional do Ministério Público.

• Inciso XXXII acrescido pela ER nº 15, de 17-9-2014.

Parágrafo único. O procedimento previsto neste inciso terá início até sessenta dias do término do mandato do conselheiro, ou, caso não cumprido integralmente, logo após a vacância do cargo, observadas as seguintes disposições:

I – os magistrados de primeiro e segundo graus interessados em ocupar uma das vagas disponíveis deverão apresentar seus currículos ao Superior Tribunal de Justiça e serão convocados mediante:

a) publicação no *Diário da Justiça eletrônico*;

b) divulgação na página eletrônica do Superior Tribunal de Justiça na rede mundial de computadores (internet);

c) comunicação aos respectivos Tribunais, para que divulguem, por todos os meios disponíveis, o prazo e a forma de inscrição aos juízes de primeiro e segundo graus a eles vinculados, informando à Presidência do Superior Tribunal de Justiça as medidas efetivamente tomadas para a divulgação da convocação;

II – o prazo para encaminhamento dos currículos será de dez dias, se outro não fixar a Presidência, contados da data da publicação da convocação no *Diário da Justiça eletrônico*;

III – o currículo deverá ser encaminhado ao Superior Tribunal de Justiça por via eletrônica, e seu conteúdo deverá ser preenchido em formulário padronizado posto à disposição na página eletrônica;

IV – encerrado o prazo, a Presidência colocará os currículos à disposição dos Ministros e convocará sessão do Plenário para a escolha do nome;

V – a lista de magistrados inscritos, com *links* para os respectivos currículos, será colocada à disposição do público, inclusive na página eletrônica;

VI – a indicação será definida em sessão do Plenário, por votação secreta, cabendo a cada Ministro votar em um juiz ou em um desembargador por vaga;

VII – será indicado o juiz ou o desembargador que obtiver a maioria absoluta dos votos;

VIII – não sendo alcançada a maioria absoluta de votos por nenhum juiz ou desembargador, seguir-se-á um segundo sufrágio, em que concorrerão os candidatos que tiverem obtido as duas maiores votações na etapa anterior, sendo indicado o que obtiver a maioria simples dos votos;

IX – em caso de empate no segundo sufrágio, será indicado o juiz ou o desembargador mais antigo na carreira e, persistindo o empate, o mais idoso;

X – o nome do juiz ou do desembargador escolhido será publicado no *Diário da Justiça eletrônico* e divulgado na página eletrônica do Superior Tribunal de Justiça.

• Parágrafo único acrescido pela ER nº 15, de 17-9-2014.

Art. 21-A. O Presidente do Tribunal, por indicação do relator, poderá convocar magistrado vitalício para a realização de atos de instrução das sindicâncias, inquéritos, ações e demais procedimentos penais originários, na sede do STJ ou no local onde se deva produzir o ato, bem como definir os limites de sua atuação.

o Res. STJ/GP nº 8, de 19-4-2016, regulamenta este artigo.

§ 1º Caberá ao magistrado instrutor convocado na forma do *caput*:

I – designar e realizar as audiências de interrogatório, inquirição de testemunhas, acareação, transação, suspensão condicional do processo, admonitórias e outras;

II – requisitar testemunhas e determinar condução coercitiva, caso necessário;

III – expedir e controlar o cumprimento das cartas de ordem;

IV – determinar intimações e notificações;

V – decidir questões incidentes durante a realização dos atos sob sua responsabilidade;

VI – requisitar documentos ou informações existentes em bancos de dados;

VII – fixar ou prorrogar prazos para a prática de atos durante a instrução;

VIII – realizar inspeções judiciais;

IX – requisitar aos órgãos locais do Poder Judiciário apoio de pessoal e de equipamentos e instalações adequados para os atos processuais que devam ser produzidos fora da sede do Tribunal;

X – exercer outras funções que lhe sejam delegadas pelo relator ou pelo Tribunal.

§ 2º As decisões proferidas pelo magistrado instrutor no exercício das atribuições previstas no parágrafo anterior ficam sujeitas a posterior controle do relator, de ofício ou mediante provocação do interessado, no prazo de cinco dias da ciência do ato.

§ 3º A convocação de magistrados instrutores vigerá pelo prazo de seis meses, prorrogável por igual período, até o máximo de dois anos, a critério do relator, sem prejuízo das vantagens e direitos de seu cargo de origem, ficando condicionada à disponibilidade orçamentária.

§ 4º O número máximo de juízes instrutores no Tribunal é restrito a treze, um para cada gabinete de Ministro integrante da Corte Especial, excluídos o Presidente e o Corregedor Nacional de Justiça.

• Art. 21-A acrescido pela ER nº 21, de 3-2-2016.

Art. 21-B. O Presidente do Tribunal poderá convocar magistrados vitalícios até o número de sete, para atuarem como juízes auxiliares em apoio à Presidência.

• *Caput* do art. 21-B com a redação dada pela ER nº 37, de 4-9-2020.

o Res. STJ/GP nº 8, de 19-4-2016, regulamenta este artigo.

§ 1º O Presidente ainda convocará um juiz federal para exercer a função de Secretário-Geral do Conselho da Justiça Federal e um juiz vitalício para prestar auxílio à Escola Nacional de Formação e Aperfeiçoamento de Magistrados Ministro Sálvio de Figueiredo Teixeira, por indicação do Diretor-Geral da Escola.

§ 2º A convocação de juiz auxiliar vigerá pelo prazo de um ano, prorrogável por igual período, sem prejuízo dos direitos e vantagens de seu cargo de origem, ficando condicionada à disponibilidade orçamentária.

• §§ 1º e 2º com a redação dada pela ER nº 37, de 4-9-2020.

§ 3º *Revogado*. ER nº 37, de 4-9-2020.

Art. 21-C. Sem prejuízo dos arts. 21-A e 21-B, os Ministros podem indicar ao Presidente a convocação de um magistrado vitalício para auxiliá-los nos afazeres de seus gabinetes, em caráter excepcional, quando o justificado acúmulo de serviço o exigir.

o Res. STG/GP nº 8, de 19-42016, regulamenta este artigo.

Parágrafo único. A convocação de juiz auxiliar vigerá pelo prazo de um ano, prorrogável por igual período, sem prejuízo dos direitos e vantagens de seu cargo de origem, ficando condicionada à disponibilidade orçamentária.

Art. 21-D. Serão regulados por resolução as convocações, direitos, vantagens, vencimentos e dispensas dos magistrados instrutores e auxiliares.

• Arts. 21-C e 21-D acrescidos pela ER nº 21, de 3-2-2016.

Art. 21-E. São atribuições do Presidente antes da distribuição:

I – apreciar e homologar pedidos de desistência, de autocomposição das partes e de habilitação em razão de falecimento de qualquer das partes;

II – apreciar os pedidos de gratuidade da justiça nos feitos de competência originária;

III – determinar o cancelamento do registro do feito se a parte, intimada na pessoa de seu advogado, não realizar o pagamento, em quinze dias, das custas e despesas de ingresso;

IV – apreciar os habeas corpus e as revisões criminais inadmissíveis por incompetência manifesta, encaminhando os autos ao órgão que repute competente;

V – não conhecer de recurso inadmissível, prejudicado ou que não tiver impugnado especificamente todos os fundamentos da decisão recorrida;

VI – negar provimento a recurso que for contrário a súmula do Supremo Tribunal Federal ou do Superior Tribunal de Justiça, a acórdão proferido em julgamento de recursos repetitivos ou a entendimento firmado em incidente de assunção de competência;

VII – dar provimento a recurso se a decisão recorrida for contrária a súmula do Supremo Tribunal Federal ou do Superior Tribunal de Justiça, a acórdão proferido em julgamento de

REG. INTERNOS

recursos repetitivos ou a entendimento firmado em incidente de assunção de competência;

VIII – determinar a devolução ao Tribunal de origem dos recursos fundados em controvérsia idêntica àquela já submetida ao rito de julgamento de casos repetitivos para adoção das medidas cabíveis;

IX – remeter o processo ao Supremo Tribunal Federal após juízo positivo de admissibilidade quando entender versar o recurso especial sobre matéria constitucional, dando vista ao recorrente pelo prazo de quinze dias para que demonstre a existência de repercussão geral e manifeste-se sobre a questão constitucional, bem como vista à parte adversa para, por igual prazo, apresentar contrarrazões.

§ 1º Opostos embargos de declaração contra decisão do Presidente, caberá a ele a sua análise.

§ 2º Interposto agravo interno contra a decisão do Presidente proferida no exercício das competências previstas neste artigo, os autos serão distribuídos, observado o disposto no art. 9º deste Regimento, caso não haja retratação da decisão agravada.

§ 3º O Presidente do Tribunal poderá delegar ao Vice-Presidente e aos Presidentes das Seções, dentro de suas respectivas áreas de atuação, a análise das matérias previstas neste artigo, observado o que dispõem os §§ 1º e 2º.

§ 4º A delegação de que trata o § 3º far-se-á mediante ato do Presidente do Tribunal, se houver concordância dos delegatários.

§ 5º Os Presidentes das Seções poderão indicar ao Presidente do Tribunal, para subdelegação, um membro integrante da respectiva Seção.

• Art. 21-E acrescido pela ER nº 24, de 28-9-2016.

Seção III

DAS ATRIBUIÇÕES DO VICE-PRESIDENTE

Art. 22. Ao Vice-Presidente incumbe substituir o Presidente nas férias, licenças, ausências e impedimentos eventuais, e sucedê-lo, no caso de vaga, na forma do artigo 18.

§ 1º O Vice-Presidente integra o Plenário e a Corte Especial também nas funções de relator e revisor.

§ 2º Ao Vice-Presidente incumbe, ainda:

I – por delegação do Presidente:

a) decidir as petições de recursos para o Supremo Tribunal Federal, resolvendo os incidentes que se suscitarem;

b) auxiliar na supervisão e fiscalização dos serviços da Secretaria do Tribunal;

c) *Revogada.* ER nº 10, de 11-11-2009;

d) decidir as matérias previstas no art. 21-E deste Regimento.

• Alínea *d* acrescida pela ER nº 24, de 28-9-2016.

II – exercer, no Conselho da Justiça Federal, as funções que lhe competirem, de acordo com o Regimento Interno.

§ 3º A delegação das atribuições previstas no item I do parágrafo anterior far-se-á mediante ato do Presidente e de comum acordo com o Vice-Presidente.

CAPÍTULO IV

DAS ATRIBUIÇÕES DO COORDERNADOR GERAL DA JUSTIÇA FEDERAL

Art. 23. O Corregedor-Geral exercerá, no Conselho da Justiça Federal, as atribuições que lhe couberem, na conformidade da lei e do seu Regimento Interno e integrará o Plenário e a Corte Especial também nas funções de relator e revisor.

• Artigo com a redação dada pela ER nº 22, de 16-3-2016.

CAPÍTULO V

DAS ATRIBUIÇÕES DO PRESIDENTE DE SEÇÃO

Art. 24. Compete ao Presidente de Seção:

I – presidir as sessões, onde terá apenas o voto de desempate;

II – manter a ordem nas sessões;

III – convocar sessões extraordinárias;

IV – mandar incluir em pauta os processos de sua Seção e assinar as atas das sessões;

V – assinar os ofícios executórios e quaisquer comunicações referentes aos processos julgados pela respectiva Seção;

VI – indicar ao Presidente funcionários da Secretaria do Tribunal a serem designados para os cargos de direção de sua Seção;

VII – assinar a correspondência de sua Seção;

• Incisos V a VII com a redação dada pela ER nº 6, de 12-8-2002.

VIII – decidir, por delegação do Presidente do Tribunal e no âmbito de sua atuação, as matérias previstas no art. 21-E deste Regimento.

• Inciso VIII acrescido pela ER nº 24, de 28-9-2016.

CAPÍTULO VI

DAS ATRIBUIÇÕES DO PRESIDENTE DE TURMA

Art. 25. Compete ao Presidente de Turma:

I – presidir as sessões de sua Turma, onde terá participação também na condição de relator, revisor ou vogal;

II – manter a ordem nas sessões;

III – convocar as sessões extraordinárias;

IV – mandar incluir em pauta os processos da respectiva Turma e assinar as atas das sessões;

V – assinar os ofícios executórios e quaisquer comunicações referentes aos processos julgados pela respectiva Turma;

VI – indicar ao Presidente funcionários da Secretaria do Tribunal a serem designados para os cargos de direção de sua Turma;

VII – assinar a correspondência de sua Turma.

• Incisos V a VII com a redação dada pela ER nº 6, de 12-8-2002.

CAPÍTULO VII

DOS MINISTROS

Seção I

DISPOSIÇÕES GERAIS

Art. 26. A indicação, pelo Superior Tribunal de Justiça, de juízes, desembargadores, advogados e membros do Ministério Público, a serem nomeados pelo Presidente da República, para comporem o Tribunal, far-se-á em lista tríplice.

§ 1º Ocorrendo vaga destinada a advogado ou a membro do Ministério Público, o Presidente do Tribunal, nos cinco dias seguintes, solicitará ao órgão de representação da classe que providencie a lista sêxtupla dos candidatos, observados os requisitos constitucionais (Constituição, artigo 104, parágrafo único).

§ 2º Tratando-se de vaga a ser preenchida por juiz ou desembargador, o Presidente solicitará aos Tribunais Regionais Federais e aos Tribunais de Justiça que enviem, no prazo de dez dias, relação dos magistrados que contem mais de trinta e cinco e menos de sessenta e cinco anos de idade, com indicação das datas de nascimento (Constituição, artigo 104, parágrafo único).

§ 3º Recebida a lista sêxtupla, ou esgotado o prazo indicado no parágrafo anterior, convocará o Presidente, de imediato, sessão do Tribunal para elaboração da lista tríplice.

§ 4º Para a composição da lista tríplice, o Tribunal reunir-se-á, em sessão pública, com o *quorum* de dois terços de seus membros, além do Presidente.

§ 5º Somente constará de lista tríplice o candidato que obtiver, em primeiro ou subsequente escrutínio, a maioria absoluta dos votos dos membros do Tribunal, observado o disposto no artigo 27, § 3º.

§ 6º Os candidatos figurarão na lista de acordo com a ordem decrescente dos sufrágios que obtiverem, respeitado, também, o número de ordem do escrutínio. Em caso de empate, terá preferência o mais idoso.

• §§ 5º e 6º com a redação dada pela ER nº 1, de 23-5-1991.

§ 7º A escolha dos nomes que comporão lista tríplice far-se-á em votação secreta, realizando-se tantos escrutínios quantos forem necessários.

§ 8º Para colocação dos nomes na lista, em caso de empate, far-se-á o desempate em favor do candidato mais idoso; se ainda persistir o empate, adotar-se-á o critério do tempo de serviço público no cargo, para os magistrados e membros do Ministério Público, ou o tempo de inscrição na Ordem como advogado, para os advogados.

Art. 27. Aberta a sessão, será ela transformada em conselho, para que o Tribunal aprecie aspectos gerais referentes à escolha dos candidatos, seus currículos, vida pregressa e se satisfazem os requisitos constitucionais exigidos. Os membros do Tribunal receberão, quando possível, com antecedência de, no mínimo, setenta e duas horas da data da sessão, relação dos candidatos, instruída com cópia dos respectivos currículos.

§ 1º Tornada pública a sessão, o Presidente designará a Comissão Escrutinadora, que será integrada por três membros do Tribunal.

§ 2º Existindo mais de uma vaga a ser preenchida por advogado ou membro do Ministério Público, para cada lista sêxtupla, será elaborada lista tríplice, observando-se o que dispõe o § 3º deste artigo.

§ 3º Tratando-se de lista tríplice única, cada Ministro, no primeiro escrutínio, votará em três nomes. Ter-se-á como constituída, se, em primeiro escrutínio, três ou mais candidatos obtiverem maioria absoluta dos votos do Tribunal, hipótese em que figurarão na lista, pela ordem decrescente de sufrágios, os nomes dos três mais votados. Em caso contrário, efetuar-se-á segundo escrutínio e, se necessário, novos escrutínios, concorrendo, em cada um, candidatos em número correspondente ao dobro dos nomes a serem inseridos, ainda, na lista, de acordo com a ordem da votação alcançada no escrutínio anterior, incluídos, entretanto, todos os nomes com igual número de votos na última posição a ser considerada. Restando, apenas, uma vaga a preencher, será considerado escolhido o candidato mais votado, com preferência ao mais idoso, em caso de empate.

• § 3º com a redação dada pela ER nº 1, de 23-5-1991.

§ 4º Se existirem duas ou mais vagas a serem providas dentre juízes ou desembargadores, o Tribunal deliberará, preliminarmente, se as listas se constituirão, cada uma, com três nomes distintos, ou se, composta a primeira com três nomes, a segunda e subsequentes deverão ser integradas pelos dois nomes remanescentes da lista anterior, acrescidos de mais um nome.

§ 5º Se o Tribunal deliberar que, em cada lista, constarão três nomes distintos, cada Ministro, no primeiro escrutínio, votará em tantos nomes quantos necessários à constituição das listas tríplices. Nesse caso, na organização simultânea das listas, os nomes que obtiverem, em primeiro escrutínio, maioria absoluta dos votos dos membros do Tribunal, figurarão, pela ordem decrescente de votos, em primeiro lugar, em cada uma das listas, de acordo com sua numeração, e nos lugares subsequentes das listas, horizontalmente considerados, pela mesma ordem, da primeira à última. Se, no primeiro escrutínio, não se preencherem todos os lugares das diversas listas, proceder-se-á a segundo e, se necessário, a novos escrutínios, na forma definida na última parte do § 3º deste artigo, distribuindo-se, nas listas, os nomes escolhidos, de acordo com a ordem prevista para o primeiro escrutínio. No segundo e subsequentes escrutínios, cada Ministro votará em tantos nomes quantos faltarem para serem incluídos nas listas.

§ 6º Se o Tribunal deliberar que, na constituição das listas, será adotado o critério previsto na segunda hipótese do § 4º deste artigo, cada Ministro, em primeiro escrutínio, votará em tantos nomes quantas forem as vagas a preencher e em mais dois. Nessa hipótese, na organização simultânea das listas, atendido o disposto no § 5º do artigo 27, a primeira será integrada, na ordem decrescente dos sufrágios alcançados, por três nomes; a segunda lista constituir-se-á dos dois nomes remanescentes da primeira, mais o nome que tenha obtido a quarta votação; a terceira lista dar-se-á por composta dos dois nomes remanescentes da lista anterior, mais o nome que haja obtido a quinta votação, respeitada a ordem dos escrutínios, e assim sucessivamente. Se, no primeiro escrutínio, não se preencherem todos os lugares das diversas listas, nos termos deste parágrafo, proceder-se-á a segundo e a novos escrutínios, na forma definida no parágrafo anterior e na última parte do § 3º deste artigo.

§ 7º No ofício de encaminhamento ao Poder Executivo, da lista tríplice única ou das diversas listas tríplices, far-se-á referência ao número de votos obtidos pelos indicados e à ordem do escrutínio em que se deu a escolha.

Art. 28. Os Ministros tomarão posse, no prazo de trinta dias, em sessão plenária e solene do Tribunal, podendo fazê-lo perante o Presidente, em período de recesso ou férias.

• *Caput* com a redação dada pela ER nº 1, de 23-5-1991.

§ 1º No ato da posse, o Ministro prestará compromisso de bem desempenhar os deveres do cargo, e de bem cumprir e fazer cumprir a Constituição e as leis do País.

§ 2º Do compromisso, lavrar-se-á, em livro especial, termo que será assinado pelo Presidente, pelo empossado e pelo Diretor-Geral da Secretaria.

§ 3º Somente será dada posse ao Ministro que antes haja provado:

a) ser brasileiro;

b) contar mais de trinta e cinco e menos de sessenta e cinco anos de idade;

c) satisfazer aos demais requisitos inscritos em lei.

§ 4º O prazo para a posse poderá ser prorrogado pela Corte Especial, na forma da lei.

Art. 29. Os Ministros têm as prerrogativas, garantias, direitos e incompatibilidades inerentes ao exercício da Magistratura.

§ 1º Os Ministros receberão o tratamento de Excelência e usarão vestes talares, nas sessões solenes, e capas, nas sessões ordinárias ou extraordinárias; conservarão o título e as honras correspondentes, mesmo depois da aposentadoria.

- Antigo parágrafo único transformado em § 1º pela ER nº 1, de 23-5-1991.

§ 2º A Presidência do Tribunal velará pela preservação dos direitos, interesses e prerrogativas dos Ministros aposentados.

- § 2º acrescido pela ER nº 1, de 23-5-1991.

Art. 30. A antiguidade do Ministro no Tribunal, para sua colocação nas sessões, distribuição de serviços, revisão dos processos, substituições e outros quaisquer efeitos legais ou regimentais, é regulada na seguinte ordem:

I – pela posse;

II – pela nomeação;

III – pela idade.

Parágrafo único. Respeitar-se-á, no Superior Tribunal de Justiça, a antiguidade que vinha sendo observada no Tribunal Federal de Recursos, em relação aos seus Ministros.

Art. 31. Havendo, dentre os Ministros do Tribunal, cônjuges, parentes consanguíneos ou afins, em linha reta ou no terceiro grau da linha colateral, integrarão Seções diferentes, e o primeiro que conhecer da causa impede que o outro participe do julgamento quando da competência da Corte Especial.

Art. 32. Os Ministros têm direito de transferir-se para Seção ou Turma, onde haja vaga, antes da posse de novo Ministro, ou, em caso de permuta, para qualquer outra. Havendo mais de um pedido, terá preferência o do mais antigo.

Art. 33. Os Ministros têm jurisdição em todo o território nacional e domicílio no Distrito Federal.

- *Caput* com a redação dada pela ER nº 7, de 1º-3-2004.

Parágrafo único. É dever dos Ministros, entre outros estabelecidos em lei e neste Regimento:

I – manter residência no Distrito Federal;

II – comparecer às sessões de julgamento, nelas permanecendo até o seu final, salvo com autorização prévia do Presidente do órgão julgador.

- Incisos I e II acrescidos pela ER nº 7, de 1º-3-2004.

Seção II

DO RELATOR

Art. 34. São atribuições do relator:

I – ordenar e dirigir o processo;

II – determinar às autoridades judiciárias e administrativas, sujeitas à sua jurisdição, providências relativas ao andamento e à instrução do processo, exceto se forem da competência da Corte Especial, da Seção, da Turma ou de seus Presidentes;

III – delegar atribuições a autoridades judiciárias de instância inferior, nos casos previstos em lei ou neste Regimento;

IV – submeter à Corte Especial, à Seção, à Turma, ou ao Presidente, conforme a competência, questões de ordem para o bom andamento dos processos;

V – submeter à Corte Especial, à Seção, à Turma, nos processos da competência respectiva, medidas cautelares ou tutelas provisórias necessárias à proteção de direito suscetível de grave dano de incerta reparação ou ainda destinadas a garantir a eficácia da ulterior decisão da causa;

VI – determinar, em caso de urgência, as medidas ou tutelas do inciso anterior, ad referendum da Corte Especial, da Seção ou da Turma;

- Incisos V e VI com a redação dada pela ER nº 24, de 28-9-2016.

VII – decidir o agravo interposto de decisão que inadmitir recurso especial;

- Inciso VII com a redação dada pela ER nº 22, de 16-3-2016.

VIII – requisitar os autos originais, quando necessário;

IX – apreciar e homologar pedidos de desistência, de autocomposição das partes e de habilitação em razão de falecimento de qualquer das partes, ainda que o feito se ache em pauta ou em mesa para julgamento;

- Inciso IX com a redação dada pela ER nº 24, de 28-9-2016.

X – pedir dia para julgamento dos feitos que lhe couberem por distribuição, ou passá-los ao revisor, com o relatório, se for o caso;

XI – julgar prejudicado pedido ou recurso que haja perdido o objeto;

XII – propor à Seção ou à Turma seja o processo submetido à Corte Especial ou à Seção, conforme o caso;

XIII – decidir o pedido de carta de sentença e assiná-la;

XIV – apresentar em mesa para julgamento os feitos que independem de pauta;

XV – redigir o acórdão, quando o seu voto for o vencedor no julgamento;

XVI – determinar a autuação do agravo como recurso especial;

XVII – determinar o arquivamento de inquérito, ou peças informativas, quando o requerer o Ministério Público, ou submeter o requerimento à decisão do órgão competente do Tribunal;

XVIII – distribuídos os autos:

- *Caput* do inciso XVIII com a redação dada pela ER nº 22, de 16-3-2016.

a) não conhecer do recurso ou pedido inadmissível, prejudicado ou daquele que não tiver impugnado especificamente todos os fundamentos da decisão recorrida;

b) negar provimento ao recurso ou pedido que for contrário a tese fixada em julgamento de recurso repetitivo ou de repercussão geral, a entendimento firmado em incidente de assunção de competência, a súmula do Supremo Tribunal Federal ou do Superior Tribunal de Justiça ou, ainda, a jurisprudência dominante acerca do tema;

c) dar provimento ao recurso se o acórdão recorrido for contrário a tese fixada em julgamento de recurso repetitivo ou de repercussão geral, a entendimento firmado em incidente de assunção de competência, a súmula do Supremo Tribunal Federal ou do Superior Tribunal de Justiça ou, ainda, a jurisprudência dominante acerca do tema.

- Alíneas *a* a *c* acrescidas pela ER nº 22, de 16-3-2016.

XIX – decidir o mandado de segurança quando for inadmissível, prejudicado ou quando se conformar com tese fixada em julgamento de recurso repetitivo ou de repercussão geral, a entendimento firmado em incidente de assunção de competência, a súmula do Superior Tribunal de Justiça ou do Supremo Tribunal Federal, a jurisprudência dominante acerca do tema ou as confrontar;

XX – decidir o habeas corpus quando for inadmissível prejudicado ou quando a decisão impugnada se conformar com tese fixada em julgamento de recurso repetitivo ou de repercussão geral, a entendimento firmado em incidente de assunção de competência, a súmula do Superior Tribunal de

Justiça ou do Supremo Tribunal Federal, a jurisprudência dominante acerca do tema ou as confrontar;

- Incisos XIX e XX com a redação dada pela ER nº 24, de 28-9-2016.

XXI – decidir o agravo de instrumento interposto com base no art. 1.027, §1º, do CPC;

- Inciso XXI acrescido pela ER nº 22, de 16-3-2016.

XXII – decidir o conflito de competência quando for inadmissível, prejudicado ou quando se conformar com tese fixada em julgamento de recurso repetitivo ou de repercussão geral, a entendimento firmado em incidente de assunção de competência, a súmula do Superior Tribunal de Justiça ou do Supremo Tribunal Federal, a jurisprudência dominante acerca do tema ou as confrontar;

XXIII – remeter o processo ao Supremo Tribunal Federal após juízo positivo de admissibilidade quando entender versar o recurso especial sobre matéria constitucional, dando vista ao recorrente pelo prazo de quinze dias para que demonstre a existência de repercussão geral e manifeste-se sobre a questão constitucional, bem como vista à parte adversa para, por igual prazo, apresentar contrarrazões;

XXIV – determinar a devolução ao Tribunal de origem dos recursos especiais fundados em controvérsia idêntica àquela já submetida ao rito de julgamento de casos repetitivos para adoção das medidas cabíveis;

XXV – julgar recurso fundado em nulidade da decisão recorrida por vício de procedimento;

XXVI – executar e fazer cumprir os despachos, as decisões monocráticas, as ordens e os acórdãos transitados em julgado nas ações penais, inquéritos e demais procedimentos penais originários de sua relatoria, bem como determinar às autoridades judiciárias e administrativas providências relativas ao andamento e à instrução de processos, facultada a delegação de atribuições para a prática de atos processuais previstos no art. 21-A deste Regimento a outros Tribunais e a juízos de primeiro grau de jurisdição, ficando as decisões proferidas sujeitas a posterior controle do relator, de ofício ou mediante provocação do interessado, no prazo de cinco dias da ciência do ato.

- Incisos XXII a XXVI acrescidos pela ER nº 24, de 28-9-2016.

Seção III

DO REVISOR

Art. 35. Sujeitam-se a revisão os seguintes processos:

I – ação rescisória;

II – ação penal originária;

III – revisão criminal.

- Art. 35 com a redação dada pela ER nº 1, de 23-5-1991.

Art. 36. Será revisor o Ministro que se seguir ao relator, na ordem decrescente de antiguidade, no órgão julgador.

Parágrafo único. Em caso de substituição definitiva do relator, será também substituído o revisor, na conformidade do disposto neste artigo.

- Parágrafo único com a redação dada pela ER nº 4, de 2-12-1993.

Art. 37. Compete ao revisor:

I – sugerir ao relator medidas ordinatórias do processo, que tenham sido omitidas;

II – confirmar, completar ou retificar o relatório;

III – pedir dia para julgamento;

IV – determinar a juntada de petição, enquanto os autos lhe estiverem conclusos, submetendo, conforme o caso, desde logo, a matéria à consideração do relator.

CAPÍTULO VIII

DO CONSELHO DE ADMINISTRAÇÃO

Art. 38. Ao Conselho de Administração incumbe:

I – deliberar sobre a organização dos serviços administrativos da Secretaria do Tribunal;

- Inciso I com a redação dada pela ER nº 4, de 2-12-1993.

II – dispor sobre os cargos de direção e assessoramento superiores, as funções de direção e assistência intermediárias e as funções de representação de gabinete, a forma do respectivo provimento, os níveis de vencimentos e gratificação, dentro dos limites estabelecidos em lei;

III – aprovar os critérios para as progressões e ascensões funcionais dos servidores da Secretaria do Tribunal;

IV – deliberar sobre as demais matérias administrativas e referentes a servidores do Tribunal, que lhe sejam submetidas pelo Presidente;

V – exercer as atribuições administrativas não previstas na competência do Plenário, da Corte Especial ou do Presidente ou as que lhe hajam sido delegadas;

VI – *Revogado*. ER nº 19, de 11-11-2015.

Parágrafo único. Para ausentar-se do território nacional, o ministro deverá comunicar o fato, em regra, com a antecedência mínima de 15 dias, ao Conselho de Administração, salvo quando se tratar de férias, licença, recesso ou feriado.

- Parágrafo único acrescido pela ER nº 19, de 11-11-2015.

Art. 39. Dos atos e decisões do Conselho de Administração não cabe recurso administrativo.

CAPÍTULO IX

DAS COMISSÕES

Art. 40. As comissões, permanentes ou temporárias, colaboram no desempenho dos encargos do Tribunal.

§ 1º São comissões permanentes:

- *Caput* do § 1º com a redação dada pela ER nº 2, de 4-6-1992.

I – a Comissão de Regimento Interno;

II – a Comissão de Jurisprudência;

III – a Comissão de Documentação;

IV – a Comissão de Coordenação;

- Incisos I a IV com a redação dada pela ER nº 2, de 4-6-1992.

V – a Comissão Gestora de Precedentes.

- Inciso V acrescido pela ER nº 26, de 13-12-2016.

§ 2º As Comissões permanentes serão integradas de três Ministros efetivos e um suplente, salvo a de Jurisprudência e a de Regimento Interno, que serão compostas de seis Ministros efetivos, respeitada, em todos os casos, a paridade de representação de cada uma das Seções do Tribunal.

- § 2º com a redação dada pela ER nº 30, de 22-5-2018.

§ 3º As Comissões temporárias, que podem ser criadas pela Corte Especial ou pelo Presidente do Tribunal e ter qualquer número de membros, extinguem-se, preenchido o fim a que se destinem.

- § 3º acrescido pela ER nº 2, de 4-6-1992.

Art. 41. O Presidente designará os membros das comissões, submetendo-os à aprovação da Corte Especial.

§ 1º A comissão será presidida pelo Ministro mais antigo dentre os seus integrantes.

§ 2º *Revogado*. ER nº 15, de 17-9-2014.

Art. 42. As comissões permanentes ou temporárias poderão:

I – sugerir ao Presidente do Tribunal normas de serviço relativas à matéria de sua competência;

II – entender-se, por seu Presidente, com outras autoridades ou instituições, nos assuntos de sua competência, por delegação do Presidente do Tribunal.

Art. 43. À Comissão de Regimento Interno cabe:

I – velar pela atualização do Regimento, propondo emendas ao texto em vigor e emitindo parecer sobre as emendas de iniciativa de outra comissão ou de Ministro;

II – opinar em processo administrativo, quando consultada pelo Presidente.

Art. 44. À Comissão de Jurisprudência cabe:

I – velar pela expansão, atualização e publicação da Súmula da Jurisprudência Predominante do Tribunal;

II – supervisionar os serviços de sistematização da jurisprudência do Tribunal, sugerindo medidas que facilitem a pesquisa de julgados ou processos;

III – orientar iniciativas de coleta e divulgação dos trabalhos dos Ministros que já se afastaram definitivamente do Tribunal;

IV – propor à Corte Especial ou à Seção que seja compendiada em súmula a jurisprudência do Tribunal, quando verificar que as Turmas não divergem na interpretação do direito;

V – sugerir medidas destinadas a abreviar a publicação dos acórdãos.

Art. 45. À Comissão de Documentação cabe:

I – supervisionar a administração dos serviços da biblioteca, do arquivo e do museu do Tribunal, sugerindo ao Presidente, medidas tendentes ao seu aperfeiçoamento;

II – acompanhar a política de guarda e conservação de processos, livros, periódicos e documentos históricos do Tribunal;

III – manter, na Secretaria de Documentação, serviço de documentação para recolher elementos que sirvam de subsídio à história do Tribunal, com pastas individuais contendo dados biográficos e bibliográficos dos Ministros;

• Incisos I a III com a redação dada pela ER nº 7, de 1º-3-2004.

IV – deliberar sobre questões que excedam a esfera de competência administrativa da Secretaria de Documentação.

• Inciso IV acrescido pela ER nº 7, de 1º-3-2004.

Art. 46. À Comissão de Coordenação cabe:

I – sugerir ao Presidente medidas tendentes à modernização administrativa do Tribunal;

II – sugerir aos Presidentes do Tribunal, das Seções e das Turmas, medidas destinadas a aumentar o rendimento das sessões, abreviar a publicação dos acórdãos e facilitar a tarefa dos advogados;

III – supervisionar os serviços de informática, fiscalizando a sua execução e propondo as providências para a sua atualização e aperfeiçoamento.

Art. 46-A. À Comissão Gestora de Precedentes cabe:

I – supervisionar os trabalhos do Núcleo de Gerenciamento de Precedentes – NUGEP, em especial os relacionados à gestão dos casos repetitivos e dos incidentes de assunção de competência, bem como ao controle e ao acompanhamento de processos sobrestados na Corte em razão da aplicação da sistemática dos recursos repetitivos e da repercussão geral;

II – sugerir ao Presidente do Tribunal medidas para o aperfeiçoamento da formação e da divulgação dos precedentes qualificados, conforme disposto no Código de Processo Civil;

III – sugerir aos Presidentes do Tribunal e das Seções medidas destinadas a ampliar a afetação de processos aos ritos dos recursos repetitivos e da assunção de competência;

IV – desenvolver trabalho de inteligência, em conjunto com o Conselho Nacional de Justiça, com os Tribunais Regionais Federais e com os Tribunais de Justiça, a fim de identificar matérias com potencial de repetitividade ou com relevante questão de direito, de grande repercussão social, aptas a serem submetidas ao Superior Tribunal de Justiça sob a sistemática dos recursos repetitivos e da assunção de competência;

V – acompanhar, inclusive antes da distribuição, os processos que possuam matéria com potencial de repetitividade ou com relevante questão de direito, de grande repercussão social, a fim de propor ao Presidente do Tribunal medidas para a racionalização dos julgamentos desta Corte por meio de definições de teses jurídicas em recursos repetitivos ou em assunção de competência;

VI – deliberar sobre questões que excedam a esfera de competência administrativa do Núcleo de Gerenciamento de Precedentes – NUGEP, além de outras atribuições referentes a casos repetitivos e a incidentes de assunção de competência.

• Art. 46-A acrescido pela ER nº 26, de 13-12-2016.

CAPÍTULO X

DO CONSELHO DA JUSTIÇA FEDERAL

Art. 47. Ao Conselho da Justiça Federal, que funciona junto ao Tribunal, cabe exercer a supervisão administrativa e orçamentária da Justiça Federal de primeiro e segundo graus.

Art. 48. O Conselho da Justiça Federal elaborará o seu Regimento Interno e o submeterá à aprovação do Plenário do Tribunal.

• Arts. 47 e 48 com a redação dada pela ER nº 4, de 2-12-1993.

Art. 49. Dos atos e decisões do Conselho da Justiça Federal não cabe recurso administrativo.

CAPÍTULO XI

DAS LICENÇAS, SUBSTITUIÇÕES E CONVOCAÇÕES

Art. 50. A licença é requerida pelo Ministro com a indicação do prazo e do dia do início.

§ 1º Salvo contraindicação médica, o Ministro licenciado poderá proferir decisões em processos de que, antes da licença, haja pedido vista, ou que tenham recebido o seu visto como relator ou revisor.

§ 2º O Ministro licenciado pode reassumir o cargo, a qualquer tempo, entendendo-se que desistiu do restante do prazo.

§ 3º Se a licença for para tratamento da própria saúde, o Ministro somente poderá reassumir o cargo, antes do término do prazo, se não houver contraindicação médica.

Art. 51. Nas ausências ou impedimentos eventuais ou temporários, a substituição no Tribunal dar-se-á da seguinte maneira:

I – o Presidente do Tribunal, pelo Vice-Presidente, e este, pelos demais Ministros, na ordem decrescente de antiguidade;

II – o Presidente da Seção, pelo Ministro que o seguir na antiguidade dentre os seus membros;

III – o Presidente da Turma, pelo Ministro que o seguir na antiguidade dentre os seus membros;

IV – os Presidentes das Comissões, pelo mais antigo dentre os seus membros;

V – qualquer dos membros das Comissões, pelo suplente;

VI – O Corregedor-Geral da Justiça Federal, pelo Vice-Corregedor-Geral, inclusive mediante delegação, e esse pelo Ministro integrante do Conselho da Justiça Federal imediato em antiguidade naquele órgão.

- Inciso VI com a redação dada pela ER nº 29, de 22-5-2018.

Art. 52. O relator é substituído:

I – no caso de impedimento, ausência ou obstáculos eventuais, em se cogitando da adoção de medidas urgentes, pelo revisor, se houver, ou pelo Ministro imediato em antiguidade, no Plenário, na Corte Especial, na Seção ou na Turma, conforme a competência;

II – quando vencido, em sessão de julgamento, pelo Ministro designado para redigir o acórdão;

III – em caso de ausência por mais de trinta dias, mediante redistribuição;

IV – em caso de transferência para outra Seção, salvo quanto aos processos em que tiver lançado seu visto, e, bem assim, quando de aposentadoria, exoneração ou morte:

- *Caput* do inciso IV com a redação dada pela ER nº 1, de 23-5-1991.

a) pelo Ministro que preencher sua vaga na Turma;

b) pelo Ministro que tiver proferido o primeiro voto vencedor, condizente com o do relator, para lavrar ou assinar os acórdãos dos julgamentos anteriores à abertura da vaga;

c) pela mesma forma da letra *b* deste inciso, e, enquanto não preenchida sua vaga, para assinar carta de sentença e admitir recurso.

- Alínea *c* com a redação dada pela ER nº 1, de 23-5-1991.

Art. 53. O revisor é substituído, em caso de vaga, impedimento ou licença por mais de trinta dias, na Corte Especial, Seção ou Turma, pelo Ministro que o seguir em antiguidade.

Art. 54. *Revogado*. ER nº 22, de 16-3-2016.

Art. 55. Para as sessões da Corte Especial, nos casos de impedimento de Ministros dela integrantes, serão convocados outros Ministros, obedecida a ordem de antiguidade.

Parágrafo único. Para completar *quorum* em uma das Seções, serão convocados Ministros de outra Seção, e, em uma das Turmas, Ministros de outra Turma, de preferência da mesma Seção, observada, quando possível, a ordem de antiguidade, de modo a que a substituição seja feita por Ministro que ocupe, em sua Seção ou Turma, posição correspondente à do substituído.

- Art. 55 com a redação dada pela ER nº 1, de 23-5-1991.

Art. 56. Em caso de vaga ou de afastamento de Ministro, por prazo superior a trinta dias, poderá ser convocado Juiz de Tribunal Regional Federal ou Desembargador, sempre pelo voto da maioria absoluta dos membros da Corte Especial.

- *Caput* com a redação dada pela ER nº 29, de 22-5-2018.

Parágrafo único. O magistrado convocado receberá a diferença de vencimento correspondente ao cargo de Ministro, inclusive diárias e transporte, se for o caso.

- Parágrafo único com a redação dada pela ER nº 3, de 8-8-2013.

CAPÍTULO XII
DA POLÍCIA DO TRIBUNAL

Art. 57. O Presidente, no exercício da atribuição referente à polícia do Tribunal, poderá requisitar o auxílio de outras autoridades, quando necessário.

Art. 58. Ocorrendo infração à lei penal na sede ou dependências, do Tribunal, o Presidente instaurará inquérito, se envolver autoridade ou pessoa sujeita à sua jurisdição, ou delegará esta atribuição a outro Ministro.

§ 1º Nos demais casos, o Presidente poderá proceder na forma deste artigo ou requisitar a instauração de inquérito à autoridade competente.

§ 2º O Ministro incumbido do inquérito designará secretário dentre os servidores do Tribunal.

Art. 59. A polícia das sessões e das audiências compete ao seu Presidente.

CAPÍTULO XIII
DA REPRESENTAÇÃO POR DESOBEDIÊNCIA OU DESACATO

Art. 60. Sempre que tiver conhecimento de desobediência a ordem emanada do Tribunal ou de seus Ministros, no exercício da função, ou de desacato ao Tribunal, ou a seus Ministros, o Presidente comunicará o fato ao órgão competente do Ministério Público, provendo-o dos elementos de que dispuser para a propositura da ação penal.

Parágrafo único. Decorrido o prazo de trinta dias, sem que tenha sido instaurada a ação penal, o Presidente dará ciência ao Tribunal, em sessão secreta, para as providências que julgar necessárias.

TÍTULO II – DO MINISTÉRIO PÚBLICO

- LC nº 75, de 20-5-1993 (Lei Orgânica do Ministério Público da União).
- Lei nº 8.628, de 19-2-1993, dispõe sobre a regulamentação da Carreira de Apoio Técnico-Administrativo do Ministério Público da União.

Art. 61. Perante o Tribunal, funciona o Procurador-Geral da República, ou o Subprocurador-Geral, mediante delegação do Procurador-Geral.

Art. 62. O Ministério Público Federal manifestar-se-á nas oportunidades previstas em lei e neste Regimento.

Art. 63. Nos processos em que atuar como titular da ação penal, o Procurador-Geral ou o Subprocurador-Geral têm os mesmos poderes e ônus que as partes, ressalvadas as disposições expressas em lei ou neste Regimento.

Art. 64. O Ministério Público terá vista dos autos:

I – nas arguições de inconstitucionalidade;

II – nos incidentes de assunção de competência;

- Inciso II com a redação dada pela ER nº 24, de 28-9-2016.

III – nos mandados de segurança, mandados de injunção, *habeas corpus* e *habeas data*, originários ou em grau de recurso;

IV – nas ações penais originárias e nas revisões criminais;

V – nos conflitos de competência e de atribuições;

VI – nas ações rescisórias e apelações cíveis;

VII – nos pedidos de intervenção federal;

VIII – nas notícias-crime;

IX – nos inquéritos de que possa resultar responsabilidade penal;

X – nos recursos criminais;

XI – nas reclamações que não houver formulado;

XII – nos outros processos em que a lei impuser a intervenção do Ministério Público;

XIII – nos demais feitos quando, pela relevância da matéria, ele a requerer, ou for determinada pelo relator.

- Incisos VIII a XIII com a redação dada pela ER nº 4, de 2-12-1993.

Parágrafo único. Salvo na ação penal originária ou nos inquéritos, poderá o relator, quando houver urgência, ou quando sobre a matéria versada no processo já houver a Corte Especial firmado jurisprudência, tomar o parecer do Ministério Público oralmente.

- Parágrafo único com a redação dada pela ER nº 4, de 2-12-1993.

Art. 65. O Procurador-Geral ou Subprocurador-Geral poderão pedir preferência para julgamento de processo em pauta.

TÍTULO III – DA DEFENSORIA PÚBLICA

• Título III acrescido pela ER nº 19, de 11-11-2015.

Art. 65-A. Perante o Tribunal, atuarão os defensores públicos:

I – em processos oriundos:

a) da Defensoria Pública da União nos Estados e no Distrito Federal;

b) das Defensorias Públicas dos Estados e do Distrito Federal;

II – nos casos de curadoria especial;

III – em processos nos quais houver parte desassistida por advogado ou patrocinada por advogado dativo.

Art. 65-B. O relator do recurso especial repetitivo poderá autorizar manifestação da Defensoria Pública na condição de *amicus curiae*.

• Arts. 65-A e 65-B acrescidos pela ER nº 19, de 11-11-2015.

PARTE II – DO PROCESSO

TÍTULO I – DISPOSIÇÕES GERAIS

CAPÍTULO I
DO REGISTRO E CLASSIFICAÇÃO DOS FEITOS

Art. 66. As petições e os processos serão registrados no protocolo da Secretaria do Tribunal no mesmo dia do recebimento.

o Súm. nº 216 do STJ.

Parágrafo único. O Presidente do Tribunal, mediante instrução normativa, disciplinará o uso de meio eletrônico na tramitação de processos judiciais, comunicação de atos e transmissão de peças processuais, com observância da lei processual.

• Parágrafo único com a redação dada pela ER nº 22, de 16-3-2016.

Art. 67. O registro far-se-á em numeração contínua e seriada em cada uma das classes seguintes:

I – Ação Penal (APn);

II – Ação Rescisória (AR);

III – Agravo de Instrumento (Ag);

IV – Recurso Ordinário (RO);

• Inciso IV com a redação dada pela ER nº 24, de 28-9-2016.

V – Comunicação (Com);

VI – Conflito de Competência (CC);

VII – Conflito de Atribuições (CAt);

VIII – Exceção de Impedimento (ExImp);

IX – Exceção de Suspeição (ExSusp);

X – Exceção da Verdade (ExVerd);

XI – *Habeas Corpus* (HC);

XII – *Habeas Data* (HD);

XIII – Inquérito (Inq);

XIV – Interpelação Judicial (IJ);

XV – Intervenção Federal (IF);

XVI – Mandado de Injunção (MI);

o Lei nº 13.300, de 23-6-2016 (Lei do Mandado de Injunção).

XVII – Mandado de Segurança (MS);

• Incisos XIII a XVII com a redação dada pela ER nº 7, de 1º-3-2004.

XVIII – Pedido de Tutela Provisória (TP);

• Inciso XVIII com a redação dada pela ER nº 24, de 28-9-2016.

XIX – Petição (Pet);

XX – Precatório (Prc);

XXI – Processo Administrativo (PA);

XXII – Reclamação (Rcl);

XXIII – Recurso Especial (REsp);

XXIV – Representação (Rp);

XXV – Recurso em *Habeas Corpus* (RHC);

XXVI – Recurso em Mandado de Segurança (RMS);

XXVII – Revisão Criminal (RvCr);

XXVIII – Sindicância (Sd);

XXIX – Suspensão de Liminar e de Sentença (SLS);

• Incisos XIX a XXIX com a redação dada pela ER nº 7, de 1º-3-2004.

XXX – Suspensão de Segurança (SS);

• Inciso XXX acrescido pela ER nº 7, de 1º-3-2004.

XXXI – Homologação de Decisão Estrangeira (HDE);

• Inciso XXXI com a redação dada pela ER nº 24, de 28-9-2016.

XXXII – Carta Rogatória (CR);

• Inciso XXXII acrescido pela ER nº 18, de 17-12-2014.

XXXIII – Agravo em Recurso Especial (AREsp);

XXXIV – Embargos de Divergência em Recurso Especial (EREsp);

XXXV – Embargos de Divergência em Agravo em Recurso Especial (EAREsp);

XXXVI – Suspensão em Incidente de Resolução de Demandas Repetitivas (SIRDR);

XXXVII – Medidas Protetivas de Urgência – Lei Maria da Penha (MPUMP);

XXXVIII – Medidas Protetivas – Estatuto do Idoso (MPEI);

XXXIX – Pedido de Busca e Apreensão Criminal (PBAC);

XL – Pedido de Prisão Preventiva (PePrPr);

XLI – Pedido de Prisão Temporária (PePrTe);

XLII – Pedido de Quebra de Sigilo de Dados e/ou Telefônico (QuebSig);

XLIII – Medidas Investigativas sobre Organizações Criminosas (MISOC);

XLIV – Cautelar Inominada Criminal (CauInomCrim);

XLV – Alienação de Bens do Acusado (AlienBac);

XLVI – Embargos de Terceiro (ET);

XLVII – Embargos do Acusado (EmbAc);

XLVIII – Insanidade Mental do Acusado (InsanAc);

XLIX – Restituição de Coisas Apreendidas (ReCoAp);

L – Pedido de Uniformização de Interpretação de Lei (PUIL).

• Incisos XXXIII a L acrescidos pela ER nº 22, de 16-3-2016.

Parágrafo único. O Presidente resolverá, mediante instrução normativa, as dúvidas que se suscitarem na classificação dos efeitos e papéis, observando-se as seguintes normas:

• § 1º transformado em parágrafo único pela ER nº 4, de 2-12-1993.

I – na classe Comunicação (Com), incluem-se as comunicações de prisão;

II – na classe Recurso Especial (REsp), incluem-se os recursos especiais de modo geral: cíveis, criminais, em mandado de segurança e em *habeas corpus*;

III – a classe Recurso Ordinário (RO) compreende o recurso ordinário interposto nas causas em que forem partes Estado estrangeiro ou organismo internacional de um lado e, do outro, Município ou pessoa residente ou domiciliada no País;

• Inciso III com a redação dada pela ER nº 24, de 28-9-2016.

IV – as classes Recurso em *Habeas Corpus* (RHC) e Recurso em Mandado de Segurança (RMS) compreendem os recursos ordinários interpostos na forma do disposto no artigo 105, II, *a* e *b*, da Constituição;

• Inciso IV com a redação dada pela ER nº 4, de 2-12-1993.

IV-A – a classe Suspensão em Incidente de Resolução de Demandas Repetitivas (SIRDR) compreende o pedido de suspensão de todos os processos individuais ou coletivos em curso no território nacional que versem sobre a questão objeto do incidente já instaurado;

• Inciso IV-A acrescido pela ER nº 22, de 16-3-2016.

V – na classe Inquérito (Inq), são incluídos os policiais e os administrativos que possam resultar em responsabilidade penal, e que só passarão à classe Ação Penal (APn) após o oferecimento da denúncia ou queixa;

• Inciso V com a redação dada pela ER nº 4, de 2-12-1993.

VI – na classe Sindicância (Sd), são incluídas as administrativas ou policiais, assim como quaisquer informações relativas à prática de ilícitos;

• Inciso VI com a redação dada pela ER nº 7, de 1º-3-2004.

VII – a classe Intervenção Federal (IF) compreende os pedidos autônomos e os formulados em execução de julgado do Tribunal; estes últimos serão autuados em apenso, salvo se os autos principais tiverem sido enviados a outra instância;

VIII – os expedientes que não tenham classificação específica, nem sejam acessórios ou incidentes, serão incluídos na classe Petição (Pet), se contiverem requerimento, ou na classe Comunicação (Com), em qualquer outro caso;

VIII-A – a classe Pedido de Uniformização de Interpretação de Lei (PUIL) compreende a medida interposta contra decisão:

• *Caput* do inciso VIII-A com a redação dada pela ER nº 24, de 28-9-2016.

a) da Turma Nacional de Uniformização no âmbito da Justiça Federal que, em questões de direito material, contrarie súmula ou jurisprudência dominante no Superior Tribunal de Justiça;

b) da Turma Recursal dos Juizados Especiais da Fazenda Pública no âmbito dos Estados, do Distrito Federal, dos Territórios e dos Municípios quando as Turmas de diferentes Estados derem a lei federal interpretações divergentes, ou quando a decisão proferida estiver em contrariedade com súmula do Superior Tribunal de Justiça; e

c) das Turmas de Uniformização dos Juizados Especiais da Fazenda Pública no âmbito dos Estados, do Distrito Federal, dos Territórios e dos Municípios quando a orientação adotada pelas Turmas de Uniformização contrariar súmula do Superior Tribunal de Justiça;

• Alíneas *a* a *c* acrescidas pela ER nº 24, de 28-9-2016.

VIII-B – a classe Pedido de Tutela Provisória (TP) compreende o pedido de tutela provisória de urgência de caráter antecedente;

• Inciso VIII-B acrescido pela ER nº 24, de 28-9-2016.

IX – não se altera a classe do processo:

a) pela oposição de Embargos de Declaração (EDcl) e pela interposição de Agravo Interno (AgInt);

• Alínea *a* com a redação dada pela ER nº 22, de 16-3-2016.

b) pelos pedidos incidentes ou acessórios, inclusive pela interposição de exceções de impedimento e de suspeição;

c) pela arguição de inconstitucionalidade formulada incidentemente pelas partes;

d) pelos pedidos de execução, salvo a intervenção federal;

X – far-se-á na autuação nota distintiva do recurso ou incidente, quando este não alterar a classe e o número do processo.

CAPÍTULO II

DA DISTRIBUIÇÃO

Art. 68. Os processos da competência do Tribunal serão distribuídos por classe, tendo, cada uma, designação distintiva e numeração segundo a ordem em que houverem sido apresentados os feitos, observando-se as classes mencionadas no artigo 67.

Parágrafo único. Fazendo-se a distribuição pelo computador, além da numeração por classe, adotar-se-á numeração geral, que poderá ser a que tomou o feito na instância inferior, desde que integrada no sistema de computação eletrônica do Tribunal.

Art. 69. Far-se-á a distribuição dos feitos da competência do Tribunal mediante sorteio automático, por sistema informatizado, observados os princípios da publicidade e da alternatividade, bem como a instrução normativa prevista no art. 21, XX, deste Regimento.

• *Caput* com a redação dada pela ER nº 22, de 16-3-2016.

Parágrafo único. O registro ao Presidente do Tribunal equipara-se em seus efeitos à distribuição regular.

• Parágrafo único acrescido pela ER nº 22, de 16-3-2016.

Art. 70. Far-se-á a distribuição entre todos os Ministros, inclusive os licenciados por até trinta dias.

§ 1º A distribuição poderá ser dispensada pela Corte Especial.

§ 2º Não será compensada a distribuição que deixar de ser feita ao Vice-Presidente, quando substituir o Presidente.

§ 3º Em caso de impedimento do relator, será feito novo sorteio, compensando-se a distribuição.

§ 4º Haverá também compensação quando o processo tiver de ser distribuído, por prevenção, a determinado Ministro.

§ 5º O Ministro que se deva aposentar por implemento de idade ficará excluído da distribuição, a requerimento seu, durante os sessenta dias que antecederem o afastamento; aplica-se a mesma regra ao que requerer aposentadoria, suspendendo-se a distribuição a partir da apresentação do requerimento e pelo prazo máximo de sessenta dias. Se ocorrer desistência do pedido, proceder-se-á a compensação.

• § 5º acrescido pela ER nº 4, de 2-12-1993.

§ 6º Suspende-se a distribuição de processos, sem posterior compensação, aos Ministros que compõem o Tribunal Superior Eleitoral na condição de membros efetivos, nos seguintes termos:

I – para o Corregedor da Justiça Eleitoral, entre os noventa dias anteriores e os trinta posteriores à data fixada para a realização das eleições;

II – para o outro membro efetivo, entre os sessenta dias anteriores e os trinta posteriores à data fixada para a realização das eleições.

• § 6º acrescido pela ER nº 22, de 16-3-2016.

Art. 71. A distribuição da ação, do recurso ou do incidente torna preventa a competência do relator para todos os feitos posteriores referentes ao mesmo processo ou a processo conexo, inclusive na fase de cumprimento de decisão; a distribuição do inquérito e da sindicância, bem como a realizada para efeito da concessão de fiança ou de decretação de prisão preventiva ou de qualquer diligência anterior à denúncia ou queixa, prevenirá a da ação penal.

• *Caput* com a redação dada pela ER nº 24, de 28-9-2016.

§ 1º Se o relator deixar o Tribunal ou transferir-se de Seção, a prevenção será do órgão julgador.

§ 2º Vencido o relator, a prevenção referir-se-á ao Ministro designado para lavrar o acórdão.

§ 3º Se o recurso tiver subido por decisão do relator no agravo de instrumento, ser-lhe-á distribuído ou ao seu sucessor.

§ 4º A prevenção, se não for reconhecida de ofício, poderá ser arguida por qualquer das partes ou pelo órgão do Ministério Público, até o início do julgamento.

§ 5º Observar-se-á a regra da distribuição por prevenção de processo para o Presidente de Seção e para as hipóteses previstas no art. 70, §§ 5º e 6º.

§ 6º Há prevenção nas ações e nos recursos decorrentes do mesmo procedimento policial investigatório, ainda que derivados de inquéritos diversos.

- §§ 5º e 6º acrescidos pela ER nº 24, de 28-9-2016.

Art. 72. Nos casos de afastamento de Ministro, proceder-se-á da seguinte forma:

- *Caput* com a redação dada pela ER nº 1, de 23-5-1991.

I – se o afastamento for por prazo entre quatro e trinta dias, os processos considerados de natureza urgente, consoante fundada alegação do interessado, serão redistribuídos aos demais integrantes da respectiva Seção ou, se for o caso, da Corte Especial, com oportuna compensação;

II – se o afastamento for por prazo superior a trinta dias e não for convocado substituto, será suspensa a distribuição ao Ministro afastado, e os processos a seu cargo, considerados de natureza urgente, consoante fundada alegação do interessado, serão redistribuídos aos demais integrantes da respectiva Seção ou, se for o caso, da Corte Especial, com oportuna compensação;

- Incisos I e II com a redação dada pela ER nº 22, de 16-3-2016.

III – se o afastamento for por prazo superior a trinta dias e for convocado substituto, não haverá redistribuição, e o substituto receberá os processos que lhe forem distribuídos e os do substituído; nesta última hipótese, renova-se, se for caso, o pedido de data para o julgamento ou o relatório.

- Inciso III com a redação dada pela ER nº 1, de 23-5-1991.

Parágrafo único. Quando o Ministro afastado já houver proferido decisão em processo de competência de Turma, a redistribuição mencionada nas hipóteses dos incisos I e II far-se-á somente entre os membros daquele Órgão Julgador.

- Parágrafo único acrescido pela ER nº 1, de 23-5-1991.

Art. 73. Os embargos declaratórios e as questões incidentes terão como relator o Ministro que redigiu o acórdão embargado.

- Artigo com a redação dada pela ER nº 7, de 1º-3-2004.

Art. 74. No caso de embargos de divergência, apenas se fará o sorteio de novo relator.

- Artigo com a redação dada pela ER nº 22, de 16-3-2016.

Art. 75. O prolator da decisão impugnada será o relator do agravo regimental, com direito a voto.

Art. 76. Na arguição de suspeição a Ministro, observar-se-á o disposto no artigo 276.

- Artigo com a redação dada pela ER nº 1, de 23-5-1991.

Art. 77. O Ministro eleito Presidente, Vice-Presidente ou Corregedor-Geral da Justiça Federal continuará como relator ou revisor do processo em que tiver lançado o relatório ou aposto o seu visto.

- Artigo com a redação dada pela ER nº 22, de 16-3-2016.

Art. 78. Se a decisão embargada for de uma Turma, far-se-á distribuição dos embargos dentre os Ministros da outra; se da Corte Especial, serão excluídos da distribuição o relator e o revisor.

Art. 79. Na distribuição de ação rescisória e de revisão criminal, será observado o critério estabelecido no artigo anterior.

Parágrafo único. A distribuição do mandado de segurança contra ato do próprio Tribunal, far-se-á de preferência a Ministro que não haja participado da decisão impugnada.

- Parágrafo único acrescido pela ER nº 2, de 4-6-1992.

Art. 80. O Ministro a quem tocar a distribuição é o preparador e relator do processo.

CAPÍTULO III – DOS ATOS E FORMALIDADES

Seção I – *DISPOSIÇÕES GERAIS*

Art. 81. O ano judiciário no Tribunal divide-se em dois períodos, recaindo as férias dos Ministros nos períodos de 2 a 31 de janeiro e de 2 a 31 de julho.

§ 1º O Tribunal iniciará e encerrará seus trabalhos, respectivamente, no primeiro e no último dia útil de cada período, com a realização de sessão da Corte Especial.

§ 2º Além dos fixados em lei, serão feriados no Tribunal:

I – os dias compreendidos no período de 20 de dezembro a 6 de janeiro;

- Inciso I com a redação dada pela ER nº 16, de 19-11-2014.

II – os dias da Semana Santa, compreendidos desde a quarta-feira até o domingo de Páscoa;

III – os dias de segunda e terça-feira de Carnaval;

IV – os dias 11 de agosto, 1º e 2 de novembro e 8 de dezembro.

Art. 82. Se a necessidade do serviço judiciário lhes exigir a contínua presença no Tribunal, gozarão trinta dias consecutivos de férias individuais, por semestre:

I – o Presidente e o Vice-Presidente;

II – o Corregedor-Geral da Justiça Federal.

- Inciso II com a redação dada pela ER nº 22, de 16-3-2016.

Art. 83. Suspendem-se as atividades judicantes do Tribunal nos feriados, nas férias coletivas e nos dias em que o Tribunal o determinar.

§ 1º Nas hipóteses previstas neste artigo, poderá o Presidente ou seu substituto legal decidir pedidos de liminar em mandado de segurança e *habeas corpus*, determinar liberdade provisória ou sustação de ordem de prisão, e demais medidas que reclamem urgência.

§ 2º Os Ministros indicarão seu endereço para eventual convocação durante as férias.

Art. 84. Os atos e termos do processo serão autenticados, conforme o caso, mediante a assinatura ou rubrica dos Ministros ou a dos servidores para tal fim qualificados, podendo ser produzidos, transmitidos, armazenados e assinados por meio eletrônico, na forma da lei.

- *Caput* com a redação dada pela ER nº 22, de 16-3-2016.

§§ 1º a 3º *Revogados*. ER nº 22, de 16-3-2016.

Art. 85. As peças que devam integrar ato ordinatório, instrutório ou executório poderão ser a ele anexadas em cópia autenticada.

Art. 86. Se as nulidades ou irregularidades no processamento dos feitos forem sanáveis, proceder-se-á pelo modo menos oneroso para as partes e para o serviço do Tribunal.

Art. 87. A critério do Presidente do Tribunal, dos Presidentes das Seções, das Turmas ou do relator, a comunicação oficial dos atos será feita:

• *Caput* com a redação dada pela ER nº 22, de 16-3-2016.

I – por servidor credenciado da Secretaria, na forma da lei processual;

II – por meio eletrônico, via postal ou qualquer outro modo eficaz de telecomunicação, com as cautelas necessárias à autenticação da mensagem e do seu recebimento.

• Incisos I e II com a redação dada pela ER nº 22, de 16-3-2016.

Parágrafo único. Poder-se-á admitir a resposta pela forma indicada no inciso II deste artigo.

Art. 88. Da autuação e da publicação do expediente de cada processo constará, além do nome das partes e o de seu advogado, o da respectiva sociedade a que pertença, desde que esta esteja devidamente registrada na Ordem dos Advogados do Brasil.

§ 1º Constando dos autos pedido expresso para que as comunicações dos atos processuais sejam feitas especificamente em nome dos advogados ou das sociedades indicadas, a Secretaria adotará as medidas necessárias ao seu atendimento, conforme a lei processual.

§ 2º O Presidente do Tribunal, mediante ato próprio, disciplinará o cadastramento das sociedades de advogados perante o Superior Tribunal de Justiça, para atender aos fins previstos na legislação processual.

• Art. 88 com a redação dada pela ER nº 22, de 16-3-2016.

Art. 89. As pautas do Plenário, da Corte Especial, das Seções e das Turmas serão organizadas pelos Secretários, com aprovação dos respectivos Presidentes.

Art. 90. A publicação da pauta de julgamento antecederá cinco dias úteis, pelo menos, à sessão em que os processos poderão ser chamados e será certificada nos autos.

§ 1º A pauta de julgamento será afixada na entrada da sala em que se realizará a sessão de julgamento.

§ 2º Serão incluídos em nova pauta os processos que não tiverem sido julgados, salvo aqueles expressamente adiados para a primeira sessão seguinte, observado o disposto no parágrafo único do art. 150 deste Regimento.

• Art. 90 com a redação dada pela ER nº 20, de 2-12-2015.

Art. 91. Independem de pauta:

I – o julgamento de *habeas corpus*, recursos de *habeas corpus*, conflitos de competência e de atribuições e exceções de suspeição e impedimento;

• Inciso I com a redação dada pela ER nº 22, de 16-3-2016.

II – as questões de ordem sobre o processamento de feitos.

Parágrafo único. A regra deste artigo não se aplica ao processo cuja matéria tenha sido objeto de audiência pública nos termos do inciso I do art. 185 deste Regimento.

• Parágrafo único com a redação dada pela ER nº 22, de 16-3-2016.

Art. 92. Os editais destinados à divulgação do ato poderão conter, apenas, o essencial à defesa ou à resposta, observados os requisitos processuais.

§ 1º A parte que requerer a publicação nos termos deste artigo fornecerá o respectivo resumo, respondendo pelas suas deficiências, nos termos da lei processual.

§ 2º O prazo do edital será determinado entre vinte e sessenta dias, a critério do relator, e correrá da data de sua publicação no *Diário da Justiça eletrônico*, com observância da lei processual.

§ 3º A publicação do edital deverá ser feita no prazo de vinte dias, contados de sua expedição, e certificada nos autos, sob pena de extinguir-se o processo sem resolução do mérito, se a parte, intimada pelo *Diário da Justiça eletrônico*, não suprir a falta em dez dias.

• §§ 1º a 3º com a redação dada pela ER nº 22, de 16-3-2016.

§ 4º O prazo para a defesa ou resposta começará a correr do termo do prazo determinado no edital.

Art. 93. Nenhuma publicação terá efeito de citação ou intimação, quando ocorrida nos feriados ou nas férias do Tribunal, salvo nos casos do artigo 83, § 1º.

Art. 94. A vista às partes transcorre na Secretaria, podendo o advogado retirar autos nos casos previstos em lei, mediante recibo.

§ 1º Os advogados constituídos após a remessa do processo ao Tribunal poderão, a requerimento, ter vista dos autos, na oportunidade e pelo prazo que o relator estabelecer.

§ 2º O relator indeferirá o pedido, se houver justo motivo.

Seção II

DAS ATAS E DA RECLAMAÇÃO POR ERRO

Art. 95. As atas serão lidas e submetidas à aprovação na sessão seguinte.

Art. 96. Contra erro contido em ata, poderá o interessado reclamar, dentro de quarenta e oito horas, em petição dirigida ao Presidente do Tribunal, da Seção ou da Turma, conforme o caso.

§ 1º Não se admitirá a reclamação quando importar modificação do julgado.

§ 2º A reclamação não suspenderá o prazo para recurso, salvo o disposto no artigo 98.

Art. 97. A petição será entregue ao protocolo, e por este encaminhada ao encarregado da ata, que a levará a despacho no mesmo dia com sua informação.

Art. 98. Se o pedido for julgado procedente, far-se-á retificação da ata e nova publicação.

Art. 99. A decisão que julgar a reclamação será irrecorrível.

Seção III

DAS DECISÕES

• Seção III com a redação dada pela ER nº 35, de 8-5-2019.

Art. 100. As conclusões da Corte Especial, das Seções e das Turmas, em suas decisões, constarão de acórdão.

• *Caput* com a redação dada pela ER nº 35, de 8-5-2019.

Parágrafo único. Dispensam acórdão:

I – a remessa do feito à Seção ou à Corte Especial, em razão da relevância da questão jurídica, ou da necessidade de prevenir divergência entre as Turmas;

II – a remessa do feito à Corte Especial, ou à Seção respectiva, para o fim de ser compendiada em Súmula a jurisprudência do Tribunal, ou para revisão da Súmula;

III – a conversão do julgamento em diligência;

IV – se o órgão julgador do Tribunal o determinar.

Art. 101. Subscreve o acórdão o relator que o lavrou, e, na Corte Especial, também o Ministro que presidiu o julgamento. Se o relator for vencido na questão principal, ficará designado o revisor para redigir o acórdão. Se não houver revisor, ou se este também tiver sido vencido, será designa-

REG. INTERNOS

do para redigir o acórdão o Ministro que proferiu o primeiro voto-vencedor (art. 52, II).

- *Caput* com a redação dada pela ER nº 6, de 12-8-2002.

§ 1º Se o relator, por ausência ou outro motivo relevante, não o puder fazer, lavrará o acórdão o revisor, ou o Ministro que o seguir na ordem de antiguidade.

§ 2º Se o Ministro que presidiu o julgamento na Corte Especial, por ausência ou outro motivo relevante, não puder assinar o acórdão, apenas o relator o fará, mencionando-se, no local da assinatura do Presidente, a circunstância.

- § 2º com a redação dada pela ER nº 6, de 12-8-2002.

Art. 102. A publicação do acórdão por suas conclusões e ementa far-se-á, para intimar as partes, no *Diário da Justiça eletrônico*.

- *Caput* com a redação dada pela ER nº 22, de 16-3-2016.

Parágrafo único. As partes serão intimadas, das decisões em que se tiver dispensado o acórdão, pela publicação da ata da sessão de julgamento.

Art. 103. Em cada julgamento, o relatório e os votos, fundamentados, serão juntados aos autos com o acórdão, depois de revistos.

- *Caput* com a redação dada pela ER nº 35, de 8-5-2019.

§ 1º As inexatidões materiais e os erros de escrita ou cálculo contidos na decisão poderão ser corrigidos por despacho do relator ou por via de embargos de declaração, quando couberem.

§ 2º Concluído o julgamento, o Gabinete do Ministro providenciará a elaboração dos documentos para publicação no prazo improrrogável de trinta dias.

§ 3º Decorridos os trinta dias mencionados no parágrafo anterior, os autos serão conclusos ao relator, para que lavre o acórdão.

§ 4º A publicação do acórdão no *Diário da Justiça eletrônico* far-se-á no prazo máximo de quarenta dias, contados a partir da data da sessão em que tiver sido proclamado o resultado do julgamento.

§ 5º Escoado o prazo de que trata o parágrafo anterior sem que tenha sido publicado o acórdão, a secretaria do órgão julgador providenciará, nos dez dias subsequentes, a publicação do acórdão independentemente de revisão, adotando-se como ementa a apresentação em sessão.

§ 6º O prazo de publicação ficará suspenso nos períodos de recesso e de férias coletivas.

- §§ 1º a 6º com a redação dada pela ER nº 35, de 8-5-2019.

§§ 7º e 8º *Revogados*. ER nº 35, de 8-5-2019.

Art. 104. Também se juntará aos autos, como parte integrante do acórdão, a minuta do julgamento, que conterá:

I – a decisão proclamada pelo Presidente;

II – os nomes do Presidente do órgão julgador, do relator, ou, quando vencido, do que for designado, dos demais Ministros que tiverem participado do julgamento e do Subprocurador-Geral, quando presente;

III – os nomes dos Ministros impedidos e ausentes;

IV – os nomes dos advogados que tiverem feito sustentação oral.

Art. 104-A. Os acórdãos proferidos em julgamento de incidente de assunção de competência e de recursos especiais repetitivos deverão, nos termos do § 3º do art. 1.038, c/c art. 984, § 2º, do Código de Processo Civil, conter:

I – os fundamentos relevantes da questão jurídica discutida, favoráveis ou contrários, entendidos esses como a conclusão dos argumentos deduzidos no processo capazes de, em tese, respectivamente, confirmar ou infirmar a conclusão adotada pelo órgão julgador;

II – a definição dos fundamentos determinantes do julgado;

III – a tese jurídica firmada pelo órgão julgador, em destaque;

IV – a solução dada ao caso concreto pelo órgão julgador.

§ 1º Para definição dos fundamentos determinantes do julgado, o processo poderá ter etapas diferentes de deliberação, caso o órgão julgador, mesmo com votos convergentes, tenha adotado fundamentos diversos para a solução da causa.

§ 2º O Presidente do órgão julgador, identificando que o(s) fundamento(s) determinante(s) para o julgamento da causa não possui(em) a adesão da maioria dos votos dos Ministros, convocará, na mesma sessão de julgamento, nova etapa de deliberação, que contemplará apenas a definição do(s) fundamento(s) determinante(s).

- Art. 104-A acrescido pela ER nº 24, de 28-9-2016.

Seção IV

DOS PRAZOS

Art. 105. A contagem dos prazos observará o disposto na lei processual.

- *Caput* com a redação dada pela ER nº 22, de 16-3-2016.

§§ 1º e 2º *Revogados*. ER nº 22, de 16-3-2016.

Art. 106. Não correm os prazos no período aludido no artigo 81, § 2º, I, e nas férias, salvo nas hipóteses previstas em lei.

- *Caput* com a redação dada pela ER nº 1, de 23-5-1991.

§ 1º Nos casos deste artigo, os prazos começam ou continuam a fluir no dia de reabertura do expediente.

§ 2º Também não corre prazo nas hipóteses previstas em lei, quando houver obstáculo criado em detrimento da parte ou for comprovado motivo de força maior, reconhecido pelo Tribunal.

- § 2º com a redação dada pela ER nº 22, de 16-3-2016.

§ 3º As informações oficiais apresentadas fora do prazo por justo motivo poderão ser admitidas, se ainda oportuna a sua apreciação.

Art. 107. Mediante pedido conjunto das partes, o relator poderá admitir prorrogação de prazo por tempo razoável.

Art. 108. Os prazos para diligências serão fixados nos atos que as ordenarem, salvo disposição em contrário deste Regimento.

Art. 109. Os prazos não especificados em lei ou neste Regimento serão fixados pela Corte Especial, pelo Presidente, pelas Seções, pelas Turmas, ou por seus Presidentes, ou pelo relator, conforme o caso.

§ 1º Computar-se-á em dobro o prazo para manifestações nos autos, quando forem partes o Ministério Público, a Defensoria Pública, a União, os Estados, o Distrito Federal, os Municípios ou suas respectivas autarquias e fundações de direito público.

§ 2º O Ministério Público, a Defensoria Pública e os entes públicos mencionados no § 1º serão intimados pessoalmente, mediante carga, nos autos físicos, ou por meio eletrônico, contando-se-lhes em dobro todos os prazos.

- §§ 1º e 2º com a redação dada pela ER nº 24, de 28-9-2016.

§ 3º Não se aplica o prazo em dobro ao Ministério Público quando se tratar de processo criminal.

- § 3º acrescido pela ER nº 24, de 28-9-2016.

Art. 110. Os prazos para os Ministros, salvo acúmulo de serviço, se de outra forma não dispuser a lei processual ou este Regimento, são os seguintes:

• *Caput* com a redação dada pela ER nº 22, de 16-3-2016.

I – dez dias para atos administrativos e para decisões interlocutórias;

• Inciso I com a redação dada pela ER nº 22, de 16-3-2016.

II – vinte dias para o "visto" do revisor;

III – trinta dias para o "visto" do relator.

Art. 111. Salvo disposição em contrário, os servidores do Tribunal terão o prazo de cinco dias para executar os atos do processo, inclusive para certificar a data do trânsito em julgado da decisão e, na sequência, independentemente de despacho e conforme o caso, arquivar os autos, remeter ao Supremo Tribunal Federal ou baixar ao juízo de origem.

• Artigo com a redação dada pela ER nº 22, de 16-3-2016.

Seção V

DAS DESPESAS PROCESSUAIS

o Res. STJ/GP nº 2, de 1º-2-2017, dispõe sobre o pagamento de custas judiciais e porte de remessa e retorno de autos no âmbito do STJ.

o IN STJ/GP nº 3, de 5-4-2017, disciplina a devolução de custas judiciais e de porte de remessa e retorno no âmbito administrativo do STJ.

Art. 112. No Tribunal, serão devidas custas nos processos de sua competência originária e recursal, nos termos da lei.

• *Caput* com a redação dada pela ER nº 9, de 24-9-2008.

§ 1º Não são custas os preços cobrados pelo fornecimento de cópias autenticadas ou não, ou de certidões e traslados por fotocópia ou processo equivalente de reprodução.

§ 2º O pagamento dos preços será antecipado ou garantido com depósito, consoante tabela aprovada pelo Presidente.

o Súm. nº 187 do STJ.

§ 3º O Presidente do Tribunal, anualmente, fará expedir a tabela de custas atualizada segundo o índice estabelecido em lei.

• § 3º acrescido pela ER nº 9, de 24-9-2008.

§ 4º É dispensado o recolhimento do porte de remessa e de retorno no processo em autos eletrônicos.

§ 5º O Presidente do Tribunal, mediante instrução normativa, disciplinará o regime de cobrança do porte de remessa e retorno dos autos dos processos que tiverem de ser digitalizados.

• §§ 4º e 5º acrescidos pela ER nº 22, de 16-3-2016.

Art. 113. O preparo de recurso da competência do Supremo Tribunal Federal será feito no prazo e na forma do disposto na lei processual, bem como no Regimento Interno e na Tabela de Custas do Supremo Tribunal Federal.

• Artigo com a redação dada pela ER nº 22, de 16-3-2016.

o Res. STJG/GP nº 2, de 1º-2-2017, dispõe sobre o pagamento de custas judiciais e porte de remessa e retorno de autos no âmbito do STJ.

o IN STJ/GP nº 3, de 5-4-2017, disciplina a devolução de custas judiciais e de porte de remessa e retorno no âmbito administrativo do STJ.

Seção VI

DA ASSISTÊNCIA JUDICIÁRIA

Art. 114. O requerimento dos benefícios da assistência judiciária, no Tribunal, será apresentado ao Presidente ou ao relator, conforme o estado da causa, na forma da Lei nº 1.060/50, com as alterações introduzidas pela Lei nº 7.510/86.

o Lei nº 1.060, de 5-2-1950 (Lei de Assistência Judiciária).

Art. 115. Sem prejuízo da nomeação, quando couber, de defensor ou curador dativo, o pedido de assistência judiciária será decidido de acordo com a legislação em vigor.

§ 1º Não cabe recurso da decisão que se proferir, mas a Corte Especial, a Seção ou a Turma, ao conhecerem do feito, poderão conceder o benefício negado.

§ 2º Prevalecerá no Tribunal a assistência judiciária já concedida em outra instância.

Art. 116. Nos crimes de ação privada, o Presidente ou o relator, a requerimento da parte necessitada, oficiará à Defensoria Pública da União para que promova a ação penal quando de competência originária do Tribunal, ou intimará membro da Defensoria Pública a prosseguir no processo quando em grau de recurso.

• Artigo com a redação dada pela ER nº 19, de 11-11-2015.

Seção VII

DOS DADOS ESTATÍSTICOS

Art. 117. Serão divulgados, mensalmente, dados estatísticos sobre os trabalhos do Tribunal no mês anterior, entre os quais: o número de votos que cada Ministro, nominalmente indicado, proferiu como relator ou revisor, o número de feitos que lhe foram distribuídos no mesmo período e o número de processos que recebeu em consequência de pedido de vista ou como revisor.

Parágrafo único. Os dados estatísticos solicitados pelo Conselho Nacional de Justiça serão transmitidos eletronicamente.

• Parágrafo único acrescido pela ER nº 22, de 16-3-2016.

CAPÍTULO IV

DA JURISPRUDÊNCIA

Seção I

DA UNIFORMIZAÇÃO DE JURISPRUDÊNCIA

• Seção I revogada pela ER nº 22, de 16-3-2016.

Arts. 118 a 121. *Revogados.* ER nº 22, de 16-3-2016.

Seção I-A

DO REGISTRO E DA FORMAÇÃO DOS PRECEDENTES QUALIFICADOS

• Seção I-A acrescida pela ER nº 24, de 28-9-2016.

Art. 121-A. Os acórdãos proferidos em julgamento de incidente de assunção de competência e de recursos especiais repetitivos bem como os enunciados de súmulas do Superior Tribunal de Justiça constituem, segundo o art. 927 do Código de Processo Civil, precedentes qualificados de estrita observância pelos Juízes e Tribunais.

§ 1º Os incidentes de assunção de competência e os processos afetados para julgamento sob o rito dos recursos especiais repetitivos serão organizados e divulgados por meio de enunciados de temas com numeração sequencial, contendo o registro da matéria a ser decidida e, após o julgamento, a tese firmada e seus fundamentos determinantes.

§ 2º Os precedentes qualificados deverão ser divulgados na internet, de forma sistematizada, com a indicação precisa das informações relacionadas a todas as fases percorridas de seu procedimento.

• Art. 121-A acrescido pela ER nº 24, de 28-9-2016.

Seção II

DA SÚMULA

Art. 122. A jurisprudência firmada pelo Tribunal será compendiada na Súmula do Superior Tribunal de Justiça.

REG. INTERNOS

§ 1º Poderão ser inscritos na súmula os enunciados correspondentes às decisões firmadas por unanimidade dos membros componentes da Corte Especial ou da Seção, em um caso, por maioria absoluta em pelo menos dois julgamentos concordantes.

• § 1º com a redação dada pela ER nº 24, de 28-9-2016.

§ 2º A inclusão da matéria objeto de julgamento na Súmula da Jurisprudência do Tribunal será deliberada pela Corte Especial ou pela Seção, por maioria absoluta dos seus membros.

§ 3º Se a Seção entender que a matéria a ser sumulada é comum às Seções, remeterá o feito à Corte Especial.

Art. 123. Os enunciados da Súmula, seus adendos e emendas, datados e numerados, serão publicados três vezes no *Diário da União*, em datas próximas.

Parágrafo único. As edições ulteriores da Súmula incluirão os adendos e emendas.

Art. 124. A citação da Súmula pelo número correspondente dispensará, perante o Tribunal, a referência a outros julgados no mesmo sentido.

Art. 125. Os enunciados da Súmula prevalecem e serão revistos na forma estabelecida neste Regimento Interno.

§ 1º Qualquer dos Ministros poderá propor, em novos feitos, a revisão da jurisprudência compendiada na Súmula, sobrestando-se o julgamento, se necessário.

§ 2º Se algum dos Ministros propuser revisão da jurisprudência compendiada na súmula, em julgamento perante a Turma, esta, se acolher a proposta, remeterá o feito ao julgamento da Corte Especial ou da Seção, dispensada a lavratura do acórdão, juntando-se, entretanto, a certidão de julgamento e tomando-se o parecer do Ministério Público Federal.

• § 2º com a redação dada pela ER nº 35, de 8-5-2019.

§ 3º A alteração ou o cancelamento do enunciado da Súmula serão deliberados na Corte Especial ou nas Seções, conforme o caso, por maioria absoluta dos seus membros, com a presença de, no mínimo, dois terços de seus componentes.

§ 4º Ficarão vagos, com a nota correspondente, para efeito de eventual restabelecimento, os números dos enunciados que o Tribunal cancelar ou alterar, tomando os que forem modificados novos números da série.

Art. 126. Qualquer Ministro poderá propor, na Turma, a remessa do feito à Corte Especial, ou à Seção, para o fim de ser compendiada em Súmula a jurisprudência do Tribunal, quando verificar que as Turmas não divergem na interpretação do direito.

§ 1º Na hipótese referida neste artigo, dispensa-se a lavratura de acórdão, certificada nos autos a decisão da Turma.

• § 1º com a redação dada pela ER nº 35, de 8-5-2019.

§ 2º O processo e o julgamento observarão, no que couber, o disposto nos arts. 271-B e seguintes deste Regimento.

• § 2º com a redação dada pela ER nº 24, de 28-9-2016.

§ 3º A Comissão de Jurisprudência poderá, também, propor à Corte Especial ou à Seção que seja compendiada em Súmula a jurisprudência do Tribunal, quando verificar que as Turmas não divergem na interpretação do direito.

§ 4º Proferido o julgamento, em decisão tomada pela maioria absoluta dos membros que integram o Órgão Julgador, o relator deverá redigir o projeto de súmula, a ser aprovado pelo Tribunal na mesma sessão ou na primeira sessão ordinária seguinte.

• § 4º acrescido pela ER nº 22, de 16-3-2016.

Art. 127. Quando convier pronunciamento da Corte Especial ou da Seção, em razão da relevância da questão jurídica, ou da necessidade de prevenir divergências entre as Turmas, o relator, ou outro Ministro, no julgamento de qualquer recurso, poderá propor a remessa do feito à apreciação da Seção respectiva, ou da Corte Especial, se a matéria for comum às Seções.

§ 1º Acolhida a proposta, a Turma remeterá o feito ao julgamento da Seção ou da Corte Especial, dispensada a lavratura do acórdão. Com a certidão de julgamento, os autos irão ao Presidente do órgão do Tribunal, para designar a sessão de julgamento. A secretaria expedirá cópias do relatório e fará sua distribuição aos Ministros que compuserem o órgão competente para o julgamento.

• § 1º com a redação dada pela ER nº 35, de 8-5-2019.

§ 2º Proferido o julgamento, cópia do acórdão será, no prazo da sua publicação, remetida à Comissão de Jurisprudência, para elaboração de projeto de Súmula, se for o caso.

Seção III

DA DIVULGAÇÃO DA JURISPRUDÊNCIA

Art. 128. A jurisprudência do Tribunal será divulgada pelas seguintes publicações:

• *Caput* com a redação dada pela ER nº 1, de 23-5-1991.

I – *Diário da Justiça eletrônico*;

• Inciso I com a redação dada pela ER nº 22, de 16-3-2016.

II – *Revogado*. ER nº 10, de 11-11-2009.

III – *Revista do Superior Tribunal de Justiça*;

IV – repositórios autorizados.

• Incisos III e IV com a redação dada pela ER nº 1, de 23-5-1991.

Art. 129. Serão publicadas no *Diário da Justiça eletrônico* as ementas de todos os acórdãos do Tribunal e as decisões dos relatores, sem prejuízo de sua divulgação em meio eletrônico diverso.

• *Caput* com a redação dada pela ER nº 22, de 16-3-2016.

§ 1º Autorizando o relator, as suas decisões poderão ser publicadas por ementas.

§ 2º Quando de idêntico conteúdo, as decisões e as ementas de acórdãos e de decisões poderão ser publicadas com única redação, indicando-se o número dos respectivos processos.

• §§ 1º e 2º acrescidos pela ER nº 6, de 12-8-2002.

Seção III-A

DO GABINETE DA REVISTA

• Seção III-A acrescida pela ER nº 34, de 8-5-2019.

Art. 129-A. O Gabinete da Revista será responsável por editar as seguintes publicações repositório de jurisprudência:

I – *Revista do Superior Tribunal de Justiça*;

II – *Revista de Súmulas do Superior Tribunal de Justiça*;

III – Outras a critério do Ministro Diretor da Revista.

Art. 129-B. Mediante ato do Ministro Diretor da Revista, o Gabinete editará, ainda, as publicações especiais em memória de eventos relevantes do Tribunal, o Regimento Interno do Superior Tribunal de Justiça e a *Revista Jurídica do Superior Tribunal de Justiça*.

• Arts. 129-A e 129-B com a redação dada pela ER nº 34, de 8-5-2019.

Art. 130. *Revogado*. ER nº 10, de 11-11-2009.

Art. 131. Na *Revista do Superior Tribunal de Justiça* serão publicados em seu inteiro teor:

• *Caput* com a redação dada pela ER nº 1, de 23-5-1991.

I – os acórdãos selecionados pelo Ministro Diretor;

II – os atos normativos expedidos pelo Tribunal e pelo Conselho de Justiça Federal;

III – as Súmulas editadas pela Corte e pelas Seções.

- Incisos I a III com a redação dada pela ER nº 1, de 23-5-1991.

§ 1º As decisões sobre matéria constitucional e as que ensejarem a edição de Súmulas serão, também, publicadas em volumes seriados, distintos da publicação normal da *Revista*.

§ 2º A Comissão de Jurisprudência colaborará na seleção dos acórdãos a publicar, dando-se preferência aos que forem indicados pelos respectivos relatores.

- §§ 1º e 2º com a redação dada pela ER nº 1, de 23-5-1991.

§ 3º *Revogado*. ER nº 34, de 8-5-2019.

Art. 132. A direção da *Revista* é exercida por um Ministro, escolhido pelo Tribunal, nos termos do artigo 17 deste Regimento.

- *Caput* com a redação dada pela ER nº 4, de 2-12-1993.

Parágrafo único. No caso de vacância, o Tribunal escolherá outro Ministro para completar o período.

- Parágrafo único com a redação dada pela ER nº 1, de 23-5-1991.

Art. 133. São repositórios autorizados as publicações de entidades oficiais ou particulares, habilitadas na forma deste Regimento.

Art. 134. Para a habilitação prevista no artigo anterior, o representante ou editor responsável pela publicação solicitará inscrição por escrito ao Ministro Diretor da Revista, com os seguintes elementos:

I – denominação, sede e endereço da pessoa jurídica que edita a revista;

II – nome de seu diretor ou responsável;

III – um exemplar dos três números antecedentes ao mês do pedido de inscrição, dispensáveis no caso de a Biblioteca do Tribunal já os possuir;

IV – compromisso de os acórdãos selecionados para publicação corresponderem, na íntegra, às cópias fornecidas, gratuitamente, pelo Tribunal, autorizada a supressão do nome das partes e seus advogados.

Parágrafo único. Poderão ser credenciadas como repositório da jurisprudência, para os efeitos do § 1º, *b*, do artigo 255 deste Regimento, publicações especializadas, sem a obrigação de divulgar a jurisprudência deste Tribunal.

Art. 135. O deferimento da inscrição implicará a obrigação de fornecer, gratuitamente, dois exemplares de cada publicação subsequente à Biblioteca do Tribunal.

Art. 136. A inscrição poderá ser cancelada a qualquer tempo, por conveniência do Tribunal.

Art. 137. As publicações inscritas poderão mencionar seu registro como repositórios autorizados de divulgação dos julgados do Tribunal.

Art. 138. A direção da Revista manterá em dia o registro das inscrições e cancelamentos, articulando-se com a Biblioteca para efeito de acompanhar o atendimento da obrigação prevista no artigo 135.

- Arts. 133 a 138 com a redação dada pela ER nº 1, de 23-5-1991.

TÍTULO II – DAS PROVAS

CAPÍTULO I

DISPOSIÇÃO GERAL

Art. 139. A proposição, admissão e produção de provas, no Tribunal, obedecerão às leis processuais, observados os preceitos especiais deste título.

CAPÍTULO II

DOS DOCUMENTOS E INFORMAÇÕES

Art. 140. Se a parte não puder instruir, desde logo, suas alegações, por impedimento ou demora em obter certidões ou cópias autenticadas de notas ou registros em estabelecimentos públicos, o relator conceder-lhe-á prazo para esse fim ou as requisitará diretamente àqueles estabelecimentos.

Art. 141. *Revogado*. ER nº 22, de 16-3-2016.

Art. 142. Em caso de impugnação, ou por determinação do relator, as partes deverão provar a fidelidade da transcrição de textos de leis e demais atos do poder público, bem como a vigência e o teor de normas pertinentes à causa, quando emanarem de Estado estrangeiro, de organismo internacional, ou, no Brasil, de Estados e Municípios.

Art. 143. A parte será intimada por publicação no *Diário da Justiça eletrônico* ou, se o relator o determinar, pela forma indicada no art. 87 deste Regimento, para pronunciar-se sobre documento juntado pela parte contrária, após a última intervenção dela no processo.

- Artigo com a redação dada pela ER nº 22, de 16-3-2016.

Art. 144. Os Ministros poderão solicitar esclarecimentos ao advogado, durante o julgamento, sobre peças dos autos e sobre as citações que tiver feito de textos legais, de precedentes judiciais e de trabalhos doutrinários.

CAPÍTULO III

DA APRESENTAÇÃO DE PESSOAS E OUTRAS DILIGÊNCIAS

Art. 145. Quando, em qualquer processo, for necessária a apresentação da parte ou de terceiro que não tiver atendido à notificação, a Corte Especial, a Seção, a Turma ou o relator poderá expedir ordem de condução de recalcitrante.

Art. 146. Observar-se-ão as formalidades da lei na realização de exames periciais, arbitramentos, buscas e apreensões, na exibição e conferência de documentos e em quaisquer outras diligências determinadas ou deferidas pela Corte Especial, pela Seção, pela Turma ou pelo relator.

CAPÍTULO IV

DOS DEPOIMENTOS

Art. 147. Os depoimentos poderão ser gravados com a utilização de recursos audiovisuais, e os termos de audiência serão assinados no ato pelo relator, pelo depoente, pelo membro do Ministério Público e pelos advogados.

- *Caput* com a redação dada pela ER nº 35, de 8-5-2019.

§ 1º Admite-se a prática de atos processuais por meio de videoconferência ou de outro recurso tecnológico de transmissão de sons e imagens em tempo real.

§ 2º Aplica-se o disposto neste artigo ao interrogatório.

- §§ 1º e 2º acrescidos pela ER nº 22, de 16-3-2016.

TÍTULO III – DAS SESSÕES

CAPÍTULO I

DISPOSIÇÕES GERAIS

Art. 148. O Plenário reúne-se, mediante convocação do Presidente, quando houver matéria em pauta.

Parágrafo único. Haverá sessão da Corte Especial, de Seção ou de Turmas nos dias designados e, extraordinariamente, mediante convocação especial.

Art. 149. Nas sessões, o Presidente tem assento na parte central da mesa de julgamento, ficando o representante do Ministério Público à sua direita. Os demais Ministros sentar-se-ão, pela ordem de antiguidade, alternadamente, nos lugares laterais, a começar pela direita.

§ 1º Se o Presidente do Tribunal comparecer à Seção ou à Turma, para julgar processo a que estiver vinculado, assumirá a sua presidência.

§ 2º Havendo juiz convocado, este tomará o lugar do Ministro mais moderno; se houver mais de um juiz convocado, a antiguidade será regulada na seguinte ordem:

a) pela data da convocação;

b) pela posse no Tribunal de origem.

Art. 150. As sessões ordinárias começarão às quatorze horas, podendo ser prorrogadas após as dezoito horas, sempre que o serviço o exigir.

Parágrafo único. Em caso de acúmulo de processos pendentes de julgamento, poderá a Seção ou a Turma marcar o prosseguimento da sessão para o subsequente dia livre, considerando-se intimados os interessados, mediante o anúncio em sessão.

• Parágrafo único com a redação dada pela ER nº 1, de 23-5-1991.

Art. 151. As sessões e votações serão públicas, ressalvada a hipótese prevista no artigo 93, IX, da Constituição Federal e as disposições inscritas nos artigos 182, 183 e 184 deste Regimento.

§ 1º Os advogados ocuparão a tribuna para formular requerimento, produzir sustentação oral, ou para responder às perguntas que lhes forem feitas pelos Ministros.

§ 2º Aos advogados é facultado requerer que conste de ata sua presença na sessão de julgamento, podendo prestar esclarecimentos em matéria de fato.

§ 3º Os advogados deverão usar beca sempre que ocuparem a tribuna.

Art. 152. Nas sessões do Plenário, da Corte Especial, de Seção e de Turma, observar-se-á a seguinte ordem, no que couber:

I – verificação do número de Ministros;

II – leitura, discussão e aprovação da ata da sessão anterior;

III – indicações e propostas;

IV – julgamento dos processos.

Art. 153. Os processos conexos poderão ser objeto de um só julgamento, fazendo-se a oportuna apensação.

Parágrafo único. Os processos que versem sobre a mesma questão jurídica, ainda que apresentem aspectos peculiares, poderão ser julgados conjuntamente.

• Parágrafo único com a redação dada pela ER nº 1, de 23-5-1991.

Art. 154. No julgamento das ações penais originárias, das revisões criminais, dos pedidos de intervenção federal, dos recursos especiais, dos embargos de divergência, dos recursos ordinários, dos mandados de segurança, dos recursos ordinários em mandados de segurança, dos mandados de injunção e das ações rescisórias, o relator distribuirá, sempre que possível, por meio eletrônico, cópia do relatório aos demais integrantes do órgão julgador.

• Artigo com a redação dada pela ER nº 24, de 28-9-2016.

Art. 155. Os julgamentos a que este Regimento ou a lei não derem prioridade serão realizados, preferencialmente, segundo a ordem de conclusão dos feitos, nos termos da legislação processual.

• *Caput* com a redação dada pela ER nº 22, de 16-3-2016.

Parágrafo único. *Revogado.* ER nº 22, de 16-3-2016.

Art. 156. A Secretaria atenderá, preferencialmente, à ordem cronológica de recebimento dos pronunciamentos judiciais para sua publicação e efetivação, nos termos da legislação processual.

• Artigo com a redação dada pela ER nº 22, de 16-3-2016.

Art. 157. Quando deferida preferência solicitada pelo representante do Ministério Público, para processo em que houver medida liminar ou acautelatória, o julgamento far-se-á com prioridade.

Art. 158. O pedido de sustentação oral deverá ser requerido à coordenadoria do órgão julgador:

• *Caput* com a redação dada pela ER nº 28, de 6-12-2017.

I – até dois dias úteis após a publicação da pauta, com preferência sobre as demais sustentações, respeitada a ordem de inscrição, e sem prejuízo das preferências legais e regimentais;

II – ainda que ultrapassado o prazo previsto no inciso anterior, o pedido de sustentação oral poderá ser feito até o início da sessão.

• Incisos I e II acrescidos pela ER nº 28, de 6-12-2017.

§ 1º Terão preferência para a sustentação oral, na seguinte ordem, mediante comprovação de sua condição, aqueles com necessidades especiais; as gestantes, as lactantes, enquanto perdurar o estado gravídico ou o período de amamentação; as adotantes, as que derem à luz, pelo período de 120 dias (art. 7-A da Lei n. 8.906, de 4 de julho de 1994); e os idosos com idade igual ou superior a sessenta anos.

• § 1º com a redação dada pela ER nº 25, de 13-12-2016.

§ 2º O Plenário poderá disciplinar o uso de videoconferência ou de outro recurso tecnológico de transmissão de sons e imagens em tempo real, para realização de sustentação oral.

• § 2º com a redação dada pela ER nº 28, de 6-12-2017.

Art. 159. Não haverá sustentação oral no julgamento de:

• *Caput* com a redação dada pela ER nº 22, de 16-3-2016.

I – embargos declaratórios;

II – arguição de suspeição;

III – tutela de urgência requerida no Superior Tribunal de Justiça, em caráter antecedente;

IV – agravo, salvo expressa disposição legal em contrário;

V – exceção de suspeição;

VI – exceção de impedimento;

VII – medidas protetivas de urgência – Lei Maria da Penha;

VIII – medidas protetivas – Estatuto do Idoso;

IX – pedido de busca e apreensão criminal;

X – pedido de quebra de sigilo de dados e/ou telefônico;

XI – cautelar inominada criminal;

XII – alienação de bens do acusado;

XIII – embargos de terceiro;

XIV – embargos do acusado;

XV – insanidade mental do acusado;

XVI – restituição de coisas apreendidas;

XVII – pedido de uniformização de interpretação de lei;

XVIII – prisão preventiva;

XIX – prisão temporária.

• Incisos I a XIX acrescidos pela ER nº 22, de 16-3-2016.

§ 1º Nos demais julgamentos, o Presidente da Corte Especial, da Seção ou da Turma, feito o relatório dará a palavra, sucessivamente, ao autor, recorrente ou impetrante, e ao réu, recorrido ou impetrado, para sustentação de suas alegações.

§ 2º Se o representante do Ministério Público estiver agindo como fiscal da lei, fará uso da palavra após o recorrente e o recorrido.

Art. 160. Nos casos do § 1º do artigo anterior, assim como no agravo interno (art. 259), cada uma das partes falará pelo tempo máximo de quinze minutos, excetuados os julgamentos da ação penal originária, na qual o prazo será de uma hora (art. 229, V), e do agravo regimental em matéria penal (art. 258), no qual o tempo máximo será de cinco minutos.

• *Caput* com a redação dada pela ER nº 41, de 26-9-2022.

§ 1º O representante do Ministério Público terá prazo igual ao das partes, quando em tal situação processual estiver agindo.

§ 2º Se houver litisconsortes não representados pelo mesmo advogado, o prazo será contado em dobro e dividido igualmente entre os do mesmo grupo, se diversamente não o convencionarem.

§ 3º O opoente falará após as partes originárias e pelo mesmo prazo.

§ 4º O assistente, na ação penal pública, falará depois do representante do Ministério Público, a menos que o recurso seja dele.

§ 5º O representante do Ministério Público falará depois do autor da ação penal privada.

§ 6º Se, em ação penal, houver recurso de corréus, em posição antagônica, cada grupo terá prazo completo para falar.

§ 7º Nos processos criminais, havendo corréus que sejam coautores do delito, se não tiverem o mesmo defensor, o prazo será contado em dobro e dividido igualmente entre os defensores, salvo se convencionarem outra divisão do tempo.

§ 8º Admitida a intervenção de terceiros nas hipóteses de recurso especial repetitivo, fica-lhes facultado produzir sustentação oral, observado o § 2º deste artigo.

• § 8º acrescido pela ER nº 20, de 2-12-2015.

Art. 161. Cada Ministro poderá falar duas vezes sobre o assunto em discussão e mais uma vez, se for o caso, para explicar a modificação de voto. Nenhum falará sem que o Presidente lhe conceda a palavra, nem interromperá aquele que a estiver usando.

§ 1º Em qualquer fase do julgamento, posterior ao relatório ou à sustentação oral, poderão os julgadores pedir esclarecimentos ao relator, ao revisor e aos advogados dos litigantes, quando presentes, sobre fatos e circunstâncias pertinentes à matéria em debate, ou, ainda, pedir vista dos autos, caso em que o julgamento será suspenso. Surgindo questão nova, o próprio relator poderá pedir a suspensão do julgamento por uma única oportunidade.

• Parágrafo único transformado em § 1º pela ER nº 33, de 8-5-2019.

§ 2º Havendo segundo pedido de vista dos autos, o pleito será tido como coletivo, de modo que o prazo de sessenta dias constante do art. 162 deste Regimento será contado de forma conjunta, beneficiando-se da prorrogação do prazo por trinta dias apenas os Ministros que a requererem.

§ 3º O pedido de vista coletivo impede a posterior solicitação de vista de qualquer Ministro.

§ 4º O julgador poderá proferir seu voto-vista mesmo que os Ministros que o antecedem na ordem de votação ainda não estejam habilitados para tal.

• §§ 2º a 4º acrescidos pela ER nº 33, de 8-5-2019.

Art. 162. Nos julgamentos, o pedido de vista não impede votem os Ministros que se tenham por habilitados a fazê-lo, e o Ministro que o formular restituirá os autos ao Presidente do Órgão Julgador dentro de, no máximo, sessenta dias a contar do momento em que os autos lhe forem disponibilizados, devendo prosseguir o julgamento do feito na sessão subsequente ao fim do prazo, com ou sem o voto-vista.

• *Caput* com a redação dada pela ER nº 17, de 17-12-2014.

§ 1º O prazo a que se refere o *caput* poderá ser prorrogado por trinta dias, mediante requerimento fundamentado ao Colegiado.

§ 2º O prazo de restituição dos autos ficará suspenso nos períodos de recesso e de férias coletivas.

§ 3º O julgamento que tiver sido iniciado prosseguirá, computando-se os votos já proferidos pelos Ministros, mesmo que não compareçam ou hajam deixado o exercício do cargo, ainda que o Ministro afastado seja o relator.

• §§ 1º a 3º com a redação dada pela ER nº 17, de 17-12-2014.

§ 4º Não participará do julgamento o Ministro que não tiver assistido à sustentação oral.

§ 5º Se, para efeito do *quorum* ou desempate na votação, for necessário o voto de Ministro que não tenha assistido à sustentação oral, esta será renovada, computando-se os votos proferidos.

§ 6º Nos casos de julgamento de declaração de inconstitucionalidade de lei ou ato normativo do Poder Público, recurso especial repetitivo, revisão de tese firmada em recurso repetitivo, incidente de assunção de competência e revisão de tese firmada em incidente de assunção de competência, se o órgão julgador entender necessária a tomada de votos de Ministros que não assistiram à sustentação oral, aplicar-se-á o disposto no parágrafo anterior.

§ 7º Se estiver ausente o Ministro que houver comparecido ao início do julgamento, mas ainda não tiver votado, o seu voto será dispensado, desde que obtidos suficientes votos concordantes sobre todas as questões.

• §§ 4º a 7º com a redação dada pela ER nº 32, de 8-5-2019.

§ 8º Ausente o Presidente que iniciou o julgamento, este prosseguirá sob a presidência de seu substituto. Na Corte Especial ou na Seção, a substituição será feita por quem não houver proferido voto.

• § 8º acrescido pela ER nº 32, de 8-5-2019.

Art. 163. Concluído o debate oral, o Presidente tomará os votos do relator, do revisor, se houver, e dos outros Ministros, que os seguirem na ordem decrescente de antiguidade. Esgotada a lista, o imediato ao Ministro mais moderno será o mais antigo. Encerrada a votação, o Presidente proclamará a decisão.

Art. 164. As questões preliminares serão julgadas antes do mérito, deste não se conhecendo se incompatível com a decisão daquelas.

§ 1º Se, antes ou no curso do relatório, algum dos Ministros suscitar preliminar, será ela, antes de julgada, discutida pelas partes, que poderão usar da palavra. Se não for acolhida, o relator fará o relatório, prosseguindo-se no julgamento.

§ 2º Quando a preliminar versar nulidade suprível, converter-se-á o julgamento em diligência e o relator, se for necessário, ordenará a remessa dos autos à instância inferior, para os fins de direito.

Art. 165. Se for rejeitada a preliminar, ou, se embora acolhida, não vedar a apreciação do mérito, seguir-se-ão a discussão e o julgamento da matéria principal, e sobre ela também proferirão votos os Ministros vencidos na anterior conclusão.

Art. 166. Preferirá aos demais, com dia designado, o processo cujo julgamento houver sido suspenso, salvo se o adiamento tiver resultado de vista e se estiver aguardando a devolução dos autos.

Art. 167. O julgamento, uma vez iniciado, ultimar-se-á na mesma sessão, ainda que excedida a hora regimental.

Art. 168. A Corte Especial, a Seção ou a Turma poderão converter o julgamento em diligência, quando necessária à decisão da causa. Neste caso, o feito será novamente incluído em pauta.

• Artigo com a redação dada pela ER nº 1, de 23-5-1991.

CAPÍTULO II
DAS SESSÕES SOLENES

Art. 169. O Tribunal, pelo seu Plenário, reúne-se em sessão solene:

I – para dar posse aos Ministros e aos titulares de sua direção;

II – para celebrar acontecimentos de alta relevância, mediante convocação do Presidente.

Art. 170. O cerimonial das sessões será regulado por ato do Presidente.

CAPÍTULO III
DAS SESSÕES DO PLENÁRIO

Art. 171. O Plenário, que se reúne com a presença da maioria absoluta dos seus membros, é dirigido pelo Presidente do Tribunal.

Parágrafo único. Quando o Plenário se reunir para apreciar e deliberar a respeito das matérias inscritas no artigo 10, II, IV, V, VI e VII, deste Regimento, será observado o *quorum* de dois terços dos membros do Tribunal.

CAPÍTULO IV
DAS SESSÕES DA CORTE ESPECIAL

Art. 172. A Corte Especial, que se reúne com a presença da maioria absoluta de seus membros, é dirigida pelo Presidente do Tribunal.

Parágrafo único. No julgamento de matéria constitucional, intervenção federal, ação penal originária, sumulação de jurisprudência e alteração ou cancelamento de enunciado de súmula e incidente de assunção de competência, será exigida a presença de dois terços de seus membros.

• Parágrafo único com a redação dada pela ER nº 24, de 28-9-2016.

Art. 173. Terão prioridade no julgamento da Corte Especial:

I – as causas criminais, havendo réu preso;

II – o mandado de segurança, o mandado de injunção e o *habeas data*;

○ Lei nº 13.300, de 23-6-2016 (Lei do Mandado de Injunção).

III – a requisição de intervenção federal nos Estados;

IV – as reclamações;

V – os conflitos de competência e de atribuições;

VI – recurso especial repetitivo.

• Inciso VI acrescido pela ER nº 22, de 16-3-2016.

Art. 174. Excetuados os casos em que se exige o voto de maioria qualificada, as decisões serão tomadas pelo voto da maioria dos Ministros.

Art. 175. O Presidente não proferirá voto, salvo:

I – nos casos em que o julgamento depender de *quorum* qualificado para apuração do resultado;

II – em matéria administrativa;

III – nos demais casos, quando ocorrer empate.

CAPÍTULO V
DAS SESSÕES DAS SEÇÕES

Art. 176. As Seções se reúnem com a presença da maioria absoluta de seus integrantes.

Parágrafo único. No julgamento da sumulação de jurisprudência e alteração ou cancelamento de súmula e incidente de assunção de competência, será exigida a presença de dois terços de seus membros.

• Parágrafo único com a redação dada pela ER nº 24, de 28-9-2016.

Art. 177. Terão prioridade no julgamento da Seção:

I – as causas criminais, havendo réu preso;

II – os *habeas corpus*;

III – o mandado de segurança e o *habeas data*;

IV – os conflitos de competência e de atribuições;

V – recurso especial repetitivo.

• Inciso V acrescido pela ER nº 22, de 16-3-2016.

Art. 178. Excetuados os casos em que se exige o voto da maioria absoluta dos seus membros, as decisões serão tomadas pelo voto da maioria dos Ministros.

CAPÍTULO VI
DAS SESSÕES DAS TURMAS

Art. 179. As Turmas reúnem-se com a presença de, pelo menos, três Ministros.

Art. 180. Terão prioridade no julgamento das Turmas:

I – as causas criminais, havendo réu preso;

II – os *habeas corpus*.

Art. 181. A decisão da Turma será tomada pelo voto da maioria absoluta dos seus membros.

§ 1º O Presidente da Turma participa dos seus julgamentos com as funções de relator, revisor e vogal.

§ 2º Não alcançada a maioria de que trata este artigo, será adiado o julgamento para o fim de ser tomado o voto do Ministro ausente.

§ 3º Persistindo a ausência, ou havendo vaga, impedimento ou licença, por mais de um mês, convocar-se-á Ministro de outra Turma (artigo 55).

§ 4º No *habeas corpus* e no recurso em *habeas corpus*, havendo empate, prevalecerá a decisão mais favorável ao paciente.

CAPÍTULO VII
DAS SESSÕES ADMINISTRATIVAS E DE CONSELHO

Art. 182. Observado o disposto no artigo 151, serão reservadas as sessões:

I – quando o Presidente ou algum dos Ministros pedir que a Corte Especial, a Seção ou Turma se reúna em Conselho;

II – quando convocadas pelo Presidente para assunto administrativo ou da economia interna do Tribunal.

Art. 183. As sessões do Conselho de Administração serão reservadas.

Parágrafo único. Nenhuma pessoa, além dos Ministros, será admitida às sessões reservadas do Conselho de Administração e nos casos do inciso II do artigo anterior.

Art. 184. As decisões tomadas em sessão administrativa serão motivadas, sendo as disciplinares tomadas pelo voto da maioria absoluta dos membros do órgão julgador.

TÍTULO III-A – DO JULGAMENTO VIRTUAL

- Título III-A acrescido pela ER nº 27, de 13-12-2016.

CAPÍTULO I
DISPOSIÇÕES GERAIS

- Capítulo I acrescido pela ER nº 27, de 13-12-2016.

Art. 184-A. Ficam criados órgãos julgadores virtuais correspondentes à Corte Especial, às Seções e às Turmas do Superior Tribunal de Justiça, com a finalidade de julgamento eletrônico de recursos.

- *Caput* do art 184-A com a redação dada pela ER nº 36, de 24-3-2020.

Parágrafo único. Os seguintes recursos podem ser submetidos ao julgamento virtual:

I – Embargos de Declaração;

II – Agravo Interno;

III – Agravo Regimental.

- Parágrafo único acrescido pela ER nº 27, de 13-12-2016.

Art. 184-B. As sessões virtuais devem estar disponíveis para acesso às partes, a seus advogados, aos defensores públicos e aos membros do Ministério Público na página do Superior Tribunal de Justiça na internet, mediante identificação eletrônica.

- *Caput* com a redação dada pela ER nº 40, de 29-4-2021.

§ 1º As sustentações orais e os memoriais podem ser encaminhados por meio eletrônico, após a publicação da pauta em até 48 horas antes de iniciado o julgamento em ambiente virtual, observado o disposto nos arts. 159, 160 e 184-A, parágrafo único.

§ 2º Transcorrido o prazo previsto no parágrafo único do art. 184-D, será franqueado o acesso às sustentações orais e memoriais, com exceção dos processos sigilosos, aos quais só as partes, seus respectivos advogados e o Ministério Público terão acesso.

- §§ 1º e 2º acrescidos pela ER nº 41, de 26-9-2022.

Art. 184-C. As sessões virtuais contemplarão as seguintes etapas:

- *Caput* do art. 184-C acrescido pela ER nº 27, de 13-12-2016.

I – inclusão do processo, pelo relator, na plataforma eletrônica para julgamento;

II – publicação da pauta no *Diário da Justiça eletrônico* com a informação da inclusão do processo;

- Incisos I e II acrescidos pela ER nº 27, de 13-12-2016.

III – início das sessões virtuais, que coincidirá, preferencialmente, com as sessões ordinárias dos respectivos órgãos colegiados, restringindo-se, no caso das Turmas, às sessões ordinárias de terça-feira;

- Inciso III com a redação dada pela ER nº 36, de 24-3-2020.

IV – fim do julgamento, que corresponderá ao sétimo dia corrido do início do julgamento.

- Inciso IV acrescido pela ER nº 27, de 13-12-2016.

CAPÍTULO II
DO PROCEDIMENTO PARA JULGAMENTO VIRTUAL

- Capítulo II acrescido pela ER nº 27, de 13-12-2016.

Art. 184-D. O relator no julgamento virtual incluirá os dados do processo na plataforma eletrônica do STJ com a indicação do Órgão Julgador, acompanhados do relatório e do voto do processo.

Parágrafo único. A pauta será publicada no *Diário da Justiça eletrônico* cinco dias úteis antes do início da sessão de julgamento virtual, prazo no qual:

I – é facultado aos integrantes do Órgão Julgador expressar a não concordância com o julgamento virtual;

II – as partes, por meio de advogado devidamente constituído, bem como o Ministério Público e os defensores públicos poderão apresentar memoriais e, de forma fundamentada, manifestar oposição ao julgamento virtual ou solicitar sustentação oral, observado o disposto no art. 159.

Art. 184-E. Transcorrido o prazo previsto no parágrafo único do art. 184-D, de maneira automática, será liberada a consulta ao relatório e voto do relator aos Ministros integrantes do respectivo Órgão Julgador que decidirão, no prazo de sete dias corridos, os processos incluídos na sessão de julgamento eletrônico.

- Arts. 184-D e 184-E acrescidos pela ER nº 27, de 13-12-2016.

Art. 184-F. Somente serão computados os votos expressamente manifestados.

- *Caput* com a redação dada pela ER nº 39, de 29-4-2021.

§ 1º *Revogado.* ER nº 39, de 29-4-2021.

§ 2º O processo será excluído da pauta de julgamento virtual nas hipóteses em que, no prazo do parágrafo único do art. 184-D, qualquer integrante do Órgão Julgador expresse não concordância com o julgamento virtual.

- § 2º com a redação dada pela ER nº 41, de 26-9-2022.

§ 3º Aplicam-se ao julgamento virtual, no que couber, as disposições dos arts. 55 e 103, § 6º.

- § 3º com a redação dada pela ER nº 39, de 29-4-2021.

§ 4º Não alcançado o quórum na votação, o julgamento será suspenso e incluído na sessão virtual imediatamente subsequente.

- § 4º acrescido pela ER nº 39, de 29-4-2021.

Art. 184-G. Findo o prazo de sete dias corridos de que trata o art. 184-E, o sistema contará os votos e lançará, de forma automatizada, na plataforma eletrônica, o resultado do julgamento.

Art. 184-H. Caberá às Coordenadorias dos Órgãos Julgadores a finalização dos acórdãos relativos aos processos julgados em sessões virtuais, disponibilizando-os, lavrados, para assinatura dos Ministros.

- Arts. 184-G e 184-H acrescidos pela ER nº 27, de 13-12-2016.

TÍTULO IV – DAS AUDIÊNCIAS

Art. 185. Serão públicas as audiências:

I – do Presidente ou do relator para ouvir pessoas ou entidades com experiência e conhecimento em matéria de interesse para a fixação ou alteração de tese repetitiva ou de enunciado de súmula;

- Inciso I com a redação dada pela ER nº 22, de 16-3-2016.

II – do relator, para instrução do processo, salvo exceção legal.

Art. 186. O Ministro que presidir a audiência deliberará sobre o que lhe for requerido, ressalvada a competência da Corte Especial, da Seção, da Turma e dos demais Ministros.

§ 1º Respeitada a prerrogativa dos advogados e dos membros do Ministério Público, nenhum dos presentes se dirigirá ao Presidente da audiência, a não ser de pé e com a sua licença.

§ 2º O Secretário da audiência fará constar em ata o que nela ocorrer.

§ 3º A audiência pública prevista no inciso I do art. 185 será presidida pelo Ministro que a convocou, facultada a delegação a outro Ministro.

§ 4º O Ministro que convocou a audiência prevista no inciso I do art. 185 divulgará, com antecedência mínima de trinta dias, as orientações gerais sobre o procedimento a ser adotado, observado o seguinte:

I – o despacho convocatório da audiência pública será amplamente divulgado e delimitará a(s) questão(ões) objeto de debate, fixará prazo para a indicação das pessoas a serem ouvidas e determinará a notificação dos Ministros do respectivo Órgão Julgador e o encaminhamento de convites a pessoas ou a entidades que possuam estreita relação com a questão a ser apresentada;

II – será garantida a participação de pessoas ou de entidades que defendam diferentes opiniões relativas à matéria objeto da audiência pública;

III – caberá ao Ministro que presidir a audiência pública selecionar as pessoas que serão ouvidas, divulgar a lista dos habilitados, determinar a ordem dos trabalhos, fixar o tempo de que cada um disporá para se manifestar e zelar, na medida do possível, pela garantia de pluralidade de expositores;

IV – os depoentes deverão limitar-se à questão em debate;

V – os trabalhos da audiência pública serão registrados e juntados aos autos do processo e ao projeto de súmula e disponibilizados no sítio eletrônico do Tribunal;

VI – os casos omissos serão resolvidos pelo Ministro que convocou a audiência.

• §§ 3º e 4º acrescidos pela ER nº 22, de 16-3-2016.

TÍTULO V – DOS PROCESSOS SOBRE COMPETÊNCIA

CAPÍTULO I

DA RECLAMAÇÃO

o Res. STJ/GP nº 3, de 7-4-2016, dispõe sobre a competência para processar e julgar as reclamações destinadas a dirimir divergência entre acórdão prolatado por turma recursal estadual ou do Distrito Federal e a jurisprudência do STJ.

Art. 187. Para preservar a competência do Tribunal, garantir a autoridade de suas decisões e a observância de julgamento proferido em incidente de assunção de competência, caberá reclamação da parte interessada ou do Ministério Público desde que, na primeira hipótese, haja esgotado a instância ordinária.

• *Caput* com a redação dada pela ER nº 24, de 28-9-2016.

Parágrafo único. A reclamação, dirigida ao Presidente do Tribunal e instruída com prova documental, será autuada e distribuída ao relator da causa principal, sempre que possível.

Art. 188. Ao despachar a reclamação, o relator:

I – requisitará informações da autoridade a quem for imputada a prática do ato impugnado, a qual as prestará no prazo de dez dias;

II – ordenará, se necessário, para evitar dano irreparável, a suspensão do processo ou do ato impugnado;

III – determinará a citação do beneficiário da decisão impugnada, que terá quinze dias para apresentar contestação.

• Inciso III acrescido pela ER nº 22, de 16-3-2016.

Art. 189. Qualquer interessado poderá impugnar o pedido do reclamante.

Art. 190. O Ministério Público, nas reclamações que não houver formulado, terá vista do processo por cinco dias, após o decurso do prazo para informações e para oferecimento da contestação pelo beneficiário do ato impugnado.

• Artigo com a redação dada pela ER nº 22, de 16-3-2016.

Art. 191. Julgando procedente a reclamação, o Tribunal cassará a decisão exorbitante de seu julgado ou determinará medida adequada à preservação de sua competência.

Art. 192. O Presidente determinará o imediato cumprimento da decisão, lavrando-se o acórdão posteriormente.

CAPÍTULO II

DO CONFLITO DE COMPETÊNCIA E DE ATRIBUIÇÕES

Art. 193. O conflito de competência poderá ocorrer entre autoridades judiciárias; o de atribuições, entre autoridades judiciárias e administrativas.

Art. 194. Dar-se-á o conflito nos casos previstos nas leis processuais.

Art. 195. O conflito poderá ser suscitado pela parte interessada, pelo Ministério Público, ou por qualquer das autoridades conflitantes.

Art. 196. Poderá o relator, de ofício, ou a requerimento de qualquer das partes, determinar, quando o conflito for positivo, seja sobrestado o processo, e, neste caso, bem assim no de conflito negativo, designar um dos órgãos para resolver, em caráter provisório, as medidas urgentes.

Art. 197. Sempre que necessário, o relator mandará ouvir as autoridades em conflito no prazo de dez dias.

Art. 198. Prestadas ou não as informações, o relator dará vista do processo ao Ministério Público, pelo prazo de quinze dias, e, após, apresentá-lo-á em mesa para julgamento.

• *Caput* com a redação dada pela ER nº 1, de 23-5-1991.

§ 1º Da decisão será dada ciência, antes mesmo da lavratura do acórdão, por via telegráfica, aos órgãos envolvidos no conflito.

§ 2º No caso de conflito entre relatores ou Turmas integrantes de Seções diversas, ou entre estas, feita a distribuição, proceder-se-á, no que couber, na forma estabelecida no presente capítulo.

TÍTULO VI – DA DECLARAÇÃO DE INCONSTITUCIONALIDADE DE LEI OU DE ATO NORMATIVO DO PODER PÚBLICO

Art. 199. Se, por ocasião do julgamento perante a Corte Especial, for arguida a inconstitucionalidade de lei ou ato normativo do poder público, suspender-se-á o julgamento, a fim de ser tomado o parecer do Ministério Público, no prazo de quinze dias.

§ 1º Devolvidos os autos e lançado o relatório, serão eles encaminhados ao Presidente da Corte Especial para designar a sessão de julgamento. A Secretaria distribuirá cópias autenticadas do relatório aos Ministros.

§ 2º Proclamar-se-á a inconstitucionalidade ou a constitucionalidade do preceito ou ato impugnado, se num ou noutro sentido se tiver manifestado a maioria absoluta dos membros da Corte Especial.

§ 3º Se não for alcançada a maioria absoluta necessária à declaração de inconstitucionalidade, estando ausentes Ministros em número que possa influir no julgamento, este será suspenso, a fim de aguardar-se o comparecimento dos Ministros ausentes, até que se atinja o *quorum*; não atingido, desta forma, o *quorum*, será convocado Ministro não integrante da Corte, observada a ordem de antiguidade (artigo 162, § 3º).

§ 4º Cópia do acórdão será, no prazo para sua publicação, remetida à Comissão de Jurisprudência que, após registrá-lo, ordenará a sua publicação na Revisa do Tribunal.

Art. 200. A Seção ou a Turma remeterá o feito ao julgamento da Corte Especial quando a maioria acolher arguição de inconstitucionalidade por ela ainda não decidida.

§ 1º Acolhida a arguição, será publicado o acórdão, ouvido, em seguida, o representante do Ministério Público, em quinze dias.

§ 2º Devolvidos os autos, observar-se-á o disposto nos §§ 1º e 3º do artigo anterior.

§ 3º O relator, ainda que não integre a Corte Especial, dela participará no julgamento do incidente, excluindo-se o Ministro mais moderno.

TÍTULO VII – DAS GARANTIAS CONSTITUCIONAIS

CAPÍTULO I

DO *HABEAS CORPUS*

Art. 201. O relator requisitará informações do apontado coator, no prazo que fixar, podendo, ainda:

I – nomear advogado para acompanhar e defender oralmente o pedido, se o impetrante não for bacharel em Direito;

II – ordenar diligências necessárias a instrução do pedido;

III – se convier ouvir o paciente, determinar sua apresentação à sessão do julgamento;

IV – no *habeas corpus* preventivo, expedir salvo-conduto em favor do paciente, até decisão do feito, se houver grave risco de consumar-se a violência.

Art. 202. Instruído o processo e ouvido o Ministério Público em dois dias, o relator o colocará em mesa para julgamento, na primeira sessão da Turma, da Seção ou da Corte Especial, ou, se a matéria for objeto de jurisprudência consolidada do Superior Tribunal de Justiça ou do Supremo Tribunal Federal, poderá decidir monocraticamente.

• *Caput* com a redação dada pela ER nº 16, de 19-11-2014.

§ 1º Opondo-se o paciente, não se conhecerá do pedido.

§ 2º Às comunicações de prisão aplicam-se o procedimento previsto neste artigo e, no que couber, as disposições do presente capítulo.

Art. 203. O Tribunal poderá, de ofício:

I – se convier ouvir o paciente, determinar sua apresentação à sessão de julgamento;

II – expedir ordem de *habeas corpus*, quando, no curso de qualquer processo, verificar que alguém sofre ou está na iminência de sofrer coação ilegal.

Art. 204. A decisão concessiva de *habeas corpus* será imediatamente comunicada às autoridades a quem couber cumpri-la, sem prejuízo da remessa de cópia do acórdão.

§ 1º A comunicação, mediante ofício ou telegrama, bem como o salvo-conduto, em caso de ameaça de violência ou coação, serão firmados pelo Presidente do órgão julgador que tiver concedido a ordem.

§ 2º Na hipótese de anulação do processo, poderá o Tribunal ou o juiz aguardar o recebimento da cópia do acórdão para o efeito de renovação dos atos processuais.

Art. 205. Ordenada a soltura do paciente, em virtude de *habeas corpus*, a autoridade que, por má-fé ou evidente abuso de poder, tiver determinado a coação, será condenada nas custas, remetendo-se ao Ministério Público traslado das peças necessárias à propositura da ação penal.

Art. 206. O carcereiro ou o diretor da prisão, o escrivão, o oficial de Justiça ou a autoridade judiciária, policial ou militar, que embaraçarem ou procrastinarem o encaminhamento do pedido de *habeas corpus*, ou as informações sobre a causa da violência, coação ou ameaça, serão multados na forma da legislação processual vigente, sem prejuízo de outras sanções penais ou administrativas.

Art. 207. Havendo desobediência ou retardamento abusivo no cumprimento da ordem de *habeas corpus*, de parte do detentor ou carcereiro, o Presidente do Tribunal, Seção ou da Turma expedirá mandado contra o desobediente e oficiará ao Ministério Público, a fim de que promova a ação penal.

Parágrafo único. Na hipótese deste artigo, a Seção, a Turma ou respectivo Presidente tomará as providências necessárias ao cumprimento da decisão, com emprego dos meios legais cabíveis, e determinará, se necessário, a apresentação do paciente ao relator ou ao juiz por ele designado.

Art. 208. As fianças que tiverem de ser prestadas perante o Tribunal serão processadas e julgadas pelo relator, a menos que este delegue essa atribuição a outro magistrado.

Art. 209. Se, pendente o processo de *habeas corpus*, cessar a violência ou coação, julgar-se-á prejudicado o pedido, podendo, porém, o Tribunal declarar a ilegalidade do ato e tomar as providências cabíveis para punição do responsável.

Art. 210. Quando o pedido for manifestamente incabível, ou for manifesta a incompetência do Tribunal para dele tomar conhecimento originariamente, ou for reiteração de outro com os mesmos fundamentos, o relator o indeferirá liminarmente.

CAPÍTULO II

DO MANDADO DE SEGURANÇA

Art. 211. O mandado de segurança, de competência originária do Tribunal, terá seu processo iniciado por petição em duplicata que preencherá os requisitos legais e conterá a indicação precisa da autoridade a quem se atribua o ato impugnado.

§ 1º A segunda via da inicial será instruída com cópias de todos os documentos, autenticadas pelo requerente e conferidas pela Secretaria do Tribunal.

§ 2º Se o requerente afirmar que o documento necessário à prova de suas alegações se acha em repartição ou estabelecimento público, ou em poder de autoridade que lhe recuse certidão, o relator requisitará, preliminarmente, por ofício, a exibição do documento, em original ou cópia autenticada, no prazo de dez dias. Se a autoridade indicada pelo requerente for a coatora, a requisição se fará no próprio instrumento da notificação.

§ 3º Nos casos do parágrafo anterior, a Secretaria do Tribunal mandará extrair tantas cópias do documento quantas se tornarem necessárias à instrução do processo.

Art. 212. Se for manifesta a incompetência do Tribunal, ou manifestamente incabível a segurança, ou se a petição inicial não atender aos requisitos legais, ou excedido o prazo estabelecido no artigo 18, da Lei nº 1.533, de 1951, poderá o relator indeferir, desde logo, o pedido.

○ A Lei nº 1.533, de 31-12-1951, foi revogada pela Lei 12.016, de 7-8-2009 (Lei do Mandado de Segurança Individual e Coletivo).

Art. 213. Ao despachar a inicial, o relator mandará ouvir a autoridade apontada coatora, mediante ofício, acompanhado da segunda via da petição, instruída com as cópias dos

REG. INTERNOS

documentos, a fim de que preste informações, no prazo de dez dias.

§ 1º Se o relator entender relevante o fundamento do pedido, e do ato impugnado puder resultar a ineficácia da medida, caso deferida, ordenará a respectiva suspensão liminar até o julgamento.

§ 2º Havendo litisconsortes, a citação far-se-á, também, mediante ofício, para o que serão apresentadas tantas cópias quantos forem os citados. O ofício será remetido pelo correio, através de carta registrada, com aviso de recepção, a fim de ser juntado aos autos.

§ 3º A Secretaria juntará aos autos cópia autenticada do ofício e prova de sua remessa ao destinatário.

Art. 214. Transcorrido o prazo de dez dias do pedido de informações, com ou sem estas, serão os outros encaminhados ao Ministério Público que emitirá parecer no prazo de cinco dias.

Parágrafo único. Devolvidos os autos, o relator, em cinco dias, pedirá dia para julgamento, ou, se a matéria for objeto de jurisprudência consolidada do Superior Tribunal de Justiça ou do Supremo Tribunal Federal, poderá decidir monocraticamente.

- Parágrafo único com a redação dada pela ER nº 16, de 19-11-2014.

Art. 215. Os processos de mandado de segurança terão prioridade sobre todos os feitos, salvo *habeas corpus*.

CAPÍTULO III
DO MANDADO DE INJUNÇÃO E DO *HABEAS DATA*

- Lei nº 13.300, de 23-6-2016 (Lei do Mandado de Injunção).

Art. 216. No mandado de injunção e no *habeas data*, serão observadas as normas da legislação de regência. Enquanto estas não forem promulgadas, observar-se-ão, no que couber, o Código de Processo Civil e a Lei nº 1.533, de 31 de dezembro de 1951.

- A Lei nº 1.533, de 31-12-1951, foi revogada pela Lei 12.016, de 7-8-2009 (Lei do Mandado de Segurança Individual e Coletivo).

TÍTULO VII-A – DOS PROCESSOS ORIUNDOS DE ESTADOS ESTRANGEIROS

- Título VII-A acrescido pela ER nº 18, de 17-12-2014.

CAPÍTULO I
DA HOMOLOGAÇÃO DE DECISÃO ESTRANGEIRA

- Capítulo com a denominação dada pela ER nº 24, de 28-9-2016.

Art. 216-A. É atribuição do Presidente do Tribunal homologar decisão estrangeira, ressalvado o disposto no art. 216-K.

- *Caput* com a redação dada pela ER nº 24, de 28-9-2016.

§ 1º Serão homologados os provimentos não judiciais que, pela lei brasileira, tiverem natureza de sentença.

- § 1º acrescido pela ER nº 18, de 17-12-2014.

§ 2º As decisões estrangeiras poderão ser homologadas parcialmente.

- § 2º com a redação dada pela ER nº 24, de 28-9-2016.

Art. 216-B. A decisão estrangeira não terá eficácia no Brasil sem a prévia homologação do Superior Tribunal de Justiça.

Art. 216-C. A homologação da decisão estrangeira será proposta pela parte requerente, devendo a petição inicial conter os requisitos indicados na lei processual, bem como os previstos no art. 216-D, e ser instruída com o original ou cópia autenticada da decisão homologanda e de outros documentos indispensáveis, devidamente traduzidos por tradutor oficial ou juramentado no Brasil e chancelados pela autoridade consular brasileira competente, quando for o caso.

- Arts. 216-B e 216-C com a redação dada pela ER nº 24, de 28-9-2016.

Art. 216-D. A decisão estrangeira deverá:

- *Caput* com a redação dada pela ER nº 24, de 28-9-2016.

I – ter sido proferida por autoridade competente;

II – conter elementos que comprovem terem sido as partes regularmente citadas ou ter sido legalmente verificada a revelia;

III – ter transitado em julgado.

- Incisos I a III acrescidos pela ER nº 18, de 17-12-2014.

Art. 216-E. Se a petição inicial não preencher os requisitos exigidos nos artigos anteriores ou apresentar defeitos ou irregularidades que dificultem o julgamento do mérito, o Presidente assinará prazo razoável para que o requerente a emende ou complete.

Parágrafo único. Após a intimação, se o requerente ou o seu procurador não promover, no prazo assinalado, ato ou diligência que lhe for determinada no curso do processo, será este arquivado pelo Presidente.

- Art. 216-E acrescido pela ER nº 18, de 17-12-2014.

Art. 216-F. Não será homologada a decisão estrangeira que ofender a soberania nacional, a dignidade da pessoa humana e/ou a ordem pública.

Art. 216-G. Admitir-se-á a tutela provisória nos procedimentos de homologação de decisão estrangeira.

- Arts. 216-F e 216-G com a redação dada pela ER nº 24, de 28-9-2016.

Art. 216-H. A parte interessada será citada para, no prazo de quinze dias, contestar o pedido.

Parágrafo único. A defesa somente poderá versar sobre a inteligência da decisão alienígena e a observância dos requisitos indicados nos arts. 216-C, 216-D e 216-F.

Art. 216-I. Revel ou incapaz o requerido, dar-se-lhe-á curador especial, que será pessoalmente notificado.

Art. 216-J. Apresentada contestação, serão admitidas réplica e tréplica em cinco dias.

Art. 216-K. Contestado o pedido, o processo será distribuído para julgamento pela Corte Especial, cabendo ao relator os demais atos relativos ao andamento e à instrução do processo.

Parágrafo único. O relator poderá decidir monocraticamente nas hipóteses em que já houver jurisprudência consolidada da Corte Especial a respeito do tema.

- Arts. 216-H a 216-K acrescidos pela ER nº 18, de 17-12-2014.

Art. 216-L. O Ministério Público terá vista dos autos pelo prazo de quinze dias, podendo impugnar o pedido.

- Artigo com a redação dada pela ER nº 24, de 28-9-2016.

Art. 216-M. Das decisões do Presidente ou do relator caberá agravo.

- Artigo acrescido pela ER nº 18, de 17-12-2014.

Art. 216-N. A decisão estrangeira homologada será executada por carta de sentença no Juízo Federal competente.

- Artigo com a redação dada pela ER nº 24, de 28-9-2016.

CAPÍTULO II
DA CONCESSÃO DE *EXEQUATUR* A CARTAS ROGATÓRIAS

- Capítulo II acrescido pela ER nº 18, de 17-12-2014.

Art. 216-O. É atribuição do Presidente conceder *exequatur* a cartas rogatórias, ressalvado o disposto no art. 216-T.

§ 1º Será concedido *exequatur* à carta rogatória que tiver por objeto atos decisórios ou não decisórios.

§ 2º Os pedidos de cooperação jurídica internacional que tiverem por objeto atos que não ensejem juízo deliberatório do Superior Tribunal de Justiça, ainda que denominados de carta rogatória, serão encaminhados ou devolvidos ao Ministério da Justiça para as providências necessárias ao cumprimento por auxílio direto.

Art. 216-P. Não será concedido *exequatur* à carta rogatória que ofender a soberania nacional, a dignidade da pessoa humana e/ou a ordem pública.

Art. 216-Q. A parte requerida será intimada para, no prazo de quinze dias, impugnar o pedido de concessão do *exequatur*.

§ 1º A medida solicitada por carta rogatória poderá ser realizada sem ouvir a parte requerida, quando sua intimação prévia puder resultar na ineficiência da cooperação internacional.

§ 2º No processo de concessão do *exequatur*, a defesa somente poderá versar sobre a autenticidade dos documentos, a inteligência da decisão e a observância dos requisitos previstos neste Regimento.

Art. 216-R. Revel ou incapaz a parte requerida, dar-se-lhe-á curador especial.

- Arts. 216-O a 216-R acrescidos pela ER nº 18, de 17-12-2014.

Art. 216-S. O Ministério Público terá vista dos autos nas cartas rogatórias pelo prazo de quinze dias, podendo impugnar o pedido de concessão do *exequatur*.

- Artigo com a redação dada pela ER nº 24, de 28-9-2016.

Art. 216-T. Havendo impugnação ao pedido de concessão de *exequatur* a carta rogatória de ato decisório, o Presidente poderá determinar a distribuição dos autos do processo para julgamento pela Corte Especial.

Art. 216-U. Das decisões do Presidente ou do relator na concessão de *exequatur* a carta rogatória caberá agravo.

Art. 216-V. Após a concessão do *exequatur*, a carta rogatória será remetida ao Juízo Federal competente para cumprimento.

§ 1º Das decisões proferidas pelo Juiz Federal competente no cumprimento da carta rogatória caberão embargos, que poderão ser opostos pela parte interessada ou pelo Ministério Público Federal no prazo de dez dias, julgando-os o Presidente deste Tribunal.

§ 2º Os embargos de que trata o parágrafo anterior poderão versar sobre qualquer ato referente ao cumprimento da carta rogatória, exceto sobre a própria concessão da medida ou o seu mérito.

Art. 216-W. Da decisão que julgar os embargos cabe agravo.

Parágrafo único. O Presidente ou o relator do agravo, quando possível, poderá ordenar diretamente o atendimento à medida solicitada.

Art. 216-X. Cumprida a carta rogatória ou verificada a impossibilidade de seu cumprimento, será devolvida ao Presidente deste Tribunal no prazo de dez dias, e ele a remeterá, em igual prazo, por meio do Ministério da Justiça ou do Ministério das Relações Exteriores, à autoridade estrangeira de origem.

- Arts. 216-T a 216-X acrescidos pela ER nº 18, de 17-12-2014.
- O Ministério da Justiça foi transformado em Ministério da Justiça e Cidadania pela Lei nº 13.341, de 29-9-2016.

TÍTULO VIII – DAS AÇÕES ORIGINÁRIAS

CAPÍTULO I

DA AÇÃO PENAL ORIGINÁRIA

Art. 217. Nos crimes de ação penal pública, o Ministério Público terá o prazo de quinze dias para oferecer denúncia ou pedir arquivamento do inquérito ou das peças informativas.

§ 1º Diligências complementares poderão ser deferidas pelo relator, com interrupção do prazo deste artigo.

§ 2º Se o indiciado estiver preso:

a) o prazo para oferecimento da denúncia será de cinco dias;

b) as diligências complementares não interromperão o prazo, salvo se o relator, ao deferi-las, determinar o relaxamento da prisão.

Art. 218. O relator será o juiz da instrução, que se realizará segundo o disposto neste capítulo, no Código de Processo Penal, no que for aplicável, e neste Regimento Interno.

Parágrafo único. O relator terá as atribuições que a legislação penal confere aos juízes singulares, podendo submeter diretamente à decisão do órgão colegiado competente as questões surgidas durante a instrução.

- Parágrafo único com a redação dada pela ER nº 2, de 4-6-1992.

Art. 219. Competirá ao relator:

I – determinar o arquivamento do inquérito ou das peças informativas, quando o requerer o Ministério Público, ou submeter o requerimento à decisão da Corte Especial;

II – decretar a extinção da punibilidade nos casos previstos em lei.

Art. 220. Apresentada a denúncia ou a queixa ao Tribunal, far-se-á a notificação do acusado para oferecer resposta no prazo de quinze dias.

§ 1º Com a notificação, serão entregues ao acusado cópia da denúncia ou da queixa, do despacho do relator e dos documentos por este indicados.

§ 2º Se desconhecido o paradeiro do acusado, ou se este criar dificuldades para que o oficial cumpra a diligência, proceder-se-á a sua notificação por edital, contendo o teor resumido da acusação, para que compareça ao Tribunal, em cinco dias, onde terá vista dos autos pelo prazo de quinze dias, a fim de apresentar a resposta prevista neste artigo.

Art. 221. Se, com a resposta, forem apresentados novos documentos, será intimada a parte contrária para sobre eles se manifestar no prazo de cinco dias.

Parágrafo único. Na ação penal de iniciativa privada, será ouvido, em igual prazo, o Ministério Público.

Art. 222. A seguir, o relator pedirá dia para que a Corte Especial delibere sobre o recebimento ou a rejeição da denúncia ou da queixa, ou sobre a improcedência da acusação, se a decisão não depender de outras provas.

§ 1º No julgamento de que trata este artigo, será facultada sustentação oral pelo prazo de quinze minutos, primeiro à acusação, depois à defesa.

§ 2º Encerrados os debates, a Corte Especial passará a deliberar, determinando o Presidente as pessoas que poderão permanecer no recinto, observado o disposto no artigo 229, VI.

Art. 223. Recebida a denúncia ou a queixa, o relator designará dia e hora para o interrogatório, mandando citar o acusado ou querelado, e intimar o órgão do Ministério Público, bem como o querelante ou o assistente, se for o caso.

Art. 224. O prazo para defesa prévia será de cinco dias, contado do interrogatório ou da intimação do defensor dativo.

Art. 225. A instrução obedecerá, no que couber, ao procedimento comum do Código de Processo Penal.

§ 1º O relator poderá delegar a realização do interrogatório ou de outro ato da instrução a juiz ou membro de Tribunal do local de cumprimento da carta de ordem.

§ 2º Por expressa determinação do relator, as intimações poderão ser feitas por carta registrada com aviso de recebimento.

Art. 226. Concluída a inquirição de testemunhas, serão intimadas a acusação e a defesa, para requerimento de diligências no prazo de cinco dias.

- Súmulas nºs 158, 168, 315, 316 e 420 do STJ.

Art. 227. Realizadas as diligências ou não sendo estas requeridas nem determinadas pelo relator, serão intimadas a acusação e a defesa para, sucessivamente, apresentarem, no prazo de quinze dias, alegações escritas.

§ 1º Será comum o prazo do acusador e do assistente, bem como o dos corréus.

§ 2º Na ação penal de iniciativa privada, o Ministério Público terá vista, por igual prazo, após as alegações das partes.

§ 3º O relator poderá, após as alegações escritas, determinar, de ofício, a realização de provas reputadas imprescindíveis para o julgamento da causa.

Art. 228. Finda a instrução, o relator dará vista do processo às partes, pelo prazo de cinco dias, para requererem o que considerarem conveniente apresentar na sessão de julgamento.

§ 1º O relator apreciará e decidirá esses requerimentos para, em seguida, lançando relatório nos autos, encaminhá-los ao revisor, que pedirá dia para o julgamento.

§ 2º Ao designar a sessão de julgamento, o Presidente determinará a intimação das partes e das testemunhas cujos depoimentos o relator tenha deferido.

§ 3º A Secretaria expedirá cópias do relatório e fará sua distribuição aos Ministros.

Art. 229. Na sessão de julgamento, observar-se-á o seguinte:

I – a Corte Especial reunir-se-á com a presença de pelo menos dois terços de seus membros, excluído o Presidente;

II – aberta a sessão, apregoadas as partes e as testemunhas arroladas e admitidas, lançado o querelante que deixar de comparecer (Código de Processo Civil, artigo 29) e, salvo o caso do artigo 60, III, do Código de Processo Penal, proceder-se-á às demais diligências preliminares;

- Refere-se ao CPC/1973.
- Art. 93 do CPC/2015.

III – a seguir, o relator apresentará relatório do feito, resumindo as principais peças dos autos e a prova produzida. Se algum dos Ministros solicitar a leitura integral dos autos ou de partes deles, o relator poderá ordenar seja ela efetuada pelo Secretário;

IV – o relator passará a inquirir as testemunhas cujos depoimentos tenha deferido, podendo reperguntá-las os outros Ministros, o órgão do Ministério Público e as partes;

V – findas as inquirições e efetuadas as diligências que o relator ou Tribunal houver determinado, o Presidente dará a palavra, sucessivamente, ao querelante, se houver, ao órgão do Ministério Público e ao acusado, ou ao seu defensor, para sustentação oral, podendo cada um ocupar a tribuna durante uma hora, assegurado ao assistente um quarto do tempo da acusação;

VI – encerrados os debates, a Corte Especial passará a proferir o julgamento, podendo o Presidente limitar a presença no recinto às partes e aos seus advogados, ou somente a estes, se o interesse público o exigir.

Art. 230. O julgamento efetuar-se-á em uma ou mais sessões, a critério do Tribunal, observado, no que for aplicável, o disposto no Título XII do Livro I, do Código de Processo Penal (artigos 381 a 393 do Código de Processo Penal).

- O art. 393 do CPP foi revogado pela Lei nº 12.403, de 4-5-2011.

Art. 231. O acórdão será lavrado pelo relator e, se vencido este, pelo Ministro que for designado (artigo 52, II).

- Artigo com a redação dada pela ER nº 1, de 23-5-1991.

Art. 232. Nos casos em que somente se procede mediante queixa, considerar-se-á perempta a ação penal quando o querelante deixar de comparecer, sem motivo justificado, a qualquer ato a que deva estar presente, ou deixar de formular o pedido de condenação nas alegações finais, tudo na forma da lei processual.

CAPÍTULO II

DA AÇÃO RESCISÓRIA

Art. 233. A ação rescisória terá início por petição escrita, acompanhada de tantas cópias quantos forem os réus.

Art. 234. Distribuída a inicial, preenchendo esta os requisitos legais (Código de Processo Civil, arts. 319, 320, 330, 332 e 968), o relator mandará citar o réu, assinando-lhe prazo nunca inferior a quinze dias nem superior a trinta, para responder aos termos da ação.

- Artigo com a redação dada pela ER nº 22, de 16-3-2016.

Art. 235. Contestada a ação, ou transcorrido o prazo, o relator fará o saneamento do processo, deliberando sobre as provas requeridas.

Art. 236. O relator poderá delegar competência a juiz ou a membro de outro Tribunal do local onde deva ser produzida a prova, fixando prazo para a devolução dos autos.

Art. 237. Concluída a instrução, o relator abrirá vista, sucessivamente, ao autor e ao réu pelo prazo de dez dias, para razões finais, cabendo ao representante do Ministério Público emitir parecer após o prazo para as razões finais do autor e do réu; em seguida, o relator pedirá dia para julgamento.

- *Caput* com a redação dada pela ER nº 24, de 28-9-2016.

Parágrafo único. A Secretaria, ao ser incluído o feito em pauta, expedirá cópias autenticadas do relatório e as distribuirá entre os Ministros que compuserem o órgão do Tribunal competente para o julgamento.

Art. 238. A escolha de relator recairá, sempre que possível, em Ministro que não haja participado do julgamento rescindendo.

- Artigo com a redação dada pela ER nº 24, de 28-9-2016.

CAPÍTULO III

DA REVISÃO CRIMINAL

Art. 239. À Corte Especial caberá a revisão de decisões criminais que tiver proferido, e à Seção, das decisões suas e das Turmas.

Art. 240. No caso do inciso I, primeira parte, do artigo 621 do Código de Processo Penal, caberá a revisão, pelo Tribunal, do processo em que a condenação tiver sido por ele proferida ou mantida no julgamento de recurso especial, se seu fundamento coincidir com a questão federal apreciada.

Art. 241. A revisão terá início por uma petição instruída com a certidão de haver passado em julgado a decisão condenatória e com as peças necessárias à comprovação dos fatos arguidos, e será processada e julgada na forma da lei processual.

Art. 242. Dirigida ao Presidente, será a petição distribuída, quando possível, a um relator que não haja participado do julgamento objeto da revisão.

§ 1º O relator poderá determinar que se apensem os autos originais, se daí não advier dificuldade à execução normal da sentença.

§ 2º Não estando a petição suficientemente instruída, e julgando o relator inconveniente ao interesse da Justiça que se apensem os autos originais, este a indeferirá liminarmente.

Art. 243. Se a petição for recebida, será ouvido o Ministério Público, que dará parecer no prazo de dez dias. Em seguida, o relator, lançando relatório, passará os autos ao revisor, que pedirá dia para julgamento.

Parágrafo único. A Secretaria expedirá cópias do relatório e fará a sua distribuição aos Ministros.

TÍTULO IX – DOS RECURSOS

CAPÍTULO I

DOS RECURSOS ORDINÁRIOS

Seção I

DO RECURSO ORDINÁRIO EM HABEAS CORPUS

Art. 244. O recurso ordinário em *habeas corpus* será interposto na forma e no prazo estabelecidos na legislação processual vigente.

Art. 245. Distribuído o recurso, a Secretaria fará os autos com vista ao Ministério Público pelo prazo de dois dias.

Parágrafo único. Conclusos os autos ao relator, este submeterá o feito a julgamento na primeira sessão que se seguir à data da conclusão.

Art. 246. Será aplicado, no que couber, ao processo e julgamento do recurso, o disposto com relação ao pedido originário de *habeas corpus* (artigos 201 e seguintes).

Seção II

DO RECURSO ORDINÁRIO EM MANDADO DE SEGURANÇA

Art. 247. Aplicam-se ao recurso ordinário em mandado de segurança, quanto aos requisitos de admissibilidade e ao procedimento no Tribunal recorrido, as regras do art. 1.028 do Código de Processo Civil.

- Artigo com a redação dada pela ER nº 22, de 16-3-2016.

Art. 248. Distribuído o recurso, a Secretaria fará os autos com vista ao Ministério Público pelo prazo de cinco dias.

Parágrafo único. Conclusos os autos ao relator, este pedirá dia para julgamento.

Seção III

DO RECURSO ORDINÁRIO EM PROCESSOS EM QUE FOR PARTE ESTADO ESTRANGEIRO

- Denominação da Seção III com a redação dada pela ER nº 22, de 16-3-2016.

Art. 249. Aplicam-se ao recurso ordinário, quanto aos requisitos de admissibilidade e ao procedimento no Juízo de origem, as normas do Código de Processo Civil relativas à apelação, no que couber.

- Artigo com a redação dada pela ER nº 22, de 16-3-2016.

Art. 250. Distribuído o recurso ordinário, será aberta vista ao Ministério Público pelo prazo de vinte dias.

- *Caput* com a redação dada pela ER nº 22, de 16-3-2016.

Parágrafo único. Conclusos os autos ao relator, este pedirá dia para julgamento.

Art. 251. O recurso ordinário não será incluído em pauta antes do agravo de instrumento interposto do mesmo processo.

- Artigo com a redação dada pela ER nº 22, de 16-3-2016.

Art. 252. *Revogado.* ER nº 22, de 16-3-2016.

Seção IV

DO AGRAVO EM RECURSO ESPECIAL

- Denominação da Seção IV com a redação dada pela ER nº 16, de 19-11-2014.

Art. 253. O agravo interposto de decisão que não admitiu o recurso especial obedecerá, no Tribunal de origem, às normas da legislação processual vigente.

- *Caput* com a redação dada pela ER nº 16, de 19-11-2014.

Parágrafo único. Distribuído o agravo e ouvido, se necessário, o Ministério Público no prazo de cinco dias, o relator poderá:

- *Caput* do parágrafo único com a redação dada pela ER nº 16, de 19-11-2014.

I – não conhecer do agravo inadmissível, prejudicado ou daquele que não tenha impugnado especificamente todos os fundamentos da decisão recorrida;

- Inciso I com a redação dada pela ER nº 22, de 16-3-2016.

II – conhecer do agravo para:

- *Caput* do inciso II com a redação dada pela ER nº 22, de 16-3-2016.

a) não conhecer do recurso especial inadmissível, prejudicado ou daquele que não tenha impugnado especificamente todos os fundamentos da decisão recorrida;

b) negar provimento ao recurso especial que for contrário a tese fixada em julgamento de recurso repetitivo ou de repercussão geral, a entendimento firmado em incidente de assunção de competência, a súmula do Supremo Tribunal Federal ou do Superior Tribunal de Justiça ou, ainda, a jurisprudência dominante acerca do tema;

c) dar provimento ao recurso especial se o acórdão recorrido for contrário a tese fixada em julgamento de recurso repetitivo ou de repercussão geral, a entendimento firmado em incidente de assunção de competência, a súmula do Supremo Tribunal Federal ou do Superior Tribunal de Justiça ou, ainda, a jurisprudência dominante acerca do tema.

- Alíneas *a* a *c* com a redação dada pela ER nº 22, de 16-3-2016.

d) determinar sua autuação como recurso especial quando não verificada qualquer das hipóteses previstas nas alíneas *b* e *c*, observando-se, daí em diante, o procedimento relativo a esse recurso.

- Alínea *d* com a redação dada pela ER nº 16, de 19-11-2014.

Seção V

DO AGRAVO DE INSTRUMENTO

- Seção V acrescida pela ER nº 16, de 19-11-2014.

Art. 254. O agravo interposto de decisão interlocutória nas causas em que forem partes Estado estrangeiro ou organismo internacional de um lado e, do outro, Município ou pessoa residente ou domiciliada no País seguirá o disposto na legislação processual em vigor.

- Artigo com a redação dada pela ER nº 16, de 19-11-2014.

CAPÍTULO II
DO RECURSO ESPECIAL

Art. 255. O recurso especial será interposto na forma e no prazo estabelecido na legislação processual vigente e recebido no efeito devolutivo, salvo quando interposto do julgamento de mérito do incidente de resolução de demandas repetitivas, hipótese em que terá efeito suspensivo.

• *Caput* com a redação dada pela ER nº 22, de 16-3-2016.

§ 1º Quando o recurso fundar-se em dissídio jurisprudencial, o recorrente fará a prova da divergência com a certidão, cópia ou citação do repositório de jurisprudência, oficial ou credenciado, inclusive em mídia eletrônica, em que houver sido publicado o acórdão divergente, ou ainda com a reprodução de julgado disponível na internet, com indicação da respectiva fonte, devendo-se, em qualquer caso, mencionar as circunstâncias que identifiquem ou assemelhem os casos confrontados.

• § 1º com a redação dada pela ER nº 22, de 16-3-2016.

§ 2º *Revogado.* ER nº 22, de 16-3-2016.

§ 3º São repositórios oficiais de jurisprudência, para o fim do § 1º deste artigo, a Revista Trimestral de Jurisprudência do Supremo Tribunal Federal, a Revista do Superior Tribunal de Justiça e a Revista do Tribunal Federal de Recursos e, autorizados ou credenciados, os habilitados na forma do art. 134 e seu parágrafo único deste Regimento.

• § 3º com a redação dada pela ER nº 22, de 16-3-2016.

§ 4º Distribuído o recurso, o relator, após vista ao Ministério Público, se necessário, pelo prazo de vinte dias, poderá:

I – não conhecer do recurso especial inadmissível, prejudicado ou que não tiver impugnado especificamente os fundamentos da decisão recorrida;

II – negar provimento ao recurso especial que for contrário a tese fixada em julgamento de recurso repetitivo ou de repercussão geral, a entendimento firmado em incidente de assunção de competência, ou, ainda, a súmula ou jurisprudência consolidada do Supremo Tribunal Federal ou do Superior Tribunal de Justiça;

III – dar provimento ao recurso especial após vista ao recorrido, se o acórdão recorrido for contrário a tese fixada em julgamento de recurso repetitivo ou de repercussão geral, a entendimento firmado em incidente de assunção de competência ou, ainda, a súmula ou jurisprudência consolidada do Supremo Tribunal Federal ou do Superior Tribunal de Justiça.

• § 4º com a redação dada pela ER nº 24, de 28-9-2016.

§ 5º No julgamento do recurso especial, verificar-se-á, preliminarmente, se o recurso é cabível. Decidida a preliminar pela negativa, a Turma não conhecerá do recurso; se pela afirmativa, julgará a causa, aplicando o direito à espécie, com observância da regra prevista no art. 10 do Código de Processo Civil.

§ 6º Julgado o recurso especial criminal, a decisão favorável ao réu preso será imediatamente comunicada às autoridades a quem couber cumpri-la, sem prejuízo da remessa de cópia do acórdão.

• §§ 5º e 6º acrescidos pela ER nº 24, de 28-9-2016.

CAPÍTULO II-A
DO RECURSO ESPECIAL REPETITIVO

• Capítulo II-A acrescido pela ER nº 24, de 28-9-2016.

Seção I
DO RECURSO ESPECIAL REPRESENTATIVO DA CONTROVÉRSIA

• Seção I acrescida pela ER nº 24, de 28-9-2016.

Art. 256. Havendo multiplicidade de recursos especiais com fundamento em idêntica questão de direito, caberá ao presidente ou ao vice-presidente dos Tribunais de origem (Tribunal de Justiça ou Tribunal Regional Federal), conforme o caso, admitir dois ou mais recursos especiais representativos da controvérsia, que serão encaminhados ao Superior Tribunal de Justiça, ficando os demais processos, individuais ou coletivos, suspensos até o pronunciamento do STJ.

• *Caput* com a redação dada pela ER nº 24, de 28-9-2016.

§ 1º Os recursos especiais representativos da controvérsia serão selecionados pelo Tribunal de origem, que deverá levar em consideração o preenchimento dos requisitos de admissibilidade e, preferencialmente:

I – a maior diversidade de fundamentos constantes do acórdão e dos argumentos no recurso especial;

II – a questão de mérito que puder tornar prejudicadas outras questões suscitadas no recurso;

III – a divergência, se existente, entre órgãos julgadores do Tribunal de origem, caso em que deverá ser observada a representação de todas as teses em confronto.

§ 2º O Tribunal de origem, no juízo de admissibilidade:

I – delimitará a questão de direito a ser processada e julgada sob o rito do recurso especial repetitivo, com a indicação dos respectivos códigos de assuntos da Tabela Processual Unificada do Conselho Nacional de Justiça;

II – informará, objetivamente, a situação fática específica na qual surgiu a controvérsia;

III – indicará, precisamente, os dispositivos legais em que se fundou o acórdão recorrido;

IV – informará a quantidade de processos que ficarão suspensos na origem com a mesma questão de direito em tramitação no STJ;

V – informará se outros recursos especiais representativos da mesma controvérsia estão sendo remetidos conjuntamente, destacando, na decisão de admissibilidade de cada um deles, os números dos demais;

VI – explicitará, na parte dispositiva, que o recurso especial foi admitido como representativo da controvérsia.

• §§ 1º e 2º acrescidos pela ER nº 24, de 28-9-2016.

Art. 256-A. No Superior Tribunal de Justiça, os recursos especiais encaminhados pelos Tribunais de origem como representativos da controvérsia deverão receber identificação própria no sistema informatizado e, após as etapas de autuação e classificação, ser registrados ao Presidente do STJ.

Art. 256-B. Compete ao Presidente do STJ:

I – oficiar ao presidente ou ao vice-presidente do Tribunal de origem, conforme o caso, para complementar informações do recurso especial representativo da controvérsia;

II – abrir vista dos autos ao Ministério Público Federal para que, no prazo improrrogável de quinze dias, manifeste-se exclusivamente a respeito dos pressupostos de admissibilidade do recurso especial como representativo da controvérsia.

Art. 256-C. Com ou sem o parecer do Ministério Público Federal, o processo será concluso ao Presidente do STJ para que, no prazo de vinte dias, em despacho irrecorrível, decida se o recurso especial representativo da controvérsia preenche os requisitos do art. 256 deste Regimento.

Art. 256-D. Caso o Presidente do STJ admita o recurso especial, determinará a distribuição dos autos nos seguintes termos:

I – por dependência, para os recursos especiais representativos da controvérsia que contiverem a mesma questão de direito;

II – de forma livre, mediante sorteio automático, para as demais hipóteses.

Parágrafo único. O Superior Tribunal de Justiça manterá, em sua página na internet, em destaque, relação dos recursos especiais representativos da controvérsia aptos, com a respectiva descrição da questão de direito e com o número sequencial correspondente à controvérsia.

Art. 256-E. Compete ao relator do recurso especial representativo da controvérsia, no prazo máximo de sessenta dias úteis a contar da data de conclusão do processo, reexaminar a admissibilidade do recurso representativo da controvérsia a fim de:

I – rejeitar, de forma fundamentada, a indicação do recurso especial como representativo da controvérsia devido à ausência dos pressupostos recursais genéricos ou específicos e ao não cumprimento dos requisitos regimentais, observado o disposto no art. 256-F deste Regimento;

II – propor à Corte Especial ou à Seção a afetação do recurso especial representativo da controvérsia para julgamento sob o rito dos recursos repetitivos, nos termos do Código de Processo Civil e da Seção II deste Capítulo.

Art. 256-F. Caso o relator inadmita o recurso especial como representativo da controvérsia devido à ausência dos pressupostos recursais genéricos ou específicos ou ao não cumprimento dos requisitos previstos neste Regimento, indicará recursos especiais existentes em seu acervo em substituição ao recurso inadmitido ou determinará a comunicação ao presidente ou vice-presidente do Tribunal de origem para que remeta ao STJ, em substituição, dois ou mais recursos especiais aptos que tratem da mesma questão de direito.

§ 1º Será inadmitido na origem recurso especial que apresente o mesmo óbice de admissibilidade reconhecido pelo Presidente do STJ ou pelo relator no julgamento de recurso representativo de idêntica questão de direito.

§ 2º Os recursos especiais aptos encaminhados pelo Tribunal de origem em substituição, nos termos do *caput* deste artigo, seguirão, no STJ, o mesmo procedimento do recurso representativo da controvérsia.

§ 3º Os recursos anteriormente suspensos nos Tribunais de origem permanecerão nessa condição, contendo a indicação do número sequencial da controvérsia de que trata o parágrafo único do art. 256-D deste Regimento.

§ 4º Caso o relator inadmita o recurso especial representativo da controvérsia porque a matéria não é apta a julgamento repetitivo ou porque não caracterizada a multiplicidade de recursos capaz de ensejar a afetação do processo para julgamento pelo sistema dos recursos repetitivos à Seção ou à Corte Especial, os processos suspensos em todo o território nacional retomarão seu curso normal.

Art. 256-G. Não adotadas as providências previstas nos incisos I e II do art. 256-E deste Regimento no prazo estabelecido no seu *caput*, presumir-se-á que o recurso especial representativo da controvérsia teve sua indicação rejeitada pelo relator.

§ 1º A rejeição, expressa ou presumida, do recurso especial representativo da controvérsia será comunicada aos Ministros do STJ e aos presidentes ou vice-presidentes dos Tribunais de origem.

§ 2º Os processos suspensos em todo o território nacional em razão de recurso especial representativo da controvérsia rejeitado retomarão seu curso normal.

Art. 256-H. Os recursos especiais interpostos em julgamento de mérito do incidente de resolução de demandas repetitivas serão processados nos termos desta Seção, não se aplicando a presunção prevista no art. 256-G deste Regimento.

• Arts. 256-A a 256-H acrescidos pela ER nº 24, de 28-9-2016.

Seção II

DA COMPETÊNCIA PARA AFETAÇÃO E DO PROCEDIMENTO PREPARATÓRIO PARA O JULGAMENTO DO RECURSO ESPECIAL REPETITIVO

• Seção II acrescida pela ER nº 24, de 28-9-2016.

Art. 256-I. O recurso especial representativo da controvérsia apto, bem como o recurso especial distribuído cuja multiplicidade de processos com idêntica questão de direito seja reconhecida pelo relator, nos termos do art. 1.037 do Código de Processo Civil, será submetido pela Seção ou pela Corte Especial, conforme o caso, ao rito dos recursos repetitivos para julgamento, observadas as regras previstas no Capítulo II-B do Título IX da Parte I do Regimento Interno.

Parágrafo único. O Superior Tribunal de Justiça manterá, em sua página na internet, em destaque, relação dos recursos especiais afetados, com a respectiva descrição da questão de direito e com o número sequencial correspondente ao tema afetado.

Art. 256-J. O relator poderá solicitar informações aos Tribunais de origem a respeito da questão afetada e autorizar, em decisão irrecorrível, ante a relevância da matéria, a manifestação escrita de pessoas naturais ou jurídicas, órgãos ou entidades especializadas, com representatividade adequada, a serem prestadas no prazo improrrogável de quinze dias.

Art. 256-K. A fim de instruir o procedimento, pode o relator, nos termos dos arts. 185 e 186 deste Regimento, fixar data para ouvir pessoas ou entidades com experiência e conhecimento na matéria em audiência pública.

Art. 256-L. Publicada a decisão de afetação, os demais recursos especiais em tramitação no STJ fundados em idêntica questão de direito:

I – se já distribuídos, serão devolvidos ao Tribunal de origem, para nele permanecerem suspensos, por meio de decisão fundamentada do relator;

II – se ainda não distribuídos, serão devolvidos ao Tribunal de origem por decisão fundamentada do Presidente do STJ.

Art. 256-M. Após a publicação da decisão de afetação, será concedida vista dos autos ao Ministério Público Federal pelo prazo de quinze dias.

Parágrafo único. Com ou sem o parecer do Ministério Público Federal, o processo será concluso ao relator para elaboração do voto.

• Arts. 256-I a 256-M acrescidos pela ER nº 24, de 28-9-2016.

Seção III

DO JULGAMENTO DO RECURSO ESPECIAL REPETITIVO

• Seção III acrescida pela ER nº 24, de 28-9-2016.

Art. 256-N. Após a liberação do relator, o processo será incluído na pauta para julgamento na Seção ou na Corte Especial.

§ 1º O julgamento de recurso especial repetitivo terá preferência sobre os demais processos, ressalvados os casos de réu preso e os pedidos de habeas corpus e de mandado de segurança.

§ 2º Deve ser observado o prazo máximo de um ano para o julgamento do tema repetitivo, a contar da data da publicação da afetação.

§ 3º Quando o órgão julgador decidir questão relativa ao procedimento de recursos repetitivos ou à aplicação da sistemática da repercussão geral no Tribunal, os documentos relacionados ao julgamento serão disponibilizados ao Núcleo de Gerenciamento de Precedentes – NUGEP.

Art. 256-O. Desafetado o processo da sistemática do recurso repetitivo, deverão constar da decisão ou do resultado do julgamento as consequências desse ato e sua motivação.

§ 1º Caso não seja cancelado o tema, a decisão de que trata o *caput* explicitará, ainda, se há necessidade de envio de novos recursos representativos da controvérsia tratando da mesma questão de direito, em substituição, para julgamento do mérito do tema.

§ 2º A Secretaria comunicará o teor da decisão proferida nos termos do *caput* e do § 1º deste artigo aos Ministros integrantes do respectivo órgão julgador e aos Tribunais de origem.

§ 3º Os recursos especiais enviados em substituição serão distribuídos por dependência ao Ministro que determinou a desafetação do recurso especial ou ao sucessor do acervo, excetuada a hipótese de o Ministro não compor mais o órgão julgador competente para apreciar a matéria ou de alteração de competência para apreciação da matéria, caso em que o recurso será distribuído entre os integrantes do órgão julgador competente para apreciar a questão.

§ 4º Na hipótese do § 2º deste artigo, os recursos anteriormente suspensos permanecerão nessa condição, vinculados ao número do tema no STJ.

§ 5º Caso seja cancelado o tema, os processos suspensos em todo o território nacional retomarão seu curso normal.

Art. 256-P. O Presidente do respectivo órgão julgador velará pelo cumprimento dos prazos previstos neste capítulo.

Parágrafo único. A fim de dar cumprimento ao disposto no *caput*, quando ultrapassados oito meses a contar da publicação da decisão de afetação, o Presidente do órgão julgador determinará que seja cientificado o relator ou o Ministro que tiver pedido vista, respeitados os prazos do art. 162 deste Regimento.

Art. 256-Q. No julgamento de mérito do tema repetitivo, o relator ou o Ministro relator para acórdão delimitará objetivamente a tese firmada pelo órgão julgador.

§ 1º Alterada a tese firmada no julgamento de recurso interposto contra o acórdão citado no *caput*, proceder-se-á à nova delimitação com os fundamentos determinantes da tese.

§ 2º A decisão de que trata o § 1º deste artigo será objeto de comunicação aos Ministros do órgão julgador, ao Presidente do STJ e aos presidentes ou vice-presidentes dos Tribunais de origem.

§ 3º O acórdão deverá ser redigido nos termos do art. 104-A deste Regimento.

- Arts. 256-N a 256-Q acrescidos pela ER nº 24, de 28-9-2016.

Seção IV

DA PUBLICAÇÃO DO ACÓRDÃO

- Seção IV acrescida pela ER nº 24, de 28-9-2016.

Art. 256-R. O acórdão proferido no julgamento do recurso especial repetitivo gerará as seguintes consequências nos demais recursos especiais fundados em idêntica questão de direito:

I – se já distribuídos e não devolvidos à origem por trazerem outras questões além da afetada, serão julgados pelo relator, observada a tese firmada no julgamento de mérito do respetivo tema;

II – se ainda não distribuídos e não devolvidos à origem, serão julgados pelo Presidente do STJ;

III – se suspensos nas instâncias de origem, aplicam-se os arts. 1.040 e 1.041 do Código de Processo Civil.

Parágrafo único. O disposto no inciso III aplica-se a todos os processos que tratem de idêntica questão de direito, mesmo que não tenham sido objeto de suspensão.

- Art. 256-R acrescido pela ER nº 24, de 28-9-2016.

Seção V

DA REVISÃO DE ENTENDIMENTO FIRMADO EM TEMA REPETITIVO

- Seção V acrescida pela ER nº 24, de 28-9-2016.

Art. 256-S. É cabível a revisão de entendimento consolidado em enunciado de tema repetitivo, por proposta de Ministro integrante do respectivo órgão julgador ou de representante do Ministério Público Federal que oficie perante o Superior Tribunal de Justiça.

§ 1º A revisão ocorrerá nos próprios autos do processo julgado sob o rito dos recursos repetitivos, caso ainda esteja em tramitação, ou será objeto de questão de ordem, independentemente de processo a ela vinculado.

§ 2º A revisão de entendimento terá como relator o Ministro integrante do órgão julgador que a propôs ou o seu Presidente nos casos de proposta formulada pelo representante do Ministério Público Federal.

§ 3º O acórdão proferido na questão de ordem será inserido, como peça eletrônica complementar, no(s) processo(s) relacionado(s) ao enunciado de tema repetitivo.

Art. 256-T. O procedimento de revisão de entendimento será iniciado por:

I – decisão do Ministro proponente com a indicação expressa de se tratar de proposta de revisão de enunciado de tema repetitivo e exposição dos fundamentos da alteração da tese anteriormente firmada;

II – petição do representante do Ministério Público Federal dirigida ao relator do processo que ensejou a criação do tema, ou ao Presidente do órgão julgador, dependendo do caso, com os requisitos previstos no inciso I.

§ 1º No prazo de vinte dias, o relator do processo que ensejou a criação do tema ou o Presidente do órgão julgador decidirá se a proposta de revisão de entendimento preenche os requisitos deste artigo.

§ 2º Nos casos de propostas formuladas por Ministro do STJ, será concedida vista dos autos ao Ministério Público Federal pelo prazo improrrogável de quinze dias para manifestação sobre a revisão proposta.

Art. 256-U. Com ou sem o parecer do Ministério Público Federal, o processo será concluso ao relator ou ao Presidente do órgão julgador, conforme o caso, para julgamento.

Parágrafo único. A revisão deve observar, em relação ao julgamento e à publicação do acórdão, o disposto nas Seções III e IV deste Capítulo.

Art. 256-V. O Presidente do órgão julgador poderá propor, em questão de ordem, a revisão de entendimento consolidado em enunciado de tema repetitivo para adequação ao entendimento do Supremo Tribunal Federal em repercussão geral, em ação de controle concentrado de constitucionalidade, em enunciado de súmula vinculante e em incidente de assunção de competência.

§ 1º A revisão ocorrerá nos próprios autos do recurso julgado sob o rito dos repetitivos, caso ainda esteja em tramitação, ou será objeto de questão de ordem, independentemente de processo a ela vinculado.

§ 2º O acórdão proferido na questão de ordem será inserido, como peça eletrônica complementar, no(s) processo(s) relacionado(s) ao tema repetitivo.

• Arts. 256-S a 256-V acrescidos pela ER nº 24, de 28-9-2016.

Seção VI

DAS DISPOSIÇÕES FINAIS

• Seção VI acrescida pela ER nº 24, de 28-9-2016.

Art. 256-W. O Superior Tribunal de Justiça publicará, em sua página na internet, até o dia 15 de cada mês, relatório com o quantitativo de decisões proferidas pela Presidência com fundamento nos incisos I e II do art. 1.040 do Código de Processo Civil.

Parágrafo único. O relatório previsto no *caput* será encaminhado eletronicamente ao Conselho Nacional de Justiça.

Art. 256-X. As competências atribuídas ao Presidente do STJ neste capítulo podem ser delegadas ao Vice-Presidente e aos Presidentes das Seções, dentro de suas respectivas áreas de atuação.

§ 1º A delegação de que trata o *caput* far-se-á mediante ato do Presidente do Tribunal, se houver concordância do Presidente do respectivo Órgão Fracionário.

§ 2º Os Presidentes das Seções poderão indicar ao Presidente do Tribunal, para subdelegação, um membro integrante da respectiva Seção.

• Arts. 256-W a 256-X acrescidos pela ER nº 24, de 28-9-2016.

CAPÍTULO II-B

DA AFETAÇÃO DE PROCESSOS À SISTEMÁTICA DOS RECURSOS REPETITIVOS E DA ADMISSÃO DE INCIDENTE DE ASSUNÇÃO DE COMPETÊNCIA EM MEIO ELETRÔNICO.

• Capítulo II-B acrescido pela ER nº 24, de 28-9-2016.

Art. 257. É obrigatório ao relator o uso da ferramenta eletrônica de afetação do recurso especial à sistemática dos repetitivos e de admissão do incidente de assunção de competência, nos termos desse capítulo.

• Art. 257 com a redação dada pela ER nº 24, de 28-9-2016.

Art. 257-A. Incluída pelo relator, em meio eletrônico, a proposta de afetação ou de admissão do processo à sistemática dos recursos repetitivos ou da assunção de competência, os demais Ministros do respectivo órgão julgador terão o prazo de sete dias corridos para se manifestar sobre a proposição.

§ 1º Para a afetação ou admissão eletrônica, os Ministros deverão observar, entre outros requisitos, se o processo veicula matéria de competência do STJ, se preenche os pressupostos recursais genéricos e específicos, se não possui vício grave que impeça o seu conhecimento e, no caso da afetação do recurso à sistemática dos repetitivos, se possui multiplicidade de processos com idêntica questão de direito ou potencial de multiplicidade.

§ 2º Caso a maioria dos Ministros integrantes do respectivo órgão julgador decidam, na sessão eletrônica, pelo não preenchimento dos requisitos previstos no § 1º, a questão não será afetada ou admitida para julgamento repetitivo ou como assunção de competência, retornando os autos ao relator para decisão.

§ 3º Rejeitada a proposta de afetação ou de admissão porque a questão não é de competência do STJ, a matéria discutida no processo não será objeto de nova inclusão para afetação ou admissão eletrônica.

• Art. 257-A acrescido pela ER nº 24, de 28-9-2016.

Art. 257-B. Somente serão computados os votos expressamente manifestados.

• *Caput* com a redação dada pela ER nº 39, de 29-4-2021.

Parágrafo único. Não alcançado o quórum ou havendo empate na votação, o julgamento será suspenso e incluído na sessão virtual imediatamente subsequente.

• Parágrafo único acrescido pela ER nº 39, de 29-4-2021.

Art. 257-C. Findo o prazo de que trata o art. 257-A deste Regimento, o sistema contabilizará as manifestações e lançará, de forma automatizada, na plataforma eletrônica, suma com o resultado da deliberação colegiada sobre a afetação do processo à sistemática dos recursos repetitivos ou a admissão do incidente de assunção de competência.

Parágrafo único. Será afetado para julgamento pela sistemática dos recursos repetitivos ou admitido o incidente de assunção de competência à Corte Especial ou à Seção o processo que contar com o voto da maioria simples dos Ministros.

Art. 257-D. Afetado o recurso ou admitido o incidente, os dados serão incluídos no sistema informatizado do Tribunal, sendo-lhe atribuído número sequencial referente ao enunciado de tema.

Art. 257-E. Será publicada, no *Diário da Justiça eletrônico*, a decisão colegiada pela afetação do recurso ou pela admissão do incidente, acompanhada das manifestações porventura apresentadas pelos demais Ministros.

• Arts. 257-C a 257-E acrescidos pela ER nº 24, de 28-9-2016.

Seção I

DO AGRAVO REGIMENTAL EM MATÉRIA PENAL

• Seção I acrescida pela ER nº 24, de 28-9-2016.

Art. 258. A parte que se considerar agravada por decisão do Presidente da Corte Especial, de Seção, de Turma ou de relator, à exceção do indeferimento de liminar em procedimento de *habeas corpus* e recurso ordinário em *habeas corpus*, poderá requerer, dentro de cinco dias, a apresentação do feito em mesa relativo à matéria penal em geral, para que a Corte Especial, a Seção ou a Turma sobre ela se pronuncie, confirmando-a ou reformando-a.

• *Caput* com a redação dada pela ER nº 24, de 28-9-2016.

○ Súmulas nºs 116 e 316 do STJ.

§ 1º O órgão do Tribunal competente para conhecer do agravo é o que seria competente para o julgamento do pedido ou recurso

§ 2º Não cabe agravo regimental da decisão do relator que der provimento a agravo de instrumento, para determinar a subida de recurso não admitido.

§ 3º O agravo regimental será submetido ao prolator da decisão, que poderá reconsiderá-la ou submeter o agravo ao julgamento da Corte Especial, da Seção ou da Turma, conforme o caso, computando-se também o seu voto.

§ 4º Se a decisão agravada for do Presidente da Corte Especial ou da Seção, o julgamento será presidido por seu substituto, que votará no caso de empate.

- §§ 3º e 4º acrescidos pela ER nº 24, de 28-9-2016.

Seção I-A

DO AGRAVO INTERNO

- Seção I-A acrescida pela ER nº 24, de 28-9-2016.

Art. 259. Contra decisão proferida por Ministro caberá agravo interno para que o respectivo órgão colegiado sobre ela se pronuncie, confirmando-a ou reformando-a.

§ 1º O órgão do Tribunal competente para conhecer do agravo é o que seria competente para o julgamento do pedido ou recurso.

§ 2º Na petição de agravo interno, o recorrente impugnará especificadamente os fundamentos da decisão agravada.

§ 3º O agravo será dirigido ao relator, que intimará o agravado para manifestar-se sobre o recurso no prazo de quinze dias, ao final do qual, não havendo retratação, o relator levá-lo-á a julgamento pelo órgão colegiado, com inclusão em pauta.

§ 4º Quando o agravo interno for declarado manifestamente inadmissível ou improcedente em votação unânime, o órgão colegiado, em decisão fundamentada, condenará o agravante a pagar ao agravado multa fixada entre 1% e 5% do valor atualizado da causa.

§ 5º A interposição de qualquer outro recurso está condicionada ao depósito prévio do valor da multa prevista no § 4º, à exceção da Fazenda Pública e do beneficiário de gratuidade da justiça, que farão o pagamento ao final.

§ 6º O agravo interno será submetido ao prolator da decisão, que poderá reconsiderá-la ou submeter o agravo ao julgamento da Corte Especial, da Seção ou da Turma, conforme o caso, computando-se também o seu voto.

§ 7º Se a decisão agravada for do Presidente da Corte Especial ou da Seção, o julgamento será presidido por seu substituto, que votará no caso de empate.

- Art. 259 com a redação dada pela ER nº 24, de 28-9-2016.

Parágrafo único. *Revogado.* ER nº 29, de 22-5-2018.

Seção II

DOS EMBARGOS INFRINGENTES

- Seção II revogada pela ER nº 22, de 16-3-2016.

Arts. 260 a 262. *Revogados.* ER nº 22, de 16-3-2016.

Seção III

DOS EMBARGOS DE DECLARAÇÃO

Art. 263. Cabem embargos de declaração contra qualquer decisão judicial, a serem opostos no prazo legal, para:

- *Caput* com a redação dada pela ER nº 22, de 16-3-2016.

I – esclarecer obscuridade ou eliminar contradição;

II – suprir omissão de ponto ou questão sobre a qual devia pronunciar-se o Órgão Julgador de ofício ou a requerimento; ou

III – corrigir erro material.

- Incisos I a III acrescidos pela ER nº 22, de 16-3-2016.

§ 1º O embargado será intimado para, querendo, manifestar-se, no prazo legal, sobre os embargos opostos, caso seu eventual acolhimento possa implicar a modificação da decisão embargada.

- § 1º com a redação dada pela ER nº 22, de 16-3-2016.

§ 2º *Revogado.* ER nº 22, de 16-3-2016.

Art. 264. Os embargos de declaração serão incluídos em pauta, salvo se opostos nas classes previstas no art. 91 deste Regimento ou nas demais classes criminais.

- *Caput* com a redação dada pela ER nº 24, de 28-9-2016.

§ 1º Se os embargos de declaração forem opostos contra decisão de relator ou outra decisão unipessoal, o Órgão Julgador da decisão embargada decidi-los-á monocraticamente.

§ 2º Quando manifestamente protelatórios os embargos de declaração, na forma do § 4º do art. 1.026 do Código de Processo Civil, condenar-se-á o embargante, em decisão fundamentada, a pagar ao embargado multa não excedente a 2% sobre o valor atualizado da causa.

- §§ 1º e 2º acrescidos pela ER nº 22, de 16-3-2016.

Art. 265. Os embargos de declaração interrompem o prazo para a interposição de recursos por qualquer das partes, salvo quando manifestamente protelatórios, na forma do § 4º do art. 1.026 do Código de Processo Civil.

- *Caput* com a redação dada pela ER nº 22, de 16-3-2016.

Parágrafo único. *Revogado.* ER nº 22, de 16-3-2016.

Seção IV

DOS EMBARGOS DE DIVERGÊNCIA

Art. 266. Cabem embargos de divergência contra acórdão de Órgão Fracionário que, em recurso especial, divergir do julgamento atual de qualquer outro Órgão Jurisdicional deste Tribunal, sendo:

- *Caput* com a redação dada pela ER nº 22, de 16-3-2016.

I – os acórdãos, embargado e paradigma, de mérito;

II – um acórdão de mérito e outro que não tenha conhecido do recurso, embora tenha apreciado a controvérsia.

- Incisos I e II acrescidos pela ER nº 22, de 16-3-2016.

§ 1º Poderão ser confrontadas teses jurídicas contidas em julgamentos de recursos e de ações de competência originária.

§ 2º A divergência que autoriza a interposição de embargos de divergência pode verificar-se na aplicação do direito material ou do direito processual.

§ 3º Cabem embargos de divergência quando o acórdão paradigma for do mesmo Órgão Fracionário que proferiu a decisão embargada, desde que sua composição tenha sofrido alteração em mais da metade de seus membros.

§ 4º O recorrente provará a divergência com certidão, cópia ou citação de repositório oficial ou credenciado de jurisprudência, inclusive em mídia eletrônica, em que foi publicado o acórdão divergente, ou com a reprodução de julgado disponível na internet, indicando a respectiva fonte, e mencionará as circunstâncias que identificam ou assemelham os casos confrontados.

- §§ 1º a 4º com a redação dada pela ER nº 22, de 16-3-2016.

Art. 266-A. Os embargos de divergência serão juntados aos autos independentemente de despacho, e sua oposição interrompe o prazo para interposição de recurso extraordinário por qualquer das partes.

Art. 266-B. Se os embargos de divergência não forem providos ou não alterarem a conclusão do julgamento anterior, o recurso extraordinário interposto pela outra parte antes da publicação do julgamento dos embargos de divergência será processado e julgado independentemente de ratificação.

Art. 266-C. Sorteado o relator, ele poderá indeferir os embargos de divergência liminarmente se intempestivos ou se não comprovada ou não configurada a divergência jurisprudencial atual, ou negar-lhes provimento caso a tese deduzida no recurso seja contrária a fixada em julgamento de recurso repetitivo ou de repercussão geral, a entendimento firmado em incidente de assunção de competência, a súmula do Supremo Tribunal Federal ou do Superior Tribunal de Justiça ou, ainda, a jurisprudência dominante acerca do tema.

Art. 266-D. O Ministério Público, quando necessário seu pronunciamento sobre os embargos de divergência, terá vista dos autos por vinte dias.

- Arts. 266-A a 266-D acrescidos pela ER nº 22, de 16-3-2016.

Art. 267. Admitidos os embargos de divergência em decisão fundamentada, promover-se-á a publicação, no *Diário da Justiça eletrônico*, do termo de vista ao embargado, para apresentar impugnação nos quinze dias subsequentes.

- *Caput* com a redação dada pela ER nº 22, de 16-3-2016.

Parágrafo único. Impugnados ou não os embargos, serão os autos conclusos ao relator, que pedirá a inclusão do feito na pauta de julgamento.

CAPÍTULO IV
DOS RECURSOS PARA O SUPREMO TRIBUNAL FEDERAL

Art. 268. Das decisões do Tribunal são cabíveis os seguintes recursos para o Supremo Tribunal Federal:

I – recurso ordinário, nos casos previstos no artigo 102, II, *a*, da Constituição;

II – recurso extraordinário, nos casos previstos no artigo 102, III, *a*, *b*, e *c*, da Constituição.

Art. 269. Os recursos serão processados, no âmbito do Tribunal, na conformidade da legislação processual vigente e do Regimento Interno do Supremo Tribunal Federal.

Art. 270. O Presidente do Tribunal decidirá a respeito da admissibilidade do recurso.

Parágrafo único. Da decisão que não admitir o recurso, caberá agravo para o Supremo Tribunal Federal, salvo quando fundado na aplicação de entendimento firmado em regime de repercussão geral ou em julgamento de recurso repetitivo.

- Parágrafo único com a redação dada pela ER nº 24, de 28-9-2016.

TÍTULO X – DOS PROCESSOS INCIDENTES

CAPÍTULO I
DA SUSPENSÃO DE SEGURANÇA, DE LIMINAR E DE SENTENÇA

- Denominação do Capítulo com a redação dada pela ER nº 7, de 1º-3-2004.

Art. 271. Poderá o Presidente do Tribunal, a requerimento da pessoa jurídica de direito público interessada ou do Procurador-Geral da República, e para evitar grave lesão à ordem, à saúde, à segurança e à economia públicas, suspender, em despacho fundamentado, a execução de liminar ou de decisão concessiva de mandado de segurança, proferida, em única ou última instância, pelos Tribunais Regionais Federais ou pelos Tribunais dos Estados e do Distrito Federal. Igualmente, em caso de manifesto interesse público ou de flagrante ilegitimidade e para evitar grave lesão à ordem, à saúde, à segurança e à economia públicas, poderá o Presidente do Tribunal suspender, em despacho fundamentado, a requerimento do Ministério Público ou da pessoa jurídica de direito público interessada, a execução da liminar nas ações movidas contra o Poder Público ou seus agentes que for concedida ou mantida pelos Tribunais Regionais Federais ou pelos Tribunais dos Estados e do Distrito Federal, inclusive em tutela antecipada, bem como suspender a execução de sentença proferida em processo de ação cautelar inominada, em processo de ação popular e em ação civil pública, enquanto não transitada em julgado.

- *Caput* com a redação dada pela ER nº 7, de 1º-3-2004.

§ 1º O Presidente poderá ouvir o impetrante, em cinco dias, e, o Procurador-Geral, quando este não for o requerente, em igual prazo.

- § 1º com a redação dada pela ER nº 1, de 23-5-1991.

§ 2º Da decisão a que se refere este artigo caberá agravo regimental, no prazo de cinco dias, para a Corte Especial.

- § 2º com a redação dada pela ER nº 12, de 1º-9-2010.

§ 3º A suspensão vigorará enquanto pender o recurso, ficando sem efeito se a decisão concessiva for mantida pelo Superior Tribunal de Justiça ou transitar em julgado.

- § 3º com a redação dada pela ER nº 1, de 23-5-1991.

CAPÍTULO I-A
DA SUSPENSÃO DE PROCESSOS EM INCIDENTE DE RESOLUÇÃO DE DEMANDAS REPETITIVAS

- Capítulo I-A acrescido pela ER nº 22, de 16-3-2016.

Art. 271-A. Poderá o Presidente do Tribunal, a requerimento do Ministério Público, da Defensoria Pública ou das partes de incidente de resolução de demandas repetitivas em tramitação, considerando razões de segurança jurídica ou de excepcional interesse social, suspender, em decisão fundamentada, todos os processos individuais ou coletivos em curso no território nacional que versem sobre a questão objeto do incidente.

§ 1º A parte de processo em curso em localidade de competência territorial diversa daquela em que tramita o incidente de resolução de demandas repetitivas deverá comprovar a inadmissão do incidente no Tribunal com jurisdição sobre o estado ou região em que tramite a sua demanda.

§ 2º O Presidente poderá ouvir, no prazo de cinco dias, o relator do incidente no Tribunal de origem e o Ministério Público Federal.

§ 3º A suspensão vigorará até o trânsito em julgado da decisão proferida no incidente de resolução de demanda repetitiva.

- Art. 271-A acrescido pela ER nº 22, de 16-3-2016.

CAPÍTULO I-B
DO INCIDENTE DE ASSUNÇÃO DE COMPETÊNCIA

- Capítulo I-B acrescido pela ER nº 24, de 28-9-2016.

Art. 271-B. O relator ou o Presidente proporá, de ofício ou a requerimento da parte, do Ministério Público ou da Defensoria Pública, na forma preconizada pelo Capítulo II-B do Título IX da Parte I do Regimento Interno, mediante decisão irrecorrível, a assunção de competência de julgamento de recurso, de remessa necessária ou de processo de competência originária que envolver relevante questão de direito, com grande repercussão social, sem repetição em múltiplos processos.

§ 1º A Corte Especial ou a Seção, conforme o caso, admitirá o recurso, a remessa necessária ou o processo de competência originária se reconhecer interesse público na assunção de competência.

§ 2º A desistência ou o abandono do processo não impedem o exame do mérito.

§ 3º Se não for o requerente, o Ministério Público intervirá obrigatoriamente no processo e deverá assumir sua titularidade em caso de desistência ou de abandono.

Art. 271-C. Na decisão que determinou a assunção de competência, o relator ou o Presidente identificará com precisão a questão a ser submetida a julgamento.

Art. 271-D. O relator ou o Presidente ouvirá as partes e os demais interessados, inclusive pessoas, órgãos e entidades com interesse na controvérsia, que, no prazo comum de quinze dias, poderão requerer a juntada de documentos, bem como as diligências necessárias para a elucidação da questão de direito controvertida; em seguida, manifestar-se-á o Ministério Público Federal no mesmo prazo.

§ 1º A fim de instruir o procedimento, pode o Presidente ou o relator, nos termos dos arts. 185 e 186 deste Regimento, fixar data para ouvir pessoas ou entidades com experiência e conhecimento na matéria em audiência pública.

§ 2º Concluídas as diligências, o Presidente ou o relator solicitará dia para julgamento do processo.

Art. 271-E. No julgamento do incidente de assunção de competência, a Corte Especial e as Seções se reunirão com o quórum mínimo de dois terços de seus membros.

Art. 271-F. O acórdão deverá ser redigido nos termos do art. 104-A deste Regimento.

Art. 271-G. O acórdão proferido, em assunção de competência, pela Corte Especial vinculará todos os órgãos do Tribunal e, pela Seção, vinculará as Turmas e Ministros que a compõem, exceto se houver revisão de tese.

Parágrafo único. O Superior Tribunal de Justiça manterá, em sua página na internet, em destaque, relação dos incidentes de assunção de competência pendentes de julgamento e julgados, com a indicação da respectiva descrição da questão de direito e com o número sequencial do incidente.

• Arts. 271-B a 271-G acrescidos pela ER nº 24, de 28-9-2016.

CAPÍTULO II

DOS IMPEDIMENTOS E DA SUSPEIÇÃO

Art. 272. Os Ministros se declararão impedidos ou suspeitos nos casos previstos em lei.

Parágrafo único. Poderá o Ministro, ainda, dar-se por suspeito se afirmar a existência de motivo de ordem íntima que, em consciência, o iniba de julgar.

Art. 273. Se a suspeição ou impedimento for do relator ou revisor, tal fato será declarado por despacho nos autos. Se for do relator, irá o processo ao Presidente, para nova distribuição; se do revisor, o processo passará ao Ministro que o seguir na ordem de antiguidade.

Parágrafo único. Nos demais casos, o Ministro declarará o seu impedimento verbalmente, registrando-se na ata a declaração.

Art. 274. A arguição de suspeição do relator poderá ser suscitada até quinze dias após a distribuição, quando fundada em motivo preexistente; no caso de motivo superveniente, o prazo de quinze dias será contado do fato que a ocasionou. A do revisor, em igual prazo, após a conclusão; a dos demais Ministros, até o início do julgamento.

Art. 275. A suspeição deverá ser deduzida em petição assinada pela própria parte, ou procurador com poderes especiais, indicando os fatos que a motivaram e acompanhada de prova documental e rol de testemunhas, se houver.

Art. 276. Se o Ministro averbado de suspeito for o relator e reconhecer a suspeição, por despacho nos autos, ordenará a remessa deles ao Presidente, para nova distribuição; se for o revisor, passará ao Ministro que o seguir na ordem de antiguidade.

§ 1º Não aceitando a suspeição, o Ministro continuará vinculado ao feito. Neste caso, será suspenso o julgamento até a solução do incidente, que será autuado em apartado, com designação de relator.

• Antigo parágrafo único transformado em § 1º pela ER nº 1, de 23-5-1991.

§ 2º Em matéria penal, nos processos de competência originária da Corte Especial, será relator o Presidente do Tribunal ou o Vice-Presidente se aquele for o recusado.

• § 2º com a redação dada pela ER nº 22, de 16-3-2016.

Art. 277. Autuada e distribuída a petição, e se reconhecida, preliminarmente, a relevância da arguição, o relator mandará ouvir o Ministro recusado, no prazo de dez dias, e, com ou sem resposta, ordenará o processo, colhendo as provas.

§ 1º Se a suspeição for de manifesta improcedência, o relator a rejeitará liminarmente.

§ 2º A afirmação de suspeição pelo arguido, ainda que por outro fundamento, põe fim ao incidente.

Art. 278. Preenchidas as formalidades do artigo anterior, o relator levará o incidente à mesa, na primeira sessão, quando se procederá ao julgamento, sem a presença do Ministro recusado.

Parágrafo único. Competirá à Seção da qual participe o Ministro recusado o julgamento do incidente, a menos que este haja sido suscitado em processo da competência da Corte Especial, caso em que a esta competirá o julgamento.

Art. 279. Reconhecida a procedência da suspeição, se haverá por nulo o que tiver sido processado perante o Ministro recusado, após o fato que ocasionou a suspeição. Caso contrário, o arguente será condenado ao pagamento das custas.

Parágrafo único. Será ilegítima a suspeição quando o arguente a tiver provocado ou, depois de manifestada a causa, praticar qualquer ato que importe a aceitação do Ministro recusado.

Art. 280. Afirmados o impedimento ou a suspeição pelo arguido, ter-se-ão por nulos os atos por ele praticados.

Art. 281. A arguição será sempre individual, não ficando os demais Ministros impedidos de apreciá-la, ainda que também recusados.

Art. 282. Não se fornecerá, salvo ao arguente e ao arguido, certidão de qualquer peça do processo de suspeição.

Parágrafo único. Da certidão constará, obrigatoriamente, o nome do requerente e a decisão que houver sido proferida.

CAPÍTULO III

DA HABILITAÇÃO INCIDENTE

Art. 283. A habilitação incidente será processada na forma da lei processual.

Art. 284. O relator, se contestado o pedido, facultará às partes sumária produção de provas, em cinco dias, e julgará, em seguida, a habilitação, cabendo agravo regimental da decisão.

Art. 285. Não dependerá de decisão do relator o pedido de habilitação:

I – do cônjuge e herdeiros necessários que provem por documento sua qualidade e o óbito do *de cujus*, e promovam a citação dos interessados para a renovação da instância;

II – fundado em sentença, com trânsito em julgado, que atribua ao requerente a qualidade de herdeiro necessário ou sucessor;

III – quando confessado ou não impugnado pela outra parte o parentesco, e se não houver oposição de terceiro.

Art. 286. Já havendo pedido de dia para julgamento, não se decidirá o requerimento de habilitação.

Art. 287. A parte que não se habilitar perante o Tribunal, poderá fazê-lo na instância inferior.

CAPÍTULO IV

DA TUTELA PROVISÓRIA

- Denominação do Capítulo IV com a redação dada pela ER nº 22, de 16-3-2016.

Art. 288. Admitir-se-ão tutela de urgência ou tutela da evidência requeridas em caráter antecedente ou incidental na forma da lei processual.

§ 1º A petição inicial da ação que visa à prestação de tutela de urgência em caráter antecedente será apensada oportunamente ao processo a que se refere.

§ 2º O relator poderá apreciar a liminar e a própria tutela de urgência, ou submetê-las ao Órgão Julgador competente.

- Art. 288 com a redação dada pela ER nº 22, de 16-3-2016.

CAPÍTULO V

DA MEDIAÇÃO

- Capítulo V acrescido pela ER nº 23, de 28-9-2016.

Art. 288-A. O Centro de Soluções Consensuais de Conflitos do Superior Tribunal de Justiça, responsável por realizar sessões e audiências de conciliação e mediação e por desenvolver programas destinados a auxiliar, orientar e estimular a autocomposição, será coordenado pelo Ministro designado pelo Presidente.

Parágrafo único. O Presidente, por proposta do Ministro Coordenador, disciplinará a criação e o funcionamento do Centro, bem como a inscrição, a remuneração, os impedimentos, a forma de desligamento e os afastamentos dos mediadores, com observância das normas de regência.

Art. 288-B. O mediador judicial será designado pelo Ministro Coordenador dentre aqueles que constarem do cadastro de mediadores mantido pelo Centro de Soluções Consensuais de Conflitos do Superior Tribunal de Justiça ou de cadastro de âmbito nacional.

§ 1º O relator poderá solicitar ao Centro a indicação de mediador para auxiliá-lo também em procedimento de conciliação.

§ 2º O relator pode encaminhar o processo de ofício para a mediação.

Art. 288-C. É admitido o uso da mediação para solução das controvérsias sujeitas à competência do Tribunal que versem sobre direitos disponíveis ou sobre direitos indisponíveis que admitam transação, conforme a legislação de regência, resguardada a gratuidade da mediação aos necessitados.

- Arts. 288-A a 288-C acrescidos pela ER nº 23, de 28-9-2016.

CAPÍTULO VI

DA DESCONSIDERAÇÃO DA PERSONALIDADE JURÍDICA

- Capítulo VI acrescido pela ER nº 24, de 28-9-2016.

Art. 288-D. O incidente de desconsideração da personalidade jurídica será instaurado a pedido da parte ou do Ministério Público, quando lhe couber intervir no processo, e é cabível em todas as fases da ação de competência originária.

§ 1º Compete ao relator apreciar o pedido de desconsideração da personalidade jurídica, que deve ser fundamentado e demonstrar o preenchimento dos pressupostos específicos previstos em lei.

§ 2º A instauração do incidente de desconsideração da personalidade jurídica suspenderá o processo e será comunicada imediatamente à Secretaria Judiciária, para as anotações devidas.

§ 3º Dispensa-se a instauração do incidente se a desconsideração da personalidade jurídica for requerida na petição inicial de ação de competência originária, hipótese em que haverá imediata distribuição, será citado o sócio ou a pessoa jurídica e não se suspenderá o processo.

Art. 288-E. Instaurado o incidente, o sócio ou a pessoa jurídica será citado para manifestar-se e requerer as provas cabíveis no prazo de quinze dias.

Art. 288-F. Concluída a instrução, se necessária, o incidente será resolvido pelo relator por decisão interlocutória, sujeita a agravo interno.

Art. 288-G. Aplica-se o disposto neste Capítulo à hipótese de desconsideração inversa da personalidade jurídica.

- Arts. 288-D a 288-G acrescidos pela ER nº 24, de 28-9-2016.

TÍTULO XI – DOS PROCEDIMENTOS ADMINISTRATIVOS

CAPÍTULO I

DA ELEIÇÃO DE MEMBROS DO TRIBUNAL SUPERIOR ELEITORAL

Art. 289. A eleição, em escrutínio secreto, de Ministro para integrar o Tribunal Superior Eleitoral, é feita na primeira sessão do Plenário a que se seguir a comunicação de extinção de mandato, feita pelo Presidente do Tribunal Superior Eleitoral.

Parágrafo único. Não podem ser eleitos membros efetivos ou suplentes o Presidente, o Vice-Presidente, o Corregedor Nacional de Justiça, o Corregedor-Geral da Justiça Federal, o Diretor-Geral da Escola Nacional de Formação e Aperfeiçoamento de Magistrados Ministro Sálvio de Figueiredo Teixeira e o Ministro Ouvidor do Superior Tribunal de Justiça, observado o disposto nos §§ 5º e 6º do art. 3º deste Regimento.

- Parágrafo único com a redação dada pela ER nº 15, de 17-9-2014.

CAPÍTULO II

DA DISPONIBILIDADE E DA APOSENTADORIA POR INTERESSE PÚBLICO

Art. 290. O Tribunal poderá determinar por motivo de interesse público, em escrutínio secreto e pelo voto de dois terços de seus membros, a disponibilidade ou a aposentadoria de Ministro do Tribunal, assegurada ampla defesa.

CAPÍTULO III

DA VERIFICAÇÃO DE INVALIDEZ

Art. 291. O processo de verificação da invalidez do magistrado, para o fim de aposentadoria, terá início a seu requerimento, ou por ordem do Presidente do Tribunal, de ofício, ou em cumprimento de deliberação do Tribunal.

§ 1º Instaurado o processo de verificação da invalidez, o paciente será afastado, desde logo, do exercício do cargo, até final decisão, devendo ficar concluído o processo no prazo de sessenta dias.

§ 2º Tratando-se de incapacidade mental, o Presidente nomeará curador ao paciente, sem prejuízo da defesa que este queira oferecer pessoalmente, ou por procurador que constituir.

Art. 292. Como preparador do processo, funcionará o Presidente do Tribunal, até as razões finais, inclusive, efetuando-se, depois delas, a sua distribuição.

Art. 293. O paciente será notificado, por ofício do Presidente, para alegar, em dez dias, prorrogáveis por mais dez, o que entender a bem de seus direitos, podendo juntar documentos. Com o ofício, será remetida cópia da ordem inicial.

Art. 294. Decorrido o prazo do artigo antecedente, com a resposta, ou sem ela, o Presidente nomeará uma junta de três médicos para proceder ao exame do paciente e ordenará as demais diligências necessárias à averiguação do caso.

Parágrafo único. A recusa do paciente em submeter-se à perícia médica permitirá o julgamento baseado em quaisquer outras provas.

Art. 295. Concluídas as diligências, poderá o paciente, ou o seu curador, apresentar alegações no prazo de dez dias. Os autos, a seguir, serão informados pela Secretaria e distribuídos.

Art. 296. O julgamento será feito pela Corte Especial, participando o Presidente da votação.

Art. 297. A decisão do Tribunal, pela incapacidade do magistrado, será tomada pelo voto da maioria absoluta dos seus membros.

Art. 298. A decisão que concluir pela incapacidade do magistrado será imediatamente comunicada ao Poder Executivo, para os devidos fins.

Art. 299. O magistrado que, por dois anos consecutivos, afastar-se, ao todo, por seis meses ou mais, para tratamento de saúde, deverá submeter-se, ao requerer nova licença para igual fim, dentro de dois anos, a exame para verificação de invalidez.

Art. 300. Na hipótese de a verificação da invalidez houver sido requerida pelo magistrado, o processo, após parecer da junta médica designada pelo Presidente do Tribunal, será informado pela Secretaria e distribuído a um Ministro, observando-se as normas inscritas nos artigos 296 e seguintes.

TÍTULO XII – DO CUMPRIMENTO DAS DECISÕES DO TRIBUNAL

- Denominação do Título XII com a redação dada pela ER nº 22, de 16-3-2016.

CAPÍTULO I

DISPOSIÇÕES GERAIS

Art. 301. As determinações necessárias ao cumprimento das decisões competem:

- *Caput* com a redação dada pela ER nº 22, de 16-3-2016.

I – ao Presidente, quanto às decisões que houver proferido e quanto às decisões tomadas pelo Plenário, pela Corte Especial e pelo Conselho de Administração;

II – ao Presidente da Seção, quanto aos acórdãos e às decisões desta e às suas decisões individuais.

- Incisos I e II com a redação dada pela ER nº 22, de 16-3-2016.

III – ao Presidente de Turma, quanto aos acórdãos e às decisões desta e às suas decisões individuais;

IV – ao relator, quanto às suas decisões acautelatórias ou de instrução e direção do processo.

- Incisos III e IV acrescidos pela ER nº 22, de 16-3-2016.

Parágrafo único. As disposições deste artigo não se aplicam às ações penais originárias.

- Parágrafo único acrescido pela ER nº 24, de 28-9-2016.

Art. 302. *Revogado.* ER nº 22, de 16-3-2016.

Art. 302-A. Nas ações penais originárias, os atos de execução e de cumprimento das decisões e acórdãos transitados em julgado serão requisitados diretamente ao Ministro que funcionou como relator do processo na fase de conhecimento.

- Artigo acrescido pela ER nº 24, de 28-9-2016.

Art. 303. Os atos executivos de cumprimento das decisões do Tribunal serão requisitados ou delegados a quem os deva praticar.

- Artigo com a redação dada pela ER nº 22, de 16-3-2016.

Art. 304. As impugnações ao cumprimento das decisões e os eventuais incidentes poderão ser levados à apreciação:

- *Caput* do art. 304 com a redação dada pela ER nº 22, de 16-3-2016.

I – da Corte Especial, pelo Presidente, pelo relator, pela Seção ou pela Turma ou por seus Presidentes;

II – da Seção, por seu Presidente ou pelo relator;

III – da Turma, por seu Presidente ou pelo relator.

Art. 305. O cumprimento das decisões do Tribunal atenderá, no que couber, à legislação processual.

- Artigo com a redação dada pela ER nº 22, de 16-3-2016.

CAPÍTULO II

DA CARTA DE SENTENÇA PENAL

- Capítulo II com a denominação dada pela ER nº 24, de 28-9-2016.

Art. 306. A carta de sentença deve conter, pelo menos, as seguintes peças e informações:

- *Caput* com a redação dada pela ER nº 24, de 28-9-2016.

I – qualificação completa do executado;

II – interrogatório do executado na polícia e em juízo, conforme o caso;

- Incisos I e II com a redação dada pela ER nº 24, de 28-9-2016.

III – cópia da denúncia;

IV – cópia da sentença, voto(s) e acórdão(s) e respectivo(s) termo(s) de publicação, inclusive contendo, se for o caso, a menção expressa ao deferimento de detração que importe determinação de regime de cumprimento de pena mais benéfico do que o legalmente cabível sem a detração, pelo próprio juízo do processo de conhecimento, nos termos do art. 387, § 2º, do Código de Processo Penal, acrescentado pela Lei nº 12.736/2012;

V – informação sobre os endereços em que o executado possa ser localizado, os antecedentes criminais e o grau de instrução;

VI – instrumentos de mandato, substabelecimentos, despachos de nomeação de defensores dativos ou de intimação da Defensoria Pública;

VII – certidões de trânsito em julgado da condenação para a acusação e para a defesa;

VIII – cópia do mandado de prisão temporária e/ou preventiva, com a respectiva certidão da data do cumprimento, para cômputo da detração;

IX – cópia de eventual alvará de soltura, com a certidão da data do cumprimento da ordem de soltura, para cômputo da detração, caso esta já não tenha sido apreciada pelo Juízo do processo de conhecimento para determinação do regime de cumprimento de pena, nos termos do art. 387, § 2º, do Código de Processo Penal, acrescentado pela Lei nº 12.736/2012;

X – nome e endereço do curador, se houver;

XI – informações acerca do estabelecimento prisional em que o condenado encontra-se recolhido e para o qual deve ser removido, na hipótese de deferimento de detração que importe determinação de regime de cumprimento de pena mais benéfico do que o legalmente cabível sem a detração pelo próprio juízo do processo de conhecimento, nos termos do art. 387, § 2º, do Código de Processo Penal, acrescentado pela Lei nº 12.736/2012;

XII – cópias da decisão de pronúncia e da certidão de preclusão em se tratando de condenação em crime doloso contra a vida;

XIII – certidão carcerária;

XIV – cópias de outras peças do processo reputadas indispensáveis à adequada execução da pena, a critério do relator.

• Incisos III a XIV acrescidos pela ER nº 24, de 28-9-2016.

Arts. 307 e 308. *Revogados.* ER nº 24, de 28-9-2016.

CAPÍTULO III

DO CUMPRIMENTO DE DECISÃO DO TRIBUNAL QUE RECONHEÇA A EXIGIBILIDADE DE OBRIGAÇÃO DE PAGAR QUANTIA CERTA PELA FAZENDA PÚBLICA

• Denominação do Capítulo III com a redação dada pela ER nº 22, de 16-3-2016.

Art. 309. A execução por quantia certa fundada em decisão proferida contra a Fazenda Pública em ação da competência originária do Tribunal observará o disposto na lei processual.

• *Caput* com a redação dada pela ER nº 22, de 16-3-2016.

I e II – *Revogados.* ER nº 22, de 16-3-2016.

§ 1º A Fazenda Pública será intimada na pessoa de seu representante judicial por carga ou meio eletrônico, para, querendo, no prazo de trinta dias e nos próprios autos, impugnar o cumprimento de decisão.

§ 2º Se não houver impugnação no prazo regimental ou se forem rejeitadas as arguições da executada, observar-se-á o disposto na lei processual.

• §§ 1º e 2º acrescidos pela ER nº 22, de 16-3-2016.

Art. 310. As requisições de pagamento das somas ao qual a Fazenda Pública for condenada serão dirigidas ao Presidente do Tribunal, que determinará as providências ao devedor para depósito ou alocação orçamentária.

Art. 311. O Presidente do Tribunal determinará o pagamento integral das requisições e autorizará, a requerimento do credor e exclusivamente para os casos de preterimento de seu direito de precedência ou de não alocação orçamentária do valor necessário à satisfação do seu débito, o sequestro da quantia respectiva.

• Arts. 310 e 311 com a redação dada pela ER nº 22, de 16-3-2016.

CAPÍTULO IV

DA INTERVENÇÃO FEDERAL NOS ESTADOS

Art. 312. A requisição de intervenção federal, prevista nos artigos 34, VI, e 36, II e IV, da Constituição, será promovida:

I – de ofício, ou mediante pedido do Presidente do Tribunal de Justiça do Estado, ou do Presidente de Tribunal Federal, quando se tratar de prover a execução de ordem ou decisão judicial, com ressalva, conforme a matéria, da competência do Supremo Tribunal Federal ou do Tribunal Superior Eleitoral (Constituição, artigo 34, VI, e artigo 36, II);

II – de ofício, ou mediante pedido da parte interessada, quando se tratar de prover a execução de ordem ou decisão do Superior Tribunal de Justiça (Constituição, artigo 34, VI, e artigo 36, II);

III – mediante representação do Procurador-Geral da República, quando se tratar de prover a execução de lei federal (Constituição, artigo 34, VI, e artigo 36, IV).

Art. 313. O Presidente, ao receber o pedido:

I – tomará as providências oficiais que lhe parecerem adequadas para remover, administrativamente, a causa do pedido;

II – mandará arquivá-lo, se for manifestamente infundado, cabendo da sua decisão agravo regimental.

Art. 314. Realizada a gestão prevista no inciso I do artigo anterior, solicitadas informações à autoridade estadual, que as deverá prestar, no prazo de trinta dias, e ouvido o Procurador-Geral, em igual prazo, o pedido será distribuído a um relator.

• *Caput* com a redação dada pela ER nº 1, de 23-5-1991.

Parágrafo único. Tendo em vista o interesse público, poderá a Corte Especial limitar a presença no recinto às partes e seus advogados, ou somente a estes.

• Parágrafo único acrescido pela ER nº 1, de 23-5-1991.

Art. 315. Julgado procedente o pedido, o Presidente do Tribunal comunicará imediatamente a decisão aos órgãos interessados do Poder Público e requisitará a intervenção ao Presidente da República.

PARTE III – DOS SERVIÇOS ADMINISTRATIVOS

TÍTULO I – DA SECRETARIA DO TRIBUNAL

Art. 316. À Secretaria do Tribunal incumbe a execução dos serviços administrativos do Tribunal.

§ 1º O Diretor-Geral da Secretaria do Tribunal, com formação superior, será nomeado em comissão pelo Presidente do Tribunal.

§ 2º Compete ao Diretor-Geral supervisionar, coordenar e dirigir todas as atividades administrativas da Secretaria, observadas as orientações estabelecidas pelo Presidente e de acordo com as deliberações do Tribunal.

• §§ 1º e 2º acrescidos pela ER nº 12, de 1º-9-2010, que também revogou o parágrafo único.

Art. 317. A organização da Secretaria do Tribunal será fixada em resolução do Conselho de Administração (artigo 38, I), cabendo ao Presidente, em ato próprio, especificar as atribuições das diversas unidades, bem assim de seus diretores, chefes e servidores.

Art. 318. O Diretor-Geral da Secretaria, em suas férias, faltas e impedimentos, será substituído por Diretor de Secretaria, com os requisitos exigidos para o cargo, e designado pelo Presidente.

Art. 319. Além das atribuições estabelecidas no ato do Presidente a que se refere o artigo 317, incumbe ao Diretor-Geral da Secretaria:

• *Caput* com a redação dada pela ER nº 4, de 2-12-1993.

I – apresentar ao Presidente as petições e papéis dirigidos ao Tribunal;

II – despachar com o Presidente o expediente da Secretaria;

III – manter sob sua direta fiscalização, e permanentemente atualizado, o assentamento funcional dos Ministros;

IV – relacionar-se, pessoalmente, com os Ministros no encaminhamento dos assuntos administrativos referentes a seus gabinetes, ressalvada a competência do Presidente;

V – secretariar, salvo dispensa do Presidente, as sessões administrativas do Plenário e do Conselho de Administração, lavrando as respectivas atas e assinando-as com o Presidente;

• Inciso V com a redação dada pela ER nº 4, de 2-12-1993.

VI – exercer outras atribuições que lhe sejam delegadas pelo Presidente.

Art. 320. O Secretário do Plenário e da Corte Especial, das Seções e das Turmas serão designados pelo Presidente do Tribunal, dentre funcionários do Quadro de Pessoal da Secretaria, e mediante indicação do respectivo Presidente, em se tratando das Seções e Turmas.

Art. 321. Os secretários dos órgãos julgadores, o Diretor-Geral, qualquer diretor, chefe ou servidor da Secretaria, que tiverem de servir nas sessões do Plenário, da Corte Especial, Seção ou Turma, ou a elas comparecer a serviço, usarão capa e vestuário condigno.

TÍTULO II – DO GABINETE DO PRESIDENTE

Art. 322. Ao Gabinete da Presidência do Tribunal incumbe o exercício das atividades de apoio administrativo à execução das funções do Presidente e a assessoria no planejamento e fixação das diretrizes para a administração do Tribunal, bem assim, no desempenho de suas demais atribuições previstas em lei e neste Regimento, inclusive no que concerne às funções de auditoria e de representação oficial e social do Tribunal.

- *Caput* com a redação dada pela ER nº 4, de 2-12-1993.

Parágrafo único. Ao Secretário-Geral da Presidência, bacharel em Direito, Administração ou Economia, nomeado em comissão, compete supervisionar e coordenar as atividades administrativas, e de assessoramento e planejamento do Gabinete, de acordo com a orientação estabelecida pelo Presidente.

- Parágrafo único com a redação dada pela ER nº 1, de 23-5-1991.

Art. 323. A organização administrativa e dos órgãos de assessoramento, planejamento e auditoria do Gabinete será estabelecida por ato do Presidente.

Art. 324. *Revogado.* ER nº 35, de 8-5-2019.

TÍTULO III – DO GABINETE DOS MINISTROS

Art. 325. Cada Ministro disporá de um gabinete para executar os serviços administrativos e de assessoramento jurídico.

§ 1º Os servidores do Gabinete, de estrita confiança do Ministro, serão por este indicados ao Presidente, que os designará para nele terem exercício.

§ 2º O Assessor de Ministro, bacharel em Direito, nomeado em comissão pelo Presidente, mediante indicação do Ministro, poderá ser recrutado do Quadro de Pessoal da Secretaria, ou não, e permanecerá em exercício, enquanto bem servir, a critério do Ministro.

§ 3º No caso de afastamento definitivo do Ministro, o assessor permanecerá no exercício das respectivas funções até o encerramento dos trabalhos do Gabinete, não podendo, porém, esse exercício prolongar-se por mais de noventa dias, devendo, de qualquer modo, cessar à data da nomeação do novo titular.

- § 3º com a redação dada pela ER nº 31, de 8-5-2019.

Art. 326. Ao Assessor cabe executar trabalhos e tarefas que lhe forem atribuídos pelo Ministro.

Art. 327. O horário do pessoal do Gabinete, observada a duração legal e as peculiaridades do serviço, será o estabelecido pelo Ministro.

Parágrafo único. *Revogado.* ER nº 35, de 8-5-2019.

TÍTULO IV – DA SECRETARIA DO CONSELHO DA JUSTIÇA FEDERAL

Arts. 328 a 331. *Revogados.* ER nº 4, de 2-12-1993.

PARTE IV – DISPOSIÇÕES FINAIS

TÍTULO I – DAS EMENDAS AO REGIMENTO

Art. 332. A iniciativa de emenda ao Regimento Interno cabe a qualquer membro ou Comissão do Tribunal.

Parágrafo único. A proposta de emenda que não for de iniciativa da Comissão de Regimento será encaminhada a ela, que dará seu parecer, dentro de dez dias. Nos casos urgentes, esse prazo poderá ser reduzido.

Art. 333. Quando ocorrer mudança na legislação que determine alteração do Regimento Interno esta será proposta ao Tribunal pela Comissão de Regimento, no prazo de dez dias, contados da vigência da lei.

Art. 334. As emendas considerar-se-ão aprovadas se obtiverem o voto favorável de dois terços dos membros do Tribunal, não entrando em vigor antes de sua publicação no *Diário da Justiça eletrônico.*

- Artigo com a redação dada pela ER nº 22, de 16-3-2016.

Art. 335. As emendas aprovadas serão numeradas ordinalmente.

TÍTULO II – DAS DISPOSIÇÕES GERAIS E TRANSITÓRIAS

Art. 336. Ocorrendo alteração do número de Ministros, previsto na data da publicação deste Regimento, a competência do Plenário limitar-se-á às eleições do Presidente do Tribunal, do Vice-Presidente, dos membros do Conselho da Justiça Federal e do Diretor da Revista, transferindo-se para a Corte Especial as demais competências elencadas no artigo 10.

Art. 337. O Tribunal presta homenagem aos Ministros:

I – por motivo de afastamento definitivo do seu serviço;

II – por motivo de falecimento;

III – para celebrar centenário de nascimento.

Parágrafo único. Por deliberação da Corte Especial, tomada com a presença de dois terços dos seus membros e pelo voto da maioria absoluta dos seus integrantes, o Tribunal pode homenagear pessoa estranha e falecida, de excepcional relevo no governo do País, na administração da Justiça ou no aperfeiçoamento das instituições jurídicas.

Art. 338. O Presidente do Tribunal, mediante instrução normativa, disciplinará a remessa aos Tribunais Regionais Federais, dos feitos da competência destes e que se encontrem na Secretaria do Superior Tribunal de Justiça, pendentes de julgamento.

Art. 339. O Conselho da Justiça Federal elaborará o seu Regimento Interno e o submeterá à aprovação da Corte Especial, no prazo de cento e vinte dias da vigência deste Regimento.

Art. 340. Os embargos de declaração, interpostos de acórdãos proferidos em processos dos quais o Tribunal haja perdido a competência para julgar, serão encaminhados ao Tribunal Regional Federal respectivo.

Art. 341. Os acórdãos proferidos pelo Tribunal Federal de Recursos e ainda não publicados, serão incluídos no expediente de publicação do Tribunal, e aguardarão, na Secretaria deste, a interposição de recurso.

Parágrafo único. Interposto o recurso, serão os autos encaminhados ao Tribunal Regional Federal respectivo, para o seu processamento. Igual procedimento será adotado em relação a recursos interpostos de acórdãos do Tribunal Federal de Recursos, que estejam sendo processados na Secretaria do Superior Tribunal de Justiça.

Art. 342. Os feitos da competência do Tribunal Federal de Recursos e incluídos na competência do Superior Tribunal de Justiça serão redistribuídos.

Art. 343. Os precatórios de requisição de pagamento das somas a que a Fazenda Pública tiver sido condenada, e em andamento na Secretaria do Tribunal, serão objeto de resolução a ser baixada pela Presidência do Tribunal.

Art. 344. Este Regimento Interno entrará em vigor quinze dias após a sua publicação, revogadas as disposições em contrário.

Superior Tribunal de Justiça,
22 de junho de 1989.
Evandro Gueiros Leite

SÚMULAS

SÚMULAS VINCULANTES DO SUPREMO TRIBUNAL FEDERAL

- Art. 103-A da CF.
- Lei nº 11.417, de 29-12-2006 (Lei da Súmula Vinculante).

1. Ofende a garantia constitucional do ato jurídico perfeito a decisão que, sem ponderar as circunstâncias do caso concreto, desconsidera a validez e a eficácia de acordo constante de termo de adesão instituído pela Lei Complementar nº 110/2001.

- Publicada no *DOU* de 6-6-2007.
- Art. 5º, XXXVI, da CF.
- LC nº 110, de 29-6-2001, institui contribuições sociais, autoriza créditos de complementos de atualização monetária em contas vinculadas do FGTS.

2. É inconstitucional a lei ou ato normativo estadual ou distrital que disponha sobre sistemas de consórcios e sorteios, inclusive bingos e loterias.

- Publicada no *DOU* de 6-6-2007.
- Art. 22, XX, da CF.

3. Nos processos perante o Tribunal de Contas da União asseguram-se o contraditório e a ampla defesa quando da decisão puder resultar anulação ou revogação de ato administrativo que beneficie o interessado, excetuada a apreciação da legalidade do ato de concessão inicial de aposentadoria, reforma e pensão.

- Publicada no *DOU* de 6-6-2007.
- Arts. 5º, LV, e 71, III, da CF.
- Art. 2º da Lei nº 9.784, de 29-1-1999 (Lei do Processo Administrativo Federal).

4. Salvo nos casos previstos na Constituição, o salário mínimo não pode ser usado como indexador de base de cálculo de vantagem de servidor público ou de empregado, nem ser substituído por decisão judicial.

- Publicada no *DOU* de 9-5-2008.

5. A falta de defesa técnica por advogado no processo administrativo disciplinar não ofende a Constituição.

- Publicada no *DOU* de 16-5-2008.
- Art. 5º, LV, da CF.

6. Não viola a Constituição o estabelecimento de remuneração inferior ao salário mínimo para as praças prestadoras de serviço militar inicial.

- Publicada no *DOU* de 16-5-2008.

7. A norma do § 3º do artigo 192 da Constituição, revogada pela Emenda Constitucional nº 40/2003, que limitava a taxa de juros reais a 12% ao ano, tinha sua aplicação condicionada à edição de lei complementar.

- Publicada no *DOU* de 20-6-2008.

8. São inconstitucionais o parágrafo único do artigo 5º do Decreto-Lei nº 1.569/1977 e os artigos 45 e 46 da Lei nº 8.212/1991, que tratam de prescrição e decadência de crédito tributário.

- Publicada no *DOU* de 20-6-2008.
- Art. 146, III, *b*, da CF.
- Arts. 173 e 174 do CTN.
- Art. 2º, § 3º, da Lei nº 6.830, de 22-9-1980 (Lei das Execuções Fiscais).

9. O disposto no artigo 127 da Lei nº 7.210/1984 (Lei de Execução Penal) foi recebido pela ordem constitucional vigente, e não se lhe aplica o limite temporal previsto no *caput* do artigo 58.

- Publicada no *DOU* de 20-6-2008 e republicada no *DOU* de 27-6-2008.

10. Viola a cláusula de reserva de plenário (CF, art. 97) a decisão de órgão fracionário de Tribunal que, embora não declare expressamente a inconstitucionalidade de lei ou ato normativo do poder público, afasta sua incidência, no todo ou em parte.

- Publicada no *DOU* de 27-6-2008.

11. Só é lícito o uso de algemas em casos de resistência e de fundado receio de fuga ou de perigo à integridade física própria ou alheia, por parte do preso ou de terceiros, justificada a excepcionalidade por escrito, sob pena de responsabilidade disciplinar, civil e penal do agente ou da autoridade e de nulidade da prisão ou do ato processual a que se refere, sem prejuízo da responsabilidade civil do Estado.

- Publicada no *DOU* de 22-8-2008.

12. A cobrança de taxa de matrícula nas universidades públicas viola o disposto no art. 206, IV, da Constituição Federal.

- Publicada no *DOU* de 22-8-2008.

13. A nomeação de cônjuge, companheiro ou parente em linha reta, colateral ou por afinidade, até o terceiro grau, inclusive, da autoridade nomeante ou de servidor da mesma pessoa jurídica investido em cargo de direção, chefia ou assessoramento, para o exercício de cargo em comissão ou de confiança ou, ainda, de função gratificada na administração pública direta e indireta em qualquer dos Poderes da União, dos Estados, do Distrito Federal e dos Municípios, compreendido o ajuste mediante designações recíprocas, viola a Constituição Federal.

- Publicada no *DOU* de 29-8-2008.

14. É direito do defensor, no interesse do representado, ter acesso amplo aos elementos de prova que, já documentados em procedimento investigatório realizado por órgão com competência de polícia judiciária, digam respeito ao exercício do direito de defesa.

- Publicada no *DOU* de 9-2-2009.

15. O cálculo de gratificações e outras vantagens do servidor público não incide sobre o abono utilizado para se atingir o salário mínimo.

- Publicada no *DOU* de 1º-7-2009.

16. Os artigos 7º, IV, e 39, § 3º (redação da EC nº 19/1998), da Constituição, referem-se ao total da remuneração percebida pelo servidor público.

- Publicada no *DOU* de 1º-7-2009.

17. Durante o período previsto no § 1º do artigo 100 da Constituição, não incidem juros de mora sobre os precatórios que nele sejam pagos.

- Publicada no *DOU* de 10-11-2009.
- Refere-se ao art. 100, § 5º, com a redação dada pela EC nº 62, de 9-12-2009.

18. A dissolução da sociedade ou do vínculo conjugal, no curso do mandato, não afasta a inelegibilidade prevista no § 7º do artigo 14 da Constituição Federal.

- Publicada no *DOU* de 10-11-2009.

19. A taxa cobrada exclusivamente em razão dos serviços públicos de coleta, remoção e tratamento ou destinação de lixo ou resíduos provenientes de imóveis, não viola o artigo 145, II, da Constituição Federal.

- Publicada no *DOU* de 10-11-2009.

20. A Gratificação de Desempenho de Atividade Técnico-Administrativa – GDATA, instituída pela Lei nº 10.404/2002, deve ser deferida aos inativos nos valores correspondentes a 37,5 (trinta e sete vírgula cinco) pontos no período de fevereiro a maio de 2002 e, nos termos do artigo 5º, parágrafo único, da Lei nº 10.404/2002, no período de junho de 2002 até a conclusão dos efeitos do último ciclo de avaliação a que se refere o artigo 1º da Medida Provisória nº 198/2004, a partir da qual passa a ser de 60 (sessenta) pontos.

- Publicada no *DOU* de 10-11-2009.
- Art. 40, § 8º, da CF.

21. É inconstitucional a exigência de depósito ou arrolamento prévios de dinheiro ou bens para admissibilidade de recurso administrativo.

- Publicada no *DOU* de 10-11-2009.
- Art. 5º, XXXIV, *a*, e LV, da CF.

22. A Justiça do Trabalho é competente para processar e julgar as ações de indenização por danos morais e patrimoniais decorrentes de acidente de trabalho propostas por empregado contra empregador, inclusive aquelas que ainda não possuíam sentença de mérito em primeiro grau quando da promulgação da Emenda Constitucional nº 45/2004.

- Publicada no *DOU* de 11-12-2009.

23. A Justiça do Trabalho é competente para processar e julgar ação possessória ajuizada em decorrência do exercício do direito de greve pelos trabalhadores da iniciativa privada.

- Publicada no *DOU* de 11-12-2009.

24. Não se tipifica crime material contra a ordem tributária, previsto no art. 1º, incisos I a IV, da Lei nº 8.137/1990, antes do lançamento definitivo do tributo.

- Publicada no *DOU* de 11-12-2009.
- Art. 5º, LV, da CF.
- Art. 142, *caput*, do CTN.
- Lei nº 8.137, de 27-12-1990 (Lei dos Crimes Contra a Ordem Tributária, Econômica e Contra as Relações de Consumo).
- Art. 83 da Lei nº 9.430, de 27-12-1996, que dispõe sobre a legislação tributária federal, as contribuições para a seguridade social, o processo administrativo de consulta.
- Lei nº 10.684, de 30-5-2003, altera a legislação tributária, dispõe sobre parcelamento de débitos junto à Secretaria da Receita Federal, à Procuradoria-Geral da Fazenda Nacional e ao Instituto Nacional do Seguro Social.

25. É ilícita a prisão civil de depositário infiel, qualquer que seja a modalidade do depósito.

- Publicada no *DOU* de 23-12-2009.
- Art. 5º, LXVII e § 2º, da CF.
- Súmulas nºs 304, 305, 419 e 439 do STJ.

26. Para efeito de progressão de regime no cumprimento de pena por crime hediondo, ou equiparado, o juízo da execução observará a inconstitucionalidade do art. 2º da Lei nº 8.072, de 25 de julho de 1990, sem prejuízo de avaliar se o condenado preenche, ou não, os requisitos objetivos e subjetivos do benefício, podendo determinar, para tal fim, de modo fundamentado, a realização de exame criminológico.

- Publicada no *DOU* de 23-12-2009.

27. Compete à Justiça estadual julgar causas entre consumidor e concessionária de serviço público de telefonia, quando a ANATEL não seja litisconsorte passiva necessária, assistente, nem opoente.

- Publicada no *DOU* de 23-12-2009.

28. É inconstitucional a exigência de depósito prévio como requisito de admissibilidade de ação judicial na qual se pretenda discutir a exigibilidade de crédito tributário.

- Publicada no *DOU* de 17-2-2010.
- Art. 5º, XXXV, da CF.
- Súm. nº 112 do STJ.

29. É constitucional a adoção, no cálculo do valor de taxa, de um ou mais elementos da base de cálculo própria de determinado imposto, desde que não haja integral identidade entre uma base e outra.

- Publicada no *DOU* de 17-2-2010.
- Art. 145, § 2º, da CF.

30. ....

- O STF decidiu suspender a publicação da Súmula Vinculante nº 30, em razão de questão de ordem levantada pelo Ministro José Antonio Dias Toffoli, em 4-2-2010.

31. É inconstitucional a incidência do Imposto sobre Serviços de Qualquer Natureza – ISS sobre operações de locação de bens móveis.

- Publicada no *DOU* de 17-2-2010.
- Art. 156, III, da CF.
- LC nº 116, de 31-7-2003 (Lei do ISS).

32. O ICMS não incide sobre alienação de salvados de sinistro pelas seguradoras.

- Publicada no *DOU* de 24-2-2011.
- Art. 153, V, da CF.
- Art. 3º, IX, da LC nº 87, de 13-9-1996 (Lei Kandir - ICMS).

33. Aplicam-se ao servidor público, no que couber, as regras do regime geral da previdência social sobre aposentadoria especial de que trata o artigo 40, § 4º, inciso III da Constituição Federal, até a edição de lei complementar específica.

- Publicada no *DOU* de 24-4-2014.

34. A Gratificação de Desempenho de Atividade de Seguridade Social e do Trabalho – GDASST, instituída pela Lei nº 10.483/2002, deve ser estendida aos inativos no valor correspondente a 60 (sessenta) pontos, desde o advento da Medida Provisória nº 198/2004, convertida na Lei nº 10.971/2004, quando tais inativos façam jus à paridade constitucional.

- Publicada no *DOU* de 24-10-2014.

35. A homologação da transação penal prevista no artigo 76 da Lei nº 9.099/1995 não faz coisa julgada material e, descumpridas suas cláusulas, retoma-se a situação anterior, possibilitando-se ao Ministério Público a continuidade da persecução penal mediante oferecimento de denúncia ou requisição de inquérito policial.

- Publicada no *DOU* de 24-10-2014.

36. Compete à Justiça Federal comum processar e julgar civil denunciado pelos crimes de falsificação e de uso de documento falso quando se tratar de falsificação da Caderneta de Inscrição e Registro (CIR) ou de Carteira de Habilitação de Amador (CHA), ainda que expedidas pela Marinha do Brasil.

- Publicada no *DOU* de 24-10-2014.

37. Não cabe ao Poder Judiciário, que não tem função legislativa, aumentar vencimentos de servidores públicos sob o fundamento de isonomia.

- Publicada no *DOU* de 24-10-2014.

38. É competente o Município para fixar o horário de funcionamento de estabelecimento comercial.

- Publicada no *DOU* de 20-3-2015.

39. Compete privativamente à União legislar sobre vencimentos dos membros das polícias civil e militar e do corpo de bombeiros militar do Distrito Federal.

- Publicada no *DOU* de 20-3-2015.

40. A contribuição confederativa de que trata o art. 8º, IV, da Constituição Federal, só é exigível dos filiados ao sindicato respectivo.

- Publicada no *DOU* de 20-3-2015.

41. O serviço de iluminação pública não pode ser remunerado mediante taxa.

- Publicada no *DOU* de 20-3-2015.

42. É inconstitucional a vinculação do reajuste de vencimentos de servidores estaduais ou municipais a índices federais de correção monetária.

- Publicada no *DOU* de 20-3-2015.

43. É inconstitucional toda modalidade de provimento que propicie ao servidor investir-se, sem prévia aprovação em concurso público destinado ao seu provimento, em cargo que não integra a carreira na qual anteriormente investido.

- Publicada no *DOU* de 17-4-2015.

44. Só por lei se pode sujeitar a exame psicotécnico a habilitação de candidato a cargo público.

- Publicada no *DOU* de 17-4-2015.

45. A competência constitucional do Tribunal do Júri prevalece sobre o foro por prerrogativa de função estabelecido exclusivamente pela constituição estadual.

- Publicada no *DOU* de 17-4-2015.

46. A definição dos crimes de responsabilidade e o estabelecimento das respectivas normas de processo e julgamento são da competência legislativa privativa da União.

- Publicada no *DOU* de 17-4-2015.

47. Os honorários advocatícios incluídos na condenação ou destacados do montante principal devido ao credor consubstanciam verba de natureza alimentar cuja satisfação ocorrerá com a expedição de precatório ou requisição de pequeno valor, observada ordem especial restrita aos créditos dessa natureza.

- Publicada no *DOU* de 2-6-2015.

48. Na entrada de mercadoria importada do exterior, é legítima a cobrança do ICMS por ocasião do desembaraço aduaneiro.

- Publicada no *DOU* de 2-6-2015.

49. Ofende o princípio da livre concorrência lei municipal que impede a instalação de estabelecimentos comerciais do mesmo ramo em determinada área.

- Publicada no *DOU* de 23-6-2015.

50. Norma legal que altera o prazo de recolhimento de obrigação tributária não se sujeita ao princípio da anterioridade.

- Publicada no *DOU* de 23-6-2015.

51. O reajuste de 28,86%, concedido aos servidores militares pelas Leis n°s 8.622/1993 e 8.627/1993, estende-se aos servidores civis do poder executivo, observadas as eventuais compensações decorrentes dos reajustes diferenciados concedidos pelos mesmos diplomas legais.

- Publicada no *DOU* de 23-6-2015.

52. Ainda quando alugado a terceiros, permanece imune ao IPTU o imóvel pertencente a qualquer das entidades referidas pelo art. 150, VI, *c*, da Constituição Federal, desde que o valor dos aluguéis seja aplicado nas atividades para as quais tais entidades foram constituídas.

- Publicada no *DOU* de 23-6-2015.

53. A competência da Justiça do Trabalho prevista no art. 114, VIII, da Constituição Federal alcança a execução de ofício das contribuições previdenciárias relativas ao objeto da condenação constante das sentenças que proferir e acordos por ela homologados.

- Publicada no *DOU* de 23-6-2015.

54. A medida provisória não apreciada pelo congresso nacional podia, até a Emenda Constitucional 32/2001, ser reeditada dentro do seu prazo de eficácia de trinta dias, mantidos os efeitos de lei desde a primeira edição.

- Publicada no *DJe* de 22-3-2016.

55. O direito ao auxílio-alimentação não se estende aos servidores inativos.

- Publicada no *DJe* de 22-3-2016.

56. A falta de estabelecimento penal adequado não autoriza a manutenção do condenado em regime prisional mais gravoso, devendo-se observar, nessa hipótese, os parâmetros fixados no RE 641.320/RS.

- Publicada no *DOU* de 8-8-2016.

57. A imunidade tributária constante do art. 150, VI, *d*, da CF aplica-se à importação e comercialização, no mercado interno, do livro eletrônico (*e-book*) e dos suportes exclusivamente utilizados para fixá-lo, como os leitores de livros eletrônicos (*e-readers*), ainda que possuam funcionalidades acessórias.

- Publicada no *DOU* de 24-4-2020.

58. Inexiste direito a crédito presumido de IPI relativamente à entrada de insumos isentos, sujeitos à alíquota zero ou não tributáveis, o que não contraria o princípio da não cumulatividade.

- Publicada no *DOU* de 8-5-2020.

SÚMULAS DO SUPREMO TRIBUNAL FEDERAL

• As súmulas, a partir do nº 622, foram publicadas após a CF/1988.

1. É vedada a expulsão de estrangeiro casado com brasileira, ou que tenha filho brasileiro dependente da economia paterna.

2. *Sem eficácia. Habeas Corpus* nº 47.663/SP (*DJU* de 27-11-1970).

3. A imunidade concedida a deputados estaduais é restrita à Justiça do Estado.

• *Súmula superada*. Recurso Extraordinário nº 456.679-6/DF (*DJU* de 7-4-2006).

4. *Cancelada*. Inquérito nº 104/RS (*DJU* de 2-10-1981).

5. A sanção do projeto supre a falta de iniciativa do Poder Executivo.

• Súmula aplicável na vigência da CF/1946. Representação nº 890/GB.

6. A revogação ou anulação, pelo Poder Executivo, de aposentadoria, ou qualquer outro ato aprovado pelo Tribunal de Contas, não produz efeitos antes de aprovada por aquele Tribunal, ressalvada a competência revisora do Judiciário.

7. Sem prejuízo de recurso para o congresso, não é exequível contrato administrativo a que o tribunal de contas houver negado registro.

8. Diretor de sociedade de economia mista pode ser destituído no curso do mandato.

9. Para o acesso de auditores ao Superior Tribunal Militar, só concorrem os de segunda entrância.

10. O tempo de serviço militar conta-se para efeito de disponibilidade e aposentadoria do servidor público estadual.

11. A vitaliciedade não impede a extinção do cargo, ficando o funcionário em disponibilidade, com todos os vencimentos.

12. A vitaliciedade do professor catedrático não impede o desdobramento da cátedra.

13. A equiparação de extranumerário a funcionário efetivo, determinada pela Lei nº 2.284, de 9-8-1954, não envolve reestruturação, não compreendendo, portanto, os vencimentos.

14. *Cancelada*. Recursos Extraordinários nºs 88.968-0/PR (*DJU* de 11-4-1980) e 74.486/RJ.

15. Dentro do prazo de validade do concurso, o candidato aprovado tem o direito à nomeação, quando o cargo for preenchido sem observância da classificação.

16. Funcionário nomeado por concurso tem o direito à posse.

17. A nomeação de funcionário sem concurso pode ser desfeita antes da posse.

18. Pela falta residual, não compreendida na absolvição pelo juízo criminal, é admissível a punição administrativa do servidor público.

19. É inadmissível segunda punição de servidor público, baseada no mesmo processo em que se fundou a primeira.

20. É necessário processo administrativo, com ampla defesa, para demissão de funcionário admitido por concurso.

21. Funcionário em estágio probatório não pode ser exonerado nem demitido sem inquérito ou sem as formalidades legais de apuração de sua capacidade.

22. O estágio probatório não protege o funcionário contra a extinção do cargo.

23. Verificados os pressupostos legais para o licenciamento da obra, não o impede a declaração de utilidade pública para desapropriação do imóvel, mas o valor da obra não se incluirá na indenização, quando a desapropriação for efetivada.

24. Funcionário interino substituto é demissível, mesmo antes de cessar a causa da substituição.

25. A nomeação a termo não impede a livre demissão, pelo Presidente da República, de ocupante de cargo dirigente de autarquia.

26. Os servidores do instituto de aposentadoria e pensões dos industriários não podem acumular a sua gratificação bienal com o adicional de tempo de serviço previsto no estatuto dos funcionários civis da união.

27. Os servidores públicos não têm vencimentos irredutíveis, prerrogativa dos membros do poder judiciário e dos que lhes são equiparados.

28. O estabelecimento bancário é responsável pelo pagamento de cheque falso, ressalvadas as hipóteses de culpa exclusiva ou concorrente do correntista.

29. Gratificação devida a servidores do "sistema fazendário" não se estende aos dos tribunais de contas.

30. Servidores de coletorias não têm direito a percentagem pela cobrança de contribuições destinadas à PETROBRAS.

31. Para aplicação da Lei nº 1.741, de 22-11-1952, soma-se o tempo de serviço ininterrupto em mais de um cargo em comissão.

32. Para aplicação da Lei nº 1.741, de 22-11-1952, soma-se o tempo de serviço ininterrupto em cargo em comissão e em função gratificada.

33. A Lei nº 1.741, de 22-11-1952, é aplicável às autarquias federais.

34. No Estado de São Paulo, funcionário eleito vereador fica licenciado por toda a duração do mandato.

35. Em caso de acidente do trabalho ou de transporte, a concubina tem direito de ser indenizada pela morte do amásio, se entre eles não havia impedimento para o matrimônio.

36. Servidor vitalício está sujeito à aposentadoria compulsória, em razão da idade.

37. Não tem direito de se aposentar pelo tesouro nacional o servidor que não satisfizer as condições estabelecidas na legislação do serviço público federal, ainda que aposentado pela respectiva instituição previdenciária, com direito, em tese, a duas aposentadorias.

38. Reclassificação posterior à aposentadoria não aproveita ao servidor aposentado.

39. À falta de lei, funcionário em disponibilidade não pode exigir, judicialmente, o seu aproveitamento, que fica subordinado ao critério de conveniência da administração.

40. A elevação da entrância da comarca não promove automaticamente o juiz, mas não interrompe o exercício de suas funções na mesma comarca.

41. Juízes preparadores ou substitutos não têm direito aos vencimentos da atividade fora dos períodos de exercício.

42. É legítima a equiparação de juízes do Tribunal de Contas, em direitos e garantias, aos membros do Poder Judiciário.

43. Não contraria a Constituição Federal o art. 61 da Constituição de São Paulo, que equiparou os vencimentos do Ministério Público aos da Magistratura.

44. O exercício do cargo pelo prazo determinado na Lei nº 1.341, de 30-1-1951, art. 91, dá preferência para a nomeação interina de Procurador da República.

45. A estabilidade dos substitutos do Ministério Público Militar não confere direito aos vencimentos da atividade fora dos períodos de exercício.

46. Desmembramento de serventia de justiça não viola o princípio da vitaliciedade do serventuário.

47. Reitor de universidade não é livremente demissível pelo Presidente da República durante o prazo de sua investidura.

48. É legítimo o rodízio de docentes livres na substituição do professor catedrático.

49. A cláusula de inalienabilidade inclui a incomunicabilidade dos bens.

50. A lei pode estabelecer condições para a demissão de extranumerário.

51. Militar não tem direito a mais de duas promoções na passagem para a inatividade, ainda que por motivos diversos.

52. A promoção de militar, vinculada à inatividade, pode ser feita, quando couber, a posto inexistente no quadro.

53. A promoção de professor militar, vinculada à sua reforma, pode ser feita, quando couber, a posto inexistente no quadro.

54. A reserva ativa do magistério militar não confere vantagens vinculadas à efetiva passagem para a inatividade.

55. Militar da reserva está sujeito à pena disciplinar.

56. Militar reformado não está sujeito à pena disciplinar.

57. Militar inativo não tem direito ao uso do uniforme fora dos casos previstos em lei ou regulamento.

58. É válida a exigência de média superior a quatro para aprovação em estabelecimento de ensino superior, consoante o respectivo regimento.

59. Imigrante pode trazer, sem licença prévia, automóvel que lhe pertença desde mais de seis meses antes do seu embarque para o Brasil.

60. Não pode o estrangeiro trazer automóvel quando não comprovada a transferência definitiva de sua residência para o Brasil.

61. Brasileiro domiciliado no estrangeiro, que se transfere definitivamente para o Brasil, pode trazer automóvel licenciado em seu nome há mais de seis meses.

62. Não basta a simples estada no estrangeiro por mais de seis meses, para dar direito à trazida de automóvel com fundamento em transferência de residência.

63. É indispensável, para trazida de automóvel, a prova do licenciamento há mais de seis meses no país de origem.

64. É permitido trazer do estrangeiro, como bagagem, objetos de uso pessoal e doméstico, desde que, por sua quantidade e natureza, não induzam finalidade comercial.

65. A cláusula de aluguel progressivo anterior à Lei nº 3.494, de 19-12-1958, continua em vigor em caso de prorrogação legal ou convencional da locação.

- A Lei nº 3.494, de 19-12-1958, foi revogada pela Lei nº 4.494, de 25-11-1964.

66. É legítima a cobrança do tributo que houver sido aumentado após o orçamento, mas antes do início do respectivo exercício financeiro.

67. É inconstitucional a cobrança do tributo que houver sido criado ou aumentado no mesmo exercício financeiro.

68. É legítima a cobrança, pelos municípios, no exercício de 1961, de tributo estadual, regularmente criado ou aumentado, e que lhes foi transferido pela Emenda Constitucional nº 5, de 21-11-1961.

69. A Constituição Estadual não pode estabelecer limite para o aumento de tributos municipais.

70. É inadmissível a interdição de estabelecimento como meio coercitivo para cobrança do tributo.

- Arts. 5º, XXII, e 170 da CF.
- Súmulas nºs 323 e 547 do STF.

71. Embora pago indevidamente, não cabe restituição de tributo indireto.

- Súm. nº 546 do STF.

72. No julgamento de questão constitucional, vinculada a decisão do Tribunal Superior Eleitoral, não estão impedidos os ministros do Supremo Tribunal Federal que ali tenham funcionado no mesmo processo ou no processo originário.

73. A imunidade das autarquias, implicitamente contida no artigo 31, V, *a*, da Constituição Federal, abrange tributos estaduais e municipais.

- Art. 150, VI e §§ 2º e 3º, da CF.

74. O imóvel transcrito em nome de autarquia, embora objeto de promessa de venda a particulares, continua imune de impostos locais.

- RE nº 69.781, do Tribunal Pleno, julgou que "não mais vigora a Súmula 74".
- Súmulas nºs 73 e 583 do STF.

75. Sendo vendedora uma autarquia, a sua imunidade fiscal não compreende o imposto de transmissão *inter vivos*, que é encargo do comprador.

76. As sociedades de economia mista não estão protegidas pela imunidade fiscal do artigo 31, V, *a*, da Constituição Federal.

- Art. 173, § 2º, da CF.

77. Está isenta de impostos federais a aquisição de bens pela Rede Ferroviária Federal.

78. Estão isentas de impostos locais as empresas de energia elétrica, no que respeita às suas atividades específicas.

79. O Banco do Brasil não tem isenção de tributos locais.

80. Para a retomada de prédio situado fora do domicílio do locador, exige-se a prova da necessidade.

- Súm. nº 483 do STF.

81. As cooperativas não gozam de isenção de impostos locais, com fundamento na Constituição e nas leis federais.

82. São inconstitucionais o Imposto de Cessão e a taxa sobre inscrição de promessa de venda de imóvel, substitutivos do Imposto de Transmissão, por incidirem sobre ato que não transfere o domínio.

83. Os ágios de importação incluem-se no valor dos artigos importados para incidência do Imposto de Consumo.

84. Não estão isentos do Imposto de Consumo os produtos importados pelas cooperativas.

85. Não estão sujeitos ao Imposto de Consumo os bens de uso pessoal e doméstico trazidos, como bagagem, do exterior.

86. Não está sujeito ao Imposto de Consumo automóvel usado, trazido do exterior pelo proprietário.

87. Somente no que não colidirem com a Lei nº 3.244, de 14-8-1957, são aplicáveis acordos tarifários anteriores.

88. É válida a majoração da tarifa alfandegária, resultante da Lei nº 3.244, de 14-8-1957, que modificou o acordo geral sobre tarifas aduaneiras e comércio (GATT), aprovado pela Lei nº 313, de 30-7-1948.

89. Estão isentas do Imposto de Importação frutas importadas da Argentina, do Chile, da Espanha e de Portugal, enquanto vigentes os respectivos acordos comerciais.

90. É legítima a lei local que faça incidir o imposto de indústrias e profissões com base no movimento econômico do contribuinte.

91. A incidência do Imposto Único não isenta comerciante de combustíveis do Imposto de Indústrias e Profissões.

92. É constitucional o art. 100, II, da Lei nº 4.563, de 20-2-1957, do município de Recife, que faz variar o Imposto de Licença em função do aumento do capital do contribuinte.

93. Não está isenta do Imposto de Renda a atividade profissional do arquiteto.

94. É competente a autoridade alfandegária para o desconto, na fonte, do Imposto de Renda correspondente às comissões dos despachantes aduaneiros.

95. Para cálculo do Imposto de Lucro Extraordinário, incluem-se, no capital, as reservas do ano-base, apuradas em balanço.

96. O Imposto de Lucro Imobiliário incide sobre a venda de imóvel da meação do cônjuge sobrevivente, ainda que aberta a sucessão antes da vigência da Lei nº 3.470, de 28-11-1958.

- Conforme Res. do SF nº 38, de 8-7-1960, está suspensa, por motivo de inconstitucionalidade declarada pelo STF, a execução da Lei nº 3.470, de 28-11-1958, no que se refere à cobrança do Imposto de Renda sobre os vencimentos dos magistrados.

97. É devida a alíquota anterior do Imposto de Lucro Imobiliário, quando a promessa de venda houver sido celebrada antes da vigência da lei que a tiver elevado.

- Conforme Res. do SF nº 38, de 8-7-1960, está suspensa, por motivo de inconstitucionalidade declarada pelo STF, a execução da Lei nº 3.470, de 28-11-1958, no que se refere à cobrança do Imposto de Renda sobre os vencimentos dos magistrados.

98. Sendo o imóvel alienado na vigência da Lei nº 3.470, de 28-11-1958, ainda que adquirido por herança, usucapião ou a título gratuito, é devido o Imposto de Lucro Imobiliário.

- Conforme Res. do SF nº 38, de 8-7-1960, está suspensa, por motivo de inconstitucionalidade declarada pelo STF, a execução da Lei nº 3.470, de 28-11-1958, no que se refere à cobrança do Imposto de Renda sobre os vencimentos dos magistrados.

99. Não é devido o Imposto de Lucro Imobiliário quando a alienação de imóvel, adquirido por herança, ou a título gratuito, tiver sido anterior à vigência da Lei nº 3.470, de 28-11-1958.

- Conforme Res. do SF nº 38, de 8-7-1960, está suspensa, por motivo de inconstitucionalidade declarada pelo STF, a execução da Lei nº 3.470, de 28-11-1958, no que se refere à cobrança do Imposto de Renda sobre os vencimentos dos magistrados.

100. Não é devido o Imposto de Lucro Imobiliário quando a alienação de imóvel, adquirido por usucapião, tiver sido anterior à vigência da Lei nº 3.470, de 28-11-1958.

- Conforme Res. do SF nº 38, de 8-7-1960, está suspensa, por motivo de inconstitucionalidade declarada pelo STF, a execução da Lei nº 3.470, de 28-11-1958, no que se refere à cobrança do Imposto de Renda sobre os vencimentos dos magistrados.

101. O mandado de segurança não substitui a ação popular.

102. É devido o Imposto Federal do Selo pela incorporação de reservas, em reavaliação de ativo, ainda que realizada antes da vigência da Lei nº 3.519, de 30-12-1958.

- Art. 15 da Lei nº 5.143, de 20-10-1966, institui o Imposto sobre Operações Financeiras, regula a respectiva cobrança, dispõe sobre a aplicação das reservas monetárias oriundas de sua receita.

103. É devido o Imposto Federal do Selo na simples reavaliação de ativo, realizada posteriormente à vigência da Lei nº 3.519, de 30-12-1958.

- Art. 15 da Lei nº 5.143, de 20-10-1966, institui o Imposto sobre Operações Financeiras, regula a respectiva cobrança, dispõe sobre a aplicação das reservas monetárias oriundas de sua receita.

104. Não é devido o Imposto Federal do Selo na simples reavaliação de ativo anterior à vigência da Lei nº 3.519, de 30-12-1958.

- Art. 15 da Lei nº 5.143, de 20-10-1966, institui o Imposto sobre Operações Financeiras, regula a respectiva cobrança, dispõe sobre a aplicação das reservas monetárias oriundas de sua receita.

105. Salvo se tiver havido premeditação, o suicídio do segurado no período contratual de carência não exime o segurador do pagamento do seguro.

106. É legítima a cobrança de selo sobre registro de automóvel, na conformidade da legislação estadual.

107. É inconstitucional o imposto de selo de 3%, *ad valorem*, do Paraná, quanto aos produtos remetidos para fora do Estado.

108. É legítima a incidência do Imposto de Transmissão *Inter Vivos* sobre o valor do imóvel ao tempo da alienação, e não da promessa, na conformidade da legislação local.

109. É devida a multa prevista no art. 15, § 6º, da Lei nº 1.300, de 28-12-1950, ainda que a desocupação do imóvel tenha resultado da notificação e não haja sido proposta ação de despejo.

- A Lei nº 1.300, de 28-12-1950, foi revogada pela Lei nº 4.494, de 25-11-1964.

110. O Imposto de Transmissão *Inter Vivos* não incide sobre a construção, ou parte dela, realizada pelo adquirente, mas sobre o que tiver sido construído ao tempo da alienação do terreno.

- Súm. nº 470 do STF.

111. É legítima a incidência do Imposto de Transmissão *Inter Vivos* sobre a restituição, ao antigo proprietário, de imóvel que deixou de servir à finalidade da sua desapropriação.

112. O Imposto de Transmissão *Causa Mortis* é devido pela alíquota vigente ao tempo da abertura da sucessão.

- Súmulas nºs 113, 114, 331 e 590 do STF.

113. O Imposto de Transmissão *Causa Mortis* é calculado sobre o valor dos bens na data da avaliação.

- Súmulas nºs 112, 114, 115, 331 e 590 do STF.

114. O Imposto de Transmissão *Causa Mortis* não é exigível antes da homologação do cálculo.

- Súmulas nºs 112, 113, 331 e 590 do STF.

115. Sobre os honorários do advogado contratado pelo inventariante, com a homologação do Juiz, não incide o Imposto de Transmissão *Causa Mortis*.

116. Em desquite ou inventário, é legítima a cobrança do chamado Imposto de Reposição, quando houver desigualdade dos valores partilhados.

- Súmulas nºs 417 e 495 do STF.

117. A lei estadual pode fazer variar a alíquota do Imposto de Vendas e Consignações em razão da espécie do produto.

118. Estão sujeitas ao Imposto de Vendas e Consignações as transações sobre minerais, que ainda não estão compreendidos na legislação federal sobre o Imposto Único.

- Súmula superada com a vigência da Lei nº 4.425, de 8-10-1964. RE nº 70.138.
- A Lei nº 4.425, de 8-10-1964, foi revogada pelo Dec.-lei nº 1.038, de 21-10-1969.

- Arts. 74 e 75 do CTN.

119. É devido o Imposto de Vendas e Consignações sobre a venda de cafés ao Instituto Brasileiro do Café, embora o lote, originariamente, se destinasse à exportação.

120. Parede de tijolos de vidro translúcido pode ser levantada a menos de metro e meio do prédio vizinho, não importando servidão sobre ele.

121. É vedada a capitalização de juros, ainda que expressamente convencionada.

122. O enfiteuta pode purgar a mora enquanto não decretado o comisso por sentença.

123. Sendo a locação regida pelo Dec. nº 24.150, de 20-4-1934, o locatário não tem direito à purgação da mora, prevista na Lei nº 1.300, de 28-12-1950.

- O Dec. nº 24.150, de 20-4-1934, foi revogado pela Lei nº 8.245, de 18-10-1991 (Lei das Locações).
- A Lei nº 1.300, de 28-12-1950, foi revogada pela Lei nº 4.494, de 25-11-1964.

124. É inconstitucional o adicional do Imposto de Vendas e Consignações cobrado pelo Estado do Espírito Santo sobre cafés da cota de expurgo entregues ao Instituto Brasileiro do Café.

125. Não é devido o Imposto de Vendas e Consignações sobre a parcela do Imposto de Consumo que onera a primeira venda realizada pelo produtor.

126. É inconstitucional a chamada taxa de aguardente, do Instituto do Açúcar e do Álcool.

127. É indevida a taxa de armazenagem, posteriormente aos primeiros trinta dias, quando não exigível o Imposto de Consumo, cuja cobrança tenha motivado a retenção da mercadoria.

128. É indevida a taxa de assistência médica e hospitalar das instituições de previdência social.

129. Na conformidade da legislação local, é legítima a cobrança de taxas de calçamento.

130. A taxa de despacho aduaneiro (art. 66 da Lei nº 3.244, de 14-8-1957) continua a ser exigível após o Dec. Legislativo nº 14, de 25-8-1960, que aprovou alterações introduzidas no Acordo Geral sobre Tarifas Aduaneiras e Comércio (GATT).

- Súmula com pedido de revisão proposto no RE nº 69.234/SP.

131. A taxa de despacho aduaneiro (art. 66 da Lei nº 3.244, de 14-8-1957) continua a ser exigível após o Dec. Legislativo nº 14, de 25-8-1960, mesmo para as mercadorias incluídas na vigente lista III do Acordo Geral sobre Tarifas Aduaneiras e Comércio (GATT).

- Súmula com pedido de revisão proposto no RE nº 69.234/SP.

132. Não é devida a taxa de previdência social na importação de amianto bruto ou em fibra.

133. Não é devida a taxa de despacho aduaneiro na importação de fertilizantes e inseticidas.

134. A isenção fiscal para a importação de frutas da Argentina compreende a taxa de despacho aduaneiro e a taxa de previdência social.

135. É inconstitucional a taxa de eletrificação de Pernambuco.

136. É constitucional a taxa de estatística da Bahia.

137. A taxa de fiscalização da exportação incide sobre a bonificação cambial concedida ao exportador.

138. É inconstitucional a taxa contra fogo, do Estado de Minas Gerais, incidente sobre prêmio de seguro contra fogo.

139. É indevida a cobrança do imposto de transação a que se refere a Lei nº 899, de 1957, art. 58, IV, *e*, do antigo Distrito Federal.

140. Na importação de lubrificantes é devida a taxa de previdência social.

141. Não incide a taxa de previdência social sobre combustíveis.

142. Não é devida a taxa de previdência social sobre mercadorias isentas do Imposto de Importação.

143. Na forma da lei estadual, é devido o Imposto de Vendas e Consignações na exportação de café pelo Estado da Guanabara, embora proveniente de outro Estado.

- Art. 155, II, da CF.

144. É inconstitucional a incidência da taxa de recuperação econômica de Minas Gerais sobre contrato sujeito ao Imposto Federal do Selo.

145. Não há crime, quando a preparação do flagrante pela polícia torna impossível a sua consumação.

146. A prescrição da ação penal regula-se pela pena concretizada na sentença, quando não há recurso da acusação.

147. A prescrição de crime falimentar começa a correr da data em que deveria estar encerrada a falência, ou do trânsito em julgado da sentença que a encerrar ou que julgar cumprida a concordata.

- Súm. nº 592 do STF.

148. É legítimo o aumento de tarifas portuárias por ato do Ministro da Viação e Obras Públicas.

149. É imprescritível a ação de investigação de paternidade, mas não o é a de petição de herança.

150. Prescreve a execução no mesmo prazo de prescrição da ação.

151. Prescreve em um ano a ação do segurador sub-rogado para haver indenização por extravio ou perda de carga transportada por navio.

152. *Revogada.* Súm. nº 494 do STF.

153. Simples protesto cambiário não interrompe a prescrição.

154. Simples vistoria não interrompe a prescrição.

155. É relativa a nulidade do processo criminal por falta de intimação da expedição de precatória para inquirição de testemunha.

156. É absoluta a nulidade do julgamento, pelo júri, por falta de quesito obrigatório.

157. É necessária prévia autorização do Presidente da República para desapropriação, pelos Estados, de empresa de energia elétrica.

158. Salvo estipulação contratual averbada no Registro Imobiliário, não responde o adquirente pelas benfeitorias do locatário.

159. Cobrança excessiva, mas de boa-fé, não dá lugar às sanções do art. 1.531 do Código Civil.

- Refere-se ao CC/1916. Art. 940 do CC/2002.

160. É nula a decisão do Tribunal que acolhe, contra o réu, nulidade não arguida no recurso da acusação, ressalvados os casos de recurso de ofício.

161. Em contrato de transporte, é inoperante a cláusula de não indenizar.

162. É absoluta a nulidade do julgamento pelo júri, quando os quesitos da defesa não precedem aos das circunstâncias agravantes.

163. Salvo contra a Fazenda Pública, sendo a obrigação ilíquida, contam-se os juros moratórios desde a citação inicial para a ação.

- Súmula com a primeira parte superada. RE nº 109.156/SP (*DJU* de 7-8-1987).

164. No processo de desapropriação, são devidos juros compensatórios desde a antecipada imissão de posse, ordenada pelo juiz, por motivo de urgência.

165. A venda realizada diretamente pelo mandante ao mandatário não é atingida pela nulidade do art. 1.133, II, do Código Civil.

- Refere-se ao CC/1916. Art. 497 do CC/2002.

166. É inadmissível o arrependimento no compromisso de compra e venda sujeito ao regime do Dec.-Lei nº 58, de 10 de dezembro de 1937.

167. Não se aplica o regime do Dec.-Lei nº 58, de 10-12-1937, ao compromisso de compra e venda não inscrito no Registro Imobiliário, salvo se o promitente vendedor se obrigou a efetuar o registro.

168. Para os efeitos do Dec.-Lei nº 58, de 10 de dezembro de 1937, admite-se a inscrição imobiliária do compromisso de compra e venda no curso da ação.

169. Depende de sentença a aplicação da pena de comisso.

170. É resgatável a enfiteuse instituída anteriormente à vigência do Código Civil.

- Refere-se ao CC/1916. Art. 2.038 do CC.

171. Não se admite, na locação em curso, de prazo determinado, a majoração de encargos a que se refere a Lei nº 3.844, de 15-12-1960.

- A Lei nº 3.844, de 15-12-1960, foi revogada pela Lei nº 4.494, de 25-11-1964.

172. Não se admite, na locação em curso, de prazo determinado, o reajustamento de aluguel a que se refere a Lei nº 3.085, de 29-12-1956.

- A Lei nº 3.085, de 29-12-1956, foi revogada pela Lei nº 4.494, de 25-11-1964.

173. Em caso de obstáculo judicial admite-se a purga da mora, pelo locatário, além do prazo legal.

174. Para a retomada do imóvel alugado, não é necessária a comprovação dos requisitos legais na notificação prévia.

175. Admite-se a retomada de imóvel alugado para uso de filho que vai contrair matrimônio.

176. O promitente comprador, nas condições previstas na Lei nº 1.300, de 28-12-1950, pode retomar o imóvel locado.

- A Lei nº 1.300, de 28-12-1950, foi revogada pela Lei nº 4.494, de 25-11-1964.

177. O cessionário do promitente comprador, nas mesmas condições deste, pode retomar o imóvel locado.

178. Não excederá de cinco anos a renovação judicial de contrato de locação fundada no Dec. nº 24.150, de 20-4-1934.

- O Dec. nº 24.150, de 20-4-1934, foi revogado pela Lei nº 8.245, de 18-10-1991 (Lei das Locações).

179. O aluguel arbitrado judicialmente nos termos da Lei nº 3.085, de 29-12-1956, art. 6º, vigora a partir da data do laudo pericial.

- A Lei nº 3.085, de 29-12-1956, foi revogada pela Lei nº 4.494, de 25-11-1964.

180. Na ação revisional do art. 31 do Dec. nº 24.150, de 20-4-1934, o aluguel arbitrado vigora a partir do laudo pericial.

- O Dec. nº 24.150, de 20-4-1934, foi revogado pela Lei nº 8.245, de 18-10-1991 (Lei das Locações).

181. Na retomada, para construção mais útil, de imóvel sujeito ao Dec. nº 24.150, de 20-4-1934, é sempre devida indenização para despesas de mudança do locatário.

- O Dec. nº 24.150, de 20-4-1934, foi revogado pela Lei nº 8.245, de 18-10-1991 (Lei das Locações).

182. Não impede o reajustamento do débito pecuário, nos termos da Lei nº 1.002, de 24-12-1949, a falta de cancelamento da renúncia à moratória da Lei nº 209, de 2-1-1948.

183. Não se incluem no reajustamento pecuário dívidas estranhas à atividade agropecuária.

184. Não se incluem no reajustamento pecuário dívidas contraídas posteriormente a 19-12-1946.

185. Em processo de reajustamento pecuário, não responde a União pelos honorários do advogado do credor ou do devedor.

186. Não infringe a lei a tolerância da quebra de um por cento no transporte por estrada de ferro, prevista no regulamento de transportes.

187. A responsabilidade contratual do transportador, pelo acidente com o passageiro, não é elidida por culpa de terceiro, contra o qual tem ação regressiva.

188. O segurador tem ação regressiva contra o causador do dano, pelo que efetivamente pagou, até o limite previsto no contrato de seguro.

189. Avais em branco e superpostos consideram-se simultâneos e não sucessivos.

190. O não pagamento de título vencido há mais de 30 dias, sem protesto, não impede a concordata preventiva.

191. *Cancelada.* RE nº 79.625/SP (*DJU* de 8-7-1975).

192. Não se inclui no crédito habilitado em falência a multa fiscal com efeito de pena administrativa.

- Arts. 83, III, e 85 da Lei nº 11.101, de 9-2-2005 (Lei de Recuperação de Empresas e Falências).
- Súm. nº 565 do STF.

193. Para a restituição prevista no artigo 76, § 2º, da Lei das Falências, conta-se o prazo de quinze dias da entrega da coisa e não da sua remessa.

- Refere-se à antiga Lei das Falências. Art. 85, parágrafo único, da Lei nº 11.101, de 9-2-2005 (Lei de Recuperação de Empresas e Falências).

194. É competente o Ministro do Trabalho para a especificação das atividades insalubres.

195. Contrato de trabalho para obra certa, ou de prazo determinado, transforma-se em contrato de prazo indeterminado, quando prorrogado por mais de quatro anos.

196. Ainda que exerça atividade rural, o empregado de empresa industrial ou comercial é classificado de acordo com a categoria do empregador.

197. O empregado com representação sindical só pode ser despedido mediante inquérito em que se apure falta grave.

198. As ausências motivadas por acidente do trabalho não são descontáveis do período aquisitivo das férias.

199. O salário das férias do empregado horista corresponde à média do período aquisitivo, não podendo ser inferior ao mínimo.

200. Não é inconstitucional a Lei nº 1.530, de 26-12-1951, que manda incluir na indenização por despedida injusta parcela correspondente a férias proporcionais.

201. O vendedor pracista, remunerado mediante comissão, não tem direito ao repouso semanal remunerado.

202. Na equiparação de salário, em caso de trabalho igual, toma-se em conta o tempo de serviço na função, e não no emprego.

203. Não está sujeita à vacância de sessenta dias a vigência de novos níveis de salário mínimo.

204. Tem direito o trabalhador substituto, ou de reserva, ao salário mínimo no dia em que fica à disposição do empregador sem ser aproveitado na função específica; se aproveitado, recebe o salário-contratual.

205. Tem direito a salário integral o menor não sujeito à aprendizagem metódica.

206. É nulo o julgamento ulterior pelo júri com a participação de jurado que funcionou em julgamento anterior do mesmo processo.

207. As gratificações habituais, inclusive a de Natal, consideram-se tacitamente convencionadas, integrando o salário.

208. O assistente do Ministério Público não pode recorrer, extraordinariamente, de decisão concessiva de *habeas corpus*.

209. O salário produção, como outras modalidades de salário prêmio, é devido, desde que verificada a condição a que estiver subordinado, e não pode ser suprimido unilateralmente pelo empregador, quando pago com habitualidade.

210. O assistente do Ministério Público pode recorrer, inclusive extraordinariamente, na ação penal, nos casos dos artigos 584, § 1º, e 598 do Código de Processo Penal.

211. Contra a decisão proferida sobre o agravo no auto do processo, por ocasião do julgamento da apelação, não se admitem embargos infringentes ou de nulidade.

212. Tem direito ao adicional de serviço perigoso o empregado de posto de revenda de combustível líquido.

213. É devido o adicional de serviço noturno, ainda que sujeito o empregado ao regime de revezamento.

214. A duração legal da hora de serviço noturno (52 minutos e 30 segundos) constitui vantagem suplementar, que não dispensa o salário adicional.

215. Conta-se a favor de empregado readmitido o tempo de serviço anterior, salvo se houver sido despedido por falta grave ou tiver recebido a indenização legal.

216. Para decretação da absolvição de instância pela paralisação do processo por mais de trinta dias, é necessário que o autor, previamente intimado, não promova o andamento da causa.

217. Tem direito de retornar ao emprego, ou ser indenizado em caso de recusa do empregador, o aposentado que recupera a capacidade de trabalho dentro de cinco anos, a contar da aposentadoria, que se torna definitiva após esse prazo.

218. É competente o Juízo da Fazenda Nacional da Capital do Estado, e não o da situação da coisa, para a desapropriação promovida por empresa de energia elétrica, se a União Federal intervém como assistente.

219. Para a indenização devida a empregado que tinha direito a ser readmitido, e não foi, levam-se em conta as vantagens advindas à sua categoria no período do afastamento.

220. A indenização devida a empregado estável, que não é readmitido ao cessar sua aposentadoria, deve ser paga em dobro.

221. A transferência de estabelecimento, ou a sua extinção parcial, por motivo que não seja de força maior, não justifica a transferência de empregado estável.

222. O princípio da identidade física do juiz não é aplicável às Juntas de Conciliação e Julgamento da Justiça do Trabalho.

- EC nº 24, de 9-12-1999, extinguiu a representação pelos juízes classistas na Justiça do Trabalho e substituiu as Juntas de Conciliação e Julgamento por Varas do Trabalho.

223. Concedida isenção de custas ao empregado, por elas não responde o sindicato que o representa em juízo.

224. Os juros da mora, nas reclamações trabalhistas, são contados desde a notificação inicial.

225. Não é absoluto o valor probatório das anotações da Carteira Profissional.

226. Na ação de desquite, os alimentos são devidos desde a inicial e não da data da decisão que os concede.

227. A concordata do empregador não impede a execução de crédito nem a reclamação de empregado na Justiça do Trabalho.

228. Não é provisória a execução na pendência de recurso extraordinário, ou de agravo destinado a fazê-lo admitir.

- O STF, no julgamento do RE nº 84.334/SP, decidiu que essa súmula não mais prevalece.

229. A indenização acidentária não exclui a do direito comum, em caso de dolo ou culpa grave do empregador.

230. A prescrição da ação de acidente do trabalho conta-se do exame pericial que comprovar a enfermidade ou verificar a natureza da incapacidade.

231. O revel, em processo cível, pode produzir provas, desde que compareça em tempo oportuno.

232. Em caso de acidente do trabalho, são devidas diárias até doze meses, as quais não se confundem com a indenização acidentária, nem com o auxílio-enfermidade.

233. Salvo em caso de divergência qualificada (Lei nº 623, de 1949), não cabe recurso de embargos contra decisão que nega provimento a agravo ou não conhece de recurso extraordinário, ainda que por maioria de votos.

234. São devidos honorários de advogado em ação de acidente do trabalho julgada procedente.

235. É competente para a ação de acidente do trabalho a Justiça Cível Comum, inclusive em segunda instância, ainda que seja parte autarquia seguradora.

- O STF, no julgamento do Conflito de Competência nº 7.204, definiu a competência da justiça trabalhista, a partir da EC nº 45/2004, para julgamento das ações de indenização por danos morais e patrimoniais decorrentes de acidente do trabalho.

236. Em ação de acidente do trabalho, a autarquia seguradora não tem isenção de custas.

237. O usucapião pode ser arguido em defesa.

238. Em caso de acidente do trabalho, a multa pelo retardamento da liquidação é exigível do segurador sub-rogado, ainda que autarquia.

239. Decisão que declara indevida a cobrança do imposto em determinado exercício não faz coisa julgada em relação aos posteriores.

240. O depósito para recorrer, em ação de acidente do trabalho, é exigível do segurador sub-rogado, ainda que autarquia.

241. A contribuição previdenciária incide sobre o abono incorporado ao salário.

242. O agravo no auto do processo deve ser apreciado, no julgamento da apelação, ainda que o agravante não tenha apelado.

243. Em caso de dupla aposentadoria, os proventos a cargo do IAPFESP não são equiparáveis aos pagos pelo Tesouro Nacional, mas calculados à base da média salarial nos últimos doze meses de serviço.

244. A importação de máquinas de costura está isenta do Imposto de Consumo.

245. A imunidade parlamentar não se estende ao corréu sem essa prerrogativa.

246. Comprovado não ter havido fraude, não se configura o crime de emissão de cheque sem fundos.

247. O relator não admitirá os embargos da Lei nº 623, de 19-2-1949, nem deles conhecerá o Supremo Tribunal Federal, quando houver jurisprudência firme do plenário no mesmo sentido da decisão embargada.

248. É competente, originariamente, o Supremo Tribunal Federal, para o mandado de segurança contra o ato do Tribunal de Contas da União.

- Art. 102, I, *d*, da CF.

249. É competente o Supremo Tribunal Federal para a ação rescisória, quando, embora não tendo conhecido do recurso extraordinário, ou havendo negado provimento a agravo, tiver apreciado a questão federal controvertida.

- Súm. nº 515 do STF.

250. A intervenção da União desloca o processo do juízo cível comum para o fazendário.

251. Responde a Rede Ferroviária Federal S.A. perante o foro comum e não perante o juízo especial da Fazenda Nacional, a menos que a União intervenha na causa.

- Súmulas nºs 508, 517 e 556 do STF.
- Súm. nº 42 do STJ.

252. Na ação rescisória, não estão impedidos juízes que participaram do julgamento rescindendo.

253. Nos embargos da Lei nº 623, de 19-2-1949, no Supremo Tribunal Federal, a divergência somente será acolhida, se tiver sido indicada na petição de recurso extraordinário.

254. Incluem-se os juros moratórios na liquidação, embora omisso o pedido inicial ou a condenação.

255. *Cancelada.* ERE nº 74.244/PR (*DJU* de 19-12-1973).

256. É dispensável pedido expresso para condenação do réu em honorários, com fundamento nos artigos 63 ou 64 do Código de Processo Civil.

- Refere-se ao CPC/1939.

257. São cabíveis honorários de advogado na ação regressiva do segurador contra o causador do dano.

258. É admissível reconvenção em ação declaratória.

259. Para produzir efeito em juízo não é necessária a inscrição, no Registro Público, de documentos de procedência estrangeira, autenticados por via consular.

260. O exame de livros comerciais, em ação judicial, fica limitado às transações entre os litigantes.

261. Para a ação de indenização, em caso de avaria, é dispensável que a vistoria se faça judicialmente.

262. Não cabe medida possessória liminar para liberação alfandegária de automóvel.

263. O possuidor deve ser citado pessoalmente para a ação de usucapião.

264. Verifica-se a prescrição intercorrente pela paralisação da ação rescisória por mais de cinco anos.

265. Na apuração de haveres, não prevalece o balanço não aprovado pelo sócio falecido, excluído ou que se retirou.

266. Não cabe mandado de segurança contra lei em tese.

267. Não cabe mandado de segurança contra ato judicial passível de recurso ou correição.

- Art. 5º, II, da Lei nº 12.016, de 7-8-2009 (Lei do Mandado de Segurança Individual e Coletivo).

268. Não cabe mandado de segurança contra decisão judicial com trânsito em julgado.

- Art. 5º, III, da Lei nº 12.016, de 7-8-2009 (Lei do Mandado de Segurança Individual e Coletivo).

269. O mandado de segurança não é substitutivo de ação de cobrança.

- Súm. nº 271 do STF.

270. Não cabe mandado de segurança para impugnar enquadramento da Lei nº 3.780, de 12-7-1960, que envolva exame de prova ou de situação funcional complexa.

271. Concessão de mandado de segurança não produz efeitos patrimoniais em relação a período pretérito, os quais devem ser reclamados administrativamente ou pela via judicial própria.

- Súm. nº 269 do STF.

272. Não se admite como ordinário recurso extraordinário de decisão denegatória de mandado de segurança.

273. Nos embargos da Lei nº 623, de 19-2-1949, a divergência sobre questão prejudicial ou preliminar, suscitada após a interposição do recurso extraordinário, ou do agravo, somente será acolhida se o acórdão padrão for anterior à decisão embargada.

- Súm. nº 598 do STF.

274. *Revogada.* Súm. nº 549 do STF.

- Súm. nº 549 do STF.

275. Está sujeita a recurso *ex officio* sentença concessiva de reajustamento pecuário anterior à vigência da Lei nº 2.804, de 25 de junho de 1956.

276. Não cabe recurso de revista em ação executiva fiscal.

277. São cabíveis embargos, em favor da Fazenda Pública, em ação executiva fiscal, não sendo unânime a decisão.

278. São cabíveis embargos em ação executiva fiscal contra decisão reformatória da de primeira instância, ainda que unânime.

279. Para simples reexame de prova não cabe recurso extraordinário.

- Art. 102, III, *a* a *d*, da CF.
- Súm. nº 7 do STJ.

280. Por ofensa a direito local não cabe recurso extraordinário.

- Art. 102, III, *a* a *d*, da CF.

281. É inadmissível o recurso extraordinário, quando couber, na Justiça de origem, recurso ordinário da decisão impugnada.

- Art. 102, III, *a* a *d*, da CF.

282. É inadmissível o recurso extraordinário, quando não ventilada, na decisão recorrida, a questão federal suscitada.

- Art. 102, III, *a* a *d*, da CF.
- Súm. nº 356 do STF.
- Súm. nº 320 do STJ.

SÚMULAS

283. É inadmissível o recurso extraordinário, quando a decisão recorrida assenta em mais de um fundamento suficiente e o recurso não abrange todos eles.

- Art. 102, III, *a* a *d*, da CF.

284. É inadmissível o recurso extraordinário, quando a deficiência na sua fundamentação não permitir a exata compreensão da controvérsia.

- Art. 102, III, *a* a *d*, da CF.

285. Não sendo razoável a arguição de inconstitucionalidade, não se conhece do recurso extraordinário fundado na letra *c* do artigo 101, III, da Constituição Federal.

- Art. 102, III, *a* a *d*, da CF.

286. Não se conhece do recurso extraordinário fundado em divergência jurisprudencial, quando a orientação do plenário do Supremo Tribunal Federal já se firmou no mesmo sentido da decisão recorrida.

- Art. 102, III, *a* a *d*, da CF.
- Súm. nº 83 do STJ.

287. Nega-se provimento ao agravo, quando a deficiência na sua fundamentação, ou na do recurso extraordinário, não permitir a exata compreensão da controvérsia.

- Art. 102, III, *a* a *d*, da CF.

288. Nega-se provimento a agravo para subida de recurso extraordinário, quando faltar no traslado o despacho agravado, a decisão recorrida, a petição de recurso extraordinário ou qualquer peça essencial à compreensão da controvérsia.

- Art. 102, III, *a* a *d*, da CF.
- Súm. nº 639 do STF.

289. O provimento do agravo por uma das Turmas do Supremo Tribunal Federal, ainda que sem ressalva, não prejudica a questão do cabimento do recurso extraordinário.

- Art. 102, III, *a* a *d*, da CF.
- Súm. nº 300 do STJ.

290. Nos embargos da Lei nº 623, de 19-2-1949, a prova de divergência far-se-á por certidão, ou mediante indicação do *Diário da Justiça* ou de repertório de jurisprudência autorizado, que a tenha publicado, com a transcrição do trecho que configure a divergência, mencionadas as circunstâncias que identifiquem ou assemelhem os casos confrontados.

291. No recurso extraordinário pela letra *d* do art. 101, III, da Constituição, a prova do dissídio jurisprudencial far-se-á por certidão, ou mediante indicação do *Diário da Justiça* ou de repertório de jurisprudência autorizado, com a transcrição do trecho que configure a divergência, mencionadas as circunstâncias que identifiquem ou assemelhem os casos confrontados.

- Refere-se à CF/1946.
- Lei nº 8.038, de 28-5-1990, institui normas procedimentais para os processos que especifica, perante o STJ e o STF.

292. Interposto o recurso extraordinário por mais de um dos fundamentos indicados no artigo 101, III, da Constituição, a admissão apenas por um deles não prejudica o seu conhecimento por qualquer dos outros.

- Art. 102, III, da CF.

293. São inadmissíveis embargos infringentes contra decisão em matéria constitucional submetida ao plenário dos Tribunais.

- Súmulas nºs 296 e 465 do STF.

294. São inadmissíveis embargos infringentes contra decisão do Supremo Tribunal Federal em mandado de segurança.

- Art. 25 da Lei nº 12.016, de 7-8-2009 (Lei do Mandado de Segurança Individual e Coletivo).
- Súm. nº 597 do STF.
- Súm. nº 169 do STJ.

295. São inadmissíveis embargos infringentes contra decisão unânime do Supremo Tribunal Federal em ação rescisória.

296. São inadmissíveis embargos infringentes sobre matéria não ventilada, pela Turma, do julgamento do recurso extraordinário.

- Súm. nº 293 do STF.

297. Oficiais e praças das milícias dos Estados, no exercício de função policial civil, não são considerados militares para efeitos penais, sendo competente a Justiça Comum para julgar os crimes cometidos por ou contra eles.

- Súmula com pedido de revisão proposto no RHC nº 56.049/SP (*DJU* de 30-6-1978) e HC nº 82.142-1/MS (*DJU* de 12-9-2003).

298. O legislador ordinário só pode sujeitar civis à Justiça Militar, em tempo de paz, nos crimes contra a segurança externa do País ou as instituições militares.

299. O recurso ordinário e o extraordinário interpostos no mesmo processo de mandado de segurança, ou de *habeas corpus*, serão julgados conjuntamente pelo Tribunal Pleno.

300. São incabíveis os embargos da Lei nº 623, de 19-2-1949, contra provimento de agravo para subida de recurso extraordinário.

- Súm. nº 289 do STF.

301. *Cancelada.* RHC nº 49.038/AM.

302. Está isenta da taxa de previdência social a importação de petróleo bruto.

303. Não é devido o Imposto Federal de Selo em contrato firmado com autarquia anteriormente à vigência da Emenda Constitucional nº 5, de 21-11-1961.

304. Decisão denegatória de mandado de segurança, não fazendo coisa julgada contra o impetrante, não impede o uso da ação própria.

305. Acordo de desquite ratificado por ambos os cônjuges não é retratável unilateralmente.

- Súmula editada antes da vigência da Lei nº 6.515, de 26-12-1977 (Lei do Divórcio).

306. As taxas de recuperação econômica e de assistência hospitalar de Minas Gerais são legítimas, quando incidem sobre matéria tributável pelo Estado.

307. É devido o adicional de serviço insalubre, calculado à base do salário mínimo da região, ainda que a remuneração contratual seja superior ao salário mínimo acrescido da taxa de insalubridade.

308. A taxa de despacho aduaneiro, sendo adicional do Imposto de Importação, não incide sobre borracha importada com isenção daquele imposto.

309. A taxa de despacho aduaneiro, sendo adicional do Imposto de Importação, não está compreendida na isenção do Imposto de Consumo para automóvel usado trazido do exterior pelo proprietário.

310. Quando a intimação tiver lugar na sexta-feira, ou a publicação com efeito de intimação for feita nesse dia, o prazo judicial terá início na segunda-feira imediata, salvo se não houver expediente, caso em que começará no primeiro dia útil que se seguir.

311. No típico acidente do trabalho, a existência de ação judicial não exclui a multa pelo retardamento da liquidação.

312. Músico integrante de orquestra da empresa, com atuação permanente e vínculo de subordinação, está sujeito à legislação geral do trabalho, e não à especial dos artistas.

313. Provada a identidade entre o trabalho diurno e o noturno, é devido o adicional, quanto a este, sem a limitação do art. 73, § 3º, da CLT, independentemente da natureza da atividade do empregador.

314. Na composição do dano por acidente do trabalho, ou de transporte, não é contrário à lei tomar para base da indenização o salário do tempo da perícia ou da sentença.

315. Indispensável o traslado das razões da revista, para julgamento, pelo Tribunal Superior do Trabalho, do agravo para sua admissão.

316. A simples adesão à greve não constitui falta grave.

317. São improcedentes os embargos declaratórios, quando não pedida a declaração do julgado anterior, em que se verificou a omissão.

318. É legítima a cobrança, em 1962, pela municipalidade de São Paulo, do Imposto de Indústrias e Profissões, consoante as Leis nºs 5.917 e 5.919, de 1961 (aumento anterior à vigência do orçamento e incidência do tributo sobre o movimento econômico do contribuinte).

319. O prazo do recurso ordinário para o Supremo Tribunal Federal, em *habeas corpus* ou mandado de segurança, é de cinco dias.

- Art. 102, II, *a* e *b*, da CF.

320. A apelação despachada pelo juiz no prazo legal não fica prejudicada pela demora da juntada, por culpa do cartório.

- Súmulas nºs 425 e 428 do STF.

321. *Revogada.* Representação nº 1.428-2/RO (*DJU* de 17-2-1989).

322. Não terá seguimento pedido ou recurso dirigido ao Supremo Tribunal Federal, quando manifestamente incabível, ou apresentado fora do prazo, ou quando for evidente a incompetência do Tribunal.

323. É inadmissível a apreensão de mercadorias como meio coercitivo para pagamento de tributos.

- Arts. 5º, XXII, e 170 da CF.
- Súmulas nºs 70 e 547 do STF.

324. A imunidade do artigo 31, V, da Constituição Federal não compreende as taxas.

- Refere-se à CF/1946.
- Art. 150, VI, da CF.

325. As emendas ao Regimento Interno do Supremo Tribunal Federal, sobre julgamento de questão constitucional, aplicam-se aos pedidos ajuizados e aos recursos interpostos anteriormente a sua aprovação.

326. É legítima a incidência do Imposto de Transmissão *Inter Vivos* sobre a transferência do domínio útil.

327. O direito trabalhista admite a prescrição intercorrente.

328. É legítima a incidência de Imposto de Transmissão *Inter Vivos* sobre a doação de imóvel.

329. O Imposto de Transmissão *Inter Vivos* não incide sobre a transferência de ações de sociedade imobiliária.

330. O Supremo Tribunal Federal não é competente para conhecer de mandado de segurança contra atos dos Tribunais de Justiça dos Estados.

- Súm. nº 624 do STF.
- Súm. nº 41 do STJ.

331. É legítima a incidência do Imposto de Transmissão *Causa Mortis*, no inventário por morte presumida.

332. É legítima a incidência do Imposto de Vendas e Consignações sobre a parcela do preço correspondente aos ágios cambiais.

333. Está sujeita ao Imposto de Vendas e Consignações a venda realizada por invernista não qualificado como pequeno produtor.

334. É legítima a cobrança, ao empreiteiro, do Imposto de Vendas e Consignações, sobre o valor dos materiais empregados, quando a empreitada não for apenas de lavor.

335. É válida a cláusula de eleição do foro para os processos oriundos do contrato.

336. A imunidade da autarquia financiadora, quanto ao contrato de financiamento, não se estende à compra e venda entre particulares, embora constantes os dois atos de um só instrumento.

337. A controvérsia entre o empregador e o segurador não suspende o pagamento devido ao empregado por acidente do trabalho.

338. Não cabe ação rescisória no âmbito da Justiça do Trabalho.

339. Não cabe ao Poder Judiciário, que não tem função legislativa, aumentar vencimentos de servidores públicos sob fundamento de isonomia.

340. Desde a vigência do Código Civil, os bens dominicais, como os demais bens públicos, não podem ser adquiridos por usucapião.

- Refere-se ao CC/1916. Art. 100 do CC.

341. É presumida a culpa do patrão ou comitente pelo ato culposo do empregado ou preposto.

342. Cabe agravo no auto do processo, e não agravo de petição, do despacho que não admite a reconvenção.

343. Não cabe ação rescisória por ofensa a literal disposição de lei, quando a decisão rescindenda se tiver baseado em texto legal de interpretação controvertida nos tribunais.

344. Sentença de primeira instância concessiva de *habeas corpus*, em caso de crime praticado em detrimento de bens, serviços ou interesses da União, está sujeita a recurso *ex officio*.

345. Na chamada desapropriação indireta, os juros compensatórios são devidos a partir da perícia, desde que tenha atribuído valor atual ao imóvel.

- O STF, no julgamento do RE nº 74.803, decidiu que essa súmula não mais prevalece.

346. A Administração Pública pode declarar a nulidade dos seus próprios atos.

347. O Tribunal de Contas, no exercício de suas atribuições, pode apreciar a constitucionalidade das leis e dos atos do Poder Público.

348. É constitucional a criação de taxa de construção, conservação e melhoramento de estradas.

- Súm. nº 595 do STF.

349. A prescrição atinge somente as prestações de mais de dois anos, reclamadas com fundamento em decisão normativa da Justiça do Trabalho, ou em convenção coletiva de trabalho, quando não estiver em causa a própria validade de tais atos.

350. O Imposto de Indústrias e Profissões não é exigível de empregado, por falta de autonomia na sua atividade profissional.

351. É nula a citação por edital de réu preso na mesma unidade da Federação em que o juiz exerce a sua jurisdição.

352. Não é nulo o processo penal por falta de nomeação de curador ao réu menor que teve assistência de defensor dativo.

353. São incabíveis os embargos da Lei nº 623, de 19-2-1949, com fundamento em divergência entre decisões da mesma Turma do Supremo Tribunal Federal.

354. Em caso de embargos infringentes parciais, é definitiva a parte da decisão embargada em que não houve divergência na votação.

355. Em caso de embargos infringentes parciais, é tardio o recurso extraordinário interposto após o julgamento dos embargos, quanto à parte da decisão embargada que não fora por eles abrangida.

356. O ponto omisso da decisão, sobre o qual não foram opostos embargos declaratórios, não pode ser objeto de recurso extraordinário, por faltar o requisito do prequestionamento.

- Art. 102, III, *a* a *d*, da CF.
- Súmulas nºs 282 e 320 do STF.

357. É lícita a convenção pela qual o locador renuncia, durante a vigência do contrato, a ação revisional do art. 31 do Decreto nº 24.150, de 20-4-1934.

- O Dec. nº 24.150, de 20-4-1934, foi revogado pela Lei nº 8.245, de 18-10-1991 (Lei das Locações).

358. O servidor público em disponibilidade tem direito aos vencimentos integrais do cargo.

359. Ressalvada a revisão prevista em lei, os proventos da inatividade regulam-se pela lei vigente ao tempo em que o militar, ou o servidor civil, reuniu os requisitos necessários.

- Súmula com redação alterada. ERE nº 72.509/PR.

360. Não há prazo de decadência para a representação de inconstitucionalidade prevista no artigo 8º, parágrafo único, da Constituição Federal.

- Refere-se à CF/1946.

361. No processo penal, é nulo o exame realizado por um só perito, considerando-se impedido o que tiver funcionado anteriormente na diligência da apreensão.

362. A condição de ter o clube sede própria para a prática de jogo lícito não o obriga a ser proprietário do imóvel em que tem sede.

363. A pessoa jurídica de direito privado pode ser demandada no domicílio da agência, ou estabelecimento, em que se praticou o ato.

364. Enquanto o Estado da Guanabara não tiver Tribunal Militar de segunda instância, o Tribunal de Justiça é competente para julgar os recursos das decisões da auditoria da Polícia Militar.

365. Pessoa jurídica não tem legitimidade para propor ação popular.

366. Não é nula a citação por edital que indica o dispositivo da lei penal, embora não transcreva a denúncia ou queixa, ou não resuma os fatos em que se baseia.

367. Concede-se liberdade ao extraditando que não foi retirado do País no prazo do artigo 16 do Decreto-Lei nº 394, de 28-4-1938.

368. Não há embargos infringentes no processo de reclamação.

369. Julgados do mesmo tribunal não servem para fundamentar o recurso extraordinário por divergência jurisprudencial.

- Art. 102, III, *a* a *d*, da CF.

370. Julgada improcedente a ação renovatória da locação, terá o locatário, para desocupar o imóvel, o prazo de seis meses, acrescido de tantos meses quantos forem os anos da ocupação, até o limite total de dezoito meses.

- O STF, no julgamento do RE nº 65.137/RJ, decidiu que essa súmula não é mais aplicada, desde que revogada a Lei nº 1.300, de 28-12-1950.

371. Ferroviário, que foi admitido como servidor autárquico, não tem direito a dupla aposentadoria.

372. A Lei nº 2.752, de 10-4-1956, sobre dupla aposentadoria, aproveita, quando couber, a servidores aposentados antes de sua publicação.

373. Servidor nomeado após aprovação no curso de capacitação policial, instituído na polícia do Distrito Federal, em 1941, preenche o requisito da nomeação por concurso a que se referem as Lei nºs 705, de 16-5-1949, e 1.639, de 14-7-1952.

374. Na retomada para construção mais útil, não é necessário que a obra tenha sido ordenada pela autoridade pública.

375. Não renovada a locação regida pelo Dec. nº 24.150, de 20-4-1934, aplica-se o direito comum e não a legislação especial do inquilinato.

- O Dec. nº 24.150, de 20-4-1934, foi revogado pela Lei nº 8.245, de 18-10-1991 (Lei das Locações).

376. Na renovação de locação, regida pelo Decreto nº 24.150, de 20-4-1934, o prazo do novo contrato conta-se da transcrição da decisão exequenda no Registro de Títulos e Documentos; começa, porém, da terminação do contrato anterior, se esta tiver ocorrido antes do registro.

- O Dec. nº 24.150, de 20-4-1934, foi revogado pela Lei nº 8.245, de 18-10-1991 (Lei das Locações).

377. No regime de separação legal de bens, comunicam-se os adquiridos na constância do casamento.

378. Na indenização por desapropriação incluem-se honorários do advogado do expropriado.

379. No acordo de desquite não se admite renúncia aos alimentos, que poderão ser pleiteados ulteriormente, verificados os pressupostos legais.

380. Comprovada a existência de sociedade de fato entre os concubinos, é cabível a sua dissolução judicial, com a partilha do patrimônio adquirido pelo esforço comum.

381. Não se homologa sentença de divórcio obtida por procuração, em país de que os cônjuges não eram nacionais.

- Súmula editada antes da vigência da Lei nº 6.515, de 26-12-1977 (Lei do Divórcio).

382. A vida em comum sob o mesmo teto, *more uxorio*, não é indispensável à caracterização do concubinato.

383. A prescrição em favor da Fazenda Pública recomeça a correr, por dois anos e meio, a partir do ato interruptivo, mas não fica reduzida aquém de cinco anos, embora o titular do direito a interrompa durante a primeira metade do prazo.

384. A demissão de extranumerário do serviço público federal, equiparado a funcionário de provimento efetivo para efeito de estabilidade, é da competência do Presidente da República.

385. Oficial das Forças Armadas só pode ser reformado, em tempo de paz, por decisão de Tribunal Militar permanente, ressalvada a situação especial dos atingidos pelo art. 177 da Constituição de 1937.

386. Pela execução de obra musical por artistas remunerados é devido direito autoral, não exigível quando a orquestra for de amadores.

387. A cambial emitida ou aceita com omissões, ou em branco, pode ser completada pelo credor de boa-fé, antes da cobrança ou do protesto.

388. *Revogada*. HC nº 53.777/MG.

389. Salvo limite legal, a fixação de honorários de advogado, em complemento da condenação, depende das circunstâncias da causa, não dando lugar a recurso extraordinário.

390. A exibição judicial de livros comerciais pode ser requerida como medida preventiva.

- Súm. nº 439 do STF.

391. O confinante certo deve ser citado pessoalmente para a ação de usucapião.

392. O prazo para recorrer de acórdão concessivo de segurança conta-se da publicação oficial de suas conclusões, e não da anterior ciência à autoridade para cumprimento da decisão.

- Lei nº 12.016, de 7-8-2009 (Lei do Mandado de Segurança Individual e Coletivo).

393. Para requerer revisão criminal, o condenado não é obrigado a recolher-se à prisão.

394. *Cancelada*, com efeito *ex nunc*. Inq. nº 687-4/SP (*DJU* de 9-11-2001).

395. Não se conhece de recurso de *habeas corpus* cujo objeto seja resolver sobre o ônus das custas, por não estar mais em causa a liberdade de locomoção.

396. Para a ação penal por ofensa à honra, sendo admissível a exceção da verdade quanto ao desempenho de função pública, prevalece a competência especial por prerrogativa de função, ainda que já tenha cessado o exercício funcional do ofendido.

397. O poder de polícia da Câmara dos Deputados e do Senado Federal, em caso de crime cometido nas suas dependências, compreende, consoante o regimento, a prisão em flagrante do acusado e a realização do inquérito.

398. O Supremo Tribunal Federal não é competente para processar e julgar, originariamente, deputado ou senador acusado de crime.

399. Não cabe recurso extraordinário por violação de lei federal, quando a ofensa alegada for a regimento de tribunal.

- Art. 102, III, *a* a *d*, da CF.

400. Decisão que deu razoável interpretação à lei, ainda que não seja a melhor, não autoriza recurso extraordinário pela letra *a* do artigo 101, III, da Constituição Federal.

- Refere-se à CF/1946.
- Art. 102, III, *a* e *b*, da CF.

401. Não se conhece do recurso de revista, nem dos embargos de divergência, do processo trabalhista, quando houver jurisprudência firme do Tribunal Superior do Trabalho no mesmo sentido da decisão impugnada, salvo se houver colisão com a jurisprudência do Supremo Tribunal Federal.

402. Vigia noturno tem direito a salário adicional.

403. É de decadência o prazo de trinta dias para instauração do inquérito judicial, a contar da suspensão, por falta grave, de empregado estável.

404. Não contrariam a Constituição os artigos 3º, 22 e 27 da Lei nº 3.244, de 14-8-1957, que definem as atribuições do Conselho de Política Aduaneira quanto à tarifa flexível.

- Refere-se à CF/1946.

405. Denegado o mandado de segurança pela sentença, ou no julgamento do agravo, dela interposto, fica sem efeito a liminar concedida, retroagindo os efeitos da decisão contrária.

406. O estudante ou professor bolsista e o servidor público em missão de estudo satisfazem a condição da mudança de residência para o efeito de trazer automóvel do exterior, atendidos os demais requisitos legais.

407. Não tem direito ao terço de campanha o militar que não participou de operações de guerra, embora servisse na "zona de guerra".

408. Os servidores fazendários não têm direito a percentagem pela arrecadação de receita federal destinada ao Banco Nacional de Desenvolvimento Econômico.

- Súm. nº 30 do STF.

409. Ao retomante, que tenha mais de um prédio alugado, cabe optar entre eles, salvo abuso de direito.

410. Se o locador, utilizando prédio próprio para residência ou atividade comercial, pede o imóvel locado para uso próprio, diverso do que tem o por ele ocupado, não está obrigado a provar a necessidade, que se presume.

411. O locatário autorizado a ceder a locação pode sublocar o imóvel.

412. No compromisso de compra e venda com cláusula de arrependimento, a devolução do sinal por quem o deu, ou a sua restituição em dobro, por quem a recebeu, exclui indenização maior a título de perdas e danos, salvo os juros moratórios e os encargos do processo.

413. O compromisso de compra e venda de imóveis, ainda que não loteados, dá direito à execução compulsória quando reunidos os requisitos legais.

414. Não se distingue a visão direta da oblíqua, na proibição de abrir janela, ou fazer terraço, eirado, ou varanda, a menos de metro e meio do prédio de outrem.

415. Servidão de trânsito não titulada, mas tornada permanente, sobretudo pela natureza das obras realizadas, considera-se aparente, conferindo direito à proteção possessória.

416. Pela demora no pagamento do preço da desapropriação não cabe indenização complementar além dos juros.

417. Pode ser objeto de restituição, na falência, dinheiro em poder do falido, recebido em nome de outrem, ou do qual, por lei ou contrato, não tivesse ele a disponibilidade.

- Súmula editada antes da vigência da Lei nº 11.101, de 9-2-2005 (Lei de Recuperação de Empresas e Falências).
- Art. 148 da CF.

418. O empréstimo compulsório não é tributo, e sua arrecadação não está sujeita à exigência constitucional da prévia autorização orçamentária.

- O STF, no julgamento do RE nº 111.954-3/PR (*DJU* de 24-6-1988), decidiu que essa súmula perdeu a validade em face dos arts. 18, § 3º e 21, § 2º, II, da CF/1967 (EC nº 1/1969).

419. Os Municípios têm competência para regular o horário do comércio local, desde que não infrinjam leis estaduais ou federais válidas.

420. Não se homologa sentença proferida no estrangeiro, sem prova do trânsito em julgado.

- Art. 6º do Dec.-lei nº 4.657, de 4-9-1942 (Lei de Introdução às Normas do Direito Brasileiro).

- Súm. nº 381 do STF.

421. Não impede a extradição a circunstância de ser o extraditando casado com brasileira ou ter filho brasileiro.

422. A absolvição criminal não prejudica a medida de segurança, quando couber, ainda que importe privação da liberdade.

423. Não transita em julgado a sentença por haver omitido o recurso *ex officio*, que se considera interposto *ex lege*.

424. Transita em julgado o despacho saneador de que não houve recurso, excluídas as questões deixadas, explícita ou implicitamente, para a sentença.

- O STF, no julgamento do RE nº 104.469, decidiu que essa súmula não é aplicável às hipóteses previstas no art. 267, § 3º do CPC/1973.

425. O agravo despachado no prazo legal não fica prejudicado pela demora da juntada, por culpa do cartório; nem o agravo entregue em cartório no prazo legal, embora despachado tardiamente.

- Súmulas nºs 320 e 428 do STF.

426. A falta do termo específico não prejudica o agravo no auto do processo, quando oportuna a interposição por petição ou no termo da audiência.

427. *Cancelada.* RE nº 66.447/MG.

428. Não fica prejudicada a apelação entregue em cartório no prazo legal, embora despachada tardiamente.

429. A existência de recurso administrativo com efeito suspensivo não impede o uso do mandado de segurança contra omissão da autoridade.

- Art. 5º, I, da Lei nº 12.016, de 7-8-2009 (Lei do Mandado de Segurança Individual e Coletivo).

430. Pedido de reconsideração na via administrativa não interrompe o prazo para o mandado de segurança.

431. É nulo o julgamento de recurso criminal, na segunda instância, sem prévia intimação, ou publicação da pauta, salvo em *habeas corpus*.

432. Não cabe recurso extraordinário com fundamento no artigo 101, III, *d*, da Constituição Federal, quando a divergência alegada for entre decisões da Justiça do Trabalho.

433. É competente o Tribunal Regional do Trabalho para julgar mandado de segurança contra ato de seu presidente em execução de sentença trabalhista.

434. A controvérsia entre seguradores indicados pelo empregador na ação de acidente do trabalho não suspende o pagamento devido ao acidentado.

435. O Imposto de Transmissão *Causa Mortis*, pela transferência de ações, é devido ao Estado em que tem sede a companhia.

436. É válida a Lei nº 4.093, de 24-10-1959, do Paraná, que revogou a isenção concedida às cooperativas por lei anterior.

437. Está isenta da taxa de despacho aduaneiro a importação de equipamento para a indústria automobilística, segundo plano aprovado, no prazo legal, pelo órgão competente.

438. É legítima a cobrança, em 1962, da taxa de educação e saúde, de Santa Catarina, adicional do Imposto de Vendas e Consignações.

439. Estão sujeitos à fiscalização tributária ou previdenciária quaisquer livros comerciais, limitado o exame aos pontos objetos da investigação.

440. Os benefícios da legislação federal de serviços de guerra não são exigíveis dos Estados, sem que a lei estadual assim disponha.

441. O militar, que passa à inatividade com proventos integrais, não tem direito às cotas trigésimas a que se refere o código de vencimentos e vantagens dos militares.

442. A inscrição do contrato de locação no Registro de Imóveis, para a validade da cláusula de vigência contra o adquirente do imóvel, ou perante terceiros, dispensa a transcrição no Registro de Títulos e Documentos.

443. A prescrição das prestações anteriores ao período previsto em lei não ocorre, quando não tiver sido negado, antes daquele prazo, o próprio direito reclamado, ou a situação jurídica de que ele resulta.

444. Na retomada para construção mais útil, de imóvel sujeito ao Decreto nº 24.150, de 20-4-1934, a indenização se limita às despesas de mudança.

- O Dec. nº 24.150, de 20-4-1934, foi revogado pela Lei nº 8.245, de 18-10-1991 (Lei das Locações).

445. A Lei nº 2.437, de 7-3-1955, que reduz prazo prescricional, é aplicável às prescrições em curso na data de sua vigência (1º de janeiro de 1956), salvo quanto aos processos então pendentes.

- Lei nº 2.437, de 7-3-1955, refere-se ao CC/1916.
- Súm. nº 237 do STF.

446. Contrato de exploração de jazida ou pedreira não está sujeito ao Decreto nº 24.150, de 20-4-1934.

- O Dec. nº 24.150, de 20-4-1934, foi revogado pela Lei nº 8.245, de 18-10-1991 (Lei das Locações).

447. É válida a disposição testamentária em favor de filho adulterino do testador com sua concubina.

- Refere-se ao CC/1916.

448. O prazo para o assistente recorrer, supletivamente, começa a correr imediatamente após o transcurso do prazo do Ministério Público.

- Súmula com pedido de revisão preliminar suscitado no HC nº 50.417/SP.

449. O valor da causa, na consignatória de aluguel, corresponde a uma anuidade.

450. São devidos honorários de advogado sempre que vencedor o beneficiário de justiça gratuita.

451. A competência especial por prerrogativa de função não se estende ao crime cometido após a cessação definitiva do exercício funcional.

452. Oficiais e praças do Corpo de Bombeiros do Estado da Guanabara respondem perante a Justiça Comum por crime anterior à Lei nº 427, de 11-10-1948.

- Art. 8º da LC nº 20, de 1º-7-1974, que estabelece que os Estados do Rio de Janeiro e da Guanabara passarão a constituir um único Estado, sob a denominação de Estado do Rio de Janeiro, a partir de 15 de março de 1975.

453. Não se aplicam à segunda instância o artigo 384 e parágrafo único do Código de Processo Penal, que possibilitam dar nova definição jurídica ao fato delituoso, em virtude de circunstância elementar não contida explícita ou implicitamente, na denúncia ou queixa.

- O art. 384, do CPP foi alterado pela Lei nº 11.719/2008.

454. Simples interpretação de cláusulas contratuais não dá lugar a recurso extraordinário.

455. Da decisão que se seguir ao julgamento de constitucionalidade pelo Tribunal Pleno, são inadmissíveis embargos infringentes quanto à matéria constitucional.

456. O Supremo Tribunal Federal, conhecendo do recurso extraordinário, julgará a causa, aplicando o direito à espécie.

457. O Tribunal Superior do Trabalho, conhecendo da revista, julgará a causa, aplicando o direito à espécie.

458. O processo de execução trabalhista não exclui a remição pelo executado.

459. No cálculo da indenização por despedida injusta, incluem-se os adicionais, ou gratificações que, pela habitualidade, se tenham incorporado ao salário.

460. Para efeito do adicional de insalubridade, a perícia judicial, em reclamação trabalhista, não dispensa o enquadramento da atividade entre as insalubres, que é ato da competência do Ministro do Trabalho e Previdência Social.

461. É duplo, e não triplo, o pagamento de salário nos dias destinados a descanso.

462. No cálculo da indenização por despedida injusta inclui-se, quando devido, o repouso semanal remunerado.

463. Para efeito de indenização e estabilidade, conta-se o tempo em que o empregado esteve afastado, em serviço militar obrigatório, mesmo anteriormente à Lei nº 4.072, de 1º-6-1962.

464. No cálculo da indenização por acidente de trabalho, inclui-se, quando devido, o repouso semanal remunerado.

465. O regime de manutenção de salário, aplicável ao IAPM e ao IAPTEC, exclui a indenização tarifada na lei de acidentes do trabalho, mas não o benefício previdenciário.

466. Não é inconstitucional a inclusão de sócios e administradores de sociedades e titulares de firmas individuais como contribuintes obrigatórios da previdência social.

467. A base do cálculo das contribuições previdenciárias, anteriormente à vigência da Lei Orgânica da Previdência Social, é o salário mínimo mensal, observados os limites da Lei nº 2.755, de 1956.

468. Após a Emenda Constitucional nº 5, de 21-11-1961, em contrato firmado com a União, Estado, Município ou Autarquia, é devido o Imposto Federal de Selo pelo contratante não protegido pela imunidade, ainda que haja repercussão do ônus tributário sobre o patrimônio daquelas entidades.

469. A multa de cem por cento, para o caso de mercadoria importada irregularmente, é calculada à base do custo de câmbio da categoria correspondente.

470. O Imposto de Transmissão *Inter Vivos* não incide sobre a construção, ou parte dela, realizada, inequivocadamente, pelo promitente comprador, mas sobre o valor do que tiver sido construído antes da promessa de venda.

- Súm. nº 110 do STF.

471. As empresas aeroviárias não estão isentas do Imposto de Indústrias e Profissões.

472. A condenação do autor em honorários de advogado, com fundamento no art. 64 do CPC, depende de reconvenção.

- Refere-se ao CPC/1939. Art. 20 do CPC/1973.

473. A administração pode anular seus próprios atos, quando eivados de vícios que os tornam ilegais, porque deles não se originam direitos; ou revogá-los, por motivo de conveniência ou oportunidade, respeitados os direitos adquiridos, e ressalvada, em todos os casos, a apreciação judicial.

474. Não há direito líquido e certo, amparado pelo mandado de segurança, quando se escuda em lei cujos efeitos foram anulados por outra, declarada constitucional pelo Supremo Tribunal Federal.

475. A Lei nº 4.686, de 21-6-1965, tem aplicação imediata aos processos em curso, inclusive em grau de recurso extraordinário.

476. Desapropriadas as ações de uma sociedade, o poder desapropriante, imitido na posse, pode exercer, desde logo, todos os direitos inerentes aos respectivos títulos.

477. As concessões de terras devolutas situadas na faixa de fronteira, feitas pelos Estados, autorizam, apenas, o uso, permanecendo o domínio com a União, ainda que se mantenha inerte ou tolerante, em relação aos possuidores.

478. O provimento em cargos de juízes substitutos do trabalho deve ser feito independentemente de lista tríplice, na ordem de classificação dos candidatos.

479. As margens dos rios navegáveis são de domínio público, insuscetíveis de expropriação e, por isso mesmo, excluídas de indenização.

480. Pertencem ao domínio e administração da União, nos termos dos artigos 4º, IV, e 186, da Constituição Federal de 1967, as terras ocupadas por silvícolas.

481. Se a locação compreende, além do imóvel, fundo de comércio, com instalações e pertences, como no caso de teatros, cinemas e hotéis, não se aplicam ao retomante as restrições do artigo 8º, e, parágrafo único, do Decreto nº 24.150, de 20-4-1934.

- O Dec. nº 24.150, de 20-4-1934, foi revogado pela Lei nº 8.245, de 18-10-1991 (Lei das Locações).

482. O locatário, que não for sucessor ou cessionário do que o precedeu na locação, não pode somar os prazos concedidos a este, para pedir a renovação do contrato, nos termos do Decreto nº 24.150, de 20-4-1934.

- O Dec. nº 24.150, de 20-4-1934, foi revogado pela Lei nº 8.245, de 18-10-1991 (Lei das Locações).

483. É dispensável a prova da necessidade, na retomada de prédio situado em localidade para onde o proprietário pretende transferir residência, salvo se mantiver, também, a anterior, quando dita prova será exigida.

484. Pode, legitimamente, o proprietário pedir o prédio para a residência de filho, ainda que solteiro, de acordo com o artigo 11, III, da Lei nº 4.494, de 25-11-1964.

485. Nas locações regidas pelo Decreto nº 24.150, de 20-4-1934, a presunção de sinceridade do retomante é relativa, podendo ser ilidida pelo locatário.

- O Dec. nº 24.150, de 20-4-1934, foi revogado pela Lei nº 8.245, de 18-10-1991 (Lei das Locações).

486. Admite-se a retomada para sociedade da qual o locador, ou seu cônjuge, seja sócio, com participação predominante no capital social.

487. Será deferida a posse a quem, evidentemente, tiver o domínio, se com base neste for ela disputada.

488. A preferência a que se refere o art. 9º da Lei nº 3.912, de 3-7-1961, constitui direito pessoal. Sua violação resolve-se em perdas e danos.

489. A compra e venda de automóvel não prevalece contra terceiros, de boa-fé, se o contrato não foi transcrito no Registro de Títulos e Documentos.

490. A pensão correspondente à indenização oriunda de responsabilidade civil deve ser calculada com base no salário mínimo vigente ao tempo da sentença e ajustar-se-á às variações ulteriores.

491. É indenizável o acidente que cause a morte de filho menor, ainda que não exerça trabalho remunerado.

492. A empresa locadora de veículos responde, civil e solidariamente com o locatário, pelos danos por este causados a terceiros, no uso do carro locado.

493. O valor da indenização, se consistente em prestações periódicas e sucessivas, compreenderá, para que se mantenha inalterável na sua fixação, parcelas compensatórias do Imposto de Renda, incidentes sobre os juros do capital gravado ou caucionado, nos termos dos artigos 911 e 912 do Código de Processo Civil.

- Refere-se ao CPC/1939.

494. A ação para anular venda de ascendente a descendente, sem consentimento dos demais, prescreve em vinte anos, contados da data do ato, revogada a Súmula nº 152.

495. A restituição em dinheiro da coisa vendida a crédito, entregue nos 15 (quinze) dias anteriores ao pedido de falência ou de concordata, cabe, quando, ainda que consumada ou transformada, não faça o devedor prova de haver sido alienada a terceiro.

- Súmula editada antes da vigência da Lei nº 11.101, de 9-2-2005 (Lei de Recuperação de Empresas e Falências).

496. São válidos, porque salvaguardados pelas Disposições Constitucionais Transitórias da Constituição Federal de 1967, os Decretos-Leis expedidos entre 24 de janeiro e 15 de março de 1967.

497. Quando se tratar de crime continuado, a prescrição regula-se pela pena imposta na sentença, não se computando o acréscimo decorrente da continuação.

498. Compete à Justiça dos Estados, em ambas as instâncias, o processo e o julgamento dos crimes contra a economia popular.

499. Não obsta à concessão do *sursis* condenação anterior à pena de multa.

500. Não cabe a ação cominatória para compelir-se o réu a cumprir obrigação de dar.

501. Compete à Justiça ordinária estadual o processo e o julgamento, em ambas as instâncias, das causas de acidente do trabalho, ainda que promovidas contra a União, suas autarquias, empresas públicas ou sociedades de economia mista.

502. Na aplicação do artigo 839, do Código de Processo Civil, com a redação da Lei nº 4.290, de 5-12-1963, a relação do valor da causa e salário mínimo vigente na capital do estado, ou do território, para o efeito de alçada, deve ser considerada na data do ajuizamento do pedido.

- Refere-se ao CPC/1939. Arts. 258 a 261 do CPC/1973.

503. A dúvida, suscitada por particular, sobre o direito de tributar, manifestado por dois Estados, não configura litígio da competência originária do Supremo Tribunal Federal.

504. Compete à Justiça Federal, em ambas as instâncias, o processo e o julgamento das causas fundadas em contrato de seguro marítimo.

505. Salvo quando contrariarem a Constituição, não cabe recurso para o Supremo Tribunal Federal, de quaisquer decisões da Justiça do Trabalho, inclusive dos presidentes de seus tribunais.

506. *Revogada.* SS (AgRg no AgRg no AgRg) nº 1.945-7/AL.

507. A ampliação dos prazos a que se refere o artigo 32 do Código de Processo Civil aplica-se aos executivos fiscais.

- Refere-se ao CPC/1939.

508. Compete à Justiça Estadual, em ambas as instâncias, processar e julgar as causas que for parte o Banco do Brasil S.A.

- Súmulas nºs 251, 517 e 566 do STF.
- Súm. nº 42 do STJ.

509. A Lei nº 4.632, de 18-5-1965, que alterou o artigo 64 do Código de Processo Civil, aplica-se aos processos em andamento, nas instâncias ordinárias.

- Refere-se ao CPC/1939.

510. Praticado o ato por autoridade, no exercício de competência delegada, contra ela cabe o mandado de segurança ou a medida judicial.

511. Compete à Justiça Federal, em ambas as instâncias, processar e julgar as causas entre autarquias federais e entidades públicas locais, inclusive mandados de segurança, ressalvada a ação fiscal, nos termos da Constituição Federal de 1967, artigo 119, § 3º.

- Art. 109 da CF.

512. Não cabe condenação em honorários de advogados na ação de mandado de segurança.

- Art. 25 da Lei nº 12.016, de 7-8-2009 (Lei do Mandado de Segurança Individual e Coletivo).
- Súm. nº 105 do STJ.

513. A decisão que enseja a interposição de recurso ordinário ou extraordinário, não é a do plenário que resolve o incidente de inconstitucionalidade, mas a do órgão (Câmaras, Grupos ou Turmas) que completa o julgamento do feito.

514. Admite-se ação rescisória contra sentença transitada em julgado, ainda que contra ela não se tenham esgotado todos os recursos.

515. A competência para a ação rescisória não é do Supremo Tribunal Federal, quando a questão federal, apreciada no recurso extraordinário ou no agravo de instrumento, seja diversa da que foi suscitada no pedido rescisório.

- Súm. nº 249 do STF.

516. O Serviço Social da Indústria – SESI – está sujeito à jurisdição da Justiça Estadual.

517. As sociedades de economia mista só têm foro na Justiça Federal, quando a União intervém como assistente ou opoente.

518. A intervenção da União, em feito já julgado pela segunda instância e pendente de embargos, não desloca o processo para o Tribunal Federal de Recursos.

- O TFR foi extinto pela CF/1988.

519. Aplica-se aos executivos fiscais o princípio da sucumbência a que se refere o art. 64 do Código de Processo Civil.

- Refere-se ao CPC/1939. Art. 20 do CPC/1973.

520. Não exige a lei que, para requerer o exame a que se refere o artigo 777 do Código de Processo Penal, tenha o sentenciado cumprido mais de metade do prazo da medida de segurança imposta.

521. *Superada.* Art. 70, § 4º, do CPP.

522. Salvo ocorrência de tráfico para o exterior, quando, então, a competência será da Justiça Federal, compete à Justiça dos Estados o processo e julgamento dos crimes relativos a entorpecentes.

523. No processo penal, a falta da defesa constitui nulidade absoluta, mas a sua deficiência só o anulará se houver prova de prejuízo para o réu.

524. Arquivado o inquérito policial, por despacho do juiz, a requerimento do Promotor de Justiça, não pode a ação penal ser iniciada, sem novas provas.

525. A medida de segurança não será aplicada em segunda instância, quando só o réu tenha recorrido.

526. Subsiste a competência do Supremo Tribunal Federal para conhecer e julgar a apelação, nos crimes de Lei de Segurança Nacional, se houve sentença antes da vigência do Ato Institucional nº 2.

- Súmula editada antes da CF/1988.

527. Após a vigência do Ato Institucional nº 6, que deu nova redação ao art. 114, III, da Constituição Federal de 1967, não cabe recurso extraordinário das decisões do juiz singular.

528. Se a decisão contiver partes autônomas, a admissão parcial, pelo Presidente do Tribunal *a quo*, de recurso extraordinário que, sobre qualquer delas se manifestar, não limitará a apreciação de todas pelo Supremo Tribunal Federal, independentemente de interposição de agravo de instrumento.

529. Subsiste a responsabilidade do empregador pela indenização decorrente de acidente do trabalho, quando o segurador, por haver entrado em liquidação, ou por outro motivo, não se encontrar em condições financeiras, de efetuar, na forma da lei, o pagamento que o seguro obrigatório visava garantir.

530. Na legislação anterior ao art. 4º da Lei nº 4.749, de 12-8-1965, a contribuição para a previdência social não estava sujeita ao limite estabelecido no art. 69 da Lei nº 3.807, de 26-8-1960, sobre o 13º salário a que se refere o art. 3º da Lei nº 4.281, de 8-11-1963.

531. É inconstitucional o Decreto nº 51.668, de 17-1-1963, que estabeleceu salário profissional para trabalhadores de transportes marítimos, fluviais e lacustres.

532. É constitucional a Lei nº 5.043, de 21-6-1966, que concedeu remissão das dívidas fiscais oriundas da falta de oportuno pagamento de selo nos contratos particulares com a Caixa Econômica e outras entidades autárquicas.

- A Lei nº 5.043, de 21-6-1966, foi revogada pela Lei nº 5.143, de 20-10-1966.

533. Nas operações denominadas "crediários", com emissão de vales ou certificados para compras e nas quais, pelo financiamento, se cobram, em separado, juros, selos e outras despesas, incluir-se-á tudo no custo da mercadoria e sobre esse preço global calcular-se-á o Imposto de Vendas e Consignações.

534. O Imposto de Importação sobre o extrato alcoólico de malte, como matéria-prima para fabricação de *whisky*, incide à base de 60%, desde que desembarcado antes do Decreto-Lei nº 398, de 30-12-1968.

535. Na importação, a granel, de combustíveis líquidos é admissível a diferença de peso, para mais, até 4%, motivada pelas variações previstas no Decreto-Lei nº 1.028, de 4-1-1939, art. 1º.

536. São objetivamente imunes ao Imposto sobre Circulação de Mercadoria os produtos industrializados, em geral, destinados à exportação, além de outros, com a mesma destinação, cuja isenção a lei determinar.

537. É inconstitucional a exigência de Imposto Estadual do Selo, quando feita nos atos e instrumentos tributados ou regulados por lei federal, ressalvado o disposto no art. 15, § 5º da Constituição Federal de 1946.

538. A avaliação judicial para o efeito de cálculo das benfeitorias dedutíveis do Imposto sobre Lucro Imobiliário, independe do limite a que se refere a Lei nº 3.470, de 28-11-1958, art. 8º, parágrafo único.

539. É constitucional a lei do município que reduz o Imposto Predial Urbano sobre imóvel ocupado pela residência do proprietário, que não possua outro.

540. No preço da mercadoria sujeita ao Imposto de Vendas e Consignações, não se incluem as despesas de frete e carreto.

- Art. 155, II, da CF.
- Art. 13, § 1º, II, *b*, da LC nº 87, de 13-9-1996 (Lei Kandir – ICMS).

541. O Imposto sobre Vendas e Consignações não incide sobre a venda ocasional de veículos e equipamentos usados, que não se insere na atividade profissional do vendedor, e não é realizada com o fim de lucro, sem caráter, pois, de comercialidade.

- Art. 155, II, da CF.
- LC nº 87, de 13-9-1996 (Lei Kandir – ICMS).

542. Não é inconstitucional a multa instituída pelo Estado-Membro, como sanção pelo retardamento do início ou da ultimação do inventário.

543. A Lei nº 2.975, de 27-11-1965, revogou, apenas, as isenções de caráter geral, relativa ao imposto único sobre combustíveis, não as especiais, por outras leis concedidas.

544. Isenções tributárias concedidas, sob condição onerosa, não podem ser livremente suprimidas.

545. Preços de serviços públicos e taxas não se confundem, porque estas, diferentemente daqueles, são compulsórias e têm sua cobrança condicionada à prévia autorização orçamentária, em relação à lei que as instituiu.

546. Cabe a restituição do tributo pago indevidamente, quando reconhecido por decisão que o contribuinte *de jure* não recuperou do contribuinte de *facto* o *quantum* respectivo.

- Súm. nº 71 do STF.

547. Não é lícito à autoridade proibir que o contribuinte em débito adquira estampilhas, despache mercadorias nas alfândegas e exerça suas atividades profissionais.

548. É inconstitucional o Decreto-Lei nº 643, de 19-6-1947, artigo 4º, do Paraná, na parte que exige selo proporcional sobre atos e instrumentos regulados por lei federal.

549. A taxa de bombeiros do Estado de Pernambuco é constitucional, revogada a Súmula nº 274.

550. A isenção concedida pelo artigo 2º da Lei nº 1.815, de 1953, às empresas de navegação aérea não compreende a taxa de melhoramentos de portos, instituída pela Lei nº 3.421, de 1958.

551. É inconstitucional a taxa de urbanização da Lei nº 2.320, de 20-12-1961, instituída pelo município de Porto Alegre, porque seu fato gerador é o mesmo da transmissão imobiliária.

552. Com a regulamentação do art. 15, da Lei nº 5.316/1967, pelo Decreto nº 71.037/1972, tornou-se exequível a exigência da exaustão da via administrativa antes do início da ação de acidente do trabalho.

- Súmula superada. RE nº 91.742-0/SP (*DJU* de 21-12-1979) e RE nº 87.160-8/SP (*DJU* de 14-9-1979).

553. O Adicional ao Frete para Renovação da Marinha Mercante (AFRMM) é contribuição parafiscal, não sendo abran-

SÚMULAS

gido pela imunidade prevista na letra *d*, inciso III, do artigo 19 da Constituição Federal.

- Refere-se à CF/1967.

554. O pagamento de cheque emitido sem provisão de fundos, após o recebimento da denúncia, não obsta ao prosseguimento da ação penal.

555. É competente o Tribunal de Justiça para julgar conflito de jurisdição entre Juiz de Direito do Estado e a Justiça Militar local.

- O STF, no julgamento dos Conflitos de Jurisdição nº 6.155-2/SP (*DJU* de 25-5-1979) e nº 6.195/SP (*DJU* de 28-9-1979), entendeu que não mais vigora o princípio contido nesta súmula.

556. É competente a Justiça Comum para julgar as causas em que é parte sociedade de economia mista.

557. É competente a Justiça Federal para julgar as causas em que são partes a COBAL e a CIBRAZEM.

558. É constitucional o art. 27, do Decreto-Lei nº 898, de 29-9-1969.

559. O Decreto-Lei nº 730, de 5 agosto de 1969, revogou a exigência de homologação, pelo Ministro da Fazenda, das Resoluções do Conselho de Política Aduaneira.

560. A extinção de punibilidade, pelo pagamento do tributo devido, estende-se ao crime de contrabando ou descaminho, por força do artigo 18, § 2º, do Decreto-Lei nº 157/1967.

- Prejudicada pela Lei nº 6.910, de 27-5-1981, que restringe a aplicação do referido Decreto-Lei.

561. Em desapropriação, é devida a correção monetária até a data do efetivo pagamento da indenização, devendo proceder-se à atualização do cálculo, ainda que por mais de uma vez.

- Súm. nº 67 do STJ.

562. Na indenização de danos materiais decorrentes de ato ilícito cabe a atualização de seu valor, utilizando-se, para esse fim, dentre outros critérios, os índices de correção monetária.

563. *Cancelada*. ADPF nº 357/DF (*DOU* de 6-7-2021).

564. A ausência de fundamentação do despacho de recebimento de denúncia por crime falimentar enseja nulidade processual, salvo se já houver sentença condenatória.

- Arts. 83, III, e 85 da Lei nº 11.101, de 9-2-2005 (Lei de Recuperação de Empresas e Falências).
- Súm. nº 192 do STF.

565. A multa fiscal moratória constitui pena administrativa, não se incluindo no crédito habilitado em falência.

566. Enquanto pendente, o pedido de readaptação fundado em desvio funcional não gera direitos para o servidor, relativamente ao cargo pleiteado.

567. A Constituição, ao assegurar, no parágrafo 3º, do art. 102, a contagem integral de tempo de serviço público federal, estadual ou municipal para os efeitos de aposentadoria e disponibilidade não proíbe à União, aos Estados e aos Municípios mandarem contar, mediante Lei, para efeito diverso, tempo de serviço prestado a outra pessoa de direito público interno.

- Refere-se à CF/1967.

568. A identificação criminal não constitui constrangimento ilegal, ainda que o indiciado já tenha sido identificado civilmente.

- Súmula superada. Art. 5º, LVIII, da CF/1988 e RHC nº 66.881-0/DF.

569. É inconstitucional a discriminação de alíquotas do Imposto de Circulação de Mercadorias nas operações interestaduais, em razão de o destinatário ser, ou não, contribuinte.

- Art. 155, § 2º, VII, *a* e *b*, e VIII, da CF.

570. O Imposto de Circulação de Mercadorias não incide sobre a importação de bens de capital.

571. O comprador de café ao IBC, ainda que sem expedição de nota fiscal, habilita-se, quando da comercialização do produto, ao crédito do ICM que incidiu sobre a operação anterior.

572. No cálculo do Imposto de Circulação de Mercadorias devido na saída de mercadorias para o exterior, não se incluem fretes pagos a terceiros, seguros e despesas de embarque.

- Art. 155, § 2º, X, *a*, da CF.

573. Não constitui fato gerador do Imposto de Circulação de Mercadorias a saída física de máquinas, utensílios e implementos a título de comodato.

574. Sem lei estadual que a estabeleça, é ilegítima a cobrança do Imposto de Circulação de Mercadorias sobre o fornecimento de alimentação e bebidas em restaurante ou estabelecimento similar.

- Súm. nº 163 do STJ.

575. À mercadoria importada de país signatário do GATT, ou membro da ALALC, estende-se a isenção do Imposto sobre Circulação de Mercadorias concedida a similar nacional.

- Art. 151, III, da CF.

576. É lícita a cobrança do Imposto de Circulação de Mercadorias sobre produtos importados sob o regime da alíquota zero.

577. Na importação de mercadorias do exterior, o fato gerador do Imposto de Circulação de Mercadorias ocorre no momento de sua entrada no estabelecimento do importador.

- Súm. nº 661 do STF.

578. Não podem os Estados, a título de ressarcimento de despesas, reduzir a parcela de 20% (vinte por cento) do produto da arrecadação do Imposto de Circulação de Mercadorias, atribuída aos Municípios pelo artigo 23, § 8º, da Constituição Federal.

- Art. 155, II, da CF.

579. A cal virgem e a hidratada estão sujeitas ao Imposto de Circulação de Mercadorias.

580. A isenção prevista no art. 13, parágrafo único, do Decreto-Lei nº 43/1966, restringe-se aos filmes cinematográficos.

581. A exigência de transporte em navio de bandeira brasileira, para efeito de isenção tributária, legitimou-se com o advento do Decreto-Lei nº 666, de 2-7-1969.

582. É constitucional a Res. nº 640/69, do Conselho de Política Aduaneira, que reduziu a alíquota do Imposto de Importação para a soda cáustica, destinada a zonas de difícil distribuição e abastecimento.

583. Promitente-comprador de imóvel residencial transcrito em nome de autarquia é contribuinte do Imposto Predial e Territorial Urbano.

- Art. 150, § 3º, da CF.
- Súmulas nºs 73 a 75 e 336 do STF.

584. *Cancelada*. RE nº 592.396 (*DJe* de 28-3-2016).

- Art. 150, III, *a*, *b* e *c*, da CF.

585. Não incide o Imposto de Renda sobre a remessa de divisas para pagamento de serviços prestados no exterior, por empresa que não opera no Brasil.

- O STF no julgamento do RE nº 101.066-5/SP (*DJU* de 19-10-1984), entendeu inaplicável esta súmula após a vigência do Dec.-lei nº 1.418/1975.

586. Incide Imposto de Renda sobre os juros remetidos para o exterior, com base em contrato de mútuo.

587. Incide Imposto de Renda sobre o pagamento de serviços técnicos contratados no exterior e prestados no Brasil.

588. O Imposto sobre Serviços não incide sobre os depósitos, as comissões e taxas de desconto, cobrados pelos estabelecimentos bancários.

- Súm. nº 424 do STJ.

589. É inconstitucional a fixação de adicional progressivo do Imposto Predial e Territorial Urbano em função do número de imóveis do contribuinte.

590. Calcula-se o Imposto de Transmissão *Causa Mortis* sobre o saldo credor da promessa de compra e venda de imóvel, no momento da abertura da sucessão do promitente vendedor.

591. A imunidade ou a isenção tributária do comprador não se estende ao produtor, contribuinte do Imposto sobre Produtos Industrializados.

592. Nos crimes falimentares, aplicam-se as causas interruptivas da prescrição, previstas no Código Penal.

593. Incide o percentual do Fundo de Garantia do Tempo de Serviço (FGTS) sobre a parcela da remuneração correspondente a horas extraordinárias de trabalho.

594. Os direitos de queixa e de representação podem ser exercidos, independentemente, pelo ofendido ou por seu representante legal.

595. É inconstitucional a taxa municipal de conservação de estradas de rodagem cuja base de cálculo seja idêntica à do Imposto Territorial Rural.

- Súm. nº 348 do STF.

596. As disposições do Decreto nº 22.626 de 1933 não se aplicam às taxas de juros e aos outros encargos cobrados nas operações realizadas por instituições públicas ou privadas, que integram o Sistema Financeiro Nacional.

- Súm. nº 283 do STJ.

597. Não cabem embargos infringentes de acórdão que, em mandado de segurança, decidiu, por maioria de votos, a apelação.

- Art. 25 da Lei nº 12.016, de 7-8-2009 (Lei do Mandado de Segurança Individual e Coletivo).
- Súmulas nºs 281 e 294 do STF.
- Súm. nº 169 do STJ.

598. Nos embargos de divergência não servem como padrão de discordância os mesmos paradigmas invocados para demonstrá-la, mas repelidos como não dissidentes no julgamento do recurso extraordinário.

599. *Cancelada.* RE (AgRg nos EDiv nos EDcl no AgRg) nº 283.240-5/RS (*DJE* de 14-3-2008), RE (AgRg nos EDiv nos EDcl no AgRg) nº 285.093-4/MG (*DJE* de 28-3-2008) e RE (AgRg nos EDiv no AgRg) nº 356.069-7/RS (*DJE* de 28-3-2008).

600. Cabe ação executiva contra o emitente e seus avalistas, ainda que não apresentado o cheque ao sacado no prazo legal, desde que não prescrita ação cambiária.

601. Os artigos 3º, II, e 55 da Lei Complementar nº 40/1981 (Lei Orgânica do Ministério Público) não revogaram a legislação anterior que atribui a iniciativa para a ação penal pública, no processo sumário, ao juiz ou à autoridade policial, mediante Portaria ou Auto de Prisão em Flagrante.

602. Nas causas criminais, o prazo de interposição de recurso extraordinário é de dez dias.

603. A competência para o processo e julgamento de latrocínio é do juiz singular e não do Tribunal do Júri.

604. A prescrição pela pena em concreto é somente da pretensão executória da pena privativa de liberdade.

605. *Superada.* Art. 71, parágrafo único, do CP.

606. Não cabe *habeas corpus* originário para o Tribunal Pleno de decisão de Turma, ou do Plenário, proferida em *habeas corpus* ou no respectivo recurso.

607. Na ação penal regida pela Lei nº 4.611/1965, a denúncia, como substitutivo da Portaria, não interrompe a prescrição.

- A Lei nº 4.611, de 2-4-1965, foi revogada pela Lei nº 9.099, de 26-9-1995 (Lei dos Juizados Especiais).

608. No crime de estupro, praticado mediante violência real, a ação penal é pública incondicionada.

609. É pública incondicionada a ação penal por crime de sonegação fiscal.

- Lei nº 4.729, de 14-7-1965 (Lei do Crime de Sonegação Fiscal).

610. Há crime de latrocínio, quando o homicídio se consuma, ainda que não realize o agente a subtração de bens da vítima.

611. Transitada em julgado a sentença condenatória, compete ao Juízo das Execuções a aplicação da lei mais benigna.

612. Ao trabalhador rural não se aplicam, por analogia, os benefícios previstos na Lei nº 6.367, de 19-10-1976.

613. Os dependentes de trabalhador rural não têm direito a pensão previdenciária, se o óbito ocorreu anteriormente à vigência da Lei Complementar nº 11/1971.

614. Somente o Procurador-Geral da Justiça tem legitimidade para propor ação direta interventiva por inconstitucionalidade de lei municipal.

615. O princípio constitucional da anualidade (§ 29 do artigo 153 da Constituição Federal) não se aplica à revogação de isenção do Imposto de Circulação de Mercadorias.

- Art. 150, I e III, da CF.
- Arts. 104, III, e 178 do CTN.
- Súm. nº 544 do STF.

616. É permitida a cumulação da multa contratual com os honorários de advogado, após o advento do Código de Processo Civil vigente.

- Refere-se ao CPC/1973.

617. A base de cálculo dos honorários de advogado em desapropriação é a diferença entre a oferta e a indenização, corrigidas ambas monetariamente.

618. Na desapropriação, direta ou indireta, a taxa dos juros compensatórios é de 12% (doze por cento) ao ano.

619. *Revogada.* HC nº 92.566/SP (*DJE* de 5-6-2009).

620. A sentença proferida contra Autarquias não está sujeita a reexame necessário, salvo quando sucumbente em execução de dívida ativa.

621. Não enseja embargos de terceiro à penhora a promessa de compra e venda não inscrita no Registro de Imóveis.

622. Não cabe agravo regimental contra decisão do relator que concede ou indefere liminar em mandado de segurança.

623. Não gera por si só a competência originária do Supremo Tribunal Federal para conhecer do mandado de segurança com base no art. 102, I, *n*, da Constituição, dirigir-se o pedido contra deliberação administrativa do tribunal de origem, da qual haja participado a maioria ou a totalidade de seus membros.

624. Não compete ao Supremo Tribunal Federal conhecer originariamente de mandado de segurança contra atos de outros tribunais.

- Súm. nº 330 do STF.

625. Controvérsia sobre matéria de direito não impede concessão de mandado de segurança.

626. A suspensão da liminar em mandado de segurança, salvo determinação em contrário da decisão que a deferir, vigorará até o trânsito em julgado da decisão definitiva de concessão da segurança ou, havendo recurso, até a sua manutenção pelo Supremo Tribunal Federal, desde que o objeto da liminar deferida coincida, total ou parcialmente, com o da impetração.

- Art. 15 da Lei nº 12.016, de 7-8-2009 (Lei do Mandado de Segurança Individual e Coletivo).

627. No mandado de segurança contra a nomeação de magistrado da competência do Presidente da República, este é considerado autoridade coatora, ainda que o fundamento da impetração seja nulidade ocorrida em fase anterior do procedimento.

628. Integrante de lista de candidatos a determinada vaga da composição de tribunal é parte legítima para impugnar a validade da nomeação de concorrente.

629. A impetração de mandado de segurança coletivo por entidade de classe em favor dos associados independe da autorização destes.

- Art. 21 da Lei nº 12.016, de 7-8-2009 (Lei do Mandado de Segurança Individual e Coletivo).

630. A entidade de classe tem legitimação para o mandado de segurança ainda quando a pretensão veiculada interesse apenas a uma parte da respectiva categoria.

- Art. 21 da Lei nº 12.016, de 7-8-2009 (Lei do Mandado de Segurança Individual e Coletivo).

631. Extingue-se o processo de mandado de segurança se o impetrante não promove, no prazo assinado, a citação do litisconsorte passivo necessário.

632. É constitucional lei que fixa o prazo de decadência para a impetração de mandado de segurança.

- Art. 23 da Lei nº 12.016, de 7-8-2009 (Lei do Mandado de Segurança Individual e Coletivo).

633. É incabível a condenação em verba honorária nos recursos extraordinários interpostos em processo trabalhista, exceto nas hipóteses previstas na Lei nº 5.584/1970.

634. Não compete ao Supremo Tribunal Federal conceder medida cautelar para dar efeito suspensivo a recurso extraordinário que ainda não foi objeto de juízo de admissibilidade na origem.

635. Cabe ao Presidente do Tribunal de origem decidir o pedido de medida cautelar em recurso extraordinário ainda pendente do seu juízo de admissibilidade.

636. Não cabe recurso extraordinário por contrariedade ao princípio constitucional da legalidade, quando a sua verificação pressuponha rever a interpretação dada a normas infraconstitucionais pela decisão recorrida.

637. Não cabe recurso extraordinário contra acórdão de Tribunal de Justiça que defere pedido de intervenção estadual em Município.

638. A controvérsia sobre a incidência, ou não, de correção monetária em operações de crédito rural é de natureza infraconstitucional, não viabilizando recurso extraordinário.

639. Aplica-se a Súmula nº 288 quando não constarem do traslado do agravo de instrumento as cópias das peças necessárias à verificação da tempestividade do recurso extraordinário não admitido pela decisão agravada.

640. É cabível recurso extraordinário contra decisão proferida por juiz de primeiro grau nas causas de alçada, ou por turma recursal de juizado especial cível e criminal.

641. Não se conta em dobro o prazo para recorrer, quando só um dos litisconsortes haja sucumbido.

642. Não cabe ação direta de inconstitucionalidade de lei do Distrito Federal derivada da sua competência legislativa municipal.

643. O Ministério Público tem legitimidade para promover ação civil pública cujo fundamento seja a ilegalidade de reajuste de mensalidades escolares.

644. Ao titular do cargo de procurador de autarquia não se exige a apresentação de instrumento de mandato para representá-la em juízo.

- Súmula retificada. *DJU* de 9-12-2003.

645. É competente o Município para fixar o horário de funcionamento de estabelecimento comercial.

646. Ofende o princípio da livre concorrência lei municipal que impede a instalação de estabelecimentos comerciais do mesmo ramo em determinada área.

647. Compete privativamente à União legislar sobre vencimentos dos membros das polícias civil e militar do Distrito Federal.

648. A norma do § 3º do art. 192 da Constituição, revogada pela EC nº 40/2003, que limitava a taxa de juros reais a 12% ao ano, tinha sua aplicabilidade condicionada à edição de lei complementar.

- Súm. Vinc. nº 7 do STF.

649. É inconstitucional a criação, por Constituição estadual, de órgão de controle administrativo do Poder Judiciário do qual participem representantes de outros Poderes ou entidades.

650. Os incisos I e XI do art. 20 da CF não alcançam terras de aldeamentos extintos, ainda que ocupadas por indígenas em passado remoto.

- Súmula retificada. *DJU* de 29-10-2003.

651. A medida provisória não apreciada pelo Congresso Nacional podia, até a EC nº 32/2001, ser reeditada dentro do seu prazo de eficácia de trinta dias, mantidos os efeitos de lei desde a primeira edição.

- Súmula retificada. *DJU* de 1º-7-2004.
- Convertida na Súm. Vinc. nº 54 do STF.

652. Não contraria a Constituição o art. 15, § 1º, do Decreto-Lei nº 3.365/1941 (Lei da Desapropriação por utilidade pública).

653. No Tribunal de Contas estadual, composto por sete conselheiros, quatro devem ser escolhidos pela Assembleia Legislativa e três pelo chefe do Poder Executivo estadual, cabendo a este indicar um dentre auditores e outro dentre membros do Ministério Público, e um terceiro à sua livre escolha.

- Art. 34, § 2º, do ADCT.

654. A garantia da irretroatividade da lei, prevista no art. 5º, XXXVI, da Constituição da República, não é invocável pela entidade estatal que a tenha editado.

655. A exceção prevista no art. 100, *caput*, da Constituição, em favor dos créditos de natureza alimentícia, não dispensa a expedição de precatório, limitando-se a isentá-los da observância da ordem cronológica dos precatórios decorrentes de condenações de outra natureza.

- Art. 100, § 1º, da CF.

656. É inconstitucional a lei que estabelece alíquotas progressivas para o Imposto de Transmissão *Inter Vivos* de Bens Imóveis – ITBI com base no valor venal do imóvel.

- Arts. 145, § 1º, e 156, II, da CF.
- Súmulas nºs 110, 326, 328 e 470 do STF.

657. A imunidade prevista no art. 150, VI, *d*, da CF abrange os filmes e papéis fotográficos necessários à publicação de jornais e periódicos.

658. São constitucionais os arts. 7º da Lei nº 7.787/1989 e 1º da Lei nº 7.894/1989 e da Lei nº 8.147/1990, que majoraram a alíquota de FINSOCIAL, quando devida a contribuição por empresas dedicadas exclusivamente à prestação de serviços.

659. É legítima a cobrança da COFINS, do PIS e do FINSOCIAL sobre as operações relativas a energia elétrica, serviços de telecomunicações, derivados de petróleo, combustíveis e minerais do País.

- Arts. 155, § 3º, e 195, *caput* e § 7º, da CF.

660. Não incide ICMS na importação de bens por pessoa física ou jurídica que não seja contribuinte do imposto.

- Súmula republicada. *DJU* de 28-3-2006.
- Art. 155, § 2º, IX, *a*, da CF.

661. Na entrada de mercadoria importada do exterior, é legítima a cobrança do ICMS por ocasião do desembaraço aduaneiro.

- Art. 155, § 2º, IX, *a*, da CF.

662. É legítima a incidência do ICMS na comercialização de exemplares de obras cinematográficas, gravados em fitas de videocassete.

- Art. 155, II, da CF.

663. Os §§ 1º e 3º do art. 9º do Decreto-Lei nº 406/1968 foram recebidos pela Constituição.

- Art. 34, § 5º, do ADCT.

664. É inconstitucional o inciso V do art. 1º da Lei nº 8.033/1990, que instituiu a incidência do Imposto nas Operações de Crédito, Câmbio e Seguros – IOF sobre saques efetuados em caderneta de poupança.

- A Res. do SF nº 28, de 29-11-2007 (*DOU* de 30-11-2007), suspendeu a execução do inciso V do art. 1º da Lei nº 8.033, de 12-4-1990.

665. É constitucional a Taxa de Fiscalização dos Mercados de Títulos e Valores Mobiliários instituída pela Lei nº 7.940/1989.

- Art. 145, II e § 2º, da CF.

666. A contribuição confederativa de que trata o art. 8º, IV, da Constituição, só é exigível dos filiados ao sindicato respectivo.

667. Viola a garantia constitucional de acesso à jurisdição a taxa judiciária calculada sem limite sobre o valor da causa.

- Arts. 5º, XXXVI, e 145, II, da CF.

668. É inconstitucional a lei municipal que tenha estabelecido, antes da Emenda Constitucional nº 29/2000, alíquotas progressivas para o IPTU, salvo se destinada a assegurar o cumprimento da função social da propriedade urbana.

- Arts. 145, § 1º, e 182, §§ 2º e 4º, da CF.
- Art. 7º da Lei nº 10.257, de 10-7-2001 (Estatuto da Cidade).

669. Norma legal que altera o prazo de recolhimento da obrigação tributária não se sujeita ao princípio da anterioridade.

- Art. 150, III, *b*, da CF.

670. O serviço de iluminação pública não pode ser remunerado mediante taxa.

- Arts. 145, II, e 149-A da CF.

671. Os servidores públicos e os trabalhadores em geral têm direito, no que concerne à URP de abril/maio de 1988, apenas ao valor correspondente a 7/30 de 16,19% sobre os vencimentos e salários pertinentes aos meses de abril e maio de 1988, não cumulativamente, devidamente corrigido até o efetivo pagamento.

672. O reajuste de 28,86%, concedido aos servidores militares pelas Leis nºs 8.622/1993 e 8.627/1993, estende-se aos servidores civis do Poder Executivo, observadas as eventuais compensações decorrentes dos reajustes diferenciados concedidos pelos mesmos diplomas legais.

- Súmula retificada. *DJU* de 1º-6-2004.

673. O art. 125, § 4º, da Constituição, não impede a perda da graduação de militar mediante procedimento administrativo.

674. A anistia prevista no art. 8º do ADCT não alcança os militares expulsos com base em legislação disciplinar ordinária, ainda que em razão de atos praticados por motivação política.

675. Intervalos fixados para descanso e alimentação durante a jornada de seis horas não descaracterizam o sistema de turnos ininterruptos de revezamento para o efeito do art. 7º, XIV, da Constituição.

676. A garantia da estabilidade provisória prevista no art. 10, II, *a*, do ADCT, também se aplica ao suplente do cargo de direção de Comissões Internas de Prevenção de Acidentes (CIPA).

677. Até que lei venha a dispor a respeito, incumbe ao Ministério do Trabalho proceder ao registro das entidades sindicais e zelar pela observância do princípio da unicidade.

678. São inconstitucionais os incisos I e III do art. 7º da Lei nº 8.162/1991, que afastam, para efeito de anuênio e de licença-prêmio, a contagem do tempo de serviço regido pela CLT dos servidores que passaram a submeter-se ao regime jurídico único.

679. A fixação de vencimentos dos servidores públicos não pode ser objeto de convenção coletiva.

680. O direito ao auxílio-alimentação não se estende aos servidores inativos.

- Convertida na Súm. Vinc. nº 55 do STF.

681. É inconstitucional a vinculação do reajuste de vencimentos de servidores estaduais ou municipais a índices federais de correção monetária.

682. Não ofende a Constituição a correção monetária no pagamento com atraso dos vencimentos de servidores públicos.

683. O limite de idade para a inscrição em concurso público só se legitima em face do art. 7º, XXX, da Constituição, quando possa ser justificado pela natureza das atribuições do cargo a ser preenchido.

684. É inconstitucional o veto não motivado à participação de candidato a concurso público.

685. É inconstitucional toda modalidade de provimento que propicie ao servidor investir-se, sem prévia aprovação em concurso público destinado ao seu provimento, em cargo que não integra a carreira na qual anteriormente investido.

686. Só por lei se pode sujeitar a exame psicotécnico a habilitação de candidato a cargo público.

687. A revisão de que trata o art. 58 do ADCT não se aplica aos benefícios previdenciários concedidos após a promulgação da Constituição de 1988.

688. É legítima a incidência da contribuição previdenciária sobre o 13º salário.

689. O segurado pode ajuizar ação contra a instituição previdenciária perante o juízo federal do seu domicílio ou nas varas federais da Capital do Estado-Membro.

690. Compete originariamente ao Supremo Tribunal Federal o julgamento de *habeas corpus* contra decisão de Turma Recursal de Juizados Especiais Criminais.

- O Tribunal Pleno, no julgamento do HC nº 86.834-7/SP (*DJU* de 9-3-2007), decidiu que não mais prevalece essa súmula.

691. Não compete ao Supremo Tribunal Federal conhecer de *habeas corpus* impetrado contra decisão do Relator que, em *habeas corpus* requerido a tribunal superior, indefere a liminar.

692. Não se conhece de *habeas corpus* contra omissão de relator de extradição, se fundado em fato ou direito estrangeiro cuja prova não constava dos autos, nem foi ele provocado a respeito.

693. Não cabe *habeas corpus* contra decisão condenatória a pena de multa, ou relativo a processo em curso por infração penal a que a pena pecuniária seja a única cominada.

694. Não cabe *habeas corpus* contra a imposição da pena de exclusão de militar ou de perda de patente ou de função pública.

695. Não cabe *habeas corpus* quando já extinta a pena privativa de liberdade.

696. Reunidos os pressupostos legais permissivos da suspensão condicional do processo, mas se recusando o Promotor de Justiça a propô-la, o Juiz, dissentindo, remeterá a questão ao Procurador-Geral, aplicando-se por analogia o art. 28 do Código de Processo Penal.

697. A proibição de liberdade provisória nos processos por crimes hediondos não veda o relaxamento da prisão processual por excesso de prazo.

- Súmula editada antes da Lei nº 11.464, de 28-3-2007, que alterou o art. 2º, II, da Lei nº 8.072, de 25-7-1990 (Lei Crimes Hediondos).

698. Não se estende aos demais crimes hediondos a admissibilidade de progressão no regime de execução da pena aplicada ao crime de tortura.

- Súmula editada antes da Lei nº 11.464, de 28-3-2007, que alterou o art. 2º, II, da Lei nº 8.072, de 25-7-1990 (Lei Crimes Hediondos).

699. O prazo para interposição de agravo, em processo penal, é de cinco dias, de acordo com a Lei nº 8.038/1990, não se aplicando o disposto a respeito nas alterações da Lei nº 8.950/1994 ao Código de Processo Civil.

- Refere-se ao CPC/1973.

700. É de cinco dias o prazo para interposição de agravo contra decisão do juiz da execução penal.

701. No mandado de segurança impetrado pelo Ministério Público contra decisão proferida em processo penal, é obrigatória a citação do réu como litisconsorte passivo.

702. A competência do Tribunal de Justiça para julgar prefeitos restringe-se aos crimes de competência da Justiça comum estadual; nos demais casos, a competência originária caberá ao respectivo tribunal de segundo grau.

703. A extinção do mandato do prefeito não impede a instauração de processo pela prática dos crimes previstos no art. 1º do Decreto-Lei nº 201/1967.

704. Não viola as garantias do juiz natural, da ampla defesa e do devido processo legal a atração por continência ou conexão do processo do corréu ao foro por prerrogativa de função de um dos denunciados.

705. A renúncia do réu ao direito de apelação, manifestada sem a assistência do defensor, não impede o conhecimento da apelação por este interposta.

706. É relativa a nulidade decorrente da inobservância da competência penal por prevenção.

707. Constitui nulidade a falta de intimação do denunciado para oferecer contrarrazões ao recurso interposto da rejeição da denúncia, não a suprindo a nomeação de defensor dativo.

708. É nulo o julgamento da apelação se, após a manifestação nos autos da renúncia do único defensor, o réu não foi previamente intimado para constituir outro.

709. Salvo quando nula a decisão de primeiro grau, o acórdão que provê o recurso contra a rejeição da denúncia vale, desde logo, pelo recebimento dela.

710. No processo penal, contam-se os prazos da data da intimação, e não da juntada aos autos do mandado ou da carta precatória ou de ordem.

711. A lei penal mais grave aplica-se ao crime continuado ou ao crime permanente, se a sua vigência é anterior à cessação da continuidade ou permanência.

712. É nula a decisão que determina o desaforamento de processo da competência do júri sem audiência da defesa.

713. O efeito devolutivo da apelação contra decisões do júri é adstrito aos fundamentos da sua interposição.

714. É concorrente a legitimidade do ofendido, mediante queixa, e do Ministério Público, condicionada à representação do ofendido, para a ação penal por crime contra a honra de servidor público em razão do exercício de suas funções.

715. A pena unificada para atender ao limite de trinta anos de cumprimento, determinado pelo art. 75 do Código Penal, não é considerada para a concessão de outros benefícios, como o livramento condicional ou regime mais favorável de execução.

716. Admite-se a progressão de regime de cumprimento da pena ou a aplicação imediata de regime menos severo nela determinada, antes do trânsito em julgado da sentença condenatória.

717. Não impede a progressão de regime de execução da pena, fixada em sentença não transitada em julgado, o fato de o réu se encontrar em prisão especial.

718. A opinião do julgador sobre a gravidade em abstrato do crime não constitui motivação idônea para a imposição de regime mais severo do que o permitido segundo a pena aplicada.

719. A imposição do regime de cumprimento mais severo do que a pena aplicada permitir exige motivação idônea.

720. O art. 309 do Código de Trânsito Brasileiro, que reclama decorra do fato perigo de dano, derrogou o art. 32

da Lei das Contravenções Penais no tocante à direção sem habilitação em vias terrestres.

721. A competência constitucional do Tribunal do Júri prevalece sobre o foro por prerrogativa de função estabelecido exclusivamente pela Constituição estadual.

722. São da competência legislativa da União a definição dos crimes de responsabilidade e o estabelecimento das respectivas normas de processo e julgamento.

723. Não se admite a suspensão condicional do processo por crime continuado, se a soma da pena mínima da infração mais grave com o aumento mínimo de um sexto for superior a um ano.

724. Ainda quando alugado a terceiros, permanece imune ao IPTU o imóvel pertencente a qualquer das entidades referidas pelo art. 150, VI, *c*, da Constituição, desde que o valor dos aluguéis seja aplicado nas atividades essenciais de tais entidades.

- Art. 150, § 4º, da CF.

725. É constitucional o § 2º do art. 6º da Lei nº 8.024/1990, resultante da conversão da Medida Provisória nº 168/1990, que fixou o BTN fiscal como índice de correção monetária aplicável aos depósitos bloqueados pelo Plano Collor I.

726. Para efeito de aposentadoria especial de professores, não se computa o tempo de serviço prestado fora da sala de aula.

727. Não pode o magistrado deixar de encaminhar ao Supremo Tribunal Federal o agravo de instrumento interposto da decisão que não admite recurso extraordinário, ainda que referente a causa instaurada no âmbito dos Juizados Especiais.

728. É de três dias o prazo para a interposição de recurso extraordinário contra decisão do Tribunal Superior Eleitoral, contado, quando for o caso, a partir da publicação do acórdão, na própria sessão de julgamento, nos termos do art. 12 da Lei nº 6.055/1974, que não foi revogado pela Lei nº 8.950/1994.

729. A decisão na ADECON nº 4 não se aplica à antecipação de tutela em causa de natureza previdenciária.

730. A imunidade tributária conferida a instituições de assistência social sem fins lucrativos pelo art. 150, VI, *c*, da Constituição, somente alcança as entidades fechadas de previdência social privada se não houver contribuição dos beneficiários.

731. Para fim da competência originária do Supremo Tribunal Federal, é de interesse geral da magistratura a questão de saber se, em face da LOMAN, os juízes têm direito à licença-prêmio.

732. É constitucional a cobrança da contribuição do salário-educação, seja sob a Carta de 1969, seja sob a Constituição Federal de 1988, e no regime da Lei nº 9.424/1996.

733. Não cabe recurso extraordinário contra decisão proferida no processamento de precatórios.

- Art. 100, § 2º, da CF.

734. Não cabe reclamação quando já houver transitado em julgado o ato judicial que se alega tenha desrespeitado decisão do Supremo Tribunal Federal.

735. Não cabe recurso extraordinário contra acórdão que defere medida liminar.

736. Compete à Justiça do Trabalho julgar as ações que tenham como causa de pedir o descumprimento de normas trabalhistas relativas à segurança, higiene e saúde dos trabalhadores.

SÚMULAS DO SUPERIOR TRIBUNAL DE JUSTIÇA

1. O foro do domicílio ou da residência do alimentando é o competente para a ação de investigação de paternidade, quando cumulada com a de alimentos.

2. Não cabe *habeas data* (Constituição Federal, artigo 5º, LXXII, *a*) se não houve recusa de informações por parte da autoridade administrativa.

3. Compete ao Tribunal Regional Federal dirimir conflito de competência verificado, na respectiva região, entre Juiz Federal e Juiz Estadual investido de jurisdição federal.

- Art. 108, I, *e*, da CF.

4. Compete à Justiça Estadual julgar causa decorrente do processo eleitoral sindical.

5. A simples interpretação de cláusula contratual não enseja recurso especial.

6. Compete à Justiça Comum Estadual processar e julgar delito decorrente de acidente de trânsito envolvendo viatura de Polícia Militar, salvo se autor e vítima forem policiais militares em situação de atividade.

7. A pretensão de simples reexame de prova não enseja recurso especial.

8. Aplica-se a correção monetária aos créditos habilitados em concordata preventiva, salvo durante o período compreendido entre as datas de vigência da Lei nº 7.274, de 10-12-1984, e do Decreto-Lei nº 2.283, de 27-2-1986.

- Lei nº 11.101, de 9-2-2005 (Lei de Recuperação de Empresas e Falências).

9. A exigência da prisão provisória, para apelar, não ofende a garantia constitucional da presunção de inocência.

10. Instalada a Junta de Conciliação e Julgamento, cessa a competência do Juiz de Direito em matéria trabalhista, inclusive para a execução das sentenças por ele proferidas.

- EC nº 24, de 9-12-1999, extinguiu a representação pelos juízes classistas na Justiça do Trabalho e substituiu as Juntas de Conciliação e Julgamento por Varas do Trabalho.

11. A presença da União ou de qualquer de seus entes, na ação de usucapião especial, não afasta a competência do foro da situação do imóvel.

12. Em desapropriação, são cumuláveis juros compensatórios e moratórios.

13. A divergência entre julgados do mesmo Tribunal não enseja recurso especial.

14. Arbitrados os honorários advocatícios em percentual sobre o valor da causa, a correção monetária incide a partir do respectivo ajuizamento.

15. Compete à Justiça Estadual processar e julgar os litígios decorrentes de acidente do trabalho.

16. A legislação ordinária sobre crédito rural não veda a incidência da correção monetária.

17. Quando o falso se exaure no estelionato, sem mais potencialidade lesiva, é por este absorvido.

18. A sentença concessiva do perdão judicial é declaratória da extinção da punibilidade, não subsistindo qualquer efeito condenatório.

19. A fixação do horário bancário, para atendimento ao público, é da competência da União.

- Art. 4º, VIII, da Lei nº 4.595, de 31-12-1964 (Lei do Sistema Financeiro Nacional).

20. A mercadoria importada de país signatário do GATT é isenta do ICM, quando contemplado com esse favor o similar nacional.

- Art. 98 do CTN.

21. Pronunciado o réu, fica superada a alegação do constrangimento ilegal da prisão por excesso de prazo na instrução.

22. Não há conflito de competência entre o Tribunal de Justiça e Tribunal de Alçada do mesmo Estado-Membro.

23. O Banco Central do Brasil é parte legítima nas ações fundadas na Res. nº 1.154/1986.

24. Aplica-se ao crime de estelionato, em que figure como vítima entidade autárquica da Previdência Social, a qualificadora do § 3º do artigo 171 do Código Penal.

25. Nas ações da Lei de Falências o prazo para a interposição de recurso conta-se da intimação da parte.

26. O avalista do título de crédito vinculado a contrato de mútuo também responde pelas obrigações pactuadas, quando no contrato figurar como devedor solidário.

27. Pode a execução fundar-se em mais de um título extrajudicial relativos ao mesmo negócio.

28. O contrato de alienação fiduciária em garantia pode ter por objeto bem que já integrava o patrimônio do devedor.

29. No pagamento em juízo para elidir falência, são devidos correção monetária, juros e honorários de advogado.

- Art. 98, par. ún., da Lei nº 11.101, de 9-2-2005 (Lei de Recuperação de Empresas e Falências).

30. A comissão de permanência e a correção monetária são inacumuláveis.

- Súm. nº 472 do STJ.

31. A aquisição, pelo segurado, de mais de um imóvel financiado pelo Sistema Financeiro da Habitação, situados na mesma localidade, não exime a seguradora da obrigação de pagamento dos seguros.

32. Compete à Justiça Federal processar justificações judiciais destinadas a instruir pedidos perante entidades que nela têm exclusividade de foro, ressalvada a aplicação do artigo 15, II, da Lei nº 5.010/1966.

33. A incompetência relativa não pode ser declarada de ofício.

34. Compete à Justiça Estadual processar e julgar causa relativa a mensalidade escolar, cobrada por estabelecimento particular de ensino.

35. Incide correção monetária sobre as prestações pagas, quando de sua restituição, em virtude da retirada ou exclusão do participante de plano de consórcio.

36. A correção monetária integra o valor da restituição, em caso de adiantamento de câmbio, requerida em concordata ou falência.

- Lei nº 11.101, de 9-2-2005 (Lei de Recuperação de Empresas e Falências).

37. São cumuláveis as indenizações por dano material e dano moral oriundos do mesmo fato.

38. Compete à Justiça Estadual Comum, na vigência da Constituição de 1988, o processo por contravenção penal, ainda que praticada em detrimento de bens, serviços ou interesse da União ou de suas entidades.

39. Prescreve em vinte anos a ação para haver indenização, por responsabilidade civil, de sociedade de economia mista.

40. Para obtenção dos benefícios de saída temporária e trabalho externo, considera-se o tempo de cumprimento da pena no regime fechado.

41. O Superior Tribunal de Justiça não tem competência para processar e julgar, originariamente, mandado de segurança contra ato de outros tribunais ou dos respectivos órgãos.

42. Compete à Justiça Comum Estadual processar e julgar as causas cíveis em que é parte sociedade de economia mista e os crimes praticados em seu detrimento.

- Art. 109, I e IV, da CF.
- Súmulas nºs 251, 508, 517 e 556 do STF.

43. Incide correção monetária sobre dívida por ato ilícito a partir da data do efetivo prejuízo.

44. A definição, em ato regulamentar, de grau mínimo de disacusia, não exclui, por si só, a concessão do benefício previdenciário.

45. No reexame necessário, é defeso, ao Tribunal, agravar a condenação imposta à Fazenda Pública.

46. Na execução por carta, os embargos do devedor serão decididos no juízo deprecante, salvo se versarem unicamente vícios ou defeitos da penhora, avaliação ou alienação dos bens.

- Art. 20 da Lei nº 6.830, de 22-9-1980 (Lei das Execuções Fiscais).

47. Compete à Justiça Militar processar e julgar crime cometido por militar contra civil, com emprego de arma pertencente à corporação, mesmo não estando em serviço.

48. Compete ao juízo do local da obtenção da vantagem ilícita processar e julgar crimes de estelionato cometido mediante falsificação de cheque.

49. Na exportação de café em grão, não se inclui na base de cálculo do ICM a quota de contribuição, a que se refere o artigo 2º do Decreto-Lei nº 2.295, de 21-11-1986.

- Art. 155, § 2º, X, *a*, da CF.

50. O Adicional de Tarifa Portuária incide apenas nas operações realizadas com mercadorias importadas ou exportadas, objeto do comércio de navegação de longo curso.

51. A punição do intermediador, no jogo do bicho, independe da identificação do "apostador" ou do "banqueiro".

52. Encerrada a instrução criminal, fica superada a alegação de constrangimento por excesso de prazo.

53. Compete à Justiça Comum Estadual processar e julgar civil acusado de prática de crime contra instituições militares estaduais.

54. Os juros moratórios fluem a partir do evento danoso, em caso de responsabilidade extracontratual.

55. Tribunal Regional Federal não é competente para julgar recurso de decisão proferida por juiz estadual não investido de jurisdição federal.

- Art. 108, II, da CF.

56. Na desapropriação para instituir servidão administrativa são devidos os juros compensatórios pela limitação de uso da propriedade.

57. Compete à Justiça Comum Estadual processar e julgar ação de cumprimento fundada em acordo ou convenção coletiva não homologados pela Justiça do Trabalho.

58. Proposta a execução fiscal, a posterior mudança de domicílio do executado não desloca a competência já fixada.

59. Não há conflito de competência se já existe sentença com trânsito em julgado, proferida por um dos juízos conflitantes.

60. É nula a obrigação cambial assumida por procurador do mutuário vinculado ao mutuante, no exclusivo interesse deste.

61. *Cancelada. DJe* de 7-5-2018.

62. Compete à Justiça Estadual processar e julgar o crime de falsa anotação na Carteira de Trabalho e Previdência Social, atribuído à empresa privada.

63. São devidos direitos autorais pela retransmissão radiofônica de músicas em estabelecimentos comerciais.

64. Não constitui constrangimento ilegal o excesso de prazo na instrução, provocado pela defesa.

65. O cancelamento, previsto no artigo 29 do Decreto-Lei nº 2.303, de 21-11-1986, não alcança os débitos previdenciários.

66. Compete à Justiça Federal processar e julgar execução fiscal promovida por Conselho de Fiscalização profissional.

- Art. 109, I, da CF.

67. Na desapropriação, cabe a atualização monetária, ainda que por mais de uma vez, independente do decurso de prazo superior a um ano entre o cálculo e o efetivo pagamento da indenização.

- Súm. nº 561 do STF.

68. *Cancelada. DJe* de 3-4-2019.

69. Na desapropriação direta, os juros compensatórios são devidos desde a antecipada imissão na posse e, na desapropriação indireta, a partir da efetiva ocupação do imóvel.

70. Os juros moratórios, na desapropriação direta ou indireta, contam-se desde o trânsito em julgado da sentença.

71. O bacalhau importado de país signatário do GATT é isento do ICM.

72. A comprovação da mora é imprescindível à busca e apreensão do bem alienado fiduciariamente.

73. A utilização de papel-moeda grosseiramente falsificado configura, em tese, o crime de estelionato, da competência da Justiça Estadual.

74. Para efeitos penais, o reconhecimento da menoridade do réu requer prova por documento hábil.

75. Compete à Justiça Comum Estadual processar e julgar o policial militar por crime de promover ou facilitar a fuga de preso de estabelecimento penal.

76. A falta de registro de compromisso de compra e venda de imóvel não dispensa a prévia interpelação para constituir em mora o devedor.

77. A Caixa Econômica Federal é parte ilegítima para figurar no polo passivo das ações relativas às contribuições para o fundo PIS/PASEP.

78. Compete à Justiça Militar processar e julgar policial de corporação estadual, ainda que o delito tenha sido praticado em outra unidade federativa.

79. Os bancos comerciais não estão sujeitos a registro nos Conselhos Regionais de Economia.

80. A Taxa de Melhoramento dos Portos não se inclui na base de cálculo do ICM.

81. Não se concede fiança quando, em concurso material, a soma das penas mínimas cominadas for superior a dois anos de reclusão.

82. Compete à Justiça Federal, excluídas as reclamações trabalhistas, processar e julgar os feitos relativos a movimentação do FGTS.

83. Não se conhece do recurso especial pela divergência, quando a orientação do Tribunal se firmou no mesmo sentido da decisão recorrida.

84. É admissível a oposição de embargos de terceiro fundados em alegação de posse advinda do compromisso de compra e venda de imóvel, ainda que desprovido do registro.

85. Nas relações jurídicas de trato sucessivo em que a Fazenda Pública figure como devedora, quando não tiver sido negado o próprio direito reclamado, a prescrição atinge apenas as prestações vencidas antes do quinquênio anterior à propositura da ação.

86. Cabe recurso especial contra acórdão proferido no julgamento de agravo de instrumento.

87. A isenção do ICMS relativa às rações balanceadas para animais abrange o concentrado e o suplemento.

88. São admissíveis embargos infringentes em processo falimentar.

89. A ação acidentária prescinde de exaurimento da via administrativa.

90. Compete à Justiça Estadual Militar processar e julgar o policial militar pela prática do crime militar, e à Comum pela prática do crime comum simultâneo àquele.

91. *Cancelada. DJU* de 23-11-2000.

92. A terceiro de boa-fé não é oponível a alienação fiduciária não anotada no Certificado de Registro do veículo automotor.

93. A legislação sobre cédulas de crédito rural, comercial e industrial admite o pacto de capitalização de juros.

94. *Cancelada. DJe* de 3-4-2019.

95. A redução da alíquota do Imposto sobre Produtos Industrializados ou do Imposto de Importação não implica redução do ICMS.

96. O crime de extorsão consuma-se independentemente da obtenção da vantagem indevida.

97. Compete à Justiça do Trabalho processar e julgar reclamação de servidor público relativamente a vantagens trabalhistas anteriores à instituição do regime jurídico único.

98. Embargos de declaração manifestados com notório propósito de prequestionamento não têm caráter protelatório.

99. O Ministério Público tem legitimidade para recorrer no processo em que oficiou como fiscal da lei, ainda que não haja recurso da parte.

100. É devido o Adicional ao Frete para Renovação da Marinha Mercante na importação sob o regime de Benefícios Fiscais à Exportação (BEFIEX).

101. A ação de indenização do segurado em grupo contra a seguradora prescreve em um ano.

102. A incidência dos juros moratórios sobre os compensatórios, nas ações expropriatórias, não constitui anatocismo vedado em lei.

103. Incluem-se entre os imóveis funcionais que podem ser vendidos os administrados pelas Forças Armadas e ocupados pelos servidores civis.

104. Compete à Justiça Estadual o processo e julgamento dos crimes de falsificação e uso de documento falso relativo a estabelecimento particular de ensino.

105. Na ação de mandado de segurança não se admite condenação em honorários advocatícios.

106. Proposta a ação no prazo fixado para o seu exercício, a demora na citação, por motivos inerentes ao mecanismo da Justiça, não justifica o acolhimento da arguição de prescrição ou decadência.

107. Compete à Justiça Comum Estadual processar e julgar crime de estelionato praticado mediante falsificação das guias de recolhimento das contribuições previdenciárias, quando não ocorrente lesão à autarquia federal.

108. A aplicação de medidas socioeducativas ao adolescente, pela prática de ato infracional, é de competência exclusiva do juiz.

109. O reconhecimento do direito a indenização, por falta de mercadoria transportada via marítima, independe de vistoria.

110. A isenção do pagamento de honorários advocatícios, nas ações acidentárias, é restrita ao segurado.

111. Os honorários advocatícios, nas ações previdenciárias, não incidem sobre as prestações vencidas após a sentença.

- Súmula com redação alterada. *DJU* de 4-10-2006.

112. O depósito somente suspende a exigibilidade do crédito tributário se for integral e em dinheiro.

- Art. 151, II, do CTN.
- Súm. Vinc. nº 28 do STF.

113. Os juros compensatórios, na desapropriação direta, incidem a partir da imissão na posse, calculados sobre o valor da indenização, corrigido monetariamente.

114. Os juros compensatórios, na desapropriação indireta, incidem a partir da ocupação, calculados sobre o valor da indenização, corrigido monetariamente.

115. Na instância especial é inexistente recurso interposto por advogado sem procuração nos autos.

116. A Fazenda Pública e o Ministério Público têm o prazo em dobro para interpor agravo regimental no Superior Tribunal de Justiça.

117. A inobservância do prazo de quarenta e oito horas, entre a publicação de pauta e o julgamento sem a presença das partes, acarreta nulidade.

118. O agravo de instrumento é o recurso cabível da decisão que homologa a atualização do cálculo da liquidação.

119. A ação de desapropriação indireta prescreve em vinte anos.

120. O oficial de farmácia, inscrito no Conselho Regional de Farmácia, pode ser responsável técnico por drogaria.

121. Na execução fiscal o devedor deverá ser intimado, pessoalmente, do dia e hora da realização do leilão.

122. Compete à Justiça Federal o processo e julgamento unificado dos crimes conexos de competência federal e estadual, não se aplicando a regra do art. 78, II, *a*, do Código de Processo Penal.

123. A decisão que admite, ou não, o recurso especial deve ser fundamentada, com o exame dos seus pressupostos gerais e constitucionais.

- Arts. 93, IX, e 105, III, *a* a *c*, da CF.
- Art. 27, § 1º, da Lei nº 8.038, de 28-5-1990, que institui normas procedimentais para os processos que especifica, perante o STJ e o STF.

124. A Taxa de Melhoramento dos Portos tem base de cálculo diversa do Imposto de Importação, sendo legítima a sua cobrança sobre a importação de mercadorias de países signatários do GATT, da ALALC ou ALADI.

125. O pagamento de férias não gozadas por necessidade do serviço não está sujeito à incidência do Imposto de Renda.

- Art. 153, III, da CF.

126. É inadmissível recurso especial, quando o acórdão recorrido assenta em fundamentos constitucional e infraconstitucional, qualquer deles suficiente, por si só, para mantê-lo, e a parte vencida não manifesta recurso extraordinário.

127. É ilegal condicionar a renovação da licença de veículo ao pagamento de multa, da qual o infrator não foi notificado.

128. Na execução fiscal haverá segundo leilão, se o primeiro não houver lanço superior à avaliação.

129. O exportador adquire o direito de transferência de crédito do ICMS quando realiza a exportação do produto e não ao estocar a matéria-prima.

130. A empresa responde, perante o cliente, pela reparação de dano ou furto de veículo ocorridos em seu estacionamento.

131. Nas ações de desapropriação incluem-se no cálculo da verba advocatícia as parcelas relativas aos juros compensatórios e moratórios, devidamente corrigidos.

132. A ausência de registro da transferência não implica a responsabilidade do antigo proprietário por dano resultante de acidente que envolva o veículo alienado.

133. A restituição da importância adiantada, à conta de contrato de câmbio, independe de ter sido a antecipação efetuada nos quinze dias anteriores ao requerimento da concordata.

134. Embora intimado de penhora em imóvel do casal, o cônjuge do executado pode opor embargos de terceiro para defesa de sua meação.

135. O ICMS não incide na gravação e distribuição de filmes e videoteipes.

- Súm. nº 662 do STF.

136. O pagamento de licença-prêmio não gozada por necessidade do serviço não está sujeito ao Imposto de Renda.

137. Compete à Justiça Comum Estadual processar e julgar ação de servidor público municipal, pleiteando direitos relativos a vínculo estatutário.

138. O ISS incide na operação de arrendamento mercantil de coisas móveis.

- Súm. Vinc. nº 31 do STF.

139. Cabe à Procuradoria da Fazenda Nacional propor execução fiscal para cobrança de crédito relativo ao ITR.

140. Compete à Justiça Comum Estadual processar e julgar crime em que o indígena figure autor ou vítima.

141. Os honorários de advogado em desapropriação direta são calculados sobre a diferença entre a indenização e a oferta, corrigidos monetariamente.

142. *Cancelada.* AR nº 512/DF (*DJU* de 19-2-2001).

143. Prescreve em cinco anos a ação de perdas e danos pelo uso de marca comercial.

144. Os créditos de natureza alimentícia gozam de preferência, desvinculados os precatórios da ordem cronológica dos créditos de natureza diversa.

145. No transporte desinteressado, de simples cortesia, o transportador só será civilmente responsável por danos causados ao transportado quando incorrer em dolo ou culpa grave.

146. O segurado, vítima de novo infortúnio, faz jus a um único benefício, somado ao salário de contribuição vigente no dia do acidente.

147. Compete à Justiça Federal processar e julgar os crimes praticados contra funcionário público federal, quando relacionados com o exercício da função.

148. Os débitos relativos a benefício previdenciário, vencidos e cobrados em juízo após a vigência da Lei nº 6.899/1981, devem ser corrigidos monetariamente na forma prevista nesse diploma legal.

149. A prova exclusivamente testemunhal não basta à comprovação da atividade rurícola, para efeito da obtenção de benefício previdenciário.

150. Compete à Justiça Federal decidir sobre a existência de interesse jurídico, que justifique a presença, no processo, da União, suas autarquias ou empresas públicas.

- Art. 109 da CF.
- Súm. nº 254 do STJ.

151. A competência para o processo e julgamento por crime de contrabando ou descaminho define-se pela prevenção do Juízo Federal do lugar da apreensão dos bens.

152. *Cancelada.* REsp. nº 73.552/RJ, de 13-6-2007 (*DJU* de 25-6-2007).

153. A desistência da execução fiscal, após o oferecimento dos embargos, não exime o exequente dos encargos da sucumbência.

154. Os optantes pelo FGTS, nos termos da Lei nº 5.958, de 1973, têm direito à taxa progressiva de juros, na forma do artigo 4º da Lei nº 5.107, de 1966.

- Súmulas nºs 210 e 398 do STJ.

155. O ICMS incide na importação de aeronave, por pessoa física, para uso próprio.

156. A prestação de serviço de composição gráfica, personalizada e sob encomenda, ainda que envolva fornecimento de mercadorias, está sujeita, apenas, ao ISS.

157. *Cancelada.* REsp. nº 261.571/SP, de 24-4-2002 (*DJU* de 7-5-2002).

158. Não se presta a justificar embargos de divergência o dissídio com acórdão de Turma ou Seção que não mais tenha competência para a matéria neles versada.

159. O benefício acidentário, no caso de contribuinte que perceba remuneração variável, deve ser calculado com base na média aritmética dos últimos doze meses de contribuição.

160. É defeso, ao município, atualizar o IPTU, mediante decreto, em percentual superior ao índice oficial de correção monetária.

- Arts. 33 e 97, §§ 1º e 2º, do CTN.

161. É da competência da Justiça Estadual autorizar o levantamento dos valores relativos ao PIS/PASEP e FGTS, em decorrência do falecimento do titular da conta.

162. Na repetição de indébito tributário, a correção monetária incide a partir do pagamento indevido.

- Arts. 165 e 167, par. ún., do CTN.

163. O fornecimento de mercadorias com a simultânea prestação de serviços em bares, restaurantes e estabelecimentos similares constitui fato gerador do ICMS a incidir sobre o valor total da operação.

- Art. 155, § 2º, IX, *b*, da CF.

164. O prefeito municipal, após a extinção do mandato, continua sujeito a processo por crime previsto no artigo 1º do Decreto-Lei nº 201, de 27-2-1967.

165. Compete à Justiça Federal processar e julgar crime de falso testemunho cometido no processo trabalhista.

166. Não constitui fato gerador do ICMS o simples deslocamento de mercadoria de um para outro estabelecimento do mesmo contribuinte.

- Art. 155, II, da CF.

167. O fornecimento de concreto, por empreitada, para construção civil, preparado no trajeto até a obra em betoneiras acopladas a caminhões, é prestação de serviço, sujeitando-se apenas à incidência do ISS.

168. Não cabem embargos de divergência, quando a jurisprudência do Tribunal se firmou no mesmo sentido do acórdão embargado.

169. São inadmissíveis embargos infringentes no processo de mandado de segurança.

170. Compete ao juízo onde primeiro for intentada a ação envolvendo acumulação de pedidos, trabalhista e estatuário, decidi-la nos limites da sua jurisdição, sem prejuízo do ajuizamento de nova causa, com o pedido remanescente, no juízo próprio.

171. Cominadas cumulativamente, em Lei especial, penas privativa de liberdade e pecuniária, é defeso a substituição da prisão por multa.

172. Compete à Justiça Comum processar e julgar militar por crime de abuso de autoridade, ainda que praticado em serviço.

173. Compete à Justiça Federal processar e julgar o pedido de reintegração em cargo público federal, ainda que o servidor tenha sido dispensado antes da instituição do Regime Jurídico Único.

174. *Cancelada.* REsp. nº 213.054/SP, de 24-10-2001 (*DJU* de 6-11-2001).

175. Descabe o depósito prévio nas ações rescisórias propostas pelo INSS.

176. É nula a cláusula contratual que sujeita o devedor à taxa de juros divulgada pela ANBID/CETIP.

177. O Superior Tribunal de Justiça é incompetente para processar e julgar, originariamente, mandado de segurança contra ato de órgão colegiado presidido por Ministro de Estado.

- Art. 105, I, *b*, da CF.

178. O INSS não goza de isenção do pagamento de custas e emolumentos, nas ações acidentárias e de benefícios propostas na Justiça Estadual.

- Art. 24, IV, da CF.

179. O estabelecimento de crédito que recebe dinheiro, em depósito judicial, responde pelo pagamento da correção monetária relativa aos valores recolhidos.

180. Na lide trabalhista, compete ao Tribunal Regional do Trabalho dirimir conflito de competência verificado, na respectiva região, entre Juiz Estadual e Junta de Conciliação e Julgamento.

- A EC nº 24, de 9-12-1999, extinguiu a representação pelos juízes classistas na Justiça do Trabalho e substituiu as Juntas de Conciliação e Julgamento por Varas do Trabalho.

181. É admissível ação declaratória, visando obter certeza quanto à exata interpretação de cláusula contratual.

182. É inviável o agravo do artigo 545 do Código de Processo Civil que deixa de atacar especificamente os fundamentos da decisão agravada.

183. *Cancelada.* EDecl. no Confl. de Comp. nº 27.676/BA, de 8-11-2000 (*DJU* de 24-11-2000).

184. A microempresa de representação comercial é isenta do Imposto de Renda.

185. Nos depósitos judiciais, não incide o Imposto sobre Operações Financeiras.

- Art. 97, I, do CTN.

186. Nas indenizações por ato ilícito, os juros compostos somente são devidos por aquele que praticou o crime.

187. É deserto o recurso interposto para o Superior Tribunal de Justiça, quando o recorrente não recolhe, na origem, a importância das despesas de remessa e retorno dos autos.

188. Os juros moratórios, na repetição do indébito tributário, são devidos a partir do trânsito em julgado da sentença.

- Art. 167, par. ún., do CTN.

189. É desnecessária a intervenção do Ministério Público nas execuções fiscais.

190. Na execução fiscal, processada perante a Justiça Estadual, cumpre à Fazenda Pública antecipar o numerário destinado ao custeio das despesas com o transporte dos oficiais de justiça.

191. A pronúncia é causa interruptiva da prescrição, ainda que o Tribunal do Júri venha a desclassificar o crime.

192. Compete ao Juízo das Execuções Penais do Estado a execução das penas impostas a sentenciados pela Justiça Federal, Militar ou Eleitoral, quando recolhidos a estabelecimentos sujeitos à administração estadual.

193. O direito de uso de linha telefônica pode ser adquirido por usucapião.

194. Prescreve em vinte anos a ação para obter, do construtor, indenização por defeitos da obra.

195. Em embargos de terceiro não se anula ato jurídico, por fraude contra credores.

196. Ao executado que, citado por edital ou por hora certa, permanecer revel, será nomeado curador especial, com legitimidade para apresentação de embargos.

197. O divórcio direto pode ser concedido sem que haja prévia partilha dos bens.

198. Na importação de veículo por pessoa física, destinado a uso próprio, incide o ICMS.

- Art. 155, § 2º, IX, *a*, da CF.

199. Na execução hipotecária de crédito vinculado ao Sistema Financeiro da Habilitação, nos termos da Lei nº 5.741/1971, a petição inicial deve ser instruída com, pelo menos, dois avisos de cobrança.

200. O Juízo Federal competente para processar e julgar acusado de crime de uso de passaporte falso é o do lugar onde o delito se consumou.

201. Os honorários advocatícios não podem ser fixados em salários mínimos.

202. A impetração de segurança por terceiro, contra ato judicial, não se condiciona à interposição de recurso.

203. Não cabe recurso especial contra decisão proferida por órgão de segundo grau dos Juizados Especiais.

- Súmula com redação alterada. *DJU* de 3-6-2002.

204. Os juros de mora nas ações relativas a benefícios previdenciários incidem a partir da citação válida.

205. A Lei nº 8.009/1990 aplica-se à penhora realizada antes de sua vigência.

206. A existência de vara privativa, instituída por lei estadual, não altera a competência territorial resultante das leis de processo.

207. É inadmissível recurso especial quando cabíveis embargos infringentes contra o acórdão proferido no tribunal de origem.

208. Compete à Justiça Federal processar e julgar prefeito municipal por desvio de verba sujeita a prestação de contas perante órgão federal.

209. Compete à Justiça Estadual processar e julgar prefeito por desvio de verba transferida e incorporada ao patrimônio municipal.

210. A ação de cobrança das contribuições para o FGTS prescreve em trinta anos.

211. Inadmissível recurso especial quanto à questão que, a despeito da oposição de embargos declaratórios, não foi apreciada pelo tribunal *a quo*.

212. *Cancelada. DJe* de 19-9-2022.

- Art. 170-A do CTN.

213. O mandado de segurança constitui ação adequada para a declaração do direito à compensação tributária.

- Art. 7º, § 2º, da Lei nº 12.016, de 7-8-2009 (Lei do Mandado de Segurança Individual e Coletivo).

214. O fiador na locação não responde por obrigações resultantes de aditamento ao qual não anuiu.

215. A indenização recebida pela adesão a programa de incentivo à demissão voluntária não está sujeita à incidência do Imposto de Renda.

- Art. 43 do CTN.

216. A tempestividade de recurso interposto no Superior Tribunal de Justiça é aferida pelo registro no protocolo da Secretaria e não pela data da entrega na agência do correio.

217. *Cancelada.* AgRg na SS nº 1.204/AM, de 23-10-2003 (*DJU* de 10-11-2003).

218. Compete à Justiça dos Estados processar e julgar ação de servidor estadual decorrente de direitos e vantagens estatuários no exercício de cargo em comissão.

219. Os créditos decorrentes de serviços prestados à massa falida, inclusive a remuneração do síndico, gozam dos privilégios próprios dos trabalhistas.

220. A reincidência não influi no prazo da prescrição da pretensão punitiva.

221. São civilmente responsáveis pelo ressarcimento de dano, decorrente de publicação pela imprensa, tanto o autor do escrito quanto o proprietário do veículo de divulgação.

222. Compete à Justiça Comum processar e julgar as ações relativas à contribuição sindical prevista no artigo 578 da CLT.

223. A certidão de intimação do acórdão recorrido constitui peça obrigatória no instrumento de agravo.

224. Excluído do feito o ente federal, cuja presença levara o Juiz Estadual a declinar da competência, deve o Juiz Federal restituir os autos e não suscitar conflito.

- Súmulas nºs 150 e 254 do STJ.

225. Compete ao Tribunal Regional do Trabalho apreciar recursos contra sentença proferida por órgão de primeiro grau da Justiça Trabalhista, ainda que para declarar-lhe a nulidade em virtude de incompetência.

226. O Ministério Público tem legitimidade para recorrer na ação de acidente do trabalho, ainda que o segurado esteja assistido por advogado.

227. A pessoa jurídica pode sofrer dano moral.

228. É inadmissível o interdito proibitório para a proteção do direito autoral.

229. O pedido de pagamento de indenização à seguradora suspende o prazo de prescrição até que o segurado tenha ciência da decisão.

230. *Cancelada.* CComp. nºs 30.513/SP, 30.500/SP e 30.504/SP, de 11-10-2000 (*DJU* de 9-11-2000).

231. A incidência da circunstância atenuante não pode conduzir à redução da pena abaixo do mínimo legal.

232. A Fazenda Pública, quando parte no processo, fica sujeita à exigência do depósito prévio dos honorários do perito.

- Art. 39 da Lei nº 6.830, de 22-9-1980 (Lei das Execuções Fiscais).

233. O contrato de abertura de crédito, ainda que acompanhado de extrato da conta-corrente, não é título executivo.

- Súmulas nºs 247 e 258 do STJ.

234. A participação de membro do Ministério Público na fase investigatória criminal não acarreta o seu impedimento ou suspeição para o oferecimento da denúncia.

235. A conexão não determina a reunião dos processos, se um deles já foi julgado.

236. Não compete ao Superior Tribunal de Justiça dirimir conflitos de competência entre juízes trabalhistas vinculados a Tribunais Regionais do Trabalho diversos.

237. Nas operações com cartão de crédito, os encargos relativos ao financiamento não são considerados no cálculo do ICMS.

238. A avaliação da indenização devida ao proprietário do solo, em razão de alvará de pesquisa mineral, é processada no Juízo Estadual da situação do imóvel.

239. O direito à adjudicação compulsória não se condiciona ao registro do compromisso de compra e venda no cartório de imóveis.

240. A extinção do processo, por abandono da causa pelo autor, depende de requerimento do réu.

241. A reincidência penal não pode ser considerada como circunstância agravante e, simultaneamente, como circunstância judicial.

242. Cabe ação declaratória para reconhecimento de tempo de serviço para fins previdenciários.

243. O benefício da suspensão do processo não é aplicável em relação às infrações penais cometidas em concurso material, concurso formal ou continuidade delitiva, quando a pena mínima cominada, seja pelo somatório seja pela incidência da majorante, ultrapassar o limite de 1 (um) ano.

244. *Superada.* Art. 70, § 4º, do CPP.

245. A notificação destinada a comprovar a mora nas dívidas garantidas por alienação fiduciária dispensa a indicação do valor do débito.

246. O valor do seguro obrigatório deve ser deduzido da indenização judicialmente fixada.

247. O contrato de abertura de crédito em conta-corrente, acompanhado do demonstrativo de débito, constitui documento hábil para o ajuizamento de ação monitória.

248. Comprovada a prestação dos serviços, a duplicata não aceita, mas protestada, é título hábil para instruir pedido de falência.

249. A Caixa Econômica Federal tem legitimidade passiva para integrar processo em que se discute correção monetária do FGTS.

250. É legítima a cobrança de multa fiscal de empresa em regime de concordata.

- Art. 186, par. ún., do CTN.
- Lei nº 11.101, de 9-2-2005 (Lei de Recuperação de Empresas e Falências).

251. A meação só responde pelo ato ilícito quando o credor, na execução fiscal, provar que o enriquecimento dele resultante aproveitou ao casal.

SÚMULAS

252. Os saldos das contas do FGTS, pela legislação infraconstitucional, são corrigidos em 42,72% (IPC) quanto às perdas de janeiro de 1989 e 44,80% (IPC) quanto às de abril de 1990, acolhidos pelo STJ os índices de 18,02% (LBC) quanto às perdas de junho de 1987, de 5,38% (BTN) para maio de 1990 e 7,00% (TR) para fevereiro de 1991, de acordo com o entendimento do STF (RE nº 226.855-7/RS).

253. O art. 557 do CPC, que autoriza o relator a decidir o recurso, alcança o reexame necessário.

254. A decisão do Juízo Federal que exclui da relação processual ente federal não pode ser reexaminada no Juízo Estadual.

255. Cabem embargos infringentes contra acórdão, proferido por maioria, em agravo retido, quando se tratar de matéria de mérito.

256. *Cancelada.* AgRg nº 792.846/SP, de 21-5-2008 (*DJE* de 9-6-2008).

257. A falta de pagamento do prêmio do seguro obrigatório de Danos Pessoais causados por Veículos Automotores de Vias Terrestres (DPVAT) não é motivo para a recusa do pagamento da indenização.

258. A nota promissória vinculada a contrato de abertura de crédito não goza de autonomia em razão da iliquidez do título que a originou.

259. A ação de prestação de contas pode ser proposta pelo titular de conta-corrente bancária.

260. A convenção de condomínio aprovada, ainda que sem registro, é eficaz para regular as relações entre os condôminos.

261. A cobrança de direitos autorais pela retransmissão radiofônica de músicas, em estabelecimentos hoteleiros, deve ser feita conforme a taxa média de utilização de equipamento, apurada em liquidação.

262. Incide o Imposto de Renda sobre o resultado das aplicações financeiras realizadas pelas cooperativas.

263. *Cancelada.* REsps. nºs 443.143/GO e 470.632/SP, de 27-8-2003 (*DJU* de 24-9-2003).

264. É irrecorrível o ato judicial que apenas manda processar a concordata preventiva.

265. É necessária a oitiva do menor infrator antes de decretar-se a regressão da medida socioeducativa.

266. O diploma ou habilitação legal para o exercício do cargo deve ser exigido na posse e não na inscrição para o concurso público.

267. A interposição de recurso, sem efeito suspensivo, contra decisão condenatória não obsta a expedição de mandado de prisão.

268. O fiador que não integrou a relação processual na ação de despejo não responde pela execução do julgado.

269. É admissível a adoção do regime prisional semiaberto aos reincidentes condenados a pena igual ou inferior a quatro anos se favoráveis as circunstâncias judiciais.

270. O protesto pela preferência de crédito, apresentado por ente federal em execução que tramita na Justiça Estadual, não desloca a competência para a Justiça Federal.

- Art. 186 do CTN.

271. A correção monetária dos depósitos judiciais independe de ação específica contra o banco depositário.

272. O trabalhador rural, na condição de segurado especial, sujeito à contribuição obrigatória sobre a produção rural comercializada, somente faz jus à aposentadoria por tempo de serviço, se recolher contribuições facultativas.

273. Intimada a defesa da expedição da carta precatória, torna-se desnecessária intimação da data da audiência no juízo deprecado.

274. O ISS incide sobre o valor dos serviços de assistência médica, incluindo-se neles as refeições, os medicamentos e as diárias hospitalares.

275. O auxiliar de farmácia não pode ser responsável técnico por farmácia ou drogaria.

276. *Cancelada.* AR nº 3.761/PR, de 12-11-2008 (*DJe* de 20-11-2008).

277. Julgada procedente a investigação de paternidade, os alimentos são devidos a partir da citação.

278. O termo inicial do prazo prescricional, na ação de indenização, é a data em que o segurado teve ciência inequívoca da incapacidade laboral.

279. É cabível execução por título extrajudicial contra a Fazenda Pública.

280. O art. 35 do Decreto-Lei nº 7.661, de 1945, que estabelece a prisão administrativa, foi revogado pelos incisos LXI e LXVII do art. 5º da Constituição Federal de 1988.

- O Dec.-lei nº 7.661, de 21-6-1945, foi revogado pela Lei nº 11.101, de 9-2-2005 (Lei de Recuperação de Empresas e Falências).

281. A indenização por dano moral não está sujeita a tarifação prevista na Lei de Imprensa.

- O STF julgou procedente a ADPF nº 130-7 (*DOU* de 12-5-2009), para declarar a incompatibilidade da Lei nº 5.250, de 9-2-1967 (Lei de Imprensa), com a CF/1988.

282. Cabe a citação por edital em ação monitória.

283. As empresas administradoras de cartão de crédito são instituições financeiras e, por isso, os juros remuneratórios por elas cobrados não sofrem as limitações da Lei de Usura.

284. A purga da mora, nos contratos de alienação fiduciária, só é permitida quando já pagos pelo menos 40% (quarenta por cento) do valor financiado.

285. Nos contratos bancários posteriores ao Código de Defesa do Consumidor incide a multa moratória nele prevista.

286. A renegociação de contrato bancário ou a confissão da dívida não impede a possibilidade de discussão sobre eventuais ilegalidades dos contratos anteriores.

287. A Taxa Básica Financeira (TBF) não pode ser utilizada como indexador de correção monetária nos contratos bancários.

- Súm. nº 379 do STJ.

288. A Taxa de Juros de Longo Prazo (TJLP) pode ser utilizada como indexador de correção monetária nos contratos bancários.

- Súm. nº 379 do STJ.

289. A restituição das parcelas pagas a plano de previdência privada deve ser objeto de correção plena, por índice que recomponha a efetiva desvalorização da moeda.

290. Nos planos de previdência privada, não cabe ao beneficiário a devolução da contribuição efetuada pelo patrocinador.

291. A ação de cobrança de parcelas de complementação de aposentadoria pela previdência privada prescreve em cinco anos.

292. A reconvenção é cabível na ação monitória, após a conversão do procedimento em ordinário.

293. A cobrança antecipada do Valor Residual Garantido (VRG) não descaracteriza o contrato de arrendamento mercantil.

○ Lei nº 6.099, de 12-9-1974 (Lei do Arrendamento Mercantil).

294. Não é potestativa a cláusula contratual que prevê a comissão de permanência, calculada pela taxa média de mercado apurada pelo Banco Central do Brasil, limitada à taxa do contrato.

○ Súmulas nºs 30, 296 e 472 do STJ.

295. A Taxa Referencial (TR) é indexador válido para contratos posteriores à Lei nº 8.177/1991, desde que pactuada.

296. Os juros remuneratórios, não cumuláveis com a comissão de permanência, são devidos no período de inadimplência, à taxa média de mercado estipulada pelo Banco Central do Brasil, limitada ao percentual contratado.

○ Súm. nº 472 do STJ.

297. O Código de Defesa do Consumidor é aplicável às instituições financeiras.

298. O alongamento de dívida originada de crédito rural não constitui faculdade da instituição financeira, mas, direito do devedor nos termos da lei.

299. É admissível a ação monitória fundada em cheque prescrito.

300. O instrumento de confissão de dívida, ainda que originário de contrato de abertura de crédito, constitui título executivo extrajudicial.

301. Em ação investigatória, a recusa do suposto pai a submeter-se ao exame de DNA induz presunção *juris tantum* de paternidade.

302. É abusiva a cláusula contratual de plano de saúde que limita no tempo a internação hospitalar do segurado.

303. Em embargos de terceiro, quem deu causa à constrição indevida deve arcar com os honorários advocatícios.

304. É ilegal a decretação da prisão civil daquele que não assume expressamente o encargo de depositário judicial.

305. É descabida a prisão civil do depositário quando, decretada a falência da empresa, sobrevém a arrecadação do bem pelo síndico.

306. Os honorários advocatícios devem ser compensados quando houver sucumbência recíproca, assegurado o direito autônomo do advogado à execução do saldo sem excluir a legitimidade da própria parte.

307. A restituição de adiantamento de contrato de câmbio, na falência, deve ser atendida antes de qualquer crédito.

308. A hipoteca firmada entre a construtora e o agente financeiro, anterior ou posterior à celebração da promessa de compra e venda, não tem eficácia perante os adquirentes do imóvel.

309. O débito alimentar que autoriza a prisão civil do alimentante é o que compreende as três prestações anteriores ao ajuizamento da execução e as que se vencerem no curso do processo.

• Súmula com redação alterada. *DJU* de 19-4-2006.

310. O auxílio-creche não integra o salário de contribuição.

○ Art. 28 da Lei nº 8.212, de 24-7-1991 (Lei Orgânica da Seguridade Social).

311. Os atos do presidente do tribunal que disponham sobre processamento e pagamento de precatório não têm caráter jurisdicional.

312. No processo administrativo para imposição de multa de trânsito, são necessárias as notificações da autuação e da aplicação da pena decorrente da infração.

313. Em ação de indenização, procedente o pedido, é necessária a constituição de capital ou caução fidejussória para a garantia de pagamento da pensão, independentemente da situação financeira do demandado.

314. Em execução fiscal, não localizados bens penhoráveis, suspende-se o processo por um ano, findo o qual se inicia o prazo da prescrição quinquenal intercorrente.

○ Art. 40 da Lei nº 6.830, de 22-9-1980 (Lei das Execuções Fiscais).

315. Não cabem embargos de divergência no âmbito do agravo de instrumento que não admite recurso especial.

316. Cabem embargos de divergência contra acórdão que, em agravo regimental, decide recurso especial.

317. É definitiva a execução de título extrajudicial, ainda que pendente apelação contra sentença que julgue improcedentes os embargos.

318. Formulado pedido certo e determinado, somente o autor tem interesse recursal em arguir o vício da sentença ilíquida.

319. O encargo de depositário de bens penhorados pode ser expressamente recusado.

320. A questão federal somente ventilada no voto vencido não atende ao requisito do prequestionamento.

○ Súmulas nºs 282 e 356 do STF.

321. *Cancelada.* REsp 1.536.786-MG (*DJe* 29-2-2016).

322. Para a repetição de indébito, nos contratos de abertura de crédito em conta-corrente, não se exige a prova do erro.

323. A inscrição do nome do devedor pode ser mantida nos serviços de proteção ao crédito até o prazo máximo de cinco anos, independentemente da prescrição da execução.

• Súmula com a redação alterada. *DJE* de 16-12-2009.

324. Compete à Justiça Federal processar e julgar ações de que participa a Fundação Habitacional do Exército, equiparada à entidade autárquica federal, supervisionada pelo Ministério do Exército.

325. A remessa oficial devolve ao Tribunal o reexame de todas as parcelas da condenação suportadas pela Fazenda Pública, inclusive dos honorários de advogado.

326. Na ação de indenização por dano moral, a condenação em montante inferior ao postulado na inicial não implica sucumbência recíproca.

327. Nas ações referentes ao Sistema Financeiro da Habitação, a Caixa Econômica Federal tem legitimidade como sucessora do Banco Nacional da Habitação.

328. Na execução contra instituição financeira, é penhorável o numerário disponível, excluídas as reservas bancárias mantidas no Banco Central.

329. O Ministério Público tem legitimidade para propor ação civil pública em defesa do patrimônio público.

330. É desnecessária a resposta preliminar de que trata o artigo 514 do Código de Processo Penal, na ação penal instruída por inquérito policial.

331. A apelação interposta contra sentença que julga embargos à arrematação tem efeito meramente devolutivo.

332. A fiança prestada sem autorização de um dos cônjuges implica a ineficácia total da garantia.

333. Cabe mandado de segurança contra ato praticado em licitação promovida por sociedade de economia mista ou empresa pública.

334. O ICMS não incide no serviço dos provedores de acesso à Internet.

- Art. 2º da LC nº 87, de 13-9-1996 (Lei Kandir – ICMS).

335. Nos contratos de locação, é válida a cláusula de renúncia à indenização das benfeitorias e ao direito de retenção.

336. A mulher que renunciou aos alimentos na separação judicial tem direito à pensão previdenciária por morte do ex-marido, comprovada a necessidade econômica superveniente.

337. É cabível a suspensão condicional do processo na desclassificação do crime e na procedência parcial da pretensão punitiva.

338. A prescrição penal é aplicável nas medidas socioeducativas.

339. É cabível ação monitória contra a Fazenda Pública.

340. A lei aplicável à concessão de pensão previdenciária por morte é aquela vigente na data do óbito do segurado.

341. A frequência a curso de ensino formal é causa de remição de parte do tempo de execução de pena sob regime fechado ou semiaberto.

342. No procedimento para aplicação de medida socioeducativa, é nula a desistência de outras provas em face da confissão do adolescente.

343. *Cancelada. DJe* de 3-5-2021.

344. A liquidação por forma diversa estabelecida na sentença não ofende a coisa julgada.

345. São devidos honorários advocatícios pela Fazenda Pública nas execuções individuais de sentença proferida em ações coletivas, ainda que não embargadas.

- Art. 1º-D da Lei nº 9.494, de 10-9-1997, que dispõe sobre aplicação da tutela antecipada contra a Fazenda Pública.

346. É vedada aos militares temporários, para aquisição de estabilidade, a contagem em dobro de férias e licenças não gozadas.

347. O conhecimento de recurso de apelação do réu independe de sua prisão.

348. *Cancelada.* Conflito de Competência nº 107.635/PR (*DJE* de 23-3-2010).

349. Compete à Justiça Federal ou aos juízes com competência delegada o julgamento das execuções fiscais de contribuições devidas pelo empregador ao FGTS.

350. O ICMS não incide sobre o serviço de habilitação de telefone celular.

- Art. 2º, III, da LC nº 87, de 13-9-1996 (Lei Kandir – ICMS).

351. A alíquota de contribuição para o Seguro de Acidente do Trabalho (SAT) é aferida pelo grau de risco desenvolvido em cada empresa, individualizada pelo seu CNPJ, ou pelo grau de risco da atividade preponderante quando houver apenas um registro.

- Art. 22, II, da Lei nº 8.212, de 24-7-1991 (Lei Orgânica da Seguridade Social).

352. A obtenção ou a renovação do Certificado de Entidade Beneficente de Assistência Social (CEBAS) não exime a entidade do cumprimento dos requisitos legais supervenientes.

- Art. 195, § 7º, da CF.
- Lei nº 12.101, de 27-11-2009 (Lei da Certificação das Entidades Beneficentes de Assistência Social).

353. As disposições do Código Tributário Nacional não se aplicam às contribuições para o FGTS.

354. A invasão do imóvel é causa de suspensão do processo expropriatório para fins de reforma agrária.

355. É válida a notificação do ato de exclusão do programa de recuperação fiscal do REFIS pelo *Diário Oficial* ou pela Internet.

356. É legítima a cobrança da tarifa básica pelo uso dos serviços de telefonia fixa.

357. *Revogada.* REsp. nº 1.074.799/MG (*DJE* de 22-6-2009).

358. O cancelamento de pensão alimentícia de filho que atingiu a maioridade está sujeito à decisão judicial, mediante contraditório, ainda que nos próprios autos.

359. Cabe ao órgão mantenedor do Cadastro de Proteção ao Crédito a notificação do devedor antes de proceder à inscrição.

360. O benefício da denúncia espontânea não se aplica aos tributos sujeitos a lançamento por homologação regularmente declarados, mas pagos a destempo.

- Art. 138, *caput*, do CTN.

361. A notificação do protesto, para requerimento de falência da empresa devedora, exige a identificação da pessoa que a recebeu.

- Art. 94 da Lei nº 11.101, de 9-2-2005 (Lei de Recuperação de Empresas e Falências).

362. A correção monetária do valor da indenização do dano moral incide desde a data do arbitramento.

363. Compete à Justiça estadual processar e julgar a ação de cobrança ajuizada por profissional liberal contra cliente.

364. O conceito de impenhorabilidade de bem de família abrange também o imóvel pertencente a pessoas solteiras, separadas e viúvas.

365. A intervenção da União como sucessora da Rede Ferroviária Federal S/A (RFFSA) desloca a competência para a Justiça Federal ainda que a sentença tenha sido proferida por Juízo estadual.

- Art. 109, I, da CF.

366. *Cancelada.* Conf. de Comp. nº 101.977/SP (*DJE* de 22-9-2009).

367. A competência estabelecida pela EC nº 45/2004 não alcança os processos já sentenciados.

368. Compete à Justiça comum estadual processar e julgar os pedidos de retificação de dados cadastrais da Justiça Eleitoral.

369. No contrato de arrendamento mercantil (*leasing*), ainda que haja cláusula resolutiva expressa, é necessária a notificação prévia do arrendatário para constituí-lo em mora.

370. Caracteriza dano moral a apresentação antecipada de cheque pré-datado.

371. Nos contratos de participação financeira para a aquisição de linha telefônica, o Valor Patrimonial da Ação (VPA) é apurado com base no balancete do mês da integralização.

- Art. 170, § 1º, I e II, da Lei nº 6.404, de 15-12-1976 (Lei das Sociedades por Ações).

372. Na ação de exibição de documentos, não cabe a aplicação de multa cominatória.

373. É ilegítima a exigência de depósito prévio para admissibilidade de recurso administrativo.

- Art. 5º, XXXIV, *a*, e LV, da CF.
- Art. 151, III, do CTN.
- Súm. Vinc. nº 21 do STF.

374. Compete à Justiça Eleitoral processar e julgar a ação para anular débito decorrente de multa eleitoral.

375. O reconhecimento da fraude à execução depende do registro da penhora do bem alienado ou da prova de má-fé do terceiro adquirente.

- Art. 185 do CTN.

376. Compete à turma recursal processar e julgar o mandado de segurança contra ato de juizado especial.

- Art. 98, I, da CF.
- Art. 42, § 1º, da Lei nº 9.099, de 26-9-1995 (Lei dos Juizados Especiais).

377. O portador de visão monocular tem direito de concorrer, em concurso público, às vagas reservadas aos deficientes.

378. Reconhecido o desvio de função, o servidor faz jus às diferenças salariais decorrentes.

379. Nos contratos bancários não regidos por legislação específica, os juros moratórios poderão ser convencionados até o limite de 1% ao mês.

380. A simples propositura da ação de revisão de contrato não inibe a caracterização da mora do autor.

381. Nos contratos bancários, é vedado ao julgador conhecer, de ofício, da abusividade das cláusulas.

382. A estipulação de juros remuneratórios superiores a 12% ao ano, por si só, não indica abusividade.

383. A competência para processar e julgar as ações conexas de interesse de menor é, em princípio, do foro do domicílio do detentor de sua guarda.

384. Cabe ação monitória para haver saldo remanescente oriundo de venda extrajudicial de bem alienado fiduciariamente em garantia.

385. Da anotação irregular em cadastro de proteção ao crédito, não cabe indenização por dano moral, quando preexistente legítima inscrição, ressalvado o direito ao cancelamento.

386. São isentas de imposto de renda as indenizações de férias proporcionais e o respectivo adicional.

- Art. 6º, V, da Lei nº 7.713, de 22-12-1988, que altera a legislação do imposto de renda.
- Súmulas nºs 125 e 136 do STJ.

387. É lícita a cumulação das indenizações de dano estético e dano moral.

388. A simples devolução indevida de cheque caracteriza dano moral.

389. A comprovação do pagamento do "custo do serviço" referente ao fornecimento de certidão de assentamentos constantes dos livros da companhia é requisito de procedibilidade da ação de exibição de documentos ajuizada em face da sociedade anônima.

390. Nas decisões por maioria, em reexame necessário, não se admitem embargos infringentes.

391. O ICMS incide sobre o valor da tarifa de energia elétrica correspondente à demanda de potência efetivamente utilizada.

392. A Fazenda Pública pode substituir a certidão de dívida ativa (CDA) até a prolação da sentença de embargos, quando se tratar de correção de erro material ou formal, vedada a modificação do sujeito passivo da execução.

- Art. 201 do CTN.
- Art. 2º, § 8º, da Lei nº 6.830, de 22-9-1980 (Lei das Execuções Fiscais).

393. A exceção de pré-executividade é admissível na execução fiscal relativamente às matérias conhecíveis de ofício que não demandem dilação probatória.

394. É admissível, em embargos à execução fiscal, compensar os valores de imposto de renda retidos indevidamente na fonte com os valores restituídos apurados na declaração anual.

- Súmula republicada. *DJE* de 21-10-2009.

395. O ICMS incide sobre o valor da venda a prazo constante da nota fiscal.

- Art. 2º, I, do Dec.-lei nº 406, de 31-12-1968, que estabelece normas gerais de direito financeiro, aplicáveis aos Impostos sobre Operações relativas à Circulação de Mercadorias e sobre Serviços de Qualquer Natureza.

396. A Confederação Nacional da Agricultura tem legitimidade ativa para a cobrança da contribuição sindical rural.

- Art. 8º, IV, da CF.

397. O contribuinte do IPTU é notificado do lançamento pelo envio do carnê ao seu endereço.

398. A prescrição da ação para pleitear os juros progressivos sobre os saldos de conta vinculada do FGTS não atinge o fundo de direito, limitando-se às parcelas vencidas.

399. Cabe à legislação municipal estabelecer o sujeito passivo do IPTU.

- Art. 34 do CTN.

400. O encargo de 20% previsto no Dec.-lei nº 1.025/1969 é exigível na execução fiscal proposta contra a massa falida.

401. O prazo decadencial da ação rescisória só se inicia quando não for cabível qualquer recurso do último pronunciamento judicial.

402. O contrato de seguro por danos pessoais compreende os danos morais, salvo cláusula expressa de exclusão.

403. Independe de prova do prejuízo a indenização pela publicação não autorizada de imagem de pessoa com fins econômicos ou comerciais.

404. É dispensável o aviso de recebimento (AR) na carta de comunicação ao consumidor sobre a negativação de seu nome em bancos de dados e cadastros.

405. A ação de cobrança de seguro obrigatório (DPVAT) prescreve em três anos.

406. A Fazenda Pública pode recusar a substituição do bem penhorado por precatório.

- Art. 15 da Lei nº 6.830, de 22-9-1980 (Lei das Execuções Fiscais).

407. É legítima a cobrança da tarifa de água fixada de acordo com as categorias de usuários e as faixas de consumo.

408. *Cancelada. DJe* de 18-11-2020.

409. Em execução fiscal, a prescrição ocorrida antes da propositura da ação pode ser decretada de ofício (art. 219, § 5º, do CPC).

- Art. 174 do CTN.
- Art. 40, § 4º, da Lei nº 6.830, de 22-9-1980 (Lei das Execuções Fiscais).

410. A prévia intimação pessoal do devedor constitui condição necessária para a cobrança de multa pelo descumprimento de obrigação de fazer ou não fazer.

411. É devida a correção monetária ao creditamento do IPI quando há oposição ao seu aproveitamento decorrente de resistência ilegítima do Fisco.

412. A ação de repetição de indébito de tarifas de água e esgoto sujeita-se ao prazo prescricional estabelecido no Código Civil.

413. O farmacêutico pode acumular a responsabilidade técnica por uma farmácia e uma drogaria ou por duas drogarias.

SÚMULAS

414. A citação por edital na execução fiscal é cabível quando frustradas as demais modalidades.

- Art. 8º, III e IV, da Lei nº 6.830, de 22-9-1980 (Lei das Execuções Fiscais).

415. O período de suspensão do prazo prescricional é regulado pelo máximo da pena cominada.

416. É devida a pensão por morte aos dependentes do segurado que, apesar de ter perdido essa qualidade, preencheu os requisitos legais para a obtenção de aposentadoria até a data do seu óbito.

417. Na execução civil, a penhora de dinheiro na ordem de nomeação de bens não tem caráter absoluto.

- Art. 11, I, da Lei nº 6.830, de 22-9-1980 (Lei das Execuções Fiscais).

418. *Cancelada.* (*DJe* de 1º-8-2016).

419. Descabe a prisão civil do depositário judicial infiel.

420. Incabível, em embargos de divergência, discutir o valor de indenização por danos morais.

421. Os honorários advocatícios não são devidos à Defensoria Pública quando ela atua contra a pessoa jurídica de direito público à qual pertença.

422. O art. 6º, *e*, da Lei nº 4.380/1964 não estabelece limitação aos juros remuneratórios nos contratos vinculados ao SFH.

423. A Contribuição para Financiamento da Seguridade Social – COFINS incide sobre as receitas provenientes das operações de locação de bens móveis.

- Art. 195 da CF.
- Art. 2º da LC nº 70, de 30-12-1991, que institui contribuição para financiamento da Seguridade Social, eleva a alíquota da contribuição social sobre o lucro das instituições financeiras.
- Art. 1º da Lei nº 10.833, de 29-12-2003, que altera a legislação tributária federal.

424. É legítima a incidência de ISS sobre os serviços bancários congêneres da lista anexa ao Dec.-lei nº 406/1968 e à LC nº 56/1987.

- Art. 156, III, da CF.
- Art. 2º, III, da LC nº 116, de 31-7-2003 (Lei do ISS).
- Dec.-lei nº 406, de 31-12-1968, estabelece normas gerais de direito financeiro, aplicáveis aos Impostos sobre Operações relativas à Circulação de Mercadorias e sobre Serviços de Qualquer Natureza.
- Súm. nº 588 do STF.

425. A retenção da contribuição para a seguridade social pelo tomador do serviço não se aplica às empresas optantes pelo SIMPLES.

- LC nº 123, de 14-12-2006 (Estatuto Nacional da Microempresa e da Empresa de Pequeno Porte).
- Art. 31 da Lei nº 8.212, de 24-7-1991 (Lei Orgânica da Seguridade Social).

426. Os juros de mora na indenização do seguro DPVAT fluem a partir da citação.

- Súmulas nºs 246 e 257 do STJ.

427. A ação de cobrança de diferenças de valores de complementação de aposentadoria prescreve em cinco anos contados da data do pagamento.

428. Compete ao Tribunal Regional Federal decidir os conflitos de competência entre juizado especial federal e juízo federal da mesma seção judiciária.

429. A citação postal, quando autorizada por lei, exige o aviso de recebimento.

430. O inadimplemento da obrigação tributária pela sociedade não gera, por si só, a responsabilidade solidária do sócio-gerente.

- Art. 135, III, do CTN.
- Art. 158 da Lei nº 6.404, de 15-12-1976 (Lei das Sociedades por Ações).
- Art. 4º, V, da Lei nº 6.830, de 22-9-1980 (Lei das Execuções Fiscais).

431. É ilegal a cobrança de ICMS com base no valor da mercadoria submetido ao regime de pauta fiscal.

- Art. 148 do CTN.
- Art. 8º da LC nº 87, de 13-9-1996 (Lei Kandir – ICMS).
- Art. 2º, I e II, do Dec.-lei nº 406, de 31-12-1968, que estabelece normas gerais de direito financeiro, aplicáveis aos Impostos sobre Operações relativas à Circulação de Mercadorias e sobre Serviços de Qualquer Natureza.

432. As empresas de construção civil não estão obrigadas a pagar ICMS sobre mercadorias adquiridas como insumos em operações interestaduais.

- Art. 3º da LC nº 87, de 13-9-1996 (Lei Kandir – ICMS).

433. O produto semielaborado, para fins de incidência de ICMS, é aquele que preenche cumulativamente os três requisitos do art. 1º da Lei Complementar nº 65/1991.

434. O pagamento da multa por infração de trânsito não inibe a discussão judicial do débito.

435. Presume-se dissolvida irregularmente a empresa que deixar de funcionar no seu domicílio fiscal, sem comunicação aos órgãos competentes, legitimando o redirecionamento da execução fiscal para o sócio-gerente.

- Arts. 127 e 135 do CTN.
- Art. 206 da Lei nº 6.404, de 15-12-1976 (Lei das Sociedades por Ações).
- Art. 4º, V, da Lei nº 6.830, de 22-9-1980 (Lei das Execuções Fiscais).

436. A entrega de declaração pelo contribuinte reconhecendo débito fiscal constitui o crédito tributário, dispensada qualquer outra providência por parte do fisco.

- Arts. 142 e 150 do CTN.

437. A suspensão da exigibilidade do crédito tributário superior a quinhentos mil reais para opção pelo REFIS pressupõe a homologação expressa do comitê gestor e a constituição de garantia por meio do arrolamento de bens.

- Art. 151, VI, do CTN.
- Art. 64 da Lei nº 9.532, de 10-12-1997, que altera a legislação tributária federal.
- Art. 3º, §§ 4º e 5º, da Lei nº 9.964, de 10-4-200, que estatui o Programa de Recuperação Fiscal – REFIS.
- Art. 23 da Lei nº 10.637, de 30-12-2002, que dispõe sobre a não cumulatividade na cobrança da contribuição para o PIS/PASEP, nos casos que especifica; sobre o pagamento e o parcelamento de débitos tributários federais, a compensação de créditos fiscais, a declaração de inaptidão de inscrição de pessoas jurídicas, a legislação aduaneira.

438. É inadmissível a extinção da punibilidade pela prescrição da pretensão punitiva com fundamento em pena hipotética, independentemente da existência ou sorte do processo penal.

439. Admite-se o exame criminológico pelas peculiaridades do caso, desde que em decisão motivada.

440. Fixada a pena-base no mínimo legal, é vedado o estabelecimento de regime prisional mais gravoso do que o cabível em razão da sanção imposta, com base apenas na gravidade abstrata do delito.

441. A falta grave não interrompe o prazo para obtenção de livramento condicional.

442. É inadmissível aplicar, no furto qualificado, pelo concurso de agentes, a majorante do roubo.

443. O aumento na terceira fase de aplicação da pena no crime de roubo circunstanciado exige fundamentação concreta, não sendo suficiente para a sua exasperação a mera indicação do número de majorantes.

444. É vedada a utilização de inquéritos policiais e ações penais em curso para agravar a pena-base.

445. As diferenças de correção monetária resultantes de expurgos inflacionários sobre os saldos de FGTS têm como termo inicial a data em que deveriam ter sido creditadas.

- LC nº 110, de 29-6-2001, institui contribuições sociais, autoriza créditos de complementos de atualização monetária em contas vinculadas do FGTS.
- Súm. nº 249 do STJ.

446. Declarado e não pago o débito tributário pelo contribuinte, é legítima a recusa de expedição de certidão negativa ou positiva com efeito de negativa.

- Arts. 205 e 206 do CTN.

447. Os Estados e o Distrito Federal são partes legítimas na ação de restituição de imposto de renda retido na fonte proposta por seus servidores.

- Art. 157, I, da CF.
- Art. 43 do CTN.

448. A opção pelo SIMPLES de estabelecimentos dedicados às atividades de creche, pré-escola e ensino fundamental é admitida somente a partir de 24-10-2000, data de vigência da Lei nº 10.034/2000.

- Art. 18, § 5º-B, I, da LC nº 123, de 14-12-2006 (Estatuto Nacional da Microempresa e da Empresa de Pequeno Porte).

449. A vaga de garagem que possui matrícula própria no registro de imóveis não constitui bem de família para efeito de penhora.

450. Nos contratos vinculados ao SFH, a atualização do saldo devedor antecede sua amortização pelo pagamento da prestação.

451. É legítima a penhora da sede do estabelecimento comercial.

452. A extinção das ações de pequeno valor é faculdade da Administração Federal, vedada a atuação judicial de ofício.

453. Os honorários sucumbenciais, quando omitidos em decisão transitada em julgado, não podem ser cobrados em execução ou em ação própria.

454. Pactuada a correção monetária nos contratos do SFH pelo mesmo índice aplicável à caderneta de poupança, incide a taxa referencial (TR) a partir da vigência da Lei nº 8.177, de 1º-3-1991.

455. A decisão que determina a produção antecipada de provas com base no art. 366 do CPP deve ser concretamente fundamentada, não a justificando unicamente o mero decurso do tempo.

456. É incabível a correção monetária dos salários de contribuição considerados no cálculo do salário de benefício de auxílio-doença, aposentadoria por invalidez, pensão ou auxílio-reclusão concedidos antes da vigência da CF/1988.

457. Os descontos incondicionais nas operações mercantis não se incluem na base de cálculo do ICMS.

- Art. 155, II, da CF.
- Art. 13, § 1º, II, *a*, da LC nº 87, de 13-9-1996 (Lei Kandir – ICMS).

458. A contribuição previdenciária incide sobre a comissão paga ao corretor de seguros.

- Art. 11, par. ún., da Lei nº 8.212, de 24-7-1991 (Lei Orgânica da Seguridade Social).

459. A Taxa Referencial (TR) é o índice aplicável, a título de correção monetária, aos débitos com o FGTS recolhidos pelo empregador mas não repassados ao fundo.

460. É incabível o mandado de segurança para convalidar a compensação tributária realizada pelo contribuinte.

- Art. 170 do CTN.
- Lei nº 12.016, de 7-8-2009 (Lei do Mandado de Segurança Individual e Coletivo).
- Súm. nº 213 do STJ.

461. O contribuinte pode optar por receber, por meio de precatório ou por compensação, o indébito tributário certificado por sentença declaratória transitada em julgado.

- Art. 100 da CF.
- Arts. 156, II, 165 e 170 do CTN.
- Art. 66, § 2º, da Lei nº 8.383, de 31-12-1991, que institui a Unidade Fiscal de Referência, altera a legislação do imposto de renda.

462. Nas ações em que representa o FGTS, a CEF, quando sucumbente, não está isenta de reembolsar as custas antecipadas pela parte vencedora.

463. Incide imposto de renda sobre os valores percebidos a título de indenização por horas extraordinárias trabalhadas, ainda que decorrentes de acordo coletivo.

- Art. 43, I, do CTN.

464. A regra de imputação de pagamentos estabelecida no art. 354 do Código Civil não se aplica às hipóteses de compensação tributária.

- Art. 170 do CTN.
- Art. 66 da Lei nº 8.383, de 31-12-1991, que institui a Unidade Fiscal de Referência, altera a legislação do imposto de renda.
- Art. 74, § 12, da Lei nº 9.430, de 27-12-1996, que dispõe sobre a legislação tributária federal, as contribuições para a seguridade social, o processo administrativo de consulta.

465. Ressalvada a hipótese de efetivo agravamento do risco, a seguradora não se exime do dever de indenizar em razão da transferência do veículo sem a sua prévia comunicação.

466. O titular da conta vinculada ao FGTS tem o direito de sacar o saldo respectivo quando declarado nulo seu contrato de trabalho por ausência de prévia aprovação em concurso público.

467. Prescreve em cinco anos, contados do término do processo administrativo, a pretensão da Administração Pública de promover a execução da multa por infração ambiental.

468. A base de cálculo do PIS, até a edição da MP nº 1.212/1995, era o faturamento ocorrido no sexto mês anterior ao do fato gerador.

469. *Cancelada. DJe* de 17-4-2018.

470. *Cancelada.* (*DJe* de 15-6-2015).

471. Os condenados por crimes hediondos ou assemelhados cometidos antes da vigência da Lei nº 11.464/2007 sujeitam-se ao disposto no art. 112 da Lei nº 7.210/1984 (Lei de Execução Penal) para a progressão de regime prisional.

472. A cobrança de comissão de permanência – cujo valor não pode ultrapassar a soma dos encargos remuneratórios e moratórios previstos no contrato – exclui a exigibilidade dos juros remuneratórios, moratórios e da multa contratual.

473. O mutuário do SFH não pode ser compelido a contratar o seguro habitacional obrigatório com a instituição financeira mutuante ou com a seguradora por ela indicada.

474. A indenização do seguro DPVAT, em caso de invalidez parcial do beneficiário, será paga de forma proporcional ao grau da invalidez.

475. Responde pelos danos decorrentes de protesto indevido o endossatário que recebe por endosso translativo título de crédito contendo vício formal extrínseco ou intrínseco, ficando ressalvado seu direito de regresso contra os endossantes e avalistas.

476. O endossatário de título de crédito por endosso-mandato só responde por danos decorrentes de protesto indevido se extrapolar os poderes de mandatário.

477. A decadência do art. 26 do CDC não é aplicável à prestação de contas para obter esclarecimentos sobre cobrança de taxas, tarifas e encargos bancários.

478. Na execução de crédito relativo a cotas condominiais, este tem preferência sobre o hipotecário.

479. As instituições financeiras respondem objetivamente pelos danos gerados por fortuito interno relativo a fraudes e delitos praticados por terceiros no âmbito de operações bancárias.

480. O juízo da recuperação judicial não é competente para decidir sobre a constrição de bens não abrangidos pelo plano de recuperação da empresa.

481. Faz jus ao benefício da justiça gratuita a pessoa jurídica com ou sem fins lucrativos que demonstrar sua impossibilidade de arcar com os encargos processuais.

482. A falta de ajuizamento da ação principal no prazo do art. 806 do CPC acarreta a perda da eficácia da liminar deferida e a extinção do processo cautelar.

483. O INSS não está obrigado a efetuar depósito prévio do preparo por gozar das prerrogativas e privilégios da Fazenda Pública.

484. Admite-se que o preparo seja efetuado no primeiro dia útil subsequente, quando a interposição do recurso ocorrer após o encerramento do expediente bancário.

485. A Lei de Arbitragem aplica-se aos contratos que contenham cláusula arbitral, ainda que celebrados antes da sua edição.

486. É impenhorável o único imóvel residencial do devedor que esteja locado a terceiros, desde que a renda obtida com a locação seja revertida para a subsistência ou a moradia da sua família.

487. O parágrafo único do art. 741 do CPC não se aplica às sentenças transitadas em julgado em data anterior à da sua vigência.

488. O § 2º do art. 6º da Lei nº 9.469/1997, que obriga à repartição dos honorários advocatícios, é inaplicável a acordos ou transações celebrados em data anterior à sua vigência.

- O referido art. 6º, § 2º, foi revogado pela Lei nº 13.140, de 26-6-2015.

489. Reconhecida a continência, devem ser reunidas na Justiça Federal as ações civis públicas propostas nesta e na Justiça estadual.

490. A dispensa de reexame necessário, quando o valor da condenação ou do direito controvertido for inferior a sessenta salários mínimos, não se aplica a sentenças ilíquidas.

491. É inadmissível a chamada progressão *per saltum* de regime prisional.

492. O ato infracional análogo ao tráfico de drogas, por si só, não conduz obrigatoriamente à imposição de medida socioeducativa de internação do adolescente.

493. É inadmissível a fixação de pena substitutiva (art. 44 do CP) como condição especial ao regime aberto.

494. O benefício fiscal do ressarcimento do crédito presumido do IPI relativo às exportações incide mesmo quando as matérias-primas ou os insumos sejam adquiridos de pessoa física ou jurídica não contribuinte do PIS/PASEP.

- Lei nº 9.363, de 13-12-1996, dispõe sobre a instituição de crédito presumido do IPI, para ressarcimento do valor do PIS/PASEP e COFINS.

495. A aquisição de bens integrantes do ativo permanente da empresa não gera direito a creditamento de IPI.

496. Os registros de propriedade particular de imóveis situados em terrenos de marinha não são oponíveis à União.

497. *Cancelada. DJe* de 19-9-2022.

- Art. 29, par. ún., da Lei nº 6.830, de 22-9-1980 (Lei das Execuções Fiscais).

498. Não incide imposto de renda sobre a indenização por danos morais.

499. As empresas prestadoras de serviços estão sujeitas às contribuições ao Sesc e Senac, salvo se integradas noutro serviço social.

500. A configuração do crime do art. 244-B do ECA independe da prova da efetiva corrupção do menor, por se tratar de delito formal.

501. É cabível a aplicação retroativa da Lei nº 11.343/2006, desde que o resultado da incidência das suas disposições, na íntegra, seja mais favorável ao réu do que o advindo da aplicação da Lei nº 6.368/1976, sendo vedada a combinação de leis.

502. Presentes a materialidade e a autoria, afigura-se típica, em relação ao crime previsto no art. 184, § 2º, do CP, a conduta de expor à venda CDs e DVDs "piratas".

503. O prazo para ajuizamento de ação monitória em face do emitente de cheque sem força executiva é quinquenal, a contar do dia seguinte à data de emissão estampada na cártula.

504. O prazo para ajuizamento de ação monitória em face do emitente de nota promissória sem força executiva é quinquenal, a contar do dia seguinte ao vencimento do título.

505. A competência para processar e julgar as demandas que têm por objeto obrigações decorrentes dos contratos de planos de previdência privada firmados com a Fundação Rede Ferroviária de Seguridade Social – REFER é da Justiça estadual.

506. A Anatel não é parte legítima nas demandas entre a concessionária e o usuário de telefonia decorrentes de relação contratual.

507. A acumulação de auxílio-acidente com aposentadoria pressupõe que a lesão incapacitante e a aposentadoria sejam anteriores a 11-11-1997, observado o critério do art. 23 da Lei nº 8.213/1991 para definição do momento da lesão nos casos de doença profissional ou do trabalho.

508. A isenção da COFINS concedida pelo art. 6º, II, da LC nº 70/1991 às sociedades civis de prestação de serviços profissionais foi revogada pelo art. 56 da Lei nº 9.430/1996.

509. É lícito ao comerciante de boa-fé aproveitar os créditos de ICMS decorrentes de nota fiscal posteriormente declarada inidônea, quando demonstrada a veracidade da compra e venda.

510. A liberação de veículo retido apenas por transporte irregular de passageiros não está condicionada ao pagamento de multas e despesas.

511. É possível o reconhecimento do privilégio previsto no § 2º do art. 155 do CP nos casos de crime de furto qualificado, se estiverem presentes a primariedade do agente, o pequeno valor da coisa e a qualificadora for de ordem objetiva.

512. *Cancelada.* QO na Pet 11.796/DF (*DJe* de 28-11-2016).

513. A *abolitio criminis* temporária prevista na Lei nº 10.826/2003 aplica-se ao crime de posse de arma de fogo de uso permitido com numeração, marca ou qualquer outro sinal de identificação raspado, suprimido ou adulterado, praticado somente até 23-10-2005.

514. A CEF é responsável pelo fornecimento dos extratos das contas individualizadas vinculadas ao FGTS dos trabalhadores participantes do Fundo de Garantia do Tempo de Serviço, inclusive para fins de exibição em juízo, independentemente do período em discussão.

515. A reunião de execuções fiscais contra o mesmo devedor constitui faculdade do Juiz.

516. A contribuição de intervenção no domínio econômico para o INCRA (Decreto-Lei nº 1.110/1970), devida por empregadores rurais e urbanos, não foi extinta pelas Leis nºs 7.787/1989, 8.212/1991 e 8.213/1991, não podendo ser compensada com a contribuição ao INSS.

517. São devidos honorários advocatícios no cumprimento de sentença, haja ou não impugnação, depois de escoado o prazo para pagamento voluntário, que se inicia após a intimação do advogado da parte executada.

518. Para fins do art. 105, III, *a*, da Constituição Federal, não é cabível recurso especial fundado em alegada violação de enunciado de súmula.

519. Na hipótese de rejeição da impugnação ao cumprimento de sentença, não são cabíveis honorários advocatícios.

520. O benefício de saída temporária no âmbito da execução penal é ato jurisdicional insuscetível de delegação à autoridade administrativa do estabelecimento prisional.

521. A legitimidade para a execução fiscal de multa pendente de pagamento imposta em sentença condenatória é exclusiva da Procuradoria da Fazenda Pública.

522. A conduta de atribuir-se falsa identidade perante autoridade policial é típica, ainda que em situação de alegada autodefesa.

523. A taxa de juros de mora incidente na repetição de indébito de tributos estaduais deve corresponder à utilizada para cobrança do tributo pago em atraso, sendo legítima a incidência da taxa Selic, em ambas as hipóteses, quando prevista na legislação local, vedada sua cumulação com quaisquer outros índices.

524. No tocante à base de cálculo, o ISSQN incide apenas sobre a taxa de agenciamento quando o serviço prestado por sociedade empresária de trabalho temporário for de intermediação, devendo, entretanto, englobar também os valores dos salários e encargos sociais dos trabalhadores por ela contratados nas hipóteses de fornecimento de mão de obra.

- Item 10 da Lista de Serviços Anexa à LC nº 116, de 31-7-2003 (Dispõe sobre o Imposto Sobre Serviços de Qualquer Natureza – ISSQN).

525. A Câmara de Vereadores não possui personalidade jurídica, apenas personalidade judiciária, somente podendo demandar em juízo para defender os seus direitos institucionais.

526. O reconhecimento de falta grave decorrente do cometimento de fato definido como crime doloso no cumprimento da pena prescinde do trânsito em julgado de sentença penal condenatória no processo penal instaurado para apuração do fato.

527. O tempo de duração da medida de segurança não deve ultrapassar o limite máximo da pena abstratamente cominada ao delito praticado.

528. *Cancelada. DJe* de 24-2-2022.

529. No seguro de responsabilidade civil facultativo, não cabe o ajuizamento de ação pelo terceiro prejudicado direta e exclusivamente em face da seguradora do apontado causador do dano.

530. Nos contratos bancários, na impossibilidade de comprovar a taxa de juros efetivamente contratada – por ausência de pactuação ou pela falta de juntada do instrumento aos autos –, aplica-se a taxa média de mercado, divulgada pelo BACEN, praticada nas operações da mesma espécie, salvo se a taxa cobrada for mais vantajosa para o devedor.

531. Em ação monitória fundada em cheque prescrito ajuizada contra o emitente, é dispensável a menção ao negócio jurídico subjacente à emissão da cártula.

532. Constitui prática comercial abusiva o envio de cartão de crédito sem prévia e expressa solicitação do consumidor, configurando-se ato ilícito indenizável e sujeito à aplicação de multa administrativa.

533. Para o reconhecimento da prática de falta disciplinar no âmbito da execução penal, é imprescindível a instauração de procedimento administrativo pelo diretor do estabelecimento prisional, assegurado o direito de defesa, a ser realizado por advogado constituído ou defensor público nomeado.

534. A prática de falta grave interrompe a contagem do prazo para a progressão de regime de cumprimento de pena, o qual se reinicia a partir do cometimento dessa infração.

535. A prática de falta grave não interrompe o prazo para fim de comutação de pena ou indulto.

536. A suspensão condicional do processo e a transação penal não se aplicam na hipótese de delitos sujeitos ao rito da Lei Maria da Penha.

537. Em ação de reparação de danos, a seguradora denunciada, se aceitar a denunciação ou contestar o pedido do autor, pode ser condenada, direta e solidariamente junto com o segurado, ao pagamento da indenização devida à vítima, nos limites contratados na apólice.

538. As administradoras de consórcio têm liberdade para estabelecer a respectiva taxa de administração, ainda que fixada em percentual superior a dez por cento.

539. É permitida a capitalização de juros com periodicidade inferior à anual em contratos celebrados com instituições integrantes do Sistema Financeiro Nacional a partir de 31-3-2000 (MP nº 1.963-17/2000, reeditada como MP nº 2.170-36/2001), desde que expressamente pactuada.

540. Na ação de cobrança do seguro DPVAT, constitui faculdade do autor escolher entre os foros do seu domicílio, do local do acidente ou ainda do domicílio do réu.

541. A previsão no contrato bancário de taxa de juros anual superior ao duodécuplo da mensal é suficiente para permitir a cobrança da taxa efetiva anual contratada.

542. A ação penal relativa ao crime de lesão corporal resultante de violência doméstica contra a mulher é pública incondicionada.

543. Na hipótese de resolução de contrato de promessa de compra e venda de imóvel submetido ao Código de Defesa do Consumidor, deve ocorrer a imediata restituição das parcelas pagas pelo promitente comprador – integralmente, em caso de culpa exclusiva do promitente vendedor/construtor, ou parcialmente, caso tenha sido o comprador quem deu causa ao desfazimento.

544. É válida a utilização de tabela do Conselho Nacional de Seguros Privados para estabelecer a proporcionalidade da indenização do seguro DPVAT ao grau de invalidez também na hipótese de sinistro anterior a 16-12-2008, data da entrada em vigor da Medida Provisória nº 451/2008.

545. Quando a confissão for utilizada para a formação do convencimento do julgador, o réu fará jus à atenuante prevista no art. 65, III, *d*, do Código Penal.

546. A competência para processar e julgar o crime de uso de documento falso é firmada em razão da entidade ou órgão ao qual foi apresentado o documento público, não importando a qualificação do órgão expedidor.

547. Nas ações em que se pleiteia o ressarcimento dos valores pagos a título de participação financeira do consumidor no custeio de construção de rede elétrica, o prazo prescricional é de vinte anos na vigência do Código Civil de 1916. Na vigência do Código Civil de 2002, o prazo é de cinco anos se houver previsão contratual de ressarcimento e de três anos na ausência de cláusula nesse sentido, observada a regra de transição disciplinada em seu art. 2.028.

548. Incumbe ao credor a exclusão do registro da dívida em nome do devedor no cadastro de inadimplentes no prazo de cinco dias úteis, a partir do integral e efetivo pagamento do débito.

549. É válida a penhora de bem de família pertencente a fiador de contrato de locação.

550. A utilização de escore de crédito, método estatístico de avaliação de risco que não constitui banco de dados, dispensa o consentimento do consumidor, que terá o direito de solicitar esclarecimentos sobre as informações pessoais valoradas e as fontes dos dados considerados no respectivo cálculo.

551. Nas demandas por complementação de ações de empresas de telefonia, admite-se a condenação ao pagamento de dividendos e juros sobre capital próprio independentemente de pedido expresso. No entanto, somente quando previstos no título executivo, poderão ser objeto de cumprimento de sentença.

552. O portador de surdez unilateral não se qualifica como pessoa com deficiência para o fim de disputar as vagas reservadas em concursos públicos.

553. Nos casos de empréstimo compulsório sobre o consumo de energia elétrica, é competente a Justiça estadual para o julgamento de demanda proposta exclusivamente contra a Eletrobrás. Requerida a intervenção da União no feito após a prolação de sentença pelo juízo estadual, os autos devem ser remetidos ao Tribunal Regional Federal competente para o julgamento da apelação se deferida a intervenção.

554. Na hipótese de sucessão empresarial, a responsabilidade da sucessora abrange não apenas os tributos devidos pela sucedida, mas também as multas moratórias ou punitivas referentes a fatos geradores ocorridos até a data da sucessão.

555. Quando não houver declaração do débito, o prazo decadencial quinquenal para o Fisco constituir o crédito tributário conta-se exclusivamente na forma do art. 173, I, do CTN, nos casos em que a legislação atribui ao sujeito passivo o dever de antecipar o pagamento sem prévio exame da autoridade administrativa.

556. É indevida a incidência de imposto de renda sobre o valor da complementação de aposentadoria pago por entidade de previdência privada e em relação ao resgate de contribuições recolhidas para referidas entidades patrocinadoras no período de 1º-1-1989 a 31-12-1995, em razão da isenção concedida pelo art. 6º, VII, *b*, da Lei nº 7.713/1988, na redação anterior à que lhe foi dada pela Lei nº 9.250/1995.

557. A renda mensal inicial (RMI) alusiva ao benefício de aposentadoria por invalidez precedido de auxílio-doença será apurada na forma do art. 36, § 7º, do Decreto nº 3.048/1999, observando-se, porém, os critérios previstos no art. 29, § 5º, da Lei nº 8.213/1991, quando intercalados períodos de afastamento e de atividade laboral.

558. Em ações de execução fiscal, a petição inicial não pode ser indeferida sob o argumento da falta de indicação do CPF e/ou RG ou CNPJ da parte executada.

559. Em ações de execução fiscal, é desnecessária a instrução da petição inicial com o demonstrativo de cálculo do débito, por tratar-se de requisito não previsto no art. 6º da Lei nº 6.830/1980.

560. A decretação da indisponibilidade de bens e direitos, na forma do art. 185-A do CTN, pressupõe o exaurimento das diligências na busca por bens penhoráveis, o qual fica caracterizado quando infrutíferos o pedido de constrição sobre ativos financeiros e a expedição de ofícios aos registros públicos do domicílio do executado, ao DENATRAN ou DETRAN.

561. Os Conselhos Regionais de Farmácia possuem atribuição para fiscalizar e autuar as farmácias e drogarias quanto ao cumprimento da exigência de manter profissional legalmente habilitado (farmacêutico) durante todo o período de funcionamento dos respectivos estabelecimentos.

562. É possível a remição de parte do tempo de execução da pena quando o condenado, em regime fechado ou semiaberto, desempenha atividade laborativa, ainda que extramuros.

563. O Código de Defesa do Consumidor é aplicável às entidades abertas de previdência complementar, não incidindo nos contratos previdenciários celebrados com entidades fechadas.

564. No caso de reintegração de posse em arrendamento mercantil financeiro, quando a soma da importância antecipada a título de valor residual garantido (VRG) com o valor da venda do bem ultrapassar o total do VRG previsto contratualmente, o arrendatário terá direito de receber a respectiva diferença, cabendo, porém, se estipulado no contrato, o prévio desconto de outras despesas ou encargos pactuados.

565. A pactuação das tarifas de abertura de crédito (TAC) e de emissão de carnê (TEC), ou outra denominação para o mesmo fato gerador, é válida apenas nos contratos bancários anteriores ao início da vigência da Resolução-CMN n. 3.518/2007, em 30/4/2008.

566. Nos contratos bancários posteriores ao início da vigência da Resolução-CMN n. 3.518/2007, em 30/4/2008, pode ser cobrada a tarifa de cadastro no início do relacionamento entre o consumidor e a instituição financeira.

567. Sistema de vigilância realizado por monitoramento eletrônico ou por existência de segurança no interior de estabelecimento comercial, por si só, não torna impossível a configuração do crime de furto.

568. O relator, monocraticamente e no Superior Tribunal de Justiça, poderá dar ou negar provimento ao recurso quando houver entendimento dominante acerca do tema.

569. Na importação, é indevida a exigência de nova certidão negativa de débito no desembaraço aduaneiro, se já apresentada a comprovação da quitação de tributos federais quando da concessão do benefício relativo ao regime de *drawback*.

570. Compete à Justiça Federal o processo e julgamento de demanda em que se discute a ausência de ou o obstáculo ao credenciamento de instituição particular de ensino superior no Ministério da Educação como condição de expedição de diploma de ensino a distância aos estudantes.

571. A taxa progressiva de juros não se aplica às contas vinculadas ao FGTS de trabalhadores qualificados como avulsos. (Súmula nº 571, PRIMEIRA SEÇÃO, julgado em 27-4-2016, *DJe* 2-5-2016)

572. O Banco do Brasil, na condição de gestor do Cadastro de Emitentes de Cheques sem Fundos (CCF), não tem a responsabilidade de notificar previamente o devedor acerca da sua inscrição no aludido cadastro, tampouco legitimidade passiva para as ações de reparação de danos fundadas na ausência de prévia comunicação.

573. Nas ações de indenização decorrente de seguro DPVAT, a ciência inequívoca do caráter permanente da invalidez, para fins de contagem do prazo prescricional, depende de laudo médico, exceto nos casos de invalidez permanente notória ou naqueles em que o conhecimento anterior resulte comprovado na fase de instrução.

574. Para a configuração do delito de violação de direito autoral e a comprovação de sua materialidade, é suficiente a perícia realizada por amostragem do produto apreendido, nos aspectos externos do material, e é desnecessária a identificação dos titulares dos direitos autorais violados ou daqueles que os representem.

575. Constitui crime a conduta de permitir, confiar ou entregar a direção de veículo automotor a pessoa que não seja habilitada, ou que se encontre em qualquer das situações previstas no art. 310 do CTB, independentemente da ocorrência de lesão ou de perigo de dano concreto na condução do veículo.

576. Ausente requerimento administrativo no INSS, o termo inicial para a implantação da aposentadoria por invalidez concedida judicialmente será a data da citação válida.

577. É possível reconhecer o tempo de serviço rural anterior ao documento mais antigo apresentado, desde que amparado em convincente prova testemunhal colhida sob o contraditório.

578. Os empregados que laboram no cultivo da cana-de-açúcar para empresa agroindustrial ligada ao setor sucroalcooleiro detêm a qualidade de rurícola, ensejando a isenção do FGTS desde a edição da Lei Complementar nº 11/1971 até a promulgação da Constituição Federal de 1988.

579. Não é necessário ratificar o recurso especial interposto na pendência do julgamento dos embargos de declaração, quando inalterado o resultado anterior.

580. A correção monetária nas indenizações do seguro DPVAT por morte ou invalidez, prevista no § 7º do art. 5º da Lei nº 6.194/1974, redação dada pela Lei nº 11.482/2007, incide desde a data do evento danoso.

581. A recuperação judicial do devedor principal não impede o prosseguimento das ações e execuções ajuizadas contra terceiros devedores solidários ou coobrigados em geral, por garantia cambial, real ou fidejussória.

582. Consuma-se o crime de roubo com a inversão da posse do bem mediante emprego de violência ou grave ameaça, ainda que por breve tempo e em seguida à perseguição imediata ao agente e recuperação da coisa roubada, sendo prescindível a posse mansa e pacífica ou desvigiada.

583. O arquivamento provisório previsto no art. 20 da Lei nº 10.522/2002, dirigido aos débitos inscritos como dívida ativa da União pela Procuradoria-Geral da Fazenda Nacional ou por ela cobrados, não se aplica às execuções fiscais movidas pelos conselhos de fiscalização profissional ou pelas autarquias federais.

584. As sociedades corretoras de seguros, que não se confundem com as sociedades de valores mobiliários ou com os agentes autônomos de seguro privado, estão fora do rol de entidades constantes do art. 22, § 1º, da Lei nº 8.212/1991, não se sujeitando à majoração da alíquota da COFINS prevista no art. 18 da Lei nº 10.684/2003.

585. A responsabilidade solidária do ex-proprietário, prevista no art. 134 do Código de Trânsito Brasileiro – CTB, não abrange o IPVA incidente sobre o veículo automotor, no que se refere ao período posterior à sua alienação.

586. A exigência de acordo entre o credor e o devedor na escolha do agente fiduciário aplica-se, exclusivamente, aos contratos não vinculados ao Sistema Financeiro da Habitação – SFH.

587. Para a incidência da majorante prevista no art. 40, V, da Lei nº 11.343/2006, é desnecessária a efetiva transposição de fronteiras entre estados da Federação, sendo suficiente a demonstração inequívoca da intenção de realizar o tráfico interestadual.

588. A prática de crime ou contravenção penal contra a mulher com violência ou grave ameaça no ambiente doméstico impossibilita a substituição da pena privativa de liberdade por restritiva de direitos.

589. É inaplicável o princípio da insignificância nos crimes ou contravenções penais praticados contra a mulher no âmbito das relações domésticas.

590. Constitui acréscimo patrimonial a atrair a incidência do imposto de renda, em caso de liquidação de entidade de previdência privada, a quantia que couber a cada participante, por rateio do patrimônio, superior ao valor das respectivas contribuições à entidade em liquidação, devidamente atualizadas e corrigidas.

591. É permitida a "prova emprestada" no processo administrativo disciplinar, desde que devidamente autorizada pelo juízo competente e respeitados o contraditório e a ampla defesa.

592. O excesso de prazo para a conclusão do processo administrativo disciplinar só causa nulidade se houver demonstração de prejuízo à defesa.

593. O crime de estupro de vulnerável se configura com a conjunção carnal ou prática de ato libidinoso com menor de 14 anos, sendo irrelevante eventual consentimento da vítima para a prática do ato, sua experiência sexual anterior ou existência de relacionamento amoroso com o agente.

594. O Ministério Público tem legitimidade ativa para ajuizar ação de alimentos em proveito de criança ou adolescente independentemente do exercício do poder familiar dos pais, ou do fato de o menor se encontrar nas situações de risco descritas no art. 98 do Estatuto da Criança e do Adolescente, ou de quaisquer outros questionamentos acerca da existência ou eficiência da Defensoria Pública na comarca.

595. As instituições de ensino superior respondem objetivamente pelos danos suportados pelo aluno/consumidor pela realização de curso não reconhecido pelo Ministério da Educação, sobre o qual não lhe tenha sido dada prévia e adequada informação.

596. A obrigação alimentar dos avós tem natureza complementar e subsidiária, somente se configurando no caso de impossibilidade total ou parcial de seu cumprimento pelos pais.

597. A cláusula contratual de plano de saúde que prevê carência para utilização dos serviços de assistência médica nas situações de emergência ou de urgência é considerada abusiva se ultrapassado o prazo máximo de 24 horas contado da data da contratação.

598. É desnecessária a apresentação de laudo médico oficial para o reconhecimento judicial da isenção do imposto de renda, desde que o magistrado entenda suficientemente demonstrada a doença grave por outros meios de prova.

599. O princípio da insignificância é inaplicável aos crimes contra a administração pública.

600. Para a configuração da violência doméstica e familiar prevista no artigo 5º da Lei nº 11.340/2006 (Lei Maria da Penha) não se exige a coabitação entre autor e vítima.

601. O Ministério Público tem legitimidade ativa para atuar na defesa de direitos difusos, coletivos e individuais homogêneos dos consumidores, ainda que decorrentes da prestação de serviço público.

602. O Código de Defesa do Consumidor é aplicável aos empreendimentos habitacionais promovidos pelas sociedades cooperativas.

603. *Cancelada. DJe* de 27-8-2018.

604. O mandado de segurança não se presta para atribuir efeito suspensivo a recurso criminal interposto pelo Ministério Público.

605. A superveniência da maioridade penal não interfere na apuração de ato infracional nem na aplicabilidade de medida socioeducativa em curso, inclusive na liberdade assistida, enquanto não atingida a idade de 21 anos.

606. Não se aplica o princípio da insignificância a casos de transmissão clandestina de sinal de internet via radiofrequência, que caracteriza o fato típico previsto no art. 183 da Lei nº 9.472/1997.

607. A majorante do tráfico transnacional de drogas (art. 40, I, da Lei nº 11.343/2006) configura-se com a prova da destinação internacional das drogas, ainda que não consumada a transposição de fronteiras.

608. Aplica-se o Código de Defesa do Consumidor aos contratos de plano de saúde, salvo os administrados por entidades de autogestão.

609. A recusa de cobertura securitária, sob a alegação de doença preexistente, é ilícita se não houve a exigência de exames médicos prévios à contratação ou a demonstração de má-fé do segurado.

610. O suicídio não é coberto nos dois primeiros anos de vigência do contrato de seguro de vida, ressalvado o direito do beneficiário à devolução do montante da reserva técnica formada.

611. Desde que devidamente motivada e com amparo em investigação ou sindicância, é permitida a instauração de processo administrativo disciplinar com base em denúncia anônima, em face do poder-dever de autotutela imposto à Administração.

612. O certificado de entidade beneficente de assistência social (CEBAS), no prazo de sua validade, possui natureza declaratória para fins tributários, retroagindo seus efeitos à data em que demonstrado o cumprimento dos requisitos estabelecidos por lei complementar para a fruição da imunidade.

613. Não se admite a aplicação da teoria do fato consumado em tema de Direito Ambiental.

614. O locatário não possui legitimidade ativa para discutir a relação jurídico-tributária de IPTU e de taxas referentes ao imóvel alugado nem para repetir indébito desses tributos.

615. Não pode ocorrer ou permanecer a inscrição do município em cadastros restritivos fundada em irregularidades na gestão anterior quando, na gestão sucessora, são tomadas as providências cabíveis à reparação dos danos eventualmente cometidos.

616. A indenização securitária é devida quando ausente a comunicação prévia do segurado acerca do atraso no pagamento do prêmio, por constituir requisito essencial para a suspensão ou resolução do contrato de seguro.

617. A ausência de suspensão ou revogação do livramento condicional antes do término do período de prova enseja a extinção da punibilidade pelo integral cumprimento da pena.

618. A inversão do ônus da prova aplica-se às ações de degradação ambiental.

619. A ocupação indevida de bem público configura mera detenção, de natureza precária, insuscetível de retenção ou indenização por acessões e benfeitorias.

620. A embriaguez do segurado não exime a seguradora do pagamento da indenização prevista em contrato de seguro de vida.

621. Os efeitos da sentença que reduz, majora ou exonera o alimentante do pagamento retroagem à data da citação, vedadas a compensação e a repetibilidade.

622. A notificação do auto de infração faz cessar a contagem da decadência para a constituição do crédito tributário; exaurida a instância administrativa com o decurso do prazo para a impugnação ou com a notificação de seu julgamento definitivo e esgotado o prazo concedido pela Administração para o pagamento voluntário, inicia-se o prazo prescricional para a cobrança judicial.

623. As obrigações ambientais possuem natureza *propter rem*, sendo admissível cobrá-las do proprietário ou possuidor atual e/ou dos anteriores, à escolha do credor.

624. É possível cumular a indenização do dano moral com a reparação econômica da Lei nº 10.559/2002 (Lei da Anistia Política).

625. O pedido administrativo de compensação ou de restituição não interrompe o prazo prescricional para a ação de repetição de indébito tributário de que trata o art. 168 do CTN nem o da execução de título judicial contra a Fazenda Pública.

626. A incidência do IPTU sobre imóvel situado em área considerada pela lei local como urbanizável ou de expansão urbana não está condicionada à existência dos melhoramentos elencados no art. 32, § 1º, do CTN.

627. O contribuinte faz jus à concessão ou à manutenção da isenção do imposto de renda, não se lhe exigindo a demonstração da contemporaneidade dos sintomas da doença nem da recidiva da enfermidade.

628. A teoria da encampação é aplicada no mandado de segurança quando presentes, cumulativamente, os seguintes requisitos:

a) existência de vínculo hierárquico entre a autoridade que prestou informações e a que ordenou a prática do ato impugnado;

b) manifestação a respeito do mérito nas informações prestadas; e

c) ausência de modificação de competência estabelecida na Constituição Federal.

629. Quanto ao dano ambiental, é admitida a condenação do réu à obrigação de fazer ou à de não fazer cumulada com a de indenizar.

630. A incidência da atenuante da confissão espontânea no crime de tráfico ilícito de entorpecentes exige o reconhecimento da traficância pelo acusado, não bastando a mera admissão da posse ou propriedade para uso próprio.

631. O indulto extingue os efeitos primários da condenação (pretensão executória), mas não atinge os efeitos secundários, penais ou extrapenais.

632. Nos contratos de seguro regidos pelo Código Civil, a correção monetária sobre a indenização securitária incide a partir da contratação até o efetivo pagamento.

633. A Lei nº 9.784/1999, especialmente no que diz respeito ao prazo decadencial para a revisão de atos administrativos no âmbito da Administração Pública federal, pode ser aplicada, de forma subsidiária, aos estados e municípios, se inexistente norma local e específica que regule a matéria.

634. Ao particular aplica-se o mesmo regime prescricional previsto na Lei de Improbidade Administrativa para o agente público.

635. Os prazos prescricionais previstos no art. 142 da Lei nº 8.112/1990 iniciam-se na data em que a autoridade competente para a abertura do procedimento administrativo toma conhecimento do fato, interrompem-se com o primeiro ato de instauração válido – sindicância de caráter punitivo ou processo disciplinar – e voltam a fluir por inteiro, após decorridos 140 dias desde a interrupção.

636. A folha de antecedentes criminais é documento suficiente a comprovar os maus antecedentes e a reincidência.

637. O ente público detém legitimidade e interesse para intervir, incidentalmente, na ação possessória entre particulares, podendo deduzir qualquer matéria defensiva, inclusive, se for o caso, o domínio.

638. É abusiva a cláusula contratual que restringe a responsabilidade de instituição financeira pelos danos decorrentes de roubo, furto ou extravio de bem entregue em garantia no âmbito de contrato de penhor civil.

639. Não fere o contraditório e o devido processo decisão que, sem ouvida prévia da defesa, determine transferência ou permanência de custodiado em estabelecimento penitenciário federal.

640. O benefício fiscal que trata do Regime Especial de Reintegração de Valores Tributários para as Empresas Exportadoras (REINTEGRA) alcança as operações de venda de mercadorias de origem nacional para a Zona Franca de Manaus, para consumo, industrialização ou reexportação para o estrangeiro.

641. A portaria de instauração do processo administrativo disciplinar prescinde da exposição detalhada dos fatos a serem apurados.

642. O direito à indenização por danos morais transmite-se com o falecimento do titular, possuindo os herdeiros da vítima legitimidade ativa para ajuizar ou prosseguir a ação indenizatória.

643. A execução da pena restritiva de direitos depende do trânsito em julgado da condenação.

644. O núcleo de prática jurídica deve apresentar o instrumento de mandato quando constituído pelo réu hipossuficiente, salvo nas hipóteses em que é nomeado pelo juízo.

645. O crime de fraude à licitação é formal, e sua consumação prescinde da comprovação do prejuízo ou da obtenção de vantagem.

646. É irrelevante a natureza da verba trabalhista para fins de incidência da contribuição ao FGTS, visto que apenas as verbas elencadas em lei (art. 28, § 9º, da Lei nº 8.212/1991), em rol taxativo, estão excluídas da sua base de cálculo, por força do disposto no art. 15, § 6º, da Lei nº 8.036/1990.

647. São imprescritíveis as ações indenizatórias por danos morais e materiais decorrentes de atos de perseguição política com violação de direitos fundamentais ocorridos durante o regime militar.

648. A superveniência da sentença condenatória prejudica o pedido de trancamento da ação penal por falta de justa causa feito em *habeas corpus*.

649. Não incide ICMS sobre o serviço de transporte interestadual de mercadorias destinadas ao exterior.

650. A autoridade administrativa não dispõe de discricionariedade para aplicar ao servidor pena diversa de demissão quando caraterizadas as hipóteses previstas no art. 132 da Lei nº 8.112/1990.

651. Compete à autoridade administrativa aplicar a servidor público a pena de demissão em razão da prática de improbidade administrativa, independentemente de prévia condenação, por autoridade judiciária, à perda da função pública.

652. A responsabilidade civil da Administração Pública por danos ao meio ambiente, decorrente de sua omissão no dever de fiscalização, é de caráter solidário, mas de execução subsidiária.

653. O pedido de parcelamento fiscal, ainda que indeferido, interrompe o prazo prescricional, pois caracteriza confissão extrajudicial do débito.

654. A tabela de preços máximos ao consumidor (PMC) publicada pela ABCFarma, adotada pelo FISCO para a fixação da base de cálculo do ICMS na sistemática da substituição tributária, não se aplica aos medicamentos destinados exclusivamente para uso de hospitais e clínicas.

655. Aplica-se à união estável contraída por septuagenário o regime da separação obrigatória de bens, comunicando-se os adquiridos na constância, quando comprovado o esforço comum.

656. É válida a cláusula de prorrogação automática de fiança na renovação do contrato principal. A exoneração do fiador depende da notificação prevista no art. 835 do Código Civil.

SÚMULAS DO CONSELHO ADMINISTRATIVO DE RECURSOS FISCAIS – CARF

1. Importa renúncia às instâncias administrativas a propositura pelo sujeito passivo de ação judicial por qualquer modalidade processual, antes ou depois do lançamento de ofício, com o mesmo objeto do processo administrativo, sendo cabível apenas a apreciação, pelo órgão de julgamento administrativo, de matéria distinta da constante do processo judicial.

- A Port. nº 277, de 7-6-2018, do Ministério da Fazenda, atribui efeito vinculante a esta súmula.

2. O CARF não é competente para se pronunciar sobre a inconstitucionalidade de lei tributária.

3. Para a determinação da base de cálculo do Imposto de Renda das Pessoas Jurídicas e da Contribuição Social sobre o Lucro, a partir do ano-calendário de 1995, o lucro líquido ajustado poderá ser reduzido em, no máximo, trinta por cento, tanto em razão da compensação de prejuízo, como em razão da compensação da base de cálculo negativa.

- A Port. nº 277, de 7-6-2018, do Ministério da Fazenda, atribui efeito vinculante a esta súmula.

4. A partir de 1º de abril de 1995, os juros moratórios incidentes sobre débitos tributários administrados pela Secretaria da Receita Federal são devidos, no período de inadimplência, à taxa referencial do Sistema Especial de Liquidação e Custódia – SELIC para títulos federais.

- A Port. nº 277, de 7-6-2018, do Ministério da Fazenda, atribui efeito vinculante a esta súmula.

5. São devidos juros de mora sobre o crédito tributário não integralmente pago no vencimento, ainda que suspensa sua exigibilidade, salvo quando existir depósito no montante integral.

- A Port. nº 277, de 7-6-2018, do Ministério da Fazenda, atribui efeito vinculante a esta súmula.

6. É legítima a lavratura de auto de infração no local em que foi constatada a infração, ainda que fora do estabelecimento do contribuinte.

- A Port. nº 277, de 7-6-2018, do Ministério da Fazenda, atribui efeito vinculante a esta súmula.

7. A ausência da indicação da data e da hora de lavratura do auto de infração não invalida o lançamento de ofício quando suprida pela data da ciência.

- A Port. nº 277, de 7-6-2018, do Ministério da Fazenda, atribui efeito vinculante a esta súmula.

8. O Auditor Fiscal da Receita Federal é competente para proceder ao exame da escrita fiscal da pessoa jurídica, não lhe sendo exigida a habilitação profissional de contador.

- A Port. nº 277, de 7-6-2018, do Ministério da Fazenda, atribui efeito vinculante a esta súmula.

9. É válida a ciência da notificação por via postal realizada no domicílio fiscal eleito pelo contribuinte, confirmada com a assinatura do recebedor da correspondência, ainda que este não seja o representante legal do destinatário.

- A Port. nº 277, de 7-6-2018, do Ministério da Fazenda, atribui efeito vinculante a esta súmula.

10. Para fins de contagem do prazo decadencial para a constituição de crédito tributário relativo a lucro inflacionário diferido, deve-se levar em conta o período de apuração de sua efetiva realização ou o período em que, em face da legislação, deveria ter sido realizado, ainda que em percentuais mínimos.

- A Port. nº 129, de 1º-4-2019, do Ministério de Estado da Economia, atribui efeito vinculante a esta súmula.

11. Não se aplica a prescrição intercorrente no processo administrativo fiscal.

- A Port. nº 277, de 7-6-2018, do Ministério da Fazenda, atribui efeito vinculante a esta súmula.

12. Constatada a omissão de rendimentos sujeitos à incidência do imposto de renda na declaração de ajuste anual, é legítima a constituição do crédito tributário na pessoa física do beneficiário, ainda que a fonte pagadora não tenha procedido à respectiva retenção.

- A Port. nº 277, de 7-6-2018, do Ministério da Fazenda, atribui efeito vinculante a esta súmula.

13. Menor pobre que o sujeito passivo crie e eduque pode ser considerado dependente na Declaração do Imposto de Renda da Pessoa Física, desde que o declarante detenha a guarda judicial.

- A Port. nº 277, de 7-6-2018, do Ministério da Fazenda, atribui efeito vinculante a esta súmula.

14. A simples apuração de omissão de receita ou de rendimentos, por si só, não autoriza a qualificação da multa de ofício, sendo necessária a comprovação do evidente intuito de fraude do sujeito passivo.

15. A base de cálculo do PIS, prevista no artigo 6º da Lei Complementar nº 7, de 1970, é o faturamento do sexto mês anterior, sem correção monetária.

- A Port. nº 383, de 12-7-2010, do Ministério da Fazenda, atribui efeito vinculante a esta súmula.

16. O direito ao aproveitamento dos créditos de IPI decorrentes da aquisição de matérias-primas, produtos intermediários e material de embalagem utilizados na fabricação de produtos cuja saída seja com isenção ou alíquota zero, nos termos do art. 11 da Lei nº 9.779, de 1999, alcança, exclusivamente, os insumos recebidos pelo estabelecimento do contribuinte a partir de 1º de janeiro de 1999.

- A Port. nº 277, de 7-6-2018, do Ministério da Fazenda, atribui efeito vinculante a esta súmula.

17. Não cabe a exigência de multa de ofício nos lançamentos efetuados para prevenir a decadência, quando a exigibilidade estiver suspensa na forma dos incisos IV ou V do art. 151 do CTN e a suspensão do débito tenha ocorrido antes do início de qualquer procedimento de ofício a ele relativo.

- A Port. nº 383, de 12-7-2010, do Ministério da Fazenda, atribui efeito vinculante a esta súmula.

18. A aquisição de matérias-primas, produtos intermediários e material de embalagem tributados à alíquota zero não gera crédito de IPI.

- A Port. nº 277, de 7-6-2018, do Ministério da Fazenda, atribui efeito vinculante a esta súmula.

19. Não integram a base de cálculo do crédito presumido da Lei nº 9.363, de 1996, as aquisições de combustíveis e energia elétrica uma vez que não são consumidos em contato direto com o produto, não se enquadrando nos conceitos de matéria-prima ou produto intermediário.

- A Port. nº 277, de 7-6-2018, do Ministério da Fazenda, atribui efeito vinculante a esta súmula.

20. Não há direito aos créditos de IPI em relação às aquisições de insumos aplicados na fabricação de produtos classificados na TIPI como NT.

- A Port. nº 277, de 7-6-2018, do Ministério da Fazenda, atribui efeito vinculante a esta súmula.

21. É nula, por vício formal, a notificação de lançamento que não contenha a identificação da autoridade que a expediu.

- A Port. nº 383, de 12-7-2010, do Ministério da Fazenda, atribui efeito vinculante a esta súmula.

22. É nulo o ato declaratório de exclusão do Simples Federal, instituído pela Lei nº 9.317, de 1996, que se limite a consignar a existência de pendências perante a Dívida Ativa da União ou do INSS, sem a indicação dos débitos inscritos cuja exigibilidade não esteja suspensa.

- A Port. nº 129, de 1º-4-2019, do Ministério de Estado da Economia, atribui efeito vinculante a esta súmula.

23. A autoridade administrativa pode rever o Valor da Terra Nua mínimo (VTNm) que vier a ser questionado pelo contribuinte do imposto sobre a propriedade territorial rural (ITR) relativo aos exercícios de 1994 a 1996, mediante a apresentação de laudo técnico de avaliação do imóvel, emitido por entidade de reconhecida capacidade técnica ou por profissional devidamente habilitado, que se reporte à época do fato gerador e demonstre, de forma inequívoca, a legitimidade da alteração pretendida, inclusive com a indicação das fontes pesquisadas.

- A Port. nº 277, de 7-6-2018, do Ministério da Fazenda, atribui efeito vinculante a esta súmula.

24. Não compete à Secretaria da Receita Federal do Brasil promover a restituição de obrigações da Eletrobrás nem sua compensação com débitos tributários.

- A Port. nº 277, de 7-6-2018, do Ministério da Fazenda, atribui efeito vinculante a esta súmula.

25. A presunção legal de omissão de receita ou de rendimentos, por si só, não autoriza a qualificação da multa de ofício, sendo necessária a comprovação de uma das hipóteses dos arts. 71, 72 e 73 da Lei nº 4.502/1964.

- A Port. nº 383, de 12-7-2010, do Ministério da Fazenda, atribui efeito vinculante a esta súmula.

26. A presunção estabelecida no art. 42 da Lei nº 9.430/96 dispensa o Fisco de comprovar o consumo da renda representada pelos depósitos bancários sem origem comprovada.

- A Port. nº 277, de 7-6-2018, do Ministério da Fazenda, atribui efeito vinculante a esta súmula.

27. É valido o lançamento formalizado por Auditor-Fiscal da Receita Federal do Brasil de jurisdição diversa da do domicílio tributário do sujeito passivo.

- A Port. nº 277, de 7-6-2018, do Ministério da Fazenda, atribui efeito vinculante a esta súmula.

28. O CARF não é competente para se pronunciar sobre controvérsias referentes a Processo Administrativo de Representação Fiscal para Fins Penais.

- A Port. nº 383, de 12-7-2010, do Ministério da Fazenda, atribui efeito vinculante a esta súmula.

29. Os cotitulares da conta bancária que apresentem declaração de rendimentos em separado devem ser intimados para comprovar a origem dos depósitos nela efetuados, na fase que precede à lavratura do auto de infração com base na presunção legal de omissão de receitas ou rendimentos, sob pena de exclusão, da base de cálculo do lançamento, dos valores referentes às contas conjuntas em relação às quais não se intimou todos os cotitulares.

- A Port. nº 129, de 1º-4-2019, do Ministério de Estado da Economia, atribui efeito vinculante a esta súmula.

30. Na tributação da omissão de rendimentos ou receitas caracterizada por depósitos bancários com origem não comprovada, os depósitos de um mês não servem para comprovar a origem de depósitos havidos em meses subsequentes.

- A Port. nº 277, de 7-6-2018, do Ministério da Fazenda, atribui efeito vinculante a esta súmula.

31. Descabe a cobrança de multa de ofício isolada exigida sobre os valores de tributos recolhidos extemporaneamente, sem o acréscimo da multa de mora, antes do início do procedimento fiscal.

- A Port. nº 129, de 1º-4-2019, do Ministério de Estado da Economia, atribui efeito vinculante a esta súmula.

32. A titularidade dos depósitos bancários pertence às pessoas indicadas nos dados cadastrais, salvo quando comprovado com documentação hábil e idônea o uso da conta por terceiros.

- A Port. nº 277, de 7-6-2018, do Ministério da Fazenda, atribui efeito vinculante a esta súmula.

33. A declaração entregue após o início do procedimento fiscal não produz quaisquer efeitos sobre o lançamento de ofício.

- A Port. nº 277, de 7-6-2018, do Ministério da Fazenda, atribui efeito vinculante a esta súmula.

34. Nos lançamentos em que se apura omissão de receita ou rendimentos, decorrente de depósitos bancários de origem não comprovada, é cabível a qualificação da multa de ofício, quando constatada a movimentação de recursos em contas bancárias de interpostas pessoas.

- A Port. nº 383, de 12-7-2010, do Ministério da Fazenda, atribui efeito vinculante a esta súmula.

35. O art. 11, § 3º, da Lei nº 9.311/1996, com a redação dada pela Lei nº 10.174/2001, que autoriza o uso de informações da CPMF para a constituição do crédito tributário de outros tributos, aplica-se retroativamente.

- A Port. nº 383, de 12-7-2010, do Ministério da Fazenda, atribui efeito vinculante a esta súmula.

36. A inobservância do limite legal de trinta por cento para compensação de prejuízos fiscais ou bases negativas da CSLL, quando comprovado pelo sujeito passivo que o tributo que deixou de ser pago em razão dessas compensações o foi em período posterior, caracteriza postergação do pagamento do IRPJ ou da CSLL, o que implica em excluir da exigência a parcela paga posteriormente.

- A Port. nº 383, de 12-7-2010, do Ministério da Fazenda, atribui efeito vinculante a esta súmula.

37. Para fins de deferimento do Pedido de Revisão de Ordem de Incentivos Fiscais (PERC), a exigência de comprovação de regularidade fiscal deve se ater aos débitos existentes até a data de entrega da declaração de Rendimentos da Pessoa Jurídica na qual se deu a opção pelo incentivo, admitindo-se a prova da regularidade em qualquer momento do processo administrativo, independentemente da época em que tenha ocorrido a regularização, e inclusive mediante apresentação de certidão de regularidade posterior à data da opção.

- A Port. nº 129, de 1º-4-2019, do Ministério de Estado da Economia, atribui efeito vinculante a esta súmula.

38. O fato gerador do Imposto sobre a Renda da Pessoa Física, relativo à omissão de rendimentos apurada a partir de depósitos bancários de origem não comprovada, ocorre no dia 31 de dezembro do ano-calendário.

- A Port. nº 383, de 12-7-2010, do Ministério da Fazenda, atribui efeito vinculante a esta súmula.

39. *Revogada.* Port. do CARF nº 3, de 9-1-2018.

SÚMULAS

40. A apresentação de recibo emitido por profissional para o qual haja Súmula Administrativa de Documentação Tributariamente Ineficaz, desacompanhado de elementos de prova da efetividade dos serviços e do correspondente pagamento, impede a dedução a título de despesas médicas e enseja a qualificação da multa de ofício.

• A Port. nº 277, de 7-6-2018, do Ministério da Fazenda, atribui efeito vinculante a esta súmula.

41. A não apresentação do Ato Declaratório Ambiental (ADA) emitido pelo IBAMA, ou órgão conveniado, não pode motivar o lançamento de ofício relativo a fatos geradores ocorridos até o exercício de 2000.

• A Port. nº 277, de 7-6-2018, do Ministério da Fazenda, atribui efeito vinculante a esta súmula.

42. Não incide o imposto sobre a renda das pessoas físicas sobre os valores recebidos a título de indenização por desapropriação.

• A Port. nº 277, de 7-6-2018, do Ministério da Fazenda, atribui efeito vinculante a esta súmula.

43. Os proventos de aposentadoria, reforma ou reserva remunerada, motivadas por acidente em serviço e os percebidos por portador de moléstia profissional ou grave, ainda que contraída após a aposentadoria, reforma ou reserva remunerada, são isentos do imposto de renda.

44. Descabe a aplicação da multa por falta ou atraso na entrega da Declaração de Ajuste Anual do Imposto de Renda das Pessoas Físicas, quando o sócio ou titular de pessoa jurídica inapta não se enquadre nas demais hipóteses de obrigatoriedade de apresentação dessa declaração.

• A Port. nº 383, de 12-7-2010, do Ministério da Fazenda, atribui efeito vinculante a esta súmula.

45. O Imposto sobre a Propriedade Territorial Rural não incide sobre áreas alagadas para fins de constituição de reservatório de usinas hidroelétricas.

46. O lançamento de ofício pode ser realizado sem prévia intimação ao sujeito passivo, nos casos em que o Fisco dispuser de elementos suficientes à constituição do crédito tributário.

• A Port. nº 277, de 7-6-2018, do Ministério da Fazenda, atribui efeito vinculante a esta súmula.

47. *Revogada.* Port. do CARF nº 72, de 17-10-2017.

48. A suspensão da exigibilidade do crédito tributário por força de medida judicial não impede a lavratura de auto de infração.

• A Port. nº 277, de 7-6-2018, do Ministério da Fazenda, atribui efeito vinculante a esta súmula.

49. A denúncia espontânea (art. 138 do Código Tributário Nacional) não alcança a penalidade decorrente do atraso na entrega de declaração.

• A Port. nº 277, de 7-6-2018, do Ministério da Fazenda, atribui efeito vinculante a esta súmula.

50. É cabível a exigência de multa de ofício se a decisão judicial que suspendia a exigibilidade do crédito tributário perdeu os efeitos antes da lavratura do auto de infração.

• A Port. nº 277, de 7-6-2018, do Ministério da Fazenda, atribui efeito vinculante a esta súmula.

51. As multas previstas no Código de Defesa do Consumidor não se aplicam às relações de natureza tributária.

• A Port. nº 277, de 7-6-2018, do Ministério da Fazenda, atribui efeito vinculante a esta súmula.

52. Os tributos objeto de compensação indevida formalizada em Pedido de Compensação ou Declaração de Compensação apresentada até 31-10-2003, quando não exigíveis a partir de DCTF, ensejam o lançamento de ofício.

53. Não se aplica ao resultado decorrente da exploração de atividade rural o limite de 30% do lucro líquido ajustado, relativamente à compensação da base de cálculo negativa de CSLL, mesmo para os fatos ocorridos antes da vigência do art. 42 da Medida Provisória nº 1991-15, de 10 de março de 2000.

54. A constatação de existência de "passivo não comprovado" autoriza o lançamento com base em presunção legal de omissão de receitas somente a partir do ano-calendário de 1997.

55. O saldo devedor da correção monetária complementar, correspondente à diferença verificada em 1990 entre o IPC e o BTNF, não pode ser deduzido na apuração da base de Cálculo da Contribuição Social sobre o Lucro Líquido (CSLL).

• A Port. nº 277, de 7-6-2018, do Ministério da Fazenda, atribui efeito vinculante a esta súmula.

56. No caso de contribuintes que fizeram a opção pelo SIMPLES Federal até 27 de julho de 2001, constatada uma das hipóteses de que tratam os incisos III a XIV, XVII e XVIII do art. 9º da Lei nº 9.317, de 1996, os efeitos da exclusão dar-se-ão a partir de 1o de janeiro de 2002, quando a situação excludente tiver ocorrido até 31 de dezembro de 2001 e a exclusão for efetuada a partir de 2002.

• A Port. nº 277, de 7-6-2018, do Ministério da Fazenda, atribui efeito vinculante a esta súmula.

57. A prestação de serviços de manutenção, assistência técnica, instalação ou reparos em máquinas e equipamentos, bem como os serviços de usinagem, solda, tratamento e revestimento de metais, não se equiparam a serviços profissionais prestados por engenheiros e não impedem o ingresso ou a permanência da pessoa jurídica no SIMPLES Federal.

• A Port. nº 277, de 7-6-2018, do Ministério da Fazenda, atribui efeito vinculante a esta súmula.

58. No regime do Lucro Real, as variações monetárias ativas decorrentes de depósitos judiciais com a finalidade de suspender a exigibilidade do crédito tributário devem compor o resultado do exercício, segundo o regime de competência, salvo se demonstrado que as variações monetárias passivas incidentes sobre o tributo objeto dos depósitos não foram computadas na apuração desse resultado.

• A Port. nº 129, de 1º-4-2019, do Ministério de Estado da Economia, atribui efeito vinculante a esta súmula.

59. A tributação do lucro na sistemática do lucro arbitrado não é invalidada pela apresentação, posterior ao lançamento, de livros e documentos imprescindíveis para a apuração do crédito tributário que, após regular intimação, deixaram de ser exibidos durante o procedimento fiscal.

• A Port. nº 277, de 7-6-2018, do Ministério da Fazenda, atribui efeito vinculante a esta súmula.

60. Os juros aplicados na restituição de valores indevidamente retidos na fonte, quando do recebimento de verbas indenizatórias decorrentes da adesão a programas de demissão voluntária, devem ser calculados a partir da data do recebimento dos rendimentos, se ocorrido entre 1º de janeiro de 1996 e 31 de dezembro de 1997, ou a partir do mês subsequente, se posterior.

• A Port. nº 277, de 7-6-2018, do Ministério da Fazenda, atribui efeito vinculante a esta súmula.

61. Os depósitos bancários iguais ou inferiores a R$ 12.000,00 (doze mil reais), cujo somatório não ultrapasse R$ 80.000,00 (oitenta mil reais) no ano-calendário, não podem ser considerados na presunção da omissão de rendimentos caracterizada por depósitos bancários de origem não comprovada, no caso de pessoa física.

- A Port. nº 277, de 7-6-2018, do Ministério da Fazenda, atribui efeito vinculante a esta súmula.

62. A base de cálculo das contribuições previdenciárias será o valor total fixado na sentença ou acordo trabalhista homologado, quando as parcelas legais de incidência não estiverem discriminadas.

- A Port. nº 277, de 7-6-2018, do Ministério da Fazenda, atribui efeito vinculante a esta súmula.

63. Para gozo da isenção do imposto de renda da pessoa física pelos portadores de moléstia grave, os rendimentos devem ser provenientes de aposentadoria, reforma, reserva remunerada ou pensão e a moléstia deve ser devidamente comprovada por laudo pericial emitido por serviço médico oficial da União, dos Estados, do Distrito Federal ou dos Municípios.

64. Não incidem contribuições previdenciárias sobre as verbas concedidas aos segurados empregados a título de auxílio-creche, na forma do artigo 7º, inciso XXV, da Constituição Federal, em face de sua natureza indenizatória.

65. Inaplicável a responsabilidade pessoal do dirigente de órgão público pelo descumprimento de obrigações acessórias, no âmbito previdenciário, constatadas na pessoa jurídica de direito público que dirige.

66. Os Órgãos da Administração Pública não respondem solidariamente por créditos previdenciários das empresas contratadas para prestação de serviços de construção civil, reforma e acréscimo, desde que a empresa construtora tenha assumido a responsabilidade direta e total pela obra ou repasse o contrato integralmente.

- A Port. nº 277, de 7-6-2018, do Ministério da Fazenda, atribui efeito vinculante a esta súmula.

67. Em apuração de acréscimo patrimonial a descoberto a partir de fluxo de caixa que confronta origens e aplicações de recursos, os saques ou transferências bancárias, registrados em extratos bancários, quando não comprovada a destinação, efetividade da despesa, aplicação ou consumo, não podem lastrear lançamento fiscal.

- A Port. nº 129, de 1º-4-2019, do Ministério de Estado da Economia, atribui efeito vinculante a esta súmula.

68. A Lei nº 8.852, de 1994, não outorga isenção nem enumera hipóteses de não incidência de Imposto sobre a Renda da Pessoa Física.

- A Port. nº 277, de 7-6-2018, do Ministério da Fazenda, atribui efeito vinculante a esta súmula.

69. A falta de apresentação da declaração de rendimentos ou a sua apresentação fora do prazo fixado sujeitará a pessoa física à multa de um por cento ao mês ou fração, limitada a vinte por cento, sobre o Imposto de Renda devido, ainda que integralmente pago, respeitado o valor mínimo.

- A Port. nº 277, de 7-6-2018, do Ministério da Fazenda, atribui efeito vinculante a esta súmula.

70. É imune ao ITR o imóvel pertencente às entidades indicadas no artigo 150, VI, *c*, da Constituição, que se encontra arrendado, desde que a receita assim obtida seja aplicada nas atividades essenciais da entidade.

- A Port. nº 277, de 7-6-2018, do Ministério da Fazenda, atribui efeito vinculante a esta súmula.

71. Todos os arrolados como responsáveis tributários na autuação são parte legítima para impugnar e recorrer acerca da exigência do crédito tributário e do respectivo vínculo de responsabilidade.

- A Port. nº 277, de 7-6-2018, do Ministério da Fazenda, atribui efeito vinculante a esta súmula.

72. Caracterizada a ocorrência de dolo, fraude ou simulação, a contagem do prazo decadencial rege-se pelo art. 173, inciso I, do CTN.

- A Port. nº 277, de 7-6-2018, do Ministério da Fazenda, atribui efeito vinculante a esta súmula.

73. Erro no preenchimento da declaração de ajuste do imposto de renda, causado por informações erradas, prestadas pela fonte pagadora, não autoriza o lançamento de multa de ofício.

74. Aplica-se retroativamente o art. 14 da Lei nº 11.488, de 2007, que revogou a multa de ofício isolada por falta de acréscimo da multa de mora ao pagamento de tributo em atraso, antes prevista no art. 44, § 1º, II, da Lei nº 9.430/96.

- A Port. nº 277, de 7-6-2018, do Ministério da Fazenda, atribui efeito vinculante a esta súmula.

75. A recuperação da espontaneidade do sujeito passivo em razão da inoperância da autoridade fiscal por prazo superior a sessenta dias aplica-se retroativamente, alcançando os atos por ele praticados no decurso desse prazo.

- A Port. nº 277, de 7-6-2018, do Ministério da Fazenda, atribui efeito vinculante a esta súmula.

76. Na determinação dos valores a serem lançados de ofício para cada tributo, após a exclusão do Simples, devem ser deduzidos eventuais recolhimentos da mesma natureza efetuados nessa sistemática, observando-se os percentuais previstos em lei sobre o montante pago de forma unificada.

- A Port. nº 277, de 7-6-2018, do Ministério da Fazenda, atribui efeito vinculante a esta súmula.

77. A possibilidade de discussão administrativa do Ato Declaratório Executivo (ADE) de exclusão do Simples não impede o lançamento de ofício dos créditos tributários devidos em face da exclusão.

- A Port. nº 277, de 7-6-2018, do Ministério da Fazenda, atribui efeito vinculante a esta súmula.

78. A fixação do termo inicial da contagem do prazo decadencial, na hipótese de lançamento sobre lucros disponibilizados no exterior, deve levar em consideração a data em que se considera ocorrida a disponibilização, e não a data do auferimento dos lucros pela empresa sediada no exterior.

- A Port. nº 129, de 1º-4-2019, do Ministério de Estado da Economia, atribui efeito vinculante a esta súmula.

79. A partir da vigência da Lei nº 9.249, de 1995, a dedução de contraprestações de arrendamento mercantil exige a comprovação da necessidade de utilização dos bens arrendados para produção ou comercialização de bens e serviços.

- A Port. nº 277, de 7-6-2018, do Ministério da Fazenda, atribui efeito vinculante a esta súmula.

80. Na apuração do IRPJ, a pessoa jurídica poderá deduzir do imposto devido o valor do imposto de renda retido na fonte, desde que comprovada a retenção e o cômputo das receitas correspondentes na base de cálculo do imposto.

81. É vedada a aplicação retroativa de lei que admite atividade anteriormente impeditiva ao ingresso na sistemática do Simples.

- A Port. nº 277, de 7-6-2018, do Ministério da Fazenda, atribui efeito vinculante a esta súmula.

82. Após o encerramento do ano-calendário, é incabível lançamento de ofício de IRPJ ou CSLL para exigir estimativas não recolhidas.

• A Port. nº 277, de 7-6-2018, do Ministério da Fazenda, atribui efeito vinculante a esta súmula.

83. O resultado positivo obtido pelas sociedades cooperativas nas operações realizadas com seus cooperados não integra a base de cálculo da Contribuição Social sobre o Lucro Líquido – CSLL, mesmo antes da vigência do art. 39 da Lei nº 10.865, de 2004.

84. É possível a caracterização de indébito, para fins de restituição ou compensação, na data do recolhimento de estimativa.

• A Port. nº 129, de 1º-4-2019, do Ministério de Estado da Economia, atribui efeito vinculante a esta súmula.

85. Na revenda de veículos automotores usados, de que trata o art. 5º da Lei nº 9.716, de 26 de novembro de 1998, aplica-se o coeficiente de determinação do lucro presumido de 32% (trinta e dois por cento) sobre a receita bruta, correspondente à diferença entre o valor de aquisição e o de revenda desses veículos.

86. É vedada a retificação da Declaração de Ajuste Anual do Imposto sobre a Renda da Pessoa Física que tenha por objeto a troca de forma de tributação dos rendimentos após o prazo previsto para a sua entrega.

• A Port. nº 277, de 7-6-2018, do Ministério da Fazenda, atribui efeito vinculante a esta súmula.

87. O imposto de renda não incide sobre as verbas recebidas regularmente por parlamentares a título de auxílio de gabinete e hospedagem, exceto quando a fiscalização apurar a utilização dos recursos em benefício próprio não relacionado à atividade legislativa.

• A Port. nº 277, de 7-6-2018, do Ministério da Fazenda, atribui efeito vinculante a esta súmula.

88. A Relação de Corresponsáveis – CORESP, o "Relatório de Representantes Legais – RepLeg" e a "Relação de Vínculos – VÍNCULOS", anexos a auto de infração previdenciário lavrado unicamente contra pessoa jurídica, não atribuem responsabilidade tributária às pessoas ali indicadas nem comportam discussão no âmbito do contencioso administrativo fiscal federal, tendo finalidade meramente informativa.

• A Port. nº 277, de 7-6-2018, do Ministério da Fazenda, atribui efeito vinculante a esta súmula.

89. A contribuição social previdenciária não incide sobre valores pagos a título de vale-transporte, mesmo que em pecúnia.

90. Caracteriza infração às medidas de controle fiscal a posse e circulação de fumo, charuto, cigarrilha e cigarro de procedência estrangeira, sem documentação comprobatória da importação regular, sendo irrelevante, para tipificar a infração, a propriedade da mercadoria.

• A Port. nº 277, de 7-6-2018, do Ministério da Fazenda, atribui efeito vinculante a esta súmula.

91. Ao pedido de restituição pleiteado administrativamente antes de 9 de junho de 2005, no caso de tributo sujeito a lançamento por homologação, aplica-se o prazo prescricional de 10 (dez) anos, contado do fato gerador.

• A Port. nº 277, de 7-6-2018, do Ministério da Fazenda, atribui efeito vinculante a esta súmula.

92. A DIPJ, desde a sua instituição, não constitui confissão de dívida, nem instrumento hábil e suficiente para a exigência de crédito tributário nela informado.

93. A falta de transcrição dos balanços ou balancetes de suspensão ou redução no Livro Diário não justifica a cobrança da multa isolada prevista no art. 44 da Lei nº 9.430, de 27 de dezembro de 1996, quando o sujeito passivo apresenta escrituração contábil e fiscal suficiente para comprovar a suspensão ou redução da estimativa.

• A Port. nº 277, de 7-6-2018, do Ministério da Fazenda, atribui efeito vinculante a esta súmula.

94. Os lucros auferidos no exterior por filial, sucursal, controlada ou coligada serão convertidos em reais pela taxa de câmbio, para venda, do dia das demonstrações financeiras em que tenham sido apurados tais lucros, inclusive a partir da vigência da MP nº 2.158-35, de 2001.

• A Port. nº 277, de 7-6-2018, do Ministério da Fazenda, atribui efeito vinculante a esta súmula.

95. A presunção de omissão de receitas caracterizada pelo fornecimento de recursos de caixa à sociedade por administradores, sócios de sociedades de pessoas, ou pelo administrador da companhia, somente é elidida com a demonstração cumulativa da origem e da efetividade da entrega dos recursos.

• A Port. nº 277, de 7-6-2018, do Ministério da Fazenda, atribui efeito vinculante a esta súmula.

96. A falta de apresentação de livros e documentos da escrituração não justifica, por si só, o agravamento da multa de ofício, quando essa omissão motivou o arbitramento dos lucros.

97. O arbitramento do lucro em procedimento de ofício pode ser efetuado mediante a utilização de qualquer uma das alternativas de cálculo enumeradas no art. 51 da Lei nº 8.981, de 20 de janeiro de 1995, quando não conhecida a receita bruta.

• A Port. nº 277, de 7-6-2018, do Ministério da Fazenda, atribui efeito vinculante a esta súmula.

98. *Revogada.* Ata da Sessão Extraordinária de 3-9-2018.

99. Para fins de aplicação da regra decadencial prevista no art. 150, § 4º, do CTN, para as contribuições previdenciárias, caracteriza pagamento antecipado o recolhimento, ainda que parcial, do valor considerado como devido pelo contribuinte na competência do fato gerador a que se referir a autuação, mesmo que não tenha sido incluída, na base de cálculo deste recolhimento, parcela relativa a rubrica especificamente exigida no auto de infração.

100. O Auditor-Fiscal da Receita Federal do Brasil tem competência para fiscalizar o cumprimento dos requisitos do regime de drawback na modalidade suspensão, aí compreendidos o lançamento do crédito tributário, sua exclusão em razão do reconhecimento de benefício, e a verificação, a qualquer tempo, da regular observação, pela importadora, das condições fixadas na legislação pertinente.

• A Port. nº 277, de 7-6-2018, do Ministério da Fazenda, atribui efeito vinculante a esta súmula.

101. Na hipótese de aplicação do art. 173, inciso I, do CTN, o termo inicial do prazo decadencial é o primeiro dia do exercício seguinte àquele em que o lançamento poderia ter sido efetuado.

• A Port. nº 277, de 7-6-2018, do Ministério da Fazenda, atribui efeito vinculante a esta súmula.

102. É válida a decisão proferida por Delegacia da Receita Federal de Julgamento – DRJ de localidade diversa do domicílio fiscal do sujeito passivo.

• A Port. nº 277, de 7-6-2018, do Ministério da Fazenda, atribui efeito vinculante a esta súmula.

103. Para fins de conhecimento de recurso de ofício, aplica-se o limite de alçada vigente na data de sua apreciação em segunda instância.

104. Lançamento de multa isolada por falta ou insuficiência de recolhimento de estimativa de IRPJ ou de CSLL submete-se ao prazo decadencial previsto no art. 173, inciso I, do CTN.

- A Port. nº 277, de 7-6-2018, do Ministério da Fazenda, atribui efeito vinculante a esta súmula.

105. A multa isolada por falta de recolhimento de estimativas, lançada com fundamento no art. 44 § 1º, inciso IV da Lei nº 9.430, de 1996, não pode ser exigida ao mesmo tempo da multa de ofício por falta de pagamento de IRPJ e CSLL apurado no ajuste anual, devendo subsistir a multa de ofício.

106. Caracterizada a ocorrência de apropriação indébita de contribuições previdenciárias descontadas de segurados empregados e/ou contribuintes individuais, a contagem do prazo decadencial rege-se pelo art. 173, inciso I, do CTN.

- A Port. nº 277, de 7-6-2018, do Ministério da Fazenda, atribui efeito vinculante a esta súmula.

107. A receita da atividade própria, objeto da isenção da COFINS prevista no art. 14, X, c/c art. 13, III, da MP nº 2.158-35, de 2001, alcança as receitas obtidas em contraprestação de serviços educacionais prestados pelas entidades de educação sem fins lucrativos a que se refere o art. 12 da Lei nº 9.532, de 1997.

- A Port. nº 277, de 7-6-2018, do Ministério da Fazenda, atribui efeito vinculante a esta súmula.

108. Incidem juros moratórios, calculados à taxa referencial do Sistema Especial de Liquidação e Custódia – SELIC, sobre o valor correspondente à multa de ofício.

- A Port. nº 129, de 1º-4-2019, do Ministério de Estado da Economia, atribui efeito vinculante a esta súmula.

109. O órgão julgador administrativo não é competente para se pronunciar sobre controvérsias referentes a arrolamento de bens.

- A Port. nº 129, de 1º-4-2019, do Ministério de Estado da Economia, atribui efeito vinculante a esta súmula.

110. No processo administrativo fiscal, é incabível a intimação dirigida ao endereço de advogado do sujeito passivo.

- A Port. nº 129, de 1º-4-2019, do Ministério de Estado da Economia, atribui efeito vinculante a esta súmula.

111. O Mandado de Procedimento Fiscal supre a autorização, prevista no art. 906 do Decreto nº 3.000, de 1999, para reexame de período anteriormente fiscalizado.

- A Port. nº 129, de 1º-4-2019, do Ministério de Estado da Economia, atribui efeito vinculante a esta súmula.

112. É nulo, por erro na identificação do sujeito passivo, o lançamento formalizado contra pessoa jurídica extinta por liquidação voluntária ocorrida e comunicada ao Fisco Federal antes da lavratura do auto de infração.

- A Port. nº 129, de 1º-4-2019, do Ministério de Estado da Economia, atribui efeito vinculante a esta súmula.

113. A responsabilidade tributária do sucessor abrange, além dos tributos devidos pelo sucedido, as multas moratórias ou punitivas, desde que seu fato gerador tenha ocorrido até a data da sucessão, independentemente de esse crédito ser formalizado, por meio de lançamento de ofício, antes ou depois do evento sucessório.

- A Port. nº 129, de 1º-4-2019, do Ministério de Estado da Economia, atribui efeito vinculante a esta súmula.

114. O Imposto de Renda incidente na fonte sobre pagamento a beneficiário não identificado, ou sem comprovação da operação ou da causa, submete-se ao prazo decadencial previsto no art. 173, I, do CTN.

- A Port. nº 129, de 1º-4-2019, do Ministério de Estado da Economia, atribui efeito vinculante a esta súmula.

115. A sistemática de cálculo do "Método do Preço de Revenda menos Lucro com margem de lucro de sessenta por cento (PRL 60)" prevista na Instrução Normativa SRF nº 243, de 2002, não afronta o disposto no art. 18, inciso II, da Lei nº 9.430, de 1996, com a redação dada pela Lei nº 9.959, de 2000.

- A Port. nº 129, de 1º-4-2019, do Ministério de Estado da Economia, atribui efeito vinculante a esta súmula.

116. Para fins de contagem do prazo decadencial para a constituição de crédito tributário relativo a glosa de amortização de ágio na forma dos arts. 7º e 8º da Lei nº 9.532, de 1997, deve-se levar em conta o período de sua repercussão na apuração do tributo em cobrança.

- A Port. nº 129, de 1º-4-2019, do Ministério de Estado da Economia, atribui efeito vinculante a esta súmula.

117. A indedutibilidade de despesas com *royalties* prevista no art. 71, parágrafo único, alínea *d*, da Lei nº 4.506, de 1964, não é aplicável à apuração da CSLL.

- A Port. nº 129, de 1º-4-2019, do Ministério de Estado da Economia, atribui efeito vinculante a esta súmula.

118. Caracteriza ganho tributável por pessoa jurídica domiciliada no país a diferença positiva entre o valor das ações ou quotas de capital recebidas em razão da transferência do patrimônio de entidade sem fins lucrativos para entidade empresarial e o valor despendido na aquisição de título patrimonial.

- A Port. nº 129, de 1º-4-2019, do Ministério de Estado da Economia, atribui efeito vinculante a esta súmula.

119. No caso de multas por descumprimento de obrigação principal e por descumprimento de obrigação acessória pela falta de declaração em GFIP, associadas e exigidas em lançamentos de ofício referentes a fatos geradores anteriores à vigência da Medida Provisória nº 449, de 2008, convertida na Lei nº 11.941, de 2009, a retroatividade benigna deve ser aferida mediante a comparação entre a soma das penalidades pelo descumprimento das obrigações principal e acessória, aplicáveis à época dos fatos geradores, com a multa de ofício de 75%, prevista no art. 44 da Lei nº 9.430, de 1996.

120. Não é válida a intimação para comprovar a origem de depósitos bancários em cumprimento ao art. 42 da Lei nº 9.430, de 1996, quando dirigida ao espólio, relativamente aos fatos geradores ocorridos antes do falecimento do titular da conta bancária.

- A Port. nº 129, de 1º-4-2019, do Ministério de Estado da Economia, atribui efeito vinculante a esta súmula.

121. A isenção do imposto de renda prevista no art. 6º, inciso XIV, da Lei nº 7.713, de 1988, referente à cegueira, inclui a cegueira monocular.

- A Port. nº 129, de 1º-4-2019, do Ministério de Estado da Economia, atribui efeito vinculante a esta súmula.

122. A averbação da Área de Reserva Legal (ARL) na matrícula do imóvel em data anterior ao fato gerador supre a eventual falta de apresentação do Ato declaratório Ambiental (ADA).

- A Port. nº 129, de 1º-4-2019, do Ministério de Estado da Economia, atribui efeito vinculante a esta súmula.

123. Imposto de renda retido na fonte relativo a rendimentos sujeitos a ajuste anual caracteriza pagamento apto a atrair a aplicação da regra decadencial prevista no artigo 150, § 4º, do Código Tributário Nacional.

- A Port. nº 129, de 1º-4-2019, do Ministério de Estado da Economia, atribui efeito vinculante a esta súmula.

124. A produção e a exportação de produtos classificados na Tabela de Incidência do IPI (TIPI) como "não tributados" não geram direito ao crédito presumido de IPI de que trata o art. 1º da Lei nº 9.363, de 1996.

- A Port. nº 129, de 1º-4-2019, do Ministério de Estado da Economia, atribui efeito vinculante a esta súmula.

125. No ressarcimento da COFINS e da Contribuição para o PIS não cumulativas não incide correção monetária ou juros, nos termos dos artigos 13 e 15, VI, da Lei nº 10.833, de 2003.

126. A denúncia espontânea não alcança as penalidades infligidas pelo descumprimento dos deveres instrumentais decorrentes da inobservância dos prazos fixados pela Secretaria da Receita Federal do Brasil para prestação de informações à administração aduaneira, mesmo após o advento da nova redação do art. 102 do Decreto-Lei nº 37, de 1966, dada pelo art. 40 da Lei nº 12.350, de 2010.

- A Port. nº 129, de 1º-4-2019, do Ministério de Estado da Economia, atribui efeito vinculante a esta súmula.

127. A incidência da Contribuição de Intervenção no Domínio Econômico (CIDE) na contratação de serviços técnicos prestados por residentes ou domiciliados no exterior prescinde da ocorrência de transferência de tecnologia.

- A Port. nº 129, de 1º-4-2019, do Ministério de Estado da Economia, atribui efeito vinculante a esta súmula.

128. No cálculo do crédito presumido de IPI, de que tratam a Lei nº 9.363, de 1996 e a Portaria MF nº 38, de 1997, as receitas de exportação de produtos não industrializados pelo contribuinte incluem-se na composição tanto da Receita de Exportação – RE, quanto da Receita Operacional Bruta – ROB, refletindo nos dois lados do coeficiente de exportação – numerador e denominador.

- A Port. nº 129, de 1º-4-2019, do Ministério de Estado da Economia, atribui efeito vinculante a esta súmula.

129. Constatada irregularidade na representação processual, o sujeito passivo deve ser intimado a sanar o defeito antes da decisão acerca do conhecimento do recurso administrativo.

- A Port. nº 410, de 16-12-2020, do Ministério da Economia, atribui efeito vinculante a esta súmula.

130. A atribuição de responsabilidade a terceiros com fundamento no art. 135, inciso III, do CTN não exclui a pessoa jurídica do polo passivo da obrigação tributária.

- A Port. nº 410, de 16-12-2020, do Ministério da Economia, atribui efeito vinculante a esta súmula.

131. Inexiste vedação legal à aplicação de multa de ofício na constituição de crédito tributário em face de entidade submetida ao regime de liquidação extrajudicial.

- A Port. nº 410, de 16-12-2020, do Ministério da Economia, atribui efeito vinculante a esta súmula.

132. No caso de lançamento de ofício sobre débito objeto de depósito judicial em montante parcial, a incidência de multa de ofício e de juros de mora atinge apenas o montante da dívida não abrangida pelo depósito.

- A Port. nº 410, de 16-12-2020, do Ministério da Economia, atribui efeito vinculante a esta súmula.

133. A falta de atendimento a intimação para prestar esclarecimentos não justifica, por si só, o agravamento da multa de ofício, quando essa conduta motivou presunção de omissão de receitas ou de rendimentos.

134. A simples existência, no contrato social, de atividade vedada ao Simples Federal não resulta na exclusão do contribuinte, sendo necessário que a fiscalização comprove a efetiva execução de tal atividade.

- A Port. nº 410, de 16-12-2020, do Ministério da Economia, atribui efeito vinculante a esta súmula.

135. A antecipação do recolhimento do IRPJ e da CSLL, por meio de estimativas mensais, caracteriza pagamento apto a atrair a aplicação da regra decadencial prevista no art. 150, § 4º do CTN.

136. Os ajustes decorrentes de superveniências e insuficiências de depreciação, contabilizados pelas instituições arrendadoras em obediência às normas do Banco Central do Brasil, não causam efeitos tributários para a CSLL, devendo ser neutralizados extracontabilmente mediante exclusão das receitas ou adição das despesas correspondentes na apuração da base de cálculo da contribuição.

- A Port. nº 410, de 16-12-2020, do Ministério da Economia, atribui efeito vinculante a esta súmula.

137. Os resultados positivos decorrentes da avaliação de investimentos pelo método da Equivalência Patrimonial não integram a base de cálculo do IRPJ ou da CSLL na sistemática do lucro presumido.

- A Port. nº 410, de 16-12-2020, do Ministério da Economia, atribui efeito vinculante a esta súmula.

138. Imposto de renda retido na fonte incidente sobre receitas auferidas por pessoa jurídica, sujeitas a apuração trimestral ou anual, caracteriza pagamento apto a atrair a aplicação da regra decadencial prevista no art. 150, § 4º do CTN.

- A Port. nº 410, de 16-12-2020, do Ministério da Economia, atribui efeito vinculante a esta súmula.

139. Os descontos e abatimentos, concedidos por instituição financeira na renegociação de créditos com seus clientes, constituem despesas operacionais dedutíveis do lucro real e da base de cálculo da CSLL, não se aplicando a essa circunstância as disposições dos artigos 9º a 12 da Lei nº 9.430/1996.

- A Port. nº 410, de 16-12-2020, do Ministério da Economia, atribui efeito vinculante a esta súmula.

140. Aplica-se retroativamente o disposto no art. 11 da Lei nº 13.202, de 2015, no sentido de que os acordos e convenções internacionais celebrados pelo Governo da República Federativa do Brasil para evitar dupla tributação da renda abrangem a CSLL.

- A Port. nº 410, de 16-12-2020, do Ministério da Economia, atribui efeito vinculante a esta súmula.

141. As aplicações financeiras realizadas por cooperativas de crédito constituem atos cooperativos, o que afasta a incidência de IRPJ e CSLL sobre os respectivos resultados.

- A Port. nº 410, de 16-12-2020, do Ministério da Economia, atribui efeito vinculante a esta súmula.

142. Até 31-12-2008 são enquadradas como serviços hospitalares todas as atividades tipicamente promovidas em hospitais, voltadas diretamente à promoção da saúde, mesmo eventualmente prestadas por outras pessoas jurídicas, excluindo-se as simples consultas médicas.

- A Port. nº 410, de 16-12-2020, do Ministério da Economia, atribui efeito vinculante a esta súmula.

143. A prova do imposto de renda retido na fonte deduzido pelo beneficiário na apuração do imposto de renda devido não se faz exclusivamente por meio do comprovante de retenção emitido em seu nome pela fonte pagadora dos rendimentos.

- A Port. nº 410, de 16-12-2020, do Ministério da Economia, atribui efeito vinculante a esta súmula.

144. A presunção legal de omissão de receitas com base na manutenção, no passivo, de obrigações cuja exigibilidade não seja comprovada ("passivo não comprovado"), caracteriza-se no momento do registro contábil do passivo, tributando-se a irregularidade no período de apuração correspondente.

- A Port. nº 410, de 16-12-2020, do Ministério da Economia, atribui efeito vinculante a esta súmula.

145. A partir da 1º-10-2002, a compensação de crédito de saldo negativo de IRPJ ou CSLL, ainda que com tributo de mesma espécie, deve ser promovida mediante apresentação de Declaração de Compensação – DCOMP.

- A Port. nº 410, de 16-12-2020, do Ministério da Economia, atribui efeito vinculante a esta súmula.

146. A variação cambial ativa resultante de investimento no exterior avaliado pelo método da equivalência patrimonial não é tributável pelo IRPJ e CSLL.

- A Port. nº 410, de 16-12-2020, do Ministério da Economia, atribui efeito vinculante a esta súmula.

147. Somente com a edição da Medida Provisória nº 351/2007, convertida na Lei nº 11.488/2007, que alterou a redação do art. 44 da Lei nº 9.430/1996, passou a existir a previsão específica de incidência da multa isolada na hipótese de falta de pagamento do carnê-leão (50%), sem prejuízo da penalidade simultânea pelo lançamento de ofício do respectivo rendimento no ajuste anual (75%).

- A Port. nº 410, de 16-12-2020, do Ministério da Economia, atribui efeito vinculante a esta súmula.

148. No caso de multa por descumprimento de obrigação acessória previdenciária, a aferição da decadência tem sempre como base o art. 173, I, do CTN, ainda que se verifique pagamento antecipado da obrigação principal correlata ou esta tenha sido fulminada pela decadência com base no art. 150, § 4º, do CTN.

- A Port. nº 410, de 16-12-2020, do Ministério da Economia, atribui efeito vinculante a esta súmula.

149. Não integra o salário de contribuição a bolsa de estudos de graduação ou de pós-graduação concedida aos empregados, em período anterior à vigência da Lei nº 12.513, de 2011, nos casos em que o lançamento aponta como único motivo para exigir a contribuição previdenciária o fato desse auxílio se referir a educação de ensino superior.

- A Port. nº 410, de 16-12-2020, do Ministério da Economia, atribui efeito vinculante a esta súmula.

150. A inconstitucionalidade declarada por meio do RE 363.852/MG não alcança os lançamentos de subrogação da pessoa jurídica nas obrigações do produtor rural pessoa física que tenham como fundamento a Lei nº 10.256, de 2001.

- A Port. nº 410, de 16-12-2020, do Ministério da Economia, atribui efeito vinculante a esta súmula.

151. Aplica-se retroativamente o inciso II do § 4º do art. 1º da Lei 11.945/2009, referente a multa pela falta ou atraso na apresentação da "DIF Papel Imune" devendo ser cominada em valor único por declaração não apresentada no prazo trimestral, e não mais por mês calendário, conforme anteriormente estabelecido no art. 57 da MP nº 2.158-35/2001, consagrando-se a retroatividade benéfica nos termos do art. 106, do Código Tributário Nacional.

- A Port. nº 410, de 16-12-2020, do Ministério da Economia, atribui efeito vinculante a esta súmula.

152. Os créditos relativos a tributos administrados pela Receita Federal do Brasil (RFB), reconhecidos por sentença judicial transitada em julgado que tenha permitido apenas a compensação com débitos de tributos da mesma espécie, podem ser compensados com débitos próprios relativos a quaisquer tributos administrados pela Receita Federal do Brasil, observada a legislação vigente por ocasião de sua realização.

- A Port. nº 410, de 16-12-2020, do Ministério da Economia, atribui efeito vinculante a esta súmula.

153. As receitas decorrentes das vendas de produtos efetuadas para estabelecimentos situados na Zona Franca de Manaus equiparam-se às receitas de exportação, não se sujeitando, portanto, à incidência das contribuições para o PIS/PASEP e para a COFINS.

154. Constatada a oposição ilegítima ao ressarcimento de crédito presumido do IPI, a correção monetária, pela taxa Selic, deve ser contada a partir do encerramento do prazo de 360 dias para a análise do pedido do contribuinte, conforme o art. 24 da Lei nº 11.457/2007.

- A Port. nº 410, de 16-12-2020, do Ministério da Economia, atribui efeito vinculante a esta súmula.

155. A multa prevista no art. 33 da Lei nº 11.488/2007 não se confunde com a pena de perdimento do art. 23, inciso V, do Decreto Lei nº 1.455/1976, o que afasta a aplicação da retroatividade benigna definida no art. 106, II, *c*, do Código Tributário Nacional.

- A Port. nº 410, de 16-12-2020, do Ministério da Economia, atribui efeito vinculante a esta súmula.

156. No regime de *drawback*, modalidade suspensão, o termo inicial para contagem do prazo quinquenal de decadência do direito de lançar os tributos suspensos é o primeiro dia do exercício seguinte ao encerramento do prazo de trinta dias posteriores à data limite para a realização das exportações compromissadas, nos termos do art. 173, I, do CTN.

- A Port. nº 410, de 16-12-2020, do Ministério da Economia, atribui efeito vinculante a esta súmula.

157. O percentual da alíquota do crédito presumido das agroindústrias de produtos de origem animal ou vegetal, previsto no art. 8º da Lei nº 10.925/2004, será determinado com base na natureza da mercadoria produzida ou comercializada pela referida agroindústria, e não em função da origem do insumo que aplicou para obtê-lo.

- A Port. nº 410, de 16-12-2020, do Ministério da Economia, atribui efeito vinculante a esta súmula.

158. O Imposto de Renda Retido na Fonte – IRRF incidente sobre valores pagos, creditados, entregues, empregados ou remetidos, a cada mês, a residentes ou domiciliados no exterior, a título de remuneração pelas obrigações contraídas, compõe a base de cálculo da Contribuição de Intervenção no Domínio Econômico – CIDE de que trata a Lei nº 10.168/2000, ainda que a fonte pagadora assuma o ônus financeiro do imposto retido.

- A Port. nº 410, de 16-12-2020, do Ministério da Economia, atribui efeito vinculante a esta súmula.

159. Não é necessária a realização de lançamento para glosa de ressarcimento de PIS/PASEP e COFINS não cumulati-

SÚMULAS

vos, ainda que os ajustes se verifiquem na base de cálculo das contribuições.

- A Port. nº 410, de 16-12-2020, do Ministério da Economia, atribui efeito vinculante a esta súmula.

160. A aplicação da multa substitutiva do perdimento a que se refere o § 3º do art. 23 do Decreto-lei nº 1.455, de 1976 independe da comprovação de prejuízo ao recolhimento de tributos ou contribuições.

- A Port. nº 410, de 16-12-2020, do Ministério da Economia, atribui efeito vinculante a esta súmula.

161. O erro de indicação, na Declaração de Importação, da classificação da mercadoria na Nomenclatura Comum do Mercosul, por si só, enseja a aplicação da multa de 1%, prevista no art. 84, I da MP nº 2.158-35, de 2001, ainda que órgão julgador conclua que a classificação indicada no lançamento de ofício seria igualmente incorreta.

- A Port. nº 410, de 16-12-2020, do Ministério da Economia, atribui efeito vinculante a esta súmula.

162. O direito ao contraditório e à ampla defesa somente se instaura com a apresentação de impugnação ao lançamento.

- A Port. nº 12.975, de 10-11-2021, do Ministério da Economia, atribui efeito vinculante a esta súmula.

163. O indeferimento fundamentado de requerimento de diligência ou perícia não configura cerceamento do direito de defesa, sendo facultado ao órgão julgador indeferir aquelas que considerar prescindíveis ou impraticáveis.

- A Port. nº 12.975, de 10-11-2021, do Ministério da Economia, atribui efeito vinculante a esta súmula.

164. A retificação de DCTF após a ciência do despacho decisório que indeferiu o pedido de restituição ou que não homologou a declaração de compensação é insuficiente para a comprovação do crédito, sendo indispensável a comprovação do erro em que se fundamenta a retificação.

- A Port. nº 12.975, de 10-11-2021, do Ministério da Economia, atribui efeito vinculante a esta súmula.

165. Não é nulo o lançamento de ofício referente a crédito tributário depositado judicialmente, realizado para fins de prevenção da decadência, com reconhecimento da suspensão de sua exigibilidade e sem a aplicação de penalidade ao sujeito passivo.

- A Port. nº 12.975, de 10-11-2021, do Ministério da Economia, atribui efeito vinculante a esta súmula.

166. Inexiste vedação legal à aplicação de juros de mora na constituição de crédito tributário em face de entidade submetida ao regime de liquidação extrajudicial.

- A Port. nº 12.975, de 10-11-2021, do Ministério da Economia, atribui efeito vinculante a esta súmula.

167. O art. 76, inciso II, alínea *a* da Lei nº 4.502/1964, deve ser interpretado em conformidade com o art. 100, II, do CTN, e, inexistindo lei que atribua eficácia normativa a decisões proferidas no âmbito do processo administrativo fiscal federal, a observância destas pelo sujeito passivo não exclui a aplicação de penalidades.

- A Port. nº 12.975, de 10-11-2021, do Ministério da Economia, atribui efeito vinculante a esta súmula.

168. Mesmo após a ciência do despacho decisório, a comprovação de inexatidão material no preenchimento da DCOMP permite retomar a análise do direito creditório.

169. O art. 24 do Dec.-Lei nº 4.657/1942 (LINDB), incluído pela Lei nº 13.655/2018, não se aplica ao processo administrativo fiscal.

- A Port. nº 12.975, de 10-11-2021, do Ministério da Economia, atribui efeito vinculante a esta súmula.

170. A homologação tácita não se aplica a pedido de compensação de débito de um sujeito passivo com crédito de outro.

- A Port. nº 12.975, de 10-11-2021, do Ministério da Economia, atribui efeito vinculante a esta súmula.

171. Irregularidade na emissão, alteração ou prorrogação do MPF não acarreta a nulidade do lançamento.

- A Port. nº 12.975, de 10-11-2021, do Ministério da Economia, atribui efeito vinculante a esta súmula.

172. A pessoa indicada no lançamento na qualidade de contribuinte não possui legitimidade para questionar a responsabilidade imputada a terceiros pelo crédito tributário lançado.

- A Port. nº 12.975, de 10-11-2021, do Ministério da Economia, atribui efeito vinculante a esta súmula.

173. A intimação por edital realizada a partir da vigência da Lei nº 11.196/2005, é válida quando houver demonstração de que foi improfícua a intimação por qualquer um dos meios ordinários (pessoal, postal ou eletrônico) ou quando, após a vigência da MP nº 449/2008, convertida na Lei nº 11.941/2009, o sujeito passivo tiver sua inscrição declarada inapta perante o cadastro fiscal.

174. Lançamento de multa por descumprimento de obrigação acessória submete-se ao prazo decadencial previsto no art. 173, I, do CTN.

- A Port. nº 12.975, de 10-11-2021, do Ministério da Economia, atribui efeito vinculante a esta súmula.

175. É possível a análise de indébito correspondente a tributos incidentes sobre o lucro sob a natureza de saldo negativo se o sujeito passivo demonstrar, mesmo depois do despacho decisório de não homologação, que errou ao preencher a Declaração de Compensação – DCOMP e informou como crédito pagamento indevido ou a maior de estimativa integrante daquele saldo negativo.

- A Port. nº 12.975, de 10-11-2021, do Ministério da Economia, atribui efeito vinculante a esta súmula.

176. O imposto de renda pago por sócio pessoa física, em tributação definitiva de ganho de capital, pode ser deduzido do imposto de renda exigido de pessoa jurídica em razão da requalificação da sujeição passiva na tributação da mesma operação de alienação de bens ou direitos.

- A Port. nº 12.975, de 10-11-2021, do Ministério da Economia, atribui efeito vinculante a esta súmula.

177. Estimativas compensadas e confessadas mediante Declaração de Compensação (DCOMP) integram o saldo negativo de IRPJ ou CSLL ainda que não homologadas ou pendentes de homologação.

- A Port. nº 12.975, de 10-11-2021, do Ministério da Economia, atribui efeito vinculante a esta súmula.

178. A inexistência de tributo apurado ao final do ano-calendário não impede a aplicação de multa isolada por falta de recolhimento de estimativa na forma autorizada desde a redação original do art. 44 da Lei nº 9.430/1996.

- A Port. nº 12.975, de 10-11-2021, do Ministério da Economia, atribui efeito vinculante a esta súmula.

179. É vedada a compensação, pela pessoa jurídica sucessora, de bases de cálculo negativas de CSLL acumuladas por pessoa jurídica sucedida, mesmo antes da vigência da MP nº 1.858-6/1999.

- A Port. nº 12.975, de 10-11-2021, do Ministério da Economia, atribui efeito vinculante a esta súmula.

180. Para fins de comprovação de despesas médicas, a apresentação de recibos não exclui a possibilidade de exigência de elementos comprobatórios adicionais.

- A Port. nº 12.975, de 10-11-2021, do Ministério da Economia, atribui efeito vinculante a esta súmula.

181. No âmbito das contribuições previdenciárias, é incabível lançamento por descumprimento de obrigação acessória, relacionada à apresentação de informações e documentos exigidos, ainda que em meio digital, com fulcro no *caput* e parágrafos dos arts. 11 e 12, da Lei nº 8.218/1991.

182. O seguro de vida em grupo contratado pelo empregador em favor do grupo de empregados, sem que haja a individualização do montante que beneficia a cada um deles, não se inclui no conceito de remuneração, não estando sujeito à incidência de contribuições previdenciárias, ainda que o benefício não esteja previsto em acordo ou convenção coletiva de trabalho.

183. O valor das aquisições de matérias-primas, produtos intermediários, materiais de embalagem, energia elétrica e combustíveis, empregados em atividades anteriores à fase industrial do processo produtivo, não deve ser incluído na base de cálculo do crédito presumido do IPI, de que tratam as Leis nºs 9.363/1996 e 10.276/2001.

- A Port. nº 12.975, de 10-11-2021, do Ministério da Economia, atribui efeito vinculante a esta súmula.

184. O prazo decadencial para aplicação de penalidade por infração aduaneira é de 5 (cinco) anos contados da data da infração, nos termos dos arts. 138 e 139, ambos do Dec.-Lei nº 37/1966 e do art. 753 do Dec. nº 6.759/2009.

- A Port. nº 12.975, de 10-11-2021, do Ministério da Economia, atribui efeito vinculante a esta súmula.

185. O Agente Marítimo, enquanto representante do transportador estrangeiro no País, é sujeito passivo da multa descrita no art. 107, IV, *e*, do Dec.-Lei nº 37/1966.

- A Port. nº 12.975, de 10-11-2021, do Ministério da Economia, atribui efeito vinculante a esta súmula.

186. A retificação de informações tempestivamente prestadas não configura a infração descrita no art. 107, IV, *e*, do Dec.-Lei nº 37/1966.

- A Port. nº 12.975, de 10-11-2021, do Ministério da Economia, atribui efeito vinculante a esta súmula.

187. O agente de carga responde pela multa prevista no art. 107, IV, *e* do Dec.-Lei nº 37/1966, quando descumpre o prazo estabelecido pela Receita Federal para prestar informação sobre a desconsolidação da carga.

- A Port. nº 12.975, de 10-11-2021, do Ministério da Economia, atribui efeito vinculante a esta súmula.

SÚMULAS

Índice de Súmulas de Direito Tributário

Índice Alfabético-Remissivo Geral

ÍNDICE POR ASSUNTOS

ÍNDICE POR ASSUNTOS